Lexikon für das Lohnbüro

Arbeitslohn · Lohnsteuer · Sozialversicherung

von A bis Z

Wolfgang Schönfeld
Regierungsdirektor a. D., Bayerisches Staatsministerium der Finanzen,
Diplom-Finanzwirt (FH)

und

Jürgen Plenker
Oberamtsrat im Lohnsteuerreferat des Finanzministeriums Nordrhein-Westfalen,
Diplom-Finanzwirt (FH)

52. Auflage

Rechtsstand 1. Januar 2010

::rehm

Bibliografische Information der Deutschen Nationalbibliothek

Die Deutsche Nationalbibliothek verzeichnet diese Publikation in der Deutschen Nationalbibliografie; detaillierte bibliografische Daten sind im Internet über http://dnb.d-nb.de abrufbar.

ISBN 978-3-8073-0130-3

Verlagsgruppe Hüthig Jehle Rehm GmbH
Heidelberg/Landsberg/München/Frechen/Hamburg

Satz: TypoScript GmbH, München
Druck und Verarbeitung: Druckerei C.H. Beck, Nördlingen

Arbeitslohn Lohnsteuer Sozialversicherung von A bis Z

Inhalt

Teil A
Grundsätzliches zum Lohnsteuerabzug durch den Arbeitgeber

Teil B
Grundsätzliches zur Sozialversicherung

Teil C
Arbeitslohn – Lohnsteuer – Sozialversicherung von A bis Z

Der alphabetische Hauptteil des Lexikons behandelt unter den einzelnen Stichworten den Lohnsteuerabzug durch den Arbeitgeber und die Berechnung der Sozialversicherungsbeiträge.

Damit der **Praktiker** ohne Hilfe von Paragraphen an die Lohnabrechnung herangehen kann, wurden für die gängigen Fälle **Beispiele einer vollständigen Lohnabrechnung** (Lohn- und Kirchensteuer, Solidaritätszuschlag sowie Sozialversicherungsbeiträge) eingearbeitet. Die Steuerabzugsbeträge in den Beispielen wurden teils maschinell berechnet, teils aus den im selben Verlag erschienen Lohnsteuertabellen 2010 abgelesen. Auf folgende vollständige Lohnabrechnungen „vom Bruttolohn zum Nettolohn" wird besonders hingewiesen:

	Seite
Lohnabrechnung für **GKV-versicherte** Arbeitnehmer	144
Gehaltsabrechnung für **privat krankenversicherte** Arbeitnehmer (PKV)	144
Lohnabrechnung für **Auszubildende**	128
Lohnabrechnung bei **Fahrkostenzuschüssen**	144
Lohnabrechnung mit **Sachbezügen**	631
Lohnabrechnung mit **Firmenwagenbesteuerung**	363
Lohnabrechnung bei **Teillohnzahlungszeiträumen**	691
Lohnabrechnung bei der Zahlung von **Urlaubsgeld**	728
Lohnabrechnung bei **unbezahltem Urlaub**	716
Lohnabrechnung beim **Bezug von Krankengeld**	692
Lohnabrechnung beim **Mutterschutz**	496
Lohnabrechnung bei der Zahlung von **Vorschüssen**	765
Lohnabrechnung bei der **Nachzahlung von Arbeitslohn**	500
Lohnabrechnung bei der Zahlung von **Weihnachtsgeld**	772
Lohnabrechnung in der **Gleitzone** (401 € bis 800 €)	368
Lohnabrechnung bei **400-Euro-Jobs**	336
Lohnabrechnung bei der Zahlung von **Nettolöhnen**	970
Lohnabrechnung bei **Lohnpfändungen**	455
Lohnabrechnung beim **Bezug von Kurzarbeitergeld**	442
Lohnabrechnung beim **Bezug von Saisonkurzarbeitergeld**	639
Lohnabrechnung bei der Zahlung von **Zuschlägen für Sonntags-, Feiertags- und Nachtarbeit**	829
Lohnabrechnung bei **Beendigung des Beschäftigungsverhältnisses**	
– Rückzahlung des **Weihnachtsgeldes**	628
– Zahlung einer **Entlassungsabfindung** und einer **Urlaubsabgeltung**	30
– Tod des Arbeitnehmers (**Lohnabrechnung im Sterbemonat**, Sterbegeld)	581
Lohnabrechnung für einen weiterbeschäftigten Altersrentner (**Altersentlastungsbetrag, Besondere Lohnsteuertabelle**)	624
Lohnabrechnung bei einem **Ehegattenarbeitsverhältnis**	816
Lohnabrechnung für den **Gesellschafter-Geschäftsführer** einer GmbH	363
Lohnabrechnung bei **Vorruhestand**	765
Lohnabrechnung bei **Altersteilzeit**	51

Anhänge

Anhang 1
Zuschläge für Sonntags-, Feiertags- und Nachtarbeit, zusammenfassendes Berechnungsbeispiel für 2010 835

Anhang 2
Übersicht über die wichtigsten Höchstbeträge, Freigrenzen, Freibeträge und Pauschbeträge 2007 bis 2010 836

Anhang 2a
Übersicht über die Pauschalierungsvorschriften und Pauschsteuersätze 2007 bis 2010 842

Anhang 3
Sachbezugswerte für Unterkunft und Verpflegung 2010 844

Anhang 4
Auslandsreisekosten in Tabellenform 2010 846

Anhang 5
Auslandsauslösungen in Tabellenform 2010 848

Anhang 6 und 6a
Betriebliche Altersversorgung und Riester-Rente 851

Anhang 7
Eintragung von Freibeträgen auf der Lohnsteuerkarte 2010 .. 887

Anhang 8 und 8a
Berechnung der Vorsorgepauschale, Vorsorgepauschale-Tabellen 2010, Abzug von Vorsorgeaufwendungen 2010 917

Anhang 9
Kindergeld, Freibeträge für Kinder, Kinderbegriff, Entlastungsbetrag für Alleinerziehende ab 2010 936

Anhang 10
Ländergruppeneinteilung für die Berücksichtigung ausländischer Verhältnisse 2010 965

Anhang 11
Tabelle zur Steuerklassenwahl 2010 966

Anhang 12
Nettolohnberechnung für sonstige Bezüge nach der Jahreslohnsteuertabelle 2010 968

Anhang 13
Teilnettolohnberechnung nach der Monatstabelle 2010 970

Anhang 14
Nettolohnberechnung für sonstige Bezüge mit Fünftelregelung nach der Jahreslohnsteuertabelle 2010 972

Anhang 15
Meldepflichten des Arbeitgebers 974

Anhang 16
Lohnpfändungstabelle 2010 988

Anhang 17
Beurteilung von Praktikanten in der Sozialversicherung 997

Anhang 18
Personalfragebogen für 400-Euro-Jobs 999

Anhang 19
Beiträge zu umlagefinanzierten Versorgungskassen 2010 1001

Abkürzungen

AAG	=	Aufwendungsausgleichsgesetz
a. a. O.	=	am angegebenen Ort
AEntG	=	Arbeitnehmerentsendegesetz
AfA	=	Absetzungen für Abnutzung
AFG	=	Arbeitsförderungsgesetz
AGG	=	Allgemeines Gleichbehandlungsgesetz
AktG	=	Aktiengesetz
AltTZG	=	Altersteilzeitgesetz
AltvDV	=	Altersvorsorge-Durchführungsverordnung
AltZertG	=	Gesetz über die Zertifizierung von Altersvorsorgeverträgen
AO	=	Abgabenordnung
AOK	=	Allgemeine Ortskrankenkasse
ArEV	=	Arbeitsentgeltverordnung
AstG	=	Außensteuergesetz
AtG	=	Altersteilzeitgesetz
ATE	=	Auslandstätigkeitserlass
AÜG	=	Arbeitnehmerüberlassungsgesetz
AUV	=	Auslandsumzugskostenverordnung
AVmG	=	Altersvermögensgesetz
BA	=	Bundesanstalt für Arbeit
BAföG	=	Bundesausbildungsförderungsgesetz
BAG	=	Bundesarbeitsgericht
BAT	=	Bundes-Angestelltentarifvertrag
BB	=	Betriebsberater (Zeitschrift)
BBesG	=	Bundesbesoldungsgesetz
BBG	=	Beitragsbemessungsgrenze
BeamtVG	=	Beamtenversorgungsgesetz
BEEG	=	Gesetz zum Elterngeld und zur Erziehungszeit
BerlinFG	=	Berlinförderungsgesetz
BetrAVG	=	Gesetz zur Verbesserung der betrieblichen Altersversorgung
BewG	=	Bewertungsgesetz
BfA	=	Bundesversicherungsanstalt für Angestellte
BFH	=	Bundesfinanzhof
BFH/NV	=	Sammlung amtlich nicht veröffentlichter Entscheidungen des Bundesfinanzhofs (Zeitschrift)
BFH-Urteil	=	Urteil des Bundesfinanzhofs
BGB	=	Bürgerliches Gesetzbuch
BGBl. I	=	Bundesgesetzblatt Teil I
BGH	=	Bundesgerichtshof
BKK	=	Betriebskrankenkasse
BMF-Schreiben	=	Schreiben des Bundesministeriums der Finanzen
BRKG	=	Bundesreisekostengesetz
BSG	=	Bundessozialgericht
BSGE	=	Entscheidungen des Bundessozialgerichts
BSHG	=	Bundessozialhilfegesetz
BStBl. II (I)	=	Bundessteuerblatt Teil II (Teil I)
BUKG	=	Bundesumzugskostengesetz
BUrlG	=	Bundesurlaubsgesetz
BVerfG	=	Bundesverfassungsgericht
BVerwG	=	Bundesverwaltungsgericht
BVG	=	Bundesversorgungsgesetz
BZSt	=	Bundeszentralamt für Steuern
DB	=	Der Betrieb (Zeitschrift)
DBA	=	Doppelbesteuerungsabkommen
DEÜV	=	Datenerfassungs- und -übermittlungsverordnung
d. h.	=	das heißt
DStR	=	Deutsches Steuerrecht (Zeitschrift)
DStRE	=	Deutsches Steuerrecht/Entscheidungen (Zeitschrift)
DStZ	=	Deutsche Steuer-Zeitung (Zeitschrift)
DStZ/E	=	Deutsche Steuer-Zeitung (Eildienst) (Zeitschrift)
DÜVO	=	Datenübertragungsverordnung
EFG	=	Entscheidungen der Finanzgerichte (Zeitschrift)
EFZG	=	Entgeltfortzahlungsgesetz
EStDV	=	Einkommensteuer-Durchführungsverordnung
EStG	=	Einkommensteuergesetz
EStH	=	Einkommensteuer-Hinweis
EStR	=	Einkommensteuer-Richtlinien
EU	=	Europäische Union
EuGH	=	Europäischer Gerichtshof
EWR	=	Europäischer Wirtschaftsraum
FA	=	Finanzamt
FG	=	Finanzgericht
FR	=	Finanz-Rundschau (Zeitschrift)
FRG	=	Fremdrentengesetz
GbR	=	Gesellschaft bürgerlichen Rechts
GenG	=	Genossenschaftsgesetz
GewO	=	Gewerbeordnung
GG	=	Grundgesetz
ggf.	=	gegebenenfalls
GmbH	=	Gesellschaft mit beschränkter Haftung
GVBl.	=	Gesetz- und Verordnungsblatt
HAG	=	Heimarbeitergesetz
HFR	=	Höchstrichterliche Finanzrechtsprechung (Zeitschrift)
HGB	=	Handelsgesetzbuch
IKK	=	Innungskrankenkasse
i. d. F.	=	in der Fassung
i. S. d.	=	im Sinne des/der
i. V. m.	=	in Verbindung mit
JAEG	=	Jahresarbeitsentgeltgrenze
KG	=	Kommanditgesellschaft
KiSt	=	Kirchensteuer
KStG	=	Körperschaftsteuergesetz
KStR	=	Körperschaftsteuer-Richtlinien
KSVG	=	Künstlersozialversicherungsgesetz
KV	=	Krankenversicherung
KWG	=	Kreditwesengesetz
LFZG	=	Lohnfortzahlungsgesetz
LKK	=	Landwirtschaftliche Krankenkasse
LSG	=	Landessozialgericht
LSt	=	Lohnsteuer
LStDV	=	Lohnsteuer-Durchführungsverordnung
LStH	=	Lohnsteuer-Hinweis
LStR	=	Lohnsteuer-Richtlinien
LVA	=	Landesversicherungsanstalt
m. E.	=	meines Erachtens
m. w. N.	=	mit weiteren Nachweisen
NWB	=	Neue Wirtschafts-Briefe (Zeitschrift)
OFD	=	Oberfinanzdirektion
PflZG	=	Pflegezeitgesetz
RStBl.	=	Reichssteuerblatt
RVO	=	Reichsversicherungsordnung
SachBezV	=	Sachbezugsverordnung
SchwbG	=	Schwerbehindertengesetz
SFN-Zuschläge	=	Zuschläge für Sonntags-, Feiertags- und Nachtarbeit
SGB I	=	Erstes Buch Sozialgesetzbuch – Allgemeiner Teil
SGB II	=	Zweites Buch Sozialgesetzbuch – Grundsicherung für Arbeitsuchende
SGB III	=	Drittes Buch Sozialgesetzbuch – Arbeitsförderung
SGB IV	=	Viertes Buch Sozialgesetzbuch – Gemeinsame Vorschriften für die Sozialversicherung
SGB V	=	Fünftes Buch Sozialgesetzbuch – Gesetzliche Krankenversicherung
SGB VI	=	Sechstes Buch Sozialgesetzbuch – Gesetzliche Rentenversicherung
SGB VII	=	Siebtes Buch Sozialgesetzbuch – Gesetzliche Unfallversicherung
SGB VIII	=	Achtes Buch Sozialgesetzbuch – Kinder- und Jugendhilfe
SGB IX	=	Neuntes Buch Sozialgesetzbuch – Rehabilitation und Teilhabe behinderter Menschen
SGB X	=	Zehntes Buch Sozialgesetzbuch – Verwaltungsverfahren
SGB XI	=	Elftes Buch Sozialgesetzbuch – Soziale Pflegeversicherung
SGB XII	=	Zwölftes Buch Sozialgesetzbuch – Sozialhilfe
SolZ	=	Solidaritätszuschlag
SV-Tage	=	Sozialversicherungstage
SvEV	=	Sozialversicherungsentgeltverordnung
SVG	=	Soldatenversorgungsgesetz
TV-L	=	Tarifvertrag für den öffentlichen Dienst der Länder
USG	=	Unterhaltssicherungsgesetz
USK	=	Urteilssammlung für die gesetzliche Krankenversicherung
UStDV	=	Umsatzsteuer-Durchführungsverordnung
UStG	=	Umsatzsteuergesetz
UStR	=	Umsatzsteuer-Richtlinien
u. a.	=	unter anderem
u. E.	=	unseres Erachtens
u. U.	=	unter Umständen
VA	=	Verwaltungsanweisung
VAG	=	Versicherungsaufsichtsgesetz
VBL	=	Versorgungsanstalt des Bundes und der Länder
VermBDV	=	Durchführungsverordnung zum Vermögensbildungsgesetz
VermBG	=	Vermögensbildungsgesetz
VO	=	Verordnung
VRG	=	Vorruhestandsgesetz
VStR	=	Vermögensteuer-Richtlinien
VVG	=	Versicherungsvertragsgesetz
VZ	=	Veranlagungszeitraum
WoFG	=	Wohnraumförderungsgesetz
WoPG	=	Wohnungsbau-Prämiengesetz
WoPR	=	Richtlinien zum Wohnungsbau-Prämiengesetz
z. B.	=	zum Beispiel
ZDG	=	Zivildienstgesetz
ZPO	=	Zivilprozessordnung

A. Die Aufgaben des Arbeitgebers im Lohnsteuerabzugsverfahren

1. Einführung

a) Rechtsgrundlagen

Die Rechtsgrundlage für den Lohnsteuerabzug durch den Arbeitgeber ist das **Einkommensteuergesetz** (EStG). Darin ist festgelegt, dass die Einkommensteuer für die Einkünfte aus nichtselbständiger Arbeit vom Arbeitgeber durch Abzug vom Arbeitslohn zu erheben und für Rechnung des Arbeitnehmers an das Finanzamt abzuführen ist (§ 38 EStG). Zum Einkommensteuergesetz ist die **Lohnsteuer-Durchführungsverordnung** (LStDV) ergangen, in der weitere Einzelheiten geregelt sind. Wichtige ergänzende Bestimmungen, insbesondere für die im Zuge der Lohnsteuererhebung anzuwendenden Verfahrensvorschriften (vor allem über die Erstattung und Verjährung der Lohnsteuer, über das Rechtsbehelfsverfahren, Strafverfahren usw.) enthält die **Abgabenordnung** (AO). Zur Klärung von Zweifels- und Auslegungsfragen bei der Anwendung der gesetzlichen Vorschriften sowie zur Sicherstellung einer möglichst gleichmäßigen Besteuerung aller Arbeitnehmer und eines möglichst einfachen Vollzugs des Lohnsteuerrechts sind zahlreiche **Verwaltungserlasse** der obersten Finanzbehörden der Länder ergangen. Die wichtigsten dieser Erlasse sind in den **Lohnsteuer-Richtlinien** zusammengefasst, die von der Bundesregierung mit Zustimmung des Bundesrates erlassen werden. Den Erläuterungen dieses Lexikons liegen die **Lohnsteuer-Richtlinien 2008** zugrunde, die in den Sondernummer 1 des Bundessteuerblattes 2008 Teil I veröffentlicht worden sind und die auch für das Kalenderjahr 2010 gelten. Diese Lohnsteuer-Richtlinien gliedern sich in die eigentlichen Richtlinien einerseits, das heißt die Verwaltungsanweisungen, die mit Zustimmung des Bundesrates erlassen werden, und die sog. **Hinweise** zu den Richtlinien andererseits. In den Richtlinien kann wiederum auf Verwaltungserlasse verwiesen werden, die im Bundessteuerblatt (Teil I) veröffentlicht worden sind. Diese Verwaltungserlasse können dann ohne Zustimmung des Bundesrats geändert werden (z. B. die Übernachtungs- und Verpflegungspauschalen bei Dienstreisen im Ausland). Dies ist mit ein Grund dafür, dass die Lohnsteuer-Richtlinien im Regelfall nur alle drei Jahre geändert werden, wohingegen die amtlichen Hinweise zu den Lohnsteuer-Richtlinien jährlich aktualisiert werden. Den Erläuterungen dieses Lexikons liegen die **Lohnsteuer-Hinweise 2010*)** zugrunde (LStH 2010). Die amtlichen Hinweise enthalten in erster Linie die im Bundessteuerblatt veröffentlichte **Rechtsprechung des Bundesfinanzhofs.** Denn durch die Veröffentlichung im Bundessteuerblatt Teil II werden die Finanzämter angewiesen, die Entscheidungen auch in vergleichbaren Fällen anzuwenden. Eine allgemeine Anwendung ist nur dann ausgeschlossen, wenn gleichzeitig ein sog. **Nichtanwendungserlass** ergangen ist. Da es häufig länger dauern kann, bis die Veröffentlichung von Urteilen und Beschlüssen des Bundesfinanzhofs im Bundessteuerblatt Teil II erfolgt (und damit eine allgemeine Anwendung durch die Finanzämter sichergestellt ist), haben die obersten Finanzbehörden des Bundes und der Länder beschlossen, die zur Veröffentlichung im Bundessteuerblatt Teil II vorgesehenen BFH-Entscheidungen vorab **auf den Internet-Seiten des Bundesministeriums der Finanzen zu veröffentlichen** (www.bundesfinanzministerium.de unter Aktuelles/BFH-Entscheidungen). Die zum Abdruck im Bundessteuerblatt Teil II bestimmten BFH-Entscheidungen sind damit bereits ab dem Zeitpunkt der Veröffentlichung im Internet allgemein anzuwenden.

Nicht im Bundessteuerblatt veröffentlichte Entscheidungen (z. B. in BFH/NV) können, soweit sie nicht im Widerspruch zu veröffentlichten Entscheidungen stehen, in gleich gelagerten Fällen herangezogen werden. Im Gegensatz zu den Gesetzen, Verordnungen und den im Bundessteuerblatt veröffentlichten Urteilen des Bundesfinanzhofs, binden die Verwaltungsanweisungen einschließlich der Lohnsteuer-Richtlinien nur die Verwaltungsbehörden (Finanzämter, Oberfinanzdirektionen, Landesämter für Finanzen); die Steuergerichte sind an diese Verwaltungsanordnungen nicht gebunden. Allerdings sind Vereinfachungsregelungen und typisierende Bewertungsvorschriften auch von den Steuergerichten unter dem Gesichtspunkt der nach außen hin publizierten Selbstbindung der Verwaltung und im Hinblick auf das Prinzip der Gleichmäßigkeit der Besteuerung zu beachten (BFH-Urteil vom 6.11.2001, BStBl. II 2002 S 370).

b) Quellenbesteuerung und Arbeitgeberhaftung

Die Erhebung der Lohnsteuer durch den Abzug vom Arbeitslohn (Quellenbesteuerung) weist dem Arbeitgeber im Lohnsteuerverfahren eine wichtige Stellung zu. Dem Arbeitgeber werden Aufgaben übertragen, die sonst bei der Steuererhebung weitgehend vom Finanzamt selbst wahrgenommen werden oder vom Steuerschuldner zu erfüllen sind. Der Arbeitgeber muss prüfen, ob die von ihm beschäftigten Personen Arbeitnehmer sind oder nicht, ob Zuwendungen an die Arbeitnehmer Arbeitslohn sind oder nicht, ob der Arbeitslohn steuerfrei oder steuerpflichtig ist. Er muss die Lohnsteuer richtig berechnen und für die rechtzeitige Anmeldung und Abführung der Lohnsteuer sorgen. Außerdem hat er eine ganze Reihe von Aufzeichnungs- und Bescheinigungsvorschriften zu beachten. In der Wahrnehmung all dieser Aufgaben wird der Arbeitgeber vom Finanzamt überwacht. Der Arbeitgeber kann sich dieser ihm gesetzlich auferlegten Pflichten nicht entziehen. Sie sind unabdingbar, d. h. der Arbeitgeber kann nicht etwa mit dem Arbeitnehmer vertraglich vereinbaren, dass dieser selbst für eine zutreffende Berechnung und Abführung der von ihm geschuldeten Steuer zu sorgen habe. Der Arbeitgeber ist auch gezwungen, die ihm im Lohnsteuerverfahren übertragenen Aufgaben sorgfältig und gewissenhaft zu erledigen, weil er andernfalls für die nicht oder nicht in voller Höhe entrichteten Lohnsteuerbeträge selbst in Anspruch genommen werden kann und zwar auch dann, wenn ihn an der falschen Berechnung der Lohnsteuer **kein Verschulden** trifft. Die Haftung des Arbeitgebers für unzutreffend einbehaltene Lohnsteuer ist also verschuldensunabhängig (vgl. „Haftung des Arbeitgebers"); wegen der Möglichkeit, die Haftung des Arbeitgebers zu beschränken, Hinweis auf das Stichwort „Auskunft". Der Arbeitgeber ist nur dann in der Lage, die ihm gesetzlich zugewiesenen Aufgaben im Lohnsteuerverfahren richtig zu lösen und damit einerseits seine Arbeitnehmer vor ungerechtfertigten Lohnabzügen sowie andererseits sich vor einer eigenen Haftung zu schützen, wenn er sich ausreichende Kenntnisse über das Lohnsteuerrecht aneignet und auftretende Zweifelsfragen anhand geeigneter Nachschlagewerke und Hilfsmittel klären kann. Diesem Zweck soll neben den im selben Verlag erschienenen amtlichen Lohnsteuertabellen auch das vorliegende Lexikon dienen.

2. Wer ist Arbeitgeber?

Arbeitgeber ist, wer aufgrund eines – mündlichen oder schriftlichen – Arbeitsvertrags Anspruch auf die Arbeitskraft eines Arbeitnehmers hat und berechtigt ist, diesem Weisungen zu erteilen. Arbeitgeber können natürliche oder juristische Personen (Privatpersonen, Einzelunternehmer, Kapitalgesellschaften, Körperschaften des öffentlichen Rechts), Personenzusammenschlüsse mit oder ohne eigener Rechtspersönlichkeit (Personengesellschaften, Vereine, Interessengemeinschaften) sowie Stiftungen und Vermögensmassen sein; auf die Rechtsform kommt es danach nicht an.

Bei Behörden und sonstigen Körperschaften des öffentlichen Rechts hat die steuerlichen Pflichten eines Arbeitgebers stets die auszahlende öffentliche Kasse wahrzunehmen; es ist insoweit ohne Bedeutung, wer im arbeitsrechtlichen oder bürgerlich-rechtlichen Sinn Arbeitgeber ist oder wer im steuerlichen Sinn die Rechte eines Arbeitgebers (z. B. Anspruch auf die Arbeitsleistung) beanspruchen kann.

Die Arbeitgeberpflichten treffen grundsätzlich nur einen **inländischen Arbeitgeber.** Lediglich im Fall der Arbeitnehmerüberlassung (vgl. dieses Stichwort) ist der ausländische Verleiher zum Lohnsteuerabzug verpflichtet.

Inländischer Arbeitgeber ist, wer im Inland
– einen Wohnsitz,
– einen gewöhnlichen Aufenthalt,
– eine Geschäftsleitung,
– einen Sitz,
– eine Betriebsstätte oder
– einen ständigen Vertreter

hat. Ob diese Voraussetzungen vorliegen, richtet sich nach den §§ 8 bis 13 der Abgabenordnung (AO). Ein im Ausland ansässiger Arbeitgeber ist hiernach zum Lohnsteuerabzug verpflichtet, wenn er im Inland eine Betriebsstätte unterhält oder einen ständigen Vertreter hat (§§ 12 und 13 AO). Ein ständiger Vertreter im Sinne von § 13 AO kann auch ein im Inland ansässiger Arbeitnehmer sein, der bei einem ausländischen Arbeitgeber beschäftigt ist und für diesen die Aufträge einholt und vermittelt. Eine Abschlussvollmacht ist nicht zwingende Voraussetzung für das Vorliegen der Eigenschaft als ständiger Vertreter (§ 13 Satz 2 Nr. 1 AO).

Inländischer Arbeitgeber ist in den Fällen der Arbeitnehmerentsendung auch das in Deutschland ansässige aufnehmende Unternehmen, das den Arbeitslohn für die ihm geleistete Arbeit wirtschaftlich trägt; Voraus-

---

*) Die amtlichen Lohnsteuer-Hinweise 2010 sind im **Steuerhandbuch für das Lohnbüro 2010** abgedruckt, das im selben Verlag erschienen ist. Das **PC-Lexikon** für das Lohnbüro 2010 enthält auch dieses Handbuch mit dem Vorteil, dass Sie **alle BFH-Urteile** sowie die aktuellen Rundschreiben und Niederschriften der Spitzenverbände der **Sozialversicherung** mit Mausklick **im Volltext** abrufen und ausdrucken können. Eine Bestellkarte finden Sie vorne im Lexikon.

A. Die Aufgaben des Arbeitgebers im Lohnsteuerabzugsverfahren

setzung hierfür ist nicht, dass das Unternehmen dem Arbeitnehmer den Arbeitslohn im eigenen Namen und für eigene Rechnung auszahlt (§ 38 Abs. 1 Satz 2 EStG).

Auf die Stichwörter „Lohnzahlung durch Dritte" und „Übertragung lohnsteuerlicher Pflichten auf Dritte" im Hauptteil des Lexikons wird hingewiesen.

3. Wer ist Arbeitnehmer?

a) Allgemeines

Die Feststellung der Arbeitnehmereigenschaft spielt sowohl im Lohnsteuerrecht als auch im Sozialversicherungsrecht eine zentrale Rolle. Leider stimmt die lohnsteuerliche Definition des Arbeitnehmers nicht mit dem im Sozialversicherungsrecht verwendeten Begriff der abhängigen Beschäftigung überein. Der wichtigste Unterschied besteht darin, dass Arbeitnehmer im lohnsteuerlichen Sinne auch Personen sind, denen Arbeitslohn aus einem **früheren** Arbeitsverhältnis zufließt. Arbeitnehmereigenschaft im lohnsteuerlichen Sinne liegt sogar dann vor, wenn jemand Arbeitslohn als Rechtsnachfolger (Erbe) eines Arbeitnehmers erhält. Der Rechtsnachfolger (Erbe) wird selbst zum Arbeitnehmer (obwohl er gar nicht gearbeitet hat) und muss eine **eigene** Lohnsteuerkarte vorlegen (vgl. das Stichwort „Rechtsnachfolger").

Vergleicht man nur die gegenwärtige (aktive) Beschäftigung eines Arbeitnehmers im lohnsteuerlichen Sinne mit dem sozialversicherungsrechtlichen Begriff der abhängigen Beschäftigung, so ergibt sich eine weitgehende Übereinstimmung (mit Ausnahme von Grenzfällen wie z. B. bei **Gesellschafter-Geschäftsführern einer GmbH** und bei **Scheinselbständigkeit**). Im Einzelnen gilt zur lohnsteuerlichen und sozialversicherungsrechtlichen Arbeitnehmereigenschaft Folgendes:

b) Steuerlicher Arbeitnehmerbegriff

Für das Lohnsteuerrecht ist die Arbeitnehmereigenschaft in § 1 der Lohnsteuer-Durchführungsverordnung (LStDV) definiert. Danach sind Arbeitnehmer Personen, die im öffentlichen oder privaten Dienst angestellt oder beschäftigt sind oder waren und die aus diesem Dienstverhältnis oder einem früheren Dienstverhältnis Arbeitslohn beziehen. Arbeitnehmer sind auch die Rechtsnachfolger dieser Personen, soweit sie Arbeitslohn aus dem früheren Dienstverhältnis ihres Rechtsvorgängers beziehen. Ein Dienstverhältnis in diesem Sinne liegt vor, wenn der Beschäftigte dem Arbeitgeber seine Arbeitskraft schuldet. Dies ist der Fall, wenn die tätige Person in der Betätigung ihres geschäftlichen Willens unter der Leitung des Arbeitgebers steht oder im geschäftlichen Organismus des Arbeitgebers dessen Weisungen zu folgen verpflichtet ist (= Eingliederung in den Betrieb des Arbeitgebers). Bei dieser Definition ist es in der Praxis oft schwierig, die Arbeitnehmereigenschaft von einer selbständig ausgeübten Tätigkeit abzugrenzen, insbesondere dann, wenn keine klaren und eindeutigen Merkmale einer unselbständigen Tätigkeit vorhanden sind. In solchen Zweifelsfällen ist nach der Rechtsprechung des Bundesfinanzhofs das **Gesamtbild der Verhältnisse** maßgebend. Das bedeutet, dass die für und gegen eine Arbeitnehmereigenschaft des Beschäftigungsverhältnisses sprechenden Merkmale gegeneinander abgewogen werden müssen. Die vertraglichen Regelungen sind in die Würdigung einzubeziehen, sofern die Vereinbarungen ernsthaft gewollt und tatsächlich durchgeführt worden sind (vgl. hierzu auch die Ausführungen bei den Stichwörtern „Freie Mitarbeiter" und „Scheinselbständigkeit").

Die Prüfung der Arbeitnehmereigenschaft eines Beschäftigungsverhältnisses ist nach folgenden Abgrenzungskriterien vorzunehmen:

Eingliederung in den Betrieb des Arbeitgebers

Diese kann sich bereits aus der **genau geregelten Arbeitszeit** ergeben, da sich hieraus eine organisatorische Eingliederung und damit eine Arbeitnehmereigenschaft ableiten lässt. Weitere Anhaltspunkte für die Eingliederung in den Betrieb des Arbeitgebers sind
- ein fester Arbeitsplatz mit Arbeitsmitteln, die vom Arbeitgeber zur Verfügung gestellt werden;
- Urlaubsanspruch und Überstundenvergütung;
- eine Fortzahlung der Vergütung im Urlaubs- oder Krankheitsfall;
- eine Einbeziehung in die Sozialleistungen des Betriebs (Jubiläumszuwendungen, betriebliche Altersversorgung usw.);
- ein stundenweise festgelegter Arbeitslohn.

Die Art der Entlohnung ist jedoch kein Abgrenzungsmerkmal, das für sich allein ausschlaggebend ist, da auch selbständig Tätige nicht selten nach Stundensätzen abrechnen. Andererseits ist eine an die Leistung anknüpfende Entlohnung auch bei Arbeitnehmern möglich (Akkordlohn, Provisionen, Umsatzbeteiligung, Stücklohn bei Heimarbeit).

Weisungsgebundenheit und fehlendes Unternehmerrisiko

Eines der wichtigsten Abgrenzungsmerkmale ist, ob der Beschäftigte ein eigenes **Unternehmerrisiko** trägt (= Selbständigkeit) oder ob der Erfolg der Tätigkeit ausschließlich dem Auftraggeber zugute kommt, der Beschäftigte also selbst insoweit kein Risiko trägt (= Arbeitnehmer). Rückschlüsse hierauf ergeben sich sowohl aus der Art als auch aus dem Umfang der Tätigkeit bei demselben Arbeitgeber. Bei einfachen Arbeiten trägt der Beschäftigte im Allgemeinen kein unternehmerisches Risiko, auch wenn er nur kurzfristig und gelegentlich eingesetzt ist. Bei solchen Tätigkeiten unterliegt der Beschäftigte besonders stark den Weisungen des Auftraggebers, die eine eigene unternehmerische Initiative verbinden. Der Bundesfinanzhof hat deshalb entschieden, dass bei einfacheren Arbeiten auch dann ein Arbeitsverhältnis vorliegt, wenn es sich nur um kurzfristige Einsätze handelt (BFH-Urteil vom 24. 11. 1961, BStBl. 1962 III S. 37).

Anders verhält es sich bei gehobeneren Tätigkeiten, die besondere persönliche Fähigkeiten verlangen und deshalb auch Raum für unternehmerische Initiativen lassen. Wichtig ist in solchen Fällen der Umfang der Tätigkeit. Ist die mit solchen Aufgaben beschäftigte Person gleichzeitig für **mehrere** Auftraggeber tätig, so spricht dies gegen die Arbeitnehmereigenschaft (BFH-Urteil vom 3. 8. 1978, BStBl. 1979 II S. 131 und vom 14. 6. 1985, BStBl. II S. 661). Vgl. hierzu auch die Ausführungen bei den Stichwörtern „Freie Mitarbeiter" und „Scheinselbständigkeit".

Allerdings spielt auch bei sog. gehobenen Tätigkeiten die Weisungsgebundenheit eine ausschlaggebende Rolle. So steht es der Weisungsgebundenheit bei einem leitenden Angestellten nicht entgegen, wenn dem Arbeitnehmer im Rahmen des Dienstverhältnisses ein hohes Maß eigener Verantwortlichkeit und Entscheidungsfreiheit übertragen ist (z. B. dem Vorstand einer Aktiengesellschaft, dem Gesellschafter-Geschäftsführer einer GmbH, dem Intendanten eines Theaters). Eine derartige Eigenverantwortlichkeit beruht in aller Regel nicht auf eigener Machtvollkommenheit, sondern auf dem Willen des Arbeitgebers und ist deshalb kein Merkmal der Selbständigkeit.

Die arbeitsrechtliche Fiktion eines Dienstverhältnisses ist steuerlich nicht maßgebend (BFH-Urteil vom 8.5.2008, BStBl. II S. 868). Der steuerliche Arbeitnehmerbegriff war im Streitfall nicht erfüllt, obwohl der Steuerpflichtige vor dem Arbeitsgericht mit Erfolg nachträglich eine Vergütung für geleistete Dienste wegen fehlgeschlagener Vergütungserwartung (hier fehlgeschlagene Vermögensübergabe im Rahmen der vorweggenommenen Erbfolge) geltend gemacht hatte. Der Bundesfinanzhof entschied, dass ein steuerliches Dienstverhältnis nicht rückwirkend mit einer Person begründet werden kann, die zunächst auf familienrechtlicher Grundlage tätig geworden ist. Die Zahlungen führten allerdings zu steuerpflichtigen sonstigen Einkünften (§ 22 Nr. 3 EStG).

c) Sozialversicherungsrechtlicher Arbeitnehmerbegriff

In der Sozialversicherung ist die **persönliche und wirtschaftliche Abhängigkeit** vom Arbeitgeber das entscheidende Abgrenzungsmerkmal. Auch bei der Sozialversicherung kommt es nicht darauf an, wie die Vertragsparteien das Rechtsverhältnis beurteilen, sondern wie es sich von der tatsächlichen Durchführung her darstellt. Das Merkmal der persönlichen und wirtschaftlichen Abhängigkeit führt im Wesentlichen zum gleichen Ergebnis, wie die vorstehend für die Lohnsteuer dargestellten Beurteilungskriterien. Allerdings misst die Sozialversicherung im Rahmen der Gesamtbeurteilung der Weisungsgebundenheit als maßgebliches Kennzeichen der persönlichen Abhängigkeit größere Bedeutung zu. Dies führt z. B. bei Gesellschafter-Geschäftsführern einer GmbH zu einer unterschiedlichen Beurteilung. In der Praxis stimmen jedoch auch in vielen Grenzfällen die steuerliche und sozialversicherungsrechtliche Beurteilung überein. Zur **Scheinselbständigkeit** vgl. dieses Stichwort.

d) Alphabetische Übersicht

Im alphabetischen **Hauptteil des Lexikons** ist die lohnsteuerliche und sozialversicherungsrechtliche Beurteilung folgender Grenzfälle abgehandelt:

A. Die Aufgaben des Arbeitgebers im Lohnsteuerabzugsverfahren

Adressenschreiber
Agenten (vgl. Vertreter)
Amateursportler
Anzeigenwerber
 (vgl. Zeitungsausträger)
Artisten
Arzt
Arztvertreter
AStA-Mitglieder (AStA = Allgemeiner Studenten-Ausschuss)
Aufsichtsratsmitglieder
 (vgl. Aufsichtsratsvergütung)
Aushilfskräfte
Bedienungen (vgl. Kellner)
Behinderte
Beitragskassierer
Berufsboxer
Berufsringer
Berufssportler
Betriebshelfer in der Landwirtschaft (vgl. Betriebshelfer)
Bezirksleiter von Bausparkassen
 (vgl. Bezirksleiter)
Bezirksstellenleiter
Buchgemeinschaft, Vertrauensleute
Buchmachergehilfen
Bühnenkünstler (vgl. Künstler)
Bürgermeister (vgl. Ehrenämter)
Catcher (vgl. Berufsringer)
Diakonissen
 (vgl. Ordensangehörige)
Dienstmänner
Ehegattenarbeitsverhältnis
Ehrenamtlich Tätige
 (vgl. Ehrenämter)
Ermittler
Fahrlehrer
Fensterputzer
Fernsehkünstler
Filmkünstler
Fleischbeschauer
Fotomodelle
Freie Mitarbeiter
Fußballspieler
Fußballtrainer
Gastschauspieler (vgl. Künstler)
Gepäckträger
Gesellschafter-Geschäftsführer
Handelsvertreter (vgl. Vertreter)
Hausgehilfin
Hausgewerbetreibende
Hausmeister
Hausverwalter
Heimarbeiter
Journalisten
Kassenverwalter

Kassierer
 (vgl. Beitragskassierer)
Kellner
Kinderdorfmütter
Kirchenbedienstete
Kirchenmusiker
Kommanditisten
 (vgl. Gesellschafter-Geschäftsführer)
Künstler
Kurierfahrer
Lehrbeauftragte
Lehrtätigkeit
 (vgl. Nebenberufliche Lehrtätigkeit)
Mannequins
Marktforscher
Masseure
Musiker
Nebenberufliche Lehrkräfte
Ordensangehörige
Organisten
Plakatkleber
Praktikanten
Prüfungstätigkeit
 (vgl. Nebenberufliche Prüfungstätigkeit)
Regalauffüller
Reiseleiter
Sänger (vgl. Künstler)
Schauspieler (vgl. Künstler)
Schriftsteller
Sechstagerennfahrer
Servicekräfte
Skilehrer
Sportler
Standesbeamte
Stromableser
Studenten (vgl. Werkstudenten)
Stundenbuchhalter
Synchronsprecher
 (vgl. Künstler)
Tagesmütter
Telefoninterviewer
Trainer
Übungsleiter
Vereinsvorsitzende
Versicherungsvertreter
 (vgl. Vertreter)
Vertrauensleute, Buchgemeinschaft
Vertreter
Vorstandsvorsitzende
Werbedamen
Werbezettelausträger
Werkstudenten
Zeitungsausträger

e) Feststellung der Arbeitnehmereigenschaft im Lohnsteuerrecht

Wegen der dem Arbeitgeber im Lohnsteuerverfahren auferlegten Pflichten ist die zutreffende Entscheidung der Frage, ob ein Beschäftigter selbständig tätig wird oder als Arbeitnehmer anzusehen ist, für den Arbeitgeber von erheblicher Bedeutung. In Zweifelsfällen haben die Arbeitgeber zur Vermeidung eigener Nachteile (Haftung) die folgenden Möglichkeiten, die Arbeitnehmereigenschaft feststellen zu lassen:

– Der Arbeitgeber holt eine entsprechende Auskunft beim Finanzamt ein (vgl. „Auskunft").

– Der Arbeitgeber behält vom Beschäftigten, den er nicht als Arbeitnehmer ansieht, keine Lohnsteuer ein, teilt dies dem Finanzamt mit und legt gegen den darauf vom Finanzamt erlassenen Haftungsbescheid Einspruch und gegen die ablehnende Einspruchsentscheidung Klage beim Finanzgericht ein; er erwirkt so eine Entscheidung der Steuergerichte.

– Der Arbeitgeber behält Lohnsteuer ein und teilt dies dem Arbeitnehmer mit. Der Arbeitnehmer kann gegen die vom Arbeitgeber abgegebene Lohnsteuer-Anmeldung aus eigenem Recht Einspruch einlegen und gegen die ablehnende Einspruchsentscheidung Klage beim Finanzgericht einreichen. Der Arbeitnehmer erwirkt so eine Entscheidung der Steuergerichte.

– Der Arbeitgeber behält Lohnsteuer ein und überlässt es dem betreffenden Arbeitnehmer, beim Finanzamt die Erstattung der Lohnsteuer zu beantragen und gegen einen ablehnenden Bescheid des Finanzamts im Rechtsbehelfsverfahren vorzugehen; auch in diesem Falle wird eine Entscheidung der Steuergerichte über die etwaige Arbeitnehmereigenschaft erzielt.

f) Feststellung der Arbeitnehmereigenschaft bei der Sozialversicherung

Ist sich ein Arbeitgeber in Zweifelsfällen nicht sicher, ob eine abhängige Beschäftigung oder eine selbständige Tätigkeit vorliegt, so kann er das Anfrageverfahren zur Statusklärung bei der Deutschen Rentenversicherung Bund nach § 7a SGB IV einleiten. Auf die ausführlichen Erläuterungen beim Stichwort „Scheinselbständigkeit" wird Bezug genommen.

4. Was ist Arbeitslohn?

Arbeitslohn sind alle Einnahmen, die einem Arbeitnehmer oder seinem Rechtsnachfolger aus einem gegenwärtigen oder früheren Dienstverhältnis zufließen. Einnahmen sind alle Güter in Geld oder Geldeswert, also auch Sachbezüge (z. B. freie Verpflegung). Es ist gleichgültig, ob es sich um laufende oder einmalige Einnahmen handelt, ob ein Rechtsanspruch auf sie besteht, unter welcher Bezeichnung oder Form sie gewährt werden und ob sie dem ursprünglich Bezugsberechtigten oder seinem Rechtsnachfolger zufließen. Zum Arbeitslohn gehören auch Vergütungen von dritter Seite (Bar- und Sachzuwendungen, vgl. das Stichwort „Lohnzahlung durch Dritte"). Sachbezüge sind für den Steuerabzug vom Arbeitslohn mit dem üblichen Endpreis am Abgabeort zu bewerten (= Einzelhandelspreis). Dieser Preis beinhaltet auch die Umsatzsteuer. Im Interesse einer einfachen und gleichmäßigen Bewertung gelten für bestimmte Sachbezüge jedoch einheitliche Bewertungsrichtlinien (vgl. „Sachbezüge").

Der **steuerliche Arbeitslohnbegriff** wird aus § 19 Abs. 1 in Verbindung mit § 8 Abs. 1 EStG sowie aus § 2 LStDV abgeleitet. Die höchstrichterliche Rechtsprechung legt diese Vorschriften weit aus. Danach sind grundsätzlich alle Einnahmen in Geld oder Geldeswert, die durch das individuelle Dienstverhältnis veranlasst sind, Arbeitslohn (**sog. Veranlassungszusammenhang**). Dies ist der Fall, wenn die Einnahmen dem Empfänger nur mit Rücksicht auf das Dienstverhältnis zufließen und Ertrag seiner nichtselbständigen Arbeit sind. Dazu reicht es aus, wenn die Einnahmen **im weitesten Sinne** Gegenleistung für die Zurverfügungstellung der individuellen Arbeitskraft sind (BFH-Urteil vom 11. 3. 1988, BStBl. II S. 726 sowie BFH-Urteil vom 7. 7. 2004, BStBl. 2005 II S. 367).

Nicht zum Arbeitslohn gehören Leistungen, die der Arbeitgeber **im ganz überwiegenden betrieblichen Interesse** erbringt. Das ist der Fall, wenn sich aus den Begleitumständen wie zum Beispiel Anlass, Art und Höhe des Vorteils, Auswahl der Begünstigten, freie oder nur gebundene Verfügbarkeit, Freiwilligkeit oder Zwang zur Annahme des Vorteils und seine besondere Geeignetheit für den jeweils verfolgten betrieblichen Zweck ergibt, dass diese Zielsetzung ganz im Vordergrund steht und ein damit einhergehendes eigenes Interesse des Arbeitnehmers, den betreffenden Vorteil zu erlangen, vernachlässigt werden kann (BFH-Urteil vom 7. 7. 2004, BStBl. II S. 367 und die dort zitierte Rechtsprechung). Ein ganz überwiegendes betriebliches Interesse muss über das an jeder Lohnzahlung bestehende betriebliche Interesse **deutlich hinausgehen** (BFH-Urteil vom 2. 2. 1990, BStBl. II S. 472). Hierbei handelt es sich vor allem um Fälle, in denen der **Belegschaft als Gesamtheit** ein Vorteil zugewendet wird, wie dies bei Leistungen des Arbeitgebers zur Verbesserung der Arbeitsbedingungen der Fall ist (z. B. durch Bereitstellung von Aufenthalts- und Erholungsräumen, Dusch- und Badeanlagen). Außerdem kommen Fälle in Betracht, in denen dem Arbeitnehmer ein Vorteil aufgedrängt wird, ohne dass ihm eine Wahl bei der Annahme des Vorteils bleibt und ohne dass der Vorteil eine Marktgängigkeit besitzt z. B. Vorsorgeuntersuchungen (BFH-Urteil vom 25. 7. 1986; BStBl. II S. 868).

Außerdem gehören sog. Aufmerksamkeiten begrifflich nicht zum Arbeitslohn. Hiernach ergibt sich für den Arbeitslohnbegriff folgendes Schema:

A. Die Aufgaben des Arbeitgebers im Lohnsteuerabzugsverfahren

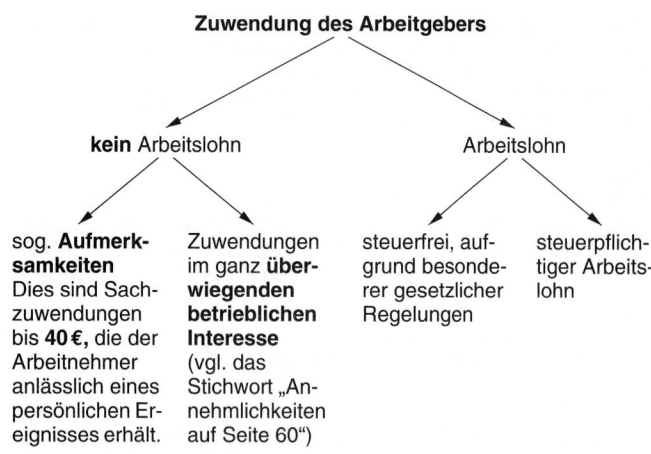

5. Was ist Arbeitsentgelt?

Der **sozialversicherungsrechtliche** Begriff des **Arbeitsentgelts** ist in § 14 SGB IV geregelt. Hiernach gehören zum Arbeitsentgelt alle laufenden oder einmaligen Einnahmen aus einer Beschäftigung, gleichgültig, ob ein Rechtsanspruch auf die Einnahmen besteht, unter welcher Bezeichnung oder in welcher Form sie geleistet werden und ob sie unmittelbar aus der Beschäftigung oder im Zusammenhang mit ihr erzielt werden. Der Begriff des steuerpflichtigen Arbeitslohns und des beitragspflichtigen Arbeitsentgelts sind bereits deshalb nicht identisch, weil unter den steuerlichen Begriff „Arbeitslohn" im Gegensatz zum sozialversicherungspflichtigen Arbeitsentgelt nicht nur Einnahmen aus einem gegenwärtigen Arbeitsverhältnis, sondern auch Einnahmen aus einem **früheren** Arbeitsverhältnis fallen (vgl. „Versorgungsbezüge") und zwar sogar dann, wenn sie dem Rechtsnachfolger (Erben) zufließen (vgl. „Rechtsnachfolger"). Vergleicht man nur den steuerpflichtigen Arbeitslohn für die gegenwärtige (aktive) Beschäftigung mit dem sozialversicherungsrechtlichen Begriff „Arbeitsentgelt", so können sich auch hier Unterschiede ergeben. Die Verbindung dieser beiden Begriffe wird durch die Sozialversicherungsentgeltverordnung (SvEV) hergestellt, die nach der Verordnungsermächtigung des § 17 SGB IV „eine möglichst weitgehende Übereinstimmung mit den Regelungen des Steuerrechts sicherstellen soll". Zur Entscheidung der Frage, inwieweit der Arbeitslohn lohnsteuerpflichtig und als Arbeitsentgelt auch sozialversicherungspflichtig ist oder nicht, wird auf den alphabetischen **Hauptteil des Lexikons** hingewiesen.

6. Wie werden die Lohnsteuer und die Sozialversicherungsbeiträge berechnet?

Für die Berechnung der Lohnsteuer hat der Arbeitgeber die Höhe des steuerpflichtigen Arbeitslohns und den in Betracht kommenden Lohnzahlungszeitraum festzustellen (= im Regelfall der Kalendermonat). Vom Arbeitslohn sind ggf. der auf den Lohnzahlungszeitraum entfallende Anteil des Versorgungsfreibetrags, der Anteil des Zuschlags zum Versorgungsfreibetrag und der Anteil des Altersentlastungsbetrags abzuziehen, wenn die Voraussetzungen für den Abzug dieser Beträge jeweils erfüllt sind (vgl. diese Stichworte). Außerdem ist ein auf der Lohnsteuerkarte eingetragener Freibetrag abzuziehen. Ist auf der Lohnsteuerkarte ein Hinzurechnungsbetrag eingetragen, ist dieser dem Arbeitslohn hinzuzurechnen. Je nach Lohnzahlungszeitraum hat der Arbeitgeber die Lohnsteuer für den laufenden Arbeitslohn nach der Monats-, Wochen- oder Tagestabelle zu ermitteln. Bei sonstigen Bezügen (einmaligen Zuwendungen) ist die Lohnsteuer nach einem besonderen Verfahren unter Anwendung der Jahreslohnsteuertabelle zu berechnen (vgl. „Sonstige Bezüge").

Bei der Berechnung der Sozialversicherungsbeiträge ist zu beachten, dass die lohnsteuerlichen Freibeträge das beitragspflichtige Arbeitsentgelt nicht mindern dürfen. Das Arbeitsentgelt wird – im Gegensatz zur Lohnsteuer – nur bis zu bestimmten Höchstbeträgen (den sog. Beitragsbemessungsgrenzen) der Beitragspflicht unterworfen. Hiernach ergibt sich folgende Übersicht:

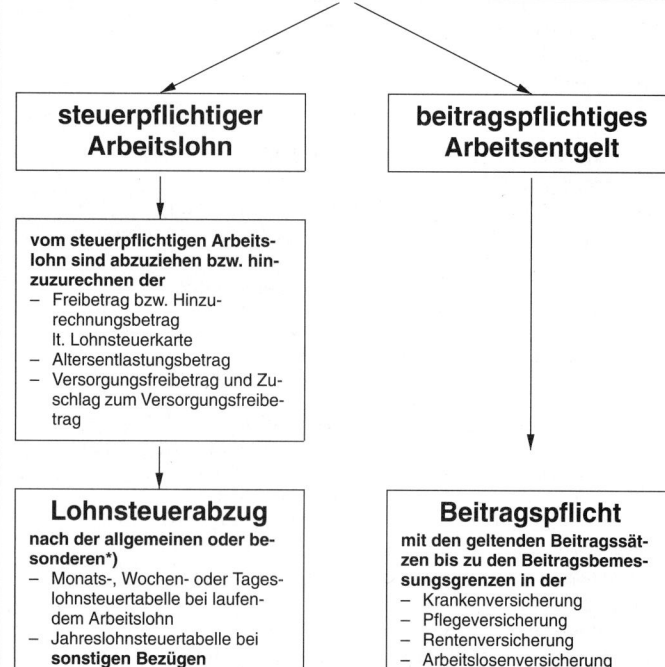

*) Auf die im selben Verlag erschienenen Allgemeinen und Besonderen Lohnsteuertabellen für Tag, Monat, Jahr wird besonders hingewiesen.

Schaubild zur Systematik des Lohnsteuerabzugs

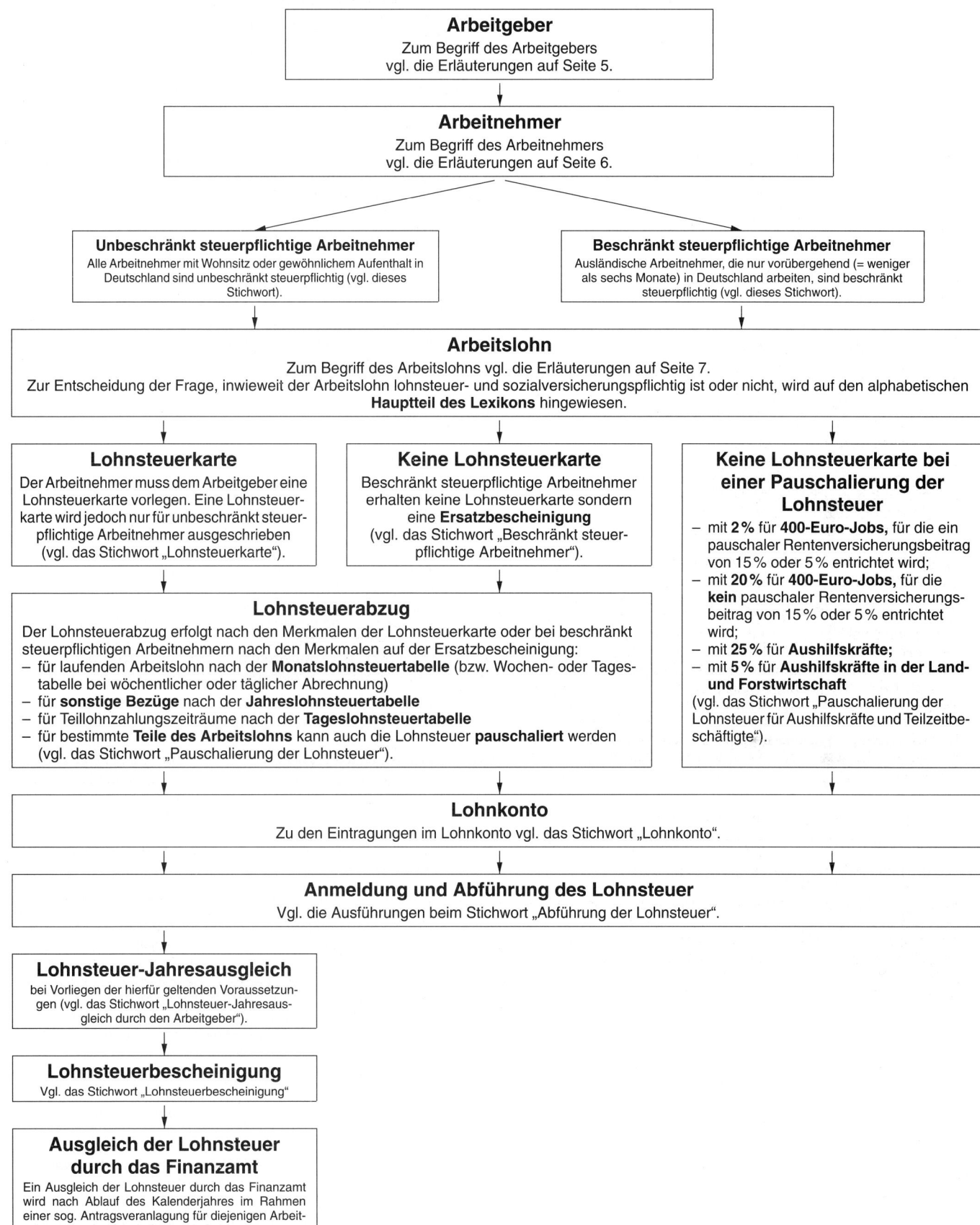

B. Grundsätzliches zur Kranken-, Pflege-, Renten- und Arbeitslosenversicherung

Gliederung:

1. Allgemeines
2. Versicherungspflichtiger Personenkreis
   a) Grundsätze der Versicherungspflicht
   b) Krankenkassenwahlrecht
3. Besonderheiten bei einer Beschäftigung in den neuen Bundesländern
   a) Allgemeines
   b) Kranken- und Pflegeversicherung
   c) Renten- und Arbeitslosenversicherung
   d) Versicherungsrecht
   e) Beitragsrecht
   f) Meldeverfahren
4. Versicherungsfreiheit
   a) Allgemeines
   b) Sonderregelung in der Krankenversicherung für über 55 Jahre alte Beschäftigte
   c) Versicherung bisher Nichtversicherter nach § 5 Abs. 1 Nr. 13 SGB V
   d) Sonderregelung in der Arbeitslosenversicherung
5. Arbeitsentgelt im Sinne der Sozialversicherung
6. Meldepflichten des Arbeitgebers
7. Aufzeichnungspflichten des Arbeitgebers
8. Berechnung der Sozialversicherungsbeiträge
   a) Allgemeines
   b) Beitragsbemessungsgrenzen
   c) Beitragssätze
   d) Verteilung der Beitragslast
   e) Zusätzlicher Beitrag zur sozialen Pflegeversicherung
   f) Spezielle Beitragsteilung in der Krankenversicherung
   g) Besonderheiten bei der Beitragsberechnung
   h) Beitragsgruppen
   i) Beitragsgruppen seit 1. Januar 2005
9. Abführung der Sozialversicherungsbeiträge
10. Ausgleich der Arbeitgeberaufwendungen (Umlageverfahren U1 und U2)
    a) Allgemeines
    b) Ausgleichsverfahren der Arbeitgeberaufwendungen bei Arbeitsunfähigkeit (U1)
       aa) Feststellung der Teilnahme an den Ausgleichsverfahren
       bb) Erstattungsfähige Aufwendungen
       cc) Maßgebender Erstattungssatz
       dd) Antragstellung
    c) Ausgleichsverfahren der Arbeitgeberaufwendungen für Mutterschaftsleistungen (U2)
       aa) Beteiligte Arbeitgeber
       bb) Erstattungsfähige Aufwendungen
       cc) Maßgebender Erstattungssatz
    d) Erhebung der Umlage U1
    e) Erhebung der Umlage U2
    f) Antragstellung
11. Sozialversicherungsausweis
12. Beiträge zur Kranken- und Pflegeversicherung bei Versorgungsbezügen
    a) Allgemeines
    b) Pflichten der Zahlstelle
    c) Beitragssatz und Berechnung der Beiträge
    d) Beitragsnachweis und Beitragsliste
    e) Sonstige Meldepflichten der Zahlstelle
    f) Maschinelles Meldeverfahren

1. Allgemeines

Die gesetzlichen Krankenkassen (AOK, Betriebskrankenkassen, Innungskrankenkassen, Ersatzkassen und Bundesknappschaft) sind als Einzugsstellen der Beiträge zur Kranken-, Pflege-, Renten- und Arbeitslosenversicherung sowie seit 1.1.2009 der Umlage für das Insolvenzgeld ein wichtiger Ansprechpartner für den Arbeitgeber. Denn die Krankenkassen beraten den Arbeitgeber in allen beitragsrechtlichen Zweifelsfragen.

Der Arbeitgeber hat den Arbeitnehmerbeitragsanteil am Sozialversicherungsbeitrag vom Lohn oder Gehalt einzubehalten und diesen zusammen mit dem Arbeitgeberanteil an die Krankenkasse zu entrichten. Beitragsschuldner gegenüber der Krankenkasse ist der Arbeitgeber sowohl hinsichtlich des Arbeitgeber- als auch des Arbeitnehmeranteils.

Für die Berechnung der Kranken-, Pflege-, Renten- und Arbeitslosenversicherungsbeiträge gelten weitgehend dieselben Grundsätze. Daher werden die Beiträge als Gesamtsozialversicherungsbeitrag bezeichnet. Für die Beitragsberechnung sind bei versicherungspflichtigen Arbeitnehmern in den einzelnen Versicherungszweigen das Arbeitsentgelt und der jeweilige Beitragssatz maßgebend. Das Arbeitsentgelt wird jedoch nur bis zur jeweiligen Beitragsbemessungsgrenze berücksichtigt, die jährlich den gestiegenen Löhnen und Gehältern angepasst wird.

Die ermittelten Gesamtsozialversicherungsbeiträge teilt der Arbeitgeber der Krankenkasse mit einem Beitragsnachweis mit. Bei der Beitragsentrichtung ist der Fälligkeitstermin zu beachten, weil anderenfalls Säumniszuschläge erhoben werden müssen. Außerdem hat der Arbeitgeber die im Gesetz vorgeschriebenen Melde- und Auskunftspflichten zu erfüllen sowie die entsprechenden Geschäftsunterlagen bei Betriebsprüfungen seitens der Versicherungsträger vorzulegen.

Durch die Einführung des Gesundheitsfonds zum 1.1.2009 hat sich an der o. g. Systematik für den Arbeitgeber nichts geändert.

2. Versicherungspflichtiger Personenkreis

a) Grundsätze der Versicherungspflicht

Die Versicherungspflicht entsteht kraft Gesetzes und erfasst in erster Linie Arbeitnehmer, die gegen Entgelt beschäftigt sind und die zu ihrer Berufsausbildung Beschäftigten. In der Rentenversicherung gibt es einen einheitlichen Arbeitnehmerbegriff. Auch in diesem Versicherungszweig wird nicht zwischen Arbeitern und Angestellten unterschieden. In der **Renten- und Arbeitslosenversicherung** besteht – abgesehen von dem Tatbestand einer geringfügigen Beschäftigung – Versicherungspflicht ohne Rücksicht auf die Höhe des Arbeitsentgelts. In der Krankenversicherung sind Arbeitnehmer dagegen nur dann versicherungspflichtig, wenn ihr regelmäßiges Jahresarbeitsentgelt (an drei aufeinander folgenden Kalenderjahren) die sog. Jahresarbeitsentgeltgrenze nicht übersteigt. Dies gilt einheitlich für die alten und neuen Bundesländer.

Für die Beurteilung der Versicherungspflicht in der Krankenversicherung gibt es zwei verschiedene Jahresentgeltgrenzen. Ab 1. Januar 2010 gilt Folgendes:

Die Grenze von 45 000 € gilt für alle Arbeitnehmer, die am 31.12.2002 wegen Überschreitens der bisherigen Jahresarbeitsentgeltgrenze versicherungsfrei und in der **privaten Krankenversicherung** versichert waren. Die Grenze von 49 950 € gilt für alle in der **gesetzlichen Krankenversicherung** freiwillig versicherten Arbeitnehmer, die die bisherige Jahresarbeitsentgeltgrenze überschritten haben. Beide Grenzen werden zukünftig wie gewohnt fortgeschrieben.

Ob ein Arbeitnehmer aus der Krankenversicherungspflicht ausscheidet oder krankenversicherungsfrei ist, hängt zunächst grundsätzlich davon ab, ob sein regelmäßiges Jahresarbeitsentgelt die Jahresarbeitsentgeltgrenze überschreitet. Welche Grenze für den jeweiligen Arbeitnehmer einschlägig ist, hängt davon ab, wie er am 1.1.2003 versichert war. Arbeitnehmer, die am 1.1.2003 bereits wegen Überschreitens der Jahresarbeitsentgeltgrenze versicherungsfrei und privat krankenversichert waren gilt die besondere Verdienstgrenze von 45 000 €. Für Arbeitnehmer, die am 1.1.2003 gesetzlich krankenversichert waren, gilt die allgemeine Jahresarbeitsentgeltgrenze von 49 950 €.

Versicherungsfreiheit bzw. ein Ausscheiden aus der Krankenversicherungspflicht kann nur noch dann eintreten bzw. erfolgen, wenn die Jahresarbeitsentgeltgrenze in **drei aufeinander folgenden Kalenderjahren** überschritten wird. Diese Regelung gilt seit 2.2.2007. Arbeitnehmer, die an diesem Stichtag bereits privat oder freiwillig krankenversichert waren und deren regelmäßiges Jahresarbeitsentgelt die Jahresarbeitsentgeltgrenze bereits übersteigt, blieben versicherungsfrei.

Zur **Berechnung des Jahresarbeitsentgeltes** vgl. die ausführlichen Erläuterungen anhand von Beispielen beim Stichwort „Jahresarbeitsentgeltgrenze".

Für die Versicherungspflicht in der sozialen **Pflegeversicherung** gilt Folgendes:

Nach § 20 Abs. 1 Nr. 1 SGB XI unterliegen die gegen Arbeitsentgelt beschäftigten **Arbeitnehmer und Auszubildenden** der Versicherungspflicht in der sozialen Pflegeversicherung, vorausgesetzt, sie sind aufgrund ihrer Beschäftigung versicherungspflichtige Mitglieder der gesetz-

B. Grundsätzliches zur Kranken-, Pflege-, Renten- und Arbeitslosenversicherung

lichen Krankenversicherung. Das bedeutet, dass Versicherungspflicht in der sozialen Pflegeversicherung nicht in Betracht kommt, wenn aufgrund der Beschäftigung nach § 6 oder § 7 SGB V Krankenversicherungsfreiheit besteht oder der Arbeitnehmer nach § 8 SGB V von der Krankenversicherungspflicht befreit ist. Dies bedeutet weiterhin, dass z. B. Arbeitnehmer, die eine wegen Überschreitens der Jahresarbeitsentgeltgrenze krankenversicherungsfreie Beschäftigung oder eine nach § 8 SGB IV geringfügige Beschäftigung ausüben, aufgrund dieser Beschäftigung nicht der Versicherungspflicht in der sozialen Pflegeversicherung unterliegen.

Für **Studenten** und **Praktikanten** besteht Versicherungspflicht in der gesetzlichen **Rentenversicherung,** sofern sie nicht eine geringfügige Beschäftigung ausüben (vgl. die Stichworte „Schüler", „Studenten" und „Praktikanten").

b) Krankenkassenwahlrecht

Bei der Wahl seiner Krankenkasse sind Arbeitnehmer von wenigen Ausnahmen abgesehen (Landwirtschaftliche Krankenkassen) völlig frei. Grundsätzlich kann jeder Arbeitnehmer sich eine Kasse seiner Wahl aussuchen.

Für das Krankenkassenwahlrecht gelten folgende Regelungen:

Eine Mitgliedschaft in der Krankenversicherung kommt bei allen gesetzlichen Krankenkassen (AOK, Betriebs- und Innungskrankenkassen, Ersatzkassen Bundesknappschaft) nur durch Ausübung eines Wahlrechts durch den Arbeitnehmer zustande. Die Landwirtschaftlichen Krankenkassen sind von diesem System ausgenommen.

Krankenversicherungspflichtige und freiwillig versicherte Arbeitnehmer können grundsätzlich zwischen folgenden Krankenkassen wählen:

– die AOK des Beschäftigungs- oder Wohnortes,
– jede Ersatzkasse, deren Zuständigkeit sich nach der Satzung der Ersatzkasse auf den Beschäftigungs- oder Wohnort erstreckt,
– eine Betriebs- oder Innungskrankenkasse, wenn der Arbeitnehmer in dem Betrieb beschäftigt ist, für den die Betriebs- oder Innungskrankenkasse besteht,
– eine Betriebs- oder Innungskrankenkasse, wenn die Satzung der Betriebs- oder Innungskrankenkasse eine allgemeine Öffnung für abgegrenzte Regionen vorsieht,
– die Krankenkasse bei der zuletzt eine Mitgliedschaft oder Familienversicherung bestanden hat,
– die Krankenkasse bei der der Ehegatte versichert ist,
– die Bundesknappschaft.

Die Ausübung des Wahlrechts ist gegenüber der jeweiligen Krankenkasse zu erklären. Diese darf die Mitgliedschaft nicht ablehnen. Nach Ausübung des Wahlrechts hat die gewählte Krankenkasse dem Arbeitnehmer unverzüglich eine Mitgliedsbescheinigung auszustellen. Diese hat der Arbeitnehmer unverzüglich seinem Arbeitgeber vorzulegen, damit dieser ihn bei der gewählten Krankenkasse anmelden kann. Legt der Arbeitnehmer keine Mitgliedsbescheinigung oder diese verspätet (nicht innerhalb von 14 Tagen) vor, hat der Arbeitgeber ihn bei der letzten Krankenkasse anzumelden. Ist eine solche nicht vorhanden, kann der Arbeitgeber die Anmeldung bei einer der o. g. Krankenkassen einreichen. Er hat den Arbeitnehmer darüber zu informieren, bei welcher Kasse er ihn angemeldet hat.

Krankenversicherungspflichtige und freiwillig Versicherte sind an eine Krankenkassenwahl, mindestens 18 Monate gebunden. Durch einen **Arbeitgeberwechsel** und eine damit neu eingetretene Versicherungspflicht wird grds. **kein neues Wahlrecht** ausgelöst. Gleiches gilt, wenn ein sonstiger Wechsel im Versicherungsverhältnis eintritt (z. B. Ende Beschäftigung und im Anschluss daran eine Versicherungspflicht als Arbeitslosengeldbezieher). Sofern sich zwischen zwei Versicherungsverhältnissen eine Unterbrechung ergibt, ist im Einzelfall ggf. ein neues Wahlrecht auch ohne Kündigung und nach der übereinstimmenden Auffassung der Aufsichtsbehörden des Bundes und der Länder sowie des Bundesministeriums für Gesundheit auch ohne Einhaltung der 18-monatigen Bindungsfrist möglich. Die Kündigung einer Mitgliedschaft ist zum Ablauf des übernächsten Kalendermonats, gerechnet vom Monat des Eingangs der Kündigung bei der Krankenkasse, möglich. Die Kündigung wird allerdings nur dann wirksam, wenn innerhalb der Kündigungsfrist eine Mitgliedschaft durch eine Mitgliedsbescheinigung einer anderen Krankenkasse nachgewiesen wird. Diese Mitgliedsbescheinigung darf die andere Krankenkasse allerdings nur dann ausstellen, wenn ihr eine Kündigungsbestätigung der bisherigen Kasse vorliegt. Wird dem Arbeitgeber die Mitgliedsbescheinigung nicht oder nicht innerhalb der Kündigungsfrist vorgelegt, darf er keine Ummeldung zu einer anderen Krankenkasse vornehmen.

Ein Sonderkündigungsrecht vor Ablauf der 18-monatigen Bindungsfrist besteht, wenn eine Krankenkasse

– einen Zusatzbeitrag erhebt
– einen Zusatzbeitrag erhöht
– Prämienzahlungen verringert oder
– Prämienzahlungen einstellt.

Das o. g. Sonderkündigungsrecht besteht bis zur ersten Fälligkeit einer der o. g. Änderungen. Eine Kündigung wird mit Ablauf des übernächsten auf den Eingang der Kündigung folgenden Monats wirksam. Bis dahin muss ein evtl. Zusatzbeitrag (der Grund für die Kündigung ist) nicht bezahlt werden. Die Krankenkassen sind verpflichtet, ihre Mitglieder im jeweiligen Fall auf ein bestehendes Sonderkündigungsrecht hinzuweisen.

3. Besonderheiten bei einer Beschäftigung in den neuen Bundesländern

a) Allgemeines

Durch das Gesetz zur Rechtsangleichung in der gesetzlichen Krankenversicherung gelten seit 1. Januar 2001 **in der Kranken- und Pflegeversicherung im gesamten Bundesgebiet einheitliche Rechen- und Bezugsgrößen,** und zwar die der alten Bundesländer. In der **Renten- und Arbeitslosenversicherung** wird hingegen auch über den 31. Dezember 2000 hinaus an der **Trennung** der Rechengrößen festgehalten. Dabei zählt **Ost-Berlin** in diesen Versicherungszweigen zu den **neuen Bundesländern.** Im Wesentlichen ergibt sich für das Versicherungs-, Beitrags- und Melderecht folgende Rechtslage:

b) Kranken- und Pflegeversicherung

Bundeseinheitliche Beitragsbemessungs- und Jahresarbeitsentgeltgrenzen.

Sachbezugswerte:

– In den alten Bundesländern einschließlich West-Berlin gelten die West-Werte.
– In den neuen Bundesländern einschließlich Ost-Berlin gelten die Ost-Werte.
– Für die übrigen Beitragsberechnungsgrundlagen gelten bundeseinheitliche Werte, die aus der Bezugsgröße West abgeleitet werden (z. B. Mindestbeitrag für freiwillig Versicherte).

c) Renten- und Arbeitslosenversicherung

Beitragsbemessungsgrenze:

– In den alten Bundesländern einschließlich West-Berlin gelten die West-Grenzen,
– in den neuen Bundesländern einschließlich Ost-Berlin gelten die Ost-Grenzen.

Sachbezugswerte:

– In den alten Bundesländern einschließlich West-Berlin gelten die West-Werte,
– in den neuen Bundesländern einschließlich Ost-Berlin gelten die Ost-Werte.

Bezugsgröße:

Für die übrigen Beitragsberechnungsgrundlagen gelten die Werte des Rechtskreises in dem die Beschäftigung ausgeübt wird, wenn Bemessungsgrundlage die Bezugsgröße ist (z. B. Praktikanten ohne Entgelt, arbeitnehmerähnliche Selbständige).

Die oben geschilderte Rechtslage wirkt sich in der Krankenversicherung im Einzelnen wie folgt aus:

d) Versicherungsrecht

Die Prüfung der Versicherungspflicht in der Krankenversicherung ist auch für Beschäftigte in den neuen Bundesländern anhand der einheitlich geltenden **Jahresarbeitsentgeltgrenzen** vorzunehmen (siehe hierzu auch das Stichwort „Jahresarbeitsentgeltgrenze").

e) Beitragsrecht

Seit 1. Januar 2001 werden die **Beiträge zur Krankenversicherung** bei Beschäftigten sowohl in den alten als auch in den neuen Bundesländern maximal aus der **Beitragsbemessungsgrenze West** berechnet. In der **Renten- und Arbeitslosenversicherung** ist bei Beschäftigungen in

B. Grundsätzliches zur Kranken-, Pflege-, Renten- und Arbeitslosenversicherung

den neuen Bundesländern einschließlich Ost-Berlin die **Beitragsbemessungsgrenze Ost** zu beachten.

Hinsichtlich der **Sachbezugswerte** für die beitragsrechtliche Bewertung unentgeltlich oder verbilligt abgegebener Verpflegung oder freie Unterkunft durch den Arbeitgeber bleibt es weiterhin bei unterschiedlichen amtlichen Werten der Sachbezugsverordnung. Maßgebend, welcher Wert anzusetzen ist, ist der Beschäftigungsort des Arbeitnehmers.

Arbeitgeber, die Arbeitnehmer sowohl in den alten als auch in den neuen Bundesländern beschäftigen, haben dies bei der Abführung der Beiträge weiterhin mit **getrennten Beitragsnachweisen** zu dokumentieren, auch wenn sie nur an eine Einzugsstelle abzuführen haben.

Der **Arbeitgeberzuschuss zur Krankenversicherung** (vgl. dieses Stichwort) bei einem privaten Krankenversicherungsunternehmen orientiert sich u. a. an der Beitragsbemessungsgrenze der Krankenversicherung. Diese beträgt ab 1. Januar 2010 für das gesamte Bundesgebiet 3750 € monatlich. Für den Höchstzuschuss wird der um 0,9 % verminderte allgemeine Beitragssatz aller Krankenkassen herangezogen. Ab 1. Januar 2010 beträgt der Höchstzuschuss für die alten und die neuen Bundesländer 262,50 €.

f) Meldeverfahren

Wegen der Beibehaltung der Rechtskreistrennung in der Renten- und Arbeitslosenversicherung hat der Arbeitgeber wie bisher jeden versicherungspflichtigen Arbeitnehmer bei dessen Wechsel von einer Betriebsstätte in den neuen Bundesländern einschließlich Ost-Berlin zu einer Betriebsstätte in den übrigen Bundesländern oder umgekehrt zu melden.

4. Versicherungsfreiheit

a) Allgemeines

Der Gesetzgeber hat für bestimmte Personenkreise einen Versicherungsschutz nicht für erforderlich gehalten, sodass es Ausnahmen von der Versicherungspflicht gibt. Diese Ausnahmen erstrecken sich nicht immer einheitlich auf alle Versicherungszweige. Die Besonderheiten sind unter den einzelnen Stichworten im Hauptteil des Lexikons abgehandelt. Versicherungsfreiheit – zumindest in einzelnen Versicherungszweigen – besteht für folgende Beschäftigte:

- **Geringfügige Beschäftigungen** (vgl. dieses Stichwort);
- **Studenten** (vgl. dieses Stichwort);
- **Schüler** (vgl. dieses Stichwort);
- **Praktikanten** (vgl. dieses Stichwort);
- **Pensionäre** (vgl. dieses Stichwort);
- **Weiter beschäftigte Altersrentner** (vgl. „Rentner");
- **Beamte, Richter, Soldaten** (vgl. „Beamte").

b) Sonderregelung in der Krankenversicherung für über 55 Jahre alte Beschäftigte

In der Krankenversicherung hat der Gesetzgeber bereits seit mehreren Jahren die Trennung zwischen den unterschiedlichen Versicherungssystemen (Private Krankenversicherung – Gesetzliche Krankenversicherung) forciert. So sieht § 6 Abs. 3 SGB V vor, dass sich die Versicherungsfreiheit für bestimmte Personen (z. B. Arbeitnehmer mit einem Entgelt über der Jahresarbeitsentgeltgrenze, Beamte, Geistliche, Lehrer, Pensionisten etc.) auch auf alle anderen Versicherungspflichttatbestände (Beschäftigung, Leistungsbezug durch das Arbeitsamt, Jugendliche in Einrichtungen der Jugendhilfe, Rehabilitanden, behinderte Menschen, Studenten, Praktikanten, Rentner und Rentenantragsteller) erstreckt. Dies bedeutet, dass Personen, die z. B. als Beamte in der Krankenversicherung versicherungsfrei sind, auch in einer Nebenbeschäftigung als (grundsätzlich versicherungspflichtiger) Arbeitnehmer versicherungsfrei in der Krankenversicherung bleiben, solange die Beamteneigenschaft andauert. Darüber hinaus werden die oben genannten Personenkreise in der Krankenversicherung ebenfalls nicht versicherungspflichtig, solange sie daneben als hauptberuflich Selbständige tätig sind.

Von dieser sog. „absoluten Versicherungsfreiheit" nach § 6 Abs. 3 SGB V sind lediglich Leistungsbezieher der Agenturen für Arbeit, versicherungspflichtige Künstler und Publizisten und Landwirte und ihre mitarbeitenden Familienangehörigen sowie Altenteiler ausgenommen.

Darüber hinaus besteht eine weitere Regelung, die bestimmte Personen von der Versicherungspflicht in der gesetzlichen **Krankenversicherung**, trotz des Vorliegens der grundsätzlichen Voraussetzungen hierfür, generell ausnimmt. Nach § 6 Abs. 3 a SGB V sind Personen, die **nach Vollendung des 55. Lebensjahres** versicherungspflichtig werden, **versicherungsfrei**, wenn sie in **den letzten fünf Jahren** vor Eintritt der Versicherungspflicht **nicht** gesetzlich versichert waren. Weitere Voraussetzung ist, dass diese Personen mindestens die Hälfte dieser Zeit versicherungsfrei, von der Versicherungspflicht befreit oder wegen einer hauptberuflichen Selbständigkeit nicht versicherungspflichtig waren oder in der genannten Zeit mit einer Person verheiratet waren, die diese Voraussetzungen erfüllte.

Die Versicherungsfreiheit setzt also voraus, dass in den letzten fünf Jahren vor Beginn der Versicherungspflicht überwiegend Versicherungsfreiheit bestanden hat. Langzeitarbeitslose, die nach dem Bezug von Sozialhilfe eine versicherungspflichtige Beschäftigung aufnehmen, werden von der Regelung nicht erfasst. Dies gilt auch für Personen, die nach einem längeren Auslandsaufenthalt wieder eine versicherungspflichtige Beschäftigung im Inland aufnehmen (z. B. Entwicklungshelfer). Gleiches gilt für Ausländer, die nach Erreichung der Altersgrenze von 55 Jahren **erstmals** in der Bundesrepublik Deutschland versicherungspflichtig sind. Ebenfalls von der Neuregelung nicht erfasst werden Mitglieder, die zum Zeitpunkt des In-Kraft-Tretens der Neuregelung bereits 55 Jahre alt und versicherungspflichtig sind.

Durch die Festsetzung des Fünfjahreszeitraums ist außerdem sichergestellt, dass die Versicherungspflicht von Rentnern und Rentenantragstellern, für die eine Vorversicherungszeit bereits gefordert ist (§ 5 Abs. 1 Nr. 11 SGB V), grundsätzlich unberührt bleibt. Wer in den letzten fünf Jahren nicht in der gesetzlichen Krankenversicherung als Mitglied oder Familienangehöriger versichert war, kann auch regelmäßig nicht die Vorversicherungszeit in der Krankenversicherung der Rentner erfüllen.

Nach § 6 Abs. 3 a Satz 3 SGB V werden auch die **Ehegatten** der Beamten, Selbständigen und versicherungsfreien Arbeitnehmer von der Regelung erfasst, wenn sie nach dem 55. Lebensjahr z. B. durch Aufnahme einer mehr als geringfügigen Beschäftigung versicherungspflichtig werden und in der Rahmenfrist vorher nicht gesetzlich versichert waren.

Von der Neuregelung unberührt bleibt die Verpflichtung des Arbeitgebers zur Zahlung eines Beitragszuschusses zu den Kranken- und Pflegeversicherungsbeiträgen von Beschäftigten nach § 257 SGB V (vgl. die Stichworte „Arbeitgeberzuschuss zur Krankenversicherung" und „Arbeitgeberzuschuss zur Pflegeversicherung").

c) Versicherung bisher Nichtversicherter nach § 5 Abs. 1 Nr. 13 SGB V

Nach § 5 Abs. 1 Nr. 13 Buchst. a SGB V sind Personen versicherungspflichtig, die keinen anderweitigen Anspruch auf Absicherung im Krankheitsfall haben und zuletzt gesetzlich krankenversichert waren. Die Versicherungspflicht im Sinne der vorgenannten Regelung erfasst danach Personen, deren gesetzliche Krankenversicherung ohne Anschlussabsicherung endet oder die im Anschluss an das Ende einer gesetzlichen Krankenversicherung ohne anderweitige Absicherung im Krankheitsfall sind. Die o. g Fallgestaltung ist grds. auch bei Arbeitnehmern denkbar. Insofern können sich Konsequenzen für die Personalabrechnung ergeben.

Die Versicherungspflicht nach § 5 Abs. 1 Nr. 13 SGB V ist bei Arbeitnehmern insbesondere bei folgenden Fallgestaltungen denkbar:

- Versicherungsfreier Arbeitnehmer mit einem regelmäßigen Jahresarbeitsentgelt oberhalb der Jahresarbeitsentgeltgrenze, der bewusst auf einen Krankenversicherungsschutz verzichtet hat.
- Versicherungsfreier Arbeitnehmer mit einem regelmäßigen Jahresarbeitsentgelt oberhalb der Jahresarbeitsentgeltgrenze und ehemaliges freiwilliges Mitglied, das wegen Zahlungsverzugs aus der freiwilligen Krankenversicherung ausscheiden musste.
- Arbeitnehmer, der aufgrund des § 6 Abs. 3a SGB V (55. Lebensjahr) in einer Beschäftigung nicht nach § 5 Abs. 1 Nr. 1 SGB V versicherungspflichtig ist und für den kein anderweitiger Anspruch auf Absicherung im Krankheitsfall besteht.
- Arbeitnehmer, der in einer Beschäftigung wegen Geringfügigkeit (§ 8 Abs. 1 SGB IV) nicht nach § 5 Abs. 1 Nr. 1 SGB V versicherungspflichtig ist und für den kein anderweitiger Anspruch auf Absicherung im Krankheitsfall besteht.

Die Versicherungspflicht nach § 5 Abs. 1 Nr. 13 SGB V **löst nicht** die in § 28a SGB IV vorgesehenen **Meldeverpflichtungen des Arbeitgebers aus**. Arbeitnehmer, die die Voraussetzungen nach § 5 Abs. 1 Nr. 13 SGB V erfüllen und nicht zu den nach § 5 Abs. 1 Nr. 1 SGB V versicherungspflichtigen Arbeitnehmern gehören, haben sich wie andere von § 5 Abs. 1 Nr. 13 SGB V betroffene Personen **selbst** bei der zuständigen Krankenkasse anzumelden. **Unabhängig davon ist jedoch die Meldung zur Renten- und Arbeitslosenversicherung durch den Arbeitgeber zu erstatten.**

B. Grundsätzliches zur Kranken-, Pflege-, Renten- und Arbeitslosenversicherung

Geringfügig entlohnte Beschäftigte sind von ihren Arbeitgebern der Deutschen Rentenversicherung Knappschaft-Bahn-See zu melden. Pauschalbeiträge zur Krankenversicherung nach § 249b SGB V bzw. § 48 Abs. 6 KVLG 1989 (und/oder zur Rentenversicherung nach § 172 Abs. 3 SGB VI) sind abzuführen. Die Zahlung des Pauschalbeitrags setzt voraus, dass der geringfügig Beschäftigte in der gesetzlichen Krankenversicherung versichert ist. Bei diesen geringfügig entlohnten Beschäftigten ist die Beitragsgruppe zur Krankenversicherung mit „6" zu verschlüsseln (und die Beitragsgruppe zur Rentenversicherung ggf. mit „5" oder „1"). Tritt für einen geringfügig entlohnten Beschäftigten durch die Regelung des § 5 Abs. 1 Nr. 13 SGB V Versicherungspflicht in der gesetzlichen Krankenversicherung ein, hat der Arbeitgeber eine Änderungsmeldung zu der zuvor mit der Beitragsgruppe 05(1)00 und dem Personengruppenschlüssel 109 abgegebenen Meldung zu erstellen. In der Meldung ist für die Zeit ab Beginn der Versicherungspflicht nach § 5 Abs. 1 Nr. 13 SGB V die Beitragsgruppe 65(1)00 anzugeben. Der geringfügig entlohnte Beschäftigte hat den Arbeitgeber über die Versicherungspflicht nach § 5 Abs. 1 Nr. 13 SGB V sofort zu unterrichten (vgl. § 28o Abs. 1 SGB IV). Der Eintritt der Versicherungspflicht nach § 5 Abs. 1 Nr. 13 SGB V hat keine Auswirkungen auf die Meldung des Arbeitgebers, die für einen kurzfristig Beschäftigten im Sinne des § 8 Abs. 1 Nr. 2 SGB IV abgegeben worden ist.

Sofern Arbeitnehmer in ihrer **mehr als geringfügig entlohnten Beschäftigung** nicht nach § 5 Abs. 1 Nr. 1 SGB V versicherungspflichtig sind, aber aufgrund der Neuregelung des § 5 Abs. 1 Nr. 13 SGB V der Versicherungspflicht unterliegen, sind die Beiträge aus dem Arbeitsentgelt mit dem allgemeinen Beitragssatz zu erheben, soweit bei Arbeitsunfähigkeit für mindestens 6 Wochen ein Anspruch auf Entgeltfortzahlung besteht. Abweichend davon sind die Beiträge aus dem Arbeitsentgelt mit dem erhöhten Beitragssatz zu erheben, soweit bei Arbeitsunfähigkeit ein Anspruch auf Entgeltfortzahlung nicht für mindestens 6 Wochen besteht.

Sofern der Krankenversicherungsbeitrag eines im Sinne des § 5 Abs. 1 Nr. 13 SGB V Versicherungspflichtigen nach dem Arbeitsentgelt zu bemessen ist, das nicht aus einer geringfügigen entlohnten Beschäftigung nach § 8 Abs. 1 Nr. 1 SGB IV resultiert, **tragen der Versicherte und der Arbeitgeber den Beitrag je zur Hälfte** (§ 250 Abs. 3 SGB V). Dies gilt grundsätzlich auch für die Beiträge zur Pflegeversicherung (§ 58 Abs. 1 Satz 1 und Abs. 3 SGB XI).

Für **geringfügig entlohnte Beschäftigte** nach § 8 Abs. 1 Nr. 1 SGB IV gelten die **besonderen Beitragsregelungen** des § 249b SGB V. Danach trägt der Arbeitgeber die pauschalen Krankenversicherungsbeiträge allein. Dies gilt gleichermaßen für die Personen, die bisher über keinen anderweitigen Krankenversicherungsschutz verfügen, eine geringfügige Beschäftigung ausüben und nach § 5 Abs. 1 Nr. 13 SGB V versicherungspflichtig werden.

Die Beiträge aus dem Arbeitsentgelt für die nach § 5 Abs. 1 Nr. 13 SGB V versicherungspflichtigen Mitglieder werden vom Arbeitgeber und Arbeitnehmer je zur Hälfte getragen. Demzufolge wären prinzipiell die Beiträge zur Kranken- und Pflegeversicherung durch den Tatbestand des Eintretens der Versicherungspflicht nach § 5 Abs. 1 Nr. 13 SGB V im Wege des üblichen Verfahrens durch den Arbeitgeber an die Einzugsstelle abzuführen. **Die Regelungen über die Zahlung des Gesamtsozialversicherungsbeitrags** im Rahmen der §§ 28d bis 28n SGB IV **finden hier allerdings keine Anwendung**. Der Gesetzgeber hat mit der Neuregelung des § 227 SGB V eindeutig bestimmt, dass die Regelungen des § 240 SGB V (§ 57 Abs. 1 SGB XI in Verb. mit § 240 SGB V) für die Ermittlung der beitragspflichtigen Einnahmen anzuwenden sind. Diese bewegen sich gänzlich außerhalb der Rechtsnormen zum Gesamtsozialversicherungsbeitrag. Dies hat zur Folge, dass der Arbeitgeber nur seine Beitragsanteile zur Kranken- und Pflegeversicherung zahlt und der nach § 5 Abs. 1 Nr. 13 SGB V Versicherungspflichtige für diese ebenso wie für die von ihm zu tragenden Teile Beitragsschuldner ist. Es ist daher der **gesamte Betrag vom Versicherten an die Krankenkasse zu zahlen. Der Arbeitgeber zahlt** die sich aus dem Arbeitsentgelt ergebenen **Beiträge** zur Kranken- und Pflegeversicherung daher **wie einen Beitragszuschuss** für einen Beschäftigten (vgl. § 257 SGB V, § 61 SGB XI) an den nach § 5 Abs. 1 Nr. 13 SGB V Versicherungspflichtigen **aus**.

d) Sonderregelung in der Arbeitslosenversicherung

In der **Arbeitslosenversicherung** sind unter anderem noch folgende Personengruppen versicherungsfrei:
- **Schüler** an allgemein bildenden Schulen
- Arbeitnehmer, die **das 65. Lebensjahr vollendet** haben
- Bezieher einer **Voll**rente wegen Erwerbsminderung
- Arbeitnehmer, die wegen einer Minderung ihrer Leistungsfähigkeit dauernd der Arbeitsvermittlung nicht zur Verfügung stehen
- unständig Beschäftigte
- Vorstandsmitglieder einer Aktiengesellschaft
- ehrenamtliche Bürgermeister und ehrenamtliche Beigeordnete

5. Arbeitsentgelt im Sinne der Sozialversicherung

Nach § 14 Abs. 1 Satz 1 SGB IV sind Arbeitsentgelt alle **laufenden** oder **einmaligen Einnahmen** aus einer Beschäftigung, gleichgültig, ob ein Rechtsanspruch auf die Einnahmen besteht, unter welcher Bezeichnung oder in welcher Form sie geleistet werden und ob sie unmittelbar aus der Beschäftigung oder im Zusammenhang mit ihr erzielt werden. Neben dem Barlohn gehören zum Arbeitslohn auch die Sachbezüge, wobei die Gewährung freier oder verbilligter Unterkunft in den neuen Bundesländern niedriger bewertet wird als in den alten Bundesländern.

Nicht zum beitragspflichtigen Arbeitsentgelt gehören einmalige Einnahmen, laufende Zulagen, Zuschläge, Zuschüsse sowie ähnliche Einnahmen, die zusätzlich zu Löhnen oder Gehältern gewährt werden, **soweit sie lohnsteuerfrei sind**. Arbeitslohn, der pauschal mit einem freien Pauschsteuersatz versteuert wird, gehört ebenfalls in bestimmten Fällen nicht zum beitragspflichtigen Arbeitsentgelt.

Der Entscheidung der Frage, ob Zuwendungen des Arbeitgebers steuerpflichtiger Arbeitslohn und beitragspflichtiges Arbeitsentgelt sind oder nicht, dient der alphabetische **Hauptteil des Lexikons**. Auf die einzelnen Stichworte wird hingewiesen.

6. Meldepflichten des Arbeitgebers

Die Vorschriften zu den Meldepflichten des Arbeitgebers sind durch viele Änderungen und Ergänzungen in den letzten Jahren zu einem komplexen Bestandteil des Sozialversicherungsrechts geworden. Da eine genaue Kenntnis der geänderten Bestimmungen für jeden Arbeitgeber unerlässlich ist, wurden in **Anhang 15** des Lexikons alle geltenden melderechtlichen Vorschriften in einer gesonderten Zusammenfassung ausführlich dargestellt.

Ab 1.1.2010 werden die Meldepflichten um die monatliche Meldung für den elektronischen Entgeltnachweis **(ELENA-Verfahren)** ergänzt. Einzelheiten hierzu siehe unter dem gesonderten Stichwort im Hauptteil des Lexikons.

7. Aufzeichnungspflichten des Arbeitgebers

Bereits nach dem Steuerrecht ist der Arbeitgeber zur Führung von Lohnunterlagen verpflichtet (vgl. das Stichwort „Lohnkonto"); hieran knüpft die Sozialversicherung seit jeher an. Die näheren Einzelheiten ergeben sich aus der Beitragsverfahrensverordnung. Hiernach sind alle Arbeitgeber verpflichtet, für jeden Beschäftigten (getrennt nach Kalenderjahren) Entgeltunterlagen in deutscher Sprache zu führen und geordnet aufzubewahren. Diese Verpflichtung gilt für alle Beschäftigte – unabhängig davon, ob Versicherungspflicht besteht oder nicht. Entgeltunterlagen sind also auch erforderlich für geringfügig und damit versicherungsfrei Beschäftigte. Sammellohnkonten sind nicht zulässig.

In die Entgeltunterlagen sind im Einzelnen folgende Angaben über den Beschäftigten aufzunehmen:
- der Familien- und Vorname sowie ggf. das Ordnungsmerkmal (Personal-Stammnummer)
- das Geburtsdatum
- bei Ausländern aus Staaten außerhalb des EWR die Staatsangehörigkeit und den Aufenthaltstitel
- die Anschrift
- der Beginn und das Ende der Beschäftigung
- der Beginn und das Ende der Altersteilzeitarbeit
- das Wertguthaben aus flexibler Arbeitszeit einschließlich der Änderungen (Zu- und Abgänge); den Abrechnungsmonat der ersten Gutschrift sowie den Abrechnungsmonat für jede Änderung und ein Nachweis über die getroffenen Vorkehrungen zum Insolvenzschutz; bei auf Dritte übertragenen Wertguthaben sind diese beim Dritten zu kennzeichnen.
- die Beschäftigungsart (ggf. verschlüsselt)
- bei Versicherungsfreiheit oder Befreiung von der Versicherungspflicht die dafür maßgebenden Angaben (ggf. verschlüsselt)
- das Arbeitsentgelt nach § 14 SGB IV, seine Zusammensetzung und zeitliche Zuordnung*); ausgenommen sind Sachbezüge und Beleg-

---
*) Diese Angaben sind für jeden Entgeltabrechnungszeitraum erforderlich.

B. Grundsätzliches zur Kranken-, Pflege-, Renten- und Arbeitslosenversicherung

schaftsrabatte, soweit für sie eine Aufzeichnungspflicht nach dem Einkommensteuergesetz nicht besteht
- das beitragspflichtige Entgelt bis zur Beitragsbemessungsgrenze der Rentenversicherung, die Zusammensetzung und zeitliche Zuordnung (mit Summierung für die Meldungen)*)
- der Unterschiedsbetrag zwischen 90 % des Vollarbeitsentgelts und dem Arbeitsentgelt für die Altersteilzeitarbeit*)
- der Beitragsgruppenschlüssel*)
- die Einzugsstelle für den Gesamtsozialversicherungsbeitrag (ggf. verschlüsselt)*)
- den vom Beschäftigten zu tragenden Anteil am Gesamtsozialversicherungsbeitrag, getrennt nach Beitragsgruppen*)
- die für die Erstattung von Meldungen erforderlichen Daten (soweit nicht schon in anderen Unterlagen enthalten)
- gezahltes Kurzarbeitergeld und die hierauf entfallenden beitragspflichtigen Einnahmen
- bei Entsendung ins Ausland: Eigenart und zeitliche Begrenzung der Beschäftigung.

Zu den Entgeltunterlagen zu nehmen sind:
- Nachweise, aus denen die Angaben zur Versicherungsfreiheit bzw. Befreiung von der Versicherungspflicht, zur Entsendung ins Ausland, die Staatsangehörigkeit und der Aufenthaltstitel ersichtlich sind
- Mitgliedsbescheinigungen der Krankenkassen sowie
- die Daten der erstatteten Meldungen
- Erklärungen geringfügig Beschäftigter über den Verzicht auf die Rentenversicherungsfreiheit
- Erklärungen Beschäftigter, dass auf die Anwendung der Gleitzonenberechnung in der Rentenversicherung verzichtet wird
- die Erklärung des kurzfristig geringfügig Beschäftigten über weitere kurzfristige Beschäftigungen im Kalenderjahr
- Niederschriften nach § 2 Nachweisgesetz
- Kopien von Anträgen, Unterlagen und Bescheiden im Zusammenhang mit einem Statusfeststellungsverfahren bei der Deutschen Rentenversicherung Bund (vgl. hierzu das Stichwort „Scheinselbständigkeit" im Hauptteil des Lexikons)
- den Bescheid der Einzugsstelle über die Feststellung der Versicherungspflicht einer Beschäftigung
- die Entscheidung der Finanzbehörden, dass vom Arbeitgeber getragene oder übernommene Studiengebühren für ein Studium des Beschäftigten steuerrechtlich kein Arbeitslohn sind
- Bescheinigungen nach § 2 Abs. 2a des Arbeitnehmer-Entsendegesetzes
- den Nachweis der Elterneigenschaft im Zusammenhang mit dem Zusatzbeitrag zur Pflegeversicherung
- die Erklärung über den Auszahlungsverzicht von zustehenden Entgeltansprüchen

Der Arbeitgeber hat zur Prüfung der Vollständigkeit der Entgeltabrechnung für jeden Abrechnungszeitraum ein Verzeichnis aller Beschäftigten in der Sortierfolge der Entgeltunterlagen zu erfassen. Diese Verzeichnisse sind je Einzugsstelle zu erstellen und haben folgende Angaben zu enthalten:
- der Familien- und Vorname sowie ggf. das betriebliche Ordnungsmerkmal
- das beitragspflichtige Arbeitsentgelt bis zur Beitragsbemessungsgrenze in der Rentenversicherung
- der Unterschiedsbetrag zwischen 90 % des Vollarbeitsentgeltes und dem Arbeitsentgelt für die Altersteilzeitarbeit
- der Beitragsgruppenschlüssel
- die Sozialversicherungstage
- der Gesamtsozialversicherungsbeitrag nach Arbeitgeber- und Arbeitnehmeranteilen, aufgeschlüsselt nach Beitragsgruppen
- bei Arbeitsausfall durch Kurzarbeit:
  - das gezahlte Kurzarbeitergeld
  - die hierauf entfallenden beitragspflichtigen Einnahmen.
- die beitragspflichtigen Sonntags-, Feiertags- und Nachtzuschläge
- die Umlagesätze nach dem Aufwendungsausgleichsgesetz und das umlagepflichtige Arbeitsentgelt
- die Parameter für die Berechnung der voraussichtlichen Höhe der Beitragsschuld.

8. Berechnung der Sozialversicherungsbeiträge

a) Allgemeines

Die Höhe der Beiträge zur Kranken-, Pflege-, Renten- und Arbeitslosenversicherung ist abhängig von dem erzielten **Arbeitsentgelt,** von dem **Beitragssatz** und der **Beitragszeit.**

Die Beiträge sind unmittelbar aus dem tatsächlichen Arbeitsentgelt zu errechnen (vgl. „Berechnung der Lohnsteuer und der Sozialversicherungsbeiträge").

b) Beitragsbemessungsgrenzen

Das Arbeitsentgelt wird nicht in unbeschränkter Höhe, sondern nur bis zu bestimmten Höchstbeträgen, den so genannten Beitragsbemessungsgrenzen für die Beitragsberechnung herangezogen. Auch in die Versicherungsnachweise der gesetzlichen Rentenversicherung sind Arbeitsentgelte nur bis zu der Beitragsbemessungsgrenze dieses Versicherungszweiges einzutragen.

Für das Kalenderjahr **2010** wurden die Beitragsbemessungsgrenzen wie folgt festgesetzt:

Renten- und Arbeitslosenversicherung

	alte Länder	neue Länder
Jahr	66 000,— €	55 800,— €
Monat	5 500,— €	4 650,— €
Woche	1 283,33 €	1 085,— €
Kalendertag	183,33 €	155,— €

Kranken- und Pflegeversicherung

	alte und neue Länder
Jahr	45 000,— €
Monat	3 750,— €
Woche	875,— €
Kalendertag	125,— €

Hat ein versicherungspflichtiger Arbeitnehmer nicht während des gesamten Lohnabrechnungszeitraumes gearbeitet, so ist das erzielte Arbeitsentgelt nur bis zu den Teilbetragsbemessungsgrenzen, d. h. den Grenzen, die für den verkürzten Zeitraum gelten, beitragspflichtig. Für die Berechnung der Teilbetragsbemessungsgrenzen gilt folgende Formel:

$$\frac{\text{Jahres-Beitragsbemessungsgrenze} \times \text{Kalendertage}}{360}$$

Die Berechnung der Sozialversicherungsbeiträge bei sog. Teillohnzahlungszeiträumen ist bei diesem Stichwort anhand von Beispielen erläutert. Beim Stichwort „Teillohnzahlungszeitraum" unter Nr. 4 auf Seite 692 ist auch eine **Tabelle für die anteiligen Beitragsbemessungsgrenzen** bei Teillohnzahlungszeiträumen für die alten und neuen Bundesländer abgedruckt.

Ist der Arbeitnehmer gleichzeitig für mehrere Arbeitgeber tätig, so werden die Arbeitsentgelte aus allen Beschäftigungen zusammengerechnet. Überschreitet die Summe die Beitragsbemessungsgrenze nicht, muss jeder Arbeitgeber die Beiträge von dem bei ihm erzielten Arbeitsentgelt berechnen und abführen. Überschreitet die Summe der Entgelte die Beitragsbemessungsgrenze, müssen die Arbeitsentgelte für die Beitragsberechnung nach dem Verhältnis ihrer Höhe so gekürzt werden, dass die Beitragsbemessungsgrenzen nicht überschritten werden (vgl. das Stichwort „Mehrfachbeschäftigung").

c) Beitragssätze

Für das Kalenderjahr **2010** gelten folgende Beitragssätze:

– **Rentenversicherung**	19,9%
– **Arbeitslosenversicherung**	2,8%
– **Pflegeversicherung**	1,95%
– **Krankenversicherung**	14,9%

Im Zusammenhang mit der Einführung des Gesundheitsfonds wurde der Beitrag zur Krankenversicherung durch Rechtsverordnung für alle Krankenkassen zuletzt ab 1.7.2009 einheitlich auf 14,9 % festgelegt.

Beim Krankenversicherungsbeitrag ist zu unterscheiden, zwischen
- dem **allgemeinen** Beitragssatz (14,9 %),
- dem **ermäßigten** Beitragssatz (14,3 %).

---

*) Diese Angaben sind für jeden Entgeltabrechnungszeitraum erforderlich.

B. Grundsätzliches zur Kranken-, Pflege-, Renten- und Arbeitslosenversicherung

Der allgemeine Beitragssatz gilt für alle Arbeitnehmer, die bei Arbeitsunfähigkeit für mindestens sechs Wochen Anspruch auf Fortzahlung des Arbeitsentgelts haben.

Der ermäßigte Beitragssatz gilt für Arbeitnehmer, die keinen Anspruch auf Krankengeld haben (z. B. beschäftigte Altersrentner).

Der erhöhte Beitragssatz ist zum 1.1.2009 ersatzlos weggefallen.

d) Verteilung der Beitragslast

Die Gesamtsumme der Beiträge zur Kranken-, Pflege-, Renten- und Arbeitslosenversicherung wird als **Gesamtsozialversicherungsbeitrag** bezeichnet. Auch wenn nicht in allen Zweigen Versicherungspflicht besteht, oder der Beitrag nur vom Arbeitgeber aufzubringen ist, wird der geschuldete Beitrag als Gesamtsozialversicherungsbeitrag bezeichnet.

Der Gesamtsozialversicherungsbeitrag wird im Regelfall je zur Hälfte vom Arbeitnehmer und Arbeitgeber getragen. Es sind aber die unter den Buchstaben e und f genannten Besonderheiten zu berücksichtigen.

	Arbeitnehmeranteil	Arbeitgeberanteil
– Rentenversicherung	9,95 %	9,95 %
– Arbeitslosenversicherung	1,4 %	1,4 %
– Pflegeversicherung	0,975 %	0,975 %
– Krankenversicherung	7,9 %	7,0 %

Von dem Grundsatz, dass der **Gesamtsozialversicherungsbeitrag** vom Arbeitnehmer und Arbeitgeber je zur Hälfte getragen wird, gibt es folgende Ausnahmen:

– **Auszubildende und Praktikanten;** bei einem Arbeitsentgelt von nicht mehr als 325 € monatlich hat **der Arbeitgeber** den gesamten Beitrag allein aufzubringen (vgl. das Stichwort „Auszubildende");

– **Bezieher von Kurzarbeitergeld;** die auf das gekürzte fiktive Arbeitsentgelt entfallenden Kranken-, Pflege- und Rentenversicherungsbeiträge hat **der Arbeitgeber** allein zu tragen (vgl. die Stichworte „Kurzarbeitergeld" und „Saison-Kurzarbeitergeld");

– **Altersrentner** und Pensionsempfänger in einem aktiven Beschäftigungsverhältnis; auch wenn diese Personen nicht der Rentenversicherungspflicht unterliegen, hat der Arbeitgeber den sonst auf ihn entfallenden Anteil zu entrichten (vgl. das Berechnungsbeispiel beim Stichwort „Rentner" unter Nr. 5).

– Arbeitnehmer, die das 65. Lebensjahr vollendet haben, sind in der Arbeitslosenversicherung beitragsfrei. Der Arbeitgeber hat jedoch den sonst auf ihn entfallenden Anteil zu entrichten (vgl. das Berechnungsbeispiel beim Stichwort „Rentner" unter Nr. 5).

– **Beiträge zur Pflegeversicherung** bei einer Beschäftigung in Sachsen (vgl. das Stichwort „Berechnung der Lohnsteuer und der Sozialversicherungsbeiträge").

– Beiträge zur Rentenversicherung bei Verzicht auf die Rentenversicherungsfreiheit für geringfügig entlohnte Beschäftigungsverhältnisse werden besonders aufgeteilt, und zwar mit 15 % für den Arbeitgeber und 4,9 % für den Arbeitnehmer (vgl. das Stichwort „Geringfügige Beschäftigung").

– Arbeitgeber, die mit einem **zuvor Arbeitslosen,** das 55. **Lebensjahr** vollendet hat, vor dem 1.1.2008 erstmalig ein Beschäftigungsverhältnis begründen, sind von der Zahlung des **Arbeitgeberanteils zur Arbeitslosenversicherung befreit.** Es fällt nur der Arbeitnehmeranteil an.

e) Zusätzlicher Beitrag zur sozialen Pflegeversicherung

Für kinderlose Versicherte ist in der sozialen Pflegeversicherung einen zusätzlichen Beitrag in Höhe von 0,25 % zu entrichten. Nähere Einzelheiten hierzu finden Sie unter dem Stichwort „Beitragszuschlag zur sozialen Pflegeversicherung für Kinderlose".

f) Spezielle Beitragsteilung in der Krankenversicherung

Der Gesetzgeber hat seit 1.1.2009 die Beitragslastverteilung in der Krankenversicherung anders gestaltet. Seit diesem Zeitpunkt trägt der Arbeitgeber die Hälfte des um 0,9 % verminderten allgemeinen Beitragssatzes. Der Arbeitgeberanteil beträgt daher nur 7,0 % (14,9 % – 0,9 %) : 2. Der des Arbeitnehmers beträgt dagegen 7,9 % (14,9 % – 7,0 %). Bei Arbeitnehmern, für die der ermäßigte Beitragssatz gilt beträgt der Arbeitgeberanteil 6,7 % und der Arbeitnehmeranteil 7,6 % (14,3 % – 0,9 % = 13,4 : 2) bzw. (14,3 % – 6,7 %).

g) Besonderheiten bei der Beitragsberechnung

In bestimmten Fällen ergeben sich Besonderheiten bei der Beitragsberechnung. Diese sind im Hauptteil des Lexikons unter dem betreffenden Stichwort erläutert:

– **Einmalig gezahltes Arbeitsentgelt** (vgl. Einmalige Zuwendungen);
– **Krankengeldzuschüsse;**
– **Kurzarbeitergeld;**
– **Saison-Kurzarbeitergeld;**
– **Nachzahlung von Arbeitslohn;**
– **Mehrarbeitslohn/Mehrarbeitszuschläge;**
– **Mutterschaftsgeld;**
– **Unbezahlter Urlaub.**

h) Beitragsgruppen

Die Pflichtbeiträge zur Kranken-, Pflege-, Renten- und Arbeitslosenversicherung werden in ihrer Summe als „Gesamtsozialversicherungsbeiträge" bezeichnet. Um die Gesamtsozialversicherungsbeiträge zu ermitteln, wurden Beitragsgruppen eingeführt, die aussagen, zu welchen Versicherungszweigen der Arbeitnehmer beitragspflichtig ist. In der nachstehenden Übersicht werden die Beitragsgruppen im Einzelnen aufgeführt.

Beitragsgruppen	numerisch
Beiträge zur Krankenversicherung – allgemeiner Beitrag –	1000
Beiträge zur Krankenversicherung – erhöhter Beitrag –*)	2000
Beiträge zur Krankenversicherung – ermäßigter Beitrag –	3000
Beiträge zur Krankenversicherung für geringfügig Beschäftigte (nur an die Bundesknappschaft)	6000
Beiträge zur Rentenversicherung – voller Beitrag –	0100
Beiträge zur Rentenversicherung der Angestellten – voller Beitrag –*)	0200
Beiträge zur Rentenversicherung – halber Beitrag –	0300
Beiträge zur Rentenversicherung der Angestellten – halber Beitrag –*)	0400
Beiträge zur Rentenversicherung für geringfügig Beschäftigte (nur an die Bundesknappschaft)	0500
Beiträge zur Rentenversicherung der Angestellten für geringfügig Beschäftigte (nur an die Bundesknappschaft)*)	0600
Beiträge zur Arbeitsförderung – voller Beitrag –	0010
Beiträge zur Arbeitsförderung – halber Beitrag –	0020
Umlage für das Insolvenzgeld**)	0050
Beiträge zur sozialen Pflegeversicherung	0001

i) Beitragsgruppen seit 1. Januar 2005

Seit 1.1.2005 gibt es in der Rentenversicherung einen einheitlichen Arbeitnehmerbegriff. Aufgrund des Gesetzes zur Organisationsreform in der Rentenversicherung wird seit diesem Zeitpunkt nicht mehr zwischen Arbeitern und Angestellten unterschieden. Insofern sind die Beitragsgruppen zur Angestellten-Rentenversicherung (0200, 0400, 0600) nur noch in (Korrektur-)Beitragsnachweisen für Zeiten vor dem 1.1.2005 zu beschicken. Für Nachweiszeiträume ab 1.1.2005 sind diese Beitragsgruppen jedoch nicht mehr zu verwenden. Sofern Arbeitgeber irrtümlich auch für Zeiten nach dem 31.12.2004 diese Beitragsgruppen verwenden, werden die unter diesen Beitragsgruppen nachgewiesenen Beiträge den Beitragsgruppen 0100, 0300 bzw. 0500 zugeschlagen und von der Einzugsstelle in der Monatsabrechnung berücksichtigt.

9. Abführung der Sozialversicherungsbeiträge

Der Arbeitgeber hat die von ihm zu zahlenden Gesamtsozialversicherungsbeiträge für jeden Entgeltabrechnungszeitraum der Einzugsstelle rechtzeitig nachzuweisen. Hierfür ist ein maschineller Beitragsnachweis an die zuständige Einzugsstelle zu übermitteln.

---

*) Nur bis 31.12.2007 bzw. 2004 zu verwenden.
**) Gilt nur für den Beitragsnachweis; für das Meldeverfahren ist keine gesonderte Beitragsgruppe vorgesehen.

B. Grundsätzliches zur Kranken-, Pflege-, Renten- und Arbeitslosenversicherung

Bei gleich bleibenden Verhältnissen ist es auch möglich, den Beitragsnachweis durch Kennzeichnung des hierfür vorgesehenen Feldes zum Dauer-Beitragsnachweis zu erklären. Ein zusätzlich gekennzeichneter Beitragsnachweis ist auch für Beiträge aus Einmalzahlungen bei Anwendung der sog. „März-Klausel" und bei Beitragskorrekturen für vergangene Kalenderjahre erforderlich. Eine zusätzliche Kennzeichnung ist weiterhin in den Fällen erforderlich, in denen im Lohnabrechnungszeitraum Beiträge nachgewiesen werden, die aus Wertguthaben stammen, die abgelaufenen Kalenderjahren zuzuordnen sind. Ebenfalls ist als zusätzliche Angabe die Kennzeichnung möglich, für welchen Rechtskreis (West oder Ost) die Beiträge zutreffen.

Mit dem Beitragsnachweis sind auch die Umlagen nach dem Aufwendungsausgleichsgesetz zu übermitteln und zwar getrennt nach der Art der Umlage (U1 für Krankheitsaufwendungen, U2 für Mutterschaftsaufwendungen). Näheres zum Umlageverfahren vgl. nachfolgend unter Nr. 10 (Ausgleich Arbeitgeberaufwendungen). Außerdem enthält der Beitragsnachweis Felder für die Kranken- und Pflegeversicherung freiwillig versicherter Arbeitnehmer.

Seit 1.1.2009 haben die Arbeitgeber mit dem Beitragsnachweis für den Gesamtsozialversicherungsbeitrag auch die Umlage für das Insolvenzgeld nachzuweisen. Nähere Informationen enthält das Stichwort „Insolvenzgeldumlage" im Hauptteil des Lexikons.

Der Beitragsnachweis ist mindestens zwei Arbeitstage vor Fälligkeit der Beiträge an die Einzugsstelle zu übermitteln. D.h. zu diesem Zeitpunkt muss der Beitragsnachweis bei der Einzugsstelle bereits vorliegen.

Beiträge, die nach dem Arbeitsentgelt bemessen werden, sind in voraussichtlicher Höhe der Beitragsschuld am drittletzten Bankarbeitstag des Monats fällig, in dem die Beschäftigung, mit der das Arbeitsentgelt erzielt wird, ausgeübt worden ist oder als ausgeübt gilt. Ein verbleibender Restbetrag wird zum drittletzten Bankarbeitstag des Folgemonats fällig. Auf die Ausführungen beim Stichwort „Abführung der Sozialversicherungsbeiträge" im Hauptteil des Lexikons wird hingewiesen.

10. Ausgleich der Arbeitgeberaufwendungen (Umlageverfahren U1 und U2)

a) Allgemeines

Das Aufwendungsausgleichsgesetz (AAG) bestimmt, dass solchen Arbeitgebern, die in der Regel ohne die zu ihrer Berufsausbildung Beschäftigten nicht mehr als 30 Arbeitnehmer und Arbeitnehmerinnen haben, für die ersten sechs Wochen einer Arbeitsunfähigkeit an Arbeitnehmer und Arbeitnehmerinnen fortgezahlte Arbeitsentgelt, sowie der gezahlte Zuschuss zum Mutterschaftsgeld sowie das bei Beschäftigungsverboten gezahlte Arbeitsentgelt und die auf diese Arbeitsentgelte und Vergütungen von den Arbeitgebern zu tragende Beiträge zur Sozialversicherung von den Krankenkassen erstattet werden.

b) Ausgleichsverfahren der Arbeitgeberaufwendungen bei Arbeitsunfähigkeit (U1)

aa) Feststellung der Teilnahme an den Ausgleichsverfahren

Die Krankenkassen haben die Teilnahme des Arbeitgebers am Ausgleich der Arbeitgeberaufwendungen jeweils zum Beginn eines Kalenderjahres für die Dauer dieses Kalenderjahres festzustellen. Zuständige Krankenkasse für die Feststellung der Teilnahme am Ausgleich der Arbeitgeberaufwendungen ist die Krankenkasse, die auch gegenüber dem Arbeitgeber zur Erstattung der zu gewährenden Beträge verpflichtet ist. Zur Erstattung ist jeweils die Krankenkasse verpflichtet,

- bei der der Arbeitnehmer/die Arbeitnehmerin versichert ist, oder
- sofern eine Mitgliedschaft bei einer Krankenkasse nicht besteht, die zuständige Einzugsstelle für die Beiträge zur Rentenversicherung und zur Bundesagentur für Arbeit ist oder,
- wenn der Arbeitnehmer/die Arbeitnehmerin noch nie bei einer deutschen Krankenkasse versichert war, die Krankenkasse, die der Arbeitgeber gewählt hat.

Eine Besonderheit gilt für alle geringfügig Beschäftigten. Für diese ist die zur Erstattung verpflichtete Krankenkasse immer die Deutsche Rentenversicherung Knappschaft-Bahn-See als Träger der knappschaftlichen Krankenversicherung.

Die Teilnahme des Arbeitgebers am Ausgleich der Arbeitgeberaufwendungen ergibt sich unmittelbar aus dem Aufwendungsausgleichsgesetz und ist nicht von einem rechtsbegründenden Verwaltungsakt der Krankenkasse abhängig. Die Spitzenverbände der Krankenkassen haben einheitlich vereinbart, dass es einer förmlichen Feststellung über die Teilnahme eines Arbeitgebers am Ausgleichsverfahren der Arbeitgeberaufwendungen nach nicht bedarf. Der Arbeitgeber nimmt am Ausgleich der Arbeitgeberaufwendungen teil, wenn er in dem der Feststellung voraufgegangenen Kalenderjahr für einen Zeitraum von mindestens acht Kalendermonaten, der nicht zusammenhängend zu verlaufen braucht, nicht mehr als 30 Arbeitnehmer und Arbeitnehmerinnen beschäftigt hat. Aus Gründen der Praktikabilität wird empfohlen, bei dieser Feststellung jeweils von der Zahl der am Ersten des Kalendermonats beschäftigten Arbeitnehmer und Arbeitnehmerinnen auszugehen. Arbeitgeber, deren Betrieb noch nicht das ganze Vorjahr bestand, nehmen am Ausgleich der Arbeitgeberaufwendungen teil, wenn er während des Zeitraumes des Bestehens des Betriebes in der überwiegenden Zahl der Kalendermonate nicht mehr als 30 Arbeitnehmer und Arbeitnehmerinnen beschäftigt hat. Auch bei dieser Feststellung sollte jeweils von den Verhältnissen am Ersten des Kalendermonats ausgegangen werden. Bei Errichtung eines Betriebes in dem für die Feststellung geltenden Kalenderjahr nimmt der Arbeitgeber in diesem Kalenderjahr am Ausgleichsverfahren teil, wenn nach der Art des Betriebes anzunehmen ist, dass während der überwiegenden Zahl der noch verbleibenden Monate dieses Kalenderjahres nicht mehr als 30 Arbeitnehmer und Arbeitnehmerinnen beschäftigt werden. Die voraussichtliche Zahl der Arbeitnehmer und Arbeitnehmerinnen ist sorgfältig zu schätzen. Die danach getroffene Entscheidung bleibt auch dann maßgebend, wenn später die tatsächlichen Verhältnisse von der Schätzung abweichen. Die Feststellung über die Teilnahme am Ausgleich der Arbeitgeberaufwendungen bleibt auch dann maßgebend, wenn sich im laufenden Kalenderjahr die Beschäftigtenzahl erheblich ändert. Wird ein Arbeitgeber mit Beginn eines neuen Kalenderjahres in das Ausgleichsverfahren einbezogen und zählte er im voraufgegangenen Kalenderjahr nicht zum Kreis der erstattungsberechtigten Arbeitgeber, dann besteht der Erstattungsanspruch für die Zeit vom 1.1. des Kalenderjahres an; dies gilt auch für die vor dem 1.1. eingetretenen Fälle der Entgeltfortzahlung.

Bei der Prüfung, ob der Arbeitgeber nicht mehr als 30 Arbeitnehmer beschäftigt, ist von der Gesamtzahl der im Betrieb tatsächlich beschäftigten Arbeitnehmer und Arbeitnehmerinnen auszugehen. Dies bedeutet, dass bei der Feststellung der Arbeitnehmerzahl grundsätzlich alle Beschäftigten des Betriebes zu berücksichtigen sind. Nicht mitgezählt werden

- Wehr- und Zivildienstleistende
- Bezieher von Vorruhestandsgeld
- Beschäftigte in der Freistellungsphase der Altersteilzeit
- mitarbeitenden Familienangehörigen eines landwirtschaftlichen Unternehmers
- Auszubildende und Praktikanten
- Schwerbehinderte Menschen
- Hausgewerbetreibende und Heimarbeiter
- Saisonarbeitskräfte, die im Besitz der Bescheinigung E101 sind und Anspruch auf Geldleistungen nach Maßgabe des EWG-VO 1408/71 haben.

Eine besondere Regelung gilt für Teilzeitbeschäftigte. Sie werden bei der Feststellung der Gesamtzahl der Arbeitnehmer und Arbeitnehmerinnen entsprechend ihrer Arbeitszeit berücksichtigt. Arbeitnehmer und Arbeitnehmerinnen,

- die wöchentlich regelmäßig nicht mehr als 10 Stunden zu leisten haben, werden mit dem Faktor 0,25,
- die wöchentlich regelmäßig nicht mehr als 20 Stunden zu leisten haben, werden mit dem Faktor 0,5 und
- die wöchentlich regelmäßig nicht mehr als 30 Stunden zu leisten haben, werden mit dem Faktor 0,75 angesetzt.

Dabei ist stets von der regelmäßigen wöchentlichen Arbeitszeit auszugehen. Schwankt die Arbeitszeit von Woche zu Woche, dann ist die regelmäßige wöchentliche Arbeitszeit in den einzelnen Kalendermonaten im Wege einer Durchschnittsberechnung zu ermitteln.

bb) Erstattungsfähige Aufwendungen

Dem Arbeitgeber werden die Aufwendungen, die er aus Anlass der Arbeitsunfähigkeit von Arbeitnehmern und Arbeitnehmerinnen an diese zu zahlen hat, erstattet. Da die frühere Unterscheidung zwischen Arbeitern und Angestellten im Sozialrecht aufgegeben wurde, umfasst der Begriff „Arbeitnehmer und Arbeitnehmerinnen" sowohl Arbeiter als auch Angestellte. Zu den erstattungsfähigen Aufwendungen gehört grundsätzlich das fortgezahlte Arbeitsentgelt, dessen Höhe sich nach dem Entgeltfortzahlungsgesetz bestimmt. Das gilt auch für Fehltage ohne Arbeitsunfähigkeit aufgrund einer Maßnahme der medizinischen Vorsorge und Rehabilitation. Einmalig

B. Grundsätzliches zur Kranken-, Pflege-, Renten- und Arbeitslosenversicherung

gezahltes Arbeitsentgelt gehört nicht zu den erstattungspflichtigen Aufwendungen. Bei der Erstattung ist vom Bruttoarbeitsentgelt auszugehen. Das bedeutet, dass zu den erstattungsfähigen Aufwendungen auch gesetzliche Entgeltabzüge (Lohn- und Kirchensteuer, Solidaritätszuschlag, Arbeitnehmerbeitragsanteile zur Kranken-, Pflege-, Renten- und Arbeitslosenversicherung) sowie vermögenswirksame Leistungen und Beiträge des Arbeitnehmers/der Arbeitnehmerin für betriebliche Versorgungseinrichtungen gehören. Die Höhe des zu erstattenden Arbeitsentgelts kann durch Satzungsregelung auf die Beitragsbemessungsgrenze der Rentenversicherung eingeschränkt werden. Erstattungsfähig ist ferner die Vergütung, die Auszubildende bis zu sechs Wochen weitererhalten. Wie bei den Arbeitnehmern/Arbeitnehmerinnen spielt es auch bei den Auszubildenden keine Rolle, ob es sich um eine Ausbildung für den Beruf eines Arbeiters oder Angestellten handelt. Zu den erstattungsfähigen Aufwendungen gehören auch die auf die an Arbeitnehmer/Arbeitnehmerinnen fortgezahlten Arbeitsentgelte entfallenden und von den Arbeitgebern zu tragenden Beitragsanteile am Gesamtsozialversicherungsbeitrag, zu einer berufsständischen Versorgungseinrichtung sowie die Beitragszuschüsse zur Kranken- und Pflegeversicherung. Hat der Arbeitgeber die Beiträge in voller Höhe zu tragen, dann ist der Gesamtbetrag in die Erstattung einzubeziehen. Nicht erstattungsfähig sind dagegen die vom Arbeitgeber alleine aufzubringenden Umlagebeiträge nach § 7 AAG. Beginnt oder endet die Entgeltfortzahlung während eines Entgeltabrechnungszeitraums, sind die erstattungsfähigen Arbeitgeberbeitragsanteile nach den Grundsätzen für die Beitragsberechnung bei Teillohnzahlungszeiträumen zu ermitteln; insbesondere sind hierbei die Beitragsbemessungsgrenzen zu beachten. Wird während der Arbeitsunfähigkeit eine Sonderzuwendung gewährt, so sind die darauf entfallenden Arbeitgeberbeitragsanteile nicht erstattungsfähig. Die für die Erstattung zu berücksichtigenden Arbeitgeberbeitragsanteile sind vielmehr aus dem ohne die Sonderzuwendung verbleibenden Arbeitsentgelt zu berechnen.

cc) Maßgebender Erstattungssatz

Dem Arbeitgeber sind höchstens 80 Prozent der erstattungsfähigen Aufwendungen zu erstatten. Die Satzung der Krankenkasse kann den Erstattungsanspruch jedoch beschränken, wenn sie eine entsprechende Regelung enthält. Möglich ist, dass die Satzung eine mehrfache Beschränkung der Erstattung, beispielsweise auf 70 Prozent und auf 60 Prozent, vorsieht, was entsprechend durch differenzierte Umlagesätze zum Ausdruck kommt (z. B. AOK Bayern: Erstattungssätze 40 %/60 %/70 %/80 %; Umlagesätze: 0,9 %/1,6 %/2,0 %/2,7 %). Nach § 9 Abs. 2 Nr. 1 AAG kann die Satzung der Umlagekasse verschiedene Erstattungssätze anbieten, die 40 % allerdings nicht unterschreiten dürfen.

dd) Antragstellung

Nach Art. 4d Nr. 1 des Gesetzes zur Verbesserung der Rahmenbedingungen für die Absicherung flexibler Arbeitszeitregelungen ist seit 1.1.2009 die Möglichkeit geschaffen, Erstattungsanträge per Datenfernübertragung an die zuständige Krankenkasse zu schicken. Dieses Verfahren wird ab 1.1.2011 verbindlich.

c) Ausgleichsverfahren der Arbeitgeberaufwendungen für Mutterschaftsleistungen (U2)

Das Aufwendungsausgleichsgesetz bestimmt, dass den Arbeitgebern der gezahlte Zuschuss zum Mutterschaftsgeld, das bei Beschäftigungsverboten gezahlte Arbeitsentgelt und die auf die Arbeitsentgelte bei Beschäftigungsverboten entfallenden, von den Arbeitgebern zu tragenden Beitragsanteile am Gesamtsozialversicherungsbeitrag sowie den Beitragszuschüssen zur Kranken- und Pflegeversicherung zu erstatten sind.

aa) Beteiligte Arbeitgeber

Das Ausgleichsverfahren der Arbeitgeberaufwendungen für Mutterschaftsleistungen nach dem Ausgleichsgesetz ist gegenüber dem Ausgleichsverfahren nach dem Lohnfortzahlungsgesetz (bis 31.12.2005) auf alle Arbeitgeber (ohne Rücksicht auf die Anzahl der Arbeitnehmer) ausgeweitet.

bb) Erstattungsfähige Aufwendungen

Dem Arbeitgeber werden die Aufwendungen, die er aus Anlass der Mutterschaft an Arbeitnehmerinnen zu zahlen hat, erstattet. Das AAG sieht eine Erstattung des vom Arbeitgeber gezahlten Zuschusses zum Mutterschaftsgeld vor. Erstattet werden kann nur der Zuschuss des Arbeitgebers für die Zeit der Schutzfristen nach dem MuSchG. Hierbei handelt es sich um den Zuschuss zum den der Arbeitgeber für die Dauer von sechs Wochen vor dem mutmaßlichen Tag der Entbindung, den Entbindungstag sowie für die Dauer von acht bzw. zwölf Wochen nach der Entbindung gezahlt hat. Eine Begrenzung der erstattungsfähigen Zuschüsse kommt weder durch Beitragsbemessungsgrenzen in Betracht noch darf eine entsprechende Satzungsregelung getroffen werden. Des weiteren ist die Erstattung des vom Arbeitgeber gezahlten Arbeitsentgelts bei Beschäftigungsverboten vorgesehen. Hierbei handelt es sich um das Arbeitsentgelt, das der Arbeitgeber den Arbeitnehmerinnen fortzahlt, die wegen eines Beschäftigungsverbots oder wegen eines Mehr-, Nacht- oder Sonntagsarbeitsverbots teilweise oder völlig mit der Arbeit aussetzen. Erstattungsfähig ist auch das Arbeitsentgelt, das Arbeitnehmerinnen erhalten, die wegen eines Beschäftigungsverbots die Beschäftigung oder die Entlohnungsart wechseln und dadurch einen geringeren Verdienst erzielen. Sonderzuwendungen, die während eines Beschäftigungsverbots zur Auszahlung kommen, können nicht erstattet werden. Erstattungsfähig ist das vom Arbeitgeber fortgezahlte Bruttoarbeitsentgelt. Mithin werden auch die Entgeltbestandteile ersetzt, die der Arbeitgeber für die Arbeitnehmerin an Dritte gezahlt hat, beispielsweise vermögenswirksame Leistungen oder Beiträge für betriebliche Versorgungseinrichtungen. Eine Beschränkung des erstattungsfähigen fortgezahlten Arbeitsentgelts bei Beschäftigungsverboten kommt weder durch Beitragsbemessungsgrenzen in Betracht noch darf eine entsprechende Satzungsregelung getroffen werden. Zu den erstattungsfähigen Aufwendungen gehören auch die auf die an Arbeitnehmerinnen bei Beschäftigungsverboten fortgezahlten Arbeitsentgelte entfallenden und von den Arbeitgebern zu tragenden Beitragsanteile am Gesamtsozialversicherungsbeitrag, zu einer berufsständischen Versorgungseinrichtung sowie die Beitragszuschüsse zur Kranken- und Pflegeversicherung. Hat der Arbeitgeber die Beiträge in voller Höhe zu tragen, dann ist der Gesamtbetrag in die Erstattung einzubeziehen. Nicht erstattungsfähig sind dagegen die vom Arbeitgeber alleine aufzubringenden Umlagebeiträge. Wird während des Beschäftigungsverbots eine Sonderzuwendung gewährt, so sind die darauf entfallenden Arbeitgeberbeitragsanteile nicht erstattungsfähig. Die für die Erstattung zu berücksichtigenden Arbeitgeberbeitragsanteile sind vielmehr aus dem ohne die Sonderzuwendung verbleibenden Arbeitsentgelt zu berechnen.

cc) Maßgebender Erstattungssatz

Dem Arbeitgeber sind die erstattungsfähigen Aufwendungen in vollem Umfang (100 %) zu erstatten.

d) Erhebung der Umlage U1

Die Mittel zur Durchführung des Ausgleichs der Arbeitgeberaufwendungen werden durch gesonderte Umlagen von den am Ausgleich beteiligten Arbeitgebern aufgebracht. Die Umlagen sind jeweils in einem Prozentsatz des Arbeitsentgelts (Umlagesätze) festzusetzen. Die Höhe der Umlagesätze wird in der Satzung der Krankenkasse festgelegt und kann dort erfragt werden. Für die Umlage des Ausgleichsverfahrens der Arbeitgeberaufwendungen bei Arbeitsunfähigkeit ist Bemessungsgrundlage das Arbeitsentgelt, nach dem die Beiträge zur gesetzlichen Rentenversicherung der im Betrieb beschäftigten Arbeitnehmer, Arbeitnehmerinnen und Auszubildenden bemessen werden oder bei Versicherungspflicht zu bemessen wären. Nicht umlagepflichtig ist das Arbeitsentgelt von Arbeitnehmern und Arbeitnehmerinnen, deren Beschäftigungsverhältnis auf nicht mehr als vier Wochen angelegt ist und bei denen daher wegen der Art des Beschäftigungsverhältnisses kein Anspruch auf Entgeltfortzahlung im Krankheitsfall entstehen kann. Dagegen ist jedoch Umlage zu berechnen vom Arbeitsentgelt der Arbeitnehmer und Arbeitnehmerinnen, deren Beschäftigungsverhältnis entweder von vornherein auf länger als vier Wochen befristet oder unbefristet angelegt ist, deren Beschäftigungsverhältnis – aus welchen Gründen ist dabei unerheblich – aber vor Ablauf von vier Wochen nach Beschäftigungsaufnahme endet. Zudem ist Umlage aus dem Arbeitsentgelt der kurzfristig beschäftigten Arbeitnehmer und Arbeitnehmerinnen zu erheben, wenn sie mehr als vier Wochen beschäftigt sind und deshalb der Versicherungspflicht unterliegen, weil die Zweimonatsgrenze des § 8 Abs. 1 Nr. 2 SGB IV bereits überschritten ist. Umlagepflicht besteht auch für versicherungsfreie kurzfristig Beschäftigte, wenn das Beschäftigungsverhältnis mehr als vier Wochen andauert. Ferner ist umlagepflichtig das Arbeitsentgelt schwerbehinderter Menschen. Dem steht nicht entgegen, dass schwerbehinderte Menschen bei der Feststellung der Gesamtzahl der Arbeitnehmer und Arbeitnehmerinnen nicht mitgezählt werden. Das Arbeitsentgelt der versicherungspflichtigen mitarbeitenden Familienangehörigen von landwirtschaftlichen Unternehmern, das Vorruhestandsgeld sowie die Vergütung von Hausgewerbetreibenden und Heimarbeitern werden für die Berechnung der Umlage nicht herangezogen. Die Umlage für das Ausgleichsverfahren der Arbeitgeberaufwendungen bei Arbeitsunfähigkeit ist von dem Arbeitsentgelt zu berechnen, nach dem die Beiträge zur gesetzlichen Rentenversicherung bemessen werden. Bei rentenversicherungsfreien oder von der Rentenversicherungspflicht befreiten Arbeitnehmern und Arbeitnehmerinnen ist das Arbeitsentgelt maßgebend, nach dem die Rentenversicherungsbei-

B. Grundsätzliches zur Kranken-, Pflege-, Renten- und Arbeitslosenversicherung

träge im Falle des Bestehens von Rentenversicherungspflicht zu berechnen wären. Die Kopplung an die Bemessungsgrundlage für die Rentenversicherungsbeiträge bedeutet, dass für die Berechnung der Umlage nur solche Bezüge herangezogen werden können, die Arbeitsentgelt im Sinne der Sozialversicherung darstellen. Vergütungen, die nicht zum Arbeitsentgelt im Sinne der Sozialversicherung gehören, bleiben mithin bei der Berechnung der Umlage außer Ansatz. Umlagebeträge sind nur vom laufenden Arbeitsentgelt zu berechnen. Einmalig gezahltes Arbeitsentgelt ist bei der Berechnung der Umlage nicht zu berücksichtigen, es ist ebenfalls von der Erstattung ausgeschlossen. Im Übrigen unterliegt auch das an arbeitsunfähige Arbeitnehmer und Arbeitnehmerinnen fortgezahlte Entgelt der Umlagepflicht. Eine von der Rentenversicherungsbemessungsgrundlage abweichende Regelung gilt für Bezieher von Kurzarbeitergeld und Saison-Kurzarbeitergeld. Während die Rentenversicherungsbeiträge für diese Personen aus dem tatsächlich erzielten Arbeitsentgelt zuzüglich 80 Prozent des Unterschiedsbetrages zwischen dem Sollentgelt und dem Istentgelt berechnet werden, ist der Berechnung der Umlage nur das tatsächlich erzielte Arbeitsentgelt bis zur Beitragsbemessungsgrenze in der gesetzlichen Rentenversicherung zugrunde zu legen. Das fiktive Arbeitsentgelt wird also für die Umlageberechnung nicht herangezogen.

e) Erhebung der Umlage U2

Umlagepflichtiges Arbeitsentgelt für die Umlage 2 ist ebenfalls das laufende rentenversicherungspflichtige Arbeitsentgelt. Im Unterschied zur U1 ist die Umlage U2 jedoch auch aus dem Arbeitsentgelt der kurzfristig Beschäftigten zu erheben, bei denen wegen der Art des Beschäftigungsverhältnisses aufgrund des § 3 Abs. 3 EFZG während der sog. „Wartezeit" von vier Wochen kein Anspruch auf Entgeltfortzahlung im Krankheitsfall entstehen kann.

f) Antragstellung

Auch für die Erstattung der Aufwendungen bei Mutterschaft ist seit 1.1.2009 die maschinelle Antragstellung per Datenfernübermittlung grundsätzlich möglich. Ab 1.1.2011 ist sie verbindlich im maschinellen Verfahren durchzuführen.

11. Sozialversicherungsausweis

Seit mehreren Jahren gibt es den sog. Sozialversicherungsausweis. Jeder Beschäftigte erhält einen solchen Ausweis, der seine persönlichen Daten und die Versicherungsnummer enthält. Der Ausweis wird von der Datenstelle der Rentenversicherung bei der Vergabe einer neuen Versicherungsnummer oder auf eigenen Antrag ausgestellt. Der Arbeitnehmer muss den Sozialversicherungsausweis zu Beginn der Beschäftigung unaufgefordert vorlegen.

Der Arbeitgeber muss also bei Beginn der Beschäftigung den Sozialversicherungsausweis des Arbeitnehmers verlangen.

In bestimmten Branchen musste der Sozialversicherungsausweis mit einem Foto versehen sein und vom Arbeitnehmer ständig mitgeführt werden. Diese **Mitführungspflicht** bestand bis 31.12.2008 für das Baugewerbe, das Gaststätten- und Beherbergungsgewerbe, das Personen- und Güterbeförderungsgewerbe, das Schaustellergewerbe, bei Unternehmen der Forstwirtschaft, das Gebäudereinigungsgewerbe und für Beschäftigte von Unternehmen, die sich am Auf- und Abbau von Messen und Ausstellungen beteiligen.

Durch das Zweite Gesetz zur Änderung des SGB IV und anderer Gesetze ergaben sich ab 1.1.2009 für die Wirtschaftsbereiche, in denen der Sozialversicherungsausweis mitzuführen war folgende Änderungen:

- statt des Sozialversicherungsausweises ist ein Personalausweis oder Reisepass oder ein entsprechendes Ersatzdokument mitzuführen.
- der Arbeitgeber hat eine **Sofortmeldung** mit dem Tag der Beschäftigungsaufnahme abzugeben
- die Verpflichtung, den Sozialversicherungsausweis mitzuführen entfällt für die o. g. Wirtschaftszweige
- die Wirtschaftszweige wurden um die Betriebe der Fleischwirtschaft erweitert.

Auf die Erläuterungen beim Stichwort „Sofortmeldung" wird Bezug genommen.

Die Regelungen über den Sozialversicherungsausweis gelten nicht für Beschäftigte, die in der Kranken-, Pflege-, Renten- und Arbeitslosenversicherung versicherungsfrei sind (z. B. Beamte, Soldaten und Richter) oder die von der Versicherungspflicht befreit wurden (z. B. Geistliche und andere Personen mit Versorgungsanwartschaften nach beamtenrechtlichen Grundsätzen). Üben diese Personen allerdings nebenher eine geringfügige Beschäftigung aus, so gelten hierfür die Regelungen über den Sozialversicherungsausweis und die damit zusammenhängenden Meldungen und sonstigen Pflichten. Die Regelungen über den Sozialversicherungsausweis gelten nicht für Beschäftigte im Haushalt und für Schüler bis zum 16. Lebensjahr, wenn die Entgelt- und Zeitgrenzen einer geringfügigen Beschäftigung nicht überschritten werden. Außerdem gelten die Regelungen über den Sozialversicherungsausweis nicht für mitarbeitende Familienangehörige eines landwirtschaftlichen Unternehmers. Für Beschäftigte im Rahmen einer Einstrahlung (vgl. dieses Stichwort), die in mitführungspflichtigen Branchen tätig sind besteht eine Sonderregelung. Sie haben statt des Sozialversicherungsausweises den Aufenthaltstitel oder die Bescheinigung E 101 mitzuführen.

12. Beiträge zur Kranken- und Pflegeversicherung bei Versorgungsbezügen

a) Allgemeines

Bestimmte **krankenversicherungspflichtige Personen** haben aus ihnen gewährten Versorgungsbezügen grundsätzlich Beiträge zur Kranken- und Pflegeversicherung zu entrichten. Hierbei handelt es sich insbesondere um krankenversicherungspflichtige **Arbeitnehmer** (§ 226 SGB V) und **Rentner** (§ 237 SGB V). Darüber hinaus betreffen diese Regelungen Studenten (§ 236 Abs. 2 SGB V), Künstler und Publizisten (§ 234 Abs. 2 SGB V), Rehabilitanden (§ 235 Abs. 4 SGB V) und Leistungsbezieher nach dem SGB II und SGB III (§ 232a Abs. 3).

Als Versorgungsbezüge im Sinne der Kranken- und Pflegeversicherung (§ 229 SGB V, § 57 Abs. 1 SGB XI) gelten, soweit sie wegen Einschränkung der Erwerbsfähigkeit oder zur Alters- oder Hinterbliebenenversorgung gewährt werden:

- Versorgungsbezüge aus einem öffentlich-rechtlichen Dienstverhältnis oder aus einem Arbeitsverhältnis mit Anspruch auf Versorgung nach beamtenrechtlichen Vorschriften oder Grundsätzen (z. B. Pensionen),
- Bezüge aus der Versorgung der Abgeordneten, Parlamentarischen Staatssekretäre und Minister,
- Renten der Versicherungs- oder Versorgungseinrichtungen, die für Angehörige bestimmter Berufe errichtet sind (z. B. Rente aus dem Architekten-, Ärzte- oder Apothekerversorgungswerk),
- Renten und Landabgaberenten nach dem Gesetz über die Altershilfe der Landwirte mit Ausnahme einer Übergangshilfe,
- Renten der betrieblichen Altersversorgung einschließlich der Zusatzversorgung im öffentlichen Dienst und der hüttenknappschaftlichen Zusatzversorgung (z. B. Betriebsrenten, VBL, ZVK des Baugewerbes).

Als Versorgungsbezüge gelten auch Leistungen dieser Art, die aus dem Ausland oder von einer zwischenstaatlichen oder überstaatlichen Einrichtung bezogen werden.

Kapitalleistungen (Versorgungsbezüge als Einmalzahlung)

Alle Kapitalleistungen, die der Alters- oder Hinterbliebenenversorgung oder der Versorgung bei verminderter Erwerbsfähigkeit dienen, unterliegen der Beitragspflicht. Voraussetzung ist ein Bezug zum früheren Erwerbsleben. Dabei macht es keinen Unterschied, ob die Versorgungsleistung als originäre Kapitalauszahlung ohne Wahlrecht zu Gunsten einer Rentenzahlung oder als Kapitalleistung mit Option zu Gunsten einer Rentenzahlung zugesagt wird.

Umfang der Beitragspflicht von kapitalisierten Versorgungsbezügen

Für Versorgungsbezüge, die als Kapitalleistung gewährt werden, gilt $1/120$ der Kapitalleistung als monatlicher Zahlbetrag, d. h. der Betrag der Kapitalleistung wird auf 10 Jahre umgelegt. Die Frist von 10 Jahren beginnt mit dem Ersten des auf die Auszahlung der Kapitalleistung folgenden Kalendermonats. Wird die Kapitalleistung in Raten ausgezahlt, ist für die Ermittlung des beitragspflichtigen Anteils im Rahmen der $1/120$-Regelung dennoch der Gesamtbetrag maßgebend. Sollte der Versorgungsempfänger vor Ablauf von zehn Jahren (120 Monaten) versterben, endet auch die Beitragspflicht mit diesem Zeitpunkt. Die Erben zahlen keine Beiträge für den Zeitraum zwischen Tod und Ablauf der Zehn-Jahres-Frist. Für die Hinterbliebenen kann eine eigene Beitragspflicht entstehen, wenn diese als Hinterbliebenenversorgung einen eigenen Kapitalbetrag beanspruchen können. Beiträge aus Kapitalleistungen sind nicht zu entrichten, wenn der auf den Kalendermonat umgelegte Anteil $1/20$ der monatlichen Bezugsgröße (2010 = 127,75 €) nicht übersteigt.

Die Beiträge sind im Normalfall von den so genannten Zahlstellen der Versorgungsbezüge, das sind im Allgemeinen die **ehemaligen Arbeitgeber** der Rentner bzw. deren **Versorgungseinrichtungen oder -kas-**

B. Grundsätzliches zur Kranken-, Pflege-, Renten- und Arbeitslosenversicherung

sen, an die zuständige Krankenkasse abzuführen (§ 256 Abs. 1 SGB V, § 60 Abs. 1 Satz 2 SGB XI). Zahlstellen, die regelmäßig an weniger als 30 beitragspflichtige Mitglieder Versorgungsbezüge auszahlen, können bei der zuständigen Krankenkasse beantragen, dass das Mitglied die Beiträge selbst zahlt (§ 256 Abs. 4 SGB V, § 60 Abs. 1 Satz 2 SGB XI). Für die im Rahmen einer **privaten** Krankenversicherung versicherten Empfänger von Versorgungsbezügen sind keine Beiträge zu entrichten.

b) Pflichten der Zahlstelle

Damit die Krankenkassen die auf die Versorgungsbezüge entfallenden Beiträge ordnungsgemäß erheben können, sind den Versorgungsempfängern, aber auch den Zahlstellen Melde- und Mitteilungspflichten auferlegt worden. Die Zahlstelle hat deshalb zunächst bei der erstmaligen Bewilligung von Versorgungsbezügen sowie bei Mitteilung über die Beendigung der Mitgliedschaft eines Versorgungsempfängers die zuständige Krankenkasse zu ermitteln und dieser Beginn, Höhe, Veränderungen und Ende der Versorgungsbezüge unverzüglich mitzuteilen (§ 202 Satz 1 SGB V, § 50 Abs. 1 Satz 2 SGB XI). Dabei ist es zunächst unerheblich, ob dann auch tatsächlich Beitragspflicht aus Versorgungsbezügen eintritt. **Die Mitteilung der Zahlstelle** enthält:

– die sog. Zahlstellennummer
– die persönlichen Daten des Versorgungsempfängers (Name, Vornamen, Geburtsdatum, Anschrift)
– Aktenzeichen/Personalkennziffer der Zahlstelle
– Betriebsnummer der Krankenkasse wenn bekannt
– Krankenversichertennummer des Versorgungsempfängers bei der Krankenkasse wenn bekannt
– Grund der Meldung (Beginn = 1)
– Beginn des Versorgungsbezuges
– Höhe des monatlichen Versorgungsbezuges
– bei einer Kapitalleistung oder Kapitalisierung des Versorgungsbezuges, deren Höhe, Zeitpunkt der Auszahlung und Zeitraum der Kapitalisierung
– Angabe, ob der Versorgungsempfänger nach beamtenrechtlichen Vorschriften oder Grundsätzen bei Krankheit und Pflege Anspruch auf Beihilfe oder Heilfürsorge hat.

Der Versorgungsempfänger hat der Zahlstelle seine Krankenkasse anzugeben und einen evtl. Kassenwechsel sowie die Aufnahme einer versicherungspflichtigen Beschäftigung anzuzeigen (§ 202 Satz 3 SGB V). Die Krankenkasse prüft aufgrund der Mitteilung, ob, ab wann und ggf. bis zu welcher Höhe Versorgungsbezüge beitragspflichtig sind und hat der Zahlstelle und dem Versorgungsbezieher unverzüglich die Beitragspflicht, deren Umfang und den Beitragssatz aus Versorgungsbezügen mitzuteilen (§ 202 Satz 4 SGB V, § 50 Abs. 1 SGB XI). **Die Mitteilung der Krankenkasse an die Zahlstelle** enthält:

– Zahlstellennummer
– die persönlichen Daten des Versicherten (Name, Vorname, Geburtsdatum, Anschrift)
– Aktenzeichen/Personalkennziffer der Zahlstelle
– Betriebsnummer der Krankenkasse
– Krankenversichertennummer
– Grund der Meldung (Beginn = 1)
– Beitragsabführungspflicht (nein KV + PV = 1, ja KV + PV = 2, ja nur KV = 3, ja KV + PV + Beihilfe/Heilfürsorgeberechtigter = 4, ab ...)
– Beitragssatz KV
– ggf. Mehrfachbezug von Versorgungsbezügen (nein = 1, ja = 2, ja – Geringbezieher = 3)
– maximal beitragspflichtiger Versorgungsbezug unter Berücksichtigung der Beitragsbemessungsgrenze (sog. VB-max)
– Anpassung des VB-max durch Zahlstelle möglich (nein = 1 z. B. bei Bezug von Arbeitsentgelt oder Mehrfachbezug, ja = 2)
– Veränderungsmeldung der Zahlstelle hinsichtlich der Höhe des Versorgungsbezuges erforderlich (nein = 1, ja = 2 – z. B. bei Mehrfachbezug oder Einzug durch Krankenkasse selbst –).

Der Versorgungsempfänger erhält eine Mitteilung über den Beginn der Beitragspflicht und die Höhe des Beitragssatzes sowie Kenntnis davon, dass die Zahlstelle ggf. die Beiträge zur KV und/oder PV einbehält und an die Krankenkasse abführt.

c) Beitragssatz und Berechnung der Beiträge

Der Beitragssatz für die aus den Versorgungsbezügen zu berechnenden Beiträge zur Krankenversicherung ist seit 1. 1. 2009 der allgemeine Beitragssatz (derz. 14,9 %). Für die Beiträge zur Pflegeversicherung beträgt der Beitrag bundeseinheitlich **1,95 %** bzw. für Versorgungsempfänger mit Anspruch auf Beihilfe oder Heilfürsorge die Hälfte hiervon 0,975 %. Auch kinderlose Versorgungsempfänger haben grundsätzlich den Beitragszuschlag zur sozialen Pflegeversicherung für Kinderlose zu bezahlen. Nähere Einzelheiten, insbesondere zu Altersgrenzen etc., können Sie dem Stichwort „Beitragszuschlag zur sozialen Pflegeversicherung für Kinderlose" im Hauptteil des Lexikons entnehmen.

Keine Beiträge aus Versorgungsbezügen sind zu entrichten, wenn diese monatlich insgesamt ein Zwanzigstel der monatlichen Bezugsgröße nicht übersteigen. Keine Beiträge sind also im Kalenderjahr 2010 für Versorgungsbezüge bis zu **127,75 €** monatlich zu zahlen. Auf die oben bereits angesprochene Meldeverpflichtung hat die Höhe der Versorgungsbezüge jedoch keinen Einfluss, diese besteht unabhängig davon immer.

Die Zahlstellen haben die Beiträge aus Versorgungsbezügen zu berechnen, von diesen einzubehalten und an die Krankenkasse zu zahlen. Die Berechnung erfolgt gemäß der Bemessungsgrundlage und dem allgemeinen Beitragssatz. Bemessungsgrundlage ist hierbei die Summe der im jeweiligen Abrechnungszeitraum angefallenen laufenden und einmaligen Versorgungsbezüge bis zur Beitragsbemessungsgrenze der Krankenversicherung unter Berücksichtigung der Renten aus der gesetzlichen Rentenversicherung und des Arbeitsentgeltes aus einer versicherungspflichtigen Beschäftigung. Diese Berechnung erfolgt je Krankenkasse. Die Beiträge werden mit der Auszahlung der Versorgungsbezüge, aus denen sie berechnet werden, fällig.

d) Beitragsnachweis und Beitragsliste

Die Zahlstellen haben jeder Krankenkasse die einbehaltenen Beiträge ähnlich wie den Gesamtsozialversicherungsbeitrag nachzuweisen (§ 256 Abs. 1 SGB V). Der **Beitragsnachweis** enthält u. a.:

– Name und Betriebsnummer der Krankenkasse
– Abrechnungszeitraum
– Beitragssatz zur Krankenversicherung
– Beitrag in Euro zur Krankenversicherung
– Beitragssatz zur Pflegeversicherung
– Beitrag in Euro zur Pflegeversicherung
– Name und Anschrift der Zahlstelle
– Zahlstellennummer

Den Krankenkassen wird darüber hinaus einmal jährlich bzw. nach Absprache eine sog. Beitragsliste zur Verfügung gestellt. Diese **Beitragsliste** enthält:

– Zahlstellennummer
– Name und Betriebsnummer der Krankenkasse
– Abrechnungszeitraum
– je Versorgungsempfänger
  – lfd. Nummer
  – Personalangaben (Name, Vorname, Geburtsdatum)
  – Krankenversichertennummer
  – Aktenzeichen
  – Bruttobezüge
  – Beitrag zur Krankenversicherung
  – Beitrag zur Pflegeversicherung
– Gesamtsumme

Die Krankenkassenliste dient zum Bestandsabgleich zwischen den Zahlstellen und den Krankenkassen.

Die Krankenkassen haben das Recht, die Beitragszahlung zu überwachen (§ 256 Abs. 3 SGB V, § 60 Abs. 1 Satz 2 SGB XI). Bei diesen turnusmäßig stattfindenden sog. Zahlstellenprüfungen überprüfen die Krankenkassen sowohl die ordnungsgemäße Durchführung des Meldeverfahrens als auch die korrekte Beitragsberechnung und -abführung.

e) Sonstige Meldepflichten der Zahlstelle

Im Rahmen des sog. Zahlstellenverfahrens haben die Zahlstellen, wie bereits angesprochen, auch Veränderungen bzw. das Ende der Versorgungsbezüge an die Krankenkasse mitzuteilen. Diese **Mitteilung der Zahlstelle** enthält über die bei der Erstmeldung bereits beschriebenen Inhalte hinausgehend noch folgende Angaben:

B. Grundsätzliches zur Kranken-, Pflege-, Renten- und Arbeitslosenversicherung

- Grund der Meldung
  (Änderung = 2), (Ende = 3)
- Zeitpunkt der Änderung
- Höhe des monatl. Versorgungsbezuges oder Ende des Versorgungsbezuges am: ...

Die durch eine solche Änderungsmeldung ausgelöste **Mitteilung der Krankenkasse** an die Zahlstelle, bzw. eine ggf. erforderliche Mitteilung über das Ende der Beitragspflicht enthält über die oben bereits beschriebenen Basisdaten hinaus:

- Grund der Meldung
  (Änderung = 2)
- Abmeldung wegen Ende der Beitragspflicht
  (Kassenwechsel = 6)

  (Ende der Rente = 7)
  (Ende der Mitgliedschaft = 8)
  (Ende wegen Tod = 9)
- Zeitpunkt der Änderung

f) Maschinelles Meldeverfahren

Seit 1.1.2009 besteht grundsätzlich die Möglichkeit, dass die Zahlstellen den zuständigen Krankenkassen die Meldungen durch gesicherte und verschlüsselte Datenübertragung aus systemgeprüften Programmen oder mittels maschineller Ausfüllhilfen erstattet.

Die Umsetzung dieses maschinellen Meldeverfahrens wird sukzessive geschehen. Ab 1.1.2011 ist das maschinelle Meldeverfahren für Zahlstellen obligatorisch.

C. Arbeitslohn – Lohnsteuer – Sozialversicherung von A bis Z

	Lohn-steuer-pflichtig	Sozial-versich.-pflichtig

Abfindungen nach dem Gleichbehandlungsgesetz

Wird ein Arbeitnehmer unter Verstoß gegen das Benachteiligungsverbot des Allgemeinen Gleichbehandlungsgesetzes (AGG) entlassen und ist der Arbeitgeber verpflichtet, den hierdurch entstandenen **materiellen Schaden** zu ersetzen (Fall des § 15 Abs. 1 AGG), handelt es sich bei der Zahlung um steuerpflichtigen Arbeitslohn, da diese Entschädigung einen Ersatz für entgehende Einnahmen darstellt (§ 19 Abs. 1 i. V. m. § 24 Nr. 1a EStG; vgl. auch das Stichwort „Entschädigungen"). — ja / nein

Handelt es sich hingegen um Entschädigungen, die ein Beschäftigter wegen Verletzung des Benachteiligungsverbots durch den Arbeitgeber für **immaterielle Schäden** (Diskriminierung wegen Geschlecht/Alter, Mobbing, sexuelle Belästigung) verlangen kann (Fall des § 15 Abs. 2 AGG), liegt kein steuerpflichtiger Arbeitslohn vor. Derartige Entschädigungen werden nicht „für eine Beschäftigung" gewährt. Sie sind – wie andere Schadensersatzleistungen auch, zu denen ein Arbeitgeber gesetzlich verpflichtet ist – keine Einnahme aus dem Dienstverhältnis (vgl. auch das Stichwort „Schadenersatz"). — nein / nein

Abfindung wegen Entlassung aus dem Dienstverhältnis

Neues auf einen Blick:

Im Lexikon für das Lohnbüro, Ausgabe 2009, wurde bereits darauf hingewiesen, dass angesichts der neueren Rechtsprechung des Bundessozialgerichts nicht mehr an der bisherigen Auffassung der sozialversicherungsrechtlichen Spitzenverbände festgehalten werden könne, wonach das versicherungspflichtige Beschäftigungsverhältnis bei einer unwiderruflichen Freistellung von der Arbeitsleistung mit dem letzten Arbeitstag endet.

Die Spitzenverbände der Sozialversicherungsträger haben in der Besprechung vom 30./31. März 2009 ihr früheres Besprechungsergebnis vom 5./6. Juli 2005 revidiert und nunmehr beschlossen, dass das durch nichtselbständige Arbeit in einem Arbeitsverhältnis begründete versicherungspflichtige Beschäftigungsverhältnis bei einer vereinbarten Freistellung von der Arbeitsleistung zum Ende des Arbeitsverhältnisses nicht bereits mit der Einstellung der tatsächlichen Arbeitsleistung, sondern **erst mit dem regulären (vereinbarten) Ende des Arbeitsverhältnisses endet**, wenn bis zu diesem Zeitpunkt **Arbeitsentgelt** gezahlt wird. Hiernach ist nach Auffassung der Spitzenverbände **ab 1. Juli 2009** zu verfahren. Die neue Regelung ist ausführlich unter der nachfolgenden Nr. 13 erläutert.

Ab 1.1.2010 ist bei der **Berechnung der Lohnsteuer** für Entlassungsabfindungen zu beachten, dass die Entlassungsabfindung **nicht mehr zur Bemessungsgrundlage für die Vorsorgepauschale gehört** (§ 39b Abs. 2 Satz 5 Nr. 3 zweiter Teilsatz EStG). Nach der neuen Regelung dürfen Entschädigungen im Sinne des § 24 Nr. 1 EStG ab 1.1.2010 nicht mehr bei der Berechnung der Vorsorgepauschale berücksichtigt werden, weil für diese Entschädigungen keine Sozialversicherungsbeträge zu entrichten sind. Betroffen von dieser Änderung sind in erster Linie Abfindungen wegen Entlassung aus dem Dienstverhältnis. Dabei kommt es nicht darauf an, ob die Abfindung auch tatsächlich in Anwendung der Fünftelregelung ermäßigt besteuert wird, das heißt, dass eine Entlassungsabfindung auch dann nicht zur Bemessungsgrundlage für die Vorsorgepauschale gehört, wenn die Abfindung mangels Zusammenballung der Einkünfte normal zu versteuern ist. Ausschlaggebend ist allein, ob eine Entschädigung im Sinne des § 24 Nr. 1 EStG vorliegt oder nicht (vgl. das Stichwort „Entschädigungen"). Auf die ausführlichen Erläuterungen zur Berechnung der ab 1.1.2010 geltenden Vorsorgepauschale in **Anhang 8 zum Lexikon** wird Bezug genommen.

Entlassungsabfindungen können nur dann unter Anwendung der Fünftelregelung ermäßigt besteuert werden, wenn es sich um **außerordentliche** Einkünfte handelt. Außerordentliche Einkünfte liegen nur dann vor, wenn die zu begünstigenden Einkünfte in **einem** Kalenderjahr zu erfassen sind und durch die Zusammenballung von Einkünften erhöhte steuerliche Belastungen entstehen können. Die Anwendung der Fünftelregelung auf eine Entlassungsabfindung ist also grundsätzlich nur bei der Zahlung in **einem** Kalenderjahr möglich, da nur dann eine „Zusammenballung" von Einkünften vorliegt. Der Bundesfinanzhof geht allerdings auch dann noch von einer Zusammenballung von Einkünften aus, wenn zu einer Hauptentschädigungsleistung (im Streitfall 76 000 €) eine in einem anderen Kalenderjahr zufließende minimale Teilleistung (im Streitfall 1000 € = 1,3 %) hinzukommt (BFH-Urteil vom 25.8.2009 Az.: IX R 11/09).

Für die Sozialversicherungsfreiheit einer Entlassungsabfindung ist es ohne Bedeutung, ob die Abfindung als Einmalbetrag ausgezahlt wird, oder ob die Auszahlung in Raten – verteilt über mehrere Kalenderjahre – erfolgt.

Gliederung:

1. Allgemeines
2. Gesetzliche Entlassungsabfindungen
3. Lohnsteuerliche Behandlung von Abfindungszahlungen nach dem Gleichbehandlungsgesetz
4. Abfindungen wegen Entlassung aus dem Dienstverhältnis bei 400-Euro-Jobs
5. Anwendung der Fünftelregelung bei der Besteuerung von Entlassungsabfindungen
   a) Allgemeines
   b) Anwendung der Fünftelregelung beim Lohnsteuerabzug durch den Arbeitgeber
6. Voraussetzungen für die Anwendung der Fünftelregelung bei der Besteuerung von Entlassungsabfindungen
7. Außerordentliche Einkünfte/Zusammenballung von Einkünften als Voraussetzung für die Anwendung der Fünftelregelung
8. Zahlung der Abfindung in einem Kalenderjahr
9. Vergleichsberechnung
10. Nachzahlung von Entschädigungsleistungen
11. Sonderfälle
    a) Zahlung von Rentenversicherungsbeiträgen durch den Arbeitgeber nach § 187a SGB VI bei Altersteilzeit
    b) Nachteilsausgleich wegen Rentenminderung bei Altersteilzeit
    c) Teilweise Rückzahlung von Abfindungen
12. Aufzeichnungs- und Bescheinigungspflichten bei Abfindungen
13. Sozialversicherungsrechtliche Behandlung von Abfindungen
    a) Allgemeines
    b) Fortbestand des versicherungspflichtigen Beschäftigungsverhältnisses bei Verzicht des Arbeitgebers auf die Arbeitsleistung unter Fortzahlung des Arbeitsentgelts

Abfindung wegen Entlassung aus dem Dienstverhältnis

	Lohn-steuer-pflichtig	Sozial-versich.-pflichtig

14. Auswirkung von Entlassungsabfindungen auf das Arbeitslosengeld
15. Berechnungsbeispiel zur Besteuerung des steuerpflichtigen Teils einer Abfindung

1. Allgemeines

Zur Anwendung der früher geltenden steuerfreien Höchstbeträge von 7200 €, 9000 € oder 11 000 € wird auf die Ausführungen im Lexikon für das Lohnbüro, Ausgabe 2007, Seiten 21 ff. verwiesen.

Seit 1.1.2008 ausgezahlte Abfindungen wegen Entlassung aus dem Dienstverhältnis sind somit in voller Höhe lohnsteuerpflichtig aber beitragsfrei.   ja   nein

Abfindungen gehören zwar seit 1. 1. 2008 in vollem Umfang zum steuerpflichtigen Arbeitslohn. Die Abfindung kann jedoch nach der **sog. Fünftelregelung ermäßigt besteuert** werden, wenn eine Zusammenballung von Einkünften vorliegt (vgl. hierzu die Erläuterungen unter den nachfolgenden Nrn. 5 bis 9).

Sozialversicherungsrechtlich gehören Entlassungsabfindungen nach der Rechtsprechung des Bundessozialgerichts nicht zum beitragspflichtigen Entgelt (vgl. die Erläuterungen unter der folgenden Nr. 13). Zu beachten ist allerdings, dass das Arbeitslosengeld bei der Zahlung von Entlassungsabfindungen ggf. gekürzt wird (vgl. nachfolgend unter Nr. 14).

Ein zusammenfassendes Beispiel zur Lohnabrechnung eines Arbeitnehmers beim Ausscheiden aus dem Arbeitsverhältnis mit Urlaubsabgeltung und Entlassungsabfindung sowie Anwendung der Fünftelregelung ist in der folgenden Nr. 15 enthalten.

2. Gesetzliche Entlassungsabfindungen

Wenn von Abfindungen die Rede ist, wird in erster Linie an den Abschluss eines Aufhebungsvertrags und die zwischen Arbeitgeber und Arbeitnehmer vereinbarte Zahlung einer Abfindung gedacht. Es gibt jedoch auch Entlassungsabfindungen, die dem Grunde und ggf. auch der Höhe nach gesetzlich geregelt sind. Für diese gesetzlich geregelten Abfindungen gab es früher eine eigene Steuerbefreiungsvorschrift in § 3 Nr. 10 EStG. Hiernach waren gesetzlich festgelegte Entschädigungen, die wegen Entlassung aus dem Dienstverhältnis gewährt wurden, bis zu 10 800 € steuerfrei.

Entsprechend der Abschaffung von Steuerfreibeträgen für Abfindungen in der Privatwirtschaft ist auch der Freibetrag für Übergangsgelder im öffentlichen Dienst in Höhe von 10 800 € weggefallen.

Auf die Erläuterungen beim Stichwort „Übergangsgelder, Übergangsbeihilfen" wird Bezug genommen.

3. Lohnsteuerliche Behandlung von Abfindungszahlungen nach dem Gleichbehandlungsgesetz

Nach § 15 des Allgemeinen Gleichbehandlungsgesetzes (AGG) ist der Arbeitgeber bei Verstößen gegen das Benachteiligungsverbot verpflichtet, den hierdurch entstandenen Schaden zu ersetzen. Hierzu ist verschiedentlich die Meinung vertreten worden, dass nach dem Wegfall der Steuerfreibeträge für Abfindungen wegen Entlassung aus dem Dienstverhältnis nunmehr Abfindungen wegen (angeblicher) Diskriminierung steuerfrei gezahlt werden könnten. Das Bundesfinanzministerium hat deshalb zur steuerlichen Behandlung von Entschädigungen nach § 15 des AGG wie folgt Stellung genommen*):

Weder das Allgemeine Gleichbehandlungsgesetz noch das Einkommensteuergesetz enthält eine Regelung zur Steuerbefreiung für Entschädigungen und Schadensersatz nach § 15 AGG. Die steuerliche Beurteilung von Entschädigungen und Schadensersatz richtet sich deshalb nach den allgemeinen steuerlichen Grundsätzen und dem konkreten Sachverhalt im Einzelfall. Hiernach gilt Folgendes:

Wird ein Arbeitnehmer unter Verstoß gegen das Benachteiligungsverbot des Allgemeinen Gleichbehandlungsgesetzes entlassen und ist der Arbeitgeber verpflichtet, den hierdurch entstandenen materiellen Schaden zu ersetzen (Fall des § 15 **Abs. 1** AGG), handelt es sich bei der Zahlung um **steuerpflichtigen Arbeitslohn,** da diese Entschädigung einen Ersatz für entgehende Einnahmen darstellt (§ 19 Abs. 1 i. V. m. § 24 Nr. 1a EStG; vgl. das Stichwort „Entschädigungen").   ja   nein

Handelt es sich hingegen um Entschädigungen, die ein Beschäftigter wegen Verletzung des Benachteiligungsverbots durch den Arbeitgeber für immaterielle Schäden (Diskriminierung wegen Geschlecht/Alter, Mobbing, sexuelle Belästigung) verlangen kann (Fall des § 15 **Abs. 2** AGG), liegt kein steuerpflichtiger Arbeitslohn vor. Derartige Entschädigungen werden nicht „für eine Beschäftigung" gewährt. Sie sind – wie andere Schadensersatzleistungen auch, zu denen ein Arbeitgeber gesetzlich verpflichtet ist – keine Einnahme aus dem Dienstverhältnis (vgl. das Stichwort „Schadensersatz").   nein   nein

In diesem Zusammenhang hat das Bundesfinanzministerium auch darauf hingewiesen, dass missbräuchliche Umwidmungen von Abfindungen wegen Entlassung aus dem Dienstverhältnis in Entschädigungen wegen Diskriminierung steuerlich nicht anerkannt werden und die Finanzverwaltung derartige Sachverhalte besonders genau prüfen wird. Allerdings geht das Bundesfinanzministerium davon aus, dass es sich nur um wenige Einzelfälle handeln könne, weil die notwendige Mitwirkung des Arbeitgebers bei solchen Fallgestaltungen dem freiwilligen Eingeständnis einer schuldhaften Verletzung des Diskriminierungsverbots gleichkommt.

4. Abfindungen wegen Entlassung aus dem Dienstverhältnis bei 400-Euro-Jobs

Auch Arbeitnehmer, die im Rahmen eines geringfügig entlohnten Beschäftigungsverhältnisses (sog. 400-Euro-Jobs) tätig werden, können beim Ausscheiden eine Abfindung wegen Entlassung aus dem Dienstverhältnis erhalten. Nach der Rechtsprechung des Bundessozialgerichts gehören Abfindungen wegen Entlassung aus dem Dienstverhältnis nicht zum Arbeitsentgelt im Sinne der Sozialversicherung (vgl. die Erläuterungen unter der nachfolgenden Nr. 13). Bei der Pauschalierung der Lohnsteuer mit 2% (in Ausnahmefällen 20%) für 400-Euro-Jobs bleiben Lohnbestandteile außer Ansatz, die nicht zum Sozialversicherungspflichtigen Arbeitsentgelt gehören, denn für die Pauschalierung nach § 40a Abs. 2 und 2a EStG gilt der sozialversicherungsrechtliche Arbeitslohnbegriff.

Hieraus ist verschiedentlich der Schluss gezogen worden, dass diese Lohnbestandteile gänzlich lohnsteuerfrei seien. Dies trifft jedoch nicht zu. Denn Abfindungen wegen Entlassung aus dem Dienstverhältnis bleiben zwar bei der Pauschalierung der Lohnsteuer mit 2% außer Ansatz, sie unterliegen jedoch dem Lohnsteuerabzug nach den allgemeinen Bestimmungen.

Beispiel

Eine geringfügig entlohnte Arbeitnehmerin scheidet nach 10-jähriger Betriebszugehörigkeit aus dem Arbeitsverhältnis aus und erhält aufgrund eines Aufhebungsvertrags eine Abfindung wegen Entlassung aus dem Dienstverhältnis in Höhe von 3000 €. Nach dem Wegfall der steuerfreien Höchstbeträge für Entlassungsabfindungen (vgl. die Erläuterungen unter der vorstehenden Nr. 1) ist die Abfindung steuerpflichtig. Bei einer Zusammenballung von Einkünften ist die sog. Fünftelregelung anwendbar (vgl. die Erläuterungen unter den nachfolgenden Nummern 5 bis 9). Die Arbeitnehmerin muss dem Arbeitgeber eine Lohnsteuerkarte vorlegen, damit dieser den Lohnsteuerabzug durchführen kann. Wird keine Lohnsteuerkarte vorgelegt muss der Arbeitgeber die Lohnsteuer nach Steuerklasse VI einbehalten (vgl. das Stichwort „Nichtvorlage der Lohnsteuerkarte").

---
*) Bundestags-Drucksache 16/3710 Nr. 22.

Abfindung wegen Entlassung aus dem Dienstverhältnis

Dies wurde in den Lohnsteuer-Richtlinien 2008 ausdrücklich klargestellt, denn in R 40a.2 Satz 4 LStR heißt es wörtlich:

„Für Lohnbestandteile, die nicht zum sozialversicherungspflichtigen Arbeitsentgelt gehören, ist die Lohnsteuerpauschalierung nach § 40a Abs. 2 und 2a EStG nicht zulässig; sie unterliegen der Lohnsteuererhebung nach den allgemeinen Regelungen."

5. Anwendung der Fünftelregelung bei der Besteuerung von Entlassungsabfindungen

a) Allgemeines

Die Zahlung einer Abfindung wegen einer vom Arbeitgeber veranlassten Auflösung des Dienstverhältnisses stellt in der Regel eine Entschädigung im Sinne des § 24 Nr. 1 Buchstabe a EStG dar. Die Abfindung kann deshalb unter Anwendung der sog. Fünftelregelung ermäßigt besteuert werden, wenn eine **Zusammenballung von Einkünften** vorliegt. Die Voraussetzungen für die Anwendung der sog. Fünftelregelung sind unter den nachfolgenden Nrn. 6 bis 9 erläutert. Die Anwendung der Fünftelregelung bedeutet, dass die steuerpflichtigen außerordentlichen Einkünfte zum Zwecke der Steuerberechnung mit einem Fünftel als sonstiger Bezug versteuert und die auf dieses Fünftel entfallende Lohnsteuer verfünffacht wird. Die Berechnung der Lohnsteuer unter Anwendung der Fünftelregelung ist ausführlich anhand von Beispielen beim Stichwort „Sonstige Bezüge" unter Nr. 6 Buchstabe c auf Seite 663 dargestellt. Außerdem ist unter der nachfolgenden Nr. 15 eine vollständige Lohnabrechnung zur lohnsteuerlichen und sozialversicherungsrechtlichen Behandlung einer Entlassungsabfindung enthalten, die auch die Anwendung der Fünftelregelung enthält.

b) Anwendung der Fünftelregelung beim Lohnsteuerabzug durch den Arbeitgeber

Beim Lohnsteuerabzugsverfahren durch den Arbeitgeber richtet sich die Anwendung der Fünftelregelung nach § 39b Abs. 3 Satz 9 EStG. Das bedeutet, dass der Arbeitgeber verpflichtet ist, die Fünftelregelung anzuwenden, wenn die hierfür erforderlichen Voraussetzungen vorliegen. Ein Antrag des Arbeitnehmers ist **nicht** erforderlich. Allerdings muss der Arbeitgeber in der Lage sein, die für eine Anwendung der Fünftelregelung erforderlichen Voraussetzungen zu überprüfen. Beim Erfordernis der „**Zusammenballung von Einkünften**" kann dies schwierig sein, wenn sich allein aus der Beurteilung der dem Arbeitgeber bekannten Arbeitslöhne noch keine Zusammenballung von Einkünften ergibt. Denn der Arbeitgeber kann zwar die übrigen Einkünfte des Arbeitnehmers in die Beurteilung der Zusammenballung der Einkünfte mit einbeziehen, verpflichtet ist er hierzu allerdings nicht. Für den Arbeitgeber ergibt sich hiernach zur Anwendung der Fünftelregelung folgende Vorgehensweise:

– Kann der Arbeitgeber anhand der **von ihm gezahlten Arbeitslöhne** erkennen, dass der steuerpflichtige Teil der Abfindung zusammen mit dem übrigen Arbeitslohn zu einer Zusammenballung von Einkünften führt, so ist er gesetzlich **verpflichtet** die Fünftelregelung anzuwenden, ohne dass es eines Antrags des Arbeitnehmers bedarf.

– Ergibt sich eine Zusammenballung von Einkünften nur unter Berücksichtigung der **übrigen Einkünfte** des Arbeitnehmers, so kann der Arbeitgeber die Fünftelregelung anwenden, wenn ihm der Arbeitnehmer diese Einkünfte mitteilt, das heißt, der Arbeitnehmer muss die Anwendung der Fünftelregelung beim Arbeitgeber **beantragen**.

Der Arbeitgeber darf also die Fünftelregelung nur dann anwenden, wenn die hierfür erforderliche Vergleichsberechnung zweifelsfrei ergeben hat, dass eine Zusammenballung von Einkünften vorliegt. Aus Vereinfachungsgründen kann der Arbeitgeber die **Vergleichsberechnung anhand der Einnahmen** (anstelle der Einkünfte) vornehmen. Dies wurde im sog. Abfindungs-Erlass des Bundesfinanzministeriums ausdrücklich klargestellt*). Die Vergleichsberechnung anhand der Einnahmen ist unter der nachfolgenden Nr. 9 ausführlich erläutert. Kann der Arbeitgeber die erforderlichen Feststellungen nicht treffen, so muss er den Arbeitnehmer auf das Veranlagungsverfahren verweisen und die Abfindung nach den allgemein für sonstige Bezüge geltenden Grundsätzen versteuern. Die Normalbesteuerung nach den allgemein für sonstige Bezüge geltenden Grundsätzen hat allerdings zur Folge, dass die Entlassungsentschädigung nicht gesondert in Zeile 10 der elektronischen Lohnsteuerbescheinigung 2010 eingetragen werden darf. Denn eine Bescheinigung in Zeile 10 der Lohnsteuerbescheinigung ist nur für **ermäßigt** besteuerte Entschädigungen zulässig (vgl. das Stichwort „Lohnsteuerbescheinigung").

Der Arbeitgeber musste früher in diesen Fällen eine **gesonderte Bescheinigung** erteilen, damit der Arbeitnehmer im Veranlagungsverfahren nach Ablauf des Kalenderjahres die Anwendung der Fünftelregelung beim Finanzamt beantragen konnte. Aus diesem Grund ist das Muster der elektronischen Lohnsteuerbescheinigung um eine Zeile erweitert worden, in die der Arbeitgeber die Entlassungsabfindung eintragen kann, wenn diese beim Lohnsteuerabzug **nicht** ermäßigt besteuert wurde. In der Lohnsteuerbescheinigung 2010 ist dies die Zeile 19. Aufgrund der Eintragung in diese Zeile 19 kann der Arbeitnehmer die ermäßigte Besteuerung noch nachträglich im Veranlagungsverfahren beantragen.

6. Voraussetzungen für die Anwendung der Fünftelregelung bei der Besteuerung von Entlassungsabfindungen

Nach den gesetzlichen Vorschriften (§ 34 Abs. 2 Nr. 2 i. V. m. § 24 Nr. 1 EStG) müssen für die Anwendung der Fünftelregelung folgende Voraussetzungen vorliegen:

– **sonstiger Bezug** und
– **außerordentliche** Einkünfte.

Begünstigte außerordentliche Einkünfte liegen vor, wenn Entschädigungen als Ersatz für entgangene oder entgehende Einnahmen oder für die Aufgabe oder das Nichtausüben einer Tätigkeit gezahlt werden und eine Zusammenballung von Einnahmen vorliegt.

Hiernach ergibt sich folgendes Schema:

Ersatz für entgangene oder entgehende Einnahmen (§ 24 Nr. 1 Buchst. **a** EStG)
Ersatz für die Aufgabe oder das Nichtausüben einer Tätigkeit (§ 24 Nr. 1 Buchst. **b** EStG)

↓ ↓

Zusammenballung von Einkünften

↓

Anwendung der Fünftelregelung

Eine Entschädigung im Sinne des § 24 Nr. 1 Buchst. **a** EStG, die entgangene oder entgehende Einnahmen ersetzt, liegt nur dann vor, wenn ein „Schaden" ersetzt wird. Es muss sich also um einen Ausgleich für einen Verlust handeln, den der Arbeitnehmer **unfreiwillig** erlitten hat. Von einem unfreiwilligen Eintritt eines Schadens

---

*) Randziffer 12 des BMF-Schreibens vom 24. 5. 2004, BStBl. I S. 505. Dieser sog. Abfindungs-Erlass des Bundesfinanzministeriums ist als Anlage zu § 34 EStG im **Steuerhandbuch für das Lohnbüro 2010** abgedruckt, das im selben Verlag erschienen ist. Das **PC-Lexikon** für das Lohnbüro 2010 enthält auch dieses Handbuch und hat außerdem den Vorteil, dass Sie **alle BFH-Urteile** sowie die aktuellen Rundschreiben und Niederschriften der Spitzenverbände der **Sozialversicherung** mit Mausklick **im Volltext** abrufen und ausdrucken können. Eine Bestellkarte finden Sie vorne im Lexikon.

Abfindung wegen Entlassung aus dem Dienstverhältnis

	Lohn-steuer-pflichtig	Sozial-versich.-pflichtig

ging die Rechtsprechung früher nur dann aus, wenn der Arbeitnehmer den Schaden ohne oder gegen seinen Willen erlitten hatte. Diese Rechtsprechung wurde ausdrücklich aufgegeben (BFH-Urteil vom 20.10.1978, BStBl. 1979 II S. 176), sodass nunmehr eine Entschädigung auch beim Mitwirken des Arbeitnehmers vorliegen kann. Der Arbeitnehmer kann hiernach also Vereinbarungen zum Ausgleich eines eingetretenen oder drohenden Schadens schließen. Der Arbeitnehmer muss jedoch in diesem Fall unter **wirtschaftlichem, rechtlichem** oder **tatsächlichem Druck** handeln, das heißt, er darf das schädigende Ereignis nicht aus eigenem Antrieb herbeigeführt haben (BFH-Urteil vom 9.7.1992, BStBl. 1993 II S. 27). Aufgrund dieser Rechtsprechung sind auch Abfindungen, die bei der Auflösung eines Arbeitsverhältnisses vereinbart werden, als Entschädigung anzusehen, wenn die Auflösung **vom Arbeitgeber veranlasst** wird. Keine Entschädigung liegt vor, wenn der Arbeitnehmer selbst kündigt, das schädigende Ereignis also selbst herbeiführt.

Des Weiteren ist es für die Annahme einer Entschädigung im Sinne des § 24 Nr. 1 Buchstabe a EStG Voraussetzung, dass die Ersatzleistung auf einer **neuen Rechtsgrundlage** beruhen muss (z. B. einem neuen Vertrag oder einer Vertragsänderung im Zusammenhang mit der Auflösung des Dienstverhältnisses). Die Zahlung muss an die Stelle **weggefallener** oder künftig **wegfallender Einnahmen** treten und darf sich bürgerlich-rechtlich **nicht** als **Erfüllung** einer vertraglich – ggf. auch wahlweise – eingegangenen Verpflichtung darstellen (BFH-Urteil vom 9.7.1992, BStBl. 1993 II S. 27). Eine Entschädigung setzt deshalb voraus, dass an Stelle der bisher geschuldeten Leistung eine andere tritt. Diese andere Leistung muss auf einem anderen, eigenständigen Rechtsgrund beruhen. Ein solcher Rechtsgrund wird regelmäßig **Bestandteil der Auflösungsvereinbarung** sein; er kann aber auch bereits bei Abschluss des Dienstvertrags oder im Verlauf des Dienstverhältnisses für den Fall des vorzeitigen Ausscheidens vereinbart werden. Eine Leistung in Erfüllung eines bereits **vor dem Ausscheiden begründeten Anspruchs** des Empfängers ist keine Entschädigung, auch wenn dieser Anspruch in einer der geänderten Situation angepassten Weise erfüllt wird. Der Entschädigungs**anspruch** darf – auch wenn er bereits früher vereinbart worden ist – erst **als Folge** einer vorzeitigen Beendigung des Dienstverhältnisses entstehen*).

Eine Entschädigung im Sinne des § 24 Nr. 1 Buchstabe a EStG, die aus Anlass einer Entlassung aus dem Dienstverhältnis vereinbart wird (Entlassungsentschädigung), setzt den Verlust von Einnahmen voraus, mit denen der Arbeitnehmer rechnen konnte. Weder eine Abfindung noch eine Entschädigung sind deshalb Zahlungen des Arbeitgebers, die **bereits erdiente Ansprüche** abgelten, wie z. B. rückständiger Arbeitslohn, anteiliges Urlaubsgeld, Urlaubsabgeltung, Weihnachtsgeld, Gratifikationen, Tantiemen oder bei rückwirkender Beendigung des Dienstverhältnisses bis zum steuerlich anzuerkennenden Zeitpunkt der Auflösung noch zustehende Gehaltsansprüche. Das gilt auch für freiwillige Leistungen, wenn sie in gleicher Weise den verbleibenden Arbeitnehmern tatsächlich zugewendet werden.

Von einer Entschädigung für entgangene oder entgehende Einnahmen sind diejenigen Entschädigungen zu unterscheiden, die für die **Aufgabe oder Nichtausübung einer Tätigkeit** gezahlt werden (§ 24 Nr. 1 Buchstabe **b** EStG). Auch für solche Entschädigungen kommt die Anwendung der Fünftelregelung in Betracht, wobei es unschädlich ist, wenn

– die Tätigkeit mit Willen oder Zustimmung des Arbeitnehmers aufgegeben wird,

– die Entschädigung **von vornherein** im Tarif- oder Arbeitsvertrag **vereinbart** ist und

– der Arbeitnehmer von seinem tarif- oder arbeitsvertraglich vereinbarten Recht Gebrauch macht, gegen Zahlung der vereinbarten Abfindung aus dem Dienstverhältnis auszuscheiden.

Die Unterschiede zwischen den beiden Entschädigungsarten sind ausführlich beim Stichwort „Entschädigungen" erläutert, da die Fünftelregelung nicht nur für Entlassungsentschädigungen, sondern auch für eine Reihe anderer Entschädigungen gilt (z. B. für Karenzentschädigungen, Entschädigungen wegen Einhaltung eines Wettbewerbsverbots usw.). Vgl. hierzu auch die Erläuterungen beim Stichwort „Konkurrenzverbot".

Ist hiernach die Entlassungsabfindung eine „Entschädigung" im Sinne des § 24 Nr. 1 EStG, so kommt die Anwendung der Fünftelregelung nur dann in Betracht, wenn es sich um **außerordentliche Einkünfte** handelt. Diese Voraussetzungen sind erfüllt, wenn eine **Zusammenballung von Einkünften** vorliegt (vgl. die Erläuterungen unter den nachfolgenden Nrn. 7 bis 9).

7. Außerordentliche Einkünfte/Zusammenballung von Einkünften als Voraussetzung für die Anwendung der Fünftelregelung

Scheidet ein Arbeitnehmer auf Veranlassung des Arbeitgebers vorzeitig aus dem Dienstverhältnis aus, so können ihm folgende Leistungen des Arbeitgebers zufließen, die wegen ihrer unterschiedlichen steuerlichen Auswirkung gegeneinander abzugrenzen sind:

– normal zu besteuernder laufender Arbeitslohn oder normal zu besteuernde sonstige Bezüge;

– außerordentliche Einkünfte, die unter Anwendung der Fünftelregelung ermäßigt besteuert werden, weil eine Zusammenballung von Einkünften vorliegt;

– Arbeitslohn für eine mehrjährige Tätigkeit, der ebenfalls unter Anwendung der Fünftelregelung ermäßigt besteuert wird (vgl. das Stichwort „Arbeitslohn für mehrere Jahre").

Die bei außerordentlichen Einkünften erforderliche „Zusammenballung" ist nach dem sog. **Abfindungs-Erlass** des Bundesfinanzministeriums**) in zwei Schritten zu prüfen:

1. Prüfung: Die Entschädigung muss insgesamt innerhalb **eines** Kalenderjahres zufließen (vgl. die Erläuterungen unter der nachfolgenden Nr. 8).

2. Prüfung: Der als Entschädigung gezahlte Betrag muss größer sein als der Betrag, der dem Arbeitnehmer in diesem Kalenderjahr bei Fortsetzung des Arbeitsverhältnisses ohnehin zugeflossen wäre (sog. **Vergleichsberechnung,** vgl. die Erläuterungen unter der nachfolgenden Nr. 9).

Im Einzelnen gilt zur Frage der Zusammenballung von Einkünften Folgendes:

---

*) Randziffer 4 des BMF-Schreibens vom 24.5.2004, BStBl. I S. 505. Dieser sog. Abfindungs-Erlass des Bundesfinanzministeriums ist als Anlage zu § 34 EStG im **Steuerhandbuch für das Lohnbüro 2010** abgedruckt, das im selben Verlag erschienen ist. Das **PC-Lexikon** für das Lohnbüro 2010 enthält auch dieses Handbuch und hat außerdem den Vorteil, dass Sie **alle BFH-Urteile** sowie die aktuellen Rundschreiben und Niederschriften der Spitzenverbände der **Sozialversicherung** mit Mausklick **im Volltext** abrufen und ausdrucken können. Eine Bestellkarte finden Sie vorne im Lexikon.

) BMF-Schreiben vom 24.5.2004, BStBl. I S. 505. Dieser sog. Abfindungs-Erlass des Bundesfinanzministeriums ist als Anlage zu § 34 EStG im **Steuerhandbuch für das Lohnbüro 2010 abgedruckt, das im selben Verlag erschienen ist. Das **PC-Lexikon** für das Lohnbüro 2010 enthält auch dieses Handbuch und hat außerdem den Vorteil, dass Sie **alle BFH-Urteile** sowie die aktuellen Rundschreiben und Niederschriften der Spitzenverbände der **Sozialversicherung** mit Mausklick **im Volltext** abrufen und ausdrucken können. Eine Bestellkarte finden Sie vorne im Lexikon.

Abfindung wegen Entlassung aus dem Dienstverhältnis

8. Zahlung der Abfindung in einem Kalenderjahr

Entschädigungen im Sinne des § 24 Nr. 1 Buchstabe a EStG können nur dann unter Anwendung der Fünftelregelung ermäßigt besteuert werden, wenn es sich um **außerordentliche** Einkünfte handelt. Außerordentliche Einkünfte liegen nur dann vor, wenn die zu begünstigenden Einkünfte in **einem** Kalenderjahr zu erfassen sind **und** durch die Zusammenballung von Einkünften erhöhte steuerliche Belastungen entstehen können. Es ist nicht erforderlich, dass tatsächlich eine Verschärfung der Progression eintritt.

Die Anwendung der Fünftelregelung auf eine Entlassungsabfindung ist also nur bei der Zahlung in **einem** Kalenderjahr möglich, da nur dann eine „Zusammenballung" von Einnahmen vorliegt. Ohne Bedeutung ist dabei, ob die Abfindung innerhalb ein und desselben Kalenderjahrs in einem Betrag oder in mehreren Teilbeträgen gezahlt wird.

Eine Ausnahme von dem Grundsatz, dass die Verteilung des steuerpflichtigen Teils einer Abfindung auf zwei Kalenderjahre zum Verlust der Fünftelregelung führt, hat die Rechtsprechung nur für den Fall zugelassen, dass ursprünglich die Zahlung in einer Summe beabsichtigt war, später aber aus Gründen, die nicht in der Person des Arbeitnehmers liegen (z. B. Liquidationsprobleme des Arbeitgebers), eine Auszahlung in zwei Raten, verteilt auf zwei Kalenderjahre, erfolgt (BFH-Urteil vom 2. 9. 1992, BStBl. 1993 II S. 831). Wird eine Entlassungsabfindung allerdings ganz oder zum Teil in **fortlaufenden Beträgen** über mehrere Jahre hinweg gewährt, ist eine Anwendung der Fünftelregelung in keinem Fall möglich und zwar auch dann nicht, wenn ein größerer Teilbetrag getrennt von den laufenden Beträgen gezahlt wird (BFH-Urteil vom 21. 3. 1996, BStBl. II S. 416). Der Bundesfinanzhof geht allerdings auch dann noch von einer Zusammenballung von Einkünften aus, wenn zu einer Hauptentschädigungsleistung (im Streitfall 76 000 €) eine in einem anderen Kalenderjahr zufließende minimale Teilleistung (im Streitfall 1000 € = 1,3 %) hinzukommt (BFH-Urteil vom 25.8.2009 Az.: IX R 11/09).

Erhält der Arbeitnehmer nach Auflösung des Dienstverhältnisses noch laufende Leistungen, die sich aus dem **ursprünglichen** Arbeitsvertrag ergeben, so liegt keine „Entschädigung" im Sinne des § 24 Nr. 1 Buchstabe a EStG vor, da diese Leistungen nicht wegen der Auflösung des Dienstverhältnisses, sondern aus einem anderen Rechtsgrund erbracht wird. Solche laufenden Einnahmen werden deshalb bei der Zusammenballung von Einnahmen nicht berücksichtigt.

Sehen also Entlassungsvereinbarungen zusätzliche Leistungen des früheren Arbeitgebers vor, so ist stets zu prüfen, ob es sich um einen Teil der Entlassungsentschädigung handelt. Eine „Entschädigung" setzt voraus, dass an Stelle der bisher geschuldeten Leistung eine andere tritt. Diese andere Leistung muss auf einem anderen, eigenständigen Rechtsgrund beruhen. Ein solcher Rechtsgrund wird regelmäßig Bestandteil der Auflösungsvereinbarung sein; er kann aber auch bereits bei Abschluss des Dienstvertrags oder im Verlauf des Dienstverhältnisses für den Fall des vorzeitigen Ausscheidens vereinbart werden. Handelt es sich bei solchen zusätzlichen Leistungen um einen Teil der Entschädigung, ist dies für eine Anwendung der Fünftelregelung im Grundsatz schädlich, wenn die steuerpflichtige Gesamtentschädigung (Einmalbetrag zuzüglich zusätzlicher Entschädigungsleistungen) **nicht in einem Kalenderjahr** zufließt. Eine schädliche Entschädigung liegt allerdings dann **nicht** vor, wenn derartige zusätzliche Leistungen nicht nur bei vorzeitigem Ausscheiden, sondern **auch in anderen Fällen**, insbesondere bei altersbedingtem Ausscheiden, erbracht werden, z. B. Fortführung von Mietverhältnissen, von Arbeitgeberdarlehen, Belegschaftsrabatten oder von Deputatlieferungen. Unschädlich sind stets auch **lebens**längliche Bar- und Sachleistungen, da sie nicht unter § 24 Nr. 1 EStG, sondern unter § 24 **Nr. 2** EStG fallen*).

Es kann deshalb durchaus der Fall eintreten, dass „Bagatellbeträge" einer Abfindung, die in einem anderen Kalenderjahr als der „Hauptbetrag" gezahlt werden, zum Verlust der Fünftelregelung führen, und das ggf. **rückwirkend**. Diese Betrachtungsweise hat allerdings auch ihre Grenzen, und zwar bei **zusätzlichen Leistungen aus sozialer Fürsorge**.

Für **zusätzliche Leistungen aus sozialer Fürsorge** gilt Folgendes*):

Werden zusätzliche Entschädigungsleistungen, die Teil einer einheitlichen Entschädigung sind, aus Gründen der **sozialen Fürsorge** für eine gewisse **Übergangszeit** in späteren Veranlagungszeiträumen gewährt, sind diese für die Beurteilung der Hauptleistung als einer zusammengeballten Entschädigung unschädlich, wenn sie **weniger als 50 % der Hauptleistung** betragen. Die Vergleichsrechnung ist hier durch einen Vergleich der Einnahmen vorzunehmen. Zusatzleistungen aus Gründen der sozialen Fürsorge sind beispielsweise solche Leistungen, die der (frühere) Arbeitgeber dem Arbeitnehmer zur Erleichterung des Arbeitsplatz- oder Berufswechsels oder als Anpassung an eine dauerhafte Berufsaufgabe und Arbeitslosigkeit erbringt. Sie setzen keine Bedürftigkeit des entlassenen Arbeitnehmers voraus. Soziale Fürsorge ist allgemein im Sinne der Fürsorge des Arbeitgebers für seinen früheren Arbeitnehmer zu verstehen. Ob der Arbeitgeber zu der Fürsorge arbeitsrechtlich verpflichtet ist, ist unerheblich. Derartige ergänzende Zusatzleistungen aus sozialer Fürsorge können z. B. sein

– die befristete Übernahme von Versicherungsbeiträgen,
– Zahlungen für die Altersversorgung (BFH-Urteil vom 15. 10. 2003, BStBl. 2004 II S. 264),
– die befristete Zahlung von **Zuschüssen zum Arbeitslosengeld** (BFH-Urteil vom 24. 1. 2002, BStBl. 2004 II S. 442, vgl. das nachfolgende Beispiel A),
– die befristete **Weiterbenutzung des Firmenwagens** (BFH-Urteil vom 3. 7. 2002, BStBl. 2004 II S. 447, vgl. das nachfolgende Beispiel B).

Die aus sozialer Fürsorge erbrachten Entschädigungszusatzleistungen, die in späteren Kalenderjahren zufließen, sind im Zeitpunkt des Zuflusses regulär zu versteuern (vgl. die nachfolgenden Beispiele A und B).

Beispiel A

Das Dienstverhältnis wird zum 30. 6. 2010 aufgelöst. Danach ist der Arbeitnehmer arbeitslos. Der Arbeitnehmer erhält eine steuerpflichtige Abfindung von 100 000 €. Außerdem wird vereinbart, dass der Arbeitnehmer für die Zeit der Arbeitslosigkeit, längstens bis zum 30. 6. 2011 einen monatlichen Zuschuss von 500 € erhält.

Der monatliche Zuschuss zum Arbeitslosengeld beruht auf Fürsorgeerwägungen des Arbeitgebers und ist damit nicht schädlich für die Anwendung der Fünftelregelung. Sowohl die Abfindung in Höhe von 100 000 € als auch der im Jahr 2010 gezahlte Zuschuss in Höhe von 3000 € (6 Monate × 500 €) sind ermäßigt zu besteuern. Der im Jahr 2011 gezahlte Zuschuss von 3000 € ist dem normalen Lohnsteuerabzug nach der Lohnsteuerkarte zu unterwerfen.

Beispiel B

Auf Veranlassung des Arbeitgebers wird einem leitenden Angestellten zum 31. 12. 2009 vorzeitig gekündigt. Der Arbeitnehmer erhält aufgrund der Aufhebungsvereinbarung neben einer einmaligen Barabfindung in Höhe von 150 000,– € zusätzlich den ihm zustehenden Firmenwagen für weitere zwei Jahre zur privaten Nutzung überlassen.

Die Firmenwagen-Überlassung nach Auflösung des Dienstverhältnisses ist Bestandteil der Auflösungsvereinbarung. Die Kfz-Gestellung beruht nach der Rechtsprechung des Bundesfinanzhofs im weitesten Sinne auf

---

*) BMF-Schreiben vom 24. 5. 2004, BStBl. I S. 505. Dieser sog. Abfindungs-Erlass des Bundesfinanzministeriums ist als Anlage zu § 34 EStG im **Steuerhandbuch für das Lohnbüro 2010** abgedruckt, das im selben Verlag erschienen ist. Das **PC-Lexikon** für das Lohnbüro 2010 enthält auch dieses Handbuch und hat außerdem den Vorteil, dass Sie **alle BFH-Urteile** sowie die aktuellen Rundschreiben und Niederschriften der Spitzenverbände der **Sozialversicherung** mit Mausklick **im Volltext** abrufen und ausdrucken können. Eine Bestellkarte finden Sie vorne im Lexikon.

Abfindung wegen Entlassung aus dem Dienstverhältnis

Fürsorgeerwägungen des Arbeitgebers. Sie ist daher nicht schädlich für eine ermäßigte Besteuerung der einmaligen Barabfindung nach der Fünftelregelung. Die geldwerten Vorteile aus der Kfz-Gestellung sind ab 2010 dem normalen Lohnsteuerabzug zu unterwerfen.

Wie bereits ausgeführt ist durch eine Vergleichsberechnung anhand der Einnahmen zu prüfen, ob die aus sozialer Fürsorge erbrachten Entschädigungszusatzleistungen **weniger als 50 % der Hauptleistung** betragen. Diese Vergleichsberechnung soll durch ein Beispiel erläutert werden:

Beispiel C

Ein Arbeitnehmer erhält einen Monatslohn von 5000 €. Das Dienstverhältnis wird zum 30.6.2010 gegen Zahlung einer Abfindung in Höhe von 100 000 € aufgelöst. Außerdem wird vereinbart, dass der Arbeitnehmer bis zum 30.6.2011 einen Zuschuss zum Arbeitslosengeld in Höhe von 3500 € monatlich erhält. Der Vergleich der Einnahmen ergibt Folgendes:

Arbeitslohn vom 1.1.–30.6.2010	60 000,— €
Abfindung	100 000,— €
monatlicher Zuschuss zum Arbeitslosengeld vom 1.7.–31.12.2010 in Höhe von (3500 € × 6 =)	21 000,— €
Entschädigung insgesamt (= Hauptschädigung)	121 000,— €
Im Kalenderjahr 2011 erhält der Arbeitnehmer von seinem früheren Arbeitgeber einen monatlichen Zuschuss zum Arbeitslosengeld vom 1.1.–30.6.2011 in Höhe von insgesamt (3500 € × 6 =)	21 000,— €

Die im Jahr 2011 erhaltenen Zahlungen sind zusätzliche Entschädigungsleistungen, die aus sozialer Fürsorge für eine gewisse Übergangszeit gewährt wurden. Sie betragen 21 000 € = 17,36 % von 121 000 € (= Entschädigungshauptleistung) und sind damit unschädlich für die Beurteilung der Hauptleistung als zusammengeballte Entschädigung. Die im Jahr 2010 erhaltenen Entschädigungsleistungen sind daher nach § 34 EStG unter Anwendung der Fünftelregelung ermäßigt zu besteuern. Die im Jahr 2011 erhaltenen Zusatzleistungen fallen nicht unter die Tarifbegünstigung des § 34 EStG und sind deshalb regulär zu versteuern. Bei dem vorzunehmenden Vergleich anhand der Einnahmen bleibt der Arbeitnehmer-Pauschbetrag in Höhe von 920 € außer Betracht.

Für lebenslängliche Bar- und Sachleistungen ist im sog. Abfindungs-Erlass des Bundesfinanzministeriums*) ausdrücklich klargestellt worden, dass solche Leistungen nach § 24 Nr. 2 EStG zu den Einkünften aus der ehemaligen nichtselbständigen Arbeit gehören und deshalb keinen Entschädigungscharakter haben. Sie sind deshalb für die ermäßigte Besteuerung einer Entlassungsentschädigung unter Anwendung der Fünftelregelung unschädlich. Deshalb kommt die Anwendung der Fünftelregelung auch dann in Betracht, wenn dem Arbeitnehmer im Rahmen der Ausscheidungsvereinbarung **erstmals** lebenslang laufende Versorgungsbezüge zugesagt werden. Auch eine zu diesem Zeitpunkt erstmals eingeräumte lebenslängliche Sachleistung, wie z. B. ein verbilligtes oder unentgeltliches lebenslängliches Wohnrecht, ist für die Anwendung der Fünftelregelung unschädlich. Entscheidend ist also, ob es sich um **lebenslängliche** Bar- und/oder Sachleistungen handelt. Die Einräumung einer zeitlich befristeten Versorgungsleistung (z. B. eine Zeitrente) erfüllt diese Voraussetzungen nicht.

Werden betriebliche Versorgungszusagen durch die Kündigungsvereinbarung modifiziert, gelten die späteren Versorgungsleistungen, unabhängig von der zugesicherten Höhe, nicht als Entschädigungen. Denn die Zahlungen verfolgen einen lebenslänglichen Versorgungszweck; sie sind deshalb für die Anwendung der Fünftelregelung unschädlich. Wird z. B. bei Beginn der Rente aus der gesetzlichen Rentenversicherung die lebenslängliche Betriebsrente **ungekürzt** gezahlt, so schließt dies die Anwendung der Fünftelregelung für eine Entlassungsentschädigung, die in einem Einmalbetrag gezahlt wird, nicht aus.

Beispiel D

Ein Arbeitnehmer scheidet aufgrund eines Sozialplans mit 55 Jahren aus der Firma aus. Er erhält als Abfindung einen Einmalbetrag von 50 000 €. Außerdem verpflichtet sich der Arbeitgeber, die ab dem 65. Lebensjahr zugesagte Werksrente von monatlich 600 € ungekürzt zu zahlen, obwohl im Zeitpunkt des vorzeitigen Ausscheidens lediglich ein Betrag von 500 € monatlich er- und verdient wurde. Die ungekürzte Zahlung der Betriebsrente führt nicht dazu, dass für den Einmalbetrag von 50 000 € die Anwendung der Fünftelregelung entfällt.

Wird im Zusammenhang mit der Auflösung des Dienstverhältnisses neben einer Einmalzahlung eine **(vorgezogene)** lebenslängliche Betriebsrente bereits ab dem Ausscheiden und vor Beginn der Rente aus der gesetzlichen Rentenversicherung gezahlt, so schließt auch dies die Anwendung der Fünftelregelung für die Entlassungsentschädigung nicht aus. Dabei ist es unerheblich, ob die vorgezogene Betriebsrente gekürzt oder ungekürzt geleistet wird. Wird ein (noch) verfallbarer Anspruch auf lebenslängliche Betriebsrente im Zusammenhang mit der Auflösung eines Dienstverhältnisses in einen unverfallbaren Anspruch umgewandelt, so ist die Umwandlung des Anspruchs für die Anwendung der Fünftelregelung auf die Einmalzahlung ebenfalls unschädlich.

Die Frage, ob die Entlassungsabfindung eine Zusammenballung von Einkünften darstellt und deshalb als Entschädigung unter Anwendung der Fünftelregelung ermäßigt besteuert werden kann, ist also insbesondere dann schwierig zu beantworten, wenn die Abfindung nicht in einem Betrag gezahlt wird oder dem Arbeitnehmer neben der Abfindung noch laufende Bezüge (ggf. Sachbezüge) nach Beendigung des Dienstverhältnisses zufließen. Um sich abzusichern, kann der Arbeitgeber bei seinem Betriebsstättenfinanzamt eine Anrufungsauskunft einholen (vgl. das Stichwort „Auskunft"). Der Arbeitgeber kann aber auch in den Auflösungsvertrag eine entsprechende Klausel aufnehmen, die folgenden Wortlaut haben könnte:

„Fordert das Finanzamt aufgrund von Vereinbarungen in diesem Aufhebungsvertrag Lohn- und Kirchensteuer sowie Solidaritätszuschlag vom Arbeitgeber nach, verpflichtet sich der Arbeitnehmer zur Erstattung dieser nachgeforderten Steuerbeträge an den Arbeitgeber."

9. Vergleichsberechnung

Das Erfordernis der Zusammenballung verlangt zum einen das Zufließen in **einem** Kalenderjahr und zum anderen eine Zusammenballung von Einkünften **im Vergleich zu den wegfallenden Einnahmen**. Eine Zusammenballung von Einkünften liegt nur dann vor, wenn

– durch die Entschädigung der bis zum Jahresende wegfallende Arbeitslohn überschritten wird (und sei es auch nur um einen Euro) **oder**

– im Jahr des Zuflusses der Entschädigung noch **weitere Einkünfte** erzielt werden, die der Arbeitnehmer nicht bezogen hätte, wenn das Dienstverhältnis ungestört fortgesetzt worden wäre und er dadurch mehr erhält, als er bei einem normalen Ablauf der Dinge erhalten hätte.

Bei der Berechnung der Einkünfte, die der Arbeitnehmer bezogen hätte, wenn das Dienstverhältnis ungestört fortgesetzt worden wäre, ist im Grundsatz auf die Einkünfte des Vorjahres abzustellen.

Diese im sog. Abfindungs-Erlass des Bundesfinanzministeriums vorgeschriebene **Vergleichsberechnung** wird im Veranlagungsverfahren nach Ablauf des Kalenderjahres vom Finanzamt anhand der **Einkünfte** des Arbeitnehmers vorgenommen, wobei alle Einkünfte des Arbeitnehmers aus sämtlichen Einkunftsarten berücksichtigt werden. Da dem Arbeitgeber eine Ermittlung der Einkünfte nicht zugemutet werden kann, ist im Abfindungs-Erlass zugelassen worden, dass der **Arbeitgeber** die **Vergleichsberechnung anhand der Einnahmen** aus nichtselbständiger Arbeit, das heißt nach dem Bruttoarbeitslohn vornehmen kann. Außerdem kann er an-

---

*) BMF-Schreiben vom 24. 5. 2004, BStBl. I S. 505. Dieser sog. Abfindungs-Erlass des Bundesfinanzministeriums ist als Anlage zu § 34 EStG im **Steuerhandbuch für das Lohnbüro 2010** abgedruckt, das im selben Verlag erschienen ist. Das **PC-Lexikon** für das Lohnbüro 2010 enthält auch dieses Handbuch und hat außerdem den Vorteil, dass Sie **alle BFH-Urteile** sowie die aktuellen Rundschreiben und Niederschriften der Spitzenverbände der **Sozialversicherung** mit Mausklick **im Volltext** abrufen und ausdrucken können. Eine Bestellkarte finden Sie vorne im Lexikon.

dere Einkünfte des Arbeitnehmers aus anderen Einkunftsarten ebenso außer Betracht lassen, wie Arbeitslohn, der dem Arbeitnehmer nach der Entlassung von einem anderen Arbeitgeber gezahlt wird. In die Vergleichsberechnung anhand des Bruttoarbeitslohns sind auch die dem Progressionsvorbehalt unterliegenden **steuerfreien Lohnersatzleistungen** (z. B. das Kurzarbeitergeld) mit einzubeziehen, aber auch pauschalbesteuerte Arbeitgeberleistungen. Das bedeutet, dass z. B. pauschal mit 20 % besteuerte Beiträge zu einer Direktversicherung in die Vergleichsberechnung mit einzubeziehen sind, was sich in denjenigen Fällen zugunsten des Arbeitnehmers auswirkt, in denen der Arbeitgeber Beiträge zu Direktversicherungen im Jahr der Beendigung des Dienstverhältnisses im Rahmen der Vervielfältigungsregelung pauschal versteuert hat (vgl. die Erläuterungen beim Stichwort „Zukunftsicherung" unter Nr. 15 auf Seite 810). Die Auswirkung der Vergleichsberechnung soll anhand von Beispielen verdeutlicht werden:

Beispiel A
Arbeitgeber und Arbeitnehmer vereinbaren am 30. Juni 2010 auf Veranlassung des Arbeitgebers die Auflösung des Dienstverhältnisses mit sofortiger Wirkung. Bei Einhaltung der Kündigungsfrist hätte der Arbeitnehmer noch bis 31. Dezember 2010 beschäftigt werden müssen. Der Monatslohn beträgt 5000 €. Das Weihnachtsgeld ist zeitanteilig zugesichert und wird in Höhe eines Monatslohns gezahlt. Der Arbeitnehmer erhält eine Entlassungsabfindung in Höhe von 35 200 €. Es ist folgende Vergleichsberechnung anhand der **Einnahmen** durchzuführen:

Ohne Ausscheiden aus dem Arbeitsverhältnis hätte der Arbeitnehmer folgende **Einnahmen** aus nichtselbständiger Arbeit gehabt:

Monatslohn 5000 € × 12 =	60 000,— €
Weihnachtsgeld	5 000,— €
insgesamt	65 000,— €

Aufgrund des Ausscheidens sind dem Arbeitnehmer zugeflossen:

Monatslohn vom 1. 1. – 30. 6. (5000 € × 6 =)	30 000,— €
zeitanteiliges Weihnachtsgeld	2 500,— €
Entlassungsabfindung	35 200,— €
insgesamt	67 200,— €

Eine Zusammenballung von Einnahmen liegt vor, da die Vergleichsberechnung ergeben hat, dass der bis zum Jahresende wegfallende Arbeitslohn durch die gezahlte Entschädigung überschritten wird. Die Entlassungsabfindung in Höhe von 35 200 € kann deshalb unter Anwendung der Fünftelregelung ermäßigt besteuert werden.

Das Beispiel zeigt, dass die Zusammenballung von Einnahmen am einfachsten dadurch gesichert werden kann, dass die Abfindung so hoch angesetzt wird, dass der bis zum Jahresende wegfallende Arbeitslohn überschritten ist.

Noch einfacher kann die für eine ermäßigte Besteuerung erforderliche Zusammenballung allerdings dann gesichert werden, wenn der Arbeitnehmer zum **Jahresende** ausscheidet und ihm die Abfindung **sofort ausgezahlt** wird.

Beispiel B
Arbeitgeber und Arbeitnehmer vereinbaren am 31. Dezember 2009 auf Veranlassung des Arbeitgebers die Auflösung des Dienstverhältnisses mit sofortiger Wirkung. Bei Einhaltung der Kündigungsfrist hätte der Arbeitnehmer noch bis 30. Juni 2010 beschäftigt werden müssen. Der Monatslohn beträgt 5000 €. Der Arbeitnehmer erhält eine Entlassungsabfindung in Höhe von 35 200 €. Wird die Abfindung noch am 31. Dezember 2009 ausgezahlt, liegt eine Zusammenballung ohne weiteres vor. Wird die Abfindung erst im Januar 2010 ausgezahlt, ist folgende Vergleichsberechnung anhand der Einnahmen durchzuführen:

Einnahmen im Kalenderjahr 2009:

Jahresarbeitslohn 2009 (5000 € × 12) =	60 000,— €

Einnahmen im Kalenderjahr 2010:

laufender Arbeitslohn	0,— €
Entlassungsabfindung	35 200,— €

Der Vergleich anhand der Einnahmen aus nichtselbständiger Arbeit ergibt, dass die im Kalenderjahr 2010 zufließenden Einnahmen niedriger sind als die Einnahmen des Jahres 2009. Eine Anwendung der Fünftelregelung auf den steuerpflichtigen Teil der Abfindung ist deshalb nicht möglich.

Der Arbeitgeber kann das im Kalenderjahr 2010 ggf. gezahlte Arbeitslosengeld in die Vergleichsberechnung mit einbeziehen, wenn dem Arbeitnehmer die genauen Beträge bei Auszahlung der Abfindung bereits bekannt sind (was allerdings in der Praxis kaum möglich sein dürfte). Sollte das im Kalenderjahr 2010 zu zahlende Arbeitslosengeld (60 000 € – 35 200 € =) 24 800 € übersteigen (auch nur um einen Euro), ergibt sich Folgendes:

Einnahmen in Kalenderjahr 2009:

Jahresarbeitslohn 2009 (5000 € × 12) =	60 000,— €

Einnahmen im Kalenderjahr 2010:

laufender Arbeitslohn	0,— €
Entlassungsabfindung	35 200,— €
Arbeitslosengeld	24 801,— €
Einnahmen insgesamt	60 001,— €

Der Vergleich anhand der Einnahmen aus nichtselbständiger Arbeit ergibt, dass unter Einbeziehung des Arbeitslosengeldes die im Kalenderjahr 2010 zufließenden Einnahmen den Arbeitslohn des Jahres 2009 **übersteigen** (wenn auch nur um 1 €) mit der Folge, dass der Arbeitgeber die Entlassungsabfindung in Höhe von 35 200 € unter Anwendung der Fünftelregelung ermäßigt besteuern kann. Im Veranlagungsverfahren nach Ablauf des Kalenderjahrs wird allerdings die Fünftelregelung **unter Einbeziehung des Arbeitslosengeldes in den sog. Progressionsvorbehalt** errechnet, was zu einer erheblichen Steuernachzahlung an das Finanzamt führen kann (vgl. hierzu das Beispiel B beim Stichwort „Sonstige Bezüge" unter Nr. 6 Buchstabe c auf Seite 665).

Der Arbeitgeber darf also die Fünftelregelung nur dann anwenden, wenn die hierfür erforderliche Vergleichsberechnung zweifelsfrei ergeben hat, dass eine Zusammenballung von Einnahmen vorliegt. Kann der Arbeitgeber die erforderlichen Feststellungen nicht treffen, so muss er den Arbeitnehmer auf das Veranlagungsverfahren verweisen und die Abfindung nach den allgemein für sonstige Bezüge geltenden Grundsätzen versteuern (vgl. hierzu die Erläuterungen unter der vorstehenden Nr. 5 Buchstabe b).

10. Nachzahlung von Entschädigungsleistungen

Die ermäßigte Besteuerung unter Anwendung der Fünftelregelung entfällt also stets dann, wenn die Entlassungsabfindung nicht in einem Kalenderjahr zufließt. Dies gilt auch dann, wenn der Arbeitgeber dem Arbeitnehmer in einem späteren Kalenderjahr noch eine **Nachzahlung** auf die ursprünglich vereinbarte Abfindung leistet. Leistet der Arbeitgeber z. B. nachträglich eine Ausgleichszahlung für ausgefallenes Arbeitslosengeld in einem von der Zahlung des Abfindungsbetrags abweichenden Kalenderjahr, so kann – ggf. rückwirkend – die Anwendung der Fünftelregelung entfallen. Eine bereits bestandskräftige Einkommensteuerveranlagung wird dann von der Finanzverwaltung nach § 175 Abs. 1 Nr. 2 AO berichtigt, weil die Nachzahlung ein Ereignis ist, das nachträglich eintritt und das steuerliche Wirkung für die Vergangenheit hat. Denn die Nachzahlung bewirkt, dass die ursprünglich in einem Kalenderjahr zusammengeballte Entschädigung nunmehr auf mehrere Kalenderjahre verteilt wird. Dieses rückwirkende Ereignis zwingt zur Änderung des bestandskräftigen Steuerbescheids. Ein solches Ergebnis lässt sich nur dann vermeiden, wenn zunächst eine höhere Gesamtabfindung unter der auflösenden Bedingung gezahlt wird, dass der Arbeitnehmer bei bestimmten Leistungen von dritter Seite einen Teil der Abfindung zurückzahlen muss.

Da es Fälle gibt, in denen eine Nachzahlung auf die ursprünglich vereinbarte Abfindung von Umständen abhängig ist, die der Arbeitgeber nicht zu vertreten hat, enthält der sog. Abfindungs-Erlass des Bundesfinanzministeriums*) für solche Fälle folgende Billigkeitsregelung:

Da die ermäßigte Besteuerung eine Zusammenballung von Einkünften voraussetzt, ist das Interesse der Vertragsparteien im Regelfall darauf gerichtet, dass der

---

*) BMF-Schreiben vom 24. 5. 2004, BStBl. I S. 505. Dieser sog. Abfindungs-Erlass des Bundesfinanzministeriums ist als Anlage zu § 34 EStG im **Steuerhandbuch für das Lohnbüro 2010** abgedruckt, das im selben Verlag erschienen ist. Das **PC-Lexikon** für das Lohnbüro 2010 enthält auch dieses Handbuch und hat außerdem den Vorteil, dass Sie **alle BFH-Urteile** sowie die aktuellen Rundschreiben und Niederschriften der Spitzenverbände der **Sozialversicherung** mit Mausklick **im Volltext** abrufen und ausdrucken können. Eine Bestellkarte finden Sie vorne im Lexikon.

Abfindung wegen Entlassung aus dem Dienstverhältnis

Zufluss der Abfindung planmäßig in einem Kalenderjahr erfolgt. Findet bei
- einer versehentlich zu niedrigen Auszahlung der Entschädigung **oder**
- einer Nachzahlung aufgrund eines Rechtsstreits

ein **planwidriger Zufluss** in mehreren Kalenderjahren statt, obwohl die Vereinbarungen eindeutig auf einen einmaligen Zufluss gerichtet waren, so ist **auf Antrag des Arbeitnehmers** eine Korrektur im Veranlagungsverfahren möglich. Das bedeutet, dass die Nachzahlung auf Antrag des Arbeitnehmers in den Veranlagungszeitraum zurückzubeziehen ist, in dem der ermäßigt besteuerte Hauptteil der Abfindung zugeflossen ist. Die ermäßigte Besteuerung wird bei dieser Änderung nach § 163 AO aus Billigkeitsgründen auf die **gesamte** Entschädigung angewendet. Stellt der Arbeitnehmer diesen Antrag nicht, so wird die ermäßigte Besteuerung mangels Zusammenballung rückwirkend versagt und eine ggf. rechtskräftige Veranlagung für den betreffenden Veranlagungszeitraum rückwirkend nach § 175 Abs. 1 Nr. 2 AO geändert.

Die Anwendung der geschilderten Billigkeitsregelung ist auf die Fälle beschränkt, in denen die Entschädigung entweder **versehentlich** zu niedrig ausgezahlt wurde oder es aufgrund eines **Rechtsstreits** zu einer Nachzahlung kommt. Eine versehentlich zu niedrige Auszahlung kann sich z. B. aufgrund eines Rechenfehlers ergeben, der erst im Laufe eines späteren Kalenderjahrs erkannt wird und dementsprechend der Differenzbetrag nachgezahlt wird. Eine ursprünglich unzutreffende rechtliche Beurteilung zur Höhe der Entlassungsabfindung ist kein „Versehen" in diesem Sinne. Häufiger sind die Fälle, in denen Arbeitgeber und Arbeitnehmer vor Gericht über die Höhe der Abfindung streiten. Zahlt der Arbeitgeber – wie in diesen Fällen üblich – im Jahr des Ausscheidens nur den seiner Meinung nach zutreffenden Betrag und leistet er ggf. erst Jahre später aufgrund einer gerichtlichen Entscheidung oder eines Vergleichs eine Nachzahlung, so kann der Arbeitnehmer den oben geschilderten Billigkeitsantrag stellen. Voraussetzung für die Anwendung der Billigkeitsregelung ist allerdings, dass der ausgeschiedene Arbeitnehmer keinen Ersatzanspruch hinsichtlich einer aus der Nachzahlung resultierenden eventuellen ertragsteuerlichen Mehrbelastung gegenüber dem früheren Arbeitgeber hat.

Auch durch eine Änderung der Sozialgesetzgebung oder durch eine Änderung der Rechtsprechung des Bundessozialgerichts ist in bestimmten Fällen im Nachhinein in bereits bestehende Entschädigungsvereinbarungen eingegriffen und vom Arbeitgeber eine Nachzahlung auf die ursprünglich festgesetzte Abfindung geleistet worden. Der sog. Abfindungs-Erlass des Bundesfinanzministeriums lässt deshalb in folgenden Fällen die oben geschilderte Billigkeitsregelung auf Antrag des Arbeitnehmers zu:
- vom Arbeitgeber übernommene Rentenversicherungsbeiträge nach § 187a SGB VI bei Altersteilzeit;
- Nachteilsausgleich wegen Rentenminderung bei Altersteilzeit;
- Änderung der Rechtsprechung des Bundessozialgerichts zu den Sperr- und Ruhenszeiten.

Diese Sonderfälle sind unter der nachfolgenden Nr. 11 erläutert.

11. Sonderfälle

a) Zahlung von Rentenversicherungsbeiträgen durch den Arbeitgeber nach § 187a SGB VI bei Altersteilzeit

Durch eine Ergänzung des § 3 Nr. 28 EStG ist ab dem Kalenderjahr 1997 eine Steuerbefreiung eingeführt worden und zwar in Höhe der Hälfte der vom Arbeitgeber freiwillig übernommenen Rentenversicherungsbeiträge im Sinne des § 187a SGB VI, durch die Rentenminderungen bei vorzeitiger Inanspruchnahme der Altersrente gemildert oder vermieden werden können. Die Berechtigung zur Zahlung dieser Beiträge und damit die Steuerfreistellung setzen voraus, dass der Versicherte erklärt, eine solche Rente zu beanspruchen. Die Steuerfreistellung ist auf die Hälfte der insgesamt geleisteten zusätzlichen Rentenversicherungsbeiträge begrenzt, da auch Pflichtbeiträge des Arbeitgebers zur gesetzlichen Rentenversicherung nur in Höhe des halben Gesamtbeitrags steuerfrei sind.

b) Nachteilsausgleich wegen Rentenminderung bei Altersteilzeit

Die vom Arbeitgeber zusätzlich geleisteten Rentenversicherungsbeiträge nach § 187a SGB VI einschließlich darauf entfallender, ggf. vom Arbeitgeber getragener Steuerabzugsbeträge sind Teil der Entlassungsabfindung, die im Zusammenhang mit der Auflösung eines Dienstverhältnisses geleistet wird. Leistet der Arbeitgeber diese Beiträge in **Teilbeträgen,** so ist dies im Grundsatz für die Anwendung der Fünftelregelung schädlich, da keine Zusammenballung von Einkünften vorliegt. Der Arbeitgeber darf deshalb beim Lohnsteuerabzug die ermäßigte Besteuerung **nicht** anwenden. Für den Arbeitnehmer gilt Folgendes:

Nach dem sog. Abfindungs-Erlass des Bundesfinanzministeriums*) wird aus Billigkeitsgründen eine Ratenzahlung bei den zusätzlich vom Arbeitgeber geleisteten Rentenversicherungsbeiträgen als unschädlich für die Anwendung der ermäßigten Besteuerung auf den Einmalbetrag angesehen. Eine dem Arbeitnehmer zusätzlich zu den ratenweise geleisteten Rentenversicherungsbeiträgen zugeflossene Entlassungsabfindung (Einmalbetrag) kann deshalb **auf Antrag** des Arbeitnehmers ermäßigt besteuert werden.

c) Teilweise Rückzahlung von Abfindungen

Es kommt vor, dass Arbeitnehmer einen Teil der Abfindung in einem späteren Kalenderjahr zurückzahlen müssen. Hierzu stellt sich die Frage, ob die ursprünglich ermäßigt besteuerte Rückzahlung, als negativer Arbeitslohn des Rückzahlungsjahres, die in diesem Kalenderjahr voll steuerpflichtigen Einkünfte mindern darf (vgl. das Stichwort „Rückzahlung von Arbeitslohn"). Nach dem sog. Abfindungs-Erlass des Bundesfinanzministeriums*) gilt Folgendes: Muss der Arbeitnehmer in einem nachfolgenden Kalenderjahr einen Teil der Einmalabfindung zurückzahlen, so ist die Rückzahlung als Korrektur der Einmalabfindung zu behandeln. Der tarifbegünstigte Betrag des Kalenderjahrs, in dem die Einmalabfindung zugeflossen ist, ist dementsprechend um den Rückzahlungsbetrag zu mindern. Ist die Steuerfestsetzung für diesen Veranlagungszeitraum bereits bestandskräftig, so ist der Bescheid nach § 175 Abs. 1 Nr. 2 AO zu ändern.

12. Aufzeichnungs- und Bescheinigungspflichten bei Abfindungen

Im **Lohnkonto** ist der nach der Fünftelregelung ermäßigt besteuerte Betrag gesondert einzutragen.

Bei der Bescheinigung des Bruttoarbeitslohns in Zeile 3 der elektronischen **Lohnsteuerbescheinigung 2010** ist darauf zu achten, dass in dem dort bescheinigten Bruttoarbeitslohn eine ermäßigt besteuerte Entlassungsent-

---

*) BMF-Schreiben vom 24. 5. 2004, BStBl. I S. 505. Dieser sog. Abfindungs-Erlass des Bundesfinanzministeriums ist als Anlage zu § 34 EStG im **Steuerhandbuch für das Lohnbüro 2010** abgedruckt, das im selben Verlag erschienen ist. Das **PC-Lexikon** für das Lohnbüro 2010 enthält auch dieses Handbuch und hat außerdem den Vorteil, dass Sie **alle BFH-Urteile** sowie die aktuellen Rundschreiben und Niederschriften der Spitzenverbände der **Sozialversicherung** mit Mausklick **im Volltext** abrufen und ausdrucken können. Eine Bestellkarte finden Sie vorne im Lexikon.

Abfindung wegen Entlassung aus dem Dienstverhältnis

schädigung nicht enthalten sein darf. Die ermäßigt besteuerte Entlassungsentschädigung ist vielmehr in Zeile 10 und die hierauf entfallenden Steuerabzüge in den Zeilen 11 bis 14 der Lohnsteuerbescheinigung 2010 einzutragen (vgl. das Stichwort „Lohnsteuerbescheinigung").

Hat der Arbeitgeber eine Entlassungsabfindung nicht ermäßigt besteuert, weil die Vergleichsberechnung mangels Kenntnis der übrigen Einkünfte oder Einnahmen des Arbeitnehmers zu keiner Zusammenballung von Einkünften führt (vgl. die Erläuterungen unter der vorstehenden Nr. 7), so muss der Arbeitgeber die Entlassungsabfindung in **Zeile 19** der elektronischen Lohnsteuerbescheinigung 2010 eintragen. Aufgrund der Eintragung in Zeile 19 kann der Arbeitnehmer die ermäßigte Besteuerung noch nachträglich im Veranlagungsverfahren beantragen.

13. Sozialversicherungsrechtliche Behandlung von Abfindungen

a) Allgemeines

Sozialversicherungsbeiträge sind nur vom Arbeitsentgelt im Sinne des § 14 SGB IV, also von Einnahmen für eine aktive Beschäftigung abzuführen. Das Bundessozialgericht hat durch Urteil vom 21.2.1990 – 12 RK 20/88 – entschieden, dass Entlassungsabfindungen, die für den Wegfall künftiger Verdienstmöglichkeiten gezahlt werden, kein Arbeitsentgelt im Sinne der Sozialversicherung darstellen und daher nicht der Beitragspflicht in der Sozialversicherung unterliegen. Zahlungen zur **Abgeltung vertraglicher Ansprüche**, die der Arbeitnehmer bis zum Zeitpunkt der Beendigung der Beschäftigung erworben hat (z. B. Nachzahlung von Arbeitslohn sowie Urlaubsabgeltungen), sind dagegen als Arbeitsentgelt dem beendeten Beschäftigungsverhältnis zuzuordnen. Eine einheitliche Abfindung muss ggf. entsprechend aufgeteilt werden. Derjenige Teil der Abfindung, der für die Zeit nach der Auflösung des Dienstverhältnisses gezahlt wird, unterliegt nicht der Beitragspflicht zur Sozialversicherung; er ist also steuerpflichtig aber beitragsfrei. (ja / nein)

b) Fortbestand des versicherungspflichtigen Beschäftigungsverhältnisses bei Verzicht des Arbeitgebers auf die Arbeitsleistung unter Fortzahlung des Arbeitsentgelts

Das Bundessozialgericht hat in ständiger Rechtsprechung für den Fortbestand eines versicherungspflichtigen Beschäftigungsverhältnisses gefordert, dass einerseits der Arbeitnehmer seine Arbeitskraft gegen die vereinbarte Vergütung dem Arbeitgeber zur Verfügung stellt und andererseits der Arbeitgeber seine Dispositionsbefugnis bzw. Verfügungsgewalt gegenüber dem Arbeitnehmer bzw. dessen Arbeitskraft rechtlich und tatsächlich ausübt (vgl. Urteile des Bundessozialgerichts vom 18.9.1973 – 12 RK 15/72 – USK 73151, und vom 31.8.1976 – 12/3/12 RK 20/74 – USK 7698). Während die Dienstbereitschaft des Arbeitnehmers und die Dispositionsbefugnis des Arbeitgebers bei vorübergehenden Arbeitsunterbrechungen mit Entgeltzahlung – wie etwa bei bezahltem Urlaub oder Entgeltfortzahlung im Falle der Arbeitsunfähigkeit – unzweifelhaft weiterhin vorhanden sind und damit auch von einem Weiterbestehen des versicherungspflichtigen Beschäftigungsverhältnisses auszugehen ist, schreibt § 7 Abs. 3 SGB IV ausdrücklich vor, dass ein Beschäftigungsverhältnis gegen Arbeitsentgelt als fortbestehend gilt, solange das Beschäftigungsverhältnis ohne Anspruch auf Arbeitsentgelt (z. B. bei unbezahltem Urlaub, Arbeitsbummelei, Streik oder Aussperrung) fortdauert, jedoch nicht länger als einen Monat. Darüber hinaus wird von einem Fortbestand des versicherungspflichtigen Beschäftigungsverhältnisses ausgegangen, wenn durch Arbeitsgerichtsurteil oder arbeitsgerichtlichen Vergleich (z. B. bei Umwandlung einer fristlosen in eine fristgerechte Kündigung) das Ende des Arbeitsverhältnisses auf einen Zeitpunkt nach dem letzten Arbeitstag festgelegt und dem Arbeitnehmer für die Zeit nach Beendigung der tatsächlichen Arbeitsleistung das bisherige Arbeitsentgelt oder ein Teilarbeitsentgelt gezahlt wird; in diesen Fällen besteht das versicherungspflichtige Beschäftigungsverhältnis bis zu dem durch Urteil oder Vergleich festgesetzten Ende des Arbeitsverhältnisses fort. Außerdem besteht auch bei einer Insolvenz des Arbeitgebers für die von der Arbeit freigestellten und weiterhin dienstbereiten Arbeitnehmer das versicherungspflichtige Beschäftigungsverhältnis nach Eröffnung des Insolvenzverfahrens bis zum Ablauf der für das Arbeitsverhältnis maßgebenden gesetzlichen oder vertraglich vereinbarten Kündigungsfrist fort.

Das Bundessozialgericht hat in zwei Urteilen vom 24.9.2008 (B 12 KR 22/07 R und B 12 KR 27/07 R) unter Hinweis auf das o. g. Urteil vom 18.9.1973 klargestellt und verdeutlicht, dass in diesem Zusammenhang eine Beschäftigung nicht stets den Vollzug des zugrunde liegenden Rechtsverhältnisses durch tatsächliche Erbringung von Arbeit voraussetzt.

Insofern ist bei sogenannten Abwicklungsverträgen, bei denen der Arbeitgeber unwiderruflich auf sein Weisungsrecht verzichtet und den Arbeitnehmer von der Arbeitsleistung freistellt, bei weiterer Zahlung des Arbeitsentgeltes weiterhin von einem versicherungspflichtigen Beschäftigungsverhältnis auszugehen.

Anders gestaltet sich die versicherungsrechtliche Beurteilung ggf. bei Aufhebungsvertrag und arbeitsgerichtlichem Vergleich oder Urteil nach einer Kündigung.

Aufhebungsvertrag

Mit einem Aufhebungsvertrag beenden Arbeitgeber und Arbeitnehmer einvernehmlich das Arbeitsverhältnis zu einem bestimmten Zeitpunkt. Dies erfolgt unabhängig von bestehenden Kündigungsfristen. Im Gegensatz zum Abwicklungsvertrag endet hier also das arbeitsrechtliche Verhältnis durch den Aufhebungsvertrag. Dadurch wird auch das sozialversicherungsrechtliche Beschäftigungsverhältnis, das heißt das bestehende Versicherungsverhältnis beendet.

Häufig sind mit einem solchen Aufhebungsvertrag Abfindungszahlungen des Arbeitgebers verbunden. Diese Abfindungen – die sich in aller Regel nach dem zuletzt erzielten Arbeitsentgelt berechnen – sollen den Verlust des Arbeitsplatzes ausgleichen; sie stellen also Zahlungen für die Zeit nach dem Ende des Beschäftigungsverhältnisses dar. Hierzu hat das Bundessozialgericht entschieden, dass solche Zahlungen kein Arbeitsentgelt in der Sozialversicherung darstellen (vgl. die Erläuterungen unter dem vorstehenden Buchstaben a).

Änderung einer fristlosen Kündigung durch Vergleich oder Urteil

Der Arbeitnehmer hat das Recht, gegen eine fristlose Kündigung durch den Arbeitgeber das Arbeitsgericht anzurufen. Diese Kündigungsschutzklage ist die einzige Möglichkeit für den Arbeitnehmer, gegen eine solche Kündigung vorzugehen. Die Frist für eine solche Klage beträgt in der Regel drei Wochen. Durch die fristlose Kündigung endet zunächst sowohl das Arbeitsverhältnis als auch das sozialversicherungsrechtliche Beschäftigungsverhältnis. Wird durch ein Arbeitsgerichtsurteil oder einen arbeitsgerichtlichen Vergleich das Ende des Arbeitsverhältnisses auf einen Zeitpunkt nach der fristlosen Kündigung festgelegt, besteht auch das sozialversicherungsrechtliche Beschäftigungsverhältnis für diese Zeit weiter, wenn dem Arbeitnehmer zumindest ein Teil seines ihm für diese Zeit zustehenden Arbeitsentgelts noch zu zahlen ist.

Abfindung wegen Entlassung aus dem Dienstverhältnis

14. Auswirkung von Entlassungsabfindungen auf das Arbeitslosengeld

Entlassungsabfindungen können unterschiedlichste Auswirkungen auf die Gewährung von Arbeitslosengeld haben. Je nach Lage des Einzelfalls kann es zu einem (teilweisen) Ruhen des Anspruchs, einer Sperrzeit oder aber auch zu einer Erstattungspflicht des Arbeitgebers hinsichtlich der Leistungen der Agentur für Arbeit kommen. Es ist dringend zu empfehlen, in Zweifelsfällen eine verbindliche Auskunft hierüber von der zuständigen Arbeitsagentur einzuholen.

15. Berechnungsbeispiel zur Besteuerung des steuerpflichtigen Teils einer Abfindung

Die Anwendung der lohnsteuerlichen und sozialversicherungsrechtlichen Regelungen soll folgendes Beispiel einer Lohnabrechnung mit Entlassungsabfindung und Urlaubsabgeltung verdeutlichen. Außerdem wird auf die Berechnungsbeispiele beim Stichwort „Sonstige Bezüge" unter Nr. 9 auf Seite 667 für die Fälle hingewiesen, in denen einem **bereits ausgeschiedenen Arbeitnehmer** nachträglich eine Entlassungsabfindung gezahlt wird (z. B. aufgrund eines Urteils des Arbeitsgerichts).

Beispiel

Ein Angestellter mit einem Monatslohn von 3600 € hat auf seiner Lohnsteuerkarte 2010 die Steuerklasse III/0 sowie das Religionsmerkmal rk bescheinigt. Auf Veranlassung des Arbeitgebers wird das Arbeitsverhältnis zum 31. Mai 2010 in gegenseitigem Einvernehmen gelöst. Nach der Auflösungsvereinbarung hat der Arbeitgeber folgende Leistungen zu erbringen:

- eine Urlaubsabgeltung, da der Arbeitnehmer im Kalenderjahr 2010 noch keinen Urlaub genommen hat in Höhe von ... 2 160,— €
- das anteilig auch für den Fall des Ausscheidens zugesicherte 13. Gehalt in Höhe von $^5/_{12}$ von 3600 € = ... 1 500,— €
- eine pauschale Entschädigung für das Gehalt bis zum Ende der Kündigungsfrist (30.11.2010) und alle anderen für den Verlust des Arbeitsplatzes künftig entgehenden Einnahmen und sonstige Nachteile ... 25 200,— €

Urlaubsabgeltung

Kann der Urlaub bis zur Beendigung des Arbeitsverhältnisses nicht mehr in Freizeit gewährt werden, ist er abzugelten. Die Urlaubsabgeltung wird wie das Urlaubsentgelt berechnet (vgl. diese beiden Stichworte). Bei einem Jahresurlaub von 30 Arbeitstagen ergibt sich ein Anspruch von $^5/_{12}$ von 30 Arbeitstagen = 12,5 aufgerundet 13 Urlaubstage (aufzurunden sind Bruchteile von Urlaubstagen, die mindestens einen halben Tag ergeben).

Abgeltungsbetrag: $\dfrac{\text{Monatsgehalt } 3600\,€ \times 3 \times 13 \text{ Urlaubstage}}{65 \text{ Arbeitstage}} = 2160\,€.$

Die Auszahlung der obigen Beträge erfolgt mit der Gehaltsabrechnung für Mai. Es ergibt sich folgende Lohnabrechnung:

Gehalt Mai	3 600,— €
Urlaubsabgeltung	2 160,— €
anteiliges 13. Monatsgehalt	1 500,— €
Abfindung	25 200,— €
	32 460,— €
Zuschuss zur Kranken- und Pflegeversicherung	299,06 €
insgesamt	32 759,06 €
Abzüge:	
Lohnsteuer für den laufenden Arbeitslohn	377,33 €
Solidaritätszuschlag für den laufenden Arbeitslohn	20,75 €
Kirchensteuer für den laufenden Arbeitslohn	30,18 €
Lohnsteuer für Urlaubsabgeltung u. 13. Gehalt	178,— €
Solidaritätszuschlag hierauf	9,79 €
Kirchensteuer hierauf	14,24 €
Lohnsteuer für die Abfindung	4 390,— €
Solidaritätszuschlag hierauf	241,45 €

	Lohnsteuerpflichtig	Sozialversich.-pflichtig
Kirchensteuer hierauf	351,20 €	
Arbeitnehmeranteil zur Sozialversicherung	824,01 €	6 436,95 €
Nettozahlung im Mai 2010		26 322,11 €
Arbeitgeberanteil am Gesamtsozialversicherungsbeitrag		824,01 €

Zuschuss zur Kranken- und Pflegeversicherung

Der Angestellte ist bei einer privaten Krankenversicherung versichert (PKV-Mitglied). Der Zuschuss des Arbeitgebers zur Kranken- und Pflegeversicherung beträgt:

Beitragszuschuss zur Krankenversicherung: 7 % von 3 750 € = 262,50 (vgl. das Stichwort „Arbeitgeberzuschuss zur Krankenversicherung")	262,50 €
Beitragszuschuss zur Pflegeversicherung 0,975 % von 3750 €	36,56 €
Zuschuss zur Kranken- und Pflegeversicherung insgesamt	299,06 €

Der Zuschuss ist steuer- und beitragsfrei.

Berechnung der Lohnsteuer für den laufenden Arbeitslohn

laufendes Gehalt	3 600,— €
Lohnsteuer lt. Monatstabelle (Steuerklasse III/0)	377,33 €
Solidaritätszuschlag (5,5 %)	20,75 €
Kirchensteuer (8 %)	30,18 €

Berechnung der Lohnsteuer für die Urlaubsabgeltung und das anteilige 13. Gehalt

Zur Besteuerung eines sonstigen Bezugs vgl. das Berechnungsschema auf Seite 662 beim Stichwort „Sonstige Bezüge" unter Nr. 5.

Trifft ein normal zu versteuernder sonstiger Bezug mit einer durch die sog. Fünftelregelung steuerbegünstigten Entlassungsabfindung zusammen, so ist zunächst die Lohnsteuer für den normal zu versteuernden sonstigen Bezug und **danach** die Lohnsteuer für die ermäßigt zu besteuernde Entlassungsabfindung zu ermitteln.

Im vorliegenden Fall ist deshalb zu prüfen, welcher Teil der Entlassungsabfindung normal zu versteuern ist. Hierzu gilt Folgendes:

Zur Prüfung der Frage, welche Leistungen des Arbeitgebers als Abfindung anzusehen sind, ist auf die tatsächliche Beendigung des Arbeitsverhältnisses am 31. 5. abzustellen. Danach rechnet das **anteilige 13. Gehalt** nicht zur Abfindung, da der Arbeitnehmer seinen Anspruch hierauf bereits bis zur Auflösung des Arbeitsverhältnisses erlangt hat. Das Gleiche gilt für die **Urlaubsabgeltung**.

Sowohl das anteilige 13. Gehalt als auch die Urlaubsabgeltung sind deshalb normal als sonstiger Bezug zu versteuern.

Es ist zunächst der voraussichtliche laufende Jahresarbeitslohn festzustellen.

bis 31. 5. gezahlter laufender Arbeitslohn 3600 € × 5 =	18 000,— €

Der für den Rest des Kalenderjahres noch anfallende laufende Arbeitslohn muss geschätzt werden. Wenn der Arbeitnehmer nach dem Ausscheiden aus dem Dienstverhältnis den Rest des Jahres arbeitslos ist, kann als laufender Jahresarbeitslohn der bis 31. 5. bezogene Arbeitslohn angesetzt werden.

maßgebender Jahresarbeitslohn somit	18 000,— €

Lohnsteuer nach Steuerklasse III/0 der Jahreslohnsteuertabelle 2010

a) vom maßgebenden Jahresarbeitslohn (18 000 €)	0,— €
b) vom maßgebenden Jahresarbeitslohn einschließlich Urlaubsabgeltung und anteiliges 13. Gehalt (18 000 € + 2160 € + 1500 €) = 21 660 €	178,— €
Lohnsteuer für diese sonstigen Bezüge	178,— €
Solidaritätszuschlag (5,5 % aus 178 €)	9,79 €
Kirchensteuer (8 % aus 178 €)	14,24 €

Berechnung der Lohnsteuer für die Abfindung

Als steuerbegünstigte Entschädigung ist dagegen die pauschale Abfindung zu behandeln	25 200,— €

Die Abfindung ist eine steuerbegünstigte Entschädigung, und es liegt eine Zusammenballung von Einkünften vor, da der Arbeitnehmer mit der Entschädigung mehr erhält (nämlich 25 200 € + 18 000 € + 2160 € + 1500 € = 46 860 €), als er bei normaler Fortsetzung des Arbeitsverhältnisses bis zum Ablauf des Kalenderjahrs erhalten würde. Bei Fortsetzung des Arbeitsverhältnisses würde der Arbeitnehmer nicht 46 860 € erhalten, sondern lediglich (3600 € × 13 =) 46 800 €.

Die Abfindung kann deshalb unter Anwendung der Fünftelregelung ermäßigt besteuert werden. Es ergibt sich folgende Berechnung der Lohnsteuer

	Lohn-steuer-pflichtig	Sozial-versich.-pflichtig
Zunächst ist der laufende Jahresarbeitslohn zu ermitteln:		
laufender Arbeitslohn (3600 € × 5 =)	18 000,— €	
Urlaubsabgeltung	2 160,— €	
anteiliges 13. Gehalt	1 500,— €	
zusammen (= maßgebender Jahresarbeitslohn)	21 660,— €	
Lohnsteuer nach Steuerklasse III/0 der Jahreslohnsteuertabelle 2010		
a) vom maßgebenden Jahresarbeitslohn (21 660 €)	178,— €	
b) vom maßgebenden Jahresarbeitslohn einschließlich eines Fünftels des steuerpflichtigen Teils der Abfindung (21 660 € + 5040 € =) 26 700 €	1 056,— €	
Lohnsteuer für ein Fünftel der Abfindung	878,— €	
Die Lohnsteuer für die gesamte Abfindung beträgt somit (5 × 878 €)	4 390,— €	
Solidaritätszuschlag (5,5 % aus 4390 €)	241,45 €	
Kirchensteuer (8 % aus 4390 €)	351,20 €	
Berechnung der Sozialversicherungsbeiträge		
Zur Berechnung der Sozialversicherungsbeiträge vgl. das Stichwort „Einmalige Zuwendungen".		
Beitragspflicht besteht in der Renten- und Arbeitslosenversicherung. Soweit die einmalig gezahlten Entgelte bereits erworbene Ansprüche abgelten, gehören sie zum beitragspflichtigen Arbeitsentgelt. Zum beitragspflichtigen Arbeitsentgelt gehören somit:		
Urlaubsabgeltung		2 160,— €
anteiliges 13. Gehalt		1 500,— €
zusammen		3 660,— €
Zur Beitragsabrechnung aus diesem Betrag ist der auf die Beschäftigungsdauer entfallende Teil der Beitragsbemessungsgrenze in der Rentenversicherung zu beachten.		
Er beträgt für Januar bis Mai 5 × 5500 € =		27 500,— €
Der anteiligen Jahresbeitragsbemessungsgrenze sind die in dem gleichen Zeitraum beitragspflichtigen Entgelte gegenüberzustellen = das Monatsgehalt von 3600 € für 5 Monate		18 000,— €
Die Beitragsbemessungsgrenze ist somit noch nicht verbraucht in Höhe von		9 500,— €
Die anlässlich des Ausscheidens des Arbeitnehmers gezahlten einmaligen Zuwendungen in Höhe von 3660 € sind somit in voller Höhe beitragspflichtig. Bei einem Beitragssatz von (19,9 % + 2,8 % =) 22,7 % für Renten- und Arbeitslosenversicherung ergibt sich Folgendes:		
laufendes Gehalt für Mai		3 600,— €
beitragspflichtiger Teil der Abfindung		3 660,— €
insgesamt		7 260,— €
hiervon 11,35 % Arbeitnehmeranteil		824,01 €
und 11,35 % Arbeitgeberanteil		824,01 €

Abführung und Anmeldung der Lohnsteuer

Wichtiges auf einen Blick:

Durch das Steuerbürokratieabbaugesetz sind die **Betragsgrenzen** für die monatliche, vierteljährliche und jährliche **Abgabe** von **Lohnsteuer-Anmeldungen** ab 2009 wie folgt **angehoben** worden:

- **Anmeldungszeitraum** ist der **Monat**, wenn die abzuführende Lohnsteuer im vorangegangenen Kalenderjahr **mehr als 4000 €** (bis 31.12.2008 = 3000 €) betragen hat,
- Anmeldungszeitraum ist das **Vierteljahr**, wenn die abzuführende Lohnsteuer im vorangegangenen Kalenderjahr zwar nicht mehr als 4000 € (bis 31.12.2008 = 3000 €), aber **mehr als 1000 €** (bis 31.12.2008 = 800 €) betragen hat,
- Anmeldungszeitraum ist das **Kalenderjahr**, wenn die abzuführende Lohnsteuer im vorangegangenen Kalenderjahr **nicht mehr als 1000 €** (bis 31.12.2008 = 800 €) betragen hat.

Abführung und Anmeldung der Lohnsteuer

Gliederung:

1. Lohnsteuer-Anmeldungszeitraum
2. Form der Lohnsteuer-Anmeldung
   a) Elektronische Lohnsteuer-Anmeldung
   b) Abgabe der Lohnsteuer-Anmeldung auf amtlichem Vordruck
   c) Gesonderter Ausweis der pauschalen Kirchensteuer seit 1.1.2007
   d) Eigenhändige Unterschrift
3. Befreiung von der Abgabe einer Lohnsteuer-Anmeldung
4. Berichtigung der Lohnsteuer-Anmeldung
5. Frist für die Anmeldung der Lohnsteuer
6. Abführung der Lohnsteuer
   a) Allgemeines
   b) Änderung bei Scheckzahlern seit 1.1.2007
   c) Zahlungsschonfrist bei unbarer Zahlung
7. Betriebsstättenfinanzamt
8. Entstehen der Lohnsteuerschuld
9. Folgen verspäteter Anmeldung der Lohnsteuer
10. Lohnsteuer-Anmeldung als Steuerfestsetzung unter dem Vorbehalt der Nachprüfung

1. Lohnsteuer-Anmeldungszeitraum

Im Gegensatz zu den Sozialversicherungsbeiträgen, die stets monatlich abgeführt werden müssen, ist der Zeitraum, für den die Lohnsteuer beim Finanzamt angemeldet und abgeführt werden muss – je nach Höhe der im Vorjahr angemeldeten Lohnsteuer –, entweder der Monat, das Vierteljahr oder das Kalenderjahr. Der für die Lohnsteuer geltende Anmeldungszeitraum ist auch für die Kirchensteuer und den Solidaritätszuschlag maßgebend. Im Einzelnen gilt seit 2009 folgende Regelung (§ 41 a Abs. 2 EStG):

- Anmeldungszeitraum ist der **Monat,** wenn die abzuführende Lohnsteuer im vorangegangenen Kalenderjahr **mehr als 4000 €** betragen hat,
- Anmeldungszeitraum ist das **Vierteljahr,** wenn die abzuführende Lohnsteuer im vorangegangenen Kalenderjahr zwar nicht mehr als 4000 €, aber **mehr als 1000 €** betragen hat,
- Anmeldungszeitraum ist das **Kalenderjahr,** wenn die abzuführende Lohnsteuer im vorangegangenen Kalenderjahr nicht mehr als 1000 € betragen hat.

Der für den Anmeldungszeitraum (Monat, Vierteljahr oder Jahr) maßgebende Betrag der im Vorjahr abgeführten Lohnsteuer ist die Summe aller **im Vorjahr** angemeldeten **Lohnsteuerbeträge,** ohne Solidaritätszuschlag und Kirchensteuer.

Beispiel A

Der Arbeitgeber hat für das Kalenderjahr 2009 insgesamt 4300 € an Lohn- und Kirchensteuer sowie Solidaritätszuschlag an das Finanzamt abgeführt. Dieser Betrag setzt sich wie folgt zusammen:

Lohnsteuer	3 900,— €
Solidaritätszuschlag	160,— €
Kirchensteuer	240,— €
insgesamt	4 300,— €

Lohnsteuer-Anmeldungszeitraum für das Kalenderjahr 2010 ist das **Kalendervierteljahr,** weil die abzuführende Lohnsteuer für 2009 den Betrag von 4000 € **nicht** übersteigt.

Hat der Betrieb oder die Betriebsstätte nicht während des ganzen vorangegangenen Kalenderjahres bestanden, so ist die im vorangegangenen Kalenderjahr einbehaltene Lohnsteuer für die Feststellung des Anmeldungszeitraums auf einen Jahresbetrag umzurechnen (§ 41a Abs. 2 Satz 3 EStG).

Abführung und Anmeldung der Lohnsteuer

Beispiel B

Betriebseröffnung 1. März 2009

Lohnsteuer für März		360,— €
im Kalenderjahr 2009 insgesamt gezahlt (360 € × 10)	=	3 600,— €
umgerechneter Jahresbetrag (360 € × 12)	=	4 320,— €

Lohnsteuer-Anmeldungszeitraum für das Kalenderjahr 2010 ist der Kalender**monat**, weil die abzuführende Lohnsteuer für 2009 den Betrag von 4000 € übersteigt.

Hat der Betrieb oder die Betriebsstätte im vorangegangenen Kalenderjahr noch nicht bestanden, so richtet sich der Zeitpunkt für die Anmeldung der Lohnsteuer danach, ob die im ersten vollen Kalendermonat nach der Eröffnung des Betriebs einbehaltene Lohnsteuer nach Umrechnung auf einen Jahresbetrag den Betrag von 4000 € übersteigt oder nicht (§ 41a Abs. 2 Satz 4 EStG).

Beispiel C

Betriebseröffnung 1. November 2010

Lohnsteuer November		350,— €
umgerechneter Jahresbetrag (350 € × 12)	=	4 200,— €

er übersteigt 4000 €; Lohnsteuer-Anmeldungszeitraum ab 1.11.2010 ist somit der Kalender**monat**.

Der Lohnsteuer-Anmeldungszeitraum ist je nach Höhe der in einem Kalenderjahr insgesamt anzumeldenden Lohnsteuer gesetzlich vorgeschrieben. Die Finanzämter haben es früher in der Praxis nicht beanstandet, wenn der Arbeitgeber anstelle eines jährlichen oder vierteljährlichen Anmeldungszeitraums die Lohnsteuer-Anmeldung **monatlich** abgegeben hat, wenn er dies für zweckmäßig hielt (z. B. aus betriebsinternen organisatorischen Gründen, oder weil er ohnehin die Sozialversicherungsbeiträge monatlich anmelden muss). Da diese Praxis in einigen Fällen bei der Finanzverwaltung zu organisatorischen Schwierigkeiten geführt hat, verlangen manche Finanzämter die strikte Einhaltung der gesetzlich vorgeschriebenen Anmeldungszeiträume und teilen dies den Arbeitgebern mit. Der Arbeitgeber muss sich in diesen Fällen an den vom Finanzamt mitgeteilten Lohnsteuer-Anmeldungszeitraum halten.

2. Form der Lohnsteuer-Anmeldung

a) Elektronische Lohnsteuer-Anmeldung

Seit 1.1.2005 ist die elektronische Übermittlung der Lohnsteuer-Anmeldung gesetzlich vorgeschrieben. Denn § 41a Abs. 1 Sätze 2 und 3 EStG ist mit Wirkung vom 1.1.2005 an geändert worden und hat nunmehr folgende Fassung: „Die Lohnsteuer-Anmeldung ist nach amtlich vorgeschriebenem Vordruck durch Datenfernübertragung nach Maßgabe der Steuerdaten-Übermittlungsverordnung zu übermitteln. Auf Antrag kann das Finanzamt zur Vermeidung von unbilligen Härten auf eine elektronische Übermittlung verzichten; in diesem Fall ist die Lohnsteuer-Anmeldung nach amtlich vorgeschriebenem Vordruck abzugeben und vom Arbeitgeber oder von einer zu seiner Vertretung berechtigten Person zu unterschreiben". Hierzu ist Folgendes zu bemerken:

Ein maschinelles Verfahren zur elektronischen Übermittlung von Steueranmeldungsdaten (Umsatzsteuer-Voranmeldungen und Lohnsteuer-Anmeldungen) wird bereits seit 1980 angeboten. Obwohl dieses Verfahren im Kalenderjahr 2003 durch das Inkrafttreten der Steuerdaten-Übermittlungsverordnung und dem Verzicht auf das Zulassungsverfahren wesentlich vereinfacht wurde, hatte sich die Quote der elektronisch übermittelten Steueranmeldungen nicht wesentlich geändert. Deshalb wurde die Abgabe der Lohnsteuer-Anmeldung auf elektronischem Wege gesetzlich vorgeschrieben (ebenso wie die Abgabe der elektronischen Lohnsteuerbescheinigung vgl. dieses Stichwort). Im Einzelnen gilt für die elektronische Lohnsteuer-Anmeldung Folgendes:

Seit 1.1.2005 ist der Arbeitgeber verpflichtet, die Lohnsteuer-Anmeldung elektronisch zu übermitteln (§ 41a Abs. 1 Sätze 2 und 3 EStG). Grundlage für die elektronische Datenübermittlung ist die Steuerdaten-Übermittlungsverordnung*).

Wer erstmalig an dem elektronischen Verfahren teilnehmen möchte, findet alle erforderlichen Informationen unter www.elsteronline.de.

Übermittler (Datenlieferer) kann sowohl ein Steuerberater sein, der für seine Mandanten die Steueranmeldungen übermittelt, als auch ein Arbeitgeber, der für sich selbst die Daten der Lohnsteuer-Anmeldung übermittelt. Eine besondere Zulassung zur Datenübermittlung ist **nicht** erforderlich.

In Härtefällen kann das zuständige Finanzamt **auf Antrag** weiterhin die Abgabe in Papierform zulassen. Ein Härtefall kann vorliegen, wenn und solange es nicht zumutbar ist, die technischen Voraussetzungen einzurichten, die für die elektronische Übermittlung erforderlich sind. Dies kann beispielsweise der Fall sein, wenn keine EDV-Anlage vorhanden ist.

b) Abgabe der Lohnsteuer-Anmeldung auf amtlichem Vordruck

Nach § 41a Abs. 1 EStG ist die einbehaltene und übernommene (pauschalierte) Lohnsteuer sowie der Solidaritätszuschlag und die Kirchensteuer vom Arbeitgeber beim zuständigen Betriebsstättenfinanzamt (vgl. nachfolgend unter Nr. 7) anzumelden. Sowohl für die elektronische Lohnsteuer-Anmeldung als auch für die Anmeldung in Papierform ist der **amtliche Vordruck** zu verwenden, der jährlich im Bundessteuerblatt veröffentlicht wird. Die für das Kalenderjahr 2010 geltenden amtlichen Vordrucke für die Lohnsteuer-Anmeldung sind mit BMF-Schreiben vom 24.8.2009 (BStBl. I S. 897)**) bekannt gemacht worden. Vordrucke in Papierform sind beim Finanzamt kostenlos erhältlich. Für die Abgabe der Lohnsteuer-Anmeldung gilt Folgendes:

Für jede lohnsteuerliche Betriebsstätte und für jeden Lohnsteuer-Anmeldungszeitraum ist eine **einheitliche** Lohnsteuer-Anmeldung einzureichen. Die Abgabe mehrerer Lohnsteuer-Anmeldungen für dieselbe Betriebsstätte und denselben Lohnsteuer-Anmeldungszeitraum, etwa getrennt nach den verschiedenen Bereichen der Lohnabrechnung, z. B. gewerbliche Arbeitnehmer, Gehaltsempfänger, Pauschalierungen usw. ist nicht zulässig. Pauschale Lohnsteuerbeträge (z. B. für Aushilfen, Betriebsveranstaltungen, Zukunftsicherungsleistungen oder sonstige Bezüge) – ohne die Summe der pauschalen Lohnsteuer nach § 37b EStG – sind in einer Summe in Zeile 18 (Kennzahl 41) gesondert einzutragen. Die Summe der pauschalen Lohnsteuer nach § 37b EStG (vgl. die Erläuterungen beim Stichwort „Pauschalierung der Lohnsteuer für Belohnungsessen, Incentive-Reisen, VIP-Logen und ähnliche Sachbezüge") ist in Zeile 19 (Kennzahl 44) gesondert einzutragen. Die im vereinfachten Verfahren erhobene pauschale Kirchensteuer – auch in den Fällen des § 37b EStG – ist in einer Summe in Zeile 24 (Kennzahl 47) auszuweisen (vgl. auch nachfolgenden Buchstaben c). Der Solidaritätszuschlag ist hingegen insgesamt – unabhängig davon, ob er auf individu-

---

*) Die Steuerdaten-Übermittlungsverordnung ist als Anhang 17 im **Steuerhandbuch für das Lohnbüro 2010** abgedruckt, das im selben Verlag erschienen ist. Das **PC-Lexikon** für das Lohnbüro 2010 enthält auch dieses Handbuch und hat außerdem den Vorteil, dass Sie **alle BFH-Urteile** sowie die aktuellen Rundschreiben und Niederschriften der Spitzenverbände der **Sozialversicherung** mit Mausklick **im Volltext** abrufen und ausdrucken können. Eine Bestellkarte finden Sie vorne im Lexikon.

) Der amtliche Vordruck für die Lohnsteuer-Anmeldung 2010 ist als Anlage 1 zu H 41a.1 LStR im **Steuerhandbuch für das Lohnbüro 2010 abgedruckt, das im selben Verlag erschienen ist. Das **PC-Lexikon** für das Lohnbüro 2010 enthält auch dieses Handbuch und hat außerdem den Vorteil, dass Sie **alle BFH-Urteile** sowie die aktuellen Rundschreiben und Niederschriften der Spitzenverbände der **Sozialversicherung** mit Mausklick **im Volltext** abrufen und ausdrucken können. Eine Bestellkarte finden Sie vorne im Lexikon.

Abführung und Anmeldung der Lohnsteuer

elle oder pauschale Lohnsteuer entfällt – in Zeile 23 (Kennzahl 49) einzutragen.

Ergeben sich durch Verrechnung (z. B. mit dem vom Arbeitgeber gezahlten Kindergeld) Minusbeträge und somit Erstattungsansprüche für den Arbeitgeber, so sind diese Beträge deutlich mit einem **Minuszeichen** zu versehen. Die Eintragung eines Rotbetrags ist nicht zulässig.

c) Gesonderter Ausweis der pauschalen Kirchensteuer seit 1.1.2007

Pauschaliert der Arbeitgeber die Lohnsteuer, so ist er auch verpflichtet, die anfallende Kirchensteuer zu pauschalieren. Nur bei 400-Euro-Jobs, für die eine Pauschalsteuer von 2 % gezahlt wird, ist die Kirchensteuer mit dem einheitlichen Pauschsteuersatz von 2 % abgegolten.

Die Pauschalierung der Kirchensteuer erfolgt im Normalfall nach einem **vereinfachten Verfahren,** für das in den einzelnen Ländern des Bundesgebiets niedrigere Prozentsätze als beim normalen Kirchensteuerabzug nach der Lohnsteuerkarte gelten. Diese niedrigeren Prozentsätze berücksichtigen, dass ggf. nicht alle Arbeitnehmer für die die Lohnsteuer pauschaliert wird, kirchensteuerpflichtig sind (vgl. die Übersicht über die pauschalen Kirchensteuersätze beim Stichwort „Kirchensteuer" unter Nr. 10 Buchstabe b).

Bis zum 31.12.2006 war die mit dem ermäßigten Kirchensteuersatz im vereinfachten Verfahren pauschalierte Kirchensteuer nach einem fest vorgegebenen prozentualen Verteilungsschlüssel auf die katholische und evangelische Kirche aufzuteilen (z. B. in Bayern mit 70 % auf die katholische und mit 30 % auf die evangelische Kirche). Diese prozentuale Aufteilung durch den Arbeitgeber ist seit 1.1.2007 weggefallen, weil die im vereinfachten Verfahren ermittelte pauschale Kirchensteuer in eine **besondere Zeile der Lohnsteuer-Anmeldung (Zeile 24 = Kennzahl 47)** eingetragen werden muss und **das Finanzamt** aufgrund dieser Eintragung die Aufteilung der pauschalen Kirchensteuer auf die erhebungsberechtigten Religionsgemeinschaften vornimmt.

Auf die ausführlichen Erläuterungen zum vereinfachten Verfahren beim Stichwort „Kirchensteuer" unter Nr. 10 Buchstabe b) wird Bezug genommen.

d) Eigenhändige Unterschrift

Wird die Lohnsteuer-Anmeldung in elektronischer Form abgegeben, entfällt die eigenhändige Unterschrift.

Die denkbare qualifizierte elektronische Signatur wird ersetzt durch ein im Rahmen der Datenübermittlung vorgenommenes Authentifizierungsverfahren.

Wird die Lohnsteuer-Anmeldung in Papierform auf dem amtlichen Vordruck abgegeben, muss sie vom Arbeitgeber oder von einer zu seiner Vertretung berechtigten Person eigenhändig unterschrieben werden. Die Finanzverwaltung vertrat deshalb früher die Auffassung, dass eine Abgabe der Lohnsteuer-Anmeldung **per Telefax** nicht zulässig sei. Hierzu hat der Bundesfinanzhof entschieden, dass eine Umsatzsteuer-Voranmeldung rechtswirksam per Telefax abgegeben werden kann (BFH-Urteil vom 4.7.2002, BStBl. 2003 II S. 45). Entsprechendes gilt für die Lohnsteuer-Anmeldung.

Im Zeitalter der elektronischen Datenübermittlung wird jedoch die Abgabe der Lohnsteuer-Anmeldungen per Telefax nur noch in Ausnahmefällen vorkommen.

3. Befreiung von der Abgabe einer Lohnsteuer-Anmeldung

Der Arbeitgeber ist von der Verpflichtung zur Abgabe von Lohnsteuer-Anmeldungen befreit, wenn er dem Betriebsstättenfinanzamt mitteilt, dass er keine Lohnsteuer mehr einbehalten oder übernehmen muss, weil der Arbeitslohn **nicht steuerbelastet** ist (§ 41a Abs. 1 Satz 4 EStG). Die Verpflichtung zur Abgabe einer Lohnsteuer-Anmeldung entfällt also für den Arbeitgeber nicht nur dann, wenn er keine Arbeitnehmer mehr beschäftigt, sondern auch in den Fällen, in denen sich bei Anwendung der maßgebenden Steuerklasse aufgrund der in die Lohnsteuertabellen eingearbeiteten Freibeträge (vgl. „Tarifaufbau") keine Lohnsteuer ergibt.

Beispiel

In einer Metzgerei sind folgende Arbeitnehmer beschäftigt:
Die Ehefrau des Betriebsinhabers (Steuerklasse III) Bruttolohn monatlich 1500 € und eine Teilzeitverkäuferin (Steuerklasse I) Bruttolohn 750 €.
Es ergibt sich folgende Berechnung der monatlichen Lohnsteuer:

	Lohnsteuer
Ehefrau, Monatslohn 1500 €, Steuerklasse III	0,— €
Teilzeitverkäuferin, Monatslohn 750 €, Steuerklasse I	0,— €

Da der anfallende Arbeitslohn nicht steuerbelastet ist, ist der Arbeitgeber von der Verpflichtung zur Abgabe von Lohnsteuer-Anmeldungen befreit (R 41a.1 Abs. 1 LStR).

Der Arbeitgeber muss also seinem Betriebsstättenfinanzamt mitteilen, dass der von ihm gezahlte Arbeitslohn nicht steuerbelastet ist. Folgender Inhalt der Mitteilung ist ausreichend:

Mitteilung über den Wegfall der Lohnsteuer-Anmeldung

An das Finanzamt (Adresse)
_____
_____
_____

Steuernummer: _____
hier: Beendigung der Abgabe von Lohnsteuer-Anmeldungen

Sehr geehrte Damen und Herren,
hiermit teile ich Ihnen mit, dass ich keine Lohnsteuer einzubehalten oder zu übernehmen habe, weil der von mir gezahlte Arbeitslohn nicht steuerbelastet ist. Eine Lohnsteuer-Anmeldung werde ich daher ab _____ nicht mehr abgeben.
Mit freundlichen Grüßen

Ist der Arbeitgeber nicht mehr zur Abgabe einer Lohnsteuer-Anmeldung verpflichtet, weil er keine Arbeitnehmer mehr beschäftigt, sollte die Mitteilung wie folgt lauten:

Sehr geehrte Damen und Herren,
hiermit teile ich Ihnen mit, dass ich ab dem _____ keine Arbeitnehmer mehr beschäftige. Eine Lohnsteuer-Anmeldung habe ich daher zum letzten Mal für _____ abgegeben.
Mit freundlichen Grüßen

Nach R 41a.1 Abs. 1 Satz 2 der Lohnsteuer-Richtlinien ist der Arbeitgeber auch in den Fällen von der Abgabe einer Lohnsteuer-Anmeldung befreit, in denen er nur solche Arbeitnehmer beschäftigt, für die er lediglich die 2 %ige Pauschalsteuer an die Deutsche Rentenversicherung Knappschaft-Bahn-See entrichten muss (vgl. das Stichwort „Geringfügige Beschäftigung").

4. Berichtigung der Lohnsteuer-Anmeldung

Stellt der Arbeitgeber nach Abgabe der Lohnsteuer-Anmeldung fest, dass er z. B. durch einen Schreibfehler, Rechenfehler oder durch ein anderes Versehen in der Lohnsteuer-Anmeldung unrichtige Angaben gemacht hat, dann ist beim Betriebsstättenfinanzamt eine berichtigte Lohnsteuer-Anmeldung einzureichen, die als solche besonders kenntlich zu machen ist; dies geschieht durch Eintragung einer „1" in die Kennzahl 10 der Lohnsteuer-Anmeldung. In die berichtigte Lohnsteuer-Anmeldung sind **alle** Angaben für den entsprechenden Lohnsteuer-Anmeldungszeitraum aufzunehmen, und zwar **auch diejenigen Angaben, die nicht zu berichtigen sind.** Es ist daher nicht möglich, dem Betriebsstättenfinanzamt nur die Unterschiedsbeträge nachzumelden.

Abführung und Anmeldung der Lohnsteuer

5. Frist für die Anmeldung der Lohnsteuer

Die Lohnsteuer-Anmeldung muss am **zehnten Tag** nach Ablauf des Lohnsteuer-Anmeldungszeitraumes beim Betriebsstättenfinanzamt eingehen (§ 41a Abs. 1 Satz 1 Nr. 1 EStG). Fällt der zehnte Tag nicht auf einen Arbeitstag, sondern auf einen Samstag, Sonntag oder Feiertag, so ist die Lohnsteuer-Anmeldung dann fristgerecht beim Betriebsstättenfinanzamt eingereicht, wenn sie dort am nächsten Arbeitstag eingeht (§ 108 Abs. 3 AO).

Beispiel

Die Lohnsteuer-Anmeldung für den Lohnsteuer-Anmeldungszeitraum September 2010 ist spätestens am 10. Oktober 2010 beim Finanzamt einzureichen. Da der 10. Oktober 2010 ein Sonntag ist, ist die Lohnsteuer-Anmeldung dann fristgerecht eingereicht, wenn sie am Montag, den 11. Oktober 2010, beim Betriebsstättenfinanzamt eingeht.

Hiernach ergibt sich für die fristgerechte Abgabe der Lohnsteuer-Anmeldung die nachfolgende Übersicht.

Anmeldungszeitraum		Ablauf der gesetzlichen Abgabefrist
Januar	2010	am 10. 2.2010
Februar	2010	am 10. 3.2010
März	2010	am 12. 4.2010
April	2010	am 10. 5.2010
Mai	2010	am 10. 6.2010
Juni	2010	am 12. 7.2010
Juli	2010	am 10. 8.2010
August	2010	am 10. 9.2010
September	2010	am 11.10.2010
Oktober	2010	am 10.11.2010
November	2010	am 10.12.2010
Dezember	2010	am 10. 1.2011

Für Arbeitgeber, die die Lohnsteuer-Anmeldung **vierteljährlich** abgeben müssen, gilt folgende Übersicht:

Anmeldungszeitraum		Ablauf der gesetzlichen Abgabefrist
I. Quartal	2010	am 12. 4.2010
II. Quartal	2010	am 12. 7.2010
III. Quartal	2010	am 11.10.2010
IV. Quartal	2010	am 10. 1.2011

Für die Abgabe der Lohnsteuer-Anmeldung kann vom Betriebsstättenfinanzamt im Normalfall **keine Fristverlängerung** eingeräumt werden (die Möglichkeit einer Dauerfristverlängerung wie bei der Umsatzsteuer-Voranmeldung gibt es bei der Lohnsteuer nicht). Eine Fristverlängerung ist nur in Ausnahmefällen denkbar, z. B. wenn wegen Krankheit oder Urlaub der Lohnbuchhalterin die Zusammenstellung der abzuführenden Beträge und deren Übernahme in die Lohnsteuer-Anmeldung nicht möglich ist bzw. der Arbeitgeber oder die zu seiner Vertretung berechtigte Person aus triftigen Gründen nicht in der Lage ist, die Lohnsteuer-Anmeldung rechtzeitig zu unterschreiben bzw. elektronisch zu übermitteln.

6. Abführung der Lohnsteuer

a) Allgemeines

Der Arbeitgeber hat die einbehaltene oder pauschalierte Lohnsteuer sowie den Solidaritätszuschlag und die Kirchensteuer nach Ablauf des Lohnsteuer-Anmeldungszeitraums in einem Betrag an die Finanzkasse des Betriebsstättenfinanzamts abzuführen (§ 41a Abs. 1 Satz 1 Nr. 2 EStG). Die Lohnsteuer ist eine Bringschuld. Ein etwaiger Verlust der Lohnsteuer vor der Abführung (z. B. durch Unterschlagung) geht deshalb zu Lasten des Arbeitgebers.

b) Änderung bei Scheckzahlern seit 1.1.2007

Wurde bis zum 31.12.2006 am Tag der gesetzlichen Abgabefrist (vgl. die Übersicht unter der vorstehenden Nr. 5) ein Scheck in den Hausbriefkasten des Finanzamts eingeworfen, so galt dies nach § 224 Abs. 2 Nr. 1 AO als pünktliche Zahlung. Durch das Jahressteuergesetz 2007 ist § 224 Abs. 2 Nr. 1 AO geändert worden, und zwar dahingehend, dass bei der Übergabe oder Übersendung eines Schecks eine wirksam geleistete Zahlung erst **drei Tage nach dem Eingang** des Schecks beim Finanzamt vorliegt. Die frühere Regelung verschaffte dem Steuerpflichtigen Zinsvorteile, da die Zahlung mit Hingabe des Schecks als bewirkt galt, während die Gutschrift auf ein Konto des Fiskus erst einige Tage später stattfand. Diese Bevorzugung war nicht mehr vertretbar. Da es **bei Scheckzahlern keine Zahlungsschonfrist** gibt (§ 240 Abs. 3 Satz 2 AO), muss der Scheck seit 1.1.2007 bereits **drei Tage vor dem Fälligkeitstermin** (vgl. die Übersicht unter der vorstehenden Nr. 5) in den Hausbriefkasten des Finanzamts eingeworfen werden. Allerdings hat der Scheck aufgrund der modernen Zahlungsverfahren (z. B. Onlinebanking, Lastschrifteinzug) ohnehin an Bedeutung verloren.

c) Zahlungsschonfrist bei unbarer Zahlung

Bei einer **Überweisung** gibt es hingegen eine Zahlungsschonfrist von **drei Tagen** (§ 240 Abs. 3 Satz 1 AO). Fällt der dritte Tag nicht auf einen Arbeitstag, sondern auf einen Samstag, Sonntag oder Feiertag, so ist der nächstfolgende Werktag maßgebend (§ 108 Abs. 3 AO). Wichtig ist hierbei, dass für eine fristgerechte Überweisung der **Tag der Gutschrift** beim Finanzamt maßgebend ist. Hiernach ergibt sich bei einer Zahlung durch Banküberweisung folgende Übersicht:

Anmeldungszeitraum		Ablauf der gesetzlichen Abgabefrist	Ende der Zahlungsschonfrist bei Banküberweisung
Januar	2010	am 10. 2.2010	am 15. 2.2010
Februar	2010	am 10. 3.2010	am 15. 3.2010
März	2010	am 12. 4.2010	am 15. 4.2010
April	2010	am 10. 5.2010	am 14. 5.2010
Mai	2010	am 10. 6.2010	am 14. 6.2010
Juni	2010	am 12. 7.2010	am 15. 7.2010
Juli	2010	am 10. 8.2010	am 13. 8.2010
August	2010	am 10. 9.2010	am 13. 9.2010
September	2010	am 11.10.2010	am 14.10.2010
Oktober	2010	am 10.11.2010	am 15.11.2010
November	2010	am 10.12.2010	am 13.12.2010
Dezember	2010	am 10. 1.2011	am 13. 1.2011

Für Arbeitgeber, die die Lohnsteuer-Anmeldung **vierteljährlich** abgeben müssen, gilt folgende Übersicht:

Anmeldungszeitraum		Ablauf der gesetzlichen Abgabefrist	Ende der Zahlungsschonfrist bei Banküberweisung
I. Quartal	2010	am 12. 4.2010	am 15. 4.2010
II. Quartal	2010	am 12. 7.2010	am 15. 7.2010
III. Quartal	2010	am 11.10.2010	am 14.10.2010
IV. Quartal	2010	am 10. 1.2011	am 13. 1.2011

Bei einer **Überweisung** der Lohn- und Kirchensteuer sowie des Solidaritätszuschlags auf ein Konto der Finanzkasse des Betriebsstättenfinanzamts ist auf dem Überweisungsträger Folgendes anzugeben:

- die Steuernummer des Arbeitgebers,
- der Lohnsteuer-Anmeldungszeitraum (z. B. Januar 2010 oder III. Quartal 2010),
- die getrennten Beträge in Euro für Lohn- und Kirchensteuer sowie den Solidaritätszuschlag, wobei die Kirchensteuer wiederum für die einzelnen Konfessionen getrennt anzugeben ist.

Dabei sollen die folgenden Abkürzungen verwendet werden: LSt, SolZ, KiSt ev., KiSt rk. usw.

Die gleichen Angaben sind bei der Abgabe eines Schecks erforderlich. Es empfiehlt sich sowohl bei Überweisungen als auch bei Scheckzahlungen die pauschale Lohnsteuer und die pauschale Kirchensteuer gesondert anzugeben.

Der Arbeitgeber kann sich die arbeitsaufwendige Überwachung der unterschiedlichen Zahlungsfristen ersparen, wenn er dem Finanzamt einen **Abbuchungsauftrag**

Abführung und Anmeldung der Lohnsteuer

erteilt. Denn bei einer Zahlung im Wege des Lastschrifteinzugs gilt die Steuer immer als am Fälligkeitstag entrichtet, und zwar auch dann, wenn die Belastung des Kontos erst einige Tage nach dem Fälligkeitstag erfolgt (§ 224 Abs. 2 Nr. 3 AO). Die Änderungen für Scheckzahler und die Zahlungs-Schonfrist spielen also in diesen Fällen keine Rolle.

Wird ansonsten verspätet gezahlt, setzt das Finanzamt einen Säumniszuschlag fest, und zwar je angefangenen Monat der Säumnis 1 % des auf 50 € abgerundeten rückständigen Steuerbetrags. Die Finanzämter können den Säumniszuschlag auf Antrag erlassen, wenn es sich um ein offenbares Versehen **eines ansonsten pünktlichen Steuerzahlers** handelt und in sonstigen Fällen, der sachlichen oder persönlichen Härte.

7. Betriebsstättenfinanzamt

Der Arbeitgeber hat die Lohnsteuer beim Betriebsstättenfinanzamt anzumelden und an die Kasse des Betriebsstättenfinanzamts abzuführen. Das Betriebsstättenfinanzamt ist das Finanzamt, in dessen Bezirk sich die lohnsteuerliche Betriebsstätte des Arbeitgebers befindet.

Betriebsstätte im lohnsteuerlichen Sinne ist der in Deutschland befindliche Betrieb oder Teil des Betriebs des Arbeitgebers, **in dem der für die Durchführung des Lohnsteuerabzugs maßgebende Arbeitslohn ermittelt wird,** d. h. wo die für den Lohnsteuerabzug maßgebenden Lohnteile zusammengestellt oder bei maschineller Lohnabrechnung die für den Lohnsteuerabzug maßgebenden Eingabewerte festgestellt und zusammengefasst werden. Es kommt nicht darauf an, wo einzelne Lohnbestandteile ermittelt werden, die Berechnung der Lohnsteuer vorgenommen wird und wo die Lohnsteuerkarten und andere für den Lohnsteuerabzug maßgebenden Unterlagen aufbewahrt werden. Ein selbständiges Dienstleistungsunternehmen, das für einen Arbeitgeber die Lohnabrechnung durchführt, kann nicht als Betriebsstätte des Arbeitgebers angesehen werden. Wegen weiterer Einzelheiten vgl. das Stichwort „Betriebsstätte".

Abweichend von dem Grundsatz, dass die Lohnsteuer beim Betriebsstättenfinanzamt anzumelden und an dieses abzuführen ist, kann die oberste Finanzbehörde des Landes (= Finanzministerium eines Landes, Senator der Finanzen) bestimmen, dass die Lohnsteuer bei einer anderen öffentlichen Kasse anzumelden und an diese abzuführen ist.

Das Betriebsstättenfinanzamt oder die zuständige andere öffentliche Kasse können auch (abweichend vom 10-Tages-Zeitraum des § 41a Abs. 1 Satz 1 EStG) einen anderen Zeitpunkt für die Anmeldung und Abführung der Lohnsteuer anordnen, wenn die Abführung der Lohnsteuer nicht gesichert erscheint. Dies wird aber nur in Ausnahmefällen (z. B. drohende Insolvenz) geschehen (§ 41a Abs. 3 EStG).

8. Entstehen der Lohnsteuerschuld

Die Lohnsteuerschuld entsteht in dem Zeitpunkt, in dem der Arbeitslohn dem Arbeitnehmer **zufließt** (§ 38 Abs. 2 EStG). Das ist der Zeitpunkt, zu dem der Arbeitgeber den Arbeitslohn an den Arbeitnehmer auszahlt. Wird z. B. für den Monat Januar der Monatslohn am 29. Januar ausgezahlt, so ist die Lohnsteuer bis 10. Februar dem Finanzamt anzumelden und an das Finanzamt abzuführen. Wird der Arbeitslohn für Januar z. B. am 2. Februar gezahlt, so ist die Lohnsteuer bis 10. März beim Finanzamt anzumelden und an das Finanzamt abzuführen. Bei der Lohnsteuer gilt also das Zuflussprinzip. Anders ist es hingegen bei der Sozialversicherung, denn dort gilt nicht das Zuflussprinzip sondern das Entstehungsprinzip. Zur Fälligkeit der Sozialversicherungsbeiträge wird auf die Erläuterungen beim Stichwort „Abführung der Sozialversicherungsbeiträge" hingewiesen.

Zur Anmeldung und Abführung der Lohnsteuer bei **Abschlagszahlungen** vgl. dieses Stichwort. Dort ist anhand von Beispielen dargestellt, in welchem Anmeldungszeitraum die Steuerabzugsbeträge zu erfassen sind. Wegen Besonderheiten beim Zufließen von laufendem Arbeitslohn zusammen mit sonstigen Bezügen vgl. das Stichwort „Sonstige Bezüge" unter Nr. 2 auf Seite 659.

9. Folgen verspäteter Anmeldung der Lohnsteuer

Bei verspäteter Abgabe der Lohnsteuer-Anmeldung hat das Betriebsstättenfinanzamt die Möglichkeit, nach § 152 AO einen Verspätungszuschlag festzusetzen, wenn das Versäumnis nicht entschuldbar erscheint. Schuldhaft handelt der Arbeitgeber, wenn er die gebotene Sorgfalt außer Acht lässt. Der Verspätungszuschlag beträgt je nach Schwere des Verschuldens

– bis zu 10 % der Lohnsteuer,
– höchstens jedoch 25 000 €.

Gegen die Festsetzung eines Verspätungszuschlags kann Einspruch eingelegt werden. Der Einspruch ist innerhalb eines Monats nach Bekanntgabe des Verwaltungsakts über die Festsetzung des Verspätungszuschlags beim Finanzamt **schriftlich** einzureichen oder zur Niederschrift zu erklären (auch ein Telefax genügt). Das Finanzamt entscheidet über den Einspruch durch Einspruchsentscheidung. Hiergegen kann innerhalb eines Monats nach Bekanntgabe Klage beim Finanzgericht eingereicht werden.

Kommt der Arbeitgeber seiner Verpflichtung zur Abgabe der Lohnsteuer-Anmeldung überhaupt nicht nach, so kann das Finanzamt die Abgabe entweder mit Zwangsgeldern bis zu 25 000 € nach den §§ 328 bis 335 AO durchsetzen oder die geschuldete Lohnsteuer, den Solidaritätszuschlag und Kirchensteuer nach § 162 AO schätzen und mit Steuerbescheid vom Arbeitgeber anfordern. Die wiederholte verspätete Abgabe oder Nichtabgabe der Lohnsteuer-Anmeldung und die wiederholte verspätete Abführung der Steuerabzugsbeträge kann zudem als Steuervergehen strafbar sein.

10. Lohnsteuer-Anmeldung als Steuerfestsetzung unter dem Vorbehalt der Nachprüfung

Die Lohnsteuer-Anmeldung ist eine Steuererklärung im Sinne des § 150 AO. Sie steht als Steueranmeldung einer Steuerfestsetzung unter dem Vorbehalt der Nachprüfung gleich (§§ 164, 168 AO). Der Vorbehalt der Nachprüfung bewirkt, dass die Steuerfestsetzung in Form der vom Arbeitgeber beim Betriebsstättenfinanzamt eingereichten Lohnsteuer-Anmeldung aufgehoben oder geändert werden kann, solange der Vorbehalt wirksam ist. **Auch der Arbeitgeber** kann jederzeit die Aufhebung oder Änderung der Steuerfestsetzung in der Lohnsteuer-Anmeldung sowohl **zu seinen Gunsten** als auch zu seinen Ungunsten beantragen. Diese wichtige Vorschrift ermöglicht es dem Arbeitgeber, evtl. Fehler bei der Lohnabrechnung rückwirkend zu korrigieren. Es genügt hierfür, wenn er für die bereits abgelaufenen Anmeldungszeiträume eine berichtigte Lohnsteuer-Anmeldung abgibt. Handelt es sich um Lohnsteuer des Arbeitnehmers, sind hierbei die beim Stichwort „Änderung des Lohnsteuerabzugs" dargestellten Grundsätze zu beachten. Handelt es sich um pauschalierte Lohnsteuer, ist die Abgabe einer berichtigten Lohnsteuer-Anmeldung so lange möglich, so lange der Vorbehalt der Nachprüfung noch nicht aufgehoben wurde. Der Vorbehalt der Nachprüfung wird bei Lohnsteuer-Anmeldungen regelmäßig so lange aufrechterhalten, bis bei dem Arbeitgeber eine Lohnsteuer-Außenprüfung durchgeführt worden oder die sog. Festsetzungsfrist (§ 169 AO) abgelaufen ist.

Abführung der Sozialversicherungsbeiträge

Ist die **Festsetzungsfrist** (vgl. hierzu das Stichwort „Verjährung") abgelaufen, entfällt der Vorbehalt der Nachprüfung, ohne dass es einer formellen Aufhebung durch das Finanzamt bedarf. Die Festsetzungsfrist beträgt **4 Jahre** und beginnt im Normalfall mit Ablauf des Kalenderjahres, in dem die Lohnsteuer-Anmeldung beim Finanzamt eingereicht worden ist.

Beispiel

Die Lohnsteuer-Anmeldung für den Lohnsteuer-Anmeldungszeitraum Dezember 2009 geht fristgemäß am 11. Januar 2010 beim Betriebsstättenfinanzamt ein. Die Festsetzungsfrist von 4 Jahren beginnt für die mit der Dezember-Anmeldung angemeldete Steuer erst am 1. Januar 2011 und endet am 31. Dezember 2014. Mit Ablauf des 31. Dezember 2014 fällt der Vorbehalt der Nachprüfung automatisch weg.

Abführung der Sozialversicherungsbeiträge

1. Allgemeines

Der Arbeitgeber hat sowohl den Arbeitgeber- als auch den Arbeitnehmerbeitrag (= Gesamtsozialversicherungsbeitrag) monatlich zum Fälligkeitstermin unaufgefordert an die Krankenkasse abzuführen. Seit 1.1.2009 haben die Arbeitgeber auch die Umlage für das Insolvenzgeld (siehe dieses Stichwort) zusammen mit dem Gesamtsozialversicherungsbeitrag an die zuständige Einzugsstelle abzuführen. Zur Insolvenzgeldumlage siehe das gesonderte Stichwort.

Der Gesamtsozialversicherungsbeitrag und die Umlage für das Insolvenzgeld sind an die zuständige **Einzugsstelle** zu zahlen. Für die Beantwortung der Frage, welche Einzugsstelle zuständig ist, gilt Folgendes:

- Bei Krankenversicherungspflichtigen ist die gesetzliche Krankenkasse Einzugsstelle, bei der der Arbeitnehmer versichert ist (AOK, Betriebskrankenkasse, Innungskrankenkasse, Ersatzkasse oder Bundesknappschaft).
- Ist der Arbeitnehmer nicht krankenversicherungspflichtig, aber freiwillig z. B. in einer Ersatzkasse versichert, so ist diejenige Krankenkasse Einzugsstelle für den Beitrag zur Renten- und Arbeitslosenversicherung, bei der die freiwillige Krankenversicherung besteht.
- Bei Arbeitnehmern, die bei einem privaten Krankenversicherungsunternehmen versichert sind, ist für den Einzug des Beitrags zur Renten- und Arbeitslosenversicherung die gesetzliche Krankenkasse zuständig, bei der der Arbeitgeber den Arbeitnehmer angemeldet hat.

Als Tag der Zahlung gilt bei Barzahlung der Tag des Geldeingangs und bei **Scheckzahlung,** Überweisung oder Einzahlung auf ein Konto der **Tag der Gutschrift** bei der Einzugsstelle.

Wenn die Beiträge und die Umlage nicht fristgerecht entrichtet werden, ist für jeden angefangenen Monat der Säumnis ein Säumniszuschlag von 1 % des rückständigen, auf 50 € nach unten abgerundeten Betrags, zu zahlen (§ 24 SGB IV).

2. Fälligkeit der Beiträge

Der Gesamtsozialversicherungsbeitrag und die Umlage für das Insolvenzgeld ist in voraussichtlicher Höhe der Beitragsschuld spätestens am **drittletzten Bankarbeitstag** des Monats fällig, in dem die Beschäftigung, mit der das Arbeitsentgelt erzielt wird, ausgeübt worden ist. Ein verbleibender Restbetrag wird am drittletzten Bankarbeitstag des Folgemonats fällig (§ 23 Abs. 1 Satz 2 SGB IV).

Die Fälligkeit am drittletzten Bankarbeitstag bedeutet, dass an diesem Tag der Betrag auf dem Konto der Krankenkasse gutgeschrieben sein muss. Der Arbeitgeber hat also dafür zu sorgen, dass die Krankenkasse als Einzugsstelle für den Gesamtsozialversicherungsbetrag spätestens am Fälligkeitstag im Besitz der geschuldeten Beiträge ist. Ist dies nicht der Fall, sind **Säumniszuschläge** zu zahlen.

Beispiel

Der drittletzte Bankarbeitstag für Juli 2010 ist der 28. Juli 2010.

Beiträge für den Monat Juli werden per Scheck gezahlt. Der Scheck wird am 28. Juli um 20.00 Uhr in den Hausbriefkasten der Krankenkasse eingeworfen. Die Krankenkasse reicht den Scheck am folgenden Tag bei der Bank ein (9.00 Uhr) und erhält das Geld mit Wertstellungstag 29. Juli. Die Beiträge sind verspätet gezahlt, das heißt Säumniszuschläge in Höhe von 1 % können von der Krankenkasse berechnet werden.

Für die Fälligkeit des Gesamtsozialversicherungsbeitrags ab 1.1.2010 ergibt sich hiernach folgende Übersicht

Monat	Fälligkeitstag (= drittletzter Bankarbeitstag)
Januar	27. 1.2010
Februar	24. 2.2010
März	29. 3.2010
April	28. 4.2010
Mai	27. 5.2010
Juni	28. 6.2010
Juli	28. 7.2010
August	27. 8.2010
September	28. 9.2010
Oktober	27.10.2010
November	26.11.2010
Dezember	28.12.2010

Die Einzugsstellen hatten bisher die Möglichkeit, die Fälligkeit der Sozialversicherungsbeiträge durch Satzung zu regeln (§ 23 Abs. 1 Satz 1 SGB IV). Diese Vorschrift wurde durch das Gesetz zur Änderung des Vierten und Sechsten Buches Sozialgesetzbuch nicht verändert. Die Einzugsstellen können danach weiterhin den Fälligkeitstermin im Rahmen der ihnen zugestandenen Satzungsautonomie regeln. Allerdings haben sie dabei den **spätesten** Fälligkeitstermin für den Gesamtsozialversicherungsbeitrag zu berücksichtigen (vgl. die vorstehende Übersicht).

Da bis zum drittletzten Bankarbeitstag des Monats die genaue Beitragsschuld nicht immer genau berechnet werden kann (insbesondere bei variablen Lohnbestandteilen), muss die **voraussichtliche Höhe der Beitragsschuld** ermittelt werden, das heißt es ist eine gewissenhafte Schätzung vorzunehmen. Die Grundlagen für die Schätzung müssen für den Betriebsprüfer nachprüfbar dokumentiert werden. Die Spitzenverbände der Sozialversicherung haben hierzu in ihrem Rundschreiben zur neuen Fälligkeit des Gesamtsozialversicherungsbeitrags Folgendes ausgeführt:

Die voraussichtliche Höhe der Beitragsschuld ist so zu bemessen, dass der Restbeitrag, der erst im Folgemonat fällig wird, so gering wie möglich bleibt. Dies wird dadurch erreicht, dass das Beitragssoll des letzten Entgeltabrechnungszeitraums unter Berücksichtigung der eingetretenen Änderungen in der Zahl der Beschäftigten, der Arbeitstage bzw. Arbeitsstunden sowie der einschlägigen Entgeltermittlungsgrundlagen und Beitragssätze aktualisiert wird. Eine eventuelle Überzahlung wird mit der nächsten Fälligkeit ausgeglichen.

Bei der Ermittlung der voraussichtlichen Höhe der Beitragsschuld sind grundsätzlich auch **variable Arbeitsentgeltbestandteile** zu berücksichtigen. Sofern variable Arbeitsentgeltbestandteile zeitversetzt gezahlt werden und dem Arbeitgeber eine Berücksichtigung dieser Arbeitsentgelte bei der Beitragsberechnung für den Entgeltabrechnungszeitraum, in dem sie erzielt wurden, nicht

Abführung der Sozialversicherungsbeiträge

möglich ist, können diese zur Beitragsberechnung dem Arbeitsentgelt des **nächsten oder übernächsten** Entgeltabrechnungszeitraumes hinzugerechnet werden. Dieses Verfahren ist beim Stichwort „Provisionen" erläutert.

Die Zahlung von **einmaligen Zuwendungen** ist bei der Berechnung der voraussichtlichen Beitragsschuld zu berücksichtigen, wenn mit hinreichender Sicherheit feststeht, dass die einmalige Zuwendung noch in diesem Monat ausgezahlt wird. Dies gilt auch dann, wenn die Einmalzahlung zwar noch in dem laufenden Monat, aber erst nach dem für diesen Monat geltenden Fälligkeitstermin ausgezahlt wird.

Die neuen Fälligkeitsregelungen gelten auch für die **Umlagen U1 und U2.**

3. Vereinfachte Schätzung

a) Allgemeines

Arbeitgeber können nach § 23 Abs. 1 Satz 3 SGB IV den Gesamtsozialversicherungsbeitrag in Höhe der Beiträge des Vormonats zahlen, wenn Änderungen der Beitragsabrechnung **regelmäßig** durch **Mitarbeiterwechsel** oder **variable Entgeltbestandteile** dies erfordern; für einen verbleibenden Restbetrag bleibt es bei der Fälligkeit zum drittletzten Bankarbeitstag des Folgemonats.

Die Spitzenorganisationen der Sozialversicherung haben zur Anwendung der neuen Regelung ein Gemeinsames Rundschreiben herausgegeben, nach dem Folgendes zu beachten ist:

b) Regelmäßigkeit

Von einer Regelmäßigkeit in diesem Sinne ist auszugehen, wenn in jeder der letzten zwei abgerechneten Entgeltabrechnungen vor der aktuellen Entgeltabrechnung und bei der aktuellen Abrechnung, bei der die Vereinfachungsregelung angewendet werden soll, entweder ein Mitarbeiterwechsel oder die Zahlung variabler Arbeitsentgeltbestandteile zu berücksichtigen war bzw. ist. Von einer Regelmäßigkeit ist erst dann nicht mehr auszugehen, wenn in jedem der letzten drei abgerechneten Entgeltabrechnungszeiträume vor der aktuellen Entgeltabrechnung ein Mitarbeiterwechsel oder die Zahlung von variablen Arbeitsentgeltbestandteilen nicht mehr zu berücksichtigen waren. Vor einer erneuten Anwendung der Vereinfachungsregelung muss dann wiederum in jedem der letzten zwei abgerechneten Entgeltabrechnungen und der aktuellen Abrechnung einer der erwähnten Tatbestände zu berücksichtigen sein.

c) Mitarbeiterwechsel

Ein Mitarbeiterwechsel liegt vor, wenn mindestens ein Beschäftigter ohne Rücksicht auf den versicherungsrechtlichen Status an- oder abgemeldet wird. Entsprechendes gilt, wenn ein Arbeitnehmer zwischen verschiedenen rechtlich eigenständigen Unternehmen innerhalb eines Konzerns wechselt. Von einem Mitarbeiterwechsel kann aber nicht gesprochen werden, wenn der Arbeitgeber eine natürliche Person mit verschiedenen Betriebsstätten ist und der Arbeitnehmer zwischen diesen wechselt; begrifflich ist dann von einem Arbeitsplatzwechsel auszugehen.

d) Variable Arbeitsentgeltbestandteile

Zu den variablen Arbeitsentgeltbestandteilen gehören insbesondere Vergütungen für Mehrarbeit sowie Zuschläge, Zulagen und ähnliche Einnahmen, die zusätzlich zu Löhnen und Gehältern gezahlt werden und deren exakte Höhe grundsätzlich erst nach Abschluss der Entgeltabrechnung ermittelt werden kann.

e) Einmalige Zuwendungen

Die neue Vereinfachungsregelung gilt nicht für Einmalzahlungen. Das bedeutet, dass einmalig gezahltes Arbeitsentgelt auch weiterhin im Beitragssoll desjenigen Monats zu berücksichtigen ist, in dem es tatsächlich gezahlt wird (§ 22 Abs. 1 Satz 2 SGB IV).

4. Beitragsnachweis

Der Arbeitgeber hat der Einzugsstelle die zu zahlenden Beiträge monatlich nachzuweisen. Die Beitragsnachweise sind **durch maschinelle Datenübertragung** an die zuständige Einzugsstelle zu übermitteln. Um die Teilnahme am maschinellen Datenaustausch allen Arbeitgebern zu ermöglichen, bietet z. B. die AOK die kostenfreie Ausfüllhilfe **sv.net** an. Arbeitgeber, die kein systemgeprüftes Entgeltabrechnungsprogramm nutzen, können mit **sv.net** Meldungen und Beitragsnachweise schnell und einfach an die Krankenkassen übermitteln.

Die monatliche Abgabe des Beitragsnachweises ist nicht zwingend. Falls der Arbeitgeber absehen kann, dass die geschuldeten Beiträge für mehrere Lohnabrechnungszeiträume gleich bleiben, kann er dem eingereichten Beitragsnachweis durch Belegung des entsprechenden Feldes zum **Dauer-Beitragsnachweis** erklären.

Die zu zahlenden Beiträge sind nach Beitragsgruppen aufzugliedern (vgl. die Übersicht in **Anhang 15 Nr. 8** auf Seite 980) und jeweils in einer Summe anzugeben; ein Einzelnachweis je Person erfolgt nicht. Der Beitragsnachweis ist gesondert zu kennzeichnen,

- wenn es sich um einen Korrektur-Beitragsnachweis für abgelaufene Kalenderjahre handelt (z. B. bei Anwendung der sog. März-Klausel);
- wenn der Beitragsnachweis Beiträge aus Wertguthaben enthält, das abgelaufenen Kalenderjahren zuzuordnen ist (sog. Störfälle, vgl. „Arbeitszeitkonten");
- wenn es sich um einen Dauer-Beitragsnachweis handelt.

Außerdem ist der Rechtskreis anzugeben, für den die Beiträge bestimmt sind. Hat der Arbeitgeber Beiträge sowohl für Beschäftigte in den alten Bundesländern (einschließlich West-Berlin) als auch für Beschäftigte in den neuen Bundesländern (einschließlich Ost-Berlin) nachzuweisen, so muss er für die Rechtskreise „West" und „Ost" getrennte Beitragsnachweise einreichen.

Die Beitragsnachweise sind den Einzugsstellen nach § 28 f Abs. 3 SGB IV mind. **zwei Arbeitstage vor Fälligkeit** der Beiträge zu übermitteln. Hierunter ist zu verstehen, dass der Beitragsnachweis bereits zwei Arbeitstage vor Fälligkeitstermin der Beiträge bei der Einzugsstelle vorliegen muss.

Ist der Beitragsnachweis nicht bis zum Fälligkeitstag übermittelt worden, ist die Krankenkasse berechtigt, die Höhe der zu zahlenden Beiträge zu schätzen.

Hiernach ergibt sich für 2010 folgende Übersicht:

Monat	Termin Beitragsnachweis (= zwei Arbeitstage vor Fälligkeit)
Januar	25. 1.2010
Februar	22. 2.2010
März	25. 3.2010
April	26. 4.2010
Mai	25. 5.2010
Juni	24. 6.2010
Juli	26. 7.2010
August	25. 8.2010

Abgeltung von Urlaubsansprüchen

		Lohn-steuer-pflichtig	Sozial-versich.-pflichtig
Monat	Termin Beitragsnachweis (= zwei Arbeitstage vor Fälligkeit)		
September	24. 9.2010		
Oktober	25.10.2010		
November	24.11.2010		
Dezember	23.12.2010		

Abgeltung von Urlaubsansprüchen

siehe „Urlaubsabgeltung"

Abordnung

Von einer „Abordnung" wird im öffentlichen Dienst bei einer längerfristigen Tätigkeit an einer anderen Behörde gesprochen. Es kann sich dabei um eine vorübergehende Abordnung oder um eine Abordnung mit dem Ziel der Versetzung handeln. Auf die Erläuterungen beim Stichwort „Trennungsentschädigungen" wird hingewiesen.

Abrundung des Arbeitslohns

Eine Abrundung des Arbeitslohns vor Anwendung der maßgeblichen Lohnsteuertabelle (Monats-, Wochen-, Tagestabelle) bzw. des maßgeblichen Steuersatzes (z. B. bei einer Lohnsteuerpauschalierung usw.) ist nicht zulässig.

Abschlagszahlungen

1. Lohnsteuerliche Behandlung

In manchen Betrieben ist es üblich, nicht bei jeder Lohnzahlung abzurechnen, sondern innerhalb eines längeren Lohnabrechnungszeitraums eine oder mehrere Abschlagszahlungen in ungefährer Höhe des bereits erdienten Lohnes zu gewähren. Der Arbeitgeber kann in diesen Fällen den Lohnabrechnungszeitraum als Lohnzahlungszeitraum ansehen, d. h. die Lohnsteuer erst bei der Lohnabrechnung einbehalten; das gilt jedoch nicht, wenn der Lohnabrechnungszeitraum über fünf Wochen hinausgeht oder die Lohnabrechnung nicht innerhalb von drei Wochen nach Ablauf des Lohnabrechnungszeitraums erfolgt (§ 39 b Abs. 5 EStG). Liegen lohnsteuerliche Abschlagszahlungen vor, handelt es sich nicht um ein Arbeitgeberdarlehen (vgl. hierzu die Erläuterungen beim Stichwort „Zinsersparnisse und Zinszuschüsse").

Beispiel A
Ein Arbeitgeber zahlt jede Woche einen Abschlag auf den Wochenlohn. Er kann maximal fünf Wochen zusammenkommen lassen und dann innerhalb von drei Wochen abrechnen. Dies wäre steuerlich zulässig. Da jedoch die Sozialversicherung eine monatliche Abrechnung verlangt (vgl. „Berechnung der Lohnsteuer und Sozialversicherungsbeiträge" unter Nr. 7), hat die lohnsteuerliche Sondervorschrift kaum noch praktische Bedeutung.

Beispiel B
Ein Arbeitgeber rechnet den Arbeitslohn monatlich ab. Er leistet jeweils am Ende des Monats eine Abschlagszahlung. Die Lohnabrechnung wird am 10. des folgenden Monats mit der Auszahlung der Spitzenbeträge vorgenommen. Der Arbeitgeber braucht von der Abschlagszahlung keine Lohnsteuer einbehalten. Er kann die Lohnsteuer erst bei der Schlussabrechnung einbehalten. In diesem Fall ist die Lohnsteuer spätestens bis zum zehnten Tag des auf die Schlussabrechnung folgenden Monats dem Finanzamt anzumelden und abzuführen. Leistet der Arbeitgeber somit am 26. Februar 2010 für den Monat Februar eine Abschlagszahlung und führt er am 10. März 2010 die Lohnabrechnung mit der Auszahlung der Spitzenbeträge für Februar durch, so ist in diesem Fall die Lohnsteuer für den Monat Februar erst bis 12. April 2010 an das Finanzamt anzumelden und abzuführen.

Beispiel C
Ein Arbeitgeber mit monatlichen Abrechnungszeiträumen leistet jeweils am 28. für den laufenden Monat eine Abschlagszahlung und nimmt die Lohnabrechnung am 28. des folgenden Monats vor. Die Lohnsteuer ist bereits von der Abschlagszahlung einzubehalten, da die Abrechnung

Abtretung von Arbeitslohn

	Lohn-steuer-pflichtig	Sozial-versich.-pflichtig

nicht mindestens drei Wochen nach Ablauf des Lohnabrechnungszeitraums vorgenommen wird.

Die Lohnabrechnung gilt übrigens als abgeschlossen, wenn die Zahlungsbelege den Bereich des Arbeitgebers verlassen haben. Auf den Zeitpunkt des Zuflusses der Zahlung beim Arbeitnehmer kommt es nicht an.

Wird die Lohnabrechnung für den letzten Abrechnungszeitraum des abgelaufenen Kalenderjahres erst im nachfolgenden Kalenderjahr, aber noch innerhalb der Dreiwochenfrist vorgenommen, so handelt es sich um Arbeitslohn und einbehaltene Lohnsteuer dieses Lohnabrechnungszeitraums; der Arbeitslohn und die Lohnsteuer sind deshalb im Lohnkonto und in den Lohnsteuerbescheinigungen des abgelaufenen Kalenderjahres zu erfassen. Ungeachtet dessen ist die einbehaltene Lohnsteuer für die Anmeldung und Abführung als Lohnsteuer des Kalendermonats bzw. Kalendervierteljahres zu erfassen, in dem die Abrechnung tatsächlich vorgenommen wird.

Beispiel D
Auf den Arbeitslohn für Dezember 2010 werden Abschlagszahlungen geleistet. Die Lohnabrechnung erfolgt am 17. Januar 2011. Die dann einzubehaltende Lohnsteuer ist bis 10. Februar 2011 als Lohnsteuer des Monats Januar anzumelden und abzuführen. Sie gehört gleichwohl zum Arbeitslohn des Kalenderjahres 2010 und ist in die Lohnsteuerbescheinigung 2010 aufzunehmen.

In Einzelfällen kann das Finanzamt darüber hinaus anordnen, dass die Lohnsteuer bereits von den Abschlagszahlungen einzubehalten und abzuführen ist (§ 39 b Abs. 5 Satz 3 EStG). Dies geschieht dann, wenn die Erhebung der Lohnsteuer sonst nicht gesichert erscheint.

2. Sozialversicherungsrechtliche Behandlung

Bei der **Sozialversicherung** gilt Folgendes: Soweit der Arbeitgeber Abschlagszahlungen auf den Lohn oder das Gehalt zahlt, sind auch Beiträge zur Kranken-, Pflege-, Renten- und Arbeitslosenversicherung einzubehalten und am nächsten Fälligkeitstag abzuführen. Für den Fall, dass Restzahlungen erst in einem späteren Lohnzahlungszeitraum vorgenommen werden, rechnen sie noch zu dem Entgelt des Lohnzahlungszeitraums, in dem sie verdient wurden. Das ist wichtig, wenn in dem Lohnzahlungszeitraum die Beitragsbemessungsgrenze erreicht wird. Für die Berechnung der Beiträge bleibt das Entgelt des Lohnzahlungszeitraums maßgebend, in der Rechtsanspruch auf das Entgelt entstanden ist (vgl. „Abführung der Sozialversicherungsbeiträge" und „Berechnung der Lohnsteuer und der Sozialversicherungsbeiträge" unter Nr. 7).

Siehe auch die Stichworte: Abführung und Anmeldung der Lohnsteuer, Vorauszahlungen von Arbeitslohn, Vorschüsse, Zufluss von Arbeitslohn.

Abschlussgratifikation

Zur Berechnung der Lohnsteuer siehe „Sonstige Bezüge"; zur Berechnung der Sozialversicherungsbeiträge siehe „Einmalige Zuwendungen".   ja   ja

Siehe auch das Stichwort: **Gratifikationen.**

Abtretung von Arbeitslohn

Tritt der Arbeitnehmer seinen Arbeitslohn ganz oder teilweise an einen Dritten ab, so ist dies steuerlich ohne Bedeutung; auch der abgetretene Teil des Arbeitslohns ist dem Arbeitnehmer zugeflossen, da er ihn zur Erfüllung schuldrechtlicher Verpflichtungen verwendet und damit über den Arbeitslohn verfügt (vgl. hierzu auch das Stichwort „Forderungsübergang").   ja   ja

Abtretung von Forderungen als Arbeitslohn

	Lohn-steuer-pflichtig	Sozial-versich.-pflichtig
Tritt der Arbeitgeber seinem Arbeitnehmer zur Abgeltung von Lohnansprüchen eine Forderung gegen einen Schuldner des Arbeitgebers ab, so geschieht diese Abtretung in der Regel „zahlungshalber", d. h., der Lohnanspruch des Arbeitnehmers wird erst erfüllt, wenn die abgetretene Forderung vom Schuldner beim Arbeitnehmer eingeht. Der Arbeitslohn gilt erst in diesem Zeitpunkt als zugeflossen; bei der Abtretung der Forderung ist Lohnsteuer nicht zu erheben.	nein	nein
Tritt der Arbeitgeber eine Forderung ausnahmsweise ausdrücklich „an Zahlungs Statt" an den Arbeitnehmer ab, so ist bereits bei der Abtretung der Forderung zugeflossener Arbeitslohn anzunehmen; der gemeine Wert der Forderung ist dann dem Steuerabzug vom Arbeitslohn zu unterwerfen.	ja	ja

Geht in einem solchen Falle die Forderung später mit einem geringeren oder höheren Betrag beim Arbeitnehmer ein, so bleibt der Unterschiedsbetrag auf die Höhe der geschuldeten Lohnsteuer ohne Einfluss (vgl. BFH-Urteil vom 22. 4. 1966, BStBl. III S. 394).

Abwälzung der Pauschalsteuer auf den Arbeitnehmer

Eine Abwälzung der Pauschalsteuer ist im Grundsatz bei allen steuerlichen Pauschalierungsfällen (§§ 40, 40a und 40b EStG) möglich, da die in § 40 Abs. 3 Satz 2 EStG enthaltene Regelung durch entsprechende Verweisungen auch für Pauschalierungen nach § 40a oder § 40b EStG gilt. Das bedeutet, dass auch die 2%ige Pauschalsteuer für sog. 400-Euro-Jobs auf den Arbeitnehmer abgewälzt werden kann (vgl. die Erläuterungen beim Stichwort „Pauschalierung der Lohnsteuer bei Aushilfskräften und Teilzeitbeschäftigten" unter Nr. 2 Buchstabe j). Im Einzelnen gilt zur Abwälzung der Pauschalsteuer auf den Arbeitnehmer Folgendes:

Die Abwälzung der pauschalen Lohnsteuer auf den Arbeitnehmer ist ein arbeitsrechtlicher Vorgang, durch den die Pauschalierung als solche nicht unzulässig wird. Allerdings ist § 40 Abs. 3 Satz 2 EStG zu beachten, der besagt, dass die auf den Arbeitnehmer abgewälzte pauschale Lohnsteuer **als zugeflossener Arbeitslohn gilt und die Bemessungsgrundlage nicht mindern darf.** Wie sich eine steuerlich **unzulässige** Kürzung der Bemessungsgrundlage bei einer Abwälzung der Pauschalsteuer auf den Arbeitnehmer rechnerisch darstellt, soll an einem Beispiel verdeutlicht werden:

Beispiel A

Der Arbeitnehmer erhält eine Erholungsbeihilfe von 156 € und übernimmt im Innenverhältnis die hierauf entfallende pauschale Lohnsteuer von 25% sowie die Kirchensteuer und den Solidaritätszuschlag. Auf der Lohnsteuerkarte des Arbeitnehmers ist die Steuerklasse III und das Kirchensteuermerkmal „rk" eingetragen. Würde die Bemessungsgrundlage um die vom Arbeitnehmer übernommene pauschale Lohn- und Kirchensteuer sowie um den Solidaritätszuschlag gekürzt, ergäbe sich folgende Berechnung:

Erholungsbeihilfe	156,— €
Hieraus wird die pauschale Lohn- und Kirchensteuer sowie der Solidaritätszuschlag durch Rückrechnung herausgerechnet. Bei 25% Lohnsteuer, 5,5% Solidaritätszuschlag und 7% Kirchensteuer (z. B. in Bayern) ergibt sich eine Netto-Erholungsbeihilfe von 78,0488%.	
Netto-Erholungsbeihilfe (78,0488% von 156 €)	121,76 €
pauschale Lohnsteuer 25%	30,44 €
Solidaritätszuschlag (5,5% von 30,44 €)	1,67 €
pauschale Kirchensteuer (7% von 30,44 €)	2,13 €
Aufwand für den Arbeitgeber insgesamt	156,— €

An das Finanzamt würden insgesamt 34,24 € (30,44 € + 1,67 € + 2,13 €) Pauschalsteuer abgeführt.

Nach § 40 Abs. 3 Satz 2 EStG **ist diese Rückrechnung nicht zulässig.** Denn die abgewälzte Pauschalsteuer darf die Bemessungsgrundlage nicht mindern, sodass sich tatsächlich folgende Berechnung der pauschalen Lohnsteuer ergibt:

Beispiel B

Sachverhalt wie Beispiel A

Erholungsbeihilfe	156,— €
pauschale Lohnsteuer 25%	39,— €
Solidaritätszuschlag (5,5% von 39 €)	2,14 €
pauschale Kirchensteuer (7% von 39 €)	2,73 €

An das Finanzamt sind insgesamt 43,87 € (39,— € + 2,14 € + 2,73 €) Pauschalsteuer abzuführen. Bei der Lohnabrechnung ist zu beachten, dass auch eine Minderung des steuerpflichtigen **laufenden** Arbeitslohns nicht in Betracht kommt. Die Erholungsbeihilfe kann mit 156 € als „Zulage" hinzugerechnet und die Pauschalsteuer in Höhe von 43,87 € als „Abzug vom monatlichen Nettolohn" abgerechnet werden:

Bruttolohn		3 000,— €
zuzüglich Erholungsbeihilfe		156,— €
Summe		3 156,— €
Gesetzliche Abzüge (errechnet aus 3000,— €):		
Lohnsteuer (Steuerklasse III)	243,83 €	
Solidaritätszuschlag (5,5%)	13,41 €	
Kirchensteuer (z. B. 8%)	19,50 €	
Sozialversicherung (z. B. 20,475%)	614,25 €	890,99 €
Nettolohn		2 265,01 €
abzüglich vom Arbeitnehmer übernommene Pauschalsteuer		43,87 €
auszuzahlender Betrag		2 221,14 €

Obwohl eine Rückrechnung nicht (mehr) zulässig ist, ergibt sich gleichwohl durch die Pauschalierung mit Abwälzung der Pauschalsteuer auf den Arbeitnehmer im Beispielsfall eine Ersparnis bei den Lohnabzügen von rund 50 € insbesondere deshalb, weil die Pauschalierung mit 25% Sozialversicherungsfreiheit auslöst.

Ist der Arbeitgeber bei der Zahlung der Erholungsbeihilfe arbeitsrechtlich nicht gebunden, das heißt, dass er die Erholungsbeihilfe der Höhe nach beliebig festlegen kann, so könnte er daran denken, die Erholungsbeihilfe so weit herabzusetzen, dass er rein rechnerisch zu dem im Beispiel A dargestellten Ergebnis kommt.

Beispiel C

Sachverhalt wie Beispiel A; der Arbeitgeber zahlt jedoch statt einer Erholungsbeihilfe von 156 € eine **in Anlehnung** an den in Beispiel A erläuterten Nettobetrag herabgesetzte Erholungsbeihilfe in Höhe von 120 €

Erholungsbeihilfe	120,— €
pauschale Lohnsteuer 25%	30,— €
Solidaritätszuschlag (5,5% von 30 €)	1,65 €
pauschale Kirchensteuer (7% von 30 €)	2,10 €

Damit wäre der Arbeitgeber rein rechnerisch wieder beim alten Ergebnis.

In § 40 Abs. 3 Satz 2 EStG ist jedoch bestimmt worden, dass die auf den Arbeitnehmer abgewälzte pauschale Lohnsteuer **als zugeflossener Arbeitslohn gilt.** Das bedeutet Folgendes: Stellt das Finanzamt bei einer Lohnsteuer-Außenprüfung z. B. anhand von arbeitsvertraglichen Unterlagen fest, dass die Regelung – wie im Beispiel C dargestellt – durch eine Kürzung des Arbeitslohns um die pauschale Lohnsteuer unterlaufen wird, so kann es die hierauf entfallende Lohnsteuer nachholen, da die in Form der Lohnkürzung auf den Arbeitnehmer abgewälzte Pauschalsteuer als zugeflossener Arbeitslohn gilt.

Eine Abwälzung von pauschalen Steuerbeträgen, die nicht zur Minderung der Bemessungsgrundlage führt, kann sich z. B. aus dem Arbeitsvertrag, einer Zusatzvereinbarung zum Arbeitsvertrag oder aus dem wirtschaftlichen Ergebnis einer Gehaltsumwandlung oder Gehaltsänderungsvereinbarung ergeben. Das ist insbesondere der Fall, wenn die pauschalen Steuerbeträge als Abzugs-

	Lohn-steuer-pflichtig	Sozial-versich.-pflichtig

betrag in der Lohn- und Gehaltsabrechnung ausgewiesen werden*).

Eine Abwälzung der pauschalen Lohnsteuer ist hingegen **nicht** anzunehmen, wenn aus der Gehaltsänderungsvereinbarung alle rechtlichen und wirtschaftlichen Folgerungen für die Zukunft gezogen werden; insbesondere der neu festgesetzte geminderte Arbeitslohn Bemessungsgrundlage für künftige Gehaltserhöhungen oder andere Arbeitgeberleistungen (z. B. Weihnachtsgeld, Tantieme oder andere Jubiläumszuwendungen) ist. Dies gilt auch dann, wenn die Gehaltsminderung nur in Höhe der Pauschalsteuer vereinbart wird*).

Adressenschreiber

Adressenschreiber sind in der Regel selbständig tätig.　　nein　nein

Zur Frage der Scheinselbständigkeit vgl. dieses Stichwort.

Agenten

siehe „Vertreter"

Akkordlohn

Wenn der Arbeitslohn nicht nur nach der Arbeitszeit, sondern auch nach der Arbeitsleistung berechnet wird, spricht man von Akkordlohn. Vergütungen für Akkordarbeit sind lohnsteuer- und beitragspflichtig.　　ja　ja

Auch der Akkordlohn wird in der Regel für einen bestimmten Zeitraum (z. B. einem Kalendermonat) gezahlt und abgerechnet, sodass der für die Anwendung der Lohnsteuertabelle maßgebende Lohnzahlungszeitraum ohne weiteres feststeht. Nur in Ausnahmefällen ist ein bestimmter Lohnzahlungszeitraum nicht gegeben. In diesen Fällen ist die Summe der tatsächlichen Arbeitstage oder Arbeitswochen als Lohnzahlungszeitraum anzusehen (§ 39 b Abs. 5 Satz 4 EStG).

Die Vergütungen für Akkordarbeit sind beitragspflichtiges Arbeitsentgelt der Lohnperiode, in der die Akkordarbeiten durchgeführt wurden. Sofern der Akkordlohn oder Akkordlohn-Spitzenbeträge zu einem späteren Zeitpunkt ausgezahlt werden, sind sie für die Beitragsberechnung grundsätzlich dem Lohnabrechnungszeitraum zuzurechnen, für den sie gezahlt werden (nicht dem Lohnabrechnungszeitraum der tatsächlichen Zahlung). Unter bestimmten Voraussetzungen kann von diesem Grundsatz jedoch abgewichen werden. Die Spitzenorganisationen der Sozialversicherungsträger haben hierzu Vereinfachungsregeln aufgestellt, die beim Stichwort „Mehrarbeitslohn" erläutert sind.

Aktienüberlassung zu einem Vorzugskurs

Der geldwerte Vorteil, den der Arbeitnehmer als **Sachbezug** erhält, wenn ihm sein Arbeitgeber unentgeltlich oder verbilligt eigene Aktien überlässt, ist in Höhe von **360 € jährlich** steuer- und sozialversicherungsfrei (§ 3 Nr. 39 EStG).　　nein　nein

Bisher war die unentgeltliche oder verbilligte Überlassung von Aktien an den Arbeitnehmer bis zur **sog. 135-Euro-Grenze** nach § 19a EStG steuer- und sozialversicherungsfrei. Durch das Gesetz zur steuerlichen Förderung der Mitarbeiterkapitalbeteiligung ist die Vorschrift des § 19a EStG – und damit die **Anwendung der 135-Euro-Grenze** – aufgehoben worden. Allerdings ist die Vorschrift auch nach ihrer Aufhebung weiter anzuwenden, wenn

– die Aktien **vor dem 1.4.2009 überlassen** wurden oder

– aufgrund einer am **31.3.2009 bestehenden Vereinbarung** ein Anspruch auf die unentgeltliche oder verbilligte Überlassung von Aktien besteht und die Aktien **vor dem 1.1.2016** überlassen werden.

Ein wichtiger Unterschied zwischen beiden Regelungen ist der, dass durch den neuen 360-Euro-Freibetrag nur noch die Beteiligung des Arbeitnehmers **am eigenen Unternehmen des Arbeitgebers** begünstigt wird. Dabei gilt als Unternehmen des Arbeitgebers auch ein Unternehmen des zugehörigen Konzerns (§ 18 Aktiengesetz). Durch diese Begrenzung soll eine verstärkte Bindung des Arbeitnehmers an das Unternehmen des Arbeitgebers erreicht werden. **Außerbetriebliche Beteiligungen** sind durch den neuen steuer- und sozialversicherungsfreien Höchstbetrag von 360 € nach § 3 Nr. 39 EStG **nicht begünstigt**.

Beispiel

Der Arbeitgeber überlässt seinen Arbeitnehmern am 1.3.2010 Aktien eines fremden, nicht konzernzugehörigen Unternehmens. Die Vereinbarung wurde im Januar 2009 abgeschlossen.

Der Bewertungsfreibetrag von höchstens 135 € (§ 19a EStG) kann in Anspruch genommen werden, nicht jedoch der steuer- und sozialversicherungsfreie Höchstbetrag von 360 € (§ 3 Nr. 39 EStG), da es sich nicht um Vermögensbeteiligungen am Unternehmen des Arbeitgebers handelt.

Auf die ausführlichen Erläuterungen beim Stichwort „Vermögensbeteiligungen" wird Bezug genommen.

Aktienoptionen

Neues auf einen Blick:

Der **Bundesfinanzhof** hat abweichend von der bisherigen Verwaltungsauffassung entschieden, dass – genauso wie bei einem nicht handelbaren Optionsrecht – auch bei einem **handelbaren Optionsrecht** erst die **Umwandlung des Rechts in Aktien** zum Zufluss eines geldwerten Vorteils führt. Das Optionsrecht selbst eröffne dem Arbeitnehmer lediglich die Chance, am wirtschaftlichen Erfolg des Unternehmens teilzunehmen. Erst durch die **Umwandlung** werde ein **geldwerter Vorteil** auch **realisiert**. Dieser Grundsatz gelte gleichermaßen für handelbare wie für nicht handelbare Optionsrechte. Maßgeblich für die **Höhe** des geldwerten Vorteils sei nicht der Kurswert der Aktie zum Zeitpunkt der Überlassung sondern der **Wert der Aktie bei Einbuchung** in das Depot des Arbeitnehmers (BFH-Urteil vom 20.11.2008, BStBl. 2009 II S. 382). Vgl. auch die Erläuterungen unter der nachfolgenden Nr. 4 Buchstabe b und c.

Gliederung:

1. Allgemeines
2. Mitarbeiter-Aktienoptionen als Form der Entlohnung
3. Ausgestaltung der Mitarbeiterbeteiligung durch Optionsmodelle
4. Steuerliche Behandlung
   a) Allgemeines
   b) Handelbare Aktienoptionsrechte
   c) Nicht handelbare Aktienoptionsrechte
   d) Zuordnung zum deutschen Besteuerungsrecht bei einem Auslandsaufenthalt
   e) Anwendung der Fünftelregelung
   f) Werbungskosten
5. Sozialversicherungsrechtliche Behandlung

1. Allgemeines

Die Entwicklung der Mitarbeiterbeteiligung geht immer mehr dazu über, sowohl die Führungskräfte als auch das mittlere Management an den Erfolgen des Unternehmens

---

*) BMF-Schreiben vom 10.1.2000 (BStBl. I S. 138). Das BMF-Schreiben ist als Anlage 2 zu H 40.2 LStR im **Steuerhandbuch für das Lohnbüro 2010** abgedruckt, das im selben Verlag erschienen ist. Das **PC-Lexikon** für das Lohnbüro 2010 enthält auch dieses Handbuch und hat außerdem den Vorteil, dass Sie **alle BFH-Urteile** sowie die aktuellen Rundschreiben und Niederschriften der Spitzenverbände der **Sozialversicherung** mit Mausklick **im Volltext** abrufen und ausdrucken können. Eine Bestellkarte finden Sie vorne im Lexikon.

Aktienoptionen

zu beteiligen. Zu diesem Zweck werden den Arbeitnehmern verschiedentlich Kauf- oder Verkaufsoptionsrechte für **Aktien** eingeräumt. Unter Aktienoptionen versteht man ganz allgemein das Recht, an einem bestimmten Tag zu einem bestimmten Preis Aktien eines Unternehmens erwerben (Call-Option) oder veräußern (Put-Option) zu können. Wie bei allen Börsentermingeschäften ist die unterschiedliche Einschätzung der künftigen Kursentwicklung Beweggrund für die Teilnahme. Die Aktiengesellschaft selbst ist in der Regel in derartige Optionsgeschäfte nicht eingeschaltet, der Vertragspartner ist ein Dritter (Stillhalter).

2. Mitarbeiter-Aktienoptionen als Form der Entlohnung

Mitarbeiter-Aktienoptionen sind eine Form der Entlohnung der Mitarbeiter. Sie sind gerade bei jungen Unternehmern beliebt, bei denen die Finanzmittel knapp sind, aber hoch qualifizierte und deshalb auch hoch bezahlte Spezialisten gewonnen werden müssen. Da vor allem junge Unternehmen die geforderten Gehälter nicht aufbringen können, werben sie mit ihren Entwicklungschancen, indem sie den Mitarbeitern Optionen anbieten. Sie versprechen sich davon neben der längerfristigen Bindung der Mitarbeiter an das Unternehmen ein höheres Engagement für das Unternehmen, weil die Mitarbeiter den Wert der Optionsrechte selbst beeinflussen können und wegen des verhältnismäßig niedrigen Barlohns letztlich das Unternehmensrisiko mittragen. Werden die an die Mitarbeiter ausgegebenen Aktien durch Erhöhung des Aktienkapitals erbracht, spart sich der Arbeitgeber zudem finanziellen Aufwand. Die zusätzliche Entlohnung wird sozusagen durch die Börse finanziert.

Nicht allein die ersparten Gehaltszahlungen sind ein Vorteil für den Arbeitgeber, mit diesem Programm bindet er auch gute Mitarbeiter an das Unternehmen und weckt ihr persönliches Interesse am Erfolg des Unternehmens. Zunehmend machen deshalb auch etablierte Aktiengesellschaften von der Möglichkeit derartiger Anreize Gebrauch (Anreiz = englisch: incentive). In englischsprachigen Ländern wird daher von „incentive stock options" gesprochen.

Darüber hinaus sind Aktienoptionen bei den Führungskräften der deutschen Aktiengesellschaften üblicherweise Bestandteil der Entlohnung.

Neben den Aktienoptionen gibt es aber auch andere Mitarbeiterbeteiligungsprogramme (vgl. dieses Stichwort).

3. Ausgestaltung der Mitarbeiterbeteiligung durch Optionsmodelle

Die gängigen Konzeptionen der Mitarbeiterbeteiligungen sehen vor, dass der Arbeitgeber dem Mitarbeiter Optionsrechte auf den Erwerb von Aktien des Unternehmens zu einem bestimmten Termin zu einem vorher bestimmten Preis einräumt. Die Modelle sind je nach Interessenlage unterschiedlich ausgestaltet. Zum Teil ist dem Mitarbeiter jegliche Verwertung des Optionsrechts bis zum Ausübungszeitpunkt untersagt, in anderen Fällen wird durch eine grundsätzliche Veräußerbarkeit des Optionsrechts formal eine Marktgängigkeit hergestellt, aber ein Vorkaufsrecht des Arbeitgebers vereinbart oder eine Abschöpfung des vorzeitig erzielten Veräußerungsgewinns zugunsten des Arbeitgebers festgelegt. Dem Interesse des Unternehmens und seiner Gesellschafter entsprechend wird bei vielen Modellen dem Mitarbeiter nicht zwingend das Recht auf den Erwerb von Aktien im Ausübungszeitpunkt eingeräumt, sondern dem Unternehmen die Möglichkeit offen gehalten, nur einen **Barausgleich** zu gewähren. In manchen Fällen zahlen die Unternehmen auf den vorher bestimmten Preis für den Erwerb der Aktien einen Barausgleich. Hierbei handelt es sich um einen zusätzlichen Rabatt in Form von Geld von Seiten des Arbeitgebers und um steuer- und sozialversicherungspflichtigen **Arbeitslohn**.

4. Steuerliche Behandlung

a) Allgemeines

Gewährt der Arbeitgeber seinem Arbeitnehmer aufgrund des Dienstverhältnisses Aktienoptionsrechte, kann steuerlich ein **handelbares oder** ein **nicht handelbares Aktienoptionsrecht** vorliegen. Handelbar im Sinne der steuerlichen Betrachtungsweise ist ein Aktienoptionsrecht, das an einer Wertpapierbörse gehandelt wird.

Andere Aktienoptionsrechte gelten steuerlich – auch wenn sie außerhalb einer Börse gehandelt werden – als nicht handelbar im Sinne der folgenden Ausführungen. Für die steuerliche Beurteilung ist ferner unmaßgeblich, ob die Optionsrechte nach den Optionsbedingungen übertragbar oder vererbbar sind, oder ob sie einer Sperrfrist unterliegen.

Sowohl handelbare als auch nicht handelbare Aktienoptionsrechte sind keine Vermögensbeteiligungen im steuerlichen Sinne (vgl. die Erläuterungen bei den Stichwörtern „Vermögensbeteiligung" und „Vermögensbildung").

Die steuerliche Behandlung richtet sich nach den folgenden Grundsätzen:

b) Handelbare Aktienoptionsrechte

Die Finanzverwaltung ist bisher davon ausgegangen, dass bei einem handelbaren Aktienoptionsrecht der Arbeitslohn an dem Tag zufließt, an dem der Arbeitnehmer das Aktienoptionsrecht erwirbt (vgl. im Einzelnen die Ausführungen im Lexikon für das Lohnbüro, Ausgabe 2009, beim Stichwort „Aktienoptionen" unter Nr. 4 Buchstabe b auf Seite 41). Dem ist der Bundesfinanzhof nicht gefolgt. Seiner Meinung nach führt – genauso wie bei einem nicht handelbaren Optionsrecht (vgl. hierzu den nachfolgenden Buchstaben c) – auch bei einem handelbaren Optionsrecht erst die **Umwandlung des Rechts in Aktien** zum **Zufluss** eines geldwerten Vorteils. Das Optionsrecht selbst eröffne dem Arbeitnehmer lediglich die Chance, am wirtschaftlichen Erfolg des Unternehmens teilzunehmen. Erst durch die **Umwandlung** werde ein **geldwerter Vorteil** auch **realisiert**. Dieser Grundsatz gelte gleichermaßen für handelbare wie für nicht handelbare Optionsrechte (BFH-Urteil vom 20.11.2008, BStBl. 2009 II S. 382).

Maßgeblich für die **Höhe** des geldwerten Vorteils ist nicht der Kurswert der Aktie zum Zeitpunkt der Überlassung sondern der **Kurswert der Aktie bei Einbuchung** in das Depot des Arbeitnehmers abzüglich der Erwerbsaufwendungen des Arbeitnehmers für die Aktien und/oder das Optionsrecht. Da der Kurs der Aktie im Streitfall zwischenzeitlich gefallen war, führte dies zu einer Verringerung des geldwerten Vorteils um immerhin 35 000 €. Zur Ermittlung des geldwerten Vorteils im Einzelnen und der dabei zu beachtenden Ausnahmen vgl. auch die Erläuterungen unter dem nachfolgenden Buchstaben c).

Eine Besteuerung im Zeitpunkt der Einräumung des handelbaren Optionsrechts (sog. **Anfangsbesteuerung**) kommt nach Meinung des Bundesfinanzhofs allenfalls dann in Betracht, wenn sich der **Arbeitgeber die Optionsrechte** am Markt **gegenüber einem Dritten** verschafft und dann dem **Arbeitnehmer überlässt.** Dem Arbeitnehmer steht nämlich in solch einem Fall mit der Einräumung des Rechts ein **selbständiger Anspruch gegenüber** einem **Dritten** zu mit der Folge, dass sich der geldwerte Vorteil bereits bei Einräumung des Rechts realisiert habe; dies ergibt sich eindeutig aus der Pressemitteilung zum BFH-Urteil vom 20.11.2008, BStBl. 2009 II S. 382. In diesem Fall ist der Sachbezug in Form des Optionsrechts mit dem um übliche Preisnachlässe geminderten Endpreis am Abgabeort im Zeitpunkt der Abgabe anzusetzen (§ 8 Abs. 2 Satz 1 EStG).

Wird das handelbare Aktienoptionsrecht nicht ausgeübt sondern **verkauft**, fließt dem Arbeitnehmer im Verkaufszeitpunkt Arbeitslohn in Höhe der Differenz zwischen dem

Aktienoptionen

	Lohn-steuer-pflichtig	Sozial-versich.-pflichtig

Verkaufserlös und den Erwerbsaufwendungen für das Optionsrecht zu.

c) Nicht handelbare Aktienoptionsrechte

Wird dem Arbeitnehmer vom Arbeitgeber ein nicht handelbares Aktienoptionsrecht eingeräumt, so fließt ein **geldwerter Vorteil** nicht bereits bei der Einräumung des Optionsrechts, sondern erst beim **verbilligten Aktienbezug** nach der Optionsausübung zu (BFH-Urteile vom 24.1.2001, BStBl. II S. 509 und 512 sowie vom 20.6.2001, BStBl. II S. 689). Auf den Zeitpunkt der erstmaligen möglichen Ausübbarkeit des Optionsrechts kommt es nicht an.

Im Zuflusszeitpunkt liegt zu versteuernder **Arbeitslohn** vor, und zwar in Höhe der **Differenz** zwischen dem **Kurswert** der überlassenen Aktie am maßgebenden Bewertungsstichtag und den **Aufwendungen des Arbeitnehmers** für die überlassenen Aktien und/oder das Optionsrecht (BFH-Urteil vom 20.6.2001, BStBl. II S. 689).

Beim **verbilligten Aktienerwerb** gilt der **Arbeitslohn** an dem Tag als **zugeflossen,** an dem dem Arbeitnehmer durch Erfüllung des Anspruchs das **wirtschaftliche Eigentum** an den **Aktien** verschafft wird. Für den Lohnsteuerabzug durch den Arbeitgeber bestehen aus Vereinfachungsgründen keine Bedenken, wenn als Tag der Überlassung der Tag der Ausbuchung beim Überlassenden oder dessen Erfüllungsgehilfen angenommen wird. Dem Arbeitnehmer bleibt es unbenommen, bei seiner Veranlagung zur Einkommensteuer einen niedrigeren geldwerten Vorteil nachzuweisen.*) Werden die Aktien sofort mit der Ausübung des Optionsrecht verkauft, ist der Zufluss des geldwerten Vorteils bereits im Zeitpunkt der Ausübung des Optionsrechts bewirkt (sog. **„Exercise and Sell"-Ausübungsvariante.****)

Die Bewertung der überlassenen Aktien erfolgt grundsätzlich mit dem gemeinen Wert = Kurswert (vgl. die Erläuterungen beim Stichwort „Vermögensbeteiligungen"). **Veränderungen des Kurswerts** der Aktien nach dem Zuflusszeitpunkt haben auf die Höhe des Arbeitslohns keine Auswirkungen. Derartige Kursänderungen können sich nur auf die Höhe eines etwaigen Veräußerungsgewinns oder -verlusts im Privatvermögen auswirken.

Die vorstehenden Grundsätze zum Zuflusszeitpunkt und zur Ermittlung der Höhe des geldwerten Vorteils gelten grundsätzlich auch bei handelbaren Optionsrechten (vgl. hierzu den vorstehenden Buchstaben c).

Zum entgeltlichen Verzicht eines Gesellschafter-Geschäftsführers auf ein Aktienankaufs-/Vorkaufsrecht vgl. die Erläuterungen beim Stichwort „Gesellschafter-Geschäftsführer" unter Nr. 5 Buchstabe a.

d) Zuordnung zum deutschen Besteuerungsrecht bei einem Auslandsaufenthalt

Für die Zuweisung des Besteuerungsrechts nach einem Doppelbesteuerungsabkommen (vgl. dieses Stichwort) ist der bei Ausübung der Aktienoptionsrechte zugeflossene geldwerte Vorteil dem gesamten Zeitraum zwischen der Gewährung (sog. „granting") und dem Eintritt der Unentziehbarkeit der Optionsrechte (sog. „vesting") zuzuordnen (zukunfts- und zeitraumbezogene Leistung); der **Zuflusszeitpunkt** und der **Zeitraum** für die **Zuordnung** des **Besteuerungsrechts** weichen also **voneinander ab** (vgl. das nachfolgende Beispiel C). Befindet sich der Arbeitnehmer jedoch zu diesem Zeitpunkt bereits im Ruhestand, ist für die Aufteilung des geldwerten Vorteils nur der Zeitraum von der Gewährung bis zur Beendigung der aktiven Tätigkeit heranzuziehen; Entsprechendes gilt, wenn das Arbeitsverhältnis aus anderen Gründen beendet wird. Hält sich der Arbeitnehmer während des maßgeblichen Zeitraums teilweise im Ausland auf und bezieht er für die Auslandtätigkeit Einkünfte, die nach einem Doppelbesteuerungsabkommen steuerfrei sind, ist der auf diesen Zeitraum entfallende Teil des geldwerten Vorteils aus der Ausübung des Optionsrechts ebenfalls steuerfrei (BFH-Urteile vom 24.1.2001, BStBl. II S. 509 und BStBl. II S. 512). Der inländischen Besteuerung wird nur der **anteilige** geldwerte Vorteil unterworfen, für den Deutschland das Besteuerungsrecht hat. Dies gilt unabhängig davon, ob das Optionsrecht während des Bestehens der unbeschränkten Steuerpflicht oder zu einem anderen Zeitpunkt ausgeübt wird.

Beispiel A

Dem Arbeitnehmer wird am 1.7.2008 ein Optionsrecht für 100 Aktien eingeräumt, das von der künftigen Arbeitsleistung des Arbeitnehmers beim Arbeitgeber oder bei einer Konzerngesellschaft abhängig ist. Das Optionsrecht ist ab 31.12.2010 sowohl ausübar als auch unentziehbar und verfällt, wenn es nicht bis spätestens 31.12.2012 ausgeübt wird. Scheidet der Arbeitnehmer vor dem 31.12.2010 aus dem Dienstverhältnis aus und wird er auch nicht bei einer Konzerngesellschaft des Arbeitgebers tätig, verfällt das Optionsrecht ebenfalls. Der Arbeitnehmer wird mit Zustimmung des Arbeitgebers ab 1.7.2009 zur ausländischen Muttergesellschaft des Arbeitgebers versetzt. Das Optionsrecht wird am 31.12.2010 vom Arbeitnehmer ausgeübt. Der Kurswert je Aktie beträgt am 1.7.2008 (Einräumungszeitpunkt) 100 €. Dieser Kurswert wird als Basispreis festgelegt (= vom Arbeitnehmer zu zahlender Preis). Am 31.12.2010 (Ausübungszeitpunkt) beträgt der Kurswert jeder Aktie 200 €.

Es entsteht pro Aktie bei Ausübung am 31.12.2010 ein geldwerter Vorteil von 100 €. Der gesamte Zuordnungszeitraum für das Besteuerungsrecht vom 1.7.2008 bis 31.12.2010 umfasst 914 Tage, wobei 365 Tage dieses Zeitraums dem Besteuerungsrecht unterliegen. Damit unterliegt der inländischen Steuerpflicht ein Anteil $^{365}/_{914}$ von 100,- € = 39,93 €. Hieraus errechnet sich für Deutschland ein insgesamt steuerpflichtiger Betrag von (39,93 € × 100 Aktien =) 3993 €.

Beispiel B

Es gelten die gleichen Daten und Werte wie im Beispiel A. Der Arbeitnehmer, der zunächst bei der ausländischen Muttergesellschaft beschäftigt war und im Ausland wohnte, zieht wegen der Beschäftigung bei der deutschen Tochtergesellschaft am 1.7.2009 nach Deutschland und nimmt die neue Tätigkeit auf.

Der gesamte Zuordnungszeitraum für das Besteuerungsrecht vom 1.7.2008 bis 31.12.2010 umfasst wie im vorherigen Beispiel 914 Tage, wobei für 549 Tage (1.7.2009 bis 31.12.2010) dieses Zeitraums Deutschland das Besteuerungsrecht hat. Damit unterliegt der inländischen Steuerpflicht ein Anteil pro Aktie von $^{549}/_{914}$ von 100,- € = 60,06 €. Hieraus errechnet sich für Deutschland ein insgesamt steuerpflichtiger Betrag von (60,06 € × 100 Aktien =) 6006 €.

Beispiel C

Der Arbeitnehmer erhielt am 1.1.2007 ein Optionsrecht für 100 Aktien, das er am 30.6.2010 ausübt. Der sich hierbei ergebende geldwerte Vorteil beträgt 20 000 €. Das Optionsrecht ist am 31.12.2008 unentziehbar geworden. Vom 1.5.2008 bis 30.4.2010 ist der Arbeitnehmer für seinen Arbeitgeber in Italien tätig geworden.

Der geldwerte Vorteil in Höhe von 20 000 € fließt dem Arbeitnehmer mit der Ausübung des Optionsrechts am 30.6.2010 zu. Für die Zuordnung des Besteuerungsrechts ist aber lediglich auf den Zeitraum zwischen der Gewährung der Option (sog. „granting" am 1.1.2007) und dem Eintritt der Unentziehbarkeit (sog. „vesting" am 31.12.2008) abzustellen. Der geldwerte Vorteil unterliegt demnach zu $^{485}/_{730}$ (= Zeitraum 1.1.2007 bis 30.4.2008) von 20 000 € (= 13 287 €) dem deutschen Besteuerungsrecht.

Der Arbeitnehmer hat bei seiner Einkommensteuer-Veranlagung ggf. nachzuweisen, dass für den auf die Auslandtätigkeit entfallenden geldwerten Vorteil im ausländischen Staat Steuern entrichtet worden sind oder der ausländische Staat auf sein Besteuerungsrecht verzichtet hat (§ 50d Abs. 8 EStG). Vgl. hierzu das Stichwort „Doppelbesteuerungsabkommen" unter Nr. 12.

---

*) Erlass des Finanzministeriums Nordrhein-Westfalen 2.4.2009 S 2332 – 109 – V B 3. Der Erlass ist als Anlage 4 zu H 38.2 LStR im **Steuerhandbuch für das Lohnbüro 2010** abgedruckt, das im selben Verlag erschienen ist. Das **PC-Lexikon** für das Lohnbüro 2010 enthält auch dieses Handbuch und hat außerdem den Vorteil, dass Sie **alle BFH-Urteile** sowie die aktuellen Rundschreiben und Niederschriften der Spitzenverbände der **Sozialversicherung** mit Mausklick **im Volltext** abrufen und ausdrucken können. Eine Bestellkarte finden Sie vorne im Lexikon.

) Vfg. des Bayerischen Landesamtes für Steuern vom 14.5.2009 S 2347.1.1-4 St 32/St 33. Die Verfügung ist als Anlage 5 zu H 38.2 LStR im **Steuerhandbuch für das Lohnbüro 2010 abgedruckt, das im selben Verlag erschienen ist. Das **PC-Lexikon** für das Lohnbüro 2010 enthält auch dieses Handbuch und hat außerdem den Vorteil, dass Sie **alle BFH-Urteile** sowie die aktuellen Rundschreiben und Niederschriften der Spitzenverbände der **Sozialversicherung** mit Mausklick **im Volltext** abrufen und ausdrucken können. Eine Bestellkarte finden Sie vorne im Lexikon.

Aktienoptionen

e) Anwendung der Fünftelregelung

Die steuerpflichtigen geldwerten Vorteile aus der Ausübung der Aktienoptionsrechte können als **Vergütungen für eine mehrjährige Tätigkeit** nach der sog. **Fünftelregelung** ermäßigt besteuert werden, wenn der **Zeitraum** zwischen **Einräumung** und **Ausübung** der Optionsrechte **mehr als zwölf Monate** beträgt **und** der Arbeitnehmer **in dieser Zeit** bei seinem Arbeitgeber **beschäftigt** ist (vgl. die Erläuterungen beim Stichwort „Arbeitslohn für mehrere Jahre", „Fünftelregelung" und „Sonstige Bezüge" unter Nr. 6 Buchstabe b auf Seite 663).

Der Bundesfinanzhof wendet die **Fünftelregelung auch dann** an, wenn dem Arbeitnehmer wiederholt Aktienoptionen eingeräumt werden und/oder der Arbeitnehmer die jeweils gewährte Option in einem Kalenderjahr **nicht in vollem Umfang** ausübt (BFH-Urteil vom 18. 12. 2007, BStBl. 2008 II S. 294).

Beispiel A

Der Arbeitnehmer erhält in den Jahren 2003 und 2005 Optionsrechte aus einem Aktienoptionsplan. Er übt die Option in den Jahren 2008 bis 2010 in zwei bzw. drei Tranchen aus.

Nach dem vorstehend erwähnten Urteil des Bundesfinanzhofs ist in dem jeweiligen Jahr der Ausübung des Aktienoptionsrechts die Fünftelregelung auf den als Arbeitslohn steuerpflichtigen geldwerten Vorteil anzuwenden. Hinweis: Bei Arbeitnehmern mit hohen Steuersätzen wirkt sich die Fünftelregelung nicht oder nur in sehr geringem Umfang aus. Das gilt aber nicht, wenn diese Arbeitnehmer – was nicht selten der Fall ist – Verluste aus anderen Einkunftsarten (z. B. Vermietung und Verpachtung) haben. Ein steuerlicher Vorteil ergibt sich dann aber zumeist erst in der Einkommensteuer-Veranlagung und nicht bereits im Lohnsteuer-Abzugsverfahren.

Beispiel B

Der Arbeitnehmer erhält von seinem Arbeitgeber Aktienoptionsrechte am 1.3.2008, am 1.9.2009 und am 30.1.2010, deren Ausübung jeweils frühestens ein Jahr nach Gewährung mit jährlich einem Drittel erfolgen darf. Das Arbeitsverhältnis des Arbeitnehmers zu seinem Arbeitgeber dauert bis zum 31.5.2010.

Die Tarifermäßigung in Form der Fünftelregelung ist nur für die am 1.3.2008 gewährten Aktienoptionsrechte anzuwenden. Die geldwerten Vorteile aus der Ausübung der am 1.9.2009 und am 30.1.2010 gewährten Aktienoptionsrechte sind hingegen regulär ohne Anwendung der Fünftelregelung zu besteuern. Zwischen der Einräumung und der Ausübung dieser Aktienoptionen liegt zwar eine Laufzeit von mehr als zwölf Monaten. Der Arbeitnehmer war jedoch während der Laufzeit der Aktienoptionen nicht mehr als zwölf Monate bei seinem Arbeitgeber beschäftigt.

f) Werbungskosten

Der Bundesfinanzhof hat entschieden, dass die Aufwendungen eines Arbeitnehmers für den Erwerb von Optionsrechten als vergebliche Werbungskosten abziehbar sind, wenn die Optionsrechte nicht ausgeübt werden (BFH-Urteil vom 3.5.2007, BStBl. II S. 647). Maßgeblicher Zeitpunkt ist das Jahr, in dem die Optionsrechte wegen Nichtausübung der Option verfallen.

Beispiel

Der Arbeitnehmer hat im Jahr 2008 von seinem Arbeitgeber Aktienoptionsscheine mit Bezugsrecht auf Inhaber-Stammaktien gegen Zahlung eines Betrags von 30 000 € erworben. Da der Aktienkurs bei Ablauf der Optionszeit im Jahre 2010 unter dem vereinbarten Bezugspreis liegt, macht er von seinem Bezugsrecht keinen Gebrauch und lässt damit die Optionsrechte verfallen.

Die Aufwendungen für den Erwerb der Aktienoptionsscheine in Höhe von 30 000 € können in 2010 (= Jahr des Verfalls der Optionsrechte) als Werbungskosten bei den Einkünften aus nichtselbständiger Arbeit geltend gemacht werden.

5. Sozialversicherungsrechtliche Behandlung

In Anlehnung an die steuerrechtliche Behandlung erfolgt auch für den Bereich der Sozialversicherung eine beitragsrechtliche Berücksichtigung des geldwerten Vorteils von Aktienoptionen erst bei Ausübung der Option. Somit wird im Monat der Auszahlung bzw. im Monat der Aktienübernahme der geldwerte Vorteil nicht nur steuerlich, sondern auch beitragsrechtlich berücksichtigt. Dabei sind die Regelungen für einmalig gezahltes Arbeitsentgelt (§ 23 a SGB IV) anzuwenden. Nach der Auffassung der Spitzenverbände entsteht der Anspruch auf den geldwerten Vorteil aufgrund einer Aktienoption mit dem Tag der Ausbuchung der Aktie aus dem Depot. Sofern der geldwerte Vorteil dem Arbeitnehmer erst nach Beendigung des Beschäftigungsverhältnisses zufließt, ist er dem letzten Entgeltabrechnungszeitraum im laufenden Kalenderjahr zuzuordnen. Hat das Beschäftigungsverhältnis bereits im Vorjahr geendet, unterliegt der geldwerte Vorteil nur dann der Beitragspflicht, wenn er im ersten Quartal des Kalenderjahres anfällt; er ist dann wiederum dem letzten Entgeltabrechnungszeitraum des Vorjahres zuzuordnen. Kann der geldwerte Vorteil aufgrund einer Aktienoption nicht als Arbeitsentgelt aus der Beschäftigung herangezogen werden, bleibt er im Übrigen auch dann beitragsfrei, wenn er nach dem Ausscheiden aus der Beschäftigung neben dem Bezug einer Betriebsrente zufließt. Der durch die Aktienoption erzielte geldwerte Vorteil stellt keinen Versorgungsbezug dar und kann demzufolge nicht zur Beitragsberechnung herangezogen werden (Besprechung der Spitzenverbände der Sozialversicherungsträger vom 26. und 27. Juni 1999, BB 1999 S. 1714).

Siehe auch die Stichworte: „Miarbeiterbeteiligungsprogramm" sowie „Wandelschuldverschreibungen und Wandeldarlehensverträge"

Allgemeine Lohnsteuertabelle

siehe „Lohnsteuertabellen"

Alter des Arbeitnehmers

Für die Frage der persönlichen Lohnsteuerpflicht ist das Alter eines Arbeitnehmers ohne Bedeutung. Liegen danach die sachlichen Voraussetzungen für die Lohnsteuerpflicht (Arbeitnehmereigenschaft, Zufluss von Arbeitslohn) vor, so unterliegt der Arbeitslohn eines geschäftsunfähigen Kindes (z. B. eines fünfjährigen Kindes, das bei Dreharbeiten für einen Film mitwirkt) ebenso nach den allgemeinen Vorschriften dem Lohnsteuerabzug, wie die Betriebsrente eines 80-jährigen Werkspensionärs.

Allgemeiner Studentenausschuss

siehe „AStA"

Altersentlastungsbetrag

Neues auf einen Blick:

Bei Arbeitnehmern, die das 64. Lebensjahr vor dem 1. 1. 2010, aber nach dem 31. 12. 2008 vollendet haben **(Geburtsdatum 2. 1. 1945 bis 1. 1. 1946)**, beträgt der Altersentlastungsbetrag **32,0 %** der Bemessungsgrundlage, höchstens **1520 €** jährlich. Für ältere Geburtsjahrgänge vgl. die tabellarische Übersicht unter der nachfolgenden Nr. 2.

Seit 2009 wird der Altersentlastungsbetrag auch bei **beschränkt steuerpflichtigen Arbeitnehmern** berücksichtigt, wenn sie vor Beginn des Kalenderjahres das 64. Lebensjahr vollendet haben.

Gliederung:

1. Allgemeines
2. Höhe des Altersentlastungsbetrags
3. Besonderheiten bei weiter beschäftigten Altersrentnern
4. Keine Nachholung nicht ausgeschöpfter Beträge
5. Versorgungsfreibetrag und Altersentlastungsbetrag

Altersentlastungsbetrag

6. Altersentlastungsbetrag bei Steuerklasse VI
7. Einzelfälle
8. Reduzierung des Altersentlastungsbetrags
9. Sozialversicherung

1. Allgemeines

Unbeschränkt steuerpflichtige Arbeitnehmer, das heißt Arbeitnehmer, die eine Lohnsteuerkarte vorlegen können, erhalten einen Altersentlastungsbetrag, wenn sie zu Beginn des Kalenderjahres das 64. Lebensjahr vollendet haben (§ 24 a EStG). Seit 2009 ist der Altersentlastungsbetrag auch bei **beschränkt** steuerpflichtigen Arbeitnehmern zu berücksichtigen, die zu Beginn des Kalenderjahres das 64. Lebensjahr vollendet haben. Dies gilt unabhängig davon, ob der beschränkt steuerpflichtige Arbeitnehmer die Voraussetzungen des § 1 Abs. 3 EStG erfüllt oder nicht (vgl. hierzu auch die Erläuterungen beim Stichwort „Beschränkt steuerpflichtige Arbeitnehmer"). Im Einzelnen gilt für die Berücksichtigung des Altersentlastungsbetrags beim Lohnsteuerabzug durch den Arbeitgeber Folgendes:

2. Höhe des Altersentlastungsbetrags

Arbeitnehmer, die vor Beginn des Kalenderjahres 2010 das 64. Lebensjahr vollendet haben (also vor dem 2. 1. 1946 geboren sind), erhalten einen Altersentlastungsbetrag. Dies gilt unabhängig davon, ob der Arbeitnehmer unbeschränkt oder beschränkt steuerpflichtig ist. Der Altersentlastungsbetrag errechnet sich mit einem bestimmten Prozentsatz des Arbeitslohns, soweit es sich nicht um steuerbegünstigte Versorgungsbezüge handelt (vgl. „Versorgungsbezüge, Versorgungsfreibetrag"). Bei der Bemessungsgrundlage für den Altersentlastungsbetrag bleiben auch Leistungen aus der betrieblichen Altersversorgung, die der Ertragsanteilsbesteuerung unterliegen, und Leistungen eines Pensionsfonds, bei denen der Versorgungsfreibetrag abzuziehen ist, unberücksichtigt (§ 24a Satz 2 EStG). Außerdem ist der Altersentlastungsbetrag auf einen Höchstbetrag im Kalenderjahr begrenzt. Sowohl der Prozentsatz als auch der Höchstbetrag werden seit dem Kalenderjahr 2005 stufenweise abgebaut (vgl. die Erläuterungen unter der nachfolgenden Nr. 8). Die Höhe des Altersentlastungsbetrags ist deshalb je nachdem, welches Kalenderjahr auf die Vollendung des 64. Lebensjahres folgt, unterschiedlich hoch, das heißt für das Kalenderjahr 2010 gelten folgende unterschiedlichen Altersentlastungsbeträge:

Arbeitnehmer, die das 64. Lebensjahr vollendet haben	Altersentlastungsbetrag	
	Prozentsatz	Höchstbetrag
vor dem 1.1.2005 (Geburtsdatum: vor dem 2.1.1941)	40%	1900 €
vor dem 1.1.2006, aber nach dem 31.12.2004 (Geburtsdatum: 2.1.1941 bis 1.1.1942)	38,4%	1824 €
vor dem 1.1.2007, aber nach dem 31.12.2005 (Geburtsdatum: 2.1.1942 bis 1.1.1943)	36,8%	1748 €
vor dem 1.1.2008, aber nach dem 31.12.2006 (Geburtsdatum: 2.1.1943 bis 1.1.1944)	35,2%	1672 €
vor dem 1.1.2009, aber nach dem 31.12.2007 (Geburtsdatum: 2.1.1944 bis 1.1.1945)	33,6%	1596 €
vor dem 1.1.2010, aber nach dem 31.12.2008 (Geburtsdatum: 2.1.1945 bis 1.1.1946)	32,0%	1520 €

Werden Ehegatten zusammen zur Einkommensteuer veranlagt, sind die altersmäßigen Voraussetzungen bei jedem Ehegatten gesondert zu prüfen.

Bei laufendem Arbeitslohn ist der Altersentlastungsbetrag nur mit dem anteiligen Betrag zu berücksichtigen. Der sich ergebende Anteil wird nach R 39b.4 Abs. 1 Sätze 2 und 3 LStR wie folgt ermittelt:

Bei monatlicher Lohnzahlung ist der Jahresbetrag mit einem Zwölftel, bei wöchentlicher Lohnzahlung der Monatsbetrag mit $7/30$ und bei täglicher Lohnzahlung der Monatsbetrag mit $1/30$ anzusetzen. Dabei darf der sich hiernach ergebende Monatsbetrag auf den nächsten vollen Euro-Betrag, der Wochenbetrag auf den nächsten durch 10 teilbaren Centbetrag und der Tagesbetrag auf den nächsten durch 5 teilbaren Centbetrag **aufgerundet** werden.

Für das Kalenderjahr 2010 gelten hiernach folgende unterschiedlichen Altersentlastungs-Höchstbeträge:

Arbeitnehmer, die das 64. Lebensjahr vollendet haben	Altersentlastungs-Höchstbetrag			
	jährlich	monatlich	wöchentlich	täglich
vor dem 1.1.2005 (Geburtsdatum: vor dem 2.1.1941)	1900 €	**159,00 €**	37,00 €	5,30 €
vor dem 1.1.2006, aber nach dem 31.12.2004 (Geburtsdatum: 2.1.1941 bis 1.1.1942)	1824 €	**152,00 €**	35,50 €	5,10 €
vor dem 1.1.2007, aber nach dem 31.12.2005 (Geburtsdatum: 2.1.1942 bis 1.1.1943)	1748 €	**146,00 €**	34,00 €	4,90 €
vor dem 1.1.2008, aber nach dem 31.12.2006 (Geburtsdatum: 2.1.1943 bis 1.1.1944)	1672 €	**140,00 €**	32,60 €	4,65 €
vor dem 1.1.2009, aber nach dem 31.12.2007 (Geburtsdatum: 2.1.1944 bis 1.1.1945)	1596 €	**133,00 €**	31,10 €	4,45 €
vor dem 1.1.2010, aber nach dem 31.12.2008 (Geburtsdatum: 2.1.1945 bis 1.1.1946)	1520 €	**127,00 €**	29,60 €	4,25 €

Der Altersentlastungsbetrag wird **nicht** vom Finanzamt **auf der Lohnsteuerkarte bzw. der Lohnsteuerabzugsbescheinigung eingetragen** (der Arbeitgeber hat also nach dem auf der Lohnsteuerkarte bzw. der Lohnsteuerabzugsbescheinigung eingetragenen Geburtsdatum selbständig zu prüfen, ob die Voraussetzungen für den Abzug des Altersentlastungsbetrags vorliegen).

Altersentlastungsbetrag

	Lohn-steuer-pflichtig	Sozial-versich.-pflichtig

Der Arbeitgeber hat den Altersentlastungsbetrag bei der Besteuerung von Arbeitslohn, der nicht zu den begünstigten Versorgungsbezügen gehört, vor Anwendung der Lohnsteuertabelle abzuziehen, wenn der Arbeitnehmer zu Beginn des Kalenderjahres das 64. Lebensjahr vollendet hat. Hiernach ergibt sich für **2010** folgende Übersicht:

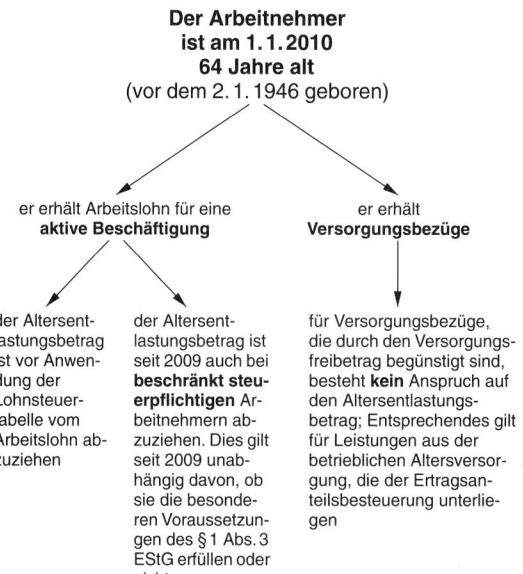

Beispiel

Eine Arbeitnehmerin (geb. 25.6.1945) arbeitet seit Jahren als Verkäuferin beim selben Arbeitgeber und erhält hierfür einen Monatslohn in Höhe von 750 €. Am 15. Juni 2010 scheidet sie aus dem Dienstverhältnis aus. Ab der Lohnabrechnung für Januar 2010 erhält die Arbeitnehmerin einen Altersentlastungsbetrag, weil sie zu Beginn des Jahres 2010 das 64. Lebensjahr vollendet hat. Bei Vorlage einer Lohnsteuerkarte mit der Steuerklasse V ergibt sich für die Monate Januar bis Juni 2010 folgende Berechnung des Altersentlastungsbetrags und der Lohnsteuer:

	Januar bis Mai 2010	Juni 2010
Arbeitslohn	750,— €	375,— €
abzüglich Altersentlastungsbetrag **Januar bis Mai:** 32,0 % von 750 € = 240 € höchstens jedoch 127 € **für Juni:** 32,0 % von 375 € = 120 €	127,— €	120,— €
steuerpflichtiger Monatslohn	623,— €	255,— €
Die Lohnsteuer nach Steuerklasse V beträgt **Januar bis Mai** nach der **Monatstabelle**		
Lohnsteuer	62,08 €	
Solidaritätszuschlag	0,— €	
Kirchensteuer (8%)	4,96 €	
für Juni nach der **Tagestabelle**		
für ¹⁄₁₅ von 255 € = 17,— €		
Lohnsteuer für 17,— € = 1,62 € × 15		24,30 €
Solidaritätszuschlag für 1,62 € = 0 €		0,— €
Kirchensteuer (8%) für 1,62 € = 0,12 × 15		1,80 €

Die Arbeitnehmerin kann in den Monaten Januar bis Juni 2010 den ihr zustehenden jährlichen Altersentlastungsbetrag nicht in voller Höhe ausschöpfen. Ein Ausgleich kann erst im Rahmen einer Veranlagung zur Einkommensteuer nach Ablauf des Kalenderjahres erfolgen (vgl. die Erläuterungen unter der nachfolgenden Nr. 4).

Zur Anwendung der Tageslohnsteuertabelle für Juni 2010 vgl. das Stichwort Teillohnzahlungszeitraum.

Die Sozialversicherungsbeiträge errechnen sich für Januar bis Mai aus 750 € und für Juni aus 375 €, in beiden Fällen unter Anwendung der sog. Gleitzonenregelung (vgl. das Stichwort „Gleitzone im Niedriglohnbereich").

3. Besonderheiten bei weiter beschäftigten Altersrentnern

Bei weiter beschäftigten Altersrentnern ist zusätzlich zu den sich aus der Anwendung des Altersentlastungsbetrags ergebenden Besonderheiten zu beachten, dass sich bei diesem Personenkreis aufgrund der Versicherungsfreiheit in der gesetzlichen Rentenversicherung eine niedrigere Vorsorgepauschale ergibt. Auf das Beispiel einer vollständigen Lohnabrechnung mit Altersentlastungsbetrag und Anwendung der gekürzten Vorsorgepauschale beim Stichwort „Rentner" unter Nr. 5 auf Seite 624 wird hingewiesen.

4. Keine Nachholung nicht ausgeschöpfter Beträge

Für die Nachholung nicht ausgeschöpfter Beträge gilt nach R 39b.4 Abs. 1 Satz 4 i. V. m. R 39b.3 Abs. 1 LStR Folgendes:

Der dem Lohnzahlungszeitraum entsprechende anteilige Höchstbetrag darf auch dann nicht überschritten werden, wenn in früheren Lohnzahlungszeiträumen desselben Kalenderjahres wegen der damaligen Höhe des Arbeitslohns ein niedrigerer Betrag als der Höchstbetrag berücksichtigt worden ist. Eine Verrechnung des in einem Monat nicht ausgeschöpften Höchstbetrags mit den den Höchstbetrag übersteigenden Beträgen eines anderen Monats ist nicht zulässig. Einzige Ausnahme: Permanenter Lohnsteuer-Jahresausgleich (vgl. dieses Stichwort).

Beispiel

Eine Arbeitnehmerin (geb. 5.6.1945) mit der Steuerklasse V bezieht im Kalenderjahr 2010 Arbeitslohn aus einer aktiven Beschäftigung (also keine Versorgungsbezüge). Der Monatslohn beträgt anfänglich 350 € und ab 1.7.2010 500 €. Vor Anwendung der Monatstabelle hat der Arbeitgeber den Altersentlastungsbetrag abzuziehen. Für den verbleibenden Betrag ist die Lohnsteuer nach der maßgebenden Steuerklasse aus der Monatstabelle abzulesen. Die Sozialversicherungsbeiträge sind aus 350 € bzw. 500 € zu berechnen. Der Altersentlastungsbetrag beträgt bei einem Monatslohn von 350 € 32,0 % = 112,— € monatlich und bei einem Monatslohn von 500 € 32,0 % = 160 €, höchstens jedoch 127 € monatlich. Die in der Zeit von Januar bis Juni nicht ausgeschöpften Beträge in Höhe von 127 € − 112 € = 15 € × 6 Monate = 90 € können beim Lohnsteuerabzug ab 1.7.2010 **nicht verrechnet werden** (Ausnahme: Permanenter Lohnsteuer-Jahresausgleich; vgl. dieses Stichwort). Eine Verrechnung ist erst nach Ablauf des Jahres bei einer Veranlagung zur Einkommensteuer möglich.

5. Versorgungsfreibetrag und Altersentlastungsbetrag

Der Altersentlastungsbetrag und der Versorgungsfreibetrag (vgl. dieses Stichwort) werden dann nebeneinander gewährt, wenn ein 64 Jahre alter Arbeitnehmer neben Versorgungsbezügen noch weiteren Arbeitslohn bezieht, der keinen Versorgungsbezug darstellt. Auf die ausführlichen Erläuterungen beim Stichwort „Versorgungsbezüge, Versorgungsfreibetrag" wird Bezug genommen.

6. Altersentlastungsbetrag bei Steuerklasse VI

Der Arbeitgeber hat den Altersentlastungsbetrag auch dann zu berücksichtigen, wenn ihm der Arbeitnehmer eine Lohnsteuerkarte mit der **Steuerklasse VI** vorgelegt hat (R 39b.4 Abs. 1 Satz 4 i. V. m. R 39b.3 Abs. 1 Satz 7 LStR). Arbeitnehmer, die Arbeitslohn gleichzeitig aus mehreren Arbeitsverhältnissen bezogen haben, werden stets zur Einkommensteuer veranlagt. Dadurch wird eine ggf. mehrfache Berücksichtigung des Altersentlastungsbetrages wieder rückgängig gemacht (vgl. „Veranlagung von Arbeitnehmern").

7. Einzelfälle

Auf Vergütungen, für die die Lohnsteuer **pauschal** erhoben wird (z. B. auf pauschal versteuerte Vergütungen für Teilzeitbeschäftigte), darf der Altersentlastungsbetrag **nicht** angewendet werden.

Altersentlastungsbetrag

Wegen der Berücksichtigung des Altersentlastungsbetrags bei **sonstigen Bezügen** vgl. dieses Stichwort unter Nr. 11 auf Seite 669.

Wegen der Berücksichtigung des Altersentlastungsbetrags beim Lohnsteuer-Jahresausgleich vgl. dieses Stichwort unter Nr. 10 auf Seite 471.

8. Reduzierung des Altersentlastungsbetrags

Durch das Alterseinkünftegesetz vom 5. 7. 2004 (BGBl. I S. 1427) ist die Besteuerung der Altersbezüge mit Wirkung vom 1. 1. 2005 neu geregelt worden. Die Neuregelung hat das Ziel, eine 100%ige Besteuerung von Renten und Versorgungsbezügen – abgestuft auf einen Zeitraum von 35 Jahren – herbeizuführen (vgl. die Stichwörter „Renten" und „Versorgungsbezüge, Versorgungsfreibetrag").

Die Einführung des Altersentlastungsbetrags durch das Steuerreformgesetz 1975 hatte das Ziel, bei der Besteuerung solcher Einkünfte einen Ausgleich zu schaffen, die nicht wie Versorgungsbezüge und Leibrenten steuerlich begünstigt sind. Der Altersentlastungsbetrag verliert deshalb seine verfassungsrechtliche Rechtfertigung, wenn in der Endstufe der nachgelagerten Besteuerung die Renten und Versorgungsbezüge zu 100 % besteuert werden. Da die Neuordnung der Besteuerung der Altersbezüge keine Umstellung auf das neue Besteuerungssystem in einem Schritt vorsieht, sondern abgestuft über einen Zeitraum von 35 Jahren, muss der Altersentlastungsbetrag in gleichem Maße abgeschmolzen werden, wie der Versorgungsfreibetrag und der Zuschlag zum Versorgungsfreibetrag bei den Versorgungsbezügen. Dies entspricht dem Umfang, in dem der Besteuerungsanteil der Renten steigt.

Der Prozentsatz von 40 % wird deshalb in den Jahren 2005 bis 2040 abgeschmolzen, und zwar in den ersten 15 Jahren der Neuregelung um 1,6 % und danach um 0,8 % jährlich bis auf 0 % im Jahre 2040. Ebenso wird der Höchstbetrag des Altersentlastungsbetrages von bisher jährlich 1908 € auf 0 € abgeschmolzen; dabei wird die Absenkung in den ersten 15 Jahren – entsprechend dem Anstieg des steuerpflichtigen Anteils bei den Renten – mit doppelt so hohen Beträgen wie in den nachfolgenden 20 Jahren vorgenommen.

Die Neuregelung des Altersentlastungsbetrags erfolgt nach dem Jahrgangsprinzip (sog. **Kohortenprinzip**), das heißt für den einzelnen Bezieher von Alterseinkünften wird die Besteuerungssituation in dem auf die Vollendung des 64. Lebensjahrs folgenden Jahren **„eingefroren"**. Der in diesem Jahr anzuwendende **Vomhundertsatz** und der **Höchstbetrag** werden **zeitlebens** berücksichtigt. Für den stufenweisen Abbau sind in § 24 a EStG folgende Prozentsätze und Höchstbeträge festgelegt worden:

Für das auf die Vollendung des 64. Lebensjahres folgende Kalenderjahr	Altersentlastungsbetrag Prozentsatz	Höchstbetrag
2005	40,0 %	1 900 €
2006	38,4 %	1 824 €
2007	36,8 %	1 748 €
2008	35,2 %	1 672 €
2009	33,6 %	1 596 €
2010	32,0 %	1 520 €
2011	30,4 %	1 444 €
2012	28,8 %	1 368 €
2013	27,2 %	1 292 €
2014	25,6 %	1 216 €
2015	24,0 %	1 140 €
2016	22,4 %	1 064 €
2017	20,8 %	988 €
2018	19,2 %	912 €
2019	17,6 %	836 €
2020	16,0 %	760 €
2021	15,2 %	722 €
2022	14,4 %	684 €
2023	13,6 %	646 €
2024	12,8 %	608 €
2025	12,0 %	570 €
2026	11,2 %	532 €
2027	10,4 %	494 €
2028	9,6 %	456 €
2029	8,8 %	418 €
2030	8,0 %	380 €
2031	7,2 %	342 €
2032	6,4 %	304 €
2033	5,6 %	266 €
2034	4,8 %	228 €
2035	4,0 %	190 €
2036	3,2 %	152 €
2037	2,4 %	114 €
2038	1,6 %	76 €
2039	0,8 %	38 €
2040	0,0 %	0 €

Beispiel

Eine Arbeitnehmerin (geb. 25. 6. 1945) arbeitet seit Jahren als Verkäuferin beim selben Arbeitgeber. Ab der Lohnabrechnung für Januar 2010 erhält die Arbeitnehmerin einen Altersentlastungsbetrag, weil sie zu Beginn des Jahres 2010 das 64. Lebensjahr vollendet hat. Der Prozentsatz und der Höchstbetrag werden für diese Arbeitnehmerin **zeitlebens** bei **32,0 %** höchstens **1520 €** jährlich festgeschrieben. Würde die Arbeitnehmerin erst im Kalenderjahr 2010 das 64. Lebensjahr vollenden, würde sie einen Altersentlastungsbetrag erst ab Januar 2011 erhalten, der zeitlebens bei 30,4 % höchstens 1444 € jährlich festgeschrieben wird.

Wichtiger Hinweis für die Praxis:

Der stufenweise Abbau des Altersentlastungsbetrags und des Versorgungsfreibetrags ist unterschiedlich geregelt. Denn beim Versorgungsfreibetrag werden nicht der Prozentsatz und der Höchstbetrag festgeschrieben, sondern der nach dem Prozentsatz unter Berücksichtigung des Höchstbetrags **im ersten Jahr** mit Versorgungsbezügen **ermittelte Freibetrag**. Beim stufenweisen Abbau des Altersentlastungsbetrags werden hingegen der Prozentsatz und der Höchstbetrag **getrennt** festgeschrieben.

9. Sozialversicherung

Der Altersentlastungsbetrag darf bei der Berechnung des Gesamtsozialversicherungsbeitrags **nicht** abgezogen werden.

Altersgeld für Landwirte

Das Altersgeld für Landwirte ist weder Arbeitslohn noch Arbeitsentgelt. Es handelt sich steuerlich um „sonstige Einkünfte" im Sinne des § 22 EStG.   nein   nein

Zur Besteuerung siehe das Stichwort „Renten".

Altersrente

siehe die Stichworte: „Betriebsrente" und „Renten"

Altersteilzeit

Neues auf einen Blick:

Altersteilzeitbeschäftigungen im Sinne des Altersteilzeitgesetzes können auch noch nach dem 31. Dezember 2009, also auch nach dem Ende der Förderung durch die Bundesagentur für Arbeit angetreten werden. Die Bundesagentur für Arbeit erbringt Förderleistungen im Rahmen von Altersteilzeitbeschäftigungen aber nur dann, wenn die Altersteilzeitbeschäftigung bis **spätestens 31. Dezember 2009 angetreten wurde.**

Für die Steuerfreiheit nach § 3 Nr. 28 EStG kommt es nicht darauf an, ob die Altersteilzeit vor oder nach dem 1.1.2010 begonnen wird. Außerdem kommt es für die Steuerfreiheit nach § 3 Nr. 28 EStG nicht darauf an, ob die Altersteilzeit durch die Bundesagentur für Arbeit gefördert wird oder nicht. Ist der Aufstockungsbetrag steuerfrei, so ist er auch sozialversicherungsfrei.

Seit 1.1.2009 muss der Arbeitgeber die Insolvenzgeldumlage mit Beitragsnachweis an die Krankenkassen abführen. Während der Altersteilzeit ist das tatsächlich ausgezahlte Arbeitsentgelt in der Arbeits- und Freistellungsphase heranzuziehen. Nicht umlagepflichtig sind

- der Aufstockungsbetrag,
- der zusätzliche Beitrag zur Rentenversicherung sowie
- die zusätzliche beitragspflichtige Einnahme in der Rentenversicherung (vgl. Nr. 5).

Kommt es zu einem sogenannten Störfall, weil das Wertguthaben bei der Altersteilzeit nicht wie vereinbart verwendet werden kann, ist die Umlage auch aus dem Wertguthaben zu berechnen.

Der Umlagesatz betrug bisher 0,1 %. **Ab 1.1.2010 ist der Umlagesatz auf 0,41 % erhöht worden.**

Gliederung:

1. Allgemeines
2. Fördervoraussetzungen
   a) Allgemeines
   b) Voraussetzungen beim Arbeitnehmer
   c) Voraussetzungen beim Arbeitgeber
   d) Höhe der Förderleistungen
3. Modelle der Altersteilzeit und Insolvenzsicherung
   a) Halbtagsbeschäftigung oder Blockzeitmodell
   b) Insolvenzsicherung
4. Berechnung der Aufstockungsbeträge
   a) Beginn der Altersteilzeit vor dem 1. Juli 2004
   b) Beginn der Altersteilzeit ab 1. Juli 2004
5. Aufstockung der Beiträge zur Rentenversicherung
   a) Beginn der Altersteilzeit vor dem 1. Juli 2004
   b) Beginn der Altersteilzeit ab 1. Juli 2004
6. Steuerliche und beitragsrechtliche Behandlung der Aufstockungsbeträge
7. Steuer- und beitragsrechtliche Behandlung von Blockmodellen
   a) Allgemeines
   b) Steuerrechtliche Behandlung
   c) Sozialversicherungsrechtliche Behandlung
   d) Beitragsverfahren für Störfälle
8. Überlassung eines Firmenwagens als Aufstockungsbetrag beim Blockmodell
9. Begrenzung des steuerfreien Aufstockungsbetrags auf 100 % des Nettoarbeitslohns
10. Steuerfreiheit des Aufstockungsbetrags bei Störfällen
11. Altersteilzeit und steuerfreie Zuschläge für Sonntags-, Feiertags- und Nachtarbeit
    a) Steuerfreiheit für zeitversetzt gezahlte Zuschläge für Sonntags-, Feiertags- und Nachtarbeit
    b) Ermittlung des Grundlohns für steuerfreie Zuschläge bei Sonntags-, Feiertags- und Nachtarbeit während der Altersteilzeit
12. Steuerliche Behandlung von Zahlungen, die zum Ausgleich von Abschlägen bei der Rente verwendet werden (§ 187a SGB VI)
13. Rückzahlung von Arbeitslohn bei rückwirkender Inanspruchnahme von Altersteilzeit
14. Steuerfreiheit von Aufstockungsbeträgen während der Arbeitsunfähigkeit
15. Keine Kürzung der Werbungskosten wegen steuerfreier Aufstockungsbeträge
16. Meldepflichten bei Altersteilzeit

1. Allgemeines

Durch das Dritte Gesetz für moderne Dienstleistungen am Arbeitsmarkt wurde das Altersteilzeitgesetz ab 1. Juli 2004 umfassend geändert. Kernpunkt der Änderung war zum einen eine Vereinfachung der Berechnung des Aufstockungsbetrags durch die **Einführung eines sog. Regelarbeitsentgelts** und zum anderen eine gesetzlich vorgeschriebene **Insolvenzsicherung der Wertguthaben.** Außerdem wurde die Regelung gestrichen, nach der die bisherige Arbeitszeit auch bei nicht tarifgebundenen Arbeitnehmern auf die Hälfte der tariflichen Arbeitszeit zu reduzieren war.

Die Änderung gilt für alle Arbeitnehmer, die nach dem 30. Juni 2004 mit der Altersteilzeit begonnen haben. Wurde mit der Altersteilzeitarbeit vor dem 1. Juli 2004 begonnen, gelten die früheren Vorschriften weiter. Diese Regelung stellt sicher, dass Arbeitnehmer, die mit ihren Arbeitgebern vor der Gesetzesänderung eine Altersteilzeitvereinbarung geschlossen haben, ihre Altersteilzeitarbeit zu den bisherigen Bedingungen planmäßig abwickeln können.

Wie bisher erstattet die Bundesagentur für Arbeit bei Vorliegen der Fördervoraussetzungen

- ab 1. Juli 2004 den Aufstockungsbetrag in Höhe von 20 % des Regelarbeitsentgelts (bzw. bei Altfällen die Aufstockung auf den Mindestnettobetrag) **und**
- den Beitrag zur Höherversicherung in der gesetzlichen Rentenversicherung.

Im Einzelnen gilt Folgendes:

2. Fördervoraussetzungen

a) Allgemeines

Die Bundesagentur für Arbeit fördert die Teilzeitarbeit älterer Arbeitnehmer, die ihre Arbeitszeit ab Vollendung des 55. Lebensjahres, spätestens ab **31. Dezember 2009** vermindern, und damit die Einstellung eines sonst arbeitslosen Arbeitnehmers ermöglichen.

b) Voraussetzungen beim Arbeitnehmer

Folgende Voraussetzungen müssen beim **Arbeitnehmer** erfüllt sein:

- Der Arbeitnehmer muss das **55. Lebensjahr** vollendet haben.
- Die Arbeitszeit des Arbeitnehmers muss aufgrund einer Vereinbarung mit dem Arbeitgeber auf **die Hälfte** der bisherigen Arbeitszeit herabgesetzt worden sein. Die Teilzeitarbeit muss **mehr** als geringfügig sein, sodass der Arbeitnehmer weiterhin sozialversicherungspflichtig bleibt.
- Der Arbeitnehmer muss innerhalb der letzten 5 Jahre vor der Altersteilzeitarbeit mindestens 1080 Kalendertage (= drei Jahre) eine in der Arbeitslosenversicherung versicherungspflichtige Beschäftigung ausgeübt haben.

Bei der Herabsetzung der regelmäßigen Arbeitszeit auf die Hälfte, ist Folgendes zu beachten:

Altersteilzeit

Die **Arbeitszeit** des Arbeitnehmers muss in einer Vereinbarung zwischen Arbeitgeber und Arbeitnehmer **auf die Hälfte** der **bisherigen wöchentlichen Arbeitszeit** vermindert werden (§ 2 Abs. 1 Nr. 2 Altersteilzeitgesetz).

Bisherige Arbeitszeit ist die **wöchentliche** Arbeitszeit,
- die mit dem Arbeitnehmer **unmittelbar** vor dem Übergang in die Altersteilzeit vereinbart war,
- jedoch **höchstens** die im **Durchschnitt der letzten 24 Monate** vereinbarte Arbeitszeit.

Bei Altfällen (Beginn der Altersteilzeit vor dem 1.7.2004) werden Arbeitszeiten, die **über** der **tariflichen regelmäßigen wöchentlichen Arbeitszeit** lagen, **nicht** berücksichtigt (ist eine tarifliche Arbeitszeit nicht vorhanden, ist die tarifliche Arbeitszeit für gleiche oder ähnliche Beschäftigungen maßgebend).

Seit 1. Juli 2004 werden die zu vermindernden Arbeitszeiten **nicht mehr auf vergleichbare Arbeitszeiten eines Tarifbereichs begrenzt.**

War mit dem Arbeitnehmer mindestens in den letzten zwei Jahren vor dem Übergang in die Altersteilzeit eine tarifliche regelmäßige wöchentliche Arbeitszeit vertraglich vereinbart (**sog. Vollzeitmitarbeiter**), ist die unmittelbar vor dem Übergang in die Altersteilzeitarbeit vereinbarte tarifliche regelmäßige wöchentliche Arbeitszeit ohne weiteres auch Ausgangsbasis für die Verminderung der Arbeitszeit in der Altersteilzeit.

Ist die unmittelbar vor dem Übergang in die Altersteilzeitarbeit vereinbarte Arbeitszeit niedriger als der errechnete Durchschnittswert der letzten 24 Monate, ist nur die **unmittelbar** vor dem Übergang in die Altersteilzeitarbeit vereinbarte Arbeitszeit Ausgangsbasis für die Halbierung der Arbeitszeit.

c) Voraussetzungen beim Arbeitgeber

Folgende Voraussetzungen muss der **Arbeitgeber** erfüllen, damit er einen Zuschuss von der Bundesagentur für Arbeit erhält:
- Der Arbeitgeber muss das Arbeitsentgelt für die Teilzeitarbeit um **mindestens 20 %** aufstocken (vgl. die Erläuterungen unter der nachfolgenden Nr. 4).
- Der Arbeitgeber muss für den Arbeitnehmer **zusätzliche Beiträge zur Rentenversicherung** leisten (vgl. die Erläuterungen unter der nachfolgenden Nr. 5).
- Der Arbeitgeber muss auf den freigewordenen Arbeitsplatz in zeitlichem und ursächlichem Zusammenhang einen bei der Agentur für Arbeit arbeitslos gemeldeten Arbeitnehmer oder einen Auszubildenden beschäftigen, und zwar in einem die Beitragspflicht in der Arbeitslosenversicherung begründeten Beschäftigungsverhältnis. Bei Arbeitgebern, die in der Regel nicht mehr als 50 Arbeitnehmer beschäftigen, wird unwiderleglich vermutet, dass der Arbeitnehmer auf dem freigemachten oder auf einem in diesem Zusammenhang durch Umsetzung frei gewordenen Arbeitsplatz beschäftigt wird.

d) Höhe der Förderleistungen

Wenn der durch die Altersteilzeit frei werdende Arbeitsplatz entweder durch eine arbeitslos gemeldete Person oder durch die Übernahme eines – auch in einem fremden Unternehmen – Ausgebildeten wieder besetzt wird, gewährt die Bundesagentur für Arbeit für **maximal 6 Jahre** auf schriftlichen Antrag, der beim zuständigen Arbeitsamt innerhalb von drei Monaten nach Vorliegen der Fördervoraussetzungen einzureichen ist, einen Zuschuss, der
- den Aufstockungsbetrag in Höhe von 20 % des Regelarbeitsentgelts (bzw. bei Altfällen die Aufstockung auf den Mindestnettobetrag) **und**
- die Beiträge zur Aufstockung der Rentenversicherung umfasst.

Der Anspruch auf den Zuschuss besteht nicht
- wenn der Arbeitgeber den Wiederbesetzer nicht mehr auf dem freigemachten Arbeitsplatz beschäftigt und den Arbeitsplatz nicht innerhalb von drei Monaten erneut besetzt, es sei denn der Zuschuss wurde bereits vier Jahre bezogen.

Der Anspruch auf den Zuschuss erlischt
- mit Ablauf des Monats, in dem der Arbeitnehmer die Altersteilzeitarbeit aufgibt oder das 65. Lebensjahr vollendet;
- mit Beginn des Monats, für den der Arbeitnehmer eine (ungeminderte) Altersrente oder vergleichbare Leistungen bezieht;
- wenn der Arbeitnehmer eine mehr als geringfügige Beschäftigung von 150 Kalendertagen und mehr ausgeübt oder in entsprechendem Umfang Mehrarbeit geleistet hat.

Der Anspruch auf den Zuschuss ruht,
- wenn der Arbeitnehmer neben der Altersteilzeitarbeit noch eine weitere Beschäftigung oder selbständige Tätigkeit in mehr als geringfügigem Umfang ausübt;
- wenn der Arbeitnehmer über die Altersteilzeitarbeit hinaus Mehrarbeit leistet, die über die Geringfügigkeitsgrenze hinausgeht.

Die Agenturen für Arbeit halten zu den Fördermöglichkeiten des Altersteilzeitgesetzes ein Merkblatt bereit und geben hierzu Auskünfte.

3. Modelle der Altersteilzeit und Insolvenzsicherung

a) Halbtagsbeschäftigung oder Blockzeitmodell

Die **Dauer der Altersteilzeitarbeit** ist abhängig vom individuellen Rentenbeginn des Arbeitnehmers und kann auch sechs Jahre überschreiten; eine Förderung durch die Agentur für Arbeit erfolgt allerdings höchstens für sechs Jahre. Die **Arbeitszeitverteilung** während der Altersteilzeit bleibt den Vertragsparteien überlassen. Sie sind am besten in der Lage zu beurteilen, welche Ausgestaltung der Situation am Arbeitsplatz Rechnung trägt. Denkbar sind **kontinuierliche Arbeitszeitmodelle** wie „klassische Halbtagsbeschäftigung", aber auch ein täglicher, wöchentlicher, monatlicher oder z. B. saisonalbedingter Wechsel zwischen Arbeit und Freizeit oder eine degressive Arbeitszeitverteilung. Wesentlich ist die **Halbierung** der Arbeitszeit für die Dauer der Förderung und für die gesamte Dauer der Altersteilzeit.

Im sog. **Blockzeitmodell** werden grundsätzlich zwei gleich große Zeitblöcke gebildet (eine Arbeitsphase und eine sich hieran anschließende Freizeitphase von entsprechender Dauer), die so den Verteilzeitraum für die Arbeitszeit während der vereinbarten Dauer der Altersteilzeitarbeit bestimmen. Auf diese Weise kann der Arbeitnehmer zunächst weiterhin im Umfang der bisherigen Arbeitszeit beschäftigt werden und das für die Freizeitphase notwendige Zeitguthaben aufbauen. Der höchstzulässige Verteilzeitraum für Altersteilzeitvereinbarungen beträgt **ohne** tarifvertragliche Grundlage **drei Jahre** (eineinhalb Jahre Arbeit, gefolgt von eineinhalb Jahren Freizeit).

Der Verteilzeitraum kann im Blockmodell auch über drei Jahre hinausgehen und einen Gesamtzeitraum von **bis zu zehn Jahren** umfassen (bis zu fünf Jahre Arbeit, gefolgt von bis zu fünf Jahren Freizeit). Dies ist allerdings nur dann möglich, wenn eine solche Verteilung der Arbeitszeit in einem **Tarifvertrag** zur Altersteilzeit oder einer Betriebsvereinbarung aufgrund eines Tarifvertrages zur Altersteilzeit oder einer kirchenrechtlichen Regelung ausdrücklich zugelassen ist. Derzeit sehen Tarifverträge in aller Regel Verteilzeiträume von bis zu fünf bzw. bis zu sechs Jahren vor. Geht der Verteilzeitraum über sechs Jahre hinaus, kann für eine innerhalb dieses Zeitraums

Altersteilzeit

liegende Zeit von bis zu **sechs Jahren** eine Förderung durch die Agentur für Arbeit erfolgen.

In keinem Fall darf die durchschnittliche wöchentliche Arbeitszeit im zulässigen Verteilzeitraum **die Hälfte der bisherigen wöchentlichen Arbeitszeit überschreiten.**

Wird ein Arbeitsverhältnis über Altersteilzeit im Blockmodell vorzeitig beendet (sog. **Störfall**), sind Nachzahlungen, die keine Aufstockungsbeträge im Sinne des § 3 Nr. 28 EStG sind, unabhängig von dem Grund der Beendigung dieses Arbeitsverhältnisses **steuerpflichtiger Arbeitslohn.** Die für den Zeitraum bis zur vorzeitigen Beendigung der Altersteilzeit gezahlten Aufstockungsbeträge sowie die Beiträge zur Aufstockung der Rentenversicherung bleiben steuerfrei (vgl. die Erläuterungen unter der nachfolgenden Nr. 10).

b) Insolvenzsicherung

Kernpunkt der seit 1. Juli 2004 eingetretenen Änderungen des Altersteilzeitgesetzes ist die Vorschrift zur Insolvenzsicherung der durch die Vorarbeit entstandenen Wertguthaben (§ 8a des Altersteilzeitgesetzes). Denn bisher war nicht immer sichergestellt, dass beim **sog. Blockzeitmodell** die durch Vorarbeit der Arbeitnehmer entstandenen Wertguthaben im Insolvenzfall ausreichend geschützt waren. Seit 1. Juli 2004 ist deshalb vorgeschrieben, dass beim Aufbau eines Wertguthabens der Arbeitgeber **mit der ersten Gutschrift in geeigneter Weise das Risiko seiner Zahlungsunfähigkeit abzusichern hat,** wenn ein Wertguthaben aufgebaut wird, das den Betrag des **dreifachen Regelarbeitsentgelts** (vgl. die Erläuterungen unter der nachfolgenden Nr. 4 Buchstabe b) einschließlich des darauf entfallenden Arbeitgeberanteils am Gesamtsozialversicherungsbeitrag überschreitet. Die Verpflichtung zur Absicherung besteht mit der ersten Gutschrift, das heißt, ab dem Zeitpunkt, in dem der zu sichernde Anspruch auf das in der Entsparphase (beim Blockmodell also der Freistellungsphase) auszuzahlende Arbeitsentgelt entsteht. Das Gesetz enthält sich einer abschließenden Festlegung, was unter einer geeigneten Insolvenzabsicherung zu verstehen ist. Denn in der Praxis wurde bereits eine Vielzahl unterschiedlicher geeigneter Insolvenzsicherungsmodelle entwickelt. Dies sind etwa Bankbürgschaften, Absicherungen im Wege dinglicher Sicherheiten (z. B. Verpfändung von Wertpapieren, insbesondere Fonds) zu Gunsten der Arbeitnehmer, bestimmte Versicherungsmodelle der Versicherungswirtschaft oder das Modell der doppelseitigen Treuhand. Im Gesetz werden allerdings bestimmte Gestaltungsmodelle ausgeschlossen, die sich in der Vergangenheit in gewissen Konstellationen als nicht insolvenzfest erwiesen haben.

Eine fehlende oder nicht den gesetzlichen Vorgaben entsprechende Insolvenzsicherung führt nicht zum Verlust der Steuer- und Beitragsfreiheit der Aufstockungsbeträge und der zusätzlichen Rentenversicherungsbeiträge. Im Hinblick auf die strengen gesetzlichen Vorgaben für die seit 1. Juli 2004 geltende Insolvenzsicherung wird es sich hierbei allerdings um seltene Ausnahmefälle handeln.

4. Berechnung der Aufstockungsbeträge

a) Beginn der Altersteilzeit vor dem 1. Juli 2004

Maßgebend für die Berechnung des Aufstockungsbetrags von 20 % ist das für die Altersteilzeit gezahlte **individuelle beitragspflichtige Bruttoarbeitsentgelt** im jeweiligen Lohnabrechnungszeitraum (= Kalendermonat). Die Aufstockung um 20 % wird nur dann durch die Beitragsbemessungsgrenze begrenzt, wenn diese **aufgrund einer Einmalzahlung** überschritten wird. Zum Bruttoarbeitsentgelt zählen insbesondere:

– vermögenswirksame Leistung,
– Anwesenheitsprämien,
– Leistungs- und Erschwerniszulagen,
– Zuschläge für Sonntags-, Feiertags- und Nachtarbeit, soweit sie steuer- und beitragspflichtig sind,
– einmalige und wiederkehrende Zuwendungen wie z. B. das Weihnachtsgeld*),
– rückwirkende Lohnerhöhungen,
– Sachbezüge und sonstige geldwerte Vorteile (z. B. Überlassung eines Firmenwagens zur privaten Nutzung und zu Fahrten zwischen Wohnung und Arbeitsstätte).

Nicht zum Bruttoarbeitsentgelt gehören **Vergütungen für Mehrarbeit** und Mehrarbeitszuschläge.

Der Aufstockungsbetrag beträgt 20 % des so ermittelten Bruttoarbeitsentgelts für die Altersteilzeitarbeit. Der Aufstockungsbetrag muss aber mindestens so hoch sein, dass der Arbeitnehmer 70 % des Nettolohns erhält, den er ohne die Altersteilzeit erhalten würde (sog. **Mindestnettobetrag**). Zur Vereinfachung für die Prüfung, ob durch die Aufstockung des Arbeitsentgelts ein Mindestnettobetrag von 70 % erreicht wird, wird nicht das individuelle Nettoarbeitsentgelt zugrunde gelegt, sondern es erfolgt eine pauschalierte Betrachtung. Die Mindestnettobeträge werden durch Rechtsverordnung des Bundesministeriums für Arbeit und Sozialordnung bestimmt (vgl. Mindestnettobetrags-Verordnung vom 19.12.2007, BGBl. I S. 3040). Die Mindestnettobetrags-Verordnung vom 19.12.2007 gilt auch über den 1.1.2010 hinaus bis zum Auslaufen der Altfälle weiter. Für diejenigen Fälle, in denen mit der Altersteilzeit vor dem 1. Juli 2004 begonnen wurde, sind also auch weiterhin die Mindestnettobeträge nach der Mindestnettobetrags-Verordnung maßgebend.

Beispiel

Das Bruttoarbeitsentgelt eines Arbeitnehmers (Steuerklasse III/0) beträgt 4090,34 €. Durch Altersteilzeit wird es auf 2045,17 € reduziert. Vergleich der Brutto- und Nettolöhne:

	Vollzeitarbeit	Altersteilzeit
Bruttolohn	4 090,34 €	2 045,17 €
Nettolohn (z. B.)	2 455,89 €	1 473,20 €
70 % des Vollzeitnettolohns	1 719,13 €	
Mindestnettobetrag (lt. Mindestnettobetrags-Verordnung angenommen)	1 842,98 €	
Aufstockungsbetrag (20 % von 2045,17 €)		409,03 €
Teilzeitnetto + Aufstockung		1 882,23 €

Der Aufstockungsbetrag beträgt somit 409,03 €, da der Mindestnettobetrag lt. Verordnung durch die Zahlung dieses Aufstockungsbetrags überschritten ist. Wäre der Mindestnettobetrag lt. Verordnung höher als 1882,23 €, so müsste der Differenzbetrag zusätzlich als Aufstockungsbetrag gezahlt werden.

Bei der dargestellten Regelung handelt es sich um die Berechnung des **Mindest**aufstockungsbetrags. Die meisten Tarifverträge sehen allerdings eine Aufstockung des Altersteilzeitarbeitsentgelts auf mehr als 70 % des bisher gezahlten Arbeitsentgelts vor.

b) Beginn der Altersteilzeit ab 1. Juli 2004

Kernpunkt der seit 1. Juli 2004 geltenden Neuregelung ist die Einführung eines **sog. Regelarbeitsentgelts** für die Berechnung des 20 %igen Aufstockungsbetrags. Der Aufstockungsbetrag beträgt wie bisher 20 % des Arbeitsentgelts, errechnet sich aber seit 1. Juli 2004 aus dem sog. Regelarbeitsentgelt.

---

*) Maßgebend für die Berechnung des Aufstockungsbetrages ist das für die Altersteilzeit erzielte individuelle beitragspflichtige Bruttoarbeitsentgelt im jeweiligen Lohnabrechnungszeitraum (= Kalendermonat). Die Aufstockung um 20 % wird nur dann durch die Beitragsbemessungsgrenze begrenzt, wenn diese aufgrund einer Einmalzahlung überschritten wird. Bei der Ermittlung des Arbeitsentgelts für die Altersteilzeitarbeit bleibt also einmalig gezahltes Arbeitsentgelt insoweit außer Betracht, als nach Berücksichtigung des laufenden Arbeitsentgelts die monatliche Beitragsbemessungsgrenze überschritten wird (§ 3 Abs. 1a Altersteilzeitgesetz in der bis 30. 6. 2004 geltenden Fassung). Diese Regelung verhindert, dass der Arbeitgeber das Arbeitsentgelt für die Altersteilzeitarbeit auch insoweit noch um mindestens 20 % aufstocken muss, als es wegen einer Einmalzahlung die monatliche Beitragsbemessungsgrenze übersteigt.

Altersteilzeit

	Lohn-steuer-pflichtig	Sozial-versich.-pflichtig

Begriff des Regelarbeitsentgelts:

Das Regelarbeitsentgelt ist das auf einen Monat entfallende sozialversicherungspflichtige Arbeitsentgelt, das der Arbeitgeber im Rahmen der Altersteilzeitarbeit regelmäßig zu erbringen hat. Es handelt sich somit grundsätzlich um die Hälfte des ohne Altersteilzeitarbeit maßgeblichen laufenden Arbeitsentgelts (sog. Vollzeitarbeitsentgelt). Bei Vereinbarungen über die Freistellung von der Arbeitsleistung (Blockmodell) ist für Zeiten der tatsächlichen Arbeitsleistung und der Freistellung das in dem jeweiligen Zeitraum fällige laufende Arbeitsentgelt als Regelarbeitsentgelt maßgebend.

Das Regelarbeitsentgelt ist gegebenenfalls jeden Monat neu festzusetzen (z. B. bei variablen Lohnbestandteilen), wobei die monatliche Beitragsbemessungsgrenze der Arbeitslosenversicherung nicht überschritten werden darf. Zum Regelarbeitsentgelt können – neben den laufenden Bezügen – beispielsweise gehören: Vermögenswirksame Leistungen, Prämien und Zulagen, steuer- und beitragspflichtige Zuschläge für Sonntags-, Feiertags- und Nachtarbeit, Sachbezüge und sonstige geldwerte Vorteile wie Kraftfahrzeugüberlassung zum privaten Gebrauch des Arbeitnehmers.

Arbeitsentgelte, die einmalig (z. B. Jahressondervergütung), nicht regelmäßig oder nicht für die vereinbarte Arbeitszeit (z. B. Mehrarbeitsvergütung) gezahlt werden, bleiben unberücksichtigt. Einmalzahlungen, die arbeitsrechtlich zulässig in jedem Kalendermonat zu einem Zwölftel ausgezahlt werden, verlieren ihren Charakter als Einmalzahlungen. Die entsprechenden Beträge erhöhen das laufende Regelarbeitsentgelt.

Zulagen gehören zum Regelarbeitsentgelt, wenn sie für bestimmte Arbeiten gewährt werden, die nach dem Arbeitsvertrag regelmäßig (monatlich) zu leisten sind und auch künftig durch den Arbeitgeber abgefordert werden sollen. Hierzu können beispielsweise Schmutz-, Leistungs- und Erschwerniszulagen sowie Zulagen für Rufbereitschaft gehören. Unschädlich ist, wenn der Arbeitnehmer die zulagenbegründende Tätigkeit in einzelnen Monaten tatsächlich nicht ausübt.

Zum regelmäßig zu zahlenden sozialversicherungspflichtigen Arbeitsentgelt gehören auch solche Zulagen, deren Anfall nicht von vornherein feststeht, wenn eine rückschauende Betrachtung ergibt, dass sie tatsächlich zuletzt regelmäßig erzielt worden sind. Hierfür ist Monat für Monat, in welchem jeweils eine versicherungspflichtige Zulage erzielt worden ist, festzustellen, ob diese Zulage in den jeweiligen zurückliegenden drei Monaten durchgehend als versicherungspflichtiger Entgeltbestandteil angefallen ist. Ist dies der Fall, zählt die im jeweiligen Abrechnungsmonat zu zahlende Zulage zum Regelarbeitsentgelt, andernfalls nicht. Zeiten einer Abwesenheit des Arbeitnehmers (Urlaub, Krankheit) werden bei der Feststellung des jeweiligen Referenzzeitraums von drei Monaten ausgeklammert.

Für die **Berechnung des Aufstockungsbetrags** gilt Folgendes:

Der Austockungsbetrag beträgt **20 %**, das heißt das Regelarbeitsentgelt für die Altersteilzeitarbeit ist um mindestens 20 % aufzustocken, wobei die Aufstockung auch weitere Entgeltbestandteile (z. B. Einmalzahlungen) umfassen kann (§ 3 Abs. 1 Nr. 1 Buchst. a Altersteilzeitgesetz).

Der Aufstockungsbetrag ist gemäß § 3 Nr. 28 EStG steuerfrei und gehört damit nach § 1 SvEV nicht zum Arbeitsentgelt. Dies gilt nach R 3.28 Abs. 3 Satz 1 LStR auch, soweit der Arbeitgeber – zum Beispiel aufgrund tarifvertraglicher Regelungen – einen höheren als den im Altersteilzeitgesetz als Mindestbetrag vorgesehenen Aufstockungsbetrag zahlt. Nach R 3.28 Abs. 3 Satz 2 LStR gilt dies aber nur, soweit die Aufstockungsbeträge zusammen mit dem während der Altersteilzeitarbeit bezogenen Nettoarbeitslohn monatlich 100 % des maßgeblichen Arbeitslohns (das ist der Nettoarbeitslohn, den der Arbeitnehmer im jeweiligen Lohnzahlungszeitraum ohne Altersteilzeit üblicherweise erhalten hätte) nicht übersteigen. Im Übrigen hängt die Steuerfreiheit und damit die Beitragsfreiheit nicht davon ab, dass die Voraussetzungen für eine Erstattung durch die Bundesagentur erfüllt sind; deshalb stellt der Aufstockungsbetrag auch dann kein Arbeitsentgelt dar, wenn die Bundesagentur dem Arbeitgeber den Aufstockungsbetrag nicht erstattet (z. B. weil der Arbeitgeber den frei gemachten Arbeitsplatz nicht wieder besetzt).

5. Aufstockung der Beiträge zur Rentenversicherung

a) Beginn der Altersteilzeit vor dem 1. Juli 2004

Die Beiträge zur gesetzlichen Rentenversicherung werden auf ein Niveau von **mindestens 90 %** des bisherigen Bruttoarbeitsentgelts aufgestockt. Der Arbeitgeber muss also mindestens Beiträge zur gesetzlichen Rentenversicherung zahlen, die so hoch sind, dass der Unterschiedsbetrag zwischen dem für die Altersteilzeitarbeit tatsächlich gezahlten Entgelt und 90 % des Entgelts, das der Arbeitnehmer bei Fortsetzung der bisherigen Beschäftigung erhalten würde, aufgestockt wird. Die Beiträge wirken rentensteigernd. Der Arbeitgeber kann auch Aufstockungsbeiträge für den Unterschiedsbetrag zwischen 90 % und 100 % des bisherigen Arbeitsentgelts zahlen. Anders als bei der Aufstockung des Arbeitsentgelts ist hier die Beitragsbemessungsgrenze zu berücksichtigen, das heißt, sie darf nicht überschritten werden. Zur Berechnung im Einzelnen vgl. das Beispiel unter der nachfolgenden Nr. 6.

b) Beginn der Altersteilzeit ab 1. Juli 2004

Seit 1. Juli 2004 sind für den Arbeitnehmer **zusätzliche Beiträge zur Rentenversicherung** mindestens in Höhe des Betrags zu zahlen, der auf 80 % des Regelarbeitsentgelts für die Altersteilzeit entfällt, begrenzt auf den Unterschiedsbetrag zwischen 90 % der monatlichen Beitragsbemessungsgrenze und dem Regelarbeitsentgelt, höchstens bis zur Beitragsbemessungsgrenze (§ 3 Abs. 1 Nr. 1 Buchstabe b Altersteilzeitgesetz). Durch diese Regelung soll die Ermittlung des Rentenaufstockungsbetrags vereinfacht werden, weil ausgehend vom sog. Regelarbeitsentgelt die Beiträge zur gesetzlichen Rentenversicherung um 80 % aufgestockt werden. Das bisherige Aufstockungsniveau auf mindestens 90 % bleibt damit im Ergebnis bestehen.

Beispiel A

Das Regelarbeitsentgelt eines Arbeitnehmers in den alten Bundesländern beträgt 1500 €. Es ergibt sich folgende Berechnung:

80 % des Regelarbeitsentgelts (80 % von 1500 € =)	1 200,— €
19,9 % von 1200 €	238,80 €

Die Übernahme dieses Betrags durch den Arbeitgeber ist steuerfrei nach § 3 Nr. 28 EStG und unterliegt **nicht** dem Progressionsvorbehalt.

Die Aufstockung der Beiträge zur Rentenversicherung beträgt 80 % des Regelarbeitsentgelts, weil dieser Betrag niedriger ist als der Unterschiedsbetrag zwischen 90 % der monatlichen Beitragsbemessungsgrenze und dem Regelarbeitsentgelt:

90 % der monatlichen Beitragsbemessungsgrenze (alte Bundesländer) 90 % von 5500 €	4 950,— €
abzüglich Regelarbeitsentgelt	1 500,— €
Unterschiedsbetrag	3 450,— €

Beispiel B

Das Regelarbeitsentgelt eines Arbeitnehmers in den alten Bundesländern beträgt 2800 €.

Es ergibt sich folgende Berechnung:

80 % des Regelarbeitsentgelts (80 % von 2800 € =)	2 240,— €
90 % der monatlichen Beitragsbemessungsgrenze (alte Bundesländer) 90 % von 5500 €	4 950,— €
abzüglich Regelarbeitsentgelt	2 800,— €
Unterschiedsbetrag	2 150,— €

Altersteilzeit

	Lohn-steuer-pflichtig	Sozial-versich.-pflichtig

Da der Unterschiedsbetrag niedriger ist als 80 % des Regelarbeitsentgelts, ist der Unterschiedsbetrag beitragspflichtig:
19,9 % von 2150 €   =   427,85 €

Die zusätzliche beitragspflichtige Einnahme ist für die Aufstockung der Rentenversicherungsbeiträge unabhängig davon anzusetzen, ob die Voraussetzungen für eine Erstattung durch die Bundesagentur erfüllt sind. Die auf die zusätzliche beitragspflichtige Einnahme entfallenden Rentenversicherungsbeiträge hat der Arbeitgeber allein zu tragen. Dies gilt auch dann, wenn der Arbeitgeber eine höhere beitragspflichtige Einnahme als 80 % des Regelarbeitsentgelts der Beitragsberechnung zu Grunde legt.

Einmalig gezahltes Arbeitsentgelt kann für Altersteilzeitarbeit, die ab 1. Juli 2004 beginnt, zwar noch bei der Berechnung des Aufstockungsbetrags berücksichtigt werden, jedoch nicht mehr für die Ermittlung der zusätzlichen beitragspflichtigen Einnahme für die Aufstockung der Rentenversicherungsbeiträge.

6. Steuerliche und beitragsrechtliche Behandlung der Aufstockungsbeträge

Sowohl der Aufstockungsbetrag als auch die Aufwendungen des Arbeitgebers für die Höherversicherung in der gesetzlichen Rentenversicherung sind gemäß § 3 Nr. 28 EStG steuerfrei und zwar auch insoweit, als die im Altersteilzeitgesetz genannten (Mindest-)Aufstockungsbeträge überschritten werden. **Für die Steuerfreiheit** des Aufstockungsbetrags ist es auch **nicht erforderlich, dass der frei gewordene Teilzeitarbeitsplatz wieder besetzt wird** (diese Voraussetzung gilt nur für den Zuschuss des Arbeitsamtes). Die Steuerfreiheit kommt dagegen nicht mehr in Betracht, wenn der Arbeitnehmer die Altersteilzeit beendet oder die für ihn geltende gesetzliche Altersgrenze für die Regelaltersrente (derzeit das 65. Lebensjahr) erreicht hat. Beendet der Arbeitnehmer die Altersteilzeit aufgrund eines sog. Störfalls, bleibt die Steuerfreiheit allerdings erhalten (vgl. die Erläuterungen unter der nachfolgenden Nr. 10).

Wenn der Aufstockungsbetrag steuerfrei ist, ist er auch sozialversicherungsfrei (§ 1 SvEV).   nein   nein

Der Aufstockungsbetrag ist zwar steuerfrei, er unterliegt jedoch nach § 32 b EStG dem **sog. Progressionsvorbehalt** (vgl. dieses Stichwort). Die Aufwendungen des Arbeitgebers für die Höherversicherung in der Rentenversicherung unterliegen nicht dem Progressionsvorbehalt. Als Lohnersatzleistung, die dem Progressionsvorbehalt unterliegt, muss der Aufstockungsbetrag im Lohnkonto gesondert vermerkt und auf der elektronischen Lohnsteuerbescheinigung in eine besondere Zeile eingetragen werden (und zwar in Zeile 15 der Lohnsteuerbescheinigung 2010).

Die steuerliche und beitragsrechtliche Behandlung der Leistungen nach dem Altersteilzeitgesetz soll folgendes Lohnabrechnungsbeispiel verdeutlichen.

Beispiel

Ein Arbeitnehmer (Steuerklasse III/0) mit einem Bruttoarbeitslohn von 3000 € arbeitet aufgrund einer Altersteilzeitregelung nur noch die Hälfte. Sein Teilzeitarbeitsentgelt beträgt 1500 €.

Für den Bruttoarbeitslohn von 3000 € ergab sich bisher folgende Lohnabrechnung:

Bruttolohn		3 000,— €
abzüglich:		
Lohnsteuer (Steuerklasse III/0)	243,83 €	
Solidaritätszuschlag 5,5 %	13,41 €	
Kirchensteuer (z. B. 8 %)	19,50 €	
Rentenversicherung 9,95 %	298,50 €	
Arbeitslosenversicherung 1,4 %	42,— €	
Pflegeversicherung 1,225 %	36,75 €	
Krankenversicherung 7,9 %*)	237,— €	890,99 €
Nettolohn		2 109,01 €

Für die Teilzeitarbeit ergibt sich folgende Lohnabrechnung:

a) Berechnung des Aufstockungsbetrags

Vollzeitarbeitsentgelt		3 000,— €
Teilzeitarbeitsentgelt nach Herabsetzung der Arbeitszeit um die Hälfte		1 500,— €
Aufstockungsbetrag hiervon 20 %	=	300,— €

b) Lohnabrechnung

Teilzeitarbeitslohn		1 500,— €
abzüglich:		
Lohnsteuer (Steuerklasse III/0)	0,— €	
Solidaritätszuschlag	0,— €	
Kirchensteuer (z. B. 8 %)	0,— €	
Rentenversicherung 9,95 %	149,25 €	
Arbeitslosenversicherung 1,4 %	21,— €	
Pflegeversicherung 1,225 %	18,38 €	
Krankenversicherung 7,9 %*)	118,50 €	307,13 €
Nettolohn		1 192,87 €
zuzüglich:		
Aufstockungsbetrag (der Aufstockungsbetrag ist steuer- und beitragsfrei)		300,— €
auszuzahlender Betrag		1 492,87 €

Der auszuzahlende Betrag für die Teilzeitarbeit beträgt also bei halber Arbeitsleistung 70,8 % des bisherigen Nettolohns (ohne Berücksichtigung des Progressionsvorbehalts).

Der Aufstockungsbetrag ist gemäß § 3 Nr. 28 EStG steuerfrei. Er muss jedoch im Lohnkonto und in der Lohnsteuerbescheinigung erfasst werden, da er vom Finanzamt bei der Einkommensteuerveranlagung im Rahmen des sog. Progressionsvorbehalts zur Berechnung des Steuersatzes herangezogen wird (vgl. die Stichworte „Lohnkonto" und „Lohnsteuerbescheinigung"). Die Auswirkungen des Progressionsvorbehalts sind bei diesem Stichwort anhand eines Beispiels eingehend dargestellt.

c) Berechnung des Beitrags zur Höherversicherung in der gesetzlichen Rentenversicherung bei Beginn der Altersteilzeit ab 1. Juli 2004

80 % des Regelarbeitsentgelts (80 % von 1500 € =)	1 200,— €
19,9 % von 1200 €	238,80 €

Die Übernahme dieses Betrags durch den Arbeitgeber ist steuerfrei nach § 3 Nr. 28 EStG und unterliegt **nicht** dem Progressionsvorbehalt.

d) Berechnung des Beitrags zur Höherversicherung in der gesetzlichen Rentenversicherung bei Beginn der Altersteilzeit vor dem 1. Juli 2004

Vollzeitarbeitsentgelt		3 000,— €
Hiervon 90 %	=	2 700,— €
abzüglich Teilzeitarbeitsentgelt		1 500,— €
Differenz		1 200,— €

Den hierauf entfallenden Pflichtbeitrag zur gesetzlichen Rentenversicherung hat der Arbeitgeber zu tragen
= 19,9 % von 1200 €   =   238,80 €

Die Übernahme dieses Betrags durch den Arbeitgeber ist steuerfrei nach § 3 Nr. 28 EStG und unterliegt **nicht** dem Progressionsvorbehalt.

e) Berechnung des Zuschusses der Bundesanstalt für Arbeit

Die Bundesanstalt erstattet:

– den Aufstockungsbetrag (vgl. Nr. 4)	300,— €
– den Aufwand des Arbeitgebers für die Höherversicherung in der gesetzlichen Rentenversicherung (vgl. Nr. 5)	238,80 €
Zuschuss insgesamt	538,80 €

7. Steuer- und beitragsrechtliche Behandlung von Blockmodellen

a) Allgemeines

Die Altersteilzeit, dass heißt die Reduzierung auf die Hälfte der bisherigen Arbeitszeit, kann auch auf Phasen mit Arbeitsleistung und Phasen der Freistellung für einen Zeit-

---

*) Das Bundessozialgericht hat im Urteil vom 25. 8. 2004 (B 12 KR 22/02 R) entschieden, dass für die während der Freistellungsphase der **Altersteilzeit im sog. Blockmodell** zu leistenden Krankenversicherungsbeiträge nur der **ermäßigte Beitragssatz** gilt. Denn der Anspruch auf Krankengeld ruht während der Freistellungsphase. Im Beispielsfall liegt keine Altersteilzeit im Blockmodell vor, anzuwenden ist deshalb der allgemeine Beitragssatz.

Altersteilzeit

raum von **bis zu zehn Jahren** verteilt werden **(Arbeitszeitkonten).** So ist es möglich, dass ältere Arbeitnehmer zunächst ihre Arbeitsleistung weiter in einer Voll- oder Teilzeittätigkeit erbringen und danach eine längere Phase ohne Arbeitsleistung folgt. Die Verteilung auf einen längeren Zeitraum als drei Jahre ist nur durch Tarifvertrag möglich. Diese sog. Blockmodelle setzen voraus, dass das Entgelt für die Altersteilzeit sowie der Aufstockungsbetrag fortlaufend (also auch in den Zeiten der Nichtbeschäftigung) gezahlt werden. Damit besteht auch in den Phasen der Freistellung ein durchgängiger Versicherungsschutz.

Beispiel

Ein Altersteilzeitmodell sieht vor, dass der Arbeitnehmer die letzten fünf Jahre vor Inanspruchnahme der Rente seine Arbeitszeit auf die Hälfte der regelmäßigen Vollarbeitszeit dergestalt reduziert, dass er 2½ Jahre voll weiterarbeitet und weitere 2½ Jahre von der Arbeit freigestellt wird. Während der gesamten Dauer von fünf Jahren erhält er ein Altersteilzeitentgelt in Höhe der Hälfte seiner bisherigen Bruttobezüge bei Vollzeittätigkeit zuzüglich eines Aufstockungsbetrags auf 85 % seines Nettogehalts bei Vollzeittätigkeit. Außerdem zahlt der Arbeitgeber die Beiträge zur Höherversicherung in der gesetzlichen Rentenversicherung nicht nur bis zum Pflichtbeitrag nach dem Altersteilzeitgesetz, sondern in Höhe des bei einer Vollbeschäftigung anfallenden Beitrags, höchstens aber bis zur Beitragsbemessungsgrenze.

Für dieses Altersteilzeitmodell ergibt sich folgende steuerliche und beitragsrechtliche Beurteilung:

Der Aufstockungsbetrag bis auf 85 % des Nettoarbeitsentgelts bei Vollzeitarbeit ist steuerfrei und damit auch beitragsfrei. Die Steuerfreiheit beschränkt sich nicht auf einen Aufstockungsbetrag von 20 % des Regelarbeitsentgelts.

Steuer- und damit beitragsfrei ist auch der Aufstockungsbeitrag zur Rentenversicherung bis zur Höhe des bei einer Vollbeschäftigung anfallenden Beitrags, höchstens aber bis zur Beitragsbemessungsgrenze. Auch bei den im Altersteilzeitgesetz festgelegten Aufstockungsbeiträgen zur Rentenversicherung handelt es sich um eine **Mindest**betragsregelung. Die Steuerfreiheit gilt jedoch auch dann, wenn die Mindestbeträge überschritten werden.

Die Förderleistungen der Bundesanstalt für Arbeit beschränken sich hingegen auf die Mindestbeträge, das heißt auf 20 % des Regelarbeitsentgelts und auf den im Altersteilzeitgesetz festgelegten Aufstockungsbeitrag zur Höherversicherung in der gesetzlichen Rentenversicherung.

b) Steuerrechtliche Behandlung

Die steuerliche Behandlung der Lohnzahlungen für den Zeitraum der Freistellung von der Arbeit bereitet keine Probleme. Denn bei der Lohnsteuer gilt das Zuflussprinzip. Das bedeutet, dass der in der Freizeitphase weitergezahlte Arbeitslohn dem Lohnsteuerabzug nach den allgemein geltenden Grundsätzen unterliegt.

Gibt der Arbeitnehmer ab Beginn der Freistellungsphase seinen inländischen Wohnsitz auf und verzieht ins Ausland, so wird gleichwohl die Zuteilung des Besteuerungsrechts nach demjenigen Artikel des jeweils anzuwendenden Doppelbesteuerungsabkommens vorgenommen, der für „unselbständige Arbeit" gilt, weil die Zahlungen aus einer früheren Arbeitnehmertätigkeit herrühren. Damit bleibt das Besteuerungsrecht bei der Bundesrepublik Deutschland (vgl. „Doppelbesteuerungsabkommen").

c) Sozialversicherungsrechtliche Behandlung

Sozialversicherungsrechtlich besteht für den gesamten Zeitraum der Vereinbarung über die Altersteilzeit – also auch in der Freizeitphase – ein durchgängiger Versicherungsschutz. Denn das Gesetz zur sozialrechtlichen Absicherung flexibler Arbeitszeitregelungen (sog. Flexigesetz) – das grundsätzlich auch auf Altersteilzeitabreden nach dem Altersteilzeitgesetz anwendbar ist – stellt sicher, dass in Fällen der Vereinbarung von Arbeitszeitkonten der Schutz in der gesetzlichen Kranken-, Pflege-, Renten- und Arbeitslosenversicherung sowohl in den Phasen mit Arbeitsleistung (Ansparphase) als auch in den Phasen der Freistellung (Freizeitphase) aufrechterhalten wird. **Danach liegt auch während der Freizeitphase eine Beschäftigung gegen Entgelt im Sinne des Sozialversicherungsrechts vor.** Der Gesetzgeber hat dies dadurch erreicht, dass er die **Fälligkeit** der Beiträge für die angesparten Löhne und Gehälter auf die Freizeitphase verschoben hat.

d) Beitragsverfahren für Störfälle

Für den Fall, dass es bei der Altersteilzeit im sog. Blockmodell zu einer vorzeitigen Beendigung der Altersteilzeitvereinbarung kommt (sog. Störfall), sind vom Wertguthaben Sozialversicherungsbeiträge zu zahlen. Dabei gilt eine unterschiedliche beitragsrechtliche Behandlung des Wertguthabens für die Rentenversicherung einerseits und die Kranken-, Pflege- und Arbeitslosenversicherung andererseits. Außerdem wird zwischen Alt- und Neufällen (= Beginn der Altersteilzeit ab 1. Juli 2004) unterschieden. Die Spitzenverbände der Sozialversicherung haben sowohl für Altfälle als auch für Neufälle ein umfangreiches gemeinsames Rundschreiben unter dem Datum vom 6. 9. 2001 bzw. 9. 3. 2004 herausgegeben. Auf die ausführlichen Erläuterungen in diesen Rundschreiben wird Bezug genommen*).

8. Überlassung eines Firmenwagens als Aufstockungsbetrag beim Blockmodell

Wie bereits vorstehend unter Nr. 4 ausgeführt, berechnet sich der Aufstockungsbetrag seit 1. Juli 2004 in Höhe von 20 % nach dem für die Altersteilzeit gezahlten Regelarbeitsentgelt, wobei die Aufstockung auch weitere Entgeltbestandteile umfassen kann (z. B. Sachbezüge, sonstige geldwerte Vorteile). Hierzu gehört auch die Überlassung eines Firmenwagens zur privaten Nutzung und zu Fahrten zwischen Wohnung und Arbeitsstätte.

Zur Frage, ob auch Sachbezüge – z. B. der Wert der Privatnutzung eines Firmenwagens – in der Freistellungsphase der Altersteilzeit im Blockmodell **als Aufstockungsbetrag** angesehen werden können, gilt Folgendes:

Bei Sachbezügen, die der Arbeitnehmer während der Freistellungsphase im Blockmodell erhält, handelt es sich um Arbeitsentgelt, das für die Erbringung der Arbeitsleistung im Rahmen der Altersteilzeit geschuldet wird und daher selbst als Arbeitsentgelt für die Altersteilzeit im Sinne des § 3 Abs. 1 Nr. 1 a Altersteilzeitgesetz der Aufstockungspflicht unterliegt. Deshalb können Zuwendungen dieser Art logischerweise nicht selbst Aufstockungsbeträge sein. Ein geldwerter Vorteil, der einem Arbeitnehmer dadurch entsteht, dass ihm der Arbeitgeber einen Firmenwagen zur privaten Nutzung in der Freistellungsphase des Blockmodells überlässt, kann jedoch dann als Aufstockungsbetrag im Sinne des Altersteilzeitgesetzes angesehen werden, wenn in der vertraglichen Abrede ausdrücklich geregelt ist, dass der Aufstockungsbetrag ganz oder teilweise nicht in Geld, sondern in Form von Sachbezügen gewährt werden soll.

Für diese Fälle wurde in R 3.28 Abs. 3 Satz 5 LStR klargestellt, dass Aufstockungsbeträge, die in Form von Sachbezügen gewährt werden, nach § 3 Nr. 28 EStG steuerfrei sind, wenn die Aufstockung betragsmäßig in Geld festgelegt und außerdem vereinbart ist, dass der Arbeitgeber an Stelle der Geldleistung wertgleiche Sachbezüge erbringen darf. Der Wert des Sachbezugs ist nach den steuerlichen Bewertungsregeln zu ermitteln, z. B. die private Nutzung des Firmenwagens nach der sog. 1-%-Methode (vgl. das Stichwort „Firmenwagen zur privaten Nutzung").

Nach R 3.28 Abs. 3 Satz 5 LStR reicht also allein die Regelung im Altersteilzeitvertrag, den Betroffenen bei sog. Blockmodellen den Anspruch auf Nutzungsüberlassung des Dienstwagens für Privatfahrten auch für die Dauer der Freistellungsphase einzuräumen, für eine Steuerfreistellung der Fahrzeuggestellung nicht aus.

---

*) Die elektronische Fassung des Lexikons für das Lohnbüro enthält neben den steuerlichen Rechtsgrundlagen auch die aktuellen Rundschreiben und Niederschriften der Spitzenverbände der Sozialversicherung. Eine Bestellkarte finden Sie vorne im Lexikon.

Altersteilzeit

9. Begrenzung des steuerfreien Aufstockungsbetrags auf 100% des Nettoarbeitslohns

Die meisten Tarifverträge sehen eine Aufstockung des Altersteilzeitarbeitsentgelts auf mehr als 70 % des bisher gezahlten Arbeitsentgelts vor (so z. B. in der Chemischen Industrie auf 85 % und im öffentlichen Dienst auf 83 % des bisherigen Arbeitsentgelts). Tarifvertragliche Regelungen zu einer Aufstockung auf über 100 % des bisher gezahlten Arbeitslohns sind bisher nicht bekannt geworden; sie soll es allerdings aufgrund von arbeitsrechtlichen Regelungen außerhalb der Tarifverträge geben. Für diese Fälle gilt Folgendes:

Aufstockungsbeträge sind auch steuerfrei, soweit sie über die im Altersteilzeitgesetz genannten Mindestbeträge hinausgehen (R 3.28 Abs. 3 Satz 1 LStR). Die Steuerfreiheit ist aber auf einen Aufstockungsbetrag begrenzt, der zusammen mit dem Nettolohn für die Altersteilzeitarbeit 100 % des Nettolohns ohne Altersteilzeit nicht übersteigt. Für den steuerfreien Höchstbetrag ist das individuelle Netto des jeweiligen Lohnzahlungszeitraums maßgebend, also unter Berücksichtigung von z. B. Tariflohnerhöhungen und von auf der Lohnsteuerkarte eingetragenen Freibeträgen. Die Finanzverwaltung hat also in R 3.28 Abs. 3 LStR festgelegt, dass Aufstockungsbeträge nur insoweit steuerfrei sind, soweit sie zusammen mit dem während der Altersteilzeit bezogenen Nettoarbeitslohn monatlich 100 % des maßgebenden Arbeitslohns nicht übersteigen. Maßgebend ist bei **laufendem** Arbeitslohn der Nettoarbeitslohn, den der Arbeitnehmer im jeweiligen Lohnzahlungszeitraum ohne Altersteilzeit üblicherweise erhalten hätte; unangemessene Erhöhungen vor oder während der Altersteilzeit sind dabei nicht zu berücksichtigen.

Die Hinweise zu R 3.28 LStR enthalten zur Berechnung der **100-%-Grenze** bei **laufend** gezahlten Aufstockungsbeträgen folgendes Berechnungsbeispiel:

Beispiel A

Ein Arbeitnehmer mit einem monatlichen Vollzeit-Bruttogehalt in Höhe von 8 750 € nimmt von der Vollendung des 62. bis zur Vollendung des 64. Lebensjahrs Altersteilzeit in Anspruch. Danach scheidet er aus dem Arbeitsverhältnis aus.

Der Mindestaufstockungsbetrag nach § 3 Abs. 1 Nr. 1 Buchst. a Altersteilzeitgesetz beträgt 875 €. Der Arbeitgeber gewährt eine weitere freiwillige Aufstockung in Höhe von 3 000 € (Aufstockungsbetrag insgesamt 3 875 €). Der steuerfreie Teil des Aufstockungsbetrags ist wie folgt zu ermitteln:

a) Ermittlung des maßgebenden Arbeitslohns

Bruttoarbeitslohn bei fiktiver Vollarbeitszeit	8 750 €
gesetzliche Abzüge (Lohnsteuer, Solidaritätszuschlag, Kirchensteuer, Sozialversicherungsbeiträge)	3 750 €
ergibt einen maßgebenden Nettoarbeitslohn von	**5 000 €**

b) Vergleichsberechnung

Bruttoarbeitslohn bei Altersteilzeit (50 % von 8 750 €)	4 375 €
gesetzliche Abzüge (Lohnsteuer, Solidaritätszuschlag, Kirchensteuer, Sozialversicherungsbeiträge, z. B.)	1 725 €
Zwischensumme	2 650 €
zuzüglich Mindestaufstockungsbetrag	875 €
zuzüglich freiwilliger Aufstockungsbetrag	3 000 €
Nettoarbeitslohn	**6 525 €**

Durch den freiwilligen Aufstockungsbetrag von 3 000 € ergäbe sich ein Nettoarbeitslohn bei Altersteilzeit, der den maßgebenden Nettoarbeitslohn um 1 525 € übersteigen würde. Demnach sind steuerfrei:

Mindestaufstockungsbetrag		875 €
zuzüglich freiwilliger Aufstockungsbetrag	3 000 €	
abzüglich steuerpflichtiger Teil	1 525 €	1 475 €
ergibt einen steuerfreien Aufstockungsbetrag von		**2 350 €**

c) Abrechnung des Arbeitgebers

Bruttoarbeitslohn bei Altersteilzeit	4 375 €
zuzüglich steuerpflichtiger Aufstockungsbetrag	1 525 €
ergibt einen steuerpflichtigen Arbeitslohn von	5 900 €
gesetzliche Abzüge (Lohnsteuer, Solidaritätszuschlag, Kirchensteuer, Sozialversicherungsbeiträge, z. B.)	2 300 €
verbleibende Zwischensumme	3 600 €
zuzüglich steuerfreier Aufstockungsbetrag	2 350 €
ergibt einen Nettoarbeitslohn von	**5 950 €**

Werden **sonstige Bezüge** (einmalige Zuwendungen) gezahlt, so ist für die Prüfung der 100-%-Grenze anhand des maßgebenden Nettoarbeitslohns, den der Arbeitnehmer im jeweiligen Lohnzahlungszeitraum ohne Altersteilzeit üblicherweise erhalten hätte, auf den voraussichtlichen Jahres**netto**arbeitslohn unter Einbeziehung der sonstigen Bezüge bei einer unterstellten Vollzeitbeschäftigung abzustellen. Unangemessene Erhöhungen vor oder während der Altersteilzeit sind dabei nicht zu berücksichtigen. Der voraussichtliche Jahresnettoarbeitslohn ist dabei nach den gleichen Grundsätzen zu ermitteln, wie sie auch für die Besteuerung sonstiger Bezüge gelten. Auf das Berechnungsschema beim Stichwort „Sonstige Bezüge" unter Nr. 5 auf Seite 662 wird Bezug genommen.

Die Hinweise zu R 3.28 LStR enthalten zur Berechnung der 100-%-Grenze bei der Zahlung eines Aufstockungsbetrags in der Form eines sonstigen Bezugs folgendes Berechnungsbeispiel:

Beispiel B

Ein Arbeitnehmer in Altersteilzeit hätte bei einer Vollzeitbeschäftigung Anspruch auf ein monatliches Bruttogehalt in Höhe von 4 000 € sowie im März auf einen sonstigen Bezug (Ergebnisbeteiligung) in Höhe von 1 500 € (brutto).

Nach dem Altersteilzeitvertrag werden folgende Beträge gezahlt:

– laufendes Bruttogehalt	2 000 €
– laufende steuerfreie Aufstockung (einschließlich freiwilliger Aufstockung des Arbeitgebers)	650 €
– Brutto-Ergebnisbeteiligung (50 % der vergleichbaren Vergütung auf Basis einer Vollzeitbeschäftigung)	750 €
– Aufstockungsleistung auf die Ergebnisbeteiligung	750 €

a) Ermittlung des maßgebenden Arbeitslohns

jährlich laufender Bruttoarbeitslohn bei fiktiver Vollarbeitszeitbeschäftigung	48 000 €
+ sonstiger Bezug bei fiktiver Vollzeitbeschäftigung	1 500 €
./. gesetzliche jährliche Abzüge (Lohnsteuer, Solidaritätszuschlag, Kirchensteuer, Sozialversicherungsbeiträge, z. B.)	18 100 €
= maßgebender Jahresnettoarbeitslohn	31 400 €

b) Vergleichsberechnung

jährlich laufender Bruttoarbeitslohn bei Altersteilzeit	24 000 €
+ steuerpflichtiger sonstiger Bezug bei Altersteilzeit	750 €
./. gesetzliche jährliche Abzüge (Lohnsteuer, Solidaritätszuschlag, Kirchensteuer, Sozialversicherungsbeiträge, z. B.)	6 000 €
= Zwischensumme	18 750 €
+ Aufstockung Ergebnisbeteiligung	750 €
+ steuerfreie Aufstockung (12 × 650 €)	7 800 €
= Jahresnettoarbeitslohn	27 300 €

Durch die Aufstockung des sonstigen Bezugs wird der maßgebende Jahresnettoarbeitslohn von 31 400 € nicht überschritten. Demnach kann die Aufstockung des sonstigen Bezugs (im Beispiel: Aufstockung der Ergebnisbeteiligung) in Höhe von 750 € insgesamt steuerfrei bleiben.

10. Steuerfreiheit des Aufstockungsbetrags bei Störfällen

Altersteilzeit im gesetzlichen Sinne liegt nur dann vor, wenn die Vereinbarung zur Altersteilzeit zumindest bis zu einem Zeitpunkt reicht, zu dem der Arbeitnehmer eine Altersrente beanspruchen kann. Der frühestmögliche Zeitpunkt, zu dem eine Altersrente in Anspruch genommen werden kann, ist die Vollendung des 60. Lebensjahrs. Vereinbarungen, die eine nur **befristete Altersteilzeit**, z. B. vom 55. bis zum 58. Lebensjahr, vorsehen und von einer anschließenden Freisetzung oder Arbeitslosigkeit bis zum Rentenbeginn ausgehen, erfüllen diese Voraussetzungen **nicht** und können deshalb weder

Altersteilzeit

durch einen Zuschuss des Arbeitsamtes gefördert werden noch die Steuerfreiheit für den Aufstockungsbetrag beanspruchen.

Die Frage nach der Steuerfreiheit der Aufstockungsbeträge stellt sich auch in den Fällen der Blockzeitmodelle, in denen ein **an sich beabsichtigter Übergang** zur Altersrente durch einen sog. Störfall entfällt. Solche Störfälle sind insbesondere der Tod des Arbeitnehmers oder der Eintritt der Erwerbsunfähigkeit. In R 3.28 Abs. 2 LStR ist hierzu festgelegt worden, dass sich durch eine vorzeitige Beendigung der Altersteilzeit (Störfall) der Charakter der bis dahin erbrachten Arbeitgeberleistungen nicht ändert, weil das Altersteilzeitgesetz keine Rückzahlung vorsieht. Die Steuerfreiheit der Aufstockungsbeträge bleibt daher bis zum Eintritt des Störfalls erhalten.

Zahlt der Arbeitgeber bei den sog. Störfällen aufgrund der Auflösung der in der Arbeitsphase angesparten und in der Freistellungsphase noch nicht verbrauchten Wertguthaben im Sinne der Sozialversicherung Beiträge zur Renten-, Arbeitslosen-, Kranken- oder Pflegeversicherung nach (vgl. die Erläuterungen unter der vorstehenden Nr. 7 Buchstabe d), so sind die Beitragsanteile des Arbeitgebers nach § 3 Nr. 62 EStG steuerfrei*).

Ist das Arbeitszeitguthaben über zwei Jahre angespart worden und wird es in einer Summe ausgezahlt, handelt es sich um Arbeitslohn für mehrere Jahre, der nach der sog. Fünftelregelung ermäßigt besteuert wird (vgl. die Stichwörter „Arbeitslohn für mehrere Jahre" und „Sonstige Bezüge" unter Nr. 6 auf Seite 663)*).

Beispiel
Ein Arbeitnehmer wechselt mit vollendetem 55. Lebensjahr in die Altersteilzeit und zwar in das sog. Blockmodell (volle Arbeitszeit bis 60 Jahre und Freistellung bis 65 Jahre für angenommene 50 % des bisherigen Bruttoarbeitsentgelts zuzüglich 20 % Aufstockungsbetrag). Mit 58 Jahren verstirbt er.
Die in den ersten drei Jahren gezahlten Aufstockungsbeträge bleiben steuerfrei (mit Progressionsvorbehalt). Der anlässlich des Todes an den Rechtsnachfolger nachgezahlte Arbeitslohn (für 3 Jahre 300 % Arbeitszeit abzüglich 210 % Arbeitslohn = 90 %) ist lohnsteuerpflichtig. Er ist allerdings als Arbeitslohn für mehrere Jahre nach der sog. Fünftelregelung ermäßigt zu versteuern.

Endet das Arbeitsverhältnis durch den Tod des Arbeitnehmers, so richtet sich die Lohnsteuer nach den Besteuerungsmerkmalen des Erben. Dieser hat für den Lohnsteuerabzug eine eigene Lohnsteuerkarte vorzulegen. Bei der Nachzahlung handelt es sich jedoch nicht um einen Versorgungsbezug, sondern um Arbeitslohn, den der verstorbene Arbeitnehmer bereits verdient hat. Der Versorgungsfreibetrag ist deshalb nicht anwendbar. Auf die Erläuterungen beim Stichwort „Rechtsnachfolger" wird Bezug genommen.

11. Altersteilzeit und steuerfreie Zuschläge für Sonntags-, Feiertags- und Nachtarbeit

a) Steuerfreiheit für zeitversetzt gezahlte Zuschläge für Sonntags-, Feiertags- und Nachtarbeit

Bei der Bildung von Arbeitszeitkonten – z. B. im Rahmen von Altersteilzeit im Blockmodell – werden zur Bildung des Wertguthabens häufig neben steuerpflichtigen Lohnbestandteilen auch nach § 3b EStG steuerfreie Zuschläge verwendet. Dieses Wertguthaben wird während der Freistellungsphase an den Arbeitnehmer ausbezahlt. In diesem Fall bleibt die Steuerfreiheit von Zuschlägen für Sonntags-, Feiertags- oder Nachtarbeit auch bei der zeitversetzten Auszahlung grundsätzlich erhalten. Voraussetzung ist jedoch, dass vor der Leistung der begünstigten Arbeit vereinbart wird, dass ein steuerfreier Zuschlag – ggf. teilweise – als Wertguthaben auf ein Arbeitszeitkonto genommen und getrennt ausgewiesen wird (R 3b Abs. 8 LStR).

Werden die auf Arbeitszeitkonten gutgeschriebenen Zuschläge für Sonntags-, Feiertags- und Nachtarbeit **verzinst,** so kann die Verzinsung nicht ebenfalls als steuerfreier Zuschlag behandelt, sondern muss getrennt von den steuerfreien Zuschlägen gesondert erfasst werden. Denn nach § 3b EStG sind nur Zuschläge, die für **tatsächlich geleistete Sonntags-, Feiertags- oder Nachtarbeit** neben dem Grundlohn gezahlt werden, innerhalb bestimmter Grenzen steuerfrei. Werden diese Zuschläge im Rahmen der Altersteilzeit – ggf. teilweise – auf ein Zeitkonto genommen und wegen der Auszahlung in der Freistellungsphase verzinst, **so hat die Verzinsung ihre alleinige Ursache in der späteren Auszahlung.** Sie stellt folglich keine Vergütung für tatsächlich geleistete Sonntags-, Feiertags- oder Nachtarbeit dar, so dass § 3b EStG nicht anzuwenden ist. Die gezahlten Zinsen sind deshalb steuerpflichtiger Arbeitslohn**).

b) Ermittlung des Grundlohns für steuerfreie Zuschläge bei Sonntags-, Feiertags- und Nachtarbeit während der Altersteilzeit

Die Steuerfreiheit von Sonntags-, Feiertags- und Nachtarbeitszuschlägen bestimmt sich nach dem steuerlichen Grundlohn, auf den die vom Gesetzgeber für die begünstigten Arbeiten unterschiedlich festgelegten Zuschlagssätze anzuwenden sind. Auf die Erläuterungen beim Stichwort „Zuschläge für Sonntags-, Feiertags- und Nachtarbeit" wird Bezug genommen. Unter dem Grundlohn ist dabei der auf eine Arbeitsstunde entfallende Anspruch auf laufenden Arbeitslohn zu verstehen, den ein Arbeitnehmer im jeweiligen Monat aufgrund seiner regelmäßigen Arbeitszeit erwirbt. Für Arbeitnehmer mit Altersteilzeitarbeit hätte diese Definition zur Folge, dass sich ein entsprechend reduzierter Grundlohn und damit geringere steuerfreie Zuschläge ergeben würden. Um diese Benachteiligung gegenüber Vollzeitarbeitskräften zu vermeiden, legen die Lohnsteuer-Richtlinien fest, dass **bei einer Beschäftigung nach dem Altersteilzeitgesetz für die Grundlohnberechnung eine Vollzeitbeschäftigung zu unterstellen ist.** Dadurch kann die Altersteilzeitkraft in gleichem Umfang steuerfreie Zuschläge für Sonntags-, Feiertags- oder Nachtarbeit erhalten wie ein vollbeschäftigter Arbeitnehmer (R 3b Abs. 2 Nr. 5 LStR).

12. Steuerliche Behandlung von Zahlungen, die zum Ausgleich von Abschlägen bei der Rente verwendet werden (§ 187a SGB VI)

Die vorzeitige Inanspruchnahme einer Altersrente nach Altersteilzeit kann zu **Abschlägen bei der Rente** führen. Damit die sich aufgrund der längeren Rentenbezugsdauer ergebende Minderung der monatlichen Rente ausgeglichen werden kann, wird den Versicherten, die die Altersrente vorzeitig in Anspruch nehmen wollen das Recht eingeräumt, zusätzliche Beiträge zu leisten (§ 187a SGB VI).

Durch tarifliche oder innerbetriebliche Regelungen – z. B. durch eine Übernahme bzw. Erstattung der Beiträge durch den Arbeitgeber – kann eine finanzielle Belastung der Arbeitnehmer bzw. Rentner vermieden oder verringert werden.

Insbesondere können und sollen nach den Vorstellungen des Gesetzgebers Sozialplanmittel oder **Abfindungen** für die Beitragszahlungen zum Ausgleich der Rentenminde-

---

*) BMF-Schreiben vom 28. 3. 2000 (nicht im Bundessteuerblatt veröffentlicht). Das BMF-Schreiben ist als Anlage 1 zu H 3.28 LStR im **Steuerhandbuch für das Lohnbüro 2010** abgedruckt, das im selben Verlag erschienen ist. Das **PC-Lexikon** für das Lohnbüro 2010 enthält u. a. dieses Handbuch und hat außerdem den Vorteil, dass Sie **alle BFH-Urteile** sowie die aktuellen Rundschreiben und Niederschriften der Spitzenverbände der **Sozialversicherung** mit Mausklick **im Volltext** abrufen und ausdrucken können. Eine Bestellkarte finden Sie vorne im Lexikon.

) BMF-Schreiben vom 27. 4. 2000 (nicht im Bundessteuerblatt veröffentlicht). Das BMF-Schreiben ist als Anlage 2 zu H 3.28 LStR im **Steuerhandbuch für das Lohnbüro 2010 abgedruckt, das im selben Verlag erschienen ist. Das **PC-Lexikon** für das Lohnbüro 2010 enthält u. a. dieses Handbuch und hat außerdem den Vorteil, dass Sie **alle BFH-Urteile** sowie die aktuellen Rundschreiben und Niederschriften der Spitzenverbände der **Sozialversicherung** mit Mausklick **im Volltext** abrufen und ausdrucken können. Eine Bestellkarte finden Sie vorne im Lexikon.

Altersteilzeit

rungen eingesetzt werden. Diese Ausgleichsbeträge werden bei der Abfindungsanrechnung nach dem Arbeitsförderungsgesetz nicht auf das Arbeitslosengeld angerechnet.

Für die steuerliche Behandlung solcher Arbeitgeberleistungen gilt Folgendes:

Nach § 3 Nr. 28 EStG sind Zahlungen des Arbeitgebers zur Übernahme von Beiträgen im Sinne des § 187 a SGB VI **steuerfrei,** soweit die Zahlungen des Arbeitgebers **50 % der Beiträge** nicht übersteigen. Die Steuerfreiheit ist also auf die Hälfte der insgesamt geleisteten zusätzlichen Rentenversicherungsbeiträge begrenzt, da auch Pflichtbeiträge des Arbeitgebers zur gesetzlichen Rentenversicherung nur in Höhe des halben Gesamtbetrags steuerfrei sind. Die Berechtigung zur Zahlung solcher Beiträge und damit die Steuerfreistellung setzen voraus, dass der Versicherte erklärt, eine solche Rente zu beanspruchen.

Der verbleibende steuerpflichtige Teil der vom Arbeitgeber übernommenen Rentenversicherungsbeiträge ist im Grundsatz eine **Entlassungsabfindung,** die bei einer Auszahlung nach dem 31.12.2007 zwar steuerpflichtig ist, aber unter Anwendung der sog. Fünftelregelung ermäßigt besteuert werden kann, wenn die hierfür erforderlichen Voraussetzungen vorliegen (vgl. die Erläuterungen beim Stichwort „Abfindung wegen Entlassung aus dem Dienstverhältnis").

Leistet der Arbeitgeber diese Beiträge in Teilbeträgen, so ist dies im Grundsatz für die Anwendung der sog. Fünftelregelung schädlich, da keine Zusammenballung von Einkünften vorliegt. Der Arbeitgeber darf deshalb beim Lohnsteuerabzug die Fünftelregelung nicht anwenden. Für den Arbeitnehmer gilt Folgendes:

Aufgrund bundeseinheitlicher Verwaltungsanweisung*) wird aus Billigkeitsgründen eine Ratenzahlung bei den zusätzlich vom Arbeitgeber geleisteten Rentenversicherungsbeiträgen als unschädlich für die Anwendung der Fünftelregelung auf den Einmalbetrag angesehen. Eine dem Arbeitnehmer **zusätzlich** zu den ratenweise geleisteten Rentenversicherungsbeiträgen zugeflossene Entlassungsabfindung (Einmalbetrag) kann deshalb **auf Antrag des Arbeitnehmers** unter Anwendung der Fünftelregelung ermäßigt besteuert werden.

13. Rückzahlung von Arbeitslohn bei rückwirkender Inanspruchnahme von Altersteilzeit

Es kommt vor, dass die genaue Berechnung des aufgrund der Altersteilzeit verminderten Arbeitslohns einige Zeit in Anspruch nimmt und vorerst vom Arbeitgeber der ungekürzte Arbeitslohn weitergezahlt wird. Wenn sich dies über den Jahreswechsel hinzieht und die Lohnsteuerbescheinigung für das vergangene Kalenderjahr bereits ausgeschrieben ist, kommt es zur Rückzahlung von versteuertem Arbeitslohn und zur Nachzahlung von steuerfreiem Arbeitslohn. Eine Verrechnung des zurückgezahlten steuerpflichtigen Arbeitslohns mit dem nachgezahlten steuerfreien Arbeitslohn ist nicht möglich**). Wie ein solcher Vorgang bei der Lohnabrechnung abgewickelt wird, soll an einem Beispiel verdeutlicht werden:

Beispiel

Ein Arbeitnehmer mit einem Arbeitslohn von 6000 € beantragt ab 1. November 2009 Altersteilzeit im sog. Blockmodell. Die Ermittlung der genauen Bemessungsgrundlage für den ab 1. November 2009 verminderten Arbeitslohn nimmt einige Zeit in Anspruch. Deshalb steht erst im April 2010 fest, dass der Arbeitslohn ab 1. November 2009 monatlich 3000 € beträgt und der Arbeitnehmer einen steuerfreien Aufstockungsbetrag von (20 % aus 3000 € =) 600 € erhält. Der Arbeitgeber hat vorerst den Arbeitslohn in der bisherigen Höhe weitergezahlt. Im April 2010 muss der Arbeitnehmer den zu viel gezahlten Arbeitslohn für November 2009 bis März 2010 in Höhe von (5 × 3000 € =) 15 000 € zurückzahlen und erhält gleichzeitig eine Nachzahlung von steuerfreiem Arbeitslohn in Höhe von (5 × 600 € =) 3000 €. Wenn die Lohnsteuerbescheinigung für das Kalenderjahr 2009 bereits ausgeschrieben wurde, stellt sich die Frage, wie für die Monate November und Dezember zurückgezahlte Arbeitslohn abrechnungstechnisch zu behandeln ist. Für das Kalenderjahr 2009 wurden zurückgezahlt:

	Lohn-steuer-pflichtig	Sozial-versich.-pflichtig
zu viel gezahlter Monatslohn	3 000,— €	
abzüglich nachgezahlter steuerfreier Aufstockungsbetrag	600,— €	
verbleiben	2 400,— €	
für 2 Monate (2 × 2400 € =)	4 800,— €	

Nach bundeseinheitlich geltender Auffassung der Finanzverwaltung**) liegt in Höhe von (2 × 2400 € =) 4800 € die Rückzahlung von steuerpflichtigem Arbeitslohn vor, die nach den hierfür geltenden Grundsätzen zu behandeln ist. Das bedeutet, dass der Betrag von 4800 € im Kalenderjahr 2010 vom steuerpflichtigen Arbeitslohn zu kürzen ist, wie dies beim Stichwort „Rückzahlung von Arbeitslohn" anhand eines Beispiels dargestellt ist.

Die für das Kalenderjahr 2009 nachgezahlten steuerfreien Aufstockungsbeträge in Höhe von (2 × 600 € =) 1200 € wirken sich auf die Lohnabrechnung im Kalenderjahr 2010 nicht aus. Sie führen allerdings dazu, dass sich der für das Kalenderjahr 2009 bescheinigte steuerpflichtige Jahresarbeitslohn um 1200 € vermindert. Wenn der steuerpflichtige Jahresarbeitslohn in der Lohnsteuerbescheinigung für das Kalenderjahr 2009 nicht mehr geändert werden kann, muss der Arbeitgeber dem Arbeitnehmer eine gesonderte Bescheinigung erteilen, damit der Arbeitnehmer die Steuerfreiheit noch im Veranlagungsverfahren beantragen kann. Folgende Gestaltung der Bescheinigung wäre ausreichend:

Bestätigung zur Vorlage beim Finanzamt

Arbeitgeber:
Name der Firma: _____
Anschrift: _____

Arbeitnehmer:
Name, Vorname: _____
Anschrift: _____

Zur Vorlage beim Finanzamt wird bestätigt, dass im steuerpflichtigen Bruttoarbeitslohn, der dem o. a. Arbeitnehmer in Zeile 3 seiner Lohnsteuerbescheinigung für das Kalenderjahr 2009 bescheinigt worden ist, steuerfreie Aufstockungsbeträge nach dem Altersteilzeitgesetz in Höhe von 1200 € enthalten sind.

_____ _____
Ort, Datum   Unterschrift des Arbeitgebers

Das Finanzamt des Arbeitnehmers wird aufgrund dieser Bescheinigung den steuerpflichtigen Jahresarbeitslohn bei der Veranlagung um 1200 € kürzen und die steuerfreien Aufstockungsbeträge in den Progressionsvorbehalt einbeziehen.

14. Steuerfreiheit von Aufstockungsbeträgen während der Arbeitsunfähigkeit

Nachdem in der Praxis Fälle bekannt geworden sind, in denen Finanzämter Aufstockungsbeträge, die bei Altersteilzeit während der Arbeitsunfähigkeit anstelle der sonst zu zahlenden Krankengeldzuschüsse gewährt werden, als steuerpflichtigen Arbeitslohn behandelt haben, hat das Bundesministerium der Finanzen klargestellt, dass derartige Leistungen steuer- und damit beitragsfrei in der Sozialversicherung sind***). Da die Leistungen als steuerfreie Aufstockungsbeträge anzusehen sind, unterliegen

---

*) BMF-Schreiben vom 24. 5. 2004, BStBl. I S. 505. Das BMF-Schreiben ist als Anlage zu § 34 EStG im **Steuerhandbuch für das Lohnbüro 2010** abgedruckt, das im selben Verlag erschienen ist. Das **PC-Lexikon** für das Lohnbüro 2010 enthält auch dieses Handbuch und hat außerdem den Vorteil, dass Sie **alle BFH-Urteile** sowie die aktuellen Rundschreiben und Niederschriften der Spitzenverbände der **Sozialversicherung** mit Mausklick **im Volltext** abrufen und ausdrucken können. Eine Bestellkarte finden Sie vorne im Lexikon.

) Bundeseinheitliche Regelung z. B. Verfügung der OFD Erfurt vom 23. 8. 2000. Die Verfügung der OFD Erfurt ist als Anlage 4 zu H 3.28 LStR im **Steuerhandbuch für das Lohnbüro 2010 abgedruckt, das im selben Verlag erschienen ist. Das **PC-Lexikon** für das Lohnbüro 2010 enthält auch dieses Handbuch und hat außerdem den Vorteil, dass Sie **alle BFH-Urteile** sowie die aktuellen Rundschreiben und Niederschriften der Spitzenverbände der **Sozialversicherung** mit Mausklick **im Volltext** abrufen und ausdrucken können. Eine Bestellkarte finden Sie vorne im Lexikon.

***) BMF-Schreiben vom 27. 4. 2001 Az.: IV C 5 – S 2333 – 21/01 (nicht im Bundessteuerblatt veröffentlicht). Das BMF-Schreiben ist als Anlage 5 zu H 3.28 LStR im **Steuerhandbuch für das Lohnbüro 2010** abgedruckt, das im selben Verlag erschienen ist. Das **PC-Lexikon** für das Lohnbüro 2010 enthält auch dieses Handbuch und hat außerdem den Vorteil, dass Sie **alle BFH-Urteile** sowie die aktuellen Rundschreiben und Niederschriften der Spitzenverbände der **Sozialversicherung** mit Mausklick **im Volltext** abrufen und ausdrucken können. Eine Bestellkarte finden Sie vorne im Lexikon.

Altersvermögensgesetz

	Lohn-steuer-pflichtig	Sozial-versich.-pflichtig

sie allerdings dem sog. Progressionsvorbehalt und erhöhen auf diese Weise den Steuersatz auf das steuerpflichtige Einkommen (vgl. das Stichwort „Progressionsvorbehalt").

15. Keine Kürzung der Werbungskosten wegen steuerfreier Aufstockungsbeträge

Da vermehrt Fälle aufgetreten sind, in denen die Finanzämter Arbeitnehmern in Altersteilzeit wegen der **steuerfreien Aufstockungsbeträge** die Werbungskosten (z.B. Entfernungspauschale für die Wege zwischen Wohnung und Arbeitsstätte) anteilig gekürzt haben (§ 3c Abs. 1 EStG), hat die Finanzverwaltung darauf hingewiesen, dass bei einer steuerfreien Zahlung von Aufstockungsbeträgen in Altersteilzeitfällen **keine Werbungskostenkürzung** vorzunehmen ist, weil die Aufwendungen nicht in einem unmittelbaren wirtschaftlichen Zusammenhang mit den steuerfreien Aufstockungsbeträgen stehen. Um nämlich einen solchen unmittelbaren wirtschaftlichen Zusammenhang annehmen zu können, muss eine erkennbare und abgrenzbare Beziehung zwischen den steuerfreien Einnahmen und Ausgaben vorhanden sein. Dies ist hier aber eindeutig nicht der Fall (Verfügung der Oberfinanzdirektion Hannover vom 20.3.2008 S 2350 – 118 – StO 217).

16. Meldepflichten bei Altersteilzeit

Der Übergang in die Altersteilzeit ist ein meldepflichtiger Tatbestand. Das bedeutet, dass der Arbeitnehmer mit dem Tag vor Beginn der Altersteilzeit abzumelden und mit dem Beginn wieder anzumelden ist. Zur Eintragung der Schlüsselzahlen bei der Abmeldung bzw. Anmeldung vgl. die ausführlichen Erläuterungen zu den Meldepflichten des Arbeitgebers in **Anhang 15** des Lexikons. In den Entgeltmeldungen während der Altersteilzeitarbeit ist das gesamte rentenpflichtige Arbeitsentgelt anzugeben.

Altersvermögensgesetz

siehe „Anhang 6"

Altersversorgung

siehe „Zukunftsicherung" und Anhang 6

Amateursportler

Es ist anhand aller Umstände des Einzelfalles zu entscheiden, ob eine Arbeitnehmertätigkeit vorliegt. Allerdings wird bei Personen, die einen Mannschaftssport betreiben (z. B. Fußball, Handball, Basketball, Volleyball oder Eishockey) eher eine Arbeitnehmertätigkeit in Betracht kommen als bei Einzelsportlern, wie z. B. Leichtathleten. Regelmäßig entlohnte Mannschaftssportler schulden dem Verein ihre Arbeitskraft, sind in den Organismus des Arbeitgebers eingegliedert und weisungsgebunden. In diesen Fällen liegt in aller Regel ein steuer- und beitragspflichtiges Arbeitsverhältnis vor.   ja   ja

Der Bundesfinanzhof hat hierzu im Urteil vom 23.10.1992 (BStBl. 1993 II S. 303) entschieden, dass der Sportverein Lohnsteuer von dem Arbeitslohn einbehalten muss, den er seinen Amateurspielern zahlt. In diesem Urteil wurde jedoch klargestellt, dass Arbeitslohn dann begrifflich nicht vorliegt, wenn die Vergütungen die mit der Ausübung des Sports zusammenhängenden Aufwendungen nur unwesentlich übersteigen.

Vergütungen, die Amateursportler für ihren Einsatz in der Werbung erhalten, sind Einkünfte aus Gewerbebetrieb und unterliegen als solche nicht dem Lohnsteuerabzug.   nein   nein

Die Zahlungen der Deutschen Sporthilfe an Leistungssportler unterliegen nicht dem Lohnsteuerabzug. Es handelt sich um wiederkehrende Bezüge i. S. d. § 22 EStG.   nein   nein

Zur steuer- und beitragsrechtlichen Behandlung von Berufssportlern vgl. dieses Stichwort.

Änderung der Beitragsberechnung

Bei einer Änderung der bisherigen Berechnung der Sozialversicherungsbeiträge ist zu unterscheiden, ob sich infolge der Änderung eine Beitragserstattung oder eine Nachforderung von Beiträgen ergibt.

1. Erstattung von Beiträgen

Zu viel berechnete und entrichtete Beiträge zur Kranken-, Pflege-, Renten- und Arbeitslosenversicherung können ohne besonderen Antrag vom Arbeitgeber mit den abzuführenden Beiträgen verrechnet werden, wenn

a) der Beginn des Zeitraumes, für den die Beiträge zu viel berechnet wurden, nicht mehr als **6 Kalendermonate** zurückliegt (für die Kranken-, Pflege-, Renten- und Arbeitslosenversicherung hat der Arbeitnehmer jeweils schriftlich zu erklären, dass kein Bescheid über eine Forderung eines Leistungsträgers vorliegt und seit Beginn des Erstattungszeitraumes Leistungen nicht gewährt wurden und die Rentenversicherungsbeiträge nicht als freiwillige Beiträge gelten sollen),

b) der Zeitraum, für den Beiträge zu viel berechnet wurden, nicht mehr als **24 Kalendermonate** zurückliegt und nur **Teile** von Beiträgen zu verrechnen sind, bzw. aus einem ggf. zu hohen Arbeitsentgelt bezahlte Beiträge Grundlage für die Bemessung von Geldleistungen waren.

Wegen weiterer Einzelheiten vgl. die ausführlichen Erläuterungen beim Stichwort „Erstattung von Sozialversicherungsbeiträgen".

2. Nachforderung von Beiträgen

Der Gesamtsozialversicherungsbeitrag ist in voller Höhe (Arbeitnehmer- und Arbeitgeberbeitragsanteil) vom Arbeitgeber zu zahlen (§ 28e Abs. 1 Satz 1 SGB IV). Er ist damit gleichzeitig Beitragsschuldner. In § 28g SGB IV wird das **Innenverhältnis** zwischen dem Arbeitgeber und seinem Beschäftigten geregelt. So hat der Arbeitgeber hiernach einen Anspruch auf den vom Beschäftigten zu tragenden Teil des Gesamtsozialversicherungsbeitrags. Diesen Anspruch darf der Arbeitgeber nur im Wege des Abzugs vom Arbeitsentgelt geltend machen. Nicht oder zu niedrig einbehaltene Pflichtbeiträge (Arbeitnehmeranteile) zur gesetzlichen Sozialversicherung können vom Arbeitnehmer **nur bei den drei nächsten Lohn- oder Gehaltszahlungen** nachgeholt werden (§ 28g Satz 3 SGB IV). Für alle weiter zurückliegenden Lohnzahlungszeiträume muss der Arbeitgeber auch hinsichtlich der Arbeitnehmeranteile selbst einstehen, es sei denn, **es trifft ihn kein Verschulden**. Das ist z.B. der Fall, wenn der Arbeitgeber den Beitragsabzug unterlassen hat, weil er vom Sozialversicherungsträger eine unrichtige Auskunft erhalten hat. Eine schuldlose nachträgliche Beitragsentrichtung liegt jedoch nicht schon dann vor, wenn der Arbeitgeber aus Rechtsirrtum den Abzug unterlassen hat. Den Arbeitgeber trifft hier also ein wesentlich höheres Risiko als beim Lohnsteuerabzug (vgl. die Ausführungen beim Stichwort „Änderung des Lohnsteuerabzugs"). Hat der Arbeitgeber den rechtzeitigen Beitragsabzug versäumt (z.B. weil er sich über die Beitragspflicht bestimmter Entgeltzahlungen nicht ausreichend informiert hat), dann muss er den auf den Arbeitnehmer entfallenden Beitragsteil selbst tragen; ein Rückgriffsrecht gegenüber dem Arbeitnehmer steht ihm nicht zu (auch nicht nach bürgerlichem Recht). Im Einzelnen vgl. hierzu die Erläuterungen beim Stichwort „Haftung des Arbeitgebers" unter Nr. 13 auf Seite 387.

Änderung der Lohnsteuerpauschalierung

Eine Ausnahme von dem Grundsatz, dass nicht oder zu niedrig einbehaltene Arbeitnehmeranteile nur bei den nächsten drei Lohnzahlungen nachgeholt werden können, hat der Gesetzgeber in § 28 g Sätze 3 und 4 SGB IV für folgende Fälle gemacht:
- Wenn der Arbeitnehmer seinen Pflichten, dem Arbeitgeber die zur Durchführung des Meldeverfahrens und der Beitragszahlung erforderlichen Angaben zu machen, **vorsätzlich oder grob fahrlässig nicht nachkommt**. Dem Arbeitgeber wird damit ein Rückgriffsrecht beim Arbeitnehmer außerhalb des Entgeltabzugs eingeräumt, und zwar auch dann noch, wenn das Beschäftigungsverhältnis bereits beendet ist.
- Soweit es sich um Beitragsanteile handelt, die **ausschließlich vom Arbeitnehmer zu tragen** sind. Damit sind z. B. die Beitragsanteile gemeint, die auf den in der Pflegeversicherung zu zahlenden **Beitragszuschlag für Kinderlose** entfallen (0,25 %).
- Solange der Arbeitnehmer **nur Sachbezüge** erhält.

3. Nachzahlung von Arbeitslohn

Wird Arbeitslohn für bereits abgerechnete Zeiträume nachgezahlt, ist auch die Beitragsberechnung entsprechend zu ändern (vgl. das Stichwort „Nachzahlung von laufendem Arbeitslohn").

Änderung der Lohnsteuerpauschalierung

Bei einer Änderung der Lohnsteuerpauschalierung durch den Arbeitgeber besteht gegenüber der Änderung der vom Arbeitslohn einbehaltenen Lohnsteuer ein gravierender Unterschied. Denn der Arbeitgeber kann die von ihm durchgeführte Pauschalierung der Lohnsteuer ändern, solange noch keine Festsetzungsverjährung eingetreten und der Vorbehalt der Nachprüfung für die abgegebenen Lohnsteuer-Anmeldungen noch nicht aufgehoben wurde. Die vom Arbeitslohn einbehaltene Lohnsteuer kann der Arbeitgeber hingegen nur so lange ändern, so lange er für den betreffenden Arbeitnehmer noch keine elektronische Lohnsteuerbescheinigung ausgeschrieben hat (vgl. die nachfolgenden Erläuterungen beim Stichwort „Änderung des Lohnsteuerabzugs").

Hiernach ergibt sich folgende Übersicht:

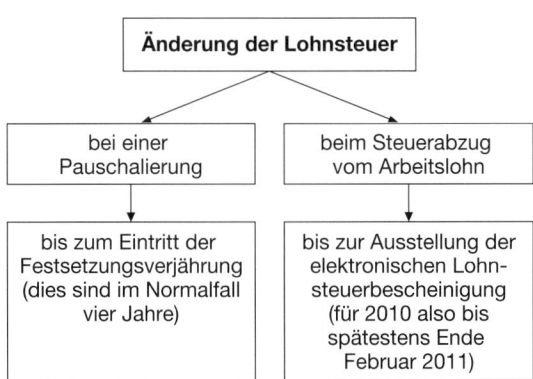

Für eine Änderung der Lohnsteuerpauschalierung gilt im Einzelnen Folgendes:

Die Lohnsteuer-Anmeldung ist eine Steuererklärung im Sinne des § 150 AO. Sie steht als Steueranmeldung einer Steuerfestsetzung unter dem Vorbehalt der Nachprüfung gleich (§§ 164, 168 AO). Der Vorbehalt der Nachprüfung bewirkt, dass die Steuerfestsetzung in Form der vom Arbeitgeber beim Betriebsstättenfinanzamt eingereichten Lohnsteuer-Anmeldung aufgehoben oder geändert werden kann, solange der Vorbehalt wirksam ist. Der **Arbeitgeber** kann also jederzeit die Aufhebung oder Änderung der Steuerfestsetzung in der Lohnsteuer-Anmeldung sowohl **zu seinen Gunsten** als auch zu seinen Ungunsten beantragen. Diese wichtige Vorschrift ermöglicht es dem Arbeitgeber, evtl. Fehler bei der Lohnabrechnung rückwirkend zu korrigieren. Es genügt hierfür, wenn er für die bereits abgelaufenen Anmeldungszeiträume eine **berichtigte Lohnsteuer-Anmeldung** abgibt. Handelt es sich um die vom Arbeitslohn einbehaltene Lohnsteuer des Arbeitnehmers, sind hierbei die beim Stichwort „Änderung des Lohnsteuerabzugs" dargestellten Grundsätze zu beachten, das heißt, eine Änderung ist nur möglich, wenn der Arbeitgeber die elektronische Lohnsteuerbescheinigung noch nicht ausgestellt hat. Handelt es sich hingegen um **pauschalierte Lohnsteuer,** ist die Abgabe einer berichtigten Lohnsteuer-Anmeldung solange möglich, solange der **Vorbehalt der Nachprüfung noch nicht aufgehoben wurde.** Der Vorbehalt der Nachprüfung wird bei Lohnsteuer-Anmeldungen regelmäßig so lange aufrechterhalten, bis bei dem Arbeitgeber eine Lohnsteuer-Außenprüfung durchgeführt worden oder die **sog. Festsetzungsfrist** (§ 169 AO) abgelaufen ist. Die Festsetzungsfrist beträgt **4 Jahre** und beginnt im Normalfall mit Ablauf des Kalenderjahres, in dem die Lohnsteuer-Anmeldung beim Finanzamt eingereicht worden ist (vgl. „Verjährung").

Beispiel

Ein Arbeitgeber möchte die Pauschalversteuerung von Beiträgen zu einer Unfallversicherung mit 20 % rückgängig machen und sich die pauschale Lohn- und Kirchensteuer sowie den Solidaritätszuschlag erstatten lassen (vgl. das Stichwort „Unfallversicherung"). Die Lohnsteuer-Anmeldungen wurden stets fristgerecht abgegeben.

Die Festsetzungsfrist beginnt mit Ablauf des Kalenderjahres, in dem die Lohnsteuer-Anmeldung eingereicht wurde. Somit beginnt die Festsetzungsfrist für die Lohnsteuer, die mit der Lohnsteuer-Anmeldung für November 2005 (einzureichen bis zum 10. Dezember 2005) angemeldet werden musste, mit Ablauf des 31. Dezember 2005. Die Festsetzungsfrist beträgt 4 Jahre, sie endet also mit Ablauf des 31. Dezember 2009. Im Kalenderjahr 2010 kann daher im Normalfall für die Lohnsteuer-Anmeldungszeiträume November 2005 und früher eine Erstattung der pauschalen Lohnsteuer nicht mehr durchgeführt werden.

Die Lohnsteuer-Anmeldung für Dezember 2005 wurde am 10. Januar 2006 fristgerecht eingereicht. Für die damit anzumeldende Lohnsteuer beginnt die Festsetzungsfrist mit Ablauf des 31. Dezember 2006. Im Kalenderjahr **2010** können daher die Lohnsteuer-Anmeldungszeiträume **ab Dezember 2005** (und später) noch berichtigt werden.

Änderung des Lohnsteuerabzugs

Neues auf einen Blick:

Bisher war der Arbeitgeber lediglich **berechtigt** aber nicht verpflichtet, den Lohnsteuerabzug rückwirkend zu ändern wenn er erkannte, dass die Lohnsteuer bisher nicht vorschriftsmäßig einbehalten worden war. Aus dieser Berechtigung hat der Gesetzgeber eine **Verpflichtung** gemacht, wenn dem Arbeitgeber die rückwirkende Änderung **wirtschaftlich zugemutet** werden kann, was insbesondere dann der Fall ist, wenn der Arbeitgeber ein Lohnabrechnungsprogramm verwendet, das rückwirkende Änderungen problemlos bewältigt (vgl. die Erläuterungen unter der nachfolgenden Nr. 2).

Der Bundesfinanzhof hat mit Urteil vom 30.10.2008 (BStBl. 2009 II S. 354) entschieden, dass das Finanzamt nach Ablauf des Kalenderjahres und Übermittlung der elektronischen Lohnsteuerbescheinigung auch durch einen Steuerbescheid gegenüber dem Arbeitgeber den Sollbetrag der Lohnsteuer-Anmeldung erhöhen kann, sofern die Lohnsteuer-Anmeldung selbst noch unter dem Vorbehalt der Nachprüfung steht **(= Erhöhung der Lohnsteuer-Entrichtungssteuerschuld des Arbeitgebers).** Dabei kann das Finanzamt die Erhöhung der Lohnsteuer-Entrichtungssteuerschuld des Arbeitgebers in einer Summe und ohne Zuordnung zu bestimmten Sachverhalten vornehmen. Unerheblich ist, ob die von der Lohnsteuer-Anmeldung abweichende höhere Steuerfestsetzung auf neue tatsächliche Erkenntnisse (z. B. nach einer Lohnsteuer-Außenprüfung) oder auf einer anderen Rechtsauf-

Änderung des Lohnsteuerabzugs

fassung des Finanzamts beruht. Es liegt auf der Hand, dass sich durch dieses Urteil die Möglichkeiten der Finanzverwaltung zur Realisierung von „Mehrsteuern" deutlich erhöhen.

Die Finanzverwaltung wendet das BFH-Urteil punktgenau an, das heißt eine Änderung der Lohnsteuer-Anmeldung **zugunsten** des Arbeitgebers oder des Arbeitnehmers ist nach Übermittlung der elektronischen Lohnsteuerbescheinigung nicht mehr möglich. Diese Auffassung wird durch den Gerichtsbescheid des Bundesfinanzhofs vom 17.6.2009 VI R 46/07 bestätigt. In der Begründung des Gerichtsbescheids – der zur Frage der Anrechnung von zu Unrecht angemeldeter und abgeführter Lohnsteuer ergangen ist – führt der Bundesfinanzhof aus, dass der Lohnsteuerabzug für das betreffende Kalenderjahr mit Ausstellung der Lohnsteuerbescheinigung abgeschlossen ist und aufgrund des § 41c Abs. 3 Satz 1 EStG (zugunsten des Arbeitgebers) nicht mehr geändert werden kann. Dem Arbeitgeber stehe daher kein Erstattungsanspruch für Lohnsteuer mehr zu. Eine Korrektur könne nur noch über die Einkommensteuerveranlagung des Arbeitnehmers erfolgen; dies gilt auch für ohne rechtlichen Grund entrichtete Lohnsteuer.

Gliederung:

1. Allgemeines
2. Verpflichtung des Arbeitgebers zur Änderung des Lohnsteuerabzugs
3. Verfahren bei der Änderung des Lohnsteuerabzugs
4. Änderung des Lohnsteuerabzugs rückwirkend nur bis zum Beginn des Dienstverhältnisses
5. Änderung des Lohnsteuerabzugs nach Ablauf des Kalenderjahrs
6. Änderung des Lohnsteuerabzugs bei ausgeschiedenen Arbeitnehmern
7. Änderung des Lohnsteuerabzugs bei beschränkt steuerpflichtigen Arbeitnehmern

1. Allgemeines

Früher kam eine rückwirkende Änderung des Lohnsteuerabzugs nur dann in Betracht, wenn der **Arbeitgeber** nachträglich feststellen musste, dass er – aus welchen Gründen auch immer – den Lohnsteuerabzug nicht richtig durchgeführt hatte. Seit 1.1.1999 muss eine rückwirkende Änderung der bisher durchgeführten Lohnabrechnungen auch dann durchgeführt werden, **wenn Gesetzesänderungen rückwirkend in Kraft treten** (§ 41c Abs. 1 Nr. 2 EStG).

Abgesehen von rückwirkenden Gesetzesänderungen werden in der täglichen Praxis der Lohnabrechnungen immer wieder Fälle auftreten, die den Arbeitgeber vor die Frage stellen, ob der bisher von ihm vorgenommene Lohnsteuerabzug berichtigt werden muss. So kann z. B. der Arbeitnehmer eine Lohnsteuerkarte vorlegen, deren Eintragungen auf bereits abgerechnete Monate zurückwirken oder der Arbeitgeber erkennt von sich aus, dass er den Lohnsteuerabzug nicht richtig durchgeführt hat, weil beispielsweise eine Befreiungsvorschrift unzutreffend ausgelegt wurde oder Unterlagen, die für die Anwendung einer Befreiungsvorschrift erforderlich sind, vom Arbeitnehmer erst verspätet vorgelegt wurden. Für eine Änderung des Lohnsteuerabzugs gelten nach § 41c EStG folgende Grundsätze:

2. Verpflichtung des Arbeitgebers zur Änderung des Lohnsteuerabzugs

Stellt der Arbeitgeber fest, dass er bisher zu viel oder zu wenig Lohnsteuer einbehalten hat, ist der Arbeitgeber ohne Weiteres **berechtigt,** bei der jeweils nächstfolgenden Lohnzahlung den Lohnsteuerabzug zu ändern,

– wenn ihm der Arbeitnehmer eine Lohnsteuerkarte mit rückwirkenden Eintragungen vorlegt oder
– wenn der Arbeitgeber erkennt, dass er die Lohnsteuer bisher nicht vorschriftsmäßig einbehalten hat.

Der Arbeitgeber ist also ganz allgemein und ohne Einschränkung befugt, rückwirkende Fehler bei der Lohnabrechnung zu korrigieren. Dies gilt jedoch nur für **eigene** Fehler, nicht auch für Fehler, die frühere Arbeitgeber gemacht haben (vgl. Nr. 3). Weiterhin ist eine Änderung nicht mehr möglich, wenn die elektronische Lohnsteuerbescheinigung bereits ausgestellt und dem Arbeitnehmer ausgehändigt wurde (vgl. Nr. 4).

Die Änderung ist zugunsten oder zuungunsten des Arbeitnehmers zulässig. Auf die Höhe der zu erstattenden oder nachträglich einzubehaltenden Steuer kommt es nicht an. Es ist auch ohne Bedeutung, ob es sich um eine Bruttolohnvereinbarung oder um eine Nettolohnvereinbarung handelt.

Nach bisher geltendem Recht war der Arbeitgeber lediglich **berechtigt,** aber nicht verpflichtet, bei der jeweils nächstfolgenden Lohnzahlung bisher erhobene Lohnsteuer zu erstatten oder noch nicht erhobene Lohnsteuer nachträglich einzubehalten, wenn er erkannt hat, dass er die Lohnsteuer bisher nicht vorschriftsmäßig einbehalten hat. Diese Berechtigung galt auch bei einer rückwirkenden Gesetzesänderung. In der Praxis wird eine Neuberechnung meist vorgenommen, wenn dies technisch möglich ist.

Um bei rückwirkenden Gesetzesänderungen sicherzustellen, dass Steuerentlastungen allen Arbeitnehmern zeitnah zugute kommen, wurde aus der bisherigen Berechtigung eine **Verpflichtung zur Änderung** gemacht, allerdings mit der Einschränkung, dass die Verpflichtung zur Änderung nur dann besteht, wenn dies dem Arbeitgeber **wirtschaftlich zumutbar** ist. Dies ist regelmäßig bei **Arbeitgebern mit maschineller Lohnabrechnung** der Fall, deren Lohnabrechnungsprogramme eine rückwirkende Neuberechnung problemlos möglich macht.

Nach der Gesetzesbegründung*) soll der Wegfall des Wahlrechts insoweit die Entwicklung und Erstellung von Lohnabrechnungsprogrammen vereinfachen und deren Anwendung erleichtern, weil eine Anweisung des Arbeitgebers zur Korrektur der Lohnabrechnungen zurückliegender Zeiträume nicht mehr erforderlich ist; sie kann nun fest programmiert werden und programmgesteuert erfolgen.

Die Art und Weise der Neuberechnung wird durch die gesetzliche Verpflichtung nicht zwingend festgelegt. Sie kann deshalb durch eine Neuberechnung für die zurückliegenden Lohnabrechnungszeiträume oder durch eine Differenzberechnung für diese Monate im nächsten (nächstmöglichen) Lohnzahlungszeitraum erfolgen. Auch eine Erstattung im Rahmen der Berechnung der Lohnsteuer für einen demnächst fälligen sonstigen Bezug ist nicht ausgeschlossen, sofern sie noch im Rahmen des Ziels (schnellstmögliche Erstattung zu viel erhobener Lohnsteuer durch den Arbeitgeber) liegt.

Wirtschaftlich nicht mehr zumutbar ist eine Neuberechnung für zrückliegende Lohnzahlungszeiträume nach der Gesetzesbegründung*) dann, wenn das Lohnabrechnungsprogramm des Arbeitgebers dies nicht kurzfristig und mit vertretbaren Kosten realisieren kann. Andernfalls könnte dies bei kleineren Arbeitgebern zu finanziellen Belastungen führen, insbesondere unter Berücksichtigung weiterer Arbeiten wie z. B. den Ausdruck der geänderten Lohnabrechnungen.

Ändert der Arbeitgeber die zurückliegenden Lohnzahlungszeiträume nicht, so ist zu unterscheiden, ob die Änderung zu einer **Nachforderung** oder zu Erstattung

---

*) Die neue Verpflichtung des Arbeitgebers zur rückwirkenden Änderung des Lohnsteuerabzugs wurde durch das Gesetz zur Sicherung von Beschäftigung und Stabilität in Deutschland vom 2.3.2009 (BGBl. I S. 416) eingeführt, und zwar rückwirkend zum 1.1.2009.

Änderung des Lohnsteuerabzugs

der Lohnsteuer geführt hätte. Denn bei einer unterlassenen **Nachforderung** von Lohnsteuer für zurückliegende Lohnzahlungszeiträume ist der Arbeitgeber nach § 41c Abs. 4 Satz 1 EStG verpflichtet, dies dem Finanzamt **anzuzeigen**.

Diese Anzeige ist für den Arbeitgeber von großer Bedeutung, da sie zu einem Haftungsausschluss führt, d. h. der Arbeitgeber befreit sich durch diese Anzeige von der in Nachforderungsfällen eintretenden Arbeitgeberhaftung.

Eine solche Anzeigepflicht besteht – wie bisher – dann nicht, wenn zu viel eingehaltene Lohnsteuer zu **erstatten** ist.

Für die Änderung des Lohnsteuerabzugs ergibt sich im Hinblick auf die Anzeigeverpflichtung in Nachforderungsfällen folgendes Schema:

```
┌─────────────────────────┐   ┌─────────────────────────┐
│ Die Änderung des Lohn-  │   │ Die Änderung des Lohn-  │
│ steuerabzugs führt zu   │   │ steuerabzugs führt zu   │
│ einer Nachforderung     │   │ einer Erstattung von    │
│ von Lohnsteuer          │   │ Lohnsteuer              │
└──────────┬──────────────┘   └──────────┬──────────────┘
           ▼                             ▼
┌─────────────────────────┐   ┌─────────────────────────┐
│ Der Arbeitgeber muss    │   │ Der Arbeitgeber muss    │
│ den Lohnsteuerabzug     │   │ den Lohnsteuerabzug     │
│ ändern oder dem         │   │ nur dann ändern, wenn   │
│ Betriebsstättenfinanzamt│   │ ihm das wirtschaftlich  │
│ Anzeige erstatten       │   │ zumutbar ist            │
└──────────┬──────────────┘   └──────────┬──────────────┘
           ▼                             ▼
┌─────────────────────────┐   ┌─────────────────────────┐
│ Ändert der Arbeitgeber  │   │ Ist die rückwirkende    │
│ in Nachforderungsfällen │   │ Erstattung unzumut-     │
│ den Lohnsteuerabzug     │   │ bar und unterlässt      │
│ nicht und erstattet er  │   │ der Arbeitgeber die     │
│ keine Anzeige, so haftet│   │ Änderung des Lohn-      │
│ er für die zu wenig     │   │ steuerabzugs, muss er   │
│ eingehaltene Lohnsteuer │   │ keine Anzeige erstatten │
└─────────────────────────┘   └─────────────────────────┘
```

Der Inhalt der ggf. zu erstattenden Anzeige ist beim Stichwort „Anzeigepflichten des Arbeitgebers" erläutert.

3. Verfahren bei der Änderung des Lohnsteuerabzugs

Die Änderung des Lohnsteuerabzugs ist bei der nächsten Lohnzahlung vorzunehmen, die auf die Vorlage der Lohnsteuerkarte mit den rückwirkenden Eintragungen folgt. Die Eintragung auf der Lohnsteuerkarte kann rückwirkend von der Gemeinde oder vom Finanzamt geändert worden sein.

Beispiel

Beide Ehegatten stehen in einem Arbeitsverhältnis. Der Ehemann hat die Steuerklasse III. Die Ehefrau hat die Steuerklasse V. Am 25.5.2010 stirbt der Ehemann. Die Ehefrau geht am 3.8.2010 zur Gemeinde und lässt sich ihre Steuerklasse von V auf III ändern. Die Gemeinde hat mit Wirkung ab 1.6.2010 die Steuerklasse III auf der Lohnsteuerkarte der Ehefrau einzutragen (R 39.2 Abs. 3 Satz 1 LStR). Der Arbeitgeber der Ehefrau ist berechtigt, die Lohnsteuer für die Monate Juni und Juli 2010 unter Anwendung der Steuerklasse III neu zu berechnen. Die bisher zu viel einbehaltene Lohnsteuer ist der Arbeitnehmerin bei der Lohnabrechnung für August zu erstatten.

Eine rückwirkende Änderung des Lohnsteuerabzugs ist jedoch insbesondere dann vorzunehmen, wenn der Arbeitgeber erkennt, dass der Lohnsteuerabzug bisher nicht richtig vorgenommen wurde (z. B. geldwerte Vorteile wurden bisher nicht versteuert, Sachbezüge wurden zu niedrig bewertet, Steuerbefreiungsvorschriften wurden falsch ausgelegt) und vor allem auch bei **rückwirkenden Gesetzesänderungen**.

Der Arbeitgeber darf in den Fällen, in denen er nachträglich Lohnsteuer einbehält, den einzubehaltenden Lohnsteuerbetrag nicht auf mehrere Lohnzahlungen verteilen. Die Pfändungsschutzbestimmungen der §§ 850 ff. der Zivilprozessordnung sind im Fall der nachträglichen Einbehaltung von Lohnsteuer durch den Arbeitgeber nicht anzuwenden. Das bedeutet, dass durch nachträglich einbehaltene Lohnsteuer der dem Arbeitnehmer für den betreffenden Lohnzahlungszeitraum zustehende Arbeitslohn bis auf 0 Euro gemindert werden kann. Übersteigt die nachträglich einzubehaltende Lohnsteuer den auszuzahlenden Barlohn, so ist die nachträgliche Einbehaltung insgesamt zu unterlassen und dem Finanzamt Anzeige zu erstatten. Eine Ausnahme hiervon (d. h. eine Verteilung der Nachforderung auf mehrere Lohnzahlungszeiträume) dürfte u.E. dann in Betracht kommen, wenn der Arbeitgeber mit Sicherheit abschätzen kann, dass das Arbeitsverhältnis noch so lange besteht, bis er die nachträglich einzubehaltende Lohnsteuer mit dem Arbeitslohn des Arbeitnehmers verrechnet hat.

Eine zu erstattende Lohnsteuer hat der Arbeitgeber dem Lohnsteuerbetrag zu entnehmen, der von ihm insgesamt für alle Arbeitnehmer zum nächsten Abführungszeitpunkt an das Finanzamt abzuführen wäre. Reicht dieser Betrag nicht aus, so wird der Fehlbetrag (Minusbetrag) dem Arbeitgeber auf Antrag vom Betriebsstättenfinanzamt ersetzt. Als Antrag auf Erstattung eines etwaigen Fehlbetrags reicht es aus, wenn in der Lohnsteuer-Anmeldung der Erstattungsbetrag als Minusbetrag kenntlich gemacht wird. Die Eintragung eines Rotbetrags ist nicht zulässig.

4. Änderung des Lohnsteuerabzugs rückwirkend nur bis zum Beginn des Dienstverhältnisses

Der Arbeitgeber darf den Lohnsteuerabzug nur für diejenigen Lohnzahlungszeiträume ändern, für die er selbst die Lohnsteuer einbehalten hat. Der Arbeitgeber darf also keine Änderungen des Lohnsteuerabzugs vornehmen, die auf einen Zeitpunkt vor Beginn des Dienstverhältnisses zurückwirken.

Beispiel

Der Arbeitnehmer hat dem Arbeitgeber zu Beginn des Dienstverhältnisses am 1. Juni 2010 eine Lohnsteuerkarte mit der Steuerklasse I vorgelegt. In der Zeit vom 1.1. bis 31.5.2010 war der Arbeitnehmer bei einem anderen Arbeitgeber beschäftigt. Der Arbeitnehmer legt seinem neuen Arbeitgeber einen Ausdruck der elektronischen Lohnsteuerbescheinigung vor, die ihm sein bisheriger Arbeitgeber beim Ausscheiden aus dem Dienstverhältnis ausgehändigt hat. Obwohl der Arbeitnehmer bereits am 1. Februar 2010 geheiratet hat, beantragt er im Juni 2010 bei der Gemeinde, die Steuerklasse I in die nunmehr maßgebende Steuerklasse III zu ändern. Nachdem die Gemeinde mit Wirkung vom 1. Februar 2010 die Steuerklasse III bescheinigt hat, legt der Arbeitnehmer am 1. August 2010 die geänderte Lohnsteuerkarte vor. Der Arbeitgeber ist nur für die Monate Juni und Juli 2010 berechtigt, die Lohnabrechnungen zu ändern und die zu viel einbehaltene Lohnsteuer zu erstatten, obwohl ihm die elektronische Lohnsteuerbescheinigung für das vorangegangene Dienstverhältnis vorliegt.

5. Änderung des Lohnsteuerabzugs nach Ablauf des Kalenderjahrs

Nach Ablauf des Kalenderjahrs ist die Änderung des Lohnsteuerabzugs nur zulässig, wenn der Arbeitgeber die Lohnsteuerbescheinigung noch nicht erteilt hat (§ 41c Abs. 3 Satz 1 EStG). Hat der Arbeitgeber die Lohnsteuerbescheinigung bereits **elektronisch** an das Finanzamt weitergeleitet, ist eine Änderung des Lohnsteuerabzugs durch den Arbeitgeber somit nicht mehr zulässig. Die bloße Korrektur eines zunächst unrichtig übermittelten Datensatzes ist jedoch jederzeit möglich (R 41c.1 Abs. 7 Satz 2 LStR).

Eine zulässige Änderung des Lohnsteuerabzugs nach Ablauf des Kalenderjahres ist in der Weise vorzunehmen, dass auf den maßgebenden Jahresarbeitslohn die **Jahreslohnsteuertabelle** anzuwenden ist; dieser Jahreslohnsteuer ist die im Laufe des Kalenderjahrs einbehaltene Lohnsteuer gegenüberzustellen. Die Differenz zwischen der Jahreslohnsteuer und der einbehaltenen Lohnsteuer ist die Lohnsteuer, die nachträglich einzubehalten oder aber zu erstatten ist. Eine **Erstattung** darf

Anmeldung der Lohnsteuer

jedoch nur dann unter Anwendung der Jahreslohnsteuertabelle vorgenommen werden, wenn der Arbeitgeber zur Durchführung des Lohnsteuer-Jahresausgleichs berechtigt ist (vgl. „Lohnsteuer-Jahresausgleich durch den Arbeitgeber"). Wenn der Arbeitgeber den Lohnsteuer-Jahresausgleich nicht durchführen darf, ist nach Ablauf des Kalenderjahres eine Änderung des Lohnsteuerabzugs mit Erstattungsfolge nicht mehr möglich; der Arbeitnehmer kann in diesen Fällen die Erstattung im Rahmen einer Veranlagung zur Einkommensteuer oder aufgrund eines Erstattungsantrags nach § 37 Abs. 2 AO erreichen. Soweit der Arbeitgeber aufgrund einer Änderung des Lohnsteuerabzugs nach Ablauf des Kalenderjahrs nachträglich Lohnsteuer einbehält, handelt es sich um **Lohnsteuer des abgelaufenen Kalenderjahrs,** die zusammen mit der übrigen einbehaltenen Lohnsteuer des abgelaufenen Kalenderjahrs in einer Summe in die Lohnsteuerbescheinigung einzutragen ist.

Wurde die elektronische Lohnsteuerbescheinigung bereits an das Finanzamt übermittelt, so ist eine Erstattung oder Nachforderung von Lohnsteuer vor noch durch das Finanzamt möglich, d. h. dem Arbeitgeber bleibt in **Nachforderungsfällen** nur das Anzeigeverfahren nach § 41c Abs. 4 EStG um sich von der Arbeitgeberhaftung zu befreien (vgl. „Anzeigepflichten des Arbeitgebers").

In **Erstattungsfällen** muss der Arbeitgeber keine Anzeige erstatten; vielmehr muss der Arbeitnehmer selbst die steuermindernden Tatsachen bei seiner Veranlagung zur Einkommensteuer geltend machen. Hierfür benötigt er ggf. eine entsprechende Bescheinigung seines Arbeitgebers. Wie Fälle abgewickelt werden, in denen z. B. wegen eines Urteils des Bundesfinanzhofs die Lohnsteuerpflicht bestimmter Lohnbestandteile rückwirkend für alle noch nicht bestandskräftigen Fälle entfällt, ist beim Stichwort „Garagengeld" dargestellt.

6. Änderung des Lohnsteuerabzugs bei ausgeschiedenen Arbeitnehmern

Erkennt der Arbeitgeber, dass er den Lohnsteuerabzug unzutreffend durchgeführt hat, erst nachdem der Arbeitnehmer bereits aus dem Dienstverhältnis ausgeschieden ist, so kann er den Lohnsteuerabzug nicht mehr rückwirkend ändern. In Fällen der Lohnsteuer**nachforderung** bleibt ihm deshalb nur die Möglichkeit der Anzeige nach § 41c Abs. 4 EStG um sich von seiner Arbeitgeberhaftung zu befreien.

7. Änderung des Lohnsteuerabzugs bei beschränkt steuerpflichtigen Arbeitnehmern

Bei beschränkt steuerpflichtigen Arbeitnehmern ist eine Änderung des Lohnsteuerabzugs nach den unter den vorstehenden Nrn. 1 bis 4 dargestellten Grundsätzen möglich, allerdings mit der Einschränkung, dass nach Ablauf des Kalenderjahrs eine Änderung des Lohnsteuerabzugs durch den Arbeitgeber nur für die Lohnzahlungszeiträume vorgenommen werden darf, auf die sich die Änderungen beziehen (also nicht durch Anwendung der Jahreslohnsteuertabelle). Außerdem ist eine Änderung des Lohnsteuerabzugs bei beschränkt Steuerpflichtigen nach Ablauf des Kalenderjahrs nur dann zulässig, wenn der Arbeitgeber Lohnsteuer **nachfordert**. Eine Änderung mit **Erstattungsfolge** kann bei beschränkt Steuerpflichtigen nach Ablauf des Kalenderjahrs nur das Finanzamt durchführen.

Anmeldung der Lohnsteuer

siehe „Abführung der Lohnsteuer"

Anmeldung der Sozialversicherungsbeiträge

siehe „Abführung der Sozialversicherungsbeiträge"

Annehmlichkeiten

Der Begriff „steuerfreie Annehmlichkeit" findet sich in keiner gesetzlichen Vorschrift. Er ist durch die Rechtsprechung des Bundesfinanzhofs entwickelt und vom Bundesfinanzhof auch wieder aufgegeben worden. In der neueren Rechtsprechung sieht der Bundesfinanzhof grundsätzlich alles, was der Arbeitgeber im weitesten Sinne als Gegenleistung für die individuelle Arbeitsleistung des Arbeitnehmers erbringt, als steuerpflichtigen Arbeitslohn an. Hiervon ausgenommen sind lediglich

	Lohnsteuerpflichtig	Sozialversich.pflichtig
– Aufwendungen des Arbeitgebers im **ganz überwiegenden betrieblichen Interesse** und	nein	nein
– sog. **Aufmerksamkeiten.**	nein	nein

Diese Zuwendungen des Arbeitgebers sind begrifflich kein Arbeitslohn.

Hiernach ergibt sich folgendes Schema:

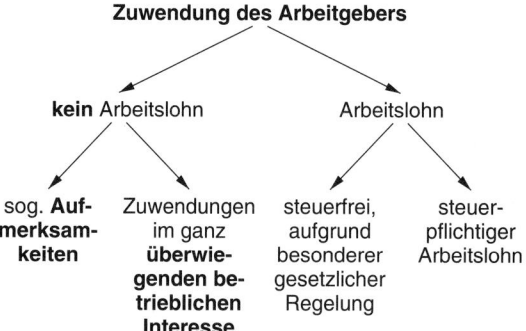

Aufmerksamkeiten sind **Sach**zuwendungen von geringem Wert (Blumen, Buch, CD, DVD), die dem Arbeitnehmer oder seinen Angehörigen anlässlich eines besonderen **persönlichen Ereignisses** (z. B. Geburtstag) gegeben werden. Aufmerksamkeiten sind steuer- und beitragsfrei, wenn der Wert der Sachzuwendung **40 €** nicht übersteigt (R 19.6 Abs. 1 Satz 2 LStR). | nein | nein |

Beispiel A

Der Arbeitgeber schenkt seiner Sekretärin zum Geburtstag einen Blumenstrauß im Wert von 20 €.

Es handelt sich um eine steuer- und beitragsfreie Sachzuwendung, da der Wert dieser Sachzuwendung 40 € nicht übersteigt (R 19.6 Abs. 1 Satz 2 LStR).

Übersteigt der Wert der Sachzuwendung die **Freigrenze** von 40 €, so ist die Zuwendung **in vollem Umfang** steuer- und beitragspflichtig (also nicht nur der übersteigende Betrag). Vgl. auch die Erläuterungen beim Stichwort „Gelegenheitsgeschenke". | ja | ja |

Geldzuwendungen sind stets steuer- und beitragspflichtig. | ja | ja |

Beispiel B

Wie Beispiel A. Die Sekretärin erhält jedoch einen Gutschein für ein Parfümeriegeschäft über 30 €.

Da auf dem Gutschein ein Betrag angegeben ist, handelt es sich nicht um einen Sachbezug, sondern um eine Zuwendung von Barlohn (= Geldzuwendung; vgl. die Erläuterungen beim Stichwort „Warengutscheine" besonders unter Nr. 1). Die Zuwendung des Gutscheins ist daher – obwohl der Wert 40 € nicht übersteigt – steuer- und beitragspflichtiger Arbeitslohn.

Auch Getränke und Genussmittel (z. B. Zigaretten, Pralinen, Gebäck, Obst), die der Arbeitgeber **zum Verzehr im Betrieb** unentgeltlich oder verbilligt überlässt, gehören als Aufmerksamkeiten nicht zum steuerpflichtigen Arbeitslohn (R 19.6 Abs. 2 Satz 1 LStR). | nein | nein |

Annexsteuer

	Lohn-steuer-pflichtig	Sozial-versich.-pflichtig

Steuerfrei sind hiernach z. B. unentgeltliche oder verbilligte Getränke aus einem im Betrieb aufgestellten Getränkeautomaten oder Getränke, die nicht im Zusammenhang mit Mahlzeiten (vgl. dieses Stichwort) unentgeltlich oder verbilligt in der Firmenkantine ausgegeben werden. nein nein

Auch Speisen bis zur Freigrenze von 40 €, die der Arbeitgeber **im Betrieb** anlässlich eines außergewöhnlichen Arbeitseinsatzes (z. B. während einer betrieblichen Besprechung oder bei Überstunden) unentgeltlich überlässt, gehören als Aufmerksamkeiten nicht zum steuerpflichtigen Arbeitslohn. Vgl. hierzu das Stichwort „Bewirtungskosten" unter Nr. 6.

Leistungen des Arbeitgebers, die **im ganz überwiegenden betrieblichen Interesse** erbracht werden, sind von vornherein kein Arbeitslohn. Der Arbeitgeber will durch solche Zuwendungen die Arbeitsfreude heben, das allgemeine Betriebsklima verbessern, die Gesundheit der Belegschaftsmitglieder erhalten oder ähnliche betriebliche Belange fördern. Diese Leistungen kommen meist **der Belegschaft als Gesamtheit** zugute (Sportstätten, Parkplätze) oder werden dem Arbeitnehmer geradezu **aufgedrängt**. Das Kriterium des „Aufdrängens" darf jedoch nicht isoliert gesehen werden. Nicht alles was der Arbeitgeber dem Arbeitnehmer aufdrängt ist steuerfrei. Bei aufgedrängten **Bereicherungen** wird ein steuerlich unbeachtlicher Vorgang deshalb nur in seltenen Ausnahmefällen vorliegen und zwar dann, wenn der Arbeitnehmer sich einem **unerwünschten** Vorteil nicht entziehen kann (z. B. Teilnahme der Arbeitnehmer an einer geschäftlich veranlassten Bewirtung, Vorsorgeuntersuchungen). Für die Annahme einer steuerlich unbeachtlichen Leistung im eigenbetrieblichen Interesse des Arbeitgebers ist es somit Voraussetzung, dass den Aufwendungen des Arbeitgebers von den Arbeitnehmern kein Wert beigemessen wird, den sie als zusätzliche Entlohnung ansehen; die Arbeitnehmer sehen darin regelmäßig nur die Möglichkeit, an bestimmten Einrichtungen teilzuhaben, die sie als angenehm empfinden, ohne aber dadurch sonst erforderliche eigene Ausgaben in gleicher Höhe einsparen zu können. Eine **objektive Bereicherung** des Arbeitnehmers **liegt** deshalb **nicht vor.** Als solche Leistungen des Arbeitgebers, die nicht der Lohnsteuer unterliegen, kommen insbesondere in Betracht: Benutzungsrecht für betriebseigene Bäder, Duschgelegenheiten, Sportanlagen, Fitnessräume, Park- und Einstellplätze (nicht aber der Ersatz von verauslagten Parkgebühren bei Fahrten zwischen Wohnung und regelmäßiger Arbeitsstätte vgl. „Parkgebühren"), Büchereien, Aufenthalts- und Erholungsräume, Betriebskindergärten usw., regelmäßige ärztliche Untersuchungen, Kreislauftrainingskuren u. dgl. nein nein

Die Abgrenzung zu den steuerpflichtigen Sachbezügen oder Sachleistungen ist in der Praxis oft schwierig, wird aber durch den Rabatt-Freibetrag in Höhe von 1080 € jährlich (vgl. „Rabatte, Rabattfreibetrag") und die monatliche 44-Euro-Freigrenze (vgl. „Sachbezüge") größtenteils entschärft. Ob Sachbezüge und andere geldwerte Vorteile im Einzelnen steuer- und beitragspflichtig sind, ist bei dem betreffenden Stichwort dargestellt.

Siehe auch die Stichworte: Badeeinrichtungen, Betriebsveranstaltungen, Eintrittskarten, Firmenkreditkarte, Firmenwagen zur privaten Benutzung, Fitnessraum, Fortbildungskosten, Geldwerter Vorteil, Gelegenheitsgeschenke, Gesundheitsförderung, Getränke, Kindergartenzuschüsse, Kreislauftrainingskuren, Parkgebühren, Parkplätze, Sportanlagen, Vereinsbeiträge, Vorsorgekuren, Vorsorgeuntersuchungen.

Annexsteuer

§ 51 a EStG regelt die Erhebung von Steuern, die als Zuschlag zur Einkommensteuer oder Lohnsteuer erhoben werden. Diese Steuern werden deshalb als Zuschlagsteuern oder Annexsteuern bezeichnet. Annexsteuern sind der **Solidaritätszuschlag** und die **Kirchensteuer**, da beide als Zuschlag zur Lohnsteuer bzw. Einkommensteuer erhoben werden.

Anrechnung ausländischer Einkommensteuer (Lohnsteuer)

Werden Einkünfte aus einem ausländischen Staat sowohl in der Bundesrepublik Deutschland als auch in dem ausländischen Staat zu einer der deutschen Einkommensteuer (Lohnsteuer) entsprechenden Steuer herangezogen, so wird die **festgesetzte** und **gezahlte** ausländische Steuer auf Antrag auf die deutsche Einkommensteuer (Lohnsteuer), die auf die ausländischen Einkünfte entfällt, angerechnet (§ 34 c EStG). Die Bestimmung ist für alle Arbeitnehmer von Bedeutung, die im Ausland für einen ausländischen Arbeitgeber oder in einer ausländischen Betriebsstätte eines deutschen Unternehmens tätig werden und im Inland einen Wohnsitz oder ihren gewöhnlichen Aufenthalt beibehalten. Kann der Arbeitslohn dieser Arbeitnehmer nämlich nicht nach einem Doppelbesteuerungsabkommen oder nach dem Auslandstätigkeitserlass steuerfrei gestellt werden, so bleibt dem Arbeitnehmer nur noch die Anrechnung der ausländischen Einkommensteuer auf seine Steuerschuld im Inland. Die Anrechnung ausländischer Einkommensteuer auf die deutsche Einkommensteuer (Lohnsteuer) wird nach Ablauf des Kalenderjahres im Wege einer Veranlagung zur Einkommensteuer vorgenommen. Liegt kein Doppelbesteuerungsabkommen vor, kann die Anrechnung ausländischer Einkommensteuer bzw. Lohnsteuer nur für solche Auslandseinkünfte in Betracht kommen, die durch den Auslandstätigkeitserlass nicht von der Besteuerung in der Bundesrepublik Deutschland freigestellt werden (z. B. Arbeitslohn für eine nicht begünstigte Tätigkeit, oder für eine zwar begünstigte Tätigkeit, bei der aber die Dreimonatsfrist nicht erfüllt ist). Bei Anwendung eines Doppelbesteuerungsabkommens kommt die Anrechnung ausländischer Einkommensteuer bzw. Lohnsteuer nur dann in Betracht, wenn ausdrücklich die Anrechnungsmethode im Doppelbesteuerungsabkommen vorgesehen ist oder die Doppelbesteuerung des Arbeitslohns in dem betreffenden Doppelbesteuerungsabkommen nicht beseitigt worden ist.

Alternativ zur Anrechnung ausländischer Steuern besteht auch die Möglichkeit des Abzugs der ausländischen Steuern bei der Ermittlung der Einkünfte. Durch diesen, ebenfalls nur im Wege der Veranlagung zur Einkommensteuer möglichen Abzug der ausländischen Steuern bei der Ermittlung der Einkünfte wird gewährleistet, dass sich dieser Abzug auch im Rahmen eines Verlustabzugs auswirkt. Der Abzug der ausländischen Steuer bei der Ermittlung der Einkünfte ist nur zulässig, soweit sie auf ausländische Einkünfte entfällt, die nicht steuerfrei sind.

Nach einigen Doppelbesteuerungsabkommen (z. B. DBA Frankreich, Italien, Schweden) haben bei **Leiharbeitnehmern** beide Vertragsstaaten das Besteuerungsrecht. Eine Doppelbesteuerung wird durch **Steueranrechnung** vermieden (vgl. das Stichwort „Doppelbesteuerungsabkommen" unter Nr. 4 Buchstabe b). In diesen und vergleichbaren Fällen kann das **Vierfache** der voraussichtlichen **ausländischen Steuer** als **Freibetrag** auf der **Lohnsteuerkarte** eingetragen werden.[*]

Anrufungsauskunft

siehe „Auskunft"

---

[*] Erlass des Bayerischen Staatsministeriums der Finanzen vom 27. 5. 2005 Az.: 34 – S 2360 – 030 19066/05. Der Erlass ist als Anlage zu H 39a.1 im **Steuerhandbuch für das Lohnbüro 2010** abgedruckt, das im selben Verlag erschienen ist. Das **PC-Lexikon** für das Lohnbüro 2010 enthält auch dieses Handbuch und hat außerdem den Vorteil, dass Sie **alle BFH-Urteile** sowie die aktuellen Rundschreiben und Niederschriften der Spitzenverbände der **Sozialversicherung** mit Mausklick **im Volltext** abrufen und ausdrucken können. Eine Bestellkarte finden Sie vorne im Lexikon.

Ansager

	Lohnsteuerpflichtig	Sozialversich.-pflichtig

Ansager bei Hörfunk und Fernsehen sind Arbeitnehmer (vgl. „Künstler"). — ja — ja

Antrittsgebühr

Die Antrittsgebühr im graphischen Gewerbe ist im Grundsatz als Zuschlag für Sonntags- oder Feiertagsarbeit anzusehen, wie der Bundesfinanzhof im Urteil vom 22.6.1962 (BStBl. III S. 376) entschieden hat. Sie fällt also unter § 3 b EStG und ist unter den dort bezeichneten Voraussetzungen steuerfrei (vgl. „Zuschläge für Sonntags-, Feiertags- und Nachtarbeit"). — nein — nein

Die Antrittsgebühr der Packer ist lohnsteuer- und sozialversicherungspflichtig. — ja — ja

Anwesenheitsprämien

Hierbei handelt es sich um freiwillige Sonderleistungen an solche Arbeitnehmer, deren Arbeitszeit in einem bestimmten Zeitraum (in der Regel ein Jahr) außer durch regulären Urlaub keine weitere Unterbrechung (etwa durch Krankheit oder unentschuldigte Fehltage) erfahren hat. Solche Zuwendungen sind steuer- und beitragspflichtig. — ja — ja

Anzeigen

Erhalten Arbeitnehmer von Zeitungsverlagen die Möglichkeit, kostenlos Anzeigen in Zeitungen aufzugeben, so ist dieser Vorteil grundsätzlich steuer- und beitragspflichtig. — ja — ja

Der geldwerte Vorteil ist jedoch in Anwendung des Rabattfreibetrags (vgl. das Stichwort „Rabatte, Rabattfreibetrag") steuer- und beitragsfrei, soweit er 1125 € im Kalenderjahr nicht übersteigt (1080 € Rabattfreibetrag zuzüglich 4 % Abschlag vom Endpreis). — nein — nein

Beispiel
Ein Arbeitnehmer ist bei einem Zeitungsverlag beschäftigt. Der Arbeitnehmer hat die Möglichkeit, Anzeigen im Wert von 1125 € im Kalenderjahr 2010 kostenlos aufzugeben.

Wert der kostenlosen Anzeigen	1 125,— €
4 % Abschlag vom Endpreis	45,— €
verbleibender geldwerter Vorteil	1 080,— €

Dieser Betrag ist steuer- und beitragsfrei, da der Rabattfreibetrag von jährlich 1080 € nicht überschritten wird.

Ist der Rabattfreibetrag von 1080 € nicht anzuwenden, weil der Vorteil nicht vom Arbeitgeber selbst, sondern von einem mit dem Arbeitgeber verbundenen Unternehmen (Konzerngesellschaft) gewährt wird, bleibt der geldwerte Vorteil nur dann steuer- und beitragsfrei, wenn die Freigrenze für Sachbezüge von 44 € im Kalendermonat nicht überschritten wird (vgl. das Stichwort „Sachbezüge" unter Nr. 4 auf Seite 634).

Anzeigenwerber

Ein Anzeigenwerber kann je nach den im Einzelfall getroffenen Vereinbarungen **selbständig** sein, wenn er gegen Provision arbeitet, ein Unternehmerrisiko trägt und in seiner Arbeits- und Zeiteinteilung frei ist. — nein — nein

Hat der Anzeigenwerber jedoch einen festen Arbeitsplatz im Verlagshaus und trägt der Verlag alle Unkosten des Anzeigenwerbers (Telefon, Büromaterial usw.), so ist eine Eingliederung und Weisungsgebundenheit anzunehmen mit der Folge, dass ein abhängiges Beschäftigungsverhältnis vorliegt. — ja — ja

Zur Frage der Scheinselbständigkeit vgl. dieses Stichwort.

Zu den Fällen, dass Zeitungsausträger nebenher Abonnenten werben, vgl. „Zeitungsausträger".

Anzeigepflichten des Arbeitgebers im Lohnsteuerverfahren

Nach § 41 c Abs. 4 EStG ist der Arbeitgeber in bestimmten Fällen zu einer Anzeige an das Betriebsstättenfinanzamt verpflichtet, wenn Umstände eintreten, durch die sich der Lohnsteuerabzug **rückwirkend** ändern würde, der Arbeitgeber aber von seiner Berechtigung zur rückwirkenden Änderung des Lohnsteuerabzugs **keinen Gebrauch machen will** (vgl. die Erläuterungen beim Stichwort „Änderung des Lohnsteuerabzugs") oder die **Lohnsteuer nicht nachträglich einbehalten kann.** Im Einzelnen gilt Folgendes:

Eine Verpflichtung, den Lohnsteuerabzug rückwirkend zu ändern oder dem Finanzamt Anzeige zu erstatten, kann für den Arbeitgeber insbesondere dann entstehen,

– wenn der Arbeitnehmer die Eintragungen auf seiner Lohnsteuerkarte (durch die Gemeinde oder das Finanzamt) **rückwirkend** ändern lässt oder

– wenn der Arbeitgeber erkennt, dass er bisher den **Lohnsteuerabzug falsch durchgeführt** hat.

Außerdem ist die für eine rückwirkende Änderung des Lohnsteuerabzugs maßgebende Vorschrift des § 41 c Abs. 1 Nr. 2 EStG seit 1.1.1999 dahingehend erweitert worden, dass auch dann eine Änderung der bisher durchgeführten Lohnabrechnungen durchgeführt werden muss, **wenn Gesetzesänderungen rückwirkend in Kraft treten.** Der Arbeitgeber kann sich also in allen Fällen einer rückwirkenden Gesetzesänderung nur dadurch von seiner Arbeitgeberhaftung befreien, dass er entweder den Lohnsteuerabzug rückwirkend aufrollt und berichtigt, oder dem Finanzamt eine Anzeige nach § 41 c Abs. 4 EStG erstattet. Die Anzeigeverpflichtung nach § 41 c Abs. 4 EStG gilt **auch für bereits ausgeschiedene Arbeitnehmer.**

Erkennt der Arbeitgeber, dass er den Lohnsteuerabzug falsch durchgeführt hat (z. B. bei einer rückwirkenden Änderung des Einkommensteuertarifs zu Beginn des Jahres 2009 durch das sog. Konjunkturprogramm II) ist er zu einer Änderung der bisher durchgeführten Lohnabrechnungen verpflichtet, wenn ihm dies **wirtschaftlich zumutbar** ist. Dies dürfte bei maschineller Lohnabrechnung regelmäßig der Fall sein.

Außerdem ist der Arbeitgeber auch noch in denjenigen Fällen nach § 41 c Abs. 4 EStG zu einer Anzeige beim Betriebsstättenfinanzamt verpflichtet, in denen er die Lohnsteuer deshalb **nicht mehr nachträglich einbehalten kann,** weil

– vom Finanzamt oder von der Gemeinde Eintragungen auf der Lohnsteuerkarte des Arbeitnehmers rückwirkend zu einem Zeitpunkt vorgenommen wurden, zu dem das Dienstverhältnis zum jetzigen Arbeitgeber noch gar nicht bestanden hat (vgl. auch das Beispiel beim Stichwort „Änderung des Lohnsteuerabzugs" unter Nr. 4);

– der Arbeitnehmer vom Arbeitgeber Arbeitslohn nicht mehr bezieht;

– der Arbeitgeber nach Ablauf des Kalenderjahres bereits die (elektronische) Lohnsteuerbescheinigung übermittelt oder ausgeschrieben hat.

Weiterhin kann eine Anzeigepflicht in den Fällen entstehen, in denen der Barlohn zur Zahlung der Steuerabzugsbeträge nicht ausreicht, z. B. weil der Arbeitnehmer neben dem Barlohn auch Sachbezüge erhält. Ergibt sich hierbei, dass der vom Arbeitgeber geschuldete **Barlohn zur Deckung der Lohnsteuer nicht ausreicht,** so muss der Arbeitnehmer dem Arbeitgeber den Fehlbetrag zur Verfügung stellen. Wenn der Arbeitnehmer seiner Verpflichtung zur Deckung des Fehlbetrags nicht nachkommt und der Arbeitgeber den Fehlbetrag nicht durch Zurückhaltung von anderen Bezügen des Arbeitnehmers aufbringen kann, muss der Arbeitgeber dies dem Betriebsstättenfi-

	Lohn-steuer-pflichtig	Sozial-versich.-pflichtig

nanzamt anzeigen (§ 38 Abs. 4 Satz 2 EStG). Das Finanzamt hat in diesem Fall die zu wenig erhobene Lohnsteuer vom Arbeitnehmer nachzufordern.

Darüber hinaus ist bei einer **Lohnzahlung durch Dritte** (vgl. dieses Stichwort) Folgendes zu beachten:

Der Arbeitnehmer hat dem Arbeitgeber die von einem Dritten gewährten Bezüge am Ende des jeweiligen Lohnzahlungszeitraums anzugeben; wenn der Arbeitnehmer offensichtlich zu Unrecht keine Angabe oder eine erkennbar unrichtige Angabe macht, hat der Arbeitgeber dies dem Betriebsstättenfinanzamt anzuzeigen (§ 38 Abs. 4 Satz 3 EStG). Die Anzeige hat unverzüglich zu erfolgen. Es ist Aufgabe des Finanzamts den Sachverhalt aufzuklären und die ggf. zu wenig erhobene Lohnsteuer vom Arbeitnehmer nachzufordern.

Die jeweilige Anzeige ist schriftlich zu erstatten. In ihr sind der Name und die Anschrift des Arbeitnehmers anzugeben sowie die auf der Lohnsteuerkarte eingetragenen und ggf. geänderten Besteuerungsmerkmale, nämlich Geburtstag, Steuerklasse, Zahl der Kinderfreibeträge, Religionszugehörigkeit und der ggf. eingetragene Freibetrag oder Hinzurechnungsbetrag; weiterhin der Anzeigegrund und die für die Berechnung einer Lohnsteuer-Nachforderung erforderlichen Mitteilungen über Höhe und Art des Arbeitslohns und der hierauf entfallenden Steuerabzüge für jeden betroffenen Lohnzahlungszeitraum (Auszug aus dem Lohnkonto). **Beim Finanzamt** sind entsprechende **Vordrucke** für die Anzeige **kostenlos erhältlich*)**. Es empfiehlt sich, eine Durchschrift der Anzeige als Beleg zum Lohnkonto zu nehmen.

AOK

Die Allgemeinen Ortskrankenkassen (AOK) sind wie die Betriebskrankenkassen, die Innungskassen, die Ersatzkassen, die Bundesknappschaft und die landwirtschaftlichen Krankenkassen selbständige Körperschaften des öffentlichen Rechts und Träger der gesetzlichen Krankenversicherung.

Vorstandsmitglieder bei den Krankenkassen sind keine ehrenamtlich Tätigen eines Selbstverwaltungsorgans, sondern nach § 35a SGB IV hauptamtlich angestellte Mitglieder des Vorstandes der Krankenkasse. Als solche nehmen sie die Aufgaben der Geschäftsführung wahr, wobei sie einer umfassenden Kontrolle des Verwaltungsrates unterliegen. Die Vorstandsmitglieder üben daher eine dem allgemeinen Erwerbsleben zugängliche Verwaltungsfunktion aus und sind nicht nur bloßes Willensorgan, sondern funktionsgerecht dienend in die Organisation der Krankenkasse eingegliedert und unterliegen daher grundsätzlich als Arbeitnehmer der Versicherungspflicht. Die Vorschriften zur Versicherungspflicht von Vorstandsmitgliedern von Aktiengesellschaften (§ 1 Satz 3 SGB VI und § 27 Abs. 1 Nr. 5 SGB III) finden für Vorstandsmitglieder von Krankenkassen keine Anwendung. Ggf. kann wegen beamtenrechtlicher Versorgungsansprüche Versicherungsfreiheit nach § 5 Abs. 1 Nr. 2 SGB VI und § 27 Abs. 1 Nr. 1 SGB III in der Renten- und Arbeitslosenversicherung bestehen. In der Krankenversicherung besteht i. d. R. wegen Überschreiten der Jahresarbeitsentgeltgrenze Versicherungsfreiheit. ja ja

Apothekerzuschüsse

Apothekerzuschüsse aus der Gehaltsausgleichskasse der Apothekerkammern (GAK) an pharmazeutische Angestellte (insbesondere Frauenzulage, Kinderzulage, Dienstalterszulage) sind steuerpflichtiger Arbeitslohn, gleichgültig, ob sie über den Arbeitgeber oder von der GAK unmittelbar an die Angestellten ausgezahlt werden. Sie sind mit ihrem monatlichen Anteil zum Monatsgehalt hinzuzurechnen und mit diesem zusammen zu besteuern.

Bei unmittelbarer Auszahlung durch die GAK ist zu diesem Zweck eine entsprechende Mitteilung der GAK an die Arbeitgeber erforderlich. ja ja

Arbeitgeber

Zum Begriff des „Arbeitgebers" vgl. die Erläuterungen im Teil A unter Nr. 2 auf Seite 5.

Arbeitgeberdarlehen

siehe „Darlehen an Arbeitnehmer"

Arbeitgeberpflichten

siehe die Stichworte: „Anzeigepflichten des Arbeitgebers" und „Übertragung lohnsteuerlicher Pflichten auf Dritte".

Arbeitgeberzuschuss zum Krankengeld

siehe „Krankengeldzuschüsse"

Arbeitgeberzuschuss zur Krankenversicherung

Neues auf einen Blick:

Der **Beitragszuschuss** des Arbeitgebers für Mitglieder eines privaten Versicherungsunternehmens (PKV-Mitglieder) beträgt ab 1.1.2010 einheitlich in allen Bundesländern **höchstens 262,50 € monatlich.**

Gliederung:

1. Allgemeines
2. Beitragszuschuss zur freiwilligen Krankenversicherung
3. Höhe des Beitragszuschusses
4. Wegfall des Beitragszuschusses
5. Mehrfachbeschäftigung
6. Beitragszuschuss zur Krankenversicherung für Bezieher von Kurzarbeitergeld oder Saison-Kurzarbeitergeld
7. Beitragszuschuss bei Vorruhestand
8. Steuerliche Behandlung des Beitragszuschusses
   a) Allgemeines
   b) Freiwillige Versicherung in der gesetzlichen Krankenversicherung (GKV-Mitglieder)
   c) Private Versicherung bei einem privaten Krankenversicherungsunternehmen (PKV-Mitglieder)
   d) Beitragszuschuss zur Krankenversicherung für Bezieher von Kurzarbeitergeld oder Saison-Kurzarbeitergeld
   e) Nachweispflichten bei ausländischen Versicherungen

1. Allgemeines

Arbeitnehmer, deren regelmäßiges Jahresarbeitsentgelt in drei aufeinanderfolgenden Kalenderjahren die sog. **Jahresarbeitsentgeltgrenze** nicht übersteigt, sind in der gesetzlichen Krankenversicherung grds. **pflichtversi-**

---

*) Ein Muster des amtlichen Vordrucks ist als Anlage zu § 41 c EStG im **Steuerhandbuch für das Lohnbüro 2010** abgedruckt, das im selben Verlag erschienen ist. Das **PC-Lexikon für das Lohnbüro 2010** enthält auch dieses Handbuch und hat außerdem den Vorteil, dass Sie **alle BFH-Urteile** sowie die aktuellen Rundschreiben und Niederschriften der Spitzenverbände der **Sozialversicherung** mit Mausklick **im Volltext** abrufen und ausdrucken können. Eine Bestellkarte finden Sie vorne im Lexikon.

Arbeitgeberzuschuss zur Krankenversicherung

chert. Der Arbeitgeber hat die Hälfte des gesetzlichen Krankenkassenbeitrags zu übernehmen. Dieser Arbeitgeberanteil ist steuerfrei nach § 3 Nr. 62 EStG.

Es gibt zwei unterschiedliche Jahresarbeitsentgeltgrenzen, und zwar die allgemeine Jahresarbeitsentgeltgrenze (JAE-Grenze) einerseits und die **besondere** Jahresarbeitsentgeltgrenze andererseits. Die besondere Jahresarbeitsentgeltgrenze gilt für Arbeitnehmer, die am 31. Dezember 2002 als Arbeitnehmer wegen Überschreitens der Jahresarbeitsentgeltgrenze versicherungsfrei und zu diesem Zeitpunkt mit einer **privaten** Krankenkostenvollversicherung abgesichert waren (vgl. die Erläuterungen beim Stichwort „Jahresarbeitsentgeltgrenze"). Die Jahresarbeitsentgeltgrenzen **2010** betragen:

- 45 000 € besondere JAE-Grenze (§ 6 **Abs. 7** SGB V)
- 49 950 € allgemeine JAE-Grenze (§ 6 **Abs. 6** SGB V).

Die zwei unterschiedlichen Jahresarbeitsentgeltgrenzen von 45 000 € bzw. 49 950 € gelten nur für die Prüfung der Versicherungspflicht. Für die **Berechnung der Beiträge** zur Kranken- und Pflegeversicherung bzw. des Arbeitgeberzuschusses zur Kranken- und Pflegeversicherung gilt eine einheitliche Beitragsbemessungsgrenze von 3750 € **monatlich bzw. 45 000 € jährlich** (vgl. die Erläuterungen beim Stichwort „Berechnung der Lohnsteuer und der Sozialversicherungsbeiträge"). Im Einzelnen gilt für den Beitragszuschuss zur freiwilligen Krankenversicherung Folgendes:

2. Beitragszuschuss zur freiwilligen Krankenversicherung

Der anspruchsberechtigte Arbeitnehmer erhält einen Beitragszuschuss nur dann, wenn er

- in der gesetzlichen Krankenversicherung freiwillig versichert ist **oder**
- bei einem privaten Versicherungsunternehmen versichert ist und für sich und seine Angehörigen, die bei Versicherungspflicht des Arbeitnehmers nach § 10 SGB V versichert wären, Vertragsleistungen erhält, die ihrer Art nach den Leistungen der gesetzlichen Krankenversicherung nach SGB V entsprechen.

Die Versicherungsleistungen der privaten Versicherung müssen der **Art,** nicht dagegen dem Umfang nach, den Leistungen der gesetzlichen Krankenversicherung entsprechen. Es genügt deshalb, dass die private Krankenversicherung des Arbeitnehmers die wichtigsten Leistungen der gesetzlichen Krankenversicherung abdeckt. Dem Arbeitnehmer bleibt es überlassen, welche Leistungen er im Einzelnen versichern will. Ist z. B. im privaten Krankenversicherungsvertrag statt des Krankengeldes ein Krankenhaustagegeld vereinbart, wird der Anspruch auf den Arbeitgeberzuschuss dadurch nicht ausgeschlossen. Die Absicherung mit Krankengeld oder Krankenhaustagegeld ist überhaupt nicht erforderlich, wenn der privat versicherte Arbeitnehmer keine Absicherung gegen Lohnausfall bei Krankheit benötigt, z. B. weil er Anspruch auf Lohnfortzahlung im Krankheitsfall für mindestens 78 Wochen hat.

Der Arbeitnehmer muss dem Arbeitgeber eine Bescheinigung über die Höhe des zu zahlenden Versicherungsbeitrags vorlegen. Diese Bescheinigung sollte auch eine Bestätigung darüber enthalten, dass die Anspruchsvoraussetzungen des § 257 SGB V vorliegen.

Der Arbeitgeber hat die Bescheinigung bei den Entgeltunterlagen aufzubewahren.

Anspruch auf einen Zuschuss haben grds. nur abhängig beschäftigte Arbeitnehmer.

Zur Zahlung eines Beitragszuschusses für Vorstandsmitglieder von Aktiengesellschaften und sonstigen Organmitgliedern (z. B. Gesellschafter-Geschäftsführer einer GmbH) vgl. das Stichwort „Gesellschafter-Geschäftsführer".

3. Höhe des Beitragszuschusses

Als Zuschuss ist der Betrag zu zahlen, den der Arbeitgeber als Arbeitgeberanteil bei Krankenversicherungspflicht des Arbeitnehmers zu zahlen hätte (berechnet also auf der Basis des beitragspflichtigen Entgelts). Der Beitragszuschuss ist jedoch höchstens auf die Hälfte des Betrags begrenzt, den der Arbeitnehmer für seine Krankenversicherung tatsächlich aufwendet.

Für die Bemessung des Arbeitgeberzuschusses bei Arbeitnehmern, die freiwillig bei einer Krankenkasse versichert sind, ist von dem um 0,9 Beitragssatzpunkte verminderten Beitragssatz auszugehen.

Beispiel

Der allgemeine Beitragssatz beträgt seit 1. 7. 2009 14,9 %. Damit beträgt der Höchstzuschuss für einen freiwillig Versicherten 262,50 € (14,9 % – 0,9 %) : 2 = 7,0 % aus 3750 €.

Bei Arbeitnehmern, die bei einem **privaten** Krankenversicherungsunternehmen versichert sind, gilt für die Bemessung des Beitragszuschusses Folgendes:

Nach § 257 Abs. 2 Satz 2 SGB V wird für die Berechnung des Beitragszuschusses für privat krankenversicherte Arbeitnehmer der um 0,9 Beitragssatzpunkte verminderte allgemeine Beitragssatz zugrunde gelegt. Der allgemeine Beitragssatz beträgt seit 1. Juli 2009 14,9 %. Maßgebend für die Berechnung des Betragsschusses sind also 7,0 % (14,9 % – 0,9 % : 2).

Beitragsbemessungsgrundlage für den Beitragszuschuss bei privat krankenversicherten Arbeitnehmern ist das monatliche Arbeitsentgelt bis zur jeweils maßgebenden Beitragsbemessungsgrenze. Hiernach ergibt sich ab 1. 1. 2010 als Beitragszuschuss für privat krankenversicherte Arbeitnehmer sowohl in den alten als auch in den neuen Bundesländern höchstens ein Betrag von (7,0 % von 3750 € =) **262,50 €** monatlich.

Höchstens erhält der Arbeitnehmer als Beitragszuschuss jedoch die Hälfte des Betrags, den er für seine private Krankenversicherung tatsächlich aufwendet.

4. Wegfall des Beitragszuschusses

Da sich der Beitragszuschuss am Arbeitsentgelt orientiert, besteht für Zeiten, für die der Arbeitnehmer kein Arbeitsentgelt erhält, auch kein Anspruch auf den Beitragszuschuss. Dies bedeutet, dass z. B. für Zeiten der Arbeitsunfähigkeit ohne Fortzahlung von Arbeitsentgelt sowie bei Beginn und Ende der Beschäftigung im Laufe eines Kalendermonats das Arbeitsentgelt nur unter Zugrundelegung einer entsprechend gekürzten Beitragsbemessungsgrenze herangezogen werden kann. Etwas anderes gilt lediglich für Zeiten des unbezahlten Urlaubs oder des unentschuldigten Fernbleibens von der Arbeit sowie für Zeiten des Arbeitskampfes. Denn in diesen Fällen wird der Beitragszuschuss aus dem gezahlten Arbeitsentgelt unter Berücksichtigung der (ungekürzten) monatlichen Beitragsbemessungsgrenze berechnet.

Der Anspruch auf den Beitragszuschuss nach § 257 SGB V besteht also nur für Zeiten, für die bei Krankenversicherungspflicht des Arbeitnehmers ein Arbeitgeberanteil zum Krankenversicherungsbeitrag zu zahlen wäre. Kein Anspruch auf den Beitragszuschuss besteht somit für Zeiten, in denen der Arbeitnehmer Krankengeld, Mutterschaftsgeld oder Elterngeld bezieht und zwar auch dann nicht, wenn der bei einem privaten Krankenversicherungsunternehmen versicherte Arbeitnehmer seinen Beitrag in unverminderter Höhe weiterhin entrichten muss.

Arbeitgeberzuschuss zur Krankenversicherung

	Lohn-steuer-pflichtig	Sozial-versich.-pflichtig

Zahlt der Arbeitgeber gleichwohl den Beitragszuschuss in voller Höhe weiter, so handelt es sich insoweit um eine freiwillige Leistung, die steuerpflichtig ist. Gleiches gilt für den Beitragszuschuss zur Pflegeversicherung (vgl. das folgende Beispiel). — ja — nein*)

Beispiel

Monatsgehalt 4000 € (der Arbeitnehmer ist nicht krankenversicherungspflichtig). Der Beitragszuschuss des Arbeitgebers zur freiwilligen Versicherung in der gesetzlichen Krankenversicherung beträgt bei einem Beitragssatz von 14,9 %:

7,0 % von der Beitragsbemessungsgrenze in Höhe von 3750 € =	262,50 €
Der Beitragszuschuss zur Pflegeversicherung beträgt 0,975 % von 3750 € =	36,56 €
Beginn der Krankengeldzahlung am 16. Juni. Der Arbeitgeber zahlt für Juni einen Beitragszuschuss in voller Höhe von (262,50 € + 36,56 € =) 299,06 €. Gesetzlich ist er nur bis 15. 6. zur Zahlung eines Beitragszuschusses verpflichtet.	
(7,0 % + 0,975 % =) 7,975 % der Beitragsbemessungsgrenze für 15 Kalendertage (vgl. Tabelle beim Stichwort „Teillohnzahlungszeitraum" unter Nr. 4 auf Seite 692) in Höhe von 1875,– € =	149,53 €
steuerpflichtiger Teil des Beitragszuschusses im August (299,06 € − 149,53 € =)	149,53 €

5. Mehrfachbeschäftigung

§ 257 Abs. 1 Satz 2 und Abs. 2 Satz 5 SGB V schreibt vor, dass bei Mehrfachbeschäftigungen die beteiligten Arbeitgeber **anteilig** nach dem Verhältnis der Höhe der jeweiligen Arbeitsentgelte zur Zahlung des Beitragszuschusses verpflichtet sind. Dabei ist in der Weise zu verfahren, dass zunächst die Höhe des insgesamt zu zahlenden Beitragszuschusses festgestellt wird. Der auf den einzelnen Arbeitgeber entfallende Teil des Beitragszuschusses wird sodann ermittelt, indem der Gesamtbeitragszuschuss mit dem Arbeitsentgelt aus der einzelnen Beschäftigung multipliziert und das Ergebnis durch die Summe der Arbeitsentgelte dividiert wird (vgl. das Stichwort „Mehrfachbeschäftigung").

6. Beitragszuschuss zur Krankenversicherung für Bezieher von Kurzarbeitergeld oder Saison-Kurzarbeitergeld

Soweit für krankenversicherungspflichtige Bezieher von Kurzarbeitergeld oder Saisonkurzarbeitergeld Beiträge zur Krankenversicherung aus einem fiktiven Arbeitsentgelt zu zahlen sind, hat der Arbeitgeber diese Beiträge allein zu tragen (vgl. das Stichwort „Kurzarbeitergeld"); der Arbeitnehmer wird insoweit nicht mit Beiträgen belastet. Aus Gründen der Gleichbehandlung ist in § 257 Abs. 1 und 2 SGB V klargestellt worden, dass der Arbeitgeber für die in der gesetzlichen Krankenversicherung freiwillig oder für die bei einem privaten Krankenversicherungsunternehmen versicherten Bezieher von Kurzarbeitergeld oder Saisonkurzarbeitergeld hinsichtlich des fiktiven Arbeitsentgelts den vollen Beitrag zur Krankenversicherung als Zuschuss zu zahlen hat.

7. Beitragszuschuss bei Vorruhestand

Wegen Einzelheiten zum Beitragszuschuss bei Vorruhestand wird auf die Erläuterungen beim Stichwort „Vorruhestand" unter Nr. 3 Bezug genommen.

8. Steuerliche Behandlung des Beitragszuschusses

a) Allgemeines

Für die steuerliche Behandlung von Arbeitgeberzuschüssen zur Krankenversicherung gilt der Grundsatz, dass nur diejenigen Krankenkassenzuschüsse, zu deren Zahlung der Arbeitgeber nach § 257 SGB V gesetzlich verpflichtet ist, nach § 3 Nr. 62 EStG steuerfrei sind. Darüber hinausgehende Zuschüsse des Arbeitgebers zu den Krankenkassenbeiträgen seiner Arbeitnehmer sind steuerpflichtig. Hiernach ergibt sich im Einzelnen Folgendes:

b) Freiwillige Versicherung in der gesetzlichen Krankenversicherung (GKV-Mitglieder)

Als Zuschuss ist der Betrag zu zahlen, den der Arbeitgeber als Arbeitgeberanteil bei Krankenversicherungspflicht des Arbeitnehmers zu zahlen hätte (berechnet also auf der Basis des beitragspflichtigen Entgelts). Der Beitragszuschuss ist jedoch höchstens auf die Hälfte des Betrags begrenzt, den der Arbeitnehmer für seine Krankenversicherung tatsächlich aufwendet. — nein — nein

Für die Bemessung des Arbeitgeberzuschusses ist bei Arbeitnehmern, die freiwillig bei einer gesetzlichen Krankenkasse versichert sind, von dem um 0,9 Beitragssatzpunkte verminderten allgemeinen Beitragssatz (14,9 %) auszugehen.

Beispiel

Der allgemeine Beitragssatz beträgt 14,9 %. Damit beträgt der Höchstbeitragszuschuss für einen freiwillig Versicherten **262,50 €** (14,9 % − 0,9 % = 14,0 % : 2 = 7,0 %; 7,0 % aus der monatlichen Beitragsbemessungsgrenze von 3750 € ergibt 262,50 €).

Übersteigt das Arbeitsentgelt nur aufgrund von einmalig gezahltem Arbeitsentgelt die Jahresarbeitsentgeltgrenze und hat der Arbeitnehmer deshalb für jeden Monat die Höchstbeiträge an die Krankenkasse zu zahlen, sind die Arbeitgeberzuschüsse aus Vereinfachungsgründen bis zur Hälfte der Höchstbeiträge steuerfrei. Das bedeutet, dass in Fällen der Überschreitung der Jahresarbeitsentgeltgrenze aufgrund von Sonderzuwendungen und der Zahlung des Höchstbeitrages für jeden Monat der Beitragszuschuss des Arbeitgebers bis zur Hälfte des Höchstbeitrags lohnsteuerfrei bleibt. Damit ist die Steuerfreiheit des Höchstzuschusses auch gewährleistet, wenn der laufende Arbeitslohn die Beitragsbemessungsgrenze nicht erreicht (R 3.62 Abs. 2 Nr. 2 Satz 4 LStR). — nein — nein

c) Private Versicherung bei einem privaten Krankenversicherungsunternehmen (PKV-Mitglieder)

Bei Arbeitnehmern, die bei einem **privaten** Krankenversicherungsunternehmen versichert sind, gilt für die Bemessung des Beitragszuschusses Folgendes:

Nach § 257 Abs. 2 Satz 2 SGB V wird für die Berechnung des Beitragszuschusses für privat krankenversicherte Arbeitnehmer der um 0,9 Beitragssatzpunkte verminderte allgemeine Beitragssatz zugrunde gelegt. Der allgemeine Beitragssatz beträgt seit 1. Juli 2009 14,9 %. Maßgebend für die Berechnung des Beitragszuschusses sind somit 7,0 % (14,9 % − 0,9 % : 2 = 7,0 %).

Beitragsbemessungsgrundlage für den Beitragszuschuss bei privat krankenversicherten Arbeitnehmern ist das monatliche Arbeitsentgelt bis zur jeweils maßgebenden Beitragsbemessungsgrenze. Hiernach ergibt sich ab 1. 1. 2010 als Beitragszuschuss für privat krankenversicherte Arbeitnehmer sowohl in den alten als auch in den neuen Bundesländern höchstens ein Betrag von (7,0 % von 3750 € =) **262,50 €** monatlich. — nein — nein

Höchstens erhält der Arbeitnehmer als Beitragszuschuss jedoch die Hälfte des Betrags, den er für seine private Krankenversicherung tatsächlich aufwendet. Dieser Zuschuss ist steuer- und beitragsfrei.

Beispiel A

Der Beitrag eines Arbeitnehmers in den alten Bundesländern zu seiner privaten Krankenversicherung beträgt im Januar 2010 500 € monatlich. Die Hälfte des tatsächlich gezahlten Beitrags beträgt somit 250 €. Da dieser Betrag niedriger ist als der ab 1.1.2010 geltende Höchstbetrag von 262,50 €, ist der Arbeitgeberzuschuss nur in Höhe von 250 € monat-

---

*) Der weiter gezahlte Beitragszuschuss ist sozialversicherungsfrei, wenn das anteilige Nettoarbeitsentgelt nicht um mehr als 50 € überschritten wird (vgl. die Erläuterungen beim Stichwort „Arbeitsentgelt" unter Nr. 2).

Arbeitgeberzuschuss zur Krankenversicherung

lich steuerfrei. Zahlt der Arbeitgeber einen höheren Arbeitgeberzuschuss (z. B. den Höchstbetrag von 262,50 €), so ist der Differenzbetrag steuerpflichtig. Bei der Zahlung eines Arbeitgeberzuschusses in Höhe von 262,50 € wären somit (262,50 € − 250 € =) 12,50 € steuerpflichtig. Die 44-Euro-Freigrenze ist nicht anwendbar, da kein Sachbezug vorliegt.

Beispiel B
Der Beitrag eines Arbeitnehmers in den alten Bundesländern zu seiner privaten Krankenversicherung beträgt im Januar 2010 600 € monatlich. Der Arbeitgeber kann ab 1.1.2010 einen steuerfreien Arbeitgeberzuschuss nur in Höhe von 262,50 € monatlich zahlen. Zahlt er die Hälfte des monatlichen Beitrags (300 €), so ist der Differenzbetrag steuerpflichtig. Steuerpflichtig wären also (300 € − 262,50 € =) 37,50 €. Die 44-Euro-Freigrenze ist nicht anwendbar, da kein Sachbezug vorliegt.

Für die Entwicklung des höchstmöglichen Beitragszuschusses bei privat krankenversicherten Arbeitnehmern ergibt sich seit 1.1.1996 folgende Übersicht:

Beitragszuschuss vom ..... bis	alte und neue Bundesländer
1.1.2002 bis 31.12.2002	227,81 €
1.1.2003 bis 31.12.2003	241,50 €
1.1.2004 bis 31.12.2004	249,36 €
1.1.2005 bis 30.6.2005	252,04 €
1.7.2005 bis 31.12.2005	236,18 €
1.1.2006 bis 31.12.2006	236,91 €
1.1.2007 bis 31.12.2007	236,91 €
1.1.2008 bis 31.12.2008	250,20 €
1.1.2009 bis 30.6.2009	268,28 €
1.7.2009 bis 31.12.2009	257,25 €
ab 1.1.2010	**262,50 €**

Die in der Übersicht aufgeführten Beträge sind die gesetzlich festgelegten **Höchstzuschüsse.** Der Arbeitgeber muss jedoch nicht mehr als die Hälfte des tatsächlichen Krankenversicherungsbeitrags des Arbeitnehmers als Zuschuss gewähren.

Für die in der **gesetzlichen** Krankenversicherung **freiwillig** versicherten Arbeitnehmer gilt diese Übersicht nicht. Denn für die in der gesetzlichen Krankenversicherung freiwillig versicherten Arbeitnehmer beträgt der Beitragszuschuss die Hälfte des Beitrags, der bei Anwendung des um 0,9 % verminderten allgemeinen Beitragssatzes der gesetzlichen Krankenversicherung zu zahlen wäre.

Voraussetzung für die Steuerfreiheit des Arbeitgeberzuschusses ist es nicht, dass der private Versicherungsschutz einen bestimmten Mindestumfang hat, also sich auf **alle** Leistungen des Fünften Buches Sozialgesetzbuch erstreckt; soweit der private Versicherungsschutz allerdings Leistungen umfasst, die der Art nach **nicht** zu den Leistungen des Fünften Buches Sozialgesetzbuch gehören, bleibt der darauf entfallende Teil des Beitrags bei der Bemessung des Arbeitgeberzuschusses unberücksichtigt. Der Arbeitgeber darf Zuschüsse zu einer privaten Krankenversicherung des Arbeitnehmers nur dann steuerfrei lassen, wenn der Arbeitnehmer eine Bescheinigung des Versicherungsunternehmens vorlegt, in der bestätigt wird, dass es sich bei den vertraglichen Leistungen um Leistungen im Sinne des Fünften Buches Sozialgesetzbuch handelt. Die Bescheinigung muss außerdem Angaben über die Höhe des für die vertraglichen Leistungen im Sinne des Fünften Buches Sozialgesetzbuch zu zahlenden Versicherungsbeitrags enthalten. Der Arbeitgeber hat die Bescheinigung als Unterlage zum Lohnkonto aufzubewahren (R 3.62 Abs. 2 Nr. 3 Satz 9 LStR). Soweit der Arbeitgeber die steuerfreien Zuschüsse unmittelbar an den Arbeitnehmer auszahlt, hat der Arbeitnehmer die zweckentsprechende Verwendung durch eine Bescheinigung des Versicherungsunternehmens über die tatsächlichen Krankenversicherungsbeiträge nach Ablauf eines jeden Kalenderjahrs nachzuweisen; der Arbeitgeber hat auch diese Bescheinigung als Unterlage zum Lohnkonto aufzubewahren.

Übersteigt das Arbeitsentgelt nur aufgrund von einmalig gezahltem Arbeitsentgelt die Jahresarbeitsentgeltgrenze und hat der Arbeitnehmer deshalb für jeden Monat die Höchstbeiträge an die Krankenkasse zu zahlen, sind die Arbeitgeberzuschüsse aus Vereinfachungsgründen bis zur Hälfte der Höchstbeträge steuerfrei. Das bedeutet, dass in Fällen der Überschreitung der Jahresarbeitsentgeltgrenze aufgrund von Sonderzuwendungen und der Zahlung des Höchstbeitrages für jeden Monat der Beitragszuschuss des Arbeitgebers bis zur Hälfte des Höchstbetrags lohnsteuerfrei bleibt. Damit ist die Steuerfreiheit des Höchstzuschusses auch gewährleistet, wenn der laufende Arbeitslohn die Beitragsbemessungsgrenze nicht erreicht (R 3.62 Abs. 2 Nr. 3 Satz 5 LStR).

d) Beitragszuschuss zur Krankenversicherung für Bezieher von Kurzarbeitergeld oder Saison-Kurzarbeitergeld

Soweit bei Beziehern von Kurzarbeitergeld oder Saison-Kurzarbeitergeld ein fiktives Arbeitsentgelt maßgebend ist (vgl. die Stichwörter „Kurzarbeitergeld" und „Saison-Kurzarbeitergeld"), bleiben die Arbeitgeberzuschüsse in voller Höhe steuerfrei (R 3.62 Abs. 2 Nr. 2 Satz 3 LStR).

e) Nachweispflichten bei ausländischen Versicherungen

Die für die Steuerfreiheit erforderliche gesetzliche Verpflichtung für eine Zukunftssicherungsleistung des Arbeitgebers ergibt sich für den Arbeitgeberzuschuss zu einer privaten Krankenversicherung aus den Vorschriften des Fünften Buchs Sozialgesetzbuch (§ 257 Abs. 2a Satz 1 SGB V). Diese sozialversicherungsrechtlichen Vorschriften sind auch bei Arbeitnehmern anzuwenden, die eine Krankenversicherung bei einem Versicherungsunternehmen abgeschlossen haben, das seinen Sitz in einem anderen Land der **Europäischen Union** hat. Das Vorliegen der gesetzlichen Verpflichtung des Arbeitgebers aufgrund sozialversicherungsrechtlichen Vorschriften zur Bezuschussung ist allerdings vom Arbeitnehmer nachzuweisen.

Nach den sozialversicherungsrechtlichen Vorschriften (§ 257 Abs. 2a Satz 3 SGB V) hat der Arbeitnehmeer als Versicherungsnehmer dem Arbeitgeber jeweils nach Ablauf von drei Jahren eine Bescheinigung des Versicherungsunternehmens vorzulegen, dass die Aufsichtsbehörde dem Versicherungsunternehmen bestätigt, dass es die Versicherung, die Grundlage des Versicherungsvertrags ist, nach den entsprechenden sozialversicherungsrechtlichen Voraussetzungen betreibt. Die Vorlage einer solchen Bescheinigung ist aber laut Bundesfinanzhof nicht Voraussetzung für die Steuerfreiheit des Arbeitgeberzuschusses. Der Nachweis des Vorliegens der sozialversicherungsrechtlichen Vorschriften kann auch durch die Vorlage anderer Unterlagen erfolgen. Im Streitfall lehnte der Bundesfinanzhof allerdings die Steuerfreiheit eines Arbeitgeberzuschusses zu einer privaten Krankenversicherung in den Niederlanden ab, da der Arbeitnehmer keinerlei Unterlagen vorgelegt hatte, woraus sich das Vorliegen der gesetzlichen Verpflichtung aufgrund sozialversicherungsrechtlicher Vorschriften für einen steuerfreien Arbeitgeberzuschuss ergab (BFH-Urteil vom 22.7.2008, BStBl. II S. 894).

Arbeitgeberzuschuss zur Pflegeversicherung

Neues auf einen Blick

Der Arbeitgeberzuschuss zur Pflegeversicherung beträgt ab 1.1.2010 **36,56 €** monatlich. In **Sachsen** beträgt der Beitragszuschuss **17,81 €** monatlich.

1. Allgemeines

Arbeitnehmer, die aufgrund der Höhe ihres Arbeitsentgelts krankenversicherungsfrei sind, erhalten von ihrem Arbeitgeber einen Zuschuss zum Krankenversicherungsbeitrag (vgl. das Stichwort „Arbeitgeberzuschuss zur Krankenversicherung"). Dieser Grundsatz ist für die Pflegeversicherung übernommen worden.

Die Verpflichtung des Arbeitgebers zur Gewährung eines Zuschusses zu den Beiträgen zur Pflegeversicherung ist in § 61 SGB XI geregelt. Hiernach erhalten folgende Arbeitnehmer einen Beitragszuschuss:

– Arbeitnehmer, die in der gesetzlichen Krankenversicherung freiwillig versichert sind.
– Arbeitnehmer, die nach den Vorschriften des Pflegeversicherungsgesetzes verpflichtet sind, eine private Pflegeversicherung abzuschließen.

Arbeitnehmer, die zwar diese Voraussetzungen erfüllen, die aber nach beamtenrechtlichen Vorschriften oder Grundsätzen bei Krankheit und Pflege Anspruch auf Beihilfe oder Heilfürsorge haben, **erhalten keinen Beitragszuschuss.** An die Stelle des Zuschusses tritt in diesen Fällen die Beihilfe oder Heilfürsorge des Dienstherrn zu den Aufwendungen aus Anlass der Pflege.

Zur Zahlung eines Beitragszuschusses für Vorstandsmitglieder von Aktiengesellschaften vgl. das Stichwort „Gesellschafter-Geschäftsführer".

2. Freiwillige Mitglieder der gesetzlichen Krankenversicherung

Arbeitnehmer, die in der gesetzlichen Krankenversicherung freiwillig versichert sind, sind nach § 20 Abs. 3 SGB XI in der sozialen Pflegeversicherung pflichtversichert. Soweit diese pflegeversicherungspflichtigen Arbeitnehmer einer Krankenkasse angehören, wird die Pflegeversicherung grundsätzlich bei der bei dieser Krankenkasse errichteten Pflegekasse durchgeführt. Arbeitnehmer, die in der gesetzlichen Krankenversicherung freiwillig versichert sind, können jedoch auf Antrag von der (Pflege-)Versicherungspflicht befreit werden, wenn sie nachweisen, dass sie bei einem privaten Versicherungsunternehmen gegen Pflegebedürftigkeit versichert sind. In beiden Fällen besteht ein Anspruch auf einen Arbeitgeberzuschuss (§ 61 Abs. 1 SGB XI) in Höhe der Hälfte der Beiträge zur sozialen Pflegeversicherung, die für einen kranken- und pflegeversicherungspflichtigen Arbeitnehmer bei der Pflegekasse, die bei der Krankenkasse errichtet ist, bei der die freiwillige Mitgliedschaft besteht, zu bezahlen wären. Dieser Arbeitgeberzuschuss ist nach § 3 Nr. 62 Satz 1 EStG steuer- und beitragsfrei. nein nein

Da der Beitragssatz bundeseinheitlich 1,95 % beträgt, ergeben sich bei der Berechnung keine Besonderheiten.

Beispiel

Das monatliche Arbeitsentgelt eines Arbeitnehmers beträgt im Mai 2010   4 000,— €

davon sind sowohl in den alten als auch in den neuen Bundesländern beitragspflichtig: 3 750,— €

Der Arbeitgeber hat im Mai 2010 sowohl in den alten als auch in den neuen Bundesländern folgenden Beitragszuschuss zu zahlen:

0,975 % von 3750 €   **36,56 €**

Zahlt der Arbeitgeber mehr als diesen Betrag, ist der übersteigende Teil steuer- und beitragspflichtig.

Ist der Arbeitnehmer in **Sachsen** tätig, so bestand bis zum 30.6.1996 kein Anspruch auf einen Beitragszuschuss, da Sachsen keinen gesetzlichen Feiertag, der stets auf einen Werktag fällt, abgeschafft hat. Somit wäre im Falle des Vorliegens von Krankenversicherungspflicht kein Arbeitgeberanteil zu zahlen gewesen. Seit 1. Juli 2008 beträgt der Beitragszuschuss in Sachsen 0,475 % des beitragspflichtigen Arbeitsentgelts, ab 1.1.2010 also 0,475 % von 3750 € = **17,81 €.**

Übersteigt das Arbeitsentgelt nur aufgrund von einmalig gezahltem Arbeitsentgelt die Jahresarbeitsentgeltgrenze und hat der Arbeitnehmer deshalb für jeden Monat die Höchstbeiträge an die Kranken- und Pflegekasse zu zahlen, sind die Arbeitgeberzuschüsse aus Vereinfachungsgründen bis zur Hälfte der Höchstbeiträge steuerfrei. Das bedeutet, dass in Fällen der Überschreitung der Jahresarbeitsentgeltgrenze aufgrund von Sonderzuwendungen und der Zahlung des Höchstbeitrages für jeden Monat der Beitragszuschuss des Arbeitgebers bis zur Hälfte des Höchstbeitrags lohnsteuerfrei bleibt. Damit ist die Steuerfreiheit des Höchstzuschusses auch gewährleistet, wenn der laufende Arbeitslohn die Beitragsbemessungsgrenze nicht erreicht.

3. Privat versicherte Arbeitnehmer

Personen, die bei einem privaten Krankenversicherungsunternehmen versichert sind, sind nach § 23 Abs. 1 SGB XI verpflichtet, sich bei diesem Unternehmen, nach § 23 Abs. 2 SGB XI wahlweise auch bei einem anderen privaten Versicherungsunternehmen, gegen das Risiko der Pflegebedürftigkeit abzusichern. Sie erhalten nach § 61 Abs. 2 SGB XI einen Arbeitgeberzuschuss, wenn sie für sich und ihre Angehörigen Vertragsleistungen beanspruchen können, die nach Art und Umfang den Leistungen der sozialen Pflegeversicherung entsprechen; das Versicherungsunternehmen hat dem Arbeitnehmer eine diesbezügliche Bescheinigung auszuhändigen. Der Zuschuss ist in der Höhe begrenzt auf den Betrag, der als Arbeitgeberanteil bei Versicherungspflicht in der sozialen Pflegeversicherung zu zahlen wäre; höchstens erhält der Arbeitnehmer die Hälfte des Betrags, den er für seine soziale Pflegeversicherung tatsächlich aufwendet. Dieser Zuschuss ist steuer- und beitragsfrei. nein nein

Beispiel A

Der Beitrag zur privaten Pflegeversicherung beträgt im Mai 2010 monatlich 80,– €. Im Fall der Versicherungspflicht würde der Arbeitgeberanteil 0,975 % von 3750 € = 36,56 € betragen. Zahlt der Arbeitgeber als Beitragszuschuss die Hälfte des tatsächlich gezahlten Beitrags, also 40,– €, so sind (40,– € – 36,56 € =) 3,44 € steuer- und beitragspflichtig.

Die 44-Euro-Freigrenze ist nicht anwendbar, da kein Sachbezug vorliegt.

Beispiel B

Der Beitrag zur privaten Pflegeversicherung beträgt im Mai 2010 monatlich 50 €. Als Zuschuss kann der Arbeitgeber höchstens die Hälfte des tatsächlich gezahlten Beitrags steuer- und beitragsfrei zahlen. Dies sind monatlich 25 €. Zahlt der Arbeitgeber dem Arbeitnehmer den Betrag als Beitragszuschuss, den er bei einer Versicherungspflicht des Arbeitnehmers als Arbeitgeberanteil zahlen müsste, so sind (36,56 € – 25 € =) 11,56 € steuer- und beitragspflichtig.

Die 44-Euro-Freigrenze ist nicht anwendbar, da kein Sachbezug vorliegt.

Ist der Arbeitnehmer in Sachsen tätig, beträgt der Beitragszuschuss seit 1.7.2008 0,475 % des beitragspflichtigen Arbeitsentgelts, höchstens jedoch die Hälfte des Pflegeversicherungsbeitrages.

Der Zuschuss für eine private Pflegeversicherung wird nur dann gezahlt, wenn das Versicherungsunternehmen

– die Pflegeversicherung nach Art der Lebensversicherung betreibt,
– sich verpflichtet, den überwiegenden Teil der Überschüsse, die sich aus dem selbst abgeschlossenen Versicherungsgeschäft ergeben, zugunsten der Versicherten zu verwenden,

Arbeitnehmer

Arbeitnehmerfinanzierte Pensionszusage

– die Pflegeversicherung nur zusammen mit der Krankenversicherung, nicht zusammen mit anderen Versicherungssparten betreibt.

Der Arbeitnehmer hat dem Arbeitgeber seine Zuschussberechtigung durch Vorlage einer Versicherungsbescheinigung nachzuweisen. Diese darf nur dann ausgestellt werden, wenn die zuständige Aufsichtsbehörde dem Versicherungsunternehmen bestätigt hat, dass es die Versicherung, die Grundlage des Versicherungsvertrages ist, nach den vorgenannten Voraussetzungen betreibt (§ 61 Abs. 7 SGB XI).

Zahlt der Arbeitgeber die steuerfreien Zuschüsse unmittelbar an den Arbeitnehmer aus, hat der Arbeitnehmer die zweckentsprechende Verwendung durch eine Bescheinigung des Versicherungsunternehmens über die tatsächlichen Pflegeversicherungsbeiträge nach Ablauf eines jeden Kalenderjahrs nachzuweisen; der Arbeitgeber hat auch diese Bescheinigung als Unterlage zum Lohnkonto aufzubewahren (R 3.62 Abs. 2 Nr. 3 Satz 10 LStR).

Übersteigt das Arbeitsentgelt nur aufgrund von einmalig gezahltem Arbeitsentgelt die Jahresarbeitsentgeltgrenze und hat der Arbeitnehmer deshalb für jeden Monat die Höchstbeiträge an die Kranken- und Pflegekasse zu zahlen, sind die Arbeitgeberzuschüsse aus Vereinfachungsgründen bis zur Hälfte der Höchstbeiträge steuerfrei. Das bedeutet, dass in Fällen der Überschreitung der Jahresarbeitsentgeltgrenze aufgrund von Sonderzuwendungen und der Zahlung des Höchstbeitrages für jeden Monat der Beitragszuschuss des Arbeitgebers bis zur Hälfte des Höchstbeitrags lohnsteuerfrei bleibt. Damit ist die Steuerfreiheit des Höchstzuschusses auch gewährleistet, wenn der laufende Arbeitslohn die Beitragsbemessungsgrenze nicht erreicht.

4. Beitragszuschuss für die Bezieher von Kurzarbeitergeld und Saison-Kurzarbeitergeld

Soweit bei Beziehern von Kurzarbeitergeld oder Saison-Kurzarbeitergeld ein fiktives Arbeitsentgelt maßgebend ist (vgl. die Stichwörter „Kurzarbeitergeld" und „Saison-Kurzarbeitergeld"), bleiben die Arbeitgeberzuschüsse in voller Höhe steuerfrei (R 3.62 Abs. 2 Nr. 2 Satz 3 LStR).

Arbeitnehmer

Zum Begriff „Arbeitnehmer" vgl. Teil A, Nr. 3 auf Seite 6.

Arbeitnehmerfinanzierte Pensionszusage

Gliederung:

1. Allgemeines
2. Arbeitnehmerfinanzierte Pensionszusage als Teil der arbeitnehmerfinanzierten betrieblichen Altersversorgung
3. Voraussetzungen für eine Entgeltumwandlung zugunsten einer Pensionszusage
   a) Fälle in denen ein Rechtsanspruch auf Entgeltumwandlung besteht
   b) Höhe des Anspruchs auf Entgeltumwandlung
   c) Tarifvorrang schließt Anspruch auf Entgeltumwandlung aus
   d) Entgeltumwandlungen zugunsten einer Pensionszusage auf freiwilliger Basis
4. Betriebliche Altersversorgung im Sinne des Betriebsrentengesetzes (BetrAVG)/Biometrisches Risiko
   a) Allgemeines
   b) Begriff der betrieblichen Altersversorgung
   c) Vererblichkeit der Versorgungsanwartschaften
   d) Pensionszusage nur für den Arbeitnehmer persönlich
5. Verwendung von Wertguthaben auf Arbeitszeitkonten zugunsten einer Pensionszusage
6. Sozialversicherungsrechtliche Beurteilung von arbeitnehmerfinanzierten Pensionszusagen

1. Allgemeines

Unter arbeitnehmerfinanzierten Pensionszusagen (sog. **Direktzusage**) werden Modelle verstanden, nach denen der Arbeitgeber dem Arbeitnehmer eine Betriebsrente zusagt, die Mittel zur Sicherung dieser Zusage aber vom Arbeitnehmer ganz oder teilweise durch eine Minderung des vertraglich vereinbarten Gehalts aufgebracht werden (vgl. auch die Erläuterungen beim Stichwort „Gehaltsumwandlung"). Der Vorteil liegt darin, dass durch die Minderung hoch besteuerter Aktivbezüge eine zum Teil erhebliche Steuerersparnis eintritt, während die später zufließende Betriebsrente wegen des niedrigeren Einkommens im Ruhestand wesentlich geringer besteuert wird (sog. nachgelagerte Besteuerung, vgl. dieses Stichwort).

Beispiel

Der Arbeitnehmer vereinbart mit seinem Arbeitgeber, dass das monatliche Gehalt von 6000 € auf 5000 € herabgesetzt und dafür eine entsprechende **Pensionszusage** gewährt wird. Der Arbeitnehmer entzieht damit 1000 € der progressiven Besteuerung (vgl. die Tabelle zu den Grenzsteuersätzen beim Stichwort „Tarifaufbau" unter Nr. 6 auf Seite 687) und erhält hierfür eine Altersversorgung, die erst bei der Auszahlung – mit dem dann meist erheblich geringeren Steuersatz – versteuert werden muss. Beim Arbeitgeber führt dieses Modell zu einer erheblichen Liquiditätsverbesserung, wobei die Bildung der gewinnmindernden Rückstellung nach § 6a EStG unverändert erhalten bleibt.

Pensionszusagen sind im Grunde genommen Zukunftssicherungsleistungen des Arbeitgebers für seine Arbeitnehmer. Auf die grundsätzliche Ausführung und das Abgrenzungsschema zur Steuerpflicht von Zukunftssicherungsleistungen beim Stichwort „Zukunftsicherung" unter Nr. 1 auf Seite 795 wird deshalb Bezug genommen. Wegen der besseren Übersicht erfolgt die Erläuterung von **arbeitnehmerfinanzierten** Pensionszusagen unter einem eigenen Stichwort, weil hierfür besondere Verwaltungsanweisungen und Sonderregelungen zu beachten sind.

2. Arbeitnehmerfinanzierte Pensionszusage als Teil der arbeitnehmerfinanzierten betrieblichen Altersversorgung

Die betriebliche Altersversorgung umfasst seit 1.1.2002 fünf Durchführungswege, nämlich

– Beiträge zu **Pensionskassen**,
– Beiträge zu **Pensionsfonds**,
– Beiträge des Arbeitgebers zu einer **Direktversicherung**,
– **Pensionszusage** (Direktzusage) und
– Beiträge zu **Unterstützungskassen**.

Aus lohnsteuerlicher Sicht ist zu unterscheiden zwischen den Formen der betrieblichen Altersversorgung, die **sofort zufließenden Arbeitslohn** darstellen und denjenigen Formen der betrieblichen Altersversorgung, bei denen erst die künftig zufließenden Versorgungsleistungen **als Arbeitslohn** besteuert werden (sog. **nachgelagerte Besteuerung,** vgl. dieses Stichwort). Denn die Beantwortung der Frage, ob Aufwendungen für eine betriebliche Altersversorgung gegenwärtig zufließender Arbeitslohn des Arbeitnehmers sind oder nicht, ist für die steuerliche Behandlung der späteren Leistungen aus dieser betrieblichen Altersversorgung von entscheidender Bedeutung. Sind die Ausgaben **für** die betriebliche Altersversorgung gegenwärtig zufließender Arbeitslohn, so können die späteren Leistungen **aus** der betrieblichen Altersversorgung **kein Arbeitslohn** sein; denn sie beruhen, zumindest teil-

Arbeitnehmerfinanzierte Pensionszusage

	Lohn-steuer-pflichtig	Sozial-versich.-pflichtig

weise, auf eigenen Beitragsleistungen. Handelt es sich bei den Leistungen um Renten, so werden sie regelmäßig lediglich mit dem sog. Ertragsanteil besteuert (vgl. das Stichwort „Renten"); Besonderheiten sind bei einer Steuerfreiheit der Beiträge zur betrieblichen Altersversorgung zu beachten (vgl. hierzu auch Anhang 6 Nr. 11 auf Seite 865). Lösen die Ausgaben **für** die betriebliche Altersversorgung dagegen keinen Zufluss von Arbeitslohn aus, so sind die späteren Leistungen **aus** der Zukunftsicherung **steuerpflichtiger Arbeitslohn,** und zwar auch dann, wenn sie von einer selbständigen Versorgungseinrichtung erbracht werden.

Wendet man diese Grundsätze auf die fünf Durchführungswege der betrieblichen Altersversorgung an, so gilt Folgendes:

Die Gewährung einer **Pensionszusage** und die damit verbundene Bildung einer Pensionsrückstellung in der Bilanz des Unternehmens lösen keine Lohnsteuerpflicht beim Arbeitnehmer aus. — nein — nein

Die späteren Versorgungsleistungen (Betriebsrenten) gehören zum steuerpflichtigen Arbeitslohn (§ 19 Abs. 1 Nr. 2 EStG). — ja — nein*)

Für Beiträge des Arbeitgebers zu einer **Unterstützungskasse** gilt das Gleiche wie für die Gewährung einer Pensionszusage (vgl. das Stichwort „Unterstützungskasse").

Bei den übrigen drei Durchführungswegen der betrieblichen Altersversorgung, also bei Beiträgen zu **Direktversicherungen, Pensionskassen** oder **Pensionsfonds** liegt gegenwärtig zufließender Arbeitslohn vor, der allerdings nach § 3 Nr. 63 EStG in bestimmtem Umfang steuerfrei ist bzw. bei Beiträgen zu einer Direktversicherung und ggf. Pensionskassen in sog. Altfällen pauschal mit 20 % versteuert werden kann (vgl. die Stichwörter „Direktversicherung", „Pensionsfonds", „Pensionskasse" und „Zukunftsicherung"). Nachfolgend wird nur ein Durchführungsweg der betrieblichen Altersversorgung erläutert, und zwar der spezielle Weg der **arbeitnehmerfinanzierten** Pensionszusage. Die Pensionszusage ganz allgemein ist unter diesem Stichwort dargestellt. Für die arbeitnehmerfinanzierte, das heißt durch Gehaltsumwandlung (= Entgeltumwandlung) finanzierte Pensionszusage gilt im Einzelnen Folgendes:

3. Voraussetzungen für eine Entgeltumwandlung zugunsten einer Pensionszusage

a) Fälle in denen ein Rechtsanspruch auf Entgeltumwandlung besteht

Seit 1.1.2002 haben Arbeitnehmer, die in der gesetzlichen Rentenversicherung pflichtversichert sind, einen individuellen **Anspruch** auf betriebliche Altersversorgung durch Entgeltumwandlung (§ 1 a BetrAVG)**). Das bedeutet, dass diese Arbeitnehmer die Umwandlung eines Teils ihres künftigen Arbeitslohns zugunsten einer betrieblichen Versorgungsanwartschaft verlangen können. Auch der GmbH-Geschäftsführer kann hiernach in die betriebliche Altersversorgung mit einbezogen werden. Einen Rechtsanspruch auf Entgeltumwandlung hat er jedoch nur dann, wenn er **nicht beherrschend** ist. Zwar sind sowohl der beherrschende als auch der nicht beherrschende Gesellschafter-Geschäftsführer aus steuerrechtlicher Sicht Arbeitnehmer. Aber nur der nicht beherrschende GmbH-Gesellschafter-Geschäftsführer ist in der gesetzlichen Rentenversicherung pflichtversichert (vgl. das Stichwort „Gesellschafter-Geschäftsführer").

b) Höhe des Anspruchs auf Entgeltumwandlung

Der Anspruch auf Entgeltumwandlung besteht in Höhe von bis zu 4 % der Beitragsbemessungsgrenze (West) in der allgemeinen Rentenversicherung. In 2010 sind dies 4 % von 66 000 € = 2640 € jährlich (220 € monatlich), und zwar unabhängig von der jeweiligen Höhe des individuellen Arbeitslohns. Macht der Arbeitnehmer seinen Entgeltumwandlungsanspruch geltend, muss er jedoch jährlich mindestens einen Betrag in Höhe von $^1/_{160}$ der Bezugsgröße nach § 18 Abs. 1 SGB IV, in 2010 also $^1/_{160}$ von 30 660 € = 191,62 € für seine betriebliche Altersversorgung verwenden. Außerdem kann der Arbeitgeber verlangen, dass während eines laufenden Kalenderjahres gleich bleibende Beträge verwendet werden.

Der Anspruch auf Entgeltumwandlung ist **ausgeschlossen, soweit** bereits vor dem 1.1.2002 eine durch Entgeltumwandlung finanzierte Zusage auf betriebliche Altersversorgung bestand. Bereits bestehende Entgeltumwandlungsvereinbarungen werden also auf die 4 %-Grenze angerechnet. Klassische Versorgungszusagen, das heißt rein **arbeitgeberfinanzierte** Zusagen, schließen hingegen den Anspruch auf Entgeltumwandlung nicht aus.

c) Tarifvorrang schließt Anspruch auf Entgeltumwandlung aus

Ein Anspruch auf Entgeltumwandlung besteht nicht, soweit der Entgeltanspruch auf einem Tarifvertrag beruht (sog. Tarifvorrang, § 17 Abs. 5 BetrAVG) und der Tarifvertrag nicht ausdrücklich eine Entgeltumwandlung zugunsten von betrieblicher Altersversorgung durch Betriebsvereinbarung oder Einzeltarifvertrag zulässt **(Öffnungsklausel).** Dieser Tarifvorrang ist auch bei bestehenden Tarifverträgen zu beachten. Liegt eine beiderseitige Tarifbindung oder ein sog. allgemein verbindlicher Tarifvertrag vor und besteht keine tarifliche Öffnungsklausel, kann somit nur übertarifliches Entgelt Gegenstand des Entgeltumwandlungsanspruchs sein. Die neueren Tarifverträge enthalten jedoch alle eine solche Öffnungsklausel.

Zum Rechtsanspruch auf Entgeltumwandlung vgl. auch ausführlich die Erläuterungen in Anhang 6 unter Nr. 13 auf Seite 868.

d) Entgeltumwandlungen zugunsten einer Pensionszusage auf freiwilliger Basis

Arbeitgeber und Arbeitnehmer können auch frei vereinbaren, **künftige** Ansprüche auf Arbeitslohn zugunsten einer betrieblichen Altersversorgung herabzusetzen (sog. Umwandlung in eine wertgleiche Anwartschaft auf Versorgungsleistungen, § 1 Abs. 2 Nr. 3 BetrAVG). Bei der Vereinbarung, welche Teile des künftigen Arbeitslohns herabgesetzt werden sollen, sind Arbeitgeber und Arbeitnehmer im Grundsatz frei. Die Herabsetzung kann für laufenden Arbeitslohn oder auch für Einmal- und/oder Sonderzahlungen vereinbart werden.

Die Herabsetzung von Arbeitslohn (laufender Arbeitslohn, Einmal- und Sonderzahlungen) zugunsten einer betrieblichen Altersversorgung wird von der Finanzverwaltung***) steuerlich auch dann als Entgeltumwandlung anerkannt, wenn die Gehaltsänderungsvereinbarung **bereits erdiente, aber noch nicht fällig** gewordene Anteile umfasst. Dies gilt auch, wenn eine Einmal- oder Sonderzahlung für einen Zeitraum von mehr als einem Jahr gewährt wird.

---

*) Wegen der Krankenversicherungspflicht von Betriebsrenten vgl. Teil B Nr. 12 auf Seite 18.

) Gesetz zur Verbesserung der betrieblichen Altersversorgung – Betriebsrentengesetz – (BetrAVG). Das BetrAVG ist als Anhang 13 im **Steuerhandbuch für das Lohnbüro 2010 abgedruckt, das im selben Verlag erschienen ist. Das **PC-Lexikon** für das Lohnbüro 2010 enthält auch dieses Handbuch und hat außerdem den Vorteil, dass Sie **alle BFH-Urteile** sowie die aktuellen Rundschreiben und Niederschriften der Spitzenverbände der **Sozialversicherung** mit Mausklick **im Volltext** abrufen und ausdrucken können. Eine Bestellkarte finden Sie vorne im Lexikon.

***) BMF-Schreiben vom 20.1.2009 (BStBl. I S. 273, 304 unter Rz. 190 bis 193). Das BMF-Schreiben ist als Anhang 13 c im **Steuerhandbuch für das Lohnbüro 2010** abgedruckt, das im selben Verlag erschienen ist. Das **PC-Lexikon** für das Lohnbüro 2010 enthält auch dieses Handbuch und hat außerdem den Vorteil, dass Sie **alle BFH-Urteile** sowie die aktuellen Rundschreiben und Niederschriften der Spitzenverbände der **Sozialversicherung** mit Mausklick **im Volltext** abrufen und ausdrucken können. Eine Bestellkarte finden Sie vorne im Lexikon.

Arbeitnehmerfinanzierte Pensionszusage

Beispiel A

Ein Arbeitnehmer vereinbart am 10. 11. 2010 mit seinem Arbeitgeber die Herabsetzung seiner am 30. 11. 2010 fällig werdenden Tantieme für 2009 um 50 % zugunsten einer Pensionszusage.

Die Tantieme 2009 ist nur noch zur Hälfte als Arbeitslohn (sonstiger Bezug) für November 2010 der Lohnsteuer zu unterwerfen. Am 10. 11. 2010, als die Vereinbarung getroffen wurde, war die Tantieme 2009 zwar bereits erdient, aber noch nicht fällig. Die Gehaltsänderungsvereinbarung wird daher steuerlich als Entgeltumwandlung zugunsten einer Pensionskasse anerkannt.*)

Beispiel B

Der laufende Arbeitslohn des Arbeitnehmers wird jeweils am Ende eines Monats fällig.

Die Versorgungsvereinbarung wird am 10. 1. 2010 abgeschlossen. Zur Finanzierung soll das laufende Monatsgehalt verwendet werden.

Die Gehaltsumwandlung kann sich erstmals auf die laufenden Bezüge des Monats Januar 2010 beziehen.

Dabei ist es steuerlich unschädlich, wenn der bisherige ungekürzte Arbeitslohn weiterhin Bemessungsgrundlage für künftige Erhöhungen des Arbeitslohns oder andere Arbeitgeberleistungen (wie z. B. Weihnachtsgeld, Tantieme, Jubiläumszuwendungen, betriebliche Altersversorgung) bleibt, die Gehaltsumwandlung zeitlich begrenzt oder vereinbart wird, dass der Arbeitnehmer oder der Arbeitgeber sie für künftigen Arbeitslohn einseitig ändern können*).

Selbst eine mögliche **arbeitsrechtliche Unwirksamkeit** der getroffenen Vereinbarung, z. B. wegen eines Verstoßes gegen den Tarifvorrang (vgl. vorstehend unter Buchstabe c), wäre steuerlich unbeachtlich, soweit und solange Arbeitnehmer und Arbeitgeber einvernehmlich handeln und das wirtschaftliche Ergebnis der Vereinbarung eintreten und bestehen lassen (§ 40, § 41 Abs. 1 AO).

4. Betriebliche Altersversorgung im Sinne des Betriebsrentengesetzes (BetrAVG)/Biometrisches Risiko

a) Allgemeines

Voraussetzung für die steuerliche Anerkennung der Entgeltumwandlung ist, dass Versorgungsleistungen im Sinne des Gesetzes zur Verbesserung der betrieblichen Altersversorgung – Betriebsrentengesetz – (BetrAVG) zugesagt werden. Abzugrenzen sind hiervon insbesondere **reine Sparvorgänge**, die lediglich eine Ansammlung von Vermögenswerten ggf. mit Wertsteigerung jedoch ohne Abdeckung eines biometrischen Risikos zum Ziel haben. Eine solche Gehaltsumwandlung führt in diesen Fällen nur zur Begründung einer Darlehensforderung gegen den Arbeitgeber. Bei Vereinbarungen dieser Art liegt regelmäßig eine Lohnverwendungsabrede vor, die zur Auswirkung hat, dass der Arbeitslohn im Zeitpunkt der ursprünglich vereinbarten Fälligkeit zufließt (BFH-Urteil vom 20. 8. 1997, BStBl. II S. 667). Im Einzelnen gilt Folgendes:

b) Begriff der betrieblichen Altersversorgung

Um eine betriebliche Altersversorgung nach dem Gesetz zur Verbesserung der betrieblichen Altersversorgung – Betriebsrentengesetz – (BetrAVG) handelt es sich nur dann, wenn der Arbeitgeber mindestens **ein biometrisches Risiko (Alter, Tod, Invalidität)** übernimmt und Ansprüche auf Versorgungsleistungen erst mit dem Eintritt des biologischen Ereignisses fällig werden. Dies ist bei der Altersversorgung das altersbedingte Ausscheiden aus dem Erwerbsleben, bei der Hinterbliebenenversorgung der Tod des Arbeitnehmers und bei der Invaliditätsversorgung der Invaliditätseintritt. Als Untergrenze für betriebliche Altersversorgungsleistungen bei einem Ausscheiden aus dem Erwerbsleben gilt das **60. Lebensjahr**. Ein früherer Zeitpunkt kann bei Berufsgruppen in Betracht kommen, bei denen schon vor dem 60. Lebensjahr Altersversorgungsleistungen üblich sind (z. B. bei Piloten). Ob solche Ausnahmefälle vorliegen, prüft die Finanzverwaltung anhand von Gesetz, Tarifvertrag oder Betriebsvereinbarung. Hat der Arbeitnehmer im Zeitpunkt der Auszahlung zwar das 60. Lebensjahr erreicht**), aber seine berufliche Tätigkeit noch nicht beendet, ist dies lohnsteuerlich regelmäßig unschädlich***); die bilanzielle Behandlung beim Arbeitgeber ist gesondert zu prüfen. Für Versorgungszusagen, die nach dem 31. 12. 2011 erteilt werden, tritt an die Stelle des 60. Lebensjahres das 62. Lebensjahr.

Auf die **Zahlungsweise** der **Altersversorgungsleistungen** (lebenslange Rentenzahlung, befristete Zahlung, Einmalzahlung, Ratenzahlung) kommt es bei den internen Durchführungswegen der betrieblichen Altersversorgung (Pensions-/Direktzusage, Unterstützungskasse) nicht an. Etwaige Ratenzahlungen an den Arbeitnehmer selbst sind als steuerpflichtiger nachträglicher Arbeitslohn (§ 19 Abs. 1 EStG) bzw. bei Vorliegen der entsprechenden Voraussetzungen als begünstigte Versorgungsbezüge (§ 19 Abs. 2 EStG) zu behandeln (vgl. hierzu auch das Stichwort „Versorgungsbezüge, Versorgungsfreibetrag"). Werden die Altersversorgungsleistungen nicht laufend, sondern in einer Summe gezahlt, handelt es sich um Arbeitslohn für mehrere Jahre (vgl. dieses Stichwort), der bei einer Zusammenballung unter Anwendung der sog. **Fünftelregelung** ermäßigt besteuert werden kann. Die Gründe für eine Kapitalisierung sind unerheblich. Bei Teilkapitalauszahlungen ist das Erfordernis der Zusammenballung aber nicht erfüllt. Eine Anwendung der Fünftelregelung kommt für diese Zahlungen nicht in Betracht.****) Werden nach dem Tod des Arbeitnehmers weitere Raten der Altersversorgungsleistung an seine Erben gezahlt, die zugleich Hinterbliebene im nachfolgenden Sinne sind, so liegen bei diesen begünstigte Versorgungsbezüge vor. Erfolgt die Auszahlung der restlichen Raten der Altersversorgungsleistung an Personen, die keine Hinterbliebenen im nachfolgenden Sinne des Arbeitnehmers sind, so handelt es sich um die Zahlung von nachträglichem Arbeitslohn (§ 19 Abs. 1 EStG) und nicht um Versorgungsbezüge (§ 19 Abs. 2 EStG); die vorstehenden Ausführungen gelten entsprechend bei Zahlungen wegen Vorliegens von Invalidität. Zu der erforderlichen Auszahlungsform der Versorgungsleistung für eine Steuerfreiheit der Beiträge zur betrieblichen Altersversorgung vgl. Anhang 6 Nr. 5 Buchstabe b auf Seite 854.

Von einer **Hinterbliebenenversorgung** geht die Finanzverwaltung aus bei Leistungen an die Witwe des Arbeitnehmers bzw. den Witwer der Arbeitnehmerin, die steuerlich zu berücksichtigenden Kinder (ohne Rücksicht auf deren Einkünfte und Bezüge; inklusive Pflegekind, Enkelkind und

---

*) BMF-Schreiben vom 20.1.2009 (BStBl. I S. 273, 304 unter Rz. 190 bis 193). Das BMF-Schreiben ist als Anhang 13c im **Steuerhandbuch für das Lohnbüro 2010** abgedruckt, das im selben Verlag erschienen ist. Das **PC-Lexikon** für das Lohnbüro 2010 enthält auch dieses Handbuch und hat außerdem den Vorteil, dass Sie **alle BFH-Urteile** sowie die aktuellen Rundschreiben und Niederschriften der Spitzenverbände der **Sozialversicherung** mit Mausklick **im Volltext** abrufen und ausdrucken können. Eine Bestellkarte finden Sie vorne im Lexikon.

**) Nach § 187 Abs. 2 Satz 2 in Verbindung mit § 188 Abs. 2 BGB wird das 59. Lebensjahr mit Ablauf des Tages vollendet, der dem 59. Geburtstag vorangeht. Die Versorgungsleistungen dürfen dem Arbeitnehmer somit frühestens ab seinem 59. Geburtstag ausgezahlt werden.

***) BMF-Schreiben vom 20.1.2009 (BStBl. I S. 273, 302 Rz. 183 ff.). Das BMF-Schreiben ist als Anhang 13c im **Steuerhandbuch für das Lohnbüro 2010** abgedruckt, das im selben Verlag erschienen ist. Das **PC-Lexikon** für das Lohnbüro 2010 enthält auch dieses Handbuch und hat außerdem den Vorteil, dass Sie **alle BFH-Urteile** sowie die aktuellen Rundschreiben und Niederschriften der Spitzenverbände der **Sozialversicherung** mit Mausklick **im Volltext** abrufen und ausdrucken können. Eine Bestellkarte finden Sie vorne im Lexikon.

****) BMF-Schreiben vom 20.1.2009 (BStBl. I S. 273, 312 Tz. 267). Das BMF-Schreiben ist als Anhang 13c im **Steuerhandbuch für das Lohnbüro 2010** abgedruckt, das im selben Verlag erschienen ist. Das **PC-Lexikon** für das Lohnbüro 2010 enthält auch dieses Handbuch und hat außerdem den Vorteil, dass Sie **alle BFH-Urteile** sowie die aktuellen Rundschreiben und Niederschriften der Spitzenverbände der **Sozialversicherung** mit Mausklick **im Volltext** abrufen und ausdrucken können. Eine Bestellkarte finden Sie vorne im Lexikon.

Arbeitnehmerfinanzierte Pensionszusage

Stiefkind), den früheren Ehegatten oder die Lebensgefährtin bzw. den Lebensgefährten (vgl. auch Anhang 6 Nr. 1 auf Seite 851). Die Möglichkeit, andere als die vorgenannten Personen als Begünstigte für den Fall des Todes des Arbeitnehmers zu benennen, führt steuerrechtlich dazu, dass es sich nicht mehr um eine Hinterbliebenenversorgung handelt, sondern von einer Vererblichkeit der Anwartschaften auszugehen ist (vgl. die Erläuterungen unter dem nachfolgenden Buchstaben c). Handelt es sich bei der begünstigten Person um die **Lebensgefährtin bzw. den Lebensgefährten** gilt zudem nach Auffassung der Finanzverwaltung*) Folgendes:

Der Begriff der Lebensgefährtin bzw. des Lebensgefährten ist als Oberbegriff zu verstehen, der auch die gleichgeschlechtliche Lebenspartnerschaft mit erfasst. Ob eine gleichgeschlechtliche Lebenspartnerschaft eingetragen wurde oder nicht, ist dabei zunächst unerheblich. Für Partner einer eingetragenen Lebenspartnerschaft besteht allerdings die Besonderheit, dass sie nach § 5 Lebenspartnerschaftsgesetz zum Unterhalt verpflichtet sind. Insoweit liegt eine mit der zivilrechtlichen Ehe vergleichbare Partnerschaft vor. Handelt es sich dagegen um eine andere Form der nicht ehelichen Lebensgemeinschaft, muss anhand der im BMF-Schreiben vom 25. Juli 2002 (BStBl. I S. 706) genannten Voraussetzungen geprüft werden, ob diese als Hinterbliebenenversorgung anerkannt werden kann. Ausreichend ist dabei regelmäßig, dass spätestens zu Beginn der Auszahlungsphase der Hinterbliebenenleistung eine schriftliche Versicherung des Arbeitnehmers vorliegt, in der neben der geforderten namentlichen Benennung des/der Lebensgefährten/-in bestätigt wird, dass eine gemeinsame Haushaltsführung besteht.

Eine betriebliche Altersversorgung setzt nicht voraus, dass die Versorgungsanwartschaft nach versicherungsmathematischen Grundsätzen berechnet wird. Denn nach § 1 Abs. 2 Nr. 3 BetrAVG liegt eine betriebliche Altersversorgung vor, wenn künftige Entgeltansprüche in eine **wertgleiche** Anwartschaft auf Versorgungsleistungen umgewandelt werden. Die hiernach erforderliche Wertgleichheit **kann** (muss aber nicht) nach versicherungsmathematischen Grundsätzen berechnet werden.

Der Anerkennung des Versorgungsmodells steht es nicht entgegen, wenn die Ansprüche des Arbeitnehmers **von Beginn an unverfallbar** sind. Denn die Unverfallbarkeit sichert lediglich die bestehenden Ansprüche dem Grunde und der Höhe nach ab; sie hat jedoch keine Auswirkung auf den Zeitpunkt des Zuflusses der zugesagten Versorgungsleistungen als Arbeitslohn.

c) Vererblichkeit der Versorgungsanwartschaften

Keine betriebliche Altersversorgung liegt nach Auffassung der Finanzverwaltung**) vor, wenn zwischen Arbeitgeber und Arbeitnehmer die Vererblichkeit der Versorgungsanwartschaft vereinbart worden ist. Denn nach den Regelungen des BetrAVG ist im Fall des Todes des Arbeitnehmers lediglich eine Versorgung der „begünstigten" Hinterbliebenen, aber keine Vererbung des „angesparten Kapitals" möglich. Die vorstehenden Ausführungen unter dem Buchstaben b) zur Auszahlung der Leistung in Raten an den Arbeitnehmer oder ggf. an den Erben stehen dem nicht entgegen, da in diesen Fällen das biometrische Risiko „Alter" oder „Invalidität" eingetreten ist. Auch Vereinbarungen, nach denen Arbeitslohn ganz oder teilweise einem sog. „Versorgungskonto" gutgeschrieben und ohne Abdeckung **mindestens eines** biometrischen Risikos (Alter, Tod, Invalidität) zu einem späteren Zeitpunkt (z. B. bei Ausscheiden aus dem Dienstverhältnis) ggf. mit Wertsteigerung ausgezahlt wird, sind nicht dem Bereich der betrieblichen Altersversorgung zuzuordnen. Gleiches gilt, wenn von vornherein eine Abfindung der Versorgungsanwartschaft, z. B. zu einem bestimmten Zeitpunkt oder bei Vorliegen bestimmter Voraussetzungen, vereinbart ist

und dadurch nicht mehr von der Absicherung eines biometrischen Risikos ausgegangen werden kann. Demgegenüber führt allein die Möglichkeit einer Beitragserstattung einschließlich der gutgeschriebenen Erträge bzw. einer entsprechenden Abfindung für den Fall des Ausscheidens aus dem Dienstverhältnis vor Erreichen der gesetzlichen Unverfallbarkeit und/oder für den Fall des Todes vor Ablauf einer arbeitsrechtlich vereinbarten Wartezeit sowie der Abfindung einer Witwenrente/Witwerrente für den Fall der Wiederheirat noch nicht zur Versagung der Anerkennung als betriebliche Altersversorgung**). Derartige Vereinbarungen sind also unschädlich. Ebenfalls unschädlich ist die Abfindung vertraglich unverfallbarer Anwartschaften; dies gilt sowohl bei Beendigung als auch während des bestehenden Dienstverhältnisses.

Die Finanzverwaltung grenzt durch diese Regelungen die zulässige Gehaltsumwandlung zugunsten einer Pensionszusage von den sog. **Spar-Modellen, Sparplänen** oder **Darlehens-Modellen** ab, die lediglich eine Vermögensansammlung zum Gegenstand haben. Denn bei solchen Vereinbarungen handelt es sich um eine sog. Lohnverwendungsabrede zwischen Arbeitgeber und Arbeitnehmer, die im Zeitpunkt der ursprünglich vereinbarten Fälligkeit zum Zufluss von Arbeitslohn führt. Nur bei Absicherung zumindest **eines** biometrischen Risikos (Alter, Tod, Invalidität) wird von der Finanzverwaltung die Umwandlung von Barlohn in Versorgungslohn und damit die Verlagerung des Zuflusszeitpunkts zur nachgelagerten Besteuerung anerkannt.

d) Pensionszusage nur für den Arbeitnehmer persönlich

Nicht um eine betriebliche Altersversorgung handelt es sich dann, wenn der Arbeitgeber oder eine Versorgungseinrichtung dem nicht bei ihm beschäftigten Ehegatten oder anderen Angehörigen eines Arbeitnehmers eigene Versorgungsleistungen zur Absicherung seiner biometrischen Risiken (Alter, Tod, Invalidität) verspricht. Denn nach § 1 BetrAVG kann betriebliche Altersversorgung vom Arbeitgeber nur gegenüber **seinem Arbeitnehmer** versprochen werden. Bei der Zusage eigener Versorgungsleistungen gegenüber anderen nicht beim Arbeitgeber beschäftigten Personen handelt es sich deshalb nicht um eine Versorgungszusage aus Anlass eines Arbeitsverhältnisses im Sinne des § 1 BetrAVG, sondern vielmehr um private Altersvorsorge, die lediglich mittels des Arbeitgebers oder einer Versorgungseinrichtung der betrieblichen Altersversorgung durchgeführt wird.

5. Verwendung von Wertguthaben auf Arbeitszeitkonten zugunsten einer Pensionszusage

Wird das Wertguthaben eines Arbeitszeitkontos aufgrund einer Vereinbarung zwischen Arbeitgeber und Arbeitnehmer **vor Fälligkeit** des entsprechenden Betrags, also vor der planmäßigen Auszahlung während der Freistellungsphase, ganz oder teilweise zugunsten der betrieblichen Altersversorgung herabgesetzt, wird dies seit 1. 1. 2002 steuerlich als Entgeltumwandlung anerkannt. Die Ausbuchung der Beträge aus dem Arbeitszeitkonto führt in diesem Fall also nicht zum Zufluss von Arbeitslohn. Dies gilt

---

*) BMF-Schreiben vom 20.1.2009 (BStBl. I S. 273, 303 Rz. 186). Das BMF-Schreiben ist als Anhang 13 c im **Steuerhandbuch für das Lohnbüro 2010** abgedruckt, das im selben Verlag erschienen ist. Das **PC-Lexikon** für das Lohnbüro 2010 enthält auch dieses Handbuch und hat außerdem den Vorteil, dass Sie **alle BFH-Urteile** sowie die aktuellen Rundschreiben und Niederschriften der Spitzenverbände der **Sozialversicherung** mit Mausklick **im Volltext** abrufen und ausdrucken können. Eine Bestellkarte finden Sie vorne im Lexikon.

) BMF-Schreiben vom 20.1.2009 (BStBl. I S. 273, 303 Rz. 188). Das BMF-Schreiben ist als Anhang 13 c im **Steuerhandbuch für das Lohnbüro 2010 abgedruckt, das im selben Verlag erschienen ist. Das **PC-Lexikon** für das Lohnbüro 2010 enthält auch dieses Handbuch und hat außerdem den Vorteil, dass Sie **alle BFH-Urteile** sowie die aktuellen Rundschreiben und Niederschriften der Spitzenverbände der **Sozialversicherung** mit Mausklick **im Volltext** abrufen und ausdrucken können. Eine Bestellkarte finden Sie vorne im Lexikon.

Arbeitnehmer-Jubiläum

selbst dann, wenn bei einer Altersteilzeit im sog. Blockmodell (vgl. die Erläuterungen beim Stichwort „Altersteilzeit" unter Nr. 7) in der **Freistellungsphase** vor Fälligkeit (also vor der planmäßigen Auszahlung) des entsprechenden Betrags vereinbart wird, das Wertguthaben des Arbeitszeitkontos oder den während der Freistellung auszuzahlenden Arbeitslohn zugunsten der betrieblichen Altersversorgung herabzusetzen*).

Der Zeitpunkt des Zuflusses dieser zugunsten der betrieblichen Altersversorgung umgewandelten Beträge richtet sich nach dem Durchführungsweg der betrieblichen Altersversorgung.

Zu beachten ist, dass die **beitragsfreie Übertragung** von Wertguthaben zugunsten von betrieblicher Altersversorgung **für Neuverträge (Abschluss nach dem 13.11.2008) abgeschafft** worden ist (§ 23b Abs. 3a SGB IV). Dies gilt unabhängig davon, ob für den Beschäftigungsbetrieb eine tarifliche Regelung oder Betriebsvereinbarung eine entsprechende Übertragungsmöglichkeit vorsieht. Damit dürften die vorstehenden steuerlichen Regelungen in der Praxis für einen großen Personenkreis an Bedeutung verloren haben.

6. Sozialversicherungsrechtliche Beurteilung von arbeitnehmerfinanzierten Pensionszusagen

Auch in der Sozialversicherung wird der Verzicht auf Entgelt während der aktiven Beschäftigung zugunsten von späteren Versorgungsleistungen des Arbeitgebers anerkannt. Bei Arbeitnehmern, deren Bezüge unterhalb der Beitragsbemessungsgrenze liegen, kommt also zur Steuerersparnis noch eine Minderung der Sozialversicherungsbeiträge hinzu. Die Minderung des Arbeitgeberanteils zur Sozialversicherung kann der Arbeitgeber ggf. durch eine wertentsprechende höhere Versorgungszusage abgelten.

Hierbei ist Folgendes zu beachten:

Aufwand des Arbeitgebers, der **nicht** aus einer Entgeltumwandlung stammt, ist in vollem Umfang beitragsfrei.

Aufwand, der aus einer **Entgeltumwandlung** stammt, ist nach § 14 Abs. 1 Satz 2 SGB IV bis zu 4 % der Beitragsbemessungsgrenze in der allgemeinen Rentenversicherung (West) beitragsfrei; **(2010 = 2640 €);** bis 31. 12. 2001 bestand auch bei Entgeltumwandlungen Beitragsfreiheit in vollem Umfang.

Auf die ausführlichen Erläuterungen zur betrieblichen Altersversorgung in **Anhang 6** des Lexikons wird hingewiesen.

Arbeitnehmer-Jubiläum

siehe „Jubiläumszuwendungen"

Arbeitnehmerkammerbeiträge

Die nur in Bremen und im Saarland bestehenden Arbeitnehmerkammern bzw. Arbeitskammern sind Pflichtzusammenschlüsse der Arbeitnehmer und als Körperschaft des öffentlichen Rechts organisiert. Beitragspflichtig sind alle in diesen Bundesländern tätigen Arbeitnehmer; auch Grenzgänger (vgl. dieses Stichwort). **Die Beiträge sind vom Arbeitgeber einzubehalten** und mit den Steuerabzugsbeträgen an das zuständige Betriebsstättenfinanzamt abzuführen. Für die Einbehaltung, Abführung, Haftung usw. gelten die gleichen Grundsätze wie für das Lohnsteuerabzugsverfahren (vgl. das Stichwort „Abführung und Anmeldung der Lohnsteuer").

Übernimmt der **Arbeitgeber** die Beiträge des Arbeitnehmers, liegt steuerpflichtiger Arbeitslohn vor.   ja   ja

Arbeitnehmerüberlassung

Der Arbeitnehmer kann die versteuerten Beiträge aber als **Werbungskosten** absetzen. Eine Saldierung von Arbeitslohn und Werbungskosten ist im Lohnsteuerabzugsverfahren durch den Arbeitgeber nicht zulässig (vgl. die Erläuterungen beim Stichwort „Auslagenersatz").

Arbeitnehmer-Pauschbetrag

siehe „Freibeträge" und Anhang 2

Arbeitnehmer-Sparzulage

Die Arbeitnehmer-Sparzulage ist steuer- und beitragsfrei (siehe „Vermögensbildung").   nein   nein

Arbeitnehmerüberlassung

Neues auf einen Blick:

Am 24.4.2009 trat das Gesetz zur Regelung zwingender Arbeitsbedingungen für grenzüberschreitend entsandte und regelmäßig im Inland beschäftigte Arbeitnehmer und Arbeitnehmerinnen (Arbeitnehmer-Entsendegesetz – AEntG) in Kraft, das das AEntG vom 26.2.1996 ersetzt. Mit der Neufassung des AEntG hat Deutschland die Richtlinie über die Entsendung von Arbeitnehmern im Rahmen der Erbringung von Dienstleistungen (Entsenderichtlinie) in nationales Recht umgesetzt. Zu näheren Einzelheiten vgl. unter Nr. 8 Buchstabe c.

Gliederung:

1. Allgemeines
2. Begriff der Gewerbsmäßigkeit
3. Gleichbehandlungsgrundsatz
4. Rechtsverhältnis zwischen Verleiher und Entleiher
5. Erlaubnis nach dem AÜG
   a) Allgemeines
   b) Erteilung der Erlaubnis
   c) Versagung der Erlaubnis
   d) Zuständigkeit
   e) Pflichten des Verleihers
   f) Nicht erlaubnispflichtige Beschäftigungen
6. Verstöße gegen das AÜG
7. Sozialversicherungsrechtliche Pflichten des Verleihers/Entleihers
   a) Allgemeines
   b) Erlaubte Arbeitnehmerüberlassung
   c) Unerlaubte Arbeitnehmerüberlassung
   d) Melde- und Aufzeichnungspflichten
8. Entsendung ausländischer Arbeitnehmer
   a) Aufenthaltstitel
   b) Arbeitserlaubnis EU
   c) Arbeitnehmer-Entsendegesetz
   d) Werkvertragsunternehmen außerhalb der Europäischen Union
   e) Gewerbeordnung/Handwerksordnung
9. Abgrenzungsfälle
   a) Nicht gewerbsmäßige Arbeitnehmerüberlassung
   b) Unternehmerische Zusammenarbeit
   c) Abordnung zu Arbeitsgemeinschaften
   d) Arbeitsleistung als Nebenleistung
   e) Arbeitsvermittlung
   f) Betriebshelfer in der Landwirtschaft
   g) Nichtanwendbarkeit des AÜG in anderen Fällen

---

*) BMF-Schreiben vom 17.6.2009 (BStBl. I S. 1286). Das BMF-Schreiben ist als Anlage 3 zu H 38.2 LStR im **Steuerhandbuch für das Lohnbüro 2010** abgedruckt, das im selben Verlag erschienen ist. Das **PC-Lexikon** für das Lohnbüro 2010 enthält auch dieses Handbuch und hat außerdem den Vorteil, dass Sie **alle BFH-Urteile** sowie die aktuellen Rundschreiben und Niederschriften der Spitzenverbände der **Sozialversicherung** mit Mausklick **im Volltext** abrufen und ausdrucken können. Eine Bestellkarte finden Sie vorne im Lexikon.

Arbeitnehmerüberlassung

10. Werkvertrag
    a) Allgemeines
    b) Begriffserläuterungen
    c) Merkmale des Werkvertrages
    d) Merkmale der Arbeitnehmerüberlassung
11. Abgrenzung zu anderen Vertragstypen
    a) Dienstvertrag
    b) Geschäftsbesorgungsvertrag
    c) Subunternehmer
12. Lohnsteuerabzug
    a) Verleiher als Arbeitgeber
    b) Lohnsteuerabzug durch ausländische Verleiher
    c) Arbeitgebereigenschaft nach DBA
    d) Gelegentliche Arbeitnehmerüberlassung zwischen fremden Dritten
    e) Arbeitnehmerentsendung im Konzern
    f) Zuständigkeit des Betriebsstättenfinanzamt
    g) Zuständigkeit für ausländische Verleiher im Baugewerbe
13. Lohnsteuerhaftung
    a) Haftung des Entleihers
    b) Haftungsausschlüsse bei erlaubtem/unerlaubtem Verleih
    c) Haftungsausschluss wegen Bauabzugssteuer
    d) Höhe des Haftungsbetrags
    e) Gesamtschuldnerschaft
    f) Durchsetzung des Zahlungsanspruchs
    g) Haftung des Verleihers
    h) Haftungsverfahren
    i) Sicherungsverfahren

1. Allgemeines

Die (legale) Arbeitnehmerüberlassung hat sich als Mittel für flexiblen Personaleinsatz auf dem Markt durchgesetzt. Sie leistet vor allem einen Beitrag zur Schaffung zusätzlicher Beschäftigungsmöglichkeiten und hat für den Entleiher von Arbeitskräften nicht unerhebliche wirtschaftliche Vorteile, wenn er z. B. vorübergehende Personalengpässe zu überbrücken hat oder wenn für ein spezielles Projekt Fachkräfte benötigt werden, deren dauerhafte Einstellung sich nicht lohnt.

Bei der gewerbsmäßigen Arbeitnehmerüberlassung sind sowohl vom Verleiher als auch vom Entleiher von Arbeitskräften eine Reihe gesetzlicher Vorschriften zu beachten, insbesondere die Regelungen des **Arbeitnehmerüberlassungsgesetzes** (AÜG). Die nicht gewerbsmäßige Arbeitnehmerüberlassung (wenn z. B. Arbeitnehmer gelegentlich zwischen den Betrieben zur Deckung eines Personalmehrbedarfs ausgeliehen werden), ist dagegen nicht gesetzlich geregelt (vgl. unter Nr. 9 Buchstabe a).

Die Vorschriften des AÜG gelten auch für Ausländer, die aus dem Ausland gewerbsmäßig Arbeitnehmer nach Deutschland entsenden, unabhängig davon, ob sie für die Arbeitnehmerüberlassung eine Erlaubnis ihres Heimatstaates besitzen oder nach seinem Recht nicht benötigen (Beschluss des Bayerischen Oberlandesgerichts vom 26. 2. 1999)*). Bei der Entsendung ausländischer Arbeitnehmer von einem ausländischen Verleiher oder einem ausländischen Werkvertragsunternehmen sind neben dem AÜG verschiedene Sonderregelungen zu beachten (vgl. die Erläuterungen unter Nr. 8).

Eine gewerbsmäßige Arbeitnehmerüberlassung in Betrieben des **Baugewerbes** für Arbeiten, die üblicherweise von Arbeitern verrichtet werden, ist grundsätzlich unzulässig (§ 1 b Satz 1 AÜG).

Sie ist gestattet

– zwischen Betrieben des Baugewerbes und anderen Betrieben, wenn diese Betriebe erfassende, für allgemein verbindlich erklärte **Tarifverträge** dies bestimmen,

– zwischen Betrieben des Baugewerbes, wenn der verleihende Betrieb nachweislich seit **mindestens drei Jahren** von denselben Rahmen- und Sozialkassentarifverträgen oder von deren Allgemeinverbindlichkeit erfasst wird (§ 1 b Satz 2 AÜG).

Für Betriebe des Baugewerbes mit **Geschäftssitz** in einem anderen **Mitgliedstaat des Europäischen Wirtschaftsraumes** ist die gewerbsmäßige Arbeitnehmerüberlassung auch dann gestattet, wenn die ausländischen Betriebe nicht von deutschen Rahmen- und Sozialkassentarifverträgen oder für allgemein verbindlich erklärten Tarifverträgen erfasst werden, sie aber nachweislich seit mindestens drei Jahren überwiegend Tätigkeiten ausüben, die unter den Geltungsbereich derselben Rahmen- und Sozialkassentarifverträge fallen, von denen der Betrieb des Entleihers erfasst wird (§ 1 b Satz 3 AÜG). Zu den Mitgliedstaaten des Europäischen Wirtschaftsraumes gehören alle Staaten der Europäischen Union sowie Island, Liechtenstein und Norwegen.

2. Begriff der Gewerbsmäßigkeit

Eine Arbeitnehmerüberlassung liegt nach § 1 AÜG vor, wenn ein Arbeitgeber (Verleiher) **gewerbsmäßig** (erlaubnispflichtig) seine Arbeitnehmer einem anderen Unternehmer (Entleiher) zur Verfügung stellt, also die Arbeitnehmerüberlassung zum Unternehmenszweck des Verleihers gehört. Die Arbeitnehmerüberlassung ist gewerbsmäßig, wenn die gewerberechtlichen Voraussetzungen vorliegen. Gewerbsmäßig handelt danach derjenige Unternehmer (Verleiher), der Arbeitnehmerüberlassung nicht nur gelegentlich, sondern auf Dauer betreibt und damit wirtschaftliche Vorteile erzielen will.

Arbeitnehmerüberlassung i.S.d. AÜG setzt voraus, dass sich der drittbezogene Personaleinsatz aufseiten des Verleihers darauf beschränkt, einem Dritten den Arbeitnehmer zur Förderung von dessen Betriebszwecken zur Verfügung zu stellen. Das ist der Fall, wenn der Verleiher dem Entleiher geeignete Leiharbeitnehmer zur Verfügung stellt, die der Entleiher nach eigenen betrieblichen Erfordernissen in seinem Betrieb nach seinen Weisungen einsetzt. Kennzeichnend für das Vorliegen einer Arbeitnehmerüberlassung ist es, dass keine vertragliche Beziehung zwischen Entleiher und Leiharbeitnehmer bestehen. Es bestehen vielmehr ein Arbeitsvertrag zwischen dem Verleiher und dem Leiharbeitnehmer sowie ein zwischen dem Verleiher und dem Entleiher abgeschlossener Vertrag, der sich auf die entgeltliche Überlassung dieses Arbeitnehmers bezieht (Arbeitnehmerüberlassungsvertrag).

Die für die Annahme der Gewerbsmäßigkeit erforderliche Gewinnerzielungsabsicht bezieht sich auf das Gesamtunternehmen. Es ist unerheblich, ob die Arbeitnehmerüberlassung Hauptzweck des Unternehmens ist oder nicht. Die Gewinnerzielungsabsicht liegt auch dann vor, wenn nur Verluste verringert werden sollen.

Bei wiederholter Arbeitnehmerüberlassung durch einen Gewerbebetrieb ist grundsätzlich Gewerbsmäßigkeit anzunehmen. Gewerbsmäßigkeit ist auch gegeben, wenn es sich bei der Arbeitnehmerüberlassung um eine im Geschäftsinteresse liegende Kundenserviceleistung handelt. Nur wenn außergewöhnliche Umstände vorliegen (z. B. bei Unentgeltlichkeit der Arbeitnehmerüberlassung, Hilfe in Katastrophenfällen), kann bei Arbeitnehmerüberlassung durch einen Gewerbebetrieb eine Gewerbemäßigkeit verneint werden.

3. Gleichbehandlungsgrundsatz

Vereinbarungen, die für den Leiharbeitnehmer für die Zeit der Überlassung an einen Entleiher **schlechtere** als die im Betrieb des Entleihers geltenden wesentlichen Arbeits-

---

*) Beschluss des Bayerischen Oberlandesgerichts vom 26. 2. 1999 (veröffentlicht in der Zeitschrift „Der Betrieb" 1999 S. 1019).

Arbeitnehmerüberlassung

bedingungen vorsehen, sind **unwirksam** (§ 9 Nr. 2 AÜG). Der Leiharbeitnehmer kann in diesem Fall nach § 10 Abs. 4 AÜG von dem Verleiher für die Zeiten des Verleihs die Arbeitsbedingungen vergleichbarer Arbeitnehmer des Entleihers einschließlich des Arbeitsentgelts verlangen **(Grundsatz der Gleichbehandlung).**

Vergleichbar mit dem Leiharbeitnehmer sind solche Arbeitnehmer des Entleihers, die dieselben oder zumindest ähnliche Tätigkeiten wie der Leiharbeitnehmer ausführen. Hierbei sind sowohl die Berufserfahrung und Qualifikation als auch die Kompetenz der Arbeitnehmer und die jeweilige Eingruppierung ihrer Tätigkeit zu berücksichtigen. Nicht vergleichbar sind teilzeit- und vollzeitbeschäftigte Arbeitnehmer oder Arbeitnehmer mit unterschiedlichen Arbeitszeiten. Gibt es keine vergleichbaren Arbeitnehmer, so dürfte auf die üblichen Arbeitsbedingungen einschließlich des Arbeitsentgelts der Stammbelegschaft vergleichbarer Betriebe abzustellen sein. Unter den Arbeitsbedingungen sind alle nach dem allgemeinen Arbeitsrecht vereinbarten Bedingungen wie Dauer der Arbeitszeit und des Urlaubs oder die Nutzung sozialer Einrichtungen zu verstehen. Mit dem Arbeitsentgelt ist nicht nur das laufende Entgelt gemeint, sondern es sind auch Zuschläge, Ansprüche auf Entgeltfortzahlung und Sozialleistungen und andere Lohnbestandteile erfasst. Beim Arbeitsentgelt ist nicht auf die einzelnen Bestandteile, sondern auf das Arbeitsentgelt in seiner Gesamtheit abzustellen.

Eine einzelvertragliche **verschlechternde Abweichung** von dem Grundsatz der gleichen Entlohnung ist nach § 9 Nr. 2 AÜG nur zulässig, wenn der Verleiher einem zuvor arbeitslosen Leiharbeitnehmer bei Überlassung an einen Entleiher für die Dauer von insgesamt höchstens 6 Wochen mindestens ein Nettoarbeitsentgelt in Höhe des Betrags, den der Leiharbeitnehmer zuletzt als Arbeitslosengeld erhalten hat, gewährt. Durch die Ausnahmeregelung soll Verleihern ein Anreiz für die Einstellung von vormals Arbeitslosen gegeben werden, um Arbeitslosen den Wiedereinstieg in den Arbeitsmarkt zu erleichtern.

Durch Tarifvertrag kann vom Grundsatz der Gleichstellung sowie der Ausnahmeregelung für die ersten 6 Wochen auch zuungunsten des Leiharbeitnehmers abgewichen werden. § 3 Abs. 1 Nr. 3 AÜG ergänzt die arbeitsrechtliche Sanktion des § 9 Nr. 2 AÜG in gewerberechtlicher Hinsicht dahingehend, dass die Verleiherlaubnis bei Verstoß gegen den Gleichstellungsgrundsatz zu versagen ist und eine bestehende Erlaubnis zurückgenommen oder widerrufen werden kann (vgl. unter Nr. 5 Buchstabe c).

4. Rechtsverhältnis zwischen Verleiher und Entleiher

Der Vertrag zwischen dem Verleiher und dem Entleiher bedarf der Schriftform. In der Urkunde hat der Verleiher zu erklären, ob er eine **Erlaubnis** besitzt (§ 12 Abs. 1 Satz 2 AÜG), welche besonderen Merkmale die für den Leiharbeitnehmer vorgesehene Tätigkeit hat und welche berufliche Qualifikation dafür erforderlich ist sowie welche im Betrieb des Entleihers für einen vergleichbaren Arbeitnehmer des Entleihers wesentlichen Arbeitsbedingungen einschließlich des Arbeitsentgelts gelten (§ 12 Abs. 1 Satz 3 AÜG).

Der Verleiher hat dem Entleiher unverzüglich über den Zeitpunkt des Wegfalls der Erlaubnis zu unterrichten. In den Fällen der Nichtverlängerung (§ 2 Abs. 4 Satz 3 AÜG), der Rücknahme (§ 4 AÜG) oder des Widerrufs (§ 5 AÜG) hat er ihn ferner auf das voraussichtliche Ende der Abwicklung (§ 2 Abs. 4 AÜG) und die gesetzliche Abwicklungsfrist (§ 2 Abs. 4 Satz 4 letzter Halbsatz AÜG) hinzuweisen.

5. Erlaubnis nach dem AÜG

a) Allgemeines

Arbeitgeber, die Dritten (Entleihern) Arbeitnehmer (Leiharbeitnehmer) gewerbsmäßig zur Arbeitsleistung überlassen wollen, bedürfen der **Erlaubnis** (§ 1 Abs. 1 AÜG). **Vor Erteilung** der Erlaubnis darf **keine** Arbeitnehmerüberlassung ausgeübt werden. Die Erlaubnis ist bei der zuständigen Regionaldirektion der Bundesagentur für Arbeit **schriftlich** zu beantragen (§ 2 Abs. 1 AÜG). Ein Formularsatz für die Antragstellung sowie eine Liste der vorzulegenden Unterlagen kann von der Regionaldirektion der Bundesagentur für Arbeit angefordert oder auch im Internet (www.arbeitsagentur.de) abgerufen werden.

b) Erteilung der Erlaubnis

Die Erlaubnis wird zunächst auf **ein Jahr** befristet erteilt (§ 2 Abs. 4 AÜG). Der Antrag auf Verlängerung der Erlaubnis ist spätestens drei Monate vor Ablauf des Jahres zu stellen. Die Erlaubnis verlängert sich um ein weiteres Jahr, wenn die Erlaubnisbehörde die Verlängerung nicht vor Ablauf des Jahres ablehnt.

Ist die Erlaubnis befristet ausgesprochen worden und wird eine Verlängerung der Erlaubnis abgelehnt oder wird die Erlaubnis für die Zukunft zurückgenommen oder widerrufen, so gilt die Erlaubnis für die Abwicklung der erlaubt abgeschlossenen Verträge **längstens für 12 Monate** (§ 2 Abs. 4 Satz 4, § 4 Abs. 1, § 5 Abs. 2 Satz 2 AÜG) als fortbestehend.

Verleiher, die drei aufeinander folgende Jahre lang erlaubt tätig waren, können eine **unbefristete** Erlaubnis erhalten (§ 2 Abs. 5 AÜG). Die Erlaubnis erlischt, wenn der Verleiher von der Erlaubnis drei Jahre keinen Gebrauch gemacht hat.

Die Erlaubnis kann unter Auflagen, Bedingungen sowie dem Vorbehalt des Widerrufs erteilt werden.

Der Verleiher muss über entsprechende Fachkenntnisse für die Beschäftigung von Arbeitnehmern und über eine ausreichende Betriebsorganisation verfügen. Zur Sicherstellung der Lohn- und Gehaltszahlungen ist eine Liquidität/Bonität in Höhe von 2000 € je beschäftigtem Leiharbeitnehmer, mindestens 10 000 € erforderlich.

Für die Bearbeitung von Anträgen auf Erteilung und Verlängerung der Erlaubnis wird vom Antragsteller eine **Gebühr** erhoben. Sie beträgt derzeit für die

– Erteilung oder Verlängerung einer befristeten Erlaubnis 750 €,
– Erteilung einer unbefristeten Erlaubnis 2000 €.

c) Versagung der Erlaubnis

Die Erlaubnis oder ihre Verlängerung ist zu **versagen,** wenn

– ein Verleiher die für die Ausübung der Verleihtätigkeit erforderliche **Zuverlässigkeit nicht** besitzt, insbesondere weil er die Vorschriften des Sozialversicherungsrechts, über die Einbehaltung und Abführung der Lohnsteuer, über die Arbeitsvermittlung, über die Anwerbung im Ausland oder über die Ausländerbeschäftigung, die Vorschriften des Arbeitsschutzrechts oder die arbeitsrechtlichen Pflichten nicht einhält (§ 3 Abs. 1 Nr. 1 AÜG);

– ein Verleiher nach der Gestaltung seiner Betriebsorganisation **nicht** in der Lage ist, die üblichen **Arbeitgeberpflichten** ordnungsgemäß zu erfüllen (§ 3 Abs. 1 Nr. 2 AÜG);

– ein Verleiher dem Leiharbeitnehmer für die Zeit der Überlassung an einen Entleiher die im Betrieb dieses Entleihers für einen vergleichbaren Arbeitnehmer des Entleihers geltenden wesentlichen **Arbeitsbedingungen** einschließlich des Arbeitsentgelts nicht gewährt (§ 3 Abs. 1 Nr. 3 AÜG), vgl. im Einzelnen unter Nr. 3;

Arbeitnehmerüberlassung

– für die Ausübung der Verleihtätigkeit Betriebe, Betriebsteile oder Nebenbetriebe vorgesehen sind, die nicht in einem Mitgliedstaat der **EU** oder in einem anderen Vertragsstaat des Abkommens über den **europäischen Wirtschaftsraum** liegen (§ 3 Abs. 2 AÜG).

Der Erteilung oder Verlängerung einer Erlaubnis steht die wiederholte Befristung von Arbeitsverträgen mit dem Leiharbeitnehmer oder die wiederholte Wiedereinstellung des Leiharbeitnehmers nicht entgegen.

d) Zuständigkeit

Die für die Erteilung der Erlaubnis zuständige Bundesagentur für Arbeit hat diese Aufgabe auf seine Regionaldirektionen übertragen. Die Erlaubnis wird von der Regionaldirektion erteilt, in dessen Bezirk der Antragsteller seinen Geschäftssitz (Hauptsitz) hat. Die Erlaubnis gilt auch für die im Antrag des Verleihers bezeichneten unselbständigen Zweigniederlassungen. Für rechtlich selbständige Zweigniederlassungen ist eine gesonderte Erlaubnis bei der für den Geschäftssitz der Zweigniederlassung örtlich zuständigen Regionaldirektion zu beantragen. Die Zuständigkeit für Antragsteller, deren Geschäftssitz sich nicht in der Bundesrepublik Deutschland befindet, wurde wie folgt zentralisiert:

Herkunftsland	Zuständige Regionaldirektion der Bundesagentur für Arbeit
Niederlande, Großbritannien, Irland, Malta, Polen	Nordrhein-Westfalen Josef-Gockeln-Straße 7, 40474 Düsseldorf
Belgien, Frankreich, Luxemburg	Rheinland-Pfalz–Saarland Eschberger Weg 68, 66121 Saarbrücken
Italien, Griechenland, Österreich, Liechtenstein, Slowenien, Zypern	Bayern Regensburger Str. 100, 90478 Nürnberg
Spanien, Portugal	Baden-Württemberg Hölderlinstr. 36, 70174 Stuttgart
Dänemark, Norwegen, Schweden, Finnland, Island, Estland, Lettland, Litauen	Nord Projensdorfer Str. 82, 24106 Kiel
Ungarn	Sachsen-Anhalt–Thüringen Frau-von-Selmnitz-Str. 6, 06110 Halle
Slowakische Republik, Tschechische Republik	Sachsen Paracelsusstr. 12, 09114 Chemnitz
Rumänien, Bulgarien sowie alle Nicht-EU/EWR-Staaten	Hessen Saonestraße 2–4, 60528 Frankfurt/M.

e) Pflichten des Verleihers

Der Verleiher hat im Zusammenhang mit der Erlaubniserteilung nach dem AÜG gegenüber der Bundesagentur für Arbeit als Erlaubnisbehörde verschiedene Pflichten zu erfüllen:

– Der Verleiher hat nach Erteilung der Erlaubnis unaufgefordert die Verlegung, Schließung und Errichtung von Betrieben, Betriebsteilen oder Nebenbetrieben vorher anzuzeigen, soweit diese die Ausübung der Arbeitnehmerüberlassung zum Gegenstand haben (§ 7 Abs. 1 AÜG). Wenn die Erlaubnis Personengesamtheiten, Personengesellschaften oder juristischen Personen erteilt ist und nach ihrer Erteilung eine andere Person zur Geschäftsführung oder Vertretung nach Gesetz, Satzung oder Gesellschaftsvertrag berufen wird, ist auch dies unaufgefordert anzuzeigen.

– Der Verleiher hat auf Verlangen der Erlaubnisbehörde wahrheitsgemäß, vollständig, fristgemäß und unentgeltlich Auskünfte zu erteilen, die zur Durchführung des AÜG erforderlich sind. Auf Verlangen der Erlaubnisbehörde hat der Verleiher die geschäftlichen Unterlagen vorzulegen, aus denen sich die Richtigkeit seiner Angaben ergibt, oder seine Angaben auf sonstige Weise glaubhaft zu machen. Der Verleiher hat seine Geschäftsunterlagen drei Jahre lang aufzubewahren (§ 7 Abs. 2 AÜG).

– In begründeten Einzelfällen muss der Verleiher den von der Erlaubnisbehörde beauftragten Personen gestatten, Grundstücke und Geschäftsräume des Verleihers zu betreten und dort Prüfungen vorzunehmen (§ 7 Abs. 3 AÜG).

– Der Verleiher hat der Erlaubnisbehörde halbjährlich statistische Meldungen zu erstatten (§ 8 AÜG).

f) Nicht erlaubnispflichtige Beschäftigungen

Keiner Erlaubnis bedarf nach § 1a Abs. 1 AÜG ein Arbeitgeber mit weniger als 50 Beschäftigten, der zur **Vermeidung** von **Kurzarbeit** oder **Entlassungen** an einen Arbeitgeber einen Arbeitnehmer bis zur Dauer von zwölf Monaten überlässt. Voraussetzung ist, dass er die Überlassung der für seinen Geschäftssitz zuständigen Regionaldirektion der Bundesagentur für Arbeit vorher schriftlich angezeigt hat. Ein entsprechender Anzeigevordruck kann dort angefordert oder auch im Internet (www.arbeitsagentur.de) abgerufen werden.

Nicht erlaubnispflichtig sind ferner:

– Abordnungen zu einer zur Herstellung eines Werks gebildeten Arbeitsgemeinschaft,
– Überlassungen im selben Wirtschaftszweig zur Vermeidung von Kurzarbeit oder Entlassungen auf Grund tarifvertraglicher Vorschriften,
– konzerninterne Arbeitnehmerüberlassung,
– Verleih in das Ausland in ein auf Grund zwischenstaatlicher Vereinbarungen gegründetes deutsch-ausländisches Gemeinschaftsunternehmen.

6. Verstöße gegen das AÜG

Bei Verstößen gegen das AÜG spricht man von einer **illegalen Arbeitnehmerüberlassung.** Diese liegt insbesondere vor, wenn ein Verleiher nicht die für die Arbeitnehmerüberlassung erforderliche Erlaubnis besitzt. Dies hat zur Folge, dass Arbeitsverträge zwischen Verleiher und Arbeitnehmer sowie Überlassungsverträge zwischen Verleiher und Entleiher unwirksam sind (§ 9 Nr. 1 AÜG). Zwischen dem Entleiher und dem Arbeitnehmer kommt ein fingiertes Arbeitsverhältnis zustande (§ 10 Abs. 1 AÜG). Zu den Rechtsfolgen im Sozialversicherungsrecht vgl. die Ausführungen unter Nr. 7; zu den steuerlichen Auswirkungen vgl. unter Nr. 13.

Verstöße gegen das AÜG werden in der Regel als **Ordnungswidrigkeiten** geahndet. § 16 Abs. 1 AÜG enthält hierzu einen Katalog von Verstößen, die mit unterschiedlich hohen Geldbußen belegt sind. Das Bußgeld bei illegaler Beschäftigung ausländischer Leiharbeitnehmer beträgt bis zu 500 000 € (§ 16 Abs. 2 AÜG). Besonders schwerwiegend ist die illegale Beschäftigung von Ausländern **ohne Arbeitserlaubnis** bzw. **Aufenthaltstitel** (vgl. die Erläuterungen unter Nr. 8 Buchstabe a). Insoweit machen sich sowohl der Verleiher als auch der Entleiher u. U. **strafbar** (§§ 15, 15a AÜG). Ein Straftatbestand liegt danach bereits vor, wer als **Entleiher** gleichzeitig mehr als **fünf Ausländer** ohne Arbeitserlaubnis bzw. Aufenthaltstitel tätig werden lässt. Auf die Dauer der Beschäftigung kommt es nicht an. Strafbar ist daneben auch, wenn ein Entleiher einen Ausländer ohne Arbeitserlaubnis zu **Arbeitsbedingungen** tätig werden lässt, die in einem auffälligen Missverhältnis zu den Arbeitsbedingungen deutscher Leiharbeitnehmer stehen, die die gleiche oder eine vergleichbare Tätigkeit ausüben.

Arbeitnehmerüberlassung

7. Sozialversicherungsrechtliche Pflichten des Verleihers/Entleihers

a) Allgemeines

Der Leiharbeitnehmer ist wie jeder andere abhängig Beschäftigte sozialversicherungspflichtig. Ob und für welche Versicherungszweige Versicherungspflicht besteht, bestimmt sich nach allgemeinen Vorschriften (vgl. die Erläuterungen in Teil B unter Nr. 2). Da der Verleiher Arbeitgeber des Leiharbeitnehmers ist, hat dieser auch die sozialversicherungsrechtlichen Arbeitgeberpflichten zu erfüllen. Etwas anderes gilt nur bei einem nach § 10 Abs. 1 AÜG fingierten Arbeitsverhältnis zwischen Entleiher und Arbeitnehmer bei unerlaubter Arbeitnehmerüberlassung.

b) Erlaubte Arbeitnehmerüberlassung

Den **Gesamtsozialversicherungsbeitrag** hat im Fall der erlaubten Arbeitnehmerüberlassung der Verleiher als Arbeitgeber zu zahlen (§ 28e Abs. 1 SGB IV). Dies sind die Beiträge zur gesetzlichen Renten-, Kranken-, Pflege- und Arbeitslosenversicherung. Der Verleiher hat daneben auch den Beitrag zur gesetzlichen Unfallversicherung, der als Umlage erhoben wird (§ 152 SGB VII), an die für seinen Betrieb zuständige Berufsgenossenschaft zu entrichten.

Für die Erfüllung der Zahlungspflicht des Verleihers haftet der Entleiher wie ein selbstschuldnerischer Bürge, sofern zwischen Verleiher und Entleiher eine Vergütung vereinbart wurde (§ 28e Abs. 2 Satz 1 SGB IV). Die Vereinbarung einer Vergütung reicht insoweit aus; nicht erforderlich ist, dass die Arbeitnehmerüberlassung gewerbsmäßig erfolgt ist oder hierdurch ein Gewinn erzielt wird. Diese Bürgschaft kraft Gesetzes ist ein öffentlich-rechtlicher Anspruch. Die Haftung des Entleiher ist jedoch subsidiär, d. h. er darf **nicht vorrangig** für die Beitragsschuld des Verleihers in Anspruch genommen werden. Er kann die Zahlung verweigern, solange die Einzugsstelle den Arbeitgeber nicht unter Fristsetzung gemahnt hat und die Mahnfrist noch nicht abgelaufen ist.

c) Unerlaubte Arbeitnehmerüberlassung

Besitzt der Verleiher die erforderliche Erlaubnis zum Verleih nicht (unerlaubte Arbeitnehmerüberlassung), so ist der Arbeitsvertrag zwischen Verleiher und Leiharbeitnehmer unwirksam (§ 9 Nr. 1 AÜG). Stattdessen wird kraft Gesetzes fingiert, dass ein **Arbeitsverhältnis** zwischen dem **Entleiher** und dem **Leiharbeitnehmer** zustande kommt (§ 10 Abs. 1 AÜG). Ihn trifft damit die Pflicht zur Zahlung des Gesamtsozialversicherungsbeitrags (einschließlich der Beiträge zur gesetzlichen Unfallversicherung). Dies gilt auch bei unerlaubter Überlassung ausländischer Arbeitnehmer durch Verleiher mit Sitz im Ausland. Das fingierte Beschäftigungsverhältnis mit dem Entleiher wird durch die Einstrahlungsregelung in § 5 SGB IV nicht berührt.

Zahlt bei unerlaubter Arbeitnehmerüberlassung allerdings der Verleiher das Arbeitsentgelt, so hat dieser auch die hierauf entfallenden Sozialversicherungsbeiträge zu zahlen. Insoweit gelten sowohl Entleiher als auch Verleiher als Arbeitgeber und haften für die Sozialversicherungsbeiträge als Gesamtschuldner (§ 28 e Abs. 2 Satz 4 SGB IV).

d) Melde- und Aufzeichnungspflichten

Bei einer Arbeitnehmerüberlassung hat grundsätzlich der Verleiher als Arbeitgeber die sozialversicherungsrechtlichen Melde- und Aufzeichnungspflichten zu übernehmen (vgl. die Erläuterungen im Anhang 15).

Entleiher müssen keine **Kontrollmeldungen** mehr an die Einzugsstellen übermitteln. Dies hat zur Folge, dass der Entleiher bei **erlaubter Arbeitnehmerüberlassung** generell nicht mehr im Rahmen der Entleiherhaftung nach § 42d Abs. 6 EStG in Anspruch genommen werden kann (vgl. unter Nr. 13 Buchstabe b).

Zu den Meldepflichten des Entleihers nach dem Arbeitnehmerentsendegesetz vgl. unter Nr. 8 Buchstabe c).

8. Entsendung ausländischer Arbeitnehmer

a) Aufenthaltstitel

Im Rahmen des Zuwanderungsgesetzes wurden ab 1.1.2005 das Aufenthaltsrecht und das Arbeitserlaubnisrecht für Ausländer in einem neuen Aufenthaltsgesetz (AufenthG) zusammengefasst. Im Bereich der nachfrageorientierten Arbeitsmigration ist die Arbeitserlaubnis (als Inhalts- oder Nebenbestimmung) Bestandteil des sog. **Aufenthaltstitels,** der von der Ausländerbehörde mit (interner) Zustimmung der Bundesagentur für Arbeit erteilt wird. Der Aufenthaltstitel wird als kurzfristiges Visum (§ 6 AufenthG), als zeitlich befristete Aufenthaltserlaubnis (§ 7 AufenthG) oder als zeitlich unbeschränkte Niederlassungserlaubnis (§ 9 AufenthG) erteilt.

Ein Arbeitgeber darf **Ausländer** nur **beschäftigen,** wenn sie über einen **Aufenthaltstitel** verfügen (§ 4 Abs. 3 AufenthG). Dies gilt nur dann nicht, wenn einem Ausländer durch eine zwischenstaatliche Vereinbarung, eines Gesetzes oder einer Rechtsverordnung (z. B. Anwerbestoppausnahme-Verordnung) die Erwerbstätigkeit ohne Besitz eines Aufenthaltstitels erlaubt ist. Die Behörden der Zollverwaltung prüfen, ob ausländische Arbeitnehmer den erforderlichen Aufenthaltstitel besitzen, der sie zur Ausübung ihrer Beschäftigung berechtigt, und nicht zu ungünstigeren Arbeitsbedingungen als vergleichbare inländische Arbeitnehmer beschäftigt werden oder wurden (§ 2 Abs. 1 Nr. 4 Schwarzarbeitsbekämpfungsgesetz).

Einen Aufenthaltstitel benötigt grundsätzlich jeder Ausländer, der nicht Deutscher i. S. des Art. 116 GG ist (§ 2 Abs. 1 AufenthG). Hiervon ausgenommen sind Staatsangehörige der EU-/EWR-Staaten. Für diesen Personenkreis besteht im Rahmen der Freizügigkeit innerhalb der EU grundsätzlich nur eine Ausweispflicht. Staatsangehörige der zum 1.5.2004 bzw. 1.1.2007 der EU beigetretenen Staaten brauchen keinen Aufenthaltstitel, aber ggf. eine Arbeitserlaubnis-EU (vgl. die Erläuterungen unter der nachfolgenden Nr. 7 Buchstabe b). Eine weitere Ausnahme vom Erfordernis eines Aufenthaltstitels besteht für Personen, die aufgrund des Assoziationsabkommen EWG/Türkei vom 12.9.1963 (BGBl. II 1964 S. 509) bereits ein Aufenthaltsrecht besitzen.

Für ausländische **Studenten/Auszubildende** und **Hochqualifizierte** bestehen folgende Sonderregelungen:

- Ein ausländischer Studienabsolvent erhält für Zwecke des Studiums eine befristete Aufenthaltserlaubnis (§ 16 AufenthG). Diese berechtigt zur Ausübung einer Beschäftigung, die insgesamt 90 Tage oder 180 halbe Tage im Jahr nicht überschreiten darf, sowie zur Ausübung studentischer Nebentätigkeiten. Nach erfolgreichem Abschluss des Studiums kann die Aufenthaltserlaubnis für bis zu einem Jahr zur Arbeitsplatzsuche verlängert werden, sofern dieser nach den §§ 18 bis 21 AufenthG von Ausländern besetzt werden darf. Bislang mussten Studienabsolventen nach Abschluss des Studiums Deutschland regelmäßig verlassen.

- Einem Ausländer kann für Zwecke der betrieblichen Aus- und Weiterbildung eine befristete Aufenthaltserlaubnis erteilt werden (§ 17 AufenthG). Hierzu ist grundsätzlich eine Zustimmung der Bundesagentur für Arbeit erforderlich. Durch Rechtsverordnung (siehe unten) oder zwischenstaatliche Vereinbarung kann bestimmt sein, dass die Aus- und Weiterbildung auch ohne Zustimmung der Bundesagentur für Arbeit zulässig ist.

- Für Hochqualifizierte (z. B. Ingenieure, Informatiker, Mathematiker sowie Führungspersonal in Wissenschaft und Forschung) besteht die Möglichkeit der Gewährung einer unbefristeten Niederlassungserlaubnis (§ 19 AufenthG).

Arbeitnehmerüberlassung

Weitere Einzelheiten zur Erteilung eines Aufenthaltstitels zum Zwecke der Beschäftigung sind in der Beschäftigungsverordnung vom 22.11.2004 (BGBl. I S. 2937, zuletzt geändert durch Art. 1 der Verordnung vom 28.6.2007, BGBl. I S. 1224) geregelt. Diese Verordnung enthält umfangreiche Bestimmungen dazu, in welchen Fällen die Erteilung des Aufenthaltstitels von der Zustimmung der Bundesagentur für Arbeit abhängt bzw. wann eine zustimmungsfreie Beschäftigung vorliegt. Die Erteilung eines Aufenthaltstitels bzw. einer Arbeitserlaubnis an ausländische **Saisonarbeitskräfte** zur Ausübung einer Beschäftigung in der Land- und Forstwirtschaft (z. B. als Erntehelfer) oder im Hotel- und Gaststättengewerbe ist davon abhängig, dass die Arbeitnehmer nicht mehr als 6 Monate im Kalenderjahr beschäftigt werden (§ 18 BeschV).

b) Arbeitserlaubnis EU

Bürgerinnen und Bürger aus Mitgliedstaaten der EU und des EWR brauchen für eine Beschäftigung als Arbeitnehmer innerhalb der EU/des EWR keine Arbeitserlaubnis. Dies gilt nicht für die neuen EU-Staaten (Bulgarien, Estland, Lettland, Litauen, Rumänien, Polen, Tschechien, Slowakei, Slowenien, Ungarn), die am 1. 5. 2004 bzw. 1. 1. 2007 der EU beigetreten sind. Für eine Übergangszeit von bis zu 7 Jahren besteht für Arbeitnehmer aus diesen Staaten keine Arbeitnehmerfreizügigkeit, so dass dieser Personenkreis für die Aufnahme einer Erwerbstätigkeit in Deutschland nach den nationalen Vorschriften weiterhin eine Arbeitsgenehmigung benötigt. Ausgenommen hiervon sind nur Arbeitnehmer aus Malta und Zypern, die bereits die volle Arbeitnehmerfreizügigkeit genießen.

Die Arbeitsgenehmigung wird von den Agenturen für Arbeit als **Arbeitserlaubnis-EU** grundsätzlich für ein Jahr erteilt (§ 284 SGB III). Die Arbeitserlaubnis-EU ist vor Aufnahme der Beschäftigung einzuholen. Die Ausländerbehörden werden dabei nicht beteiligt.

Besondere Absprachen (z. B. hinsichtlich der Beschäftigungsdauer) bestehen für ausländische Saisonarbeitnehmer in der Land- und Forstwirtschaft, im Hotel und Gaststättengewerbe, in der Obst- und Gemüseverarbeitung, in Sägewerken, im Schaustellergewerbe sowie für die Beschäftigung von Haushaltshilfen in Haushalten mit Pflegebedürftigen und Au-pair-Arbeitsverhältnisse. Die Bundesagentur für Arbeit (Zentralstelle für Arbeitsvermittlung) hat für Arbeitgeber hierzu besondere Merkblätter aufgelegt. Diese können im Internet unter www.arbeitsagentur.de abgerufen werden.

c) Arbeitnehmer-Entsendegesetz

Das **Arbeitnehmer-Entsendegesetz** (AEntG) verpflichtet sowohl Arbeitgeber mit Sitz in Deutschland, Arbeitgeber mit Sitz im Ausland (einschließlich der Werkvertragsunternehmer, die aufgrund bilateraler Vereinbarungen tätig werden) als auch **Verleiher** und **Entleiher** zur Einhaltung gesetzlicher **Arbeitsbedingungen**. In bestimmten Branchen müssen Arbeitgeber und Verleiher tarifvertraglich geregelte Arbeitsbedingungen gewähren. Daneben treffen die Arbeitgeber, Verleiher und Entleiher weitere unterschiedliche Pflichten, wie z. B. Meldepflichten, Arbeitszeitdokumentation.

Das AEntG unterscheidet zwischen zwingenden Arbeitsbedingungen aufgrund von Rechts- oder Verwaltungsvorschriften und solchen aufgrund von Tarifverträgen. Arbeitsbedingungen aufgrund von Rechts- oder Verwaltungsvorschriften sind von allen inländischen und allen entsendenden Arbeitgebern mit Sitz im Ausland unabhängig von der Branche einzuhalten (§ 2 AEntG). Im Einzelnen sind dies die Vorschriften über

– Mindestentgeltsätze einschließlich der Überstundensätze,
– bezahlter Mindestjahresurlaub,
– Höchstarbeitszeiten und Mindestruhezeiten,
– Bedingungen für die Überlassung von Arbeitskräften, insbesondere durch Leiharbeitsunternehmen,
– Sicherheit, Gesundheit und Hygiene am Arbeitsplatz,
– Schutzmaßnahmen im Zusammenhang mit den Arbeits- und Beschäftigungsbedingungen von Schwangeren und Wöchnerinnen, Kindern und Jugendlichen,
– Gleichbehandlung von Männern und Frauen sowie andere Nichtdiskriminierungsbestimmungen.

Tarifvertragliche Arbeitsbedingungen müssen Arbeitgeber grundsätzlich gewähren, wenn ihr Betrieb arbeitszeitlich überwiegend in den folgenden Branchen tätig ist (vgl. § 4 AEntG):

– Abfallwirtschaft einschließlich Straßenreinigung und Winterdienst,
– Aus- und Weiterbildungsleistungen nach dem Zweiten oder Dritten Buch Sozialgesetzbuch,
– Bauhauptgewerbe und Baunebengewerbe einschließlich der Montageleistungen auf Baustellen,
– Bergbauspezialarbeiten auf Steinkohlebergwerken,
– Briefdienstleistungen,
– Gebäudereinigung,
– Sicherheitsdienstleistungen,
– Wäschereidienstleistungen im Objektkundengeschäft.

Daneben können durch eine Rechtsverordnung nach § 11 AEntG Mindestarbeitsbedingungen für die Pflegebranche festgelegt werden (eine entsprechende Rechtsverordnung ist in Planung).

Derzeit müssen aber nur Arbeitgeber des **Bauhaupt- und Baunebengewerbes**, der **Gebäudereinigungsbranche** sowie der Branche **Briefdienstleistungen** allgemeinverbindliche tarifvertragliche Arbeitsbedingungen gewähren, da nur für diese Wirtschaftszweige Tarifverträge vorliegen, die Regelungen über Mindestlohn einschließlich der Überstundensätze, Urlaub, Urlaubsentgelt oder Urlaubsgeld zum Gegenstand haben. Die Rechtsnormen eines bundesweiten Tarifvertrages finden auch auf Arbeitsverhältnisse zwischen einem Arbeitgeber mit Sitz im Ausland und seinen im räumlichen Geltungsbereich des Tarifvertrages beschäftigten Arbeitnehmern zwingend Anwendung, wenn der Tarifvertrag für allgemein verbindlich erklärt ist oder eine Rechtsverordnung nach § 7 AEntG vorliegt (§ 3 Satz 1 AEntG).

Ausführliche Informationen zu den maßgeblichen Arbeitsbedingungen sowie zur Höhe der aktuellen Mindestlöhne in den vom AEntG betroffenen Branchen können auf der Homepage der mit der Kontrolle des Gesetzes beauftragten Behörden der Zollverwaltung abgerufen werden (www.zoll.de unter der Rubrik „Entsendung von Arbeitnehmern"). Die Informationen sind auch in englisch (Posting of Workers) und französisch (Détachement de travailleurs) eingestellt.

Für die Prüfung der Arbeitsbedingungen nach § 5 AEntG sind die Behörden der Zollverwaltung zuständig (§ 16 AEntG). Alle Arbeitgeber sind verpflichtet, an den Prüfungen der Finanzkontrolle Schwarzarbeit mitzuwirken.

Zur Überwachung der im AEntG vorgesehenen Regelungen haben Arbeitgeber des Baugewerbes, des Gebäudereinigerhandwerks und der Branche Briefdienstleistungen mit Sitz im Ausland, die einen oder mehrere Arbeitnehmer in Deutschland beschäftigen wollen, dies vor Beginn der Beschäftigung bei der zuständigen Behörde der Zollverwaltung (Bundesfinanzdirektion West, Wörthstraße 1–3, 50668 Köln, Fax: + 49 (0)2 21/96 48 70) schriftlich in deutscher Sprache anzumelden (§ 3 Abs. 1 AEntG). Arbeitgeber des Gebäudereinigerhandwerks haben zudem nach Maßgabe der Verordnung über Meldepflichten nach dem Arbeitnehmer-Entsendegesetz (AEntGMeldV) eine auf das zu reinigende Objekt bezogene Einsatzplanung ein-

Arbeitnehmerüberlassung

zureichen. Entsprechende Formulare können im Internet unter www.zoll.de abgerufen werden.

Eine Meldung muss der Arbeitgeber auch erstatten, wenn

– sich der Beginn der Werk- oder Dienstleistung ändert,
– andere als die ursprünglich gemeldeten Arbeitnehmer beschäftigt werden oder
– bereits gemeldete Arbeitnehmer an einem anderen Beschäftigungsort, bei Bauleistungen auf einer anderen Baustelle, in Deutschland eingesetzt werden sollen.

Für Arbeitgeber des Gebäudereinigerhandwerks ist nach Maßgabe der AEntGMeldV eine Änderungsmeldung entbehrlich, wenn

– der Einsatz an einem bestimmten Ort der Beschäftigung um weniger als eine Stunde verschoben wird;
– sich nach Abgabe einer objektbezogenen Einsatzplanung die personelle Zusammensetzung der eingesetzten Gruppe ändert, sofern die Anzahl der in der Gruppe befindlichen Arbeitnehmer um nicht mehr als zwei von der Einsatzplanung abweicht und alle eingesetzten entsandten Arbeitnehmer im Rahmen einer anderen aktuellen Einsatzplanung gemeldet wurden.

Arbeitgeber des Baugewerbes, des Gebäudereinigerhandwerks und der Branche Briefdienstleistungen, die vom Geltungsbereich eines Tarifvertrages erfasst werden, sind verpflichtet, die tägliche Arbeitszeit aufzuzeichnen sowie bestimmte Unterlagen in deutscher Sprache (z. B. Arbeitsverträge, Arbeitszeitnachweise, Lohnabrechnungen, Nachweise über Lohnzahlungen) in Deutschland bereitzuhalten.

Entsprechende Pflichten gelten auch bei einer grenzüberschreitenden Arbeitnehmerüberlassung. Der **Entleiher** (nicht der Verleiher) hat die Meldepflichten nach dem AEntG gegenüber den Zollbehörden zu erfüllen, wenn ein Verleiher mit Sitz im Ausland dem Entleiher einen oder mehrere Arbeitnehmer zur Arbeitsleistung in Deutschland überlässt. Der Entleiher hat vor Beginn jeder Werk- oder Dienstleistung der zuständigen Behörde der Zollverwaltung schriftlich eine Anmeldung in deutscher Sprache mit folgenden Angaben zuzuleiten:

– Familiennamen, Vornamen und Geburtsdaten der überlassenen Arbeitnehmer,
– Beginn und Dauer der Überlassung,
– Ort der Beschäftigung, bei Bauleistungen die Baustelle,
– den Ort im Inland, an dem die nach § 19 AEntG erforderlichen Unterlagen bereitgehalten werden,
– Familienname, Vorname und Anschrift des Verleihers,
– die Branche, in die die Arbeitnehmer entsandt werden sollen,
– Familienname, Vorname und Anschrift in Deutschland eines Zustellungsbevollmächtigten des Verleihers.

Der Entleiher hat der Anmeldung eine Versicherung des Verleihers beizufügen, dass dieser die in § 5 AEntG vorgeschriebenen tarifvertraglichen Arbeitsbedingungen einhält. Dies können sein:

– der Mindestlohn (Bruttolohn),
– Überstundenzuschläge,
– die Dauer des Erholungsurlaubs,
– das Urlaubsentgelt,
– ein zusätzliches Urlaubsgeld,
– der Urlaubskasse die nach dem Tarifvertrag zustehenden Beiträge zu zahlen.

Verleiher und Entleiher müssen an Prüfungen der Finanzkontrolle Schwarzarbeit mitwirken. Verleiher sind zudem verpflichtet, die tägliche Arbeitszeit aufzuzeichnen und bestimmte Unterlagen in Deutschland bereitzuhalten, wenn die von ihnen verliehenen Arbeitnehmer mit Tätigkeiten beschäftigt werden, die in den Geltungsbereich eines allgemeinverbindlichen Tarifvertrages im Sinne des § 3 AEntG fallen.

Bei Verstößen gegen die Meldepflichten nach dem AEntG handelt es sich um Ordnungswidrigkeiten, die mit hohen Geldbußen geahndet werden können (§ 23 AEntG). Die Finanzämter werden von der zuständigen Behörde der Zollverwaltung über alle Anmeldungen nach dem AEntG unterrichtet (§ 20 Abs. 1 AEntG).

Zivilrechtliche Sanktionen wegen Verstößen gegen die tarifvertraglich geregelten Arbeitsbedingungen durch Verleiher können auch das beauftragende Unternehmen treffen. Es haftet unabhängig vom Verschulden für die Entrichtung des Mindestlohnes an die Arbeitnehmer oder der Urlaubskassenbeiträge an die Sozialkassen.

d) Werkvertragsunternehmen außerhalb der Europäischen Union

Die Einreise ausländischer Arbeitnehmer wurde durch gesetzlichen Anwerbestopp geregelt. Ausnahmen von diesem Anwerbestopp bestehen jedoch für Unternehmer und Arbeitnehmer aus bestimmten Ländern Mittel- und Osteuropas. Zwischenstaatliche Vereinbarungen mit diesen Ländern erlauben den (begrenzten) Einsatz von Arbeitnehmern in der Bundesrepublik Deutschland auf der Grundlage von Werkverträgen. Dabei sind jedoch festgelegte Beschäftigungskontingente zu beachten.

Für Werkvertragungsunternehmen aus den neuen EU-Mitgliedstaaten gelten die bestehenden bilateralen Werkvertragsvereinbarungen für bestimmte Wirtschaftssektoren (Baugewerbe, einschließlich verwandte Wirtschaftszweige; Reinigung von Gebäuden, Inventar und Verkehrsmitteln; Dienstleistungen von Innendekorateuren) fort. In diesen Wirtschaftszweigen ist eine Dienstleistungserbringung mit eigenem Personal aus den neuen Mitgliedstaaten der EU nur im Rahmen des deutschen Arbeitsgenehmigungsrechts und der zwischenstaatlichen Werkvertragsvereinbarung möglich. Die entsandten Arbeitnehmer benötigen für die Arbeitsausübung in Deutschland insbesondere eine **Arbeitserlaubnis-EU** (vgl. unter Nr. 7 Buchstabe b). Das Zulassungsverfahren für das Werkvertragsunternehmen über die Bundesagentur für Arbeit bleibt zudem unverändert. Für Unternehmen anderer Wirtschaftszweige, für die aufgrund der Beitrittsverträge keine Übergangsfristen bestehen, gilt die EU-Dienstleistungsfreiheit, d. h. diese Firmen können Mitarbeiter ohne arbeitsgenehmigungsrechtliche Beschränkungen vorübergehend nach Deutschland entsenden.

Nach § 3 Abs. 1 der Anwerbestoppausnahme-Verordnung vom 17. 9. 1998 (BGBl. I S. 2893) kann Ausländern, die auf der Grundlage einer zwischenstaatlichen Vereinbarung zur Erfüllung eines oder mehrerer Werkverträge beschäftigt werden, die Arbeitserlaubnis bis zur Vollendung des oder der Werke, höchstens für zwei Jahre, erteilt werden. Steht von vornherein fest, dass die Ausführung des Werkvertrags länger als zwei Jahre dauert, kann die Arbeitserlaubnis bis zur Höchstdauer von drei Jahren erteilt werden. Danach darf eine weitere Arbeitserlaubnis nur erteilt werden, wenn der zwischen Ausreise und erneuter Einreise als Werkvertragsarbeitnehmer liegende Zeitraum nicht kürzer ist als die Gesamtgeltungsdauer der früheren Aufenthaltsbewilligung.

Vor der Entsendung ausländischer Arbeitnehmer auf der Grundlage eines Werkvertrages hat das ausländische Unternehmen die Vertragsunterlagen an die zuständige Zentrale Auslands- und Fachvermittlungsstelle der Bundesagentur für Arbeit vorzulegen. Für die einzelnen Kontingentländer gelten insoweit zentrale Zuständigkeiten (vgl. das Merkblatt 16 der Bundesagentur für Arbeit, das im Internet unter www.arbeitsagentur.de abgerufen werden kann).

Arbeitnehmerüberlassung

e) Gewerbeordnung/Handwerksordnung

Die Tätigkeit von ausländischen Unternehmen im Inland unterliegt grundsätzlich – wie die Tätigkeit inländischer Unternehmen – den Bestimmungen der Gewerbeordnung (GewO) und der Handwerksordnung (HandwO).

Nach § 14 GewO ist der Beginn des Betriebes eines stehenden Gewerbes, einer Zweigniederlassung oder einer unselbständigen Zweigstelle der für den betreffenden Ort zuständigen Behörde anzuzeigen. Das Gleiche gilt für die Betriebsverlegung und Betriebsaufgabe. Mit der nach der GewO erforderlichen Anzeige wird gleichzeitig die steuerliche Anzeigepflicht nach § 138 AO erfüllt.

Ausländische Unternehmen haben auch die HandwO zu beachten. Nach § 1 (i. V. m. § 2) HandwO ist der selbständige (Neben-)Betrieb eines Handwerks (z. B. Bau- und Metallgewerbe) nur den in der Handwerksrolle eingetragenen natürlichen und juristischen Personen und Personengesellschaften gestattet. Ausländische Werkvertragsunternehmen werden nur dann in die Handwerksrolle eingetragen und dürfen ihre Bautätigkeit ausüben, wenn ein verantwortlicher Betriebsleiter die Voraussetzungen für die Eintragung in die Handwerksrolle mit dem zu betreibenden zulassungspflichtigen Handwerk oder einem mit diesem verwandten Handwerk erfüllt (§ 7 Abs. 1 HandwO). Dieser ist u. a. für den gesamten handwerklichen Arbeitsbereich des Unternehmens verantwortlich, hat sämtliche Handwerkstätigkeiten vor Ort in fachlicher Hinsicht zu leiten, zu betreuen, zu kontrollieren und muss maßgeblichen persönlichen Einfluss auf den technischen Betriebsablauf nehmen. Für Staatsangehörige der EU-Mitgliedstaaten/EWR-Staaten kann eine Ausnahmebewilligung zur Eintragung in die Handwerksrolle erteilt werden (§ 9 HandwO).

Verstöße gegen die GewO oder die HandwO werden als Ordnungswidrigkeiten geahndet. Nach dem Gesetz zur Bekämpfung der Schwarzarbeit (§ 1 Abs. 1 Nr. 2 und 3 SchwarzarbG) handelt ordnungswidrig, wer Dienst- oder Werkleistungen in erheblichem Umfang erbringt, obwohl er entweder der Verpflichtung zur Anzeige vom Beginn des selbständigen Betriebs eines stehenden Gewerbes (§ 14 GewO) nicht nachgekommen ist oder ein Handwerk als stehendes Gewerbe selbständig betreibt, ohne in der Handwerksrolle eingetragen zu sein (§ 1 HandwO).

9. Abgrenzungsfälle

a) Nicht gewerbsmäßige Arbeitnehmerüberlassung

Die Voraussetzungen der gewerbsmäßigen Arbeitnehmerüberlassung sind nicht erfüllt, wenn Arbeitnehmer gelegentlich zwischen selbständigen Betrieben zur Deckung eines kurzfristigen Personalmehrbedarfs ausgeliehen werden, in andere Betriebsstätten ihres Arbeitgebers entsandt werden (sog. echte Leiharbeit). Die nicht gewerbsmäßige Arbeitnehmerüberlassung ist nicht gesetzlich geregelt, insbesondere bedarf diese keiner besonderen Erlaubnis. Die Vertragsbeziehungen bei der nicht gewerbsmäßigen Arbeitnehmerüberlassung unterliegen daher unter Beachtung der Regelungen des Arbeitsrechts der freien Vereinbarung. Der Verleiher sollte jedoch in einem Überlassungsvertrag (schriftlich) erklären, dass

– die Überlassung der Arbeitnehmer nicht gewerbsmäßig erfolgt,
– die überlassenen Arbeitnehmer regelmäßig bei ihm tätig und mit der Überlassung einverstanden sind, und
– eine Erlaubnis nach dem AÜG nicht erforderlich ist.

b) Unternehmerische Zusammenarbeit

Arbeitnehmerüberlassung i. S. d. AÜG setzt voraus, dass sich der drittbezogene Personaleinsatz auf Seiten des Verleihers darauf beschränkt, einem Dritten den Arbeitnehmer zur Förderung von dessen Betriebszwecken zur Verfügung zu stellen. Keine Arbeitnehmerüberlassung liegt daher vor, wenn die beteiligten Arbeitgeber im Rahmen einer unternehmerischen Zusammenarbeit mit dem Einsatz ihrer Arbeitnehmer jeweils ihre eigenen Betriebszwecke verfolgen (BAG-Urteil vom 25. 10. 2000*)).

c) Abordnung zu Arbeitsgemeinschaften

Die Abordnung von Arbeitnehmern zu einer zur Herstellung eines Werkes gebildeten Arbeitsgemeinschaft ist keine Arbeitnehmerüberlassung, wenn der Arbeitgeber Mitglied der Arbeitsgemeinschaft ist, für alle Mitglieder der Arbeitsgemeinschaft Tarifverträge desselben Wirtschaftszweiges gelten und alle Mitglieder aufgrund des Arbeitsgemeinschaftsvertrages zur selbständigen Erbringung von Vertragsleistungen verpflichtet sind (§ 1 Abs. 1 Satz 2 AÜG).

Bei einer Abordnung von Arbeitnehmern zu einer zur Herstellung eines Werkes gebildeten Arbeitsgemeinschaft durch einen Arbeitgeber mit Geschäftssitz in einem anderen Mitgliedstaat des Europäischen Wirtschaftsraums liegt auch dann **keine** Arbeitnehmerüberlassung vor, wenn für ihn wie für die anderen Mitglieder der Arbeitsgemeinschaft keine deutschen Tarifverträge gelten (§ 1 Abs. 1 Satz 3 AÜG). Die übrigen Voraussetzungen des § 1 Abs. 1 Satz 2 AÜG müssen jedoch weiterhin vorliegen. So muss der ausländische Arbeitgeber der Arbeitsgemeinschaft angehören und aufgrund des Arbeitsgemeinschaftsvertrags zur selbständigen Erbringung von Vertragsleistungen verpflichtet sein (keine bloße Personalgestellung). Weiterhin müssen auch die Unternehmen aus anderen Mitgliedstaaten demselben Wirtschaftszweig wie die anderen Mitglieder der Arbeitsgemeinschaft angehören. Dabei kommt es nicht darauf an, welchem Wirtschaftszweig die ausländischen Betriebe nach ihrer wirtschaftlichen Tätigkeit in Deutschland angehören, sondern zu welchem Wirtschaftszweig sie nach ihrer Tätigkeit im gesamten Europäischen Wirtschaftsraum zugeordnet werden. Liegen diese Voraussetzungen vor, kommt eine Entleiherhaftung für die Mitglieder der Arbeitsgemeinschaften nach § 42d Abs. 6 EStG nicht in Betracht.

d) Arbeitsleistung als Nebenleistung

Wird als Nebenleistung eines Kauf- oder Mietvertrages über Anlagen, Geräte, Systeme oder Programme Bedienungs-, Montage- oder Einweisungspersonal überlassen (z. B. Computer und Programme mit Einweisungspersonal, Spezialbaumaschine mit Fahrer, Flugzeug mit Pilot – vgl. BAG-Urteil vom 17. 2. 1993**)) wird in aller Regel nicht von Arbeitnehmerüberlassung auszugehen sein, wenn der wirtschaftliche Wert der Anlagen, Geräte, Systeme oder Programme erheblich höher ist als die Arbeitsleistung. Bei der Vermietung einer Schreibmaschine mit Schreibkraft muss dagegen Arbeitnehmerüberlassung angenommen werden, weil hier die Arbeitsleistung im Vordergrund steht.

Beispiel

A chartert von B ein Schiff mit Besatzung.
Es liegt keine Arbeitnehmerüberlassung vor, da Geschäftsgegenstand von B die Vercharterung von Schiffen ist. Wenn B keine Lohnsteuer für die Löhne seiner Arbeitnehmer einbehält und abführt, kann sich das Finanzamt nicht an A als „Entleiher" halten.

e) Arbeitsvermittlung

Keine Arbeitnehmerüberlassung liegt bei einer Arbeitsvermittlung vor (§ 1 Abs. 2 AÜG). Eine Arbeitsvermittlung ist zu vermuten, wenn Arbeitnehmer Dritten zur Arbeitsleistung überlassen werden und der Überlassende nicht die üblichen Arbeitgeberpflichten oder das Arbeitgeber-

---

*) BAG-Urteil vom 25. 10. 2000 (veröffentlicht in der Zeitschrift „Der Betrieb" 2001 S. 767).

**) BAG-Urteil vom 17. 2. 1993 (veröffentlicht in der Zeitschrift „Deutsches Steuerrecht" 1994 S. 665).

Arbeitnehmerüberlassung

risiko (§ 3 Abs. 1 Nr. 1 bis 3 AÜG) übernimmt. Seit dem Kalenderjahr 2004 kommt es auf die Überlassungsdauer des Arbeitnehmers (bisher im Einzelfall mehr als 12 Monate) für das Vorliegen einer Arbeitsvermittlung nicht mehr an, so dass auch eine Entleiherhaftung nach § 42d Abs. 6 Satz 1 EStG ausscheidet, wenn der Überlassungszeitraum von 12 Monaten überschritten ist. Ein Unternehmen, das über eine Arbeitsvermittlung vermittelte Arbeitnehmer beschäftigt, wird regelmäßig selbst als Arbeitgeber anzusehen sein und die lohnsteuerlichen Arbeitgeberpflichten erfüllen müssen.

f) Betriebshelfer in der Landwirtschaft

Selbsthilfeorganisationen im Bereich der Landwirtschaft, die landwirtschaftlichen Unternehmen Betriebshelfer zur Verfügung stellen und nicht in Gewinnabsicht handeln, fallen nicht unter das AÜG.

g) Nichtanwendbarkeit des AÜG in anderen Fällen

Das AÜG ist nach § 1 Abs. 3 AÜG nicht anwendbar auf Arbeitnehmerüberlassung

- zwischen Arbeitgebern desselben Wirtschaftszweiges zur Vermeidung von **Kurzarbeit** oder **Entlassung,** wenn ein für den Entleiher oder Verleiher geltender Tarifvertrag dies vorsieht,
- zwischen **Konzernunternehmen** i. S. d. § 18 des AktG, wenn der Arbeitnehmer seine Arbeit vorübergehend nicht bei seinem Arbeitgeber leistet, oder
- in das **Ausland,** wenn der Leiharbeitnehmer in ein auf der Grundlage zwischenstaatlicher Vereinbarungen begründetes deutsch-ausländisches Gemeinschaftsunternehmen verliehen wird, an dem der Verleiher beteiligt ist.

10. Werkvertrag

a) Allgemeines

Eine Arbeitnehmerüberlassung nach dem AÜG liegt nicht vor, wenn kein Arbeitnehmerüberlassungsvertrag, sondern ein Werkvertrag abgeschlossen wird. In der Praxis ist gerade die Abgrenzung zwischen Arbeitnehmerüberlassung und Werkvertrag oft schwierig vorzunehmen. Entscheidend ist immer das **Gesamtbild** des Einzelfalles. Bei der rechtlichen Einordnung kommt es auf den Inhalt der gegenseitigen Pflichten und die tatsächliche Durchführung des Vertrages an und nicht auf dessen bloße Bezeichnung (z. B. als Werkvertrag). Widersprechen sich allerdings schriftliche Vereinbarungen und tatsächliche Durchführung des Vertrages, so kommt es auf die tatsächliche Durchführung an (vgl. BAG-Urteil vom 15. 6. 1983*)). Die Darlegungs- und Beweislast dafür trägt derjenige, der sich auf das Vorliegen einer Arbeitnehmerüberlassung beruft (BGH-Urteil vom 25. 6. 2002**)).

Um eine spätere Inanspruchnahme als Haftungsschuldner zu vermeiden, empfiehlt es sich für den Entleiher von Arbeitskräften im Zweifel eine Entscheidung der zuständigen Regionaldirektion der Bundesagentur für Arbeit einzuholen. Diese ist für die Durchführung des AÜG zuständig (§ 17 AÜG). Eine Inanspruchnahme des Entleihers für nicht einbehaltene Lohnsteuer kommt regelmäßig nicht in Betracht, wenn die Bundesagentur für Arbeit gegenüber dem Entleiher die Auffassung geäußert hat, bei dem verwirklichten Sachverhalt liege Arbeitnehmerüberlassung nicht vor (vgl. R 42d.2 Abs. 3 Satz 5 LStR). Die Arbeitsverwaltung hat gerade zur Abgrenzung zwischen Arbeitnehmerüberlassungen und der Entsendung von Arbeitnehmern im Rahmen von Werkverträgen, selbständigen Dienstverträgen und anderen Formen drittbezogenen Personaleinsatzes umfangreiche Verwaltungsanweisungen erlassen. Es ist auch möglich eine Anrufungsauskunft an das Finanzamt zu richten (vgl. das Stichwort „Auskunft"). Das Finanzamt hat bei Prüfung der Frage, ob eine Arbeitnehmerüberlassung vorliegt, die Auffassung der Bundesagentur für Arbeit zu berücksichtigen und wird sich daher in der Regel der Beurteilung des Vertragsverhältnisses durch die Arbeitsverwaltung anschließen (vgl. R 42d.2 Abs. 3 Satz 4 LStR).

b) Begriffserläuterungen

Bei einem **Arbeitnehmerüberlassungsvertrag** schuldet der Verleiher dem Entleiher die Arbeitsleistung (Arbeitskraft) der entliehenen Arbeitnehmer. Die Leiharbeitnehmer arbeiten nach konkreten Anweisungen des Entleihers und sind in dessen Betrieb voll eingegliedert. Der Verleiher trägt keinerlei Unternehmerrisiko.

Merkmal des **Werkvertrages** ist vor allem, dass der Werkunternehmer sich zur Herbeiführung eines bestimmten Erfolges (des versprochenen Werkes) verpflichtet. Diesem vom Unternehmer geschuldeten Erfolg muss daher die vertragliche Risikoverteilung zwischen den Vertragsparteien entsprechen. Dabei ist es grundsätzlich unschädlich, dass die Vertragsparteien im Rahmen der im Schuldrecht geltenden Vertragsfreiheit gewisse Nebenpflichten ausschließen oder hierüber keine Vereinbarungen treffen.

c) Merkmale des Werkvertrages

Wesentliche Merkmale eines **Werkvertrages** sind:

- Vereinbarung und Erstellung eines qualitativ individualisierbaren und dem Werkunternehmer **zurechenbaren Werkergebnisses,**
- **Eigenverantwortlichkeit** und **Dispositionsmöglichkeiten** des Werkunternehmers gegenüber dem Auftraggeber (Art, Ablauf und Einteilung der Arbeiten sind selbstbestimmt, keine Weisungsgebundenheit),
- ausschließliches **Weisungsrecht** des Werkunternehmers gegenüber den Leiharbeitnehmern (Erfüllungsgehilfen),
- **fehlende Eingliederung** der Arbeitnehmer des Werkunternehmers in den Betrieb des Auftraggebers,
- Tragung des **Unternehmerrisikos** (insbesondere der Gewährleistung nach §§ 633 ff. BGB) durch den Werkunternehmer. Die Gewährleistung muss im Vertrag nicht ausdrücklich erwähnt sein.
- **Erfolgsorientierte Abrechnung** der Werkleistung (z. B. durch pauschale Vergütungsregelung nach vereinbarten Berechnungsfaktoren, wie Festpreis, Berechnung nach Aufmaß, Materialverbrauch etc.). Die ausschließliche Berechnung auf Lohnbasis ist ein Indiz für Arbeitnehmerüberlassung (z. B. sog. Stundenlohnvertrag im Baugewerbe),
- **Materialgestellung** (Werkzeuge, Maschinen usw.) durch den Arbeitgeber. Werden die Materialien durch den Auftraggeber zur Verfügung gestellt, so deutet dies auf eine Arbeitnehmerüberlassung hin.

Bei Werkverträgen organisiert der Unternehmer die zur Erreichung eines wirtschaftlichen Erfolges notwendigen Handlungen selbst, wobei er sich eines Erfüllungsgehilfen bedienen kann. Dabei bleibt der Unternehmer für die Erfüllung der im Vertrag vorgesehenen Dienste oder für die Herstellung des geschuldeten Werks verantwortlich. Daher kann ein Werkvertrag nur bejaht werden, wenn der Unternehmer Art, Ablauf und Einteilung der Arbeiten selbst bestimmt und der Dritte kein Weisungsrecht gegenüber den Arbeitnehmern des Herstellers hat (vgl. BAG-Urteil vom 10. 2. 1977***)).

---

*) BAG-Urteil vom 15. 6. 1983 (veröffentlicht in der Neuen Juristischen Wochenzeitschrift 1984 S. 2912).
**) BGH-Urteil vom 25. 6. 2002 (veröffentlicht in der Zeitschrift „Der Betrieb" 2002 S. 2216).
***) BAG-Urteil vom 10. 2. 1977 (veröffentlicht in der Zeitschrift „Der Betrieb" 1977 S. 1273).

Arbeitnehmerüberlassung

Vertragstypische Rechte/Pflichten des Werkunternehmers sind insbesondere:
- Entscheidung über Auswahl der eingesetzten Arbeitnehmer (Zahl, Qualifikation und Person),
- Ausbildung und Einarbeitung,
- Bestimmung der Arbeitszeit und Anordnung von Überstunden,
- Gewährung von Urlaub und Freizeit,
- Durchführung der Anwesenheitskontrolle,
- Überwachung der Ordnungsmäßigkeit der Arbeitsabläufe.

Werden derartige Funktionen vom angeblichen Werkbesteller (Entleiher) wahrgenommen, so spricht dies für Arbeitnehmerüberlassung.

d) Merkmale der Arbeitnehmerüberlassung

Auf eine **Arbeitnehmerüberlassung** weisen insbesondere folgende Merkmale hin:

- Die Anzahl der Arbeitsstunden und Arbeitnehmer für die Erbringung des (angeblichen) Arbeitserfolges (Werkes) ist vertraglich genau bestimmt. Der Auftraggeber ist berechtigt, bestimmte Qualifikationen der eingesetzten Kräfte zu verlangen bzw. bestimmte Mitarbeiter zurückzuweisen. Der Werkunternehmer besitzt mithin **keine Eigenverantwortlichkeit** und **keine Organisationsgewalt.**
- Der Entleiher (Auftraggeber) hat gegenüber Arbeitnehmern ein arbeitgebertypisches **Anordnungs- und Weisungsrecht** (z. B. hinsichtlich Arbeitszuweisung, Arbeitsablauf, Arbeitsüberwachung, Arbeitszeitbestimmung einschließlich Überstundenregelung, Urlaubs- und Freizeitbestimmung, Ausbildung und Einarbeitung) ähnlich wie bei Stammarbeitskräften. Bei einem echten Werkvertrag muss das Personal vom (ausländischen) Arbeitgeber durch eigene Baustellenleiter fachlich geführt und überwacht werden, die allein gegenüber den Beschäftigten weisungsberechtigt sind. Projektbezogene, d. h. auf das Arbeitsergebnis bezogene und damit beschränkte Anweisungen sind möglich, nicht aber Weisungen bezüglicher einzelner Verrichtungen.
- Die Arbeitnehmer sind organisatorisch in Arbeitsabläufe, in Arbeitsgruppen oder Serienproduktion des fremden Betriebes **integriert,** so dass der Erfolg des Auftragnehmers nicht mehr von demjenigen des Auftraggebers abgegrenzt werden kann.
- Der Auftragnehmer (Verleiher) übernimmt **keine** werkvertragstypischen **Haftungsrisiken** i. S. d. §§ 633 ff. BGB (auch i. V. m. § 278 BGB), sondern haftet nur für die ordnungsgemäße Auswahl der eingesetzten Kräfte, d. h. dafür, dass die Kräfte für die vorgesehen Aufgaben tauglich und geeignet sind. Der Auftragnehmer wird verpflichtet, unter bestimmten Voraussetzungen Arbeiter auszuwechseln. Es werden daher keine Versicherungen (z. B. Haftpflicht) abgeschlossen und keine Gewährleistungs-, Garantie- und Kulanzrückstellungen gebildet.
- Es werden folgende der aus einem Werkvertrag dem Auftraggeber zustehenden typischen **Rechte ausgeschlossen**:
Mängelbeseitigung (§§ 634 Nr. 1 und 2, 635, 637 BGB),
Rücktritt vom Vertrag (§§ 634 Nr. 3, 323, 326 Abs. 5 BGB),
Minderung (§§ 634 Nr. 3, 638 BGB),
Schadensersatz (§§ 634 Nr. 4, 636, 280–284, 311 a Abs. 2 BGB).
Oft werden diese Rechte auch tatsächlich nicht ausgeübt, obwohl ein ordentlicher Kaufmann von seinen Rechten Gebrauch gemacht hätte. Selbst wenn Gewährleistungsrechte vertraglich nicht ausgeschlossen sind, kann eine Haftungs-/Gewährleistungsbeschränkung vorliegen, so dass je nach Intensität der Einschränkung die verbleibenden Rechte in keinem Verhältnis mehr zu den tatsächlichen Gefahren stehen.
- Die Leistung wird nach **Zeiteinheiten abgerechnet.** Es wird kein Erfolg, sondern eine Arbeitsleistung geschuldet. Teilweise werden Leistungen nach Zeiteinheiten in Werkleistungen umgerechnet (z. B. durch Computerprogramme). Es werden besondere Vergütungen für geleistete Überstunden gezahlt. Es erfolgt keine Vergütung für das Gesamtwerk oder Teilabschnitte. Es ist zwar ein Einheitspreis nach Berechnungsmaßstäben (Aufmaß, Material-/Zeitaufwand) vereinbart, abgerechnet wird jedoch nach tatsächlich geleisteten Arbeitsstunden.
- Bei der Vertragsabfassung werden „normale" **Subunternehmerverträge** verwendet, aus denen jedoch wesentliche Passagen (Gewährleistung, Garantierückbehalt, vertragsgemäße Fertigstellung) gestrichen werden. Zu Subunternehmerverträgen vgl. auch unter Nr. 11 Buchstabe c.
- In **Werbeschreiben** an Auftraggeber werden Vorteile, wie z. B. die Bezahlung von tatsächlich geleisteten Stunden, nicht von Urlaub, Krankheit herausgestellt.
- Im Werkvertrag wird gleichzeitig oder über einen bestimmten Zeitraum eine Summe von **Klein- und Kleinst-„Projekten"** vergeben (Aufteilung des Gewerks bis zur „Atomisierung", z. B. Schweißnähte, Verputzarbeit geringen Umfangs im Leistungslohn).
- Das Werk besteht aus (nicht erfolgsbezogener) **einfacher Arbeit,** z. B. Schreibarbeiten, Botendienste, einfache Zeichenarbeiten, Maschinenbedienung, Datenerfassung.
- Es liegt **keine präzise Beschreibung** des zu erstellenden Werks vor (fehlende Bestimmung des Werkvertragsergebnisses, z. B. nur allgemeine Formulierungen, wie Mauern, Putzen, Fliesenlegen, Montage, Schweißen usw.). Eine genaue Beschreibung des Werks ist erforderlich, um das Werkergebnis dem Werkunternehmer zurechnen zu können (z. B. Rohbauerstellung eines Sechs-Familien-Hauses in Schillerstr. 17, 80336 München). Die Arbeit muss so eindeutig umschrieben sein, dass im Zweifel (Abrechnung, Gewährleistung) bestimmbar ist, wer die Arbeit ausgeführt hat.
- Nur der Auftraggeber verfügt über **Betriebsmittel, Organisation** u. Ä. (Kapital, Maschinen, Fahrzeuge, Materialien, Büroorganisation, Versicherungsschutz) zur Erfüllung des Vertrages und stellt diese zur Verfügung.
- Der **Auftraggeber** stellt technische Unterlagen, Bauleitung und notwendige Einrichtungen zur Verfügung.
- Qualifiziertes **Personal** für die Überwachung, Planung, Organisation der geschuldeten Leistung **fehlt** beim Auftragnehmer. Es stellt sich insoweit die Frage, ob der Auftragnehmer oder seine Mitarbeiter aufgrund ihrer fachlichen Fähigkeiten überhaupt in der Lage sind, einen anderen Geschäftszweck als den der Arbeitnehmerüberlassung zu betreiben.
- Es liegen keine Vereinbarungen über **Konventionalstrafen** vor.
- Der Auftragnehmer wird verpflichtet, **Tagesberichte** bzw. **Stundenzettel** zu erstellen, vorzulegen, abzeichnen zu lassen.

11. Abgrenzung zu anderen Vertragstypen

a) Dienstvertrag

Anders als bei Werkvertragsverhältnissen wird bei Dienstverträgen kein bestimmter Erfolg, sondern eine bestimmte Tätigkeit geschuldet. Ein Dienstvertrag liegt nur dann vor, wenn der Unternehmer die geschuldeten Dienste entweder in Person oder mittels seiner Erfüllungsgehilfen unter eigener Verantwortung und nach eigenem Plan ausführt (Organisation der Dienstleistung, zeitliche Disposition, Zahl der Erfüllungsgehilfen, Eignung der Erfüllungsgehilfen usw.).

Arbeitnehmerüberlassung

Das bedeutet insbesondere, dass die Erfüllungsgehilfen in Bezug auf die Ausführung der zu erbringenden Dienstleistung im Wesentlichen frei von Weisungen seitens des Arbeitgeberrepräsentanten des Drittbetriebes sind und ihre Arbeitszeit selbst bestimmen können.

Ein drittbezogener Personaleinsatz auf dienstvertraglicher Basis ist daher nur in den aufgezeigten engen Grenzen möglich, etwa bei Dienstleistungen, die gegenständlich umschrieben werden können und deren Ausführung keine Integration in die Betriebsorganisation des Drittbetriebes bedingen. Ein Dienstvertrag kann z. B. bei der Wartung von Spezialmaschinen oder sonstigen technischen Anlagen, der Ausführung von Werbemaßnahmen oder von Aufgaben der Unternehmensberatung in Betracht kommen. Gleiches gilt für die Durchführung von Bewachungsaufgaben sowie von Serviceleistungen im EDV-Bereich.

Da die Arbeitnehmerüberlassung eine Form der Dienstverschaffung, nämlich die Verschaffung von Arbeitsleistungen ist, kann ein von Arbeitnehmerüberlassung abzugrenzender Dienstverschaffungsvertrag nur dann in Betracht kommen, wenn ein Vertragspartner die Verpflichtung übernimmt, dem anderen Vertragspartner nicht die Arbeitsleistung, sondern die selbständige Dienstleistung eines Dritten zu verschaffen. Voraussetzung dafür ist, dass der überlassene Dritte in wirtschaftlicher und sozialer Selbständigkeit und Unabhängigkeit die Dienste (z. B. als Wirtschaftsprüfer) leistet. Arbeitsvertragliche Beziehungen bzw. aufgrund der tatsächlichen Verhältnisse gegebene persönliche Abhängigkeit zu einem der Vertragspartner schließen einen derartigen Dienstverschaffungsvertrag aus. Es liegt dann entweder Arbeitnehmerüberlassung oder Arbeitsvermittlung vor.

b) Geschäftsbesorgungsvertrag

Vom Werkvertrag zu unterscheiden ist der Geschäftsbesorgungsvertrag (§ 675 BGB), der auf eine selbständige Tätigkeit wirtschaftlicher Art gerichtet ist (BAG-Urteil vom 6.8.2003*)). Ein Geschäftsbesorgungsvertrag liegt z. B. vor, wenn eine Werbefirma den Auftrag erhält, eine Werbeaktion mit eigenen personellen und sachlichen Mitteln durchzuführen.

c) Subunternehmer

Von einem Subunternehmerverhältnis spricht man, wenn sich der Subunternehmer gegenüber dem Generalunternehmer verpflichtet, ein bestimmtes Teilprojekt oder eine sonstige abgrenzbare Leistung zu erbringen. Handelt es sich insoweit um ein echtes Subunternehmerverhältnis, bei dem die Arbeitnehmer des Subunternehmers nicht dem Weisungsrecht des Generalunternehmers unterliegen, so handelt es sich nicht um (unerlaubte) Arbeitnehmerüberlassung.

Mitunter lassen Arbeitgeber an sich nichtselbständige Tätigkeiten durch selbständig tätige Einzelbetriebe, sog. Einmannbetriebe, erledigen. Ob in diesen Fällen ein Arbeitsverhältnis oder eine selbständige Tätigkeit vorliegt, ist im Einzelfall nach dem Gesamtbild der Verhältnisse zu beurteilen (vgl. BFH-Urteile vom 14.6.1985, BStBl. II S. 661 und vom 18.1.1991, BStBl. II S. 409 sowie Beschluss des Hessischen FG vom 14.11.1997, EFG 1998 S. 484 betreffend die Überlassung englischer Arbeitskräfte). Hier noch einige Bespiele aus Urteilen der Sozialgerichte:

Ein Arbeitsverhältnis kann bei Nachunternehmern im Trockenbau (vgl. Urteil des Schleswig-Holsteinischen Landessozialgerichts vom 4.2.2003, L 1 Kr 41/02) sowie bei Transportfahrern (BSG-Urteil vom 22.6.2005, B 12 KR 28/03 R) vorliegen. Demgegenüber hat das Bayerische Landessozialgericht die Tätigkeit eines Ablesers im Bereich der Heiz- und Wasserkostenerfassung als selbständige Tätigkeit beurteilt (Urteil vom 5.4.2005, L 5 KR 257/03). Nach dem Beschluss des OLG Düsseldorf vom 15.9.1994**) werden als Kopfschlächter und Ausbeiner bei fleischverarbeitenden Fremdfirmen eingesetzte Lohnmetzger aufgrund der spezifischen Gestaltung ihrer Tätigkeit im Rahmen von Arbeitnehmerüberlassungsverträgen und nicht von Werkverträgen tätig.

12. Lohnsteuerabzug

a) Verleiher als Arbeitgeber

Sowohl bei der gelegentlichen nicht gewerbsmäßigen als auch bei der gewerbsmäßigen Überlassung von Arbeitnehmern durch Unternehmer an andere Unternehmen ist der Verleiher Arbeitgeber seiner Leiharbeitnehmer (vgl. R 19.1 Satz 5 LStR). Er ist damit zur Einbehaltung und Abführung der Steuerabzugsbeträge verpflichtet. Dies gilt auch dann, wenn das Unternehmen, bei dem die Arbeitnehmer tätig werden, Fahrgelder, Reisekosten, Trennungsgelder und ähnliche Bezüge im Auftrag oder in Vertretung des Verleihers an die entliehenen Arbeitnehmer auszahlt (BFH-Urteil vom 12.9.1968, BStBl. II S. 791).

Der Verleiher ist nicht nur bei erlaubter Arbeitnehmerüberlassung sondern auch in den Fällen der **unerlaubten** Arbeitnehmerüberlassung steuerrechtlicher Arbeitgeber seiner Leiharbeitnehmer (BFH-Urteil vom 2.4.1982, BStBl. II S. 502). Die Regelung des Art. 1 § 10 Abs. 1 AÜG, die bei unerlaubter Arbeitnehmerüberlassung den Entleiher als Arbeitgeber der Leiharbeitnehmer bestimmt (vgl. unter Nr. 4), ist steuerlich **nicht** maßgebend. Wird der Arbeitslohn im Fall unerlaubter Arbeitnehmerüberlassung nicht vom Verleiher, sondern vom Entleiher unmittelbar an die Arbeitnehmer gezahlt, ist der Entleiher regelmäßig als steuerrechtlicher Arbeitgeber anzusehen (vgl. R 19.1 Satz 6 LStR). Es handelt sich dann nicht um Lohnzahlungen durch Dritte, die der Verleiher zu versteuern hätte. Der Verleiher haftet jedoch in diesen Fällen wie ein Entleiher (§ 42d Abs. 7 EStG).

Grundsätzlich kann ein Verleiher einen Arbeitnehmer auch an den Arbeitgeber verleihen, bei dem dieser eine Hauptbeschäftigung ausübt. Dies gilt auch für ein geringfügiges Beschäftigungsverhältnis (**Minijob**), das vom Verleiher nach § 40a Abs. 2 EStG pauschal mit 2 % Lohnsteuer versteuert wird. Von mehreren Beschäftigungsverhältnissen ist dabei aber nur auszugehen, wenn formell zwei Arbeitsverträge mit zwei rechtlich selbständigen Arbeitgebern (Verleiher und Hauptarbeitgeber) abgeschlossen wurden und der Arbeitnehmer im Rahmen des Leiharbeitsverhältnisses einer anderen Tätigkeit nachgeht als in seinem Hauptberuf. Zudem kommt es vor allem darauf an, dass der Verleiher auch eigenständige Arbeitgeberfunktionen besitzt, also insbesondere das Weisungsrecht gegenüber dem Arbeitnehmer auch tatsächlich in eigener Verantwortung ausübt. Die Vergabe einer Betriebsnummer ist kein Indiz für die Arbeitgebereigenschaft des Verleihers. Die Zulässigkeit einer solchen „**Aufsplittung**" des Arbeitsverhältnisses sollte ggf. mit der Minijobzentrale der Knappschaft Bahn See abgeklärt werden, deren Entscheidung auch für die Finanzverwaltung bindend ist. Wird das Weisungsrecht letztlich – ggf. auch mittelbar – nur vom Hauptarbeitgeber ausgeübt, liegt ein einheitliches Beschäftigungsverhältnis vor. In diesem Fall handelt es bei dem vom Verleiher gezahlten Arbeitslohn um eine unechte Lohnzahlung von dritter Seite (vgl. R 38.4 Abs. 1 LStR), der vom Hauptarbeitgeber zusammen mit dem Arbeitslohn aus der Hauptbeschäftigung nach den allgemeinen Regelungen dem Lohnsteuerabzug zu unterwerfen ist.

b) Lohnsteuerabzug durch ausländische Verleiher

Nach § 38 Abs. 1 Nr. 2 EStG ist auch ein ausländischer Verleiher, der einem Dritten (Entleiher) Arbeitnehmer

---

*) BAG-Urteil vom 6.8.2003 (veröffentlicht in der Zeitschrift „Betriebs-Berater" 2004 S. 669).

**) OLG Düsseldorf vom 15.9.2004 (veröffentlicht in der Zeitschrift „Betriebs-Berater" 1995 S. 522).

Arbeitnehmerüberlassung

gewerbsmäßig zur Arbeitsleistung überlässt, zum Lohnsteuerabzug verpflichtet. Dies gilt auch dann, wenn er im Inland weder eine Betriebsstätte noch einen ständigen Vertreter i. S. d. §§ 12, 13 AO hat oder der Entleiher als Arbeitgeber im Sinne eines DBA anzusehen ist. Die Arbeitgebereigenschaft nach einem DBA hat nur Bedeutung für die Zuweisung des Besteuerungsrechts (vgl. nachfolgend unter Nr. 12 Buchstabe c).

Die Verpflichtung zum Lohnsteuerabzug besteht für alle Arbeitnehmer und nicht nur für solche mit Leitungsfunktionen. Wie lange der Einsatz des Leiharbeitnehmers dauert ist hierbei grundsätzlich ohne Bedeutung, so dass der Arbeitslohn vom Beginn des Einsatzes im Inland dem Lohnsteuerabzug unterliegt. Ggf. kommt jedoch nach einem DBA eine Freistellung des Arbeitslohns vom Steuerabzug in Betracht, wenn der ausländische Leiharbeitnehmer sich nicht länger als 183 Tage im Inland aufhält (vgl. ebenfalls nachfolgend unter Nr. 12 Buchstabe c sowie das Stichwort „Doppelbesteuerungsabkommen").

c) Arbeitgebereigenschaft nach DBA

Für die Zuweisung des Besteuerungsrechts kommt es beim internationalen Arbeitnehmerverleih auf die Arbeitgebereigenschaft nach den einschlägigen DBA an. Dabei nimmt bei einer **gewerblichen Arbeitnehmerüberlassung** grundsätzlich der Entleiher die wesentlichen Arbeitgeberfunktionen wahr (vgl. Rz. 82 des BMF-Schreibens vom 14. 9. 2006, BStBl. I S. 532). Die entliehenen Arbeitnehmer sind regelmäßig in den Betrieb des Entleihers eingebunden. Dementsprechend ist mit Aufnahme der Tätigkeit des Leiharbeitnehmers beim Entleiher dieser als Arbeitgeber i. S. d. DBA anzusehen.

In Einzelfällen, z. B. bei nur kurzfristiger Überlassung (vgl. auch BFH-Beschluss vom 4. 9. 2002, BStBl. 2003 II S. 306), können auch wesentliche Arbeitgeberfunktionen beim Verleiher verbleiben. In diesen Fällen ist zu prüfen, ob nach dem Gesamtbild der Verhältnisse der Verleiher oder der Entleiher überwiegend die wesentlichen Arbeitgeberfunktionen wahrnimmt und damit als Arbeitgeber i. S. d. DBA anzusehen ist. Nach Rz. 83 des o. a. BMF-Schreibens vom 14. 9. 2006 sind bei dieser Prüfung insbesondere folgende Kriterien zu beachten:

– Wer trägt die Verantwortung oder das Risiko für die durch die Tätigkeit des Arbeitnehmers erzielten Ergebnisse?
– Wer hat das Recht, dem Arbeitnehmer Weisungen zu erteilen?
– Unter wessen Kontrolle und Verantwortung steht die Einrichtung, in der der Arbeitnehmer seine Tätigkeit ausübt?
– Wer stellt dem Arbeitnehmer im Wesentlichen die Werkzeuge und das Material zur Verfügung?
– Wer bestimmt die Zahl und die Qualifikation der Arbeitnehmer?

Ist der ausländische Verleiher hiernach als Arbeitgeber anzusehen, kann dieser nach § 39b Abs. 6 EStG einen Antrag auf Freistellung des ausländischen Leiharbeitnehmers von der inländischen Besteuerung stellen, wenn der Arbeitnehmer sich nicht länger als 183 Tage in Deutschland aufhält (vgl. auch das Stichwort „Doppelbesteuerungsabkommen"). Hält sich der Arbeitnehmer länger als 183 Tage im Inland auf, steht Deutschland als Tätigkeitsstaat das Besteuerungsrecht zu. Ist der inländische Entleiher Arbeitgeber im Sinne eines DBA, kommt für den ausländischen Leiharbeitnehmer eine Freistellung des Arbeitslohns vom Steuerabzug selbst bei einer Tätigkeit von weniger als 183 Tagen im Inland **nicht** in Betracht.

Beispiel

S ist ein in Spanien ansässiges Unternehmen. Es betreibt eine gewerbliche Arbeitnehmerüberlassung für hoch qualifiziertes Personal. D ist ein in Deutschland ansässiges Unternehmen für hochwertige Dienstleistungen im Bausektor. Zur Fertigstellung eines Auftrages im Inland benötigt D für fünf Monate einen Spezialisten und wendet sich deswegen an S. X, ein in Spanien ansässiger Spezialist, wird daraufhin von S für fünf Monate eingestellt. Gemäß einem separaten Vertrag zwischen S und D erklärt sich S damit einverstanden, dass die Arbeitsleistungen von X während dieser Zeit an D erbracht werden. Gemäß diesem Vertrag zahlt D das Gehalt, Sozialversicherungsabgaben, Reisekosten und andere Vergütungen des X.

Im Rahmen der internationalen Arbeitnehmerüberlassung wird D als Entleiher wirtschaftlicher Arbeitgeber des X. D nimmt während des genannten Zeitraums die wesentlichen Arbeitgeberfunktionen wahr. X ist in den Geschäftsbetrieb des D eingebunden. Die Tatbestandsvoraussetzungen für eine Freistellung des Arbeitslohns vom inländischen Steuerabzug nach § 39b Abs. 6 EStG i. V. m Art. 15 Abs. 2 Buchstabe b DBA-Spanien sind **nicht** erfüllt, auch wenn die Tätigkeit des X nicht länger als 183 Tage dauert. Deutschland wird somit das Besteuerungsrecht für die Vergütungen des X für den genannten Zeitraum zugewiesen.

Nach den neueren Abkommen (z. B. DBA mit Dänemark, Frankreich, Italien, Norwegen, Schweden) ist die 183-Tage-Regelung auf Leiharbeitnehmer nicht anwendbar, d. h. sowohl der Ansässigkeitsstaat des ausländischen Verleihers als auch der Tätigkeitsstaat haben ein Besteuerungsrecht. Die Doppelbesteuerung wird in diesen Fällen durch eine Steueranrechnung vermieden. Im Lohnsteuerabzugsverfahren kann zur Vermeidung der zeitweiligen Doppelbelastung analog § 39a Abs. 1 Nr. 5 Buchst. c EStG aus Billigkeitsgründen das Vierfache der voraussichtlich abzuführenden ausländischen Abzugssteuer als Freibetrag auf der Lohnsteuerkarte berücksichtigt werden. Der Arbeitnehmer muss durch geeignete Unterlagen (z. B. durch eine Bestätigung des Arbeitgebers) nachweisen oder glaubhaft machen, dass es zu einem derartigen Steuerabzug kommen wird oder bereits gekommen ist.*) Die nach den DBA bestehende Arbeitgebereigenschaft des Entleihers hat nur Bedeutung für Zuweisung des Besteuerungsrechts und lässt die steuerrechtliche Arbeitgebereigenschaft des ausländischen Verleihers unberührt (vgl. R 42d.2 Abs. 1 Satz 2 LStR).

d) Gelegentliche Arbeitnehmerüberlassung zwischen fremden Dritten

Bei einer **gelegentlichen Arbeitnehmerüberlassung** zwischen fremden Dritten besteht im Regelfall keine Lohnsteuerabzugsverpflichtung des ausländischen Verleihers. Anstelle einer Arbeitnehmerüberlassung kann zudem auch eine Tätigkeit zur Erfüllung einer Lieferungs- oder Werkleistungsverpflichtung vorliegen (zur Abgrenzung vgl. unter Nr. 10). Für die Zuweisung des Besteuerungsrechts nach den DBA ist in diesen Fällen ebenfalls ausschlaggebend, wer die Vergütung des ausgeliehenen Arbeitnehmers wirtschaftlich trägt (vgl. Rz. 87 des BMF-Schreibens vom 14. 9. 2006, BStBl. I S. 532). Ist das inländische Unternehmen, an das der Arbeitnehmer entliehen wurde, wirtschaftlicher Arbeitgeber i. S. d. DBA, wird Deutschland das Besteuerungsrecht zugewiesen. Aufgrund der fehlenden Lohnsteuerabzugsverpflichtung des ausländischen Arbeitgebers, muss in diesen Fällen der Arbeitnehmer zur Einkommensteuer veranlagt werden.

Beispiel

S, ein in Spanien ansässiges Unternehmen, und D, ein in Deutschland ansässiges Unternehmen, sind ausschließlich mit der Ausübung technischer Dienstleistungen befasst. Sie sind keine verbundenen Unternehmen i. S. des Art. 9 OECD-MA. D benötigt für eine Übergangszeit die Leistungen eines Spezialisten, um eine Bauleistung im Inland fertig zu stellen und wendet sich deswegen an S. Beide Unternehmen vereinbaren, dass X, ein in Spanien ansässiger Angestellter von S, für die Dauer von vier Monaten für D unter der direkten Aufsicht von dessen erstem Ingenieur arbeiten soll. X bleibt während dieser Zeit formal weiterhin bei S angestellt. D zahlt S einen Betrag, der dem Gehalt, Sozialversicherungsabgaben, Reisekosten und andere Vergütungen des

---

*) Schreiben des Bayer. Staatsministerium der Finanzen vom 27. 5. 2005 Az. 34 – S 2360 – 030 – 19066/05. Das Schreiben ist als Anlage zu H 39a.1 LStR **im Steuerhandbuch für das Lohnbüro 2009** abgedruckt, das im selben Verlag erschienen ist. Das **PC-Lexikon** für das Lohnbüro 2010 enthält auch dieses Handbuch und hat außerdem den Vorteil, dass Sie **alle BFH-Urteile** sowie die aktuellen Rundschreiben und Niederschriften der Spitzenverbände der **Sozialversicherung** mit Mausklick **im Volltext** abrufen und ausdrucken können. Eine Bestellkarte finden Sie vorne im Lexikon.

Arbeitnehmerüberlassung

Technikers für diesen Zeitraum entspricht. Zusätzlich wird ein Aufschlag von 5 % gezahlt. Es wurde vereinbart, dass S von allen Schadenersatzansprüchen, die in dieser Zeit aufgrund der Tätigkeit von X entstehen sollten, befreit ist.

Es liegt eine gelegentliche Arbeitnehmerüberlassung zwischen fremden Unternehmen vor. D ist während des genannten Zeitraums von vier Monaten als wirtschaftlicher Arbeitgeber des X anzusehen, auch wenn sich X weniger als 183 Tage im Inland aufhält. Die Tatbestandsvoraussetzung für die Freistellung des Arbeitslohns nach § 39 Abs. 6 EStG i. V. m. Art. 15 Abs. 2 Buchstabe b DBA-Spanien sind damit **nicht** erfüllt. Deutschland wird somit das Besteuerungsrecht für die Vergütungen des X für den genannten Zeitraum zugewiesen. Der Aufschlag in Höhe von 5 % stellt keinen Arbeitslohn des X dar. Da nach § 38 Abs. 1 EStG weder S noch D zum Lohnsteuerabzug verpflichtet sind, muss X zur Einkommensteuer veranlagt werden und dafür eine Einkommensteuererklärung abgegeben.

e) Arbeitnehmerentsendung im Konzern

Seit dem 1.1.2004 ist in den Fällen der **Arbeitnehmerentsendung** als inländischer Arbeitgeber auch das in Deutschland ansässige Unternehmen anzusehen, das den Arbeitslohn für die ihm geleistete Arbeit **wirtschaftlich** trägt (§ 38 Abs. 1 Satz 2 EStG). Hiervon ist insbesondere dann auszugehen, wenn die von dem anderen Unternehmen gezahlte Arbeitsvergütung dem deutschen Unternehmen weiterbelastet wird. Die Erfüllung der Arbeitgeberpflichten setzt nicht voraus, dass das inländische Unternehmen den Arbeitslohn im eigenen Namen und für eigene Rechnung auszahlt. Zu Abgrenzungsfragen und Besonderheiten im Zusammenhang mit der Arbeitnehmerentsendung zwischen international verbundenen Unternehmen, insbesondere zur Frage wer als wirtschaftlicher Arbeitgeber i. S. d. DBA anzusehen ist, wird im Übrigen auf Rz. 64 ff. des BMF-Schreibens vom 14.9.2006 (BStBl. I S. 532) hingewiesen.

Die Lohnsteuer entsteht bereits im Zeitpunkt der Arbeitslohnzahlung an den Arbeitnehmer, wenn das inländische Unternehmen aufgrund der Vereinbarung mit dem ausländischen Unternehmen mit einer Weiterbelastung rechnen kann. In diesem Zeitpunkt ist die Lohnsteuer vom inländischen Unternehmen zu erheben (R 38.3 Abs. 5 LStR).

Beispiel

Eine französische Konzerngesellschaft entsendet mehrere Fachkräfte zur Durchführung eines Großauftrags zu einer Schwestergesellschaft in Deutschland, die dieses Projekt mit ihren eigenen Arbeitskräften nicht durchführen kann. Die französischen Arbeitnehmer erhalten ihr Gehalt für den gesamten Zeitraum von der französischen Gesellschaft; für den Monat Dezember 2009 erfolgt die Auszahlung am 30.12.2009. Die französische Gesellschaft belastet das Gehalt aufgrund einer getroffenen schriftlichen Vereinbarung an die deutsche Gesellschaft weiter; das Dezembergehalt 2009 wird erst am 20.1.2010 weiterbelastet.

Die in Deutschland ansässige Gesellschaft ist als wirtschaftlicher Arbeitgeber i. S. des DBA Deutschland-Frankreich anzusehen, so dass der Arbeitslohn – unabhängig von der Aufenthaltsdauer der Arbeitnehmer – dem deutschen Besteuerungsrecht unterliegt. Die deutsche Gesellschaft hat als inländischer Arbeitgeber die lohnsteuerlichen Pflichten zu erfüllen, da sie den Arbeitslohn für die ihr gegenüber geleistete Arbeit wirtschaftlich trägt. Dass der Arbeitslohn durch die französische Gesellschaft gezahlt wurde, ist unbeachtlich. Für das Dezembergehalt 2009 ist die Lohnsteuer bereits im Zeitpunkt der Arbeitslohnzahlung zu erheben (also am 30.12.2009), da das inländische Unternehmen aufgrund der Vereinbarung mit dem ausländischen Unternehmen mit der Weiterbelastung rechnen konnte (R 38.3 Abs. 5 Satz 4 LStR). Auf den Zeitpunkt der Weiterbelastung zwischen den Konzerngesellschaften kommt es nicht an.

f) Zuständigkeit des Betriebsstättenfinanzamt

Der Verleiher hat die Steuerabzugsbeträge an das zuständige Betriebsstättenfinanzamt anzumelden und abzuführen. Als Betriebsstätte gilt bei einem ausländischen Verleiher der Ort im Inland, an dem die Arbeitsleistung ganz oder vorwiegend stattfindet (§ 41 Abs. 2 Satz 2 EStG).

In den einzelnen Bundesländern bestehen für ausländische Verleiher (ohne Bauunternehmen) **Sonderzuständigkeiten,** die in den Hinweisen zu R 41.3 LStR festgelegt sind*).

g) Zuständigkeit für ausländische Verleiher im Baugewerbe

Abweichend von den vorstehend unter Buchstaben f festgelegten Sonderzuständigkeiten ist nach § 20a Abs. 2 AO für ausländische **Verleiher** das für die Umsatzbesteuerung nach § 21 AO zuständige Finanzamt auch für die Verwaltung der Lohnsteuer in den Fällen der Arbeitnehmerüberlassung zuständig, wenn die überlassene Person im **Baugewerbe** eingesetzt ist. Hiernach bestehen im Bundesgebiet für ausländische Unternehmen (einschließlich ausländischer Verleiher) des Baugewerbes zentrale Zuständigkeiten der Finanzämter, die in den Hinweisen zu R 41.3 LStR festgelegt sind*).

Nach der Arbeitnehmer-Zuständigkeitsverordnung-Bau vom 30.8.2001 (BStBl. I S. 605) gilt die zentrale Zuständigkeit auch für die Einkommensbesteuerung der im Inland beschäftigten ausländischen Arbeitnehmer. Einkommensteuererklärungen sind von den betreffenden Arbeitnehmern daher bei dem für ihren Heimatstaat zentral zuständigen Finanzamt abzugeben.

13. Lohnsteuerhaftung

a) Haftung des Entleihers

Der Entleiher haftet – verschuldensunabhängig – nach § 42d Abs. 6 EStG neben dem Verleiher für nicht einbehaltene und abgeführte Lohnsteuer, jedoch beschränkt für die Zeit, für die ihm die Leiharbeitnehmer überlassen worden sind. Die Haftung des Entleihers richtet sich nach denselben Grundsätzen wie die Haftung des Arbeitgebers (vgl. dieses Stichwort). Sie scheidet aus, wenn der Verleiher als Arbeitgeber nicht haften würde. Es handelt sich insoweit um eine **akzessorische Haftung,** d.h. die Entleiherhaftung setzt regelmäßig voraus, dass beim Verleiher die allgemeinen Haftungsvoraussetzungen des § 42d Abs. 1 EStG erfüllt sind. Als Vorfrage für die Entleiherhaftung ist daher zunächst immer zu klären, ob der Verleiher als Arbeitgeber zum Lohnsteuerabzug verpflichtet ist (vgl. die vorstehende Nr. 12 Buchstabe a), einen Haftungstatbestand nach § 42d Abs. 1 EStG erfüllt und kein Haftungsausschlussgrund vorliegt (vgl. das Stichwort „Haftung des Arbeitgebers" unter Nr. 5).

Die **Haftung des Entleihers** kommt **nur** bei **gewerbsmäßiger Arbeitnehmerüberlassung** nach Art. 1 § 1 AÜG in Betracht. Die Arbeitnehmerüberlassung ist gewerbsmäßig, wenn der Unternehmer den Arbeitnehmerverleih nicht nur gelegentlich, sondern auf Dauer betreibt und damit wirtschaftliche Vorteile erzielen will (zum Begriff der Gewerbsmäßigkeit vgl. die Nr. 2; zu Abgrenzungsfällen vgl. die Nr. 9).

b) Haftungsausschlüsse bei erlaubtem/unerlaubtem Verleih

Der Entleiher haftet grundsätzlich nur bei **unerlaubter** Arbeitnehmerüberlassung. Bei unerlaubter Arbeitnehmerüberlassung haftet der Entleiher nur dann nicht, wenn er über das Vorliegen einer Arbeitnehmerüberlassung ohne sein Verschulden irrte (§ 42d Abs. 6 Satz 3 EStG). Dies gilt insbesondere bei einer gewerbsmäßigen Überlassung von Arbeitnehmern im Baugewerbe, die nach § 1b AÜG grundsätzlich verboten ist. Der Entleiher muss dem Finanzamt beispielsweise darlegen, warum er bei dem mit dem Verleiher abgeschlossenen Vertrag nicht von einer Arbeitnehmerüberlassung sondern von einem Werkvertrag ausgegangen ist und warum ihn an dieser Fehlbeurteilung kein Verschulden trifft. Die rechtlich zutreffende

---

*) Die amtlichen Hinweise 2010 zu R 41.3 LStR sind im **Steuerhandbuch für das Lohnbüro 2010** abgedruckt, das im selben Verlag erschienen ist. Das **PC-Lexikon** für das Lohnbüro 2010 enthält auch dieses Handbuch und hat außerdem den Vorteil, dass Sie **alle BFH-Urteile** sowie die aktuellen Rundschreiben und Niederschriften der Spitzenverbände der **Sozialversicherung** mit Mausklick **im Volltext** abrufen und ausdrucken können. Eine Bestellkarte finden Sie vorne im Lexikon.

Arbeitnehmerüberlassung

Abgrenzung einer Arbeitnehmerüberlassung von einem Werkvertrag kann dabei im Einzelfall schwierig sein (zu den Abgrenzungsmerkmalen vgl. im Einzelnen die Nr. 10). Im Bereich unzulässiger Arbeitnehmerüberlassung sind wegen des Verbots in § 1b Satz 1 AÜG strengere Maßstäbe anzulegen, wenn sich der Entleiher darauf beruft, ohne Verschulden einem Irrtum erlegen zu sein. Dies gilt insbesondere, wenn das Überlassungsentgelt deutlich günstiger ist als dasjenige von anderen Anbietern. Im Zweifel sollte der Entleiher bei seinem Betriebsstättenfinanzamt eine Anrufungsauskunft (§ 42e EStG) oder eine Entscheidung der Bundesagentur für Arbeit einholen. Hierdurch kann er seine spätere Inanspruchnahme als Haftungsschuldner von vornherein ausschließen.

Bei **erlaubtem** Arbeitnehmerverleih ist eine Inanspruchnahme des Entleihers im Rahmen der Entleiherhaftung nach § 42d Abs. 6 EStG **generell** ausgeschlossen (vgl. R 42d.2 Abs. 4 Satz 4 LStR). Im Zweifel muss sich der Entleiher dennoch Gewissheit verschaffen, dass der Verleiher eine gültige Erlaubnis nach § 1 AÜG besitzt. Ob der Verleiher eine Erlaubnis nach § 1 AÜG hat, muss der Verleiher in dem schriftlichen Überlassungsvertrag gem. § 12 Abs. 1 AÜG erklären und kann der Entleiher selbst bzw. das Finanzamt durch Anfrage bei der Regionaldirektion der Bundesagentur für Arbeit erfahren bzw. überprüfen (R 42d.2 Abs. 4 Satz 9 LStR). Der Entleiher kann sich später gegenüber den Finanzbehörden nicht darauf berufen, dass ihn der Verleiher über das Vorliegen einer gültigen Erlaubnis getäuscht hat.

c) Haftungsausschluss wegen Bauabzugssteuer

Zur Sicherung von Steueransprüchen bei **Bauleistungen** ist nach § 48 EStG ein Steuerabzug vorzunehmen (sog. Bauabzugssteuer). Für Unternehmer (Leistungsempfänger) besteht hiernach eine Steuerabzugsverpflichtung in Höhe von **15 %** auf ihm gegenüber erbrachte Bauleistungen (vgl. das Stichwort „Steuerabzug bei Bauleistungen"). Betroffen sind nur Bauleistungen, die der Unternehmer für sein Unternehmen bezieht. Der Unternehmer ist zum Steuerabzug verpflichtet, wenn der Leistende ihm keine Freistellungsbescheinigung nach § 48b EStG vorlegt und die Kleinbetragsgrenzen des § 48 Abs. 2 EStG (15 000 €, wenn der Leistungsempfänger ausschließlich steuerfreie Vermietungsumsätze ausführt, ansonsten 5000 €) überschritten sind.

Ist der Leistungsempfänger seiner Verpflichtung zur Anmeldung und Abführung des Steuerabzugsbetrags nachgekommen oder hat ihm eine im Zeitpunkt der Gegenleistung gültige Freistellungsbescheinigung vorgelegen, ist § 160 Abs. 1 Satz 1 AO nicht anzuwenden. Es entfällt somit hinsichtlich der betroffenen Gegenleistung die Möglichkeit, den Betriebsausgabenabzug zu versagen.

Auch wenn das Finanzamt feststellt, dass die Gegenleistung nicht für eine Bauleistung, sondern für die **Arbeitnehmerüberlassung** erbracht wurde, entfällt der Betriebsausgabenabzug nicht nach § 160 AO, wenn der Leistungsempfänger den Steuerabzugsbetrag angemeldet und abgeführt hat. Auch die Inanspruchnahme als **Entleiher** nach § 42d Abs. 6 und 8 EStG ist dann ausgeschlossen (§ 48 Abs. 4 Nr. 2 EStG).

Dies gilt jedoch **nicht**, wenn Auftraggeber und Auftragnehmer missbräuchlich zusammenwirken. Hat der Entleiher den Steuerabzug nach § 48b Abs. 2 EStG nicht vorgenommen, weil ihm im Zeitpunkt der Gegenleistung eine Freistellungsbescheinigung vorgelegen hat, treten diese Entlastungswirkungen allerdings nur ein, wenn er auf die Rechtmäßigkeit der Freistellungsbescheinigung vertrauen konnte (vgl. H 42d.2 – Arbeitnehmerüberlassung im Baugewerbe – LStH). Davon wird jedoch nur ausnahmsweise ausgegangen werden können, denn in der Regel wird dem Entleiher als Empfänger der Leistung bekannt sein oder nur infolge grober Fahrlässigkeit nicht bekannt sein, dass die Bescheinigung durch unlautere Mittel oder durch falsche Angaben für eine Arbeitnehmerüberlassung und nicht für eine Bauleistung erwirkt wurde. Das für den Verleiher zuständige Finanzamt kann in diesem Fall einen Haftungsbescheid nach § 48a Abs. 3 EStG erlassen, da keine Bauleistung vorliegt; vielmehr kommen die Vorschriften über die **Entleiherhaftung** (§ 42d Abs. 6 und 8 EStG) sowie ggf. § 160 AO zur Anwendung.

d) Höhe des Haftungsbetrags

Die Höhe des Haftungsbetrags ist auf die Lohnsteuer begrenzt, die vom Verleiher ggf. anteilig für die Zeit einzubehalten war, die der Leiharbeitnehmer dem Entleiher überlassen war. Hat der Verleiher einen Teil der von ihm insgesamt einbehaltenen und angemeldeten Lohnsteuer für den entsprechenden Lohnsteueranmeldungszeitraum gezahlt, wobei er auch die Lohnsteuer des dem Entleiher überlassenen Leiharbeitnehmers berücksichtigt hat, so mindert sich der Haftungsbetrag im Verhältnis von angemeldeter zu gezahlter Lohnsteuer. Die **Haftungsschuld** kann mit **15 %** des zwischen Verleiher und Entleiher vereinbarten Entgelts ohne Umsatzsteuer (§ 42d Abs. 6 Satz 7 EStG) angenommen werden, wenn nach den Umständen die Arbeitnehmerüberlassung im Einzelfall nicht nur schwer, d. h. nicht mit zumutbarem Aufwand, ermittelt werden kann. Liegen gewichtige Anhaltspunkte dafür vor, dass im Einzelfall ein erheblich höherer Prozentsatz zutrifft, so ist auch eine höhere Schätzung zulässig. Die Haftungsschuld ist mit einem niedrigeren Prozentsatz zu schätzen, wenn der Entleiher diesen glaubhaft macht.

e) Gesamtschuldnerschaft

Soweit die Haftung des Entleihers reicht, sind nach § 42d Abs. 6 Satz 5 EStG der Arbeitgeber (Verleiher), der Entleiher und der Arbeitnehmer Gesamtschuldner. Diese Regelung entspricht § 42d Abs. 3 Satz 1 EStG, wonach Arbeitgeber und Arbeitnehmer Gesamtschuldner sind, soweit die Haftung des Arbeitgebers reicht (vgl. dieses Stichwort unter Nr. 1). Das Betriebsstättenfinanzamt kann die Steuerschuld des Arbeitnehmers oder die Haftungsschuld des Verleihers bzw. Entleihers nach pflichtgemäßen Auswahlermessen gegenüber jedem Gesamtschuldner geltend machen (zum Auswahlermessen vgl. das Stichwort „Haftung des Arbeitgebers" unter Nr. 7).

f) Durchsetzung des Zahlungsanspruchs

Der Haftungsbescheid kann gegen den Entleiher ergehen, wenn die Voraussetzungen der Haftung erfüllt sind. Auf Zahlung darf er jedoch erst nach einem erfolglosen Vollstreckungsversuch in das inländische bewegliche Vermögen des Verleihers in Anspruch genommen werden (§ 42d Abs. 6 Satz 6 EStG). Der Haftungsanspruch muss in diesem Fall gegenüber dem Verleiher bereits festgesetzt sein. Gleiches gilt, wenn die Vollstreckung gegen den Verleiher von vornherein keinen Erfolg verspricht (darlegungs- und beweispflichtig ist das Finanzamt). Dies kann dann gegeben sein, wenn inländisches bewegliches Vermögen des Arbeitgebers entweder überhaupt nicht vorhanden oder zumindest nicht auffindbar ist (insbesondere bei ausländischen Verleihern); ebenso, wenn zwar inländisches Vermögen des Verleihers zwar vorhanden ist, aber entweder unpfändbar, bereits gepfändet oder mit vorrangigen Sicherheiten belastet ist. Eine vorherige Zahlungsaufforderung an den Arbeitnehmer oder ein Vollstreckungsversuch bei diesem ist nicht erforderlich.

g) Haftung des Verleihers

Nach § 42d Abs. 7 EStG kann der Verleiher, der steuerrechtlich nicht als Arbeitgeber zu behandeln ist (z. B. bei der bloßen Vermittlung von Arbeitskräften), wie ein Entleiher nach § 42d Abs. 6 EStG als Haftender in Anspruch genommen werden. Insoweit kann er erst nach dem Ent-

Arbeitsbefreiung

leiher auf Zahlung in Anspruch genommen werden. Davon zu unterscheiden ist jedoch der Erlass des Haftungsbescheids gegen den Verleiher, der auch vorher schon ergehen kann. Gegen den Haftungsbescheid kann sich der Verleiher nicht mit Erfolg darauf berufen, der Entleiher sei aufgrund der tatsächlichen Abwicklung einer unerlaubten Arbeitnehmerüberlassung als Arbeitgeber aller oder eines Teils der überlassenen Leiharbeitnehmer zu behandeln.

h) Haftungsverfahren

Wird der Entleiher oder der Verleiher als Haftungsschuldner in Anspruch genommen, so erlässt das Finanzamt einen entsprechenden Haftungsbescheid. Darin sind die für das Entschließungs- und Auswahlermessen maßgebenden Gründe anzugeben (vgl. das Stichwort „Haftung des Arbeitgebers" unter Nr. 6 und 7). Zuständig für den Erlass des Haftungsbescheids ist in der Regel das Betriebsstättenfinanzamt des Verleihers (vgl. R 42d.2 Abs. 10 LStR).

i) Sicherungsverfahren

Als Sicherungsmaßnahme kann das Finanzamt den Entleiher verpflichten, einen in Euro oder als Prozentsatz bestimmten Teil des vereinbarten Überlassungsentgelts einzubehalten und abzuführen (§ 42d Abs. 8 EStG). Unerheblich ist in diesem Zusammenhang, ob die zu beurteilende Arbeitnehmerüberlassung gewerbsmäßig oder nicht gewerbsmäßig bzw. erlaubt oder unerlaubt ist.

Hat der Entleiher bereits einen Teil der geschuldeten Überlassungsvergütung an den Verleiher geleistet, so kann der Sicherungsbetrag in Euro oder als Prozentsatz bis zur Höhe des Restentgelts festgesetzt werden. Die Sicherungsmaßnahme ist nur anzuordnen in Fällen, in denen eine Haftung in Betracht kommen kann. Dabei darf berücksichtigt werden, dass sie den Entleiher im Ergebnis weniger belasten kann als die nachfolgende Haftung, wenn er z. B. einen Rückgriffsanspruch gegen den Verleiher nicht durchsetzen kann. Die Höhe des einzubehaltenden und abzuführenden Teils des Entgelts bedarf keiner näheren Begründung, wenn der in § 42d Abs. 6 Satz 7 EStG genannte Satz von 15 % nicht überschritten wird.

Die Sicherungsmaßnahme ist ein Verwaltungsakt i. S. d. §§ 119 ff. AO, die auch mündlich erlassen werden kann und für den Entleiher eine öffentlich-rechtliche Verpflichtung begründet. Zuständig für die Anordnung einer Sicherungsmaßnahme ist ebenfalls das Betriebsstättenfinanzamt des Verleihers. Darüber hinaus ist für eine Sicherungsmaßnahme jedes Finanzamt zuständig, in dessen Bezirk der Anlass für die Amtshandlung hervortritt, insbesondere bei Gefahr im Verzug (§§ 24, 29 AO).

Arbeitsbefreiung

siehe „Arbeitsverhinderung"

Arbeitsentgelt

Gliederung:

1. Begriff des Arbeitsentgelts
2. Arbeitsentgelt während des Bezugs von Entgeltersatzleistungen (§ 23c SGB IV)
   a) Allgemeines
   b) Bis zum SV-Freibetrag beitragsfrei bleibende Arbeitgeberleistungen
   c) Sozialleistungen
   d) Nettoarbeitsentgelt
   e) Berücksichtigung von arbeits-/tarifvertraglichen Regelungen
   f) Ermittlung der beitragspflichtigen Einnahmen

3. Besonderheiten bei Bezug von Mutterschaftsgeld
   a) Tägliches Nettoarbeitsentgelt bis zu 13 €
   b) Tägliches Nettoarbeitsentgelt über 13 €; zusätzlich zu dem Zuschuss zum Mutterschaftsgeld nach § 14 Abs. 1 MuSchG wird keine arbeitgeberseitige Leistung gewährt
   c) Tägliches Nettoarbeitsentgelt über 13 €; zusätzlich zu dem Zuschuss zum Mutterschaftsgeld nach § 14 Abs. 1 MuSchG zahlt der Arbeitgeber noch weitere arbeitgeberseitige Leistungen
4. Beiträge und Zuwendungen für die betriebliche Altersvorsorge
5. Erziehungsgeld/Elterngeld
6. Mitteilungsverfahren zwischen Arbeitgeber und Sozialleistungsträger
7. Entgeltunterlagen
8. Melderecht

1. Begriff des Arbeitsentgelts

Der Beitragsberechnung in der Sozialversicherung wird bei Arbeitnehmern das Arbeitsentgelt aus der versicherungspflichtigen Beschäftigung zugrunde gelegt. Der Begriff des steuerpflichtigen Arbeitslohns und des beitragspflichtigen Arbeitsentgelts sind bereits deshalb nicht identisch, weil unter den steuerlichen Begriff „Arbeitslohn" im Gegensatz zum sozialversicherungspflichtigen Arbeitsentgelt nicht nur Einnahmen aus einem gegenwärtigen Arbeitsverhältnis, sondern auch Einnahmen aus einem **früheren** Arbeitsverhältnis fallen (vgl. „Versorgungsbezüge, Versorgungsfreibetrag") und zwar sogar dann, wenn sie dem Rechtsnachfolger (Erben) zufließen (vgl. „Rechtsnachfolger"). Vergleicht man nur den steuerpflichtigen Arbeitslohn für die gegenwärtige (aktive) Beschäftigung mit dem sozialversicherungsrechtlichen Begriff „Arbeitsentgelt", so besteht allerdings weitgehende Übereinstimmung. Denn nach § 14 Abs. 1 Satz 1 SGB IV sind alle laufenden oder einmaligen Einnahmen aus einer Beschäftigung Arbeitsentgelt, unabhängig davon, ob ein Rechtsanspruch auf die Einnahmen besteht, unter welcher Beziehung oder in welcher Form sie geleistet werden und ob sie unmittelbar aus der Beschäftigung oder im Zusammenhang mit ihr erzielt werden. Dies deckt sich grundsätzlich mit dem Begriff des Arbeitslohns nach § 8 Abs. 1 EStG in Verbindung mit § 2 der Lohnsteuer-Durchführungsverordnung. Die Verbindung zwischen lohnsteuerpflichtigem Arbeitslohn und beitragspflichtigem Arbeitsentgelt wird durch die Sozialversicherungsentgeltverordnung hergestellt, die nach der Verordnungsermächtigung des § 17 SGB IV „eine möglichst weitgehende Übereinstimmung mit den Regelungen des Steuerrechts sicherstellen soll". Zur Entscheidung der Frage, inwieweit der Arbeitslohn lohnsteuerpflichtig und als Arbeitsentgelt auch sozialversicherungspflichtig ist oder nicht, wird auf die einzelnen Stichworte hingewiesen.

2. Arbeitsentgelt während des Bezugs von Entgeltersatzleistungen (§ 23c SGB IV)

a) Allgemeines

In § 23c Abs. 1 Satz 1 SGB IV wird geregelt, dass arbeitgeberseitige Leistungen, die für die Zeit des Bezugs von Sozialleistungen gezahlt werden, **nicht** als beitragspflichtiges Arbeitsentgelt (= beitragspflichtige Einnahme) gelten, wenn die Einnahmen zusammen mit den Sozialleistungen das Nettoarbeitsentgelt (§ 47 SGB V) nicht um mehr als 50 € übersteigen. Das hat zur Folge, dass alle arbeitgeberseitigen Leistungen, die für die Zeit des Bezugs einer Sozialleistung laufend gezahlt werden, bis zum maßgeblichen Nettoarbeitsentgelt nicht der Beitragspflicht unterliegen (SV-Freibetrag). Alle darüber hinausgehenden Beträge sind erst dann als beitragspflichtige Einnahmen zu berücksichtigen, wenn sie die Freigrenze in Höhe von 50 € übersteigen.

Arbeitsentgelt

Die Vorschrift des § 23c SGB IV findet keine Anwendung auf Arbeitsentgelt aus einer während des Bezugs von Sozialleistungen tatsächlich ausgeübten Beschäftigung (z. B. Beschäftigung in Fällen der stufenweisen Wiedereingliederung in das Erwerbsleben, Teilzeitbeschäftigung während der Elternzeit). Die daneben vom Arbeitgeber laufend gezahlten Leistungen, die üblicherweise in einem Beschäftigungsverhältnis anfallen können, sind dem tatsächlichen Arbeitsentgelt hinzuzurechnen und unterliegen damit grundsätzlich in vollem Umfang der Beitragspflicht.

Zu während des Bezugs von Sozialleistungen einmalig gezahlten Arbeitsentgelten wird auf das Stichwort „Einmalige Zuwendungen" verwiesen.

b) Bis zum SV-Freibetrag beitragsfrei bleibende Arbeitgeberleistungen

Zu den angesprochenen laufend gezahlten arbeitgeberseitigen Leistungen zählen insbesondere:

- Vermögenswirksame Leistungen,
- Kontoführungsgebühren,
- Zuschüsse zum Krankengeld, Verletztengeld, Übergangsgeld,
- Zuschüsse zum Mutterschaftsgeld,
- Zuschüsse zum Krankentagegeld privat Versicherter,
- Sachbezüge (z. B. Kost, Wohnung und private Nutzung von Geschäftsfahrzeugen),
- Firmen- und Belegschaftsrabatte,
- Zinsersparnisse aus verbilligten Arbeitgeberdarlehen,
- Telefonzuschüsse und
- Beiträge und Zuwendungen zur betrieblichen Altersversorgung.

c) Sozialleistungen

Das Gesetz erfasst folgende Sozialleistungen, neben denen laufend gezahlte arbeitgeberseitige Leistungen unter den genannten Voraussetzungen nicht als beitragspflichtige Einnahmen gelten:

- Krankengeld und Krankengeld bei Erkrankung des Kindes (Krankenkassen),
- Verletztengeld und Verletztengeld bei Verletzung des Kindes (Unfallversicherungsträger),
- Übergangsgeld (Rentenversicherungsträger/Bundesagentur für Arbeit/Unfallversicherungsträger/Kriegsopferfürsorge),
- Versorgungskrankengeld (Träger der Kriegsopferversorgung),
- Mutterschaftsgeld (Krankenkassen/Bund),
- Erziehungsgeld oder Elterngeld,
- Krankentagegeld (private Krankenversicherungsunternehmen),

d) Nettoarbeitsentgelt

Zur Feststellung des SV-Freibetrages wird ein zu vergleichendes Nettoarbeitsentgelt (Vergleichs-Nettoarbeitsentgelt) benötigt. Der höchstmögliche SV-Freibetrag ist die Differenz zwischen dem Vergleichs-Nettoarbeitsentgelt und der Netto-Sozialleistung. Das Vergleichs-Nettoarbeitsentgelt entspricht dem Nettoarbeitsentgelt, das der Arbeitgeber gesetzlichen Sozialleistungsträgern zur Berechnung der Sozialleistung in einer Entgeltbescheinigung mitteilen muss. Die Ermittlung des Vergleichs-Nettoarbeitsentgelts erfolgt – auch bei Verwendung abweichender Entgeltbescheinigungen – nach den Erläuterungen zu Ziffer 2.2 der bundeseinheitlichen Entgeltbescheinigung zur Berechnung von Krankengeld (in der jeweils gültigen Fassung). Hiernach ist u. a. zu beachten, dass bei freiwilligen Mitgliedern der gesetzlichen Krankenversicherung und privat Krankenversicherten zur Berechnung des Nettoarbeitsentgelts nach § 23c Abs. 1 Satz 2 SGB IV auch der um den Beitragszuschuss für Beschäftigte verminderte Beitrag des Versicherten zur Kranken- und Pflegeversicherung abzuziehen ist. Hierbei ist bei privat Krankenversicherten höchstens der nach § 257 Abs. 2 SGB V/§ 61 Abs. 2 SGB XI zuschussfähige Betrag abzusetzen und die für die nicht selbstversicherten Angehörigen des Beschäftigten zu zahlenden Beiträge zur Kranken- und Pflegeversicherung sowie die Beiträge der Versicherung für das Krankentagegeld abzuziehen. Das ermittelte Nettoarbeitsentgelt bleibt für die Dauer des Bezugs von Sozialleistungen unverändert.

e) Berücksichtigung von arbeits-/tarifvertraglichen Regelungen

Sehen arbeitsrechtliche bzw. tarifrechtliche Regelungen für die Berechnung des Zuschusses des Arbeitgebers zur Sozialleistung ein anderes als das der Berechnung der Sozialleistung zugrunde liegende Nettoarbeitsentgelt vor, bestehen keine Bedenken, dieses vereinbarte Nettoarbeitsentgelt als Vergleichs-Nettoarbeitsentgelt zu verwenden. Hingegen kann ein Nettoarbeitsentgelt, bei dem – entgegen der gesetzlichen Regelung – die Beiträge zur privaten Krankenversicherung/Pflegeversicherung unberücksichtigt bleiben, nicht als Vergleichs-Nettoarbeitsentgelt herangezogen werden. Verschiedene arbeitsrechtliche bzw. tarifvertragliche Regelungen sehen vor, dass der Zuschuss des Arbeitgebers für einen privat Krankenversicherten mit Krankentagegeldanspruch, der wegen Überschreitens der Jahresarbeitsentgeltgrenze krankenversicherungsfrei ist, als Krankentagegeld den Krankengeldhöchstbetrag für Versicherungspflichtige unterstellt und deshalb auf das Nettoarbeitsentgelt begrenzt wird. In diesen Fällen kann – ohne hierfür eine gesonderte Berechnung anzustellen – von einer Beitragsfreiheit im Rahmen des SV-Freibetrages ausgegangen werden. Für jede weitere Zahlung des Arbeitgebers (z. B. Firmen- und Belegschaftsrabatte) besteht Beitragsfreiheit, wenn hiermit die Freigrenze von 50 € nicht überschritten wird. Wird ein Krankentagegeld nicht gewährt, findet § 23c SGB IV keine Anwendung. Die vom Arbeitgeber weitergezahlten Leistungen unterliegen dann in voller Höhe der Beitragspflicht. Werden vom Arbeitgeber zur Gewährleistung eines bisherigen Nettoarbeitsentgeltniveaus die Steuern übernommen, gilt nach Auffassung der Spitzenverbände der Sozialversicherungsträger Folgendes: Ergibt sich nur durch die Berücksichtigung von auf einen Zuschuss zu einer Sozialleistung zu zahlenden Steuern ein das Vergleichs-Nettoarbeitsentgelt übersteigender Betrag, wird dieser übersteigende Betrag generell nicht der Beitragspflicht unterworfen. Dies gilt jedoch nicht, wenn neben dem Zuschuss zur Sozialleistung weitere arbeitgeberseitige Leistungen für die Zeit des Bezugs der Sozialleistung gezahlt werden. In diesem Fall unterliegt der gesamte das Vergleichs-Nettoarbeitsentgelt übersteigende Betrag (einschließlich der Steuern für den Arbeitgeberzuschuss) der Beitragspflicht, wenn dieser Betrag die Freigrenze von 50 € übersteigt.

Es bestehen aus Sicht der Spitzenverbände der Sozialversicherungsträger keine Bedenken, wenn der Arbeitgeber monatlich das Nettoarbeitsentgelt als Vergleichs-Nettoarbeitsentgelt berücksichtigt, das im Falle der tatsächlichen Ausübung der Beschäftigung zu ermitteln wäre.

f) Ermittlung der beitragspflichtigen Einnahmen

Der zusammen mit der jeweiligen Sozialleistung das Vergleichs-Nettoarbeitsentgelt übersteigende Teil der laufend gezahlten arbeitgeberseitigen Leistungen wird beitragspflichtig in der Sozialversicherung, wenn die Freigrenze von 50 € überschritten wird. Hierfür sind jeweils die Netto-Sozialleistung und die Brutto-Zahlungen des Arbeitgebers zu berücksichtigen. Bei der Frei**grenze** von 50 € handelt es sich nicht um einen generell zu berücksichtigenden Frei**betrag.** Vielmehr führt die Berücksichtigung

Arbeitsentgelt

der Freigrenze dazu, dass laufend gezahlte arbeitgeberseitige Leistungen, die über den SV-Freibetrag hinausgehen, nur dann nicht der Beitragspflicht unterliegen, wenn sie den Betrag von 50 € im Monat nicht übersteigen. Daraus folgt, dass laufend gewährte Arbeitgeberleistungen, die monatlich insgesamt brutto 50 € nicht übersteigen (z. B. Erstattung von Kontoführungsgebühren; Zuschüsse zu vermögenswirksamen Leistungen) generell nicht der Beitragspflicht unterworfen werden. Bei insgesamt höheren Arbeitgeberleistungen ist zu ermitteln, ob sie für einen vollen Abrechnungsmonat den SV-Freibetrag zuzüglich der Freigrenze von 50 € überschreiten. Ist dies nicht der Fall, unterliegen die Arbeitgeberleistungen nicht der Beitragspflicht; andernfalls ist der Anteil, der den SV-Freibetrag übersteigt, beitragspflichtige Einnahme.

Beispiel

Bruttoarbeitsentgelt	3 000,00 € monatlich
Vergleichs-Nettoarbeitsentgelt	2 100,00 € monatlich
Zuschuss des Arbeitgebers	600,00 € monatlich
Nettokrankengeld	1 628,10 € monatlich
SV-Freibetrag (2100 € – 1628,10 €)	471,90 € monatlich

Der Zuschuss des Arbeitgebers übersteigt den SV-Freibetrag um 128,10 € und übersteigt die Freigrenze von 50 €. Daher ist dieser Betrag monatliche beitragspflichtige Einnahme.

Beitragspflichtige Einnahmen aufgrund von arbeitgeberseitigen Leistungen fallen – auch in Monaten mit nur teilweisem Sozialleistungsbezug – nur an, wenn unter Berücksichtigung eines vollen Abrechnungsmonats mit Bezug von Sozialleistungen die dem Grunde nach beitragspflichtigen laufend gezahlten arbeitgeberseitigen Leistungen zusammen mit der Sozialleistung das Vergleichs-Nettoarbeitsentgelt unter Beachtung der Freigrenze von 50 € übersteigen. Die laufend gezahlten arbeitgeberseitigen Leistungen müssen somit höher sein als der SV-Freibetrag und die Freigrenze von 50 € übersteigen. Für jeden Kalendertag des Sozialleistungsbezugs ist vom SV-Freibetrag $1/30$ – in vollen Kalendermonaten $30/30$ – bei der Beitragsberechnung zu berücksichtigen. Eine anteilige beitragsrechtliche Berücksichtigung der arbeitgeberseitigen Leistungen hat nur in den Fällen zu erfolgen, in denen der SV-Freibetrag und die Freigrenze bei einer auf den Monat bezogenen Betrachtungsweise überschritten wird.

Tage mit beitragspflichtiger Einnahme sind als SV-Tage zu bewerten. Diese haben uneingeschränkte Wirkung auch für die Verbeitragung von einmalig gezahltem Arbeitsentgelt und die Bildung von SV-Luft.

Die Ermittlung des SV-Freibetrages erfolgt auf Basis der zu Beginn der Zahlung einer Sozialleistung maßgebenden Verhältnisse. Sie erfolgt zum Beginn der Sozialleistung, mit jedem Wegfall oder Hinzukommen einer arbeitgeberseitigen Leistung sowie bei Änderung der Sozialleistungsart – jeweils mit aktuellen arbeitgeberseitigen Leistungen. Wird eine beitragspflichtige Einnahme festgestellt, muss deren Brutto- und Nettobetrag einem gesetzlichen Sozialleistungsträger mitgeteilt werden. Der Wegfall muss ebenfalls mitgeteilt werden.

Bei Beschäftigungen mit einem regelmäßigen monatlichen Arbeitsentgelt innerhalb der Gleitzone (§ 20 Abs. 2 SGB IV) sind, soweit die für die Zeit des Bezugs von Sozialleistungen laufend gezahlten arbeitgeberseitigen Leistungen den SV-Freibetrag überschreiten, auf die beitragspflichtigen arbeitgeberseitigen Leistungen die besonderen Regelungen zur Beitragsberechnung in der Gleitzone anzuwenden (siehe hierzu das Stichwort „Gleitzone im Niedriglohnbereich"). Die seit 1. Januar 2008 zu beachtende Freigrenze von 50 € ist bei dem vor Anwendung der Gleitzonenregelung maßgeblichen Arbeitsentgelt zu berücksichtigen.

3. Besonderheiten bei Bezug von Mutterschaftsgeld

Die Sozialversicherung unterscheidet bei Bezug von Mutterschaftsgeld drei Fallgestaltungen:

a) Tägliches Nettoarbeitsentgelt bis zu 13 €

Nach § 14 Abs. 1 Satz 1 MuSchG erhalten Frauen, die Anspruch auf Mutterschaftsgeld haben, während ihres bestehenden Arbeitsverhältnisses für die Zeit der Schutzfristen sowie für den Entbindungstag von ihrem Arbeitgeber einen Zuschuss in Höhe des Unterschiedsbetrages zwischen 13 € und dem kalendertäglichen Nettoarbeitsentgelt. Bei einem kalendertäglichen Nettoarbeitsentgelt von bis zu 13 € besteht somit kein Anspruch auf einen Arbeitgeberzuschuss. In diesem Fall stellt jede arbeitgeberseitige Leistung, wenn sie die Freigrenze von 50 € übersteigt, eine beitragspflichtige Einnahme dar.

b) Tägliches Nettoarbeitsentgelt über 13 €; zusätzlich zu dem Zuschuss zum Mutterschaftsgeld nach § 14 Abs. 1 MuSchG wird keine arbeitgeberseitige Leistung gewährt

Bei einem kalendertäglichen Nettoarbeitsentgelt von über 13 € übersteigt der Arbeitgeberzuschuss nach § 14 Abs. 1 MuSchG zusammen mit dem Mutterschaftsgeld das Nettoarbeitsentgelt nicht. Es liegt somit ausschließlich eine nicht beitragspflichtige Einnahme im Sinne des § 23c SGB IV vor.

c) Tägliches Nettoarbeitsentgelt über 13 €; zusätzlich zu dem Zuschuss zum Mutterschaftsgeld nach § 14 Abs. 1 MuSchG zahlt der Arbeitgeber noch weitere arbeitgeberseitige Leistungen

Ein Überschreiten des SV-Freibetrages kann nur eintreten, wenn der Arbeitgeber neben dem Zuschuss nach § 14 Abs. 1 MuSchG weitere arbeitgeberseitige Leistungen erbringt. Nach § 1 Abs. 1 Satz 1 Nr. 6 SvEV sind Zuschüsse zum Mutterschaftsgeld nach § 14 MuSchG dem Arbeitsentgelt nicht zuzurechnen. Nach Auffassung der Spitzenverbände der Sozialversicherung kann aus Gründen der Praktikabilität der aufgrund der Sozialversicherungsentgeltverordnung von der Beitragspflicht ausgenommene Zuschuss zum Mutterschaftsgeld nach § 14 MuSchG von vornherein als Arbeitsentgelt ausgeschlossen werden. Auf eine stufenweise Prüfung (zunächst Feststellung der beitragspflichtigen Einnahme nach § 23c SGB IV und anschließende Anwendung von § 1 Abs. 1 Satz 1 Nr. 6 SvEV) kann daher verzichtet werden.

Beispiel

Bruttoarbeitsentgelt monatlich	2 000,— €
Vergleichs-Nettoarbeitsentgelt monatlich	1 286,— €
Mutterschaftsgeld (30 Kalendertage)	390,— €
Arbeitgeberseitige Zuwendungen monatlich insgesamt	1 200,— €
davon:	
Zuschuss nach § 14 Abs. 1 MuSchG	896,20 €
weitere Zuwendungen (z. B. Firmenwagen)	303,80 €
Vergleichs-Nettoarbeitsentgelt kalendertäglich	42,87 €
Mutterschaftsgeld kalendertäglich	13,— €
Zuwendungen des Arbeitgebers kalendertäglich (1200 : 30)	40,— €
SV-Freibetrag kalendertäglich (1286,20 € – 390 €) : 30	29,87 €

Das kalendertägliche Nettoarbeitsentgelt liegt über 13 € (hier: 42,87 €). Der SV-Freibetrag ist durch den Zuschuss nach § 14 Abs. 1 MuSchG, **der von vornherein als Arbeitsentgelt ausgeschlossen wird,** aufgebraucht. Die weitere Zuwendung des Arbeitgebers von monatlich 303,80 € (der Betrag liegt über der Freigrenze von 50 €) ist daher monatliche beitragspflichtige Einnahme (kalendertäglich: 303,80 € : 30 = 10,13 €).

Arbeitsentgelt

4. Beiträge und Zuwendungen für die betriebliche Altersvorsorge

Die vom Arbeitgeber für Zeiten des Bezugs von Sozialleistungen übernommenen Beiträge zur betrieblichen Altersvorsorge, die im Rahmen des § 1 Abs. 1 Satz 1 Nr. 4 SvEV bzw. des § 1 Abs. 1 Satz 1 Nr. 9 SvEV nicht dem Arbeitsentgelt zuzurechnen sind, können von vornherein als Arbeitsentgelt ausgeschlossen werden. Auf eine stufenweise Prüfung (zunächst Feststellung der beitragspflichtigen Einnahmen nach § 23c SGB IV und anschließende Anwendung von § 1 Abs. 1 Satz 1 Nr. 4 SvEV bzw. § 1 Abs. 1 Satz 1 Nr. 9 SvEV) kann verzichtet werden.

Die über § 1 Abs. 1 Satz 1 Nr. 4a SvEV geregelte Beitragsfreiheit für Zuwendungen bei zusatzversorgungspflichtigen Arbeitnehmern des öffentlichen Dienstes gilt nach Satz 3 a.a.O. nicht für den zu beachtenden Hinzurechnungsbetrag und den 100 € übersteigenden Teil der nach § 3 Nr. 56 EStG steuerfreien und nach § 40b EStG pauschal versteuerten Umlagen. Der steuerfreie und pauschal versteuerte Teil der Umlage, höchstens jedoch monatlich 100 €, ist gemäß § 1 Abs. 1 Satz 3 SvEV bis zur Höhe von 2,5 % des für seine Bemessung maßgebenden Entgelts dem Arbeitsentgelt hinzuzurechnen, und zwar abzüglich des Freibetrags von monatlich 13,30 €. Dieser Hinzurechnungsbetrag stellt keine arbeitgeberseitige Leistung dar, so dass eine Anwendung des § 23c SGB IV ausscheidet. Der steuerfreie und pauschal versteuerte Teil der Umlage, der in der Summe monatlich 100 € übersteigt, ist dem beitragspflichtigen Arbeitsentgelt nach § 1 Abs. 1 Satz 4 SvEV zwar hinzuzurechnen, er ist jedoch im Rahmen des § 23c SGB IV nicht zu berücksichtigen. Das Gleiche gilt für den Teil der Umlage, der vom Arbeitnehmer individuell zu versteuern ist, weil er den Höchstbetrag für die Steuerfreiheit und den vom Arbeitgeber pauschal besteuerten Betrag überschreitet. Dieser individuell versteuerte Teil der Umlage gehört zwar zum beitragspflichtigen Arbeitsentgelt, ist jedoch im Rahmen des § 23c SGB IV ebenfalls nicht zu berücksichtigen, weil diese Einnahmen quasi Ausfluss der Zuschusszahlung zur Sozialleistung ist. Wenn nämlich zur Beurteilung der Beitragspflicht im Rahmen des § 23c SGB IV der steuerfreie und pauschal versteuerte Teil der Umlage, der in der Summe monatlich 100 € übersteigt und der individuell versteuerte Teil der Umlage angesetzt würden, hätte dies zur Folge, dass der Arbeitnehmer nicht mehr sein bisheriges Nettoarbeitsentgelt erhält; es würde generell für den (fiktiv) überschießenden Betrag Beitragspflicht entstehen, was wiederum zu einer Reduzierung der Einkünfte während des Bezugs der Sozialleistung führen würde. Dieses Ergebnis kann durch die Einführung des § 23c SGB IV nicht gewollt sein, denn nach der Gesetzesbegründung zu § 23c SGB IV (vgl. Bundestags-Drucksache 15/4228 S. 22 zu Artikel 1 Nr. 5 – § 23c) soll die Regelung lediglich bewirken, dass – entsprechend der bisherigen langjährigen Praxis der Sozialversicherungsträger – Leistungen des Arbeitgebers, die während des Bezugs von Entgeltersatzleistungen erbracht werden, von der Beitragspflicht in der Sozialversicherung ausgenommen werden. Diese Ausführungen gelten allerdings nicht, wenn neben dem Zuschuss zur Sozialleistung und den Aufwendungen für die Zusatzversorgung weitere arbeitgeberseitige Leistungen für die Zeit des Bezugs der Sozialleistung gezahlt werden und diese zusammen das Vergleichs-Netto-Arbeitsentgelt um mehr als 50 € übersteigen. In diesen Fällen unterliegt der gesamte das Vergleichs-Nettoarbeitsentgelt übersteigende Betrag, zuzüglich des Hinzurechnungsbetrags, der Beitragspflicht.

5. Erziehungsgeld/Elterngeld

Seit 1. Januar 2008 ist für die beitragsrechtliche Beurteilung nach § 23c SGB IV nicht mehr die Elternzeit, sondern das Erziehungsgeld oder das Elterngeld maßgebend. Aufgrund der Neuregelung findet die Regelung zur Berechnung der sonstigen nicht beitragspflichtigen Einnahmen für arbeitgeberseitige Leistungen Anwendung, die in der Zeit ab 1. Januar 2008 neben dem Bezug von Erziehungsgeld oder von Elterngeld gewährt werden. Bei einer Elternzeit ohne Erziehungsgeld/Elterngeld findet § 23c SGB IV für Zeiten ab 1. Januar 2008 keine Anrechnung. Jegliche Leistung des Arbeitgebers ist in diesen Fällen beitragspflichtig.

6. Mitteilungsverfahren zwischen Arbeitgeber und Sozialleistungsträger

Die **Arbeitgeber** haben den zuständigen gesetzlichen Sozialleistungsträgern nach § 23c Abs. 2 Satz 1 SGB IV notwendige Angaben über das Beschäftigungsverhältnis durch eine Bescheinigung nachzuweisen. In diesem Zusammenhang haben sie das Nettoarbeitsentgelt und die beitragspflichtigen Brutto- und Netto-Einnahmen mitzuteilen. Die Mitteilungen der Arbeitgeber erfolgen mit den jeweiligen Entgeltbescheinigungen als Formular oder durch gesicherte und verschlüsselte Datenübertragung aus systemgeprüften Programmen oder mittels maschinell erstellter Ausfüllhilfen. Private Krankenversicherungsunternehmen und Erziehungsgeld bzw. Elterngeld zahlende Stellen erhalten diese Mitteilungen nicht. Die **Sozialleistungsträger** haben den Arbeitgebern die Höhe der Brutto- und Netto-Sozialleistung mitzuteilen, wenn der Arbeitgeber bei Mitteilung des Netto-Arbeitsentgelts angezeigt hat, dass er während des Sozialleistungsbezugs laufende dem Wesen nach beitragspflichtige Leistungen gewährt. In den Fällen, in denen der Arbeitgeber seinen Mitteilungspflichten per Datenübertragung nachkommt, sind die Leistungsträger nach § 23c Abs. 3 Satz 1 SGB IV verpflichtet, Rückmeldungen dem Arbeitgeber ebenfalls als Datensatz anzuliefern. Private Krankenversicherungsunternehmen sind nach § 23c Abs. 3 Satz 3 SGB IV berechtigt, im Falle der Zahlung von Krankentagegeld alle Angaben gegenüber dem Arbeitgeber durch Datenübertragung zu erstatten.

7. Entgeltunterlagen

Das Arbeitsentgelt nach § 14 SGB IV und das beitragspflichtige Arbeitsentgelt bis zur Beitragsbemessungsgrenze der Rentenversicherung sowie die jeweilige Zusammensetzung dieser Arbeitsentgelte und die zeitliche Zuordnung sind nach der Beitragsverfahrensordnung in den Entgeltunterlagen anzugeben. Bei den Mitteilungen der Sozialleistungsträger über die Höhe der Brutto- und Netto-Sozialleistung handelt es sich um eine Unterlage, die der Arbeitgeber zu den Entgeltunterlagen zu nehmen hat. Das Bestehen einer Krankentagegeldversicherung, mit der ein als Folge von Krankheit oder Unfall durch Arbeitsunfähigkeit verursachter Verdienstausfall zu ersetzen ist (§ 178b Abs. 3 VVG), ist bei privat Krankenversicherten vom Arbeitgeber in den Entgeltunterlagen zu dokumentieren. Der Bezugszeitraum und die Höhe des Erziehungsgeldes bzw. des Elterngeldes müssen in den Fällen, in denen Arbeitgeber während dieser Zeit Leistungen (z. B. Sachbezüge) weitergewähren, ebenfalls in den Entgeltunterlagen dokumentiert werden.

8. Melderecht

Eine Unterbrechungsmeldung nach § 9 DEÜV bzw. eine Abmeldung nach § 8 DEÜV ist nur in den Fällen zu erstatten, in denen aufgrund des § 23c SGB IV auch durch laufend gezahlte arbeitgeberseitige Leistungen für Zeiten des Bezugs von Sozialleistungen keine beitragspflichtigen Einnahmen vorliegen. Im Übrigen besteht aufgrund der Arbeitsentgeltzahlung weiterhin Versicherungspflicht, so dass die im Rahmen eines Beschäftigungsverhältnisses üblichen Meldungen (Jahresmeldung/Abmeldung) anfallen.

Arbeitsessen

siehe „Bewirtungskosten"

Arbeitskammern

siehe „Arbeitnehmerkammerbeiträge"

Arbeitskleidung

1. Überlassung typischer Berufskleidung

Die unentgeltliche Überlassung **typischer Berufskleidung** (z. B. Arbeitsschutzkleidung oder eine Uniform) ist nicht als steuerpflichtiger Arbeitslohn anzusehen (§ 3 Nr. 31 EStG). — nein / nein

Steuerfrei ist die **Gestellung** der typischen Berufskleidung; in diesem Fall bleibt die Berufskleidung im Eigentum des Arbeitgebers (z. B. Sicherheitsschuhe, Schutzbrillen, Helme, Schutzanzüge, Handschuhe usw.). — nein / nein

Steuerfrei ist aber auch die **Übereignung** der im Namen und auf Rechnung des Arbeitgebers beschafften typischen Berufskleidung. Die Zuschüsse des Arbeitgebers zur betrieblichen **Kleiderkasse,** bei der sich die Arbeitnehmer unentgeltlich oder verbilligt mit typischer Berufskleidung ausstatten können, sind deshalb ebenfalls steuerfrei. Voraussetzung ist aber, dass von dieser Kleiderkasse nur typische Berufskleidung verbilligt abgegeben wird. — nein / nein

Zur typischen Berufskleidung gehören nach R 3.31 Abs. 1 Satz 3 der Lohnsteuer-Richtlinien Kleidungsstücke, die

- als **Arbeitsschutzkleidung** auf die jeweils ausgeübte Berufstätigkeit zugeschnitten sind oder
- nach ihrer **uniformartigen Beschaffenheit** oder dauerhaft angebrachten Kennzeichnung durch **Firmenemblem** (Logo) objektiv eine berufliche Funktion erfüllen.

In beiden Fällen muss eine private Nutzungsmöglichkeit so gut wie ausgeschlossen sein. Normale Straßenschuhe und Unterwäsche sind deshalb keine typische Berufskleidung. — ja / ja

Hierzu hat der Bundesfinanzhof mit Urteil vom 19.1.1996 (BStBl. II S. 202) entschieden, dass der Lodenmantel eines Forstbeamten nicht dadurch zur typischen Berufskleidung wird, weil er nach einer Dienstanweisung des Arbeitgebers zur Dienstkleidung zählt und mit einem Dienstabzeichen versehen ist. Nach bundeseinheitlicher Verwaltungsanweisung*) hat das Urteil keine Auswirkung auf die in R 3.31 Abs. 1 Satz 3 der Lohnsteuer-Richtlinien getroffene Regelung. Mit Ausnahme des im Urteil entschiedenen Sachverhalts (Lodenmantel) sind deshalb in allen anderen Fällen diejenigen Kleidungsstücke, die als Dienstkleidungs- oder Uniformteile dauerhaft gekennzeichnet sind (z. B. durch angenähte oder eingewebte Bundes- oder Landeswappen, Dienstabzeichen der jeweiligen Behörde oder Dienststelle, Posthorn, Firmenlogo usw.) wie bisher als typische Berufskleidung anzuerkennen.

Um Streitigkeiten zwischen Arbeitgeber und Finanzamt darüber zu vermeiden, ob es sich bei der Gestellung oder Übereignung von Kleidungsstücken um typische Berufskleidung handelt, enthalten die Lohnsteuer-Richtlinien (R 3.31 Abs. 1 Satz 2 LStR) folgende Vereinfachungsregelung: „Erhält der Arbeitnehmer die Berufskleidung von seinem Arbeitgeber zusätzlich zum ohnehin geschuldeten Arbeitslohn, so ist anzunehmen, dass es sich um typische Berufskleidung handelt, wenn nicht das Gegenteil offensichtlich ist."

Zum Vorliegen eines ganz überwiegend eigenbetrieblichem Interesses des Arbeitgebers bei der Gestellung von Zivilkleidung (= kein Arbeitslohn) vgl. die nachfolgende Nr. 3.

2. Barabgeltung

Eine **Barabgeltung** an Stelle unentgeltlicher Überlassung typischer Berufskleidung stellt im Grundsatz steuerpflichtigen Arbeitslohn dar. — ja / ja

Eine Barabgeltung ist jedoch nach § 3 Nr. 31 EStG steuerfrei, wenn sie sich auf die Erstattung von Aufwendungen beschränkt, die dem Arbeitnehmer durch den beruflichen Einsatz typischer Berufskleidung in den Fällen entstehen, in denen der Arbeitnehmer nach **Gesetz** (z. B. nach Unfallverhütungsvorschriften), **Tarifvertrag** oder **Betriebsvereinbarung** einen Anspruch auf Gestellung von Arbeitskleidung hat, der **aus betrieblichen Gründen** durch die Barvergütung abgelöst wird. — nein / nein

Die Barablösung ist dagegen steuerpflichtig, wenn der Anspruch auf Gestellung von Berufskleidung lediglich in einem Einzelarbeitsvertrag vereinbart ist. — ja / ja

Die Barablösung einer Verpflichtung zur Gestellung von typischer Berufskleidung ist z. B. betrieblich begründet, wenn die Beschaffung der Kleidungsstücke durch den Arbeitnehmer für den Arbeitgeber vorteilhafter ist. **Pauschale** Barablösungen sind in den oben genannten Fällen nur steuerfrei, soweit sie die regelmäßigen Absetzungen für Abnutzung und die üblichen Instandhaltungs- und Instandsetzungskosten der typischen Berufskleidung abgelten (R 3.31 Abs. 2 Satz 3 LStR).

3. Zivilkleidung/Bürgerliche Kleidung

Die unentgeltliche oder verbilligte Überlassung von Zivilkleidung/bürgerlicher Kleidung führt grundsätzlich zu steuerpflichtigen Arbeitslohn. Dies gilt z. B. dann, wenn der Arbeitgeber hochwertige **Markenkleidung** an Mitglieder der Geschäftsleitung überlässt und zwar auch dann, wenn genau diese Kleidungsstücke vom Arbeitgeber vertrieben werden. Denn je höher die Bereicherung der Arbeitnehmer, desto weniger zählt das eigenbetriebliche Interesse des Arbeitgebers (BFH-Urteil vom 11.4.2006, BStBl. II S. 691; siehe aber „Rabatte, Rabattfreibetrag"). Der Ersatz von Aufwendungen für bürgerliche Kleidung gehört auch dann zum steuerpflichtigen Arbeitslohn, wenn feststeht, dass die Kleidung ausschließlich bei der Berufsausübung benutzt wird (BFH-Urteil vom 20.11.1979, BStBl. 1980 II S. 75). — ja / ja

In besonderen Einzelfällen kann auch bürgerliche Kleidung zur Berufskleidung zählen, z. B. der schwarze Anzug eines Oberkellners oder Leichenbestatters (BFH-Urteil vom 9.3.1979, BStBl. II S. 519). — nein / nein

In Einzelfällen kann bei Gestellung einheitlicher, während der Arbeitszeit zu tragender bürgerlicher Kleidung das **eigenbetriebliche Interesse des Arbeitgebers** im Vordergrund stehen. Der Bundesfinanzhof hat das Vorliegen von Arbeitslohn verneint, wenn ein im Lebensmitteleinzelhandel tätiger Arbeitgeber seinem Verkaufspersonal **einheitliche bürgerliche Kleidung** (Strickjacken, Hemden/Blusen, Krawatten/Halstücher) zur Verfügung stellt, die weder besonders exklusiv noch teuer war (BFH-Urteil vom 22.6.2006, BStBl. II S. 915). Die Richter gingen von einer gängigen uniformähnlichen Kleidung zur Verbesserung des Erscheinungsbilds unter Berücksichtigung hygienischer Gesichtspunkte aus. Es handelte sich übrigens nicht um typische Berufskleidung (siehe vorstehende Nr. 1), da die Kleidung nicht besonders (z. B. durch Firmenlogo) gekennzeichnet war.

---

*) Bundeseinheitliche Regelung. Bekannt gegeben z. B. für Nordrhein-Westfalen mit Erlass vom 26.11.1996 (Az.: S 2350 – 5 – V B 3). Der Erlass ist als Anlage 3 zu H 3.31 LStR im **Steuerhandbuch für das Lohnbüro 2010** abgedruckt, das im selben Verlag erschienen ist. Das **PC-Lexikon** für das Lohnbüro 2010 enthält auch dieses Handbuch und hat außerdem den Vorteil, dass Sie **alle BFH-Urteile** sowie die aktuellen Rundschreiben und Niederschriften der Spitzenverbände der **Sozialversicherung** mit Mausklick **im Volltext** abrufen und ausdrucken können. Eine Bestellkarte finden Sie vorne im Lexikon.

Arbeitslohn

4. Werbungskosten

Zum Werbungskostenabzug bei Aufwendungen des Arbeitnehmers für Arbeitskleidung und deren Reinigung vgl. die Erläuterungen in Anhang 7 Abschnitt B Nr. 2 unter dem Stichwort „Arbeitskleidung".

Arbeitslohn

Zum steuerlichen Begriff „Arbeitslohn" vgl. die ausführlichen Erläuterungen im Teil A, Nr. 4 auf Seite 7.

Zum sozialversicherungsrechtlichen Begriff „Arbeitsentgelt" vgl. die Erläuterungen beim Stichwort „Arbeitsentgelt" sowie im Teil A, Nr. 5 auf Seite 8.

Vgl. auch das Stichwort „Lohnzahlung durch Dritte".

Arbeitslohn für mehrere Jahre

1. Allgemeines

Arbeitslohn, der für eine mehrjährige Tätigkeit gezahlt wird, wird durch die Anwendung der sog. Fünftelregelung ermäßigt besteuert (§ 39b Abs. 3 Satz 9 EStG). Die Anwendung der Fünftelregelung bedeutet, dass die Vergütung für eine mehrjährige Tätigkeit zum Zwecke der Steuerberechnung mit einem Fünftel als sonstiger Bezug versteuert wird und die auf dieses Fünftel entfallende Lohnsteuer verfünffacht wird. Vgl. im Einzelnen die Erläuterungen beim Stichwort „Sonstige Bezüge" unter Nr. 6 Buchstabe b. In die Bemessungsgrundlage für die Ermittlung der Vorsorgepauschale wird Arbeitslohn für mehrere Jahre allerdings in voller Höhe und nicht nur zu einem Fünftel einbezogen (§ 39b Abs. 3 Satz 10 EStG; vgl. auch die Erläuterungen im Anhang 8).

Der Bundesfinanzhof hält zwar daran fest, dass die Anwendung der Fünftelregelung eine sog. **Zusammenballung** des zufließenden Arbeitslohns voraussetzt. Die steuerpflichtigen geldwerten Vorteile aus der Ausübung der **Aktienoptionsrechte** besteuert er als Arbeitslohn für mehrere Jahre nach der sog. **Fünftelregelung**, wenn der **Zeitraum** zwischen **Einräumung** und **Ausübung** der Optionsrechte **mehr als zwölf Monate** beträgt **und** der **Arbeitnehmer** in dieser Zeit bei seinem Arbeitgeber **beschäftigt** ist. Dies gilt **selbst dann**, wenn dem Arbeitnehmer wiederholt Aktienoptionen eingeräumt werden und/oder der Arbeitnehmer die jeweils gewährte Option in einem Kalenderjahr **nicht in vollem Umfang ausübt** (BFH-Urteil vom 18.12.2007, BStBl. 2008 II S. 294). Vgl. im Einzelnen auch die Erläuterungen beim Stichwort „Aktienoptionen" unter Nr. 4 Buchstabe e.

2. Begriff der mehrjährigen Tätigkeit

Durch die Fünftelregelung begünstigt ist insbesondere Arbeitslohn für eine **mehrjährige Tätigkeit.** Hierzu hat der Bundesfinanzhof mit Urteil vom 14.10.2004 (BStBl. 2005 II S. 289) entschieden, dass eine „mehrjährige" Tätigkeit im Sinne des § 34 Abs. 2 Nr. 4 EStG eine Tätigkeit ist, die sich über zwei Kalenderjahre erstreckt und zwar auch dann, wenn sie einen Zeitraum von **weniger als 12 Monaten** umfasst. Im Streitfall wurde der Arbeitslohn für eine Tätigkeit in der Zeit vom 23.6.1992 bis 28.2.1993 (= 9 Monate) im Mai 1993 ausgezahlt. Obwohl der Zeitraum lediglich 9 Monate umfasst, ist der Arbeitslohn – nach Ansicht des Bundesfinanzhofs – nach der Fünftelregelung zu versteuern. Die Finanzverwaltung hatte zuvor die Auffassung vertreten, dass der Begriff „Vergütung für eine mehrjährige Tätigkeit" nur dann erfüllt sei, wenn Arbeitslohn für einen Zeitraum von **mehr** als 12 Monaten gezahlt wird. Das Urteil des Bundesfinanzhofs ist im Bundessteuerblatt veröffentlicht und bis einschließlich 2006 anzuwenden. Seit Januar **2007** gilt aufgrund einer **Gesetzesänderung** wieder die frühere Verwaltungsauffassung. Nunmehr liegt eine Vergütung für eine **mehrjährige Tätigkeit** nur vor, soweit sich die Tätigkeit auf mindestens **zwei Kalenderjahre** erstreckt und einen Zeitraum von **mehr als zwölf Monaten** umfasst (§ 34 Abs. 2 Nr. 4 EStG).

3. Anwendungsfälle

– **Nachzahlung** von Arbeitslohn für eine Tätigkeit, die sich auf zwei Kalenderjahre und mehr als zwölf Monaten erstreckt. Dies gilt auch für die Nachzahlung von Versorgungsbezügen.

– **Vorauszahlung** von Arbeitslohn für eine Tätigkeit, die sich auf zwei Kalenderjahre und mehr als zwölf Monaten erstreckt (z. B. kapitalisierte Ablösung einer Werkspension oder Kapitalabfindung für künftige Pensionsansprüche). Vgl auch die Erläuterungen beim Stichwort „Versorgungsbezüge, Versorgungsfreibetrag" am Ende der Nr. 7.

– Steuerpflichtige Jubiläumsgeschenke anlässlich eines **Arbeitnehmerjubiläums.**

– Steuerpflichtige Zuwendungen aus Anlass eines **Geschäftsjubiläums** können nur dann als Entlohnung für eine mehrjährige Tätigkeit behandelt werden, wenn die Zuwendungen unter der Voraussetzung einer mehrjährigen Betriebszugehörigkeit gewährt werden. Zuwendungen, die ohne Rücksicht auf die Dauer der Betriebszugehörigkeit lediglich **aus Anlass** eines Firmenjubiläums erfolgen, sind nicht durch die Fünftelregelung begünstigt (BFH-Urteil vom 3.7.1987, BStBl. II S. 820).

– **Erfindervergütungen,** wenn sich die Erarbeitung der Erfindung auf zwei Kalenderjahre und mehr als zwölf Monaten erstreckt hat (vgl. „Erfindervergütungen").

– Vergütungen für **Verbesserungsvorschläge,** wenn sich die Erarbeitung des Verbesserungsvorschlags auf zwei Kalenderjahre und mehr als zwölf Monaten erstreckt hat (vgl. „Verbesserungsvorschläge").

– **Tantiemen** für mehrere Jahre, die zusammengeballt in einem Jahr zufließen. Bei Tantiemen, die regelmäßig ausgezahlt werden, deren Höhe aber erst nach Ablauf des Kalenderjahres oder Wirtschaftsjahres feststeht, handelt es sich nicht um Arbeitslohn für eine **mehrjährige** Tätigkeit. Sie umfassen regelmäßig nicht einen Zeitraum von mehr als zwölf Monaten.

– Planwidrige Verwendung von Wertguthaben eines **Arbeitszeitkontos** (vgl. „Arbeitszeitkonto" unter Nr. 7).

– Geldwerter Vorteil aus der Gewährung von **Aktienoptionsrechten**, wenn der Zeitraum zwischen Einräumung und Ausübung mehr als zwölf Monate beträgt und der Arbeitnehmer in dieser Zeit bei seinem Arbeitgeber beschäftigt ist (vgl. „Aktienoptionen" besonders unter Nr. 4 Buchstabe e).

– **Lohnnachzahlungen** des Arbeitgebers für mehrere Jahre unmittelbar an die **Arbeitsverwaltung** aufgrund eines **gesetzlichen Forderungsübergangs** außerhalb eines Insolvenzverfahrens (BFH-Urteil vom 15.11.2007, BStBl. 2008 II S. 375); gleichzeitig liegt aufgrund der Arbeitgeberzahlung eine Rückzahlung des von der Arbeitsverwaltung gezahlten Arbeitslosengeldes durch den Arbeitnehmer vor, der zur Anwendung des negativen Progressionsvorbehalts (vgl. dieses Stichwort unter Nr. 6) führt. Vgl auch die Erläuterungen beim Stichwort „Insolvenzgeld".

Im Übrigen wird auf die ausführlichen Erläuterungen zur Anwendung der Fünftelregelung beim Stichwort „Sonstige Bezüge" unter Nr. 6 Buchstabe b auf Seite 663 Bezug genommen.

Da Arbeitslohn für mehrere Jahre häufig netto gezahlt wird (z. B. bei steuerpflichtigen Jubiläumszuwendungen), ist als **Anhang 14** eine **Nettolohnberechnung** unter Anwendung der **Fünftelregelung** abgedruckt (mit Berücksichtigung der Sozialversicherungsbeiträge und anteiliger Beitragsbemessungsgrenze).

Arbeitslohnspende

siehe „Spenden der Belegschaft"

Arbeitslohnverzicht

Vgl. die Erläuterungen beim Stichwort „Zufluss von Arbeitslohn" unter Nr. 2 Buchstabe h.

Arbeitslosengeld

Das Arbeitslosengeld I nach dem Dritten Buch Sozialgesetzbuch ist steuerfrei nach § 3 Nr. 2 EStG. Diese Leistungen unterliegen jedoch dem sog. Progressionsvorbehalt (vgl. dieses Stichwort).

Die Leistungen zur Sicherung des Lebensunterhalts (Arbeitslosengeld II) und zur Eingliederung in Arbeit nach dem Zweiten Buch Sozialgesetzbuch sind steuerfrei nach § 3 Nr. 2 b EStG. Diese Leistungen unterliegen **nicht** dem Progressionsvorbehalt. Dies gilt u. a. auch für die Mehraufwandsentschädigung für einen sog. „Ein-Euro-Job".

Arbeitslosenversicherung

1. Allgemeines

Ganz allgemein gilt der Grundsatz: Ist das Beschäftigungsverhältnis rentenversicherungspflichtig, ist es auch arbeitslosenversicherungspflichtig. Darüber hinaus sind allerdings spezielle Versicherungsfreiheitsregelungen in den einzelnen Versicherungszweigen zu beachten.

Nach § 421 k SGB III sind Arbeitgeber, die mit einem zuvor Arbeitslosen, der das **55. Lebensjahr vollendet** hat, **vor dem 1.1.2008 erstmalig ein Beschäftigungsverhältnis** begründet haben, das immer noch andauert, von der Zahlung des Arbeitgeberanteils zur Arbeitslosenversicherung befreit. Es fällt also nur der Arbeitnehmeranteil an (derzeit 1,4 %).

Außerdem sind in der Arbeitslosenversicherung noch weitere Personengruppen versicherungsfrei. Es handelt sich um Personen, die dem Arbeitsmarkt nicht in der üblichen Weise zur Verfügung stehen:

- immatrikulierte Studenten, die während des Studiums eine Beschäftigung ausüben,
- Schüler an allgemein bildenden Schulen,
- Arbeitnehmer, die das 65. Lebensjahr vollendet haben,
- Bezieher einer Rente wegen voller Erwerbsminderung,
- Arbeitnehmer, die wegen einer Minderung ihrer Leistungsfähigkeit dauernd der Arbeitsvermittlung nicht zur Verfügung stehen,
- unständig Beschäftigte (vgl. hierzu die Erläuterungen beim Stichwort „Künstler" unter Nr. 10).

In der Arbeitslosenversicherung sind also Arbeitnehmer vom Ablauf des Monats an, in dem sie das **65. Lebensjahr vollenden,** versicherungsfrei. Der Arbeitgeber muss allerdings für Arbeitnehmer, die das 65. Lebensjahr vollendet haben, in Anlehnung an die Regelung in der gesetzlichen Rentenversicherung, den Arbeitgeberbeitrag zahlen. Vgl. das Berechnungsbeispiel beim Stichwort „Rentner" unter Nr. 5.

2. Steuerfreiheit

Die in § 3 Nr. 2 EStG genannten Leistungen nach dem Dritten Buch Sozialgesetzbuch, z. B. das Arbeitslosengeld I, das Kurzarbeitergeld, das Saison-Kurzarbeitergeld, das Übergangsgeld sowie der Gründungszuschuss sind steuerfrei.

Die Leistungen unterliegen jedoch – mit Ausnahme des Gründungszuschusses – dem **Progressionsvorbehalt** (vgl. dieses Stichwort).

Das Arbeitslosengeld II ist nach § 3 Nr. 2 b EStG steuerfrei und unterliegt **nicht** dem Progressionsvorbehalt.

Arbeitsmittel

	Lohnsteuerpflichtig	Sozialversich.-pflichtig
Die **leihweise** Überlassung von Arbeitsgeräten wie Werkzeugen, Fachbüchern usw. für die Dauer des Dienstverhältnisses ist nicht steuerpflichtig.	nein	nein
Eine endgültige Überlassung von Arbeitsgeräten zu Eigentum des Arbeitnehmers ist steuerpflichtig. Siehe auch das Stichwort „Werkzeuggeld".	ja	ja

Arbeitsplatz

Aufwendungen des Arbeitgebers für die Ausgestaltung des Arbeitsplatzes sowie Leistungen zur Verbesserung der Arbeitsbedingungen, z. B. die Bereitstellung von Aufenthalts-, Fitness- und Erholungsräumen oder von betriebseigenen Dusch- und Badeanlagen stellen keinen Arbeitslohn dar (Hinweise zu R 19.3 LStR). — nein | nein

Arbeitsschutz

siehe „Bildschirmarbeit" und „Unfallverhütungsprämien"

Arbeitsunterbrechung

1. Lohnsteuerliche Behandlung von Arbeitsunterbrechungen

Steht ein Arbeitnehmer während eines Lohnzahlungszeitraums dauernd im Dienst eines Arbeitgebers (liegt also eine Lohnsteuerkarte dem Arbeitgeber während des Lohnzahlungszeitraums ununterbrochen vor), so wird der Lohnzahlungszeitraum durch ausfallende (unbezahlte) Arbeitstage (z. B. wegen Krankheit, Mutterschutz, Arbeitsbummelei, unbezahltem Urlaub) nicht unterbrochen. Die Berechnung der Lohnsteuer erfolgt in all diesen Fällen anhand der Monatslohnsteuertabelle; es entsteht also kein Teillohnzahlungszeitraum. Dies ergibt sich aus R 39b.5 Abs. 2 Satz 3 LStR. Auf die ausführlichen Erläuterungen beim Stichwort „Teillohnzahlungszeitraum" wird Bezug genommen.

Damit das Finanzamt Unterbrechungszeiträume erkennt und den Zufluss von evtl. Lohnersatzleistungen prüfen kann, muss der Arbeitgeber im Lohnkonto und dementsprechend auch auf der Lohnsteuerkarte des Arbeitnehmers die Eintragung des Buchstabens „**U**" in all den Fällen vornehmen, in denen das Beschäftigungsverhältnis zwar weiterbesteht, der Anspruch auf Arbeitslohn aber für mindestens **fünf** aufeinander folgende Arbeitstage im Wesentlichen weggefallen ist (U steht für **Unterbrechung**). Die Eintragung des genauen Zeitraums ist **nicht** erforderlich. Auf die ausführlichen Erläuterungen beim Stichwort „Lohnkonto" unter Nr. 9 auf Seite 449 wird Bezug genommen.

2. Sozialversicherungsrechtliche Behandlung von Arbeitsunterbrechungen

Nach § 7 Abs. 3 SGB IV gilt eine Beschäftigung gegen Arbeitsentgelt für **einen Monat** als fortbestehend, sofern das Beschäftigungsverhältnis ohne Anspruch auf Arbeitsentgelt fortdauert und keine Entgeltersatzleistung bezogen oder Elternzeit in Anspruch genommen wird.

Die genaue Berechnung der Monatsfrist ist beim Stichwort „Unbezahlter Urlaub" erläutert.

3. Meldepflichten

Auf die ausführlichen Erläuterungen zu den Meldepflichten des Arbeitgebers in **Anhang 15** des Lexikons wird Bezug genommen.

	Lohn-steuer-pflichtig	Sozial-versich.-pflichtig

Arbeitsverhinderung

Der Arbeitnehmer hat einen gesetzlichen Anspruch auf Fortzahlung des Arbeitslohns, wenn er ohne Verschulden aus persönlichen Gründen an der Arbeitsleistung für eine verhältnismäßig nicht erhebliche Zeit gehindert ist (§ 616 Abs. 1 Satz 1 BGB).

Es ist die Vergütung zu zahlen, die im Falle der Arbeitsleistung erzielt worden wäre; sie ist als laufendes Arbeitsentgelt steuer- und beitragspflichtig.   ja   ja

In den Tarifverträgen der verschiedenen Wirtschaftszweige ist im Allgemeinen detailliert geregelt, bei welchen Verhinderungsgründen und wie lange die Fortzahlung des Arbeitsentgelts zusteht. Ist das Arbeitsverhältnis nicht tarifgebunden, empfiehlt sich die Anlehnung an eine tarifliche Regelung. Der Tarifvertrag öffentlicher Dienst (TVöD) sieht hierzu z. B. vor:

- bei Umzug aus betrieblichem Grund an einen anderen Ort — 1 Arbeitstag
- bei 25- und 40-jährigem Arbeitsjubiläum — 1 Arbeitstag
- bei der Niederkunft der Ehefrau/Lebenspartnerin im Sinne des Lebenspartnerschaftsgesetzes — 1 Arbeitstag
- beim Tod der Ehegattin/des Ehegatten, der Lebenspartnerin/des Lebenspartners im Sinne des Lebenspartnerschaftsgesetzes eines Kindes oder eines Elternteils — 2 Arbeitstage
- bei schwerer Erkrankung eines Angehörigen, der in demselben Haushalt lebt*) — 1 Arbeitstag im Kalenderjahr
- bei schwerer Erkrankung eines Kindes, das das 12. Lebensjahr noch nicht vollendet hat, wenn im laufenden Kalenderjahr kein Anspruch nach § 45 SGB V** besteht oder bestanden hat*) — bis zu 4 Arbeitstage im Kalenderjahr
- bei schwerer Erkrankung einer Betreuungsperson, wenn Beschäftigte deshalb die Betreuung ihres Kindes, das das 8. Lebensjahr noch nicht vollendet hat oder wegen körperlicher, geistiger oder seelischer Behinderung dauernd pflegebedürftig ist, übernehmen muss*) — bis zu 4 Arbeitstage im Kalenderjahr
- bei ärztlicher Behandlung, wenn diese während der Arbeitszeit erfolgen muss — erforderliche nachgewiesene Fehl- und Wegezeiten

Seit 1. Juli 2008 sind die Vorschriften des Pflegezeitgesetzes zu beachten, das sowohl eine kurzfristige Freistellung von der Arbeit (bis zu 10 Arbeitstage) als auch eine längerfristige Freistellung (bis zu 6 Monate) vorsieht, allerdings ohne Fortzahlung des Arbeitsentgelts. Der Arbeitgeber ist während der kurzzeitigen Arbeitsverhinderung des Arbeitnehmers nur dann zur Fortzahlung der Vergütung verpflichtet, wenn sich eine solche Verpflichtung aus anderen arbeitsrechtlichen Vorschriften (§ 616 BGB) oder aufgrund individualvertraglicher Absprachen, Betriebsvereinbarungen oder Tarifverträgen ergibt.

Das Pflegezeitgesetz geht als gesetzliche Regelung den tarifvertraglichen Vorschriften vor. Im Übrigen gilt das Günstigerprinzip.

Beispiel

Nimmt ein Antragsteller im öffentlichen Dienst eine sog. kurzzeitige Arbeitsverhinderung nach § 2 Pflegezeitgesetz bis zu 10 Arbeitstagen in Anspruch, so erhält er nach den entsprechenden tarifvertraglichen Bestimmungen (TVöD) lediglich einen Tag davon bezahlt.

	Lohn-steuer-pflichtig	Sozial-versich.-pflichtig

Arbeitsversuch, missglückter

In mehreren Urteilen (z. B. Urteil vom 4.12.1997; 12 RK 3/97 und Urteil vom 29.9.1998; B 1 KR 10/96) hat sich das Bundessozialgericht mit der Rechtsfigur des missglückten Arbeitsversuchs befasst. In den Verfahren kam es zu dem Ergebnis, dass die Rechtsfigur des missglückten Arbeitsversuchs unter der Geltung des Fünften Buchs Sozialgesetzbuch nicht mehr anzuwenden ist; Versicherungspflicht in der Krankenversicherung kann deshalb nicht mehr wegen eines missglückten Arbeitsversuchs verneint werden. Zugleich stellte das Bundessozialgericht allerdings fest, dass an den Nachweis der Tatsachen, die Krankenversicherungspflicht begründen, strenge Anforderungen zu stellen sind, wenn der Verdacht von Manipulationen zu Lasten der Krankenkassen besteht. Dies könne, zumal wenn weitere Umstände hinzutreten, der Fall sein, wenn bei Beginn der Arbeitsaufnahme Arbeitsunfähigkeit besteht, dieses bekannt ist und die Arbeit alsbald aufgegeben wird. Die Feststellungen für die Tatsachen, die Versicherungspflicht begründen, trägt nach Ansicht des Bundessozialgerichts derjenige, der sich auf sie beruft. Die Beweislast obliegt deshalb grundsätzlich dem Arbeitnehmer.

Vor dem Hintergrund dieser Rechtsprechung prüfen die Sozialversicherungsträger besonders kritisch, ob nicht die Versicherungspflicht aufgrund eines Scheinarbeitsverhältnisses ausgeschlossen ist. So wird keine die Versicherungspflicht auslösende Beschäftigung im Sinne des § 7 Abs. 1 SGB IV ausgeübt, wenn tatsächlich eine familienhafte Mithilfe oder eine selbständige Tätigkeit, insbesondere als Mitunternehmer oder Mitgesellschafter vorliegt oder wenn ein Beschäftigungsverhältnis durch ein nach § 117 BGB nichtiges Scheingeschäft vorgetäuscht wird.

Arbeitszeitkonten

Neues und Wichtiges auf einen Blick:

Seit **1.1.2009** ist das **Gesetz zur Verbesserung der Rahmenbedingungen für die Absicherung flexibler Arbeitszeitregelungen** und zur Änderung anderer Gesetze in Kraft. Ziel des Gesetzes ist insbesondere eine klare Definition des „echten" Wertguthabens und eine praxisgerechte Abgrenzung zu anderen Formen der Arbeitszeitflexibilisierung. Es muss also genau zwischen Wertguthaben **(Lebensarbeitszeit-/Langzeitkonten)** und anderen Formen von Arbeitszeitflexibilisierung (Flexi- oder Gleitzeitkonten) unterschieden werden. Diese Unterscheidung ist verbunden mit einer Konkretisierung der Arbeitgeberpflichten bei der Führung von Wertguthaben und einer Verbesserung des Insolvenzschutzes für diese Wertguthaben.

Auch für **geringfügige Beschäftigungsverhältnisse** (sog. 400-€-Jobs) können seit 1.1.2009 „echte" Wertguthaben in Form von Lebensarbeitszeitkonten oder Langzeitkonten gebildet werden. Dies wird jedoch in der Praxis die Ausnahme bleiben. Denn Arbeitszeitvereinbarungen bei 400-€-Jobs dienen in aller Regel der flexiblen Gestaltung der Arbeitszeit oder dem Ausgleich von unterschiedlichen Arbeitsbelastungen. Gerade dies schließt jedoch die Annahme eines „echten" Wertguthabens aus (§ 7b Nr. 2 SGB IV).

Aus sozialversicherungsrechtlicher Sicht ist ein Kernpunkt der Neuregelung die **Verbesserung** des **Insolvenzschutzes** für **Wertguthaben.** Den Arbeitgebern ist erstmalig ein Qualitätsstandard für den Insolvenzschutz vorgeschrieben worden. Danach sind die Arbeitgeber ver-

---

*) Eine Freistellung erfolgt nur, soweit eine andere Person zur Pflege oder Betreuung nicht sofort zur Verfügung steht und der Arzt die Notwendigkeit der Anwesenheit des Beschäftigten zur vorläufigen Pflege bescheinigt. Die Freistellung darf insgesamt 5 Arbeitstage im Kalenderjahr nicht überschreiten.

**) Zum sog. Kinder-Krankengeld nach § 45 SGB V wird auf die Erläuterungen beim Stichwort „Kinder-Krankengeld" Bezug genommen.

Arbeitszeitkonten

	Lohn-steuer-pflichtig	Sozial-versich.-pflichtig

pflichtet, das Wertguthaben durch eine doppelhändige Treuhand (sog. CTA-Modell; vgl. die Erläuterungen beim Stichwort „Contractual Trust Agreement") oder ein gleichwertiges Sicherungsmodell gegen Insolvenz zu schützen. Die Einhaltung dieser Vorgaben wird von der Deutschen Rentenversicherung bei der Betriebsprüfung der Arbeitgeber kontrolliert.

Die **beitragsfreie Übertragung** von Wertguthaben in die **betriebliche Altersversorgung** ist für Neuverträge (Abschluss der **Vereinbarung ab dem 14.11.2008) abgeschafft** worden.

Das Bundesministerium der Finanzen hatte den Verbänden **Ende September 2008** den **Entwurf** eines **BMF-Schreibens** zur lohn- und einkommensteuerlichen Behandlung sowie den Voraussetzungen für die steuerliche Anerkennung von Zeitwertkontenmodellen zur Stellungnahme zugeleitet. Im **Lexikon für das Lohnbüro, Ausgabe 2009,** sind die in dem Entwurf enthaltenen Aussagen bereits in den Nrn. 1 bis 8 **eingearbeitet** worden. Die Finanzverwaltung hat Mitte Juni 2009 nunmehr ihr **endgültiges Anwendungsschreiben** bekannt gegeben.*) Dabei hat sie sich weitestgehend an den **sozialversicherungsrechtlichen Regelungen** zu Wertguthabenvereinbarungen **orientiert,** allerdings sind einige steuerliche Besonderheiten zu beachten. Auf folgende steuerliche Regelungen wird noch einmal besonders hingewiesen:

Weder die Vereinbarung eines Zeitwertkontos noch die Wertgutschrift auf diesem Konto führen bei Erfüllung der nachstehenden Voraussetzungen zum Zufluss von Arbeitslohn. Erst die **Auszahlung des Guthabens** während der Freistellung löst eine **Lohnbesteuerung** aus. Dabei kann die Gutschrift von Arbeitslohn zugunsten eines Zeitwertkontos bis zur Fälligkeit des Arbeitslohns vereinbart werden. Vgl. die Erläuterungen unter der nachfolgenden Nr. 3 Buchstabe b.

Zeitwertkontenvereinbarungen mit **Organen** von Kapitalgesellschaften (z. B. Geschäftsführern) werden **steuerlich nicht anerkannt.** Allerdings sind bei **Zeitwertkontenmodellen** für Organe, die **bis zum 31.1.2009 eingerichtet** wurden und die aus Vertrauensschutzgründen steuerlich anzuerkennen wären, **alle Zuführungen bis zum 31.1.2009 erst bei Auszahlung als Arbeitslohn** zu besteuern. Wegen des begünstigten Personenkreises bei Zeitwertkontenvereinbarungen und etwaiger Übergangsregelungen wird auf die Erläuterungen unter der nachfolgenden Nr. 4 hingewiesen.

Einem **Zeitwertkonto** können **keine** weiteren **Gutschriften unversteuert** zugeführt werden, sobald feststeht, dass die in das Konto **eingestellten Beträge nicht** mehr vollständig durch eine Freistellung **aufgebraucht** werden können. Dies ist anhand einer **Prognoseentscheidung** (Jahresarbeitslohn × maximaler Freistellungszeitraum) zu prüfen. Bei Vereinbarungen, die die **sozialversicherungsrechtlichen Anforderungen** hinsichtlich der **Angemessenheit** der Höhe des während der Freistellung fälligen **Arbeitsentgelts berücksichtigen,** wird davon ausgegangen, dass die dem Konto zugeführten Beträge durch Freistellung vollständig aufgebraucht werden können. Eine **Prognoseentscheidung** ist dann **entbehrlich.** Sie ist also nur erforderlich, wenn die sozialversicherungsrechtlichen Anforderungen nicht erfüllt sind oder die Zeitwertkonten nicht unter den Anwendungsbereich des SGB IV fallen. Vgl. die Erläuterungen und die Beispiele unter der nachfolgenden Nr. 5 Buchstabe a.

Zeitwertkonten werden steuerlich nur anerkannt, wenn die zwischen Arbeitgeber und Arbeitnehmer getroffene Vereinbarung vorsieht, dass zum Zeitpunkt der planmäßigen Inanspruchnahme des Guthabens mindestens ein Rückfluss der dem Zeitwertkonto zugeführten Beträge gewährleistet ist (sog. **Zeitwertkontengarantie**). Hierdurch sollen **Teil-** oder sogar **Totalverluste** des Guthabens auf einem Zeitwertkonto **vermieden** werden. Im Fall der **arbeitsrechtlichen Garantie** der in das Zeitwertkonto für den Arbeitnehmer eingestellten Beträge geht die Finanzverwaltung von einer **Zeitwertkontengarantie** im vorstehenden Sinne aus, wenn der Arbeitgeber für seine Verpflichtung die sozialversicherungsrechtlichen Voraussetzungen des **Insolvenzschutzes erfüllt.** Entsprechendes gilt für eine vergleichbare Garantie durch das externe Anlageinstitut. Auf die ausführlichen Erläuterungen unter der nachfolgenden Nr. 6 wird hingewiesen.

Bei **fortbestehendem Arbeitsverhältnis** darf eine **Auszahlung** des Wertguthabens eines Zeitwertkontos nur bei einer **existenzbedrohenden Notlage** (z. B. schwere, lebensbedrohende Erkrankung) vorgenommen werden. Bei Nichteintritt oder Verkürzung der Freistellung durch **planwidrige Weiterbeschäftigung** erfolgt eine **Versteuerung** des Wertguthabens nach allgemeinen Grundsätzen erst im Zeitpunkt der **Auszahlung.** Auf die Erläuterungen unter der nachfolgenden Nr. 7 wird hingewiesen.

Schließlich hat der Arbeitnehmer bei einer **Beendigung** der Beschäftigung – neben der zum Lohnzufluss führenden Auflösung – das **Wahlrecht,** das Wertguthaben auf den **neuen Arbeitgeber** oder die **Deutsche Rentenversicherung zu übertragen** (vgl. die Erläuterungen unter der nachfolgenden Nr. 8).

Gliederung:

1. Allgemeines
2. Lohnsteuerliche und sozialversicherungsrechtliche Behandlung von Zeitwertkonten
3. Lohnsteuerliche Behandlung von Zeitwertkonten
   a) Grundsatz
   b) Besteuerungszeitpunkt
   c) Verwendung des Guthabens zugunsten einer betrieblicher Altersversorgung
4. Begünstigter Personenkreis
   a) Arbeitnehmer in einem gegenwärtigen Dienstverhältnis
   b) Befristete Arbeitsverhältnisse
   c) Organe von Körperschaften
   d) Als Arbeitnehmer beschäftigte beherrschende Anteilseigner
5. Modellinhalte des Zeitwertkontos
   a) Aufbau des Zeitwertkontos
   b) Kein Rechtsanspruch des Arbeitnehmers gegenüber einem Dritten
   c) Verzinsung des Guthabens
   d) Zuführung von steuerfreiem Arbeitslohn zum Guthaben
6. Zeitwertkontengarantie
   a) Inhalt der Zeitwertkontengarantie
   b) Zeitwertkontengarantie des Arbeitgebers
   c) Zeitwertkontengarantie des Anlageinstituts
   d) Besondere Übergangsregelung zur Zeitwertkontengarantie
7. Planwidrige Verwendung der Wertguthaben
   a) Auszahlung bei existenzbedrohender Notlage
   b) Beendigung des Dienstverhältnisses vor oder während der Freistellungsphase
   c) Planwidrige Weiterbeschäftigung
8. Übertragung des Guthabens bei Beendigung der Beschäftigung
9. Sozialversicherungsrechtliche Behandlung von Zeitwertkonten
   a) Allgemeines
   b) Verwendung des Wertguthabens

---

*) BMF-Schreiben vom 17.6.2009 (BStBl. I S. 1286). Das BMF-Schreiben ist als Anlage 3 zu H 38.2 LStR im **Steuerhandbuch für das Lohnbüro 2010** abgedruckt, das im selben Verlag erschienen ist. Das **PC-Lexikon für das Lohnbüro 2010** enthält auch dieses Handbuch und hat außerdem den Vorteil, dass Sie **alle BFH-Urteile** sowie die aktuellen Rundschreiben und Niederschriften der Spitzenverbände der **Sozialversicherung** mit Mausklick **im Volltext** abrufen und ausdrucken können. Eine Bestellkarte finden Sie vorne im Lexikon.

Arbeitszeitkonten

c) Angemessenheit des Arbeitslohns in der Freizeitphase
d) Berechnung der Beiträge bei Inanspruchnahme des Wertguthabens
e) Anlagesicherung
f) Insolvenzschutz
g) Mitnahme und Übertragung von Wertguthaben
h) Störfälle – Nicht vereinbarungsgemäße Verwendung des Wertguthabens, sog. Störfälle
i) Feststellung der SV-Luft nach dem Summenfelder-Modell
k) Melde- und Aufzeichnungspflichten

1. Allgemeines

Das Bestreben, die Arbeitszeit flexibler zu gestalten hat zu verschiedenen Arbeitszeitmodellen geführt, mit denen insbesondere älteren Arbeitnehmern der Weg zu einem gleitenden Übergang in den Ruhestand geebnet werden soll. Denn hierzu sollen nicht allein die Leistungen nach dem Altersteilzeitgesetz dienen (vgl. die ausführlichen Erläuterungen beim Stichwort „Altersteilzeit"). Den Wunsch nach einer flexibler Arbeitszeit haben jedoch nicht nur ältere Arbeitnehmer. So gibt es z. B. im öffentlichen Schuldienst ein sog. **Sabbatjahr** (= Freizeitjahr), um Zeiten eines größeren und eines geringeren Bedarfs an Lehrpersonal auszugleichen. Unter bestimmten Voraussetzungen können sich die Beschäftigten für ein Freizeitjahr melden; sie erhalten dann z. B. fünf Jahre lang bei voller Stundenzahl nur 80 % ihrer Bezüge, wobei sie im fünften Jahr beurlaubt sind.

Andere Tarifpartner wollen ganz allgemein die Arbeitszeiten flexibler gestalten und vereinbaren zunehmend Jahresarbeitszeiten. Dies ermöglicht es, z. B. Mehrarbeit nicht zusätzlich zu vergüten, sondern in einem festgelegten Umfang gegen Freizeit zu tauschen. Dazu wird ein **Jahresarbeitszeitkonto** geführt, in dem die angesparte Mehrarbeit und die dagegen verrechneten Freischichten dargestellt werden.

Außerdem gibt es Modelle, die über die Jahresarbeitszeit hinaus reichen. Hiernach kann es dem Arbeitnehmer ermöglicht werden, auf die Entlohnung für Mehrarbeit, bezahlte Erholungspausen, Lohnzuschläge für Sonn-, Feiertags- oder Nachtarbeit oder auch bestimmte Sonderleistungen wie das Urlaubs- oder Weihnachtsgeld oder eine Gewinnbeteiligung zugunsten einer Zeitgutschrift zu verzichten, die auf einem **Lebensarbeitszeitkonto** angespart wird. Zu diesem Zweck werden individuelle Zeitwertkonten eingerichtet, die bei Geldguthaben als Geldkonten und bei Zeitguthaben als Zeitkonten geführt werden. Die Beschäftigten erhalten meist ein Zeit-Wertpapier, mit dem der Anspruch gegenüber dem Arbeitgeber auf bezahlte Freistellung dokumentiert wird. Die Gutschrift erfolgt in dem Zeitpunkt, in dem die ursprünglichen Ansprüche fällig gewesen wären, und zwar mit dem entsprechenden Bruttobetrag. Sobald der Arbeitnehmer die Freistellung von der Arbeitsleistung in Anspruch nimmt, wird das aktuelle Guthaben im Zeitwertkonto in Arbeitszeit umgerechnet. Seit 1.1.2009 werden die Arbeitszeitkonten regelmäßig von Beginn an als Geldkonten/Wertkonten geführt.

Durch das zum 1.1.2009 in Kraft getretene **Gesetz zur Verbesserung der Rahmenbedingungen für die Absicherung flexibler Arbeitszeitregelungen** und zur Änderung anderer Gesetze (sog. Flexi-II-Gesetz) ist vor allen Dingen der Insolvenzschutz von Wertguthaben verbessert und eine beschränkte Portabilität eingeführt worden (vgl. die Erläuterungen unter der nachfolgenden Nr. 9).

2. Lohnsteuerliche und sozialversicherungsrechtliche Behandlung von Zeitwertkonten

Für die lohnsteuerliche und sozialversicherungsrechtliche Behandlung gilt folgender Grundsatz:

Die Wertgutschrift auf einem Zeitwertkonto löst lohnsteuerlich nur dann keinen Zufluss von Arbeitslohn aus, wenn

	Lohn-steuer-pflichtig	Sozial-versich.-pflichtig

bestimmte Vorgaben eingehalten werden. Sozialversicherungsrechtlich wird die Fälligkeit der Sozialversicherungsbeiträge hinausgeschoben, wenn die in den sog. Flexi-Gesetzen festgelegten Voraussetzungen erfüllt sind.   nein   nein

Die Lohnsteuer ist erst bei der Auszahlung des Wertguthabens in der Freistellungsphase einzubehalten. Die Sozialversicherungsbeiträge werden ebenfalls erst in der Freistellungsphase fällig.   ja   ja

Bei der Berechnung der Lohnsteuer im Zeitpunkt der Auszahlung des Wertguthabens ergeben sich keine Besonderheiten. Die Berechnung der Sozialversicherungsbeiträge erfolgt nach einem komplizierten Verfahren (Feststellung der SV-Luft nach dem Summenfelder-Modell). Die lohnsteuerliche Behandlung ist im Einzelnen unter den nachfolgenden Nrn. 3 bis 8 erläutert. Zur Sozialversicherung wird auf die nachfolgende Nr. 9 hingewiesen.

3. Lohnsteuerliche Behandlung von Zeitwertkonten

a) Grundsatz

Bei Zeitwertkonten vereinbaren Arbeitgeber und Arbeitnehmer, dass der Arbeitnehmer künftig fällig werdenden Arbeitslohn nicht sofort ausbezahlt erhält, sondern dieser Arbeitslohn beim Arbeitgeber nur betragsmäßig erfasst wird, um ihn in im Zusammenhang mit einer vollen oder teilweisen Arbeitsfreistellung während des noch fortbestehenden Dienstverhältnisses auszuzahlen. In der Zeit der Arbeitsfreistellung ist dabei das angesammelte Guthaben um den Vergütungsanspruch zu vermindern, der dem Arbeitnehmer in der Freistellungsphase gewährt wird. Der steuerliche Begriff des Zeitwertkontos entspricht insoweit dem Begriff der Wertguthabenvereinbarungen im Sinne von § 7b SGB IV **(Lebensarbeitszeit-/Langzeitkonten)**.

Sog. **Flexi- oder Gleitzeitkonten** sind hingegen **keine Zeitwertkonten** in diesem Sinne. Bei diesen Konten ist nämlich eine Freistellung von der Arbeitsleistung nicht das vorrangige Ziel der Vereinbarung. Derartige Vereinbarungen dienen vielmehr der flexiblen Gestaltung der werktäglichen oder wöchentlichen Arbeitszeit oder sollen betriebliche Produktions- und Arbeitszyklen ausgleichen (vgl. auch § 7b Nr. 2 SGB IV wonach es sich gerade nicht um Wertguthabenvereinbarungen im sozialversicherungsrechtlichen Sinne handelt). Die Ansammlung von Mehr- oder Minderarbeitszeiten auf einem Flexi- oder Gleitzeitkonto ist lohnsteuerlich irrelevant. Bei **Auszahlung** an den Arbeitnehmer bzw. anderweitiger wirtschaftlicher Verfügungsmacht des Arbeitnehmers liegt lohnsteuerlich ein **Zufluss** vor.

b) Besteuerungszeitpunkt

Weder die **Vereinbarung** eines Zeitwertkontos **noch** die **Wertgutschrift** auf diesem Konto führen zum **Zufluss** von Arbeitslohn, sofern die getroffene Vereinbarung allen nachfolgend aufgeführten Voraussetzungen entspricht. Dies gilt auch für die in das Wertguthaben einzustellenden Arbeitgeberbeiträge zur Sozialversicherung. Erst die **Auszahlung** des Guthabens während der Freistellung löst Zufluss von Arbeitslohn und damit eine **Besteuerung** aus; für die Arbeitgeberbeiträge zur Sozialversicherung ist die Steuerbefreiungsvorschrift des § 3 Nr. 62 EStG anzuwenden. Das gilt auch dann, wenn die Freistellungsphase (Entnahmephase) ausnahmsweise vor der Arbeitsphase (Ansparphase) genommen wird.

Beispiel A

Im Tarifvertrag ist vereinbart, dass der Arbeitnehmer bei Mehrarbeit keine zusätzliche Vergütung zahlt; sondern die geleistete Mehrarbeit auf einem Zeitwertkonto gutgeschrieben wird. Die bezüglich des Zeitwertkontos getroffene Vereinbarung sieht vor, dass der Arbeitnehmer zwei Jahre vor Rentenbeginn freigestellt wird.

In der Zeit der Mehrarbeit (Ansparphase) unterliegt nur der tatsächlich ausgezahlte Lohn dem Lohnsteuerabzug. Ebenso ist es in der Zeit der Freistellung (Entnahmephase).

Arbeitszeitkonten

Die **Gutschrift** von Arbeitslohn (laufender Arbeitslohn, Einmal- und Sonderzahlungen) zugunsten eines Zeitwertkontos wird aus Vereinfachungsgründen auch dann steuerlich **anerkannt**, wenn die Gehaltsänderungsvereinbarung bereits erdiente, aber noch **nicht fällig** gewordene **Arbeitslohnanteile** umfasst.

Beispiel B
Gehaltsumwandlung eines Bonus, der für die Tätigkeit und auf der Grundlage des Gewinns des Wirtschaftsjahres 2009 gewährt und im Mai 2010 fällig wird. Die Gehaltsumwandlung zugunsten einer Wertgutschrift auf dem Zeitwertkonto wird im März 2010 zwischen Arbeitgeber und Arbeitnehmer vereinbart.

Die Gehaltsumwandlung ist steuerlich anzuerkennen, da sie vor Fälligkeit des Bonus vereinbart worden ist. Unmaßgeblich ist, dass der Arbeitnehmer den Bonus 2009 im Zeitpunkt der Vereinbarung der Gehaltsumwandlung (März 2010) in vollem Umfang „erdient" hatte.

Beispiel C
Wie Beispiel B. Die Gehaltsumwandlung zugunsten einer Wertgutschrift auf dem Zeitwertkonto wird erst im Juni 2010 – also nach Fälligkeit des Bonus – vereinbart.

Die Gehaltsumwandlung ist steuerlich nicht anzuerkennen, da bereits fällig gewordener Arbeitslohn umgewandelt wird. Es handelt sich daher um eine steuerpflichtige Lohnverwendungsabrede.

Vorstehendes gilt auch dann, wenn eine Einmal- oder Sonderzahlung einen Zeitraum von mehr als einem Jahr betrifft.

Beispiel D
Gehaltsumwandlung von Boni, die für die Tätigkeit und auf der Grundlage der Gewinne der Wirtschaftsjahre 2008 und 2009 gewährt und im Februar 2010 fällig werden. Die Gehaltsumwandlung zugunsten einer Wertgutschrift auf dem Zeitwertkonto wird im Januar 2010 zwischen Arbeitgeber und Arbeitnehmer vereinbart.

Die Gehaltsumwandlung ist steuerlich anzuerkennen, da sie vor Fälligkeit der Boni vereinbart worden ist. Unmaßgeblich ist, dass die Zahlung der Boni einen Zeitraum von mehr als einem Jahr betrifft.

c) Verwendung des Guthabens zugunsten einer betrieblicher Altersversorgung

Wird das **Guthaben** des Zeitwertkontos aufgrund einer Vereinbarung zwischen Arbeitgeber und Arbeitnehmer vor Fälligkeit (= planmäßige Auszahlung während der Freistellung) ganz oder teilweise zugunsten der **betrieblichen Altersversorgung** herabgesetzt, ist dies steuerlich als Gehaltsumwandlung **anzuerkennen.** Der Zeitpunkt des Zuflusses dieser zugunsten der betrieblichen Altersversorgung umgewandelten Beträge richtet sich nach dem Durchführungsweg der zugesagten betrieblichen Altersversorgung (vgl. die Erläuterungen im Anhang 6 Nr. 3).

Beispiel
Die planmäßige Auszahlung eines Guthabens auf dem Zeitwertkonto ist ab Juli 2010 vorgesehen. Im Mai 2010 „verzichtet" der Arbeitnehmer auf das Guthaben zugunsten einer Direktzusage seines Arbeitgebers. Die entsprechenden Versorgungsleistungen aufgrund der Direktzusage des Arbeitgebers (= Betriebsrente) werden ab Januar 2011 ausgezahlt.

Die Gehaltsumwandlung des Guthabens auf dem Zeitwertkonto zugunsten einer betrieblichen Altersversorgung ist steuerlich anzuerkennen, da sie vor der planmäßigen Auszahlung des Guthabens auf dem Zeitwertkonto und damit „vor Fälligkeit" vereinbart wurde. Bei dem Durchführungsweg der betrieblichen Altersversorgung „Direktzusage" liegt ein Lohnzufluss erst bei Zahlung der Altersversorgungsleistungen an den Arbeitnehmer (hier ab Januar 2011) vor.

Bei einem **Altersteilzeitarbeitsverhältnis** im sog. Blockmodell gilt dies in der Arbeitsphase und der Freistellungsphase entsprechend. Folglich ist auch in der Freistellungsphase steuerlich von einer Gehaltsumwandlung auszugehen, wenn vor Fälligkeit (= planmäßige Auszahlung) vereinbart wird, das Guthaben des Zeitwertkontos oder den während der Freistellung auszuzahlenden Arbeitslohn zugunsten der betrieblichen Altersversorgung herabzusetzen.

Zu beachten ist, dass die **beitragsfreie Übertragung** von Wertguthaben zugunsten von betrieblicher Altersversorgung **für Neuverträge (Abschluss nach dem 13.11.2008) abgeschafft** worden ist (§ 23b Abs. 3a SGB IV). Dies gilt unabhängig davon, ob für den Beschäftigungsbetrieb eine tarifliche Regelung oder Betriebsvereinbarung eine entsprechende Übertragungsmöglichkeit vorsieht. Damit dürften die steuerlichen Regelungen in der Praxis für einen großen Personenkreis an Bedeutung verloren haben.

4. Begünstigter Personenkreis

a) Arbeitnehmer in einem gegenwärtigen Dienstverhältnis

Ein Zeitwertkonto kann grundsätzlich für alle Arbeitnehmer im Rahmen eines gegenwärtigen Dienstverhältnisses eingerichtet werden. Dazu gehören auch Arbeitnehmer mit einer **geringfügigen Beschäftigung** im sozialversicherungsrechtlichen Sinne. Bei diesen Arbeitnehmern werden aber „echte" Langzeitkonten oder Lebensarbeitszeitkonten selten sein. Bei kurzfristig Beschäftigten ist die Bildung von Zeitwertkonten von vornherein ausgeschlossen. Aufgrund des Sinn und Zwecks des Zeitwertkontos („Verschiebung" des Lohnzuflusses in Zeiten der Arbeitsfreistellung) ist die Einrichtung eines solchen Kontos bei Versorgungsempfängern nicht mehr möglich.

b) Befristete Arbeitsverhältnisse

Bei befristeten Dienstverhältnissen werden Zeitwertkonten steuerlich nur anerkannt, wenn die sich während der Beschäftigung ergebenden Guthaben bei normalem Ablauf während der Dauer des befristeten Dienstverhältnisses durch Freistellung ausgeglichen werden. Der **Ausgleich** des Zeitwertkontos muss also **innerhalb** der vertraglich vereinbarten **Befristung** erfolgen. Hierdurch sollen bestimmte Gestaltungen (z. B. Zeitwertkonto bei einem für zwei Jahre angestellten Profisportler) von vornherein ausgeschlossen werden.

c) Organe von Körperschaften

Zeitwertkonten von Organen einer Körperschaft (z. B. **Vorstandsmitglieder** einer AG) werden steuerlich nicht anerkannt, da sie mit dem Aufgabenbild des Organs einer Körperschaft **nicht vereinbar** sind. Etwaige Gutschriften auf dem Zeitwertkonto führen daher zum Zeitpunkt der Gutschrift zum Zufluss von Arbeitslohn.

Beispiel A
Auf dem Zeitwertkonto des Vorstands A wird für einen Teil der Tantieme des Vorjahres eine Wertgutschrift von 5000 € vorgenommen.

Da Zeitwertkonten bei Organen von Körperschaften grundsätzlich nicht anerkannt werden, führt die Gutschrift auf dem Zeitwertkonto in Höhe von 5000 € zum Lohnzufluss.

Auch bei Geschäftsführern einer GmbH (= Organ der GmbH) werden **Zeitwertkonten** steuerlich **nicht anerkannt.** Gutschriften auf dem Zeitwertkonto führen daher – vorbehaltlich einer verdeckten Gewinnausschüttung – zum Zufluss von Arbeitslohn. Dies gilt auch für Fremdgeschäftsführer.

Beispiel B
Ein Alleingesellschafter einer GmbH beabsichtigt in Höhe seiner Gewinntantieme vor Fälligkeit eine entsprechende Gutschrift auf einem Zeitwertkonto vorzunehmen.

Bei Geschäftsführern einer GmbH werden Zeitwertkonten steuerlich nicht anerkannt mit der Folge, dass bei dieser Personengruppe auch eine Gutschrift auf einem solchen Konto zum Zufluss von Arbeitslohn führt. Diese steuerpflichtigen Zuführungen sind im Zeitwertkonto gesondert aufzuzeichnen.

Besondere **Übergangsregelung: Zuführungen** zu einem Zeitwertkonto **bis** zum **31.1.2009** sind bei Organen von Körperschaften erst bei Auszahlung zu versteuern. Die Anwendung der Übergangsregelung setzt aber voraus, dass die Zeitwertkontenmodelle aus Vertrauensschutzgründen steuerlich anzuerkennen gewesen wären und es sich nicht um verdeckte Gewinnausschüttungen handelt. Das Vorliegen und der Nachweis der Vertrauensschutzgründe bedarf grundsätzlich einer Prüfung im jeweiligen Einzelfall.

Arbeitszeitkonten

Beispiel C

Das Betriebsstättenfinanzamt hat einer GmbH aufgrund einer gestellten Anrufungsauskunft im Januar 2008 mitgeteilt, dass auch für Gesellschafter-Geschäftsführer Zeitwertkontenmodelle gebildet werden dürfen. Die GmbH hat für ihren Gesellschafter-Geschäftsführer daher bis zum 31.1.2009 einen Betrag in Höhe von 50 000 € in ein Zeitwertkonto eingestellt.

Angesichts der positiven Anrufungsauskunft des Betriebsstättenfinanzamts sind die bis zum 31.1.2009 zum Zeitwertkonto des Gesellschafter-Geschäftsführers vorgenommenen Zuführungen aufgrund der Übergangsregelung erst bei Auszahlung als Arbeitslohn zu versteuern.

Der **Erwerb einer Organstellung** hat keinen Einfluss auf ein bis zu diesem Zeitpunkt aufgebautes Guthaben. Nach Erwerb der Organstellung führen alle weiteren Zuführungen zu dem Zeitwertkonto zum Zufluss von Arbeitslohn.

Beispiel C

Das Zeitwertkonto eines Arbeitnehmers weist zum 30.6.2010 ein Guthaben von 80 000 € auf. Zum 1.7.2010 wird er zum Fremdgeschäftsführer der GmbH bestellt.

Der Erwerb der Organstellung hat keinen Einfluss auf das bis zum 30.6.2010 aufgebaute Guthaben. Dieses Guthaben ist erst bei seiner späteren Auszahlung als Arbeitslohn zu versteuern. Alle weiteren Zuführungen zu dem Zeitwertkonto ab 1.7.2010 (= Erwerb der Organstellung) würden allerdings unmittelbar zu einem Zufluss von Arbeitslohn führen.

Sollte das Dienstverhältnis nach Beendigung der Organstellung weiter bestehen, kann das Guthaben auf dem Zeitwertkonto nach dem Zeitpunkt der Beendigung der Organstellung durch „unversteuerte" Zuführungen weiter aufgebaut oder das aufgebaute Guthaben für Zwecke der Freistellung verwendet werden.

d) Als Arbeitnehmer beschäftigte beherrschende Anteilseigner

Auch bei Arbeitnehmern, die in der Gesellschaft beschäftigt sind, an der sie die Mehrheit der Anteile halten, werden **Zeitwertkonten** steuerlich **nicht anerkannt.** Gutschriften auf dem Zeitwertkonto führen daher zum Zufluss von Arbeitslohn.

Der Erwerb der Mehrheit der Anteile hat aber keinen Einfluss auf ein bis zu diesem Zeitpunkt aufgebautes Guthaben. Nach Erwerb der Mehrheit der Anteile führen aber auch bei diesem Personenkreis alle weiteren Zuführungen zu dem Zeitwertkonto zum Zufluss von Arbeitslohn.

Die unter dem vorstehenden Buchstaben c) angesprochene besondere Übergangsregelung bei Organen von Körperschaften bis zum 31.1.2009 gilt auch für als Arbeitnehmer beschäftigte beherrschende Anteilseigner.

5. Modellinhalte des Zeitwertkontos

a) Aufbau des Zeitwertkontos

In ein Zeitwertkonto können **keine weiteren Gutschriften** mehr unversteuert eingestellt werden, sobald feststeht, dass das vorhandene Guthaben **nicht mehr durch Freistellung** vor dem Ruhestand vollständig **aufgebraucht** werden kann. Durch diese Regelung soll also die Zuführung von Gutschriften zu einem Zeitwertkonto der Höhe nach begrenzt werden.

Um eine möglichst weitgehende **Anlehnung** an das **Sozialversicherungsrecht** zu erreichen, wird steuerlich bei Wertguthabenvereinbarungen, die die Anforderungen § 7 Abs. 1a Satz 1 Nr. 2 SGB IV hinsichtlich der **Angemessenheit** der Höhe des während der **Freistellung fälligen Arbeitsentgelts** berücksichtigen, davon ausgegangen, dass die dem Zeitwertkonto zugeführten Beträge auch durch Freistellung vollständig aufgebraucht werden können. Eine weitere Prüfung ist in diesen Fällen regelmäßig entbehrlich. In einer großen Anzahl der Fälle dürfte daher der Aufbau des Zeitwertkontos auch aus steuerlicher Sicht unproblematisch sein.

Lediglich bei **Zeitwertkonten,** die die **vorstehenden Voraussetzungen nicht erfüllen** oder **nicht** unter den Anwendungsbereich des **SGB IV** fallen, beabsichtigt die Finanzverwaltung mit ihren Regelungen den Aufbau von Guthaben eines Zeitwertkontos betragsmäßig zu begrenzen. Unversteuerte Zuführungen zu einem Zeitwertkonto sollen nur bis zu dem Betrag möglich sein, der durch einen etwaigen Freistellungszeitraum vor einem etwaigen Bezug der Altersrente nach dem SGB VI auch tatsächlich verbraucht werden kann. Diese Prüfung ist anhand einer jährlichen **Prognoseentscheidung** vorzunehmen.

Da für die Prognoseentscheidung zum einen der **ungeminderte Arbeitslohnanspruch** (ohne Gehaltsänderungsvereinbarung) maßgebend ist, kann man seinen Arbeitslohn (theoretisch) bis auf 0 € zugunsten von Gutschriften auf einem Zeitwertkonto herabsetzen. Zum anderen gilt für die Prognoseentscheidung der voraussichtliche „**Maximalzeitraum**" der noch zu beanspruchenden **Freistellung.** Dieser Zeitraum bestimmt sich nach der vertraglichen Vereinbarung, höchstens jedoch bis zum spätesten Zeitpunkt für die Regelaltersgrenze nach dem SGB VI.

Beispiel A

Zwischen dem 55-jährigen Arbeitnehmer B und seinem Arbeitgeber wird vereinbart, dass künftig die Hälfte des Arbeitslohns in ein Zeitwertkonto eingestellt wird, das dem Arbeitnehmer während der Freistellungsphase ratierlich ausgezahlt werden soll. Das Arbeitsverhältnis soll planmäßig mit Beendigung des 67. Lebensjahres beendet werden. Der aktuelle Jahresarbeitslohn beträgt 100 000 €. Nach sieben Jahren beträgt das Guthaben 370 000 €. Der Jahresarbeitslohn im Jahr 08 beläuft sich auf 120 000 €. Kann hiervon wieder die Hälfte dem Wertguthaben zugeführt werden?

Nach Ablauf des achten Jahres verbleiben für die Freistellungsphase noch vier Jahre. Eine Auffüllung des Zeitwertkontos ist bis zu einem Betrag von 480 000 € (= ungekürzter Arbeitslohn des laufenden Jahres von 120 000 € × Dauer der Freistellungsphasen in Jahren = 4) steuerlich unschädlich. Daher kann ohne weiteres ein Betrag von 60 000 € (½ von 120 000 €) unversteuert dem Zeitwertkonto zugeführt werden.

Hinweis: Sollte aber im Jahr 09 die Freistellungsphase noch nicht begonnen haben, können keine weiteren Guthaben mehr in das Zeitwertkonto eingestellt werden (Prognoserechnung: Bei einem Jahresarbeitslohn von 120 000 € für die Freistellungsphase von drei Jahren ergibt sich am Ende des Jahres 09 ein maximaler Wert von 360 000 €). Allerdings ist in diesem Fall vor Auszahlung des Guthabens keine (zwangsweise) Versteuerung des 360 000 € übersteigenden Betrags vorzunehmen.

Bei einer **erfolgsabhängigen Vergütung** ist neben dem Festgehalt (= Fixum) auch der erfolgsabhängige Vergütungsbestandteil zu berücksichtigen. Dabei bestehen keine Bedenken, insoweit den Durchschnittsbetrag der letzten fünf Jahre zugrunde zu legen. Wird die erfolgsabhängige Vergütung noch keine fünf Jahre gewährt oder besteht das Dienstverhältnis noch keine fünf Jahre, ist der Durchschnittsbetrag dieses Zeitraums zugrunde zu legen. Die **Einbeziehung** der erfolgsabhängigen Vergütungen erweist sich für den Arbeitnehmer als **vorteilhaft,** da sich hierdurch das in ein Zeitwertkonto maximal einstellbare (unversteuerte) Volumen erhöht.

Beispiel B

Zwischen dem 55-jährigen Arbeitnehmer C und seinem Arbeitgeber wird vereinbart, dass künftig die Hälfte des Arbeitslohns in ein Zeitwertkonto eingestellt wird, das dem Arbeitnehmer während der Freistellungsphase ratierlich ausgezahlt werden soll. Das Arbeitsverhältnis soll planmäßig mit Vollendung des 67. Lebensjahres beendet werden. C bezieht im Jahr 01 ein Festgehalt von 100 000 €. Daneben erhält er erfolgsabhängige Vergütungsbestandteile, die ebenfalls hälftig dem Zeitwertkonto zugeführt werden sollen. Nach sieben Jahren beträgt das Guthaben des Zeitwertkontos 520 000 €. Die Fixvergütung beläuft sich im Jahr 08 auf 120 000 €. Die variablen Vergütungsbestandteile im Jahr 08 betragen 80 000 €; in den letzten fünf Jahren standen ihm variable Vergütungen in Höhe von insgesamt 300 000 € zu.

Dem Zeitwertkonto können im achten Jahr 100 000 € (= ½ von 120 000 € Festgehalt plus 80 000 € variable Vergütung) zugeführt werden. Damit beläuft sich das Guthaben des Zeitwertkontos am Ende des achten Jahres auf 620 000 € und ist – bezogen auf eine mögliche Freistellungsphase von vier Jahren – weiterhin geringer als das Vierfache des aktuellen jährlichen Festgehalts (120 000 €) zuzüglich der durchschnittlichen jährlichen variablen Vergütungen von 60 000 € (300 000 € : 5 Jahre), die sich somit für einen Freistellungszeitraum von vier Jahren auf 720 000 € belaufen (= 180 000 € × 4 Jahre).

Können nach den vorstehenden Grundsätzen keine weiteren Gutschriften in das Zeitwertkonto eingestellt wer-

Arbeitszeitkonten

den, sind dennoch vorgenommene weitere Gutschriften auf dem Zeitwertkonto als Einkommensverwendung anzusehen, die zum Zufluss von steuerpflichtigem Arbeitslohn führt.

Beispiel C

Ein 63-jähriger Arbeitnehmer mit einem Jahresgehalt von 50 000 €, der mit „65" in Rente gehen soll, hat sich auf seinem Zeitwertkonto über viele Jahre ein Guthaben von 100 000 € (Stand 31.12.2009) aufgebaut. Im Mai 2010 möchte er auf seinem Zeitwertkonto eine weitere Wertgutschrift von 5 000 € vornehmen.

Im Jahre 2010 sind keine weiteren Zuführungen zum Zeitwertkonto möglich, da das am 31.12.2009 vorhandene Guthaben von 100 000 € für den maximalen Freistellungszeitraum von zwei Jahren (2 Jahre á 50 000 € Jahresgehalt = 100 000 €) ausreicht. Würde im Mai 2010 dennoch eine weitere Wertgutschrift vorgenommen, würde diese insoweit zu einem steuerpflichtigen Lohnzufluss führen.

b) Kein Rechtsanspruch des Arbeitnehmers gegenüber einem Dritten

Wird das Guthaben eines Zeitwertkontos aufgrund der Vereinbarung zwischen Arbeitgeber und Arbeitnehmer z. B. als Depotkonto bei einem Kreditinstitut oder Fonds geführt, darf der Arbeitnehmer zur Vermeidung eines Lohnzuflusses keinen unmittelbaren Rechtsanspruch gegenüber dem Dritten haben.

Beispiel A

Arbeitgeber A und Arbeitnehmer B haben vereinbart, das Guthaben auf dem Zeitwertkonto des B bei einer Kapitalanlagegesellschaft zu führen. B hat keinen eigenen Anspruch gegenüber der Fondsgesellschaft. Allerdings sind die Ansprüche des A gegenüber der Fondsgesellschaft für den Fall der Liquidation oder der Vollstreckung in den Anspruch durch Dritte an den B abgetreten.

Das Guthaben führt bei B mangels eigenen Anspruch gegenüber der Fondsgesellschaft noch nicht zu einem Lohnzufluss. Die Abtretung des Anspruchs von A an B wird rechtlich erst wirksam, wenn die Bedingung eintritt (§ 158 Abs. 1 BGB).

Beauftragt der Arbeitgeber ein externes Vermögensverwaltungsunternehmen mit der Anlage der Guthabenbeträge, findet die **Minderung** wie auch die **Erhöhung** des Depots z. B. durch Zinsen und Wertsteigerungen infolge von Kursgewinnen zunächst in der **Vermögenssphäre** des **Arbeitgebers** statt. Beim Arbeitnehmer sind die durch die Anlage des Guthabens erzielten Vermögensminderungen/-mehrungen erst bei Auszahlung der Beträge in der Freistellungsphase lohnsteuerlich relevant, wobei die **ausgezahlten Beträge** als **Arbeitslohn** zu erfassen sind.

Ein **Kapitalanlagewahlrecht** des Arbeitnehmers ist übrigens für die Frage des Lohnzuflusses **unschädlich.**

Beispiel B

Wie Beispiel A. Alle drei Monate kann B neu bestimmen, ob das Guthaben des Zeitwertkontos in einem Aktien-, Renten-, Immobilien- oder einem Mischfonds angelegt werden soll.

Das Kapitalanlagewahlrecht des B führt noch nicht zu einem Lohnzufluss des Wertguthabens.

Immer mehr Arbeitgeber sichern die Ansprüche der Arbeitnehmer aus einer betrieblichen Altersversorgung für den Fall der **Insolvenz** – über die gesetzlich eingerichtete Insolvenzsicherung über den Pensions-Sicherungs-Verein hinaus – zusätzlich privatrechtlich ab. Diese **privatrechtliche Absicherung** geschieht vielfach über sog. „Contractual Trust Agreement". Dabei handelt es sich um **Treuhandkonstruktionen,** durch die der besondere Zugriff des Insolvenzverwalters auf die ganz oder teilweise unter „wirtschaftlicher Beteiligung" des Arbeitnehmers (z. B. durch Gehaltsumwandlung) erworbenen Ansprüche auf Leistungen der betrieblichen Altersversorgung verhindert wird. Es ist gesetzlich sichergestellt worden, dass das Einstehen eines Dritten für die Erfüllung von Ansprüchen aufgrund bestehender Versorgungsverpflichtungen oder -anwartschaften im Fall der Eröffnung des Insolvenzverfahrens oder in gleichstehenden Fällen (z. B. Abweisung des Antrags auf Eröffnung des Insolvenzverfahrens mangels Masse; vgl. im Einzelnen § 7 Abs. 1 Satz 4 des Betriebsrentengesetzes) **nicht** zu einem **Zufluss** von steuerpflichtigen Arbeitslohn für den Arbeitnehmer führt. Schließlich führt die Insolvenzsicherung nicht zu neuen oder höheren Ansprüchen, sondern schützt nur die bereits vorhandenen Ansprüche für den Fall der Insolvenz des Arbeitgebers. Neben den Ansprüchen der Arbeitnehmer auf Leistungen der betrieblichen Altersversorgung werden durch CTA-Modelle und ähnliche Gestaltungen **auch Ansprüche** der Arbeitnehmer bei Altersteilzeitmodellen und aus Arbeitszeitkonten (**= Zeitwertkonten**) gesichert. Auch hier gilt die **Steuerbefreiungsvorschrift des § 3 Nr. 65 Buchstabe c EStG.** Die **späteren Zahlungen** durch den Dritten an den Arbeitnehmer oder seine Hinterbliebenen führen zum Zufluss von **Arbeitslohn,** von dem der Dritte den **Lohnsteuerabzug** vorzunehmen hat (§ 3 Nr. 65 Sätze 2 bis 4 EStG).

c) Verzinsung des Guthabens

Im Rahmen von Zeitwertkonten kann dem Arbeitnehmer auch eine Verzinsung des Guthabens zugesagt werden. Diese kann z. B. in einem festen jährlichen Prozentsatz des angesammelten Guthabens bestehen, wobei sich der Prozentsatz z. B. nach dem Umfang der jährlichen Gehaltserhöhung oder nach der Entwicklung bestimmter am Kapitalmarkt angelegter Vermögenswerte richten kann.

Die Zinsen erhöhen das Guthaben des Zeitwertkontos und sind erst im Zeitpunkt der **Auszahlung** an den Arbeitnehmer als **Arbeitslohn** zu erfassen.

Beispiel

Arbeitgeber A hat seinen Arbeitnehmern als zusätzlichen Anreiz zugesagt, die Guthaben auf den Zeitwertkonten in Höhe der jährlichen Inflationsrate zu verzinsen und das jeweilige Guthaben entsprechend zu erhöhen.

Auch die jährlich gutgeschriebenen Zinsen sind erst im Zeitpunkt der Auszahlung an den Arbeitnehmern als Arbeitslohn zu versteuern.

Sind in einem Zeitwertkonto (auch) Guthaben enthalten, die bereits bei Zuführung zu steuerpflichtigen Arbeitslohn führten, müssen sie im Zeitwertkonto gesondert aufgezeichnet werden. Werden **unbesteuerte** und **besteuerte Zuwendungen** verzinst, ist eine **Aufteilung** der **Zinsen** vorzunehmen. Eine Verzinsung der unbesteuerten Zuführungen führt erst bei der späteren Auszahlung zu Arbeitslohn. Eine Verzinsung der besteuerten Zuwendungen führt hingegen zu Einkünften aus Kapitalvermögen, da der Arbeitnehmer insoweit eine Forderung gegenüber dem Arbeitgeber hat (§ 20 Abs. 1 Nr. 7 EStG). Da der Arbeitgeber nicht zum Kapitalertragsteuerabzug verpflichtet ist, hat der Arbeitnehmer die auf als Arbeitslohn besteuerte Zuführungen entfallenden Zinsen im Jahr der Gutschrift in seiner Einkommensteuererklärung (Anlage KAP) anzugeben (§ 32d Abs. 3 EStG). Das Finanzamt setzt die 25%ige Abgeltungsteuer auf diese Kapitalerträge (ggf. abzüglich der Ermäßigung bei Kirchensteuerpflicht) im Rahmen der Einkommensteuerveranlagung fest.

d) Zuführung von steuerfreiem Arbeitslohn zum Guthaben

Wird vor der Arbeitsleistung zwischen Arbeitgeber und Arbeitnehmer vereinbart, dass ein steuerfreier Zuschlag (z. B. steuerfreier Zuschlag für Sonntags-, Feiertags- oder Nachtarbeit) auf dem Zeitwertkonto eingestellt und getrennt ausgewiesen wird, bleibt die **Steuerfreiheit** eines solchen Zuschlags auch in der Freistellungsphase (= Auszahlungsphase) **erhalten** (vgl. auch R 3b Abs. 8 LStR).

Beispiel

Es ist vereinbart, dass für Nachtarbeit sowie für Sonn- und Feiertagsarbeit keine Zuschläge gezahlt werden, sondern ein Guthaben auf dem Zeitwertkonto eingerichtet wird.

Soweit die Zuschläge für tatsächlich geleistete Sonntags-, Feiertags- und Nachtarbeit in der Ansparphase steuerfrei sind, bleibt diese Steuerfreiheit auch in der Entnahmephase (= Auszahlungsphase) erhalten.

Die Steuerfreiheit gilt jedoch nur für den Zuschlag als solchen, nicht hingegen für eine darauf beruhende etwaige Verzinsung oder Wertsteigerungen.

Arbeitszeitkonten

6. Zeitwertkontengarantie

a) Inhalt der Zeitwertkontengarantie

Das Sozialversicherungsrecht sieht in den §§ 7d, 7e SGB IV bestimmte Vorgaben für die Führung und Verwaltung von Wertguthaben sowie für den Insolvenzschutz vor. Die Finanzverwaltung verlangt daher, dass die zwischen Arbeitgeber und Arbeitnehmer getroffene Vereinbarung vorsieht, dass zum Zeitpunkt der **planmäßigen Inanspruchnahme** des Guthabens mindestens ein **Rückfluss** der dem Zeitwertkonto **zugeführten Beträge** (ohne Arbeitgeberanteil am Gesamtsozialversicherungsbeitrag) **gewährleistet** ist. Diese Zeitwertkontengarantie ist nicht nur zu Beginn, sondern während der gesamten Auszahlungsphase – unter Abzug der bereits geleisteten Auszahlungen – zu erfüllen.

Planmäßige Inanspruchnahmen im vorstehenden Sinne liegen u. E. in den vertraglich vereinbarten Freistellungsfällen nach § 7c Abs. 1 Nr. 2 SGB IV (Freistellungen vor Rentenbezug, Teilnahme an beruflichen Qualifizierungsmaßnahmen) vor. In den gesetzlich vorgesehen Freistellungsfällen des § 7c Abs. 1 Nr. 1 SGB IV (Pflege naher Angehöriger, Kinderbetreuung, Verringerung der Arbeitszeit nach dem Teilzeit- und Befristungsgesetz) wird man hingegen u. E. nicht von einer planmäßigen Inanspruchnahme des Guthabens sprechen können.

Durch die Zeitwertkontengarantie darf es bei den in das Konto eingestellten Beträge bezogen auf den Zeitpunkt der planmäßigen Inanspruchnahme **nicht** zu einem „**Teilverlust**" oder gar „**Totalverlust**" kommen.

Wertschwankungen sowie die Minderung des Zeitwertkontos (z. B. durch die Abbuchung von Verwaltungskosten und Depotgebühren) in der **Aufbauphase** sind lohnsteuerlich allerdings **unbeachtlich**.

Beispiel A
Im Rahmen eines vereinbarten Zeitwertkontos ergibt sich zum Ende des dritten Jahres innerhalb der zehnjährigen Ansparphase ein Guthaben von 10 000 €. Bei jährlichen Zuführungen von 4000 € ergab sich durch Wertschwankungen sowie die Belastung von Provisionszahlungen und Verwaltungskosten ein geringerer Wert als die Summe der eingezahlten Beträge.
Die Minderung des Guthabens ist unschädlich, wenn bis zum Beginn der planmäßigen Auszahlungsphase die Wertminderung durch Wertsteigerungen der Anlage oder Erträge aus der Anlage wieder ausgeglichen ist.

Beispiel B
Der Stand des Guthabens beträgt zu Beginn der Freistellungsphase 60 000 €. Der Betrag ist auf jährliche Einzahlungen von 5000 € innerhalb der achtjährigen Aufbauphase sowie auf Erträge aus der Anlage und Wertsteigerungen zurückzuführen. Während der Freistellungsphase fallen jährlich Verwaltungskosten in Höhe von 120 € an, die dem Guthaben belastet werden.
Die Belastung des Guthabens mit Verwaltungskosten und sonstigen Gebühren ist unschädlich, denn die Summe des bis zu Beginn der Freistellungsphase eingezahlten Kapitals (= 40 000 €) wird hierdurch nicht unterschritten.

Beispiel C
Der Stand des Guthabens beträgt zu Beginn der Auszahlungsphase 40 200 €. Der Betrag ist auf jährliche Einzahlungen von 5000 € innerhalb der achtjährigen Aufbauphase sowie auf Erträge aus der Anlage zurückzuführen. Er wurde aber in der Vergangenheit auch durch Wertminderungen beeinflusst. Im Hinblick auf die ertragsschwache Anlage wird eine Beratung in Anspruch genommen, die Kosten von 500 € verursacht. Ferner fallen weitere Verwaltungskosten in Höhe von 180 € an.
Da die Summe des zu Beginn der Freistellungsphase eingezahlten Kapitals 40 000 € beträgt, ist die Belastung des Guthabens nur bis zu einem Betrag von 200 € unschädlich. Die restlichen Aufwendungen in Höhe von 480 € (= 500 € + 180 € abzüglich 200 €) muss der Arbeitgeber tragen, da er für den Erhalt des Guthabens in Höhe des eingezahlten Kapitals von 40 000 € einzustehen hat. Die Zahlung des Betrags von 480 € durch den Arbeitgeber führt aber noch nicht zum Zufluss von Arbeitslohn, sondern erst die spätere Auszahlung aus dem Zeitwertkonto.

b) Zeitwertkontengarantie des Arbeitgebers

Bei einer arbeitsrechtlichen Garantie des Arbeitgebers für die in das Zeitwertkonto vom Arbeitnehmer eingestellten Beträge, bestehen keine Bedenken von der Erfüllung der Zeitwertkontengarantie auszugehen, wenn der Arbeitgeber für diese Verpflichtung die **Voraussetzungen** des **Insolvenzschutzes (§ 7e SGB IV) erfüllt.** Dabei ist zu beachten, dass z. B. bilanzielle Rückstellungen sowie Einstandspflichten (Bürgschaften, Patronatserklärungen oder Schuldbeitritte) zwischen Konzernunternehmen keinen ausreichenden Insolvenzschutz darstellen. Gleichwohl dürfte die Problematik der „Zeitwertkontengarantie" damit in vielen Fällen entschärft sein.

c) Zeitwertkontengarantie des Anlageinstituts

Wird das Guthaben eines Zeitwertkontos aufgrund der Vereinbarung zwischen Arbeitgeber und Arbeitnehmer bei einem **externen Anlageinstitut** (z. B. Kreditinstitut oder Fonds) geführt und liegt keine Zeitwertkontengarantie des Arbeitgebers im vorstehenden Sinne vor, muss eine vergleichbare Garantie durch das Anlageinstitut vorliegen.

Beispiel
Arbeitgeber A und Arbeitnehmer B haben vereinbart, das Guthaben auf dem Zeitwertkonto des B bei einer Kapitalanlagegesellschaft zu führen. Die Fondsgesellschaft sagt zu, dass zum Zeitpunkt der planmäßigen Inanspruchnahme des Guthabens mindestens ein Rückfluss der in das Zeitwertkonto eingestellten Beträge gewährleistet ist.
In diesem Fall ist von einer Zeitwertkontengarantie durch das Anlageinstitut auszugehen (vgl. auch § 1 Abs. 1 Nr. 3 Altersvorsorgeverträge-Zertifizierungsgesetz).

d) Besondere Übergangsregelung zur Zeitwertkontengarantie

Liegt bei Zeitwertkontenmodellen, die vor dem 1.1.2009 eingerichtet wurden und im Übrigen steuerlich anzuerkennen wären, **keine Zeitwertkontengarantie** nach den vorstehenden Buchstaben a bis c vor, führen aus Vertrauensschutzgründen erst die **Zuführungen** zum Konto ab **1.1.2010** zum Zufluss von steuerpflichtigen **Arbeitslohn**; diese steuerpflichtigen Zuführungen sind im Zeitwertkonto gesondert auszuzeichnen. Der **Wertbestand** am **31.12.2008** und die **Zuführungen** zum Zeitwertkonto im Jahre **2009** werden erst **bei Auszahlung** als Arbeitslohn versteuert. Es erfolgt also keine „Zwangsversteuerung".

Es bestand allerdings die Möglichkeit, eine **Zeitwertkontengarantie** für den am 31.12.2008 vorhandenen Wertbestand des Zeitwertkontos (= Zuführungen abzüglich eingetretener Verluste) sowie die Zuführungen des Jahres 2009 spätestens **bis zum 31.12.2009** herzustellen. In diesem Fall werden die Vereinbarungen weiterhin steuerlich als **Zeitwertkonten anerkannt** und auch die **Zuführungen** ab 1.1.**2010** erst bei **Auszahlung** besteuert.

Beispiel
Arbeitgeber A hat in seinem Unternehmen im Jahre 2007 im Prinzip auch steuerlich anzuerkennende Zeitwertkontenmodelle eingeführt, allerdings ohne die sog. „Zeitwertkontengarantie" zu erfüllen. Die Zuführungen der Arbeitnehmer zu den Zeitwertkonten bis zum 31.12.2008 beliefen sich auf 150 000 € (Wertbestand 31.12.2008 = 100 000 €), die Zuführungen des Jahres 2009 betrugen 75 000 €. Auch ab 2010 sind Zuführungen in dieser Höhe geplant.
Wenn A spätestens bis zum 31.12.2009 eine Zeitwertkontengarantie in Höhe von 175 000 € (Wertbestand 31.12.2008 = 100 000 € plus Zuführungen 2009 = 75 000 €) hergestellt hat, werden auch die Zuführungen ab 2010 erst bei Auszahlung aus dem Zeitwertkonto versteuert. Sofern A bis zum 31.12.2009 keine Zeitwertkontengarantie hergestellt hat, sind die Zuführungen zum Zeitwertkonto ab dem 1.1.2010 steuerpflichtig. Der Wertbestand am 31.12.2008 und die Zuführungen zum Zeitwertkonto im Jahre 2009 werden aber auch in diesem Fall erst bei Auszahlung als Arbeitslohn versteuert.

7. Planwidrige Verwendung der Wertguthaben

a) Auszahlung bei existenzbedrohender Notlage

Vereinbarungen zur Bildung von Guthaben auf einem Zeitwertkonto werden steuerlich anerkannt, sofern die Möglichkeit der Auszahlung des Wertguthabens bei **fortbestehendem Beschäftigungsverhältnis** – neben der Freistellung – auf Fälle einer **existenzbedrohenden Notlage** des Arbeitnehmers begrenzt wird. Als existenzbe-

Arbeitszeitkonten

drohende Notlage kommt z. B. eine **schwere Erkrankung** (dread disease = furchtbare Krankheit, schlimme Leiden) oder Vermögensschäden aufgrund von **Naturkatastrophen,** nicht jedoch z. B. eine Heirat oder die Geburt eines Kindes in Betracht.

Beispiel A

Das in dem Unternehmen des Arbeitgebers A praktizierte Guthaben zieht vor, dass die Guthaben auf dem Zeitwertkonto im Falle einer schweren Erkrankung – auch bei fortbestehendem Beschäftigungsverhältnis – auf Wunsch des betroffenen Arbeitnehmers ganz oder teilweise ausbezahlt werden können.

Das Zeitwertkontenmodell ist steuerlich anzuerkennen. Die ganz oder teilweise Auszahlung des Wertguthabens in den Fällen einer existenzbedrohenden Notlage – wie z. B. schwere Erkrankung – ist steuerlich unschädlich. Die Auszahlung in solch einem Fall führt allerdings zu einem Lohnzufluss, der bei einer vollständigen Auszahlung ggf. als Arbeitslohn für mehrere Jahre (vgl. dieses Stichwort) nach der sog. Fünftelregelung ermäßigt besteuert werden kann.

Wenn entgegen der Vereinbarung **ohne existenzbedrohende Notlage** des Arbeitnehmers das Guthaben bei fortbestehendem Beschäftigungsverhältnis dennoch ganz oder teilweise ausgezahlt wird, ist bei dem einzelnen Arbeitnehmer das **gesamte Guthaben** – also neben dem ausgezahlten Betrag auch der verbleibende Guthabenbetrag – im Zeitpunkt der planwidrigen Verwendung (= **Auszahlung** des Teil- oder Gesamtbetrags) zu **besteuern.** Dabei wird es sich regelmäßig um Arbeitslohn für mehrere Jahre (vgl. dieses Stichwort), der unter Anwendung der sog. **Fünftelregelung** ermäßigt zu besteuern ist. Sozialversicherungsrechtlich werden hingegen nur Beiträge aus dem planwidrig verwendeten Wertguthaben erhoben (= Störfallberechnung nur für diese Beiträge).

Beispiel B

Das über nahezu zehn Jahre aufgebaute Guthaben auf dem Zeitwertkonto des Arbeitnehmers B weist einen Stand von 25 000 € aus. Anlässlich der Geburt des dritten Kindes erhält B aus diesem Guthaben im Januar 2010 einen Betrag von 5000 € ausbezahlt.

Da das Guthaben vom Arbeitgeber teilweise ausgezahlt worden ist, obwohl bei B keine existenzbedrohende Notlage vorlag (eine solche ist auch bei der Geburt des dritten Kindes nicht gegeben), hat B im Januar 2010 das gesamte Guthaben von 25 000 € als sonstigen Bezug zu versteuern. Da das Guthaben über mehrere Jahre aufgebaut worden ist, handelt es sich um Arbeitslohn für mehrere Jahre, der nach der Fünftelregelung ermäßigt zu besteuern ist.

Sachgerechter wäre es in solchen Fällen sicherlich, die einzelnen Zuführungen zu dem Zeitwertkonto im ursprünglichen Zuführungszeitpunkt als steuerpflichtigen Arbeitslohn zu behandeln. Dies kommt jedoch mangels Vorhandensein einer verfahrensrechtlichen Korrekturvorschrift nicht in Betracht; § 175 Abs. 1 Satz 1 Nr. 2 AO ist wegen des fehlenden rückwirkenden Ereignisses in solchen Fällen nicht einschlägig. Die jetzige Lösung führt aber letztlich dazu, dass dem Zeitwertkonto aus steuerlicher Sicht die nicht gewollte Funktion eines „Sparbuchs" zukommt, da bei einer vollständigen Auszahlung des Guthabens ohne existenzbedrohende Notlage außer der Versteuerung keine weiteren Folgen eintreten.

b) Beendigung des Dienstverhältnisses vor oder während der Freistellungsphase

Eine planwidrige Verwendung des Guthabens auf einem Zeitwertkonto liegt auch vor, wenn das **Dienstverhältnis** vor Beginn oder während der Freistellungsphase **beendet** wird (z. B. durch Erreichen der Altersgrenze, Tod des Arbeitnehmers, Eintritt der Invalidität oder Kündigung) und der Wert des **Guthabens** an den Arbeitnehmer oder an seine Erben **ausgezahlt** wird.

Lohnsteuerlich gelten die allgemeinen Grundsätze mit der Folge, dass der Einmalbetrag regelmäßig als **sonstiger Bezug** zu besteuern sein wird. Wurde das Guthaben über einen Zeitraum von mehr als 12 Monaten aufgebaut, handelt es sich bei der Auszahlung um Arbeitslohn für mehrere Jahre, der unter Anwendung der sog. **Fünftelregelung** ermäßigt besteuert wird.

Beispiel

Der 60-jährige Arbeitnehmer A hat auf seinem Zeitwertkonto ein Guthaben von 80 000 €, das ihm von seinem Arbeitgeber im März 2010 ausbezahlt wird, da das Dienstverhältnis aufgrund der eingetretenen Invalidität des A vor Eintritt der Freistellungsphase beendet wird.

A hat den Betrag von 80 000 € im März 2010 als Arbeitslohn in Form eines sonstigen Bezugs zu versteuern. Da das Guthaben über mehrere Jahre aufgebaut worden ist, erfolgt jedoch eine ermäßigte Besteuerung unter Anwendung der sog. Fünftelregelung.

c) Planwidrige Weiterbeschäftigung

Der Nichteintritt oder die Verkürzung der Freistellung durch planwidrige Weiterbeschäftigung ist ebenfalls eine planwidrige Verwendung. Eine lohnsteuerliche Erfassung erfolgt auch in diesen Fällen erst im Zeitpunkt der **Auszahlung** des Guthabens. Wird das Guthaben in einem Einmalbetrag ausbezahlt, handelt es sich auch in diesem Fall regelmäßig um Arbeitslohn für mehrere Jahre, der unter Anwendung der sog. **Fünftelregelung** ermäßigt zu besteuern ist.

Beispiel

Der 62-jährige Arbeitnehmer A, Jahresgehalt 75 000 €, hat sich über viele Jahre hinweg ein Guthaben auf seinem Zeitwertkonto von 150 000 € aufgebaut. Er wollte mit „63" in die Freistellungsphase eintreten. Mangels geeigneten Nachfolgers bittet ihn der Arbeitgeber bis „65" zu bleiben. Das Guthaben von 150 000 € erhält A mit „65" ausbezahlt.

Auch in den Fällen der planwidrigen Weiterbeschäftigung ist das Guthaben erst mit Auszahlung zu versteuern. Da es sich auch hier unstreitig um Arbeitslohn für mehrere Jahre handelt, erfolgt die Versteuerung des sonstigen Bezugs von 150 000 € unter Anwendung der Fünftelregelung.

8. Übertragung des Guthabens bei Beendigung der Beschäftigung

Bei **Beendigung** des Beschäftigungsverhältnisses besteht die Möglichkeit, sich das **Guthaben** eines Zeitwertkontos **auszahlen** zu lassen mit der Folge, dass steuerlich ein Lohnzufluss vorliegt. Wurde das Guthaben über einen Zeitraum von mehr als zwölf Monaten aufgebaut, handelt es sich um Arbeitslohn für mehrere Jahre (vgl. dieses Stichwort) und es ist regelmäßig eine tarifermäßigte Besteuerung nach der sog. **Fünftelregelung** vorzunehmen (§ 34 Abs. 2 Nr. 4 EStG).

Bei Beendigung einer Beschäftigung besteht aber auch die Möglichkeit, ein in diesem Beschäftigungsverhältnis aufgebautes Guthaben auf einem Zeitwertkonto zu erhalten und nicht auflösen zu müssen. Es handelt sich hierbei um ein **Wahlrecht** des Arbeitnehmers.

Der Arbeitnehmer kann bei Beendigung der Beschäftigung durch schriftliche Erklärung gegenüber dem bisherigen Arbeitgeber verlangen, dass das Guthaben eines Zeitwertkontos auf den neuen Arbeitgeber übertragen wird, wenn der neue Arbeitgeber mit dem Arbeitnehmer eine Wertguthabenvereinbarung nach § 7b SGB IV abgeschlossen hat und der Übertragung zustimmt (§ 7f Abs. 1 Nr. 1 SGB IV). Bei der **Übertragung** des Guthabens an einen **neuen Arbeitgeber** tritt der neue Arbeitgeber an die Stelle des alten Arbeitgebers und übernimmt im Wege der Schuldübernahme alle Verpflichtungen aus der Zeitwertkontenvereinbarung. Der Übergang des Zeitwertkontos im Wege der Schuldübernahme löst **keine lohnsteuerlichen Folgerungen** aus. Die **späteren Leistungen** aus dem Guthaben auf dem Zeitwertkonto durch den neuen Arbeitgeber sind **Arbeitslohn,** von dem er bei Auszahlung Lohnsteuer einzubehalten hat.

Beispiel

Arbeitnehmer A wechselt innerhalb des Konzerns von der Mutter- zu einer Tochtergesellschaft. Das bei der Muttergesellschaft aufgebaute Guthaben auf seinem Zeitwertkonto von 20 000 € wird von der Tochtergesellschaft übernommen.

Der Übergang des Guthabens von der Mutter- auf die Tochtergesellschaft im Wege der Schuldübernahme löst keine lohnsteuerlichen Folgerungen aus. Die späteren Auszahlungen aus dem Guthaben durch die Tochtergesellschaft führen bei A zum Zufluss von Arbeitslohn, von dem die Tochtergesellschaft Lohnsteuer einzubehalten hat. Entsprechendes würde auch dann gelten, wenn A zu einem Arbeitgeber außerhalb des Konzernverbundes wechselt und sein Guthaben auf dem Zeitwertkonto mitnimmt.

Arbeitszeitkonten

Alternativ kann der Arbeitnehmer durch schriftliche Erklärung gegenüber seinem bisherigen Arbeitgeber seit dem 1.7.2009 verlangen, dass das Guthaben auf dem Zeitwertkonto auf die Deutsche Rentenversicherung übertragen wird, wenn das Guthaben einschließlich des Gesamtsozialversicherungsbeitrags einen Betrag in Höhe des Sechsfachen der monatlichen Bezugsgröße übersteigt (2010: West = 15 330 €; Ost = 13 020 €). Wird das Guthaben an die Deutsche Rentenversicherung übertragen, ist diese Übertragung kraft Gesetzes steuerfrei (§ 3 Nr. 53 EStG). Bei der späteren Auszahlung des Guthabens durch die Deutsche Rentenversicherung handelt es sich um Arbeitslohn, für den die Deutsche Rentenversicherung Lohnsteuer einzubehalten hat (§ 38 Abs. 3 Satz 3 EStG). Eine Rückübertragung des Guthabens von der Deutschen Rentenversicherung auf den bisherigen oder einen anderen Arbeitgeber ist übrigens gesetzlich ausgeschlossen.

9. Sozialversicherungsrechtliche Behandlung von Zeitwertkonten

a) Allgemeines

Die Sozialversicherungspflicht von Arbeitnehmern setzt grundsätzlich ein Beschäftigungsverhältnis gegen Arbeitsentgelt voraus. Verschiedene Arbeitszeitmodelle sehen aber vor, dass Arbeitnehmer in einem bestimmten Zeitraum keine Arbeitsleistung zu erbringen haben (Freizeitphase), jedoch trotzdem ein Arbeitsentgelt erhalten, das aus dem Wertguthaben eines Arbeitszeitkontos stammt und das somit durch eine tatsächliche Arbeitsleistung vor der Freizeitphase erzielt wurde. Durch das Gesetz zur sozialrechtlichen Absicherung flexibler Arbeitszeitregelungen (sog. Flexigesetz) ist festgelegt worden, dass eine Beschäftigung gegen Arbeitsentgelt unter bestimmten Voraussetzungen auch während einer Freizeitphase besteht (§ 7 Abs. 1a SGB IV). Damit sind sowohl Unterbrechungen des Arbeitslebens (z. B. durch ein Sabbatjahr) als auch Freizeitphasen insbesondere zum Ende des Arbeitslebens (z. B. bei Altersteilzeitarbeit in Blockbildung) sozialversicherungsrechtlich abgesichert worden. Mit dem **Gesetz zur Verbesserung der Rahmenbedingungen für die Absicherung flexibler Arbeitszeitregelungen** wurden die Regelungen zum 1.1.2009 überarbeitet und weiterentwickelt.

Durch dieses Gesetz wird bekräftigt, dass die Wertguthabenbildung vornehmlich das Ziel hat, zur Freistellung von der Arbeitsleistung zu führen. Insofern ist es zukünftig nicht mehr möglich, Gleitzeit- oder Kurzzeitarbeitszeitkonten als Wertguthaben zu definieren.

Nach den Neuregelungen liegt ein echtes Wertguthaben und damit weiterhin ein versicherungspflichtiges Beschäftigungsverhältnis zukünftig nur noch vor, wenn
- für den Aufbau eine schriftliche Vereinbarung vorliegt
- weder betriebliche Produktions- oder Arbeitszeitzyklen ausgeglichen werden sollen oder die werktägliche oder wöchentliche Arbeitszeit flexibler gestaltet werden soll
- das eingebrachte Arbeitsentgelt für Zeiten der Freistellung von der Arbeitsleistung oder der Verringerung der vertraglich vereinbarten Arbeitszeit entnommen werden soll
- das fällige Arbeitsentgelt entweder vor oder nach der Freistellung von der tatsächlichen Arbeitsleistung erzielt wird und
- das fällige Arbeitsentgelt insgesamt 400 € monatlich übersteigt
- das monatlich fällige Arbeitsentgelt in der Zeit der Freistellung nicht unangemessen von dem der vorangegangenen zwölf Monate abweicht, in denen Arbeitsentgelt gewährt wurde.

Unabhängig davon ist es auch möglich, Wertguthaben für geringfügig entlohnte Arbeitnehmer zu bilden. Hier beträgt das Entgelt im Gegensatz zum versicherungspflichtigen Beschäftigungsverhältnis nicht mehr als 400 € monatlich.

Flexible Arbeitszeitregelungen, die zur Sozialversicherungspflicht in der Freizeitphase führen sollen, bedürfen also der vorherigen schriftlichen Vereinbarung. Dies können sein:
- tarifvertragliche Regelungen
- Betriebsvereinbarungen
- einzelvertragliche Vereinbarungen.

Die schriftliche Vereinbarung hat insbesondere Regelungen über die Freizeitphase sowie die Höhe des während der Freizeitphase fälligen Arbeitsentgelts zu treffen.

Wertguthaben können zukünftig nur noch in Arbeitsentgeltguthaben geführt werden. Hierfür müssen evtl. Zeitguthaben in Geldguthaben umgerechnet werden. Hierbei ist immer das Bruttoarbeitsentgelt einschließlich der darauf entfallenden Gesamtsozialversicherungsbeiträge anzusetzen. Hinsichtlich der Fälligkeit gilt für umgerechnete Entgelte aus Gleitzeitkonten das Zuflussprinzip. D. h. die Beitragsfälligkeit entsteht erst mit der Auszahlung des Guthabens als Arbeitsentgelt.

Als Wertguthaben im sozialversicherungsrechtlichen Sinne gelten alle angesparten Arbeitsentgelte nach § 14 SGB IV, z. B.
- Teile des laufenden Arbeitsentgeltes
- Mehrarbeitsvergütungen
- Einmalzahlungen
- freiwillige zusätzliche Leistungen des Arbeitgebers
- Überstunden- und Urlaubsabgeltungen.

Dabei werden auch Arbeitsentgelte oberhalb der Beitragsbemessungsgrenze berücksichtigt. Darüber hinaus können auch die mit dem Wertguthaben erwirtschafteten Erträge (z. B. Zinserträge) als Wertguthaben angespart werden. Arbeitnehmer haben gegenüber ihrem Arbeitgeber mindestens einmal jährlich Anspruch auf eine schriftliche Information über die Höhe des Wertguthabens.

b) Verwendung des Wertguthabens

Das Wertguthaben kann für unterschiedliche Zwecke verwendet werden. Dies kann z. B. die vollständige oder teilweise Freistellung bei
- Pflegezeiten nach dem Pflegezeitengesetz
- Kinderbetreuungszeiten
- Zeiten der Verringerung der vertraglichen Arbeitszeit

oder
- die Freistellung unmittelbar vor dem möglichen Rentenbeginn oder
- zur Teilnahme an einer beruflichen Qualifizierungsmaßnahme

sein.

c) Angemessenheit des Arbeitslohns in der Freizeitphase

Nach § 7 Abs. 1a Satz 1 Nr. 2 SGB IV darf das monatliche Arbeitsentgelt in der Freistellungsphase nicht unangemessen von dem monatlichen Arbeitsentgelt der vorangegangenen zwölf Kalendermonate der Arbeitsphase abweichen. Der Gesetzgeber hat allerdings nicht festgelegt, was unter „angemessenem" Arbeitsentgelt zu verstehen ist. Die Spitzenorganisationen der Sozialversicherung haben deshalb das Recht so interpretiert, dass das Arbeitsentgelt während der Freistellungsphase dann noch als angemessen gilt, wenn es im Monat mindestens 70 % des durchschnittlich gezahlten Arbeitsentgeltes der unmittelbar vorangegangenen zwölf Kalendermonate der Arbeitsphase beträgt. Für die Feststellung des Verhältnisses wird das für diese Arbeitsphase fällige Bruttoarbeits-

Arbeitszeitkonten

entgelt ohne Begrenzung (z. B. auf die Beitragsbemessungsgrenze) berücksichtigt. Zusätzlich zum Lohn oder Gehalt gezahlte beitragsfreie Zulagen oder beitragsfreie Zuschläge bleiben bei der Berechnung der 70 %-Grenze außer Betracht. Vereinbaren Arbeitnehmer und Arbeitgeber, dass z. B. auch steuer- und beitragsfreie Zuschläge für Sonntags-, Feiertags- und Nachtarbeit angespart werden können, weil dies steuerlich zulässig ist, so müssen diese steuer- und beitragsfreien Zuschläge für die Prüfung der 70 %-Grenze ausgeklammert werden. Während der Freistellungsphase zusätzlich zum Arbeitsentgelt aus dem Wertguthaben geleistete Zahlungen aus beitragsfreien Arbeitsentgelten können also nicht in die Feststellung der Angemessenheit des Arbeitsentgelts einbezogen werden. Denn dies könnte dazu führen, dass der Arbeitnehmer nicht oder nur für einen bestimmten Zeitraum der Freistellungsphase sozialversicherungsrechtlich geschützt ist. Ein Sozialversicherungsschutz während der Freistellungsphase besteht nämlich nur dann, wenn auch in dieser Zeit ein angemessenes beitragspflichtiges Arbeitsentgelt aus dem Wertguthaben gezahlt wird.

d) Berechnung der Beiträge bei Inanspruchnahme des Wertguthabens

Grundsätzlich ist die Fälligkeit der Sozialversicherungsbeiträge an die geleistete Arbeit gebunden. Für die im Rahmen des Gesetzes zur sozialrechtlichen Absicherung flexibler Arbeitszeitregelungen (sog. Flexigesetz) angesparten Wertguthaben wird die Fälligkeit der Sozialversicherungsbeiträge auf die Zeiträume der Inanspruchnahme verschoben.

Ein Wechsel in der Absicherung von Wertguthaben, z. B. aufgrund einer Absicherung über einen Fonds, führt nicht zur Fälligkeit der Beiträge zum Zeitpunkt der Zuführung der Mittel an den Fonds; es verbleibt bei der Fälligkeit der Beiträge bei Inanspruchnahme der Wertguthaben in der Freistellungsphase.

Das für die Zeit der Inanspruchnahme des Wertguthabens vereinbarungsgemäß gezahlte Arbeitsentgelt ist beitragspflichtiges Arbeitsentgelt (§ 23b Abs. 1 SGB IV) und insoweit Grundlage für die Beitragsberechnung. Das angesparte und in der Freistellungsphase fällige Wertguthaben stellt also beitragspflichtiges laufendes Arbeitsentgelt dar; dies gilt insbesondere auch für angespartes einmalig gezahltes Arbeitsentgelt.

Eine Ausnahme bildet die Verwendung des Wertguthabens für eine betriebliche Altersversorgung anlässlich der Beendigung der Beschäftigung wegen des Eintritts einer Erwerbsminderung, des Erreichens einer Altersgrenze, von der an eine Rente wegen Alters beansprucht werden kann, oder des Todes des Beschäftigten. In diesen Fällen gilt das für diesen Zweck verwendete Wertguthaben nicht als beitragspflichtiges Arbeitsentgelt (§ 23b Abs. 3a SGB IV). Solche Vereinbarungen entfalten allerdings die Ausnahmewirkung nur noch dann, wenn sie bis 13.11.2008 abgeschlossen wurden.

e) Anlagesicherung

Durch die verschiedenen Modelle zur Flexibilisierung der Arbeitszeit wird eine Vielzahl von Arbeitszeitkonten mit entsprechenden Wertguthaben aufgebaut. Für diese Wertguthaben gelten besondere Vorschriften hinsichtlich der Anlage als auch hinsichtlich einer Absicherung im Falle der Insolvenz des Arbeitgebers.

Für die Anlagesicherung gelten die Vorschriften über die Anlage von Mitteln von Versicherungsträgern nach dem Sozialgesetzbuch IV. Danach müssen die Mittel so angelegt werden, dass

– ein Verlust ausgeschlossen erscheint,
– ein angemessener Ertrag erzielt wird und
– eine ausreichende Liquidität gewährleistet ist.

Eine Anlage in Aktien oder Aktienfonds ist demnach grds. nur bis zur Höhe von 20 % zulässig. Von dieser Grenze kann durch Tarifvertrag oder Betriebsvereinbarung abgewichen werden. Der Rückfluss der Mittel muss zum Zeitpunkt der Inanspruchnahme des Wertguthabens mindestens in Höhe des angelegten Betrages gewährleistet sein.

f) Insolvenzschutz

Zusammen mit der schriftlichen Vereinbarung über den Aufbau von Wertguthaben wird der Arbeitgeber verpflichtet, einen vollständigen Insolvenzschutz für das Wertguthaben zu schaffen. Der Arbeitgeber muss den Arbeitnehmer über den vorgenommenen Insolvenzschutz der Wertguthaben informieren

Wertguthaben müssen seit dem 1. Januar 2009 besser vor Insolvenz geschützt werden. Zum einen wird erstmalig ein Qualitätsstandard für den Insolvenzschutz vorgeschrieben. So werden die Arbeitgeber verpflichtet, das Wertguthaben durch eine doppelhändige Treuhand (sog. CTA Modell vgl. das Stichwort „Contractual Trust Agreement") oder ein gleichwertiges Sicherungsmodell für den Fall der Insolvenz zu schützen. Bestimmte nicht geeignete Sicherungsmodelle wie Patronatserklärungen sind ausdrücklich ausgeschlossen. Zum anderen wird seit dem 1. Januar 2009 die Einhaltung dieser Vorgaben von der Deutschen Rentenversicherung bei der Betriebsprüfung der Arbeitgeber kontrolliert. Stellen die Betriebsprüfer einen mangelnden Insolvenzschutz fest und hilft der Arbeitgeber diesem innerhalb von zwei Monaten nicht ab, ist die Vereinbarung von Anfang an unwirksam und muss rückabgewickelt werden. Dann sind Steuern und Abgaben sofort fällig. Zudem kann der Arbeitnehmer zukünftig die Vereinbarung für ein Wertguthaben kündigen, wenn der Arbeitgeber ihm nicht einen geeigneten Insolvenzschutz nachweist.

Ein Sicherungsbedürfnis besteht nicht, soweit der Arbeitnehmer einen Anspruch auf Insolvenzgeld hat. Es besteht auch in den Fällen kein Sicherungsbedürfnis, in denen das Wertguthaben einschließlich des darauf entfallenden Arbeitgeberanteils am Gesamtsozialversicherungsbeitrag die monatliche Bezugsgröße (2010: West = 2555 €; Ost = 2170 €) nicht übersteigt. Die Vertragsparteien können in einem Tarifvertrag oder in einer Betriebsvereinbarung aufgrund eines Tarifvertrages eine andere Grenze als die der monatlichen Bezugsgröße festlegen.

g) Mitnahme und Übertragung von Wertguthaben

Arbeitnehmer können durch schriftliche Erklärung gegenüber ihrem Arbeitgeber verlangen, dass vorhandene Wertguthaben bei einem Arbeitgeberwechsel auf den neuen Arbeitgeber übertragen werden. Hierfür muss eine neue Wertguthabenvereinbarung abgeschlossen werden. Der neue Arbeitgeber muss der Übertragung zustimmen.

Das Wertguthaben kann ab 1. 7. 2009 auch auf die Deutsche Rentenversicherung übertragen werden. Dies ist allerdings nur möglich, wenn das Wertguthaben einschließlich des Gesamtsozialversicherungsbeitrages mehr als das Sechsfache der monatlichen Bezugsgröße beträgt.

Sowohl bei Mitnahme als auch bei Übertragung treten der neue Arbeitgeber bzw. die Deutsche Rentenversicherung in die Arbeitgeberpflichten ein.

h) Störfälle – Nicht vereinbarungsgemäße Verwendung des Wertguthabens, sog. Störfälle

Für die Fälle, in denen das im Rahmen einer flexiblen Arbeitszeitregelung gebildete Wertguthaben nicht entsprechend der getroffenen Vereinbarung für eine Freistellung von der Arbeitsleistung verwendet wird (Störfälle), gibt es ein besonderes Verfahren für die Berechnung und Zuordnung der Sozialversicherungsbeiträge sowie für das Meldeverfahren (§ 23b Abs. 2 SGB IV).

Arbeitszeitkonten

Fälle dieser Art, sogenannte „Störfälle", können insbesondere sein

- Beendigung des Arbeitsverhältnisses z. B. durch Kündigung
- Tod des Arbeitnehmers
- Beendigung des Beschäftigungsverhältnisses wegen Zubilligung einer Rente wegen Erwerbsminderung ohne Wiedereinstellungsgarantie
- vollständige oder teilweise Auszahlung des Wertguthabens nicht für Zeiten einer Freistellung
- Übertragung von Wertguthaben auf andere Personen.

Für die beitragsrechtliche Abwicklung der Störfälle wurde das sog. Summenfelder-Modell entwickelt. Das bedeutet, dass in der Lohn- und Gehaltsabrechnung vier Summenfelder geführt und fortgeschrieben werden und zwar jeweils ein Summenfeld für die vier verschiedenen Versicherungszweige (Kranken-, Pflege-, Renten- und Arbeitslosenversicherung).

Denn nach § 23b Abs. 2 Satz 1 SGB IV gilt bei einem Störfall als beitragspflichtiges Arbeitsentgelt das Wertguthaben, höchstens jedoch die Differenz zwischen der für die Dauer der Arbeitsphase seit der ersten Bildung des Wertguthabens maßgebenden Beitragsbemessungsgrenze für den jeweiligen Versicherungszweig und dem in dieser Zeit beitragspflichtigen Arbeitsentgelt.

Die sich aus dem Summenfelder-Modell ergebenden Beitragsbemessungsgrundlagen sind in der Entgeltabrechnung (Lohnkonto) mindestens kalenderjährlich darzustellen. Die Beitragsbemessungsgrundlagen sind die (Gesamt-)Differenzen zwischen dem beitragspflichtigen Arbeitsentgelt und der Beitragsbemessungsgrenze des jeweiligen Versicherungszweiges (sog. SV-Luft) für die Dauer der Arbeitsphase seit der erstmaligen Bildung des Wertguthabens.

Wurden Wertguthaben zum Teil aus Arbeitsleistungen im Rechtskreis West als auch aus Arbeitsleistungen im Rechtskreis Ost erzielt, ist die sich in den beiden Rechtskreisen ergebende SV-Luft in der Entgeltabrechnung getrennt darzustellen.

i) Feststellung der SV-Luft nach dem Summenfelder-Modell

Der Arbeitgeber hat für die Zeit der Arbeitsphase beginnend vom Zeitpunkt der erstmaligen Bildung eines Zeit- oder Geldwertguthabens mindestens kalenderjährlich die Differenz zwischen der Beitragsbemessungsgrenze des jeweiligen Versicherungszweiges und des in diesem Kalenderjahr erzielten beitragspflichtigen Arbeitsentgelts fest (SV-Luft). Die für die einzelnen Kalenderjahre der Arbeitsphase der flexiblen Arbeitszeitregelung festgestellte SV-Luft je Versicherungszweig wird summiert. Die SV-Luft ist immer nur für die Versicherungszweige festzustellen, zu denen im Zeitpunkt der Verwendung des Arbeitsentgelts oder Arbeitsstunden als Wertguthaben Versicherungspflicht besteht.

Im Störfall wird das gesamte Wertguthaben (einschließlich etwaiger Wertzuwächse, Zinsen o. Ä.), höchstens jedoch bis zu der für den einzelnen Versicherungszweig für die Dauer der Arbeitsphase der vereinbarten Arbeitszeitflexibilisierung festgestellten SV-Luft, als beitragspflichtiges Arbeitsentgelt berücksichtigt.

k) Melde- und Aufzeichnungspflichten

In den Entgeltunterlagen müssen mindestens vermerkt werden:

- das Wertguthaben aus flexibler Arbeitszeit
- die Veränderungen durch Zu- und Abgänge,
- der Abrechnungsmonat der ersten Gutschrift sowie
- der Abrechnungsmonat jeder Änderung des Wertguthabens und ein Nachweis über die getroffenen Vorkehrungen zum Insolvenzschutz.

Im Übrigen wird auf die ausführlichen Erläuterungen zu den Meldepflichten des Arbeitgebers in Anhang 15 des Lexikons hingewiesen.

Arbeitszimmer

Neues auf einen Blick:

Seit 2007 sind die Aufwendungen für ein häusliches Arbeitszimmer **nur noch** dann als Werbungskosten oder Betriebsausgaben **abziehbar,** wenn das häusliche Arbeitszimmer den **Mittelpunkt** der **gesamten** betrieblichen und beruflichen **Betätigung** bildet. Ist dies zu verneinen, sind die Aufwendungen für ein häusliches Arbeitszimmer nicht mehr als Erwerbsaufwand (Betriebsausgaben oder Werbungskosten) berücksichtigungsfähig. Die bis einschließlich 2006 bestehende Möglichkeit, Aufwendungen für ein häusliches Arbeitszimmer bis zu einem **Höchstbetrag** von **1250 €** als Betriebsausgaben oder Werbungskosten abzuziehen, wenn die betriebliche oder berufliche Nutzung mehr als 50 % der gesamten betrieblichen und beruflichen Tätigkeit beträgt oder wenn für die betriebliche oder berufliche Tätigkeit kein anderer Arbeitsplatz zur Verfügung steht, ist **ab 2007 entfallen.** Mehrere **Finanzgerichte** halten das seit 2007 geltende **Abzugsverbot** der Aufwendungen für ein häusliches Arbeitszimmer insoweit für **verfassungswidrig,** als es die steuerliche Berücksichtigung der Aufwendungen auch dann ausschließt, obwohl für die berufliche oder betriebliche Tätigkeit **kein anderer Arbeitsplatz** zur Verfügung steht. Die Finanzgerichte haben die jeweils Lehrer betreffenden Verfahren ausgesetzt und die **Frage** der Verfassungswidrigkeit der Neuregelung dem **Bundesverfassungsgericht vorgelegt.** Die Finanzverwaltung führt die **Einkommensteuerfestsetzungen** bezüglich der Abziehbarkeit der Aufwendungen für ein häusliches Arbeitszimmer **vorläufig** durch und gewährt aufgrund der Rechtsprechung des Bundesfinanzhofs Aussetzung der Vollziehung (vgl. im Einzelnen die Erläuterungen unter der nachfolgenden Nr. 2 Buchstabe b).

Aufwendungen für beruflich genutzte Räume können immer dann in voller Höhe als Werbungskosten oder Betriebsausgaben abgezogen werden, **wenn die Räumlichkeiten nicht** als **häusliches Arbeitszimmer** anzusehen sind. Das gilt auch dann, wenn sie ihrer Lage nach mit dem Wohnraum des Steuerpflichtigen verbunden und daher in die häusliche Sphäre eingebunden sind (BFH-Urteil vom 26.3.2009, BStBl. II S. 598). Aus den Erläuterungen am Ende der nachfolgenden Nr. 2 Buchstabe c) ist aber ersichtlich, dass es sich beim Urteilsfall um einen besonders gelagerten Einzelfall handelte.

Gliederung:

1. Steuerfreier Arbeitgeberersatz
   a) Allgemeines
   b) Telefon/Faxgerät
   c) Computer mit Internetanschluss
   d) Fotokopiergerät
   e) Zinsloses oder zinsverbilligtes Arbeitgeberdarlehen

2. Werbungskostenabzug
   a) Allgemeines
   b) Abzugsverbot der Aufwendungen
   c) Unbegrenzte Abzugsfähigkeit der Aufwendungen
   d) Voller Werbungskostenabzug für Arbeitsmittel

3. Mietverhältnis mit dem Arbeitgeber

Arbeitszimmer

	Lohn-steuer-pflichtig	Sozial-versich.-pflichtig

1. Steuerfreier Arbeitgeberersatz

a) Allgemeines

Ersetzt der Arbeitgeber dem Arbeitnehmer die Kosten für ein **Arbeitszimmer** in dessen eigener oder gemieteter Wohnung, liegt steuer- und beitragspflichtiger Arbeitslohn vor, weil es für diesen Werbungskostenersatz keine gesetzliche Steuerbefreiungsvorschrift gibt (R 19.3 Abs. 3 Satz 1 LStR). Zur Frage, in welchen Fällen Einnahmen aus Vermietung und Verpachtung vorliegen, vgl. nachfolgende Nr. 3. Im Übrigen vgl. auch das Stichwort „Telearbeitsplatz". — ja | ja

Ersetzt der Arbeitgeber nicht nur die Kosten für das Arbeitszimmer (Miete, Heizung, Strom, Einrichtung), sondern auch die Aufwendungen für das Telefon, Faxgerät, Computer mit Internetanschluss, Kopiergerät, so gilt Folgendes:

b) Telefon/Faxgerät

Inwieweit der Arbeitgeberersatz steuer- und beitragsfrei ist, richtet sich nach den beim Stichwort „Telefonkosten" dargestellten Grundsätzen.

c) Computer mit Internetanschluss

Bei einem vom Arbeitgeber **leihweise** überlassenen Computer mit Internetanschluss ist nicht nur die berufliche, sondern auch die private Nutzung steuerfrei (§ 3 Nr. 45 EStG). — nein | nein

Übereignet der Arbeitgeber dem Arbeitnehmer einen Computer, so gehört der Wert dieses Sachbezugs zum steuer- und beitragspflichtigen Arbeitslohn und zwar auch dann, wenn der Computer zu 100 % beruflich genutzt wird. — ja | ja

Der Arbeitgeber kann den Wert des übereigneten Computers nach § 40 Abs. 2 Nr. 5 EStG pauschal mit 25 % versteuern. Die Pauschalversteuerung löst Beitragsfreiheit in der Sozialversicherung aus. — ja | nein

Durch die Pauschalierung der Lohnsteuer mit 25 % verliert der Arbeitnehmer den Werbungskostenabzug (§ 40 Abs. 3 Satz 3 EStG). Wird der Wert des „geschenkten" Computers dagegen nicht pauschal, sondern durch Hinzurechnung zum laufenden Arbeitslohn „normal" versteuert, kann der Arbeitnehmer Werbungskosten nach den beim Stichwort „Computer" unter Nr. 5 erläuterten Grundsätzen bei seiner Veranlagung zur Einkommensteuer geltend machen.

d) Fotokopiergerät

Ersetzt der Arbeitgeber dem Arbeitnehmer die Aufwendungen für ein Fotokopiergerät, ist der Arbeitgeberersatz steuer- und beitragspflichtig. Eine Pauschalversteuerung mit 25 % nach § 40 Abs. 2 Nr. 5 EStG kommt nicht in Betracht, da es sich nicht um einen Computer oder um Zubehör eines Computers handelt. — ja | ja

Der Arbeitnehmer kann Werbungskosten bei seiner Veranlagung zur Einkommensteuer geltend machen, soweit er das Fotokopiergerät beruflich nutzt.

e) Zinsloses oder zinsverbilligtes Arbeitgeberdarlehen

Gibt der Arbeitgeber dem Arbeitnehmer ein unverzinsliches oder zinsverbilligtes Darlehen zur Beschaffung der Einrichtung für ein häusliches Arbeitszimmer, so ist der geldwerte Vorteil ggf. steuer- und beitragspflichtig (vgl. das Stichwort „Zinsersparnisse und Zinszuschüsse" unter Nr. 3, Beispiel B auf Seite 788). — ja | ja

2. Werbungskostenabzug

a) Allgemeines

Kosten für ein zur Privatwohnung gehörendes häusliches Arbeitszimmer (Einrichtung ohne Kunstgegenstände, Renovierung, Miete, Heizung, Beleuchtung, Reinigung usw.) sind nur dann als Werbungskosten abziehbar, wenn das **Zimmer so gut wie ausschließlich beruflich genutzt** wird. Für die steuerliche Anerkennung ist es nicht Voraussetzung, dass Art und Umfang der Tätigkeit des Arbeitnehmers einen besonderen häuslichen Arbeitsraum erfordern. Die Anerkennung wird jedoch versagt, wenn für das normale Wohnbedürfnis kein hinreichender Raum zur Verfügung steht oder wenn das Arbeitszimmer ständig durchquert werden muss, um andere privat genutzte Räume zu erreichen. Auch **Zubehörräume** zu einer Wohnung (z. B. **Keller** oder **Speicher),** die so gut wie ausschließlich beruflich genutzt werden, sind **häusliche Arbeitszimmer.** Im Übrigen kann ein häusliches Arbeitszimmer auch **mehrere Räume** umfassen. Zum Vorliegen eines außerhäuslichen Arbeitszimmers vgl. die Erläuterungen unter dem nachfolgenden Buchstaben c).

b) Abzugsverbot der Aufwendungen

Seit 2007 sind selbst die **Aufwendungen** für ein so gut wie ausschließlich beruflich genutztes **häusliches Arbeitszimmer** (z. B. Miete, Gebäudeabschreibung, Schuldzinsen, laufende Betriebskosten) und die Kosten der **Ausstattung** (z. B. Teppiche, Vorhänge, Gardinen) **grundsätzlich nicht mehr** als Betriebsausgaben oder Werbungskosten **abziehbar;** zum Abzug der Aufwendungen, wenn es sich um den Mittelpunkt der gesamten beruflichen und betrieblichen Betätigung handelt vgl. den nachfolgenden Buchstaben c) und zum Abzug der Aufwendungen für Arbeitsmittel den nachfolgenden Buchstaben d). Das Abzugsverbot gilt – anders als bis einschließlich des Kalenderjahres 2006 – auch dann, wenn die berufliche Nutzung mehr als 50 % der gesamten beruflichen und betrieblichen Tätigkeit ausmacht oder für die berufliche Tätigkeit kein anderer Arbeitsplatz zur Verfügung steht.

Beispiel A

Ein Richter, der überwiegend (mehr als 50 %) zu Hause arbeitet, kann seit 2007 keine Aufwendungen für ein häusliches Arbeitszimmer mehr abziehen, da sich dort nicht der Mittelpunkt seiner gesamten beruflichen und betrieblichen Betätigung befindet. Etwas anderes kommt nur dann in Betracht, wenn es sich beim häuslichen Arbeitszimmer um einen Telearbeitsplatz handelt (vgl. den nachfolgenden Buchstabe c).

Beispiel B

Ein Lehrer, der in seinem häuslichen Arbeitszimmer die Klassenarbeiten seiner Schüler korrigiert und sich auf den Unterricht vorbereitet, kann seit 2007 keine Aufwendungen für ein häusliches Arbeitszimmer mehr abziehen, da sich dort nicht der Mittelpunkt seiner gesamten beruflichen und betrieblichen Betätigung befindet. Entsprechendes gilt auch für den Rektor einer Schule.

Beispiel C

Ein Arbeitnehmer ist nebenberuflich als Schriftsteller selbständig tätig. Die schriftstellerische Tätigkeit übt er ausschließlich in seinem häuslichen Arbeitszimmer aus, da ihm dafür kein anderer Arbeitsplatz zur Verfügung steht.

Die Aufwendungen für das häusliche Arbeitszimmer sind nicht mehr als Betriebsausgaben abziehbar, da sich dort nicht der Mittelpunkt seiner gesamten beruflichen und betrieblichen Betätigung (Arbeitnehmertätigkeit und schriftstellerische Tätigkeit) befindet. Unerheblich ist, dass ihm für die schriftstellerische Tätigkeit kein anderer Arbeitsplatz zur Verfügung steht.

Mehrere **Finanzgerichte** halten das seit 2007 geltende **Abzugsverbot** der Aufwendungen für ein häusliches Arbeitszimmer insoweit für **verfassungswidrig**, als es die steuerliche Berücksichtigung der Aufwendungen auch dann ausschließt, obwohl für die berufliche oder betriebliche Tätigkeit **kein anderer Arbeitsplatz** zur Verfügung steht. Das Abzugsverbot benachteilige die Betroffenen im Vergleich mit Steuerpflichtigen, bei denen der Mittelpunkt der gesamten betrieblichen und beruflichen Betätigung im häuslichen Arbeitszimmer liege. Auch gegenüber denjenigen, die ein außerhäusliches Arbeitszimmer nutzen, seien sie benachteiligt (vgl. zum Vollabzug der Aufwendungen für ein häusliches Arbeitszimmer die Erläuterungen unter dem nachfolgenden Buchstaben c). Eine Rechtfertigung hierfür ergebe sich weder aus dem Ziel der Haushaltskonsolidierung noch aus der Typisierungskompetenz des Gesetzgebers. Auch andere Gründe, wie das Bestehen einer besonderen Missbrauchsgefahr oder eine Verwaltungsvereinfachung, könnten das Abzugsverbot nicht rechtfertigen. Die Finanzgerichte haben die jeweils Lehrer betreffenden Verfahren ausgesetzt und die **Frage** der Verfassungswidrigkeit der Neuregelung dem **Bundesverfassungsgericht vorgelegt.**

Auch der **Bundesfinanzhof** hat **ernstliche Zweifel** daran geäußert, ob das Abzugsverbot verfassungsgemäß ist. Die Frage der **Verfassungsmäßigkeit** werde nämlich in der Literatur kontrovers diskutiert und habe zu unterschiedlichen Entscheidungen der Finanzgerichte geführt. Im Streitfall ging es um Arbeitszimmer von zwei miteinander verheirateten Lehrern, denen kein anderer Arbeitsplatz als das häusliche Arbeitszimmer zur Verfügung stand. Der Bundesfinanzhof hat daher in einem vorläufigen Rechtsschutzverfahren **(= Aussetzung der Vollziehung)** betreffend die Eintragung eines Freibetrags auf der Lohnsteuerkarte entschieden, dass bei Lehrern, denen kein anderer Arbeitsplatz zur Verfügung steht, die Aufwendungen für ein häusliches Arbeitszimmer als Werbungskosten im Lohnsteuerermäßigungsverfahren zu berücksichtigen sind (BFH-Urteil vom 25.8.2009, BStBl. II S. 826). Der Bundesfinanzhof betont aber, dass von dieser Entscheidung im vorläufigen Rechtsschutzverfahren keine Präjudiz für die Entscheidung der Hauptsache (= Einkommensteuerveranlagung 2009) ausgeht. Die Finanzverwaltung führt die Einkommensteuerfestsetzungen bezüglich der Abziehbarkeit der Aufwendungen für ein häusliches Arbeitszimmer vorläufig durch und gewährt für **Aufwendungen bis zu 1 250 €** Aussetzung der Vollziehung, wenn die betriebliche oder **berufliche Nutzung** des Arbeitszimmers **mehr als 50 %** der gesamten betrieblichen und beruflichen Tätigkeit beträgt **oder** wenn für die betriebliche oder berufliche Tätigkeit **kein anderer Arbeitsplatz** zur Verfügung steht (BMF-Schreiben vom 6.10.2009, BStBl. I S. 1148). Letztlich wird – wie bei der Entfernungspauschale – das Bundesverfassungsgericht die Frage der Verfassungsmäßigkeit des Abzugsverbots der Aufwendungen für ein häusliches Arbeitszimmer entscheiden.

c) Unbegrenzte Abzugsfähigkeit der Aufwendungen

Arbeitnehmer, bei denen das häusliche Arbeitszimmer den **Mittelpunkt** der **gesamten** beruflichen und betrieblichen **Betätigung** darstellt (z. B. bei einem Heimarbeiter), können ihre gesamten Aufwendungen für das Arbeitszimmer als Werbungskosten geltend machen. Das häusliche Arbeitszimmer kann aber regelmäßig nur dann der Mittelpunkt der gesamten betrieblichen und beruflichen Tätigkeit sein, wenn der Arbeitnehmer an keinem anderen Ort dauerhaft tätig ist. So liegt z. B. bei einem angestellten Handelsvertreter der Tätigkeitsmittelpunkt außerhalb des häuslichen Arbeitszimmers, wenn die **Tätigkeit** nach dem Gesamtbild der Verhältnisse **durch** den **Außendienst geprägt** ist. Das gilt auch dann, wenn die zu Hause zu verrichteten Tätigkeiten zur Erfüllung der beruflichen Aufgaben unerlässlich sind (BFH-Urteil vom 13. 11. 2002, BStBl. 2004 II S. 62).

Ein häusliches Arbeitszimmer bildet dann den **Mittelpunkt** der gesamten beruflichen Betätigung eines Arbeitnehmers, wenn nach Würdigung der Tätigkeitsmerkmale aufgrund des Gesamtbilds der Verhältnisse davon auszugehen ist, dass er im häuslichen Arbeitszimmer die **Handlungen** vornimmt und **Leistungen** erbringt, die für die konkret ausgeübte berufliche Tätigkeit wesentlich und **prägend** sind. Der Tätigkeitsmittelpunkt bestimmt sich also nach dem **qualitativen Schwerpunkt** der beruflichen Tätigkeit. Eine außerhäusliche Tätigkeit schließt daher nicht von vornherein aus, dass sich der Mittelpunkt dennoch im häuslichen Arbeitszimmer befindet.*) Das gilt selbst dann, wenn die außerhäusliche Tätigkeit zeitlich überwiegen sollte.

Beispiel A

Arbeitnehmer A entwickelt ausschließlich in seinem häuslichen Arbeitszimmer Betriebssoftware für die Kunden seines Arbeitgebers. Nach Fertigstellung der auf den jeweiligen Kunden zugeschnittenen Programme fährt A zu den Kunden und installiert die Programme vor Ort.

Der qualitative Schwerpunkt der beruflichen Tätigkeit des A und damit sein Tätigkeitsmittelpunkt liegt im häuslichen Arbeitszimmer. Dies wird durch die außerhäusliche Tätigkeit beim Kunden nicht ausgeschlossen. Die Aufwendungen für das häusliche Arbeitszimmer sind daher in vollem Umfang als Werbungskosten abziehbar.

Beispiel B

Die wesentliche Leistung des Verkaufsleiters B liegt in der Organisation der Betriebsabläufe, die er ausschließlich in seinem häuslichen Arbeitszimmer erbringt. Eine regelmäßige Arbeitsstätte im Betrieb seines Arbeitgebers hat er nicht. Zu seinen Aufgabe gehört aber auch die Überwachung von Außendienstmitarbeitern und die Betreuung einiger Großkunden.

Das häusliche Arbeitszimmer bildet – trotz des Außendienstes – den Tätigkeitsmittelpunkt des B (BFH-Urteil vom 13.11.2002, BStBl. 2004 II S. 65). Die Aufwendungen für das häusliche Arbeitszimmer sind daher in vollem Umfang als Werbungskosten abziehbar.

Das häusliche Arbeitszimmer bildet auch dann den **Mittelpunkt** der gesamten beruflichen Betätigung, wenn eine in qualitativer Hinsicht **gleichwertige Arbeitsleistung** wöchentlich an **drei Tagen** an einem **häuslichen Telearbeitsplatz** und an **zwei Tagen** im **Betrieb** des Arbeitgebers zu erbringen ist (BFH-Urteil vom 23. 5. 2006, BStBl. II S. 600). Der Bundesfinanzhof konnte übrigens im Streitfall offenlassen, ob die Abzugsbeschränkung für häusliche Arbeitszimmer überhaupt auf Telearbeitsplätze anzuwenden ist (vgl. auch das Stichwort „Telearbeitsplatz"). Bei einer beruflichen Tätigkeit, die qualitativ gleichwertig im häuslichen Arbeitszimmer als auch am außerhäuslichen Arbeitsplatz erbracht wird, befindet sich der Tätigkeitsmittelpunkt (= Vollabzug der Aufwendungen) also im häuslichen Arbeitszimmer, wenn der Arbeitnehmer dort mehr als die Hälfte seiner Arbeitszeit tätig wird.

Auch die Aufwendungen für das **Herrichten** eines **häuslichen Arbeitszimmers** sind in vollem Umfang als Werbungskosten abziehbar, wenn sich auf Grund der späteren Beschäftigung im häuslichen Arbeitszimmer der Betätigungsmittelpunkt des Arbeitnehmers befindet. Dabei kommt es nicht darauf an, ob die beabsichtigte berufliche Nutzung bereits im Jahr des Aufwands beginnt.

Werden von einem Arbeitnehmer in einem Mehrfamilienhaus neben seiner Privatwohnung weitere Räumlichkeiten für berufliche Zwecke genutzt, handelt es sich nur dann um ein häusliches Arbeitszimmer, wenn die beruflich genutzten Räume zur Privatwohnung in unmittelbarer räumlicher Nähe liegen, z. B. wenn die beruflich genutzten Räume unmittelbar an die Privatwohnung angrenzen oder wenn sie auf derselben Etage direkt gegenüberliegen. Entsprechendes gilt, wenn der als Zubehörraum zur Wohnung gehörende Abstell-, Keller- oder Speicherraum als häusliches Arbeitszimmer genutzt wird. Bewohnt der Arbeitnehmer in einem Mehrfamilienhaus aber z. B. die Erdgeschosswohnung zu privaten Wohnzwecken, vermietet das erste Obergeschoss an fremde Dritte und nutzt im Dachgeschoss weitere Räumlichkeiten für berufliche Zwecke, handelt es sich hierbei um ein **außerhäusliches Arbeitszimmer.** Die dort entstehenden Aufwendungen sind in **vollem** Umfang als Betriebsausgaben bzw. Werbungskosten **abziehbar** (BFH-Urteil vom 18. 8. 2005, BStBl. 2006 II S. 428). Ein häusliches Arbeitszimmer liegt also nicht allein deshalb vor, weil sich die beruflich genutz-

---
*) BMF-Schreiben vom 3. 4. 2007 (BStBl. I S. 442), Abschnitt V. Das BMF-Schreiben ist als Anlage 1 zu H 9.14 LStR im **Steuerhandbuch für das Lohnbüro 2010** abgedruckt, das im selben Verlag erschienen ist. Das **PC-Lexikon** für das Lohnbüro 2010 enthält auch dieses Handbuch und hat außerdem den Vorteil, dass Sie **alle BFH-Urteile** sowie die aktuellen Rundschreiben und Niederschriften der Spitzenverbände der **Sozialversicherung** mit Mausklick **im Volltext** abrufen und ausdrucken können. Eine Bestellkarte finden Sie vorne im Lexikon.

Arbeitszimmer

ten Räumlichkeiten in demselben Haus bzw. unter demselben Dach wie die Privatwohnung befinden.*)

Nicht unter die Abzugsbeschränkung für häusliche Arbeitszimmer fallen auch Räume, bei denen es sich um **Lagerräume, Ausstellungsräume** oder **Betriebsräume** handelt (BFH-Urteil vom 28.8.2003, BStBl. 2004 II S. 55). Das gilt selbst dann, wenn diese Räume an die Wohnung angrenzen. Die Aufwendungen für derartige Räume sind daher in vollem Umfang als Werbungskosten abziehbar.** Wird ein Raum **gleichzeitig** als **Büroraum** und **Warenlager** genutzt, kommt es darauf an, welche der beiden Nutzungsarten dem Raum das Gepräge gibt. Letztlich wird es auf den Gesamteindruck ankommen, ob der Schreibtisch bzw. die Büroeinrichtung (= häusliches Arbeitszimmer) oder die aufgestellten Regale, Stau- und Ablagevorrichtungen (= Warenlager) die den Raum prägenden Möbelstücke darstellen. Die berufliche Tätigkeit des Steuerpflichtigen muss aber auch in stärkerem Maße durch Lagerhaltung als durch Bürotätigkeiten geprägt sein (BFH-Urteil vom 22.11.2006, BStBl. 2007 II S. 304).

Aufwendungen für beruflich genutzte Räume können also immer dann in voller Höhe als Werbungskosten oder Betriebsausgaben abgezogen werden, **wenn die Räumlichkeiten nicht als häusliches Arbeitszimmer** anzusehen sind. Das gilt auch dann, wenn sie ihrer Lage nach mit dem Wohnraum des Steuerpflichtigen verbunden und daher in die häusliche Sphäre eingebunden sind (BFH-Urteil vom 26.3.2009, BStBl. II S. 598). Im Streitfall gab der Kläger an, die im Erdgeschoss seines Zweifamilienhauses gelegene 70 qm große Wohnung ausschließlich für berufliche Zwecke zu nutzen. Die Wohnung bestand aus einem Eingangsbereich (3,60 qm), einem Treppenhaus (8,40 qm) sowie aus weiteren fünf Räumen, nämlich einem Büro (15,60 qm), einem Kaminzimmer (9,45 qm), einem Besprechungszimmer (13,50 qm), einem Archiv (9,80 qm) und einem Bad (9,90 qm). Während die berufliche Nutzung des Büros und des Archivs außer Frage stand – diese beiden Räume wurden vom Finanzgericht als häusliches Arbeitszimmer und Tätigkeitsmittelpunkt gewertet –, muss das Finanzgericht im zweiten Rechtsgang prüfen, ob auch die anderen Räumlichkeiten so gut wie ausschließlich beruflich (insbesondere für Kundenpräsentationen und Kundengespräche) genutzt wurden. Dabei dürfen Zeiten der Nichtnutzung der Räumlichkeiten nicht der außerberuflichen Nutzung zugerechnet werden. Die noch streitigen Räumlichkeiten waren übrigens nicht als Teil des häuslichen Arbeitszimmers anzusehen, da sie nach Ausstattung und Funktion nicht einem Büro bzw. einem dazu gehörenden „Hilfsraum" (z. B. Archiv) entsprachen.

d) Voller Werbungskostenabzug für Arbeitsmittel

Nicht zur Ausstattung eines häuslichen Arbeitszimmers gehören Arbeitsmittel. Werden die Arbeitsmittel nahezu ausschließlich beruflich genutzt, so sind die Aufwendungen auch dann als Werbungskosten abzugsfähig, wenn die übrigen Aufwendungen für das Arbeitszimmer (anteilige Miete, Strom, Heizung usw.) nicht abgezogen werden können.** Unter die gesonderte Abzugsfähigkeit fallen insbesondere Aufwendungen für einen Schreibtisch, für Bücherschränke, Bürostühle, Schreibtischlampen usw. Ggf. sind die Aufwendungen auf die **Nutzungsdauer** zu **verteilen.** Zu beachten ist, dass die Betragsgrenze für **geringwertige Wirtschaftsgüter** bei den Einkünften auf nichtselbständiger Arbeit für einen vollständigen Abzug der Aufwendungen als Werbungskosten im Jahr der Anschaffung – nach wie vor – 487,90 € (410 € zuzüglich 19 % Mehrwertsteuer = 77,90 €) beträgt (§ 9 Abs. 1 Satz 3 Nr. 7 Satz 2 EStG i. V. m. R 9.12 LStR).

Beispiel

Arbeitnehmer A nutzt in seiner Privatwohnung neben seinem „Büroarbeitsplatz" ein häusliches Arbeitszimmer, um dort auch abends und am Wochenende Büroarbeiten zu erledigen und sich fortzubilden. Am 1.7.2010 erwirbt er für sein häusliches Arbeitszimmer einen neuen Schreibtisch für 699 € und einen neuen Bürostuhl für 399 €, die er nahezu ausschließlich beruflich nutzt.

A kann die Aufwendungen für sein häusliches Arbeitszimmer nicht als Werbungskosten geltend machen, da es sich nicht um den Mittelpunkt seiner gesamten beruflichen Tätigkeit handelt.

Unabhängig hiervon sind allerdings die Aufwendungen für den Schreibtisch und den Bürostuhl Werbungskosten, da es sich um nahezu ausschließlich beruflich genutzte Arbeitsmittel handelt. A kann 2010 Werbungskosten in folgender Höhe geltend machen:

Schreibtisch		
Brutto-Anschaffungskosten	699 €	
verteilt auf die Nutzungsdauer von 13 Jahren	54 €	
zeitanteilig für Juli bis Dezember = 6 Monate	27 €	27 €
Bürostuhl		
Die Aufwendungen in Höhe von 399 € übersteigen nicht die Betragsgrenze für geringwertige Wirtschaftsgüter, sodass die Aufwendungen im Jahr der Anschaffung in voller Höhe als Werbungskosten abgezogen werden können.		399 €
Summe der Werbungskosten		426 €

Zum Werbungskostenabzug bei Computern vgl. dieses Stichwort.

3. Mietverhältnis mit dem Arbeitgeber

Um die Abzugsbeschränkung des häuslichen Arbeitszimmers zu umgehen, werden verschiedentlich Mietverträge mit dem Arbeitgeber über das häusliche Arbeitszimmer abgeschlossen. Die Mieteinnahmen werden als Einnahmen aus Vermietung und Verpachtung erklärt, als Werbungskosten bei Vermietung und Verpachtung werden die vollen Kosten des häuslichen Arbeitszimmers – also ohne Berücksichtigung der Abzugsbeschränkung – geltend gemacht.

Die Finanzverwaltung hat früher Mietverträge, die der Arbeitgeber mit seinen Arbeitnehmern zur Überlassung von häuslichen Arbeitszimmern abgeschlossen hatte, nicht anerkannt. Das galt auch dann, wenn der **Ehegatte** des Arbeitnehmers Miteigentümer oder **Alleineigentümer** des häuslichen Arbeitszimmers (also der Wohnung) war. Der Bundesfinanzhof hat hierzu Folgendes entschieden:

Mietet der Arbeitgeber einen Raum als Außendienst-Mitarbeiterbüro von seinem Arbeitnehmer an, sind die Mietzahlungen dann nicht dem Lohnsteuerabzug zu unterwerfen, wenn der Arbeitgeber gleich lautende Mietverträge auch mit fremden Dritten abschließt und die Anmietung des Raums im **eigenbetrieblichen Interesse des Arbeitgebers** erfolgt. Ein eigenbetriebliches Interesse ist jedenfalls dann anzunehmen, wenn der Arbeitnehmer über keinen weiteren Arbeitsplatz in einer Betriebsstätte des Arbeitgebers verfügt (BFH-Urteil vom 19.10.2001, BStBl. 2002 II S. 300 und BFH-Urteil vom 20.3.2003, BStBl. 2003 II S. 519 und vom 16.9.2004, BStBl. 2006 II S. 10). Das bedeutet letztlich Folgendes:

---

*) BMF-Schreiben vom 3.4.2007 (BStBl. I S. 442), Abschnitt III. Das BMF-Schreiben ist als Anlage 1 zu H 9.14 LStR im **Steuerhandbuch für das Lohnbüro 2010** abgedruckt, das im selben Verlag erschienen ist. Das **PC-Lexikon** für das Lohnbüro 2010 enthält auch dieses Handbuch und hat außerdem den Vorteil, dass Sie **alle BFH-Urteile** sowie die aktuellen Rundschreiben und Niederschriften der Spitzenverbände der **Sozialversicherung** mit Mausklick **im Volltext** abrufen und ausdrucken können. Eine Bestellkarte finden Sie vorne im Lexikon.

) BMF-Schreiben vom 3.4.2007 (BStBl. I S. 442), Abschnitt IV. Das BMF-Schreiben ist als Anlage 1 zu H 9.14 LStR im **Steuerhandbuch für das Lohnbüro 2010 abgedruckt, das im selben Verlag erschienen ist. Das **PC-Lexikon** für das Lohnbüro 2010 enthält auch dieses Handbuch und hat außerdem den Vorteil, dass Sie **alle BFH-Urteile** sowie die aktuellen Rundschreiben und Niederschriften der Spitzenverbände der **Sozialversicherung** mit Mausklick **im Volltext** abrufen und ausdrucken können. Eine Bestellkarte finden Sie vorne im Lexikon.

Dient die Nutzung des häuslichen Arbeitszimmers in erster Linie den **Interessen** des **Arbeitnehmers,** handelt es sich bei den Zahlungen des Arbeitgebers um steuer- und sozialversicherungspflichtigen Arbeitslohn. Indiz hierfür ist, dass der Arbeitnehmer im Betrieb des Arbeitgebers über einen weiteren Arbeitsplatz verfügt oder der Arbeitgeber ohne besondere (vertragliche) Vereinbarungen eine sog. Aufwandspauschale zahlt. Die Aufwendungen des Arbeitnehmers für das häusliche Arbeitszimmer sind in diesem Fall nicht als Werbungskosten abziehbar. — ja / ja

Wird der betreffende Raum jedoch vor allem im betrieblichen **Interesse** des **Arbeitgebers** genutzt und geht dieses Interesse – objektiv nachvollziehbar – über die Entlohnung des Arbeitnehmers bzw. über die Erbringung der jeweiligen Arbeitsleistung hinaus, so ist anzunehmen, dass die betreffenden Zahlungen auf einer neben dem Arbeitsverhältnis gesondert bestehenden Rechtsbeziehung beruhen. Anhaltspunkte hierfür können sich beispielsweise daraus ergeben, dass der Arbeitgeber entsprechende Rechtsbeziehungen zu gleichen Bedingungen auch mit fremden Dritten, die nicht in einem Arbeitsverhältnis zu ihm stehen, eingegangen ist oder entsprechende Versuche des Arbeitgebers, Räume von fremden Dritten anzumieten, erfolglos geblieben sind. Zudem ist im jeweiligen Einzelfall das (überwiegende) betriebliche Interesse des Arbeitgebers an der Anmietung zu dokumentieren. In diesem Fall führen die Zahlungen des Arbeitgebers zu Einnahmen aus **Vermietung und Verpachtung*).** — nein / nein

Die Mieteinnahmen werden beim Arbeitnehmer durch eine Veranlagung zur Einkommensteuer erfasst, wobei alle mit dem Büroraum zusammenhängenden Aufwendungen als Werbungskosten abgezogen werden können. Ergibt sich ein **Verlust** (Werbungskosten sind höher als Mieteinnahmen) kann dieser Verlust mit **anderen positiven Einkünften verrechnet** werden.

Außerdem ist in dem letztgenannten Fall das häusliche Arbeitszimmer („Home-Office") regelmäßige Arbeitsstätte des Arbeitnehmers, da es sich aufgrund der Anmietung um eine betriebliche Einrichtung des Arbeitgebers handelt.

Artisten

Artisten können sowohl selbständig tätig werden als auch Arbeitnehmer sein. Es kommt auf die Ausgestaltung und Durchführung des mit dem jeweiligen Veranstalter geschlossenen Vertrags an. Bei einer nur gelegentlichen Verpflichtung, etwa nur an einem Abend oder für ein Wochenende kann in sinngemäßer Anwendung des BFH-Urteils vom 10. 9. 1976 (BStBl. 1977 II S. 178) nicht von einem Arbeitsverhältnis ausgegangen werden (vgl. auch das Stichwort „Künstler").

Bei **beschränkt steuerpflichtigen Artisten,** die eine nichtselbständige Tätigkeit im Inland ausüben, kann aus Vereinfachungsgründen die Lohnsteuer mit einem Pauschsteuersatz erhoben werden. Der Pauschsteuersatz beträgt 20 % des Arbeitslohns, wenn der Arbeitnehmer die Lohnsteuer trägt, und 25 % des Arbeitslohns, wenn der Arbeitgeber die Lohnsteuer trägt. Der Solidaritätszuschlag beträgt zusätzlich jeweils 5,5 % der Lohnsteuer (R 39d Abs. 4 LStR). Beschränkt steuerpflichtige Artisten sind mangels Wohnsitz im Inland nicht kirchensteuerpflichtig. Zur beschränkten Steuerpflicht vgl. das Stichwort „Beschränkt steuerpflichtige Arbeitnehmer".

Arzt

Ärzte erzielen Einkünfte aus **selbständiger** Arbeit, wenn sie eine eigene Praxis haben. — nein / nein

Die Betriebsärzte, die Knappschaftsärzte, die nicht voll beschäftigten Hilfsärzte bei den Gesundheitsämtern, die Vertragsärzte und die Vertragstierärzte der Bundeswehr, die Vertrauensärzte der Deutschen Bahn AG und andere Vertragsärzte in ähnlichen Fällen haben in der Regel neben der bezeichneten vertraglichen Tätigkeit eine eigene Praxis. Die Vergütungen aus dem Vertragsverhältnis gehören deshalb regelmäßig zu den Einkünften aus selbständiger Arbeit. — nein / nein

Das Gleiche gilt, wenn die bezeichneten Ärzte keine eigene Praxis ausüben, es sei denn, dass besondere Umstände vorliegen, die für die Annahme einer nichtselbständigen Tätigkeit sprechen. — nein / nein

Ärzte können aber auch Arbeitnehmer sein, wenn sie z. B. im Beamtenverhältnis stehen (z. B. beim Gesundheitsamt) oder in einem Krankenhaus angestellt sind. Darüber hinaus können Ärzte „gemischte Tätigkeiten" ausüben, wenn ein Chefarzt z. B. nebenher privat liquidieren darf (vgl. das Stichwort „Liquidationspool"). Bei einem angestellten Chefarzt gehören allerdings auch die Einnahmen aus einem ihm eingeräumten Liquidationsrecht für die gesondert berechneten wahl-ärztlichen Leistungen zum Arbeitslohn, wenn die wahl-ärztlichen Leistungen innerhalb des Arbeitsverhältnisses erbracht werden (BFH-Urteil vom 5. 10. 2005 BStBl. 2006 II S. 94). Der Lohnsteuerabzug ist nur von den Einnahmen vorzunehmen, die um die an das Krankenhaus abzuführenden Anteile (z. B. Nutzungsentgelte, Einzugsgebühren) und um die an die nachgeordneten Ärzte zu zahlenden Beträge vermindert sind (vgl. die Erläuterungen beim Stichwort „Liquidationsrecht"). — ja / ja

Arztvertreter

Die Vertretung eines frei praktizierenden Arztes (Urlaub, Krankheit) wird selbständig ausgeübt, es sei denn, dass ausdrücklich mit allen Konsequenzen ein Arbeitsverhältnis vereinbart wird (BFH-Urteil vom 10. 4. 1953, BStBl. III S. 142).

Etwas anderes gilt für die Vertretungstätigkeit eines im Hauptberuf nichtselbständigen Oberarztes eines Krankenhauses bei der Behandlung der Privatpatienten des Chefarztes. Der Oberarzt wird auch insoweit als Arbeitnehmer tätig (BFH-Urteil vom 11. 11. 1971, BStBl. 1972 II S. 213), denn die Mitarbeit im Liquidationsbereich des Chefarztes gehört im Allgemeinen ohnehin zu seinen Obliegenheiten aus dem mit dem Krankenhaus bestehenden Dienstverhältnis (vgl. auch das Stichwort „Liquidationspool"). Ist dies nicht der Fall, sondern stellt die Mitarbeit eine Nebentätigkeit des Oberarztes dar, wird diese aufgrund der Eingliederung in den privatärztlichen Behandlungsbereich des Chefarztes ebenfalls nichtselbständig ausgeübt. Zum Chefarzt besteht in diesem Fall ein zweites Dienstverhältnis, das die Vorlage einer zweiten Lohnsteuerkarte erfordert.

AStA

Der Bundesfinanzhof hatte darüber zu entscheiden, ob die nach dem Hochschulrecht als rechtsfähige Körperschaft des öffentlichen Rechts behandelte **Studentenschaft** einer **Universität Arbeitgeber** und die für sie tätigen Organe, der AStA sowie die dafür handelnden Personen **(Vorsitzende und Referenten des AStA) Arbeitnehmer** sein können.

Im Streitfall zahlte die Studentenschaft (= Klägerin) an die Vorsitzenden und Referenten des Allgemeinen Studentenausschusses (AStA) für deren Tätigkeit monatliche

---

*) BMF-Schreiben vom 13. 12. 2005 (BStBl. 2006 I S. 4). Das BMF-Schreiben ist als Anlage 9 zu H 19.3 LStR im **Steuerhandbuch für das Lohnbüro 2010** abgedruckt, das im selben Verlag erschienen ist. Das **PC-Lexikon** für das Lohnbüro 2010 enthält auch dieses Handbuch und hat außerdem den Vorteil, dass Sie **alle BFH-Urteile** sowie die aktuellen Rundschreiben und Niederschriften der Spitzenverbände der **Sozialversicherung** mit Mausklick **im Volltext** abrufen und ausdrucken können. Eine Bestellkarte finden Sie vorne im Lexikon.

Aufbewahrung des Lohnkontos

Aufwandsentschädigungen, ohne hierfür Lohnsteuer einzubehalten. Das Finanzamt sah die an die AStA-Mitglieder gezahlten Aufwandsentschädigungen als steuerpflichtigen Arbeitslohn an und nahm die Klägerin für Lohnsteuer in Haftung. Der Bundesfinanzhof hat diese Vorgehensweise des Finanzamts bestätigt (BFH-Urteil vom 22. 7. 2008, BStBl. II S. 981). Als entscheidend sah er an, dass die **AStA-Mitglieder** als **Teil des Organs AStA** die Studentenschaft nach außen **vertreten und** vom Studentenparlament **gewählt** werden. Der AStA führt die Beschlüsse des Studentenparlaments aus und ist ihm gegenüber in allen grundlegenden Fragen **weisungsgebunden** und **verantwortlich**. Als **Exekutivorgan** der Studentenschaft ist der AStA durchaus mit der Bundesregierung oder einer Landesregierung vergleichbar, in deren Bereich es etwa für Bundeskanzler, Ministerpräsidenten und Minister unbestritten ist, dass sie steuerlich als Arbeitnehmer gelten.

Aufbewahrung des Lohnkontos

1. Lohnsteuer

Das Lohnkonto (vgl. dieses Stichwort) und die dazugehörigen Belege sind gemäß § 41 Abs. 1 Satz 10 EStG bis zum Ablauf des sechsten Kalenderjahres, das auf die zuletzt eingetragene Lohnzahlung folgt, aufzubewahren (das Lohnkonto 2010 also bis Ende des Jahres 2016). Hieran hat sich durch die Verlängerung der Aufbewahrungsfrist von 6 auf 10 Jahre in § 147 Abs. 3 der Abgabenordnung nichts geändert, da § 41 Abs. 1 Satz 10 EStG als „lex spezialis" der Regelung in § 147 Abs. 3 AO vorgeht.

2. Sozialversicherung

Der Arbeitgeber ist verpflichtet, für jeden Beschäftigten, getrennt nach Kalenderjahren, Entgeltunterlagen in deutscher Sprache zu führen. Auch für Teilzeitbeschäftigte, Aushilfskräfte, Pauschalbesteuerte usw. müssen Entgeltunterlagen vorhanden sein. Die Entgeltunterlagen sind bis zum Ablauf des auf die letzte Betriebsprüfung des Rentenversicherungsträgers folgenden Kalenderjahres aufzubewahren (§ 28f Abs. 1 SGB IV). Das gilt nicht für Beschäftigte in privaten Haushalten.

Die vom Arbeitgeber erstellten Beitragsabrechnungen und der Einzugsstelle übermittelten Beitragsnachweise sind ebenfalls bis zu diesem Zeitpunkt aufzubewahren bzw. zu speichern.

Aufmerksamkeiten

Die Frage, ob bestimmte Zuwendungen des Arbeitgebers, die allgemein als „Aufmerksamkeit" angesehen werden, begrifflich überhaupt zum Arbeitslohn gehören, ist beim Stichwort „Annehmlichkeiten" erläutert. Für die Aufmerksamkeiten im engeren Sinne gilt Folgendes:

Aufmerksamkeiten sind **Sach**zuwendungen des Arbeitgebers von geringem Wert (Blumen, Buch, CD/DVD), die dem Arbeitnehmer oder seinen Angehörigen anlässlich **eines besonderen persönlichen Ereignisses** (z. B. Geburtstag) gegeben werden. Aufmerksamkeiten sind steuer- und beitragsfrei, wenn der Wert der Sachzuwendung **40 €** (inklusive Mehrwertsteuer) nicht übersteigt. | nein | nein

Beispiel A
Der Arbeitgeber schenkt seiner Sekretärin zum Geburtstag einen Blumenstrauß im Wert von 20 €.
Es handelt sich um eine steuer- und beitragsfreie Aufmerksamkeit, da der Wert dieser Sachzuwendung 40 € nicht übersteigt (R 19.6 Abs. 1 Satz 2 LStR).

Übersteigt der Wert der Sachzuwendung die Freigrenze von 40 €, so ist die Zuwendung **in vollem Umfang** steuer- und beitragspflichtig (also nicht nur der übersteigende Betrag). | ja | ja

Beispiel B
Wie Beispiel A. Die Sekretärin erhält von ihrem Arbeitgeber zum Geburtstag einen Bildband über die USA im Wert von 50 €.
Die Sachzuwendung ist in vollem Umfang steuer- und beitragspflichtig, da der Wert der Sachzuwendung die Freigrenze von 40 € übersteigt. Die Sachzuwendung führt in Höhe von 48 € zu steuer- und sozialversicherungspflichtigen Arbeitslohn (96 % von 50 € = 48 €; vgl. zur Bewertung der Sachzuwendung die Erläuterungen beim Stichwort „Sachbezüge" besonders unter Nr. 3 Buchstabe b).

Geldzuwendungen sind stets steuer- und beitragspflichtig (vgl. auch das nachfolgende Beispiel D). | ja | ja

Bei der Freigrenze von 40 € handelt es sich **nicht um einen Jahresbetrag**, sondern um eine Regelung, die in Abhängigkeit von den Gegebenheiten unter Umständen mehrfach im Jahr oder gar in einem Monat ausgeschöpft werden kann (z. B. Sachgeschenke zum Namenstag, Geburtstag, zur Verlobung oder zur Einschulung des Kindes).

Beispiel C
Eine Arbeitnehmerin hat im Mai 2010 Geburtstag sowie 10-jähriges Dienstjubiläum. Sie erhält von ihrem Arbeitgeber zum Geburtstag einen Blumenstrauß und zum Dienstjubiläum ein Buchgeschenk im Wert von jeweils 25 €.
Bei beiden Sachzuwendungen handelt es sich um eine steuer- und beitragsfreie Aufmerksamkeit, da der Wert der einzelnen Sachzuwendung 40 € nicht übersteigt. Unmaßgeblich ist, dass der Wert der beiden Sachzuwendungen im Mai 2010 zusammen den Wert von 40 € übersteigt. Maßgebend ist nämlich stets der Wert der einzelnen Sachzuwendung anlässlich des jeweiligen besonderen persönlichen Ereignisses.

Gutscheine, die zum Bezug von Sachwerten (Buch, Schallplatte usw.) berechtigen, sind – wie der Sachbezugswert selbst – bis zur Freigrenze von 40 € steuerfrei (vgl. das Stichwort „Warengutscheine"). Zu beachten ist allerdings, dass es sich um einen ordnungsgemäßen Gutschein handeln muss. | nein | nein

Beispiel D
Wie Beispiel A. Die Sekretärin erhält jedoch einen Gutschein für ein Parfümeriegeschäft über 30 €.
Da auf dem Gutschein ein Betrag angegeben ist, handelt es sich nicht um einen Sachbezug, sondern um eine Zuwendung von Barlohn (= Geldzuwendung; vgl. die Erläuterungen beim Stichwort „Warengutscheine" besonders unter Nr. 1). Die Zuwendung des Gutscheins ist daher – obwohl der Wert 40 € nicht übersteigt – steuer- und beitragspflichtiger Arbeitslohn.

Neben der Freigrenze von 40 € für Aufmerksamkeiten **aus besonderem persönlichem Anlass** ist die für Sachbezüge ganz allgemein geltende **monatliche** 44-Euro-Freigrenze zu beachten. Hiernach kann der Arbeitgeber **ohne jeden Anlass** einmal im Monat Sachbezüge im Wert von 44 € (inklusive Mehrwertsteuer) zuwenden, z. B. einen Geschenkkorb oder einen Warengutschein, der zum Bezug von Sachwerten berechtigt (vgl. das Stichwort „Sachbezüge" besonders unter Nr. 4).

Beispiel E
Die Arbeitnehmer der Firma erhalten jeweils am ersten Werktag im Monat einen ordnungsgemäßen Benzingutschein (vgl. die Erläuterungen beim Stichwort „Warengutscheine"), durch den die 44-Euro-Freigrenze für Sachbezüge nicht überschritten wird. Daneben erhält der Arbeitnehmer anlässlich seines runden Geburtstags im Juni 2010 zwei CDs im Wert von insgesamt 30 €.
Es handelt sich um eine steuer- und beitragsfreie Aufmerksamkeit, da der Wert der CDs 40 € nicht übersteigt (R 19.6 Abs. 1 Satz 2 LStR). Unmaßgeblich ist, dass der Arbeitnehmer in diesem Monat auch einen Benzingutschein erhält, auf die die 44-Euro-Freigrenze für Sachbezüge angewendet wurde.

Aufrechnung

Die Aufrechnung zu viel einbehaltener Lohnsteuer (z. B. bei rückwirkender Eintragung einer günstigeren Steuerklasse auf der Lohnsteuerkarte) bzw. deren Erstattung ist dem Arbeitgeber bereits während des laufenden Kalenderjahres – nicht erst im Lohnsteuerjahresausgleich – gestattet. Es darf jedoch nur Lohnsteuer für Lohnzahlungszeiträume des laufenden Kalenderjahres aufgerechnet bzw. erstattet werden, die in den Zeitraum der Gültigkeit der rückwirkenden Eintragung fallen und in denen

Aufsichtsratsvergütungen

der Arbeitnehmer bei dem aufrechnenden Arbeitgeber beschäftigt war.

Wird der Lohnanspruch gegen eine Forderung des Arbeitgebers aufgerechnet, so ist trotzdem der Lohn im Zeitpunkt der Aufrechnung zugeflossen. — **ja / ja**

Siehe auch die Stichworte: „Änderung des Lohnsteuerabzugs", „Erstattung von Lohnsteuer".

Aufsichtsratsvergütungen

Aufsichtsratsvergütungen gehören regelmäßig zu den Einkünften aus selbständiger Arbeit; sie werden durch Veranlagung zur Einkommensteuer erfasst. — **nein / nein**

Lediglich Aufsichtsratsvergütungen, die Bedienstete im öffentlichen Dienst für eine auf Vorschlag oder Veranlassung ihres Dienstvorgesetzten übernommene Nebentätigkeit im Aufsichtsrat eines Unternehmens erhalten, gehören zu den Einkünften aus nichtselbständiger Arbeit. Sie werden – ohne Lohnsteuerabzug – bei der Veranlagung des Arbeitnehmers zur Einkommensteuer erfasst. Ein an den Dienstherrn abzuführender Teil an der Aufsichtsratsvergütung ist im Zeitpunkt der Abführung – also ggf. im Folgejahr – als Werbungskosten zu berücksichtigen. — **ja / nein**

Aufstockungsbeträge

Zur Steuerfreiheit der Aufstockungsbeträge nach dem Altersteilzeitgesetz siehe das Stichwort „Altersteilzeit".

Aufwandsentschädigungen an private Arbeitnehmer

Der Begriff „Aufwandsentschädigung" ist ausschließlich auf Arbeitnehmer anwendbar, die im öffentlichen Dienst beschäftigt sind. Denn nur dort handelt es sich um Zahlungen aus einer **öffentlichen Kasse**. Werden Arbeitnehmern, die bei privaten Arbeitgebern beschäftigt sind, ohne Einzelnachweis **pauschale** Aufwandsentschädigungen gezahlt (z. B. für den Besuch von Fortbildungskursen, für die Benutzung eigener Kraftfahrzeuge für Fahrten zwischen Wohnung und regelmäßiger Arbeitsstätte, zur Abgeltung etwaiger Repräsentationskosten, für Aufwendungen im Zusammenhang mit einem häuslichen Telearbeitsplatz), so sind diese **stets** als **steuerpflichtiger Arbeitslohn** zu behandeln. — **ja / ja**

Auf die Bezeichnung, unter der diese Entschädigungen gezahlt werden (z. B. Auslagenersatz, Diäten, Wegegelder, Zehrgelder usw.), kommt es nicht an. Der Arbeitnehmer kann jedoch dem Finanzamt die steuerlich abzugsfähigen Aufwendungen nachweisen und sich hierfür einen Freibetrag auf der Lohnsteuerkarte für Werbungskosten eintragen lassen.

In bestimmten Fällen können jedoch auch private Arbeitgeber bei entsprechendem Nachweis der entstandenen Aufwendungen einen steuerfreien Arbeitgeberersatz aufgrund besonderer **gesetzlicher Regelungen** leisten. Vgl. die Stichworte: Auslagenersatz, Auslösungen, Doppelte Haushaltsführung, Durchlaufende Gelder, Fehlgeldentschädigungen, Heimarbeiterzuschläge, Reisekosten bei Auswärtstätigkeiten, Studiengebühren, Umzugskosten, Werkzeuggeld.

Aufwandsentschädigungen aus öffentlichen Kassen

1. Allgemeines

Bei Aufwandsentschädigungen aus öffentlichen Kassen ist zu unterscheiden, ob die Aufwandsentschädigung aus einer Bundes- oder Landeskasse oder aus der Kasse einer anderen öffentlich-rechtlichen Körperschaft (z. B. Gemeindekasse) gezahlt wird (§ 3 Nr. 12 EStG).

2. Aufwandsentschädigungen aus einer Bundes- oder Landeskasse (§ 3 Nr. 12 Satz 1 EStG)

Aufwandsentschädigungen aus einer Bundes- oder Landeskasse sind steuerfrei, wenn sie in einem Gesetz, in einer auf bundesgesetzlicher oder landesgesetzlicher Ermächtigung beruhenden Verordnung oder von der Bundesregierung oder einer Landesregierung als Aufwandsentschädigung festgesetzt sind und als solche im Haushaltsplan ausgewiesen werden. — **nein / nein**

Hierunter fallen z. B.

– die Aufwandsentschädigungen der Bundestags- und Landtagsabgeordneten; — **nein / nein**
– die Kostenpauschale der Bundesratsmitglieder; — **nein / nein**
– die Aufwandsentschädigungen der Beamten, Richter und Soldaten des Bundes und der Länder. — **nein / nein**

3. Aufwandsentschädigungen anderer öffentlich-rechtlicher Körperschaften (§ 3 Nr. 12 Satz 2 EStG)

Aufwandsentschädigungen, die von einer anderen öffentlich-rechtlichen Körperschaft (z. B. einer Gemeinde, einem Landkreis) gezahlt werden, sind nur steuerfrei, wenn sie als Aufwandsentschädigung festgesetzt sind und wenn daneben die folgenden Voraussetzungen erfüllt sind:

– es muss sich um eine öffentliche Kasse handeln (vgl. dieses Stichwort);
– der Empfänger der Aufwandsentschädigung muss öffentliche Dienste leisten. Dies sind hoheitliche Aufgaben, die nicht der Daseinsvorsorge (z. B. Pflegeleistungen im Rahmen der Nachbarschaftshilfe) zuzurechnen sind. Keine öffentlichen Dienste liegen vor, wenn sich die Tätigkeit ausschließlich oder überwiegend auf die Erfüllung von Aufgaben in einem Betrieb gewerblicher Art einer juristischen Person des öffentlichen Rechts (vgl. § 1 Abs. 1 Nr. 6 KStG) bezieht. Neben den von den juristischen Personen des öffentlichen Rechts unterhaltenen Betrieben, die der Versorgung der Bevölkerung mit Wasser, Gas, Elektrizität oder Wärme, dem öffentlichen Verkehr oder dem Hafenbetrieb dienen, sowie die in der Rechtsform einer juristischen Person des öffentlichen Rechts betriebenen Sparkassen rechnen auch – ggf. von öffentlich-rechtlichen Zweckverbänden betriebenen – Altersheime, Krankenhäuser und ähnliche Einrichtungen zu den Betrieben gewerblicher Art. Die dort beschäftigten Personen leisten folglich keine öffentlichen Dienste, so dass eine Steuerfreiheit etwaiger Aufwandsentschädigungen ausscheidet;
– die Entschädigungen dürfen nicht für Verdienstausfall und Zeitverlust oder zur Abgeltung eines Haftungsrisikos gewährt werden.

Außerdem wird die Steuerfreiheit verneint, wenn die Zahlung den beim Empfänger entstehenden Aufwand offenbar übersteigt. Dabei dürfen die Zahlungen nur Aufwendungen abgelten, die steuerlich als Betriebsausgaben oder Werbungskosten abziehbar wären (BFH-Urteil vom 29.11.2006, BStBl. 2007 II S. 308 zur Steuerpflicht einer Mietentschädigung für eine nicht als Arbeitszimmer anzuerkennende Arbeitsecke; Entsprechendes gilt für eine Aufwandsentschädigung für ein häusliches Arbeitszimmer, das nicht der Mittelpunkt der gesamten betrieblichen und beruflichen Betätigung ist). Der Bundesfinanzhof lässt aber auch eine Aufwandsentschädigung nach § 3 Nr. 12 Satz 2 EStG steuerfrei, die eine Stadt an den Personalratsvorsitzenden (= Arbeitnehmer der Stadt) leistet, wenn damit der mit der Funktion verbundene tatsächlich anfallende berufliche Aufwand (Fahrtkosten, Bewirtung, kleine Geschenke) gedeckt werden soll (BFH-Urteil vom 15. 11. 2007, BFH/NV 2008 S. 767). Darüber hinaus ist aber nicht im Einzelfall, sondern für die Personengruppe

Aufwandsentschädigungen aus öffentlichen Kassen

	Lohn-steuer-pflichtig	Sozial-versich.-pflichtig

zu prüfen, ob in etwa abziehbarer Aufwand in Höhe der Aufwandsentschädigung entsteht.

Um schwierige Abgrenzungen im Einzelfall zu vermeiden, ist in den Lohnsteuer-Richtlinien (R 3.12 Abs. 3 LStR) folgende Vereinfachungsregelung festgelegt worden:

Sind der Kreis der Anspruchsberechtigten und der Betrag oder zumindest der Höchstbetrag, der den Anspruchsberechtigten aus einer öffentlichen Kasse gewährten Aufwandsentschädigung durch **Gesetz oder Verordnung** bestimmt, so ist

– die Aufwandsentschädigung bei **hauptamtlich** tätigen Personen **in voller Höhe** steuerfrei;   nein   nein

– bei **ehrenamtlich** tätigen Personen sind **ein Drittel** der gewährten Aufwandsentschädigung, mindestens jedoch **175 € monatlich** steuerfrei.   nein   nein

Sind der Kreis der Anspruchsberechtigten und der Betrag oder zumindest der Höchstbetrag der Aufwandsentschädigung nicht durch Gesetz oder Verordnung bestimmt, so kann bei hauptamtlich und ehrenamtlich tätigen Personen in der Regel ohne weiteren Nachweis ein steuerlich anzuerkennender Aufwand von **175 € monatlich** angenommen werden.

Wird der steuerfreie Mindestbetrag von 175 € monatlich überschritten tritt Steuerpflicht und bei einer abhängigen Beschäftigung auch Sozialversicherungspflicht ein (vgl. das Stichwort „Ehrenämter").

Bei Personen, die für **mehrere Körperschaften** des öffentlichen Rechts tätig sind, sind die steuerfreien monatlichen Mindest- und Höchstbeträge auf die Entschädigung zu beziehen, die von der einzelnen öffentlich-rechtlichen Körperschaft an diese Personen gezahlt wird. Es kommt also für **jede dieser ehrenamtlichen Tätigkeiten** die Auszahlung einer steuerfreien Aufwandsentschädigung in Betracht.

Aufwandsentschädigungen für **mehrere Tätigkeiten bei einer Körperschaft** sind hingegen für die Anwendung der Mindest- und Höchstbeträge zusammenzurechnen. Bei einer gelegentlichen ehrenamtlichen Tätigkeit sind die steuerfreien monatlichen Mindest- und Höchstbeträge nicht auf einen weniger als einen Monat dauernden Zeitraum der ehrenamtlichen Tätigkeit umzurechnen.

Soweit der steuerfreie Monatsbetrag von 175 Euro nicht ausgeschöpft wird, ist eine **Übertragung** in andere Monate dieser Tätigkeiten im selben Kalenderjahr möglich. Maßgebend für die Ermittlung der Anzahl der in Betracht kommenden Monate ist die **Dauer der ehrenamtlichen Funktion bzw. Ausübung im Kalenderjahr.** Hierbei zählen angefangene Kalendermonate als volle Monate. Die Dauer des tatsächlichen Einsatzes im Ehrenamt ist für die Bestimmung dieses Zeitraums unbeachtlich (BMF-Schreiben vom 15.10.2002, BStBl. I S. 993). Der steuerfreie Monatsbetrag von 175 Euro kann daher z. B. auch dann in Anspruch genommen werden, wenn in einem Monat keine Aufwandsentschädigung gezahlt worden ist (z. B. vierteljährliche Auszahlung), in einem Monat keine Sitzung stattgefunden hat (z. B. Sommerpause) oder der Mandatsträger an einer Sitzung nicht teilgenommen hat bzw. nicht teilnehmen konnte (z. B. bei Krankheit).

Beispiel A

Für öffentliche Dienste in einem Ehrenamt in der Zeit vom 1. Januar bis zum 30. Juli werden folgende Aufwandsentschädigungen gezahlt:

Januar 250 €, Februar 200 €, März 250 €, April 350 €, Mai 600 €, Juni 450 €, Juli 0 €. Zeitaufwand wird nicht vergütet.

Von diesen Aufwandsentschädigungen bleibt monatlich ein Drittel, mindestens aber 175 € steuerfrei. Es ergeben sich folgende steuerfreien Beträge:

	tatsächlich gezahlt		steuerfreier Betrag
Januar	250 €	Mindestbetrag	175 €
Februar	200 €	Mindestbetrag	175 €
März	250 €	Mindestbetrag	175 €
April	350 €	Mindestbetrag	175 €
Mai	600 €	**Drittelregelung**	200 €
Juni	450 €	Mindestbetrag	175 €
Juli	0 €	Mindestbetrag	175 €
insgesamt	2 100 €		1 250 €

Der steuerpflichtige Betrag beträgt (2100 € – 1250 € =) 850 €.

Beispiel B

Für öffentliche Dienste in einem Ehrenamt in der Zeit vom 1. Januar bis 30. Juli werden folgende Aufwandsentschädigungen gezahlt:

Januar 0 €, Februar 150 €, März 250 €, April 150 €, Mai 160 €, Juni 350 €, Juli 0 €. Zeitaufwand wird nicht vergütet.

Von diesen Aufwandsentschädigungen bleibt monatlich ein Drittel, mindestens aber 175 € steuerfrei. Es ergeben sich folgende steuerfreien Beträge:

	tatsächlich gezahlt		steuerfreier Betrag
Januar	0 €	Mindestbetrag	175 €
Februar	150 €	Mindestbetrag	175 €
März	250 €	Mindestbetrag	175 €
April	150 €	Mindestbetrag	175 €
Mai	160 €	Mindestbetrag	175 €
Juni	350 €	Mindestbetrag	175 €
Juli	0 €	Mindestbetrag	175 €
insgesamt	1 060 €		1 225 €

Da die steuerfreien Beträge die gezahlten Aufwandsentschädigungen übersteigen, bleibt der Betrag von 1060 € insgesamt steuerfrei. Es ergibt sich allerdings kein negativer Betrag, der mit anderen Einkünften verrechnet werden könnte.

Sind die Aufwandsentschädigungen lohnsteuerpflichtig (z. B. bei den ehrenamtlichen Gemeinderäten und ehrenamtlichen Bürgermeistern in Bayern), können die nicht ausgeschöpften steuerfreien Monatsbeträge mit steuerpflichtigen Aufwandsentschädigungen anderer Lohnzahlungszeiträume dieser Tätigkeit im Kalenderjahr verrechnet werden. Eine Verrechnung mit abgelaufenen Lohnzahlungszeiträumen ist zulässig. Die Verrechnung kann auch bei Beendigung der Tätigkeit oder zum Ende des Kalenderjahres für die Dauer der ehrenamtlichen Tätigkeit im Kalenderjahr vorgenommen werden.

Für ehrenamtliche Mitglieder kommunaler Vertretungsorgane (Gemeinderäte, Stadträte, Kreisräte, Bezirksräte usw.) sind bundeseinheitlich bestimmte Monatsbeträge als steuerfreie Aufwandsentschädigungen festgesetzt worden, die den allgemeinen monatlichen Mindestbetrag von 175 € zumeist übersteigen (spezielle Regelungen, die den Regelungen in dem LStR vorgehen)*). Zum 1.1.2009 sind diese besonderen steuerfreien Beträge für kommunale Mandatsträger um 15 % erhöht worden.

4. Sozialversicherungsrechtliche Behandlung von Aufwandsentschädigungen

Stehen kommunale Ehrenbeamte in einem abhängigen Beschäftigungsverhältnis zur Kommune, so ist der lohnsteuerpflichtige Teil der für die Tätigkeit zustehenden Aufwandsentschädigung Arbeitsentgelt gemäß § 14 SGB IV. Er gilt als Gegenleistung für die zur Verfügungstellung von Arbeitszeit und Arbeitskraft. Der steuerfreie Teil der Aufwandsentschädigungen aus öffentlichen Kassen ist hingegen nach § 14 Abs. 1 Satz 3 SGB IV kein Arbeitsentgelt im Sinne der Sozialversicherung.

Soweit der nach § 3 Nr. 12 EStG steuerfreie Monatsbetrag der Aufwandsentschädigung von mindestens 175 € in einzelnen Monaten nicht ausgeschöpft wird, ist eine Übertragung in andere Monate dieser Tätigkeiten im selben

---

*) Die bundeseinheitliche Regelung ist als Anlage 1 zu H 3.12 LStR im **Steuerhandbuch für das Lohnbüro 2010** abgedruckt, das im selben Verlag erschienen ist. Das **PC-Lexikon** für das Lohnbüro 2010 enthält auch dieses Handbuch und hat außerdem den Vorteil, dass Sie **alle BFH-Urteile** sowie die aktuellen Rundschreiben und Niederschriften der Spitzenverbände der **Sozialversicherung** mit Mausklick **im Volltext** abrufen und ausdrucken können. Eine Bestellkarte finden Sie vorne im Lexikon.

	Lohn-steuer-pflichtig	Sozial-versich.-pflichtig

Kalenderjahr möglich. Während hierbei im Steuerrecht auch **rückwirkende** Korrekturen erfolgen können, ist das im Sozialversicherungsrecht wegen des Grundsatzes der abschließenden vorausschauenden Betrachtungsweise **nicht zulässig**.

Vgl. hierzu auch die Stichworte „Änderung der Beitragsberechnung" und „Erstattung von Sozialversicherungsbeiträgen".

Aufwandsentschädigung für nebenberufliche Tätigkeiten

Siehe die Stichworte: Kirchenbedienstete/Kirchenmusiker, Nebenberufliche Prüfungstätigkeit, Nebentätigkeit für gemeinnützige Organisationen, Organisten, Übungsleiter.

Ausbildungsbeihilfen

siehe „Stipendien"

Ausbildungsfreibetrag

siehe Anhang 7 Abschnitt D unter Nr. 5 auf Seite 909

Ausbildungskosten

Siehe die Stichworte: Berufsschule, Fortbildungskosten, Stipendien.

Aushilfskräfte

Aushilfskräfte sind Personen, die in einem Betrieb als Ersatz oder zur Verstärkung für Stammpersonal vorübergehend nur kurze Zeit beschäftigt werden. Es handelt sich zumeist um Gelegenheitsarbeiter, Werkstudenten, Schüler oder andere Ferienarbeiter. Aushilfskräfte sind – wie es bei Hilfsdiensten zur Unterstützung oder in Vertretung des Stammpersonals kaum anders möglich ist – für die Dauer ihrer Tätigkeit in den Betrieb eingeordnet und weisungsgebunden; sie sind deshalb als **Arbeitnehmer** zu behandeln; dass die Beschäftigung nur kurze Zeit dauert ist ohne Bedeutung (vgl. hierzu die grundsätzlichen Ausführungen im Teil A unter Nr. 3 auf Seite 6). ja ja

Für den Lohnsteuerabzug bei Aushilfskräften gelten grundsätzlich die allgemeinen Bestimmungen. Sie müssen dem Arbeitgeber eine **Lohnsteuerkarte** vorlegen. Die Lohnsteuer bemisst sich nach dem im Lohnzahlungszeitraum bezogenen Arbeitslohn und nach den Merkmalen der Lohnsteuerkarte. Dass die Lohnsteuer möglicherweise nach Ablauf des Kalenderjahres vom Finanzamt wieder ganz oder teilweise zu erstatten ist, kann beim laufenden Lohnsteuerabzug nicht berücksichtigt werden. Wird dem Arbeitgeber keine Lohnsteuerkarte vorgelegt, muss er die Lohnsteuer nach **Steuerklasse VI** berechnen (vgl. „Nichtvorlage der Lohnsteuerkarte"). Auf die Anwendung der Steuerklasse VI darf der Arbeitgeber bei fehlender Lohnsteuerkarte nur dann verzichten, wenn die **Lohnsteuer pauschaliert** wird (vgl. das Stichwort „Pauschalierung der Lohnsteuer bei Aushilfskräften und Teilzeitbeschäftigten").

In der Sozialversicherung ist eine kurzfristige Beschäftigung – im Gegensatz zur Lohnsteuer – unter folgenden Voraussetzungen sozialversicherungsfrei:

Eine **versicherungsfreie** kurzfristige Beschäftigung liegt unabhängig von der Höhe des Arbeitsentgelts vor, wenn die Beschäftigung im Laufe eines Kalenderjahres auf höchstens **zwei Monate oder 50 Arbeitstage begrenzt** ist. Die Begrenzung muss entweder im Voraus vertraglich vereinbart werden oder aufgrund der Eigenart der Beschäftigung (z. B. Erntehelfer) feststehen (vgl. das Stichwort „Geringfügige Beschäftigung" unter Nr. 14).

Auskunft

Neues auf einen Blick:

Der Bundesfinanzhof vertritt – abweichend von seiner bisherigen Rechtsprechung – nunmehr die Auffassung, dass die **Anrufungsauskunft** einen **Verwaltungsakt** darstelle, gegen den **Einspruch** und ggf. **Klage** möglich seien (BFH-Urteil vom 30.4.2009 – VI R 54/07). Die Finanzverwaltung wird der neuen Rechtsprechung des Bundesfinanzhofs folgen und größtenteils die Regelungen zur verbindlichen Zusage aufgrund einer Außenprüfung auch für die Anrufungsauskunft anwenden. Dies bedeutet, dass das **Finanzamt** eine **Anrufungsauskunft mit Wirkung für die Zukunft ändern** kann (analoge Anwendung § 207 Abs. 2 AO).

Gliederung:

1. Allgemeines
2. Anrufungsauskunft
3. Anrufungsauskunft bei Arbeitgebern mit mehreren Betriebsstätten und bei Konzernen
4. Anrufungsauskunft bei der Übernahme von Arbeitgeberpflichten durch einen Dritten
5. Verbindliche Zusage
6. Antrag auf Erteilung einer verbindlichen Auskunft

1. Allgemeines

Der Arbeitgeber hat die Möglichkeit, zur Klärung von lohnsteuerlichen Zweifelsfragen beim Finanzamt eine Auskunft einzuholen. Hierbei kann es sich entweder um eine verbindliche Zusage nach § 204 Abgabenordnung (AO) oder um eine sog. Anrufungsauskunft nach § 42e Einkommensteuergesetz (EStG) handeln. Eine verbindliche Zusage ist nur in unmittelbarem Anschluss an eine Lohnsteuer-Außenprüfung möglich, weil sie sich nur auf geprüfte Sachverhalte beziehen darf. Eine Anrufungsauskunft ist jederzeit zu allen auftretenden Zweifelsfragen möglich. Hiernach ergibt sich folgende Übersicht:

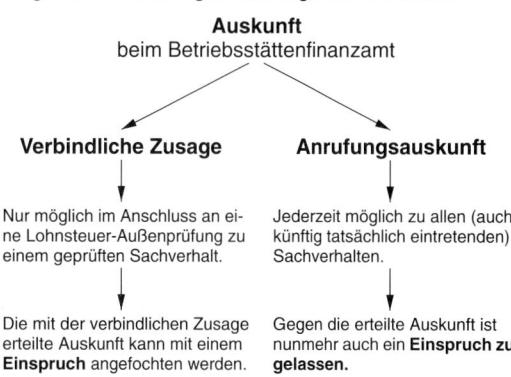

Zum Antrag auf Erteilung einer verbindlichen Auskunft vgl. die Erläuterungen unter der nachfolgenden Nr. 6.

2. Anrufungsauskunft

Arbeitgeber haben nach § 42e EStG das Recht, an das Finanzamt der Betriebsstätte eine **gebührenfreie** Anfrage zur Klärung der steuerlichen Behandlung von Tatbeständen zu richten, die der Arbeitgeber im Steuerabzugsverfahren zu beurteilen hat (z. B. ob eine vom Arbeitgeber beschäftigte Person als selbständig oder unselbständig tätig anzusehen ist, ob bestimmte Zuwendungen zum steuerpflichtigen Arbeitslohn rechnen oder steuerfrei belassen werden können, in welcher Weise die Lohnsteuer vom steuerpflichtigen Arbeitslohn zu berechnen ist, ob ein Arbeitnehmer beschränkt oder unbeschränkt steuerpflichtig ist usw.). Im Übrigen kann die Anrufungsauskunft auch vom Arbeitnehmer beantragt werden. Auch für Sachverhalte zur Pauschalierung der Einkommensteuer bei

Auskunft

	Lohn-steuer-pflichtig	Sozial-versich.-pflichtig

Sachzuwendungen an Nichtarbeitnehmer (§ 37b Abs. 1 EStG) und eigene Arbeitnehmer (§ 37b Abs. 2 EStG) kann eine Anrufungsauskunft eingeholt werden (vgl. „Pauschalierung der Lohnsteuer für Belohnungsessen, Incentive-Reisen, VIP-Logen und ähnliche Sachbezüge").

Die Anrufungsauskunft kann aber nicht in Fragen erbeten werden, die die Besteuerungsmerkmale des Arbeitnehmers betreffen (Steuerklasse, Freibeträge, Anerkennung von Werbungskosten, Sonderausgaben, außergewöhnlichen Belastungen). Für Auskünfte, die diese Fragen betreffen, ist das Wohnsitzfinanzamt des Arbeitnehmers zuständig.

Die vom Finanzamt auf Anfrage zu erteilende Anrufungsauskunft hat die Wirkung, dass sie den Arbeitgeber, wenn er sich an sie hält, **von seiner Haftung befreit.** Voraussetzung ist allerdings, dass der Sachverhalt erschöpfend und richtig dargestellt worden ist. Da dieser Nachweis vom Arbeitgeber zu führen ist, empfiehlt sich stets die **schriftliche Anfrage.** Der Bundesfinanzhof vertritt – abweichend von seiner bisherigen Rechtsprechung – nunmehr die Auffassung, dass die **Anrufungsauskunft** einen **Verwaltungsakt** darstelle, gegen den **Einspruch** und ggf. **Klage** möglich seien (BFH-Urteil vom 30.4.2009 – VI R 54/07). Die Anrufungsauskunft ziele darauf ab, präventiv Konflikte zwischen dem Arbeitgeber und dem Finanzamt zu vermeiden und auftretende lohnsteuerliche Fragen, die häufig auch die wirtschaftlichen Dispositionen des Arbeitgebers berühren, in einem besonderen Verfahren zeitnah einer Klärung zuzuführen. Es sei mit den Grundsätzen eines fairen Verfahrens nicht vereinbar, den Arbeitgeber, der mit einer Anrufungsauskunft nicht einverstanden sei, zunächst (ggf. rechtswidrig) zur Einbehaltung und Abführung der Lohnsteuer zu verpflichten und einen Rechtsschutz erst durch Anfechtung der Lohnsteuer- bzw. Haftungsbescheide zu gewähren. Im Streitfall hatte der Arbeitgeber beim Finanzamt eine Anrufungsauskunft zu der Frage gestellt, ob seine Mitarbeiter als Arbeitnehmer oder als Selbständige zu beurteilen seien. Das Finanzamt hatte nach Prüfung der Unterlagen mehrfach die Auskunft erteilt, dass es sich bei den Mitarbeitern um selbständig Tätige handeln würde. Nach einiger Zeit widerrief das Finanzamt seine Anrufungsauskunft und vertrat nunmehr die Auffassung, die Mitarbeiter waren vielmehr Arbeitnehmer. Einspruch und Klage wurden vom Finanzamt und vom Finanzgericht mit der Begründung zurückgewiesen, dass auch gegen den Widerruf einer Anrufungsauskunft kein Rechtsbehelf gegeben sei. Eine gerichtliche Entscheidung in der Sache könne nur im Steuerfestsetzungs- oder im Haftungsverfahren herbeigeführt werden. Dem ist der Bundesfinanzhof nunmehr unter Aufgabe seiner bisherigen Rechtsprechung nicht gefolgt.

Weiterhin stellt sich die Frage, welche Wirkung die dem Arbeitgeber erteilte Anrufungsauskunft gegenüber dem Arbeitnehmer auf Dauer entfaltet. Hierzu gilt Folgendes:

Dem Arbeitnehmer gegenüber ist das **Finanzamt nicht** an die im Steuerabzugsverfahren dem Arbeitgeber gegenüber erteilte Anrufungsauskunft **gebunden;** es kann deshalb bei einer etwaigen Veranlagung die steuerlichen Tatbestände ggf. abweichend von der erteilten Anrufungsauskunft beurteilen und besteuern. Dies gilt auch dann, wenn der **Arbeitnehmer die Anrufungsauskunft beim Finanzamt beantragt** hat (was nach § 42e EStG durchaus möglich ist). Der Bundesfinanzhof hat seine früher anders lautende Rechtsprechung mit Urteil vom 9.10.1992 (BStBl. II 1993 S. 166) geändert. Die Anrufungsauskunft ist also ausschließlich für den Lohnsteuerabzug durch den Arbeitgeber bindend, gleichgültig, wer die Auskunft eingeholt hat. Deshalb kann das Wohnsitzfinanzamt im Veranlagungsverfahren zur Einkommensteuer einen anderen, günstigeren oder ungünstigeren Rechtsstandpunkt vertreten als das Betriebsstättenfinanzamt in der Anrufungsauskunft. Daran hat sich durch die vorstehende neue Rechtsprechung des Bundesfinanzhofs (noch) nichts geändert.

Die **Finanzverwaltung** wird der neuen Rechtsprechung des Bundesfinanzhofs (Anrufungsauskunft = Verwaltungsakt) folgen und größtenteils die Regelungen zur verbindlichen Zusage aufgrund einer Außenprüfung auch für die Anrufungsauskunft anwenden (Ausnahme: Keine zwingende Schriftform für die Anrufungsauskunft). Dies bedeutet, dass das Finanzamt eine **Anrufungsauskunft mit Wirkung für die Zukunft ändern** kann (analoge Anwendung § 207 Abs. 2 AO).

3. Anrufungsauskunft bei Arbeitgebern mit mehreren Betriebsstätten und bei Konzernen

Um die Erteilung von Anrufungsauskünften für einen Arbeitgeber mit mehreren Betriebsstätten zu **zentralisieren,** bestimmt § 42e EStG, dass das Finanzamt die Anrufungsauskunft zu erteilen hat, in dessen Bezirk sich die Geschäftsleitung des Arbeitgebers im Inland befindet. Ist dieses Finanzamt kein Betriebsstättenfinanzamt, so ist das Finanzamt zuständig, in dessen Bezirk sich die Betriebsstätte mit den meisten Arbeitnehmern befindet. Die Erteilung der zentralen Anrufungsauskunft ist davon abhängig, dass der Arbeitgeber sämtliche Betriebsstättenfinanzämter, das Finanzamt der Geschäftsleitung und erforderlichenfalls die Betriebsstätte mit den meisten Arbeitnehmern angibt und erklärt, für welche Betriebsstätte die Auskunft von Bedeutung ist.

Die in § 42e EStG festgelegte Zentralisierung und Koordinierung von Anrufungsauskünften ist durch die Lohnsteuer-Richtlinien weiter präzisiert worden. Denn nach R 42e Abs. 2 der LStR hat das zuständige Finanzamt bei einem Arbeitgeber mit mehreren Betriebsstätten seine Auskunft mit den anderen Betriebsstättenfinanzämtern abzustimmen, soweit es sich um einen Fall von einigem Gewicht handelt und die Auskunft auch für andere Betriebsstätten von Bedeutung ist. Bei Anrufungsauskünften grundsätzlicher Art muss das zuständige Finanzamt die übrigen betroffenen Finanzämter informieren.

Sind mehrere selbständige Arbeitgeber im Sinne des Lohnsteuerrechts unter einer einheitlichen Leitung zusammengefasst **(Konzernunternehmen),** so bleibt trotzdem für den einzelnen Arbeitgeber das Betriebsstättenfinanzamt bzw. das Finanzamt der Geschäftsleitung für die Erteilung der Anrufungsauskunft zuständig. Sofern es sich bei einer Anrufungsauskunft um einen Fall von einigem Gewicht handelt und erkennbar ist, dass die Auskunft auch für andere Arbeitgeber des Konzerns von Bedeutung ist oder bereits Entscheidungen anderer Finanzämter vorliegen, ist (insbesondere auf Antrag des Arbeitgebers) die zu erteilende Auskunft mit den übrigen betroffenen Finanzämtern abzustimmen. Dazu informiert das für die Auskunftserteilung zuständige Finanzamt das Finanzamt der Konzernzentrale. Dieses Finanzamt koordiniert daraufhin die Abstimmung mit den Finanzämtern der anderen Arbeitgeber des Konzerns, die von der zu erteilenden Auskunft betroffen sind (R 42e Abs. 3 LStR). Befindet sich die Konzernzentrale im Ausland, ist für die Abstimmung das Finanzamt zuständig, das als erstes mit der Angelegenheit betraut war.

Die vorstehend beschriebene Vorgehensweise hat für die Arbeitgeber den Vorteil, dass unterschiedliche Anrufungsauskünfte von Betriebsstättenfinanzämtern vermieden werden und bereits im Vorfeld eine **Abstimmung der Rechtsauffassung** auf Seiten der Finanzverwaltung erfolgt.

4. Anrufungsauskunft bei der Übernahme von Arbeitgeberpflichten durch einen Dritten

Hat ein Dritter die Pflichten des Arbeitgebers übernommen (vgl. das Stichwort „Lohnsteuerabzug durch einen Dritten"), ist die Anrufungsauskunft beim Betriebsstättenfinanzamt des Dritten zu beantragen (R 42e Abs. 4 LStR). Denn der Dritte hat in diesen Fällen alle Arbeitgeberpflich-

Auskunft

| | Lohn-steuer-pflichtig | Sozial-versich.-pflichtig |

ten zu erfüllen und auch die Lohnsteuer-Außenprüfung wird vom Betriebsstättenfinanzamt des Dritten durchgeführt.

5. Verbindliche Zusage

Voraussetzung für die Erteilung einer verbindlichen Zusage nach § 204 AO ist, dass
- ein im Rahmen einer Lohnsteuer-Außenprüfung für die Vergangenheit geprüfter Sachverhalt im Prüfungsbericht dargestellt wird,
- dieser Sachverhalt Auswirkung für die Zukunft hat,
- der Arbeitgeber die verbindliche Auskunft während der Lohnsteuer-Außenprüfung (oder spätestens im Anschluss daran) beantragt und
- die Kenntnis der künftigen lohnsteuerlichen Behandlung für die weiteren geschäftlichen Maßnahmen des Arbeitgebers von Bedeutung ist.

Eine verbindliche Zusage wird also nur zu bereits **abgeschlossenen Sachverhalten** erteilt, das heißt, dass eine verbindliche Zusage für noch nicht verwirklichte Sachverhalte nicht erteilt werden kann (für diese Fälle bleibt nur die Möglichkeit der Anrufungsauskunft; vgl. aber auch nachfolgende Nr. 6). Im lohnsteuerlichen Bereich kommt eine verbindliche Zusage deshalb nur für folgende Sachverhalte in Betracht:
- Sachverhalte mit **Dauerwirkung** (z. B. Entscheidung der Frage, ob ein Beschäftigter selbständig oder nichtselbständig tätig ist),
- **wiederkehrende Sachverhalte** (z. B. Behandlung von Sachbezügen).

Die verbindliche Zusage ist **schriftlich** zu erteilen. Mündlich erteilte Zusagen haben nicht die Bindungswirkung des § 206 AO; das Finanzamt kann jedoch ggf. nach dem Gebot von **Treu und Glauben** an eine mündliche Zusage gebunden sein. Vorbehalte (z. B. vorbehaltlich des Ergebnisses einer Besprechung der obersten Finanzbehörden des Bundes und der Länder) schließen die Bindung aus (BFH-Urteil vom 4. 8. 1961, BStBl. III S. 562). Die verbindliche Zusage hat den zugrunde gelegten Sachverhalt, die Entscheidungsgründe und die Rechtsvorschriften, auf die sich die Entscheidung stützt, den Zeitraum und die Steuerart, für die sie gilt, und notwendige Nebenbestimmungen (§ 120 Abs. 2 AO) zu enthalten. Hinsichtlich des Sachverhalts kann auf den Prüfungsbericht Bezug genommen werden.

Enthält die verbindliche Zusage keine zeitliche Einschränkung, so bleibt sie bis zur Aufhebung oder Änderung wirksam. Eine verbindliche Zusage tritt außer Kraft, wenn die Rechtsvorschriften geändert werden, auf denen sie beruht. Ein ausdrücklicher **Widerruf ist** in diesem Fall **nicht erforderlich.**

Eine verbindliche Zusage gilt übrigens nicht zuungunsten des Steuerpflichtigen, wenn sie dem geltenden Steuerrecht nicht entspricht.

6. Antrag auf Erteilung einer verbindlichen Auskunft

Für **noch nicht verwirklichte Sachverhalte** können Arbeitgeber und/oder Arbeitnehmer anstelle einer Anrufungsauskunft auch die Erteilung einer verbindlichen Auskunft beantragen, wenn hierzu im Hinblick auf die erhebliche steuerliche Auswirkung ein besonderes Interesse besteht (§ 89 Abs. 2 AO). Allerdings ist die Beantragung einer verbindlichen Auskunft im Gegensatz zur Anrufungsauskunft **gebührenpflichtig** und wird daher wohl die Ausnahme bleiben. Da allerdings das Finanzamt im Rahmen der Einkommensteuer-Veranlagung des Arbeitnehmers nicht an eine für das Steuerabzugsverfahren erteilte Anrufungsauskunft gebunden ist, kann es in bedeutsamen Einzelfällen sinnvoll sein, eine verbindliche Auskunft für das Einkommensteuer-Veranlagungsverfahren des Arbeitnehmers zu beantragen.

Auslagenersatz

Auslagenersatz

1. Allgemeines

Nach § 3 Nr. 50 EStG sind Auslagenersatz und durchlaufende Gelder steuerfrei und damit auch beitragsfrei in der Sozialversicherung. — nein — nein

Die Begriffe „durchlaufende Gelder" und „Auslagenersatz" lassen sich zwar theoretisch voneinander trennen, werden aber praktisch häufig ineinander übergehen. Es handelt sich um Beträge, die ein Arbeitnehmer vom Arbeitgeber erhält
- um sie für den Arbeitgeber auszugeben (= durchlaufende Gelder) oder
- weil er sie für den Arbeitgeber ausgegeben hat (= Auslagenersatz).

Der Auslagenersatz gilt also solche Aufwendungen des Arbeitnehmers ab, die dieser in der Vergangenheit für den Arbeitgeber gemacht hat, während durchlaufende Gelder für zukünftige Aufwendungen verwendet werden sollen. Sowohl beim Auslagenersatz als auch bei den durchlaufenden Geldern müssen die Zwecke **des Arbeitgebers** im Vordergrund stehen. Der Arbeitnehmer muss als Bote oder Vertreter des Arbeitgebers handeln und die durchlaufenden Gelder als fremde Gelder (Vorschüsse) im Sinne der §§ 669, 667 BGB behandeln. Der Auslagenersatz muss für den Arbeitnehmer ein Ersatz bereits verauslagter Gelder im Sinne von §§ 670, 675 BGB sein. Besteht auch ein **eigenes Interesse des Arbeitnehmers** an den Aufwendungen, liegt kein steuerfreier Auslagenersatz (oder steuerfreie durchlaufende Gelder) vor.

2. Abgrenzung des Auslagenersatzes vom Werbungskostenersatz

Vom Auslagenersatz zu unterscheiden ist der sog. **Werbungskostenersatz** durch den Arbeitgeber. Der Werbungskostenersatz gehört steuersystematisch stets zum steuerpflichtigen Arbeitslohn; der Arbeitnehmer kann in entsprechender Höhe Werbungskosten geltend machen. Aus Vereinfachungsgründen wurden beide Vorgänge früher oft zusammengefasst und bereits die Einnahmen steuerfrei gelassen. Seit 1. 1. 1990 muss hier eine klare Trennung zwischen steuerpflichtigem Werbungskosten**ersatz** durch den Arbeitgeber und dem Werbungskosten**abzug** durch den Arbeitnehmer erfolgen. Denn ohne ausdrückliche **gesetzliche Befreiungsvorschrift** ist seit 1. 1. 1990 ein steuerfreier Werbungskostenersatz durch den Arbeitgeber nicht mehr möglich (R 19.3 Abs. 3 Satz 1 LStR). Zwar erwähnt der Bundesfinanzhof auch in seiner neueren Rechtsprechung immer wieder mal die Möglichkeit der Saldierung von Arbeitslohn und Werbungskosten. Die Fallgestaltungen betreffen jedoch stets die Einkommensteuer-Veranlagung der Arbeitnehmer und nicht das Lohnsteuer-Abzugsverfahren. Im **Lohnsteuer-Abzugsverfahren** durch den Arbeitgeber ist eine solche **Saldierung nicht zulässig** (vgl. auch die Erläuterungen bei den Stichwörtern „Firmenwagen zur privaten Nutzung" unter Nr. 16 Buchstabe c und „Unfallversicherung" unter Nr. 8 Buchstabe c). Der Auslegung des Begriffs „Auslagenersatz" kommt deshalb erhöhte Bedeutung zu. Dabei ist zu beachten, dass ein Werbungskostenersatz, wie vielfach fälschlich angenommen wird, nicht dadurch zum Auslagenersatz wird, dass eine Betriebs- oder individuelle Arbeitsvereinbarung diese Kosten dem Arbeitgeber zuweist. Solche Vereinbarungen reichen nicht aus, ein vorhandenes Interesse des Arbeitnehmers an der Übernahme der Ausgaben durch den Arbeitgeber zu beseitigen, wie dies z. B. beim Ersatz von Aufwendungen für eine doppelte Haushaltsführung, bei Fahrten zwischen Wohnung und regelmäßiger Arbeitsstätte und auch bei Arbeitsmitteln, die in das Eigentum des Arbeitnehmers übergehen, der Fall ist. Soweit in diesen Fällen nicht eine spezielle gesetzliche Vorschrift vorhanden ist, die den Arbeitgeberersatz steuerfrei stellt, handelt es sich um

Auslagenersatz

steuerpflichtigen Arbeitslohn. Aus diesem Grunde war z. B. für Fahrkostenzuschüsse des Arbeitgebers bis 31.12.2003 eine ausdrückliche Befreiungsvorschrift im Einkommensteuergesetz enthalten (§ 3 Nr. 34 EStG in der bis einschließlich 2003 geltenden Fassung). Diese Befreiungsvorschrift war ausdrücklich auf Fahrkostenzuschüsse zu Fahrten zwischen Wohnung und regelmäßiger Arbeitsstätte mit öffentlichen Verkehrsmitteln beschränkt. Nachdem diese Befreiungsvorschrift weggefallen ist, gehört der Werbungskostenersatz des Arbeitgebers für Fahrten zwischen Wohnung und regelmäßiger Arbeitsstätte automatisch seit 1.1.2004 zum steuerpflichtigen Arbeitslohn. Der Arbeitnehmer muss seine Aufwendungen im Rahmen der Entfernungspauschale (vgl. dieses Stichwort) als Werbungskosten geltend machen, wenn der Arbeitgeber die Lohnsteuer für die Fahrkostenzuschüsse nicht im Rahmen des Möglichen mit 15 % pauschal versteuert (vgl. das Stichwort „Fahrten zwischen Wohnung und regelmäßiger Arbeitsstätte"). Der Bundesfinanzhof bejaht allerdings das Vorliegen von steuerfreiem Auslagenersatz, wenn der Arbeitgeber auf Grund einer **tarifvertraglichen Verpflichtung** den bei ihm als Orchestermusikern beschäftigten Arbeitnehmern die Kosten für die Instandsetzung der den Arbeitnehmern gehörenden Musikinstrumente ersetzt (BFH-Urteil vom 28.3.2006, BStBl. II S. 473). Zwar sei es grundsätzlich Sache der Arbeitnehmer als Eigentümer der beruflich genutzten Musikinstrumente, sich um die erforderlichen Instandhaltungen und Reparaturen zu kümmern und auch die hierfür anfallenden Kosten zu tragen. Auf Grund der tarifvertraglichen Regelung war der Arbeitgeber aber im Urteilsfall verpflichtet, den Arbeitnehmern die als erforderlich nachgewiesenen Reparaturkosten zu ersetzen. Das Risiko des Entstehens von Reparaturkosten lag daher beim Arbeitgeber und der Ersatz war keine Leistung mit Entlohnungscharakter. Außerdem dienten die Aufwendungen der Arbeitsausführung und führten nicht zu einer Bereicherung der Arbeitnehmer. Das Urteil ist aber u. E. nicht auf alle anderen tarifvertraglichen Regelungen (z. B. für Reisekosten) übertragbar, sondern nur auf ähnlich gelagerte Sachverhalte im Grenzbereich des Auslagenersatzes. Im Übrigen ist zu beachten, dass eine Betriebs- oder individuelle Arbeitsvereinbarung, die bestimmte Kosten dem Arbeitgeber zuweist, ohnehin nicht ausreicht, um einen steuerfreien Auslagenersatz zu begründen.

Die Auffassung, dass ein Werbungskostenersatz durch den Arbeitgeber ohne ausdrückliche gesetzliche Befreiungsvorschrift zum steuerpflichtigen Arbeitslohn gehört, wurde in R 19.3 Abs. 3 Satz 1 der Lohnsteuer-Richtlinien klar herausgestellt. Nachdem ein steuerfreier Werbungskostenersatz nicht mehr möglich ist, wird häufig eine Einordnung der Aufwendungen unter den Begriff „Auslagenersatz" angestrebt. Denn eine Einordnung von Aufwendungen, die begrifflich zu den Werbungskosten gehören, unter den steuerfreien Auslagenersatz wäre dann denkbar, wenn es sich um Aufwand handelt, der in den **alleinigen Verantwortungsbereich des Arbeitgebers** fällt, der Arbeitnehmer also hieran keinerlei eigenes Interesse hat. Deshalb ist es bei der Anwendung der für den Auslagenersatz geltenden Befreiungsvorschrift des § 3 Nr. 50 EStG oft umstritten, inwieweit bei Ersatzleistungen des Arbeitgebers auch ein eigenes Interesse des Arbeitnehmers vorhanden ist. Denn nur dann, wenn **kein eigenes Interesse des Arbeitnehmers** vorhanden ist, liegt steuerfreier Auslagenersatz vor. Dies zeigt sich besonders deutlich beim Ersatz von Kontoführungsgebühren durch den Arbeitgeber. Die Finanzverwaltung geht in diesem Fall nämlich davon aus, dass der Ersatz der Kontoführungsgebühren auch im Interesse des Arbeitnehmers erfolgt, da heute jeder Arbeitnehmer ohnehin ein eigenes Konto einrichten würde. Der Ersatz von Kontoführungsgebühren durch den Arbeitgeber ist deshalb steuerpflichtiger Arbeitslohn (R 19.3 Abs. 3 Nr. 1 LStR). Siehe auch das Stichwort „Kontoführungsgebühren". Gerade am Beispiel der Kontoführungsgebühren zeigt es sich deutlich, dass bei Ersatzleistungen des Arbeitgebers, an denen auch ein **eigenes Interesse des Arbeitnehmers** besteht, nur in Ausnahmefällen unter Würdigung der gesamten Umstände des Einzelfalles steuerfreier Auslagenersatz angenommen werden kann. Dies gilt umso mehr, wenn es sich um pauschale Ersatzleistungen des Arbeitgebers handelt (vgl. hierzu nachfolgende Nr. 3).

3. Pauschaler Auslagenersatz

Voraussetzung für die Steuerfreiheit von Auslagenersatz nach § 3 Nr. 50 EStG ist im Grundsatz eine Einzelabrechnung zwischen dem Arbeitnehmer und dem Arbeitgeber. **Pauschaler** Auslagenersatz ist nur dann steuerfrei, wenn er **regelmäßig wiederkehrt** und der Arbeitnehmer die entstandenen Aufwendungen für einen **repräsentativen** Zeitraum von **drei Monaten** im Einzelnen nachweist (R 3.50 Abs. 2 Satz 2 LStR). Aufgrund dieses Nachweises bleibt dann der pauschale Auslagenersatz grundsätzlich so lange steuerfrei, bis sich die Verhältnisse **wesentlich** ändern. Eine wesentliche Änderung kann sich insbesondere im Zusammenhang mit einer Änderung der Berufstätigkeit ergeben. Vgl. zum pauschalen Auslagenersatz auch das Stichwort „Telefonkosten" unter Nr. 2.

4. Auslagenersatz bei Einzelabrechnung

Liegt kein pauschaler Auslagenersatz vor, sondern eine **Einzelabrechnung** der vom Arbeitnehmer verauslagten Beträge, so gilt Folgendes:

	Lohnsteuerpflichtig	Sozialversich.-pflichtig
Der Ersatz von Auslagen aufgrund von **Einzelnachweisen** für Aufwendungen, die nur im Interesse des Arbeitgebers (ohne eigenes Interesse des Arbeitnehmers) gemacht werden, bleibt steuerfrei.	nein	nein
Das gilt z. B. für die Bezahlung einer Rechnung für ein **Geschenk** an einen Kunden im Auftrag des Arbeitgebers.	nein	nein
Der Arbeitgeber kann den Auslagenersatz nur dann als Betriebsausgabe abziehen, wenn der Wert des einzelnen Geschenks die Freigrenze von 35 € nicht übersteigt.		
Bei der **Bewirtung** von Geschäftsfreunden des Arbeitgebers durch den Arbeitnehmer handelt es sich ebenfalls um steuerfreien Auslagenersatz (vgl. „Bewirtungskosten" Nr. 2 und 3).	nein	nein
Der Ersatz von Gebühren für geschäftliche **Telefongespräche,** die der Arbeitnehmer für den Arbeitgeber außerhalb des Betriebs führt (z. B. vom Privattelefon des Arbeitnehmers in dessen Wohnung), ist in Höhe des Einzelnachweises oder ohne Einzelnachweis in Höhe von 20 % des Rechnungsbetrags, höchstens jedoch 20 € monatlich als Auslagenersatz steuerfrei (vgl. „Telefonkosten" unter Nr. 2).	nein	nein
Ersetzt der Arbeitgeber dem Arbeitnehmer die Aufwendungen für die Einrichtung und Ausstattung eines häuslichen **Arbeitszimmers,** so ist dieser Arbeitgeberersatz nicht als Auslagenersatz steuerfrei, sondern als Werbungskostenersatz steuer- und beitragspflichtig (vgl. die Stichworte „Arbeitszimmer" und „Telearbeitsplatz").	ja	ja
Ein **pauschales Futtergeld für Wachhunde** von z. B. 2,50 € täglich ist ebenfalls kein steuerfreier Auslagenersatz, sondern steuer- und beitragspflichtiger Arbeitslohn (vgl. „Hundegeld").	ja	ja
Ein pauschaler Auslagenersatz ist dann möglich, wenn die Aufwendungen für den Wachhund für einen repräsentativen Zeitraum von drei Monaten im Einzelnen nachgewiesen werden (vgl. vorstehende Nr. 3).	nein	nein
Steuerfreier Auslagenersatz ist auch anzunehmen, wenn der Arbeitgeber auf Grund einer **tarifvertraglichen Verpflichtung** die Kosten der Instandsetzung der den Arbeitnehmern gehörenden Musikinstrumente ersetzt (BFH-Urteil vom 28.3.2006, BStBl. II S. 473).	nein	nein

Ausländische Arbeitnehmer

	Lohn-steuer-pflichtig	Sozial-versich.-pflichtig
Steuerfreier Auslagenersatz kann auch dann vorliegen, wenn der Arbeitnehmer den Firmenwagen ausschließlich im Interesse des Arbeitgebers in einer angemieteten **Garage** unterstellt und der Arbeitgeber dem Arbeitnehmer die anfallende **Miete** ersetzt (vgl. „Garagengeld" besonders unter Nr. 2 und 3).	nein	nein
Werden berufliche **Fort- und Weiterbildungsleistungen** eines fremden Unternehmens für Rechnung des Arbeitnehmers erbracht und vom Arbeitgeber ganz oder teilweise beglichen bzw. dem Arbeitnehmer ersetzt, kann es sich ebenfalls um Auslagenersatz handeln (vgl. „Fortbildungskosten" unter Nr. 3).	ja	ja

Ausländische Arbeitnehmer

siehe „Beschränkt steuerpflichtige Arbeitnehmer", „Einstrahlung", „Gastarbeiter", „Grenzgänger"

Ausländische Diplomaten und Konsularbeamte

siehe „Persönliche Lohnsteuerbefreiungen"

Ausländische Praktikanten

Die lohnsteuerliche Behandlung richtet sich nach den beim Stichwort „Ausländische Studenten" unter den Nrn. 1 bis 5 dargestellten Grundsätzen.

Zur Sozialversicherung vgl. das Stichwort „Praktikanten".

Ausländische Streitkräfte

Wegen der steuerlichen Behandlung der Angehörigen und Bediensteten ausländischer Streitkräfte siehe „Persönliche Lohnsteuerbefreiungen".

Ausländische Studenten

1. Allgemeines

Für ausländische Studenten gilt der allgemeine Grundsatz, dass bei Anwendung der **Steuerklasse I** eine Lohnsteuer erst dann anfällt, wenn die in den Lohnsteuertarif eingearbeiteten Freibeträge überschritten werden (vgl. das Stichwort „Tarifaufbau"). Der Betrag, bis zu dem bei Anwendung der Steuerklasse I keine Lohnsteuer anfällt, beträgt:

2002	2003	2004 bis 2009	2010
863 €	863 €	898 €	889 €

Seit 2009 wird bei beschränkt Steuerpflichtigen das zu versteuernde Einkommen grundsätzlich um den Grundfreibetrag erhöht. Mit anderen Worten: **Beschränkt Steuerpflichtigen** wird seit 2009 **kein Grundfreibetrag** mehr gewährt. Diese einschneidende **Änderung** gilt **jedoch nicht für** beschränkt steuerpflichtige **Arbeitnehmer.**

Bleibt der Monatslohn eines ausländischen Studenten oder Praktikanten also unter diesen Beträgen, bedarf es keiner Sonderregelung, damit Steuerfreiheit eintritt. Denn dieser Betrag ist bereits bei Anwendung der Steuerklasse I steuerfrei. Die Steuerklasse I wird dem ausländischen Studenten

- auf der **Lohnsteuerkarte** eingetragen, wenn er unbeschränkt steuerpflichtig ist, **oder**
- auf der vom Betriebsstättenfinanzamt auszustellenden **Lohnsteuerabzugsbescheinigung** eingetragen, wenn er nur beschränkt steuerpflichtig ist.

Unbeschränkt steuerpflichtig ist der ausländische Student erst dann, wenn er sich länger als 6 Monate in Deutschland aufhält. Bei einem Aufenthalt von nicht länger als 6 Monaten ist er nur beschränkt steuerpflichtig.

Ausländische Studenten

	Lohn-steuer-pflichtig	Sozial-versich.-pflichtig

Bei höheren Monatslöhnen richtet sich die Beantwortung der Frage, ob ein ausländischer Student oder Praktikant für den in Deutschland erzielten Arbeitslohn Lohnsteuer zahlen muss oder nicht, ausschließlich nach dem jeweiligen Doppelbesteuerungsabkommen (DBA). Kommt der ausländische Student aus einem Land, mit dem die Bundesrepublik Deutschland kein Doppelbesteuerungsabkommen abgeschlossen hat, richtet sich der Lohnsteuerabzug nach den allgemein für ausländische Arbeitnehmer geltenden Grundsätzen. Hiernach ergibt sich folgende Übersicht:

Ausländische Studenten oder Praktikanten
werden in Deutschland für eine deutsche Firma tätig

↙ ↘

Steuerfreiheit nach DBA liegt vor

keine Steuerfreiheit nach DBA

↓

Betriebsstättenfinanzamt erteilt eine **Freistellungsbescheinigung,** die zum Lohnkonto zu nehmen ist

↓

Lohnsteuerabzug ist vorzunehmen

↙ ↘

bei unbeschränkter Steuerpflicht nach den Merkmalen der **Lohnsteuerkarte**

bei beschränkter Steuerpflicht nach den Merkmalen einer **besonderen Bescheinigung,** die vom Betriebsstättenfinanzamt ausgestellt wird

↓

oder Pauschalierung der Lohnsteuer nach den Vorschriften für Aushilfskräfte und Teilzeitbeschäftigte (vgl. dieses Stichwort)

Im Einzelnen gilt bei der Beschäftigung von ausländischen Studenten oder Praktikanten Folgendes:

2. Lohnsteuerfreiheit nach einem Doppelbesteuerungsabkommen

Bei der Beschäftigung eines ausländischen Studenten oder Praktikanten ist stets zu prüfen, ob er aus einem Land kommt, mit dem die Bundesrepublik Deutschland ein Doppelbesteuerungsabkommen abgeschlossen hat, das eine **Sonderregelung für diesen Personenkreis** enthält (vgl. die unter der nachfolgenden Nr. 5 abgedruckte Übersicht über die Doppelbesteuerungsabkommen, die eine Sonderregelung für Studenten enthalten).

Besteht ein Doppelbesteuerungsabkommen, so richtet sich die Steuerpflicht oder -befreiung ausschließlich nach den Vorschriften dieses Doppelbesteuerungsabkommens. Die in den einzelnen Doppelbesteuerungsabkommen geregelten Steuerbefreiungen für Studenten (und vergleichbare Personen in Ausbildung) sind sehr unterschiedlich. Die wesentlichen Abgrenzungskriterien sind

- **ausbildungsbezogene** Tätigkeit,
- Dauer der Tätigkeit und
- Höhe des Arbeitslohns.

a) Ausbildungsbezogene Tätigkeit

Die für Studenten und Praktikanten geltenden Sonderregelungen in den einzelnen Doppelbesteuerungsabkommen fordern für die Steuerfreiheit im Normalfall, dass die in Deutschland ausgeübte Tätigkeit eine Beziehung zum

Ausländische Studenten

Studienfach haben muss. Es gibt jedoch abweichend hiervon auch Doppelbesteuerungsabkommen, bei denen es nicht auf die Ausbildungsbezogenheit der in Deutschland ausgeübten Tätigkeit ankommt. Auch andere Tätigkeiten der Studenten im Inland (z. B. als Taxifahrer oder Kellner) sind dann steuerfrei. Solche Ausnahmen sind jedoch selten. Häufiger sind dagegen Sonderregelungen in Doppelbesteuerungsabkommen (z. B. mit Frankreich, Luxemburg, Niederlande), die verschärfend fordern, dass es sich bei der ausbildungsbezogenen Tätigkeit um ein **notwendiges** Praktikum handeln muss. Studenten aus diesen Ländern müssen also nachweisen, dass die im Inland ausgeübte Tätigkeit für ihr Studium notwendig ist; tun sie dies nicht, tritt Steuerpflicht ein.

Beispiel

Ein Student kommt aus einem Land, mit dem ein Doppelbesteuerungsabkommen besteht, das eine ausbildungsbezogene Tätigkeit voraussetzt, damit Steuerfreiheit eintritt. Der Student übt vom 1.5.–30.9.2010 eine Tätigkeit in München aus, die für sein Studium notwendig ist. Der Monatslohn beträgt 1500 €. Der Monatslohn in Höhe von 1500 € ist steuerfrei.

Kann der Student den Nachweis nicht erbringen, dass die ausgeübte Tätigkeit für sein Studium notwendig ist, tritt Steuerpflicht ein, das heißt es gelten die allgemein für beschränkt steuerpflichtige Arbeitnehmer anzuwendenden Vorschriften (= Lohnsteuerabzug nach einer besonderen Bescheinigung des Betriebsstättenfinanzamts mit der Steuerklasse I). Nach Ablauf des Kalenderjahres kann sich der Student auf Antrag nach § 50 Abs. 2 Nr. 4 Buchstabe b EStG veranlagen lassen, wenn das Land aus dem er kommt zu den EU/EWR-Mitgliedstaaten gehört*) (vgl. das Stichwort „Beschränkt steuerpflichtige Arbeitnehmer" unter Nr. 18). Bei dieser Veranlagung wird die **Jahrestabelle** angewendet, sodass es zu einer teilweisen oder gar vollständigen Erstattung der einbehaltenen Lohnsteuer kommen kann. Bei der Einkommensteuer-Veranlagung 2010 des Studenten ergibt sich Folgendes:

1500 € × 5 Monate =		7 500,— €
abzüglich:		
Arbeitnehmer-Pauschbetrag ⁵/₁₂	384,— €	
Vorsorgeaufwendungen (vgl. Anhang 8)	299,— €	
Sonderausgaben-Pauschbetrag ⁵/₁₂	15,— €	698,— €
zu versteuerndes Einkommen		6 802,— €
Steuer lt. Grundtabelle 2010		0,— €

Die einbehaltene Lohnsteuer in Höhe von (5 × 105,75 € =) 528,75 € zuzüglich Solidaritätszuschlag (5 × 4,95 € =) 24,75 €) wird in voller Höhe erstattet.

b) Dauer der Tätigkeit

Die für die Steuerfreiheit höchstens zulässige Aufenthaltsdauer in Deutschland ist in den einzelnen Doppelbesteuerungsabkommen – ebenso wie das Merkmal der Ausbildungsbezogenheit – unterschiedlich geregelt. Nach einigen Doppelbesteuerungsabkommen (z. B. mit Finnland, Türkei) darf sich der Student oder Praktikant höchstens 183 Tage in Deutschland aufhalten. Nach anderen DBA's (z. B. mit Portugal, Tunesien, Ungarn, USA) kann die zulässige Aufenthaltsdauer mehrere Jahre betragen (z. B. nach dem DBA mit Tunesien 5 Jahre).

c) Höhe der Vergütung

Auch die für die Steuerfreiheit höchstzulässige Vergütung ist in den einzelnen Doppelbesteuerungsabkommen unterschiedlich geregelt. Es gibt DBA's, die keine Begrenzung vorsehen (z. B. Finnland). In diesen Fällen beurteilt sich die Steuerfreiheit nur nach den Merkmalen der Ausbildungsbezogenheit und der Dauer des Aufenthalts.

Beispiel

Ein Student aus Finnland ist vom 1.6.–30.9.2010 bei einer Firma in München beschäftigt. Die Tätigkeit ist ausbildungsbezogen; sein Monatslohn beträgt 1500 €. Da es nach dem Doppelbesteuerungsabkommen mit Finnland auf die Höhe des Arbeitslohns nicht ankommt, ist der Arbeitslohn von monatlich 1500 € in voller Höhe steuerfrei.

In anderen Fällen ist die Höhe der für die Steuerfreiheit zulässigen Vergütung im jeweiligen Doppelbesteuerungsabkommen genau festgelegt (z. B. im DBA mit den USA auf den Gegenwert von 9000 US-Dollar im Kalenderjahr). Die in den Doppelbesteuerungsabkommen zur Höhe der unschädlichen Vergütung enthaltenden Sonderregelungen gehen allerdings ins Leere, wenn sie einen niedrigeren Höchstbetrag als den bei Anwendung der Steuerklasse I ohnehin steuerfrei bleibenden Betrag enthalten. Die bei Anwendung der Steuerklasse I steuerfrei bleibenden Arbeitslöhne (vgl. das Stichwort „Tarifaufbau") betragen

	2010
monatlich	889 €
im 183-Tage-Zeitraum	5 336 €
im Kalenderjahr	10 673 €

Bis auf ganz wenige Ausnahmen (u. a. DBA Israel) ist in den Doppelbesteuerungsabkommen ein niedrigerer Betrag als Nebenverdienstgrenze für Studenten und Auszubildende festgesetzt worden, als bei Anwendung der Steuerklasse I ohnehin steuerfrei bleibt. Die in den einzelnen Doppelbesteuerungsabkommen festgelegten Verdienstgrenzen wurden durch BMF-Schreiben vom 16.3.2001 (BStBl. I S. 204)**) auf Euro umgestellt. Aufgrund einer Änderung des jeweiligen Doppelbesteuerungsabkommens oder eines Zusatzprotokolls können sich aber zwischenzeitlich Betragsänderungen ergeben haben.

Es gibt aber auch Fälle, in denen ein ausländischer Student oder Praktikant mehrere gering entlohnte Arbeitsverhältnisse nebeneinander hat. In diesen Fällen ist zu prüfen, ob bei dem einen Arbeitsverhältnis eine Freistellung nach dem DBA möglich ist, während der Arbeitslohn aus dem anderen Arbeitsverhältnis unter Vorlage einer Lohnsteuerkarte (unbeschränkt steuerpflichtiger ausländischer Student) oder Lohnsteuerabzugsbescheinigung (beschränkt steuerpflichtiger ausländischer Student) mit der Steuerklasse I besteuert wird. Hierzu gilt Folgendes:

Mehr als die Hälfte aller Doppelbesteuerungsabkommen enthält eine Regelung, die den Arbeitslohn für eine im Gastland während eines begrenzten Zeitraums ausgeübte nichtselbständige Arbeit dann steuerfrei stellt, wenn durch diese Tätigkeit die Mittel für den Unterhalt und die Ausbildung aufgebessert werden sollen. Deshalb wird in den Doppelbesteuerungsabkommen auch die Bezeichnung „Nebenverdienstgrenze" verwendet. Das bedeutet, dass die Steuerfreiheit entfällt, soweit die Vergütungen für die nichtselbständige Nebentätigkeit den im Doppelbesteuerungsabkommen festgelegten Betrag im Kalenderjahr übersteigen. Hierbei handelt es sich um einen **Freibetrag**. Da die Steuerbefreiung für Studenten und Praktikanten nach einem Doppelbesteuerungsabkommen eine eigenständige Steuerbefreiungsvorschrift ist, die als spezielle Norm den allgemeinen Regelungen für den Lohnsteuerabzug vorgeht, treten neben den Freibetrag des betreffenden Doppelbesteuerungsabkommens zusätzlich noch die in den Lohnsteuertarif eingearbeiteten Tariffreibeträge. Das bedeutet, dass eine weitere Nebentätigkeit unter Vorlage einer Lohnsteuerkarte oder Lohnsteuerabzugsbescheinigung mit der Steuerklasse I besteuert werden kann.

---

*) **EU-Länder** sind die folgenden Mitgliedsländer der Europäischen Union: Belgien, Bulgarien, Dänemark, Estland, Finnland, Frankreich, Griechenland, Irland, Italien, Lettland, Litauen, Luxemburg, Malta, Niederlande, Österreich, Polen, Portugal, Rumänien, Schweden, Slowakei, Slowenien, Spanien, Tschechische Republik, Ungarn, Vereinigtes Königreich Großbritannien und Zypern.
EWR-Mitgliedstaaten, das heißt Staaten, auf die das Abkommen über den Europäischen Wirtschaftsraum Anwendung findet, sind: Island, Norwegen und Liechtenstein.

) Das BMF-Schreiben ist als Anlage 5 zu H 39b.10 LStR im **Steuerhandbuch für das Lohnbüro 2010 abgedruckt, das im selben Verlag erschienen ist. Das **PC-Lexikon** für das Lohnbüro 2010 enthält auch dieses Handbuch und hat außerdem den Vorteil, dass Sie **alle BFH-Urteile** sowie die aktuellen Rundschreiben und Niederschriften der Spitzenverbände der **Sozialversicherung** mit Mausklick **im Volltext** abrufen und ausdrucken können. Eine Bestellkarte finden Sie vorne im Lexikon.

Ausländische Studenten

3. Freistellungsbescheinigung

Beschäftigt ein Arbeitgeber ausländische Studenten oder Praktikanten, so braucht sich der Arbeitgeber nicht mit den schwierigen Sonderregelungen der einzelnen Doppelbesteuerungsabkommen befassen. Er kann vielmehr bei der Arbeitgeberstelle des Finanzamts, an das er seine Lohnsteuer abführt (= Betriebsstättenfinanzamt) eine sog. Freistellungsbescheinigung beantragen. Für diesen Antrag sind amtliche Vordrucke beim Finanzamt kostenlos erhältlich. Der Arbeitgeber kann die Ausstellung der Bescheinigung auch im Auftrag des ausländischen Studenten bei seinem Betriebsstättenfinanzamt beantragen, wenn der Student hierzu – z. B. wegen der damit verbundenen Sprachschwierigkeiten – nicht in der Lage ist. Dem Antrag sind Unterlagen über die Zugehörigkeit zu dem begünstigten Personenkreis beizufügen (z. B. Studentenausweis) und ggf. Unterlagen, dass es sich um ein **notwendiges** Praktikum handelt. Der Arbeitgeber darf den Lohnsteuerabzug nur unterlassen, wenn ihm eine solche Bescheinigung vorgelegt wird. Er muss die Freistellungsbescheinigung des Finanzamts als Unterlage zum Lohnkonto aufbewahren.

4. Anwendung der 183-Tage-Regelung auf ausländische Studenten

Vielfach wird auch die Auffassung vertreten, dass ein Student, der aus einem Land kommt, mit dem ein Doppelbesteuerungsabkommen besteht und der in der Bundesrepublik Deutschland weniger als 183 Tage tätig ist, bereits aufgrund der in den Doppelbesteuerungsabkommen enthaltenen allgemeinen Regelung über den vorübergehenden Aufenthalt (so genannte 183-Tage-Regelung) von der Besteuerung in der Bundesrepublik Deutschland befreit ist (vgl. die Erläuterungen beim Stichwort „Doppelbesteuerungsabkommen" unter Nr. 3). Die sog. 183-Tage-Regelung, die alle Doppelbesteuerungsabkommen enthalten, ist zwar im Grundsatz auch auf Studenten anwendbar; die weiteren, für die Anwendung dieser Regelung erforderlichen Voraussetzungen sind jedoch bei Studenten/Praktikanten meist nicht erfüllt. So ist es neben dem Aufenthalt von weniger als 183 Tagen für die Steuerbefreiung erforderlich, dass die Vergütungen von einem Arbeitgeber oder für einen Arbeitgeber gezahlt werden, der **nicht** im Inland ansässig ist. Weiterhin ist für die Steuerbefreiung Voraussetzung, dass die Vergütungen **nicht** von einer inländischen Betriebsstätte oder einer festen Einrichtung eines (ausländischen) Arbeitgebers in Deutschland getragen werden. Die ausländischen Studenten werden jedoch in der Regel von deutschen Arbeitgebern beschäftigt. Eine Anwendung der „allgemeinen" 183-Tage-Regelung kommt deshalb nicht in Betracht. Die Steuerbefreiung für Studenten richtet sich vielmehr ausschließlich nach den besonderen Vorschriften, die in den einzelnen Doppelbesteuerungsabkommen für Studenten (und vergleichbare Personen) vorgesehen sind.

5. Übersicht über die Doppelbesteuerungsabkommen, die eine Studentenregelung enthalten

Folgende Doppelbesteuerungsabkommen enthalten Steuerfreistellungen für Zahlungen inländischer Arbeitgeber Studenten, Lehrlinge, Volontäre, Praktikanten oder Personen, die sich zur Erlangung technischer, beruflicher Erfahrungen oder zur Ausbildung, Forschung oder zum Studium in der Bundesrepublik Deutschland aufhalten:

Ägypten	gemäß Art. 20, 21
Algerien	gemäß Art. 20
Argentinien	gemäß Art. 20 Abs. 2
Bangladesch	gemäß Art. 20 Abs. 2
Bolivien	gemäß Art. 20 Abs. 2, Abs. 3
Bulgarien	gemäß Art. 19 Abs. 2
China	gemäß Art. 21
Côte d'Ivoire	gemäß Art. 20 Abs. 2
Ecuador	gemäß Art. 20 Abs. 2
Finnland	gemäß Art. 20
Frankreich	gemäß Art. 13 Abs. 3
Ghana	gemäß Art. 20 Abs. 3
Indien	gemäß Art. 20 Abs. 2
Iran	gemäß Art. 20 Abs. 2
Island	gemäß Art. 20 Abs. 3
Israel	gemäß Art. 16
Jamaika	gemäß Art. 20 Abs. 2, Abs. 3
Kenia	gemäß Art. 20 Abs. 2, Abs. 3
Korea	gemäß Art. 20 Abs. 3
Liberia	gemäß Art. 20 Abs. 2 (b), Abs. 3 (c)
Luxemburg	gemäß Prot. Nr. 19 zu Art. 10
Malaysia	gemäß Art. 20 Abs. 1 (b), Abs. 2 (c), Abs. 3 (b)
Marokko	gemäß Art. 20 (b)
Mauritius	gemäß Art. 21 Abs. 1 (b)
Niederlande	gemäß Prot. Nr. 16 zu Art. 10
Pakistan	gemäß Art. 20 Abs. 2 (iii)
Philippinen	gemäß Art. 21 Abs. 1 (b), Abs. 2 (c), Abs. 3 (b)
Portugal	gemäß Art. 21 Abs. 1 (b), Abs. 2 (c), Abs. 3
Sambia	gemäß Art. 20 Abs. 2 (b), Abs. 3 (a)
Slowakei	gemäß Art. 20 Abs. 3
Sri Lanka	gemäß Art. 21 Abs. 1 (iii)
Thailand	gemäß Art. 20 Abs. 1 (b), Abs. 2 (c), Abs. 3 (b)
Trinidad und Tobago	gemäß Art. 20 Abs. 2 (b), Abs. 3 (c)
Tschechien	gemäß Art. 20 Abs. 3
Tunesien	gemäß Art. 20 Abs. 1 (b), Abs. 2
Türkei	gemäß Art. 20 Abs. 3
Ungarn	gemäß Art. 20 Abs. 2
Uruguay	gemäß Art. 20 Abs. 2 (b)
USA	gemäß Art. 20 Abs. 4
Vietnam	gemäß Art. 20 Abs. 3
Zypern	gemäß Art. 20 Abs. 2 (b)

Die Fundstellen der einzelnen Doppelbesteuerungsabkommen im Bundessteuerblatt Teil I sind beim Stichwort „Doppelbesteuerungsabkommen" aufgeführt.

6. Sozialversicherung

Studenten sind versicherungspflichtig **in der gesetzlichen Rentenversicherung,** sofern sie eine mehr als geringfügige Beschäftigung ausüben. Für **ausländische Studenten** gelten **keine Sonderregelungen.** Sie sind deshalb nach den allgemeinen Regelungen ebenfalls rentenversicherungspflichtig.

Versicherungsfreiheit in der gesetzlichen Rentenversicherung besteht nur dann, wenn sie einer geringfügigen Beschäftigung nachgehen. Die geringfügige Beschäftigung kann kurzfristig oder geringfügig entlohnt sein.

Eine geringfügig entlohnte Dauerbeschäftigung liegt vor, wenn das Arbeitsentgelt 400 € monatlich nicht übersteigt.

Bei versicherungsfreien geringfügigen Dauerbeschäftigungen muss der Arbeitgeber einen pauschalen Arbeitgeberbeitrag zur Rentenversicherung in Höhe von 15 % und (falls der Student nicht privat krankenversichert ist) auch einen 13 %igen Arbeitgeberbeitrag zur Krankenversicherung entrichten.

Eine versicherungsfreie kurzfristige Beschäftigung liegt unabhängig von der Höhe des Arbeitsentgelts vor, wenn die Beschäftigung im Laufe eines Kalenderjahres auf höchstens zwei Monate oder 50 Arbeitstage begrenzt ist. Die Begrenzung muss entweder im Voraus vertraglich vereinbart werden oder aufgrund der Eigenart der Beschäftigung (z. B. Erntehelfer) feststehen (vgl. das Stichwort „Geringfügige Beschäftigung").

Liegen die Voraussetzungen für die Versicherungsfreiheit als geringfügig entlohnte oder kurzfristige Beschäftigung

	Lohn-steuer-pflichtig	Sozial-versich.-pflichtig

nicht vor, ist der ausländische Student versicherungspflichtig in der gesetzlichen Rentenversicherung.

Die Versicherungspflicht bezieht sich nur auf die **Rentenversicherung**. In der Kranken- und Pflegeversicherung sowie in der Arbeitslosenversicherung bleibt die Versicherungsfreiheit für die gegen Entgelt beschäftigten Studenten nach den entsprechenden Spezialregelungen auch weiterhin bestehen (vgl. das Stichwort „Studenten"). Als Nachweis für die Versicherungsfreiheit muss sich der Arbeitgeber eine aktuelle Immatrikulationsbescheinigung der ausländischen Hochschule vorlegen lassen und diese zu seinen Entgeltunterlagen nehmen.

Auslandsbeamte

Auslandsbeamte sind lohnsteuerpflichtig, unterliegen aber nicht der Sozialversicherungspflicht.   ja   nein

Unter den Begriff „Auslandsbeamte" fallen nicht nur aktive deutsche Beamte, die im Ausland tätig sind, sondern auch im Ausland lebende Ruhestandsbeamte.

Obwohl der Auslandsbeamte in aller Regel im Inland weder einen Wohnsitz noch einen gewöhnlichen Aufenthalt hat, wird für ihn durch gesetzliche Fiktion die unbeschränkte Steuerpflicht herbeigeführt. Nach dieser Fiktion unterliegen Arbeitnehmer, die weder einen Wohnsitz noch einen gewöhnlichen Aufenthalt im Inland haben, aber **deutsche Staatsangehörige** sind und Arbeitslohn aus einer **inländischen öffentlichen Kasse** beziehen, unter bestimmten Voraussetzungen der unbeschränkten Steuerpflicht (sog. **Erweiterte unbeschränkte Steuerpflicht**, vgl. die ausführlichen Erläuterungen bei diesem Stichwort).

Auslandsdienstreisen

siehe „Reisekosten bei Auswärtstätigkeiten" und Anhang 4

Auslandsjournalisten

siehe „Beschränkt steuerpflichtige Künstler, Berufssportler, Schriftsteller, Journalisten"

Auslandspensionen

Bei Pensionen (Betriebsrenten), die an ehemalige Arbeitnehmer mit Wohnsitz im Ausland gezahlt werden, sind die beiden folgenden Fälle zu unterscheiden:

1. Betriebsrenten/Werkspensionen

Pensionen (Betriebsrenten), die von inländischen Firmen an ihre früheren Angestellten mit Wohnsitz im Ausland gezahlt werden, unterliegen im Grundsatz der deutschen Lohnsteuer. Die für sog. Verwertungstatbestände vorgesehene Befreiungsvorschrift in R 39d Abs. 2 LStR ist nicht anwendbar.   ja   nein

Sie unterliegen nur dann nicht der deutschen Lohnsteuer, wenn das Besteuerungsrecht an der Pension aufgrund eines Abkommens zur Vermeidung der Doppelbesteuerung dem Wohnsitzstaat zugeteilt ist.   nein   nein

Nach den geltenden Doppelbesteuerungsabkommen steht das Besteuerungsrecht für laufend gezahlte Werkspensionen oder Betriebsrenten dem Staat zu, in dem der Werkspensionär oder Betriebsrentner im Zeitpunkt der Auszahlung seinen **Wohnsitz** hat. Dabei ist es ohne Bedeutung, ob auf die Werkspension oder Betriebsrente ein Rechtsanspruch besteht oder ob es sich um freiwillige Leistungen des früheren Arbeitgebers handelt (vgl. die Erläuterungen beim Stichwort „Doppelbesteuerungsabkommen" unter Nr. 13 Buchstabe a auf Seite 201).

Der ehemalige Arbeitgeber des im Ausland lebenden Betriebsrentners darf nur dann vom Lohnsteuerabzug absehen, wenn ihm der Betriebsrentner eine Bescheinigung des Finanzamts vorlegt, dass die Betriebsrente in Deutschland nicht dem Lohnsteuerabzug unterliegt. Eine solche Bescheinigung erhält der Betriebsrentner auf Antrag vom Betriebsstättenfinanzamt seines ehemaligen Arbeitgebers. Diese Freistellungsbescheinigung wird im Normalfall mit der Bedingung verbunden, dass sich der Betriebsrentner nicht mehr als 183 Tage im Jahr in Deutschland aufhalten darf.

Besteht kein Doppelbesteuerungsabkommen, so sind die im Ausland ansässigen Empfänger mit ihren Ruhegehältern und Werkspensionen für ihre ehemalige Tätigkeit in Deutschland beschränkt steuerpflichtig (§ 49 Abs. 1 Nr. 4 EStG); die Ruhegehälter und Werkspensionen unterliegen dem Lohnsteuerabzug, wenn sie von einem inländischen Arbeitgeber gezahlt werden.

Im Ausland ansässige Empfänger einer Rente aus der gesetzlichen Rentenversicherung sind mit dieser Rente beschränkt steuerpflichtig nach § 49 Abs. 1 Nr. 7 EStG. Sie müssen daher eine Einkommensteuererklärung abgeben.

2. Pensionen aus inländischen öffentlichen Kassen

Bei der Zahlung von Pensionen aus inländischen **öffentlichen Kassen** an (Beamten-)Pensionäre, die sich im Ausland befinden, steht das Besteuerungsrecht stets der Bundesrepublik Deutschland als Sitz der öffentlichen Kasse zu (sog. **Kassenprivileg**); vgl. das Stichwort „Erweiterte unbeschränkte Steuerpflicht" unter Nr. 3.

Auslandstagegelder

siehe „Reisekosten bei Auswärtstätigkeiten" und Anhang 4

Auslandstätigkeit, Auslandstätigkeitserlass

Gliederung:

1. Allgemeines
2. Unbeschränkte Steuerpflicht des Arbeitnehmers
   a) Tätigkeit in einem DBA-Staat
   b) Tätigkeit in einem Staat, mit dem kein DBA besteht
   c) Arbeitslohn aus öffentlichen Kassen
3. Beschränkte Steuerpflicht des Arbeitnehmers
4. Kaufkraftausgleich
5. Auslandstätigkeitserlass
   a) Begünstigte Tätigkeit
   b) Dauer der begünstigten Tätigkeit, Berechnung der Dreimonatsfrist
   c) Begünstigter Arbeitslohn
   d) Progressionsvorbehalt
   e) Nichtanwendung des Auslandstätigkeitserlasses
   f) Verfahrensvorschriften
6. Sozialversicherung

1. Allgemeines

Arbeitnehmer werden häufig für ihren inländischen Arbeitgeber im Ausland tätig. In diesen Fällen ist zu prüfen, ob und in welchem Umfang der Arbeitslohn im Inland steuerpflichtig ist, ob eine Freistellung von der Lohnsteuer nach einem Doppelbesteuerungsabkommen (vgl. dieses Stichwort) oder aufgrund des Auslandstätigkeitserlasses (vgl. nachfolgend unter Nr. 5) in Betracht kommt. Unter bestimmten Voraussetzungen kann die Steuer, die vom ausländischen Staat vom Arbeitslohn für die Auslandstätigkeit erhoben wird, auf die deutsche Einkommensteuer angerechnet oder bei der Ermittlung der Einkünfte abgezogen werden (vgl. „Anrechnung ausländischer Einkommensteuer bzw. Lohnsteuer"). Eine Anrechnung der ausländischen Steuer ist grundsätzlich

Auslandstätigkeit, Auslandstätigkeitserlass

nur im Veranlagungsverfahren möglich. Ein Abzug der ausländischen Steuer bei der Ermittlung der Einkünfte ist nur zulässig, soweit sie auf ausländische Einkünfte entfällt, die nicht steuerfrei sind.

Hiernach ergibt sich folgende Übersicht:

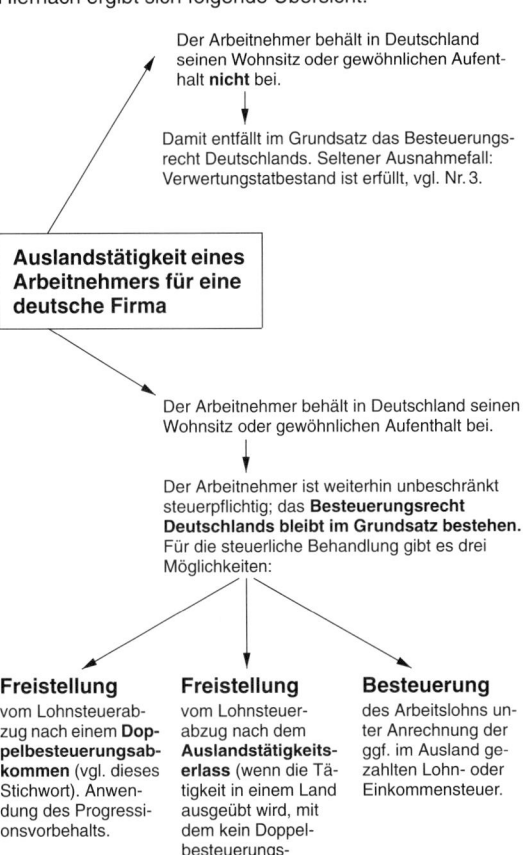

Bei einer Tätigkeit deutscher Arbeitnehmer im Ausland hängt die inländische Steuerpflicht des im Ausland verdienten Arbeitslohns in erster Linie davon ab, ob der Arbeitnehmer trotz der Tätigkeit im Ausland „unbeschränkt steuerpflichtig" geblieben ist (d. h. im Inland nach wie vor einen Wohnsitz oder seinen gewöhnlichen Aufenthalt hat) oder ob der Arbeitnehmer mit dem ausländischen Arbeitslohn im Inland lediglich „beschränkt steuerpflichtig" ist.

2. Unbeschränkte Steuerpflicht des Arbeitnehmers

Hat der Arbeitnehmer seinen Wohnsitz oder gewöhnlichen Aufenthalt im Inland beibehalten (z. B. weil seine Familie im Bundesgebiet zurückgeblieben ist, so gilt Folgendes:

a) Tätigkeit in einem DBA-Staat

Besteht mit dem Staat, in dem der Arbeitnehmer tätig ist, ein Abkommen zur Vermeidung der Doppelbesteuerung (= DBA), so wird der Arbeitslohn nur in dem Staat besteuert, dem das Abkommen das Besteuerungsrecht an diesem Arbeitslohn zuteilt. Im Allgemeinen steht das Besteuerungsrecht für Einkünfte aus nichtselbständiger Tätigkeit dem Staat zu, in dessen Gebiet die Tätigkeit ausgeübt wird. Bei einer nur vorübergehenden Tätigkeit im Ausland (bis zu 183 Tage) behält nach der Mehrzahl der geltenden Doppelbesteuerungsabkommen der Wohnsitzstaat das Besteuerungsrecht (vgl. das Stichwort „Doppelbesteuerungsabkommen").

b) Tätigkeit in einem Staat, mit dem kein DBA besteht

Besteht mit dem Staat in dem die Tätigkeit ausgeübt wird kein Abkommen zur Vermeidung der Doppelbesteuerung, so unterliegt der ausländische Arbeitslohn im Grundsatz der inländischen Steuerpflicht. Die doppelte Besteuerung des ausländischen Arbeitslohns wird jedoch durch Sondervorschriften in der Weise vermieden, dass entweder die im Ausland gezahlte Steuer auf die deutsche Steuer angerechnet wird (vgl. „Anrechnung ausländischer Einkommensteuer/Lohnsteuer") oder bei Tätigkeiten bestimmter Art und unter bestimmten Voraussetzungen von der Besteuerung im Inland nach dem so genannten Auslandstätigkeitserlass ganz abgesehen wird (vgl. Nr. 5).

c) Arbeitslohn aus öffentlichen Kassen

Arbeitnehmer, die weder einen Wohnsitz noch einen gewöhnlichen Aufenthalt im Inland haben, aber deutsche Staatsangehörige sind und Arbeitslohn aus einer inländischen **öffentlichen Kasse** beziehen (z. B. Arbeitnehmer im auswärtigen diplomatischen oder konsularischen Dienst), unterliegen unter bestimmten Voraussetzungen ebenfalls der unbeschränkten Steuerpflicht (so genannte erweiterte unbeschränkte Steuerpflicht). Lohnsteuerkarten werden für diesen Personenkreis nicht ausgeschrieben. Der Arbeitgeber hat die Steuerabzugsbeträge aufgrund einer besonderen Bescheinigung einzubehalten (vgl. „Erweiterte unbeschränkte Steuerpflicht").

Für Arbeitslohn, der aus inländischen öffentlichen Kassen gezahlt wird, ist der **Auslandstätigkeitserlass nicht anzuwenden**.

3. Beschränkte Steuerpflicht des Arbeitnehmers

Bei einem im Ausland tätigen Arbeitnehmer, der im Inland weder einen Wohnsitz noch seinen gewöhnlichen Aufenthalt hat, wird der im Ausland verdiente Arbeitslohn zu den „inländischen Einkünften" gerechnet und der deutschen Besteuerung unterworfen, wenn die ausländische Tätigkeit im Inland **verwertet** wird. Die ausländische Tätigkeit wird im Inland verwertet, wenn der Arbeitnehmer das Ergebnis seiner ausländischen Tätigkeit für den Arbeitgeber **im Inland nutzbar macht** (BFH-Urteile vom 12. 11. 1986, BStBl. 1987 II S. 377, 379, 381 und 383).

Beispiel

Der im Ausland wohnende Arbeitnehmer eines inländischen Arbeitgebers hat keine steuerpflichtigen inländischen Einkünfte, wenn er im Ausland nur allgemeine Kontaktpflege betreibt. Die Übersendung von Marktanalyseberichten führt hingegen zu einer inländischen Verwertung und daher zu steuerpflichtigen inländischen Einkünften.

Die beschränkte Steuerpflicht nach dem Verwertungstatbestand ist nur in Ausnahmefällen von Bedeutung, auch wenn es nicht darauf ankommt, ob der Arbeitslohn zu Lasten eines inländischen Arbeitgebers gezahlt wird. Einkünfte aus der **Verwertung** einer im Ausland ausgeübten nichtselbständigen Arbeit bleiben jedoch darüber hinaus bei der Besteuerung in der Bundesrepublik Deutschland in folgenden Fällen **außer Ansatz**:

a) wenn eine Befreiung nach einem Doppelbesteuerungsabkommen vorliegt (vgl. dieses Stichwort);

b) wenn die Voraussetzungen des sogenannten Auslandstätigkeitserlasses vorliegen (vgl. Nr. 5);

c) wenn nachgewiesen oder glaubhaft gemacht wird, dass von diesen Einkünften in dem Staat, in dem die Tätigkeit ausgeübt worden ist, eine der deutschen Einkommensteuer entsprechende Steuer erhoben wird. Der Nachweis einer ausländischen Steuerbelastung ist bei

Auslandtätigkeit, Auslandstätigkeitserlass

Arbeitnehmern, die unter den Auslandstätigkeitserlass fallen, nicht erforderlich*).

Wenn (ausnahmsweise) keine dieser Voraussetzungen vorliegen sollte, hat der inländische Arbeitgeber den Lohnsteuerabzug vorzunehmen. Legt der Arbeitnehmer dem Arbeitgeber keine Bescheinigung des Betriebsstättenfinanzamts für beschränkt steuerpflichtige Arbeitnehmer mit den für ihn maßgebenden Besteuerungsmerkmalen vor, hat der Arbeitgeber die Steuerabzugsbeträge nach Steuerklasse VI einzubehalten (vgl. „Nichtvorlage der Lohnsteuerkarte").

Inländischer Arbeitgeber in diesem Sinne ist die Stelle im Inland, z. B. eine Betriebsstätte oder der inländische Vertreter eines ausländischen Arbeitgebers, die unbeschadet des formalen Vertragsverhältnisses zu einem möglichen ausländischen Arbeitgeber die wesentlichen Rechte und Pflichten eines Arbeitgebers tatsächlich wahrnimmt; inländischer Arbeitgeber ist auch ein inländisches Unternehmen bezüglich der Arbeitnehmer, die bei rechtlich unselbständigen Betriebsstätten, Filialen oder Außenstellen im Ausland beschäftigt sind. Schließlich ist in den Fällen der Arbeitnehmerentsendung auch das in Deutschland ansässige aufnehmende Unternehmen inländischer Arbeitgeber, wenn es den Arbeitslohn für die ihm geleistete Arbeit wirtschaftlich trägt; dies setzt nicht voraus, dass das aufnehmende Unternehmen den Arbeitslohn im eigenen Namen und für eigene Rechnung auszahlt (§ 38 Abs. 1 Satz 2 EStG).

Beschränkt steuerpflichtige Künstler, Berufssportler, Schriftsteller, Journalisten, Bildberichterstatter und Artisten unterliegen mit ihren Bezügen aus nichtselbständiger Arbeit ebenfalls dem Lohnsteuerabzug. Ein Steuerabzug nach § 50 a EStG ist bei Arbeitnehmern inländischer Arbeitgeber nicht möglich (vgl. die Stichworte „Artisten" und „Beschränkt steuerpflichtige Künstler, Berufssportler usw.").

4. Kaufkraftausgleich

Nach § 3 Nr. 64 EStG ist sowohl der im öffentlichen Dienst (vgl. „Auslandsbeamte") nach dem Bundesbesoldungsgesetz zum Ausgleich des Währungsgefälles gezahlte Zuschlag (Kaufkraftausgleich) als auch der an Arbeitnehmer außerhalb des öffentlichen Dienstes gezahlte Kaufkraftausgleich unter bestimmten Voraussetzungen steuerfrei (vgl. „Kaufkraftausgleich"). Die Regelungen zum Kaufkraftausgleich haben jedoch bei Arbeitnehmern privater Arbeitgeber wenig Bedeutung, da bei diesen in der Regel schon eine generelle Steuerbefreiung aufgrund eines Doppelbesteuerungsabkommens oder des Auslandstätigkeitserlasses gegeben ist. Allerdings ist zu bedenken, dass die Zahlung eines **Kaufkraftausgleichs nicht** dem **Progressionsvorbehalt** unterliegt.

5. Auslandstätigkeitserlass

Der Auslandstätigkeitserlass**) gilt für alle beschränkt und unbeschränkt steuerpflichtigen Arbeitnehmer, die im Auftrag eines inländischen Arbeitgebers in einem ausländischen Staat tätig werden, **mit dem kein Doppelbesteuerungsabkommen besteht.**

In Frage kommen hiernach also vor allem Tätigkeiten in Afghanistan, Brasilien, Chile, Costa Rica, Dominikanische Republik, Hongkong, Libyen, Nigeria, Peru, Saudi-Arabien und Vereinigte Arabische Emirate.

Folgende Voraussetzungen müssen für die Anwendung des Auslandstätigkeitserlasses erfüllt sein:

– Der Arbeitnehmer muss bei einem **inländischen** Arbeitgeber beschäftigt sein;
– die Auslandstätigkeit muss eine sog. **„begünstigte Tätigkeit"** im Sinne des Auslandstätigkeitserlasses sein;
– die begünstigte Tätigkeit muss **mindestens 3 Monate ununterbrochen** in Staaten ausgeübt werden, mit denen **kein** Doppelbesteuerungsabkommen besteht;
– der begünstigte Arbeitslohn muss für ein gegenwärtiges Dienstverhältnis von einem **privaten** Arbeitgeber gezahlt werden (also nicht aus öffentlichen Kassen);
– die Verfahrensvorschriften müssen genau eingehalten werden (gesonderter Ausweis des Arbeitslohns im Lohnkonto und in der Lohnsteuerbescheinigung; die vom Betriebsstättenfinanzamt ausgestellte Freistellungsbescheinigung wird als Beleg zum Lohnkonto aufbewahrt; keine Durchführung des Lohnsteuerjahresausgleichs durch den Arbeitgeber).

Beispiel
Ein selbständiger Geologe ist in Madagaskar tätig.
Die Anwendung des Auslandstätigkeitserlasses scheidet schon deshalb aus, weil der Geologe kein Arbeitnehmer, sondern selbständig tätig ist.

Der Auslandstätigkeitserlass ist bei folgenden Tätigkeiten **nicht** anwendbar

– bei einer Tätigkeit von Bordpersonal auf Seeschiffen;
– bei einer Tätigkeit von Leiharbeitnehmern, für deren Arbeitgeber die Arbeitnehmerüberlassung Unternehmenszweck ist;
– bei einer finanziellen Beratung außerhalb der deutschen öffentlichen Entwicklungshilfe;
– beim Einholen von Aufträgen (Akquisition) außerhalb von Ausschreibungen.

Beispiel
Ein deutscher Leiharbeitnehmer wird von einer inländischen Firma nach Afghanistan entsandt.
Auch wenn die ausgeübte Tätigkeit nach dem Auslandstätigkeitserlass begünstigt sein sollte (vgl. nachfolgenden Buchstaben a), scheidet eine Freistellung nach dem Auslandstätigkeitserlass aus, da es sich um einen Leiharbeitnehmer handelt.

a) Begünstigte Tätigkeit

Die Auslandstätigkeit muss für einen **inländischen** Lieferanten, Hersteller, Auftragnehmer oder Inhaber ausländischer Mineralaufsuchungs- oder -gewinnungsrechte ausgeübt werden. Ob der Auftraggeber des inländischen Lieferanten, Herstellers usw. im Inland oder Ausland ansässig ist, spielt keine Rolle (es kann sich also um einen inländischen oder ausländischen Auftraggeber handeln).

Beispiel
Ein deutscher Arbeitnehmer, der bei einer britischen Firma angestellt ist, wird von dieser nach Brasilien entsandt.
Eine Freistellung nach dem Auslandstätigkeitserlass scheitert bereits daran, dass der Arbeitnehmer nicht für einen inländischen Arbeitgeber tätig wird.

Begünstigt sind Auslandstätigkeiten, die im Zusammenhang mit folgenden Tätigkeiten stehen:

– Planung, Errichtung, Einrichtung, Inbetriebnahme, Erweiterung, Instandsetzung, Modernisierung, Überwachung oder Wartung von Fabriken, Bauwerken, ortsgebundenen großen Maschinen oder ähnlichen Anlagen sowie dem Einbau, der Aufstellung oder Instandsetzung von sonstigen Wirtschaftsgütern (hier-

---

*) Nr. 1 des BMF-Schreibens vom 21. 7. 2005 (BStBl. I S. 821). Das BMF-Schreiben ist als Anlage 9 zu H 39b.10 LStR im **Steuerhandbuch für das Lohnbüro 2010** abgedruckt, das im selben Verlag erschienen ist. Das **PC-Lexikon** für das Lohnbüro 2010 enthält auch dieses Handbuch und hat außerdem den Vorteil, dass Sie **alle BFH-Urteile** sowie die aktuellen Rundschreiben und Niederschriften der Spitzenverbände der **Sozialversicherung** mit Mausklick **im Volltext** abrufen und ausdrucken können. Eine Bestellkarte finden Sie vorne im Lexikon.

) Der Auslandstätigkeitserlass ist als Anlage zu § 34 c EStG im **Steuerhandbuch für das Lohnbüro 2010 abgedruckt, das im selben Verlag erschienen ist. Das **PC-Lexikon** für das Lohnbüro 2010 enthält auch dieses Handbuch und hat außerdem den Vorteil, dass Sie **alle BFH-Urteile** sowie die aktuellen Rundschreiben und Niederschriften der Spitzenverbände der **Sozialversicherung** mit Mausklick **im Volltext** abrufen und ausdrucken können. Eine Bestellkarte finden Sie vorne im Lexikon.

Auslandstätigkeit, Auslandstätigkeitserlass

zu gehört z. B. auch die Instandsetzung von Panzern der Bundeswehr in einem ATE-Staat durch Arbeitnehmer eines privaten Unternehmens; nicht begünstigt wäre hingegen die reine Wartung sonstiger Wirtschaftsgüter); außerdem ist das Betreiben der Anlage bis zur Übergabe an den Auftraggeber begünstigt,
– dem Aufsuchen oder der Gewinnung von Bodenschätzen,
– der Beratung (Consulting) ausländischer Auftraggeber oder Organisationen im Hinblick auf die beiden oben genannten Vorhaben,
– der deutschen öffentlichen Entwicklungshilfe im Rahmen der technischen oder finanziellen Zusammenarbeit.

Zu den begünstigten Tätigkeiten gehören auch alle Hilfstätigkeiten, z. B. Transport, Verwaltung, Gesundheitsdienste und Schulung von Ortskräften. Tätigkeiten im Rahmen von Subunternehmerschaft sind nicht anders zu betrachten als Tätigkeiten für den Generalunternehmer, weil ein ausländischer Auftraggeber grundsätzlich nicht erforderlich ist. Im Fall der Beratung (Consulting) ist der deutsche Subunternehmer eines deutschen Consulters begünstigt, da mittelbar ein ausländischer Auftraggeber vorliegt. Nicht begünstigt sind die Tätigkeit des Bordpersonals auf Seeschiffen und die Tätigkeit von Leiharbeitnehmern, für deren Arbeitgeber die Arbeitnehmerüberlassung Unternehmenszweck ist, sowie die finanzielle Beratung mit Ausnahme der Tätigkeit der deutschen öffentlichen Entwicklungshilfe im Rahmen der technischen oder finanziellen Zusammenarbeit. Nicht begünstigt ist ferner das Einholen von Aufträgen (Akquisition), ausgenommen die Beteiligung an Ausschreibungen.

Es sind also auch eigene Investitionen inländischer Unternehmen im Ausland begünstigt wie z. B. die Errichtung einer eigenen Betriebsstätte. Begünstigt ist auch die Planung von Anlagen. Die Planung eigener Anlagen im Ausland ist von Anfang an begünstigt. Die Planung für Dritte ist in aller Regel vom Zeitpunkt des Vertragsabschlusses an begünstigt. Erstreckt sich der Auftrag eines ausländischen Auftraggebers ausschließlich auf die Planung eines Projektes im Ausland, so ist die Planung als Beratungstätigkeit begünstigt (Consulting). Planungen für Dritte vor Vertragsabschluss sind als Einholen von Aufträgen (Akquisition) vom Zeitpunkt der Ausschreibung des Projekts an begünstigt; die Planung nach Ausschreibung bleibt begünstigt, selbst wenn ein Auftrag nicht erteilt wird. Zu beachten ist aber, dass die Produktion im Ausland sowie die ausschließliche Lieferung von Waren – auch von Anlagegütern – in das Ausland nicht begünstigt ist.

Ebenfalls nicht nach dem Auslandstätigkeitserlass begünstigt sind **humanitäre Hilfsleistungen.**

Beispiel
Eine Krankenschwester ist für eine private deutsche Hilfsorganisation in Afghanistan tätig.
Eine Freistellung des Arbeitslohns nach dem Auslandstätigkeitserlass kommt nicht in Betracht, da es sich nicht um eine begünstigte Tätigkeit handelt.

Zur Abgrenzung der (nicht begünstigten) Arbeitnehmerüberlassung vom (begünstigten) Werkvertrag gilt Folgendes:

Bei der **Arbeitnehmerüberlassung** werden dem Entleiher die Arbeitskräfte zur Verfügung gestellt. Der Entleiher setzt sie nach seinen Vorstellungen und Zielen in seinem Betrieb wie eigene Arbeitnehmer ein. Die Arbeitskräfte sind voll in den Betrieb des Entleihers eingegliedert und führen ihre Arbeiten allein nach dessen Weisungen aus. Die Vertragspflicht des Verleihers gegenüber dem Entleiher endet, wenn er den Arbeitnehmer ausgewählt und ihn dem Entleiher zur Arbeitsleistung zur Verfügung gestellt hat. Von der Arbeitnehmerüberlassung ist die Tätigkeit eines Arbeitnehmers bei einem Dritten aufgrund eines **Werk- oder Dienstvertrages** zu unterscheiden. In diesen Fällen wird der Unternehmer für einen anderen tätig. Er organisiert die zur Erreichung eines wirtschaftlichen Erfolgs notwendigen Handlungen nach eigenen betrieblichen Voraussetzungen und bleibt für die Erfüllung der im Vertrag vorgesehenen Dienste oder für die Herstellung des geschuldeten Werks gegenüber dem Drittunternehmen verantwortlich. Die zur Ausführung des Dienst- oder Werkvertrages eingesetzten Arbeitnehmer unterliegen der Weisung des Arbeitgebers und sind dessen Erfüllungsgehilfen. Der Werkbesteller kann jedoch dem Werkunternehmer selbst oder dessen Erfüllungsgehilfen Anweisungen für die Ausführung des Werkes erteilen. Solche Dienst- oder Werkverträge werden vom Arbeitnehmerüberlassungsgesetz nicht erfasst. Über die rechtliche Einordnung eines Vertrags entscheidet der Geschäftsinhalt und nicht die von den Parteien gewünschte Rechtsfolge oder eine Bezeichnung, die dem Geschäftsinhalt tatsächlich nicht entspricht. Der Geschäftsinhalt kann sich sowohl aus den ausdrücklichen Vereinbarungen der Vertragsparteien als auch aus der praktischen Ausführung des Vertrags ergeben. Widersprechen sich beide, so ist die tatsächliche Durchführung des Vertrages maßgebend, weil sich aus der praktischen Handhabung der Vertragsbeziehungen am ehesten Rückschlüsse darauf ziehen lassen, von welchen Rechten und Pflichten die Vertragsparteien ausgegangen sind, was sie also wirklich gewollt haben.

Indizien für einen (begünstigten) **Werkvertrag** sind:
– Unternehmerische Eigenverantwortlichkeit und Dispositionsmöglichkeit des Werkunternehmers gegenüber Besteller;
– Vereinbarung und Erstellung eines qualitativ individualisierbaren und dem Werkunternehmer zurechenbaren Werkergebnisses;
– ausschließliches Weisungsrecht des Werkunternehmers gegenüber den Arbeitnehmern im Betrieb des Bestellers und Erfüllung seiner Aufgaben aus dem Werkvertrag;
– Tragung des Unternehmerrisikos, insbesondere der Gewährleistung;
– herstellungsbezogene Vergütungsregelung.

Indizien für eine (nicht begünstigte) **Arbeitnehmerüberlassung** sind:
– Planung und Organisation der Arbeit durch den Besteller;
– Aufnahme der Arbeitnehmer in die Betriebsräume des Bestellers;
– fehlendes Weisungsrecht und Personalhoheit des Werkunternehmers, Pflicht zur Vorlage von Personaleinsatz und Anwesenheitslisten;
– Ausstattung mit Werkzeugen des Bestellers;
– Benutzung der Sozialräume des Bestellers.

b) Dauer der begünstigten Tätigkeit, Berechnung der Dreimonatsfrist

Die Auslandstätigkeit muss **mindestens drei Monate ununterbrochen** in Staaten ausgeübt werden, mit denen kein Abkommen zur Vermeidung der Doppelbesteuerung besteht, in das Einkünfte aus nichtselbständiger Arbeit einbezogen sind. Dabei brauchen Beginn und Ende der Auslandstätigkeit nicht im gleichen Kalenderjahr zu liegen. Wird die Tätigkeit in einem Staat ausgeübt, mit dem ein Doppelbesteuerungsabkommen besteht, richtet sich die steuerliche Behandlung des Arbeitslohns ausschließlich nach den Vorschriften des Doppelbesteuerungsabkommens (vgl. dieses Stichwort).

Die Auslandstätigkeit beginnt mit Antritt der Reise ins Ausland und endet mit der endgültigen Rückkehr ins Inland. Eine vorübergehende Rückkehr ins Inland oder ein kurzer Aufenthalt in einem Staat, mit dem ein Abkommen zur Vermeidung der Doppelbesteuerung besteht, in das Einkünfte aus nichtselbständiger Arbeit einbezogen

Auslandstätigkeit, Auslandstätigkeitserlass

sind, gelten bis zu einer Gesamtaufenthaltsdauer von zehn vollen Kalendertagen innerhalb der Mindestfrist nicht als Unterbrechung der Auslandstätigkeit, wenn sie zur weiteren Durchführung oder Vorbereitung eines anderen begünstigten Vorhabens notwendig sind. Dies gilt bei längeren Auslandstätigkeiten entsprechend für die jeweils letzten drei Monate. Eine vorübergehende Rückkehr innerhalb der Mindestfrist von 10 Tagen ist also auch dann unschädlich, wenn der Arbeitnehmer anschließend bei einem **anderen** begünstigten **Vorhaben** tätig wird, und die Unterbrechung der Vorbereitung dieses neuen Vorhabens dient. Die **Reisetage** rechnen nicht zu der Zehntagesfrist.

Eine **Unterbrechung** der Tätigkeit im Falle eines **Urlaubs** oder einer **Krankheit** ist **unschädlich,** unabhängig davon, wo sich der Arbeitnehmer während der Unterbrechung aufhält. Zeiten der unschädlichen Unterbrechung sind bei der Dreimonatsfrist aber nicht mitzurechnen. Das heißt, der Dreimonatszeitraum verlängert sich um die Urlaubs- und Krankheitstage.

Die Dreimonatsfrist beginnt mit dem Antritt der Reise ins Ausland und endet mit der Rückkehr ins Inland (maßgebend ist der Tag des Grenzübertritts). Reisetage werden also wie begünstigter Auslandsaufenthalt behandelt. Eine vorübergehende Rückkehr ins Inland oder ein Aufenthalt in einem Staat mit dem ein Doppelbesteuerungsabkommen besteht, **gelten** bis zu einer Gesamtaufenthaltsdauer von 10 vollen Tagen **als Teil der begünstigten Tätigkeit,** wenn sie zur weiteren Durchführung oder Vorbereitung eines anderen begünstigten Vorhabens notwendig sind. Die Unterbrechung beginnt also in diesen Fällen ab dem 11. Tag und wirkt für die Zukunft (Beginn einer neuen Mindestfrist von drei Monaten); die bis dahin geleistete Auslandstätigkeit bleibt aber begünstigt, wenn sie einschließlich unschädlicher Unterbrechung mindestens drei Monate gedauert hat.

Beispiel A
Der Arbeitnehmer ist vom 1.1.–25.3. im Ausland tätig (kein DBA). Am 26.3. kehrt er ins Inland zurück und bereitet dort eine neue Auslandstätigkeit vor. Er beginnt die neue Auslandstätigkeit am 4.5. in einem Staat mit dem kein Doppelbesteuerungsabkommen besteht. Die Dreimonatsfrist ist erfüllt, da die Auslandstätigkeit einschließlich der unschädlichen Unterbrechung von 10 Tagen mindestens 3 Monate beträgt. Der Arbeitslohn vom 1.1.–5.4. ist steuerfrei; vom 6.4.–3.5. ist der Arbeitslohn in jedem Fall steuerpflichtig. Ab 4.5. beginnt eine neue Dreimonatsfrist zu laufen.

Beispiel B
Der Arbeitnehmer ist vom 1.1.–4.2. im Ausland tätig (kein DBA). Vom 5.2.–13.2. (= 9 Tage) arbeitet er im Inland im Zusammenhang mit der begünstigten Tätigkeit. Anschließend ist er wieder im Ausland (gleiches Land). Vom 10.5.–19.5. (= 10 Tage) arbeitet er erneut im Inland im Zusammenhang mit der begünstigten Tätigkeit. Die Tätigkeit vom 1.1.–9.5. ist auf jeden Fall begünstigt, da sie einschließlich der unschädlichen Unterbrechung länger als 3 Monate gedauert hat. Bei der erneuten Unterbrechung vom 10.5.–19.5. stellt sich die Frage, ab wann diese Unterbrechung schädlich ist mit der Folge, dass ein erneuter Dreimonatszeitraum zu laufen beginnt. Der Auslandstätigkeitserlass führt hierzu aus, dass die Unterbrechung von 10 Tagen **innerhalb der Mindestfrist** (= 3 Monate) unschädlich ist, wobei dies bei längeren Auslandstätigkeiten für die jeweils **letzten drei Monate** entsprechend gilt. Im Beispielsfall ist also vom Beginn der Unterbrechung am 10.5. drei Monate zurückzurechnen und zu prüfen, wie viele Tage unschädlicher Unterbrechung in diesem Dreimonatszeitraum (= 10.2.–9.5.) liegen. Dies sind im Beispielsfall 4 Tage, nämlich der 10., 11., 12. und 13. Februar. Von der unschädlichen 10-Tages-Frist sind also bereits 4 Tage verbraucht. Die Unterbrechung vom 10.5.–19.5. ist also nur hinsichtlich der restlichen 6 Tage unschädlich. Ab dem siebten Tag (= 16.5.) ist die Unterbrechung schädlich. Mit Beginn der erneuten Auslandstätigkeit am 20.5. beginnt auch eine neue Dreimonatsfrist. Der für die Zeit vom 1.1.–15.5. gezahlte Arbeitslohn unterliegt nicht dem Lohnsteuerabzug. Der für die Zeit der schädlichen Unterbrechung vom 16.5.–19.5. (= 4 Tage) gezahlte Arbeitslohn unterliegt in jedem Fall dem Lohnsteuerabzug, gleichgültig wie lange eine sich anschließende Auslandstätigkeit dauert.

Beispiel C
Der Arbeitnehmer ist vom 1.1.–28.2. im Ausland tätig (kein DBA). Vom 1.3.–5.4. ist er im Inland in Urlaub. Ab 6.4. ist er wieder im Inland tätig. Der Arbeitslohn für die Zeit vom 1.1.–5.4. ist nicht begünstigt, da die Dreimonatsfrist nicht erfüllt ist. Unterbrechungen wegen Urlaub und Krankheit sind zwar unschädlich. Die Zeiten der unschädlichen Unterbrechung rechnen aber bei der Dreimonatsfrist nicht mit (im Gegensatz zur 10-Tages-Frist, dort rechnen die unschädlichen Unterbrechungen zum begünstigten Auslandsaufenthalt).

Beispiel D
Ein ab 1.8.2010 auf einer ausländischen Baustelle tätiger Monteur erkrankt in der Zeit vom 31.10.2010 bis 10.12.2010 und nimmt anschließend bis 3.1.2011 Urlaub.
Er muss ab 4.1.2011 mindestens noch einen Tag auf der Baustelle tätig sein, damit die Mindestfrist von drei Monaten für eine Steuerfreistellung des Arbeitslohns erfüllt ist.

c) Begünstigter Arbeitslohn

Steuerfrei ist der Arbeitslohn, der auf die begünstigte Auslandstätigkeit entfällt. Bei einer vorübergehenden Rückkehr ins Inland (und auch bei einem kurzen Aufenthalt in einem DBA-Staat) bleibt auch der für die 10 Unterbrechungstage (vgl. die Erläuterungen unter dem Buchstaben b) gezahlte Arbeitslohn steuerfrei.

Zum begünstigten Arbeitslohn gehören neben dem laufenden Arbeitslohn auch folgende Einnahmen, **soweit** sie **für eine begünstigte Auslandstätigkeit gezahlt** werden:

– Zulagen, Prämien oder Zuschüsse des Arbeitgebers für Aufwendungen des Arbeitnehmers, die durch eine begünstigte Auslandstätigkeit veranlasst sind, oder die entsprechende unentgeltliche Ausstattung oder Bereitstellung durch den Arbeitgeber;

– Weihnachtszuwendungen, Erfolgsprämien oder Tantiemen;

– Arbeitslohn, der auf den Urlaub – einschließlich eines angemessenen Sonderurlaubs aufgrund einer begünstigten Tätigkeit – entfällt, Urlaubsgeld oder Urlaubsabgeltung. Dabei ist es unerheblich, ob der Urlaub unmittelbar im Anschluss an die Auslandstätigkeit genommen wird oder nicht. Es kommt nicht darauf an, wann der Arbeitnehmer den durch die begünstigte Tätigkeit erworbenen Urlaub antritt. Entscheidend ist allein, inwieweit der Urlaubsanspruch durch die Auslandstätigkeit erworben wurde. Nur insoweit unterliegt der für den Urlaub gezahlte Arbeitslohn nicht dem Lohnsteuerabzug;

– Entgeltfortzahlung aufgrund einer Erkrankung während einer begünstigten Auslandstätigkeit bis zur Wiederaufnahme dieser oder einer anderen begünstigten Tätigkeit oder bis zur endgültigen Rückkehr ins Inland.

Werden solche Zuwendungen nicht gesondert für die begünstigte Tätigkeit geleistet, so sind sie unabhängig vom Zeitpunkt der Zahlung im Verhältnis der **Kalendertage**[*]) in einen steuerpflichtigen und einen steuerfreien Teil aufzuteilen. Nach diesem Verhältnis sind auch Urlaubsentgelt und Urlaubsgeld (oder eine entsprechende Urlaubsabgeltung) für **allgemeinen** Urlaub aufzuteilen. Lediglich Urlaubsentgelt, Urlaubsgeld oder eine Urlaubsabgeltung, die auf einen angemessenen Sonderurlaub entfallen, der aufgrund der begünstigten Auslandstätigkeit gewährt wird, sind in voller Höhe steuerfrei. Wann der Urlaub genommen wird ist unerheblich.

Beispiel
Ein Arbeitnehmer ist vom 14. April bis 31. August 2010 in einem ausländischen Staat tätig, mit dem kein Doppelbesteuerungsabkommen besteht (z.B. Montagetätigkeit in Saudi-Arabien). Die restliche Zeit ist er im Inland beschäftigt. Der Arbeitnehmer hat einen Urlaubsanspruch von 30 Tagen jährlich. Den Urlaub nimmt er wie folgt:
– 10 Tage Urlaub in Saudi-Arabien im Juni 2010;
– 20 Tage Urlaub im Inland im September 2010.
Der Arbeitnehmer erkrankt während der Auslandstätigkeit und erhält Lohnfortzahlung (vom 28.4.–19.5.2010). Der Arbeitnehmer erhält

---
[*]) Nach dem Wortlaut des Auslandstätigkeitserlasses ist nach Kalendertagen aufzuteilen. Dies wird in der Praxis als Erschwernis empfunden, wenn auch Auslandstätigkeiten abzurechnen sind, die unter ein Doppelbesteuerungsabkommen fallen, bei diesen Fällen nach Arbeitstagen aufzuteilen ist. Die Finanzverwaltung beanstandet es deshalb nicht, wenn auch in den Fällen des Auslandstätigkeitserlasses nach Arbeitstagen aufgeteilt wird (Anhang 3 der amtlichen Anleitung für den Lohnsteuer-Außendienst). Voraussetzung hierfür ist, dass **in allen Fällen** nach dieser Berechnungsmethode verfahren wird.

Auslandstätigkeit, Auslandstätigkeitserlass

einen Monatslohn von 3000 €, ein 13. Monatsgehalt in gleicher Höhe und ein Urlaubsgeld von 50 € je Urlaubstag. Für das Kalenderjahr 2010 ergibt sich folgende Aufteilung des Arbeitslohns in einen steuerpflichtigen und einen steuerfreien Anteil:

Der Arbeitslohn für die tatsächliche Arbeitsleistung ist direkt der inländischen oder ausländischen Tätigkeit zuzurechnen. Dabei ist der Monatslohn für April 2010 in Höhe von 3000 € nach Kalendertagen aufzuteilen (13 Tage Inland – 17 Tage Ausland). Für den steuerpflichtigen Inlandslohn entsteht kein Teillohnzahlungszeitraum (anzuwenden ist also die Monatslohnsteuertabelle).

Die aufgrund der Erkrankung gezahlte Lohnfortzahlung vom 28. 4. bis 19. 5. 2010 ist steuerfrei.

Aufzuteilen ist das **Urlaubsentgelt** für 10 Tage Urlaub im Ausland und 20 Tage Urlaub im Inland sowie das **Urlaubsgeld** in Höhe von (50 € × 30 Tage =) 1500 €. Außerdem ist das 13. Gehalt in Höhe von 3000 € aufzuteilen. Aufteilungsmaßstab sind die Kalendertage im Inland und die Kalendertage im Ausland (dabei müssen Urlaubstage ausgeklammert werden, da sich ansonsten ein unzutreffendes Ergebnis ergibt, je nach dem, ob der Urlaub im Inland oder Ausland verbracht wird). Hiernach ergibt sich folgende Aufteilung:

Kalendertage 2010	365
abzüglich:	
Urlaubstage 2010	30
verbleiben	335
davon entfallen auf die Auslandstätigkeit (14. 4.–31. 8. 2010 ohne Urlaub)	130
für die Inlandstätigkeit verbleiben (ohne Urlaub)	205

Der Aufteilungsmaßstab beträgt 205 : 130 oder 61,2 % (steuerpflichtig) und 38,8 % (steuerfrei).

Nach diesem Aufteilungsmaßstab sind aufzuteilen
- das im Kalenderjahr 2010 gezahlte 13. Gehalt in Höhe von 3000 €;
- das im Kalenderjahr 2010 gezahlte Urlaubsentgelt und Urlaubsgeld.

Nimmt der Arbeitnehmer seinen Urlaub von 30 Tagen nicht im Kalenderjahr 2010 sondern erst im Kalenderjahr 2011, so ergibt sich folgende Aufteilung:

Kalendertage 2010	365
davon entfallen auf die Auslandstätigkeit (14. 4.–31. 8. 2010)	140
für die Inlandstätigkeit verbleiben	225

Der Aufteilungsmaßstab beträgt 225 : 140 oder 61,6 % (steuerpflichtig) und 38,4 % (steuerfrei).

Nach diesem Aufteilungsmaßstab sind aufzuteilen
- das im Kalenderjahr 2010 gezahlte 13. Gehalt in Höhe von 3000 €;
- das im Kalenderjahr 2011 gezahlte Urlaubsentgelt und Urlaubsgeld.

Der begünstigte Arbeitslohn ist steuerfrei im Sinne der §§ 3 c, 10 Abs. 2 Nr. 1 EStG. Das bedeutet, dass der Arbeitnehmer Werbungskosten und Sonderausgaben, die mit den steuerfreien Bezügen zusammenhängen (z. B. Reisekosten wegen vorübergehender Auswärtstätigkeit) nicht abziehen kann. Ersetzt jedoch der **Arbeitgeber** seinen Arbeitnehmern, die mit der Auslandstätigkeit zusammenhängenden Werbungskosten (Auslösungen oder Reisekosten), so ist dieser Ersatz wiederum steuerfrei.

d) Progressionsvorbehalt

Auf das zu versteuernde Einkommen ist der Steuersatz anzuwenden, der sich ergibt, wenn der vom Lohnsteuerabzug freigestellte Arbeitslohn bei der Berechnung der Einkommensteuer einbezogen wird.

Bei der Ermittlung der Einkünfte für Zwecke des Progressionsvorbehalts ist der Arbeitslohn um den Arbeitnehmer-Pauschbetrag (920 €) zu kürzen, soweit dieser nicht bei der Ermittlung der Einkünfte aus der nicht begünstigten Tätigkeit im Inland berücksichtigt werden konnte. Im Übrigen sind die in den Progressionsvorbehalt einzubeziehenden ausländischen Einkünfte aus nichtselbständiger Tätigkeit nach den Vorschriften des Einkommensteuergesetzes zu ermitteln, d. h. dass die mit der ausländischen Tätigkeit zusammenhängenden Werbungskosten (insbesondere Reisekosten) vom Arbeitslohn abgezogen werden können, soweit sie nicht vom Arbeitgeber steuerfrei ersetzt wurden. Dies gilt aber nur insoweit, als sie zusammen mit den Werbungskosten im Zusammenhang mit inländischen Einkünften aus nichtselbständiger Tätigkeit den Arbeitnehmer-Pauschbetrag von 920 € übersteigen (§ 32b Abs. 2 Nr. 2 EStG).

Beispiel
Die Werbungskosten im Zusammenhang mit steuerpflichtigen inländischen Einkünften und steuerfreien Einkünften nach dem Auslandstätigkeitserlass betragen jeweils 600 €.
Bei den in den Progressionsvorbehalt einzubeziehenden ausländischen Einkünften werden Werbungskosten in Höhe von 280 € (600 € + 600 € ./. 920 €) berücksichtigt. Hinweis: Bei der Ermittlung der inländischen steuerpflichtigen Einkünfte wird der Arbeitnehmer-Pauschbetrag von 920 € berücksichtigt.

Die Auswirkungen des Progressionsvorbehalts sind beim Stichwort „Progressionsvorbehalt" anhand eines Beispiels dargestellt. Der Progressionsvorbehalt wird erst im Rahmen der Veranlagung zur Einkommensteuer angewendet.

e) Nichtanwendung des Auslandstätigkeitserlasses

Der Auslandstätigkeitserlass gilt nicht, wenn
- der Arbeitslohn aus inländischen **öffentlichen Kassen** – einschließlich der Kassen der Deutschen Bahn AG und der Deutschen Bundesbank – gezahlt wird;
- die Tätigkeit in einem Staat ausgeübt wird, mit dem ein **Doppelbesteuerungsabkommen** besteht, in das Einkünfte aus nichtselbständiger Arbeit einbezogen sind; ist ein Abkommen für die Zeit vor seinem In-Kraft-Treten anzuwenden, so verbleibt es bis zum Zeitpunkt des In-Kraft-Tretens bei den Regelungen des Auslandstätigkeitserlasses, soweit sie für den Arbeitnehmer günstiger sind.

f) Verfahrensvorschriften

Der Verzicht auf die Besteuerung im Steuerabzugsverfahren (Freistellungsbescheinigung) ist vom Arbeitgeber oder Arbeitnehmer beim Betriebsstättenfinanzamt zu beantragen. Der Antrag ist auf dem amtlichen, bundeseinheitlich aufgelegten Vordruck zu stellen und in dreifacher Ausfertigung einzureichen. Auf der Rückseite des Antrags erteilt das Finanzamt die Bescheinigung über die Freistellung vom Lohnsteuerabzug. Aufgrund dieses Verfahrens sind Sammelanträge des Arbeitgebers auf Ausstellung der Freistellungsbescheinigung nicht möglich. Ein Nachweis, dass von dem Arbeitslohn in dem Staat, in dem die Tätigkeit ausgeübt wird, eine der deutschen Lohnsteuer (Einkommensteuer) entsprechende Steuer erhoben wird, ist nicht erforderlich*). Die Freistellungsbescheinigung wird für die Dauer der begünstigten Tätigkeit, längstens für drei Jahre erteilt; sie kann bereits zu Beginn der begünstigten Auslandstätigkeit ausgestellt werden, wenn die Voraussetzungen für den Steuerverzicht nach dem Auslandstätigkeitserlass voraussichtlich eintreten. Ist glaubhaft gemacht worden, dass die Voraussetzungen für die Anwendung des Auslandstätigkeitserlasses vorliegen, so kann die Freistellungsbescheinigung auch rückwirkend erteilt werden, solange dem Arbeitgeber eine Änderung des Lohnsteuerabzugs möglich ist (vgl. „Änderung des Lohnsteuerabzugs").

Der Arbeitslohn wird nur dann vom Lohnsteuerabzug freigestellt, wenn sich der Arbeitgeber verpflichtet, das folgende Verfahren einzuhalten:

- Der begünstigte Arbeitslohn ist im Lohnkonto, auf der (elektronischen) Lohnsteuerbescheinigung sowie der Besonderen Lohnsteuerbescheinigung getrennt von dem übrigen Arbeitslohn anzugeben (vgl. diese Stichworte),

---

*) Nr. 1 des BMF-Schreibens vom 21. 7. 2005 (BStBl. I S. 821). Das BMF-Schreiben ist als Anlage 9 zu H 39b.10 LStR im **Steuerhandbuch für das Lohnbüro 2010** abgedruckt, das im selben Verlag erschienen ist. Das **PC-Lexikon** für das Lohnbüro 2010 enthält auch dieses Handbuch und hat außerdem den Vorteil, dass Sie **alle BFH-Urteile** sowie die aktuellen Rundschreiben und Niederschriften der Spitzenverbände der **Sozialversicherung** mit Mausklick **im Volltext** abrufen und ausdrucken können. Eine Bestellkarte finden Sie vorne im Lexikon.

Auslandstätigkeit, Auslandstätigkeitserlass

- die Freistellungsbescheinigung ist als Beleg zum Lohnkonto des Arbeitnehmers zu nehmen,
- für Arbeitnehmer, die zu irgend einem Zeitpunkt während des Kalenderjahres begünstigten Arbeitslohn nach dem Auslandstätigkeitserlass bezogen haben, darf der Arbeitgeber weder die Lohnsteuer nach dem voraussichtlichen Jahresarbeitslohn (sog. permanenter Jahresausgleich) ermitteln noch einen Lohnsteuer-Jahresausgleich durchführen.

Auf der (elektronischen) Lohnsteuerbescheinigung für das Kalenderjahr 2010 ist in Zeile 16 als steuerfreier Arbeitslohn nur der Betrag zu bescheinigen, der ohne Auslandstätigkeitserlass steuerpflichtig wäre; deshalb ist der steuerfreie Arbeitgeberersatz (Auslösungen, Reisekosten bei Auswärtstätigkeiten, vgl. diese Stichworte), in den zu bescheinigenden Betrag **nicht** mit einzubeziehen.

Werden auf der (elektronischen) Lohnsteuerbescheinigung für das Kalenderjahr 2010 Arbeitnehmerbeiträge zur Sozialversicherung (Zeilen 23 und 25 bis 27) sowie der Arbeitgeberanteil zur gesetzlichen Rentenversicherung (Zeile 22) oder steuerfreie Arbeitgeberzuschüsse zur Kranken- und Pflegeversicherung (Zeile 24) bescheinigt, so dürfen darin keine Beträge enthalten sein, die auf Arbeitslohn beruhen, der nach dem Auslandstätigkeitserlass steuerfrei ist. Beim Zusammentreffen von steuerfreiem und steuerpflichtigem Arbeitslohnteilen im selben Monat ist nur der Anteil der Sozialversicherungsbeiträge zu bescheinigen, der sich nach dem Verhältnis des steuerpflichtigen Arbeitslohns zum gesamten Arbeitslohn dieses Monats (höchstens jedoch bis zur maßgebenden Beitragsbemessungsgrenze) ergibt. Allerdings sind steuerpflichtige Arbeitslohnanteile, die nicht sozialversicherungspflichtig sind (z. B. **„Abfindung wegen Entlassung aus dem Dienstverhältnis";** vgl. dieses Stichwort), nicht in diese Verhältnisrechnung einzubeziehen. Erreicht der steuerpflichtige Arbeitslohn im Lohnzahlungszeitraum die für die Beitragsberechnung maßgebende Beitragsbemessungsgrenze, sind die Sozialversicherungsbeiträge des Lohnzahlungszeitraums folglich insgesamt dem steuerpflichtigen Arbeitslohn zuzuordnen und in vollem Umfang zu bescheinigen.

Der Arbeitgeber ist berechtigt, bei der jeweils nächstfolgenden Lohnzahlung bisher noch nicht erhobene Lohnsteuer nachträglich einzubehalten, wenn er erkennt, dass die Voraussetzungen für den Verzicht auf die Besteuerung nicht vorgelegen haben. Macht er von dieser Berechtigung keinen Gebrauch oder kann die Lohnsteuer nicht nachträglich einbehalten werden, so ist er zu einer Anzeige an das Betriebsstättenfinanzamt verpflichtet (§ 41 c EStG, vgl. „Anzeigepflichten des Arbeitgebers im Lohnsteuerverfahren"). Sind vom begünstigten Arbeitslohn Steuerabzugsbeträge einbehalten worden, muss der Arbeitnehmer den Verzicht auf die Besteuerung nach dem Auslandstätigkeitserlass im Rahmen einer Veranlagung zur Einkommensteuer bei seinem Wohnsitzfinanzamt beantragen.

6. Sozialversicherung

In der Sozialversicherung gilt das Territorialprinzip. Für die Beschäftigung deutscher Arbeitnehmer im Ausland besteht deshalb (wenn nicht nach EU/EWR-Recht oder zwischenstaatlichen Abkommen anderes bestimmt ist) nur in bestimmten Fällen Versicherungspflicht in der deutschen Sozialversicherung (bei deutschen Botschaften und Konsulaten; bei Entwicklungshelfern, wenn es die entsendende Stelle beantragt).

Wird jedoch ein deutscher Arbeitnehmer von seiner Firma vorübergehend zu einer bestimmten Tätigkeit ins Ausland entsandt, die sich nur als eine Ausstrahlung des inländischen Beschäftigungsverhältnisses darstellt, dann bleibt in der Regel die deutsche Versicherungspflicht bestehen (vgl. „Ausstrahlung").

Auslandszulagen

siehe „Kaufkraftausgleich".

Auslösungen

Der Begriff **„Auslösung"** ist kein steuerrechtlicher Begriff. Er stammt aus dem **Arbeitsrecht** und wird häufig dazu verwendet, den Arbeitgeberersatz bei einer auswärtigen Beschäftigung zu bezeichnen (vgl. z. B. Tarifvertrag über die Auslösungssätze für gewerbliche Arbeitnehmer in der Bauwirtschaft).

Auslösungen werden somit ganz allgemein die Entschädigungen genannt, die Arbeitgeber in der privaten Wirtschaft an ihre Arbeitnehmer zur Abgeltung der Mehraufwendungen bei auswärtiger Beschäftigung (auswärtig = nicht im Betrieb bzw. nicht am Wohnort) zahlen. Bei einer auswärtigen Beschäftigung hat der Arbeitnehmer nach den Bestimmungen des Bürgerlichen Gesetzbuches Anspruch auf Aufwendungsersatz (§§ 670, 675 BGB). Da die Höhe dieses Aufwendungsersatzes gesetzlich nicht geregelt ist, enthalten viele Tarifverträge, Betriebsvereinbarungen oder Arbeitsverträge entsprechende Bestimmungen. Der dabei vereinbarte Aufwendungsersatz muss nicht den tatsächlichen Aufwendungen entsprechen. Außerdem kann auch eine Pauschalierung des Aufwendungsersatzes vereinbart werden. Es kann auch überhaupt kein Anspruch auf Auslagenersatz bestehen, wenn nach den getroffenen Vereinbarungen bereits das Arbeitsentgelt zur Abgeltung dieser Aufwendungen bestimmt ist. Die Voraussetzungen, unter denen der Arbeitgeber zur Leistung von Aufwendungsersatz verpflichtet sind oder solche Leistungen freiwillig erbringen und vor allem die Höhe der einzelnen Leistungen sind deshalb sehr unterschiedlich. Sie variieren von Branche zu Branche, oft sogar innerhalb einer Branche von Betrieb zu Betrieb. Häufig entsprechen die Voraussetzungen für den arbeitsrechtlichen Aufwendungsersatz nicht den steuerlichen Voraussetzungen für die Steuerfreiheit oder die gezahlten Beträge sind höher, als dies nach den steuerlichen Regelungen zulässig ist. Dies gilt vor allem seit dem 1.1.1996, da ab diesem Zeitpunkt die Zahlung steuerfreier Auslösungen für Verpflegungsmehraufwendungen stark eingeschränkt worden ist.

Auch soweit Auslösungen in Tarifverträgen geregelt sind, hat dies auf ihre **steuerliche Beurteilung keinen Einfluss**. Es ist vielmehr in allen Fällen stets zu prüfen, ob die nach arbeits- oder tarifvertraglichen Regelungen gezahlten „Auslösungen" nach den steuerlichen Vorschriften steuerfrei gelassen werden können. Auf die Bezeichnung kommt es dabei nicht an. Außerdem wird auch in Arbeits- und Tarifverträgen der Begriff „Auslösungen" nicht einheitlich verwendet; es werden vielmehr Vergütungen aller Art unter den verschiedenartigsten Bezeichnungen gezahlt (z. B. Nahauslösungen, Fernauslösungen, Wochenendauslösungen, Fahrkostenzuschüsse, Wegegeld, Wegezeitentschädigungen, Zehrgelder usw.). Alle diese Zahlungen müssen für die Frage der Steuerfreiheit ausschließlich nach steuerlichen Kriterien beurteilt werden. Steuerfreiheit tritt nur dann und auch nur insoweit ein, als die Zahlung von Auslösungen einen der folgenden Steuerbefreiungstatbestände erfüllt:

- Reisekosten (§ 3 Nr. 13 oder 16 EStG) oder
- Doppelte Haushaltsführung (§ 3 Nr. 13 oder 16 EStG).

Außendienstpauschale

	Lohn-steuer-pflichtig	Sozial-versich.-pflichtig

Hiernach ergibt sich folgendes Schaubild

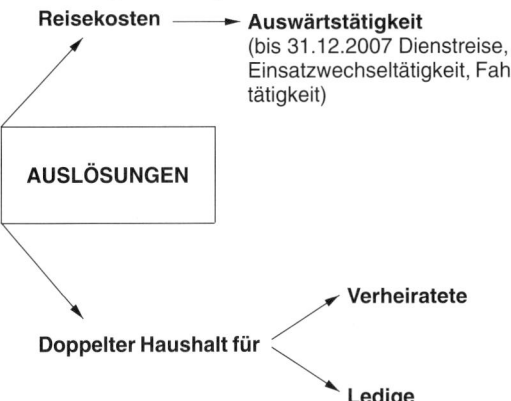

Wichtig ist in diesem Zusammenhang die Vorschrift R 3.16 der Lohnsteuer-Richtlinien, wonach bei der Zahlung von Auslösungen die einzelnen Aufwendungsarten (Fahrtkosten, Verpflegung, Unterkunft) für die Beurteilung der Steuerfreiheit zusammengefasst werden können. Die Gesamtauslösung ist steuerfrei, soweit die Summe der steuerlich zulässigen Einzelerstattungen nicht überschritten wird. Maßgebend für diese Vergleichsberechnung ist der Zeitraum, für den die Auslösungen gezahlt werden, im Normalfall also der Kalendermonat. Vgl. hierzu auch die Erläuterungen und das Beispiel beim Stichwort „Reisekosten bei Auswärtstätigkeiten" unter Nr. 12 Buchstabe a.

Sind Auslösungen steuerfrei, so sind sie grundsätzlich auch **beitragsfrei in der Sozialversicherung.**   nein   nein

Auf die Erläuterungen bei den Stichworten „Doppelte Haushaltsführung" und „Reisekosten bei Auswärtstätigkeiten" wird Bezug genommen.

Handelt es sich nicht um eine vorübergehende beruflich veranlasste Auswärtstätigkeit und liegt auch keine doppelte Haushaltsführung vor, ist ein steuerfreier Ersatz weder für **Verpflegungsmehraufwendungen** noch für **Kosten der Unterkunft** möglich. Die steuerliche Behandlung eines **Fahrtkostenersatzes** durch den Arbeitgeber richtet sich in diesen Fällen nach den beim Stichwort „Fahrten zwischen Wohnung und regelmäßiger Arbeitsstätte" dargestellten Grundsätzen.

Außendienstpauschale

Außendienstpauschalen, die von privaten Arbeitgebern zur Abgeltung von Aufwendungen bei der Außendiensttätigkeit gezahlt werden (z. B. monatlich 200 €) sind steuerpflichtiger Arbeitslohn und beitragspflichtiges Entgelt.   ja   ja

Die Erstattungen des Arbeitgebers können nur dann steuerfrei bleiben, wenn der Arbeitnehmer über die Außendiensttätigkeit einzeln nach Reisekostengrundsätzen abrechnet (vgl. „Reisekosten bei Auswärtstätigkeiten"). Erfolgt gegenüber dem Arbeitgeber keine Abrechnung, muss der Arbeitnehmer seine tatsächlichen Aufwendungen bei seiner Einkommensteuerveranlagung als Werbungskosten geltend machen.

Außenprüfung

Zur Lohnsteuer vgl. das Stichwort „Lohnsteuer-Außenprüfung".

Für die Sozialversicherungsbeiträge vgl. das Stichwort „Betriebsprüfung".

Außergewöhnliche Belastungen

siehe Anhang 7, Abschnitt D auf Seite 902

Aussperrung

Aussperrungsunterstützungen unterliegen ebenso wie Streikgelder nicht dem Lohnsteuerabzug. Sie gehören auch nicht zum beitragspflichtigen Entgelt.   nein   nein

Zur Unterbrechung des Beschäftigungsverhältnisses bei einer Aussperrung vgl. das Stichwort „Unbezahlter Urlaub".

Ausstrahlung

1. Allgemeines

In der Sozialversicherung gilt das **Territorialprinzip,** d. h. sozialversicherungspflichtig sind im Grundsatz alle Personen, die in der Bundesrepublik Deutschland beschäftigt sind. Ausnahmen vom Territorialprinzip sind in bestimmten Fällen durch zwischenstaatliche Vereinbarungen, überstaatliches Recht und insbesondere durch die in § 4 SGB IV geregelte sog. Ausstrahlung zugelassen worden.

2. Über- und zwischenstaatliches Recht

Die Vorschriften über die sog. Ausstrahlung gelten dann nicht, wenn über- oder zwischenstaatliche Regelungen (z. B. EWG-Verordnungen) etwas anderes vorsehen. In diesen Fällen gelten vorrangig die über- oder zwischenstaatlichen Regelungen. So bestehen aufgrund der EWG-Verordnung Nr. 1408/71 mit den Ländern der Europäischen Union so genannte multilaterale Abkommen. Dies gilt auch für die EWR-Staaten. Weiterhin bestehen bilaterale (zweiseitige) Abkommen über Soziale Sicherheit bzw. Arbeitslosenversicherung mit anderen Ländern, die nicht zur EU/EWR gehören (z. B. ehemal. Jugoslawien, Schweiz). In diesen Abkommen ist festgelegt, wann, für welche Versicherungszweige und für welche Zeit bei Entsendung eines Arbeitnehmers in einen anderen Vertragsstaat das versicherungspflichtige Beschäftigungsverhältnis des Entsendestaates weiterhin besteht. Folgende Zeiträume sind in diesen über- und zwischenstaatlichen Abkommen festgelegt worden:

- **12 Monate** für alle EU/EWR-Mitgliedstaaten (Belgien, Bulgarien, Dänemark, Estland, Finnland, Frankreich, Griechenland, Großbritannien und Nordirland, Irland, Island, Italien, Lettland, Liechtenstein, Litauen, Luxemburg, Malta, Niederlande, Norwegen, Österreich, Polen, Portugal, Rumänien, Schweden, Slowakei, Slowenien, Spanien, Tschechische Republik, Ungarn, Zypern, die Schweiz) sowie Tunesien;
- **24 Monate** für Korea, Kroatien, Mazedonien;
- **36 Monate** für Chile und Marokko;
- **48 Monate** für China, Australien, Indien;
- **60 Monate** für Kanada, Japan und USA, Indien (bei Ausnahmevereinbarung);
- **ohne zeitliche Begrenzung** für Israel, Türkei, Bosnien-Herzegowina, Montenegro, Serbien.

3. Ausstrahlung

Eine Ausstrahlung nach § 4 SGB IV liegt vor, wenn sich ein Arbeitnehmer auf Weisung seines Arbeitgebers vom Inland ins Ausland begibt, um dort eine Beschäftigung für diesen Arbeitgeber auszuüben. Eine solche Entsendung durchbricht das Territorialprinzip, das heißt, der Arbeitnehmer bleibt trotz einer Auslandstätigkeit im Inland weiterhin sozialversicherungspflichtig.

Nach dem Prinzip der Ausstrahlung sind im Ausland tätige Arbeitnehmer unter folgenden Voraussetzungen sozialversicherungspflichtig:

a) Es muss ein Beschäftigungsverhältnis im Sinne des Sozialversicherungsrechts **im Inland** fortbestehen. Ein wichtiges Indiz hierfür ist, ob der Arbeitnehmer in der Lohnabrechnung des inländischen Arbeitgebers weiterhin geführt wird. Ist der Arbeitnehmer dagegen mit allen Konsequenzen einer ausländischen Betriebsstätte des Arbeitgebers eingegliedert, entfällt die inländische Sozialversicherungspflicht. Es kommt nicht darauf an, ob der Arbeitslohn nach einem Doppelbesteuerungsabkommen oder nach dem Auslandstätigkeitserlass steuerfrei gestellt ist.

b) Die Auslandstätigkeit muss im Rahmen dieses Beschäftigungsverhältnisses durch **Entsendung** in das Ausland ausgeübt werden. Ein im Ausland eingestellter Arbeitnehmer ist deshalb nicht sozialversicherungspflichtig.

c) Die Entsendung ins Ausland muss infolge ihrer Eigenart oder vertraglich **im Voraus begrenzt** sein. Eine feste Zeitgrenze besteht nicht. Die Entsendung kann deshalb auch über mehrere Jahre, z. B. bis zum Abschluss eines bestimmten Projekts andauern.

Alle drei Voraussetzungen müssen gleichzeitig erfüllt sein.

Besteht nach dem Ausstrahlungsprinzip Versicherungspflicht, werden die Beiträge nach den gleichen Grundsätzen wie bei einer Beschäftigung im Inland erhoben. Im Einzelnen gilt Folgendes:

4. Beschäftigungsverhältnis mit einem im Inland ansässigen Arbeitgeber

Das Beschäftigungsverhältnis muss mit einem in der Bundesrepublik Deutschland ansässigen Arbeitgeber bestehen.

Es muss eine Beschäftigung im sozialversicherungsrechtlichen Sinne gegen Arbeitsentgelt im Inland fortbestehen. Dies bedeutet, dass der im Ausland Beschäftigte organisatorisch in den Betrieb des inländischen Arbeitgebers eingegliedert bleiben bzw. dessen Weisungsrecht in Bezug auf Zeit, Dauer, Ort und Art der Ausführung der Arbeit – unter Umständen in einer durch den Auslandseinsatz bedingten gelockerten Form – unterstehen muss.

Weist der inländische Arbeitgeber das Arbeitsentgelt des im Ausland Beschäftigten – weiterhin – in der Lohnbuchhaltung aus wie für seine Beschäftigten im Inland, so wird dies als entscheidendes Indiz für eine Entsendung im Rahmen eines inländischen Beschäftigungsverhältnisses zu werten sein. Unterbleibt eine Heranziehung zur deutschen Lohnsteuer wegen eines Abkommens zur Vermeidung der Doppelbesteuerung oder wegen Anwendung des Auslandstätigkeitserlasses (vgl. diese Stichworte), so ist dies insoweit unbeachtlich.

Beispiel

Ein Arbeitnehmer ist auf Veranlassung eines inländischen Unternehmens bei deren Tochterunternehmen in Brasilien tätig, erhält sein Arbeitsentgelt dort und wird daher nicht in der Lohnliste des deutschen Unternehmens geführt. Damit ist ein entscheidendes Indiz dafür gegeben, dass er nicht mehr entgeltlich beschäftigter Arbeitnehmer des deutschen Unternehmens ist und eine Entsendung im Sinne der Ausstrahlung nicht vorliegt.

5. Begriff der Entsendung

Eine Entsendung im Sinne der Vorschriften über die Ausstrahlung liegt vor, wenn sich ein Beschäftigter auf Weisung seines deutschen Arbeitgebers vom Inland in das Ausland begibt, um dort eine Beschäftigung für diesen Arbeitgeber auszuüben. Der inländische Arbeitgeber muss für den ins Ausland entsandten Arbeitnehmer auch weiterhin das Direktionsrecht ausüben. Die Arbeit außerhalb der Bundesrepublik Deutschland muss unmittelbar den Zwecken des inländischen Arbeitgebers dienen.

Beispiel

Der Arbeitnehmer A eines inländischen Unternehmens wird Arbeitnehmer einer im Inland errichteten Arbeitsgemeinschaft, die ein Bauvorhaben in Argentinien durchzuführen hat. Der Arbeitnehmer B wird von dieser Arbeitsgemeinschaft eigens für die Beschäftigung in Argentinien eingestellt. Für beide befristet nach Argentinien entsandte Arbeitnehmer handelt es sich um eine Entsendung im Sinne der Ausstrahlung.

Eine Entsendung im oben genannten Sinne liegt jedoch nicht vor, wenn eine Person im Ausland lebt und dort eine Beschäftigung für einen inländischen Arbeitgeber aufnimmt.

6. Zeitliche Begrenzung der Entsendung

Die im Ausland für einen deutschen Arbeitgeber ausgeübte Beschäftigung ist nur dann als Entsendung im Sinne der Ausstrahlung versicherungspflichtig, wenn die Beschäftigung im Ausland (= Entsendung) infolge ihrer Eigenart oder vertraglich **im Voraus** begrenzt ist. Eine zeitliche Begrenzung der Entsendung im Sinne der Ausstrahlung ist nur dann zu bejahen, wenn diese Begrenzung vor der Entsendung besteht. Die Begrenzung im Voraus kann sich aus der Eigenart der Beschäftigung oder aus dem Vertrag ergeben. Auf feste Zeitgrenzen (etwa zwei Jahre) ist seit Inkrafttreten des § 4 SGB IV nicht mehr abzustellen. Es ist somit unschädlich, wenn die Entsendung auf mehrere Jahre befristet ist. Das Erreichen der Altersgrenze für ein Altersruhegeld ist keine zeitliche Begrenzung in diesem Sinne.

Eine Begrenzung infolge Eigenart der Entsendung ist bei solchen Beschäftigungen anzunehmen, die nach allgemeiner Lebenserfahrung nicht auf Dauer angelegt sind. Dies gilt zum Beispiel für Beschäftigungen, die mit Projekten usw. im Zusammenhang stehen, deren Fertigstellung eine absehbare Zeit in Anspruch nimmt – insbesondere für Montage- und Einweisungsarbeiten, Arbeiten im Zusammenhang mit der Errichtung von Bauwerken und Betriebsanlagen.

Beispiel

Ein inländisches Unternehmen hat sich verpflichtet, einen Staudamm in Indien innerhalb eines Zeitraumes von höchstens fünf Jahren zu errichten und entsendet hierfür Beschäftigte im Rahmen eines zu diesem Unternehmen bestehenden Beschäftigungsverhältnisses. Über die Dauer der Entsendung bestehen keine schriftlichen arbeitsvertraglichen Absprachen.

Es handelt sich um Entsendungen, die ihrer Art nach zeitlich befristet sind; deshalb ist die Vorschrift über die Ausstrahlung anzuwenden.

7. Abzug der Sozialversicherungsbeiträge

Soweit nach den vorstehenden Ausführungen unter den Nrn. 1 bis 6 eine im Ausland ausgeübte Beschäftigung weiterhin nach inländischem Recht zu versichern ist, gelten die allgemeinen Grundsätze für die Berechnung, Einbehaltung und Abführung der Sozialversicherungsbeiträge. Die Beschäftigten sind versicherungspflichtig, soweit die gleiche Beschäftigung bei gleich hohem Arbeitsentgelt auch im Inland versicherungspflichtig wäre.

8. Doppelversicherung

Es ist durchaus denkbar, dass trotz der Versicherungspflicht im Wege der Ausstrahlung auch Versicherungspflicht nach den Vorschriften des Staates vorliegt, in den der Arbeitnehmer entsandt wurde. Eine doppelte Pflichtversicherung wird nur im Rahmen des überstaatlichen und zwischenstaatlichen Rechts vermieden. Bei Entsendung in andere Staaten lässt sich eine Doppelversicherung nur dadurch vermeiden, dass die Entsendeverträge entsprechend gestaltet werden und damit die Versicherungspflicht im Wege der Ausstrahlung ausgeschlossen wird (z. B. unbefristete Entsendung).

Auswärtstätigkeit

siehe „Reisekosten bei Auswärtstätigkeiten"

Auszubildende

Gliederung:

1. Allgemeines
2. Lohnsteuerpflicht
3. Fahrten zur Berufsschule
4. Sozialversicherungsrechtliche Behandlung
5. Meldung der Berufsausbildung
6. Auswirkung der Ausbildungsvergütung auf das Kindergeld

1. Allgemeines

	Lohnsteuerpflichtig	Sozialversich.-pflichtig
Auszubildende sind Arbeitnehmer im steuer- und beitragsrechtlichen Sinn.	ja	ja

Bei der Beschäftigung von Auszubildenden sind insbesondere die gesetzlichen Verbote und Gebote des Jugendarbeitsschutzgesetzes hinsichtlich der Gestaltung der Arbeitsbedingungen und der Festlegung der Arbeitszeit sowie die Vorschriften des Berufsbildungsgesetzes (BBiG), das die Rechtsverhältnisse zwischen Auszubildenden und Ausbildungsbetrieb regelt, zu beachten. Mit dem Auszubildenden ist schriftlich ein Berufsausbildungsvertrag abzuschließen (§§ 3 und 4 BBiG), dessen Mindestinhalt vorgeschrieben ist. Bei den Industrie- und Handelskammern oder den Handwerkskammern sind entsprechende Musterverträge erhältlich. Im Berufsbildungsgesetz ist lediglich der Anspruch des Auszubildenden auf eine angemessene Vergütung bestimmt. Die Festlegung der Ausbildungsvergütung ist tarif- oder einzelvertraglichen Regelungen vorbehalten. Sie muss sich nach dem Lebensalter richten und mit fortschreitender Ausbildung mindestens jährlich ansteigen. Sie ist bei unverschuldeter Krankheit bis zu 6 Wochen weiterzuzahlen und darf für Zeiten des Berufsschulbesuchs nicht gekürzt werden.

2. Lohnsteuerpflicht

In steuerlicher Hinsicht bestehen keine Besonderheiten. Die Ausbildungsvergütung ist wie bei anderen Arbeitnehmern als laufender Arbeitslohn zu besteuern. Der Auszubildende ist zur **Vorlage einer Lohnsteuerkarte verpflichtet,** nach deren Merkmalen vom Arbeitgeber Lohn- und Kirchensteuer sowie Solidaritätszuschlag einzubehalten sind, wenn die Ausbildungsvergütung die in den Lohnsteuertarif eingearbeiteten Freibeträge übersteigt. Wird eine Lohnsteuerkarte mit der **Steuerklasse I** vorgelegt, so bleibt 2010 eine **monatliche** Ausbildungsvergütung in Höhe von **889 €*)** steuerfrei (vgl. die Erläuterungen beim Stichwort „Tarifaufbau").

Es kommt vor, dass Auszubildende nebenher noch einen sog. 400-Euro-Job ausüben. Hierfür gelten die beim Stichwort „Geringfügige Beschäftigung" dargestellten Grundsätze, das heißt entweder Entrichtung einer Pauschalsteuer von 2% oder Vorlage einer (zweiten) Lohnsteuerkarte. Da der Auszubildende seine erste Lohnsteuerkarte für das Ausbildungsverhältnis benötigt, müsste er bei dem 400-Euro-Job eine zweite Lohnsteuerkarte mit der Steuerklasse VI vorlegen. Dies wäre nur dann sinnvoll, wenn hierauf ein Freibetrag in Höhe von 400 € monatlich eingetragen wird, wodurch trotz Anwendung der Steuerklasse VI keine Lohnsteuer anfällt. Gleichzeitig muss sich der Auszubildende allerdings auf seiner ersten Lohnsteuerkarte einen **Hinzurechnungsbetrag** in Höhe von 400 € eintragen lassen. Dieses seit 1.1.2000 geltende Verfahren ist ausführlich anhand von Beispielen beim Stichwort „Hinzurechnungsbetrag auf der Lohnsteuerkarte" erläutert. Das Verfahren ist jedoch nur dann sinnvoll, wenn die Ausbildungsvergütung und der Arbeitslohn aus der Nebenbeschäftigung den oben genannten steuerfreien Betrag von 889 € monatlich nicht übersteigen.

3. Fahrten zur Berufsschule

	Lohnsteuerpflichtig	Sozialversich.-pflichtig
Will der Arbeitgeber dem Auszubildenden die Aufwendungen für Fahrten zwischen Wohnung und Betrieb ersetzen, so gelten für die steuerliche Behandlung dieses Arbeitgeberersatzes die allgemeinen Grundsätze, das heißt, der Fahrkostenersatz des Arbeitgebers ist lohnsteuerpflichtig.	ja	ja
Die Lohnsteuer kann allerdings mit 15% pauschaliert werden, soweit der Auszubildende die Aufwendungen in Höhe der Entfernungspauschale als Werbungskosten geltend machen könnte, wenn sie der Arbeitgeber nicht steuerfrei ersetzen würde. Hierdurch tritt Beitragsfreiheit in der Sozialversicherung ein (vgl. das Stichwort „Fahrten zwischen Wohnung und regelmäßiger Arbeitsstätte").	ja	nein

Eine Pauschalierung mit 15% ist allerdings nur dann sinnvoll, wenn die Ausbildungsvergütung zusammen mit dem pauschal zu versteuernden Fahrkostenzuschuss den bei Anwendung der Lohnsteuertabelle steuerfrei bleibenden Betrag (vgl. Nr. 2) übersteigt.

Die **Fahrten zur Berufsschule sind Fahrten** im Rahmen einer vorübergehenden beruflich veranlassten **Auswärtstätigkeit** (R 9.2 Abs. 2 Satz 2 LStR). Das bedeutet, dass die entstandenen Fahrtkosten in Höhe der tatsächlichen Aufwendungen vom Arbeitgeber steuerfrei ersetzt oder vom Arbeitnehmer als Werbungskosten geltend gemacht werden können. Der Arbeitgeber kann also die Aufwendungen ohne Rücksicht auf das benutzte Verkehrsmittel steuerfrei ersetzen und zwar in folgender Höhe:

		Lohnsteuerpflichtig	Sozialversich.-pflichtig
a)	Bei Benutzung öffentlicher Verkehrsmittel in Höhe der tatsächlich entstandenen Kosten.	nein	nein
b)	Bei Benutzung eigener Fahrzeuge in Höhe folgender Kilometergelder je gefahrenen Kilometer:	nein	nein

- Pkw 0,30 €
- Motorrad oder Motorroller 0,13 €
- Moped oder Mofa 0,08 €
- Fahrrad 0,05 €

Der steuerfreie Ersatz der Fahrkosten ist unabhängig davon möglich, ob die Fahrten von der Wohnung oder vom Ausbildungsbetrieb aus angetreten werden.

Die früher bei Dienstreisen geltende Dreimonatsfrist ist für den steuerfreien Ersatz der Fahrkosten und der Übernachtungskosten weggefallen. Für Verpflegungsmehraufwendungen gilt die Dreimonatsfrist allerdings unverändert weiter, weil dies gesetzlich ausdrücklich so geregelt ist (§ 4 Abs. 5 Nr. 5 i. V. m. § 9 Abs. 5 EStG). Die Beschränkung auf drei Monate gilt aber nur für den Abzug der Verpflegungsmehraufwendungen bei **derselben** Auswärtstätigkeit. Findet der Besuch einer Berufsschule nicht in Form eines Blockunterrichts, sondern an **maximal zwei Tagen in der Woche** statt, können die Pauschbeträge für Verpflegungsmehraufwendungen für diese Tage **zeitlich unbegrenzt** vom Arbeitgeber steuerfrei erstattet oder als Werbungskosten abgezogen werden, weil es sich immer wieder um eine neue Auswärtstätigkeit handelt. Denn zum Beginn einer neuen Dreimonatsfrist für den Verpflegungsmehraufwand wurde in R 9.6 Abs. 4 Satz 1 LStR geregelt, dass **dieselbe** Auswärtstätigkeit nicht (mehr) vorliegt, wenn die auswärtige Tätigkeitsstätte (= Berufsschule) an nicht mehr als (ein bis) **zwei Tagen wöchentlich** aufgesucht wird.

Beispiel A

Ein Auszubildender besucht – außer in den Schulferien – über die gesamte Lehrzeit von drei Jahren dienstags und donnerstags die Berufsschule. Die Entfernung von der Wohnung zur Berufsschule beträgt 15 km. Die Abwesenheitszeit von der Wohnung beträgt an diesen Tagen mehr als 8 Stunden.

---

*) Es gelten die Besteuerungsgrenzen des allgemeinen Lohnsteuertarifs für sozialversicherungspflichtige Arbeitnehmer, wenn die Ausbildungsvergütung mehr als 325 € monatlich beträgt (vgl. die Erläuterungen zur Zusammensetzung der Arbeitslohngrenzen beim Stichwort „Tarifaufbau" unter Nr. 7). Zur Berechnung der ab 1.1.2010 geltenden Vorsorgepauschale bei Auszubildenden wird auf die Erläuterungen in Anhang 8 Nr. 9 Beispiel K auf Seite 924 hingewiesen.

Auszubildende

Es handelt sich trotz des Zeitraums von drei Jahren um eine vorübergehende beruflich veranlasste Auswärtstätigkeit. Der Arbeitgeber kann über den gesamten Zeitraum von drei Jahren – außer in den Schulferien – folgende Beträge steuerfrei erstatten:

– Fahrtkosten in tatsächlicher Höhe (bei Pkw-Benutzung 0,30 € je gefahrenen Kilometer),
– Verpflegungsmehraufwand pauschal 6 € täglich.

Beispiel B
Ein Auszubildender absolviert im Rahmen seines Ausbildungsdienstverhältnisses einen viermonatigen Lehrgang in einer auswärtigen Bildungseinrichtung. Er übernachtet am Lehrgangsort.

Der Arbeitgeber kann die Aufwendungen nach den für eine vorübergehende beruflich veranlasste Auswärtstätigkeit geltenden Grundsätzen steuerfrei ersetzen:

– Fahrtkosten in tatsächlicher Höhe (bei Pkw-Benutzung 0,30 € je gefahrenen Kilometer) für **vier** Monate,
– Verpflegungsmehraufwand pauschal 24 € täglich für **drei** Monate,
– Übernachtungskosten pauschal 20 € oder die tatsächlichen Kosten für **vier** Monate.

Auf die ausführlichen Erläuterungen bei den Stichworten „Berufsschule" und „Reisekosten bei Auswärtstätigkeiten" wird Bezug genommen.

4. Sozialversicherungsrechtliche Behandlung

Auszubildende unterliegen unabhängig von der Höhe der Ausbildungsvergütung der Versicherungspflicht in der Kranken-, Pflege-, Renten- und Arbeitslosenversicherung. Die Bestimmungen über die Versicherungsfreiheit von geringfügig entlohnten Beschäftigungsverhältnissen (sog. 400-Euro-Jobs) gelten hier nicht. Auch die sog. **Gleitzone** (400,01 € bis 800,00 €) ist bei Auszubildenden nicht anwendbar (vgl. das Stichwort „Gleitzone im Niedriglohnbereich"). Die Sozialversicherungsbeiträge sind in der Regel von dem Auszubildenden und dem Arbeitgeber nach den allgemeinen Regelungen zu tragen. Der Arbeitgeber hat jedoch die gesamten Sozialversicherungsbeiträge allein aufzubringen, wenn die Ausbildungsvergütung **monatlich 325 €** nicht übersteigt (§ 20 Abs. 3 SGB IV). Dies gilt auch für den Beitragszuschlag zur Pflegeversicherung für Kinderlose in Höhe von 0,25 %.

Beispiel A
Ein Auszubildender, der eine Lohnsteuerkarte mit der Steuerklasse I vorgelegt hat, erhält im Juni 2010 eine monatliche Ausbildungsvergütung von 300 €.

Die Ausbildungsvergütung übersteigt die Grenze von 325 € nicht. Da somit kein Arbeitnehmeranteil zur Sozialversicherung einzubehalten ist, und bei diesem Betrag in der Steuerklasse I auch keine Lohn- und Kirchensteuer sowie Solidaritätszuschlag anfällt, kann die Vergütung in Höhe von 300 € netto gezahlt werden.

Der Arbeitgeber hat jedoch die Sozialversicherungsbeiträge abzuführen; sie betragen

Krankenversicherung	14,9 %
Pflegeversicherung (1,95 % + 0,25 %)*)	2,2 %
Rentenversicherung	19,9 %
Arbeitslosenversicherung	2,8 %
insgesamt	39,8 %

Der Arbeitgeberanteil beträgt somit 39,8 % von 300,– € = 119,40 €.

Seit 1.1.2009 muss der Arbeitgeber auch für Auszubildende die Insolvenzgeldumlage mit Beitragsnachweis an die Krankenkasse abführen. Die Insolvenzgeldumlage beträgt ab 1.1.2010 0,41 % des rentenversicherungspflichtigen Arbeitsentgelts (vgl. das Stichwort „Insolvenzgeldumlage").

Erhält der Auszubildende in einem Monat durch die Zahlung einer **einmaligen Zuwendung** mehr als 325 €, so tragen Arbeitnehmer und Arbeitgeber den Beitrag für den Teil des Arbeitslohns, der 325 € übersteigt, nach den allgemeinen Regelungen; bis zum Betrag von 325 € trägt auch in diesem Fall der Arbeitgeber den Beitrag allein (§ 20 Abs. 3 Satz 2 SGB IV).

Beispiel B
Ein kinderloser Auszubildender über 23 Jahre (Steuerklasse I/0) mit einer monatlichen Vergütung von 300 € erhält im Dezember 2010 ein Weihnachtsgeld in Höhe von 300 €. Die Lohnabrechnung für Dezember 2010 ergibt Folgendes:

	Lohnsteuer-pflichtig	Sozialversich.-pflichtig
Laufende Vergütung		300,— €
Weihnachtsgeld		300,— €
steuer- und beitragspflichtig		600,— €
Abzüge:		
Lohnsteuer lt. Steuerklasse I/0	0,— €	
Solidaritätszuschlag	0,— €	
Kirchensteuer	0,— €	
Sozialversicherung	56,31 €	56,31 €
Netto		543,69 €
Arbeitgeberanteil		182,50 €

Berechnung der Sozialversicherungsbeiträge:
Bis zu einem Monatslohn von 325 € trägt der Arbeitgeber den Gesamtsozialversicherungsbeitrag allein, für den übersteigenden Betrag tragen ihn Arbeitgeber und Arbeitnehmer nach den allgemeinen Regelungen. Den Beitragszuschlag zur Pflegeversicherung für Kinderlose trägt der Arbeitnehmer allein. Der Gesamtsozialversicherungsbeitrag ist wie folgt zu berechnen:

	Arbeitnehmeranteil	Arbeitgeberanteil
Krankenversicherung 14,9 % von 325 €		48,43 €
Pflegeversicherung 1,95 % + 0,25 % = 2,2 % von 325 €		7,15 €
Rentenversicherung 19,9 % von 325 €		64,68 €
Arbeitslosenversicherung 2,8 % von 325 €		9,10 €
Beiträge aus (600 € − 325 € =) 275 €		
Krankenversicherung 7,9 % und 7,0 % von 275 €	21,73 €	19,25 €
Pflegeversicherung 1,225 % und 0,975 % von 275 €	3,37 €	2,68 €
Rentenversicherung 2 × 9,95 % von 275 €	27,36 €	27,36 €
Arbeitslosenversicherung 2 × 1,4 % von 275 €	3,85 €	3,85 €
	56,31 €	182,50 €
Gesamtsozialversicherungsbeitrag		238,81 €

Berechnung der Lohnsteuer:
Das Weihnachtsgeld ist ein sonstiger Bezug. Die Lohn- und Kirchensteuer errechnet sich nach dem beim Stichwort „Weihnachtsgeld" dargestellten Verfahren.

Jahresarbeitslohn 300 € × 12	=	3 600,— €
Lohnsteuer nach der Jahrestabelle (Steuerklasse I) für den Jahresarbeitslohn von 3600 €	=	0,— €
Lohnsteuer nach der Jahrestabelle für den Jahresarbeitslohn einschließlich Weihnachtsgeld (3600 € + 300 € =) 3900 €	=	0,— €
Lohnsteuer für das Weihnachtsgeld		0,— €
Die Kirchensteuer und der Solidaritätszuschlag betragen ebenfalls		0,— €

Der Arbeitgeber kann selbstverständlich den Gesamtsozialversicherungsbeitrag in voller Höhe übernehmen. Allerdings gehört der in diesem Fall **freiwillig** übernommene Arbeitnehmeranteil wiederum zum Arbeitsentgelt, sodass eine Nettolohnberechnung erforderlich wird (vgl. „Nettolöhne").

5. Meldung der Berufsausbildung

Damit die Rentenversicherungsträger Pflichtversicherungszeiten für eine Berufsausbildung richtig zuordnen können, sind zusätzliche Meldungen durch den Arbeitgeber erforderlich, wenn sich bei demselben Arbeitgeber ein Beschäftigungsverhältnis an das Berufsausbildungsverhältnis anschließt oder diesem vorausgeht. Der Beginn der Ausbildung ist mit der ersten Lohn- und Gehaltsabrechnung, spätestens sechs Wochen nach Beginn der Ausbildung anzumelden. Werden die Auszubildenden

---

*) Den Beitragszuschlag zur Pflegeversicherung für Kinderlose in Höhe von 0,25 % haben auch Auszubildende mit Ablauf des Monats zu zahlen, in dem sie das **23. Lebensjahr** vollenden, es sei denn sie können nachweisen, dass sie mindestens ein Kind haben.

Autoinsassen-Unfallversicherung

	Lohn-steuer-pflichtig	Sozial-versich.-pflichtig

nach dem Ende der Berufsausbildung bei demselben Arbeitgeber weiter beschäftigt, hat der Arbeitgeber das Ende der Berufsausbildung und den Beginn des Beschäftigungsverhältnisses zu melden.

Beispiel
Eine Auszubildende beendet am 30.6. ihre Ausbildung zur Bürokauffrau und wird ab 1.7. als solche weiter beschäftigt. Folgende Meldungen sind erforderlich:
Abmeldung zum 30.6.
Schlüsselzahl 102
Entgelt vom 1.1. bis 30.6.
Grund der Abgabe: 33
Anmeldung zum 1.7.
Schlüsselzahl 101
Grund der Abgabe: 13

Das Ende der Berufsausbildung ist mit der nächsten folgenden Lohn- und Gehaltsabrechnung, spätestens innerhalb von sechs Wochen nach Beendigung der Ausbildung zu melden; der Beginn des Beschäftigungsverhältnisses mit der ersten folgenden Lohn- und Gehaltsabrechnung, spätestens sechs Wochen nach Beginn. Auf die ausführlichen Erläuterungen zu den Meldepflichten des Arbeitgebers in **Anhang 15** des Lexikons wird hingewiesen.

6. Auswirkung der Ausbildungsvergütung auf das Kindergeld

Für ein Kind, das sich in Schul- oder Berufsausbildung befindet, wird das Kindergeld auch dann gewährt, wenn es das 18. Lebensjahr vollendet hat. Bei Schul- oder Berufsausbildung steht das Kindergeld im Normalfall bis zur Vollendung des 25. Lebensjahres bzw. bei Ableitung des gesetzlichen Grundwehr- und Zivildienstes noch über das 25. Lebensjahr hinaus zu. Das **Kindergeld entfällt** jedoch, wenn das Kind eigene Einkünfte und Bezüge hat, die einen bestimmten Betrag im Kalenderjahr übersteigen. Hierzu gehört auch die Ausbildungsvergütung. Die Grenze für eigene Einkünfte und Bezüge des Kindes bei deren Überschreiten das Kindergeld entfällt beträgt:

2004 bis 2009	2010
7 680 €	8 004 €

In die Prüfung der 8004-Euro-Grenze werden auch einmalige Zuwendungen (z.B. das Urlaubs- oder Weihnachtsgeld) mit einbezogen. Die Berechnung der 8004-Euro-Grenze ist ausführlich anhand von Beispielen in Anhang 9 unter Nr. 9 auf Seite 949 erläutert.

Zur Erhaltung des Kindergeldanspruchs kann nicht auf einen Teil der Ausbildungsvergütung verzichtet werden.

Autoinsassen-Unfallversicherung

Bei einer Insassen-Unfallversicherung steht im Zeitpunkt der Beitragsleistung noch nicht fest, wer als Versicherter anzusehen ist. Dies ergibt sich erst bei Eintritt des Versicherungsfalls. Dem Arbeitnehmer wird also nicht von vornherein ein unentziehbarer Rechtsanspruch auf eine Versicherungsleistung eingeräumt. Die Beiträge des Arbeitgebers stellen deshalb noch keine Zukunftsicherungsleistung des Arbeitgebers dar und sind daher nicht steuerpflichtig (BFH-Urteil vom 13.4.1976, BStBl. II S. 694). — nein / nein

Eine Todesfall-Versicherungssumme, die aufgrund einer vom Arbeitgeber nach dem Pauschalsystem für Betriebsfahrzeuge abgeschlossenen Autoinsassen-Unfallversicherung den Hinterbliebenen eines auf einer Geschäftsreise tödlich verunglückten Arbeitnehmers zufließt, gehört nicht zum steuerpflichtigen Arbeitslohn oder zu anderen steuerpflichtigen Einkünften (BFH-Urteil vom 22.4.1982, BStBl. II S. 496). — nein / nein

Siehe auch die Stichworte: Kaskoversicherung und Unfallversicherung.

Bahncard

Autotelefon
siehe „Telefonkosten"

Backwaren
siehe „Freibrot"

Badeeinrichtungen

Stellt ein Unternehmen seinen Arbeitnehmern **eigene Badeeinrichtungen** (Freibad, Wannenbäder, Duschräume) zur Verfügung, so liegt darin kein steuerpflichtiger Arbeitslohn (Hinweise zu R 19.3 der Lohnsteuer-Richtlinien). — nein / nein

Die Überlassung von **Eintrittskarten** für solche Badeeinrichtungen, insbesondere die Überlassung eines Abonnements zum Besuch einer Badeanstalt, ist jedoch als „Geldwerter Vorteil" (vgl. dieses Stichwort) steuer- und beitragspflichtig. Vgl. auch die Erläuterungen beim Stichwort „Eintrittskarten". — ja / ja

Zur Anwendung der Freigrenze von 44 € im Kalendermonat vgl. das Stichwort „Sachbezüge" besonders unter Nr. 4.

Badekuren
siehe „Erholungsbeihilfen"

Bahncard

Ersetzt der Arbeitgeber einem Arbeitnehmer die Anschaffungskosten für eine Bahncard (z.B. BahnCard 25 oder BahnCard 50), so ist dieser Arbeitgeberersatz steuer- und beitragsfrei, wenn der Arbeitnehmer die Bahncard zur Verbilligung der Fahrtkosten bei **dienstlichen Fahrten** wegen Auswärtstätigkeit mit der Deutschen Bahn verwendet*). — nein / nein

Nutzt der Arbeitnehmer die Bahncard auch für private Bahnreisen, liegt ein steuerpflichtiger Vorteil dann nicht vor, wenn die Verbilligung der Privatfahrten von untergeordneter Bedeutung ist. Dies ist dann der Fall, wenn die Aufwendungen des Arbeitgebers für die Bahncard mindestens den Ermäßigungen entspricht, die bei dienstlichen Fahrten wegen Auswärtstätigkeit erzielt wurden.

Auch ein Arbeitgeberersatz für die „Bahncard 100" ist dann steuerfrei, wenn die Aufwendungen für die dienstlichen Bahnfahrten (ohne Einsatz der Bahncard) den Kaufpreis für die „Bahncard 100" übersteigen würden**). — nein / nein

Beispiel
Der Arbeitgeber ersetzt einem Arbeitnehmer mit umfangreicher Reisetätigkeit die Kosten für die BahnCard 100 (2. Klasse) in Höhe von 3800,– €. Die Aufwendungen für dienstliche Bahnfahrten aufgrund von Auswärtstätigkeiten (ohne Einsatz der Bahncard) hätten 4000,– € betragen. Der Arbeitgeberersatz von 3800,– € ist steuer- und beitragsfrei. Für etwaige Privatfahrten des Arbeitnehmers mit der Deutschen Bahn ist aus den vorstehenden Gründen kein geldwerter Vorteil anzusetzen.

Überlässt der Arbeitgeber einem Arbeitnehmer unentgeltlich eine Bahncard für **private Zwecke**, liegt steuer- und beitragspflichtiger Arbeitslohn vor. Dies gilt seit 1.1.2004 auch für die Nutzung der Bahncard zu Fahrten zwischen Wohnung und regelmäßiger Arbeitsstätte, weil die früher geltende Steuerbefreiungsvorschrift des § 3 Nr. 34 EStG

---

*) Bundeseinheitliche Regelung. Bekannt gegeben z.B. für Bayern mit Erlass vom 22.2.1993 Az.: 32 – S 2334 – 101/41 – 9731. Der Erlass ist als Anlage 4 zu H 9.5 LStR im **Steuerhandbuch für das Lohnbüro 2010** abgedruckt, das im selben Verlag erschienen ist. Das **PC-Lexikon für das Lohnbüro 2010** enthält auch dieses Handbuch und hat außerdem den Vorteil, dass Sie **alle BFH-Urteile** sowie die aktuellen Rundschreiben und Niederschriften der Spitzenverbände der **Sozialversicherung** mit Mausklick **im Volltext** abrufen und ausdrucken können. Eine Bestellkarte finden Sie vorne im Lexikon.

**) Erlass Saarland vom 13.10.2004, DStR 2005 S. 156.

	Lohn-steuer-pflichtig	Sozial-versich.-pflichtig

in der Fassung bis 31.12.2003 durch das Haushaltsbegleitgesetz 2004 vom 29.12.2003 (BGBl. I S. 3076) aufgehoben wurde. — ja | ja

Der Arbeitgeber kann jedoch – soweit der Arbeitnehmer die Fahrtkosten in Höhe der Entfernungspauschale als Werbungskosten absetzen könnte – die Lohnsteuer mit 15 % pauschalieren, was Beitragsfreiheit in der Sozialversicherung auslöst. Vgl. hierzu die Erläuterungen beim Stichwort „Fahrten zwischen Wohnung und regelmäßiger Arbeitsstätte" unter Nr. 5. — ja | nein

Barlohnumwandlung

siehe „Gehaltsumwandlung"

Bauabzugssteuer

siehe „Steuerabzug bei Bauleistungen"

Baudarlehen

siehe „Zinsersparnis und Zinszuschüsse"

Baugewerbe

siehe „Urlaubsgelder im Baugewerbe"

Baukostenzuschüsse

Vom Arbeitgeber ohne Auflage gewährte verlorene Zuschüsse an den Arbeitnehmer sind regelmäßig steuerpflichtiger Arbeitslohn (vgl. „Wohnungsüberlassung"). — ja | ja

Bauprämien

Prämien für die Fertigstellung von Bauvorhaben zu einem bestimmten Zeitpunkt, die an die Arbeitnehmer gezahlt werden, sind als Leistungszulage steuerpflichtiger Arbeitslohn. — ja | ja

Baustellenzulagen

Wenn Baustellenzulagen den Charakter von „Auslösungen" (vgl. dieses Stichwort) haben, sind sie im Rahmen der dafür maßgebenden Vorschriften steuerfrei. — nein | nein

Wenn Baustellenzulagen den Charakter von „Erschwerniszuschlägen" (vgl. dieses Stichwort) haben, wie z. B. die Baustellenzulagen der technischen Angestellten in der Straßenbauverwaltung und in der Hafen- und Schifffahrtverwaltung, sind sie steuerpflichtig. — ja | ja

Bauzuschlag

Der Bauzuschlag, der im Baugewerbe zum Ausgleich besonderer Belastungen und zur Abgeltung witterungsbedingter Arbeitsausfälle außerhalb der Schlechtwetterzeit gewährt wird, ist als „Erschwerniszuschlag" (vgl. dieses Stichwort) steuer- und beitragspflichtig. — ja | ja

Beamte

1. Lohnsteuer

Beamte üben ihre **Haupttätigkeit** grundsätzlich als Arbeitnehmer aus, das Gehalt ist steuerpflichtiger Arbeitslohn. Bei der Berechnung der Lohnsteuer wird nur eine **gekürzte Vorsorgepauschale** angesetzt, weil Beamte keine Sozialversicherungsbeiträge bezahlen. Auf die ausführlichen Erläuterungen zur Berechnung der Vorsorgepauschale in Anhang 8 wird Bezug genommen.

Streitig ist in der Praxis immer wieder die Abgrenzung der Einkunftsart bei bestimmten **Hilfstätigkeiten,** die mit der hauptberuflichen Tätigkeit als Beamter unmittelbar zusammenhängen. Der Bundesfinanzhof rechnet solche Tätigkeiten der Haupttätigkeit zu, wenn dem Arbeitnehmer aus seinem „Hauptdienstverhältnis" Nebenpflichten obliegen, die zwar vertraglich nicht ausdrücklich vorgesehen sind, deren Erfüllung der Arbeitgeber aber nach der tatsächlichen Gestaltung des Dienstverhältnisses und nach der Verkehrsanschauung erwarten darf. Als **Nebenpflichten aus dem Dienstverhältnis** sind jedoch nur solche Pflichten anzusehen, die in einer unmittelbaren sachlichen Beziehung zu der nichtselbständig ausgeübten Tätigkeit stehen, auch wenn der Arbeitgeber die zusätzlichen Leistungen besonders vergütet. Die Ausübung der Nebenpflichten muss der Weisung und Kontrolle des Diensttherrn unterliegen. Liegt ein unmittelbarer Zusammenhang in diesem Sinne zwischen der Haupt- und der Nebentätigkeit des Arbeitnehmers nicht vor, so ist die Nebentätigkeit losgelöst von der hauptberuflichen Tätigkeit zu beurteilen (vgl. das Stichwort „Lehrtätigkeit").

Nebentätigkeiten ohne unmittelbaren sachlichen Zusammenhang mit der Haupttätigkeit können hingegen selbständig ausgeübt werden. So sind z. B. **nebenberuflich ausgeübte Lehr- oder Prüfungstätigkeiten** als freiberufliche Tätigkeiten i. S. des § 18 Abs. 1 Nr. 1 EStG anzusehen (vgl. H 19.2 LStR). Vergütungen für selbständige Nebentätigkeiten unterliegen nicht dem Lohnsteuerabzug. Der Empfänger hat sie vielmehr in seiner Einkommensteuererklärung anzugeben. Für nebenberufliche Lehr- und Prüfungstätigkeiten kann ggf. der Freibetrag in Höhe von **2100 €** jährlich nach § 3 Nr. 26 EStG in Betracht kommen (vgl. das Stichwort „Nebentätigkeit für gemeinnützige Organisationen").

2. Sozialversicherung

Wie im Steuerrecht gehören die Beamten auch im Sozialversicherungsrecht zu den Arbeitnehmern, jedoch nehmen sie hier eine Sonderstellung ein.

a) Kranken- und Pflegeversicherung

Beamte – hierzu zählen Richter, Soldaten auf Zeit, Berufssoldaten der Bundeswehr sowie sonstige Beschäftigte des Bundes, eines Landes, eines Gemeindeverbandes, einer Gemeinde, von öffentlich-rechtlichen Körperschaften, Anstalten, Stiftungen oder Verbänden öffentlich-rechtlicher Körperschaften oder deren Spitzenverbänden – sind in der gesetzlichen **Krankenversicherung versicherungsfrei,** wenn sie nach beamtenrechtlichen Vorschriften oder Grundsätzen bei Krankheit

– Anspruch auf Fortzahlung der Bezüge und
– Anspruch auf Beihilfe oder Heilfürsorge

haben (§ 6 Abs. 1 Nr. 2 SGB V). Die Krankenversicherungspflicht in der gesetzlichen Krankenversicherung ist für Beamte entbehrlich, da der Dienstherr zum Teil die Kosten einer Heilbehandlung selbst übernimmt.

In der sozialen Pflegeversicherung gelten grundsätzlich die gleichen Regelungen wie in der gesetzlichen Krankenversicherung. Das bedeutet, dass Beamte in der sozialen **Pflegeversicherung** ebenfalls **versicherungsfrei** sind.

Sind die Voraussetzungen für die Versicherungsfreiheit erfüllt, besteht nicht nur in der Hauptbeschäftigung als Beamter Kranken- und Pflegeversicherungsfreiheit, sondern auch in einer möglichen **Nebenbeschäftigung** außerhalb des Dienstverhältnisses. Damit soll vermieden werden, dass Beamte durch eine gering entlohnte Beschäftigung in der gesetzlichen Krankenversicherung zu einem besonders günstigen Beitrag versichert werden.

	Lohn-steuer-pflichtig	Sozial-versich.-pflichtig

b) Rentenversicherung

Beamte, Richter, Berufs- und Zeitsoldaten sind im Rahmen ihres Dienstverhältnisses **rentenversicherungsfrei**, da durch die direkte Versorgungszusage des Dienstherrn eine spezielle Alterssicherung besteht (vgl. § 5 Abs. 1 Nr. 1 SGB VI). Dies gilt auch für Beamte auf Zeit oder auf Probe, Beamte auf Widerruf im Vorbereitungsdienst sowie für Soldaten auf Zeit. Sonstige Beschäftigte in einem öffentlich-rechtlichen Dienstverhältnis (z. B. Geistliche und Kirchenbeamte) sowie Arbeitnehmer mit einem dem Beamtenrecht vergleichbaren Versorgungsstatus (z. B. Dienstordnungs-Angestellte von Sozialversicherungsträgern oder deren Verbänden) sind nur dann rentenversicherungsfrei, wenn ihnen nach beamtenrechtlichen Vorschriften oder Grundsätzen oder entsprechenden kirchenrechtlichen Regelungen Anwartschaft auf Versorgung bei verminderter Erwerbsfähigkeit und im Alter auf Hinterbliebenenversorgung **gewährleistet** wird und die Erfüllung der Gewährleistung gesichert ist (§ 5 Abs. 1 Nr. 2 SGB VI).

Im Gegensatz zur Krankenversicherung erstreckt sich die Versicherungsfreiheit nur auf das Dienstverhältnis und nicht auf anderweitige Beschäftigungen bei einem privaten Arbeitgeber, so dass bei einer **Nebenbeschäftigung** im Grundsatz **Rentenversicherungspflicht** eintritt.

c) Arbeitslosenversicherung

Beamte, Richter, Soldaten auf Zeit sowie Berufssoldaten der Bundeswehr sind **arbeitslosenversicherungsfrei**. Das Gleiche gilt für sonstige beamtenähnliche Beschäftigte des Bundes, eines Landes, eines Gemeindeverbandes, einer Gemeinde, einer öffentlich-rechtlichen Körperschaft, Anstalt, Stiftung oder eines Verbandes öffentlich-rechtlicher Körperschaften oder deren Spitzenverbänden, wenn sie nach beamtenrechtlichen Vorschriften oder Grundsätzen bei Krankheit Anspruch auf Fortzahlung der Bezüge und auf Beihilfe oder Heilfürsorge haben (vgl. § 27 Abs. 1 Nr. 1 SGB III).

Die Arbeitslosenversicherungsfreiheit ist auf die jeweilige Beschäftigung im öffentlichen Dienst beschränkt. Bei Beamten und beamtenähnlichen Personen, die außerhalb ihres Dienstverhältnisses eine **Nebentätigkeit** ausüben, kommt für die Beschäftigung bei einem privaten Arbeitgeber **Arbeitslosenversicherungsfreiheit** grundsätzlich **nicht in Betracht** (ausgenommen ist nur eine geringfügige Beschäftigung, also ein sog. 400-€-Job).

Beispiel
Ein aktiver Beamter übt noch eine zweite Dauerbeschäftigung gegen ein monatliches Entgelt von 1000 € bei einer wöchentlichen Arbeitszeit von 17 Stunden aus.
Der Beamte ist kranken- und pflegeversicherungsfrei aber rentenversicherungspflichtig. In der Arbeitslosenversicherung besteht ebenfalls Versicherungspflicht, da eine mehr als geringfügige Beschäftigung ausgeübt wird (vgl. „Geringfügige Beschäftigung").

3. Ruhestandsbeamte

Für Ruhestandsbeamte gelten Sonderregelungen. Diese sind unter dem Stichwort „Pensionäre" erläutert.

Beamte im Ruhestand
siehe „Pensionäre"

Bedienung
siehe „Kellner/Kellnerin"

Bedienungszuschlag

Der Bedienungszuschlag im Hotel- und Gaststättengewerbe ist Arbeitslohn. Näheres siehe „Trinkgelder". | ja | ja |

Beerdigungszuschüsse

Vom Arbeitgeber gezahlte Beerdigungszuschüsse können als Unterstützungen anzusehen sein; sie sind dann unter den hierfür geltenden Voraussetzungen steuerfrei (vgl. „Unterstützungen"). | nein | nein |

Beförderungsfeier
siehe „Bewirtungskosten"

Befreiende Lebensversicherung

Neues auf einen Blick:

Ab 1.1.2010 wurde die beim Lohnsteuerabzug zu berücksichtigende Vorsorgepauschale völlig neu geregelt (vgl. Anhang 8 zum Lexikon). Der nach dieser Neuregelung anzusetzende **Teilbetrag der Vorsorgepauschale** für die Beiträge zur **gesetzlichen Rentenversicherung** kann für Arbeitnehmer, die aufgrund einer sog. befreienden Lebensversicherung von der gesetzlichen Rentenversicherung befreit wurden, **nicht gewährt** werden. Dies wurde im Einführungsschreiben des Bundesfinanzministeriums zur neuen Vorsorgepauschale ausdrücklich klargestellt.

Gliederung:

1. Allgemeines
2. Steuerfreiheit der Arbeitgeberzuschüsse
3. Befreiung von der gesetzlichen Rentenversicherung auf eigenen Antrag
4. Berechnung des steuerfreien Arbeitgeberzuschusses

1. Allgemeines

Seit 1. 1. 1968 besteht für alle Arbeitnehmer Versicherungspflicht in der gesetzlichen **Rentenversicherung.** Vor diesem Zeitpunkt bestand jeweils eine bestimmte Versicherungspflichtgrenze. Arbeitnehmer, deren Arbeitslohn diese Grenze überschritt, waren daher nicht rentenversicherungspflichtig. Wurde die Versicherungspflichtgrenze erhöht, konnte der einzelne Arbeitnehmer wieder versicherungspflichtig werden.

Arbeitnehmer, die in die Versicherungspflichtgrenze hineinwuchsen, vorher aber nicht versicherungspflichtig waren, hatten in der Regel eigene Vorsorgeleistungen erbracht, z. B. durch Abschluss einer Lebensversicherung. Diese Arbeitnehmer konnten sich auf Antrag von der Versicherungspflicht befreien lassen und dafür ihre eigene Lebensversicherung fortführen. Diese Befreiung gilt für diese Arbeitnehmer bis heute (sog. befreiende Lebensversicherung).

2. Steuerfreiheit der Arbeitgeberzuschüsse

Nach § 3 Nr. 62 Satz 2 EStG werden Zuschüsse des Arbeitgebers zu einer derartigen Lebensversicherung den Ausgaben des Arbeitgebers für die Zukunftsicherung der Arbeitnehmer, die aufgrund gesetzlicher Verpflichtung geleistet werden, gleichgestellt.

Leistet der Arbeitgeber demnach Zuschüsse zu einer Lebensversicherung eines Arbeitnehmers, der unter die gesetzliche **Rentenversicherungspflicht** in der Angestelltenversicherung fällt, aber auf eigenen Antrag hiervon befreit worden ist, so sind **die Hälfte** der Zuschüsse, höchstens jedoch der Betrag steuerfrei, der den **weggefallenen Pflichtbeiträgen des Arbeitgebers** zur Angestellten-Rentenversicherung entspricht.

Fällt der Arbeitnehmer (als Angestellter) unter die **knappschaftliche Rentenversicherung** und ist er hiervon auf eigenen Antrag befreit worden, so sind **zwei Drittel** der Zuschüsse, höchstens jedoch der Betrag steuerfrei, der

Befreiende Lebensversicherung

	Lohn-steuer-pflichtig	Sozial-versich.-pflichtig

den weggefallenen Pflichtbeiträgen des Arbeitgebers zur knappschaftlichen Rentenversicherung entspricht.

3. Befreiung von der gesetzlichen Rentenversicherung auf eigenen Antrag

Voraussetzung für die Steuerbefreiung nach § 3 Nr. 62 Satz 2 EStG ist, dass der Arbeitnehmer **auf eigenen Antrag** nach einer der folgenden Vorschriften von der gesetzlichen Rentenversicherungspflicht in der Angestelltenversicherung oder in der knappschaftlichen Rentenversicherung (als Angestellter) befreit wurde (R 3.62 Abs. 3 LStR):

a) Befreiung von der Rentenversicherungspflicht nach § 18 Abs. 3 des Gesetzes über die Erhöhung der Einkommensgrenzen in der Sozialversicherung und der Arbeitslosenversicherung und zur Änderung der Zwölften Verordnung zum Aufbau der Sozialversicherung vom 13.8.1952 (BGBl. I S. 437). — nein / nein

b) Befreiung von der Rentenversicherungspflicht nach Art. 2 § 1 des Angestelltenversicherungs-Neuregelungsgesetzes vom 23.2.1957 (BGBl. I S. 88, 1074) bzw. des Knappschaftsrentenversicherungs-Neuregelungsgesetzes vom 21.5.1957 (BGBl. I S. 533), jeweils in der bis zum 30.6.1965 geltenden Fassung. — nein / nein

c) Befreiung von der Rentenversicherungspflicht aufgrund des § 7 Abs. 2 des Angestelltenversicherungsgesetzes in der Fassung des Art. 1 des Angestelltenversicherungs-Neuregelungsgesetzes vom 23.2.1957 (BGBl. I S. 88, 1074). — nein / nein

d) Befreiung von der Rentenversicherungspflicht aufgrund des Art. 2 § 1 des Angestelltenversicherungs-Neuregelungsgesetzes oder aufgrund des Art. 2 § 1 des Knappschaftsrentenversicherungs-Neuregelungsgesetzes, jeweils in der Fassung des Rentenversicherungsänderungsgesetzes vom 9.6.1965 (BGBl. I S. 476). — nein / nein

e) Befreiung von der Rentenversicherungspflicht nach Artikel 2 § 1 des Zweiten Rentenversicherungs-Änderungsgesetzes vom 23.12.1966 (BGBl. I S. 745). — nein / nein

f) Befreiung von der Rentenversicherungspflicht aufgrund des Art. 2 § 1 des Angestelltenversicherungs-Neuregelungsgesetzes bzw. des Knappschaftsversicherungs-Neuregelungsgesetzes, jeweils in der Fassung des Finanzänderungsgesetzes vom 21.12.1967 (BGBl. I S. 1259). — nein / nein

g) Befreiung von der Rentenversicherungspflicht aufgrund des Art. 2 § 1 Abs. 2 des Angestelltenversicherungs-Neuregelungsgesetzes oder des Art. 2 § 1 Abs. 1a des Knappschaftsrentenversicherungs-Neuregelungsgesetzes jeweils in der Fassung des Dritten Rentenversicherungsänderungsgesetzes vom 28.7.1969 (BGBl. I S. 956). — nein / nein

h) Befreiung von der Rentenversicherungspflicht nach § 20 des Gesetzes über die Sozialversicherung vom 28.6.1990 (GBl. der Deutschen Demokratischen Republik I Nr. 38 S. 486) i. V. m. § 231a SGB VI i. d. F. des Gesetzes zur Herstellung der Rechtseinheit in der gesetzlichen Renten- und Unfallversicherung (Renten-Überleitungsgesetz – RÜG) vom 25.7.1991 (BGBl. I S. 1606). — nein / nein

Keine Zuschüsse des Arbeitgebers zu einer befreienden Lebensversicherung liegen dagegen vor, wenn der Arbeitnehmer **nicht auf eigenen Antrag** nach den vorstehenden Vorschriften, **sondern kraft Gesetzes** in der gesetzlichen Rentenversicherung versicherungsfrei ist.

4. Berechnung des steuerfreien Arbeitgeberzuschusses

Der Arbeitgeber kann die steuerfreien Zuschüsse zu einer befreienden Lebensversicherung unmittelbar an den Versicherungsträger oder **direkt an den Arbeitneh**mer auszahlen. Bei Auszahlung an den Arbeitnehmer hat dieser die zweckentsprechende Verwendung durch eine entsprechende Bescheinigung des Versicherungsunternehmens bis zum 30. April des Jahres beizubringen, das auf das Jahr der Beitragsleistung folgt. Die Bescheinigung ist als Unterlage zum Lohnkonto aufzubewahren (R 3.62 Abs. 4 LStR).

Beispiel

Ein bis 31.12.1967 nicht versicherungspflichtiger Arbeitnehmer hat sich ab 1.1.1968 von der Versicherungspflicht in der gesetzlichen Rentenversicherung befreien lassen, da er bereits eine eigene Lebensversicherung abgeschlossen hat. Der monatliche Beitrag zu dieser Lebensversicherung beträgt im Januar 2010 1100 €.
Bei Versicherungspflicht des Arbeitnehmers hätte der Arbeitgeber 9,95 % von 5500 € (Beitragsbemessungsgrenze 2010 in den alten Bundesländern), das sind 547,25 € als Arbeitgeberanteil zu zahlen. Daher ist auch ein Zuschuss des Arbeitgebers zu der befreienden Lebensversicherung bis zu 547,25 € steuerfrei. Übernimmt der Arbeitgeber die Hälfte des Lebensversicherungsbeitrags = 550 €, muss er (550 € − 547,25 € =) 2,75 € versteuern.
Zahlt der Arbeitgeber den Zuschuss in Höhe von 547,25 € direkt an den Arbeitnehmer aus, so muss dieser die Einzahlungen auf den Lebensversicherungsvertrag bis spätestens 30. April 2011 nachweisen. Der Nachweis ist als Beleg zum Lohnkonto zu nehmen.

Zuschüsse zu einer befreienden Lebensversicherung sind dann nicht mehr steuerfrei, wenn sie nach Wegfall der Lohnzahlung (z. B. im Krankheitsfall nach Ablauf von 6 Wochen oder bei unbezahltem Urlaub) weiter gewährt werden. — ja / ja

Behinderte

1. Lohnsteuer

Lohnsteuerlich gelten für Behinderte im Grundsatz keine Besonderheiten, d. h. sie müssen dem Arbeitgeber eine Lohnsteuerkarte vorlegen, auf deren Besteuerungsmerkmalen der Lohnsteuerabzug vorgenommen wird. Behinderte haben – je nach Grad der Behinderung – einen Anspruch auf einen Behindertenpauschbetrag (zur Höhe vgl. Anhang 7, Abschnitt D Nr. 8 auf Seite 911), der vom Finanzamt auf der Lohnsteuerkarte des Arbeitnehmers eingetragen wird. Ohne dass der Behindertenpauschbetrag auf der Lohnsteuerkarte eingetragen ist, darf der Arbeitgeber den Freibetrag nicht berücksichtigen, auch wenn er definitiv weiß, dass der Grad der Behinderung bei dem betreffenden Arbeitnehmer z. B. 50 beträgt.

Behinderte, die in Werkstätten für Behinderte beschäftigt sind, stehen zu der Behinderteneinrichtung grundsätzlich in einem Arbeitsverhältnis. Die gezahlten Vergütungen unterliegen deshalb dem Lohnsteuerabzug. Nur in den Fällen, in denen die Tätigkeit in der Behindertenwerkstatt überwiegend der Rehabilitation und somit mehr therapeutischen und sozialen Zwecken und weniger der Erzielung eines produktiven Arbeitsergebnisses dient, liegt kein steuerliches Arbeitsverhältnis vor. Das gilt besonders, wenn lediglich die Anwesenheit des Behinderten entlohnt wird, die Höhe des Entgelts aber durch die Arbeitsleistung nicht beeinflusst wird.

Die den Behinderten von den Werkstätten gezahlten Zuschüsse zu den Fahrkosten und Mittagessen werden aus öffentlichen Mitteln gewährt; sie sind nach § 3 Nr. 11 EStG steuerfrei.

2. Sozialversicherung

In der Sozialversicherung sind **Behinderte in geschützten Einrichtungen,** d. h.

– in anerkannten Werkstätten für behinderte Menschen (§ 136 SGB IX) oder in nach dem Blindenwarenvertriebsgesetz anerkannten Blindenwerkstätten oder sofern sie für diese Einrichtungen in Heimarbeit tätig sind, oder

– in Anstalten, Heimen oder gleichartigen Einrichtungen in gewisser Regelmäßigkeit eine Leistung erbringen,

	Lohn-steuer-pflichtig	Sozial-versich.-pflichtig

die einem Fünftel der Leistung eines voll erwerbsfähigen Beschäftigten in gleichartiger Beschäftigung entspricht, wozu auch Dienstleistungen für den Träger der Einrichtung gehören,

kranken-, pflege- und rentenversicherungspflichtig. Arbeitslosenversicherungspflicht kommt in der Regel nicht in Betracht. Im Gegensatz zum Steuerrecht wird bei der Beitragsberechnung nicht nur das tatsächlich erzielte Arbeitsentgelt zugrunde gelegt. Vielmehr sind in den jeweiligen Versicherungszweigen Mindestentgelte zugrunde zu legen, wenn die tatsächlichen Einnahmen niedriger sind. So sind nach § 235 Abs. 3 SGB V in der Kranken- und Pflegeversicherung Beiträge mindestens in Höhe von 20 % der monatlichen Bezugsgröße und in der Rentenversicherung nach § 162 Nr. 2 SGB VI in Höhe von mindestens 80 % der monatlichen Bezugsgröße zugrunde zu legen. Hiernach ergeben sich für Behinderte ab 1.1.2010 folgende Mindestbemessungsgrundlagen:

- in der Kranken- und Pflegeversicherung (West und Ost) 511,— €
- in der Rentenversicherung
  = alte Bundesländer 2 044,— €
  = neue Bundesländer 1 736,— €

Die Beiträge sind von den Trägern der Einrichtungen zu tragen.

Beihilfen

1. Allgemeines

Beihilfen und Unterstützungen sind einmalige oder gelegentliche Zuwendungen des Arbeitgebers an Arbeitnehmer, um die Arbeitnehmer von bestimmten Aufwendungen (z. B. Krankheitskosten) zu entlasten oder vor bestimmten Aufwendungen zu bewahren (z. B. Vorsorgekuren).

Für die Prüfung der Steuerfreiheit ist zu unterscheiden zwischen Beihilfen, die aus **öffentlichen Mitteln** gewährt werden und Unterstützungsleistungen, die **private Arbeitgeber** gewähren. Die steuerliche Behandlung von Beihilfen aus öffentlichen Mitteln ist nachfolgend dargestellt. Zur Steuerfreiheit von Beihilfen, die Arbeitnehmer von **privaten** Arbeitgebern erhalten, wird auf das Stichwort „Unterstützungen" hingewiesen.

2. Beihilfen aus öffentlichen Mitteln

Beihilfen und Unterstützungen, die wegen Hilfsbedürftigkeit aus öffentlichen Mitteln gezahlt werden, sind nach § 3 Nr. 11 EStG steuerfrei. Eine Zahlung aus öffentlichen Mitteln ist stets dann gegeben, wenn die Beihilfen und Unterstützungen aus einer von einer öffentlich-rechtlichen Körperschaft selbst verwalteten **öffentlichen Kasse** gewährt werden. Zum Begriff „öffentliche Kasse" vgl. dieses Stichwort. Danach sind insbesondere die an öffentliche Bedienstete nach den Beihilfegrundsätzen des Bundes, der Länder und Gemeinden gezahlten Beihilfen und Unterstützungen steuerfrei (R 3.11 Abs. 1 Nr. 1 LStR).   nein nein

Der Begriff „öffentliche Mittel" im Sinne des § 3 Nr. 11 EStG setzt jedoch nicht voraus, dass eine Beihilfe unmittelbar aus einer öffentlichen Kasse gezahlt wird. Beihilfen sind auch dann steuerfrei, soweit die Mittel dazu aus einem öffentlichen Haushalt stammen, das heißt über die Mittel nur nach Maßgabe der haushaltsrechtlichen Vorschriften des öffentlichen Rechts verfügt werden kann und ihre Verwendung im Einzelnen gesetzlich geregelter Kontrolle unterliegt. Deshalb bleiben die von Körperschaften, Stiftungen und Anstalten des öffentlichen Rechts aufgrund von Beihilfevorschriften oder Unterstützungsvorschriften des Bundes oder der Länder gezahlten Beihilfen auch dann steuerfrei, wenn die die Beihilfe auszahlende Stelle der Körperschaft, Stiftung oder Anstalt des öffentlichen Rechts keine öffentliche Kasse ist (R 3.11 Abs. 1 Nr. 2 LStR). Das gilt auch für alle Einrichtungen und Betriebe dieser öffentlich-rechtlichen Körperschaften, die nicht in eine eigene Rechtsform gekleidet sind, sondern lediglich einen unselbständigen Teil der Körperschaft des öffentlichen Rechts darstellen und zwar auch dann, wenn diese Teile der Körperschaft unter Umständen für das Gebiet des Körperschaftsteuerrechts verselbständigt und steuerrechtlich zu Rechtssubjekten gemacht werden, wie dies z. B. bei den Betrieben gewerblicher Art von Körperschaften des öffentlichen Rechts im Sinne des § 1 Abs. 1 Nr. 6 Körperschaftsteuergesetz der Fall ist. Nach diesen Grundsätzen können auch Beihilfen an Arbeitnehmer von Krankenanstalten, die als nichtselbständige Einrichtungen einer Kirchengemeinde (Körperschaft des öffentlichen Rechts) geführt werden, steuerfrei gezahlt werden.

Beihilfen und Unterstützungen, die von einer rechtlich selbständigen Einrichtung einer **öffentlich-rechtlichen Religionsgesellschaft** an ihre Arbeitnehmer gewährt werden, bleiben unter folgenden Voraussetzungen steuerfrei: nein nein

a) Hinsichtlich der Besoldung, der Reisekostenvergütung und der Gewährung von Beihilfen und Unterstützungen muss nach denselben Grundsätzen verfahren werden, die auch für die Bediensteten der öffentlich-rechtlichen Religionsgesellschaften gelten,

b) die öffentlich-rechtliche Religionsgesellschaft muss wesentlichen Einfluss auf den Haushaltsplan o. Ä. und die Rechnungsführung der Einrichtung ausüben und

c) die Einrichtung muss der Rechts- und Fachaufsicht der öffentlich-rechtlichen Religionsgesellschaft unterstehen.

Zahlungen von Beihilfen und Unterstützungen an Arbeitnehmer staatlich genehmigter, durch Zuschüsse des Bundes oder des Landes mitfinanzierter Krankenhäuser sind in der Regel nicht nach § 3 Nr. 11 EStG steuerfrei, da die Beihilfen und Unterstützungen im Regelfall nicht aus öffentlichen Mitteln im Sinne des § 3 Nr. 11 EStG gewährt werden. Das gilt auch dann, wenn sich das Krankenhaus im Wesentlichen über die von den gesetzlichen Krankenversicherungsträgern gezahlten Pflegesätze finanziert. Bei dem Verfahren zur Bildung der Pflegesätze nach dem Krankenhausfinanzierungsgesetz handelt es sich nämlich nicht um eine haushaltsrechtliche Überprüfung der Verausgabung der Mittel durch das Krankenhaus, vielmehr wird durch eine Überprüfung der Ausgaben des Krankenhauses auf die Bildung der Pflegezusätze Einfluss genommen. Der Pflegesatz dient zur Bereitstellung der Mittel des Krankenhauses, die Verausgabung der Mittel erfolgt jedoch durch das Krankenhaus unabhängig und eigenverantwortlich.

Beihilfen und Unterstützungen von Verwaltungen, Unternehmen und Betrieben, die sich **überwiegend in öffentlicher Hand** befinden (= private Beteiligung weniger als 50 %), sind steuerfrei,   nein nein

- wenn bei der Entlohnung sowie der Gewährung von Beihilfen und Unterstützungen für die betroffenen Arbeitnehmer ausschließlich nach den Regelungen verfahren wird, die für Arbeitnehmer des öffentlichen Dienstes gelten und
- die Verwaltungen, Unternehmen und Betriebe einer staatlichen oder kommunalen Aufsicht und Prüfung bezüglich der Entlohnung und der Gewährung der Beihilfen unterliegen (vgl. R 3.11 Abs. 1 Nr. 3 LStR). Es ist hingegen nicht erforderlich, dass die Verwaltungen, Unternehmen oder Betriebe insgesamt einer staatlichen oder kommunalen Dienstaufsicht unterliegen.

Beihilfen und Unterstützungen von Unternehmen, die sich **nicht überwiegend** in öffentlicher Hand befinden (z. B. staatlich anerkannte Privatschulen), sind steuerfrei, wenn die folgenden Voraussetzungen erfüllt sind: nein nein

Beihilfeversicherung

- Hinsichtlich der Entlohnung, der Reisekostenvergütungen und der Gewährung von Beihilfen muss nach den Regelungen verfahren werden, die für den öffentlichen Dienst gelten,
- die für die Bundesverwaltung oder eine Landesverwaltung maßgeblichen Vorschriften über die Haushalts-, Kassen- und Rechnungsführung und über die Rechnungsprüfung müssen beachtet werden und
- das Unternehmen muss der Prüfung durch den Bundesrechnungshof oder einen Landesrechnungshof unterliegen (vgl. R 3.11 Abs. 1 Nr. 4 LStR).

Sind die Voraussetzungen der R 3.11 Abs. 1 Nr. 3 und 4 LStR nicht gegeben (z. B. weil die Entlohnung und die Gewährung von Beihilfen und Unterstützungen nicht ausschließlich nach den für Arbeitnehmer des öffentlichen Dienstes geltenden Vorschriften und Vereinbarungen geregelt sind), kommt die Steuerfreiheit der Behilfen unter Beachtung der sich aus dem Verhältnis der öffentlichen Mittel zu den Gesamtkosten ergebenden Quote in Betracht (BFH-Urteil vom 15.11.1983, BStBl. 1984 II S. 113).

So sind die an Lehrkräfte von staatlich anerkannten Ersatzschulen nach beamtenrechtlichen Grundsätzen wegen Hilfsbedürftigkeit gezahlten Beihilfen und Unterstützungen insoweit nach § 3 Nr. 11 EStG steuerfrei, als

- die Mittel dazu aus einem öffentlichen Haushalt stammen,
- über die Gelder nur nach Maßgabe der haushaltsrechtlichen Vorschriften des öffentlichen Rechts verfügt werden kann und
- die Verwendung der Mittel einer gesetzlichen Kontrolle unterliegt.

Den steuerfreien Bezügen aus öffentlichen Mitteln wegen Hilfsbedürftigkeit gleichgestellt sind seit 1.1.2007 Beitragsermäßigungen und Prämienrückzahlungen eines Trägers der gesetzlichen Krankenversicherung für nicht in Anspruch genommene Beihilfeleistungen (§ 3 Nr. 11 Satz 4 EStG).

Beispiel
Eine gesetzliche Krankenversicherung gewährt einem Dienstordnungsangestellten (DO-Angestellten) eine Beitragsermäßigung (100 % Versicherungsschutz für 50 % Versicherungsbeitrag). Der geldwerte Vorteil in Höhe von 50 % Beitragsermäßigung ist nach § 3 Nr. 11 Satz 4 EStG steuerfrei.

Entsprechendes gilt für die dem sog. AT-Angestellten gewährten Beitragszuschüssen zur freiwilligen Versicherung.

Die vorstehende Steuerbefreiung nach § 3 Nr. 11 Satz 4 EStG gilt entsprechend, wenn kirchliche Arbeitgeber Beitragszuschüsse zu Kranken- und Pflegeversicherungsbeiträgen an **kirchliche Beamte** zahlen, die als Beihilfeberechtigte in einer gesetzlichen Krankenversicherung freiwillig versichert sind.

3. Beihilfen aus privaten Mitteln

Als Beihilfen **privater** Arbeitgeber kommen insbesondere in Betracht:

a) Notstandsbeihilfen (vgl. „**Unterstützungen**"),
b) Ausbildungsbeihilfen (vgl. „Stipendien"),
c) **Erholungsbeihilfen** (vgl. dieses Stichwort).

Siehe auch die Stichworte: Beerdigungszuschüsse, Erholungsbeihilfen, Erziehungsbeihilfen, Fortbildungskosten, Geburtsbeihilfen, Heiratsbeihilfen, Mobilitätshilfen, Schulbeihilfen, Stipendien, Unterstützungen, Wirtschaftsbeihilfen.

Beihilfeversicherung

Ob Leistungen aus einer vom Arbeitgeber abgeschlossenen Beihilfeversicherung steuerpflichtig oder steuerfrei sind, hängt von der Art des Versicherungsvertrags ab:

	Lohnsteuerpflichtig	Sozialversich.-pflichtig
1. Steuerpflichtige Beihilfeversicherung		
Erwirbt der Arbeitnehmer gegen die Versicherung einen **eigenen Rechtsanspruch** auf die Beihilfeleistungen, so stellen die Aufwendungen des Arbeitgebers für die Prämien zur Beihilfeversicherung steuer- und beitragspflichtigen Arbeitslohn dar.	ja	ja

Sie sind wie andere Zukunftsicherungsleistungen als laufender Arbeitslohn zu versteuern. Eine Pauschalierung nach § 40b EStG mit 20 % kommt nicht in Betracht, weil die Beihilfeversicherung keine „Unfallversicherung" i. S. des § 40b EStG ist. Die Versicherungsleistungen an den Arbeitnehmer sind in diesem Fall steuerfrei.

	Lohnsteuerpflichtig	Sozialversich.-pflichtig
2. Beihilfeversicherung als steuerfreie Rückdeckung		
Als Rückdeckung sind die Beiträge des Arbeitgebers zu einer **Beihilfeversicherung** dann steuerfrei, wenn der Arbeitnehmer **keinen eigenen Rechtsanspruch** auf Beihilfeleistungen gegenüber der Versicherung erwirbt.	nein	nein

Zahlt die Versicherung die Beihilfen direkt an den Arbeitnehmer aus, so muss durch die Versicherungsbedingungen klar zum Ausdruck gebracht sein, dass der Arbeitnehmer keinen eigenen Rechtsanspruch gegenüber der Versicherung hat, die Versicherung vielmehr die Beihilfeleistung **im Namen des Arbeitgebers** (= Versicherungsnehmer) an den beihilfeberechtigten Arbeitnehmer erbringt. Sind diese Voraussetzungen erfüllt, stellen die Beiträge zur Beihilfeversicherung Leistungen des Arbeitgebers für eine Rückdeckungsversicherung dar, die nicht zum steuerpflichtigen Arbeitslohn gehören (vgl. die grundsätzlichen Ausführungen beim Stichwort „Rückdeckung"). Arbeitslohn sind vielmehr die vom Versicherungsunternehmen gezahlten Beihilfen. Diese sind unter den beim Stichwort „Unterstützungen" dargestellten Voraussetzungen allerdings ebenfalls steuerfrei. Unter diese Regelung fallen z. B. die Beiträge zu Beihilfeversicherungen, die die Gemeinden, Gemeindeverbände sowie die Körperschaften, Anstalten und Stiftungen des öffentlichen Rechts und auch die Religionsgemeinschaften zur Rückdeckung ihrer Beihilfeverpflichtungen bei einer Versicherungsgesellschaft abgeschlossen haben.

Beitragsabrechnungszeitraum

siehe Stichwort „Berechnung der Lohnsteuer und der Sozialversicherungsbeiträge" unter Nr. 7 auf Seite 146.

Beitragsbemessungsgrenzen

Das Arbeitsentgelt wird nicht in unbeschränkter Höhe, sondern nur bis zu bestimmten Höchstbeträgen, den so genannten Beitragsbemessungsgrenzen für die Beitragsberechnung herangezogen (siehe „Berechnung der Lohnsteuer und der Sozialversicherungsbeiträge"). Auch in die Versicherungsnachweise der gesetzlichen **Rentenversicherung** sind Arbeitsentgelte nur bis zu der Beitragsbemessungsgrenze dieses Versicherungszweiges einzutragen (vgl. „Jahresmeldung").

Die Beitragsbemessungsgrenzen werden jährlich an die Entwicklung der Bruttolohn- und Gehaltssumme je durchschnittlich beschäftigten Arbeitnehmer angepasst (§ 68 Abs. 2 Satz 1 i. V. mit § 159 SGB VI, § 6 Abs. 6 SGB V). Da im Regelfall die Löhne steigen, werden die Beitragsbemessungsgrenzen entsprechend erhöht. Sie können aber auch unverändert bleiben oder sich sogar ermäßigen, wie dies in den neuen Bundesländern bei der Beitragsbemessungsgrenze für die gesetzliche Renten- und Arbeitslosenversicherung im Kalenderjahr 2008 der Fall war.

Die Entwicklung der Beitragsbemessungsgrenzen soll folgende Übersicht verdeutlichen.

Beitragserstattung

Beitragsbemessungsgrenzen alte Bundesländer (mit West-Berlin)

	Kranken- und Pflege-versicherung		Renten- und Arbeitslosen-versicherung	
	Monat	Jahr	Monat	Jahr
1992	5 100 DM	61 200 DM	6 800 DM	81 600 DM
1993	5 400 DM	64 800 DM	7 200 DM	86 400 DM
1994	5 700 DM	68 400 DM	7 600 DM	91 200 DM
1995	5 850 DM	70 200 DM	7 800 DM	93 600 DM
1996	6 000 DM	72 000 DM	8 000 DM	96 000 DM
1997	6 150 DM	73 800 DM	8 200 DM	98 400 DM
1998	6 300 DM	75 600 DM	8 400 DM	100 800 DM
1999	6 375 DM	76 500 DM	8 500 DM	102 000 DM
2000	6 450 DM	77 400 DM	8 600 DM	103 200 DM
2001	6 525 DM	78 300 DM	8 700 DM	104 400 DM
2002	3 375 €	40 500 €	4 500 €	54 000 €
2003	3 450 €	41 400 €	5 100 €	61 200 €
2004	3 487,50 €	41 850 €	5 150 €	61 800 €
2005	3 525 €	42 300 €	5 200 €	62 400 €
2006	3 562,50 €	42 750 €	5 250 €	63 000 €
2007	3 562,50 €	42 750 €	5 250 €	63 000 €
2008	3 600 €	43 200 €	5 300 €	63 600 €
2009	3 675 €	44 100 €	5 400 €	64 800 €
2010	**3 750 €**	**45 000 €**	**5 500 €**	**66 000 €**

Beitragsbemessungsgrenzen neue Bundesländer (mit Ost-Berlin)

	Kranken- und Pflege-versicherung		Renten- und Arbeitslosen-versicherung	
	Monat	Jahr	Monat	Jahr
1992	2 925 DM	35 100 DM	3 900 DM	46 800 DM
1993	3 975 DM	47 700 DM	5 300 DM	63 600 DM
1994	4 425 DM	53 100 DM	5 900 DM	70 800 DM
1995	4 800 DM	57 600 DM	6 400 DM	76 800 DM
1996	5 100 DM	61 200 DM	6 800 DM	81 600 DM
1997	5 325 DM	63 900 DM	7 100 DM	85 200 DM
1998	5 250 DM	63 000 DM	7 000 DM	84 000 DM
1999	5 400 DM	64 800 DM	7 200 DM	86 400 DM
2000	5 325 DM	63 900 DM	7 100 DM	85 200 DM
2001	6 525 DM	78 300 DM	7 300 DM	87 600 DM
2002	3 375 €	40 500 €	3 750 €	45 000 €
2003	3 450 €	41 400 €	4 250 €	51 000 €
2004	3 487,50 €	41 850 €	4 350 €	52 200 €
2005	3 525 €	42 300 €	4 400 €	52 800 €
2006	3 562,50 €	42 750 €	4 400 €	52 800 €
2007	3 562,50 €	42 750 €	4 550 €	54 600 €
2008	3 600 €	43 200 €	4 500 €	54 000 €
2009	3 675 €	44 100 €	4 550 €	54 600 €
2010	**3 750 €**	**45 000 €**	**4 650 €**	**55 800 €**

Knappschaftliche Rentenversicherung

	alte Bundesländer (mit West-Berlin)		neue Bundesländer (mit Ost-Berlin)	
	Monat	Jahr	Monat	Jahr
1994	9 400 DM	112 800 DM	7 300 DM	87 600 DM
1995	9 600 DM	115 200 DM	7 800 DM	93 600 DM
1996	9 800 DM	117 600 DM	8 400 DM	100 800 DM
1997	10 100 DM	121 200 DM	8 700 DM	104 400 DM
1998	10 300 DM	123 600 DM	8 600 DM	103 200 DM
1999	10 400 DM	124 800 DM	8 800 DM	105 600 DM
2000	10 600 DM	127 200 DM	8 700 DM	104 400 DM
2001	10 700 DM	128 400 DM	9 000 DM	108 000 DM
2002	5 550 €	66 600 €	4 650 €	55 800 €
2003	6 250 €	75 000 €	5 250 €	63 000 €
2004	6 350 €	76 200 €	5 350 €	64 200 €
2005	6 400 €	76 800 €	5 400 €	64 800 €
2006	6 450 €	77 400 €	5 400 €	64 800 €
2007	6 450 €	77 400 €	5 550 €	66 600 €
2008	6 550 €	78 600 €	5 550 €	66 600 €
2009	6 650 €	79 800 €	5 600 €	67 200 €
2010	**6 800 €**	**81 600 €**	**5 700 €**	**68 400 €**

Beitragserstattung

siehe „Erstattung von Sozialversicherungsbeiträgen"

Beitragskassierer

	Lohn-steuer-pflichtig	Sozial-versich.-pflichtig
Nebenamtliche Beitragskassierer von Versicherungsgesellschaften sind steuerlich selbständig. Ihre Provisionen sind deshalb kein Arbeitslohn.	nein	nein
Zur Scheinselbständigkeit vgl. dieses Stichwort.		
Bei Gewerkschaftskassierern, die Gewerkschaftsbeiträge einheben und dafür nur eine geringe Vergütung erhalten, hat der Bundesfinanzhof (vgl. BFH-Urteil vom 7.10.1954, BStBl. III S. 374) kein Dienstverhältnis angenommen.	nein	nein
Platzkassierer eines Vereins sind als Arbeitnehmer anzusehen (BFH-Urteil vom 25.10.1957, BStBl. III S. 15).	ja	ja
Seit 1.1.2007 gibt es für Vereinskassierer einen Freibetrag von 500 € jährlich (vgl. „Nebentätigkeit für gemeinnützige Organisationen" unter Nr. 10).	nein	nein

Beitragsnachweis

Auf die Ausführungen beim Stichwort „Abführung der Sozialversicherungsbeiträge" wird Bezug genommen.

Beitragssätze

Die Entwicklung der Beitragssätze in den letzten Jahren soll folgende Übersicht verdeutlichen:

Beitragssatz zur gesetzlichen Rentenversicherung

1992	17,7 %
1993	17,5 %
1994	19,2 %
1995	18,6 %
1996	19,2 %
1997	20,3 %
1998	20,3 %
1999: 1.1.–31.3.	20,3 %
1.4.–31.12.	19,5 %
2000	19,3 %
2001	19,1 %
2002	19,1 %
2003	19,5 %
2004	19,5 %
2005	19,5 %
2006	19,5 %
2007	19,9 %
2008	19,9 %
2009	19,9 %
2010	19,9 %

Beitragssatz zur knappschaftlichen Rentenversicherung

2000	25,6 %
2001	25,4 %
2002	25,4 %
2003	25,9 %
2004	25,9 %
2005	25,9 %
2006	25,9 %
2007	26,4 %
2008	26,4 %
2009	26,4 %
2010	26,4 %

Beitragssatz zur Arbeitslosenversicherung

1992	6,3 %
1993	6,5 %
1994	6,5 %
1995	6,5 %
1996	6,5 %

Beitragssätze

Jahr	Satz
1997	6,5 %
1998	6,5 %
1999	6,5 %
2000	6,5 %
2001	6,5 %
2002	6,5 %
2003	6,5 %
2004	6,5 %
2005	6,5 %
2006	6,5 %
2007	4,2 %
2008	3,3 %
2009	2,8 %
2010	2,8 %

Beitragssatz zur Pflegeversicherung

Jahr	Satz
1995	1 %
1996: 1.1.–30.6.	1 %
1.7.–31.12.	1,7 %
1997	1,7 %
1998	1,7 %
1999	1,7 %
2000	1,7 %
2001	1,7 %
2002	1,7 %
2003	1,7 %
2004	1,7 %
2005	1,7 %
2006	1,7 %
2007	1,7 %
2008: 1.1.–30.6.	1,7 %
1.7.–31.12.	1,95 %
2009	1,95 %
2010	1,95 %

Beitragszuschlag zur Pflegeversicherung für Kinderlose*)

Jahr	Satz
2005	0,25 %
2006	0,25 %
2007	0,25 %
2008	0,25 %
2009	0,25 %
2010	0,25 %

Beitragssatz zur Krankenversicherung

Die Höhe der Beiträge zur Krankenversicherung wurde 2008 letztmalig von der jeweiligen Krankenkasse durch Satzung festgelegt. Die Beitragssatzfestsetzung erfolgt nunmehr durch Rechtsverordnung.

Beim Krankenversicherungsbeitrag ist zu unterscheiden zwischen

– dem **allgemeinen** Beitragssatz,
– dem **ermäßigten** Beitragssatz.

Letztmalig wurde der Beitragssatz durch Rechtsverordnung für alle Krankenkassen ab 1.7.2009 einheitlich mit 14,9 % vorgegeben. Der ermäßigte Beitragssatz beträgt für alle Krankenkassen 14,3 %.

Der Gesetzgeber hat seit 1.1.2009 die Beitragslastverteilung in der Krankenversicherung anders geregelt. Seit diesem Zeitpunkt trägt der Arbeitgeber lediglich die Hälfte des um 0,9 % verminderten Beitragssatzes. Der Arbeitgeberanteil beträgt daher nur 7,0 % (14,9 % – 0,9 %) : 2. Der Anteil des Arbeitnehmers beträgt dagegen 7,9 % (14,9 % – 7,0 %). Bei Arbeitnehmern, für die der ermäßigte Beitragssatz gilt, beträgt der Arbeitgeberanteil 6,7 % und der Arbeitnehmeranteil 7,6 %.

Hiernach ergibt sich seit 1.1.2009 folgende Entwicklung:

Allgemeiner Beitragssatz	insgesamt	Arbeitgeberanteil	Arbeitnehmeranteil
1.1.2009 bis 30.6.2009	15,5 %	7,3 %	8,2 %
Seit 1. Juli 2009	14,9 %	7,0 %	7,9 %

Ermäßigter Beitragssatz	insgesamt	Arbeitgeberanteil	Arbeitnehmeranteil
1.1.2009 bis 30.6.2009	14,9 %	7,0 %	7,9 %
Seit 1. Juli 2009	14,3 %	6,7 %	7,6 %

Einzelheiten zur Beitragsberechnung sind beim Stichwort „Berechnung der Lohnsteuer und der Sozialversicherungsbeiträge" anhand von Beispielen erläutert.

Beitragszuschlag zur sozialen Pflegeversicherung für Kinderlose

Gliederung:

1. Allgemeines
2. Nachweis der Elterneigenschaft
3. Nachweise bei leiblichen Eltern und Adoptiveltern
4. Nachweise bei Stief- und Pflegeeltern
5. Hilfsweise zugelassene Nachweise
6. Aufbewahrung von Nachweisen
7. Höhe des Beitragszuschlags
8. Beitragsbemessungsgrundlage
9. Berechnung
10. Fälligkeit
11. Beitragstragung/Beitragszahlung
12. Geringverdienergrenze
13. Beitragseinbehalt
14. Mehrfachbeschäftigte
15. Beitragsnachweis
16. Betriebsprüfungen/Entgeltunterlagen
17. Beitragszuschuss zu den Beiträgen zur Pflegeversicherung
18. Meldeverfahren

1. Allgemeines

Mit dem Gesetz zur Berücksichtigung von Kindererziehung im Beitragsrecht der sozialen Pflegeversicherung vom 15.12.2004 (BGBl. I S. 3448) wurde der Beitragssatz in der sozialen Pflegeversicherung für kinderlose Mitglieder, die das 23. Lebensjahr vollendet haben, vom 1.1.2005 an um 0,25 Beitragssatzpunkte erhöht (Beitragszuschlag für Kinderlose). Den Beitragszuschlag trägt das Mitglied; eine Beteiligung Dritter ist hierbei nicht vorgesehen. Den Beitragszuschlag haben nur Mitglieder einer bei einer gesetzlichen Krankenkasse eingerichteten Pflegekasse zu entrichten, die zu keinem Zeitpunkt Kinder hatten. Dies gilt auch für Mitglieder einer Pflegekasse, bei denen zwar die Elterneigenschaft besteht, die jedoch bei der beitragsabführenden Stelle oder der Pflegekasse nicht bekannt ist bzw. (noch) nicht gegenüber dieser Stelle nachgewiesen wurde. Mitglieder, die vor dem 1.1.1940 geboren sind, sind generell von der Beitragszuschlagspflicht ausgenommen. Das Kinder-Berücksichtigungsgesetz schreibt keine konkrete Form des Nachweises über die Elterneigenschaft vor. Die Spitzenverbände der Pflegekassen haben hierzu gemeinsamen Empfehlungen zum Nachweis der Elterneigenschaft abgestimmt.

---

*) Der Beitragszuschlag für Kinderlose in Höhe von 0,25 % ist vom Arbeitnehmer allein zu tragen.

Beitragszuschlag zur sozialen Pflegeversicherung für Kinderlose

2. Nachweis der Elterneigenschaft

Der Nachweis der Elterneigenschaft ist gegenüber der beitragsabführenden Stelle zu führen, d. h. gegenüber demjenigen, dem die Pflicht zum Beitragseinbehalt und zur Beitragszahlung obliegt (z. B. Arbeitgeber, Rehabilitationsträger, Rentenversicherungsträger, Zahlstelle der Versorgungsbezüge). Sofern diesen Stellen die Elterneigenschaft bereits bekannt ist, wird auf die Nachweisführung durch das Mitglied verzichtet. Bei Arbeitgebern reicht es aus, wenn sich aus den Personal- bzw. den Lohn- oder Gehaltsunterlagen die Elterneigenschaft nachprüfbar ergibt. Mitglieder, die ihren Beitrag zur Pflegeversicherung direkt an die Krankenkasse zahlen (z. B. freiwillig krankenversicherte Mitglieder, die in der Pflegeversicherung versicherungspflichtig sind), müssen den Nachweis der Elterneigenschaft grundsätzlich gegenüber der Pflegekasse erbringen. Es bedarf allerdings keines Nachweises durch das Mitglied, wenn bei der Pflegekasse geeignete Unterlagen, die das Vorhandensein eines Kindes belegen, vorliegen (z. B. wenn über das Versichertenverzeichnis familienversicherte Kinder zugeordnet werden können). Bereits der Nachweis eines Kindes führt dazu, dass für die beitragspflichtigen Elternteile ein Beitragszuschlag auf Dauer nicht zu erheben ist. Eltern, deren Kind nicht mehr lebt, gelten nicht als kinderlos; eine Lebendgeburt schließt die Beitragszuschlagspflicht dauerhaft aus. Als Kinder berücksichtigt werden neben den leiblichen Kindern auch Adoptiv-, Stief- und Pflegekinder. Adoptiveltern sind vom Beitragszuschlag allerdings nicht ausgenommen, wenn das Kind bei Adoption die Altersgrenzen für die Familienversicherung (i. d. R. 18., 23. oder 27. Lebensjahr) bereits erreicht oder überschritten hat. Gleiches gilt bei **Stiefeltern,** wenn die Altersgrenze bei der Heirat bereits erreicht oder überschritten ist oder das Kind erst danach in den gemeinsamen Haushalt mit dem Mitglied aufgenommen worden ist (vgl. § 55 Abs. 3a SGB XI). Es ist also erforderlich, dass tatsächlich eine Aufnahme eines Kindes in den Haushalt erfolgt ist oder tatsächlich eine Erziehungsleistung erbracht wurde. Das anderslautende Urteil des Bundessozialgerichtes vom 18. 7. 2007, – B 12 P 4/06 R ist seit der gesetzlichen Klarstellung durch die o. g. Vorschrift des § 55 Abs. 3a SGB XI obsolet. Mitglieder, die ihre Elterneigenschaft nicht nachweisen, gelten bis zum Ablauf des Monats, in dem der Nachweis erbracht wird, beitragsrechtlich als kinderlos. Erfolgt die Vorlage des Nachweises innerhalb von drei Monaten nach der Geburt eines Kindes, gilt der Nachweis mit Beginn des Monats der Geburt als erbracht, ansonsten wirkt der Nachweis vom Beginn des Monats an, der dem Monat folgt, in dem der Nachweis erbracht wird. Entsprechendes gilt bei Adoptiv-, Stief- und Pflegeeltern, wobei der Beschluss des Familiengerichts über die Adoption, die Heirat des leiblichen Elternteils mit dem Stiefelternteil und die Aufnahme in den Haushalt des Stiefelternteils oder der Zeitpunkt der Aufnahme in den Haushalt der Pflegeeltern und der Nachweis des Jugendamtes als „Geburt" eines Kindes anzusehen sind.

3. Nachweise bei leiblichen Eltern und Adoptiveltern

Als Nachweise bei leiblichen Eltern und Adoptiveltern (im ersten Grad mit dem Kind verwandt) kommen wahlweise in Betracht:

- Geburtsurkunde bzw. internationale Geburtsurkunde („Mehrsprachige Auszüge aus Personenstandsbüchern")
- Abstammungsurkunde (wird für einen bestimmten Menschen an seinem Geburtsort geführt)
- Auszug aus dem Geburtenbuch des Standesamtes
- Auszug aus dem Familienbuch/Familienstammbuch
- steuerliche Lebensbescheinigung des Einwohnermeldeamtes (Bescheinigung wird ausgestellt, wenn der Steuerpflichtige für ein Kind, das nicht bei ihm gemeldet ist, einen halben Kinderfreibetrag auf seiner Lohnsteuerkarte eintragen lassen möchte: Er muss hierfür nachweisen, dass er im ersten Grad mit dem Kind verwandt ist, z. B. durch Vorlage einer Geburtsurkunde)
- Vaterschaftsanerkennungs- und Vaterschaftsfeststellungsurkunde
- Adoptionsurkunde
- Kindergeldbescheid der Bundesagentur für Arbeit (BA) – Familienkasse – (bei Angehörigen des öffentlichen Dienstes und Empfängern von Versorgungsbezügen die Bezüge oder Gehaltsmitteilung der mit der Bezügefestsetzung bzw. Gehaltszahlung befassten Stelle des jeweiligen öffentlich-rechtlichen Arbeitgebers bzw. Dienstherrn)
- Kontoauszug, aus dem sich die Auszahlung des Kindergeldes durch die BA – Familienkasse – ergibt (aus dem Auszug ist die Höhe des überwiesenen Betrages, die Kindergeldnummer sowie in der Regel der Zeitraum, für den der Betrag bestimmt ist, zu ersehen)
- Erziehungsgeld- oder Elterngeldbescheid
- Bescheinigung über Bezug von Mutterschaftsgeld
- Nachweis der Inanspruchnahme von Elternzeit nach dem Bundeserziehungsgeldgesetz (BErzGG) oder Bundeselterngeld- und Elternzeitgesetz – BEEG –
- Einkommensteuerbescheid (Berücksichtigung eines Kinderfreibetrages)
- Lohnsteuerkarte (Eintrag eines ganzen oder eines halben Kinderfreibetrages)
- Sterbeurkunde des Kindes
- Feststellungsbescheid des Rentenversicherungsträgers, in dem Kindererziehungs- und Kinderberücksichtigungszeiten ausgewiesen sind

4. Nachweise bei Stief- und Pflegeeltern

Als Nachweise bei Stiefeltern kommen wahlweise in Betracht:

- Heiratsurkunde bzw. Nachweis über die Eintragung einer Lebenspartnerschaft und eine Meldebescheinigung des Einwohnermeldeamtes oder einer anderen für Personenstandsangelegenheiten zuständigen Behörde oder Dienststelle, dass das Kind als wohnhaft im Haushalt des Stiefvaters oder der Stiefmutter gemeldet ist oder war (vgl. Haushaltsbescheinigung oder Familienstandsbescheinigung für die Gewährung von Kindergeld)
- Vordrucke der BA zur Erklärung über die Haushaltszugehörigkeit von Kindern und für Arbeitnehmer, deren Kinder im Inland wohnen
- Feststellungsbescheid des Rentenversicherungsträgers, in dem Kindererziehungs- und Kinderberücksichtigungszeiten ausgewiesen sind
- Einkommensteuerbescheid (Berücksichtigung eines ganzen oder eines halben Kinderfreibetrages)
- Lohnsteuerkarte (Eintrag eines ganzen oder eines halben Kinderfreibetrages)

Als Nachweise bei Pflegeeltern kommen wahlweise in Betracht:

- Meldebescheinigung des Einwohnermeldeamtes oder einer anderen für Personenstandsangelegenheiten zuständigen Behörde oder Dienststelle und Nachweis des Jugendamtes über „Vollzeitpflege" nach § 27 in Verb. mit § 33 SGB VIII (z. B. Pflegevertrag zwischen Jugendamt und Pflegeeltern, Bescheid über Leistungsgewährung gegenüber den Personensorgeberechtigten oder Bescheinigung des Jugendamtes über Pflegeverhältnis; das Pflegeverhältnis muss auf längere Dauer angelegt oder angelegt gewesen sein und es muss eine häusliche Gemeinschaft bestehen oder bestanden haben; Tagespflegeeltern fallen nicht unter

Beitragszuschlag zur sozialen Pflegeversicherung für Kinderlose

den Begriff der „Pflegeeltern"; ein Pflegekindverhältnis ist nicht anzunehmen, wenn ein Mann mit seiner Lebensgefährtin und deren Kindern oder eine Frau mit ihrem Lebensgefährten und dessen Kindern in einem gemeinsamen Haushalt lebt – Berücksichtigung nur bei Vorliegen der Stiefelterneigenschaft)
– Feststellungsbescheid des Rentenversicherungsträgers, in dem Kindererziehungs- und Kinderberücksichtigungszeiten ausgewiesen sind
– Einkommensteuerbescheid (Berücksichtigung eines Kinderfreibetrages)

Zur Nachweisführung genügen grds. Kopien der vorgenannten Unterlagen. Nur bei Zweifeln an der Ordnungsgemäßheit der Kopien sind die Originale oder beglaubigte Kopien bzw. beglaubigte Abschriften vorzulegen.

5. Hilfsweise zugelassene Nachweise

Wenn die oben aufgeführten Unterlagen nicht vorhanden und auch nicht mehr zu beschaffen sind, können hilfsweise als Beweismittel auch Taufbescheinigungen oder Zeugenerklärungen dienen. Die Nachweisführung durch die vorgenannten Unterlagen ist nur dann möglich, wenn selbst nach Ausschöpfung aller Mittel eine der oben genannten Unterlagen nicht beschafft werden kann. Die Entscheidung über die Freistellung von der Zahlung des Beitragszuschlags obliegt in diesen Fällen der Pflegekasse.

6. Aufbewahrung von Nachweisen

Die Nachweise über die Elterneigenschaft sind vom Arbeitgeber oder der Zahlstelle zusammen mit den übrigen Unterlagen, die für die Zahlung der Pflegeversicherungsbeiträge relevant sind, aufzubewahren. Ein Vermerk „als Nachweis hat vorgelegen ..." ist nicht ausreichend. Der Nachweis ist für die Dauer des die Beitragszahlung zur Pflegeversicherung begründenden Versicherungsverhältnisses von der beitragszahlenden Stelle aufzubewahren und darüber hinaus bis zum Ablauf von weiteren vier Kalenderjahren. Soweit bei dem Nachweis der Elterneigenschaft auf Unterlagen zurückgegriffen werden soll, die der beitragszahlenden Stelle bereits vorliegen, ist eine gesonderte zusätzliche Aufbewahrung bei den für die Beitragszahlung zur Pflegeversicherung begründenden Unterlagen nicht notwendig.

7. Höhe des Beitragszuschlags

Der Beitragszuschlag beträgt 0,25 Beitragssatzpunkte. Er wird auf den Beitragssatz zur Pflegeversicherung, der 1,95 % beträgt, aufgeschlagen. Insgesamt beträgt der Beitragssatz für die Mitglieder ohne Kinder somit 2,2 %.

Für die Mitglieder, die nach beamtenrechtlichen Vorschriften oder Grundsätzen bei Krankheit und Pflege Anspruch auf Beihilfe oder Heilfürsorge haben, und deshalb Leistungen der sozialen Pflegeversicherung nur zur Hälfte erhalten, beträgt der Beitragssatz die Hälfte von 1,95 %, also 0,975 %. Durch den Beitragszuschlag für Mitglieder ohne Kinder erhöht sich dieser Beitragssatz auf 1,225 %.

8. Beitragsbemessungsgrundlage

Der Beitragssatz für die Pflegeversicherungsbeiträge ist um den Beitragszuschlag zu erhöhen. Daraus ergibt sich, dass der erhöhte Beitrag aus den Bemessungsgrundlagen zu errechnen ist, aus denen auch die allgemeinen Pflegeversicherungsbeiträge ermittelt werden.

9. Berechnung

Der Beitragszuschlag ist für die gleichen beitragspflichtigen Zeiten zu zahlen, wie die anderen Pflegeversicherungsbeiträge. Dabei ist jedoch zu berücksichtigen, dass der Beitragszuschlag erstmals nach Ablauf des Monats zu erheben ist, in dem das Mitglied ohne Kind das 23. Lebensjahr vollendet hat.

Demnach ist grundsätzlich für jeden Tag der Mitgliedschaft auch der Beitragszuschlag zu erheben. Bei Beginn und Ende der Mitgliedschaft im Laufe eines Kalendermonats ist der Beitragszuschlag entsprechend der anderen Beiträge zur Pflegeversicherung für die tatsächlichen Tage der Mitgliedschaft zu erheben, ansonsten ist ein voller Kalendermonat mit 30 Sozialversicherungstagen (SV-Tagen) anzusetzen. Für beitragsfreie Zeiten, in denen Krankengeld, Verletztengeld oder Übergangsgeld gezahlt wird, ist vom Arbeitgeber kein Beitragszuschlag zu erheben.

Für die Berechnung des Beitragszuschlags ist der Arbeitnehmeranteil durch Multiplikation der beitragspflichtigen Einnahmen mit 1,225 % zu ermitteln, der Arbeitgeberanteil durch Multiplikation der beitragspflichtigen Einnahmen mit 0,975 %.

Liegt der Beschäftigungsort des Arbeitnehmers in Sachsen, ist für die Berechnung des Beitragszuschlags der Arbeitnehmeranteil durch Multiplikation der beitragspflichtigen Einnahmen mit 1,725 % zu ermitteln, der Arbeitgeberanteil durch Multiplikation der beitragspflichtigen Einnahmen mit 0,475 %.

10. Fälligkeit

Der Beitragszuschlag wird zusammen mit dem jeweiligen Beitrag zur Pflegeversicherung nach den Regelungen des § 23 SGB IV ggf. in der Verbindung mit der Satzungsregelung der jeweiligen Krankenkasse bzw. Pflegekasse fällig. Beitragszuschläge aus Versorgungsbezügen, die von den Zahlstellen der Versorgungsbezüge einzubehalten sind, werden mit der Auszahlung der Versorgungsbezüge fällig.

11. Beitragstragung/Beitragszahlung

Mit dem Beitragszuschlag wird ausschließlich der Versicherte belastet. Insofern tragen Beschäftigte bzw. sonstige Mitglieder ohne Kinder den Beitragszuschlag allein. Freiwillig in der Krankenversicherung versicherte Mitglieder einer Pflegekasse, die ihre Beiträge selbst einzuzahlen haben, haben dementsprechend auch den Beitragszuschlag selbst einzuzahlen.

Mitglieder ohne Kinder, die selbst keinen Beitragsanteil zur Pflegeversicherung zu tragen haben, weil für sie der Arbeitgeber oder die Zahlstelle den Beitrag insgesamt trägt, müssen jedoch den Beitragszuschlag grundsätzlich selbst tragen.

12. Geringverdienergrenze

Für Mitglieder der sozialen Pflegeversicherung, die zu ihrer Berufsausbildung beschäftigt sind, und ein Arbeitsentgelt erzielen, das monatlich 325 € nicht übersteigt, trägt der Arbeitgeber den Gesamtsozialversicherungsbeitrag allein.

13. Beitragseinbehalt

Der Arbeitgeber hat einen Anspruch gegen den Beschäftigten auf den von ihm allein zu tragenden Beitragszuschlag. Dieser Anspruch wird i. d. R. durch Abzug von den zustehenden Lohn- und Gehaltszahlungen geltend gemacht werden. Dadurch ist gewährleistet, dass der Beitragszuschlag in dem üblichen Beitragszahlungsverfahren entrichtet wird und ausschließlich das Mitglied belastet. Hat der Arbeitgeber den vom Beschäftigten zu tragenden Beitragszuschlag gegenüber diesem nicht geltend gemacht, darf der Arbeitgeber den unterbliebenen Beitragseinbehalt nach nur bei den nächsten drei Lohn- und Gehaltszahlungen nachholen, danach nur dann, wenn der Abzug des Beitragszuschlags für Mitglieder

Beitragszuschuss

ohne Kinder ohne Verschulden des Arbeitgebers unterblieben ist, es sei denn, der Arbeitnehmer ist seinen Auskunftspflichten gegenüber dem Arbeitgeber nicht nachgekommen.

14. Mehrfachbeschäftigte

Bemessungsgrundlage für die Berechnung des Beitragszuschlags sind die beitragspflichtigen Einnahmen. Treffen beitragspflichtige Einnahmen aus mehreren Versicherungsverhältnissen zusammen und übersteigen sie die für das jeweilige Versicherungsverhältnis maßgebliche Beitragsbemessungsgrenze, berechnet sich der Beitragszuschlag für Mitglieder ohne Kinder aus dem jeweiligen Anteilsverhältnis der Einzelentgelte zur Beitragsbemessungsgrenze (vgl. § 22 Abs. 2 SGB IV).

15. Beitragsnachweis

Die Einführung des Beitragszuschlags hat keine Auswirkungen auf die Gestaltung des Beitragsnachweises. Dementsprechend wird auch der Datensatz für die maschinelle Übermittlung von Beitragsnachweisen nicht erweitert. Der Beitragszuschlag wird zusammen mit den anderen Beiträgen zur Pflegeversicherung unter der Beitragsgruppe 0001 ausgewiesen.

16. Betriebsprüfungen/Entgeltunterlagen

Die Träger der Rentenversicherung prüfen bei den Arbeitgebern, ob diese ihre Pflichten im Zusammenhang mit dem Gesamtsozialversicherungsbeitrag ordnungsgemäß erfüllt haben. Dabei prüfen sie insbesondere die Richtigkeit der Beitragszahlungen und der Meldungen mindestens alle vier Jahre. Da der Beitragszuschlag für Kinderlose nach zum Gesamtsozialversicherungsbeitrag gehört, erstreckt sich die Betriebsprüfung auch auf diesen Beitrag. Der Arbeitgeber hat daher für Beschäftigte, die den Beitragszuschlag für Kinderlose in der sozialen Pflegeversicherung nicht zu zahlen haben, den Nachweis über die Elterneigenschaft zu den Entgeltunterlagen nehmen, sofern dies bisher nicht bereits aus anderen Unterlagen hervorgeht.

17. Beitragszuschuss zu den Beiträgen zur Pflegeversicherung

Der Beitragszuschlag zur Pflegeversicherung ist nicht zuschussfähig. Weder Arbeitgeber noch sonstige Zuschussstellen (z. B. Rentenversicherungsträger) müssen zum Zuschlag einen Zuschuss gewähren.

18. Meldeverfahren

Für den Beitragszuschlag wurde im Bereich des Meldeverfahrens keine neue Beitragsgruppe eingeführt. Auch hier wurde der Datensatz diesbezüglich nicht ergänzt.

Beitragszuschuss

Siehe die Stichworte: „Arbeitgeberzuschuss zur Krankenversicherung", „Arbeitgeberzuschuss zur Pflegeversicherung", „Befreiende Lebensversicherung", „Zukunftssicherung".

Bekleidungszuschüsse

	Lohnsteuerpflichtig	Sozialversich.-pflichtig
Barzuschüsse des Arbeitgebers zur Beschaffung und Unterhaltung von Arbeitskleidung (Berufskleidung, Dienstkleidung) sind nur dann steuerfrei, wenn sie aus öffentlichen Kassen für öffentliche Dienste gezahlt werden und als „Aufwandsentschädigung" anzuerkennen sind (vgl. das Stichwort „Aufwandsentschädigungen aus öffentlichen Kassen").	nein	nein
Einkleidungsbeihilfen und Abnutzungsentschädigungen an Angehörige der Bundeswehr, des Bundesgrenzschutzes, der Bereitschaftspolizei, der Vollzugspolizei, der Berufsfeuerwehr und an Vollzugsbeamte der Kriminalpolizei sind steuerfrei (§ 3 Nr. 4 Buchstabe b EStG).	nein	nein

Im Übrigen siehe das Stichwort „Arbeitskleidung".

Belegschaftsaktien

siehe „Aktienüberlassung zu einem Vorzugskurs"

Belegschaftsrabatte

siehe „Rabatte"

Belegschaftsspenden

siehe „Spenden der Belegschaft"

Belohnungen

	Lohnsteuerpflichtig	Sozialversich.-pflichtig
Vergütungen an Arbeitnehmer für Leistungen besonderer Art sind grundsätzlich steuerpflichtiger Arbeitslohn (z. B. Belohnungen an Schalterbeamte von Banken, Sparkassen usw., wenn sie Betrügereien verhindern).	ja	ja
Dies gilt auch für Belohnungen an Arbeitnehmer, die durch persönlichen Einsatz oder besonders umsichtiges Verhalten eine Gefahr für Leib und Leben anderer abgewendet oder erheblichen Sachschaden verhindert haben.	ja	ja
In besonders gelagerten Einzelfällen sieht das Finanzamt jedoch aufgrund bundeseinheitlicher Verwaltungsanweisung von der Besteuerung ab*), wenn es sich um eine Belohnung für die Verhütung einer Katastrophe handelt und die Gefahrenbekämpfung nicht zum unmittelbaren Aufgabenbereich des Arbeitnehmers gehört.	nein	nein
Ebenso gehören Belohnungen, die eine Berufsgenossenschaft an Arbeitnehmer ihrer Mitglieder auf deren Vorschlag für besondere Verdienste bei der Verhütung von Unfällen zuwendet, regelmäßig nicht zum steuerpflichtigen Arbeitslohn (vgl. BFH-Urteil vom 22. 2. 1963, BStBl. III Seite 306).	nein	nein

Siehe die Stichworte: Incentive-Reisen, Prämien, Unfallverhütungsprämien, Verlosungsgewinne.

Benzingutscheine

siehe „Warengutscheine"

Berechnung der Lohnsteuer und der Sozialversicherungsbeiträge

Gliederung:

1. Allgemeines
2. Berechnung der Lohnsteuer vom laufenden Arbeitslohn
3. Maschinelle Berechnung der Lohnsteuer
4. Berechnung der Kirchensteuer und des Solidaritätszuschlags
   a) Berechnung des Solidaritätszuschlags
   b) Berechnung der Kirchensteuer

---

*) Bundeseinheitliche Regelung. Bekannt gegeben z. B. für Bayern mit Schreiben des Bayer. Staatsministeriums der Finanzen vom 1. 6. 1954 S 2303 – 10/2 – 49 079, abgedruckt als Anlage 1 zu H 19.3 LStR im **Steuerhandbuch für das Lohnbüro 2010**, das im selben Verlag erschienen ist. Das **PC-Lexikon** für das Lohnbüro 2010 enthält auch dieses Handbuch und hat außerdem den Vorteil, dass Sie **alle BFH-Urteile** sowie die aktuellen Rundschreiben und Niederschriften der Spitzenverbände der **Sozialversicherung** mit Mausklick **im Volltext** abrufen und ausdrucken können. Eine Bestellkarte finden Sie vorne im Lexikon.

Berechnung der Lohnsteuer und der Sozialversicherungsbeiträge

5. Berechnung der Sozialversicherungsbeiträge vom laufenden Arbeitslohn
   a) Allgemeines
   b) Beitragssätze und Verteilung der Beitragslast
   c) Beitragsbemessungsgrenzen
   d) Mehrfachbeschäftigung
   e) Jahresarbeitsentgeltgrenze
   f) Praktische Beispiele zur Lohnabrechnung
6. Lohnzahlungszeitraum bei der Lohnsteuer
7. Entgeltabrechnungszeitraum bei der Sozialversicherung
8. Berechnung der Lohnsteuer und der Sozialversicherungsbeiträge bei Teillohnzahlungszeiträumen
9. Sonstige Bezüge (einmalige Zuwendungen)
10. Insolvenzgeldumlage

1. Allgemeines

Nachdem der Arbeitgeber die grundlegenden Fragen nach der **Arbeitnehmereigenschaft** und der **Höhe des Arbeitslohnes** geklärt hat, muss er die Berechnung der Lohnsteuer und der Sozialversicherungsbeiträge vornehmen. Hierzu benötigt der Arbeitgeber die Arbeitspapiere des Arbeitnehmers. Dies sind

– die **Lohnsteuerkarte** und
– der **Sozialversicherungsausweis**.

Wegen Einzelheiten vgl. die Erläuterungen bei diesen Stichworten.

Die Berechnung der Lohnsteuer und des Solidaritätszuschlags ist in den alten und neuen Bundesländern völlig identisch. Bei der Kirchensteuer sind die in den einzelnen Ländern geltenden Besonderheiten zu beachten (vgl. „Kirchensteuer"). Bei der Berechnung der Sozialversicherungsbeiträge gelten unterschiedliche Beitragsbemessungsgrenzen in der Renten- und Arbeitslosenversicherung für die alten Länder einerseits und die neuen Länder anderseits.

Zur Durchführung des Lohnsteuerabzugs benötigt der Arbeitgeber die **Lohnsteuerkarte** des Arbeitnehmers. Jeder Arbeitnehmer muss also seinem Arbeitgeber eine Lohnsteuerkarte vorlegen. Hiervon gibt es **zwei** Ausnahmen:

– **Beschränkt steuerpflichtige** (meist ausländische) **Arbeitnehmer,** die nur vorübergehend (= weniger als sechs Monate) in Deutschland arbeiten, ohne hier einen Wohnsitz zu begründen. Diese Arbeitnehmer erhalten keine Lohnsteuerkarte. Sie müssen dem Arbeitgeber eine besondere Bescheinigung vorlegen (die ähnlich gestaltet ist wie eine Lohnsteuerkarte, also auch die maßgebende Steuerklasse sowie ggf. Freibeträge oder Hinzurechnungsbeträge enthält). Diese sog. **Lohnsteuerabzugsbescheinigung** wird vom Betriebsstättenfinanzamt ausgestellt. Wegen Einzelheiten vgl. das Stichwort „Beschränkt steuerpflichtige Arbeitnehmer".
– Die Vorlage einer Lohnsteuerkarte entfällt für **Aushilfskräfte** und **Teilzeitbeschäftigte,** für die der Arbeitgeber die Lohnsteuer pauschal mit 25 %, 20 %, 5 % oder 2 % abführt (vgl. die Erläuterungen beim Stichwort „Pauschalierung der Lohnsteuer bei Aushilfskräften und Teilzeitbeschäftigten").

Liegt keiner der beiden Ausnahmefälle vor, muss der Arbeitgeber die Vorlage einer Lohnsteuerkarte verlangen. Legt der Arbeitnehmer die Lohnsteuerkarte trotz Aufforderung nicht vor, so muss der Arbeitgeber die Lohnsteuer nach der **Steuerklasse VI** berechnen (wegen Einzelheiten vgl. „Nichtvorlage der Lohnsteuerkarte").

Als Nächstes hat der Arbeitgeber zu klären, welche Lohnsteuertabelle anzuwenden ist. Es gelten nämlich unterschiedliche Lohnsteuertabellen, je nachdem, ob der Arbeitnehmer sozialversicherungspflichtig ist oder nicht:

– Für sozialversicherungspflichtige Arbeitnehmer gilt eine Lohnsteuertabelle mit einer ungekürzten Vorsorgepauschale **(Allgemeine Lohnsteuertabelle);**
– für nicht sozialversicherungspflichtige Arbeitnehmer gilt eine Lohnsteuertabelle mit einer gekürzten Vorsorgepauschale **(Besondere Lohnsteuertabelle).**

Obwohl die Berechnung der Vorsorgepauschale ab 1.1.2010 grundlegend geändert worden ist, ist die Zweiteilung (sog. A- und B-Tabelle) im Grundsatz beibehalten worden. Zur Berechnung der neuen Vorsorgepauschale vgl. **Anhang 8 zum Lexikon.**

Die Unterschiede zwischen den beiden Tabellen und der Personenkreis für den sie gelten, sind beim Stichwort „Lohnsteuertabellen" erläutert. In der Praxis der Lohnabrechnungen wird es der Arbeitgeber in aller Regel mit sozialversicherungspflichtigen Arbeitnehmern zu tun haben. Er benötigt deshalb

– eine Allgemeine **Monatslohnsteuertabelle** für den laufenden Monatslohn,
– eine Allgemeine **Wochenlohnsteuertabelle,** wenn der laufende Arbeitslohn wöchentlich abgerechnet wird,
– eine Allgemeine **Jahreslohnsteuertabelle** für sonstige Bezüge (einmalige Zuwendungen) und
– eine Allgemeine **Tageslohnsteuertabelle** für Teillohnzahlungszeiträume (wenn der Arbeitnehmer während des Monats aus- oder eingestellt wird) und für Arbeitnehmer, deren Arbeitslohn täglich abgerechnet wird.

Alle Tabellen sind bei der Verlagsgruppe Hüthig Jehle Rehm erhältlich. Zur **maschinellen Berechnung der Lohnsteuer** vgl. die Erläuterungen unter der nachfolgenden Nr. 3.

Nachdem der Arbeitgeber entschieden hat, welche Lohnsteuertabelle anzuwenden ist, stellt sich für ihn die Frage, ob es sich um laufenden Arbeitslohn oder sonstige Bezüge (einmalige Zuwendungen) handelt. Dies ist sowohl für die Berechnung der Lohnsteuer als auch der Sozialversicherungsbeiträge von entscheidender Bedeutung, da für **sonstige Bezüge** (einmalige Zuwendungen) ein besonderes Berechnungsverfahren gilt, das für die Lohnsteuer beim Stichwort „Sonstige Bezüge" und für die Sozialversicherungsbeiträge beim Stichwort „Einmalige Zuwendungen" dargestellt ist. Ein zusammenfassendes Beispiel für die gesamte Lohnabrechnung (Lohnsteuer und Sozialversicherungsbeiträge) bei einmaligen Lohnzahlungen enthalten die Stichworte „Urlaubsentgelt" und „Weihnachtsgeld".

2. Berechnung der Lohnsteuer vom laufenden Arbeitslohn

Für die Berechnung der Lohnsteuer vom **laufenden Arbeitslohn** hat der Arbeitgeber die Höhe des steuerpflichtigen laufenden Arbeitslohns und den in Betracht kommenden Lohnzahlungszeitraum (Monat, Woche oder Tag) festzustellen. Bevor die Lohnsteuer nach der Allgemeinen oder Besonderen Lohnsteuertabelle berechnet wird, sind folgende Freibeträge vom Arbeitslohn abzuziehen:

– Freibetrag lt. Lohnsteuerkarte,
– Altersentlastungsbetrag,
– Versorgungsfreibetrag und der Zuschlag zum Versorgungsfreibetrag.

Bei dem auf der Lohnsteuerkarte eingetragenen Freibetrag hat das Finanzamt die Voraussetzungen geprüft. Beim Altersentlastungsbetrag, beim Versorgungsfreibetrag und dem Zuschlag zum Versorgungsfreibetrag muss dagegen der Arbeitgeber in eigener Zuständigkeit und Verantwortung überprüfen, ob die Voraussetzungen für den Abzug dieser Freibeträge jeweils erfüllt sind, da keiner dieser Freibeträge vom Finanzamt auf der Lohnsteuerkarte eingetragen wird. Den Arbeitgeber treffen also bei der Berücksichtigung dieser Freibeträge erhöhte Sorg-

Berechnung der Lohnsteuer und der Sozialversicherungsbeiträge

faltspflichten. Der Abzug der oben genannten Freibeträge gilt jedoch **nur für die Lohnsteuer;** bei der Berechnung der Sozialversicherungsbeiträge darf keiner dieser Freibeträge vom Arbeitsentgelt abgezogen werden. Das Verfahren zur Eintragung eines Freibetrags auf der Lohnsteuerkarte ist ausführlich in **Anhang 7** erläutert. Einzelheiten zum Altersentlastungsfreibetrag und zum Versorgungsfreibetrag sind unter diesen Stichworten erläutert.

Seit 1.1.2000 werden auch Hinzurechnungsbeträge auf der Lohnsteuerkarte des Arbeitnehmers eingetragen. Ist dies der Fall, so muss der Arbeitgeber diesen **Hinzurechnungsbetrag dem Arbeitslohn hinzurechnen,** bevor er die Lohnsteuer aus der Tabelle abliest. Für die Sozialversicherung hat ein Hinzurechnungsbetrag keine Bedeutung (vgl. das Stichwort „Hinzurechnungsbetrag auf der Lohnsteuerkarte").

Nach Abzug der oben genannten Freibeträge bzw. nach Hinzurechnung eines auf der Lohnsteuerkarte eingetragenen Hinzurechnungsbetrags hat der Arbeitgeber die Lohnsteuer aus der für den Lohnzahlungszeitraum in Betracht kommenden Lohnsteuertabelle (Tabelle für monatliche, wöchentliche oder tägliche Lohnzahlung) unter Berücksichtigung der auf der Lohnsteuerkarte eingetragenen Merkmale **(Steuerklasse, Zahl der Kinderfreibeträge)** abzulesen oder maschinell zu berechnen. Dabei ist beim Ablesen aus einer gedruckten Lohnsteuertabelle zu beachten, dass sich die Zahl der auf der Lohnsteuerkarte eingetragenen Kinderfreibeträge nur auf die Höhe des Solidaritätszuschlags und der Kirchensteuer auswirkt, nicht jedoch auf die Höhe der Lohnsteuer. Die Kinderfreibetragsspalten der Lohnsteuertabellen enthalten deshalb keine Lohnsteuerbeträge (vgl. das Stichwort „Tarifaufbau").

Der Lohnsteuerermittlung sind jeweils die auf der Lohnsteuerkarte eingetragenen Merkmale zugrunde zu legen, die für den Tag gelten, an dem der **Lohnzahlungszeitraum endet.** Diese Regelung ist vor allem dann von Bedeutung, wenn sich die Eintragungen auf der Lohnsteuerkarte im Laufe eines Monats ändern (vgl. das Stichwort „Änderung des Lohnsteuerabzugs").

Die Monatslohnsteuertabelle ist auch dann anzuwenden, wenn der Arbeitnehmer während des monatlichen Lohnzahlungszeitraumes dauernd in einem Beschäftigungsverhältnis steht, aber für einzelne Tage keinen Lohn bezogen hat (z.B. wegen Krankheit, Mutterschutz, unbezahltem Urlaub usw. vgl. das Stichwort „Teillohnzahlungszeitraum").

Die Lohnsteuertabelle für tägliche Lohnzahlung **(Tagestabelle)** ist bei Arbeitnehmern anzuwenden, die im Laufe eines Monats ein- oder ausgestellt werden und bei Arbeitnehmern, deren Arbeitslohn täglich abgerechnet wird.

3. Maschinelle Berechnung der Lohnsteuer

Beim heutigen Stand der Technik wird die Lohnsteuer nur noch selten manuell berechnet. Die Berechnung erfolgt entweder durch ein firmeneigenes Rechenprogramm oder durch den Einsatz eines der im Handel erhältlichen Lohnabrechnungsprogramme. Früher ergab sich unabhängig davon, ob die Lohnsteuer maschinell errechnet oder aus einer gedruckten Tabelle abgelesen wurde, stets der gleiche Lohnsteuerbetrag. Seit 1.1.2004 können geringfügige Unterschiede auftreten, weil bei der maschinellen Berechnung der Lohnsteuer ohne Tabellenstufen gerechnet wird, wohingegen die gedruckten Lohnsteuertabellen von den gesetzlich vorgeschriebenen 36-Euro-Tabellenstufen ausgehen (§ 51 Abs. 4 Nr. 1a EStG). Am Stufenendbetrag sind die Steuerabzüge identisch. Diese geringfügigen Unterschiede sind vom Gesetzgeber bewusst in Kauf genommen worden; in beiden Fällen wird also vom Arbeitgeber die zutreffende, gesetzlich vorgeschriebene Lohnsteuer einbehalten. Den Unterschied soll folgende Übersicht verdeutlichen (Steuerklasse III):

Monatslohn	Lohnsteuer bei maschineller Berechnung	Lohnsteuer beim Ablesen aus einer gedruckten Lohnsteuertabelle
2 500,— €	132,83 €	133,16 €
2 501,— €	133,00 €	133,16 €
2 501,99 €	133,16 €	133,16 €

4. Berechnung der Kirchensteuer und des Solidaritätszuschlags

a) Berechnung des Solidaritätszuschlags

Zusätzlich zur Lohnsteuer muss der Arbeitgeber den Solidaritätszuschlag vom Arbeitslohn des Arbeitnehmers einbehalten. Der Solidaritätszuschlag beträgt **5,5 %** der Lohnsteuer. Berechnungsgrundlage für den Solidaritätszuschlag ist also die Lohnsteuer. Da jedoch Arbeitnehmer mit geringem Arbeitslohn vom Solidaritätszuschlag freigestellt werden (sog. Nullzone) und anschließend stufenweise auf den normalen Satz von 5,5 % übergeleitet wird (sog. Übergangsbereich), ist die genaue Berechnung in bestimmten Fällen kompliziert. Außerdem werden die Kinderfreibeträge bei der Berechnung der Bemessungsgrundlage für den Solidaritätszuschlag gesondert berücksichtigt. Im selben Verlag sind deshalb Lohnsteuertabellen erschienen, aus denen die Lohnsteuer und der Solidaritätszuschlag in einem Arbeitsgang abgelesen werden können. Der Solidaritätszuschlag ist ausführlich bei diesem Stichwort erläutert.

b) Berechnung der Kirchensteuer

Bemessungsgrundlage für die Kirchensteuer ist wie beim Solidaritätszuschlag die Lohnsteuer. Der Kirchensteuersatz ist in den einzelnen Ländern unterschiedlich hoch; er beträgt entweder 8 % oder 9 %. Maßgebend für den Kirchensteuersatz ist, wo sich die lohnsteuerliche Betriebsstätte des Arbeitgebers befindet. Außerdem ist zu beachten, dass die Kinderfreibeträge bei der Berechnung der Bemessungsgrundlage für die Kirchensteuer gesondert berücksichtigt werden (vgl. „Kirchensteuer").

Die im selben Verlag erschienenen Lohnsteuertabellen weisen außer der Lohnsteuer und dem Solidaritätszuschlag auch die Kirchensteuer aus. Dabei sind die bei der Ermittlung der Bemessungsgrundlage zu berücksichtigenden Kinderfreibeträge bereits in das Zahlenwerk der Tabellen eingearbeitet worden. Die einzubehaltende Kirchensteuer kann deshalb nach dem maßgebenden Prozentsatz (8 % oder 9 %) direkt aus der Tabelle abgelesen werden.

5. Berechnung der Sozialversicherungsbeiträge vom laufenden Arbeitslohn

a) Allgemeines

Die Berechnung der Sozialversicherungsbeiträge erfolgt auf der Grundlage des beitragspflichtigen Entgelts. Im Gegensatz zur Berechnung der Lohnsteuer darf das beitragspflichtige Entgelt **nicht um die lohnsteuerlichen Freibeträge gekürzt** werden. Bei der Beitragsberechnung bleiben somit außer Betracht:

– der auf der Lohnsteuerkarte des Arbeitnehmers eingetragene Freibetrag oder Hinzurechnungsbetrag,
– der Altersentlastungsbetrag und
– der Versorgungsfreibetrag und der Zuschlag zum Versorgungsfreibetrag.

b) Beitragssätze und Verteilung der Beitragslast

Durch Anwendung der Beitragssätze auf das beitragspflichtige Arbeitsentgelt werden die Sozialversicherungsbeiträge errechnet.

Berechnung der Lohnsteuer und der Sozialversicherungsbeiträge

Beitragssätze für 2010

- Rentenversicherung 19,9 %
- Arbeitslosenversicherung 2,8 %
- Pflegeversicherung 1,95 %
- Beitragszuschlag zur Pflegeversicherung für Kinderlose 0,25 %
- **Krankenversicherung**; die Höhe der Beiträge wurde für 2008 letztmalig von der jeweiligen Krankenkasse durch Satzung festgelegt. Seit 1.1.2009 wird der Beitrag zur Krankenversicherung für alle gesetzlichen Krankenkassen durch Rechtsverordnung*) einheitlich vorgegeben. Der allgemeine Beitragssatz beträgt seit 1. Juli 2009 **14,9 %**. Der ermäßigte Beitragssatz **14,3 %**.

Beim Krankenversicherungsbeitrag ist zu unterscheiden, zwischen
- dem **allgemeinen** Beitragssatz,
- dem **ermäßigten** Beitragssatz.

Der allgemeine Beitragssatz gilt grds. für alle Arbeitnehmer.

Der ermäßigte Beitragssatz gilt für Arbeitnehmer, die keinen Anspruch auf Krankengeld haben (z. B. weiter beschäftigte Altersrentner, Arbeitnehmer, deren Beschäftigungsverhältnis im Voraus auf einen kürzeren Zeitraum als zehn Wochen befristet ist, unständig Beschäftigte, Arbeitnehmer während der Freistellungsphase der Altersteilzeitarbeit, Vorruhestandsgeldbezieher).

Die Gesamtsumme der Beiträge zur Kranken-, Pflege-, Renten- und Arbeitslosenversicherung wird als **Gesamtsozialversicherungsbeitrag** bezeichnet. Der Gesamtsozialversicherungsbeitrag wird im Regelfall **je zur Hälfte** vom Arbeitnehmer und Arbeitgeber getragen. Hinsichtlich der Krankenversicherungsbeiträge ergibt sich seit 1.1.2009 die Besonderheit, dass der Arbeitgeber lediglich die Hälfte des um 0,9 % verminderten allg. Beitragssatzes zu bezahlen hat. Der Rest ist vom Arbeitnehmer zu zahlen.

Hiernach ergibt sich folgende Verteilung der Beitragslast:

	Arbeitnehmeranteil	Arbeitgeberanteil
– Rentenversicherung	9,95 %	9,95 %
– Arbeitslosenversicherung	1,4 %	1,4 %
– Krankenversicherung		
Arbeitgeberanteil (14,9 % – 0,9 % : 2)		7,0 %
Arbeitnehmeranteil (14,9 % – 7,0 %)	7,9 %	
– Pflegeversicherung	0,975 %	0,975 %
– Hat der Arbeitnehmer den Beitragszuschlag zur Pflegeversicherung für Kinderlose in Höhe von 0,25 % zu zahlen, ergibt sich folgende Verteilung der Beitragslast bei der Pflegeversicherung	1,225 %	0,975 %

Beiträge, die der Arbeitgeber und der Arbeitnehmer je zur Hälfte tragen, werden durch Anwendung des **halben Beitragssatzes** auf das Arbeitsentgelt und anschließende Verdoppelung des gerundeten Ergebnisses berechnet (vgl. das Berechnungsbeispiel unter dem nachfolgenden Buchstaben c).

Von dem Grundsatz, dass der Gesamtsozialversicherungsbeitrag vom Arbeitnehmer und Arbeitgeber je zur Hälfte getragen wird, gibt es folgende Ausnahmen:

- Den **Beitragszuschlag zur Pflegeversicherung für Kinderlose** in Höhe von **0,25 %** trägt der Arbeitnehmer allein (vgl. die Erläuterungen beim Stichwort „Beitragszuschlag zur sozialen Pflegeversicherung für Kinderlose").

- Bei Arbeitnehmern im **Niedriglohnbereich** (400,01 € bis 800,00 €) erfolgt die Beitragslastverteilung nach besonderen Vorschriften (vgl. das Stichwort „Gleitzone im Niedriglohnbereich").

- Für **Auszubildende und Praktikanten** mit einem Arbeitsentgelt von nicht mehr als **325 €** monatlich hat **der Arbeitgeber** den gesamten **Beitrag allein** aufzubringen. Dies gilt auch für den Beitragszuschlag zur Pflegeversicherung für Kinderlose und den zusätzlichen Arbeitnehmerbeitrag zur Krankenversicherung. Die Grenze von 325 € monatlich gilt einheitlich in allen Bundesländern (vgl. das Stichwort „Auszubildende").

- **Bei Beziehern von Kurzarbeitergeld oder Saison-Kurzarbeitergeld** sind die auf das gekürzte fiktive Arbeitsentgelt entfallenden Kranken-, Pflege- und Rentenversicherungsbeiträge **vom Arbeitgeber** allein zu tragen (vgl. die Stichworte „Kurzarbeitergeld" und „Saison-Kurzarbeitergeld").

- **Altersrentner** mit Vollrente und Pensionsempfänger in einem aktiven Beschäftigungsverhältnis; auch wenn diese Personen nicht der **Rentenversicherung**spflicht unterliegen, hat **der Arbeitgeber** den sonst auf ihn entfallenden Anteil zu entrichten (vgl. das Berechnungsbeispiel beim Stichwort „Rentner" unter Nr. 5 auf Seite 624).

- Arbeitnehmer, die das **65. Lebensjahr** vollendet haben, sind in der **Arbeitslosenversicherung** beitragsfrei. **Der Arbeitgeber** hat jedoch den sonst auf ihn entfallenden Anteil zu entrichten (vgl. das Berechnungsbeispiel beim Stichwort „Rentner" unter Nr. 5 auf Seite 624).

- Für eine versicherungsfreie geringfügige Dauerbeschäftigung (sog. Minijobs) muss **der Arbeitgeber** einen **pauschalen Arbeitgeberbeitrag** zur Rentenversicherung und in bestimmten Fällen auch einen pauschalen Arbeitgeberbeitrag zur Krankenversicherung entrichten (vgl. die Stichworte „Geringfügige Beschäftigung" und „Hausgehilfin").

- Arbeitgeber, die mit einem **zuvor Arbeitslosen,** der das **55. Lebensjahr** vollendet hat, vor dem 1.1.2008 erstmalig ein Beschäftigungsverhältnis begründet haben, sind von der Zahlung des **Arbeitgeberanteils zur Arbeitslosenversicherung befreit.** Es fällt nur der Arbeitnehmeranteil in Höhe von 1,4 % an (§ 421 k SGB III).

Für die Beiträge zur Pflegeversicherung gilt Folgendes:

Nach § 58 Abs. 1 SGB XI sind die Beiträge zur sozialen Pflegeversicherung bei krankenversicherungspflichtigen Arbeitnehmern jeweils zur Hälfte vom Arbeitgeber und vom Arbeitnehmer zu tragen. Der Beitragssatz zur Pflegeversicherung beträgt 1,95 %. Das bedeutet, dass – mit Ausnahme der Beschäftigten in Sachsen – der Arbeitgeber- und der Arbeitnehmeranteil zur Pflegeversicherung jeweils **0,975 %** des Arbeitslohns beträgt.

Für Beschäftigte in Sachsen gilt Folgendes:

Eine Verteilung der Beitragslast auf Arbeitgeber und Arbeitnehmer je zur Hälfte setzt voraus, dass die Länder zum Ausgleich der mit den Arbeitgeberbeiträgen verbundenen Belastungen einen stets auf einen Werktag fallenden landesweiten gesetzlichen Feiertag aufgehoben haben. Mit Ausnahme von Sachsen haben das alle Länder getan. Da Sachsen keinen gesetzlichen, stets auf einen Werktag fallenden Feiertag abgeschafft hat, tragen die in Sachsen tätigen Arbeitnehmer den bis 30. 6. 1996 geltenden Pflegeversicherungsbeitrag in Höhe von 1 % allein. Hieran hat sich auch ab 1. Juli 1996 nichts geändert, das heißt, dass der Arbeitnehmer auch seit 1. Juli 1996 1 % des Pflegeversicherungsbeitrags

---
*) GKV-Beitragssatzverordnung vom 29.10.2008 (BGBl. I S. 2109); zul. geändert d. Art. 14 des Gesetzes vom 2.3.2009 (BGBl. I S. 416).

Berechnung der Lohnsteuer und der Sozialversicherungsbeiträge

allein tragen muss. **Auf den 1 % übersteigenden Beitrag** findet hingegen auch in Sachsen § 58 Abs. 1 SGB XI Anwendung. Das bedeutet, dass die am 1. Juli 1996 eingetretene Erhöhung des Beitrags jeweils zur Hälfte vom Arbeitgeber und Arbeitnehmer zu tragen ist. Der seit 1.7.2008 geltende Pflegeversicherungsbeitrag von 1,95 % verteilt sich somit für die in Sachsen tätigen Arbeitnehmer wie folgt:

Arbeitnehmeranteil	**1,475 %**
Arbeitgeberanteil	**0,475 %**

Hat der Arbeitnehmer den Beitragszuschlag für Kinderlose in Höhe von 0,25 % zu zahlen, ergibt sich bei einer Beschäftigung in Sachsen folgende Verteilung der Beitragslast bei der Pflegeversicherung:

Arbeitnehmeranteil	**1,725 %**
Arbeitgeberanteil	**0,475 %**

c) Beitragsbemessungsgrenzen

Durch Anwendung des Beitragssatzes für den Arbeitnehmer- und Arbeitgeberanteil auf das beitragspflichtige Arbeitsentgelt werden die Sozialversicherungsbeiträge errechnet.

Die Sozialversicherungsbeiträge werden jedoch mit dem maßgebenden Beitragssatz **nur bis zur Höhe der jeweils geltenden Beitragsbemessungsgrenzen** erhoben.

Beitragsbemessungsgrenzen 2010

Renten- und Arbeitslosenversicherung

	alte Länder mit Berlin-West	neue Länder mit Berlin-Ost
Jahr	66 000,— €	55 800,— €
Monat	5 500,— €	4 650,— €
Woche	1 283,33 €	1 085,— €
Kalendertag	183,33 €	155,— €

Kranken- und Pflegeversicherung

	alte und neue Länder einheitlich
Jahr	45 000,— €
Monat	3 750,— €
Woche	875,— €
Kalendertag	125,— €

Eine **Tabelle für die anteiligen Beitragsbemessungsgrenzen** bei Teillohnzahlungszeiträumen ist für die alten und neuen Bundesländer beim Stichwort „Teillohnzahlungszeitraum" unter Nr. 4 auf Seite 692 abgedruckt.

Die Beiträge werden durch die unmittelbare Anwendung des **halben Beitragssatzes** auf das erzielte Arbeitsentgelt und anschließende Verdoppelung des **gerundeten** Ergebnisses berechnet. Für die Rundung gilt Folgendes:

Ist die 3. Stelle nach dem Komma eine 5, 6, 7, 8 oder 9 ist aufzurunden;

ist die 3. Stelle nach dem Komma eine 1, 2, 3 oder 4 ist abzurunden.

Beispiel A

Monatliches Arbeitsentgelt im August 2010 3800 €. Sowohl bei einer Beschäftigung in den alten Bundesländern als auch in den neuen Bundesländern ergibt sich folgende Berechnung der Sozialversicherungsbeiträge:

	Arbeitnehmeranteil	Arbeitgeberanteil
Rentenversicherung je 9,95 % (aus dem tatsächlichen Arbeitsentgelt)	378,10 €	378,10 €
Arbeitslosenversicherung je 1,4 % (aus dem tatsächlichen Arbeitsentgelt)	53,20 €	53,20 €
Krankenversicherung		
Arbeitgeberanteil: (14,9 % − 0,9 % : 2 =) 7 % aus der Beitragsbemessungsgrenze von 3750 €		262,50 €
Arbeitnehmeranteil: (14,9 % − 7,0 % =) 7,9 % aus der Beitragsbemessungsgrenze von 3750 €	296,25 €	
Pflegeversicherung je 0,975 % (aus der Beitragsbemessungsgrenze von 3750 €)	36,56 €	36,56 €
Hat der Arbeitnehmer einen Beitragszuschlag zur Pflegeversicherung für Kinderlose in Höhe von 0,25 % zu zahlen, ergibt sich eine Verteilung der Beitragslast bei der Pflegeversicherung von 1,225 % zu 0,975 % (aus der Beitragsbemessungsgrenze von 3750 €)		
insgesamt	764,11 €	730,36 €
Gesamtsozialversicherungsbeitrag	1 494,47 €	

d) Mehrfachbeschäftigung

Bei einer **Mehrfachbeschäftigung** sind die Arbeitsentgelte zusammenzurechnen und die Beitragsbemessungsgrenzen anteilig von jedem Arbeitgeber zu berücksichtigen. Wegen Einzelheiten vgl. das Stichwort „Mehrfachbeschäftigung".

e) Jahresarbeitsentgeltgrenze

Bei der Lohnabrechnung wird zwischen Arbeitnehmern, die in der Kranken- und Pflegeversicherung pflichtversichert sind, und freiwillig versicherten Arbeitnehmern unterschieden, wobei ein freiwillig versicherter Arbeitnehmer entweder bei einer gesetzlichen Krankenkasse (GKV) freiwillig versichert sein oder die Krankenversicherung über ein privates Krankenversicherungsunternehmen (PKV) durchführen kann. **Versicherungspflicht** in der Kranken- und Pflegeversicherung besteht für Arbeiter und Angestellte dann, wenn das regelmäßige Jahresarbeitsentgelt die **Jahresarbeitsentgeltgrenze** in drei aufeinanderfolgenden Kalenderjahren nicht übersteigt. Diese Grenze ist für GKV-Mitglieder und PKV-Mitglieder unterschiedlich hoch. Damit soll ein Wechsel von der gesetzlichen zur privaten Krankenversicherung verhindert werden. Wie die Jahresarbeitsentgeltgrenze im Einzelnen errechnet wird und wann der Arbeitnehmer beim Überschreiten aus der Pflichtversicherung ausscheidet, ist beim Stichwort „Jahresarbeitsentgeltgrenze" anhand von Beispielen erläutert. Beschäftigte, die wegen Überschreitung der Jahresarbeitsentgeltgrenze versicherungsfrei sind, haben nach § 257 SGB V Anspruch auf einen Zuschuss des Arbeitgebers zu den freiwillig geleisteten Krankenversicherungsbeiträgen (vgl. „**Arbeitgeberzuschuss zur Krankenversicherung**"). Außerdem haben diese Arbeitnehmer nach § 61 SGB XI Anspruch auf einen Zuschuss des Arbeitgebers zu ihren Beiträgen zur Pflegeversicherung (vgl. „**Arbeitgeberzuschuss zur Pflegeversicherung**").

f) Praktische Beispiele zur Lohnabrechnung

Die Unterschiede zwischen den Lohnabrechnungen für pflichtversicherte Arbeitnehmer und den Lohnabrechnungen für freiwillig krankenversicherte Arbeitnehmer sollen an den zwei folgenden Beispielen verdeutlicht werden:

Beispiel A: Pflichtversicherter Arbeitnehmer **(GKV)**

Beispiel B: Freiwillige Versicherung bei einer privaten Krankenversicherung **(PKV)**

Berechnung der Lohnsteuer und der Sozialversicherungsbeiträge

Beispiel A

Lohnabrechnungsbeispiel für einen **pflichtversicherten** Arbeiter:

Ein Arbeiter mit einem Stundenlohn von 12 € hat eine Wochenarbeitszeit von 38,5 Stunden (täglich 7,7 Stunden). Bei 21 Arbeitstagen ergibt sich somit ein Arbeitslohn von 1940,40 €. Der Arbeiter hat auf seiner Lohnsteuerkarte 2010 folgende Eintragungen: Steuerklasse III/Kinderfreibetragszähler 0; Religionszugehörigkeit ev. Der Arbeitgeber gewährt eine zusätzliche vermögenswirksame Leistung in Höhe von 26,60 € monatlich. Der Arbeitnehmer legt darüber hinaus selbst 13,40 € vermögenswirksam an. Außerdem zahlt der Arbeitgeber einen monatlichen Zuschuss zu den Fahrten zwischen Wohnung und Arbeitsstätte in Höhe von 50 € und einen Zuschuss zu den Kontoführungsgebühren in Höhe von 3 € monatlich. Es ergibt sich folgende monatliche Lohnabrechnung:

		Lohnsteuerpflichtig	Sozialversich.-pflichtig
Monatslohn		1 940,40 €	
+ vermögenswirksame Leistung des Arbeitgebers		26,60 €	
+ Fahrkostenzuschuss		50,— €	
+ Kontoführungsgebühr		3,— €	
insgesamt		2 020,— €	
abzüglich:			
Lohnsteuer	41,16 €		
Solidaritätszuschlag	0,— €		
Kirchensteuer (8 %)	3,29 €		
Sozialversicherung	409,50 €	453,95 €	
Nettolohn		1 566,05 €	
abzüglich vermögenswirksame Anlage		40,— €	
auszuzahlender Betrag		1 526,05 €	
Arbeitgeberanteil		386,50 €	
abzuführender Gesamtsozialversicherungsbeitrag		796,— €	

Seit 1.1.2009 muss der Arbeitgeber die Insolvenzgeldumlage mit Beitragsnachweis an die Krankenkasse abführen. Die Insolvenzgeldumlage wurde ab 1.1.2010 von bisher 0,1 % auf **0,41 %** erhöht. Die Insolvenzgeldumlage beträgt 0,41 % von 2000 € = 8,20 € (vgl. das Stichwort „Insolvenzgeldumlage").

Behandlung der vermögenswirksamen Leistungen:

Die vom Arbeitgeber gewährte vermögenswirksame Leistung gehört unabhängig davon, ob sie tarifvertraglich zusteht oder freiwillig gezahlt wird, zum steuerpflichtigen Arbeitslohn und zum beitragspflichtigen Arbeitsentgelt. Der Arbeitgeber braucht die vermögenswirksamen Leistungen nicht in die Lohnsteuerbescheinigung einzutragen (vgl. „Vermögensbildung").

Berechnung der Lohn- und Kirchensteuer sowie des Solidaritätszuschlags:

Der Zuschuss zu den Aufwendungen für die Fahrten zwischen Wohnung und Arbeitsstätte ist steuerpflichtig. Es wird davon ausgegangen, dass der Arbeitgeber den Fahrkostenzuschuss von 50 € nur in Höhe von 20 € pauschal mit 15 % versteuern kann. Einzelheiten sind beim Stichwort „Fahrten zwischen Wohnung und regelmäßiger Arbeitsstätte" erläutert. Dies löst Sozialversicherungsfreiheit aus. Steuer- und beitragspflichtig sind hingegen die ersetzten Kontoführungsgebühren von 3 € und der nicht pauschal versteuerte Teil des Fahrkostenzuschusses in Höhe von (50 € − 20 € =) 30 €. Hiernach ergibt sich folgende Lohnabrechnung:

Monatslohn insgesamt		2 020,— €
abzüglich:		
pauschal versteuerter Fahrkostenzuschuss		20,— €
zu versteuern nach der Monatstabelle		2 000,— €

Für diesen Betrag ergibt sich bei Anwendung der ab 1.1.2010 geltenden Allgemeinen Monatslohnsteuertabelle (Steuerklasse III) eine Lohnsteuer in Höhe von 41,16 €
der Solidaritätszuschlag beträgt 0,— €
die Kirchensteuer beträgt 3,29 €

Berechnung der Sozialversicherungsbeiträge:

Der Arbeitnehmer ist pflichtversichert in der Kranken-, Pflege-, Renten- und Arbeitslosenversicherung. Der Fahrkostenzuschuss wird in Höhe von 20 € pauschal versteuert und gehört deshalb insoweit nicht zum beitragspflichtigen Arbeitsentgelt (vgl. „Fahrten zwischen Wohnung und regelmäßiger Arbeitsstätte"). Das sozialversicherungspflichtige Arbeitsentgelt von (2020 € − 20 € =) 2000 € übersteigt weder die Beitragsbemessungsgrenzen in den alten noch die Beitragsbemessungsgrenzen in den neuen Bundesländern. Es ist deshalb in voller Höhe zur Beitragsberechnung heranzuziehen.

Beitragsberechnung (aus 2000 €):

	Arbeitnehmeranteil	Arbeitgeberanteil
Krankenversicherung 7,9 % und 7,0 %	158,— €	140,— €
Pflegeversicherung 1,225 % und 0,975 %	24,50 €	19,50 €
Rentenversicherung 2 × 9,95 %	199,— €	199,— €
Arbeitslosenversicherung 2 × 1,4 %	28,— €	28,— €
zusammen	409,50 €	386,50 €
Gesamtsozialversicherungsbeitrag	796,— €	

Verdienstbescheinigung

Nach vielen Tarifverträgen ist der Arbeitgeber verpflichtet, dem Arbeitnehmer eine Abrechnung auszuhändigen, aus der die Berechnung des Auszahlungsbetrags vollständig ersichtlich ist. Eine gesetzliche Verpflichtung zum Aushändigen einer Lohn- oder Gehaltsabrechnung enthält § 108 Gewerbeordnung.

Arbeitnehmer, die wegen Überschreitens der Jahresarbeitsentgeltgrenze **versicherungsfrei** sind, erhalten vom Arbeitgeber einen Beitragszuschuss zu ihrer privaten Kranken- und Pflegeversicherung. Wie die Lohnabrechnung für einen solchen Arbeitnehmer durchzuführen ist, zeigt das nachfolgende **Beispiel B**.

Beispiel B

Lohnabrechnungsbeispiel für einen Arbeitnehmer, der bei einer privaten Krankenkasse freiwillig versichert ist:

Ein Angestellter mit einem Monatsgehalt von 4000 € hat auf seiner Lohnsteuerkarte 2010 folgende Eintragungen: Steuerklasse I, ohne Kinderfreibetragszähler, Religionszugehörigkeit rk. Sein Monatsbeitrag zur privaten Krankenversicherung beträgt 550 € und zur privaten Pflegeversicherung 80 €. Es ergibt sich folgende monatliche Lohnabrechnung:

Monatsgehalt		4 000,— €
Arbeitgeberzuschuss zur Krankenversicherung		262,50 €
Arbeitgeberzuschuss zur Pflegeversicherung		36,56 €
zusammen		4 299,06 €
abzüglich:		
Lohnsteuer	785,83 €	
Solidaritätszuschlag	43,22 €	
Kirchensteuer (8 %)	62,86 €	
Renten- und Arbeitslosenversicherung	454,— €	1 345,91 €
auszuzahlender Betrag		2 953,15 €
Arbeitgeberanteil		454,— €
Gesamtsozialversicherungsbeitrag		908,— €

Berechnung der Lohn- und Kirchensteuer sowie des Solidaritätszuschlags:

Monatslohn		4 299,06 €
abzüglich:		
steuerfreier Arbeitgeberzuschuss zur Krankenversicherung	262,50 €	
steuerfreier Arbeitgeberzuschuss zur Pflegeversicherung	36,56 €	299,06 €
zu versteuern nach der Monatstabelle		4 000,— €

Für diesen Betrag ergibt sich bei Anwendung der ab 1.1.2010 geltenden Allgemeinen Monatslohnsteuertabelle (Steuerklasse I) eine Lohnsteuer in Höhe von 785,83 €
der Solidaritätszuschlag beträgt 43,22 €
die Kirchensteuer (8 %) beträgt 62,86 €

Arbeitgeberzuschuss zur Kranken- und Pflegeversicherung

Beschäftigte, die wegen Überschreitens der Jahresarbeitsentgeltgrenze versicherungsfrei sind oder von der Versicherungspflicht befreit wurden und bei einem **privaten** Krankenversicherungsunternehmen versichert sind, haben gegen ihren Arbeitgeber sowohl Anspruch auf einen Zuschuss zum Krankenversicherungsbeitrag als auch Anspruch auf einen Zuschuss zum Pflegeversicherungsbeitrag. Voraussetzung ist, dass von dieser privaten Krankenversicherung Leistungen bei Krankheit und Pflege erbracht werden, die der Art nach auch bei Versicherungspflicht bestehen. Dies hat der Arbeitnehmer dem Arbeitgeber durch eine Bescheinigung seiner Krankenkasse nachzuweisen. Diese Bescheinigung hat der Arbeitgeber zu den Entgeltunterlagen zu nehmen.

Für den Arbeitgeberzuschuss zur Krankenversicherung gilt Folgendes:
Der Beitragszuschuss des Arbeitgebers ist im Fall der **privaten** Krankenversicherung auf einen gesetzlich festgelegten **Höchstbetrag begrenzt** (vgl. das Stichwort „Arbeitgeberzuschuss zur Krankenversicherung").

Berechnung der Lohnsteuer und der Sozialversicherungsbeiträge

	Lohn-steuer-pflichtig	Sozial-versich.-pflichtig

Der Zuschuss zum Krankenversicherungsbeitrag für privat krankenversicherte Arbeitnehmer beträgt ab **1.1.2010** sowohl in den alten als auch in den neuen Bundesländern einheitlich **262,50 €** monatlich; höchstens erhält der Arbeitnehmer jedoch die Hälfte des Betrags, den er monatlich für seine private Krankenversicherung tatsächlich aufwendet.

Im Beispielfall beträgt der tatsächliche Beitrag zur Krankenversicherung des Arbeitnehmers	550,— €
Die Hälfte hiervon beträgt	275,— €
Der Arbeitgeber kann somit höchstens folgenden Beitragszuschuss steuer- und beitragsfrei zahlen	262,50 €

Der Arbeitgeberzuschuss zur Pflegeversicherung ist nach § 61 Abs. 2 SGB XI auf den Betrag begrenzt, der bei einer Pflichtversicherung als Arbeitgeberanteil anfallen würde. Höchstens ist jedoch die Hälfte des Betrags zu zahlen, den der Arbeitnehmer für seine Pflegeversicherung tatsächlich aufwendet. Als Arbeitgeberanteil wäre bei einer Pflichtversicherung zu zahlen:

0,975 % von 3750 € =	36,56 €

Da die Hälfte des tatsächlichen Beitrags (50 % von 80 € =) 40 € höher ist, beträgt der steuer- und beitragsfreie Arbeitgeberzuschuss zur Pflegeversicherung höchstens 36,56 € monatlich.

Zahlt der Arbeitgeber – wie im Beispielsfall – die Zuschüsse an den Arbeitnehmer aus, ist für die Steuerfreiheit Voraussetzung, dass nach Ablauf des Kalenderjahres die zweckentsprechende Verwendung durch eine Bescheinigung der Versicherung über die tatsächlich geleisteten Kranken- und Pflegeversicherungsbeiträge nachgewiesen wird.

Die Bescheinigung ist vom Arbeitgeber mit den Lohnunterlagen aufzubewahren.

Berechnung der Beiträge zur Renten- und Arbeitslosenversicherung:

Der Beschäftigte ist wegen Überschreitens der Jahresarbeitsentgeltgrenze nicht kranken- und pflegeversicherungspflichtig. Versicherungspflicht besteht dagegen in Rentenversicherung und Arbeitslosenversicherung. Den Gesamtbeitrag für diese Versicherungszweige (Arbeitnehmeranteil und Arbeitgeberanteil) hat der Arbeitgeber an die zuständige Krankenkasse abzuführen.

Rentenversicherung: 9,95 % von 4000 € =	398,— €
Arbeitslosenversicherung: 1,4 % von 4000 € =	56,— €
Arbeitnehmeranteil =	454,— €
Der Arbeitgeberanteil beträgt	454,— €
Gesamtsozialversicherungsbeitrag	908,— €

Seit 1.1.2009 muss der Arbeitgeber die Insolvenzgeldumlage mit Beitragsnachweis an die Krankenkasse abführen. Die Insolvenzgeldumlage wurde ab 1.1.2010 von bisher 0,1 % auf **0,41 %** erhöht. Die Insolvenzgeldumlage beträgt 0,41 % von 4000 € = 16,40 € (vgl. das Stichwort „Insolvenzgeldumlage").

6. Lohnzahlungszeitraum bei der Lohnsteuer

Lohnzahlungszeitraum ist der Zeitraum, für den Arbeitslohn gezahlt wird, gleichgültig, wie der Arbeitslohn berechnet wird, ob es sich also um Zeitlohn oder Leistungslohn (Akkordlohn, Stücklohn) handelt. Im Allgemeinen wird der Lohnzahlungszeitraum einen Monat, eine Woche oder einen Tag umfassen und sich mit dem Lohnabrechnungszeitraum decken. Wird für den üblichen Lohnzahlungszeitraum nur eine Abschlagszahlung (vgl. dieses Stichwort) geleistet und die genaue Lohnabrechnung erst für einen längeren Zeitraum vorgenommen, so kann der Lohnabrechnungszeitraum als Lohnzahlungszeitraum angesehen und die Lohnsteuer erst bei der Lohnabrechnung einbehalten werden, wenn der Lohnabrechnungszeitraum nicht über fünf Wochen hinausgeht. Außerdem muss in diesen Fällen die Lohnabrechnung innerhalb von drei Wochen nach Ablauf des Zeitraums vorgenommen werden, auf den sich die Abrechnung bezieht (§ 39b Abs. 5 EStG). Wegen der steuerlichen Behandlung von Nachzahlungen bzw. Vorauszahlungen von Arbeitslohn wird auf die Stichwörter „Nachzahlung von laufendem Arbeitslohn" und „Vorschüsse" hingewiesen.

Beispiel A

Ein Arbeitgeber rechnet den Arbeitslohn monatlich ab. Er leistet jeweils am 20. des Monats eine Abschlagszahlung. Die Lohnabrechnung am 10. des folgenden Monats mit der Auszahlung der Spitzenbeträge vorgenommen. Der Arbeitgeber braucht von der Abschlagszahlung keine Lohnsteuer einbehalten. Er kann die Lohnsteuer erst bei der Schlussabrechnung einbehalten. In diesem Fall ist die Lohnsteuer spätestens bis zum zehnten Tag des auf die Schlussabrechnung folgenden Monats dem Finanzamt anzumelden und abzuführen. Leistet der Arbeitgeber somit am 20. Februar 2010 für den Monat Februar eine Abschlagszahlung und führt er am 10. März 2010 die Lohnabrechnung mit der Auszahlung der Spitzenbeträge für Februar durch, so ist in diesem Fall die Lohnsteuer für den Monat Februar erst bis 10. April 2010 an das Finanzamt anzumelden und abzuführen (vgl. jedoch die hiervon abweichende Regelung bei der Sozialversicherung unter Nr. 7).

Beispiel B

Ein Arbeitgeber rechnet den Arbeitslohn monatlich ab. Er leistet jeweils am 28. für den laufenden Monat eine Abschlagszahlung und nimmt die Lohnabrechnung am 28. des folgenden Monats vor. Die Lohnsteuer muss bereits von der Abschlagszahlung einbehalten werden, da die Abrechnung nicht mindestens drei Wochen nach Ablauf des Lohnabrechnungszeitraums vorgenommen wird.

Wird die Lohnabrechnung für den letzten Lohnabrechnungszeitraum des ablaufenden Kalenderjahres erst im nachfolgenden Kalenderjahr, aber noch innerhalb der Dreiwochenfrist vorgenommen, so handelt es sich um Arbeitslohn und einbehaltene Lohnsteuer des letzten Lohnabrechnungszeitraums; der Arbeitslohn und die Lohnsteuer sind deshalb im Lohnkonto und in der Lohnsteuerbescheinigung für das abgelaufene Kalenderjahr zu erfassen. Ungeachtet dessen ist die einbehaltene Lohnsteuer für die Anmeldung und Abführung als Lohnsteuer des Kalendermonats bzw. Kalendervierteljahres zu erfassen, in dem die Abrechnung tatsächlich vorgenommen wird.

Beispiel C

Auf den Arbeitslohn für Dezember 2010 werden Abschlagszahlungen geleistet. Die Lohnabrechnung erfolgt am 15.1.2011. Die zu diesem Zeitpunkt einzubehaltende Lohnsteuer ist spätestens zum 10.2.2011 als Lohnsteuer des Monats Januar anzumelden und abzuführen. Der Arbeitslohn und die davon einbehaltene Lohnsteuer gehören jedoch gleichwohl zur Lohnsteuer und zum Arbeitslohn des Kalenderjahres 2010. Sie sind deshalb im Lohnkonto für Dezember 2010 zu vermerken und in der Lohnsteuerbescheinigung für das Kalenderjahr 2010 zu erfassen.

Dieses Verfahren ist auch dann anwendbar, wenn keine Abschlagszahlung geleistet wurde, das heißt der im Januar gezahlte Arbeitslohn für Dezember kann abrechnungsmäßig noch dem Vorjahr zugeordnet werden, wenn die Lohnabrechnung in den **ersten drei Januarwochen** erfolgt.

Das geschilderte Verfahren gilt ebenso in den Fällen, in denen der übliche Arbeitslohn für den letzten Lohnzahlungszeitraum des Kalenderjahres am Ende dieses Lohnzahlungszeitraums abgerechnet wird und nur einzelne Lohnteile, z.B. Mehrarbeitsvergütungen, im nachfolgenden Kalenderjahr, aber noch innerhalb der Dreiwochenfrist abgerechnet werden. Erfolgt die Abrechnung dieser wirtschaftlich zum abgelaufenen Kalenderjahr gehörenden Lohnteile jedoch später als drei Wochen nach Ablauf des Lohnabrechnungszeitraums, dann handelt es sich insoweit stets um sonstige Bezüge, die im Kalenderjahr des Zufließens zu versteuern sind (vgl. Stichwort „Sonstige Bezüge").

Die Frage, wann der Arbeitslohn zugeflossen ist, gewinnt insbesondere am Ende eines Kalenderjahres an Bedeutung. Hierzu ist in § 38a Abs. 1 EStG für den **laufenden Arbeitslohn** bestimmt, dass dieser in dem Kalenderjahr als bezogen gilt, in dem der Lohnzahlungszeitraum endet.

Beispiel D

Lohnzahlungszeitraum 1.12.2010 bis 31.12.2010. Der Arbeitslohn wird am 2.1.2011 ausgezahlt, er gilt im Kalenderjahr 2010 als zugeflossen.

Beispiel E

Lohnzahlungszeitraum 15.12.2010 bis 15.1.2011. Der Arbeitslohn wird am 15.12.2010 ausgezahlt; er gilt im Kalenderjahr 2011 als zugeflossen.

Beispiel F

Lohnzahlungszeitraum 1.1.2011 bis 31.1.2011. Der Arbeitslohn wird am 30.12.2010 ausgezahlt; er gilt im Kalenderjahr 2011 als zugeflossen.

Arbeitslohn, der nicht als laufender Arbeitslohn gezahlt wird (sonstige Bezüge), wird ausschließlich in dem Kalenderjahr bezogen, in dem er dem Arbeitnehmer zufließt.

Berechnung der Lohnsteuer und der Sozialversicherungsbeiträge

Das allgemein maßgebende Zuflussprinzip wird somit nach der ausdrücklichen Regelung des § 38a Abs. 1 EStG nur für den **laufenden** Arbeitslohn durchbrochen. Dies ist zu beachten, wenn laufender Arbeitslohn zusammen mit sonstigen Bezügen gezahlt wird.

Beispiel G

Lohnzahlungszeitraum ist der Monat. Der Monatslohn für Dezember 2010 wird zusammen mit einer Weihnachtsgratifikation am 2.1.2011 ausgezahlt. Der laufende Arbeitslohn gilt im Kalenderjahr 2010 als zugeflossen und ist in die Lohnabrechnung für Dezember 2010 mit einzubeziehen. Der sonstige Bezug ist im Kalenderjahr 2011 zugeflossen und in die Lohnabrechnung für Januar 2011 einzubeziehen. Eine einheitliche Abrechnung mit den Dezemberbezügen ist in diesen Fällen nicht zulässig.

Wichtig ist also in diesen Fällen, wann dem Arbeitnehmer der Arbeitslohn zufließt. Wird der Arbeitslohn, wie dies heute allgemein üblich ist, unbar gezahlt, so wird der Arbeitgeber von dem Tag ausgehen können, an dem er den Überweisungsauftrag erteilt. Wird also im Beispielsfall der Überweisungsauftrag noch im Dezember 2010 erteilt, so ist der sonstige Bezug im Dezember 2010 zugeflossen und kann mit den Dezemberbezügen abgerechnet werden.

7. Entgeltabrechnungszeitraum bei der Sozialversicherung

Entgeltabrechnungszeitraum ist grundsätzlich der Kalendermonat. Bei längeren als monatlichen Lohnzahlungszeiträumen stimmen deshalb Lohn- und Entgeltabrechnungszeitraum nicht mehr überein. Liegt eine solche Übereinstimmung nicht vor, so muss der Beitragsperiode der Vorrang vor dem Lohnzahlungszeitraum eingeräumt werden, d. h., dass der Arbeitgeber unabhängig von seinem Lohnzahlungszeitraum noch einmal das Arbeitsentgelt für die jeweilige Entgeltperiode, nämlich den Beitragsmonat, ermitteln muss. Aus Praktikabilitätsgründen empfiehlt es sich deshalb für den Arbeitgeber, seinen Lohnzahlungszeitraum so zu gestalten, dass er mit dem Entgeltabrechnungszeitraum übereinstimmt. Das ist der Fall, wenn der Lohnzahlungszeitraum mit dem Kalendermonat identisch ist. Denkbar ist auch, dass der Arbeitgeber während eines Quartals zweimal 4 und einmal 5 Wochen abrechnet.

Deckt sich der Entgeltabrechnungszeitraum nicht mit dem Kalenderjahr, in dem der Anfang des Entgeltabrechnungszeitraums liegt, so ist der Abrechnungszeitraum, der das Ende des Kalenderjahres überschreitet, **in zwei Abrechnungszeiträume aufzuteilen:** Der erste Zeitraum endet mit dem 31.12. des Jahres, der zweite Zeitraum beginnt mit dem 1.1. des folgenden Jahres. Diese Regelung ist entsprechend anzuwenden, wenn während des Beitragsabrechnungszeitraumes der Beitragssatz zur Krankenversicherung geändert wird. In diesem Fall ist ebenfalls der Entgeltabrechnungszeitraum, in den die Beitragssatzänderung fällt, für die Beitragsberechnung aufzuteilen.

Beispiel

Ermäßigung des Beitragssatzes für die Krankenversicherung von bisher 15,5 % auf 14,9 % ab 1.7.2009

Lohnzahlungszeitraum: 15. Juni 2009 bis 14. Juli 2009

Beitragsabrechnungs- a) vom 15. bis 30. Juni 2009 mit 15,5 %
zeitraum b) vom 1. bis 14. Juli 2009 mit 14,9 %

Für die zeitliche Zuordnung von laufendem Arbeitsentgelt wird darauf abgestellt, wann die Arbeitsleistung erbracht worden ist und nicht auf den Zeitpunkt der Zahlung des Arbeitsentgelts. Folglich ist das Arbeitsentgelt für die Beitragsrechnung dem Entgeltabrechnungszeitraum zuzuordnen, in dem es verdient worden ist.

Bei **nachträglicher Lohnabrechnung** ist das Arbeitsentgelt deshalb unabhängig vom Zeitpunkt der Abrechnung und Auszahlung für die Berechnung der Beiträge in dem Zeitabschnitt zu berücksichtigen, in dem es tatsächlich erzielt worden ist. Sofern ein Arbeitgeber zunächst nur Abschlagszahlungen leistet und die endgültige Lohnabrechnung erst zu einem späteren Zeitpunkt vornimmt, sind die nachgezahlten Entgeltteile beitragsrechtlich auf die Zeiträume zu verteilen, in denen die entsprechenden Arbeiten ausgeführt werden (vgl. die Stichworte „Nachzahlung von laufendem Arbeitslohn" und „Zufluss von Arbeitslohn").

8. Berechnung der Lohnsteuer und der Sozialversicherungsbeiträge bei Teillohnzahlungszeiträumen

Sind die Lohnsteuer und die Sozialversicherungsbeiträge nur für einen Teil des Monats zu berechnen, z. B. weil der Arbeitnehmer im Laufe des Monats ein- oder ausgestellt wurde, so ergeben sich Besonderheiten, die beim Stichwort „Teillohnzahlungszeitraum" ausführlich anhand von Beispielen erläutert sind.

9. Sonstige Bezüge (einmalige Zuwendungen)

Die dargestellte Berechnung der Lohnsteuer und Sozialversicherungsbeiträge gilt für den **laufenden Arbeitslohn**. Für einmalige Lohnzahlungen gilt ein besonderes Verfahren, das für die Lohnsteuer beim Stichwort „Sonstige Bezüge" und für die Sozialversicherungsbeiträge beim Stichwort „Einmalige Zuwendungen" dargestellt ist. Ein Beispiel für die gesamte Lohnabrechnung (Lohnsteuer und Sozialversicherungsbeiträge) bei einmaligen Lohnzahlungen ist bei den Stichworten „Urlaubsentgelt" und „Weihnachtsgeld" aufgeführt.

Siehe auch die Stichworte: Abführung der Lohnsteuer, Abführung der Sozialversicherungsbeiträge, Abschlagszahlungen, Änderung des Lohnsteuerabzugs, Lohnzahlung durch Dritte, Maschinelle Lohnsteuerberechnung, Nachzahlung von laufendem Arbeitslohn, Nettolöhne, Permanenter Lohnsteuer-Jahresausgleich, Vorschüsse, Zufluss.

10. Insolvenzgeldumlage

Seit 1.1.2009 ziehen die Einzugsstellen zusammen mit dem Gesamtsozialversicherungsbeitrag auch die Umlage für das Insolvenzgeld ein. Details zur Berechnung dieser Umlage sind unter dem Stichwort „Insolvenzgeldumlage" beschrieben.

Bereitschaftsdienstzulage

Bei einer Bereitschaftsdienstzulage stellt sich die Frage, ob ein steuerfreier Zuschlag nach § 3b EStG vorliegt, wenn der Bereitschaftsdienst an Sonn- und Feiertagen oder in der Nacht geleistet wird. Hierzu gilt Folgendes:

Eine Bereitschaftsdienstzulage für z. B. ärztliche Bereitschaftsdienste wird auch dann nicht für tatsächlich geleistete Sonntags-, Feiertags- oder Nachtarbeit gezahlt, wenn die Bereitschaftsdienste überwiegend in diesen Zeiten anfallen. Auch wenn die auf Sonntage, Feiertage und Nachtzeit entfallenden Bereitschaftsdienste festgestellt werden können, ist die Bereitschaftsdienstvergütung deshalb nicht steuerfrei (BFH-Urteil vom 24.11.1989, BStBl. 1990 II S. 315). Denn die Steuerfreiheit der Zuschläge für Sonntags-, Feiertags- und Nachtarbeit nach § 3b EStG setzt voraus, dass es sich eindeutig um einen **Zeitzuschlag**, d. h. einen Zuschlag zum Grundlohn handelt, der für die begünstigten Zeiten gezahlt wird. **Nicht begünstigt** sind deshalb Zulagen für **Bereitschaftsdienst bzw. Rufbereitschaft,** die keinen Zuschlag zu einer Grundvergütung für Arbeit zu ungünstigen (steuerlich begünstigten) Zeiten vorsehen.

Beispiel A

Ein Arbeitnehmer erhält während der nächtlichen Bereitschaftszeit von 20 Uhr bis 6 Uhr eine Vergütung von 15 % des Grundlohns und für die Bereitschaft an Sonn- und Feiertagen eine Vergütung von 25 % des Grundlohns. Die Vergütung für die Bereitschaftszeit ist steuerpflichter Arbeitslohn.

Hierzu hat der Bundesfinanzhof entschieden, dass **Zuschläge zu einer Rufbereitschaftsentschädigung** als Zuschläge für Sonntags-, Feiertags- und Nachtarbeit

	Lohnsteuerpflichtig	Sozialversich.-pflichtig

steuerfrei sind, soweit sie die in § 3b EStG vorgesehenen Prozentsätze – **gemessen an der Rufbereitschaftsentschädigung** – nicht übersteigen (BFH-Urteil vom 27. 8. 2002, BStBl. II S. 883).

Beispiel B
Ein Arbeitnehmer erhält für die Rufbereitschaft an Sonn- und Feiertagen eine Entschädigung von 2 € je angefangene Stunde, für die Rufbereitschaft angeordnet ist. Auf diese Vergütung für die Rufbereitschaft wird bei einem Bereitschaftsdienst an Sonntagen ein Zuschlag von 30 % und bei einem Bereitschaftsdienst an Feiertagen ein Zuschlag von 100 % gezahlt. Diese Zuschläge sind nach § 3b EStG steuerfrei, da die in § 3b EStG festgelegten Zuschlagssätze (50 % des Grundlohns für Sonntagsarbeit und 125 % des Grundlohns für Feiertagsarbeit) nicht überschritten sind.

Obwohl der Arbeitnehmer bei der Rufbereitschaft nicht arbeitet, hat der Bundesfinanzhof „das Bereithalten" im weitesten Sinne als „tatsächlich geleistete Sonn- und Feiertagsarbeit" im Sinne des § 3b EStG angesehen. Das Urteil des Bundesfinanzhofs gilt sowohl für den Bereitschaftsdienst als auch für die Rufbereitschaft. Arbeitsrechtlich ist der Unterschied Folgender:

Beim Bereitschaftsdienst ist der Arbeitnehmer verpflichtet, sich an einem **vom Arbeitgeber bestimmten Ort** innerhalb oder außerhalb des Betriebs aufzuhalten, damit er bei Bedarf seine Arbeit unverzüglich aufnehmen kann. Die ihm zur Verfügung stehende Zeit während des Bereitschaftsdienstes kann der Arbeitnehmer beliebig nutzen. Er muss jedoch sein Verhalten auf einen möglichen Arbeitseinsatz ausrichten.

Vom Bereitschaftsdienst ist die Rufbereitschaft zu unterscheiden. Von ihr spricht man, wenn der Arbeitnehmer verpflichtet ist, sich an einem von ihm **selbst bestimmten,** dem Arbeitgeber aber anzugebenden Ort (z. B. die Privatwohnung) auf Abruf zur Arbeit bereitzuhalten. Im Zeitalter der mobilen Telekommunikationsgeräte ist der Arbeitnehmer heutzutage bei der Rufbereitschaft viel flexibler als früher.

Diese arbeitsrechtliche Unterscheidung hat nach dem Urteil des Bundesfinanzhofs für die steuerliche Beurteilung der Sonntags-, Feiertags- und Nachtarbeitszuschläge keine Bedeutung.

Berge- und Hilfslöhne

Berge- und Hilfslöhne für Rettung aus Seenot sind steuer- und beitragspflichtig. ja ja

Bergmannsprämien

Bergmannsprämien (zuletzt 2,50 € pro Unter-Tage-Schicht), die früher aufgrund des Gesetzes über Bergmannsprämien i. d. F. vom 12. 5. 1969 (BGBl. I S. 434) zuletzt geändert durch das Steueränderungsgesetz 2007 vom 19. 7. 2006 (BGBl. I S. 1652) an Arbeitnehmer des Bergbaus gezahlt wurden, galten weder steuerlich noch arbeitsrechtlich als Arbeitslohn und auch nicht als Entgelt im Sinne der Sozialversicherung. nein nein

Für verfahrene volle Schichten ab 1.1.2008 wird keine Bergmannsprämie mehr gewährt.

Berichtigung des Lohnsteuerabzugs

siehe „Änderung des Lohnsteuerabzugs"

Berliner Steuerermäßigungen

Die früher geltenden Vergünstigungen nach dem Berlinförderungsgesetz (Gewährung einer Berlinzulage usw.) sind **zum 31. 12. 1994 ausgelaufen.** Zu dem bis 31. 12. 1994 geltenden Recht wird auf die Ausgabe des Lexikons für 1994 verwiesen. Seit 1. 1. 1995 gibt es für eine Beschäftigung in Berlin keine steuerlichen Besonderheiten mehr.

Berufsausbildung

siehe „Fortbildungskosten" und „Studiengebühren"

Berufsboxer

Berufsboxer sind als selbständig tätig (Gewerbetreibende) zu behandeln (BFH-Urteil vom 22. 1. 1964, BStBl. III S. 207). nein nein

Bei ausländischen Berufsboxern wird die Einkommensteuer nach § 50 a EStG pauschal erhoben (vgl. „Beschränkt steuerpflichtige Künstler, Berufssportler, Schriftsteller, Journalisten").

Berufsfeuerwehr

Bei Angehörigen der Berufsfeuerwehr der Länder und Gemeinden gehören nach § 3 Nr. 4 EStG folgende Bezüge nicht zum steuerpflichtigen Arbeitslohn:
– der Geldwert der überlassenen Dienstkleidung, nein nein
– Einkleidungsbeihilfen und Abnutzungsentschädigungen für die Dienstkleidung, nein nein
– im Einsatz gewährte Verpflegung oder Verpflegungszuschüsse, nein nein
– der Geldwert der aufgrund gesetzlicher Vorschriften gewährten Heilfürsorge. nein nein

Berufsgenossenschaften

Die Berufsgenossenschaften sind Träger der gesetzlichen Unfallversicherung (vgl. „Unfallversicherung").

Berufskleidung

siehe „Arbeitskleidung"

Berufskraftfahrer

siehe „Fahrtätigkeit"

Berufskrankheiten

Zur Abwehr drohender oder bereits eingetretener typischer Berufskrankheiten (z. B. Bleivergiftung, Silikose, Strahlenpilzerkrankung) kann der Arbeitgeber
– in Betrieben, in denen die Arbeitnehmer in besonderem Maße der Gefahr von Berufserkrankungen ausgesetzt sind, Getränke (insbesondere Milch) zum Verbrauch im Betrieb steuerfrei zur Verfügung stellen; nein nein
– an gesundheitlich besonders gefährdetes Krankenhauspersonal (z. B. in Infektionsabteilungen) daneben auch Zusatzverpflegung als Sachleistung (nicht in bar oder Gutscheinen) zum Verbrauch im Betrieb steuerfrei ausgegeben; nein nein
– steuerfreie Aufenthalte in Betriebserholungsheimen oder steuerfreie Erholungsbeihilfen in bar gewähren (vgl. „Erholungsbeihilfen"). nein nein

Berufsmotorsportler

Berufsmotorsportler sind als selbständig tätig (Gewerbetreibende) zu behandeln (BFH-Urteil vom 15. 7. 1993, BStBl. II S. 810).

Bei ausländischen Berufsmotorsportlern wird die Einkommensteuer nach § 50 a EStG pauschal erhoben (vgl.

"Beschränkt steuerpflichtige Künstler, Berufssportler, Schriftsteller, Journalisten").

Sozialversicherungsrechtlich gilt Folgendes:

Bei entsprechenden (arbeits)vertraglichen Abmachungen können Berufsmotorsportler auch in einem abhängigen Beschäftigungsverhältnis stehen. Denn „Vertragssportler" werden sozialversicherungsrechtlich im Grundsatz wie folgt beurteilt:

Vertragssportler sind regelmäßig abhängig Beschäftigte, die ihren Sport als Mittel zum Gelderwerb ausüben und damit einen wirtschaftlichen Zweck verfolgen. Die Weisungsgebundenheit ergibt sich aus der vertraglich übernommenen Verpflichtung zur intensiven Mitarbeit nach den Anordnungen des Vereins. Hieran ändern auch die Zahlungen durch Dritte (z. B. im Rahmen eines Sponsorenvertrags) nichts. Vgl. Gemeinsames Rundschreiben der Spitzenorganisationen der Sozialversicherung vom 5. 7. 2005.

Berufsradrennfahrer

Berufsradrennfahrer einschließlich der Sechstagerennfahrer sind als selbständig tätig (Gewerbetreibende) zu behandeln (BFH-Urteil vom 8. 2. 1957, DB 1958 S. 1086). Dies gilt auch dann, wenn sie für einen „Rennstall" fahren.

Bei ausländischen Berufsradrennfahrern wird die Einkommensteuer nach § 50 a EStG pauschal erhoben (vgl. „Beschränkt steuerpflichtige Künstler, Berufssportler, Schriftsteller, Journalisten").

Sozialversicherungsrechtlich gilt Folgendes:

Bei entsprechenden (arbeits)vertraglichen Abmachungen können Berufsradrennfahrer auch in einem abhängigen Beschäftigungsverhältnis stehen. Denn „Vertragssportler" werden sozialversicherungsrechtlich im Grundsatz wie folgt beurteilt:

Vertragssportler sind regelmäßig abhängig Beschäftigte, die ihren Sport als Mittel zum Gelderwerb ausüben und damit einen wirtschaftlichen Zweck verfolgen. Die Weisungsgebundenheit ergibt sich aus der vertraglich übernommenen Verpflichtung zur intensiven Mitarbeit nach den Anordnungen des Vereins. Hieran ändern auch die Zahlungen durch Dritte (z. B. im Rahmen eines Sponsorenvertrags) nichts. Vgl. Gemeinsames Rundschreiben der Spitzenorganisationen der Sozialversicherung vom 5. 7. 2005.

Berufsringer

Berufsringer sind nichtselbständig tätig (Arbeitnehmer). Das Gleiche gilt für die Ringrichter und Turnierleiter (BFH-Urteil vom 29. 11. 1978, BStBl. 1979 II S. 182).   ja   ja

Berufsschule

Die Grundsätze für Auswärtstätigkeiten (= **Reisekosten**) sind maßgebend, wenn der Arbeitnehmer im Rahmen seines Ausbildungsdienstverhältnisses oder als Ausfluss seines Dienstverhältnisses vorübergehend eine außerhalb seiner regelmäßigen Arbeitsstätte im Betrieb des Arbeitgebers gelegene Ausbildungs- oder Fortbildungsstätte aufsucht (R 9.2 Abs. 2 Satz 2 LStR); das gilt auch dann, wenn die Ausbildung oder Fortbildung in der Freizeit, z. B. am Wochenende stattfindet. Wegen der grundlegenden Reform des lohnsteuerlichen Reisekostenrechts zum 1.1.2008 und dem Wegfall der Dreimonatsfrist bei den Fahrtkosten wird die Berufsschule auch dann **nicht** zur (weiteren) **regelmäßigen Arbeitsstätte,** wenn der dortige Ausbildungsabschnitt länger als drei Monate dauert (vgl. im Einzelnen auch die ausführlichen Erläuterungen beim Stichwort „Reisekosten bei Auswärtstätigkei-

ten"). Auch nach Ansicht des Bundesfinanzhofs wird der Veranstaltungsort nicht zur regelmäßigen Arbeitsstätte, wenn ein vollbeschäftigter Arbeitnehmer eine zwar längerfristige, aber jedoch vorübergehende berufliche Bildungsmaßnahme durchführt (BFH-Urteil vom 10. 4. 2008, BStBl. II S. 825). Im Streitfall hatte der vollbeschäftigte Arbeitnehmer immerhin vier Jahre lang an zwei Abenden wöchentlich und am Samstag die Bildungseinrichtung aufgesucht. Der Arbeitgeber kann deshalb die Aufwendungen ohne Rücksicht auf das benutzte Verkehrsmittel zeitlich unbegrenzt – also über drei Monate hinaus – steuerfrei ersetzen, und zwar in folgender Höhe:

a) Bei Benutzung öffentlicher Verkehrsmittel in Höhe der tatsächlich entstandenen Kosten.   nein   nein

b) Bei Benutzung eigener Fahrzeuge in Höhe folgender Kilometergelder je gefahrenen Kilometer: nein   nein
   – Pkw   0,30 €
   – Motorrad oder Motorroller   0,13 €
   – Moped oder Mofa   0,08 €
   – Fahrrad   0,05 €

Der steuerfreie Ersatz der Fahrtkosten ist unabhängig davon möglich, ob die Fahrten von der Wohnung oder vom Ausbildungsbetrieb aus angetreten werden. Eine **Bildungseinrichtung** ist aber ausnahmsweise als **regelmäßige Arbeitsstätte** anzusehen, wenn diese über einen längeren Zeitraum hinweg zum Zwecke des Vollzeitunterrichts aufgesucht wird (BFH-Urteil vom 22.7.2003, BStBl. 2004 II S. 886). In dem Streitfall besuchte eine Krankenschwester über zwei Jahre einen Vollzeitlehrgang an einer privaten Krankenpflege-Hochschule (= Bildungseinrichtung) mit dem Ziel, Lehrerin in einem Pflegeberuf zu werden. Anders als beim Besuch einer Berufsschule hatte die Klägerin in dieser Zeit keine regelmäßige Arbeitsstätte in einer betrieblichen Einrichtung des Arbeitgebers. Die Fahrtkosten zur Hochschule berücksichtigte der Bundesfinanzhof nur in Höhe der Entfernungspauschale als Werbungskosten und lehnte die Gewährung von Pauschbeträgen für Verpflegungsmehraufwendungen ab.

Bei derselben Auswärtstätigkeit ist ein steuerfreier Arbeitgeberersatz bzw. Werbungskostenabzug der **Pauschbeträge** für **Verpflegungsmehraufwendungen** nur für die ersten **drei Monate** zulässig. Dieselbe Auswärtstätigkeit liegt aber nicht vor, wenn die auswärtige Tätigkeitsstätte an nicht mehr als zwei Tagen wöchentlich aufgesucht wird (§ 9 Abs. 5 i. V. m. § 4 Abs. 5 Nr. 5 EStG, R 9.6 Abs. 4 Satz 1 LStR). Findet also der Besuch einer Berufsschule nicht in Form eines Blockunterrichts, sondern an **maximal zwei Tagen in der Woche** statt, können die Pauschbeträge für Verpflegungsmehraufwendungen für diese Tage **zeitlich unbegrenzt** vom Arbeitgeber steuerfrei erstattet bzw. als Werbungskosten abgezogen werden, wenn die erforderliche Mindestabwesenheitszeit von 8 Stunden von der Wohnung und vom Betrieb (= regelmäßige Arbeitsstätte) erfüllt ist.

Beispiel A

Die Auszubildende A besucht – außer in den Schulferien – über die gesamte Lehrzeit von drei Jahren dienstags und donnerstags die Berufsschule. Die Entfernung von ihrer Wohnung zur Berufsschule beträgt 15 km. Die Abwesenheitszeit von der Wohnung beträgt an diesen Tagen 8 Stunden und 15 Minuten.

Es handelt sich trotz des Zeitraums von drei Jahren um eine vorübergehende beruflich veranlasste Auswärtstätigkeit. Der Arbeitgeber kann über den gesamten Zeitraum von drei Jahren – außer in den Schulferien – folgenden Betrag monatlich steuerfrei erstatten:

Fahrtkosten:

4 Wochen á 2 Fahrten × 30 gefahrene Kilometer
× 0,30 € =   72 €

Verpflegungsmehraufwendungen:

4 Wochen á 2 Tage × 6 € =   48 €

Summe   120 €

Die Dreimonatsfrist bei den Pauschbeträgen für Verpflegungsmehraufwendungen ist nicht anzuwenden, da der Besuch der Berufsschule nur an zwei Tagen in der Woche stattfindet.

Berufssportler

	Lohn-steuer-pflichtig	Sozial-versich.-pflichtig

Beispiel B
Der Auszubildende B besucht über einen Zeitraum von sechs Monaten die Berufsschule in Form eines Blockunterrichts. Die Entfernung von seiner Wohnung zur Berufsschule beträgt 25 km. Die Abwesenheitszeit von der Wohnung beträgt 9 Stunden täglich.

Es handelt sich um eine vorübergehende beruflich veranlasste Auswärtstätigkeit. Der Arbeitgeber kann für die gesamten **sechs Monate** die **Fahrtkosten** steuerfrei erstatten.
Fahrtkosten:
6 Monate á 20 Fahrten × 50 gefahrene Kilometer
× 0,30 € =   1800 €

Da es sich bei einem sechsmonatigen Blockunterricht in der Berufsschule um dieselbe Auswärtstätigkeit handelt, können die Pauschbeträge für **Verpflegungsmehraufwendungen** nur für die ersten **drei Monate** steuerfrei erstattet werden.
Verpflegungsmehraufwendungen:
3 Monate á 20 Tage × 6 € =   360 €

Wird die Berufsschule nach Beendigung des Blockunterrichts und einer mindestens vierwöchigen Unterbrechung erneut besucht, beginnt für die Gewährung der Pauschbeträge für Verpflegungsmehraufwendungen eine neue Dreimonatsfrist (R 9.6 Abs. 4 Sätze 3 und 4 LStR).

Werden die Aufwendungen vom Arbeitgeber nicht steuerfrei ersetzt, können sie vom Auszubildenden nach den vorstehenden Grundsätzen als **Werbungskosten** abgezogen werden. Übersteigen die eigenen Einkünfte und Bezüge des Auszubildenden nicht den für das Kalenderjahr 2010 maßgebenden Grenzbetrag von 8004 €, haben die Eltern Anspruch auf **Kindergeld** und die übrigen kindbedingten Steuervergünstigungen. Vgl. hierzu die ausführlichen Erläuterungen im Anhang 9.

Berufssportler

Bei der Beurteilung von Sportlern ist zwischen Amateursportlern und Berufssportlern zu unterscheiden. Denn bei Amateursportlern liegt begrifflich kein Arbeitslohn und damit auch kein abhängiges Beschäftigungsverhältnis vor, wenn die Vergütungen die mit der Ausübung des Sports zusammenhängenden Aufwendungen nur unwesentlich übersteigen (BFH-Urteil vom 23.10.1992, BStBl. 1993 II S. 303). Auf die Erläuterungen beim Stichwort „Amateursportler" wird Bezug genommen.

Bei Berufssportlern ist wiederum zu unterscheiden zwischen Einzelsportlern und Mannschaftssportlern. Bei Einzelsportlern richtet sich die Abgrenzung, ob es sich um Arbeitnehmer handelt oder ob gewerbliche Einkünfte vorliegen, nach den Umständen des Einzelfalles. Auf folgende Stichwörter wird hingewiesen:
– Berufsboxer,
– Berufsmotorsportler,
– Berufsradrennfahrer,
– Berufsringer.

Berufssportler, die eine **Mannschaftssportart** ausüben (z. B. Fußball, Handball, Basketball, Volleyball oder Eishockey) sind dagegen Arbeitnehmer. Erhalten die Berufssportler vom Verband für Länderspiele, Turnierteilnahmen usw. Vergütungen (Geldprämien, Sachbezüge) liegt eine Lohnzahlung durch einen Dritten (den Verband) vor, für den der Arbeitgeber des Berufssportlers (der Verein) den Lohnsteuerabzug vornehmen muss (vgl. die Erläuterungen beim Stichwort „Lohnzahlung durch Dritte" unter Nr. 3).   ja   ja

Leistungssportler sind keine Berufssportler; Zuschüsse, die Leistungssportlern von der Deutschen Sporthilfe gewährt werden, gehören nicht zu den Einkünften aus nichtselbständiger Arbeit (Arbeitslohn), sondern zu den wiederkehrenden Bezügen im Sinne des § 22 EStG.

Bei ausländischen Berufssportlern wird die Einkommensteuer pauschal nach § 50 a EStG erhoben (vgl. „Beschränkt steuerpflichtige Künstler, Berufssportler, Schriftsteller, Journalisten").

Siehe auch die Stichworte: Amateursportler, Berufsboxer, Berufsmotorsportler, Berufsradrennfahrer, Berufsringer, Fußballspieler, Sechstagerennfahrer, Skilehrer.

Berufsunfähigkeitsrente

siehe „Renten"

Berufsverband

Vom Arbeitgeber übernommene Beiträge für die Mitgliedschaft des Arbeitnehmers in einem Berufsverband gehören als Werbungskostenersatz zum steuer- und beitragspflichtigen Arbeitslohn.   ja   ja

Übernimmt der Arbeitgeber die Beiträge für die Mitgliedschaft des Arbeitnehmers in einem Berufsverband führt dies also einerseits zu steuer- und beitragspflichtigen Arbeitslohn andererseits aber zu abziehbaren Werbungskosten in der Einkommensteuerveranlagung des Arbeitnehmers.

Diesen Grundsatz hat der Bundesfinanzhof nunmehr in einem Streitfall bestätigt, in dem der Arbeitgeber die Beiträge für die Mitgliedschaft einer angestellten Rechtsanwältin im Deutschen Anwaltverein übernommen hatte. Wie immer in solchen Fällen stellte sich die Frage, ob es sich nicht um **Leistungen im ganz überwiegenden eigenbetrieblichen Interesse des Arbeitgebers** handeln würde. In solch einem Fall liegt nämlich kein steuer- und beitragspflichtiger Arbeitslohn vor. Der Bundesfinanzhof betonte jedoch, dass die Satzung des Anwaltsvereins als Zweck des Vereins die Wahrung, Pflege und Förderung aller beruflichen und wirtschaftlichen Interessen der Rechtsanwaltschaft und des Anwaltsnotariats, insbesondere durch die Fortbildung sowie die Pflege des Gemeinsinns und des wissenschaftlichen Geistes der Rechtsanwaltschaft nennt. Deshalb war von einem eigenen Interesse der angestellten Rechtsanwältin an der von ihrem Arbeitgeber finanzierten Mitgliedschaft auszugehen. Demgegenüber war das eigenbetriebliche Interesse des Arbeitgebers an der Übernahme der Beiträge (z. B. höhere Zahl von Mandate durch Mitgliedschaft und niedrigere Fortbildungskosten wegen kostenloser Fachzeitschriften) von vergleichsweise geringerem Gewicht (BFH-Urteil vom 12.2.2009, BStBl. II S. 462).

Zur Steuerpflicht des Werbungskostenersatzes vgl. die grundsätzlichen Erläuterungen beim Stichwort „Auslagenersatz".

Beschäftigungsgesellschaften

In der Bundesrepublik Deutschland sind in den letzten Jahren viele Beschäftigungsgesellschaften (auch Transfergesellschaften genannt) als eigenständige Rechtspersönlichkeiten unter Beteiligung von Gewerkschaften, der Länder und Kommunen entstanden. In diese Beschäftigungsgesellschaften werden Arbeitnehmer eingegliedert, deren Arbeitsplätze im bisherigen Betrieb infolge von erheblichen Personalanpassungsmaßnahmen aufgrund einer Strukturkrise auf Dauer weggefallen sind.

Für die **lohnsteuerliche** Behandlung gilt Folgendes:

Wenn eine Beschäftigungsgesellschaft keine eigene wirtschaftliche Tätigkeit ausübt, sondern in **Funktion einer Zahlstelle** lediglich die Pflichten des früheren Arbeitgebers aus dem ersten Arbeitsverhältnis übernimmt (Lohnfortzahlung, aber auch Qualifizierungsmaßnahmen), wird sie nach Auffassung der Finanzverwaltung **nicht als neuer Arbeitgeber** tätig. Übt die Beschäftigungsgesellschaft hingegen noch eine **eigene unternehmerische Tätigkeit** aus und sind deshalb die in diese Gesellschaft „überführten" Arbeitnehmer verpflichtet, eine Arbeitsleistung zu erbringen, ist die Gesellschaft als **neuer Arbeitgeber** anzusehen. Beim Ausscheiden solcher Arbeitnehmer aus der Beschäfti-

Beschäftigungsort

gungsgesellschaft gezahlte Abfindungen haben keinen Einfluss mehr auf die steuerliche Behandlung der vom früheren Arbeitgeber gezahlten Entlassungsentschädigung.

Für die sozialversicherungsrechtliche Behandlung ist Folgendes zu beachten:

Nach dem Besprechungsergebnis der Spitzenverbände der Sozialversicherung vom 19. und 20.11.1997 sind die Beschäftigungsgesellschaften als **Arbeitgeber** mit allen sich daraus ergebenden sozialversicherungsrechtlichen Konsequenzen anzusehen.

Beschäftigungsort

Wichtig für die Zuständigkeit des Sozialversicherungsträgers ist der Beschäftigungsort (§ 9 SGB IV). Auch für die Zuordnung der noch bestehenden unterschiedlichen Rechtskreise zwischen alten und neuen Bundesländern ist der Beschäftigungsort von Bedeutung. Beschäftigungsort ist der Ort, an dem die Beschäftigung tatsächlich ausgeübt wird. Ist eine feste Arbeitsstätte vorhanden, so bleibt diese auch dann der Beschäftigungsort, wenn einzelne Arbeiten außerhalb der festen Arbeitsstätte ausgeübt werden. Sind Personen bei einem Arbeitgeber an mehreren Arbeitsstätten beschäftigt, gilt als Beschäftigungsort die Arbeitsstätte, in der sie **überwiegend** beschäftigt sind. Erstreckt sich eine feste Arbeitsstätte über mehrere Gemeinden, gilt als Beschäftigungsort der Ort, an dem die Arbeitsstätte ihren wirtschaftlichen Schwerpunkt hat. Ist eine feste Arbeitsstätte nicht vorhanden und wird die Beschäftigung an verschiedenen Orten ausgeübt, gilt als Beschäftigungsort der Ort, an dem der Betrieb seinen Sitz hat. Bei unmittelbarer Leitung der Arbeiten durch eine Außenstelle ist diese der Beschäftigungsort. Bei Entsendung ins Ausland (vgl. das Stichwort „Ausstrahlung") gilt der bisherige Beschäftigungsort als fortbestehend, sonst der Ort des Betriebssitzes, von dem aus die Entsendung erfolgt.

Beschränkt steuerpflichtige Arbeitnehmer

Neues auf einen Blick:

Ein **beschränkt steuerpflichtiger Arbeitnehmer** kann sich auf Antrag **wie ein unbeschränkt steuerpflichtiger** Arbeitnehmer behandeln lassen, wenn

– die Summe aller Einkünfte im Kalenderjahr 2010 zu mindestens 90 % der deutschen Einkommensteuer unterliegt oder

– die **ausländischen Einkünfte**, die nicht der deutschen Besteuerung unterliegen, **höchstens 8004 €** im Kalenderjahr 2010 betragen. Für das Kalenderjahr 2009 gilt ein Betrag von 7834 €. Für die **Prüfung** der **Zusammenveranlagung (Steuerklasse III)** eines EU-/ EWR-Staatsangehörigen mit seinem in einem anderen EU-/ EWR-Mitgliedstaat ansässigen Ehegatten verdoppelt sich die **Betragsgrenze** für die **ausländischen Einkünfte** auf **16 008 €** im Kalenderjahr 2010. Für das Kalenderjahr 2009 gilt ein Betrag von 15 668 €.

Vgl. hierzu die Erläuterungen unter den nachfolgenden Nrn. 5 und 6.

Bei einem beschränkt steuerpflichtigen Arbeitnehmer der Gruppe drei können erstmals ab 2010 auch **erwerbsbedingte Kinderbetreuungskosten wie Werbungskosten** abgezogen werden. Außerdem können auch diese beschränkt steuerpflichtigen Arbeitnehmer bei einer etwaigen Veranlagung zur Einkommensteuer ihre **tatsächlichen Aufwendungen** zur gesetzlichen **Rentenversicherung, „Basiskrankenversicherung"** und gesetzlichen **Pflegeversicherung** anstelle der Vorsorgepauschale **als Sonderausgaben** geltend machen (vgl. die Ausführungen unter der nachfolgenden Nr. 8).

Seit 2009 muss der Arbeitgeber jedem beschränkt steuerpflichtigen Arbeitnehmer eine **Lohnsteuerbescheinigung aushändigen** (§ 39d Abs. 3 Satz 5 EStG). Dies gilt unabhängig davon, ob der beschränkt steuerpflichtige Arbeitnehmer eine Einkommensteuerveranlagung beantragen kann oder nicht (vgl. die Erläuterungen unter der nachfolgenden Nr. 16).

Gliederung:

1. Allgemeines
   a) Grundbegriffe
   b) Abgrenzungsschema
2. Unbeschränkte oder beschränkte Steuerpflicht
3. Anwendung von Doppelbesteuerungsabkommen bei der Beschäftigung ausländischer Arbeitnehmer in Deutschland
4. Durchführung des Lohnsteuerabzugs bei ausländischen Arbeitnehmern
5. Beschränkt steuerpflichtige Arbeitnehmer
6. Beschränkt steuerpflichtige Arbeitnehmer, die einem Inländer völlig gleichgestellt werden
   a) Allgemeines
   b) Familienbezogene Steuervergünstigungen
   c) Steuerklasse II
   d) Übrige Steuervergünstigungen
   e) Übertragung eines Behinderten-Pauschbetrags
7. Beschränkt steuerpflichtige Arbeitnehmer, die einem Inländer nur annähernd gleichgestellt werden
   a) Familienbezogene Steuervergünstigungen
   b) Steuerklasse II
   c) Übrige Steuervergünstigungen
   d) Übertragung des Behinderten-Pauschbetrags
8. Alle anderen beschränkt steuerpflichtigen Arbeitnehmer
9. Freibeträge für Kinder und Kindergeld bei beschränkt steuerpflichtigen Arbeitnehmern
10. Vorsorgepauschale
11. Steuerfreie Auslösungen und Reisekosten
12. Altersentlastungsbetrag für beschränkt steuerpflichtige Arbeitnehmer
13. Sonstige Besonderheiten beim Lohnsteuerabzug
14. Vermögenswirksame Leistungen
15. Kirchensteuer
16. Lohnsteuerbescheinigung
17. Kein Lohnsteuer-Jahresausgleich durch den Arbeitgeber
18. Veranlagung beschränkt steuerpflichtiger Arbeitnehmer
19. Sozialversicherung

1. Allgemeines

a) Grundbegriffe

Das deutsche Steuerrecht unterscheidet zwischen unbeschränkt steuerpflichtigen Personen einerseits und nur beschränkt steuerpflichtigen Personen andererseits. Wenn ein Arbeitnehmer in Deutschland seinen Wohnsitz hat – oder sich länger als 6 Monate in Deutschland aufhält – ist er stets unbeschränkt steuerpflichtig **und erhält deshalb eine Lohnsteuerkarte.** Die Staatsangehörigkeit des Arbeitnehmers spielt dabei keine Rolle. Der Arbeitgeber kann den Lohnsteuerabzug ohne weiteres nach den auf der Lohnsteuerkarte eingetragenen Besteuerungsmerkmalen (Steuerklasse, Zahl der Kinderfreibeträge, monatlicher Steuerfreibetrag) durchführen.

Beschränkt steuerpflichtige Arbeitnehmer

	Lohn-steuer-pflichtig	Sozial-versich.-pflichtig

Die vorübergehend in Deutschland tätigen – meist ausländischen – Arbeitnehmer werden nur **„beschränkt steuerpflichtig"**, wenn sie **keinen Wohnsitz** in Deutschland haben und sich auch nicht länger als 6 Monate in Deutschland aufhalten. Diese Arbeitnehmer erhalten keine Lohnsteuerkarte, sondern eine besondere Bescheinigung, die alle für den Lohnsteuerabzug durch den Arbeitgeber erforderlichen Besteuerungsmerkmale enthält (sog. **Lohnsteuerabzugsbescheinigung;** vgl auch dieses Stichwort). Diese besondere Bescheinigung für den Lohnsteuerabzug bei beschränkt steuerpflichtigen Arbeitnehmern wird auf Antrag von dem für den Arbeitgeber zuständigen Betriebsstättenfinanzamt ausgestellt (§ 39 d EStG).

Der Arbeitgeber ist sowohl bei unbeschränkt als auch bei beschränkt steuerpflichtigen Arbeitnehmern zum Lohnsteuerabzug verpflichtet. Die Lohnsteuer wird entweder nach den Merkmalen der Lohnsteuerkarte oder nach den Merkmalen, die auf der besonderen Lohnsteuerabzugsbescheinigung für beschränkt steuerpflichtige Arbeitnehmer eingetragen sind, nach der **Lohnsteuertabelle** (Jahr, Monat, Woche, Tag) berechnet.

Diese an sich klaren Regelungen für beschränkt steuerpflichtige Arbeitnehmer wurden durch das sog. Grenzpendlergesetz und das Jahressteuergesetz 1996 – ausgelöst durch das sog. Schumacker-Urteil des Europäischen Gerichtshofs – mit einer Fülle von Ausnahmevorschriften belastet. **Aus der Sicht des Arbeitgebers** stellen sich die Änderungen jedoch viel einfacher dar, wenn man Folgendes berücksichtigt:

Die durch das sog. Schumacker-Urteil des Europäischen Gerichtshofs ausgelösten Änderungen bei der Besteuerung beschränkt steuerpflichtiger Arbeitnehmer beziehen sich vor allem auf die maßgebende Steuerklasse und die Gewährung von familienbezogenen Freibeträgen.

Beim Lohnsteuerabzug durch den Arbeitgeber ist so gut wie **keine Änderung** eingetreten. Will sich der Arbeitgeber nicht mit den vielfältigen Bestimmungen der beschränkten Steuerpflicht befassen, so genügt es, wenn er Folgendes beachtet:

Jeder beschränkt steuerpflichtige Arbeitnehmer muss dem Arbeitgeber eine sog. **Lohnsteuerabzugsbescheinigung** nach amtlichem Muster*) vorlegen, die alle für den Lohnsteuerabzug erforderlichen Besteuerungsmerkmale enthält (Steuerklasse, ggf. Zahl der Kinderfreibeträge, monatlicher Steuerfreibetrag). Nach dieser Bescheinigung hat der Arbeitgeber den Lohnsteuerabzug nach der Lohnsteuertabelle durchzuführen.

Seit 2009 ist der **Altersentlastungsbetrag** erstmals auch bei **beschränkt steuerpflichtigen Arbeitnehmern** zu berücksichtigen, wenn sie vor Beginn des Kalenderjahres 2010 das 64. Lebensjahr vollendet haben (am 1. 1. 2010 bereits 64 Jahre alt, also vor dem 2. 1. 1946 geboren wurden). Auf die Erläuterungen unter der nachfolgenden Nr. 12 und beim Stichwort „Altersentlastungsbetrag" wird hingewiesen.

Wichtig ist noch Folgendes:

Für Aushilfskräfte und Teilzeitbeschäftigte kann unter bestimmten Voraussetzungen die Lohnsteuer mit 25 %, 20 %, 5 % oder 2 % pauschaliert werden. Diese Pauschalierungsmöglichkeiten gelten auch für beschränkt steuerpflichtige **ausländische Saisonarbeiter** (vgl. das Stichwort „Pauschalierung der Lohnsteuer bei Aushilfskräften und Teilzeitbeschäftigten").

Für die **Bescheinigung des Arbeitslohns** und der einbehaltenen Lohnsteuer gilt bei beschränkt steuerpflichtigen Arbeitnehmern Folgendes:

Der Arbeitgeber muss seit 2009 jedem beschränkt steuerpflichtigen Arbeitnehmer eine Lohnsteuerbescheinigung ausschreiben (§ 39d Abs. 3 Satz 5 EStG). Dies gilt unabhängig davon, ob der beschränkt steuerpflichtige Arbeitnehmer eine Einkommensteuerveranlagung beantragen kann oder nicht (vgl. die Erläuterungen unter der nachfolgenden Nr. 16). Nimmt der Arbeitgeber am Verfahren zur Ausschreibung einer **elektronischen Lohnsteuerbescheinigung** teil, wird er dem Arbeitnehmer eine Durchschrift der Daten aushändigen, die er dem Finanzamt auf elektronischem Wege übermittelt hat. Nimmt der Arbeitgeber (ausnahmsweise) nicht an diesem Verfahren teil, muss er den amtlichen Vordruck **„Besondere Lohnsteuerbescheinigung"** verwenden. Dieser Vordruck ist kostenlos beim Finanzamt erhältlich; er entspricht inhaltlich der elektronischen Lohnsteuerbescheinigung (vgl. die Stichwörter „Besondere Lohnsteuerbescheinigung" und „Lohnsteuerbescheinigung").

b) Abgrenzungsschema

Für den Lohnsteuerabzug bei beschränkt steuerpflichtigen Arbeitnehmern nach der vom Betriebsstättenfinanzamt des Arbeitgebers ausgestellten Lohnsteuerabzugsbescheinigung genügt eigentlich die Kenntnis der unter dem vorstehenden Buchstaben a erläuterten Grundbegriffe.

Viele Arbeitgeber sind jedoch den beschränkt steuerpflichtigen Arbeitnehmern beim Erfüllen der steuerlichen Pflichten behilflich. Sie stellen beim Betriebsstättenfinanzamt den Antrag auf Erteilung der amtlichen Lohnsteuerabzugsbescheinigung und achten darauf, dass dem ausländischen Arbeitnehmer die richtige Steuerklasse und die ihm zustehenden Steuerfreibeträge eingetragen werden. Für diese Arbeitgeber ist die Kenntnis der durch das Schumacker-Urteil des Europäischen Gerichtshofs eingetretenen steuerlichen Änderungen unerlässlich. Die sich aufgrund dieser Rechtsprechung und weiterer zwischenzeitlich eingetretener Gesetzesänderungen ergebende Rechtslage ist unter den nachfolgenden Nummern 5 bis 13 anhand von Beispielen ausführlich erläutert.

Um festzustellen, unter welche Regelung der Arbeitnehmer fällt, sind die verschiedenen Vorschriften voneinander abzugrenzen und auch die hierbei verwendeten Bezeichnungen zu definieren. Hierbei ist Folgendes zu beachten:

Im Zusammenhang mit ausländischen Arbeitnehmern wird häufig der Begriff **„Gastarbeiter"** verwendet. Hierunter versteht man im allgemeinen Sprachgebrauch einen ausländischen Arbeitnehmer, der vorübergehend in Deutschland tätig ist. Dabei unterscheidet der Sprachgebrauch nicht nach steuerlichen Gesichtspunkten. Der „Gastarbeiter" kann deshalb entweder unbeschränkt oder nur beschränkt steuerpflichtig sein, je nach dem, ob er in Deutschland eine Wohnung bzw. seinen gewöhnlichen Aufenthalt hat oder nicht. In der Steuerfachliteratur und auch in den Gesetzesbegründungen wird allerdings der Begriff „Gastarbeiter" nur für **unbeschränkt** steuerpflichtige ausländische Arbeitnehmer verwendet, also nur für ausländische Arbeitnehmer, die im Inland einen Wohnsitz begründen. Demzufolge werden die für diesen Personenkreis geltenden Besonderheiten (z. B. Anwendung der Steuerklasse III) beim Stichwort „Gastarbeiter" abgehandelt. Alle Regelungen für ausländische Arbeitnehmer, die in Deutschland ihren Wohnsitz oder gewöhnlichen Aufenthalt haben und deshalb ihrem Arbeitgeber **eine Lohnsteuerkarte vorlegen können,** sind also nicht in den folgenden Erläuterungen für beschränkt steuerpflichtige

---

*) Die für das Kalenderjahr 2010 geltende Lohnsteuerabzugsbescheinigung ist als Anlage 4 zu H 39d LStR im **Steuerhandbuch für das Lohnbüro 2010** abgedruckt, das im selben Verlag erschienen ist. Das **PC-Lexikon** für das Lohnbüro 2010 enthält auch dieses Handbuch und hat außerdem den Vorteil, dass Sie **alle BFH-Urteile** sowie die aktuellen Rundschreiben und Niederschriften der Spitzenverbände der **Sozialversicherung** mit Mausklick **im Volltext** abrufen und ausdrucken können. Eine Bestellkarte finden Sie vorne im Lexikon.

Beschränkt steuerpflichtige Arbeitnehmer

Arbeitnehmer abgehandelt, sondern beim Stichwort „**Gastarbeiter**" zusammengefasst dargestellt.

Weiterhin tauchen im Zusammenhang mit beschränkt steuerpflichtigen Arbeitnehmern häufig die Begriffe „Grenzpendler" und „Grenzgänger" auf. Deshalb hierzu Folgendes:

Worin besteht der Unterschied zwischen „Grenzgänger" und „Grenzpendler"?

Sowohl Grenzgänger als auch Grenzpendler sind ausländische Arbeitnehmer, die in einem Nachbarstaat wohnen, in Deutschland arbeiten und **täglich** an ihren ausländischen Wohnort zurückkehren. Durch die tägliche Rückkehr wird in Deutschland kein gewöhnlicher Aufenthalt begründet, sodass dieser Personenkreis mit dem in Deutschland erzielten Arbeitslohn beschränkt steuerpflichtig ist. Der Unterschied zwischen einem Grenzpendler und einem Grenzgänger besteht darin, dass ein „Grenzgänger" ein Arbeitnehmer ist, der unter die sog. **Grenzgängerregelung** fällt. Eine solche Grenzgängerregelung enthalten einige Doppelbesteuerungsabkommen, die Deutschland mit Nachbarstaaten abgeschlossen hat (mit Frankreich, Österreich und der Schweiz, vgl. das Stichwort „Grenzgänger"). Fällt ein ausländischer Arbeitnehmer, der **täglich** an seinen ausländischen Wohnort zurückkehrt, nicht unter eine solche Grenzgängerregelung (weil das geltende Doppelbesteuerungsabkommen keine Grenzgängerregelung enthält), so handelt es sich um einen **beschränkt steuerpflichtigen Grenzpendler**. Diese Form der beschränkten Steuerpflicht kann – im Gegensatz zur beschränkten Steuerpflicht bei einem bis zu 6 Monaten in Deutschland tätigen ausländischen Arbeitnehmer – oft mehrere Jahre oder gar Jahrzehnte dauern. Fällt der ausländische Arbeitnehmer hingegen unter die Grenzgängerregelung, die in den Doppelbesteuerungsabkommen mit Frankreich und Österreich enthalten ist, so ist er in Deutschland überhaupt nicht (auch nicht beschränkt) steuerpflichtig. Denn das Besteuerungsrecht steht bei „echten" Grenzgängern dem Wohnsitzstaat und nicht dem Tätigkeitsstaat zu (vgl. das Stichwort „Grenzgänger"). Schweizerische Arbeitnehmer, die die Grenzgängereigenschaft erfüllen, sind hingegen beschränkt steuerpflichtig. Aufgrund einer Sonderregelung hält der deutsche Arbeitgeber jedoch lediglich pauschal 4,5 % Lohnsteuer vom Bruttoarbeitslohn ein (vgl. die Erläuterungen beim Stichwort „Grenzgänger" unter Nr. 5).

Außerdem wird im Zusammenhang mit der lohnsteuerlichen Behandlung beschränkt steuerpflichtiger Arbeitnehmer auch der Begriff „**erweiterte unbeschränkte Steuerpflicht**" verwendet. Dieser Begriff bezieht sich jedoch auf beschränkt steuerpflichtige Arbeitnehmer, die

– die **deutsche Staatsangehörigkeit** besitzen **und**

– Arbeitslohn aus einer **öffentlichen Kasse**

erhalten.

Da für diese Arbeitnehmer einige Besonderheiten gelten, die für den Lohnsteuerabzug bei Arbeitgebern in der Privatwirtschaft keine Bedeutung haben, werden alle beschränkt steuerpflichtigen Arbeitnehmer, die die deutsche Staatsangehörigkeit besitzen und **Arbeitslohn aus einer öffentlichen Kasse** beziehen, gesondert unter dem Stichwort „Erweiterte unbeschränkte Steuerpflicht" abgehandelt. Unter diesem Stichwort werden also nicht nur die erweitert unbeschränkt Steuerpflichtigen im engeren Sinne (Angehörige des diplomatischen Dienstes und vergleichbare Personen) erläutert, sondern auch alle anderen beschränkt steuerpflichtigen deutschen Staatsangehörigen, die Arbeitslohn aus einer **öffentlichen Kasse** beziehen (z. B. im Ausland lebende pensionierte Beamte, die ihre Pension aus Deutschland erhalten).

Hiernach ergibt sich folgende Übersicht:

Wie bereits ausgeführt, ist es für die Besteuerung des Arbeitslohnes der in großer Zahl in Deutschland zu einer vorübergehenden Beschäftigung eingesetzten ausländischen Arbeitnehmer von entscheidender Bedeutung, ob sie im Inland einen „Wohnsitz" oder „gewöhnlichen Aufenthalt" haben oder nicht. Ein „gewöhnlicher Aufenthalt" im Sinne der lohnsteuerlichen Vorschriften liegt ohne weitere Voraussetzung dann vor, wenn sich der ausländische Arbeitnehmer – zeitlich zusammenhängend – **mehr** als 6 Monate in Deutschland aufhält*). Hiernach ergibt sich folgende Übersicht:

---

*) Die Begriffe „Wohnsitz" und „gewöhnlicher Aufenthalt" sind im Anwendungserlass zur Abgabenordnung ausführlich erläutert. Dort ist auch die umfangreiche Rechtsprechung des Bundesfinanzhofs zu diesen Fragen abgehandelt. Der Anwendungserlass des BMF zum „Wohnsitz" und „gewöhnlichen Aufenthalt" ist als Anlage 2 zu § 1 EStG im **Steuerhandbuch für das Lohnbüro 2010** abgedruckt, das im selben Verlag erschienen ist. Das **PC-Lexikon** für das Lohnbüro 2010 enthält auch dieses Handbuch und hat außerdem den Vorteil, dass Sie **alle BFH-Urteile** sowie die aktuellen Rundschreiben und Niederschriften der Spitzenverbände der **Sozialversicherung** mit Mausklick **im Volltext** abrufen und ausdrucken können. Eine Bestellkarte finden Sie vorne im Lexikon.

Beschränkt steuerpflichtige Arbeitnehmer

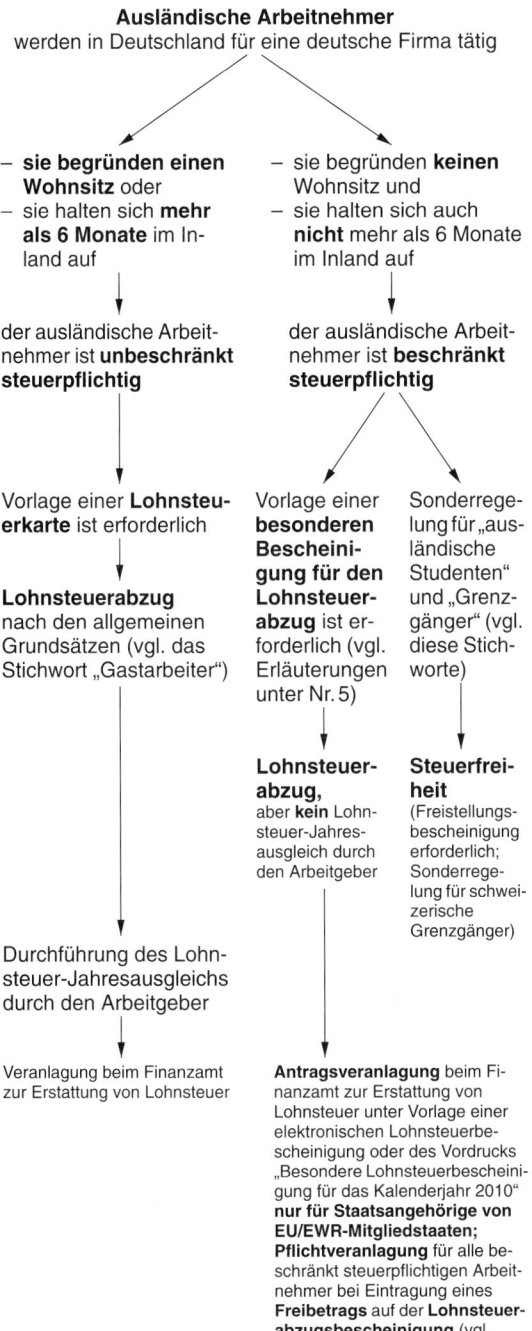

In Ausnahmefällen kann sowohl bei unbeschränkt als auch bei beschränkt steuerpflichtigen ausländischen Arbeitnehmern eine **Steuerfreiheit** des Arbeitslohns **nach einem Doppelbesteuerungsabkommen** in Betracht kommen. Diese Fälle sind nachfolgend unter Nr. 3 erläutert.

2. Unbeschränkte oder beschränkte Steuerpflicht

Werden ausländische Arbeitskräfte in Deutschland als Arbeitnehmer tätig, so sind sie entweder unbeschränkt oder beschränkt steuerpflichtig. Unbeschränkte Steuerpflicht tritt ohne weitere Voraussetzung ein, wenn der ausländische Arbeitnehmer im Inland einen Wohnsitz oder seinen gewöhnlichen Aufenthalt hat. Gewöhnlicher Aufenthalt wird stets angenommen, wenn sich ein Steuerpflichtiger **länger als 6 Monate** in Deutschland aufhält. Einen Wohnsitz haben ausländische Saisonarbeiter in Deutschland meistens nicht, da hierfür nach § 8 AO Voraussetzung ist, dass eine eigene Wohnung **auf Dauer** angemietet und auch benutzt wird. Wohnt der Saisonarbeiter in einem Hotelzimmer oder in einer Unterkunft auf der Baustelle, wird hierdurch ein Wohnsitz in Deutschland nicht begründet. Die ausländischen Saisonarbeiter haben jedoch im Inland ihren „gewöhnlichen Aufenthalt" und werden dadurch unbeschränkt steuerpflichtig, wenn sie sich länger als 6 Monate in Deutschland aufhalten. Ist dies der Fall, so erstreckt sich die unbeschränkte Steuerpflicht auf den gesamten Inlandsaufenthalt (also auch auf die ersten 6 Monate).

Zur Beurteilung der Frage, ob sich ein ausländischer Arbeitnehmer voraussichtlich länger als 6 Monate im Inland aufhalten wird, ist grundsätzlich auf den Aufenthaltstitel abzustellen (Aufenthaltserlaubnis bzw. Schengen-Visum verbunden mit einer Arbeitserlaubnis). Hat die Arbeitserlaubnis eine Gültigkeit von mehr als 6 Monaten, wird von der Gemeinde, in der der ausländische Arbeitnehmer wohnt, **sofort eine Lohnsteuerkarte ausgestellt**. Ist die Arbeitserlaubnis für einen Zeitraum von mehr als 6 Monaten erteilt worden, so ist der Arbeitnehmer auch dann als unbeschränkt steuerpflichtig zu behandeln, wenn er aus besonderen Gründen unvorhergesehen (z. B. wegen Krankheit oder wegen eines Todesfalls in der Familie) vor Ablauf von 6 Monaten in sein Heimatland zurückkehrt. Ist die Arbeitserlaubnis zunächst für eine Zeit von weniger als 6 Monaten erteilt worden und wird sie während des Aufenthalts verlängert (auf nunmehr einen Zeitraum von insgesamt mehr als 6 Monaten), so wird der Arbeitnehmer von Anfang an unbeschränkt steuerpflichtig. In den Fällen der Verlängerung einer zunächst für eine Zeit von weniger als 6 Monaten erteilten Aufenthaltserlaubnis auf einen Zeitraum von insgesamt mehr als 6 Monaten, ist im Zeitpunkt der Verlängerung der Aufenthaltserlaubnis eine Lohnsteuerkarte auszuschreiben, und zwar ebenfalls von der Gemeinde, in der der Arbeitnehmer **erstmals** seine Wohnung oder seinen gewöhnlichen Aufenthalt begründet hatte.

Beispiel

Der Arbeitnehmer reist am 1. März des Kalenderjahres in das Bundesgebiet ein und nimmt aufgrund einer auf 4 Monate befristeten Aufenthaltserlaubnis die Arbeit in München auf. Eine Lohnsteuerkarte wird nicht ausgeschrieben, weil der Arbeitnehmer als beschränkt steuerpflichtig zu behandeln ist. Am 15. Juni wird die Aufenthaltserlaubnis um weitere 4 Monate verlängert; der Arbeitnehmer hat inzwischen seinen Arbeitsplatz gewechselt und steht bei einem Arbeitgeber in Nürnberg in einem Dienstverhältnis. Am 15. Juni ist von der Stadt München eine Lohnsteuerkarte auszuschreiben.

In den Fällen, in denen der ausländische Arbeitnehmer bei Wegfall der unbeschränkten Steuerpflicht im Laufe des Kalenderjahres in sein Heimatland zurückkehrte, konnte früher sofort eine Veranlagung zur Einkommensteuer durchgeführt und die ggf. zu viel einbehaltene Lohnsteuer sofort erstattet werden. Diese vorgezogene Veranlagung bei Wegfall der unbeschränkten Steuerpflicht im Laufe des Kalenderjahres ist weggefallen. Seit 1996 werden deshalb auch in den Fällen, in denen die unbeschränkte Steuerpflicht nicht während des ganzen Kalenderjahres besteht, die Besteuerungsgrundlagen für das gesamte Kalenderjahr ermittelt (was erst nach Ablauf des Kalenderjahres möglich ist) und dabei die ausländischen Einkünfte im Rahmen des sog. Progressionsvorbehalts (vgl. dieses Stichwort) berücksichtigt.

Die Unterscheidung zwischen unbeschränkter und beschränkter Steuerpflicht kann sich erübrigen, wenn das Besteuerungsrecht aufgrund eines Doppelbesteuerungsabkommens einem anderen Staat zugewiesen wird, was allerdings nur in Ausnahmefällen zutrifft. Denn bei ausländischen Arbeitnehmern, die **im Inland für eine deutsche Firma tätig** sind, hat die Bundesrepublik Deutschland auch beim Vorliegen eines Doppelbesteuerungsabkommens in aller Regel das Besteuerungsrecht, da die Doppelbesteuerungsabkommen bei Arbeitslöhnen im Normalfall dem

Beschränkt steuerpflichtige Arbeitnehmer

Tätigkeitsstaat das Besteuerungsrecht zuweisen und die in den Doppelbesteuerungsabkommen für einen vorübergehenden Aufenthalt geltenden Ausnahmeregelungen dann nicht eingreifen, wenn der Arbeitslohn von einem **deutschen** (inländischen) **Arbeitgeber** gezahlt wird (vgl. die Erläuterungen unter der folgenden Nr. 3).

3. Anwendung von Doppelbesteuerungsabkommen bei der Beschäftigung ausländischer Arbeitnehmer in Deutschland

Arbeitnehmer ohne Wohnsitz oder gewöhnlichen Aufenthalt im Inland sind mit ihren **inländischen Einkünften aus nichtselbständiger Arbeit** beschränkt steuerpflichtig (§ 49 Abs. 1 Nr. 4 EStG).

Inländische Einkünfte aus nichtselbständiger Arbeit im Sinne von § 49 Abs. 1 Nr. 4 EStG liegen vor, wenn

- die Arbeit im Inland ausgeübt oder verwertet wird oder worden ist,
- Arbeitslohn aus inländischen öffentlichen Kassen mit Rücksicht auf ein gegenwärtiges oder früheres Dienstverhältnis gewährt wird,
- Einkünfte als Vergütung für eine Tätigkeit als Geschäftsführer, Prokurist oder Vorstandsmitglied einer Gesellschaft im Inland bezogen werden*),
- Entschädigungen (Abfindungen) für die Auflösung eines Dienstverhältnisses gezahlt werden, soweit die für die zuvor ausgeübte Tätigkeit bezogenen Einkünfte der inländischen Besteuerung unterlegen haben**),
- die Arbeit an Bord eines im internationalen Luftverkehr eingesetzten Flugzeugs ausgeübt wird, das von einem Unternehmen mit Geschäftsleitung im Inland betrieben wird***).

Der für die Tätigkeit im Inland bezogene Arbeitslohn ausländischer Arbeitnehmer ist jedoch – unabhängig davon, ob er im Inland der unbeschränkten oder beschränkten Steuerpflicht unterliegt – dann steuerfrei, wenn zwischen seinem Wohnsitzstaat und der Bundesrepublik Deutschland ein **Abkommen zur Vermeidung der Doppelbesteuerung (DBA)** besteht und dieses Abkommen das Besteuerungsrecht dem **ausländischen** Staat zuweist.

Die Staaten, mit denen die Bundesrepublik Deutschland ein DBA abgeschlossen hat, sind unter dem Stichwort „Doppelbesteuerungsabkommen" unter Nr. 1 Buchstabe b aufgeführt.

In allen Doppelbesteuerungsabkommen wird das Besteuerungsrecht für eine in Deutschland ausgeübte nichtselbständige Tätigkeit grundsätzlich der Bundesrepublik Deutschland zugewiesen. Etwas anderes gilt nur bei einer **vorübergehenden Tätigkeit** im Inland, wenn die folgenden drei Voraussetzungen **gleichzeitig** gegeben sind:

a) Der Arbeitnehmer darf sich **in Deutschland nicht länger als 183 Tage im Kalenderjahr aufhalten.** Dabei werden mehrere Aufenthalte innerhalb eines Kalenderjahres zusammengerechnet.

b) **Der Lohn darf nicht von einem Arbeitgeber gezahlt werden, der in Deutschland ansässig ist.** Ob der Arbeitgeber im Inland ansässig ist, muss nach den Bestimmungen des Doppelbesteuerungsabkommens und nicht nach inländischem Einkommensteuerrecht entschieden werden.

c) Der Arbeitslohn darf nicht von einer **Betriebsstätte** oder festen Einrichtung getragen werden, die der im Ausland ansässige Arbeitgeber in Deutschland unterhält **(sog. Betriebsstättenvorbehalt).**

Alle drei Voraussetzungen müssen **gleichzeitig** erfüllt sein. Fehlt **eine** dieser Voraussetzungen, hat **die Bundesrepublik Deutschland als Tätigkeitsstaat das Besteuerungsrecht.**

Wenn ausländische Gesellschaften ihre Arbeitnehmer zu einem verbundenen Unternehmen im Inland entsenden und das inländische Unternehmen den Arbeitslohn wirtschaftlich trägt, steht Deutschland also die nach innerstaatlichem Recht (§ 49 Abs. 1 Nr. 4 EStG) vorgesehene Besteuerung des Arbeitslohns auch nach den einschlägigen Doppelbesteuerungsabkommen zu. In der Praxis hat die Besteuerung früher oft zu Schwierigkeiten geführt, da ein Lohnsteuerabzug durch das inländische Unternehmen häufig nicht umgesetzt werden konnte, weil das den Arbeitslohn tragende Unternehmen in Deutschland nicht Arbeitgeber des entsandten Arbeitnehmers war und deshalb nach früher geltendem Recht nicht zum Lohnsteuerabzug verpflichtet war. Die Heranziehung des Arbeitnehmers im Wege der Einkommensteuerveranlagung scheiterte meist daran, dass dem zuständigen Finanzamt der Sachverhalt nicht oder zu spät bekannt wurde.

Seit 1. 1. 2004 ist deshalb der Begriff „inländischer Arbeitgeber" erweitert worden (§ 38 Abs. 1 Satz 2 EStG). Inländischer Arbeitgeber ist hiernach in den Fällen der **Arbeitnehmerentsendung** auch das in Deutschland ansässige Unternehmen, das den Arbeitslohn für die ihm geleistete Arbeit **wirtschaftlich trägt**. Hiervon ist insbesondere dann auszugehen, wenn die von dem anderen Unternehmen gezahlte Arbeitsvergütung dem deutschen Unternehmen weiterbelastet wird. Die Erfüllung der Arbeitgeberpflichten

---

*) Durch das Steueränderungsgesetz 2001 ist § 49 Abs. 1 Nr. 4 EStG, der die beschränkte Steuerpflicht bei Einkünften aus nichtselbständiger Arbeit regelt, um einen neuen Buchstaben c erweitert worden, wonach die beschränkte Steuerpflicht auf **im Ausland ansässige Geschäftsführer, Prokuristen** und **Vorstandsmitglieder** ausgedehnt wird, die – vom Ausland aus – für eine inländische Gesellschaft tätig werden. Diese Neuregelung hat folgenden Hintergrund: Einkünfte aus Arbeitnehmertätigkeit konnten früher – soweit es sich nicht um Zahlungen aus öffentlichen Kassen handelt – bei nicht in Deutschland ansässigen Arbeitnehmern nur dann im Inland besteuert werden, wenn die Tätigkeit in der Bundesrepublik Deutschland ausgeübt oder dort verwertet wird. Durch diese Regelung entstanden für Einnahmen, die im Ausland ansässige Beschäftigte für ihre Tätigkeit für inländische Unternehmen erhielten, in Deutschland Besteuerungslücken. Die Gesetzesänderung bewirkt, dass Deutschland ein ihm aufgrund eines Doppelbesteuerungsabkommens zugewiesenes Besteuerungsrecht tatsächlich ausüben kann. Die Neuregelung betrifft vor allem die Einkünfte im **Ausland** ansässiger und für eine **inländische Gesellschaft** tätiger Geschäftsführer, Prokuristen und Vorstandsmitglieder. Bisher konnte die Bundesrepublik Deutschland das ihr nach einigen Doppelbesteuerungsabkommen zugewiesene Besteuerungsrecht allenfalls über den sog. Verwertungstatbestand ausüben, der jedoch durch die Rechtsprechung einschränkend ausgelegt wird. Durch die Gesetzesänderung ist die Grundlage dafür geschaffen worden, dass die Einkünfte in Deutschland besteuert werden, wenn die Bundesrepublik Deutschland nach dem einschlägigen Doppelbesteuerungsabkommen das Besteuerungsrecht zugewiesen bekommen hat (vgl. auch die Erläuterungen beim Stichwort „Doppelbesteuerungsabkommen" unter Nr. 2).

**) Durch das Steueränderungsgesetz 2003 ist § 49 Abs. 1 Nr. 4 EStG, der die beschränkte Steuerpflicht bei Einkünften aus nichtselbständiger Arbeit regelt, um einen neuen Buchstaben d erweitert worden. Die Vorschrift stellt sicher, dass auch Abfindungszahlungen, die der Arbeitgeber bei Auflösung eines Dienstverhältnisses zahlt, einer Besteuerung im Rahmen der beschränkten Steuerpflicht unterworfen werden können. Vgl. auch die Erläuterungen beim Stichwort „Doppelbesteuerungsabkommen" unter Nr. 9 Buchstabe f.

***) Durch das Steueränderungsgesetz 2007 ist § 49 Abs. 1 Nr. 4 EStG, der die beschränkte Steuerpflicht bei Einkünften aus nichtselbständiger Arbeit regelt, um einen neuen Buchstaben e erweitert worden, wonach der Arbeitslohn des in Deutschland nicht ansässigen Bordpersonals von Flugzeugen, die von Unternehmen mit Geschäftsleitung im Inland betrieben werden, ab 1. 1. 2007 der beschränkten Steuerpflicht unterliegt.
Nach bisher geltendem Recht konnten im Rahmen der beschränkten Steuerpflicht anteilig nur diejenigen Einkünfte aus nichtselbständiger Arbeit des Bordpersonals besteuert werden, die auf einer Ausübung der Tätigkeit im Inland beruhten. Flugzeuge, die sich nicht im deutschen Luftraum bzw. auf deutschen Flughäfen befinden, gehören jedoch nicht zum Inland, so dass insoweit der Arbeitslohn des Bordpersonals nicht den beschränkt steuerpflichtigen inländischen Einkünften zugeordnet werden konnte. Diese Besteuerungslücke wurde nunmehr geschlossen. Denn nach Artikel 15 Abs. 3 des OECD-Musterabkommens und der entsprechenden Regelung in den Doppelbesteuerungsabkommen hat Deutschland beim Bordpersonal von Flugzeugen, deren Geschäftsleitung sich im Inland befindet, das Besteuerungsrecht, auch soweit die Tätigkeit im Inland ausgeübt wird. Der ausländische Ansässigkeitsstaat stellt die Einkünfte nach dem Doppelbesteuerungsabkommen von seiner Besteuerung frei, so dass ohne Einführung des § 49 Abs. 1 Nr. 4 Buchstabe e EStG die Einkünfte in diesen Fällen völlig steuerfrei bleiben würden.

Beschränkt steuerpflichtige Arbeitnehmer

setzt nicht voraus, dass das inländische Unternehmen den Arbeitslohn im eigenen Namen und für eigene Rechnung auszahlt. Die Lohnsteuer entsteht bereits im Zeitpunkt der Arbeitslohnzahlung an den Arbeitnehmer, wenn das inländische Unternehmen aufgrund der Vereinbarung mit dem ausländischen Unternehmen mit einer Weiterbelastung rechnen kann. In diesem Zeitpunkt ist die Lohnsteuer vom inländischen Unternehmen zu erheben (R 38.3 Abs. 5 LStR). Auf den Zeitpunkt der tatsächlichen Weiterbelastung kommt es nicht an.

Beispiel A
Eine französische Konzerngesellschaft entsendet mehrere Fachkräfte zur Durchführung eines Großauftrags zu einer Schwestergesellschaft in Deutschland, die dieses Projekt mit ihren eigenen Arbeitskräften nicht durchführen kann. Die französischen Arbeitnehmer erhalten ihr Gehalt für den gesamten Zeitraum von der französischen Gesellschaft; für den Monat Dezember 2009 erfolgt die Auszahlung zum 30.12.2009. Die französische Gesellschaft belastet das Gehalt aufgrund einer schriftlichen Vereinbarung an die deutsche Gesellschaft weiter; das Dezembergehalt 2009 wird erst am 20.1.2010 weiterbelastet.

Die in Deutschland ansässige Gesellschaft ist als wirtschaftlicher Arbeitgeber im Sinne des DBA Deutschland-Frankreich anzusehen, so dass der Arbeitslohn – unabhängig von der Aufenthaltsdauer der Arbeitnehmer – dem deutschen Besteuerungsrecht unterliegt. Die deutsche Gesellschaft hat als inländischer Arbeitgeber die lohnsteuerlichen Pflichten zu erfüllen, da sie den Arbeitslohn für die ihr gegenüber geleistete Arbeit wirtschaftlich trägt. Dass der Arbeitslohn durch die französische Gesellschaft gezahlt wurde, ist unbeachtlich. Für das Dezembergehalt 2009 ist die Lohnsteuer bereits im Zeitpunkt der Arbeitslohnzahlung zu erheben (also am 30.12.2009), da das inländische Unternehmen aufgrund der Vereinbarung mit dem ausländischen Unternehmen mit einer Weiterbelastung rechnen konnte (R 38.3 Abs. 5 Satz 4 LStR). Auf den Zeitpunkt der Weiterbelastung zwischen den Konzerngesellschaften kommt es nicht an.

Beispiel B
Ein in Österreich ansässiger Arbeitnehmer wird von seinem österreichischen Arbeitgeber vom 1. April bis 31. Oktober 2010 in die Bundesrepublik Deutschland zur Montage einer Anlage entsandt.
Der Aufenthalt in Deutschland überschreitet im Kalenderjahr 2010 den Zeitraum von 183 Tagen. Der auf die Tätigkeit im Inland entfallende Arbeitslohn ist deshalb steuerpflichtig. Da jedoch kein inländischer Arbeitgeber vorhanden ist, entfällt der Lohnsteuerabzug. Der Arbeitslohn muss vielmehr durch eine Einkommensteuerveranlagung des Arbeitnehmers besteuert werden.

Die Beispiele zeigen, dass sich die Frage nach einer Steuerbefreiung aufgrund eines Doppelbesteuerungsabkommens in aller Regel nur bei denjenigen ausländischen Arbeitnehmern stellt, die vorübergehend von einem **ausländischen Arbeitgeber nach Deutschland** entsandt werden. In all den Fällen, in denen ein ausländischer Arbeitnehmer für eine **deutsche** Firma im Inland tätig wird, hat stets die Bundesrepublik Deutschland das Besteuerungsrecht und zwar gleichgültig ob der Arbeitnehmer unbeschränkt oder nur beschränkt steuerpflichtig ist.

Sonderregelungen gibt es allerdings für **ausländische Studenten** (vgl. „Ausländische Studenten") und für sog. **Grenzgänger** (vgl. „Grenzgänger").

Dem Arbeitgeber kann nicht zugemutet werden, dass er in eigener Zuständigkeit und Verantwortung die komplizierten Voraussetzungen einer Steuerbefreiung nach den geltenden Doppelbesteuerungsabkommen überprüfen muss. Diese Prüfung wird ihm vom zuständigen Betriebsstättenfinanzamt abgenommen. Ist hiernach ein (beschränkt oder unbeschränkt steuerpflichtiger) ausländischer Arbeitnehmer der Auffassung, dass ihm keine Lohnsteuer vom Arbeitslohn abgezogen werden dürfe, so muss er eine entsprechende **Freistellungsbescheinigung** des Finanzamts vorlegen. Diese Freistellungsbescheinigung kann der Arbeitnehmer bei dem für den Arbeitgeber zuständigen Betriebsstättenfinanzamt auf amtlichem Vordruck beantragen. Ohne die Vorlage einer solchen Bescheinigung sollte der Arbeitgeber sowohl bei unbeschränkt steuerpflichtigen als auch bei beschränkt steuerpflichtigen ausländischen Arbeitnehmern stets Lohnsteuer einbehalten. Zu den Verfahrensvorschriften zur Steuerfreistellung des Arbeitslohns nach einem **Doppelbesteuerungsabkommen** vgl. im Einzelnen dieses Stichwort unter Nr. 11.

4. Durchführung des Lohnsteuerabzugs bei ausländischen Arbeitnehmern

Der Arbeitgeber ist sowohl bei unbeschränkt als auch bei beschränkt steuerpflichtigen Arbeitnehmern verpflichtet, den Steuerabzug vorzunehmen, wenn nicht ausnahmsweise eine Freistellung aufgrund eines Doppelbesteuerungsabkommens nach den Ausführungen unter der vorstehenden Nr. 3 in Betracht kommt. Dem Lohnsteuerabzug unterliegen die gesamten Einnahmen aus der Arbeitnehmertätigkeit. Hierzu gehören auch die im Heimatland ggf. in ausländischer Währung ausgezahlten Teile des Arbeitslohns. Muss der Arbeitnehmer auf die im Heimatland ausgezahlten Beträge eine ausländische Steuer entrichten, die der deutschen Lohn- oder Einkommensteuer entspricht, so fällt trotzdem auch für diesen im Ausland versteuerten Arbeitslohn deutsche Lohnsteuer an. Für die ausländische Steuer kommt eine Anrechnung auf die deutsche Einkommensteuer im Wege der Veranlagung bzw. die Eintragung eines Freibetrags in Höhe des Vierfachen der voraussichtlichen ausländischen Steuer auf der Lohnsteuerkarte oder Lohnsteuerabzugsbescheinigung in Betracht (vgl. das Stichwort „Anrechnung ausländischer Einkommensteuer [Lohnsteuer]").

Ist der ausländische Arbeitnehmer unbeschränkt steuerpflichtig, so ist er – ohne Rücksicht auf seine Staatsangehörigkeit – für den Lohnsteuerabzug einem deutschen Arbeitnehmer völlig gleichgestellt (Ausstellung einer Lohnsteuerkarte, Eintragung von Freibeträgen usw.). Die sich für einen **unbeschränkt** steuerpflichtigen ausländischen Arbeitnehmer ergebenden Besonderheiten (z. B. Steuerklasse III für verheiratete EU-Staatsangehörige) sind unter dem Stichwort „Gastarbeiter" erläutert.

Für **beschränkt** steuerpflichtige ausländische Arbeitnehmer, das heißt für Arbeitnehmer, die keine Lohnsteuerkarte vorlegen können, gilt im Einzelnen Folgendes:

5. Beschränkt steuerpflichtige Arbeitnehmer

Im Gegensatz zu unbeschränkt steuerpflichtigen Arbeitnehmern erhalten beschränkt steuerpflichtige Arbeitnehmer **keine Lohnsteuerkarte.** Anstelle der Lohnsteuerkarte erhalten diese Arbeitnehmer eine **besondere Bescheinigung,** die alle für den Lohnsteuerabzug erforderlichen Besteuerungsmerkmale (Steuerklasse, Zahl der Kinderfreibeträge, monatlicher Steuerfreibetrag oder Hinzurechnungsbetrag usw.) enthält. Diese sog. **Lohnsteuerabzugsbescheinigung** (vgl. dieses Stichwort) wird auf Antrag von der Arbeitgeberstelle desjenigen Finanzamts ausgestellt, an das der Arbeitgeber die Lohnsteuer abführt **(= Betriebsstättenfinanzamt).** Diese an sich klare Regelung ist durch das sog. Schumacker-Urteil des Europäischen Gerichtshofs komplizierter geworden, weil seit 1.1.1996 beschränkt steuerpflichtige ausländische Arbeitnehmer **auf Antrag** wie unbeschränkt steuerpflichtige Arbeitnehmer behandelt werden können, wenn sie nahezu ihre gesamten Einkünfte in Deutschland erzielen. Obwohl diese Arbeitnehmer wie unbeschränkt Steuerpflichtige behandelt werden, erhalten sie keine Lohnsteuerkarte, sondern eine besondere Bescheinigung für den Lohnsteuerabzug durch den Arbeitgeber. Weiterhin ist zu beachten, dass bei den beschränkt steuerpflichtigen Arbeitnehmern, die sich auf Antrag wie unbeschränkt Steuerpflichtige behandeln lassen können, zwischen Staatsangehörigen aus EU-Ländern bzw. EWR-Mitgliedstaaten*) und Staatsangehörigen aus allen anderen Ländern unterschieden wird, da

---

*) **EU-Länder** sind die folgenden Mitgliedsländer der Europäischen Union: Belgien, Bulgarien, Dänemark, Estland, Finnland, Frankreich, Griechenland, Irland, Italien, Lettland, Litauen, Luxemburg, Malta, Niederlande, Österreich, Polen, Portugal, Rumänien, Schweden, Slowakei, Slowenien, Spanien, Tschechische Republik, Ungarn, Vereinigtes Königreich Großbritannien und Zypern.
EWR-Mitgliedstaaten, das heißt Staaten, auf die das Abkommen über den Europäischen Wirtschaftsraum Anwendung findet, sind: Island, Norwegen und Liechtenstein.

Beschränkt steuerpflichtige Arbeitnehmer

unterschiedliche Rechtsfolgen eintreten. Seit 1. 1. 1996 werden also beschränkt steuerpflichtige Arbeitnehmer in drei Gruppen eingeteilt:

1. **Gruppe** = Staatsangehörige von **EU/EWR-Mitgliedstaaten***), die nahezu ihre gesamten Einkünfte in Deutschland erzielen, werden auf Antrag einem unbeschränkt Steuerpflichtigen **völlig gleichgestellt**. Sie erhalten alle steuerlichen Vergünstigungen einschließlich Splittingvorteil (= Steuerklasse III bei Verheirateten).

2. **Gruppe** = Staatsangehörige aus Ländern **außerhalb EU/EWR**, die nahezu ihre gesamten Einkünfte in Deutschland erzielen, werden auf Antrag einem unbeschränkt Steuerpflichtigen **fast gleichgestellt**. Sie erhalten alle steuerlichen Vergünstigungen mit Ausnahme „familienbezogener" Vorteile, wie z. B. die Splitting-Regelung (= Steuerklasse III bei Verheirateten).

3. **Gruppe** = Alle übrigen beschränkt steuerpflichtigen Arbeitnehmer. Sie erhalten stets die Steuerklasse I und können lediglich Werbungskosten und bestimmte Arten von Sonderausgaben steuermindernd geltend machen.

Ein beschränkt steuerpflichtiger Arbeitnehmer kann sich also auf Antrag wie ein unbeschränkt Steuerpflichtiger behandeln lassen, wenn er nahezu seine gesamten Einkünfte in Deutschland erzielt. Diese Sonderform der unbeschränkten Steuerpflicht tritt nach § 1 Abs. 3 EStG ein, wenn

– die Summe aller Einkünfte im Kalenderjahr 2010 zu mindestens **90 %** der deutschen Einkommensteuer unterliegt

oder

– diejenigen Einkünfte, die nicht der deutschen Besteuerung unterliegen, höchstens **8004 €** im Kalenderjahr 2010 betragen. Für das Kalenderjahr 2009 gilt ein Betrag von 7834 €.

Der Betrag von 8004 € wird bei bestimmten Ländern um 25 %, 50 % oder 75 % gekürzt (vgl. die in **Anhang 10** abgedruckte Ländergruppeneinteilung).

Hiernach ergibt sich für beschränkt steuerpflichtige Arbeitnehmer folgende Übersicht:

Beschränkt steuerpflichtige Arbeitnehmer

- nahezu alle Einkünfte werden in Deutschland erzielt
  - EU/EWR-Staatsangehörige → **Völlige Gleichstellung** mit Inländern; alle Vergünstigungen – auch Steuerklasse III – werden gewährt.
  - Staatsangehörige aus Ländern **außerhalb EU/EWR** → **Annähernde Gleichstellung** mit Inländern; sog. familienbezogene Vergünstigungen (z. B. Steuerklasse III) werden **nicht** gewährt.
- Einkünfte werden teils in Deutschland, teils im Ausland erzielt → **Keinerlei Gleichstellung** mit Inländern; nur Werbungskosten- und bestimmter Sonderausgabenabzug möglich. Keine Kinderfreibeträge, kein Kindergeld.

Entsprechend der Einteilung in drei Gruppen sind auch die amtlichen Vordrucke gestaltet, mit denen beim Betriebsstättenfinanzamt eine Bescheinigung für beschränkt steuerpflichtige Arbeitnehmer beantragt werden kann. Es gelten die folgenden drei Antragsformulare:

1. Antrag auf Behandlung als unbeschränkt einkommensteuerpflichtiger Arbeitnehmer nach § 1 Abs. 3 **und** § 1a EStG. Dieser Vordruck ist für **EU/EWR-Staatsangehörige** vorgesehen, die nahezu alle Einkünfte in Deutschland erzielen (Bezeichnung des Vordrucks: „Anlage Grenzpendler EU/EWR").

2. Antrag auf Behandlung als unbeschränkt einkommensteuerpflichtiger Arbeitnehmer nach § 1 Abs. 3 EStG. Dieser Vordruck ist für **Staatsangehörige außerhalb EU/EWR** vorgesehen, die nahezu alle Einkünfte in Deutschland erzielen (Bezeichnung des Vordrucks: „Anlage Grenzpendler **außerhalb** EU/EWR").

3. Antrag auf Erteilung einer Bescheinigung für beschränkt steuerpflichtige Arbeitnehmer im Sinne des § 39d i. V. m. § 50 Abs. 1 Satz 4 EStG. Dieser Vordruck ist für alle anderen beschränkt steuerpflichtigen Arbeitnehmer vorgesehen.

Diejenigen beschränkt steuerpflichtigen Arbeitnehmer, die mit dem unter Nr. 1 oder Nr. 2 genannten Vordruck einen Antrag auf Behandlung wie ein unbeschränkt Steuerpflichtiger stellen, müssen die Höhe der ausländischen Einkünfte durch eine **Bestätigung der ausländischen Steuerbehörde** auf amtlichem Vordruck nachweisen**). Kann der Arbeitnehmer eine solche Bestätigung – aus welchen Gründen auch immer – nicht vorlegen, behandelt ihn das Finanzamt als „normalen" beschränkt steuerpflichtigen Arbeitnehmer, das heißt, er wird in die dritte und damit ungünstigste Gruppe eingereiht. Der Arbeitnehmer kann allerdings in solchen Fällen nach Ablauf des Kalenderjahres im Rahmen einer Veranlagung zur Einkommensteuer die ihm zustehenden Vergünstigungen nachträglich beantragen, wenn er bis dahin die erforderliche Bescheinigung der ausländischen Steuerbehörde über seine ausländischen Einkünfte beschafft hat.

Wurde dem ausländischen Arbeitnehmer jedoch entweder auf der „Anlage Grenzpendler EU/EWR" oder auf der „Anlage Grenzpendler außerhalb EU/EWR" von seiner ausländischen Steuerbehörde die erforderliche Bestätigung erteilt, so kann er sich die entsprechenden Freibeträge auf seiner Lohnsteuerabzugsbescheinigung eintragen lassen (vgl. die Erläuterungen unter den nachfolgenden Nrn. 6 und 7). Diese Freibeträge müssen mit dem amtlichen Vordruck „Antrag auf Lohnsteuer-Ermäßigung 2010" gesondert geltend gemacht werden. Der Antrag auf Lohnsteuer-Ermäßigung 2010 ist also zusätzlich zur „Anlage Grenzpendler EU/EWR" oder „Anlage Grenzpendler außerhalb EU/EWR" auszufüllen und beim Betriebsstättenfinanzamt abzugeben. Alle genannten Vordrucke sind beim Finanzamt kostenlos erhältlich, wobei die beiden Vordrucke „Anlage Grenzpendler EU/EWR" und „Anlage Grenzpendler außerhalb EU/EWR" in allen gängigen Sprachen aufgelegt wurden, damit die

---

*) **EU-Länder** sind die folgenden Mitgliedsländer der Europäischen Union: Belgien, Bulgarien, Dänemark, Estland, Finnland, Frankreich, Griechenland, Irland, Italien, Lettland, Litauen, Luxemburg, Malta, Niederlande, Österreich, Polen, Portugal, Rumänien, Schweden, Slowakei, Slowenien, Spanien, Tschechische Republik, Ungarn, Vereinigtes Königreich Großbritannien und Zypern.
EWR-Mitgliedstaaten, das heißt Staaten, auf die das Abkommen über den Europäischen Wirtschaftsraum Anwendung findet, sind: Island, Norwegen und Liechtenstein.

) Aus Gründen der Verwaltungsvereinfachung wird im Lohnsteuer-Ermäßigungsverfahren auf **die Bestätigung der ausländischen Steuerbehörde auf den amtlichen Vordrucken „Anlage Grenzpendler EU/EWR" oder „Anlage Grenzpendler außerhalb EU/EWR" **verzichtet**, wenn bereits eine von der ausländischen Steuerbehörde bestätigte Anlage „Bescheinigung EU/EWR" oder „Bescheinigung außerhalb EU/EWR" im Rahmen der Veranlagung für **einen der beiden vorangegangenen Veranlagungszeiträume vorliegt** und sich die Verhältnisse nach den Angaben des Arbeitnehmers nicht geändert haben.

Beschränkt steuerpflichtige Arbeitnehmer

ausländische Steuerbehörde auf dem Vordruck die Höhe der ausländischen Einkünfte bescheinigen kann.

Welche Vergünstigungen beschränkt steuerpflichtige Arbeitnehmer in Anspruch nehmen können, wird nachfolgend – getrennt nach den drei Gruppen – im Einzelnen anhand von Beispielen erläutert.

6. Beschränkt steuerpflichtige Arbeitnehmer, die einem Inländer völlig gleichgestellt werden

a) Allgemeines

Zu der seit 1.1.1996 geltenden Einteilung in **drei** Gruppen hat das sog. Schumacker-Urteil des Europäischen Gerichtshofs geführt, dessen Auswirkungen im Jahressteuergesetz 1996 geregelt wurden. In diesem Urteil hat der Europäische Gerichtshof entschieden, dass beschränkt steuerpflichtige Arbeitnehmer aus EU/EWR-Mitgliedstaaten*), die nahezu ihre gesamten Einkünfte in Deutschland erzielen, mit unbeschränkt steuerpflichtigen Arbeitnehmern **völlig gleichzustellen sind.** Das Urteil erforderte somit die Ausdehnung des Splitting-Verfahrens und anderer familienbezogener Steuervergünstigungen auf diesen Personenkreis.

Staatsbürger von Staaten, die nicht zu den EU/EWR-Mitgliedstaaten gehören, erhalten dagegen weder den Splittingvorteil noch andere familienbezogene Steuervergünstigungen und zwar auch dann nicht, wenn sie nahezu ihre gesamten Einkünfte in Deutschland erzielen. Da es außerdem auch noch beschränkt steuerpflichtige Arbeitnehmer mit beträchtlichen ausländischen Einkünften gibt, ist man bei der Einteilung in drei Gruppen angelangt.

In die erste Gruppe, die einem unbeschränkt steuerpflichtigen Inländer völlig gleichgestellt ist, fällt ein beschränkt steuerpflichtiger Arbeitnehmer nach § 1 Abs. 3 **und** § 1 a EStG dann, wenn er

– Staatsangehöriger eines EU/EWR-Mitgliedstaates*) ist,

– in einem EU/EWR-Staat ansässig ist (hierzu gehören auch deutsche Staatsbürger mit Wohnsitz im EU/EWR-Ausland) **und**

– nahezu seine gesamten Einkünfte in Deutschland erzielt.

Alle drei Voraussetzungen müssen gleichzeitig vorliegen.

Nahezu alle Einkünfte werden in Deutschland erzielt, wenn die ausländischen Einkünfte nicht mehr als 10 % der gesamten Einkünfte oder – falls dies nicht der Fall ist – nicht mehr als 8004 € (für 2009 7834 €) betragen. Die Höhe der Einkünfte ist nach deutschem Recht zu ermitteln. Dies gilt auch dann, wenn die Einkünfte im ausländischen Wohnsitzstaat zum Teil steuerfrei sind (BFH-Urteil vom 20.8.2008, BStBl. 2009 II S. 708). Unberücksichtigt bleiben aber im Ausland nicht besteuerte Einkünfte, soweit vergleichbare Einkünfte in Deutschland steuerfrei sind (§ 1 Abs. 3 Satz 4 EStG).

Der Betrag von 8004 € (für 2009 7834 €) wird bei bestimmten Ländern um 25 %, 50 % oder 75 % gekürzt. Unter die Kürzung fallen auch einige EU-Länder (vgl. die in Anhang 10 abgedruckte Ländergruppeneinteilung). Für Arbeitnehmer aus Estland, Malta, Portugal, Slowakei, Slowenien und Tschechien ermäßigt sich hiernach der Betrag von 8004 € auf 6003 €. Für Arbeitnehmer aus Bulgarien, Lettland, Litauen, Polen, Rumänien und Ungarn ermäßigt sich der Betrag von 8004 € auf 4002 €.

Mit Inländern völlig gleichgestellt sind also beschränkt steuerpflichtige Arbeitnehmer, die die Staatsangehörigkeit eines EU/EWR-Mitgliedstaates besitzen **und** in einem EU/EWR-Staat ansässig sind. Da die Bedingungen Staatsangehörigkeit und Ansässigkeit kumulativ erfüllt sein müssen, fallen EU/EWR-Staatsangehörige, die in einem Drittstaat, z. B. der Schweiz, wohnen und in Deutschland beschränkt steuerpflichtig sind, nicht unter die Regelung des § 1 a EStG**).

Ist der ausländische Arbeitnehmer verheiratet, und lebt der Ehegatte in einem im EU/EWR-Mitgliedstaat, so wird **auch der Ehegatte** auf Antrag wie ein unbeschränkt Steuerpflichtiger behandelt mit der Folge, dass der in Deutschland tätige Ehegatte beim Lohnsteuerabzug durch den Arbeitgeber die Steuerklasse III oder bei einer Veranlagung zur Einkommensteuer den Splittingvorteil erhält. In diesen Fällen verdoppelt sich der für die unschädlichen ausländischen Einkünfte geltende Betrag von 8004 € auf **16 008 €.**

Bei der Prüfung der für Verheiratete geltenden 16 008-Euro-Grenze gilt Folgendes:

Die Einkünfte der Ehegatten werden für die Prüfung der 16 008-Euro-Grenze zusammengerechnet. Tritt der Fall ein, dass zwar die zusammengerechneten Einkünfte beider Ehegatten die 16 008-Euro-Grenze überschreiten, aber ein Ehegatte **für sich allein** unter die 8004-Euro-Grenze bleibt, so wird dieser Ehegatte wie ein Alleinstehender nach § 1 Abs. 3 EStG behandelt (so auch im Streitfall des BFH-Urteils vom 20.8.2008, BStBl. 2009 II S. 708).

b) Familienbezogene Steuervergünstigungen

Der beschränkt steuerpflichtige Staatsangehörige aus einem EU/EWR-Mitgliedstaat unterscheidet sich von Staatsangehörigen aus anderen Staaten dadurch, dass nur er sog. familienbezogene Steuervergünstigungen in Anspruch nehmen kann. Hierunter versteht man Vorteile, die bei unbeschränkter Steuerpflicht nur dann gewährt werden, wenn diejenige Person, auf die sich der Vorteil bezieht, ebenfalls unbeschränkt steuerpflichtig ist:

– Der **Splittingvorteil** (Steuerklasse III) wird nur gewährt, wenn auch der Ehegatte unbeschränkt steuerpflichtig ist.

– Unterhaltszahlungen an den geschiedenen oder dauernd getrennt lebenden Ehegatten können nur dann als Sonderausgaben abgezogen werden (sog. **Realsplitting**), wenn auch dieser Ehegatte unbeschränkt steuerpflichtig ist.

Diese Grundsätze werden durch § 1 a EStG auch auf beschränkt Steuerpflichtige übertragen, das heißt, dass es bei Staatsangehörigen aus EU/EWR-Mitgliedstaaten für die Inanspruchnahme der oben genannten familienbezogenen Steuervergünstigung genügt, wenn der Ehegatte seinen **Wohnsitz** in einem Staat der Europäischen Union oder in einem EWR-Mitgliedstaat hat (es ist nicht erforderlich, dass auch der Ehegatte die Staatsbürgerschaft eines EU/EWR-Mitgliedstaats besitzt; **abgestellt wird nur auf den Wohnsitz**). So kann z.B. ein Belgier die familienbezogenen Steuervergünstigungen (hier Steuerklasse III) erhalten, wenn er in Belgien zusammen mit seiner türkischen Ehefrau lebt.

Unter der Voraussetzung, dass nahezu sämtliche Einkünfte in Deutschland erzielt werden, erhalten diese be-

---

*) **EU-Länder** sind die folgenden Mitgliedsländer der Europäischen Union: Belgien, Bulgarien, Dänemark, Estland, Finnland, Frankreich, Griechenland, Irland, Italien, Lettland, Litauen, Luxemburg, Malta, Niederlande, Österreich, Polen, Portugal, Rumänien, Schweden, Slowakei, Slowenien, Spanien, Tschechische Republik, Ungarn, Vereinigtes Königreich Großbritannien und Zypern.
EWR-Mitgliedstaaten, das heißt Staaten, auf die das Abkommen über den Europäischen Wirtschaftsraum Anwendung findet, sind: Island, Norwegen und Liechtenstein.

**) Die Gesetzesbegründung hierzu lautet:
„Begünstigt werden nur EU-Staatsangehörige (einschließlich Deutsche), die in einem EU-Mitgliedstaat wohnen. Verfassungsrechtliche und politische Gründe sprechen für die Einbeziehung deutscher Staatsangehöriger. Bürger anderer Staaten sowie EU-Staatsangehörige (einschl. Deutsche), die in einem Nicht-EU-Staat wohnen, werden nicht begünstigt. Im Falle ihrer Einbeziehung wäre der Ausschluss unbeschränkt steuerpflichtiger Personen, deren Familie im Nicht-EU-Ausland wohnt (Gastarbeiter z. B. aus Ex-Jugoslawien oder der Türkei), von der Anwendung des Splitting-Verfahrens verfassungsrechtlich schwer zu rechtfertigen."

Beschränkt steuerpflichtige Arbeitnehmer

schränkt steuerpflichtigen Arbeitnehmer folgende familienbezogenen Vergünstigungen:

- Verheirateten wird unter den gleichen Voraussetzungen wie bei Inländern die Verdoppelung von Höchst- und Pauschbeträgen (z. B. bei Sonderausgaben) und die **Steuerklasse III** gewährt (§ 1a Abs. 1 Nr. 2 EStG in Verbindung mit § 38b Satz 3 EStG).
- Unterhaltsaufwendungen können im Rahmen des sog. **Realsplittings** (§ 10 Abs. 1 Nr. 1 EStG) auch dann abgesetzt werden, wenn der geschiedene oder dauernd getrennt lebende Ehegatte im EU/EWR-Ausland wohnt. Dies gilt nur, wenn der Unterhaltsverpflichtete nachweist, dass der Unterhaltsempfänger den erhaltenen Betrag in seinem Heimatstaat versteuert (§ 1a Abs. 1 Nr. 1 EStG).

Die wichtigste Änderung war die Einordnung eines ausländischen Arbeitnehmers aus einem EU/EWR-Mitgliedstaat in die **Steuerklasse III** (anstelle der früher geltenden Steuerklasse I), obwohl die Ehefrau nicht in Deutschland, sondern im Heimatstaat lebt. Diese Änderung, die sowohl für beschränkt als auch für unbeschränkt steuerpflichtige ausländische Arbeitnehmer gilt, soll durch folgende Übersicht verdeutlicht werden.

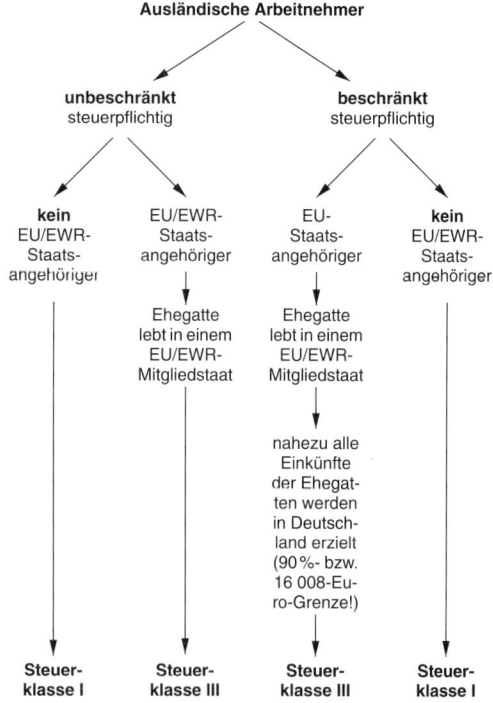

Beispiel A

Ein Saisonarbeiter aus Italien arbeitet vom 1. Juni bis 30. September 2010 in einer Eisdiele in München. Da er sich nur 4 Monate in Deutschland aufhält, ist er beschränkt steuerpflichtig. Seine Frau lebt in der Familienwohnung in Neapel. Der Arbeitnehmer weist durch eine Bestätigung des zuständigen italienischen Finanzamts nach, dass seine ausländischen Einkünfte weniger als 16 008 € im Kalenderjahr betragen. Das für den Arbeitgeber zuständige Betriebsstättenfinanzamt in München trägt in die Lohnsteuerabzugsbescheinigung die Steuerklasse III ein (früher wurde diesem Saisonarbeiter lediglich die Steuerklasse I eingetragen).

Beispiel B

Sachverhalt wie Beispiel A. Der Arbeitnehmer ist jedoch geschieden. Er zahlt seiner geschiedenen Frau (die in Rom lebt) Unterhalt. Weist der Arbeitnehmer durch eine Bestätigung des zuständigen italienischen Finanzamts nach, dass seine ausländischen Einkünfte weniger als 8004 € im Kalenderjahr betragen, kann er seine Unterhaltsleistungen für die geschiedene Ehefrau als Sonderausgaben geltend machen (sog. Realsplitting). Für die Anwendung des Realsplittings ist es allerdings Voraussetzung, dass die Besteuerung der Unterhaltszahlungen beim geschiedenen Ehegatten durch eine Bescheinigung der zuständigen ausländischen Steuerbehörde nachgewiesen wird.

Beispiel C

Sachverhalt wie Beispiel B. Die geschiedene Ehefrau des Italieners lebt jedoch nicht in Italien, sondern in der Schweiz. In diesem Fall erhält der Italiener kein Realsplitting, da die geschiedene Ehefrau ihren Wohnsitz nicht im Hoheitsgebiet eines EU/EWR-Staates hat. Der Italiener kann allerdings die Unterhaltszahlungen an die geschiedene Ehefrau als außergewöhnliche Belastung bis zum Höchstbetrag von 8004 € im Kalenderjahr 2010 abziehen, wenn die eigenen Einkünfte und Bezüge der geschiedenen Ehefrau 624 € im Kalenderjahr 2010 nicht übersteigen.

c) Steuerklasse II

Fällt ein an sich nur beschränkt steuerpflichtiger ausländischer Arbeitnehmer unter die in § 1 Abs. 3 EStG geregelte Sonderform der unbeschränkten Steuerpflicht für Staatsangehörige aus EU/EWR Mitgliedstaaten, so ist er einem Inländer völlig gleichgestellt. Er erhält deshalb auch die Steuerklasse II, wenn ihm der **Entlastungsbetrag für Alleinerziehende** zusteht. Nach § 24b EStG setzt die Gewährung des Entlastungsbetrags für Alleinerziehende unter anderem voraus, dass der allein stehende Arbeitnehmer mit mindestens einem Kind, für das er Kindergeld oder einen Kinderfreibetrag erhält, eine Haushaltsgemeinschaft in einer gemeinsamen Wohnung bildet (vgl. die Erläuterungen beim Stichwort „Steuerklassen" und im Anhang 9 unter Nr 15).

d) Übrige Steuervergünstigungen

Fällt ein an sich nur beschränkt steuerpflichtiger ausländischer Arbeitnehmer unter die in § 1 Abs. 3 und § 1a EStG geregelte Sonderform der unbeschränkten Steuerpflicht für Staatsangehörige aus EU/EWR Mitgliedstaaten, so ist er einem Inländer völlig gleichgestellt. Er erhält deshalb neben den sog. familienbezogenen Steuervergünstigungen auch dieselben Freibeträge, wie jeder andere unbeschränkt steuerpflichtige Arbeitnehmer auch. Nach § 39a EStG werden folgende Freibeträge und Pauschbeträge eingetragen:

- Freibetrag für Werbungskosten, die den Arbeitnehmer-Pauschbetrag von 920 € übersteigen und erwerbsbedingte Kinderbetreuungskosten (erläutert in **Anhang 7 Abschnitt B**).
- Freibetrag für unbeschränkt abzugsfähige Sonderausgaben und Spenden, die den Sonderausgaben-Pauschbetrag von 36 € – bei verheirateten Arbeitnehmern 72 € – übersteigen (erläutert in **Anhang 7 Abschnitt C**).

Einen Freibetrag für die folgenden, in **Anhang 7 Abschnitt D** auf Seite 902 erläuterten außergewöhnlichen Belastungen:

- Unterhaltsfreibeträge für gesetzlich unterhaltsberechtigte Personen (z. B. Eltern, Großeltern; nicht jedoch Geschwister, Onkel, Tante, Neffen und Nichten). Ein Unterhaltsfreibetrag wird jedoch nur für solche Personen gewährt, für die der Arbeitnehmer weder Kindergeld noch einen Kinderfreibetrag erhält (vgl. nachfolgend unter Nr. 9). Außerdem wird für den im Bereich EU/EWR wohnenden Ehegatten kein Unterhaltsfreibetrag gewährt, da die Eheleute den Splittingvorteil (Steuerklasse III) erhalten.
- Einen Ausbildungsfreibetrag für volljährige zur Berufsausbildung auswärts untergebrachte Kinder, für die der beschränkt steuerpflichtige Arbeitnehmer nach den Ausführungen unter der nachfolgenden Nr. 9 Kindergeld oder einen Kinderfreibetrag erhält.
- Pauschbeträge für Behinderte und Hinterbliebene. Zur Übertragung des einem Kind des Arbeitnehmers zustehenden Behinderten-Pauschbetrags auf den Arbeitnehmer vgl. die Erläuterungen unter dem folgenden Buchstaben e.
- Pflegepauschbeträge.

Beschränkt steuerpflichtige Arbeitnehmer

– Freibeträge für außergewöhnliche Belastungen allgemeiner Art (vgl. **Anhang 7 Abschnitt D Nr. 1** auf Seite 902).

Außerdem kann das Vierfache der Steuerermäßigung für haushaltsnahe Beschäftigungsverhältnisse, haushaltsnahe Dienstleistungen und Handwerkerleistungen auch dann als Freibetrag eingetragen werden, wenn sich der Haushalt in einem anderen EU/EWR-Mitgliedstaat befindet (§ 35a Abs. 4 EStG).

Die Eintragung dieser Freibeträge wird mit dem amtlichen Vordruck „Antrag auf Lohnsteuer-Ermäßigung 2010" beantragt, den der ausländische Arbeitnehmer (oder in dessen Auftrag der Arbeitgeber) zweckmäßigerweise zusammen mit dem Vordruck „Anlage Grenzpendler EU/EWR" beim Betriebsstättenfinanzamt abgeben wird. Außerdem ist eine Bestätigung der ausländischen Steuerbehörde über die Höhe der ausländischen Einkünfte beizufügen*).

e) Übertragung eines Behinderten-Pauschbetrags

Für die Übertragung eines Behinderten-Pauschbetrags, der dem im EU/EWR-Ausland lebenden Kind des beschränkt steuerpflichtigen Arbeitnehmers zusteht, gilt Folgendes:

Hat ein Arbeitnehmer ein behindertes Kind, so wird auf Antrag der diesem Kind zustehende Behinderten-Pauschbetrag auf den Arbeitnehmer übertragen, wenn das Kind unbeschränkt steuerpflichtig ist (vgl. die Erläuterungen im Anhang 7 Abschnitt D Nr. 8 auf Seite 911). Dieser Fall ist von der Regelung in § 1 a EStG ausdrücklich ausgenommen worden (weil er in § 1 a Abs. 1 EStG nicht aufgeführt ist). Das bedeutet, dass die Übertragung auf den Arbeitnehmer eigentlich nur dann in Betracht käme, wenn das Kind selbst die Voraussetzungen des § 1 Abs. 3 EStG erfüllt, also nahezu alle Einkünfte in Deutschland erzielt. Das würde heißen, dass das (behinderte) Kind selbst Einkünfte in Deutschland erzielen müsste, damit der Behinderten-Pauschbetrag auf den Arbeitnehmer übertragen werden könnte. Da daher der Behinderten-Pauschbetrag, der einem im Ausland lebenden Kind des Arbeitnehmers zusteht, hiernach nur in seltenen Ausnahmefällen auf den Arbeitnehmer übertragen werden könnte, ist in den Einkommensteuer-Richtlinien (R 33 b Abs. 3 EStR) Folgendes zugelassen worden: „Eine Übertragung des Pauschbetrages für behinderte Menschen auf die Eltern eines Kindes mit Wohnsitz oder gewöhnlichem Aufenthalt im Ausland ist nur möglich, wenn das Kind als unbeschränkt steuerpflichtig behandelt wird (insbesondere § 1 Abs. 3 Satz 2, 2. Halbsatz EStG ist zu beachten)". Diese Voraussetzungen liegen insbesondere dann vor, wenn der unbeschränkt Steuerpflichtige EU/EWR-Staatsangehöriger ist, die nicht der deutschen Einkommensteuer unterliegenden Einkünfte des Kindes nicht mehr als 8004 € im Kalenderjahr (2009 = 7834 €) betragen (§ 1 Abs. 3 Satz 2, 2. Halbsatz EStG) und das Kind seinen Wohnsitz oder gewöhnlichen Aufenthalt im Hoheitsgebiet eines EU/EWR-Mitgliedstaates hat. Hierbei kommt es nicht darauf an, ob das Kind tatsächlich Einkünfte im Inland erzielt hat (BFH-Urteil vom 22. 11. 1995, BStBl. 1997 II S. 20). Die Einkommensteuer-Richtlinien sprechen zwar nur von der Übertragung auf einen **un**beschränkt steuerpflichtigen EU/EWR-Staatsangehörigen. Die Übertragungsmöglichkeit gilt jedoch gleichermaßen, wenn der EU/EWR-Staatsangehörige auf Antrag nach § 1 Abs. 3 und § 1 a EStG wie ein unbeschränkt Steuerpflichtiger behandelt wird.

Hingegen scheidet eine Übertragung des Behinderten-Pauschbetrags aus, wenn das Kind im Ausland außerhalb eines EU/EWR-Mitgliedstaats seinen Wohnsitz oder gewöhnlichen Aufenthalt hat und im Inland (= Deutschland) keine eigenen Einkünfte erzielt (BFH-Urteil vom 2.6.2005, BStBl. II S. 828).

7. Beschränkt steuerpflichtige Arbeitnehmer, die einem Inländer nur annähernd gleichgestellt werden

a) Familienbezogene Steuervergünstigungen

Hierbei handelt es sich um die in § 1 Abs. 3 EStG geregelte Sonderform der unbeschränkten Steuerpflicht für Staatsangehörige aus Ländern **außerhalb** der EU/EWR. Diese zweite Gruppe von beschränkt steuerpflichtigen Arbeitnehmern unterscheidet sich von der ersten Gruppe dadurch, dass die unter Nr. 6 Buchstabe b genannten **familienbezogenen Steuervergünstigungen nicht gewährt** werden (weil § 1 a EStG nicht anwendbar ist). Der Splittingvorteil (d. h. die Eintragung der Steuerklasse III) kommt also für diesen Personenkreis nicht in Betracht. Verheiratete Arbeitnehmer aus Ländern außerhalb der EU/EWR erhalten deshalb **nur die Steuerklasse I** (zur Gewährung eines Unterhaltsfreibetrags für den im Ausland lebenden Ehegatten vgl. die nachfolgenden Erläuterungen).

Staatsangehörige außerhalb der EU/EWR erhalten zwar keine familienbezogenen Vergünstigungen, sie können jedoch die nachstehend aufgeführten Freibeträge und Pauschbeträge in Anspruch nehmen, wenn sie nahezu ihre gesamten Einkünfte in Deutschland erzielen. Dies ist der Fall, wenn die ausländischen Einkünfte nicht mehr als 10 % der gesamten Einkünfte oder – falls dies nicht der Fall ist – die ausländischen Einkünfte nicht mehr als 8004 € im Kalenderjahr (2009 = 7834 €) betragen.

Der Betrag von 8004 € wird bei bestimmten Ländern um 25 %, 50 % oder 75 % gekürzt (vgl. die in Anhang 10 abgedruckte Ländergruppeneinteilung). Für Arbeitnehmer aus der Türkei ermäßigt sich hiernach der Betrag von 8004 € auf **4002 €.**

b) Steuerklasse II

Unter der Voraussetzung, dass sie nahezu ihre gesamten Einkünfte in Deutschland erzielen, werden Staatsangehörige außerhalb der EU/EWR in die Steuerklasse II eingeordnet, wenn ihnen der **Entlastungsbetrag für Alleinerziehende** zusteht. Nach § 24 b EStG setzt die Gewährung des Entlastungsbetrags für Alleinerziehende unter anderem voraus, dass der allein stehende Arbeitnehmer mit mindestens einem Kind, für das er Kindergeld oder einen Kinderfreibetrag erhält, eine Haushaltsgemeinschaft in einer gemeinsamen Wohnung bildet (vgl. die Erläuterungen beim Stichwort „Steuerklassen" und im Anhang 9 unter Nr. 15).

c) Übrige Steuervergünstigungen

Unter der Voraussetzung, dass sie nahezu ihre gesamten Einkünfte in Deutschland erzielen, erhalten Staatsangehörige außerhalb der EU/EWR bei einem entsprechenden Nachweis der Voraussetzungen folgende Vergünstigungen:

– Freibetrag für Werbungskosten, die den Arbeitnehmer-Pauschbetrag von 920 € übersteigen und erwerbsbedingte Kinderbetreuungskosten (erläutert in **Anhang 7 Abschnitt B**).

– Freibetrag für unbeschränkt abzugsfähige Sonderausgaben und Spenden, die den Sonderausgaben-Pauschbetrag von 36 € übersteigen (erläutert in **Anhang 7 Abschnitt C**).

---

*) Aus Gründen der Verwaltungsvereinfachung wird im Lohnsteuer-Ermäßigungsverfahren **auf die Bestätigung der ausländischen Steuerbehörde** auf den amtlichen Vordrucken „Anlage Grenzpendler EU/EWR" oder „Anlage Grenzpendler außerhalb EU/EWR" **verzichtet**, wenn bereits eine von der ausländischen Steuerbehörde bestätigte Anlage „Bescheinigung EU/EWR" oder „Bescheinigung außerhalb EU/EWR" im Rahmen der Veranlagung für **einen der beiden vorangegangenen Veranlagungszeiträume vorliegt** und sich die Verhältnisse nach den Angaben des Arbeitnehmers nicht geändert haben.

Beschränkt steuerpflichtige Arbeitnehmer

Einen Freibetrag für folgende, in **Anhang 7 Abschnitt D** auf Seite 902 erläuterte außergewöhnliche Belastungen:

- Unterhaltsfreibeträge für gesetzlich unterhaltsberechtigte Personen (z. B. Eltern, Großeltern oder **der im Ausland lebende Ehegatte**). Ein Unterhaltsfreibetrag wird nur für solche Personen gewährt, für die der beschränkt steuerpflichtige Arbeitnehmer weder Kindergeld noch einen Kinderfreibetrag erhält (vgl. nachfolgend unter Nr. 9).
- Einen Ausbildungsfreibetrag für volljährige zur Berufsausbildung auswärts untergebrachte Kinder, für die der beschränkt steuerpflichtige Arbeitnehmer nach den Ausführungen unter der nachfolgenden Nr. 9 Kindergeld oder einen Kinderfreibetrag erhält.
- Pauschbeträge für Behinderte und Hinterbliebene. Zur Übertragung des einem Kind des Arbeitnehmers zustehenden Behinderten-Pauschbetrags auf den Arbeitnehmer vgl. die Erläuterungen unter dem folgenden Buchstaben d.
- Pflegepauschbeträge.
- Freibeträge für außergewöhnliche Belastungen allgemeiner Art (vgl. **Anhang 7 Abschnitt D Nr. 1** auf Seite 902).

Die Eintragung dieser Freibeträge wird mit dem amtlichen Vordruck „Antrag auf Lohnsteuer-Ermäßigung 2010" beantragt, den der ausländische Arbeitnehmer (oder in dessen Auftrag der Arbeitgeber) zweckmäßigerweise zusammen mit dem Vordruck „Anlage Grenzpendler außerhalb EU/EWR" beim Betriebsstättenfinanzamt abgeben wird. Außerdem ist eine Bestätigung der ausländischen Steuerbehörde über die Höhe der ausländischen Einkünfte beizufügen*).

d) Übertragung des Behinderten-Pauschbetrags

Für die **Übertragung eines Behinderten-Pauschbetrags,** der dem im Ausland lebenden Kind des beschränkt steuerpflichtigen Arbeitnehmers zusteht, gilt Folgendes:

Hat ein Arbeitnehmer ein behindertes Kind, so wird auf Antrag der diesem Kind zustehende Pauschbetrag für behinderte Menschen auf den Arbeitnehmer übertragen, wenn das Kind unbeschränkt steuerpflichtig ist (vgl. die Erläuterungen im Anhang 7 Abschnitt D Nr. 8 auf Seite 911). Wird ein beschränkt steuerpflichtiger Arbeitnehmer (außerhalb EU/EWR) auf Antrag nach § 1 Abs. 3 EStG wie ein unbeschränkt steuerpflichtiger Arbeitnehmer behandelt, so kommt eine Übertragung des dem Kind zustehenden Behinderten-Pauschbetrags nur dann in Betracht, wenn das Kind selbst die Voraussetzungen des § 1 Abs. 3 EStG erfüllt, also nahezu alle Einkünfte in Deutschland erzielt. Das heißt wiederum, dass das (behinderte) Kind selbst Einkünfte in Deutschland erzielen muss, damit der Behinderten-Pauschbetrag auf den Arbeitnehmer übertragen werden kann (BFH-Urteil vom 2. 6. 2005, BStBl. II S. 828). Der Behinderten-Pauschbetrag, der einem im Ausland (außerhalb der EU/EWR) lebenden Kind des Arbeitnehmers zusteht, wird deshalb nur in äußerst seltenen Ausnahmefällen auf den Arbeitnehmer übertragen werden können.

8. Alle anderen beschränkt steuerpflichtigen Arbeitnehmer

Fällt ein Arbeitnehmer in die Gruppe **drei,** so erhält er weder die familienbezogenen noch die übrigen Steuervergünstigungen und auch nicht die Steuerklasse II.

Hierunter fallen alle beschränkt steuerpflichtigen ausländischen Arbeitnehmer, die neben den in Deutschland erzielten Einkünften noch andere ausländische Einkünfte haben, oder die eine Bestätigung der ausländischen Steuerbehörde über die Höhe der ausländischen Einkünfte nicht vorlegen können. Diesem Personenkreis wird **stets die Steuerklasse I** auf der amtlichen Lohnsteuerabzugsbescheinigung eingetragen, die der beschränkt steuerpflichtige Arbeitnehmer seinem Arbeitgeber vorlegen muss.

Nach § 50 Abs. 1 Satz 4 i. V. m. § 39d EStG erhalten diese Arbeitnehmer außer einem Freibetrag für Werbungskosten und bestimmte Sonderausgaben **keinerlei Freibeträge** (sie erhalten weder Kindergeld noch Kinderfreibeträge, vgl. nachfolgend unter Nr. 9). Lediglich folgende Freibeträge werden auf der vom Betriebsstättenfinanzamt auszustellenden Bescheinigung für beschränkt steuerpflichtige Arbeitnehmer eingetragen (vgl. § 39d Abs. 2 EStG):

- Freibetrag für **Werbungskosten,** die den zeitanteiligen Arbeitnehmer-Pauschbetrag von monatlich 77 € übersteigen (vgl. Anhang 7 Abschnitt B). Erstmals ab 2010 ist auch ein Abzug von **erwerbsbedingten Kinderbetreuungskosten** wie Werbungskosten möglich.
- Freibetrag für Spenden, die den zeitanteiligen Sonderausgaben-Pauschbetrag von 3 € monatlich übersteigen.

Bei einer etwaigen Veranlagung zur Einkommensteuer (vgl. nachfolgende Nr. 18) kann der beschränkt steuerpflichtige Arbeitnehmer der Gruppe drei seine tatsächlichen Vorsorgeaufwendungen zur gesetzlichen Rentenversicherung, „Basiskrankenversicherung" und gesetzlichen Pflegeversicherung anstelle der Vorsorgepauschale als Sonderausgaben geltend machen (§ 50 Abs. 1 Satz 4 EStG).

9. Freibeträge für Kinder und Kindergeld bei beschränkt steuerpflichtigen Arbeitnehmern

Nach dem Familienleistungsausgleich (vgl. Anhang 9) erhält der Arbeitnehmer während des Kalenderjahres das Kindergeld als Steuervergütung von der Familienkasse ausgezahlt. Erst nach Ablauf des Kalenderjahres prüft das Finanzamt im Veranlagungsverfahren, ob die steuerliche Berücksichtigung der Summe aus Kinderfreibetrag und Freibetrag für Betreuungs-, Erziehungs- oder Ausbildungsbedarf für den Arbeitnehmer zu einer höheren finanziellen Entlastung führt als das Kindergeld. Aus diesem Grunde wirken sich Kinder auf die im Laufe des Kalenderjahres zu zahlende **Lohnsteuer** nicht aus. Eine Auswirkung haben die Kinderfreibeträge und der seit 1. 1. 2002 geltende Freibetrag für Betreuungs-, Erziehungs- oder Ausbildungsbedarf jedoch auf die Bemessungsgrundlage für den Solidaritätszuschlag und die Kirchensteuer; beschränkt steuerpflichtige Arbeitnehmer sind allerdings mangels Wohnsitzes im Inland nicht kirchensteuerpflichtig (vgl. nachfolgende Nr. 15). Aufgrund dieser Ausgangslage ergeben sich für die einzelnen Gruppen der beschränkt steuerpflichtigen Arbeitnehmer (vgl. die vorstehenden Erläuterungen unter den Nrn. 5 bis 8) unterschiedliche Regelungen:

1. **Gruppe** = Staatsangehörige von **EU/EWR-Mitgliedstaaten****), die nahezu ihre gesamten Einkünfte in Deutschland erzielen:

    Diese Arbeitnehmer erhalten Kindergeld, wenn das Kind seinen Wohnsitz in einem EU/EWR-Staat hat (§ 62 Abs. 1 Nr. 2 b in Verbindung mit § 63 Abs. 1 Satz 3 EStG). Nach Ablauf des Kalenderjahres wird im

---

*) Aus Gründen der Verwaltungsvereinfachung wird im Lohnsteuer-Ermäßigungsverfahren **auf die Bestätigung der ausländischen Steuerbehörde** auf den amtlichen Vordrucken „Anlage Grenzpendler EU/EWR" oder „Anlage Grenzpendler außerhalb EU/EWR" **verzichtet,** wenn bereits eine von der ausländischen Steuerbehörde bestätigte Anlage „Bescheinigung EU/EWR" oder „Bescheinigung außerhalb EU/EWR" im Rahmen der Veranlagung für **einen der beiden vorangegangenen Veranlagungszeiträume vorliegt** und sich die Verhältnisse nach den Angaben des Arbeitnehmers nicht geändert haben.

) **EU-Länder sind die folgenden Mitgliedsländer der Europäischen Union: Belgien, Bulgarien, Dänemark, Estland, Finnland, Frankreich, Griechenland, Irland, Italien, Lettland, Litauen, Luxemburg, Malta, Niederlande, Österreich, Polen, Portugal, Rumänien, Schweden, Slowakei, Slowenien, Spanien, Tschechische Republik, Ungarn, Vereinigtes Königreich Großbritannien und Zypern.
EWR-Mitgliedstaaten, das heißt Staaten, auf die das Abkommen über den Europäischen Wirtschaftsraum Anwendung findet, sind: Island, Norwegen und Liechtenstein.

Beschränkt steuerpflichtige Arbeitnehmer

Rahmen einer Veranlagung zur Einkommensteuer geprüft, ob die Gewährung des Kinderfreibetrags und des Freibetrags für Betreuungs-, Erziehungs- oder Ausbildungsbedarf zu einem günstigeren Ergebnis führt, als die Zahlung des Kindergelds. Allerdings ist zu beachten, dass sowohl der Kinderfreibetrag als auch der Freibetrag für Betreuungs-, Erziehungs- oder Ausbildungsbedarf für Kinder, die in bestimmten Ländern wohnen, um 50 % oder 25 % zu kürzen ist (vgl. Anhang 10). Bei den EU/EWR-Mitgliedstaten kommt es aber nicht zu einer Kürzung der kindbedingten Freibeträge um 75 %.

2. Gruppe = Staatsangehörige aus Ländern **außerhalb EU/EWR**, die nahezu ihre gesamten Einkünfte in Deutschland erzielen:
Diese Arbeitnehmer erhalten nach § 63 Abs. 1 Satz 3 EStG bis auf wenige Ausnahmen*) kein Kindergeld. Deshalb erhalten sie sowohl einen Kinderfreibetrag als auch den Freibetrag für Betreuungs-, Erziehungs- oder Ausbildungsbedarf. Sowohl der Kinderfreibetrag als auch der Freibetrag für Betreuungs-, Erziehungs- oder Ausbildungsbedarf werden in diesem Ausnahmefall **als Freibetrag** auf die vom Betriebsstättenfinanzamt auszustellende Lohnsteuerabzugsbescheinigung eingetragen, wobei zu beachten ist, dass sowohl der Kinderfreibetrag als auch der Freibetrag für Betreuungs-, Erziehungs- oder Ausbildungsbedarf für Kinder, die in bestimmten Ländern wohnen, um 75 %, 50 % oder 25 % zu kürzen ist (vgl. Anhang 10).

3. Gruppe = Alle übrigen beschränkt steuerpflichtigen Arbeitnehmer:
Diese Arbeitnehmer erhalten weder Kindergeld noch Kinderfreibetrag und auch keinen Freibetrag für Betreuungs-, Erziehungs- oder Ausbildungsbedarf (§ 50 Abs. 1 Sätze 3 und 4 EStG).

Auf die ausführlichen Erläuterungen zu den sog. Auslandskindern in **Anhang 9 unter Nr. 12** auf Seite 956 wird Bezug genommen.

10. Vorsorgepauschale

Für beschränkt steuerpflichtige Arbeitnehmer in der privaten Wirtschaft ist regelmäßig die „normale" Vorsorgepauschale für Renten-, Kranken- und Pflegeversicherungsbeiträge anzuwenden.

Der Wegfall der Vorsorgepauschale für den Teilbetrag Rentenversicherung kann allerdings u. a. dann in Betracht kommen, wenn der beschränkt steuerpflichtige Arbeitnehmer **Arbeitslohn aus einer inländischen öffentlichen Kasse** bezieht (sei es als aktiver Beamter oder Versorgungsempfänger). Diese Fälle sind unter dem Stichwort „Erweiterte unbeschränkte Steuerpflicht" unter Nr. 9 behandelt.

Zur Vorsorgepauschale im Einzelnen vgl. die Erläuterungen im Anhang 8.

11. Steuerfreie Auslösungen und Reisekosten

Die Zahlung steuerfreier Auslösungen wegen Auswärtstätigkeit oder doppelter Haushaltsführung ist auch bei beschränkt steuerpflichtigen Arbeitnehmern möglich, und zwar ohne Rücksicht darauf, ob die Voraussetzungen des § 1 Abs. 3 EStG erfüllt sind oder nicht. Hinsichtlich der Zahlung von steuerfreiem Arbeitslohn ist es also völlig gleichgültig, ob ein Arbeitnehmer unbeschränkt oder nur beschränkt steuerpflichtig ist.

12. Altersentlastungsbetrag für beschränkt steuerpflichtige Arbeitnehmer

Bis zum 31.12.2008 wurde ein Altersentlastungsbetrag nur denjenigen beschränkt steuerpflichtigen Arbeitnehmern gewährt, die entweder völlig (vgl. Nr. 6) oder zumindest annähernd (vgl. Nr. 7) einem unbeschränkt steuerpflichtigen Inländer gleichgestellt waren.

Ab 1.1.2009 erhalten aufgrund der Gesetzesänderung in § 50 Abs. 1 Satz 3 EStG (dort wird der § 24a EStG anders als bisher nicht mehr aufgeführt) auch **alle** anderen **beschränkt steuerpflichtigen Arbeitnehmer** (= Arbeitnehmer der Gruppe 3) den **Altersentlastungsbetrag**, wenn sie am 1.1.2010 bereits **64 Jahre alt** sind, also vor dem 2.1.1946 geboren wurden.

13. Sonstige Besonderheiten beim Lohnsteuerabzug

Seit 1.1.2008 gelten die nachfolgenden Steuervergünstigungen nicht nur bei beschränkt steuerpflichtigen Arbeitnehmern, die unter die Sonderregelung des § 1 Abs. 3 EStG fallen, sondern erstmals bei allen beschränkt steuerpflichtigen Arbeitnehmern:

– Ermäßigte Besteuerung nach der sog. **Fünftelregelung** für Entlassungsabfindungen und andere Entschädigungen (vgl. das Stichwort „Entschädigungen").
– Ermäßigte Besteuerung nach der sog. **Fünftelregelung** bei Arbeitslohn für mehrere Jahre (vgl. das Stichwort „Arbeitslohn für mehrere Jahre").

Zur Anwendung der Fünftelregelung in diesen Fällen vgl. auch das Stichwort „Sonstige Bezüge" unter Nr. 6.

14. Vermögenswirksame Leistungen

Auch beschränkt steuerpflichtige Arbeitnehmer können vermögenswirksame Leistungen vom Arbeitgeber erhalten oder Teile ihres Arbeitslohns vermögenswirksam anlegen (vgl. „Vermögensbildung"). Die Arbeitnehmer-Sparzulage wird vom Finanzamt nach Ablauf des Kalenderjahres auf Antrag festgesetzt. Der beschränkt steuerpflichtige Arbeitnehmer, der die Vergünstigungen des § 1 Abs. 3 EStG in Anspruch nimmt und der deshalb nach Ablauf des Kalenderjahres zur Einkommensteuer veranlagt wird, muss den Antrag auf Arbeitnehmer-Sparzulage im Rahmen seiner Einkommensteuererklärung stellen. Beschränkt steuerpflichtige Arbeitnehmer, die nach Ablauf des Kalenderjahres nicht zur Einkommensteuer veranlagt werden, da für sie die Einkommensteuer durch den Lohnsteuerabzug als abgegolten gilt (vgl. nachfolgend unter Nr. 18), müssen den Antrag auf Arbeitnehmer-Sparzulage trotzdem auf dem Einkommensteuer-Erklärungsvordruck für beschränkt Steuerpflichtige stellen. Sie brauchen jedoch nur diejenigen Angaben zu machen, die für die Gewährung der Sparzulage erforderlich sind. Die früher für die Beantragung der Arbeitnehmer-Sparzulage geltende Zweijahresfrist ist ab 2007 weggefallen (§ 14 Abs. 4 Satz 2 i. V. m. § 17 Abs. 10 VermBG). Somit gilt die allgemeine Festsetzungsfrist von vier Jahren.

15. Kirchensteuer

Die vom Betriebsstättenfinanzamt ausgestellte amtliche Bescheinigung für beschränkt steuerpflichtige Arbeitnehmer enthält keine Merkmale für den Kirchensteuerabzug. **Beschränkt steuerpflichtige Arbeitnehmer sind** mangels Wohnsitzes im Inland **nicht kirchensteuerpflichtig.** Kirchensteuer ist deshalb vom Arbeitgeber nicht einzubehalten.

Bei beschränkt steuerpflichtigen Aushilfskräften und Teilzeitbeschäftigten kann die Lohnsteuer in gleicher Weise

---

*) Eine Ausnahmeregelung aufgrund einer Rechtsverordnung nach § 63 Abs. 2 EStG besteht nur für Kinder, die in der Schweiz oder der Türkei, in Tunesien oder Marokko oder in Bosnien und Herzegowina, Mazedonien oder Serbien und Montenegro wohnen.

Beschränkt steuerpflichtige Arbeitnehmer

pauschaliert werden wie bei unbeschränkter Steuerpflicht (vgl. das Stichwort „Pauschalierung der Lohnsteuer bei Aushilfskräften und Teilzeitbeschäftigten"). Auch in diesen Fällen wird keine (pauschale) Kirchensteuer erhoben. Der Pauschsteuersatz von 2 %, der auch die Kirchensteuer und den Solidaritätszuschlag mit abgilt, verringert sich allerdings nicht.

16. Lohnsteuerbescheinigung

Wie nachfolgend unter Nr. 18 ausgeführt, wird ein beschränkt steuerpflichtiger Arbeitnehmer nach Ablauf des Kalenderjahres stets zur Einkommensteuer veranlagt, wenn er dem Arbeitgeber eine Lohnsteuerabzugsbescheinigung vorgelegt hat, nach der er unter die Sonderregelung des § 1 Abs. 3 EStG fällt. Der Arbeitgeber muss deshalb diesen beschränkt steuerpflichtigen Arbeitnehmern eine Lohnsteuerbescheinigung ausstellen.

Darüber hinaus muss der Arbeitgeber seit 2009 auch allen anderen beschränkt steuerpflichtigen Arbeitnehmern eine Lohnsteuerbescheinigung aushändigen (§ 39d Abs. 3 Satz 5 EStG). Dies gilt unabhängig davon, ob der beschränkt einkommensteuerpflichtige Arbeitnehmer eine Einkommensteuerveranlagung beantragen kann oder nicht.

Nimmt der Arbeitgeber am Verfahren zur Ausschreibung einer **elektronischen Lohnsteuerbescheinigung** teil, wird er dem Arbeitnehmer eine Durchschrift der Daten aushändigen, die er dem Finanzamt auf elektronischem Wege übermittelt hat. Nimmt der Arbeitgeber (ausnahmsweise) nicht an diesem Verfahren teil, muss er den amtlichen Vordruck **„Besondere Lohnsteuerbescheinigung für das Kalenderjahr 2010"** verwenden. Diesen Vordruck erhält der Arbeitgeber kostenlos bei seinem zuständigen Betriebsstättenfinanzamt. Der Vordruck entspricht inhaltlich der elektronischen Lohnsteuerbescheinigung (vgl. die Stichwörter „Besondere Lohnsteuerbescheinigung" und „Lohnsteuerbescheinigung").

17. Kein Lohnsteuer-Jahresausgleich durch den Arbeitgeber

Die Durchführung des Lohnsteuer-Jahresausgleichs durch den Arbeitgeber setzt voraus, dass dem Arbeitgeber die **Lohnsteuerkarte** des Arbeitnehmers vorliegt. Beschränkt steuerpflichtige Arbeitnehmer erhalten jedoch keine Lohnsteuerkarte, sondern lediglich eine Lohnsteuerabzugsbescheinigung. Der Arbeitgeber darf deshalb bei beschränkt steuerpflichtigen Arbeitnehmern **in keinem Fall** den Lohnsteuer-Jahresausgleich durchführen. Dies gilt auch in den Fällen, in denen der beschränkt steuerpflichtige einem unbeschränkt steuerpflichtigen Inländer **völlig gleichgestellt** ist (vgl. vorstehend unter Nr. 6). Eine Erstattung von Steuerabzugsbeträgen kommt deshalb bei beschränkt steuerpflichtigen Arbeitnehmern ausschließlich im Rahmen einer Veranlagung zur Einkommensteuer durch das Finanzamt in Betracht (vgl. nachfolgend unter Nr. 18).

Vgl. aber auch die Erläuterungen beim Stichwort „Erstattung von Lohnsteuer" unter Nr. 2.

18. Veranlagung beschränkt steuerpflichtiger Arbeitnehmer

Früher waren beschränkt steuerpflichtigen Arbeitnehmer generell von einer Veranlagung zur Einkommensteuer (mit Anwendung der Jahrestabelle) ausgeschlossen. Die Einkommensteuer war in allen Fällen mit dem Lohnsteuerabzug abgegolten (heute § 50 Abs. 2 Satz 1 EStG).

Im bereits erwähnten Schumacker-Urteil hat der Europäische Gerichtshof entschieden, dass beschränkt steuerpflichtige Arbeitnehmer aus Mitgliedstaaten der Europäischen Union auch dann einen Anspruch auf Veranlagung zur Einkommensteuer haben, wenn sie nur einen Teil ihrer Einkünfte in Deutschland erzielen, also die Voraussetzungen des § 1 Abs. 3 EStG **nicht** erfüllen. In § 50 Abs. 2 Nr. 4 Buchstabe b EStG ist deshalb geregelt worden, dass nicht nur diejenigen beschränkt steuerpflichtigen Arbeitnehmer zur Einkommensteuer veranlagt werden, die einem unbeschränkt steuerpflichtigen Inländer völlig oder annähernd gleichgestellt sind, sondern auch alle anderen beschränkt steuerpflichtigen Arbeitnehmer, **wenn sie EU/EWR-Staatsangehörige** sind und außerdem im EU/EWR-Gebiet ihren Wohnsitz haben (§ 50 Abs. 2 Satz 7 EStG). Hiernach ergibt sich folgende Übersicht:

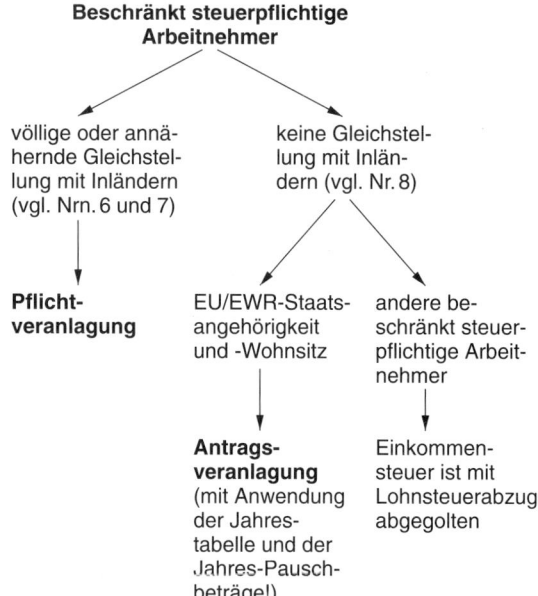

Die Antragsveranlagung nach § 50 Abs. 2 Nr. 4 Buchstabe b EStG für EU/EWR-Staatsangehörige, die ihre Einkünfte sowohl in Deutschland als auch im Ausland erzielen, führt zwar zur Anwendung der Jahrestabelle, der Arbeitnehmer kann jedoch nur Werbungskosten und bestimmte Sonderausgaben geltend machen. Alle anderen Vergünstigungen werden nicht gewährt (kein Splittingvorteil, keine Kinderfreibeträge, keine Freibeträge für Betreuungs-, Erziehungs- oder Ausbildungsbedarf kein Realsplitting, keine außergewöhnlichen Belastungen). Werden keine Werbungskosten bzw. Sonderausgaben geltend gemacht, so werden die **vollen** Jahres-Pauschbeträge gewährt:

— Arbeitnehmer-Pauschbetrag in Höhe von 920 € und

— Sonderausgaben-Pauschbetrag in Höhe von 36 €.

Beschränkt steuerpflichtige Arbeitnehmer können in der Einkommensteuerveranlagung die tatsächlichen Vorsorgeaufwendungen zur gesetzlichen Rentenversicherung, „Basiskrankenversicherung" und gesetzlichen Pflegeversicherung anstelle der Vorsorgepauschale als Sonderausgaben geltend machen (§ 50 Abs. 1 Satz 4 EStG).

Außerdem wurde durch das Jahressteuergesetz 2009 bei beschränkt steuerpflichtigen Arbeitnehmern der dritten Gruppe ein neuer **Pflichtveranlagungstatbestand** für den Fall eingeführt, dass auf der Bescheinigung nach **§ 39d EStG** ein **Freibetrag** eingetragen worden ist (§ 50 Abs. 2 Satz 2 Nr. 4 Buchstabe a EStG). Auch bei einer zeitlich begrenzten Tätigkeit im Kalenderjahr kommt es in diesen Fällen zum Ansatz der Jahrestabelle. Zuständig für die Durchführung der Einkommensteuerveranlagung ist das Betriebsstättenfinanzamt des Arbeitgebers.

Die Auswirkungen der Veranlagungsregelung soll an einem Beispiel verdeutlicht werden:

Beschränkt steuerpflichtige Künstler, Berufssportler, Schriftsteller und Journalisten

Beispiel

Ein Saisonarbeiter aus Italien arbeitet vom 1. Juni bis 30. September 2010 in einer Eisdiele in München. Da er sich nur 4 Monate in Deutschland aufhält, ist er beschränkt steuerpflichtig. Seine Frau lebt in der Familienwohnung in Neapel. Da er eine Bescheinigung seines italienischen Finanzamts über die Höhe seiner Einkünfte in Italien nicht beibringen kann (oder nicht beibringen will), wird er als beschränkt Steuerpflichtiger im Sinne des § 50 Abs. 1 Satz 4 EStG behandelt (vgl. die Erläuterungen unter der vorstehenden Nr. 8). Dies bedeutet Anwendung der Steuerklasse I (und ggf. einen Freibetrag für Werbungskosten).

Bei einem Monatslohn von 2200 € beträgt die Lohnsteuer nach Steuerklasse I 272,16 € und der Solidaritätszuschlag 14,96 €. Kirchensteuer fällt bei beschränkt steuerpflichtigen Arbeitnehmern nicht an.

Nach Ablauf des Jahres kann der Arbeitnehmer eine Veranlagung beantragen. Dabei ist die Jahrestabelle auf das zu versteuernde Einkommen anzuwenden, das sich wie folgt errechnet:

2200 € × 4 =		8 800,— €
abzüglich		
Arbeitnehmerpauschbetrag	920,— €	
Vorsorgeaufwendungen	1 126,— €	
Sonderausgaben-Pauschbetrag	36,— €	2 082,— €
zu versteuerndes Einkommen		6 718,— €
Steuer lt. Grundtabelle		0,— €

Hat der Arbeitnehmer keine ausländischen Einkünfte, werden die einbehaltene Lohnsteuer in Höhe von (4 × 272,16 € =) 1088,64 € und der Solidaritätszuschlag (4 × 14,96 € =) 59,84 € in vollem Umfang erstattet.

Hat der Arbeitnehmer allerdings ausländische Einkünfte, werden diese im Rahmen des Progressionsvorbehalts in die Veranlagung mit einbezogen. Dies vermindert die Erstattung entsprechend (vgl. das Stichwort „Progressionsvorbehalt").

19. Sozialversicherung

Ausländische Arbeitnehmer unterliegen nach dem Territorialprinzip ungeachtet ihrer Staatsangehörigkeit grundsätzlich der deutschen Sozialversicherung. Eine Ausnahme kann sich nach dem Prinzip der **Einstrahlung** oder aus zwischenstaatlichen Vereinbarungen ergeben, wenn der Arbeitnehmer von seinem ausländischer Arbeitgeber vorübergehend in das Inland entsandt wird. Die Dauer der Tätigkeit im Inland aufgrund der Entsendung muss von vornherein zeitlich begrenzt sein (vgl. das Stichwort „Einstrahlung").

Bei einer Entsendung von Arbeitnehmern im **Europäischen Wirtschaftsraum** (EU/EWR-Mitgliedstaaten) ist die sog. Wanderarbeitnehmer-Verordnung (EWG Nr. 1408/71) zu beachten. Denn die EWG-Verordnung Nr. 1408/71 koordiniert als überstaatliche Vorschrift die versicherungsrechtlichen Bestimmungen der Mitgliedstaaten für den Fall einer grenzüberschreitenden Beschäftigung. Anders als die Regelungen des innerstaatlichen deutschen Rechts (§§ 3 bis 6 SGB IV) trifft die EWG-VO Nr. 1408/71 nicht nur eine Entscheidung im Bereich des nationalen Rechts eines Mitgliedstaates, sondern stellt für die Arbeitnehmer sicher, dass derselbe versicherungsrechtliche Sachverhalt regelmäßig nur nach den Rechtsvorschriften eines einzigen Mitgliedstaates zu beurteilen ist. Deshalb bestimmt die EWG-VO Nr. 1408/71, welches nationale Recht jeweils vorrangig anzuwenden ist. Die Bescheinigung über die anzuwendenden Rechtsvorschriften wird von der Krankenkasse des Arbeitnehmers oder der Einzugsstelle der Rentenversicherungsbeiträge ausgestellt. Durch den Beschluss Nr. 181 der EG-Verwaltungskommission ist festgelegt worden, dass die Bescheinigung über die anzuwendenden Rechtsvorschriften (Vordruck E 101) mittels eines eigens entwickelten Antrags bei den dafür zuständigen Stellen beantragt werden muss.

Die Vorschriften der EWG-Verordnung Nr. 1408/71 und der **Vordruck E 101** gelten auch für die seit dem 1. Mai 2004 neu zur Europäischen Union hinzugekommenen Länder. Dies sind Estland, Lettland, Litauen, Polen, Slowakei, Tschechien, Ungarn, Slowenien, Malta und Zypern. Seit 1.1.2007 gehören auch Bulgarien und Rumänien zur EU.

Seit 1. Mai 2004 gelten auch für die Saisonarbeitskräfte aus diesen neuen EU-Mitgliedstaaten (u. a. Polen) die Vorschriften der Verordnung (EWG) Nr. 1408/71. Diese Vorschriften regeln, welche Rechtsvorschriften in grenzüberschreitenden Fällen anzuwenden sind. Sie sehen als obersten Grundsatz vor, dass ein Arbeitnehmer in dem System nur eines Staates versichert ist. Sind Saisonarbeitskräfte in ihrem Wohnstaat weiterhin beschäftigt, sind sie auch weiterhin dort versichert. Der Nachweis dieser Versicherung wird durch die Vorlage der Bescheinigung E 101 erbracht. Für die in Deutschland ausgeübte Saisonbeschäftigung gilt in diesen Fällen allerdings dann auch das Recht des Heimatstaates. Ggf. sind Beiträge an den ausländischen Versicherungsträger zu entrichten. Übt ein ansonsten in einem EU-Mitgliedstaat Beschäftigter während eines **unbezahlten Urlaubs** eine Saisonarbeit in Deutschland aus, gelten für ihn nach Artikel 13 Abs. 2 Buchst. a der Verordnung (EWG) Nr. 1408/71 die deutschen Rechtsvorschriften über soziale Sicherheit. Bei der versicherungsrechtlichen Beurteilung dieser Aushilfsbeschäftigung sind nach Auffassung der Spitzenverbände der Sozialversicherung die Beschäftigungszeiten in anderen EU-Mitgliedstaaten zu berücksichtigen. Für die Prüfung der Berufsmäßigkeit ist allerdings die Höhe des in dem anderen EU-Mitgliedstaat erzielten Arbeitsentgelts unmaßgeblich. Die Rechtsprechung folgt dieser von den Spitzenverbänden vertretenen Auffassung nicht vorbehaltlos. So sind verschiedene Urteile zu dem Ergebnis gekommen, dass aufgrund der unterschiedlichen Entgelthöhen im In- und Ausland bei einer kurzfristigen Beschäftigung während des Urlaubs durchaus Versicherungspflicht wegen Berufsmäßigkeit bestehen kann (vgl. z. B. LSG Rheinland-Pfalz, Urteile vom 26.4.2007, L 1 KR 36/05 und vom 25.6.2007, L 2 RI 340/04).

In Zweifelsfällen empfiehlt es sich eine Klärung durch die zuständige Krankenkasse oder direkt bei der Deutschen Verbindungsstelle Krankenversicherung – Ausland herbeizuführen (www.dvka.de).

Beschränkt steuerpflichtige Künstler, Berufssportler, Schriftsteller und Journalisten

Wichtiges auf einen Blick:

Im Falle einer **selbständigen Tätigkeit** wird **seit 2009** ein **Steuerabzug** nach § 50a EStG nur noch bei beschränkt steuerpflichtigen **Künstlern** (ausgenommen sind werkschaffende Künstler) und **Berufssportlern** für ihre Darbietungen vorgenommen. Für selbständig tätige **Schriftsteller** und **Journalisten** ist seit 1.1.2009 **kein Steuerabzug** mehr vorgesehen.

Der bisherige Staffeltarif ist durch einen **zweistufigen Tarif** ersetzt worden. Bis zur **Freigrenze** von **250 €** je Darbietung beträgt der Steuersatz 0 % und bei einem Honorar **über 250 € Steuersatz 15 %** der gesamten Einnahmen (= **Bruttoeinnahmen**). Eine im Ergebnis **steuerfreie Erstattung** der **tatsächlichen Reisekosten** (Pauschbeträge für Verpflegungsmehraufwand, Fahrt- und Übernachtungskosten) durch den Auftraggeber ist allerdings seit 2009 zulässig. Zum früheren Staffeltarif vgl. die Erläuterungen im Lexikon für das Lohnbüro, Ausgabe 2008, S. 159 f.

Ist der selbständig Tätige und beschränkt steuerpflichtige Künstler oder Berufssportler **EU/EWR-Staatsangehöriger** und hat er in einem dieser Staaten seinen Wohnsitz oder gewöhnlichen Aufenthalt, kann er dem Schuldner seiner Vergütung die ihm in unmittelbaren wirtschaftlichen Zusammenhang mit der Tätigkeit entstandenen **Betriebsausgaben nachweisen**. Der **Steuerabzug** beträgt in diesem Fall **30 %** der **Nettoeinnahmen** (Einnahmen abzüglich Betriebsausgaben).

Beschränkt steuerpflichtige Künstler, Berufssportler, Schriftsteller und Journalisten

	Lohn-steuer-pflichtig	Sozial-versich.-pflichtig

1. Allgemeines

Künstler, Berufssportler, Schriftsteller und Journalisten, die im Inland weder einen Wohnsitz noch ihren gewöhnlichen Aufenthalt haben, aber ihre Tätigkeit im Inland ausüben, sind mit den hierfür gezahlten Vergütungen beschränkt steuerpflichtig. Es ergibt sich eine unterschiedliche steuerliche Behandlung je nachdem, ob der beschränkt steuerpflichtige Künstler, Berufssportler, Schriftsteller oder Journalist als **Arbeitnehmer oder Selbständiger** tätig ist.

2. Selbständige Tätigkeit

Wird die Tätigkeit **selbständig** ausgeübt, unterliegen die gezahlten Vergütungen grundsätzlich dem besonderen Steuerabzug nach § 50a Abs. 2 EStG. Für **selbständig** im Inland tätige, beschränkt steuerpflichtige Künstler (ausgenommen sind werkschaffende Künstler) und Berufssportler beträgt der pauschale Steuersatz bei Honoraren für ab dem 1.1.2009 zufließende Vergütungen

– bis 250 € (Freigrenze) **0%**
– und über 250 € **15%**

der gesamten Einnahmen. Der Solidaritätszuschlag wird zusätzlich erhoben; er beträgt 5,5 % der Abzugssteuer. Beschränkt Steuerpflichtige sind nicht kirchensteuerpflichtig. Für **selbständig** tätige **Schriftsteller** und **Journalisten** ist seit 1.1.2009 grundsätzlich **kein Steuerabzug** nach § 50a Abs. 2 EStG mehr vorgesehen.

Bei einer sog. **Nettovereinbarung** ergeben sich seit 1.1.2009 folgende Prozentsätze, die auf die vereinbarte Nettovergütung anzuwenden sind:

Bei einer Netto-Vergütung	Berechnungs-satz für die Steuer nach § 50a Abs. 2 EStG in % der Netto-Vergütung	Berechnungs-satz für den Solidaritätszuschlag in % der Netto-Vergütung
bis 250,00 €	0,00 %	0,00 %
mehr als 250,00 €	17,82 %	0,98 %

Der Unterschied zwischen Brutto- und Nettoberechnung soll an zwei Beispielen verdeutlicht werden:

Beispiel A (Brutto-Vereinbarung)
Mit einem ausländischen Künstler wird für einen einzelnen Auftritt eine Vergütung in Höhe von brutto 510,00 € vereinbart.
Die Vergütung übersteigt 250,00 €. Es sind deshalb einzubehalten:

Einkommensteuer (15 % von 510 €)	76,50 €
Solidaritätszuschlag (5,5 % von 76,50 €)	4,21 €
Der Auszahlungsbetrag beträgt	429,29 €

Beispiel B (Netto-Vereinbarung)
Mit einem ausländischen Künstler wird für einen einzelnen Auftritt eine Netto-Vergütung in Höhe von 510,00 € vereinbart.
Die Netto-Vergütung übersteigt 250,00 €.
Der Auszahlungsbetrag an den Künstler beträgt 510,00 €. Da die Netto-Vergütung 250,00 € übersteigt, hat der Vergütungsschuldner an das Finanzamt zusätzlich folgende Steuern abzuführen:

Einkommensteuer (17,82 % von 510 €)	90,88 €
Solidaritätszuschlag (0,98 % von 510 €)	5,00 €

Die Freigrenze von 250 € gilt u. E. entsprechend der bisherigen bundeseinheitlichen Regelung*) für jeden einzelnen Auftritt pro Tag; sie ist also tages- und veranstalterbezogen. Werden an einem Tag mit einem Veranstalter mehrere Auftritte durchgeführt, ist die Freigrenze für alle mit diesem Veranstalter durchgeführten Auftritte nur einmal anzuwenden. Werden an einem Tag Auftritte mit verschiedenen Veranstaltern durchgeführt, wird die Freigrenze einmal pro Veranstalter für alle mit ihm durchgeführten Auftritte angewendet.

Der für **selbständig** im Inland tätige, beschränkt steuerpflichtige Künstler und Berufssportler geltende Pauschsteuersatz von 15 % ist stets auf die **Gesamtvergütung** (Honorar bzw. Gage) anzuwenden. Abzüge (z. B. für Betriebsausgaben, Sonderausgaben) sind nicht zulässig. **Reisekosten** (Pauschbeträge für Verpflegungsmehraufwand, Fahrt- und Übernachtungskosten), die besonders gewährt werden, gehören **nicht** zu den **Einnahmen** von denen ein Steuerabzug vorzunehmen ist, sofern sie die tatsächlichen Kosten nicht übersteigen (§ 50a Abs. 2 Satz 2 EStG).

Ist der selbständig im Inland tätige, beschränkt steuerpflichtige Künstler oder Berufssportler **EU-/EWR-Staatsangehöriger** und hat er in einem dieser Staaten seinen Wohnsitz oder gewöhnlichen Aufenthalt, kann er dem Schuldner der Vergütung die ihm in unmittelbaren wirtschaftlichen Zusammenhang mit der Tätigkeit entstandenen **Betriebsausgaben** nachweisen. Der Steuerabzug beträgt in diesem Fall 30 % der **Nettoeinnahmen** (= Einnahmen abzüglich Betriebsausgaben; § 50a Abs. 3 EStG).

Für die **Umsatzsteuer** gilt Folgendes: Durch das Steueränderungsgesetz 2001 wurde das früher geltende Umsatzsteuerabzugsverfahren bei Zahlungen an Ausländer (§ 18 Abs. 8 UStG alter Fassung) aufgehoben und gleichzeitig ein Verfahren mit einer Steuerschuldnerschaft des Leistungsempfängers (§ 13b Abs. 2 UStG) eingeführt. Das bedeutet, dass seit 1.1.2002 die Umsatzsteuer nicht mehr Teil der Bemessungsgrundlage für den Steuerabzug nach § 50a EStG ist. Der inländische Veranstalter hat die bei ihm originär entstandene Umsatzsteuer seinem Finanzamt anzumelden und kann gleichzeitig diese Umsatzsteuer unter den Voraussetzungen des § 15 UStG in gleicher Höhe als Vorsteuer geltend machen.

3. Arbeitnehmer

Übt ein beschränkt steuerpflichtiger Künstler, Berufssportler, Schriftsteller oder Journalist die Tätigkeit im Rahmen eines Dienstverhältnisses (also **nichtselbständig**) aus, so unterliegen die gezahlten Vergütungen – wie bei allen anderen beschränkt steuerpflichtigen Arbeitnehmern auch – dem Lohnsteuerabzug nach den allgemeinen Vorschriften. Auf die ausführlichen Erläuterungen beim Stichwort „Beschränkt steuerpflichtige Arbeitnehmer" wird Bezug genommen.

Für die Abgrenzung zwischen selbständiger Tätigkeit und nichtselbständiger Tätigkeit bei beschränkter Einkommensteuerpflicht sind die Regelungen maßgebend, die für unbeschränkt einkommensteuerpflichtige Künstler gelten. Diese Regelungen sind beim Stichwort „Künstler" eingehend anhand von Beispielen erläutert.

4. Freistellung vom Lohnsteuerabzug

Der Lohnsteuerabzug darf nur dann unterbleiben, wenn der Arbeitslohn nach den Vorschriften eines Doppelbesteuerungsabkommens von der deutschen Lohnsteuer freizustellen ist. Dies ist vielfach für künstlerische Tätigkeiten im Rahmen eines Kulturaustausches vorgesehen. Das Betriebsstättenfinanzamt hat auf Antrag des Arbeitnehmers oder des Arbeitgebers (im Namen des Arbeitnehmers) eine entsprechende Freistellungsbescheinigung zu erteilen (vgl. das Stichwort „Doppelbesteuerungsabkommen").

---

*) BMF-Schreiben vom 1.8.2002 (BStBl. I S. 709). Das BMF-Schreiben ist als Anlage 2 zu H 39d LStR im **Steuerhandbuch für das Lohnbüro 2010** abgedruckt, das im selben Verlag erschienen ist. Das **PC-Lexikon** für das Lohnbüro 2010 enthält auch dieses Handbuch und hat außerdem den Vorteil, dass Sie **alle BFH-Urteile** sowie die aktuellen Rundschreiben und Niederschriften der Spitzenverbände der **Sozialversicherung** mit Mausklick **im Volltext** abrufen und ausdrucken können. Eine Bestellkarte finden Sie vorne im Lexikon.

5. Bescheinigung des Betriebsstättenfinanzamts zur Durchführung des Lohnsteuerabzugs

Ist der beschränkt steuerpflichtige Künstler, Berufssportler, Schriftsteller oder Journalist Arbeitnehmer, so hat das Betriebsstättenfinanzamt zur Durchführung des Lohnsteuerabzugs auf Antrag des Arbeitnehmers oder des Arbeitgebers (im Namen des Arbeitnehmers) eine Bescheinigung über die maßgebende Steuerklasse und den vom Arbeitslohn ggf. abzuziehenden Freibetrag zu erteilen (sog. **Lohnsteuerabzugsbescheinigung**). Dabei kommt ein Freibetrag nur in Betracht, soweit die Werbungskosten, die im wirtschaftlichen Zusammenhang mit der im Inland ausgeübten Tätigkeit stehen, den **zeitanteiligen** Arbeitnehmer-Pauschbetrag übersteigen. Der früher geltende besondere **Werbungskosten-Pauschbetrag** für Artisten, Künstler und Journalisten ist zum **1.1.2000 abgeschafft worden.**

6. Pauschalierung der Lohnsteuer bei Künstlern

Wegen der besonderen Schwierigkeiten, die mit der steuerlichen Erfassung der Einkünfte bei nur kurzfristig als Arbeitnehmer beschäftigten **Künstlern** verbunden sind, ist durch bundeseinheitliche Regelung*) zugelassen worden, dass der inländische Arbeitgeber bei beschränkt steuerpflichtigen **Künstlern** die Lohnsteuer pauschalieren kann, wenn die Künstler als

– gastspielverpflichtete Künstler bei Theaterbetrieben,
– freie Mitarbeiter für den Hörfunk und Fernsehfunk oder
– Mitarbeiter in der Film- und Fernsehproduktion

nichtselbständig tätig sind und vom Arbeitgeber nur kurzfristig, **höchstens für sechs zusammenhängende Monate,** beschäftigt werden.

Die pauschale Lohnsteuer beträgt 25%. Die pauschale Lohnsteuer bemisst sich nach den **gesamten Einnahmen** des Künstlers einschließlich der steuerfreien Reisekosten und sonstigen steuerfreien Entschädigungen. Abzüge, z. B. für Werbungskosten, Sonderausgaben und Steuern, sind nicht zulässig. Der Solidaritätszuschlag wird zusätzlich erhoben. Er beträgt 5,5 % der pauschalen Lohnsteuer. Kirchensteuer fällt bei beschränkt steuerpflichtigen Arbeitnehmern nicht an.

Übernimmt der Arbeitgeber die Lohnsteuer und den Solidaritätszuschlag von 5,5 % der Lohnsteuer, so beträgt die pauschale Lohnsteuer 33,95 % der Einnahmen. Übernimmt der Arbeitgeber nur den Solidaritätszuschlag, beträgt die pauschale Lohnsteuer 25,35 %. Der Solidaritätszuschlag beträgt in beiden Fällen zusätzlich jeweils 5,5 % der Lohnsteuer.

Beispiel

Die Honorareinnahmen betragen im Kalenderjahr 2010	2 000,— €
Der Arbeitgeber übernimmt die pauschale Lohnsteuer und den Solidaritätszuschlag.	
Die Lohnsteuer beträgt 33,95 % von 2000 €	679,— €
der Solidaritätszuschlag beträgt 5,5 % von 679 €	37,34 €

7. Lohnsteuerbescheinigung und Veranlagung zur Einkommensteuer

Auch wenn die Lohnsteuer pauschaliert wird, muss der Arbeitgeber auf Verlangen des Künstlers eine elektronische Lohnsteuerbescheinigung nach amtlichem Muster erteilen, denn **die pauschale Lohnsteuer kann nach § 36 Abs. 2 Nr. 2 EStG auf die veranlagte Einkommensteuer angerechnet werden.** Wird die Lohnsteuerbescheinigung nicht elektronisch übermittelt, sind die für diese Besondere Lohnsteuerbescheinigung zu verwendenden Vordrucke beim Finanzamt kostenlos erhältlich (vgl. das Stichwort „Besondere Lohnsteuerbescheinigung").

Eine Veranlagung zur Einkommensteuer kommt nach § 50 Abs. 2 Nr. 4 Buchstabe b EStG für beschränkt steuerpflichtige Arbeitnehmer in Betracht, die **Staatsangehörige** eines Mitgliedstaates der **Europäischen Union** oder eines Staates sind, auf den das Abkommen über den **Europäischen Wirtschaftsraum** Anwendung findet und die im Hoheitsgebiet eines dieser Staaten ihren Wohnsitz oder gewöhnlichen Aufenthalt haben (vgl. die Erläuterungen beim Stichwort „Beschränkt steuerpflichtige Arbeitnehmer" unter Nr. 18 auf Seite 162).

Besondere Lohnsteuerbescheinigung

Wichtiges auf einen Blick:

Seit 1.1.2004 hat die Finanzverwaltung die elektronische Lohnsteuerbescheinigung eingeführt. Auf die ausführlichen Erläuterungen beim Stichwort „Lohnsteuerbescheinigung" wird hingewiesen. Übermittelt der Arbeitgeber die Lohnsteuerbescheinigung elektronisch an das Finanzamt und händigt dem Arbeitnehmer einen Ausdruck der übermittelten Daten aus, so erübrigt sich das Ausstellen einer „Besonderen" Lohnsteuerbescheinigung. Das Ausfüllen des amtlichen Vordrucks „Besondere Lohnsteuerbescheinigung" kommt somit **nur noch für diejenigen Arbeitgeber in Betracht, die nicht am ElsterLohn-Verfahren teilnehmen.** Die Bedeutung der „Besonderen Lohnsteuerbescheinigung" wird daher in der Praxis immer geringer.

1. Allgemeines

Die Angaben, die der Arbeitgeber nach Abschluss des Lohnkontos an die Finanzverwaltung zu übermitteln oder zu bescheinigen hat, werden Lohnsteuerbescheinigung genannt (vgl. dieses Stichwort). Liegt dem Arbeitgeber für einen Arbeitnehmer nach Abschluss des Lohnkontos (also am Ende des Kalenderjahres oder bei Beendigung des Dienstverhältnisses im Laufe des Kalenderjahres) keine Lohnsteuerkarte vor, so ist die Lohnsteuerbescheinigung ersatzweise auf einem besonderen, amtlichen Vordruck zu erteilen, sofern der Arbeitgeber nicht am ElsterLohn-Verfahren teilnimmt. Dieser Vordruck, der beim Finanzamt kostenlos erhältlich ist, wird als „Besondere Lohnsteuerbescheinigung" bezeichnet**). Im Einzelnen gilt Folgendes:

2. Ausstellung der „Besonderen Lohnsteuerbescheinigung"

Liegt dem Arbeitgeber am 31. Dezember 2010 oder im Zeitpunkt der Beendigung des Dienstverhältnisses im Laufe des Kalenderjahres 2010 eine Lohnsteuerkarte nicht vor, so muss er in folgenden Fällen eine Besondere Lohnsteuerbescheinigung nach amtlich vorgeschriebenem Vordruck erteilen, wenn der Arbeitgeber nicht am ElsterLohn-Verfahren teilnimmt:

– Für Arbeitnehmer, die es unterlassen haben, ihre Lohnsteuerkarte dem Arbeitgeber auszuhändigen;
– für beschränkt steuerpflichtige Arbeitnehmer im Sinne des § 1 Abs. 2 und 3 EStG (vgl. die Erläuterungen unter der nachfolgenden Nr. 3);

---

*) BMF-Schreiben vom 31. 7. 2002 (BStBl. I S. 707). Das BMF-Schreiben ist als Anlage 1 zu H 39d LStR im **Steuerhandbuch für das Lohnbüro 2010** abgedruckt, das im selben Verlag erschienen ist. Das **PC-Lexikon** für das Lohnbüro 2010 enthält auch dieses Handbuch und hat außerdem den Vorteil, dass Sie **alle BFH-Urteile** sowie die aktuellen Rundschreiben und Niederschriften der Spitzenverbände der **Sozialversicherung** mit Mausklick **im Volltext** abrufen und ausdrucken können. Eine Bestellkarte finden Sie vorne im Lexikon.

) Das Muster der Besonderen Lohnsteuerbescheinigung 2010 ist als Anlage 1 zu R 41b LStR im **Steuerhandbuch für das Lohnbüro 2010 abgedruckt, das im selben Verlag erschienen ist. Das PC-Lexikon für das Lohnbüro 2010 enthält auch dieses Handbuch und hat außerdem den Vorteil, dass Sie **alle BFH-Urteile** sowie die aktuellen Rundschreiben und Niederschriften der Spitzenverbände der **Sozialversicherung** mit Mausklick **im Volltext** abrufen und ausdrucken können. Eine Bestellkarte finden Sie vorne im Lexikon.

Besondere Lohnsteuerbescheinigung

- wenn der Arbeitgeber für einen während des Kalenderjahres ausgeschiedenen Arbeitnehmer die Lohnsteuerbescheinigung auf der Lohnsteuerkarte entgegen seiner Verpflichtung bei Beendigung des Dienstverhältnisses nicht ausgeschrieben hat.

Das Finanzamt kann auf Antrag zulassen, dass Arbeitgeber für Beschäftigte, deren Dienstverhältnis nur kurze Zeit dauert, von der Ausschreibung der Lohnsteuerbescheinigung auf der Lohnsteuerkarte jeweils nach Beendigung des Dienstverhältnisses für diese Arbeitnehmer absehen. In diesen Fällen ist erst nach Ablauf des Kalenderjahres für jeden im abgelaufenen Kalenderjahr beschäftigt gewesenen Arbeitnehmer eine Lohnsteuerbescheinigung zu erteilen und **außerdem** eine Besondere Lohnsteuerbescheinigung dem Betriebsstättenfinanzamt einzusenden. Die vorstehenden Ausführungen gelten aber nur dann, wenn der Arbeitgeber nicht am ElsterLohn-Verfahren teilnimmt.

Für Aushilfskräfte und Teilzeitbeschäftigte, deren Bezüge unter Verzicht auf die Vorlage einer Lohnsteuerkarte nach § 40 a EStG **pauschal besteuert** worden sind, sind Besondere Lohnsteuerbescheinigungen **nicht** auszuschreiben. Allerdings müssen Arbeitgeber ohne maschinelle Lohnabrechnung, die ausschließlich Arbeitnehmer im Rahmen einer geringfügigen Beschäftigung in ihrem Privathaushalt beschäftigen und nicht am ElsterLohn-Verfahren teilnehmen, eine „Besondere" Lohnsteuerbescheinigung erteilen, wenn der Arbeitslohn individuell versteuert worden ist und bei Abschluss des Lohnkontos keine Lohnsteuerkarte vorgelegen hat. Diese Fallgestaltung ist im EStG und in den Erläuterungen zum Vordruck noch ausdrücklich erwähnt, da der Gesetzgeber in allen anderen Fällen von einer Teilnahme des Arbeitgebers am ElsterLohn-Verfahren ausgeht (vgl. § 41b Abs. 3 EStG). Es dürfte sich in der Praxis aber um seltene Ausnahmefälle handeln.

In den Fällen des Lohnsteuerabzugs durch einen Dritten (vgl. dieses Stichwort unter Nr. 2) hat der Dritte dem Arbeitnehmer eine elektronische oder eine Besondere Lohnsteuerbescheinigung nach amtlichem Vordruck auszustellen und dort den Arbeitslohn und die einbehaltene Lohnsteuer anzugeben (R 39c Abs. 5 Satz 5 LStR).

3. Beschränkt steuerpflichtige Arbeitnehmer

Von Bedeutung ist die Besondere Lohnsteuerbescheinigung auch bei beschränkt steuerpflichtigen Arbeitnehmern, da diese keine Lohnsteuerkarte haben, auf der der Arbeitgeber die erforderlichen Eintragungen vornehmen könnte. Ganz allgemein gilt für beschränkt steuerpflichtige Arbeitnehmer folgender Grundsatz:

Der Arbeitgeber hat seit 1.1.2009 bei Beendigung des Dienstverhältnisses oder am Ende des Kalenderjahres **auch für beschränkt steuerpflichtige Arbeitnehmer** stets eine Besondere Lohnsteuerbescheinigung auszustellen (§ 39d Abs. 3 Satz 5 EStG). Dies gilt unabhängig davon, ob der beschränkt steuerpflichtige Arbeitnehmer eine Einkommensteuerveranlagung beantragen kann oder nicht (vgl. hierzu die Erläuterungen beim Stichwort „Beschränkt steuerpflichtige Arbeitnehmer" unter Nr. 18). Die Zeilen für die Kirchensteuer brauchen dabei nicht ausgefüllt zu werden, da beschränkt steuerpflichtige Arbeitnehmer nicht kirchensteuerpflichtig sind (vgl. „Kirchensteuer" besonders unter Nr. 8).

Bei bestimmten beschränkt steuerpflichtigen Arbeitnehmern war der Arbeitgeber bereits vor 2009 **verpflichtet,** eine Besondere Lohnsteuerbescheinigung auszustellen. Dies sind alle beschränkt steuerpflichtigen Arbeitnehmer im Sinne des § 1 Abs. 2 und 3 EStG. Hierbei handelt es sich um im Ausland wohnhafte Angehörige des öffentlichen Dienstes, die kraft Gesetzes als unbeschränkt Steuerpflichtige **gelten,** oder andere Arbeitnehmer, die **auf Antrag** wie unbeschränkt Steuerpflichtige behandelt werden. Da diesen Arbeitnehmern beim Lohnsteuerabzug besondere Vergünstigungen gewährt wurden, werden sie regelmäßig nach § 46 EStG zur Einkommensteuer veranlagt (vgl. die Stichworte „Erweiterte unbeschränkte Steuerpflicht" und „Beschränkt steuerpflichtige Arbeitnehmer").

Insbesondere für Arbeitgeber, die am **ElsterLohn-Verfahren** teilnehmen, empfiehlt es sich, **allen** beschränkt steuerpflichtigen Arbeitnehmern einen Abdruck der **elektronischen Lohnsteuerbescheinigung** auszuhändigen. Damit ist die Verpflichtung vom Arbeitgeber erfüllt worden.

Besondere Lohnsteuertabelle

siehe „Lohnsteuertabellen"

Bestechungsgelder

siehe „Schmiergelder"

Besteuerungsgrenzen

siehe „Tarifaufbau"

Betreuungsfreibetrag

siehe „Kinderbetreuungsfreibetrag" und Anhang 9 unter Nr. 7

Betriebliche Altersversorgung

siehe „Zukunftsicherung" und Anhang 6

Betriebsausflug

siehe „Betriebsveranstaltungen"

Betriebserholungsheim

siehe „Erholungsbeihilfen"

Betriebshelfer

Im Bereich der Land- und Forstwirtschaft helfen gelegentlich selbständige Landwirte, oft auch nach Vermittlung eines Maschinen- und Betriebshilfsrings, bei einem anderen selbständigen Landwirt aus. Der aushelfende Landwirt tritt dadurch in der Regel nicht in ein Dienstverhältnis, sondern bleibt auch mit dieser Aushilfstätigkeit selbständig. Die gezahlten Vergütungen stellen deshalb keinen Arbeitslohn dar, sondern gehören zu den Betriebseinnahmen aus Land- und Forstwirtschaft. Dabei kommt es nicht darauf an, ob die Vergütung über einen Maschinen- und Betriebshilfsring abgerechnet wurde.   nein   nein

Zur Pauschalierung der Lohnsteuer für Aushilfskräfte in der Land- und Forstwirtschaft vgl. das Stichwort „Pauschalierung der Lohnsteuer bei Aushilfskräften und Teilzeitbeschäftigten" unter Nr. 5.

Betriebskindergarten

siehe „Kindergartenzuschüsse"

Betriebsprüfung

Die ordnungsgemäße Einbehaltung und Abführung der Lohnsteuer wird vom Betriebsstättenfinanzamt durch turnusmäßige **Lohnsteuer-Außenprüfungen** überwacht. Einzelheiten hierzu sind beim Stichwort „Lohnsteuer-Außenprüfung" erläutert.

Ob die Sozialversicherungsbeiträge richtig errechnet und abgeführt wurden und ob der Arbeitgeber seine Meldepflichten ordnungsgemäß erfüllt hat prüfen die Rentenversicherungsträger.

Die Richtigkeit der Beitragszahlungen ist nach § 28 p Abs. 1 SGB IV **mindestens alle 4 Jahre** zu überprüfen. Auf Verlangen des Arbeitgebers kann auch eine Prüfung in kürzeren Zeitabständen stattfinden. Für die Durchführung der Beitragsprüfungen gelten im Wesentlichen die gleichen Grundsätze wie bei einer Lohnsteuer-Außenprüfung (vgl. dieses Stichwort).

Wichtig ist in diesem Zusammenhang die Beitragsverfahrensordnung (BVV). Denn nach § 10 Abs. 2 BVV ist der Arbeitgeber verpflichtet, **Bescheide und Prüfungsberichte der Finanzbehörden** vorzulegen. Die Prüfer sind verpflichtet, diese Unterlagen einzusehen und eine versicherungs- und beitragsrechtliche Auswertung vorzunehmen. Das Ergebnis ist im Prüfbericht festzuhalten; im Prüfbericht sind die Gründe festzuhalten, wenn von einer Auswertung abgesehen wurde. Kommt der Arbeitgeber seinen Vorlagepflichten nicht nach, kann nach § 31 Abs. 2 der Abgabenordnung der Prüfbericht über die Lohnsteueraußenprüfung direkt beim Betriebsstättenfinanzamt angefordert werden.

Weiterhin sind die Sozialversicherungsprüfer berechtigt, beim Arbeitgeber über den Bereich der Lohn- und Gehaltsabrechnung hinaus auch das Rechnungswesen, insbesondere also die **Aufwandskonten zu prüfen,** ohne dass hierfür besondere Gründe vorliegen müssen. Früher war eine solche Prüfung davon abhängig, dass es Gründe für die Annahme gab, die für eine Versicherungs- oder Beitragspflicht relevanten Unterlagen würden sich außerhalb der Lohn- und Gehaltsabrechnung befinden. Heutzutage können verstärkt die Aufwendungen für sog. Aushilfskräfte oder für Werkverträge überprüft werden, die häufig außerhalb der Lohn- und Gehaltsbuchhaltung verbucht werden, obwohl eigentlich sozialversicherungspflichtige Beschäftigungsverhältnisse vorliegen.

Durch das Gesetz zur Modernisierung der gesetzlichen Unfallversicherung wird die Betriebsprüfungskompetenz für den Bereich der Unfallversicherungsbeiträge auf die Träger der Rentenversicherung übertragen. Das bedeutet, dass die Deutsche Rentenversicherung ab 1.1.2010 auch für den Bereich der Unfallversicherung die Betriebsprüfung durchführt.

Darüber hinaus ist ab 2010 in § 42f EStG vorgesehen, auf Antrag des Arbeitgebers die Prüfungen für die Lohnsteuer und die Sozialversicherung zeitgleich durchführen zu können (vgl. auch die Erläuterungen beim Stichwort „Lohnsteuer-Außenprüfung").

Betriebsrente

Die Zahlung einer Betriebsrente beruht im Regelfall auf einer arbeitsvertraglichen Versorgungszusage des Arbeitgebers. Im Allgemeinen erhält der Arbeitnehmer danach bei Erreichen der vereinbarten Altersgrenze oder im Invaliditätsfall laufende Zuwendungen. Um diese Versorgungsansprüche finanziell abzusichern, bildet der Arbeitgeber Rückstellungen oder schließt eine Rückdeckungsversicherung (vgl. das Stichwort „Rückdeckung") ab. Im Zeitpunkt der Versorgungszusage fließt dem Arbeitnehmer noch kein Arbeitslohn zu. Auch die Zuführungen des Arbeitgebers zur Pensionsrückstellung oder die Beiträge zur Rückdeckungsversicherung stellen keinen steuerpflichtigen Arbeitslohn dar (BFH-Urteil vom 20.7.2005, BStBl. II S. 890).

Steuerpflicht tritt vielmehr erst im Versorgungsfall ein. Die **Betriebsrente** gehört als Bezug aus dem früheren Dienstverhältnis zum **Arbeitslohn** und unterliegt dem Lohnsteuerabzug. Zu diesem Zweck muss der Arbeitnehmer auch noch nach seinem Ausscheiden aus dem Arbeitsverhältnis eine **Lohnsteuerkarte** vorlegen, nach deren Besteuerungsmerkmalen der Lohnsteuerabzug vorzunehmen ist. Bei der Besteuerung von Betriebsrenten ist im Regelfall der Versorgungsfreibetrag und der Zuschlag zum Versorgungsfreibetrag (vgl. das Stichwort „Versorgungsbezüge, Versorgungsfreibetrag") abzuziehen.

Hat der Bezieher einer Betriebsrente **seinen Wohnsitz ins Ausland** verlegt, ist nach dem Doppelbesteuerungsabkommen mit demjenigen Land, in dem der Betriebsrentner jetzt seinen Wohnsitz hat, zu prüfen, ob diesem Wohnsitzstaat das Besteuerungsrecht zusteht, was bei Betriebsrenten häufig der Fall sein wird. Auf Antrag erhält ein solcher Betriebsrentner vom Finanzamt eine Bescheinigung, dass seine Betriebsrente in Deutschland nicht dem Lohnsteuerabzug unterliegt. Diese Bescheinigung muss er seinem ehemaligen Arbeitgeber vorlegen, der dann die Betriebsrente ohne Lohnsteuerabzug auszahlen kann (vgl. die Erläuterungen beim Stichwort „Doppelbesteuerungsabkommen" unter Nr. 13 Buchstabe a auf Seite 201).

Renten, die ganz oder teilweise auf **früheren Beitragsleistungen** des Arbeitnehmers beruhen (z. B. die Altersrenten aus der gesetzlichen Rentenversicherung) sind kein Arbeitslohn. Steuerpflichtig ist lediglich ein bestimmter Teil der Rente, der im Wege einer Veranlagung zur Einkommensteuer erfasst wird (vgl. das Stichwort „Renten").

Zur Kranken- und Pflegeversicherungspflicht von Betriebsrenten vgl. die Erläuterungen in Teil B Nr. 12 auf Seite 18.

Zur Berücksichtigung der Vorsorgepauschale vgl. die ausführlichen Erläuterungen in Anhang 8.

Auf die Stichwörter „Arbeitnehmerfinanzierte Pensionszusage", „Pensionszusage", „Rückdeckung" und „Unterstützungskasse" wird hingewiesen.

Betriebssport

siehe „Sportanlagen"

Betriebsstätte

Betriebsstätte im lohnsteuerlichen Sinne ist der Betrieb oder Teil des Betriebs des Arbeitgebers, in dem der für die Durchführung des Lohnsteuerabzugs maßgebende Arbeitslohn ermittelt wird, d. h. wo die für den Lohnsteuerabzug maßgebenden Lohnteile zusammengestellt oder bei **maschineller Lohnabrechnung** die für den Lohnsteuerabzug **maßgebenden Eingabewerte** festgestellt werden (§ 41 Abs. 2 EStG). Es kommt nicht darauf an, wo einzelne Lohnbestandteile ermittelt, wo die Berechnung der Lohnsteuer vorgenommen wird und wo die Lohnsteuerkarten und andere für den Lohnsteuerabzug maßgebenden Unterlagen aufbewahrt werden. Ein selbständiges Dienstleistungsunternehmen, das für einen Arbeitgeber die Lohnabrechnung durchführt, kann nicht als Betriebsstätte des Arbeitgebers angesehen werden. Wird der maßgebende Arbeitslohn nicht in dem Betrieb oder einem Teil des Betriebs des Arbeitgebers oder nicht im Inland ermittelt, so gilt als Betriebsstätte der Mittelpunkt der geschäftlichen Leitung des Arbeitgebers im Inland.

Problematisch kann die Frage nach dem Ort der Betriebsstätte dann sein, wenn ein Unternehmen an verschiedenen Orten Zweigniederlassungen unterhält und die Ermittlung des maßgebenden Arbeitslohns entweder an dem Ort, an dem sich der Sitz der Verwaltung befindet, oder aber an den einzelnen Zweigniederlassungen erfolgt. Erfolgt die Ermittlung des maßgebenden Arbeitslohns in den einzelnen Zweigniederlassungen, so ist jede einzelne Zweigniederlassung eine Betriebsstätte im lohn-

Betriebsstättenfinanzamt

steuerlichen Sinne mit der Folge, dass jede einzelne Zweigniederlassung die Lohnsteuer an das für sie zuständige Betriebsstättenfinanzamt anzumelden und abzuführen hat. Außerdem ist es möglich, dass z. B. das Gehalt der leitenden Angestellten eines Unternehmens ohne Rücksicht darauf, wo sie ihre Tätigkeit tatsächlich ausüben, am Sitz der Hauptverwaltung und der Arbeitslohn für die gewerblichen Arbeiter und Lehrlinge am Ort der Zweigniederlassung ermittelt wird. Diese Gestaltung, die dem Arbeitgeber freigestellt ist, führt dazu, dass der Arbeitgeber mehrere Betriebsstätten hat. Sowohl der Ort, an dem sich der Sitz der Hauptverwaltung befindet, wie auch die einzelnen Orte mit Zweigniederlassungen sind jeweils Betriebsstätten im lohnsteuerlichen Sinne.

Die Zuständigkeit in der **Sozialversicherung** richtet sich nach dem **Beschäftigungsort** (vgl. dieses Stichwort).

Betriebsstättenfinanzamt

Das Betriebsstättenfinanzamt ist das Finanzamt, in dessen Bezirk sich die lohnsteuerliche Betriebsstätte des Arbeitgebers befindet. Bei diesem Finanzamt ist die Lohnsteuer-Anmeldung abzugeben und an dieses Finanzamt ist die einbehaltene Lohnsteuer abzuführen (vgl. „Abführung und Anmeldung der Lohnsteuer").

Das Betriebsstättenfinanzamt ist auch für die Erteilung einer Anrufungsauskunft (vgl. das Stichwort „Auskunft") und die Lohnsteuer-Außenprüfung (vgl. dieses Stichwort) zuständig.

Betriebsveranstaltungen

Neues auf einen Blick:

Der Bundesfinanzhof geht nach wie vor nur dann von einer **Betriebsveranstaltung** aus, wenn die **Teilnahme allen Betriebsangehörigen offensteht.** Er führt aus, dass durch Betriebsveranstaltungen der Kontakt der Arbeitnehmer untereinander und damit auch das Betriebsklima gefördert werden sollen. Eine Begrenzung des Teilnehmerkreises dürfe sich daher nicht als Bevorzugung bestimmter Personengruppen erweisen. Hinsichtlich des Teilnehmerkreises muss also sichergestellt sein, dass weder die Stellung des Arbeitnehmers, noch seine Gehalts- bzw. Lohngruppe, die Dauer der Betriebszugehörigkeit oder besondere Leistungen maßgebend sind. Daher lehnt der Bundesfinanzhof das Vorliegen einer **Betriebsveranstaltung ab,** wenn im Anschluss an verschiedene Fachtagungen der angestellten **Führungskräfte** für diesen Personenkreis **Abendveranstaltungen** mit musikalischen und künstlerischen Darbietungen durchgeführt werden (BFH-Urteil vom 15.1.2009, BStBl. II S. 476; vgl. auch die Erläuterungen unter der nachfolgenden Nr. 2).

Sachzuwendungen, die sowohl eine **Betriebsveranstaltung** als auch eine aus ganz überwiegend eigenbetrieblichen Zwecken durchgeführte **Betriebsbesichtigung** bei einem Hauptkunden des Arbeitgebers betreffen, sind **aufzuteilen.** Die Aufwendungen des Arbeitgebers sind in solch einem Fall insgesamt **kein Arbeitslohn,** wenn die dem Betriebsveranstaltungsteil zuzurechnenden, anteiligen Kosten die Freigrenze von 110 € pro Arbeitnehmer nicht übersteigen. Die dem Betriebsveranstaltungsteil zuzurechnenden anteiligen Kosten stellen ebenfalls keinen Arbeitslohn dar, wenn die Besichtigung im ganz überwiegend eigenbetrieblichen Interesse des Arbeitgebers durchgeführt wird. **Allerdings** geht der Bundesfinanzhof in einer neuen Entscheidung betreffend eine **Betriebsversammlung** und ein **Betriebsfest** von einer **Gesamtveranstaltung mit eher gesellschaftlichen Charakter** aus und lehnt eine Aufteilung in eine (von vornherein nicht steuerpflichtige) betriebliche Seminarveranstaltung und eine Betriebsveranstaltung ab (BFH-Urteil vom 30.4.2009, BStBl. II S. 726). Den überwiegenden Teil der **Gesamtkosten** behandelte er wegen Überschreitens der 110-Euro-Freigrenze als **Arbeitslohn,** der allerdings mit 25% pauschal versteuert werden konnte und daher beitragsfrei war (vgl. auch die Erläuterungen und Beispiele am Ende der Nr. 4).

Gliederung:

1. Allgemeines
2. Begriff der Betriebsveranstaltung
3. Herkömmlichkeit (Üblichkeit) der Betriebsveranstaltung
4. Prüfung der 110-Euro-Freigrenze
5. Bewertung von Sachzuwendungen
6. Besteuerung der steuerpflichtigen Zuwendungen bei Betriebsveranstaltungen mit 25 %
7. Sachgeschenke im Rahmen einer Betriebsveranstaltung
8. Verlosungen im Rahmen einer Betriebsveranstaltung
   a) Allgemeines
   b) An der Verlosung dürfen nur bestimmte Arbeitnehmer teilnehmen
   c) An der Verlosung können alle Arbeitnehmer teilnehmen
9. Umsatzsteuerpflicht bei Betriebsveranstaltungen

1. Allgemeines

Zuwendungen des Arbeitgebers bei herkömmlichen (üblichen) Betriebsveranstaltungen werden nach höchstrichterlicher Rechtsprechung im ganz überwiegend betrieblichen Interesse des Arbeitgebers erbracht und gehören deshalb nicht zum Arbeitslohn. Voraussetzung ist, dass es sich um herkömmliche (übliche) Veranstaltungen und um bei solchen Veranstaltungen übliche Zuwendungen handelt. Der Begriff der „üblichen Zuwendung" wird durch eine **Freigrenze von 110 € je Arbeitnehmer und Veranstaltung** definiert (R 19.5 Abs. 4 LStR).

Der Arbeitgeber sollte bei der steuerlichen Beurteilung von Betriebsveranstaltungen am zweckmäßigsten in folgender Reihenfolge vorgehen:

– Liegt überhaupt eine „Betriebsveranstaltung" vor? Betriebsveranstaltungen sind z. B. Betriebsausflüge, Weihnachtsfeiern, Jubiläumsfeiern. Die Veranstaltung muss jedoch **allen Arbeitnehmern** des Betriebs **offenstehen** (vgl. Nr. 2).

– Werden **mehr als zwei** Betriebsveranstaltungen **im Kalenderjahr** durchgeführt? Die dritte (und jede weitere) Betriebsveranstaltung ist steuerpflichtig; der Arbeitgeber hat jedoch ein Wahlrecht, welche Betriebsveranstaltung er als steuerpflichtig behandelt (vgl. Nr. 3).

– Prüfung der Freigrenze von **110 €**:
Summe aller Kosten der Betriebsveranstaltung (auch für Übernachtung, Saalmiete, Kapelle usw.) **einschließlich Mehrwertsteuer,** geteilt durch Anzahl der Teilnehmer (vgl. Nr. 4).
Der Betrag von 110 € ist eine **Freigrenze.** Eine Freigrenze bedeutet (im Gegensatz zum Freibetrag), dass die dem Arbeitnehmer anlässlich einer Betriebsveranstaltung zugewendeten Vorteile steuer- und beitragsfrei sind, wenn der Betrag von 110 € nicht überschritten wird. **nein nein**
Wird der Betrag von 110 € überschritten, so ist der **gesamte Betrag** steuer- und beitragspflichtig (nicht nur der über 110 € hinausgehende Teil). **ja ja**
Die Lohnsteuer kann jedoch mit 25 % pauschaliert werden; in diesem Fall sind die Zuwendungen beitragsfrei in der Sozialversicherung (vgl. Nr. 6). **ja nein**

– Nehmen Angehörige (Ehefrau, Kinder) oder Gäste des Arbeitnehmers an der Betriebsveranstaltung teil, so ist der auf diese Personen entfallende Anteil an den Gesamtkosten **dem Arbeitnehmer zuzurechnen** (vgl. Nr. 4).

Betriebsveranstaltungen

Lohn- Sozial-
steuer- versich.-
pflichtig pflichtig

2. Begriff der Betriebsveranstaltung

Betriebsveranstaltungen sind Veranstaltungen auf betrieblicher Ebene, die gesellschaftlichen Charakter haben. Sie sollen den Kontakt der Arbeitnehmer untereinander und damit das Betriebsklima fördern. Hierunter fallen z. B.

– Betriebsausflug,
– Weihnachtsfeier,
– Feier des Geschäftsjubiläums,
– Feier für die Arbeitnehmer des Betriebs mit einem runden Jubiläum (10-, 20-, 25-, 30-, 40-, 50-, 60-jähriges Jubiläum),
– Pensionärstreffen.

Ob die Veranstaltung vom Arbeitgeber oder vom Betriebsrat (Personalrat) veranstaltet wird, ist unerheblich. Der Charakter als Betriebsveranstaltung setzt voraus, dass die **Teilnahme allen Betriebsangehörigen offen steht.** Die Teilnahme darf also nicht auf einen bestimmten Kreis von Arbeitnehmern beschränkt sein. Es muss sichergestellt sein, dass für die Teilnahme weder die Stellung des Arbeitnehmers, noch seine Gehalts- bzw. Lohngruppe, die Dauer der Betriebszugehörigkeit oder besondere Leistungen maßgebend sind. Ein Alpenrundflug, den eine Münchner Firma für ihre Abteilungsleiter durchführt, ist somit keine Betriebsveranstaltung. Die Aufwendungen für den Alpenrundflug sind vielmehr steuerpflichtiger Arbeitslohn, und zwar auch dann, wenn die Kosten 110 € je Person nicht überschreiten (zur Versteuerung eines solchen Sachbezugs vgl. auch die Erläuterungen beim Stichwort „Pauschalierung der Lohnsteuer für Belohnungsessen, Incentive-Reisen, VIP-Logen und ähnliche Sachbezüge" mit 30 %).

Es ist jedoch möglich, dass auch diejenigen Veranstaltungen Betriebsveranstaltungen sind, die nur für einen beschränkten Kreis der Arbeitnehmer von Interesse sind, sofern die sich hieraus ergebende Begrenzung des Teilnehmerkreises sich nicht als eine Bevorzugung bestimmter Arbeitnehmergruppen darstellt. Unter Beachtung dieses Grundsatzes sind deshalb als Betriebsveranstaltungen auch solche Veranstaltungen anzuerkennen, die

a) jeweils nur für eine **Organisationseinheit** des Betriebs (z. B. eine Filiale oder Abteilung) durchgeführt werden, wenn alle Arbeitnehmer dieser Organisationseinheit an der Veranstaltung teilnehmen können. Das Gleiche gilt für Veranstaltungen, die nur für einzelne Abteilungen eines Unternehmens, die eng zusammenarbeiten, gemeinsam durchgeführt werden. Voraussetzung ist, dass die abteilungsübergreifende Veranstaltung allen Arbeitnehmern der teilnehmenden Abteilungen offen steht (BFH-Urteil vom 4. 8. 1994, BStBl. 1995 II S. 59). Es ist nicht erforderlich, dass auch die anderen Organisationseinheiten eine gleichwertige Veranstaltung durchführen;

b) nach der Art des Dargebotenen nur für einen beschränkten Kreis der Arbeitnehmer von Interesse sind (z. B. Weihnachtsfeier für Arbeitnehmer mit Kindern, bei der ein Märchen aufgeführt wird, BFH-Urteil vom 5. 3. 1976, BStBl. II S. 392);

c) nur für alle im Ruhestand befindlichen früheren Arbeitnehmer des Unternehmens veranstaltet werden **(Pensionärstreffen);**

d) nur für solche Arbeitnehmer durchgeführt werden, die bereits im Unternehmen ein rundes Arbeitnehmerjubiläum*) gefeiert haben oder in Verbindung mit der Betriebsveranstaltung feiern **(Jubilarfeiern).** Dabei ist es unschädlich, wenn neben den Jubilaren auch ein begrenzter Kreis anderer Arbeitnehmer, wie z. B. die engsten Mitarbeiter und Abteilungsleiter eines Jubilars, Personalrats-/Betriebsratsvertreter oder auch die Familienangehörigen der Jubilare eingeladen werden.

Die Ehrung eines **einzelnen** Jubilars oder die Verabschiedung eines einzelnen Mitarbeiters bei dessen Ausscheiden aus dem Betrieb, auch unter Beteiligung weiterer Mitarbeiter, **ist keine Betriebsveranstaltung** (R 19.5 Abs. 2 Satz 5 LStR). Allerdings werden übliche Sachleistungen des Arbeitgebers aus Anlass der Diensteinführung, eines Amts- oder Funktionswechsels, der **Ehrung eines einzelnen Jubilars** anlässlich eines **runden Arbeitnehmerjubiläums*)** oder der Verabschiedung eines Arbeitnehmers als Zuwendung **im ganz überwiegenden eigenbetrieblichen** (und damit steuerfreien) **Interesse** angesehen, wenn die Aufwendungen des Arbeitgebers einschließlich Umsatzsteuer 110 € je teilnehmende Person nicht übersteigen (R 19.3 Abs. 2 Nr. 3 LStR; vgl. auch die Erläuterungen beim Stichwort „Bewirtungskosten" unter Nr. 10 und 11).

Gleiches gilt für übliche Sachleistungen bei einem Empfang anlässlich eines **runden Geburtstages eines Arbeitnehmers** (40/50/60 Jahre), wenn es sich unter Berücksichtigung aller Umstände des Einzelfalls um ein Fest des Arbeitgebers (betriebliche Veranstaltung) handelt (vgl. das Stichwort „Geburtstagsfeier").

Bei der Prüfung der 110-Euro-Grenze aus Anlass der Diensteinführung, eines Amts- oder Funktionswechsels, der Verabschiedung eines Arbeitnehmers, bei runden Geburtstagen oder runden Arbeitnehmerjubiläen sind auch **Geschenke** bis zu einem Gesamtwert von 40 € einzubeziehen (vgl. auch die Erläuterungen unter der nachfolgenden Nr. 4).

Beispiel A
Der Arbeitgeber ehrt einen langjährigen Mitarbeiter aus Anlass der Pensionierung, indem er ihm gestattet, seine Vorgesetzten, Kollegen, Betriebsratsmitglieder und seine Familie in ein Restaurant einzuladen und diese Personen auf Geschäftskosten zu bewirten. Die Aufwendungen je Teilnehmer betragen 100 € einschließlich Umsatzsteuer. Obwohl es sich nicht um eine Betriebsveranstaltung handelt, sind die Zuwendungen an die einzelnen Arbeitnehmer in Anwendung der 110-Euro-Grenze steuer- und beitragsfrei. Erhält der Arbeitnehmer außerdem ein Mountainbike im Wert von 500 €, so ist dieses Geschenk nicht in die Berechnung der 110-Euro-Grenze mit einzubeziehen. Die 500 € unterliegen als sonstiger Bezug dem Lohnsteuerabzug nach den allgemeinen Vorschriften. Eine Pauschalierung der Lohnsteuer mit 25 % ist nicht möglich, weil begrifflich keine Betriebsveranstaltung vorliegt. Eine (sozialversicherungspflichtige) Pauschalierung des Sachgeschenks Mountainbike im Wert von 500 € mit 30 % (§ 37b Abs. 2 EStG) ist aber ggf. möglich (vgl. das Stichwort „Pauschalierung der Lohnsteuer für Belohnungsessen, Incentive-Reisen, VIP-Logen und ähnliche Sachbezüge").

Keine Betriebsveranstaltungen im lohnsteuerlichen Sinne sind Veranstaltungen, die zum Anlass genommen werden, bestimmte Arbeitnehmer für besondere Leistungen zu entlohnen, z. B. nur die 50 erfolgreichsten Verkäufer werden zu einer Incentive-Reise eingeladen oder eine Feier wird nur mit Arbeitnehmern durchgeführt, die einen Verbesserungsvorschlag eingereicht haben. Auch bei einer nur Führungskräften eines Unternehmens vorbehaltenen Abendveranstaltung handelt es sich mangels Offenheit des Teilnehmerkreises nicht um eine Betriebsveranstaltung (BFH-Urteil vom 15.1.2009, BStBl. II S. 476).

Beispiel B
An verschiedene Fachtagungen für angestellte Führungskräfte (= nicht zu Arbeitslohn führende betriebliche Veranstaltungen) schließen sich Abendveranstaltungen mit musikalischen und künstlerischen Darbietungen an. Bei den Abendveranstaltungen handelt es sich nicht um Betriebsveranstaltungen, da die Begrenzung des Teilnehmerkreises zu einer Bevorzugung einer bestimmten Personengruppe (der Führungskräfte) führt. In solch einem Fall ist hinsichtlich des Teilnehmerkreises gerade nicht sichergestellt, dass weder die Stellung des Arbeitnehmers, noch seine Gehalts- bzw. Lohngruppe, die Dauer der Betriebszugehörigkeit oder besondere Leistungen maßgebend sind (BFH-Urteil vom 15.1.2009 BStBl. II S. 476). Es besteht allerdings die Möglichkeit, den anlässlich der Abendveranstaltungen ergebenden geldwerten Vorteil mit dem hier günstigen Steuersatz von 30 % pauschal zu versteuern (vgl. die Erläuterungen beim Stichwort „Pauschalierung der Lohnsteuer für Belohnungsessen, Incentive-Reisen, VIP-Logen und ähnliche Sachbezüge").

---

*) Ein **rundes** Arbeitnehmerjubiläum liegt nach R 19.5 Abs. 2 Nr. 3 der Lohnsteuer-Richtlinien bei einem 10-, 20-, 25-, 30-, 40-, 50- und 60-jährigen Arbeitnehmerjubiläum vor. Bei einem 40-, 50- oder 60-jährigen Arbeitnehmerjubiläum liegt ein „rundes" Arbeitnehmerjubiläum im Sinne des R 19.5 Abs. 2 Nr. 3 der Lohnsteuer-Richtlinien auch dann noch vor, wenn die Jubilarfeier bereits bis zu **fünf Jahre früher** stattfindet.

Betriebsveranstaltungen

	Lohn-steuer-pflichtig	Sozial-versich.-pflichtig

Auch sog. **Arbeitsessen** sind keine Betriebsveranstaltungen (vgl. hierzu das Stichwort „Bewirtungskosten" unter Nr. 6).

3. Herkömmlichkeit (Üblichkeit) der Betriebsveranstaltung

Abgrenzungsmerkmale für die Frage der Herkömmlichkeit (Üblichkeit) einer Betriebsveranstaltung sind deren **Häufigkeit** oder **besondere Ausgestaltung,** wobei das Merkmal der Ausgestaltung das Merkmal der Häufigkeit überlagern kann. Liegt nach dieser Abgrenzung eine nicht herkömmliche (unübliche) Betriebsveranstaltung vor, so sind die Zuwendungen des Arbeitgebers anlässlich der Betriebsveranstaltung steuerpflichtiger Arbeitslohn.

Beispiel A
Ein in Düsseldorf ansässiges Unternehmen fliegt mit der Belegschaft in einem Charterflugzeug nach München zum Oktoberfest. Die Zuwendungen anlässlich dieser „unüblichen" Betriebsveranstaltung sind wegen der besonderen Ausgestaltung in vollem Umfang steuerpflichtig, auch wenn der Arbeitgeber nicht mehr als zwei Betriebsveranstaltungen im Kalenderjahr durchführt.

Eine Betriebsveranstaltung war früher in Bezug auf die **Dauer** als üblich anzusehen, wenn es sich um eine **eintägige** Veranstaltung ohne Übernachtung handelte. Diese Voraussetzung (= eintägige Veranstaltung) ist weggefallen; auf die Dauer der einzelnen Veranstaltung kommt es also nicht mehr an, das heißt **auch mehrtägige Betriebsveranstaltungen sind begünstigt** (R 19.5 Abs. 3 Satz 2 LStR). Daher führen auch Aufwendungen des Arbeitgebers bei einer zweitägigen Betriebsveranstaltung nicht zu steuerpflichtigem Arbeitslohn, sofern die Freigrenze von 110 € eingehalten wird (BFH-Urteil vom 16.11.2005, BStBl. 2006 II S. 439).

In Bezug auf die Häufigkeit sind Betriebsveranstaltungen dann als üblich anzusehen, wenn **nicht mehr als zwei Veranstaltungen jährlich** für denselben Kreis von Begünstigten durchgeführt werden (BFH-Urteil vom 16.11.2005, BStBl. 2006 II S. 440). Abzustellen ist dabei auf die Zahl der Veranstaltungen und nicht auf die Zahl der Teilnahmen durch den einzelnen Arbeitnehmer. Bei der dritten Betriebsveranstaltung liegt daher auch für diejenigen Arbeitnehmer steuerpflichtiger Arbeitslohn vor, die an der „ersten" und/oder „zweiten" Betriebsveranstaltung nicht teilgenommen haben.

Die Zuwendungen anlässlich einer Betriebsveranstaltung sind also in jedem Falle **steuerpflichtig,** wenn mehr als zwei Veranstaltungen im Kalenderjahr durchgeführt werden. **Ab der dritten Veranstaltung besteht Steuerpflicht.** Jubilarfeiern oder Pensionärstreffen zählen dabei allerdings nicht mit. | ja | ja

Der Arbeitgeber hat ein **Wahlrecht,** aus mehreren Veranstaltungen im Kalenderjahr die zwei üblichen zu bestimmen. Er wird seine Wahl so treffen, dass er die kostengünstigste Veranstaltung versteuert.

Beispiel B

Betriebsveranstaltungen 2010	Zuwendungen je Teilnehmer
a) Juli: zweitägiger Betriebsausflug	110,— €
b) Oktober: Oktoberfestbesuch in München	80,— €
c) Dezember: Feier für alle Jubilare des Betriebs	80,— €
d) Dezember: Weihnachtsfeier für die gesamte Belegschaft	110,— €

Steuerfrei sind die Zuwendungen anlässlich des Betriebsausflugs, des Oktoberfestbesuchs und der Jubilarfeier, die gesondert zu zählen ist. Die Weihnachtsfeier ist die dritte, zählende Veranstaltung; die aus diesem Anlass gewährten Zuwendungen sind steuerpflichtig, auch wenn die Freigrenze von 110 € nicht überschritten wird. Führt der Arbeitgeber, wie im Beispiel, mehr als zwei zählende Betriebsveranstaltungen durch, so kann er selbst entscheiden, bei welchen zwei Veranstaltungen er die Zuwendung steuerfrei belassen will. Im Beispielsfall wird er die Aufwendungen für den Betriebsausflug und die Weihnachtsfeier steuerfrei lassen und die Aufwendungen für den Oktoberfestbesuch versteuern, da sie niedriger sind als die Aufwendungen für den Betriebsausflug und die Weihnachtsfeier. Dieses Wahlrecht kann auch noch im Rahmen einer Lohnsteuer-Außenprüfung ausgeübt werden. Das bedeutet, dass der Arbeitgeber eine bereits vorgenommene Besteuerung korrigieren kann, wenn sich bei einer Prüfung herausstellt, dass dies für ihn günstiger ist.

4. Prüfung der 110-Euro-Freigrenze

In die Prüfung der Freigrenze von 110 € sind nur die „üblichen" Zuwendungen mit einzubeziehen.

Übliche Zuwendungen bei einer Betriebsveranstaltung sind insbesondere

- die Gewährung von Speisen und Getränken, von Tabakwaren und Süßigkeiten;
- die Übernahme der Beförderungskosten (Bahn, Omnibus, Seilbahnen, Vergnügungsdampfer); es spielt keine Rolle, wenn die Fahrt als solche schon einen Erlebniswert hat;
- die Übernahme der Übernachtungskosten bei mehrtägigen Betriebsveranstaltungen (R 19.5 Abs. 4 Nr. 2 LStR);
- Aufwendungen für den äußeren Rahmen, z. B. für Saalmiete, Musik, Kegelbahn, für künstlerische und artistische Darbietungen. Der Auftritt prominenter Künstler darf jedoch nicht der wesentliche Zweck der Betriebsveranstaltung sein;
- die Überlassung von Eintrittskarten für Museen, Schwimmbäder, Sehenswürdigkeiten usw., die im Rahmen einer Betriebsveranstaltung besucht werden;
- die Überlassung von Eintrittskarten für Theater und Sportstätten, wenn der Besuch dort lediglich Teil der Betriebsveranstaltung ist;
- die Überreichung von Geschenken (z. B. ein Weihnachtspäckchen aus Anlass einer betrieblichen Weihnachtsfeier), wenn der Wert des Geschenks **40 €** nicht übersteigt und das Überreichen der Geschenke nicht der wesentliche Zweck der Betriebsveranstaltung ist. Die Überreichung solcher Geschenke außerhalb einer Betriebsveranstaltung ist keine übliche Zuwendung, weil eine Betriebsveranstaltung ein gewisses Eigenleben besitzen muss. Unschädlich ist allerdings die nachträgliche Überreichung des Geschenks an solche Arbeitnehmer, die aus betrieblichen Gründen oder infolge Krankheit oder Urlaub an der Betriebsveranstaltung nicht teilnehmen konnten, nicht begünstigt ist aber eine aus diesem Anlass gewährte Barzuwendung.

Betragen die Aufwendungen des Arbeitgebers für die üblichen Zuwendungen nicht mehr als 110 € je Arbeitnehmer, so sind sie steuer- und beitragsfrei. | nein | nein

Wird der Betrag von 110 € überschritten, so ist der **gesamte Betrag** steuer- und beitragspflichtig (nicht nur der über 110 € hinausgehende Teil). Das gilt auch dann, wenn die 110-Euro-Grenze nur geringfügig überschritten wird (BFH-Urteil vom 16.11.2005, BStBl. 2006 II S. 442). | ja | ja

Bei der Prüfung der 110-Euro-Grenze ist die **Mehrwertsteuer** zu berücksichtigen.

Beispiel A
Ein Arbeitgeber veranstaltet für seine 30 Arbeitnehmer eine Weihnachtsfeier in einem Lokal. Die Rechnung beträgt 2900 € zuzüglich 19 % Mehrwertsteuer. Ohne Berücksichtigung der Mehrwertsteuer wäre die Freigrenze nicht überschritten (2900 € : 30 = 96,67 €). Die Freigrenze von 110 € versteht sich jedoch inklusive Mehrwertsteuer (2900 € + 551 € = 3451 € : 30 = 115,03 €). Da die Freigrenze überschritten ist, ist der gesamte Betrag von 3451 € lohnsteuerpflichtig. Die Lohnsteuer kann mit 25 % pauschaliert werden (vgl. Nr. 6); in diesem Fall ist der Betrag von 3451 € beitragsfrei in der Sozialversicherung.

Die Bewirtung in einem besonders **kostspieligen Lokal** war früher eine unübliche Zuwendung. Diese Einschränkung ist gestrichen worden. Die Betriebsveranstaltung kann deshalb auch in einem besonders kostspieligen Restaurant stattfinden; zu beachten ist hierbei jedoch, dass die Freigrenze von 110 € nicht überschritten wird.

Betriebsveranstaltungen

Beispiel B
Eine Firma veranstaltet die Weihnachtsfeier für ihre 10 Mitarbeiter in einem Feinschmecker-Restaurant. Sofern die Rechnung für Speisen und Getränke (einschließlich Mehrwertsteuer) 1100 € nicht übersteigt, bleiben die Zuwendungen für die Arbeitnehmer steuer- und beitragsfrei.

Bei der Prüfung der 110-Euro-Freigrenze ist zu beachten, dass Zuwendungen an **Angehörige** und andere Gäste des Arbeitnehmers (Ehefrau, Kinder, Verlobte) **dem Arbeitnehmer zuzurechnen sind.** Nehmen also Angehörige oder Gäste des Arbeitnehmers an der Betriebsveranstaltung teil, so ist der auf diese Personen entfallende Anteil an den Gesamtkosten dem Arbeitnehmer zuzurechnen. Der Arbeitgeber muss also ggf. ermitteln, ob die Arbeitnehmer alleine oder in Begleitung an der Betriebsveranstaltung teilgenommen haben.

Beispiel C
Eine Firma veranstaltet eine Weihnachtsfeier bei der die Arbeitnehmer Gäste mitbringen können (Ehepartner, Verlobte, Freund oder Freundin). Die Gesamtkosten für die Veranstaltung (Saalmiete, Kapelle, Speisen und Getränke einschließlich Mehrwertsteuer) betragen 2300 €. Dieser Betrag ist durch die Anzahl der **Teilnehmer** zu teilen (nicht durch die Anzahl der Arbeitnehmer). Haben z. B. 40 Personen an der Weihnachtsfeier teilgenommen, so entfallen auf jeden Teilnehmer (2300 € : 40 Teilnehmer = 57,50 €). Für Arbeitnehmer, die einen Gast mitgebracht haben ergibt sich eine Zuwendung von 2 × 57,50 € = 115 €. Da die 110-Euro-Freigrenze überschritten ist, ist der Betrag von 115 € in vollem Umfang steuer- und beitragspflichtig. Verlangt der Arbeitgeber von denjenigen Arbeitnehmern, die einen Gast mitbringen, eine Zuzahlung von 5 €, so ist dieser Betrag von dem geldwerten Vorteil abzuziehen, der dem Arbeitnehmer zuzurechnen ist. 115 € abzüglich 5 € Zuzahlung des Arbeitnehmers ergeben 110 €. Die Freigrenze ist nicht überschritten; es entsteht kein steuer- und beitragspflichtiger geldwerter Vorteil.

Das vorstehende Beispiel C zeigt, dass für Betriebsveranstaltungen, an denen Angehörige und Gäste des Arbeitnehmers teilnehmen, Vorsicht geboten ist. Der Arbeitgeber muss für jeden Arbeitnehmer ermitteln, wie viele Gäste er mitbringt und dementsprechend seinen Anteil an den Gesamtkosten berechnen. Ein steuerpflichtiger geldwerter Vorteil kann beim Überschreiten der 110-Euro-Grenze nur dann vermieden werden, wenn der übersteigende Betrag durch eine entsprechende **Zahlung des Arbeitnehmers** ausgeglichen wird.

Nehmen an einer Betriebsveranstaltung Arbeitnehmer teil, die an einem anderen Ort als dem des Betriebs tätig sind, z. B. die Außendienstmitarbeiter des Unternehmens, so gehören die Aufwendungen für die Fahrt zur Teilnahme und die ggf. notwendige Übernachtung nicht zu den Kosten der Betriebsveranstaltung, sondern können abweichend vom BFH-Urteil vom 25. 5. 1992 (BStBl. II S. 856) als Reisekosten und damit steuerfrei behandelt werden (R 19.5 Abs. 5 Nr. 3 LStR).

Sachzuwendungen anlässlich einer Reise, die sowohl eine **Betriebsveranstaltung** als auch eine ganz überwiegend eigenbetrieblichen Zwecken durchgeführte **Betriebsbesichtigung** bei einem Hauptkunden des Arbeitgebers umfasst, sind **aufzuteilen.** Die Aufwendungen des Arbeitgebers für eine derartige Reise sind insgesamt kein Arbeitslohn, wenn die dem Betriebsveranstaltungsteil zuzurechnenden, anteiligen Kosten die Freigrenze von 110 € nicht übersteigen. Die dem Betriebsbesichtigungsteil zuzurechnenden, anteiligen Kosten stellen ebenfalls keinen Arbeitslohn dar, wenn die Besichtigung im ganz überwiegenden eigenbetrieblichen Interesse des Arbeitgebers durchgeführt wird (BFH-Urteil vom 16. 11. 2005, BStBl. 2006 II S. 444).

Beispiel D
Ein Arbeitgeber führt mit seinen Arbeitnehmern eine zweitägige Reise von Freitagnachmittag bis Samstagabend durch. Nach Durchführung der Betriebsveranstaltung am Freitag wird am Samstag eine Betriebsbesichtigung bei einem Hauptkunden des Arbeitgebers durchgeführt. Die gesamten Aufwendungen für die Reise betragen pro Teilnehmer 120 €. Davon entfallen 15 € pro Teilnehmer (im Wesentlichen Fahrtkostenanteil) auf die Betriebsbesichtigung beim Hauptkunden.
Es liegt insgesamt kein steuer- und beitragspflichtiger Arbeitslohn vor, da die anteiligen Kosten für den Betriebsveranstaltungsteil die Freigrenze von 110 € je Teilnehmer nicht übersteigen (120 € abzüglich 15 €

= 105 €) und die Betriebsbesichtigung beim Hauptkunden (= 15 € je Teilnehmer) im ganz überwiegend eigenbetrieblichen Interesse des Arbeitgebers durchgeführt wird.

Allerdings kann es sich bei mehreren Programmpunkten (Betriebsveranstaltung einerseits, Betriebsbesichtigung/Betriebsversammlung andererseits) aufgrund der Würdigung der Umstände des Einzelfalles auch um eine **Gesamtveranstaltung** mit eher **gesellschaftlichen Charakter** handeln mit der Folge, dass die Aufwendungen ggf. nur in sehr begrenztem Umfang aufgeteilt werden können (BFH-Urteil vom 30.4.2009, BStBl. II S. 726).

Beispiel E
Der Arbeitgeber führte an Bord eines Ausflugsschiffes unter Darreichung von Speisen und Getränken eine sog. Betriebsversammlung durch. Die Teilnahme der Arbeitnehmer an dieser Veranstaltung war Pflicht. Betriebliche Aspekte der Betriebsversammlung waren Neues von und zur Firma, die Vorstellung neuer Mitarbeiter, Statusberichte über Softwareprojekte sowie Workshops (Training Teambuilding, Diskussion, Ergebnisse). Abends schloss sich in einem Hotel ein Betriebsfest an.
Der Bundesfinanzhof ging in diesem Fall von einer Gesamtveranstaltung (Betriebsversammlung und Betriebsfest als Einheit) mit eher gesellschaftlichem Charakter aus und lehnte eine Aufteilung in eine betriebliche Seminarveranstaltung auf dem Schiff und einer Betriebsveranstaltung auf dem Land ab (BFH-Urteil vom 30.4.2009, BStBl. II S. 726). Folglich behandelte er die Gesamtkosten (u. a. Brunch, Kaffeepause, Getränke auf dem Schiff und Abendessen, Getränke, Zauberer auf dem Land; allerdings ohne die Kosten für den Workshop) wegen Überschreitens der 110-Euro-Freigrenze als Arbeitslohn, der mit 25% pauschal versteuert werden konnte und daher beitragsfrei war. Er ließ es lediglich zu, dass die Kosten für den Bustransfer und die Schiffstour wegen rein betriebsfunktionaler Zielsetzung aufzuteilen und teilweise nicht als Arbeitslohn zu erfassen waren. Die Aufteilung nahm er im Verhältnis der Zeitanteile – ohne Fahrzeiten von und zur Gesamtveranstaltung – vor. Die Gesamtveranstaltung betrug vom Beginn der Schiffstour bis zum Ende der Betriebsveranstaltung 12,5 Stunden. Davon entfielen 5,5 Stunden (= 44%) auf rein betriebsfunktionale Zielsetzung (Neues von und zur Firma, Vorstellung neuer Mitarbeiter, Statusberichte über Softwareprojekte sowie Workshops – Training Teambuilding, Diskussion, Ergebnisse –). 44% der Kosten für den Bustransfer und die Schiffstour waren folglich nicht in die im Übrigen steuerpflichtigen Gesamtkosten einzubeziehen.

5. Bewertung von Sachzuwendungen

Der Wert von Sachzuwendungen bemisst sich grundsätzlich nach dem um übliche Preisnachlässe geminderten üblichen Endpreis am Abgabeort, d. h. nach dem Preis, den der Arbeitnehmer aufwenden müsste, um dasselbe Wirtschaftsgut zu erhalten. Bei Betriebsveranstaltungen ist von den eigenen **Aufwendungen des Arbeitgebers** für die Veranstaltung auszugehen. Dabei sind die eigenen Aufwendungen des Arbeitgebers **einschließlich Mehrwertsteuer** anzusetzen, da die Mehrwertsteuer zu den Kosten gehört, die der Arbeitnehmer als Letztverbraucher für die Erlangung desselben Wirtschaftsgutes aufwenden müsste. Ein **Ansatz der** anteiligen **Sachbezugswerte** für die im Rahmen einer Betriebsveranstaltung unentgeltlich gewährten Mahlzeiten ist **nicht zulässig** (R 19.5 Abs. 4 Satz 2 LStR und Hinweise zu R 19.5 LStR Stichwort „Sachbezugswerte").

Gewährt der Arbeitgeber statt der Sachzuwendungen entsprechende Barleistungen, so bleiben sie steuerfrei, wenn sichergestellt ist, dass die Arbeitnehmer die Barzuwendungen tatsächlich nicht anders als zu dem vorgesehenen Zweck (zur Bezahlung der Fahrkosten, der vorbestellten Speisen und Getränke oder Eintrittskarten) verwenden. Auch ein **Barzuschuss** des Arbeitgebers zu einer Betriebsveranstaltung in eine **Gemeinschaftskasse** der Arbeitnehmer ist kein steuerpflichtiger Arbeitslohn, wenn der Zuschuss die Freigrenze von 110 € je Arbeitnehmer nicht überschreitet (BFH-Urteil vom 16. 11. 2005, BStBl. 2006 II S. 437). | nein | nein

Werden im Rahmen einer Betriebsveranstaltung Barzuwendungen gemacht, deren zweckentsprechende Verwendung nicht nachgewiesen ist, so ist eine Pauschalierung der Lohnsteuer mit 25 % nicht möglich, die Versteuerung muss dann nach den allgemein geltenden Grundsätzen durchgeführt werden (BFH-Urteil vom 7.2.1997, BStBl. II S. 365). | ja | ja

Betriebsveranstaltungen

	Lohn-steuer-pflichtig	Sozial-versich.-pflichtig

6. Besteuerung der steuerpflichtigen Zuwendungen bei Betriebsveranstaltungen mit 25 %

Soweit Zuwendungen **aus Anlass** einer Betriebsveranstaltung zum Arbeitslohn gehören, weil es sich nicht um eine herkömmliche (übliche) Betriebsveranstaltung handelt oder um Zuwendungen, die bei einer Betriebsveranstaltung nicht üblich sind, kann die Lohnsteuer mit einem **Pauschsteuersatz** von 25 % festgesetzt werden.

Bei einer Pauschalierung der Lohnsteuer mit 25 % ist zu beachten, dass

- ein **Antrag** beim Finanzamt für die Pauschalierung **nicht** erforderlich ist;
- die Pauschalierung auch dann zulässig ist, wenn nur wenige Arbeitnehmer betroffen sind (z. B. ein Arzt macht einen Betriebsausflug mit seinen zwei Sprechstundenhilfen);
- zusätzlich zur pauschalen Lohnsteuer ein Solidaritätszuschlag von 5,5 % und ggf. pauschale Kirchensteuer anfällt (vgl. „Kirchensteuer" unter Nr. 10, „Solidaritätszuschlag");
- die Pauschalierung der Lohnsteuer mit 25 % **Sozialversicherungsfreiheit** nach § 1 Abs. 1 Nr. 3 SvEV auslöst.

7. Sachgeschenke im Rahmen einer Betriebsveranstaltung

Werden im Rahmen einer Betriebsveranstaltung Sachgeschenke an den Arbeitnehmer abgegeben, so sind diese wie folgt zu behandeln: Geschenke bis zu 40 € (inklusive Mehrwertsteuer) sind in die Prüfung der 110-Euro-Freigrenze mit einzubeziehen.

Beispiel A

Die auf einen Arbeitnehmer entfallenden Kosten einer Weihnachtsfeier betragen 95 €. Jeder Arbeitnehmer erhält im Rahmen der Weihnachtsfeier ein Päckchen im Wert von 20 €. Damit ist die 110 Euro-Freigrenze überschritten; jeder Arbeitnehmer hat 115 € zu versteuern. Der Arbeitgeber kann die Steuer mit 25 % pauschalieren; dadurch tritt Beitragsfreiheit in der Sozialversicherung ein.

Werden Geschenke im Wert von **mehr als 40 €** an die Arbeitnehmer abgegeben, so sind solche Geschenke stets steuerpflichtig; sie sind jedoch in die Prüfung der **110-Euro-Freigrenze nicht mit einzubeziehen**. Eine Pauschalierung der Lohnsteuer mit 25 % ist möglich.

Die Regelung in R 19.5 Abs. 6 Satz 3 der Lohnsteuer-Richtlinien, wonach Geschenke, deren Gesamtwert 40 € übersteigt, pauschal mit 25 % versteuert werden können, eröffnet dem Arbeitgeber die Möglichkeit, steuerpflichtige Geschenke mit dem günstigen Pauschsteuersatz von 25 % zu versteuern (was außerdem zur Beitragsfreiheit in der Sozialversicherung führt). Voraussetzung für die Inanspruchnahme des Pauschsteuersatzes von 25 % ist allerdings, dass das Geschenk aus Anlass – **nicht nur bei Gelegenheit** – einer Betriebsveranstaltung überreicht wird.

Hierzu hat der Bundesfinanzhof entschieden, dass Zuwendungen **aus Anlass** von Betriebsveranstaltungen nur solche sind, die den Rahmen und das Programm der Veranstaltung betreffen. Zuwendungen, die mit der Betriebsveranstaltung nicht in einem sachlichen Zusammenhang stehen, sondern nur bei Gelegenheit der Veranstaltung überreicht werden, können folglich nicht mit 25 % pauschal besteuert werden (BFH-Urteil vom 7. 11. 2006, BStBl. 2007 II S. 128).

Beispiel B

Der Arbeitgeber überreicht im Rahmen der jährlich veranstalteten Weihnachtsfeier seinen Arbeitnehmern Krügerrand-Goldmünzen im Wert von ca. 750 € pro Stück. Es handelt sich um steuer- und beitragspflichtigen Arbeitslohn. Eine Pauschalierung der Lohnsteuer mit 25 % ist nicht möglich.

Der Bundesfinanzhof ist in dem o. a. Urteil zu der Auffassung gekommen, dass die Goldmünzen **nicht aus Anlass** der Betriebsveranstaltung gewährt werden. Der Arbeitgeber habe vielmehr lediglich die Gelegenheit der Weihnachtsfeier genutzt, um die Goldmünzen zu überreichen. Die Übergabe von Goldmünzen an alle bei einer Weihnachtsfeier anwesenden Arbeitnehmer sei aber eine **untypische Programmgestaltung.** Zudem hätte die Zuwendung der Goldmünzen auch völlig losgelöst von der Weihnachtsfeier vorgenommen werden können. Eine Pauschalierung des Werts der Goldmünzen mit 25 % kommt folglich nicht in Betracht. Ab 1. 1. 2007 kann jedoch der Wert der Goldmünzen pauschal mit 30 % nach § 37 b EStG versteuert werden (vgl. die Erläuterungen beim Stichwort „Pauschalierung der Lohnsteuer für Belohnungsessen, Incentive-Reisen, VIP-Logen und ähnliche Sachbezüge"). Allerdings ist die Pauschalierung nach § 37b Abs. 2 EStG sozialversicherungspflichtig.

Eine großzügigere Sichtweise des Bundesfinanzhofs hätte übrigens zur Folge gehabt, dass auch das Weihnachtsgeld bzw. das „13. Monatsgehalt" pauschal mit 25 % hätten besteuert werden können, wenn nur die Auszahlung „programmgemäß" auf einer Betriebsveranstaltung erfolgt wäre. Dies wäre aus Gleichbehandlungsgründen gegenüber anderen Arbeitnehmern bedenklich gewesen. Eine Tombola oder eine Verlosung ist hingegen eine typische Programmgestaltung einer Betriebsveranstaltung. Etwaige Gewinne, deren Wert 40 € übersteigt, können daher mit 25 % pauschal versteuert werden (vgl. auch die nachfolgende Nr. 8).

8. Verlosungen im Rahmen einer Betriebsveranstaltung

a) Allgemeines

Anlässlich von Betriebsveranstaltungen finden oft Verlosungen statt (sog. Tombola). Die Einräumung einer bloßen Gewinnchance führt dabei nicht bereits zu einem Zufluss von Arbeitslohn (BFH-Urteil vom 25. 11. 1993, BStBl. 1994 II S. 254). Dagegen ist die Steuerpflicht der Losgewinne danach zu beurteilen, ob die Teilnahme an der Verlosung an bestimmte Bedingungen geknüpft ist oder alle Arbeitnehmer Lose erhalten können.

b) An der Verlosung dürfen nur bestimmte Arbeitnehmer teilnehmen

Dürfen an einer betrieblichen Verlosung nur diejenigen Arbeitnehmer teilnehmen, die bestimmte Voraussetzungen erfüllen, etwa im Rahmen eines Unternehmenswettbewerbs Verbesserungsvorschläge eingereicht haben, stellen die Gewinne die Gegenleistung für ein bestimmtes Verhalten des Arbeitnehmers dar und sind damit Arbeitslohn. ja ja

Dies gilt auch dann, wenn die Verlosung gelegentlich einer Betriebsveranstaltung durchgeführt wird und die Bedingungen für die Teilnahme an der Verlosung im Vorfeld der Betriebsveranstaltung erfüllt werden mussten. In einem solchen Fall werden die Gewinne den per Zufall ermittelten Arbeitnehmern für ein bestimmtes Verhalten zugewendet. Der Arbeitslohncharakter des Gewinns wird auch nicht dadurch ausgeschlossen, dass die mit der Verlosung bei den Arbeitnehmern verfolgte Zielsetzung, die Einreichung von Verbesserungsvorschlägen zu erreichen, im betrieblichen Interesse des Arbeitgebers liegt (vgl. die Stichworte „Sicherheitswettbewerb" und „Verlosungsgewinne").

Der als Arbeitslohn zu erfassende Verlosungsgewinn kann in diesen Fällen aber nicht mit 25 % pauschal versteuert werden, da es sich um Arbeitslohn bei Gelegenheit und nicht aus Anlass von Betriebsveranstaltungen handelt (vgl. auch die Erläuterungen unter der vorstehenden Nr. 7).

	Lohn-steuer-pflichtig	Sozial-versich.-pflichtig

Betriebsveranstaltungen

c) An der Verlosung können alle Arbeitnehmer teilnehmen

Können an einer Verlosung im Rahmen einer Betriebsveranstaltung **alle** Arbeitnehmer teilnehmen, so ist ein ganz überwiegendes eigenbetriebliches Interesse des Arbeitgebers mit der Folge, dass dem Arbeitnehmer ein steuerpflichtiger geldwerter Vorteil nicht zufließt, dann anzunehmen, wenn

– bei üblichen **Verlosungen im Rahmen einer Betriebsveranstaltung**
– **alle** an der Veranstaltung teilnehmenden Arbeitnehmer Lose erhalten **und**
– die erzielten Gewinne im Rahmen des Üblichen liegen.

Unschädlich ist es, wenn an der Verlosung auch Betriebsfremde (Ehegatten, Kinder, Verlobte usw.) teilnehmen. Die bei solchen Verlosungen erzielten Gewinne sind im Einzelnen steuerlich wie folgt zu behandeln:

Werden nur Gewinne von geringem Wert verlost (Sachwerte bis 40 €), so ist dieser geldwerte Vorteil steuer- und beitragsfrei. Bei der Prüfung der Grenze von 40 € sind mehrere Losgewinne eines Arbeitnehmers **nicht** zusammenzurechnen. Entsprechendes gilt für Losgewinne des Ehegatten, die dem Arbeitnehmer zuzurechnen sind. Zu beachten ist jedoch, dass die Aufwendungen für die Losgewinne bis zu 40 € den Aufwendungen für den äußeren Rahmen der Betriebsveranstaltung zuzurechnen und damit in die Prüfung der 110-Euro-Freigrenze einzubeziehen sind. — nein / nein

Beispiel A

Die Aufwendungen für eine Weihnachtsfeier betragen einschließlich Umsatzsteuer:

Saalmiete	100,— €
Kapelle	500,— €
Speisen und Getränke	3 000,— €
insgesamt	3 600,— €

Dieser Betrag ist durch die Anzahl der Teilnehmer zu teilen. Bei 40 Teilnehmern entfällt auf jeden Teilnehmer ein Betrag von 90 €.

Veranstaltet der Arbeitgeber bei der Weihnachtsfeier eine Tombola und verlost er dabei Preise bis zu einem Wert von 40 €, so sind die hierfür entstandenen Aufwendungen dem Betrag von 3600 € hinzuzurechnen. Betragen die Aufwendungen für die Verlosungsgewinne einschließlich Umsatzsteuer z. B. 1000 €, so ergibt sich Folgendes:

Saalmiete, Kapelle, Speisen und Getränke	3 600,— €
Kosten der Verlosungsgewinne	1 000,— €
insgesamt	4 600,— €

Bei 40 Teilnehmern entfällt auf jeden Teilnehmer ein Betrag von 115 €. Damit ist die 110-Euro-Grenze überschritten. Der Betrag von 4600 € ist steuerpflichtig.

Der Arbeitgeber kann die Steuer mit 25 % pauschalieren; dadurch tritt Beitragsfreiheit in der Sozialversicherung ein.

Werden auch **Gewinne von größerem Wert** (Sachwerte über 40 € inklusive Umsatzsteuer) verlost, ist der Wert dieser Gewinne dem **einzelnen Arbeitnehmer** als Arbeitslohn zuzurechnen. Geschenke von größerem Wert sind in die Prüfung der 110-Euro-Freigrenze nicht mit einzubeziehen. — ja / ja

Die Besteuerung der Verlosungsgewinne ist wie bei Geschenken von bleibendem Wert durchzuführen, die anlässlich einer Betriebsveranstaltung gegeben werden, d. h. die Anwendung des Pauschsteuersatzes von 25 % ist möglich. Dies löst Beitragsfreiheit bei der Sozialversicherung aus (vgl. die Ausführungen unter Nr. 7). — ja / nein

Beispiel B

Auf einer Weihnachtsfeier wird unter allen Teilnehmern ein Fahrrad im Wert von 300 € verlost. Der Arbeitnehmer, der das Fahrrad gewinnt, hat den geldwerten Vorteil von 300 € zu versteuern. Die Steuer kann mit 25 % pauschaliert werden. In diesem Fall tritt Beitragsfreiheit in der Sozialversicherung ein.

Wird die Lohnsteuer nicht mit 25 % pauschaliert und gewinnt nicht ein Arbeitnehmer das Fahrrad, sondern ein betriebsfremder Teilnehmer, so ist der steuerpflichtige geldwerte Vorteil dem Arbeitnehmer zuzurechnen, der diesen Teilnehmer mitgebracht hat.

9. Umsatzsteuerpflicht bei Betriebsveranstaltungen

Zuwendungen bei Betriebsveranstaltungen sind nicht umsatzsteuerbar, wenn es sich um eine übliche Betriebsveranstaltung handelt und die 110-Euro-Grenze nicht überschritten wird. Zuwendungen bei unüblichen Betriebsveranstaltungen oder „unübliche Sachgeschenke" im Rahmen einer ansonsten üblichen Betriebsveranstaltung sind umsatzsteuerbar und mit 19 % auch umsatzsteuerpflichtig. Bemessungsgrundlage sind die Selbstkosten des Arbeitgebers (vgl. das Stichwort „Umsatzsteuerpflicht bei Sachbezügen" besonders unter Nr. 8).

Betriebsversammlung

Ersatzleistungen für **Wegezeiten** bei der Teilnahme an einer Betriebsversammlung sind steuerpflichtig und beitragspflichtig. — ja / ja

Für die steuerliche Behandlung des **Fahrtkostenersatzes** gilt Folgendes:

Der Fahrtkostenersatz ist grundsätzlich steuerpflichtiger Arbeitslohn. Zur Möglichkeit einer Lohnsteuerpauschalierung mit 15 % vgl. „Fahrten zwischen Wohnung und regelmäßiger Arbeitsstätte" unter Nr. 5. — ja / ja

Findet die Betriebsversammlung außerhalb des Betriebs statt, so können die Fahrtkosten zum Versammlungsort ohne Rücksicht auf das benutzte Verkehrsmittel steuerfrei ersetzt werden, da eine beruflich veranlasste vorübergehende Auswärtstätigkeit vorliegt. — nein / nein

Wird ein Pkw benutzt, so können 0,30 € je gefahrenen Kilometer steuerfrei ersetzt werden. Wird die Versammlung während der Arbeitszeit außerhalb des Betriebs abgehalten, darf nur die Entfernung von der regelmäßigen Arbeitsstätte zum Versammlungsort und zurück berücksichtigt werden; findet die Versammlung im Anschluss an die Arbeitszeit statt, so ist nicht nur eine etwaige Umwegstrecke, sondern die gesamte Strecke von der regelmäßigen Arbeitsstätte zur Wohnung als Auswärtstätigkeit zu werten.

Beispiel

Ein Arbeitnehmer nimmt an einer Betriebsversammlung teil, die nach Feierabend in einem Hotel stattfindet. Der Arbeitnehmer muss hierfür einen Umweg von 10 km fahren; die einfache Entfernung zwischen Wohnung und regelmäßiger Arbeitsstätte beträgt 20 km.

Der Arbeitgeber kann für die gesamte Strecke von 30 km (Fahrt vom Betrieb zum Hotel und von dort zur Wohnung) den für Auswärtstätigkeit geltenden Kilometersatz von 0,30 € steuerfrei ersetzen. Für die morgendliche Fahrt von der Wohnung zur regelmäßigen Arbeitsstätte ist die „halbe" Entfernungspauschale anzusetzen.

Bewerbungskosten

Durch die persönliche Vorstellung eines Stellenbewerbers können Fahrt-, Verpflegungs- und Übernachtungskosten entstehen. Einen Anspruch auf Erstattung der anfallenden Kosten erwirbt der Stellenbewerber nach § 670 BGB dann, wenn ihn der Arbeitgeber zur Vorstellung auffordert. Sucht der Bewerber den künftigen Arbeitgeber aus eigener Initiative oder auf Vermittlung der örtlichen Arbeitsagentur (früher Arbeitsamt) auf, so ist der Arbeitgeber nicht zum Kostenersatz verpflichtet. Erstattet ein Arbeitgeber einem Stellenbewerber die für das Vorstellungsgespräch entstandenen Aufwendungen (z. B. die Fahrkosten für öffentliche Verkehrsmittel oder bei Benutzung eines Pkws 0,30 € für jeden gefahrenen Kilometer sowie Verpflegungspauschbeträge), so sind diese **Ersatzleistungen steuerfrei** (R 9.4 Abs. 1 Satz 2 LStR). — nein / nein

Dies gilt auch dann, wenn die Bewerbung nicht zu einem Beschäftigungsverhältnis führt.

Bewirtungskosten

	Lohn-steuer-pflichtig	Sozial-versich.-pflichtig

Bewirtungskosten

Neues auf einen Blick:

Nach den **Lohnsteuer-Richtlinien** ist eine **Mahlzeit** zur Verpflegung der Arbeitnehmer anlässlich oder während einer **Auswärtstätigkeit** (einschließlich Fortbildungsveranstaltungen) mit dem **amtlichen Sachbezugswert** als **Arbeitslohn** anzusetzen, wenn der Wert der Mahlzeit 40 € nicht übersteigt. Dieser Verwaltungsauffassung ist der **Bundesfinanzhof** nicht gefolgt (BFH-Urteil vom 19.11.2008, BStBl. 2009 II S. 547). Seiner Ansicht nach sind die Mahlzeiten mit dem **tatsächlichen Wert** und nicht mit dem Sachbezugswert anzusetzen. Allerdings liegen auch bei Mahlzeitengestellungen anlässlich von Auswärtstätigkeiten in Höhe der jeweils in Betracht kommenden Pauschbeträge für Verpflegungsmehraufwendungen (teilweise) **steuerfreie Reisekostenvergütungen** vor. Soweit die Pauschbeträge für Verpflegungsmehraufwendungen überschritten sind, kommt die **44-Euro-Freigrenze** für Sachbezüge zur Anwendung, sofern diese nicht schon anderweitig ausgeschöpft ist. Aufgrund dieser Rechtsprechung räumt die **Finanzverwaltung** den Arbeitgebern ein **Wahlrecht** zwischen dem Ansatz der Mahlzeiten laut Lohnsteuer-Richtlinien mit dem amtlichen Sachbezugswert oder dem Ansatz der Mahlzeiten laut Bundesfinanzhof mit dem tatsächlichen Wert ein, wobei es sich bei letzterem teilweise um steuerfreie Reisekostenvergütungen handeln und ggf. die 44-Euro-Freigrenze für Sachbezüge genutzt werden kann (vgl. auch die Erläuterungen und die Beispiele unter der nachfolgenden Nr. 4).

Gliederung:

1. Bewirtung in der Wohnung des Arbeitnehmers
2. Bewirtung außerhalb der Wohnung des Arbeitnehmers
3. Geschäftlich veranlasste Bewirtung bei Auswärtstätigkeiten
4. Gewährung kostenloser Mahlzeiten durch den Arbeitgeber bei Auswärtstätigkeiten
5. Bewirtung bei gesellschaftlichen Veranstaltungen
6. Arbeitsessen
7. Belohnungsessen
8. Begrenzung des Betriebsausgabenabzugs auf 70 %
9. Nachweis der Bewirtungskosten
10. Bewirtung bei Beförderungen, Jubilarfeiern, Geburtstagen und Ähnliches
11. Werbungskosten für Bewirtungskosten beim Arbeitnehmer

1. Bewirtung in der Wohnung des Arbeitnehmers

Bewirtet ein Arbeitnehmer **in seiner Wohnung** Geschäftsfreunde des Arbeitgebers, so wird regelmäßig unterstellt, dass es sich in erster Linie um Aufwendungen der privaten Lebensführung handelt, deren Ersatz durch den Arbeitgeber zum steuerpflichtigen Arbeitslohn gehört; die Aufwendungen sind auch nicht beim Arbeitnehmer als Werbungskosten abzugsfähig und zwar selbst dann nicht, wenn sie zugleich der Förderung der beruflichen Stellung dienen. Dies gilt entsprechend auch für sog. Arbeitsessen mit Fachkollegen (BFH vom 24.5.1973, BStBl. II S. 634). ja ja

Zum Werbungskostenabzug für Bewirtungskosten beim Arbeitnehmer vgl. auch nachfolgende Nr. 11.

2. Bewirtung außerhalb der Wohnung des Arbeitnehmers

Bei Aufwendungen des Arbeitnehmers für die Bewirtung von Geschäftsfreunden des Arbeitgebers **außerhalb der Wohnung** des Arbeitnehmers wird ein dienstlicher Anlass in aller Regel gegeben sein; die Aufwendungen können deshalb in voller Höhe vom Arbeitgeber steuerfrei ersetzt werden (Auslagenersatz nach § 3 Nr. 50 EStG). Der auf den Arbeitnehmer selbst entfallende Anteil an den gesamten Bewirtungskosten ist kein steuerpflichtiger geldwerter Vorteil*). Als Betriebsausgaben kann der Arbeitgeber allerdings nur 70 % der Bewirtungskosten abziehen, auch soweit sie auf den Arbeitnehmer entfallen (vgl. Nr. 8). nein nein

3. Geschäftlich veranlasste Bewirtung bei Auswärtstätigkeiten

Bewirtet ein Arbeitnehmer während einer **Auswärtstätigkeit** Geschäftsfreunde des Arbeitgebers, so kann der Arbeitgeber dem Arbeitnehmer die ausgelegten Bewirtungskosten in voller Höhe steuerfrei ersetzen (Auslagenersatz nach § 3 Nr. 50 EStG). Nimmt der Arbeitnehmer ebenfalls an dem Essen teil, so ist der auf ihn entfallende Teil der gesamten Bewirtungskosten kein geldwerter Vorteil*). Als Betriebsausgaben kann der Arbeitgeber allerdings nur 70 % der Bewirtungskosten abziehen, auch soweit sie auf den Arbeitnehmer entfallen (vgl. Nr. 8). Vgl. auch die Stichworte „Incentive-Reise" sowie „Pauschalierung der Lohnsteuer für Belohnungsessen, Incentive-Reisen, VIP-Logen und ähnliche Sachbezüge" unter Nr. 3 und 4.

Beispiel A

Ein Arbeitnehmer bewirtet im Kalenderjahr 2010 anlässlich einer Auswärtstätigkeit zwei Geschäftsfreunde seines Arbeitgebers in einem Lokal. Er zahlt für das Abendessen je Person 100 €, also insgesamt 300 €. Ersetzt ihm sein Arbeitgeber die 300 €, so ist dieser Betrag als Auslagenersatz beim Arbeitnehmer steuerfrei (§ 3 Nr. 50 EStG) und damit auch beitragsfrei in der Sozialversicherung. Der Ansatz des Sachbezugswerts für eine unentgeltlich gewährte Mahlzeit entfällt.*) Der Pauschbetrag für Verpflegungsmehraufwand, den der Arbeitgeber dem Arbeitnehmer steuerfrei zahlen kann, richtet sich nach der Dauer der Abwesenheit von der Wohnung und der regelmäßigen Arbeitsstätte. Beträgt die Abwesenheitsdauer mindestens 8 Stunden, kann der Arbeitgeber dem Arbeitnehmer zusätzlich einen Pauschbetrag für Verpflegungsmehraufwand in Höhe von 6 € steuerfrei ersetzen.

Der Arbeitgeber kann lediglich 70 % von 300 € = 210 € als Betriebsausgaben abziehen. Der Arbeitgeber wird in solch einem Fall oftmals nicht zum Vorsteuerabzug berechtigt sein, da er keine auf seinen Namen ordnungsgemäß ausgestellte Rechnung besitzt (er hat ja an der Bewirtung selbst nicht teilgenommen). Daher handelt es sich bei den o. a. Beträgen um Bruttobeträge.

Beispiel B

Arbeitnehmer und Arbeitgeber machen zusammen eine berufliche Reise mit einer Abwesenheitsdauer von mindestens 14 Stunden. Der Arbeitgeber bewirtet zwei Geschäftsfreunde in einem Lokal. An der Bewirtung nimmt auch der Arbeitnehmer teil. Der Arbeitgeber zahlt für das Essen netto 60 € je Person, insgesamt also 240 €. Der auf den Arbeitnehmer entfallende Anteil von 60 € stellt bei diesem keinen geldwerten Vorteil dar. Auch der Ansatz des Sachbezugswerts für eine unentgeltlich gewährte Mahlzeit entfällt*). Der Arbeitgeber kann dem Arbeitnehmer zusätzlich einen Pauschbetrag für Verpflegungsmehraufwand in Höhe von 12 € steuerfrei erstatten.

Der Arbeitgeber kann lediglich 70 % von 240 € = 168 € als Betriebsausgaben abziehen. Außerdem kann der Arbeitgeber aus der ordnungsgemäßen Rechnung des Lokals den vollen Vorsteuerabzug in Anspruch nehmen.

4. Gewährung kostenloser Mahlzeiten durch den Arbeitgeber bei Auswärtstätigkeiten

Führt der Arbeitnehmer allein oder zusammen mit dem Arbeitgeber eine Auswärtstätigkeit durch, und zahlt der Arbeitgeber außerhalb einer Bewirtung von Geschäftsfreunden z. B. das (gemeinsame) Mittagessen, so handelt es sich nicht um eine Bewirtung, sondern – ggf. unter weiteren Voraussetzungen – um eine Mahlzeit, die vom Arbeitgeber zur **üblichen Beköstigung** des Arbeitnehmers anlässlich oder während einer Auswärtstätigkeit abgegeben wird (vgl. hierzu im Einzelnen auch die Erläuterungen beim Stichwort „Reisekosten bei Auswärtstätigkeiten" unter Nr. 10 Buchstabe a und b). Solche Mahlzeiten sind nach R 8.1 Abs. 8 Nr. 2 Satz 1 der Lohnsteuer-Richtlinien mit dem **amtlichen Sachbezugswert** zu

---
*) R 8.1 Abs. 8 Nr. 1 Satz 2 der Lohnsteuer-Richtlinien.

Bewirtungskosten

bewerten. Die **44-Euro-Freigrenze** für Sachbezüge (vgl. hierzu die Erläuterungen beim Stichwort „Sachbezüge" unter Nr. 4) ist **nicht** anzuwenden. Die amtlichen Sachbezugswerte für Verpflegung betragen für alle Arbeitnehmer in allen Bundesländern:

	Frühstück	Mittag- oder Abendessen
2010	1,57 €	2,80 €
2009	1,53 €	2,73 €
2007/2008	1,50 €	2,67 €
2006	1,48 €	2,64 €

Mahlzeiten, die vom Arbeitgeber (oder auf dessen Veranlassung von einem Dritten) anlässlich einer Auswärtstätigkeit oder einer doppelten Haushaltsführung an den Arbeitnehmer abgegeben werden, können nur dann als „**übliche Beköstigung**" angesehen und mit dem amtlichen Sachbezugswert versteuert werden, wenn der Wert der einzelnen Mahlzeit **40 €** (= brutto) nicht übersteigt. Dies wurde in R 8.1 Abs. 8 Nr. 2 Satz 2 der Lohnsteuer-Richtlinien ausdrücklich klargestellt. Ist der Wert der abgegebenen Mahlzeit höher als 40 €, muss der höhere Wert als Arbeitslohn versteuert werden (= Anwendung der 96 %-Regelung; vgl. „Sachbezüge" unter Nr. 3).

Beispiel A
Der Arbeitgeber gewährt dem Arbeitnehmer 2010 im Rahmen einer gemeinsamen eintägigen Auswärtstätigkeit (über 14 Stunden) ein Abendessen im Wert von 40 €. Außerdem erstattet der Arbeitgeber dem Arbeitnehmer die Verpflegungsmehraufwendungen mit dem Pauschbetrag in Höhe von 12 €. Der Arbeitgeberersatz für Verpflegungsmehraufwand in Höhe von 12 € ist steuerfrei. Den Wert der kostenlosen Mahlzeit muss der Arbeitnehmer mit 2,80 € versteuern (dem Arbeitnehmer wird also **nicht** der tatsächliche Wert des Abendessens in Höhe von 40 € als geldwerter Vorteil zugerechnet). Der Betrag von 40 € ist in voller Höhe als Betriebsausgabe abziehbar, da keine Geschäftsfreunde des Arbeitgebers an der Bewirtung teilnehmen.

Die im Beispiel A dargestellte Regelung gilt auch bei der Durchführung von Fortbildungsveranstaltungen (R 8.1 Abs. 8 Nr. 2 Satz 8 LStR).

Beispiel B
Anlässlich einer eintägigen Fortbildungsveranstaltung stellt der Arbeitgeber den teilnehmenden Arbeitnehmern ein Mittagessen zur Verfügung. Der Wert der gestellten Mahlzeit beträgt 14 €. Die Abwesenheitsdauer der Arbeitnehmer beträgt 10 Stunden.

a) Der Arbeitgeber stellt die Mahlzeit und leistet keinen Zuschuss
   Da der Wert der Mahlzeit die Üblichkeitsgrenze von 40 € unterschreitet, ist der geldwerte Vorteil aus der gestellten Mahlzeit mit dem Sachbezugswert von 2,80 € anzusetzen und zu versteuern. Hinweis: Der Arbeitnehmer kann den Pauschbetrag für Verpflegungsmehraufwendungen von 6 € als Werbungskosten bei seinen Einkünften aus nichtselbständiger Arbeit geltend machen.

b) Der Arbeitgeber stellt die Mahlzeit und leistet außerdem einen Zuschuss von 5 €.
   Da der Wert der Mahlzeit die Üblichkeitsgrenze von 40 € unterschreitet, ist der geldwerte Vorteil aus der gestellten Mahlzeit mit dem Sachbezugswert von 2,80 € anzusetzen und zu versteuern. Beim Zuschuss von 5 € handelt es sich um eine steuerfreie Reisekostenvergütung. Hinweis: Der Arbeitnehmer kann ferner einen Betrag von 1 € (Pauschbetrag für Verpflegungsmehraufwendungen 6 € abzüglich Zuschuss des Arbeitgebers 5 €) als Werbungskosten bei seinen Einkünften aus nichtselbständiger Arbeit geltend machen.

c) Der Arbeitgeber stellt die Mahlzeit zur Verfügung und leistet einen Zuschuss von 5 €, in dem er den Sachbezugswert von 2,80 € einbehält.
   Da der Wert der Mahlzeit die Üblichkeitsgrenze von 40 € unterschreitet, wäre der geldwerte Vorteil aus der Mahlzeit mit dem Sachbezugswert von 2,80 € anzusetzen. Die Hinzurechnung dieses geldwerten Vorteils zum steuerpflichtigen Arbeitslohn entfällt, denn die Kürzung des Zuschusses um 2,80 € gilt als Zahlung durch den Arbeitnehmer, die auf den geldweiten Vorteil anzurechnen ist. Beim Zuschuss von 5 € handelt es sich um eine steuerfreie Reisekostenvergütung. Hinweis: Der Arbeitnehmer kann ferner einen Betrag von 1 € (Pauschbetrag für Verpflegungsmehraufwendungen 6 € abzüglich Zuschuss des Arbeitgebers 5 €) als Werbungskosten bei seinen Einkünften aus nichtselbständiger Arbeit geltenden machen.

Nach Auffassung des **Bundesfinanzhofs** sind die amtlichen Sachbezugswerte nicht anzuwenden, wenn die **Mahlzeiten** nicht für eine gewisse Dauer als Teil des Arbeitslohns zur Verfügung gestellt, sondern – wie bei Auswärtstätigkeiten – aus einmaligen Anlass gewährt werden. Seiner Ansicht nach sind daher die anlässlich einer Auswärtstätigkeit zur Verfügung gestellten Mahlzeiten mit dem **tatsächlichen Wert** anzusetzen. Allerdings liegen auch bei Mahlzeitengestellungen in Höhe der jeweils in Betracht kommenden Pauschbeträge für Verpflegungsmehraufwendungen (teilweise) **steuerfreie Reisekostenvergütungen** vor. Soweit die Pauschbeträge für Verpflegungsmehraufwendungen überschritten sind, kommt zudem die **44-Euro-Freigrenze** für Sachbezüge zur Anwendung, sofern diese nicht schon anderweitig ausgeschöpft ist (BFH-Urteil vom 19.11.2008, BStBl. 2009 II S. 547).

Beispiel C
Anlässlich einer eintägigen Fortbildungsveranstaltung stellt der Arbeitgeber den teilnehmenden Arbeitnehmern ein Mittagessen zur Verfügung. Der Wert der gestellten Mahlzeiten beträgt 14 €. Die Abwesenheitsdauer der Arbeitnehmer beträgt 10 Stunden.

a) Der Arbeitgeber stellt die Mahlzeit und leistet keinen Zuschuss
   Der geldwerte Vorteil aus der gestellten Mahlzeit wird mit 14 € angesetzt. Hiervon sind 6 € als Reisekostenvergütung steuerfrei. Der den steuerfreien Teil übersteigende Betrag von 8 € ist in die Prüfung der 44-Euro-Freigrenze für Sachbezüge einzubeziehen. Hinweis: Der Arbeitnehmer kann keine Verpflegungsmehraufwendungen als Werbungskosten bei seinen Einkünften aus nichtselbständiger Arbeit geltend machen, weil er einen steuerfreien Sachbezug in Höhe des Pauschbetrags für Verpflegungsmehraufwendungen erhalten hat.

b) Der Arbeitgeber stellt die Mahlzeit und leistet außerdem einen Zuschuss von 5 €.
   Der geldwerte Vorteil aus der gestellten Mahlzeit wird mit 14 € angesetzt. Der Zuschuss von 5 € und 1 € vom Wert der Mahlzeit sind als Reisekostenvergütung steuerfrei. Der den steuerfreien Teil der Mahlzeit übersteigende Betrag von 13 € ist in die Prüfung der 44-Euro-Freigrenze für Sachbezüge einzubeziehen. Hinweis: Der Arbeitnehmer kann keine Verpflegungsmehraufwendungen als Werbungskosten bei seinen Einkünften aus nichtselbständiger Arbeit geltend machen, weil er insgesamt steuerfreie Leistungen (einen Zuschuss von 5 € und einen Sachbezug von 1 €) in Höhe des Pauschbetrags für Verpflegungsmehraufwendungen erhalten hat.

Die Finanzverwaltung räumt dem Arbeitgeber ein **Wahlrecht** zwischen der Behandlung der Mahlzeiten als Arbeitslohn sowie Bewertung mit dem amtlichen Sachbezugswert nach den **Lohnsteuer-Richtlinien** und der **neuen Rechtsprechung** des Bundesfinanzhofs zur Bewertung des Arbeitslohn mit dem tatsächlichen Wert und Behandlung als steuerfreien Reisekostenersatz in Höhe des Pauschbetrags für Verpflegungsmehraufwendungen sowie ggf. Ausnutzung der 44-Euro-Freigrenze für Sachbezüge ein. Das Wahlrecht ergibt sich aus der Formulierung in dem BMF-Schreiben: „Es ist nicht zu beanstanden, wenn weiterhin nach den Regelungen in den Lohnsteuer-Richtlinien 2008 (R 8.1 Abs. 8 Nr. 2 LStR 2008) verfahren wird."*)

Ergänzend zu den vorstehenden Ausführungen hat sich die Finanzverwaltung auf Folgendes verständigt:

– Bei einer Anwendung der BFH-Rechtsprechung ist auf den tatsächlichen Wert der Mahlzeit – entgegen R 8.1 Abs. 2 Satz 9 LStR – **kein Abschlag von 4 %** vorzunehmen.

– Gewährt der Arbeitgeber sowohl einen Barzuschuss als auch eine Mahlzeit, gilt die **Steuerfreiheit** in Höhe des Pauschbetrags für Verpflegungsmehraufwendungen **vorrangig** für den **Barzuschuss** und nicht für die Mahlzeit. Im BMF-Schreiben vom 13.7.2009 heißt es nämlich: „Der geldwerte Vorteil aus der gestellten Mahlzeit ist mit dem Wert nach § 8 Abs. 2 Satz 1 EStG zu bewerten und – **soweit durch den Zuschuss nicht ausgeschöpft** – im Rahmen des § 3 Nummer 13 oder 16 EStG steuerfrei." Hieraus ergeben sich auch Folgewirkungen für die Anwendung der 44-Euro-Freigrenze (vgl. auch das nachfolgende Beispiel D).

---

*) BMF-Schreiben vom 13.7.2009 (BStBl. I S. 771). Das BMF-Schreiben ist als Anlage zu H 8.1 (8) im **Steuerhandbuch für das Lohnbüro 2010** abgedruckt, das im selben Verlag erschienen ist. Das **PC-Lexikon für das Lohnbüro 2010** enthält auch dieses Handbuch und hat außerdem den Vorteil, dass Sie **alle BFH-Urteile** sowie die aktuellen Rundschreiben und Niederschriften der Spitzenverbände der **Sozialversicherung** mit Mausklick **im Volltext** abrufen und ausdrucken können. Eine Bestellkarte finden Sie vorne im Lexikon.

Bewirtungskosten

	Lohnsteuerpflichtig	Sozialversich.-pflichtig

– Das **Wahlrecht** (Sachbezugswert/tatsächlicher Wert) gilt für den **einzelnen Arbeitnehmer.** Bei einer mehrtägigen Auswärtstätigkeit ist es für die **gesamte Auswärtstätigkeit,** aber für den einzelnen Arbeitnehmer getrennt ausübbar. Das gilt auch bei einer mehrtägigen Auswärtstätigkeit über den Monatswechsel.

Beispiel D

Wie Beispiel C. Der Wert der Mahlzeit beträgt 50 € und der Arbeitgeber leistet außerdem einen Zuschuss von 5 €. Der Barzuschuss in Höhe von 5 € ist vorrangig als Reisekostenvergütung steuerfrei, sodass von der Mahlzeit lediglich noch ein Betrag von 1 € steuerfrei bleibt. Der übersteigende Betrag der Mahlzeit von 49 € (50 € abzüglich 1 €) ist wegen Überschreitens der 44-Euro-Freigrenze für Sachbezüge voll steuerpflichtig.

U.E. sollte in der Praxis eine **Vorgehensweise** entsprechend der **BFH-Rechtsprechung** (vgl. Beispiel C) allenfalls dann in Erwägung gezogen werden, **wenn**

– der Arbeitgeber den **Pauschbetrag** für **Verpflegungsmehraufwendungen** nicht oder **nicht** in voller Höhe **steuerfrei auszahlt** und/oder

– die **44-Euro-Freigrenze** für Sachbezüge noch **nicht** anderweitig **ausgeschöpft** ist.

Allerdings bleibt die praktische Schwierigkeit, in diesem Fall den tatsächlichen Wert der jeweiligen Mahlzeit zu ermitteln.

5. Bewirtung bei gesellschaftlichen Veranstaltungen

Bewirtet der Arbeitgeber einen Arbeitnehmer anlässlich einer allgemeinen Veranstaltung, an der der Arbeitnehmer im Rahmen seines Amtes, im dienstlichen Auftrag oder mit Rücksicht auf die ihm durch seine berufliche Stellung in der Firma auferlegten gesellschaftlichen Verpflichtungen teilnimmt (z.B. Einweihungen, Richtfeste, offizielle Empfänge, Eröffnungen von Ausstellungen, Betriebsbesichtigungen), so liegt eine Bewirtung im überwiegend betrieblichen Interesse des Arbeitgebers vor, die nicht als geldwerter Vorteil anzusehen ist. — nein nein

6. Arbeitsessen

Der Begriff des „Arbeitsessens" ist in den Lohnsteuer-Richtlinien nur indirekt definiert. Denn in R 19.5 Abs. 2 Satz 6 der Lohnsteuer-Richtlinien wird ausgeführt, dass ein Arbeitsessen keine Betriebsveranstaltung ist. Gleichzeitig wird auf R 19.6 Abs. 2 Satz 2 der Lohnsteuer-Richtlinien verwiesen, wonach die unentgeltliche oder verbilligte Abgabe von Speisen im Wert von höchstens 40 € dann als steuerfreie Aufmerksamkeit einzustufen ist, wenn sie vom Arbeitgeber anlässlich und während eines **außergewöhnlichen Arbeitseinsatzes** gewährt werden.

Man könnte die Auffassung vertreten, dass eine Bewirtung durch den Arbeitgeber außerhalb der regelmäßigen Arbeitsstätte eine Auswärtstätigkeit sei mit der Folge, dass die unter der vorstehenden Nr. 4 erläuterten Regelungen anzuwenden wären. Die Finanzverwaltung vertritt hierzu jedoch die Auffassung, dass das **Bewirten** von Arbeitnehmern für sich **allein** bei diesen **nicht** zur Annahme einer **Auswärtstätigkeit** führt, und zwar auch dann nicht, wenn die Bewirtung außerhalb der regelmäßigen Arbeitsstätte stattfindet. — ja ja

Werden eigene Mitarbeiter anlässlich des Besuches von Mitarbeitern von Zweigwerken, Tochterunternehmen oder auswärtigen Abteilungen bewirtet, kann die oben dargelegte Auffassung der Finanzverwaltung dazu führen, dass die Bewirtung bei den einzelnen Mitarbeitern unterschiedlich behandelt wird. Denn die angereisten Mitarbeiter befinden sich auf einer Auswärtstätigkeit mit der Folge, dass die unter der vorstehenden Nr. 4 dargestellten Regelungen gelten. Die ortsansässigen Mitarbeiter befinden sich hingegen nicht auf einer Auswärtstätigkeit, sodass für sie keine Sonderregelung anzuwenden ist. Das bedeutet, dass sie unter Umständen den tatsächlichen Wert der Mahlzeit versteuern müssen, auch wenn der Arbeitgeber die Teilnahme an der Bewirtung anordnet.

Bewirtet der Arbeitgeber also Arbeitnehmer, die sich **nicht** auf einer **Auswärtstätigkeit** befinden, so liegt in aller Regel steuerpflichtiger Arbeitslohn vor. — ja ja

Eine Ausnahme von diesem Grundsatz gilt nach R 19.6 Abs. 2 Satz 2 der Lohnsteuer-Richtlinien nur dann, wenn der Arbeitgeber dem Arbeitnehmer anlässlich und **während eines außergewöhnlichen Arbeitseinsatzes** Speisen unentgeltlich oder verbilligt überlässt und deren Wert **40 €** nicht überschreitet. — nein nein

Von einem außergewöhnlichen Arbeitseinsatz ist nach dem Urteil des BFH vom 4.8.1994 (BStBl. 1995 II S. 59) auszugehen, wenn ein innerhalb kurzer Zeit zu erledigender oder unerwarteter Arbeitsanfall zu bewältigen ist und darüber hinaus das überlassene Essen einfach und nicht aufwendig ist. Arbeitsessen, die mit einer **gewissen Regelmäßigkeit** durchgeführt werden, führen daher in aller Regel zu steuerpflichtigem **Arbeitslohn.** Dient die Gewährung einer Mahlzeit der günstigen Gestaltung des Arbeitsablaufs, kann ebenfalls ein Arbeitsessen anzunehmen sein, das innerhalb der 40-Euro-Grenze nicht zu steuerpflichtigem Arbeitslohn führt. Findet die Bewirtung außerhalb des Betriebs statt, prüft die Finanzverwaltung besonders intensiv, ob die Beköstigung Belohnungscharakter hat und damit steuerpflichtigen Arbeitslohn darstellt.

Hinweis für die Praxis:

Die Abgrenzung der Abgabe von Mahlzeiten anlässlich eines außergewöhnlichen Arbeitseinsatzes und einem sog. Belohnungsessen ist fließend. Als Anhaltspunkt gilt: **Steuerpflichtiger Arbeitslohn** ist gegeben, wenn die Bewirtung der Arbeitnehmer im Vordergrund steht, auch wenn während des Essens betriebliche Angelegenheiten besprochen werden. **Kein steuerpflichtiger Arbeitslohn** liegt dagegen vor, wenn eine außergewöhnliche betriebliche Besprechung zur Einnahme der Mahlzeit lediglich **unterbrochen** wird.

Stellt die Beköstigung steuerpflichtigen Arbeitslohn dar, weil der **Belohnungscharakter** überwiegt, so ist ein Ansatz der Sachbezugswerte für Mahlzeiten nicht möglich (R 8.1 Abs. 8 Nr. 3 LStR). Arbeitslohn ist vielmehr der auf den Arbeitnehmer entfallende Teil der Bewirtungskosten laut Rechnung des Restaurants. Der Arbeitgeber kann allerdings die Bewirtungskosten in voller Höhe als Betriebsausgaben abziehen (vgl. nachfolgend unter Nr. 8). Außerdem kann der Arbeitgeber die in ordnungsgemäßen Rechnungen ausgewiesene Umsatzsteuer als Vorsteuer abziehen. Die Mahlzeitengewährung an die Arbeitnehmer ist allerdings auch zu 19 % umsatzsteuerpflichtig.

Beispiel A

Die drei Abteilungsleiter einer Firma treffen sich einmal monatlich zu einem geschäftlichen Mittagessen in einem Lokal. Die Firma trägt die Kosten dieses sog. Arbeitsessens.

Die Rechnung beträgt für drei Personen 300 €. Trotz des beruflichen Anlasses liegt ein steuerpflichtiger geldwerter Vorteil vor, da die Verpflegung nicht während eines außergewöhnlichen Arbeitseinsatzes gewährt wird und der Wert außerdem 40 € übersteigt. Als geldwerter Vorteil sind bei jedem der drei Abteilungsleiter 100 € anzusetzen. Für die Versteuerung kann die in R 8.1 Abs. 2 Satz 9 der Lohnsteuer-Richtlinien festgelegte Vereinfachungsregelung **(sog. 96 %-Regelung)** angewendet werden, sodass zur Versteuerung nur noch 96 € für jeden Arbeitnehmer verbleiben (vgl. hierzu auch das Stichwort „Sachbezüge" besonders unter Nr. 3 Buchstabe b). Falls der Arbeitgeber die hierauf entfallende Lohnsteuer (und ggf. auch die Sozialversicherungsbeiträge) übernehmen will, muss er eine Nettolohnberechnung (vgl. das Stichwort „Nettolöhne" sowie Anhänge 12 und 14) durchführen. Eine Pauschalierung des Betrags von 300 € mit dem für Mahlzeiten (vgl. dieses Stichwort) geltenden Steuersatz von 25 % ist nicht zulässig. Allerdings kommt eine Pauschalierung der Lohnsteuer nach § 37b Abs. 2 EStG mit 30 % in Betracht, vgl. das Stichwort „Pauschalierung der Lohnsteuer für Belohnungsessen, Incentive-Reisen, VIP-Logen und ähnliche Sachbezüge". Der Arbeitgeber kann den Nettoaufwandsbetrag in voller Höhe als Betriebsausgaben abziehen (keine Kürzung auf 70 %). Bei Essen im Wert von höchstens 44 €, ist die 44-Euro-Freigrenze anwendbar (vgl. vorstehend unter Nr. 4 und nachfolgend unter Nr. 7).

Bewirtungskosten

Beispiel B

Aufgrund eines größeren Auftrags, der noch im Januar 2010 termingerecht abgewickelt werden muss, ist es erforderlich, dass mehrere Arbeitnehmer einer Abteilung, die im Team arbeiten, an zwei Tagen hintereinander Überstunden machen. An beiden Tagen wird bis ca. 22 Uhr gearbeitet.

a) Die Arbeitnehmer gehen an beiden Tagen gegen 17 Uhr in die nächstgelegene Pizzeria und nehmen dort ein bereits im Voraus bestelltes Abendessen zu sich. Gegen 19 Uhr sind sie wieder im Betrieb. Der Arbeitgeber trägt die Kosten für die Bewirtung (40 € je Arbeitnehmer inklusive Mehrwertsteuer).

b) Nachdem die Abteilung den Auftrag termingerecht erledigen konnte, lädt der Arbeitgeber alle beteiligten Arbeitnehmer an einem Tag ihrer Wahl in eine nahe gelegene Pizzeria ein. Die Aufwendungen betragen pro Person (inklusive Mehrwertsteuer) 40 €.

Im **Fall a)** erhalten die Arbeitnehmer **während** eines außergewöhnlichen Arbeitseinsatzes eine Mahlzeit, deren Wert 40 € nicht überschreitet. Da der Arbeitgeber ein erhebliches Interesse daran hat, dass die im Team tätig werdenden Arbeitnehmer wieder gleichzeitig am Arbeitsplatz ihre unterbrochene Tätigkeit aufnehmen können, handelt es sich bei der gewährten Mahlzeit um eine nicht zum Arbeitslohn gehörende Aufmerksamkeit (R 19.6 Abs. 2 Satz 2 in Verbindung mit R 8.1 Abs. 8 Nr. 1 Satz 2 LStR).

Im **Fall b)** wird den Arbeitnehmern das Essen in Belohnungsabsicht gewährt. Die Bewirtung stellt deshalb ein Entgelt für das Zurverfügungstellen der Arbeitskraft dar, auch wenn der Wert der Mahlzeit 40 € nicht übersteigt. Der tatsächliche Wert der Mahlzeit*) ist deshalb steuer- und beitragspflichtig (R 8.1 Abs. 8 Nr. 3 LStR). Allerdings ist die 44-Euro-Freigrenze anwendbar, wenn sie noch nicht durch andere Sachbezüge verbraucht ist.

7. Belohnungsessen

Für Sachbezüge gibt es eine Freigrenze von **44 € monatlich.** Der Arbeitgeber hat also die Möglichkeit, den Arbeitnehmer monatlich mit einem Essen im Wert von 44 € zu „belohnen", ohne dass dadurch Lohnsteuerpflicht ausgelöst wird. Voraussetzung ist, dass die monatliche 44-Euro-Freigrenze nicht durch die Gewährung anderer Sachbezüge ausgeschöpft worden ist.

Beispiel

Der Arbeitgeber lädt einige Arbeitnehmer einmal im Monat zu einem gehobenen Mittagessen ein. Der auf den einzelnen Arbeitnehmer entfallende Teil der Kosten laut Rechnung des Restaurants (einschließlich Mehrwertsteuer) beträgt 45,80 €. In Anwendung der sog. 96 %-Regelung beträgt der Wert des Sachbezugs (96 % von 45,80 € =) 43,97 €. Da der Wert des Sachbezugs 44 € nicht übersteigt, ist die Bewirtung steuer- und beitragsfrei. Der Betrag ist dann steuerfrei, wenn der Arbeitnehmer auf Grund einer Vorbestellung des Arbeitgebers allein in das Restaurant geht und die Rechnung auf den Namen des Arbeitgebers ausgestellt und von diesem beglichen wird. Der Arbeitgeber kann in beiden Fällen die Bewirtungskosten in voller Höhe als Betriebsausgaben abziehen.

Die Anwendung der monatlichen 44-Euro-Grenze und der 96 %-Regelung ist anhand von Beispielen ausführlich beim Stichwort „Sachbezüge" unter Nr. 4 auf Seite 634 erläutert. Zur Behandlung der Mahlzeit als steuerfreie Reisekostenvergütung in Höhe des Pauschbetrags für Verpflegungsmehraufwendungen und anschließender Nutzung der 44-Euro-Freigrenze für Sachbezüge vgl. auch das Beispiel D unter der vorstehenden Nr. 4.

Vgl. im Übrigen auch das Stichwort „Pauschalierung der Lohnsteuer für Belohnungsessen, Incentive-Reisen, VIP-Logen und ähnliche Sachbezüge".

8. Begrenzung des Betriebsausgabenabzugs auf 70 %

Seit 1.1.2004 ist der **Betriebsausgabenabzug** von Bewirtungskosten, auch soweit sie im Rahmen einer Bewirtung von Geschäftsfreunden auf Arbeitnehmer des Steuerpflichtigen entfallen, **auf 70 %** der Aufwendungen **begrenzt** (bis 31.12.2003 betrug die Begrenzung 80 %).

Diese Abzugsbeschränkung gilt nicht, wenn der Arbeitgeber nur die **eigenen** Arbeitnehmer bewirtet (also keine Geschäftsfreunde des Arbeitgebers an der Bewirtung teilnehmen). Bewirtet der Arbeitgeber **ausschließlich eigene Arbeitnehmer,** so sind die Aufwendungen **in voller Höhe als Betriebsausgaben** abziehbar. Der Arbeitnehmer muss jedoch den geldwerten Vorteil ggf. nach den unter Nrn. 6 und 7 dargestellten Grundsätzen versteuern. Bewirtungskosten im Rahmen einer **Betriebsveranstaltung** sind ebenfalls **in voller Höhe als Betriebsausgaben** abzugsfähig, da ausschließlich eigene Arbeitnehmer bewirtet werden. Ob diese Zuwendungen beim Arbeitnehmer steuerpflichtig sind, ist unabhängig vom Betriebsausgabenabzug beim Arbeitgeber nach den unter dem Stichwort „Betriebsveranstaltungen" dargelegten Grundsätzen zu entscheiden.

In R 4.10 Abs. 6 Satz 9 der Einkommensteuer-Richtlinien gibt es eine Vereinfachungsregelung, nach der der Wert einer Mahlzeit bei einer Bewirtung in der betriebseigenen Kantine mit 15 € je Gast (einschließlich Getränke) angesetzt werden kann. Dieser Wert hat mit der lohnsteuerlichen Bewertung von Bewirtungskosten und mit der bei einer Bewirtung von Arbeitnehmern anlässlich eines außergewöhnlichen Arbeitseinsatzes geltenden 40-Euro-Grenze nichts zu tun. Er gilt für die Anwendung der 70 %-Regelung beim Betriebsausgabenabzug. Das bedeutet, dass bei einer Bewirtung in der betriebseigenen Kantine die tatsächlichen Aufwendungen (die meist höher als 15 € sind) in vollem Umfang als Betriebsausgaben abgezogen werden können. Die Beschränkung auf 70 % errechnet sich hingegen aus den 15 €, sodass im Ergebnis 4,50 € (= 30 % von 15 €) vom Betriebsausgabenabzug ausgeschlossen werden.

Zum Werbungskostenabzug für Bewirtungskosten beim Arbeitnehmer vgl. nachfolgende Nr. 11.

9. Nachweis der Bewirtungskosten

Für die Abzugsfähigkeit von Bewirtungskosten als Betriebsausgaben ist es seit 1. Juli 1994 erforderlich, dass eine detaillierte Rechnung über die von der Gaststätte erbrachten Leistungen vorgelegt werden kann. Die früher zulässige Sammelbezeichnung „Speisen und Getränke" genügt nicht mehr. Seit 1. Januar 1995 ist es zusätzlich erforderlich, dass die detaillierte Rechnung **maschinell erstellt und maschinell registriert** worden ist. Die erforderliche Aufgliederung der vom Gastwirt erbrachten Leistungen erfordert auch einen Einzelnachweis des gezahlten **Trinkgelds.** Ohne Nachweis wird das Trinkgeld nicht zum Betriebsausgabenabzug zugelassen. Das Bedienungspersonal ist also gezwungen, das Trinkgeld auf dem Bewirtungsbeleg zu quittieren, damit es als Betriebsausgaben abgezogen werden kann. In der Praxis geschieht dies in aller Regel nicht.

10. Bewirtung bei Beförderungen, Jubilarfeiern, Geburtstagen und Ähnliches

Es gibt Fälle, in denen der Arbeitgeber bei bestimmten Anlässen (z. B. Beförderungen, Jubilarfeiern, Geburtstagen, Amtseinführung, Verabschiedung) die dem Arbeitnehmer entstehenden Bewirtungskosten übernimmt. In diesen Fällen ist unter dem Gesichtspunkt des „ganz überwiegenden eigenbetrieblichen Interesses" zu prüfen, ob Arbeitslohn vorliegt. Nach R 19.3 Abs. 2 Nr. 3 der Lohnsteuer-Richtlinien gilt hierbei Folgendes:

Übliche Sachleistungen des Arbeitgebers, die aus Anlass

– der Diensteinführung,

– eines Amts- oder Funktionswechsels,

---

*) Bei der Versteuerung kann die in R 8.1 Abs. 2 Satz 9 LStR festgelegte Vereinfachungsregelung **(sog. 96 %-Regelung)** angewendet werden, sodass zur Versteuerung nur (96 % von 40 € =) 38,40 € verbleiben. Der Betrag von 38,40 € kann in Anwendung der 44-Euro-Freigrenze steuerfrei bleiben, wenn die Freigrenze noch nicht durch andere Sachbezüge verbraucht ist (vgl. hierzu auch das Stichwort „Sachbezüge" besonders unter Nr. 4).

Bewirtungskosten

	Lohn-steuer-pflichtig	Sozial-versich.-pflichtig

- der Ehrung eines einzelnen Jubilars anlässlich eines runden Arbeitnehmerjubiläums (= 10-, 20-, 25-, 30-, 40-, 50-, 60-jähriges Arbeitnehmerjubiläum)*) oder
- der Verabschiedung eines Arbeitnehmers

zugewendet werden, sind als Zuwendung im ganz überwiegenden eigenbetrieblichen (und damit steuerfreien) Interesse anzusehen, wenn die Aufwendungen des Arbeitgebers (einschließlich Umsatzsteuer) den Betrag von **110 €** je teilnehmende Person nicht übersteigen. — nein — nein

Beispiel A
Der Arbeitgeber ehrt einen langjährigen Mitarbeiter aus Anlass der Pensionierung, indem er ihm gestattet, seine Vorgesetzten, Kollegen, Betriebsratsmitglieder und seine Familie in ein Restaurant einzuladen und diese Personen auf Geschäftskosten zu bewirten. Die Aufwendungen je Teilnehmer betragen 100 € einschließlich Umsatzsteuer. Obwohl es sich nicht um eine Betriebsveranstaltung handelt, sind die Zuwendungen an den Arbeitnehmer aufgrund der Anwendung der 110-Euro-Grenze steuer- und beitragsfrei.

In die Prüfung der 110-Euro-Grenze sind auch Geschenke bis zu einem Gesamtwert von 40 € mit einzubeziehen.

Beispiel B
Erhält der Arbeitnehmer im Beispiel A bei seiner Abschiedsfeier ein Mountainbike im Wert von 500 €, so ist dieses Geschenk nicht in die Berechnung der 110-Euro-Grenze mit einzubeziehen. Die 500 € unterliegen als sonstiger Bezug dem Lohnsteuerabzug nach den allgemeinen Vorschriften. Eine Pauschalierung der Lohnsteuer mit 25 % ist nicht möglich, weil begrifflich keine Betriebsveranstaltung vorliegt. Die Lohnsteuer für diese Sachzuwendung kann aber mit 30 % pauschaliert werden, vgl. das Stichwort „Pauschalierung der Lohnsteuer für Belohnungsessen, Incentive-Reisen, VIP-Logen und ähnliche Sachbezüge".

Gleiches gilt für übliche Sachleistungen bei einem Empfang anlässlich eines **runden Geburtstages eines Arbeitnehmers,** wenn es sich unter Berücksichtigung aller Umstände des Einzelfalls um ein Fest des Arbeitgebers **(betriebliche Veranstaltung)** handelt (vgl. das Stichwort „Geburtstagsfeier"). In die Prüfung der 110-Euro-Grenze sind auch Geschenke bis zu einem Gesamtwert von 40 € mit einzubeziehen (R 19.3 Abs. 2 Nr. 4 LStR). — nein — nein

Betragen die Aufwendungen des Arbeitgebers (einschließlich Umsatzsteuer) aus Anlass der Diensteinführung, eines Amts- oder Funktionswechsels, der Ehrung eines einzelnen Jubilars anlässlich eines runden Arbeitnehmerjubiläums oder der Verabschiedung eines Arbeitnehmers **mehr als 110 €** je teilnehmender Person, sind die Aufwendungen dem **Arbeitslohn des geehrten Arbeitnehmers** zuzurechnen. **Entsprechendes** gilt – unabhängig von der Höhe der Aufwendungen je teilnehmender Person –, wenn die **Veranstaltung** den **Charakter einer privaten Feier** hat.

Beispiel C
Anlässlich der Verabschiedung eines leitenden Mitarbeiters findet auf Kosten des Arbeitgebers ein Essen im kleinen Kreis in einem Restaurant statt. Gäste sind Geschäftspartner des Arbeitgebers und Angehörige des öffentlichen Lebens, zu denen der Ausscheidende freundschaftliche Beziehungen unterhält und die er persönlich ausgewählt hat. Im Gegensatz zur Abschiedsfeier im Betrieb an seinem letzten Arbeitstag sind weder Vertreter des Arbeitgebers noch Mitarbeiter anwesend. Folglich wird auch keine Laudatio seitens des Arbeitgebers auf den Ausscheidenden gehalten.

Da die Veranstaltung den Charakter einer privaten Feier hat, führen die Aufwendungen des Arbeitgebers – ungeachtet der Höhe je teilnehmender Person – zu steuer- und ggf. sozialversicherungspflichtigen Arbeitslohn beim Ausscheidenden (BFH-Urteil vom 15.2.2008, BFH/NV 2008 S. 790).

11. Werbungskosten für Bewirtungskosten beim Arbeitnehmer

Bewirtungskosten eines Arbeitnehmers können sowohl bei variablen, erfolgsabhängigen Vergütungen als auch bei festen Bezügen als Werbungskosten zu berücksichtigen sein. Entscheidend ist allein die **berufliche Veranlassung** der Aufwendungen, die in Zweifelsfällen anhand der **Gesamtumstände des Einzelfalles** zu beurteilen ist. Daher kann sich selbst bei einem herausgehobenen besonderen persönlichen Ereignis aus den anderen Umständen eine berufliche Veranlassung der Aufwendungen für die Feier ergeben (BFH-Urteil vom 10.7.2008, BFH/NV 2008 S. 1831). Demgegenüber kann aber eine luxuriöse Umgebung (z. B. Anmietung einer Yacht oder eines Schlosssaals zur Durchführung der Feier) ein gewichtiges Indiz für eine private Veranlassung sein.

Der Bundesfinanzhof hat die Bewirtungsaufwendungen eines angestellten **Geschäftsführers** mit **variablen Bezügen** anlässlich einer ausschließlich für Betriebsangehörige im **eigenen Garten** veranstalteten Feier zum **25-jährigen Dienstjubiläum** zum Werbungskostenabzug zugelassen (BFH-Urteil vom 1.2.2007, BStBl. II S. 459). Entscheidend war, dass das Fest im eigenen Garten des Geschäftsführers nicht den Charakter einer privaten Feier hatte und sich die finanziellen Aufwendungen im Rahmen vergleichbarer betrieblicher Veranstaltungen bewegten. Das Dienstjubiläum als Anlass des Gartenfests stand einem Werbungskostenabzug nicht entgegen, da der Geschäftsführer die anderen Mitarbeiter durch das Gartenfest zu weiterer Leistungsbereitschaft motivieren wollte, da seine Tantieme nicht unwesentlich von deren Leistungen abhing. Zudem hatte der Arbeitgeber zuvor eine Feier anlässlich des Dienstjubiläums des Geschäftsführers ohne die Betriebsangehörigen veranstaltet.

Ebenso hat der Bundesfinanzhof auch die Bewirtungskosten, die einem Offizier für einen Empfang aus der **Übergabe** der **Dienstgeschäfte** (sog. Kommandoübergabe) und der Verabschiedung in den Ruhestand entstanden sind, zum Werbungskostenabzug zugelassen (BFH-Urteil vom 11.1.2007, BStBl. II S. 317). Dabei greift der Bundesfinanzhof auch auf der Ausgabenseite darauf zurück, in wessen Räumlichkeiten die Veranstaltung stattfindet, wer als Gastgeber auftritt, wer die Gästeliste bestimmt und ob es sich bei den Gästen um Kollegen, Geschäftsfreunde, Pressevertreter oder um private Bekannte oder Angehörige des Arbeitnehmers handelt (vgl. auch das Stichwort „Geburtstagsfeier"). Daher können auch Bewirtungskosten, die einem Behördenleiter oder Amtsleiter aus Anlass der Übergabe oder Übernahme der Dienstgeschäfte entstehen, als Werbungskosten abgezogen werden. Unmaßgeblich ist, dass keine erfolgsabhängigen Vergütungen bezogen werden.

Außerdem lässt der Bundesfinanzhof Bewirtungskosten zum Werbungskostenabzug zu, wenn der Behördenleiter anlässlich des **fünfjährigen Bestehens der Behörde** alle Mitarbeiter (= 80 Amtsangehörige) im Anschluss an eine Mitarbeiterbesprechung zu einer Feier mit Mittagessen und Kaffee einlädt (BFH-Urteil vom 6.3.2008, BFH/NV 2008 S. 1316). Ein privater Bezug des Behördenleiters zu der Feier (z. B. Geburtstag) bestand nicht. Entsprechendes gilt für ein Betriebsfest.

Auch die Kosten eines Empfangs im Anschluss an eine Antrittsvorlesung können beruflich veranlasst sein (BFH-Urteil vom 10.7.2008, BFH/NV 2008 S. 1831). Das Verhältnis der privaten Gäste (15) zur Gesamtzahl der Gäste (270) betrug weniger als 10 % und war daher von untergeordneter Bedeutung.

Auch bei Arbeitnehmern sind Bewirtungskosten grundsätzlich nur zu **70 %** als Werbungskosten abziehbar (§ 9 Abs. 5 i. V. m. § 4 Abs. 5 Nr. 2 EStG; vgl. auch vorstehende Nr. 8). Darüber hinaus haben auch Arbeitnehmer Bewirtungskosten ordnungsgemäß **nachzuweisen** (vgl. vorstehende Nr. 9).

In den folgenden Fällen lässt der Bundesfinanzhof allerdings die Bewirtungskosten nicht nur zu 70 %, sondern in vollem Umfang **(= 100 %)** zum **Werbungskostenabzug** zu:

---

*) Bei einem 40-, 50- oder 60-jährigen Arbeitnehmerjubiläum liegt ein „rundes" Arbeitnehmerjubiläum im Sinnes des R 19.3 Abs. 2 Nr. 3 der Lohnsteuer-Richtlinien auch dann noch vor, wenn die Jubilarfeier bis zu **fünf Jahre früher** stattfindet. Dies wurde in R 19.5 Abs. 2 Nr. 3 Satz 3 der Lohnsteuer-Richtlinien ausdrücklich klargestellt.

Bezirksleiter   **Bildschirmarbeit**

	Lohn-steuer-pflichtig	Sozial-versich.-pflichtig

– Der **Arbeitnehmer bewirtet ausschließlich Arbeitskollegen** (= Arbeitnehmer des eigenen Arbeitgebers, z. B. ihm unterstellte Mitarbeiter). Der bewirtende Arbeitnehmer hat in solch einem Fall die gleiche Stellung wie ein Arbeitgeber, der seine Arbeitnehmer bewirtet; auch dessen Aufwendungen unterliegen nicht der Abzugsbeschränkung (BFH-Urteil vom 19. 6. 2008, BStBl. 2009 II S. 11);

– ein **Arbeitnehmer übernimmt** aus beruflichem Anlass (Verabschiedung in den Ruhestand und Übertragung der Dienstgeschäfte auf den Nachfolger) ganz oder teilweise **Kosten** für die Bewirtung der Gäste im Namen seines **Arbeitgebers.** Die Abzugsbeschränkung auf 70 % greift von vornherein nicht, wenn nicht der Arbeitnehmer selbst, sondern der Arbeitgeber als Bewirtender auftritt (BFH-Urteil vom 19.6.2008, BStBl. II S. 870).

Bezirksleiter

Bezirksleiter von öffentlich-rechtlichen Bausparkassen, die ihre Tätigkeit im Wesentlichen frei gestalten und über ihre Arbeitszeit selbst entscheiden können sowie an Öffnungszeiten ihrer Beratungsstelle nicht gebunden sind, also eine gewisse unternehmerische Dispositionsfreiheit besitzen, sind keine Arbeitnehmer. nein nein

Zur Frage der „Scheinselbständigkeit" vgl. dieses Stichwort.

Bezirksstellenleiter

Bezirksstellenleiter staatlicher Lottounternehmen, die über das erforderliche Kapital verfügen und für Schäden durch die ihnen unterstellten Annahmestellen haften, sind selbständig und unterliegen damit nicht dem Lohnsteuerabzug und der Sozialversicherungspflicht; ihre Einkünfte sind im Wege der Veranlagung zur Einkommensteuer zu erfassen. nein nein

Zur Frage der „Scheinselbständigkeit" vgl. dieses Stichwort.

Bezugsgröße

Die Bezugsgröße (§ 18 SGB IV) entspricht dem Durchschnittsentgelt aller in der gesetzlichen Rentenversicherung versicherten Arbeitnehmer im vorvergangenen Kalenderjahr, aufgerundet auf den nächsthöheren, durch 420 teilbaren Betrag. Die aktuelle Bezugsgröße wird jährlich vom Bundesministerium für Arbeit und Sozialordnung mit Zustimmung des Bundesrates bestimmt. Für das Jahr 2010 ist somit das durchschnittliche Arbeitsentgelt des Jahres 2008 maßgebend. Die Bezugsgröße ist nicht zu verwechseln mit der Beitragsbemessungsgrenze (vgl. dieses Stichwort). Die Entwicklung der monatlichen Bezugsgröße in den letzten Jahren ergibt sich aus folgender Übersicht:

monatliche Bezugsgröße für Kranken-, Pflege-, Renten- und Arbeitslosenversicherung

	alte Bundesländer	neue Bundesländer
1996	4 130 DM	3 500 DM
1997	4 270 DM	3 640 DM
1998	4 340 DM	3 640 DM
1999	4 410 DM	3 710 DM
2000	4 480 DM	3 640 DM

Durch das Gesetz zur Rechtsangleichung in der gesetzlichen Krankenversicherung ist mit Wirkung ab 1. Januar 2001 die Rechtskreistrennung wie sie bisher im Sozialgesetzbuch V geregelt war, aufgehoben worden. Damit gelten seit 1. 1. 2001 **in der Kranken- und Pflegeversicherung im gesamten Bundesgebiet einheitliche Rechen- und Bezugsgrößen,** und zwar die der alten Bundesländer. In der **Renten- und Arbeitslosenversicherung** wird hingegen auch über den 31. 12. 2000 hinaus an der **Trennung** der Rechengröße festgehalten. Dabei zählt **Ost-Berlin** in diesen Versicherungszweigen zu den **neuen Bundesländern.** Damit ergibt sich seit 1.1.2001 Folgendes:

Bezugsgröße für Kranken- und Pflegeversicherung

	einheitlich in allen Bundesländern	
	monatlich	jährlich
2001	4 480 DM	53 760 DM
2002	2 345 €	28 140 €
2003	2 380 €	28 560 €
2004	2 415 €	28 980 €
2005	2 415 €	28 980 €
2006	2 450 €	29 400 €
2007	2 450 €	29 400 €
2008	2 485 €	29 820 €
2009	2 520 €	30 240 €
2010	**2 555 €**	**30 660 €**

monatliche Bezugsgröße für Renten- und Arbeitslosenversicherung

	alte Bundesländer	neue Bundesländer
2001	4 480 DM	3 780 DM
2002	2 345 €	1 960 €
2003	2 380 €	1 995 €
2004	2 415 €	2 030 €
2005	2 415 €	2 030 €
2006	2 450 €	2 065 €
2007	2 450 €	2 100 €
2008	2 485 €	2 100 €
2009	2 520 €	2 135 €
2010	**2 555 €**	**2 170 €**

jährliche Bezugsgröße für Renten- und Arbeitslosenversicherung

	alte Bundesländer	neue Bundesländer
2001	53 760 DM	45 360 DM
2002	28 140 €	23 520 €
2003	28 560 €	23 940 €
2004	28 980 €	24 360 €
2005	28 980 €	24 360 €
2006	29 400 €	24 780 €
2007	29 400 €	25 200 €
2008	29 820 €	25 200 €
2009	30 240 €	25 620 €
2010	**30 660 €**	**26 040 €**

Bildschirmarbeit

Der Bundesfinanzhof hat mit BFH-Urteil vom 30. 5. 2001 (BStBl. II S. 671) entschieden, dass **Massagen,** die ein Masseur den Arbeitnehmern auf Kosten des Arbeitgebers im Betrieb verabreicht, bei einer Tätigkeit an Bildschirmar-

Binnenschiffer

beitsplätzen keinen steuerpflichtigen geldwerten Vorteil darstellt. Die Notwendigkeit der Maßnahmen zur **Verhinderung krankheitsbedingter Arbeitsausfälle** muss jedoch durch Auskünfte des medizinischen Dienstes der Krankenkasse oder der Berufsgenossenschaft oder durch Sachverständigengutachten bestätigt werden. — *lohnsteuerpflichtig: nein / sozialversicherungspflichtig: nein*

In der Zwischenzeit sind Gutachten von Berufsgenossenschaften zu dem Ergebnis gekommen, dass Massagen nicht besonders geeignet sind, bei Arbeitnehmern, die ganztägig an Bildschirmarbeitsplätzen tätig sind, möglichen und damit verbundenen Beschwerden vorbeugend entgegenzuwirken und krankheitsbedingte Arbeitsausfälle zu verhindern. Aus arbeitsmedizinischer Sicht würden medizinische Massagen an Bildschirmarbeitsplätzen keine empfehlenswerten wirksamen Maßnahmen bei Beschwerden am Bewegungsapparat darstellen. In vergleichbaren Fällen führen vom Arbeitgeber veranlasste Massagen daher zu **geldwerten Vorteilen**. Allerdings sind die geldwerten Vorteile seit 2008 als Leistungen des Arbeitgebers zur **betrieblichen Gesundheitsförderung** (hier: Vorbeugung und Reduzierung arbeitsbedingter Belastungen des Bewegungsapparates) bis **500 € jährlich pro Arbeitnehmer steuerfrei** (vgl. die Erläuterungen beim Stichwort „Gesundheitsförderung"). — *nein / nein*

Bei einem Überschreiten des Freibetrags von 500 € ist der **übersteigende** Betrag allerdings – vorbehaltlich der Anwendung der 44-€-Freigrenze für Sachbezüge – **steuer- und beitragspflichtig**. — *ja / ja*

Im Übrigen gilt bei Bildschirmarbeit Folgendes:

Nach § 6 der Bildschirmarbeitsverordnung i. V. m. der Verordnung zur arbeitsmedizinischen Vorsorge hat der Arbeitgeber den Beschäftigten eine angemessene Untersuchung der Augen und des Sehvermögens durch eine fachkundige Person (Augenarzt, Betriebsarzt) anzubieten und im erforderlichen Umfang **spezielle Sehhilfen** für ihre Arbeit an Bildschirmgeräten zur Verfügung zu stellen, wenn die Ergebnisse dieser Untersuchung ergeben, dass spezielle Sehhilfen notwendig und normale Sehhilfen nicht geeignet sind. Nach § 3 Abs. 2 Nr. 1 und Abs. 3 des Arbeitsschutzgesetzes ist der Arbeitgeber verpflichtet, die dafür erforderlichen Kosten zu übernehmen. Die vom Arbeitgeber aufgrund dieser gesetzlichen Verpflichtung übernommenen Kosten sind nach R 19.3 Abs. 2 Nr. 2 der Lohnsteuer-Richtlinien steuer- und damit auch beitragsfrei, wenn aufgrund einer Untersuchung der Augen und des Sehvermögens durch eine fachkundige Person (Augenarzt, Betriebsarzt) im Sinne des § 6 Bildschirmarbeitsverordnung die spezielle Sehhilfe notwendig ist, um eine ausreichende Sehfähigkeit in den Entfernungsbereichen des Bildschirmarbeitsplatzes zu gewährleisten. — *nein / nein*

Wird eine Bildschirmarbeitsbrille nicht aufgrund einer ärztlichen Verordnung angeschafft, kann die Anwendung der Steuerbefreiungsvorschrift für betriebliche Gesundheitsförderung bis 500 € jährlich (vgl. die Erläuterungen beim Stichwort „Gesundheitsförderung") in Betracht kommen.

Binnenschiffer

Binnenschiffer haben ebenso wie Seeleute nach dem BFH-Urteil vom 19.12.2005 (BStBl. 2006 II S. 378) auf dem Schiff keine (weitere) regelmäßige Arbeitsstätte, weil das Schiff **keine ortsfeste betriebliche Einrichtung des Arbeitgebers** darstellt (so auch R 9.4 Abs. 3 Satz 2 LStR). Deshalb liegt auch – anders als nach früherer Sichtweise – keine doppelte Haushaltsführung vor. Für die Zahlung steuerfreier Auslösungen gilt Folgendes:

Da Binnenschiffer keine regelmäßige Arbeitsstätte auf dem Schiff haben, können sie steuerfreie Auslösungen nach den für **Auswärtstätigkeiten** geltenden Grundsätzen erhalten (vgl. das Stichwort „Reisekosten bei Auswärtstätigkeiten"). Das gilt sowohl für Binnenschiffer, die täglich zu ihrer Wohnung an Land zurückkehren als auch für Binnenschiffer, die regelmäßig oder gelegentlich auf dem Schiff übernachten. Die **Dreimonatsfrist** betreffend die Pauschbeträge für **Verpflegungsmehraufwendungen** wird in aller Regel **keine Rolle** spielen, da es sich bei jedem neuen Auftrag (neue Fahrt) nicht mehr um „dieselbe" Auswärtstätigkeit handelt. Die Pauschbeträge für Verpflegungsmehraufwendungen werden daher bei Binnenschiffern (ebenso wie bei anderen Arbeitnehmern, die ihre Tätigkeit auf einem Fahrzeug ausüben) auf Dauer, das heißt zeitlich unbegrenzt, angesetzt.

Eine **Anlegestelle** führt nur dann zu einer regelmäßigen Arbeitsstätte, wenn sich die Anlegestelle – vergleichbar einem Bus- oder Lastwagendepot – **auf dem Betriebsgelände des Arbeitgebers** mit weiteren Arbeitgebereinrichtungen befindet. Stellt die Anlegestelle hiernach ausnahmsweise eine regelmäßige Arbeitsstätte dar, werden die Fahrten des Binnenschiffers zwischen seiner Wohnung und der Anlegestelle als Fahrten zwischen Wohnung und regelmäßiger Arbeitsstätte (= Entfernungspauschale) behandelt.

Blattgeld

Unter Blattgeld versteht man Zuschüsse an Musiker für die Beschaffung von Ersatzteilen für bestimmte Musikinstrumente. Das Blattgeld ist nach Auffassung der Finanzverwaltung*) kein steuer- und beitragsfreies Werkzeuggeld, da die hierfür erforderlichen Voraussetzungen mangels Vorliegens eines Werkzeugs nicht gegeben sind (vgl. das Stichwort „Werkzeuggeld"). — *ja / ja*

Das Blattgeld ist jedoch in Anwendung des BFH-Urteils vom 21.8.1995 (BStBl. II S. 906) als **Auslagenersatz** nach § 3 Nr. 50 EStG steuerfrei, wenn es regelmäßig gezahlt wird und der Arbeitnehmer die entstandenen Aufwendungen für einen repräsentativen Zeitraum von **drei Monaten** im Einzelnen nachweist. Wird der Einzelnachweis für drei Monate erbracht, bleibt der pauschale Auslagenersatz solange steuerfrei, bis sich die Verhältnisse wesentlich ändern (R 3.50 Abs. 2 Satz 2 LStR). — *nein / nein*

Siehe auch die Stichworte: Auslagenersatz, Instrumentengeld, Rohrgeld, Saitengeld.

Bleibeprämie

Einige Arbeitgeber zahlen ihren Arbeitnehmern sog. Bleibeprämien (auch „Halteprämien" genannt), damit diese nicht zur Konkurrenz wechseln. Solche Prämien sind steuer- und beitragspflichtig. — *ja / ja*

Blindengeld

Die den **Kriegsblinden** gewährten Pflegezulagen sind ein Teil ihrer Versorgungsbezüge und deshalb steuerfrei (§ 3 Nr. 6 EStG). — *nein / nein*

Die den **Zivilblinden** auf Grund gesetzlicher Vorschriften gezahlten Pflegegelder gehören zu den steuerfreien Beihilfen aus **öffentlichen Mitteln**, die wegen Hilfsbedürftigkeit gewährt werden (§ 3 Nr. 11 EStG). Siehe „Beihilfen". — *nein / nein*

Blutspendervergütung

Die Vergütung für das Spenden von Blut fällt nicht unter eine der sieben Einkunftsarten des Einkommensteuergesetzes. — *nein / nein*

---

*) Schreiben des Bayerischen Staatsministeriums der Finanzen vom 22.3.1991 32 – S 2355 – 26/2 – 5320, das Schreiben ist als Anlage 1 zu H 3.30 LStR im **Steuerhandbuch für das Lohnbüro 2010** abgedruckt, das in demselben Verlag erschienen ist. Das **PC-Lexikon** für das Lohnbüro 2010 enthält auch dieses Handbuch und hat außerdem den Vorteil, dass Sie **alle BFH-Urteile** sowie die aktuellen Rundschreiben und Niederschriften der Spitzenverbände der **Sozialversicherung** mit Mausklick **im Volltext** abrufen und ausdrucken können. Eine Bestellkarte finden Sie vorne im Lexikon.

	Lohn-steuer-pflichtig	Sozial-versich.-pflichtig

Bonusmeilen

siehe „Miles & More"

Bonuszahlungen

Die gesetzlichen Krankenkassen können in ihrer Satzung vorsehen, dass bei Maßnahmen der betrieblichen Gesundheitsförderung durch Arbeitgeber sowohl der Arbeitgeber als auch der Arbeitnehmer (= teilnehmender Versicherter) einen Bonus erhalten.

Da den Zahlungen kein Versicherungsfall zugrunde liegt, handelt es sich bei den Bonuszahlungen nicht um steuerfreie Leistungen aus einer Krankenversicherung i. S. d. § 3 Nr. 1a EStG.

Die Zahlungen mindern beim Arbeitgeber die abziehbaren Betriebsausgaben bzw. beim Arbeitnehmer die als Sonderausgaben abziehbaren Beiträge.

Brillenzuschuss

siehe „Bildschirmarbeit"

Bruchgeldentschädigungen

Die Bruchgeldentschädigungen im Gaststättengewerbe sind steuerpflichtig. — ja — ja

Buchführungshelfer

siehe „Stundenbuchhalter"

Buchgemeinschaft

Nebenberufliche Vertrauensleute einer Buchgemeinschaft stehen nach dem BFH-Urteil vom 11. 3. 1960 (BStBl. 1960 III S. 215) nicht in einem Dienstverhältnis. — nein — nein

Zur Frage der „Scheinselbständigkeit" vgl. dieses Stichwort.

Buchhalter

siehe „Stundenbuchhalter"

Buchmachergehilfen

Buchmachergehilfen, mit eigenen Läden, sind in der Regel selbständig. — nein — nein

In anderen Fällen sind sie grundsätzlich als Arbeitnehmer anzusehen; das Gleiche gilt für alle in der Annahmestelle tätigen Hilfskräfte. — ja — ja

Bühnenangehörige

siehe „Künstler"

Bürgermeister

siehe „Ehrenämter"

Bundespolizei

Bei den Angehörigen der Bundespolizei (früher auch Bundesgrenzschutz) bleiben die gleichen Leistungen steuerfrei wie bei den Angehörigen der Bundeswehr (vgl. dieses Stichwort).

Bundesseuchengesetz

siehe „Infektionsschutzgesetz"

Bundeswehr

Bei Angehörigen der Bundeswehr gehören nach § 3 Nr. 4 EStG folgende Bezüge nicht zum steuerpflichtigen Arbeitslohn:

Der Geldwert der überlassenen Dienstkleidung. — nein — nein

Einkleidungsbeihilfen und Abnutzungsentschädigungen für die Dienstkleidung. — nein — nein

Dagegen gehören Entschädigungen für die besondere Abnutzung eigener Zivilkleidung stets zum steuerpflichtigen Arbeitslohn. Das gilt auch dann, wenn ein Bundeswehrangehöriger ausdrücklich zum Tragen der Zivilkleidung verpflichtet wird oder die Eigenart der Dienstaufgaben das Tragen eigener Zivilkleidung erfordert (z. B. als Schiedsrichter bei Manövern). Eine Steuerfreiheit kann allenfalls in Betracht kommen, wenn es sich um **Aufwandsentschädigungen aus öffentlichen Kassen** (vgl. dieses Stichwort unter Nr. 2) handelt. — ja — ja*)

Werden solche Entschädigungen an **Wehrpflichtige** (nicht Berufssoldaten oder Soldaten auf Zeit) gezahlt, so bleiben sie aus Billigkeitsgründen steuerfrei. — nein — nein

Verpflegungs- und Beköstigungszuschüsse und der Geldwert der im Einsatz unentgeltlich abgegebenen Verpflegung. — nein — nein

Der Geldwert der aufgrund gesetzlicher Vorschriften gewährten Heilfürsorge. — nein — nein

Alle übrigen Bezüge (Grundgehalt, Ortszuschlag, Kinderzuschlag, etwaige Zulagen) sind steuerpflichtiger Arbeitslohn, es sei denn, dass es sich um Aufwandsentschädigungen handelt, wie z. B. bei der „Fliegerzulage" (vgl. dieses Stichwort).

Die Geld- und Sachbezüge sowie die Heilfürsorge, die Soldaten aufgrund des § 1 Abs. 1 Satz 1 des Wehrsoldgesetzes und Zivildienstleistende auf Grund des § 35 Zivildienstgesetz erhalten, sind lohnsteuer- und sozialversicherungsfrei (§ 3 Nr. 5 EStG). Dies gilt auch für das Entlassungsgeld und das anstelle der Unterkunftsgestellung gezahlte Fahrgeld für Fahrten zwischen Wohnung und Arbeitsstätte. — nein — nein

Busfahrer

siehe „Fahrtätigkeit"

Bußgelder

Verwarnungsgelder, wegen Verletzung des Halteverbots, die der Arbeitgeber (z. B. Paketzustelldienst) aus ganz überwiegend eigenbetrieblichem Interesse übernimmt, gehören nicht zum steuer- und sozialversicherungspflichtigen Arbeitslohn (BFH-Urteil vom 7. 7. 2004, BStBl. 2005 II S. 367). — nein — nein

siehe „Geldstrafen"

Catcher

siehe „Berufsringer"

Chorleiter

Nebenamtlich tätige Chorleiter (z. B. von Kirchenchören) sind für die Beantwortung der Frage, ob sie ihre Tätigkeit selbständig oder nichtselbständig ausüben wie nebenbe-

---

*) Sofern nicht wegen Versorgungsanwartschaft versicherungsfrei.

rufliche Lehrkräfte zu behandeln (vgl. das Stichwort „Nebentätigkeit für gemeinnützige Organisationen" unter Nr. 2 auf Seite 503). Hiernach wird ihre Tätigkeit grundsätzlich als selbständige Tätigkeit angesehen, es sei denn, dass im Einzelfall ein festes Beschäftigungsverhältnis zu einer Kirchengemeinde, einem Orden usw. vorliegt. Bei einer festen Beschäftigung auf 400-Euro-Basis besteht die Möglichkeit einer Pauschalierung der Lohnsteuer unter Verzicht auf die Vorlage einer Lohnsteuerkarte (vgl. das Stichwort „Geringfügige Beschäftigung").

Chorleiter können den Freibetrag für Ausbilder und Erzieher in Höhe von **2100 €** jährlich (175 € monatlich) beanspruchen, wenn sie für eine gemeinnützige Organisation tätig werden, wie z. B. Chorleiter von Kirchenchören, vgl. „Nebentätigkeit für gemeinnützige Organisationen".

Clearing-Stelle

Immer mehr Arbeitgeber entscheiden sich dazu, die in ihrem Unternehmen angebotene **betriebliche Altersversorgung** (vgl. die Gesamtdarstellung im Anhang 6) von einer sog. **Clearing-Stelle verwalten** zu lassen. Vertragliche Beziehungen bestehen in solch einem Fall ausschließlich zwischen dem Arbeitgeber und der Clearing-Stelle. Die **Verwaltungskosten** belaufen sich auf bis zu 2,50 € pro Vertrag und Monat und werden nicht selten wirtschaftlich vom **Arbeitnehmer getragen.**

Die Finanzverwaltung hat diesbezüglich entschieden, dass die Zahlung von Verwaltungskosten durch den Arbeitgeber an eine sog. Clearing-Stelle **lohnsteuerlich irrelevant** ist. **Trägt der Arbeitgeber** die Verwaltungskosten liegt beim Arbeitnehmer **kein** Zufluss von **Arbeitslohn** vor. Werden die Aufwendungen dem Arbeitgeber vom **Arbeitnehmer** erstattet, handelt es sich nicht um eine Entgeltumwandlung zugunsten von betrieblicher Altersversorgung, sondern um eine Einkommensverwendung (= Zahlung des Arbeitnehmers aus seinem „Netto"). Beim **Arbeitnehmer** liegen **keine** Aufwendungen zur Sicherung oder Erzielung von Einkünften vor. Folglich können die Arbeitnehmer die Beträge weder bei ihren Einkünften aus nichtselbständiger Arbeit noch bei ihren sonstigen Einkünften als **Werbungskosten** geltend machen*).

Computer

Gliederung:

1. Steuerfreiheit bei der privaten Nutzung betrieblicher Computer
   a) Allgemeines
   b) Computer mit Internetanschluss am Arbeitsplatz
   c) Betriebliche PCs und Laptops mit Internetanschluss in der Wohnung des Arbeitnehmers
2. Pauschalierung der Lohnsteuer mit 25 % bei Computerübereignung und Barzuschüssen zur Internetnutzung
   a) Computerübereignung
   b) Barzuschüsse zur Internetnutzung
3. Gehaltsumwandlung
   a) Zur Nutzung überlassene Computer
   b) Übereignete Computer und Barzuschüsse zur Internetnutzung
4. Umsatzsteuerliche Behandlung der Privatnutzung betrieblicher Computer
   a) Überlassung gegen Entgelt
   b) Überlassung ohne Entgelt
   c) Nutzung gegen den Willen des Arbeitgebers
5. Werbungskostenabzug durch den Arbeitnehmer
   a) Computer als Arbeitsmittel
   b) Computer kein Arbeitsmittel

1. Steuerfreiheit bei der privaten Nutzung betrieblicher Computer

a) Allgemeines

Mit Wirkung vom 1.1.2000 wurde ein neuer Steuerbefreiungstatbestand in das Einkommensteuergesetz eingefügt (§ 3 Nr. 45 EStG), der die private Nutzung von betrieblichen Personalcomputern steuerfrei stellt. Die Steuerfreiheit gilt nicht nur für die private Nutzung des Geräts und seines Internetanschlusses im Betrieb des Arbeitgebers, sondern auch dann, wenn der Arbeitgeber dem Arbeitnehmer den Computer zur häuslichen Privatnutzung **(leihweise)** überlässt. Für die Steuerfreiheit der Privatnutzung ist es unerheblich, in welchem Verhältnis die berufliche Nutzung zur privaten Mitbenutzung steht. Das bedeutet, dass auch dann kein steuerpflichtiger geldwerter Vorteil entsteht, wenn der Arbeitnehmer den zur häuslichen Nutzung leihweise überlassenen Computer (PC oder Laptop) mit Internetanschluss **ausschließlich privat nutzt.** Im Einzelnen gilt Folgendes:

b) Computer mit Internetanschluss am Arbeitsplatz

Durch § 3 Nr. 45 EStG ist gesetzlich festgelegt worden, dass kein steuerpflichtiger geldwerter Vorteil entsteht, wenn der Arbeitnehmer den betrieblichen Computer mit Internetanschluss privat nutzt, wobei der Umfang der privaten Nutzung keine Rolle spielt. — nein nein

Die Steuerfreiheit umfasst nicht nur die Privatnutzung der Geräte selbst, sondern auch die Überlassung von Zubehör und Software (etwa Farbdrucker, Spieleprogramme und sonstige ausschließlich privat interessierende Komponenten). — nein nein

c) Betriebliche PCs und Laptops mit Internetanschluss in der Wohnung des Arbeitnehmers

Die Steuerbefreiungsvorschrift des § 3 Nr. 45 EStG gilt nicht nur für die private Nutzung von Computern mit Internetanschluss im Betrieb des Arbeitgebers, sondern auch für die private Nutzung von Laptops sowie von Computern **in der Wohnung des Arbeitnehmers,** wenn die Geräte **im Eigentum des Arbeitgebers bleiben.** Der Umfang der privaten Nutzung spielt keine Rolle. — nein nein

Beispiel A

Arbeitgeber A überlässt seinen Mitarbeitern einen PC einschließlich Internetzugang in deren Wohnung zur Privatnutzung. Der geldwerte Vorteil beträgt monatlich pro Arbeitnehmer unstreitig 100 €.

Da es sich um eine Nutzungsüberlassung betrieblicher PC-Geräte handelt, ist der geldwerte Vorteil – unabhängig von der Höhe und dem Verhältnis von beruflicher und privater Nutzung – in voller Höhe steuerfrei (§ 3 Nr. 45 EStG) und auch beitragsfrei.

Die Steuerbefreiung umfasst auch die Privatnutzung solcher Geräte, die nicht „internettauglich" sind, wie z. B. Personalcomputer und Laptops ohne Internetzugang. Die Steuerbefreiung gilt auch für die vom Arbeitgeber getragenen Verbindungsentgelte für die Telekommunikation (Grundgebühr und sonstige laufende Kosten).

Die Steuerfreiheit umfasst nicht nur die Privatnutzung der Geräte selbst, sondern auch die **Überlassung von Zubehör und Software** (etwa Farbdrucker, Spieleprogramme und sonstige ausschließlich privat interessierende Komponenten). Allerdings setzt die Steuerfreiheit auch in diesem Fall die Überlassung eines betrieblichen Telekommunikationsgeräts voraus. — nein nein

---

*) BMF-Schreiben vom 24.6.2008 Az.: IV C 5 – S 2333/07/0016. Das nicht im Bundessteuerblatt veröffentlichte BMF-Schreiben ist als Anlage zu H 3.63 im **Steuerhandbuch für das Lohnbüro 2010** abgedruckt, das im selben Verlag erschienen ist. Das **PC-Lexikon** für das Lohnbüro 2010 enthält auch dieses Handbuch und hat außerdem den Vorteil, dass Sie **alle BFH-Urteile** sowie die aktuellen Rundschreiben und Niederschriften der Spitzenverbände der **Sozialversicherung** mit Mausklick **im Volltext** abrufen und ausdrucken können. Eine Bestellkarte finden Sie vorne im Lexikon.

Computer

	Lohn-steuer-pflichtig	Sozial-versich.-pflichtig

Beispiel B
Arbeitgeber B überlässt seinen Arbeitnehmern Spieleprogramme für deren privaten PC zur Nutzung. Die Steuerbefreiungsvorschrift des § 3 Nr. 45 EStG kann nicht in Anspruch genommen werden, da B seinen Arbeitnehmern kein betriebliches Telekommunikationsgerät überlässt. Je nach Höhe des monatlichen geldwerten Vorteils kommt allerdings die Anwendung der monatlichen 44-Euro-Freigrenze für Sachbezüge in Betracht (vgl. hierzu die ausführlichen Erläuterungen beim Stichwort „Sachbezüge" unter Nr. 4). Zur Möglichkeit die Lohnsteuer für steuerpflichtige geldwerte Vorteile in solchen Fällen mit 25 % zu pauschalieren vgl. die Erläuterungen unter der nachfolgenden Nr. 2 Buchstabe a.

Gehen die Geräte in das Eigentum des Arbeitnehmers über **(Schenkung)** liegt in Höhe des ortsüblichen Preises (Verkehrswert) abzüglich üblicher Preisnachlässe und ggf. einer Zuzahlung des Arbeitnehmers steuerpflichtiger Arbeitslohn vor. — ja — ja

Dies gilt auch dann, wenn es sich um einen gebrauchten Computer handelt, den der Arbeitgeber bereits auf 0 € abgeschrieben hat. — ja — ja

Der Wert solcher Geräte ist ggf. zu schätzen. Es gelten die gleichen Grundsätze wie bei der Übereignung von abgeschriebenen Firmenfahrzeugen oder Einrichtungsgegenständen auf den Arbeitnehmer (vgl. die Stichwörter „Einrichtungsgegenstände" und „Kraftfahrzeuge").

Beispiel C
Arbeitgeber C bietet seinen Arbeitnehmern die alten betrieblichen PC für 100 € zum Kauf an. Der ortsübliche Endpreis der Geräte beträgt 250 €. Der geldwerte Vorteil ermittelt sich wie folgt:

Ortsüblicher Endpreis	250 €
abzüglich 4 % (R 8.1 Abs. 2 Satz 9 LStR)	10 €
Ausgangspreis	240 €
Zuzahlung der Arbeitnehmer	100 €
Geldwerter Vorteil	140 €

Der geldwerte Vorteil übersteigt die monatliche Freigrenze für Sachbezüge von 44 € und ist daher in voller Höhe steuerpflichtig. Zur Bewertung von Sachbezügen und zur Anwendung der 44-Euro-Freigrenze vgl. im Einzelnen das Stichwort „Sachbezüge" unter Nr. 3 und 4.

Bietet der Arbeitgeber Personalcomputer in erster Linie seinen Kunden an, ist der geldwerte Vorteil grundsätzlich mit 96 % des Endpreises anzusetzen, zu dem der Arbeitgeber die Ware fremden Letztverbrauchern im allgemeinen Geschäftsverkehr anbietet. Von dem sich ergebenden Wert ist noch eine etwaige Zuzahlung des Arbeitnehmers abzuziehen. Beim Arbeitnehmer ist der sich nach etwaigen Zuzahlungen ergebende geldwerte Vorteil steuerfrei, soweit er den Rabattfreibetrag von 1080 € nicht übersteigt (§ 8 Abs. 3 EStG). Vgl. im Einzelnen das Stichwort „Rabatte, Rabattfreibetrag".

Beispiel D
Computerhändler D bietet seinen Arbeitnehmern einen PC mit einem Verkaufspreis von 1300 € mit 50 % Personalrabatt an. Der geldwerte Vorteil ermittelt sich wie folgt:

Ortsüblicher Endpreis	1300 €
abzüglich 4 %	52 €
Ausgangspreis	1248 €
Zuzahlung der Arbeitnehmer	650 €
Geldwerter Vorteil	598 €

Der geldwerte Vorteil übersteigt nicht den Rabattfreibetrag von 1080 € und ist in voller Höhe steuer- und sozialversicherungsfrei.

Der Wert eines „geschenkten" Computers gehört also zum steuerpflichtigen Arbeitslohn. Der Arbeitgeber hat zwei Möglichkeiten, die Besteuerung durchzuführen:

– Der Arbeitgeber kann den steuerpflichtigen Arbeitslohn aus der „Schenkung des Computers" durch Hinzurechnung zum übrigen Arbeitslohn dem Lohnsteuerabzug unterwerfen. In diesem Fall unterliegt der Betrag jedoch gleichzeitig der Beitragspflicht in der Sozialversicherung. — ja — ja

– Der Arbeitgeber kann den steuerpflichtigen Arbeitslohn aus der „Schenkung des Computers" aber auch pauschal versteuern. **Der Pauschsteuersatz beträgt 25 %** (§ 40 Abs. 2 Nr. 5 EStG). Die Pauschalversteuerung löst Beitragsfreiheit in der Sozialversicherung aus (vgl. die Erläuterungen unter der nachfolgenden Nr. 2). — ja — nein

Durch die Pauschalierung der Lohnsteuer mit 25 % verliert der Arbeitnehmer den Werbungskostenabzug (§ 40 Abs. 3 Satz 3 EStG). Wird der Wert des „geschenkten" Computers dagegen nicht pauschal, sondern durch Hinzurechnen zum laufenden Arbeitslohn „normal" versteuert, kann der Arbeitnehmer Werbungskosten nach den unter der folgenden Nr. 5 dargestellten Grundsätzen bei seiner Veranlagung zur Einkommensteuer geltend machen.

Hinweis für die Praxis

Da die Nutzung eines **betrieblichen** PCs nach § 3 Nr. 45 EStG steuerfrei ist, erscheint es wenig sinnvoll, dem Arbeitnehmer einen PC oder Laptop zu übereignen und für den Wert 25 % pauschale Lohnsteuer zu entrichten. Bleibt der PC oder Laptop im Eigentum des Arbeitgebers, entsteht durch die Nutzung kein steuerpflichtiger geldwerter Vorteil, und zwar unabhängig davon, wie hoch die betriebliche oder private Nutzung ist.

Die Pauschalierungsvorschrift in § 40 Abs. 2 Nr. 5 EStG gilt nicht nur für unentgeltliche oder verbilligte Übereignung von Personalcomputern (= Sachbezug), sondern auch für **Barzuschüsse** des Arbeitgebers zu den Aufwendungen des Arbeitnehmers für die **Internetnutzung.** Die beiden Pauschalierungsmöglichkeiten sind unter der nachfolgenden Nr. 2 im Einzelnen erläutert.

Auf die Pauschalierung der Lohnsteuer für Belohnungsessen, Incentive-Reisen, VIP-Logen und ähnliche Sachbezüge mit 30 % (vgl. dieses Stichwort) wird hier nicht weiter eingegangen, da sie ungünstiger ist, als die nachfolgende Pauschalierung der Lohnsteuer mit 25 %.

2. Pauschalierung der Lohnsteuer mit 25 % bei Computerübereignung und Barzuschüssen zur Internetnutzung

a) Computerübereignung

Die Pauschalierung der Lohnsteuer mit 25 % bei einer unentgeltlichen oder verbilligten Übereignung von Personalcomputern kommt nur für **Sachzuwendungen des Arbeitgebers** in Betracht (§ 40 Abs. 2 Nr. 5 EStG). Die Pauschalierungsmöglichkeit bei der PC-Übereignung umfasst nicht nur das eigentliche Gerät, sondern auch die Übereignung von Hardware und Software einschließlich technischen Zubehörs. Dabei kommt es nicht darauf an, ob es sich um eine Erstausstattung oder aber um eine Ergänzung, Aktualisierung oder einen Austausch vorhandener Bestandteile handelt. Die Pauschalierung ist sogar möglich, wenn der Arbeitgeber **ausschließlich technisches Zubehör oder Software** übereignet (R 40.2 Abs. 5 Satz 3 LStR). In R 40.2 Abs. 5 Satz 4 der Lohnsteuer-Richtlinien ist jedoch folgende wichtige Einschränkung enthalten:

Telekommunikationsgeräte, die nicht Zubehör eines Computers sind oder nicht für die Internetnutzung verwendet werden können, sind von der Pauschalierung ausgeschlossen.

Eine **Pauschalierung** mit 25 % setzt außerdem in jedem Fall voraus, dass die Zuwendung des Arbeitgebers **zusätzlich** zu dem Arbeitslohn gewährt wird, den der Arbeitgeber schuldet, wenn keine Zuwendung erfolgen würden. Gehaltsumwandlungen eröffnen somit **nicht** die Möglichkeit der Pauschalierung (vgl. nachfolgend unter Nr. 3 Buchstabe b).

Wird bei einer Computerübereignung der geldwerte Vorteil zulässigerweise mit 25 % pauschal versteuert, löst dies Beitragsfreiheit in der Sozialversicherung aus (§ 1 Abs. 1 Nr. 3 Sozialversicherungsentgeltverordnung).

Computer

	Lohn-steuer-pflichtig	Sozial-versich.-pflichtig

Beispiel A

Der Arbeitgeber hat dem Arbeitnehmer einen **betrieblichen Computer** zur beruflichen und privaten Nutzung in der Wohnung des Arbeitnehmers zur Verfügung gestellt. Der Arbeitgeber überlässt dem Arbeitnehmer jeden Monat PC-Software im Wert von 40 €.

Der geldwerte Vorteil von 40 € monatlich ist nach § 3 Nr. 45 EStG steuerfrei und damit auch beitragsfrei in der Sozialversicherung, da es sich um eine Nutzungsüberlassung handelt.

Beispiel B

Der Arbeitgeber überlässt dem Arbeitnehmer für dessen **privaten Computer** jeden Monat PC-Software im Wert von 40 €.

Die Überlassung der Software ist nicht nach § 3 Nr. 45 EStG steuerfrei, da vom Arbeitgeber kein betrieblicher Computer überlassen worden ist. Für den geldwerten Vorteil kann aber die 44-Euro-Freigrenze für Sachbezüge in Anspruch genommen werden, wenn diese Freigrenze nicht bereits für andere Sachbezüge in Anspruch genommen worden ist (vgl. die Erläuterungen beim Stichwort „Sachbezüge" unter Nr. 4). Wurde die 44-Euro-Freigrenze bereits für andere Sachbezüge in Anspruch genommen, kann der geldwerte Vorteil mit 25 % pauschal versteuert werden (§ 40 Abs. 2 Nr. 5 EStG). Die Pauschalversteuerung hat Sozialversicherungsfreiheit zur Folge (§ 1 Abs. 1 Nr. 3 Sozialversicherungsentgeltverordnung).

b) Barzuschüsse zur Internetnutzung

Die Steuerbefreiung nach § 3 Nr. 45 EStG gilt nur für die private Nutzung **betrieblicher** PC und Laptops. Bei **arbeitnehmereigenem** Computer stellt sich die Frage einer Privatnutzung nicht. Aus lohnsteuerlicher Sicht stellt sich vielmehr umgekehrt die Frage, ob und ggf. in welchem Umfang der Arbeitgeber für eine berufliche Nutzung steuerfreien Ersatz leisten kann. Hierzu gilt Folgendes:

Nutzt der Arbeitnehmer seinen privaten PC auch für **berufliche** Zwecke, ist für einen etwaigen Arbeitgeberersatz keine besondere Steuerbefreiung vorgesehen. Steuerfreiheit käme nach den Vorschriften zum Auslagenersatz (vgl. dieses Stichwort) nur dann in Betracht, wenn der Arbeitnehmer die beruflich entstandenen Kosten im Einzelnen nachweist und der Arbeitgeber diesen Nachweis als Beleg zum Lohnkonto nimmt. Es handelt sich deshalb um steuerpflichtigen Arbeitslohn, wenn ein Arbeitgeber dem Arbeitnehmer **ohne Einzelnachweis** der beruflichen Kosten einen laufenden Barzuschuss dafür zahlt, dass dieser seinen privaten PC beruflich nutzt. — ja — ja

Der Arbeitnehmer muss seine beruflich veranlassten Aufwendungen für den Computer als Werbungskosten geltend machen (vgl. nachfolgend unter Nr. 5). — ja — ja

Für **Barzuschüsse zur Internetnutzung** gibt es Sonderregelungen, und zwar folgende:

Nutzt der Arbeitgeber seinen Internetzugang auch für **berufliche** Zwecke, kann der Arbeitgeber steuerfreien Auslagenersatz nach der sog. Telefonkostenregelung zahlen (vgl. die Erläuterungen beim Stichwort „Telefonkosten" unter Nr. 2).

Ohne Rücksicht auf die berufliche oder private Nutzung hat der Arbeitgeber auch die Möglichkeit, Barzuschüsse zur Internetnutzung pauschal mit 25 % zu versteuern, wenn die Zuschüsse zusätzlich zum ohnehin geschuldeten Arbeitslohn gewährt werden (§ 40 Abs. 2 Nr. 5 EStG). Die Pauschalversteuerung mit **25 %** löst Beitragsfreiheit in der Sozialversicherung aus (§ 1 Abs. 1 Nr. 3 Sozialversicherungsentgeltverordnung). — ja — nein

Die Pauschalierungsmöglichkeit mit 25 % ist also nicht davon abhängig, ob der Arbeitnehmer seinen privaten PC mit Internetanschluss auch beruflich nutzt. Voraussetzung ist lediglich, dass dem Arbeitnehmer überhaupt solche Aufwendungen entstehen. Zu den pauschalierungsfähigen Aufwendungen für die Internetnutzung gehören

– die laufenden Kosten (Grundgebühr und die laufenden Gebühren für die Internetnutzung, Flatrate),

– Barzuschüsse zu den Einrichtungskosten für den Internetzugang (z. B für den ISDN-Anschluss, ein Modem und **auch Zuschüsse zu den Anschaffungskosten des Personalcomputers,** R 40.2 Abs. 5 Satz 6 LStR).

Falls der Zuschuss **50 € monatlich** nicht übersteigt, sind die Anforderungen an den Nachweis der dem Arbeitnehmer entstehenden Aufwendungen gering. Nach R 40.2 Abs. 5 Satz 7 LStR kann der Arbeitgeber den vom Arbeitnehmer erklärten Betrag für die laufende Internetnutzung (Gebühren) pauschal versteuern, soweit der erklärte Betrag 50 € im Monat nicht übersteigt. Die Erklärung muss der Arbeitgeber als Beleg zum Lohnkonto aufbewahren. Hat der Arbeitnehmer eine falsche Erklärung abgegeben, droht dem Arbeitgeber keine Haftung. Etwaige Mehrsteuern würden beim Arbeitnehmer nacherhoben.

Folgende Gestaltung der Erklärung erfüllt u. E. die steuerlichen Anforderungen:

Erklärung
zur Pauschalierung der Lohnsteuer für Barzuschüsse zur Internetnutzung mit 25 % nach § 40 Abs. 2 Nr. 5 EStG
(Beleg zum Lohnkonto)

Arbeitgeber:
Name der Firma _____
Anschrift: _____

Arbeitnehmer
Name, Vorname _____
Anschrift: _____

Ich versichere hiermit, dass mir Aufwendungen für die laufende Internetnutzung in Höhe von _____ € monatlich/jährlich entstehen. Ich verpflichte mich, dem Arbeitgeber unverzüglich Anzeige zu erstatten, wenn meine Aufwendungen für die Internetnutzung den angegebenen Betrag unterschreiten.

_____ _____
Datum   Unterschrift des Arbeitnehmers

Eine Pauschalierung mit 25 % setzt in jedem Fall voraus, dass die Barzuschüsse des Arbeitgebers **zusätzlich** zu dem Arbeitslohn gewährt werden, den der Arbeitgeber schuldet, wenn keine Zuwendung erfolgen würde. Gehaltsumwandlungen eröffnen hier somit **nicht** die Möglichkeit der Pauschalierung (vgl. nachfolgend unter Nr. 3 Buchstabe b).

Beispiel

Ein Arbeitgeber zahlt einem leitenden Angestellten einen monatlichen Zuschuss zur Internetnutzung in Höhe von 50 €, da der Arbeitnehmer eine Erklärung abgegeben hat, dass ihm monatlich Kosten in dieser Höhe für die Internetnutzung entstehen. Der Barzuschuss gehört zum steuerpflichtigen Arbeitslohn. Die Lohnsteuer kann mit 25 % pauschaliert werden. Es ergibt sich folgende Berechnung der Pauschalsteuern:

monatlicher Zuschuss (12 × 50 €)	600,— €
pauschale Lohnsteuer (25 % von 600 €)	150,— €
Solidaritätszuschlag (5,5 % von 150 €)	8,25 €
Kirchensteuer (z. B. in Bayern 7 % von 150 €)	10,50 €
Steuerbelastung insgesamt	168,75 €

Die Pauschalierung der Lohnsteuer mit 25 % löst nach § 1 Abs. 1 Nr. 3 der Sozialversicherungsentgeltverordnung Beitragsfreiheit in der Sozialversicherung aus.

Will der Arbeitgeber mehr als 50 € monatlich erstatten und mit 25 % pauschalieren, muss der Arbeitnehmer für einen repräsentativen Zeitraum von **drei Monaten** die entstandenen Aufwendungen im Einzelnen nachweisen. Der sich danach ergebende monatliche Durchschnittsbetrag darf der Pauschalierung für die Zukunft solange zugrunde gelegt werden, bis sich die Verhältnisse wesentlich ändern. Eine solche Änderung kann sich z. B. durch eine Veränderung der Höhe der Aufwendungen ergeben.

Nutzt der Arbeitnehmer seinen Internetzugang auch für **berufliche** Zwecke, kann der Arbeitgeber sowohl steuerfreien Auslagenersatz nach der sog. Telefonkostenregelung als auch pauschalbesteuerte Internetzuschusszahlungen gewähren. **Beide Steuervergünstigungen können nebeneinander angewandt werden.** Bezahlt der Arbeitgeber steuerfreien Auslagenersatz nach der für den steuerfreien Arbeitgeberersatz von Telefonkosten geltenden Kleinbetragsregelung in Höhe von **20 € monat-**

Computer

lich (vgl. die Erläuterungen beim Stichwort „Telefonkosten" unter Nr. 2 Buchstabe d auf Seite 696), so erhöhen sich die erforderlichen Internetkosten, für die der Arbeitnehmer eine schriftliche Bestätigung dem Arbeitgeber vorzulegen hat, auf den Mindestbetrag von 70 € pro Monat, um gleichzeitig die Pauschalbesteuerung im Rahmen der 50-Euro-Grenze ausschöpfen zu können.

Soweit die pauschal besteuerten Barzuschüsse auf Werbungskosten entfallen, ist ein **Werbungskostenabzug** durch den Arbeitnehmer grundsätzlich **ausgeschlossen.** Die Finanzverwaltung lässt allerdings zugunsten des Arbeitnehmers zu, dass die pauschal besteuerten Zuschüsse zunächst auf die privat veranlassten Internetkosten angerechnet werden. Darüber hinaus wird bei Zuschüssen bis zu 50 € monatlich von einer Anrechnung der pauschal besteuerten Zuschüsse auf die Werbungskosten des Arbeitnehmers generell abgesehen (R 40.2 Abs. 5 Sätze 11 und 12 LStR).

3. Gehaltsumwandlung

a) Zur Nutzung überlassene Computer

Nachdem ein steuerfreier Arbeitgeberersatz nach der Steuerbefreiungsvorschrift des § 3 Nr. 45 EStG bei einem leihweise zur häuslichen Nutzung überlassenen Computer unabhängig davon möglich ist, wie hoch die private Nutzung ist (also auch eine 100 %ige Privatnutzung steuerfrei ist) und außerdem die Anzahl und der Wert der überlassenen Geräte keine Rolle spielt, stellt sich die Frage, ob eine Umwandlung von Barlohn in solche steuerfreien Sachbezüge möglich ist. Die Vorschrift des § 3 Nr. 45 EStG enthält dazu – im Gegensatz zu anderen Steuerbefreiungsvorschriften – **keine Einschränkungen.** Es ist also nicht so, dass die Sachbezüge im Sinne des § 3 Nr. 45 EStG nur dann steuerfrei sind, wenn sie **zusätzlich zum ohnehin geschuldeten Arbeitslohn** gezahlt werden. Dies eröffnet die Möglichkeiten der Gehaltsumwandlung. Denn der Bundesfinanzhof hat mit Beschluss vom 20. 8. 1997 (BStBl. II S. 667) die Umwandlung von Barlohn in einen Sachbezug ausdrücklich zugelassen. Die Finanzverwaltung hat diese Rechtsprechung übernommen und z. B. die Umwandlung von Barlohn in Essensmarken oder Restaurantschecks dann akzeptiert, wenn der Austausch von Barlohn durch Essensmarken **ausdrücklich durch eine Änderung des Arbeitsvertrags vereinbart** wird. Diese Grundsätze gelten auch für die Fälle, in denen Arbeitgeber und Arbeitnehmer im gegenseitigen Einvernehmen Barlohn durch einen steuerfreien Sachbezug im Sinne des § 3 Nr. 45 EStG ersetzen. Dies wurde in den Lohnsteuer-Richtlinien ausdrücklich klargestellt, denn R 3.45 Satz 6 der Lohnsteuer-Richtlinien lautet: Für die Steuerfreiheit kommt es nicht darauf an, ob die Vorteile zusätzlich zum ohnehin geschuldeten Arbeitslohn oder auf Grund einer Vereinbarung mit dem Arbeitgeber über die Herabsetzung von Arbeitslohn erbracht werden.

In der **Sozialversicherung** wird selbst bei einer Änderung des Arbeitsvertrags die Barlohnminderung nicht anerkannt, wenn der Arbeitnehmer ein Wahlrecht zwischen Barlohn und Sachbezug hat. Anders ist es hingegen bei einem Gehaltsverzicht durch Abänderung des Arbeitsvertrags. Denn das laufende Arbeitsentgelt, auf das zugunsten eines Sachbezugs verzichtet wird, unterliegt nicht der Beitragspflicht in der Sozialversicherung, wenn der Verzicht arbeitsrechtlich bzw. tarifrechtlich zulässig ist und für die Zukunft schriftlich vereinbart wird. Zum wirksamen Verzicht vgl. das Stichwort „Zufluss von Arbeitslohn" unter Nr. 2 Buchstabe h.

Beispiel

Bei einem Arbeitnehmer mit einem Monatslohn von 5000 € wird durch eine Änderung des Arbeitsvertrags bestimmt, dass der Barlohn künftig nur noch 4800 € beträgt. Im Gegenzug stellt der Arbeitgeber dem Arbeitnehmer einen PC mit Internetzugang sowie einen Telefonanschluss zur Verfügung und übernimmt sämtliche Verbindungsentgelte (auch für die private Nutzung).

Der geldwerte Vorteil aus der privaten Nutzung und die Übernahme der privaten Verbindungsentgelte sind nach § 3 Nr. 45 steuerfrei. Dem Lohnsteuerabzug unterliegt lediglich der Barlohn in Höhe von 4800 €. Sozialversicherungsrechtlich wirkt sich der Verzicht auf Barlohn zugunsten steuerfreier Sachbezüge nicht aus, weil der Arbeitnehmer nach wie vor Anspruch auf einen Arbeitslohn von 5000 € hat und mit der Änderung des Arbeitsvertrags lediglich zwischen Bar- und Sachlohn gewählt hat. Die steuerfreien Sachbezüge werden deshalb nicht „zusätzlich zu Löhnen und Gehältern" (vgl. § 1 Abs. 1 Nr. 1 Sozialversicherungsentgeltverordnung) gewährt.

b) Übereignete Computer und Barzuschüsse zur Internetnutzung

Im Gegensatz zur Steuerbefreiungsvorschrift des § 3 Nr. 45 EStG für die private Nutzung von Computern, die im Eigentum des Arbeitgebers bleiben, enthält die **Pauschalierungsvorschrift** des § 40 Abs. 2 Nr. 5 EStG für Computerübereignung und Barzuschüsse zur Internetnutzung den Zusatz, dass eine Pauschalierung mit 25 % nur für solche Sachbezüge und Barzuschüsse möglich ist, die **zusätzlich zum ohnehin geschuldeten Arbeitslohn** gewährt werden. Durch diese gesetzliche Einschränkung gelten für die Umwandlung von Barlohn in solche Sachbezüge und Zuschüsse die allgemeinen Grundsätze für eine Gehaltsumwandlung im engeren Sinne. Diese Grundsätze sind beim Stichwort „Gehaltsumwandlung" unter Nr. 4 auf Seite 331 anhand von Beispielen erläutert.

4. Umsatzsteuerliche Behandlung der Privatnutzung betrieblicher Computer

Werden betriebliche Computer des Arbeitgebers den Arbeitnehmern kostenlos für ihre Privatzwecke zur Verfügung gestellt, erbringt der Arbeitgeber gegenüber dem Arbeitnehmer steuerbare und im Grundsatz auch steuerpflichtige Wertabgaben (§ 3 Abs. 9a UStG). Wenn die Nutzung betrieblicher Einrichtungen in solchen Fällen zwar auch die Befriedigung eines privaten Bedarfs der Arbeitnehmer zur Folge hat, diese Folge aber durch die mit der Nutzung angestrebten betrieblichen Zwecke überlagert wird, liegen nach Abschnitt 12 Abs. 4 UStR nicht steuerbare Leistungen vor, die überwiegend durch das betriebliche Interesse des Arbeitgebers veranlasst sind. Eine Umsatzsteuerbelastung tritt daher in derartigen Fällen in aller Regel nicht ein. Da eine Übernahme der in § 3 Nr. 45 EStG geregelten Steuerfreiheit für umsatzsteuerliche Sachverhalte wegen EU-rechtlicher Vorgaben nicht möglich ist, unterscheidet die Finanzverwaltung bei der Umsatzsteuer drei Fälle*):

a) Überlassung gegen Entgelt

Stellt der Arbeitgeber dem Arbeitnehmer die Geräte entgeltlich zur Privatnutzung zur Verfügung, liegt eine entgeltliche und damit umsatzsteuerpflichtige Leistung vor.

b) Überlassung ohne Entgelt

Wenn Arbeitnehmer die vorbezeichneten Einrichtungen kostenlos für ihre Privatzwecke nutzen dürfen, fällt zwar im Grundsatz ebenfalls Umsatzsteuer an, da es sich um unentgeltliche Wertabgaben im Sinne des § 3 Abs. 9a UStG handelt. Die Finanzverwaltung sieht jedoch dann von einer Besteuerung ab, wenn die Nutzungsüberlassung überwiegend durch das betriebliche Interesse des Arbeitgebers veranlasst ist, mit anderen Worten, wenn die Nutzung betrieblicher Einrichtungen zwar auch die Befriedigung eines privaten Bedarfs der Arbeitnehmer zur Folge haben, diese Folge aber – wie es in Abschnitt 12 Abs. 4

---

*) BMF-Schreiben vom 11. 4. 2001 Az.: IV B 7 – S 7109 – 14/01. Das nicht im Bundessteuerblatt veröffentlichte BMF-Schreiben ist als Anlage 2 zu R 3.45 LStR im **Steuerhandbuch für das Lohnbüro 2010** abgedruckt, das im selben Verlag erschienen ist. Das **PC-Lexikon** für das Lohnbüro 2010 enthält auch dieses Handbuch und hat außerdem den Vorteil, dass Sie **alle BFH-Urteile** sowie die aktuellen Rundschreiben und Niederschriften der Spitzenverbände der **Sozialversicherung** mit Mausklick **im Volltext** abrufen und ausdrucken können. Eine Bestellkarte finden Sie vorne im Lexikon.

Computer

	Lohn-steuer-pflichtig	Sozial-versich.-pflichtig

UStR*) heißt – „durch die mit der Nutzung angestrebten betrieblichen Zwecke überlagert wird".

Aufmerksamkeiten, die bereits von vornherein den Tatbestand der unentgeltlichen Wertabgabe nicht erfüllen, liegen allerdings in diesen Fällen nicht vor.

c) Nutzung gegen den Willen des Arbeitgebers

Wenn der Arbeitnehmer die betrieblichen Einrichtungen gegen den Willen des Arbeitgebers privat nutzt, fehlt es an einer willentlichen Wertabgabe des Unternehmers, was eine Umsatzbesteuerung ausschließt. Der Arbeitnehmer muss in diesen Fällen allerdings mit arbeitsrechtlichen Konsequenzen rechnen, die sogar zu einer Entlassung aus dem Arbeitsverhältnis führen können.

5. Werbungskostenabzug durch den Arbeitnehmer

a) Computer als Arbeitsmittel

Der Arbeitnehmer kann die Aufwendungen für einen beruflich genutzten Computer in vollem Umfang als Werbungskosten absetzen, wenn der Computer in vollem Umfang ein **Arbeitsmittel** im Sinne des § 9 Abs. 1 Satz 3 Nr. 6 EStG darstellt, das heißt so gut wie ausschließlich (= mindestens **90 %**) **zu beruflichen Zwecken** genutzt wird.

Durch die Unternehmensteuerreform 2008 ist die Betragsgrenze für **geringwertige Wirtschaftsgüter** bei den **Gewinneinkunftsarten** (z. B. Einkünfte aus Gewerbebetrieb) von 410 € auf **150 €** herabgesetzt worden (§ 6 Abs. 2 EStG). Für Wirtschaftsgüter, deren Anschaffungskosten 150 € aber nicht **1000 €** übersteigen, ist bei den Gewinneinkunftsarten ein **Sammelposten** zu bilden, der über insgesamt **fünf Jahre abzuschreiben** ist (§ 6 Abs. 2a EStG). Nach dem Wachstumsbeschleunigungsgesetz hat der Unternehmer für die Gewinneinkunftsarten ein auf das Wirtschaftsjahr bezogenes **Wahlrecht** zwischen den vorstehenden Regelungen und einer Betragsgrenze für **geringwertige Wirtschaftsgüter** von **410 €** ohne Ansatz eines Sammelpostens. Die Regelungen gelten nicht für Überschusseinkunftsarten und damit auch nicht für den **Werbungskostenabzug** bei den Einkünften aus **nichtselbständiger Arbeit**. Hier beträgt die Betragsgrenze für geringwertige Wirtschaftsgüter – nach wie vor – **487,90 €** (410 € zuzüglich 19 % Mehrwertsteuer = 77,90 €; § 9 Abs. 1 Satz 3 Nr. 7 Satz 2 EStG i. V. m. § 6 Abs. 2 Sätze 1 bis 3 EStG und R 9.12 LStR). Die „**Sammelpostenregelung**" ist für die Überschusseinkunftsarten – und damit auch für die Ermittlung der Einkünfte eines Arbeitnehmers aus nichtselbständiger Arbeit – **nicht übernommen** worden.

Betragen die Brutto-Aufwendungen für den Computer mehr als **487,90 €** (410 € zuzüglich 19 % Mehrwertsteuer ergeben 487,90 €), so müssen sie **auf die gewöhnliche Nutzungsdauer** verteilt werden; anderenfalls sind sie im Jahr der Anschaffung in voller Höhe des beruflichen Anteils als Werbungskosten abziehbar (R 9.12 Sätze 1 und 2 LStR). Nach der seit 1. 1. 2001 geltenden amtlichen AfA-Tabelle ist von einer **dreijährigen** Nutzungsdauer auszugehen (BMF-Schreiben vom 15. 12. 2000, BStBl. I S. 1531). Abweichungen von der durch die amtliche AfA-Tabelle vorgegebene Nutzungsdauer nach unten kommen nur dann in Betracht, wenn eine kürzere Nutzungsdauer nachgewiesen werden kann.

Die früher geltende sog. Halbjahresregelung (volle Jahres-AfA bei Anschaffung in der ersten Jahreshälfte, halbe Jahres-AfA bei Anschaffung in der zweiten Jahreshälfte) ist ab dem Kalenderjahr 2004 für alle nach dem 31. 12. 2003 angeschafften oder hergestellten Wirtschaftsgüter gestrichen worden; seit 1. 1. 2004 ist also die AfA immer **monatsweise** zu berechnen (§ 7 Abs. 1 Satz 4 i. V. m. § 52 Abs. 21 Satz 3 EStG). Bei dieser sog. Zwölftel-Methode gelten angefangene Monate als volle Monate.

Zu beachten ist, dass Computer sowie Monitor, Drucker und Scanner einheitlich über drei Jahre abgeschrieben werden müssen, da **Monitor, Drucker** und **Scanner** keine selbständigen – ohne einen Computer nutzbare – Wirtschaftsgüter sind. Eine vollständige Abschreibung dieser Geräte als geringwertiges Wirtschaftsgut im Jahr der Anschaffung (Anschaffungskosten nicht mehr als 410 € netto, ohne Umsatzsteuer) kommt nur in Betracht, wenn es sich um sog. Kombigeräte handelt, die auch als Kopierer oder Fax selbständig nutzbar sind. Der **Austausch einzelner Komponenten** einer PC-Anlage – z. B. neuer Monitor oder neuer Drucker – ist aber in Höhe des Anteils der beruflichen Nutzung als Werbungskosten zu berücksichtigen. Im Privatvermögen wird nämlich nicht von einer – zu Anschaffungskosten führenden – wesentlichen Verbesserung des Wirtschaftsguts auszugehen sein.

Bei einer gesonderten Anschaffung von Software außerhalb des Anschaffungsvorgangs ist zu beachten, dass sog. Trivialprogramme zu den abnutzbaren beweglichen und selbständig nutzbaren Wirtschaftsgütern gehören (R 5.5 Abs. 1 EStR). **Computerprogramme** deren Anschaffungskosten nicht mehr als 410 € netto, ohne Umsatzsteuer, betragen, sind stets als Trivialprogramme zu behandeln. Mithin erfüllen diese Programme die Voraussetzungen für ein geringwertiges Wirtschaftsgut, dessen Anschaffungskosten im Jahr der Anschaffung in Höhe des Anteils der beruflichen Nutzung berücksichtigt werden können (siehe das Beispiel unter dem nachfolgenden Buchstaben b).

b) Computer kein Arbeitsmittel

Für Computer, die teils beruflich teils privat genutzt werden, bei denen aber die berufliche Nutzung nicht mindestens 90 % beträgt, gilt Folgendes:

Die Finanzverwaltung hatte früher die Auffassung vertreten, dass bei privat angeschafften Computern eine zutreffende und leicht nachprüfbare Trennung in berufliche und private Nutzung im Regelfall nicht möglich sei. Die Kosten waren deshalb nach den für Arbeitsmittel geltenden Grundsätzen nur abzugsfähig, wenn der Computer so gut wie ausschließlich beruflich genutzt wurde und eine etwaige private Mitbenutzung nur von ganz untergeordneter Bedeutung war (= nicht mehr als 10 %).

Diese „Alles oder Nichts"-Betrachtungsweise wurde allgemein als unbefriedigend empfunden, denn selbst wenn die Anschaffung des Computers aus beruflichen Gründen erforderlich war und eine z. B. 50%ige berufliche Nutzung glaubhaft gemacht wurde, mussten die Aufwendungen in voller Höhe den nicht abzugsfähigen Kosten der privaten Lebensführung zugerechnet werden. Die obersten Finanzbehörden des Bundes und der Länder haben deshalb entschieden, dass an dieser Rechtsauffassung nicht mehr festgehalten wird und § 12 EStG einer **Aufteilung der Aufwendungen** nicht entgegensteht. Die Finanzverwaltung lässt deshalb die Aufwendungen für privat angeschaffte Computer und für den Internetnutzung **in Höhe des beruflichen Nutzungsanteils** zum **Werbungskostenabzug** zu (z. B. in Höhe von 75 %), sofern der Umfang der beruflichen Nutzung nachgewiesen oder zumindest glaubhaft gemacht wird**). Der Bundesfinanzhof geht sogar noch einen Schritt weiter: Hat der Arbeitnehmer einen Computer angeschafft, der beruflich und privat

---

*) Abschnitt 12 der Umsatzsteuer-Richtlinien 2008 ist als Anhang 14 im **Steuerhandbuch für das Lohnbüro 2010** abgedruckt, das im selben Verlag erschienen ist. Das **PC-Lexikon** für das Lohnbüro 2010 enthält auch dieses Handbuch und hat außerdem den Vorteil, dass Sie **alle BFH-Urteile** sowie die aktuellen Rundschreiben und Niederschriften der Spitzenverbände der **Sozialversicherung** mit Mausklick **im Volltext** abrufen und ausdrucken können. Eine Bestellkarte finden Sie vorne im Lexikon.

) Erlass des Finanzministeriums Nordrhein-Westfalen vom 14. 2. 2002 Az.: S 2354 – 1 – V B 3. Der Erlass ist als Anlage 2 zu H 9.1 LStR im **Steuerhandbuch für das Lohnbüro 2010 abgedruckt, das im selben Verlag erschienen ist. Das **PC-Lexikon** für das Lohnbüro 2010 enthält auch dieses Handbuch und hat außerdem den Vorteil, dass Sie **alle BFH-Urteile** sowie die aktuellen Rundschreiben und Niederschriften der Spitzenverbände der **Sozialversicherung** mit Mausklick **im Volltext** abrufen und ausdrucken können. Eine Bestellkarte finden Sie vorne im Lexikon.

genutzt wird, ohne dass die genauen Nutzungsanteile festgestellt werden können, ist die berufliche und private Nutzung aus Vereinfachungsgründen mit jeweils 50 % anzusetzen. Soll für die berufliche Nutzung ein höherer Kostenanteil als 50 % angesetzt werden, so muss dieser nachgewiesen bzw. zumindest glaubhaft gemacht werden (BFH-Urteil vom 19. 2. 2004, BStBl. II S. 958).

Beispiel:
Ein Arbeitnehmer hat sich im Mai 2010 eine PC-Anlage (PC, Monitor, Drucker) angeschafft, die er zu 75 % beruflich und zu 25 % privat nutzt. Die Anschaffungskosten betrugen 1250 € zuzüglich 19 % USt (= 237,50 €). Im August 2010 hat er noch ein ausschließlich beruflich nutzbares Trivialprogramm für 350 € zuzüglich 19 % USt (= 66,50 €) erworben.

Der Arbeitnehmer kann 2010 folgende Werbungskosten abziehen:

PC-Anlage Brutto-Anschaffungskosten	1488 €
verteilt auf die Nutzungsdauer von 3 Jahren	496 €
zeitanteilig für Mai–Dezember = 8 Monate =	331 €
davon 75 % wegen beruflicher Nutzung	249 €
zuzüglich ausschließlich beruflich genutztes Computer-Programm, bei dem es sich um ein geringwertiges Wirtschaftsgut handelt	417 €
Summe der Werbungskosten	666 €

Contractual Trust Agreement (CTA-Modelle)

Immer mehr Arbeitgeber sichern die Ansprüche der Arbeitnehmer aus einer betrieblichen Altersversorgung für den Fall der Insolvenz – über die gesetzlich eingerichtete **Insolvenzsicherung** über den Pensions-Sicherungs-Verein hinaus – zusätzlich privatrechtlich ab. Diese privatrechtliche Absicherung geschieht vielfach über sog. „Contractual Trust Agreement" (CTA). Dabei handelt es sich um **Treuhandkonstruktionen,** durch die der besondere Zugriff des Insolvenzverwalters auf die ganz oder teilweise unter „wirtschaftlicher Beteiligung" des Arbeitnehmers (z. B. durch Gehaltsumwandlung) erworbenen Ansprüche auf Leistungen der betrieblichen Altersversorgung verhindert wird.

Es ist gesetzlich sichergestellt worden (§ 3 Nr. 65 Satz 1 Buchstabe c EStG), dass das **Einstehen eines Dritten** für die Erfüllung von Ansprüchen aufgrund bestehender Versorgungsverpflichtungen oder -anwartschaften im Fall der Eröffnung des Insolvenzverfahrens oder in gleichstehenden Fällen (z. B. Abweisung des Antrags auf Eröffnung des Insolvenzverfahrens mangels Masse; vgl. im Einzelnen § 7 Abs. 1 Satz 4 des Betriebsrentengesetzes) **nicht** zu einem **Zufluss** von steuerpflichtigem Arbeitslohn für den Arbeitnehmer und ggf. dessen Hinterbliebenen führt. Schließlich führt die Insolvenzsicherung nicht zu neuen oder höheren Ansprüchen, sondern schützt nur die bereits vorhandenen Ansprüche für den Fall der Insolvenz des Arbeitgebers. Neben den Ansprüchen der Arbeitnehmer auf Leistungen der betrieblichen Altersversorgung werden durch CTA und ähnliche Gestaltungen auch Ansprüche der Arbeitnehmer bei **Altersteilzeitmodellen** und aus **Arbeitszeitkonten** gesichert. Die Steuerfreistellung gilt für diese Fälle entsprechend.

Die **spätere Zahlung** der Versorgungsleistungen **durch** den **Dritten** an den Arbeitnehmer oder seine Hinterbliebenen führt zum **Zufluss** von Arbeitslohn, von dem der Dritte den **Lohnsteuerabzug** vorzunehmen hat (§ 3 Nr. 65 Sätze 2 bis 4 EStG).

In der Praxis kommt es – zumeist im Vorfeld des CTA-Modells – oftmals zu einer Auslagerung von Pensionsverpflichtungen auf eine konzerninterne Pensionsgesellschaft (was häufig bilanzielle Gründe hat) im Wege des Schuldbeitritts mit im Innenverhältnis vereinbarter Erfüllungsübernahme gegenüber den aktiven Arbeitnehmern bzw. durch Ausgliederung gegenüber ehemaligen Arbeitnehmern/Rentnern. Dabei wird die Pensionsgesellschaft, um die laufenden und künftigen Pensionsverpflichtungen bedienen zu können, von den verlagernden Konzerngesellschaften mit ausreichenden Deckungsmitteln ausgestattet (= entgeltlicher Schuldbeitritt bzw. Ausgliederung). Sowohl der Schuldbeitritt als auch die Ausgliederung erfolgen ohne Mitwirkung des Arbeitnehmers, die über die Maßnahmen nur informiert werden. Die Finanzverwaltung nimmt auch in diesen Fällen des Schuldbeitritts bzw. der Ausgliederung keinen Zufluss von Arbeitslohn an.[*] Auch hier liegt also ein Zufluss von Arbeitslohn, der dem Lohnsteuerabzug unterliegt, erst bei der späteren Auszahlung der Versorgungsleistungen vor. Die entsprechende Versteuerung des Arbeitslohns kann in diesem Fall mit Zustimmung des Finanzamts anstelle vom Arbeitgeber auch von der Pensionsgesellschaft vorgenommen werden (§ 38 Abs. 3a Satz 2 EStG; vgl. auch „Lohnsteuerabzug durch einen Dritten" unter Nr. 3).

Darlehen an Arbeitnehmer

1. Hingabe des Darlehens

Die Hingabe eines Darlehens durch den Arbeitgeber ist wie folgt zu behandeln:

a) Wenn es sich um ein **echtes Darlehen** handelt, d. h. wenn ausreichende Bestimmungen über Laufzeit, Verzinsung, Tilgung und ggf. Sicherstellung getroffen werden, liegt kein Zufluss von Arbeitslohn vor.   nein   nein

Die Bestimmungen über Verzinsung können eine Zinsverbilligung oder Zinslosigkeit zum Inhalt haben, wenn es sich im Übrigen um ein echtes Darlehen handelt. Zur steuerlichen Behandlung der **Zinsersparnis** vgl. das Stichwort „Zinsersparnisse und Zinszuschüsse".

b) Wenn keine Bestimmungen über Laufzeit, Verzinsung, Tilgung usw. getroffen sind, ein echtes Darlehen also nicht gewollt ist, so liegt Zufluss von Arbeitslohn vor. Vgl. aber auch das Stichwort „Vorschüsse".   ja   ja

2. Verzicht auf die Rückzahlung des Darlehens

a) Wenn es sich um ein echtes Darlehen (siehe Nr. 1 a) handelt, so liegt bei Verzicht auf die Rückzahlung Zufluss von Arbeitslohn vor, der als sonstiger Bezug zu besteuern ist. U. E. liegt in solch einem Fall eine **Geldleistung** (quasi abgekürzter Zahlungsweg) und kein Sachbezug vor mit der Folge, dass eine Pauschalierung der Lohnsteuer mit 30 % (§ 37b Abs. 2 EStG) von vornherein ausscheidet (vgl. auch die Erläuterungen beim Stichwort „Pauschalierung der Lohnsteuer für Belohnungsessen, Incentive-Reisen, VIP-Logen und ähnliche Sachbezüge").   ja   ja

Dies gilt unabhängig davon, ob beim Arbeitnehmer in gleicher Höhe Werbungskosten (Fortbildungskosten) vorliegen, denn ein Werbungskostenersatz gehört zum steuerpflichtigen Arbeitslohn, es sei denn, der Werbungskostenersatz ist durch gesetzliche Regelung ausdrücklich steuerfrei gestellt (BFH-Urteil vom 19. 2. 2004, BFH/NV 2004 S. 789). Der Arbeitnehmer muss also den im Zeitpunkt des Forderungsverzichts zufließenden Arbeitslohn einerseits versteuern, andererseits kann er ggf. in gleicher Höhe Werbungskosten bei einer Veranlagung zur Einkommensteuer geltend machen. Nachteilig ist für den Arbeitnehmer allerdings, dass der Zufluss des Arbeitslohns sozialversicherungspflichtig ist.

Ist dagegen dem Arbeitnehmer die Rückzahlung des Darlehens wegen **Zahlungsunfähigkeit** nicht möglich und unterlässt der Arbeitgeber in einem solchen Falle – offen-

---
[*] Tz. 227 des BMF-Schreibens vom 20.1.2009 (BStBl. I S. 273). Das BMF-Schreiben ist als Anhang 13c im **Steuerhandbuch für das Lohnbüro 2010** abgedruckt, das im selben Verlag erschienen ist. Das **PC-Lexikon** für das Lohnbüro 2010 enthält auch dieses Handbuch und hat außerdem den Vorteil, dass Sie **alle BFH-Urteile** sowie die aktuellen Rundschreiben und Niederschriften der Spitzenverbände der **Sozialversicherung** mit Mausklick **im Volltext** abrufen und ausdrucken können. Eine Bestellkarte finden Sie vorne im Lexikon.

	Lohn-steuer-pflichtig	Sozial-versich.-pflichtig

sichtlich erfolglose – Maßnahmen zur Beitreibung des Darlehens, so kann darin weder ein Verzicht des Arbeitgebers auf die Rückzahlung noch beim Arbeitnehmer Zufluss von Arbeitslohn gesehen werden. — nein — nein

b) Wenn es sich um ein unechtes Darlehen handelt (siehe Nr. 1 b) und dieses bereits bei der Hingabe versteuert worden ist, so ist der Verzicht steuerlich unbeachtlich. Zahlt der Arbeitnehmer in solch einem Fall Beträge an den Arbeitgeber zurück, liegt Rückzahlung von Arbeitslohn vor (vgl. dieses Stichwort). — nein — nein

Deferred Compensation

siehe „Arbeitnehmerfinanzierte Pensionszusage"

Deputate

In bestimmten Wirtschaftszweigen (insbesondere in der Land- und Forstwirtschaft) werden die dort üblichen **Sachbezüge** der Arbeitnehmer als Deputate bezeichnet. Sie stellen grundsätzlich steuer- und beitragspflichtigen Arbeitslohn dar. — ja — ja

Die Besteuerung der Deputate hat im Grundsatz bei ihrer Hingabe an den Arbeitnehmer zu erfolgen. Da sie jedoch in der Regel in den einzelnen Lohnzahlungszeiträumen nicht gleichmäßig gewährt werden, ist es zulässig, den Wert der Deputate für ein ganzes Jahr zu ermitteln und den Jahresbetrag beim letzten Lohnabrechnungszeitraum des Kalenderjahres als einmaligen Bezug zu erfassen.

Der Rabattfreibetrag in Höhe von 1080 € jährlich, ist auf alle Sachbezüge anzuwenden, also auch auf Deputate in der Land- und Forstwirtschaft. Der Rabattfreibetrag von 1080 € gilt nicht nur bei einer verbilligten Überlassung von Waren und Dienstleistungen, sondern auch bei einer **unentgeltlichen** Überlassung. Bei den Sachbezügen, die durch den Rabattfreibetrag begünstigt sind, muss es sich um Waren oder Dienstleistungen handeln, die vom Arbeitgeber **nicht** überwiegend für den Bedarf seiner Arbeitnehmer hergestellt oder erbracht werden. Oder umgekehrt ausgedrückt: Nur bei der unentgeltlichen oder verbilligten Überlassung von Waren, mit denen der Arbeitgeber Handel treibt, ist der Rabattfreibetrag anwendbar. Die unentgeltliche Überlassung von Kost und Wohnung ist deshalb im Normalfall nicht durch den Rabattfreibetrag begünstigt, da in aller Regel davon auszugehen ist, dass die Kost und Wohnung überwiegend nur für den Bedarf der Arbeitnehmer bereitgestellt wird (Ausnahme: Im Rahmen der Land- und Forstwirtschaft wird auch eine Gaststätte mit Übernachtung betrieben).

Für die Anwendung des Rabattfreibetrags sind die Werte der Waren und Dienstleistungen mit den um 4 % geminderten Endpreisen am Abgabeort anzusetzen. Dies sind die Endpreise (einschließlich Mehrwertsteuer), zu denen der Arbeitgeber die Waren oder Dienstleistungen fremden Letztverbrauchern im allgemeinen Geschäftsverkehr anbietet. Im Einzelhandel sind dies die Preise, mit denen die Waren ausgezeichnet werden. Tritt der Arbeitgeber mit Letztverbrauchern nicht in Geschäftsbeziehungen, so sind die Endpreise zugrunde zu legen, zu denen die Abnehmer des Arbeitgebers die Waren oder Dienstleistungen fremden Letztverbrauchern anbieten. Maßgebend ist dabei derjenige Abnehmer, der dem Arbeitgeber am nächsten liegt. Die Auswirkungen des Rabattfreibetrags, der beim Stichwort „Rabatte, Rabattfreibetrag" eingehend erläutert ist, sollen an einem Beispiel verdeutlicht werden.

Beispiel
Eine Käserei in Garmisch-Partenkirchen überlässt ihren Arbeitnehmern monatlich unentgeltlich 10 Kilogramm Emmentaler. Emmentaler wird in Garmisch-Partenkirchen im Einzelhandel um 9,30 € je Kilogramm verkauft. Der für die Anwendung des Rabattfreibetrags maßgebende Warenwert errechnet sich wie folgt:

	Lohn-steuer-pflichtig	Sozial-versich.-pflichtig

9,30 € × 10 = 93,— €
abzüglich 4 % 3,72 €
maßgebender Warenwert monatlich 89,28 €
Jahresbetrag (89,28 € × 12) 1 071,36 €

Dieser Betrag ist steuerfrei, da er den Rabattfreibetrag von 1080 € nicht übersteigt. Ist der Warenwert in Anwendung des Rabattfreibetrags steuerfrei, so ist er auch beitragsfrei bei der Sozialversicherung.

Werden Arbeitnehmern unentgeltlich Sachbezüge gewährt, muss der Arbeitgeber die umsatzsteuerlichen Vorschriften beachten. Die unentgeltliche Abgabe von Deputaten ist hiernach **umsatzsteuerpflichtig**. Der Rabattfreibetrag ist bei der Umsatzsteuer **nicht** anwendbar (vgl. das Stichwort „Umsatzsteuerpflicht bei Sachbezügen").

Deutsche Forschungsgemeinschaft

Die nach den besonderen Richtlinien der deutschen Forschungsgemeinschaft zur Förderung der wissenschaftlichen Ausbildung und Forschung gewährten Beihilfen sind nach § 3 Nr. 44 EStG steuerfrei. Die Steuerbefreiung gilt auch für Zuwendungen zur Bestreitung des Lebensunterhalts (BFH-Urteil vom 20. 3. 2003, BStBl. 2004 II S. 190). — nein — nein
Siehe auch das Stichwort „Stipendien".

Deutsche Künstlerhilfe

Zuwendungen aus der Deutschen Künstlerhilfe, soweit es sich um Bezüge wegen Hilfsbedürftigkeit aus öffentlichen Mitteln handelt, sind nach § 3 Nr. 43 EStG steuerfrei. — nein — nein

Diakonissen

siehe „Ordensangehörige"

Diebstahl

Ersatzleistungen des Arbeitgebers für Gegenstände, die dem Arbeitnehmer bei einer Auswärtstätigkeit gestohlen werden (z. B. der Pkw), können als Reisenebenkosten steuerfrei sein (vgl. „Reisekosten bei Auswärtstätigkeiten" unter Nr. 7 Buchstabe g auf Seite 596).

Diensterfindung

Siehe die Stichworte: Erfindervergütungen und Verbesserungsvorschläge.

Dienstjubiläum

siehe „Jubiläumszuwendungen"

Dienstkleidung

Unentgeltliche Überlassung von Dienstkleidung an
– private Arbeitnehmer siehe „Arbeitskleidung";
– Angehörige der Bundeswehr, des Bundesgrenzschutzes, der Bereitschaftspolizei und an Vollzugsbeamte der Kriminalpolizei siehe „Bekleidungszuschüsse" und „Bundeswehr";
– Angehörige der Berufsfeuerwehr siehe „Berufsfeuerwehr".

Dienstmänner

Dienstmänner sind in der Regel selbständig (dies gilt auch für Dienstmänner – Gepäckträger – der Deutschen Bahn AG). — nein — nein

Zur Frage der „Scheinselbständigkeit" vgl. dieses Stichwort.

Dienstreise
siehe „Reisekosten bei Auswärtstätigkeiten"

Dienstwagen zur privaten Nutzung
siehe „Firmenwagen zur privaten Nutzung"

Dienstwohnung
siehe „Wohnungsüberlassung"

Diplomaten
siehe „Erweiterte unbeschränkte Steuerpflicht" und „Persönliche Lohnsteuerbefreiungen"

Directors & Officers Versicherung
siehe „Versicherungsschutz"

Direktversicherung

Gliederung:
1. Allgemeines
2. Behandlung der Beiträge in der Ansparphase
   a) Steuerfreiheit der Beiträge zu einer Direktversicherung
   b) Pauschalierung der Lohnsteuer mit 20 % in Altfällen
   c) Erstes Dienstverhältnis und Gehaltsumwandlung
   d) Verzicht auf die Steuerfreiheit
3. Vorzeitige Rückzahlung pauschal mit 20 % versteuerter Beiträge zu einer Direktversicherung
4. Behandlung der Leistungen in der Auszahlungsphase
5. Krankenkassenbeiträge für Leistungen in der Auszahlungsphase

1. Allgemeines

Unter dem Begriff „Direktversicherung des Arbeitnehmers" versteht man ganz allgemein eine Versicherung, die der Arbeitgeber bezahlt, bei der aber **der Arbeitnehmer einen (direkten) Rechtsanspruch auf die Versicherungsleistungen erwirbt,** wie wenn er selbst die Versicherung abgeschlossen hätte und die Beiträge zahlen würde. Unter den allgemeinen Begriff der Direktversicherung können alle Arten von Versicherungen fallen (z. B. Lebensversicherungen, Kranken-, Unfall- und Haftpflichtversicherungen). Die Beiträge des Arbeitgebers zu solchen Versicherungen gehören zum steuer- und beitragspflichtigen Arbeitslohn (§ 2 Abs. 2 Nr. 3 Satz 1 LStDV).

Eine Ausnahme besteht für die Direktversicherung in Form einer **Lebensversicherung,** die vom **Arbeitgeber** als einer von fünf möglichen Durchführungswegen der **betrieblichen Altersversorgung** auf das Leben des Arbeitnehmers abgeschlossen wird und bei der der Arbeitnehmer oder seine Hinterbliebenen hinsichtlich der Versorgungsleistungen des Versicherers ganz oder teilweise bezugsberechtigt sind (§ 1 b Abs. 2 Satz 1 des Betriebsrentengesetzes).

2. Behandlung der Beiträge in der Ansparphase

a) Steuerfreiheit der Beiträge zu einer Direktversicherung

Seit 1.1.2005 sind die Beiträge zu einer Direktversicherung in Form einer Lebensversicherung in die Steuerbefreiungsvorschrift des § 3 Nr. 63 EStG mit einbezogen worden. Damit sind die Beiträge zu einer Direktversicherung ebenso wie die Beiträge zu einer Pensionskasse oder einem Pensionsfonds bis zu 4 % der Beitragsbemessungsgrenze in der gesetzlichen Rentenversicherung (alte Bundesländer) steuerfrei und damit auch beitragsfrei in der Sozialversicherung. Für das Kalenderjahr 2010 sind hiernach 4 % von 66 000 € = **2640 €** jährlich oder 220 € monatlich steuer- und beitragsfrei. | nein | nein |

Für **Neuverträge,** die ab 1.1.2005 abgeschlossen worden sind, erhöht sich der steuerfreie Betrag von 2640 € um weitere **1800 €** jährlich (§ 3 Nr. 63 Satz 3 EStG). Diese Steuerfreiheit löst keine Beitragsfreiheit in der Sozialversicherung aus, das heißt, der seit 1.1.2005 geltende zusätzliche Steuerfreibetrag von 1800 € jährlich ist beitragspflichtig in der Sozialversicherung*). | nein | ja |

Zur Steuerfreiheit von Beträgen zu einer Direktversicherung stellt sich häufig die Frage, ob die 4 %-Grenze **mehrfach** ausgeschöpft werden kann. Dies ist bei den Durchführungswegen Direktversicherung, Pensionskasse und Pensionsfonds einerseits und den Durchführungswegen Pensionszusage (Direktzusage) und Unterstützungskasse andererseits der Fall. Das bedeutet, dass die 4 %-Grenze wie folgt in Anspruch genommen werden kann:

- **einmal 4 %** für Beiträge zu einer Direktversicherung, Pensionskasse oder Pensionsfonds und
- **weitere 4 %** für eine Pensionszusage oder eine Unterstützungskasse.

Auf die ausführlichen Erläuterungen in Anhang 6 zum Lexikon wird Bezug genommen.

b) Pauschalierung der Lohnsteuer mit 20 % in Altfällen

Beiträge zu Direktversicherungen können nach § 40b EStG in der bis zum 31.12.2004 geltenden Fassung – auch in den Jahren 2005 ff. – mit 20 % pauschal versteuert werden (sog. Altfälle). Die Pauschalierung der Lohnsteuer mit 20 % löst Beitragsfreiheit in der Sozialversicherung aus, soweit die Beiträge **zusätzlich** zum regelmäßigen Arbeitsentgelt gezahlt werden oder aus **Einmalzahlungen** (z. B. Urlaubsgeld oder Weihnachtsgeld) stammen. Auf das Beispiel beim Stichwort „Zukunftssicherung" unter Nr. 16 Buchstabe a auf Seite 811 wird hingewiesen. | ja | nein |

Die Fortführung der Pauschalversteuerung mit 20 % in Altfällen war notwendig, weil nur ein Teil der am 31.12.2004 bestehenden Direktversicherungsverträge die Voraussetzungen für die seit 1.1.2005 geltende Steuerbefreiung nach § 3 Nr. 63 EStG erfüllte.

Denn die seit 1.1.2005 geltende neue Steuerbefreiung für Beiträge zu einer Direktversicherung bis zu 4 % der Beitragsbemessungsgrenze in der gesetzlichen Rentenversicherung (alte Bundesländer) ist ebenso wie der Erhöhungsbetrag von 1800 € jährlich auf Versorgungszusagen beschränkt, die eine Auszahlung der gesamten Alters-, Invaliditäts- oder Hinterbliebenenversorgung **in Form einer lebenslänglichen Rente** oder eines entsprechenden Auszahlungsplans vorsehen. Die Steuerfreiheit nach § 3 Nr. 63 EStG scheidet also von vorneherein aus, wenn die späteren Versorgungsleistungen als **einmalige Kapitalleistung** erbracht werden sollen. Auf die ausführlichen Erläuterungen der Voraussetzungen für die Steuerfreiheit nach § 3 Nr. 63 EStG in **Anhang 6 Nr. 5** auf Seite 854 des Lexikons wird Bezug genommen.

c) Erstes Dienstverhältnis und Gehaltsumwandlung

Sowohl die Steuerfreiheit nach § 3 Nr. 63 EStG als auch die Pauschalierung der Lohnsteuer mit 20 % setzen ein bestehendes **erstes Dienstverhältnis** voraus. Die Steuerfreiheit und auch die Pauschalierung mit 20 % werden unabhängig davon gewährt, ob die Beiträge **zusätzlich**

---
*) Dies ergibt sich aus § 1 Abs. 1 Nr. 9 der Sozialversicherungsentgeltverordnung, da dort lediglich auf § 3 Nr. 63 EStG **Satz 1 und 2** EStG Bezug genommen wird, wohingegen der steuerfreie Betrag von 1800 € in § 3 Nr. 63 **Satz 3** EStG geregelt ist.

Direktversicherung

zum ohnehin geschuldeten **Arbeitslohn** geleistet **oder** im Wege der **Gehaltsumwandlung** anstelle des geschuldeten Arbeitslohns erbracht werden.

d) Verzicht auf die Steuerfreiheit

Für seit längerem bestehende Direktversicherungsverträge, die auch die Kriterien der seit 1.1.2005 geltenden neuen Steuerbefreiungsvorschrift erfüllen, ist die Möglichkeit der Lohnsteuerpauschalierung mit 20 % unter der Voraussetzung auch weiterhin erhalten geblieben, dass der Arbeitnehmer gegenüber dem Arbeitgeber den **Verzicht auf die Steuerfreiheit** nach § 3 Nr. 63 EStG ausdrücklich erklärt. Beiträge zu einer vor dem 1.1.2005 abgeschlossenen Direktversicherung (sog. Altfälle) können also wie bisher pauschal mit 20 % versteuert werden, und zwar entweder weil die Voraussetzungen für die neue Steuerbefreiungsvorschrift nicht vorliegen (einmalige Kapitalauszahlung), oder weil weiterhin die Pauschalierung mit 20 % gewählt wird, um der schon nachgelagerten Besteuerung der späteren Auszahlungen zu entgehen (vgl. die Erläuterungen unter der nachfolgenden Nr. 3). Auch bei einem Arbeitgeberwechsel kann der Arbeitnehmer die bisherige Pauschalierung mit 20 % „mitnehmen". Die Pauschalierung der Lohnsteuer mit 20 % wird deshalb auch weiterhin bei Direktversicherungen zur Anwendung kommen. Die weitergeltenden Regelungen sind beim Stichwort „Zukunftsicherung" unter den Nummern 10 bis 21 im Einzelnen erläutert.

3. Vorzeitige Rückzahlung pauschal mit 20 % versteuerter Beiträge zu einer Direktversicherung

Es kommt vor, dass der Direktversicherungsvertrag bei fortbestehendem Dienstverhältnis durch den Arbeitgeber gekündigt und der Rückkaufswert an den Arbeitnehmer ausgezahlt wird. Dies geschieht im Einverständnis mit dem Arbeitnehmer, da dieser ein unwiderrufliches Bezugsrecht hat, wenn die Beiträge aus einer Barlohnumwandlung stammen. Dieser Vorgang hat keine lohnsteuerliche Auswirkung (vgl. hierzu die ausführlichen Erläuterungen beim Stichwort „Zukunftsicherung" unter Nr. 17 Buchstabe b auf Seite 814).

Die Sozialversicherungsträger vertreten zur vorzeitigen Auflösung eines Direktversicherungsvertrags folgende Auffassung (SV-Rundschreiben vom 25.9.2008):

Bei einer nicht dem Gesetzeszweck folgenden Verwendung erworbener Anwartschaften oder einer Leistung, die im Betriebsrentengesetz nicht als Leistung der betrieblichen Altersversorgung vorgesehen ist, wird der in der Sozialversicherung für Entgeltumwandlungen zur betrieblichen Altersversorgung geregelten Beitragsfreiheit die Grundlage entzogen. Da jedoch aufgrund des Versicherungsprinzips in der Sozialversicherung in abgewickelte Versicherungsverhältnisse nicht mehr eingegriffen werden kann, verbleibt es bei der Beitragsfreiheit der Aufwendungen zur betrieblichen Altersversorgung.

Bei dem vom Arbeitgeber (bzw. von der Versorgungseinrichtung) gezahlten Abfindungsbetrag in Höhe des Rückkaufswerts handelt es sich um einen geldwerten Vorteil für den Arbeitnehmer, der als **einmalig gezahltes Arbeitsentgelt** im Sinne der Sozialversicherung anzusehen und entsprechend zu verbeitragen ist.

4. Behandlung der Leistungen in der Auszahlungsphase

Sind die Beiträge des Arbeitgebers zu einer Direktversicherung steuerfrei nach § 3 Nr. 63 EStG, so kommt es zur nachgelagerten Besteuerung, das heißt Versorgungsleistungen aus einer solchen Direktversicherung werden im Zeitpunkt der Auszahlung **in vollem Umfang** (nicht nur mit dem Ertragsanteil) als sonstige Einkünfte besteuert, soweit sie auf **steuerfreien Beitragsleistungen des Arbeitgebers beruhen** (§ 22 Nr. 5 Satz 1 EStG).

Bei Altzusagen, die über den 1.1.2005 hinaus weiterhin pauschal mit 20 % versteuert wurden, werden spätere Rentenzahlungen aus dem Direktversicherungsvertrag lediglich mit einem sehr geringen Ertragsanteil (z. B. 18 % bei Rentenbeginn mit 65 Jahren) als sonstige Einkünfte versteuert (§ 22 Nr. 5 Satz 2 EStG). Die Wechselwirkung zwischen der Behandlung in der Ansparphase und der Besteuerung der Leistungen in der Auszahlungsphase ist ausführlich anhand von Beispielen in Anhang 6 Nr. 11 auf Seite 865 dargestellt.

5. Krankenkassenbeiträge für Leistungen in der Auszahlungsphase

Leistungen aus einer Direktversicherung sind bei gesetzlich Krankenversicherten als Versorgungsbezüge (§ 229 SGB V) kranken- und pflegeversicherungspflichtig. Wird die Leistung aus einer Direktversicherung als einmalige Kapitalleistung erbracht, gilt $1/120$ der Kapitalleistung als monatlicher Zahlbetrag, das heißt, die Einmalzahlung wird auf 10 Jahre verteilt (vgl. die Erläuterungen in Teil B Nr. 12 auf Seite 18).

Direktzusage

siehe „Pensionszusage"

Doppelbesteuerungsabkommen

Neues und Wichtiges auf einen Blick

Die Finanzverwaltung hat einen umfangreichen Erlass zur steuerlichen Behandlung des Arbeitslohns nach den Doppelbesteuerungsabkommen veröffentlicht (BMF-Schreiben vom 14.9.2006, BStBl. I S. 532)*). Der Erlass ist in das Stichwort eingearbeitet und anhand von Beispielen erläutert.

Der Bundesfinanzhof hat entschieden, dass sog. Verständigungsvereinbarungen nicht die Finanzgerichte binden (BFH-Urteil vom 2.9.2009 I R 90/08 und I R 111/08). Dies ist für die Zuweisung des Besteuerungsrechts bei Abfindungen von Bedeutung (vgl. nachfolgend Nr. 9 Buchstabe f).

Gliederung:

1. Anwendung von Doppelbesteuerungsabkommen
   a) Allgemeines
   b) Geltende Doppelbesteuerungsabkommen
   c) Abkommensberechtigung/Ansässigkeit
2. Zuweisung des Besteuerungsrechts bei Arbeitslöhnen
3. Vorübergehender Aufenthalt (sog. 183-Tage-Regelung)
4. Nichtanwendung der 183-Tage-Regelung
   a) Grenzgänger
   b) Leiharbeitnehmer
   c) Studenten, Lehrer, Künstler, Sportler, Flug- und Schiffspersonal
   d) Zahlungen aus öffentlichen Kassen
5. Berechnung des 183-Tage-Zeitraums
6. Besonderheiten für Berufskraftfahrer
7. Ansässigkeit des Arbeitgebers
8. Betriebsstättenvorbehalt

---

*) Das BMF-Schreiben ist als Anlage 2 zu H 39b.10 im **Steuerhandbuch für das Lohnbüro 2010** abgedruckt, das im selben Verlag erschienen ist. Das **PC-Lexikon für das Lohnbüro 2010** enthält auch dieses Handbuch und hat außerdem den Vorteil, dass Sie **alle BFH-Urteile** sowie die aktuellen Rundschreiben und Niederschriften der Spitzenverbände der **Sozialversicherung** mit Mausklick **im Volltext** abrufen und ausdrucken können. Eine Bestellkarte finden Sie vorne im Lexikon.

Doppelbesteuerungsabkommen

9. Zuordnung des Arbeitslohns zur Auslandstätigkeit
   a) Allgemeines
   b) Vereinbarte Arbeitstage
   c) Vereinbartes Arbeitsentgelt
   d) Behandlung von Urlaubs- und Krankheitstagen
   e) Korrektur des Lohnsteuerabzugs
   f) Besteuerung von Abfindungen
   g) Abfindung von Pensionsansprüchen
   h) Aktienoptionen
10. Progressionsvorbehalt
11. Verfahrensvorschriften
12. Rückfallklauseln
    a) Subject-to-tax-Klauseln
    b) Remittance-Base-Klauseln
13. Ruhegehaltsempfänger, Berufssportler, Künstler, Lehrer, Studenten, Grenzgänger
    a) Ruhegehaltsempfänger
    b) Berufssportler, Künstler, Lehrer, Studenten, Grenzgänger
14. Anwendung der Doppelbesteuerungsabkommen mit der Sowjetunion, Jugoslawien und der CSFR
15. Verständigungsverfahren
16. Sozialversicherung

1. Anwendung von Doppelbesteuerungsabkommen

a) Allgemeines

Ein Doppelbesteuerungsabkommen ist ein Vertrag zwischen zwei Staaten, der eine doppelte steuerliche Erfassung von Einkünften verhindern soll (z. B. Besteuerung eines Arbeitnehmers sowohl im Wohnsitzstaat als auch im Tätigkeitsstaat). Doppelbesteuerungsabkommen werden durch ein sog. Zustimmungsgesetz unmittelbar anwendbares innerstaatliches Recht, das den Steuergesetzen vorgeht. Dabei ist zu beachten, dass Doppelbesteuerungsabkommen das deutsche (innerstaatliche) Besteuerungsrecht nur **einschränken,** nicht jedoch ausdehnen können. Alle von der Bundesrepublik Deutschland mit anderen Staaten abgeschlossenen Doppelbesteuerungsabkommen enthalten Regelungen zur steuerlichen Behandlung von Arbeitnehmern. Im Normalfall wird dabei dem Tätigkeitsstaat das Besteuerungsrecht zugewiesen. Für den Arbeitgeber erlangt die Frage nach einer Doppelbesteuerung dann Bedeutung,

– wenn der Arbeitgeber einen ausländischen Arbeitnehmer beschäftigt **oder**

– wenn der Arbeitgeber einen seiner Arbeitnehmer in das Ausland entsendet.

Beide Fälle sind in den Doppelbesteuerungsabkommen geregelt. Werden **ausländische Arbeitnehmer in Deutschland tätig,** so sind sie entweder unbeschränkt oder nur beschränkt steuerpflichtig und zwar je nachdem, ob sie in Deutschland ihren Wohnsitz bzw. gewöhnlichen Aufenthalt haben oder nicht. Der inländische Arbeitgeber ist sowohl bei unbeschränkt als auch bei beschränkt steuerpflichtigen Arbeitnehmern zum Lohnsteuerabzug verpflichtet. Die Lohnsteuer ist entweder nach den Merkmalen der Lohnsteuerkarte oder nach den Merkmalen, die auf der besonderen Lohnsteuerabzugsbescheinigung für beschränkt steuerpflichtige Arbeitnehmer eingetragen sind, vom Arbeitslohn einzubehalten. Ist ein beschränkt oder unbeschränkt steuerpflichtiger ausländischer Arbeitnehmer der Auffassung, dass ihm aufgrund eines Doppelbesteuerungsabkommens keine Lohnsteuer vom Arbeitgeber abgezogen werden dürfe, so muss er eine entsprechende **Freistellungsbescheinigung** des Finanzamts vorlegen. Diese Freistellungsbescheinigung kann der Arbeitnehmer bei dem für den Arbeitgeber zuständigen Betriebsstättenfinanzamt auf amtlichem Vordruck beantragen. Alle Fragen, die bei einer Beschäftigung **ausländischer Arbeitnehmer in Deutschland** auftreten können, sind beim Stichwort „Beschränkt steuerpflichtige Arbeitnehmer" abgehandelt.

Die folgenden Erläuterungen behandeln die Fälle, in denen **Arbeitnehmer für ihren inländischen Arbeitgeber im Ausland tätig werden** und zwar in einem Land, mit dem die Bundesrepublik Deutschland ein Doppelbesteuerungsabkommen abgeschlossen hat. Werden Arbeitnehmer für ihren Arbeitgeber in einem Land tätig, mit dem die Bundesrepublik Deutschland kein Doppelbesteuerungsabkommen abgeschlossen hat, richtet sich die steuerliche Behandlung der Arbeitnehmer nach den beim Stichwort „Auslandstätigkeit/ Auslandstätigkeitserlass" dargestellten Grundsätzen.

Von entscheidender Bedeutung für die Zuweisung des Besteuerungsrechts bei einer Tätigkeit im Ausland ist die Frage nach dem Wohnsitz des Arbeitnehmers. Denn nur in den Fällen in denen der Arbeitnehmer bei einer Auslandstätigkeit seinen Wohnsitz im Inland beibehält, besteht im Grundsatz (weiterhin) ein Besteuerungsrecht der Bundesrepublik Deutschland. Kommt es in solchen Fällen zu einer Doppelbesteuerung, so kann die Steuer, die vom ausländischen Staat für die Auslandstätigkeit erhoben wird, unter bestimmten Voraussetzungen bei einer Veranlagung auf die deutsche Einkommensteuer angerechnet oder bei der Ermittlung der Einkünfte abgezogen werden (vgl. die Erläuterungen beim Stichwort „Anrechnung ausländischer Einkommensteuer/Lohnsteuer"). Die Doppelbesteuerungsabkommen haben jedoch das Ziel, diese Doppelbesteuerung von vornherein zu vermeiden.

Hiernach ergibt sich folgende Übersicht:

Auslandstätigkeit eines Arbeitnehmers für eine deutsche Firma

→ Der Arbeitnehmer behält in Deutschland seinen Wohnsitz oder gewöhnlichen Aufenthalt **nicht** bei.

Damit entfällt im Grundsatz das Besteuerungsrecht Deutschlands. Seltener Ausnahmefall: Verwertungstatbestand ist erfüllt, vgl. das Stichwort „Auslandstätigkeit/Auslandstätigkeitserlass" unter Nr. 3 auf Seite 119.

→ Der Arbeitnehmer behält in Deutschland seinen Wohnsitz oder gewöhnlichen Aufenthalt bei.

Der Arbeitnehmer ist weiterhin unbeschränkt steuerpflichtig, das **Besteuerungsrecht Deutschlands bleibt im Grundsatz bestehen.** Für die steuerliche Behandlung gibt es drei Möglichkeiten:

Freistellung vom Lohnsteuerabzug nach einem **Doppelbesteuerungsabkommen.** Anwendung des Progressionsvorbehalts.

Freistellung vom Lohnsteuerabzug nach dem **Auslandstätigkeitserlass** (wenn die Tätigkeit in einem Land ausgeübt wird, mit dem kein Doppelbesteuerungsabkommen besteht vgl. das Stichwort „Auslandstätigkeit/ Auslandstätigkeitserlass" auf Seite 118). Anwendung des Progressionsvorbehalts.

Besteuerung des Arbeitslohns unter Anrechnung der ggf. im Ausland gezahlten Lohn- oder Einkommensteuer (vgl. das Stichwort „Anrechnung ausländischer Einkommensteuer [Lohnsteuer]").

Doppelbesteuerungsabkommen

b) Geltende Doppelbesteuerungsabkommen

Die Bundesrepublik Deutschland hat mit mehreren Staaten Abkommen zur Vermeidung einer Doppelbesteuerung (Doppelbesteuerungsabkommen = DBA) geschlossen. Zur Zeit bestehen folgende Abkommen:

	Fundstelle BStBl. I Jahr	Seite		Fundstelle BStBl. I Jahr	Seite
Ägypten	1990	280	Malta	2002	76
Algerien	2009	382	Marokko	1974	59
Argentinien	1979	326	Mauritius	1980	667
	1998	187	Mazedonien**)	1988	372
Armenien*)	1983	90	Mexiko	1993	964
Aserbaidschan	2006	291	Moldau, Republik*)	1983	90
Australien	1974	423	Mongolei	1995	607
Bangladesch	1992	34	Namibia	1994	673
Belarus	2007	276	Neuseeland	1980	654
Belgien	1969	38	Niederlande	1960	381
	2005	346		1980	646
Bolivien	1994	575		1992	94
Bosnien und Herzegowina**)	1988	372		2005	364
Bulgarien	1988	389	Norwegen	1993	655
China (ohne Hongkong und Macau)	1986	329	Österreich	2002	584
			Pakistan	1995	617
			Philippinen	1984	544
Côte d'Ivoire	1982	357	Polen	2005	349
Dänemark	1996	1219	Portugal	1982	347
Ecuador	1984	339	Rumänien	2004	273
Estland	1998	543	Russische Föderation	1996	1490
Finnland	1982	201	Sambia	1975	688
Frankreich	1961	342	Schweden	1994	422
	1970	900	Schweiz	1972	518
	1990	413		1980	398
	2002	891		1990	409
Georgien	2008	482		1993	927
Ghana	2008	467		2003	165
Griechenland	1967	50	Serbien**)	1988	372
Großbritannien	1966	729	Simbabwe	1989	310
	1971	139	Singapur	2007	157
Indien	1996	599	Slowakei***)	1982	904
Indonesien	1991	1001	Slowenien	2007	171
Iran	1970	768	Spanien	1968	296
Irland	1964	320	Sri Lanka	1981	610
Island	1973	504	Südafrika	1974	850
Israel	1966	700	Tadschikistan	2005	15
	1979	124	Thailand	1968	1046
Italien	1990	396	Trinidad und Tobago	1975	697
Jamaika	1976	407	Tschechien***)	1982	904
Japan	1967	58	Türkei	1989	471
	1980	649	Tunesien	1976	498
	1984	216	Turkmenistan*)	1983	90
Kanada	2002	505	Ukraine	1996	675
Kasachstan	1998	1029	Ungarn	1979	348
Kenia	1979	337	Uruguay	1988	531
Kirgisistan	2007	233	USA	1991	94
Korea (Republik)	2003	24		2008	766
Kroatien	2007	246		2008	783
Kuwait	2000	439	Usbekistan	2001	765
Lettland	1998	531	Venezuela	1996	611
Liberia	1973	615	Vietnam	1996	1422
Litauen	1998	1016	Zypern	1977	340
Luxemburg	1959	1022			
	1978	72			
Malaysia	1978	324			

Hongkong wurde mit Wirkung ab 1. 7. 1997 ein besonderer Teil der Volksrepublik China (Hongkong Special Administrative Region). Das allgemeine Steuerrecht der Volksrepublik China gilt dort nicht. Damit ist das zwischen Deutschland und der Volksrepublik China abgeschlossene DBA in Hongkong nicht anwendbar. Eine Einbeziehung Hongkongs in den Geltungsbereich des DBA China ist nicht angestrebt. Verhandlungen über ein gesondertes Abkommen mit Hongkong auf dem Gebiet der Einkommensteuer****) sind nicht geplant. Diese Ausführungen gelten entsprechend auch für **Macau** nach dessen Übergabe an China. Es werden zudem Verhandlungen geführt, wie im Verhältnis zu **Taiwan** Doppelbesteuerungen vermieden werden können.

c) Abkommensberechtigung/Ansässigkeit

Die Anwendung der Doppelbesteuerungsabkommen (sog. Abkommensberechtigung) setzt voraus, dass der Arbeitnehmer abkommensberechtigt ist, d. h. er muss in einem der Vertragsstaaten ansässig sein. Die Staatsangehörigkeit eines der Vertragsstaaten ist dagegen in aller Regel nicht Voraussetzung (Besonderheiten im Hinblick auf die Staatsangehörigkeit ergeben sich aber z. B. aus dem DBA mit den USA). Ist der Arbeitnehmer in keinem der Vertragsstaaten ansässig, kommt eine Anwendung des DBA mit dem Tätigkeitsstaat nicht in Betracht.

Beispiel

Ein Arbeitnehmer mit **Wohnsitz in den Niederlanden** ist für einen Arbeitgeber mit Sitz in der Bundesrepublik Deutschland teils in den Niederlanden und teils in Belgien tätig. Die Besteuerung des Arbeitslohns für die Tätigkeit in den Niederlanden bestimmt sich nach dem DBA Niederlande. Für die Lohneinkünfte aus der Tätigkeit in Belgien kann das DBA Belgien keine Anwendung finden, da der Arbeitnehmer weder in der Bundesrepublik Deutschland noch in Belgien ansässig ist. Die Besteuerung der Lohneinkünfte aus der Tätigkeit in Belgien richtet sich ebenfalls nach dem DBA Niederlande, wobei der Verwertungstatbestand vernachlässigt werden kann, da dieser in aller Regel nicht erfüllt ist.

Ist ein Arbeitnehmer in beiden Vertragsstaaten ansässig („Doppelansässigkeit"; z. B. ein Arbeitnehmer mit Familienwohnsitz im Inland hat auch eine Wohnung im Tätigkeitsstaat), so gilt er für die Anwendung des DBA i. d. R. in dem Staat als ansässig, zu dem er die engeren persönlichen und wirtschaftlichen Beziehungen hat (Mittelpunkt der Lebensinteressen). Kann der Mittelpunkt der Lebensinteressen nicht bestimmt werden, ist der gewöhnliche Aufenthalt entscheidend.

Seit dem Kalenderjahr 2004 wird die in einem Doppelbesteuerungsabkommen vereinbarte Steuerfreistellung der Einkünfte eines unbeschränkt steuerpflichtigen Arbeitnehmers aus nichtselbständiger Arbeit in Deutschland regelmäßig nur gewährt, soweit der Arbeitnehmer nachweist, dass der Staat, dem nach dem Abkommen das Besteuerungsrecht zusteht (Tätigkeitsstaat), auf dieses Besteuerungsrecht verzichtet hat oder dass die in diesem Staat auf die Einkünfte festgesetzten Steuern tatsächlich entrichtet wurden (**sog. Rückfallklausel**). Die Anwendung der sog. Rückfallklausel ist unter der nachfolgenden Nr. 12 ausführlich erläutert.

2. Zuweisung des Besteuerungsrechts bei Arbeitslöhnen

Die Doppelbesteuerungsabkommen weisen bei Löhnen, Gehältern und ähnlichen Vergütungen im Grundsatz dem **Tätigkeitsstaat** das Besteuerungsrecht zu. Der Wohnsitzstaat verzichtet also auf sein im Grundsatz gegebenes Besteuerungsrecht zugunsten des Tätigkeitsstaates, behält sich aber den sog. Progressionsvorbehalt vor (vgl. Nr. 10). Wird der Arbeitnehmer nur **vorübergehend** im Ausland tätig, bleibt das Besteuerungsrecht beim Wohnsitzstaat (**sog. 183-Tage-Regelung,** vgl. Nr. 3).

Der Ort der Tätigkeit ist bei Einkünften aus nichtselbständiger Arbeit immer dort, wo sich der Arbeitnehmer zur Ausführung seiner Arbeit **persönlich aufhält**. Der Nach-

---

*) DBA mit UdSSR gilt fort.
**) DBA mit SFR Jugoslawien gilt fort. Ob das Abkommen auch im Verhältnis zu Montenegro und zur Republik Kosovo fortgilt, ist derzeit offen. Hierzu bedarf es noch eines gesonderten Notenwechsels.
***) DBA mit Tschechoslowakei gilt fort.
****) Ein Abkommen zwischen der Bundesrepublik Deutschland und Hongkong zur Vermeidung der Doppelbesteuerung von Schifffahrtsunternehmen ist im BStBl. 2005 Teil I S. 610 veröffentlicht. Außerdem gibt es bereits seit vielen Jahren ein Abkommen zur Vermeidung der Doppelbesteuerung von Luftfahrtunternehmen mit Hongkong (BStBl. 1998 Teil I S. 1156).

Doppelbesteuerungsabkommen

weis über die Ausübung der Tätigkeit in dem anderen Staat und deren Zeitdauer ist durch Vorlage geeigneter Unterlagen (z. B. Stundenprotokolle, Terminkalender, Reisekostenabrechnungen) zu führen. Unerheblich ist es dabei, woher die Zahlung des Arbeitslohns kommt oder wohin die Zahlung des Arbeitslohns geleistet wird und wo der Arbeitgeber ansässig ist. Dies gilt nach dem BFH-Urteil vom 5. 10. 1994 (BStBl. 1995 II S. 95) auch für Geschäftsführer einer GmbH und für Arbeitnehmer mit entsprechenden Tätigkeiten in Organen anderer Kapitalgesellschaften (z. B. Vorstandsmitglieder von Aktiengesellschaften). Zu beachten sind jedoch die in einigen DBA's enthaltenen Sonderregelungen über Geschäftsführervergütungen (z. B. Art. 16 DBA-Japan; Art. 16 Abs. 2 DBA-Dänemark; Art. 16 DBA-Schweden; Art. 16 Abs. 2 DBA-Österreich; Art. 16 Abs. 2 DBA-Polen; Art. 15 Abs. 4 DBA-Schweiz; Art. 16 Abs. 2 DBA Belgien; Art. 16 Abs. 2 DBA Türkei). Das Besteuerungsrecht wird über diese Sonderregelungen für Geschäftsführervergütungen regelmäßig dem Staat zugewiesen, in dem die Kapitalgesellschaft ihren Sitz hat.

Im Normalfall bereitet jedoch die Feststellung, wo die nichtselbständige Tätigkeit tatsächlich ausgeübt wurde, keine Probleme. Stimmen Staat der Tätigkeit und der Ansässigkeit überein, ergibt sich ohnehin ein uneingeschränktes Besteuerungsrecht für den Ansässigkeitsstaat.

Beispiel
Ein Arbeitnehmer mit Wohnsitz in den Niederlanden wird für einen Arbeitgeber mit Sitz in der Bundesrepublik Deutschland teilweise in Deutschland und teilweise in den Niederlanden tätig. Das Besteuerungsrecht für die auf die Tätigkeit in den Niederlanden entfallenden Einkünfte steht den Niederlanden zu, da der Arbeitnehmer dort ansässig ist und auch seine Tätigkeit dort ausübt. Dass der Arbeitslohn von einem Arbeitgeber mit Sitz in der Bundesrepublik Deutschland gezahlt wird, ist unbeachtlich.

3. Vorübergehender Aufenthalt (sog. 183-Tage-Regelung)

Bei einer nur vorübergehenden Tätigkeit in dem anderen Vertragsstaat bleibt das Besteuerungsrecht unter folgenden Voraussetzungen beim Wohnsitzstaat:

- Der Arbeit**nehmer** darf sich in dem ausländischen Staat insgesamt nicht länger als 183 Tage während des betreffenden Kalenderjahres (Steuerjahres) bzw. eines Zeitraums von zwölf Monaten aufhalten (vgl. Nr. 5);
- der Arbeit**geber** darf im ausländischen Tätigkeitsstaat nicht ansässig sein (vgl. Nr. 7);
- der Arbeitslohn darf nicht von einer **Betriebsstätte** oder einer festen Einrichtung getragen werden, die der Arbeitgeber im ausländischen Tätigkeitsstaat unterhält (sog. Betriebsstättenvorbehalt vgl. Nr. 8).

Alle drei Voraussetzungen müssen gleichzeitig erfüllt sein. Fehlt eine dieser Voraussetzungen, hat der Tätigkeitsstaat das Besteuerungsrecht.

Beispiel A
Ein Arbeitnehmer mit Wohnsitz in München ist für seine Firma (Sitz ebenfalls München) in der Schweiz vom 1. 4.–31. 5. 2010 (= 61 Tage) tätig. Die Firma hat keine Betriebsstätte in der Schweiz. Die Besteuerung des Arbeitslohns für die Tätigkeit in der Schweiz steht der Bundesrepublik Deutschland zu, da der Aufenthalt in der Schweiz nur vorübergehend im Sinne des DBA ist (weniger als 183 Tage im Kalenderjahr).

Beispiel B
Ein Arbeitnehmer mit Wohnsitz in München ist vom 1. Januar bis 28. Februar 2010 in der Schweiz bei einem schweizerischen Arbeitgeber tätig (der Arbeitnehmer ist kein Grenzgänger vgl. dieses Stichwort). Das Besteuerungsrecht für den Arbeitslohn hat die Schweiz, da der Arbeitgeber, der die Vergütungen zahlt, dort ansässig ist. Die Bundesrepublik Deutschland stellt den Arbeitslohn unter Anwendung des Progressionsvorbehalts steuerfrei.

Beispiel C
Ein in Österreich ansässiger Arbeitnehmer wird von seinem österreichischen Arbeitgeber vom 1. April bis 31. Oktober 2010 in die Bundesrepublik Deutschland zur Montage einer Anlage entsandt.

Der Aufenthalt im Inland überschreitet im Kalenderjahr 2010 (= Steuerjahr) 183 Tage. Der auf die Tätigkeit im Inland entfallende Arbeitslohn ist deshalb in der Bundesrepublik Deutschland steuerpflichtig. Da jedoch kein inländischer Arbeitgeber vorhanden ist, entfällt der Lohnsteuerabzug. Der Arbeitslohn muss vielmehr durch eine Einkommensteuerveranlagung des Arbeitnehmers besteuert werden.

Beispiel D
Ein Arbeitnehmer ist vom 1. Oktober 2009 bis 31. Mai 2010 für seinen deutschen Arbeitgeber in Österreich tätig. Eine Betriebsstätte des Arbeitgebers in Österreich besteht nicht.

Österreich hat kein Besteuerungsrecht für den Arbeitslohn. Die 183-Tage-Frist ist für jedes Kalenderjahr (= Steuerjahr) getrennt zu ermitteln. Der Arbeitnehmer ist weder im Kalenderjahr 2009 noch im Kalenderjahr 2010 länger als 183 Tage in Österreich. Da der Arbeitslohn von einem deutschen Arbeitgeber getragen wird und nicht zu Lasten einer österreichischen Betriebsstätte des Arbeitgebers geht, bleibt das Besteuerungsrecht bei der Bundesrepublik Deutschland.

Die 183-Tage-Frist kann sich beziehen

- auf das **Kalenderjahr** (z. B. Abkommen mit Italien, Schweiz, Luxemburg) oder
- auf einen **Zeitraum von 12 Monaten** (z. B. Abkommen mit Algerien, Aserbaidschan, Belarus, Georgien, Ghana, Kanada, Kasachstan, Kirgisistan, Kroatien, Liberia, Malta, Mexiko, Norwegen, Polen, Rumänien, Russische Föderation, Singapur, Slowenien, Südkorea, Tadschikistan, Usbekistan)*) oder
- auf ein abweichendes **Steuerjahr.**

Weicht das Steuerjahr des Vertragsstaates vom Steuerjahr der Bundesrepublik Deutschland (= Kalenderjahr) ab, ist jeweils das Steuerjahr des Vertragsstaates maßgebend, in dem die Tätigkeit ausgeübt wird.

Beispiel E
Großbritannien hat ein vom Steuerjahr der Bundesrepublik Deutschland abweichendes Steuerjahr vom 6. 4.–5. 4. (für Kapitalgesellschaften: 1. 4.–31. 3.). Der in der Bundesrepublik Deutschland ansässige Arbeitnehmer A ist in der Zeit vom 1. 2.–20. 8. für seine Firma (Sitz in Deutschland, keine Betriebsstätte in Großbritannien) in Großbritannien tätig. Der Aufenthalt erstreckt sich somit auf 2 Steuerjahre:

1. 2.– 5. 4. (1. Steuerjahr) = 64 Tage
6. 4.–20. 8. (2. Steuerjahr) = 137 Tage.

Da der Aufenthalt in keinem der maßgebenden Steuerjahre länger als 183 Tage dauert, steht das Besteuerungsrecht der Bundesrepublik Deutschland zu.

Der in Großbritannien ansässige Arbeitnehmer B ist für seinen in Großbritannien ansässigen Arbeitgeber, der keine Betriebsstätte in Deutschland unterhält, in der gleichen Zeit (1. 2.–20. 8.) in der Bundesrepublik Deutschland tätig. In dem maßgebenden Steuerjahr der Bundesrepublik Deutschland (= Kalenderjahr) beträgt der Aufenthalt 201 Tage und damit mehr als 183 Tage. Das Besteuerungsrecht steht der Bundesrepublik Deutschland zu. Da sich im Inland weder eine Betriebsstätte noch ein ständiger Vertreter befindet, ist der ausländische Arbeitgeber nicht zum Lohnsteuerabzug verpflichtet. Für den Arbeitnehmer ist eine Veranlagung zur Einkommensteuer durchzuführen, bei der die inländischen Einkünfte besteuert werden.

Folgende Vertragsstaaten haben ein vom Steuerjahr der Bundesrepublik Deutschland (Kalenderjahr) abweichendes Steuerjahr:

Australien	1. 7.–30. 6.
Bangladesch	1. 7.–30. 6.
Großbritannien	6. 4.– 5. 4.
Indien	1. 4.–31. 3.
Iran	21. 3.–20. 3.
Mauritius	1. 7.–30. 6.
Namibia	1. 3.–28./29. 2.
Neuseeland	1. 4.–31. 3.
Pakistan	1. 7.–30. 6.
Sri Lanka	1. 4.–31. 3.
Südafrika	1. 3.–28./29. 2.

Mehrere Aufenthalte im Vertragsstaat innerhalb eines Kalenderjahres (Steuerjahres) sind zusammenzurechnen.

---

*) Das Abstellen auf einen Zeitraum von zwölf Monaten wird von immer größerer praktischer Bedeutung werden und in nahezu allen neueren DBA enthalten sein, da dieser Zeitraum im aktuellen OECD-Musterabkommen vorgesehen ist.

Doppelbesteuerungsabkommen

Wird in einem Doppelbesteuerungsabkommen statt auf das Steuer- oder Kalenderjahr auf einen **„Zeitraum von zwölf Monaten"** abgestellt, so sind hierbei alle denkbaren 12-Monats-Zeiträume in Betracht zu ziehen, auch wenn sie sich zum Teil überschneiden. Immer wenn sich der Arbeitnehmer in einem beliebigen 12-Monats-Zeitraum an mehr als 183 Tagen in dem anderen Vertragsstaat aufhält, steht dem anderen Vertragsstaat für die Einkünfte, die auf diese Tage entfallen, das Besteuerungsrecht zu. Mit jedem Aufenthaltstag des Arbeitnehmers in dem anderen Vertragsstaat ergeben sich somit neue zu beachtende 12-Monats-Zeiträume. Die Beachtung und Prüfung dieser Regelung in der Praxis ist daher schwieriger als beim Kalenderjahr oder abweichendem Steuerjahr.

Beispiel F

Ein Arbeitnehmer ist für seinen deutschen Arbeitgeber vom 1. April bis 20. April 2009 (= 20 Tage), zwischen dem 1. August 2009 und dem 31. März 2010 für 90 Tage sowie vom 25. April bis zum 31. Juli 2010 für 97 Tage in Norwegen tätig.

Das Besteuerungsrecht für die Einkünfte, die innerhalb des Zeitraums 1. August 2009 bis 31. Juli 2010 auf Tage entfallen, an denen sich der Arbeitnehmer in Norwegen aufhält, hat Norwegen, da sich der Arbeitnehmer innerhalb eines 12-Monats-Zeitraums dort an insgesamt mehr als 183 Tagen aufgehalten hat (90 Tage + 97 Tage = 187 Tage). Die Bundesrepublik Deutschland stellt insoweit die Einkünfte des Arbeitnehmers unter Beachtung des § 50d Abs. 8 EStG unter Progressionsvorbehalt frei (Art. 23 Abs. 2 DBA-Norwegen). Das Besteuerungsrecht für die Einkünfte, die auf den Zeitraum 1. April bis 20. April 2009 entfallen, steht dagegen der Bundesrepublik Deutschland zu, da in allen auf diesen Zeitraum bezogenen denkbaren 12-Monats-Zeiträumen sich der Arbeitnehmer an weniger als 183 Tagen in Norwegen aufgehalten hat.

4. Nichtanwendung der 183-Tage-Regelung

a) Grenzgänger

Besonderheiten gelten nach den DBA mit Frankreich, Österreich und Schweiz für Grenzgänger. Das sind Arbeitnehmer, die im Grenzbereich des einen Staates arbeiten und täglich zu ihrem Wohnsitz im Grenzbereich des anderen Staates zurückkehren (vgl. das Stichwort „Grenzgänger").

b) Leiharbeitnehmer

Nach den neueren Abkommen (z. B. DBA Frankreich, Italien, Schweden) ist die 183-Tage-Regelung auf Leiharbeitnehmer nicht anwendbar. Beide Vertragsstaaten haben das Besteuerungsrecht. Die Doppelbesteuerung wird durch Steueranrechnung vermieden. Auf die ausführlichen Erläuterungen beim Stichwort „Arbeitnehmerüberlassung" wird Bezug genommen. Zur Steueranrechnung vgl. auch die Erläuterungen beim Stichwort „Anrechnung ausländischer Einkommensteuer (Lohnsteuer)".

c) Studenten, Lehrer, Künstler, Sportler, Flug- und Schiffspersonal

Für Künstler, Sportler, Flug- und Schiffspersonal, Hochschullehrer, Lehrer, Studenten, Schüler, Lehrlinge und sonstige Auszubildende enthalten die DBA zum Teil besondere, unterschiedliche Regelungen (vgl. auch die Stichworte „Ausländische Studenten" und „Beschränkt steuerpflichtige Künstler, Berufssportler, Schriftsteller und Journalisten").

Beispiel

Ein deutscher Arbeitnehmer ist im Jahre 2010 an 150 Tagen an Bord eines Seeschiffes tätig. Das Schiff läuft unterschiedliche Häfen in Griechenland, Italien, Portugal und Spanien an. Der Ort der tatsächlichen Geschäftsleitung des Unternehmens befindet sich in Genua.

Das Besteuerungsrecht für den Arbeitslohn des deutschen Arbeitnehmers hat Italien, da sich dort der Ort der tatsächlichen Geschäftsleitung des Unternehmens befindet (Art. 15 Abs. 3 DBA-Italien). Die Bundesrepublik Deutschland stellt die Einkünfte des Arbeitnehmers unter Anwendung des Progressionsvorbehalts frei (Art. 24 Abs. 3 DBA-Italien).

d) Zahlungen aus öffentlichen Kassen

Für Zahlungen aus öffentlichen Kassen gilt die 183-Tage-Regelung nicht. Denn bei Zahlungen aus öffentlichen Kassen hat in der Regel der Staat der zahlenden Kasse das Besteuerungsrecht (sog. **Kassenprivileg** oder Kassenstaatsklausel), es sei denn, der Arbeitnehmer besitzt die Staatsangehörigkeit des Tätigkeitsstaates (sog. Ortskräfte).

5. Berechnung des 183-Tage-Zeitraums

Bei der Ermittlung der 183 Tage ist regelmäßig nicht die Dauer der Tätigkeit, sondern die **körperliche Anwesenheit** im Tätigkeitsstaat maßgebend. Es kommt darauf an, ob der Arbeitnehmer an mehr als 183 Tagen im Tätigkeitsstaat anwesend war. Dabei ist auch eine nur kurzfristige Anwesenheit an einem Tag als voller Aufenthaltstag im Tätigkeitsstaat zu berücksichtigen. Im Einzelnen gilt zur Berechnung des 183-Tage-Zeitraums Folgendes:

– Mehrere kürzere Aufenthalte in dem gleichen Vertragsstaat innerhalb eines Kalenderjahres (Steuerjahres) bzw. innerhalb von zwölf Monaten für einen oder mehrere verschiedene Arbeitgeber sind für die Berechnung der 183-Tage-Frist zusammenzurechnen.

– Bei der An- und Abreise zählen nur der Ankunfts- und Abreisetag zur Auslandstätigkeit (Durchreisetage durch Drittstaaten zählen also nicht zur Auslandstätigkeit). Bei Berufskraftfahrern werden Tage der Hin- und Rückreise nicht mitgezählt (vgl. die Erläuterungen unter der nachfolgenden Nr. 6).

– Alle Tage der Anwesenheit im Tätigkeitsstaat unmittelbar vor, während und unmittelbar nach der Tätigkeit (z. B. Samstage, Sonntage, öffentliche Feiertage) zählen zur Auslandstätigkeit.

– Alle Tage der Anwesenheit im Tätigkeitsstaat während einer Arbeitsunterbrechung (z. B. bei Streik, Aussperrung, Ausbleiben von Lieferungen) zählen zur Auslandstätigkeit.

– Tage der Unterbrechung der Tätigkeit, die ausschließlich außerhalb des Tätigkeitsstaates verbracht werden, zählen nicht zur Auslandstätigkeit.

– Alle Krankheitstage zählen bei einer Anwesenheit im Tätigkeitsstaat zur Auslandstätigkeit, außer wenn die Krankheit der Abreise des Arbeitnehmers entgegensteht und er sonst die Voraussetzungen für die Befreiung im Tätigkeitsstaat erfüllt hätte. Kehrt der Arbeitnehmer anlässlich der Erkrankung in das Inland zurück, liegen keine Anwesenheitstage im Tätigkeitsstaat vor.

– **Urlaub** zählt mit zur Auslandstätigkeit, wenn er
  – unmittelbar vor dem Auslandseinsatz im Einsatzstaat verbracht wird;
  – in unmittelbarem Anschluss an den Auslandseinsatz im Einsatzstaat verbracht wird;
  – während des Auslandseinsatzes im Einsatzstaat verbracht wird;

– Urlaub zählt aber z. B. **nicht** zur Auslandstätigkeit, wenn er nach dem Auslandseinsatz im Inland oder in einem Drittstaat oder im Einsatzstaat, aber nicht im zeitlichen Zusammenhang mit der Tätigkeit verbracht wird.

Beispiel

Ein Arbeitnehmer ist für seinen deutschen Arbeitgeber vom 1. Januar bis 15. Juni 2010 in Österreich tätig. Vom 16. Juni bis 15. Juli 2010 verbringt er dort seinen Urlaub. Eine Betriebsstätte des Arbeitgebers in Österreich besteht nicht. Das Besteuerungsrecht für den Arbeitslohn hat Österreich, weil sich der Arbeitnehmer länger als 183 Tage im Kalenderjahr (= Steuerjahr) in Österreich aufgehalten hat. Der Urlaub, den der Arbeitnehmer **unmittelbar** im Anschluss an seine Tätigkeit in Österreich verbringt, wird in die Aufenthaltsdauer eingerechnet. Die Bundesrepublik Deutschland stellt den Arbeitslohn unter Anwendung des Progressionsvorbehalts steuerfrei.

Kehrt ein Arbeitnehmer täglich zu seinem Wohnsitz im Ansässigkeitsstaat zurück, so ist er dennoch täglich im Tätigkeitsstaat anwesend (BFH-Urteil vom 10. 7. 1996, BStBl. 1997 II S. 15). Für sog. Grenzgänger gilt die unter diesem Stichwort dargestellte Sonderregelung.

Doppelbesteuerungsabkommen

Wird in einem DBA (z. B. **Belgien, Dänemark**) zur Prüfung der **183-Tage-Regelung** auf die **Ausübung** der **Tätigkeit** abgestellt, so ist jeder Tag zu berücksichtigen, an dem sich der Arbeitnehmer – wenn auch nur für kurze Zeit – in dem anderen Vertragsstaat zur Arbeitsausübung tatsächlich aufgehalten hat. Im Verhältnis zu Belgien zählen auch übliche Arbeitsunterbrechungen (freies Wochenende, Urlaub, Krankheit) mit, auch wenn die Tage nicht im Tätigkeitsstaat verbracht worden sind.

Im Verhältnis zu **Frankreich** werden bei der Berechnung der Aufenthaltsdauer Sonn- und Feiertage, Urlaubs- und Krankheitstage und kurze Unterbrechungen im Zusammenhang mit Reisen in den Heimatstaat oder in dritte Länder als Tage des Aufenthalts im Beschäftigungsland mitgezählt, soweit sie im Rahmen bestehender Arbeitsverhältnisse anfallen und unter Berücksichtigung der Umstände, unter denen sie stattfinden, nicht als Beendigung des vorübergehenden Aufenthalts angesehen werden können.*)

6. Besonderheiten für Berufskraftfahrer

Berufskraftfahrer halten sich während der Arbeitsausübung in oder bei ihrem Fahrzeug auf. Das Fahrzeug ist daher ihre „regelmäßige Arbeitsstätte" (das gilt aber nicht im reisekostenrechtlichen Sinne). Der Ort der Arbeitsausübung des Berufskraftfahrers bestimmt sich nach dem jeweiligen Aufenthalts- oder Fortbewegungsort des Fahrzeugs.

Sind sowohl der **Berufskraftfahrer** als auch der **Arbeitgeber** in der Bundesrepublik **Deutschland** ansässig, sind die Vergütungen aus nichtselbständiger Arbeit, soweit sie auf Tätigkeiten des Berufskraftfahrers in Deutschland entfallen, nicht vom Anwendungsbereich der DBA betroffen. Die Vergütungen des Berufskraftfahrers unterliegen der inländischen unbeschränkten Einkommensteuerpflicht.

Soweit der Berufskraftfahrer seine Tätigkeit in einem anderen Staat ausübt, ist anhand der 183-Tage-Regelung zu prüfen, welchem der beiden Vertragsstaaten das Besteuerungsrecht für die auf das Ausland entfallenden Einkünfte zusteht.

Die Berechnung der 183-Tage-Regelung ist dabei für jeden Vertragsstaat gesondert durchzuführen. Dabei ist abweichend von der normalerweise geltenden Regelung (vgl. vorstehend unter Nr. 5) bei Berufskraftfahrern die Besonderheit zu beachten, dass auch Anwesenheitstage der **Durchreise** in einem Staat bei der Prüfung der 183-Tage-Regelung als volle Tage der Anwesenheit in diesem Staat zu berücksichtigen sind. Durchquert der Fahrer an einem Tag mehrere Staaten, so zählt dieser Tag für Zwecke der Prüfung der 183-Tage-Regelung in jedem dieser Staaten als voller Anwesenheitstag.

Zu den Berufskraftfahrern gehören auch Auslieferungsfahrer, nicht jedoch Reisevertreter.

Beispiel

Der in München wohnhafte Berufskraftfahrer nimmt seine Fahrt morgens in München auf, und fährt über Österreich nach Italien. Von dort kehrt er am selben Tage über die Schweiz nach München zurück.

Bei Berufskraftfahrern sind auch Tage der Durchreise als volle Anwesenheitstage im jeweiligen Staat zu berücksichtigen. Für die Prüfung der 183-Tage-Regelung ist damit für Österreich, Italien und die Schweiz jeweils ein Tag zu zählen.

Mit Luxemburg gibt es eine Verständigungsvereinbarung, das die steuerliche Behandlung der Berufskraftfahrer regelt**).

Ist der Berufskraftfahrer in der Bundesrepublik Deutschland, sein **Arbeitgeber** aber in einem **anderen Vertragsstaat ansässig** (vgl. nachfolgende Nr. 7), steht Deutschland das Besteuerungsrecht für die Vergütungen aus nichtselbständiger Arbeit zu, soweit sie auf Tätigkeiten des Berufskraftfahrers in Deutschland entfallen. Bei jeder Tätigkeit des Berufskraftfahrers im Ansässigkeitsstaat des Arbeitgebers steht diesem Staat als Tätigkeitsstaat das Besteuerungsrecht insoweit zu. Soweit die Tätigkeit in einem Drittstaat (= weder in Deutschland noch im Ansässigkeitsstaat des Arbeitgebers) ausgeübt wird, hat regelmäßig Deutschland das Besteuerungsrecht.

7. Ansässigkeit des Arbeitgebers

Weitere Voraussetzung für das Verbleiben des Besteuerungsrechts beim Ansässigkeitsstaat des Arbeitnehmers bei vorübergehendem Aufenthalt ist die Zahlung des Arbeitslohns durch einen Arbeitgeber, der nicht im anderen Staat ansässig ist, d. h. der **Arbeitgeber** darf im **Tätigkeitsstaat** nicht ansässig sein. Danach kann der Arbeitslohn sowohl von einem Arbeitgeber des Wohnsitzstaates des Arbeitnehmers als auch von einem Arbeitgeber, der in einem Drittstaat ansässig ist, gezahlt werden. In verschiedenen Doppelbesteuerungsabkommen wird jedoch ausdrücklich gefordert, dass der Arbeitslohn aus einer vorübergehenden Tätigkeit im anderen DBA-Staat nur dann im Wohnsitzstaat des Arbeitnehmers besteuert werden darf, wenn der Arbeitgeber in demselben Staat wie der Arbeitnehmer ansässig ist (z. B. DBA Norwegen).

Arbeitgeber im Sinne eines Doppelbesteuerungsabkommens ist derjenige Unternehmer, der die Vergütungen für die ihm geleistete Arbeit wirtschaftlich trägt. Dies ist dann der Fall, wenn der Arbeitnehmer dem ausländischen Unternehmen seine Arbeitsleistung schuldet, unter dessen Leitung tätig wird und dessen Weisungen unterworfen ist und der Arbeitslohn nicht Preisbestandteil für eine Lieferung oder Werkleistung ist. Bei verbundenen Unternehmen wird das aufnehmende Unternehmen bei Entsendungen von nicht mehr als drei Monaten regelmäßig nicht zum wirtschaftlichen Arbeitgeber (Tz. 74 des BMF-Schreibens vom 14.9.2006, BStBl. I S. 532).***)

Beim internationalen Arbeitnehmerverleih ist nach Sinn und Zweck der 183-Tage-Regelung der Entleiher als Arbeitgeber anzusehen. Sonderregelungen der Abkommen für Leiharbeitnehmer sind jedoch zu beachten (vgl. Nr. 4 Buchstabe a).

Unterhält ein ausländisches Unternehmen in der Bundesrepublik Deutschland eine unselbständige Betriebsstätte, so ist **Arbeitgeber im Sinne des Doppelbesteuerungsabkommens** das ausländische Unternehmen und nicht die inländische Betriebsstätte.

Beispiel A

Ein Arbeitnehmer mit Wohnsitz im Inland, ist bei einer im Inland gelegenen Betriebsstätte eines japanischen Unternehmens beschäftigt. Der Arbeitnehmer wird vorübergehend für vier Monate (= 120 Tage) im Stammhaus in Japan tätig. Soweit der Arbeitslohn auf die Tätigkeit in Japan entfällt, ist er in Deutschland steuerfrei. Das Besteuerungsrecht steht Japan zu, weil der Arbeitgeber (im Sinne des Doppelbesteuerungsabkommens) in Japan ansässig ist.

---

*) BMF-Schreiben vom 3.4.2006 (BStBl. I S. 304). Das BMF-Schreiben ist als Anlage 10 zu H 39b.10 LStR im **Steuerhandbuch für das Lohnbüro 2010** abgedruckt, das im selben Verlag erschienen ist. Das **PC-Lexikon** für das Lohnbüro 2010 enthält auch dieses Handbuch und hat außerdem den Vorteil, dass Sie **alle BFH-Urteile** sowie die aktuellen Rundschreiben und Niederschriften der Spitzenverbände der **Sozialversicherung** mit Mausklick **im Volltext** abrufen und ausdrucken können. Eine Bestellkarte finden Sie vorne im Lexikon.

) BMF-Schreiben vom 8.3.2005 (BStBl. I S. 696). Das BMF-Schreiben ist als Anlage 6 zu H 39b.10 LStR im **Steuerhandbuch für das Lohnbüro 2010 abgedruckt, das im selben Verlag erschienen ist. Das **PC-Lexikon** für das Lohnbüro 2010 enthält auch dieses Handbuch und hat außerdem den Vorteil, dass Sie **alle BFH-Urteile** sowie die aktuellen Rundschreiben und Niederschriften der Spitzenverbände der **Sozialversicherung** mit Mausklick **im Volltext** abrufen und ausdrucken können. Eine Bestellkarte finden Sie vorne im Lexikon.

***) Das BMF-Schreiben ist als Anlage 2 zu H 39b.10 LStR im **Steuerhandbuch für das Lohnbüro 2010** abgedruckt, das im selben Verlag erschienen ist. Das **PC-Lexikon** für das Lohnbüro 2010 enthält auch dieses Handbuch und hat außerdem den Vorteil, dass Sie **alle BFH-Urteile** sowie die aktuellen Rundschreiben und Niederschriften der Spitzenverbände der **Sozialversicherung** mit Mausklick **im Volltext** abrufen und ausdrucken können. Eine Bestellkarte finden Sie vorne im Lexikon.

Doppelbesteuerungsabkommen

Beispiel B

B ist Arbeitnehmer des ausländischen (britischen) Unternehmens C. Er wohnt seit Jahren in Deutschland und ist bei einer deutschen unselbständigen Betriebsstätte des C in Hamburg beschäftigt. Im Jahr 2010 befindet er sich an fünf Arbeitstagen bei Kundenbesuchen in der Schweiz und an fünf Arbeitstagen bei Kundenbesuchen in Norwegen.

Aufenthalt in der Schweiz:

Maßgeblich ist das DBA-Schweiz, da B in Deutschland ansässig ist und die „Quelle" der Einkünfte aus nichtselbständiger Arbeit in dem Staat liegt, in dem die Tätigkeit ausgeübt wird.

Nach dem DBA-Schweiz hat Deutschland das Besteuerungsrecht, da neben der Erfüllung der weiteren Voraussetzungen B von einem Arbeitgeber entlohnt wird, der nicht in der Schweiz ansässig ist.

Aufenthalt in Norwegen:

Maßgeblich ist das DBA-Norwegen. Deutschland hat kein Besteuerungsrecht für die Tätigkeit in Norwegen. Zwar hält sich B nicht länger als 183 Tage in Norwegen auf. Das Besteuerungsrecht steht Deutschland nach dem DBA-Norwegen aber nur dann zu, wenn der Arbeitgeber in dem Staat ansässig ist, in dem auch der Arbeitnehmer ansässig ist. Arbeitgeber ist hier das ausländische (britische) Unternehmen C; die inländische unselbständige Betriebsstätte kann nicht Arbeitgeber i. S. d. DBA sein.

Deutschland stellt den Arbeitslohn unter Beachtung des § 50d Abs. 8 EStG und des Progressionsvorbehalts frei.

8. Betriebsstättenvorbehalt

Werden die Löhne von einer im Vertragsstaat befindlichen Betriebsstätte (z. B. Ort der Leitung, Zweigniederlassung, Geschäftsstelle, Fabrikationsstätte) oder festen Einrichtung des Arbeitgebers getragen, ist auch bei einem Aufenthalt des Arbeitnehmers in dem Vertragsstaat von **weniger** als 183 Tagen ein Besteuerungsrecht des Tätigkeitsstaats gegeben (so genannter Betriebsstättenvorbehalt).

Beispiel A

Ein Arbeitnehmer ist bei einer Betriebsstätte seines deutschen Arbeitgebers vom 1. Januar bis 31. März 2010 in Frankreich tätig. Der Arbeitslohn wird wirtschaftlich von der Betriebsstätte getragen. Das Besteuerungsrecht für den Arbeitslohn hat Frankreich. Der Arbeitnehmer ist zwar weniger als 183 Tage in Frankreich tätig, da der Arbeitslohn aber zu Lasten einer französischen Betriebsstätte des Arbeitgebers geht, bleibt das Besteuerungsrecht der Bundesrepublik Deutschland **nicht** erhalten. Frankreich kann als Tätigkeitsstaat den Arbeitslohn besteuern. Die Bundesrepublik Deutschland stellt die Einkünfte unter Anwendung des Progressionsvorbehalts steuerfrei.

Beispiel B

Ein in Japan ansässiger Arbeitnehmer wird für 5 Monate an eine in Deutschland gelegene Betriebsstätte seines japanischen Arbeitgebers entsandt. Der auf diese Tätigkeit entfallende Arbeitslohn wird von dem Unternehmen dem Lohnaufwand der Betriebsstätte zugerechnet und der Arbeitnehmer der Betriebsstätte organisatorisch unterstellt.

Obwohl der Aufenthalt 183 Tage im Kalenderjahr nicht überschreitet, ist der auf die Inlandstätigkeit entfallende Arbeitslohn in Deutschland steuerpflichtig, weil der Arbeitslohn von der im Inland gelegenen Betriebsstätte des Arbeitgebers getragen wird. Zum Lohnsteuerabzug ist die Betriebsstätte verpflichtet. Sie ist inländischer Arbeitgeber im Sinne des § 38 Abs. 1 Nr. 1 EStG.

Maßgebend ist der sich aus dem jeweiligen **DBA** ergebende **Betriebsstättenbegriff**. Danach sind Bau- und Montagestellen nur ab einer bestimmten – in den DBA unterschiedlich festgelegten – Zeitdauer als Betriebsstätten anzusehen. Nach zahlreichen DBA ist z. B. eine Bau- oder Montagestelle (anders als nach § 12 AO – 6 Monate) erst ab einem Zeitraum von 12 Monaten eine Betriebsstätte. Mit Ablauf der in den DBA bestimmten Dauer gilt die Bau- oder Montagestelle allerdings ab Beginn als Betriebsstätte.

Beispiel C

Ein in Großbritannien ansässiges Unternehmen führt in Deutschland ein Bauvorhaben von 10-monatiger Dauer aus. Die dabei eingesetzten, in Großbritannien ansässigen Arbeitnehmer halten sich in Deutschland teils länger, teils weniger als 183 Tage im Kalenderjahr auf. Die Arbeitslöhne werden von dem britischen Unternehmen zu Lasten des Gewinns aus dem Bauvorhaben.

Das britische Unternehmen ist zwar inländischer Arbeitgeber und somit grundsätzlich zum Lohnsteuerabzug verpflichtet. Denn es unterhält in Deutschland eine Betriebsstätte im Sinne des § 12 AO, da die Bauausführung länger als 6 Monate dauert. Der Steuerabzug setzt aber voraus, dass die Arbeitslöhne der britischen Arbeitnehmer nach dem DBA der deutschen Besteuerung unterliegen. Diese Voraussetzung ist erfüllt für die Arbeitnehmer, deren Aufenthalt in Deutschland länger als 183 Tage im Kalenderjahr dauert. Hier hat Deutschland als Tätigkeitsstaat das Besteuerungsrecht.

Die Arbeitnehmer hingegen, die sich nicht länger als 183 Tage im Kalenderjahr im Inland aufhalten, sind in Deutschland mit ihren Löhnen **nicht** steuerpflichtig. Der britische Arbeitgeber hat nämlich hier **keine Betriebsstätte im Sinne des Doppelbesteuerungsabkommens** mit Großbritannien, da die Bauausführung nicht länger als 12 Monate dauert. Folglich werden die Arbeitslöhne nicht vom Gewinn einer Betriebsstätte im Sinne des DBA abgezogen.

Der Arbeitslohn wird zu Lasten einer ausländischen Betriebsstätte gezahlt, wenn die Vergütungen wirtschaftlich gesehen von der Betriebsstätte getragen werden. Nicht entscheidend ist, wer die Vergütungen ausbezahlt oder wer die Vergütungen in seiner Buchführung abrechnet. Entscheidend ist allein, ob und ggf. in welchem Umfang die im Ausland ausgeübte Tätigkeit nach dem jeweiligen DBA der ausländischen Betriebsstätte zuzuordnen ist und die Vergütungen deshalb wirtschaftlich zu Lasten der ausländischen Betriebsstätte geht (BFH-Urteil vom 24. Februar 1988, BStBl. II S. 819). Wenn der Arbeitslohn lediglich Teil von Verrechnungen für Lieferungen oder Leistungen mit der Betriebsstätte ist, wird der Arbeitslohn als solcher nicht von der Betriebsstätte getragen. Man wird davon ausgehen können, dass der Arbeitslohn wirtschaftlich von einer ausländischen Betriebsstätte im Sinne des DBA getragen wird, wenn er als abzugsfähige Betriebsausgabe bei der Ermittlung des dieser Betriebsstätte zuzurechnenden Gewinns behandelt worden ist.

Eine selbständige Tochtergesellschaft (z. B. GmbH) ist übrigens nicht Betriebsstätte der Muttergesellschaft, kann aber ggf. selbst Arbeitgeber sein (vgl. die Erläuterungen unter der vorstehenden Nr. 7).

9. Zuordnung des Arbeitslohns zur Auslandstätigkeit

a) Allgemeines

Kommt nach den vorstehenden Grundsätzen eine Steuerbefreiung für einen Teil des Kalenderjahres in Betracht, ist der Arbeitslohn entsprechend aufzuteilen. Dabei ist zunächst zu prüfen, inwieweit die Vergütungen genau der Auslandstätigkeit oder Inlandstätigkeit zugeordnet werden können. Erhält der Arbeitnehmer auch Arbeitslohn, der nicht direkt zugeordnet werden kann, so ist – **anders als bei Freistellungen nach dem Auslandstätigkeitserlass** – für die Berechnung der steuerfreien Einkünfte eine Aufteilung des Arbeitslohns im Verhältnis der **vereinbarten Arbeitstage** im Ausland zu den übrigen vereinbarten Arbeitstagen vorzunehmen (Tz. 105 des BMF-Schreibens vom 14. 9. 2006, BStBl. I S. 532)*).

b) Vereinbarte Arbeitstage

Unter „vereinbarte Arbeitstage" sind die Kalendertage pro Jahr abzüglich der Tage zu verstehen, an denen der Arbeitnehmer laut Arbeitsvertrag nicht zu arbeiten verpflichtet ist (= zustehende Urlaubstage sowie arbeitsfreie Samstage, Sonntage und gesetzliche Feiertage. Maßgebend sind allerdings nur die vereinbarten Arbeitstage, für die auch tatsächlich ein Entgelt gezahlt wird.

Beispiel

Ein Arbeitnehmer mit einer 5-Tage-Woche und 30 Urlaubstagen nimmt im Kalenderjahr 2010 einen Monat (= 20 Arbeitstage) unbezahlten Urlaub; außerdem ist er 2 Monate krank (Arbeitstage nach Wegfall der Lohnfortzahlung = 10 Arbeitstage). Der Arbeitnehmer hat sich mehr als 183 Tage im Ausland aufgehalten. In diesen Zeitraum fallen 120 Arbeitstage (Aufenthaltstage und Arbeitstage können aus unterschiedlichen Gründen voneinander abweichen; vgl. vorstehende Nr. 5).

---

*) Das BMF-Schreiben ist als Anlage 2 zu H 39b.10 LStR im **Steuerhandbuch für das Lohnbüro 2010** abgedruckt, das im selben Verlag erschienen ist. Das **PC-Lexikon** für das Lohnbüro 2010 enthält auch dieses Handbuch und hat außerdem den Vorteil, dass Sie **alle BFH-Urteile** sowie die aktuellen Rundschreiben und Niederschriften der Spitzenverbände der **Sozialversicherung** mit Mausklick **im Volltext** abrufen und ausdrucken können. Eine Bestellkarte finden Sie vorne im Lexikon.

Doppelbesteuerungsabkommen

Die vereinbarten Arbeitstage errechnen sich wie folgt:

52 Arbeitswochen à 5 Tage =	260
abzüglich Feiertage	10
abzüglich Urlaubstage	30
vereinbarte Arbeitstage	220

Die vereinbarten Arbeitstage (220) sind um die Tage, an denen der Arbeitnehmer unbezahlten Urlaub genommen hat (20) und die auf die Zeit nach Wegfall der Lohnfortzahlung entfallenden Arbeitstage (10) zu kürzen. Von den so verbleibenden 190 Arbeitstagen entfallen 120 auf die Auslandstätigkeit, sodass $^{120}/_{190}$ des (bereinigten) Jahresarbeitslohns steuerfrei bleiben.

c) Vereinbartes Arbeitsentgelt

Den vereinbarten Arbeitstagen ist das für die entsprechende Zeit vereinbarte Arbeitsentgelt (Lohn, Gehalt, vermögenswirksame Leistungen, sonstige Vorteile wie z. B. Firmenwagen) gegenüberzustellen; Zusatzvergütungen (z. B. Weihnachtsgeld, Urlaubsgeld, Tantiemen u. Ä.), die die nichtselbständige Tätigkeit des Arbeitnehmers innerhalb des gesamten Berechnungszeitraums betreffen, sind in das vereinbarte Arbeitsentgelt einzubeziehen. Soweit Überstunden vergütet wurden, ist die Vergütung jeweils direkt dem steuerpflichtigen bzw. steuerfreien Gehalt zuzuordnen, je nachdem, welche Zeit die Überstunden betreffen. Soweit Überstunden ohne zusätzliches Entgelt geleistet wurden, sind diese steuerrechtlich ohne Bedeutung.

Andere Vergütungen (z. B. für Nachtarbeit, für Feiertagsarbeit, Auslandszulagen oder eine Erfolgsprämie speziell für die Auslandstätigkeit), die jeweils nur bestimmte Einzeltätigkeiten betreffen, sind ebenso wie die Überstundenvergütungen der jeweiligen steuerfreien oder steuerpflichtigen Einzeltätigkeit **direkt zuzuordnen.** Das um genau zuzuordnende Teile bereinigte Arbeitsentgelt ist durch die Zahl der vereinbarten Arbeitstage **zu teilen**; es ergibt sich der Arbeitslohn pro vereinbartem Arbeitstag. Dieser Arbeitslohn ist mit der Zahl der vereinbarten Arbeitstage zu multiplizieren, an denen sich der Arbeitnehmer im DBA-Staat aufhielt.

Beispiel

Ein Arbeitnehmer hat im Kalenderjahr 2010 mehrere Reisen nach Italien unternommen. Von den insgesamt vereinbarten 240 Arbeitstagen hat er 186 Arbeitstage in Italien verbracht. Damit ist die 183-Tage-Regelung anwendbar, das heißt, der auf die Tätigkeit in Italien entfallende Arbeitslohn bleibt in Deutschland steuerfrei. Der gesamte Jahresarbeitslohn des Arbeitnehmers ist entsprechend aufzuteilen.

Der Jahresarbeitslohn des Arbeitnehmers beträgt	39 000,— €
Der Arbeitslohn setzt sich wie folgt zusammen:	
Monatslohn 2500 € × 12	30 000,— €
Weihnachtsgeld	2 500,— €
Tantieme	2 000,— €
Urlaubsgeld	1 500,— €
Erfolgsprämie für einen Geschäftsabschluss in Italien	3 000,— €

Die Erfolgsprämie ist unmittelbar der begünstigten Tätigkeit in Italien zuzurechnen. Dementsprechend ist nur der verbleibende Betrag von (39 000 € – 3000 € =) 36 000 € in einen steuerfreien und einen steuerpflichtigen Teil aufzuteilen. Es ergibt sich ein Arbeitseinkommen pro vereinbartem Arbeitstag von (36 000 € : 240 =) 150 €, sodass (186 × 150 € =) 27 900 € zuzüglich der Erfolgsprämie in Höhe von 3000 € in Deutschland steuerfrei bleiben.

d) Behandlung von Urlaubs- und Krankheitstagen

Soweit Arbeitslohn für die Zeit einer Erkrankung weitergezahlt wird, zählen die Krankheitstage zu den vereinbarten Arbeitstagen. Dementsprechend ist während der Erkrankung gezahlter Arbeitslohn in Deutschland steuerfrei, wenn der Zeitraum der Erkrankung als Auslandstätigkeit anzusehen ist. Dies ist der Fall, wenn der Arbeitnehmer während der Krankheit weiterhin im Tätigkeitsstaat bleibt. Arbeitslohn für die Zeit einer im Ausland verbrachten Erkrankung ist daher im Inland steuerfrei. Krankheitstage ohne Lohnfortzahlung mindern dagegen die vereinbarten Arbeitstage.

Weichen tatsächliche Arbeitstage und vereinbarte Arbeitstage voneinander ab, weil der Arbeitnehmer im Jahr der Auslandstätigkeit nicht seinen vollen (oder überhaupt keinen) Urlaub genommen hat, so gilt Folgendes:

Aufteilungsgrundlage im Jahr der Auslandstätigkeit sind die unter Berücksichtigung der tatsächlich genommenen Urlaubstage ermittelten vereinbarten Arbeitstage und die **davon** im Ausland verbrachten Arbeitstage.

Beispiel A

Der Arbeitnehmer war in einem DBA-Staat vom 1.1. bis 31.10.2010 tätig (also mehr als 183 Tage). Von den vereinbarten 220 Arbeitstagen entfallen 180 auf die Auslandstätigkeit. Das – gegebenenfalls um direkt der steuerfreien oder steuerpflichtigen Tätigkeit zuzuordnende Vergütungen bereinigte – Arbeitsentgelt ist in Höhe von $^{180}/_{220}$ steuerfrei. Bei einem vereinbarten Arbeitslohn von 33 000 € sind somit (33 000 € : 220 = 150 € × 180 =) 27 000 € steuerfrei.

Nimmt der Arbeitnehmer im Kalenderjahr 2010 keinen Urlaub (Urlaubsanspruch 30 Tage), so sind die vereinbarten 220 Arbeitstage um 30 Tage nicht genommenen Urlaub zu erhöhen. Damit ergeben sich 250 vereinbarte Arbeitstage. Bei 180 Tagen Auslandstätigkeit und einem (bereinigten) Arbeitslohn von 33 000 € sind somit $^{180}/_{250}$ = 23 760 € steuerfrei.

Wird der Urlaub im folgenden Kalenderjahr genommen, sind die vereinbarten Arbeitstage dieses Kalenderjahres um die Urlaubstage des Vorjahres zu kürzen. Ebenso zu kürzen ist der Jahresarbeitslohn dieses Kalenderjahres um das auf die Urlaubszeit entfallende laufende Arbeitsentgelt, da es sich insofern um eine Entlohnung für die Tätigkeit im Jahr der Auslandstätigkeit handelt. Der dem Jahr der Auslandstätigkeit zuzuordnende Arbeitslohn ist nach dem Aufteilungsmaßstab dieses Kalenderjahres aufzuteilen.

Beispiel B

Der Arbeitnehmer im Beispiel A nimmt im Kalenderjahr 2011 seinen Urlaub für 2010. Von dem auf diesen Urlaub entfallenden Arbeitslohn (z. B. 4500 €) sind wiederum $^{180}/_{250}$ = 3240 € steuerfrei.

Nach dem so geschilderten Aufteilungsverfahren sind sowohl das **Urlaubsentgelt** als auch das (zusätzlich gezahlte) **Urlaubsgeld** und auch eine evtl. gezahlte **Urlaubsabgeltung** aufzuteilen.

Aus Vereinfachungsgründen kann auf die Erhöhung bzw. Minderung der vereinbarten Arbeitstage verzichtet werden, wenn die Anzahl der übertragenen Urlaubstage **nicht mehr als 10 Urlaubstage** beträgt (Tz. 113 Satz 5 des BMF-Schreibens vom 14.9.2006, BStBl. I S. 532)*).

e) Korrektur des Lohnsteuerabzugs

Hat der Arbeitnehmer in einem Lohnzahlungszeitraum (z. B. Monat) sowohl eine begünstigte Auslandstätigkeit als auch nicht begünstigte Tätigkeiten im Inland ausgeführt, wird der Arbeitgeber i. d. R. eine Aufteilung des (Monats-) Lohns nach dem im Lohnzahlungszeitraum gegebenen Aufteilungsmaßstab vornehmen.

Beispiel

Der vereinbarte Monatslohn eines Arbeitnehmers beträgt 5000 €. Vereinbarte Arbeitstage des betreffenden Monats = 20 Tage, davon Auslandstätigkeit 12 Tage. Der Arbeitnehmer hat neben dem vereinbarten Monatslohn Mehrarbeitsvergütungen in Höhe von 1000 € erhalten. Hiervon entfallen auf die begünstigte Auslandstätigkeit 400 €; während der Inlandstätigkeit hat der Arbeitnehmer 600 € Mehrarbeitsvergütungen erhalten. Von dem Arbeitslohn, der nicht direkt zugeordnet werden kann (= 5000 €), kann der Arbeitgeber $^{12}/_{20}$ = 3000 € steuerfrei lassen. Der auf die begünstigte Auslandstätigkeit entfallende steuerfreie Arbeitslohn beträgt für den betreffenden Monat somit insgesamt (3000 € + 400 € =) 3400 €. Der verbleibende steuerpflichtige Arbeitslohn in Höhe von (2000 € + 600 € = 2600 €) ist nach der Monatstabelle zu besteuern (es entsteht kein Teillohnzahlungszeitraum).

Die im Beispielsfall durchgeführte Aufteilung ist dann nicht möglich, wenn in dem betreffenden Monat sonstige Bezüge für die Tätigkeit während des gesamten Kalenderjahres gezahlt werden (z. B. Urlaubs- oder Weihnachtsgeld). In diesen Fällen ist der um die direkt zuzuordnenden Bezüge bereinigte **voraussichtliche**

---
*) Das BMF-Schreiben ist als Anlage 2 zu H 39b.10 LStR im **Steuerhandbuch für das Lohnbüro 2010** abgedruckt, das im selben Verlag erschienen ist. Das **PC-Lexikon** für das Lohnbüro 2010 enthält auch dieses Handbuch und hat außerdem den Vorteil, dass Sie **alle BFH-Urteile** sowie die aktuellen Rundschreiben und Niederschriften der Spitzenverbände der **Sozialversicherung** mit Mausklick **im Volltext** abrufen und ausdrucken können. Eine Bestellkarte finden Sie vorne im Lexikon.

Doppelbesteuerungsabkommen

Jahresarbeitslohn aufzuteilen. Die von den (feststehenden) vereinbarten Arbeitstagen auf die begünstigte Auslandstätigkeit entfallenden vereinbarten Arbeitstage sind ggf. zu schätzen.

Nach Kenntnis der tatsächlichen Verhältnisse im Kalenderjahr (= bereinigter Jahresarbeitslohn und Zahl der insgesamt vereinbarten Arbeitstage) muss der Lohnsteuerabzug ggf. korrigiert werden (§ 41 c EStG, vgl. das Stichwort „Änderung des Lohnsteuerabzugs").

f) Besteuerung von Abfindungen

Abfindungen, die dem Arbeitnehmer anlässlich seines Ausscheidens aus dem Arbeitsverhältnis gezahlt werden, sind regelmäßig als nachträglich gezahlte Tätigkeitsvergütungen den Vergütungen aus unselbständiger Arbeit zuzuordnen. Die Abfindungen stellen jedoch kein zusätzliches Entgelt für die frühere Tätigkeit dar und werden nicht für eine konkrete im In- oder Ausland ausgeübte Tätigkeit gezahlt. Abfindungen sind daher nach der Mehrzahl der Doppelbesteuerungsabkommen im Ansässigkeitsstaat (= Wohnsitzstaat) des Arbeitnehmers zu besteuern. Maßgeblich hierfür ist der Zeitpunkt der Auszahlung (BFH-Urteil vom 24. Februar 1988, BStBl. II S. 819; BFH-Urteil vom 10. Juli 1996, BStBl. 1997 II S. 341).

Keine Abfindungen im vorstehenden Sinne stellen Zahlungen zur Abgeltung bereits vertraglich erdienter Ansprüche dar (z. B. Ausgleichszahlungen für Urlaubs- oder Tantiemeansprüche). Diese sind entsprechend den Aktivbezügen zu behandeln.

Im Falle der beschränkten Steuerpflicht (vgl. die Erläuterungen beim Stichwort „Beschränkt steuerpflichtige Arbeitnehmer") gilt Folgendes:

Nach § 49 Abs. 1 Nr. 4 Buchstabe d EStG liegen inländische Einkünfte aus nichtselbständiger Arbeit auch dann vor, wenn Entschädigungen (Abfindungen) für die Auflösung eines Dienstverhältnisses gezahlt werden, soweit die für die zuvor ausgeübte Tätigkeit bezogenen Einkünfte der inländischen Besteuerung unterlegen haben. Mit dieser Regelung soll klargestellt werden – so die damalige Gesetzesbegründung – dass auch Abfindungszahlungen, die der Arbeitgeber bei Auflösung eines Dienstverhältnisses zahlt, einer Besteuerung im Rahmen der beschränkten Steuerpflicht unterworfen werden können. Es ist allerdings anschließend zu prüfen, ob Deutschland nach dem jeweiligen Doppelbesteuerungsabkommen auch das Besteuerungsrecht hat.

Beispiel

Ein 60-jähriger Arbeitnehmer scheidet aufgrund eines Aufhebungsvertrags nach 30-jähriger Arbeit in Deutschland zum 1. 4. 2010 vorzeitig aus dem Unternehmen aus und erhält am 10. 4. 2010 eine Abfindung wegen der Auflösung des Dienstverhältnisses von 36 000 €. Der Arbeitnehmer ist bereits zum 1. 3. 2010 in die Schweiz gezogen.

Die Einkünfte, die der Arbeitnehmer für die Tätigkeit in Deutschland in den vergangenen Jahren erhalten hat, haben der inländischen Besteuerung unterlegen, so dass die Abfindung als inländische Einkünfte gem. § 49 Abs. 1 Nr. 4 d EStG in Höhe von 36 000 € der beschränkten Einkommensteuerpflicht unterliegt. Eine ermäßigte Besteuerung der Abfindung unter Anwendung der sog. Fünftelregelung kommt beim Lohnsteuerabzug durch den Arbeitgeber seit 2008 auch bei beschränkter Steuerpflicht in Betracht (§ 50 Abs. 1 EStG).

Besondere Vereinbarungen bei der Zahlung von Abfindungen bestehen mit der Schweiz, mit Belgien sowie den Niederlanden und sind mit Österreich betreffend Abfertigungszahlungen geplant. Im Einzelnen gilt Folgendes:

Für die **Schweiz** gilt aufgrund einer besonderen Verständigungsvereinbarung Folgendes:

Bei der steuerlichen Behandlung von Arbeitnehmer-Abfindungen nach dem Doppelbesteuerungsabkommen mit der Schweiz kommt es darauf an, welchen Charakter eine Abfindung hat. Ist einer Abfindung Versorgungscharakter beizumessen, – z. B. wenn laufende Pensionszahlungen kapitalisiert in einem Betrag ausgezahlt werden –, steht das Besteuerungsrecht entsprechend Art. 18 des Abkommens (= Ruhegehälter) dem Wohnsitzstaat zu. Dagegen hat der frühere Tätigkeitsstaat das Besteuerungsrecht, sofern es sich bei der Abfindung um Lohn- und Gehaltsnachzahlungen oder Tantiemen aus dem früheren Arbeitsverhältnis handelt oder die Abfindung allgemein für das vorzeitige Ausscheiden aus dem Dienst gewährt wird. Für den Fall, dass der Arbeitnehmer in der Zeit vor dem Ausscheiden aus dem Dienst auch teils in dem Staat, in dem er ansässig ist, tätig war, ist die Abfindung zeitanteilig entsprechend der Besteuerungszuordnung der Vergütungen aufzuteilen.

Eine den vorstehenden Ausführungen entsprechende Verständigungsvereinbarung wurde auch mit **Belgien**[*] und den **Niederlanden**[**] getroffen. Auch im Verhältnis zu **Österreich** soll aufgrund einer geplanten Verständigungsvereinbarung das sog. Kausalitätsprinzip gelten. Das bedeutet, dass Abfertigungszahlungen im Zusammenhang mit der Auflösung eines Dienstverhältnisses, wie z. B. Abfindungen, dem vormaligen Tätigkeitsstaat zugeordnet werden. Hat danach der vormalige Tätigkeitsstaat das (anteilige) Besteuerungsrecht, so erhält er auch das (anteilige) Besteuerungsrecht für die Abfertigungszahlungen. In Einzelfällen wird bereits so verfahren.

Ebenfalls dem vormaligen Tätigkeitsstaat (Deutschland oder Österreich) zugeordnet werden Gehaltsfortzahlungen bei vorzeitiger Auflösung des Dienstverhältnisses bis zu dessen ordentlichem Ende, auch wenn das Dienstverhältnis formell vorzeitig beendet wurde und bei Zahlung der Entschädigung der andere Staat inzwischen Ansässigkeitsstaat geworden ist.

Der Bundesfinanzhof hat im Verhältnis zur Schweiz und zu Belgien entschieden, dass die vorstehenden **Verständigungsvereinbarungen** zwar die Finanzverwaltung, aber **nicht die Finanzgerichte binden.** Ein Besteuerungsrecht Deutschlands nach dem jeweiligen Doppelbesteuerungsabkommen hat der Bundesfinanzhof verneint (BFH-Urteil vom 2.9.2009 I R 90/08 und I R 111/08). Zwischenstaatliche Vereinbarungen (z. B. Verständigungsvereinbarungen) über die Auslegung von Doppelbesteuerungsabkommen müssen gesetzlich umgesetzt werden. Ohne gesetzliche Legitimation muss kein Arbeitnehmer eine solche Vereinbarung zu seinen Lasten gegen sich gelten lassen.

g) Abfindung von Pensionsansprüchen

Nach den Doppelbesteuerungsabkommen steht das Besteuerungsrecht für Einkünfte aus nichtselbständiger Tätigkeit in der Regel dem Staat zu, in dem die Tätigkeit ausgeübt wird. Ruhegehälter, Betriebsrenten und ähnliche Versorgungsbezüge aus früheren Dienstverhältnissen werden dagegen im Regelfall vom Wohnsitzstaat besteuert. Ruhegehälter aus öffentlichen Kassen für die Ausübung öffentlicher Dienste werden von dem Staat besteuert, in dem die öffentliche Kasse ihren Sitz hat.

Werden **Pensionsansprüche mit einer Einmalzahlung abgefunden,** ist Folgendes zu beachten:

Hat der Arbeitnehmer im Zeitpunkt der Zahlung der Abfindung **noch keinen Rechtsanspruch** auf die Versorgungsbezüge erlangt, so wird das Besteuerungsrecht für

---

[*] BMF-Schreiben vom 10.1.2007 (BStBl. I S. 261). Das BMF-Schreiben ist als Anlage 11 zu H 39b.10 im **Steuerhandbuch für das Lohnbüro 2010** abgedruckt, das im selben Verlag erschienen ist. Das **PC-Lexikon** für das Lohnbüro 2010 enthält auch dieses Handbuch und hat außerdem den Vorteil, dass Sie **alle BFH-Urteile** sowie die aktuellen Rundschreiben und Niederschriften der Spitzenverbände der **Sozialversicherung** mit Mausklick **im Volltext** abrufen und ausdrucken können. Eine Bestellkarte finden Sie vorne im Lexikon.

[**] BMF-Schreiben vom 29.10.2007 (BStBl. I S. 756). Das BMF-Schreiben ist als Anlage 12 zu H 39b.10 im **Steuerhandbuch für das Lohnbüro 2010** abgedruckt, das im selben Verlag erschienen ist. Das **PC-Lexikon** für das Lohnbüro 2010 enthält auch dieses Handbuch und hat außerdem den Vorteil, dass Sie **alle BFH-Urteile** sowie die aktuellen Rundschreiben und Niederschriften der Spitzenverbände der **Sozialversicherung** mit Mausklick **im Volltext** abrufen und ausdrucken können. Eine Bestellkarte finden Sie vorne im Lexikon.

solche Einmalzahlungen nach den für Abfindungen geltenden Regelungen beurteilt – unter Beachtung der für die Schweiz, Belgien, den Niederlanden und Österreich geltenden Sonderregelungen (vgl. die Erläuterungen unter dem vorstehenden Buchstaben f).

Werden dagegen Pensionsansprüche abgefunden, für die bereits ein **Rechtsanspruch** besteht, erfolgt die Zuteilung des Besteuerungsrechts auch dann nach dem im jeweiligen Doppelbesteuerungsabkommen einschlägigen Artikel*) für Versorgungsbezüge/Pensionen, wenn der hierfür einschlägige Artikel*) nicht voraussetzt, dass es sich um laufende Zahlungen handeln müsse. Dies bedeutet, dass in solchen Fällen ebenfalls dem Wohnsitzstaat im Zeitpunkt der Zahlung das Besteuerungsrecht zusteht. Ist aber die Anwendung des einschlägigen Artikels*) für Versorgungsbezüge/Pensionen im jeweiligen Doppelbesteuerungsabkommen davon abhängig, dass die Zahlungen laufend erbracht werden, muss die Zuteilung des Besteuerungsrechts nach dem Artikel über die nichtselbständige Arbeit vorgenommen werden. Hierbei ist die Einmalzahlung zur Abgeltung des bestehenden Rechtsanspruchs anders als bei Abfindungen als zusätzliches Entgelt für die frühere Arbeitsleistung zu werten. Das Besteuerungsrecht ist daher regelmäßig auf den Ansässigkeitsstaat und den Tätigkeitsstaat aufzuteilen.

h) Aktienoptionen

Hierzu wird auf die ausführlichen Erläuterungen beim Stichwort „Aktienoptionen" unter Nr. 4 Buchstabe d hingewiesen.

10. Progressionsvorbehalt

Der Progressionsvorbehalt besagt, dass bei unbeschränkt Steuerpflichtigen die nach einem Doppelbesteuerungsabkommen von der inländischen Steuer freigestellten Einkünfte in die Bemessung des Steuersatzes für das im Inland zu versteuernde Einkommen einzubeziehen sind. Die Einkünfte sind nach deutschem Recht zu ermitteln. Ausländische Steuern vom Einkommen (z.B. US Staaten- und Gemeindesteuern) sind nicht abzugsfähig. Die Auswirkungen des Progressionsvorbehalts verdeutlicht das unter dem Stichwort „Progressionsvorbehalt" dargestellte Beispiel. Der Progressionsvorbehalt aufgrund eines Doppelbesteuerungsabkommens wird im Rahmen einer Veranlagung zur Einkommensteuer realisiert. Sofern der Arbeitnehmer nicht bereits aus anderen Gründen veranlagt werden muss (z.B. wegen der Eintragung eines Freibetrags auf der Lohnsteuerkarte) ist eine Veranlagung eigens zur Erfassung des Progressionsvorbehalts nur dann durchzuführen, wenn die freigestellten ausländischen Einkünfte insgesamt mehr als 410 € im Kalenderjahr betragen haben (vgl. „Veranlagung von Arbeitnehmern"). Zur Inanspruchnahme des Arbeitnehmer-Pauschbetrags bzw. zum Abzug tatsächlicher ausländischer Werbungskosten – die nach deutschem Recht zu ermitteln sind – im Rahmen des Progressionsvorbehalts vgl. die Erläuterungen beim Stichwort „Auslandstätigkeit, Auslandstätigkeitserlass" unter Nr. 5 Buchstabe d.

11. Verfahrensvorschriften

Ist in dem betreffenden DBA vorgesehen, dass eine Freistellung vom Lohnsteuerabzug nur auf Antrag zulässig ist, muss der Arbeitgeber bei seinem Betriebsstättenfinanzamt eine sog. Freistellungsbescheinigung beantragen. Der Antrag ist auf dem amtlichen, bundeseinheitlich aufgelegten Vordruck zu stellen. Auf der Rückseite einer Ausfertigung erteilt das Finanzamt die Bescheinigung über die Freistellung vom Lohnsteuerabzug aufgrund des jeweils in Betracht kommenden Doppelbesteuerungsabkommens.

Derzeit sehen die Doppelbesteuerungsabkommen mit Algerien, Aserbaidschan, Belarus, Frankreich, Georgien, Ghana, Italien, Kroatien, Norwegen, Österreich, Polen, Schweden, Singapur, Slowenien und den USA einen solchen Antrag vor. Obwohl also der Arbeitgeber in allen anderen Fällen keine ausdrückliche Freistellungsbescheinigung des Finanzamts bräuchte, um bei Arbeitslohn für eine begünstigte Auslandstätigkeit den Lohnsteuerabzug zu unterlassen, empfiehlt es sich gleichwohl in allen Fällen eine Freistellungsbescheinigung beim Betriebsstättenfinanzamt zu beantragen, da ansonsten der Arbeitgeber das Risiko für eine zutreffende Auslegung des maßgebenden Doppelbesteuerungsabkommens trägt.

Lässt der Arbeitgeber Arbeitslohn für eine Auslandstätigkeit steuerfrei, so ist er verpflichtet, das folgende Verfahren einzuhalten:

– Der begünstigte Arbeitslohn ist im Lohnkonto, auf der Lohnsteuerbescheinigung und in der Besonderen Lohnsteuerbescheinigung getrennt vom übrigen Arbeitslohn anzugeben (vgl. diese Stichworte),

– die Freistellungsbescheinigung des Betriebsstättenfinanzamts ist als Beleg zum Lohnkonto des Arbeitnehmers zu nehmen,

– für Arbeitnehmer, die zu irgendeinem Zeitpunkt des Kalenderjahres begünstigten Arbeitslohn bezogen haben, darf der Arbeitgeber weder die Lohnsteuer noch den voraussichtlichen Jahresarbeitslohn (sog. permanenter Lohnsteuerjahresausgleich) ermitteln noch einen Lohnsteuer-Jahresausgleich durchführen.

Auf der elektronischen Lohnsteuerbescheinigung für das Kalenderjahr 2010 ist in Zeile 16 als steuerfreier Arbeitslohn nur der Betrag zu bescheinigen, der ohne Doppelbesteuerungsabkommen steuerpflichtig wäre; deshalb sind unter anderem die vom Arbeitgeber steuerfrei ersetzten Werbungskosten, die nach den allgemeinen Vorschriften steuerfrei wären (Auslösungen, Reisekosten bei Auswärtstätigkeiten, vgl. diese Stichworte), in den zu bescheinigenden Betrag **nicht** mit einzubeziehen.

Werden auf der elektronischen Lohnsteuerbescheinigung für das Kalenderjahr 2010 Sozialversicherungsbeiträge (Zeilen 22, 23 sowie 25 bis 27), so dürfen darin keine Beiträge enthalten sein, die auf Arbeitslohn beruhen, der nach einem Doppelbesteuerungsabkommen vom Lohnsteuerabzug befreit ist. Entsprechendes gilt für die Eintragungen in Zeile 24 (steuerfreie Arbeitgeberzuschüsse zur Krankenversicherung und Pflegeversicherung). Beim Zusammentreffen von steuerfreien und steuerpflichtigen Arbeitslohnteilen im selben Monat ist nur der Anteil der Sozialversicherungsbeiträge zu bescheinigen, der sich nach dem Verhältnis des steuerpflichtigen Arbeitslohns zum gesamten Arbeitslohn dieses Monats (höchstens jedoch bis zur maßgebenden Beitragsbemessungsgrenze) ergibt. Erreicht der steuerpflichtige Arbeitslohn im Lohnzahlungszeitraum die für die Beitragsberechnung maßgebende Beitragsbemessungsgrenze, sind die Sozialversicherungsbeiträge des Lohnzahlungszeitraums folglich insgesamt dem steuerpflichtigen Arbeitslohn zuzuordnen und in vollem Umfang zu bescheinigen.

Der Arbeitgeber ist berechtigt, bei der jeweils nächstfolgenden Lohnzahlung bisher noch nicht erhobene Lohnsteuer nachträglich einzubehalten, wenn er erkennt, dass die Voraussetzungen für den Verzicht auf die Besteuerung nicht vorgelegen haben. Macht er von dieser Berechtigung keinen Gebrauch, so ist er zu einer Anzeige an das Betriebsstättenfinanzamt verpflichtet (§ 41 c EStG, vgl. „Änderung des Lohnsteuerabzugs"). Sind vom begünstigten Arbeitslohn Steuerabzugsbeträge einbehalten worden, muss der Arbeitnehmer die Freistellung von der Besteuerung aufgrund eines Doppelbesteuerungsabkommens im Rahmen einer Veranlagung zur Einkommensteuer bei seinem Wohnsitzfinanzamt beantragen.

---

*) Diejenigen Doppelbesteuerungsabkommen, die einen solchen Artikel für Versorgungsbezüge/Pensionen enthalten, sind unter der nachstehenden Nr. 13 Buchstabe a zusammengestellt.

Doppelbesteuerungsabkommen

12. Rückfallklauseln

a) Subject-to-tax-Klauseln

Rückfallklausel bedeutet, dass das Besteuerungsrecht an den Ansässigkeitsstaat zurückfällt, wenn der Tätigkeitsstaat den Arbeitslohn nicht besteuert. Von einer ausländischen Besteuerung ist aber auch dann auszugehen, wenn die ausländische Steuer aufgrund von Freibeträgen, eines Verlustausgleichs oder Verlustabzugs entfällt oder die Vergütung zu negativen Einkünften im Rahmen der ausländischen Besteuerung führt. Solche **Rückfallklauseln** enthalten nach Auffassung der Finanzverwaltung die **DBA** mit Italien, Österreich, Schweiz und Singapur. Nach der neueren Rechtsprechung des Bundesfinanzhofs (BFH-Urteil vom 17.10.2007, BFH/NV 2008 S. 677) enthalten wohl auch die DBA mit Dänemark, Neuseeland, Norwegen, Schweden und den USA wieder eine solche Rückfallklausel. Die Rückfallklauseln nach DBA gehen der folgenden Regelung des Einkommensteuergesetzes vor.

Über die Rückfallklauseln nach den DBA hinaus sieht das Einkommensteuergesetz Folgendes vor:

Steht das Besteuerungsrecht für Einkünfte aus nichtselbständiger Arbeit eines unbeschränkt einkommensteuerpflichtigen Arbeitnehmers dem ausländischen Staat zu, wird die **Freistellung** bei der **Veranlagung** zur Einkommensteuer nur gewährt, wenn der Arbeitnehmer nachweist, dass der **ausländische Staat** auf sein Besteuerungsrecht **verzichtet** hat **oder** die in diesem Staat auf die Einkünfte festgesetzte **Steuer entrichtet** worden ist (§ 50 d Abs. 8 Satz 1 EStG); die Einkünfte unterliegen allerdings in Deutschland dem Progressionsvorbehalt (§ 32 b Abs. 1 Nr. 3 EStG; vgl. das Stichwort „Progressionsvorbehalt"). Wird ein solcher Nachweis erst erbracht, nachdem die Einkünfte bereits bei einer deutschen Einkommensteuerveranlagung berücksichtigt worden sind, ist der deutsche Einkommensteuerbescheid zu ändern (§ 175 Abs. 1 Satz 1 Nr. 2 AO).

Im Freistellungsverfahren für den laufenden Lohnsteuerabzug kann der geforderte Nachweis naturgemäß noch nicht erbracht werden. Die Nachweispflicht nach § 50 d Abs. 8 EStG erstreckt sich deshalb nicht auf das Lohnsteuerabzugsverfahren (R 39b.10 Satz 6 LStR). In die Freistellungsbescheinigung nimmt die Finanzverwaltung allerdings einen Hinweis auf die ggf. nachträglich eintretende Steuerpflicht auf und merkt den Arbeitnehmer für eine Pflichtveranlagung vor.

Im Einzelnen gilt Folgendes:

Der Nachweis über die Zahlung der festgesetzten **ausländischen** Steuern ist im Grundsatz durch Vorlage des **Steuerbescheids** der ausländischen Behörde sowie eines **Zahlungsbelegs** zu erbringen. Bei einem Selbstveranlagungsverfahren im ausländischen Staat genügt der Zahlungsbeleg und die Kopie der Steuererklärung. Eine **Arbeitgeberbescheinigung** genügt, wenn der Arbeitgeber nach ausländischem Recht zum Steuerabzug verpflichtet ist und die abgeführte Steuer Abgeltungswirkung hat (z. B. Spanien) oder eine Nettolohnvereinbarung getroffen wurde.

Ein Verzicht des ausländischen Staates auf sein Besteuerungsrecht ist durch die Vorlage geeigneter Unterlagen nachzuweisen. Dabei kann es sich um einen Verzicht gegenüber Einzelpersonen, bestimmte Personengruppen oder um einen generellen Verzicht handeln.

Aus Vereinfachungsgründen ist die **Freistellung** von der deutschen Einkommensteuer unter Progressionsvorbehalt ohne Vorlage von Nachweisen zu gewähren, wenn der maßgebende nach deutschem Recht ermittelte Arbeitslohn in dem jeweiligen Veranlagungszeitraum insgesamt nicht mehr als **10 000 €** beträgt*).

Außerdem hat ein unbeschränkt steuerpflichtiger Arbeitnehmer keinen Anspruch auf Freistellung ausländischer Einkünfte, die aufgrund eines DBA dem anderen Vertragsstaat zur Besteuerung zugewiesen sind, dort aber nicht besteuert werden, weil der Arbeitnehmer dort nicht ansässig (also im Ausland nicht unbeschränkt steuerpflichtig) ist (§ 50d Abs. 9 Nr. 2 EStG). Diese noch weitergehende Rückfallklausel ist auch schon im Lohnsteuerabzugsverfahren zu beachten. Sie ist insbesondere bei Flug- und Schiffspersonal von Bedeutung.**)

Beispiel

B ist als Pilot bei einer irischen Fluggesellschaft beschäftigt. Der Jahresarbeitslohn beträgt 50 000 €. In 10 % der durchgeführten Flüge wurde Irland angeflogen.

Nach dem DBA-Irland hat Irland das Besteuerungsrecht am Arbeitslohn, weil die Tätigkeit an Bord eines in Irland ansässigen Unternehmens ausgeübt wird.

In Irland besteht für nichtansässiges Flugpersonal die beschränkte Steuerpflicht nur insoweit, als Irland auch angeflogen wird. Die Vergütung unterliegt zunächst in vollem Umfang dem irischen Steuerabzug vom Arbeitslohn. Auf Antrag wird die zu viel gezahlte Steuer (auf 90 % der Vergütungen, also 45 000 €, da in diesem Umfang Irland nicht angeflogen wurde) erstattet.

Deutschland müsste den Arbeitslohn unter Anwendung des Progressionsvorbehaltes steuerfrei stellen.

Da aber Irland den Arbeitslohn zum Teil nicht besteuert, weil dessen nationales Steuerrecht die Einkünfte von nichtansässigen Bordpersonal nicht erfasst, ist der anteilige Arbeitslohn (= 45 000 €) des B, der in Irland steuerfrei ist, in Deutschland nach § 50d Abs. 9 Nr. 2 EStG zu versteuern.

b) Remittance-Base-Klauseln

Nach dem innerstaatlichen Recht einiger Staaten können ausländische Vergütungen von dort ansässigen Personen nur dann der dortigen Besteuerung unterworfen werden, wenn sie vom Ausland dorthin überwiesen („remitted") oder dort bezogen worden sind. Die Abkommen mit Großbritannien, Irland, Israel, Jamaika, Malaysia, Singapur, Trinidad und Tobago sowie mit Zypern sehen daher vor, dass der Quellenstaat eine Freistellung oder Steuerermäßigung nur gewährt, soweit die Vergütungen in den Wohnsitzstaat überwiesen oder dort bezogen worden sind und damit der dortigen Besteuerung unterlegen haben.

Der Quellenstaat beschränkt damit seine zu gewährende Steuerbefreiung oder Steuerermäßigung auf die in den Wohnsitzstaat überwiesenen oder dort bezogenen Vergütungen.

Auch in den Fällen der Remittance-Base-Klauseln setzt die Steuerfreistellung im **Veranlagungsverfahren den Nachweis der Besteuerung** durch den ausländischen Tätigkeitsstaat voraus (BFH-Urteil vom 29.11.2000, BStBl. 2001 II S. 195).

Beispiel

Ein Arbeitnehmer wird für seinen deutschen Arbeitgeber für ein Gehalt von 75 000 € in Singapur tätig. Von diesem Betrag werden 50 000 € auf ein inländisches Konto in Deutschland überwiesen und 25 000 € in Singapur ausbezahlt.

Eine Steuerbefreiung des Arbeitslohns in Deutschland wird nur für den Teil der Einkünfte gewährt, der in dem anderen Vertragsstaat (= Singapur) überwiesen oder dort bezogen wurde (BFH-Urteil vom 22.2.2006, BFH/NV 2006 S. 1987).

---

*) BMF-Schreiben vom 21.7.2005 (BStBl. I S. 821). Das BMF-Schreiben ist als Anlage 9 zu H 39b.10 LStR im **Steuerhandbuch für das Lohnbüro 2010** abgedruckt, das im selben Verlag erschienen ist. Das **PC-Lexikon** für das Lohnbüro 2010 enthält auch dieses Handbuch und hat außerdem den Vorteil, dass Sie **alle BFH-Urteile** sowie die aktuellen Rundschreiben und Niederschriften der Spitzenverbände der **Sozialversicherung** mit Mausklick **im Volltext** abrufen und ausdrucken können. Eine Bestellkarte finden Sie vorne im Lexikon.

) BMF-Schreiben vom 12.11.2008 (BStBl. I S. 988). Das BMF-Schreiben ist als Anlage 13 zu H 39b.10 LStR im **Steuerhandbuch für das Lohnbüro 2010 abgedruckt, das im selben Verlag erschienen ist. Das **PC-Lexikon** für das Lohnbüro 2010 enthält auch dieses Handbuch und hat außerdem den Vorteil, dass Sie **alle BFH-Urteile** sowie die aktuellen Rundschreiben und Niederschriften der Spitzenverbände der **Sozialversicherung** mit Mausklick **im Volltext** abrufen und ausdrucken können. Eine Bestellkarte finden Sie vorne im Lexikon.

Doppelbesteuerungsabkommen

13. Ruhegehaltsempfänger, Berufssportler, Künstler, Lehrer, Studenten, Grenzgänger

a) Ruhegehaltsempfänger

Nach den Doppelbesteuerungsabkommen steht das Besteuerungsrecht für Einkünfte aus einer aktiv ausgeübten nichtselbständigen Arbeit im Regelfall dem Tätigkeitsstaat und nicht dem Wohnsitzstaat zu. Bei Werkspensionen, Betriebsrenten und ähnlichen **Versorgungsbezügen** aus früheren Arbeitsverhältnissen steht dagegen das Besteuerungsrecht aufgrund besonderer Regelung in den Doppelbesteuerungsabkommen in vielen Fällen dem **Wohnsitzstaat** zu (vgl. die nachfolgende Übersicht). Werden Ansprüche auf Betriebsrenten, Werkspensionen oder ähnliche Versorgungsbezüge aus einem früheren Arbeitsverhältnis in einem Betrag abgefunden, gelten besondere Regelungen, die unter der vorstehenden Nr. 9 Buchstabe g erläutert sind.

Ruhegehälter aus öffentlichen Kassen werden dagegen in dem Staat besteuert, in dem die öffentliche Kasse ihren Sitz hat (sog. **Kassenprivileg**). Auf die Erläuterungen beim Stichwort „Erweiterte unbeschränkte Steuerpflicht" wird hingewiesen.

Folgende Doppelbesteuerungsabkommen enthalten eine Sonderregelung für Versorgungsempfänger, nach denen der Wohnsitzstaat (Ansässigkeitsstaat) das Besteuerungsrecht hat:

Algerien	gemäß Art. 18 Abs. 1
Aserbaidschan	gemäß Art. 18
Australien	gemäß Art. 18
Bangladesch	gemäß Art. 18
Belarus	gemäß Art. 18
Belgien	gemäß Art. 18
Bolivien	gemäß Art. 19
Bulgarien	gemäß Art. 17
China	gemäß Art. 18
Côte d'Ivoire	gemäß Art. 18
Dänemark	gemäß Art. 18
Ecuador	gemäß Art. 19
Estland	gemäß Art. 18
Finnland	gemäß Art. 18
Frankreich	gemäß Art. 13 Abs. 8
Georgien	gemäß Art. 18
Ghana	gemäß Art. 18
Griechenland	gemäß Art. XII
Großbritannien	gemäß Art. X
Indien	gemäß Art. 18
Iran	gemäß Art. 18
Irland	gemäß Art. XV
Island	gemäß Art. 19 Abs. 1
Israel	gemäß Art. 11 Abs. 1
Italien	gemäß Art. 18
Jamaica	gemäß Art. 19 Abs. 1
Japan	gemäß Art. 18
Jugoslawien	gemäß Art. 19 Abs. 1
Kasachstan	gemäß Art. 18
Kenia	gemäß Art. 19
Kirgisistan	gemäß Art. 18
Korea	gemäß Art. 18
Kroatien	gemäß Art. 18
Kuwait	gemäß Art. 18
Lettland	gemäß Art. 18
Liberia	gemäß Art. 19 Abs. 1
Litauen	gemäß Art. 18
Luxemburg	gemäß Art. 12 Abs. 1
Malaysia	gemäß Art. 18 Abs. 1
Malta	gemäß Art. 18 Abs. 1
Marokko	gemäß Art. 19
Mauritius	gemäß Art. 18 Abs. 1
Mexiko	gemäß Art. 18
Mongolei	gemäß Art. 18
Namibia	gemäß Art. 18
Neuseeland	gemäß Art. 18 Abs. 1
Niederlande	gemäß Art. 12 Abs. 1
Norwegen	gemäß Art. 18 Abs. 1
Österreich	gemäß Art. 18 Abs. 1
Polen	gemäß Art. 18
Portugal	gemäß Art. 18
Rumänien	gemäß Art. 18
Russische Föderation	gemäß Art. 18
Sambia	gemäß Art. 19
Schweden	gemäß Art. 18 Abs. 1
Schweiz	gemäß Art. 18
Singapur	gemäß Art. 18
Slowenien	gemäß Art. 18
Spanien	gemäß Art. 19 Abs. 1
Sri Lanka	gemäß Art. 18 Abs. 1
Südafrika	gemäß Art. 16 Abs. 1
Tadschikistan	gemäß Art. 17
Trinidad und Tobago	gemäß Art. 19
Tschechoslowakei	gemäß Art. 19
Türkei	gemäß Art. 18 Abs. 1
Tunesien	gemäß Art. 18
UdSSR	gemäß Art. 14
Ungarn	gemäß Art. 19
Uruguay	gemäß Art. 19
USA	gemäß Art. 18 Abs. 1
Usbekistan	gemäß Art. 18
Venezuela	gemäß Art. 18
Vietnam	gemäß Art. 18
Zypern	gemäß Art. 19

Die Fundstellen der einzelnen Doppelbesteuerungsabkommen im Bundessteuerblatt Teil I sind unter der vorstehenden Nr. 1 Buchstabe b abgedruckt.

Der ehemalige Arbeitgeber des im Ausland lebenden Betriebsrentners darf nur dann vom Lohnsteuerabzug absehen, wenn ihm der Betriebsrentner eine Bescheinigung des Finanzamts vorlegt, dass die Betriebsrente in Deutschland nicht dem Lohnsteuerabzug unterliegt. Eine solche Bescheinigung erhält der Betriebsrentner auf Antrag vom Betriebsstättenfinanzamt seines ehemaligen Arbeitgebers. Diese Freistellungsbescheinigung wird im Normalfall mit der Bedingung verbunden, dass sich der Betriebsrentner nicht mehr als 183 Tage im Jahr in Deutschland aufhalten darf.

b) Berufssportler, Künstler, Lehrer, Studenten, Grenzgänger

Für Berufssportler, Künstler, Lehrer, Studenten, Lehrlinge und sonstige Auszubildende enthalten die Doppelbesteuerungsabkommen zum Teil besondere, unterschiedliche Regelungen. Hier ist auf das maßgebende Doppelbesteuerungsabkommen zurückzugreifen. Zur Besteuerung von ausländischen Studenten, Schülern, Lehrlingen und sonstigen Auszubildenden vgl. das Stichwort „Ausländische Studenten".

Wegen der Besteuerung ausländischer Berufssportler, Künstler, Schriftsteller oder Journalisten ohne Wohnsitz oder gewöhnlichen Aufenthalt in Deutschland vgl. die Erläuterungen beim Stichwort „Beschränkt steuerpflichtige Künstler, Berufssportler, Schriftsteller, Journalisten".

Wegen der Besteuerung der „Grenzgänger" vgl. dieses Stichwort.

14. Anwendung der Doppelbesteuerungsabkommen mit der Sowjetunion, Jugoslawien und der CSFR

Zur Rechtslage nach dem Zerfall der Sowjetunion und Jugoslawien sowie der Teilung der Tschechoslowakei gilt Folgendes:

Das mit der Sowjetunion (UdSSR) abgeschlossene Doppelbesteuerungsabkommen vom 24.11.1981 (BStBl. 1983 I S. 90) gilt auch für

Armenien
Moldau
Turkmenistan

Das mit Jugoslawien abgeschlossene Doppelbesteuerungsabkommen vom 26.3.1987 (BStBl. 1988 I S. 372) gilt nach dem Abschluss entsprechender Vereinbarungen im Verhältnis zu Bosnien und Herzegowina, Mazedonien und Serbien fort. Ob das Abkommen auch im Verhältnis zu Montenegro und zur Republik Kosovo fortgilt, ist derzeit offen. Hierzu bedarf es noch eines gesonderten Notenwechsels.

Das mit der ehemaligen Tschechoslowakei abgeschlossene Doppelbesteuerungsabkommen vom 19.12.1980 (BStBl. 1982 I S. 904) gilt auch für die Tschechische Republik und Slowakische Republik fort.

15. Verständigungsverfahren

In den Doppelbesteuerungsabkommen ist vorgesehen, dass sich die Vertragsstaaten in Zweifelsfällen offiziell „verständigen" können. Diese sog. Verständigungsvereinbarungen zwischen den zuständigen Behörden der Vertragsstaaten gehen allen anderen Regelungen vor.

16. Sozialversicherung

In der Sozialversicherung gilt das **Territorialprinzip.** Für die Beschäftigung deutscher Arbeitnehmer im Ausland besteht deshalb (wenn nicht nach EU/EWR-Recht oder zwischenstaatlichen Abkommen anderes bestimmt ist) nur in bestimmten Fällen Versicherungspflicht in der deutschen Sozialversicherung (bei deutschen Botschaften und Konsulaten; bei Entwicklungshelfern, wenn es die entsendende Stelle beantragt).

Wird jedoch ein deutscher Arbeitnehmer von seiner Firma **vorübergehend** zu einer bestimmten Tätigkeit ins Ausland entsandt, die sich nur als eine Ausstrahlung des inländischen Beschäftigungsverhältnisses darstellt, dann bleibt in der Regel die deutsche Versicherungspflicht bestehen (vgl. „Ausstrahlung").

D & O-Versicherung

siehe „Versicherungsschutz"

Doppelte Haushaltsführung

Neues und Wichtiges auf einen Blick:

Beim Stichwort „Auslösungen" ist dargestellt, dass der **Arbeitgeber** einen steuerfreien **Ersatz** wegen „Reisekosten bei **Auswärtstätigkeiten**" (vgl. dieses Stichwort) oder wegen „**doppelter Haushaltsführung**" leisten kann. Eine **Auswärtstätigkeit** liegt z. B. im Fall einer **befristeten Abordnung** und eine **doppelte Haushaltsführung** z. B. bei einer **Versetzung** vor. Nachfolgend dargestellt sind dem Grunde und der Höhe nach die Voraussetzungen eines steuerfreien Arbeitgeberersatzes bei doppelter Haushaltsführung. **Wesentliche Unterschiede** gegenüber der Auswärtstätigkeit bestehen bei den **Familienheimfahrten** (vgl. dieses Stichwort und die Erläuterungen unter der nachfolgenden Nr. 2 Buchstabe b) sowie bei den **Unterkunftskosten** (vgl. nachfolgende Nr. 2 Buchstabe d).

Bisher wurde die berufliche Veranlassung einer doppelten Haushaltsführung verneint, wenn der Arbeitnehmer seine Familienwohnung aus privaten Gründen vom Beschäftigungsort wegverlegt hatte und anschließend von einer Zweitwohnung am Beschäftigungsort seiner bisherigen Tätigkeit weiter nachging. An dieser Rechtsprechung hält der Bundesfinanzhof nicht mehr weiter fest. Nach seiner neuen Auffassung setzt eine doppelte Haushaltsführung voraus, dass aus **beruflicher Veranlassung** am Beschäftigungsort ein **zweiter** (= doppelter) **Haushalt** zum Hausstand des Arbeitnehmers **hinzutritt**. Beruflich veranlasst ist der Haushalt auch dann, wenn ihn der Arbeitnehmer nutzt, um seinen Arbeitsplatz von dort aus erreichen zu können. Wird ein solcher beruflich veranlasster Zweithaushalt am Beschäftigungsort eingerichtet, so wird damit auch die doppelte Haushaltsführung selbst aus beruflichem Anlass begründet. Dies gilt selbst dann, wenn der **Haupthausstand aus privaten Gründen** vom Beschäftigungsort **wegverlegt** und dann die bereits vorhandene oder eine neu eingerichtete Wohnung am Beschäftigungsort aus beruflichen Gründen als Zweithaushalt genutzt wird. Denn der (beibehaltene) Haushalt am Beschäftigungsort wird nun aus beruflichen Motiven unterhalten. Dies gilt sowohl bei verheirateten als auch bei ledigen Arbeitnehmern (BFH-Urteile vom 5.3.2009 VI R 23/07 und VI R 58/06). Die Finanzverwaltung wendet die neue Rechtsprechung des Bundesfinanzhofs **aber** nur dann an, wenn die **Wegverlegung** des Lebensmittelpunktes **voraussichtlich auf Dauer** erfolgt (vgl. die Erläuterungen unter der nachfolgenden Nr. 1 Buchstabe a)*).

Eine beruflich veranlasste **doppelte Haushaltsführung** ist zudem **weiterhin** gegeben, wenn der Familienwohnsitz an den Beschäftigungsort des anderen Ehegatten **unter Beibehaltung** der ursprünglichen Familienwohnung als **Erwerbswohnung** verlegt wird (BFH-Urteil vom 30.10.2008, BStBl. 2009 II S. 153; vgl. die Erläuterungen am Ende der nachfolgenden Nr. 1 Buchstabe a).

Entsteht durch die privat veranlasste **Wegverlegung** des **Lebensmittelpunktes** vom **Beschäftigungsort** und die Nutzung der bisherigen/einer weiteren Wohnung am Beschäftigungsort eine beruflich veranlasste **doppelte Haushaltsführung**, können auch für die ersten drei Monate nach Begründung der doppelten Haushaltsführung **keine Pauschbeträge** für **Verpflegungsmehraufwendungen** berücksichtigt werden (vgl. die Ausführungen am Ende der nachfolgenden Nr. 2 Buchstabe c).

Eine berufliche Veranlassung von **Umzugskosten** scheidet aus, wenn der **Familienhausstand** vom Arbeitsort **wegverlegt** wird. Das gilt selbst dann, wenn eine solche Wegverlegung zur Begründung einer beruflich veranlassten doppelten Haushaltsführung führt (vgl. hierzu die Erläuterungen und die Beispiele unter der nachfolgenden Nr. 3).

Gliederung:

1. Voraussetzungen für das Vorliegen einer doppelten Haushaltsführung bei Ledigen und Verheirateten
   a) Begriff der doppelten Haushaltsführung und berufliche Veranlassung
   b) Verheiratete Arbeitnehmer
   c) Ledige Arbeitnehmer mit eigenem Hausstand
   d) Ledige Arbeitnehmer ohne eigenen Hausstand, die vorübergehend auswärts tätig sind
   e) Beendigung der doppelten Haushaltsführung

---

*) BMF-Schreiben vom 10.12.2009 (Az.: IV C 5 – S 2352/0). Das BMF-Schreiben ist als Anlage zu H 9.11 (1–4) LStR im **Steuerhandbuch für das Lohnbüro 2010** abgedruckt, das im selben Verlag erschienen ist. Das **PC-Lexikon** für das Lohnbüro 2010 enthält auch dieses Handbuch und hat außerdem den Vorteil, dass Sie **alle BFH-Urteile** sowie die aktuellen Rundschreiben und Niederschriften der Spitzenverbände der **Sozialversicherung** mit Mausklick **im Volltext** abrufen und ausdrucken können. Eine Bestellkarte finden Sie vorne im Lexikon.

Doppelte Haushaltsführung

2. Höhe der steuerfreien Auslösungen bei einer doppelten Haushaltsführung im Inland
   a) Kosten für die erste und letzte Fahrt
   b) Familienheimfahrten bei Verheirateten bzw. Wochenendheimfahrten bei Ledigen mit eigenem Hausstand
   c) Verpflegungsmehraufwand
   d) Kosten der Unterkunft
   e) Schaubild und Berechnungsbeispiel zur doppelten Haushaltsführung im Inland
3. Umzugskosten im Zusammenhang mit einer doppelten Haushaltsführung
4. Einzelnachweis der Verpflegungsmehraufwendungen und Übernachtungskosten
   a) Verpflegungsmehraufwendungen
   b) Übernachtungskosten
5. Freie Unterkunft und Verpflegung im Rahmen einer doppelten Haushaltsführung
6. Auslösungen bei doppeltem Haushalt im Ausland
   a) Kosten für die erste und letzte Fahrt
   b) Familienheimfahrten bei Verheirateten bzw. Wochenendheimfahrten bei Ledigen mit eigenem Hausstand
   c) Verpflegungsmehraufwand
   d) Kosten der Unterkunft
   e) Dreimonatszeitraum
7. Konkurrenzregelung
8. Saldierung
9. Pauschalierung steuerpflichtiger Auslösungen mit 25 %

1. Voraussetzungen für das Vorliegen einer doppelten Haushaltsführung bei Ledigen und Verheirateten

a) Begriff der doppelten Haushaltsführung und berufliche Veranlassung

Eine doppelte Haushaltsführung liegt nach § 9 Abs. 1 Satz 3 Nr. 5 Satz 2 EStG nur vor, wenn der Arbeitnehmer außerhalb des Ortes beschäftigt ist, in dem er einen eigenen Hausstand unterhält (= Lebensmittelpunkt) und auch am **auswärtigen Beschäftigungsort übernachtet.** Die Anzahl der Übernachtungen am Beschäftigungsort spielt im Grundsatz*) keine Rolle, das heißt, dass auch gelegentliche Hotelübernachtungen am auswärtigen Beschäftigungsort die Voraussetzungen für eine doppelte Haushaltsführung erfüllen (R 9.11 Abs. 1 Satz 1 LStR).

Eine doppelte Haushaltsführung setzt den Bezug einer Zweitwohnung am Ort der **regelmäßigen Arbeitsstätte** voraus (BFH-Urteil vom 11.5.2005, BStBl. II S. 782). Bei Arbeitnehmern, die bei ihrer individuellen beruflichen Tätigkeit typischerweise nur an **ständig wechselnden Tätigkeitsstätten** eingesetzt werden, richtet sich der Abzug der Aufwendungen deshalb nach Reisekostengrundsätzen bei einer vorübergehenden beruflich veranlassten **Auswärtstätigkeit** (vgl. hierzu die Erläuterungen beim Stichwort „Reisekosten bei Auswärtstätigkeiten").

Eine doppelte Haushaltsführung ist sowohl bei Verheirateten als auch bei Ledigen nur dann steuerlich berücksichtigungsfähig, wenn sie **beruflich veranlasst** ist. Eine berufliche Veranlassung liegt immer dann vor, wenn der Arbeitnehmer eine Zweitwohnung am neuen Beschäftigungsort bezieht
– anlässlich einer **Versetzung;**
– anlässlich eines **Arbeitgeberwechsels;**
– anlässlich der **erstmaligen** Begründung eines Arbeitsverhältnisses.

Bisher wurde die berufliche Veranlassung einer doppelten Haushaltsführung verneint, wenn der Arbeitnehmer seine Familienwohnung aus privaten Gründen vom Beschäftigungsort wegverlegt hatte und anschließend von einer Zweitwohnung am Beschäftigungsort seiner bisherigen Tätigkeit weiter nachging. An dieser Rechtsprechung hält der Bundesfinanzhof nicht mehr weiter fest. Nach seiner neuen Auffassung setzt eine doppelte Haushaltsführung voraus, dass aus **beruflicher Veranlassung** am Beschäftigungsort ein **zweiter** (= doppelter) **Haushalt** zum Hausstand des Arbeitnehmers **hinzutritt.** Beruflich veranlasst ist der Haushalt auch dann, wenn ihn der Arbeitnehmer nutzt, um seinen Arbeitsplatz von dort aus erreichen zu können. Wird ein solcher beruflich veranlasster Zweithaushalt am Beschäftigungsort eingerichtet, so wird damit auch die doppelte Haushaltsführung selbst aus beruflichem Anlass begründet. Dies gilt selbst dann, wenn der **Haupthausstand aus privaten Gründen** vom Beschäftigungsort wegverlegt und dann die bereits vorhandene oder eine neu eingerichtete Wohnung am Beschäftigungsort aus beruflichen Gründen als Zweithaushalt genutzt wird. Denn der (beibehaltene) Haushalt am Beschäftigungsort wird nun aus beruflichen Motiven unterhalten. Dies gilt sowohl bei verheirateten als auch bei ledigen Arbeitnehmern (BFH-Urteile vom 5.3.2009 VI R 23/07 und VI R 58/06). Diese neue Rechtsprechung des Bundesfinanzhofs ist in allen offenen Fällen – also auch in Altfällen – anzuwenden.

Beispiel A

Der **Ehemann** ist in München und seine mit ihm zusammen veranlagte Ehefrau in Augsburg jeweils nichtselbständig tätig. In Augsburg war zunächst der Familienwohnsitz der Eheleute, der nach Geburt des ersten Kindes unter Aufgabe der Wohnung in Augsburg zunächst nach München und ein Jahr später wieder zurück nach Augsburg verlegt wurde. Der Ehemann wohnte nach dem Rückumzug nach Augsburg in München zunächst im Hotel und mietete sich später in München eine Zweitwohnung an.

Auch nach dem Rückumzug der Familie nach Augsburg aus privaten Gründen liegt beim Ehemann eine beruflich veranlasste doppelte Haushaltsführung (zweiter Haushalt am Beschäftigungsort in München) vor.

Beispiel B

Ein **lediger Arbeitnehmer** verlegt wegen einer neuen Beziehung seinen Hauptwohnsitz vom Arbeitsort Düsseldorf weg und behält die bisherige Wohnung am Beschäftigungsort bei.

Auch nach der Verlegung des Hauptwohnsitzes aus privaten Gründen liegt eine beruflich veranlasste doppelte Haushaltsführung (zweiter Haushalt am Beschäftigungsort in Düsseldorf) vor.

Da bereits bisher die Begründung einer doppelten Haushaltsführung kraft Gesetzes beruflich veranlasst bleibt, wenn ein Arbeitnehmer aus privaten Gründen den Haupthausstand nicht an den Beschäftigungsort verlegt (vgl. hierzu die Erläuterungen am Ende dieses Buchstabens a), gilt nunmehr aufgrund der neuen Rechtsprechung des Bundesfinanzhofs Entsprechendes, wenn der Arbeitnehmer aus privaten Gründen nicht mit seinem Haupthausstand am Beschäftigungsort wohnhaft bleibt.

Bei Wegverlegung des Lebensmittelpunktes vom Beschäftigungsort aus privaten Gründen und zusätzlicher Nutzung der bisherigen oder einer neuen Wohnung am Beschäftigungsort liegt aber nur dann eine beruflich veranlasste doppelte Haushaltsführung vor, wenn die **Wegverlegung** des Lebensmittelpunktes **voraussichtlich auf Dauer** erfolgt. Somit liegt eine beruflich veranlasste doppelte Haushaltsführung insbesondere dann nicht vor, wenn der Lebensmittelpunkt nur für die Sommermonate an den Ort einer Ferienwohnung verlegt wird. Außerdem wird die Wohnung am Beschäftigungsort in diesem Fall auch aus privaten Gründen beibehalten, da sich der Lebensmittelpunkt außerhalb der Sommermonate wiederum am Beschäftigungsort befindet. Die Kosten für die Wohnung am Beschäftigungsort sind somit gemischte Aufwendungen, die insgesamt den Kosten der privaten Lebensführung zuzurechnen sind (§ 12 Nr. 1 Satz 2

---

*) Zur Ausnahme vgl. das BFH-Urteil vom 5.8.2004, BStBl. II S. 1074 sowie die Erläuterungen unter der nachfolgenden Nr. 2 Buchstabe d. In der Praxis wird bei gelegentlichen Hotelübernachtungen in der Regel eine vorübergehende beruflich veranlasste Auswärtstätigkeit vorliegen (vgl. die Erläuterungen beim Stichwort „Reisekosten bei Auswärtstätigkeiten").

Doppelte Haushaltsführung

EStG). Der Zeitraum zwischen Hin- und Rückumzug ist unerheblich.

Beispiel C

Das Ehepaar A und B hat in den Monaten November bis April seinen Lebensmittelpunkt in München und von Mai bis Oktober am Starnberger See. In den Monaten Mai bis Oktober wird die Wohnung in München von A als Zweitwohnung am Beschäftigungsort genutzt, von der aus er seine regelmäßige Arbeitsstätte aufsucht. In den Monaten Mai bis Oktober eines jeden Jahres liegt bei A keine beruflich veranlasste doppelte Haushaltsführung vor, da die Wegverlegung des Lebensmittelpunktes von München an den Starnberger See nicht auf Dauer sondern nur für die Sommermonate erfolgt. Für die tatsächlich durchgeführten Fahrten zwischen Wohnung und regelmäßiger Arbeitsstätte kann – ausgehend von der jeweils tatsächlich genutzten Wohnung – die Entfernungspauschale geltend gemacht werden.

Ist die doppelte Haushaltsführung aus beruflichem Anlass begründet worden, kommt es nicht darauf an, aus welchen Gründen sie beibehalten wird (§ 9 Abs. 1 Satz 3 Nr. 5 Satz 1 EStG). Vgl. aber auch die Erläuterungen unter dem nachfolgenden Buchstaben e).

Eine **doppelte Haushaltsführung** liegt seit 2008 **nicht** vor, **solange** die auswärtige Beschäftigung noch als **vorübergehende Auswärtstätigkeit** anzuerkennen ist (R 9.11 Abs. 1 Satz 2 LStR). Vgl. hierzu die Erläuterungen beim Stichwort „Reisekosten bei Auswärtstätigkeiten".

Beispiel D

Der Arbeitnehmer A mit Wohnsitz und regelmäßiger Arbeitsstätte in Nürnberg wird am 1.2.2010 für acht Monate an eine Niederlassung des Arbeitgebers in Regensburg abgeordnet.

Es liegt für die gesamten acht Monate keine doppelte Haushaltsführung vor, da es sich um eine vorübergehende, beruflich veranlasste Auswärtstätigkeit handelt (R 9.11 Abs. 1 Satz 2 LStR).

Beispiel E

Arbeitnehmer A mit Wohnsitz und regelmäßiger Arbeitsstätte in Nürnberg wird am 1.2.2010 von seinem Arbeitgeber nach Regensburg versetzt, wo er sich eine Zweitwohnung nimmt.

Es liegt ab dem 1.2.2010 (also von Beginn an) eine aus beruflichem Anlass begründete doppelte Haushaltsführung vor, da die Auswärtstätigkeit aufgrund der Versetzung nicht nur vorübergehend ist.

Eine beruflich veranlasste doppelte Haushaltsführung liegt aber auch dann vor, wenn der Arbeitnehmer **nicht nur am auswärtigen Beschäftigungsort,** an dem er eine Zweitwohnung unterhält, sondern **auch** an seinem **Lebensmittelpunkt** (= Ort des eigenen Hausstands) einer **Beschäftigung nachgeht** und dort eine weitere regelmäßige Arbeitsstätte hat (BFH-Urteil vom 24.5.2007, BStBl. II S. 609). Der Abzug von Mehraufwendungen für doppelte Haushaltsführung ist damit nicht auf Fälle beschränkt, in denen der Arbeitnehmer ausschließlich außerhalb des Ortes seiner Hauptwohnung tätig wird. Der Arbeitnehmer arbeitete im Streitfall sowohl in Berlin als auch in Bonn. Neben seinem Hauptwohnsitz am Lebensmittelpunkt in Berlin unterhielt der Kläger auch in Bonn eine eigene Wohnung, deren Kosten er steuerlich geltend machte. Der Bundesfinanzhof ging hinsichtlich der „Bonner Wohnung" von einer beruflich veranlassten doppelten Haushaltsführung des Klägers aus.

Im Hinblick auf den besonderen grundgesetzlichen Schutz von Ehe und Familie wird eine aus beruflichem Anlass begründete doppelte Haushaltsführung in Fällen der **Eheschließung** auch dann angenommen, wenn beide Ehegatten im Zeitpunkt der Eheschließung an verschiedenen Orten beruflich tätig sind, jeweils dort wohnen, und anlässlich ihrer Heirat eine der beiden Wohnungen oder eine neue Wohnung an einem dritten Ort zum Familienhausstand machen. Dabei können beiderseits berufstätige Ehegatten einen Familienwohnsitz auch nachträglich (also mehrere Jahre nach der Heirat) begründen.

Beispiel F

A lebt und arbeitet in Düsseldorf, B lebt und arbeitet in Frankfurt. Sie heiraten am 1.4.2010 und machen die Wohnung in Frankfurt zu ihrer Familienwohnung. A arbeitet weiterhin in Düsseldorf und übernachtet während der Woche in seiner bisherigen Wohnung.

Ab dem 1.4.2010 liegt bei A eine beruflich veranlasste doppelte Haushaltsführung vor.

Diese vorteilhafte Regelung zur beruflich veranlassten doppelten Haushaltsführung bei Ehegatten ist aber aus verfassungsrechtlichen Gesichtspunkten nicht in jedem Fall auf nichteheliche Lebensgemeinschaften zu übertragen. Eine Übertragung des Grundsatzes kann aber bei einer **nichtehelichen Lebensgemeinschaft mit Kind** in Betracht kommen, da es sich um eine „Familie" handelt. Die Gründung eines doppelten Haushalts kann daher bei nicht verheirateten Personen beruflich veranlasst sein, wenn sie vor der Geburt eines gemeinsamen Kindes an verschiedenen Orten berufstätig sind, dort wohnen und im zeitlichen Zusammenhang mit der Geburt des Kindes eine der beiden Wohnungen zur Familienwohnung machen (BFH-Urteil vom 15.3.2007, BStBl. II S. 533). Der Bundesfinanzhof hat aber im Streitfall – angesichts des seiner Meinung nach zu langen Zeitraums von zwei Jahren – einen zeitlichen Zusammenhang der Bildung einer Familienwohnung mit der Geburt des gemeinsamen Kindes ab. Eine maximale zeitliche Grenze nannte der Bundesfinanzhof jedoch leider nicht.

Vor dem Hintergrund der aktuellen Rechtsprechung des Bundesfinanzhofs (Wegverlegung des Lebensmittelpunkts aus privaten Gründen unter Beibehaltung einer Wohnung am Beschäftigungsort; vgl. vorstehende Ausführungen) sind die beiden Fallgestaltungen „Eheschließung" und „nichteheliche Lebensgemeinschaft mit Kind" kaum noch von Bedeutung.

Die berufliche Veranlassung einer doppelten Haushaltsführung wird übrigens **nicht** dadurch **beendet,** dass der Arbeitnehmer seinen **Familienhausstand** innerhalb desselben Ortes **verlegt** (BFH-Urteil v. 4.4.2006, BStBl. II S. 714). Dies gilt gleichermaßen für verheiratete, in Trennung befindliche und ledige Arbeitnehmer. Es besteht also keine Verpflichtung seitens des Arbeitnehmers, in solch einem Fall an den Beschäftigungsort zu ziehen und die doppelte Haushaltsführung zu beenden.

Beispiel G

A und B haben ihre Familienwohnung in Hamburg. A ist angestellt in Kiel und hat dort eine Zweitwohnung am Beschäftigungsort. Am 1.7.2010 trennen sich A und B. A zieht innerhalb von Hamburg in eine neue Wohnung.

Trotz der Verlegung seines Familienhausstands liegt bei A weiterhin eine beruflich veranlasste doppelte Haushaltsführung vor. Eine andere Lösung hätte sich allerdings ergeben, wenn A anlässlich der Trennung von B seinen Lebensmittelpunkt nach Kiel verlegt hätte.

Außerdem ist eine beruflich veranlasste **doppelte Haushaltsführung weiterhin** gegeben, wenn der **Familienwohnsitz** an den Beschäftigungsort des **anderen Ehegatten** unter **Beibehaltung** der ursprünglichen Familienwohnung als **Erwerbswohnung verlegt** wird (BFH-Urteil vom 30.10.2008, BStBl. 2009 II S. 153).

Beispiel H

M und F sind seit 2006 verheiratet. M nutzt seit Jahren eine Eigentumswohnung an seinem Beschäftigungsort Berlin zu eigenen Wohnzwecken, F ein Einfamilienhaus an ihrem Beschäftigungsort Hannover. In den Jahren 2006 bis 2008 machte M Mehraufwendungen wegen doppelter Haushaltsführung als Werbungskosten bei seinen Einkünften aus nichtselbständiger Arbeit und in der Einkommensteuererklärung 2009 F Mehraufwendungen wegen doppelter Haushaltsführung bei ihren Einkünften aus nichtselbständiger Arbeit als Werbungskosten geltend.

Da die Ehegatten nach ihrer Heirat die Wohnung der F zum Familienwohnsitz bestimmt hatten und M weiter am Ort seiner Beschäftigung in Berlin wohnte, ist es unerheblich, dass die Ehegatten den Familienwohnsitz später nach Berlin verlegt haben. Die Verlegung des gemeinsamen Hausstands beiderseits berufstätiger Ehegatten führt nämlich nicht zur Beendigung der beruflich veranlassten doppelten Haushaltsführung. Es reicht vielmehr aus, dass ein gemeinsamer Wohnsitz (Familienwohnung) am Beschäftigungsort des einen Ehegatten besteht und zugleich die Unterhaltung eines weiteren Wohnsitzes durch die Berufstätigkeit des anderen Ehegatten an einem anderen Ort veranlasst ist. Es ist nämlich unerheblich, ob der gemeinsame Wohnsitz der Ehegatten über die Jahre gleich bleibt oder verändert wird. Maßgeblich ist allein, dass die Unterhaltung eines weiteren Wohnsitzes durch die Berufstätigkeit des anderen Ehegatten an einem anderen Ort veranlasst ist.

Doppelte Haushaltsführung

Bei der **Zweitwohnung am Beschäftigungsort,** die aus beruflicher Veranlassung bewohnt wird, kann es sich z. B. handeln um

- eine Miet- oder Eigentumswohnung,
- ein Hotel- oder Pensionszimmer,
- ein möbliertes Zimmer,
- eine Gemeinschaftsunterkunft,
- eine Kasernenunterkunft.

Die Zweitwohnung kann auch **in der Nähe** des neuen Beschäftigungsorts (Einzugsbereich) gelegen sein (R 9.11 Abs. 4 LStR).

b) Verheiratete Arbeitnehmer

Eine doppelte Haushaltsführung liegt nach § 9 Abs. 1 Satz 3 Nr. 5 Satz 2 EStG vor, wenn der Arbeitnehmer außerhalb des Ortes, in dem er einen **eigenen Hausstand** unterhält, beschäftigt ist und am Beschäftigungsort in einer Zweitwohnung wohnt.

Ist ein **verheirateter** Arbeitnehmer außerhalb des Ortes beschäftigt, an dem seine Familie wohnt, und übernachtet der Arbeitnehmer am Beschäftigungsort, so führt er immer einen doppelten Haushalt, da der Arbeitgeber bei **verheirateten** Arbeitnehmern (Steuerklasse III, IV oder V) ohne weiteres **unterstellen** kann, dass sie einen eigenen Hausstand haben (R 9.11 Abs. 10 Satz 3 LStR).

Der Arbeitgeber kann dem Arbeitnehmer bei **beruflicher Veranlassung** des doppelten Haushalts die Mehraufwendungen für Verpflegung, die Kosten der Unterkunft am Beschäftigungsort und die Aufwendungen für eine Familienheimfahrt wöchentlich nach den unter Nr. 2 dargestellten Grundsätzen steuerfrei ersetzen. Der Arbeitnehmer kann diese Aufwendungen als Werbungskosten geltend machen, wenn er bei einer beruflich veranlassten doppelten Haushaltsführung keinen steuerfreien Ersatz vom Arbeitgeber erhält.

c) Ledige Arbeitnehmer mit eigenem Hausstand

Ein eigener Hausstand setzt eine eingerichtete, den Lebensbedürfnissen entsprechende Wohnung des Arbeitnehmers voraus. In dieser Wohnung muss der Arbeitnehmer einen Haushalt unterhalten, das heißt, er muss die Haushaltsführung bestimmen oder wesentlich mitbestimmen (R 9.11 Abs. 3 LStR).

Ledige Arbeitnehmer haben deshalb nur dann einen eigenen Hausstand, wenn sie bei einer auswärtigen Tätigkeit ihre bisherige Wohnung, die sie **aus eigenem Recht** (z. B. als Mieter oder Eigentümer) nutzen, als Mittelpunkt der Lebensinteressen beibehalten und regelmäßig dorthin zurückkehren. Ein eigener Hausstand wird auch anerkannt, wenn die Wohnung zwar allein vom Lebenspartner des Arbeitnehmers angemietet wurde, dieser sich aber mit Duldung seines Partners dauerhaft dort aufhält und sich finanziell in einem Umfang an der Haushaltsführung beteiligt, dass daraus auf eine gemeinsame Haushaltsführung geschlossen werden kann (BFH-Urteil vom 12. 9. 2000, BStBl. 2001 II S. 29). Keinen eigenen Hausstand haben diejenigen ledigen Arbeitnehmer, die an ihrem Lebensmittelpunkt in der Wohnung ihrer Eltern leben. Dabei ist die **unentgeltliche Überlassung** einer Wohnung von den Eltern an das Kind ein Indiz gegen das Vorliegen eines eigenen Hausstands (BFH-Urteil vom 14. 6. 2007 BStBl. II S. 890).

Je länger die Auswärtstätigkeit eines ledigen Arbeitnehmers dauert, desto mehr spricht dafür, dass der **Lebensmittelpunkt** an den Beschäftigungsort **verlegt** wurde und die „Heimatwohnung" nur noch für Besuchszwecke vorgehalten wird (BFH-Beschluss vom 30. 4. 2008, BFH/NV 2008 S. 1475). Anhaltspunkte sind: Aufenthaltsdauer, Größe und Ausstattung der Wohnungen, Zahl der „Heimfahrten", Aufenthaltsort des Lebensgefährten/der Lebensgefährtin (vgl. auch die Erläuterungen unter dem nachfolgenden Buchstaben e zur Beendigung der doppelten Haushaltsführung).

Der Arbeitgeber darf bei einem ledigen Arbeitnehmer (Steuerklasse I oder II) nur dann davon ausgehen, dass ein eigener Hausstand außerhalb des Beschäftigungsorts vorliegt, wenn der Arbeitnehmer dies schriftlich erklärt, das heißt, der Arbeitnehmer muss mit eigenhändiger Unterschrift versichern, dass er neben einer Zweitwohnung am Beschäftigungsort auch einen eigenen Hausstand außerhalb des Beschäftigungsorts unterhält. Diese Erklärung ist als Beleg zum Lohnkonto aufzubewahren.

Gibt der ledige Arbeitnehmer diese Erklärung ab, so kann der Arbeitgeber ohne weiteres davon ausgehen, dass er einen doppelten Haushalt führt. Dies hat zur Folge, dass der ledige Arbeitnehmer dieselben steuerfreien Auslösungen erhalten kann, wie ein verheirateter Arbeitnehmer, der einen doppelten Haushalt führt (vgl. nachfolgend unter Nr. 2).

d) Ledige Arbeitnehmer ohne eigenen Hausstand, die vorübergehend auswärts tätig sind

Hat der ledige Arbeitnehmer keinen eigenen Hausstand und liegt dementsprechend bei einer Auswärtstätigkeit keine doppelte Haushaltsführung vor, so galt früher die auswärtige Tätigkeit zumindest **für drei Monate** als doppelte Haushaltsführung, wenn der ledige Arbeitnehmer seine bisherige Wohnung (z. B. ein oder mehrere Zimmer im Haus seiner Eltern) als Mittelpunkt seiner Lebensinteressen beibehielt (sog. Fiktion einer doppelten Haushaltsführung). Diese Fiktion einer doppelten Haushaltsführung für ledige Arbeitnehmer ohne eigenen Hausstand ist **seit 1. 1. 2004 ersatzlos weggefallen.**

Beispiel

A bewohnt in der Wohnung seiner Eltern in Leipzig ein Zimmer und kehrt dorthin jedes Wochenende zurück. An seinem Beschäftigungsort in Erfurt bewohnt er während der Woche ein kleines Appartement. Mangels eigenen Hausstands in Leipzig liegt bei A keine aus beruflichem Anlass begründete doppelte Haushaltsführung vor. Die Behandlung der Aufwendungen des A als „Reisekosten in Form einer Auswärtstätigkeit" kommt ebenfalls nicht in Betracht, da er nicht vorübergehend außerhalb seiner regelmäßigen Arbeitsstätte tätig wird.

e) Beendigung der doppelten Haushaltsführung

Bei einer aus beruflichem Anlass begründeten doppelten Haushaltsführung kann der Arbeitgeber die notwendigen Mehraufwendungen unabhängig davon steuerfrei erstatten, aus welchen Gründen die doppelte Haushaltsführung beibehalten wird. Eine doppelte Haushaltsführung liegt aber nur vor, wenn der Arbeitnehmer außerhalb des Ortes, an dem er seinen eigenen Hausstand unterhält (= Lebensmittelpunkt), beschäftigt ist und auch am Beschäftigungsort wohnt. Von einer **Beendigung** einer steuerlich relevanten **doppelten Haushaltsführung** ist daher auszugehen, wenn der Arbeitnehmer seinen **Lebensmittelpunkt** an seinen **Beschäftigungsort verlegt.** Das gilt u. E. auch dann, wenn der Arbeitnehmer seine Wohnung am bisherigen Lebensmittelpunkt aus privaten Gründen (z. B. für Besuchs-, Erholungs- oder Urlaubszwecke) beibehält. Anhaltspunkte für die Prüfung des Lebensmittelpunktes sind: Aufenthaltsdauer, Größe und Ausstattung der Wohnungen, „Zahl der Heimfahrten", Aufenthaltsort der Familie bzw. des Lebensgefährten/der Lebensgefährtin, Kindergarten-/ Schulbesuch der Kinder.

Beispiel A

Ein Arbeitnehmer, der vor vielen Jahren aufgrund einer Versetzung eine beruflich veranlasste doppelte Haushaltsführung begründet hat, bezieht mit seiner jetzigen Lebensgefährtin und dem gemeinsamen Kind ein Einfamilienhaus an seinem Beschäftigungsort und gibt sein bisheriges Apartment auf. Seine Eigentumswohnung an seinem bisherigen Lebensmittelpunkt, die in einem Naherholungsgebiet liegt, benutzt er zukünftig ca. alle vierzehn Tage mit der gesamten Familie für Erholungszwecke.

Doppelte Haushaltsführung

	Lohn-steuer-pflichtig	Sozial-versich.-pflichtig

Mit dem Bezug des Einfamilienhauses ist der Lebensmittelpunkt an den Beschäftigungsort verlegt worden mit der Folge, dass die doppelte Haushaltsführung zu diesem Zeitpunkt beendet ist.

Beispiel B

Wie Beispiel A. Der Arbeitnehmer veräußert am Lebensmittelpunkt seine Eigentumswohnung und bezieht dort mit seiner Lebensgefährtin und dem gemeinsamen Kind ein Einfamilienhaus. Am Beschäftigungsort wohnt er wie bisher in dem Apartment.

Es liegt weiterhin eine beruflich veranlasste doppelte Haushaltsführung vor. Unerheblich ist, dass diese letztlich aus privaten Gründen beibehalten wird. Der Arbeitnehmer ist nicht verpflichtet mit seiner Familie an den Beschäftigungsort zu ziehen. Die doppelte Haushaltsführung wird auch nicht allein durch Zeitablauf beendet.

2. Höhe der steuerfreien Auslösungen bei einer doppelten Haushaltsführung im Inland

Liegen bei verheirateten oder ledigen Arbeitnehmern **mit eigenem Hausstand** die in der vorstehenden Nr. 1 erläuterten Voraussetzungen für eine berufliche Veranlassung der doppelten Haushaltsführung vor, so können folgende Auslösungen steuerfrei gezahlt werden:

a) Kosten für die erste und letzte Fahrt

Steuerfrei ersetzbar sind die tatsächlichen **Fahrtkosten** für die **erste Fahrt** zum neuen Beschäftigungsort und für die **letzte Fahrt** vom Beschäftigungsort zum Ort des eigenen Hausstands. Wird für diese Fahrten ein **Kraftfahrzeug** benutzt, so können die für Auswärtstätigkeiten geltenden **Kilometersätze** (= 0,30 € bei Benutzung eines Pkws für jeden tatsächlich gefahrenen Kilometer) oder die nachgewiesenen höheren tatsächlichen Kosten steuerfrei gezahlt werden.

Steht dem Arbeitnehmer (auch) für diese Fahrten ein **Firmenwagen** zur Verfügung, ist insoweit kein geldwerter Vorteil zu versteuern. Allerdings scheidet in diesem Fall auch ein Werbungskostenabzug für diese Fahrten in der Einkommensteuerveranlagung des Arbeitnehmers aus.

b) Familienheimfahrten bei Verheirateten bzw. Wochenendheimfahrten bei Ledigen mit eigenem Hausstand

Der Arbeitgeber kann dem Arbeitnehmer **unabhängig vom benutzten Verkehrsmittel** die Aufwendungen für **eine Familienheimfahrt wöchentlich** in Höhe der Entfernungspauschale von 0,30 € je einfachen vollen Entfernungskilometer steuerfrei ersetzen.   nein   nein

Beispiel

Der Arbeitnehmer führt einen beruflich veranlassten doppelten Haushalt. Am Wochenende fährt er teils mit öffentlichen Verkehrsmitteln teils mit dem Pkw zu seinem Familienwohnsitz (einfache Entfernung 400 km). Der Arbeitgeber kann für jede wöchentliche Familienheimfahrt folgenden Betrag steuerfrei ersetzen:

400 km × 0,30 €   120,— €.

Führt der Arbeitnehmer z. B. 45 Familienheimfahrten im Kalenderjahr 2010 durch, beträgt der steuerfreie Arbeitgeberersatz insgesamt

400 km × 0,30 € × 45 Fahrten =   5 400,— €.

Eine Begrenzung auf 4500 € jährlich wie bei der für Fahrten zwischen Wohnung und regelmäßiger Arbeitsstätte geltenden Entfernungspauschale (vgl. dieses Stichwort) ist für Familienheimfahrten bei einer doppelten Haushaltsführung **nicht** zu beachten.

Die **Entfernungspauschale von 0,30 €** je einfachen vollen Entfernungskilometer ist grundsätzlich die **Obergrenze** für eine steuerfreie Erstattung von Aufwendungen für wöchentliche Familienheimfahrten. Der Arbeitgeber kann selbstverständlich auch einen geringeren Betrag steuerfrei erstatten. Übersteigen die Aufwendungen für die Benutzung öffentlicher Verkehrsmittel anlässlich von Familienheimfahrten ausnahmsweise die anzusetzende Entfernungspauschale, können diese übersteigenden Aufwendungen angesetzt werden (§ 9 Abs. 2 Satz 2 EStG). Werden Familienheimfahrten mit dem Flugzeug durchgeführt, können nur die für den Flug tatsächlich entstandenen und im Einzelnen nachgewiesenen Kosten für das Flugticket steuerfrei ersetzt werden, weil die Entfernungspauschale von 0,30 € nicht für

	Lohn-steuer-pflichtig	Sozial-versich.-pflichtig

Flugstrecken gilt (BFH-Urteil vom 26.3.2009, BStBl. II S. 724; vgl. die ausführlichen Erläuterungen beim Stichwort „Familienheimfahrten"). Die Entfernungspauschale ist jedoch für die Fahrten vom und zum Flughafen anzusetzen. Die Entfernungspauschale ist auch nicht anzuwenden für Strecken mit steuerfreier Sammelbeförderung. Bei einer entgeltlichen Sammelbeförderung durch den Arbeitgeber sind die Aufwendungen des Arbeitnehmers in der Einkommensteuerveranlagung als Werbungskosten zu berücksichtigen.

Die Aufwendungen für wöchentliche Heimfahrten können übrigens bei Verheirateten und Ledigen **mit eigenem Hausstand** seit dem Wegfall der früher geltenden Zweijahresfrist **zeitlich unbegrenzt** steuerfrei ersetzt werden.

Zur Verfügungstellung eines **Firmenwagens** für Familienheimfahrten im Rahmen einer beruflich veranlassten doppelten Haushaltsführung vgl. die Erläuterungen beim Stichwort „Firmenwagen zur privaten Nutzung" unter Nr. 14. Zu Familienheimfahrten von behinderten Arbeitnehmern vgl. die Erläuterungen beim Stichwort „Familienheimfahrten" unter Nr. 4.

c) Verpflegungsmehraufwand

Ersatzleistungen des Arbeitgebers für Verpflegungsmehraufwand können **drei Monate** lang in folgender Höhe steuerfrei ersetzt werden:

– bei einer Abwesenheit von 24 Stunden   **24,— €**;
– bei einer Abwesenheit von weniger als 24 Stunden, aber mindestens 14 Stunden   **12,— €**;
– bei einer Abwesenheit von weniger als 14 Stunden, aber mindestens **8** Stunden   **6,— €**.

Für jeden Kalendertag ist die Dauer der Abwesenheit von der Wohnung maßgebend, in der der Arbeitnehmer seinen eigenen Hausstand hat (= Lebensmittelpunkt). Dies wirkt sich auf die An- und Abreisetage bei den Familienheimfahrten/Wochenendheimfahrten aus.

Beispiel A

Ein (verheirateter) Arbeitnehmer wird am 1.3.2010 vom Betriebssitz in München zu einer Zweigniederlassung nach Stuttgart versetzt. Er behält seine bisherige Wohnung in München als eigenen Hausstand bei und mietet sich in Stuttgart ein Appartement. Jeden Freitag fährt er nach der Arbeit nach München und kehrt am Montag wieder an seinen Arbeitsplatz in Stuttgart zurück. Der Arbeitgeber kann in der Zeit vom 1.3. bis 31.5.2010 folgende Pauschbeträge für Verpflegungsmehraufwand steuerfrei ersetzen:

– für Dienstag, Mittwoch und Donnerstag jeweils   24,— €
   (da die Abwesenheit von München 24 Stunden beträgt)
– für Montag und Freitag jeweils   12,— €
   (da die Abwesenheit von München weniger als 24 Stunden, aber mindestens 14 Stunden beträgt)
– für Tage, an denen sich der Arbeitnehmer ganz zu Hause aufhält (Samstag und Sonntag)   0,— €

Nach Ablauf von drei Monaten ist ein steuerfreier Arbeitgeberersatz für Verpflegungsmehraufwand in keinem Fall mehr möglich.

Der Arbeitgeber kann Verpflegungsaufwendungen auch dann nur drei Monate lang in Höhe der Pauschbeträge steuerfrei ersetzen, wenn der Arbeitnehmer einen Verpflegungsmehraufwand im Einzelnen nachweist. Denn der Einzelnachweis von Verpflegungsmehrauswendungen ist seit 1.1.1996 in keinem Fall mehr möglich, das heißt, nicht nur beim steuerfreien Arbeitgeberersatz sondern auch beim Werbungskostenabzug durch den Arbeitnehmer ist ein Ansatz der nachgewiesenen Mehraufwendungen gesetzlich ausgeschlossen worden. Allerdings besteht sowohl beim steuerfreien Arbeitgeberersatz als auch beim Werbungskostenabzug durch den Arbeitnehmer ein Rechtsanspruch auf den Ansatz der Pauschbeträge. Ob der Ansatz der Pauschbeträge zu einer unzutreffenden Besteuerung führt, ist ohne Bedeutung (BFH-Urteil vom 4.4.2006, BStBl. II S. 567).

Für den **Neubeginn der Dreimonatsfrist** gilt Folgendes:

Notwendig für den Neubeginn der Dreimonatsfrist ist ein **Wechsel des Beschäftigungsorts**. Ein solcher liegt vor,

Doppelte Haushaltsführung

wenn der Arbeitnehmer außerhalb der Gemeinde, in der er seine regelmäßige Arbeitsstätte hatte, und deren Umgebung eine neue regelmäßige Arbeitsstätte erhält. Die Tätigkeit an einem neuen auswärtigen Beschäftigungsort führt jedoch nur dann zu einer neuen Dreimonatsfrist, wenn die bisherige Zweitwohnung nicht beibehalten wird (R 9.11 Abs. 7 Satz 3 LStR). Der Arbeitnehmer muss also am neuen Beschäftigungsort oder in dessen Einzugsgebiet eine neue Zweitwohnung beziehen und darf in dieser Zeit seine bisherige Zweitwohnung nicht beibehalten.

Für eine **Unterbrechung der Dreimonatsfrist** gelten die bei einer Unterbrechung der Dreimonatsfrist bei Auswärtstätigkeiten anzuwendenden Regelungen entsprechend. Das bedeutet, dass Urlaub oder Krankheit die Dreimonatsfrist nicht unterbricht. In anderen Fällen einer Unterbrechung (z. B. vorübergehender Einsatz an einer anderen Zweigstelle) beginnt die Dreimonatsfrist dann neu zu laufen, wenn die Unterbrechung **mindestens vier Wochen** beträgt und die bisherige Zweitwohnung nicht beibehalten wurde.

Beispiel B

Der Arbeitnehmer im Beispiel A ist im Mai und Juni 2010 vorübergehend in einer Zweigniederlassung in Köln tätig. Er wohnt dort in einem Hotel und kehrt anschließend wieder nach Stuttgart zurück. Der Mietvertrag für sein Appartement in Stuttgart läuft während der vorübergehenden Beschäftigung in Köln weiter. Die Rückkehr nach Stuttgart löst **keine** neue Dreimonatsfrist bei den Verpflegungsmehraufwendungen wegen doppelter Haushaltsführung aus, da die Zweitwohnung in Stuttgart während der vorübergehenden Abwesenheit beibehalten wurde. Bei der vorübergehenden Tätigkeit in Köln handelt es sich allerdings um eine begünstigte Auswärtstätigkeit mit der Folge, dass dem Arbeitnehmer für die Monate Mai und Juni 2010 die Pauschbeträge für Verpflegungsmehraufwand steuerfrei gezahlt werden können. Der Arbeitgeber kann auch die Kosten für das Hotelzimmer in Köln nach den für Auswärtstätigkeiten geltenden Grundsätzen steuerfrei erstatten (vgl. das Stichwort „Reisekosten bei Auswärtstätigkeiten"). Falls der Arbeitgeber für die Dauer der Auswärtstätigkeit auch die Miete des Appartements in Stuttgart weiterhin bezahlt, liegt diesbezüglich steuerfreier Arbeitgeberersatz im Rahmen der (weiter bestehenden) doppelten Haushaltsführung vor.

Eine neue Dreimonatsfrist für die Pauschbeträge für Verpflegungsmehraufwendungen beginnt grundsätzlich auch bei Arbeitnehmern, die in größeren zeitlichen Abständen immer wieder dieselbe Tätigkeitsstätte aufsuchen (z. B. **Saisonarbeitskräfte**) und die Unterkunft am Beschäftigungsort während der Unterbrechung nicht beibehalten.

Ist der beruflich veranlassten **doppelten Haushaltsführung** eine **Auswärtstätigkeit** an diesem Beschäftigungsort unmittelbar **vorausgegangen,** ist deren Dauer auf die **Dreimonatsfrist** für die Gewährung der Pauschbeträge für **Verpflegungsmehraufwendungen anzurechnen** (R 9.11 Abs. 7 Satz 2 LStR).

Beispiel C

Arbeitnehmer A mit Wohnsitz und regelmäßiger Arbeitsstätte in Stuttgart wird ab dem 2.1.2010 von seinem Arbeitgeber vorübergehend an die Hauptniederlassung nach München abgeordnet. Ab dem 15.4.2010 wird er nach München versetzt. Sein Lebensmittelpunkt ist weiterhin in Stuttgart.

Ab dem 15.4.2010 liegt aufgrund der Versetzung eine beruflich veranlasste doppelte Haushaltsführung vor. Da dieser doppelten Haushaltsführung eine vorübergehende Auswärtstätigkeit unmittelbar vorangegangen ist, ist deren Dauer für die Pauschbeträge für Verpflegungsmehraufwendungen anzurechnen. A stehen daher im Rahmen der doppelten Haushaltsführung keine Pauschbeträge für Verpflegungsmehraufwendungen zu. Für die vorübergehende Auswärtstätigkeit erhält er in der Zeit vom 2.1.2010 bis 1.4.2010 die Pauschbeträge für Verpflegungsmehraufwendungen.

Der Arbeitgeber kann die genannten Pauschbeträge für Verpflegungsmehraufwand (24 €, 12 € oder 6 €) auch dann steuerfrei ersetzen, wenn der Arbeitnehmer unentgeltliche oder verbilligte Mahlzeiten vom Arbeitgeber erhält. Allerdings muss **der für Mahlzeiten geltende Sachbezugswert** als Arbeitslohn versteuert werden. Der amtliche Sachbezugswert für Mahlzeiten beträgt für ein

	2006	2007/2008	2009	**2010**
– Frühstück	1,48 €	1,50 €	1,53 €	**1,57 €**
– Mittag- oder Abendessen	2,64 €	2,67 €	2,73 €	**2,80 €**

Auf die Ausführungen und das Berechnungsbeispiel unter der nachfolgenden Nr. 5 wird hingewiesen. Auch bei gelegentlichen Mahlzeitengestellungen im Rahmen einer doppelten Haushaltsführung besteht die Möglichkeit, aufgrund der neuen Rechtsprechung des Bundesfinanzhofs die Mahlzeiten mit dem **tatsächlichen Wert** anzusetzen, diese in Höhe des Pauschbetrags für Verpflegungsmehraufwendungen steuerfrei zu belassen und für den übersteigenden Betrag die 44-Euro-Freigrenze für Sachbezüge anzuwenden. Vgl. hierzu die ausführlichen Erläuterungen beim Stichwort „Bewirtungskosten" unter Nr. 4.

Entsteht durch die **Wegverlegung** des **Lebensmittelpunktes** vom **Beschäftigungsort** und die Nutzung der bisherigen/einer weiteren Wohnung am Beschäftigungsort eine beruflich veranlasste **doppelte Haushaltsführung,** können auch für die ersten drei Monate nach Begründung der doppelten Haushaltsführung **keine Pauschbeträge** für **Verpflegungsmehraufwendungen** berücksichtigt werden. Durch die Gewährung der Pauschbeträge für Verpflegungsmehraufwendungen für die ersten drei Monate nach Begründung einer doppelten Haushaltsführung soll nämlich berücksichtigt werden, dass dem Arbeitnehmer wegen der unbekannten Verpflegungssituation am Ort der neuen Zweitwohnung für eine Eingewöhnungszeit Mehraufwendungen für Verpflegung entstehen. In Fällen, in denen der Arbeitnehmer seinen Lebensmittelpunkt bisher am Beschäftigungsort hatte, ist ihm die Verpflegungssituation an diesem Ort hinreichend bekannt, so dass ihm letztlich keine Mehraufwendungen für Verpflegung entstehen. Lediglich in den Fällen, in denen der Arbeitnehmer vor der Wegverlegung des Lebensmittelpunktes vom Beschäftigungsort noch keine drei Monate dort gewohnt hat, stehen ihm für den restlichen Zeitraum die Pauschbeträge für Verpflegungsmehraufwendungen zu. Dies wird in der Praxis sehr selten sein.

Beispiel D

Eine ledige Arbeitnehmerin verlegt wegen einer neuen Beziehung nach sieben Jahren ihren Hauptwohnsitz vom Arbeitsort Düsseldorf nach Frankfurt und behält ihre bisherige Wohnung am Beschäftigungsort Düsseldorf bei.

Auch nach der Verlegung des Hauptwohnsitzes aus privaten Gründen liegt eine beruflich veranlasste doppelte Haushaltsführung (zweiter Haushalt am Beschäftigungsort in Düsseldorf) vor. Allerdings kann die Arbeitnehmerin auch für die ersten drei Monate der in Düsseldorf begründeten doppelten Haushaltsführung keine Pauschbeträge für Verpflegungsmehraufwendungen geltend machen. Da sie in Düsseldorf bisher ihren Lebensmittelpunkt hatte, ist ihr die Verpflegungssituation hinreichend bekannt, so dass ihr letztlich kein Mehraufwand für Verpflegung entsteht.

d) Kosten der Unterkunft

Bei einer doppelten Haushaltsführung kann der Arbeitgeber die Übernachtungskosten entweder in Höhe der nachgewiesenen notwendigen Aufwendungen für die Unterkunft am Beschäftigungsort oder mit Pauschbeträgen steuerfrei erstatten. Folgende **Pauschbeträge** können bei Übernachtungen im Inland steuerfrei gezahlt werden:

– in den ersten **drei Monaten** je Übernachtung 20,— €;
– danach je Übernachtung 5,— €.

Die Kosten der Unterkunft können bei Verheirateten und Ledigen mit eigenem Hausstand nach Wegfall der früher geltenden Zweijahresfrist **zeitlich unbegrenzt** steuerfrei ersetzt werden.

Voraussetzung für die steuerfreie Zahlung der oben genannten Pauschbeträge durch den Arbeitgeber ist, dass die Übernachtung nicht in einer vom Arbeitgeber unentgeltlich oder verbilligt gestellten Unterkunft erfolgt.

Doppelte Haushaltsführung

Erfolgt die Übernachtung in einer vom Arbeitgeber gestellten Unterkunft **gegen Entgelt,** so darf der Arbeitgeber dem Arbeitnehmer für die Unterbringung keine höheren Beträge steuerfrei ersetzen, als er vom Arbeitnehmer als Entgelt für die Übernachtung fordert.

Anstelle der Pauschbeträge von 20 € bzw. 5 € kann der Arbeitgeber dem Arbeitnehmer auch die **notwendigen** Kosten der Unterbringung **in der nachgewiesenen Höhe** steuerfrei ersetzen (im Gegensatz zu den Verpflegungsmehraufwendungen, bei denen auch bei Einzelnachweis nur die Pauschbeträge vom Arbeitgeber steuerfrei ersetzt werden können; vgl. die Erläuterungen unter dem vorstehenden Buchstaben c) und der folgenden Nr. 4).

Der Bundesfinanzhof hat für Klarheit gesorgt, inwieweit die **nachgewiesenen Unterkunftskosten** für die **Zweitwohnung** am Beschäftigungsort **notwendig** sind. Notwendig sind demnach die Aufwendungen, die sich für eine Wohnung von **60 qm** bei einem **ortsüblichen** Mietzins je qm für eine nach Lage und Ausstattung durchschnittliche Wohnung **(Durchschnittsmietzins)** am Beschäftigungsort ergeben würden (BFH-Urteil v. 9.8.2007, BStBl. II S. 820).

Beispiel A
Der Durchschnittsmietzins am Beschäftigungsort beträgt z. B. 7,50 € je qm.
Die Unterkunftskosten für die Zweitwohnung am Beschäftigungsort sind bis zur Höhe von 450 € monatlich (60 qm × 7,50 €) notwendig.

Unter Zugrundelegung des Sachverhalts im vorstehenden Beispiel A steht es dem **Arbeitnehmer** aber bis zur Höhe von 450 € monatlich **frei,** ob er sich eine **größere, billigere** Wohnung **oder** eine **kleinere, teurere Wohnung** nimmt.

Beispiel B
Wie Beispiel A. Der Arbeitnehmer nimmt sich am Beschäftigungsort eine 75-qm-Zweitwohnung zu einer Miete von 6 € pro qm. Die Unterkunftskosten betragen (75 qm × 6 € =) 450 € monatlich. Sie sind notwendig, da sie der Höhe nach den Durchschnittsmietzins einer 60-qm-Wohnung nicht übersteigen.

Beispiel C
Wie Beispiel A. Der Arbeitnehmer nimmt sich am Beschäftigungsort eine Zweitwohnung mit 50 qm zu einer Miete von 9 € pro qm. Die Unterkunftskosten betragen (50 qm × 9 € =) 450 € monatlich. Sie sind ebenfalls notwendig, da sie der Höhe nach den Durchschnittsmietzins einer 60-qm-Wohnung nicht übersteigen.

Sind die Mietkosten in den vorstehenden Beispielen höher als 450 € monatlich, ist lediglich der 450 € monatlich übersteigende Teil nicht notwendig und kann daher weder vom Arbeitgeber steuerfrei ersetzt, noch vom Arbeitnehmer als Werbungskosten abgezogen werden. Zu beachten ist, dass **in jedem Einzelfall der Durchschnittsmietzins** am Beschäftigungsort **ermittelt** werden muss. Die vorstehend erwähnten 7,50 € pro qm sind nur beispielhaft gewählt worden.

Der Durchschnittsmietzins am Beschäftigungsort ist u. E. auch dann maßgebend, wenn die **Zweitwohnung** in einer **anderen Gemeinde** in der Nähe des Beschäftigungsortes bezogen wird.

Beispiel D
Ein Arbeitnehmer, mit Lebensmittelpunkt und eigenem Hausstand in Düsseldorf, wird von seinem Arbeitgeber nach Frankfurt versetzt. Er bezieht eine 70 qm große Zweitwohnung in Offenbach für 700 € monatlich. Der Durchschnittsmietzins in Frankfurt soll 12,50 € und in Offenbach 10 € betragen. Die notwendigen Kosten für eine Wohnung am Beschäftigungsort in Frankfurt betragen laut Rechtsprechung des Bundesfinanzhofs 60 qm × 12,50 € = 750 €. Die tatsächlichen Kosten für die 70-qm-Wohnung in Offenbach (= 700 €) sind geringer und können daher u. E. vom Arbeitgeber steuerfrei ersetzt bzw. vom Arbeitnehmer als Werbungskosten abgezogen werden.

Bewohnt der Arbeitnehmer am Beschäftigungsort als **Zweitwohnung** eine eigene **Eigentumswohnung** oder gar ein eigenes Einfamilienhaus, sind u. E. die Schuldzinsen, die Absetzungen für Abnutzungen und die Reparaturen der Durchschnittsmiete für eine 60 qm Wohnung gegenüberzustellen.

Beispiel E
Die Aufwendungen des Arbeitnehmers für seine im Rahmen seiner beruflich veranlassten doppelten Haushaltsführung zu eigenen Wohnzwecken genutzten Eigentumswohnung (55 qm) betragen 8400 € jährlich. Die notwendigen Kosten für eine „durchschnittliche" Wohnung am Beschäftigungsort sollen pro qm 11 € betragen.
Nach der Rechtsprechung des Bundesfinanzhofs betragen die notwendigen Kosten für eine Zweitwohnung am Beschäftigungsort 60 qm × 11 € × 12 Monate = 7920 €. Lediglich in dieser Höhe (7920 €) können die Aufwendungen vom Arbeitgeber steuerfrei ersetzt bzw. vom Arbeitnehmer als Werbungskosten abgezogen werden.

Ein **häusliches Arbeitszimmer in der Zweitwohnung** am Beschäftigungsort ist bei der Ermittlung der abziehbaren Unterkunftskosten nicht zu berücksichtigen, sondern **gesondert** zu **beurteilen** (BFH-Urteil v. 9.8.2007, BStBl. 2009 II S. 722). Das bedeutet auch, dass das Vorhandensein oder gar Erfordernis eines häuslichen Arbeitszimmers nicht zu einer Erhöhung der 60-qm-Grenze führt. Da ab 2007 die Aufwendungen für ein häusliches Arbeitszimmer nur noch als Werbungskosten berücksichtigt werden, wenn es sich um den Mittelpunkt der gesamten beruflichen Betätigung handelt, wirken sich die Aufwendungen für das häusliche Arbeitszimmer in der Zweitwohnung am Beschäftigungsort steuerlich in aller Regel nicht mehr aus. Vgl. hierzu die Erläuterungen beim Stichwort „Arbeitszimmer".

Neben den vorstehend beschriebenen Mietaufwendungen (bzw. in Eigentumsfällen Schuldzinsen, Absetzungen für Abnutzungen und Reparaturen) sind auch die größenabhängigen **Nebenkosten** (u. a. Heizung) und eine eventuell am Beschäftigungsort zu zahlende Zweitwohnungssteuer zu berücksichtigen. Sofern die tatsächlichen Aufwendungen für die Wohnung den 60-qm-Duchschnittsmietzins übersteigen, sind u. E. auch die Nebenkosten für den steuerfreien Arbeitgeberersatz bzw. Werbungskostenabzug beim Arbeitnehmer anteilig zu kürzen.

Beispiel F
Die tatsächlichen Mietaufwendungen des Arbeitnehmers übersteigen den Durchschnittsmietzins für eine 60-qm-Wohnung am Beschäftigungsort um 15 % mit der Folge, dass nur der Durchschnittsmietzins für eine 60-qm-Wohnung vom Arbeitgeber steuerfrei ersetzt werden kann bzw. vom Arbeitnehmer als Werbungskosten abgezogen werden kann.
Außerdem sind auch die größenabhängigen Nebenkosten für die Wohnung zur Ermittlung des vom Arbeitgeber steuerfrei ersetzbaren Betrags bzw. für den Werbungskostenabzug des Arbeitnehmers um 15 % zu kürzen.

Die vorstehenden Grundsätze sind u. E. auch dann anzuwenden, wenn es sich bei der Zweitwohnung am Beschäftigungsort um ein **Hotelzimmer** handelt. Der Bundesfinanzhof hat zwar entschieden, dass gelegentliche Übernachtungen am Ort der regelmäßigen Arbeitsstätte nicht zu einer beruflich veranlassten doppelten Haushaltsführung, sondern zu allgemeinen Werbungskosten nach § 9 Abs. 1 Satz 1 EStG führen, die allerdings vom Arbeitgeber steuerfrei erstattet werden können (BFH-Urteil vom 5.8.2004, BStBl. II S. 1074). Die Verwaltung wendet jedoch das BFH-Urteil in diesem Punkt nicht allgemein an und hat in den LStR klargestellt, dass die Anzahl der Übernachtungen für das Vorliegen einer doppelten Haushaltsführung unerheblich ist (R 9.11 Abs. 1 Satz 1 LStR).

Wichtig ist in diesem Zusammenhang auch, dass eine doppelte Haushaltsführung nicht vorliegt, solange die auswärtige Beschäftigung als vorübergehende Auswärtstätigkeit anzusehen ist. Dies hat zur Folge, dass bei einer **vorübergehenden Auswärtstätigkeit** regelmäßig die tatsächlich angefallenen **Unterkunftskosten der Höhe nach unbegrenzt** vom Arbeitgeber steuerfrei ersetzt bzw. vom Arbeitnehmer als Werbungskosten abgezogen werden können (vgl. hierzu auch die Erläuterungen beim Stichwort „Reisekosten bei Auswärtstätigkeiten"; auch zu den Besonderheiten bei Mitnahme des Ehegatten und ggf. der Kinder).

Beispiel G
Ein Arbeitnehmer wird für acht Monate befristet von seinem Arbeitgeber an ein verbundenes Unternehmen abgeordnet. Er mietet sich an

Doppelte Haushaltsführung

seinem Beschäftigungsort eine 80-qm-Wohnung zum ortsüblichen Durchschnittsmietzins von 6 € pro qm.

Es ist für die gesamten acht Monate von einer vorübergehenden beruflich veranlassten Auswärtstätigkeit auszugehen. Die Übernachtungskosten können daher vom Arbeitgeber in tatsächlicher Höhe von 480 € (80 qm × 6 €) steuerfrei erstattet werden. Wäre der Arbeitnehmer an das verbundene Unternehmen versetzt worden, würde eine beruflich veranlasste doppelte Haushaltsführung vorliegen und eine steuerfreie Arbeitgebererstattung für die nachgewiesenen Unterkunftskosten käme nur für die notwendigen Mehraufwendungen in Betracht. Dies wären im Beispielsfall 360 € monatlich (60 qm × 6 €).

Ein Wechsel zwischen dem Ansatz der Pauschbeträge von 20 € bzw. 5 € und dem Einzelnachweis der tatsächlich entstandenen Übernachtungskosten ist beim steuerfreien Arbeitgeberersatz auch während ein und derselben doppelten Haushaltsführung innerhalb eines Kalenderjahres zulässig. Wäre er nicht zulässig, müßte dies in der Vorschrift, die den steuerfreien Arbeitgeberersatz regelt (R 9.11 Abs. 10 Nr. 3 LStR) ausdrücklich festgelegt sein. Da dies nicht der Fall ist, ist ein Wechsel zulässig.

Die Pauschbeträge von 20 € bzw. 5 € je Übernachtung gelten nur für steuerfreie Zahlungen des **Arbeitgebers** nicht hingegen beim Werbungskostenabzug durch den Arbeitnehmer (vgl. die Erläuterungen unter der nachfolgenden Nr. 4).

e) Schaubild und Berechnungsbeispiel zur doppelten Haushaltsführung im Inland

Für die steuerfreien Auslösungen bei einer doppelten Haushaltsführung im Inland ergibt sich folgendes Schema:

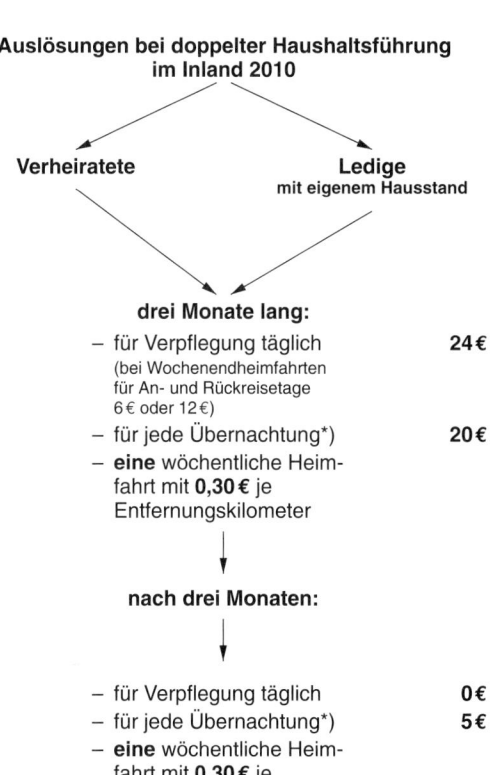

Beispiel

Ein verheirateter Arbeitnehmer wird mit Wirkung ab 1. März 2010 an einen Zweigbetrieb des Arbeitgebers versetzt. Er mietet am neuen Arbeitsort ein möbliertes Zimmer; die Entfernung zu seinem Familienwohnsitz beträgt 200 Kilometer. Der Arbeitnehmer benutzt für die Fahrt zum neuen Arbeitsort und zum wöchentlichen Besuch seiner Familie seinen eigenen Pkw. Der Arbeitgeber kann dem Arbeitnehmer folgende Beträge als Auslösungen steuerfrei zahlen:

	Lohn-steuer-pflichtig	Sozial-versich.-pflichtig
für die erste Fahrt an den neuen Arbeitsort 0,30 € für 200 Kilometer	60,— €	
für jede wöchentliche Familienheimfahrt die Entfernungspauschale in Höhe von 0,30 € für 200 Kilometer	60,— €	
für die Zeit vom 1. März bis 31. Mai 2010 (= Dreimonatszeitraum) für jeden Tag, an dem der Arbeitnehmer sich 24 Stunden am neuen Arbeitsort aufgehalten hat, für Verpflegungsmehraufwendungen	24,— €	

Hält sich der Arbeitnehmer an den An- und Abreisetagen bei Wochenendheimfahrten weniger als 24 Stunden von seinem Familienwohnsitz entfernt auf, so können nur 12 € oder 6 € für diese Tage steuerfrei gezahlt werden.

Ab 1. Juni 2010 können keine Auslösungen für Verpflegungsmehraufwand steuerfrei gezahlt werden.

	Lohn-steuer-pflichtig	Sozial-versich.-pflichtig
für jede Übernachtung in der Zeit vom 1. März bis 31. Mai 2010 (= Dreimonatszeitraum) ein Übernachtungsgeld von	20,— €	
für jede Übernachtung ab 1. Juni 2010 ein Übernachtungsgeld von	5,— €	

Der Arbeitgeber kann dem Arbeitnehmer auch die tatsächlich entstandenen **notwendigen** Kosten für die Unterkunft steuerfrei ersetzen, und zwar ohne zeitliche Begrenzung.

3. Umzugskosten im Zusammenhang mit einer doppelten Haushaltsführung

Umzugskosten, die ein Arbeitgeber seinem Arbeitnehmer ersetzt, sind steuerfrei,

– wenn der Umzug **beruflich veranlasst** ist **und**
– die durch den Umzug entstandenen Mehraufwendungen nicht überschritten werden.

Eine berufliche Veranlassung liegt unter anderem auch dann vor, wenn der Umzug das Beziehen oder die Aufgabe der Zweitwohnung bei einer beruflich veranlassten doppelten Haushaltsführung betrifft.

Sofern hiernach ein steuerfreier Ersatz der Umzugskosten im Grundsatz möglich ist, können die Umzugskosten entweder mit den hierfür festgelegten Pauschbeträgen, oder soweit keine Pauschbeträge festgelegt sind, in Höhe der tatsächlich entstandenen Kosten vom Arbeitgeber steuerfrei ersetzt werden (vgl. das Stichwort „Umzugskosten"). Bei Umzugskosten im Zusammenhang mit einer doppelten Haushaltsführung ist jedoch zu beachten, dass in diesem Ausnahmefall die **Pauschale für sonstige Umzugskosten nicht gilt.** Die sonstigen Umzugskosten müssen deshalb **im Einzelnen nachgewiesen werden,** wenn sie im Zusammenhang mit dem Beziehen, der Aufgabe oder des Wechsels einer Zweitwohnung bei einer beruflich veranlassten doppelten Haushaltsführung stehen (R 9.11 Abs. 9 Satz 1 LStR).

Eine berufliche Veranlassung von Umzugskosten scheidet aus, wenn der **Familienhausstand** vom Arbeitsort **wegverlegt** wird (BFH-Beschluss vom 9.1.2008, BFH/NV 2008 S. 566). Das gilt selbst dann, wenn eine solche Wegverlegung zur Begründung einer beruflich veranlassten doppelten Haushaltsführung führt.

Beispiel A

Eine Arbeitnehmerin verlegt ihren Lebensmittelpunkt aus privaten Gründen von Frankfurt nach München. Ihre bisherige Wohnung in Frankfurt hält sie als Zweitwohnung bei, da sie von dort aus wochentags weiterhin ihre regelmäßige Arbeitsstätte aufsucht.

Bei der Wegverlegung des Lebensmittelpunkts von Frankfurt nach München handelt es sich nicht um einen beruflich veranlassten, sondern um einen privat veranlassten Umzug. Unerheblich ist, dass die Wegverlegung des Lebensmittelpunktes aus privaten Gründen zu einer beruflich veranlassten doppelten Haushaltsführung führt.

Wird aber nach Wegverlegung des Lebensmittelpunktes vom Beschäftigungsort eine **andere** als die bisherige Wohnung am Beschäftigungsort ausschließlich aus beruflichen Gründen als **Zweitwohnung** genutzt, sind die Aufwendungen für den **Umzug** in diese Zweitwohnung **beruflich veranlasst.**

---
*) Anstelle des Pauschbetrags können auch die tatsächlich entstandenen **notwendigen** Unterkunftskosten steuerfrei erstattet werden.

Doppelte Haushaltsführung

Beispiel B
Wie Beispiel A. Die Arbeitnehmerin verlegt ihren Lebensmittelpunkt nach München und zieht innerhalb von Frankfurt in eine kleinere Wohnung um.

Die Aufwendungen für den Umzug innerhalb von Frankfurt in eine andere Zweitwohnung sind beruflich veranlasst.

Umzugskosten für die endgültige Aufgabe der Zweitwohnung am Beschäftigungsort sind z. B. bei einem Arbeitsplatzwechsel beruflich veranlasst. Bei einer Auflösung der Zweitwohnung infolge Eintritts in den Ruhestand handelt es sich um nicht abziehbare Kosten der privaten Lebensführung.

4. Einzelnachweis der Verpflegungsmehraufwendungen und Übernachtungskosten

a) Verpflegungsmehraufwendungen

Seit 1.1.1996 ist ein Einzelnachweis von Verpflegungsmehraufwendungen generell ausgeschlossen und zwar sowohl beim steuerfreien Arbeitgeberersatz als auch beim Werbungskostenabzug durch den Arbeitnehmer.

b) Übernachtungskosten

Im Gegensatz zu den Verpflegungsmehraufwendungen kann der Arbeitgeber bei den Übernachtungskosten anstelle der Pauschbeträge von 20 € bzw. 5 €, die dem Arbeitnehmer tatsächlich entstandenen notwendigen Mehraufwendungen steuerfrei ersetzen. Voraussetzung hierfür ist jedoch, dass die Übernachtungskosten **im Einzelnen nachgewiesen** werden und nicht unangemessen hoch sind (vgl. die Erläuterungen unter der vorstehenden Nr. 2 Buchstabe d). Lässt sich der Preis für das Frühstück aus der Hotelrechnung nicht feststellen, so ist der Gesamtpreis zur Ermittlung der Übernachtungskosten um 4,80 € zu kürzen*).

Beispiel

Die Hotelrechnung lautet:
Übernachtung	85,— €
Nebenleistungen (Frühstück, Wellness, Außenparkplatz)	15,— €
Summe	100,— €
Zur Ermittlung der Übernachtungskosten sind abzuziehen	4,80 €
Kosten der Unterkunft	95,20 €

Steuerfrei ersetzbar ist monatlich maximal die Höhe des ortsüblichen Durchschnittsmietzinses einer 60-qm-Wohnung.

Die Pauschbeträge von 20 € bzw. 5 € je Übernachtung gelten nur für steuerfreie Zahlungen des **Arbeitgebers**. Beim Werbungskostenabzug durch den Arbeitnehmer im Rahmen einer Veranlagung zur Einkommensteuer muss der Arbeitnehmer **Übernachtungskosten,** die er bei einer doppelten Haushaltsführung im Inland als Werbungskosten geltend machen will, in jedem Fall einzeln **nachweisen** (BFH-Urteil vom 12. 9. 2001, BStBl. II S. 775).

5. Freie Unterkunft und Verpflegung im Rahmen einer doppelten Haushaltsführung

Erhält ein Arbeitnehmer freie Unterkunft (wie dies im Hotel- und Gaststättengewerbe häufig üblich ist), so wird oft übersehen, dass der Arbeitgeber diesen Sachbezug als Auslösung steuerfrei lassen kann, wenn der Arbeitnehmer einen eigenen Hausstand hat (vgl. die Erläuterungen unter der vorstehenden Nr. 1).

Beispiel
Ein verheirateter Koch aus Freiburg arbeitet im Kalenderjahr 2010 sechs Monate in einem Hotel auf Sylt. Seine Familie wohnt weiterhin in Freiburg. Er erhält in Sylt neben dem Barlohn freie Unterkunft und Verpflegung.

Die **unentgeltlich gewährte Unterkunft ist während der ganzen Tätigkeit** in Sylt **steuerfrei** (R 9.11 Abs. 10 Nr. 3 LStR). Der Wert der Unterkunft ist auch beitragsfrei in der Sozialversicherung, wenn die freie Unterkunft nicht als Lohnbestandteil vereinbart, sondern zusätzlich als „Auslösung" zum laufenden Arbeitslohn gewährt wird.

Für die unentgeltlich gewährte Verpflegung gilt Folgendes:

Die unentgeltlich gewährte Verpflegung ist nach R 8.1 Abs. 8 Nr. 2 der Lohnsteuer-Richtlinien mit dem amtlichen Sachbezugswert dem steuerpflichtigen Arbeitslohn hinzuzurechnen. Der amtliche Sachbezugswert für die volle Verpflegung (Frühstück, Mittag- und Abendessen) beträgt 2010 täglich 7,17 € (vgl. das Stichwort „Freie Unterkunft und Verpflegung"). Der Wert der unentgeltlich gewährten Verpflegung muss zwar einerseits dem steuerpflichtigen Arbeitslohn zugerechnet werden, andererseits kann der Arbeitgeber dem Arbeitnehmer die ungekürzten Pauschalen für Verpflegungsmehraufwand (normalerweise 24 € arbeitstäglich, an den An- und Rückreisetagen bei Wochenendheimfahrten 12 € bzw. 6 €) für die Dauer von **drei Monaten steuerfrei** als Auslöse zahlen. Eine Verrechnung des steuerpflichtigen Sachbezugswerts von 7,17 € täglich mit der steuerfreien Auslöse von z. B. 24 € ist allerdings nicht möglich. Will der Arbeitgeber erreichen, dass der Wert von 7,17 € täglich steuerfrei bleibt, muss er zusätzlich zur unentgeltlich gewährten Verpflegung eine Barauslösung von 7,17 € täglich zahlen. Eine Anwendung der neuen Rechtsprechung des Bundesfinanzhofs zu Mahlzeitengestellungen bei Auswärtstätigkeiten (vgl. vorstehende Nr. 2 am Ende des Buchstaben c und das Stichwort „Bewirtungskosten" unter Nr. 4) kommt hier u. E. nicht in Betracht, da die Mahlzeiten nicht nur gelegentlich, sondern ständig zur Verfügung gestellt werden und daher mit dem Sachbezugswert zu bewerten sind.

Außerdem kann der Arbeitgeber dem Koch auch die Kosten für wöchentliche Familienheimfahrten zur Familienwohnung in Freiburg in Höhe der Entfernungspauschale von 0,30 € je Entfernungskilometer steuerfrei ersetzen.

6. Auslösungen bei doppeltem Haushalt im Ausland

Wird ein verheirateter Arbeitnehmer oder ein lediger Arbeitnehmer mit eigenem Hausstand im Ausland beschäftigt und liegt eine vorübergehende beruflich veranlasste Auswärtstätigkeit nicht vor, so bleiben Auslösungen des Arbeitgebers beim Vorliegen einer aus beruflichem Anlass begründeten doppelten Haushaltsführung in der folgenden Höhe steuerfrei:

a) Kosten für die erste und letzte Fahrt

Es gilt die gleiche Regelung, wie bei einer doppelten Haushaltsführung im Inland (vgl. Nr. 2 a), d. h. steuerfreie Erstattung der tatsächlich nachgewiesenen Kosten (z. B. Flugticket) oder bei Benutzung eines Pkws steuerfreie Erstattung von 0,30 € je tatsächlich gefahrenen Kilometer.

b) Familienheimfahrten bei Verheirateten bzw. Wochenendheimfahrten bei Ledigen mit eigenem Hausstand

Es gilt ebenfalls die gleiche Regelung wie bei einer doppelten Haushaltsführung im Inland (vgl. Nr. 2 b), d. h. unabhängig vom benutzten Verkehrsmittel kann die Entfernungspauschale in Höhe von 0,30 € für den Einfachkilometer steuerfrei ersetzt werden. Bei einer Auslandstätigkeit werden Heimfahrten oft auch mit dem Flugzeug durchgeführt. Steuerfrei ersetzbar sind in diesem Fall die tatsächlich entstandenen und im Einzelnen nachgewiesenen Kosten für das Flugticket, weil für Flugstrecken die Entfernungspauschale von 0,30 € nicht gilt (vgl. „Familienheimfahrten").

c) Verpflegungsmehraufwand

Ersatzleistungen des Arbeitgebers für die notwendigen Mehraufwendungen für Verpflegung in den **ersten drei Monaten** der Tätigkeit am neuen Beschäftigungsort im Ausland bleiben in Höhe des **Auslandstagegeldes** steuerfrei, das bei einer vorübergehenden Auswärtstätigkeit in diesem Land in Betracht kommt. Das zutreffende Auslandstagegeld kann direkt aus der Länderübersicht in Anhang 5 auf Seite 848 abgelesen werden.

---

*) Eine Kürzung um 4,80 € kann nur dann unterbleiben, wenn die Hotelrechnung wie folgt lautet: „Übernachtung ohne Frühstück . . . €". Aufgrund der Änderung in § 12 Abs. 2 Nr. 11 UStG muss das Hotel/Übernachtungsunternehmen eine Aufteilung der Leistungen in Beherbergung (Steuersatz 7 %) und übrige Leistungen (Steuersatz 19 %) vornehmen. Sofern keine weitere preismäßige Aufschlüsselung der übrigen Leistungen erfolgt, ist der „Frühstücksanteil" u. E. mit 4,80 € anzusetzen.

Doppelte Haushaltsführung

Nach Ablauf der ersten drei Monate können die Verpflegungsmehraufwendungen **nicht mehr steuerfrei ersetzt werden.** Auch ein Werbungskostenabzug durch den Arbeitnehmer ist nach Ablauf des Dreimonatszeitraums ausgeschlossen.

d) Kosten der Unterkunft

Ersatzleistungen des Arbeitgebers für die notwendigen Kosten der Unterkunft am ausländischen Beschäftigungsort in den **ersten drei Monaten** der Tätigkeit am neuen Beschäftigungsort können ohne Einzelnachweis in Höhe des **Auslandsübernachtungsgeldes** steuerfrei ersetzt werden, das bei einer vorübergehenden Auswärtstätigkeit in diesem Land in Betracht kommt. Das zutreffende Auslandsübernachtungsgeld kann direkt aus der Länderübersicht in Anhang 5 auf Seite 848 abgelesen werden.

Nach Ablauf der ersten drei Monate können die Übernachtungskosten ohne Einzelnachweis nur noch in Höhe von **40 %** des Auslandsübernachtungsgeldes steuerfrei ersetzt werden, und zwar zeitlich unbegrenzt. Dieser gekürzte Betrag kann ebenfalls direkt aus der Länderübersicht in Anhang 5 auf Seite 848 abgelesen werden.

Seit **2008** kann der Arbeitnehmer im Rahmen seiner Einkommensteuerveranlagung – wie bei einer doppelten Haushaltsführung im Inland – nur noch die tatsächlichen Kosten als Werbungskosten abziehen. Ein Abzug der **Übernachtungspauschalen** als **Werbungskosten** ist **nicht** mehr möglich.

Beispiel

Beim Arbeitnehmer A liegt in 2010 eine beruflich veranlasste doppelte Haushaltsführung vor. Der Beschäftigungsort befindet sich in Weißrussland. Die tatsächlichen Übernachtungskosten werden nicht nachgewiesen.

Der Arbeitgeber kann in den ersten drei Monaten 100 € pro Übernachtung und anschließend 40 € pro Übernachtung steuerfrei erstatten. Ein Werbungskostenabzug dieser Pauschalen ist bei fehlendem Arbeitgeberersatz aber nicht möglich.

Anstelle der (vollen oder auf 40 % gekürzten) Auslandsübernachtungsgelder kann der Arbeitgeber stets die im Einzelnen nachgewiesenen notwendigen Übernachtungskosten steuerfrei ersetzen. Zur **Notwendigkeit** der **Unterkunftskosten** vgl. die ausführlichen Erläuterungen unter der vorstehenden Nr. 2 Buchstabe d („Durchschnittsmiete einer 60-qm-Wohnung am Beschäftigungsort"). Übernachtet der Arbeitnehmer im Hotel und wird in der Hotelrechnung ein Gesamtpreis für Übernachtung und Frühstück ausgewiesen, so sind die Kosten des **Frühstücks mit 20 %** desjenigen Auslandstagegeldes vom Rechnungspreis abzuziehen, das nach der in Anhang 5 auf Seite 848 abgedruckten Länderübersicht für das betreffende Land bei einer Anwesenheitsdauer von mindestens 24 Stunden maßgebend ist.

Beispiel

Die Hotelrechnung für eine Übernachtung in der Schweiz lautet:

Übernachtung mit Frühstück	120,— €
Zur Ermittlung der Übernachtungskosten sind 20 % des Auslandstagegeldes für die Schweiz bei einer Abwesenheitsdauer von 24 Stunden abzuziehen. Die Kürzung beträgt also 20 % von 42 € (vgl. Anhang 5 auf Seite 848)	8,40 €
Kosten der Unterkunft	111,60 €

Steuerfrei ersetzbar ist monatlich maximal die Höhe des ortsüblichen Durchschnittsmietzinses einer 60-qm-Wohnung.

Die Kosten der Übernachtung können also bei einer doppelten Haushaltsführung im Ausland entweder mit den Pauschbeträgen oder bis zur Höhe der einzeln nachgewiesenen notwendigen Übernachtungskosten steuerfrei ersetzt werden. Ein Wechsel zwischen dem Ansatz der Pauschbeträge und dem Einzelnachweis der tatsächlich entstandenen Übernachtungskosten ist beim steuerfreien Arbeitgeberersatz jederzeit möglich, also auch während ein und derselben doppelten Haushaltsführung innerhalb eines Kalenderjahres (vgl. die Erläuterungen unter der vorstehenden Nr. 2 Buchstabe d).

Wird dem Arbeitnehmer am ausländischen Beschäftigungsort vom Arbeitgeber eine Unterkunft unentgeltlich zur Verfügung gestellt, so darf ein steuerfreies Übernachtungsgeld nicht gezahlt werden. Stellt der Arbeitgeber dem Arbeitnehmer eine Unterkunft gegen Bezahlung zur Verfügung, so kommen steuerfreie Auslösungen zur Deckung der Unterkunftskosten nur bis zur Höhe des Betrags in Betracht, den der Arbeitnehmer dem Arbeitgeber für die Überlassung der Unterkunft zu entrichten hat.

e) Dreimonatszeitraum

Aufwendungen für die **Unterkunft** und für wöchentliche **Familienheimfahrten** mit dem Pkw können nach Wegfall der früher geltenden Zweijahresfrist **zeitlich unbegrenzt** steuerfrei ersetzt werden.

Für den beim **Verpflegungsmehraufwand** zu beachtenden **Dreimonatszeitraum** gilt Folgendes:

Geht der Tätigkeit am Beschäftigungsort eine Auswärtstätigkeit an diesen Beschäftigungsort unmittelbar voraus, so wird hinsichtlich des Verpflegungsmehraufwands **deren Dauer auf den Dreimonatszeitraum angerechnet** (R 9.11 Abs. 7 Satz 2 LStR).

Beispiel

Ein verheirateter Arbeitnehmer wird vom 1. März bis 31. Mai 2010 nach Zürich abgeordnet und anschließend aufgrund neuer personeller Entwicklungen ab 1. Juni 2010 versetzt. Der Arbeitnehmer mietet sich in Zürich zunächst in einem Hotel ein. Das Zimmer kostet bis Ende Mai täglich 190 € inklusive Vollpension. Auf die Vollpension entfallen 40 €. Der Arbeitnehmer fährt jedes Wochenende zu seiner Familie nach München (Freitag abends von Zürich nach München; Montag morgens von München nach Zürich; einfache Entfernung 380 km).

Der Arbeitgeber kann dem Arbeitnehmer für die ersten drei Monate der Tätigkeit in Zürich Auslösungen nach den Grundsätzen einer Auswärtstätigkeit steuerfrei zahlen, und zwar in folgender Höhe:

Erste Fahrt nach Zürich 0,30 € für 380 Kilometer	114,— €
Drei Monate lang für Dienstag bis Donnerstag jeder Woche (= 3 Tage) das volle Auslandstagegeld für Auswärtstätigkeiten in die Schweiz (Zürich) lt. Länderübersicht in Anhang 4 auf Seite 846 in Höhe von	42,— €
An den An- und Rückreisetagen bei Wochenendheimfahrten beträgt die Abwesenheit vom Familienwohnsitz weniger als 24 Stunden, aber mindestens 14 Stunden. Für Montag und Freitag beträgt deshalb das (gekürzte) Auslandstagegeld nach der in Anhang 4 auf Seite 846 abgedruckten Länderübersicht jeweils	28,— €
Drei Monate lang für jede Übernachtung in Zürich das Auslandsübernachtungsgeld für die Schweiz (Zürich) lt. Länderübersicht in Anhang 4 auf Seite 846 in Höhe von	110,— €
Der Arbeitgeber kann auch die tatsächlich nachgewiesenen Übernachtungskosten steuerfrei ersetzen, und zwar je Übernachtung; die Aufwendungen für die Vollpension in Höhe von 40 € täglich ist mit dem Ansatz der Pauschbeträge für Verpflegungsmehraufwendungen abgegolten	150,— €
Drei Monate lang für jede wöchentliche Familienheimfahrt (2 × 0,30 =) 0,60 € für 380 Kilometer	228,— €

Nach der Versetzung zum 1. Juni 2010 kann der Arbeitgeber Auslösungen nur noch nach den Grundsätzen für doppelte Haushaltsführung steuerfrei zahlen, wobei die **Pauschbeträge für Verpflegungsmehraufwand** entfallen, da der doppelten Haushaltsführung eine Auswärtstätigkeit vorausgeht und der Dreimonatszeitraum somit verbraucht ist. Der Arbeitgeber kann dem Arbeitnehmer ab dem vierten Monat in Zürich folgende Beträge steuerfrei zahlen:

Pauschbetrag für Verpflegungsmehraufwand	0,— €

Einen steuerfreien Arbeitgeberersatz für Verpflegungsmehraufwand kann der Arbeitgeber auch dann nicht steuerfrei zahlen, wenn der Arbeitnehmer höhere Verpflegungsmehraufwendungen im Einzelnen nachweist.

Für jede Übernachtung in Zürich das Auslandsübernachtungsgeld für die Schweiz lt. Länderübersicht in Anhang 5 auf Seite 848 in Höhe von	44,— €

Doppelte Haushaltsführung

	Lohn-steuer-pflichtig	Sozial-versich.-pflichtig

Der Arbeitgeber kann auch die tatsächlich nachgewiesenen Übernachtungskosten steuerfrei zahlen, und zwar bis zur Höhe des ortsüblichen Durchschnittsmietzinses für eine 60-qm-Wohnung in Zürich (vgl. die Erläuterungen unter der vorstehenden Nr. 2 Buchstabe d).

Für jede Familienheimfahrt ab dem vierten Monat des Aufenthalts in Zürich die Entfernungspauschale in Höhe von 0,30 € für 380 Kilometer — 114,— €

Für die letzte Fahrt von Zürich nach München bei Beendigung der doppelten Haushaltsführung 0,30 € für 380 Kilometer — 114,— €

7. Konkurrenzregelung

Soweit für denselben Kalendertag **Verpflegungsmehraufwendungen** wegen einer Auswärtstätigkeit oder einer doppelten Haushaltsführung anzuerkennen sind, darf nur der jeweils höchste Betrag steuerfrei gezahlt werden (R 9.6 Abs. 2 LStR).

Beispiel

Ein verheirateter Arbeitnehmer aus München hat seit 1.1.2010 in Stuttgart eine beruflich veranlasste doppelte Haushaltsführung. Er verlässt München regelmäßig am Sonntag abends gegen 21 Uhr und kehrt freitags gegen 19 Uhr zurück. In der Woche vom 11.1. bis 15.1.2010 ist er auf einer dreitägigen Auswärtstätigkeit in Zürich. Er fährt in Stuttgart am Dienstag um 8 Uhr los und trifft am Donnerstag um 11 Uhr wieder an seiner Arbeitsstätte in Stuttgart ein. Für die Woche vom 11.1. bis 15.1.2010 ergibt sich folgender steuerfreier Arbeitgeberersatz für Verpflegungsmehraufwand:

	Doppelter Haushalt	Auswärtstätigkeit	steuerfrei ist der höhere Betrag
Montag	24,— €	—	24,— €
Dienstag	24,— €	28,— €	28,— €
Mittwoch	24,— €	42,— €	42,— €
Donnerstag	24,— €	14,— €	24,— €
Freitag	12,— €	—	12,— €

Der Arbeitnehmer erhält am Montag, Donnerstag und Freitag die nach den Grundsätzen der doppelten Haushaltsführung zu gewährenden Verpflegungspauschalen. Für Dienstag und Mittwoch kann er die höheren Auslandstagegelder für die Schweiz erhalten (vgl. Anhang 4). Für Donnerstag ist das anteilige Auslandstagegeld niedriger als 24 €, da die Rückkehr bereits um 11 Uhr erfolgt. Für Sonntag und Samstag kann der Arbeitgeber keine steuerfreien Beträge erstatten, da der Arbeitnehmer nicht mindestens 8 Stunden von der Familienwohnung in München abwesend ist.

Mit dieser sog. Konkurrenzregelung wird sichergestellt, dass der Arbeitnehmer den höchsten Pauschbetrag für Verpflegungsmehraufwendungen steuerfrei erhält, wenn mehrere Gründe für die Inanspruchnahme eines Pauschbetrags zusammentreffen. Gewährleistet ist aber auch, dass mehrere Pauschbeträge nicht nebeneinander gewährt werden.

8. Saldierung

Auslösungen werden vom Arbeitgeber häufig kalendertäglich (nicht arbeitstäglich) gewährt. Das gilt insbesondere dann, wenn dem Arbeitnehmer die tägliche Rückkehr in die eigene Wohnung nach tarifvertraglichen Regelungen nicht zugemutet werden kann. Die Auslösungen werden in voller Höhe auch an den **Wochenenden** gezahlt, und zwar auch dann, wenn der Arbeitnehmer in seine Wohnung zurückkehrt und nicht am Beschäftigungsort übernachtet. Eine Ausnahme gilt nur dann, wenn die Aufwendungen für eine Heimfahrt besonders vergütet werden.

Bei den Zahlungen der Arbeitgeber wird – anders als im Steuerrecht – im Allgemeinen keine strenge Trennung zwischen Verpflegungsmehraufwand und Übernachtungskosten vorgenommen. Vielmehr werden die jeweiligen Auslösungsbeträge regelmäßig für Verpflegung und Unterkunft (und zwar täglich) gezahlt. Steuerlich werden ohne Nachweis Verpflegungskosten kalendertäglich, Unterkunftskosten dagegen je Übernachtung berücksichtigt, sodass sich insoweit Differenzen ergeben können.

DVD-Player

	Lohn-steuer-pflichtig	Sozial-versich.-pflichtig

Steuerlich ist es zulässig, zur Prüfung der Steuerfreiheit die Vergütungen für Verpflegungsmehraufwendungen, Fahrkosten und Übernachtungen zusammenzurechnen; in diesem Fall ist die Summe der Vergütungen steuerfrei, soweit sie die Summe der steuerfreien Einzelvergütungen nicht übersteigt.

9. Pauschalierung steuerpflichtiger Auslösungen mit 25 %

Bleiben nach der Saldierung, die unter der vorstehenden Nr. 8 erläutert ist, steuerpflichtige Teile von Auslösungen übrig, so stellt sich die Frage, wie der Lohnsteuerabzug durchzuführen ist und ob die Pauschalierungsmöglichkeit für die steuerpflichtigen Teile von Reisekostenvergütungen für Verpflegungsmehraufwand mit 25 % angewendet werden kann. Diese Pauschalierungsvorschrift ist ausführlich anhand von Beispielen beim Stichwort „Reisekosten bei Auswärtstätigkeiten" unter Nr. 12 Buchstabe b auf Seite 606 erläutert. Die **Pauschalierungsmöglichkeit** gilt jedoch nur für diejenigen steuerpflichtigen Teile von Verpflegungsmehraufwendungen, die anlässlich von **Auswärtstätigkeiten** gezahlt werden. Das bedeutet, dass steuerpflichtige Teile von Verpflegungsmehraufwendungen, die anlässlich einer **doppelten Haushaltsführung** gezahlt werden, nicht unter diese Pauschalierungsvorschrift fallen (R 40.2 Abs. 1 Nr. 4 LStR).

Sind die anlässlich einer doppelten Haushaltsführung gezahlten Auslösungen zum Teil steuerpflichtig, so muss deshalb der Lohnsteuerabzug nach den allgemein geltenden Vorschriften vorgenommen werden. Das bedeutet eine Versteuerung als laufender Arbeitslohn/sonstiger Bezug oder eine Pauschalierung mit einem besonders ermittelten Pauschsteuersatz auf Antrag des Arbeitgebers nach den beim Stichwort „Pauschalierung der Lohnsteuer" unter Nr. 2 auf Seite 517 dargestellten Verfahren.

Dreizehntes (vierzehntes) Monatsgehalt

Das dreizehnte (vierzehnte usw.) Monatsgehalt ist stets in voller Höhe steuerpflichtiger Arbeitslohn und als „sonstiger Bezug" zu versteuern (vgl. dieses Stichwort).

In der Sozialversicherung ist das dreizehnte (vierzehnte usw.) Monatsgehalt als „einmalige Zuwendung" zu behandeln (vgl. dieses Stichwort). Es ist im Monat der Zahlung beitragspflichtig. — ja — ja

Durchlaufende Gelder

Erhält der Arbeitnehmer Geldbeträge um für Rechnung des Arbeitgebers und in dessen ausschließlichem Interesse an der in der Zukunft bestimmte Ausgaben zu bestreiten (z. B. einem Kunden ein Geschenk zu überreichen) und muss er hierüber genau abrechnen, so spricht man von „durchlaufenden Geldern". Diese sind nach § 3 Nr. 50 EStG steuerfrei. — nein — nein

Siehe auch das Stichwort „Auslagenersatz".

Durchschnittssteuersatz

siehe Stichwort „Tarifaufbau" unter Nr. 6 auf Seite 687.

DVD-Player

siehe „Videogerät"

Ehegattenarbeitsverhältnis

Gliederung:

1. Allgemeines
2. Steuerliche Anerkennung des Ehegattenarbeitsverhältnisses
3. Durchführung des Lohnsteuerabzugs
4. Sozialversicherungsrechtliche Beurteilung von Ehegattenarbeitsverhältnissen
   a) Allgemeines
   b) Höhe des Arbeitsentgelts
   c) Statusprüfung
5. Ehegattenarbeitsverhältnis auf 400-Euro-Basis
6. Steuerfreiheit nach § 3 Nr. 63 EStG oder Pauschalierung der Lohnsteuer mit 20 % bei Beiträgen zu einer Direktversicherung bei Ehegattenarbeitsverhältnissen

1. Allgemeines

Lohnsteuerliche und sozialversicherungsrechtliche Bedeutung erlangt die Mitarbeit von Ehegatten erst, wenn sie nicht aufgrund familiärer Beziehungen, sondern im Rahmen eines Arbeitsverhältnisses erfolgt. Denn ein Arbeitsverhältnis kann mit steuerlicher Wirkung auch zwischen Ehegatten vereinbart werden. Für die Gesamtsteuerbelastung der Ehegatten können sich daraus ins Gewicht fallende **Vorteile** ergeben (Ausschöpfung des Arbeitnehmer-Pauschbetrages von 920 €, Pauschalierung der Lohnsteuer mit 2 % für 400-Euro-Jobs, steuerliche Berücksichtigung von Versorgungszusagen, Minderung des Gewinns und ggf. der Gewerbesteuer beim Arbeitgeber-Ehegatten durch höhere Betriebsausgaben).

2. Steuerliche Anerkennung des Ehegattenarbeitsverhältnisses

Voraussetzung für die steuerliche Anerkennung ist, dass das Arbeitsverhältnis **ernsthaft vereinbart** und entsprechend der Vereinbarung tatsächlich **durchgeführt** wird. An den Nachweis dieser Voraussetzungen sind aufgrund ständiger Rechtsprechung (BFH-Urteil vom 17. 7. 1984, BStBl. 1986 II S. 48 oder BSG-Urteil vom 23. 6. 1994 – 12 RK 50/93 –) höhere Anforderungen gestellt als bei Vereinbarungen zwischen Fremden.

Ein Ehegattenarbeitsverhältnis wird deshalb nur unter folgenden Voraussetzungen steuerlich anerkannt:

– Das Arbeitsverhältnis muss ernsthaft vereinbart sein und auch tatsächlich durchgeführt werden. Es empfiehlt sich ein **schriftlicher Arbeitsvertrag**, da ansonsten die Ernsthaftigkeit von vornherein in Zweifel gezogen wird.
– Die vertragliche Gestaltung muss auch unter Fremden üblich sein, das heißt einem **sog. Fremdvergleich** standhalten.
– Der Arbeitslohn des mitarbeitenden Ehegatten darf den Betrag nicht übersteigen, den ein fremder Arbeitnehmer für eine gleichartige Tätigkeit erhalten würde. Deshalb darf im Arbeitsvertrag eine Aussage über die **Höhe des Arbeitslohns** nicht fehlen. Ein unüblich niedriger Arbeitslohn steht der Anerkennung des Arbeitsverhältnisses nicht entgegen, es sei denn, der Arbeitslohn kann nicht mehr als Gegenleistung für die Tätigkeit des Ehegatten angesehen werden (BFH-Urteil vom 28. 7. 1983, BStBl. 1984 II S. 60). Dieser Prüfung kommt bei der Sozialversicherung besondere Bedeutung zu.
– Die Zahlung muss dazu führen, dass der Arbeitslohn aus dem Vermögen des Arbeitgeber-Ehegatten in das Vermögen des Arbeitnehmer-Ehegatten gelangt. Deshalb wird das Arbeitsverhältnis nicht anerkannt, wenn der Arbeitslohn auf ein Privatkonto des Arbeitgeber-Ehegatten überwiesen wird. Unschädlich ist es dagegen, wenn lediglich die vermögenswirksamen Leistungen auf ein Konto des Arbeitgeber-Ehegatten oder auf ein Gemeinschaftskonto gezahlt werden. Bei Überweisung auf das Konto des mitarbeitenden Ehegatten steht es der Anerkennung des Arbeitsverhältnisses nicht entgegen, wenn der Arbeitgeber-Ehegatte darüber unbeschränkte Verfügungsvollmacht besitzt. Selbst **die Überweisung auf ein sog. Oder-Konto ist zulässig** (Beschluss des Bundesverfassungsgerichts vom 7. 11. 1995, BStBl. 1996 II S. 34). Selbst die Umwandlung des Auszahlungsanspruchs auf den Nettolohn zum Fälligkeitszeitpunkt in ein Darlehen berührt das Ehegattenarbeitsverhältnis nicht (BFH-Urteil vom 17. 7. 1984, BStBl. 1986 II S. 48).
– Die vereinbarte Vergütung darf nicht überhöht sein. Sie wird nur insoweit als Arbeitslohn behandelt, als sie **angemessen** ist und nicht den Betrag übersteigt, den ein fremder Arbeitnehmer für eine gleichartige Tätigkeit erhalten würde. Sonderzuwendungen (z. B. Unterstützungen, Direktversicherungsbeiträge, Zinszuschüsse) werden deshalb nur dann als Arbeitslohn behandelt, wenn solche Zuwendungen im Betrieb des Arbeitgeber-Ehegatten üblich sind. Das Gleiche gilt für das Weihnachtsgeld (BFH-Urteil vom 26. 2. 1988, BStBl. II S. 606). Auch bei Zuwendungen, die zu steuerfreiem Arbeitslohn führen, sollte eine Privilegierung des Arbeitnehmer-Ehegatten vermieden werden, um die steuerliche Anerkennung insoweit nicht zu gefährden.

Ein Ehegattenarbeitsverhältnis ist hingegen steuerlich **nicht anzuerkennen**, wenn der **Arbeitslohn** über einen längeren Zeitraum **nicht ausgezahlt** wird. Das gilt selbst dann, wenn das Arbeitsverhältnis bereits seit mehreren Jahren ordnungsgemäß durchgeführt worden ist und auch im Jahr der Nichtauszahlung des Arbeitslohns Lohnsteuer und Sozialversicherungsbeiträge abgeführt worden sind (BFH-Urteil vom 25.7.1991, BStBl. II S. 842). Ebenso, wenn sich Ehegatten, die beide einen Betrieb unterhalten, **wechselseitig** verpflichten, mit ihrer vollen Arbeitskraft jeweils im Betrieb des anderen tätig zu sein. Wechselseitige Teilzeitarbeitsverträge der Ehegatten können hingegen steuerlich anerkannt werden, wenn die vertraglichen Vereinbarungen insgesamt einem Fremdvergleich standhalten (BFH-Urteil vom 12.10.1988, BStBl. 1989 II S. 354).

3. Durchführung des Lohnsteuerabzugs

Für den Lohnsteuerabzug bei steuerlich anerkannten Ehegattenarbeitsverhältnissen gelten keine Besonderheiten. Der Lohnsteuerabzug ist nach den allgemein geltenden Grundsätzen durchzuführen, d. h. der Ehegatte hat eine Lohnsteuerkarte vorzulegen, nach deren Merkmalen die Lohn- und Kirchensteuer sowie der Solidaritätszuschlag wie bei anderen Arbeitnehmern einzubehalten sind. Ein Berechnungsbeispiel für die vollständige Lohnabrechnung bei einem Ehegattenarbeitsverhältnis ist beim Stichwort „Zukunftsicherung" unter Nr. 18 auf Seite 815 abgedruckt.

4. Sozialversicherungsrechtliche Beurteilung von Ehegattenarbeitsverhältnissen

a) Allgemeines

Bei einem steuerlich anzuerkennenden Arbeitsverhältnis liegt auch Sozialversicherungspflicht nach den allgemeinen Grundsätzen vor. Eine Ausnahme gilt für Personen, die bereits vor dem 1. 1. 1967 beim Ehegatten beschäftigt waren. Für sie bestand bis zum 31. 12. 1969 die Möglichkeit, sich von der Versicherungspflicht in der Rentenversicherung befreien zu lassen. Die damals ausgesprochene Befreiung wirkt für die gesamte weitere Dauer des Beschäftigungsverhältnisses bis zum heutigen Tag fort. In der Krankenversicherung bestand eine solche Befreiungsmöglichkeit, wenn das Beschäftigungsverhältnis bereits vor dem 1. 1. 1971 aufgenommen wurde.

Ehegattenarbeitsverhältnis

In der Arbeitslosenversicherung war eine Beschäftigung unter Ehegatten bis 30.6.1969 versicherungsfrei. Ab 1.7.1969 sind Beschäftigungsverhältnisse unter Ehegatten arbeitslosenversicherungspflichtig, wenn nicht nach anderen Vorschriften Versicherungsfreiheit besteht (z. B. bei kurzzeitiger oder geringfügiger Beschäftigung nach § 27 SGB III).

b) Höhe des Arbeitsentgelts

Ein unüblich niedriger Arbeitslohn steht der steuerlichen Anerkennung des Arbeitsverhältnisses nicht entgegen, es sei denn, der Arbeitslohn kann nicht mehr als Gegenleistung für die Tätigkeit des Ehegatten angesehen werden (BFH-Urteil vom 28.7.1983, BStBl. 1984 II S. 60). Dieser Prüfung kommt bei der Sozialversicherung besondere Bedeutung zu, und zwar aus folgenden Gründen:

Die sozialversicherungsrechtliche Beurteilung eines Ehegattenarbeitsverhältnisses wird sich im Regelfall der steuerlichen Anerkennung anschließen. Zu bedenken ist jedoch dabei, dass die Interessenlage bei Steuer und Sozialversicherung unter Umständen unterschiedlich ist. Während steuerlich meist geprüft wird, ob der gezahlte Arbeitslohn nicht überhöht ist (weil in diesem Fall beim Arbeitgeber-Ehegatten unzulässigerweise Steuern gespart werden), prüft die Sozialversicherung auch die Frage, ob ein angemessenes Arbeitsentgelt vorliegt. Denn das Bundessozialgericht hat mit Beschluss vom 25.2.1997 – 12 BK 49/96 – die Annahme eines abhängigen und damit versicherungspflichtigen Beschäftigungsverhältnisses wegen eines unangemessen niedrigen Arbeitsentgelts verneint. Andererseits erlaubt die Nichtgewährung eines üblichen Weihnachts- oder Urlaubsgeldes in der Regel noch nicht den Schluss, dass keine Gegenleistung für die verrichtete Arbeit vorliegt. Wird danach ein Beschäftigungsverhältnis bejaht, stellt sich die Frage, ob bei der Beitragsberechnung **Ansprüche aus allgemein verbindlichen Tarifverträgen** zu berücksichtigen sind. Hierzu vertreten die Sozialversicherungsträger den Standpunkt, dass dann, wenn ein allgemein verbindlicher Tarifvertrag bzw. seine Allgemeinverbindlichkeitserklärung Angehörige nicht ausdrücklich (z. B. unter Hinweis auf § 5 Abs. 2 Nr. 5 Betriebsverfassungsgesetz) ausschließt, die darin festgelegten Arbeitsentgelte auch für die Angehörigen gelten.

c) Statusprüfung

Im Datensatz „Meldung zur Sozialversicherung" sind zwei sogenannte Statuskennzeichen enthalten. Denn für Arbeitgeber, die **Ehegatten oder Lebenspartner oder einen Abkömmling (z. B. Kind oder Enkelkind) beschäftigen,** ist bei der Anmeldung eines derartigen „Beschäftigungsverhältnisses" das Statuskennzeichen im Datensatz zu beachten. Das Statuskennzeichen „**1**" steht dabei für ein Beschäftigungsverhältnis zum Arbeitgeber als Ehegatte, Lebenspartner oder Abkömmling, das Statuskennzeichen „**2**" für eine Tätigkeit als geschäftsführender Gesellschafter einer GmbH (vgl. das Stichwort „Gesellschafter-Geschäftsführer").

Aufgrund des Statuskennzeichens „1" prüft die Deutsche Rentenversicherung bei der Beschäftigung von Ehegatten oder Lebenspartnern von Amts wegen, ob diese zu Recht als versicherungspflichtig Beschäftigte angemeldet wurden. Bei mitarbeitenden Ehegatten oder Lebenspartnern des Arbeitgebers wird also ohne Antrag der Betroffenen oder ihrer Arbeitgeber ihr Status als Beschäftigter sozialversicherungsrechtlich geprüft. Anschließend wird hierzu eine verbindliche Entscheidung in Form eines Verwaltungsakts getroffen. Für Abkömmlinge trifft diese Entscheidung ebenfalls die Deutsche Rentenversicherung Bund.

5. Ehegattenarbeitsverhältnis auf 400-Euro-Basis

Falls die Ehefrau auf 400-Euro-Basis tätig ist, kann auch bei Ehegattenarbeitsverhältnissen die Lohnsteuer mit dem **Pauschsteuersatz** in Höhe von **2 %** erhoben werden. Dabei ergeben sich für die Ehegatten in der Regel steuerliche Vorteile, weil der pauschal besteuerte Arbeitslohn nicht in die Einkommensteuerveranlagung der Ehegatten einzubeziehen ist. Sozialversicherungsrechtlich ist zu beachten, dass bei einer geringfügigen Dauerbeschäftigung ein 15 %iger pauschaler Arbeitgeberanteil zur Rentenversicherung und (bei einer Versicherung in der gesetzlichen Krankenversicherung) auch ein 13 %iger pauschaler Arbeitgeberanteil zur Krankenversicherung zu entrichten ist.

Beispiel

Die beim Ehemann beschäftigte Ehefrau erhält einen Monatslohn von 400 €. Im August 2010 leistet sie eine Vielzahl von Überstunden, weil eine andere Teilzeitkraft durch Krankheit unvorhergesehen ausfällt. Im August beträgt der Arbeitslohn deshalb 1000 €.

Für die lohnsteuerliche und sozialversicherungsrechtliche Behandlung gilt Folgendes:

Es liegt eine versicherungsfreie geringfügige Beschäftigung vor. Der Arbeitgeber, das heißt der Ehemann, muss einen pauschalen Arbeitgeberanteil zur Rentenversicherung in Höhe von 15 % und (wenn die Ehefrau in der gesetzlichen Krankenversicherung versichert ist) auch einen pauschalen Arbeitgeberanteil zur Krankenversicherung in Höhe von 13 % entrichten. Außerdem muss der Arbeitgeber 2 % Pauschalsteuer bezahlen. Dies gilt auch für den Monat August 2010, da ein gelegentliches **unvorhergesehenes** Überschreiten der 400-Euro-Grenze nicht zur Sozialversicherungspflicht führt. Ist die Ehefrau (mit ihrem Ehemann) privat krankenversichert, entfällt der pauschale Arbeitgeberanteil zur Krankenversicherung in Höhe von 13 %.

Für August 2010 ergibt sich folgende Lohnabrechnung:

Monatslohn		1 000,— €
Lohnsteuer	0,— €	
Solidaritätszuschlag	0,— €	
Kirchensteuer	0,— €	
Sozialversicherung (Arbeitnehmeranteil)	0,— €	0,— €
auszuzahlender Betrag		1 000,— €

Der Arbeitgeber muss im August 2010 folgende Pauschalabgaben zahlen (aus 1000 €):

Lohnsteuer (einschließlich Solidaritätszuschlag und Kirchensteuer)	2 %	20,— €
Krankenversicherung pauschal	13 %	130,— €
Rentenversicherung pauschal	15 %	150,— €
Umlage U 1	0,6 %	6,— €
Umlage U 2	0,07 %	0,70 €
Insolvenzgeldumlage	0,41 %	4,10 €
insgesamt		310,80 €

Ist die Ehefrau zusammen mit ihrem Ehemann privat krankenversichert, entfällt der pauschale Arbeitgeberanteil zur Krankenversicherung in Höhe von 13 %.

Die Ehefrau kann aber auch auf die Rentenversicherungsfreiheit verzichten und für die Rentenversicherungspflicht optieren. In diesem Fall muss sie einen Arbeitnehmerbeitrag zur Rentenversicherung in Höhe von 4,9 % bezahlen. Für August 2010 ergibt sich folgende Lohnabrechnung:

Monatslohn		1 000,— €
Lohnsteuer	0,— €	
Solidaritätszuschlag	0,— €	
Kirchensteuer	0,— €	
Arbeitnehmeranteil zur Rentenversicherung 4,9 %	49,— €	49,— €
Nettolohn		951,— €
Arbeitgeberanteil (13 % + 15 % + 2 % von 1000 € =)		300,— €

In den übrigen Monaten beträgt der Arbeitnehmerbeitrag zur Rentenversicherung 4,9 % von 400 € = 19,60 €. Der Arbeitgeberbeitrag beträgt in den übrigen Monaten 30 % von 400 € = 120 €.

Ehrenämter

6. Steuerfreiheit nach § 3 Nr. 63 EStG oder Pauschalierung der Lohnsteuer mit 20 % bei Beiträgen zu einer Direktversicherung bei Ehegattenarbeitsverhältnissen

Zum Abschluss einer **Direktversicherung** im Rahmen eines steuerlich anerkannten Ehegattenarbeitsverhältnisses vgl. Stichwort „Zukunftsicherung" unter Nr. 18 auf Seite 815.

Die in Anhang 6 dargestellten steuerlichen Regelungen zur betrieblichen Altersversorgung gelten grundsätzlich auch bei Ehegattenarbeitsverhältnissen.

Ehrenämter

1. Steuerliche Behandlung

Ehrenamtlich tätige Personen sind im Allgemeinen nicht Arbeitnehmer. Nimmt die Tätigkeit jedoch einen Teil ihrer Arbeitskraft in Anspruch und erhalten sie dafür laufende Bezüge, so sind diese ohne Rücksicht auf ihre Bezeichnung in der Regel als Arbeitslohn anzusehen; ggf. liegen auch sonstige Einkünfte nach § 22 Nr. 3 EStG vor (z. B. nebenberuflicher rechtlicher Betreuer nach § 1835a BGB). Denn für die steuerliche Beurteilung einer ehrenamtlichen Tätigkeit ist entscheidend, ob aus dieser Tätigkeit Einkünfte im Sinne des § 2 EStG erzielt werden. Einkünfte im Sinne des Einkommensteuergesetzes liegen dann vor, wenn eine ihnen zugrunde liegende ehrenamtliche Tätigkeit mit Überschusserzielungsabsicht ausgeübt worden ist. Dies ist aus steuerlicher Sicht anzunehmen, wenn in der Regel Überschüsse aus der Tätigkeit erzielt werden, weil die mit der Tätigkeit verbundenen Einnahmen die tatsächlich entstandenen, steuerlich anzuerkennenden Ausgaben übersteigen. Dementsprechend führen Einnahmen aus einer Betätigung, die nur ganz unwesentlich höher sind als die mit der Betätigung im Zusammenhang stehenden, steuerlich anzuerkennenden Aufwendungen, zu keinen steuerlich relevanten Einkünften (vgl. auch das Stichwort „Amateursportler"). Zur Abgrenzung dieser Fälle greift die Finanzverwaltung hilfsweise auf den **Jahresbetrag von 256 €** zurück, der nach § 22 EStG bei sonstigen Einkünften nicht der Einkommensteuer unterliegt. Die Anwendung des Jahresbetrags von 256 € ist aber auf diejenigen Fälle beschränkt, in denen mit der Vergütung für die ehrenamtliche Tätigkeit im Wesentlichen nur die entstehenden Aufwendungen abgegolten werden sollen. Das bedeutet, dass der Jahresbetrag von 256 € dann nicht steuerfrei sein kann, wenn **daneben** die mit der ehrenamtlichen Tätigkeit zusammenhängenden Aufwendungen im Einzelnen steuerfrei ersetzt werden (z. B. als Reisekosten oder Auslagenersatz). Der Jahresbetrag von 256 € ist auch dann nicht von Bedeutung, wenn die Einkünfte aus einer nichtselbständig ausgeübten ehrenamtlichen Tätigkeit nur wegen des Abzugs des Freibetrags von 500 € (§ 3 Nr. 26a EStG; vgl. „Nebentätigkeit für gemeinnützige Organisationen" unter Nr. 10) weniger als 256 € betragen. Wird die ehrenamtliche Tätigkeit nicht in einem Arbeitsverhältnis sondern selbständig ausgeübt, kann trotz Unterschreitens des Jahresbetrags von 256 € Steuerpflicht dann eintreten, wenn die Gewinnerzielungsabsicht offenkundig ist.

2. Sozialversicherungsrechtliche Behandlung

Sozialversicherungsrechtlich begründen Ehrenämter dann keine Sozialversicherungspflicht, wenn diese Ämter – wie der Name bereits sagt – ohne Bezahlung oder nur gegen Erstattung der Unkosten ausgeübt werden. Besteht die Entschädigung, die eine ehrenamtliche Person erhält, allerdings aus einem steuerfreien und einem steuerpflichtigen Teil, so stellt sich die Frage nach der Sozialversicherungspflicht. Denn es gilt der Grundsatz: Was lohnsteuerpflichtig ist, ist auch sozialversicherungspflichtig. Dabei gehören **steuerfreie Aufwandsentschädigungen** nach der ausdrücklichen Regelung in § 14 Abs. 1 **Satz 3** SGB IV nicht zum Arbeitsentgelt im Sinne der Sozialversicherung. Die sozialversicherungsrechtliche Beurteilung deckt sich hier also mit dem Steuerrecht. In welcher Höhe ehrenamtlich tätige Personen eine steuerfreie Aufwandsentschädigung erhalten können, ist beim Stichwort „Aufwandsentschädigung aus öffentlichen Kassen" erläutert. Da rückwirkend zum 1.1.2007 die steuerfreie Aufwandsentschädigung aus öffentlichen Kassen für ehrenamtlich tätige Personen auf **175 € monatlich** angehoben wurde, stellt sich für die im öffentlichen Bereich ehrenamtlich Tätigen (z. B. Feuerwehrleute, kommunale Mandatsträger, Naturschutzwacht u. Ä.) die Frage nach einer evtl. Sozialversicherungspflicht der gezahlten Vergütung erst dann, wenn der steuerfreie Mindestbetrag von 175 € monatlich überschritten wird. Soweit der nach § 3 Nr. 12 EStG steuerfreie Monatsbetrag der Aufwandsentschädigung von mindestens 175 € in einzelnen Monaten nicht ausgeschöpft wird, ist eine Übertragung in andere Monate dieser Tätigkeiten im selben Kalenderjahr möglich. Während hierbei im Steuerrecht auch **rückwirkende** Korrekturen erfolgen können, ist das im Sozialversicherungsrecht wegen des Grundsatzes der abschließenden vorausschauenden Betrachtungsweise **nicht zulässig**.

Wird die steuerfreie (und damit beitragsfreie) Aufwandsentschädigung überschritten, tritt **bei einem abhängigen Beschäftigungsverhältnis** Lohnsteuerpflicht und damit im Grundsatz auch Sozialversicherungspflicht ein. Früher war diese Auswirkung allerdings in der Praxis ohne Bedeutung, wenn der steuerpflichtige und damit im Grundsatz auch sozialversicherungspflichtige Teil der für eine ehrenamtliche Tätigkeit gewährten Entschädigung aus öffentlichen Kassen unter der sozialversicherungsrechtlichen Geringfügigkeitsgrenze lag. Diese Sachlage hat sich seit 1. April 1999 geändert. Denn ab diesem Zeitpunkt werden pauschale Sozialversicherungsbeiträge auch für Monatslöhne von weniger als 400 € erhoben, und zwar vom ersten Euro an (vgl. die Erläuterungen beim Stichwort „Geringfügige Beschäftigung").

Ehrenamtlich tätige Personen, die mehr als 175 € monatlich aus öffentlichen Kassen erhalten, unterliegen allerdings dann nicht der grundsätzlich gegebenen Sozialversicherungspflicht, wenn sie das Ehrenamt **nicht in einem abhängigen Beschäftigungsverhältnis ausüben** (z. B. die ehrenamtlich tätigen Bürgermeister in Nordrhein-Westfalen). Ehrenamtlich tätige Bürgermeister unterliegen jedoch dann der Versicherungspflicht, wenn sie als Leiter der Gemeindeverwaltung eingesetzt und somit abhängig beschäftigt sind (dies ist z. B. in Bayern der Fall).

Ein-Euro-Jobs

Mit dem Vierten Gesetz für moderne Dienstleistungen am Arbeitsmarkt (Hartz IV) vom 24. Dezember 2003 (BGBl. I S. 2954) wurden neue Instrumente geschaffen, die Langzeitarbeitslosen den Wiedereinstieg ins Arbeitsleben ermöglichen sollen. Eines dieser Instrumente sind die sog. „Ein-Euro-Jobs". Nach § 16 Abs. 3 SGB II sollen für erwerbsfähige Hilfebedürftige, die keine Arbeit finden können, Arbeitsgelegenheiten geschaffen werden; bei Erwerbsfähigkeit dieser Person ist „zuzüglich zum Arbeitslosengeld II eine angemessene Entschädigung für Mehraufwendungen" zu zahlen.

Ein-Euro-Jobs sind sozialabgabenfreie gemeinnützige Tätigkeiten für Wohlfahrtsverbände oder Kommunen. Diese schaffen Ein-Euro-Jobs in Eigenregie und erhalten von der Bundesagentur für Arbeit pauschale Zuschüsse.

Die Arbeitslosen erhalten für diese Tätigkeiten einen bis maximal zwei Euro pro Stunde. Im Unterschied zu Mini-

Einmalige Zuwendungen

Jobs wird dieser Verdienst nicht auf das Arbeitslosengeld II angerechnet. Allerdings können Langzeitarbeitslosen, die einen Ein-Euro-Job ablehnen, die Bezüge gekürzt werden.

Für die steuerliche Behandlung gilt Folgendes:

Die zuzüglich zum Arbeitslosengeld II gezahlte angemessene Entschädigung für Mehraufwendungen in Höhe von 1–2 € je Stunde ist ebenso wie das Arbeitslosengeld II nach § 3 Nr. 2 b EStG **steuerfrei**. Beide Vergütungen unterliegen auch nicht dem sog. Progressionsvorbehalt, da sie in der abschließenden Aufzählung des § 32 b Abs. 1 EStG nicht genannt sind. Auf die Erläuterungen beim Stichwort „Progressionsvorbehalt" wird Bezug genommen.

Einmalige Zuwendungen

1. Allgemeines

Der sozialversicherungsrechtliche Begriff „einmalige Zuwendungen" ist als Gegensatz zum laufenden Arbeitslohn zu verstehen. Eine einmalige Zuwendung ist somit eine Lohnzahlung, die nicht einer Arbeitsleistung in einem bestimmten Entgeltabrechnungszeitraum zugeordnet werden kann. Er entspricht weitgehend dem lohnsteuerlichen Begriff „Sonstige Bezüge" (vgl. dieses Stichwort). Ein zusammenfassendes Beispiel für eine praktische Lohnabrechnung bei einmaligen Zuwendungen (Berechnung der Lohnsteuer und der Sozialversicherungsbeiträge) enthalten die Stichworte „Urlaubsentgelt" und „Weihnachtsgeld".

Soweit einmalige Zuwendungen steuerfrei sind, sind sie auch beitragsfrei. Liegt Beitragspflicht vor, so gilt Folgendes:

Für einmalige Zuwendungen ist eine besondere Beitragsberechnung nur dann vorzunehmen, wenn das einmalig gezahlte Arbeitsentgelt zusammen mit dem laufenden Arbeitsentgelt die für den Lohnabrechnungszeitraum maßgebenden Beitragsbemessungsgrenzen übersteigt. Ist dies nicht der Fall, sind die Beiträge – wie bei jeder anderen Beitragsberechnung auch – aus dem Gesamtentgelt für den Lohnabrechnungszeitraum zu ermitteln.

Beispiel

Ein Arbeitnehmer mit einem Monatslohn von 2300 € erhält im August 2010 ein Urlaubsgeld von 800 € und im Dezember ein Weihnachtsgeld von ebenfalls 800 €. Durch die Zahlung der Einmalzuwendungen ist weder im August noch im Dezember die Beitragsbemessungsgrenze in der Kranken- und Pflegeversicherung von monatlich 3750 € überschritten. Der Beitragsberechnung in den Monaten August und Dezember ist deshalb ohne weiteres das zusammengerechnete Gesamtentgelt zugrunde zu legen. Für das zusammengerechnete Entgelt von jeweils (2300 € + 800 € =) 3100 € im August und Dezember können die Beiträge direkt durch Anwendung des maßgebenden Beitragssatzes errechnet werden.

Eine besondere Beitragsberechnung erübrigt sich auch in den Fällen, in denen der **laufende Monatslohn** stets die Beitragsbemessungsgrenze in der Rentenversicherung in Höhe von 5500 € monatlich (in den neuen Bundesländern 4650 €) übersteigt. Da die Beitragsbemessungsgrenzen in diesen Fällen bereits durch den laufenden Arbeitslohn voll ausgeschöpft werden, bleiben einmalige Zuwendungen **in vollem Umfang beitragsfrei**.

2. Besondere Beitragsberechnung für einmalige Zuwendungen

Wird durch die Zahlung einer einmaligen Zuwendung die für den Lohnzahlungszeitraum maßgebende Beitragsbemessungsgrenze überschritten, so ist die Beitragsberechnung für einmalige Zuwendungen nach § 23 a Abs. 3 SGB IV wie folgt durchzuführen:

Es wird der Anteil der Jahresbeitragsbemessungsgrenze ermittelt, der der Dauer aller Beschäftigungsverhältnisse bei dem die einmalige Zuwendung zahlenden Arbeitgeber im laufenden Kalenderjahr bis zum Ablauf des Lohnzahlungszeitraums entspricht, in dem die einmalige Zuwendung gezahlt wird. Das bedeutet, dass alle mit Beiträgen belegten Beschäftigungszeiten bei diesem Arbeitgeber zu ermitteln sind – also Ausklammerung der nicht mit Beiträgen belegten Zeiten wie z. B. Zeiten des Bezugs von Krankengeld oder Mutterschaftsgeld. Dem so ermittelten Anteil an der Jahresbeitragsbemessungsgrenze wird das gesamte auf diese Beschäftigungszeit entfallende beitragspflichtige Arbeitsentgelt gegenübergestellt (einschließlich des Entgelts des Zuflussmonats).

Unter beitragspflichtigem Arbeitsentgelt ist das Arbeitsentgelt zu verstehen, für das in den einzelnen Lohnabrechnungszeiträumen bis zur Beitragsbemessungsgrenze Beiträge abgeführt wurden (Arbeitsentgelt über der Beitragsbemessungsgrenze bleibt also unberücksichtigt). Ergibt dieser Vergleich, dass die anteilige Jahresbeitragsbemessungsgrenze nicht erreicht ist, wird die einmalige Zuwendung bis zum Differenzbetrag der Beitragspflicht unterworfen.

Beschäftigungszeiten, in denen – z. B. wegen Bezugs von Krankengeld, Mutterschaftsgeld – kein Arbeitsentgelt erzielt wurde und die dementsprechend auch nicht mit Beiträgen für sozialversicherungspflichtiges Arbeitsentgelt belegt sind, bleiben bei der Anteilsermittlung außer Ansatz. Die beitragsrechtliche Erfassung der einmaligen Zuwendungen ist dagegen unabhängig davon, ob in dem Lohnabrechnungszeitraum, in dem sie gezahlt werden, Arbeitsentgelt erzielt wurde. Einmalig gezahltes Arbeitsentgelt, das nach Beendigung oder bei Ruhen des Beschäftigungsverhältnisses gezahlt wird, ist dem letzten Entgeltabrechnungszeitraum des laufenden Kalenderjahres zuzuordnen, auch wenn dieser nicht mit Arbeitsentgelt belegt ist.

Der Begriff einmalige Zuwendungen entspricht dem lohnsteuerlichen Begriff sonstige Bezüge und ist als Gegensatz zum laufenden Arbeitslohn zu verstehen (vgl. die Ausführungen unter dem Stichwort „Sonstige Bezüge"). In erster Linie fallen hierunter Weihnachtsgeld, Urlaubsgelder, Urlaubsabgeltungen, Gewinnbeteiligungen, Tantiemen, Gratifikationen und Sonderzahlungen. Keine einmaligen Zuwendungen sind Provisionen, Verkaufsprämien, Mehrarbeitsvergütungen, Erschwerniszuschläge, Zulagen und Zuschläge, und zwar auch dann nicht, wenn sie nicht mit jeder Lohn- oder Gehaltszahlung abgerechnet und ausgezahlt werden (vgl. auch „Mehrarbeit", „Nachzahlungen" und „Provisionen").

Beispiel A

Ein Arbeitnehmer (alte Bundesländer) mit einem Monatslohn von 3200 €, der das ganze Kalenderjahr 2010 beim selben Arbeitgeber beschäftigt ist, erhält von diesem im August ein Urlaubsgeld in Höhe von 1000 € und im November ein Weihnachtsgeld in Höhe von 5100 €. Das beitragspflichtige Arbeitsentgelt errechnet sich in den Monaten August und November wie folgt:

August

a) Renten- und Arbeitslosenversicherung

Anteilige Jahresbeitragsbemessungsgrenze (5500 € × 8) =	44 000,— €
Beitragspflichtiges Arbeitsentgelt von Januar bis August (3200 € × 8) =	25 600,— €
Differenz (noch nicht mit Beiträgen belegter Teil)	18 400,— €

Das Urlaubsgeld in Höhe von 1000 € unterliegt demnach in vollem Umfang der Beitragspflicht in der Renten- und Arbeitslosenversicherung.

b) Kranken- und Pflegeversicherung

Anteilige Jahresbeitragsbemessungsgrenze (3750 € × 8) =	30 000,— €
Beitragspflichtiges Arbeitsentgelt von Januar bis August (3200 € × 8) =	25 600,— €
Differenz (noch nicht mit Beiträgen belegter Teil)	4 400,— €

Das Urlaubsgeld in Höhe von 1000 € unterliegt demnach in voller Höhe der Beitragspflicht in der Kranken- und Pflegeversicherung.

Einmalige Zuwendungen

	Lohn-steuer-pflichtig	Sozial-versich.-pflichtig

November

a) Renten- und Arbeitslosenversicherung

Anteilige Jahresbeitragsbemessungsgrenze (5500 € × 11)	=	60 500,— €
Beitragspflichtiges Arbeitsentgelt von Januar bis November (3200 € × 11 = 35 200 € + 1000 €)	=	36 200,— €
Differenz (noch nicht mit Beiträgen belegter Teil)		24 300,— €

Das Weihnachtsgeld in Höhe von 5100 € unterliegt demnach in vollem Umfang der Beitragspflicht in der Renten- und Arbeitslosenversicherung.

b) Kranken- und Pflegeversicherung

Anteilige Jahresbeitragsbemessungsgrenze (3750 € × 11)	=	41 250,— €
Beitragspflichtiges Arbeitsentgelt von Januar bis November (3200 € × 11 = 35 200 €) zuzüglich beitragspflichtiges Urlaubsgeld (1000 €)	=	36 200,— €
Differenz (noch nicht mit Beiträgen belegter Teil)		5 050,— €

Das Weihnachtsgeld in Höhe von 5100 € unterliegt demnach lediglich in Höhe von **5050 €** der Beitragspflicht in der Krankenversicherung.

Beispiel B

Ein Arbeitnehmer (alte Bundesländer) ist seit 1. März 2010 beim selben Arbeitgeber beschäftigt (vorher war er bei einem anderen Arbeitgeber tätig). Ab 1. Oktober 2010 bezieht er Krankengeld. Im November erhält er eine Weihnachtszuwendung in Höhe von 4000 €.

Das beitragspflichtige Arbeitsentgelt für November errechnet sich wie folgt:

a) Renten- und Arbeitslosenversicherung

Anteilige Jahresbeitragsbemessungsgrenze für die Dauer des Beschäftigungsverhältnisses **beim selben Arbeitgeber** (1. März – 30. November), jedoch nur soweit mit Beiträgen belegt (= 1. März – 30. September) 5500 € × 7	=	38 500,— €
Beitragspflichtiges Arbeitsentgelt in dieser Zeit (3200 € × 7)	=	22 400,— €
Differenz (noch nicht mit Beiträgen belegter Teil)		16 100,— €

Das Weihnachtsgeld in Höhe von 4000 € unterliegt demnach in vollem Umfang der Beitragspflicht in der Renten- und Arbeitslosenversicherung.

b) Kranken- und Pflegeversicherung

Anteilige Jahresbeitragsbemessungsgrenze für die Dauer des Beschäftigungsverhältnisses **beim selben Arbeitgeber,** soweit mit Beiträgen belegt (1. März – 30. September) 3750 € × 7	=	26 250,— €
Beitragspflichtiges Arbeitsentgelt in dieser Zeit (3200 € × 7)	=	22 400,— €
Differenz (noch nicht mit Beiträgen belegter Teil)		3 850,— €

Das Weihnachtsgeld in Höhe von 4000 € unterliegt demnach lediglich in Höhe von **3850 €** der Beitragspflicht in der Krankenversicherung.

Für die Ermittlung der anteiligen Jahresbeitragsbemessungsgrenze sind alle im Laufe des Kalenderjahrs **beim selben Arbeitgeber** zurückgelegten und mit Beiträgen belegten Beschäftigungszeiten (sog. Sozialversicherungstage = **SV-Tage**) zusammenzurechnen (§ 23 a Abs. 3 Satz 2 SGB IV). Hierzu zählen also auch frühere Beschäftigungszeiten beim selben Arbeitgeber. Auszuklammern sind dagegen alle beitragsfreien Zeiten. Das bedeutet, dass der Zeitraum, für den die anteiligen Jahres-Beitragsbemessungsgrenzen anzusetzen sind, um Zeiten des Bezugs von Krankengeld, Mutterschaftsgeld, Verletztengeld, Übergangsgeld oder Versorgungskrankengeld zu vermindern ist. Dagegen werden Zeiten

– des unbezahlten Urlaubs bis zu einem Monat,
– des unentschuldigten Fernbleibens von der Arbeit (Arbeitsbummelei) bis zu einem Monat,
– des Bezugs von Kurzarbeiter- und Saisonkurzarbeitergeld (früherer Bezeichnung: Winterausfallgeld),
– des unrechtmäßigen Streiks bis zu einem Monat,
– des rechtmäßigen Streiks bis zu seinem Ende,

als Sozialversicherungstage angerechnet.

Bei der Addition der Sozialversicherungstage werden volle Monate mit 30 Kalendertagen und angebrochene Monate mit den tatsächlichen Kalendertagen berücksichtigt.

Ist die anteilige Jahresarbeitsentgeltgrenze nach Sozialversicherungstagen festzustellen, so sind also volle Kalendermonate mit der monatlichen Beitragsbemessungsgrenze und angebrochene Kalendermonate mit der anteiligen Beitragsbemessungsgrenze wie bei einem Teillohnzahlungszeitraum zu berücksichtigen (eine Tagestabelle für die alten und neuen Bundesländer ist beim Stichwort „Teillohnzahlungszeitraum" unter Nr. 4 auf Seite 692 abgedruckt).

Beispiel C

Beschäftigung vom 18.1. bis 31.12.2010
Krankengeld vom 17.8. bis 10.9.2010
Weihnachtsgeld im November 2010

a) Renten- und Arbeitslosenversicherung (alte Bundesländer)

Januar	183,33 € × 14 =	2 566,66 €
Februar–Juli	5 500,— € × 6 =	33 000,— €
August	183,33 € × 16 =	2 933,28 €
September	183,33 € × 20 =	3 666,60 €
Okt./Nov.	5 500,— € × 2 =	11 000,— €
		53 166,54 €

Die anteilige Jahresbeitragsbemessungsgrenze für die Zahlung des Weihnachtsgeldes im November beträgt in der Renten- und Arbeitslosenversicherung 53 166,54 €.

b) Kranken- und Pflegeversicherung

Januar	125 € × 14 =	1 750 €
Februar–Juli	3 750 € × 6 =	22 500 €
August	125 € × 16 =	2 000 €
September	125 € × 20 =	2 500 €
Okt./Nov.	3 750 € × 2 =	7 500 €
		36 250 €

Die anteilige Jahresbeitragsbemessungsgrenze für die Zahlung des Weihnachtsgeldes im November beträgt in der Kranken- und Pflegeversicherung 36 250 €.

3. Zeitliche Zuordnung der einmaligen Zuwendungen/sog. Märzklausel

Einmalzahlungen sind für die Berechnung der Sozialversicherungsbeiträge dem Lohnabrechnungszeitraum zuzuordnen, in dem sie ausgezahlt werden.

Einmalig gezahltes Arbeitsentgelt, das erst nach Beendigung des Beschäftigungsverhältnisses oder bei ruhendem Beschäftigungsverhältnis (z. B. Ableistung des Wehr- oder Zivildienstes) gezahlt wird, ist dem letzten Lohnabrechnungszeitraum im laufenden Kalenderjahr zuzuordnen, auch wenn dieser nicht mit Arbeitsentgelt belegt ist (§ 23 a Abs. 2 SBG IV).

Beispiel A

Beendigung des Beschäftigungsverhältnisses zum 30.4.2010
Weihnachtsgeld im November 2010

Das Weihnachtsgeld ist dem Monat April 2010 zuzuordnen.

Die dargestellte Regelung zur Berechnung der Beiträge bei einmaligen Zuwendungen könnte leicht dadurch umgangen werden, dass einmalige Zuwendungen stets im Januar eines Kalenderjahres gezahlt werden. In § 23 a Abs. 4 SGB IV ist deshalb bestimmt worden, dass einmalige Zuwendungen, die in der Zeit vom 1.1. bis 31.3. gezahlt werden, dem letzten Entgeltabrechnungszeitraum des **vorangegangenen** Kalenderjahres zuzurechnen sind, wenn sie vom Arbeitgeber dieses Entgeltabrechnungszeitraums gezahlt werden und die anteilige Beitragsbemessungsgrenze überschritten ist **(sog. Märzklausel).**

Einmalig gezahltes Arbeitsentgelt, das im ersten Vierteljahr eines Kalenderjahres ausgezahlt wird, ist demnach dem letzten Entgeltabrechnungszeitraum des vergangenen Kalenderjahres zuzurechnen, sofern die Zuwendungen im Zeitpunkt der Zahlungen nicht ohnehin in voller Höhe zur Beitragsleistung herangezogen werden.

Einmalige Zuwendungen

	Lohn-steuer-pflichtig	Sozial-versich.-pflichtig

Beispiel B
Ein Arbeitnehmer (alte Bundesländer) mit einem monatlichen Gehalt von 2600 € erhält im März 2010 eine Tantieme von 2000 €. Es ergibt sich Folgendes:

a) **Renten- und Arbeitslosenversicherung**

Anteilige Jahresbeitragsbemessungsgrenze (5500 € × 3)	= 16 500,— €
Beitragspflichtiges Arbeitsentgelt von Januar bis März (2600 € × 3)	= 7 800,— €
Differenz	8 700,— €

b) **Kranken- und Pflegeversicherung**

Anteilige Jahresbeitragsbemessungsgrenze (3750 € × 3)	= 11 250,— €
Beitragspflichtiges Arbeitsentgelt von Januar bis März (2600 € × 3)	= 7 800,— €
Differenz	3 450,— €

Da sowohl bei der Renten- und Arbeitslosenversicherung als auch bei der Kranken- und Pflegeversicherung die anteilige Jahresbeitragsbemessungsgrenze Januar bis März auch einschließlich der Tantieme nicht überschritten wird, sind die Beiträge zur Renten-, Arbeitslosen-, Pflege- und Krankenversicherung für März aus einem Arbeitsentgelt von (2600 € + 2000 € =) 4600 € zu ermitteln.

Beispiel C
Ein Arbeitnehmer (alte Bundesländer) mit einem monatlichen Gehalt von 2900 € erhält im März 2010 eine Tantieme von 2600 €. Es ergibt sich Folgendes:

a) **Renten- und Arbeitslosenversicherung**

Anteilige Jahresbeitragsbemessungsgrenze (5500 € × 3)	= 16 500,— €
Beitragspflichtiges Arbeitsentgelt von Januar bis März (2900 € × 3)	= 8 700,— €
Differenz	7 800,— €

b) **Kranken- und Pflegeversicherung**

Anteilige Jahresbeitragsbemessungsgrenze (3750 € × 3)	= 11 250,— €
Beitragspflichtiges Arbeitsentgelt von Januar bis März (2900 € × 3)	= 8 700,— €
Differenz	2 550,— €

Die Tantieme von 2600 € überschreitet zusammen mit dem laufenden Arbeitsentgelt die anteilige Jahresbeitragsbemessungsgrenze der Kranken- und Pflegeversicherung, nicht aber die der Renten- und Arbeitslosenversicherung. Da es sich um einen krankenversicherungspflichtigen Arbeitnehmer handelt, ist die Tantieme **insgesamt** dem letzten Entgeltabrechnungszeitraum des Vorjahres zuzurechnen (§ 23 a Abs. 5 SGB IV).

Muss die einmalige Zuwendung auf den letzten Entgeltabrechnungszeitraum des Vorjahres verlagert werden, weil sie im Jahr der Auszahlung nicht voll mit Beiträgen zur Krankenversicherung belegt werden kann, so gilt dies auch für die Berechnung der Beiträge zur Renten- und Arbeitslosenversicherung. Damit soll vermieden werden, dass das einmalig gezahlte Arbeitsentgelt für die Berechnung der Kranken- und Pflegeversicherungsbeiträge einerseits und für die Berechnung der Renten- und Arbeitslosenversicherungsbeiträge andererseits unterschiedlichen Kalenderjahren zugerechnet wird. Sofern der Arbeitnehmer allerdings nicht der Krankenversicherungspflicht unterliegt, ist für die Beurteilung, ob das einmalig gezahlte Arbeitsentgelt dem Vorjahr zuzurechnen ist, auf die anteilige Jahresbeitragsbemessungsgrenze der Rentenversicherung abzustellen; nur dann, wenn diese Grenze überschritten ist, muss das einmalig gezahlte Arbeitsentgelt dem Vorjahr zugeordnet werden.

Für die Berechnung der Beiträge ist von den Vorschriften auszugehen, die für den Lohnabrechnungszeitraum gelten, dem die Einmalzahlung zuzurechnen ist. Bei einer Zuordnung der Einmalzahlung zum Dezember des Vorjahres sind also die Beitragssätze und Beitragsgruppen anzuwenden, die für Dezember gelten. Außerdem ist die (anteilige) Jahresbeitragsbemessungsgrenze des Vorjahres zugrunde zu legen.

Einmalige Zahlungen, die vom 1. 1. bis zum 31. 3. des Jahres geleistet werden, müssen immer dann dem Vorjahr zugeordnet werden, wenn im laufenden Kalenderjahr z. B. wegen Arbeitsunfähigkeit kein laufendes Arbeitsentgelt angefallen ist. Wird das einmalig gezahlte Arbeitsentgelt in solchen Fällen allerdings erst nach dem 31. 3. ausgezahlt, bleibt es beitragsfrei, da nach dem Wortlaut des Gesetzes die Einmalzahlung dem letzten Entgeltabrechnungszeitraum des laufenden Kalenderjahres zugeordnet werden muss. Ist ein solcher Abrechnungszeitraum im laufenden Kalenderjahr nicht vorhanden, so kann die Beitragspflicht nicht verwirklicht werden. In diesem Ausnahmefall bleibt die Einmalzahlung beitragsfrei.

Beispiel D

Krankengeldbezug vom	13. Dezember 2009 bis 15. Juni 2010
Tantieme am	30. April 2010

Die Tantieme bleibt beitragsfrei, da vom Beginn des Jahres 2010 an bis zum Zeitpunkt ihrer Zahlung kein Entgeltabrechnungszeitraum vorhanden ist.

Die Märzklausel ist auch dann anzuwenden, wenn die Sonderzahlung zwar im ersten Quartal, aber nach beendetem Arbeitsverhältnis oder bei ruhendem Arbeitsverhältnis gezahlt wird. Das gilt selbst dann, wenn die Beschäftigung bereits im Vorjahr beendet wurde. In diesen Fällen ist die anteilige Jahresbeitragsbemessungsgrenze des laufenden Kalenderjahres mit 0 € anzusetzen.

Sofern der Arbeitnehmer im ersten Quartal ausscheidet und nach dem 31. 3. noch eine Sonderzahlung erhält, ist sie stets dem letzten Abrechnungszeitraum der Beschäftigung zuzuordnen. Auch dann, wenn die anteilige Jahresbeitragsbemessungsgrenze des laufenden Kalenderjahres überschritten wird. Eine weitere Rückverlagerung auf den letzten Abrechnungszeitraum des Vorjahres scheidet in solchen Fällen aus.

Das hat zur Folge, dass die nach dem 31. 3. gezahlten Sonderzahlungen beitragsfrei bleiben, wenn die Beschäftigung bereits im Vorjahr beendet wurde.

Einrichtungsgegenstände

	Lohn-steuer-pflichtig	Sozial-versich.-pflichtig
Überlässt der Arbeitgeber dem Arbeitnehmer kostenlos oder verbilligt Einrichtungsgegenstände, so ist der hierdurch entstehende geldwerte Vorteil steuer- und beitragspflichtig.	ja	ja
Dies gilt auch dann, wenn es sich um Einrichtungsgegenstände für das häusliche Arbeitszimmer handelt (vgl. „Arbeitszimmer").	ja	ja

Die Bewertung gebrauchter Gegenstände erfolgt mit dem ortsüblichen Preis (gemeiner Wert) inklusive Umsatzsteuer. Mit welchem Wert die Gegenstände beim Arbeitgeber bilanziert wurden (Buchwert), ist ohne Bedeutung.

Treibt der Arbeitgeber mit „Einrichtungsgegenständen" Handel, z. B. ein Möbelgeschäft, so gilt die beim Stichwort „Rabatte, Rabattfreibetrag" dargestellte Regelung.

Einsatzwechseltätigkeit

Neues und Wichtiges auf einen Blick:

Die früheren Begriffe im lohnsteuerlichen Reisekostenrecht „Dienstreise", **„Einsatzwechseltätigkeit"** und „Fahrtätigkeit" sind zum **1.1.2008** zum neuen Begriff vorübergehende **„beruflich veranlasste Auswärtstätigkeit"** zusammengefasst worden (vgl. auch die ausführlichen Erläuterungen beim Stichwort „Reisekosten bei Auswärtstätigkeiten"). Damit liegt auch bei Arbeitnehmern, die früher eine Einsatzwechseltätigkeit ausgeübt haben, seit dem 1.1.2008 eine beruflich veranlasste Auswärtstätigkeit vor.

Eine **Auswärtstätigkeit** liegt vor, wenn der Arbeitnehmer vorübergehend außerhalb seiner Wohnung und an keiner seiner regelmäßigen Arbeitsstätten beruflich tätig wird. Von einer beruflich veranlassten Auswärtstätigkeit ist aber auch auszugehen, wenn ein Arbeitnehmer im Betrieb

Einsatzwechseltätigkeit

	Lohn-steuer-pflichtig	Sozial-versich.-pflichtig

oder Zweigbetrieb des Arbeitgebers keine regelmäßige Arbeitsstätte hat und bei seiner individuellen beruflichen Tätigkeit typischerweise **nur** an **ständig wechselnden Tätigkeitsstätten** tätig wird (R 9.4 Abs. 2 LStR).

Anders als bisher geht die Finanzverwaltung bei **außerbetrieblichen Einrichtungen** nur noch dann von einer **regelmäßigen Arbeitsstätte** aus, wenn
- das Arbeitsverhältnis an einen anderen Arbeitnehmer ausgelagert wird und der Arbeitnehmer weiterhin an seiner bisherigen Arbeitsstätte tätig ist **(Outsourcing)** oder
- der **Leiharbeitnehmer** vom Verleiher für die **gesamte Dauer** seines **Arbeitsverhältnisses** dem **Entleiher überlassen** wird. U.E. gilt Entsprechendes, wenn ein Arbeitnehmer für die gesamte Dauer seines Arbeitsverhältnisses bei einem Kunden tätig wird oder
- ein Arbeitnehmer vom Verleiher mit dem **Ziel** der späteren **Festanstellung** beim Entleiher/Kunden eingestellt wird.

Vgl. hierzu die Erläuterungen und die Beispiele unter der nachfolgenden Nr. 2.

Nachfolgend wird dargestellt, in welchem Umfang **Fahrtkosten, Verpflegungsmehraufwendungen** und **Übernachtungskosten** bei Arbeitnehmern, die bei ihrer individuellen beruflichen Tätigkeit typischerweise nur an ständig wechselnden Tätigkeitsstätten tätig werden, vom Arbeitgeber **steuerfrei ersetzt** werden können.

Bis zum 31.12.2007 wurde bei Arbeitnehmern mit **Einsatzwechseltätigkeit** für die mit einem Firmenwagen durchgeführten Fahrten von der Wohnung zur Einsatzstelle ein geldwerter Vorteil angesetzt, wenn die Entfernung zwischen Wohnung und Einsatzstelle nicht mehr als 30 km betrug. Wurden die Fahrten mit einem eigenen Pkw durchgeführt, kam bei Entfernungen bis 30 km lediglich die Entfernungspauschale zur **Anwendung (sog. 30-km-Grenze).** Bereits im Lexikon für das Lohnbüro, Ausgabe 2008, wurde beim Stichwort „Einsatzwechseltätigkeit" unter Nr. 3 Buchstabe a auf S. 201 f. darauf hingewiesen, dass es durchaus denkbar sein dürfte, dass der Bundesfinanzhof die 30-km-Grenze in einem anhängigen Revisionsverfahren ablehnen wird. Dementsprechend hat der **Bundesfinanzhof entschieden,** dass bis zum 31.12.2007 Aufwendungen für Fahrten zwischen Wohnung und ständig wechselnden Einsatzstellen **auch** bei einer Entfernung von bis zu 30 km ab dem ersten Kilometer in **tatsächlicher Höhe** (0,30 € je gefahrenen Kilometer oder höherer ermittelter km-Satz) als Werbungskosten abziehbar sind (BFH-Urteil 18.12.2008, BStBl. 2009 S. 475). Bei Benutzung eines **Firmenwagens** ist für diese Fahrten **kein geldwerter Vorteil** anzusetzen. Ein Ansatz der Entfernungspauschale bzw. eine Versteuerung eines geldwerten Vorteils komme nur für Fahrten zwischen Wohnung und regelmäßiger Arbeitsstätte in Betracht. Zur Begründung führt der Bundesfinanzhof aus, dass bei ständig wechselnden Tätigkeitsstätten die einzelne Einsatzstelle nicht auf Dauer und Nachhaltigkeit angelegt sei. In solch einem Fall könne der Arbeitnehmer sich gerade nicht auf die immer gleichen Wege einstellen und so auf eine Minderung der Wegekosten hinwirken. Die vorstehende Rechtsprechung ist nur für Fälle bis zum 31.12.2007 von Bedeutung, da im Rahmen der Neuregelung des Reisekostenrechts die **30-km-Grenze zum 1.1.2008 weggefallen** ist. Auswirkungen zugunsten von Arbeitnehmern mit Einsatzwechseltätigkeit können sich zudem nur dann ergeben, wenn Einkommensteuerbescheide bis einschließlich 2007 – z.B. aufgrund eines Einspruchs gegen die Anwendung der 30-km-Grenze – noch nicht bestandskräftig sind.

Zum steuerfreien Arbeitgeberersatz bei einer bis zum 31.12.2007 vorliegenden Einsatzwechseltätigkeit vgl. auch die ausführlichen Erläuterungen im „Lexikon für das Lohnbüro", Ausgabe 2007, Seite 196 ff. Zum steuerfreien Arbeitgeberersatz bei einer seit dem 1.1.2008 vorliegenden beruflich veranlassten Auswärtstätigkeit vgl. auch die ausführlichen Erläuterungen beim Stichwort „Reisekosten bei Auswärtstätigkeiten". Zu den sich durch die Neuregelung des Reisekostenrechts zum 1.1.2008 bei einer Einsatzwechseltätigkeit gegenüber der bis 2007 geltenden Rechtslage ergebenden Unterschiede vgl. die ausführlichen Erläuterungen im „Lexikon für das Lohnbüro", Ausgabe 2008, Seite 199 ff.

Gliederung:
1. Allgemeines
2. Beruflich veranlasste Auswärtstätigkeit seit 1.1.2008
3. Tägliche Rückkehr zur Wohnung ohne regelmäßige Arbeitsstätte
   a) Allgemeines
   b) Fahrtkostenersatz
   c) Verpflegungsmehraufwand
4. Ständig wechselnde Tätigkeitsstätten mit auswärtiger Übernachtung
   a) Allgemeines
   b) Kosten für die erste und letzte Fahrt
   c) Wochenendheimfahrten und Zwischenheimfahrten bei Verheirateten und Ledigen
   d) Verpflegungsmehraufwand
   e) Kosten der Unterkunft
   f) Schaubild und Berechnungsbeispiel zum steuerfreien Arbeitgeberersatz
5. Einheitliche Auslösungen und Wochenendauslösungen
6. Ständig wechselnde Tätigkeitsstätten mit Übernachtung im Ausland
   a) Kosten für die erste und letzte Fahrt
   b) Heimfahrten bei Ledigen und Verheirateten
   c) Verpflegungsmehraufwand
   d) Kosten der Unterkunft

1. Allgemeines

Arbeitnehmer, die bei ihrer individuellen beruflichen Tätigkeit typischerweise nur an ständig wechselnden Tätigkeitsstätten tätig werden (z. B. Bauarbeiter), können in bestimmtem Umfang **steuerfreien Reisekostenersatz** erhalten. Ist der Reisekostenersatz steuerfrei, ist er auch **beitragsfrei** in der Sozialversicherung. | nein | nein

2. Beruflich veranlasste Auswärtstätigkeit seit 1.1.2008

Seit dem 1.1.2008 wird von einer **Auswärtstätigkeit** ausgegangen, wenn der Arbeitnehmer **vorübergehend außerhalb** seiner **Wohnung** und an **keiner** seiner **regelmäßigen Arbeitsstätten** beruflich tätig wird (R 9.4 Abs. 2 Satz 1 LStR).

Regelmäßige Arbeitsstätte ist jede ortsfeste dauerhafte betriebliche Einrichtung des Arbeitgebers, der der Arbeitnehmer zugeordnet ist und die er mit einer gewissen Nachhaltigkeit immer wieder aufsucht. Nicht maßgebend sind dabei Art, Umfang und Inhalt der Tätigkeit. Von einer regelmäßigen Arbeitsstätte ist bereits dann auszugehen, wenn die **betriebliche Einrichtung** des Arbeitgebers vom Arbeitnehmer durchschnittlich im Kalenderjahr an **einem Arbeitstag je Arbeitswoche** aufgesucht wird (R 9.4 Abs. 3 Sätze 2 bis 4 LStR). Auch der Bundesfinanzhof geht von einer regelmäßigen Arbeitsstätte aus, wenn der Arbeitnehmer mindestens einmal wöchentlich den Betriebssitz seines Arbeitgebers aufsucht (BFH-Urteil vom 4.4.2008, BStBl. II S. 887).

Beispiel A

Bauarbeiter A fährt jeden Morgen mit seinem eigenen Pkw zum Betrieb des Arbeitgebers und wird zusammen mit seinen Kollegen in einem Kleinbus des Arbeitgebers zu den Baustellen gebracht. Der tägliche

Einsatzwechseltätigkeit

	Lohn- steuer- pflichtig	Sozial- versich.- pflichtig		Lohn- steuer- pflichtig	Sozial- versich.- pflichtig

Aufenthalt des A auf dem Betriebsgelände des Arbeitgebers beträgt ca. 15 Minuten.

A hat im Betrieb des Arbeitgebers seine regelmäßige Arbeitsstätte, da er den Betrieb regelmäßig und immer wieder aufsucht. Mit dem Verlassen des Betriebs beginnt die beruflich veranlasste Auswärtstätigkeit, die mit der Rückkehr im Betrieb endet.

Ist die Tätigkeit des Arbeitnehmers **auf Dauer** angelegt, ist von einer **regelmäßigen Arbeitsstätte** auch dann auszugehen, wenn **keine ortsfeste betriebliche Einrichtung** des Arbeitgebers vorhanden ist.

Beispiel B

Arbeitnehmer A ist befristet für ein bestimmtes Bauvorhaben eingestellt worden und ausschließlich auf dieser Großbaustelle tätig. Auf der Baustelle befindet sich ein rund 30 qm großer transportabler Baucontainer seines Arbeitgebers, in dem die Arbeitnehmer an einem großen Schreibtisch die Fortführung der Bauarbeiten besprechen und auch Pause machen.

A hat auf der Großbaustelle seine regelmäßige Arbeitsstätte, da er dort dauerhaft tätig ist. Unmaßgeblich ist, dass auf der Baustelle keine ortsfeste betriebliche Einrichtung des Arbeitgebers vorhanden ist. Es besteht kein Widerspruch zu der Entscheidung, dass es sich beim Schiff mangels ortsfester betrieblicher Einrichtung nicht um eine regelmäßige Arbeitsstätte handelt, da das Schiff ein Fahrzeug ist.

Wird hingegen A vom Arbeitgeber regelmäßig auf unterschiedlichen Baustellen eingesetzt, hat er auf der jeweiligen (Groß-)Baustelle keine regelmäßige Arbeitsstätte. Es handelt sich um eine Auswärtstätigkeit (= Reisekosten), da er bei seiner individuellen beruflichen Tätigkeit typischerweise nur an ständig wechselnden Tätigkeitsstätten tätig wird (vgl. die nachfolgenden Ausführungen).

Von einer beruflich veranlassten **Auswärtstätigkeit** wird aber auch dann ausgegangen, wenn der Arbeitnehmer – ohne Vorhandensein einer regelmäßigen Arbeitsstätte – bei seiner individuellen beruflichen Tätigkeit typischerweise **nur an ständig wechselnden Tätigkeitsstätten** tätig wird (R 9.4 Abs. 2 Satz 2 LStR). Dabei kommt es auf die Dauer der einzelnen Tätigkeit nicht an, sofern der Arbeitnehmer damit rechnen muss, nach Beendigung der jeweiligen Tätigkeit an einer anderen Tätigkeitsstätte eingesetzt zu werden.

Beispiel C

Bauarbeiter A wird von seinem Arbeitgeber stets auf unterschiedlichen Baustellen eingesetzt. Die Tätigkeit des A an der einzelnen Baustelle kann dabei auch deutlich mehr als zwei Jahre betragen. Den Betrieb seines Arbeitgebers sucht er höchstens alle zwei Monate auf.

Es handelt sich um eine Auswärtstätigkeit (= Reisekosten), da A bei seiner individuellen beruflichen Tätigkeit typischerweise nur an ständig wechselnden Tätigkeitsstätten tätig wird. Auf die zeitliche Dauer seiner Tätigkeit an der einzelnen Baustelle kommt es dabei nicht an (zwei Jahre sind nur beispielhaft gewählt worden), da A – anders als im vorstehenden Beispiel B – damit rechnen muss, nach Beendigung der jeweiligen Tätigkeit an einer anderen Baustelle eingesetzt zu werden.

Beispiel D

Die Außendienstmitarbeiter kommen lediglich alle 14 Tage in den Betrieb des Arbeitgebers, um die erledigten Aufträge abzugeben und neue Aufträge in Empfang zu nehmen.

Sie haben im Betrieb des Arbeitgebers keine regelmäßige Arbeitsstätte, da sie den Betrieb nicht nachhaltig aufsuchen. Bei ihrer individuellen beruflichen Tätigkeit werden sie typischerweise nur an ständig wechselnden Tätigkeitsstätten tätig. Mithin liegt eine beruflich veranlasste Auswärtstätigkeit vor.

Die Finanzverwaltung hat seit der Neuregelung des Reisekostenrechts zum 1.1.2008 in den Hinweisen zu R 9.4 LStR die Auffassung vertreten, dass auch **außerbetriebliche Einrichtungen** des Arbeitgebers **regelmäßige Arbeitsstätte** des Arbeitnehmers sein können. Begründet wurde dies mit R 9.4 Abs. 3 Satz 1 letzter Halbsatz LStR, wonach eine regelmäßige Arbeitsstätte unabhängig davon vorliegen kann, ob es sich um eine Einrichtung des Arbeitgebers handelt oder nicht. So sollte es sich z.B. beim Betrieb des Kunden oder des Entleihers um eine regelmäßige Arbeitsstätte handeln, wenn die Tätigkeit dort auf Dauer angelegt ist. Eine dauerhafte Tätigkeit sollte immer dann vorliegen, wenn sie nicht vorübergehend, also zeitlich unbefristet war. Als Folge hieraus sollten **Leiharbeitnehmer** im Betrieb des Entleihers eine regelmäßige Arbeitsstätte haben, wenn die Tätigkeit des Leiharbeitnehmers im Betrieb des Entleihers auf unbestimmte Dauer („bis auf Weiteres", also zeitlich unbefristet) angelegt war. Ist die Tätigkeit eines Leiharbeitnehmers beim Entleiher – unabhängig von ihrer tatsächlichen Dauer – bereits bisher als befristet oder „projektbezogen" zu beurteilen gewesen, lag schon bisher eine zu Reisekosten führende Auswärtstätigkeit vor.

Der Bundesfinanzhof hat allerdings in letzter Zeit mehrfach entschieden, dass die betriebliche **Einrichtung eines Kunden** dann **keine regelmäßige Arbeitsstätte** ist, **auch wenn** der Arbeitnehmer dort **längerfristig eingesetzt** ist (BFH-Urteile vom 10.7.2008, BStBl. 2009 II S. 818 sowie vom 9.7.2009, BStBl II S. 822 und BFH/NV 2009 S. 1806). Der Arbeitnehmer habe in diesen Fällen nicht die Möglichkeit, seine Wegekosten zur Tätigkeitsstätte z.B. durch einen Umzug zu verringern. Die Beurteilung, ob sich ein Arbeitnehmer auf eine bestimmte Tätigkeitsstätte einstellen könne – was dann zu einer regelmäßigen Arbeitsstätte führe –, habe stets aus der Sicht zum Zeitpunkt des Beginns der jeweiligen Tätigkeit zu erfolgen. Die vertraglichen Beziehungen zwischen Arbeitgeber und Kunde sind hingegen für das Vorliegen einer regelmäßigen Arbeitsstätte des Arbeitnehmers beim Kunden grundsätzlich nicht von Bedeutung. Das Arbeitsverhältnis des Arbeitnehmers zum Arbeitgeber ist nämlich von dessen Vertragsbeziehung zum Kunden regelmäßig unabhängig. Die vorstehenden Grundsätze gelten auch dann, wenn der Arbeitnehmer längerfristig nur für einen Kunden seines Arbeitgebers tätig sein sollte.

Aufgrund dieser Rechtsprechung hat die Finanzverwaltung ihre Auffassung in den Lohnsteuer-Hinweisen 2010 modifiziert. Sie geht nach den neuen Hinweisen zu R 9.4 LStR bei **außerbetrieblichen Einrichtungen** in allen offenen Fällen nur noch dann von einer **regelmäßigen Arbeitsstätte** aus, wenn

– der **Leiharbeitnehmer** vom Verleiher für die **gesamte Dauer** seines (befristeten oder unbefristeten) **Arbeitsverhältnisses dem Entleiher überlassen** wird (vgl. die nachfolgenden Beispiele H und I; u.E. gilt Entsprechendes, wenn ein Arbeitnehmer für die gesamte Dauer seines Arbeitsverhältnisses bei einem Kunden tätig wird oder

– ein Leiharbeitnehmer vom Verleiher mit dem **Ziel** der späteren **Festanstellung** beim Entleiher/Kunden eingestellt wird oder

– das Arbeitsverhältnis an einen anderen Arbeitgeber ausgelagert wird und der Arbeitnehmer weiterhin in seiner bisherigen regelmäßigen Arbeitsstätte tätig ist (**Outsourcing**; vgl. das nachfolgende Beispiel K).

In diesen Fällen liegt grundsätzlich keine Tätigkeit an ständig wechselnden Tätigkeitsstätten vor, weil der Arbeitnehmer nicht damit rechnen muss, im Rahmen seines Arbeitsverhältnisses an anderen Tätigkeitsstätten eingesetzt zu werden.

Beispiel E

Ein Arbeitnehmer wird von einer Zeitarbeitsfirma einem Kunden als kaufmännischer Mitarbeiter überlassen. Der Überlassungsvertrag enthält keine zeitliche Befristung („bis auf Weiteres").

In diesem Fall liegt keine regelmäßige Arbeitsstätte beim Kunden vor, da die Überlassung nicht für die gesamte Dauer des Arbeitsverhältnisses des Arbeitnehmers zum Verleiher erfolgt. Ein steuerfreier Reisekostenersatz/Werbungskostenabzug wegen einer Auswärtstätigkeit ist zulässig.

Beispiel F

Eine Zeitarbeitsfirma überlässt einem Bauunternehmen (= Entleiher) Arbeitnehmer (= Bauarbeiter), die von diesem auf unterschiedlichen Baustellen eingesetzt werden und den Betrieb des Entleihers in größeren zeitlichen Abständen unregelmäßig aufsuchen.

Die Bauarbeiter haben im Betrieb des Entleihers keine regelmäßige Arbeitsstätte, da die Bauarbeiter vom Verleiher dem Entleiher nicht für die gesamte Dauer ihres Arbeitsverhältnisses überlassen werden und außerdem auf unterschiedlichen Baustellen eingesetzt werden. Bei der Tätigkeit der Bauarbeiter auf den unterschiedlichen Baustellen handelt es sich folglich um eine Auswärtstätigkeit.

Einsatzwechseltätigkeit

	Lohn-steuer-pflichtig	Sozial-versich.-pflichtig

Beispiel G

Ein bei einer Zeitarbeitsfirma beschäftigter Hochbauingenieur wird in regelmäßigem Wechsel verschiedenen Entleihfirmen überlassen und auf deren Baustellen eingesetzt. Den Betrieb seines Arbeitgebers sucht er nur hin und wieder auf, ohne dort eine regelmäßige Arbeitsstätte zu begründen. Er wird für einen Zeitraum von zwei Jahren an eine Baufirma überlassen und von dieser während des gesamten Zeitraums auf ein und derselben Großbaustelle eingesetzt.

Die Großbaustelle wird nicht zur regelmäßigen Arbeitsstätte, weil der Hochbauingenieur nicht für die gesamte Dauer seines Arbeitsverhältnisses zur Zeitarbeitsfirma dem Entleiher überlassen wird.

Beispiel H

Eine Zeitarbeitsfirma stellt einen Hochbauingenieur für die Überlassung an eine Baufirma für ein genau bestimmtes Bauvorhaben ein. Das Arbeitsverhältnis endet vertragsgemäß nach Abschluss des Bauvorhabens der Baufirma.

Ab dem ersten Tag der Tätigkeit auf der Baustelle liegt eine regelmäßige Arbeitsstätte in einer außerbetrieblichen Einrichtung vor, denn der Hochbauingenieur wird von der Zeitarbeitsfirma für die gesamte Dauer seines Arbeitsverhältnisses an die Baufirma für ein genau bestimmtes Bauvorhaben überlassen. Ein steuerfreier Reisekostenersatz/Werbungskostenabzug ist nicht zulässig. Eine Auswärtstätigkeit und keine regelmäßige Arbeitsstätte würde aber u.E. vorliegen, wenn der Hochbauingenieur von der Baufirma (= Entleiher) auf unterschiedlichen Baustellen eingesetzt wird.

Beispiel I

Der Arbeitsvertrag zwischen dem (Leih-)Arbeitnehmer A und seinem Arbeitgeber (Verleiher) B enthält u.a. folgende Vereinbarung: „Der Arbeitnehmer A wird im Rahmen dieses Arbeitsverhältnisses ausschließlich dem Entleiher C für eine kaufmännische Tätigkeit in dessen Betrieb überlassen. Endet die vertragliche Vereinbarung zwischen dem Arbeitgeber/Verleiher B und dem Entleiher C, endet zu diesem Zeitpunkt zugleich das Arbeitsverhältnis zwischen dem Arbeitnehmer A und dem Arbeitgeber/Verleiher B".

A hat im Betrieb des Entleihers eine regelmäßige Arbeitsstätte, da er vom Arbeitgeber/Verleiher B für die gesamte Dauer seines hier unbefristeten Arbeitsverhältnisses dem Entleiher überlassen wird. Entsprechendes gilt u.E., wenn ein Arbeitnehmer im Rahmen einer solchen Vereinbarung ausschließlich bei einem Kunden tätig wird und sein Arbeitsverhältnis bei einer Beendigung der vertraglichen Vereinbarung zwischen seinem Arbeitgeber und dem Kunden ebenfalls automatisch beendet wird.

Beispiel K

Ein Leiharbeitnehmer wird vom Verleiher mit dem Ziel der späteren Festanstellung beim Entleiher/Kunden eingestellt. Der Leiharbeitnehmer hat vom ersten Tag an beim Entleiher/Kunden – also in dieser außerbetrieblichen Einrichtung – eine regelmäßige Arbeitsstätte, da er im Rahmen des Arbeitsverhältnisses nicht damit rechnen muss, an wechselnden Tätigkeitsstätten eingesetzt zu werden.

Beispiel L

Ein Automobilunternehmen lagert einen Teil der in der Montage beschäftigten Arbeitnehmer an eine Leiharbeitsfirma aus, die ihrerseits diese Arbeitnehmer an das Automobilunternehmen entleiht. Dort üben sie die gleiche Tätigkeit aus wie zuvor im Automobilunternehmen.

Es liegt ab dem ersten Tag der Tätigkeit eine regelmäßige Arbeitsstätte in einer außerbetrieblichen Einrichtung vor, denn das Arbeitsverhältnis ist auch in diesem Fall an einen anderen Arbeitgeber und der Arbeitnehmer wird weiter an seiner bisherigen regelmäßigen Arbeitsstätte tätig. Ein steuerfreier Reisekostenersatz/Werbungskostenabzug ist somit nicht möglich.

Im Übrigen kann auch ein **Leiharbeitnehmer mehrere regelmäßige Arbeitsstätten** haben.

Beispiel M

Ein Leiharbeitnehmer ist für die gesamte Dauer seines Arbeitsverhältnisses zum Verleiher vereinbarungsgemäß im Betrieb des Entleihers tätig. Außerdem ist er verpflichtet, einmal wöchentlich den Betrieb des Verleihers aufzusuchen.

Der Leiharbeitnehmer hat sowohl im Betrieb des Entleihers als auch im Betrieb des Verleihers jeweils eine regelmäßige Arbeitsstätte.

Eine Auswärtstätigkeit an ständig wechselnden Tätigkeitsstätten liegt nicht vor, bei einem Einsatz an verschiedenen Stellen eines **weiträumigen Arbeitsgebietes**, da es sich hierbei um die **regelmäßige Arbeitsstätte** handelt. Regelmäßige Arbeitsstätte kann z. B. sein das Forstrevier eines Waldarbeiters (BFH vom 19.2.1982, BStBl. 1983 II S. 466), ein Werks-, Klinik- oder Flughafengelände (BFH-Urteile vom 2.11.1984, BStBl. 1985 II S. 139 und vom 18.6.2009 VI R 61/06) sowie ein Neubaugebiet, Kehr- oder Zustellbezirk (BFH-Urteil vom 2.2.1984, BStBl. II S. 422). Bei den Fahrtkosten für Fahrten innerhalb eines weiträumigen Arbeitsgebietes handelt es sich allerdings um Reisekosten (Hinweis zu R 9.5 „Allgemeines" unter Nr. 2).

Kein weiträumiges Arbeitsgebiet ist jedoch ein Hafengebiet, ein Gemeindegebiet, eine Großstadt oder ein Ballungsgebiet, in dem der Arbeitnehmer ständig an verschiedenen Stellen tätig wird (z. B. als Kundendienstmonteur oder Vertreter). Auch der Stauer bzw. Verkaufsfahrer (Tallymann), die an verschiedenen Liegeplätzen des Hamburger Hafens tätig sind, üben ihre individuelle berufliche Tätigkeit typischerweise nur an ständig wechselnden Tätigkeitsstätten aus (BFH-Urteil vom 7.2.1997, BStBl. II S. 333, wonach der Hamburger Hafen keine einheitliche großräumige Arbeitsstätte ist).

Die Unterscheidung, ob der Arbeitnehmer im Betrieb oder Zweigbetrieb des Arbeitgebers oder an einer außerbetrieblichen Einrichtung eine regelmäßig Arbeitsstätte hat oder nicht, ist also für die Beantwortung der Frage von Bedeutung, **zu welchem Zeitpunkt** die **beruflich veranlasste Auswärtstätigkeit** beginnt (ab Verlassen des Betriebs oder ab Verlassen der Wohnung). Außerdem ist entscheidend, ob der Arbeitnehmer innerhalb eines weiträumigen Arbeitsgebietes tätig wird oder nicht. Auswirkungen ergeben sich in beiden Fällen auf die Höhe der steuerfrei ersetzbaren Fahrtkosten und für die Höhe des Pauschbetrags für Verpflegungsmehraufwendungen.

3. Tägliche Rückkehr zur Wohnung ohne regelmäßige Arbeitsstätte

a) Allgemeines

Seit dem **1.1.2008** ist auch dann von einer vorübergehenden beruflich veranlassten **Auswärtstätigkeit** auszugehen, wenn der Arbeitnehmer bei seiner individuellen beruflichen Tätigkeit typischerweise nur an **ständig wechselnden Tätigkeitsstätten** eingesetzt wird (R 9.4 Abs. 2 Satz 2 LStR). Dabei kommt es auf die **Entfernung** zwischen Wohnung und auswärtiger Tätigkeitsstätte **nicht an.**

b) Fahrtkostenersatz

Ist der Arbeitnehmer bei seiner individuellen beruflichen Tätigkeit typischerweise nur an ständig wechselnden Tätigkeitsstätten eingesetzt (R 9.4 Abs. 2 Satz 2 LStR), ist der **Arbeitgebersatz** für **Fahrtkosten** seit dem 1.1.2008 **ohne zeitliche Begrenzung** und unabhängig von der Entfernung zwischen Wohnung und auswärtiger Tätigkeitsstätte in Höhe der tatsächlich entstandenen Aufwendungen **steuerfrei**.

Beispiel A

Ein Bauarbeiter, ohne regelmäßige Arbeitsstätte am Betriebssitz des Arbeitgebers, ist auf einer Baustelle tätig, die 30 km von seiner Wohnung entfernt ist. Der Arbeitnehmer fährt täglich mit seinem Pkw zur Baustelle und wieder zur Wohnung zurück. Der Arbeitgeber zahlt dem Arbeitnehmer für die Benutzung des Pkws einen Fahrtkostenzuschuss von 0,30 € je tatsächlich gefahrenen Kilometer. Der Fahrtkostenzuschuss beträgt monatlich (2 × 30 km =) 60 km × 0,30 × 20 Arbeitstage = 360 €.

Der Fahrtkostenzuschuss ist in voller Höhe von 360 € steuerfrei.

Seit 1.1.2008 liegen auch bei **Fahrten** zu einem gleichbleibenden **Treffpunkt** mit anschließender Auswärtstätigkeit **Reisekosten** vor mit der Folge, dass ein steuerfreier Arbeitgeberersatz möglich ist.   nein   nein

Beispiel B

Ein Bauarbeiter fährt jeden Morgen von seiner Wohnung zu einem 35 km entfernt liegenden Parkplatz in der Nähe der Autobahn, von dem aus er zusammen mit seinen Kollegen in einem Kleinbus des Arbeitgebers zur Baustelle gebracht wird.

Bei den täglichen Fahrten zwischen Wohnung und Parkplatz handelt es sich um **Reisekosten,** so dass ein steuerfreier Arbeitgeberersatz möglich ist. Bei der Fahrt im Kleinbus des Arbeitgebers vom Parkplatz zur Baustelle handelt es sich um eine steuerfreie Sammelbeförderung (§ 3 Nr. 32 EStG).

c) Verpflegungsmehraufwand

Der Arbeitgeber kann bei einer täglichen Rückkehr zur Wohnung die folgenden Pauschbeträge für Verpflegungsmehraufwand steuerfrei zahlen:

Einsatzwechseltätigkeit

Abwesenheit	steuerfreier Pauschbetrag
weniger als 8 Stunden	0,— €
8 Stunden und mehr, aber weniger als 14 Stunden	6,— €
14 Stunden und mehr, aber weniger als 24 Stunden	12,— €

Der Pauschbetrag von 24 € für eine Abwesenheit von 24 Stunden kann bei einer täglichen Rückkehr zur Wohnung keine praktische Bedeutung erlangen. Bereits die für den Pauschbetrag von 12 € erforderliche Abwesenheit von mindestens 14 Stunden wird in der Praxis nur in Ausnahmefällen erreicht.

Die Abwesenheit beginnt bei Arbeitnehmern **ohne** regelmäßige Arbeitsstätte mit dem Verlassen der Wohnung und endet, wenn der Arbeitnehmer in seine Wohnung zurückkehrt. Dabei ist es gleichgültig, ob die Abwesenheitsdauer auf der tatsächlichen Arbeitszeit, auf schlechten Verkehrsverbindungen oder auf anderen beruflich veranlassten Umständen beruht. Bei Arbeitnehmern **mit** regelmäßiger Arbeitsstätte ist die Abwesenheitszeit von der Wohnung und der regelmäßigen Arbeitsstätte maßgebend.

Bei einer länger andauernden Beschäftigung an derselben Einsatzstelle, die über drei Monate hinausgeht, können die Aufwendungen für Verpflegungsmehraufwand **nur für die ersten drei Monate** steuerfrei ersetzt werden (R 9.6 Abs. 4 Satz 1 LStR). Vom Beginn des **vierten** Monats einer ununterbrochenen Tätigkeit an derselben Einsatzstelle kann der Arbeitgeber Verpflegungsmehraufwendungen **nicht mehr steuerfrei ersetzen.**

Bei einem **Wechsel der Einsatzstelle** beginnt stets eine **neue Dreimonatsfrist** und zwar unabhängig davon, wie weit die neue Einsatzstelle von der bisherigen Tätigkeitsstelle entfernt ist.

Beispiel A
Ein Bauarbeiter, ohne regelmäßige Arbeitsstätte am Betriebssitz des Arbeitgebers, ist in Leipzig vom 1.1.2010 bis zum 31.3.2010 auf der Baustelle A und in der Zeit vom 1.4.2010 bis zum 30.6.2010 auf der Baustelle B tätig. Die Entfernung zwischen den beiden Baustellen beträgt lediglich 3 km.
Durch den Wechsel der Einsatzstelle am 1.4.2010 beginnt eine neue Dreimonatsfrist. Unter Beachtung der Mindestabwesenheitszeit von der Wohnung von 8 Stunden kann der Arbeitgeber dem Arbeitnehmer sowohl in der Zeit vom 1.1.2010 bis zum 31.3.2010 als auch in der Zeit vom 1.4.2010 bis zum 30.6.2010 den jeweils in Betracht kommenden Pauschbetrag für Verpflegungsmehraufwand steuerfrei erstatten.

Bei einer **Unterbrechung** der Tätigkeit an derselben Einsatzstelle (z. B. vorübergehender Einsatz an einer anderen Baustelle) beginnt die Dreimonatsfrist dann neu zu laufen, wenn die Unterbrechung **mindestens vier Wochen** beträgt. Dies gilt aber nicht für urlaubs- oder krankheitsbedingte Unterbrechungen (R 9.6 Abs. 4 Sätze 3 und 4 LStR).

Die Dreimonatsfrist ist unbeachtlich, wenn die Tätigkeit des Arbeitnehmers dadurch geprägt ist, dass er mehrmals am Tage den Tätigkeitsort wechselt, wie dies z. B. bei einem **Vertreter** oder **Kundendiensttechniker** der Fall ist. Es handelt sich nicht um „dieselbe", sondern um tägliche neue Auswärtstätigkeiten.

In den Fällen, in denen sich die auswärtige Tätigkeitsstätte des Arbeitnehmers infolge der Eigenart der Tätigkeit, laufend örtlich verändert, z. B. beim Bau einer Autobahn oder der Montage von Hochspannungsleitungen ist die Dreimonatsfrist für die Verpflegungsmehraufwendungen allerdings anzuwenden, sofern aufgrund des Gesamtbilds der Verhältnisse von derselben Auswärtstätigkeit auszugehen ist (z. B. Tätigkeit aufgrund desselben Auftrags).

Beispiel B
Die Bauarbeiter einer Straßenbaufirma errichten über fünf Monate einen sechs Kilometer langen Autobahnabschnitt.
Der Arbeitgeber kann den Bauarbeitern nur für die ersten drei Monate den jeweils in Betracht kommenden Pauschbetrag für Verpflegungsmehraufwendungen steuerfrei erstatten.

Auch bei einer Tätigkeit an ständig wechselnden Tätigkeitsstätten im Ausland kann der Verpflegungsmehraufwand nur in Form von pauschalen **Auslandstagegeldern** vom Arbeitgeber steuerfrei ersetzt oder vom Arbeitnehmer als Werbungskosten abgezogen werden. Der Einzelnachweis von Verpflegungsmehraufwendungen ist ausgeschlossen. Die Auslandstagegelder sind – ebenso wie die Inlandstagegelder – nach der Abwesenheitsdauer von der Wohnung gestaffelt (Abwesenheitsdauer 24 Stunden, 14 Stunden oder 8 Stunden). Bei einer Tätigkeit an ständig wechselnden Tätigkeitsstätten im Ausland mit täglicher Rückkehr zur Wohnung kommen nur die Teilpauschbeträge für eine Abwesenheit von weniger als 24 Stunden in Betracht.

Bei einer Abwesenheit von weniger als 8 Stunden wird ein Pauschbetrag für Verpflegungsmehraufwendungen nicht gewährt. Auch ein Einzelnachweis von Verpflegungsmehraufwendungen ist ausgeschlossen.

Die zeitlich gestaffelten Auslandstagegelder können direkt aus der alphabetischen Länderübersicht in Anhang 4 auf Seite 846 abgelesen werden.

Beispiel C
Ein Arbeitnehmer aus Rosenheim (Deutschland) übt für seine Rosenheimer Firma eine Tätigkeit an ständig wechselnden Tätigkeitsstätten in Kufstein (Österreich) aus. Er ist täglich mindestens 8 Stunden von seiner Wohnung abwesend. Der Arbeitgeber kann ihm – maximal für drei Monate je Einsatzstelle – den Verpflegungsmehraufwand in Höhe des Teiltagegelds für Österreich steuerfrei ersetzen. Das Teiltagegeld kann direkt aus der Länderübersicht in Anhang 4 auf Seite 846 abgelesen werden. Es beträgt 12 €.

Vgl. im Übrigen auch die Erläuterungen beim Stichwort „Reisekosten bei Auswärtstätigkeiten" unter Nr. 9 und unter Nr. 14 Buchstabe b.

4. Ständig wechselnde Tätigkeitsstätten mit auswärtiger Übernachtung

a) Allgemeines

Der Bundesfinanzhof hat unter Aufgabe seiner früheren Rechtsprechung entschieden, dass ein Arbeitnehmer, der typischerweise an ständig wechselnden Tätigkeitsstätten beruflich tätig ist und dabei am Ort einer solchen auswärtigen Tätigkeitsstätte vorübergehend eine Unterkunft bezieht, **keine** doppelte Haushaltsführung begründet (BFH-Urteil vom 11.5.2005, BStBl. II S. 782). Hieraus folgt, dass einem Arbeitnehmer mit ständig wechselnden Tätigkeitsstätten, der am auswärtigen Tätigkeitsort übernachtet, die Übernachtungs- und Fahrtkosten **in vollem Umfang und zeitlich unbegrenzt** vom Arbeitgeber steuerfrei ersetzt werden können.

Für die **Fahrtkosten** bedeutet dies, das für die Fahrten zwischen Wohnung und dem Tätigkeitsort und für die Fahrten zwischen auswärtiger Unterkunft und Tätigkeitsstätte ein steuerfreier Arbeitgeberersatz entweder in Höhe der tatsächlich entstandenen Kosten oder mit den für Auswärtstätigkeiten geltenden pauschalen Kilometersätzen (bei Benutzung eines Pkws 0,30 € je gefahrenen Kilometer) zulässig ist. Auf die Entfernung zwischen auswärtiger Unterkunft und Einsatzstelle kommt es nicht an.

Für die Zahlung steuerfreier Auslösungen an ledige und verheiratete Arbeitnehmer mit ständig wechselnden Tätigkeitsstätten und auswärtiger Übernachtung gilt Folgendes:

b) Kosten für die erste und letzte Fahrt

Steuerfrei ersetzbar sind die tatsächlichen **Fahrtkosten** des Arbeitnehmers für die **erste Fahrt** zum neuen Beschäftigungsort und für die **letzte Fahrt** vom Beschäftigungsort zu seiner Wohnung am Ort des Lebensmittelpunkts. Wird für diese Fahrten vom Arbeitnehmer ein **Kraftfahrzeug** benutzt, so können die für **Auswärtstätigkeiten** geltenden **Kilometersätze** (= 0,30 € bei Benutzung eines Pkws für jeden tatsächlich gefahrenen Kilometer) oder die nachgewiesenen höheren tatsächlichen Kosten steuerfrei gezahlt werden.

Einsatzwechseltätigkeit

	Lohn-steuer-pflichtig	Sozial-versich.-pflichtig

c) Wochenendheimfahrten und Zwischenheimfahrten bei Verheirateten und Ledigen

Es liegt **keine doppelte Haushaltsführung** vor, da diese den Bezug einer Zweitwohnung am Ort einer regelmäßigen Arbeitsstätte voraussetzt (BFH-Urteil vom 11.5.2005, BStBl. II S. 782). Bei Arbeitnehmern, die aufgrund ihrer individuellen Tätigkeit typischerweise nur an ständig wechselnden Tätigkeitsstätten eingesetzt werden, richtet sich der steuerfreie Arbeitgeberersatz der Fahrtkosten daher nach **Reisekostengrundsätzen**.

Steuerfrei ersetzbar sind die Fahrtkosten in tatsächlich entstandener Höhe. Wird für diese Fahrten ein **Kraftfahrzeug** benutzt, so können die für **Auswärtstätigkeiten** geltenden **Kilometersätze** (= 0,30 € bei Benutzung eines Pkws für jeden tatsächlich gefahrenen Kilometer) oder die nachgewiesenen höheren tatsächlichen Kosten steuerfrei gezahlt werden. nein nein

Es können auch Fahrtkosten für **mehr als eine Heimfahrt wöchentlich** steuerfrei ersetzt werden (sog. Zwischenheimfahrten).

Die Aufwendungen des Arbeitnehmers für Heimfahrten können **ohne zeitliche Begrenzung** steuerfrei ersetzt werden.

Beispiel

Der Arbeitnehmer übt im Kalenderjahr 2010 seinen Beruf typischerweise an ständig wechselnden Tätigkeitsstätten mit auswärtiger Übernachtung aus. Am Wochenende fährt er mit dem Pkw zu seiner Wohnung am Ort des Lebensmittelpunkts (Wohnung der Familie). Die einfache Entfernung beträgt 200 Kilometer. Der Arbeitgeber kann für jede Heimfahrt folgenden Betrag steuerfrei ersetzen:

(2 × 0,30 € =) 0,60 € × 200 km = 120,— €

Führt der Arbeitnehmer z. B. 45 Heimfahrten im Kalenderjahr 2010 durch, beträgt der steuerfreie Arbeitgeberersatz insgesamt
200 km × 0,60 € × 45 Fahrten = 5 400,— €

In voller Höhe und zeitlich unbegrenzt steuerfrei ersetzbar sind auch die Fahrtkosten am auswärtigen Beschäftigungsort von der Unterkunft zur Tätigkeitsstätte.

d) Verpflegungsmehraufwand

Ersatzleistungen des Arbeitgebers für Verpflegungsmehraufwand können **drei Monate** lang in folgender Höhe steuerfrei ersetzt werden:

– bei einer Abwesenheit von 24 Stunden **24,— €**;
– bei einer Abwesenheit von weniger als 24 Stunden, aber mindestens 14 Stunden **12,— €**;
– bei einer Abwesenheit von weniger als 14 Stunden, aber mindestens 8 Stunden **6,— €**.

Für die Dauer der **Abwesenheit** ist stets auf die Abwesenheit von dem Ort abzustellen, an dem sich der **Mittelpunkt** der **Lebensinteressen** des Arbeitnehmers befindet. Dies wirkt sich auf die An- und Abreisetage bei den Heimfahrten aus:

Beispiel

Ein (lediger oder verheirateter) Arbeitnehmer mit ständig wechselnden Tätigkeitsstätten und auswärtiger Übernachtung wird ab 1.3.2010 an einer neuen Baustelle in München tätig. Er hat seinen Mittelpunkt der Lebensinteressen in einer Wohnung in Passau. In München übernachtet er in einer Baubaracke an der Baustelle. Der Arbeitgeber kann in der Zeit vom 1.3.–31.5.2010 folgende Pauschbeträge für Verpflegungsmehraufwand steuerfrei ersetzen:

– für Dienstag, Mittwoch und Donnerstag jeweils (da die Abwesenheit von Passau 24 Stunden beträgt) 24,— €
– für Montag und Freitag jeweils (da die Abwesenheit von der Wohnung in Passau weniger als 24 Stunden, aber mindestens 14 Stunden beträgt) 12,— €
– für Tage, an denen sich der Arbeitnehmer ganz zu Hause aufhält (Samstag und Sonntag) 0,— €

Nach Ablauf von drei Monaten ist ein steuerfreier Arbeitgeberersatz für Verpflegungsmehraufwand nicht mehr möglich.

Zum **Neubeginn** der **Dreimonatsfrist** nach einer Unterbrechung bzw. bei einem Wechsel der Tätigkeitsstätte vgl. die Erläuterungen beim Stichwort „Reisekosten bei Auswärtstätigkeiten" unter Nr. 9 Buchstabe c. Zum Neubeginn der Dreimonatsfrist bei einem Wechsel der Einsatzstelle vgl. auch das Beispiel A unter der vorstehenden Nr. 3 Buchstabe c.

e) Kosten der Unterkunft

Ersatzleistungen des Arbeitgebers für die **Kosten der Unterkunft** am Beschäftigungsort können **zeitlich unbegrenzt** entweder in Höhe der tatsächlich entstandenen Kosten oder ohne Einzelnachweis der tatsächlichen Kosten in folgender Höhe steuerfrei gezahlt werden:

– je Übernachtung **20,— €**

Voraussetzung für die steuerfreie Zahlung der genannten Pauschbeträge durch den Arbeitgeber ist es jedoch, dass die Übernachtung nicht in einer vom Arbeitgeber unentgeltlich oder verbilligt gestellten Unterkunft erfolgt (R 9.7 Abs. 3 Satz 6 LStR).

Anstelle des Pauschbetrags von 20 € kann der Arbeitgeber dem Arbeitnehmer auch die Kosten der Unterbringung **in der nachgewiesenen Höhe** steuerfrei ersetzen.

Zur Erstattung der Unterkunftskosten und zum Werbungskostenabzug seit 2008 vgl. auch die Erläuterungen beim Stichwort „Reisekosten bei Auswärtstätigkeiten" unter den Nrn. 8, 14 Buchstabe c und 20.

f) Schaubild und Berechnungsbeispiel zum steuerfreien Arbeitgeberersatz

Die Regelungen für den steuerfreien Arbeitgeberersatz sollen durch ein Schaubild und Berechnungsbeispiele verdeutlicht werden:

Einsatzwechseltätigkeit

	Lohn-steuer-pflichtig	Sozial-versich.-pflichtig

Beispiel A

Ein in München wohnhafter lediger oder verheirateter Arbeitnehmer wird nur an ständig wechselnden Tätigkeitsstätten eingesetzt (Bauarbeiter). Für die Zeit vom 1. März bis 15. August 2010 wird er von seiner Münchner Firma auf eine Baustelle nach Stuttgart entsandt (200 km entfernt). Der Arbeitnehmer übernachtet in Stuttgart in einem möblierten Zimmer. Vom 16. August bis 30. September 2010 ist er wieder in München an ständig wechselnden Einsatzstellen tätig. Vom 1. Oktober bis 15. November 2010 wird er erneut auf die Baustelle nach Stuttgart entsandt und übernachtet dort in einer Baubaracke. Dem Arbeitnehmer können folgende Auslösungen steuerfrei gezahlt werden:

Für die ersten drei Monate:

Für die erste Fahrt nach Stuttgart 0,30 € für 200 Kilometer 60,— €

Für die Zeit vom 1. März bis 31. Mai 2010 (= Dreimonatszeitraum) für jeden Tag, an dem der Arbeitnehmer 24 Stunden von seiner Wohnung in München abwesend war, für Verpflegungsmehraufwendungen 24,— €

Ist der Arbeitnehmer an den An- und Abreisetagen bei Wochenendheimfahrten weniger als 24 Stunden von seiner Wohnung in München abwesend, so können nur 12 € oder 6 € für diese Tage steuerfrei gezahlt werden.

Für die Zeit vom 1. März bis 31. Mai 2010 für jede Übernachtung in Stuttgart 20,— €

Der Arbeitgeber könnte anstelle der Pauschbeträge von 20 € auch die tatsächlich entstandenen Übernachtungskosten steuerfrei erstatten. Beträgt die Miete für das möblierte Zimmer z. B. 180 €, wird der Arbeitgeber die Pauschbeträge steuerfrei zahlen, da dies günstiger ist als die Berücksichtigung der tatsächlichen Kosten von 180 € monatlich.

Für die Zeit vom 1. März bis 31. Mai 2010 für jede Heimfahrt (2 × 0,30 € =) 0,60 € für 200 Kilometer 120,— €

Nach Ablauf des Dreimonatszeitraums:

Für die Zeit vom 1. Juni bis 15. August 2010 für Verpflegungsmehraufwand 0,— €

Für die Zeit vom 1. Juni bis 15. August 2010 für jede Übernachtung in Stuttgart 20,— €

Für die Zeit vom 1. Juni bis 15. August 2010 für jede Heimfahrt (2 × 0,30 € =) 0,60 € für 200 Kilometer 120,— €

Da die Unterbrechung vom 16. August an durch die Tätigkeiten in München länger als 4 Wochen dauert, beginnt am 1. Oktober 2010 **für die Berücksichtigung der Verpflegungsmehraufwendungen** ein neuer Dreimonatszeitraum.

Der Arbeitgeber kann folgende Auslösungen steuerfrei ersetzen:

Für jede Heimfahrt (2 × 0,30 € =) 0,60 € für 200 Kilometer 120,— €

Für die Zeit vom 1. 10. bis 15. 11. 2010 für jeden Tag, an dem der Arbeitnehmer 24 Stunden von seiner Wohnung in München abwesend war, für Verpflegungsmehraufwendungen 24,— €

Ist der Arbeitnehmer an den An- und Abreisetagen bei Wochenendheimfahrten weniger als 24 Stunden von seiner Wohnung in München abwesend, so können nur 12 € oder 6 € für diese Tage steuerfrei gezahlt werden.

Für jede Übernachtung in Stuttgart in der Zeit vom 1. 10. bis 15. 11. 2010 ein Übernachtungsgeld von 20,— €

Der Arbeitgeber könnte anstelle der Pauschbeträge auch die tatsächlich entstandenen Übernachtungskosten steuerfrei erstatten.

Für die letzte Fahrt von Stuttgart zurück nach München 0,30 € für 200 Kilometer 60,— €

Beispiel B

Benutzt der Arbeitnehmer im Beispiel A seinen Pkw auch zu täglichen Fahrten von seiner Unterkunft zur Einsatzstelle in Stuttgart (einfache Entfernung 30 km), so kann ihm der Arbeitgeber für diese Fahrten zusätzlich zu den in Beispiel A genannten Beträgen folgende Auslösungen für die Zeit vom 1. März bis 15. August 2010 und vom 1. Oktober bis 15. November 2010 steuerfrei zahlen:

arbeitstäglich (2 × 0,30 € =) 0,60 € × 30 km = 18,— €.

5. Einheitliche Auslösungen und Wochenendauslösungen

Vor allem im Baugewerbe werden Arbeitnehmern, die nicht täglich nach Hause zurückkehren, einheitliche Auslösungen für Verpflegungsmehraufwendungen und Unterbringungskosten am Beschäftigungsort gezahlt. Soweit solche Arbeitnehmer am Arbeitsort in Hotels, Pensionen, möblierten Zimmern usw. untergebracht sind und hierfür an den Vermieter, der nicht zugleich Arbeitgeber dieser Bauarbeiter ist, ein Entgelt zahlen, kann vom Arbeitgeber neben dem Verpflegungszuschuss ein steuerfreies Übernachtungsgeld bis zu 20 € täglich gezahlt werden; die **einheitliche Auslösung** bleibt in diesen Fällen **steuerfrei,** wenn sie insgesamt den **Pauschbetrag** für Verpflegungsmehraufwendungen und Unterbringungskosten in folgender Höhe **nicht übersteigt:**

Für die ersten drei Monate:

- bei einer Abwesenheit von der Familienwohnung von 24 Stunden (24 € + 20 €) **44,— €**
- an den An- und Abreisetagen bei Wochenendheimfahrten
  = bei einer Abwesenheit von der Familienwohnung von mindestens 14 Stunden (12 € + 20 €) **32,— €**
  = bei einer Abwesenheit von der Familienwohnung von mindestens 8 Stunden (6 € + 20 €) **26,— €**

Ab dem vierten Monat:

- Pauschbetrag für Übernachtung **20,— €**

Beispiel A

Ein Arbeitnehmer ist innerhalb des Dreimonatszeitraums von montags bis freitags einer Woche auf einer Baustelle beschäftigt und übernachtet auch an diesem Ort. Der Arbeitgeber zahlt eine Auslösung von 30 € täglich. Das steuerfreie Tagegeld beträgt 24 € und das steuerfreie Übernachtungsgeld 20 €.

Bei fünf Arbeitstagen kann der Arbeitgeber steuerlich 5 Tagegelder à 24 € (= 120 €) aber nur vier Übernachtungsgelder à 20 € (= 80 €), insgesamt also 200 € steuerfrei lassen. Die tatsächlich gezahlten Auslösungsbeträge (5 × 30 € = 150 €) übersteigen diesen Betrag nicht und können daher steuerfrei bleiben.

Nach Ablauf von drei Monaten kann der Arbeitgeber nur noch vier Übernachtungsgelder à 20 €, insgesamt also 80 € steuerfrei zahlen. Der Differenzbetrag zu den tatsächlich gezahlten Auslösungen ist steuerpflichtig. Steuerpflichtig sind somit ab dem vierten Monat (150 € − 80 € =) 70 €.

In Tarifverträgen ist häufig vorgesehen, dass bei einer längerfristigen Auswärtstätigkeit eine Erstattung der Kosten für Zwischenheimfahrten nur in bestimmten zeitlichen Abständen erfolgt, d. h. die Kosten für Familienheimfahrten werden vom Arbeitgeber oft nur für eine Heimfahrt monatlich ersetzt. In der Regel fahren aber die Arbeitnehmer auch an den Wochenenden, für die sie keinen Anspruch auf Ersatz der Kosten für die Zwischenheimfahrten haben, auf eigene Kosten nach Hause. Aus der Sicht des Arbeitgebers, der für die Wochenenden, für die Heimfahrtkosten nicht vergütet werden, zur Zahlung der üblichen Auslösungen verpflichtet bleibt, stellt sich in diesen Fällen die Frage, wie diese Auslösungen (sog. **Wochenendauslösungen**), soweit sie auf zu Hause verbrachte Tage entfallen, lohnsteuerlich zu behandeln sind. Aufgrund der in R 3.16 der Lohnsteuer-Richtlinien zugelassenen Zusammenfassung der einzelnen Erstattungsarten gilt Folgendes: Verpflegungsgelder gehören in solchen Fällen im Grundsatz zum steuerpflichtigen Arbeitslohn, die Übernachtungsgelder dagegen nur dann, wenn z. B. durch die Aufgabe der Unterkunft während der zu Hause verbrachten Tage Übernachtungskosten nicht entstehen (muss der Arbeitnehmer also während der zu Hause verbrachten Zeit weiterhin die Unterkunft bezahlen, kann der Arbeitgeber auch Übernachtungsgelder steuerfrei ersetzen).

Die hiernach an sich steuerpflichtigen Teile der Wochenendauslösung bleiben jedoch in Höhe des Betrags steuerfrei, den der Arbeitgeber beim Ersatz der Kosten für eine Heimfahrt steuerfrei lassen könnte.

Beispiel B

Ein Arbeitnehmer mit ständig wechselnden Tätigkeitsstätten ist im September 2010 an derselben Baustelle eingesetzt und übernachtet dort. Jeweils am Wochenende fährt er mit dem Pkw zu seiner Familie, und zwar verlässt er freitags die Baustelle und kehrt montags zurück (einfa-

Einsatzwechseltätigkeit

che Entfernung 200 km), Abwesenheit vom Familienwohnsitz montags und freitags jeweils mindestens 14 Stunden. Für die Beibehaltung der Unterkunft entstehen ihm Kosten, auch wenn er am Wochenende nach Hause fährt.

In diesem Fall können Tagegelder nur für den Zeitraum von Montag bis Freitag steuerfrei bleiben (5 Tagegelder) und zwar in folgender Höhe:
- Für Montag und Freitag jeweils 12 €, insgesamt also 24,— €
- Für Dienstag, Mittwoch und Donnerstag jeweils 24 €, insgesamt also (3 × 24 €) 72,— €

wöchentlich insgesamt 96,— €

Übernachtungsgelder kann der Arbeitgeber für alle Tage im Monat steuerfrei ersetzen, da dem Arbeitnehmer Aufwendungen für die Beibehaltung der Unterkunft auch am Wochenende entstehen.

Zahlt der Arbeitgeber Tagegelder auch für das Wochenende an dem der Arbeitnehmer nach Hause fährt, so kann die für das Wochenende gezahlte Auslösung mit den Fahrtkosten verrechnet werden, die dem Arbeitnehmer für eine vom Arbeitgeber nicht ersetzte Wochenendheimfahrt entstehen:

Der Arbeitnehmer hat folgenden Auslöseanspruch:

Für jeden Kalendertag (nicht Arbeitstag) 30 € sowie Erstattung der Fahrtkosten (Bundesbahn 2. Klasse) für **eine** Heimfahrt monatlich. Für die beiden Tage der Heimfahrt entfällt der Anspruch auf die tägliche Auslöse von 30 €. Für September 2010 ergibt sich folgende Abrechnung:

28 Tage à 30 € = 840,— €
1 Heimfahrt (Bundesbahn 2. Klasse für 200 km) 100,— €

Auslösungen insgesamt 940,— €

Fällt der September in den Dreimonatszeitraum, ergibt sich Folgendes:

 8 Tage à 12 € (Montag/Freitag) = 96,— €
14 Tage à 24 € = 336,— €
30 Tage à 20 € (Übernachtung) = 600,— €

insgesamt 1 032,— €

Fällt also der September 2010 in den Dreimonatszeitraum, so bleiben die Auslösungen in Höhe von 940 € steuerfrei, da bereits die zulässigen Verpflegungs- und Übernachtungspauschalen von insgesamt 1032 € höher sind als die tatsächlich gezahlte Auslösung.

Fällt der September nicht mehr in den Dreimonatszeitraum, so ergibt sich Folgendes:

Pauschale für Verpflegungsmehraufwand = 0,— €
Pauschale für Übernachtung (20 €) an 30 Kalendertagen = 600,— €
Fahrtkosten für 4 durchgeführte Heimfahrten (2 × 0,30 =) 0,60 € × 200 km × 4 = 480,— €

insgesamt 1 080,— €

Die Auslösung in Höhe von 940 € bleibt somit auch nach Ablauf des Dreimonatszeitraums steuerfrei.

6. Ständig wechselnde Tätigkeitsstätten mit Übernachtung im Ausland

Auslösungen bei einer Tätigkeit im Ausland sind nach den gleichen Grundsätzen steuerfrei, wie bei einer Tätigkeit mit Übernachtung im Inland. Im Einzelnen bleiben folgende Auslösungen steuerfrei:

a) Kosten für die erste und letzte Fahrt

Es gilt die gleiche Regelung, wie im Inland (vgl. Nr. 4 Buchstabe b), d. h. steuerfreie Erstattung der tatsächlich nachgewiesenen Kosten (z. B. Flugticket). Wird für diese Fahrten vom Arbeitnehmer ein **Kraftfahrzeug** benutzt, so können die für **Auswärtstätigkeiten** geltenden **Kilometersätze** (= **0,30 €** bei Benutzung eines Pkws für jeden tatsächlich gefahrenen Kilometer) oder die nachgewiesenen höheren tatsächlichen Kosten steuerfrei gezahlt werden.

b) Heimfahrten bei Ledigen und Verheirateten

Es gilt ebenfalls die gleiche Regelung wie im Inland (vgl. Nr. 4 Buchstabe c), d. h. steuerfreie Erstattung der tatsächlich nachgewiesenen Kosten (z. B. Flugticket). Wird für diese Fahrten vom Arbeitnehmer ein **Kraftfahrzeug** benutzt, so können die für **Auswärtstätigkeiten** geltenden **Kilometersätze** (= **0,30 €** bei Benutzung eines Pkws für jeden tatsächlich gefahrenen Kilometer) oder die nachgewiesenen höheren tatsächlichen Kosten steuerfrei gezahlt werden.

Es können auch Fahrtkosten für **mehr als eine Heimfahrt wöchentlich** steuerfrei ersetzt werden (sog. **Zwischenheimfahrten**).

Die Aufwendungen des Arbeitnehmers für Heimfahrten können **ohne zeitliche Begrenzung** steuerfrei ersetzt werden.

In **voller Höhe** und **zeitlich unbegrenzt** steuerfrei ersetzbar sind auch die **Fahrtkosten** am ausländischen Beschäftigungsort von der **Unterkunft** zur **Tätigkeitsstätte**.

c) Verpflegungsmehraufwand

Ersatzleistungen des Arbeitgebers für die notwendigen Mehraufwendungen für Verpflegung in den **ersten drei Monaten** der Tätigkeit am neuen Beschäftigungsort im Ausland bleiben in Höhe des **Auslandstagegeldes** steuerfrei, das bei einer Auswärtstätigkeit in dieses Land in Betracht kommt. Das zutreffende Auslandstagegeld kann direkt aus der Länderübersicht in Anhang 4 auf Seite 846 abgelesen werden.

Nach Ablauf der ersten drei Monate einer Tätigkeit am selben Beschäftigungsort können Verpflegungsmehraufwendungen nicht mehr steuerfrei ersetzt werden. Bei einem **Wechsel der Tätigkeitsstätte** beginnt stets eine neue Dreimonatsfrist. Zum Neubeginn der Dreimonatsfrist bei einem Wechsel der Einsatzstelle vgl. auch das Beispiel A unter der vorstehenden Nr. 3 Buchstabe c.

d) Kosten der Unterkunft

Ersatzleistungen des Arbeitgebers für die Kosten der Unterkunft am ausländischen Beschäftigungsort können **zeitlich unbegrenzt** in Höhe des vollen **Auslandsübernachtungsgeldes** steuerfrei ersetzt werden, das bei einer Auswärtstätigkeit in dieses Land in Betracht kommt. Da keine doppelte Haushaltsführung vorliegt, werden die Auslandsübernachtungsgelder bei einem Einsatz über drei Monate hinaus nicht auf 40 % der Pauschbeträge gekürzt; sie sind **auch ab dem 4. Monat** weiter zu 100 % steuerfrei. Das zutreffende Auslandsübernachtungsgeld kann direkt aus der Länderübersicht in Anhang 4 auf Seite 846 abgelesen werden. Aus der Übersicht selbst ist ersichtlich, dass keine Kürzung auf 40 % vorzunehmen ist.

Anstelle der Auslandsübernachtungsgelder kann der Arbeitgeber stets die im Einzelnen **nachgewiesenen** Übernachtungskosten steuerfrei ersetzen. Übernachtet der Arbeitnehmer z. B. in einem Hotel und wird in der Hotelrechnung nur ein Gesamtpreis für Übernachtung und Frühstück ausgewiesen, so sind die Kosten des **Frühstücks mit 20 %** desjenigen Auslandstagegeldes vom Rechnungspreis abzuziehen, das nach der in Anhang 4 auf Seite 846 abgedruckten Länderübersicht für das betreffende Land bei einer Abwesenheitsdauer von mindestens 24 Stunden maßgebend ist.

Beispiel

Die Hotelrechnung für eine Übernachtung in der Schweiz (Zürich) lautet:

Übernachtung mit Frühstück 140,— €
Zur Ermittlung der Übernachtungskosten sind 20 % des Auslandstagegeldes für Zürich bei einer Abwesenheitsdauer von 24 Stunden abzuziehen. Die Kürzung beträgt also 20 % von 42 € (vgl. Anhang 4 auf Seite 846) 8,40 €

steuerfrei ersetzbare Kosten der Unterkunft 131,60 €

Ist der Preis für das **Frühstück** in der Rechnung gesondert **ausgewiesen,** können nur die Übernachtungskosten (mit dem Bruttobetrag, also inklusive ausländischer Umsatzsteuer) steuerfrei erstattet werden.

Wird dem Arbeitnehmer am ausländischen Beschäftigungsort vom Arbeitgeber eine **Unterkunft** unentgeltlich zur Verfügung **gestellt,** so darf ein steuerfreies Übernachtungsgeld nicht gezahlt werden. Stellt der Arbeitgeber

Einstrahlung

dem Arbeitnehmer eine Unterkunft gegen Entgelt zur Verfügung, so kommen steuerfreie Auslösungen zur Deckung der Unterkunftskosten nur bis zur Höhe des Betrags in Betracht, den der Arbeitnehmer dem Arbeitgeber für die Überlassung der Unterkunft zu entrichten hat.

Einstrahlung

Ausländische Arbeitnehmer, die im Bundesgebiet tätig werden, unterliegen nach dem Territorialprinzip ungeachtet ihrer Staatsangehörigkeit der deutschen Sozialversicherung. Eine Ausnahme von diesem Grundsatz ist in § 5 SGB IV geregelt (sog. Einstrahlung). Hierunter fallen Arbeitnehmer, die für einen **ausländischen** Arbeitgeber **vorübergehend** im Bundesgebiet tätig werden. Durch diese sog. Einstrahlungsfälle kann das Territorialprinzip außer Kraft gesetzt werden. Im Einzelnen gilt Folgendes:

Einstrahlung ist die **vorübergehende** Entsendung eines Arbeitnehmers aus einem ausländischen Beschäftigungsverhältnis in die Bundesrepublik Deutschland mit der Folge, dass die deutsche Versicherungspflicht bzw. -berechtigung nicht gilt. Eine Beschäftigung im Inland im Wege der Einstrahlung ist dann nicht versicherungspflichtig in der deutschen Sozialversicherung, wenn es sich um eine Entsendung im Rahmen eines im Ausland bestehenden Beschäftigungsverhältnisses handelt und die Dauer der Beschäftigung **im Voraus** zeitlich begrenzt ist. Die Einstrahlung ist als Gegenstück zur Ausstrahlung zu verstehen (vgl. „Ausstrahlung").

Für das Vorliegen eines Beschäftigungsverhältnisses mit einem Arbeitgeber im Ausland kommt es darauf an, ob dieser Arbeitgeber weiterhin das Arbeitsentgelt ebenso ausweist wie für seine Beschäftigten in dem ausländischen Stammhaus. Dabei ist es unbeachtlich, ob das Arbeitsentgelt für die Beschäftigung im Bundesgebiet nach einem Doppelbesteuerungsabkommen zur deutschen Lohnsteuer herangezogen wird.

Sind von dem ausländischen Unternehmen, bei dem der ins Inland entsandte Arbeitnehmer arbeitet, auch im Inland eingestellte Arbeitnehmer beschäftigt, so kann auf die Selbständigkeit des Unternehmens geschlossen werden, wenn das Unternehmen bei der Anmeldung dieser Arbeitnehmer als „Unternehmen in der Bundesrepublik Deutschland" auftritt. Wird in diesem Falle das Arbeitsentgelt für die in die Bundesrepublik Deutschland entsandten Arbeitnehmer ebenso ausgewiesen wie für die im Inland eingestellten Arbeitnehmer, so ist dies das entscheidende Indiz dafür, dass es sich um die Arbeitnehmer des im Inland befindlichen Unternehmens handelt und nicht um Arbeitnehmer, die im Sinne der Einstrahlung in die Bundesrepublik Deutschland entsandt wurden.

Eine zeitliche Begrenzung der Entsendung im Sinne der Einstrahlung ist nur dann zu bejahen, wenn diese Begrenzung **bereits vor der Entsendung besteht**. Die Begrenzung im Voraus kann sich aus der Eigenart der Beschäftigung oder aus Vertrag ergeben.

Auf feste Zeitgrenzen (etwa zwei Jahre) ist nicht abzustellen. Es ist somit unbedeutend, wenn die Entsendung auf mehrere Jahre befristet ist. Das Erreichen der Altersgrenze für ein Altersruhegeld ist allerdings keine zeitliche Begrenzung in diesem Sinne.

Eine Entsendung ist im Voraus zeitlich begrenzt, wenn bereits zu ihrem Beginn feststeht, dass eine zeitliche Begrenzung gegeben ist. Ergibt sich die Begrenzung erst im Laufe der Entsendung, so liegt keine Einstrahlung vor. Aus einem Recht des Arbeitgebers, den Beschäftigten jederzeit aus dem Inland zurückzurufen und ihm einen Arbeitsplatz im Heimatland zuzuweisen, ergibt sich keine im Voraus bestehende zeitliche Begrenzung der Entsendung. In diesem Falle steht nämlich nicht bereits zu Beginn der Entsendung fest, ob und ggf. wann der Arbeitgeber von seinem Rückrufrecht Gebrauch machen wird.

Eine Begrenzung infolge Eigenart der Entsendung liegt vor, wenn die Beschäftigung nach allgemeiner Lebenserfahrung nicht auf Dauer angelegt ist. Dies gilt z. B. für eine Beschäftigung, die mit Projekten usw. im Zusammenhang steht, deren Fertigstellung eine absehbare Zeit in Anspruch nimmt – insbesondere für Montage- und Einweisungsarbeiten, Arbeiten im Zusammenhang mit der Errichtung von Bauwerken und Betriebsanlagen.

Eintrittskarten

Überlässt der Arbeitgeber dem Arbeitnehmer kostenlos Eintrittskarten zu Theatervorstellungen, Konzerten, Sportveranstaltungen usw., so gilt Folgendes:

	Lohnsteuerpflichtig	Sozialversich.-pflichtig
– Die kostenlose Überlassung von Eintrittskarten im Rahmen einer üblichen Betriebsveranstaltung ist steuerfrei (vgl. „Betriebsveranstaltungen" besonders unter Nr. 4).	nein	nein
– Die kostenlose Überlassung von Eintrittskarten anlässlich eines besonderen persönlichen Ereignisses des Arbeitnehmers ist als Aufmerksamkeit steuerfrei, sofern ihr Wert 40 € nicht übersteigt (vgl. „Aufmerksamkeiten").	nein	nein
– Bei der gelegentlichen kostenlosen Überlassung von Eintrittskarten ist die 44-Euro-Freigrenze für Sachbezüge anwendbar, soweit sie noch nicht bei anderen Sachbezügen verbraucht ist (vgl. „Sachbezüge" unter Nr. 4).	nein	nein
– Eine regelmäßige kostenlose Überlassung, insbesondere die Überlassung eines Abonnements, ist dagegen steuerpflichtig, wenn die monatliche Freigrenze von 44 € durch eine oder mehrere Eintrittskarten in einem Monat überschritten wird.	ja	ja
– Ein Barzuschuss zu Eintrittskarten ist in jedem Fall steuerpflichtig.	ja	ja
– Die kostenlose Überlassung von Eintrittskarten durch Theaterunternehmen oder Sportvereine an die eigenen Arbeitnehmer ist steuerfrei, soweit der geldwerte Vorteil den Rabattfreibetrag von 1080 € jährlich nicht überschreitet (vgl. „Rabatte, Rabattfreibetrag").	nein	nein
– Eintrittskarten führen nicht zu steuerpflichtigem Arbeitslohn, wenn sie im Rahmen der Ausübung hoheitlicher Funktionen (z. B. an Repräsentanten von Gebietskörperschaften) dem Empfänger zugewendet werden (sog. amtsimmanente Vorteile).	nein	nein

Vgl. im Übrigen auch die Erläuterungen beim Stichwort „Pauschalierung der Lohnsteuer für Belohnungsessen, Incentive-Reisen, VIP-Logen und ähnliche Sachbezüge".

Elektrizitätswerke

Zur steuerlichen Behandlung verbilligter Stromlieferungen an eigene Arbeitnehmer oder Arbeitnehmer anderer Elektrizitätsversorgungsunternehmen vgl. das Stichwort „Strom".

Elektronische Lohnsteuer-Anmeldung

siehe „Abführung und Anmeldung der Lohnsteuer"

Elektronische Lohnsteuerbescheinigung

siehe „Lohnsteuerbescheinigung"

ELENA-Verfahren (elektronischer Entgeltnachweis)

Die Bundesregierung hat am 21. August 2002 beschlossen, für alle Arbeitnehmer eine Signaturkarte (mit qualifi-

ELENA-Verfahren (elektronischer Entgeltnachweis)

zierter elektronischer Signatur) einzuführen, mit deren Hilfe die Arbeitsverwaltung auf Beschäftigungszeiten, die Höhe von Entgeltzahlungen sowie Angaben zur Auflösung des Beschäftigungsverhältnisses elektronisch zugreifen kann. Am 2.4.2009 ist das ELENA-Verfahrensgesetz vom 28.3.2009 in Kraft getreten (BGBl. I S. 634, 1141).

Ziel des Gesetzes ist es, die Verpflichtung der Arbeitgeber zur Ausstellung von Papierbescheinigungen abzulösen und durch ein elektronisches Verfahren zu ersetzen. Das Gesetz sieht zunächst die Umsetzung von sechs Bescheinigungen aus dem Bereich Arbeitslosengeld, Bundeserziehungsgeld und Wohngeld vor. Ziel ist es, das Verfahren schrittweise auszubauen und ab 1.1.2015 alle weiteren Auskünfte, Bescheinigungen und Nachweise nach dem Sozialgesetzbuch in das Verfahren einzubeziehen.

Bereits ab 1. Januar 2010 sind die Arbeitgeber verpflichtet für jeden Beschäftigten, Beamten, Richter oder Soldaten **zeitgleich mit der Entgeltabrechnung eine sog. monatliche ELENA-Meldung zu erstatten.** Aus den zu meldenden Daten wird die Basis für folgende Bescheinigungen, Auskünfte und Anträge geschaffen:

- Arbeitsbescheinigungen bei Beendigung einer Beschäftigung,
- Nebeneinkommensbescheinigungen,
- Auskünfte an die Bundesagentur bei Leistungsantrag bzw. -bezug,
- Wohngeldantrag,
- Einkommensnachweise für das Bundeselterngeld.

Eine Übermittlung der ELENA-Daten ist nur aus systemgeprüften Programmen oder mittels systemgepüfter Ausfüllhilfen zulässig. Die Verschlüsselung und der Versand erfolgt über die bereits bekannte Software dakota an die Zentrale Speicherstelle der Deutschen Rentenversicherung (ZSS) als Annahmestelle.

Die Arbeitgeber sind verpflichtet monatlich auch bei gleichbleibendem Einkommen und auch bei durchgängigen Fehlzeiten für alle o.g. Arbeitnehmer eine Meldung zu erstatten.

Die Arbeitnehmer sind darauf hinzuweisen (z. B. durch einen Vermerk auf der Gehaltsabrechnung), dass Daten an die Zentrale Speicherstelle übermittelt wurden.

Stornierungen bzw. Neumeldungen des übermittelten Datensatzes erfolgen analog zum DEÜV-Meldeverfahren.

Im ELENA-Verfahren gibt es verschiedene Datensätze. Primäres Ordnungsmerkmal ist immer die Versicherungsnummer der Rentenversicherung.

Für Arbeitnehmer ohne Rentenversicherungsnummer gilt eine dem Aufbau nach identische Verfahrensnummer, die für diese Personen noch vergeben wird.

Die meisten Meldungen aus laufenden Personalfällen werden grundsätzlich ohne weitere Erfassungsarbeiten aus den Daten im Entgeltabrechnungsprogramm generiert.

Das Verfahren beinhaltet eine Anzahl von Datenbausteinen;

Multifunktionaler Verdienstdatensatz (MVDS):
- Betriebsnummer des Absenders und Empfängers,
- Versicherungs-/Verfahrensnummer,
- Betriebsnummer der Krankenkasse,
- Personengruppe,
- Abgabegrund,
- Monat, auf den sich die Meldung bezieht,
- ob es sich um einen Beamten/Richter/Soldaten handelt.

Der Pflichtbaustein Grunddaten enthält folgende Daten:
- Beginn des Arbeitsverhältnisses,
- Steuerklasse mit Faktor, Kinderfreibeträge,
- Tätigkeitsschlüssel, Beitragsgruppenschlüssel,
- Rechtskreis,
- vertraglich vereinbarte Arbeitszeit,
- Steuerbrutto, SV-Brutto,
- steuerliche Abzüge, SV-Abzüge.

Der Pflichtbaustein Namensangaben enthält:
- Name des Arbeitnehmers,
- Pflichtbaustein Geburtsangaben,
- Geschlecht, Geburtsdatum, Geburtsort, Geburtsname.

Inhalte des Pflichtbausteins Anschrift sind:
- Anschrift des Arbeitnehmers,
- Pflichtbaustein Arbeitgeberangaben,
- Adresse des Arbeitgebers,
- Kontaktdaten.

Fallbezogener Baustein Beschäftigungsort:
- abweichender Beschäftigungsort,
- Angabe des Beschäftigungsortes, wenn er von der Adresse des Arbeitgebers abweicht.

Weitere Fallbezogene Bausteine sind:
- steuerpflichtiger sonstiger Bezug: Art und Höhe der Bezüge,
- steuerfreie Bezüge: Art und Höhe der Bezüge,
- Ausbildung: Beginn und voraussichtliches Ende der Ausbildung (in der letzten Meldung das tatsächliche Ende).

Fallbezogener Baustein Zusatzdaten (Zu befüllen, wenn einer der folgenden Werte vorliegt):
- fiktives Brutto,
- pauschal besteuerte Bezüge und Abzüge,
- Arbeitgeberzuschuss zur freiwilligen KV/PV,
- KV/PV-Beitrag bei freiwillig Versicherten,
- Beiträge zur berufsständischen Versorgung,
- Änderung der Arbeitszeit (Grund und Vergleichswert).

Bei Personalaustritten ergeben sich anlassbezogene Daten (z. B. Kündigung/Entlassung), die nicht automatisch aus den Abrechnungsdaten ermittelt werden können. Hier ist immer ein fallbezogener Baustein Kündigung/Entlassung zu liefern, wenn ein Arbeitsverhältnis beendet wird. Der Datenbaustein „Kündigung/Entlassung" ist für Entgeltabrechnungen ab dem 1.7.2010 zu melden. Er enthält alle restlichen Daten, die für die Arbeitsbescheinigung gem. § 312 SGB III benötigt werden z. B.:
- Kündigung am,
- Kündigung zum,
- Kündigungsgrund,
- wer hat gekündigt,
- vertragswidriges Verhalten?

Entbehrlich ist die Erfassung dieser Daten beim Ausscheiden geringfügig Beschäftigter, Beamter, bei Ausscheiden wegen Eintritt in den Ruhestand oder Altersrentenbezug und Tod.

Die Kündigungsdaten sind schnellstmöglich zu liefern, nicht erst mit dem Austrittsdatum.

Bei befristeten Arbeitsverhältnissen sind die Daten spätestens 3 Monate vor Ende des Beschäftigungsverhältnisses zu melden.

Fehlermeldungen der ZSS werden zur Qualitätssicherung an die Informationstechnische Servicestelle der gesetzlichen Krankenversicherung (ITSG) anonym weitergeleitet.

Elterngeld, Elternzeit

Die Verarbeitung der Datensätze bzw. Dateien erfolgt durch die ZSS. Fehlerhafte Meldungen sind analog der Verarbeitungslogik der DEÜV-Meldungen zu stornieren und neu zu erstatten. Evtl. Rückmeldungen an die Arbeitgeber erfolgen in elektronischer Form. Die Abgabe von Meldungen in Papierform an die ZSS ist ausgeschlossen. Trotz ELENA sind in Einzelfällen Anfragen der Elterngeldstellen oder Wohngeldstellen (z.B über geleistete Stunden/Einkommen) bei Arbeitgebern möglich.

Die individuelle Ausgestaltung des Ablaufs der Erfassung und Übermittlung hängt stark von dem jeweilig im Betrieb eingesetzten Lohn- und Gehaltsabrechnungssystem ab. Die Inhalte der Datenbausteine sind allerdings verbindlich.

Weitere Informationen über das Verfahren sind über www.das-elena-verfahren.de und www.itsg.de erhältlich.

Elterngeld, Elternzeit

Gliederung:

1. Allgemeines
2. Wird das Mutterschaftsgeld auf das Elterngeld angerechnet?
3. Kann man Elterngeld bekommen, wenn man nebenher arbeitet?
4. Lohnsteuerliche Behandlung des Elterngeldes, Progressionsvorbehalt
5. Auswirkung der Steuerklassenwahl auf die Höhe des Elterngeldes
6. Elternzeit
7. Sozialversicherungsrechtliche Aspekte

1. Allgemeines

Für nach dem 31.12.2006 geborene Kinder wird nach dem Gesetz zum Elterngeld und zur Elternzeit vom 5.12.2006 (BGBl. I S. 2748) ein **Elterngeld** in Höhe von 67% des letzten Nettoeinkommens gezahlt, das mindestens **300 €**, höchstens jedoch **1800 €** monatlich beträgt.

Das Elterngeld wird an Väter und Mütter für maximal 14 Monate gezahlt; beide können den Zeitraum frei untereinander aufteilen. Ein Elternteil kann dabei höchstens zwölf Monate für sich in Anspruch nehmen, zwei weitere Monate gibt es, wenn sich der Partner an der Betreuung des Kindes beteiligt und dabei Erwerbseinkommen wegfällt. Alleinerziehende, die das Elterngeld zum Ausgleich des wegfallenden Erwerbseinkommens beziehen, können aufgrund des fehlenden Partners die vollen 14 Monate Elterngeld in Anspruch nehmen.

Das Elterngeld muss schriftlich bei den für den Vollzug des Bundeselterngeld- und Elternzeitgesetzes zuständigen Elterngeldstellen der Bundesländer beantragt werden. Jeder Elternteil kann für sich einmal einen Antrag auf Elterngeld stellen. Der Antrag muss nicht sofort nach der Geburt des Kindes gestellt werden. Rückwirkende Zahlungen werden jedoch nur für die letzten drei Monate vor Beginn des Monats geleistet, in dem der Antrag auf Elterngeld eingegangen ist.

Der Arbeitgeber ist mit der Auszahlung des Elterngeldes nicht befasst; er hat lediglich den Arbeitslohn, die Abzüge und ggf. die Wochenarbeitszeit zu bescheinigen. Bei Ehegatten, die beide Arbeitslohn beziehen, hängt der für das Elterngeld maßgebende Nettolohn entscheidend von der **Steuerklassenwahl** ab (entweder Steuerklassenkombination IV/IV oder III/V, vgl. nachfolgend unter Nr. 5). Auch das ab 1.1.2010 geltende sog. Faktorverfahren bei der Steuerklassenkombination IV/IV ist zu berücksichtigen (vgl. das Stichwort „Faktorverfahren").

2. Wird das Mutterschaftsgeld auf das Elterngeld angerechnet?

Das Mutterschaftsgeld und der Zuschuss zum Mutterschaftsgeld werden **taggenau** auf den mit der Geburt des Kindes entstehenden Anspruch auf Elterngeld **angerechnet,** soweit sich die Anspruchszeiträume überschneiden. Das für die Mutterschutzfristen vor und nach der Geburt auf insgesamt maximal 210 € begrenzte Mutterschaftsgeld des Bundesversicherungsamtes dient nicht dem Ausgleich wegfallenden Erwerbseinkommens und wird deshalb nicht angerechnet.

3. Kann man Elterngeld bekommen, wenn man nebenher arbeitet?

Der Arbeitnehmer kann noch **30 Wochenstunden** nebenher arbeiten, ohne den Anspruch auf Elterngeld zu verlieren. Das Elterngeld wird dann nur noch mit 67% des entfallenden Teileinkommens berechnet. Als Einkommen vor der Geburt werden dabei höchstens 2700 € berücksichtigt.

4. Lohnsteuerliche Behandlung des Elterngeldes, Progressionsvorbehalt

Das Elterngeld ist lohnsteuer- und sozialversicherungsfrei (§ 3 Nr. 67 EStG).   nein   nein

Es unterliegt jedoch nach § 32b Abs. 1 Nr. 1 Buchstabe j EStG dem Progressionsvorbehalt.

Dies gilt auch für den sog. Sockelbetrag von **300 €** monatlich. Progressionsvorbehalt bedeutet, dass auf das steuerpflichtige zu versteuernde Einkommen ein besonderer Steuersatz angewendet wird, der unter Einbeziehung der steuerfreien Leistungen ermittelt wird. Dies führt bei der Einkommensteuerveranlagung häufig zu Steuernachzahlungen.

Der Bundesfinanzhof hat die Anwendung des Progressionsvorbehalts auch für den Sockelbetrag des Elterngeldes **ausdrücklich bestätigt.** Das Elterngeld bezwecke, die durch die erforderliche Kinderbetreuung entgangenen Einkünfte teilweise auszugleichen. Dieser Grundsatz gelte auch dann, wenn nur der Sockelbetrag geleistet werde (BFH-Urteil vom 21.9.2009 Az.: VI B 31/09). Auf die ausführlichen Erläuterungen beim Stichwort „Progressionsvorbehalt" wird Bezug genommen.

Zur Eintragung des Buchstabens „U" im Lohnkonto beim Bezug von Elterngeld oder bei der Inanspruchnahme der Elternzeit wird auf die Erläuterungen beim Stichwort „Lohnkonto" unter Nr. 9 auf Seite 449 hingewiesen.

5. Auswirkung der Steuerklassenwahl auf die Höhe des Elterngeldes

Das Elterngeld wird nach dem Nettoeinkommen der letzten zwölf Monate vor dem Monat der Geburt des Kindes berechnet. Bei Ehegatten, die beide Arbeitslohn beziehen, hängt der für das Elterngeld maßgebende Nettolohn entscheidend von der auf der Lohnsteuerkarte eingetragenen Steuerklasse ab. Durch einen Wechsel der Steuerklassenkombination IV/IV oder III/V kann somit die Höhe des Elterngeldes stark beeinflusst werden. Auch die Eintragung von Freibeträgen auf der Lohnsteuerkarte wirkt sich günstig auf die Höhe des Elterngeldes aus.

Bisher war strittig, ob ein Wechsel der Steuerklassen zulässig ist. Hierzu hat das Bundessozialgericht in zwei Urteilen (BSG-Urteile vom 25.6.2009 Az.: B 10 EG 3/08 R und B 10 EG 4/08 R) folgenden Grundsatz aufgestellt:

Bei der Bemessung von Elterngeld ist bei verheirateten Antragstellern ein während der Schwangerschaft veranlasster Wechsel der Steuerklasse zu berücksichtigen. **Der Wechsel von der Steuerklasse V zu der Steuerklasse III ist auch dann nicht rechtsmissbräuchlich, wenn dieser nur zum Zwecke eines höheren Elterngeldbezuges vorgenommen wurde.**

Elterngeld, Elternzeit

Möglich ist auch ein Wechsel von der Steuerklassenkombination IV/IV zur Steuerklassenkombination III/V. Das Bundessozialgericht hat sich damit – offensichtlich bewusst – in Gegensatz zu mehreren Entscheidungen des Bundesarbeitsgerichts gesetzt, die zu einem Steuerklassenwechsel im Zusammenhang mit dem **Arbeitgeberzuschuss zum Mutterschaftsgeld** ergangen sind. Denn das Bundesarbeitsgericht hat entschieden (Urteil vom 22.10.1986 – 5 AZR 733/85, DB 1987 S. 944 und Urteil vom 18.9.1991 – 5 AZR 581/90, DB 1992 S. 787), dass der Arbeitgeber bei der Berechnung des Zuschusses zum Mutterschaftsgeld einem **Steuerklassentausch** nicht zu folgen braucht, wenn die Änderung der Steuermerkmale **ohne sachlichen Grund** nur deshalb erfolgt ist, um den Nettoverdienst im Berechnungszeitraum zu erhöhen. Ein solches Ausnützen einer steuerlich zwar zulässigen Gestaltungsmöglichkeit ist nach Auffassung des Bundesarbeitsgerichts rechtsmissbräuchlich und daher **unbeachtlich**. Erfolgt die Änderung der Steuerklassen aber in Anpassung an die tatsächlichen Lohnverhältnisse, stellt dies keine missbräuchliche Änderung dar. Auf die ausführlichen Erläuterungen beim Stichwort „Mutterschaftsgeld" wird Bezug genommen.

Ob der Gesetzgeber die vom Bundessozialgericht in seiner Begründung angesprochene Klarstellung im Gesetz zum Elterngeld und zur Erziehungszeit (BEEG) vornimmt, bleibt abzuwarten. Bis dahin ist nach Auffassung des Bundesministeriums für Familie, Senioren, Frauen und Jugend die zu den beiden Fällen vom Bundessozialgericht verkündete Rechtsauffassung als Grundsatzentscheidung anzusehen, die von den Elterngeldstellen zu beachten ist. Auch für die Eintragung von Freibeträgen auf der Lohnsteuerkarte gelten die steuerrechtlichen Regelungen maßgeblich. Da Freibeträge das Nettoeinkommen im Bemessungszeitraum erhöhen, erhöht sich auch der Elterngeldanspruch. Alle für die Eintragung eines Freibetrags auf der Lohnsteuerkarte bestehenden Möglichkeiten sind im **Anhang 7 zum Lexikon** ausführlich anhand von Beispielen erläutert.

6. Elternzeit

Ein Anspruch auf Elternzeit besteht für jeden Elternteil zur Betreuung und Erziehung seines Kindes bis zur Vollendung des **dritten Lebensjahres.** Die Elternzeit ist ein Anspruch des Arbeitnehmers oder der Arbeitnehmerin gegenüber dem Arbeitgeber. Während der Elternzeit ruhen die Hauptpflichten des Arbeitsverhältnisses. Das Arbeitsverhältnis bleibt aber bestehen und nach Ablauf der Elternzeit besteht ein Anspruch auf Rückkehr auf den ursprünglichen Arbeitsplatz bzw. auf einen, der mit dem vorherigen gleichwertig ist. Beide Elternteile können auch gleichzeitig bis zu drei Jahre Elternzeit in Anspruch nehmen.

Mit Zustimmung des Arbeitgebers ist eine Übertragung von bis zu 12 Monaten auf die Zeit zwischen dem 3. und 8. Geburtstag des Kindes, zum Beispiel während des 1. Schuljahres möglich. Arbeitnehmerinnen und Arbeitnehmer müssen ihre Elternzeit spätestens 7 Wochen vor deren Beginn schriftlich vom Arbeitgeber verlangen. Während der Elternzeit ist eine Teilzeiterwerbstätigkeit mit bis zu 30 Wochenstunden zulässig. Bei gleichzeitiger Elternzeit können die Eltern somit insgesamt 60 Wochenstunden (30 + 30) erwerbstätig sein. Ab dem Zeitpunkt, ab dem die Elternzeit angemeldet worden ist, frühestens jedoch 8 Wochen vor Beginn der Elternzeit sowie während der Elternzeit, darf der Arbeitgeber das Arbeitsverhältnis nicht kündigen.

7. Sozialversicherungsrechtliche Aspekte

Während der Elternzeit ist der Arbeitnehmer zwar beitragsfrei versichert. Unabhängig davon unterliegt in dieser Zeit vom Arbeitgeber gezahltes einmaliges Arbeitsentgelt (z. B. Weihnachtsgeld, Tantiemen u. Ä.) der Beitragspflicht. Dabei sind die Zeiten der Elternzeit, auch wenn kein Elterngeld gezahlt wird, bei der anteiligen Jahresbeitragsbemessungsgrenze nicht als Sozialversicherungstage zu werten. Die Besteuerung der Zuwendung erfolgt als sonstiger Bezug; die Ermittlung der Beiträge wie bei einmaligen Zuwendungen.

Übt die Arbeitnehmerin oder der Arbeitnehmer während der Elternzeit eine Beschäftigung auf 400-Euro-Basis aus, so sind die beim Stichwort „Geringfügige Beschäftigung" dargestellten Grundsätze zu beachten, das heißt eine neben der Elternzeit ausgeübte geringfügig entlohnte versicherungsfreie (Dauer-)Beschäftigung ist zwar versicherungsfrei, der Arbeitgeber muss aber den pauschalen 15 %igen Arbeitgeberanteil zur Rentenversicherung und ggf. auch den 13 %igen Arbeitgeberanteil zur Krankenversicherung entrichten. Dabei spielt es keine Rolle, ob die geringfügig entlohnte Beschäftigung beim bisherigen Arbeitgeber oder bei einem anderen Arbeitgeber ausgeübt wird.

Handelt es sich um eine kurzfristige, auf längstens zwei Monate begrenzte Beschäftigung, so tritt grundsätzlich Sozialversicherungspflicht ein, weil die Aushilfstätigkeit während der Elternzeit als **berufsmäßig** ausgeübt angesehen wird (vgl. „Geringfügige Beschäftigung").

In der Sozialversicherung ist die Abgabe einer Unterbrechungsmeldung erforderlich, wenn das Beschäftigungsverhältnis aufgrund des Bezugs von Elterngeld für mindestens einen vollen Monat unterbrochen wird (vgl. auch die Erläuterungen beim Stichwort „Unbezahlter Urlaub").

Elternzeit ohne Fortzahlung von Arbeitsentgelt erfordert eine Unterbrechungsmeldung. Sie ist innerhalb von 2 Wochen nach Ablauf des ersten Monats der Elternzeit anzugeben (Schlüsselzahl 52) und zu dem der Unterbrechung vorhergehenden Tag zu erstatten.

Beispiel
Beginn der Elternzeit 15.6.
Unterbrechungsmeldung für das Arbeitsentgelt vom 1.1. bis 14.6.

Wird das Arbeitsverhältnis nach Ende der Elternzeit fortgesetzt, ist keine Anmeldung erforderlich.

Energie-Einsparungsprämien

Energie-Einsparungsprämien sind Arbeitslohn. Siehe auch das Stichwort „Belohnungen".   ja   ja

Entfernungspauschale

Neues auf einen Blick:

Mit Urteil vom 9.12.2008 hat das Bundesverfassungsgericht bekanntlich entschieden, dass die gesetzlich vorgesehene Nichtgewährung der Entfernungspauschale für die ersten 20 km verfassungswidrig ist. Durch das Gesetz zur **Fortführung** der Gesetzeslage bei der Entfernungspauschale vom 20.4.2009 (BGBl. I S. 774, BStBl. I S. 536) wird die **Gesetzeslage** zur **Entfernungspauschale 2006** rückwirkend ab 1.1.2007 fortgeführt und damit wieder **ab dem 1. Entfernungskilometer** gewährt. Die Fortführung der Gesetzeslage des Kalenderjahres 2006 bei der Entfernungspauschale führt auch dazu, dass

– **Aufwendungen** für die Benutzung **öffentlicher Verkehrsmittel als Werbungskosten** angesetzt werden können, **soweit** sie den als **Entfernungspauschale** abziehbaren Betrag **übersteigen** (vgl. die Erläuterungen und die Beispiele unter der nachfolgenden Nr. 9 Buchstabe b) und

– **Unfallkosten** wieder als außergewöhnliche Aufwendungen **neben der Entfernungspauschale** berücksichtigungsfähig sind. Die Berücksichtigung der Unfallkosten als allgemeine **Werbungskosten** nach **§ 9 Abs. 1 Satz 1 EStG** hat aber zur Folge, dass die Lohn-

Entfernungspauschale

steuer bei einem etwaigen Arbeitgeberersatz **nicht** mit **15 % pauschal versteuert** werden kann (vgl. die Erläuterungen unter der nachfolgenden Nr. 9 Buchstabe c). Zu den Besonderheiten bei bestimmten behinderten Arbeitnehmern vgl. die Erläuterungen unter der nachfolgenden Nr. 10.

Die **Finanzverwaltung** hat mittlerweile auch ihr **Anwendungsschreiben** zur Entfernungspauschale überarbeitet und **neu bekannt gegeben**.*)

Der Bundesfinanzhof hat bestätigt, dass bei **Flugreisen** keine Entfernungspauschale abzuziehen ist, sondern die **tatsächlichen** angefallenen **Flugkosten** anzusetzen sind (BFH-Urteil vom 26.3.2009, BStBl. II S. 724). Werden Flugkosten für die Wege zwischen Wohnung und regelmäßiger Arbeitsstätte vom **Arbeitgeber erstattet**, können sie in tatsächlicher Höhe mit **15 % pauschal versteuert** werden und sind in diesem Fall beitragsfrei (vgl. hierzu auch die Erläuterungen unter der nachfolgenden Nr. 2).

Wird für eine Teilstrecke zwischen Wohnung und regelmäßiger Arbeitsstätte eine **Fähre** benutzt, ist die **Fahrtstrecke** der Fähre **nicht Teil der** maßgebenden **Entfernung**. Für diese Teilstrecke werden die **tatsächlichen Fährkosten** angesetzt. Bei einer **Erstattung** der Fährkosten durch den **Arbeitgeber** kann die Lohnsteuer mit **15 % pauschaliert** werden. Durch die Pauschalversteuerung tritt Beitragsfreiheit ein. Auf die Erläuterungen und das Beispiel unter der nachfolgenden Nr. 3 Buchstabe b wird hingewiesen.

In den **Park-and-ride-Fällen** sind die **tatsächlichen Aufwendungen** für **öffentliche Verkehrsmittel** auch dann anzusetzen, wenn sie die sich für diese **Teilstrecke** ergebende **Entfernungspauschale übersteigen**. Für die Teilstrecke Pkw bleibt es hingegen bei der Entfernungspauschale. Vgl. die Erläuterungen und Beispiele unter der nachfolgenden Nr. 7.

Gliederung:

1. Allgemeines
2. Verkehrsmittelunabhängige Entfernungspauschale
3. Maßgebende Entfernung zwischen Wohnung und regelmäßiger Arbeitsstätte
   a) Maßgebende Straßenverbindung
   b) Fährverbindung
4. Mehrere Wohnungen
5. Höchstbetrag von 4500 €
6. Fahrgemeinschaften
7. Benutzung verschiedener Verkehrsmittel (Park & Ride)
8. Mehrere Arbeitsverhältnisse
9. Berücksichtigung tatsächlicher Aufwendungen
   a) Allgemeines
   b) Öffentliche Verkehrsmittel
   c) Unfallkosten
10. Behinderte Arbeitnehmer
11. Regelmäßige Arbeitsstätte
12. Fahrten zwischen Wohnung und regelmäßiger Arbeitsstätte mit dem Firmenwagen
13. Anrechnung von Arbeitgeberleistungen auf die Entfernungspauschale
    a) Steuerfreie Sachbezüge
    b) Pauschal versteuerte Arbeitgeberleistungen

1. Allgemeines

Arbeitnehmer können für die Wege zwischen Wohnung und regelmäßiger Arbeitsstätte die Entfernungspauschale als Werbungskosten geltend machen, soweit Sachbezüge (Firmenwagen, Job-Ticket) oder Bauzuschüsse hierfür nicht vom Arbeitgeber pauschal mit 15 % versteuert wurden. Die Höhe des Werbungskostenabzugs für Fahrten zwischen Wohnung und regelmäßiger Arbeitsstätte hat sich in den letzten Jahren wie folgt entwickelt:

Entfernungspauschale	2001	2002/2003
für die ersten 10 km	0,70 DM	0,36 €
ab dem elften km	0,80 DM	0,40 €
Höchstbetrag jährlich mit Ausnahme der Pkw-Nutzung	10 000 DM	5 112 €

	2004 bis 2010
ab dem ersten Kilometer	0,30 €
Höchstbetrag jährlich mit Ausnahme der Pkw-Nutzung	4 500 €

Die Entfernungspauschale in Höhe von 0,30 € je Entfernungskilometer wird auch für die wöchentlichen **Familienheimfahrten** bei einer beruflich veranlassten doppelten Haushaltsführung gewährt, und zwar auch hier **ab dem ersten Entfernungskilometer**. Außerdem ist bei Familienheimfahrten der Höchstbetrag von 4500 € nicht zu beachten.

Zur Entfernungspauschale für Familienheimfahrten im Rahmen einer doppelten Haushaltsführung vgl. die Erläuterungen beim Stichwort „Familienheimfahrten".

2. Verkehrsmittelunabhängige Entfernungspauschale

Der Arbeitnehmer kann für Fahrten zwischen Wohnung und regelmäßiger Arbeitsstätte **unabhängig vom benutzten Verkehrsmittel** eine **Entfernungspauschale** als Werbungskosten abziehen. Für jeden Arbeitstag, an dem der Arbeitnehmer die regelmäßige Arbeitsstätte aufsucht, beträgt die Entfernungspauschale **0,30 €** je vollen Entfernungskilometer. Die Entfernungskilometer werden also abgerundet z. B. auf 9 bei einer Entfernung von 9,5 km.

Die Entfernungspauschale ist anzusetzen, wenn der Weg zwischen Wohnung und regelmäßiger Arbeitsstätte zurückgelegt wird z. B.

- mit dem eigenen oder zur Nutzung überlassenen **Pkw**;
- mit öffentlichen Verkehrsmitteln (vgl. zum Ansatz der tatsächlichen Aufwendungen die Erläuterungen unter der nachfolgenden Nr. 9 Buchstabe b);
- mit einem Motorrad, Motorroller, Moped oder Fahrrad;
- zu Fuß;
- als Mitfahrer einer Fahrgemeinschaft.

Besonderheiten gelten, wenn der Weg zwischen Wohnung und regelmäßiger Arbeitsstätte mit dem Flugzeug oder im Rahmen einer Sammelbeförderung durch den Arbeitgeber zurückgelegt wird. Für die absolute Höhe der Entfernungspauschale ist danach zu unterscheiden, welches Verkehrsmittel benutzt wurde:

a) Benutzung eines Pkws (eigener oder geleaster Pkw, Firmenwagen).
b) Öffentliche Verkehrsmittel, Motorrad, Motorroller, Moped, Fahrrad, zu Fuß oder als Mitfahrer einer Fahrgemeinschaft.

Denn bei der Benutzung eines Pkws wird die Entfernungspauschale nicht auf 4500 € begrenzt. Bei Benut-

---

*) BMF-Schreiben vom 31.8.2009 (BStBl. I S. 891). Das BMF-Schreiben ist als Anlage 1 zu H 9.10 LStR im **Steuerhandbuch für das Lohnbüro 2010** abgedruckt, das im selben Verlag erschienen ist. Das **PC-Lexikon für das Lohnbüro 2010** enthält auch dieses Handbuch und hat außerdem den Vorteil, dass Sie **alle BFH-Urteile** sowie die aktuellen Rundschreiben und Niederschriften der Spitzenverbände der **Sozialversicherung** mit Mausklick **im Volltext** abrufen und ausdrucken können. Eine Bestellkarte finden Sie vorne im Lexikon.

zung der unter Buchstabe b genannten Verkehrsmittel wird dagegen die Entfernungspauschale auf einen jährlichen Betrag von 4500 € begrenzt.

Für Flugstrecken und bei einer Sammelbeförderung durch den Arbeitgeber kann keine Entfernungspauschale als Werbungskosten geltend gemacht werden. Vielmehr gilt Folgendes:

Nach § 9 Abs. 1 Satz 3 Nr. 4 Satz 3 EStG gilt die Entfernungspauschale **nicht für Flugreisen.** Maßgebend sind bei Flügen vielmehr die tatsächlich angefallenen Flugkosten (BFH-Urteil vom 26.3.2009, BStBl. II S. 724). Durch den Abzug der tatsächlichen Flugkosten werden die anfallenden Aufwendungen steuermindernd berücksichtigt und somit dem Grundsatz der Besteuerung nach der wirtschaftlichen Leistungsfähigkeit Rechnung getragen. Die unterschiedliche Behandlung der Verkehrsmittel Flugzeug (nur tatsächliche Kosten) und Bahn (auch Entfernungspauschale) hält der Bundesfinanzhof für mit dem Grundgesetz vereinbar, da die Bahn gegenüber dem Flugzeug in Bezug auf den Primärenergieverbrauch und den Ausstoß von Treibhausgasen das umweltfreundlichere Verkehrsmittel ist. Somit liegt keine willkürliche Differenzierung seitens des Gesetzgebers vor. Die Entfernungspauschale gilt jedoch für die Fahrten vom und zum Flughafen z. B. mit öffentlichen Verkehrsmitteln oder mit dem Pkw. Die erstatteten Flugkosten für die Wege zwischen Wohnung und regelmäßiger Arbeitsstätte können in tatsächlicher Höhe mit 15 % pauschal versteuert werden und sind in diesem Fall beitragsfrei (vgl. die Erläuterungen beim Stichwort „Fahrten zwischen Wohnung und regelmäßiger Arbeitsstätte" unter Nr. 5).

Für Strecken einer **Sammelbeförderung** gilt die Entfernungspauschale ebenfalls nicht (§ 9 Abs. 1 Satz 3 Nr. 4 EStG). Muss der Arbeitnehmer für die Sammelbeförderung etwas bezahlen, sind die Aufwendungen des Arbeitnehmers als Werbungskosten abziehbar.

Die Entfernungspauschale kann **für jeden Arbeitstag nur einmal** angesetzt werden (BFH-Urteil vom 11.9.2003, BStBl. II S. 893). Die früher geltende Ausnahme für zusätzliche Fahrten an einem Arbeitstag wegen einer Arbeitszeitunterbrechung von mindestens vier Stunden oder wegen eines zusätzlichen Arbeitseinsatzes außerhalb der regelmäßigen Arbeitszeit ist seit 1.1.2001 weggefallen. Fallen die Hin- und Rückfahrt zur regelmäßigen Arbeitsstätte auf verschiedene Arbeitstage, so kann aus Vereinfachungsgründen unterstellt werden, dass die Fahrten an einem Arbeitstag durchgeführt wurden.

3. Maßgebende Entfernung zwischen Wohnung und regelmäßiger Arbeitsstätte

a) Maßgebende Straßenverbindung

Für die Bestimmung der Entfernung zwischen Wohnung und regelmäßiger Arbeitsstätte ist die **kürzeste Straßenverbindung** zwischen Wohnung und regelmäßiger Arbeitsstätte maßgebend. Dabei sind nur volle Kilometer der Entfernung anzusetzen, ein angefangener Kilometer bleibt unberücksichtigt. Die Entfernungsbestimmung richtet sich nach der kürzesten Straßenverbindung; sie ist unabhängig von dem Verkehrsmittel, das tatsächlich für den Weg zwischen Wohnung und regelmäßiger Arbeitsstätte benutzt wird.

Beispiel

Ein Arbeitnehmer fährt mit der U-Bahn zur regelmäßigen Arbeitsstätte. Einschließlich der Fußwege und der U-Bahnfahrt beträgt die zurückgelegte Entfernung 30 km. Die kürzeste Straßenverbindung beträgt 25 km.

Für die Ermittlung der Entfernungspauschale ist eine Entfernung von 25 km anzusetzen.

Bei Benutzung eines **Kraftfahrzeugs** kann eine andere als die kürzeste Straßenverbindung zugrunde gelegt werden, wenn diese offensichtlich verkehrsgünstiger ist und vom Arbeitnehmer regelmäßig für die Fahrten zwischen Wohnung und regelmäßiger Arbeitsstätte benutzt wird. Dies gilt auch, wenn der Arbeitnehmer ein öffentliches Verkehrsmittel benutzt, dessen Linienführung über die verkehrsgünstigere Straßenverbindung geführt wird. Eine von der kürzesten Straßenverbindung abweichende Strecke ist verkehrsgünstiger, wenn der Arbeitnehmer die regelmäßige Arbeitsstätte – trotz gelegentlicher Verkehrsstörungen – in der Regel schneller und pünktlicher erreicht (BFH-Urteil vom 10.10.1975, BStBl. II S. 852).

Teilstrecken mit steuerfreier Sammelbeförderung sind in die Entfernungsermittlung nicht einzubeziehen.

b) Fährverbindung

Eine Fährverbindung ist, soweit sie zumutbar erscheint und wirtschaftlich sinnvoll ist, mit in die Entfernungsberechnung einzubeziehen. Die Fahrtstrecke der Fähre selbst ist dann jedoch nicht Teil der maßgebenden Entfernung. Daher werden die tatsächlichen Fährkosten für diese Teilstrecke als Werbungskosten abgezogen. Werden die tatsächlichen Fährkosten dem Arbeitnehmer vom Arbeitgeber erstattet, kann die Lohnsteuer hierfür mit 15 % pauschaliert werden. Durch diese Pauschalversteuerung tritt Beitragsfreiheit ein.

Beispiel A

Ein Arbeitnehmer wohnt an einem Fluss und hat seine regelmäßige Arbeitsstätte auf der anderen Flussseite. Die Entfernung zwischen Wohnung und regelmäßiger Arbeitsstätte beträgt über die höhergelegene Brücke 60 km und bei Benutzung einer Autofähre 25 km. Die Fährstrecke beträgt 1 km, die Fährkosten betragen 800 € jährlich.

Für die Berechnung der Entfernungspauschale ist eine Entfernung von 24 km (25 km abzüglich 1 km) anzusetzen. Die Fährkosten in Höhe von 800 € können daneben als Werbungskosten berücksichtigt werden. Werden die Fährkosten von 800 € dem Arbeitnehmer vom Arbeitgeber erstattet, kann die Lohnsteuer hierfür mit 15 % pauschaliert werden. Durch diese Pauschalversteuerung tritt Beitragsfreiheit ein.

Beispiel B

Ein Arbeitnehmer wohnt in Konstanz und hat seine regelmäßige Arbeitsstätte auf der anderen Seite des Bodensees. Für die Fahrt zur regelmäßigen Arbeitsstätte benutzt er seinen Pkw und die Fähre von Konstanz nach Meersburg. Die Fahrtstrecke einschließlich der Fährstrecke von 4,2 km beträgt insgesamt 15 km. Die Monatskarte für die Fähre kostet 122,50 €.

Entfernungspauschale für die Teilstrecke Pkw:

220 Arbeitstage × 10 km (15 km abzüglich 4,2 km und Abrundung auf volle km) × 0,30 €	660 €
Tatsächliche Kosten für die Fährstrecke:	
122,50 € × 12 Monate	1 470 €
Werbungskosten insgesamt	2 130 €

4. Mehrere Wohnungen

Als Ausgangspunkt für die Fahrten zwischen Wohnung und regelmäßiger Arbeitsstätte kommt **jede Wohnung** des Arbeitnehmers in Betracht, die er regelmäßig zur Übernachtung nutzt und von der aus er seine regelmäßige Arbeitsstätte aufsucht (R 9.10 Abs. 1 LStR). Die Fahrten von und zu der von der regelmäßigen Arbeitsstätte weiter entfernt liegenden Wohnung können allerdings nur dann berücksichtigt werden, wenn sich dort der **Mittelpunkt der Lebensinteressen** des Arbeitnehmers befindet und sie nicht nur gelegentlich aufgesucht wird. Der Mittelpunkt der Lebensinteressen befindet sich bei einem **verheirateten** Arbeitnehmer regelmäßig am tatsächlichen Wohnort seiner Familie. Die Wohnung kann aber nur dann ohne nähere Prüfung berücksichtigt werden, wenn sie der verheiratete Arbeitnehmer mindestens sechsmal im Kalenderjahr aufsucht. Ob ein Arbeitnehmer seine weiter entfernt liegende Familienwohnung nicht nur gelegentlich aufsucht, ist nach Ansicht des Bundesfinanzhofs anhand einer Gesamtwürdigung zu beurteilen. Fünf Fahrten im Kalenderjahr können bei entsprechenden Umständen ausreichend sein (BFH-Urteil vom 26.11.2003, BStBl. 2004 II S. 233).

Entfernungspauschale

Bei **ledigen** Arbeitnehmern befindet sich der Mittelpunkt der Lebensinteressen an dem Wohnort, zu dem die engeren persönlichen Beziehungen bestehen. Die persönlichen Beziehungen können ihren Ausdruck besonders in Bindungen an Personen, z. B. Eltern, Verlobte, Freundes- und Bekanntenkreis, finden, aber auch in Vereinszugehörigkeiten und anderen Aktivitäten. Sucht der ledige Arbeitnehmer diese Wohnung im Durchschnitt mindestens **zweimal monatlich** (= 24-mal jährlich) auf, ist davon auszugehen, dass sich dort der Mittelpunkt seiner Lebensinteressen befindet.

Der Mittelpunkt der Lebensinteressen kann auch zeitlich begrenzt innerhalb eines Kalenderjahrs wechseln **(Sommerwohnung/Winterwohnung).** Lebt z. B. ein Arbeitnehmer im Sommer nicht in seiner Stadtwohnung, sondern in einem Haus an der See oder im Gebirge und fährt er von dort während der Sommermonate täglich zu seinem Arbeitsplatz in der Stadt, so ist dieses Haus im Sommer der Mittelpunkt seiner Lebensinteressen wohingegen die Stadtwohnung im Winter den Mittelpunkt seiner Lebensinteressen darstellt (BFH-Urteil vom 10. 11. 1978, BStBl. 1979 II S. 335). Die vorübergehende Wegverlegung des Lebensmittelpunktes aus privaten Gründen führt aber nicht zu einer beruflich veranlassten doppelten Haushaltsführung (vgl. dieses Stichwort unter Nr. 1 Buchstabe a).

Beispiel
Ein lediger Arbeitnehmer arbeitet 2010 in München und bewohnt dort ein möbliertes Zimmer. Von dort fährt er in den Wintermonaten (Oktober, November, Dezember, Januar, Februar, März, April) täglich mit seinem Pkw zur regelmäßigen Arbeitsstätte (einfache Entfernung 25 km). In den Sommermonaten (Mai, Juni, Juli, August, September) wohnt er in einer Zweitwohnung in Rottach-Egern (einfache Entfernung 60 km) und fährt von dort täglich zu seiner regelmäßigen Arbeitsstätte. Der Arbeitnehmer kann im Kalenderjahr 2010 für Fahrten zwischen Wohnung und regelmäßiger Arbeitsstätte folgende Entfernungspauschale als Werbungskosten geltend machen:

Fahrten von der Wohnung in München zu seiner Arbeitsstätte an 135 Arbeitstagen, einfache Entfernung 25 km

135 Arbeitstage × 25 km × 0,30 €	1 012,50 €
Fahrten von der Wohnung in Rottach-Egern zu seiner Arbeitsstätte an 95 Arbeitstagen, einfache Entfernung 60 km	
95 Arbeitstage × 60 km × 0,30 €	1 710,— €
Entfernungspauschale insgesamt	2 722,50 €

5. Höchstbetrag von 4500 €

Die anzusetzende Entfernungspauschale ist grundsätzlich auf einen Höchstbetrag von 4500 € begrenzt. Die Begrenzung auf 4500 € jährlich greift ein,
- wenn der Weg zwischen Wohnung und regelmäßiger Arbeitsstätte mit einem Motorrad, Motorroller, Moped, Fahrrad oder zu Fuß zurückgelegt wird,
- bei Benutzung eines Kraftwagens für die Teilnehmer an einer Fahrgemeinschaft und zwar für die Tage, an denen der Arbeitnehmer seinen eigenen oder zur Nutzung überlassenen Kraftwagen nicht einsetzt,
- bei Benutzung öffentlicher Verkehrsmittel, es sei denn, der Arbeitnehmer weist höhere tatsächliche Aufwendungen im Einzelnen nach (vgl. die Erläuterungen unter der nachfolgenden Nr. 9 Buchstabe b).

Die Begrenzung auf 4500 € greift ab einer bestimmten Entfernung zwischen Wohnung und regelmäßiger Arbeitsstätte ein. Geht man von 220 Arbeitstagen im Kalenderjahr aus, so beträgt diese Entfernungsgrenze **69** Kilometer (220 Arbeitstage × 68 km × 0,30 € = 4488 €).

Bei Benutzung eines eigenen oder zur Nutzung überlassenen **Kraftwagens** greift die Begrenzung auf **4500 € nicht** ein. Diese Arbeitnehmer müssen lediglich nachweisen oder glaubhaft machen, dass sie die Fahrten zwischen Wohnung und regelmäßiger Arbeitsstätte mit dem eigenen oder ihnen zur Nutzung überlassenen Kraftwagen zurückgelegt haben. Ein Nachweis der tatsächlichen Aufwendungen für den Kraftwagen ist somit für den Ansatz eines höheren Betrages als 4500 € nicht erforderlich.

Beispiel
Ein Arbeitnehmer benutzt 2010 für Fahrten zwischen Wohnung und regelmäßiger Arbeitsstätte (einfache Entfernung 100 km) seinen Pkw. Die abzugsfähige Entfernungspauschale beträgt bei 220 Arbeitstagen
220 Arbeitstage × 100 km × 0,30 € =   6 600,— €.

6. Fahrgemeinschaften

Unabhängig von der Art der Fahrgemeinschaft wird jedem Teilnehmer der Fahrgemeinschaft die Entfernungspauschale gewährt. Dies gilt auch bei **Ehegattenfahrgemeinschaften.** Umwegstrecken zum Abholen der Mitfahrer dürfen nicht in die Entfernungsberechnung einbezogen werden. Zur Berücksichtigung von Unfallkosten vgl. die Erläuterungen unter der nachfolgenden Nr. 9 Buchstabe c.

Der Höchstbetrag für die Entfernungspauschale von 4500 € gilt auch bei einer wechselseitigen Fahrgemeinschaft, und zwar für die Mitfahrer der Fahrgemeinschaft an den Arbeitstagen, an denen sie ihren Kraftwagen nicht einsetzen. Bei **wechselseitigen Fahrgemeinschaften** ist deshalb die Entfernungspauschale wie folgt zu berechnen:

Es kann zunächst der Höchstbetrag von 4500 € durch die Fahrten an den Arbeitstagen ausgeschöpft werden, an denen der Arbeitnehmer mitgenommen wurde. Deshalb ist zunächst die (auf 4500 € begrenzte) anzusetzende Entfernungspauschale für die Tage zu berechnen, an denen der Arbeitnehmer mitgenommen wurde. Anschließend ist die anzusetzende (unbegrenzte) Entfernungspauschale für die Tage zu ermitteln, an denen der Arbeitnehmer seinen eigenen Kraftwagen benutzt hat. Beide Beträge zusammen ergeben die insgesamt anzusetzende Entfernungspauschale.

Beispiel
Bei einer aus drei Arbeitnehmern bestehenden wechselseitigen Fahrgemeinschaft beträgt die Entfernung zwischen Wohnung und regelmäßiger Arbeitsstätte für jeden Arbeitnehmer 100 km. Bei tatsächlichen 210 Arbeitstagen benutzt jeder Arbeitnehmer seinen eigenen Kraftwagen im Kalenderjahr 2010 an 70 Tagen für die Fahrten zwischen Wohnung und regelmäßiger Arbeitsstätte.

Die Entfernungspauschale ist für jeden Teilnehmer der Fahrgemeinschaft wie folgt zu ermitteln:

Zunächst ist die Entfernungspauschale für die Fahrten und Tage zu ermitteln, an denen der Arbeitnehmer mitgenommen wurde:

140 Arbeitstage × 100 km × 0,30 €	4 200,— €
(Höchstbetrag von 4500 € ist nicht überschritten)	
Anschließend ist die Entfernungspauschale für die Fahrten und Tage zu ermitteln, an denen der Arbeitnehmer seinen eigenen Kraftwagen benutzt hat:	
70 Arbeitstage × 100 km × 0,30 €	2 100,— €
(unbegrenzt abziehbar)	
anzusetzende Entfernungspauschale	6 300,— €

Setzt bei einer Fahrgemeinschaft nur ein Teilnehmer seinen Kraftwagen ein, kann er die Entfernungspauschale ohne Begrenzung auf den Höchstbetrag von 4500 € für seine Fahrten zwischen Wohnung und regelmäßiger Arbeitsstätte geltend machen. Eine Umwegstrecke zum Abholen der Mitfahrer darf nicht in die Entfernungsberechnung einbezogen werden. Den Mitfahrern wird gleichfalls die Entfernungspauschale gewährt, allerdings bei ihnen begrenzt auf den Höchstbetrag von 4500 €. Zur Berücksichtigung von Unfallkosten vgl. die Erläuterungen unter der nachfolgenden Nr. 9 Buchstabe c.

7. Benutzung verschiedener Verkehrsmittel (Park & Ride)

Arbeitnehmer legen die Wege zwischen Wohnung und regelmäßiger Arbeitsstätte oftmals auf unterschiedliche Weise zurück, das heißt, für eine Teilstrecke werden der Kraftwagen und für die weitere Teilstrecke öffentliche Ver-

Entfernungspauschale

kehrsmittel benutzt (**Park & Ride**) oder es werden für einen Teil des Jahres der eigene Kraftwagen und für den anderen Teil öffentliche Verkehrsmittel benutzt. In derartigen Mischfällen ist zunächst die maßgebende Entfernung für die kürzeste Straßenverbindung zu ermitteln (vgl. unter Nr. 3 Buchstabe a). Auf der Grundlage dieser Entfernung ist sodann die anzusetzende Entfernungspauschale für die Fahrten zwischen Wohnung und regelmäßiger Arbeitsstätte zu berechnen.

Die Teilstrecke, die mit dem eigenen Kraftwagen zurückgelegt wird, ist in voller Höhe anzusetzen; für diese Teilstrecke kann ggf. auch eine verkehrsgünstigere Strecke angesetzt werden (vgl. unter Nr. 3 Buchstabe a). Der verbleibende Teil der maßgebenden Entfernung ist die Teilstrecke, die auf öffentliche Verkehrsmittel entfällt.

Die anzusetzende Entfernungspauschale ist sodann für die Teilstrecke und Arbeitstage zu ermitteln, an denen der Arbeitnehmer seinen eigenen oder ihm zur Nutzung überlassenen Kraftwagen eingesetzt hat. Anschließend ist die (auf 4500 € begrenzte) anzusetzende Entfernungspauschale für die Teilstrecke und Arbeitstage zu ermitteln, an denen der Arbeitnehmer öffentliche Verkehrsmittel benutzt. Beide Beträge ergeben die insgesamt anzusetzende Entfernungspauschale, so dass auch in Mischfällen ein höherer Betrag als 4500 € angesetzt werden kann. Ggf. sind für die Teilstrecke öffentliche Verkehrsmittel die höheren tatsächlichen Aufwendungen anzusetzen (BFH-Urteil vom 26.3.2009, BFH/NV 2009 S. 1619; siehe auch Beispiel B).

Beispiel A

Ein Arbeitnehmer fährt im Kalenderjahr 2010 an 220 Arbeitstagen mit dem eigenen Kraftwagen 30 km zur nächsten Bahnstation und von dort 100 km mit der Bahn zur regelmäßigen Arbeitsstätte. Die kürzeste maßgebende Entfernung (Straßenverbindung) beträgt 100 km. Die Aufwendungen für die Bahnfahrten betragen 2160 € im Jahr (180 € monatlich × 12).

Die Entfernungspauschale ist wie folgt zu berechnen:

Teilstrecke Pkw (30 km):
220 Arbeitstage × 30 km × 0,30 €   1 980,— €
Teilstrecke Bahn:
220 Arbeitstage × 70 km (100 km abzüglich 30 km)
× 0,30 €   4 620,— €
Begrenzt auf den Höchstbetrag von   4 500,— €
anzusetzende Entfernungspauschale insgesamt
(4500 € + 1980 € =)   6 480,— €

Die tatsächlichen Aufwendungen für die Bahnfahrten in Höhe von 2160 € bleiben unberücksichtigt, weil sie unterhalb der insoweit anzusetzenden Entfernungspauschale von 4500 € liegen.

Beispiel B

Ein Arbeitnehmer fährt im Kalenderjahr 2010 an 220 Arbeitstagen im Jahr mit dem eigenen Pkw 25 km zu einer verkehrsgünstig gelegenen Straßenbahnhaltestelle und von dort aus noch 5 km mit der Straßenbahn zu seiner regelmäßigen Arbeitsstätte. Die kürzeste maßgebende Straßenverbindung beträgt 29 km. Die Monatskarte für die Straßenbahn kostet 44 € (44 € × 12 Monate = 528 €).

Teilstrecke Pkw:
220 Arbeitstage × 25 km × 0,30 €   1 650,— €
Teilstrecke Straßenbahn:
220 Arbeitstage × 4 km × 0,30 €   264,— €
Tatsächliche Aufwendungen (44 € ×
12 Monate)   528,— €
Anzusetzen sind die höheren tatsächlichen Aufwendungen   528,— €
Werbungskosten insgesamt   2 178,— €

Beispiel C

Ein Arbeitnehmer fährt im Kalenderjahr 2010 die ersten drei Monate mit dem eigenen Pkw und die letzten neun Monate mit öffentlichen Verkehrsmitteln zur 120 km entfernten regelmäßigen Arbeitsstätte. Die Monatskarte kostet 190 €.

Die Entfernungspauschale beträgt bei 220 Arbeitstagen: 220 × 120 km × 0,30 € = 7920 €. Da jedoch für einen Zeitraum von neun Monaten öffentliche Verkehrsmitteln benutzt worden sind, ist hier die Begrenzung auf den Höchstbetrag von 4500 € zu beachten.

Die anzusetzende Entfernungspauschale ist deshalb wie folgt zu ermitteln:

Teilstrecke Bahn:
165 Arbeitstage × 120 km × 0,30 €   5 940,— €
Begrenzt auf den Höchstbetrag von   4 500,— €
zuzüglich
Teilstrecke Pkw:
55 Arbeitstage × 120 km × 0,30 €   1 980,— €
anzusetzende Entfernungspauschale insgesamt
(4500 € + 1980 € =)   6 480,— €

Die tatsächlichen Aufwendungen für die Benutzung öffentlicher Verkehrsmittel in den letzten neun Monaten in Höhe von 1710 € bleiben unberücksichtigt, weil sie unterhalb der insoweit anzusetzenden Entfernungspauschale von 4500 € liegen.

8. Mehrere Arbeitsverhältnisse

Bei Arbeitnehmern, die gleichzeitig in mehreren Dienstverhältnissen stehen und denen Aufwendungen für die Fahrten zu mehreren auseinander liegenden regelmäßigen Arbeitsstätten entstehen, ist die Entfernungspauschale für jeden Weg zur regelmäßigen Arbeitsstätte anzusetzen, wenn der Arbeitnehmer am Tag zwischenzeitlich in die Wohnung zurückkehrt. Die Einschränkung, dass täglich nur eine Fahrt anzuerkennen ist, gilt nur für eine, nicht aber für mehrere regelmäßige Arbeitsstätten.

Werden täglich mehrere regelmäßige Arbeitsstätten ohne Rückkehr zur Wohnung nacheinander angefahren, so ist bei der Entfernungsermittlung die Fahrt zur ersten regelmäßigen Arbeitsstätte als Umwegstrecke zur nächsten regelmäßigen Arbeitsstätte zu berücksichtigen; die für die Ermittlung der Entfernungspauschale anzusetzende Entfernung darf höchstens die Hälfte der Gesamtstrecke betragen.

Beispiel

Ein Arbeitnehmer fährt im Kalenderjahr 2010 vormittags von seiner Wohnung A zur regelmäßigen Arbeitsstätte B, nachmittags weiter zur regelmäßigen Arbeitsstätte C und abends zur Wohnung in A zurück. Die Entfernungen betragen zwischen A und B 30 km, zwischen B und C 40 km und zwischen C und A 50 km.

Die Gesamtentfernung beträgt 30 + 40 + 50 km = 120 km, die Entfernung zwischen der Wohnung und den beiden regelmäßigen Arbeitsstätten 30 + 50 km = 80 km. Da dies mehr als die Hälfte der Gesamtentfernung ist, sind (120 km : 2 =) 60 km für die Ermittlung der Entfernungspauschale anzusetzen.

9. Berücksichtigung tatsächlicher Aufwendungen

a) Allgemeines

Durch die Entfernungspauschale sind sämtliche Aufwendungen abgegolten, die durch die Wege zwischen Wohnung und regelmäßiger Arbeitsstätte und Familienheimfahrten entstehen (§ 9 Abs. 2 Satz 1 EStG). Dies gilt z. B. auch für Parkgebühren, für das Abstellen des Kraftfahrzeugs während der Arbeitszeit, für Finanzierungskosten, Beiträge für Kraftfahrerverbände, Versicherungsbeiträge (auch für einen Insassenunfallschutz, Aufwendungen infolge Diebstahl des Fahrzeugs sowie für die Kosten eines Austauschmotors anlässlich eines Motorschadens auf einer Fahrt zwischen Wohnung und regelmäßiger Arbeitsstätte oder einer Familienheimfahrt.

Auch Gebühren für die Benutzung eines Straßentunnels oder einer mautpflichtigen Straße können nicht neben der Entfernungspauschale berücksichtigt werden. Anders als z. B. Fährkosten entstehen diese Aufwendungen nicht für die Benutzung eines Verkehrsmittels.

Beispiel

Die Entfernung zwischen Wohnung und regelmäßiger Arbeitsstätte beträgt bei einem Arbeitnehmer 20 km. Der Arbeitnehmer mietet sich in der der Firma gegenüberliegenden Tiefgarage einen Stellplatz für seinen Pkw für 95 € monatlich.

Der Arbeitnehmer kann für die Wege zwischen Wohnung und regelmäßiger Arbeitsstätte eine Entfernungspauschale in folgender Höhe geltend machen:

220 Arbeitstage × 20 km × 0,30 €   1 320 €

Entfernungspauschale

	Lohn-steuer-pflichtig	Sozial-versich.-pflichtig

Die Aufwendungen für den Pkw-Stellplatz in Höhe von 1140 € jährlich (95 € × 12) sind mit dem Ansatz der Entfernungspauschale abgegolten. Dies gilt auch dann, wenn die Aufwendungen für das Anmieten des Pkw-Stellplatzes höher als die Entfernungspauschale sein sollten.

b) Öffentliche Verkehrsmittel

Auch bei Benutzung öffentlicher Verkehrsmittel wird die Entfernungspauschale von 0,30 € je vollen Entfernungskilometer angesetzt. Allerdings werden die **tatsächlichen Aufwendungen** für die Benutzung öffentlicher Verkehrsmittel berücksichtigt, soweit sie den als **Entfernungspauschale** abziehbaren Betrag **übersteigen** (§ 9 Abs. 2 Satz 2 EStG).

Beispiel A

Ein Arbeitnehmer fährt an 220 Arbeitstagen mit der Straßenbahn zu seiner 6 km von der Wohnung entfernt liegenden regelmäßigen Arbeitsstätte. Die Fahrkarte für die Straßenbahn kostet 44 € monatlich.

Der Arbeitnehmer könnte für die Wege zwischen Wohnung und regelmäßiger Arbeitsstätte eine Entfernungspauschale in folgender Höhe geltend machen:

220 Arbeitstage × 6 km × 0,30 €   396 €

Angesetzt als Werbungskosten werden somit die tatsächlich entstandenen Aufwendungen für öffentliche Verkehrsmittel von **528 €** jährlich (44 € × 12 Monate), da sie den als Entfernungspauschale abziehbaren Betrag übersteigen.

Die Prüfung, ob die für den Weg zur regelmäßigen Arbeitsstätte mit öffentlichen Verkehrsmitteln tatsächlich aufgewendeten Fahrtkosten höher sind als die anzusetzende Entfernungspauschale, ist bezogen auf den **einzelnen Arbeitstag** vorzunehmen (BFH-Urteil vom 11.5.2005, BStBl. II S. 712).

Beispiel B

Der Arbeitnehmer fährt grundsätzlich mit dem eigenen Pkw von seiner Wohnung zur 20 km entfernt liegenden regelmäßigen Arbeitsstätte. Am 20.10.2010 muss er die Hin- und Rückfahrt aufgrund eines Batterieausfalls an seinem Fahrzeug mit dem Taxi durchführen. Die Taxikosten für die Hin- und Rückfahrt betragen 50 €.

Der Arbeitnehmer kann für die Wege zwischen Wohnung und regelmäßiger Arbeitsstätte folgende Werbungskosten geltend machen:

219 Arbeitstage × 20 km × 0,30 €   1 314 €
Aufwendungen für öffentliche Verkehrsmittel am 20.10.2010   50 €
Werbungskosten insgesamt   1 364 €

Am 20.10.2010 übersteigen die tatsächlichen Aufwendungen für die Benutzung öffentlicher Verkehrsmittel (Taxi) die sich für diesen Tag ergebende Entfernungspauschale (1 × 20 km × 0,30 € = 6 €) und werden daher angesetzt.

Die höheren **tatsächlichen Aufwendungen** für öffentliche Verkehrsmittel können **auch dann** angesetzt werden, wenn sie den für die Entfernungspauschale geltenden Höchstbetrag von **4500 € übersteigen**.

Beispiel C

Ein Arbeitnehmer mit einer Bahncard 100, 1. Klasse (Preis: 6400 €), fährt mit der Deutschen Bahn an insgesamt 200 Arbeitstagen jeweils 110 Entfernungskilometer von seiner Wohnung zur regelmäßigen Arbeitsstätte und zurück.

Der Arbeitnehmer könnte für die Wege zwischen Wohnung und regelmäßiger Arbeitsstätte eine Entfernungspauschale in folgender Höhe geltend machen:

200 Arbeitstage × 110 km × 0,30 €   6 600 €
Höchstbetrag für die Entfernungspauschale   4 500 €

Anzusetzen als Werbungskosten sind die höheren tatsächlichen Aufwendungen für die Benutzung öffentlicher Verkehrsmittel in Höhe von **6400 €**.

Die tatsächlichen Aufwendungen für öffentliche Verkehrsmittel können auch dann angesetzt werden, wenn in einem Kalenderjahr mehrere Jahresnetzkarten erworben werden. Im folgenden Kalenderjahr, in dem gar keine Jahresnetzkarte erworben wird, kommt es zum Ansatz der Entfernungspauschale.

Beispiel D

Wie Beispiel C. Der Arbeitnehmer erwirbt am 2.1.2010 die Bahncard 100, 1. Klasse, für 2010 und am 15.12.2010 die Bahncard 100, 1. Klasse, für 2011.

	Lohn-steuer-pflichtig	Sozial-versich.-pflichtig

Der Arbeitnehmer könnte 2010 für die Wege zwischen Wohnung und regelmäßiger Arbeitsstätte eine Entfernungspauschale in folgender Höhe geltend machen:

200 Arbeitstage × 110 km × 0,30 €   6 600 €
Höchstbetrag für die Entfernungspauschale   4 500 €

Anzusetzen als Werbungskosten sind die höheren tatsächlichen Aufwendungen für die Benutzung öffentlicher Verkehrsmittel in Höhe von **12 800 €** (2 × 6400 €). Sofern der Arbeitnehmer die Bahncard 100, 1. Klasse, für 2012 erst in 2012 erwirbt, kommt es für 2011 dennoch zum Ansatz der Entfernungspauschale mit dem Höchstbetrag von 4500 €. Hinweis: Aufgrund der Regelung in § 11 Abs. 2 Satz 2 i. V. m. Abs. 1 Satz 2 EStG sollte die Bahncard für 2011 vor dem 20.12.2010 erworben werden, da ansonsten die Ausgabe von 6400 € dem Jahr der wirtschaftlichen Zugehörigkeit (= 2011) zugerechnet werden könnte und sich in diesem Fall für 2010 nur ein Werbungskostenabzug von 6400 € ergeben würde.

Erstattet der Arbeitgeber dem Arbeitnehmer z. B. im Zusammenhang mit dem Ausscheiden aus dem Arbeitsverhältnis (teilweise) Aufwendungen für öffentliche Verkehrsmittel handelt es sich bei der **Rückerstattung** des Arbeitgebers um steuer- und sozialversicherungspflichtigen **Arbeitslohn**. Dies gilt auch dann, wenn nicht die Aufwendungen für öffentliche Verkehrsmittel, sondern lediglich die Entfernungspauschale als Werbungskosten berücksichtigt worden ist. Erstattete Werbungskosten führen nämlich steuerlich stets zu steuerpflichtigen Einnahmen derselben Einkunftsart; auch wenn sich die früheren Ausgaben steuerlich nicht ausgewirkt haben.

Beispiel E

Wie Beispiel C. Das Arbeitsverhältnis wird zum 30.6.2010 beendet. Der Arbeitgeber ersetzt dem Arbeitnehmer den auf die zweite Jahreshälfte entfallenden Kaufpreis für die Bahncard 100, 1. Klasse, in Höhe von 3200 €. Bei der Erstattung des Arbeitgebers in Höhe von 3200 € handelt es sich um steuer- und beitragspflichtigen Arbeitslohn.

Zum Ansatz der tatsächlichen Aufwendungen für die mit öffentlichen Verkehrsmitteln zurückgelegte Teilstrecke in den sog. Park-and-ride-Fällen vgl. das Beispiel B unter der vorstehenden Nr. 7.

c) Unfallkosten

Unfallkosten, die auf einer Fahrt zwischen Wohnung und regelmäßiger Arbeitsstätte entstehen, sind als außergewöhnliche Aufwendungen **neben** der **Entfernungspauschale** nach § 9 Abs. 1 Satz 1 EStG als Werbungskosten zu berücksichtigen.*)

Die Berücksichtigung der Unfallkosten als allgemeine Werbungskosten nach § 9 Abs. 1 Satz 1 EStG hat zur Folge, dass für eine etwaige Erstattung des Arbeitgebers eine **Pauschalierung** der Lohnsteuer mit **15 % nicht** in Betracht kommt. Die Pauschalversteuerung ist nämlich nur für Beträge zulässig, die der Arbeitnehmer nach § 9 Abs. 1 Satz 3 Nr. 4 EStG oder nach § 9 Abs. 2 EStG als Werbungskosten geltend machen könnte. Vgl. hierzu auch die Erläuterungen beim Stichwort „Fahrten zwischen Wohnung und regelmäßiger Arbeitsstätte" unter Nr. 7.

Neben der Entfernungspauschale können als allgemeine Werbungskosten nach § 9 Abs. 1 Satz 1 EStG nur Aufwendungen berücksichtigt werden für die Beseitigung von **Unfallschäden** bei einem Verkehrsunfall

– auf der Fahrt zwischen **Wohnung** und **regelmäßiger Arbeitsstätte,**
– auf einer **Umwegfahrt** zum **Betanken** des Fahrzeugs (BFH-Urteil vom 11.10.1984, BStBl. 1985 II S. 10),
– auf einer **Umwegstrecke** zur Abholung der Mitfahrer einer **Fahrgemeinschaft** unabhängig von der Gestaltung der Fahrgemeinschaft,

---

*) Tz. 4 des BMF-Schreibens vom 31.8.2009 (BStBl. I S. 891). Das BMF-Schreiben ist als Anlage 1 zu H 9.10 LStR im **Steuerhandbuch für das Lohnbüro 2010** abgedruckt, das im selben Verlag erschienen ist. Das **PC-Lexikon** für das Lohnbüro 2010 enthält auch dieses Handbuch und hat außerdem den Vorteil, dass Sie **alle BFH-Urteile** sowie die aktuellen Rundschreiben und Niederschriften der Spitzenverbände der Sozialversicherung mit Mausklick **im Volltext** abrufen und ausdrucken können. Eine Bestellkarte finden Sie vorne im Lexikon.

Entfernungspauschale

— unter bestimmten Voraussetzungen auf einer **Leerfahrt des Ehegatten** zwischen der Wohnung und der Haltestelle eines öffentlichen Verkehrsmittels oder auf einer Abholfahrt des Ehegatten (BFH-Urteile vom 26.6.1987, BStBl. II S. 818 und vom 11.2.1993, BStBl. II S. 518).

Nicht berücksichtigt werden hingegen Unfallkosten
- auf einer **Umwegstrecke**, wenn diese aus **privaten Gründen** befahren wird (z. B. um ein Kind unmittelbar vor Arbeitsbeginn in die Schule oder in den Hort zu bringen oder zum Einkauf von Lebensmitteln),
- auf einer Fahrt, die nicht von der Wohnung aus angetreten oder an der Wohnung beendet wird,
- auf einer Fahrt unter **Alkoholeinfluss** oder
- auf einer Probefahrt.

Wird das unfallbeschädigte **Fahrzeug nicht repariert,** kann die **Wertminderung** durch eine Abschreibung für außergewöhnliche Abnutzung als Werbungskosten berücksichtigt werden, sofern die gewöhnliche Nutzungsdauer des Fahrzeugs noch nicht abgelaufen ist. Wird die unfallbedingte Wertminderung durch eine Reparatur behoben, sind nur die tatsächlichen Reparaturkosten als Werbungskosten zu berücksichtigen. Eine an den Arbeitnehmer gezahlte **Versicherungsleistung mindert** auch dann die abziehbaren **Werbungskosten,** wenn der Arbeitnehmer die Versicherungsleistung erst in dem auf den Unfall folgenden Kalenderjahr erhält. Als Unfallkosten **abziehbar** sind auch **Schadenersatzleistungen,** die der **Arbeitnehmer** unter Verzicht auf die Inanspruchnahme seiner gesetzlichen Haftpflichtversicherung **selbst getragen** hat.

Nicht berücksichtigungsfähig sind aber:
- die in den Folgejahren **erhöhten Beiträge** für eine **Haftpflicht-** und **Fahrzeugversicherung,** wenn die Schadenersatzleistungen von dem Versicherungsunternehmen erbracht worden sind,
- **Finanzierungskosten,** und zwar auch dann, wenn die Kreditfinanzierung des neuen Fahrzeugs wegen Totalschadens des bisherigen Kraftfahrzeugs auf einer Fahrt von der Wohnung zur regelmäßigen Arbeitsstätte erforderlich geworden ist und
- der sog. **merkantile Minderwert** eines reparierten und weiterhin benutzten Fahrzeugs.

Auch **Unfallkosten,** die auf einer zu berücksichtigenden **Familienheimfahrt** im Rahmen einer doppelten Haushaltsführung entstehen, sind als außergewöhnliche Aufwendungen **neben der Entfernungspauschale** nach **§ 9 Abs. 1 Satz 1 EStG** als Werbungskosten zu berücksichtigen. Die Berücksichtigung der Unfallkosten als allgemeine Werbungskosten nach § 9 Abs. 1 Satz 1 EStG hat zur Folge, dass eine etwaige **Erstattung** des **Arbeitgebers** nicht steuerfrei, sondern steuer- und beitragspflichtig ist. Vgl. hierzu auch die Erläuterungen beim Stichwort „Familienheimfahrten" unter Nr. 5.

10. Behinderte Arbeitnehmer

Behinderte Arbeitnehmer,
- deren Grad der Behinderung mindestens 70 beträgt, oder
- deren Grad der Behinderung weniger als 70, aber mindestens 50 beträgt und die in ihrer Bewegungsfähigkeit im Straßenverkehr erheblich beeinträchtigt sind (Merkzeichen „G"),

können nach § 9 Abs. 2 Satz 3 EStG für Fahrten zwischen Wohnung und regelmäßiger Arbeitsstätte anstelle der Entfernungspauschale die tatsächlichen Aufwendungen ansetzen.

Bei Benutzung eines Pkws kann der behinderte Arbeitnehmer die ihm entstandenen Kosten im Einzelnen nachweisen oder ohne Einzelnachweis den für Auswärtstätigkeiten geltenden Kilometersatz von 0,30 € je gefahrenen Kilometer geltend machen.

Unfallkosten, die einem behinderten Arbeitnehmer auf einer Fahrt zwischen Wohnung und regelmäßiger Arbeitsstätte entstanden sind, können neben dem pauschalen Kilometersatz nach § 9 Abs. 2 EStG als Werbungskosten berücksichtigt werden*). Ein etwaiger Arbeitgeberersatz der Unfallkosten kann bei behinderten Arbeitnehmern mit 15 % pauschal versteuert werden, da die tatsächlichen Aufwendungen einschließlich der Unfallkosten nach § 9 Abs. 2 EStG als Werbungskosten berücksichtigt werden. Vgl. auch die Erläuterungen beim Stichwort „Fahrten zwischen Wohnung und regelmäßiger Arbeitsstätte" unter Nr. 7.

Auch bei behinderten Arbeitnehmern wird arbeitstäglich nur eine Hin- und Rückfahrt berücksichtigt. Leerfahrten, die dadurch entstehen, dass der behinderte Arbeitnehmer von einem Dritten, z. B. dem Ehegatten, zu seiner regelmäßigen Arbeitsstätte gefahren und dort wieder abgeholt wird, werden jedoch anerkannt (R 9.10 Abs. 3 Satz 2 LStR). Bei einem behinderten Arbeitnehmer ergibt sich also unter Berücksichtigung der Leerfahrten ein Kilometersatz von 2 × 0,60 € = 1,20 € je Enfernungskilometer.

Werden die Fahrten zwischen Wohnung und regelmäßiger Arbeitsstätte vom behinderten Arbeitnehmer mit **verschiedenen Verkehrsmitteln** (z. B. Pkw und Bahn) zurückgelegt, kann das **Wahlrecht** zwischen Entfernungspauschale und tatsächlichen Kosten nach Auffassung des Bundesfinanzhofs für beide zurückgelegten Teilstrecken **nur einheitlich** ausgeübt werden (BFH-Urteil vom 5.5.2009, BStBl. II S. 729). Ein darüber hinausgehendes Wahlrecht in Form einer „Meistbegünstigung" für die einzelne Teilstrecke hält der Bundesfinanzhof für nicht erforderlich.

Beispiel

Ein Arbeitnehmer (Grad der Behinderung 90) fährt an 195 Arbeitstagen mit dem eigenen Pkw 17 km zu einem Bahnhof und von dort 82 km mit der Bahn zur regelmäßigen Arbeitsstätte. Die tatsächlichen Bahnkosten betragen 1682 € im Jahr.

Ermittlung der Entfernungspauschale:

Teilstrecke Pkw 195 Arbeitstage × 17 km × 0,30 €	994,50 €
Teilstrecke Bahn 195 Arbeitstage × 82 km × 0,30 € = 4797 €, höchstens	4 500,00 €
Summe	5 494,50 €

Ermittlung der tatsächlichen Kosten:

Teilstrecke Pkw 195 Arbeitstage × 17 km × 0,30 € × 2	1 989,00 €
Teilstrecke Bahn tatsächliche Fahrtkosten	1 682,00 €
Summe	3 671,00 €

Die Entfernungspauschale von 5494,50 € ist höher als die tatsächlichen Kosten von 3671 € und daher anzusetzen. Eine Kombination mit Ansatz der Entfernungspauschale für die Teilstrecke Bahn (= 4500 €) und der tatsächlichen Kosten für die Teilstrecke Pkw (= 1989 €) – für die sich eine höhere Summe als die Entfernungspauschale von 6489 € ergeben würde – ist nach Auffassung des Bundesfinanzhofs nicht zulässig.

Allerdings sind in den **Park-and-ride-Fällen** die **tatsächlichen Aufwendungen** für **öffentliche Verkehrsmittel** auch dann anzusetzen, wenn sie die sich für diese Teilstrecke ergebende **Entfernungspauschale übersteigen.** Für die Teilstrecke Pkw bleibt es hingegen bei der Entfernungspauschale. Dies gilt auch bei behinderten Arbeitnehmern. Vgl. die Erläuterungen und Beispiele unter der vorstehenden Nr. 7. In dem o. a. Beispielsfall waren jedoch die tatsächlichen Aufwendungen für die Teilstrecke „Bahn" nicht höher als die Entfernungspauschale, sodass diese Sonderregelung im Beispielsfall nicht greift.

---

*) Tz. 3 des BMF-Schreibens vom 31.8.2009 (BStBl. I S. 891). Das BMF-Schreiben ist als Anlage zu H 9.10 im **Steuerhandbuch für das Lohnbüro 2010** abgedruckt, das im selben Verlag erschienen ist. Das **PC-Lexikon** für das Lohnbüro 2010 enthält auch dieses Handbuch mit außerdem den Vorteil, dass Sie **alle BFH-Urteile** sowie die aktuellen Rundschreiben und Niederschriften der Spitzenverbände der **Sozialversicherung** mit Mausklick **im Volltext** abrufen und ausdrucken können. Eine Bestellkarte finden Sie vorne im Lexikon.

Entfernungspauschale

	Lohn-steuer-pflichtig	Sozial-versich.-pflichtig

11. Regelmäßige Arbeitsstätte

Der Werbungskostenabzug in Höhe der Entfernungspauschale kommt nur für Fahrten zwischen Wohnung und **regelmäßiger** Arbeitsstätte in Betracht. Für Fahrten zwischen Wohnung und wechselnden Tätigkeitsstätten sind die dem Arbeitnehmer tatsächlich entstandenen Kosten (oder pauschal bei Benutzung eines Pkws 0,30 € je tatsächlich gefahrenen Kilometer) als Werbungskosten abzugsfähig (vgl. die Erläuterungen beim Stichwort „Reisekosten bei Auswärtstätigkeiten"). Die Beantwortung der Frage, ob der Arbeitnehmer Fahrten zwischen Wohnung und **regelmäßiger** Arbeitsstätte ausführt oder nicht, ist deshalb für die Höhe der als Werbungskosten zu berücksichtigenden Fahrtkosten von entscheidender Bedeutung. Zur Frage, ob eine regelmäßige Arbeitsstätte vorliegt, gilt Folgendes:

In einer Reihe von Urteilen hat sich der Bundesfinanzhof mit dem Werbungskostenabzug und dem steuerfreien Arbeitgeberersatz bei einer auswärtigen Tätigkeit befasst und den früher geltenden Begriff der **regelmäßigen** Arbeitsstätte erheblich erweitert.

Die früher von der Finanzverwaltung für die Annahme einer regelmäßigen Arbeitsstätte geforderte Voraussetzung, dass der Arbeitnehmer an dem Mittelpunkt wenigstens einen Teil der ihn insgesamt übertragenen Arbeiten verrichten muss, hat der Bundesfinanzhof abgelehnt, und mit Urteil vom 11.5.2005 (BStBl. II S. 791) entschieden, dass eine regelmäßige Arbeitsstätte jede dauerhafte betriebliche Einrichtung des Arbeitgebers ist, der der Arbeitnehmer zugeordnet ist und die er nachhaltig, fortdauernd und immer wieder aufsucht. Ob ein Arbeitnehmer eine regelmäßige Arbeitsstätte innehat, richtet sich nicht danach, welche Tätigkeit er an dieser Arbeitsstätte im Einzelnen wahrnimmt oder wahrzunehmen hat bzw. welches konkrete Gewicht dieser Tätigkeit zukommt. Wo der Mittelpunkt der dauerhaft angelegten beruflichen Tätigkeit liegt, bestimmt sich nicht nach zeitlichen oder qualitativen Merkmalen einer wie auch immer gearteten Arbeitsleistung. Entscheidend ist, ob ein Arbeitnehmer den Betriebssitz des Arbeitgebers oder sonstige ortsfeste dauerhafte betriebliche Einrichtungen, denen er zugeordnet ist, nicht nur gelegentlich, sondern mit einer gewissen Nachhaltigkeit, d. h. fortdauernd und immer wieder aufsucht.

Für Arbeitnehmer, die eine **Einsatzwechseltätigkeit** ausüben, gelten die gleichen Grundsätze. Das bedeutet, dass es auch hier nicht darauf ankommt, in welchem zeitlichen Umfang der Arbeitnehmer an der regelmäßigen Arbeitsstätte beruflich tätig wird. Es genügt für die Annahme einer regelmäßigen Arbeitsstätte bereits, wenn der Arbeitnehmer vom Betrieb des Arbeitgebers aus regelmäßig und dauerhaft seine Auswärtstätigkeit antritt oder dort beendet, also z. B. morgens und abends nur seinen eigenen Pkw gegen ein Firmenfahrzeug tauscht.

Für Arbeitnehmer, die eine **Fahrtätigkeit** ausüben, bedeutet dies, dass die Fahrtkosten eines Arbeitnehmers von der Wohnung zum Betrieb, Zweigbetrieb oder einer sonstigen ortsfesten Einrichtung des Arbeitgebers, von wo aus die Fahrtätigkeit angetreten wird, Fahrten zwischen Wohnung und regelmäßiger Arbeitsstätte darstellen, für die ein Werbungskostenabzug nur in Höhe der Entfernungspauschale möglich ist. Der Bundesfinanzhof hat dies für Fahrten entschieden, die ein Linienbusfahrer zwischen seiner Wohnung und (sechs) unterschiedlichen Busdepots ausgeführt hat, um an dem jeweiligen Busdepot seinen Linienbus für die anschließende Fahrtätigkeit zu übernehmen (BFH-Urteil vom 11.5.2005, BStBl. II S. 788). Die sechs Busdepots stellen deshalb mehrere (sechs) regelmäßige Arbeitsstätten dar.

Beispiel
Ein Arbeitnehmer ist im Kalenderjahr 2010 auf wechselnden Einsatzstellen tätig. Er fährt regelmäßig mit dem eigenen Pkw zum Betrieb des Arbeitgebers (einfache Entfernung 35 km). Die Weiterfahrt zur jeweiligen Einsatzstelle erfolgt im Rahmen einer Sammelbeförderung durch den Arbeitgeber.

Die Fahrten zwischen der Wohnung und dem Betrieb sind als Fahrten zwischen Wohnung und regelmäßiger Arbeitsstätte zu behandeln. Arbeitstäglich kann der Arbeitnehmer eine Entfernungspauschale von 10,50 € (= 35 km × 0,30 €) als Werbungskosten geltend machen.
Die Weiterfahrt zu den Einsatzstellen im Rahmen der Sammelbeförderung ist dagegen nach Reisekostengrundsätzen zu beurteilen. Da dem Arbeitnehmer keine Aufwendungen entstehen, kann er für diese Fahrten keine Werbungskosten geltend machen.

Die Finanzverwaltung hat aus der Rechtsprechung des Bundesfinanzhofs die Konsequenzen gezogen und in den nach wie vor geltenden Lohnsteuer-Richtlinien 2008 den steuerlichen Begriff der Dienstreise neu definiert. Dabei wurden ab 1.1.2008 die bisherigen Begriffe „Dienstreise", „Einsatzwechseltätigkeit" und „Fahrtätigkeit" zum neuen Begriff „beruflich veranlasste Auswärtstätigkeit" vereinheitlicht. Vgl. auch die Erläuterungen bei den Stichwörtern „Einsatzwechseltätigkeit", „Fahrtätigkeit" und „Reisekosten bei Auswärtstätigkeiten".

Nach R 9.4 Abs. 2 der Lohnsteuer-Richtlinien 2008 liegt eine **beruflich veranlasste Auswärtstätigkeit** vor, wenn der Arbeitnehmer vorübergehend außerhalb seiner Wohnung und an **keiner seiner regelmäßigen Arbeitsstätten** beruflich tätig wird. Sie liegt auch vor, wenn der Arbeitnehmer bei seiner individuellen Tätigkeit typischerweise nur an ständig wechselnden Tätigkeitsstätten oder auf einem Fahrzeug tätig wird.

Nach R 9.4 Abs. 3 der Lohnsteuer-Richtlinien ist eine **regelmäßige Arbeitsstätte** der ortsgebundene Mittelpunkt der dauerhaft angelegten beruflichen Tätigkeit des Arbeitnehmers. Eine regelmäßige Arbeitsstätte ist insbesondere jede ortsfeste dauerhafte betriebliche Einrichtung des Arbeitgebers, der der Arbeitnehmer zugeordnet ist und die er mit einer gewissen Nachhaltigkeit immer wieder aufsucht. Nicht maßgebend sind Art, zeitlicher Umfang und Inhalt der Tätigkeit. Die Finanzverwaltung geht von einer regelmäßigen Arbeitsstätte aus, wenn die betriebliche Einrichtung des Arbeitgebers vom Arbeitnehmer durchschnittlich im Kalenderjahr **an einem Arbeitstag in der Woche** aufgesucht wird. Auch der Bundesfinanzhof geht von einer regelmäßigen Arbeitsstätte aus, wenn ein Außendienstmitarbeiter mindestens einmal wöchentlich den Betriebssitz seines Arbeitgebers aufsucht (BFH-Urteil vom 4. 4. 2008, BStBl. II S. 887). Als betriebliche Einrichtungen in diesem Sinne und damit als regelmäßige Arbeitsstätten gelten beispielsweise auch Bus-/Straßenbahndepots oder Verkaufsstellen für Fahrkarten. Hingegen sind öffentliche Haltestellen oder Schiffsanlegestellen ohne weitere Arbeitgebereinrichtungen keine regelmäßigen Arbeitsstätten. Auf die ausführlichen Erläuterungen beim Stichwort „Reisekosten bei Auswärtstätigkeiten" wird Bezug genommen.

12. Fahrten zwischen Wohnung und regelmäßiger Arbeitsstätte mit dem Firmenwagen

Benutzt der Arbeitnehmer einen Firmenwagen sowohl für reine Privatfahrten als auch für Fahrten zwischen Wohnung und regelmäßiger Arbeitsstätte, so ist der auf die Fahrten zwischen Wohnung und regelmäßiger Arbeitsstätte entfallende geldwerte Vorteil zusätzlich anzusetzen. Der geldwerte Vorteil beträgt für jeden Kilometer der einfachen Entfernung zwischen Wohnung und regelmäßiger Arbeitsstätte monatlich 0,03 % des Bruttolistenpreises. Mit diesem Wert ist also die Hin- und Rückfahrt abgegolten.

Der Arbeitnehmer kann bei seiner Veranlagung zur Einkommensteuer Werbungskosten in Höhe der Entfernungspauschale für Fahrten zwischen Wohnung und regelmäßiger Arbeitsstätte geltend machen.

Besonders bei Arbeitnehmern, die eine Einsatzwechseltätigkeit ausüben, z. B. Kundendienstmonteure, hat der durch den Bundesfinanzhof neu definierte Begriff der regelmäßigen Arbeitsstätte dazu geführt, dass wesentlich mehr Arbeitnehmer mit Einsatzwechseltätigkeit einen geldwerten Vorteil für Fahrten zwischen Wohnung und regelmäßiger Arbeitsstätte versteuern müssen als früher.

Beispiel

Ein auf ständig wechselnden Einsatzstellen beschäftigter Kundendienstmonteur fährt **täglich** mit seinem Firmenwagen von der Wohnung zum 20 km entfernten Betrieb des Arbeitgebers. Er nimmt dort seinen Auftrag entgegen und fährt anschließend mit dem Firmenwagen weiter zum jeweiligen Kunden.

Die Fahrten zwischen Wohnung und Betrieb gehören zu den Fahrten zwischen Wohnung und regelmäßiger Arbeitsstätte, so dass für diese Fahrten monatlich ein steuerpflichtiger geldwerter Vorteil in folgender Höhe zu versteuern ist (Bruttolistenpreis des Firmenwagens 30 000 €):

0,03 % × 30 000 € = 9 € × 20 km = 180,– €

Der Arbeitnehmer kann Werbungskosten für Fahrten zwischen Wohnung und regelmäßiger Arbeitsstätte geltend machen, und zwar in Höhe der Entfernungspauschale von arbeitstäglich 6 € (20 km × 0,30 €).

Für die Fahrten zwischen Wohnung und regelmäßiger Arbeitsstätte ist auch dann ein geldwerter Vorteil nach der 0,03 %-Bruttolistenpreisregelung anzusetzen, wenn es sich bei dem überlassenen Firmenwagen um einen Werkstattwagen handelt, der aufgrund seiner objektiven Beschaffenheit und Einrichtung typischerweise nicht privat genutzt wird (BFH-Urteil vom 18.12.2008, BStBl. 2009 II S. 381).

Wird der Betrieb des Arbeitnehmers nur gelegentlich aufgesucht, liegt weiterhin keine regelmäßige Arbeitsstätte im Betrieb des Arbeitgebers vor mit der Folge, dass auch kein geldwerter Vorteil für Fahrten zwischen Wohnung und regelmäßiger Arbeitsstätte zu versteuern ist. Denn in diesen Fällen ist der Betrieb selbst eine auswärtige Tätigkeitsstätte, das heißt, dass die gelegentlichen Fahrten von der Wohnung zum Betrieb nach Reisekostengrundsätzen zu behandeln sind, ein steuerpflichtiger geldwerter Vorteil hierfür also nicht entstehen kann. Für die Abgrenzung, wann einerseits ein nur „**gelegentliches**" Aufsuchen des Betriebs vorliegt und wann andererseits das für die Annahme einer regelmäßigen Arbeitsstätte erforderliche „**nachhaltige**" Aufsuchen gegeben ist, regelt R 9.4 Abs. 3 Satz 4 LStR Folgendes:

„Von einer regelmäßigen Arbeitsstätte ist auszugehen, wenn die betriebliche Einrichtung des Arbeitgebers vom Arbeitnehmer **durchschnittlich** im Kalenderjahr **an einem Arbeitstag je Arbeitswoche** aufgesucht wird."

Fährt der Arbeitnehmer durchschnittlich an einem Arbeitstag wöchentlich in den Betrieb (was zu einer regelmäßigen Arbeitsstätte und zur Versteuerung des geldwerten Vorteils führen würde), so kann er den Ansatz eines steuerpflichtigen geldwerten Vorteils dadurch vermeiden, dass er an diesem Tag den Firmenwagen nicht nur für die Fahrt von der Wohnung zum Betrieb einsetzt, sondern zunächst einen Kunden besucht, anschließend in den Betrieb und von dort zurück zur Wohnung fährt, wobei wiederum auf dem Rückweg ein Auftrag bei einem Kunden erledigt wird (BFH-Urteil vom 26.7.1978, BStBl. II S. 651). Diese Fälle werden allerdings selten sein, weil es für den Ansatz eines geldwerten Vorteils für Fahrten zwischen Wohnung und regelmäßiger Arbeitsstätte in Höhe von 0,03 % des Bruttolistenpreises je Entfernungskilometer bereits genügt, wenn nur vereinzelt solche Fahrten ausgeführt werden. Allerdings kommt es nach Meinung des **Bundesfinanzhofs** für die Anwendung der 0,03 %-Methode darauf an, ob und in welchem Umfang ein überlassener Firmenwagen vom Arbeitnehmer **tatsächlich** für **Fahrten** zwischen Wohnung und regelmäßiger Arbeitsstätte genutzt wird. Der Streitfall betraf einen Außendienstmitarbeiter, dem von seinem Arbeitgeber für **Kundenbesuche ein** Firmenwagen überlassen wurde, den er auch für Fahrten zwischen Wohnung und regelmäßiger Arbeitsstätte nutzen durfte. Der Außendienstmitarbeiter suchte lediglich an einem Arbeitstag in der Woche den Betriebssitz **seines** Arbeitgebers auf. Der Bundesfinanzhof macht die Höhe des Ansatzes eines geldwerten Vorteils für die Fahrten zwischen Wohnung und regelmäßiger Arbeitsstätte davon abhängig, dass und wie oft der Firmenwagen tatsächlich für die Fahrten zum Betriebssitz des Arbeitgebers genutzt wird. Für die Nutzung des Firmenwagens (auch) für Fahrten zwischen Wohnung und regelmäßiger Arbeitsstätte bestehe zwar ein Anscheinsbeweis, dieser könne aber vom jeweiligen Arbeitnehmer entkräftet werden. Für den Fall, dass der Firmenwagen vom Arbeitnehmer z. B. nur einmal wöchentlich für die Fahrten von der Wohnung zur regelmäßigen Arbeitsstätte genutzt werde, sei bei der Ermittlung des geldwerten Vorteils auf die Anzahl der tatsächlich durchgeführten Fahrten abzustellen und – abweichend von der 0,03 %-Methode – eine **Einzelbewertung** dieser Fahrten mit **0,002 %** des Bruttolistenpreises je Entfernungskilometer pro Fahrt durchzuführen. Eine Berechnung des geldwerten Vorteils für Fahrten zwischen Wohnung und regelmäßiger Arbeitsstätte nach der 0,03 %-Methode komme demnach erst dann in Betracht, wenn mindestens 15 Fahrten monatlich durchgeführt werden (15 × 0,002 % = 0,03 %; BFH-Urteil vom 4.4.2008, BStBl. II S. 887). Im Hinblick auf den Anscheinsbeweis ist jedoch bei Nichtanwendung der 0,03 %-Methode das Vorhandensein aussagekräftiger Unterlagen erforderlich (z. B. Reisekostenabrechnungen, Einsatzpläne oder – aber nicht zwingend – Fahrtenbuch), wie oft der Firmenwagen für Fahrten zwischen Wohnung und regelmäßiger Arbeitsstätte im jeweiligen Monat genutzt worden ist.

Die **Finanzverwaltung** wendet allerdings das BFH-Urteil über den entschiedenen Einzelfall hinaus nicht an (sog. **Nichtanwendungserlass**). Ihrer Ansicht nach ist der Umfang der tatsächlichen Nutzung des Firmenwagens für Fahrten zwischen Wohnung und regelmäßiger Arbeitsstätte für die Anwendung der 0,03 %-Bruttolistenpreisregelung unerheblich, denn nach dem Gesetzeswortlaut („kann … genutzt werden"; vgl. § 8 Abs. 2 Satz 3 EStG) und dem Zweck des Gesetzes kommt es allein darauf an, ob der Arbeitnehmer die **objektive Möglichkeit** hat, den Firmenwagen auch für Fahrten zwischen Wohnung und regelmäßiger Arbeitsstätte **zu nutzen**. Bereits die **Verfügbarkeit** des Kraftfahrzeugs für diese Fahrten führt zu einem **geldwerten Vorteil** (BMF-Schreiben vom 23. 10. 2008, BStBl. I S. 961). Der Bundesfinanzhof hat seine vorstehende Rechtsprechung mittlerweile in einem weiteren Urteil bestätigt (BFH-Urteil vom 28.8.2008, BStBl. 2009 II S. 280). Da das Urteil zeitlich vor dem vorstehend aufgeführten Nichtanwendungserlass der Finanzverwaltung vom 23.10.2008 ergangen ist, hat die Finanzverwaltung auch zu diesem neuen Urteil einen Nichtanwendungserlass herausgegeben (BMF-Schreiben vom 12.3.2009, BStBl. I S. 500). Vgl. im Übrigen auch die Erläuterungen beim Stichwort „Firmenwagen zur privaten Nutzung" unter Nr. 3 Buchstabe c).

13. Anrechnung von Arbeitgeberleistungen auf die Entfernungspauschale

a) Steuerfreie Sachbezüge

Jeder Arbeitnehmer erhält die Entfernungspauschale unabhängig von der Höhe seiner Aufwendungen für die Wege zwischen Wohnung und regelmäßiger Arbeitsstätte. Allerdings mindern die nach § 8 Abs. 3 EStG bis zum **Rabattfreibetrag** von 1080 € steuerfrei bleibende Sachbezüge für Fahrten zwischen Wohnung und regelmäßiger Arbeitsstätte den als Werbungskosten abziehbaren Betrag (§ 9 Abs. 1 Satz 3 Nr. 4 Satz 5 EStG). Anzurechnen sind z. B. steuerfreie Vorteile aus der Überlassung eines Mietwagens für die Fahrten zwischen Wohnung und regelmäßiger Arbeitsstätte an Arbeitnehmer eines Autoverleihers oder aus Freifahrten der Mitarbeiter von Verkehrsbetrieben. Ist der Arbeitgeber selbst Verkehrsträger, ist der steuerfreie Sachbezug bis maximal 1080 € jährlich mit dem Preis auf die Entfernungspauschale anzurechnen, den ein dritter Arbeitgeber (Nichtverkehrsträger) an den Verkehrsträger z. B. für ein Job-Ticket zu entrichten hätte.

Auf die Entfernungspauschale ist auch das im Rahmen der 44-Euro-Grenze nach § 8 Abs. 2 Satz 9 EStG steuerfrei bleibende **Job-Ticket** anzurechnen (vgl. die Erläuterungen beim Stichwort „Fahrten zwischen Wohnung und regelmäßiger Arbeitsstätte" unter Nr. 4).

b) Pauschal versteuerte Arbeitgeberleistungen

Pauschal mit 15 % Lohnsteuer versteuerte Arbeitgeberleistungen für Fahrten zwischen Wohnung und regelmäßiger Arbeitsstätte sind ebenfalls auf die Entfernungspauschale anzurechnen (§ 40 Abs. 2 Satz 3 EStG). Hierzu gehören sowohl pauschal versteuerte Sachbezüge aus der unentgeltlichen oder verbilligten Firmenwagengestellung zu Fahrten zwischen Wohnung und regelmäßiger Arbeitsstätte als auch pauschal versteuerte Fahrtkostenzuschüsse des Arbeitgebers (vgl. im Einzelnen die Stichwörter „Fahrten zwischen Wohnung und regelmäßiger Arbeitsstätte" unter Nr. 5 und „Firmenwagen zur privaten Nutzung" unter Nr. 13).

Zu den Aufzeichnungs- und Bescheinigungspflichten des Arbeitgebers vgl. die ausführlichen Erläuterungen beim Stichwort „Fahrten zwischen Wohnung und regelmäßiger Arbeitsstätte" unter Nr. 10.

Entgelt

siehe Teil A unter Nr. 4 auf Seite 7 und „Arbeitsentgelt".

Entgeltbescheinigung

siehe „Jahresmeldung"

Entgeltersatzleistungen

siehe „Lohnersatzleistungen"

Entgeltfortzahlung

Gliederung:

1. Allgemeines
2. Lohnsteuerliche und sozialversicherungsrechtliche Behandlung der Entgeltfortzahlung
3. Entgeltfortzahlung im Krankheitsfall
4. Wartezeit
5. Selbstverschuldete Krankheit
6. Anzeige- und Nachweispflichten des Arbeitnehmers
7. Berechnung der Sechswochenfrist
8. Höhe der Entgeltfortzahlung
9. Kürzung von Sonderzahlungen wegen Krankheit
10. Lohnfortzahlungsversicherung

1. Allgemeines

Einen Anspruch auf Fortzahlung des Arbeitsentgelts hat der Arbeitnehmer

- an Feiertagen (vgl. „Feiertagslohn"),
- bei Urlaub (vgl. „Urlaubsentgelt"),
- bei Arbeitsverhinderung (vgl. „Arbeitsverhinderung"),
- im Krankheitsfall.

Die nachfolgenden Erläuterungen befassen sich mit der Entgeltfortzahlung im Krankheitsfall.

2. Lohnsteuerliche und sozialversicherungsrechtliche Behandlung der Entgeltfortzahlung

Wird Arbeitslohn fortgezahlt, so ist von dem fortgezahlten Arbeitslohn nach den für laufenden Arbeitslohn geltenden Grundsätzen der Steuerabzug vorzunehmen und der Beitrag zur Sozialversicherung zu berechnen.   ja   ja

Soweit bei der Berechnung des Fortzahlungsanspruchs **Zuschläge für Sonntags-, Feiertags- und Nachtarbeit** berücksichtigt sind, ist zu beachten, dass diese für die Zeit der Arbeitsunfähigkeit gezahlten Zuschläge nicht steuer- und beitragsfrei bleiben können, da sie nicht für tatsächlich geleistete Sonntags-, Feiertags- oder Nachtarbeit gezahlt werden.   ja   ja

Für die **Lohnabrechnung** ergeben sich **keine Besonderheiten,** wenn der Arbeitnehmer vor Ablauf der Lohnfortzahlung wieder arbeitsfähig wird (der fortgezahlte Arbeitslohn ist in vollem Umfang steuer- und beitragspflichtig). Schließt sich an die Lohnfortzahlung der Bezug von Krankengeld an (dauert die Arbeitsunfähigkeit also länger als sechs Wochen), so entsteht mit dem Beginn der Krankengeldzahlungen ein **Teillohnzahlungszeitraum** im Sinne des Sozialversicherungsrechts (nicht jedoch im Sinne des Lohnsteuerrechts, wenn die Lohnsteuerkarte beim Arbeitgeber verbleibt). Eine ausführliche Lohnabrechnung (mit Darstellung der Meldepflichten) beim Übergang von der Lohnfortzahlung zum Bezug von Krankengeld ist beim Stichwort „Teillohnzahlungszeitraum" unter Nr. 4 auf Seite 692 enthalten.

3. Entgeltfortzahlung im Krankheitsfall

Der Arbeitnehmer hat nach § 3 Abs. 1 Satz 1 des Entgeltfortzahlungsgesetzes einen Anspruch auf Entgeltfortzahlung im Krankheitsfall für die Dauer von **sechs Wochen.** Zur Berechnung der Sechswochenfrist vgl. die Erläuterungen unter der nachfolgenden Nr. 7.

Anspruch auf eine Entgeltfortzahlung im Krankheitsfall haben nach dem Entgeltfortzahlungsgesetz (EFZG) **alle Arbeitnehmer** und Auszubildende. Auf den Umfang der Beschäftigung kommt es nicht an. Deshalb haben auch geringfügig Beschäftigte Anspruch auf Entgeltfortzahlung. Ausgenommen von der Entgeltfortzahlung im Krankheitsfall sind Heimarbeiter, Hausgewerbetreibende und ihnen gleichgestellte Arbeitnehmer. Diese Personen erhalten als Ausgleich dafür aber vom Arbeitgeber einen Zuschlag zum Arbeitsentgelt.

4. Wartezeit

Bei einem neu begründeten Beschäftigungsverhältnis muss der Arbeitgeber erst nach einer **Wartezeit von vier Wochen** (= 28 Kalendertage) Entgeltfortzahlung im Krankheitsfall leisten (§ 3 Abs. 3 EFZG). Nur wenn das neu begründete Arbeitsverhältnis vier Wochen ununterbrochen bestanden hat, kann danach ein Entgeltfortzahlungsanspruch eintreten. Eine Anrechnung der Wartezeit auf die sechswöchige Anspruchsdauer findet nicht statt. Dabei ist es unerheblich, ob die Erkrankung auf einen Arbeitsunfall zurückzuführen ist oder nicht. Erkrankt der Arbeitnehmer in den ersten vier Wochen eines neuen Beschäftigungsverhältnisses und ist die Wartezeit nicht erfüllt, so erhält der Beschäftigte dann in der Regel Krankengeld von der Krankenkasse bzw. Verletztengeld von der Berufsgenossenschaft. Durch Tarifvertrag oder Betriebsvereinbarung kann die Wartezeit von vier Wochen zugunsten des Arbeitnehmers verkürzt werden.

5. Selbstverschuldete Krankheit

Voraussetzung für die Entgeltfortzahlung im Krankheitsfall ist, dass den Arbeitnehmer an seiner Arbeitsunfähigkeit **kein Verschulden** trifft. Der Anspruch auf Entgeltfortzahlung wird jedoch nur durch Vorsatz oder ein grobes Verschulden des Arbeitnehmers ausgeschlossen, z. B. bei Trunkenheit am Steuer oder einem sonstigen grob fahrlässigen Verhalten im Straßenverkehr.

Entgeltfortzahlung

Die Arbeitsverhinderung infolge einer nicht rechtswidrigen Sterilisation oder eines nicht rechtswidrigen **Schwangerschaftsabbruchs** ist einer unverschuldeten krankheitsbedingten Arbeitsunfähigkeit gleichgestellt.

6. Anzeige- und Nachweispflichten des Arbeitnehmers

Der Arbeitnehmer hat bei Krankheit folgende Anzeige- und Nachweispflichten:

- Die Arbeitsunfähigkeit und deren voraussichtliche Dauer sind dem Arbeitgeber unverzüglich anzuzeigen. Dies kann formlos, z. B. telefonisch oder durch Kollegen erfolgen.
- Dauert die Arbeitsunfähigkeit länger als **drei Kalendertage,** ist spätestens am darauf folgenden Arbeitstag eine ärztliche Bescheinigung vorzulegen, aus der die voraussichtliche Dauer der Erkrankung vom 1. Tag an angegeben ist.
- Dauert die Arbeitsunfähigkeit länger als in der Bescheinigung angegeben, muss der Arbeitnehmer dem Arbeitgeber eine neue ärztliche Bescheinigung vorlegen, aus der die weitere Dauer der Arbeitsunfähigkeit ersichtlich ist.
- Erkrankt der Arbeitnehmer im Ausland, ist er verpflichtet, den Arbeitgeber schnellstmöglich (Telefax, telefonisch) über die Arbeitsunfähigkeit, deren Dauer und seinen Aufenthaltsort zu informieren. Die Kosten hierfür hat der Arbeitgeber zu tragen. Auch die Rückkehr in das Inland hat der Arbeitnehmer dem Arbeitgeber unverzüglich anzuzeigen. Über die Erkrankung, ihre voraussichtliche Dauer und die Rückkehr in das Inland muss der Arbeitnehmer außerdem die Krankenkasse unterrichten.

Der Arbeitgeber ist berechtigt, die Entgeltfortzahlung zu verweigern, solange der Arbeitnehmer die ärztliche Bescheinigung nicht vorlegt und dieses Versäumnis selbst zu vertreten hat. Der Arbeitgeber muss jedoch das Entgelt nachzahlen, sobald der Arbeitnehmer seiner Nachweispflicht nachkommt.

7. Berechnung der Sechswochenfrist

Der Anspruch auf Entgeltfortzahlung im Krankheitsfall besteht für die Zeit der Arbeitsunfähigkeit **höchstens für die Dauer von sechs Wochen.** Der Anspruch ist unabdingbar, das heißt durch Tarifvertrag, Betriebsvereinbarung oder Einzelarbeitsvertrag kann diese Frist verlängert, keinesfalls aber verkürzt werden. Die Frist von 6 Wochen entspricht **42 Kalendertagen.**

Zur **Berechnung der Sechswochenfrist** gilt Folgendes:

- Tritt die Arbeitsunfähigkeit während der Arbeitszeit oder im Anschluss an die Arbeitszeit ein, so wird dieser Tag **nicht** mitgerechnet.
- Tritt die Arbeitsunfähigkeit vor Arbeitsbeginn ein, so wird dieser Tag mitgerechnet.
- Tritt die Arbeitsunfähigkeit an einem arbeitsfreien Samstag, Sonntag oder gesetzlichen Feiertag ein, so ändert sich hierdurch für den Beginn der Sechswochenfrist nichts, das heißt der erste Tag der Erkrankung wird nicht mitgerechnet.
- Ruht das Arbeitsverhältnis zu Beginn der Arbeitsunfähigkeit (z. B. bei unbezahltem Urlaub, beim Bezug von Mutterschafts- oder Elterngeld), so wird die Frist nicht in Lauf gesetzt.

Beispiel A

Der Arbeitnehmer hat unbezahlten Urlaub vom 3. 8. bis 23. 8. 2010; am 12. 8. 2010 wird er arbeitsunfähig. Die Sechswochenfrist beginnt am 24. 8. 2010 und endet am 4. 10. 2010. Während des unbezahlten Urlaubs steht dem Arbeitnehmer kein Lohnfortzahlungsanspruch zu.

Bei **mehreren Erkrankungen** gilt zur Berechnung der Sechswochenfrist Folgendes:

Grundsätzlich hat der Arbeitnehmer einen Anspruch auf sechs Wochen Entgeltfortzahlung im Krankheitsfalle. Von diesem Grundsatz wird jedoch abgewichen, wenn die neuerliche Arbeitsunfähigkeit auf **derselben** Krankheit beruht, die bereits anlässlich einer früheren Erkrankung einen Entgeltfortzahlungsanspruch ausgelöst hat und zwischenzeitlich nicht ein bestimmter Zeitraum verstrichen ist. War der Beschäftigte also in den vergangenen Monaten infolge derselben Krankheit einmal oder bereits mehrfach arbeitsunfähig, so wird die Zeit der früheren Entgeltfortzahlungen auf die Dauer entsprechend angerechnet, mit der Folge, dass nur für **insgesamt sechs Wochen** eine Verpflichtung seitens des Arbeitgebers zur Entgeltfortzahlung besteht. Für die Feststellung, ob es sich um eine Fortsetzungserkrankung handelt, trägt ggf. der Arbeitgeber die Beweislast. Bei gesetzlich krankenversicherten Arbeitnehmern hilft die Krankenkasse bei der Feststellung, ob eine Fortsetzungserkrankung vorliegt oder nicht.

Liegt zwischen zwei Erkrankungen, die auf dieselbe Krankheit zurückzuführen sind, ein Zeitraum von **sechs Monaten,** so besteht für die erneute Arbeitsunfähigkeit ein neuer sechswöchiger Entgeltfortzahlungsanspruch. Wenn während dieser sechs Monate wegen einer anderen Krankheit Arbeitsunfähigkeit vorlag, so ist dies für die Beurteilung unerheblich.

Beispiel B

Arbeitsunfähigkeit wegen Krankheit A vom 1. 1. bis 31. 3.
Arbeitsunfähigkeit wegen Krankheit B vom 1. 5. bis 30. 6. und
Arbeitsunfähigkeit wegen Krankheit A vom 1. 11. bis 20. 12.

Für beide Arbeitsunfähigkeiten wegen der Erkrankung A besteht jeweils ein Anspruch auf sechs Wochen Entgeltfortzahlung, da zwischen dem Ende der erstmaligen Erkrankung (31. 3.) und dem Beginn der Arbeitsunfähigkeit wegen desselben Leidens (1. 11.) sechs Monate vergangen sind. Die Krankheit B löst ebenfalls einen sechswöchigen Entgeltfortzahlungsanspruch aus und beeinflusst die Sechswochenfrist bei der Erkrankung A nicht.

Wenn zwischen den zwei Erkrankungen wegen derselben Krankheit kein Zeitraum von mindestens sechs Monaten vergangen ist, kann nur dann ein neuer sechswöchiger Entgeltfortzahlungsanspruch bestehen, wenn seit dem Beginn der letzten Arbeitsunfähigkeit mit neuem Fortzahlungsanspruch mindestens **zwölf Monate** vergangen sind. Der Arbeitgeber ist also verpflichtet das Entgelt fortzuzahlen, wenn der Arbeitnehmer nach Ablauf von zwölf Monaten, nachdem er zum ersten Mal wegen derselben Krankheit arbeitsunfähig wurde, erneut erkrankt. Unmaßgeblich ist dabei, wie oft oder in welchen Abständen er zwischenzeitlich wegen derselben Krankheit arbeitsunfähig war.

Beispiel C

Arbeitsunfähigkeit wegen Krankheit A vom 1. 1. bis 31. 3.
Arbeitsunfähigkeit wegen Krankheit A vom 1. 5. bis 30. 6.
Arbeitsunfähigkeit wegen Krankheit A vom 1. 8. bis 30. 9.
Arbeitsunfähigkeit wegen Krankheit A vom 1. 2. bis 30. 4. des Folgejahres

Ein sechswöchiger Anspruch auf Entgeltfortzahlung besteht jeweils nur anlässlich der Erkrankungen vom 1. 1. bis 31. 3. und vom 1. 2. bis 30. 4. des Folgejahres, da seit dem erstmaligen Beginn der Arbeitsunfähigkeit (1. 1.) bis zum neuerlichen Beginn (1. 2. des Folgejahres) ein Zeitraum von mehr als zwölf Monaten vergangen ist. Für die beiden dazwischenliegenden Krankheitszeiträume besteht kein Entgeltfortzahlungsanspruch, da weder sechs Monate seit Beendigung der letztmaligen Erkrankung bis zum Beginn der Nächsten, noch zwölf Monate seit Beginn der erstmaligen Krankheit und dem neuen Beginn der nächsten liegen.

Der Zwölfmonatszeitraum beginnt grundsätzlich mit dem Folgetag, der der erstmaligen Arbeitsunfähigkeit wegen derselben Krankheit folgt. Sollte jedoch zwischen den Erkrankungen in einem Zeitraum von sechs Monaten keine Arbeitsunfähigkeit wegen derselben Erkrankung vorgelegen haben, beginnt die zwölfmonatige Rahmenfrist mit Beginn der außerhalb des sechsmonatigen Zeitraumes liegenden neuerlichen Erkrankungen wegen desselben Leidens.

Entgeltfortzahlung

Beispiel D
Arbeitsunfähigkeit wegen Krankheit A vom 1.1. bis 31.3.
Arbeitsunfähigkeit wegen Krankheit A vom 1.5. bis 30.6.
Arbeitsunfähigkeit wegen Krankheit A vom 1.2. bis 31.3. des Folgejahres

Es beginnt hier jeweils am 1.1. und am 1.2. des Folgejahres ein neuer Zwölfmonatszeitraum, da zwischen den Folgeerkrankungen (1.5. bis 30.6. und 1.2. bis 31.3. des Folgejahres) sechs Monate vergangen sind, was zur Folge hat, dass auch jeweils ein Anspruch auf sechs Wochen Entgeltfortzahlung besteht. Anlässlich der Erkrankung vom 1.5. bis 30.6. besteht kein Entgeltfortzahlungsanspruch, da sein Ende der letztmaligen Arbeitsunfähigkeit (1.1. bis 31.1.) wegen derselben Erkrankung keine sechs Monate vergangen sind.

Beruht die Arbeitsunfähigkeit aber auf einer **anderen Erkrankung,** so entsteht mit dieser ein neuer Anspruch auf Entgeltfortzahlung für die Dauer von sechs Wochen. Tritt jedoch eine neue Krankheit zu einer bereits bestehenden Erkrankung hinzu, so verlängert sich der Fortzahlungszeitraum von sechs Wochen **nicht.**

Beispiel E
Arbeitsunfähigkeit wegen Krankheit A vom 1.1. bis 31.3.
Arbeitsunfähigkeit wegen Krankheit B vom 1.5. bis 31.8.
Für beide Erkrankungen entsteht ein Entgeltfortzahlungsanspruch von sechs Wochen.

Beispiel F
Arbeitsunfähigkeit wegen Krankheit A vom 1.1. bis 31.3.
Arbeitsunfähigkeit wegen Krankheit B vom 1.2. bis 30.6.
Es besteht nur für die Arbeitsunfähigkeit aufgrund der Krankheit A ein sechswöchiger Entgeltfortzahlungsanspruch. Die zum 1.2. hinzugetretene Erkrankung löst keine Verlängerung bzw. keinen neuen Anspruch aus.

Bei einem **Arbeitgeberwechsel** beginnt die Frist von sechs Wochen (und damit auch der Zeitraum von 12 Monaten) **völlig neu** und unabhängig davon, wann der Arbeitnehmer beim früheren Arbeitgeber zuletzt krank war. Krankheitszeiten bei einem früheren Arbeitgeber werden also nicht angerechnet.

8. Höhe der Entgeltfortzahlung

Die Höhe der Entgeltfortzahlung bestimmt sich nach dem sog. **Lohnausfallprinzip,** das heißt der Arbeitnehmer ist so zu vergüten, als hätte er während der Krankheitszeit gearbeitet. Die Höhe der Entgeltfortzahlung hängt also nicht, wie beispielsweise das Urlaubsentgelt oder der Zuschuss zum Mutterschaftsgeld, vom Verdienst **vor** Eintritt der Arbeitsunfähigkeit ab. Deshalb wirken sich alle Veränderungen im Arbeitsverhältnis, wie z.B. Verkürzung der Arbeitszeit, tarifliche Erhöhung des Entgeltes, Wechsel vom Auszubildenden zum Gesellen, auf die Höhe aus. Dies gilt selbst dann, wenn sie erst während der Arbeitsunfähigkeit eingetreten sind. **Überstundenvergütungen** (Grundvergütung und Überstundenzuschläge) werden bei der Bemessung der Entgeltfortzahlung nicht berücksichtigt, sofern nicht ein Tarifvertrag die Einbeziehung zugunsten des Arbeitnehmers vorsieht.

Fortzuzahlen ist also die Vergütung, die der Arbeitnehmer ohne die Arbeitsunfähigkeit erhalten hätte. Hierzu gehören:

– Der Monats-, Wochen-, Tages- oder Stundenlohn.
– Bei Akkordlohn besteht Anspruch auf den in der maßgebenden regelmäßigen Arbeitszeit erzielbaren Durchschnittsverdienst. Ist ein konkreter Vergleich nicht möglich, muss auf den vorher erzielten Verdienst abgestellt werden.
– Zuschläge für Sonntags-, Feiertags- oder Nachtarbeit, wenn in der Vergangenheit solche Arbeit geleistet wurde und ohne Erkrankung hätte geleistet werden müssen.
– Gefahren- und Erschwerniszuschläge.
– Provisionen, die ohne Erkrankung erzielt worden wären.
– Vermögenswirksame Leistungen.
– Sachbezüge wie z.B. freie oder verbilligte Kost und Wohnung.
– Eine Tariferhöhung, die während der Arbeitsunfähigkeit wirksam wird, muss auch bei der Berechnung der Lohnfortzahlung berücksichtigt werden.
– Ist im Betrieb Kurzarbeit eingeführt oder wird damit während der Arbeitsunfähigkeit begonnen, so wirkt sich diese Arbeitszeitverkürzung entsprechend auf den Fortzahlungsanspruch des Arbeitnehmers aus.
– Tritt die Arbeitsunfähigkeit während des Bezugs von Kurzarbeitergeld ein, wird das Kurzarbeitergeld weiter gewährt, solange der Anspruch auf Fortzahlung des Arbeitsentgelts wegen Krankheit besteht (§ 4 Abs. 3 EFZG).
– Beträgt die Wochenarbeitszeit nur 38,5 Stunden (bei 5 Arbeitstagen also 7,7 Stunden täglich), werden im Betrieb aber 8 Stunden täglich gearbeitet und die Verkürzung der Wochenarbeitszeit auf 38,5 Stunden durch Freischichten ausgeglichen, hat der Arbeitnehmer im Krankheitsfall Anspruch auf Fortzahlung des Arbeitslohns für 8 Stunden, da tatsächlich 8 Stunden ausgefallen sind.

Nicht zu berücksichtigen sind dagegen:
– Überstundenvergütungen (Grundvergütung und Überstundenzuschläge), sofern nicht ein Tarifvertrag die Einbeziehung zugunsten des Arbeitnehmers vorsieht,
– Auslösungen,
– Essenszuschüsse,
– Fahrkostenzuschüsse und
– Schmutzzulagen.

In Tarifverträgen kann von den gesetzlichen Bestimmungen zur Berechnung des fortzuzahlenden Arbeitslohns abgewichen werden. So kann z.B. statt des Lohnausfallprinzips die sog. Bezugsmethode in Frage kommen, wie sie z.B. bei der Berechnung des Urlaubsentgelts gesetzlich vorgeschrieben ist. Außerdem kann eine vom Gesetz abweichende Bemessungsgrundlage festgelegt werden (§ 4 Abs. 4 EFZG). Das bedeutet, dass bestimmte Vergütungsbestandteile bei der Anwendung des Lohnausfallprinzips außer Ansatz gelassen werden können.

Beispiel A
Wurde in der Vergangenheit regelmäßig **Sonntags-, Feiertags- oder Nachtarbeit** geleistet und wäre eine solche auch während der Zeit der Arbeitsunfähigkeit zu leisten, so sind auch die Zuschläge für Sonntags-, Feiertags- und Nachtarbeit in die Entgeltfortzahlung einzubeziehen. Diese Zuschläge sind jedoch steuerpflichtig (vgl. die Erläuterungen unter der vorstehenden Nr. 2).

Beispiel B
Für Arbeit mit **Akkordlohn** (Leistungslohn) besteht Anspruch auf den in der für ihn maßgebenden regelmäßigen Arbeitszeit erzielbaren Durchschnittsverdienst. Dabei kann auf den Lohn der letzten drei Monate abgestellt werden, soweit dieser Verdienst auch für die Zeit der Erkrankung repräsentativ ist.

Beispiel C
Ist im Betrieb **Kurzarbeit** eingeführt worden oder wird damit während der Arbeitsunfähigkeit begonnen, so wirkt sich diese Arbeitszeitverkürzung entsprechend auf den Fortzahlungsanspruch des Arbeitnehmers aus.
Tritt die Arbeitsunfähigkeit während des Bezugs von Kurzarbeitergeld ein, wird das Kurzarbeitergeld weiter gewährt, solange der Anspruch auf Fortzahlung des Arbeitsentgelts wegen Krankheit besteht.

9. Kürzung von Sonderzahlungen wegen Krankheit

Durch § 4a EFZG wird die Zulässigkeit der Kürzung von Sonderzahlungen (z.B. Gratifikationen, 13. Gehalt usw.) wegen krankheitsbedingter Fehlzeiten gesetzlich geregelt. Die Kürzung von Sondervergütungen ist nur aufgrund einer **Vereinbarung** zulässig. Dies kann eine tarifvertragliche Regelung, eine Betriebsvereinbarung oder eine arbeitsvertragliche Vereinbarung sein. Eine einseitige Bestimmung des Arbeitgebers, die Sondervergütungen zu kürzen, ist nicht möglich. Damit nicht bereits gerin-

Entgeltzahlungszeitraum

ge Fehlzeiten zu einer unangemessenen Kürzung oder gar zum Wegfall der Sondervergütung führen, hat der Gesetzgeber für die Kürzung eine Höchstgrenze eingeführt.

Der Arbeitgeber darf die Sondervergütung für jeden Tag der krankheitsbedingten Arbeitsunfähigkeit höchstens um ein Viertel des Arbeitsentgelts, das im Jahresdurchschnitt auf einen Arbeitstag entfällt, kürzen.

Beispiel

Das Weihnachtsgeld eines Arbeitnehmers beträgt ein Monatsgehalt (= 3080 €). Das Jahresgehalt des Arbeitnehmers ohne Weihnachtsgeld beträgt somit (12 × 3080 € =) 36 960 €. Bei einer angenommenen Zahl von 220 Arbeitstagen im Kalenderjahr entfallen auf einen Arbeitstag somit (36 960 € : 220 Arbeitstage =) 168,— €
die Höchstgrenze beträgt 25% (25% von 168 € =) 42,— €
ist der Arbeitnehmer 10 Arbeitstage im Kalenderjahr arbeitsunfähig erkrankt, so beträgt die Kürzung (10 × 42 € =) 420,— €
Der Arbeitnehmer erhält also infolge der Erkrankung nur eine gekürzte Weihnachtszuwendung in Höhe von (3080 € abzüglich 420 € =) 2 660,— €.

Voraussetzung für die Kürzung ist, wie bereits ausgeführt, dass keine tarifliche oder arbeitsvertragliche Regelung der Kürzung entgegensteht.

10. Lohnfortzahlungsversicherung

Die gesetzliche Pflicht zur Lohnfortzahlung stellt ein erhebliches Risiko für den Arbeitgeber dar. Der Verminderung dieses Risikos dient die sog. Lohnfortzahlungsversicherung **(Umlageverfahren U 1).** Träger dieses überbetrieblichen Ausgleichsverfahrens nach § 1 Aufwendungsausgleichsgesetz sind die Krankenkassen und die Minijob-Zentrale bei der Deutschen Rentenversicherung Knappschaft-Bahn-See. Das Verfahren ist ausführlich anhand von Beispielen in Teil B Nr. 10 auf Seite 16 erläutert.

Entgeltzahlungszeitraum

siehe „Berechnung der Lohnsteuer und der Sozialversicherungsbeiträge" unter Nr. 7 auf Seite 146.

Entlastungsbetrag für Alleinerziehende

siehe Anhang 9 Nr. 15

Entschädigungen

Neues auf einen Blick:

Entschädigungen für entgangene Einnahmen oder für die Aufgabe bzw. das Nichtausüben einer Tätigkeit (vgl. die nachfolgenden Nrn. 2 und 3) sind ab 2010 bei der **Berechnung** der **Vorsorgepauschale** für die Renten-, Kranken- und Pflegeversicherungsbeiträge **nicht zu berücksichtigen,** weil hierfür keine Sozialversicherungsbeiträge zu entrichten sind (vgl. nachfolgende Nr. 7). Vgl. zur Berechnung der Vorsorgepauschale und zum Abzug von Vorsorgeaufwendungen im Einzelnen die Erläuterungen im Anhang 8 und 8a.

Eine **Entschädigung** für entgangene Einnahmen liegt **nicht** vor, wenn während des noch laufenden **befristeten Dienstverhältnisses** eine Zahlung vereinbart wird, weil das Dienstverhältnis **vertragsgemäß ausläuft** und **nicht verlängert** wird (BFH-Urteil vom 10.7.2008, BFH/NV 2009 S. 130). Hingegen kann bei einer sog. „**Änderungskündigung**" durchaus eine Entschädigung für entgangene Einnahmen vorliegen (BFH-Urteil vom 25.8.2009 IX R 3/09). Vgl. hierzu auch die Erläuterungen unter der nachfolgenden Nr. 2.

Entschädigungen

Gliederung:

1. Allgemeines
   a) Steuerfreie oder steuerpflichtige Entschädigungen
   b) Ermäßigt besteuerte Entschädigungen
2. Entschädigung für entgangene Einnahmen
3. Entschädigung für die Aufgabe oder das Nichtausüben einer Tätigkeit
4. Zusammenballung von Einkünften
5. Abgeltung von Pensionsanwartschaften
6. Aufzeichnungspflichten
7. Vorsorgepauschale

1. Allgemeines

a) Steuerfreie oder steuerpflichtige Entschädigungen

Unter der Bezeichnung „Entschädigung" werden die verschiedensten Zahlungen an Arbeitnehmer geleistet. Ihre steuerliche Behandlung richtet sich ausschließlich nach dem tatsächlichen Grund der Zahlung.

Steuerpflicht besteht immer dann, wenn „Entschädigungen" ein unmittelbares Entgelt für die Arbeitsleistung darstellen oder wenn sie als Ersatz für entgangene oder entgehende Einnahmen, die im Falle ihres Zufließens beim Empfänger steuerpflichtig wären, gezahlt werden. Zur steuerlichen Behandlung von Abfindungen wegen Entlassung aus dem Dienstverhältnis vgl. dieses Stichwort. Durch gesetzliche Regelung sind bestimmte Entschädigungen für Verdienstausfall ausdrücklich steuerfrei gestellt worden.

Siehe die Stichworte:

– „Infektionsschutzgesetz",
– „Verdienstausfallentschädigungen".

Vielfach wird auch der Ersatz von dienstlich verursachtem **Aufwand** als „Entschädigung" bezeichnet. Diese Entschädigungen für dienstlich verursachte Aufwendungen sind steuerpflichtig, soweit sie nicht ausdrücklich von der Besteuerung ausgenommen sind.

Siehe die Stichworte:

– „Aufwandsentschädigungen aus öffentlichen Kassen",
– „Auslagenersatz",
– „Bruchgeldentschädigungen",
– „Fehlgeldentschädigungen",
– „Garnentschädigung",
– „Trennungsentschädigungen",
– „Wegezeitentschädigungen",
– „Werkzeuggeld".

Begrifflich von vornherein kein Arbeitslohn sind dagegen alle Entschädigungen, die zum Ausgleich von **privaten** Vermögensverlusten oder von **rein persönlichen** Schäden gewährt werden (vgl. „Schadenersatz"). Sind steuerpflichtige Entschädigungen kein Arbeitslohn, sondern einer anderen Einkunftsart zuzuordnen oder sind sie zwar Arbeitslohn, werden sie aber nicht vom Arbeitgeber, sondern von einem vom Arbeitgeber unabhängigen Dritten gezahlt (z. B. von einer Versicherung), so werden sie grundsätzlich durch eine Veranlagung zur Einkommensteuer steuerlich erfasst (vgl. hierzu aber auch das Stichwort „Lohnzahlung durch Dritte" besonders unter Nr. 3).

b) Ermäßigt besteuerte Entschädigungen

Außerordentliche Einkünfte werden nach § 34 Abs. 1 EStG durch die Anwendung der sog. **Fünftelregelung** ermäßigt besteuert. Die Anwendung der Fünftelregelung bedeutet, dass die steuerpflichtigen außerordentlichen Einkünfte zum Zwecke der Steuerberechnung mit einem Fünftel als sonstiger Bezug versteuert und die auf dieses Fünftel entfallende Lohnsteuer verfünffacht wird (auf die Berechnungsbeispiele beim Stichwort „Sonstige Bezüge"

Entschädigungen

unter Nr. 6 auf Seite 663 wird Bezug genommen). Seit 2008 ist die **Fünftelregelung** übrigens auch bei **beschränkt steuerpflichtigen Arbeitnehmern** anzuwenden (vgl. § 50 Abs. 1 Satz 3 EStG).

Begünstigte außerordentliche Einkünfte liegen vor, wenn Entschädigungen als Ersatz für entgangene oder entgehende Einnahmen oder für die Aufgabe oder das Nichtausüben einer Tätigkeit gezahlt werden und eine Zusammenballung von Einnahmen vorliegt.

Hiernach ergibt sich folgendes Schema:

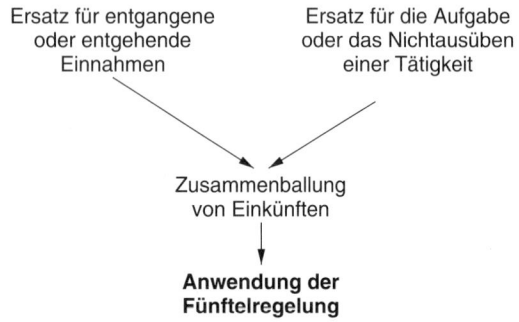

Diese Voraussetzungen können bei folgenden Entschädigungen vorliegen:

- **Entlassungsentschädigungen** (vgl. „Abfindung wegen Entlassung aus dem Dienstverhältnis");
- **Karenzentschädigungen** (vgl. „Konkurrenzverbot");
- Entschädigungen wegen **Wettbewerbsverbot** (vgl. „Wettbewerbsverbot");
- Zahlungen von **Vorruhestandsgeld** in einer Summe (vgl. „Vorruhestand");
- Entschädigungen zur **Abgeltung von Pensionsanwartschaften** (vgl. nachfolgend unter Nr. 5).

Im Einzelnen gilt Folgendes:

Der Begriff der **Entschädigung** ist in § 24 EStG definiert. Zu den Entschädigungen im Sinne des § 24 EStG gehören:

- Entschädigungen, die als **Ersatz** für entgangene oder **entgehende Einnahmen** gewährt werden;
- Entschädigungen, die für die **Aufgabe** oder das **Nichtausüben** einer **Tätigkeit** oder für die Aufgabe einer Gewinnbeteiligung oder einer Anwartschaft auf eine solche gezahlt werden;
- Ausgleichszahlungen an Handelsvertreter nach § 89 b Handelsgesetzbuch.

Damit die ermäßigte Besteuerung angewendet werden kann, muss es sich **zusätzlich** noch um eine **Zusammenballung von Einkünften** handeln (vgl. nachfolgend unter Nr. 4).

Die **Rückzahlung** einer Entlassungsentschädigung ist übrigens selbst dann im Abflussjahr als negative Einnahme zu berücksichtigen, wenn sie im Zuflussjahr nach der Fünftelregelung ermäßigt besteuert worden ist (BFH-Urteil vom 4.5.2006, BStBl. II S. 911). Hierdurch kann sich eine Steuerentlastung für den Arbeitnehmer ergeben (Versteuerung der Einnahme mit dem ermäßigten Steuersatz; Auswirkung der Rückzahlung mit dem „vollen" Steuersatz).

2. Entschädigung für entgangene Einnahmen

Eine Entschädigung im Sinne des § 24 Nr. 1 Buchst. **a** EStG, die entgangene oder entgehende Einnahmen ersetzt, liegt nur dann vor, wenn ein „Schaden" ersetzt wird. Es muss sich also um einen Ausgleich für einen Verlust handeln, den der Arbeitnehmer **unfreiwillig** erlitten hat. Von einem unfreiwilligen Eintritt eines Schadens ging die Rechtsprechung früher nur dann aus, wenn der Arbeitnehmer den Schaden ohne oder gegen seinen Willen erlitten hatte. Diese Rechtsprechung wurde ausdrücklich aufgegeben (BFH-Urteil vom 20.10.1978, BStBl. 1979 II S. 176), sodass nunmehr eine Entschädigung auch beim Mitwirken des Arbeitnehmers vorliegen kann. Der Arbeitnehmer kann hiernach also Vereinbarungen zum Ausgleich eines eingetretenen oder drohenden Schadens schließen. Der Arbeitnehmer muss jedoch in diesem Fall unter **wirtschaftlichem, rechtlichem** oder **tatsächlichem Druck** handeln, das heißt, er darf das schädigende Ereignis nicht aus eigenem Antrieb herbeigeführt haben (BFH-Urteil vom 9.7.1992, BStBl. 1993 II S. 27). Aufgrund dieser Rechtsprechung sind auch Abfindungen, die bei der Auflösung eines Arbeitsverhältnisses vereinbart werden, als Entschädigung anzusehen, wenn die Auflösung **vom Arbeitgeber veranlasst** wird. Keine Entschädigung liegt vor, wenn der Arbeitnehmer selbst kündigt, das schädigende Ereignis also selbst herbeiführt.

Der Begriff „Entschädigung" erfordert es, dass Ansprüche des Arbeitnehmers weggefallen sind. Eine Entschädigung liegt deshalb nur dann vor, **wenn die Zahlung auf einer neuen Rechtsgrundlage beruht**. Werden Zahlungen lediglich in Erfüllung eines bereits bestehenden (z. B. arbeitsvertraglichen) Anspruchs geleistet, liegen keine Entschädigungen vor. Eine Entschädigung liegt daher dann nicht vor, wenn lediglich die Zahlungsmodalitäten geändert werden, z. B. laufende Zahlungen durch eine Nachzahlung, Abfindung oder Kapitalisierung ersetzt werden. Es kann sich jedoch um Arbeitslohn für mehrere Jahre handeln, für den gleichfalls die Fünftelregelung anzuwenden ist (vgl. auch die folgenden Absätze). Bei einer Abfindung wegen Auflösung des Dienstverhältnisses liegt aber auch dann eine Entschädigung vor, wenn bereits **bei Beginn** des Dienstverhältnisses ein Ersatzanspruch für den Fall der betriebsbedingten Kündigung oder Nichtverlängerung des Dienstverhältnisses vereinbart wird (BFH-Urteil vom 10.9.2003, BStBl. 2004 II S. 349). Es handelt sich dann um eine **aufschiebende Bedingung** (§ 158 BGB). Keine Entschädigung liegt jedoch vor, wenn während des noch laufenden befristeten Dienstverhältnisses eine Zahlung vereinbart wird, weil das Dienstverhältnis vertragsgemäß ausläuft und nicht verlängert wird (BFH-Urteil vom 10.7.2008, BFH/NV 2009 S. 130). Der Bundesfinanzhof sieht allerdings eine „Teil-Abfindungszahlung" des Arbeitgebers auch dann als Entschädigung an, wenn der Arbeitnehmer seine Wochenarbeitszeit durch Änderung des Arbeitsvertrags unbefristet reduziert (sog. **Änderungskündigung**; BFH-Urteil vom 25.8.2009 IX R 3/09). Das Arbeitsverhältnis muss also für die Anwendung des § 24 Nr. 1 Buchst. a EStG nicht vollständig beendet werden. Der Arbeitnehmer muss aber bei der Änderung des Arbeitsvertrags unter rechtlichem, wirtschaftlichem oder tatsächlichem Druck gehandelt haben.

Klagt ein Arbeitnehmer auf **Fortsetzung** des Dienstverhältnisses und zahlt der Arbeitgeber aufgrund der erfolgreichen Klage des Arbeitnehmers den Arbeitslohn für mehrere Jahre nach, so handelt es sich bei einer solchen Nachzahlung nicht um eine Entschädigung im Sinne des § 24 Nr. 1 Buchst. a EStG, die ermäßigt besteuert werden könnte, da die Nachzahlung keine auf einer anderen Rechtsgrundlage beruhende Ersatzleistung darstellt, sondern der Erfüllung des fortbestehenden **Arbeitsverhältnisses** dient (BFH-Urteil vom 16.3.1993, BStBl. II S. 507). Da die Nachzahlung jedoch mehrere Jahre betrifft, ist gleichwohl die Fünftelregelung anzuwenden (vgl. die Erläuterungen beim Stichwort „Arbeitslohn für mehrere Jahre"). Eine Entschädigung liegt aber bei Zahlungen infolge einer Schuldhaft **verweigerten Wiedereinstellung** vor (BFH-Urteil vom 6.7.2005, BStBl. 2006 II S. 55).

Wird im Zusammenhang mit der Kündigung des Dienstverhältnisses ein Wohnrecht abgegolten, liegt im Regelfall eine Entschädigung nach § 24 Nr. 1 Buchst. a EStG vor. Wird jedoch bei fortbestehendem Dienstverhältnis ein Wohnrecht abgelöst, so ist keine neue Rechtsgrundlage

Entschädigungen

gegeben, da lediglich anstelle der bisherigen Sachbezüge eine im Voraus zu leistende einmalige Geldzahlung erbracht wird. Es handelt sich somit nicht um eine neue Rechtsgrundlage, sondern lediglich um eine Zahlungsmodalität (BFH-Urteil vom 25. 8. 1993, BStBl. 1994 II S. 185). Da die einmalige Geldzahlung jedoch mehrere Jahre betrifft, ist die Fünftelregelung anzuwenden (vgl. die Erläuterungen beim Stichwort „Arbeitslohn für mehrere Jahre").

Eine Entschädigung nach § 24 Nr. 1a EStG liegt auch vor, wenn ein Arbeitnehmer unter Verstoß gegen das **Benachteiligungsverbot** des **Allgemeinen Gleichbehandlungsgesetzes (AGG)** entlassen und der Arbeitgeber anschließend verpflichtet wird, den hierdurch entstandenen materiellen Schaden zu ersetzen (Fall des § 15 Abs. 1 AGG), vgl. auch die Stichwörter „Abfindungen nach dem Gleichbehandlungsgesetz" und „Schadensersatz".

3. Entschädigung für die Aufgabe oder das Nichtausüben einer Tätigkeit

§ 24 Nr. 1 Buchstabe **b** EStG erfasst Entschädigungen, die als Gegenleistung für den Verzicht auf eine mögliche Einkunftserzielung gezahlt werden. Eine Entschädigung im Sinne des § 24 Nr. 1 Buchstabe b EStG liegt auch dann vor, wenn die Tätigkeit **mit Willen oder** mit **Zustimmung** des **Arbeitnehmers** aufgegeben wird und der Ersatzanspruch nicht auf einer neuen Rechts- oder Billigkeitsgrundlage beruht.

Der Unterschied zur Entschädigung für entgangene Einnahmen liegt vor allem darin, dass es nach der Rechtsprechung des Bundesfinanzhofs für die ermäßigte Besteuerung unschädlich ist, wenn Entschädigungen für die Aufgabe oder das Nichtausüben einer Tätigkeit **von vornherein im** Tarif- oder **Arbeitsvertrag vereinbart** sind. Die Zahlung von Entschädigungen für die Aufgabe oder das Nichtausüben einer Tätigkeit braucht somit nicht auf einer neuen Rechts- oder Billigkeitsgrundlage beruhen. Als praktische Auswirkung ergibt sich hieraus, dass Entschädigungen, die in Tarif- oder Arbeitsverträgen für die Aufgabe oder das Nichtausüben einer Tätigkeit vereinbart sind, zwar keine Entlassungsentschädigung sein können (weil bereits im Voraus festgelegte, arbeitsvertragliche Ansprüche erfüllt werden), bei einer Zusammenballung von Einkünften (vgl. nachfolgende Nr. 4) aber dennoch die Anwendung der Fünftelregelung in Frage kommt. Dies hat der Bundesfinanzhof z. B. für den Fall entschieden, in dem der Arbeitnehmer aufgrund eines tarifvertraglich vorgesehenen Optionsrechts bei Erreichen einer bestimmten Altersgrenze gegen Zahlung einer Abfindung aus dem Arbeitsverhältnis ausscheidet (BFH-Urteil vom 8. 8. 1986, BStBl. 1987 II S. 106). | ja | nein

In gleicher Weise wurde die ermäßigte Besteuerung für Karenzentschädigungen entschieden (BFH-Urteil vom 13. 2. 1987, BStBl. II S. 386; vgl. hierzu die Erläuterungen beim Stichwort „Konkurrenzverbot"). | ja | nein

Gleiches gilt für ein Wettbewerbsverbot (BFH-Urteil vom 16. 3. 1993, BStBl. II S. 497). Auf die Erläuterungen beim Stichwort „Wettbewerbsverbot" wird Bezug genommen. | ja | nein

4. Zusammenballung von Einkünften

Für eine ermäßigte Besteuerung ist es zusätzlich zur Grundvoraussetzung, nämlich der Zahlung einer Entschädigung nach den Ausführungen unter den Nrn. 2 oder 3, erforderlich, dass außerordentliche Einkünfte im Sinne des § 34 Abs. 1 und 2 EStG vorliegen. Dies ist nur dann der Fall, wenn eine Zusammenballung von Einkünften vorliegt. Eine solche Zusammenballung ist anzunehmen, wenn Zahlungen, die sich bei normalem Ablauf auf mehrere Jahre verteilt hätten, **in einem Betrag** geleistet werden und demnach auch in einem Veranlagungszeitraum besteuert werden.

Der Begriff „Zusammenballung" setzt also voraus, dass die Entschädigung **in einem Kalenderjahr** zufließt. Die Verteilung einer Entschädigung auf zwei oder mehr Jahre führt somit regelmäßig zum Verlust der ermäßigten Besteuerung.

Eine Ausnahme von dem Grundsatz, das die Verteilung einer Entschädigung auf zwei oder mehr Kalenderjahre zum Verlust der ermäßigten Besteuerung führt, gilt nur dann, wenn ursprünglich die Zahlung in einer Summe beabsichtigt war, später aber aus Gründen, die **nicht in der Person des Arbeitnehmers liegen** (z. B. Liquiditätsprobleme des Arbeitgebers), eine Auszahlung in Raten, verteilt auf zwei oder mehr Kalenderjahre, erfolgt. Wird eine Entschädigung allerdings in **fortlaufenden Beträgen,** verteilt über mehrere Kalenderjahre, gewährt, scheidet eine ermäßigte Besteuerung von vornherein aus.

Die Frage, wann eine Zusammenballung von Einkünften vorliegt, bereitet vor allem bei der Besteuerung einer Entlassungsentschädigung Probleme. Die Zusammenballung von Einkünften und die hierfür vorgeschriebene **Vergleichsberechnung** mit den weggefallenen Einkünften ist deshalb ausführlich anhand von Beispielen beim Stichwort „Abfindung wegen Entlassung aus dem Dienstverhältnis" unter Nr. 9 auf Seite 26 erläutert.

5. Abgeltung von Pensionsanwartschaften

Häufig werden beim Ausscheiden aus dem Dienstverhältnis Ansprüche auf eine betriebliche Altersversorgung abgegolten. In solchen Fällen stellen sich zwei Fragen:

– Handelt es sich um eine Entlassungsabfindung?

– Ist die Abgeltung der Pensionsanwartschaft ermäßigt zu besteuern?

Entschädigungen zur Abgeltung betrieblicher Pensionsanwartschaften sind nur dann Abfindungen, wenn die Anwartschaft im Zeitpunkt der Auflösung des Dienstverhältnisses arbeitsrechtlich **noch nicht unverfallbar** war (BFH-Urteil vom 24. 4. 1991 – BStBl. II S. 723); der Arbeitnehmer also den Anspruch auf die betriebliche Altersversorgung noch nicht erdient hatte. Erhält der Arbeitnehmer für solche, noch nicht erdienten Ansprüche eine Entschädigung, so handelt es sich um eine Abfindung.

Entschädigungen zur Abgeltung einer **unverfallbaren** Pensionsanwartschaft sind dagegen keine Abfindung, da bereits erdiente Ansprüche abgegolten werden. Es wird nicht **wegen** der Auflösung des Dienstverhältnisses ein Ausgleich für den Verlust des Arbeitsplatzes gezahlt, sondern **anlässlich** des Ausscheidens aus dem Dienstverhältnis ein bereits entstandener Anspruch erfüllt.

Obwohl die in **vollem Umfang steuerpflichtige** Entschädigung zur Abgeltung einer **unverfallbaren** Pensionsanwartschaft keine Entlassungsabfindung ist, kann sie in aller Regel ermäßigt besteuert werden, da

– die Zahlung als Ersatz für entgehende Einnahmen auf einer neuen Rechtsgrundlage beruht (vgl. Nr. 2) und

– eine Zusammenballung von Einkünften vorliegt (vgl. Nr. 4).

Wird also beim **Ausscheiden** aus dem Arbeitsverhältnis eine Pensionsanwartschaft abgefunden, beruht die Zahlung stets auf einer neuen Rechtsgrundlage mit der Folge, dass sowohl bei verfallbaren als auch bei unverfallbaren Pensionsanwartschaften eine Entschädigung i. S. des § 24 Nr. 1 Buchst. a EStG anzunehmen ist, die ermäßigt besteuert werden kann. Eine Ausnahme von diesem Grundsatz gilt nur dann, wenn die Pensionszusage ein **Kapitalwahlrecht** des Arbeitgebers oder des Arbeitneh-

Entschädigungen

mers enthält*). In diesem Fall ist die Grundlage der Abfindung nicht die beim Ausscheiden aus dem Arbeitsverhältnis getroffene Vereinbarung (= neue Rechtsgrundlage), sondern die Ausübung des bereits vorhandenen Kapitalwahlrechts.

Um die Voraussetzungen für eine ermäßigte Besteuerung nicht von vornherein auszuschließen, empfiehlt es sich deshalb, bei Beginn und auch während des Dienstverhältnisses auf die Einräumung einer **wahlweisen** Kapitalisierung bei vorzeitiger Beendigung des Dienstverhältnisses zu verzichten. Die Kapitalisierung sollte erst im Bedarfsfall – also bei Auflösung des Dienstverhältnisses – in Betracht gezogen werden.

Kommt es auf Grund eines eingeräumten Kapitalwahlrechts zu einer kapitalisierten Abgeltung der Pensionsanwartschaft und liegen daher die Voraussetzungen für eine Entschädigung i. S. des § 24 Nr. 1 Buchstabe a EStG nicht vor, ist zu prüfen, ob es sich um eine **Arbeitslohnzahlung für mehrere Jahre** handelt, für die ebenfalls die Tarifermäßigung nach der „Fünftelregelung" in Anspruch genommen werden kann. Dies wird regelmäßig zu bejahen sein.

Aber auch bei **fortbestehendem Arbeitsverhältnis** können Pensionsanwartschaften abgefunden werden (z. B. bei einer **Betriebsveräußerung**). Nach bundeseinheitlicher Verwaltungsauffassung**) stellt die Vereinbarung einer Abfindung für Pensionsanwartschaften eine neue Rechtsgrundlage außerhalb des Arbeitsverhältnisses dar, zu deren Abschluss der Arbeitnehmer aus Gründen veranlasst wird, die in der Sphäre des Arbeitgebers einen für den Arbeitnehmer spürbaren wirtschaftlichen Druck erzeugen. Eine solche Abfindung ist als Entschädigung nach § 24 Nr. 1 Buchst. a EStG anzusehen, die ermäßigt besteuert werden kann. Für die Annahme einer begünstigten Entschädigung kommt es dabei nicht darauf an, ob eine verfallbare oder unverfallbare Pensionsanwartschaft abgefunden wird. Eine Entschädigung liegt aber nur dann vor, wenn mit der Versorgungszusage kein Kapitalwahlrecht des Arbeitgebers oder des Arbeitnehmers verbunden war.

Bei einer **Auflösung** des **Arbeitsverhältnisses** bereitet also die Beantwortung der Frage, ob eine „Entschädigung" vorliegt, keine Schwierigkeiten, da stets eine neue Rechtsgrundlage gegeben ist. Hiernach beruht auch die vertraglich nicht von vornherein vereinbarte Abfindung einer Pensionsverpflichtung nach § 8 Abs. 2 des Betriebsrentengesetzes auf einer neuen Rechtsgrundlage mit der Folge, dass die Abfindung ermäßigt versteuert werden kann, wenn eine Zusammenballung von Einkünften vorliegt (BFH-Urteil vom 25. 8. 1993, BStBl. 1994 II S. 167).

Bei **fortbestehendem Arbeitsverhältnis** muss hingegen geprüft werden, ob die Vereinbarung über die Abfindung von Pensionsanwartschaften auf **Druck des Arbeitgebers** zustande gekommen ist. Ist dies zu verneinen, liegt keine „Entschädigung" i. S. des § 24 Nr. 1 Buchstabe a EStG vor, da schädigendes Ereignis vom Arbeitnehmer selbst herbeigeführt wird (BFH-Urteil vom 9. 7. 1992, BStBl. 1993 II S. 27). In der Regel wird es sich jedoch um Arbeitslohn für mehrere Jahre handeln (vgl. dieses Stichwort), für den ebenfalls die Fünftelregelung in Betracht kommt.

Die **Unverfallbarkeit** von Ansprüchen auf **betriebliche Altersversorgung** ist in § 1b Abs. 1 Satz 1 des Betriebsrentengesetzes geregelt. Die Unverfallbarkeit kann auch durch eine vertragliche Vereinbarung herbeigeführt werden. Wird die beim Ausscheiden aus dem Dienstverhältnis im Zusammenhang mit einer Auflösungsvereinbarung herbeigeführt, ist die Umwandlung des Anspruchs grundsätzlich Bestandteil der Entlassungsentschädigung. Da der Zufluss einer Einmalentschädigung und der Zufluss der Leistungen aus der späteren Betriebsrente zeitlich erheblich auseinander fallen können, stellt sich die Frage, ob gleichwohl hinsichtlich der Einmalzahlung die ermäßigte Besteuerung angewendet werden kann. Obwohl die Voraussetzung der „Zusammenballung von Einkünften" als notwendige Voraussetzung für die ermäßigte Besteuerung nicht gegeben ist, werden nach dem sog. Abfindungs-Erlass der Finanzverwaltung aus der Umwandlung des Anspruchs keine nachteiligen Folgerungen gezogen, das heißt, die Einmalzahlung kann ermäßigt unter Anwendung der Fünftelregelung besteuert werden.***)

6. Aufzeichnungspflichten

Entschädigungen, die ermäßigt besteuert wurden, sind im Lohnkonto gesondert einzutragen. Sie sind in Zeile 10 der Lohnsteuerbescheinigung 2010 gesondert zu bescheinigen, das heißt, sie dürfen im Jahresbruttoarbeitslohn (Zeile 3 der Lohnsteuerbescheinigung) **nicht enthalten** sein; die Steuerabzugsbeträge (Lohnsteuer, Solidaritätszuschlag, Kirchensteuer) sind in den Zeilen 11 bis 14 der Lohnsteuerbescheinigung 2010 einzutragen (vgl. das Stichwort „Lohnsteuerbescheinigung"). Steuerpflichtige Entschädigungen, die **nicht ermäßigt** besteuert wurden, sind in Zeile 19 der Lohnsteuerbescheinigung 2010 **gesondert** zu **bescheinigen.** Sie **müssen** im **Jahresarbeitslohn** (Zeile 3 der Lohnsteuerbescheinigung) **enthalten** sein; die hierauf entfallenden Steuerabzugsbeträge (Lohnsteuer, Solidaritätszuschlag, Kirchensteuer) sind in den Zeilen 4 bis 7 der Lohnsteuerbescheinigung 2010 einzutragen. Durch die gesonderte Bescheinigung der bisher im Lohnsteuerabzugsverfahren nicht ermäßigten Entschädigungen, kann das **Finanzamt** automatisch die Anwendung der **Fünftelregelung** im Rahmen der **Veranlagung** zur Einkommensteuer **prüfen.**

Entschädigungen, die ermäßigt besteuert wurden, bleiben beim **Lohnsteuer-Jahresausgleich** durch den Arbeitgeber **außer Ansatz**, es sei denn, der **Arbeitnehmer beantragt** ausdrücklich die Einbeziehung in den Lohnsteuer-Jahresausgleich (§ 42b Abs. 2 Satz 2 EStG). Werden diese ermäßigt besteuerten Vergütungen in den Lohnsteuer-Jahresausgleich durch den Arbeitgeber einbezogen, müssen sie mit der **vollen Tabellensteuer** versteuert werden. Eine Einbeziehung in den Lohnsteuer-Jahresausgleich ist deshalb nur in seltenen Ausnahmefällen günstiger.

7. Vorsorgepauschale

Entschädigungen für entgangene Einnahmen oder für die Aufgabe bzw. das Nichtausüben einer Tätigkeit (vgl. vorstehende Nrn. 2 und 3) sind ab 2010 bei der **Berechnung** der **Vorsorgepauschale** für die Renten-, Kranken-

---

*) Bundeseinheitliche Regelung, vgl. z. B. Schreiben des Bayer. Staatsministeriums der Finanzen vom 11. 3. 1986 Az: 31 b – S 2258 – 11/2 – 70 147/85. Das Schreiben ist als Anlage 1 zu § 24 EStG im **Steuerhandbuch für das Lohnbüro 2010** abgedruckt, das im selben Verlag erschienen ist. Das **PC-Lexikon** für das Lohnbüro 2010 enthält auch dieses Handbuch und hat außerdem den Vorteil, dass Sie **alle BFH-Urteile** sowie die aktuellen Rundschreiben und Niederschriften der Spitzenverbände der **Sozialversicherung** mit Mausklick **im Volltext** abrufen und ausdrucken können. Eine Bestellkarte finden Sie vorne im Lexikon.

) Bundeseinheitliche Regelung, vgl. z. B. Schreiben des Bayer. Staatsministeriums der Finanzen vom 23. 7. 1987 Az: 31 b – S 2258 – 11/8 – 4424. Das Schreiben ist als Anlage 2 zu § 24 EStG im **Steuerhandbuch für das Lohnbüro 2010 abgedruckt, das im selben Verlag erschienen ist. Das **PC-Lexikon** für das Lohnbüro 2010 enthält auch dieses Handbuch und hat außerdem den Vorteil, dass Sie **alle BFH-Urteile** sowie die aktuellen Rundschreiben und Niederschriften der Spitzenverbände der **Sozialversicherung** mit Mausklick **im Volltext** abrufen und ausdrucken können. Eine Bestellkarte finden Sie vorne im Lexikon.

***) Tz. 8 des BMF-Schreibens vom 24.5.2004 (BStBl. I S. 505). Das BMF-Schreiben ist als Anlage zu H 34 LStR im **Steuerhandbuch für das Lohnbüro 2010** abgedruckt, das im selben Verlag erschienen ist. Das **PC-Lexikon** für das Lohnbüro 2010 enthält auch dieses Handbuch und hat außerdem den Vorteil, dass Sie **alle BFH-Urteile** sowie die aktuellen Rundschreiben und Niederschriften der Spitzenverbände der **Sozialversicherung** mit Mausklick **im Volltext** abrufen und ausdrucken können. Eine Bestellkarte finden Sie vorne im Lexikon.

	Lohn-steuer-pflichtig	Sozial-versich.-pflichtig

und Pflegeversicherungsbeiträge **nicht zu berücksichtigen,** weil hierfür keine Sozialversicherungsbeiträge zu entrichten sind (§ 39b Abs. 2 Satz 5 Nr. 3 zweiter Teilsatz EStG). Vgl. zur Berechnung der Vorsorgepauschale und zum Abzug von Vorsorgeaufwendungen im Einzelnen die Erläuterungen im Anhang 8 und 8a.

Entsendung

siehe „Ausstrahlung"

Entstehung der Beitragsschuld

Anders als im Lohnsteuerrecht entsteht die Beitragsschuld aus **laufendem Arbeitsentgelt** im Sozialversicherungsrecht nicht erst mit dem Zufließen des Arbeitsentgelts, sondern sobald die gesetzlichen bzw. satzungsmäßigen Voraussetzungen für den Beitragsanspruch vorliegen. Dies ist bei den Pflichtbeiträgen für Arbeitnehmer der Fall, sobald das Arbeitsentgelt erzielt, d. h. der **Anspruch darauf fällig** geworden ist. Eines Verwaltungsakts bedarf es dabei nicht. **Einmalige Zuwendungen** sind jedoch im Zeitpunkt des Zuflusses beitragspflichtig (vgl. „Einmalige Zuwendungen").

Entstehung der Lohnsteuerschuld

Die Lohnsteuerschuld entsteht in dem Zeitpunkt, in dem der Arbeitslohn **zufließt** (§ 38 Abs. 2 EStG), das ist der Zeitpunkt, zu dem der Arbeitgeber den Arbeitslohn an den Arbeitnehmer auszahlt und dieser hierüber **wirtschaftlich verfügen** kann. Dieser Zeitpunkt ist dafür maßgebend, welche Besteuerungsmerkmale (nach den Eintragungen auf der Lohnsteuerkarte) und in welcher Fassung die steuerlichen Vorschriften bei der Besteuerung des Arbeitslohns anzuwenden sind. Das kann bei der Änderung steuerlicher Vorschriften, insbesondere des Tarifs, ggf. auch bei der Änderung der persönlichen steuerlichen Verhältnisse des Arbeitnehmers (Steuerklasse, Freibeträge, Kirchensteuerpflicht usw.) bedeutsam sein. Außerdem ist die Entstehung der Steuerschuld für den Beginn der Festsetzungsverjährung maßgebend (vgl. „Verjährung"). Vgl. im Einzelnen auch die Ausführungen beim Stichwort „Zufluss von Arbeitslohn".

Erbe

siehe „Rechtsnachfolger"

Erfindervergütungen

Seit 1989 sind Erfindervergütungen in voller Höhe **steuerpflichtig,** da die Geltungsdauer der Verordnung über die steuerliche Behandlung der Vergütungen für Arbeitnehmererfindungen damals nicht verlängert worden ist. | ja | ja

Werden Erfindervergütungen **für mehrere Jahre** gezahlt, so ist regelmäßig die sog. **Fünftelregelung** anwendbar (vgl. das Stichwort „Arbeitslohn für mehrere Jahre"). Die Versteuerung eines sonstigen Bezugs unter Anwendung der Fünftelregelung ist anhand von Beispielen beim Stichwort „Sonstige Bezüge" unter Nr. 6 auf Seite 663 dargestellt. Die Auffassung des Bundesfinanzhofs, dass es sich bei Zahlungen des Arbeitgebers wegen Rechtsübergang der Arbeitnehmer-Erfindung nach dem Gesetz über Arbeitnehmererfindungen nicht um eine Vergütung für mehrjährige Tätigkeit handelt (BFH-Urteil vom 26.1.2005, BFH/NV 2005 S. 888), ist u.E. nicht überzeugend und widerspricht den wirtschaftlichen Gegebenheiten. Im Streitfall sprach u.E. entscheidend gegen die Tarifermäßigung, dass die Zahlung auf mehrere Jahre verteilt erfolgte.

Sozialversicherungsrechtlich gehören Erfindervergütungen, die nicht laufend gezahlt werden, zu den einmaligen Zuwendungen (vgl. dieses Stichwort).

Erfolgsbeteiligung

Eine Erfolgsbeteiligung gehört zum steuer- und beitragspflichtigen Arbeitslohn (vgl. die Erläuterungen beim Stichwort „Gewinnbeteiligung"). | ja | ja

Erholungsbeihilfen

Gliederung:

1. Erholungsbeihilfen als steuerfreie Unterstützung
2. Erholungsbeihilfen bei typischen Berufskrankheiten
3. Steuerpflichtige Erholungsbeihilfen
4. Besteuerung der Erholungsbeihilfen
5. Aufnahme in Betriebserholungsheime

Erholungsbeihilfen sind Zuschüsse in Form von Bar- oder Sachbezügen zu den Erholungskosten eines Arbeitnehmers. Zur Aufnahme des Arbeitnehmers in Betriebserholungsheime vgl. die Ausführungen unter der nachfolgenden Nr. 5.

1. Erholungsbeihilfen als steuerfreie Unterstützung

Erholungsbeihilfen sind als Unterstützung regelmäßig bis zu 600 € steuerfrei, wenn sich der Arbeitnehmer z. B. zur **Wiederherstellung seiner Arbeitsfähigkeit** einer Kur unterziehen muss und die für die Steuerfreiheit von Unterstützungen allgemein geforderten Voraussetzungen (Einschaltung des Betriebsrats usw., vgl. „Unterstützungen") besonders unter Nr. 3 erfüllt sind. | nein | nein

Zur steuerlichen Behandlung von Aufwendungen des Arbeitgebers für **Kreislauftrainingskuren** seiner Arbeitnehmer vgl. das Stichwort „Kreislauftrainingskur".

Eine Steuerfreiheit von Erholungsbeihilfen im o. a. Umfang für **Kinder** des Arbeitnehmers kann dann in Betracht kommen, wenn das Kind erkrankt ist und nach vorhergegangener ärztlicher Untersuchung zur Wiederherstellung der Gesundheit eine Kur macht. Es genügt nicht, dass das Kind allgemein als erholungsbedürftig anzusehen ist oder dass die Erholung ein geeignetes Mittel darstellt, um etwaigen Krankheiten vorzubeugen. Vielmehr muss ärztlicherseits festgestellt werden, dass der allgemeine Gesundheitszustand des Kindes als unterdurchschnittlich anzusehen und dass die Erholung zur Hebung des schlechten Gesundheitszustands dringend erforderlich ist. Für die Steuerfreiheit der Erholungsbeihilfe ist weiter Voraussetzung, dass der Arbeitnehmer die für die Erholung des Kindes erforderlichen Mittel nicht selbst aufbringen kann. | nein | nein

Zur Steuerfreiheit der Leistungen des Arbeitgebers zur betrieblichen Gesundheitsförderung bis 500 € jährlich pro Arbeitnehmer vgl. die Erläuterungen beim Stichwort „Gesundheitsförderung".

2. Erholungsbeihilfen bei typischen Berufskrankheiten

Erholungsbeihilfen, die der Abwendung drohender oder bereits eingetretener Gesundheitsschäden bei typischen Berufskrankheiten dienen, sind steuerfrei. | nein | nein

Dabei muss jedoch sichergestellt sein, dass die Erholungsbeihilfe tatsächlich zu dem gedachten Zweck verwendet wird. Dies wird im Allgemeinen nur dadurch erreicht werden können, dass die Erholungsbeihilfe an das den Arbeitnehmer aufnehmende Sanatorium oder Erholungsheim direkt gezahlt wird. Typische Berufskrankheiten sind nur solche Erkrankungen, die in **unmittelbarem Zusammenhang** mit dem **Beruf** stehen und für die betreffende Berufsart **typisch** sind (z. B. „Staublunge", „Bleivergiftung", vgl. das BFH-Urteil vom 14.1.1954 BStBl. III S. 86).

Erholungsbeihilfen

	Lohn-steuer-pflichtig	Sozial-versich.-pflichtig

3. Steuerpflichtige Erholungsbeihilfen

In allen anderen als den unter Nr. 1 und 2 genannten Fällen, insbesondere bei Erholungsreisen oder Erholungsaufenthalten zur Kräftigung oder Erhaltung der Gesundheit im Allgemeinen handelt es sich um steuerpflichtigen Arbeitslohn.   ja   ja

Dies gilt auch dann, wenn die Erholungsbeihilfe dem Arbeitnehmer unter Einschaltung einer Betriebskrankenkasse oder eines Vereins für Erholungsheime, bei dem der Arbeitgeber Mitglied ist, zugewendet wird (BFH-Urteile vom 4.2.1954, BStBl. III S. 111 und vom 18.3.1960, BStBl. III S. 237).

Der geldwerte Vorteil ist mit dem entsprechenden Pensionspreis eines vergleichbaren Beherbergungsbetriebs am selben Ort zu bewerten. Der Ansatz der amtlichen Sachbezugswerte für freie Unterkunft und Verpflegung ist nicht möglich. Es können jedoch Preisabschläge in Betracht kommen, wenn der Arbeitnehmer z. B. nach der Hausordnung Bedingungen unterworfen wird, die für Hotels und Pensionen allgemein nicht gelten (vgl. auch die Ausführungen unter der nachfolgenden Nr. 5).

Schichtarbeiter sind infolge der unterschiedlichen Arbeitszeiten einer erhöhten gesundheitlichen Belastung ausgesetzt. In Abstimmung mit den Krankenkassen bieten daher einige Arbeitgeber ihren Mitarbeitern sog. **Aktivwochen** an, in denen ihnen vermittelt wird, wie sie dem gesundheitsgefährdeten Umständen der Schichtarbeit mit **gesundheitsfördernden Maßnahmen** entgegentreten können. Die Aktivwochen finden während der Freizeit (Urlaub, Freischicht) der Mitarbeiter statt. In das Konzept werden auch die Ehe-/Lebenspartner und die im Haushalt lebenden Kinder mit einbezogen. Vom Werksarzt wird die Maßnahme durch Vor- und Nachuntersuchungen begleitet. Die Kosten des Gesundheitsprogramms werden von der Krankenkasse getragen. Der **Arbeitgeber** übernimmt die **Fahrtkosten** sowie die **Kosten für Unterkunft und Verpflegung.**

Die „Aktivwoche für Schichtmitarbeiter" wird nicht im ganz überwiegend eigenbetrieblichen Interesse des Arbeitgebers durchgeführt. Bei den vom **Arbeitgeber** getragenen Aufwendungen handelt es sich vielmehr um **Zuschüsse** für einen „Kururlaub", die als **Arbeitslohn** (= Erholungsbeihilfe) steuerpflichtig sind. Das gilt für die auf den Mitarbeiter und seine Familienangehörigen entfallenden Aufwendungen gleichermaßen. Auch (teilweise) steuerfreie Beihilfezahlungen/Unterstützungen im Krankheitsfall können nicht angenommen werden. Gegen ein ganz überwiegend eigenbetriebliches Interesse des Arbeitgebers sprechen folgende Gesichtspunkte:

– Die Arbeitgeber machen ihren Schichtmitarbeitern lediglich ein Angebot zur Teilnahme. Diese erfolgt freiwillig und wird nicht vom Arbeitgeber angeordnet. Die Nicht-Teilnahme ist für den Arbeitnehmer nicht erkennbar mit beruflichen Nachteilen verbunden.

– Die Aktivwoche wird ohne jede Anrechnung auf die Arbeitszeit in der Freizeit der Schichtmitarbeiter durchgeführt.

– An der Aktivwoche können Familienangehörige und/oder in Haushaltsgemeinschaft lebende Lebenspartner teilnehmen.

Werden **Kinder** des Arbeitnehmers in Erholung geschickt und dabei betreut, so gehört der geldwerte Vorteil für die **Betreuung** ebenfalls zum steuerpflichtigen Arbeitslohn. Dies gilt auch für die Betreuung während der Fahrt zum Erholungsort. Entsprechendes gilt für andere Familienangehörige (z. B. den Ehegatten des Arbeitnehmers). Vgl. aber auch die Erläuterungen unter der vorstehenden Nr. 1.

4. Besteuerung der Erholungsbeihilfen

Steuerpflichtige Erholungsbeihilfen können mit einem festen Pauschsteuersatz von **25 %** pauschaliert werden. Ein Antrag des Arbeitgebers beim Finanzamt ist hierfür nicht erforderlich. Zusätzlich zur **Lohnsteuer** fällt der **Solidaritätszuschlag** an, der **5,5 %** der pauschalen Lohnsteuer beträgt. Außerdem muss der Arbeitgeber pauschale **Kirchensteuer** zahlen (vgl. „Kirchensteuer"). Der Arbeitgeber hat die pauschale Lohn- und Kirchensteuer sowie den Solidaritätszuschlag zu übernehmen. Eine Abwälzung der Pauschalsteuer auf den Arbeitnehmer (vgl. dieses Stichwort) ist zulässig (siehe auch weiter unten). Ein besonderer Antrag ist für die Pauschalierung der Lohnsteuer mit 25 % nicht erforderlich. Ebenso ist es nicht erforderlich, dass Erholungsbeihilfen einer größeren Zahl von Arbeitnehmern gewährt werden (der Arbeitgeber kann also die Lohnsteuer auch dann mit 25 % pauschalieren, wenn er nur einem Arbeitnehmer – z. B. einem leitenden Angestellten – eine Erholungsbeihilfe zahlt).

Erholungsbeihilfen können jedoch nur dann mit 25 % pauschaliert werden, wenn die Beihilfen insgesamt in einem Kalenderjahr **156 €** für den einzelnen **Arbeitnehmer**, **104 €** für dessen **Ehegatten** und **52 €** für **jedes Kind** nicht übersteigen. Übersteigen die Erholungsbeihilfen diese Beträge, so sind sie in vollem Umfang aus der Pauschalierung mit 25 % herauszunehmen **(Freigrenze)**. Bei höheren (steuerpflichtigen) Beihilfen ist eine Pauschalierung mit einem besonderen Pauschsteuersatz nach dem beim Stichwort „Pauschalierung der Lohnsteuer" unter Nr. 2 auf Seite 517 dargestellten Verfahren möglich. Die mit dem festen Pauschsteuersatz von 25 % besteuerten Erholungsbeihilfen sind **beitragsfrei** in der Kranken-, Pflege-, Renten- und Arbeitslosenversicherung.

Beispiel

Ein Münchner Betrieb hat mit einer Pension im Gebirge einen Vertrag abgeschlossen, demzufolge er in der Zeit vom 1. 7. bis 30. 9. jeweils 12 Betriebsangehörige zum üblichen Pensionspreis von 50 € je Tag und Person unterbringen kann. 8 € des Pensionspreises werden vom Arbeitgeber getragen; Fahrkosten und sonstige Aufwendungen bestreiten die Arbeitnehmer. Der Erholungsaufenthalt dauert in der Regel 14 Tage. Die Beihilfe beträgt in diesem Fall für ledige Arbeitnehmer (14 Tage × 8 € =) 112 €, für verheiratete Arbeitnehmer, deren Ehegatte an dem Erholungsaufenthalt teilnimmt, 224 €. In jedem Monat wird jedoch **einem** Betriebsangehörigen und dessen Ehegatten ein Erholungsaufenthalt von je 28 Tagen bewilligt, d. h. eine Erholungsbeihilfe von je 448 € gewährt. Insgesamt zahlt der Betrieb für die Vertragszeit einen Pensionspreis von 12 000 € (4000 € monatlich).

Steuerberechnung: Die Voraussetzungen für die Pauschbesteuerung sind grundsätzlich gegeben, auch für die Arbeitnehmer, denen für sich und ihren Ehegatten eine Beihilfe für 28 Tage (also 28 Tage × 8 € = 224 € × 2 = 448 €) gewährt wird. Diese Beihilfen sind bei den betroffenen Arbeitnehmern als sonstige Bezüge zu besteuern. Für die übrigen Erholungsbeihilfen ergibt sich je Kalendermonat (Juli bis September) folgende Pauschalbesteuerung:

Erholungsbeihilfen monatlich insgesamt	4 000,— €
einzeln zu besteuern	448,— €
pauschal zu besteuern	3 552,— €
Lohnsteuer 25 % aus 3552 € =	888,— €
Solidaritätszuschlag 5,5 % aus 888 € =	48,84 €
Kirchensteuer (z. B. in Bayern) 7 % aus 888 € =	62,16 €

Es könnte daran gedacht werden, anstelle eines Urlaubsgeldes von z. B. 150 € eine Erholungsbeihilfe zu zahlen. Die dann mögliche Pauschalierung mit 25 % löst Beitragsfreiheit in der Sozialversicherung aus. Diese Gestaltung ist im Grundsatz möglich, wenn der Arbeitnehmer auf das Urlaubsgeld keinen arbeitsrechtlichen Anspruch hat (durch Tarifvertrag, Betriebsvereinbarung, Einzelarbeitsvertrag oder betriebliche Übung, vgl. das Stichwort „Gehaltsumwandlung"). Außerdem kann der Arbeitgeber die **Pauschalsteuer** von 25 % im arbeitsrechtlichen Innenverhältnis auf den Arbeitnehmer **abwälzen**. Die Abwälzung darf aber nicht auf die Bemessungsgrundlage für die pauschale Lohnsteuer auswirken (vgl. die Beispiele zur Zahlung einer Erholungsbeihilfe mit Abwälzung der Pauschalsteuer beim Stichwort „Abwälzung der Pauschalsteuer auf den Arbeitnehmer" auf Seite 39). Zu beachten ist bei einer solchen Gestaltung, dass der Begriff „Erholungsbeihilfe" eine Verwen-

Ermäßigungsverfahren

	Lohn-steuer-pflichtig	Sozial-versich.-pflichtig

dung der Zahlung zu Erholungszwecken erfordert. Es muss also sichergestellt sein, dass die Erholungsbeihilfe auch tatsächlich für Erholungszwecke verwendet wird. Davon kann ausgegangen werden, wenn die **Erholungsbeihilfe** in **zeitlichem Zusammenhang** mit der **Erholungsmaßnahme** (Urlaub) gewährt wird. Der zeitliche Zusammenhang ist dann als gewahrt anzusehen, wenn die Erholungsmaßnahme (Urlaub) innerhalb von drei Monaten vor oder nach der Auszahlung der Erholungsbeihilfe angetreten wird.

5. Aufnahme in Betriebserholungsheime

a) Die Aufnahme eines Arbeitnehmers in ein Betriebserholungsheim ist als Unterstützung in bestimmtem Umfang steuerfrei, wenn sich der Arbeitnehmer zur **Wiederherstellung seiner Arbeitsfähigkeit** einer Kur unterziehen muss und die für die Steuerfreiheit von Unterstützungen allgemein geforderten Voraussetzungen (Einschaltung des Betriebsrats usw., vgl. „Unterstützungen" besonders unter Nr. 3) erfüllt sind. nein nein

Bei Kreislauftrainingskuren vgl. dieses Stichwort. Zur Steuerfreiheit der Leistungen des Arbeitgebers zur betrieblichen Gesundheitsförderung bis 500 € jährlich pro Arbeitnehmer vgl. die Erläuterung beim Stichwort „Gesundheitsförderung".

b) Wenn die Aufnahme zur Abwendung drohender oder bereits eingetretener Gesundheitsschäden bei **typischen Berufskrankheiten** (z. B. „Staublunge") notwendig ist, bleibt der geldwerte Vorteil steuerfrei. nein nein

c) Die unentgeltliche oder verbilligte Aufnahme in Betriebserholungsheime im Allgemeinen, z. B. während des **regulären Urlaubs** oder zur Erhaltung der Gesundheit in anderen als unter den Buchstaben a) und b) genannten Fällen ist **steuerpflichtiger Arbeitslohn**. ja ja

Die Höhe des steuerpflichtigen Betrages ist gleich dem Unterschied zwischen dem Preis, den der Arbeitnehmer unter gleichen Bedingungen als normaler Feriengast bezahlen müsste und dem Preis, der ihm vom Arbeitgeber tatsächlich berechnet wird; dabei können jedoch Preisabschläge in Betracht kommen, wenn der Arbeitnehmer z. B. nach der Hausordnung Bedingungen unterworfen wird, die für Hotels und Pensionen allgemein nicht gelten (BFH-Urteil vom 18.3.1960, BStBl. III S. 237). Eine **Bewertung** der **Unterkunft** und **Verpflegung** mit den amtlichen **Sachbezugswerten** ist **nicht** zulässig. Dies ergibt sich aus den Hinweisen zu 8.1 (5 und 6) der Lohnsteuer-Richtlinien, Stichwort „Erholungsheim". Die Lohnsteuer kann nach dem unter Nr. 4 geschilderten Verfahren mit 25 % pauschaliert werden. Die Pauschalierung mit 25 % löst Beitragsfreiheit in der Sozialversicherung aus.

Ermäßigungsverfahren

Der Arbeitnehmer kann sich für Werbungskosten, Sonderausgaben und außergewöhnliche Belastungen einen Freibetrag vom Finanzamt auf seiner Lohnsteuerkarte eintragen lassen. Dieses Verfahren wird Lohnsteuer-Ermäßigungsverfahren genannt. Es ist in **Anhang 7** ausführlich anhand von Beispielen erläutert.

Ermittler

Ermittler, die für ein Markt- oder Meinungsforschungsunternehmen Befragungen durchführen, ohne ständig in den Betrieb eingegliedert zu sein, sind keine Arbeitnehmer (die Einkünfte werden durch eine Veranlagung zur Einkommensteuer erfasst). nein nein

Zur Frage der „Scheinselbständigkeit" vgl. dieses Stichwort.

Siehe aber auch „Telefoninterviewer".

Erstattung von Lohnsteuer

Ersatzkasse

Ersatzkassen sind Träger der gesetzlichen Krankenversicherung mit Selbstverwaltung. Sie waren ursprünglich für Angestellte und für bestimmte Arbeiterberufe errichtet worden. Daher bestehen dem Grunde nach Arbeiter- und Angestelltenersatzkassen. Aufgrund der Wahlfreiheit sind die **Ersatzkassen** aber **für alle Arbeitnehmergruppen,** aber auch für alle anderen Versicherungspflichtigen und Versicherungsberechtigten (z. B. Arbeitslose, wenn sie Leistungen nach dem Dritten Buch Sozialgesetzbuch erhalten, Rentenbezieher, Behinderte in geschützten Einrichtungen usw.), **wählbar**. Die überwiegende Anzahl der Ersatzkassen ist bundesweit organisiert, d. h. ihr Zuständigkeitsbereich ist nicht auf eine Region beschränkt. Zum Krankenkassenwahlrecht vgl. die Erläuterungen im Teil B „Grundsätzliches zur Sozialversicherung" unter Nr. 2 Buchstabe b auf Seite 11.

Die Berechnung der Beiträge, deren Abführung und das Meldeverfahren erfolgen bei einer Pflichtversicherung wie bei jeder anderen gesetzlichen Krankenkasse.

Erschwerniszuschläge

Erschwerniszuschläge sind Lohnzuschläge, die wegen der Besonderheit der Arbeit gezahlt werden. Sie sind steuer- und beitragspflichtig. ja ja

Die Besonderheit der Arbeit kann darin bestehen, dass sie entweder besondere technische Fertigkeiten erfordert oder unter ungünstigen Arbeitsbedingungen verrichtet werden muss oder für den Arbeitnehmer eine erhöhte Unfallgefahr mit sich bringt.

Erschwerniszuschläge dieser Art sind z. B. Bauzulage, Kraftfahrerzulage, technische Zulage, Hitzezuschlag, Wasserzuschlag, Schneezulage, Frostzulage, Schmutzzulage, Gefahrenzulage, Taucherzulage, Wechselschichtzulage usw. ja ja

Erstattung von Lohnsteuer

1. Allgemeines

Im Lohnsteuerverfahren kann es aus den verschiedensten Gründen vorkommen, dass zu viel Lohnsteuer entrichtet worden ist. Es kann die **Lohnsteuer** durch Fehler bei der Lohnsteuerberechnung **falsch ermittelt** worden sein (z. B. der Arbeitgeber wendet Steuerbefreiungsvorschriften nicht an; die Steuer wird mit einem unrichtigen Betrag aus der Lohnsteuertabelle abgelesen oder maschinell berechnet; der Arbeitgeber versäumt die Kürzung des steuerpflichtigen Arbeitslohns um einen auf der Lohnsteuerkarte eingetragenen steuerfreien Betrag). In all diesen Fällen kann bzw. soll der **Arbeitgeber** den Lohnsteuerabzug **berichtigen**; vgl. die ausführlichen Erläuterungen bei den Stichwörtern „Änderung der Lohnsteuerpauschalierung" und „Änderung des Lohnsteuerabzugs". Ändert der Arbeitgeber den Lohnsteuerabzug jedoch nicht oder entdeckt er den Fehler nicht, muss der **Arbeitnehmer** selbst einen **Erstattungsantrag** beim Finanzamt stellen. Im Einzelnen gilt für die Erstattung von Lohnsteuer durch das Finanzamt Folgendes:

2. Erstattung von Lohnsteuer durch das Finanzamt an den Arbeitnehmer

a) Im Wege einer **Antragsveranlagung** zur Anrechnung der einbehaltenen Lohnsteuer kann stets eine Erstattung erfolgen, wenn die beim laufenden Lohnsteuerabzug während des Jahres einbehaltene Lohnsteuer zu hoch war und der Arbeitgeber den Ausgleich durch eine Änderung des Lohnsteuerabzugs oder einen Lohnsteuerjahresausgleich selbst nicht durchgeführt hat.

Erstattung von Lohnsteuer

Wird der Arbeitnehmer aus irgendwelchen Gründen von Amts wegen zur Einkommensteuer veranlagt (z. B. bei einem Freibetrag auf der Lohnsteuerkarte oder zur Anwendung des Progressionsvorbehalts), so wird bei dieser sog. **Pflichtveranlagung** die einbehaltene Lohnsteuer angerechnet und ein ggf. zu viel entrichteter Betrag vom Finanzamt erstattet.

Im Rahmen der Einkommensteuerveranlagung werden auch vom Arbeitgeber zu Unrecht angemeldete und an das Finanzamt abgeführte Lohnsteuerbeträge beim Arbeitnehmer angerechnet (BFH-Urteil vom 17.6.2009 VI R 46/07).

b) Der Arbeitnehmer kann beim Finanzamt aber auch eine **Erstattung** wegen **Zahlung** von Lohnsteuer **ohne Rechtsgrund** beantragen (§ 37 Abs. 2 AO). Diese Möglichkeit kommt in Betracht, wenn z. B. die Gemeinde eine günstigere Steuerklasse rückwirkend auf der Lohnsteuerkarte einträgt und der Arbeitgeber keine Erstattung durchführt oder keine Erstattung mehr durchführen kann oder wenn vom Arbeitgeber ohne Mitwirkung des Arbeitnehmers zu Unrecht eine zu hohe Lohnsteuer einbehalten worden ist (z. B. durch Nichtbeachtung einer Steuerbefreiungsvorschrift). Es wird sich um seltene Fälle im Laufe des Kalenderjahres handeln. Nach Ablauf des Kalenderjahres muss nämlich der Arbeitnehmer Erstattungsansprüche wegen einbehaltener Lohnsteuer im Rahmen einer Veranlagung zur Einkommensteuer geltend machen. Darüber hinaus ist ein Erstattungsantrag nach § 37 AO nicht zulässig (BFH-Urteil vom 20.5.1983, BStBl. II S. 584).

Erstattungsanträge nach § 37 Abs. 2 AO sind u. E. besonders bei beschränkt steuerpflichtigen Arbeitnehmern von Bedeutung, die keine Veranlagung zur Einkommensteuer beantragen können, wenn rückwirkende Gesetzesänderungen eintreten (z. B. rückwirkender Wegfall der 20-km-Grenze bei der Entfernungspauschale ab 1.1.2007).

c) Eine Erstattung von Lohnsteuer **aus Billigkeitsgründen** (§ 227 AO) ist möglich, wenn sich der Arbeitnehmer in einer unverschuldeten existenzbedrohenden wirtschaftlichen Notlage befindet oder die Erhebung der Lohnsteuer aus anderen Gründen eine unbillige Härte darstellt (diese Voraussetzungen werden nur in seltenen Ausnahmefällen erfüllt sein).

Die Anträge zu a) bis c) sind jeweils an das Wohnsitzfinanzamt des Arbeitnehmers zu richten.

3. Erstattung von Lohnsteuer durch das Finanzamt an den Arbeitgeber

a) Eine Erstattung von Lohnsteuer an den **Arbeitgeber** kommt in allen Fällen in Betracht, in denen Arbeitslohn **pauschal** unter Übernahme der Lohnsteuer durch den Arbeitgeber besteuert wurde (§§ 40, 40a, 40b EStG); der **Erstattungsanspruch** steht dem **Arbeitgeber** zu, da dieser zur Übernahme der pauschalen Lohnsteuer verpflichtet und damit Steuerschuldner ist (vgl. das Stichwort „Änderung der Lohnsteuerpauschalierung"); das gilt auch in den Fällen der Abwälzung der Pauschalsteuer auf den Arbeitnehmer. Auf die Ausführungen zur Erstattung pauschaler Lohnsteuer beim Wegfall des Bezugsrechts aus einer Direktversicherung beim Stichwort „Zukunftsicherung" unter Nr. 17 wird Bezug genommen.

b) Eine **Erstattung** von Lohnsteuer an den **Arbeitgeber** kommt auch in den Fällen in Betracht, in denen der Arbeitgeber die Erstattung von **Lohnsteuer** beantragt, die er von seinen Arbeitnehmern gar **nicht einbehalten** hat (z. B. versehentliche Doppelzahlungen an Lohnsteuer durch den Arbeitgeber oder Lohnsteuerbeträge, die der Arbeitgeber zwar abgeführt, vom Lohn des Arbeitnehmers aber nicht einbehalten hat).

c) Eine **Erstattung** von Lohnsteuer an den **Arbeitgeber** kommt weiterhin auch in den Fällen in Betracht, in denen der Arbeitgeber einen gegen ihn gerichteten **Haftungsbescheid** erfolgreich **angefochten** hat. In einem solchen Fall ist es ohne Bedeutung, ob der Arbeitgeber die von ihm entrichtete (aber bestrittene) Lohnsteuer von seinen Arbeitnehmern einbehalten hat oder nicht. Eine unmittelbare Erstattung an die betreffenden Arbeitnehmer kann in Betracht kommen, wenn der Arbeitgeber damit einverstanden ist (vgl. BFH-Urteil vom 15.2.1963, BStBl. III S. 226).

Den Erstattungsantrag hat der Arbeitgeber in den Fällen a) bis c) an sein Betriebsstättenfinanzamt zu richten.

Erstattung von Sozialversicherungsbeiträgen

1. Allgemeines

Nach § 26 Abs. 2 SGB IV werden in der Kranken-, Pflege- und Rentenversicherung zu Unrecht entrichtete Beiträge erstattet, es sei denn, dass für den Arbeitnehmer

– aufgrund dieser Beiträge
oder
– für den Zeitraum, für den die Beiträge zu Unrecht entrichtet worden sind,

Leistungen erbracht wurden. Vor der Erstattung von Beiträgen zur Kranken-, Pflege- und Rentenversicherung ist also stets zu prüfen, ob die zu Unrecht entrichteten Beiträge im Zusammenhang mit erbrachten Leistungen an den Arbeitnehmer stehen. Eine Erstattung von Beiträgen scheidet im Grundsatz in allen Fällen aus, in denen in der irrtümlichen Annahme eines Versicherungsverhältnisses Beiträge entrichtet und Leistungen gewährt wurden. Hierbei kommt es im Allgemeinen nicht darauf an, ob der einzelne Beitrag sich auf die rechtliche Grundlage der Leistung ausgewirkt hat. Eine Beitragserstattung kommt ferner nicht in Betracht, wenn versehentlich zu hohe Beiträge gezahlt und dementsprechend auch höhere Leistungen erbracht worden sind. Dagegen sind **Teile von Beiträgen** (nicht in voller Höhe entrichtete Beiträge), die zu Unrecht entrichtet worden sind, zu erstatten, wenn sie die Leistungen nicht beeinflusst haben, d. h. wenn die Leistungen auch ohne die Beitragsüberzahlung unverändert erbracht worden wären.

Zu Unrecht entrichtete Arbeitslosenversicherungsbeiträge sind nach § 351 SGB III zu erstatten; allerdings mindert sich der Erstattungsanspruch um den Betrag der Leistung, die in der irrtümlichen Annahme der Beitragspflicht gezahlt worden ist.

Der Anspruch auf Beitragserstattung steht nach § 26 Abs. 3 SGB IV demjenigen zu, der die Beiträge getragen hat; das ist im Regelfall hinsichtlich der Arbeitnehmerbeitragsanteile der Arbeitnehmer und hinsichtlich der Arbeitgeberbeitragsanteile der Arbeitgeber. Die zu Unrecht entrichteten Beiträge können entweder verrechnet oder erstattet werden.

2. Verrechnung

Der Arbeitgeber kann Beiträge in voller Höhe oder Teile von Beiträgen zur Kranken-, Pflege-, Renten- und Arbeitslosenversicherung, die er zu viel entrichtet hat, verrechnen, wenn

a) bei Verrechnung **von Beiträgen in voller Höhe** der Beginn des Zeitraums, für den die Beiträge irrtümlich entrichtet wurden, nicht länger als **sechs Kalendermonate** zurückliegt. Für die Verrechnung hat der Arbeitgeber eine schriftliche Erklärung darüber abzugeben, dass er Leistungen der Kranken-, Pflege-, Renten- und Arbeitslosenversicherung nicht erhalten hat und dass die entrichteten Rentenversicherungsbeiträge dem Rentenversicherungsträger nicht als freiwillige Beiträge verbleiben sollen bzw. der Arbeitnehmer für diese Zeit keine freiwilligen Beiträge nachentrichten will;

b) bei Verrechnung von **Teilen von Beiträgen** der Zeitraum, für den Beiträge zu viel entrichtet wurden, nicht länger als **24 Kalendermonate** zurückliegt. Beruht die Beitragszahlung darauf, dass Beiträge irrtümlich von einem zu hohen Arbeitsentgelt entrichtet worden sind, so ist eine Verrechnung der Beiträge ausgeschlossen, wenn der überhöhte Betrag der Bemessung von Geldleistungen an den Versicherten (z. B. Bescheinigung des Arbeitgebers zur Berechnung des Kranken- oder Mutterschaftsgeldes) zugrunde gelegt wurde.

Die zu viel entrichteten Beiträge sind mit den Beiträgen für den laufenden Entgeltabrechnungszeitraum zu verrechnen. Erfolgt eine Verrechnung, weil der Berechnung der Beiträge irrtümlich ein zu hohes Arbeitsentgelt zugrunde gelegt wurde, so ist der zu verrechnende Betrag in der Weise zu ermitteln, dass die zunächst unrichtig berechneten Beiträge um den Betrag vermindert werden, der sich bei einer Neuberechnung aus dem maßgeblichen beitragspflichtigen Arbeitsentgelt ergibt. Bei der Verrechnung sind die für den Verrechnungszeitraum jeweils maßgebenden Beitragsfaktoren zugrunde zu legen. Alle sich aus Anlass der Verrechnung ergebenden Berichtigungen und Stornierungen sind auf den einzelnen Lohn- bzw. Gehaltsunterlagen so zu vermerken, dass sie prüffähig sind. Die gegebenenfalls vom Versicherten abzugebende Erklärung des Arbeitnehmers ist den Lohn bzw. Gehaltsunterlagen beizufügen. Eine Verrechnung ist nur dann zulässig, wenn sichergestellt ist, dass der Arbeitnehmer die verrechneten Beiträge, soweit sie von ihm getragen wurden (Arbeitnehmeranteil), zurückerhält.

Zur Verrechnung von zu viel entrichteten Beiträgen ist nicht nur der Arbeitgeber, sondern auch die Krankenkasse selbst berechtigt. Die Krankenkasse kann unter Beachtung der vierjährigen Verjährungsfrist Kranken-, Pflege-, Renten- und Arbeitslosenversicherungsbeiträge verrechnen, wenn

– der Arbeitgeber zur Verrechnung von Beiträgen berechtigt ist, aber von dieser Möglichkeit keinen Gebrauch macht,
– die Krankenkasse zu viel Beiträge berechnet hat und diese vom Arbeitgeber gezahlt worden sind,
– zu viel entrichtete Beiträge anlässlich einer Prüfung beim Arbeitgeber festgestellt werden.

Im Übrigen gilt das gleiche Verfahren wie bei einer Verrechnung durch den Arbeitgeber (Erklärung des Arbeitnehmers, dass er keine Leistungen erhalten hat usw.).

Der Rentenversicherungsträger kann i. R. einer Betriebsprüfung eine Verrechnung vornehmen, sofern eine Berichtigung der beitragspflichtigen Einnahmen nicht erforderlich ist (z. B. bei Anwendung falscher Beitragssätze, Nichtbeachtung der Beitragsbemessungsgrenze). Der Rentenversicherungsträger nimmt die Verrechnung im Prüfbescheid vor. Die Verjährungsvorschriften sind dabei zu beachten.

Im Falle einer Verrechnung sind vom Arbeitgeber bereits erstellte Meldungen zu stornieren und ggf. neu einzureichen.

3. Erstattung

Zu Unrecht entrichtete Beiträge, die nicht verrechnet werden können (vgl. die Ausführungen unter Nr. 2), werden auf Antrag erstattet. Der Antrag auf Erstattung ist bei der Krankenkasse einzureichen. Für die Antragstellung gibt es einen besonderen Vordruck, der bei den Krankenkassen erhältlich ist. Die Erstattung kann auch in Form einer Gutschrift (Sollberichtigung) auf dem Beitragskonto bei der Einzugsstelle erfolgen. Dem Arbeitgeber können auch die Arbeitnehmeranteile ausbezahlt werden, wenn sichergestellt ist, dass dem Arbeitnehmer diese vom Arbeitgeber erstattet werden.

Der Erstattungsantrag ist bei der Einzugsstelle (Krankenkasse) einzureichen, bei der die Beiträge bezahlt wurden.

Der Arbeitgeber darf fällige Beiträge in Erwartung einer Beitragserstattung oder Beitragsgutschrift nicht zurückhalten. Stellt die Krankenkasse fest, dass die Zuständigkeit des Trägers der Rentenversicherung oder der Agentur für Arbeit für die Erstattung der zu Unrecht entrichteten Renten- oder Arbeitslosenversicherungsbeiträge gegeben ist, so leitet sie eine Ablichtung des Antrags mit einer Stellungnahme an den Rentenversicherungsträger oder die Agentur für Arbeit zur abschließenden Bearbeitung weiter und gibt dem Antragsteller davon Kenntnis. Hier handelt es sich insbesondere um Fälle, in denen bereits Leistungen gewährt wurden oder Beiträge bereits ganz oder teilweise verjährt sind.

Nach dem Gesetz zur Änderung des SGB IV und anderer Gesetze gelten seit 1.1.2008 in der Rentenversicherung zu Unrecht entrichtete Beiträge nach Ablauf der Verjährungsfrist von vier Jahren als zu Recht entrichtete Pflichtbeiträge. Damit bleiben diese Beiträge als solche erhalten, eine Erstattung ist nicht möglich. Nach der Gesetzesbegründung (BR-Drucksache 543/07) entsteht keine Schlechterstellung gegenüber der Situation, wenn der Antragsteller tatsächlich pflichtversichert gewesen wäre, woran er bis zur Feststellung des Nichtvorliegens von Versicherungspflicht auch ausgegangen ist. Durch diese Neuregelung soll die Flut der Anträge, insbesondere bei Gesellschafter-Geschäftsführern und Familienangehörigen, eingedämmt werden.

Erweiterte unbeschränkte Steuerpflicht

Gliederung:

1. Allgemeines
2. Erweiterte unbeschränkte Steuerpflicht nach § 1 Abs. 2 EStG (sog. Kernbereich)
3. Übrige Arbeitnehmer die Arbeitslohn aus einer öffentlichen Kasse beziehen, aber keinen Wohnsitz oder gewöhnlichen Aufenthalt in Deutschland haben
    a) Erste Gruppe (völlige Gleichstellung)
    b) Zweite Gruppe (annähernde Gleichstellung)
    c) Dritte Gruppe (keine Gleichstellung)
    d) Erzielung der Einkünfte in Deutschland
4. Familienbezogene Steuervergünstigungen
5. Steuerklasse II
6. Übrige Steuervergünstigungen
7. Zahlung von Kindergeld und Berücksichtigung von Freibeträgen für Kinder
8. Durchführung des Lohnsteuerabzugs
9. Vorsorgepauschale
10. Kirchensteuer

1. Allgemeines

Unbeschränkt steuerpflichtig ist ein Arbeitnehmer nur dann, wenn er im Inland einen Wohnsitz oder zumindest einen gewöhnlichen Aufenthalt hat. Hiernach wäre z. B. ein deutscher Diplomat, der im Ausland tätig ist und seinen Wohnsitz im Inland aufgegeben hat, nicht unbeschränkt steuerpflichtig, obwohl er sein Gehalt von der Bundesrepublik Deutschland bezieht. Um dieses Ergebnis zu vermeiden, wurde für bestimmte, im Ausland tätige Beamte durch gesetzliche Fiktion die unbeschränkte Steuerpflicht herbeigeführt. Nach dieser Fiktion unterliegen Arbeitnehmer, die weder einen Wohnsitz noch einen gewöhnlichen Aufenthalt im Inland haben, aber **deutsche Staatsangehörige** sind, zu einer inländischen juristischen Person des öffentlichen Rechts in einem Dienstverhältnis stehen und hierfür Arbeitslohn aus einer deut-

Erweiterte unbeschränkte Steuerpflicht

schen öffentlichen Kasse beziehen, unter bestimmten Voraussetzungen der unbeschränkten Steuerpflicht (sog. **erweiterte unbeschränkte Steuerpflicht**).

Die ursprünglich nur für die Beamten selbst gedachte Regelung wurde im Laufe der Zeit auch auf andere Personen (z. B. Ehefrau und Kinder) ausgedehnt. Für im Ausland lebende Ruhestandsbeamten vgl. die nachfolgende Nr. 3.

Im Einzelnen gilt für deutsche Staatsangehörige, die zu einer inländischen juristischen Person des öffentlichen Rechts in einem Dienstverhältnis stehen und hierfür Arbeitslohn aus einer deutschen öffentlichen Kasse beziehen, aber keinen Wohnsitz oder gewöhnlichen Aufenthalt in Deutschland haben, Folgendes:

2. Erweiterte unbeschränkte Steuerpflicht nach § 1 Abs. 2 EStG (sog. Kernbereich)

Der sog. Kernbereich der erweiterten unbeschränkten Steuerpflicht nach § 1 **Abs. 2** EStG besteht seit langem und ist in erster Linie für deutsche Diplomaten*) im Ausland gedacht. Dementsprechend ist es neben der deutschen Staatsangehörigkeit, dem Dienstverhältnis zu einer inländischen juristischen Person des öffentlichen Rechts und der Zahlung des Arbeitslohns aus einer öffentlichen Kasse erforderlich, dass diese Deutschen in dem ausländischen Staat, in dem sie einen Wohnsitz oder einen gewöhnlichen Aufenthalt haben, lediglich in einem der beschränkten Steuerpflicht ähnlichen Umfang der Besteuerung unterliegen. Diese Personen dürfen also in dem Aufenthaltsstaat nach ausländischem Recht nicht **un**beschränkt zur Einkommensteuer herangezogen werden (was bei Diplomaten auch stets der Fall sein wird). Die Bestimmung gilt nicht nur für den deutschen Diplomaten selbst, sondern auch für die **Angehörigen** (Ehefrau, Kinder), die **zum Haushalt gehören** und die ebenfalls die deutsche Staatsangehörigkeit besitzen. Außerdem gilt die erweiterte unbeschränkte Einkommensteuerpflicht nach § 1 **Abs. 2** EStG auch für Angehörige die nicht die deutsche Staatsangehörigkeit besitzen (z. B. die ausländische Ehefrau des deutschen Diplomaten). Voraussetzung ist jedoch, dass diese Angehörigen keine Einkünfte erzielen, oder nur Einkünfte, die im Inland besteuert werden.

Hat also die **ausländische** Ehefrau des Diplomaten keine eigenen Einkünfte (oder nur Einkünfte, die im Inland besteuert werden), so werden die Ehegatten nach der Splittingtabelle besteuert (Steuerklasse III), da beide unbeschränkt einkommensteuerpflichtig sind.

Erweiterte unbeschränkte Einkommensteuerpflicht besteht darüber hinaus nur, wenn der im öffentlichen Dienst Beschäftigte und der haushaltszugehörige Angehörige (insbesondere der Ehegatte) im Empfangsstaat „lediglich in einem der beschränkten Einkommensteuerpflicht ähnlichen Umfang zu einer Steuer vom Einkommen herangezogen werden". Die Beantwortung dieser Frage richtet sich nach ausländischem Recht oder zwischenstaatlichen Abkommen (BFH-Urteil vom 22. 2. 2006, BStBl. 2007 II S. 106). Dabei ist aber lediglich die Rechtslage und nicht das tatsächliche Besteuerungsverhalten des ausländischen Staates maßgebend.

Für die Berücksichtigung von **Kindern** ist es nicht erforderlich, dass sie unbeschränkt steuerpflichtig sind (vgl. Anhang 9). Der erweitert unbeschränkt steuerpflichtige Auslandsbeamte erhält deshalb für seine im Ausland lebenden Kinder ohne weiteres Kindergeld oder elnen Kinderfreibetrag und den Freibetrag für Betreuungs-, Erziehungs- oder Ausbildungsbedarf (vgl. § 62 Abs. 1 Nr. 2a i. V. m. § 63 Abs. 1 Satz 3 letzter Halbsatz EStG). Nach § 32 Abs. 6 Satz 4 EStG wird sowohl der Kinderfreibetrag als auch der Freibetrag für Betreuungs-, Erziehungs- oder Ausbildungsbedarf – je nach Wohnsitzstaat des Kindes – um 25 %, 50 % oder 75 % gekürzt (vgl. die Länderübersicht in Anhang 10). Die Kürzung gilt jedoch nicht, wenn das Kind unbeschränkt steuerpflichtig ist. Es ist deshalb zu prüfen, ob die Kinder des Auslandsbeamten ebenfalls unter die erweiterte unbeschränkte Steuerpflicht fallen. Im Ausland lebende Kinder eines deutschen Diplomaten fallen in folgenden Fällen ebenfalls unter die erweiterte unbeschränkte Steuerpflicht nach § 1 Abs. 2 EStG:

a) wenn das Kind zum Haushalt des deutschen Diplomaten gehört und die deutsche Staatsangehörigkeit besitzt

oder

b) wenn das Kind zum Haushalt des deutschen Diplomaten gehört, und zwar nicht die deutsche Staatsangehörigkeit besitzt, aber keine eigenen Einkünfte hat oder nur Einkünfte, die im Inland besteuert werden. Hierbei ist für Kinder über 18 Jahre die bei der Gewährung von Kindergeld oder Kinderfreibeträgen allgemein für eigene Einkünfte und Bezüge des Kindes geltende Grenze zu beachten. Diese Grenze beträgt für das Kalenderjahr **2010** jährlich **8004 €**; vgl. Anhang 9 Nr. 9 auf Seite 949.

Liegen diese Voraussetzungen vor, wird der Kinderfreibetrag und der Freibetrag für Betreuungs-, Erziehungs- oder Ausbildungsbedarf ungekürzt gewährt.

Arbeitnehmer, die unter die erweiterte unbeschränkte Steuerpflicht nach § 1 Abs. 2 EStG fallen, erhalten Kindergeld für diejenigen Kinder, die im Haushalt des Arbeitnehmers leben (§ 62 Abs. 1 Nr. 2 a EStG in Verbindung mit § 63 Abs. 1 Satz 3 EStG). Nach Ablauf des Kalenderjahres wird im Rahmen einer Veranlagung zur Einkommensteuer geprüft, ob die Summe aus Kinderfreibetrag und Freibetrag für Betreuungs-, Erziehungs- oder Ausbildungsbedarf zu einer höheren Steuerentlastung führt als die Zahlung des Kindergelds (vgl. Anhang 9 Nr. 4 auf Seite 938).

3. Übrige Arbeitnehmer die Arbeitslohn aus einer öffentlichen Kasse beziehen, aber keinen Wohnsitz oder gewöhnlichen Aufenthalt in Deutschland haben

Beschränkt steuerpflichtige Arbeitnehmer, die Arbeitslohn aus **öffentlichen Kassen** beziehen, aber die Voraussetzungen des § 1 **Abs. 2**, § 1 a **Abs. 2** EStG **nicht** erfüllen (z. B. im Ausland lebende Beamtenpensionäre), werden seit 1996 ebenso behandelt wie alle anderen beschränkt steuerpflichtigen Arbeitnehmer auch. Dies bedeutet in Anwendung des § 1 Abs. 3 EStG sowie des § 1 a Abs. 1 EStG die Einteilung in folgende drei Gruppen:

a) Erste Gruppe (völlige Gleichstellung)

Eine völlige Gleichstellung mit einem unbeschränkt steuerpflichtigen Arbeitnehmer erfolgt für **alle deutschen Staatsangehörigen**

– nach § 1 a **Abs. 2** in Verbindung mit § 1 Abs. 3 EStG, wenn sie

= zu einer inländischen juristischen Person des öffentlichen Rechts in einem Dienstverhältnis stehen und hierfür Arbeitslohn aus einer inländischen **öffentlichen Kasse** beziehen,

= nahezu ihre gesamten Einkünfte in Deutschland erzielen **und**

= sich aufgrund eines **dienstlichen Auftrags** im Ausland aufhalten;

---

*) Unter die erweiterte unbeschränkte Steuerpflicht nach § 1 Abs. 2 EStG fallen außer den Diplomaten auch andere in das Ausland abgeordnete Beamte sowie im Ausland stationierte Bundeswehrsoldaten, bei denen die Voraussetzungen des Artikel X des NATO-Truppenstatuts vorliegen. Mitarbeiter des Goethe-Instituts mit Wohnsitz im Ausland stehen nicht zu einer inländischen juristischen Person des öffentlichen Rechts in einem Dienstverhältnis und sind daher nicht nach § 1 Abs. 2 EStG erweitert unbeschränkt steuerpflichtig (BFH-Urteil vom 22. 2. 2006, BStBl. 2007 II S. 106).

Erweiterte unbeschränkte Steuerpflicht

– nach § 1a **Abs. 1** in Verbindung mit § 1 Abs. 3 EStG, wenn sie

= Arbeitslohn aus einer inländischen **öffentlichen Kasse** beziehen,

= nahezu ihre gesamten Einkünfte in Deutschland erzielen **und**

= sich zwar nicht aufgrund eines dienstlichen Auftrags im Ausland aufhalten, ihren Wohnsitz oder gewöhnlichen Aufenthalt aber in einem **EU/EWR-Mitgliedstaat***) haben (= Beamtenpensionäre).

Arbeitnehmer, die diese Voraussetzungen erfüllen, werden einem unbeschränkt Steuerpflichtigen völlig gleichgestellt. Sie erhalten **alle** steuerlichen Vergünstigungen einschließlich Splittingvorteil (= Steuerklasse III) und Realsplitting (= Berücksichtigung der Unterhaltsleistungen an den geschiedenen oder dauernd getrennt lebenden Ehegatten in bestimmtem Umfang als Sonderausgaben; vgl. Anhang 7 Abschnitt C Nr. 2 auf Seite 899).

b) Zweite Gruppe (annähernde Gleichstellung)

Eine annähernde Gleichstellung mit einem unbeschränkt Steuerpflichtigen erfolgt nach § 1 Abs. 3 EStG für alle beschränkt steuerpflichtigen Arbeitnehmer, die nahezu ihre gesamten Einkünfte in Deutschland erzielen, ihren Wohnsitz aber **außerhalb** der EU/EWR-Mitgliedstaaten*) haben. Dieser Personenkreis erhält allerdings keine familienbezogenen Vergünstigungen, also keine Steuerklasse III und kein Realsplitting, aber alle anderen Steuervergünstigungen (vgl. Nrn. 5 und 6).

c) Dritte Gruppe (keine Gleichstellung)

In diese Gruppe fallen alle übrigen beschränkt steuerpflichtigen Arbeitnehmer (z. B. wenn sie erhebliche ausländische Einkünfte haben). Sie erhalten stets die Steuerklasse I und können lediglich Werbungskosten und bestimmte Arten von Sonderausgaben steuermindernd geltend machen. Außerdem erhalten sie weder Kindergeld noch Kinderfreibeträge.

d) Erzielung der Einkünfte in Deutschland

Die für die Einordnung in die **Gruppe eins oder zwei** notwendige Voraussetzung, dass nahezu die gesamten Einkünfte in Deutschland erzielt werden, ist nach § 1 Abs. 3 EStG erfüllt, wenn

– die Summe aller Einkünfte im Kalenderjahr zu mindestens **90 %** der deutschen Einkommensteuer unterliegt **oder**

– diejenigen Einkünfte, die nicht der deutschen Besteuerung unterliegen, höchstens **8004 €** im Kalenderjahr 2010 betragen. Für das Kalenderjahr 2009 beträgt der Grenzbetrag 7834 €.

Der Betrag von 8004 € wird bei bestimmten Ländern um 25 %, 50 % oder 75 % gekürzt (vgl. die in Anhang 10 abgedruckte Ländergruppeneinteilung). Die Höhe der ausländischen Einkünfte muss durch eine **Bestätigung der ausländischen Steuerbehörde** auf amtlichem Vordruck nachgewiesen werden. Kann der Arbeitnehmer eine solche Bestätigung – aus welchen Gründen auch immer – nicht vorlegen, behandelt ihn das Finanzamt als „normalen" beschränkt steuerpflichtigen Arbeitnehmer, das heißt, er wird in die dritte und damit ungünstigste Gruppe eingereiht.

Hiernach ergibt sich für Arbeitnehmer, die zu einer inländischen juristischen Person des öffentlichen Rechts in einem Dienstverhältnis stehen und hierfür Arbeitslohn aus einer **öffentlichen Kasse** beziehen, aber keinen Wohnsitz oder gewöhnlichen Aufenthalt in Deutschland haben, folgende Gesamtübersicht:

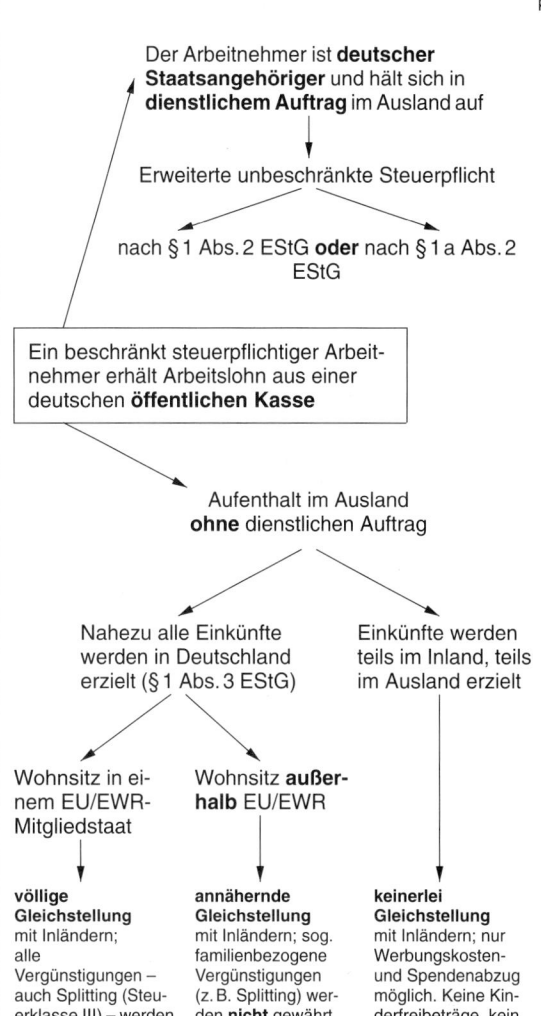

4. Familienbezogene Steuervergünstigungen

Wie vorstehend ausgeführt, werden nur den unter die **erste Gruppe** fallenden deutschen Staatsangehörigen die sog. familienbezogenen Vergünstigungen gewährt. Dies ist die Gewährung des Splittingvorteils **(Steuerklasse III),** wenn der beschränkt steuerpflichtige Arbeitnehmer verheiratet ist. In diesem Fall verdoppelt sich der für unschädliche ausländische Einkünfte geltende Höchstbetrag von normalerweise 8004 € (§ 1 Abs. 3 EStG) auf **16 008 €** für die gemeinsamen Einkünfte der Ehegatten. Für das Kalenderjahr 2009 gilt für die gemeinsamen Einkünfte der Ehegatten ein Grenzbetrag von 15 668 € (= 7834 € × 2).

Den Splittingvorteil erhalten **alle** unter die erste Gruppe fallenden deutschen Staatsangehörigen, also sowohl diejenigen, die nach § 1a Abs. 2 EStG wie ein unbeschränkt steuerpflichtiger Inländer behandelt werden, weil sie sich in dienstlichem Auftrag im Ausland aufhalten, als auch diejenigen deutschen Staatsangehörigen, die diese Behandlung nur über § 1a Abs. 1 EStG erreichen können (= Wohnsitz in einem EU/EWR-Mitgliedstaat). Allerdings wird dem Personenkreis, der diese Behandlung über § 1a Abs. 1 EStG erreicht hat, das heißt, der seinen Wohnsitz

---

*) **EU-Länder** sind die folgenden Mitgliedsländer der Europäischen Union: Belgien, Bulgarien, Dänemark, Estland, Finnland, Frankreich, Griechenland, Irland, Italien, Lettland, Litauen, Luxemburg, Malta, Niederlande, Österreich, Polen, Portugal, Rumänien, Schweden, Slowakei, Slowenien, Spanien, Tschechische Republik, Ungarn, Vereinigtes Königreich Großbritannien und Zypern.
EWR-Mitgliedstaaten, das heißt Staaten, auf die das Abkommen über den Europäischen Wirtschaftsraum Anwendung findet, sind: Island, Norwegen und Liechtenstein.

Erweiterte unbeschränkte Steuerpflicht

in einem EU/EWR-Mitgliedstaat hat, auch das sog. **Realsplitting** gewährt. Dies bedeutet, dass Unterhaltsleistungen an den geschiedenen (oder dauernd getrennt lebenden) Ehegatten dann als Sonderausgaben abgezogen werden können, wenn auch der geschiedene Ehegatte seinen Wohnsitz in einem Staat der Europäischen Union oder in einem EWR-Mitgliedstaat hat. Für die Anwendung des Realsplittings ist es außerdem Voraussetzung, dass die Besteuerung der Unterhaltsleistungen beim geschiedenen (oder dauernd getrennt lebenden) Ehegatten durch eine Bescheinigung der zuständigen ausländischen Steuerbehörde nachgewiesen wird.

5. Steuerklasse II

Für einen beschränkt steuerpflichtigen Arbeitnehmer, der Arbeitslohn aus einer deutschen öffentlichen Kasse bezieht, gilt für die Einordnung in Steuerklasse II Folgendes:

Unter der Voraussetzung, dass der Arbeitnehmer nahezu seine gesamten Einkünfte in Deutschland erzielt, wird er in die Steuerklasse II eingeordnet, wenn ihm der **Entlastungsbetrag für Alleinerziehende** zusteht. Nach § 24 b EStG setzt die Gewährung des Entlastungsbetrags für Alleinerziehende unter anderem voraus, dass der allein stehende Arbeitnehmer mit mindestens einem Kind für das er Kindergeld oder einen Kinderfreibetrag erhält, eine Haushaltsgemeinschaft in einer gemeinsamen Wohnung bildet (vgl. die Erläuterungen im Anhang 9 unter Nr. 15 auf Seite 960).

„Normale" beschränkt steuerpflichtige Arbeitnehmer, die der dritten und damit ungünstigsten Gruppe angehören, haben keinen Anspruch auf die Steuerklasse II (§ 50 Abs. 1 Satz 3 EStG).

6. Übrige Steuervergünstigungen

Fällt ein beschränkt steuerpflichtiger Arbeitnehmer, der zu einer inländischen juristischen Person des öffentlichen Rechts in einem Dienstverhältnis steht und hierfür Arbeitslohn aus einer deutschen öffentlichen Kasse bezieht, unter die in § 1 a Absätze 1 und 2 EStG geregelte Sonderform der unbeschränkten Steuerpflicht, so ist er einem Inländer völlig gleichgestellt. Er kann sich deshalb dieselben Freibeträge auf seiner Lohnabzugsbescheinigung eintragen lassen wie jeder andere unbeschränkt steuerpflichtige Arbeitnehmer auch. Nach § 39 a EStG werden folgende Freibeträge und Pauschbeträge eingetragen:

- Freibetrag für Werbungskosten, die den Arbeitnehmer-Pauschbetrag von 920 € übersteigen sowie erwerbsbedingte Kinderbetreuungskosten (vgl. **Anhang 7** Abschnitt B).
- Freibetrag für unbeschränkt abzugsfähige Sonderausgaben und Spenden, die den Sonderausgaben-Pauschbetrag von 36 € – bei verheirateten Arbeitnehmern 72 € – übersteigen (vgl. **Anhang 7** Abschnitt C).

Einen Freibetrag für die folgenden in **Anhang 7** Abschnitt D erläuterten außergewöhnlichen Belastungen:

- Unterhaltsfreibeträge für gesetzliche unterhaltsberechtigte Personen (z. B. Eltern, Großeltern; nicht jedoch Geschwister, Onkel, Tante, Neffen und Nichten). Ein Unterhaltsfreibetrag wird nur für solche Personen gewährt, für die der Arbeitnehmer weder Kindergeld noch einen Kinderfreibetrag erhält (vgl. nachfolgend unter Nr. 7). Für den ebenfalls im Ausland lebenden Ehegatten wird ein Unterhaltsfreibetrag nur dann abgezogen, wenn den Eheleuten kein Splittingvorteil (= Steuerklasse III) gewährt wird (vgl. die nachfolgenden Beispiele A und B).
- einen Ausbildungsfreibetrag für volljährige zur Berufsausbildung auswärts untergebrachte Kinder, für die der Arbeitnehmer nach den Ausführungen unter der folgenden Nr. 7 Kindergeld oder einen Kinderfreibetrag erhält.
- Pauschbeträge für Behinderte und Hinterbliebene.
- Pflegepauschbeträge.
- Freibeträge für außergewöhnliche Belastungen allgemeiner Art (vgl. **Anhang 7** Abschnitt D Nr. 1 auf Seite 902).

Für haushaltsnahe Beschäftigungsverhältnisse, haushaltsnahe Dienstleistungen und Handwerkerleistungen kann ein Freibetrag in Höhe des Vierfachen der Steuerermäßigung nach § 35a EStG eingetragen werden. Der Haushalt muss sich aber in einem Staat der Europäischen Union oder des Europäischen Wirtschaftsraums befinden (vgl. die Erläuterungen beim Stichwort „Hausgehilfin" unter Nr. 9).

Die unter Gruppe **eins** fallenden Arbeitnehmer erhalten – wie bereits ausgeführt – alle Vergünstigungen wie ein unbeschränkt Steuerpflichtiger. Die in der Gruppe **zwei** fallenden Arbeitnehmer erhalten zwar keine familienbezogenen Vergünstigungen (Steuerklasse III bzw. Realsplitting); sie können sich jedoch die vorstehend genannten Freibeträge und Pauschbeträge auf der für sie auszustellenden Bescheinigung nach § 39 c Abs. 4 EStG eintragen lassen.

Fällt ein Arbeitnehmer in die Gruppe **drei** (Einkünfte werden teils in Deutschland, teils im Ausland erzielt), so erhält er weder die familienbezogenen noch die übrigen Steuervergünstigungen und auch nicht die Steuerklasse II. Diesem Personenkreis wird stets die Steuerklasse I bescheinigt. Nach § 50 Abs. 1 Satz 4 EStG erhalten diese Arbeitnehmer außer einem Freibetrag für Werbungskosten und bestimmten Sonderausgaben **keinerlei Freibeträge** (sie erhalten auch **keine Freibeträge für Kinder** und **kein Kindergeld,** vgl. nachfolgend unter Nr. 7). Lediglich folgende Freibeträge werden auf der vom Betriebsstättenfinanzamt auszustellenden Bescheinigung für beschränkt steuerpflichtige Arbeitnehmer eingetragen:

- Freibetrag für Werbungskosten, die den zeitanteiligen Arbeitnehmer-Pauschbetrag von monatlich 77 € übersteigen. Erwerbsbedingte Kinderbetreuungskosten werden ab 2010 ebenfalls berücksichtigt.
- Freibetrag für Spenden, die den zeitanteiligen Sonderausgaben-Pauschbetrag von 3 € monatlich übersteigen.

Außerdem werden bei beschränkt steuerpflichtigen Arbeitnehmern in bestimmtem Umfang die Beiträge zur gesetzlichen Rentenversicherung, „Basiskrankenversicherung" und Pflegepflichtversicherung als Sonderausgaben berücksichtigt.

Die unterschiedliche Behandlung, je nachdem in welche der drei Gruppen der Arbeitnehmer einzuordnen ist, sollen die folgenden Beispiele verdeutlichen:

Beispiel A

Ein verheirateter deutscher Diplomat ist im Ausland tätig und hat dort seinen Wohnsitz. Er ist erweitert unbeschränkt steuerpflichtig nach § 1 Abs. 2 EStG (vgl. die Erläuterungen unter Nr. 1). Er erhält alle Steuervergünstigungen wie ein Inländer (auch die Steuerklasse III).

Beispiel B

Ein pensionierter deutscher Beamter ist verheiratet und lebt auf den Kanarischen Inseln (Spanien). Außer seiner Beamtenpension hat er keine weiteren Einkünfte. Der Pensionist fällt unter die Sonderform der unbeschränkten Steuerpflicht nach § 1 a Abs. 1 in Verbindung mit § 1 Abs. 3 EStG, weil er seinen Wohnsitz in einem EU/EWR-Staat hat. Er erhält alle Steuervergünstigungen wie ein Inländer (auch die Steuerklasse III).

Beispiel C

Ein pensionierter deutscher Beamter ist verheiratet und lebt in der Schweiz. Außer seiner Beamtenpension hat er keine weiteren Einkünfte. Der Pensionist fällt lediglich unter § 1 Abs. 3 EStG (nicht auch unter § 1 a Abs. 1 EStG), da er **außerhalb** der EU/EWR-Mitgliedstaaten seinen Wohnsitz hat. Er erhält nur die Steuerklasse I und die unter den vorstehenden Nrn. 5 und 6 erläuterten sonstigen Steuervergünstigungen, das heißt, dass er sich für den Unterhalt seiner Ehefrau einen Unterhaltsfreibetrag in Höhe von 8004 € jährlich auf der nach § 39c Abs. 4 EStG auszustellenden Bescheinigung eintragen lassen kann, wenn die eigenen Einkünfte und Bezüge der Ehefrau 624 € im Kalenderjahr 2010 nicht übersteigen.

Erweiterte unbeschränkte Steuerpflicht

Beispiel D
Wie Beispiel C. Das Ehepaar erzielt die Hälfte seiner gesamten Einkünfte in der Schweiz.

Der Pensionist ist beschränkt steuerpflichtig (§ 1 Abs. 4 EStG) und erhält die Steuerklasse I. Er kann für etwaige Unterhaltsleistungen an seine Ehefrau keinen Unterhaltsfreibetrag geltend machen (§ 50 Abs. 1 Satz 3 EStG).

7. Zahlung von Kindergeld und Berücksichtigung von Freibeträgen für Kinder

Seit 1.1.1996 ist die steuerliche Förderung der Kinder völlig neu geregelt worden (vgl. Anhang 9). Anstelle der Kinderfreibeträge, die früher in die Lohnsteuertabelle eingearbeitet waren, wird dem Arbeitnehmer das Kindergeld gezahlt. Arbeitnehmern, die Arbeitslohn **aus öffentlichen Kassen** erhalten, wird das Kindergeld vom Arbeitgeber ausgezahlt.

Nach Ablauf des Kalenderjahres wird im Rahmen einer Veranlagung zur Einkommensteuer geprüft, ob der Abzug des Kinderfreibetrags und des Freibetrags für Betreuungs-, Erziehungs- oder Ausbildungsbedarf bei der Berechnung der Einkommensteuer günstiger ist als das vom Arbeitgeber gezahlte Kindergeld. Dies ist allerdings nur bei Arbeitnehmern mit höherem Einkommen der Fall. Diese sog. Günstigerprüfung gilt auch für beschränkt steuerpflichtige Arbeitnehmer, die einen Anspruch auf Kindergeld oder die Summe aus Kinderfreibetrag und Freibetrag für Betreuungs-, Erziehungs- oder Ausbildungsbedarf haben. Dies sind alle beschränkt steuerpflichtigen Arbeitnehmer, die einem unbeschränkt steuerpflichtigen Inländer völlig gleichgestellt sind. Es sind dies die unter Nr. 3 Buchstabe a erläuterten, in die **erste** Gruppe fallenden Arbeitnehmer. Beschränkt steuerpflichtige Arbeitnehmer, die unter die **zweite** Gruppe fallen (vgl. die Erläuterungen unter Nr. 3 Buchstabe b), erhalten kein **Kindergeld** (§ 63 Abs. 1 Satz 3 EStG). Allerdings wird diesen Arbeitnehmern der Kinderfreibetrag und der Freibetrag für Betreuungs-, Erziehungs- oder Ausbildungsbedarf gewährt. Diese Freibeträge sind ggf. nach den Verhältnissen des Wohnsitzstaates um 25 %, 50 % oder 75 % zu kürzen (vgl. die in Anhang 10 abgedruckte Länderübersicht). Die übrigen beschränkt steuerpflichtigen Arbeitnehmer (**dritte** Gruppe, vgl. die Erläuterungen unter Nr. 3 Buchstabe c) erhalten weder Kindergeld noch einen Kinderfreibetrag und auch keinen Freibetrag für Betreuungs-, Erziehungs- oder Ausbildungsbedarf. Auf die ausführlichen Erläuterungen in **Anhang 9** Nr. 12 auf Seite 956 wird hingewiesen.

8. Durchführung des Lohnsteuerabzugs

Obwohl die Arbeitnehmer erweitert unbeschränkt steuerpflichtig sind oder nach § 1 Abs. 3 EStG wie unbeschränkt Steuerpflichtige behandelt werden, erhalten sie **keine Lohnsteuerkarte,** da sie keinen Wohnsitz oder gewöhnlichen Aufenthalt in Deutschland haben. Das Betriebsstättenfinanzamt erteilt dem Arbeitnehmer vielmehr **auf Antrag eine Bescheinigung** über die maßgebende Steuerklasse, die Zahl der Kinderfreibeträge und über etwaige Freibeträge (um 25 %, 50 % oder 75 % gekürzte kindbedingte Freibeträge nach § 32 Abs. 6 EStG, Werbungskosten, Sonderausgaben, außergewöhnliche Belastungen usw.). Diese sog. **Lohnsteuerabzugsbescheinigung** muss der Arbeitnehmer dem Arbeitgeber anstelle der Lohnsteuerkarte vorlegen. Der Arbeitgeber hat die Lohnsteuer entsprechend den Eintragungen auf dieser Bescheinigung einzubehalten und die Bescheinigung zum Lohnkonto zu nehmen. Für den Antrag auf Ausstellung einer Lohnsteuerabzugsbescheinigung wegen erweiterter unbeschränkter Steuerpflicht sind bundeseinheitliche Vordrucke kostenlos bei den Finanzämtern erhältlich.

Der Arbeitnehmer ist verpflichtet, die vom Betriebsstättenfinanzamt ausgestellte Lohnsteuerabzugsbescheinigung unverzüglich der öffentlichen Kasse vorzulegen, die die Bezüge auszahlt.

9. Vorsorgepauschale

Bei beschränkt steuerpflichtigen Arbeitnehmern, die Arbeitslohn aus einer inländischen öffentlichen Kasse beziehen, ist zu beachten, dass in aller Regel keine Vorsorgepauschale für Beiträge zur gesetzlichen Rentenversicherung zu berücksichtigen ist. Entweder weil es sich um einen erweitert unbeschränkt steuerpflichtigen **Auslandsbeamten** oder um einen Empfänger von Versorgungsbezügen im Sinne des § 19 Abs. 2 Nr. 1 EStG handelt (sog. **Beamtenpensionär**).

10. Kirchensteuer

Auslandsbeamte, die Arbeitslohn aus einer inländischen öffentlichen Kasse beziehen und deshalb trotz mangelnden inländischen Wohnsitzes oder gewöhnlichen Aufenthalts unbeschränkt steuerpflichtig sind (§ 1 Abs. 2 und 3 EStG), **unterliegen nicht der Kirchensteuerpflicht,** weil es von dem bei der Kirchensteuer geltenden Territorialprinzip keine Ausnahme gibt.

Erwerbsminderungsrente

siehe „Renten"

Erwerbsunfähigkeitsrente

siehe „Renten"

Erziehungsbeihilfen

	Lohnsteuerpflichtig	Sozialversich.-pflichtig
Erziehungsbeihilfen für Auszubildende, Lehrlinge usw. sind lohnsteuer- und beitragspflichtig.	ja	ja
Nur wenn es sich bei den Erziehungsbeihilfen um Stipendien handelt, kann Steuerfreiheit in Betracht kommen (vgl. „Stipendien").	nein	nein

Erziehungsgeld

siehe „Elterngeld, Elternzeit"

Essenszuschüsse

siehe „Mahlzeiten"

EU-Beamte

siehe „Persönliche Lohnsteuerbefreiungen"

EU-Tagegeld

siehe „Kaufkraftausgleich"

Facharbeiterzulage

	Lohnsteuerpflichtig	Sozialversich.-pflichtig
Facharbeiterzulagen, die zusätzlich zum vereinbarten Arbeitslohn aufgrund einer tarifvertraglichen Regelung, einer Betriebsvereinbarung oder aufgrund des Einzelarbeitsvertrags gezahlt werden, sind steuer- und beitragspflichtig.	ja	ja

Fälligkeit der Lohnsteuer

Siehe die Stichworte: Abführung der Lohnsteuer, Berechnung der Lohnsteuer, Zufluss von Arbeitslohn.

Fälligkeit des Gesamtsozialversicherungsbeitrags

siehe „Abführung der Sozialversicherungsbeiträge"

Fahrkostenzuschüsse

siehe „Fahrten zwischen Wohnung und regelmäßiger Arbeitsstätte"

Fahrlehrer

Fahrlehrer, die gegen eine tätigkeitsbezogene Vergütung unterrichten, sind in der Regel keine Arbeitnehmer, auch wenn ihnen keine Fahrschulerlaubnis erteilt worden ist (BFH-Urteil vom 17.10.1996, BStBl. 1997 II S. 188).

Selbständig tätige Fahrlehrer sind in der Rentenversicherung nach § 2 Satz 1 Nr. 1 SGB VI versicherungspflichtig, wenn sie im Zusammenhang mit ihrer selbständigen Tätigkeit keinen versicherungspflichtigen Arbeitnehmer beschäftigen.

Fahrradgeld

	Lohnsteuerpflichtig	Sozialversich.-pflichtig
Ein Ersatz des Arbeitgebers für die Benutzung eines Fahrrads bei **Auswärtstätigkeit** gegen Einzelabrechnung oder bis zu einem Pauschsatz von 0,05 € je gefahrenen Kilometer ist steuerfrei und damit beitragsfrei.	nein	nein
Ein Ersatz des Arbeitgebers für die Benutzung eines Fahrrads zu **Fahrten zwischen Wohnung und regelmäßiger Arbeitsstätte** gehört dagegen zum steuer- und beitragspflichtigen Arbeitslohn.	ja	ja
Eine Pauschalierung der Lohnsteuer mit 15 % ist wieder ab dem 1. Entfernungskilometer bis zum Kilometersatz von 0,05 € je gefahrenen Kilometer (= 0,10 € je Entfernungskilometer) möglich. Diese Pauschalierung löst Beitragsfreiheit in der Sozialversicherung aus.	ja	nein

Pauschaliert der Arbeitgeber mit 15 %, entfällt insoweit der Werbungskostenabzug (vgl. das Berechnungsbeispiel C beim Stichwort „Fahrten zwischen Wohnung und regelmäßiger Arbeitsstätte" unter Nr. 5 Buchstabe c auf Seite 264).

Fahrtätigkeit

Wichtiges auf einen Blick:

Die bisherigen Begriffe im lohnsteuerlichen Reisekostenrecht „Dienstreise", „Einsatzwechseltätigkeit" und „**Fahrtätigkeit**" sind zum **1.1.2008** zum neuen Begriff vorübergehende „**beruflich veranlasste Auswärtstätigkeit**" zusammengefasst worden (vgl. auch die ausführlichen Erläuterungen beim Stichwort „Reisekosten bei Auswärtstätigkeiten") . Damit liegt auch bei Arbeitnehmern, die bisher eine Fahrtätigkeit ausgeübt haben, ab dem 1.1.2008 eine beruflich veranlasste Auswärtstätigkeit vor.

Eine **Auswärtstätigkeit** liegt vor, wenn der Arbeitnehmer vorübergehend außerhalb seiner Wohnung und an keiner seiner regelmäßigen Arbeitsstätten beruflich tätig wird. Von einer beruflich veranlassten Auswärtstätigkeit ist aber auch auszugehen, wenn ein Arbeitnehmer im Betrieb oder Zweigbetrieb des Arbeitgebers keine regelmäßige Arbeitsstätte hat und bei seiner individuellen beruflichen Tätigkeit auf einem **Fahrzeug tätig** wird (R 9.4 Abs. 2 Satz 2 LStR).

Nachfolgend wird dargestellt, in welchem Umfang **Fahrtkosten, Verpflegungsmehraufwendungen** und **Übernachtungskosten** bei Arbeitnehmern, die ihre individuelle berufliche Tätigkeit auf einem Fahrzeug ausüben, vom Arbeitgeber **steuerfrei** ersetzt werden können. Zum steuerfreien Arbeitgeberersatz bei einer bis zum 31.12.2007 vorliegenden Fahrtätigkeit vgl. auch die ausführlichen Erläuterungen im „Lexikon für das Lohnbüro", Ausgabe 2007, Seite 240 ff. Zum steuerfreien Arbeitgeberersatz bei einer ab dem 1.1.2008 vorliegenden beruflichen veranlassten Auswärtstätigkeit vgl. auch die ausführlichen Erläuterungen beim Stichwort „Reisekosten bei Auswärtstätigkeiten". Zu den sich durch die Neuregelung des Reisekostenrechts zum 1.1.2008 bei einer Fahrtätigkeit gegenüber der bis 2007 geltenden Rechtslage ergebenden Unterschiede vgl. die ausführlichen Erläuterungen im „Lexikon für das Lohnbüro", Ausgabe 2008, Seite 229 ff.

Gliederung:

1. Allgemeines
2. Beruflich veranlasste Auswärtstätigkeit ab 1.1.2008
3. Besonderheiten beim Ersatz von Fahrtkosten ab 1.1.2008
4. Steuerfreier Ersatz von Verpflegungsmehraufwendungen
   a) Allgemeines
   b) Höhe der steuerfreien Pauschbeträge
   c) Mitternachtsregelung
   d) Dreimonatsfrist
   e) Gewährung von Mahlzeiten
   f) Verpflegungsmehraufwand bei grenzüberschreitenden Fahrten
5. Steuerfreier Ersatz von Übernachtungskosten

1. Allgemeines

	Lohnsteuerpflichtig	Sozialversich.-pflichtig
Arbeitnehmer, die bei ihrer individuellen beruflichen Tätigkeit auf einem Fahrzeug tätig werden (z. B. Berufskraftfahrer), können in bestimmten Fällen **steuerfreie Auslösungen** erhalten. Sind die Auslösungen steuerfrei, so sind sie auch **beitragsfrei** in der Sozialversicherung.	nein	nein

2. Beruflich veranlasste Auswärtstätigkeit ab 1.1.2008

Ab dem 1.1.2008 wird von einer **Auswärtstätigkeit** ausgegangen, wenn der Arbeitnehmer **vorübergehend außerhalb** seiner **Wohnung** und an **keiner** seiner **regelmäßigen Arbeitsstätten** beruflich tätig wird (R 9.4 Abs. 2 Satz 1 LStR).

Regelmäßige Arbeitsstätte ist jede ortsfeste dauerhafte betriebliche Einrichtung des Arbeitgebers, der der Arbeitnehmer zugeordnet ist und die er mit einer gewissen Nachhaltigkeit immer wieder aufsucht. Nicht maßgebend sind dabei Art, Umfang und Inhalt der Tätigkeit. Von einer regelmäßigen Arbeitsstätte ist bereits dann auszugehen, wenn die **betriebliche Einrichtung** des Arbeitgebers vom Arbeitnehmer durchschnittlich im Kalenderjahr an **einem Arbeitstag je Arbeitswoche** aufgesucht wird (R 9.4 Abs. 3 Sätze 2 bis 4 LStR). Als regelmäßige Arbeitsstätten kommen z. B. auch in Betracht Bus-/Straßenbahndepots oder Verkaufsstellen für Fahrkarten, die vom Arbeitnehmer mindestens einmal wöchentlich aufgesucht werden. Auch der Bundesfinanzhof geht von einer regelmäßigen Arbeitsstätte aus, wenn der Arbeitnehmer mindestens einmal wöchentlich den Betriebssitz seines Arbeitgebers aufsucht (BFH-Urteil vom 4.4.2008, BStBl. II S. 887).

Beispiel A

A ist Lkw-Fahrer und übernimmt den von ihm zu fahrenden Lkw jeden Morgen auf dem Betriebshof des Arbeitgebers und stellt ihn abends wieder dort ab.

A hat an der betrieblichen Einrichtung des Arbeitgebers seine regelmäßige Arbeitsstätte, da er den Betriebshof regelmäßig und immer wieder aufsucht. Mit dem Verlassen des Betriebshofs beginnt die beruflich veranlasste Auswärtstätigkeit, die mit der Rückkehr am Abend endet.

Beispiel B

B ist Linienbusfahrer und auf wechselnden Linien eingesetzt. Das jeweils zu führende Fahrzeug hat er an drei unterschiedlichen Busdepots seines Arbeitgebers zu übernehmen.

Fahrtätigkeit

Die Busdepots sind ortsfeste betriebliche Einrichtungen des Arbeitgebers, die B regelmäßig und immer wieder aufgesucht hat. Folglich hat B drei regelmäßige Arbeitsstätten. Mit dem Verlassen der Busdepots beginnt die beruflich veranlasste Auswärtstätigkeit.

Auch der Bundesfinanzhof hatte bereits für die Zeit vor Inkrafttreten des neuen Reisekostenrechts zum 1.1.2008 entschieden, dass ein Linienbusfahrer an **sechs** unterschiedlichen **Busdepots** seinen Linienbus für die anschließende berufliche Tätigkeit übernimmt, **sechs regelmäßige Arbeitsstätten** hat (BFH-Urteil vom 11.5.2005, BStBl. II S. 788).

Von einer beruflich veranlassten **Auswärtstätigkeit** wird aber auch dann ausgegangen, wenn der Arbeitnehmer – ohne Vorhandensein einer regelmäßigen Arbeitsstätte am Betriebssitz des Arbeitgebers – bei seiner individuellen beruflichen Tätigkeit auf einem **Fahrzeug** tätig wird (R 9.4 Abs. 2 Satz 2 LStR). Dies ist z. B. der Fall, wenn das Fahrzeug nach dem Ladevorgang bei einem Kunden oder „auf freier Strecke" übernommen wird. Die außerbetriebliche Einrichtung beim Kunden ist keine regelmäßige Arbeitsstätte. Dies gilt selbst dann, wenn sie vom Arbeitnehmer regelmäßig angefahren werden.

Beispiel C

C ist Lkw-Fahrer für Arbeitgeber D und übernimmt seinen beladenen Lkw jeden Morgen bei E oder F, die Kunden des D sind. Den Betriebssitz des D sucht C höchstens alle zwei bis drei Wochen auf.

C hat weder am Betriebssitz des D noch bei den Kunden E oder F eine regelmäßige Arbeitsstätte. Am Betriebssitz seines Arbeitgebers D hat er keine regelmäßige Arbeitsstätte, da er diese betriebliche Einrichtung durchschnittlich nicht an einem Arbeitstag in der Woche aufsucht. Die außerbetrieblichen Einrichtungen bei den Kunden E und F sind ebenfalls keine regelmäßigen Arbeitsstätten. Jeweils mit dem Verlassen der Wohnung beginnt die beruflich veranlasste Auswärtstätigkeit des C.

Beispiel D

G ist Straßenbahnfahrer und übernimmt die von ihm zu fahrende Bahn jeweils auf freier Strecke an einer öffentlichen Haltestelle. Den Betriebssitz des Arbeitgebers sucht er durchschnittlich nur alle vierzehn Tage auf. G hat weder an der öffentlichen Haltestelle noch an dem alle vierzehn Tage aufgesuchten Betriebssitz des Arbeitgebers eine regelmäßige Arbeitsstätte. Jeweils mit dem Verlassen der Wohnung beginnt die beruflich veranlasste Auswärtstätigkeit des G.

Binnenschiffer haben ebenso wie **Seeleute** auf dem Schiff keine (weitere) regelmäßige Arbeitsstätte, weil das Schiff keine ortsfeste betriebliche Einrichtung des Arbeitgebers ist (BFH-Urteil vom 9.12.2005, BStBl. 2006 II S. 378). Bei der Ausübung ihrer beruflichen Tätigkeit auf dem Schiff liegt daher eine beruflich veranlasste Auswärtstätigkeit vor, vgl. auch die Stichwörter „Binnenschiffer" und „Seeleute".

Die Unterscheidung, ob der Arbeitnehmer im Betrieb oder Zweigbetrieb des Arbeitgebers eine regelmäßige Arbeitsstätte hat oder nicht, ist also für die Beantwortung der Frage von Bedeutung, **zu welchem Zeitpunkt die berufliche veranlasste Auswärtstätigkeit** beginnt (ab Verlassen des Betriebs oder erst ab Verlassen der Wohnung) und endet (Erreichen des Betriebs oder Erreichen der Wohnung) bzw. ob sie ggf. durch das Aufsuchen der regelmäßigen Arbeitsstätte im Laufe des Tages unterbrochen wird. Auswirkungen hat dies auf die Höhe der steuerfrei ersetzbaren Fahrtkosten und für die Höhe des Pauschbetrags für Verpflegungsmehraufwendungen.

3. Besonderheiten beim Ersatz von Fahrtkosten ab 1.1.2008

Ersetzt der Arbeitgeber einem Arbeitnehmer, der seine Tätigkeit eigentlich auf einem Fahrzeug ausübt, die Aufwendungen für **Fahrten** zwischen **Wohnung** und z. B. **Betrieb**, Zweigbetrieb oder Fahrzeugdepot, so ist dieser Arbeitgeberersatz **steuerpflichtig**, weil es sich um Fahrten zwischen Wohnung und regelmäßiger Arbeitsstätte handelt. Dies gilt auch dann, wenn der Arbeitnehmer das Fahrzeug an unterschiedlichen Stellen übernimmt, weil es sich dann um **mehrere regelmäßige Arbeitsstätten** handelt (BFH-Urteil vom 11.5.2005, BStBl. II S. 788 wonach die Übernahme von Linienbussen an sechs unterschiedlichen Busdepots zu sechs regelmäßigen Arbeitsstätten führt).

Eine **Pauschalierung** der Lohnsteuer mit 15 % nach den beim Stichwort „Fahrten zwischen Wohnung und regelmäßiger Arbeitsstätte" dargestellten Grundsätzen ist möglich. Diese Pauschalierung löst Beitragsfreiheit in der Sozialversicherung aus.

Beispiel A

A ist Lkw-Fahrer und übernimmt den von ihm zu fahrenden Lkw jeden Morgen auf dem Betriebshof des Arbeitgebers und stellt ihn abends wieder dort ab. Die Fahrt von der Wohnung zum Betrieb und zurück führt er mit eigenem Pkw durch.

Es handelt sich um Fahrten zwischen Wohnung und regelmäßiger Arbeitsstätte. Ein etwaiger Fahrtkostenersatz des Arbeitgebers ist steuerpflichtig und kann in Höhe der Entfernungspauschale mit 15 % pauschal versteuert werden.

Handelt es sich bei den Fahrten von der Wohnung zum Übernahmeort des Fahrzeugs **ausnahmsweise nicht** um Fahrten zwischen **Wohnung** und regelmäßiger **Arbeitsstätte,** ist ein etwaiger Arbeitgeberersatz in Höhe des pauschalen Kilometersatzes (z. B. 0,30 € je gefahrenen Kilometer) oder der nachgewiesenen tatsächlichen Kosten **steuerfrei.**

Beispiel B

Lkw-Fahrer B ist für Arbeitgeber C tätig und übernimmt nach einer Fahrt mit dem eigenen Pkw seinen beladenen Lkw jeden Morgen bei D oder E, die Kunden des C sind. Den Betriebssitz des C sucht B höchstens alle zwei bis drei Wochen auf.

B hat weder am Betriebssitz des C noch bei den Kunden D oder E eine regelmäßige Arbeitsstätte. Am Betriebssitz seines Arbeitgebers D hat er keine regelmäßige Arbeitsstätte, da er diese betriebliche Einrichtung durchschnittlich nicht an einem Arbeitstag in der Woche aufsucht. Die außerbetrieblichen Einrichtungen bei den Kunden D oder E sind ebenfalls keine regelmäßigen Arbeitsstätten. Ein Fahrtkostenersatz des C für die von B mit dem eigenen Pkw durchgeführten Fahrten ist bis zu 0,30 € je **gefahrenen** Kilometer steuerfreier Reisekostenersatz.

4. Steuerfreier Ersatz von Verpflegungsmehraufwendungen

a) Allgemeines

Der steuerfreie Ersatz von Verpflegungsmehraufwendungen richtet sich grundsätzlich nach den beim Stichwort „Reisekosten bei Auswärtstätigkeiten" unter Nr. 9 auf Seite 598 dargestellten Grundsätzen. **Besonderheiten** ergeben sich aber insbesondere bei der Berechnung der **Abwesenheitsdauer** (vgl. nachfolgenden Buchstaben b), der **Mitternachtsregelung** (vgl. nachfolgenden Buchstaben c) und der **Dreimonatsfrist** (vgl. nachfolgenden Buchstaben d).

b) Höhe der steuerfreien Pauschbeträge

Die Pauschbeträge für Verpflegungsmehraufwand betragen für jeden Kalendertag

- bei einer Abwesenheit von 24 Stunden **24,— €**,
- bei einer Abwesenheit von weniger als 24 Stunden, aber mindestens 14 Stunden **12,— €**,
- bei einer Abwesenheit von weniger als 14 Stunden, aber mindestens 8 Stunden **6,— €**.

Für die Dauer der Abwesenheit ist auf die Abwesenheit von der **Wohnung** abzustellen. Dies gilt allerdings nur für diejenigen Arbeitnehmer mit beruflich veranlasster Auswärtstätigkeit auf einem Fahrzeug, die im Betrieb des Arbeitgebers keine regelmäßige Arbeitsstätte haben (vgl. die Erläuterungen unter der vorstehenden Nr. 2). Die Abwesenheit beginnt dann mit dem Verlassen der Wohnung und endet, wenn der Arbeitnehmer in seine Wohnung zurückkehrt. Dabei ist es gleichgültig, ob die Abwesenheitsdauer auf der tatsächlichen Arbeitszeit, auf schlechten Verkehrsverbindungen oder auf anderen beruflich veranlassten Umständen beruht.

Fahrtätigkeit

Beispiel A

Der Berufskraftfahrer einer Spedition, ohne regelmäßige Arbeitsstätte an einer betrieblichen Einrichtung des Arbeitgebers, verlässt am Montag um 11 Uhr nach einem Ladevorgang bei einem Kunden seines Arbeitgebers München mit seinem Fahrzeug und kommt erst am Freitag um 12 Uhr wieder dorthin zurück. Verlässt der Arbeitnehmer z. B. am Montag seine **Wohnung** um 8.00 Uhr und kehrt er am Freitag um 13.30 Uhr wieder dorthin zurück, so ergibt sich Folgendes:

Arbeitstag	Dauer der Abwesenheit von der Wohnung	Pauschbetrag für Verpflegungsmehraufwand
Montag	mehr als 14 Stunden	12,— €
Dienstag	24 Stunden	24,— €
Mittwoch	24 Stunden	24,— €
Donnerstag	24 Stunden	24,— €
Freitag	mehr als 8, aber nicht mindestens 14 Stunden	6,— €
insgesamt		90,— €

Bei einer regelmäßigen Arbeitsstätte am Betriebssitz des Arbeitgebers ist die Abwesenheitszeit vom **Betrieb** maßgebend.

Beispiel B

Lkw-Fahrer A übernimmt den von ihm zu fahrenden Lkw jeden Morgen auf dem Betriebshof des Arbeitgebers und stellt ihn abends wieder dort ab. Er verlässt seine Wohnung um 7 Uhr morgens und kehrt um 17.30 Uhr dorthin zurück. Den Betriebshof seines Arbeitgebers verlässt er mit seinem Lkw um 9 Uhr und kehrt um 16 Uhr dorthin zurück.

A hat an der betrieblichen Einrichtung des Arbeitgebers seine regelmäßige Arbeitsstätte, da er den Betriebshof regelmäßig und immer wieder aufsucht. Mit dem Verlassen des Betriebshofs um 9 Uhr beginnt die beruflich veranlasste Auswärtstätigkeit, die mit der Rückkehr dorthin um 16 Uhr endet. Für die Frage, ob der Arbeitgeber dem A eine steuerfreie Verpflegungspauschale zahlen kann, ist die Abwesenheitszeit vom Betrieb maßgebend. Da diese Abwesenheitszeit lediglich 7 Stunden beträgt, kommt die Zahlung einer steuerfreien Verpflegungspauschale nicht in Betracht. Unmaßgeblich ist, dass die Abwesenheitszeit von der Wohnung 10,5 Stunden und damit mehr als acht Stunden beträgt.

Selbst wenn der Arbeitnehmer gelegentlich einen Arbeitstag im Betrieb tätig ist, um z. B. Wartungsarbeiten auszuführen, liegt an diesem Tag eine beruflich veranlasste Auswärtstätigkeit vor, wenn der Arbeitnehmer im Betrieb keine regelmäßige Arbeitsstätte begründet. Der Arbeitgeber kann somit auch für diesen Tag eine Verpflegungspauschale steuerfrei zahlen. Auch bei einer untypischen Tätigkeit, wie z. B. der Teilnahme an einer Fortbildungsveranstaltung, ist von einer beruflich veranlassten Auswärtstätigkeit auszugehen. Der Arbeitgeber kann auch für diesen Tag eine Verpflegungspauschale steuerfrei zahlen.

c) Mitternachtsregelung

Führt der Arbeitnehmer an einem Kalendertag mehrere Fahrten durch, sind die Abwesenheitszeiten **an diesem Tag** zusammenzurechnen. Die Abwesenheitsdauer wird also für jeden Kalendertag gesondert berechnet. Diese kalendertägliche Betrachtungsweise würde dazu führen, dass für eine achtstündige Tätigkeit von 20 Uhr an einem Kalendertag bis um 4 Uhr des nächsten Tages keine steuerfreie Verpflegungspauschale gezahlt werden könnte. Um dies zu vermeiden, wurde folgende gesetzliche Regelung getroffen:

„Eine Tätigkeit, die nach **16** Uhr begonnen und vor **8** Uhr des nachfolgenden Kalendertages beendet wird, ohne dass eine Übernachtung stattfindet, ist mit der **gesamten Abwesenheitsdauer dem Kalendertag der überwiegenden Abwesenheit zuzurechnen.**"

Voraussetzung für die Anwendung dieser Regelung ist also eine Fahrt, die sich über Mitternacht hinaus in den nächsten Tag hinein erstreckt, **ohne dass eine Übernachtung stattfindet.** In der Praxis hat sich deshalb hierfür die Bezeichnung **„Mitternachtsregelung"** eingebürgert.

Die sog. Mitternachtsregelung stellt hiernach eine Ausnahme von dem Grundsatz dar, dass für die Dauer der Abwesenheit von der Wohnung jeder Kalendertag für sich zu beurteilen ist. Die Ausnahmeregelung betrifft ausschließlich diejenigen Fälle, in denen ein Arbeitnehmer seine Tätigkeit auf einem Fahrzeug nachts ausübt, **ohne dass eine Übernachtung stattfindet.**

Beispiel

Ein Berufskraftfahrer fährt am Montag um 17.00 Uhr von seiner Wohnung ab und kehrt am Dienstag um 1.00 Uhr wieder dorthin zurück. Dem Arbeitnehmer kann ein Pauschbetrag von 6 € steuerfrei gezahlt werden, da die Mindestabwesenheit von 8 Stunden erfüllt ist. Die gesamte Abwesenheitsdauer von 8 Stunden wird dabei dem Kalendertag der **überwiegenden** Abwesenheit zugerechnet. Dies ist der Montag.

Die sog. Mitternachtsregelung erlangt über den Normalfall hinaus dann eine besondere Bedeutung, wenn eine Tätigkeit auf einem Fahrzeug sowohl im Inland als auch im Ausland ausgeübt wird und die gesamte Abwesenheitsdauer dabei dem Kalendertag der überwiegenden Abwesenheit zugerechnet wird (vgl. nachfolgenden Buchstaben f).

d) Dreimonatsfrist

Die steuerfreie Erstattung der Verpflegungspauschalen ist bei einer beruflich veranlassten Auswärtstätigkeit, die auf einem Fahrzeug ausgeübt wird, auf die **ersten drei Monate** derselben Auswärtstätigkeit beschränkt (sog. Dreimonatsfrist).

In der Praxis wird allerdings die Auswirkung der Dreimonatsfrist beim Verpflegungsmehraufwand für Fahrtätigkeiten gering sein, weil jede Lkw-, Bus-, Straßenbahn-, Taxi- oder Schiffsfahrt ein **neuer Auftrag** ist mit der Folge, dass auch eine neue Dreimonatsfrist für den Verpflegungsmehraufwand beginnt. Aufgrund des neuen Auftrags handelt es sich nicht mehr um „dieselbe" Auswärtstätigkeit. Eine vierwöchige Unterbrechung ist nicht erforderlich (BFH-Urteil vom 19.12.2005, BStBl. 2006 II S. 378). Dabei kommt es übrigens nicht darauf an, ob der Arbeitnehmer eine regelmäßige Arbeitsstätte am Betriebssitz des Arbeitgebers hat oder nicht.

Beispiel A

Ein Fahrer bringt täglich Personen, Material oder Gepäckstücke vom Flughafen München zum Flughafen Salzburg. Die erforderliche Abwesenheitszeit für die steuerfreie Verpflegungspauschale von mindestens acht Stunden ist erfüllt.

Der Arbeitgeber kann dem Fahrer jeden Tag eine steuerfreie Verpflegungspauschale von 6 € zahlen, da jede Fahrt ein neuer Auftrag ist. Die Dreimonatsfrist kommt nicht zur Anwendung.

Beispiel B

Ein Busfahrer ist jeden Tag zu der gleichen Zeit auf der Linie 007 eingesetzt. Die erforderliche Abwesenheitszeit für die steuerfreie Verpflegungspauschale von mindestens acht Stunden ist erfüllt.

Der Arbeitgeber kann dem Busfahrer jeden Tag eine steuerfreie Verpflegungspauschale von 6 € zahlen, da jede Fahrt ein neuer Auftrag ist. Die Dreimonatsfrist kommt nicht zur Anwendung.

Allerdings können Seeleute bei einer (= derselben) längeren beruflich veranlassten Auswärtstätigkeit nur für die ersten drei Monate des Einsatzes auf dem Schiff Verpflegungsmehraufwendungen geltend machen (BFH-Urteil vom 16.11.2005, BStBl. 2006 II S. 267).

e) Gewährung von Mahlzeiten

Werden dem Arbeitnehmer **bei einer Auswärtstätigkeit Mahlzeiten** durch den Arbeitgeber gewährt, so sind die maßgebenden Pauschbeträge für Verpflegungsmehraufwendungen nicht zu kürzen. Denn im Falle der Gewährung von Mahlzeiten durch den Arbeitgeber ist dieser verpflichtet, dem Arbeitnehmer den Vorteil für die gewährten Mahlzeiten als Arbeitslohn zu behandeln (vgl. das Stichwort „Mahlzeiten"). Zum Wahlrecht des Arbeitgebers zur Bewertung der Mahlzeiten mit dem amtlichen Sachbezugswert oder dem tatsächlichen Wert – unter Nutzung der 44-€-Freigrenze für Sachbezüge – vgl. auch das Stichwort „Bewirtungskosten" unter Nr. 4.

Fahrtätigkeit

f) Verpflegungsmehraufwand bei grenzüberschreitenden Fahrten

Auch bei einer Auswärtstätigkeit im Ausland wird der Verpflegungsmehraufwand in Form von **pauschalen Auslandstagegeldern** anerkannt. Der Einzelnachweis von Verpflegungsmehraufwendungen ist ausgeschlossen. Die Auslandstagegelder sind – ebenso wie die Inlandstagegelder – nach der Abwesenheitsdauer von der Wohnung und der ggf. vorhandenen regelmäßigen Arbeitsstätte wie folgt gestaffelt:

– bei einer Abwesenheit
 von **24 Stunden:** **voller** Pauschbetrag
– bei einer Abwesenheit von
 mindestens 14 Stunden: Teilpauschbetrag
– bei einer Abwesenheit von
 mindestens 8 Stunden: Teilpauschbetrag

Bei einer Abwesenheit von weniger als 8 Stunden wird – ebenso wie im Inland – ein Pauschbetrag für Verpflegungsmehraufwendungen nicht gewährt. Auch in diesem Fall ist ein Einzelnachweis von Verpflegungsmehraufwendungen ausgeschlossen.

Die zeitlich gestaffelten Auslandstagegelder können direkt aus der alphabetischen Länderübersicht in Anhang 4 auf Seite 846 abgelesen werden. Die zeitliche Staffelung hat sowohl Auswirkungen auf eintägige Fahrten ins Ausland als auch auf die An- und Rückreisetage bei mehrtägigen Fahrten ins Ausland.

Außerdem ist bei den eintägigen Fahrten und bei den An- und Rückreisetagen bei mehrtägigen Fahrten zu beachten, dass sich das maßgebende Auslandstagegeld nach **dem letzten Tätigkeitsort im Ausland** richtet. Das gilt auch dann, wenn die überwiegende Zeit im Inland verbracht wird.

Beispiel A
Ein Berufskraftfahrer fährt nach Zürich und am selben Tag wieder zurück. Er fährt dabei durch Österreich. Bei Arbeitnehmern, die ihre Tätigkeit auf einem Fahrzeug ausüben, ist der „letzte Tätigkeitsort im Ausland" der ausländische Grenzort an der deutsch-österreichischen Grenze. Dem Arbeitnehmer kann somit lediglich das Auslandstagegeld für Österreich steuerfrei gezahlt werden, obwohl der Bestimmungsort seiner Lieferung in der Schweiz lag.

Auch bei einer Fahrtätigkeit im Ausland ist die sog. **Mitternachtsregelung** zu beachten, die Folgendes besagt:

„Eine Tätigkeit, die nach 16.00 Uhr begonnen und vor 8.00 Uhr des nachfolgenden Kalendertages beendet wird, ohne dass eine Übernachtung stattfindet, ist mit der gesamten Abwesenheitsdauer dem Kalendertag der überwiegenden Abwesenheit zuzurechnen."

Beispiel B
Ein Berufskraftfahrer verlässt am Montag um 16 Uhr seine Wohnung und beginnt seine Fahrtätigkeit. Am Dienstag kehrt er um 7 Uhr in seine Wohnung zurück. Er fährt über Österreich in die Schweiz und von dort nach Deutschland zurück. Die gesamte Abwesenheitsdauer von der Wohnung (insgesamt 15 Stunden) ist dem Montag zuzurechnen. Maßgebend für das Auslandstagegeld ist der „letzte Tätigkeitsort im Ausland". Dies ist der ausländische Grenzort an der deutsch-schweizerischen Grenze. Der Arbeitnehmer erhält deshalb ein anteiliges Auslandstagegeld für die Schweiz in Höhe von 28 €.

Bei häufigen Fahrten ins Ausland kann zu prüfen sein, ob das Besteuerungsrecht nicht aufgrund eines Doppelbesteuerungsabkommens einem anderen Staat zusteht. Hierbei müssen bei Berufskraftfahrern Besonderheiten beachtet werden. Diese sind beim Stichwort „Doppelbesteuerungsabkommen" unter Nr. 6 auf Seite 195 erläutert.

5. Steuerfreier Ersatz von Übernachtungskosten

Übernachtungskosten können bei mehrtägigen Fahrten im Inland mit einem Pauschbetrag von 20 € je Übernachtung steuerfrei ersetzt werden. Den Pauschbetrag für Übernachtung in Höhe von 20 € darf der Arbeitgeber jedoch dann nicht steuerfrei ersetzen, wenn eine Übernachtung im Fahrzeug (Schlafkoje usw.) stattfindet (R 9.7 Abs. 3 Satz 7 LStR). Die Lohnsteuer-Richtlinien bringen damit die grundsätzliche Vermutung zum Ausdruck, dass einem Berufskraftfahrer häufig oder meistens keine Übernachtungskosten entstehen. Es ist deshalb ein Übernachtungs**nachweis** für diejenigen Berufskraftfahrer erforderlich, denen ein Fahrzeug mit Schlafkabine zur Verfügung steht. Der Nachweis einer Übernachtung kann nur durch Beleg (Rechnung oder Bestätigung des Hotels) erbracht werden. Nachteile sollen dem Berufskraftfahrer aus der belegmäßigen Nachweispflicht aber nicht entstehen, das heißt, der Arbeitgeber kann die Übernachtungskosten auch dann bis zum Pauschbetrag von 20 € steuerfrei erstatten, wenn sie lt. Hotelbeleg tatsächlich niedriger waren.

Der Arbeitgeber kann jedoch statt des Pauschbetrags von 20 € auch die tatsächlich entstandenen höheren Übernachtungskosten steuerfrei ersetzen. Lässt sich der Preis für das Frühstück aus der Hotelrechnung nicht feststellen, so ist der Gesamtpreis zur Ermittlung der Übernachtungskosten um **4,80 €** zu kürzen. Seit 2008 ist nämlich in diesen Fällen der Anteil des Frühstücks mit 20 % der inländischen Verpflegungspauschale für 24 Stunden Abwesenheit (= 24 €) anzusetzen*).

Beispiel

Die Hotelrechnung lautet:	
Übernachtung	85,— €
Nebenleistungen (Frühstück, Wellness, Außenparkplatz)	15,— €
Summe	100,— €
Zur Ermittlung der Übernachtungskosten sind abzuziehen (20 % von 24,— €)	4,80 €
steuerfrei ersetzbare Kosten der Unterkunft	95,20 €

Bei einer Übernachtung im Ausland gelten die in Anhang 4 auf Seite 846 abgedruckten Übernachtungspauschalen, die jedoch nur dann steuerfrei ersetzt werden können, wenn die Übernachtung nicht im Fahrzeug (Schlafkoje) stattfindet. Bei einem Einzelnachweis der Übernachtungskosten im Ausland sind die Kosten des Frühstücks mit **20 %** desjenigen Auslandstagegeldes vom Rechnungspreis abzuziehen, das nach der in Anhang 4 auf Seite 846 abgedruckten Länderübersicht für das betreffende Land bei einer Abwesenheitsdauer von mindestens 24 Stunden maßgebend ist, falls sich der Preis für das Frühstück nicht feststellen lässt.

Zu beachten ist, dass der Arbeitnehmer seit 2008 nur noch tatsächlichen Übernachtungskosten und nicht mehr die Auslandspauschbeträge für Übernachtung als Werbungskosten geltend machen kann (R 9.7 Abs. 2 LStR). Dies entspricht der bereits früher geltenden Vorgehensweise beim Werbungskostenabzug betreffend Inlandsübernachtungen.

Fahrten zwischen Wohnung und regelmäßiger Arbeitsstätte

Neues auf einen Blick:

Mit Urteil vom 9.12.2008 hat das Bundesverfassungsgericht bekanntlich entschieden, dass die gesetzlich vorgesehene Nichtgewährung der Entfernungspauschale für die ersten 20 km verfassungswidrig ist. Durch das Gesetz zur **Fortführung** der Gesetzeslage bei der Entfernungspauschale vom 20.4.2009 (BGBl. I S. 774, BStBl. I S. 536) wird die **Gesetzeslage** zur **Entfernungspauschale 2006**

---

*) Eine Kürzung um 4,80 € kann nur dann unterbleiben, wenn die Hotelrechnung wie folgt lautet: „Übernachtung ohne Frühstück ... €". Aufgrund der Änderung in § 12 Abs. 2 Nr. 11 UStG muss das Hotel/Übernachtungsunternehmen eine Aufteilung der Leistungen in Beherbergung (Steuersatz 7 %) und übrige Leistungen (Steuersatz 19 %) vornehmen. Sofern keine weitere preismäßige Aufschlüsselung der übrigen Leistungen erfolgt, ist der „Frühstücksanteil" u. E. mit 4,80 € anzusetzen.

Fahrten zwischen Wohnung und regelmäßiger Arbeitsstätte

rückwirkend ab 1.1.2007 fortgeführt und damit wieder **ab dem 1. Entfernungskilometer** gewährt. Damit ist rückwirkend ab 1.1.2007 auch wieder eine **Pauschalierung der Lohnsteuer mit 15 %** ab dem 1. Entfernungskilometer möglich. Die Fortführung der Gesetzeslage des Kalenderjahres 2006 bei der Entfernungspauschale führt auch dazu, dass

- **Aufwendungen** für die Benutzung **öffentlicher Verkehrsmittel** als **Werbungskosten** angesetzt werden können, **soweit** sie den als **Entfernungspauschale** abziehbaren Betrag **übersteigen** und
- **Unfallkosten** wieder als außergewöhnliche Aufwendungen **neben** der **Entfernungspauschale** berücksichtigungsfähig sind.

Für das Vorliegen einer **steuerfreie Sammelbeförderung** ist grundsätzlich eine **besondere Rechtsgrundlage** erforderlich. Dies kann ein Tarifvertrag oder eine Betriebsvereinbarung sein. Aus der gegenüber dem Arbeitgeber eingegangenen Verpflichtung eines Arbeitnehmers, mit dem überlassenen Firmenwagen weitere Arbeitnehmer zur regelmäßigen Arbeitsstätte mitzunehmen, lässt sich ein Rechtsanspruch dieser Personen auf regelmäßige Durchführung der Fahrten nicht begründen. Im Gegenteil: Befördert ein Arbeitnehmer auf seinem Weg zur regelmäßigen Arbeitsstätte noch weitere Kollegen dorthin, wird es dieser Arbeitnehmer selbst sein, der regelmäßig das Fahrzeug zur Verfügung stellen und den Transport organisieren wird (BFH-Urteil vom 29.1.2009, BFH/NV 2009 S. 917). Vgl. auch die Erläuterungen und die Beispiele unter der nachfolgenden Nr. 2 Buchstabe b.

Ein **Sachbezug** liegt auch dann vor, wenn der **Arbeitgeber** dem Arbeitnehmer aufgrund eines mit dem Verkehrsunternehmen abgeschlossenen Rahmenabkommens einen **Preisvorteil (Rabatt)** auf das Job-Ticket **verschafft**. Je nach Höhe des geldwerten Vorteils kann für diesen Sachbezug die **44-€-Freigrenze** angewendet werden (vgl. die Erläuterungen unter der nachfolgenden Nr. 4 Buchstaben a bis c).

Bei **Benutzung öffentlicher Verkehrsmittel** für die Fahrten zwischen Wohnung und regelmäßiger Arbeitsstätte kann die **Lohnsteuer** stets **bis** zur Höhe der dem Arbeitnehmer entstehenden **Aufwendungen** – ggf. ohne Begrenzung auf die Entfernungspauschale – mit **15 % pauschaliert** werden. Eine Pauschalierung der Lohnsteuer mit 15 % in Höhe der tatsächlichen Aufwendungen des Arbeitnehmers für die Fahrten zwischen Wohnung und regelmäßiger Arbeitsstätte ist außerdem bei Fähren, Flugstrecken und entgeltlicher Sammelbeförderung zulässig. Vgl. die Erläuterungen und die Beispiele unter der nachfolgenden Nr. 5.

Unfallkosten auf einer Fahrt zwischen Wohnung und regelmäßiger Arbeitsstätte werden neben der Entfernungspauschale nach **§ 9 Abs. 1 Satz 1 EStG** als **Werbungskosten** berücksichtigt mit der Folge, dass die Lohnsteuer für die vom Arbeitgeber erstatteten Unfallkosten **nicht** mit **15 % pauschaliert** werden kann. Eine Ausnahme gilt allerdings für behinderte Arbeitnehmer. Vgl. hierzu die Erläuterungen und die Beispiele unter Nr. 7.

Gliederung:

1. Allgemeines
2. Sonderfälle, in denen ein Fahrtkostenersatz ohne Rücksicht auf das benutzte Verkehrsmittel steuerfrei ist
   a) Allgemeines
   b) Sammelbeförderung
   c) Arbeitnehmer mit Fahrtätigkeit
   d) Arbeitnehmer mit Einsatzwechseltätigkeit
   e) Arbeitnehmer, die sich bis 31.12.2007 auf Dienstreise befanden
   f) Arbeitnehmer, die sich ab 1.1.2008 auf Auswärtstätigkeit befinden
   g) Arbeitnehmer, die einen beruflich veranlassten doppelten Haushalt führen
3. Steuerpflichtiger Fahrtkostenersatz für Fahrten zwischen Wohnung und regelmäßiger Arbeitsstätte
4. Besonderheiten bei der unentgeltlichen oder verbilligten Überlassung eines Job-Tickets
   a) Allgemeines
   b) Unentgeltliche oder verbilligte Überlassung eines Job-Tickets
   c) Anwendung der 44-Euro-Freigrenze
   d) Benzingutschein neben Job-Ticket
   e) Überlassung von unentgeltlichen oder verbilligten Job-Tickets durch Verkehrsträger
5. Pauschalierung der Lohnsteuer für Fahrtkostenzuschüsse mit 15 %
   a) Allgemeines
   b) Pauschalierung der Lohnsteuer bei Sachbezügen
   c) Pauschalierung der Lohnsteuer bei Barzuschüssen
   d) Behinderte Arbeitnehmer
   e) Verlust des Werbungskostenabzugs bei einer Pauschalierung der Lohnsteuer mit 15 %
   f) Pauschalierung der Lohnsteuer mit 15 % bei 400-Euro-Jobs
6. Abwälzung der Pauschalsteuer auf den Arbeitnehmer
7. Unfall auf der Fahrt zwischen Wohnung und regelmäßiger Arbeitsstätte
8. Überlassung eines Firmenwagens für Fahrten zwischen Wohnung und regelmäßiger Arbeitsstätte
   a) 0,03 %-Methode
   b) Firmenwagen mit Fahrer
9. Umwandlung von steuerpflichtigem Arbeitslohn in einen pauschal versteuerten Fahrtkostenzuschuss
10. Aufzeichnungs- und Bescheinigungspflichten
11. Vorsteuerabzug beim Ersatz der Fahrkarte und beim Kauf von Job-Tickets
12. Rückwirkende Änderung der Lohnsteuerpauschalierung mit 15 %
    a) Für das Kalenderjahr 2009
    b) Für die Kalenderjahre 2007 und 2008
    c) Nutzung des Firmenwagens zu Fahrten zwischen Wohnung und regelmäßiger Arbeitsstätte
    d) Sozialversicherungsrechtliche Auswirkung

1. Allgemeines

Nach § 3 Nr. 34 EStG in der Fassung bis zum 31.12.2003 konnte der Arbeitgeber dem Arbeitnehmer früher die Aufwendungen für Fahrten zwischen Wohnung und regelmäßiger Arbeitsstätte steuerfrei ersetzen, **wenn der Arbeitnehmer öffentliche Verkehrsmittel benutzte.** Durch das Haushaltsbegleitgesetz 2004 wurde § 3 Nr. 34 EStG, in dem früher die Steuerfreiheit von Fahrtkostenzuschüssen für Fahrten zwischen Wohnung und regelmäßiger Arbeitsstätte geregelt war, ersatzlos gestrichen. Mit Ausnahme der nachfolgend unter Nr. 2 dargestellten Sonderfälle kann der Arbeitgeber somit seit 1.1.2004 keine steuerfreien Fahrtkostenzuschüsse mehr zahlen. Erhalten geblieben ist die Möglichkeit einer **Lohnsteuerpauschalierung mit 15 %**, die Sozialversicherungsfreiheit auslöst. Durch die Pauschalversteuerung mit 15 % bleibt der Fahrtkostenzuschuss zwar sozialversicherungsfrei, der Arbeitnehmer verliert aber insoweit den Werbungskostenabzug. Hiernach ergibt sich für die steuerliche Behandlung von Fahrtkostenzuschüssen folgende Entwicklung:

Bis 31.12.1989 war der Arbeitgeberersatz für Fahrten zwischen Wohnung und regelmäßiger Arbeitsstätte ohne Rücksicht auf das benutzte Verkehrsmittel bis zu den Beträgen **steuerfrei**, die der Arbeitnehmer als Werbungskosten hätte geltend machen können.   nein   nein

Fahrten zwischen Wohnung und regelmäßiger Arbeitsstätte

	Lohn-steuer-pflichtig	Sozial-versich.-pflichtig
Vorm 1.1.1990 bis 31.12.1993 war der Arbeitgeberersatz für Fahrten zwischen Wohnung und regelmäßiger Arbeitsstätte ohne Rücksicht auf das benutzte Verkehrsmittel **steuerpflichtig**. Die Lohnsteuer konnte allerdings mit 15 % pauschaliert werden, wodurch insoweit Beitragsfreiheit in der Sozialversicherung eintrat.	ja	nein
Vom 1.1.1994 bis 31.12.2003 war der Arbeitgeberersatz für Fahrten zwischen Wohnung und regelmäßiger Arbeitsstätte **wieder steuerfrei,** wenn der Arbeitnehmer **öffentliche** Verkehrsmittel benutzte.	nein	nein
Vom 1.1.2004 bis 31.12.2006 war der Arbeitgeberersatz für Fahrten zwischen Wohnung und regelmäßiger Arbeitsstätte ohne Rücksicht auf das benutzte Verkehrsmittel **wieder steuerpflichtig**. Die Lohnsteuer konnte allerdings mit 15 % pauschaliert werden, wodurch insoweit Beitragsfreiheit in der Sozialversicherung eintrat.	ja	nein
Seit 1.1.2007 ist der Arbeitgeberersatz für Fahrten zwischen Wohnung und regelmäßiger Arbeitsstätte ohne Rücksicht auf das benutzte Verkehrsmittel wie bisher **steuerpflichtig**, die Pauschalierung der Lohnsteuer **mit 15 %** war aber zunächst erst **ab dem 21. Entfernungskilometer** möglich, wodurch insoweit Beitragsfreiheit in der Sozialversicherung eintrat. Mit Urteil vom 9.12.2008 hat das Bundesverfassungsgericht entschieden, dass die **Nichtgewährung** der **Entfernungspauschale** für die **ersten 20 km verfassungswidrig** ist. Durch das **Gesetz** zur Fortführung der Gesetzeslage 2006 bei der Entfernungspauschale vom 20.4.2009 (BGBl. I S. 774, BStBl. I S. 536) wird die Gesetzeslage zur **Entfernungspauschale 2006 rückwirkend ab 1.1.2007 fortgeführt** und damit wieder ab dem 1. Entfernungskilometer gewährt. Damit ist auch wieder eine Pauschalierung der Lohnsteuer mit 15 % ab dem 1. Entfernungskilometer möglich.	ja	nein

2. Sonderfälle, in denen ein Fahrtkostenersatz ohne Rücksicht auf das benutzte Verkehrsmittel steuerfrei ist

a) Allgemeines

Eine ausdrückliche Steuerbefreiung für den Arbeitgeberersatz bei Fahrten zwischen Wohnung und regelmäßiger Arbeitsstätte – und zwar ohne Rücksicht auf das benutzte Verkehrsmittel – sehen zwei gesetzliche Vorschriften in § 3 EStG vor:

- **§ 3 Nr. 32 EStG**
Nach dieser Vorschrift ist die **Sammelbeförderung** von Arbeitnehmern zwischen Wohnung und regelmäßiger Arbeitsstätte mit einem vom Arbeitgeber zur Verfügung gestellten Kraftfahrzeug lohnsteuerfrei.

- **§ 3 Nr. 16 EStG**
Nach dieser Vorschrift sind sowohl Fahrtkostenerstattungen im Rahmen einer beruflich veranlassten **doppelten Haushaltsführung** als auch **Reisekosten** steuerfrei. Fallen also Aufwendungen für Fahrten zwischen Wohnung und regelmäßiger Arbeitsstätte/Tätigkeitsstätte unter den steuerlichen Begriff „Reisekosten", so ist ein hierfür vom Arbeitgeber gewährter Ersatz ohne Rücksicht auf das benutzte Verkehrsmittel steuerfrei. Dabei ist zu beachten, dass die lohnsteuerlichen Begriffe „Dienstreise", „Einsatzwechseltätigkeit", „Fahrtätigkeit" seit 1.1.2008 zum neuen Begriff „Auswärtstätigkeit" zusammengefasst worden sind. Vgl. auch die Erläuterungen beim Stichwort „Reisekostenvergütungen aus öffentlichen Kassen" unter Nr. 2.

Für die steuerliche und beitragsrechtliche Behandlung von Fahrtkostenzuschüssen ergibt sich damit seit 1.1.2008 folgende Übersicht:

Fahrtkostenersatz des Arbeitgebers für Fahrten zwischen Wohnung und regelmäßiger Arbeitsstätte ist

→ **steuerfrei**
ohne Rücksicht auf das benutzte Verkehrsmittel, wenn einer der unter Nr. 2 dargestellten **Sonderfälle** vorliegt, z. B.
– Sammelbeförderung
– Auswärtstätigkeit
– Doppelte Haushaltsführung

ist der Fahrtkostenersatz steuerfrei, ist er auch **beitragsfrei** in der Sozialversicherung

→ **steuerpflichtig**
ohne Rücksicht auf das benutzte Verkehrsmittel, wenn **keiner** der unter Nr. 2 dargestellten Sonderfälle vorliegt

die **Lohnsteuer** kann wieder **ab dem 1. Entfernungskilometer mit 15 % pauschaliert** werden, und zwar in Höhe der **Entfernungspauschale** von 0,30 € je Entfernungskilometer

die Pauschalierung der Lohnsteuer löst **Beitragsfreiheit** in der Sozialversicherung aus

Im Einzelnen gilt für die steuerfreien Sonderfälle Folgendes:

b) Sammelbeförderung

	Lohn-steuer-pflichtig	Sozial-versich.-pflichtig
Steuerfrei ist nach § 3 Nr. 32 EStG die unentgeltliche oder verbilligte Beförderung eines Arbeitnehmers zwischen Wohnung und regelmäßiger Arbeitsstätte mit einem vom Arbeitgeber eingesetzten Omnibus, Kleinbus oder für mehrere Personen eingesetzten Personenkraftwagen, wenn diese Beförderung jeweils für den betrieblichen Einsatz des Arbeitnehmers notwendig ist.	nein	nein

Gleiches gilt, wenn das Fahrzeug von einem Dritten **im Auftrag des Arbeitgebers** eingesetzt wird. Die Notwendigkeit einer Sammelbeförderung ist nach R 3.32 der Lohnsteuer-Richtlinien z. B. in den Fällen anzunehmen, in denen

– die Beförderung mit öffentlichen Verkehrsmitteln nicht oder nur mit unverhältnismäßig hohem Zeitaufwand durchgeführt werden könnte,

– die Arbeitnehmer an ständig wechselnden Tätigkeitsstätten oder verschiedenen Stellen eines weiträumigen Arbeitsgebiets eingesetzt werden (in diesen beiden Fällen handelt es sich bereits um steuerfreien Reisekostenersatz) oder

– der Arbeitsablauf eine **gleichzeitige Arbeitsaufnahme** der beförderten Arbeitnehmer erfordert.

Die Notwendigkeit der Sammelbeförderung ist nicht davon abhängig, ob der Arbeitnehmer über einen eigenen Pkw verfügt oder nicht.

Fälle, in denen eine Sammelbeförderung für den betrieblichen Einsatz nicht notwendig ist, dürften sich hiernach auf seltene Ausnahmefälle beschränken. Soweit ein geldwerter Vorteil anzunehmen ist, ist bei jedem Arbeitnehmer der günstigste Fahrpreis für die Benutzung eines öffentlichen Verkehrsmittels anzusetzen.

Wichtig bei dieser Befreiungsvorschrift ist, dass eine Sammelbeförderung im Sinne des § 3 Nr. 32 EStG bereits dann vorliegt, wenn ein Pkw zwei Arbeitnehmern (= mehrere Personen) gemeinsam für Fahrten zwischen Wohnung und regelmäßiger Arbeitsstätte zur Verfügung gestellt wird.

Fahrten zwischen Wohnung und regelmäßiger Arbeitsstätte

	Lohn-steuer-pflichtig	Sozial-versich.-pflichtig

Beispiel A

Eine Firma lässt ihre beiden Abteilungsleiter vereinbarungsgemäß täglich durch einen Firmenwagen mit Fahrer von zu Hause abholen und abends wieder nach Hause bringen, da beide zu gleicher Zeit die Arbeit aufnehmen müssen und eine schlechte Anbindung an öffentliche Verkehrsmittel gegeben ist. Es liegt eine Sammelbeförderung im Sinne des § 3 Nr. 32 EStG vor, die betrieblich notwendig ist (gleichzeitige Arbeitsaufnahme der Arbeitnehmer). Der geldwerte Vorteil (einschließlich Fahrer und Abholfahrt) ist als Sammelbeförderung steuerfrei. Zur Umsatzsteuerpflicht von Sammelbeförderungen vgl. das Stichwort „Umsatzsteuerpflicht bei Sachbezügen" unter Nr. 10.

Eine steuer- und beitragsfreie Sammelbeförderung liegt dagegen nicht vor, wenn ein Arbeitnehmer mit dem ihm vom Arbeitgeber unentgeltlich gestellten Firmenwagen laufend oder gelegentlich Kollegen mitnimmt. Für das Vorliegen einer Sammelbeförderung ist nämlich grundsätzlich eine **besondere Rechtsgrundlage erforderlich.** Dies kann ein **Tarifvertrag** oder eine **Betriebsvereinbarung** sein. Aus der gegenüber dem Arbeitgeber eingegangenen Verpflichtung eines Arbeitnehmers, mit dem überlassenen Firmenwagen weitere Arbeitnehmer zur regelmäßigen Arbeitsstätte mitzunehmen, lässt sich ein Rechtsanspruch dieser Personen auf regelmäßige Durchführung der Fahrten nicht begründen. Im Gegenteil: Befördert ein Arbeitnehmer auf seinem Weg zur regelmäßigen Arbeitsstätte noch weitere Kollegen dorthin, wird es dieser Arbeitnehmer selbst sein, der regelmäßig das Fahrzeug zur Verfügung stellen und den Transport organisieren wird (BFH-Urteil vom 29.1.2009, BFH/NV 2009 S. 917).

Beispiel B

Die beiden Abteilungsleiter im Beispiel A haben jeweils einen eigenen Firmenwagen zur ständigen beruflichen und privaten Nutzung. Weil sie beide zur gleichen Zeit die Arbeit aufnehmen, fahren sie abwechselnd gemeinsam mit einem Firmenwagen ins Büro. Eine steuerfreie Sammelbeförderung liegt in diesem Fall nicht vor.

Beispiel C

Eine GmbH überlässt ihrem Gesellschafter-Geschäftsführer einen Firmenwagen zur uneingeschränkten Nutzung. Nach der getroffenen Vereinbarung ist der Gesellschafter-Geschäftsführer verpflichtet, weitere Arbeitnehmer der GmbH zur regelmäßigen Arbeitsstätte mitzunehmen, soweit dies für den betrieblichen Einsatz notwendig ist. Dies geschieht auch regelmäßig.

Für das Vorliegen einer Sammelbeförderung ist grundsätzlich eine besondere Rechtsgrundlage erforderlich. Dies kann ein Tarifvertrag oder eine Betriebsvereinbarung sein. Aus der gegenüber dem Arbeitgeber eingegangenen Verpflichtung eines Arbeitnehmers, mit dem überlassenen Firmenwagen weitere Arbeitnehmer zur regelmäßigen Arbeitsstätte mitzunehmen, lässt sich ein Rechtsanspruch dieser Personen auf regelmäßige Durchführung der Fahrten nicht begründen (BFH-Urteil vom 29.1.2009, BFH/NV 2009 S. 917). Es fehlt somit eine Vereinbarung zwischen Arbeitgeber und den weiteren Arbeitnehmern über den arbeitstäglichen Transport zur regelmäßigen Arbeitsstätte. Der Bundesfinanzhof konnte offenlassen, ob beim Nutzer eines Firmenwagens (hier also beim Gesellschafter-Geschäftsführer) überhaupt eine steuerfreie Sammelbeförderung zwischen Wohnung und regelmäßiger Arbeitsstätte vorliegen kann. Im Urteilsfall waren daher beim Gesellschafter-Geschäftsführer – zusätzlich zur 1 %-Bruttolistenpreisregelung für die Privatfahrten – monatlich 0,03 % des Bruttolistenpreises für 80 Entfernungskilometer zwischen Wohnung und regelmäßiger Arbeitsstätte als geldwerter Vorteil anzusetzen.

Bei Arbeitgeberleistungen für Fahrten zwischen Wohnung und regelmäßiger Arbeitsstätte, die als Sammelbeförderung nach § 3 Nr. 32 EStG steuerfrei sind, wird keine Entfernungspauschale gewährt. Sie müssen deshalb auch im Lohnkonto gesondert aufgezeichnet und in der Lohnsteuerbescheinigung gesondert bescheinigt werden. Dies geschieht durch die Eintragung des Großbuchstabens „F" in der (elektronischen) Lohnsteuerbescheinigung. Vgl. auch die Erläuterungen beim Stichwort „Entfernungspauschale" unter Nr. 2 und „Sammelbeförderung" unter Nr. 3.

c) Arbeitnehmer mit Fahrtätigkeit

Zum **1.1.2008** sind die bisherigen Begriffe im lohnsteuerlichen Reisekostenrecht „**Dienstreise**", „**Einsatzwechseltätigkeit**" und „**Fahrtätigkeit**" zum neuen Begriff vorübergehende „**beruflich veranlasste Auswärtstätigkeit**" vereinheitlicht worden. Eine solche Auswärtstätigkeit liegt auch bei Arbeitnehmern vor, die auf einem Fahrzeug tätig werden (R 9.4 Abs. 2 Satz 2 LStR).

Ersetzt der Arbeitgeber einem Arbeitnehmer, der seine Tätigkeit auf einem Fahrzeug ausübt, die Aufwendungen für **Fahrten** zwischen **Wohnung** und z. B. **Betrieb**, Zweigbetrieb oder Fahrzeugdepot, so ist dieser Arbeitgeberersatz **steuerpflichtig**, weil es sich um Fahrten zwischen Wohnung und regelmäßiger Arbeitsstätte handelt. Dies gilt auch dann, wenn der Arbeitnehmer das Fahrzeug an unterschiedlichen Stellen übernimmt, weil es sich dann um **mehrere regelmäßige Arbeitsstätten** handelt (BFH-Urteil vom 11.5.2005, BStBl. II S. 788 wonach die Übernahme von Linienbussen an sechs unterschiedlichen Busdepots zu sechs regelmäßigen Arbeitsstätten führt).

Eine **Pauschalierung** der Lohnsteuer mit 15 % ist wieder ab dem 1. Entfernungskilometer möglich. Diese Pauschalierung löst Beitragsfreiheit in der Sozialversicherung aus.

Beispiel A

A ist Lkw-Fahrer und übernimmt den von ihm zu fahrenden Lkw jeden Morgen auf dem Betriebshof des Arbeitgebers und stellt ihn abends wieder dort ab. Die Fahrt von der Wohnung zum Betrieb und zurück führt er mit eigenem Pkw durch.

Es handelt sich um Fahrten zwischen Wohnung und regelmäßiger Arbeitsstätte. Ein etwaiger Fahrtkostenersatz des Arbeitgebers ist steuerpflichtig und kann in Höhe der Entfernungspauschale mit 15 % pauschal versteuert werden.

Handelt es sich bei den Fahrten von der Wohnung zum Übernahmeort des Fahrzeugs **ausnahmsweise nicht** um Fahrten zwischen **Wohnung** und regelmäßiger **Arbeitsstätte,** ist ein etwaiger Arbeitgeberersatz in Höhe des pauschalen Kilometersatzes (z. B. 0,30 € je gefahrenen Kilometer) oder der nachgewiesenen tatsächlichen Kosten **steuerfrei**.

Beispiel B

Lkw-Fahrer B ist für Arbeitgeber C tätig und übernimmt nach einer Fahrt mit dem eigenen Pkw seinen beladenen Lkw jeden Morgen bei D oder E, die Kunden des C sind. Den Betriebssitz des C sucht B höchstens alle zwei bis drei Wochen auf.

B hat weder am Betriebssitz des C noch bei den Kunden D oder E eine regelmäßige Arbeitsstätte. Am Betriebssitz seines Arbeitgebers C hat er keine regelmäßige Arbeitsstätte, da er diese betriebliche Einrichtung durchschnittlich nicht an einem Arbeitstag in der Woche aufsucht. Die außerbetrieblichen Einrichtungen bei den Kunden D oder E sind ebenfalls keine regelmäßigen Arbeitsstätten. Ein Fahrtkostenersatz des C für die von B mit dem eigenen Pkw durchgeführten Fahrten ist bis zu 0,30 € je **gefahrenen** Kilometer steuerfreier Reisekostenersatz.

d) Arbeitnehmer mit Einsatzwechseltätigkeit

Zum **1.1.2008** sind die bisherigen Begriffe im lohnsteuerlichen Reisekostenrecht „**Dienstreise**", „**Einsatzwechseltätigkeit**" und „**Fahrtätigkeit**" zum neuen Begriff vorübergehende „**beruflich veranlasste Auswärtstätigkeit**" vereinheitlicht worden. Eine solche Auswärtstätigkeit liegt auch bei Arbeitnehmern vor, die bei ihrer individuellen beruflichen Tätigkeit typischerweise **nur an ständig wechselnden Tätigkeitsstätten** eingesetzt werden (R 9.4 Abs. 2 Satz 2 LStR). Für einen steuerfreien Ersatz der Fahrtkosten kommt es auf die **Entfernung** zwischen Wohnung und auswärtiger Tätigkeitsstätte **nicht an**. — nein nein

Beispiel

Bauarbeiter A, keine regelmäßige Arbeitsstätte, fährt täglich von seiner Wohnung zur 25 km entfernt liegenden Baustelle und abends zurück.

Ein etwaiger Fahrtkostenersatz des Arbeitgebers ist steuerfrei, da es sich um eine vorübergehende beruflich veranlasste Auswärtstätigkeit handelt. Eine solche Auswärtstätigkeit liegt auch bei Arbeitnehmern vor, die bei ihrer individuellen beruflichen Tätigkeit typischerweise nur an ständig wechselnden Tätigkeitsstätten eingesetzt werden. Auf die Entfernung der Baustelle von der Wohnung kommt es nicht an.

e) Arbeitnehmer, die sich bis 31.12.2007 auf Dienstreise befanden

Den Arbeitnehmern, die sich bis 31.12.2007 auf einer längerfristigen Dienstreise befanden und die deshalb am auswärtigen Ort der Dienstreise eine Wohnung hatten, konnte der Arbeitgeber die Aufwendungen für arbeitstägliche Fahrten von dieser auswärtigen Wohnung zur Arbeitsstätte steuerfrei ersetzen und zwar unabhängig davon, welches Verkehrsmittel benutzt wurde. — nein nein

Fahrten zwischen Wohnung und regelmäßiger Arbeitsstätte

	Lohn-steuer-pflichtig	Sozial-versich.-pflichtig

f) Arbeitnehmer, die sich ab 1.1.2008 auf Auswärtstätigkeit befinden

Zum **1.1.2008** sind die bisherigen Begriffe im lohnsteuerlichen Reisekostenrecht „Dienstreise", „Einsatzwechseltätigkeit" und „Fahrtätigkeit" zum neuen Begriff vorübergehende **„beruflich veranlasste Auswärtstätigkeit"** vereinheitlicht worden. Solange von einer vorübergehenden beruflich veranlassten Auswärtstätigkeit auszugehen ist, können die **Fahrtkosten** vom Arbeitgeber nach Reisekostengrundsätzen **steuerfrei** ersetzt werden.   nein   nein

Dabei ist insbesondere zu beachten, dass bei befristeten Abordnungen an eine andere betriebliche Einrichtung des Arbeitgebers oder eines verbundenen Unternehmens **nicht** allein **durch Zeitablauf** eine **(weitere) regelmäßige Arbeitsstätte** begründet wird.

Beispiel

Arbeitnehmer A wird für fünf Monate von der Hauptniederlassung seines Arbeitgebers zu einer Betriebsstätte in Stuttgart abgeordnet.

Ein etwaiger Fahrtkostenersatz des Arbeitgebers ist für den gesamten Zeitraum von fünf Monaten steuerfrei, da es sich um eine vorübergehende beruflich veranlasste Auswärtstätigkeit handelt. Die Betriebsstätte in Stuttgart ist nicht nach Ablauf einer bestimmten Zeit als neue regelmäßige Arbeitsstätte anzusehen.

Seit 1.1.2008 liegen nach Auffassung der Finanzverwaltung auch bei **Fahrten** zu einem gleichbleibenden **Treffpunkt** mit anschließender Auswärtstätigkeit **Reisekosten** vor mit der Folge, dass ein steuerfreier Arbeitgeberersatz möglich ist.   nein   nein

Beispiel

Ein Bauarbeiter fährt jeden Morgen von seiner Wohnung zu einem 35 km entfernt liegenden Parkplatz in der Nähe der Autobahn, von dem aus er zusammen mit seinen Kollegen in einem Kleinbus des Arbeitgebers zur Baustelle gebracht wird.

Es liegen **Reisekosten** vor, so dass ein steuerfreier Arbeitgeberersatz für die Fahrten des Bauarbeiters von seiner Wohnung zum Parkplatz möglich ist.

g) Arbeitnehmer, die einen beruflich veranlassten doppelten Haushalt führen

Den Arbeitnehmern, die einen beruflich veranlassten doppelten Haushalt führen, kann der Arbeitgeber Ersatzleistungen in dem beim Stichwort „Doppelte Haushaltsführung" dargestellten Umfang steuerfrei zahlen. Bei den Fahrtkosten sind dabei die Aufwendungen für eine Familienheimfahrt wöchentlich steuerfrei ersetzbar (vgl. „Familienheimfahrten").   nein   nein

Aufwendungen für arbeitstägliche Fahrten zwischen der Wohnung am auswärtigen Beschäftigungsort und der regelmäßigen Arbeitsstätte können vom Arbeitgeber nicht steuerfrei ersetzt werden. Ein etwaiger Arbeitgeberersatz ist steuerpflichtig.   ja   ja*)

3. Steuerpflichtiger Fahrtkostenersatz für Fahrten zwischen Wohnung und regelmäßiger Arbeitsstätte

Die Fälle, in denen ein **steuerfreier** Arbeitgeberersatz für Fahrten zwischen Wohnung und regelmäßiger Arbeitsstätte möglich ist, sind unter der vorstehenden Nr. 2 dargestellt. In allen anderen Fällen gehört ein Arbeitgeberersatz für Fahrten zwischen Wohnung und regelmäßiger Arbeitsstätte zum steuerpflichtigen Arbeitslohn. Der Arbeitnehmer muss seine Aufwendungen bei einer Veranlagung zur Einkommensteuer als Werbungskosten geltend machen.

Bei den Fahrten zwischen Wohnung und regelmäßiger Arbeitsstätte wird also streng zwischen dem steuerpflichtigen Werbungskostenersatz durch den Arbeitgeber und dem bei der Besteuerung des Arbeitnehmers möglichen Werbungskostenabzug unterschieden. Der Werbungskostenersatz für die Fahrten zwischen Wohnung und regelmäßiger Arbeitsstätte ist zwar einerseits steuerpflichtiger Arbeitslohn, andererseits kann der Arbeitnehmer Werbungskosten in Höhe der Entfernungspauschale bei einer Veranlagung zur Einkommensteuer geltend machen. Eine Saldierung von steuerpflichtigen Arbeitslohn und Werbungskosten im Lohnsteuerabzugsverfahren durch den Arbeitgeber ist nicht zulässig. Mit Urteil vom 9.12.2008 hat das Bundesverfassungsgericht entschieden, dass die gesetzlich vorgesehene Nichtgewährung der Entfernungspauschale für die ersten 20 km verfassungswidrig ist. Durch das Gesetz zur Fortführung der Gesetzeslage bei der Entfernungspauschale vom 20.4.2009 (BGBl. I S. 774, BStBl. I S. 536) wird die Gesetzeslage zur Entfernungspauschale 2006 ja rückwirkend ab 1.1.2007 fortgeführt und damit wieder ab dem 1. Entfernungskilometer gewährt. Damit ist rückwirkend ab 1.1.2007 auch wieder eine **Pauschalierung** der Lohnsteuer mit 15 % **ab dem 1. Entfernungskilometer** möglich.

Der Arbeitgeber kann die pauschalierte Lohnsteuer in Höhe von 15 % im Innenverhältnis auch auf den Arbeitnehmer abwälzen. Die Pauschalierung der Lohnsteuer mit 15 % für den Arbeitgebersatz bei Fahrten zwischen Wohnung und regelmäßiger Arbeitsstätte ist nachfolgend unter Nr. 5 und die Abwälzung der Pauschsteuer auf den Arbeitnehmer nachfolgend unter Nr. 6 erläutert.

Bei den **Familienheimfahrten** im Rahmen einer doppelten Haushaltsführung hat der Gesetzgeber den Grundsatz, dass ein Werbungskostenersatz durch den Arbeitgeber zum steuerpflichtigen Arbeitslohn gehört, bewusst durchbrochen. Denn nach § 3 Nr. 16 EStG ist der Arbeitgeberersatz steuerfrei, soweit der Arbeitnehmer Aufwendungen für Familienheimfahrten als Werbungskosten geltend machen könnte (vgl. die ausführlichen Erläuterungen beim Stichwort „Familienheimfahrten").

4. Besonderheiten bei der unentgeltlichen oder verbilligten Überlassung eines Job-Tickets

a) Allgemeines

Die Aufwendungen des Arbeitnehmers für Fahrten zwischen Wohnung und regelmäßiger Arbeitsstätte kann der Arbeitgeber dadurch mindern, dass er

– einen **Barzuschuss** zu diesen Aufwendungen leistet,
– dem Arbeitnehmer eine kostenlose oder verbilligte Fahrkarte für Fahrten zwischen Wohnung und regelmäßiger Arbeitsstätte überlässt (sog. **Job-Ticket**),
– dem Arbeitnehmer aufgrund eines von ihm mit dem Verkehrsträger geschlossenen Rahmenabkommens einen Preisvorteil **(Rabatt)** auf das Job-Ticket verschafft oder
– dem Arbeitnehmer einen **Firmenwagen** für Fahrten zwischen Wohnung und regelmäßiger Arbeitsstätte kostenlos oder verbilligt zur Verfügung stellt.

Da es sich bei der Überlassung eines sog. Job-Tickets oder des Aushandelns eines Rabatts um einen **Sachbezug** handelt, stellt sich vor einer Pauschalierung der Lohnsteuer mit 15 % die Frage, ob auf diesen Sachbezug die sog. 44-Euro-Freigrenze für geringfügige Sachbezüge anwendbar ist. Denn eine Pauschalierung der Lohnsteuer mit 15 % ist nur dann notwendig, wenn diese 44-Euro-Freigrenze überschritten wird. Hiernach ergibt sich folgende Übersicht:

---

*) Der Arbeitgeberersatz ist zwar steuer- und damit auch beitragspflichtiges Arbeitsentgelt; der Arbeitgeber hat jedoch die Möglichkeit der Lohnsteuerpauschalierung ab dem 1. Entfernungskilometer nach § 40 Abs. 2 EStG. Pauschaliert der Arbeitgeber die Lohnsteuer mit 15 %, so löst dies Beitragsfreiheit in der Sozialversicherung aus (§ 1 Abs. 1 Nr. 3 der Sozialversicherungsentgeltverordnung).

Fahrten zwischen Wohnung und regelmäßiger Arbeitsstätte

	Lohn-steuer-pflichtig	Sozial-versich.-pflichtig

Arbeitgeberersatz für Fahrten zwischen Wohnung und regelmäßiger Arbeitsstätte

- **als Barzuschuss** zusätzlich zum ohnehin geschuldeten Arbeitslohn → **keine** Anwendung der 44-Euro-Freigrenze
- **als Sachbezug** (z. B. Job-Ticket, Rabatt auf Fahrkartenkauf) → Anwendung der 44-Euro-Freigrenze möglich → steuerpflichtiger Betrag

Pauschalierung der Lohnsteuer mit 15 %

b) Unentgeltliche oder verbilligte Überlassung eines Job-Tickets

Öffentliche und private Arbeitgeber bieten ihren Arbeitnehmern zunehmend so genannte „Job-Tickets" für Fahrten zwischen Wohnung und regelmäßiger Arbeitsstätte an. Hierbei handelt es sich um verbilligte oder kostenlose Monats- oder Jahreskarten für öffentliche Nahverkehrsmittel.

Stellt der Arbeitgeber die Job-Tickets kostenlos oder verbilligt zur Verfügung, so entsteht wie bei allen anderen Ersatzleistungen des Arbeitgebers für Fahrten zwischen Wohnung und regelmäßiger Arbeitsstätte ein steuer- und beitragspflichtiger geldwerter Vorteil. Der Arbeitnehmer kann die versteuerten Ersatzleistungen als Werbungskosten geltend machen. — ja / ja

Die auf den geldwerten Vorteil entfallende Lohnsteuer kann vom Arbeitgeber aber auch mit 15 % pauschaliert werden; hierdurch tritt insoweit Beitragsfreiheit in der Sozialversicherung ein (vgl. die Erläuterungen unter der nachfolgenden Nr. 5). — ja / nein

Bei einer verbilligten Überlassung des Job-Tickets stellt sich allerdings zunächst einmal die Frage, ob überhaupt ein steuerpflichtiger geldwerter Vorteil entsteht, wenn der Arbeitgeber das Job-Ticket zu dem (ermäßigten) Preis an den Arbeitnehmer weiterverkauft, zu dem er das Ticket von einem Nahverkehrsunternehmen im Rahmen eines Sondertarifs erworben hat. Dies ist nicht der Fall.*) — nein / nein

Beispiel A

Eine Firma kauft 50 Jahresnetzkarten für den Großraum München/Augsburg zum Sondertarif. Anstelle des Normalpreises von z. B. 1000 € kostet die ermäßigte Jahresnetzkarte nur 750 €. Der Arbeitgeber zahlt also (750 € × 50 =) 37 500 € an den Verkehrs-Verbund. Überlässt der Arbeitgeber seinen Arbeitnehmern die Jahresnetzkarte für 750 €, so ist die Ermäßigung gegenüber dem normalen Fahrausweis in Höhe von 250 € kein steuer- und beitragspflichtiger geldwerter Vorteil.

Beispiel B

Die Firma im Beispiel A muss ihren Arbeitnehmern über den ermäßigten Preis von 750 € einen weiteren Preisnachlass gewähren, um alle 50 Jahresnetzkarten an die Arbeitnehmer verkaufen zu können. Die Firma verlangt z. B. anstelle des Einkaufspreises von 750 € nur 650 €. Für jeden Arbeitnehmer, der eine Jahresnetzkarte kauft, entsteht ein steuer- und beitragspflichtiger geldwerter Vorteil in Höhe von 70 € (96 % von 750 € abzüglich 650 €). Der Arbeitgeber kann die Lohnsteuer für den Betrag von 70 € je Arbeitnehmer mit 15 % pauschalieren. In diesem Fall sind die 70 € insoweit beitragsfrei in der Sozialversicherung (vgl. die Erläuterungen unter der nachfolgenden Nr. 5). Zur Abwälzung der Pauschalsteuer auf den Arbeitnehmer vgl. nachfolgend unter Nr. 6.

Ein **Sachbezug** liegt auch vor, wenn der **Arbeitgeber** dem Arbeitnehmer aufgrund eines mit dem Verkehrsunternehmen abgeschlossenen Rahmenabkommens einen **Preisvorteil (Rabatt)** auf das Job-Ticket **verschafft**. In der Praxis wird dieser Weg z. B. von öffentlichen Arbeitgebern gewählt, damit der Arbeitgeber das Job-Ticket nicht zunächst vom Verkehrsträger erwerben und dann an den Arbeitnehmer weiterverkaufen muss. In diesen Fällen erwirbt vielmehr der Arbeitnehmer selbst das Ticket „verbilligt" unmittelbar vom Verkehrsträger. Anders als in den vorstehenden Beispielen führt aber diese „Verbilligung" zu einem Sachbezug.

Beispiel C

Wie Beispiel A. Die Arbeitnehmer erwerben die Jahresnetzkarte selbst vom Verkehrs-Verbund. Der Arbeitgeber hat mit dem Verkehrs-Verbund in einem Rahmenabkommen einen Preisnachlass von 25 % ausgehandelt, sodass die Arbeitnehmer anstelle von 1000 € lediglich 750 € bezahlen.

Für jeden Arbeitnehmer entsteht – anders als im Beispielsfall A – ein steuer- und sozialversicherungspflichtiger geldwerter Vorteil von 210 € (96 % von 1000 € abzüglich 750 €).

c) Anwendung der 44-Euro-Freigrenze

Die kostenlose oder verbilligte Überlassung eines Job-Tickets und auch die Verschaffung eines Rabatts (vgl. Beispiel C unter dem vorstehenden Buchstaben b) ist ein **Sachbezug**. Für Sachbezüge gibt es eine **monatliche** Freigrenze in Höhe von 44 €. Auf die ausführlichen Erläuterungen beim Stichwort „Sachbezüge" unter Nr. 4 wird Bezug genommen. Der durch die unentgeltliche oder verbilligte Überlassung eines Job-Tickets oder durch die Verschaffung eines Rabatts entstehende geldwerte Vorteil kann deshalb steuerfrei sein, wenn er 44 € im **Monat** nicht übersteigt. Zu beachten ist hierbei, dass es sich um eine **monatliche Freigrenze** handelt. **Jahresfahrscheine** können demnach nicht in Anwendung der monatlichen Freigrenze steuerfrei bleiben, weil der geldwerte Vorteil einer unentgeltlich oder verbilligt überlassenen **Jahreskarte** insgesamt im Zeitpunkt der Überlassung zufließt (und nicht verteilt auf die einzelnen Monate). Deshalb ist die unentgeltliche oder verbilligte Überlassung einer **Jahreskarte** auch dann steuerpflichtig, wenn der auf einen Monat umgerechnete geldwerte Vorteil die 44-Euro-Freigrenze nicht überschreiten sollte. Der Bundesfinanzhof hat die Verwaltungsauffassung bestätigt, dass die Überlassung einer Jahresnetzkarte mit uneingeschränktem Nutzungsrecht in voller Höhe zu einem Lohnzufluss im Zeitpunkt der Überlassung führt (BFH-Urteil vom 12.4.2007, BStBl. II S. 719).

Hinweis für die Praxis:

Dieses nachteilige Ergebnis kann bei einem Jahres-Ticket allerdings dann vermieden werden, wenn es aus einzelnen monatlichen Fahrberechtigungen besteht, die vom Lohnbüro jeweils auch nur Monat für Monat der Belegschaft ausgehändigt bzw. bei Chipkarten freigeschaltet werden. Die Lohnsteuer-Richtlinien sehen nämlich ausnahmsweise auch bei einem Jahres-Ticket den monatlichen Lohnzufluss vor, wenn dieses aus 12 Monatsmarken oder 12 monatlichen Fahrberechtigungen besteht, die der Arbeitnehmer jeweils monatlich erhält. Entscheidend für die Anwendbarkeit der 44-Euro-Freigrenze ist somit die tatsächliche Abgabe der Fahrberechtigung, die **Monat für Monat** erfolgen muss (R 8.1 Abs. 3 Satz 3 LStR). Für eine monatliche Fahrberechtigung spricht die Möglichkeit der monatlichen Kündigung des Tickets.

Beispiel A

Der Arbeitnehmer erhält zum 1.1.2010 eine Chipkarte für die Fahrten zwischen Wohnung und regelmäßiger Arbeitsstätte mit öffentlichen Verkehrsmitteln. Die Karte hat den Aufdruck „gültig bis 31.12.2012". Das Job-Ticket ist bis zum 10. eines jeden Monats ab dem Folgemonat kündbar. Auf den Monat gerechnet ergibt sich ein geldwerter Vorteil von 40 €.

Die 44-€-Freigrenze für Sachbezüge ist anwendbar, da es sich um die monatliche Fahrberechtigung eines Job-Tickets handelt, das für einen

---

*) BMF-Schreiben vom 27.1.2004 (BStBl. I S. 173). Das BMF-Schreiben ist als Anlage 3 zu H 40.2 LStR im **Steuerhandbuch für das Lohnbüro 2010** abgedruckt, das im selben Verlag erschienen ist. Das **PC-Lexikon** für das Lohnbüro 2010 enthält auch dieses Handbuch und hat außerdem den Vorteil, dass Sie **alle BFH-Urteile** sowie die aktuellen Rundschreiben und Niederschriften der Spitzenverbände der **Sozialversicherung** mit Mausklick **im Volltext** abrufen und ausdrucken können. Eine Bestellkarte finden Sie vorne im Lexikon.

Fahrten zwischen Wohnung und regelmäßiger Arbeitsstätte

längeren Zeitraum gilt (R 8.1 Abs. 3 Satz 3 LStR). Der geldwerte Vorteil von 40 € ist somit steuer- und beitragsfrei.

Um in den Genuss der 44-Euro-Freigrenze zu kommen, muss also das Job-Ticket **monatlich** überlassen werden, d. h. der geldwerte Vorteil aus der unentgeltlichen oder verbilligten Überlassung einer **Monatskarte** oder monatlichen Fahrberechtigung darf 44 € nicht übersteigen. Außerdem handelt es sich bei dem Betrag von 44 € nicht um einen Freibetrag, sondern um eine **Freigrenze**. Das bedeutet, dass beim Überschreiten der 44-Euro-Freigrenze (und sei es auch nur um einen Cent), der gesamte geldwerte Vorteil steuerpflichtig wird. Weiterhin ist zu berücksichtigen, dass auf die Freigrenze von 44 € auch **noch andere Sachbezüge angerechnet werden** (z. B. Benzingutscheine, Zinsersparnisse). Der Arbeitgeber muss also für die Prüfung der 44-Euro-Freigrenze alle in dem betreffenden Monat unentgeltlich oder verbilligt gewährten Sachbezüge, auf die die 44-Euro-Freigrenze anwendbar ist, zusammenrechnen (vgl. hierzu die ausführlichen Erläuterungen beim Stichwort „Sachbezüge" unter Nr. 4). Zu beachten ist auch, dass die 44-Euro-Freigrenze nur für **Sachbezüge** gilt. **Barzuschüsse** (auch „Fahrgeldzuschuss" genannt) des Arbeitgebers zum Kauf einer Monatskarte durch den Arbeitnehmer können deshalb nicht in Anwendung der 44-Euro-Freigrenze steuerfrei gelassen werden (vgl. das nachfolgende Beispiel C).

Beispiel B

Der übliche Preis für eine Monatsfahrkarte beträgt	100,— €
Dem Arbeitgeber wird als Großabnehmer vom Verkehrsträger ein Mengenrabatt von 10 % eingeräumt (vgl. das Beispiel A unter dem vorstehenden Buchstaben b)	10,— €
vom Arbeitgeber für die Monatskarte entrichteter Preis	90,— €
davon 96 % (zur Anwendung der sog. 96 %-Regelung vgl. die Erläuterungen beim Stichwort „Sachbezüge" unter Nr. 4)	86,40 €
abzgl. Zuzahlung des Arbeitnehmers z. B.	42,40 €
dem Arbeitnehmer monatlich zufließender geldwerter Vorteil	44,— €

Unter der Voraussetzung, dass dem Arbeitnehmer in dem betreffenden Monat keine weiteren Sachbezüge und geldwerte Vorteile zufließen, auf die die 44-Euro-Freigrenze anwendbar ist, bleibt der geldwerte Vorteil aus der verbilligten Überlassung des Job-Tickets in Höhe von 44 € steuer- und damit auch beitragsfrei.

Beispiel C

Ein Arbeitnehmer hat mit einem Verkehrsunternehmen ein Monatskarten-Abonnement abgeschlossen. Der Arbeitgeber zahlt ihm hierfür einen monatlichen Zuschuss.

Bei diesem handelt es sich um Bararbeitslohn, auf den die 44-€-Freigrenze nicht anwendbar ist, der Zuschuss ist deshalb voll steuerpflichtig.

Beispiel D

Die Arbeitnehmer erwerben ihre Monatskarte selbst im Vekehrs-Verbund. Der Arbeitgeber hat mit dem Verkehrs-Verbund in einem Rahmenabkommen einen Preisnachlass von 15 % ausgehandelt. Der geldwerte Vorteil beläuft sich für den einzelnen Arbeitnehmer auf maximal 15 €. Andere Sachbezüge erhalten die Arbeitnehmer nicht.

Da es sich bei dem vom Arbeitgeber mit dem Verkehrs-Verbund in einem Rahmenabkommen ausgehandelten Preisnachlass um einen Sachbezug handelt (vgl. die Erläuterungen und das Beispiel C unter dem vorstehenden Buchstaben b), ist auf den geldwerten Vorteil die 44-€-Freigrenze für Sachbezüge anzuwenden, sodass der geldwerte Vorteil in Höhe von maximal 15 € steuer- und sozialversicherungsfrei ist.

Die in Anwendung der 44-Euro-Freigrenze steuerfrei bleibenden geldwerten Vorteile werden bei der Veranlagung des Arbeitnehmers auf die Entfernungspauschale für die Fahrten zwischen Wohnung und regelmäßiger Arbeitsstätte angerechnet. Damit das Finanzamt diese Anrechnung vornehmen kann, muss der Arbeitgeber den steuerfrei gelassenen Betrag in die **Zeile 17** der elektronischen Lohnsteuerbescheinigung eintragen.

d) Benzingutschein neben Job-Ticket

Wird der bei einer **Überlassung von Job-Tickets** entstehende geldwerte Vorteil in Anwendung der für Sachbezüge geltenden monatlichen 44-Euro-Freigrenze steuerfrei gewährt, ist **daneben eine steuerfreie Überlassung von Benzingutscheinen nicht möglich,** weil bei der Prüfung der 44-Euro-Freigrenze **alle** in dem betreffenden Monat unentgeltlich oder verbilligt gewährten Sachbezüge angerechnet werden, also auch das Job-Ticket. Entsprechendes gilt, wenn der Arbeitgeber dem Arbeitnehmer aufgrund eines mit dem Verkehrsunternehmen abgeschlossenen Rahmenabkommens einen Preisvorteil (Rabatt) auf das Job-Ticket verschafft (vgl. die Erläuterungen unter den vorstehenden Buchstaben a–c).

Kommt hingegen bei der Überlassung des Job-Tickets die 44-Euro-Freigrenze nicht zur Anwendung, kann neben dem Job-Ticket auch ein Benzingutschein bis zur monatlichen 44-Euro-Freigrenze steuer- und beitragsfrei überlassen werden (vgl. die Erläuterungen beim Stichwort „Sachbezüge" unter Nr. 4).

Bei der Ausstellung eines Benzingutscheins ist zu beachten, dass der Gutschein keine wertmäßige Begrenzung in Euro enthalten darf, sondern genau auf den Sachbezug lauten muss, z. B.

– 30 Liter Superbenzin
– 30 Liter Normalbenzin oder
– 30 Liter Diesel

einzulösen bei einer bestimmten Tankstelle. Der Arbeitgeber muss zudem Vertragspartner der aus dem Gutschein verpflichteten Tankstelle sein (vgl. die Erläuterungen beim Stichwort „Warengutscheine"). Außerdem ist zu beachten, dass die auf dem Gutschein angegebene Menge ggf. **monatlich den Preisverhältnissen angepasst werden muss,** wenn die Benzinpreise steigen. Die Höhe des geldwerten Vorteils ist zum Zeitpunkt der Hingabe des Gutscheins zu ermitteln; spätere Preisveränderungen bleiben unberücksichtigt, da der geldwerte Vorteil dem Arbeitnehmer bereits im Zeitpunkt der Hingabe des Gutscheins zufließt und nicht erst beim Einlösen des Gutscheins bei der Tankstelle. Der Wert des Gutscheins wird im Zeitpunkt der Hingabe wie folgt ermittelt:

Gutschein z. B. über 35 Liter Superbenzin. Benzinpreis im Zeitpunkt der Hingabe des Gutscheins z. B. 1,30 €:

1,30 € × 35 Liter =	45,50 €
hiervon 96 % = Wert des Sachbezugs	**43,68 €**

Da die monatliche 44-Euro-Freigrenze nicht überschritten ist, ist der Wert des Benzingutscheins in Höhe von 43,68 € steuer- und beitragsfrei.

Voraussetzung für die Steuerfreiheit ist, dass die 44-Euro-Freigrenze für den betreffenden Monat nicht bereits durch andere Sachbezüge verbraucht wurde.

Als Muster für einen Benzingutschein könnte folgender Text verwendet werden:

Benzingutschein für den Monat _____

für 30 Liter

☐ **Superbenzin**
☐ **Normalbenzin**
☐ **Diesel**

Arbeitgeber:
Name der Firma _____
Anschrift _____

Arbeitnehmer:
Name, Vorname _____
Anschrift _____

Zeitpunkt der Hingabe des Gutscheins: _____

_____   _____
Ort, Datum   Unterschrift des Arbeitgebers
                              und Firmenstempel

Fahrten zwischen Wohnung und regelmäßiger Arbeitsstätte

e) Überlassung von unentgeltlichen oder verbilligten Job-Tickets durch Verkehrsträger

Bei Arbeitnehmern eines Verkehrsunternehmens kann die unentgeltliche oder verbilligte Überlassung eines Job-Tickets in Anwendung des Rabattfreibetrages in Höhe von 1080 € jährlich steuerfrei sein. Dies gilt auch bei Jahresnetzkarten. Denn bei Job-Tickets, die Verkehrsunternehmen an ihre Arbeitnehmer kostenlos oder verbilligt überlassen, handelt es sich um **Belegschaftsrabatte** im Sinne des § 8 Abs. 3 EStG (vgl. die Erläuterungen beim Stichwort „Rabatte, Rabattfreibetrag").

Die in Anwendung des Rabattfreibetrags steuerfrei bleibenden geldwerten Vorteile werden bei der Veranlagung des Arbeitnehmers bis höchstens 1080 € (= Rabattfreibetrag) auf die als Werbungskosten abzugsfähige Entfernungspauschale angerechnet (§ 9 Abs. 1 Satz 3 Nr. 4 Satz 5 EStG). Damit das Finanzamt diese Anrechnung vornehmen kann, muss der Arbeitgeber den steuerfrei gelassenen Betrag bis höchstens 1080 € in die **Zeile 17** der elektronischen Lohnsteuerbescheinigung eintragen. Dabei muss der Verkehrsträger den steuerfrei gelassenen geldwerten Vorteil mit dem Preis ansetzen, den ein Dritter für das Job-Ticket an den Verkehrsträger zu zahlen hätte. Es ist also der Preis zu ermitteln, den ein anderer Arbeitgeber, der nicht Verkehrsträger ist, für ein der Freifahrtberechtigung entsprechendes Job-Ticket zu bezahlen hätte.

5. Pauschalierung der Lohnsteuer für Fahrtkostenzuschüsse mit 15 %

a) Allgemeines

Nach § 40 Abs. 2 Satz 2 EStG kann der Arbeitgeber die Lohnsteuer für

– **Sachbezüge** in Form der unentgeltlichen oder verbilligten Beförderung eines Arbeitnehmers zwischen Wohnung und regelmäßiger Arbeitsstätte (z. B. Firmenwagen, Job-Ticket) und

– für **zusätzlich zum ohnehin geschuldeten Arbeitslohn** geleistete **Barzuschüsse** zu den Aufwendungen des Arbeitnehmers für Fahrten zwischen Wohnung und regelmäßiger Arbeitsstätte

pauschal mit 15 % erheben. Eine Pauschalversteuerung ist aber nur bis zu dem Betrag zulässig, den der Arbeitnehmer im Rahmen seiner Einkommensteuerveranlagung bei den Werbungskosten geltend machen könnte, wenn die Bezüge nicht pauschal besteuert würden (§ 40 Abs. 2 Satz 2 EStG). Die Pauschalversteuerung mit 15 % ist somit – ggf. rückwirkend ab 1.1.2007 – wieder ab dem 1. Entfernungskilometer in Höhe der Entfernungspauschale von 0,30 € je Entfernungskilometer möglich. Bei der Benutzung öffentlicher Verkehrsmittel können die Arbeitnehmer die höheren tatsächlichen Fahrtkosten als Werbungskosten abziehen (§ 9 Abs. 2 Satz 2 EStG). Eine Pauschalierung der Lohnsteuer mit 15 % ist deshalb bei Benutzung **öffentlicher Verkehrsmittel** stets bis zur Höhe der dem Arbeitnehmer tatsächlich entstehenden **Aufwendungen** möglich und nicht auf die Entfernungspauschale begrenzt.

b) Pauschalierung der Lohnsteuer bei Sachbezügen

Pauschal mit 15 % zu versteuernde Sachbezüge in Form der unentgeltlichen oder verbilligten Beförderung eines Arbeitnehmers zwischen Wohnung und regelmäßiger Arbeitsstätte kommen insbesondere durch die unentgeltliche oder verbilligte Überlassung eines Job-Tickets oder bei der Überlassung eines Firmenwagens vor. Die Pauschalierung mit 15 % für Fahrten zwischen Wohnung und regelmäßiger Arbeitsstätte bei der Überlassung eines Firmenwagens ist beim Stichwort „Firmenwagen zur privaten Nutzung" unter Nr. 13 erläutert. Die Pauschalierung der Lohnsteuer mit 15 % bei **Job-Tickets** soll durch folgende Beispiele verdeutlicht werden:

Beispiel A

Ein Arbeitgeber überlässt dem Arbeitnehmer ein **Jahres**-Job-Ticket für die Fahrten zwischen Wohnung und regelmäßiger Arbeitsstätte. Die Entfernung zwischen Wohnung und regelmäßiger Arbeitsstätte beträgt 30 Kilometer. Der Arbeitnehmer fährt diese Strecke an 220 Arbeitstagen im Kalenderjahr. Der Arbeitgeber zahlt für das **Jahres**-Ticket z. B. 650 €.

Da die Entfernungspauschale wieder ab dem 1. Entfernungskilometer gewährt wird, kann der gesamte geldwerte Vorteil in Höhe von 650 € pauschal mit 15 % versteuert werden (220 Arbeitstage × 30 Kilometer × 0,30 € = 1980 €, höchstens jedoch der tatsächlich zugewendete geldwerte Vorteil von 650 €).

Beispiel B

Wie Beispiel A. Der Arbeitgeber zahlt für das Jahres-Ticket 2100 €. Der gesamte geldwerte Vorteil von 2100 € kann mit 15 % pauschal versteuert werden, da die gegenüber der Entfernungspauschale (=1980 €) höheren tatsächlichen Fahrtkosten für die Benutzung öffentlicher Verkehrsmittel (2100 €) als Werbungskosten abgezogen werden können (§ 9 Abs. 2 Satz 2 EStG). Hat ein Arbeitnehmer wie in diesem Beispielsfall beruflich veranlasste Aufwendungen dadurch erspart, dass er entsprechende Sachbezüge erhalten hat, steht der Wert der Sachbezüge entsprechenden Aufwendungen gleich. Die Sachbezüge sind folglich mit dem Wert als Werbungskosten abziehbar, mit dem sie als steuerpflichtiger Arbeitslohn erfasst worden sind (R 9.1 Abs. 4 Satz 2 LStR). Hierdurch ergibt sich in diesem Beispielsfall ein Werbungskostenabzug in Höhe des geldwerten Vorteils von 2100 €.

Beispiel C

Der Arbeitgeber überlässt dem Arbeitnehmer **monatlich** ein Job-Ticket für die Fahrten zwischen Wohnung und regelmäßiger Arbeitsstätte.

Vom Arbeitgeber an das Verkehrsunternehmen entrichteter Preis	50 €
davon 96 %	48 €
Zuzahlung des Arbeitnehmers	4 €
geldwerter Vorteil des Arbeitnehmers	44 €

Unter der Voraussetzung, dass dem Arbeitnehmer keine weiteren Sachbezüge gewährt werden, die mit dem üblichen Endpreis zu bewerten sind, bleibt der geldwerte Vorteil in Anwendung der **monatlichen** 44-Euro-Freigrenze für geringfügige Sachbezüge steuerfrei (vgl. die Erläuterungen unter der vorstehenden Nr. 4 Buchstabe c). Die Frage der Pauschalierung der Lohnsteuer mit 15 % stellt sich aufgrund der Steuerfreiheit von vornherein nicht.

c) Pauschalierung der Lohnsteuer bei Barzuschüssen

Bei Sachbezügen (Firmenwagen, Job-Ticket) ist es für die Pauschalierung der Lohnsteuer mit 15 % nicht erforderlich, dass die Ersatzleistungen des Arbeitgebers zusätzlich zum ohnehin geschuldeten Arbeitslohn gewährt werden. Bei **Barzuschüssen** des Arbeitgebers zu den Aufwendungen des Arbeitnehmers für Fahrten zwischen Wohnung und regelmäßiger Arbeitsstätte ist jedoch eine Pauschalierung der Lohnsteuer mit 15 % nur dann zulässig, wenn es sich bei den pauschal besteuerten Fahrtkostenzuschüssen um Leistungen des Arbeitgebers handelt, die zusätzlich zum ohnehin geschuldeten Arbeitslohn erbracht werden. Die **Umwandlung von Barlohn** in einen pauschal besteuerten Fahrtkostenzuschuss ist **nicht zulässig** (vgl. die Erläuterungen unter der nachfolgenden Nr. 9).

Bei Fahrtkostenzuschüssen für die Benutzung eines eigenen Pkws, die pauschal mit 15 % versteuert werden sollen, kann aus Vereinfachungsgründen davon ausgegangen werden, dass monatlich an 15 Arbeitstagen Fahrten zwischen Wohnung und regelmäßiger Arbeitsstätte erfolgen. Bei der Zuschussgewährung hat der Arbeitgeber den Höchstbetrag von 4500 Euro nicht zu beachten.

Beispiel A

Ein Arbeitnehmer wohnt in Augsburg und arbeitet in München (einfache Entfernung Augsburg–München 50 km). Der Arbeitnehmer benutzt für Fahrten zwischen Wohnung und regelmäßiger Arbeitsstätte einen Pkw. Der Arbeitgeber zahlt im Kalenderjahr 2010 einen Fahrtkostenzuschuss von monatlich 100 €. Dieser Fahrtkostenzuschuss ist steuer- und beitragspflichtig. Der Arbeitgeber kann jedoch die Lohnsteuer bis zu dem Betrag mit 15 % pauschalieren, den der Arbeitnehmer im Rahmen seiner Einkommensteuerveranlagung bei den Werbungskosten geltend machen könnte. Die Pauschalversteuerung mit 15 % ist wieder ab dem **1. Entfernungskilometer** in Höhe der Entfernungspauschale von 0,30 € je Entfernungskilometer möglich. Es ergibt sich folgender pauschalierungsfähiger Betrag:

50 km × 0,30 € × 220 Arbeitstage	3 300,— €

Fahrten zwischen Wohnung und regelmäßiger Arbeitsstätte

Da der Fahrtkostenzuschuss von (12 × 100 € =) 1200 € den Betrag nicht übersteigt, den der Arbeitnehmer bei den Werbungskosten geltend machen könnte, kann der Fahrtkostenzuschuss in 1200 € in voller Höhe pauschal mit 15 % versteuert werden.

Diese Pauschalierung löst Beitragsfreiheit in der Sozialversicherung aus. Es ergibt sich folgende Berechnung der Pauschalsteuer:

Steuerpflichtiger Fahrtkostenzuschuss	1 200,— €
pauschalierte Lohnsteuer 15 %	180,— €
Solidaritätszuschlag 5,5 % von 180 €	9,90 €
Kirchensteuer (z. B. in Bayern) 7 % von 180 €	12,60 €

Der Arbeitnehmer kann im Fall der Lohnsteuerpauschalierung durch den Arbeitgeber nur den nicht pauschal besteuerten Teil der Entfernungspauschale bei den Werbungskosten geltend machen. Hiernach ergibt sich folgender Werbungskostenabzug:

50 km × 0,30 € × 220 Arbeitstage	3 300,— €
abzüglich pauschal versteuerter Fahrtkostenzuschuss 100 € × 12	1 200,— €
für den Werbungskostenabzug verbleiben	2 100,— €

Benutzt der Arbeitnehmer ein anderes Fahrzeug als einen Pkw für die Fahrten zwischen Wohnung und regelmäßiger Arbeitsstätte, z. B. **öffentliche Verkehrsmittel** oder **ein Motorrad, Motorroller, Moped oder Fahrrad**, so ist die Pauschalierung mit 15 % zum einen auf die dem Arbeitnehmer tatsächlich entstehenden Aufwendungen und zum anderen auf den Höchstbetrag der Entfernungspauschale in Höhe von 4500 € im Kalenderjahr begrenzt*). Für die Höhe der tatsächlich entstehenden Aufwendungen kann bei der Benutzung von Fahrzeugen von den für Auswärtstätigkeiten geltenden pauschalen Kilometersätzen ausgegangen werden. Diese Kilometersätze betragen

– bei Benutzung eines Motorrads oder Motorrollers	0,13 € je km,
– bei Benutzung eines Mopeds oder Mofas	0,08 € je km,
– bei Benutzung eines Fahrrads	0,05 € je km.

Diese Kilometersätze gelten für den tatsächlich gefahrenen Kilometer. Für jeden Kilometer der einfachen Entfernung zwischen Wohnung und regelmäßiger Arbeitsstätte ist also der doppelte Betrag anzusetzen, bei Benutzung eines Fahrrads somit (2 × 0,05 € =) 0,10 € (vgl. das nachfolgende Beispiel C).

Beispiel B

Ein Arbeitnehmer wohnt in Augsburg und arbeitet in München (einfache Entfernung 50 km). Er benutzt für Fahrten zwischen Wohnung und regelmäßiger Arbeitsstätte die Deutsche Bahn sowie die S-Bahn bzw. U-Bahn. Die Monatskarte für das Benützen dieser Verkehrsmittel soll 150 € kosten. Der Arbeitgeber zahlt hierzu einen Fahrtkostenzuschuss von monatlich 100 €. Der Fahrtkostenzuschuss gehört zum steuerpflichtigen Arbeitslohn. Der Arbeitgeber hat allerdings bis zur Höhe der tatsächlichen Aufwendungen des Arbeitnehmers (= 150 € monatlich) die Möglichkeit der Lohnsteuerpauschalierung mit 15 %. Macht er hiervon Gebrauch, ergibt sich folgende Berechnung:

Steuerpflichtiger Fahrtkostenzuschuss	100,— €
pauschalierte Lohnsteuer 15 %	15,— €
Solidaritätszuschlag 5,5 %	0,82 €
Pauschale Kirchensteuer 7 % (z.B. in Bayern)	1,05 €
Steuerbelastung insgesamt	16,87 €

Macht der Arbeitgeber von der Pauschalierung der Lohnsteuer mit 15 % Gebrauch, ist der Fahrtkostenzuschuss von 100 € auch sozialversicherungsfrei. Die pauschal versteuerten Arbeitgeberleistungen sind auf die als Werbungskosten abziehbare Entfernungspauschale anzurechnen. Der Kontrolle des Werbungskostenabzugs dient die Zeile 18 der (elektronischen) Lohnsteuerbescheinigung, in die der Arbeitgeber die pauschal versteuerten Fahrtkostenzuschüsse eintragen muss. Der Arbeitgeber ist gesetzlich verpflichtet, diese Zeile auszufüllen (vgl. hierzu auch die nachfolgende Nr. 10).

Beispiel C

Ein Arbeitnehmer fährt im Kalenderjahr 2010 mit dem Fahrrad zur Arbeit (einfache Entfernung 28 km). Der Arbeitgeber zahlt dem Arbeitnehmer einen monatlichen Fahrtkostenzuschuss von 40 €. Dieser Fahrtkostenzuschuss gehört zum steuerpflichtigen Arbeitslohn. Der Arbeitnehmer kann Werbungskosten in Höhe der Entfernungspauschale geltend machen, und zwar wie folgt:

28 km × 0,30 € × 220 Arbeitstage	1 848,— €

Obwohl die beim Werbungskostenabzug durch den Arbeitnehmer anzusetzende Entfernungspauschale in Höhe von 1848 € den Fahrtkostenzuschuss von (12 × 40 € = 480 €) übersteigt, kann die Lohnsteuer hierfür nicht immer in voller Höhe mit 15 % pauschal versteuert werden. Denn die Pauschalierung mit 15 % ist bei öffentlichen Verkehrsmitteln und allen Fahrzeugen mit Ausnahme eines Pkws auf die Höhe der tatsächlich entstehenden Aufwendungen beschränkt*). Diese können in Höhe der für Auswärtstätigkeiten geltenden Kilometersätze angenommen werden. Bei Benutzung eines Fahrrades ist die Pauschalierung mit 15 % somit auf (2 × 0,05 € =) 0,10 € je Kilometer der Entfernung zwischen Wohnung und regelmäßiger Arbeitsstätte begrenzt. Hiernach ergibt sich folgende Berechnung des monatlich pauschalierungsfähigen Betrages:

0,10 € × 28 km × 15 Arbeitstage	42,— €

Der Fahrtkostenzuschuss in Höhe von 40 € monatlich kann also in voller Höhe pauschaliert werden, da er die tatsächlichen Aufwendungen des Arbeitnehmers (42 € monatlich) und die Entfernungspauschale ($1/12$ von 1848,– € = 154 € monatlich) nicht übersteigt. Diese Pauschalierung löst Beitragsfreiheit in der Sozialversicherung aus.

Eine **Pauschalierung** der Lohnsteuer mit **15 %** in Höhe der **tatsächlichen Aufwendungen** des Arbeitnehmers für die Fahrten zwischen Wohnung und regelmäßiger Arbeitsstätte ist neben der Benutzung öffentlicher Verkehrsmittel auch zulässig

– bei Benutzung von **Fähren,**

– für **Flugstrecken** und

– in den Fällen der entgeltlichen Sammelbeförderung.

Vgl. diesbezüglich auch die Erläuterungen beim Stichwort „Entfernungspauschale".

d) Behinderte Arbeitnehmer

Bei behinderten Arbeitnehmern sind nach § 9 Abs. 2 Satz 3 EStG die **tatsächlichen Aufwendungen** für Fahrten zwischen Wohnung und regelmäßiger Arbeitsstätte als Werbungskosten abzugsfähig. Bei Benutzung eines Pkws sind somit 0,30 € je tatsächlich gefahrenen Kilometer als Werbungskosten abzugsfähig. Dementsprechend ist bei behinderten Arbeitnehmern eine Pauschalierung der Lohnsteuer mit 15 % bei Benutzung eines Pkws auch bis zu 0,30 € je tatsächlich gefahrenen Kilometer möglich. Behinderte für die diese Ausnahmeregelung gilt, sind behinderte Arbeitnehmer

– deren Grad der Behinderung mindestens 70 beträgt,

– deren Grad der Behinderung weniger als 70, aber mindestens 50 beträgt und die in ihrer Bewegungsfähigkeit im Straßenverkehr erheblich beeinträchtigt sind (Merkzeichen „G").

Beispiel

Ein behinderter Arbeitnehmer (Grad der Behinderung 70) wohnt in Augsburg und arbeitet in München (einfache Entfernung 50 km). Der Arbeitnehmer benutzt für Fahrten zwischen Wohnung und regelmäßiger Arbeitsstätte einen Pkw. Der Arbeitgeber zahlt im Kalenderjahr 2010 einen Fahrtkostenzuschuss von 0,30 € je tatsächlich gefahrenen Kilometer, also **0,60 €** für jeden Kilometer der einfachen Entfernung zwischen Wohnung und regelmäßiger Arbeitsstätte. Im Kalenderjahr 2010 sind dies insgesamt:

0,60 € × 50 km × 220 Arbeitstage	6600,— €

Der Arbeitgeber kann die Lohnsteuer für den Fahrtkostenzuschuss in Höhe von 6600 € mit 15 % pauschalieren, da der behinderte Arbeitneh-

---

*) BMF-Schreiben vom 31.8.2009 (BStBl. I S. 891, Tz. 5.1). Das BMF-Schreiben ist als Anlage 1 zu H 9.10 LStR im **Steuerhandbuch für das Lohnbüro 2010** abgedruckt, das im selben Verlag erschienen ist. Das **PC-Lexikon** für das Lohnbüro 2010 enthält auch dieses Handbuch und hat außerdem den Vorteil, dass Sie **alle BFH-Urteile** sowie die aktuellen Rundschreiben und Niederschriften der Spitzenverbände der **Sozialversicherung** mit Mausklick **im Volltext** abrufen und ausdrucken können. Eine Bestellkarte finden Sie vorne im Lexikon.

Fahrten zwischen Wohnung und regelmäßiger Arbeitsstätte

	Lohn-steuer-pflichtig	Sozial-versich.-pflichtig

mer in dieser Höhe Werbungskosten geltend machen könnte*). Es ergibt sich folgende Berechnung der Pauschalsteuer:

Steuerpflichtiger Fahrtkostenzuschuss	6 600,— €
pauschalierte Lohnsteuer 15 %	990,— €
Solidaritätszuschlag 5,5 % von 990 €	54,45 €
Kirchensteuer (z. B. in Bayern) 7 % von 990 €	69,30 €

Die Pauschalierung der Lohnsteuer mit 15 % löst Beitragsfreiheit in der Sozialversicherung aus. Der Arbeitnehmer kann in Höhe der pauschal mit 15 % versteuerten Fahrtkostenzuschüsse keine Werbungskosten für Fahrten zwischen Wohnung und regelmäßiger Arbeitsstätte bei seiner Veranlagung zur Einkommensteuer geltend machen.

Zur Pauschalierung von Unfallkosten vgl. die Erläuterungen unter der nachfolgenden Nr. 7.

e) Verlust des Werbungskostenabzugs bei einer Pauschalierung der Lohnsteuer mit 15 %

Die Pauschalierung der Fahrtkostenzuschüsse mit 15 % bringt infolge der dadurch ausgelösten Beitragsfreiheit in der Sozialversicherung für den **Arbeitgeber** den Vorteil, dass er sich den ansonsten anfallenden Arbeitgeberanteil am Gesamtsozialversicherungsbeitrag erspart. Insbesondere die Abwälzung der Pauschalsteuer im Innenverhältnis auf den Arbeitnehmer (vgl. nachfolgend unter Nr. 6) führt dazu, dass der Arbeitgeber mit der Pauschalsteuer nicht belastet wird und er sich darüber hinaus noch den Arbeitgeberanteil am Gesamtsozialversicherungsbeitrag erspart.

Für den betroffenen **Arbeitnehmer** muss eine Pauschalierung hingegen durchaus nicht günstiger sein als die Einzelversteuerung; insbesondere dann nicht, wenn die Pauschalsteuer auf den Arbeitnehmer abgewälzt wird. Denn durch die Pauschalierung der Lohnsteuer mit 15 % verliert der Arbeitnehmer den Werbungskostenabzug. Die normale Versteuerung durch Hinzurechnung zum übrigen Arbeitslohn ist für den Arbeitnehmer immer dann vorteilhafter, wenn sein laufender Arbeitslohn ohnehin die Beitragsbemessungsgrenze in der allgemeinen Rentenversicherung überschreitet (2010 monatlich 5500 € in den alten und 4650 € in den neuen Bundesländern) **und** der Arbeitnehmer bereits mit anderen Werbungskosten den bei seiner Einkommensteuerveranlagung zu berücksichtigenden allgemeinen Arbeitnehmer-Pauschbetrag von 920 € verbraucht hat, sodass sich seine normal versteuerten Fahrtkosten voll als Werbungskosten auswirken können. Der Vorteil ist umso größer, je höher der individuelle Grenzsteuersatz des Arbeitnehmers ist (vgl. die Tabelle zu den Grenzsteuersätzen beim Stichwort „Tarifaufbau").

f) Pauschalierung der Lohnsteuer mit 15 % bei 400-Euro-Jobs

Die Möglichkeit, die auf steuerpflichtige Fahrtkostenzuschüsse entfallende Lohnsteuer mit 15 % zu pauschalieren, besteht auch für **Aushilfskräfte und Teilzeitbeschäftigte,** die auf 400-Euro-Basis arbeiten. Dabei ist besonders wichtig, dass die pauschal mit 15 % versteuerten Fahrtkostenzuschüsse auf die für Aushilfskräfte und Teilzeitbeschäftigte geltende 400-Euro-Grenze **nicht** angerechnet werden (vgl. das Stichwort „Geringfügige Beschäftigung" besonders unter Nr. 4 Buchstabe d). Besonders bei Aushilfskräften und Teilzeitbeschäftigten ist zu beachten, dass eine **Pauschalierung** der Fahrtkostenzuschüsse mit 15 % wieder **ab dem 1. Entfernungskilometer** möglich ist.

6. Abwälzung der Pauschalsteuer auf den Arbeitnehmer

Die Abwälzung der pauschalen Lohnsteuer auf den Arbeitnehmer ist ein arbeitsrechtlicher Vorgang, durch den die Pauschalierung als solche nicht unzulässig wird. Allerdings ist § 40 Abs. 3 Satz 2 EStG zu beachten, wonach die auf den Arbeitnehmer abgewälzte pauschale Lohnsteuer **als zugeflossener Arbeitslohn gilt und die Bemessungsgrundlage nicht mindern darf.**

Beispiel

Ein Arbeitnehmer wohnt in Augsburg und arbeitet in München (einfache Entfernung München–Augsburg 50 km). Der Arbeitgeber zahlt ihm im Kalenderjahr 2010 einen Fahrtkostenzuschuss von monatlich 100 €. Dieser Fahrtkostenzuschuss ist steuer- und beitragspflichtig. Der Arbeitgeber kann jedoch die Lohnsteuer mit 15 % pauschalieren; da der Zuschuss von 100 € monatlich niedriger ist als der Betrag, den der Arbeitnehmer in Form der Entfernungspauschale bei den Werbungskosten geltend machen könnte**). Diese Pauschalierung löst Beitragsfreiheit in der Sozialversicherung aus.

Der Arbeitgeber wälzt die Pauschsteuer im arbeitsrechtlichen Innenverhältnis auf den Arbeitnehmer ab.

Der Arbeitnehmer bezieht neben dem Fahrtkostenzuschuss einen laufenden Arbeitslohn von 3000 € monatlich (Steuerklasse III). Nach § 40 Abs. 3 Satz 2 EStG ergibt sich folgende monatliche Lohnabrechnung:

Steuerpflichtiger Fahrtkostenzuschuss	100,— €
pauschalierte Lohnsteuer 15 %	15,— €
Solidaritätszuschlag 5,5 % von 15 €	0,82 €
Kirchensteuer (z. B. in Bayern) 7 % von 15 €	1,05 €
abgewälzte Pauschalsteuern insgesamt	16,87 €

Auf die Berechnung der auf den laufenden Barlohn entfallenden Lohnsteuer und Sozialversicherungsbeiträge darf sich diese Abwälzung der pauschalen Lohn- und Kirchensteuer **nicht** auswirken.

Abrechnungstechnisch kann der Fahrtkostenzuschuss in Höhe von 100 € als „Zulage" und die Pauschalsteuer in Höhe von 16,87 € als „Abzug vom monatlichen Nettolohn" abgerechnet werden:

Bruttolohn		3 000,— €
zuzüglich Fahrtkostenzuschuss		100,— €
Summe		3 100,— €
Gesetzliche Abzüge (errechnet aus 3000 €):		
Lohnsteuer (Steuerklasse III/0)	243,83 €	
Solidaritätszuschlag 5,5 %	13,41 €	
Kirchensteuer (z. B. 8 %)	19,50 €	
Sozialversicherung (z. B. 20,475 %)	614,25 €	890,99 €
Nettolohn monatlich		2 209,01 €
abzüglich vom Arbeitnehmer übernommene Pauschalsteuer		16,87 €
auszuzahlender Betrag		2 192,14 €

Der Arbeitgeber muss für das Kalenderjahr 2010 einen pauschal versteuerten Fahrtkostenzuschuss in Höhe von 1200 € (100 € × 12 = 1200 €) in Zeile 18 der elektronischen Lohnsteuerbescheinigung 2010 eintragen.

Einzelheiten zur Abwälzung der Pauschalsteuer auf den Arbeitnehmer, insbesondere die steuerlich unzulässige „Rückrechnung" der Pauschalsteuer aus dem pauschal versteuerten Betrag sind beim Stichwort „Abwälzung der Pauschalsteuer auf den Arbeitnehmer" anhand von Beispielen erläutert.

7. Unfall auf der Fahrt zwischen Wohnung und regelmäßiger Arbeitsstätte

Hat der Arbeitnehmer auf der Fahrt zwischen Wohnung und regelmäßiger Arbeitsstätte einen **Unfall** und ersetzt der Arbeitgeber dem Arbeitnehmer die Reparaturkosten, so ist dieser Arbeitgeberersatz steuer- und beitragspflichtiger **Arbeitslohn.**   ja   ja

Unfallkosten, die auf einer Fahrt zwischen Wohnung und regelmäßiger Arbeitsstätte entstehen, werden als außergewöhnliche Aufwendungen neben der Entfernungspau-

---

*) BMF-Schreiben vom 31.8.2009 (BStBl. I S. 891, Tz. 3). Das BMF-Schreiben ist als Anlage 1 zu H 9.10 LStR im **Steuerhandbuch für das Lohnbüro 2010** abgedruckt, das im selben Verlag erschienen ist. Das **PC-Lexikon** für das Lohnbüro 2010 enthält auch dieses Handbuch und hat außerdem den Vorteil, dass Sie **alle BFH-Urteile** sowie die aktuellen Rundschreiben und Niederschriften der Spitzenverbände der **Sozialversicherung** mit Mausklick **im Volltext** abrufen und ausdrucken können. Eine Bestellkarte finden Sie vorne im Lexikon.

**) Der Arbeitnehmer könnte Aufwendungen für Fahrten zwischen Wohnung und Arbeitsstätte in Höhe der Entfernungspauschale als Werbungskosten geltend machen, wenn der Fahrtkostenzuschuss nicht pauschal versteuert würde:
50 km × 0,30 € × (monatlich z. B.) 15 Arbeitstage = **225 €.**
Da der Fahrtkostenzuschuss in Höhe von 100 € monatlich, den höchstmöglichen pauschalierungsfähigen Betrag von 225 € nicht übersteigt, kann der Fahrtkostenzuschuss in voller Höhe pauschal mit 15 % versteuert werden.

Fahrten zwischen Wohnung und regelmäßiger Arbeitsstätte

schale nach § 9 Abs. 1 Satz 1 EStG als Werbungskosten berücksichtigt*). Die Berücksichtigung als **Werbungskosten** nach **§ 9 Abs. 1 Satz 1** EStG hat aber zur Folge, dass die Lohnsteuer für die vom Arbeitgeber erstatteten Unfallkosten **nicht** mit 15 % pauschaliert werden kann. Die **Pauschalversteuerung** ist nämlich nur für Beträge zulässig, die der Arbeitnehmer nach § 9 Abs. 1 Satz 3 Nr. 4 EStG oder nach § 9 Abs. 2 EStG als Werbungskosten geltend machen könnte.

Beispiel A

Ein Arbeitnehmer fährt mit seinem eigenen Pkw im Jahr 2010 an 220 Arbeitstagen von seiner Wohnung zur 30 km entfernt liegenden regelmäßigen Arbeitsstätte. Der Arbeitgeber zahlt ihm einen monatlichen Fahrtkostenzuschuss von 150 €. Im Juli 2010 verschuldet der Arbeitnehmer auf dem Weg zur Arbeit mit seinem Pkw einen Unfall. Der Arbeitgeber erstattet dem Arbeitnehmer zusätzlich zum Fahrtkostenzuschuss die ihm entstandenen Unfallkosten von 1500 €.

Der Arbeitgeber kann die Lohnsteuer für den monatlichen Fahrtkostenzuschuss mit 15 % pauschalieren, da der Fahrtkostenzuschuss von 1800 € (150 € × 12 Monate) nicht den Betrag übersteigt, den der Arbeitnehmer bei seiner Einkommensteuerveranlagung als Entfernungspauschale geltend machen könnte (220 Arbeitstage × 30 km × 0,30 € = 1980 €).

Die Lohnsteuer für die zusätzliche Übernahme der Unfallkosten kann hingegen nicht mit 15 % pauschaliert werden, da die Unfallkosten nach § 9 Abs. 1 Satz 1 EStG und nicht – wie für eine Pauschalierung erforderlich – nach § 9 Abs. 1 Satz 3 Nr. 4 EStG als Werbungskosten berücksichtigt werden. Die Übernahme der Unfallkosten ist somit individuell steuer- und auch beitragspflichtig. Der Arbeitnehmer kann allerdings die Unfallkosten bei seiner Einkommensteuerveranlagung nach § 9 Abs. 1 Satz 1 EStG als Werbungskosten geltend machen.

Eine Ausnahme besteht allerdings für behinderte Arbeitnehmer

- deren Grad der Behinderung mindestens 70 beträgt,
- deren Grad der Behinderung weniger als 70, aber mindestens 50 beträgt und die in ihrer Bewegungsfähigkeit im Straßenverkehr erheblich beeinträchtigt sind (Merkzeichen „G").

Denn diese behinderten Arbeitnehmer können ihre **tatsächlichen Aufwendungen** (einschließlich Unfallkosten) für Fahrten zwischen Wohnung und regelmäßiger Arbeitsstätte nach § 9 Abs. 2 EStG als Werbungskosten absetzen. Dementsprechend kann der Arbeitgeber die Lohnsteuer auch bis zu diesem Betrag mit 15 % pauschal versteuern. Dies gilt auch für Unfallkosten.**)

Beispiel B

Ein behinderter Arbeitnehmer (Grad der Behinderung 70) hat auf dem Weg zur regelmäßigen Arbeitsstätte einen selbst verschuldeten Verkehrsunfall.

Die Reparaturkosten für sein Fahrzeug betragen 2000 €; die Kosten für einen Leihwagen während der Reparatur 300 €. Der Arbeitnehmer erhält keinen Ersatz von seiner Versicherung. Der Arbeitgeber zahlt die Reparaturkosten in Höhe von 2000 € und die Kosten für den Leihwagen in Höhe von 300 €. Dieser Betrag von 2300 € ist steuerpflichtiger Arbeitslohn.

Der Arbeitgeber kann allerdings die Lohnsteuer mit 15 % pauschalieren. Tut er dies, ist der Betrag von 2300 € beitragsfrei in der Sozialversicherung. Der Arbeitnehmer kann die pauschal versteuerten Aufwendungen nicht als Werbungskosten geltend machen.

8. Überlassung eines Firmenwagens für Fahrten zwischen Wohnung und regelmäßiger Arbeitsstätte

a) 0,03%-Methode

Stellt der Arbeitgeber einem Arbeitnehmer einen Firmenwagen für Fahrten zwischen Wohnung und regelmäßiger Arbeitsstätte zur Verfügung und liegt keiner der in Nr. 2 genannten Ausnahmefälle vor, so ist der hierdurch entstehende geldwerte Vorteil steuerpflichtiger Arbeitslohn.   ja   ja

Der geldwerte Vorteil ist **monatlich** mit **0,03 %** des Bruttolistenpreises (also inklusive Mehrwertsteuer) **für jeden Kilometer** der einfachen Entfernung zwischen Wohnung und regelmäßiger Arbeitsstätte anzusetzen.

Der Arbeitgeber hat bei der Versteuerung des geldwerten Vorteils für die Überlassung eines Firmenwagens zu Fahrten zwischen Wohnung und regelmäßiger Arbeitsstätte die Möglichkeit, die Lohnsteuer insoweit mit **15 %** zu pauschalieren, als der Arbeitnehmer Werbungskosten in Höhe der Entfernungspauschale geltend machen könnte. Die Entfernungspauschale beträgt wieder **0,30 € ab dem 1. Entfernungskilometer** der einfachen Entfernung zwischen Wohnung und regelmäßiger Arbeitsstätte (vgl. das Stichwort „Entfernungspauschale"). Die Pauschalierung der Lohnsteuer mit 15 % löst Beitragsfreiheit in der Sozialversicherung aus. Allerdings verliert der Arbeitnehmer den Werbungskostenabzug, soweit eine Pauschalierung mit 15 % durchgeführt wurde. Macht der Arbeitgeber von der Pauschalisierungsmöglichkeit Gebrauch, so kann aus Vereinfachungsgründen unterstellt werden, dass der Arbeitnehmer den Firmenwagen an 15 Arbeitstagen monatlich (180 Tagen jährlich) für Fahrten zwischen Wohnung und regelmäßiger Arbeitsstätte benutzt (R 40.2 Abs. 6 Nr. 1 Buchstabe b LStR); eine Glaubhaftmachung, dass der Firmenwagen an mehr als 15 Arbeitstagen für Fahrten zwischen Wohnung und regelmäßiger Arbeitsstätte benutzt wurde ist möglich. Die Auswirkungen einer Pauschalierung der Lohnsteuer mit 15 % soll an folgendem Beispiel verdeutlicht werden:

Beispiel

Der Arbeitnehmer nutzt einen Firmenwagen (Bruttolistenpreis im Zeitpunkt der Erstzulassung 30 000 €) für Fahrten zwischen Wohnung und regelmäßiger Arbeitsstätte. Die Entfernung Wohnung–Arbeitsstätte beträgt 40 km. Für die Nutzung des Firmenwagens zu Fahrten zwischen Wohnung und regelmäßiger Arbeitsstätte ergibt sich folgender monatlich zu versteuernder geldwerter Vorteil:

0,03 % von 30 000 € × 40 km   =   360,— €

Der Arbeitgeber kann die Lohnsteuer mit 15 % pauschalieren, soweit der Arbeitnehmer Werbungskosten für Fahrten zwischen Wohnung und regelmäßiger Arbeitsstätte in Höhe der Entfernungspauschale geltend machen könnte. Dabei ist von 15 Arbeitstagen monatlich auszugehen:

40 km × 0,30 € × 15 Arbeitstage   =   180,— €

zur Versteuerung als laufender Arbeitslohn verbleiben (360 − 180 € =)   180,— €

Für die Berechnung der Sozialversicherungsbeiträge gilt Folgendes:

Soweit die Lohnsteuer mit 15 % pauschaliert wird, tritt Beitragsfreiheit in der Sozialversicherung ein. Beitragspflichtig ist demnach der Betrag von 180 €.

Durch die Pauschalierung des Betrags von 180 € monatlich verliert der Arbeitnehmer in dieser Höhe den Werbungskostenabzug bei der Veranlagung zur Einkommensteuer.

b) Firmenwagen mit Fahrer

Wird für Fahrten zwischen Wohnung und regelmäßiger Arbeitsstätte nicht nur ein Pkw unentgeltlich zur Verfügung gestellt, sondern auch ein **Fahrer**, so ist dieser geldwerte Vorteil zusätzlich zu erfassen. Nach R 8.1 Abs. 10 Nr. 1 der Lohnsteuer-Richtlinien ist der geldwerte Vorteil für die kostenlose Inanspruchnahme eines Fahrers bei Fahrten zwischen Wohnung und regelmäßiger Arbeitsstätte mit einem Zuschlag von **50 %** zu dem für die Überlassung des Pkws anzusetzenden geldwerten Vorteils zu berücksichtigen. Damit sind auch die Abholfahrten (sog. **Leerfahrten**) abgegolten. Den für die Fahrergestellung als geldwerten Vorteil versteuerten Betrag kann der

---

*) BMF-Schreiben vom 31.8.2009 (BStBl. I S. 891, Tz. 4). Das BMF-Schreiben ist als Anlage 1 zu H 9.10 LStR im **Steuerhandbuch für das Lohnbüro 2010** abgedruckt, das im selben Verlag erschienen ist. Das **PC-Lexikon** für das Lohnbüro 2010 enthält auch dieses Handbuch und hat außerdem den Vorteil, dass Sie **alle BFH-Urteile** sowie die aktuellen Rundschreiben und Niederschriften der Spitzenverbände der **Sozialversicherung** mit Mausklick **im Volltext** abrufen und ausdrucken können. Eine Bestellkarte finden Sie vorne im Lexikon.

) BMF-Schreiben vom 31.8.2009 (BStBl. I S. 891, Tz. 3). Das BMF-Schreiben ist als Anlage 1 zu H 9.10 LStR im **Steuerhandbuch für das Lohnbüro 2010 abgedruckt, das im selben Verlag erschienen ist. Das **PC-Lexikon** für das Lohnbüro 2010 enthält auch dieses Handbuch und hat außerdem den Vorteil, dass Sie **alle BFH-Urteile** sowie die aktuellen Rundschreiben und Niederschriften der Spitzenverbände der **Sozialversicherung** mit Mausklick **im Volltext** abrufen und ausdrucken können. Eine Bestellkarte finden Sie vorne im Lexikon.

Fahrten zwischen Wohnung und regelmäßiger Arbeitsstätte

Arbeitnehmer **nicht** als Werbungskosten bei der Einkommensteuerveranlagung geltend machen, da die Fahrergestellung mit der Entfernungspauschale abgegolten ist. Der Arbeitgeber kann die Steuer für den geldwerten Vorteil „Fahrergestellung" daher auch **nicht** mit 15 % pauschalieren.

Weitere Einzelheiten zu den Fahrten zwischen Wohnung und regelmäßiger Arbeitsstätte mit einem Firmenwagen sind beim Stichwort „Firmenwagen zur privaten Nutzung" erläutert.

9. Umwandlung von steuerpflichtigem Arbeitslohn in einen pauschal versteuerten Fahrtkostenzuschuss

In § 40 Abs. 2 Satz 2 EStG ist ausdrücklich klargestellt worden, dass Fahrtkostenzuschüsse in Form von **Sachbezügen** (Firmenwagen, Job-Ticket) auch dann mit 15 % pauschal versteuert werden können, wenn sie aus einer Gehaltsumwandlung stammen. Bei **Barzuschüssen** ist eine Pauschalierung der Lohnsteuer mit 15 % nur für solche Fahrtkostenzuschüsse möglich, die **zusätzlich zum ohnehin geschuldeten Arbeitslohn** gezahlt werden. Eine Umwandlung von Arbeitslohn in einen pauschalierungsfähigen Barzuschuss scheidet daher aus, wenn der Arbeitnehmer bereits einen Rechtsanspruch erlangt hat. Eine Gratifikation (z. B. das Weihnachtsgeld) kann dagegen in einen pauschal versteuerten Fahrtkostenzuschuss umgewandelt werden, wenn auf die Zahlung der Gratifikation ein arbeitsrechtlicher Anspruch noch nicht entstanden ist.

Ein arbeitsrechtlichen Anspruch des Arbeitnehmers auf die Zahlung einer Gratifikation kann sich ergeben aus

- einem **Tarifvertrag;**
  Tarifverträge sind zu beachten bei tarifgebundenen Parteien sowie bei allgemein verbindlichen Tarifverträgen. Dasselbe gilt, wenn ein Tarifvertrag aufgrund einzelvertraglicher Inbezugnahme gilt;
- einer **Betriebsvereinbarung;**
- dem **Arbeitsvertrag;**
- einer **betrieblichen Übung;**
  Voraussetzung hierfür ist die wiederholte, nach der ständigen Rechtsprechung des Bundesarbeitsgerichts mindestens **dreimalige vorbehaltlose** Auszahlung. Der Arbeitgeber kann also eine betriebliche Übung dadurch ausschließen, dass er bei der Auszahlung von Gratifikationen den Arbeitnehmern gegenüber einen Bindungswillen für die Zukunft ausdrücklich ausschließt;
- dem **Gleichheitsgrundsatz;**
  zahlt der Arbeitgeber Gratifikationen an alle oder eine bestimmte abgrenzbare Gruppe von Arbeitnehmern, so verbietet der Gleichheitsgrundsatz den willkürlich sachfremden Ausschluss einzelner Arbeitnehmer von der Zahlung der Gratifikation.

Eine „zusätzliche Zahlung zum ohnehin geschuldeten Arbeitslohn" liegt also bei der Umwandlung einer Gratifikation in einen pauschal versteuerten Fahrtkostenzuschuss nur dann vor, wenn ein arbeitsvertraglicher Anspruch auf den Arbeitslohn, der umgewandelt werden soll, nach keiner der oben genannten Anspruchsgrundlagen entstanden ist. Außerdem müssen **alle** Arbeitnehmer anstelle der Gratifikation einen Fahrtkostenzuschuss erhalten. Es ist also nicht möglich, nur einem Teil der Arbeitnehmer anstelle der Gratifikation einen pauschal versteuerten Fahrtkostenzuschuss zu zahlen, wohingegen die restlichen Arbeitnehmer, die keine Aufwendungen für Fahrten zwischen Wohnung und regelmäßiger Arbeitsstätte haben, eine (steuerpflichtige) Gratifikation erhalten (vgl. hierzu die Erläuterungen beim Stichwort „Gehaltsumwandlung"). Allerdings ist zu dieser Frage ein Verfahren beim Bundesfinanzhof anhängig.

10. Aufzeichnungs- und Bescheinigungspflichten

Wird der Arbeitgeberersatz bei Aufwendungen des Arbeitnehmers für Fahrten zwischen Wohnung und regelmäßiger Arbeitsstätte pauschal versteuert, so muss im **Lohnkonto** der Fahrtkostenzuschuss und die darauf entfallende pauschale Lohn- und Kirchensteuer sowie der Solidaritätszuschlag **getrennt** vom übrigen Gehalt des Arbeitnehmers **aufgezeichnet** werden. Dies ist deshalb notwendig, weil der pauschal besteuerte Fahrtkostenzuschuss nicht zu dem Bruttolohn des Arbeitnehmers gehört, der in die elektronische Lohnsteuerbescheinigung einzutragen ist. Ebenso gehört die pauschale Lohn- und Kirchensteuer sowie der Solidaritätszuschlag nicht zu den Steuerabzugsbeträgen, die auf der Lohnsteuerbescheinigung des Arbeitnehmers zu bescheinigen sind. Denn die Pauschalbesteuerung stellt die endgültige steuerliche Belastung der Fahrtkostenzuschüsse dar. Die pauschal besteuerten Fahrtkostenzuschüsse dürfen deshalb im Jahresbruttolohn des Arbeitgebers (Zeile 3 der Lohnsteuerbescheinigung 2010) nicht enthalten sein; die pauschale Lohnsteuer, der Solidaritätszuschlag und die pauschale Kirchensteuer dürfen ebenfalls nicht in den einbehaltenen Steuerabzugsbeträgen (Zeilen 4, 5 und 6 der Lohnsteuerbescheinigung 2010) enthalten sein.

Wird der Zuschuss des Arbeitgebers zu Aufwendungen für Fahrten zwischen Wohnung und regelmäßiger Arbeitsstätte pauschal versteuert, so kann der Arbeitnehmer insoweit keine Werbungskosten in Höhe der Entfernungspauschale bei der Veranlagung zur Einkommensteuer geltend machen. Zur Kontrolle des Werbungskostenabzugs muss der Arbeitgeber die pauschal besteuerten Fahrtkostenzuschüsse auf der Lohnsteuerbescheinigung gesondert bescheinigen (Zeile **18** der Lohnsteuerbescheinigung 2010). Der Arbeitgeber ist **gesetzlich verpflichtet,** diese Zeile auszufüllen (§ 41b Abs. 1 Nr. 7 EStG).

Wird die pauschale Lohnsteuer im Innenverhältnis auf den Arbeitnehmer abgewälzt, so muss der Arbeitgeber ebenfalls den pauschal versteuerten Fahrtkostenzuschuss in Zeile 18 auf der Lohnsteuerbescheinigung 2010 eintragen (vgl. die Erläuterungen unter der vorstehenden Nr. 6).

Bei Arbeitgeberleistungen, die als **Sammelbeförderung** nach § 3 Nr. 32 EStG **steuerfrei** sind, wird keine Entfernungspauschale gewährt. Sie müssen deshalb auch im Lohnkonto gesondert aufgezeichnet und auf der Lohnsteuerbescheinigung gesondert bescheinigt werden. Dies geschieht durch die Eintragung des Großbuchstabens „F" in Zeile 2 der elektronischen Lohnsteuerbescheinigung 2010. Der Arbeitgeber ist gesetzlich verpflichtet, diese Zeile auszufüllen (§ 41b Abs. 1 Nr. 9 EStG). Der Großbuchstabe „F" ist aber nur zu bescheinigen, wenn eine steuerfreie Sammelbeförderung zwischen **Wohnung** und **regelmäßiger Arbeitsstätte** erfolgte. Er ist nicht zu bescheinigen für Sammelbeförderungen von der regelmäßigen Arbeitsstätte zur auswärtigen Tätigkeitsstätte bei vorübergehenden beruflich veranlassten Auswärtstätigkeiten.

Außerdem muss der Arbeitgeber in **Zeile 17** der Lohnsteuerbescheinigung 2010 die in Anwendung der 44-Euro-Freigrenze oder in Anwendung des Rabattfreibetrages bis zur Höhe von 1 080 € steuerfrei gelassenen geldwerten Vorteile aus der unentgeltlichen oder verbilligten Überlassung von Job-Tickets eintragen.*) Der Arbeitgeber ist gesetzlich verpflichtet, diese Zeile auszufüllen (§ 41b Abs. 1 Nr. 6 EStG). Auf die Erläuterungen unter der vorstehenden Nr. 4 wird Bezug genommen.

---

*) BMF-Schreiben vom 27.1.2004 (BStBl. I S. 173). Das BMF-Schreiben ist als Anlage 3 zu H 40.2 LStR im **Steuerhandbuch für das Lohnbüro 2010** abgedruckt, das im selben Verlag erschienen ist. Das **PC-Lexikon** für das Lohnbüro 2010 enthält auch dieses Handbuch und hat außerdem den Vorteil, dass Sie **alle BFH-Urteile** sowie die aktuellen Rundschreiben und Niederschriften der Spitzenverbände der **Sozialversicherung** mit Mausklick **im Volltext** abrufen und ausdrucken können. Eine Bestellkarte finden Sie vorne im Lexikon.

Fahrten zwischen Wohnung und regelmäßiger Arbeitsstätte

Füllt der Arbeitgeber die Zeilen 2, 17 oder 18 der Lohnsteuerbescheinigung 2010 nicht aus, obwohl er eine steuerfreie Sammelbeförderung zwischen Wohnung und regelmäßiger Arbeitsstätte durchgeführt, steuerfreie oder pauschal versteuerte Job-Tickets überlassen oder pauschal versteuerte Fahrtkostenzuschüsse gezahlt hat, so haftet er für die durch das Finanzamt bei einer Veranlagung des Arbeitnehmers ggf. zu viel erstattete Steuer (vgl. „Haftung des Arbeitgebers").

11. Vorsteuerabzug beim Ersatz der Fahrkarte und beim Kauf von Job-Tickets

Wird dem Arbeitgeber vom Arbeitnehmer eine Fahrkarte vorgelegt, die dieser zur Benutzung öffentlicher Verkehrsmittel für Fahrten zwischen Wohnung und regelmäßiger Arbeitsstätte erworben hat und erstattet der Arbeitgeber die Aufwendungen steuerfrei, so stellt sich für ihn die Frage nach dem umsatzsteuerlichen **Vorsteuerabzug.** Gleiches gilt beim Kauf von Job-Tickets durch den Arbeitgeber selbst und anschließender Weitergabe an den Arbeitnehmer.

Nach Abschnitt 195 Abs. 1 Sätze 2 und 3 der Umsatzsteuer-Richtlinien 2008 gilt folgende Regelung:

„Stellt der Arbeitgeber seinen Arbeitnehmern Fahrausweise für die Fahrten zwischen Wohnung und regelmäßiger Arbeitsstätte zur Verfügung, sind die von den Arbeitnehmern in Anspruch genommenen Beförderungsleistungen nicht als Umsätze für das Unternehmen anzusehen. Die dafür vom Arbeitgeber beschafften Fahrausweise berechtigen ihn daher **nicht zur Vornahme des Vorsteuerabzugs.**"

Wendet man diese Regelung auf die Job-Tickets an, ergibt sich Folgendes:

Die auf die einzelnen Arbeitnehmer ausgestellten Job-Tickets werden nicht für das Unternehmen des Arbeitgebers bezogen. Der Beförderungsunternehmer erbringt seine Beförderungsleistungen ausschließlich gegenüber dem jeweiligen Arbeitnehmer. Der Arbeitgeber selbst erhält von dem Beförderungsunternehmer keine Leistung. Damit scheidet ein Vorsteuerabzug aus.

Sowohl beim Kauf von Job-Tickets als auch beim Ersatz der Fahrkarte kann der Arbeitgeber also keinen Vorsteuerabzug in Anspruch nehmen.

12. Rückwirkende Änderung der Lohnsteuerpauschalierung mit 15 %

a) Für das Kalenderjahr 2009

Mit Urteil vom 9.12.2008 hat das Bundesverfassungsgericht bekanntlich entschieden, dass die gesetzlich vorgesehene Nichtgewährung der Entfernungspauschale für die ersten 20 km verfassungswidrig ist. Durch das Gesetz zur Fortführung der Gesetzeslage bei der Entfernungspauschale vom 20.4.2009 (BGBl. I S. 774, BStBl. I S. 536) wird die Gesetzeslage zur Entfernungspauschale 2006 rückwirkend ab 1.1.2007 fortgeführt und damit wieder **ab dem 1. Entfernungskilometer** gewährt. Damit ist **rückwirkend ab 1.1.2007** auch wieder eine **Pauschalierung der Lohnsteuer mit 15 %** ab dem 1. Entfernungskilometer **möglich.**

Bei den Lohnabrechnungen für das Kalenderjahr 2009 wurden die Fahrtkostenzuschüsse in aller Regel auch für die ersten 20 Entfernungskilometer mit 15 % pauschaliert. Sollten sie ausnahmsweise noch individuell nach Lohnsteuerkarte versteuert worden sein, kann diese individuelle Versteuerung für das ganze Kalenderjahr 2009 ohne weiteres rückgängig gemacht werden, solange die elektronische Lohnsteuerbescheinigung für das Kalenderjahr 2009 noch nicht an das Finanzamt übersandt wurde (vgl. die Erläuterungen beim Stichwort „Änderung des Lohnsteuerabzugs"). Anschließend werden diese Fahrtkostenzuschüsse pauschal mit 15 % versteuert. Dies löst Beitragsfreiheit in der Sozialversicherung aus (vgl. die Erläuterungen unter dem nachfolgenden Buchstaben d).

Wurde für das Kalenderjahr 2009 bereits eine elektronische Lohnsteuerbescheinigung ausgeschrieben und an das Finanzamt übermittelt, z. B. weil der Arbeitnehmer im Laufe des Jahres 2009 aus der Firma ausgeschieden ist, so darf die elektronische Lohnsteuerbescheinigung nicht mehr geändert werden (§ 41c Abs. 3 Satz 1 EStG). Die nachträgliche Pauschalierung der Lohnsteuer für die Fahrtkostenzuschüsse mit 15 % muss in diesen Fällen über eine Berichtigung der Lohnsteuer-Anmeldungen für die betreffenden Monate erfolgen (vgl. die Erläuterungen unter dem nachfolgenden Buchstaben b).

b) Für die Kalenderjahre 2007 und 2008

Der individuell durchgeführte **Lohnsteuerabzug** für die Kalenderjahre 2007 und 2008 kann nicht mehr geändert werden, weil die elektronische Lohnsteuerbescheinigung dem Finanzamt bereits übersandt wurde. Allerdings kann eine nachträgliche Pauschalierung der Lohnsteuer mit 15 % auch für die ersten 20 Entfernungskilometer durchgeführt werden, weil der Arbeitgeber die von ihm bisher ab dem 21. Entfernungskilometer durchgeführte Pauschalierung der Lohnsteuer **jederzeit ändern** kann, solange noch keine Festsetzungsverjährung eingetreten und der Vorbehalt der Nachprüfung für die abgegebenen Lohnsteuer-Anmeldungen noch nicht aufgehoben wurde. Denn die Lohnsteuer-Anmeldung (mit der die pauschale Lohnsteuer beim Finanzamt angemeldet wird) ist eine Steuererklärung im Sinne des § 150 Abgabenordnung (AO). Sie steht als Steueranmeldung einer Steuerfestsetzung **unter dem Vorbehalt der Nachprüfung** gleich (§§ 164, 168 AO). Der Vorbehalt der Nachprüfung bewirkt, dass die Steuerfestsetzung in Form der vom Arbeitgeber beim Betriebsstättenfinanzamt eingereichten Lohnsteuer-Anmeldung aufgehoben oder geändert werden kann, solange der Vorbehalt wirksam ist. Der Arbeitgeber kann also jederzeit die Aufhebung oder Änderung der Steuerfestsetzung in der Lohnsteuer-Anmeldung sowohl zu seinen Gunsten als auch zu seinen Ungunsten beantragen. Es genügt hierfür, wenn er für die bereits abgelaufenen Anmeldungszeiträume eine berichtigte Lohnsteuer-Anmeldung abgibt. Hierfür ist weder ein Antrag noch eine ausdrückliche Zustimmung des Betriebsstättenfinanzamts erforderlich. Die Abgabe einer berichtigten Lohnsteuer-Anmeldung ist also so lange möglich, solange der Vorbehalt der Nachprüfung noch nicht aufgehoben wurde. Der Vorbehalt der Nachprüfung wird bei Lohnsteuer-Anmeldungen regelmäßig so lange aufrechterhalten, bis bei dem Arbeitgeber eine Lohnsteuer-Außenprüfung durchgeführt worden oder die sog. Festsetzungsfrist (§ 169 AO) abgelaufen ist. Die Festsetzungsfrist beträgt 4 Jahre und beginnt im Normalfall mit Ablauf des Kalenderjahres, in dem die Lohnsteuer-Anmeldung beim Finanzamt eingereicht worden ist (vgl. die Erläuterungen bei den Stichworten „Änderung der Lohnsteuerpauschalierung" und „Verjährung").

Für die Lohnsteuer-Anmeldungen der Kalenderjahre 2007 und 2008 ist die Festsetzungsfrist noch nicht abgelaufen. Der Arbeitnehmer kann deshalb diese Anmeldungen ohne Weiteres ändern, wenn nicht ausnahmsweise aufgrund einer erst kürzlich durchgeführten Lohnsteuer-Außenprüfung der **Vorbehalt der Nachprüfung** für diese Lohnsteuer-Anmeldungen **ausdrücklich** aufgehoben worden sein sollte.

Aber auch wenn der Vorbehalt der Nachprüfung bereits aufgehoben worden sein sollte, kann u.E. die Steuerfestsetzung in den Lohnsteuer-Anmeldungen innerhalb der Festsetzungsfrist geändert werden, und zwar aus folgenden Gründen:

Die nachträgliche Pauschalierung der Lohnsteuer für die Fahrtkostenzuschüsse wirkt sich zu Ungunsten des

Fahrten zwischen Wohnung und regelmäßiger Arbeitsstätte

Arbeitgebers aus. Entweder dadurch, dass sich die bereits abgeführte pauschale Lohnsteuer erhöht oder erstmals eine pauschale Lohnsteuer an das Finanzamt abgeführt wird. Da die Lohnsteuer-Anmeldungen **zu Ungunsten des Arbeitgebers geändert** werden, ist die Änderungsvorschrift nach § 172 Abs. 1 Satz 1 Nr. 2a AO anwendbar.

Wenn die auf die ersten 20 Entfernungskilometer entfallenden Fahrtkostenzuschüsse für die Kalenderjahre 2007 und 2008 nachträglich pauschal mit 15 % versteuert werden, gehören sie nicht mehr zu dem unter Nr. 3 der elektronischen Lohnsteuerbescheinigungen für diese Kalenderjahre bescheinigten Bruttoarbeitslohn des Arbeitnehmers. Der Arbeitgeber muss deshalb dem Arbeitnehmer für die Kalenderjahre 2007 und 2008 eine Bescheinigung über die Höhe der nachträglich pauschal mit 15 % versteuerten Fahrtkostenzuschüsse erteilen, weil dieser Betrag aufgrund der Pauschalierung mit 15 % vom Jahresarbeitslohn abgezogen wird (§ 40 Abs. 3 Satz 3 EStG). Aufgrund dieser Bescheinigung kürzt dann das Finanzamt bei der Veranlagung zur Einkommensteuer den Jahresarbeitslohn des Arbeitnehmers um den nachträglich pauschal versteuerten Fahrtkostenzuschuss. Das Muster einer solchen Bescheinigung könnte wie folgt aussehen:

Bestätigung zur Vorlage beim Finanzamt
Arbeitgeber: Name der Firma ....   Anschrift: ....   Arbeitnehmer: Name, Vorname ....   Anschrift: ....   Zur Vorlage beim Finanzamt wird bestätigt, dass im steuerpflichtigen Bruttoarbeitslohn, der dem o. a. Arbeitnehmer in Zeile 3 seiner Lohnsteuerbescheinigung für das Kalenderjahr ...... bescheinigt wurde, ein nachträglich pauschal mit 15 % versteuerter Fahrtkostenzuschuss in Höhe von € .... enthalten ist.

Die Berücksichtigung einer solchen Bescheinigung ist bei einer Veranlagung des Arbeitgebers für das Kalenderjahr 2007 oder 2008 dann kein Problem, wenn die Veranlagung noch nicht durchgeführt worden ist. Wurde die Veranlagung für das Kalenderjahr 2007 oder 2008 bereits durchgeführt, und enthält der Einkommensteuerbescheid einen Vorläufigkeitsvermerk zur Entfernungspauschale, ändert das Finanzamt den Bescheid nach § 165 Abs. 2 AO. Ist die Veranlagung für das Kalenderjahr 2007 oder 2008 bereits bestandskräftig und enthält der Einkommensteuerbescheid **keinen Vorläufigkeitsvermerk** zur Entfernungspauschale, ist eine Änderung des Bescheids nach § 175 Abs. 1 Satz 1 Nr. 2 AO möglich, weil die nachträglich durchgeführte Pauschalierung der Lohnsteuer für die Fahrtkostenzuschüsse ein **rückwirkendes Ereignis** im Sinne dieser Vorschrift darstellt.

Das Finanzamt des Arbeitnehmers wird also aufgrund der Bescheinigung des Arbeitgebers den steuerpflichtigen Jahresarbeitslohn für das Kalenderjahr 2007 oder 2008 um den nachträglich pauschal versteuerten Fahrtkostenzuschuss kürzen (§ 40 Abs. 3 Satz 3 EStG). Damit entfällt allerdings der Werbungskostenabzug in Höhe der Entfernungspauschale für die ersten 20 Entfernungskilometer. Bei der Korrektur des Arbeitslohns wird das Finanzamt deshalb eine ggf. zwischenzeitlich erfolgte Berücksichtigung als Werbungskosten wieder rückgängig machen.

c) Nutzung des Firmenwagens zu Fahrten zwischen Wohnung und regelmäßiger Arbeitsstätte

Auch bei der Benutzung eines Firmenwagens zu Fahrten zwischen Wohnung und regelmäßiger Arbeitsstätte konnte eine Pauschalierung der Lohnsteuer vom 1.1.2007 an zunächst nur noch ab dem 21. Entfernungskilometer vorgenommen werden (vgl. die Erläuterungen beim Stichwort „Firmenwagen zur privaten Nutzung"). Auch in diesen Fällen ist nunmehr wieder eine Pauschalierung der Lohnsteuer mit 15 % **ab dem 1. Entfernungskilometer** möglich. Für die Abwicklung einer rückwirkenden Pauschalierung mit 15 % für die Jahre 2007 bis 2009 gelten die vorstehenden Erläuterungen unter den Buchstaben a und b entsprechend.

d) Sozialversicherungsrechtliche Auswirkung

Nach § 1 Abs. 1 Satz 1 Nr. 3 der Sozialversicherungsentgeltverordnung sind Einnahmen nach § 40 Abs. 2 Satz 2 EStG dann nicht dem Arbeitsentgelt zuzurechnen, soweit der Arbeitgeber die Lohnsteuer mit einem Pauschsteuersatz erheben kann und die Lohnsteuer nicht individuell nach den Merkmalen der Lohnsteuerkarte des Arbeitnehmers erhebt. Fahrtkostenzuschüsse des Arbeitgebers gehören zu diesen Einnahmen und können deshalb bis zu dem Betrag, den der Arbeitnehmer in Höhe der Entfernungspauschale als Werbungskosten geltend machen könnte, mit 15 % pauschal versteuert werden.

Vom 1.1.2007 an mussten Fahrtkostenzuschüsse des Arbeitgebers für die ersten 20 Entfernungskilometer zunächst dem beitragspflichtigen Arbeitsentgelt zugerechnet werden, weil eine Pauschalierung der Lohnsteuer mit 15 % erst ab dem 21. Entfernungskilometer zulässig war.

Nunmehr können Fahrtkostenzuschüsse auch für die ersten 20 Kilometer der Entfernung zwischen Wohnung und regelmäßiger Arbeitsstätte wieder rückwirkend ab 1.1.2007 pauschal mit 15 % versteuert werden mit der Folge, dass sie nicht dem Arbeitsentgelt zuzurechnen sind.

Nach erfolgter zulässiger Pauschalbesteuerung ist auch sozialversicherungsrechtlich ein Erstattungsanspruch für zurückliegende Beschäftigungszeiträume grundsätzlich gegeben. Erstattungsanträge sind in der Regel nicht erforderlich. Zur unbürokratischen Abwicklung bietet sich für den Arbeitgeber auch die Möglichkeit der **Verrechnung** der zu Unrecht gezahlten Beiträge an. Entgegen den Gemeinsamen Grundsätzen für die Verrechnung und Erstattung zu Unrecht gezahlter Beiträge zur Kranken-, Pflege-, Renten- und Arbeitslosenversicherung aus einer Beschäftigung vom 21.11.2006 der Spitzenorganisationen der Sozialversicherung ist in diesen Fällen **ausnahmsweise** eine Verrechnung über den Zeitraum von 24 Kalendermonaten hinaus zulässig und muss aber **spätestens bis Dezember 2009** erfolgt sein. In diesem Zusammenhang ist aber vom Arbeitgeber zu gewährleisten, dass Verrechnungen nur für die Arbeitnehmer vorgenommen werden, denen zwischenzeitlich keine entgeltabhängigen Leistungen durch die Sozialversicherungsträger gewährt worden sind. Für alle Fälle mit entgeltabhängiger Leistungsgewährung sind gesonderte Erstattungsanträge bei der jeweils zuständigen Einzugsstelle zu stellen.

Wegen Einführung des Gesundheitsfonds ab Januar 2009 ist zu beachten, dass ab Januar 2009 vorgenommene Verrechnungen für Zeiten bis 31. Dezember 2008 nicht in den laufenden Beitragsnachweis aufgenommen werden dürfen, sondern unter Angabe des Zeitraums, auf den die Beiträge entfallen, als **Korrektur-Beitragsnachweis** gesondert nachzuweisen sind (vgl. Ziffer 4 der „Gemeinsamen Grundsätze zum Aufbau der Datensätze für die Übermittlung von Beitragsnachweisen durch Datenübertragung nach § 28b Abs. 2 SGB IV in der vom 1.1.2009 an geltenden Fassung" der Spitzenorganisationen der Sozialversicherung vom 5.11.2008).

Die infolge der rückwirkenden Pauschalierung **erstatteten Sozialversicherungsbeiträge** (Arbeitgeber- und Arbeitnehmeranteil) sind grundsätzlich in der **Lohnsteuerbescheinigung** des **Jahres der Erstattung** der Beiträge zu berücksichtigen. Ist die Lohnsteuerbescheinigung

Faktorverfahren

für 2009 noch änderbar, kann die Erstattung in dieser Lohnsteuerbescheinigung berücksichtigt werden.*)

Faktorverfahren

Gliederung:
1. Allgemeines
2. Beantragung des Faktors
3. Ermittlung des Faktors
4. Lohnsteuerabzug im Faktorverfahren
5. Veranlagung zur Einkommensteuer
6. Faktorverfahren bei den Zuschlagsteuern

1. Allgemeines

Zusätzlich zu den **Steuerklassenkombinationen III/V** und **IV/IV** können Arbeitnehmer-Ehegatten ab dem Kalenderjahr 2010 auch die Steuerklassenkombination **IV/IV plus Faktor** wählen (§ 39f EStG). Ziel des Faktorverfahrens ist es, einen Anreiz für die Aufnahme einer steuer- und sozialversicherungspflichtigen Beschäftigung des geringer verdienenden Ehegatten zu schaffen. Als Hemmschwelle für eine solche Beschäftigungsaufnahme wurde nämlich bisher der relativ hohe Lohnsteuerabzug in der Steuerklasse V gesehen. Bei Wahl der Steuerklassenkombination IV/IV wurden demgegenüber wiederum die Steuerabzüge für beide Ehegatten insgesamt als zu hoch angesehen. Eine „Richtigstellung" dieses hohen Steuerabzugs erfolgte erst im Rahmen der Einkommensteuerveranlagung der Ehegatten nach Ablauf des Kalenderjahres.

Durch das sog. Faktorverfahren wird erreicht, dass bei jedem Ehegatten die steuerentlastenden Vorschriften (insbesondere der Grundfreibetrag) beim eigenen Lohnsteuerabzug berücksichtigt werden. Durch den Faktor wird zudem die steuermindernde Wirkung des Splittingverfahrens beim Lohnsteuerabzug berücksichtigt. Die Höhe der steuermindernden Wirkung des Splittingverfahrens hängt von der Höhe der Lohnunterschiede bei den Ehegatten ab. Mit dem **Faktorverfahren** wird der **Lohnsteuerabzug** der voraussichtlichen **Einkommensteuer-Jahresschuld** ziemlich genau **angenähert.** Damit können höhere Steuernachzahlungen – und hierauf beruhende Einkommensteuer-Vorauszahlungen – vermieden werden, die besonders bei der Steuerklassenkombination III/V häufig auftreten. Die sich durch das Faktorverfahren ergebende Summe der Lohnsteuer ist daher höher als bei der Steuerklassenkombination III/V. Zudem führt die Steuerklassenkombination IV/IV plus Faktor zu einer **anderen Verteilung der Lohnsteuer** zwischen den Ehegatten als die Steuerklassenkombination III/V. Die Lohnsteuer erhöht sich gegenüber der Steuerklasse III und vermindert sich gegenüber der Steuerklasse V. Die Ehegatten sollten daher stets bedenken, dass die gewählte Steuerklassenkombination die Höhe etwaiger Entgelt-/Lohnersatzleistungen positiv oder negativ beeinflussen kann.**)

2. Beantragung des Faktors

Der **Antrag** auf Anwendung des Faktorverfahrens kann beim **Finanzamt** – nicht bei der Gemeinde – formlos (auch mündlich bei einer persönlichen Vorsprache) durch Vorlage der jeweiligen ersten Lohnsteuerkarte der Ehegatten oder in Verbindung mit einem förmlichen Antrag nach amtlichen Vordruck auf Eintragung eines Freibetrags auf der Lohnsteuerkarte gestellt werden. Dabei sind die voraussichtlichen **Arbeitslöhne** des Jahres 2010 der Ehegatten aus den ersten Dienstverhältnissen **anzugeben. Arbeitslöhne** aus zweiten und weiteren Dienstverhältnissen **(Steuerklasse VI)** sind im Faktorverfahren **nicht** zu berücksichtigen (§ 39f Abs. 1 Satz 7 EStG). Ein förmlicher Antrag nach amtlichen Vordruck auf Eintragung eines Freibetrags auf der Lohnsteuerkarte ist aber nur erforderlich, wenn bei der Ermittlung des Faktors steuermindernde Beträge zu berücksichtigen sind, für die die Eintragung eines Freibetrags auf der Lohnsteuerkarte in Betracht käme (§ 39f Abs. 3 Satz 2 EStG).

Der Wechsel von der Steuerklassenkombination III/V oder IV/IV zur Steuerklassenkombination IV/IV plus Faktor kann beim Finanzamt **bis zum 30.11.** des laufenden Kalenderjahres beantragt werden. Die **Steuerklasse IV plus Faktor** wird mit Beginn des auf die Antragstellung folgenden Monats bescheinigt. Die Eintragung eines Faktors durch das Finanzamt im laufenden Kalenderjahr gilt als **Steuerklassenwechsel** (§ 39f Abs. 3 Satz 1 i. V. m. § 39 Abs. 5 Sätze 3 und 4 EStG). Deshalb darf die Gemeinde nach Eintragung des Faktors durch das Finanzamt grundsätzlich keinen weiteren Steuerklassenwechsel vornehmen (vgl. die Erläuterungen beim Stichwort „Steuerklassen" unter Nr. 4).

Eine **Änderung** des auf der Lohnsteuerkarte eingetragenen **Faktors** im Laufe des Kalenderjahres (z. B. wegen höherer/weiterer Werbungskosten bei den Einkünften aus nichtselbständiger Arbeit) ist allerdings **zulässig** (§ 39f Abs. 3 Satz 2 EStG i. V. m. R 39a.1 Abs. 10 LStR).

3. Ermittlung des Faktors

Der Faktor ergibt sich aus der **voraussichtlichen Einkommensteuer** im Splittingverfahren (= „Y") geteilt **durch** die **Summe der Lohnsteuer** für die Arbeitnehmer-Ehegatten gemäß **Steuerklasse IV** (= „X"). Die voraussichtliche Einkommensteuer im Splittingverfahren ist unter Berücksichtigung folgender Abzugsbeträge zu ermitteln (§ 39f Abs. 1 Satz 3 i. V. m. § 39b Abs. 2 EStG):

- Arbeitnehmer-Pauschbetrag von 920 €,
- bei Versorgungsbezügen: Werbungskosten-Pauschbetrag von 102 €, Versorgungsfreibetrag und Zuschlag zum Versorgungsfreibetrag (vgl. die Erläuterungen beim Stichwort „Versorgungsbezüge, Versorgungsfreibetrag"),
- Altersentlastungsbetrag (vgl. die Erläuterungen bei diesem Stichwort),
- Sonderausgaben-Pauschbetrag und
- Vorsorgepauschale für die Teilbeträge Rentenversicherung, Krankenversicherung und Pflegeversicherung (vgl. im Einzelnen die ausführlichen Erläuterungen im Anhang 8). Die Vorsorgepauschale ist für die Anwendung des Faktorverfahrens bei der Ermittlung der voraussichtlichen Einkommensteuer zu berücksichtigen, obwohl im Rahmen der Einkommensteuerveranlagung selbst keine Vorsorgepauschale, sondern ab 2010 nur noch die tatsächlichen Vorsorgeaufwendungen angesetzt werden.

Arbeitslöhne aus zweiten und weiteren Dienstverhältnissen (Steuerklasse VI) sind im Faktorverfahren übrigens nicht zu berücksichtigen (§ 39f Abs. 1 Satz 7 EStG).

Ein etwaiger **Freibetrag** (z. B. wegen Werbungskosten des Arbeitnehmers über dem Arbeitnehmer-Pauschbetrag, Sonderausgaben oder außergewöhnlicher Belastungen) kann **nicht zusätzlich zum Faktor** auf der Lohnsteuerkarte eingetragen werden, da er bereits bei der Berechnung der voraussichtlichen Einkommensteuer im

---

*) BMF-Schreiben vom 31.8.2009 (BStBl. I S. 891, Tz. 5.2). Das BMF-Schreiben ist als Anlage 1 zu H 9.10 LStR im **Steuerhandbuch für das Lohnbüro 2010** abgedruckt, das im selben Verlag erschienen ist. Das **PC-Lexikon** für das Lohnbüro 2010 enthält auch dieses Handbuch und hat außerdem den Vorteil, dass Sie **alle BFH-Urteile** sowie die aktuellen Rundschreiben und Niederschriften der Spitzenverbände der **Sozialversicherung** mit Mausklick **im Volltext** abrufen und ausdrucken können. Eine Bestellkarte finden Sie vorne im Lexikon.

**) Unter der Internetadresse www.abgabenrechner.de hat die Finanzverwaltung ein Berechnungsprogramm für die Faktorberechnung zur Verfügung gestellt.

Faktorverfahren

Splittingverfahren berücksichtigt ist. Er hat sich damit bereits auf die Höhe des Faktors ausgewirkt und würde daher im Fall der (zusätzlichen) Eintragung auf der Lohnsteuerkarte doppelt berücksichtigt werden (vgl. § 39f Abs. 1 Satz 5 EStG). Dies gilt auch für die Behinderten-Pauschbeträge.

Beispiel A

Die Eheleute A und B, bisher beide Steuerklasse IV, beantragen beim Finanzamt die Steuerklassenkombination IV/IV plus Faktor und geben in dem amtlichen Vordruck auf Eintragung eines Freibetrags auf der Lohnsteuerkarte außerdem Werbungskosten des Ehemannes in Höhe von 1720 € an.

Die den Arbeitnehmer-Pauschbetrag übersteigenden Werbungskosten des Ehemannes von 800 € (1720 € abzüglich 920 €) werden vom Finanzamt nicht zusätzlich zum Faktor als Freibetrag auf der Lohnsteuerkarte eingetragen, sondern bei der Ermittlung des Faktors berücksichtigt. Sie sind also im Faktor enthalten.

Das Finanzamt berechnet den **Faktor mit drei Nachkommastellen ohne Rundung** und trägt ihn jeweils **zusätzlich zur Steuerklasse IV** auf der Lohnsteuerkarte der Arbeitnehmer-Ehegatten ein, wenn der Faktor kleiner als 1 ist (§ 39f Abs. 1 Satz 2 EStG).

Beispiel B

Bei der Steuerklassenkombination IV/IV ergibt sich für den Arbeitnehmer A für einen monatlichen Bruttoarbeitslohn von 3000 € eine jährliche Lohnsteuer von 5790,96 € (482,58 € × 12). Für den Arbeitnehmer B mit einem monatlichen Bruttoarbeitslohn von 1700 € ergibt sich eine jährliche Lohnsteuer von 1843,92 € (153,66 € × 12). Die Summe der Lohnsteuer für beide Ehegatten bei der Steuerklassenkombination IV/IV beträgt somit 7634,88 € (5790,96 € + 1843,92 € = x). Die voraussichtliche Einkommensteuer im Splittingverfahren beträgt 7418 € (= y).

Zur Ermittlung des Faktors ist der Wert „Y" (7418 €) durch den Wert „X" (7634,88 €) zu teilen. Der mit drei Nachkommastellen ohne Rundung berechnete Faktor beträgt 0,971. Er ist auf der Lohnsteuerkarte beider Ehegatten einzutragen, da er kleiner als 1 ist.

Arbeitnehmer, die nebeneinander aus mehreren Dienstverhältnissen Arbeitslohn beziehen, haben die Möglichkeit, sich auf der Lohnsteuerkarte mit der **Steuerklasse VI** einen **Freibetrag** eintragen zu lassen, wenn für den voraussichtlichen Arbeitslohn aus dem ersten Dienstverhältnis noch keine Lohnsteuer anfällt (§ 39a Abs. 1 Nr. 7 EStG). Auf der Lohnsteuerkarte des **ersten Dienstverhältnisses** wird korrespondierend hierzu ein **Hinzurechnungsbetrag** in gleicher Höhe eingetragen (vgl. die Erläuterungen beim Stichwort „Hinzurechnungsbetrag auf der Lohnsteuerkarte"). Bei Anwendung des Faktorverfahrens ist der **Hinzurechnungsbetrag** für die **Ermittlung des Faktors** – also bei den Berechnungsgrößen „Y" und „X" – zu **berücksichtigen** und (weiterhin) auf der Lohnsteuerkarte des ersten Dienstverhältnisses einzutragen. Der **Arbeitgeber** des ersten Dienstverhältnisses hat bei der Ermittlung der Lohnsteuerbeträge den **Hinzurechnungsbetrag neben** dem **Faktor** zu berücksichtigen (§ 39f Abs. 1 Satz 6 EStG).

Beispiel C

Auf der Lohnsteuerkarte des Arbeitnehmers A sind die Steuerklasse IV und der Faktor 0,888 bescheinigt. Außerdem ist ein Hinzurechnungsbetrag von 250 € eingetragen.

Der Arbeitgeber hat für den Lohnsteuerabzug die Steuerklasse IV, den Faktor 0,888 und den Hinzurechnungsbetrag von 250 € zu berücksichtigen.

4. Lohnsteuerabzug im Faktorverfahren

Im Faktorverfahren ermitteln die Arbeitgeber der Ehegatten die Lohnsteuer nach der **Steuerklasse IV und** mindern sie anschließend durch Multiplikation mit dem auf der Lohnsteuerkarte eingetragenen **Faktor** (§ 39f Abs. 2 EStG). Im Programmablaufplan für die maschinelle Berechnung der Lohnsteuer ist das Faktorverfahren berücksichtigt (§ 39f Abs. 4 EStG). Es ist allerdings darauf zu achten, dass der Faktor als für den Lohnsteuerabzug maßgebende Berechnungsgrundlage mit angewiesen wird.

Beispiel D

Fortsetzung des Beispiels B. Die monatliche Lohnsteuer ist von dem jeweiligen Arbeitgeber der Ehegatten A und B wie folgt zu berechnen:

A: Monatliche Lohnsteuer für Bruttoarbeitslohn von
3 000 € = 482,58 € × 0,971 = **468,59 €**

Jahreslohnsteuer 468,59 € × 12 = 5 623,08 €

B: Monatliche Lohnsteuer für Bruttoarbeitslohn von
1 700 € = 153,66 € × 0,971 = **149,20 €**

Jahreslohnsteuer 149,20 € × 12 = 1 790,40 €

Summe 7 413,48 €

Bis auf eine Rundungsdifferenz von 4,52 € entspricht die sich bei der Steuerklassenkombination IV/IV plus Faktor ergebende Lohnsteuer von 7413,48 € der voraussichtlichen Einkommensteuer im Splittingverfahren von 7418 €.

Das Faktorverfahren ist auch anzuwenden, wenn die Lohnsteuer nach der Fünftelregelung zu berechnen ist.

Ist das Faktorverfahren angewendet worden, darf der Arbeitgeber keinen Lohnsteuer-Jahresausgleich durchführen (vgl. auch die Erläuterungen beim Stichwort „Lohnsteuer-Jahresausgleich durch den Arbeitgeber" unter Nr. 3).

5. Veranlagung zur Einkommensteuer

Bei Anwendung des Faktorverfahrens ist man zur **Abgabe** einer **Einkommensteuererklärung** für das Kalenderjahr **verpflichtet** (§ 46 Abs. 2 Nr. 3a EStG; vgl. die Erläuterungen beim Stichwort „Veranlagung von Arbeitnehmern" besonders unter Nr. 2). Ungeachtet des vorstehenden Beispiels können sich nämlich auch beim Faktorverfahren nennenswerte Nachzahlungen ergeben, z. B. wenn die bei Ermittlung des Faktors zugrunde gelegten Bruttoarbeitslöhne von den tatsächlichen Bruttoarbeitslöhnen erheblich abweichen.

6. Faktorverfahren bei den Zuschlagsteuern

Wird die Lohnsteuer ab 2010 im **Faktorverfahren** ermittelt, ist die sich hierbei ergebende **Lohnsteuer** zugleich auch **Bemessungsgrundlage** für die Berechnung des **Solidaritätszuschlags** und der **Kirchensteuer.**

Bei Arbeitnehmern mit **Kindern** ist bei Anwendung des Faktorverfahrens die sog. **Maßstablohnsteuer** für den laufenden Arbeitslohn zunächst unter Berücksichtigung des Kinderfreibetrags und des Freibetrags für den Betreuungs-, Erziehungs- und Ausbildungsbedarf zu ermitteln **und** anschließend ist der auf der Lohnsteuerkarte neben der Steuerklasse IV vom Finanzamt bescheinigte **Faktor** zu berücksichtigen. Ausgehend von dieser Bemessungsgrundlage ist dann der Solidaritätszuschlag – unter Beachtung der Nullzone und des Übergangsbereichs – mit 5,5 % und die Kirchensteuer mit dem Steuersatz von 8 % oder 9 % zu berechnen. Vgl. auch die Erläuterungen bei den Stichwörtern „Kirchensteuer" und „Solidaritätszuschlag".

Beispiel E

Die unter Berücksichtigung des Kinderfreibetrags und des Freibetrags für Betreuungs-, Erziehungs- oder Ausbildungsbedarf ermittelte monatliche Lohnsteuer soll 250 € betragen. Auf der Lohnsteuerkarte des Arbeitnehmers ist neben der Steuerklasse IV der Faktor 0,911 bescheinigt.

Monatliche Lohnsteuerkarte unter Berücksichtigung
der Freibeträge für Kinder 250,– €

Anwendung des Faktors 0,911 = Bemessungsgrundlage für die Kirchensteuer 227,75 €

Solidaritätszuschlag 5,5 % von 227,75 € 12,52 €

Ohne Anwendung des Faktorverfahrens hätte der Solidaritätszuschlag 13,75 € (5,5 % von 250,– €) betragen.

Kirchensteuer 8 % von 227,75 € 18,22 €
Kirchensteuer 9 % von 227,75 € 20,50 €

Ohne Anwendung des Faktorverfahrens hätte die Kirchensteuer 20,– € (8 % von 250,– €) bzw. 22,50 € (9 % von 250,– €) betragen.

Fälligkeit der Sozialversicherungsbeiträge

siehe „Abführung der Sozialversicherungsbeiträge"

Familienheimfahrten

Neues auf einen Blick:

Durch das Gesetz zur Fortführung der Gesetzeslage 2006 bei der Entfernungspauschale vom 20.4.2009 (BGBl. I S. 774, BStBl. I S. 536) hat sich zunächst einmal nichts daran geändert, dass die Entfernungspauschale von **0,30 €** bei wöchentlichen Familienheimfahrten – wie bisher – **ab** dem **ersten vollen Entfernungskilometer** steuerfrei ersetzt werden kann. Zudem gilt der bei Fahrten zwischen Wohnung und regelmäßiger Arbeitsstätte grundsätzlich zu beachtende **Höchstbetrag** von **4500 €** **nicht** für Familienheimfahrten.

Übersteigen allerdings die **Aufwendungen** für die Benutzung **öffentlicher Verkehrsmittel** anlässlich von Familienheimfahrten die anzusetzende Entfernungspauschale, können diese übersteigenden Aufwendungen angesetzt werden (vgl. die Erläuterungen unter der nachfolgenden Nr. 3 Buchstabe a).

Die Entfernungspauschale ist nicht anzusetzen, wenn die Familienheimfahrt mit dem **Flugzeug** oder durch eine **steuerfreie Sammelbeförderung** des Arbeitgebers durchgeführt wird. Der Bundesfinanzhof hält die Nichtgewährung der Entfernungspauschale für Flugstrecken verfassungsrechtlich für unbedenklich. Durch den Abzug der tatsächlichen Flugkosten werden die im Zusammenhang mit der Arbeitnehmertätigkeit anfallenden Aufwendungen steuermindernd berücksichtigt und damit dem Grundsatz der Besteuerung nach der wirtschaftlichen Leistungsfähigkeit Rechnung getragen (BFH-Urteil vom 26.3.2009, BStBl. 2009 II S. 724). Bei einer entgeltlichen Sammelbeförderung durch den Arbeitgeber sind die Aufwendungen des Arbeitnehmers in der Einkommensteuerveranlagung als Werbungskosten zu berücksichtigen. Vgl. die Erläuterungen unter der nachfolgenden Nr. 3 Buchstabe b und c.

Unfallkosten, die auf einer zu berücksichtigenden Familienheimfahrt im Rahmen einer doppelten Haushaltsführung entstehen, sind als außergewöhnliche Aufwendungen neben der Entfernungspauschale nach § 9 Abs. 1 Satz 1 EStG als **Werbungskosten** zu berücksichtigen. Die Berücksichtigung der Unfallkosten als allgemeine Werbungskosten nach § 9 Abs. 1 Satz 1 EStG hat zur Folge, dass eine etwaige **Erstattung** des Arbeitgebers nicht steuerfrei, sondern **steuer-** und **beitragspflichtig** ist (vgl. nachfolgende Nr. 5).

Gliederung:

1. Allgemeines
2. Begriff der Familienheimfahrten
3. Steuerfreier Arbeitgeberersatz in Höhe der Entfernungspauschale bei Familienheimfahrten im Rahmen einer doppelten Haushaltsführung
   a) Familienheimfahrten mit öffentlichen Verkehrsmitteln oder einem Kraftfahrzeug
   b) Familienheimfahrten mit dem Flugzeug
   c) Steuerfreie Sammelbeförderung bei Familienheimfahrten
4. Behinderte Arbeitnehmer
5. Unfallschäden
6. Erledigung beruflicher Angelegenheiten bei einer Familienheimfahrt
7. Besuchsfahrten der Ehefrau als Familienheimfahrten
8. Telefonkosten anstelle von Familienheimfahrten
9. Überlassung eines Pkws für Familienheimfahrten
10. Heimfahrten bei vorübergehenden Auswärtstätigkeiten ab 1.1.2008
11. Anrechnung der steuerfreien Arbeitgebererstattung beim Werbungskostenabzug

1. Allgemeines

Seit 1.1.2001 gibt es für wöchentliche Familienheimfahrten im Rahmen einer beruflich veranlassten doppelten Haushaltsführung unabhängig vom benutzten Verkehrsmittel eine Entfernungspauschale. Der Arbeitgeber kann dem Arbeitnehmer die Aufwendungen für **wöchentliche Familienheimfahrten** bis zur Höhe der **Entfernungspauschale steuerfrei ersetzen**. Der steuerfreie Arbeitgeberersatz in Höhe der Entfernungspauschale stellt sich wie folgt dar:

für jeden Entfernungskilometer sind für eine Heimfahrt wöchentlich steuerfrei

2001	0,80 DM
2002	0,40 €
2003	0,40 €
2004	0,30 €
2005	0,30 €
2006	0,30 €
2007	0,30 €
2008	0,30 €
2009	0,30 €
2010	**0,30 €**

Mit der Entfernungspauschale sind die Aufwendungen für die Hin- und Rückfahrt abgegolten. **Die Entfernungspauschale gilt nicht für Flugstrecken;** für Flugstrecken können die tatsächlichen Kosten steuerfrei ersetzt werden (vgl. die Erläuterungen unter der nachfolgenden Nr. 3 Buchstabe b). Außerdem gilt die Entfernungspauschale nicht bei steuerfreier Sammelbeförderung.

Die Entfernungspauschale für wöchentliche Familienheimfahrten kann **ab dem ersten vollen Entfernungskilometer** steuerfrei ersetzt werden und ist **nicht** auf den grundsätzlich für Fahrten zwischen Wohnung und regelmäßiger Arbeitsstätte geltenden jährlichen Höchstbetrag von 4500 € begrenzt.

2. Begriff der Familienheimfahrten

Als Familienheimfahrten werden diejenigen Fahrten bezeichnet, die ein Arbeitnehmer mit doppelter Haushaltsführung zwischen dem Beschäftigungsort und dem Ort des eigenen Hausstandes ausführt. Nach § 9 Abs. 1 Satz 3 Nr. 5 Satz 3 EStG können die Aufwendungen für **eine** Heimfahrt **wöchentlich** vom Arbeitnehmer als Werbungskosten abgezogen oder **vom Arbeitgeber nach § 3 Nr. 16 EStG steuerfrei ersetzt** werden. Obwohl das Einkommensteuergesetz von „Familienheimfahrten" spricht, fallen hierunter auch die Heimfahrten lediger Arbeitnehmer mit eigenem Hausstand (vgl. hierzu die Erläuterungen beim Stichwort „Doppelte Haushaltsführung" unter Nr. 2 Buchstabe b auf Seite 206). Außerdem können auch Arbeitnehmer, die eine vorübergehende Auswärtstätigkeit ausüben, am Wochenende heimfahren und damit „Familienheimfahrten" durchführen. Aufwendungen für Familienheimfahrten können also in folgenden Fällen steuerfrei und damit auch beitragsfrei gezahlt werden:

– Heimfahrten für Ledige und Verheiratete im Rahmen vorübergehender Auswärtstätigkeiten **in beliebiger Zahl,** also nicht nur einmal wöchentlich (vgl. auch die Erläuterungen unter der nachfolgenden Nr. 10);

Familienheimfahrten

	Lohn-steuer-pflichtig	Sozial-versich.-pflichtig

– Familienheimfahrten **einmal wöchentlich** für Verheiratete und Ledige **mit eigenem Hausstand** im Rahmen einer beruflich veranlassten doppelten Haushaltsführung (vgl. Stichwort „Doppelte Haushaltsführung" unter Nr. 2 Buchstabe b auf Seite 206).

Für diese Familienheimfahrten gilt im Einzelnen Folgendes:

3. Steuerfreier Arbeitgeberersatz in Höhe der Entfernungspauschale bei Familienheimfahrten im Rahmen einer doppelten Haushaltsführung

a) Familienheimfahrten mit öffentlichen Verkehrsmitteln oder einem Kraftfahrzeug

Der Arbeitgeber kann dem Arbeitnehmer die Aufwendungen für Familienheimfahrten **unabhängig vom benutzten Verkehrsmittel** bis zur Höhe der Entfernungspauschale steuerfrei ersetzen (Ausnahme: Flugstrecken vgl. nachfolgend unter Buchstabe b und steuerfreie Sammelbeförderung vgl. nachfolgend unter Buchstabe c). Die Entfernungspauschale beträgt **0,30 €** je Entfernungskilometer. Dies gilt ab dem ersten vollen Entfernungskilometer. — nein — nein

Der Arbeitgeber kann also dem Arbeitnehmer einen steuerfreien Arbeitgeberersatz für eine Familienheimfahrt wöchentlich auch dann in Höhe der Entfernungspauschale zahlen, wenn der Arbeitnehmer öffentliche Verkehrsmittel benutzt. Mit der Entfernungspauschale sind die Aufwendungen für die Hin- und Rückfahrt abgegolten.

Beispiel A

Der Arbeitnehmer führt im Kalenderjahr 2010 einen beruflich veranlassten doppelten Haushalt. An 40 Wochenenden fährt er teils mit öffentlichen teils mit dem Pkw zu seinem Familienwohnsitz (einfache Entfernung 450 km). Der Arbeitgeber kann für jede wöchentliche Familienheimfahrt folgenden Betrag steuerfrei ersetzen:

0,30 € × 450 km	135,— €
jährlich (135 € × 40)	5 400,— €

Die bei Familienheimfahrten geltende Entfernungspauschale von 0,30 € je Entfernungskilometer ist nicht auf den für die Fahrten zwischen Wohnung und regelmäßiger Arbeitsstätte geltenden Höchstbetrag von 4500 € jährlich begrenzt. Das bedeutet, dass der Arbeitgeber dem Arbeitnehmer im Beispielsfall den Betrag von jährlich 5400 € auch dann ohne Nachweis der tatsächlich entstandenen Aufwendungen steuerfrei erstatten kann, wenn der Arbeitnehmer nicht den Pkw, sondern ausschließlich öffentliche Verkehrsmittel für die 40 Familienheimfahrten benutzt.

Die Entfernungspauschale ist grundsätzlich die **Obergrenze** für eine steuerfreie Erstattung von Aufwendungen für wöchentliche Familienheimfahrten. Der Arbeitgeber kann selbstverständlich auch einen geringeren Betrag steuerfrei erstatten.

Beispiel B

Sachverhalt wie Beispiel A.

Der Arbeitgeber erstattet dem Arbeitnehmer aufgrund einer betriebsinternen Regelung für jede wöchentliche Familienheimfahrt die Kosten für eine Bahnfahrt zweiter Klasse (Rückfahrkarte z. B. für 450 km 120 €). Der Arbeitgeber kann dem Arbeitnehmer die 120 € steuer- und beitragsfrei erstatten. Der Arbeitnehmer kann zusätzlich die Differenz zur Entfernungspauschale in Höhe von (135 € – 120 € =) 15 € je Familienheimfahrt als Werbungskosten bei seiner Veranlagung zur Einkommensteuer geltend machen.

Übersteigen die **Aufwendungen** für die Benutzung **öffentlicher Verkehrsmittel** anlässlich von Familienheimfahrten die anzusetzende Entfernungspauschale, können diese übersteigenden Aufwendungen angesetzt werden (§ 9 Abs. 2 Satz 2 EStG). Da Familienheimfahrten oftmals über eine größere Entfernung zurückgelegt werden und diese Regelung eher auf den Nahbereich abzielt, wird sie bei Familienheimfahrten nur in Ausnahmefällen eine Rolle spielen.

Beispiel C

Wie Beispiel A. Der Arbeitgeber erstattet dem Arbeitnehmer die tatsächlichen Kosten für die Familienheimfahrten mit öffentlichen Verkehrsmitteln von 150 € wöchentlich.

Der Arbeitgeber kann die tatsächlichen Aufwendungen für die Benutzung öffentlicher Verkehrsmittel von 150 € wöchentlich steuerfrei erstatten, obwohl sie die Entfernungspauschale von 135 € (450 km × 0,30 €) wöchentlich übersteigen (§ 9 Abs. 2 Satz 2 EStG). Der Arbeitnehmer kann für die Familienheimfahrten keine weiteren Werbungskosten bei seiner Veranlagung zur Einkommensteuer geltend machen.

Die Entfernungspauschale gilt für jeden **vollen** Kilometer der einfachen Entfernung zwischen Wohnung und regelmäßiger Arbeitsstätte. Das bedeutet, dass angefangene Kilometer nicht berücksichtigt werden; eine Aufrundung ist also unzulässig. Maßgebend für die Berechnung der Entfernung ist die kürzeste Straßenverbindung; eine andere als die kürzeste Straßenverbindung kann dann zugrunde gelegt werden, wenn die Umwegstrecke offensichtlich verkehrsgünstiger ist und vom Arbeitnehmer regelmäßig für die Familienheimfahrten benutzt wird. Eine zumutbare Fährverbindung ist in die Berechnung der kürzesten Straßenverbindung mit einzubeziehen. Die Fahrtstrecke der Fähre selbst ist jedoch nicht Teil der maßgebenden Entfernung. An ihrer Stelle können die tatsächlichen Fährkosten berücksichtigt werden (vgl. die Erläuterungen beim Stichwort „Entfernungspauschale" unter Nr. 3 Buchst. b auf Seite 231).

Werden dem Arbeitnehmer Aufwendungen für mehr als eine Heimfahrt wöchentlich ersetzt, so sind die Ersatzleistungen ab der zweiten Familienheimfahrt insoweit steuerpflichtiger Arbeitslohn. Da es sich begrifflich nicht um Fahrten zwischen Wohnung und regelmäßiger Arbeitsstätte handelt, kann der Arbeitgeberersatz nicht mit 15 % pauschal besteuert werden. — ja — ja

b) Familienheimfahrten mit dem Flugzeug

Nach § 9 Abs. 1 Satz 3 Nr. 5 Satz 5 i. V. m. Nr. 4 Satz 3 EStG gilt die Entfernungspauschale **nicht für Flugstrecken**. Maßgebend sind bei Flügen vielmehr die tatsächlich angefallenen Flugkosten. Der Bundesfinanzhof hält die Nichtgewährung der Entfernungspauschale für Flugstrecken verfassungsrechtlich für unbedenklich. Durch den Abzug der tatsächlichen Flugkosten werden die im Zusammenhang mit der Arbeitnehmertätigkeit anfallenden Aufwendungen steuermindernd berücksichtigt und damit dem Grundsatz der Besteuerung nach der wirtschaftlichen Leistungsfähigkeit Rechnung getragen (BFH-Urteil vom 26.3.2009, BStBl. 2009 II S. 724). Die Entfernungspauschale gilt jedoch für die Fahrten vom und zum Flughafen z. B. mit öffentlichen Verkehrsmitteln oder mit dem Pkw. Maßgebend sind auch hier die vollen Entfernungskilometer. Bei Benutzung öffentlicher Verkehrsmittel (z. B. Taxi) können auch die höheren tatsächlichen Kosten angesetzt werden. — nein — nein

c) Steuerfreie Sammelbeförderung bei Familienheimfahrten

Die **Entfernungspauschale** ist **nicht** anzuwenden für Strecken mit steuerfreier Sammelbeförderung (§ 9 Abs. 1 Satz 3 Nr. 5 Satz 5 i. V. m. Nr. 4 Satz 3 EStG). Bei einer entgeltlichen Sammelbeförderung durch den Arbeitgeber sind die **Aufwendungen** des Arbeitnehmers in der Einkommensteuerveranlagung als **Werbungskosten** zu berücksichtigen.

4. Behinderte Arbeitnehmer

Handelt es sich bei dem Arbeitnehmer um eine behinderte Person,

– deren Grad der Behinderung mindestens 70 beträgt,
– deren Grad der Behinderung weniger als 70, aber mindestens 50 beträgt und die in ihrer Bewegungsfähigkeit im Straßenverkehr erheblich beeinträchtigt sind (Merkzeichen „G"),

so bleiben die Ersatzleistungen steuerfrei, soweit der Arbeitgeber für eine Familienheimfahrt wöchentlich bei Benutzung eines Pkws höchstens **0,60 €** für jeden vollen Kilometer der einfachen Entfernung zwischen regelmäßiger Arbeitsstätte und Familienwohnung ersetzt. — nein — nein

Familienheimfahrten

	Lohn-steuer-pflichtig	Sozial-versich.-pflichtig

Bei Familienheimfahrten von behinderten Arbeitnehmern kann der Arbeitgeber also den für Auswärtstätigkeiten geltenden Kilometersatz von 0,30 € je tatsächlich gefahrenen Kilometer steuerfrei erstatten. Unter Berücksichtigung der Hin- und Rückfahrt ergibt sich somit ein Kilometersatz von (2 × 0,30 € =) 0,60 € für jeden Kilometer der einfachen Entfernung zwischen regelmäßiger Arbeitsstätte und Familienwohnung.

Es besteht zudem die Möglichkeit, einen höheren Kilometersatz als 0,30 € je tatsächlich gefahrenen Kilometer im Einzelfall nachzuweisen.

5. Unfallschäden

Unfallkosten, die auf einer zu berücksichtigenden Familienheimfahrt im Rahmen einer doppelten Haushaltsführung entstehen, sind als außergewöhnliche Aufwendungen neben der Entfernungspauschale nach § 9 Abs. 1 Satz 1 EStG als **Werbungskosten** zu berücksichtigen. Die Berücksichtigung der Unfallkosten als allgemeine Werbungskosten nach § 9 Abs. 1 Satz 1 EStG hat zur Folge, dass eine etwaige **Erstattung** des Arbeitgebers nicht steuerfrei, sondern **steuer-** und **beitragspflichtig** ist.   nein   nein

Für den steuerpflichtigen Arbeitgeberersatz scheidet ein Werbungskostenabzug aus, wenn für den Eintritt des Unfalls private Gründe maßgebend waren (z. B. der Arbeitnehmer verursacht den Unfall unter Alkoholeinfluss).   ja   ja

Zu den Unfallkosten gehören auch Schadensersatzleistungen, die der Arbeitnehmer unter Verzicht auf die Inanspruchnahme seiner gesetzlichen Haftpflichtversicherung selbst getragen hat (z. B. Reparaturkosten am gegnerischen Fahrzeug). Ebenso gehört hierzu eine Wertminderung, wenn der Arbeitnehmer sein unfallbeschädigtes Fahrzeug nicht reparieren lässt; nicht aber der sog. merkantile Minderwert eines reparierten und weiterhin benutzten Fahrzeugs. Zu den Unfallkosten gehören schließlich auch die Kosten für einen Leihwagen, den der Arbeitnehmer während der Reparaturzeit nutzt.

Beispiel
Ein Arbeitnehmer hat auf einer Familienheimfahrt im Rahmen einer beruflich veranlassten doppelten Haushaltsführung einen selbst verschuldeten Verkehrsunfall.
Die Reparaturkosten für sein Fahrzeug betragen 2000 €; die Kosten für einen Leihwagen während der Reparatur 300 €. Der Arbeitnehmer erhält keinen Ersatz von seiner Versicherung. Der Arbeitgeber zahlt die Reparaturkosten in Höhe von 2000 € und die Kosten für den Leihwagen in Höhe von 300 €. Der Arbeitgeberersatz in Höhe von 2300 € ist steuer- und beitragspflichtig.

Bei **behinderten Arbeitnehmern** (vgl. vorstehende Nr. 4) können die Aufwendungen für die Beseitigung von Unfallschäden aber neben dem Kilometersatz von 0,60 € steuerfrei erstattet werden.

6. Erledigung beruflicher Angelegenheiten bei einer Familienheimfahrt

Häufig wird argumentiert, dass die Familienheimfahrt eine begünstigte Auswärtstätigkeit sei, weil bei der Fahrt ein beruflicher Termin wahrgenommen werde. Hierzu gilt Folgendes:

Eine Familienheimfahrt wird nicht dadurch zu einer begünstigten Auswärtstätigkeit, wenn der Arbeitnehmer auf dem Weg nach Hause berufliche Arbeiten erledigt (Abholen von Post, Auslieferung von Waren, Besuch eines Kunden oder einer Niederlassung des Arbeitgebers usw.), solange noch das Aufsuchen der Familienwohnung im Vordergrund steht (BFH-Urteil vom 12.10.1990, BStBl. 1991 II S. 134). Der Arbeitgeber kann deshalb auch für Familienheimfahrten, bei denen der Arbeitnehmer berufliche Dinge erledigt, lediglich die Entfernungspauschale steuerfrei erstatten. Eine steuerfreie Erstattung in Höhe des für Auswärtstätigkeiten geltenden Kilometersatzes von 0,30 € je gefahrenen Kilometer ist nur für etwaige **Umwegstrecken** möglich, die aufgrund der Erledigung beruflicher Angelegenheiten erforderlich sind.

7. Besuchsfahrten der Ehefrau als Familienheimfahrten

Wird der Arbeitnehmer am Wochenende von seinem Ehegatten oder seinen minderjährigen Kindern besucht, so treten deren Fahrtkosten an die Stelle der Kosten für eine Familienheimfahrt des Arbeitnehmers. Auch die Kosten für diese sog. umgekehrten Familienheimfahrten können vom Arbeitgeber nach den Grundsätzen für Familienheimfahrten **steuerfrei erstattet** werden (BFH-Urteil vom 28.1.1983, BStBl. II S. 313). Steuerfrei kann also die Entfernungspauschale von 0,30 € je Entfernungskilometer oder die höheren Aufwendungen für öffentliche Verkehrsmittel gezahlt werden. Die Kosten für die Unterkunft und Verpflegung der Ehefrau (und ggf. der minderjährigen Kinder) am Arbeitsort des Ehemannes können allerdings nicht vom Arbeitgeber steuerfrei ersetzt werden.

8. Telefonkosten anstelle von Familienheimfahrten

Steuerfrei sind nur Ersatzleistungen für tatsächlich durchgeführte Familienheimfahrten. Fährt der Arbeitnehmer am Wochenende nicht nach Hause, so können ihm jedoch anstelle der Fahrtkosten die Gebühren für ein Telefongespräch bis zu einer Dauer von **15 Minuten** (nach dem günstigsten Tarif), das er **mit Angehörigen** führt, **die zum Hausstand** des Arbeitnehmers **gehören,** steuerfrei ersetzt werden (Hinweise zu R 9.11 Absätze 5 bis 10 LStR, Stichwort „Telefonkosten"). Voraussetzung für den steuerfreien Ersatz der Telefonkosten ist ein Telefonieren mit **Angehörigen,** die zum Hausstand des Arbeitnehmers gehören. Bei ledigen Arbeitnehmern werden die Voraussetzungen deshalb nur in Ausnahmefällen erfüllt sein (z. B. beim Telefonieren mit der oder dem Verlobten*), die/der in der Wohnung des Arbeitnehmers lebt und deshalb zu seinem Hausstand am Ort des Mittelpunkts seiner Lebensinteressen gehört). Dabei kann der Arbeitgeber ohne weiteres davon ausgehen, dass solche Kosten entstanden sind, wenn der Ort des eigenen Hausstands im **Inland** (oder im benachbarten Ausland) liegt. Lediglich bei Familienwohnungen in weit entfernten Ländern wird ein entsprechender Nachweis notwendig sein (z. B. durch Gebührenbelege).   nein   nein

9. Überlassung eines Pkws für Familienheimfahrten

Auf die Erläuterungen zur Überlassung eines Pkws für Familienheimfahrten beim Stichwort „Firmenwagen zur privaten Nutzung" unter Nr. 14 auf Seite 302 wird Bezug genommen.

In diesem Fall erhält der Arbeitnehmer allerdings beim Werbungskostenabzug im Rahmen seiner Einkommensteuerveranlagung für diese Fahrten keine Entfernungspauschale (§ 9 Abs. 1 Satz 3 Nr. 5 Satz 6 EStG).

10. Heimfahrten bei vorübergehenden Auswärtstätigkeiten ab 1.1.2008

Werden Familienheimfahrten bei vorübergehenden Auswärtstätigkeiten (unabhängig von der zeitlichen Dauer, keine Dreimonatsfrist) mit dem eigenen Pkw ausgeführt, so gilt für diese Heimfahrten nicht die Entfernungspauschale von 0,30 € je Einfachkilometer, sondern der für die Benutzung eines Pkws anzusetzende Kilometersatz von **0,30 € je tatsächlich gefahrenen Kilometer** (unter Berücksichtigung der Hin- und Rückfahrt also 2 × 0,30 € = **0,60 €** für jeden Kilometer der einfachen Entfernung zwischen regelmäßiger Arbeitsstätte und Familienwohnung). Außerdem gilt für solche Familienheimfahrten die Regelung nicht, dass nur eine Heimfahrt wöchentlich steuerfrei ersetzt werden kann. Bei vorübergehenden Auswärtstätigkeiten kann der Arbeitgeber deshalb dem Arbeitnehmer mehr als eine Heimfahrt wöchentlich steuerfrei ersetzen,

---

*) Ein Verlobter gehört zu den Angehörigen im Sinne des § 15 der Abgabenordnung.

Familienzuschläge

	Lohn-steuer-pflichtig	Sozial-versich.-pflichtig

wenn der Arbeitnehmer tatsächlich mehrmals wöchentlich nach Hause fährt.

Beispiel

Ein Arbeitnehmer ist für sechs Monate von Düsseldorf nach Frankfurt abgeordnet (einfache Entfernung 250 km). Er führt wöchentlich zwei Familienheimfahrten durch.

Da es sich um eine vorübergehende Auswärtstätigkeit handelt, kann der Arbeitgeber wöchentlich folgenden Betrag steuerfrei ersetzen:

2 Fahrten á 250 Entfernungskilometer × 0,60 € = 300 €

für sechs Monate = 24 Wochen á 300 € = 7 200 €

11. Anrechnung der steuerfreien Arbeitgebererstattung beim Werbungskostenabzug

Steuerfreie Erstattungen des Arbeitgebers für wöchentliche Familienheimfahrten **mindern** die **Werbungskosten,** die der Arbeitnehmer bei einer Veranlagung zur Einkommensteuer für Familienheimfahrten im Rahmen der doppelten Haushaltsführung absetzen kann (§ 3c EStG).

Familienzuschläge

Familienzuschläge aller Art, die aufgrund von Tarifverträgen, Betriebsvereinbarungen oder Einzelarbeitsverträgen gezahlt werden, sind steuer- und beitragspflichtig (vgl. „Zulagen"). — ja ja

Bei der **Feststellung der Krankenversicherungspflicht** bleiben Zuschläge, die mit Rücksicht auf den Familienstand gezahlt werden, unberücksichtigt, d. h. bei der Ermittlung des regelmäßigen Jahresarbeitsentgelts werden diese Zuschläge **nicht berücksichtigt** (vgl. das Stichwort „Jahresarbeitsentgeltgrenze").

Fax-Geräte

siehe „Telefaxgerät"

Fehlgeldentschädigungen

Arbeitnehmer, die im Kassen- und Zähldienst beschäftigt sind, erhalten von ihren Arbeitgebern vielfach eine besondere Entschädigung zum Ausgleich von Kassenverlusten, die auch bei Anwendung der gebotenen Sorgfalt auftreten können (Fehlgeldentschädigungen, Zählgelder, Mankogelder, Kassenverlustentschädigungen).

Pauschale Fehlgeldentschädigungen sind nach R 19.3 Abs. 1 Nr. 4 LStR steuerfrei, soweit sie 16 € im Monat nicht übersteigen. — nein nein

Die Steuerbefreiung bis zu 16 € monatlich ist nach dem Wortlaut der Lohnsteuer-Richtlinien nicht auf Arbeitnehmer beschränkt, die ausschließlich oder im Wesentlichen im Kassen- und Zähldienst beschäftigt werden; sie gilt also auch für Arbeitnehmer, die nur im geringen Umfang im Kassen- und Zähldienst tätig sind.

Die Zahlung einer steuerfreien Fehlgeldentschädigung von 16 € monatlich ist daher wegen der beim Arztbesuch fälligen **Praxisgebühr** von 10 € und der sich daraus ergebenden Kassenführung auch an Arzthelferinnen möglich. Hinzu kommt, dass die Arzthelferinnen mittlerweile in größerem Umfang auch die Entgelte für die sog. IGEL-Leistungen bar vereinnahmen. Unter IGEL-Leistungen (= Individuelle Gesundheitsleistungen) versteht man alle Leistungen der Vorsorge- und Service-Medizin, die von der Gesetzlichen Krankenversicherung nicht bezahlt werden, weil sie nicht zu deren Leistungskatalog gehören.

Erhält ein Arbeitnehmer höhere Pauschbeträge als Fehlgeldentschädigung als 16 € monatlich, so ist der **übersteigende** Betrag steuer- und beitragspflichtiger Arbeitslohn. — ja ja

Feiertagslohn

	Lohn-steuer-pflichtig	Sozial-versich.-pflichtig

Feiertagslohn

Die Lohnfortzahlung bei Arbeitsausfall anlässlich von gesetzlichen Feiertagen ist steuer- und beitragspflichtig. — ja ja

Soweit bei der Berechnung des Feiertagslohns nach dem Lohnausfallprinzip Zuschläge für Sonntags- oder Nachtarbeit berücksichtigt worden sind, können diese nicht steuer- und beitragsfrei bleiben, da sie nicht für tatsächlich geleistete Sonntags- oder Nachtarbeit gezahlt werden (vgl. das Stichwort „Zuschläge für Sonntags-, Feiertags- und Nachtarbeit"). — ja ja

Im Einzelnen gilt zur Lohnfortzahlung an Feiertagen Folgendes:

Einen **Anspruch auf Lohnzahlung an gesetzlichen Feiertagen** haben nach § 2 des Entgeltfortzahlungsgesetzes (EFZG) grundsätzlich alle Arbeitnehmer, also auch Aushilfskräfte und Teilzeitbeschäftigte sowie Auszubildende. Ein Lohnfortzahlungsanspruch besteht nur für gesetzliche Feiertage. Aus den Feiertagsgesetzen der einzelnen Bundesländer ergibt sich folgende Übersicht:

Feiertage in allen Bundesländern:
- 1. Januar
- Karfreitag
- Ostermontag
- 1. Mai
- Christi Himmelfahrt
- Pfingstmontag
- 3. Oktober (Tag der deutschen Einheit)
- 1. Weihnachtsfeiertag
- 2. Weihnachtsfeiertag

Feiertage in einzelnen Bundesländern:
- Heilige Drei Könige (6. Januar) in Baden-Württemberg, Bayern und Sachsen-Anhalt,
- Ostersonntag in Brandenburg,
- Pfingstsonntag in Brandenburg,
- Fronleichnam in Baden-Württemberg, Bayern, Hessen, Nordrhein-Westfalen, Rheinland-Pfalz, Saarland, Sachsen (in bestimmten Gemeinden in den Landkreisen Bautzen und Westlausitzkreis) und Thüringen (in Gemeinden mit überwiegend katholischer Wohnbevölkerung),
- Friedensfest (8. August) **nur** in der Stadt Augsburg,
- Mariä Himmelfahrt (15. August) in Bayern (in Gemeinden mit überwiegend katholischer Bevölkerung) und Saarland,
- Reformationstag (31. Oktober) in Brandenburg, Mecklenburg-Vorpommern, Sachsen, Sachsen-Anhalt und Thüringen,
- Allerheiligen (1. November) in Baden-Württemberg, Bayern, Nordrhein-Westfalen, Rheinland-Pfalz und Saarland,
- Buß- und Bettag **nur** in Sachsen*).

Maßgebend ist das Recht des Landes, in dem die Arbeit verrichtet wird. Fällt ein gesetzlicher Feiertag auf einen Sonntag, besteht der Arbeitslohnanspruch nur, wenn tatsächlich wegen des Feiertags Arbeitslohn ausgefallen ist, der Arbeitnehmer also an diesem Sonntag sonst gearbeitet hätte.

Arbeitnehmer, die am letzten Arbeitstag vor oder am ersten Arbeitstag nach Feiertagen unentschuldigt der Arbeit fernbleiben, haben keinen Anspruch auf Bezahlung dieser Feiertage (§ 2 Abs. 3 EFZG). Besteht zwischen Weih-

---

*) Zur Finanzierung der Pflegeversicherung ist seit 1. 1. 1995 in allen Ländern – mit Ausnahme von Sachsen – ein gesetzlicher Feiertag gestrichen, oder in einen gesetzlich geschützten Feiertag (ohne Lohnfortzahlungsanspruch) umgewandelt worden, und zwar der Buß- und Bettag. Das bedeutet, dass für den Buß- und Bettag – mit Ausnahme von Sachsen – kein Lohnfortzahlungsanspruch mehr besteht.

Feiertagszuschläge

	Lohn-steuer-pflichtig	Sozial-versich.-pflichtig

nachten und Neujahr Betriebsruhe, entfällt der Anspruch auf Feiertagsbezahlung, wenn der Arbeitgeber am letzten Tag vor oder am ersten Tag nach der Betriebsruhe unentschuldigt fehlt.

Die Höhe der **Feiertagsvergütung** errechnet sich nach dem sog. **Lohnausfallprinzip,** d. h. der Arbeitnehmer ist so zu vergüten, als hätte er am Feiertag gearbeitet. Es gelten die gleichen Grundsätze wie bei einer Entgeltfortzahlung im Krankheitsfall. Bei Beschäftigten mit einem festen Monatsgehalt oder Wochenlohn führt der Arbeitsausfall an einem Feiertag somit nicht zu einem Verdienstausfall; die Bezahlung von Feiertagslohn erübrigt sich.

Andere Arbeitnehmer (Zeitlohnempfänger) haben Anspruch auf das Arbeitsentgelt, das ohne den Arbeitsausfall wegen des Feiertages zu zahlen gewesen wäre. Zu berücksichtigen sind somit insbesondere:
– Zulagen und Zuschläge (z. B. Erschwerniszuschläge),
– Zuschläge für Nachtarbeit und Sonntagsarbeit
– ausgefallene Überstunden
– durchschnittlicher Akkordverdienst
– durchschnittliche Provisionen

Auf die ausführlichen Erläuterungen beim Stichwort „Entgeltfortzahlung" wird hingewiesen.

Fällt der Feiertag in den **Urlaub,** darf dieser Tag nicht auf den Urlaubsanspruch angerechnet werden (§ 3 Abs. 2 Bundesurlaubsgesetz). Daraus folgt, dass sich die Bezahlung dieses Tages nicht nach den tariflichen oder gesetzlichen Bestimmungen für die Berechnung des Urlaubsentgelts richtet (vergangenheitsbezogene Berechnung nach dem durchschnittlichen Arbeitsverdienst der letzten 13 Wochen vor dem Urlaub, vgl. „Urlaubsentgelt"), sondern nach dem vorstehend erläuterten Lohnausfallprinzip.

Fällt der Feiertag in die Zeit eines **unbezahlten Urlaubs,** so besteht kein Anspruch auf Feiertagslohn.

Ist der Arbeitnehmer **arbeitsunfähig erkrankt** und fällt in den Entgeltfortzahlungszeitraum ein gesetzlicher Feiertag, besteht Anspruch auf Entgeltfortzahlung in Höhe der Feiertagsvergütung.

Feiertagszuschläge

siehe „Zuschläge für Sonntags-, Feiertags- und Nachtarbeit"

Fensterputzer

Fensterputzer, die für mehrere Auftraggeber tätig werden, in der Zeiteinteilung frei sind und eigene Geräte benutzen sind im Regelfall keine Arbeitnehmer (BFH Urteil vom 19.1.1979, BStBl. II S. 326). | nein | nein

Fernsehgerät

Überlässt der Arbeitgeber einem Arbeitnehmer unentgeltlich ein Fernsehgerät zur privaten Nutzung, so ist der darin liegende geldwerte Vorteil steuer- und beitragspflichtig. | ja | ja

Dies gilt auch für ein zur privaten Nutzung überlassenes Videogerät bzw. eines DVD-Players. Gleiches gilt auch für ein zur privaten Nutzung überlassenes Rundfunkgerät. In all diesen Fällen ist der monatliche Durchschnittswert der privaten Nutzung mit 1 % des auf volle 100 Euro abgerundeten Kaufpreises des jeweiligen Geräts anzusetzen*). Kaufpreis in diesem Sinne ist der **Neupreis** lt. Preisempfehlung einschließlich Umsatzsteuer (sog. Bruttolistenpreis). Die monatliche **44-€-Freigrenze** für Sachbezüge ist **nicht anwendbar,** da es sich um eine Durchschnittsbewertung nach § 8 Abs. 2 Satz 8 EStG handelt.

Firmenkreditkarte

	Lohn-steuer-pflichtig	Sozial-versich.-pflichtig

Beispiel

Neupreis des unentgeltlich überlassenen Fernsehgeräts	1 500,— €
Neupreis des unentgeltlich überlassenen DVD-Players	500,— €
insgesamt	2 000,— €
monatlich steuer- und beitragspflichtiger geldwerter Vorteil	20,— €

Fernsehkünstler

Beim Fernsehen mitwirkende Schauspieler sind regelmäßig als Arbeitnehmer zu behandeln. | ja | ja

Wegen Einzelheiten wird auf die ausführlichen Erläuterungen zum Stichwort „Künstler" hingewiesen.

Fernsprechkosten

siehe „Telefonkosten"

Feuerwehr

siehe „Berufsfeuerwehr" und „Ehrenämter"

Filmkünstler

Filmkünstler sind grundsätzlich als Arbeitnehmer anzusehen. | ja | ja

Wegen Einzelheiten wird auf die ausführlichen Erläuterungen zum Stichwort „Künstler" hingewiesen.

Firmenjubiläum

siehe „Jubiläumsgeschenke"

Firmenkreditkarte

Stellt der Arbeitgeber seinem Arbeitnehmer eine Firmenkreditkarte, das heißt eine Kreditkarte, die **über das Firmenkonto abgerechnet** wird, zur Verfügung, weil der Arbeitnehmer häufig beruflich veranlasste Auswärtstätigkeiten ausübt, so liegt die Übernahme der Kosten für die Firmenkreditkarte durch den Arbeitgeber im ganz überwiegenden betrieblichen Interesse des Arbeitgebers und ist demnach kein steuerpflichtiger geldwerter Vorteil. | nein | nein

Soweit der Arbeitnehmer die Kreditkarte gelegentlich zu Privateinkäufen verwendet, liegt darin ebenfalls kein steuerpflichtiger geldwerter Vorteil, wenn die Privatkäufe im Verhältnis zur Gesamtbenutzung von untergeordneter Bedeutung sind. | nein | nein

Übernimmt der Arbeitgeber die Gebühr für eine Kreditkarte, deren Umsätze **über ein Konto des Arbeitnehmers abgerechnet** werden, handelt es sich um eine Barzuwendung und nicht um einen Sachbezug. Wird die Karte bei Arbeitnehmern mit umfangreicher Reisetätigkeit zur Abrechnung der Reisekosten und von Auslagen für den Betrieb eingesetzt, ist die Übernahme der Gebühr durch den Arbeitgeber steuerfrei. Wird sie in mehr als nur geringfügigem Umfang auch für andere Umsätze eingesetzt, bleibt lediglich der Teil der Kreditkartengebühr steu-

---

*) Bundeseinheitliche Regelung; für Bayern bekannt gemacht mit Schreiben des Bayer. Staatsministeriums der Finanzen vom 12.10.2001 Az.: 34 – S 2334 – 28/51 – 44 990. Das Schreiben ist als Anlage 2 zu H 8.2 LStR im **Steuerhandbuch für das Lohnbüro 2010** abgedruckt, das im selben Verlag erschienen ist. Das **PC-Lexikon** für das Lohnbüro 2010 enthält auch dieses Handbuch und hat außerdem den Vorteil, dass Sie **alle BFH-Urteile** sowie die aktuellen Rundschreiben und Niederschriften der Spitzenverbände der **Sozialversicherung** mit Mausklick **im Volltext** abrufen und ausdrucken können. Eine Bestellkarte finden Sie vorne im Lexikon.

Firmenwagen zur privaten Nutzung

	Lohn-steuer-pflichtig	Sozial-versich.-pflichtig

erfrei, der dem Anteil der Reisekosten und Auslagen an den gesamten Umsätzen entspricht*).

Vereinbart der Arbeitgeber mit einem Kreditkartenunternehmen, bestimmten Arbeitnehmern eine Firmenkreditkarte (sog. corporate card) zu überlassen, handelt es sich bei dem geldwerten Vorteil aus der für den Arbeitnehmer gebührenfreien Überlassung der Karte um einen **Sachbezug**. Das gilt auch für den Fall der Abrechnung der Umsätze über ein Konto des Arbeitnehmers. Wird eine solche mit dem Namen des Arbeitgebers versehene Kreditkarte an Arbeitnehmer mit umfangreicher Reisetätigkeit ausgegeben, ist die Überlassung insgesamt eine Leistung im ganz überwiegenden betrieblichen Interesse; sie gehört deshalb nicht zum Arbeitslohn. Bleibt die private Mitbenutzung der Kreditkarte im Einzelfall nicht von untergeordneter Bedeutung, so ist nur der Teil des Vorteils steuerfrei, der dem Anteil der Reisekostenumsätze am Gesamtumsatz der Kreditkarte entspricht; im Übrigen handelt es sich im Grundsatz um einen steuerpflichtigen Sachbezug.

Liegt in den oben geschilderten Fällen ein im Grundsatz steuerpflichtiger Sachbezug vor, so ist dieser in Anwendung der monatlichen **44-Euro-Freigrenze** steuerfrei, soweit diese Freigrenze nicht bereits durch andere Sachbezüge ausgeschöpft worden ist (vgl. das Stichwort „Sachbezüge" unter Nr. 4).   nein   nein

Zur steuerlichen Behandlung von **Tankkarten**, die der Arbeitgeber dem Arbeitnehmer überlässt, vgl. die Erläuterungen beim Stichwort „Warengutscheine".

Firmenwagen zur privaten Nutzung

Neues auf einen Blick:

Der Bundesfinanzhof hat entschieden, dass eine Ermittlung des geldwerten Vorteils für die Privatnutzung nach der **1%-Methode nicht** bei Fahrzeugen vorzunehmen ist, die nach ihrer objektiven Beschaffenheit und Einrichtung für eine Nutzung zu privaten Zwecken nicht geeignet sind (sog. **Werkstatt-/Monteurwagen**; BFH-Urteil vom 18.12.2008, BStBl. 2009 II S. 381). Vgl. hierzu die Erläuterungen unter der nachfolgenden Nr. 3 Buchstabe b.

Die **Finanzverwaltung folgt** weiterhin **nicht** der Auffassung des **Bundesfinanzhofs**, wonach es für die Anwendung der 0,03%-Methode darauf ankommen soll, ob und in welchem Umfang ein überlassener Firmenwagen vom Arbeitnehmer tatsächlich für **Fahrten** zwischen **Wohnung** und **regelmäßiger Arbeitsstätte** genutzt wird mit der Folge, dass für die Fahrten eine **Einzelbewertung mit 0,002%** des Bruttolistenpreises vorzunehmen wäre. Auf die ausführlichen Erläuterungen zu dieser Problematik unter der nachfolgenden Nr. 3 Buchstabe c wird hingewiesen.

Bereits im letzten Jahr wurde darauf hingewiesen, dass die Finanzverwaltung aufgrund der Rechtsprechung des Bundesfinanzhofs ihre Auffassung geändert hat und **Zuzahlungen** des **Arbeitnehmers** zu den **Anschaffungskosten** eines Firmenwagens bis zur Höhe des geldwerten Vorteils im Zahlungsjahr und darüber hinaus in den folgenden Kalenderjahren auf den geldwerten Vorteil anrechnet. Dies ist aber nur so lange möglich, wie dem Arbeitnehmer dieser Firmenwagen auch noch zur privaten Nutzung überlassen wird. Die Zuzahlungen des Arbeitnehmers zu den Anschaffungskosten eines Firmenwagens führen also zu einer **fahrzeugbezogenen Minderung** des geldwerten Vorteils. Vgl. die Erläuterungen und die Beispiele unter der nachfolgenden Nr. 9 Buchstabe b.

Sucht ein Arbeitnehmer, dessen **Home-Office** als **regelmäßige Arbeitsstätte** anzusehen ist, eine weitere, **weiter entfernt gelegene regelmäßige Arbeitsstätte** auf (z.B. einmal wöchentlich den Betriebssitz des Arbeitgebers), ist der geldwerte Vorteil für die Fahrten zu der weiter entfernt gelegenen regelmäßigen Arbeitsstätte mit **0,002%** des Bruttolistenpreises für **jede Fahrt** und **jeden Entfernungskilometer** zwischen der Wohnung und der weiter entfernt gelegenen regelmäßigen Arbeitsstätte anzusehen (vgl. hierzu die Ausführungen unter der nachfolgenden Nr. 11.

Gliederung:

1. Allgemeines
    a) Abgrenzung steuerfreie und steuerpflichtige Firmenwagennutzung
    b) Vollständige Lohnabrechnung mit Firmenwagenbesteuerung
2. Einzelnachweis aller Fahrten und der Gesamtkosten (individuelle Methode)
    a) Einzelnachweis aller Fahrten
    b) Einzelnachweis der Gesamtkosten
3. Pauschale Ermittlung des geldwerten Vorteils (Prozent-Methode)
    a) Bruttolistenpreis als Bemessungsgrundlage
    b) 1%-Methode für reine Privatfahrten
    c) 0,03%-Methode für Fahrten zwischen Wohnung und regelmäßiger Arbeitsstätte
    d) Mehrere Wohnungen
    e) Park-and-ride-System
    f) Bewertung von Familienheimfahrten im Rahmen einer doppelten Haushaltsführung
    g) Behinderte Arbeitnehmer
    h) Erzielung anderer Einkünfte
4. Wechsel des Firmenwagens im Laufe eines Monats
5. Ausnahmen vom Ansatz der vollen Monatsbeträge
6. Barlohnumwandlung
    a) Lohnsteuerliche Beurteilung der Barlohnumwandlung
    b) Sozialversicherungsrechtliche Beurteilung der Barlohnumwandlung
7. Deckelung des geldwerten Vorteils
8. Wechsel der Berechnungsmethode
9. Zuzahlungen des Arbeitnehmers
    a) Allgemeines
    b) Zuzahlungen zu den Anschaffungskosten des Firmenwagens
    c) Laufende Zuzahlungen
    d) Übernahme der Treibstoff- oder Garagenkosten durch den Arbeitnehmer
10. Überlassung eines geleasten Firmenwagens
    a) Allgemeines
    b) Besonderheiten bei den Zuzahlungen
    c) Abgrenzung Nutzungsüberlassung – Kostenerstattung
    d) Zweivertragsmodell
11. Arbeitnehmer mit mehreren regelmäßigen Arbeitsstätten
12. Sonderfälle
    a) Garagengeld
    b) Wagenpflegepauschale
    c) Einem Arbeitnehmer werden mehrere Firmenwagen überlassen
    d) Nutzung eines Firmenwagens durch mehrere Arbeitnehmer
    e) Fahrzeugpool
    f) Campingfahrzeug als Firmenwagen
    g) Lkw oder Zugmaschine als Firmenwagen
    h) Abgrenzung zwischen Kostenerstattung und Nutzungsüberlassung
    i) Verbilligter Kauf eines Firmenwagens durch den Arbeitnehmer

---

*) BMF-Schreiben vom 29.9.1998 Az.: IV C5 S 2334 – 1/98. Das BMF-Schreiben ist als Anlage zu H 9.8 LStR im **Steuerhandbuch für das Lohnbüro 2010** abgedruckt, das im selben Verlag erschienen ist. Das **PC-Lexikon** für das Lohnbüro 2010 enthält auch dieses Handbuch und hat außerdem den Vorteil, dass Sie **alle BFH-Urteile** sowie die aktuellen Rundschreiben und Niederschriften der Spitzenverbände der **Sozialversicherung** mit Mausklick **im Volltext** abrufen und ausdrucken können. Eine Bestellkarte finden Sie vorne im Lexikon.

Firmenwagen zur privaten Nutzung

	Lohn-steuer-pflichtig	Sozial-versich.-pflichtig

13. Pauschalierung der Lohnsteuer mit 15 % bei Fahrten zwischen Wohnung und regelmäßiger Arbeitsstätte
    a) Allgemeines
    b) Behinderte Arbeitnehmer
14. Familienheimfahrten im Rahmen einer beruflich veranlassten doppelten Haushaltsführung
15. Überlassung eines Firmenwagens mit Fahrer
    a) Fahrten zwischen Wohnung und regelmäßiger Arbeitsstätte
    b) Familienheimfahrten
    c) Reine Privatfahrten
    d) Fälle, in denen ein Zuschlag für den Fahrer nicht anzusetzen ist
16. Unfall mit dem Firmenwagen
    a) Anwendung der individuellen Methode
    b) Pauschale Ermittlung des geldwerten Vorteils
    c) Verzicht auf eine Schadensersatzforderung als Arbeitslohn
17. Anwendung des Rabattfreibetrags bei der Überlassung von Firmenwagen
18. Nutzungsverbot und Haftung des Arbeitgebers
    a) Nutzungsverbot
    b) Haftung des Arbeitgebers
    c) Vertragswidrige Privatnutzung durch Gesellschafter-Geschäftsführer
19. Sozialversicherungsrechtliche Behandlung des geldwerten Vorteils
    a) Allgemeines
    b) Private Nutzung des Firmenwagens während des Bezugs von Entgeltersatzleistungen
20. Umsatzsteuerpflicht des geldwerten Vorteils
    a) Ansatz der lohnsteuerlichen Werte auch für Zwecke der Umsatzsteuer
    b) Familienheimfahrten im Rahmen einer doppelten Haushaltsführung
    c) Kürzung um die nicht vorsteuerbelasteten Kosten
    d) Zuzahlungen des Arbeitnehmers zu den Anschaffungskosten des Firmenwagens

1. Allgemeines

a) Abgrenzung steuerfreie und steuerpflichtige Firmenwagennutzung

Im heutigen Wirtschaftsleben kommt es immer wieder vor, dass Arbeitnehmer neben dem Barlohn Sachbezüge verschiedenster Art erhalten. Weit verbreitet ist die in vielen Fällen bereits im Arbeitsvertrag geregelte Überlassung eines sog. Firmenwagens. Dies ist ein Kraftwagen (meist ein Pkw oder Kombi), den der Arbeitgeber erwirbt und dem Arbeitnehmer unentgeltlich oder gegen Kostenbeitrag zur Nutzung überlässt. Der Arbeitgeber trägt regelmäßig alle für den Kraftwagen anfallenden Kosten (Abschreibung, Steuer, Versicherung, Reparaturen, Benzin, Öl usw.). Der Arbeitnehmer kann den im Eigentum der Firma stehenden Kraftwagen unentgeltlich oder gegen Kostenbeitrag für alle Fahrten benutzen (z. B. für beruflich veranlasste Auswärtstätigkeiten, Fahrten zwischen Wohnung und regelmäßiger Arbeitsstätte, Familienheimfahrten im Rahmen einer doppelten Haushaltsführung, Privatfahrten, Urlaubsreisen usw.). Der Arbeitnehmer spart sich also die Ausgaben für die Anschaffung eines eigenen Pkws.

Für die steuerliche Behandlung ist es von entscheidender Bedeutung, ob der Arbeitnehmer mit dem Firmenwagen nur beruflich veranlasste Fahrten oder auch andere Fahrten, insbesondere Privatfahrten durchführt. Denn nur insoweit als der Arbeitnehmer den Firmenwagen zu Privatfahrten, zu Fahrten zwischen Wohnung und regelmäßiger Arbeitsstätte und in bestimmten Fällen auch zu Familienheimfahrten im Rahmen einer doppelten Haushaltsführung nutzt, entsteht ein geldwerter Vorteil, der als Sachbezug lohnsteuerpflichtig ist. Im Einzelnen gelten folgende Grundsätze:

Stellt ein Arbeitgeber seinem Arbeitnehmer einen Firmenwagen zur Verfügung, der nur für diejenigen beruflichen Fahrten genutzt werden darf, die zu den **Reisekosten** im lohnsteuerlichen Sinne gehören, so ergeben sich hieraus keine lohnsteuerlichen Folgerungen; ein steuerpflichtiger geldwerter Vorteil fließt dem Arbeitnehmer also nicht zu. Zu den Reisekosten im lohnsteuerlichen Sinne gehören insbesondere alle Fahrten anlässlich **beruflich veranlasster Auswärtstätigkeiten.**   nein   nein

Beispiel

Arbeitnehmer A mit Wohnsitz und regelmäßiger Arbeitsstätte in Düsseldorf nutzt für seine Privatfahrten und die Fahrten zwischen Wohnung und regelmäßiger Arbeitsstätte ausschließlich seinen eigenen Pkw. Im Juni 2010 führt er eine einwöchige beruflich veranlasste Auswärtstätigkeit nach Hamburg durch. Für die Fahrt von Düsseldorf nach Hamburg und zurück (insgesamt 820 km) stellt der Arbeitgeber A ein Firmen-Poolfahrzeug zur Verfügung. A lässt seinen eigenen Pkw auf dem Firmenparkplatz stehen, fährt mit dem Firmen-Poolfahrzeug montags nach Hamburg und freitags wieder zurück nach Düsseldorf, stellt das Fahrzeug auf dem Firmenparkplatz ab und fährt mit seinem eigenen Pkw nach Hause.

Auch bei dem Sachbezug „Firmenwagengestellung für Auswärtstätigkeit" handelt es sich um steuer- und sozialversicherungsfreien Reisekostenersatz. Falls mit dem Firmen-Poolfahrzeug auch Fahrten zwischen Wohnung und regelmäßiger Arbeitsstätte durchgeführt werden, weil die dienstliche Nutzung des Fahrzeugs an der Wohnung begonnen oder beendet wird, so ist auch für diese Fahrten kein geldwerter Vorteil anzusetzen. Vgl. hierzu die Erläuterungen unter der nachfolgenden Nr. 5.

Überlässt jedoch ein Arbeitgeber einem Arbeitnehmer ständig einen Kraftwagen kostenlos oder verbilligt zur **privaten Nutzung,** so handelt es sich hierbei um einen geldwerten Vorteil, der zum steuerpflichtigen Arbeitslohn gehört und dessen Wert in der Höhe anzusetzen ist, in der dem Arbeitnehmer durch die Haltung eines eigenen Kraftwagens des gleichen Typs Kosten entstanden wären (BFH-Urteil vom 21.6.1963, BStBl. III S. 387). Dies sind die ersparten Kosten **einschließlich Umsatzsteuer.**   ja   ja

Der Bundesfinanzhof hat übrigens entschieden, dass der Beweis des ersten Anscheins für eine **private Nutzung** des zur Verfügung gestellten Firmenwagens spricht (BFH-Urteil vom 7.11.2006, BStBl. 2007 II S. 116). Zur Entkräftung dieses **Anscheinsbeweises** vgl. die Erläuterungen unter der nachfolgenden Nr. 18 Buchstabe a.

Maßgebend bei der Ermittlung des geldwerten Vorteils ist die **objektive Betrachtungsweise,** das heißt, dass es nicht darauf ankommt, ob der Arbeitnehmer z. B. im Hinblick auf seine Einkommensverhältnisse ein billigeres Fahrzeug gekauft hätte, wenn ihm nicht das Firmenfahrzeug überlassen worden wäre. Weiterhin kommt es auch nicht darauf an, ob der Arbeitnehmer mehr oder weniger gezwungen ist, einen Firmenwagen zu nutzen (z. B. aufgrund seiner beruflichen Position im Leitungsbereich der Firma oder als Autoverkäufer ein Fahrzeug mit teurer Sonderausstattung), obwohl er lieber mit den öffentlichen Verkehrsmitteln fahren würde. Alle diese subjektiven Faktoren bleiben bei der Bewertung des geldwerten Vorteils außer Betracht. Bewertet wird ausschließlich die **objektive Bereicherung,** die sich stets am Typ des tatsächlich benutzten Fahrzeugs orientiert. Dies sind diejenigen Aufwendungen, die sich **der Arbeitnehmer erspart,** einschließlich Umsatzsteuer.

Zur privaten Nutzung eines Firmenwagens gehören alle Fahrten, die einem privaten Zweck dienen, z. B. Fahrten zur Erholung, Fahrten zu Verwandten, Freunden, kulturellen oder sportlichen Veranstaltungen, Einkaufsfahrten, Fahrten zu privaten Gaststättenbesuchen und Mittagsheimfahrten. Zu den Privatfahrten zählen auch Fahrten im Zusammenhang mit ehrenamtlichen Tätigkeiten sowie Fahrten im Rahmen der Erzielung von Einkünften aus anderen Einkunftsarten (z. B. aus einer selbständig ausgeübten Nebentätigkeit). Vgl. hierzu auch die Erläuterungen unter der nachfolgenden Nr. 3 Buchstabe h.   ja   ja

Zusätzlich zu dem für reine Privatfahrten anzusetzenden geldwerten Vorteil sind die **Fahrten zwischen Wohnung und regelmäßiger Arbeitsstätte** mit einem gesonderten

Firmenwagen zur privaten Nutzung

	Lohn-steuer-pflichtig	Sozial-versich.-pflichtig

Wert zu erfassen, sofern es sich nicht um eine steuerfreie Sammelbeförderung von Arbeitnehmern zwischen Wohnung und regelmäßiger Arbeitsstätte handelt (vgl. die Erläuterungen beim Stichwort „Fahrten zwischen Wohnung und regelmäßiger Arbeitsstätte" unter Nr. 2 Buchstabe a und b). Auch bestimmte **Familienheimfahrten** im Rahmen einer doppelten Haushaltsführung sind zusätzlich zu den reinen Privatfahrten zu berücksichtigen. Den geldwerten Vorteil für alle diese Fahrten muss der Arbeitgeber ermitteln und dem Barlohn des Arbeitnehmers als Sachbezug hinzurechnen. Ein Kostenbeitrag des Arbeitnehmers mindert den steuerpflichtigen Betrag (vgl. hierzu aber auch die Erläuterungen unter der nachfolgenden Nr. 9). Soweit die Nutzung des Firmenwagens einen lohnsteuerpflichtigen geldwerten Vorteil darstellt, handelt es sich auch um **beitragspflichtiges Arbeitsentgelt** im sozialversicherungsrechtlichen Sinn.   ja   ja

Zur Ermittlung des geldwerten Vorteils für die reinen Privatfahrten, die Fahrten zwischen Wohnung und regelmäßiger Arbeitsstätte und für bestimmte Familienheimfahrten im Rahmen einer doppelten Haushaltsführung sind gesetzlich nur **zwei** Berechnungsmethoden zugelassen, nämlich entweder die **pauschale Prozent-Methode** oder der Einzelnachweis (sog. **individuelle Methode**). Bei der Auswahl der Berechnungsmethode muss sich der Arbeitgeber insbesondere wegen der für Fahrten zwischen Wohnung und regelmäßiger Arbeitsstätte mit dem Pkw vorgesehenen Pauschalierungsmöglichkeit mit 15% (vgl. nachfolgend unter Nr. 13), die zwar Beitragsfreiheit in der Sozialversicherung auslöst aber auch zum Verlust des Werbungskostenabzugs führt, mit dem Arbeitnehmer abstimmen. Denn das einmal gewählte Verfahren darf bei demselben Fahrzeug während des Kalenderjahres nicht gewechselt werden (vgl. hierzu die Erläuterungen unter der folgenden Nr. 8).

Die Entscheidung, ob die Wertermittlung nach der individuellen oder pauschalen **Methode** erfolgt, muss insgesamt **für alle Fahrten** getroffen werden. Es ist also nicht zulässig, z. B. für die reinen Privatfahrten die pauschale 1%-Methode zu wählen und für die Fahrten zwischen Wohnung und regelmäßiger Arbeitsstätte den individuell ermittelten Kilometersatz (oder umgekehrt). Die Wahl der Berechnungsmethode kann nur **einheitlich** für alle mit dem Firmenwagen ausgeführten Fahrten getroffen werden.

b) Vollständige Lohnabrechnung mit Firmenwagenbesteuerung

Entsteht durch die private Nutzung des Firmenwagens ein steuerpflichtiger geldwerter Vorteil, muss dieser als Sachbezug abgerechnet werden. Hierzu ist beim Stichwort „Sachbezüge" unter Nr. 2 eine vollständige Lohnabrechnung mit Firmenwagenbenutzung abgedruckt.

Der geldwerte Vorteil für die Nutzung des Firmenwagens zu Fahrten zwischen Wohnung und regelmäßiger Arbeitsstätte kann zum Teil pauschal mit 15% versteuert werden. Damit scheidet dieser Teil des Sachbezugs aus der „normalen" Besteuerung nach der Lohnsteuerkarte aus. Hierzu ist beim Stichwort „Gesellschafter-Geschäftsführer" unter Nr. 6 auf Seite 360 eine vollständige Lohnabrechnung abgedruckt, die diesen Sachverhalt enthält.

2. Einzelnachweis aller Fahrten und der Gesamtkosten (individuelle Methode)

a) Einzelnachweis aller Fahrten

Mit Einführung der sog. 1%-Regelung im Jahre 1996 hat der Steuergesetzgeber bei der Ermittlung des geldwerten Vorteils für die Nutzung des Firmenwagens zu Privatfahrten eine sog. **Beweislastumkehr** eingeführt. Denn die Anwendung der pauschalen 1%-Methode für die Ermittlung des geldwerten Vorteils ist als Regelfall gesetzlich zwingend vorgeschrieben worden. Der Arbeitnehmer kann der Anwendung dieser vorrangig geltenden Pauschalierung des geldwerten Vorteils nur dadurch „entkommen", dass er alle Fahrten im Einzelnen aufzeichnet, das heißt ein ordnungsgemäßes **Fahrtenbuch** führt (sog. Escape-Klausel).

Die Beweislastumkehr bedeutet, dass die bloße Behauptung, der Firmenwagen werde nicht für Privatfahrten genutzt oder Privatfahrten würden ausschließlich mit anderen Fahrzeugen durchgeführt, nicht ausreicht, um von der gesetzlich vorgegebenen Schätzung der Privatfahrten nach der sog. 1%-Methode wegzukommen. Vielmehr **trifft den Arbeitnehmer die objektive Beweislast**, wenn ein nach der Lebenserfahrung untypischer Sachverhalt, nämlich die ausschließliche berufliche Nutzung des Firmenwagens, der Besteuerung zugrunde gelegt werden soll*). Der Bundesfinanzhof hat die Auffassung der Finanzverwaltung bestätigt und entschieden, dass der Beweis des ersten Anscheins für eine private Nutzung spricht (BFH-Urteil vom 7.11.2006, BStBl. 2007 II S. 116). Zur Entkräftung dieses Anscheinsbeweis vgl. die Erläuterungen unter der nachfolgenden Nr. 18 Buchstabe a.

Der Arbeitgeber muss sich also – im Einvernehmen mit dem Arbeitnehmer – entscheiden, ob er den geldwerten Vorteil nach der pauschalen Prozent-Methode oder durch die Ermittlung eines individuellen Kilometersatzes erfassen will. Bei der individuellen Berechnungsmethode müssen die dienstlich und privat gefahrenen Kilometer sowie die für Fahrten zwischen Wohnung und regelmäßiger Arbeitsstätte bzw. Familienheimfahrten zurückgelegten Kilometer im Einzelnen nachgewiesen werden. Hierzu ist **laufend** ein ordnungsgemäßes **Fahrtenbuch** zu führen. Nach R 8.1 Abs. 9 Nr. 2 der Lohnsteuer-Richtlinien muss dieses Fahrtenbuch folgende **Mindestangaben** enthalten:

Bei **dienstlichen** Fahrten

- Datum und Kilometerstand zu Beginn und am Ende jeder einzelnen beruflich veranlassten Auswärtstätigkeit;
- Reiseziel und bei Umwegen auch die Reiseroute;
- Reisezweck und aufgesuchte Geschäftspartner.

Für Privatfahrten genügt die Angabe der jeweils gefahrenen Kilometer. Für Fahrten zwischen Wohnung und regelmäßiger Arbeitsstätte genügt ein entsprechender Vermerk im Fahrtenbuch (mit Angabe der jeweils gefahrenen Kilometer).

Im Einzelnen gilt für die Führung eines Fahrtenbuchs Folgendes:

Ein Fahrtenbuch muss die Zuordnung von Fahrten zur beruflichen Sphäre ermöglichen. Denn alle Fahrten für die eine berufliche Veranlassung nicht dargetan wird, werden der Privatsphäre zugerechnet. Deshalb müssen bei Fahrten anlässlich beruflich veranlasster Auswärtstätigkeiten außer den gefahrenen Kilometern zusätzliche Angaben hinsichtlich Reiseziel, Reiseroute, Reisezweck und aufgesuchte Geschäftspartner vorliegen, die die berufliche Veranlassung plausibel erscheinen lassen und gegebenenfalls einer stichprobenartigen Nachprüfung standhalten. Um bestimmten Berufsgruppen mit häufiger Reisetätigkeit diesen Nachweis der beruflichen Veranlassung zu erleichtern, ist durch bundeseinheitliche Verwaltungsanweisung zugelassen worden, dass auf einzelne Angaben (Reiseziel, Reiseroute, Reisezweck und aufgesuchte Geschäftspartner) verzichtet werden kann, soweit wegen der besonderen Umstände im Einzelfall die Aussagekraft des Fahrtenbuchs nicht beeinträchtigt wird:

---

*) BMF-Schreiben vom 18.11.2009 (BStBl. I S. 1326). Das BMF-Schreiben ist als Anlage 2 zu H 8.1 (9–10) LStR im **Steuerhandbuch für das Lohnbüro 2010** abgedruckt, das im selben Verlag erschienen ist. Das **PC-Lexikon** für das Lohnbüro 2010 enthält auch dieses Handbuch und hat außerdem den Vorteil, dass Sie **alle BFH-Urteile** sowie die aktuellen Rundschreiben und Niederschriften der Spitzenverbände der **Sozialversicherung** mit Mausklick **im Volltext** abrufen und ausdrucken können. Eine Bestellkarte finden Sie vorne im Lexikon.

Firmenwagen zur privaten Nutzung

	Lohn-steuer-pflichtig	Sozial-versich.-pflichtig

– **Kundendienstmonteure** und **Handelsvertreter**
Bei Kundendienstmonteuren und Handelsvertretern mit täglich wechselnden Auswärtstätigkeiten reicht es aus, wenn sie angeben, welche Kunden sie an welchem Ort aufsuchen. Angaben über die Reiseroute und zu den Entfernungen zwischen den Stationen einer Auswärtstätigkeit sind nur bei größerer Differenz zwischen direkter Entfernung und tatsächlicher Fahrtstrecke erforderlich*).

– **Taxifahrer**
Soweit Taxifahrer Fahrten im sog. Pflichtfahrgebiet ausführen, genügt die tägliche Angabe des Kilometerstandes zu Beginn und am Ende der Gesamtheit dieser Fahrten mit der Angabe „Taxifahrten im Pflichtgebiet". Wurde eine Fahrt durchgeführt, die über dieses Gebiet hinausgeht, kann auf die genaue Angabe von Reiseziel und Reiseroute nicht verzichtet werden**).

– **Sicherheitsgefährdete Personen**
Bei sicherheitsgefährdeten Personen, deren Fahrtroute häufig von sicherheitsmäßigen Gesichtspunkten bestimmt wird, kann auf die Angabe der Reiseroute auch bei größeren Differenzen zwischen der direkten Entfernung und der tatsächlichen Fahrtstrecke verzichtet werden*).

– **Fahrlehrer**
Für Fahrlehrer ist es ausreichend, in Bezug auf Reisezweck, Reiseziel und aufgesuchtem Geschäftspartner „Lehrfahrten", „Fahrschulfahrten" oder Ähnliches anzugeben**).

– **Verkaufsfahrer**
Werden regelmäßig dieselben Kunden aufgesucht, wie z. B. bei Lieferverkehr, und werden die Kunden mit Name und (Liefer-)Adresse in einem Kundenverzeichnis unter einer Nummer geführt, unter der sie später identifiziert werden können, bestehen keine Bedenken, als Erleichterung für die Führung eines Fahrtenbuches zu Reiseziel, Reisezweck und aufgesuchtem Geschäftspartner jeweils zu Beginn und Ende der Lieferfahrten Datum und Kilometerstand sowie die Nummern der aufgesuchten Geschäftspartner aufzuzeichnen. Das Kundenverzeichnis ist dem Fahrtenbuch beizufügen**).

Die Führung des Fahrtenbuchs konnte früher auf einen **repräsentativen Zeitraum** von 12 Monaten beschränkt werden, wenn die Nutzungsverhältnisse keinen größeren Schwankungen unterlagen. Diese **Vereinfachungsregelung ist seit 1.1.1996 weggefallen.** Alle beruflich und privat gefahrenen Kilometer müssen seit 1.1.1996 **laufend** im Fahrtenbuch aufgezeichnet werden. Die Führung eines Fahrtenbuchs nur für einen repräsentativen Zeitraum ist in den Lohnsteuer-Richtlinien (R 8.1 Abs. 9 Nr. 2 Satz 5 LStR) auch für die Fälle ausdrücklich ausgeschlossen worden, in denen die Nutzungsverhältnisse keinen Schwankungen unterliegen. Anstelle des Fahrtenbuchs kann ein Fahrtenschreiber eingesetzt werden, wenn sich daraus dieselben Erkenntnisse gewinnen lassen. Auch ein **elektronisches Fahrtenbuch** wird von der Finanzverwaltung anerkannt, wenn sich daraus dieselben Erkenntnisse wie aus einem manuell geführten Fahrtenbuch gewinnen lassen. Voraussetzung ist, dass beim Ausdrucken von elektronischen Aufzeichnungen nachträgliche Veränderungen der aufgezeichneten Angaben technisch ausgeschlossen sind, zumindest aber dokumentiert werden.**) Elektronische Fahrtenbücher werden aber nicht von der Finanzverwaltung aufgrund von Anfragen der Hersteller zertifiziert (= staatlich anerkannt).

Der Bundesfinanzhof hat in mehreren Urteilen zur Führung des Fahrtenbuchs Stellung genommen und dabei die strengen Vorschriften der Finanzverwaltung in vollem Umfang bestätigt (BFH-Urteil vom 9.11.2005, BStBl. 2006 II S. 408, BFH-Urteil vom 16.11.2005, BStBl. 2006 II S. 410 und BFH-Urteil vom 16.3.2006, BStBl. II S. 625).

Dabei hat der Bundesfinanzhof darauf hingewiesen, dass das Fahrtenbuch zeitnah und in geschlossener Form (Buchform) geführt werden muss. Lose Notizzettel können deshalb nach Auffassung des Bundesfinanzhofs schon begrifflich kein Fahrten**buch** sein.

Weiterhin hat der Bundesfinanzhof darauf hingewiesen, dass eine sog. **Excel-Tabelle** ebenfalls kein Fahrten**buch** ist, weil die Eintragungen jederzeit beliebig geändert werden können. Wörtlich hat der Bundesfinanzhof hierzu Folgendes ausgeführt:

„Eine mittels eines Computerprogramms erzeugte Datei, an deren bereits eingegebenen Datenbestand zu einem späteren Zeitpunkt noch Veränderungen vorgenommen werden können, ohne dass die Reichweite dieser Änderungen in der Datei selbst dokumentiert und bei gewöhnlicher Einsichtnahme in die Datei offen gelegt wird, ist kein ordnungsmäßiges Fahrtenbuch. Der Ausdruck einer solchen Datei ist deshalb zum Nachweis der Vollständigkeit und Richtigkeit der erforderlichen Angaben nicht geeignet."

Der Bundesfinanzhof bestätigt mit diesen Aussagen ausdrücklich die Anforderungen der Finanzverwaltung an ein elektronisches Fahrtenbuch.

Außerdem hat der Bundesfinanzhof auf Folgendes hingewiesen:

– Ein ordnungsgemäßes Fahrtenbuch muss **zeitnah** und in **geschlossener Form** geführt werden und die zu erfassenden Fahrten einschließlich des an ihrem Ende erreichten Gesamtkilometerstands vollständig und in ihrem fortlaufenden Zusammenhang wiedergeben.

– Die erforderlichen Angaben müssen sich dem Fahrtenbuch selbst entnehmen lassen. Ein Verweis auf ergänzende Unterlagen ist nur zulässig, wenn der geschlossene Charakter der Fahrtenbuchaufzeichnungen dadurch nicht beeinträchtigt wird.

– Mehrere Teilabschnitte einer einheitlichen beruflichen Reise können miteinander zu einer zusammenfassenden Eintragung verbunden werden, wenn die einzelnen aufgesuchten **Kunden** oder Geschäftspartner im Fahrtenbuch in der **zeitlichen Reihenfolge** aufgeführt werden.

– Der **Übergang** von der **beruflichen** zur **privaten Nutzung** des Fahrzeugs ist im Fahrtenbuch durch Angabe des bei Abschluss der beruflichen Fahrt erreichten Gesamtkilometerstands zu **dokumentieren.**

– Kann der Arbeitnehmer den ihm überlassenen Dienstwagen auch privat nutzen und wird über die Nutzung des Dienstwagens ein ordnungsgemäßes Fahrtenbuch geführt, ist der zu versteuernde geldwerte Vorteil **zwingend** nach der 1%-Regelung zu bewerten. Eine Schätzung des Privatanteils anhand anderer Aufzeichnungen kommt nicht in Betracht.

Der Bundesfinanzhof hat aber auch entschieden, dass **kleinere Mängel** noch **nicht** zur **Verwerfung** des **Fahrtenbuchs** und Anwendung der 1%-/0,03%-Bruttolistenpreisregelung führen, wenn die Angaben insgesamt (noch) plausibel sind (BFH-Urteil vom 10.4.2008, BStBl. II

---

*) BMF-Schreiben vom 28.5.1996 (BStBl. I S. 654). Das BMF-Schreiben ist als Anlage 1 zu H 8.1 (9–10) LStR im **Steuerhandbuch für das Lohnbüro 2010** abgedruckt, das im selben Verlag erschienen ist. Das **PC-Lexikon** für das Lohnbüro 2010 enthält auch dieses Handbuch und hat außerdem den Vorteil, dass Sie **alle BFH-Urteile** sowie die aktuellen Rundschreiben und Niederschriften der Spitzenverbände der **Sozialversicherung** mit Mausklick **im Volltext** abrufen und ausdrucken können. Eine Bestellkarte finden Sie vorne im Lexikon.

) BMF-Schreiben vom 18.11.2009 (BStBl. I S. 1326). Das BMF-Schreiben ist als Anlage 2 zu H 8.1 (9–10) LStR im **Steuerhandbuch für das Lohnbüro 2010 abgedruckt, das im selben Verlag erschienen ist. Das **PC-Lexikon** für das Lohnbüro 2010 enthält auch dieses Handbuch und hat außerdem den Vorteil, dass Sie **alle BFH-Urteile** sowie die aktuellen Rundschreiben und Niederschriften der Spitzenverbände der **Sozialversicherung** mit Mausklick **im Volltext** abrufen und ausdrucken können. Eine Bestellkarte finden Sie vorne im Lexikon.

Firmenwagen zur privaten Nutzung

S. 768). Trotz der kleineren Mängel muss aber noch eine hinreichende Gewähr für die Vollständigkeit und Richtigkeit der Angaben gegeben und der Nachweis des zu versteuernden Privatanteils an der Gesamtfahrleistung des Firmenwagens möglich sein.

Im Streitfall stellte das Finanzamt anlässlich einer Lohnsteuer-Außenprüfung bezüglich der Fahrtenbuchführung eines dem Arbeitnehmer überlassenen Firmenwagens Folgendes fest: Im Jahr 00 war **eine Fahrt nicht aufgezeichnet** worden, obwohl für diesen Tag eine Tankrechnung vorlag. Im Jahr 01 waren fünf Tankrechnungen als Betriebsausgaben geltend gemacht worden. Im Fahrtenbuch waren an diesen Tagen keine Fahrten aufgezeichnet worden. Im Jahr 02 stimmten die Angaben in zwei **Werkstattrechnungen** zum km-Stand nicht mit dem Fahrtenbuch überein. Außerdem ergab sich bei einer **800-km-Fahrt** eine Abweichung gegenüber dem **Routenplaner** von **40 km**. Im Jahr 03 waren an drei Tagen Fahrten nicht (Tankfahrt), nicht vollständig (Umwegfahrten fehlten) oder unzutreffend (z. B. beruflich statt privat) eingetragen.

Das Finanzgericht hatte in den Jahren 00 und 02 das Fahrtenbuch trotz der Mängel anerkannt. Die Nichtanerkennung des Fahrtenbuchs wegen einer nicht eingetragenen Fahrt im Jahr 00 wäre unverhältnismäßig. Die Angaben des km-Standes in den Werkstattrechnungen würden häufig nicht mit dem genauen km-Stand übereinstimmen (Jahr 02). Eine Abweichung Routenplaner/Fahrtenbuch von 40 km bei 800-km-Strecke (= 5%) sei kein Mangel (Jahr 02); besonders bei kürzeren Entfernungen in Großstädten ist u.E. im Hinblick auf das Verkehrsaufkommen und etwaige Beeinträchtigungen (z. B. Baustellen) eine höhere prozentuale Abweichung denkbar. In den Jahren 01 und 03 wurden die Fahrtenbücher jedoch aufgrund der Vielzahl der Mängel verworfen und es kam zur Anwendung der 1%-/0,03%-Bruttolistenpreisregelung. Der Bundesfinanzhof ist dieser Ansicht für alle Jahre gefolgt.

b) Einzelnachweis der Gesamtkosten

Zur Ermittlung des geldwerten Vorteils für die Privatfahrten sind die tatsächlichen Gesamtkosten des Kraftfahrzeugs durch Belege im Einzelnen nachzuweisen und entsprechend dem Verhältnis der privat gefahrenen Kilometer zu den übrigen Kilometern aufzuteilen; die **vom Arbeitnehmer** selbst **getragenen Kosten** (z. B. Benzinkosten) bleiben bei der Ermittlung der Gesamtkosten **außer Ansatz**. Es sind also nur die Aufwendungen einzubeziehen, die dem Arbeitgeber selbst und/oder Dritten (z. B. einem verbundenen Unternehmen) entstanden sind. Dies wurde in den Lohnsteuer-Richtlinien 2008 ausdrücklich geregelt (R 8.1 Abs. 9 Nr. 2 Satz 1 letzter Halbsatz LStR).

Abweichend hiervon rechnet der **Bundesfinanzhof** in den Fällen der Fahrtenbuchmethode die vom **Arbeitnehmer** selbst getragenen **Aufwendungen** (im Streitfall Treibstoffkosten) einerseits zu den **Gesamtkosten** des Fahrzeugs und lässt sie andererseits zum **Werbungskostenabzug** zu (BFH-Urteil vom 18. 10. 2007, BStBl. 2009 II S. 199; vgl. die Erläuterungen unter der nachfolgenden Nr. 9). Die Finanzverwaltung wendet das Urteil über den entschiedenen Einzelfall hinaus nicht an (**= Nichtanwendungserlass**)*).

Als Gesamtkosten sind neben der Abschreibung die **tatsächlichen Kosten zuzüglich Mehrwertsteuer** für den Betrieb des Fahrzeugs zugrunde zu legen (einschließlich Garagenkosten und Zinsen für ein Anschaffungsdarlehen). Die Schätzung bestimmter Kostenbestandteile (z. B. die Schätzung der Treibstoffkosten anhand eines geschätzten Durchschnittsverbrauchs und unter Berücksichtigung geschätzter Durchschnittspreise für den Treibstoff) ist nicht zulässig**). Bei einem Treibstoffsammelkonto müssen daher die Kosten den einzelnen Fahrzeugen zugeordnet werden.

Die Anwendung der Fahrtenbuchmethode (= individuelle Methode) setzt **nicht** voraus, dass für den Einzelnachweis der Gesamtkosten ein **gesondertes Aufwandskonto** eingerichtet wird (BFH-Urteil vom 10. 4. 2008, BStBl. II S. 768). Allerdings kann die Einrichtung eines solchen Kontos den Nachweis erleichtern und daher **zweckmäßig** sein.

Als **Abschreibung** ist der Betrag anzusetzen, der sich ergibt, wenn der **tatsächliche Kaufpreis** gleichmäßig (linear) auf die voraussichtliche Nutzungsdauer des Fahrzeugs verteilt wird. Die früher geltende Vereinfachungsregelung, wonach bei einer Anschaffung des Pkws in der ersten Jahreshälfte die volle Jahres-AfA und bei einer Anschaffung des Pkws in der zweiten Jahreshälfte die halbe Jahres-AfA angesetzt werden konnte, ist seit 1.1.2004 weggefallen. Seit 1.1.2004 ist also die AfA pro rata temporis, das heißt für jeden angefangenen Monat der Nutzung mit einem Zwölftel anzusetzen. Bei Neuwagen betrug die voraussichtliche Nutzungsdauer früher fünf Jahre. Durch die seit 1.1.2001 geltende amtliche AfA-Tabelle (BMF-Schreiben vom 15.12.2000, BStBl. I S. 1531) wurde die Nutzungsdauer für Pkws auf sechs Jahre verlängert. Die Nutzungsdauer von sechs Jahren gilt für alle nach dem 31.12.2000 angeschafften Pkws. Bei Gebrauchtwagen ist die Abschreibung nach der Restnutzungsdauer zu ermitteln. Die bei der Gewinnermittlung zugrunde gelegte Nutzungsdauer kann somit ohne weiteres übernommen werden. Es kann jedoch auch eine längere tatsächliche Nutzungsdauer angesetzt werden, weil die bei der Gewinnermittlung zugrunde gelegte Nutzungsdauer nicht zwingend für die Berechnung des geldwerten Vorteils übernommen werden muss.

Dies hat der Bundesfinanzhof mit Beschluss vom 29.3.2005 (BStBl. 2006 II S. 368) bestätigt und dabei auf der Einnahmeseite für die Abschreibung eines PKW eine achtjährige Nutzungsdauer **(AfA-Satz 12,5%)** angenommen. Das Urteil ist für den Arbeitnehmer vorteilhaft, weil sich hierdurch niedrigere Gesamtkosten und somit im Ergebnis ein niedriger geldwerter Vorteil ergibt.

Beispiel A:
Die Anschaffungskosten eines dem Arbeitnehmer zur Verfügung gestellten Firmenwagens betragen 30 000 € zuzüglich 5700 € Umsatzsteuer (Bruttoanschaffungskosten 35 700 €).

AfA in der Bilanz/Gewinn- und Verlustrechnung des Unternehmers	AfA bei der Ermittlung der Gesamtkosten für den geldwerten Vorteil aus der Firmenwagengestellung
Nettoanschaffungskosten 30 000 € verteilt auf sechs Jahre = 5000 €	Bruttoanschaffungskosten 35 700 € verteilt auf acht Jahre = 4462,50 €

Die **Abschreibung** gehört übrigens – außer bei Leasingfahrzeugen – **stets** zu den Gesamtkosten des Fahrzeugs. Das gilt **auch** dann, **wenn** das Fahrzeug beim Arbeitgeber ausnahmsweise zum **Umlaufvermögen** gehört (R 8.1 Abs. 9 Nr. 2 Satz 8 zweiter Halbsatz LStR). Vom Arbeitgeber vorgenommene **Sonderabschreibungen** gehören übrigens **nicht** zu den Gesamtkosten.

Für die Ermittlung des Kaufpreises gilt Folgendes:

Als Kaufpreis kann der bei der Gewinnermittlung angesetzte Betrag übernommen werden; die **Mehrwertsteuer** ist allerdings **hinzuzurechnen** (vgl. das nachfolgende Berechnungsbeispiel B).

---
*) BMF-Schreiben vom 6.2.2009 (BStBl. I S. 412). Das BMF-Schreiben ist als Anlage 6 zu H 8.1 (9–10) LStR im **Steuerhandbuch für das Lohnbüro 2010** abgedruckt, das im selben Verlag erschienen ist. Das **PC-Lexikon** für das Lohnbüro 2010 enthält auch dieses Handbuch und hat außerdem den Vorteil, dass Sie **alle BFH-Urteile** sowie die aktuellen Rundschreiben und Niederschriften der Spitzenverbände der **Sozialversicherung** mit Mausklick **im Volltext** abrufen und ausdrucken können. Eine Bestellkarte finden Sie vorne im Lexikon.

**) Das zum Werbungskostenabzug bei Arbeitnehmern ergangene BFH-Urteil vom 7.4.1992 (BStBl. II S. 854), nach dem eine Teilschätzung (z. B. der Treibstoffkosten) zulässig ist, ist im Hinblick auf die eindeutige gesetzliche Regelung in § 8 Abs. 2 Satz 4 EStG bei der Ermittlung des steuerpflichtigen geldwerten Vorteils nicht entsprechend anwendbar.

Firmenwagen zur privaten Nutzung

Hat der Arbeitgeber das Fahrzeug mit (hohem) **Rabatt** erworben oder handelt es sich um einen **Gebrauchtwagen,** ist von den **tatsächlich angefallenen Anschaffungskosten** auszugehen. Zur Ermittlung der Abschreibung ist allerdings die **Mehrwertsteuer** den tatsächlich angefallenen Anschaffungskosten hinzuzurechnen. Dieser Betrag ist gleichmäßig (linear) auf die voraussichtliche Nutzungsdauer zu verteilen.

Ein am Ende der betriebsgewöhnlichen Nutzungsdauer am Markt für das Fahrzeug ggf. noch realisierbarer **Wiederverkaufswert mindert nicht** die **Bemessungsgrundlage** für die **Abschreibung** (BFH-Urteil vom 8.4.2008, BFH/NV 2008 S.1660).

Beispiel B

Ein Arbeitgeber erwirbt im Januar 2010 einen Pkw, dessen Listenpreis 30 000 € zuzüglich 19 % Mehrwertsteuer beträgt. Der Arbeitgeber erhält beim Kauf des Pkw 10 % Rabatt. Der Arbeitgeber schreibt den Pkw im Jahre 2010 mit ⅙ ab (= 6-jährige Nutzungsdauer), sodass sich die als Betriebsausgabe gebuchte Absetzung für Abnutzung auf (⅙ von 27 000 € =) 4 500 € beläuft. Der Arbeitgeber ermittelt die Aufwendungen für den Pkw nach Ablauf des Jahres anhand der Sachkonten wie folgt:

Treibstoffkosten (ohne Mehrwertsteuer)	3 000,— €
Reparaturen, Wartung (ohne Mehrwertsteuer)	500,— €
Kraftfahrzeugsteuer	220,— €
Haftpflichtversicherung	400,— €
Vollkaskoversicherung	798,75 €
insgesamt wurden 2010 als Betriebsausgabe gebucht	4 918,75 €

Nach dem vom Arbeitnehmer geführten Fahrtenbuch ergeben sich für 2010 folgende gefahrenen Kilometer:

Jahreskilometer insgesamt	30 000 km
auf Fahrten zwischen Wohnung und regelmäßiger Arbeitsstätte entfallen bei einer einfachen Entfernung von 30 km und 225 Arbeitstagen:	
30 km × 2 × 225 =	13 500 km
auf reine Privatfahrten entfallen	5 000 km

Der Arbeitnehmer muss dem Arbeitgeber für jeden privat gefahrenen Kilometer 0,10 € bezahlen (für Fahrten zwischen Wohnung und regelmäßiger Arbeitsstätte muss der Arbeitnehmer nichts zahlen). Für den Arbeitnehmer ergibt sich folgende Berechnung des individuellen Kilometersatzes nach lohnsteuerlichen Grundsätzen:

Abschreibung 12,5 % von 32 130 €*) =	4 016,25 €
Treibstoffkosten zuzüglich 19 % Mehrwertsteuer	3 570,— €
Reparaturen, Wartung zuzüglich 19 % Mehrwertsteuer	595,— €
Kraftfahrzeugsteuer	220,— €
Haftpflichtversicherung	400,— €
Vollkaskoversicherung	798,75 €
Gesamtkosten	9 600,— €
Bei einer Jahresfahrleistung von 30 000 km ergibt sich ein Kilometersatz von	0,32 €

Hinweis: Hätte der Arbeitnehmer einen Teil der vorstehenden Aufwendungen selbst getragen (z. B. Treibstoffkosten), würde dieser Teil bei der Ermittlung der Gesamtkosten außer Ansatz bleiben.

Ausgehend von einem Kilometersatz von 0,32 € hat der Arbeitnehmer für 2010 folgenden geldwerten Vorteil zu versteuern:

für Privatfahrten 5 000 km × 0,32 € =	1 600,— €
abzüglich Zuzahlung 5 000 km × 0,10 € =	500,— €
verbleiben	1 100,— €
Fahrten zwischen Wohnung und Arbeitsstätte: (225 Arbeitstage × 60 km =) 13 500 km × 0,32 € =	4 320,— €
steuer- und beitragspflichtiger geldwerter Vorteil 2010 insgesamt	5 420,— €

Der Arbeitnehmer kann bei einer Veranlagung zur Einkommensteuer Werbungskosten für Fahrten zwischen Wohnung und regelmäßiger Arbeitsstätte in Höhe der Entfernungspauschale geltend machen:

30 km × 0,30 € × 225 Arbeitstage =	2 025,— €

Der Arbeitgeber kann den geldwerten Vorteil für die Fahrten zwischen Wohnung und regelmäßiger Arbeitsstätte in Höhe von 4 320 € insoweit mit 15 % pauschal versteuern, soweit der Arbeitnehmer in Höhe der Entfernungspauschale Werbungskosten geltend machen könnte (vgl. die Erläuterungen unter der nachfolgenden Nr.13).

Von dem geldwerten Vorteil in Höhe von 4 320 € können also 2 025 € mit 15 % pauschal versteuert werden. Damit ist der Betrag von 2 025 € sozialversicherungsfrei. Pauschaliert der Arbeitgeber mit 15 %, so kann der Arbeitnehmer keine Werbungskosten bei der Veranlagung zur Einkommensteuer geltend machen. Eine Pauschalierung der Lohnsteuer mit 15 % muss deshalb nicht immer günstiger sein als eine normale Versteuerung des geldwerten Vorteils als laufender Arbeitslohn. Eine normale Versteuerung als laufender Arbeitslohn ist dann vorteilhaft, wenn der laufende Monatslohn ohnehin die Beitragsbemessungsgrenze in der Rentenversicherung (2010 monatlich 5 500 € in den alten und 4 650 € in den neuen Bundesländern) überschreitet **und** der Arbeitnehmer mit anderen Werbungskosten den bei seiner Einkommensteuerveranlagung zu berücksichtigenden allgemeinen Arbeitnehmer-Pauschbetrag in Höhe von 920 € bereits erreicht hat, sodass sich die Fahrtkosten für Fahrten zwischen Wohnung und regelmäßiger Arbeitsstätte steuerlich voll als Werbungskosten auswirken können. Die Frage, ob normal versteuert oder mit 15 % pauschaliert werden soll, ist deshalb mit dem Arbeitnehmer im Einzelnen abzustimmen.

Die Pauschalsteuer von 15 % kann im Innenverhältnis auch auf den Arbeitnehmer abgewälzt werden (vgl. die Erläuterungen unter der nachfolgenden Nr.13).

Da bei dieser Berechnungsmethode die genaue Ermittlung des geldwerten Vorteils erst nach Ablauf des Jahres vorgenommen werden kann, wird der Arbeitgeber den monatlichen Lohnabrechnungen geschätzte Beträge zugrunde legen, die sich an der Abrechnung des Vorjahres orientieren (¹/₁₂ des Vorjahres). Von der Finanzverwaltung wird für das Lohnsteuerabzugsverfahren auch ein **vorläufiger Kilometersatz** von 0,001 % des Listenpreises akzeptiert. Nach Ablauf des Kalenderjahres oder beim Ausscheiden des Arbeitnehmers während des Kalenderjahres ist aber der tatsächlich zu versteuernde Nutzungswert zu ermitteln und eine etwaige Lohnsteuerdifferenz auszugleichen.

Beispiel C

Der **Listenpreis** des Pkws im Beispiel A beträgt 30 000 € zuzüglich 19 % Mehrwertsteuer (der beim Kauf des Fahrzeugs gewährte Rabatt von 10 % bleibt beim Ansatz des **vorläufigen** Kilometersatzes außer Betracht). Ausgehend vom Bruttolistenpreis in Höhe von 35 700 € kann der **vorläufige** Kilometersatz mit 0,001 % des Bruttolistenpreises angesetzt werden, also mit 35,7 Cent. Hat der Arbeitgeber nach Ablauf des Kalenderjahres den tatsächlichen Kilometersatz – wie im Beispiel B dargestellt – mit 32 Cent ermittelt, so muss er die Lohnabrechnungen berichtigen.

Mit dem individuell ermittelten Kilometersatz sind alle Fahrten zu bewerten, für die ein geldwerter Vorteil zu versteuern ist. Dies sind

– die reinen Privatfahrten,

– die Fahrten zwischen Wohnung und regelmäßiger Arbeitsstätte und

– die Familienheimfahrten (vgl. nachfolgend unter Nr.14).

Es ist nicht zulässig, einen Teil der Fahrten (z. B. steuerpflichtige Familienheimfahrten oder Fahrten zwischen Wohnung und regelmäßiger Arbeitsstätte) pauschal zu bewerten und nur für die reinen Privatfahrten den individuellen Kilometersatz anzusetzen. Die Wahl der Berechnungsmethode kann nur für alle mit dem Firmenwagen ausgeführten Fahrten einheitlich getroffen werden.

Ist der Geschäftswagen mit einem **Fahrer** zur Verfügung gestellt worden (vgl. die Erläuterungen unter der nachfolgenden Nr.15) gehören die auf **Leerfahrten** entfallenden Kfz-Kosten, die durch An- und Abfahrten des Fahrers entstehen, nicht zu den als Nutzungswert zu erfassenden anteiligen Gesamtkosten; Leerfahrten sind deshalb den dienstlichen Fahrten zuzurechnen.

Laufende Zuzahlungen des Arbeitnehmers sind bei der individuellen Berechnungsmethode stets zu berücksichtigen und zwar unabhängig davon, ob es sich um Pauschalzahlungen (z. B. monatlich 100 €) oder um ein Kilometergeld (z. B. 0,10 € je gefahrenen Kilometer) handelt.

---

*) Die Absetzungen für Abnutzung sind aus dem tatsächlichen Kaufpreis zuzüglich Mehrwertsteuer zu errechnen:

Listenpreis des Pkws	30 000,— €
abzüglich 10 % Rabatt	3 000,— €
verbleiben	27 000,— €
zuzüglich 19 % Mehrwertsteuer	5 130,— €
Bemessungsgrundlage für die AfA	32 130,— €
Nutzungsdauer 8 Jahre, jährlich somit 12,5 % =	4 016,25 €

Firmenwagen zur privaten Nutzung

	Lohn- steuer- pflichtig	Sozial- versich.- pflichtig

Ebenso können Zuschüsse des Arbeitnehmers zu den Anschaffungskosten des Pkws auf den geldwerten Vorteil angerechnet werden, wenn die für die Ermittlung der Abschreibung maßgebenden Anschaffungskosten nicht bereits um die Zuschüsse des Arbeitnehmers gemindert worden sind. Abweichend hiervon behandelt der Bundesfinanzhof eine solche Zuzahlung des Arbeitnehmers als Anschaffungskosten für ein Nutzungsrecht, die für den Werbungskostenabzug beim Arbeitnehmer auf die voraussichtliche Gesamtnutzungsdauer zu verteilen sind (BFH-Urteil vom 18.10.2007, BStBl. 2009 II S. 200). Aufgrund dieses Urteils hat die **Finanzverwaltung** ihre frühere Auffassung geändert und rechnet die **Zuzahlungen** des Arbeitnehmers zu den Anschaffungskosten bis zur Höhe des geldwerten Vorteils im **Zahlungsjahr** und darüber hinaus auch in den **folgenden Kalenderjahren** auf den **geldwerten Vorteil an** (vgl. die Erläuterungen unter der nachfolgenden Nr. 9)*).

Unfallkosten gehören nach Auffassung der Finanzverwaltung nach wie vor zu den **Gesamtkosten** des Fahrzeugs (R 8.1 Abs. 9 Nr. 2 Satz 8 LStR), und zwar unabhängig davon, ob der Unfall auf einer Privatfahrt, einer Fahrt zwischen Wohnung und regelmäßiger Arbeitsstätte, einer Familienheimfahrt im Rahmen einer doppelten Haushaltsführung oder einer dienstlichen Fahrt verursacht wurde (vgl. nachfolgend unter Nr. 16). Im Rahmen der nächsten Überarbeitung der Lohnsteuer-Richtlinien (voraussichtlich für 2011) will die Verwaltung ihre vorstehende Auffassung überprüfen. Führt allerdings der Verzicht des Arbeitgebers auf eine Schadenersatzforderung gegenüber dem Arbeitnehmer zu steuer- und sozialversicherungspflichtigen Arbeitslohn, weil der Arbeitgeber gegenüber dem Arbeitnehmer auf Schadenersatz nach einem während einer beruflichen Fahrt (Auswärtstätigkeit) **alkoholbedingt** entstandenen Schaden verzichtet, gehören die Unfallkosten in diesem besonderen Fall ausnahmsweise nicht zu den Gesamtkosten. Anderenfalls würden sie teilweise doppelt versteuert.

Die Ermittlung eines individuellen Kilometersatzes anhand der tatsächlich nachgewiesenen Kosten und laufenden Aufzeichnungen in einem Fahrtenbuch ist auch bei **geleasten** Fahrzeugen zulässig. Die monatlichen Leasingraten treten dabei an die Stelle der Abschreibung. Eine Leasing-Sonderzahlung erhöht nach dem im Lohnsteuerrecht geltenden Zu- und Abflussprinzip des § 11 EStG die Gesamtkosten im Kalenderjahr der Zahlung (BFH-Urteil vom 5.5.1994, BStBl. II S. 643). Die vorstehenden Grundsätze gelten auch dann, wenn der Arbeitgeber sehr günstige Leasingkonditionen (niedrige Sonderzahlung und/oder Raten) erhalten haben sollte.

Werden dem Arbeitnehmer abwechselnd **unterschiedliche Kraftfahrzeuge** zur privaten Nutzung überlassen, so müssen für jedes Kraftfahrzeug die insgesamt entstehenden Aufwendungen ermittelt und für jedes Fahrzeug das Verhältnis der privaten zu den übrigen Fahrten nachgewiesen werden. Der Ansatz eines Durchschnittswerts ist nicht zulässig**).

Stehen einem Arbeitnehmer **gleichzeitig mehrere Kraftfahrzeuge** zur Verfügung und führt er nur für einzelne Kraftfahrzeuge ein ordnungsgemäßes Fahrtenbuch, so kann er für diese den privaten Nutzungswert individuell ermitteln, während der Nutzungswert für die anderen mit monatlich 1 % des Listenpreises anzusetzen ist (BFH-Urteil vom 3.8.2000, BStBl. 2001 II S. 332).

Bei der Ermittlung des individuellen Kilometersatzes für einen **aus Sicherheitsgründen gepanzerten Pkw** kann die Abschreibung nach dem Anschaffungspreis des leistungsschwächeren Fahrzeugs zugrunde gelegt werden, das dem Arbeitnehmer zur Verfügung gestellt würde, wenn seine Sicherheit nicht gefährdet wäre. Im Hinblick auf die durch die Panzerung verursachten höheren laufenden Betriebskosten lässt es die Finanzverwaltung zu, dass der Ermittlung des individuellen Kilometersatzes 70 % der tatsächlich festgestellten laufenden Kosten (ohne Abschreibung) zugrunde gelegt werden.

Bei der individuellen Nutzungswertermittlung sind auch die auf die Fahrten zwischen Wohnung und regelmäßiger Arbeitsstätte entfallenden tatsächlichen Kraftfahrzeugaufwendungen zu ermitteln. Nach Auffassung der Finanzverwaltung bestehen bei sicherheitsgefährdeten Personen jedoch keine Bedenken, dass die Fahrstrecken auch dann auf der Grundlage der kürzesten benutzbaren Straßenverbindung ermittelt werden, wenn sicherheitsbedingte Umwegstrecken erforderlich sind. Dies setzt jedoch voraus, dass der Arbeitnehmer konkret gefährdet ist und durch die zuständigen Sicherheitsbehörden der Gefährdungsstufe 1, 2 oder 3 zugeordnet ist.

3. Pauschale Ermittlung des geldwerten Vorteils (Prozent-Methode)

a) Bruttolistenpreis als Bemessungsgrundlage

Wird der geldwerte Vorteil nicht mit dem individuell ermittelten Kilometersatz bewertet, so ist ein pauschaler Wert anzusetzen, der sich mit einem bestimmten Prozentsatz aus dem **Listenpreis** des Fahrzeugs **im Zeitpunkt der Erstzulassung** errechnet***), und zwar

– für die reinen Privatfahrten mit **1 %** monatlich,

– für die Fahrten zwischen Wohnung und regelmäßiger Arbeitsstätte mit **0,03 %** monatlich je Entfernungskilometer und

– für die steuerpflichtigen Familienheimfahrten im Rahmen einer doppelten Haushaltsführung mit **0,002 %** je Fahrt und Entfernungskilometer.

Ausgangspunkt der pauschalen Wertermittlung ist also in allen Fällen der sog. Listenpreis und nicht der vom Arbeitgeber tatsächlich gezahlte Kaufpreis. Die Anknüpfung der pauschalen Wertermittlung am Listenpreis wird teilweise heftig kritisiert und als nicht sachgerecht bezeichnet. Bei genauer Betrachtung und insbesondere bei einem Vergleich der sich durch die pauschale Methode ergebenden Kilometersätze mit den tatsächlich entstandenen Kosten (z.B. nach der ADAC-Tabelle) ergibt sich jedoch, dass nur der Listenpreis und nicht der tatsächlich gezahlte Kaufpreis ein sachgerechter Wertmaßstab für eine typisierende Betrachtungsweise sein kann. Auch der Bundesfinanzhof hat zwischenzeitlich mehrfach entschieden, dass die Anknüpfung an den Listenpreis auch bei Gebrauchtwagen nicht zu beanstanden ist****). Gleichwohl kommen gerade in Zeiten einer Wirtschaftskrise immer wieder Forderungen auf, die Bemessungsgrundlage für die Anwendung der Prozent-Methode zu ändern. Bisher jedoch sind diese Forderungen vom Gesetzgeber nicht aufgegriffen worden.

Listenpreis im Sinne der gesetzlichen Regelung ist – **auch bei Gebrauchtwagen** und im **Leasing** gemieteten Fahrzeugen – die im Zeitpunkt der Erstzulassung für den genutzten Personenkraftwagen im Inland maßgebende

---

*) BMF-Schreiben vom 6.2.2009 (BStBl. I S. 413). Das BMF-Schreiben ist als Anlage 7 zu H 8.1 (9–10) LStR im **Steuerhandbuch für das Lohnbüro 2010** abgedruckt, das im selben Verlag erschienen ist. Das **PC-Lexikon** für das Lohnbüro 2010 enthält auch dieses Handbuch und hat außerdem den Vorteil, dass Sie **alle BFH-Urteile** sowie die aktuellen Rundschreiben und Niederschriften der Spitzenverbände der **Sozialversicherung** mit Mausklick **im Volltext** abrufen und ausdrucken können. Eine Bestellkarte finden Sie vorne im Lexikon.

) Textziffer 22 des amtlichen Arbeitgebermerkblatts für den Lohnsteuerabzug. Das amtliche Arbeitgebermerkblatt ist als Anhang 15 im **Steuerhandbuch für das Lohnbüro 2010 abgedruckt, das im selben Verlag erschienen ist. Das **PC-Lexikon** für das Lohnbüro 2010 enthält auch dieses Handbuch und hat außerdem den Vorteil, dass Sie **alle BFH-Urteile** sowie die aktuellen Rundschreiben und Niederschriften der Spitzenverbände der **Sozialversicherung** mit Mausklick **im Volltext** abrufen und ausdrucken können. Eine Bestellkarte finden Sie vorne im Lexikon.

***) § 8 Abs. 2 Satz 2 EStG i.V.m. § 6 Abs. 1 Nr. 4 Satz 2 EStG.

****) BFH-Urteil vom 24.2.2000, BStBl. II S. 273 und BFH-Urteil vom 1.3.2001, BStBl. II S. 403.

Firmenwagen zur privaten Nutzung

unverbindliche Preisempfehlung des Herstellers, zuzüglich Sonderausstattungen **und Mehrwertsteuer.** Da die Mehrwertsteuer zur Bemessungsgrundlage gehört, wird in der Praxis vom **Bruttolistenpreis** gesprochen. Dieser Preis **ist auf 100 € abzurunden.**

Da vom Listenpreis auszugehen ist, bleiben also die beim Kauf des Fahrzeugs ggf. gewährten **Preisnachlässe** außer Ansatz. Der Wert der Sonderausstattung (z. B. Klimaanlage, Musikanlage usw.) gehört dagegen stets zum Bruttolistenpreis, und zwar auch dann, wenn der Arbeitgeber hierfür nichts gezahlt hat, weil ihm auf diese Weise ein Preisnachlass gewährt wurde. Auch der Wert einer **Diebstahlsicherung** gehört zum Bruttolistenpreis (R 8.1 Abs. 9 Nr. 1 Satz 6 erster Halbsatz LStR). Zur Sonderausstattung, die dem für die Anwendung der 1 %-Regelung maßgebenden Bruttolistenpreis zuzurechnen ist, gehören auch die Aufwendungen für ein (eingebautes) **Navigationssystem** (BFH-Urteil vom 16.2.2005, BStBl. II S. 563).

Der Wert der Sonderausstattung gehört auch dann zum Bruttolistenpreis, wenn die Sonderausstattung (z. B. ein Navigationsgerät) nachträglich eingebaut wird. Ist die Sonderausstattung bereits von Anfang an enthalten, ist sie mit dem Listenpreis im Zeitpunkt der Erstzulassung anzusetzen. Wird die Sonderausstattung dagegen nachträglich eingebaut, ist der Wert mit den tatsächlich anfallenden Kosten (einschließlich Mehrwertsteuer) anzusetzen (R 8.1 Abs. 9 Nr. 1 Satz 6 erster Halbsatz LStR). Der geldwerte Vorteil erhöht sich in diesen Fällen ab dem Monat des nachträglichen Einbaus (vgl. Beispiel B unter dem nachfolgenden Buchstaben b).

Die **Kosten für ein Autotelefon** (einschließlich Freisprechanlage) **bleiben außer Ansatz,** denn sowohl die Einrichtung als auch die private Nutzung des Autotelefons ist steuerfrei nach § 3 Nr. 45 EStG, vgl. das Stichwort „Telefonkosten" unter Nr. 3 Buchstabe a. Zum Bruttolistenpreis gehören aber die Kosten eines **Navigationsgeräts**, das als Zubehör in den Firmenwagen eingebaut ist (BFH-Urteil vom 16.2.2005, BStBl. II S. 563). Der Bundesfinanzhof hat es abgelehnt, das Navigationsgerät als steuerfreies Telekommunikationsgerät i. S. d. § 3 Nr. 45 EStG zu behandeln. Seiner Meinung nach ist die werkseitig in den Firmenwagen fest eingebaute Anlage kein eigenständiges Wirtschaftsgut, dessen Nutzbarkeit getrennt von der Möglichkeit zur Privatnutzung des Fahrzeugs bewertet werden könne. Anders als ein Autotelefon führt somit ein Navigationsgerät zu einem höheren steuerpflichtigen geldwerten Vorteil für die private Nutzung des Firmenwagens. Das gilt auch dann, wenn das Navigationsgerät Telekommunikationsfunktionen enthält. Auch eine teilweise Steuerbefreiung kommt in diesem Fall nicht in Betracht.

Außer Ansatz bleiben dagegen die **Überführungskosten** und die **Zulassungskosten,** da diese nicht zum „Listenpreis" gehören. Dem steht nicht entgegen, dass die Überführungskosten und Zulassungskosten zu den Anschaffungskosten gehören und bei der individuellen Methode abgeschrieben werden müssen. Auch der Wert eines weiteren Satzes **Reifen einschließlich Felgen** bleibt bei der Ermittlung des Bruttolistenpreises außer Ansatz (R 8.1 Abs. 9 Nr. 1 Satz 6 zweiter Halbsatz LStR). Hiernach ergibt sich für die Zurechnung zum Bruttolistenpreis folgende Übersicht:

	Zurechnung zum Bruttolistenpreis	
	ja	nein
ABS	x	
Airbag	x	
Anhängerkupplung	x	
Autoradio	x	
Autotelefon		x
Diebstahlsicherung	x	
Elektronisches Fahrtenbuch	x	
Feuerlöscher	x	
Freisprechanlage		x
Gasantrieb	x	
Katalysator	x	
Klimaanlage	x	
Mehrwertsteuer	x	
Navigationsgerät	x	
Preisnachlass		x
Standheizung	x	
Überführungskosten		x
Winterreifen mit Felgen (zusätzlich zur Normalbereifung)		x
Zulassungskosten		x

Zu Besonderheiten bei behinderten Arbeitnehmern vgl. die Erläuterungen unter dem nachfolgenden Buchstaben g.

Wird einem Arbeitnehmer ausschließlich aus Sicherheitsgründen ein mit einer **Sicherheitsausrüstung** ausgestattetes leistungsstärkeres und dementsprechend teureres Fahrzeug zur Verfügung gestellt, obwohl ihm an sich nur ein leistungsschwächeres Fahrzeug zustünde, so ist der Listenpreis des leistungsschwächeren Fahrzeugs (ohne Sicherheitsausrüstung) zugrunde zu legen, das dem Arbeitnehmer zur Verfügung stehen würde, wenn seine Sicherheit nicht gefährdet wäre. Sicherheitsausrüstungen in diesem Sinne sind nur Vorkehrungen zum Personenschutz (z. B. Panzerglas), nicht dagegen die der Verkehrssicherheit dienenden Einrichtungen (z. B. ABS, Airbag, Feuerlöscher).

Der **inländische** Listenpreis im Zeitpunkt der Erstzulassung ist auch für **reimportierte Fahrzeuge** maßgebend. Soweit das reimportierte Fahrzeug mit zusätzlichen Sonderausstattungen versehen ist, die sich im inländischen Listenpreis nicht niedergeschlagen haben, ist der Wert der Sonderausstattung zusätzlich zu berücksichtigen. Soweit das reimportierte Fahrzeug geringerwertig ausgestattet ist, kann der Wert der „Minderausstattung" durch einen Vergleich mit einem adäquaten inländischen Fahrzeug festgestellt werden.

Mit dem geldwerten Vorteil, der sich durch die Anwendung der 1 %-Regelung ergibt, ist der anteilige Wert der Privatfahrten an den insgesamt für den Betrieb und das Halten des Firmenfahrzeugs entstehenden Kosten abgegolten. Übernimmt der Arbeitgeber **zusätzliche** Aufwendungen, die nicht zu den Gesamtkosten des Firmenwagens gehören, muss dieser zusätzliche geldwerte Vorteil auch zusätzlich zur 1 %-Regelung versteuert werden (BFH-Urteil vom 14.9.2005, BStBl. 2006 II S. 72). Ein zusätzlicher geldwerter Vorteil ergibt sich bei Übernahme folgender Kosten durch den Arbeitgeber:

– Parkgebühren anlässlich von Privatfahrten;
– anlässlich von Privatfahrten anfallende Mautgebühren (Straßenbenutzungsgebühren), Vignetten-Gebühren, Kosten für eine Fähre oder einen Autoreisezug;
– Aufwendungen für eine Anwohner-Parkberechtigung;
– Aufwendungen für eine ADAC-Plus-Mitgliedschaft (inklusive ADAC-Euro-Schutzbrief).

Zur Behandlung von Unfallkosten vgl. auch die Ausführungen unter der nachfolgenden Nr. 16.

b) 1 %-Methode für reine Privatfahrten

Der geldwerte Vorteil für die Benutzung des Firmenwagens zu reinen Privatfahren ist **monatlich** mit **1 %** des auf 100 € abgerundeten Bruttolistenpreises anzusetzen.

Beispiel A
Einem Arbeitnehmer wird von seinem Arbeitgeber ein Fahrzeug kostenlos zur Nutzung überlassen. Der Arbeitgeber hat das Fahrzeug mit einem Preisnachlass von 10 % erworben. Die unverbindliche Preis-

Firmenwagen zur privaten Nutzung

	Lohn-steuer-pflichtig	Sozial-versich.-pflichtig

empfehlung des Herstellers beträgt netto 30 000 €, hinzu kommt eine vom Händler kostenlos mitgelieferte Sonderausstattung von netto 1000 €, sowie Überführungs- und Zulassungskosten in Höhe von 600 €.

Der Bruttolistenpreis des Fahrzeugs ermittelt sich wie folgt:

unverbindliche Preisempfehlung netto	30 000,— €
+ Sonderausstattung	1 000,— €
zusammen	31 000,— €
+ 19 % Umsatzsteuer	5 890,— €
insgesamt	36 890,— €
Bruttolistenpreis abgerundet	36 800,— €
monatlicher geldwerter Vorteil 1 % von 36 800 € =	368,— €

Der geldwerte Vorteil für die private Nutzung des Firmenwagens ist mit 368 € monatlich dem steuer- und beitragspflichtigen Barlohn zuzurechnen. Der Preisnachlass von 10 % darf bei der Ermittlung des Bruttolistenpreises nicht abgezogen werden. Die Überführungs- und Zulassungskosten in Höhe von 600 € bleiben außer Ansatz, weil sie nicht zum „Listenpreis" gehören.

Beispiel B

Der Arbeitgeber überlässt dem Arbeitnehmer ab 1. 2. 2010 einen Firmenwagen mit einem Bruttolistenpreis von 33 780 €. Im September lässt der Arbeitgeber **nachträglich** ein Navigationsgerät einbauen. Auf den Listenpreis dieses Geräts in Höhe von 1500 € erhält er einen Preisrabatt von 30 % und bezahlt 1050 €. Somit ergibt sich ab September für die Berechnung des geldwerten Vorteils ein maßgebender Ausgangswert von (33 780 € + 1050 € =) 34 830 €. In den Fällen des nachträglichen Einbaus der Sonderausstattung sind nämlich die tatsächlich anfallenden Kosten (einschließlich Mehrwertsteuer) anzusetzen.

Der geldwerte Vorteil für die Privatfahrten errechnet sich ausgehend von den auf volle hundert Euro abgerundeten Listenpreisen:

Februar bis August	1 % von 33 700 €	337,— €
ab September	1 % von 34 800 €	348,— €

Für die Ermittlung des geldwerten Vorteils für die Fahrten zwischen Wohnung und regelmäßiger Arbeitsstätte ist von den gleichen Listenpreisen auszugehen.

Der Bundesfinanzhof hat entschieden, dass eine Ermittlung des geldwerten Vorteils für die Privatnutzung nach der **1 %-Methode nicht** bei Fahrzeugen vorzunehmen ist, die nach ihrer objektiven Beschaffenheit und Einrichtung für eine Nutzung zu privaten Zwecken nicht geeignet sind (BFH-Urteil vom 18.12.2008, BStBl. 2009 II S. 381). Im Streitfall war dem Arbeitnehmer eines Unternehmens für Heizungs- und Sanitärbedarf ein zweisitziger Kastenwagen (sog. **Werkstatt-/Monteurwagen**) überlassen worden, dessen fensterloser Aufbau mit Materialschränken und -fächern sowie Werkzeug ausgestattet und mit einer Beschriftung versehen war. Für die private Nutzung dieses Wagens setzte das Finanzamt im Rahmen einer Lohnsteuer-Außenprüfung zunächst einen geldwerten Vorteil nach der 1 %-Methode an. Der Bundesfinanzhof folgte dem nicht, da nach seiner Auffassung Bauart und Ausstattung deutlich machten, dass ein solcher Wagen typischerweise nicht für private Zwecke eingesetzt werde. Ausschlaggebend waren die Anzahl der Sitzplätze (im Streitfall zwei), das äußere Erscheinungsbild, die Verblendung der hinteren Seitenfenster und das Vorhandensein einer Abtrennung zwischen Lade- und Fahrgastraum. Ob ein solches Fahrzeug dennoch privat genutzt werde, bedarf jeweils einer Feststellung im Einzelfall. Diese Feststellungslast hierfür obliegt dem Finanzamt, das sich insoweit nicht auf den sog. Anscheinsbeweis berufen könne. Stellt das Finanzamt eine Privatnutzung eines solchen Fahrzeugs fest, ist diese mit dem „üblichen Endpreis" (vgl. § 8 Abs. 2 Satz 1 EStG) und nicht unter Heranziehung der Bruttolistenpreisregelung zu bewerten. Für die vom Arbeitnehmer im entschiedenen Streitfall mit dem Werkstattwagen unstreitig durchgeführten Fahrten zwischen Wohnung und regelmäßiger Arbeitsstätte war allerdings ein geldwerter Vorteil in Höhe von monatlich 0,03 % des Bruttolistenpreises je Entfernungskilometer anzusetzen (vgl. hierzu auch die Erläuterungen unter dem nachfolgenden Buchstaben c).

Führt der Arbeitnehmer kein ordnungsgemäßes Fahrtenbuch ist die pauschale Ermittlung des geldwerten Vorteils nach der **1 %-Methode auch dann** vorzunehmen, wenn der Arbeitnehmer ein **angemessenes Nutzungsentgelt** zahlt (BFH-Urteil vom 7.11.2006, BStBl. 2007 II S. 269). Das Nutzungsentgelt ist allerdings als Zuzahlung des Arbeitnehmers auf den geldwerten Vorteil **anzurechnen** (vgl. die Erläuterungen unter der nachfolgenden Nr. 9).

Mit dem Ansatz des geldwerten Vorteils nach der 1 %-Methode sind sämtliche Privatfahrten, die der Arbeitnehmer mit dem firmeneigenen Pkw durchführt, abgegolten. Abgegolten sind also auch Mittagsheimfahrten zur Einnahme des Essens (nicht jedoch die normalen Fahrten zwischen Wohnung und regelmäßiger Arbeitsstätte vgl. nachfolgend unter Buchstabe c). Abgegolten sind auch **private Urlaubsreisen** des Arbeitnehmers mit dem firmeneigenen Pkw. Umgekehrt ist eine Kürzung des pauschalen Werts nicht möglich, wenn der Arbeitgeber den firmeneigenen Pkw zwar für Privatfahrten nicht aber für Urlaubsfahrten in das Ausland zur Verfügung stellt. Die nach der 1 %-Methode ermittelten Pauschalbeträge sind nach Auffassung der Finanzverwaltung Erfahrungssätze, die an der unteren Grenze des steuerlich zu berücksichtigenden geldwerten Vorteils liegen. Es handelt sich um eine der Vereinfachung dienende Schätzung. Kürzungen dieser Erfahrungssätze z. B. unter Hinweis auf Beschriftungen des Firmenwagens, auf einen Zweitwagen des Arbeitnehmers, auf Übernahme der Treibstoffkosten oder auf die Unterbringung des Fahrzeugs in einer dem Arbeitnehmer gehörenden bzw. von ihm gemieteten Garage sind nicht zulässig (vgl. die Erläuterungen unter der nachfolgenden Nr. 9 Buchstabe d).

Der monatliche Pauschalwert ist unabhängig davon anzusetzen, wie oft der Arbeitnehmer den Firmenwagen in dem betreffenden Monat privat nutzt. Maßgebend ist allein die **Möglichkeit** der privaten Nutzung mindestens an einem Tag des Monats (vgl. die Erläuterungen unter der nachfolgenden Nr. 5). Besonderheiten sind in folgenden Fällen zu beachten:

— mehrere Arbeitnehmer benutzen einen Firmenwagen;

— ein Arbeitnehmer hat mehrere Firmenwagen;

— der Arbeitnehmer nutzt Firmenwagen aus einem sog. Fahrzeugpool;

— ein Arbeitnehmer erhält als Firmenwagen ein Campingfahrzeug;

— der Arbeitgeber erstattet dem Arbeitnehmer alle Kosten für den eigenen Pkw.

Diese Sonderfälle sind unter der nachfolgenden Nr. 12 erläutert.

c) 0,03 %-Methode für Fahrten zwischen Wohnung und regelmäßiger Arbeitsstätte

Benutzt der Arbeitnehmer den Firmenwagen sowohl für reine Privatfahrten als auch für Fahrten zwischen Wohnung und regelmäßiger Arbeitsstätte, so ist der auf die Fahrten zwischen Wohnung und regelmäßiger Arbeitsstätte entfallende geldwerte Vorteil **zusätzlich** anzusetzen. Diese Fahrten sind durch die Anwendung der 1 %-Methode für reine Privatfahrten **nicht mit abgegolten**.

Der geldwerte Vorteil beträgt **für jeden Kilometer** der **einfachen** Entfernung zwischen Wohnung und regelmäßiger Arbeitsstätte **monatlich 0,03 %** des Bruttolistenpreises. Mit diesem Wert ist also die Hin- und Rückfahrt abgegolten.

Beispiel A

Der Bruttolistenpreis des Firmenwagens am Tag der Erstzulassung beträgt 30 000 €. Der Arbeitnehmer benutzt den Firmenwagen für reine Privatfahrten und für Fahrten zwischen Wohnung und regelmäßiger Arbeitsstätte (einfache Entfernung 20 km). Der geldwerte Vorteil errechnet sich wie folgt:

Firmenwagen zur privaten Nutzung

	Lohn-steuer-pflichtig	Sozial-versich.-pflichtig

Geldwerter Vorteil für die reinen Privatfahrten
1 % von 30 000 € monatlich = 300,— €

zusätzlich ist der geldwerte Vorteil für Fahrten zwischen Wohnung und regelmäßiger Arbeitsstätte anzusetzen:
0,03 % von 30 000 € = 9 € × 20 km = 180,— €

geldwerter Vorteil monatlich insgesamt   480,— €
jährlich 480 € × 12 Monate = 5 760,— €

Der Arbeitnehmer kann bei seiner Veranlagung zur Einkommensteuer Werbungskosten für Fahrten zwischen Wohnung und regelmäßiger Arbeitsstätte in Höhe von 0,30 € ab dem 1. Entfernungskilometer je Arbeitstag geltend machen (vgl. das Stichwort „Entfernungspauschale").

Im Gegensatz zu der beim Werbungskostenabzug geltenden Entfernungspauschale (vgl. dieses Stichwort) ist der geldwerte Vorteil, der dem Arbeitnehmer dadurch zufließt, dass ihm der Arbeitgeber kostenlos einen Pkw für Fahrten zwischen Wohnung und regelmäßiger Arbeitsstätte zur Verfügung stellt, in der Höhe anzusetzen, in der dem Arbeitnehmer durch die Haltung eines eigenen Kraftwagens des gleichen Typs Kosten entstanden wären (also die ersparten **tatsächlichen Kosten einschließlich Umsatzsteuer**). Dieser Wert ist gesetzlich auf 0,03 % des Bruttolistenpreises **monatlich** für jeden Kilometer der einfachen Entfernung zwischen Wohnung und regelmäßiger Arbeitsstätte festgelegt worden.

Geht man von durchschnittlich 15 Arbeitstagen im Monat aus, so kann man aus der monatlichen Pauschale von 0,03 % folgende Kilometersätze ableiten:

Bruttolistenpreis in Euro	25 000	35 000	50 000
Entfernung der Wohnung von der regelmäßigen Arbeitsstätte	20 km	20 km	20 km
geldwerter Vorteil monatlich	150,— €	210,— €	300,— €
gefahrene km bei z. B. 15 Arbeitstagen	600 km	600 km	600 km
Kilometersatz	0,25 €	0,35 €	0,50 €
für Hin- und Rückfahrt	0,50 €	0,70 €	1,— €

Bei der monatlichen Pauschale von 0,03 % handelt es sich also um den Ansatz eines fahrzeugbezogenen Kilometersatzes (0,001 % des Bruttolistenpreises), der für jeden Kilometer der einfachen Entfernung zwischen Wohnung und regelmäßiger Arbeitsstätte anzusetzen ist, wobei von einer geschätzten Nutzung an 15 Arbeitstagen im Monat ausgegangen wurde (0,001 % × 2 = 0,002 % für die Hin- und Rückfahrt; 0,002 % für 15 Arbeitstage ergibt 0,03 % monatlich).

Der Berechnung des geldwerten Vorteils für Fahrten zwischen Wohnung und regelmäßiger Arbeitsstätte nach der 0,03 %-Methode ist die **einfache Entfernung** zwischen Wohnung und regelmäßiger Arbeitsstätte zugrunde zu legen; diese ist auf den nächsten vollen Kilometer **abzurunden**. Mit dem Wert monatlich 0,03 % des Bruttolistenpreises ist also die Hin- und Rückfahrt abgegolten. Maßgebend ist die **kürzeste** benutzbare Straßenverbindung. Gleichwohl kann der Arbeitnehmer beim Werbungskostenabzug die Entfernungspauschale auf der Grundlage einer Umwegstrecke berechnen, wenn der Umweg verkehrsgünstiger ist und regelmäßig gefahren wird (vgl. das Stichwort „Entfernungspauschale")*).

Der Monatswert erhöht sich nicht, wenn der Arbeitnehmer den Pkw **an einem Arbeitstag mehrmals** für Fahrten zwischen Wohnung und regelmäßiger Arbeitsstätte benutzt, z. B. bei einer Unterbrechung der Arbeitszeit aus beruflichen Gründen oder weil der Arbeitnehmer seine regelmäßige Arbeitsstätte wegen eines zusätzlichen Arbeitseinsatzes außerhalb seiner regelmäßigen Arbeitszeit aufsuchen muss. **Mittagsheimfahrten**, die nicht beruflich veranlasst sind, stellen jedoch keine Fahrten zwischen Wohnung und regelmäßiger Arbeitsstätte, sondern eine rein private Nutzung des Pkws dar, die auch dann zusätzlich mit 1 % des Bruttolistenpreises monatlich anzusetzen ist, wenn die private Nutzung ausnahmsweise nur aus diesen privat veranlassten Mittagsheimfahrten bestehen sollte**).

Beispiel B

Der Bruttolistenpreis des Firmenwagens am Tag der Erstzulassung beträgt 30 000 €. Der Arbeitnehmer benutzt den Firmenwagen **nur für Mittagsheimfahrten zur Einnahme des Mittagessens und für die Fahrten zwischen Wohnung und regelmäßiger Arbeitsstätte** am Morgen und am Abend (einfache Entfernung 20 km). Der geldwerte Vorteil errechnet sich wie folgt:

	Lohn-steuer-pflichtig	Sozial-versich.-pflichtig

Geldwerter Vorteil für die Mittagsheimfahrten
(= reine Privatfahrten) 1 % von 30 000 € monatlich = 300,— €

zusätzlich ist der geldwerte Vorteil für Fahrten zwischen Wohnung und regelmäßiger Arbeitsstätte anzusetzen:
0,03 % von 30 000 € = 9 € × 20 km = 180,— €

geldwerter Vorteil monatlich insgesamt   480,— €
jährlich 480 € × 12 Monate = 5 760,— €

Der Arbeitnehmer kann bei seiner Veranlagung zur Einkommensteuer Werbungskosten für Fahrten zwischen Wohnung und regelmäßiger Arbeitsstätte in Höhe von 0,30 € ab dem 1. Entfernungskilometer je Arbeitstag geltend machen (vgl. das Stichwort „Entfernungspauschale").

Der Arbeitnehmer kann das für ihn ungünstige Ergebnis bei den Privatfahrten nur durch die Wahl der individuellen Berechnungsmethode (sog. Fahrtenbuchmethode) vermeiden (vgl. Nr. 2).

Der Monatswert erhöht sich also nicht, wenn der Arbeitnehmer den Pkw an einem Arbeitstag mehrmals für beruflich veranlasste Fahrten zwischen Wohnung und regelmäßiger Arbeitsstätte nutzt.

Andererseits ermäßigt sich der Monatswert nicht, wenn der Firmenwagen nur ab und zu für Fahrten zwischen Wohnung und regelmäßiger Arbeitsstätte genutzt wird. Denn es ist unerheblich, ob und wie oft im Kalendermonat das Fahrzeug tatsächlich zu Fahrten zwischen Wohnung und regelmäßiger Arbeitsstätte genutzt wird. Der Ansatz des pauschalen Nutzungswerts hängt allein davon ab, dass der Arbeitnehmer das Fahrzeug zu Fahrten zwischen Wohnung und regelmäßiger Arbeitsstätte nutzen **kann** (vgl. § 8 Abs. 2 Satz 3 EStG: „Kann das Kraftfahrzeug für Fahrten zwischen Wohnung und Arbeitsstätte genutzt werden, …"). Der **Monatswert** von 0,03 % ist deshalb nach dem Gesetzeswortlaut **auch dann** anzusetzen, wenn der Arbeitnehmer das ihm überlassene **Fahrzeug** tatsächlich **nur gelegentlich** für Fahrten zwischen Wohnung und regelmäßiger Arbeitsstätte **nutzt**.

Dieser Auffassung ist der **Bundesfinanzhof** allerdings ausdrücklich nicht gefolgt. Seiner Meinung nach kommt es für die Anwendung der 0,03 %-Methode darauf an, ob und in welchem Umfang ein überlassener **Firmenwagen** vom Arbeitnehmer **tatsächlich** für Fahrten zwischen Wohnung und regelmäßiger Arbeitsstätte **genutzt wird**. Der **Streitfall** betraf einen **Außendienstmitarbeiter**, dem von seinem Arbeitgeber für Kundenbesuche ein Firmenwagen überlassen wurde, den er auch für Fahrten zwischen Wohnung und regelmäßiger Arbeitsstätte nutzen durfte. Der Außendienstmitarbeiter suchte an **einem Arbeitstag** in der Woche den **Betriebssitz** seines Arbeitgebers auf (Entfernung von seiner Wohnung = 50 km). Das **Finanzamt** erhöhte bei der Einkommensteuer-Veranlagung des Außendienstmitarbeiters den Bruttoarbeitslohn um einen monatlichen geldwerten Vorteil nach der

---

*) Verfügung der OFD Frankfurt vom 27.6.2006 S 2351 A – 14 – St 211; veröffentlicht in der Zeitschrift „Der Betrieb" 2006 S. 2091.

**) Der Begriff der Fahrten zwischen Wohnung und regelmäßiger Arbeitsstätte ist im Einkommensteuergesetz festgelegt, und zwar bis 31.12.2000 in § 9 Abs. 1 Nr. 4 Satz 2 EStG wie folgt: Fährt der Arbeitnehmer an einem Arbeitstag zwischen Wohnung und regelmäßiger Arbeitsstätte hin und her, so sind die zusätzlichen Fahrten nur zu berücksichtigen, soweit sie durch einen zusätzlichen Arbeitseinsatz außerhalb der Arbeitszeit oder durch eine Arbeitsunterbrechung von mindestens vier Stunden veranlasst sind. Seit 1.1.2001 ist auch diese Ausnahmeregelung weggefallen. Im Umkehrschluss bedeutet dies für die Nutzung des Firmenwagens zu privaten Mittagsheimfahrten, dass diese nicht durch die für Fahrten zwischen Wohnung und regelmäßiger Arbeitsstätte geltende Pauschale von 0,03 % erfasst sein können, weil sie zu den reinen Privatfahrten gehören (vgl. hierzu auch Hartz/Meeßen/Wolf, ABC-Führer Lohnsteuer, Stichwort „Kraftfahrzeuggestellung" Rz. 50).

Firmenwagen zur privaten Nutzung

0,03 %-Methode für Fahrten zwischen Wohnung und regelmäßiger Arbeitsstätte unter Zugrundelegung von 50 Entfernungskilometern. Der **Bundesfinanzhof** macht hingegen die Höhe des Ansatzes eines geldwerten Vorteils für die Fahrten zwischen Wohnung und regelmäßiger Arbeitsstätte davon abhängig, dass und **wie oft** der **Firmenwagen tatsächlich** für die **Fahrten zum Betriebssitz** des Arbeitgebers **genutzt wird** (BFH-Urteil vom 4.4.2008, BStBl. II S. 887). Zur Klärung dieser Frage wurde der Streitfall an das Finanzgericht zurückverwiesen. Für die Nutzung des Firmenwagens (auch) für Fahrten zwischen Wohnung und regelmäßiger Arbeitsstätte bestehe zwar ein **Anscheinsbeweis**, dieser könne aber vom jeweiligen Arbeitnehmer **entkräftet** werden. Für den Fall, dass der Firmenwagen vom Arbeitnehmer z. B. nur einmal wöchentlich für die Fahrten von der Wohnung zur regelmäßigen Arbeitsstätte genutzt werde, sei bei der Ermittlung des geldwerten Vorteils auf die Anzahl der tatsächlich durchgeführten Fahrten abzustellen und – abweichend von der 0,03%-Methode – eine **Einzelbewertung** dieser Fahrten mit **0,002 %** des Bruttolistenpreises **je Entfernungskilometer pro Fahrt** durchzuführen. Eine Berechnung des geldwerten Vorteils für Fahrten zwischen Wohnung und regelmäßiger Arbeitsstätte nach der 0,03%-Methode kommt demnach erst dann in Betracht, wenn mindestens 15 Fahrten monatlich durchgeführt werden (15 Arbeitstage × 0,002 % = 0,03 %). Im Hinblick auf den Anscheinsbeweis ist jedoch bei Nichtanwendung der 0,03 %-Methode das Vorhandensein aussagekräftiger Unterlagen erforderlich (z. B. Reisekostenabrechnungen, Einsatzpläne oder – aber nicht zwingend – Fahrtenbuch), wie oft der Firmenwagen für Fahrten zwischen Wohnung und regelmäßiger Arbeitsstätte im jeweiligen Monat genutzt worden ist.

Die unterschiedliche Berechnungsweise der Finanzverwaltung und des Bundesfinanzhofs für den geldwerten Vorteil für Fahrten zwischen Wohnung und regelmäßiger Arbeitsstätte in diesen Fällen soll noch einmal am folgenden Beispiel deutlich gemacht werden:

Beispiel C

Ein Außendienstmitarbeiter sucht zweimal in der Woche (= achtmal im Kalendermonat) seine regelmäßige Arbeitsstätte auf. Die Entfernung von der Wohnung zur regelmäßigen Arbeitsstätte beträgt 60 km. Der Bruttolistenpreis seines Firmenwagens beläuft sich auf 40 000 €.

Monatlicher geldwerter Vorteil laut **Finanzverwaltung**:	
0,03% von 40 000 € × 60 km	720,— €
Monatlicher geldwerter Vorteil laut **Bundesfinanzhof**:	
0,016% (8 Fahrten × 0,002%) von 40 000 € × 60 km	384,— €
Differenz zum Nachteil des Arbeitnehmers pro Kalendermonat	336,— €!

Die **Finanzverwaltung** wendet das Urteil des Bundesfinanzhofs über den entschiedenen Einzelfall hinaus nicht an (sog. **Nichtanwendungserlass**).*) Ihrer Ansicht nach ist der Umfang der **tatsächlichen Nutzung** des Firmenwagens für Fahrten zwischen Wohnung und regelmäßiger Arbeitsstätte für die Anwendung der 0,03 %-Bruttolistenpreisregelung **unerheblich**, denn nach dem Gesetzeswortlaut („Kann ... genutzt werden"; vgl. § 8 Abs. 2 Satz 3 EStG) und dem Zweck des Gesetzes kommt es allein darauf an, ob der Arbeitnehmer die **objektive Möglichkeit** hat, den Firmenwagen auch für Fahrten zwischen Wohnung und regelmäßiger Arbeitsstätte **zu nutzen**. Bereits die **Verfügbarkeit** des Kraftfahrzeugs für diese Fahrten führe zu einem **geldwerten Vorteil**. Es entspreche nicht dem gesetzgeberischen Willen, entgegen dem Gesetzeswortlaut eine Einzelbewertung der Fahrten mit 0,002 % des Bruttolistenpreises vorzunehmen. Die 0,03 %-Bruttolistenpreisregelung sei eine Typisierung, die (letztlich auch) der Vereinfachung des Besteuerungsverfahrens diene. Mit einer Einzelbewertung der Fahrten – außerhalb der Anwendung der Fahrtenbuchmethode – würde der typisierende und vereinfachende Charakter der Bruttolistenpreisregelung zunichte gemacht und der Gesetzesvollzug erschwert. Man wird sehen, ob sich der Bundesfinanzhof dieser Argumentation in einem zukünftigen Verfahren anschließen wird. Derartige Verfahren sind aber nur dann erfolgversprechend, wenn der Arbeitnehmer **aussagekräftige Unterlagen** vorlegen kann, wie oft er in dem jeweiligen Kalendermonat in die Firma gefahren ist. In Betracht kommen z. B.: Auszüge aus dem Arbeitszeitkonto, Arbeitgeberbescheinigung über die Anwesenheitstage im Betrieb, Reisekostenabrechnungen oder Einsatzpläne sowie selbstverständlich ein Fahrtenbuch.

Zwischenzeitlich ist ein weiteres Urteil des Bundesfinanzhofs bekannt geworden, in dem er seine vorstehend beschriebene Rechtsprechung bestätigt und monatlich (das bedeutet **monatliche Prüfung**) darauf abstellt, ob mindestens 15 Fahrten zwischen Wohnung und regelmäßiger Arbeitsstätte (= 0,03 %-Methode) oder weniger Fahrten (= 0,002 % pro Fahrt) durchgeführt worden sind (BFH-Urteil vom 28.8.2008, BStBl. 2009 II S. 280). Da das Urteil zeitlich vor dem ausführlich begründeten Nichtanwendungserlass der Finanzverwaltung vom 23.10.2008 ergangen ist, hat die Finanzverwaltung auch zu diesem neuen Urteil einen weiteren Nichtanwendungserlass herausgegeben (BMF-Schreiben vom 12.3.2009 [BStBl. I S. 500]).

Der Monatswert von 0,03 % wird von der Finanzverwaltung auch dann nicht auf Tage umgerechnet, wenn die Nutzung im Laufe des Monats beginnt oder endet (zum Wechsel des Firmenwagens im Laufe eines Monats vgl. die Erläuterungen unter der nachfolgenden Nr. 4). Ein durch Urlaub oder Krankheit bedingter Nutzungsausfall ist im gesetzlich geregelten Nutzungswert bereits pauschal berücksichtigt, weil der Ermittlung des Prozentsatzes von 0,03% nur 15 Arbeitstage im Monat zugrunde liegen. Eine Ausnahme vom Ansatz des Prozentsatzes von 0,03% ist nur dann möglich, wenn der Firmenwagen lediglich für einzelne Fahrten aus besonderem Anlass oder zu einem besonderen Zweck überlassen wird (vgl. die Erläuterungen unter der nachfolgenden Nr. 5). Allerdings steht auch diese Verwaltungsauffassung mit der vorstehend ausführlich erläuterten Rechtsprechung des Bundesfinanzhofs nicht im Einklang.

d) Mehrere Wohnungen

Fährt der Arbeitnehmer zu **verschiedenen Wohnungen**, so ist wie folgt zu verfahren:

Für die näher gelegene Wohnung ist der geldwerte Vorteil in Anwendung der 0,03 %-Regelung zu ermitteln. Für jede Fahrt von und zu der weiter entfernt liegenden Wohnung ist **zusätzlich** ein pauschaler Nutzungswert von 0,002 % des Bruttolistenpreises des Kraftfahrzeugs für jeden Kilometer der Entfernung zwischen der weiter entfernt liegenden Wohnung und der regelmäßigen Arbeitsstätte dem Arbeitslohn zuzurechnen, soweit sie die Entfernung zur näher gelegenen Wohnung **übersteigt**.

Beispiel

Ein Arbeitnehmer arbeitet in München und hat dort aus privaten Gründen eine Zweitwohnung (Entfernung von der regelmäßigen Arbeitsstätte 10 km). Seine Hauptwohnung hat er am Tegernsee (Entfernung von der regelmäßigen Arbeitsstätte 50 km). Im Januar 2010 fährt er an 16 Arbeitstagen mit dem Firmenwagen (Bruttolistenpreis 30 000 €) von seiner Wohnung in München zur Arbeit. An 6 Arbeitstagen fährt er zu seiner Wohnung am Tegernsee und von dort wieder in die Arbeit. Für Januar 2010 ergibt sich folgender geldwerter Vorteil für die Benutzung des Firmenwagens zu Fahrten zwischen Wohnung und regelmäßiger Arbeitsstätte:

---
*) BMF-Schreiben vom 23.10.2008 (BStBl. I S. 961). Das BMF-Schreiben ist als Anlage 5 zu H 8.1 (9–10) im **Steuerhandbuch für das Lohnbüro 2010** abgedruckt, das im selben Verlag erschienen ist. Das **PC-Lexikon** für das Lohnbüro 2010 enthält auch dieses Handbuch und hat außerdem den Vorteil, dass Sie **alle BFH-Urteile** sowie die aktuellen Rundschreiben und Niederschriften der Spitzenverbände der **Sozialversicherung** mit Mausklick **im Volltext** abrufen und ausdrucken können. Eine Bestellkarte finden Sie vorne im Lexikon.

Firmenwagen zur privaten Nutzung

	Lohn-steuer-pflichtig	Sozial-versich.-pflichtig
a) Nähere Wohnung (0,03%-Regelung)		
0,03% von 30 000 € = 9 € × 10 km =	90,— €	
b) Weiter entfernte Wohnung (0,002%-Regelung)		
0,002% von 30 000 € = 0,60 € × 40 km × 6 Arbeitstage =	144,— €	
geldwerter Vorteil monatlich insgesamt	234,— €	

Die Kilometer für die weiter entfernt liegende Wohnung sind nur insoweit anzusetzen, als sie die Entfernung zur näher gelegenen Wohnung **übersteigen** (50 km abzüglich 10 km ergibt 40 km).

Zu Arbeitnehmern mit mehreren regelmäßigen Arbeitsstätten vgl. die Erläuterungen unter der nachfolgenden Nr. 11.

e) Park-and-ride-System

Legt der Arbeitnehmer die Strecke zwischen Wohnung und regelmäßiger Arbeitsstätte zum Teil mit öffentlichen Verkehrsmitteln und zum Teil mit dem Firmenwagen zurück **(Park-and-ride-System),** so wäre es an sich nahe liegend, dass für die Anwendung der 0,03%-Methode nur diejenigen Kilometer berücksichtigt werden, die der Arbeitnehmer auch tatsächlich mit dem Firmenwagen gefahren ist. Eine bundeseinheitliche Verwaltungsanweisung*) schreibt jedoch vor, dass die gesamte – also auch die mit öffentlichen Verkehrsmitteln zurückgelegte – Strecke der 0,03%-Methode zugrunde gelegt werden muss, es sei denn, der Arbeitgeber hat das Fahrzeug ausdrücklich (durch schriftliche Vereinbarung) nur für eine Teilstrecke zur Verfügung gestellt. Zur steuerlichen Anerkennung und der erforderlichen Überwachung solcher Nutzungsverbote vgl. die Erläuterungen unter der folgenden Nr. 18).

Aus **Billigkeitsgründen** kann der geldwerte Vorteil nach der 0,03%-Bruttolistenpreisregelung allerdings auf der Grundlage der **tatsächlich** mit dem Firmenwagen **zurückgelegten Entfernung** ermittelt werden, wenn für die **restliche Teilstrecke** z. B. eine auf den Arbeitnehmer ausgestellte **Jahres-Bahnfahrkarte** vorgelegt wird. Die Finanzverwaltung folgt damit im Ergebnis der Rechtsprechung des Bundesfinanzhofs (BFH-Urteil vom 4.4.2008, BStBl. II S. 890).**)

Beispiel

Dem Arbeitnehmer wird zur uneingeschränkten Nutzung ein Firmenwagen zur Verfügung gestellt. Die Entfernung zwischen Wohnung und regelmäßiger Arbeitsstätte beträgt 118 km. Der Arbeitnehmer benutzt den Firmenwagen für Fahrten zwischen seiner Wohnung und dem nächstgelegenen Bahnhof (3 km). Die restliche Teilstrecke fährt er mit dem Zug. Dies weist er durch Vorlage einer auf seinen Namen ausgestellten Jahres-Bahnfahrkarte nach.

Für die Ermittlung des geldwerten Vorteils für Fahrten zwischen Wohnung und regelmäßiger Arbeitsstätte sind lediglich 3 km (Entfernung Wohnung – Bahnhof) anzusetzen. Zwar spricht auch hier der Anscheinsbeweis zunächst einmal für einen Ansatz der gesamten Entfernung zwischen Wohnung und regelmäßiger Arbeitsstätte (= 118 km). Dieser Anscheinsbeweis kann jedoch entkräftet werden; hier durch die auf den Namen des Arbeitnehmers ausgestellte Jahres-Bahnfahrkarte. Allein das Vorhandensein einer Jahres-Bahnfahrkarte genügt jedoch nicht. Die Fahrkarte muss auch tatsächlich für Fahrten zwischen Wohnung und regelmäßiger Arbeitsstätte benutzt, das heißt eingesetzt werden. Dies muss der Arbeitgeber (z. B. durch Einholung einer schriftlichen Bestätigung des Arbeitnehmers oder Überwachung der Gesamtfahrleistung) überprüfen.

Allein der Verzicht des Arbeitnehmers auf die Zurverfügungstellung eines Firmenparkplatzes als „Gegenleistung" für die Zurverfügungstellung eines Job-Tickets rechtfertigt nicht eine Abweichung von den Entfernungskilometern Wohnung/regelmäßige Arbeitsstätte.

Außerdem ergeben sich Besonderheiten in folgenden Fällen:

– mehrere Arbeitnehmer benutzen einen Firmenwagen;
– ein Arbeitnehmer hat mehrere Firmenwagen;
– der Arbeitnehmer nutzt Firmenwagen aus einem sog. Fahrzeugpool;
– ein Arbeitnehmer erhält als Firmenwagen ein Campingfahrzeug;
– der Arbeitgeber erstattet dem Arbeitnehmer alle Kosten für den eigenen Pkw.

Diese Sonderfälle sind unter der nachfolgenden Nr. 12 erläutert.

f) Bewertung von Familienheimfahrten im Rahmen einer doppelten Haushaltsführung

Benutzt der Arbeitnehmer den Firmenwagen nicht nur für reine Privatfahrten und für Fahrten zwischen Wohnung und regelmäßiger Arbeitsstätte, sondern auch für Familienheimfahrten im Rahmen einer doppelten Haushaltsführung, so beträgt der hierdurch entstehende geldwerte Vorteil **0,002% des Bruttolistenpreises** für jeden Kilometer der Entfernung zwischen dem Ort des eigenen Hausstands und der Zweitwohnung am Beschäftigungsort (§ 8 Abs. 2 Satz 5 EStG), wenn der Arbeitnehmer mehr als eine Familienheimfahrt wöchentlich mit dem Firmenwagen durchführt. Die mit der Bewertung von Familienheimfahrten im Rahmen einer doppelten Haushaltsführung zusammenhängenden Besonderheiten sind unter der nachfolgenden Nr. 14 ausführlich erläutert.

g) Behinderte Arbeitnehmer

Behinderte Arbeitnehmer, denen ein Firmenwagen zur privaten Nutzung bzw. zur Nutzung für Fahrten zwischen Wohnung und regelmäßiger Arbeitsstätte zur Verfügung steht, müssen den geldwerten Vorteil ebenso versteuern wie andere Arbeitnehmer auch.

Beim Werbungskostenabzug können behinderte Arbeitnehmer,

– deren Grad der Behinderung mindestens 70 beträgt,
– deren Grad der Behinderung weniger als 70, aber mindestens 50 beträgt und die in ihrer Bewegungsfähigkeit im Straßenverkehr erheblich beeinträchtigt sind (Merkzeichen „G"),

für Fahrten zwischen Wohnung und regelmäßiger Arbeitsstätte anstelle der Entfernungspauschale einen Kilometersatz von 0,30 € je gefahrenen Kilometer geltend machen (unter Berücksichtigung der Hin- und Rückfahrt also 2 × 0,30 € = 0,60 € für jeden Kilometer, den die regelmäßige Arbeitsstätte von der Wohnung entfernt ist). Dies kann bei der Überlassung eines verhältnismäßig preiswerten Firmenwagens dazu führen, dass der für Fahrten zwischen Wohnung und regelmäßiger Arbeitsstätte versteuerte geldwerte Vorteil erheblich niedriger ist als der beim Werbungskostenabzug anzusetzende Betrag.

Beispiel A

Der Arbeitnehmer (Grad der Behinderung 70) nutzt einen Firmenwagen (Bruttolistenpreis im Zeitpunkt der Erstzulassung 20 000 €) für Fahrten zwischen Wohnung und regelmäßiger Arbeitsstätte. Die Entfernung Wohnung–Arbeitsstätte beträgt 20 km. Es ergibt sich folgender monatlich zu versteuernder geldwerter Vorteil:

0,03% von 20 000 € × 20 km =	120,— €	
jährlich ergibt sich ein Betrag von 120,— € × 12 =	1 440,— €	

Der Arbeitnehmer kann bei seiner Veranlagung zur Einkommensteuer (ausgehend von z. B. 220 Arbeitstagen) Werbungskosten für Fahrten zwischen Wohnung und regelmäßiger Arbeitsstätte in folgender Höhe geltend machen:

0,60 € × 20 km × 220 Arbeitstage = 2 640,— €

---

*) BMF-Schreiben vom 28.5.1996 (BStBl. I S. 654). Das BMF-Schreiben ist als Anlage 1 zu H 8.1 (9–10) LStR im **Steuerhandbuch für das Lohnbüro 2010** abgedruckt, das im selben Verlag erschienen ist. Das **PC-Lexikon** für das Lohnbüro 2010 enthält auch dieses Handbuch und hat außerdem den Vorteil, dass Sie **alle BFH-Urteile** sowie die aktuellen Rundschreiben und Niederschriften der Spitzenverbände der **Sozialversicherung** mit Mausklick **im Volltext** abrufen und ausdrucken können. Eine Bestellkarte finden Sie vorne im Lexikon.

) BMF-Schreiben vom 23.10.2008 (BStBl. I S. 961). Das BMF-Schreiben ist als Anlage 5 zu H 8.1 (9–10) im **Steuerhandbuch für das Lohnbüro 2010 abgedruckt, das im selben Verlag erschienen ist. Das **PC-Lexikon** für das Lohnbüro 2010 enthält auch dieses Handbuch und hat außerdem den Vorteil, dass Sie **alle BFH-Urteile** sowie die aktuellen Rundschreiben und Niederschriften der Spitzenverbände der **Sozialversicherung** mit Mausklick **im Volltext** abrufen und ausdrucken können. Eine Bestellkarte finden Sie vorne im Lexikon.

Firmenwagen zur privaten Nutzung

	Lohn-steuer-pflichtig	Sozial-versich.-pflichtig

Dem versteuerten geldwerten Vorteil von 1440 € steht somit ein Werbungskostenabzug in Höhe von 2640 € gegenüber (vgl. die Erläuterungen beim Stichwort „Entfernungspauschale").

Bei behinderten Arbeitnehmern stellt sich die Frage, ob eine behindertenbedingte Sonderausstattung dem Bruttolistenpreis des Firmenwagens für die Ermittlung des steuerpflichtigen geldwerten Vorteils hinzugerechnet werden muss. Dies ist u. E. der Fall. Andererseits kann der Erhöhungsbetrag als außergewöhnliche Belastung (im Rahmen der zumutbaren Eigenbelastung) abgezogen werden.

Beispiel B
Bruttolistenpreis eines Firmenwagens 20 000 € zuzüglich behindertenbedingte Sonderausstattung im Wert von 10 000 €. Der monatliche geldwerte Vorteil beträgt:

1 % von 30 000 € =   300,— €

Den auf die behindertenbedingte Sonderausstattung entfallenden Mehrbetrag von 1 % von 10 000 € = 100 € monatlich, kann der Arbeitnehmer als außergewöhnliche Belastung bei seiner Veranlagung zur Einkommensteuer geltend machen.

h) Erzielung anderer Einkünfte

Der Bundesfinanzhof hatte über folgenden Fall zu entscheiden: Ein nebenberuflich tätiger **Selbständiger** hatte ein **Kraftfahrzeug** zulässigerweise als **Betriebsvermögen** behandelt und versteuerte für die **private Nutzung** monatlich **1 % des Bruttolistenpreises** als Entnahme. Bei einer Prüfung durch das Finanzamt stellte sich heraus, dass der Steuerzahler das Fahrzeug auch für die **Fahrten zwischen Wohnung und regelmäßiger Arbeitsstätte** in seinem **Hauptberuf** als Arbeitnehmer nutzte. Der Bundesfinanzhof bestätigte die Auffassung der Finanzverwaltung, dass diese Fahrten nicht durch die 1 %-Bruttolistenpreisregelung abgegolten seien, sondern zusätzlich mit den darauf entfallenden tatsächlichen Selbstkosten als **(zusätzliche)** gewinnerhöhende **Entnahme** des Gewerbebetriebs zu erfassen seien. Da für die Fahrten zur regelmäßigen Arbeitsstätte im Hauptberuf lediglich die Entfernungspauschale geltend gemacht werden konnte, erhöhte sich die Einkommensteuer. Zudem ergaben sich gewerbesteuerliche Folgerungen. Das im Bundessteuerblatt veröffentlichte Urteil des Bundesfinanzhofs wird ab 2007 von der Finanzverwaltung angewendet (BFH-Urteil vom 26. 4. 2006, BStBl. 2007 II S. 445). Aus Vereinfachungsgründen wird aber auf den Ansatz einer zusätzlichen Entnahme verzichtet, soweit die Aufwendungen bei der anderen Einkunftsart keinen Abzugsbeschränkungen (z. B. Entfernungspauschale) unterliegen und dort nicht abgezogen werden.

Überträgt man die Grundsätze dieses Urteils allgemein auf **Arbeitnehmer** müsste auch bei einem Arbeitnehmer ein **höherer** geldwerter **Vorteil** anzusetzen sein, wenn er einen vom Arbeitgeber überlassenen **Firmenwagen** zur **Erzielung** anderer **steuerlichen Einkünfte** nutzt. Hierauf ist zu verzichten, soweit die Aufwendungen bei der anderen Einkunftsart keinen Abzugsbeschränkungen (z. B. Entfernungspauschale) unterliegen und dort nicht abgezogen werden. Der Ansatz eines höheren geldwerten Vorteils kann zudem erst vom Finanzamt im Rahmen der Einkommensteuer-Veranlagung erfolgen, da der Arbeitgeber von der genauen Nutzung des Firmenwagens regelmäßig keine Kenntnis haben wird und somit keinen (höheren) Lohnsteuerabzug vornehmen kann. In der Praxis ist in diesem Zusammenhang bereits folgender Fall aufgetreten:

Beispiel
Die als Gewerbetreibende tätige Ehefrau will ihren Ehemann als geringfügig Beschäftigten (400-€-Job) einstellen. Er erhält allerdings kein Bargeld, sondern einen Firmenwagen mit einem Bruttolistenpreis von 40 000 € zur privaten Nutzung (Fahrten zwischen Wohnung und regelmäßiger Arbeitsstätte fallen im geringfügigen Beschäftigungsverhältnis nicht an). Der Ehemann nutzt den Firmenwagen aber auch für Fahrten zwischen Wohnung und regelmäßiger Arbeitsstätte (Entfernung 50 km) in seinem Haupt-Arbeitsverhältnis.

Die vorstehende Vereinbarung ist nicht anzuerkennen, da sie bezüglich der Art und Weise der Entlohnung einem Fremdvergleich nicht standhält. Wenn man sie aber anerkennen würde, müsste man ausgehend von der Rechtsprechung des Bundesfinanzhofs neben dem geldwerten Vorteil für die Privatnutzung des Firmenwagens (1 % von 40 000 € = 400 €) einen zusätzlichen geldwerten Vorteil für die Nutzung des Fahrzeugs zu Fahrten zwischen Wohnung und regelmäßiger Arbeitsstätte ansetzen mit der Folge, dass es sich nicht mehr um ein geringfügiges Beschäftigungsverhältnis im sozialversicherungsrechtlichen Sinne handeln würde.

Aus Vereinfachungsgründen bietet es sich an, den zusätzlichen geldwerten Vorteil für die Nutzung des Firmenwagens zu Fahrten zwischen Wohnung und regelmäßiger Arbeitsstätte wie folgt zu bewerten:
40 000 € × 0,002 % × 50 Entfernungskilometer × z. B. 160 Arbeitstage = 6400 €.

Ab 180 Arbeitstagen ist u.E. eine Ermittlung des geldwerten Vorteils nach der 0,03 %-Methode vorzunehmen.

4. Wechsel des Firmenwagens im Laufe eines Monats

Bei einem Wechsel des Firmenwagens im Laufe eines Monats wäre es aus steuerlicher Sicht naheliegend den geldwerten Vorteil für die private Nutzung des Firmenwagens nach dem Bruttolistenpreis des jeweils genutzten Fahrzeugs zu ermitteln und zeitanteilig anzusetzen.

Beispiel
Der Arbeitnehmer nutzt bisher den Firmenwagen A mit einem Bruttolistenpreis von 21 000 €. Ab 11. Juni 2010 nutzt er einen neuen Firmenwagen B mit einem Bruttolistenpreis von 24 000 €. Bei der zeitanteiligen Methode ergäbe sich folgender geldwerter Vorteil:

1 % von 21 000 € = 210 €; zeitanteilig $^{10}/_{30}$ =   70,— €
1 % von 24 000 € = 240 €; zeitanteilig $^{20}/_{30}$ =   160,— €

geldwerter Vorteil insgesamt monatlich   230,— €

Die Finanzverwaltung vertritt jedoch die Auffassung, dass der Monatsbetrag aus dem **überwiegend** genutzten Fahrzeug zu ermitteln ist*). Abgeleitet wird dies aus dem Wortlaut des § 8 Abs. 2 Satz 2 EStG i. V. m. § 6 Abs. 1 Nr. 4 Satz 2 EStG, der den geldwerten Vorteil mit einem (einheitlichen) Monatsbetrag festlegt. Denn § 6 Abs. 1 Nr. 4 Satz 2 EStG lautet: „Die private Nutzung eines Kraftfahrzeugs ist **für jeden Kalendermonat** ..." Diese monatsbezogene Betrachtungsweise gilt auch für die Ermittlung des geldwerten Vorteils bei Fahrten zwischen Wohnung und regelmäßiger Arbeitsstätte. Im obigen Beispiel muss deshalb der geldwerte Vorteil mit 1 % des Bruttolistenpreises des überwiegend genutzten Fahrzeugs angesetzt werden. Dies sind:

1 % von 24 000 € =   **240,— €**

5. Ausnahmen vom Ansatz der vollen Monatsbeträge

Sowohl bei der 1 %-Methode als auch bei der 0,03 %-Methode sind stets die vollen Monatsbeträge anzusetzen, ohne Rücksicht darauf, wie oft der Arbeitnehmer den Firmenwagen in dem betreffenden Monat zu reinen Privatfahrten bzw. zu Fahrten zwischen Wohnung und regelmäßiger Arbeitsstätte benutzt hat. Dies wird aus der gesetzlichen Formulierung abgeleitet, die auf die **Möglichkeit** einer entsprechenden Nutzung des Firmenwagens abstellt. Die Rechtsprechung des Bundesfinanzhofs, wonach es für die Anwendung der 0,03 %-Methode darauf ankommen soll, ob und in welchem Umfang der Firmenwagen vom Arbeitnehmer tatsächlich für Fahrten zwischen Wohnung und regelmäßiger Arbeitsstätte genutzt wird, wendet die Finanzverwaltung nicht allgemein an (= Nichtanwendungserlass; vgl. die Erläuterungen unter der vorstehenden Nr. 3 Buchstabe c). Der Monatswert wird deshalb auch dann nicht auf Tage ($^{1}/_{30}$) umgerechnet, wenn die Nutzung im Laufe des Monats

---

*) Textziffer 21 des amtlichen Arbeitgebermerkblatts für den Lohnsteuerabzug. Das amtliche Arbeitgebermerkblatt ist als Anhang 15 im **Steuerhandbuch für das Lohnbüro 2010** abgedruckt, das im selben Verlag erschienen ist. Das **PC-Lexikon** für das Lohnbüro 2010 enthält auch dieses Handbuch und hat außerdem den Vorteil, dass Sie **alle BFH-Urteile** sowie die aktuellen Rundschreiben und Niederschriften der Spitzenverbände der **Sozialversicherung** mit Mausklick **im Volltext** abrufen und ausdrucken können. Eine Bestellkarte finden Sie vorne im Lexikon.

Firmenwagen zur privaten Nutzung

beginnt oder endet. Außerdem führt das Abstellen auf die „Möglichkeit" der Nutzung auch dann zum Ansatz des Durchschnittswerts von monatlich 1 % bzw. 0,03 % des Bruttolistenpreises, wenn der Arbeitnehmer in irgendeinem Monat das Firmenfahrzeug nur an einigen Tagen oder überhaupt nicht für Privatfahrten oder für Fahrten zwischen Wohnung und regelmäßiger Arbeitsstätte nutzt.

Die pauschale Ermittlung des geldwerten Vorteils kann also für den Arbeitnehmer bei häufiger Nutzung sehr günstig, im Einzelfall aber auch sehr ungünstig sein. Durch bundeseinheitliche Verwaltungsanweisung*) ist deshalb zugelassen worden, dass die Monatsbeträge für diejenigen **vollen** Kalendermonate nicht angesetzt werden müssen, in denen dem Arbeitnehmer das Firmen- oder Dienstfahrzeug nicht zur Verfügung steht. Die Formulierung „nicht zur Verfügung steht", hat zwar wieder zu Zweifeln Anlass gegeben. Es ist jedoch davon auszugehen, dass unter diese Ausnahmeregelung auch diejenigen Fälle einzuordnen sind, in denen der Arbeitnehmer den Pkw **nachweislich** während eines **vollen** Kalendermonats **weder zu Privatfahrten noch zu Fahrten zwischen Wohnung und regelmäßiger Arbeitsstätte nutzen kann,** weil er z. B.

- im Urlaub,
- krank,
- auf einer Fortbildungsveranstaltung oder
- ins Ausland abgeordnet war.

Wird das Firmenfahrzeug während dieser Zeit auf dem Betriebsgelände abgestellt und der Schlüssel abgegeben, ergeben sich bezüglich des Nachweises keine Probleme.

Wird das Firmenfahrzeug während dieser Zeit nicht im Betrieb abgestellt, entfällt zwar der geldwerte Vorteil für die **Fahrten zwischen Wohnung und regelmäßiger Arbeitsstätte,** weil diese nachweislich nicht anfallen. Dies gilt jedoch nicht ohne weiteres auch für die reinen Privatfahrten, wenn die **Möglichkeit** zur **privaten Nutzung** (z. B. durch Familienangehörige) auch während der oben genannten Zeiten weiter besteht. Der Ansatz eines geldwerten Vorteils sowohl für die reinen Privatfahrten als auch für Fahrten zwischen Wohnung und regelmäßiger Arbeitsstätte entfällt also zweifelsfrei nur dann, wenn der Firmenwagen für einen vollen Kalendermonat auf dem Betriebsgelände abgestellt und der Schlüssel abgegeben wird.

Außerdem brauchen die pauschalen Monatsbeträge nach der oben genannten bundeseinheitlichen Verwaltungsanweisung*) dann nicht angesetzt werden, wenn dem Arbeitnehmer das Kraftfahrzeug aus besonderem Anlass oder zu einem besonderen Zweck nur gelegentlich (von Fall zu Fall) für nicht mehr als **fünf** Kalendertage im Kalendermonat überlassen wird. In diesem Fall ist die Nutzung zu Privatfahrten oder zu Fahrten zwischen Wohnung und regelmäßiger Arbeitsstätte je Fahrtkilometer mit 0,001 % des Bruttolistenpreises des Kraftfahrzeugs zu bewerten (Einzelbewertung). Bei einer Fahrleistung für Privatfahrten von mehr als 1000 km monatlich, kommt es zugunsten des Arbeitnehmers zur Anwendung der 1 %-Methode. Zum Nachweis der Fahrstrecke müssen die Kilometerstände festgehalten werden. Voraussetzung für die Anwendung dieser Ausnahmeregelung ist also, dass dem Arbeitnehmer das Firmen- oder Dienstfahrzeug nur von Fall zu Fall (also nicht ständig) zur Privatnutzung überlassen wird. Wird das Fahrzeug dem Arbeitnehmer zwar ständig zur Nutzung für Privatfahrten und zu Fahrten zwischen Wohnung und regelmäßiger Arbeitsstätte überlassen, aber aus irgendwelchen Gründen (z. B. wegen vorübergehender Auswärtstätigkeit, Urlaub, Krankheit usw.) in einigen Monaten nur gelegentlich für wenige Privatfahrten oder Fahrten zwischen Wohnung und regelmäßiger Arbeitsstätte genutzt, so liegt der bundeseinheitlich geregelte Ausnahmefall nicht vor mit der Folge, dass die vollen Monatsbeträge als geldwerter Vorteil anzusetzen sind.

Beispiel A

Einem Arbeitnehmer wird lt. Arbeitsvertrag ein Firmenfahrzeug (Bruttolistenpreis 30 000 €) zur Nutzung für Privatfahrten und zu Fahrten zwischen Wohnung und regelmäßiger Arbeitsstätte (einfache Entfernung 20 km) unentgeltlich überlassen. Im Juli 2010 war der Arbeitnehmer einige Tage im Urlaub und anschließend lag hier beruflich veranlasste Auswärtstätigkeit vor. Er hat deshalb lediglich eine Privatfahrt und an vier Arbeitstagen Fahrten zwischen Wohnung und regelmäßiger Arbeitsstätte ausgeführt. Die oben geschilderte Ausnahmeregelung ist **nicht** anwendbar. Steuer- und beitragspflichtig sind die vollen Monatsbeträge:

für Privatfahrten 1 % von 30 000 €	= 300,— €
für Fahrten zwischen Wohnung und regelmäßiger Arbeitsstätte 0,03 % von 30 000 € = 9 € × 20 km	180,— €
monatlicher geldwerter Vorteil insgesamt	480,— €

Beispiel B

Ein Arbeitnehmer hat nach seinem Arbeitsvertrag keinen Anspruch auf die Nutzung eines Firmenwagens zu Privatfahrten und zu Fahrten zwischen Wohnung und regelmäßiger Arbeitsstätte. Der Arbeitgeber überlässt dem Arbeitnehmer jedoch von Fall zu Fall einen Firmenwagen für diese Fahrten. Die privat gefahrenen Kilometer werden festgehalten. Wurde der Firmenwagen z. B. im März 2010 für 3 Fahrten zwischen Wohnung und regelmäßiger Arbeitsstätte (einfache Entfernung 20 km) und an zwei Tagen für Privatfahrten (gefahrene Kilometer jeweils 100 km) genutzt, so ergibt sich bei einem Bruttolistenpreis des Firmenwagens von 30 000 € folgender steuer- und beitragspflichtiger geldwerter Vorteil:

geldwerter Vorteil je gefahrenen Kilometer: 0,001 % von 30 000 €	= 0,30 €
– Fahrten zwischen Wohnung und regelmäßiger Arbeitsstätte (Hin- und Rückfahrt: 2 × 20 km = 40 km)	
geldwerter Vorteil (3 Tage × 40 km × 0,30 €)	= 36,— €
– Privatfahrten (2 Tage × 100 km × 0,30 €)	= 60,— €
geldwerter Vorteil für März 2010 insgesamt	96,— €

Wird ein Firmenwagen **ausschließlich** zu solchen Fahrten zwischen Wohnung und regelmäßiger Arbeitsstätte überlassen, durch die eine **dienstliche Nutzung** des Fahrzeugs an der Wohnung **begonnen oder beendet** wird, so ist ein geldwerter Vorteil für diese Fahrten nicht anzusetzen**). Unter einer „dienstlichen Nutzung" in diesem Sinne ist jede Auswärtstätigkeit anzusehen, bei der die Fahrtkosten zu den Reisekosten im lohnsteuerlichen Sinne gehören.

Beispiel C

Ein Arbeitnehmer, der in Starnberg wohnt, erhält von seinem Arbeitgeber (Sitz in München) ein Firmenfahrzeug zur Verfügung gestellt, weil er am nächsten Morgen eine beruflich veranlasste Auswärtstätigkeit nach Innsbruck antreten muss. Die Auswärtstätigkeit dauert zwei Tage und endet abends an der Wohnung des Arbeitnehmers. Am nächsten Morgen fährt er mit dem Firmenfahrzeug zu seiner regelmäßigen Arbeitsstätte in München.

Obwohl der Arbeitnehmer mit dem Firmenfahrzeug zwei Fahrten zwischen Wohnung und regelmäßiger Arbeitsstätte durchgeführt hat, ist hierfür kein Nutzungswert anzusetzen, da durch diese Fahrten eine dienstliche Nutzung begonnen und beendet wurde.

Beispiel D

Die Arbeitnehmer nutzen für die Fahrten zwischen Wohnung und regelmäßiger Arbeitsstätte ihren eigenen Pkw. Im Anschluss an ihre Arbeitszeit besuchen sie regelmäßig Fortbildungsveranstaltungen. Für die sich dadurch ergebenden Fahrten dürfen sie ein Poolfahrzeug der Firma nutzen. Sie lassen an diesen Tagen ihren Pkw auf dem Firmenpark-

---

*) BMF-Schreiben vom 28.5.1996 (BStBl. I S. 654). Das BMF-Schreiben ist als Anlage 1 zu H 8.1 (9–10) LStR im **Steuerhandbuch für das Lohnbüro 2010** abgedruckt, das im selben Verlag erschienen ist. Das **PC-Lexikon** für das Lohnbüro 2010 enthält auch dieses Handbuch und hat außerdem den Vorteil, dass Sie **alle BFH-Urteile** sowie die aktuellen Rundschreiben und Niederschriften der Spitzenverbände der **Sozialversicherung** mit Mausklick **im Volltext** abrufen und ausdrucken können. Eine Bestellkarte finden Sie vorne im Lexikon.

) Textziffer 29 Satz 2 des amtlichen Arbeitgebermerkblatts für den Lohnsteuerabzug. Das amtliche Arbeitgebermerkblatt ist als Anhang 15 im **Steuerhandbuch für das Lohnbüro 2010 abgedruckt, das im selben Verlag erschienen ist. Das **PC-Lexikon** für das Lohnbüro 2010 enthält auch dieses Handbuch und hat außerdem den Vorteil, dass Sie **alle BFH-Urteile** sowie die aktuellen Rundschreiben und Niederschriften der Spitzenverbände der **Sozialversicherung** mit Mausklick **im Volltext** abrufen und ausdrucken können. Eine Bestellkarte finden Sie vorne im Lexikon.

Firmenwagen zur privaten Nutzung

platz stehen, fahren mit dem Poolfahrzeug zur Fortbildungsveranstaltung, anschließend nach Hause und am darauf folgenden Tag mit dem Poolfahrzeug von ihrer Wohnung zur Firma.

Für die Fahrt zwischen Wohnung und regelmäßiger Arbeitsstätte ist kein geldwerter Vorteil anzusetzen, da die durch den Besuch der Fortbildungsveranstaltung bedingte dienstliche Nutzung des Poolfahrzeugs an der Wohnung des Arbeitnehmers beendet wurde.

Bei Anwendung dieser Ausnahmeregelung ist allerdings zu beachten, dass ein Ansatz des geldwerten Vorteils nach der 0,03 %-Methode nur dann entfällt, wenn **alle** Fahrten vom Betrieb zur Wohnung (und von der Wohnung zum Betrieb) die oben genannten Voraussetzungen erfüllen. Ist im Monat nur **eine** Fahrt dabei, die die Voraussetzungen nicht erfüllt, muss nach Auffassung der Finanzverwaltung die 0,03 %-Methode angewendet werden.

Durch die dargestellte Sonderregelung sind auch diejenigen Arbeitnehmer begünstigt, denen ein Firmenwagen (z. B. ein Transporter oder Combi) im Rahmen eines (regelmäßig zeitlich begrenzten) Bereitschaftsdienstes auch für Fahrten zwischen Wohnung und regelmäßiger Arbeitsstätte zur Verfügung steht. Denn in diesen Fällen ist die Kfz-Gestellung für Fahrten zwischen Wohnung und regelmäßiger Arbeitsstätte eine „notwendige Begleiterscheinung betriebsfunktionaler Zielsetzungen" und nicht eine Entlohnung für die Zurverfügungstellung der Arbeitskraft (BFH-Urteil vom 25.5.2000, BStBl. II S. 690).

6. Barlohnumwandlung

a) Lohnsteuerliche Beurteilung der Barlohnumwandlung

Von der Finanzverwaltung wurden früher Barlohnumwandlungen (Gehaltsumwandlungen) bei Anwendung der 1 %-Methode nicht anerkannt. Demgegenüber hat das Niedersächsische Finanzgericht eine Barlohnminderung zugunsten einer Firmenwagen-Überlassung, die mit der 1 %-Methode bewertet wird, zugelassen. Der Bundesfinanzhof hat mit Beschluss vom 20.8.1997 (BStBl. II S. 667) die gegen das Finanzgerichtsurteil eingelegte Nichtzulassungsbeschwerde des Finanzamts abgewiesen. Denn der Bundesfinanzhof hält es für selbstverständlich, dass Barlohn durch Sachlohn ersetzt werden kann und hat ausdrücklich darauf hingewiesen, dass seine Rechtsprechung zum Gehaltsverzicht mit Verwendungsauflage hier nicht einschlägig sei (BFH-Urteil vom 30.7.1993, BStBl. II S. 884). Nach Ansicht des Bundesfinanzhofs befasst sich diese Rechtsprechung nur mit der Frage, ob der Lohn zugeflossen ist. Die Zuflussfrage stelle sich aber bei der Umwandlung von Barlohn in Sachbezüge nicht. Eine Umwandlung von Barlohn in Sachbezüge sei deshalb ohne weiteres möglich. Die Auswirkung dieser BFH-Rechtsprechung soll an einem Beispiel verdeutlicht werden:

Beispiel

Einem Arbeitnehmer wird ein Firmenfahrzeug auch zur privaten Nutzung überlassen (Bruttolistenpreis 50 000 €). Im Gegenzug verzichtet der Arbeitnehmer (Monatsgehalt 5000 €) auf 600 € monatlich. Es ergibt sich Folgendes:

	keine Anerkennung der Barlohnumwandlung	Barlohnumwandlung wird anerkannt
ursprünglich vereinbarter Barlohn	5 000 €	5 000 €
vereinbarter Barlohnverzicht	–	600 €
	5 000 €	4 400 €
geldwerter Vorteil nach der 1 %-Methode	500 €	500 €
	5 500 €	4 900 €
Entgelt für die private Nutzung 600 € (zu berücksichtigen höchstens in Höhe des geldwerten Vorteils)	500 €	–
zu versteuernder Monatslohn	5 000 €	4 900 €

Aufgrund der Rechtsprechung des Bundesfinanzhofs akzeptiert die Finanzverwaltung eine Umwandlung von Barlohn in Sachbezüge auch mit steuerlicher Wirkung, wenn der Austausch von Barlohn durch einen Sachbezug ausdrücklich durch eine **Änderung des Arbeitsvertrags** vereinbart wird (Hinweise zu R 8.1 Abs. 7 LStR, Stichwort „Essenmarken und Gehaltsumwandlung"). Das Ersetzen von Barlohn durch Sachlohn ist steuerlich interessant, wenn das vom Arbeitnehmer an den Arbeitgeber für den Sachbezug zu entrichtende Entgelt **höher** ist als die steuerliche Bewertung des Sachbezugs.

Die Umwandlung von Barlohn in Sachbezüge ist auch bei der 0,03 %-Methode für Fahrten zwischen Wohnung und regelmäßiger Arbeitsstätte sowie bei der 0,002 %-Methode für steuerpflichtige Familienheimfahrten im Rahmen einer doppelten Haushaltsführung möglich. Hierbei stellt sich außerdem die Frage, ob die bei Fahrten zwischen Wohnung und regelmäßiger Arbeitsstätte mögliche Pauschalierung der Lohnsteuer mit 15 % zulässig ist oder ob die Pauschalierung mit 15 % daran scheitert, dass bei der Umwandlung von Barlohn in einen Sachbezug kein Arbeitslohn vorliegt, der zusätzlich zum ohnehin geschuldeten Arbeitslohn geleistet wird (§ 40 Abs. 2 Satz 2 EStG). Nach dem Wortlaut dieser Vorschrift bezieht sich jedoch die Einschränkung „zusätzlich zum ohnehin geschuldeten Arbeitslohn" nur auf Barzuschüsse des Arbeitgebers zu den Aufwendungen des Arbeitnehmers für Fahrten zwischen Wohnung und regelmäßiger Arbeitsstätte und **nicht auf unentgeltliche oder verbilligte Sachbezüge**, sodass auch die Umwandlung von Barlohn in einen pauschal mit 15 % zu versteuernden Sachbezug möglich ist.

b) Sozialversicherungsrechtliche Beurteilung der Barlohnumwandlung

In der **Sozialversicherung** wird selbst bei einer Änderung des Arbeitsvertrags die Barlohnminderung nicht anerkannt, wenn der Arbeitnehmer ein Wahlrecht zwischen Barlohn und Sachbezug hat.

Anders ist es hingegen bei einem Gehaltsverzicht durch Abänderung des Arbeitsvertrags. Denn das laufende Arbeitsentgelt, auf das zugunsten eines Sachbezugs verzichtet wird, unterliegt nicht der Beitragspflicht in der Sozialversicherung, wenn der Verzicht arbeitsrechtlich bzw. tarifrechtlich zulässig ist und für die Zukunft schriftlich vereinbart wird. Zum wirksamen Verzicht vgl. das Stichwort „Zufluss von Arbeitslohn" unter Nr. 2 Buchstabe h.

7. Deckelung des geldwerten Vorteils

Die **sog. Prozent-Methode** (1 % bzw. 0,03 %) soll der vereinfachten Ermittlung des lohnsteuerpflichtigen geldwerten Vorteils dienen. Sie soll jedoch nicht dazu führen, dass der Arbeitnehmer für Privatfahrten und für Fahrten zwischen Wohnung und regelmäßiger Arbeitsstätte mehr versteuern muss, als die dem Arbeitgeber für den Firmenwagen insgesamt entstandenen Kosten. Aus diesen Gründen wurde eine sog. Deckelung des pauschal ermittelten geldwerten Vorteils eingeführt[*]. Im Einzelnen gilt Folgendes:

Übersteigt der nach der sog. Prozent-Methode (1 %, 0,03 %) insgesamt ermittelte pauschale geldwerte Vorteil die Höhe der beim Arbeitgeber tatsächlich anfallenden Gesamtkosten für den Firmenwagen (was man sich z. B. bei einem voll abgeschriebenen Gebrauchtwagen vorstellen kann), so wird der insgesamt für reine Privatfahrten,

---

[*] Textziffer I.8 des BMF-Schreibens vom 28.5.1996 (BStBl. I S. 654). Das BMF-Schreiben ist als Anlage 1 zu H 8.1 (9–10) LStR im **Steuerhandbuch für das Lohnbüro 2010** abgedruckt, das im selben Verlag erschienen ist. Das **PC-Lexikon** für das Lohnbüro 2010 enthält auch dieses Handbuch und hat außerdem den Vorteil, dass Sie **alle BFH-Urteile** sowie die aktuellen Rundschreiben und Niederschriften der Spitzenverbände der **Sozialversicherung** mit Mausklick **im Volltext** abrufen und ausdrucken können. Eine Bestellkarte finden Sie vorne im Lexikon.

Firmenwagen zur privaten Nutzung

für Fahrten zwischen Wohnung und regelmäßiger Arbeitsstätte und für mehr als eine Familienheimfahrt wöchentlich ermittelte geldwerte Vorteil **auf die beim Arbeitgeber tatsächlich anfallenden Gesamtkosten beschränkt** (sog. Deckelung des geldwerten Vorteils). Die Gesamtkosten sind nach den für die individuelle Methode (vgl. Nr. 2 Buchstabe b) geltenden Grundsätzen zu ermitteln.

Beispiel

Der Arbeitgeber stellt seinem Arbeitnehmer einen Firmenwagen mit einem Bruttolistenpreis von 30 000 € für Privatfahrten und für Fahrten zwischen Wohnung und regelmäßiger Arbeitsstätte zur Verfügung (Entfernung 25 km). Die jährlichen Gesamtkosten für das bereits abgeschriebene Fahrzeug betragen 4800 €.

Geldwerter Vorteil für die reinen Privatfahrten 1 % von 30 000 € monatlich	300 €
Zusätzlich ist der geldwerte Vorteil für Fahrten zwischen Wohnung und regelmäßiger Arbeitsstätte anzusetzen 0,03 % von 30 000 € = 9 € × 25 km	225 €
geldwerter Vorteil monatlich insgesamt	525 €
jährlich 525 € × 12 Monate	6300 €
jährliche Gesamtkosten des Fahrzeugs	4800 €

Der sich nach der sog. Prozent-Methode (1 %, 0,03 %) insgesamt ergebende geldwerte Vorteil von 6300 € ist auf die beim Arbeitgeber tatsächlich anfallenden Gesamtkosten von 4800 € zu begrenzen. Der geldwerte Vorteil aus der Firmenwagengestellung beträgt folglich 4800 €.

Wie Kostenerstattungen Dritter bei einer Kostendeckelung zu behandeln sind, ist in einer Verfügung der OFD München vom 25.5.2005 erläutert*). Im Ergebnis mindern sie die Gesamtkosten, sofern ein unmittelbarer wirtschaftlicher Zusammenhang zwischen den Kosten und der Erstattungsleistung besteht (z. B. bei einer Versicherungserstattung von Unfallkosten).

Die Begrenzung des pauschal ermittelten geldwerten Vorteils auf die Gesamtkosten des Arbeitgebers kann naturgemäß erst zum Ende des Kalenderjahres vorgenommen werden, da erst zu diesem Zeitpunkt die Höhe der tatsächlichen Aufwendungen feststeht. Frühestmöglicher Zeitpunkt für die Anwendung der sog. Kostendeckelung ist daher regelmäßig der betriebliche Lohnsteuer-Jahresausgleich durch den Arbeitgeber.

Die Gesamtkosten sind auch dann für das Kalenderjahr zu ermitteln, wenn der Arbeitgeber ein vom Kalenderjahr abweichendes Wirtschaftsjahr (z. B. 1.10. bis 30.9.) hat.

8. Wechsel der Berechnungsmethode

Für die Ermittlung des geldwerten Vorteils, der durch die unentgeltliche oder verbilligte Nutzung des Firmenwagens zu Privatfahrten entsteht, kann der Arbeitgeber zwischen zwei Berechnungsmethoden wählen. Er muss sich insgesamt für alle Fahrten entweder für die Ermittlung eines individuellen Kilometersatzes (Fahrtenbuchmethode) oder die pauschale Wertermittlung (= Bruttolistenpreisregelung) entscheiden. Bei der Auswahl muss sich der Arbeitgeber insbesondere wegen der für Fahrten zwischen Wohnung und regelmäßiger Arbeitsstätte mit dem Pkw vorgesehenen Pauschalierungsmöglichkeit mit 15 %, die zwar Beitragsfreiheit in der Sozialversicherung auslöst, aber zum Verlust des Werbungskostenabzugs führt (vgl. nachfolgend unter Nr. 13), mit dem Arbeitnehmer abstimmen.

Das einmal gewählte **Verfahren** darf bei demselben Fahrzeug während des Kalenderjahres **nicht gewechselt** werden (R 8.1 Abs. 9 Nr. 3 Satz 1 LStR). Dadurch wird ausgeschlossen, dass für Monate mit hoher Privatnutzung (Urlaubsfahrten) die 1 %-Regelung und für die anderen Monate der Einzelnachweis der Privatfahrten nach der Fahrtenbuchmethode gewählt wird. Ein **Wechsel des Verfahrens** ist also während des Kalenderjahres nur dann möglich, wenn das **Fahrzeug gewechselt** wird. Allerdings kann nach Ablauf eines Kalenderjahres durchaus von einer Berechnungsmethode zur anderen übergegangen werden, wenn sich z. B. anhand der Aufzeichnungen im ordnungsgemäßen Fahrtenbuch herausstellt, dass der individuelle Kilometersatz günstiger ist als die 1 %-Regelung. Führt der Arbeitgeber nach Ablauf des Kalenderjahres im Rahmen des betrieblichen Lohnsteuer-Jahresausgleichs keinen Wechsel der Berechnungsmethode durch, so kann der Arbeitnehmer den Wechsel der Berechnungsmethode bei seiner Veranlagung zur Einkommensteuer geltend machen, da er bei der Veranlagung zur Einkommensteuer nicht an das vom Arbeitgeber für die Berechnung der Lohnsteuer gewählte Verfahren gebunden ist.

Stehen einem Arbeitnehmer gleichzeitig mehrere Kraftfahrzeuge zur Verfügung und führt er nur für einzelne Kraftfahrzeuge ein ordnungsgemäßes Fahrtenbuch, so kann er für diese den privaten Nutzungswert individuell ermitteln, während der Nutzungswert für die anderen mit monatlich 1 % des Listenpreises anzusetzen ist (BFH-Urteil vom 3.8.2000, BStBl. 2001 II S. 332).

9. Zuzahlungen des Arbeitnehmers

a) Allgemeines

Häufig müssen Arbeitnehmer für die private Nutzung des Firmenwagens etwas bezahlen. Dies kann eine einmalige Zuzahlung zu den Anschaffungskosten des Firmenwagens sein, wenn der Arbeitnehmer z. B. ein teureres Auto oder eine besondere Sonderausstattung möchte, als ihm nach der betrieblichen Regelung zustünde. Es kann sich aber auch um laufende Zuzahlungen handeln (pauschale oder kilometerbezogene Zuzahlungen, Übernahme der Treibstoffkosten für die Privatfahrten, Bereitstellung der privaten Garage für den Firmenwagen, Waschen und Pflegen des Firmenwagens usw.). Im Einzelnen gilt hierzu Folgendes:

b) Zuzahlungen zu den Anschaffungskosten des Firmenwagens

Leistet der Arbeitnehmer eine **Zuzahlung zu den Anschaffungskosten** des Pkws (z. B. weil er ein höherwertiges Fahrzeug oder eine bestimmte Sonderausstattung haben will), so können diese Zuzahlungen **im Kalenderjahr der Zahlung** auf den geldwerten Vorteil für Privatfahrten, für Fahrten zwischen Wohnung und regelmäßiger Arbeitsstätte sowie für steuerpflichtige Familienheimfahrten angerechnet werden. Es kommt nicht darauf an, ob der Arbeitnehmer die Zuzahlung an den Arbeitgeber oder an einen Dritten (z. B. das Autohaus) leistet.

Beispiel A

Bruttolistenpreis des Pkw ohne Sonderausstattung	22 000,— €
vom Arbeitnehmer bezahlte Sonderausstattung	3 000,— €
Bemessungsgrundlage für die 1 %-Regelung	25 000,— €
geldwerter Vorteil 1 % aus 25 000 € = 250 € × 12	3 000,— €
./. Zuzahlung des Arbeitnehmers	3 000,— €
geldwerter Vorteil im Kalenderjahr 2010	0,— €

Nicht selten werden die Zuzahlungen des Arbeitnehmers ratenweise über mehrere Jahre erbracht.

Beispiel B

Sachverhalt wie Beispiel A. Die Zuzahlung in Höhe von 3000 € wird auf zwei Jahre verteilt. Der geldwerte Vorteil des Arbeitnehmers in Höhe von 3000 € jährlich vermindert sich in den beiden Jahren der Zuzahlung auf jeweils (3000 € − 1500 € =) 1500 € jährlich.

---

*) Die Verfügung der OFD München vom 25.5.2005 Az.: S 2145 − 20 St 41/42 ist als Anlage 3 zu H 8.1 (9–10) LStR im **Steuerhandbuch für das Lohnbüro 2010** abgedruckt, das im selben Verlag erschienen ist. Das **PC-Lexikon für das Lohnbüro 2010** enthält auch dieses Handbuch und hat außerdem den Vorteil, dass Sie **alle BFH-Urteile** sowie die aktuellen Rundschreiben und Niederschriften der Spitzenverbände der **Sozialversicherung** mit Mausklick **im Volltext** abrufen und ausdrucken können. Eine Bestellkarte finden Sie vorne im Lexikon.

Firmenwagen zur privaten Nutzung

Die vorstehenden Erläuterungen gelten im Grundsatz unabhängig davon, nach welcher Berechnungsmethode (pauschal oder individuell) der geldwerte Vorteil ermittelt wurde. Bei Anwendung der **individuellen Methode** (= Fahrtenbuchmethode) kommt allerdings eine Anrechnung auf den geldwerten Vorteil nur dann in Betracht, wenn die Bemessungsgrundlage für die Ermittlung der Abschreibung (also die Anschaffungskosten des Firmenwagens zuzüglich Umsatzsteuer) nicht bereits um die Zuzahlung des Arbeitnehmers gemindert worden ist (R 8.1 Abs. 9 Nr. 4 Satz 3 LStR). **Zuschussrückzahlungen** an den Arbeitnehmer sind wiederum steuer- und sozialversicherungspflichtiger **Arbeitslohn,** soweit die Zuschüsse zuvor den privaten Nutzungswert gemindert haben.

Abweichend von der vorstehenden Verwaltungsauffassung hat der **Bundesfinanzhof** entschieden, dass die **Zuzahlungen** des Arbeitnehmers zu den Anschaffungskosten als **Werbungskosten** zu berücksichtigen sind (BFH-Urteil vom 18. 10. 2007, BStBl. 2009 II S. 200). Er behandelt die Zuzahlung allerdings als **Anschaffungskosten** für ein **Nutzungsrecht,** die für den Werbungskostenabzug auf die voraussichtliche **Gesamtnutzungsdauer zu verteilen** sind; u.E. wäre die Abschreibung des Nutzungsrechts auf die Dauer der Firmenwagenüberlassung – **maximal 6 Jahre** – vorzunehmen. Die Entscheidung des Bundesfinanzhofs kann auch deshalb **nachteilig** sein, weil sich die als Werbungskosten zu berücksichtigenden Zuzahlungen **sozialversicherungsrechtlich nicht mindernd** auswirken. Aufgrund dieses Urteils hat die **Finanzverwaltung** aber ihre bisherige Auffassung geändert und rechnet die **Zuzahlungen** des Arbeitnehmers zu den Anschaffungskosten – nicht mehr nur im Zahlungsjahr, sondern – bis zur Höhe des geldwerten Vorteils im **Zahlungsjahr** und darüber hinaus in den **folgenden Kalenderjahren** auf den **geldwerten Vorteil an.** Dies gilt in allen offenen Fällen*).

Beispiel C

Der nach der 1%-Bruttolistenpreisregelung ermittelte geldwerte Vorteil beträgt 4000 €. Der Arbeitnehmer hat 2010 eine Zuzahlung zu den Anschaffungskosten von 5000 € geleistet.

Der geldwerte Vorteil beträgt 2010 0 € (4000 € abzüglich 4000 €). Der übersteigende Betrag von 1000 € ist auf den geldwerten Vorteil 2011 anzurechnen.

Die **nicht verbrauchten Zuzahlungen** können in den auf das Zahlungsjahr folgenden Kalenderjahren jeweils **bis zur Höhe von 0 €** auf den geldwerten Vorteil angerechnet werden. Eine Minderung des geldwerten Vorteils ist aber nur so lange möglich, wie dem Arbeitnehmer dieser Firmenwagen auch noch zur privaten Nutzung überlassen wird. Die Zuzahlungen des Arbeitnehmers zu den Anschaffungskosten eines Firmenwagens führen also zu einer **fahrzeugbezogenen Minderung** des geldwerten Vorteils.

Beispiel D

Arbeitgeber A hat dem Arbeitnehmer B in den Jahren 2007 bis 2009 einen Firmenwagen auch zur privaten Nutzung und zur Nutzung zwischen Wohnung und regelmäßiger Arbeitsstätte überlassen. B leistete in 2007 eine Zuzahlung zu den Anschaffungskosten des Firmenwagens in Höhe von 10 000 €. Der geldwerte Vorteil aus der Überlassung des Firmenwagens zu Privatfahrten und Fahrten zwischen Wohnung und regelmäßiger Arbeitsstätte beträgt 3000 €. In 2007 wurde die Zuzahlung auf den geldwerten Vorteil in Höhe von 3000 € angerechnet. Seit Januar 2010 nutzt der Arbeitnehmer B einen anderen Firmenwagen.

Da die Zuzahlung im Jahr 2007 auf den geldwerten Vorteil angerechnet wurde, verbleibt ein Betrag in Höhe von 7000 € für die Jahre ab 2008. In 2008 war der geldwerte Vorteil ebenfalls um 3000 € zu mindern. Es verbleibt daher ein Zuzahlungsbetrag von 4000 € (10 000 € abzüglich 3000 € für 2007 und 3000 € für 2008) für die Jahre ab 2009. Der geldwerte Vorteil des Jahres 2009 kann ebenfalls um 3000 € bis auf 0 € gemindert werden. Der danach noch verbleibende Zuzahlungsbetrag von 1000 € ist im Jahr 2010 wegen der Überlassung eines neuen Firmenwagens nicht mehr auf den geldwerten Vorteil anzurechnen.

Die Minderung des geldwerten Vorteils um die noch nicht verbrauchten Zuzahlungen ist allerdings im Jahr des Fahrzeugwechsels **nicht zeitanteilig,** sondern – bis zur Höhe von 0 € – in voller Höhe vorzunehmen.

Beispiel E

Der geldwerte Vorteil aus der Überlassung eines Firmenwagens beträgt 4000 € jährlich und der noch nicht verbrauchte Zuzahlungsbetrag aus den Vorjahren 2500 €. Zum 1.10.2010 erhält der Arbeitnehmer einen neuen Firmenwagen.

Der geldwerte Vorteil aus der Überlassung des bisherigen Firmenwagens für den Zeitraum 1.1. bis 30.9.2010 beträgt 3000 € (⁹/₁₂ von 4000 €). Der noch nicht verbrauchte Zuzahlungsbetrag ist hiervon in voller Höhe von 2500 € und nicht lediglich in Höhe von 1875 € (⁹/₁₂ von 2500 €) abzuziehen. Der nach Abzug des noch nicht verbrauchten Zuzahlungsbetrags verbleibende geldwerte Vorteil beträgt somit 500 € (geldwerter Vorteil 3000 € abzüglich noch nicht verbrauchter Zuzahlungsbetrag 2500 €).

Zur **umsatzsteuerlichen** Behandlung von Zuzahlungen zu den Anschaffungskosten des Firmenwagens vgl. die Erläuterungen unter der nachfolgenden Nr. 20 Buchstabe d.

c) Laufende Zuzahlungen

Muss der Arbeitnehmer für die Nutzung des Firmenwagens zu Privatfahrten, zu Fahrten zwischen Wohnung und regelmäßiger Arbeitsstätte und ggf. auch für steuerpflichtige Familienheimfahrten laufende Zuzahlungen an den Arbeitgeber leisten, so gilt Folgendes:

Sowohl bei der **individuellen Berechnungsmethode** (= Fahrtenbuchmethode; vgl. Nr. 2) als auch bei der **1%-Methode** (vgl. Nr. 3) sind Zuzahlungen des Arbeitnehmers stets zu berücksichtigen, und zwar unabhängig davon, ob es sich um Pauschalzahlungen (z. B. monatlich 100 €) oder um ein Kilometergeld (z. B. 0,10 € je privat gefahrenen Kilometer) handelt.

Auf den nach der 0,03%-Methode ermittelten geldwerten Vorteil für Fahrten zwischen Wohnung und regelmäßiger Arbeitsstätte können ebenfalls sowohl pauschale als auch kilometerbezogene Zuzahlungen angerechnet werden. Entsprechendes gilt in den seltenen Fällen der steuerpflichtigen Familienheimfahrten.

Hiernach ergibt sich für die Berücksichtigung pauschaler oder kilometerbezogener Zuzahlungen folgendes Schema:

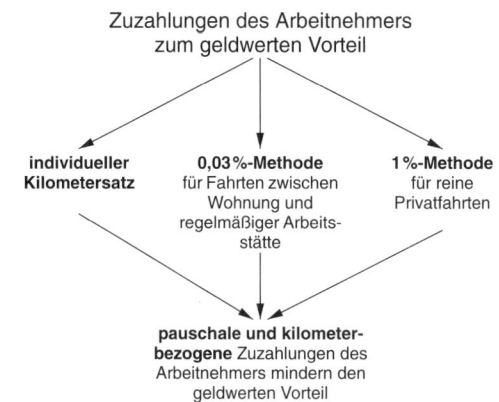

Beispiel

Ein Arbeitnehmer erhält 2010 vom Arbeitgeber einen Firmenwagen gestellt. Der Bruttolistenpreis des Wagens (Neuwert) beträgt 30 000 €. Der Arbeitnehmer muss für die private Nutzung sowie für die Fahrten zwischen Wohnung und regelmäßiger Arbeitsstätte einen Kilometersatz von 0,15 € je tatsächlich gefahrenen Kilometer bezahlen. Die einfache Entfernung zwischen Wohnung und regelmäßiger Arbeitsstätte beträgt 20 km.

---

*) BMF-Schreiben vom 6.2.2009 (BStBl. I S. 413). Das BMF-Schreiben ist als Anlage 7 zu H 8.1 (9–10) LStR im **Steuerhandbuch für das Lohnbüro 2010** abgedruckt, das im selben Verlag erschienen ist. Das **PC-Lexikon** für das Lohnbüro 2010 enthält auch dieses Handbuch und hat außerdem den Vorteil, dass Sie **alle BFH-Urteile** sowie die aktuellen Rundschreiben und Niederschriften der Spitzenverbände der **Sozialversicherung** mit Mausklick **im Volltext** abrufen und ausdrucken können. Eine Bestellkarte finden Sie vorne im Lexikon.

Es ergibt sich folgender monatlich zu versteuernder geldwerter Vorteil:

	Lohn-steuer-pflichtig	Sozial-versich.-pflichtig
1 % von 30 000 €	300,— €	
0,03 % von 30 000 € = 9 € × 20 km =	180,— €	
geldwerter Vorteil insgesamt	480,— €	
Abzüglich:		
– kilometerbezogene Zuzahlung zu dem nach der 1 %-Methode ermittelten Wert bei z. B. 400 privat gefahrenen Kilometern in dem betreffenden Monat (400 km × 0,15 €)	60,— €	
– kilometerbezogene Zuzahlung zu dem nach der 0,03 %-Methode ermittelten Wert (40 km × 0,15 € = 6 € × 20 Arbeitstage)	120,— €	180,— €
verbleibender Steuer- und beitragspflichtiger geldwerter Vorteil monatlich	300,— €	

d) Übernahme der Treibstoff- oder Garagenkosten durch den Arbeitnehmer

Pauschale und kilometerbezogene Zuzahlungen des Arbeitnehmers können nur dann berücksichtigt werden, wenn es sich um **Geldleistungen** handelt (R 8.1 Abs. 9 Nr. 4 Sätze 1 und 2 LStR). Stellt der Arbeitnehmer z. B. seine private Garage für den Firmenwagen zur Verfügung oder übernimmt er ganz oder teilweise die Treibstoffkosten, so kann der Wert dieser Sachleistungen nicht mit dem nach der sog. **Prozentmethode** ermittelten geldwerten Vorteil verrechnet werden (R 8.1 Abs. 9 Nr. 1 Satz 5 LStR). Denn die nach der 1 %-Methode ermittelten Pauschalbeträge sind nach Auffassung der Finanzverwaltung Erfahrungssätze, die an der unteren Grenze des steuerlich zu berücksichtigenden geldwerten Vorteils liegen. Es handelt sich um eine der Vereinfachung dienenden Schätzung, bei der bereits berücksichtigt ist, dass ein Teil der Kosten vom Arbeitnehmer vielfach selbst getragen wird. Die Verwaltungsauffassung ist vom **Bundesfinanzhof** bestätigt worden. Vom **Arbeitnehmer** selbst getragene **Kosten** (z. B. Treibstoffkosten) sind **kein Nutzungsentgelt**. Sie mindern weder den geldwerten Vorteil noch sind sie als Werbungskosten abziehbar (BFH-Urteil vom 18.10.2007, BStBl. 2008 II S. 198). Zahlt der Arbeitgeber dem Arbeitnehmer ein sog. Garagengeld für das Unterstellen des Firmenwagens in einer Garage oder eine sog. Wagenpflegepauschale für das Waschen des Firmenwagens, so stellt sich die Frage, ob diese Zahlungen zusätzlich als Arbeitslohn versteuert werden müssen. Diese Sonderfälle sind unter der nachfolgenden Nr. 12 Buchstaben a und b erläutert.

Bei der Ermittlung des geldwerten Vorteils nach der sog. **individuellen Methode** (= Fahrtenbuchmethode) gehören die vom Arbeitnehmer selbst getragenen Kosten (z. B. Benzinkosten) nach Auffassung der Finanzverwaltung nicht zu den Gesamtkosten. Vgl. auch die Erläuterungen unter der vorstehenden Nr. 2 Buchstabe b. **Abweichend** hiervon rechnet der **Bundesfinanzhof** in den Fällen der **Fahrtenbuchmethode** die vom **Arbeitnehmer** selbst getragenen **Aufwendungen** (im Streitfall Treibstoffkosten) **einerseits** zu den **Gesamtkosten** des Fahrzeugs und lässt sie **andererseits** zum **Werbungskostenabzug** zu (BFH-Urteil vom 18.10.2007, BStBl. 2009 II S. 199). Die Finanzverwaltung wendet das Urteil über den Einzelfall hinaus nicht an **(Nichtanwendungserlass)***). Aus dem folgenden Beispiel wird deutlich, dass sich die unterschiedlichen Ansätze der Finanzverwaltung und des Bundesfinanzhofs in erster Linie **sozialversicherungsrechtlich auswirken**.

Beispiel

Die vom Arbeitgeber für den überlassenen Firmenwagen getragenen Gesamtkosten betragen 8000 € und die vom Arbeitnehmer selbst getragenen Benzinkosten 2000 €. Das Fahrzeug wird zu 70 % privat und zu 30 % für beruflich veranlasste Auswärtstätigkeiten – bei Einzelnachweis der hierfür entstandenen Fahrtkosten – genutzt. Der geldwerte Vorteil soll nach der Fahrtenbuchmethode ermittelt werden.

Lösung Finanzverwaltung (R 8.1 Abs. 9 Nr. 2 LStR)

Geldwerter Vorteil 70 % von 8000 €	5 600,— €
Werbungskostenabzug 30 % von 2000 €	600,— €
Differenz	5 000,— €

Lösung Bundesfinanzhof (Urteil vom 18.10.2007, BStBl. 2009 II S. 199)

Geldwerter Vorteil 70 % von 10 000 €	7 000,— €
Werbungskostenabzug	2 000,— €
Differenz	5 000,— €

Unter Außerachtlassung der sich beim Werbungskostenabzug ggf. durch den Arbeitnehmer-Pauschbetrag ergebenden steuerlichen Auswirkung, ist die BFH-Rechtsprechung sozialversicherungsrechtlich wegen des höheren Arbeitsentgelts nachteilig.

10. Überlassung eines geleasten Firmenwagens

a) Allgemeines

Häufig stellen Arbeitgeber denjenigen Arbeitnehmern, die ständig beruflich veranlasste Auswärtstätigkeiten durchführen müssen, hierfür ein geleastes Fahrzeug zur Verfügung. Soweit ein solches Fahrzeug nur für **berufliche Fahrten** genutzt werden darf, die zu den **Reisekosten** im lohnsteuerlichen Sinne gehören, so ergeben sich hieraus keine lohnsteuerlichen Folgerungen; ein geldwerter Vorteil fließt dem Arbeitnehmer nicht zu.

Stellt der Arbeitgeber dem Arbeitnehmer ein geleastes Fahrzeug sowohl für berufliche Fahrten als auch für Privatfahrten sowie für Fahrten zwischen Wohnung und regelmäßiger Arbeitsstätte zur Verfügung, so ist die sog. Firmenwagenregelung anzuwenden, das heißt, die unter den Nummern 2 und 3 geschilderten Berechnungsmethoden zur Ermittlung des geldwerten Vorteils für die private Nutzung des Geschäftswagens gelten auch dann, wenn der Arbeitgeber den Pkw im Leasing-Verfahren beschafft hat. Zur Anwendung der 1 %-Regelung (0,03 %-Methode und 0,002 %-Regelung) ist deshalb der maßgebende Bruttolistenpreis im Zeitpunkt der Erstzulassung des geleasten Pkws zu ermitteln (R 8.1 Abs. 9 Nr. 1 Satz 6 LStR).

Beispiel A

Ein Arbeitgeber überlässt dem Arbeitnehmer einen Geschäftswagen, für den er eine monatliche Leasing-Rate in Höhe von 500 € zahlt. Der Geschäftswagen wird vom Arbeitnehmer für Privatfahrten und für Fahrten zwischen Wohnung und regelmäßiger Arbeitsstätte benutzt. Die einfache Entfernung zwischen Wohnung und Arbeitsstätte beträgt 20 km. Der Arbeitnehmer hat einen Anteil an der Leasing-Rate in Höhe von 200 € monatlich zu zahlen.

Wendet der Arbeitgeber zur Ermittlung des geldwerten Vorteils die 1 %-Regelung an, so ist der Listenpreis festzustellen, der beim Kauf des Neufahrzeugs maßgebend wäre (Listenpreis z. B. 30 000 €). Es ergibt sich folgender geldwerter Vorteil:

1 % aus 30 000 €	=	300,— €
0,03 % von 30 000 € = 9 € × 20 km	=	180,— €
geldwerter Vorteil monatlich insgesamt		480,— €
abzüglich vom Arbeitnehmer übernommener Anteil an der Leasing-Rate		200,— €
als steuerpflichtiger Arbeitslohn verbleiben		280,— €

Bei Anwendung der individuellen Methode (= Fahrtenbuchmethode) treten die monatlichen Leasingraten an die Stelle der Abschreibung. Eine Leasing-Sonderzahlung erhöht dabei nach dem im Lohnsteuerrecht geltenden Zu- und Abflussprinzip des § 11 EStG die Gesamtkosten im Kalenderjahr der Zahlung (BFH-Urteil vom 5.5.1994, BStBl. II S. 643). Die vorstehenden Grundsätze gelten auch dann, wenn der Arbeitgeber sehr günstige Leasingkonditionen (niedrige Sonderzahlung und/oder Raten) erhalten haben sollte.

---

*) BMF-Schreiben vom 6.2.2009 (BStBl. I S. 412). Das BMF-Schreiben ist als Anlage 6 zu H 8.1 (9–10) LStR im **Steuerhandbuch für das Lohnbüro 2010** abgedruckt, das im selben Verlag erschienen ist. Das **PC-Lexikon** für das Lohnbüro 2010 enthält auch dieses Handbuch und hat außerdem den Vorteil, dass Sie **alle BFH-Urteile** sowie die aktuellen Rundschreiben und Niederschriften der Spitzenverbände der **Sozialversicherung** mit Mausklick **im Volltext** abrufen und ausdrucken können. Eine Bestellkarte finden Sie vorne im Lexikon.

Firmenwagen zur privaten Nutzung

| | Lohn-steuer-pflichtig | Sozial-versich.-pflichtig |

b) Besonderheiten bei den Zuzahlungen

Muss der Arbeitnehmer eine **einmalige Sonderzahlung** leisten (z. B. weil er ein höherwertiges Fahrzeug oder eine bestimmte Sonderausstattung haben will), so können diese Zuzahlungen nach Auffassung der Finanzverwaltung **im Kalenderjahr der Zahlung** und ggf. in den folgenden Kalenderjahren auf den geldwerten Vorteil angerechnet werden. Auf die Erläuterungen bei der vorstehenden Nr. 9 Buchstabe b wird hingewiesen.

Beispiel B

Bruttolistenpreis des geleasten Pkw	22 000,— €
geldwerter Vorteil 1 % aus 22 000 € = 220 € x 12	2 640,— €
abzüglich einmalige Sonderzahlung des Arbeitnehmers für ein höherwertiges Fahrzeug	2 000,— €
verbleibender geldwerter Vorteil	640,— €

Muss der Arbeitnehmer für die Nutzung des Firmenwagens zu Privatfahrten, zu Fahrten zwischen Wohnung und regelmäßiger Arbeitsstätte und ggf. auch für steuerpflichtige Familienheimfahrten **laufende Zuzahlungen** an den Arbeitgeber leisten, so gilt Folgendes:

Sowohl bei der **individuellen Berechnungsmethode** (vgl. Nr. 2) als auch bei der **sog. Prozent-Methode** (1 % bzw. 0,03 % vgl. Nr. 3) sind Zuzahlungen des Arbeitnehmers stets zu berücksichtigen, und zwar unabhängig davon, ob es sich um Pauschalzahlungen (z. B. monatlich 100 €) oder um ein Kilometergeld (z. B. 0,10 € je gefahrenen Kilometer) handelt.

Vom Arbeitnehmer geleistete laufende Zuzahlungen können also sowohl auf einen nach der 1 %-Regelung ermittelten geldwerten Vorteil für Privatfahrten als auch auf einen geldwerten Vorteil für Fahrten zwischen Wohnung und regelmäßiger Arbeitsstätte sowie für steuerpflichtige Familienheimfahrten im Rahmen einer doppelten Haushaltsführung angerechnet werden (vgl. die Erläuterungen unter der vorstehenden Nr. 9 Buchstabe c).

Pauschale und kilometerbezogene Zuzahlungen des Arbeitnehmers können nur dann berücksichtigt werden, wenn es sich um **Geldleistungen** handelt. Übernimmt der Arbeitnehmer ganz oder teilweise die Treibstoffkosten, so kann der Wert dieser Sachleistungen nicht mit dem nach der sog. **Prozent-Methode** ermittelten geldwerten Vorteil verrechnet werden (R 8.1 Abs. 9 Nr. 1 Satz 5 LStR).

Bei der Ermittlung des geldwerten Vorteils nach der sog. **individuellen Methode** (= Fahrtenbuchmethode) gehören die vom Arbeitnehmer selbst getragenen Kosten (z. B. Benzinkosten) nach Auffassung der Finanzverwaltung nicht zu den Gesamtkosten. Vgl. auch die Erläuterungen unter der vorstehenden Nr. 2 Buchstabe b. Abweichend hiervon rechnet der **Bundesfinanzhof** in den Fällen der Fahrtenbuchmethode die vom **Arbeitnehmer** selbst getragenen **Aufwendungen** (z. B. Benzinkosten) einerseits zu den **Gesamtkosten** des Fahrzeugs und lässt sie andererseits zum **Werbungskostenabzug** zu (BFH-Urteil vom 18.10.2007, BStBl. 2009 II S. 199). Die Finanzverwaltung wendet das Urteil über den Einzelfall hinaus nicht an **(Nichtanwendungserlass)***). Vgl. die Erläuterungen und das Beispiel unter der vorstehenden Nr. 9 Buchstabe d.

c) Abgrenzung Nutzungsüberlassung – Kostenerstattung

Ist nicht der Arbeitgeber, sondern der **Arbeitnehmer** selbst der Leasingnehmer, so kommen die unter den Nummern 2 und 3 dargestellten Berechnungsmethoden nicht in Betracht, da keine unentgeltliche oder verbilligte Überlassung eines Firmenwagens **durch den Arbeitgeber** vorliegt, wenn der Arbeitnehmer selbst das Fahrzeug geleast hat.

Eine Nutzungsüberlassung **durch den Arbeitgeber,** die nach den unter den Nummern 2 und 3 dargestellten Berechnungsmethoden zu bewerten ist, liegt jedoch dann vor, wenn der Arbeitnehmer das Kraftfahrzeug auf Veranlassung des Arbeitgebers least, dieser sämtliche Kosten des Kraftfahrzeugs trägt und im Innenverhältnis allein über die Nutzung des Kraftfahrzeugs bestimmt (BFH-Urteil vom 6.11.2001, BStBl. 2002 II S. 370). Bei diesem Urteil handelt es sich um einen ausgesprochenen Sonderfall, denn der Sachverhalt wies folgende Besonderheiten auf:

– **Der Arbeitgeber** hatte die Verhandlungen mit dem Leasingunternehmen geführt und erreicht, dass die privaten Leasingverträge mit den leitenden Angestellten zu Großauftragsbedingungen abgeschlossen wurden.

– **Der Arbeitgeber** hatte sich zur Übernahme der Fahrzeuge zu garantierten Rückkaufswerten verpflichtet, die Fahrzeuge nach Ablauf der Leasingzeit erworben und mit Gewinn veräußert.

– **Der Arbeitgeber** hatte zudem in den Vorjahren und auch in den Folgejahren jeweils selbst entsprechende Leasingverträge mit dem Leasingunternehmen abgeschlossen. Dies war in den Streitjahren nur deshalb nicht möglich, weil sein Kreditrahmen ausgeschöpft war.

– **Der Arbeitgeber** konnte die Nutzung der Fahrzeuge gegenüber dem Arbeitnehmer jederzeit widerrufen, die Herausgabe der Fahrzeuge ohne Angabe von Gründen verlangen oder ein anderes Fahrzeug zuteilen.

Aufgrund dieser Besonderheiten war der Arbeitgeber als **„wirtschaftlicher Leasingnehmer"** anzusehen. Damit lag (ausnahmsweise) eine mit der 1 %-Methode bzw. 0,03 %-Methode zu bewertende Nutzungsüberlassung eines Firmenwagens vor und nicht die Zuwendung von Barlohn an den Arbeitnehmer.

d) Zweivertragsmodell

Einzelne Leasingfirmen bieten ein sog. Zweivertragsmodell an, mit dem ein und dasselbe Fahrzeug gleichzeitig vom Arbeitgeber und auch vom Arbeitnehmer geleast wird. Sinn dieses Modells soll es sein, dass dem für Fahrten zwischen Wohnung und regelmäßiger Arbeitsstätte sowie für Privatfahrten berechtigten Arbeitnehmer aufgrund der von ihm zu zahlenden Leasingraten ein geldwerter Vorteil nicht entsteht.

Beispiel C

Für ein Fahrzeug wird nicht ein einheitlicher Leasing-Vertrag über die gesamte Nutzung des Fahrzeugs abgeschlossen, sondern es werden mit dem Arbeitgeber und mit dem Arbeitnehmer jeweils gesonderte Leasing-Verträge abgeschlossen.

a) Der **Arbeitgeber** least das Fahrzeug von Montag bis Freitag von 8 Uhr bis 17 Uhr für eine monatliche Leasing-Rate von 500 €.

b) Der **Arbeitnehmer** least das gleiche Fahrzeug von Montag bis Freitag von 17 Uhr bis 8 Uhr, an Samstagen, Sonntagen und Feiertagen von 0 Uhr bis 24 Uhr sowie für einen Zeitraum von vier Wochen im Kalenderjahr (Urlaub). Die Leasing-Rate des Arbeitnehmers beträgt 200 €.

Die Leasing-Gesellschaft hält in diesem Fall die steuerlichen Regelungen über die private Nutzung eines Firmenwagens (Anwendung der 1 %-Methode) für nicht anwendbar, weil der Arbeitnehmer das Fahrzeug für private Zwecke selbst geleast habe und damit keine Fahrzeugüberlassung durch den Arbeitgeber vorliege.

Die Finanzverwaltung erkennt eine solche Vertragsgestaltung – ungeachtet anderer Berichte in Auto-Fachzeitschriften – nicht an, sondern geht aufgrund der im Steuerrecht geltenden wirtschaftlichen Betrachtungsweise von einem einheitlichen Leasingvertrag **des Arbeitge-**

---

*) BMF-Schreiben vom 6.2.2009 (BStBl. I S. 412). Das BMF-Schreiben ist als Anlage 6 zu H 8.1 (9–10) LStR im **Steuerhandbuch für das Lohnbüro 2010** abgedruckt, das im selben Verlag erschienen ist. Das **PC-Lexikon** für das Lohnbüro 2010 enthält auch dieses Handbuch und hat außerdem den Vorteil, dass Sie **alle BFH-Urteile** sowie die aktuellen Rundschreiben und Niederschriften der Spitzenverbände der **Sozialversicherung** mit Mausklick **im Volltext** abrufen und ausdrucken können. Eine Bestellkarte finden Sie vorne im Lexikon.

Firmenwagen zur privaten Nutzung

bers aus*). Soweit der Arbeitnehmer selbst Anteile an den Leasingraten zu tragen hat, können diese – wie in dem Beispiel unter Buchstabe a dargestellt – auf den nach den allgemeinen Bewertungsgrundsätzen ermittelten geldwerten Vorteil angerechnet werden.

11. Arbeitnehmer mit mehreren regelmäßigen Arbeitsstätten

Ein Arbeitnehmer kann innerhalb desselben Arbeitsverhältnisses mehrere regelmäßige Arbeitsstätten haben, wenn er jede Arbeitsstätte **nachhaltig und immer wieder tätig aufsucht.**

Werden die mehreren regelmäßigen Arbeitsstätten **täglich nacheinander** aufgesucht, werden zur Bestimmung der Entfernungskilometer die **gefahrenen Kilometer** der **ersten Fahrt** (Wohnung – erste regelmäßige Arbeitsstätte) **und** der **letzten Fahrt** (letzte regelmäßige Arbeitsstätte – Wohnung) zunächst **addiert und** dann **halbiert.** Hierdurch ergeben sich die für die Berechnung des geldwerten Vorteils maßgebenden Entfernungskilometer.

Beispiel A

Ein Arbeitnehmer ist gleichzeitig bei drei Filialen als Geschäftsleiter tätig. Seine Tätigkeit besteht darin, die verschiedenen Filialen abwechselnd das ganze Jahr über aufzusuchen. In der Regel fährt er zuerst zu der einen Filiale, anschließend zur zweiten Filiale, danach zur dritten Filiale und von dort wieder nach Hause.

Der Arbeitnehmer führt keine Auswärtstätigkeit aus, sondern Fahrten zwischen Wohnung und regelmäßiger Arbeitsstätte, da er die einzelnen Filialen mit einer gewissen Nachhaltigkeit immer wieder aufsucht. Die einzelnen Filialen stellen deshalb für den Arbeitnehmer mehrere regelmäßige Arbeitsstätten dar. Die Fahrten **zwischen den einzelnen Filialen** sind Fahrten zwischen mehreren regelmäßigen Arbeitsstätten. Diese Fahrten **gelten** hinsichtlich der Fahrtkosten als Reisekosten, so dass für diese Fahrten ein geldwerter Vorteil für die Benutzung des Firmenwagens nicht anzusetzen ist. Bei der Fahrt von der Wohnung zu der als erste aufgesuchten Filiale und der Fahrt von der zuletzt besuchten Filiale zur Wohnung handelt es sich dagegen jeweils um Fahrten zwischen Wohnung und regelmäßiger Arbeitsstätte, so dass für diese Fahrten ein geldwerter Vorteil entweder nach der pauschalen oder individuellen Methode anzusetzen ist (BFH-Urteil vom 7.6.2002, BStBl. II S. 878). Bei der Ermittlung des geldwerten Vorteils nach der pauschalen Methode (0,03 % Bruttolistenpreisregelung) werden zur Bestimmung der Entfernungskilometer die gefahrenen Kilometer der ersten Fahrt (Wohnung – Filiale 1) und der letzten Fahrt (Filiale 3 – Wohnung) zunächst addiert und dann halbiert. Hierdurch ergeben sich die maßgebenden Entfernungskilometer.

Bei Arbeitnehmern, die **täglich abwechselnd** zu verschiedenen regelmäßigen Arbeitsstätten fahren, ist wie folgt zu verfahren:

Für die **näher gelegene** regelmäßige Arbeitsstätte ist der geldwerte Vorteil in Anwendung der **0,03 %-Regelung** zu ermitteln. Für jede Fahrt von und zu der **weiter entfernt** liegenden regelmäßigen Arbeitsstätte ist zusätzlich ein pauschaler Nutzungsvorteil von **0,002 %** des Bruttolistenpreises des Kraftfahrzeugs **für** jeden Kilometer der Entfernung zwischen Wohnung und regelmäßiger Arbeitsstätte dem Arbeitslohn zuzurechnen, soweit sie die Entfernung zur näher gelegenen regelmäßigen Arbeitsstätte übersteigt **(= Mehr-Kilometer).**

Beispiel B

Ein Arbeitnehmer mit Wohnsitz in München hat zwei regelmäßige Arbeitsstätten, die von seiner Wohnung 8 km bzw. 25 km entfernt liegen. Im Januar 2010 sucht er die näher gelegene regelmäßige Arbeitsstätte an zwölf und die weiter entfernt liegende an acht Arbeitstagen auf. Der Bruttolistenpreis seines Firmenwagens beträgt 25 000 €.

Nähere regelmäßige Arbeitsstätte (0,03 %-Regelung)
0,03 % von 25 000 € = 7,50 € × 8 km = 60,— €
Weiter entfernt liegende regelmäßige Arbeitsstätte (0,002 %-Regelung)
0,002 % von 25 000 € = 0,50 € × 17 Mehr-km × 8 Arbeitstage = 68,— €

Geldwerter Vorteil Fahrten Wohnung/regelmäßige Arbeitsstätten monatlich insgesamt = 128,— €

Immer häufiger wird die Frage gestellt, unter welchen Voraussetzungen ein häusliches Arbeitszimmer als regelmäßige Arbeitsstätte anzusehen ist und welche Folgerungen sich daraus in den Fällen einer Firmenwagengestellung für die Fahrten zu einer weiteren regelmäßigen Arbeitsstätte ergeben. Die Finanzverwaltung sieht ein sog. **Home-Office** nur dann als **regelmäßige Arbeitsstätte** an, wenn der Arbeitgeber das (häusliche) Arbeitszimmer in der Wohnung des Arbeitnehmers aus eigenbetrieblichem Interesse anmietet und anschließend dem Arbeitnehmer wieder überlässt (vgl. hierzu die Erläuterungen beim Stichwort „Arbeitszimmer" unter Nr. 3). In allen anderen Fällen kann das häusliche Arbeitszimmer/Home Office nicht als betriebliche Einrichtung des Arbeitgebers und damit auch nicht als regelmäßige Arbeitsstätte angesehen werden. Sucht ein Arbeitnehmer, dessen Home-Office als regelmäßige Arbeitsstätte anzusehen ist, eine weitere, **weiter entfernt gelegene regelmäßige Arbeitsstätte** auf (z. B. einmal wöchentlich den Betriebssitz des Arbeitgebers), ist der geldwerte Vorteil für die Fahrten zu der weiter entfernt gelegenen regelmäßigen Arbeitsstätte mit **0,002 %** des Bruttolistenpreises für jede Fahrt und **jeden Entfernungskilometer** zwischen der Wohnung und der weiter entfernt gelegenen regelmäßigen Arbeitsstätte anzusetzen**).

Beispiel C

Der Arbeitgeber hat mit seinem Außendienstmitarbeiter, der keinen weiteren Arbeitsplatz in der Firma hat, einen Mietvertrag über die Anmietung des häuslichen Arbeitszimmers in der Wohnung des Arbeitnehmers aus eigenbetrieblichem Interesse abgeschlossen. Dem Arbeitnehmer steht ein Firmenwagen mit einem Bruttolistenpreis von 40 000 € zur Verfügung. Jeden Freitag sucht der Arbeitnehmer den Betriebssitz des Arbeitgebers zur Berichterstattung auf. Die Entfernung zwischen Wohnung und Betriebssitz beträgt 120 km.

Aufgrund der Anmietung durch den Arbeitgeber handelt es sich beim Home-Office des Arbeitnehmers um eine regelmäßige Arbeitsstätte (= betriebliche Einrichtung des Arbeitgebers). Bei den wöchentlichen Fahrten zur Firma handelt es sich daher um Fahrten zu einer weiter entfernten regelmäßigen Arbeitsstätte; dem steht nicht entgegen, dass der Außendienstmitarbeiter dort keinen Arbeitsplatz hat. Da die Entfernung zu der näher gelegenen regelmäßigen Arbeitsstätte 0 km beträgt (das Home-Office als erste regelmäßige Arbeitsstätte befindet sich ja in der Wohnung des Arbeitnehmers) berechnet sich der geldwerte Vorteil wie folgt:
0,002 % von 40 000 € = 0,80 € × 120 Mehr-km × 4 Arbeitstage = 384 € monatlich.

12. Sonderfälle

a) Garagengeld

Ersetzt der Arbeitgeber seinen Arbeitnehmern die Kosten für eine Garage (dies kann entweder eine privateigene oder angemietete Garage sein), damit dort der Firmenwagen untergestellt werden kann, so gilt nach dem BFH-Urteil vom 7.6.2002, BStBl. II S. 829 Folgendes:

Zahlt der Arbeitgeber dem Arbeitnehmer ein Entgelt dafür, dass der Firmenwagen in einer Garage abgestellt wird, **die dem Arbeitnehmer gehört,** so handelt es sich bei diesen Zahlungen um Einnahmen aus Vermietung und Verpachtung. Damit scheidet eine Versteuerung als Arbeitslohn aus. — nein / nein

---

*) Verfügung der OFD Berlin vom 12.7.1999 Az.: St 423 – S 2334 – 4/96. Die Verfügung ist als Anlage 4 zu H 8.1 (9–10) LStR im **Steuerhandbuch für das Lohnbüro 2010** abgedruckt, das im selben Verlag erschienen ist. Das **PC-Lexikon** für das Lohnbüro 2010 enthält auch dieses Handbuch und hat außerdem den Vorteil, dass Sie **alle BFH-Urteile** sowie die aktuellen Rundschreiben und Niederschriften der Spitzenverbände der **Sozialversicherung** mit Mausklick **im Volltext** abrufen und ausdrucken können. Eine Bestellkarte finden Sie vorne im Lexikon.

) Vfg. der OFD Frankfurt vom 7.5.2009 S 2334 A – 18 – St 211. Die Verfügung ist als Anlage 8 zu H 8.1 (9–10) LStR im **Steuerhandbuch für das Lohnbüro 2010 abgedruckt, das im selben Verlag erschienen ist. Das **PC-Lexikon** für das Lohnbüro 2010 enthält auch dieses Handbuch und hat außerdem den Vorteil, dass Sie **alle BFH-Urteile** sowie die aktuellen Rundschreiben und Niederschriften der Spitzenverbände der **Sozialversicherung** mit Mausklick **im Volltext** abrufen und ausdrucken können. Eine Bestellkarte finden Sie vorne im Lexikon.

Firmenwagen zur privaten Nutzung

	Lohn-steuer-pflichtig	Sozial-versich.-pflichtig

Hat der Arbeitnehmer hingegen eine Garage zum Abstellen des Firmenwagens **angemietet** und ersetzt der Arbeitgeber die monatlich anfallende Miete, so ist dieser Arbeitgeberersatz als Auslagenersatz nach § 3 Nr. 50 EStG steuerfrei, wenn das Unterstellen des Firmenwagens in der Garage **ausschließlich im Interesse des Arbeitgebers** erfolgt. Dieses ausschließliche eigenbetriebliche Interesse war im Urteilsfall vorhanden, weil sich in den Firmenwagen der Außendienst-Mitarbeiter (auch über Nacht) stets wertvolle Werkzeuge und Waren befanden und der Arbeitgeber deshalb seine Arbeitnehmer durch eine sog. Kraftfahrzeug-Überlassungs-Vereinbarung ausdrücklich verpflichtet hatte, die Firmenwagen in einer Garage abzustellen. — nein   nein

Hat der Arbeitnehmer die angemietete Garage an den Arbeitgeber **untervermietet,** so handelt es sich bei den Zahlungen des Arbeitgebers um Einnahmen aus Vermietung und Verpachtung (BFH-Urteil vom 7.6.2002, Az.: VI R 53/01)*). Damit scheidet eine Versteuerung als Arbeitslohn aus. — nein   nein

Die Auswirkungen der beiden BFH-Urteile sind ausführlich beim Stichwort „Garagengeld" erläutert.

b) Wagenpflegepauschale

In einem nicht veröffentlichten Urteil hat der Bundesfinanzhof entschieden, dass bei einem beamteneigenen Kraftfahrzeug eine sog. Wagenpflegepauschale (im speziellen Fall ca. 15 € monatlich) steuerfrei gezahlt werden kann. Verschiedentlich war hierzu die Auffassung vertreten worden, dass dieses Urteil auch auf „private Arbeitgeber" anzuwenden sei. Allen Arbeitnehmern, die einen Firmenwagen nutzen, hätte hiernach eine steuerfreie Wagenpflegepauschale von etwa 15 bis 25 € monatlich steuerfrei gezahlt werden können. Die Finanzverwaltung hat dies mit der Begründung verneint, dass das zu „beamteneigenen Wagen" ergangene Urteil nicht auf betriebliche Fahrzeuge, die einem Arbeitnehmer zur Nutzung überlassen werden, angewendet werden könne. Für Firmenwagen, bei denen der Arbeitnehmer regelmäßig die Wagenpflege des betrieblichen Fahrzeugs zahlt, damit es für berufliche Fahrten sauber zur Verfügung steht, kommt deshalb nur ein **Auslagenersatz** im Rahmen von R 3.50 der Lohnsteuer-Richtlinien zur Anwendung, das heißt die Zahlung einer Wagenpflegepauschale ist nur bei Nachweis der tatsächlich entstandenen Kosten für einen repräsentativen Zeitraum von drei Monaten möglich (vgl. die Erläuterungen beim Stichwort „Auslagenersatz").

Umgekehrt kann der Arbeitnehmer den pauschal nach der 1 %-Methode ermittelten geldwerten Vorteil nicht mit der Begründung vermindern, er müsse den Firmenwagen ohne entsprechenden Ersatz durch den Arbeitgeber waschen und pflegen (vgl. auch R 8.1 Abs. 9 Nr. 1 Satz 5 LStR).

c) Einem Arbeitnehmer werden mehrere Firmenwagen überlassen

Stehen einem Arbeitnehmer **gleichzeitig** mehrere Firmenfahrzeuge zur Verfügung, so ist für **jedes** Fahrzeug die **Privatnutzung** mit monatlich 1 % des Listenpreises anzusetzen. Ist die **gleichzeitige private Nutzung** der verschiedenen, auch privat genutzten Firmenwagen jedoch so gut wie **ausgeschlossen,** weil die Nutzung durch andere zur Privatsphäre des Arbeitnehmers gehörende Personen (z. B. Ehefrau, Kinder) nicht in Betracht kommt, so ist für den Ansatz der reinen Privatfahrten mit der 1 %-Regelung vom Bruttolistenpreis des überwiegend genutzten Fahrzeugs auszugehen**).

Kann der Arbeitnehmer **abwechselnd** unterschiedliche Pkws zu Fahrten zwischen Wohnung und regelmäßiger Arbeitsstätte benutzen, so ist für die Berechnung des pauschalen Nutzungswerts der Listenpreis des Pkws zugrunde zu legen, der vom Arbeitnehmer im Kalendermonat überwiegend genutzt wird. Der Nutzungswert für Fahrten zwischen Wohnung und regelmäßiger Arbeitsstätte ist also insgesamt **nur einmal** zu erfassen. Abzustellen ist dabei auf den Bruttolistenpreis desjenigen Pkws, den der Arbeitnehmer überwiegend für Fahrten zwischen Wohnung und regelmäßiger Arbeitsstätte nutzt.

d) Nutzung eines Firmenwagens durch mehrere Arbeitnehmer

Nutzen mehrere Arbeitnehmer einen Firmenwagen zu Privatfahrten, so bewertete die Finanzverwaltung früher den monatlichen geldwerten Vorteil bei **jedem** nutzungsberechtigten Arbeitnehmer mit 1 % des Bruttolistenpreises**).

Der Bundesfinanzhof hat hierzu mit Urteil vom 15.5.2002, BStBl. 2003 II S. 311 entschieden, dass die 1 %-Regelung nicht personenbezogen, sondern **fahrzeugbezogen** auszulegen sei. Der nach der 1 %-Regelung ermittelte geldwerte Vorteil muss deshalb **nach Köpfen** auf die nutzungsberechtigten Arbeitnehmer aufgeteilt werden, und zwar unabhängig von der tatsächlichen Nutzung des Firmenwagens durch den einzelnen Arbeitnehmer in dem jeweiligen Kalendermonat. Dabei kommt es nicht darauf an, ob der Firmenwagen innerhalb eines Kalendermonats gleichzeitig oder zeitlich nacheinander von mehreren Arbeitnehmern genutzt wird. Die Finanzverwaltung hat das BFH-Urteil in die Hinweise zu den Lohnsteuer-Richtlinien übernommen und außerdem in diesen Hinweisen klargestellt, dass die im Urteil für die 1 %-Regelung aufgestellten Grundsätze **auch für Fahrten zwischen Wohnung und regelmäßiger Arbeitsstätte gelten,** die mit der 0,03 %-Methode bewertet werden. Das bedeutet, dass für Fahrten zwischen Wohnung und regelmäßiger Arbeitsstätte bei jedem Arbeitnehmer der geldwerte Vorteil mit 0,03 % des Bruttolistenpreises für jeden seiner Entfernungskilometer zu ermitteln und dieser Wert durch die Zahl der Nutzungsberechtigten zu teilen ist. Dies ergibt sich aus den Hinweisen zu R 8.1 (9–10) der Lohnsteuer-Richtlinien***) Stichwort „Nutzung durch mehrere Arbeitnehmer".

e) Fahrzeugpool

Insbesondere in größeren Firmen werden den Arbeitnehmern aus unterschiedlichen Gründen und/oder aufgrund unterschiedlicher Vereinbarungen Poolfahrzeuge zur Nutzung überlassen. Daher ist zunächst zu klären, ob dem **Grunde nach** ein **geldwerter Vorteil** entsteht (vgl. hierzu auch das Beispiel unter der vorstehenden Nr. 1 Buchstabe a). Die Vorgehensweise soll durch folgendes Schaubild verdeutlicht werden:

---

*) Nicht im Bundessteuerblatt veröffentlicht.

) BMF-Schreiben vom 28.5.1996 (BStBl. I. S. 654). Das BMF-Schreiben ist als Anlage 1 zu H 8.1 (9–10) LStR im **Steuerhandbuch für das Lohnbüro 2010 abgedruckt, das im selben Verlag erschienen ist. Das **PC-Lexikon** für das Lohnbüro 2010 enthält auch dieses Handbuch und hat außerdem den Vorteil, dass Sie **alle BFH-Urteile** sowie die aktuellen Rundschreiben und Niederschriften der Spitzenverbände der **Sozialversicherung** mit Mausklick **im Volltext** abrufen und ausdrucken können. Eine Bestellkarte finden Sie vorne im Lexikon.

***) Die Hinweise zu den Lohnsteuer-Richtlinien sind im **Steuerhandbuch für das Lohnbüro 2010** abgedruckt, das im selben Verlag erschienen ist. Das **PC-Lexikon** für das Lohnbüro 2010 enthält auch dieses Handbuch und hat außerdem den Vorteil, dass Sie **alle BFH-Urteile** sowie die aktuellen Rundschreiben und Niederschriften der Spitzenverbände der **Sozialversicherung** mit Mausklick **im Volltext** abrufen und ausdrucken können. Eine Bestellkarte finden Sie vorne im Lexikon.

Firmenwagen zur privaten Nutzung

	Lohn-steuer-pflichtig	Sozial-versich.-pflichtig

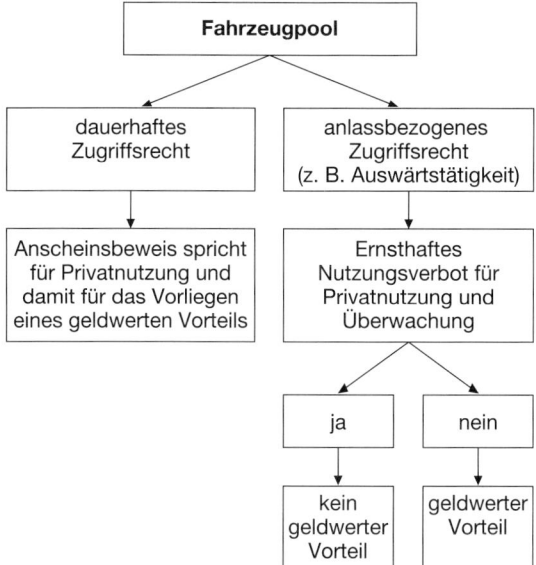

Die Finanzverwaltung hat früher den geldwerten Vorteil für die private Nutzung eines Firmenwagens auch dann mit dem vollen Monatsbetrag von 1 % des Bruttolistenpreises angesetzt, wenn der Arbeitnehmer von seinem Zugriffsrecht auf einen Firmenwagen aus einem Fahrzeugpool nur gelegentlich Gebrauch machte*). Nach dem BFH-Urteil vom 15.5.2002 (BStBl. 2003 II S. 311) ist die 1 %-Regelung nicht personenbezogen, sondern **fahrzeugbezogen** auszulegen. Der nach der 1 %-Regelung ermittelte geldwerte Vorteil muss deshalb **nach Köpfen** auf die nutzungsberechtigten Arbeitnehmer aufgeteilt werden, und zwar unabhängig von der tatsächlichen Nutzung des Firmenwagens durch den einzelnen Arbeitnehmer in dem jeweiligen Kalendermonat. Dabei kommt es nicht darauf an, ob der Firmenwagen innerhalb eines Kalendermonats gleichzeitig oder zeitlich nacheinander von mehreren Arbeitnehmern genutzt wird.

Beispiel

In einem Fahrzeugpool befinden sich 4 Fahrzeuge mit einem Bruttolistenpreis von 18 000 €, 22 000 €, 27 000 € und 33 000 €.
5 Arbeitnehmer sind berechtigt auf diesen Fahrzeugpool zuzugreifen und dürfen die Fahrzeuge auch für Privatfahrten nutzen.
Ermittlung des monatlichen geldwerten Vorteils:

Fahrzeug 1: 1 % von 18 000 €	180,— €
Fahrzeug 2: 1 % von 22 000 €	220,— €
Fahrzeug 3: 1 % von 27 000 €	270,— €
Fahrzeug 4: 1 % von 33 000 €	330,— €
Geldwerter Vorteil insgesamt	1 000,— €
Zu verteilen nach Köpfen auf 5 Arbeitnehmer (auf den Umfang der tatsächlichen Nutzung des einzelnen Arbeitnehmers kommt es nicht an!). Steuer- und beitragspflichtiger geldwerter Vorteil je Arbeitnehmer	200,— €

Die Finanzverwaltung hat das BFH-Urteil in die Hinweise zu den Lohnsteuer-Richtlinien übernommen und außerdem in diesen Hinweisen klargestellt, dass die im Urteil für die 1 %-Regelung aufgestellten Grundsätze **auch für Fahrten zwischen Wohnung und regelmäßiger Arbeitsstätte gelten,** die mit der 0,03 %-Methode bewertet werden. Das bedeutet, dass für Fahrten zwischen Wohnung und regelmäßiger Arbeitsstätte der geldwerte Vorteil mit 0,03 % der Bruttolistenpreise aller Kraftfahrzeuge zu ermitteln und die Summe durch die Zahl der Nutzungsberechtigten zu teilen ist. Dieser Wert ist beim einzelnen Arbeitnehmer mit der Zahl der Entfernungskilometer zu multiplizieren. Dies ergibt sich aus den Hinweisen zu R 8.1 (9–10) der Lohnsteuer-Richtlinien**) Stichwort „Fahrzeugpool".

Zu einem Fahrzeugwechsel im Laufe eines Kalendermonats vgl. aber die Erläuterungen unter der vorstehenden Nr. 4.

f) Campingfahrzeug als Firmenwagen

Mit Urteil vom 6.11.2001 (BStBl. II S. 370) hat der Bundesfinanzhof entschieden, dass auch Campingfahrzeuge Kraftfahrzeuge im Sinne des § 8 Abs. 2 EStG sind. Das bedeutet, dass der steuer- und beitragspflichtige geldwerte Vorteil für die private Nutzung des Campingfahrzeugs nach der 1 %-Methode zu ermitteln ist, wenn nicht die individuelle Methode (Einzelnachweis der Kosten und Führen eines ordnungsgemäßen Fahrtenbuchs) gewählt wird. — ja ja

Auch für Fahrten zwischen Wohnung und regelmäßiger Arbeitsstätte ist ein geldwerter Vorteil entweder nach der 0,03 %-Methode oder der individuellen Methode anzusetzen. — ja ja

Die Finanzverwaltung hat das BFH-Urteil in die Hinweise zu den Lohnsteuer-Richtlinien übernommen (Hinweise zu R 8.1 (9–10) Stichwort „Kraftfahrzeuge")**).

g) Lkw oder Zugmaschine als Firmenwagen

Kann ein Arbeitnehmer ein vom Arbeitgeber überlassenes Fahrzeug, das kraftfahrzeugsteuerrechtlich als Lkw oder Zugmaschine einzuordnen ist, auch für Privatfahrten und Fahrten zwischen Wohnung und regelmäßiger Arbeitsstätte nutzen, stellt sich die Frage, ob und wenn ja, wie der hierdurch entstehende geldwerte Vorteil lohnsteuerlich zu erfassen und zu bewerten ist. Zweifel, ob überhaupt ein geldwerter Vorteil anzusetzen ist, haben sich bereits deshalb ergeben, weil bereits das frühere BMF-Schreiben zur ertragsteuerlichen Erfassung der Nutzung eines betrieblichen Kraftfahrzeugs zu Privatfahrten und für Fahrten zwischen Wohnung und Betriebsstätte vom 21.1.2002 (BStBl. I S. 148) in Randnummer 1 letzter Satz zur Anwendung des § 4 Abs. 5 Satz 1 Nr. 6 und des § 6 Abs. 1 Nr. 4 Sätze 2 und 3 EStG in der seinerzeit gültigen Gesetzesfassung folgende Aussage enthält: „Die Regelung ist auf Kraftfahrzeuge, die kraftfahrzeugsteuerrechtlich Zugmaschinen oder Lastkraftwagen sind, **nicht** anzuwenden." Hieraus ist verschiedentlich geschlossen worden, dass bei Arbeitnehmern ein geldwerter Vorteil für die Nutzung von Lkws und Zugmaschinen zu Privatfahrten und (oder) zu Fahrten zwischen Wohnung und regelmäßiger Arbeitsstätte bereits von vornherein ausgeschlossen sei. Die o. a. Aussage im BMF-Schreiben vom 21.1.2002 bedeutet jedoch nicht, dass bei Arbeitnehmern, die einen betrieblichen Lkw privat nutzen können, kein geldwerter Vorteil aus dieser Nutzungsänderung entsteht, sondern lediglich, dass die Nutzungsvorteile – soweit Arbeitslohn vorliegt und nicht wegen eines ganz überwiegenden betrieblichen Arbeitgeberinteresses auszuschließen ist – nicht nach § 8 Abs. 2 Satz 2 EStG, sondern nach allgemeinen Regeln zu bewerten sind. Im Grundsatz wäre der Betrag zu ermitteln, der dem Arbeitnehmer für die Haltung und den Betrieb eines eigenen Kraftwagens gleichen Typs an Aufwendungen entstanden wäre (BFH-Urteil vom 21.6.1963, BStBl. III S. 387).

Für Arbeitnehmer, die einen Lkw oder eine Zugmaschine für Privatfahrten und (oder) Fahrten zwischen Wohnung und regelmäßiger Arbeitsstätte nutzen können, bedeutet dies, dass der dadurch entstehende geldwerte Vorteil grundsätzlich zum steuer- und beitragspflichtigen Arbeitslohn gehört. — ja ja

---

*) BMF-Schreiben vom 28.5.1996 (BStBl. I. S. 654). Das BMF-Schreiben ist als Anlage 1 zu H 8.1 (9–10) LStR im **Steuerhandbuch für das Lohnbüro 2010** abgedruckt, das im selben Verlag erschienen ist. Das **PC-Lexikon** für das Lohnbüro 2010 enthält auch dieses Handbuch und hat außerdem den Vorteil, dass Sie **alle BFH-Urteile** sowie die aktuellen Rundschreiben und Niederschriften der Spitzenverbände der **Sozialversicherung** mit Mausklick **im Volltext** abrufen und ausdrucken können. Eine Bestellkarte finden Sie vorne im Lexikon.

) Die Hinweise zu den Lohnsteuer-Richtlinien sind im **Steuerhandbuch für das Lohnbüro 2010 abgedruckt, das im selben Verlag erschienen ist. Das **PC-Lexikon** für das Lohnbüro 2010 enthält auch dieses Handbuch und hat außerdem den Vorteil, dass Sie **alle BFH-Urteile** sowie die aktuellen Rundschreiben und Niederschriften der Spitzenverbände der **Sozialversicherung** mit Mausklick **im Volltext** abrufen und ausdrucken können. Eine Bestellkarte finden Sie vorne im Lexikon.

Firmenwagen zur privaten Nutzung

| | Lohn-steuer-pflichtig | Sozial-versich.-pflichtig |

Steuerfreiheit kommt nur insoweit in Betracht, soweit Arbeitslohn wegen des ganz überwiegenden betrieblichen Arbeitgeberinteresses auszuschließen ist (z. B. für Fahrten zwischen Wohnung und regelmäßiger Arbeitsstätte mit dem Werkstattwagen im Fall des Bereitschaftsdienstes).   nein   nein

Der geldwerte Vorteil ist **in sinngemäßer Anwendung** der Bewertungsregeln des § 8 Abs. 2 Sätze 2 bis 5 EStG zu ermitteln. Das bedeutet, dass der geldwerte Vorteil wie bei anderen Firmenwagen auch mit der 1 %-Methode bzw. 0,03 %-Methode zu ermitteln ist, wobei allerdings kein höherer Bruttolistenpreis als **80 000 €** angesetzt werden muss*).

Zu beachten ist allerdings, dass der Bundesfinanzhof entschieden hat, dass eine Ermittlung des geldwerten Vorteils für die Privatnutzung nach der **1 %-Methode nicht** bei Fahrzeugen vorzunehmen ist, die nach ihrer objektiven Beschaffenheit und Einrichtung für eine Nutzung zu privaten Zwecken nicht geeignet sind (BFH-Urteil vom 18.12.2008, BStBl. 2009 II S. 381). Im Streitfall war dem Arbeitnehmer eines Unternehmens für Heizungs- und Sanitärbedarf ein zweisitziger Kastenwagen (sog. **Werkstatt-/Monteurwagen**) überlassen worden, dessen fensterloser Aufbau mit Materialschränken und -fächern sowie Werkzeug ausgestattet und mit einer Beschriftung versehen war. Für die private Nutzung dieses Wagens setzte das Finanzamt im Rahmen einer Lohnsteuer-Außenprüfung zunächst einen geldwerten Vorteil nach der 1 %-Methode an. Der Bundesfinanzhof folgte dem nicht, da nach seiner Auffassung Bauart und Ausstattung deutlich machten, dass ein solcher Wagen typischerweise nicht für private Zwecke eingesetzt werde. Ausschlaggebend waren die Anzahl der Sitzplätze (im Streitfall zwei), das äußere Erscheinungsbild, die Verblendung der hinteren Seitenfenster und das Vorhandensein einer Abtrennung zwischen Lade- und Fahrgastraum. Ob ein solches Fahrzeug dennoch privat genutzt werde, bedarf jeweils einer Feststellung im Einzelfall. Diese Feststellungslast hierfür obliegt dem Finanzamt, das sich insoweit nicht auf den sog. Anscheinsbeweis berufen könne. Stellt das Finanzamt eine Privatnutzung eines solchen Fahrzeugs fest, ist diese mit dem „üblichen Endpreis" (vgl. § 8 Abs. 2 Satz 1 EStG) und nicht unter Heranziehung der Bruttolistenpreisregelung zu bewerten. Für die vom Arbeitnehmer im entschiedenen Streitfall mit dem Werkstattwagen unstreitig durchgeführten Fahrten zwischen Wohnung und regelmäßiger Arbeitsstätte war allerdings ein geldwerter Vorteil in Höhe von monatlich 0,03 % des Bruttolistenpreises je Entfernungskilometer anzusetzen. Die im Urteilsfall ausschlaggebenden Gründe, um von einer Anwendung der 1 %-Bruttolistenpreisregelung abzusehen, werden in der Praxis auch auf eine Vielzahl der hier als Firmenwagen infrage stehenden Lkw oder Zugmaschinen zutreffen.

Ein **Geländewagen** (sog. Kombinationskraftwagen), ist allerdings auch dann ein Kraftfahrzeug im Sinne des § 6 Abs. 1 Nr. 4 Satz 2 EStG (= steuerlich relevanter Firmenwagen), wenn er über ein zulässiges Gesamtgewicht von mehr als 2,8 t verfügt (BFH-Urteil vom 13. 2. 2003, BStBl. II S. 472). Für die Ermittlung des geldwerten Vorteils in den Fällen der Bruttolistenpreisregelung ist der **Bruttolistenpreis in voller Höhe** anzusetzen. Eine Begrenzung auf 80 000 € ist nicht vorzunehmen.

h) Abgrenzung zwischen Kostenerstattung und Nutzungsüberlassung

Der Bundesfinanzhof hat in zwei Urteilen zur Abgrenzung der Kostenerstattung von einer Nutzungsüberlassung Stellung genommen. Die zwei Urteile lassen sich im Ergebnis wie folgt zusammenfassen:

Erstattet der Arbeitgeber dem Arbeitnehmer sämtliche Kosten, die dem Arbeitnehmer für sein **eigenes Auto** entstehen (Abschreibung, Steuern, Versicherung, Reparaturen, Pflege, Reifen, Benzin, Schmierstoffe), so muss der Arbeitnehmer diese Kostenerstattung als **Barlohn** versteuern. Eine Bewertung dieser Kostenerstattung mit der 1 %-Methode bzw. 0,03 %-Methode ist nicht zulässig (BFH-Urteil vom 6.11.2001, BStBl. 2002 II S. 164).

Keine Kostenerstattung sondern eine mit der 1 %-Methode bzw. 0,03 %-Methode zu bewertende Nutzungsüberlassung liegt dagegen vor, wenn der Arbeitnehmer das Kraftfahrzeug auf Veranlassung des Arbeitgebers least, dieser sämtliche Kosten des Kraftfahrzeugs trägt und im Innenverhältnis allein über die Nutzung des Kraftfahrzeugs bestimmt (BFH-Urteil vom 6.11.2001, BStBl. 2002 II S. 370). Vgl. zu diesem Sonderfall auch die Erläuterungen unter der vorstehenden Nr. 10 Buchstabe c).

i) Verbilligter Kauf eines Firmenwagens durch den Arbeitnehmer

Der Erwerb eines (gebrauchten) Firmenwagens vom Arbeitgeber führt beim Arbeitnehmer zum Zufluss von steuerpflichtigen Arbeitslohn, wenn der gezahlte Kaufpreis hinter dem **„üblichen Endpreis"** des Fahrzeugs zurückbleibt (§ 8 Abs. 2 Satz 1 EStG).

Auf die ausführlichen Erläuterungen beim Stichwort „Kraftfahrzeuge" wird Bezug genommen. Maßgebend ist nicht der Händler-Einkaufspreis sondern der Verkehrswert, das heißt der Händler-Verkaufspreis (einschließlich Mehrwertsteuer). Häufig wird ein Gutachten über den Händler-Einkaufspreis vorgelegt. Die Finanzverwaltung ermittelt dann den lohnsteuerpflichtigen geldwerten Vorteil im Normalfall wie folgt:

Wert des Firmenwagen lt. Gutachten	.... €
zuzüglich: Gewinnaufschlag z. B. + 20 %**)	.... €
abzüglich: Abschlag für Garantieleistung z. B. 5 %	.... €
Ortsüblicher Endpreis	.... €
96 % des ortsüblichen Endpreises	.... €
(zur Anwendung der 96 %-Regelung vgl. die Erläuterungen beim Stichwort „Sachbezüge" unter Nr. 3 Buchstabe b)	
abzüglich: Zahlung des Arbeitnehmers	.... €
verbleibender Betrag = steuerpflichtiger geldwerter Vorteil	.... €

13. Pauschalierung der Lohnsteuer mit 15 % bei Fahrten zwischen Wohnung und regelmäßiger Arbeitsstätte

a) Allgemeines

Der Arbeitgeber hat bei der Versteuerung des geldwerten Vorteils für die unentgeltliche oder verbilligte Überlassung eines Firmenwagens zu Fahrten zwischen Wohnung und regelmäßiger Arbeitsstätte die Möglichkeit, die Lohnsteuer insoweit mit **15 %** zu pauschalieren, als der Arbeitnehmer Werbungskosten in Höhe der Entfernungspauschale geltend machen könnte. Aufgrund der Fortführung der Gesetzeslage 2006 bei der Entfernungspauschale können Arbeitnehmer **Werbungskosten** für Fahrten zwischen Wohnung und regelmäßiger Arbeitsstätte in Höhe von 0,30 € ab dem **1. Entfernungskilometer** je Arbeitstag geltend machen (vgl. das Stichwort **„Entfernungspauschale"**). Dementsprechend kann auch der geldwerte Vorteil für die unentgeltliche oder verbilligte Nutzung des Firmenwagens zu Fahrten zwischen Wohnung und regelmäßiger Arbeitsstätte ab dem 1. Entfernungskilometer mit 15 % pauschal versteuert werden (R 40.2 Abs. 6 Nr. 1 Buchstabe b LStR). **Die Pauscha-**

---

*) Bundeseinheitliche Regelung, z. B. Erlass des Finanzministeriums Saarland vom 29.1.2003 Az.: B/2–4–S 2334.

**) Bei der Bemessung des prozentualen Gewinnaufschlags ist zu beachten, dass neben dem gewerblichen Gebrauchtwagenhandel auch ein nennenswerter privater Automarkt besteht. Auf diesem Markt ist in der Regel für identische bzw. gleichartige Fahrzeuge nur ein geringerer Kaufpreis zu zahlen.

Firmenwagen zur privaten Nutzung

lierung der Lohnsteuer mit 15 % löst Beitragsfreiheit in der Sozialversicherung aus. Allerdings verliert der Arbeitnehmer den Werbungskostenabzug, soweit eine Pauschalierung mit 15 % durchgeführt wurde. Macht der Arbeitgeber von der Pauschalierungsmöglichkeit Gebrauch, so kann aus Vereinfachungsgründen unterstellt werden, dass der Arbeitnehmer das Fahrzeug an 15 Arbeitstagen monatlich (180 Tagen jährlich) für Fahrten zwischen Wohnung und regelmäßiger Arbeitsstätte benutzt (R 40.2 Abs. 6 Nr. 1 Buchstabe b LStR). Die Auswirkungen einer Pauschalierung der Lohnsteuer mit 15 % soll an folgendem Beispiel verdeutlicht werden:

Beispiel

Der Arbeitnehmer nutzt 2010 einen Firmenwagen (Bruttolistenpreis im Zeitpunkt der Erstzulassung 30 000 €) für Fahrten zwischen Wohnung und regelmäßiger Arbeitsstätte. Die Entfernung Wohnung–Arbeitsstätte beträgt 30 km. Für die Nutzung des Firmenwagens zu Fahrten zwischen Wohnung und regelmäßiger Arbeitsstätte ergibt sich folgender monatlich zu versteuernder geldwerter Vorteil:

30 km × 0,03 % von 30 000 €   = 270,— €

Der Arbeitgeber kann die Lohnsteuer mit 15 % pauschalieren, soweit der Arbeitnehmer Werbungskosten für Fahrten zwischen Wohnung und regelmäßiger Arbeitsstätte in Höhe der Entfernungspauschale geltend machen könnte. Dabei ist von 15 Arbeitstagen monatlich auszugehen:

30 km × 0,30 € × 15 Arbeitstage   = 135,— €

zur Versteuerung als laufender Arbeitslohn verbleiben
(270 € – 135 € =)   135,— €

Für die Berechnung der Sozialversicherungsbeiträge gilt Folgendes:

Soweit die Lohnsteuer mit 15 % pauschaliert wird, tritt Beitragsfreiheit in der Sozialversicherung ein. Beitragspflichtig ist demnach nur der Betrag von 135 €.

Durch die Pauschalierung des Betrags von 135 € monatlich verliert der Arbeitnehmer in dieser Höhe den Werbungskostenabzug bei der Veranlagung zur Einkommensteuer.

Eine vollständige Lohnabrechnung für den Fall, dass der geldwerte Vorteil für Fahrten zwischen Wohnung und regelmäßiger Arbeitsstätte zum Teil pauschal mit 15 % und zum Teil als laufender Arbeitslohn versteuert wird, ist beim Stichwort „Gesellschafter-Geschäftsführer" unter Nr. 6 auf Seite 360 abgedruckt.

Die Berechnung des steuerpflichtigen geldwerten Vorteils unterscheidet sich also von der Berechnung des pauschal mit 15 % zu versteuernden Betrags. Denn pauschal mit 15 % kann nur der Betrag versteuert werden, den der Arbeitnehmer in Höhe der Entfernungspauschale als Werbungskosten geltend machen könnte, höchstens jedoch der nach der 0,03 %-Methode ermittelte geldwerte Vorteil.

Bei der Pauschalierung mit 15 % kann **aus Vereinfachungsgründen** unterstellt werden, dass der Arbeitnehmer das Fahrzeug an 15 Arbeitstagen monatlich (180 Arbeitstagen jährlich) für Fahrten zwischen Wohnung und regelmäßiger Arbeitsstätte nutzt (R 40.2 Abs. 6 Nr. 1 Buchstabe b LStR). Der Pauschalierung kann jedoch die tatsächliche (höhere) Anzahl der Arbeitstage zugrunde gelegt werden, an denen der Arbeitnehmer den Firmenwagen für Fahrten zwischen Wohnung und regelmäßiger Arbeitsstätte genutzt hat.

Für den **Arbeitgeber** ist die Pauschalierung mit 15 % deshalb besonders wichtig, weil sie Beitragsfreiheit in der Sozialversicherung auslöst und sich der Arbeitgeber somit den Arbeitgeberanteil am Gesamtsozialversicherungsbeitrag spart.

Für den **Arbeitnehmer** muss die Pauschalierung jedoch nicht immer günstiger sein. Die normale Versteuerung als laufender Arbeitslohn ist für den Arbeitnehmer gegenüber der Lohnsteuerpauschalierung mit 15 % dann vorteilhaft, wenn der laufende Monatslohn ohnehin die Beitragsbemessungsgrenze in der allgemeinen Rentenversicherung (2010 monatlich 5500 € in den alten und 4650 € in den neuen Bundesländern) überschreitet **und** der Arbeitnehmer mit anderen Werbungskosten den bei seiner Einkommensteuerveranlagung zu berücksichtigenden allgemeinen Arbeitnehmer-Pauschbetrag in Höhe von 920 € bereits erreicht hat, sodass sich die Fahrkosten für Fahrten zwischen Wohnung und regelmäßiger Arbeitsstätte steuerlich voll als Werbungskosten auswirken können. Die Frage, ob normal versteuert oder mit 15 % pauschaliert werden soll, ist deshalb mit dem Arbeitnehmer im Einzelnen abzustimmen. Dies gilt insbesondere dann, wenn die Pauschalsteuer von 15 % im arbeitsrechtlichen Innenverhältnis auf den Arbeitnehmer abgewälzt werden soll. Die **Abwälzung der Pauschalsteuer** ist anhand eines Berechnungsbeispiels beim Stichwort „Fahrten zwischen Wohnung und regelmäßiger Arbeitsstätte" unter Nr. 6 auf Seite 266 erläutert. Vgl. außerdem das Stichwort „Abwälzung der Pauschalsteuer auf den Arbeitnehmer".

b) Behinderte Arbeitnehmer

Auch für **behinderte Arbeitnehmer** gilt der Grundsatz, dass eine Saldierung des vom Arbeitgeber zu versteuernden geldwerten Vorteils für die unentgeltliche oder verbilligte Nutzung eines Firmenwagens zu Fahrten zwischen Wohnung und regelmäßiger Arbeitsstätte mit dem beim Arbeitnehmer möglichen Werbungskostenabzug nicht zulässig ist. Das bedeutet, dass auch behinderte Arbeitnehmer einerseits den geldwerten Vorteil versteuern müssen, andererseits aber bei der Veranlagung zur Einkommensteuer Werbungskosten geltend machen können und zwar für **jeden Kilometer** der einfachen Entfernung zwischen Wohnung und regelmäßiger Arbeitsstätte in Höhe der tatsächlich entstandenen Kosten, das heißt mit den für Auswärtstätigkeiten geltenden Kilometersatz in Höhe von (2 × 0,30 € =) **0,60 €**.

Diese Regelung gilt für Behinderte,

– deren Grad der Behinderung mindestens 70 beträgt,
– deren Grad der Behinderung weniger als 70, aber mindestens 50 beträgt und die in ihrer Bewegungsfähigkeit im Straßenverkehr erheblich beeinträchtigt sind (Merkzeichen „G").

Für die Pauschalierung der Lohnsteuer mit 15 % gilt bei diesen Arbeitnehmern folgende Besonderheit:

Die Pauschalierung des mit 0,03 % des Listenpreises ermittelten geldwerten Vorteils ist bei diesen Arbeitnehmern **in voller Höhe** zulässig und nicht nur in Höhe der Entfernungspauschale wie bei den übrigen Arbeitnehmern und auch nicht nur in Höhe des für Auswärtstätigkeiten geltenden Kilometersatzes von (2 × 0,30 € =) 0,60 €, den der behinderte Arbeitnehmer als Werbungskosten geltend machen könnte (vgl. R 40.2 Abs. 6 Nr. 1 Buchst. a LStR).

Beispiel

Der Arbeitnehmer ist behindert (Grad der Behinderung mindestens 70 oder mindestens 50 mit Gehbehinderung). Er nutzt einen Firmenwagen (Bruttolistenpreis im Zeitpunkt der Erstzulassung 30 000 €) für Fahrten zwischen Wohnung und regelmäßiger Arbeitsstätte. Die Entfernung Wohnung–Arbeitsstätte beträgt 20 km. Es ergibt sich folgender monatlich zu versteuernder geldwerter Vorteil:

0,03 % von 30 000 € = 9 € × 20 km =   180,— €

Der Arbeitgeber kann die Lohnsteuer in voller Höhe mit 15 % pauschalieren   180,— €

als steuer- und beitragspflichtiger Arbeitslohn verbleiben   0,— €

In der Höhe, in der der geldwerte Vorteil pauschal mit 15 % versteuert wurde, kann der Arbeitnehmer keine Werbungskosten für Fahrten zwischen Wohnung und regelmäßiger Arbeitsstätte geltend machen.

Auch wenn einem behinderten Arbeitnehmer ein Pkw mit Fahrer zur Verfügung gestellt wird (vgl. die Erläuterungen unter der nachfolgenden Nr. 15), weil der Arbeitnehmer keine gültige Fahrerlaubnis besitzt oder wegen der Behinderung von seiner Fahrerlaubnis keinen Gebrauch macht, kann nur der Wert der unentgeltlichen oder verbilligten Überlassung des Pkws pauschal besteuert werden (R 8.1 Abs. 9 in Verbindung mit R 40.2 Abs. 6 Nr. 1 LStR). Der Fahrerzuschlag (R 8.1 Abs. 10 LStR) kann nicht pauschal versteuert werden; er ist deshalb nach Lohnsteuerkarte zu versteuern und als Werbungskosten abziehbar (R 9.1 Abs. 4 Satz 2 LStR).

Firmenwagen zur privaten Nutzung

14. Familienheimfahrten im Rahmen einer beruflich veranlassten doppelten Haushaltsführung

Nach §8 Abs. 2 Satz 5 EStG wird bei wöchentlichen Familienheimfahrten mit einem vom Arbeitgeber kostenlos oder verbilligt zur Verfügung gestellten Firmenwagen kein geldwerter Vorteil angesetzt, wenn für diese Fahrten ein Werbungskostenabzug beansprucht werden könnte, falls der Arbeitnehmer die Familienheimfahrten mit dem eigenen Pkw ausführen würde.

Ein Werbungskostenabzug kann nach §9 Abs. 1 Satz 3 Nr. 5 Satz 3 EStG in Höhe der Entfernungspauschale von 0,30 € je Entfernungskilometer für **eine Familienheimfahrt wöchentlich** beansprucht werden. Die Entfernungspauschale für Familienheimfahrten gilt ebenfalls ab dem ersten Entfernungskilometer. Dementsprechend entsteht bei der Nutzung eines Firmenwagens für **eine Familienheimfahrt wöchentlich kein geldwerter Vorteil.**

Fährt der Arbeitnehmer jedoch **mehr als einmal** in der Woche an den Ort des eigenen Hausstands, ist diese zusätzliche Heimfahrt vom Werbungskostenabzug ausgeschlossen, so dass der Arbeitnehmer diese Fahrten versteuern muss, und zwar mit **0,002 % des Bruttolistenpreises je Entfernungskilometer.**

Wird für die Ermittlung des geldwerten Vorteils ein **individueller Kilometersatz** (= Fahrtenbuchmethode) nach der in Nr. 2 dargestellten Methode ermittelt, so sind die **steuerpflichtigen Familienheimfahrten** (= mehr als eine Fahrt wöchentlich) mit diesem individuellen Kilometersatz als geldwerter Vorteil zu versteuern.

Werden Familienheimfahrten mit dem Firmenwagen durchgeführt, handelt es sich begrifflich **nicht** um Fahrten zwischen Wohnung und regelmäßiger Arbeitsstätte. Deshalb kann der geldwerte Vorteil für ggf. steuerpflichtige Heimfahrten **nicht mit 15% pauschal besteuert** werden.

Beispiel

Ein Arbeitnehmer führt einen beruflich veranlassten doppelten Haushalt. Der Arbeitnehmer wohnt mit seiner Familie in A und unterhält am Beschäftigungsort in B seit 3 Jahren eine weitere Wohnung. Die Entfernung zwischen A und B beträgt 250 km. Der Arbeitgeber hat ihm ein Fahrzeug (Listenpreis 30 000 €) zur Verfügung gestellt. In 2010 fährt er neben den wöchentlichen Heimfahrten zusätzliche 10 Fahrten zu seiner Familienwohnung.

Für wöchentlich eine Familienheimfahrt könnte der Arbeitnehmer Werbungskosten geltend machen, so dass eine Versteuerung dieser Fahrten unterbleibt. Hinsichtlich der 10 zusätzlichen Fahrten steht dem Arbeitnehmer kein Werbungskostenabzug zu. Der geldwerte Vorteil für diese Fahrten muss deshalb versteuert werden und zwar mit **0,002 %** des Bruttolistenpreises je **Entfernungskilometer.** Für die 10 Fahrten ergibt sich folgender geldwerter Vorteil:

0,002 % von 30 000 € = 0,60 € × 250 km	150,— €
für 10 Familienheimfahrten 150 € × 10	1500,— €

Der geldwerte Vorteil ist individuell nach Lohnsteuerkarte zu versteuern. Eine Pauschalierung mit 15% ist nicht zulässig, weil es sich begrifflich nicht um Fahrten zwischen Wohnung und regelmäßiger Arbeitsstätte handelt.

Zu beachten ist, dass eine **doppelte Haushaltsführung nicht** vorliegt, **solange** die auswärtige Beschäftigung als vorübergehende **Auswärtstätigkeit** anzusehen ist (R 9.11 Abs. 1 Satz 2 LStR).

Beispiel

Ein Arbeitnehmer wird für fünf Monate befristet von seinem Arbeitgeber an eine 100 km entfernt liegende Betriebsstätte abgeordnet. Ihm steht für sämtliche Fahrten ein Firmenwagen (Bruttolistenpreis 25 000 €) zur Verfügung. Während der Abordnung fährt er zweimal wöchentlich (= achtmal monatlich) nach Hause.

Es handelt sich für die gesamten **fünf Monate** um eine vorübergehende beruflich veranlasste **Auswärtstätigkeit**. Für den gesamten Zeitraum ist für sämtliche **Zwischenheimfahrten** – auch für die zweite Fahrt wöchentlich nach Hause – **kein geldwerter Vorteil** anzusetzen.

15. Überlassung eines Firmenwagens mit Fahrer

Wird dem Arbeitnehmer für die Benutzung des Firmenwagens vom Arbeitgeber ein **Fahrer** zur Verfügung gestellt, so handelt es sich um die Gewährung eines weiteren steuerpflichtigen geldwerten Vorteils, der **zusätzlich zu erfassen** ist (R 8.1 Abs. 10 LStR). Dies gilt auch dann, wenn der Dienstwagen büromäßig eingerichtet ist und der Arbeitnehmer die Fahrzeit zur Erledigung beruflicher Arbeiten nutzt (BFH-Urteil vom 27.9.1996, BStBl. 1997 II S. 147). Im Einzelnen gilt Folgendes:

a) Fahrten zwischen Wohnung und regelmäßiger Arbeitsstätte

Die Inanspruchnahme eines Fahrers ist durch einen Zuschlag von **50 %** zu dem für die Überlassung des Pkws anzusetzenden (pauschal oder individuell ermittelten) geldwerten Vorteil zu berücksichtigen.

Beispiel

Der Arbeitnehmer nutzt einen Firmenwagen mit Fahrer (Bruttolistenpreis im Zeitpunkt der Erstzulassung 30 000 €) für Fahrten zwischen Wohnung und regelmäßiger Arbeitsstätte. Die Entfernung Wohnung–Arbeitsstätte beträgt 20 km. Für die Nutzung des Firmenwagens mit Fahrer zu Fahrten zwischen Wohnung und regelmäßiger Arbeitsstätte ergibt sich folgender monatlich zu versteuernder geldwerter Vorteil:

0,03 % von 30 000 € = 9 € × 20 km	180,— €
Fahrerzuschlag 50 %	90,— €
insgesamt monatlich zu versteuernder geldwerter Vorteil	270,— €

Mit dem Ansatz dieses Kilometersatzes sind auch die Fahrten mit abgegolten, bei denen der Chauffeur leer zur Wohnung des Arbeitnehmers oder zurück zum Betrieb fährt (sog. **Leerfahrten**).

Der Fahrerzuschlag kann vom Arbeitnehmer **nicht** als Werbungskosten geltend gemacht werden. Damit entfällt auch für den Fahrerzuschlag die Pauschalierungsmöglichkeit mit 15%. Bei behinderten Arbeitnehmern vgl. die Erläuterungen unter der vorstehenden Nr. 13 Buchstabe b.

b) Familienheimfahrten

Wird dem Arbeitnehmer für die Nutzung des Firmenwagens zu **steuerpflichtigen** Familienheimfahrten (= mehr als eine Fahrt wöchentlich) im Rahmen einer doppelten Haushaltsführung ein Fahrer zur Verfügung gestellt, so ist die Inanspruchnahme des Fahrers durch einen Zuschlag von **50 %** zu dem individuell oder pauschal ermittelten geldwerten Vorteil für steuerpflichtige Familienheimfahrten (vgl. Nr. 14) zu erfassen.

c) Reine Privatfahrten

Bei der Inanspruchnahme eines Fahrers für Fahrten zwischen Wohnung und regelmäßiger Arbeitsstätte sowie für steuerpflichtige Familienheimfahrten ist der Fahrerzuschlag stets mit 50% anzusetzen.

Die Inanspruchnahme eines Fahrers bei den **reinen** Privatfahrten (z.B. bei Anwendung der 1%-Regelung) ist mit folgenden Zuschlägen anzusetzen:

– Zuschlag 50 %, wenn der Fahrer überwiegend in Anspruch genommen wird;
– Zuschlag 40 %, wenn der Arbeitnehmer den Firmenwagen häufig selbst steuert;
– Zuschlag 25 %, wenn der Arbeitnehmer den Firmenwagen weit überwiegend selbst steuert.

d) Fälle, in denen ein Zuschlag für den Fahrer nicht anzusetzen ist

Ein Zuschlag für die Inanspruchnahme des Fahrers bei Privatfahrten, bei Fahrten zwischen Wohnung und regelmäßiger Arbeitsstätte sowie bei steuerpflichtigen Familienheimfahrten unterbleibt in den Fällen, in denen ein Arbeitnehmer aus Sicherheitsgründen ein gepanzertes Fahrzeug mit Fahrer zur Verfügung gestellt bekommt, das zum Selbststeuern nicht geeignet ist. In welche Gefährdungsstufe der Arbeitnehmer einzuordnen ist, ist ohne Bedeutung (R 8.1 Abs. 10 Nr. 3 LStR).

Firmenwagen zur privaten Nutzung

16. Unfall mit dem Firmenwagen

a) Anwendung der individuellen Methode

Wird der geldwerte Vorteil für die Nutzung des Firmenwagens zu Privatfahrten, zu Fahrten zwischen Wohnung und regelmäßiger Arbeitsstätte und für steuerpflichtige Familienheimfahrten nach der individuellen Methode ermittelt (vgl. die Erläuterungen unter vorstehenden Nr. 2), so gehören die Unfallkosten zu den **Gesamtkosten** des Fahrzeugs. Dies wurde in R 8.1 Abs. 9 Nr. 2 Satz 8 der Lohnsteuer-Richtlinien 2008 ausdrücklich klargestellt. Die Zurechnung zu den Gesamtkosten ist unabhängig davon vorzunehmen, ob sich der Unfall bei einer Auswärtstätigkeit, einer Fahrt zwischen Wohnung und regelmäßiger Arbeitsstätte, einer Familienheimfahrt oder einer Privatfahrt ereignet.

Die in den Lohnsteuer-Richtlinien vorgenommene Klarstellung ist wichtig, weil hiernach die vom Arbeitgeber getragenen Unfallkosten dem Arbeitnehmer nicht unmittelbar als steuerpflichtiger Arbeitslohn zugerechnet werden, selbst wenn der Unfall bei einer Privatfahrt eingetreten ist. Es erhöht sich lediglich der Kilometersatz, der – bei Anwendung der individuellen Methode – dem Arbeitnehmer für die Überlassung des Firmenwagens als geldwerter Vorteil zuzurechnen ist.

Im Rahmen der nächsten Überarbeitung der Lohnsteuer-Richtlinien (voraussichtlich für 2011) will die Verwaltung ihre vorstehende Auffassung prüfen. Führt allerdings der Verzicht des Arbeitgebers auf eine Schadenersatzforderung gegenüber dem Arbeitnehmer zu steuer- und sozialversicherungspflichtigen Arbeitslohn, weil der Arbeitgeber gegenüber dem Arbeitnehmer auf Schadenersatz nach einem während einer beruflichen Fahrt (Auswärtstätigkeit) alkoholbedingt entstandenen Schaden verzichtet, gehören die Unfallkosten in diesem besonderen Fall ausnahmsweise nicht zu den Gesamtkosten (vgl. hierzu den nachfolgenden Buchstaben c). Anderenfalls würden sie nämlich teilweise doppelt versteuert.

b) Pauschale Ermittlung des geldwerten Vorteils

Wird der geldwerte Vorteil nicht mit einem individuell ermittelten Kilometersatz, sondern nach der pauschalen Methode ermittelt (1 %-Regelung, 0,03 %- oder 0,002 %-Methode) so sind damit auch die vom Arbeitgeber getragenen Unfallkosten **abgegolten,** und zwar auch dann, wenn sich der Unfall eindeutig bei einer Privatfahrt des Arbeitnehmers ereignet hat.

Der **Bundesfinanzhof** hat zwar in der Begründung seines Urteils vom 24.5.2007 (BStBl. II S. 766; vgl. auch nachfolgenden Buchstaben c) ausgeführt, dass **Unfallkosten nicht** durch die 1 %-Regelung **abgegolten** seien, weil es sich nicht um Kosten handelt, die unmittelbar dem Halten und dem Betrieb des Fahrzeugs zu dienen bestimmt sind und im Zusammenhang mit seiner Nutzung typischerweise anfallen. Letztlich waren diese Ausführungen im Streitfall jedoch nicht entscheidungserheblich. Die **Finanzverwaltung hält** daher **an ihrer** hier und unter dem vorstehenden Buchstaben a dargestellten **Auffassung** – zumindest bis zur nächsten Überarbeitung der Lohnsteuer-Richtlinien – ausdrücklich weiter **fest.**

c) Verzicht auf eine Schadensersatzforderung als Arbeitslohn

Sofern keine Vollkaskoversicherung für den Firmenwagen abgeschlossen worden ist oder das Versicherungsunternehmen die Leistung verweigert, muss unabhängig von der Zuordnung der Unfallkosten zu den Gesamtkosten des Firmenwagens bei einem Unfall mit dem Firmenwagen (insbesondere bei einer privaten Fahrt) geprüft werden, ob der Arbeitnehmer gegenüber dem Arbeitgeber nach zivil- oder arbeitsrechtlichen Grundsätzen zum Schadenersatz verpflichtet ist, etwa bei Vorsatz oder grober Fahrlässigkeit z. B. bei einem Unfall mit Trunkenheit.

Ist der Arbeitnehmer dem Arbeitgeber gegenüber zum Schadenersatz verpflichtet und verzichtet der Arbeitgeber auf den Ersatz des Schadens, entsteht dem Arbeitnehmer ein entsprechender steuerpflichtiger geldwerter Vorteil in Höhe des verursachten Schadens. Der geldwerte Vorteil ist im Zeitpunkt des Verzichts beim Arbeitnehmer **zusätzlich** zu erfassen (vgl. BFH-Urteil vom 27.3.1992, BStBl. II S. 837).

Dies hat der **Bundesfinanzhof** auch für den Fall **bestätigt,** dass der Arbeitgeber gegenüber dem Arbeitnehmer auf **Schadenersatz** nach einem während einer beruflichen Fahrt (Auswärtstätigkeit) **alkoholbedingt** entstandenen Schaden **verzichtet** (BFH-Urteil vom 24.5.2007, BStBl. II S. 766). Eine höhere Steuer ergibt sich aber nur dann, wenn die Begleichung der Schadenersatzforderung nicht zum Werbungskostenabzug berechtigt. Dieser Werbungskostenabzug kommt aber gerade nicht in Betracht, wenn das auslösende Moment für den Verkehrsunfall die alkoholbedingte Fahruntüchtigkeit war. Somit kommt es in diesen Fällen durch den Ansatz eines zusätzlichen geldwerten Vorteils auch zu einer Steuererhöhung. Hingegen ist ein grob fahrlässiger oder vorsätzlicher Verstoß gegen Verkehrsvorschriften für einen Werbungskostenabzug unschädlich. Die Saldierung von Arbeitslohn und Werbungskosten darf in diesem Fall ausnahmsweise (Billigkeitsmaßnahme) vom Arbeitgeber im Lohnsteuerabzugsverfahren vorgenommen werden. In dem vorstehend beschriebenen besonderen Fall werden die Unfallkosten bei der Ermittlung des geldwerten Vorteils nach der individuellen Methode nicht zu den Gesamtkosten gerechnet (vgl. hierzu auch den vorstehenden Buchstaben a).

17. Anwendung des Rabattfreibetrags bei der Überlassung von Firmenwagen

Der Rabattfreibetrag in Höhe von 1080 € jährlich kommt bei einer unentgeltlichen oder verbilligten Überlassung von Waren und Dienstleistungen nur dann zur Anwendung, wenn der Arbeitgeber mit „der Überlassung von Fahrzeugen" Handel treibt (vgl. „Rabatte, Rabattfreibetrag"). Bei der Überlassung von Firmenwagen zu Privatfahrten können diese Voraussetzungen nur in Ausnahmefällen erfüllt sein, z. B. bei **Leasing-Unternehmen,** die den eigenen Mitarbeitern Firmenwagen zur Verfügung stellen, oder bei **Firmen, die geschäftsmäßig Fahrzeuge verleihen.** In allen anderen Fällen treibt der Arbeitgeber mit der „Überlassung von Fahrzeugen" keinen Handel; eine Anwendung des Rabattfreibetrags kommt deshalb nicht in Betracht.

Die an sich günstige Anwendung des Rabattfreibetrags kann jedoch auch eine Kehrseite haben. Denn die in R 8.1 Abs. 9 und 10 der Lohnsteuer-Richtlinien für die Nutzung von Firmenwagen zu Privatfahrten getroffenen Regelungen sind damit in diesen Fällen **nicht anwendbar.** Das bedeutet, dass nicht einerseits der geldwerte Vorteil für die unentgeltliche oder verbilligte Nutzung des Firmenwagens nach der 1 %-Methode ermittelt werden kann und andererseits hiervon der Rabattfreibetrag von 1080 € jährlich zum Abzug kommt. Die Bewertung des geldwerten Vorteils ist vielmehr nach § 8 Abs. 3 EStG vorzunehmen, das heißt, dass der geldwerte Vorteil mit dem Preis anzusetzen ist, zu dem der Arbeitgeber die Leistung fremden Letztverbrauchern im allgemeinen Geschäftsverkehr anbietet. Dadurch wird sich regelmäßig ein höherer Wert als bei der 1 %-Methode ergeben. Nur wenn die Bewertung des geldwerten Vorteils nach diesen Grundsätzen erfolgt, kann auch der Rabattfreibetrag von 1080 € jährlich abgezogen werden.

Wird bei der Überlassung eines Kraftwagens der auf die Fahrten zwischen Wohnung und regelmäßiger Arbeitsstätte entfallende Nutzungsvorteil pauschal mit 15 % versteuert, so ist der für die individuelle Besteuerung maßgebende Wert der Kraftwagenüberlassung insgesamt nach § 8 Abs. 3 EStG zu ermitteln und um den pauschal ver-

Firmenwagen zur privaten Nutzung

	Lohn- steuer- pflichtig	Sozial- versich.- pflichtig

steuerten Betrag zu kürzen. Von dem gekürzten Betrag kann dann der Rabattfreibetrag von 1080 € jährlich abgezogen werden.

Zum Erwerb eines Pkws von ihrem Arbeitgeber durch Arbeitnehmer der Automobilindustrie vgl. die Erläuterungen beim Stichwort „Jahreswagen".

18. Nutzungsverbot und Haftung des Arbeitgebers

a) Nutzungsverbot

Der Bundesfinanzhof hat entschieden, dass der sog. **Anscheinsbeweis für** eine **Privatnutzung** des zur Verfügung gestellten Firmenwagens spricht (BFH-Urteil vom 7.11.2006, BStBl. 2007 II S. 116). Dieser Anscheinsbeweis gilt aber nicht für Fahrzeuge, die nach ihrer objektiven Beschaffenheit und Einrichtung nicht für eine Privatnutzung geeignet sind (sog. Werkstatt-/Monteurwagen; BFH-Urteil vom 18.12.2008, BStBl. 2009 II S. 381). Vgl. hierzu auch die Erläuterungen unter der vorstehenden Nr. 3 Buchstabe b.

Will der Arbeitgeber vermeiden, dass der Arbeitnehmer den Firmenwagen privat nutzt, muss er ein **schriftliches Nutzungsverbot** aussprechen. In diesem Fall unterbleibt der Ansatz eines steuerpflichtigen geldwerten Vorteils, wenn der Arbeitgeber **die Einhaltung des Verbots überwacht** oder wenn wegen der besonderen Umstände des Falles die verbotene Nutzung so gut wie ausgeschlossen ist. Dies ist immer dann der Fall, wenn der Arbeitnehmer den Firmenwagen nach der Arbeitszeit, an Wochenenden und während des Urlaubs auf dem Betriebsgelände abstellt und den Schlüssel beim Arbeitgeber abgibt. Das Nutzungsverbot und seine Überwachung durch den Arbeitgeber müssen als Beleg zum Lohnkonto genommen werden.

Die Finanzverwaltung hält an ihren strengen Voraussetzungen zum Aussprechen und zur Überwachung eines Nutzungsverbots weiter fest (vgl. auch die Hinweise zur Richtlinie 8.1 (9–10) wo unter dem Stichwort „Anscheinsbeweis" auf das Stichwort „Nutzungsverbot" verwiesen wird). Der **Bundesfinanzhof** konnte in seinem o. a. Urteil vom 7.11.2006 (BStBl. 2007 S. 116) offen lassen, ob ein vom Arbeitgeber **ernsthaft** und nicht nur zum Schein ausgesprochenes Nutzungsverbot den Anscheinsbeweis nur dann entkräftet, wenn das **Nutzungsverbot** überwacht wird. Er hat sich der Tatsachenwürdigung des Finanzgerichts angeschlossen, das eine Privatnutzung angenommen hatte, weil über das Nutzungsverbot hinaus nicht durch organisatorische Maßnahmen sichergestellt wurde, dass das ausschließlich für dienstliche Zwecke zur Verfügung gestellte Firmenfahrzeug nicht auch privat genutzt wurde. Wegen der Haftung des Arbeitgebers (vgl. nachfolgenden Buchstaben b) wird daher dringend empfohlen, die Einhaltung eines schriftlichen ausgesprochenen Nutzungsverbots zu überwachen, wenn sie nicht wegen der besonderen Umstände des Einzelfalles so gut wie ausgeschlossen ist. Als Überwachungsmöglichkeiten kommen neben dem Fahrtenbuch auch eine regelmäßige Kontrolle des Benzinverbrauchs und/oder der Kilometerstände in Betracht. Bei Arbeitnehmern in leitender Stellung, die bei der Nutzung des Firmenwagens „freie Hand" haben und bei Gesellschafter-Geschäftsführern sollte von einer Überwachung des schriftlich ausgesprochenen und vom Umfang her eindeutigen Nutzungsverbots mittels eines Fahrtenbuchs nicht abgesehen werden; zu Besonderheiten bei Gesellschafter-Geschäftsführern vgl. auch den nachfolgenden Buchstaben c). Zur Unterstreichung der Ernsthaftigkeit des Nutzungsverbots sind arbeitsrechtliche Sanktionen des Arbeitgebers gegenüber dem Arbeitnehmer bei einem Verstoß gegen das Verbot der Privatnutzung (z. B. Ermahnung, Abmahnung, Kündigung) zu den Lohnunterlagen zu nehmen.

Wird das Nutzungsverbot allgemein oder aus besonderem Anlass oder zu einem besonderen Zweck **von Fall zu Fall** ausgesetzt, gilt die unter der vorstehenden Nr. 5 erläuterte Regelung. Das bedeutet, dass die von Fall zu Fall durchgeführten Privatfahrten mit 0,001 % des Bruttolistenpreises zu versteuern sind*).

Beispiel

Einem Autoverkäufer ist die private Nutzung der Vorführwagen schriftlich untersagt worden. Die Vorführwagen werden nach Feierabend auf dem Firmengelände abgestellt und der Schlüssel in der Firma aufbewahrt. Gleiches gilt für den Urlaub des Arbeitnehmers. Aus besonderem Anlass nimmt der Arbeitnehmer den Vorführwagen über das Wochenende mit nach Hause und fährt privat 200 km. Bei einem Bruttolistenpreis des Vorführwagens in Höhe von 30 000 € beträgt der geldwerte Vorteil für diese Privatfahrt

0,001 % von 30 000 € = 0,30 € × 200 km = 60,— €

Wie wichtig letztlich die Überwachung des Nutzungsverbots ist, zeigt auch folgender Fall: In einem vom Finanzgericht Nürnberg zu entscheidenden Streitfall hatte der Arbeitgeber seinen Außendienstmitarbeitern jeweils einen Firmenwagen für dienstliche Fahrten zur Verfügung gestellt. Die **private Nutzung** des Firmenwagens war nach dem Arbeitsvertrag ausdrücklich **nicht gestattet.** Zudem wurde vom **Arbeitnehmer** eine **Einverständniserklärung** zur Benutzung des Firmenwagens abgegeben, wonach die private Nutzung des Fahrzeugs nicht gestattet war. Bei einer Lohnsteuer-Außenprüfung stellte das Finanzamt fest, dass **Fahrtenbücher nicht geführt** und die **Kraftfahrzeuge nicht** auf dem **Betriebsgelände abgestellt** wurden, da sie die Arbeitnehmer auch für Fahrten zwischen Wohnung und regelmäßiger Arbeitsstätte nutzten. **Sonstige Nachweise** zur Überwachung des Nutzungsverbots wurden **nicht erbracht.** Nach den Feststellungen des Finanzamts hatten die jeweiligen Arbeitnehmer selbst kein weiteres Privatfahrzeug, sondern allenfalls deren Familienangehörige.

Das Finanzgericht Nürnberg entschied, dass angesichts der im Streitfall für die Privatnutzung sprechenden Gesichtspunkte des sog. **Anscheinsbeweis** durch die Behauptung des Klägers, eine Privatnutzung sei aufgrund der in den Arbeitsverträgen geregelten Nutzungsverbots nicht möglich, **nicht entkräftet** werde und wies die Klage gegen die vom Finanzamt angewandte 1 %-**Bruttolistenpreisregelung** zur Ermittlung des geldwerten Vorteils für die Privatfahrten ab (Urteil des FG Nürnberg vom 20.7.2006, VI 174/2005). Die dagegen eingelegte Beschwerde hat der Bundesfinanzhof als unbegründet zurückgewiesen (BFH-Beschluss vom 13. 9. 2007, VI B 100/06).

b) Haftung des Arbeitgebers

Der Arbeitgeber haftet nach § 42d EStG für die Lohnsteuer, den Solidaritätszuschlag und die Kirchensteuer, wenn er den durch die private Nutzung des Firmenwagens entstehenden geldwerten Vorteil nicht als Sachbezug dem Barlohn zurechnet. Gleiches gilt für die Sozialversicherung (vgl. Nr. 19).

Gegen den Ansatz eines geldwerten Vorteils kann vom Arbeitgeber im Haftungsverfahren nicht geltend gemacht werden, er habe seinen Arbeitnehmern die private Nutzung des Firmenwagens schriftlich untersagt und es sei nicht seine Sache, wenn die Arbeitnehmer gegen dieses Verbot verstoßen würden. Ein Nutzungsverbot wird steuerlich vielmehr nur dann anerkannt, wenn der Arbeitgeber ernstlich auf die Beachtung des Verbots gedrungen und die Einhaltung überwacht hat (Führung eines Fahrtenbuches, Überprüfung des Fahrtenbuches durch den Arbeitgeber, Abstellen des Kraftfahrzeugs bei Urlaub, Krankheit und ggf. nach Dienstschluss auf dem Betriebsgelände). Hat der Arbeitgeber die geschilderten Überwachungs-

---

*) BMF-Schreiben vom 28.5.1996 (BStBl. I S. 654). Das BMF-Schreiben ist als Anlage 1 zu H 8.1 (9–10) LStR im **Steuerhandbuch für das Lohnbüro 2010** abgedruckt, das im selben Verlag erschienen ist. Das **PC-Lexikon** für das Lohnbüro 2010 enthält auch dieses Handbuch und hat außerdem den Vorteil, dass Sie **alle BFH-Urteile** sowie die aktuellen Rundschreiben und Niederschriften der Spitzenverbände der **Sozialversicherung** mit Mausklick **im Volltext** abrufen und ausdrucken können. Eine Bestellkarte finden Sie vorne im Lexikon.

Firmenwagen zur privaten Nutzung

	Lohn-steuer-pflichtig	Sozial-versich.-pflichtig

maßnahmen unterlassen, kann er im Haftungsverfahren nicht vorbringen, die Kontrolle, ob und in welchem Umfang der Arbeitnehmer Privatfahrten verbotswidrig durchführt, sei undurchführbar gewesen – vgl. BFH-Urteil vom 26.1.1968 (BStBl. II S. 361). Zum Nutzungsverbot und zur Überwachung vgl. auch die Erläuterungen unter dem vorstehenden Buchstaben a.

c) Vertragswidrige Privatnutzung durch Gesellschafter-Geschäftsführer

Ist die **Privatnutzung** eines Firmenwagens durch den Gesellschafter-Geschäftsführer einer GmbH nach dem Anstellungsvertrag ausdrücklich **zulässig,** geht der Bundesfinanzhof stets von einem lohnsteuerlichen **geldwerten Vorteil** und nicht von einer verdeckten Gewinnausschüttung aus (BFH-Urteil vom 23.4.2009, VI B 118/08). Im Streitfall war die Privatnutzung des Firmenwagens zulässig, da der Geschäftsführervertrag folgende eindeutige Aussage enthielt: „Der Geschäftsführer kann für die Dauer des Dienstverhältnisses einen Firmenwagen beanspruchen, der auch zu privaten Zwecken benutzt werden darf."

Hat der Arbeitgeber gegenüber dem Arbeitnehmer bei Zurverfügungstellung eines **Firmenwagens** ein schriftliches **Nutzungsverbot** für Privatfahrten ausgesprochen, unterbleibt der Ansatz eines nach der Bruttolistenpreisregelung ermittelten geldwerten Vorteils nur dann, wenn der Arbeitgeber die Einhaltung des Verbots überwacht oder wenn wegen der besonderen Umstände die verbotene Privatnutzung so gut wie ausgeschlossen ist (z. B. Abstellen des Autos auf dem Betriebsgelände und Schlüsselabgabe; vgl. im Einzelnen die Erläuterungen unter dem vorstehenden Buchstaben a).

Der Bundesfinanzhof hat allerdings entschieden, dass in den Fällen des Nutzungsverbots **Besonderheiten** gelten, wenn es sich beim Arbeitgeber um eine **GmbH** und beim Arbeitnehmer um den **Gesellschafter-Geschäftsführer** handelt. Im konkreten Fall ging es um den Gesellschafter-Geschäftsführer einer GmbH, der den Firmen-Pkw, einen Jaguar XJR V8 mit einem Bruttolistenpreis von seinerzeit rund 70 500 €, privat genutzt hatte, obwohl ihm dies vertraglich ausdrücklich untersagt war. Die **vertraglich** eigentlich **untersagte Privatnutzung** ergab sich im Rahmen einer Außenprüfung vor allem aus der Tatsache, dass das Fahrzeug an Sonn- und Feiertagen auswärtig betankt worden war, ohne dass ein betrieblicher Zusammenhang dargelegt werden konnte. Hinzu kam die unbeschränkte Zugriffsmöglichkeit des Gesellschafter-Geschäftsführers auf den Pkw und die fehlenden organisatorischen Maßnahmen seitens der GmbH um eine Privatnutzung auszuschließen.

Bei der GmbH liegt in solch einem Fall eine körperschaftsteuerpflichtige **verdeckte Gewinnausschüttung** vor, der Gesellschafter-Geschäftsführer erzielt keinen Arbeitslohn, sondern **Kapitaleinkünfte,** auf die ab 2009 die 25 %ige Abgeltungsteuer anzuwenden ist. Der Bundesfinanzhof bemisst die verdeckte Gewinnausschüttung bei der GmbH nicht mit 1 % des Bruttolistenpreises, sondern mit dem tatsächlichen Verkehrswert des Nutzungsvorteils und erhöht diesen Wert noch um einen Gewinnaufschlag (BFH-Urteil vom 23.1.2008 I R 8/06). Er weicht damit von der Finanzverwaltung ab, die die verdeckte Gewinnausschüttung bisher sowohl bei der GmbH als auch bei dem Gesellschafter-Geschäftsführer aus Vereinfachungsgründen ebenfalls mit 1 % des Bruttolistenpreises bewertet hat.

Eine **nachhaltige „vertragswidrige" Privatnutzung** eines Firmenwagens durch den angestellten Gesellschafter-Geschäftsführer einer GmbH legt nach Ansicht des Bundesfinanzhofs allerdings den Schluss nahe, dass das Nutzungsverbot nicht ernstlich gewollt, sondern lediglich „auf dem Papier steht" (BFH-Urteil vom 23.4.2009, VI R 81/06). Aufgrund der Gesamtumstände des Einzelfalles ist dann zu entscheiden, ob die unbefugte Nutzung durch das Beteiligungsverhältnis (= verdeckte Gewinnausschüttung) oder durch das Arbeitsverhältnis (= geldwerter Vorteil) veranlasst ist. Eine vom schriftlich Vereinbarten abweichende, mündlich oder konkludent getroffene Nutzungs- oder Überlassungsvereinbarung des Fahrzeugs kann ihren Ursprung durchaus im Arbeitsverhältnis (= geldwerter Vorteil) haben.

19. Sozialversicherungsrechtliche Behandlung des geldwerten Vorteils

a) Allgemeines

	Lohn-steuer-pflichtig	Sozial-versich.-pflichtig
Der geldwerte Vorteil aus der Nutzung eines Firmenwagens zu Privatfahrten zu Fahrten zwischen Wohnung und regelmäßiger Arbeitsstätte sowie zu steuerpflichtigen Familienheimfahrten gehört zum beitragspflichtigen Entgelt.	ja	ja
Soweit bei Fahrten zwischen Wohnung und regelmäßiger Arbeitsstätte der geldwerte Vorteil **pauschal mit 15 % versteuert** wird (vgl. Nr. 13), gehört er nicht zum beitragspflichtigen Entgelt.	ja	nein

Nach § 40 Abs. 2 Satz 2 EStG hat der Arbeitgeber bei der Versteuerung des geldwerten Vorteils für die unentgeltliche oder verbilligte Überlassung eines Firmenwagens zu Fahrten zwischen Wohnung und regelmäßiger Arbeitsstätte die Möglichkeit, die Lohnsteuer insoweit mit 15 % zu pauschalieren, als der Arbeitnehmer Werbungskosten in Höhe der Entfernungspauschale geltend machen könnte.

Aufgrund der Fortführung der Gesetzeslage 2006 bei der Entfernungspauschale können Arbeitnehmer **Werbungskosten** für Fahrten zwischen Wohnung und regelmäßiger Arbeitsstätte in Höhe von 0,30 € ab dem **1. Entfernungskilometer** je Arbeitstag geltend machen (vgl. das Stichwort „**Entfernungspauschale**"). Dementsprechend kann der geldwerte Vorteil für die unentgeltliche oder verbilligte Nutzung des Firmenwagens zu Fahrten zwischen Wohnung und regelmäßiger Arbeitsstätte ab dem 1. Entfernungskilometer mit 15 % pauschal versteuert werden (R 40.2 Abs. 6 Nr. 1 Buchstabe b LStR).

b) Private Nutzung des Firmenwagens während des Bezugs von Entgeltersatzleistungen

Nach § 23c SGB IV gehören Leistungen des Arbeitgebers, die für die Zeit des Bezugs von Lohnersatzleistungen (weiter) gewährt werden, nicht zum beitragspflichtigen Arbeitsentgelt, **wenn** diese Einnahmen zusammen mit den Entgeltersatzleistungen (z. B. dem Krankengeld oder Mutterschaftsgeld) **das Nettoarbeitsentgelt um nicht mehr als 50 € übersteigen (Freigrenze).** Zu den Einnahmen in diesem Sinne gehören auch Sachbezüge, z. B. der geldwerte Vorteil für die private Nutzung des Firmenwagens.

Beispiel

Der geldwerte Vorteil für die private Nutzung des Firmenwagens (Bruttolistenpreis 18 000 €) beträgt bei Anwendung der 1 %-Methode monatlich	180,— €
Der Bruttolohn des Arbeitnehmers beträgt 3500 € monatlich; der Nettolohn soll 2400 € betragen! Der Arbeitnehmer erhält im Juni 2010 für 15 Tage Krankengeld wegen Arbeitsunfähigkeit. Das tägliche Krankengeld soll (2400 € : 30 = 80 € × 70 % =)	56,— €
betragen. Es ergibt sich Folgendes:	
Nettoarbeitsentgelt täglich 2400 € : 30 =	80,— €
geldwerter Vorteil täglich 180 € : 30 =	6,— €
Vergleichsberechnung 56 € + 6 € =	62,— €

Der durch die private Nutzung des Firmenwagens während des Bezugs von Krankengeld entstehende geldwerte Vorteil gehört nicht zum beitragspflichtigen Arbeitsentgelt, weil es sich um einen Zuschuss zum Krankengeld handelt, der zusammen mit dem Krankengeld unter dem Nettoarbeitsentgelt von 80 € liegt. Zu einer beitragspflichtigen Einnahme kommt es erst dann, wenn der geldwerte Vorteil aus der privaten Nutzung des Firmenwagens zusammen mit dem Krankengeld das Nettoentgelt um **mehr als 50 €** übersteigt. Auf die ausführlichen Erläuterungen beim Stichwort „Arbeitsentgelt" unter Nr. 2 Buchst. f wird Bezug genommen.

Firmenwagen zur privaten Nutzung

20. Umsatzsteuerpflicht des geldwerten Vorteils

a) Ansatz der lohnsteuerlichen Werte auch für Zwecke der Umsatzsteuer

Die unentgeltliche Überlassung eines Firmenwagens an Arbeitnehmer für Privatfahrten (einschließlich Fahrten zwischen Wohnung und regelmäßiger Arbeitsstätte und Familienheimfahrten) ist ein umsatzsteuerpflichtiger Sachbezug. Mit Wirkung vom 1. April 1999 sind die Bestimmungen über die umsatzsteuerliche Behandlung von sog. unentgeltlichen Sachzuwendungen und sonstigen Leistungen an den Arbeitnehmer neu geregelt worden (vgl. das Stichwort „Umsatzsteuerpflicht von Sachbezügen"). Die Ermittlungen der umsatzsteuerlichen Bemessungsgrundlage bei der unentgeltlichen Überlassung von Firmenwagen für Privatfahrten, Fahrten zwischen Wohnung und regelmäßiger Arbeitsstätte und Familienheimfahrten ist im BMF-Schreiben vom 27.8.2004 (BStBl. I S. 864) festgelegt worden*). Als Bemessungsgrundlage können hiernach die lohnsteuerlichen Werte zugrunde gelegt werden. Die **lohnsteuerlichen Werte** sind allerdings als **Bruttowerte** anzusehen, aus denen die **Umsatzsteuer** mit $^{19}/_{119}$ **herauszurechnen** ist. Von den nach der 1 %-Methode sowie der 0,03 %- oder 0,002 %-Methode ermittelten Werten darf ein **Abschlag von 20 %** für Kfz-Kosten ohne Vorsteuer **nicht** vorgenommen werden (vgl. nachfolgend unter Buchstabe c). Zahlt der Arbeitnehmer für die Überlassung des Firmenwagens eine pauschale oder eine kilometerbezogene Vergütung, so wird dadurch die umsatzsteuerliche Bemessungsgrundlage für die Fahrzeugüberlassung **nicht** gemindert. Andererseits sind die Zahlungen des Arbeitnehmers nicht als Entgelt zu behandeln.

Beispiel A

Geldwerter Vorteil für die private Nutzung eines Firmenwagens (Listenpreis 20 000 €) bei Anwendung der 1 %-Regelung monatlich =	200,— €
der Arbeitnehmer zahlt für die Privatfahrten monatlich eine Pauschale in Höhe von =	100,— €
verbleiben als geldwerter Vorteil =	100,— €
Fahrten Wohnung–Arbeitsstätte, einfache Entfernung 30 km, monatlich 0,03 % von 20 000 € = 6 € × 30 km =	180,— €
insgesamt	280,— €

von dem auf Fahrten zwischen Wohnung und regelmäßiger Arbeitsstätte entfallenden geldwerten Vorteil in Höhe von 180 € werden monatlich pauschal mit 15 % versteuert:

30 km × 0,30 € × 15 Arbeitstage =	135,— €

dem laufenden Monatslohn werden zur normalen Besteuerung nach der Monatstabelle (280 € − 135 € =) 145 € hinzugerechnet.

Die umsatzsteuerliche Bemessungsgrundlage beträgt (200 € + 180 € =) 380 €. Es ist weder die Zuzahlung des Arbeitnehmers in Höhe von 100 € zu kürzen, noch ist der mit 15 % pauschal besteuerte Betrag abzuziehen. Der Betrag von 380 € ist allerdings ein Bruttobetrag, aus dem die Umsatzsteuer bei einem Steuersatz von 19 % mit $^{19}/_{119}$ herauszurechnen ist:

$^{19}/_{119}$ von 380 € =	60,67 €
als Bemessungsgrundlage für die Umsatzsteuer verbleiben monatlich (380 € − 60,67 €) =	319,33 €

Wird der private Nutzungswert mit Hilfe eines ordnungsgemäßen **Fahrtenbuchs** anhand der durch Belege nachgewiesenen Gesamtkosten ermittelt (vgl. die Erläuterungen unter der vorstehenden Nr. 2), ist von diesem Wert auch bei der Umsatzsteuer auszugehen, wobei allerdings die **Mehrwertsteuer außer Betracht** bleibt (= Netto-Gesamtkosten). Aus den Gesamtkosten dürfen die nicht mit Vorsteuern belasteten Kosten nicht ausgeschieden werden (vgl. nachfolgend unter Buchstaben c). Die Fahrten zwischen Wohnung und regelmäßiger Arbeitsstätte sowie die Heimfahrten aus Anlass einer doppelten Haushaltsführung werden umsatzsteuerlich den Privatfahrten des Arbeitnehmers zugerechnet.

Beispiel B

Ein sog. Firmenwagen mit einer Jahresfahrleistung von 20 000 km wird von einem Arbeitnehmer lt. ordnungsgemäß geführtem Fahrtenbuch an 180 Tagen jährlich für Fahrten zur 10 km entfernten regelmäßigen Arbeitsstätte benutzt. Die übrigen Privatfahrten des Arbeitnehmers belaufen sich auf insgesamt 3400 km. Die gesamten Kraftfahrzeugkosten (Nettoaufwendungen einschließlich der auf den nach § 15a UStG maßgeblichen Berichtigungszeitraum verteilten Anschaffungskosten**) betragen 9000 €. Von den Privatfahrten des Arbeitnehmers entfallen 3600 km auf Fahrten zwischen Wohnung und regelmäßiger Arbeitsstätte (180 Tage x 20 km) und 3400 km auf sonstige Fahrten. Dies entspricht einer Privatnutzung von insgesamt 35 % (7000 km von 20 000 km). Für die umsatzsteuerliche Bemessungsgrundlage ist von einem Betrag von 35 % von 9000 € = 3150 € auszugehen. Die Umsatzsteuer beträgt 19 % von 3150 € = 598,50 €.

Das Beispiel wurde dem BMF-Schreiben vom 27.8.2004 (BStBl. I S. 864) entnommen.*)

b) Familienheimfahrten im Rahmen einer doppelten Haushaltsführung

Auch bei Familienheimfahrten im Rahmen einer steuerlich anerkannten doppelten Haushaltsführung, für die **lohnsteuerlich kein geldwerter Vorteil** anzusetzen ist, liegt **umsatzsteuerlich ein steuerpflichtiger Sachbezug** vor. Dieser kann aus Vereinfachungsgründen mit dem lohnsteuerlichen Wert angesetzt werden, der für Familienheimfahrten gilt. Dies sind 0,002 % des Bruttolistenpreises des benutzten Fahrzeugs für jeden Kilometer der einfachen Entfernung zwischen Familienwohnsitz und Zweitwohnung am Arbeitsort (vgl. die Erläuterungen unter der vorstehenden Nr. 14). Von dem so ermittelten Wert darf ein Abschlag von 20 % nicht vorgenommen werden (vgl. nachfolgend unter Buchstaben c). Der nach der **0,002 %-Methode** ermittelte Betrag ist ein **Bruttobetrag,** aus dem die Umsatzsteuer mit $^{19}/_{119}$ **herauszurechnen** ist.

Beispiel C

Ein Arbeitgeber stellt seinem Arbeitnehmer im Rahmen einer doppelten Haushaltsführung einen Firmenwagen für Familienheimfahrten zur Verfügung (Bruttolistenpreis 25 000 €). Die einfache Entfernung zwischen Familienwohnung und der Zweitwohnung am Beschäftigungsort beträgt 120 km.

Lohnsteuerlich entsteht kein steuerpflichtiger geldwerter Vorteil, soweit nur eine Familienheimfahrt wöchentlich ausgeführt wird (vgl. die Erläuterungen unter der vorstehenden Nr. 14). Umsatzsteuerlich handelt es sich jedoch dennoch um einen steuerpflichtigen Sachbezug, der nach der 0,002 %-Methode bewertet werden kann.

Es ergibt sich folgende Berechnungsgrundlage je Familienheimfahrt:

0,002 % von 25 000 € = 0,50 € × 120 km =	60,— €

Dieser Betrag ist ein Bruttobetrag. Aus ihm muss die Umsatzsteuer mit $^{19}/_{119}$ herausgerechnet werden.

$^{19}/_{119}$ von 60 € =	9,58 €
als umsatzsteuerliche Bemessungsgrundlage verbleiben je Familienheimfahrt	50,42 €

c) Kürzung um die nicht vorsteuerbelasteten Kosten

Bei der Ermittlung der Bemessungsgrundlage für Zwecke der Umsatzsteuer stellt sich die Frage, ob diejenigen Kfz-Kosten ausgeschieden werden müssen, bei denen kein Vorsteuerabzug möglich ist. Hierzu gilt Folgendes:

Die Überlassung von Firmenwagen zur privaten Nutzung ist grundsätzlich als **entgeltliche Leistung** anzusehen. Die Gegenleistung des Arbeitnehmers besteht in der anteiligen Arbeitsleistung, die er für die Privatnutzung des Firmenwagens erbringt. Eine Kürzung der Bemessungsgrundlage um die nicht mit Vorsteuern belasteten Kosten

---

*) Das BMF-Schreiben vom 27.8.2004 (BStBl. I S. 864) ist als Anlage 11 zu H 8.1 (9–10) LStR im **Steuerhandbuch für das Lohnbüro 2010** abgedruckt, das im selben Verlag erschienen ist. Das **PC-Lexikon** für das Lohnbüro 2010 enthält auch dieses Handbuch und hat außerdem den Vorteil, dass Sie **alle BFH-Urteile** sowie die aktuellen Rundschreiben und Niederschriften der Spitzenverbände der **Sozialversicherung** mit Mausklick **im Volltext** abrufen und ausdrucken können. Eine Bestellkarte finden Sie vorne im Lexikon.

) Zur Verteilung der Anschaffungskosten vgl. BMF-Schreiben vom 13.4.2004 (BStBl. I S. 468). Das BMF-Schreiben ist als Anlage 10 zu H 8.1 (9–10) LStR im **Steuerhandbuch für das Lohnbüro 2010 abgedruckt, das im selben Verlag erschienen ist. Das **PC-Lexikon** für das Lohnbüro 2010 enthält auch dieses Handbuch und hat außerdem den Vorteil, dass Sie **alle BFH-Urteile** sowie die aktuellen Rundschreiben und Niederschriften der Spitzenverbände der **Sozialversicherung** mit Mausklick **im Volltext** abrufen und ausdrucken können. Eine Bestellkarte finden Sie vorne im Lexikon.

	Lohn-steuer-pflichtig	Sozial-versich.-pflichtig

ist deshalb **nicht** zulässig (BMF-Schreiben vom 27.8.2004, BStBl. I S. 864)*).

Von einer **unentgeltlichen** Überlassung von Firmenwagen an Arbeitnehmer kann ausnahmsweise ausgegangen werden, wenn die vereinbarte private Nutzung des Fahrzeuges derart gering ist, dass sie für die Gehaltsbemessung keine wirtschaftliche Rolle spielt, und nach den objektiven Gegebenheiten eine weiter gehende private Nutzungsmöglichkeit ausscheidet. Danach kann Unentgeltlichkeit nur angenommen werden, wenn dem Arbeitnehmer das Fahrzeug aus besonderem Anlass oder zu einem besonderen Zweck nur **gelegentlich** (von Fall zu Fall) an nicht mehr als fünf Kalendertagen im Kalendermonat für private Zwecke überlassen wird (vgl. die vorstehenden Erläuterungen unter der Nr. 5). Falls in diesen Fällen die Nutzung des Fahrzeuges zu Privatfahrten und zu Fahrten zwischen Wohnung und regelmäßiger Arbeitsstätte je Fahrtkilometer mit 0,001 % des inländischen Listenpreises des Kraftfahrzeugs bewertet wird, kann für die nicht mit Vorsteuern belasteten Kosten ein **Abschlag von 20 %** vorgenommen werden**).

Beispiel

Ein Arbeitnehmer hat einen Todesfall in der Familie. Für die Fahrt zur Beerdigung erhält er vom Arbeitgeber einen Firmenwagen (Bruttolistenpreis 35 000 €). Der geldwerte Vorteil für den nur gelegentlich (von Fall zu Fall) überlassenen Firmenwagen errechnet sich bei einer gefahrenen Strecke von 120 km wie folgt:

0,001 % × 35 000 € × 120 km = 42,— €

Der lohnsteuerliche Wert kann auch als Bemessungsgrundlage für die Umsatzsteuer herangezogen werden. Da im Beispielsfall ausnahmsweise eine unentgeltliche Überlassung des Firmenwagens im umsatzsteuerlichen Sinne vorliegt, ist ein Abschlag von 20 % für die nicht mit Vorsteuer belasteten Kosten vorzunehmen. Bei dem verbleibenden Betrag handelt es sich um einen Bruttobetrag, aus dem die Umsatzsteuer mit $^{19}/_{119}$ herauszurechnen ist. Hiernach ergibt sich folgende umsatzsteuerliche Bemessungsgrundlage:

lohnsteuerlicher geldwerter Vorteil	42,— €
abzüglich 20 % für nicht mit Vorsteuer belastete Kfz-Kosten	8,40 €
verbleibender Betrag	33,60 €
der verbleibende Betrag ist ein Bruttobetrag, aus dem die Umsatzsteuer mit $^{19}/_{119}$ herauszurechnen ist ($^{19}/_{119}$ von 33,60 €)	5,36 €
Bemessungsgrundlage für die Umsatzsteuer	28,24 €

d) Zuzahlungen des Arbeitnehmers zu den Anschaffungskosten des Firmenwagens

Mit BMF-Schreiben vom 30.12.1997 (BStBl. 1998 I S. 110)***) ist die umsatzsteuerliche Behandlung von Zuzahlungen des Arbeitnehmers zu den Anschaffungskosten des Firmenwagens geregelt worden. Hiernach gilt Folgendes:

Bei Anwendung der **1 %-Methode** mindern die Zuzahlungen des Arbeitnehmers nicht die umsatzsteuerliche Bemessungsgrundlage, und zwar auch dann nicht, wenn sie lohnsteuerlich auf den nach der 1 %-Methode ermittelten geldwerten Vorteil angerechnet werden. Andererseits ist die Zuzahlung nicht als Entgelt zu behandeln.

Beispiel

Bruttolistenpreis des Pkws ohne Sonderausstattung	22 000,— €
Sonderausstattung (vom Arbeitnehmer z. B. 2010 bezahlt)	3 000,— €
Bemessungsgrundlage für die 1 %-Regelung	25 000,— €
geldwerter Vorteil 1 % aus 25 000 € = 250 € × 12	3 000,— €
./. Zuzahlung des Arbeitnehmers	3 000,— €
geldwerter Vorteil im Kalenderjahr 2010	0,— €

Die umsatzsteuerliche Bemessungsgrundlage beträgt 3000 €. Der Betrag von 3000 € ist allerdings ein Bruttobetrag, aus dem die Umsatzsteuer mit $^{19}/_{119}$ herauszurechnen ist.

$^{19}/_{119}$ von 3000 €	= 478,99 €
als Bemessungsgrundlage für die Umsatzsteuer verbleiben jährlich (3000 € − 478,99 €)	= 2 521,01 €

Bei Anwendung der **individuellen Bemessungsmethode** gilt Folgendes: Die Zuzahlung des Arbeitnehmers zu den Anschaffungskosten des Firmenwagens ist ein Zuschuss im Sinne von R 6.5 Abs. 2 EStR (= Einkommensteuer-Richtlinien). Das bedeutet, dass der Zuschuss entweder erfolgswirksam als Betriebseinnahme gebucht wird (in diesem Fall bleiben die Anschaffungskosten des Firmenwagens unverändert) oder aber erfolgsneutral als Minderung der Anschaffungskosten und damit als Minderung der Bemessungsgrundlage für die Abschreibung behandelt werden kann. Umsatzsteuerlich muss auch in den Fällen, in denen der Zuschuss erfolgsneutral behandelt wird, für Zwecke der Umsatzsteuer die Abschreibung anhand der **ungekürzten** Anschaffungskosten ermittelt werden.

Fitnessraum

Stellt der Arbeitgeber seinen Arbeitnehmern unentgeltlich einen Fitnessraum zur Verfügung, so handelt es sich um eine steuer- und beitragsfreie Leistung zur Verbesserung der Arbeitsbedingungen im überwiegenden betrieblichen Interesse (H 19.3 LStR, „Leistungen zur Verbesserung der Arbeitsbedingungen"). nein nein

Fitnessstudio

Übernimmt der Arbeitgeber die **Mitgliedsbeiträge** des Arbeitnehmers für ein Fitnessstudio, so handelt es sich um steuer- und beitragspflichtigen Arbeitslohn. ja ja

Seit 1.1.2008 gibt es eine Steuerbefreiungsvorschrift (§ 3 Nr. 34 EStG), wonach zusätzlich zum ohnehin geschuldeten Arbeitslohn erbrachte Leistungen des Arbeitgebers zur Verbesserung des Gesundheitszustandes und der betrieblichen **Gesundheitsförderung** seiner Arbeitnehmer bis zu einem **Freibetrag von 500 €** jährlich steuer- und sozialversicherungsfrei sind. Nach der Gesetzesbegründung****) ist der Freibetrag von 500 € jährlich auf die Übernahme der Beiträge für ein Fitnessstudio **nicht anwendbar** (vgl. die Erläuterungen beim Stichwort „Gesundheitsförderung").

Anwendbar ist jedoch die für Sachbezüge geltende **monatliche 44-Euro-Freigrenze.** Ein Sachbezug liegt bei der Übernahme von Beiträgen zu einem Fitnessstudio allerdings nur dann vor, wenn der **Arbeitgeber** Vertragspartner des Leistungserbringers (= Fitnessstudio) ist. Kein Sachbezug sondern eine Barlohnzuwendung des Arbeit-

---

*) Das BMF-Schreiben vom 27.8.2004 (BStBl. I S. 864) ist als Anlage 11 zu H 8.1 (9–10) LStR im **Steuerhandbuch für das Lohnbüro 2010** abgedruckt, das im selben Verlag erschienen ist. Das **PC-Lexikon** für das Lohnbüro 2010 enthält auch dieses Handbuch und hat außerdem den Vorteil, dass Sie **alle BFH-Urteile** sowie die aktuellen Rundschreiben und Niederschriften der Spitzenverbände der **Sozialversicherung** mit Mausklick **im Volltext** abrufen und ausdrucken können. Eine Bestellkarte finden Sie vorne im Lexikon.

) Textziffer 4.2.2 des BMF-Schreibens vom 27.8.2004 (BStBl. I S. 864). Das BMF-Schreiben ist als Anlage 11 zu H 8.1 (9–10) LStR im **Steuerhandbuch für das Lohnbüro 2010 abgedruckt, das im selben Verlag erschienen ist. Das **PC-Lexikon** für das Lohnbüro 2010 enthält auch dieses Handbuch und hat außerdem den Vorteil, dass Sie **alle BFH-Urteile** sowie die aktuellen Rundschreiben und Niederschriften der Spitzenverbände der **Sozialversicherung** mit Mausklick **im Volltext** abrufen und ausdrucken können. Eine Bestellkarte finden Sie vorne im Lexikon.

***) Das BMF-Schreiben vom 30.12.1997 (BStBl. 1998 I S. 110) ist als Anlage 9 zu H 8.1 (9–10) LStR im **Steuerhandbuch für das Lohnbüro 2010** abgedruckt, das im selben Verlag erschienen ist. Das **PC-Lexikon** für das Lohnbüro 2010 enthält auch dieses Handbuch und hat außerdem den Vorteil, dass Sie **alle BFH-Urteile** sowie die aktuellen Rundschreiben und Niederschriften der Spitzenverbände der **Sozialversicherung** mit Mausklick **im Volltext** abrufen und ausdrucken können. Eine Bestellkarte finden Sie vorne im Lexikon.

****) Die amtliche Gesetzesbegründung hierzu lautet: „Die Übernahme bzw. Bezuschussung von Mitgliedsbeiträgen an Sportvereine und Fitnessstudios ist nicht steuerbefreit. Unter die Steuerbefreiung fällt auch, wenn auch durch den Arbeitgeber ein Zuschuss für Maßnahmen gewährt wird, die Fitnessstudios oder Sportvereine anbieten und die den fachlichen Anforderungen des Leitfadens Prävention der Krankenkassen gerecht werden."

Fleischbeschauer

	Lohn-steuer-pflichtig	Sozial-versich.-pflichtig

gebers liegt hingegen vor, wenn das Vertragsverhältnis über die Leistung zwischen dem Fitnessstudio und dem **Arbeitnehmer** besteht und der Arbeitgeber dem Arbeitnehmer den Mitgliedsbeitrag ersetzt (vgl. die Erläuterungen beim Stichwort „Sachbezüge" unter Nr. 4 Buchstabe c auf Seite 635).

Beispiel A
Der Arbeitgeber gibt seinem Arbeitnehmer einen Gutschein **für den Monat Mai 2010,** der für 5 Besuche des Fitnessstudios „Quäldich" in München berechtigt. Der Arbeitgeber rechnet den Gutschein direkt mit dem Fitnessstudio ab und zahlt hierfür 40 €. Dieser Betrag ist in Anwendung der **monatlichen** 44-Euro-Freigrenze lohnsteuer- und sozialversicherungsfrei.

Beispiel B
Der Arbeitnehmer zahlt die monatlichen Beiträge an das Fitnessstudio „Quäldich" selbst und legt die Quittungen seinem Arbeitgeber vor. Der Arbeitgeber zahlt dem Arbeitnehmer den monatlichen Betrag von 40 € zusammen mit dem Arbeitslohn bar aus. Die monatliche 44-Euro-Freigrenze ist nicht anwendbar, weil es sich nicht um Sachbezüge sondern Barzuwendungen handelt.

Die Anwendung der monatlichen 44-Euro-Freigrenze ist auch dann möglich, wenn sich der Arbeitnehmer an den Kosten des Arbeitgebers für das Fitnessstudio beteiligt.

Beispiel C
Der Arbeitgeber gibt seinem Arbeitnehmer einen Gutschein **für den Monat Mai 2010,** der zum freien Eintritt in das Fitnessstudio „Quäldich" in München berechtigt. Der Arbeitgeber rechnet den Gutschein direkt mit dem Fitnessstudio ab und zahlt hierfür 70 €. Der Arbeitnehmer beteiligt sich mit 30 € an den Kosten des Arbeitgebers für das Fitnessstudio. Der Arbeitgeber behält die 30 € vom Lohn des Arbeitnehmers ein. Der geldwerte Vorteil für den Arbeitnehmer beträgt (70 € – 30 € =) 40 €. Dieser Betrag ist in Anwendung der **monatlichen** 44-Euro-Freigrenze lohnsteuer- und sozialversicherungsfrei.

Stellt der Arbeitgeber selbst unentgeltlich einen Fitnessraum für seine Arbeitnehmer zur Verfügung, so handelt es sich um eine steuer- und beitragsfreie Leistung zur Verbesserung der Arbeitsbedingungen im überwiegenden betrieblichen Interesse (vgl. das Stichwort „Fitnessraum"). — nein / nein

Fleischbeschauer

Haupt- oder nebenamtliche Fleischbeschauer sind als Arbeitnehmer anzusehen. — ja / ja

Flexibilisierung der Arbeitszeit

siehe „Arbeitszeitkonten"

Fliegerzulagen, Flugprämien

Fliegerzulagen an das fliegende Personal der Bundeswehr, des Bundesgrenzschutzes und der Bundesverkehrsverwaltung sind als Aufwandsentschädigungen aus Bundeskassen lohnsteuerfrei (vgl. „Aufwandsentschädigungen aus öffentlichen Kassen"). — nein / nein

Fliegerzulagen an fliegendes Personal der Luftfahrtindustrie (Einflieger, Testpiloten usw.) sind mangels einer entsprechenden Befreiungsvorschrift steuerpflichtig. — ja / ja

Flugversicherung

Zur Flugversicherung des Arbeitnehmers durch den Arbeitgeber siehe „Reiseunfallversicherung".

Forderungsübergang

Geht der Anspruch auf Arbeitslohn auf einen Dritten über (z. B. durch Pfändung oder Abtretung des Arbeitslohns oder durch gesetzlichen Forderungsübergang nach § 115 Abs. 1 SGB X), so ist dieser Vorgang auf den Zufluss des Arbeitslohns beim Arbeitnehmer ohne Bedeutung; auch der durch Pfändung, Abtretung oder Forderungsübergang direkt an einen Dritten überwiesene Teil des Arbeitslohns ist dem Arbeitnehmer zugeflossen und damit steuer- und beitragspflichtig (BFH-Urteil vom 16.3.1993, BStBl. II S. 507). — ja / ja

Siehe auch die Stichworte: Abtretung, Lohnpfändung.

Forderungsverzicht

Im (rechtswirksamen) Verzicht des Arbeitgebers auf eine (nicht völlig wertlose) Forderung gegenüber dem Arbeitnehmer ist steuerpflichtiger Arbeitslohn zu sehen, wenn der Verzicht durch das **Dienstverhältnis veranlasst** ist. — ja / ja

Dies ist der Fall, wenn

– der Arbeitgeber den gestundeten Kaufpreis für ein entgeltlich überlassenes Arbeitsgerät erlässt,

– der Arbeitgeber auf eine **Schadensersatzforderung** gegenüber dem Arbeitnehmer **verzichtet,** weil dieser im Zustand der absoluten Fahruntüchtigkeit einen **Firmenwagen** beschädigt hat (BFH-Urteil vom 24.5.2007, BStBl. II S. 766),

– oder der Arbeitgeber nach Inanspruchnahme **als Haftender für Lohnsteuer** darauf **verzichtet,** seine Arbeitnehmer in Regress zu nehmen (BFH-Beschluss vom 5.3.2007, BFH/NV S. 1122).

Der Arbeitslohn fließt dem Arbeitnehmer erst in dem Zeitpunkt zu, in dem der Arbeitgeber **endgültig** zu erkennen gibt, dass er keinen Rückgriff nehmen wird.

Forstleute

Die an staatliche Forstbedienstete aus **öffentlichen Kassen** gezahlten Entschädigungen sind grundsätzlich nach § 3 Nr. 12 EStG steuerfrei (vgl. das Stichwort „Aufwandsentschädigungen aus öffentlichen Kassen"). — nein / nein

Jagdaufwandsentschädigungen an Jäger, die im **privaten** Dienst beschäftigt sind, gehören ebenso wie das Futtergeld, das Schussgeld und die Pauschalentschädigung für das Dienstzimmer zum steuer- und beitragspflichtigen Arbeitslohn. — ja / ja

Der sog. **Dienstkleidungszuschuss,** der an Privatforstbedienstete in Anlehnung an die Regelungen im staatlichen Forstdienst gezahlten Entschädigungen gewährt wird, ist als Barablösung im Sinne des § 3 Nr. 31 EStG steuerfrei*). — nein / nein

Vgl. auch die Erläuterungen bei den Stichwörtern „Arbeitskleidung", „Futtergeld", „Hundegeld" und „Motorsägegeld".

Fortbildungskosten

Neues auf einen Blick:

Bei Fort- und Weiterbildungsleistungen geht die **Finanzverwaltung** nunmehr in bestimmten Fällen doch wieder von einem nicht zu Arbeitslohn führenden ganz überwiegenden **eigenbetriebliches Interesse** des Arbeitgebers aus, wenn der **Arbeitnehmer** bezüglich der Fortbildungsmaßnahme Rechnungsempfänger ist. Allerdings ist **Voraussetzung,** dass der **Arbeitgeber** die Übernahme bzw. den Ersatz der Aufwendungen allgemein oder für die infrage stehende Bildungsmaßnahme zugesagt und der Arbeitnehmer im Vertrauen auf diese **zuvor erteilte Zusage** den Vertrag über die Bildungsmaßnahme abgeschlossen hat. Vgl. im Einzelnen die Erläuterungen und das Beispiel unter der nachfolgenden Nr. 3.

---

*) Bundeseinheitliche Regelung, z. B. Schreiben des Bayer. Staatsministeriums der Finanzen vom 29.6.1990 (Az.: 32 – S. 2337 – 10/28 – 39220). Das Schreiben ist als Anlage 2 zu H 3.31 LStR im **Steuerhandbuch für das Lohnbüro 2010** abgedruckt, das im selben Verlag erschienen ist. Das **PC-Lexikon** für das Lohnbüro 2010 enthält auch dieses Handbuch und hat außerdem den Vorteil, dass Sie **alle BFH-Urteile** sowie die aktuellen Rundschreiben und Niederschriften der Spitzenverbände der **Sozialversicherung** mit Mausklick **im Volltext** abrufen und ausdrucken können. Eine Bestellkarte finden Sie vorne im Lexikon.

Fortbildungskosten

| | Lohn-steuer-pflichtig | Sozial-versich.-pflichtig |

Die Finanzverwaltung nimmt **keinen geldwerten Vorteil** an, wenn ein **Arbeitgeber** im Rahmen eines **Ausbildungsdienstverhältnisses** die vom studierenden Arbeitnehmer geschuldeten **Studiengebühren** (z. B. von Berufsakademien) **übernimmt,** sofern sich der Arbeitgeber arbeitsvertraglich zur Übernahme der Studiengebühren verpflichtet hat. Das ganz überwiegende eigenbetriebliche Interesse des Arbeitgebers muss dokumentiert sein durch eine **Rückzahlungsverpflichtung des Studierenden,** wenn er das ausbildende Unternehmen auf eigenen Wunsch innerhalb von zwei Jahren nach Studienabschluss verlässt. Zu beachten ist allerdings, dass ein **Ausbildungsdienstverhältnis nur dann** vorliegt, wenn die **erstmalige Berufsausbildung oder das Erststudium Gegenstand des Dienstverhältnisses ist.** Ein solches Ausbildungsdienstverhältnis liegt daher nicht vor, wenn Teilzeitbeschäftigte an einer Hochschule z. B. für Bankwirtschaft (sog. Bankakademie) studieren mit der Folge, dass in solch einem Fall die vom Arbeitgeber übernommenen Studiengebühren steuer- und beitragspflichtig sind. Dagegen sind vom Arbeitgeber getragene oder übernommene **Studiengebühren beitragsfrei,** wenn sie **steuerlich kein Arbeitslohn** sind, sondern aus ganz überwiegendem betrieblichen Interesse des Arbeitgebers gezahlt worden sind (vgl. die Erläuterungen unter der nachfolgenden Nr. 3).

Gliederung:
1. Abgrenzung Ausbildung – Fortbildung
2. Fortbildung im ganz überwiegenden betrieblichen Interesse
3. Höhe des steuerfreien Arbeitgeberersatzes
4. Wegfall der Dreimonatsfrist

1. Abgrenzung Ausbildung – Fortbildung

Steuerlich ist zwischen Ausbildungskosten und Fortbildungskosten zu unterscheiden. Ausbildungskosten sind Kosten der privaten Lebensführung, die eingeschränkt als Sonderausgaben abzugsfähig sind, wohingegen Fortbildungskosten als Werbungskosten abgezogen werden können. Auf die ausführlichen Erläuterungen zum Abzug der Ausbildungskosten als Sonderausgaben und zum Abzug der Fortbildungskosten als Werbungskosten in Anhang 7 Abschnitt B Nr. 2 und C Nr. 6 wird hingewiesen.

Da Ausbildungskosten zu den Kosten der privaten Lebensführung gehören, sind Ausbildungsvergütungen steuerpflichtiger Arbeitslohn, wenn die betreffende Person im Rahmen eines Arbeitsverhältnisses ausgebildet wird (z. B. Beamtenanwärter; vgl. auch das Stichwort „Auszubildende"). Ebenso sind **Studienbeihilfen** privater Arbeitgeber, die im Hinblick auf ein künftiges Dienstverhältnis gezahlt werden, steuerpflichtiger Arbeitslohn (vgl. das Stichwort „Studiengebühren"). Die den Arbeitnehmern in diesen Fällen entstehenden Aufwendungen sind dann allerdings auch Werbungskosten.

Zur Abgrenzung zwischen Ausbildungskosten und Fortbildungskosten vgl. auch die Erläuterungen beim Stichwort „Führerschein".

Die Steuerfreiheit von Ausbildungsbeihilfen **aus öffentlichen Kassen** ist beim Stichwort „Stipendien" erläutert.

Für die steuerliche Behandlung von Aufwendungen, die **der Arbeitgeber** für die Fortbildung seiner Arbeitnehmer ausgibt, gilt Folgendes:

2. Fortbildung im ganz überwiegenden betrieblichen Interesse

Im Gegensatz zu den Ausbildungskosten sind **Fortbildungskosten** solche Aufwendungen, die die **Kenntnisse im ausgeübten Beruf** erweitern und den steigenden und sich ändernden Anforderungen anpassen sollen.

	Lohn-steuer-pflichtig	Sozial-versich.-pflichtig
Arbeitgeberleistungen, die der beruflichen Fortbildung oder Weiterbildung des Arbeitnehmers dienen, gehören nicht zum steuerpflichtigen Arbeitslohn, wenn diese Bildungsmaßnahmen im ganz **überwiegenden betrieblichen Interesse** des Arbeitgebers durchgeführt werden.	nein	nein
Bildet sich der Arbeitnehmer nicht im ganz überwiegenden betrieblichen Interesse des Arbeitgebers fort, so gehört der geldwerte Vorteil der vom Arbeitgeber aufgewendeten Fort- oder Weiterbildungskosten als Werbungskostenersatz zum steuerpflichtigen Arbeitslohn (BFH-Urteil vom 16.4.1993, BStBl. II S. 640).	ja	ja

Der Arbeitnehmer kann ggf. Werbungskosten oder auch Sonderausgaben bei seiner Veranlagung zur Einkommensteuer geltend machen. Auf die ausführlichen Erläuterungen in Anhang 7 Abschnitt B Nr. 2 Stichwort „Fortbildungskosten" auf Seite 896 wird Bezug genommen.

Das ganz überwiegende betriebliche Interesse des Arbeitgebers vorausgesetzt, sind steuer- und beitragsfrei die Aufwendungen für Fortbildungsmaßnahmen
– am Arbeitsplatz,
– in zentralen betrieblichen Bildungseinrichtungen,
– in außerbetrieblichen Einrichtungen,
– durch fremde Unternehmen, wenn diese für Rechnung des Arbeitgebers tätig werden.

	Lohn-steuer-pflichtig	Sozial-versich.-pflichtig
Nach R 19.7 Abs. 2 Satz 1 LStR ist bei einer Bildungsmaßnahme ein ganz überwiegendes betriebliches Interesse des Arbeitgebers anzunehmen, wenn sie die Einsatzfähigkeit des Arbeitnehmers im Betrieb des Arbeitgebers erhöhen soll. Hierzu wurde in R 19.7 Abs. 2 Satz 2 LStR klargestellt, dass es für die Annahme eines ganz überwiegenden betrieblichen Interesses des Arbeitgebers nicht Voraussetzung ist, dass der Arbeitgeber die Teilnahme an der Bildungsmaßnahme zumindest teilweise auf die Arbeitszeit anrechnet. Auch wenn der Arbeitnehmer die Fortbildungsveranstaltung in seiner Freizeit besucht (z. B. nach Feierabend oder an einem arbeitsfreien Samstag), kann diese Bildungsmaßnahme die Einsatzfähigkeit des Arbeitnehmers im Betrieb des Arbeitgebers erhöhen und demnach in ganz überwiegendem betrieblichen Interesse des Arbeitgebers stattfinden; steuerpflichtiger Arbeitslohn liegt dann nicht vor.	nein	nein

Beispiel
Ein Steuerfachwirt nimmt einmal monatlich auf Wunsch seines Arbeitgebers nach Feierabend in der Zeit von 16.30 Uhr bis 19.30 Uhr an einer Fortbildungsmaßnahme teil. Die Fortbildungsmaßnahme wird von einem privaten Anbieter für Rechnung des Arbeitgebers erbracht. Die Kosten des Arbeitgebers belaufen sich auf 50 € monatlich.
Es handelt sich um Fortbildungsmaßnahme im ganz überwiegendem betriebliche Interesse des Arbeitgebers, da durch die Bildungsmaßnahme die Einsatzfähigkeit des Steuerfachwirts in der Praxis des Arbeitgebers erhöht werden soll. Die vom Arbeitgeber für den Arbeitnehmer entrichtete „Teilnahmegebühr" von 50 € monatlich führt daher nicht zu steuerpflichtigen Arbeitslohn. Unmaßgeblich ist, dass der Arbeitnehmer die Fortbildungsveranstaltung nach Feierabend und damit in seiner Freizeit besucht.

	Lohn-steuer-pflichtig	Sozial-versich.-pflichtig
Rechnet der Arbeitgeber die Teilnahme an der Bildungsmaßnahme zumindest teilweise auf die Arbeitszeit an, ist die Prüfung weiterer Voraussetzungen eines ganz überwiegenden betrieblichen Interesses des Arbeitgebers entbehrlich, es sei denn, es liegen konkrete Anhaltspunkte für den Belohnungscharakter der Maßnahme vor (R 19.7 Abs. 2 Satz 3 LStR).	nein	nein
Auch **sprachliche Bildungsmaßnahmen** sind unter den genannten Voraussetzungen dem ganz überwiegenden betrieblichen Interesse zuzuordnen, wenn der Arbeitgeber die Sprachkenntnisse in dem für den Arbeitnehmer vorgesehenen Aufgabengebiet verlangt (R 19.7 Abs. 2 Satz 4 LStR).	nein	nein

Findet die Fortbildungsveranstaltung im Ausland statt, gilt Folgendes:

Mit Urteil vom 13.6.2002 (BStBl. 2003 II S. 765) hat der Bundesfinanzhof entschieden, dass die bislang bei einer

Fortbildungskosten

	Lohn-steuer-pflichtig	Sozial-versich.-pflichtig

Gesamtwürdigung von privater und beruflicher Veranlassung einer Fortbildungsveranstaltung (im Streitfall ein Sprachkurs) zugrunde gelegte Vermutung, es spreche für eine überwiegend private Veranlassung, wenn die Veranstaltung **im Ausland** stattfinde, und die daraus gezogene Folgerung der steuerlichen Nichtanerkennung der entsprechenden Aufwendungen, für Mitgliedstaaten der Europäischen Union nicht mehr aufrechterhalten werden kann. Nach dem BMF-Schreiben vom 26.9.2003 (BStBl. I S. 447)*) gelten die Grundsätze dieses Urteils auch für die Entscheidung der Frage, ob im Falle einer **Kostenübernahme durch den Arbeitgeber** für solche Fortbildungsveranstaltungen Arbeitslohn vorliegt oder ein überwiegend eigenbetriebliches Interesse des Arbeitgebers für die Zahlung angenommen werden kann.

Außerdem gelten die Grundsätze dieser Entscheidung nicht nur für alle Mitgliedstaaten der Europäischen Union, sondern auch für Staaten, auf die das Abkommen über den europäischen Wirtschaftsraum (Island, Liechtenstein, Norwegen) Anwendung findet, und wegen eines bilateralen Abkommens, das die Dienstleistungsfreiheit ebenfalls festschreibt, auch für die Schweiz.

Des Weiteren gelten die Grundsätze dieses BFH-Urteils nicht nur für Sprachkurse, sondern **für Fortbildungsveranstaltungen im Ausland ganz allgemein** (z. B. bei Studien- und Kongressreisen).

Zur Aufteilung von Aufwendungen für Tagungen und Kongresse im Ausland, die teils berufliche teils private Veranstaltungsteile beinhalten vgl. die Erläuterungen beim Stichwort „Reisekosten bei Auswärtstätigkeiten" unter Nr. 2 Buchstabe d.

3. Höhe des steuerfreien Arbeitgeberersatzes

Leistungen des Arbeitgebers gehören – das ganz überwiegende betriebliche Interesse vorausgesetzt – auch dann nicht zum steuer- und beitragspflichtigen Arbeitslohn, wenn das fremde Unternehmen, das die Fortbildung veranstaltet, dem Arbeitgeber die Leistung in Rechnung stellt (R 19.7 Abs. 1 Satz 3 LStR; vgl. auch das Beispiel unter der vorstehenden Nr. 2).

Nach der bis zum 31.12.2007 geltenden Auffassung der Finanzverwaltung konnten Leistungen im ganz überwiegenden betrieblichen Interesse des Arbeitgebers auch dann vorliegen, wenn das fremde Unternehmen die Leistung dem **Arbeitnehmer** in **Rechnung** stellt und der **Arbeitgeber** den Rechnungsbetrag ganz oder teilweise **begleicht** bzw. dem Arbeitnehmer **ersetzt** (Erlass des Bayerischen Staatsministeriums der Finanzen vom 26.2.1993 Az.: 32 – S 2332 – 120/5 – 12 441)**). Dieser Erlass ist zum 1.1.2008 aufgehoben worden (Erlass des Bayerischen Staatsministeriums der Finanzen vom 12.10.2007 Az.: 34 – S 2332 – 120 – 39 332/07).

Wurden berufliche Fort- und Weiterbildungsleistungen eines fremden Unternehmens für Rechnung des Arbeitnehmers erbracht und durch den Arbeitgeber ganz oder teilweise beglichen bzw. dem Arbeitnehmer ersetzt, lag **ab** dem **1.1.2008** zunächst in allen Fällen **steuerpflichtiger Arbeitslohn** (steuerpflichtiger Werbungskostenersatz) vor (Erlass des Finanzministeriums Nordrhein-Westfalen vom 31.10.2007 Az.: S 2332 – 73 – V B 3)***). Ausschlaggebend hierfür war, dass dem **Arbeitnehmer aus eigener Verpflichtung** Aufwendungen für seine berufliche Fort- und/oder Weiterbildung entstehen. Der Arbeitnehmer ist in diesen Fällen **Schuldner** von Aufwendungen, die vom Arbeitgeber übernommen werden. Da der Arbeitnehmer den als Arbeitslohn versteuerten Betrag regelmäßig als Werbungskosten geltend machen kann, ergab sich eine höhere Belastung in erster Linie durch die anfallenden Sozialversicherungsbeiträge.

	Lohn-steuer-pflichtig	Sozial-versich.-pflichtig

Im Laufe des Jahres 2009 hat die **Finanzverwaltung** ihre **Auffassung** – rückwirkend zum 1.1.2008 – erneut **geändert**.****) Ein nicht zu Arbeitslohn führendes ganz überwiegendes **eigenbetriebliches Interesse** des Arbeitgebers kann nunmehr **auch wieder dann** vorliegen, wenn der **Arbeitnehmer** bezüglich der Fortbildungsmaßnahme Rechnungsempfänger ist. Allerdings ist **Voraussetzung**, dass der **Arbeitgeber** die Übernahme bzw. den Ersatz der Aufwendungen allgemein oder für die infrage stehende Bildungsmaßnahme zugesagt und der Arbeitnehmer im Vertrauen auf diese **zuvor erteilte Zusage** den Vertrag über die Bildungsmaßnahme abgeschlossen hat. Hierdurch werden auch die in der Praxis aufgetretenen Schwierigkeiten in den Fällen beseitigt, in denen eine Anmeldung zu der Bildungsmaßnahme durch den teilnehmenden Arbeitnehmer vorgeschrieben ist, was insbesondere bei Fortbildungsmaßnahmen im medizinischen Bereich der Fall sein kann. Die neue Sichtweise der Finanzverwaltung ist aber nicht nur in diesen, sondern in allen Fällen anzuwenden.

Beispiel

Der Arbeitnehmer hat den Vertrag über eine berufliche Fortbildungsmaßnahme abgeschlossen und hat vom Veranstalter eine Rechnung über 1190 € erhalten. Im Hinblick auf die vor Vertragsabschluss erteilte Zusage bezüglich der Übernahme der Aufwendungen ersetzt der Arbeitgeber dem Arbeitnehmer den Betrag von 1190 €. Durch die Bildungsmaßnahme soll unstreitig die Einsatzfähigkeit des Arbeitnehmers im Betrieb des Arbeitgebers erhöht werden.

Bei den vom Arbeitgeber getragenen Aufwendungen handelt es sich nach der geänderten Verwaltungsauffassung um eine Leistung im ganz überwiegendem betrieblichen Interesse des Arbeitgebers, die nicht zu steuerpflichtigen Arbeitslohn führt. Unmaßgeblich ist, dass der Arbeitnehmer Rechnungsempfänger ist, da der Arbeitgeber vor Vertragsabschluss eine Zusage zur Kostenübernahme erteilt hat. Da der Arbeitgeber dem Arbeitnehmer die Aufwendungen ersetzt hat, kann der Arbeitnehmer diese nicht als Werbungskosten geltend machen (siehe folgenden Absatz).

Um bei einem nicht steuerpflichtigen Arbeitgeberersatz – wie im vorstehenden Beispiel – einen Werbungskostenabzug beim Arbeitnehmer auszuschließen, hat der Arbeitgeber auf der ihm vom Arbeitnehmer vorgelegten **Originalrechnung** die Höhe der **Kostenübernahme anzugeben** und eine **Kopie** dieser **Rechnung** zum **Lohnkonto** zu nehmen. Der Arbeitgeber ist übrigens in diesen Fällen nicht zum Vorsteuerabzug berechtigt, da nicht er, sondern der Arbeitnehmer Rechnungsempfänger ist.

Übernehmen im Rahmen eines **Ausbildungsdienstverhältnisses** Arbeitgeber die vom studierenden **Arbeitneh-**

---

*) Das BMF-Schreiben vom 26.9.2003 (BStBl. I S. 447) ist als Anlage 6 zu H 19.7 LStR im **Steuerhandbuch für das Lohnbüro 2010** abgedruckt, das im selben Verlag erschienen ist. Das **PC-Lexikon** für das Lohnbüro 2010 enthält auch dieses Handbuch und hat außerdem den Vorteil, dass Sie **alle BFH-Urteile** sowie die aktuellen Rundschreiben und Niederschriften der Spitzenverbände der **Sozialversicherung** mit Mausklick **im Volltext** abrufen und ausdrucken können. Eine Bestellkarte finden Sie vorne im Lexikon.

) Der bis 31.12.2007 geltende Erlass des Bayer. Finanzministeriums ist als Anlage 1 zu H 19.7 LStR im **Steuerhandbuch für das Lohnbüro 2010 abgedruckt, das im selben Verlag erschienen ist. Das **PC-Lexikon** für das Lohnbüro 2010 enthält auch dieses Handbuch und hat außerdem den Vorteil, dass Sie **alle BFH-Urteile** sowie die aktuellen Rundschreiben und Niederschriften der Spitzenverbände der **Sozialversicherung** mit Mausklick **im Volltext** abrufen und ausdrucken können. Eine Bestellkarte finden Sie vorne im Lexikon.

***) Der zunächst ab 1.1.2008 geltende Erlass des Finanzministeriums Nordrhein-Westfalen ist als Anlage 2 zu H 19.7 LStR im **Steuerhandbuch für das Lohnbüro 2010** abgedruckt, das im selben Verlag erschienen ist. Das **PC-Lexikon** für das Lohnbüro 2010 enthält auch dieses Handbuch und hat außerdem den Vorteil, dass Sie **alle BFH-Urteile** sowie die aktuellen Rundschreiben und Niederschriften der Spitzenverbände der **Sozialversicherung** mit Mausklick **im Volltext** abrufen und ausdrucken können. Eine Bestellkarte finden Sie vorne im Lexikon.

****) Erlass des Finanzministeriums Nordrhein-Westfalen vom 26.6.2009 S 2332 – 73 – V B 3. Der Erlass ist als Anlage 3 zu H 19.7 LStR im **Steuerhandbuch für das Lohnbüro 2010** abgedruckt, das im selben Verlag erschienen ist. Das **PC-Lexikon** für das Lohnbüro 2010 enthält auch dieses Handbuch und hat außerdem den Vorteil, dass Sie **alle BFH-Urteile** sowie die aktuellen Rundschreiben und Niederschriften der Spitzenverbände der **Sozialversicherung** mit Mausklick **im Volltext** abrufen und ausdrucken können. Eine Bestellkarte finden Sie vorne im Lexikon.

Fortbildungskosten

mer geschuldeten Studiengebühren (z. B. von Berufsakademien; durch Studiengänge), ist nach Auffassung der Finanzverwaltung **kein geldwerter Vorteil** anzunehmen, wenn sich der **Arbeitgeber arbeitsvertraglich** zur Übernahme der Studiengebühren **verpflichtet** hat. Das ganz überwiegende betriebliche Interesse des Arbeitgebers muss dokumentiert sein durch eine **Rückzahlungsverpflichtung** des Studierenden bezüglich der Studiengebühren, wenn er das **ausbildende Unternehmen** auf eigenen Wunsch **innerhalb** von **zwei Jahren** nach Studienabschluss **verlässt** (Vfg. OFD Karlsruhe v. 10.10.2007 S 222.7/147 – St 146).

Ebenso liegt kein steuerpflichtiger Arbeitslohn vor, wenn der **Arbeitgeber** aufgrund eines Kooperationsvertrages mit der Berufsakademie **alleiniger Schuldner** der Studiengebühren ist und eine eigene Verpflichtung hat. Die Zahlung erfolgt auch hier aus ganz überwiegendem eigenbetrieblichen Interesse (Vfg OFD Hannover vom 1.4.2008 S 2332 – 235 – StO 212).

Die vom Arbeitgeber getragenen oder übernommenen Studiengebühren sind übrigens **beitragsfrei,** wenn sie steuerlich kein Arbeitslohn sind, sondern aus ganz überwiegendem betrieblichem Interesse des Arbeitgebers gezahlt worden sind (§ 1 Abs. 1 Nr. 15 SvEV).

Bei der **Übernahme** von **Studiengebühren** ist allerdings zu beachten, dass ein **Ausbildungsdienstverhältnis nur dann** vorliegt, wenn die **erstmalige Berufsausbildung oder das Erststudium Gegenstand des Dienstverhältnisses ist.** Ein solches Ausbildungsdienstverhältnis liegt daher nicht vor, wenn Teilzeitbeschäftigte an einer Hochschule z. B. für Bankwirtschaft (sog. **Bankakademie**) studieren mit der Folge, dass in solch einem Fall vom Arbeitgeber übernommenen Studiengebühren **steuer- und beitragspflichtig** sind.

Ersetzt der Arbeitgeber neben den eigentlichen Fortbildungskosten (Kursgebühren usw.) auch Fahrtkosten, Verpflegungsmehraufwendungen und Übernachtungskosten, so beurteilt sich dieser Arbeitgeberersatz nach den für **Auswärtstätigkeiten** geltenden Grundsätzen (vgl. „Reisekosten bei Auswärtstätigkeiten").

Die **Fahrtkosten** kann der Arbeitgeber hiernach in folgender Höhe steuerfrei ersetzen:

		Lohnsteuerpflichtig	Sozialversich.-pflichtig
a)	Bei Benutzung öffentlicher Verkehrsmittel in Höhe der tatsächlich entstandenen Kosten.	nein	nein
b)	Bei Benutzung eigener Fahrzeuge in Höhe folgender Kilometergelder je gefahrenen Kilometer:	nein	nein
	– Pkw 0,30 €		
	– Motorrad oder Motorroller 0,13 €		
	– Moped oder Mofa 0,08 €		
	– Fahrrad 0,05 €		

Der steuerfreie Ersatz der Fahrtkosten ist unabhängig davon möglich, ob die Fahrten von der Wohnung oder vom (Ausbildungs-)Betrieb aus angetreten werden.

Die **Übernachtungskosten** kann der Arbeitgeber entweder in Höhe der bei Auswärtstätigkeiten geltenden Übernachtungspauschale von 20 € oder in Höhe der tatsächlich entstandenen Übernachtungskosten steuerfrei ersetzen. Im Ausland gelten besondere Übernachtungspauschalen, die direkt aus der alphabetischen Länderübersicht in Anhang 4 auf Seite 846 abgelesen werden können.

Die **Verpflegungsmehraufwendungen** kann der Arbeitgeber in Höhe der bei Auswärtstätigkeiten geltenden Pauschalen für Verpflegungsmehraufwand steuerfrei ersetzen. Bei einer Fortbildungsveranstaltung im Inland gelten folgende Pauschalen für Verpflegungsmehraufwand:

– bei einer Abwesenheit von 24 Stunden: **24,— €**
– bei einer Abwesenheit von weniger als 24 Stunden aber mindestens 14 Stunden: **12,— €**
– bei einer Abwesenheit von weniger als 14 Stunden aber mindestens 8 Stunden: **6,— €**

Bei einer Fortbildungsveranstaltung im Ausland gelten besondere pauschale Auslandstagegelder, die direkt aus der alphabetischen Länderübersicht in Anhang 4 auf Seite 846 abgelesen werden können.

Zahlt der Arbeitgeber bei einer Fortbildungsveranstaltung in einem Hotel die Aufwendungen für die Verpflegung (z. B. das Frühstück, Mittag- oder Abendessen), so ist dabei zu beachten, dass Mahlzeiten, die der Arbeitgeber **oder auf dessen Veranlassung ein Dritter** zur **üblichen Beköstigung** des Arbeitnehmers während einer Fortbildungsmaßnahme im Sinne von R 19.7 Abs. 1 LStR abgibt, mit den amtlichen Sachbezugswerten anzusetzen und zu versteuern sind (R 8.1 Abs. 8 Nr. 2 Satz 8 LStR).

Eine „**übliche Beköstigung**" liegt nach R 8.1 Abs. 8 Nr. 2 Satz 2 LStR nur dann vor, wenn der Wert der Mahlzeit **40 €** nicht übersteigt.

Beispiel
Der Arbeitgeber führt 2010 eine eintägige Fortbildungsveranstaltung für seine Arbeitnehmer durch. Es liegt eine Auswärtstätigkeit vor; diese dauert mehr als 14 Stunden. Die Kosten für das Mittag- und Abendessen bei dieser Veranstaltung betragen durchschnittlich pro Arbeitnehmer 80 € (die Rechnung des Hotels geht direkt an den Arbeitgeber). Der Arbeitgeber erstattet den Arbeitnehmern außerdem die Verpflegungsmehraufwendungen mit dem Pauschbetrag für eine mindestens 14-stündige Abwesenheitsdauer in Höhe von 12 €. Diese Erstattung ist steuerfrei.
Gleichzeitig haben die Arbeitnehmer den täglichen Sachbezugswert für das unentgeltlich gewährte Mittag- und Abendessen in Höhe von (2,80 € + 2,80 € =) 5,60 € zu versteuern.
Der tatsächliche Wert des Mittag- und Abendessens in Höhe von 80 € ist den Arbeitnehmern nicht als geldwerter Vorteil zuzurechnen, da es sich um eine übliche Beköstigung im Rahmen einer Auswärtstätigkeit bzw. einer Fortbildungsveranstaltung im Sinne von R 19.7 Abs. 1 der Lohnsteuer-Richtlinien handelt.

Zum Wahlrecht des Arbeitgebers die Mahlzeiten mit dem tatsächlichen Wert anzusetzen und (teilweise) als steuerfreie Reisekostenvergütung zu behandeln vgl. die Ausführungen beim Stichwort „Bewirtungskosten" unter Nr. 4.

4. Wegfall der Dreimonatsfrist

Der in R 19.7 Abs. 3 LStR festgelegte Grundsatz, dass Aufwendungen für Fortbildungsveranstaltungen nach den für Auswärtstätigkeiten geltenden Grundsätzen steuerfrei erstattet werden können, gilt auch für länger dauernde Fortbildungsveranstaltungen. Wegen der grundlegenden Neuregelung des lohnsteuerlichen Reisekostenrechts zum **1.1.2008** (vgl. die ausführlichen Erläuterungen beim Stichwort „Reisekosten bei Auswärtstätigkeiten") und dem hierdurch bedingten **Wegfall** der **Dreimonatsfrist** bei den **Fahrtkosten** ist auch bei längerfristigen Fortbildungsveranstaltungen (länger als drei Monate) von vorübergehenden beruflich veranlassten Auswärtstätigkeiten auszugehen. Der Bundesfinanzhof bejaht das Vorliegen einer zwar längerfristigen, aber dennoch vorübergehenden beruflich veranlassten **Auswärtstätigkeit,** wenn ein Arbeitnehmer neben seiner Vollbeschäftigung **vier Jahre** lang an zwei Abenden wöchentlich und am Samstag an einer beruflichen **Bildungsmaßnahme** in einer außerbetrieblichen Einrichtung teilnimmt (BFH-Urteil vom 10. 4. 2008, BStBl. II S. 825). Lediglich die Erstattung der **Pauschbeträge** für **Verpflegungsmehraufwendungen** ist bei längerfristigen Auswärtstätigkeiten auf die ersten **drei Monate** beschränkt. Allerdings können auch die Pauschbeträge für Verpflegungsmehraufwendungen zeitlich unbegrenzt

Fotokopiergerät

	Lohn-steuer-pflichtig	Sozial-versich.-pflichtig

steuerfrei erstattet werden, wenn die auswärtige Tätigkeitsstätte an nicht mehr als zwei Tagen wöchentlich aufgesucht wird (vgl. hierzu auch die Erläuterungen und die Beispiele beim Stichwort „Berufsschule"). Zum Wegfall der Dreimonatsfrist bei Dienstreisen bis einschließlich 2007 vgl. die Erläuterungen beim Stichwort „Reisekosten bei Auswärtstätigkeiten" unter Nr. 4.

Beispiel

Ein lediger Arbeitnehmer wohnt in Garmisch-Partenkirchen und besucht in München sieben Monate lang unter Fortzahlung des Arbeitslohns einen Lehrgang zur Vorbereitung auf die Meisterprüfung. Er mietet für 7 Monate (1.2.–31.8.2010) in München ein Zimmer (monatliche Miete 300 €) und fährt von dort täglich 10 km mit dem Pkw zur Ausbildungsstätte. Seine bisherige Wohnung in Garmisch-Partenkirchen (Miete monatlich 250 €) behält er bei. Dort ist auch weiterhin der Mittelpunkt seiner Lebensinteressen. Der Arbeitnehmer fährt jedes Wochenende mit dem Pkw zur anderen Wohnung nach Garmisch-Partenkirchen (einfache Entfernung 100 km). Der Arbeitgeber kann folgende Aufwendungen steuerfrei ersetzen:

- die Lehrgangsgebühr für die Vorbereitung auf die Meisterprüfung von z. B.   2 000,— €
- für die erste Fahrt nach München 0,30 € je gefahrenen Kilometer (0,30 € × 100 km)   30,— €
- für jede wöchentliche Heimfahrt 0,60 € je Einfachkilometer (0,60 € × 100 km)   60,— €
- 3 Monate lang (1.2.–30.4.2010) für jeden Tag, an dem der Arbeitnehmer sich 24 Stunden in München aufgehalten hat, für Verpflegungsmehraufwendungen   24,— €

  für die An- und Rückreisetage bei Wochenendheimfahrten in dem Zeitraum 1.2.–30.4.2010 können je nach Abwesenheitsdauer nur 6 € oder 12 € steuerfrei gezahlt werden.
- für sieben Monate die im Einzelnen nachgewiesenen Übernachtungskosten in München in Höhe von monatlich   300,— €
- für die letzte Fahrt von München nach Garmisch 0,30 € je gefahrenen Kilometer (0,30 € × 100 km)   30,— €
- für jede Fahrt von München aus zur Ausbildungsstätte 0,60 € je Einfachkilometer (0,60 € × 10 km)   6,— €

Die Dreimonatsfrist gilt nur für die steuerfreie Erstattung der Pauschbeträge für Verpflegungsmehraufwendungen.

Zum Kostenersatz bei Ausbildungsdienstverhältnissen vgl. das Stichwort „Auszubildende".

Zur steuerlichen Behandlung der Aufwendungen des Arbeitgebers für eine sog. Outplacement-Beratung seiner Arbeitnehmer, das heißt, einer Beratung zur beruflichen Neuorientierung wird auf das Stichwort „Outplacement-Beratung" hingewiesen.

Fotokopiergerät

siehe „Arbeitszimmer"

Fotomodelle

Fotomodelle, die nur von Fall zu Fall und vorübergehend zu Aufnahmen herangezogen werden, sind nicht Arbeitnehmer; sie erzielen vielmehr gewerbliche Einkünfte, die durch eine Veranlagung zur Einkommensteuer steuerlich erfasst werden (BFH-Urteil vom 8.6.1967, BStBl. III S. 618 und vom 14.6.2007, BStBl. 2009 S. 931).   nein   ja

Demgegenüber sind nach Auffassung des Bundessozialgerichts Fotomodelle versicherungsrechtlich in aller Regel als Arbeitnehmer anzusehen, da sich das Bundessozialgericht nicht an die Entscheidung des Bundesfinanzhofs gebunden fühlt und sich auch nicht gezwungen sieht, diese Frage dem Gemeinsamen Senat der obersten Gerichtshöfe des Bundes vorzulegen, da der Arbeitnehmerbegriff im steuerlichen Sinne durchaus in Randbereichen abweichend von dem arbeitsrechtlichen Begriff des Arbeitnehmers ausgelegt werden kann (BSG, Urt. v. 12.12.1990 – 11 RAr 73/90).

FPZ-Rückenkonzept

	Lohn-steuer-pflichtig	Sozial-versich.-pflichtig

FPZ-Rückenkonzept

1. Allgemeines

Arbeitgeber bieten ihren Arbeitnehmern Leistungen nach dem sog. FPZ-Rückenkonzept an (FPZ = Forschungs- und Präventionszentrum). Träger des FPZ-Rückenkonzepts ist die Forschungs- und Präventionszentrum GmbH in Köln bzw. die FPZ-Stiftung in Berlin. Aus der Erkenntnis heraus, dass die wirbelsäulenstabilisierende Muskulatur eine Schlüsselfunktion für die Vorbeugung und Beseitigung von Rückenschmerzen hat, entwickelte das FPZ eine analysegestützte medizinische Trainingstherapie zur Stärkung der Wirbelsäulenmuskulatur (FPZ-Konzept). Die Stärkung des Muskelkorsetts soll durch ein langfristiges und konsequent kontrolliertes Training erreicht werden. Das Angebot umfasst Krafttraining an besonderen Fitnessgeräten, Strechingübungen sowie Übungen zur mechanischen Entlastung der Wirbelsäule und zur Entspannung der Rumpf-, Nacken- und Halsmuskulatur.

2. Arbeitslohn oder überwiegend eigenbetriebliches Interesse

Das Finanzgericht Köln hat in einem Einzelfall das Vorliegen von **Arbeitslohn** bei Arbeitgeberzuschüssen in Höhe von $^2/_3$ der Kosten bei regelmäßiger Teilnahme am FPZ-Rückentraining an unter medizinischen Gesichtspunkten ausgesuchte, an Bildschirmarbeitsplätzen eingesetzte Arbeitnehmer **verneint** (Urteil des Finanzgerichts Köln vom 27.4.2006 15 K 3887/04). Entscheidend für das ganz **überwiegend eigenbetriebliche Interesse** des Arbeitgebers sei, ob die Art der jeweiligen Berufstätigkeit als solche zu einer erhöhten Anfälligkeit für Rückenbeschwerden führe und die angebotene Maßnahme die Beschwerden lindere oder ihnen vorbeuge, so dass Krankheitstage verringert werden könnten. Die in diesem Zusammenhang vom Arbeitgeber vorgelegten Gutachten, die einen Zusammenhang zwischen Bildschirmarbeitsplatz und behandlungswürdiger orthopädischer Erkrankung aufzeigten, und die Feststellung des Arbeitgebers, dass sich die Fehlzeiten von Arbeitnehmern im FPZ-Programm verringert hatten sowie die Auswahl der Arbeitnehmer unter Berücksichtigung medizinischer Gesichtspunkte durch den Betriebsarzt überzeugten das Gericht. Unerheblich sei, ob der Arbeitnehmer im Einzelfall tatsächlich überwiegend aufgrund seiner beruflichen Tätigkeit eine Rückenerkrankung erlitten habe. Der Bundesfinanzhof hat die Nichtzulassungsbeschwerde der Finanzverwaltung gegen das Urteil des Finanzgerichts als unbegründet zurückgewiesen (BFH-Beschluss vom 4.7.2007, BFH/NV 2007 S. 1874). Er weist darauf hin, dass der Arbeitgeber im Streitfall nachweislich die Teilnahme von Arbeitnehmern an gesundheitsfördernden Programmen unterstützt habe, die insbesondere den Belastungen entgegenwirken, denen die Arbeitnehmer speziell durch ihre Bildschirmarbeitsplätze ausgesetzt waren. In vergleichbaren Fällen (z. B. Arbeitnehmer mit **Bildschirmarbeitsplätzen, Beteiligung des Betriebsarztes**) ist das ganz überwiegend eigenbetriebliche Interesse des Arbeitgebers zu bejahen.

3. Steuerfreistellung des Arbeitslohns bis zu 500 € jährlich

Werden die Leistungen des Arbeitgebers im Zusammenhang mit dem FPZ-Rückenkonzept nicht im ganz überwiegenden eigenbetrieblichen Interesse erbracht und handelt es sich folglich um Arbeitslohn, ist die zum **1.1.2008** eingeführte neue **Steuerbefreiungsvorschrift** des § 3 Nr. 34 EStG mit dem Ziel der Verbesserung des allgemeinen Gesundheitszustands und der Stärkung der **betrieblichen Gesundheitsförderung** zu beachten.

Danach sind seit 1.1.2008 die **zusätzlich zum ohnehin geschuldeten Arbeitslohn** erbrachten Leistungen des Arbeitgebers zur Verbesserung des allgemeinen Gesundheitszustandes und der betrieblichen Gesundheitsförderung steuer- und sozialversicherungsfrei gestellt, soweit sie **je Arbeitnehmer 500 €** jährlich (= Freibetrag) nicht übersteigen (§ 3 Nr. 34 EStG). Unter die Steuerbefreiungsvorschrift fallen neben den unmittelbaren Leistungen des Arbeitgebers auch **Barleistungen** (Zuschüsse) des Arbeitgebers an seine Arbeitnehmer, die diese für extern durchgeführte Maßnahmen aufwenden.

Begünstigt von der Steuerbefreiungsvorschrift ist zum einen die **Verbesserung** des **allgemeinen Gesundheitszustands** (sog. Primärprävention) und zum anderen die **betriebliche Gesundheitsförderung**. Dazu gehören u. a.:
- allgemeine Reduzierung von Bewegungsmangel sowie Vorbeugung und Reduzierung spezieller gesundheitlicher Risiken durch verhaltens- und gesundheitsorientierte Bewegungsprogramme,
- Vorbeugung und Reduzierung arbeitsbedingter Belastungen des Bewegungsapparates.

Vgl. im Einzelnen auch die Ausführungen beim Stichwort „Gesundheitsförderung".

Wird der jährliche steuer- und sozialversicherungsfreie **Höchstbetrag** von 500 € je Arbeitnehmer **überschritten**, ist zu **prüfen**, ob es sich beim übersteigenden Betrag um eine nicht zu Arbeitslohn führende Maßnahme im ganz überwiegenden **eigenbetrieblichen Interesse** des Arbeitgebers handelt (vgl. die Erläuterungen unter der vorstehenden Nr. 2).

Beispiel
Zur Vermeidung stressbedingter Gesundheitsrisiken ermöglicht der Arbeitgeber seinen Arbeitnehmern auf seine Kosten den Besuch von Kursen zur Stressbewältigung und Entspannung. Die Kosten betragen pro Arbeitnehmer 480 € jährlich. Außerdem bezuschusst er die Teilnahme am FPZ-Rückenkonzept mit 120 € je Arbeitnehmer.
Da es sich bei der Teilnahme am FPZ-Rückenkonzept um eine Leistung im ganz überwiegenden betrieblichen Interesse des Arbeitgebers handeln soll (vgl. die Erläuterungen unter der vorstehenden Nr. 2), ist der geldwerte Vorteil für den Besuch der Kurse zur Stressbewältigung und Entspannung in Höhe von 480 € nach § 3 Nr. 34 EStG steuerfrei.

Freianzeigen

siehe „Anzeigen"

Freibeträge

Beim Lohnsteuerabzug durch den Arbeitgeber sind dreierlei Freibeträge von Bedeutung:
- Freibeträge, die bereits in das Zahlenwerk der Lohnsteuertabellen eingearbeitet sind (z. B. Entlastungsbetrag für Alleinerziehende, Sonderausgaben-Pauschbetrag, Arbeitnehmer-Pauschbetrag, Vorsorgepauschale). Wie diese Freibeträge in das Zahlenwerk der Lohnsteuertabellen eingearbeitet sind, ist beim Stichwort „Tarifaufbau" im Einzelnen dargestellt.
- Freibeträge, die der Arbeitgeber vor Anwendung der Lohnsteuertabellen vom Arbeitslohn des Arbeitnehmers abziehen muss, ohne dass sie auf der Lohnsteuerkarte eingetragen sind. Dies sind der Altersentlastungsbetrag, der Versorgungsfreibetrag und der Zuschlag zum Versorgungsfreibetrag (vgl. diese beiden Stichworte).
- Freibeträge, die auf Antrag vom Finanzamt auf der Lohnsteuerkarte eingetragen werden und die ebenfalls vor Anwendung der Lohnsteuertabelle vom Arbeitslohn abzuziehen sind.

Bei der Berücksichtigung aller genannten Freibeträge ist ein wichtiger sozialversicherungsrechtlicher Grundsatz zu beachten der besagt, dass diese Freibeträge das sozialversicherungspflichtige Entgelt nicht mindern dürfen.

Die Eintragung von Freibeträgen auf der Lohnsteuerkarte des Arbeitnehmers wegen erhöhter Werbungskosten, Sonderausgaben, außergewöhnlicher Belastungen usw. wird zwar vom Finanzamt vorgenommen und berührt deshalb den Lohnsteuerabzug nur indirekt. Viele Arbeitgeber beraten jedoch ihre Arbeitnehmer in dieser Angelegenheit (insbesondere wenn sie beschränkt steuerpflichtige ausländische Saisonarbeiter beschäftigen). Aber auch für andere Arbeitgeber ist die Kenntnis der bei der Eintragung von Freibeträgen geltenden Vorschriften von Bedeutung. In **Anhang 7** sind deshalb diese Bestimmungen zusammengefasst dargestellt.

Freibrot

	Lohnsteuerpflichtig	Sozialversich.-pflichtig
Soweit an Arbeitnehmer in der Brotindustrie oder in Bäckereien kostenlos Brot oder Backwaren abgegeben werden, ist dieser Vorteil grundsätzlich steuer- und beitragspflichtig.	ja	ja
Der geldwerte Vorteil ist jedoch in Anwendung des Rabattfreibetrags (vgl. dieses Stichwort) steuer- und beitragsfrei, soweit er 1125 € im Kalenderjahr nicht übersteigt (1080 € Rabattfreibetrag jährlich zuzüglich 4 % Abschlag vom Endpreis).	nein	nein

Beispiel
Ein Arbeitnehmer ist in einer Bäckerei und Konditorei beschäftigt. Er hat die Möglichkeit, Brot und Backwaren im Wert von 1125 € im Kalenderjahr 2010 kostenlos mitzunehmen.

Wert des Brotes und der Backwaren	1 125,— €
4 % Abschlag vom Endpreis	45,— €
verbleibender geldwerter Vorteil	1 080,— €

Dieser Betrag ist steuer- und beitragsfrei, da der Rabattfreibetrag von jährlich 1080 € nicht überschritten wird.

Freie Mitarbeiter

Es kommt vor, dass auch für abhängig beschäftigte Arbeitnehmer ein Vertrag über sog. „freie Mitarbeit" geschlossen wird. In solchen Verträgen ist oft eine Klausel enthalten, dass der „freie Mitarbeiter" für die Abführung der Steuer und Sozialversicherungsbeiträge selbst zu sorgen habe. Diese Verträge sind weder für die lohnsteuerliche noch für die sozialversicherungsrechtliche Beurteilung bindend. Die Arbeitnehmereigenschaft und damit die Lohnsteuer- und Beitragspflicht beurteilt sich anhand der hierfür geltenden Kriterien entsprechend der tatsächlichen Durchführung des Beschäftigungsverhältnisses. Vertragliche Regelungen können Anhaltspunkte für die zutreffende Beurteilung beinhalten; eine Befreiung des Arbeitgebers von der Pflicht zur Einbehaltung und Abführung der Lohnsteuer und Sozialversicherungsbeiträge kann durch einen – wie auch immer bezeichneten – Vertrag nicht erreicht werden. Der vertraglichen Gestaltung kommt jedoch dann eine ausschlaggebende Bedeutung zu, wenn es sich um eine Tätigkeit handelt, die sowohl selbständig als auch nichtselbständig ausgeübt werden kann, wie dies bei vielen höherwertigen Tätigkeiten der Fall ist. So kann z. B. eine Putzfrau nicht als „freie Mitarbeiterin" und ein Bauhilfsarbeiter nicht als „freier Mitarbeiter" beschäftigt werden, da bei einfacheren Tätigkeiten stets ein abhängiges und weisungsgebundenes Beschäftigungsverhältnis vorliegt, und zwar ohne Rücksicht darauf, wie die Vertragsgestaltung aussieht.

Aber auch bei sog. höherwertigen Tätigkeiten kann nicht nach freier Wahl entweder eine selbständige oder eine abhängige (nichtselbständige) Tätigkeit ausgeübt werden. Möglich ist dies nur bei Tätigkeiten, die eine freie Gestaltung der Arbeitszeit und damit ein Tätigwerden für mehrere Auftraggeber zulassen. Besteht nach der Art der ausgeübten Tätigkeit zwangsläufig die Verpflichtung, die vereinbarte Leistung im Betrieb des (einzigen) Auftraggebers zu einer bestimmten Arbeitszeit zu erbrin-

Freie Unterkunft und Verpflegung

	Lohn-steuer-pflichtig	Sozial-versich.-pflichtig

gen, so liegt eine abhängige Beschäftigung vor, da sich aus der festen Arbeitszeit und dem Tätigwerden im Unternehmen des Auftraggebers im Regelfall bereits eine organisatorische Eingliederung in den Betrieb des Arbeitgebers ableitet. Bestimmte Tätigkeiten lassen dagegen durchaus eine Beschäftigung entweder aufgrund eines Arbeitsvertrags oder aufgrund eines Vertrags über freie Mitarbeit zu (vgl. hierzu die Stichworte „Stundenbuchhalter" und „Vertreter"). Zu der geltenden Regelung für scheinselbständige Arbeitnehmer und der damit zusammenhängenden Statusprüfung wird auf das Stichwort „Scheinselbständigkeit" hingewiesen.

Freie Unterkunft und Verpflegung

Neues auf einen Blick:

Der Sachbezugswert für freie Verpflegung beträgt in den alten und neuen Bundesländern ab 1. 1. 2010 **215 € monatlich.**

Der Sachbezugswert für freie Unterkunft beträgt in den alten und neuen Bundesländern ab 1. 1. 2010 wie bisher **204 € monatlich.** Damit steigt der Sachbezugswert für freie Unterkunft und Verpflegung ab 1. 1. 2010 von bisher 414 € auf **419 € monatlich.**

Auf die als **Anhang 3** zum Lexikon abgedruckte Übersicht „Sachbezugswerte 2010" wird hingewiesen.

Der Sachbezugswert für einzelne Mahlzeiten (sog. Kantinenessen) beträgt ab 1. 1. 2010

– für ein Frühstück **1,57 €**
– für ein Mittag- oder Abendessen **2,80 €**

Auf die ausführlichen Erläuterungen beim Stichwort „Mahlzeiten" wird Bezug genommen.

Gliederung:

1. Allgemeines
2. Freie oder verbilligte Verpflegung
3. Freie oder verbilligte Verpflegung für Familienangehörige
4. Freie oder verbilligte Unterkunft
   a) Allgemeines
   b) Bewertung einer „Wohnung" mit dem Sachbezugswert für Unterkunft
   c) Bewertung einer „Unterkunft" mit dem ortsüblichen Mietpreis
5. Heizung und Beleuchtung
6. Aufnahme in den Haushalt des Arbeitgebers
7. Gemeinschaftsunterkunft und Mehrfachbelegung
8. Freie Unterkunft für Jugendliche und Auszubildende
9. Anwendung der Freigrenze von 44 € auf Unterkunft und Verpflegung
10. Anwendung des Rabattfreibetrags bei der Gewährung von Unterkunft und Verpflegung
    a) Allgemeines
    b) Rabattfreibetrag bei der Gewährung von Unterkunft
    c) Rabattfreibetrag bei der Gewährung von Heizung und Beleuchtung
    d) Rabattfreibetrag bei der Gewährung von Verpflegung
11. Lohnabrechnung mit Sachbezug und Nettogewährung des Sachbezugs
12. Freie Unterkunft und Verpflegung im Rahmen einer doppelten Haushaltsführung
13. Verhältnis der Sachbezugswerte zu tarifvertraglichen Regelungen
14. Umsatzsteuerpflicht bei der Gewährung von Unterkunft und Verpflegung

1. Allgemeines

	Lohn-steuer-pflichtig	Sozial-versich.-pflichtig
Gewährt der Arbeitgeber dem Arbeitnehmer freie Unterkunft und Verpflegung, so ist dieser geldwerte Vorteil als Sachbezug steuer- und beitragspflichtig.	ja	ja
Wird Unterkunft und Verpflegung nur **verbilligt** gewährt, so ist der Unterschied zwischen dem Wert des Sachbezugs und dem vom Arbeitnehmer gezahlten Entgelt steuer- und beitragspflichtig.	ja	ja

Bei der steuer- und beitragsrechtlichen Behandlung von Sachbezügen nehmen die Sachbezüge „Unterkunft und Verpflegung" eine Sonderstellung ein, da hierfür in der Sozialversicherungsentgeltverordnung*) besondere Sachbezugswerte amtlich festgesetzt werden, die der Arbeitgeber beachten muss. Ab **1. 1. 2010** gelten folgende Werte:

Sachbezugswert „Freie Verpflegung" in allen Bundesländern

	Frühstück Euro	Mittagessen Euro	Abendessen Euro	Gesamtwert Euro
	alle Beschäftigten, auch Jugendliche und Azubis			
monatlich	47,—	84,—	84,—	215,—
täglich	1,57	2,80	2,80	7,17

Sachbezugswert „Freie Unterkunft" in allen Bundesländern

	Euro
1. Beschäftigte allgemein	
monatlich	204,—
täglich	6,80
2. Jugendliche und Auszubildende	
monatlich	173,40
täglich	5,78

Eine Tabelle mit sämtlichen Einzelwerten ist als **Anhang 3** auf Seite 844 abgedruckt.

Bei der Gewährung von unentgeltlichen oder verbilligten Mahlzeiten im Betrieb gelten die Tageswerte der amtlichen Sachbezugswerte. Anzusetzen sind

– für ein Frühstück **1,57 €**
– für ein Mittag- oder Abendessen **2,80 €**

Die Besonderheiten bei der kostenlosen oder verbilligten Abgabe dieser sog. **Kantinenessen** sind beim Stichwort „Mahlzeiten" ausführlich anhand von Beispielen erläutert.

Bei der Anwendung der amtlichen Sachbezugswerte für die Unterkunft ist zu beachten, dass seit 1.1.1995 zwischen den Begriffen **„Unterkunft"** und **„Wohnung"** zu unterscheiden ist. Denn nur für eine „Unterkunft" im Sinne der Sozialversicherungsentgeltverordnung ist der amtliche Sachbezugswert anzusetzen, wohingegen der geldwerte Vorteil für die unentgeltliche oder verbilligte Überlassung einer **„Wohnung" stets mit dem ortsüblichen Mietpreis** zu bewerten ist (vgl. das Stichwort „Wohnungsüberlassung"). Allerdings ist hierzu die seit 1.1.2004 geltende Regelung in § 2 Abs. 3 Satz 3 der Sozialversicherungsentgeltverordnung (SvEV) zu beachten, wonach bei **wesentlichen** Abweichungen vom Durchschnittsstandard **im Einzelfall** auch bei Unterkünften aus **Billigkeitsgründen** anstelle des Sachbezugswerts der ortsübliche Mietpreis angesetzt werden kann.

---

*) Die Sozialversicherungsentgeltverordnung 2010 ist als Anhang 2 im **Steuerhandbuch für das Lohnbüro 2010** abgedruckt, das im selben Verlag erschienen ist. Das **PC-Lexikon** für das Lohnbüro 2010 enthält auch dieses Handbuch und hat außerdem den Vorteil, dass Sie **alle BFH-Urteile** sowie die aktuellen Rundschreiben und Niederschriften der Spitzenverbände der **Sozialversicherung** mit Mausklick **im Volltext** abrufen und ausdrucken können. Eine Bestellkarte finden Sie vorne im Lexikon.

Freie Unterkunft und Verpflegung

| | Lohn-steuer-pflichtig | Sozial-versich.-pflichtig |

Im Einzelnen gilt für die Anwendung der amtlichen Sachbezugswerte Folgendes:

2. Freie oder verbilligte Verpflegung

Der amtliche Sachbezugswert für freie Verpflegung beträgt ab 1.1.2010 einheitlich in allen Bundesländern 215,– € monatlich. Wird nur ein Teil der Verpflegung unentgeltlich gewährt, gelten folgende Werte:

– für das Frühstück monatlich   47,– €
– für das Mittagessen monatlich   84,– €
– für das Abendessen monatlich   84,– €

Bei der Berechnung der Sachbezugswerte für kürzere Zeiträume als einen Monat (sog. Teillohnzahlungszeiträume, vgl. dieses Stichwort) ist für jeden Tag ein Dreißigstel des Monatswerts anzusetzen. Die jeweiligen Tagesbeträge sind mit der Anzahl der Kalendertage des Teillohnzahlungszeitraums zu multiplizieren.

Beispiel A
Ein Arbeitnehmer (17 Jahre) nimmt am 15.1.2010 eine Beschäftigung auf und wird bei freier Verpflegung und freier Unterkunft in den Arbeitgeberhaushalt aufgenommen.
Verpflegung (Tageswert lt. Anhang 3) 7,17 € × 17 Tage = 121,89 €
Unterkunft (Tageswert lt. Anhang 3) 4,76 € × 17 Tage = 80,92 €
Sachbezugswert insgesamt: 202,81 €

Wird einem Arbeitnehmer am Beschäftigungsort eine Unterkunft ständig kostenlos überlassen und fährt der Arbeitnehmer jedes Wochenende nach Hause, so ist für die Unterkunft der Monatswert anzusetzen und nicht die Summe der Tageswerte für die einzelnen Tage der tatsächlichen Nutzung. Denn maßgebend für den Ansatz des Monatswerts ist die ständig vorhandene Möglichkeit die Unterkunft zu nutzen.

Beispiel B
Einem Arbeitnehmer wird vom Arbeitgeber im Januar 2010 eine Unterkunft am Beschäftigungsort zur ständigen Nutzung zur Verfügung gestellt. Die Wochenenden und Feiertage verbringt er in seiner Privatwohnung. Maßgebend für die Bewertung des Sachbezugswerts „Freie Unterkunft" ist der Monatswert für die Unterkunft (204 €) und nicht die Summe der Tageswerte (6,80 € × 20 = 136 €). Wird die freie Unterkunft im Rahmen einer doppelten Haushaltsführung gewährt, kann der Sachbezug steuerfrei sein (vgl. die Erläuterungen unter der Nachfolgenden Nr. 12).

Die Sachbezugswerte für Verpflegung gelten jedoch **nicht in allen Fällen,** in denen der Arbeitgeber Verpflegung an seine Arbeitnehmer kostenlos oder verbilligt abgibt. In folgenden Fällen können die Sachbezugswerte für Verpflegung nicht angesetzt werden:

– Bei einem **Erholungsaufenthalt** von Arbeitnehmern auf Kosten des Arbeitgebers in Pensionen und Hotels oder in betriebseigenen Erholungsheimen (vgl. das Stichwort „Erholungsbeihilfen").
– Bei einer Verpflegung im Rahmen von **Betriebsveranstaltungen** (vgl. dieses Stichwort).
– Bei einer Verpflegung des Arbeitnehmers im Rahmen sog. **Belohnungsessen** (vgl. das Stichwort „Bewirtungskosten" unter Nr. 7).

3. Freie oder verbilligte Verpflegung für Familienangehörige

Wird unentgeltliche oder verbilligte Verpflegung nicht nur dem Arbeitnehmer, sondern auch seinen nicht bei demselben Arbeitgeber beschäftigten Familienangehörigen gewährt, so erhöht sich der Sachbezugswert für Verpflegung für jeden Familienangehörigen,

– der das 18. Lebensjahr vollendet hat   um 100 %
– der das 14., aber noch nicht das 18. Lebensjahr vollendet hat   um 80 %
– der das 7., aber noch nicht das 14. Lebensjahr vollendet hat   um 40 %
– der das 7. Lebensjahr noch nicht vollendet hat   um 30 %

Nach § 2 Abs. 2 Satz 2 der Sozialversicherungsentgeltverordnung bleibt das Lebensalter des Familienangehörigen im **ersten Lohnabrechnungszeitraum des Kalenderjahrs** für die Berechnung des Sachbezugswerts für Verpflegung im gesamten Kalenderjahr maßgebend. Auf die Tabelle in **Anhang 3** wird hingewiesen.

Beispiel
Ein Arbeitnehmer erhält 2010 für sich und seine (nicht berufstätige) Ehefrau freie Verpflegung. Der Sachbezugswert für die freie Verpflegung errechnet sich wie folgt:
freie Verpflegung für den Arbeitnehmer monatlich   215,– €
freie Verpflegung für die Ehefrau (100 %)   =   215,– €
Dem Arbeitslohn des Arbeitnehmers ist monatlich ein Sachbezugswert zuzurechnen von insgesamt   430,– €

Die oben genannten Prozentsätze gelten jedoch nur dann, wenn die Familienangehörigen bei einem **anderen** Arbeitgeber beschäftigt sind (oder überhaupt keiner Beschäftigung nachgehen). Sind mehrere Familienangehörige bei demselben Arbeitgeber beschäftigt, ist für jeden Beschäftigten der **ungekürzte*)** Sachbezugswert für Verpflegung anzusetzen. Diese Regelung hat allerdings nur noch geringe Bedeutung, da seit 1.1.2007 für den Ehegatten und über 18 Jahre alte Kinder die Erhöhung ohnehin stets 100 % beträgt. Sind Ehegatten bei demselben Arbeitgeber beschäftigt, sind die Erhöhungsbeträge für die Verpflegung der Kinder beiden Ehegatten je zur Hälfte zuzurechnen.

Werden einzelne Kantinenmahlzeiten auch an Familienangehörige abgegeben, gilt hierfür der Wert von 1,57 € für ein Frühstück bzw. 2,80 € für ein Mittag- oder Abendessen.

4. Freie oder verbilligte Unterkunft

a) Allgemeines

Die amtlichen Sachbezugswerte für die „Unterkunft" einerseits und die „Verpflegung" andererseits stehen einander **völlig getrennt** gegenüber. Die Anwendung des Sachbezugswerts „Unterkunft" erfolgt unabhängig davon, ob auch ein Sachbezugswert für die Verpflegung angesetzt wird oder nicht. Außerdem muss zwischen den Begriffen „**Unterkunft**" und „**Wohnung**" unterschieden werden. Denn nur für eine Unterkunft gilt der amtliche Sachbezugswert. Handelt es sich dagegen um eine Wohnung, ist der Wert einer unentgeltlichen oder verbilligten Überlassung stets nach dem **ortsüblichen Mietpreis** zu bemessen. Der Begriff „Wohnung" (im Gegensatz zur „Unterkunft") ist in R 8.1 Abs. 6 LStR wie folgt definiert:

„Eine Wohnung ist eine in sich geschlossene Einheit von Räumen, in denen ein selbständiger Haushalt geführt werden kann. Wesentlich ist, dass eine Wasserversorgung und -entsorgung, zumindest eine einer Küche vergleichbare Kochgelegenheit sowie eine Toilette vorhanden sind. Danach stellt z. B. ein Einzimmerappartement mit Küchenzeile und WC als Nebenraum eine Wohnung dar, dagegen ist ein Wohnraum bei Mitbenutzung von Bad, Toilette und Küche eine Unterkunft."

Für „vollständige" Wohnungen ist also stets der **ortsübliche Mietpreis** anzusetzen (zum Ausnahmefall vgl. nachfolgend unter Buchstabe b).

Der **Sachbezugswert** für die Unterkunft gilt nur für die Überlassung solcher Wohnräume, die den oben definier-

---

*) Die amtliche Begründung hierzu lautet: Sind mehrere Familienangehörige bei demselben Arbeitgeber beschäftigt, sind das jeweilige Beschäftigungsverhältnis und damit auch die Arbeitsentgelt gewährten Sachbezüge eigenständig zu bewerten. Für eine Verminderung des Sachbezugswertes ist insoweit kein Raum.

Freie Unterkunft und Verpflegung

| | Lohn-steuer-pflichtig | Sozial-versich.-pflichtig |

ten Begriff „Wohnung" nicht erfüllen (zum Ausnahmefall vgl. nachfolgend unter Buchstabe c). Immer dann also, wenn der Arbeitnehmer etwas „mitbenutzen" muss (sei es eine Gemeinschaftsküche, eine Gemeinschaftsdusche, eine Gemeinschaftstoilette), handelt es sich um eine Unterkunft mit der Folge, dass hierfür der amtliche Sachbezugswert anzusetzen ist.

Hiernach ergibt sich folgende Übersicht:

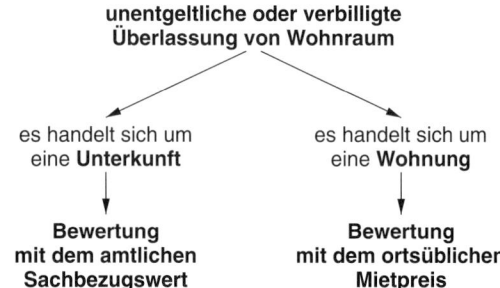

Die Bewertungsvorschrift ist zwingend (es besteht also kein Wahlrecht zwischen Sachbezugswert und ortsüblichem Mietpreis). Der amtliche Sachbezugswert ist deshalb auch dann anzusetzen, wenn der Arbeitgeber die Unterkunft zu einem höheren Preis angemietet und zusätzlich mit Einrichtungsgegenständen ausgestattet hat. Die Regelung soll an zwei Beispielen verdeutlicht werden:

Beispiel A

Der Arbeitnehmer erhält freie Unterkunft und Verpflegung. Der Arbeitgeber überlässt seinem Arbeitnehmer ein möbliertes Zimmer, das er für 250 € monatlich angemietet hat. Der Arbeitgeber übernimmt auch die Kosten für Heizung (monatlich 45 €) und Beleuchtung (monatlich 10 €). Es ergibt sich Folgendes:

Die freie Verpflegung ist mit dem amtlichen Sachbezugswert anzusetzen	215,– €

Das möblierte Zimmer ist eine „Unterkunft" im Sinne der Sozialversicherungsentgeltverordnung. Diese ist mit dem amtlichen Sachbezugswert zu bewerten. Ob daneben kostenlose oder verbilligte Verpflegung gewährt wird ist ohne Bedeutung. Der amtliche Sachbezugswert für Unterkunft beträgt für das Kalenderjahr 2010 monatlich 204,– €. Die Heizung und Beleuchtung sind mit dem Ansatz dieses Betrags abgegolten (vgl. nachfolgend unter Nr. 5).

Der Wert der freien Unterkunft und Verpflegung beträgt somit monatlich insgesamt 419,– €.

Beispiel B

Der Arbeitnehmer erhält freie Unterkunft und Verpflegung. Der Arbeitgeber hat als Unterkunft eine Einzimmerwohnung für 300 € monatlich angemietet. Der Arbeitgeber trägt außerdem die Kosten für die Heizung (ortsüblicher Wert 45 €) und Beleuchtung (ortsüblicher Wert 10 € monatlich). Es ergibt sich Folgendes:

Die freie Verpflegung ist mit dem amtlichen Sachbezugswert anzusetzen	215,– €
Da es sich bei der „Unterkunft" um eine abgeschlossene Wohnung handelt, ist eine Bewertung mit dem amtlichen Sachbezugswert **nicht** zulässig. Anzusetzen ist vielmehr der ortsübliche Preis (auch für Heizung und Beleuchtung)	
Mietwert monatlich	300,– €
Wert der Heizung monatlich	45,– €
Wert der Beleuchtung monatlich	10,– €
Wert der freien Unterkunft und Verpflegung monatlich insgesamt	570,– €

Die Unterscheidung zwischen einer „Unterkunft" einerseits und einer „Wohnung" andererseits ist somit von erheblicher steuerlicher und beitragsrechtlicher Auswirkung. Nur wenn eine Unterkunft im Sinne der Sozialversicherungsentgeltverordnung vorliegt, ist die Anwendung der Sachbezugswerte zulässig. In allen anderen Fällen muss der ortsübliche Mietpreis angesetzt werden. Bei der Ermittlung des ortsüblichen Mietpreises ist eine Reihe von Sondervorschriften zu beachten. Diese sind ausführlich beim Stichwort **„Wohnungsüberlassung"** anhand von Beispielen erörtert.

b) Bewertung einer „Wohnung" mit dem Sachbezugswert für Unterkunft

Wie unter dem vorstehenden Buchstaben a erläutert, ist für **Wohnungen** stets der ortsübliche Mietpreis anzusetzen. Von diesem Grundsatz gibt es folgende Ausnahme:

Eine „Unterkunft" liegt auch in den Fällen vor, in denen der Arbeitgeber mehreren Arbeitnehmern eine **Wohnung zur gemeinsamen Nutzung zur Verfügung stellt** (Wohngemeinschaft). Denn die Mitglieder der Wohngemeinschaft benutzen gemeinsam die vorhandenen Einrichtungen.

Beispiel:

Ist ein beim selben Arbeitgeber beschäftigtes Ehepaar gemeinsam in einer Einzimmer-Wohnung untergebracht, so handelt es sich nicht um die Überlassung einer „Wohnung" sondern um eine „Unterkunft", deren Wert mit dem Sachbezugswert unter Berücksichtigung eines Abschlags von 40 % wegen Mehrfachbelegung anzusetzen ist (vgl. nachfolgend unter Nr. 7). Ist das Ehepaar nicht bei demselben Arbeitgeber beschäftigt, ist die Wohnung mit dem ortsüblichen Wert anzusetzen.

c) Bewertung einer „Unterkunft" mit dem ortsüblichen Mietpreis

Stellt der Arbeitgeber seinen Arbeitnehmern Wohnraum in Personalunterkünften oder Wohnheimen unentgeltlich zur Verfügung, wird es sich im Normalfall um eine Unterkunft handeln, die mit dem Sachbezugswert zu bewerten ist. Der geldwerte Vorteil ist nur dann mit dem ortsüblichen Mietpreis zu bewerten, wenn es sich um eine (abgeschlossene) Wohnung handelt.

Für eine „Unterkunft" war früher ausnahmslos der Sachbezugswert anzusetzen (ggf. gekürzt wegen Mehrfachbelegung). Dies wurde durch den Bundesfinanzhof ausdrücklich bestätigt (BFH-Urteil vom 23. 8. 2007, BStBl. II S. 948). Da der Ansatz des Sachbezugswerts insbesondere bei wesentlichen Abweichungen vom Durchschnittsstandard als unbillig empfunden wurde, gilt seit 1.1.2004 eine Ausnahmeregelung, wonach **eine Unterkunft mit dem ortsüblichen Mietpreis** bewertet werden kann, wenn **nach Lage des einzelnen Falles** der Ansatz des Sachbezugswerts unbillig wäre*). Die besonderen Quadratmeterpreise, die in § 2 Abs. 4 Satz 2 der Sozialversicherungsentgeltverordnung für Fälle festgesetzt sind, in denen der ortsübliche Mietpreis nur mit außergewöhnlichen Schwierigkeiten ermittelt werden kann (vgl. das Stichwort „Wohnungsüberlassung" unter Nr. 7 auf Seite 780), sind auch in dem geschilderten Ausnahmefall anwendbar (§ 2 Abs. 3 Satz 3 zweiter Halbsatz der Sozialversicherungsentgeltverordnung)**).

5. Heizung und Beleuchtung

Der Sachbezugswert für die Unterkunft beträgt ab 1. 1. 2010 monatlich 204,– € einheitlich in allen Bundesländern, und zwar ohne Rücksicht darauf, ob die Unterkunft mit oder ohne Heizung überlassen wird. Der früher amtlich festgesetzte Kürzungsbetrag für eine unbeheizte Unterkunft ist **seit 1.1.2002 weggefallen**. Die kostenlose Heizung ist also in dem amtlichen Sachbezugswert enthalten. Außerdem ist in den amtlichen Sachbezugswerten die kostenlose Beleuchtung enthalten, wobei die Sozialversicherungsentgeltverordnung weder für die Heizung noch für die Beleuchtung Angaben darüber ent-

---

*) Die amtliche Begründung zu der seit 1.1.2004 geltenden Ausnahmeregelung lautet:
Um auch bei Unterkünften – wie bei Wohnungen – den in Einzelfällen sehr unterschiedlichen Ausstattungsqualitäten Rechnung tragen zu können, soll wesentlichen Abweichungen vom Durchschnittsstandard einer Unterkunft durch Rückgriff auf den ortsüblichen Mietpreis entsprochen werden können.

) Die Sozialversicherungsentgeltverordnung 2010 ist als Anhang 2 im **Steuerhandbuch für das Lohnbüro 2010 abgedruckt, das im selben Verlag erschienen ist. Das PC-Lexikon für das Lohnbüro 2010 enthält auch dieses Handbuch und hat außerdem den Vorteil, dass Sie **alle BFH-Urteile** sowie die aktuellen Rundschreiben und Niederschriften der Spitzenverbände der **Sozialversicherung** mit Mausklick **im Volltext** abrufen und ausdrucken können. Eine Bestellkarte finden Sie vorne im Lexikon.

Freie Unterkunft und Verpflegung

hält, welcher Anteil des Sachbezugswerts auf die Heizung oder Beleuchtung entfällt. Dies hat Auswirkungen auf die Fälle, in denen zwar die Unterkunft, nicht aber die Heizung und Beleuchtung unentgeltlich oder verbilligt überlassen werden.

Beispiel

Der Arbeitgeber stellt dem Arbeitnehmer eine Unterkunft unentgeltlich zur Verfügung. Für die Heizung hat der Arbeitnehmer monatlich 25 € und für die Beleuchtung monatlich 5 € zu zahlen. Es ergibt sich für das Kalenderjahr 2010 folgende Bewertung der freien Unterkunft:

voller Sachbezugswert	204,– €
Hierin ist der Wert der Heizung enthalten, für die der Arbeitnehmer 25 € monatlich zahlen muss. Außerdem ist hierin der Wert der Beleuchtung enthalten, für die der Arbeitnehmer 5 € monatlich bezahlen muss. Da es sich insoweit um eine entgeltliche Überlassung der Unterkunft handelt, ist die Zuzahlung des Arbeitnehmers zu kürzen (25 € + 5 € =)	30,– €
als steuer- und beitragspflichtiger Sachbezug verbleiben monatlich	174,– €

Wird keine Unterkunft, sondern eine abgeschlossene Wohnung unentgeltlich oder verbilligt überlassen, so ist dieser geldwerte Vorteil mit dem ortsüblichen Mietpreis anzusetzen. Übernimmt der Arbeitgeber auch die Heizung und Beleuchtung, so ist dieser zusätzlich gewährte geldwerte Vorteil daneben zu erfassen und zwar ebenfalls mit dem ortsüblichen Preis. Dies gilt sowohl für die Heizung als auch für die Beleuchtung (vgl. die ausführlichen Erläuterungen beim Stichwort „Wohnungsüberlassung" unter Nr. 8 auf Seite 781).

6. Aufnahme in den Haushalt des Arbeitgebers

Wird der Arbeitnehmer in den Haushalt des Arbeitgebers aufgenommen, so vermindert sich der amtliche Sachbezugswert für die Unterkunft um **15 %**. Eine **Aufnahme in den Arbeitgeberhaushalt** liegt vor, wenn der Arbeitnehmer sowohl in die Wohnungs- als auch in die Verpflegungsgemeinschaft des Arbeitgebers aufgenommen wird. Wird **nur die Unterkunft** zur Verfügung gestellt, liegt keine „Aufnahme" in den Arbeitgeberhaushalt vor, sodass der ungekürzte Unterkunftswert anzusetzen ist. Die ab 1.1.2010 im Einzelnen maßgebenden Werte ergeben sich aus der Übersicht in **Anhang 3** auf Seite 844.

7. Gemeinschaftsunterkunft und Mehrfachbelegung

Wird dem Arbeitnehmer die freie oder verbilligte Unterkunft als **Gemeinschaftsunterkunft** zur Verfügung gestellt, so vermindert sich der amtliche Sachbezugswert für die Unterkunft um **15 %**. Eine Gemeinschaftsunterkunft liegt vor, wenn die Unterkunft z. B. durch Gemeinschaftswaschräume oder Gemeinschaftsküchen Wohnheimcharakter hat oder Zugangsbeschränkungen unterworfen ist (R 8.1 Abs. 5 Satz 3 LStR). Eine Gemeinschaftsunterkunft stellen hiernach z. B. Lehrlingswohnheime, Schwesternwohnheime, Kasernen dar. Charakteristisch für Gemeinschaftsunterkünfte sind also gemeinschaftlich zu nutzende Wasch- bzw. Duschräume, Toiletten und ggf. Gemeinschaftsküche oder Kantine. Allein durch die Mehrfachbelegung wird die Unterkunft noch nicht zu einer Gemeinschaftsunterkunft, für die ein 15%iger Abschlag anzusetzen ist. Allerdings wird der **Mehrfachbelegung** durch **gesonderte Abschläge** Rechnung getragen. Die Abschläge bei der Mehrfachbelegung von Unterkünften betragen

– bei Belegung mit zwei Arbeitnehmern	**40 %,**
– bei Belegung mit drei Arbeitnehmern	**50 %,**
– bei Belegung mit mehr als drei Arbeitnehmern	**60 %.**

Ist bei einer Gemeinschaftsunterkunft der Raum mit mehreren Beschäftigten belegt, so wird der Abschlag für die Gemeinschaftsunterkunft (15 %) und der Abschlag für die Mehrfachbelegung (z. B. 40 %) zusammengerechnet.

Beispiel

Ein volljähriger Arbeitnehmer ist in einer Gemeinschaftsunterkunft untergebracht. Das Zimmer ist mit zwei Arbeitnehmern belegt. Es ergibt sich für die freie Unterkunft folgender Sachbezugswert:

ungekürzter Sachbezugswert für die Unterkunft	204,– €
Abschlag für Gemeinschaftsunterkunft 15 % und Abschlag für die Belegung des Raumes mit zwei Arbeitnehmern 40 % ergibt 55 % von 204,– € =	112,20 €
verbleiben	91,80 €

Auf die Übersicht „Sachbezugswerte 2010" in **Anhang 3** auf Seite 844 wird hingewiesen.

8. Freie Unterkunft für Jugendliche und Auszubildende

Für Jugendliche bis zur Vollendung des 18. Lebensjahrs und für Auszubildende vermindert sich im Kalenderjahr 2010 der Sachbezugswert für die Unterkunft in folgender Höhe:

– Minderung bei der **Unterkunft** um	**15 %**
– bei Aufnahme des Jugendlichen oder Auszubildenden in den Arbeitgeberhaushalt oder bei Unterbringung in einer Gemeinschaftsunterkunft um zweimal 15 % =	**30 %**

Beispiel A

Ein Auszubildender erhält im Kalenderjahr 2010 freie Unterkunft. Es ergibt sich folgender Sachbezugswert:

Freie Unterkunft (voller Wert)	204,– €
Abschlag für Auszubildende 15 % =	30,60 €
für die freie Unterkunft sind anzusetzen	173,40 €

Beispiel B

Ein Auszubildender im Hotel- und Gaststättengewerbe erhält im Kalenderjahr 2010 freie Unterkunft und Verpflegung. Er ist in den Arbeitgeberhaushalt aufgenommen. Es ergibt sich folgender Sachbezugswert:

Freie Verpflegung (voller Wert)	250,– €
Freie Unterkunft (voller Wert)	204,– €
Abschlag für Auszubildende im Arbeitgeberhaushalt (2 × 15 % =) 30 % von 204,– € =	61,20 €
für die freie Unterkunft sind anzusetzen	142,80 €

Ist der Raum mit zwei Arbeitnehmern belegt, ergibt sich Folgendes:

Freie Unterkunft (voller Wert)	204,– €
Abschlag für Auszubildende im Arbeitgeberhaushalt (2 × 15 % =) 30 % zuzüglich 40 % wegen Mehrfachbelegung ergibt 70 %; 70 % von 204,– € =	142,80 €
für die freie Unterkunft sind anzusetzen	61,20 €

Eine Gesamtübersicht der einzelnen Werte ist in **Anhang 3** auf Seite 844 abgedruckt.

Praktikanten können nur dann als Auszubildende im Sinne der Sozialversicherungsentgeltverordnung angesehen werden, wenn sie eine breit angelegte berufliche Grundausbildung im Sinne des § 1 Berufsbildungsgesetz erhalten, die die für die Ausübung einer qualifizierten Berufstätigkeit notwendigen fachlichen Kenntnisse und Fertigkeiten in einem geordneten Ausbildungsgang vermittelt.

Bei Jugendlichen, die im Laufe des Kalenderjahrs das 18. Lebensjahr vollenden, ist der volle Sachbezugswert erst vom Beginn des nächsten Lohnzahlungszeitraums zugrunde zu legen.

Beispiel C

Ein Arbeitnehmer vollendet am 2. Juni 2010 das 18. Lebensjahr. Der Sachbezugswert für freie Unterkunft und Verpflegung beträgt für diesen Arbeitnehmer bis einschließlich Juni monatlich 388,40 €, ab Juli monatlich 419,– €.

Steht der Arbeitnehmer weiterhin in einem Ausbildungsverhältnis, ist auch über das 18. Lebensjahr hinaus der ermäßigte Sachbezugswert für die Unterkunft maßgebend.

Freie Unterkunft und Verpflegung

9. Anwendung der Freigrenze von 44 € auf Unterkunft und Verpflegung

Für Sachbezüge gibt es eine **Freigrenze** von **44 €** monatlich. Die 44-Euro-Freigrenze gilt nur für Sachbezüge, die nach § 8 Abs. 2 Satz 1 EStG zu bewerten sind. Für Sachbezüge, die mit den amtlichen Sachbezugswerten nach § 8 Abs. 2 **Satz 6** EStG zu bewerten sind, gilt deshalb die Freigrenze ebenso wenig wie für Sachbezüge, auf die der Rabattfreibetrag anwendbar ist (und die deshalb nach § 8 Abs. 3 EStG bewertet werden).

Für die mit den Sachbezugswerten bewertete freie oder verbilligte **Unterkunft** und **Verpflegung** kommt somit die Anwendung der Freigrenze **nicht** in Betracht (vgl. die Erläuterungen beim Stichwort „Sachbezüge" unter Nr. 4). Bei der Bewertung einer **Wohnung** mit dem ortsüblichen Mietpreis ist die 44-Euro-Freigrenze hingegen zu berücksichtigen (vgl. das Stichwort „Wohnungsüberlassung" unter Nr. 10).

Die Freigrenze von 44 € monatlich ist jedoch weder bei der Überlassung einer Unterkunft noch bei der Überlassung einer Wohnung anzusetzen, wenn nach der Sonderregelung in § 2 Abs. 4 Satz 2 der Sozialversicherungsentgeltverordnung die besonderen Quadratmeterpreise von 3,55 € bzw. 2,88 € zum Ansatz kommen. Denn bei diesen Quadratmeterpreisen handelt es sich um **amtliche Sachbezugswerte**, die die Anwendung der 44-Euro-Freigrenze ausschließen.

10. Anwendung des Rabattfreibetrags bei der Gewährung von Unterkunft und Verpflegung

a) Allgemeines

Wie bei allen anderen Sachbezügen ist auch bei der unentgeltlichen oder verbilligten Gewährung von Unterkunft und Verpflegung die Klärung der Frage von entscheidender Bedeutung, ob auf den Sachbezug der Rabattfreibetrag in Höhe von 1080 € jährlich anzuwenden ist oder nicht. Wird nämlich der Rabattfreibetrag angewendet, so gelten für die Bewertung des Sachbezugs die besonderen Bewertungsvorschriften des § 8 Abs. 3 EStG, das heißt, **die amtlichen Sachbezugswerte sind nicht anwendbar**. Bei der Gewährung von kostenloser oder verbilligter Verpflegung, Unterkunft, Heizung und Beleuchtung ist deshalb stets zu prüfen, ob auf diese Sachbezüge der Rabattfreibetrag angewendet werden kann oder nicht. Hierzu gilt im Einzelnen Folgendes:

b) Rabattfreibetrag bei der Gewährung von Unterkunft

Der Bundesfinanzhof hat im BFH-Urteil vom 4.11.1994 (BStBl. 1995 II S. 338) entschieden, dass auch die kostenlose oder verbilligte Überlassung von Wohnungen und Unterkünften eine Dienstleistung ist, für die der Rabattbetrag in Anspruch genommen werden kann, wenn die übrigen hierfür erforderlichen Voraussetzungen vorliegen. Dies ist dann der Fall, wenn der Arbeitgeber Wohnungen oder Unterkünfte auch an fremde Dritte vermietet (z. B. ein Hotel oder ein Wohnbauunternehmen). Die vom Bundesfinanzhof **zwingend vorgeschriebene Anwendung des Rabattfreibetrags** hat jedoch auch eine Kehrseite. Denn die auf § 8 Abs. 2 EStG beruhenden **Sachbezugswerte** für die Unterkunft sind damit in diesen Fällen **nicht anwendbar**, das heißt, die Unterkunft ist in diesem Ausnahmefall mit dem ortsüblichen Mietpreis zu bewerten. Die Bewertungsvorschrift ist zwingend (es besteht also **kein Wahlrecht** zwischen Sachbezugswert und ortsüblichem Mietpreis). Die Auswirkungen des BFH-Urteils, das in die Hinweise zu R 8.2 der Lohnsteuer-Richtlinien übernommen wurde, soll an einem Beispiel verdeutlicht werden:

Beispiel

Ein Hotelbetrieb überlässt Hotelzimmer (die auch fremden Dritten angeboten werden) unentgeltlich an seine Arbeitnehmer.

Nach dem BFH-Urteil vom 4.11.1994 (BStBl. 1995 II S. 338) ist die Anwendung des § 8 Abs. 3 EStG für diese Fälle **zwingend vorgeschrieben**. Das bedeutet, dass zwar einerseits der geldwerte Vorteil um den Rabattfreibetrag von 1080 € jährlich zu kürzen ist, andererseits aber der geldwerte Vorteil nicht mit dem amtlichen Sachbezugswert, sondern (zwingend) mit dem ortsüblichen Mietpreis bewertet werden muss. Dies kann sich durchaus zuungunsten des Arbeitnehmers auswirken, z. B. wenn einem Arbeitnehmer im Hotel- und Gaststättengewerbe ein **Hotelzimmer** unentgeltlich überlassen wird. Denn das Zimmer ist mit dem ortsüblichen Mietpreis zu bewerten, z. B. mit 30 € je Übernachtung, monatlich also (30 Tage × 30 €=) 900 €. Hiervon ist der Rabattfreibetrag von 90 € monatlich abzuziehen, sodass als lohnsteuerpflichtiger Sachbezug ein Betrag von 810 € monatlich verbleibt.

Wird dem Arbeitnehmer kein Hotelzimmer (das auch fremden Dritten angeboten wird) überlassen, sondern wohnt er in einer **Personalunterkunft**, ist die unentgeltliche oder verbilligte Überlassung dagegen mit dem amtlichen Sachbezugswert (ohne Kürzung um den Rabattfreibetrag) zu bewerten. Dies sind monatlich 204,– € im Kalenderjahr 2010.

c) Rabattfreibetrag bei der Gewährung von Heizung und Beleuchtung

Bei der Gewährung von unentgeltlicher oder verbilligter Heizung und Beleuchtung ist der Rabattfreibetrag nur in seltenen Ausnahmefällen anwendbar (z. B. bei Stromlieferungen an Arbeitnehmer von Elektrizitätswerken vgl. die Stichworte „Strom" und „Heizung").

d) Rabattfreibetrag bei der Gewährung von Verpflegung

Bei der Gewährung freier oder verbilligter Verpflegung ist der Rabattfreibetrag dann anwendbar, wenn der Arbeitgeber mit der Verpflegung selbst Handel treibt, also z. B. im Hotel- und Gaststättengewerbe. Zu beachten ist jedoch in diesen Fällen, dass sich die Gewährung des Rabattfreibetrags und der Ansatz der amtlichen Sachbezugswerte gegenseitig ausschließen.

Beispiel

Das Personal eines Altenheimes erhält freie Verpflegung. Die Mahlzeiten entsprechen denen der Heimbewohner.

Bei der verbilligten Überlassung von Verpflegung handelt es sich um eine Ware, mit der der Arbeitgeber Handel treibt. Der Rabattfreibetrag ist (zwingend) anzuwenden, weil der Arbeitgeber ein sog. Personalessen nicht besonders zubereiten lässt und er die Ware „Verpflegung" damit überwiegend für Fremde und nicht für den Bedarf der Arbeitnehmer herstellt.

Für die Bewertung gelten **nicht** die amtlichen Sachbezugswerte, sondern die besondere Bewertungsvorschrift des § 8 Abs. 3 EStG. Anzusetzen ist hiernach der den Heimbewohnern abverlangte Endpreis abzüglich 4 % (vgl. „Rabatte").

11. Lohnabrechnung mit Sachbezug und Nettogewährung des Sachbezugs

Trägt der **Arbeitnehmer** die auf den Sachbezug entfallenden Steuerabzüge und Sozialversicherungsbeiträge, so sind der Barlohn und der Vorteil aus der Sachbezugsgewährung im Abrechnungsmonat zusammenzurechnen. Wurde der Sachbezug verbilligt gewährt, ist der Unterschied zwischen dem Wert des Sachbezugs und dem Entgelt des Arbeitnehmers steuer- und beitragspflichtig. Das vom Arbeitnehmer gezahlte Entgelt darf den steuer- und beitragspflichtigen Barlohn nicht mindern.

Beispiel

Der im Hotelgewerbe beschäftigte volljährige Arbeitnehmer erhält im Haushalt des Arbeitgebers volle Verpflegung. Zusammen mit einem weiteren Beschäftigten bewohnt er ein vom Arbeitgeber zur Verfügung gestelltes möbliertes Personalzimmer. Für Verpflegung und Unterkunft behält der Arbeitgeber vereinbarungsgemäß monatlich pauschal 100 € ein.

Bei einem monatlichen Barlohn von 1000 € und Anwendung der Steuerklasse I ergibt sich folgende Lohnabrechnung:

Freie Unterkunft und Verpflegung

	Lohn-steuer-pflichtig	Sozial-versich.-pflichtig
monatlicher Barlohn	1 000,— €	
Ermittlung der Bemessungsgrundlage für die Berechnung der Lohnabzüge: Barlohn	1 000,— €	
zuzüglich steuer- und beitragspflichtiger Sachbezugswert für Unterkunft und Verpflegung	206,80 €	
steuer- und beitragspflichtiger Gesamtbetrag	1 206,80 €	
Abzüge (aus 1206,80 €):		
Lohnsteuer (Steuerklasse I)	45,16 €	
Solidaritätszuschlag	0,— €	
Kirchensteuer (z. B. 8 %)	3,61 €	
Sozialversicherungsbeiträge (z. B. 20,475 %)	247,09 €	295,86 €
Nettolohn	704,14 €	
für die Unterkunft und Verpflegung gezahltes Entgelt	100,— €	
Auszahlungsbetrag	604,14 €	
Ermittlung des Sachbezugswerts für Unterkunft und Verpflegung:		
Wert der unentgeltlichen Verpflegung	215,— €	
Bewertung der Unterkunft: ungekürzter Sachbezugswert	204,— €	
Abschlag wegen Unterbringung im Haushalt 15 % und Abschlag für die Belegung des Raumes mit zwei Arbeitnehmern 40 % ergibt zusammen 55 % von 204,— €	= 112,20 €	
verbleibender Sachbezugswert	91,80 €	91,80 €
Sachbezugswert für Unterkunft und Verpflegung insgesamt	306,80 €	
abzüglich hierfür vereinbartes Entgelt	100,— €	
steuer- und beitragspflichtiger Vorteil	206,80 €	

Zur Ermittlung des steuerpflichtigen Arbeitslohns und des beitragspflichtigen Arbeitsentgelts sind der Barlohn und der geldwerte Vorteil aus der Sachbezugsgewährung zusammenzurechnen (1000,— € + 206,80 € =) 1206,80 €.

Es kommt vor, dass die auf den Sachbezug „Freie Unterkunft und Verpflegung" entfallenden Lohnabzüge vom **Arbeitgeber** übernommen werden und der Arbeitnehmer nur die auf den Barlohn entfallenden Abzüge tragen muss. Eine solche **Teilnettolohnberechnung** mit Abtasten der Monatslohnsteuertabelle ist in **Anhang 13** auf Seite 970 abgedruckt.

12. Freie Unterkunft und Verpflegung im Rahmen einer doppelten Haushaltsführung

Wird freie Unterkunft einem Arbeitnehmer gewährt, der die Voraussetzungen für die Annahme einer doppelten Haushaltsführung im steuerlichen Sinne für Verheiratete oder Ledige erfüllt, so ist dieser geldwerte Vorteil nach den für Auslösungen geltenden Vorschriften steuerfrei. Gewährt der Arbeitgeber neben der freien Unterkunft auch freie Verpflegung, so muss diese mit den Sachbezugswerten versteuert werden (vgl. hierzu die ausführlichen Erläuterungen anhand eines Beispiels beim Stichwort „Doppelte Haushaltsführung" unter Nr. 5 auf Seite 210).

13. Verhältnis der Sachbezugswerte zu tarifvertraglichen Regelungen

Die durch die Sozialversicherungsentgeltverordnung festgesetzten Sachbezugswerte für freie Kost und Wohnung gelten auch dann, wenn arbeitsrechtlich (z. B. in einem Tarifvertrag, einer Betriebsvereinbarung oder in einem Arbeitsvertrag) für die Sachbezüge **höhere oder geringere Werte vereinbart** sind. Werden die Sachbezüge, auf die der Arbeitnehmer arbeitsrechtlich einen bestimmten Anspruch hat, durch eine Barvergütung abgegolten, so sind für die steuerliche Bewertung nicht die amtlichen Sachbezugswerte maßgebend, sondern die Barvergütung.

Werden die Barvergütungen allerdings nur gelegentlich oder vorübergehend gezahlt, z. B. bei tageweiser auswärtiger Beschäftigung, im Krankheits- oder Urlaubsfall, so sind weiterhin die amtlichen Sachbezugswerte zugrunde zu legen. Das setzt aber voraus, dass die Barvergütung nicht überhöht ist, also keine anderen Lohnbestandteile enthält. Geht die Barvergütung über den tatsächlichen Wert der Sachbezüge hinaus, so ist die Barvergütung der Besteuerung zugrunde zu legen (R 8.1 Abs. 4 Satz 4 LStR).

14. Umsatzsteuerpflicht bei der Gewährung von Unterkunft und Verpflegung

Bei Gewährung von freier Unterkunft und Verpflegung ist die Gewährung der Unterkunft (einschließlich Heizung und Beleuchtung) umsatzsteuerfrei nach § 4 Nr. 12a Umsatzsteuergesetz. Die Gewährung der Verpflegung ist umsatzsteuerpflichtig. Als Bemessungsgrundlage kann nach Abschnitt 12 Absatz 9 der Umsatzsteuerrichtlinien*) von den amtlichen Sachbezugswerten ausgegangen werden.

Beispiel

Amtlicher Sachbezugswert 2010 für freie Unterkunft und Verpflegung in den alten Bundesländern monatlich	419,— €
davon ab: umsatzsteuerfreie Unterkunft	204,— €
verbleiben für die Verpflegung	215,— €
Dieser Betrag ist ein Bruttobetrag. Aus ihm muss die Umsatzsteuer bei einem Steuersatz von 19 % mit $^{19}/_{119}$ herausgerechnet werden.	
$^{19}/_{119}$ von 215,— € =	34,33 €
als umsatzsteuerliche Bemessungsgrundlage verbleiben monatlich	180,67 €

Zahlt der Arbeitnehmer ein Entgelt, das unter den amtlichen Sachbezugswerten liegt, so ist die Differenz zu den amtlichen Sachbezugswerten der Zahlung des Arbeitnehmers hinzuzurechnen. Dabei ist ein einheitlich für Unterkunft und Verpflegung gezahltes Entgelt im Verhältnis der Sachbezugswerte aufzuteilen.

Freifahrten

	Lohn-steuer-pflichtig	Sozial-versich.-pflichtig
Wenn bei beruflich veranlassten **Auswärtstätigkeiten** des Arbeitnehmers das Beförderungsmittel (z. B. ein Pkw) zur Verfügung gestellt oder ein Freifahrtschein für ein öffentliches Verkehrsmittel (z. B. ein Flugticket oder eine Fahrkarte der Deutschen Bahn) überlassen wird, liegt kein steuerpflichtiger Arbeitslohn, sondern steuerfreier Reisekostenersatz vor.	nein	nein
Wird für **Fahrten zwischen Wohnung und regelmäßiger Arbeitsstätte** eine kostenlose oder verbilligte Fahrkarte zur Verfügung gestellt (z. B. ein Job-Ticket), liegt grundsätzlich steuer- und beitragspflichtiger Arbeitslohn vor.	ja	ja
Der Arbeitgeber kann die Lohnsteuer hierfür mit 15 % pauschalieren. In diesem Fall tritt Beitragsfreiheit in der Sozialversicherung ein.	ja	nein

Vgl. die Erläuterungen beim Stichwort „Fahrten zwischen Wohnung und regelmäßiger Arbeitsstätte" unter Nr. 5. Zur Anwendung der 44-Euro-Freigrenze bei unentgeltlicher oder verbilligter Überlassung eines Job-Tickets vgl. „Fahrten zwischen Wohnung und regelmäßiger Arbeitsstätte" unter Nr. 4 Buchstabe c.

Gewähren **Verkehrsbetriebe** ihren Arbeitnehmern und deren Angehörigen unentgeltliche oder verbilligte **Fahrten zwischen Wohnung und regelmäßiger Arbeits-**

---

*) Abschnitt 12 der Umsatzsteuer-Richtlinien 2008 ist als Anhang 14 im **Steuerhandbuch für das Lohnbüro 2010** abgedruckt, das im selben Verlag erschienen ist. Das **PC-Lexikon** für das Lohnbüro 2010 enthält auch dieses Handbuch und hat außerdem den Vorteil, dass Sie **alle BFH-Urteile** sowie die aktuellen Rundschreiben und Niederschriften der Spitzenverbände der **Sozialversicherung** mit Mausklick **im Volltext** abrufen und ausdrucken können. Eine Bestellkarte finden Sie vorne im Lexikon.

Freiflüge, verbilligte Flüge

	Lohnsteuerpflichtig	Sozialversich.-pflichtig

stätte mit den vom Arbeitgeber betriebenen Verkehrsmitteln, so gehört der hierdurch entstehende geldwerte Vorteil zwar im Grundsatz ebenfalls zum steuerpflichtigen Arbeitslohn, ist aber bis zum Rabattfreibetrag von 1080 € jährlich steuerfrei. — **nein** / **nein**

Der Arbeitgeber kann die Steuer für den geldwerten Vorteil, der den Rabattfreibetrag von 1080 € jährlich übersteigt, mit 15 % pauschalieren. Dies löst Beitragsfreiheit in der Sozialversicherung aus. — **ja** / **nein**

Auf die Erläuterungen beim Stichwort „Fahrten zwischen Wohnung und regelmäßiger Arbeitsstätte" unter Nr. 5 wird Bezug genommen.

Bei Wochenendfahrten eines verheirateten Arbeitnehmers vom Arbeitsort zum Familienwohnort oder bei ledigen Arbeitnehmern zum Ort des eigenen Hausstands vgl. „Familienheimfahrten".

Bei privaten Fahrten des Arbeitnehmers ist die Gestellung eines Beförderungsmittels oder die Beschaffung einer Fahrkarte steuerpflichtiger Arbeitslohn. — **ja** / **ja**

Vgl. „Firmenwagen zur privaten Nutzung".

Gewähren **Verkehrsbetriebe** ihren Arbeitnehmern und deren Angehörigen unentgeltliche oder verbilligte **Privatfahrten** mit den vom Arbeitgeber betriebenen Verkehrsmitteln, so ist der hierdurch entstehende geldwerte Vorteil bis zum Rabattfreibetrag von 1080 € jährlich steuerfrei. Gleiches gilt für die Freifahrten der Pensionäre. — **nein** / **nein**

Bei Überlassung einer **Jahresnetzkarte** mit uneingeschränktem Nutzungsrecht fließt der Arbeitslohn in voller Höhe – und nicht anteilig – im Zeitpunkt der Überlassung zu (BFH-Urteil vom 12.4.2007, BStBl. II S. 719).

Die geldwerten Vorteile, die den Angehörigen aufgrund der unentgeltlichen oder verbilligten Privatfahrten zufließen, sind dem Arbeitnehmer oder Pensionär zuzurechnen, das heißt, der begünstigte Angehörige hat selbst keinen Anspruch auf einen eigenen Rabattfreibetrag (vgl. „Rabatte", „Rabattfreibetrag").

Die dem Arbeitnehmer und seinen Angehörigen sowie den Pensionären gewährten Freifahrten sind grundsätzlich umsatzsteuerpflichtig. Zu den Besonderheiten bei der unentgeltlichen oder verbilligten Überlassung von Job-Tickets vgl. das Stichwort „Umsatzsteuerpflicht bei Sachbezügen" unter Nr. 5.

Freiflüge, verbilligte Flüge

Neues auf einen Blick:

Die Finanzverwaltung hat die **Flugkilometerwerte** für die von den Luftfahrtunternehmen gewährten unentgeltlichen oder verbilligten Flüge für die Kalenderjahre 2010, 2011 und 2012 **neu festgesetzt**. Zur Berücksichtigung der Nebenkosten ist der **Zuschlag** von 10 % **auf 12 % erhöht** worden. Eine gesonderte **Hinzurechnung** der inländischen **Luftsicherheitsgebühr entfällt** ab 2010. Auf die Erläuterungen unter der nachfolgenden Nr. 3 besonders unter den Buchstaben a, d und e wird hingewiesen.

Gliederung:

1. Allgemeines
2. Freiflüge, die von Luftverkehrsgesellschaften gewährt werden
   a) Anwendung des Rabattfreibetrags
   b) Keine Anwendung des Rabattfreibetrags
3. Sachbezugswerte
   a) Besondere Sachbezugswerte für 2010, 2011 und 2012
   b) Ansatz mit 60 %
   c) Ansatz mit 80 %
   d) Erhöhung um 12 %
   e) Keine Erhöhung um die Luftsicherheitsgebühr
   f) Berechnungsbeispiel
   g) Für welche Luftfahrunternehmen gelten die besonderen Sachbezugswerte
   h) Geltung der besonderen Sachbezugswerte für andere Arbeitgeber
4. Miles & More
5. Umsatzsteuerpflicht der Freiflüge

1. Allgemeines

Gewährt ein Arbeitgeber seinem Arbeitnehmer einen verbilligten Flug oder einen Freiflug (z. B. wenn der Arbeitgeber dem Arbeitnehmer das Flugticket für eine Urlaubsreise „schenkt"), so ist der dadurch entstehende geldwerte Vorteil steuer- und beitragspflichtig. — **ja** / **ja**

Der Wert des Tickets ist mit dem üblichen Endpreis am Abgabeort anzusetzen und der Rabattfreibetrag ist nicht anwendbar, wenn es sich um einen „normalen" Arbeitgeber handelt, das heißt, wenn der Arbeitgeber nicht mit Flügen Handel treibt (vgl. das Stichwort „Incentive-Reisen"). Zur Versteuerung eines solchen geldwerten Vorteils vgl. auch das Stichwort „Pauschalierung der Lohnsteuer für Belohnungsessen, Incentive-Reisen, VIP-Logen und ähnliche Sachbezüge".

2. Freiflüge, die von Luftverkehrsgesellschaften gewährt werden

Gewährt hingegen eine **Luftverkehrsgesellschaft** ihren eigenen Arbeitnehmern oder den Arbeitnehmern von Geschäftspartnern Freiflüge oder verbilligte Flüge, so stellt sich die Frage, wie der hierdurch entstehende geldwerte Vorteil zu bewerten ist und ob der Rabattfreibetrag in Höhe von 1080 € jährlich angewendet werden kann. Nach einer bundeseinheitlichen Verwaltungsregelung gilt Folgendes:

a) Anwendung des Rabattfreibetrags

Gewähren Luftverkehrsgesellschaften ihren Arbeitnehmern unentgeltlich oder verbilligt Flüge, die **unter gleichen Beförderungsbedingungen** auch betriebsfremden Fluggästen angeboten werden, so sind die für eine Rabattgewährung durch den Arbeitgeber geltenden Vorschriften anzuwenden (vgl. das Stichwort „Rabatte, Rabattfreibetrag").

Beispiel

Eine Fluggesellschaft gewährt im Kalenderjahr 2010 einem Arbeitnehmer Freiflüge, für die ein fremder Fluggast 2000 € zahlen müsste. Es ergibt sich folgende Berechnung des steuer- und beitragspflichtigen geldwerten Vorteils:

Preis, den ein fremder Fluggast zahlen müsste:	2 000,— €
abzüglich 4 % nach § 8 Abs. 3 EStG (vgl. das Stichwort „Rabatte, Rabattfreibetrag")	80,— €
verbleiben	1 920,— €
Rabattfreibetrag	1 080,— €
steuer- und beitragspflichtiger geldwerter Vorteil	840,— €

b) Keine Anwendung des Rabattfreibetrags

Die vorstehend unter a) genannten Grundsätze (4 % Abschlag, Anwendung des Rabattfreibetrags von 1080 €) sind **nicht anzuwenden,** wenn

– die kostenlosen oder verbilligten Mitarbeiterflüge Arbeitnehmern **anderer Arbeitgeber** (z. B. Mitarbeitern von Reisebüros) gewährt werden,

– die **Lohnsteuer** für die kostenlosen oder verbilligten Flüge **pauschal erhoben wird** (vgl. „Rabatte, Rabattfreibetrag"),

– Beschränkungen im Reservierungsstatus vorhanden sind und die Luftverkehrsgesellschaft Flüge mit entsprechenden Beschränkungen betriebsfremden Fluggästen nicht anbietet.

Freiflüge, verbilligte Flüge

3. Sachbezugswerte

a) Besondere Sachbezugswerte für 2010, 2011 und 2012

Ist der Rabattfreibetrag nach den Ausführungen unter der vorstehenden Nr. 2 Buchstabe b **nicht anzuwenden,** so gelten für die Bewertung der Freiflüge besondere Sachbezugswerte. Diese durch bundeseinheitliche Regelung besonders festgesetzten Werte betragen in den Kalenderjahren **2010, 2011 und 2012*)**:

– Wenn **keine Beschränkungen im Reservierungsstatus** bestehen, ist der Wert des Fluges wie folgt zu berechnen:

bei einem Flug von	Euro je Flugkilometer (Fkm)
1 – 4 000 km	0,04
4 001 – 12 000 km	$0{,}04 - \dfrac{0{,}01 \times (\text{Fkm} - 4000)}{8000}$
mehr als 12 000 km	0,03

Jeder Flug ist gesondert zu bewerten. Die Zahl der Flugkilometer ist mit dem Wert anzusetzen, der der im Flugschein angegebenen Streckenführung entspricht. Nimmt der Arbeitgeber einen nicht vollständig ausgeflogenen Flugschein zurück, so ist die tatsächlich ausgeflogene Strecke zugrunde zu legen. Bei der Berechnung des Flugkilometerwerts sind die Beträge bis zur fünften Dezimalstelle anzusetzen.
Die nach dem IATA-Tarif zulässigen Kinderermäßigungen sind entsprechend anzuwenden.

b) Ansatz mit 60 %

– Bei Beschränkungen im Reservierungsstatus mit dem Vermerk „space available – SA –" auf dem Flugschein beträgt der Wert je Flugkilometer **60 %** des nach Buchstabe a) ermittelten Werts.

c) Ansatz mit 80 %

– Bei Beschränkungen im Reservierungsstatus ohne Vermerk „space available – SA –" auf dem Flugschein beträgt der Wert je Flugkilometer **80 %** des nach Buchstabe a) ermittelten Werts.

d) Erhöhung um 12 %

Der nach den vorstehenden Grundsätzen (Buchstaben a bis c) ermittelte Wert ist um **12 %** zu erhöhen.

e) Keine Erhöhung um die Luftsicherheitsgebühr

Nebenkosten (z. B. Steuern, Flughafengebühren, Luftsicherheitsgebühren, sonstige Gebühren, Treibstoffzuschläge, sonstige Zuschläge) sind in die Ermittlung der Durchschnittswerte einzubeziehen. Aus Praktikabilitätsgründen wurde zur Berücksichtigung dieser Nebenkosten ab 2010 eine Erhöhung des Zuschlags unter den vorstehenden Buchstaben d von 10 % auf 12 % vorgenommen. Eine gesonderte **Hinzurechnung** der inländischen **Luftsicherheitsgebühr** erfolgt **nicht mehr.**

f) Berechnungsbeispiel

Beispiel

Der Arbeitnehmer erhält 2010 einen Freiflug Frankfurt–Palma de Mallorca und zurück. Der Flugschein trägt den Vermerk „SA". Die Flugstrecke beträgt insgesamt 2507 Kilometer. Der Flugkilometerwert für diesen Flug beträgt

	0,04 €
Minderung wegen „SA"-Vermerk auf 60 % (60 % von 0,04 € =)	0,024 €
Der Wert dieses Fluges beträgt somit (0,024 € × 2507 km = 60,168 €) aufgerundet	60,17 €
Erhöhung um 12 % =	7,22 €
Sachbezugswert insgesamt	67,39 €

Der Ansatz der oben genannten Sachbezugswerte ist nur dann zulässig, wenn der Rabattfreibetrag **nicht** zur Anwendung kommt (Sachbezugswerte und Rabattfreibetrag schließen sich gegenseitig aus, vgl. die Übersicht beim Stichwort „Rabatte, Rabattfreibetrag" unter Nr. 2 auf Seite 565). Der Rabattfreibetrag darf also von den oben genannten Sachbezugswerten nicht abgezogen werden. Muss der Arbeitnehmer für den Flug etwas bezahlen, gilt Folgendes: Von den oben genannten Sachbezugswerten sind die von den Arbeitnehmern jeweils gezahlten Entgelte abzuziehen.

g) Für welche Luftfahrunternehmen gelten die besonderen Sachbezugswerte

Luftfahrtunternehmen im Sinne der vorstehenden Regelungen sind Unternehmen, denen die Betriebsgenehmigung zur Beförderung von Fluggästen im gewerblichen Luftverkehr nach der Verordnung (EWG) Nr. 2407/92 des Rates vom 23. 7. 1992 (Amtsblatt EG Nr. L 240/1) oder nach entsprechenden Vorschriften anderer Staaten erteilt worden ist.

h) Geltung der besonderen Sachbezugswerte für andere Arbeitgeber

Der nach den vorstehenden Buchstaben a)–e) ermittelte besondere Sachbezugswert gilt auch für Flüge, die der Arbeitnehmer von einem Arbeitgeber erhalten hat, der kein Luftfahrtunternehmer ist, wenn

– der Arbeitgeber diesen Flug von einem Luftfahrtunternehmen erhalten hat und

– dieser Flug den unter den vorstehenden Buchstaben b) oder c) genannten Beschränkungen im Reservierungsstatus unterliegt.

4. Miles & More

Die Lufthansa hat ein Prämienprogramm eingeführt, das sich „**Miles & More**" nennt. Danach werden denjenigen Fluggästen Prämien gewährt, die besonders häufig die Lufthansa benutzen. Der Wert der Prämien richtet sich im Wesentlichen nach der Zahl der geflogenen Meilen. Die Meilen werden auch den Fluggästen gutgeschrieben, die **im Auftrag und für Rechnung ihres Arbeitgebers** fliegen.

Die von der Lufthansa eingeräumten Preisvorteile gehören grundsätzlich zum steuerpflichtigen Arbeitslohn, **soweit die prämierten Flugmeilen auf** vorübergehende **Auswärtstätigkeiten** des Arbeitnehmers **entfallen,** die vom Arbeitgeber bezahlt wurden und der Arbeitnehmer den Preisvorteil für einen **privaten** Flug oder für Sachprämien verwendet. Steuerpflichtiger Arbeitslohn würde nur dann nicht entstehen, wenn der Arbeitnehmer die auf Auswärtstätigkeiten erworbenen Bonusmeilen auch wieder für Auswärtstätigkeiten verwenden würde. Da der Arbeitgeber in die Arbeitslohnzahlung durch einen Dritten eingeschaltet ist (Beschaffung bzw. Bezahlung der Tickets), obliegt ihm im Grundsatz auch der Lohnsteuerabzug (§ 38 Abs. 1 Satz 3 EStG).

Für diese Fälle gibt es allerdings eine besondere Pauschalierungsvorschrift im Einkommensteuergesetz (§ 37a EStG), wonach Prämien aus sog. Kundenbindungsprogrammen vom Anbieter des Programms mit 2,25 % pauschal versteuert werden können (vgl. die Erläuterungen unter dem Stichwort „Miles & More").

---

*) Gleich lautender Erlass der obersten Finanzbehörden der Länder vom 9.11.2009. Der Erlass ist als Anlage 4 zu H 8.2 LStR im **Steuerhandbuch für das Lohnbüro 2010** abgedruckt, das im selben Verlag erschienen ist. Das **PC-Lexikon für das Lohnbüro 2010** enthält auch dieses Handbuch und hat außerdem den Vorteil, dass Sie **alle BFH-Urteile** sowie die aktuellen Rundschreiben und Niederschriften der Spitzenverbände der **Sozialversicherung** mit Mausklick **im Volltext** abrufen und ausdrucken können. Eine Bestellkarte finden Sie vorne im Lexikon.

	Lohn-steuer-pflichtig	Sozial-versich.-pflichtig

5. Umsatzsteuerpflicht der Freiflüge

Der Wert von Freiflügen, die der Arbeitgeber seinen Arbeitnehmern gewährt, ist – vorbehaltlich eines ausländischen Leistungsortes und einer etwaigen Steuerbefreiung – **umsatzsteuerpflichtig.** Der Rabattfreibetrag in Höhe von 1080 € jährlich ist bei der Umsatzsteuer nicht anwendbar (vgl. „Umsatzsteuerpflicht von Sachbezügen").

Freimilch

Freimilch, die der Arbeitgeber dem Arbeitnehmer **zum Verzehr im Betrieb** unentgeltlich oder verbilligt überlässt, gehört nicht zum steuerpflichtigen Arbeitslohn (R 19.6 Absatz 2 Satz 1 LStR). nein nein

Freistellungsbescheinigung für Mini-Jobs

Vom 1. April 1999 bis 31. März 2003 gab es eine Steuerbefreiungsvorschrift (§ 3 Nr. 39 EStG), nach der Mini-Jobs dann steuerfrei waren, wenn der Arbeitnehmer eine **Freistellungsbescheinigung** vorlegen konnte und der Arbeitgeber für den Mini-Job den pauschalen Arbeitgeberanteil zur Rentenversicherung entrichtet hatte.

Durch das Zweite Gesetz für moderne Dienstleistungen am Arbeitsmarkt ist § 3 Nr. 39 EStG mit Wirkung vom 1. April 2003 ersatzlos aufgehoben worden. Das bedeutet, dass alle für 2003 von den Finanzämtern ausgestellten Freistellungsbescheinigungen für Mini-Jobs automatisch am 1. April 2003 ihre Wirkung verloren haben. Ab diesem Zeitpunkt gilt nur noch die bei den Stichwörtern „Geringfügige Beschäftigung" und „Pauschalierung der Lohnsteuer für Aushilfskräfte und Teilzeitbeschäftigte" im Einzelnen dargestellte Regelung.

Freitabak, Freizigarren, Freizigaretten

Der Wert von Freitabak und Freizigarren gehörte bei Arbeitnehmern tabakverarbeitender Betriebe früher nicht zum lohnsteuerpflichtigen Arbeitslohn, wenn dem (männlichen oder weiblichen) Arbeitnehmer höchstens Mengen gewährt wurden, die in dem am 1.1.1966 für die Branche geltenden Tarifvertrag vereinbart waren. Diese Regelung ist ab 1.1.1990 weggefallen. Seit 1.1.1990 gelten auch in der tabakverarbeitenden Industrie die Vorschriften für Belegschaftsrabatte, d. h., dass unentgeltlich oder verbilligt überlassene Tabakwaren bis zum Rabattfreibetrag von 1080 € jährlich steuerfrei sind. Für die Prüfung der Frage, ob die gewährten Sachbezüge den Rabattfreibetrag übersteigen, ist stets vom Letztverbraucherpreis abzüglich 4 % auszugehen (vgl. „Rabatte, Rabattfreibetrag"). Wird der Rabattfreibetrag in Anspruch genommen, ist eine Bewertung der Tabakwaren mit Sachbezugswerten nicht möglich. Aus diesem Grunde werden seit 1.1.1990 von der Finanzverwaltung Sachbezugswerte für Tabakwaren nicht mehr festgesetzt. Im Einzelnen gilt Folgendes:

Tabakwaren, die der Arbeitgeber den Arbeitnehmern **zum Verbrauch im Betrieb** kostenlos oder verbilligt überlässt, gehören als Aufmerksamkeiten (vgl. dieses Stichwort) nicht zum Arbeitslohn und sind deshalb steuer- und beitragsfrei (R 19.6 Abs. 2 Satz 1 LStR). nein nein

Werden Tabakwaren z. B. von Arbeitgebern in der Tabakindustrie kostenlos zum Verbrauch außerhalb des Betriebs abgegeben, ist dieser Vorteil grundsätzlich steuer- und beitragspflichtig. ja ja

Der geldwerte Vorteil ist jedoch in Anwendung des Rabattfreibetrags (vgl. dieses Stichwort) steuer- und beitragsfrei, soweit er 1125 € im Kalenderjahr nicht übersteigt (1080 € Rabattfreibetrag zuzüglich 4 % Abschlag vom Endpreis). nein nein

Beispiel

Ein Arbeitnehmer ist in der Tabakindustrie beschäftigt. Er hat die Möglichkeit Tabak, Zigarren und Zigaretten im Wert von 1125 € im Kalenderjahr 2010 kostenlos mitzunehmen.

Wert der Tabakwaren	1 125,— €
4 % Abschlag vom Endpreis	45,— €
verbleibender geldwerter Vorteil	1 080,— €

Dieser Betrag ist steuer- und beitragsfrei, da der Rabattfreibetrag von jährlich 1080 € nicht überschritten wird.

Ist der Rabattfreibetrag von 1080 € jährlich nicht anwendbar, weil die Tabakwaren nicht vom Arbeitgeber selbst, sondern von einem mit dem Arbeitgeber verbundenen Unternehmen (Konzernbetrieb) kostenlos oder verbilligt abgegeben werden, bleibt der geldwerte Vorteil dann steuer- und beitragsfrei, wenn die **monatliche** Freigrenze von 44 € nicht überschritten wird (vgl. „Sachbezüge" unter Nr. 4). nein nein

Der Wert kostenloser Freizigaretten und anderer Tabakwaren für Arbeitnehmer in tabakverarbeitenden Betrieben ist umsatzsteuerpflichtig; der Rabattfreibetrag ist bei der Umsatzsteuer nicht anwendbar; vgl. das Stichwort „Umsatzsteuerpflicht bei Sachbezügen".

Freitrunk

siehe „Getränke" und „Haustrunk"

Freiwillige Krankenversicherung

siehe „Arbeitgeberzuschuss zur Krankenversicherung" und „Jahresarbeitsentgeltgrenze"

Frostzulage

Die Frostzulage ist als „Erschwerniszulage" steuer- und beitragspflichtig. ja ja

Frühstück

Ein vom Arbeitgeber im Betrieb kostenlos gewährtes Frühstück ist weder als Ganzes noch hinsichtlich der verabreichten Getränke eine steuerfreie Annehmlichkeit, sondern steuerpflichtiger Arbeitslohn (BFH-Urteil vom 14.6.1985, BFH/NV 1986 S. 303). ja ja

Das Frühstück ist mit dem amtlichen Sachbezugswert von 1,57 € zu bewerten (vgl. „Mahlzeiten").

Führerschein

Seit 1990 ist ein steuerfreier Werbungskostenersatz durch den Arbeitgeber nur in den gesetzlich geregelten Ausnahmefällen zulässig. Es müsste sich deshalb beim Ersatz der Führerscheinkosten um Auslagenersatz i. S. des § 3 Nr. 50 EStG handeln, damit Steuerfreiheit eintreten könnte. In der Praxis ist jedoch ein Ersatz der Führerscheinkosten als Auslagenersatz nicht denkbar, da immer ein gewisses Maß an Eigeninteresse des Arbeitnehmers am Erwerb eines Führerscheins vorhanden ist (vgl. die grundsätzlichen Ausführungen beim Stichwort „Auslagenersatz"). Der Ersatz von Führerscheinkosten durch den Arbeitgeber ist deshalb im Regelfall steuerpflichtiger Arbeitslohn. ja ja

In Grenzfällen ist allerdings zu prüfen, ob die Übernahme der Führerscheinkosten durch den Arbeitgeber überhaupt den Arbeitslohnbegriff erfüllt (vgl. die grundsätzlichen Ausführungen beim Stichwort „Annehmlichkeiten"). Denn

Führerschein

| | Lohn-steuer-pflichtig | Sozial-versich.-pflichtig |

Arbeitslohn liegt nach der Rechtsprechung des Bundesfinanzhofs nicht vor, wenn sich eine Zuwendung des Arbeitgebers an den Arbeitnehmer bei objektiver Würdigung aller Umstände nicht als Entlohnung, sondern lediglich als notwendige Begleiterscheinung betriebsfunktionaler Zielsetzung erweist. Geldwerte Vorteile besitzen dann keinen Arbeitslohncharakter, **wenn sie im ganz überwiegend eigenbetrieblichen Interesse des Arbeitgebers gewährt werden.** Dies ist der Fall, wenn sich aus den Begleitumständen wie Anlass, Art und Höhe des Vorteils, Auswahl der Begünstigten, freie oder nur gebundene Verfügbarkeit, Freiwilligkeit oder Zwang zur Annahme des Vorteils und seiner besonderen Geeignetheit für den jeweiligen verfolgten betrieblichen Zweck ergibt, dass diese Zielsetzung ganz im Vordergrund steht ein damit einhergehendes eigenes Interesse des Arbeitnehmers, den betreffenden Vorteil zu erlangen, deshalb vernachlässigt werden kann. In Grenzfällen ist eine wertende Gesamtbeurteilung aller den Vorgang prägenden Umstände vorzunehmen.

Einen solchen Grenzfall hat der Bundesfinanzhof entschieden (BFH-Urteil vom 26.6.2003, BStBl. II S. 886), und bei einem Polizeianwärter die vom Dienstherrn im Rahmen einer umfassenden **Gesamtausbildung** zum Polizeivollzugsdienst übernommenen Kosten für den Erwerb der **Fahrerlaubnis der Klasse B** (früher Führerscheinklasse 3) nicht als steuerpflichtigen Arbeitslohn angesehen. — nein — nein

Ausgehend hiervon hat die Finanzverwaltung einen weiteren Grenzfall positiv entschieden. Die Tätigkeit als Straßenwärter erfordert die Fahrerlaubnis Klasse C (früher Führerscheinklasse 2 – LKW) und E (Anhänger). Voraussetzung hierfür ist der vorherige Erwerb der Fahrerlaubnis Klasse B (früher Führerscheinklasse 3). Da ein Teil der Auszubildenden unter 18 Jahre alt ist, werden sie auf Veranlassung der Ausbildungsstätte sowie auf Kosten des Dienstherrn bei örtlichen Fahrschulen unterrichtet. Das Nichtbestehen der Fahrprüfung Klasse B führt zur Entlassung aus dem Ausbildungsdienstverhältnis. Der Erwerb der **Fahrerlaubnis Klasse B** ist somit zwingende **Voraussetzung** für den weiteren **Ausbildungsfortgang.** Die Finanzverwaltung hat daher entschieden, dass der im Rahmen der Berufsausbildung zum Straßenwärter miterlangte Erwerb der Fahrerlaubnis der Klasse B ebenfalls als Leistung im überwiegend eigenbetrieblichen Interesse anzusehen ist, die nicht zu einem steuerpflichtigen Arbeitslohn führt (Erlass Nordrhein-Westfalen v. 13.12.2004 S 2332 – 76 – V B 3)*). — nein — nein

Inhaber der Fahrerlaubnis Klasse B dürfen nur noch Fahrzeuge mit einer zulässigen Gesamtmasse von nicht mehr als 3,5 t führen. Die Fahrzeuge der (freiwilligen) **Feuerwehren** überschreiten zumeist dieses Gewicht, so dass viele Gemeinden die Kosten für den Erwerb der **Führerscheinklasse C 1/C** übernehmen.

Für die Feuerwehren ist es unerlässlich, dass die oft ehrenamtlich tätigen Feuerwehrleute nicht nur für den Einsatz entsprechend ausgebildet werden, sondern auch die im Ernstfall benötigten Gerätschaften bedienen können und dürfen. Dies schließt den Erwerb der Erlaubnis zum Führen der entsprechenden Feuerwehrfahrzeuge mit ein. Da die Erlaubnis zum Führen dieser Fahrzeuge oft nicht vorliegt, müssen die Feuerwehren eine entsprechende Ausbildung anbieten, um überhaupt einsatzfähig zu sein und den betrieblichen Zweck verfolgen zu können. Der Arbeitgeber hat damit ein ganz wesentliches Interesse an der Führerscheinausbildung einzelner Feuerwehrleute. Der Vorteil des Arbeitnehmers, die Führerscheinklasse ggf. auch für private Zwecke nutzen zu können, ist lediglich eine Begleiterscheinung und tritt hinter dem vom Arbeitgeber verfolgten Zweck zurück (Erlass Bayern v. 16.6.2004 34 – S 2337 – 158 – 25617/04).**) — nein — nein

Allerdings ist zu beachten, dass Aufwendungen eines Arbeitnehmers für den Erwerb des Führerscheins der **Klasse B** (früher Führerscheinklasse 3) – auch bei den o. a. Berufsgruppen – wegen der privaten Mitveranlassung des Aufwands **nicht** als **Werbungskosten** abgezogen werden können (§ 12 Nr. 1 Satz 2 EStG).

Nach dem **Berufskraftfahrer**-Qualifikations-Gesetz und der Berufskraftfahrer-Qualifikationsverordnung sind alle gewerblichen Arbeitnehmer, die als Fahrer im Personenverkehr tätig sind, seit September 2008 gesetzlich verpflichtet, als **Berufsneueinsteiger** neben dem **Erwerb** des Führerscheins der **Klassen C, CE** auch eine **Grundqualifikation** zu durchlaufen (z. B. bei der IHK). Handelt es sich um Aufwendungen des Arbeitnehmers für eine **erstmalige Berufsausbildung,** sind sie nur dann als **Werbungskosten** abziehbar, wenn die Berufsausbildung im Rahmen eines Dienstverhältnisses stattfindet. Ist dies zu verneinen, können die Aufwendungen bis zu 4000 € jährlich als **Sonderausgaben** abgezogen werden (§ 10 Abs. 1 Nr. 7 EStG). Dies gilt sowohl für die Aufwendungen für den Erwerb des Lkw-Führerscheins als auch für den Erwerb der Grundqualifikation.

Fahrzeuglenker, die bereits im Besitz der o. a. Führerscheine sind, haben zwar eine Bestandsgarantie, müssen aber alle fünf Jahre eine **berufliche Weiterbildung** leisten. Bei den von den Arbeitnehmern getragenen Weiterbildungskosten handelt es sich um **Werbungskosten.**

Fünftelregelung

Die sog. Fünftelregelung ist ein besonderes Verfahren zur Besteuerung sonstiger Bezüge (einmalige Zuwendungen). Der **sonstige Bezug** wird bei der Berechnung der Steuer nur mit **einem Fünftel** angesetzt. Die sich hiernach ergebende **Steuer** wird **verfünffacht.** Hiermit soll der Steuerprogression die Spitze genommen werden. Die Fünftelregelung gilt für bestimmte Entschädigungen z. B. für Abfindungen wegen Entlassung aus dem Dienstverhältnis und für Arbeitslohn, der für mehrere Jahre gezahlt wird. Die Steuerberechnung nach der Fünftelregelung ist beim Stichwort „Sonstige Bezüge" unter Nr. 6 auf Seite 663 anhand von Beispielen erläutert.

Siehe die Stichworte „Entschädigungen" und „Abfindung wegen Entlassung aus dem Dienstverhältnis".

Funktionszulagen

Funktionszulagen sind Lohnzulagen bei außergewöhnlich langen Vertretungen anderer Arbeitnehmer oder bei vertretungsweiser Erledigung höherwertiger Arbeit. Funktionszulagen sind steuer- und beitragspflichtiger Arbeitslohn. — ja — ja

Fußballspieler

Vertragsfußballspieler sind Arbeitnehmer. Ihre Bezüge unterliegen dem Lohnsteuerabzug nach den allgemeinen Vorschriften. — ja — ja

Zur Beurteilung der Amateurfußballspieler vgl. das Stichwort „Amateursportler".

---

*) Der Erlass ist als Anlage 6 zu H 3.50 LStR im **Steuerhandbuch für das Lohnbüro 2010** abgedruckt, das im selben Verlag erschienen ist. Das **PC-Lexikon** für das Lohnbüro 2010 enthält auch dieses Handbuch und hat außerdem den Vorteil, dass Sie **alle BFH-Urteile** sowie die aktuellen Rundschreiben und Niederschriften der Spitzenverbände der **Sozialversicherung** mit Mausklick **im Volltext** abrufen und ausdrucken können. Eine Bestellkarte finden Sie vorne im Lexikon.

) Der Erlass ist als Anlage 5 zu H 3.50 LStR im **Steuerhandbuch für das Lohnbüro 2010 abgedruckt, das im selben Verlag erschienen ist. Das **PC-Lexikon** für das Lohnbüro 2010 enthält auch dieses Handbuch und hat außerdem den Vorteil, dass Sie **alle BFH-Urteile** sowie die aktuellen Rundschreiben und Niederschriften der Spitzenverbände der **Sozialversicherung** mit Mausklick **im Volltext** abrufen und ausdrucken können. Eine Bestellkarte finden Sie vorne im Lexikon.

	Lohn-steuer-pflichtig	Sozial-versich.-pflichtig

Fußballtrainer

Fußballtrainer sind in aller Regel Arbeitnehmer, da sie in den Organismus des Vereins eingegliedert und weisungsgebunden sind. — ja — ja

Siehe auch das Stichwort „Übungsleiter".

Futtergeld

Ein pauschales Futtergeld für Wachhunde von z. B. 3 € täglich ist steuer- und beitragspflichtig (vgl. „Hundegeld"). — ja — ja

Garagengeld

Gliederung:

1. Allgemeines
2. Unterbringung des Firmenwagens in einer arbeitnehmereigenen Garage
3. Unterbringung des Firmenwagens in einer angemieteten Garage
4. Kein zusätzlicher geldwerter Vorteil, durch die Zahlung von steuerfreien Garagengeldern
5. Änderung des Lohnsteuerabzugs für das laufende Kalenderjahr
6. Rückwirkende Änderung des Lohnsteuerabzugs für bereits abgelaufene Kalenderjahre
7. Rückwirkende Änderung einer Lohnsteuerpauschalierung

1. Allgemeines

Überlässt der Arbeitgeber seinen Arbeitnehmern einen Firmenwagen (vgl. dieses Stichwort), so kommt es häufig vor, dass der Firmenwagen über Nacht in einer Garage des Arbeitnehmers abgestellt wird. Insbesondere bei Außendienstmitarbeitern, die im Firmenwagen wertvolle Waren oder andere beruflich notwendige Gegenstände transportieren, ist der Arbeitgeber stark daran interessiert, dass der Firmenwagen über Nacht diebstahlsicher untergebracht wird und ersetzt den Arbeitnehmern deshalb entweder die Aufwendungen für eine eigene oder die Mietkosten für eine angemietete Garage.

Der Bundesfinanzhof hat für die steuerliche Behandlung der sog. Garagengelder mit Urteilen vom 7. 6. 2002, Az.: VI R 145/99, BStBl. II S. 829 und Az.: VI R 53/01*) folgende Fälle unterschieden:

2. Unterbringung des Firmenwagens in einer arbeitnehmereigenen Garage

Zahlt der Arbeitgeber dem Arbeitnehmer ein Entgelt dafür, dass der Firmenwagen in einer Garage abgestellt wird, **die dem Arbeitnehmer gehört,** so handelt es sich bei diesen Zahlungen nach Auffassung des Bundesfinanzhofs um Einnahmen aus Vermietung und Verpachtung. Damit scheidet eine Versteuerung als Arbeitslohn aus. Steuerlich hat also nur die Einkunftsart gewechselt. Der Arbeitnehmer kann allerdings seine Aufwendungen für die Garage als Werbungskosten von den steuerpflichtigen Einnahmen aus Vermietung und Verpachtung abziehen.

Auswirkungen ergeben sich jedoch bei der Sozialversicherung, da kein beitragspflichtiges Arbeitsentgelt vorliegt. — nein — nein

3. Unterbringung des Firmenwagens in einer angemieteten Garage

Hat der Arbeitnehmer eine Garage zum Abstellen des Firmenwagens **angemietet** und ersetzt der Arbeitgeber die monatlich anfallende Miete, so ist dieser Arbeitgeberersatz nach Auffassung des Bundesfinanzhofs als Auslagenersatz im Sinne des § 3 Nr. 50 EStG dann steuerfrei, wenn das Unterstellen des Firmenwagens in der Garage **ausschließlich im Interesse des Arbeitgebers** erfolgt. Dieses ausschließliche eigenbetriebliche Interesse war im Urteilsfall vorhanden, weil sich in den Firmenwagen der Außendienstmitarbeiter (auch über Nacht) stets wertvolle Werkzeuge und Waren befanden und der Arbeitgeber deshalb die Arbeitnehmer durch eine sog. Kraftfahrzeug-Überlassungs-Vereinbarung ausdrücklich verpflichtet hatte, die Firmenwagen in einer Garage abzustellen (vgl. die ausführlichen Erläuterungen beim Stichwort „Auslagenersatz"). — nein — nein

Hat der Arbeitnehmer die angemietete Garage an den Arbeitgeber **untervermietet,** so handelt es sich bei den Zahlungen des Arbeitgebers um Einnahmen aus Vermietung und Verpachtung (BFH-Urteil vom 7. 6. 2002, Az.: VI R 53/01)*). Damit scheidet eine Versteuerung als Arbeitslohn aus. Es liegt auch kein beitragspflichtiges Arbeitsentgelt vor. — nein — nein

4. Kein zusätzlicher geldwerter Vorteil, durch die Zahlung von steuerfreien Garagengeldern

Der Bundesfinanzhof hat in den oben genannten Urteilen klargestellt, dass durch die Nutzung der arbeitnehmereigenen oder von einem fremden Dritten angemieteten Garage, für die der Arbeitgeber ein steuerfreies Garagengeld zahlt, kein zusätzlicher steuerpflichtiger geldwerter Vorteil entsteht. Denn diese Fälle können nicht anders behandelt werden, wie wenn der Arbeitgeber eine eigene Garage besitzt oder eine Garage anmietet und diese Garage dem Arbeitnehmer kostenlos zum Unterstellen des Firmenwagens überlässt.

Bei der 1 %-Methode ist deshalb die Nutzung der Garage durch den Arbeitnehmer mit dem Pauschalbetrag abgegolten. Beim Einzelnachweis der tatsächlichen Kosten nach der sog. individuellen Methode gehören dagegen die tatsächlichen Aufwendungen des Arbeitgebers für die Garage zu den Gesamtkosten des Fahrzeugs, das heißt, sie erhöhen den individuellen Kilometersatz (vgl. die Erläuterungen beim Stichwort „Firmenwagen zur privaten Nutzung" unter den Nrn. 2 und 3).

5. Änderung des Lohnsteuerabzugs für das laufende Kalenderjahr

Wurden die Garagengelder bisher durch Zurechnung zum laufenden steuerpflichtigen Arbeitslohn nach der (Monats-)Lohnsteuertabelle versteuert, so kann der Arbeitgeber den Lohnsteuerabzug zugunsten des Arbeitnehmers berichtigen, solange er die Lohnsteuerbescheinigung noch nicht ausgestellt oder übermittelt hat (vgl. hierzu die ausführlichen Erläuterungen beim Stichwort „Änderung des Lohnsteuerabzugs").

Der vorstehende Grundsatz gilt in allen Fällen, in denen der Arbeitgeber Zuwendungen an seine Arbeitnehmer zu Unrecht als steuerpflichtigen Arbeitslohn behandelt hat.

6. Rückwirkende Änderung des Lohnsteuerabzugs für bereits abgelaufene Kalenderjahre

Der Arbeitgeber muss dem Arbeitnehmer für bereits abgelaufene Kalenderjahre eine Bescheinigung über die Höhe der versteuerten und damit im Bruttolohn auf der Lohnsteuerkarte zu Unrecht enthaltenen Garagengelder erteilen, damit eine Berücksichtigung bei noch nicht bestandskräftigen Veranlagungen zur Einkommensteuer der Arbeitnehmer erfolgen kann. Das Muster einer solchen Bescheinigung könnte für eine Unterbringung des Firmenwagens in einer **arbeitnehmereigenen** Garage wie folgt aussehen:

---
*) Nicht im Bundessteuerblatt veröffentlicht.

Garagengeld

	Lohn-steuer-pflichtig	Sozial-versich.-pflichtig

Bestätigung zur Vorlage beim Finanzamt

Arbeitgeber:
Name der Firma _____
Anschrift: _____

Arbeitnehmer:
Name, Vorname _____
Anschrift: _____

Zur Vorlage beim Finanzamt wird bestätigt, dass im steuerpflichtigen Bruttoarbeitslohn, der dem o. a. Arbeitnehmer in Zeile 3 seiner Lohnsteuerbescheinigung für das Kalenderjahr _____ bescheinigt wurde, ein Garagengeld in Höhe von € _____ für das Unterstellen des Firmenwagens in einer arbeitnehmereigenen Garage enthalten ist, das nach der Rechtsprechung des Bundesfinanzhofs nicht zum steuerpflichtigen Arbeitslohn, sondern zu den Einnahmen aus Vermietung und Verpachtung gehört.

_____   _____
Ort, Datum   Unterschrift des Arbeitgebers

Das Finanzamt des Arbeitnehmers wird aufgrund dieser Bescheinigung den steuerpflichtigen Jahresarbeitslohn bei der Veranlagung zur Einkommensteuer um das Garagengeld kürzen und dieses als Einnahmen aus Vermietung und Verpachtung ansetzen. Davon kann der Arbeitnehmer seine Aufwendungen für die Garage als Werbungskosten abziehen.

Liegt bei einer **angemieteten** Garage steuerfreier Auslagenersatz vor, könnte das Muster der Bescheinigung wie folgt aussehen:

Bestätigung zur Vorlage beim Finanzamt

Arbeitgeber:
Name der Firma _____
Anschrift: _____

Arbeitnehmer:
Name, Vorname _____
Anschrift: _____

Zur Vorlage beim Finanzamt wird bestätigt, dass im steuerpflichtigen Bruttoarbeitslohn, der dem o. a. Arbeitnehmer in Zeile 3 seiner Lohnsteuerbescheinigung für das Kalenderjahr _____ bescheinigt wurde, ein Garagengeld in Höhe von € _____ für das Unterstellen des Firmenwagens in einer vom Arbeitnehmer gemieteten Garage enthalten ist, das nach der Rechtsprechung des Bundesfinanzhofs als Auslagenersatz im Sinne des § 3 Nr. 50 EStG steuerfrei ist, weil das Unterstellen des Firmenwagens in der Garage ausschließlich im betrieblichen Interesse erfolgte*).

_____   _____
Ort, Datum   Unterschrift des Arbeitgebers

Das Finanzamt des Arbeitnehmers wird aufgrund dieser Bescheinigung den steuerpflichtigen Jahresarbeitslohn bei der Veranlagung zur Einkommensteuer um das steuerfreie Garagengeld kürzen.

Wurde die angemietete Garage an den Arbeitgeber **untervermietet,** kann die gleiche Bescheinigung verwendet werden, wie bei einer arbeitnehmereigenen Garage, da auch in diesem Fall Einnahmen aus Vermietung und Verpachtung vorliegen.

Entsprechend den vorstehenden Ausführungen kann in allen Fällen verfahren werden, in denen der Arbeitgeber Zuwendungen an seine Arbeitnehmer zu Unrecht als steuerpflichtigen Arbeitslohn behandelt hat. Der Text der Bescheinigung ist an den vorliegenden Sachverhalt anzupassen.

7. Rückwirkende Änderung einer Lohnsteuerpauschalierung

Wurden die Garagengelder bisher **pauschal versteuert** (z. B. Pauschalierung der Lohnsteuer mit einem besonderen Pauschsteuersatz auf Antrag des Arbeitgebers nach § 40 Abs. 1 Nr. 1 EStG; vgl. „Pauschalierung der Lohnsteuer" unter 2.), so besteht gegenüber der Änderung der vom Arbeitslohn einbehaltenen Lohnsteuer (vgl. vorstehend unter Nrn. 5 und 6) ein gravierender Unterschied:

Der Arbeitgeber kann die von ihm durchgeführte Pauschalierung der Lohnsteuer ändern, solange noch keine Festsetzungsverjährung eingetreten und der **Vorbehalt der Nachprüfung für die abgegebenen Lohnsteuer-Anmeldungen noch nicht aufgehoben** wurde, und zwar aus folgenden Gründen:

Die Lohnsteuer-Anmeldung ist eine Steuererklärung im Sinne des § 150 Abgabenordnung (AO). Sie steht als Steueranmeldung einer Steuerfestsetzung unter dem Vorbehalt der Nachprüfung gleich (§§ 164, 168 AO). Der Vorbehalt der Nachprüfung bewirkt, dass die Steuerfestsetzung in Form der vom Arbeitgeber beim Betriebsstättenfinanzamt eingereichten Lohnsteuer-Anmeldung aufgehoben oder geändert werden kann, solange der Vorbehalt wirksam ist. Der **Arbeitgeber** kann also jederzeit die Aufhebung oder Änderung der Steuerfestsetzung in der Lohnsteuer-Anmeldung sowohl **zu seinen Gunsten** als auch zu seinen Ungunsten beantragen. Es genügt hierfür, wenn er für die bereits abgelaufenen Anmeldungszeiträume eine berichtigte Lohnsteuer-Anmeldung abgibt. Die Abgabe einer berichtigten Lohnsteuer-Anmeldung ist also so lange möglich, solange der Vorbehalt der Nachprüfung noch nicht aufgehoben wurde. Der Vorbehalt der Nachprüfung wird bei Lohnsteuer-Anmeldungen regelmäßig so lange aufrechterhalten, bis bei dem Arbeitgeber eine Lohnsteuer-Außenprüfung durchgeführt worden oder die **sog. Festsetzungsfrist** (§ 169 AO) abgelaufen ist. Die Festsetzungsfrist beträgt **4 Jahre** und beginnt im Normalfall mit Ablauf des Kalenderjahres, in dem die Lohnsteuer-Anmeldung beim Finanzamt eingereicht worden ist (vgl. „Verjährung").

Der vorstehende Grundsatz gilt in allen Fällen, in denen der Arbeitgeber Zuwendungen an seine Arbeitnehmer zu Unrecht pauschal versteuert hat. Vgl hierzu auch die Erläuterungen beim Stichwort „Fahrten zwischen Wohnung und regelmäßiger Arbeitsstätte" unter Nr. 12.

Garnentschädigung

Die Garnentschädigung an Heimarbeiter ist als Heimarbeiterzuschlag (vgl. dieses Stichwort) steuerfrei. nein nein

Gastarbeiter

Wichtiges auf einen Blick:

Bei einem **unbeschränkt steuerpflichtigen „Gastarbeiter"** (= Wohnsitz oder gewöhnlichen Aufenthalt in Deutschland) ist die frühere Einschränkung für eine Zusammenveranlagung **(= Steuerklasse III)** mit seinem in einem anderen **EU-/EWR-Mitgliedstaat lebenden Ehegatten,** dass er neben den inländischen Einkünften nur geringfügige Auslandseinkünfte haben darf, seit 2008 entfallen. Bei einem **beschränkt steuerpflichtigen „Gastarbeiter"** (= kein Wohnsitz oder gewöhnlicher Aufenthalt in Deutschland), der aufgrund eines Antrags als unbeschränkt steuerpflichtig behandelt werden will, ist hingegen für eine Zusammenveranlagung **(= Steuerklasse III)** mit seinem in einem anderen **EU-/EWR-Mitgliedstaat lebenden Ehegatten** nach wie vor Voraussetzung, dass **nahezu** die **gesamten Einkünfte in Deutschland** bezogen werden. Dies bedeutet, dass die Summe aller Einkünfte im Kalenderjahr zu mindestens 90 % der deutschen Einkommensteuer unterliegt oder diejenigen Einkünfte, die nicht der deutschen Besteuerung unterliegen, höchstens 8004 € (bei Ehegatten 16 008 €) im Kalenderjahr 2010 betragen. Vgl. auch die Übersicht sowie die Beispiele A und B unter der nachfolgenden Nr. 2.

---

*) In Zweifelsfällen kann es sinnvoll sein, das betriebliche Interesse (z. B. Aufbewahrung wertvoller Werkzeuge und Waren im Fahrzeug) näher zu erläutern, um Rückfragen des Finanzamts zu vermeiden.

Gastarbeiter

1. Allgemeines

Unter dem Begriff „Gastarbeiter" versteht man im Allgemeinen Sprachgebrauch einen ausländischen Arbeitnehmer, der vorübergehend in Deutschland arbeitet. Dabei unterscheidet der Sprachgebrauch nicht nach steuerlichen Gesichtspunkten. Der „Gastarbeiter" kann deshalb entweder unbeschränkt oder nur beschränkt steuerpflichtig sein, je nachdem, ob er in Deutschland eine Wohnung bzw. seinen gewöhnlichen Aufenthalt hat oder nicht. Die Besonderheiten, die bei **beschränkt** steuerpflichtigen Gastarbeitern zu beachten sind, sind ausführlich beim Stichwort „Beschränkt steuerpflichtige Arbeitnehmer" anhand von Beispielen erläutert.

Hat der ausländische Arbeitnehmer im Inland einen Wohnsitz oder seinen gewöhnlichen Aufenthalt (länger als 6 Monate), so ist er **unbeschränkt** steuerpflichtig und erhält deshalb eine Lohnsteuerkarte, nach der der Arbeitgeber den Lohnsteuerabzug durchführen muss. Bei der Bescheinigung der maßgebenden Steuerklasse auf der Lohnsteuerkarte kam früher, von Ausnahmefällen abgesehen, nur die Steuerklasse I in Betracht. Denn verheiratete ausländische Arbeitnehmer mit Wohnsitz oder gewöhnlichem Aufenthalt im Inland fielen nämlich früher nur dann in Steuerklasse III (oder IV), wenn auch ihr Ehegatte unbeschränkt steuerpflichtig war, das heißt, seinen Wohnsitz ebenfalls in Deutschland hatte. Da dies gerade bei ausländischen Saisonarbeitern in der Regel nicht der Fall war, hatten sie keinen Anspruch auf Steuerklasse III oder IV.

2. Steuerklasse III bei Gastarbeitern

Der Europäische Gerichtshof hat im sog. Schumacker-Urteil entschieden, dass unbeschränkt steuerpflichtige Arbeitnehmer aus einem EU/EWR-Mitgliedstaat*) einem unbeschränkt steuerpflichtigen Inländer **völlig gleichzustellen** sind, das heißt, dass die Steuerklasse III auch dann gewährt werden muss, wenn der Ehegatte seinen Wohnsitz zwar nicht in Deutschland, aber in einem EU/EWR-Mitgliedstaat hat. Der Gesetzgeber hat diese Forderung vollzogen und in § 1a Abs. 1 EStG angeordnet, dass sämtliche familienbezogenen Steuerbegünstigungen, die früher mangels unbeschränkter Steuerpflicht der betreffenden Bezugsperson nicht gewährt werden konnten, zu gewähren sind, wenn es sich um einen Staatsbürger eines EU/EWR-Mitgliedstaats handelt. Bei einem unbeschränkt steuerpflichtigen Arbeitnehmer ist die frühere Einschränkung, dass er neben den inländischen Einkünften nur geringfügige Auslandseinkünfte haben darf, ab 2008 entfallen (vgl. auch folgende Übersicht). Bei einem beschränkt steuerpflichtigen Arbeitnehmer, der aufgrund eines Antrags als unbeschränkt steuerpflichtig behandelt werden will, ist hingegen Voraussetzung, dass dieser Arbeitnehmer nahezu seine gesamten Einkünfte in Deutschland bezieht. Dies ist der Fall, wenn

– die Summe aller Einkünfte im Kalenderjahr zu mindestens **90 %** der deutschen Einkommensteuer unterliegt **oder**

– diejenigen Einkünfte, die nicht der deutschen Besteuerung unterliegen, höchstens **8004 €** (= steuerlicher Grundfreibetrag) im Kalenderjahr 2010 betragen. Für das Kalenderjahr 2009 beträgt die Grenze 7834 €.

Ist der ausländische Arbeitnehmer verheiratet, und lebt der Ehegatte in einem EU/EWR-Mitgliedstaat, so verdoppelt sich der vorstehende Betrag auf **16 008 €** (2009 = 15 668 €). Die Höhe der ausländischen Einkünfte muss durch eine Bescheinigung der ausländischen Steuerbehörde auf amtlichem Vordruck nachgewiesen werden. Ist der Gastarbeiter unbeschränkt steuerpflichtig (Wohnsitz/gewöhnlicher Aufenthalt in Deutschland) oder hat er als beschränkt Steuerpflichtiger den Nachweis erbracht, dass er nahezu seine gesamten Einkünfte in Deutschland erzielt, so erhält er folgende Vergünstigungen:

– Den Splittingvorteil **(Steuerklasse III)** für seinen in einem EU/EWR-Mitgliedstaat lebenden Ehegatten (es ist nicht erforderlich, dass auch der Ehegatte EU/EWR-Staatsbürger ist).

– Den Abzug der Unterhaltsaufwendungen für den geschiedenen oder dauernd getrennt lebenden Ehegatten bis zum Höchstbetrag von 13 805 € zuzüglich Aufwendungen für die Basis-Krankenversicherung und Pflege-Pflichtversicherung als Sonderausgaben (sog. **Realsplitting**), wenn der ehemalige Ehegatte seinen Wohnsitz in einem EU/EWR-Mitgliedstaat hat. Für die Anwendung des Realsplittings ist es allerdings Voraussetzung, dass die Besteuerung der Unterhaltszahlungen beim geschiedenen Ehegatten im Ausland durch eine Bescheinigung der zuständigen ausländischen Steuerbehörde nachgewiesen wird.

Wichtig ist die Einordnung eines Gastarbeiters aus einem EU/EWR-Mitgliedstaat in die Steuerklasse III anstelle der früher geltenden Steuerklasse I, obwohl der Ehegatte nicht in Deutschland, sondern im Heimatstaat lebt. Diese Änderung soll anhand folgender Übersicht verdeutlicht werden.

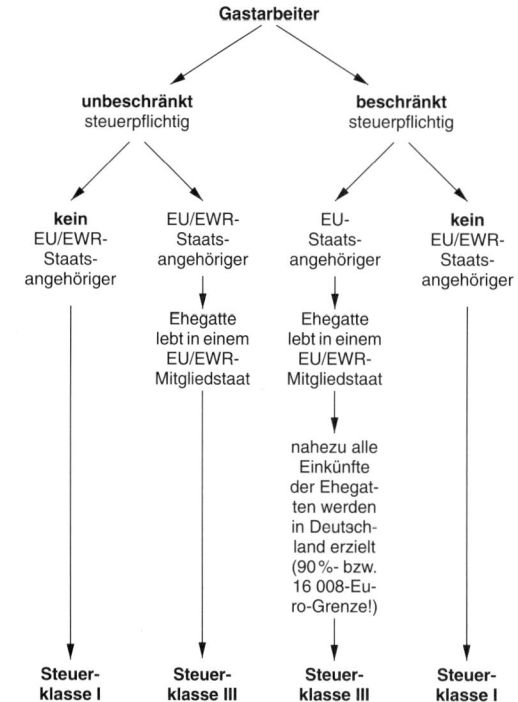

Beispiel A

Die Ehefrau eines **unbeschränkt** steuerpflichtigen italienischen Gastarbeiters lebt in der Familienwohnung in Neapel. Der Gastarbeiter erhielt früher nur die Steuerklasse I. Nunmehr erhält er die Steuerklasse III (allerdings entfällt in diesem Fall der früher für den Unterhalt der Ehefrau gewährte Unterhaltsfreibetrag). Auf die Höhe der ausländischen Einkünfte kommt es seit 2008 für die Gewährung der Steuerklasse III nicht mehr an.

Beispiel B

Ein **beschränkt** steuerpflichtiger österreichischer Gastarbeiter (kein Grenzgänger) lebt mit seiner Ehefrau in der Familienwohnung in Österreich und arbeitet in Rosenheim. Auf Antrag wird er als unbeschränkt steuerpflichtig behandelt und erhält 2010 die Steuerklasse III, wenn die Summe aller Einkünfte im Kalenderjahr zu mindestens 90 % der deutschen Einkommensteuer unterliegt oder diejenigen Einkünfte, die nicht der deutschen Besteuerung unterliegen, höchstens 16 008 € betragen.

*) **EU-Länder** sind die folgenden Mitgliedsländer der Europäischen Union: Belgien, Bulgarien, Dänemark, Estland, Finnland, Frankreich, Griechenland, Irland, Italien, Lettland, Litauen, Luxemburg, Malta, Niederlande, Österreich, Polen, Portugal, Rumänien, Schweden, Slowakei, Slowenien, Spanien, Tschechische Republik, Ungarn, Vereinigtes Königreich Großbritannien und Zypern.
EWR-Mitgliedstaaten, das heißt Staaten, auf die das Abkommen über den Europäischen Wirtschaftsraum Anwendung findet, sind: Island, Norwegen und Liechtenstein.

Gastarbeiter

	Lohn-steuer-pflichtig	Sozialversich.-pflichtig

Die Höhe der ausländischen Einkünfte ist durch eine Bescheinigung der österreichischen Steuerbehörde nachzuweisen.

Beispiel C

Ein unbeschränkt steuerpflichtiger italienischer Gastarbeiter ist geschieden und arbeitet in München. Er zahlt seiner geschiedenen Frau (die in Rom lebt) Unterhalt. Der Gastarbeiter kann seine Unterhaltsleistungen für die geschiedene Ehefrau bis zum Höchstbetrag von 13 805 € als Sonderausgaben geltend machen (sog. Realsplitting). Für die Anwendung des Realsplitting ist es allerdings Voraussetzung, dass die Besteuerung der Unterhaltszahlungen beim geschiedenen Ehegatten im Ausland durch eine Bescheinigung der zuständigen ausländischen Steuerbehörde nachgewiesen wird.

Beispiel D

Sachverhalt wie Beispiel C. Die geschiedene Ehefrau des Italieners lebt jedoch nicht in Italien, sondern in der Schweiz. In diesem Fall erhält der Italiener kein Realsplitting (= Sonderausgabenabzug der Unterhaltsleistungen bis zu 13 805 €), da die geschiedene Ehefrau ihren Wohnsitz nicht im Hoheitsgebiet eines EU/EWR-Staates hat. Der Italiener kann allerdings die Unterhaltszahlungen an die geschiedene Ehefrau als außergewöhnliche Belastung bis zum Höchstbetrag von 8004 € im Kalenderjahr 2010 abziehen, wenn die eigenen Einkünfte und Bezüge der geschiedenen Ehefrau 624 € im Kalenderjahr 2010 nicht übersteigen. Vgl. hierzu die Erläuterungen in Anhang 7 Abschnitt D Nr. 4 auf Seite 908.

Hinweis: Aufgrund einer besonderen Verständigungsvereinbarung mit der Schweiz kann ein Sonderausgabenabzug für die Unterhaltsleistungen in Deutschland im Rahmen des Realsplittings in Betracht kommen, wenn die Zahlungen bei der geschiedenen Ehefrau in der Schweiz steuerpflichtig sind.

3. Steuerklasse II für Gastarbeiter

Einem unbeschränkt steuerpflichtigen Gastarbeiter (Wohnsitz bzw. gewöhnlicher Aufenthalt in Deutschland oder nahezu alle Einkünfte werden in Deutschland erzielt) wird die Steuerklasse II auf der Lohnsteuerkarte eingetragen, wenn ihm der **Entlastungsbetrag für Alleinerziehende** zusteht. Nach § 24b EStG setzt die Gewährung des Entlastungsbetrags für Alleinerziehende unter anderem voraus, dass der allein stehende Arbeitnehmer mit mindestens einem Kind, für das er Kindergeld oder einen Kinderfreibetrag erhält, eine Haushaltsgemeinschaft in einer gemeinsamen Wohnung – die sich auch im Ausland befinden kann – bildet (vgl. die Erläuterungen beim Stichwort „Steuerklassen"). Zum Entlastungsbetrag für Alleinerziehende vgl. auch die Erläuterungen im Anhang 9 unter Nr. 15 auf Seite 960.

4. Übrige Steuervergünstigungen

Ein unbeschränkt steuerpflichtiger Gastarbeiter (Wohnsitz bzw. gewöhnlicher Aufenthalt in Deutschland oder nahezu alle Einkünfte werden in Deutschland erzielt) erhält dieselben Freibeträge wie jeder andere Arbeitnehmer auch. Nach § 39a EStG werden folgende Freibeträge und Pauschbeträge auf der Lohnsteuerkarte bzw. Lohnsteuerabzugsbescheinigung des Gastarbeiters eingetragen:

- Freibetrag für Werbungskosten, die den Arbeitnehmer-Pauschbetrag von 920 € übersteigen; erwerbsbedingte Kinderbetreuungskosten werden wie Werbungskosten zusätzlich zum Arbeitnehmer-Pauschbetrag bzw. den übrigen Werbungskosten berücksichtigt (erläutert in **Anhang 7 Abschnitt B**).
- Freibetrag für unbeschränkt abzugsfähige Sonderausgaben und Spenden, die den Sonderausgaben-Pauschbetrag von 36 € – bei verheirateten Arbeitnehmern 72 € – übersteigen (erläutert in **Anhang 7 Abschnitt C**).

Einen Freibetrag für die folgenden, in **Anhang 7 Abschnitt D** erläuterten außergewöhnlichen Belastungen:

- Unterhaltsfreibeträge für gesetzlich unterhaltsberechtigte Personen (z. B. Eltern, Großeltern; nicht jedoch Geschwister, Onkel, Tante, Neffen und Nichten). Ein Unterhaltsfreibetrag wird jedoch nur für solche Personen gewährt, für die der Arbeitnehmer weder Kindergeld noch einen Kinderfreibetrag erhält. Außerdem wird für den im Bereich EU/EWR wohnenden Ehegatten kein Unterhaltsfreibetrag gewährt, wenn die Eheleute den Splittingvorteil (Steuerklasse III) erhalten.
- Einen Ausbildungsfreibetrag für volljährige zur Berufsausbildung auswärts untergebrachte Kinder, für die der Arbeitnehmer Kindergeld oder einen Kinderfreibetrag erhält (vgl. Anhang 7 Abschnitt D Nr. 5).
- Pauschbeträge für Behinderte und Hinterbliebene. Zur Übertragung des einem Kind des Arbeitnehmers zustehenden Behinderten-Pauschbetrags auf den Arbeitnehmer vgl. die Erläuterungen in **Anhang 7 Abschnitt D Nr. 8 Buchstabe d.**
- Pflegepauschbeträge.
- Freibeträge für außergewöhnliche Belastungen allgemeiner Art (vgl. **Anhang 7 Abschnitt D Nr. 1**).

Außerdem kann das Vierfache der Steuerermäßigung für haushaltsnahe Beschäftigungsverhältnisse, haushaltsnahe Dienstleistungen und Handwerkerleistungen (vgl. die Erläuterungen beim Stichwort „Hausgehilfin" unter Nr. 9) als Freibetrag eingetragen werden.

Die Eintragung dieser Freibeträge auf der Lohnsteuerkarte bzw. Lohnsteuerabzugsbescheinigung wird mit dem amtlichen Vordruck „Antrag auf Lohnsteuer-Ermäßigung 2010" beantragt.

Gastschauspieler

siehe „Künstler"

Geburtsbeihilfen

Geburtsbeihilfen sind einmalige oder laufende Geld- bzw. Sachleistungen des Arbeitgebers an den Arbeitnehmer. Der früher geltende Steuerfreibetrag für Geburtsbeihilfen in Höhe von 315 € ist durch das Gesetz zum Einstieg in ein steuerliches Sofortprogramm ab 1.1.2006 weggefallen. Damit sind die ab 1.1.2006 gezahlten Geburtsbeihilfen **lohnsteuer- und beitragspflichtig**.   ja   ja

Nach Wegfall der Steuerbefreiungsvorschrift des § 3 Nr. 15 EStG sind seit 1.1.2006 nur noch **Sachzuwendungen** des Arbeitgebers anlässlich des besonderen persönlichen Ereignisses „Geburt eines Kindes" bis zu einem Wert von 40 € steuer- und sozialversicherungsfrei (sog. Freigrenze für Aufmerksamkeiten z. B. für Bücher, Tonträger usw.). Auf die Erläuterungen beim Stichwort „Aufmerksamkeiten" wird hingewiesen.

Anstelle der Freigrenze für Aufmerksamkeiten in Höhe von 40 € kann auch die monatliche Freigrenze für geringfügige Sachbezüge in Höhe von 44 € in Anspruch genommen werden, wenn sie nicht bereits bei anderen Sachbezügen ausgeschöpft wurde. Auf die Erläuterungen beim Stichwort „Sachbezüge" unter Nr. 4 wird hingewiesen.

Geburtstagsfeier

Die Finanzverwaltung hatte früher stets steuerpflichtigen Arbeitslohn angenommen, wenn der Arbeitgeber Bewirtungsaufwendungen anlässlich eines Geburtstags oder einer Beförderungsfeier des Arbeitnehmers übernommen hat. Hierzu hat der Bundesfinanzhof durch Urteil vom 28.1.2003 (BStBl. II S. 724) Folgendes entschieden:

Lädt ein Arbeitgeber anlässlich des Geburtstags eines Arbeitnehmers Geschäftsfreunde, Repräsentanten des öffentlichen Lebens, Vertreter von Verbänden und Berufsorganisationen sowie Mitarbeiter der Firma zu einem Empfang ein, so ist unter Abwägung der konkreten Umstände des Einzelfalles zu entscheiden, ob es sich um ein **Fest des Arbeitgebers** und damit um eine betriebliche Veranstaltung (grundsätzlich steuerfrei) oder aber um ein **privates Fest des Arbeitnehmers** mit der Folge handelt, dass sämtliche vom Arbeitgeber getragenen Aufwendungen einen lohnsteuerpflichtigen geldwerten Vorteil für den Arbeitnehmer darstellen.

Für ein Fest des Arbeitgebers spricht die Tatsache, dass der Arbeitgeber als Gastgeber auftritt, das heißt, dass er und nicht der Arbeitnehmer die Gästeliste bestimmt und das Fest in den Räumen der Firma stattfindet. Nach der Urteilsbegründung des Bundesfinanzhofs darf der Geburtstag des Arbeitnehmers nicht „das tragende Element" der Feier sein. Der Geburtstag des Arbeitnehmers darf vielmehr „lediglich den Aufhänger für die ansonsten im Vordergrund stehende Repräsentation des Unternehmens bilden".

Die Finanzverwaltung hat die Grundsätze des BFH-Urteils in die Lohnsteuerrichtlinien übernommen und ausgeführt, dass Aufwendungen des Arbeitgebers für einen Empfang anlässlich eines **runden Geburtstags** des Arbeitnehmers dann nicht zum steuerpflichtigen Arbeitslohn gehören, wenn es sich bei der Veranstaltung unter Berücksichtigung aller Umstände des Einzelfalles **um ein Fest des Arbeitgebers (betriebliche Veranstaltung) handelt** und die Aufwendungen des Arbeitgebers einschließlich Umsatzsteuer **110 €** je teilnehmende Person nicht übersteigen (R 19.3 Abs. 2 Nr. 4 LStR). Für ein Fest des Arbeitgebers (betriebliche Veranstaltung) spricht, dass

– dieser als Gastgeber auftritt,
– er die Gästeliste nach geschäftsbezogenen Gesichtspunkten bestimmt,
– er in seine Geschäftsräume einlädt und
– das Fest den Charakter einer betrieblichen Veranstaltung und nicht einer privaten Feier des Arbeitnehmers hat.

Unschädlich ist, wenn der Arbeitnehmer einen begrenzten Kreis der teilnehmenden Personen selbst benennen kann (sog. private Gäste).

Beispiel A
Ein Arbeitgeber gibt anlässlich des 60. Geburtstages seines langjährigen Prokuristen einen Empfang in der Firma, zu dem er Geschäftsfreunde, Kunden und die Kollegen des Prokuristen einlädt. Der Empfang hat den Charakter einer betrieblichen Veranstaltung und nicht einer privaten Feier des Arbeitnehmers. Die Aufwendungen betragen je Teilnehmer 110 € einschließlich Umsatzsteuer. Da die 110-Euro-Grenze nicht überschritten ist und es sich außerdem um ein Fest des Arbeitgebers handelt (betriebliche Veranstaltung), sind die Zuwendungen an die Arbeitnehmer kein lohnsteuerpflichtiger geldwerter Vorteil.

Handelt es sich bei dem Fest zwar um eine betriebliche Veranstaltung des Arbeitnehmers, wird aber die **110-Euro-Grenze überschritten,** so liegt in Höhe der anteiligen Kosten, die der Arbeitgeber für den Arbeitnehmer selbst, seine Angehörigen sowie für private Gäste des geehrten Arbeitnehmers übernimmt, steuerpflichtiger Arbeitslohn beim geehrten Arbeitnehmer vor (R 19.3 Abs. 2 Nr. 4 Satz 2 erster Halbsatz LStR). Der Teil der Aufwendungen, der auf eingeladene Kollegen, Geschäftsfreunde, Kunden, Repräsentanten des öffentlichen Lebens, Vertreter von Berufsverbänden usw. entfällt, gehört unabhängig von der Höhe der auf den einzelnen eingeladenen Teilnehmer entfallenden Kosten nicht zum steuerpflichtigen Arbeitslohn des geehrten Arbeitnehmers, weil es sich um eine betriebliche Veranstaltung handelt.

Beispiel B
Gleicher Sachverhalt wie Beispiel A. Die Aufwendungen betragen jedoch je Teilnehmer 180 €. Da die 110-Euro-Grenze überschritten ist, liegt in Höhe der auf den Arbeitnehmer, seine Angehörige und Freunde entfallenden Kosten ein lohnsteuerpflichtiger geldwerter Vorteil vor. Nehmen z. B. die Ehefrau, zwei Kinder und vier Freunde des Arbeitnehmers an der Feier teil, so ergibt sich für den Arbeitnehmer ein geldwerter Vorteil von (8 × 180 € =) 1440 €. Der geldwerte Vorteil in Höhe von 1440 € unterliegt als sonstiger Bezug beim Arbeitnehmer dem Lohnsteuerabzug. Will der Arbeitgeber die anfallende Lohnsteuer übernehmen, muss er grundsätzlich eine Nettolohnberechnung vornehmen (vgl. das Berechnungsbeispiel in Anhang 12). Eine Pauschalierung der Lohnsteuer mit 25 % ist nicht möglich, da der Empfang anlässlich des 60. Geburtstags keine Betriebsveranstaltung darstellt. Da es sich allerdings um eine Sachzuwendung handelt, besteht auch die Möglichkeit der Pauschalierung der Lohnsteuer mit 30 % (§ 37b Abs. 2 EStG; vgl. hierzu die Erläuterungen beim Stichwort „Pauschalierung der Lohnsteuer für Belohnungsessen, Incentive-Reisen, VIP-Logen und ähnliche Sachbezüge").

In die Prüfung der 110-Euro-Grenze sind auch **Geschenke** bis zu einem Gesamtwert von 40 € mit einzubeziehen (R 19.3 Abs. 2 Nr. 4 Satz 2 zweiter Halbsatz LStR).

Beispiel C
Gleicher Sachverhalt wie Beispiel A. Der Prokurist erhält außerdem ein Rennrad im Wert von 2000 €. Bei Einbeziehung des Geschenks im Wert von 2000 € in die Berechnung der 110-Euro-Grenze wäre diese an sich überschritten. Das Geschenk bleibt jedoch bei der Berechnung der 110-Euro-Grenze außer Ansatz, da nur Geschenke bis zu einem Gesamtwert von 40 € in die Berechnung der 110-Euro-Grenze mit einbezogen werden. Dem Prokuristen fließt vielmehr ein sonstiger Bezug in Höhe von 2000 € zu, der dem Lohnsteuerabzug unterliegt. Will der Arbeitgeber die anfallende Lohnsteuer übernehmen, muss er grundsätzlich eine Nettolohnberechnung vornehmen (vgl. das Berechnungsbeispiel in Anhang 12). Eine Pauschalierung der Lohnsteuer mit 25 % ist nicht möglich, da der Empfang anlässlich des 60. Geburtstags keine Betriebsveranstaltung darstellt. Da es sich allerdings um eine Sachzuwendung handelt, besteht auch die Möglichkeit der Pauschalierung der Lohnsteuer mit 30 % (§ 37b Abs. 2 EStG; vgl. hierzu die Erläuterungen beim Stichwort „Pauschalierung der Lohnsteuer für Belohnungsessen, Incentive-Reisen, VIP-Logen und ähnliche Sachbezüge").

Handelt es sich nicht um eine betriebliche Veranstaltung im vorstehenden Sinne, weil der Arbeitgeber nicht in erster Linie Geschäftsfreunde, Repräsentanten des öffentlichen Lebens oder Verbandsvertreter eingeladen hat, und ist die Veranstaltung aufgrund ihrer Ausgestaltung auch nicht als privates Fest des Arbeitnehmers anzusehen, kann es sich um eine **Betriebsveranstaltung** im Sinne von R 19.5 LStR handeln (vgl. das Stichwort „Betriebsveranstaltungen").

Vgl. im Übrigen auch die Erläuterungen beim Stichwort „Bewirtungskosten".

Geburtstagsgeschenke

siehe „Gelegenheitsgeschenke"

Gefahrenzulagen

Gefahrenzulagen sind „Erschwerniszuschläge" und als solche lohnsteuer- und beitragspflichtig.   ja   ja

Siehe auch das Stichwort „Grubenwehren".

Gehaltsumwandlung

Neues auf einen Blick:

Eine **Gehaltsumwandlung** von **Barlohn** in einen durch den **Rabattfreibetrag** in Höhe von 1080 € jährlich **begünstigten Sachbezug** ist nach der Rechtsprechung des Bundesfinanzhofs **nicht möglich,** wenn der Arbeitnehmer ein **Wahlrecht** zwischen **Geld** und einer **Sachleistung** hat. Der Rabattfreibetrag von 1080 € jährlich kommt nur zur Anwendung, wenn der **Anspruch** des Arbeitnehmers **originär** auf **Sachlohn** gerichtet ist (BFH-Urteil vom 6.3.2008, BStBl. II S. 530). Für die Frage, ob ein Anspruch auf Barlohn oder Sachlohn besteht, ist auf den Zeitpunkt abzustellen, zu dem der Arbeitnehmer über seinen Lohnanspruch verfügt. Eine Verfügung über den Lohnanspruch setzt aber voraus, dass der Lohnanspruch schon entstanden ist. Hat der Arbeitnehmer bereits **im Jahr vor der Entstehung des Lohnanspruchs** (also bis spätestens 31.12.2009) durch eine **Entscheidung** für **Barlohn** oder **Sachlohn** seinen künftigen Lohnanspruch für 2010 **unwiderruflich konkretisiert,** kann im Jahr 2010 nur noch der Barlohnanspruch oder der Sachlohnanspruch zur Entstehung kommen. Im Jahr 2010 hat der Arbeitnehmer in diesem Fall dann **kein Wahlrecht mehr** zwischen Geld und einer Sachleistung. Hat der Arbeitnehmer sich also in diesem Fall im Jahr 2009 für den Sach-

Gehaltsumwandlung

lohnanspruch (z. B. Warengutschein entschieden), kann er im Jahr 2010 den Rabattfreibetrag in Anspruch nehmen (vgl. hierzu die Erläuterungen und das Beispiel unter der nachfolgenden Nr. 2 Buchstabe b).

Gliederung:

1. Allgemeines
2. Umwandlung von Barlohn in einen Sachbezug
   a) Allgemeines
   b) Umwandlung von Barlohn in einen durch den Rabattfreibetrag begünstigten Sachbezug
3. Umwandlung von Barlohn in später zufließende Versorgungsbezüge
4. Gehaltsumwandlung im engeren Sinne

1. Allgemeines

Häufig stehen Arbeitgeber und Arbeitnehmer vor der Frage, ob nicht durch die Umwandlung von steuerpflichtigem Arbeitslohn in eine steuerfreie oder zumindest pauschal versteuerte Sonderzuwendung Steuern und Sozialversicherungsbeiträge gespart werden können. Diese sog. Gehaltsumwandlung hat deshalb große Bedeutung, weil sie für pauschal mit 20 % versteuerte Beiträge zu einer Direktversicherung, Pensionskasse oder Gruppenunfallversicherung ausdrücklich in R 40b.1 Abs. 5 LStR zugelassen ist und der Arbeitnehmer darüber hinaus bis zu 4 % der Beitragsbemessungsgrenze in der allgemeinen Rentenversicherung – West – sogar einen Rechtsanspruch auf die Umwandlung von Barlohn in **Beiträge zu einer betrieblichen Altersversorgung** hat (vgl. „Zukunftsicherung" unter Nr. 16; zur Zulässigkeit von Gehaltsumwandlungen im Rahmen der betrieblichen Altersversorgung vgl. außerdem Anhang 6 Nr. 3 und Nr. 13).

Außerdem ist die Problematik der Gehaltsumwandlungen durch den BFH-Beschluss vom 20. 8. 1997 (BStBl. II S. 667) in Bewegung geraten und musste neu überdacht werden. Denn der Bundesfinanzhof hat entschieden, dass Arbeitgeber und Arbeitnehmer im gegenseitigen Einvernehmen steuerpflichtigen Barlohn durch steuerpflichtigen Sachlohn ersetzen können. Außerdem hat der BFH im Beschluss vom 20. 8. 1997 ausdrücklich seine Rechtsprechung zum Gehaltsverzicht unter Verwendungsauflage bestätigt (BFH-Urteil vom 30. 7. 1993, BStBl. II S. 884) und ausgeführt, dass diese Rechtsprechung bei der Umwandlung von Barlohn in Sachlohn nicht einschlägig sei. Hiernach ergeben sich für Gehaltsumwandlungen im weiteren Sinne drei Möglichkeiten:

– Umwandlung von Barlohn in einen Sachbezug.
– Umwandlung von Barlohn in später zufließenden Versorgungslohn (Zuflussverlagerung mit der Folge einer nachgelagerten Besteuerung).
– Umwandlung von steuerpflichtigem Barlohn in eine steuerfreie oder zumindest pauschal besteuerte Lohnform (Gehaltsumwandlung im engeren Sinne).

Im Einzelnen gilt für diese Formen der Gehaltsumwandlung Folgendes:

2. Umwandlung von Barlohn in einen Sachbezug

a) Allgemeines

Mit Beschluss vom 20. 8. 1997 (BStBl. II S. 667) hat der Bundesfinanzhof die Umwandlung von Barlohn in einen Sachbezug ausdrücklich zugelassen. Die Auswirkung dieser BFH-Rechtsprechung soll an einem Beispiel verdeutlicht werden:

Beispiel
Einem Arbeitnehmer wird ein Firmenfahrzeug auch zur privaten Nutzung – ohne Fahrten Wohnung/regelmäßige Arbeitsstätte – überlassen (Bruttolistenpreis 50 000 €). Im Gegenzug „verzichtet" der Arbeitnehmer (Monatsgehalt 5000 €) auf 600 € monatlich. Es ergibt sich Folgendes:

	Lohnsteuerpflichtig	Sozialversich.-pflichtig
	keine Anerkennung der Barlohnumwandlung	Barlohnumwandlung wird anerkannt
ursprünglich vereinbarter Barlohn	5 000 €	5 000 €
vereinbarter Barlohnverzicht	—	600 €
	5 000 €	4 400 €
geldwerter Vorteil nach der 1-%-Methode	500 €	500 €
	5 500 €	4 900 €
Entgelt für die private Nutzung 600 € (zu berücksichtigen höchstens in Höhe des geldwerten Vorteils)	500 €	—
zu versteuernder Monatslohn	5 000 €	4 900 €

Das Ersetzen von Barlohn durch Sachlohn ist steuerlich folglich nur dann interessant, wenn das vom Arbeitnehmer an den Arbeitgeber für den Sachbezug zu entrichtende Entgelt **höher** ist als die steuerliche Bewertung des Sachbezugs. Dies ist z. B. bei der Ausgabe von Essensmarken und beim sog. Restaurantscheck-Verfahren der Fall. Die Anwendung des sog. Restaurantscheck-Verfahrens setzte nach früherer Auffassung der Finanzverwaltung unter anderem voraus, dass der Arbeitnehmer nicht zugunsten von Essensmarken oder Restaurantschecks auf ihm zustehenden Barlohn verzichtet hat (sog. Ausschluss einer Gehaltsumwandlung). Im Hinblick auf den oben genannten BFH-Beschluss vom 20. 8. 1997 konnte diese Auffassung nicht länger aufrechterhalten werden. In R 8.1 Abs. 7 Nr. 4 Buchstabe c der Lohnsteuer-Richtlinien ist deshalb die Umwandlung von Barlohn in Essensmarken oder Restaurantschecks ausdrücklich zugelassen worden. Auf die ausführlichen Erläuterungen beim Stichwort „Mahlzeiten" unter Nr. 6 Buchstabe c wird Bezug genommen.

In der **Sozialversicherung** wird selbst bei einer Änderung des Arbeitsvertrags die Barlohnminderung nicht anerkannt, wenn der Arbeitnehmer ein Wahlrecht zwischen Barlohn und Sachbezug hat. Anders ist es hingegen bei einem Gehaltsverzicht durch Abänderung des Arbeitsvertrags. Denn das laufende Arbeitsentgelt, auf das zugunsten eines Sachbezugs verzichtet wird, unterliegt nicht der Beitragspflicht in der Sozialversicherung, wenn der Verzicht arbeitsrechtlich bzw. tarifrechtlich zulässig ist und für die Zukunft schriftlich vereinbart wird. Zum wirksamen Verzicht vgl. das Stichwort „Zufluss von Arbeitslohn" unter Nr. 2 Buchstabe h.

b) Umwandlung von Barlohn in einen durch den Rabattfreibetrag begünstigten Sachbezug

Verschiedene Arbeitgeber gewähren ihren Arbeitnehmern aus Gründen der Steuerersparnis z. B. kein Weihnachtsgeld in bar, sondern in Form von Sachbezügen. Erhalten z. B. Arbeitnehmer eines Kaufhauses anstelle des Weihnachtsgeldes einen Warengutschein im Wert von 1080 €, der zum Bezug der im Kaufhaus angebotenen Waren berechtigt, so ist dieser Betrag in Anwendung des Rabattfreibetrags steuerfrei; Warengutscheine, die beim Arbeitgeber einzulösen sind, sind stets Sachbezüge, auch wenn der Gutschein auf einen Euro-Betrag lautet (vgl. das Stichwort „Warengutscheine" unter Nr. 1). Denn eine Umwandlung von Barlohn in einen Sachbezug hat der Bundesfinanzhof ausdrücklich zugelassen (BFH-Beschluss vom 20. 8. 1997 – BStBl. II S. 667). Die Finanzverwaltung folgt dieser Rechtsprechung und hat dies hinsichtlich der Umwandlung von Barlohn in Essensmarken oder Restaurantschecks ausdrücklich klargestellt, wobei Voraussetzung ist, dass der **Arbeitsvertrag** entsprechend **geändert** wird (R 8.1 Abs. 7 Nr. 4 Buchstabe c LStR).

Auch der Bundesfinanzhof hat ausdrücklich bestätigt, dass die **Umwandlung** von **Barlohn** in **Sachlohn** voraussetzt, dass der Arbeitnehmer unter **Änderung des Anstellungsvertrages** auf einen Teil seines Barlohns verzichtet und ihm der Arbeitgeber stattdessen Sachlohn

Gehaltsumwandlung

(z. B. in Form eines Nutzungsvorteils oder Warenbezugsscheins) gewährt (BFH-Urteil vom 6. 3. 2008, BStBl. II S. 530). Der **Rabattfreibetrag** kann folglich **nicht** in Anspruch genommen werden, wenn der Arbeitnehmer ein **Wahlrecht** zwischen **Geld** und einer **Sachleistung** hat. Im Streitfall vereinbarten Arbeitgeber und Betriebsrat, dass das **tarifvertraglich** zustehende **Urlaubsgeld** von den Arbeitnehmern ganz oder teilweise als Warengutschrift in Anspruch genommen werden konnte. Wählte ein Mitarbeiter diese Möglichkeit, erhielt er anstelle der Geldzahlung eine Warengutschrift über den Betrag. Diese konnte bis zum jeweiligen Jahresende in allen Filialen des Arbeitgebers eingelöst werden; eine Barauszahlung war nicht möglich. Der Bundesfinanzhof geht davon aus, dass das in dieser Form zugewandte Urlaubsgeld nicht als Sachlohn, sondern als Barlohn zu behandeln sei. Der Rabattfreibetrag von bis zu 1080 € komme nicht zur Anwendung, wenn Urlaubsgeld **nach Wahl** der Arbeitnehmer als **Geld oder Warengutschein** ausbezahlt werden könne. Die Richter hoben hervor, dass die Inanspruchnahme des Rabattfreibetrags voraussetze, dass der Anspruch des Arbeitnehmers originär auf Sachlohn gerichtet sei. Habe stattdessen der Arbeitnehmer einen auf Geld gerichteten Anspruch und verwende er diesen zum Erwerb der entsprechenden Ware oder Dienstleistung, sei dies Barlohn, der zum Erwerb einer Sache – im Streitfall eines Gutscheines – verwendet werde und kein Sachlohn.

Sachleistungen, die **anstelle** von in den Vorjahren **außervertraglich (freiwillig) gezahltem Barlohn** gewährt werden, sind allerdings bis zur Höhe des **Rabattfreibetrags** von 1080 € steuerfrei. Allerdings ist auch in diesem Fall ein Wahlrecht des Arbeitnehmers zwischen Barlohn und Sachlohn zu vermeiden.

Für die aus den vorstehend erwähnten Gründen bedeutsame Frage, ob ein Anspruch auf Barlohn oder Sachlohn besteht, ist auf den Zeitpunkt abzustellen, zu dem der Arbeitnehmer über seinen Lohnanspruch verfügt. Eine Verfügung über den Lohnanspruch setzt aber voraus, dass der Lohnanspruch schon entstanden ist. Hat der Arbeitnehmer bereits **im Jahr vor der Entstehung des Lohnanspruchs** (also bis spätestens 31.12.2009) durch eine **Entscheidung** für **Barlohn** oder **Sachlohn** seinen künftigen Lohnanspruch für 2010 **unwiderruflich konkretisiert**, kann im Jahr 2010 nur noch der Barlohnanspruch oder der Sachlohnanspruch zur Entstehung kommen. Im Jahr 2010 hat der Arbeitnehmer in diesem Fall also **kein Wahlrecht mehr** zwischen Geld und einer Sachleistung. Hat der Arbeitnehmer sich also in diesem Fall im Jahr 2009 für den Sachlohnanspruch (z. B. Warengutschein entschieden), kann er im Jahr 2010 den Rabattfreibetrag in Anspruch nehmen.

Beispiel
Der Tarifvertrag sieht für die Arbeitnehmer einen Anspruch auf eine „Vorsorgeleistung" im Wert von 150 € pro Kalenderjahr vor. Es gibt drei mögliche Leistungsformen:
1.) Erhöhung des Arbeitgeberbeitrags zur betrieblichen Altersversorgung um 150 €,
2.) Gutschrift als Wertguthaben auf einem Langzeitkonto (Arbeitszeitkonto) oder
3.) Leistung in Form eines Warengutscheins (auf Wunsch des Arbeitnehmers).

Die Auszahlung als Barlohn ist ausdrücklich ausgeschlossen.

Die Auswahl zwischen diesen verschiedenen Leistungen erfolgt nach folgendem Verfahren: Grundsätzlich wählt zunächst der Arbeitgeber, ob er die Leistung in Form eines Arbeitgeberbeitrags zur betrieblichen Altersversorgung oder in Form einer Wertgutschrift auf einem Langzeitkonto erbringt. Er hat kein Wahlrecht, sich für einen Warengutschein zu entscheiden. Nur der Arbeitnehmer kann – dann allerdings bindend – festlegen, dass die Leistung in Form eines Warengutscheins zu erbringen ist. Diese Wahl kann der Arbeitnehmer schon treffen, bevor der Arbeitgeber entschieden hat, welche der beiden anderen Leistungen er erbringen möchte.

Da der Arbeitnehmer sich vor dem 1.1.2010 (und damit vor dem Entstehen seines Lohnanspruchs 2010) unwiderruflich zu entscheiden hat, ob er einen Warengutschein erhalten möchte, besteht in diesem Fall zum maßgebenden Zeitpunkt (= Entstehen des Lohnanspruchs 2010) ausschließlich ein originärer Sachlohnanspruch und gerade kein wahlweiser Barlohnanspruch mit der Folge, dass der Rabattfreibetrag von 1080 € jährlich in Anspruch genommen werden kann.

Die **Sozialversicherung** folgt den vorstehenden Grundsätzen nicht uneingeschränkt. Denn die Spitzenverbände der Sozialversicherungsträger lassen eine Umwandlung von Barlohn in einen durch den Rabattfreibetrag begünstigten Sachbezug dann nicht mit sozialversicherungsrechtlicher Wirkung zu, wenn Warengutscheine oder Sachzuwendungen anstelle des vertraglich vereinbarten Arbeitsentgelts gewährt werden. Oder umgekehrt ausgedrückt: Nur wenn freiwillige Lohnzahlungen, die über den Tarif- oder Arbeitsvertrag hinausgehen, durch Warengutscheine oder Sachzuwendungen ersetzt werden, tritt Beitragsfreiheit in Anwendung des Rabattfreibetrags nach § 8 Abs. 3 EStG ein. In der Niederschrift über das Besprechungsergebnis der Spitzenverbände der Sozialversicherungsträger werden folgende drei Fälle unterschieden:

– Geldwerte Vorteile aus Warengutscheinen und Sachleistungen, die der Arbeitgeber als **freiwillige Leistung** zusätzlich zum Arbeitsentgelt gewährt, fallen unter § 8 Abs. 3 EStG und gehören – soweit sie hiernach steuerfrei sind – nicht zum Arbeitsentgelt im Sinne der Sozialversicherung.

– Geldwerte Vorteile aus Warengutscheinen und Sachleistungen, die **anstelle von in den Vorjahren außervertraglich (freiwillig) gezahltem Arbeitsentgelt** gewährt werden, fallen unter § 8 Abs. 3 EStG und gehören – soweit sie hiernach steuerfrei sind – nicht zum Arbeitsentgelt im Sinne der Sozialversicherung.

– Geldwerte Vorteile aus Warengutscheinen und Sachleistungen, die **anstelle von vertraglich vereinbartem Arbeitsentgelt** gewährt werden, fallen nicht unter § 8 Abs. 3 EStG und gehören somit in voller Höhe zum beitragspflichtigen Arbeitsentgelt im Sinne der Sozialversicherung.

3. Umwandlung von Barlohn in später zufließende Versorgungsbezüge

Hierbei handelt es sich eigentlich nicht um eine Gehaltsumwandlung, sondern um ein Hinausschieben des Zuflusszeitpunkts mit der Folge einer nachgelagerten Besteuerung. Diese Gestaltungen sind auch unter der Bezeichnung „arbeitnehmerfinanzierte Pensionszusagen" bekannt geworden. Es handelt sich dabei um Modelle, bei denen der Arbeitgeber dem Arbeitnehmer eine Anwartschaft auf eine Betriebsrente gewährt (sog. **Direktzusage**) und der Arbeitnehmer dafür mit einer **Gehaltsminderung** einverstanden ist. Der steuerliche Vorteil liegt darin, dass bei einem Arbeitnehmer mit hohem Einkommen durch die Gehaltsherabsetzung zunächst eine erhebliche Steuerersparnis eintritt, während die später zufließende Betriebsrente (regelmäßig Versorgungsbezug) wesentlich geringer besteuert werden soll. Die tatsächliche Besteuerung im Alter kann jedoch niemand vorhersagen.

Die Finanzverwaltung erkennt die Gehaltsminderung unabhängig davon an, ob sie sich auf fest vereinbarte Gehaltsteile oder auf freiwillige zusätzliche Leistungen bezieht, ob sie unwiderruflich vereinbart oder zeitlich befristet ist. Auch spielt es keine Rolle, wenn die Ansprüche des Arbeitnehmers auf Versorgungsleistungen von Beginn an unverfallbar sind. Seit 2002 wird die Herabsetzung von Arbeitslohn (laufender Arbeitslohn, Einmal- und Sonderzahlungen) zugunsten einer betrieblichen Altersversorgung von der Finanzverwaltung steuerlich selbst dann als Gehaltsumwandlung anerkannt, wenn die Gehaltsänderungsvereinbarung **bereits erdiente, aber noch nicht fällig** gewordene Anteile umfasst. Dies gilt auch, wenn eine Einmal- oder Sonderzahlung für einen Zeitraum von mehr als einem Jahr gewährt wird. Selbst

Gehaltsumwandlung

eine mögliche **arbeitsrechtliche Unwirksamkeit** der getroffenen Vereinbarung, z. B. wegen eines Verstoßes gegen den Tarifvorrang, wäre steuerlich unbeachtlich, soweit und solange Arbeitnehmer und Arbeitgeber einvernehmlich handeln und das wirtschaftliche Ergebnis der Vereinbarung eintreten und bestehen lassen (vgl. die ausführlichen Erläuterungen beim Stichwort „Arbeitnehmerfinanzierte Pensionszusage"). Zur Zulässigkeit von Gehaltsumwandlungen im Rahmen der betrieblichen Altersversorgung vgl. auch Anhang 6 Nr. 3.

4. Gehaltsumwandlung im engeren Sinne

Für bestimmte steuerfreie Zuwendungen ist die Gehaltsumwandlung gesetzlich ausgeschlossen und ausdrücklich festgelegt worden, dass die Steuerfreiheit nur dann eintritt, wenn die Zuwendung **zusätzlich zum ohnehin geschuldeten Arbeitslohn** erbracht wird. Gleiches gilt für bestimmte Pauschalierungsfälle. Im Einzelnen handelt es sich um folgende gesetzliche Regelungen:

– Steuerfreie **Kindergartenzuschüsse** nach § 3 Nr. 33 EStG (vgl. das Stichwort „Kindergartenzuschüsse").
– Steuerfreie Arbeitgeberleistungen zur **Gesundheitsförderung** nach § 3 Nr. 34 EStG (vgl. das Stichwort „Gesundheitsförderung").
– Bei **Fahrtkostenzuschüssen** kann die Lohnsteuer bis zur Höhe der als Werbungskosten abziehbaren Entfernungspauschale **mit 15 % pauschaliert** werden. Diese Pauschalierung ist ebenfalls nur dann zulässig, wenn der pauschal besteuerte Fahrkostenzuschuss zusätzlich zum ohnehin geschuldeten Arbeitslohn gewährt wird (§ 40 Abs. 2 Satz 2 EStG, vgl. „Fahrten zwischen Wohnung und regelmäßiger Arbeitsstätte" besonders unter Nr. 5).
– Pauschalierung der Lohnsteuer mit 25 % bei **Computerübereignung** und **Arbeitgeberzuschüssen zur Internetnutzung** nach § 40 Abs. 2 Nr. 5 EStG (vgl. „Computer").
– **Pauschalierung** der Lohnsteuer mit 30 % für bestimmte **Sachbezüge** bis 10 000 € nach **§ 37 b EStG** (vgl. das Stichwort „Pauschalierung der Lohnsteuer für Belohnungsessen, Incentice-Reisen, VIP-Logen und ähnliche Sachbezüge").

Aber auch in anderen, gesetzlich nicht geregelten Fällen wird das Erfordernis der zusätzlichen Zahlung zum ohnehin geschuldeten Arbeitslohn aus dem Wesen der Zuwendung abgeleitet. So sind z. B. Erholungsbeihilfen begrifflich Gelegenheitsgeschenke. Ein „Geschenk" liegt jedoch dann nicht vor, wenn auf ohnehin geschuldeten Arbeitslohn verzichtet werden muss, um dieses „Geschenk" zu erhalten. Erholungsbeihilfen sind deshalb nur dann pauschalierungsfähig, wenn die Zuwendung zusätzlich zum ohnehin geschuldeten Arbeitslohn erbracht wird. Hiernach ergibt sich für Gehaltsumwandlungen im engeren Sinne folgendes Schema:

Gehaltsumwandlung

ohne weiteres möglich

– bei einem Rechtsanspruch auf die Umwandlung von Barlohn in eine **betriebliche Altersversorgung** nach § 1 a des Betriebsrentengesetzes (ausführlich erläutert in Anhang 6 unter den Nrn. 3 und 13);
– bei einer Umwandlung des Barlohns in pauschal mit 20 % versteuerte **Beiträge zu einer Direktversicherung** (= Lebensversicherung), Pensionskasse oder Gruppenunfallversicherung. Diese Möglichkeit der Gehaltsumwandlung ist ausführlich beim Stichwort „Zukunftsicherung" unter Nr. 16 auf Seite 811 erläutert;
– bei einer Umwandlung von Barlohn in eine steuerfreie Reisekostenvergütung (BFH-Urteil vom 27.4.2001, BStBl. II S. 601);
– bei einer Umwandlung von Barlohn in steuerfreie geldwerte Vorteile aus der **Überlassung** von betrieblichen Personalcomputern und Telekommunikationsanlagen (z. B. Handys) zur privaten Nutzung (vgl. „Computer" unter den Nrn. 1 und 3 und „Telefonkosten" unter Nr. 4);
– bei einer Umwandlung von Barlohn in eine steuerbegünstigte Vermögensbeteiligung;
– bei einer Umwandlung von Barlohn in einen Sachbezug zur Nutzung der 44-€-Freigrenze für Sachbezüge (vgl. „Warengutscheine").

im Grundsatz nicht möglich

bei einer Umwandlung des Barlohns **in andere steuerfreie oder pauschal besteuerte Zuwendungen,** z. B.
– steuerfreie Kindergartenzuschüsse,
– steuerfreie Arbeitgeberleistungen zur Gesundheitsförderung,
– pauschal mit 15 % versteuerte Fahrtkostenzuschüsse,
– pauschal mit 25 % versteuerte Computerübereignung,
– pauschal mit 25 % versteuerte Arbeitgeberzuschüsse zur Internetnutzung,
– pauschal mit 25 % versteuerte Erholungsbeihilfen,
– pauschal mit 30 % versteuerte Sachbezüge bis 10 000 € nach § 37 b EStG.

Allerdings ist dieser Grundsatz von der Rechtsprechung für solche Lohnteile eingeschränkt worden, die **freiwillig** und zusätzlich zum ohnehin geschuldeten Arbeitslohn gewährt werden. Diese sog. **Zusätzlichkeitsvoraussetzung** ist in den folgenden Erläuterungen im Einzelnen dargestellt.

Bei der im Grundsatz nicht möglichen Gehaltsumwandlung tritt die Steuerfreiheit oder Pauschalierungsmöglichkeit also nur dann ein, wenn die Zuwendung **freiwillig,** das heißt **zusätzlich zum ohnehin geschuldeten Arbeitslohn** gewährt wird, und diese sog. Zusätzlichkeitsvoraussetzung gesetzlich festgelegt ist oder sich aus dem Wesen der Zuwendung selbst ergibt (R 3.33 Abs. 5 LStR). Werden solche Leistungen **anstelle** des geschuldeten Arbeitslohns erbracht, so handelt es sich nicht um eine zusätzliche Leistung, da der Bruttolohn des Arbeitnehmers im Ergebnis unverändert bleibt. Der nach einer solchen Gehaltsumwandlung z. B. als Kindergartenzuschuss bezeichnete Teil des Arbeitslohns ist deshalb nicht steuerfrei.

Beispiel

Die Arbeitnehmerin hat nach ihrem Arbeitsvertrag Anspruch auf einen Bruttoarbeitslohn von monatlich 2500 €. Sie vereinbart mit ihrem Arbeitgeber im März 2010 ab 1.4.2010 den Bruttoarbeitslohn auf 2420 € herabzusetzen und einen steuerfreien Kindergartenzuschuss in Höhe von 80 € monatlich zu zahlen.

Der ab 1.4.2010 gezahlte „Kindergartenzuschuss" ist nicht steuerfrei, da er nicht zusätzlich zum ohnehin geschuldeten, sondern anstelle des geschuldeten Bruttoarbeitslohns erbracht wird. Der steuer- und sozialversicherungspflichtige Bruttoarbeitslohn beträgt daher auch ab April 2010 unverändert 2500 € monatlich.

Das Umwandlungsverbot gilt jedoch nur für die Umwandlung sowohl von laufendem Barlohn als auch von einmaligen Bezügen, auf die der Arbeitnehmer einen tarifvertraglichen, arbeitsvertraglichen oder durch Betriebsvereinbarung bzw. Betriebsübung **arbeitsrechtlich abgesicherten Anspruch** hat. Ist hingegen ein arbeitsrechtlicher Anspruch auf eine freiwillige Sonderzahlung (z. B. das Weihnachtsgeld) noch nicht entstanden, so kann diese Sonderzahlung im Grund-

Gehaltsumwandlung

satz in eine steuerfreie oder pauschalierungsfähige Leistung umgewandelt werden. Bei Gratifikationen und ähnlichen freiwilligen Sonderzahlungen, die in eine steuerfreie Leistung umgewandelt werden sollen, ist deshalb zu prüfen, ob hierauf bereits ein arbeitsrechtlicher Anspruch entstanden ist. Ein arbeitsrechtlicher Anspruch des Arbeitnehmers auf eine Gratifikation kann sich ergeben aus

- einem **Tarifvertrag;**
  Tarifverträge sind zu beachten bei tarifgebundenen Parteien sowie bei allgemein verbindlichen Tarifverträgen. Dasselbe gilt, wenn ein Tarifvertrag aufgrund einzelvertraglicher Inbezugnahme gilt;
- einer **Betriebsvereinbarung;**
- dem **Arbeitsvertrag;**
- einer **betrieblichen Übung;**
  Voraussetzung ist die wiederholte, nach der ständigen Rechtsprechung des Bundesarbeitsgerichts mindestens **dreimalige vorbehaltlose** Auszahlung.
  Der Arbeitgeber kann also eine betriebliche Übung dadurch ausschließen, dass er bei der Auszahlung von Gratifikationen den Arbeitnehmern gegenüber einen Bindungswillen für die Zukunft ausdrücklich ausschließt;
- dem **Gleichheitsgrundsatz;**
  zahlt der Arbeitgeber Gratifikationen an alle oder eine bestimmte abgrenzbare Gruppe von Arbeitnehmern, so verbietet der Gleichheitsgrundsatz den willkürlich sachfremden Ausschluss einzelner Arbeitnehmer von der Zahlung der Gratifikation.

Eine **zusätzliche Zahlung** zum ohnehin geschuldeten Arbeitslohn liegt also bei der Umwandlung einer Gratifikation in eine steuerfreie oder pauschalierungsfähige Leistung **nur** dann vor, wenn ein **arbeitsvertraglicher Anspruch** auf den Arbeitslohn der umgewandelt werden soll, **nach keiner der** oben **genannten Anspruchsgrundlagen** entstanden ist. Aufgrund dieser Ausgangslage sind verschiedene Modelle zur Gehaltsumwandlung bei Gratifikationen erarbeitet worden, denen im Wesentlichen folgendes Schema zugrunde liegt:

Beispiel
Ein Arbeitgeber hat die Weihnachtsgratifikationen stets unter dem ausdrücklichen Vorbehalt des jederzeitigen Widerrufs gezahlt. Ein arbeitsrechtlicher Anspruch auf die Gratifikation durch betriebliche Übung ist somit nicht entstanden (der Anspruch entsteht erst dann, wenn der Arbeitgeber erneut beschließt, eine Weihnachtsgratifikation für das laufende Kalenderjahr zu zahlen). Bevor ein solcher Beschluss gefasst wird, bietet der Arbeitgeber den Arbeitnehmern auf freiwilliger Basis die Zahlung steuerfreier Kindergartenzuschüsse an. Diejenigen Arbeitnehmer, die Voraussetzungen für solche Zuschüsse erfüllen, erhalten bis zum höchstmöglichen steuerfreien Betrag die Zusage für eine entsprechende freiwillige Zuwendung. Ist dieses Wahlverfahren abgeschlossen, beschließt der Arbeitgeber die Zahlung einer freiwilligen Weihnachtsgratifikation für diejenigen Arbeitnehmer, die keinen steuerfreien Zuschuss erhalten. Erhält der Arbeitnehmer zwar einen steuerfreien Zuschuss, erreicht dieser aber den Betrag der Weihnachtsgratifikation nicht, wird der Differenzbetrag als (steuerpflichtige) Restgratifikation gezahlt.

Bei Gehaltsumwandlungen, die nach diesem Schema ablaufen, liegen nach Auffassung der Finanzverwaltung (R 3.33 Abs. 5 LStR) keine Leistungen des Arbeitgebers vor, die **„zusätzlich zum ohnehin geschuldeten Arbeitslohn"** erbracht werden. Denn der Arbeitnehmer erlangt durch den Beschluss des Arbeitgebers eine Weihnachtsgratifikation zu zahlen, einen Anspruch auf den festgelegten Betrag unabhängig davon, ob er vorher eine Erklärung über einen bestimmten (steuerfreien) Verwendungszweck abgegeben hat oder nicht. Ausschlaggebend für die Steuerfreiheit ist allein die Tatsache, ob die **zweckbestimmte Arbeitgeberleistung zu den** steuerpflichtigen **Bezügen hinzukommt,** die der Arbeitgeber **ohne die Zweckbestimmung geschuldet** hätte.

Die sog. **Zusätzlichkeitsvoraussetzung** in R 3.33 Abs. 5 LStR erfordert jedoch, dass die zweckbestimmte Leistung zu dem **Arbeitslohn hinzukommt,** den der **Arbeitgeber schuldet,** wenn die maßgebende Zweckbestimmung nicht getroffen wird.

Eine zweckgebundene Arbeitgeberleistung wird deshalb nur dann „zusätzlich zum ohnehin geschuldeten Arbeitslohn" erbracht, **wenn sie der Arbeitnehmer nicht ohne die Zweckbindung erhalten kann.** Dabei kommt es nicht darauf an, ob die Sonderleistung ihrerseits geschuldet oder freiwillig gewährt wird. Entscheidend ist vielmehr, dass **nur** derjenige **Arbeitnehmer** die **Leistung** erhalten kann, der sie zu dem **begünstigten Zweck** verwendet. Unschädlich ist es aber, wenn der Arbeitgeber zusätzlich zum ohnehin geschuldeten Arbeitslohn verschiedene zweckgebende Leistungen zur Auswahl anbietet (R 3.33 Abs. 5 Satz 8 LStR).

Beispiel
Der Arbeitgeber bietet seinen Arbeitnehmern wahlweise einen Fahrtkostenzuschuss für Fahrten Wohnung/regelmäßiger Arbeitsstätte oder einen Kindergartenzuschuss an. Ungeachtet des Wahlrechts werden die Zuschüsse zusätzlich zum ohnehin geschuldeten Arbeitslohn erbracht.

Die Gestaltungsmöglichkeiten bei der Umwandlung steuerpflichtiger Gratifikationen in steuerfreie Kindergartenzuschüsse usw. sind somit nur in sehr begrenztem Umfang möglich. Es kann deshalb den Arbeitgebern nur der seit jeher sichere Weg empfohlen werden, **anstelle** einer anstehenden **Gehaltserhöhung,** die nicht durch Tarifvertrag oder Betriebsvereinbarung festgelegt ist, einen **steuerfreien** Kindergarten**zuschuss** oder ähnliches begünstigtes zu zahlen.

Der Bundesfinanzhof wird aber in einem anhängigen Revisionsverfahren die Frage klären, ob und wenn ja, unter welchen Voraussetzungen die Gehaltsumwandlung einer freiwilligen Sonderleistung ohne Zweckbindung in eine freiwillige Sonderleistung mit Zweckbindung (im Streitfall Fahrtkostenzuschuss) zulässig ist. Im Streitfall geht es um die Umwandlung des freiwilligen Weihnachtsgeldes in einen teilweise pauschal zu besteuernden Fahrtkostenzuschuss.

Siehe auch das Stichwort „Spenden der Belegschaft".

Gehaltsverzicht

Ein Gehaltsverzicht liegt begrifflich nur vor, wenn **endgültig** auf Teile des Gehalts verzichtet wird. Wird dagegen auf Teile des Barlohns verzichtet, weil dafür ein Sachbezug gewährt wird, so liegt eine **Gehaltsumwandlung** vor (vgl. dieses Stichwort). Für den „echten" Gehaltsverzicht gilt lohnsteuerlich Folgendes:

Vereinbaren Arbeitgeber und Arbeitnehmer zur wirtschaftlichen Gesundung des Unternehmens einen freiwilligen Gehaltsverzicht als Sanierungsbeitrag, so unterliegt nur der geminderte Arbeitslohn dem Lohnsteuerabzug. Dies gilt auch für tarifgebundene Arbeitnehmer, obwohl für diese ein Gehaltsverzicht nicht zulässig wäre. In anderen Fällen führt nur ein Gehaltsverzicht **ohne jede Bedingung** zur Minderung des steuerpflichtigen Arbeitslohns. Kann der Arbeitnehmer in irgendeiner Weise bestimmen, zu welchem Zweck die Mittel, die der Arbeitgeber vom Lohn einbehält, verwendet werden sollen, so liegt kein Gehaltsverzicht, sondern Einkommensverwendung vor, die sich auf die Höhe des zugeflossenen Arbeitslohns nicht auswirkt.

Bei der Sozialversicherung ist zu beachten, dass dort nicht das Zuflussprinzip, sondern das **Anspruchsprinzip** maßgebend ist. Die Kürzung des Arbeitsentgelts, auf das der Arbeitnehmer bereits einen Anspruch erlangt hat, bleibt deshalb beitragsrechtlich ohne Auswirkung (BSG-Urteil vom 14.7.2004 Az.: B 12 KR 1/04 R). Das sozialversicherungsrechtliche Anspruchs- oder Entstehungsprinzip ist ausführlich beim Stichwort „Zufluss von Arbeitslohn" unter Nr. 2 erläutert.

Siehe auch das Stichwort „Spenden der Belegschaft".

Gehaltsvorschüsse

	Lohn-steuer-pflichtig	Sozial-versich.-pflichtig

Gehaltsvorschüsse sind Vorauszahlungen auf einen Arbeitslohn, der künftig erst noch verdient werden muss. Die Lohnsteuer ist bei jeder Zahlung von Arbeitslohn einzubehalten, also auch bei der Zahlung von Vorschüssen. Da Vorschüsse lohnsteuerpflichtig sind, sind sie auch beitragspflichtig bei der Sozialversicherung. — ja — ja

Siehe die Stichworte: Abschlagszahlungen, Vorauszahlungen von Arbeitslohn, Vorschüsse.

Geldstrafen

Übernimmt der Arbeitgeber eine Geldstrafe, die der Arbeitnehmer erhalten hat, handelt es sich um steuerpflichtigen Arbeitslohn. Gleiches gilt für Geldbußen, Ordnungs- und Verwarnungsgelder. — ja — ja

Es spielt keine Rolle, ob die Bestrafung mit dem Dienstverhältnis in Zusammenhang steht, oder dem Privatbereich des Arbeitnehmers zuzuordnen ist.

Beispiel
Der Chauffeur einer Firma fährt ein Vorstandsmitglied zu einer wichtigen Sitzung. Um rechtzeitig anzukommen, überschreitet er die Geschwindigkeitsbegrenzung, gerät in eine Radarkontrolle und muss 50 € Bußgeld bezahlen. Der Arbeitgeber ersetzt dem Chauffeur die 50 €. Dieser Arbeitgeberersatz ist steuer- und beitragspflichtiger Arbeitslohn. Es handelt sich nicht um einen steuerfreien Ersatz von Reisenebenkosten (vgl. „Reisekosten bei Auswärtstätigkeit" unter Nr. 13).

Allerdings hat der Bundesfinanzhof mit Urteil vom 7. 7. 2004 (BStBl. 2005 II S. 367) Folgendes entschieden:

Werden Verwarnungsgelder, die gegen die Fahrer – hier eines Paketzustelldienstes – wegen Verstößen gegen Halteverbote verhängt worden sind, im **ganz überwiegenden eigenbetrieblichen Interesse** vom Arbeitgeber übernommen, liegt für den Arbeitnehmer **kein** steuerpflichtiger **Arbeitslohn** vor.

Der Bundesfinanzhof sah im entschiedenen Fall das ganz überwiegende eigenbetriebliche Interesse des Arbeitgebers unter Abwägung aller Umstände des Einzelfalles insbesondere deshalb als gegeben an, weil

- der Arbeitgeber seine Fahrer angewiesen hatte, ihre Fahrzeuge in unmittelbarer Nähe des Kunden zu parken und
- der Arbeitgeber sich zur Übernahme der Verwarnungsgelder aus Gründen der Gleichbehandlung seiner Arbeitnehmer verpflichtet fühlen konnte, weil seinem Paketzustelldienst in einigen Städten eine Genehmigung zum Halten in Verbotszonen erteilt worden war, in anderen Städten hingegen nicht.

Auch die Geringfügigkeit der Verwarnungsgelder (durchschnittlich 50 € pro Jahr und Fahrer) veranlasste den Bundesfinanzhof von einem überwiegend eigenbetrieblichen Interesse des Arbeitgebers auszugehen.

Aufgrund des besonders gelagerten Sachverhalts im Urteilsfall wird deshalb die steuer- und damit auch beitragsfreie Übernahme von Verwarnungsgeldern durch den Arbeitgeber wohl auch künftig die Ausnahme bleiben.

In einem neueren Streitfall hat der Bundesfinanzhof entschieden, dass die Übernahme der Zahlung einer Geldbuße oder Geldauflage durch den Arbeitgeber wegen **Verstoß** gegen das **Lebensmittelrecht** durch einen bei ihm beschäftigten Arbeitnehmer zu steuerpflichtigem Arbeitslohn führt. Ein Werbungskostenabzug der Geldbuße bzw. Geldauflage kommt nicht in Betracht (BFH-Urteil vom 22. 7. 2008, BStBl. 2009 II S. 151). Geldauflagen können nur dann als Werbungskosten abgezogen werden, wenn sie der Wiedergutmachung des durch die Tat verursachten Schadens dienen (vgl. auch BFH-Urteil vom 15.1.2009 VI R 37/06). Im Streitfall hat der Bundesfinanzhof einen Betrag von 50 000 € zum Werbungskostenabzug zugelassen, den der Kläger wegen **unzulässiger Preisabsprachen** an den Geschädigten zu leisten hatte. — ja — ja

Zum steuerpflichtigen Arbeitslohn gehören auch die vom Arbeitgeber übernommenen Kosten eines Strafverfahrens (Gerichtskosten, Kosten für den Verteidiger). — ja — ja

Beruht der strafrechtliche Schuldvorwurf auf dem beruflichen Verhalten des Arbeitnehmers, kann dieser die Kosten des **Strafverfahrens** als **Werbungskosten** im Rahmen seiner Veranlagung zur Einkommensteuer beim Finanzamt geltend machen (BFH-Urteil vom 19. 2. 1982, BStBl. II S. 467). Es kommt nicht darauf an, ob der Arbeitnehmer vorsätzlich oder fahrlässig gehandelt hat. Unerheblich ist auch, ob der Vorwurf zu Recht erhoben wurde. Betrifft der Tatvorwurf aber Verstöße, durch die der Arbeitgeber geschädigt wurde (z. B. Unterschlagung, Diebstahl), ist ein Werbungskostenabzug ausgeschlossen.

Von den Geldstrafen, Geldbußen, Ordnungs- und Verwarnungsgeldern in diesem Sinne sind die gelegentlich in Tarifverträgen, Betriebsvereinbarungen oder Arbeitsverträgen festgelegten **Vertragsstrafen** zu unterscheiden. Diese werden vom Arbeitgeber beim Arbeitnehmer erhoben; sie mindern deshalb im Zeitpunkt der Einforderung den steuerpflichtigen Arbeitslohn bzw. sind beim Arbeitnehmer als Werbungskosten abziehbar. So hat der Bundesfinanzhof die Zahlung einer Vertragsstrafe als Erwerbsaufwand (= Betriebsausgabe/Werbungskosten) anerkannt, die der Arbeitnehmer an den Arbeitgeber zahlen musste, weil er vor Ablauf der Verpflichtungszeit aus dem Dienstverhältnis ausgeschieden war und sich selbständig gemacht hatte (BFH-Urteil vom 22.6.2006, BStBl. 2007 II S. 4).

Bei der Sozialversicherung ist zu beachten, dass dort für laufendes Arbeitsentgelt nicht das Zuflussprinzip, sondern das Anspruchsprinzip maßgebend ist. Die Kürzung einer Vertragsstrafe vom Arbeitsentgelt, auf das der Arbeitnehmer bereits einen Anspruch erlangt hat, bleibt deshalb beitragsrechtlich ohne Auswirkung (BSG-Urteil vom 21. 5. 1996 – 12 RK 64/94 und vom 14. 7. 2004 – B 12 KR 1/04 R). — nein — ja

Geldwerter Vorteil

Geldwerter Vorteil ist ein Begriff, der sich aus § 8 EStG und § 14 SGB IV ableitet und im Lohnsteuerrecht ebenso wie im Sozialversicherungsrecht oft verwendet wird, wenn ein Arbeitnehmer Arbeitslohn in Form unentgeltlicher oder verbilligter Überlassung von **Sachwerten** oder ähnlicher Leistungen erhält. Der Begriff der Einnahmen im Sinne des § 8 EStG setzt nicht zwangsläufig die Übertragung eines Wirtschaftsguts im engeren Sinne voraus, da auch ein **Nutzungsrecht** oder die kostenlose Teilnahme an einer Veranstaltung zu den Einnahmen gehören können. Als geldwertes Gut kommt jeder greifbare Vorteil in Betracht, dem ein in Geld ausdrückbarer Wert zukommt, ohne dass es sich um ein selbständig bewertbares oder verkehrsfähiges Gut handeln muss. Der Vorteil muss auch keine Marktgängigkeit besitzen. Der geldwerte Vorteil entspricht hiernach dem Geldbetrag, den der Arbeitnehmer ausgeben müsste (oder mehr ausgeben müsste), wenn er sich die Sache oder die Leistung nach dem üblichen Endpreis am Abgabeort (Kleinhandelspreis einschließlich Mehrwertsteuer) selbst beschaffen würde. Im Allgemeinen ist dieser Geldbetrag als steuerpflichtiger Arbeitslohn anzusetzen. Für die Bewertung bestimmter Sachbezüge gelten jedoch durch Verordnung der Bundesregierung festgesetzte amtliche Sachbezugswerte oder einheitliche Bewertungsrichtlinien der obersten Finanzbehörden des Bundes oder der Länder (vgl. „Sachbezüge"). Vielfach ist der Bezug solcher Sachwerte und Leistungen durch den sog. Rabattfreibetrag steuerbegünstigt (vgl. „Rabatte, Rabattfreibetrag") oder in Ausnahmefällen auch steuerfrei (vgl. „Annehmlichkeiten").

Gelegenheitsgeschenke

	Lohn-steuer-pflichtig	Sozial-versich.-pflichtig

Beispiel für einen geldwerten Vorteil

Ein Arbeitnehmer erhält von seinem Arbeitgeber eine Werkswohnung, bestehend aus drei Zimmern, Küche und Bad für eine monatliche Miete von 100 € zur Verfügung gestellt. Für die gleiche Wohnung werden am gleichen Ort unter normalen Verhältnissen (d. h. ohne dass zwischen Hauseigentümer und Mieter ein Dienstverhältnis besteht) im Durchschnitt 500 € Miete bezahlt. Der geldwerte Vorteil für den Arbeitnehmer beträgt monatlich 400 €. Dieser Betrag ist zur Berechnung der Steuer und Sozialversicherungsbeiträge in voller Höhe dem laufenden Barlohn hinzuzurechnen.

Siehe auch die Stichworte: Badeeinrichtungen, Belohnungen, Computer, Deputate, Eintrittskarten, Fahrten zwischen Wohnung und regelmäßiger Arbeitsstätte, Familienheimfahrten, Firmenkreditkarte, Firmenwagen zur privaten Nutzung, Fitnessraum, Freie Unterkunft und Verpflegung, Freifahrten, Freiflüge, Freitabak, Gesundheitsförderung, Getränke, Haustrunk, Incentive-Reisen, Kindergartenzuschüsse, Kreislauftrainingskuren, Mahlzeiten, Miles & More, Parkplätze, Pauschalierung der Lohnsteuer für Belohnungsessen, Incentive-Reisen, VIP-Logen und ähnliche Sachbezüge, Payback-Punkte, Telefonkosten, Theaterkarten, Vorsorgekuren, Vorsorgeuntersuchungen, Wohnungsüberlassung, Zinsersparnisse.

Gelegenheitsgeschenke

Gelegenheitsgeschenke sind **Sach**zuwendungen von geringem Wert (Blumen, Buch, Tonträger – z. B. CD –), die dem Arbeitnehmer oder seinen Angehörigen **aus besonderem Anlass** (z. B. Geburtstag, Heirat, Geburt eines Kindes) gegeben werden. Gelegenheitsgeschenke sind steuer- und beitragsfrei, wenn der Wert der Sachzuwendung **40 €** nicht übersteigt (R 19.6 Abs. 1 LStR).   nein   nein

Beispiel A

Der Arbeitgeber schenkt seiner Sekretärin zum Geburtstag einen Blumenstrauß im Wert von 20 €.

Es handelt sich um eine steuer- und beitragsfreie Aufmerksamkeit, da der Wert dieser Sachzuwendung 40 € nicht übersteigt (R 19.6 Abs. 1 Satz 2 LStR).

Übersteigt der Wert der Sachzuwendung die **Freigrenze** von 40 €, so ist die Zuwendung **in vollem Umfang** steuer- und beitragspflichtig (also nicht nur der den Wert von 40 € übersteigende Betrag, da es sich um eine Freigrenze und nicht um einen Freibetrag handelt).   ja   ja

Beispiel B

Wie Beispiel A. Die Sekretärin erhält von ihrem Arbeitgeber zum Geburtstag einen Bildband über die USA im Wert von 50 €.

Die Sachzuwendung ist in vollem Umfang steuer- und beitragspflichtig, da der Wert der Sachzuwendung die Freigrenze von 40 € übersteigt. Die Sachzuwendung führt in Höhe von 48 € zu steuer- und sozialversicherungspflichtigem Arbeitslohn (96 % von 50 € = 48 €; vgl. zur Bewertung der Sachzuwendung die Erläuterungen beim Stichwort „Sachbezüge" besonders unter Nr. 3 Buchstabe b).

Geldgeschenke sind stets steuer- und beitragspflichtig.   ja   ja

Bei der Freigrenze von 40 € handelt es sich **nicht um einen Jahresbetrag,** sondern um eine Regelung, die in Abhängigkeit von den Gegebenheiten unter Umständen mehrfach im Jahr oder gar mehrfach im Monat ausgeschöpft werden kann (z. B. Sachgeschenke zum Namenstag, Geburtstag, zur Verlobung oder zur Einschulung des Kindes).

Beispiel C

Eine Arbeitnehmerin hat im Mai 2010 Geburtstag sowie 10-jähriges Dienstjubiläum. Sie erhält von ihrem Arbeitgeber zum Geburtstag einen Blumenstrauß und zum Dienstjubiläum ein Buchgeschenk im Wert von jeweils 25 €.

Bei beiden Sachzuwendungen handelt es sich um eine steuer- und beitragsfreie Aufmerksamkeit, da der Wert der einzelnen Sachzuwendung 40 € nicht übersteigt. Unmaßgeblich ist, dass der Wert der beiden Sachzuwendungen im Mai 2010 zusammen den Wert von 40 € übersteigt. Maßgebend ist nämlich stets der Wert der einzelnen Sachzuwendung anlässlich des jeweiligen besonderen persönlichen Ereignisses.

Gutscheine, die zum Bezug von Sachwerten (Buch, Tonträger – z. B. CD – usw.) berechtigen sind – wie der Sachbezug selbst – bis zur Freigrenze von 40 € steuerfrei. Zur Ausgestaltung des Gutscheins vgl. das Stichwort „Warengutscheine".   nein   nein

Genussmittel

	Lohn-steuer-pflichtig	Sozial-versich.-pflichtig

Beispiel D

Wie Beispiel A. Die Sekretärin erhält jedoch einen Gutschein für ein Parfümeriegeschäft über 30 €.

Da auf dem Gutschein ein Betrag angegeben ist, handelt es sich nicht um einen Sachbezug, sondern um eine Zuwendung von Barlohn (= Geldzuwendung; vgl. die Erläuterungen beim Stichwort „Warengutscheine" besonders unter Nr. 1). Die Zuwendung des Gutscheins ist daher – obwohl der Wert 40 € nicht übersteigt – steuer- und beitragspflichtiger Arbeitslohn.

Ist Steuerpflicht gegeben, so ist der Gesamtwert des Geschenks als „sonstiger Bezug" (vgl. dieses Stichwort) der Besteuerung zu unterwerfen. Es ist der **objektive Wert maßgebend** und nicht etwa der Wert, den der Beschenkte dem Geschenk beimisst; deshalb ist dieser objektive Wert auch dann anzusetzen, wenn der subjektive Wert geringer scheint, z. B., weil der Beschenkte für das Geschenk keine Verwendungsmöglichkeit hat oder weil es seinem persönlichen Geschmack nicht entspricht.

Wegen der Möglichkeit bei steuerpflichtigen Gelegenheitsgeschenken (Sachgeschenken) die Anwendung des Pauschsteuersatzes von 25 % nach § 40 Abs. 2 EStG herbeizuführen (und damit auch die Beitragsfreiheit in der Sozialversicherung) vgl. „Betriebsveranstaltungen" unter Nr. 7. Sonderbestimmungen gelten auch für „Erholungsbeihilfen" (vgl. dieses Stichwort). Wegen einer weiteren Möglichkeit der Pauschalierung von Sachgeschenken mit 30 % vgl. „Pauschalierung der Lohnsteuer für Belohnungsessen, Incentive-Reisen, VIP-Logen und ähnliche Sachbezüge".

Neben der Freigrenze von 40 € für Gelegenheitsgeschenke **aus besonderem Anlass** gibt es eine Freigrenze für Sachbezüge von **44 € monatlich**. Diese monatliche 44-Euro-Freigrenze gilt für Sachbezüge, die **ohne besonderen Anlass** zugewendet werden (vgl. das Stichwort „Sachbezüge" unter Nr. 4 auf Seite 634). Die 40-€-Freigrenze für Gelegenheitsgeschenke aus besonderem Anlass und die 44-€-Freigrenze für Sachbezüge ohne besonderen Anlass können in einem Kalendermonat **nebeneinander** angewendet werden.

Beispiel E

Die Arbeitnehmer der Firma erhalten jeweils am ersten Werktag im Monat einen ordnungsgemäßen Benzingutschein (vgl. die Erläuterungen beim Stichwort „Warengutscheine"), durch den die 44-Euro-Freigrenze für Sachbezüge nicht überschritten wird. Daneben erhält der Arbeitnehmer anlässlich seines runden Geburtstags im Juni 2010 zwei CD's im Wert von insgesamt 30 €.

Es handelt sich um eine steuer- und beitragsfreie Aufmerksamkeit, da der Wert der CD's 40 € nicht übersteigt (R 19.6 Abs. 1 Satz 2 LStR). Unmaßgeblich ist, dass der Arbeitnehmer in diesem Monat auch einen Benzingutschein erhält, auf den die 44-Euro-Freigrenze für Sachbezüge angewendet wurde.

Gemeinschaftsunterkunft

siehe „Freie Unterkunft und Verpflegung"

Genussmittel

Genussmittel und Getränke (Kaffee, Tee, Cola, Mineralwasser, Zigaretten, Pralinen, Gebäck, Obst), die der Arbeitgeber den Arbeitnehmern zum **Verzehr im Betrieb** unentgeltlich oder verbilligt überlässt, bleiben steuerfrei (R 19.6 Absatz 2 Satz 1 LStR). Eine wertmäßige Obergrenze enthalten die Lohnsteuer-Richtlinien nicht.   nein   nein

Der Begriff „Genussmittel" ist eng auszulegen (sonst könnten auch Kantinenmahlzeiten steuerfrei gewährt werden). Die unentgeltliche oder verbilligte Überlassung von **Speisen** ist nur dann nach R 19.6 Abs. 2 Satz 2 LStR als Aufmerksamkeit steuerfrei, wenn sie während eines **außergewöhnlichen** Arbeitseinsatzes (z. B. während einer **außergewöhnlichen** betrieblichen Besprechung, nicht jedoch bei regelmäßigen Sitzungen der Geschäftsleitung oder bei normalen Überstunden) im **ganz überwiegenden betrieblichen Interesse** an einer **günstigen** Gestal-

Genussrechte

	Lohn-steuer-pflichtig	Sozial-versich.-pflichtig

tung des **Arbeitsablaufs** überlassen werden, und der Wert **40 €** je Arbeitnehmer nicht übersteigt (sog. Arbeitsessen). nein nein

Auf die ausführlichen Erläuterungen zu den sog. Arbeitsessen beim Stichwort „Bewirtungskosten" unter Nr. 6 wird Bezug genommen.

In anderen Fällen ist die unentgeltliche oder verbilligte Überlassung von Verpflegung grundsätzlich steuerpflichtiger Arbeitslohn (vgl. insbesondere das Schema beim Stichwort „Mahlzeiten"). ja ja

Bei steuerpflichtigen Bewirtungen (sog. **Belohnungsessen**) ist die 44-Euro-Freigrenze zu beachten, vgl. das Stichwort „Bewirtungskosten" unter Nr. 7. Siehe hierzu außerdem das Stichwort „Pauschalierung der Lohnsteuer für Belohnungsessen, Incentive-Reisen, VIP-Logen und ähnliche Sachbezüge".

Siehe auch die Stichworte: Bewirtungskosten, Freimilch, Freitabak, Freizigarren, Freizigaretten, Getränke.

Genussrechte

Genussrechte sind Forderungsrechte gegen eine Kapitalgesellschaft, die eine Beteiligung am Gewinn und Liquidationserlös sowie ggf. zusätzliche Rechte (z. B. feste Verzinsung) gewähren. ja ja

Genussrechte führen im Zeitpunkt der Einräumung zu lohnsteuerpflichtigen und beitragspflichtigen Arbeitslohn. Das gilt auch dann, wenn sie mit einer mehrjährigen Sperrfrist versehen sind.

Zu steuerlichen Vergünstigungen vgl. das Stichwort „Vermögensbeteiligungen".

Gepäckträger

Gepäckträger sind in aller Regel selbständig tätig. nein nein

Geringfügige Beschäftigung

Neues auf einen Blick:

Seit 1.1.2009 muss der Arbeitgeber auch für geringfügig Beschäftigte die Insolvenzgeldumlage an die Minijob-Zentrale abführen. Die Insolvenzgeldumlage wurde ab 1.1.2010 von bisher 0,1 % auf **0,41 %** erhöht. Die Insolvenzgeldumlage in Höhe von 0,41 % des tatsächlich gezahlten Arbeitsentgelts muss sowohl bei geringfügig entlohnten Beschäftigungen (sog. 400-€-Jobs) als auch bei kurzfristigen Beschäftigungsverhältnissen abgeführt werden.

Ab 1.1.2010 ist der Arbeitgeber verpflichtet, zeitgleich mit der Entgeltabrechnung eine sog. monatliche ELENA-Meldung zu erstatten. Dies gilt auch für sog. 400-€-Jobs und kurzfristig Beschäftigte (vgl. die Erläuterungen beim Stichwort „ELENA-Verfahren [elektronischer Beitragsnachweis]").

Gliederung:

1. Allgemeines
2. Geringfügige Beschäftigungen
3. Geringfügig entlohnte Beschäftigung (sog. 400-Euro-Jobs)
   a) 400-Euro-Grenze
   b) Ermittlung des Arbeitsentgelts, einmalige Zuwendungen
   c) Schwankende Arbeitslöhne
   d) Gelegentliches Überschreiten der 400-Euro-Grenze
   e) Arbeitszeitkonten bei 400-Euro-Jobs

4. Auswirkungen von steuerfreiem und pauschal versteuertem Arbeitslohn auf die 400-Euro-Grenze
   a) Steuerfreier Arbeitslohn
   b) Sonderfälle
   c) Entgeltumwandlung für eine betriebliche Altersversorgung bei 400-Euro-Jobs
   d) Pauschal versteuerter Arbeitslohn
5. Pauschalbeitrag zur Krankenversicherung in Höhe von 13 % oder 5 %
6. Pauschalbeitrag zur Rentenversicherung in Höhe von 15 % oder 5 %
7. Wahl der Rentenversicherungspflicht (sog. Option)
   a) Allgemeines
   b) Mindestbeitragsbemessungsgrundlage
   c) Hinweispflicht des Arbeitgebers
8. Pauschalierung der Lohnsteuer
   a) Pauschalsteuer in Höhe von 2 %
   b) Vorlage einer Lohnsteuerkarte oder Pauschalierung der Lohnsteuer mit 2 %
   c) Pauschalierung der Lohnsteuer für 400-Euro-Jobs mit 20 %
9. Zusammenrechnung von mehreren geringfügig entlohnten Beschäftigungsverhältnissen
10. Zusammenrechnung von Hauptbeschäftigungen und geringfügig entlohnten Beschäftigungen
    a) Allgemeines
    b) Auszubildende mit Minijob
    c) Mehrere Minijobs neben einer Haupttätigkeit
    d) Sonderfälle
11. Überschreiten der Jahresarbeitsentgeltgrenze in der Krankenversicherung durch Mehrfachbeschäftigungen
12. Beginn der Versicherungspflicht bei Mehrfachbeschäftigungen
13. Fortbestand der Versicherungspflicht und Befreiung von der Versicherungspflicht in Übergangsfällen ab 1. April 2003
    a) Allgemeines
    b) Fortbestand der Krankenversicherungspflicht
    c) Fortbestand der Rentenversicherungspflicht
    d) Fortbestand der Arbeitslosenversicherungspflicht
    e) Antrag auf Befreiung von der Versicherungspflicht
    f) Frist für die Befreiung von der Versicherungspflicht und Wirkung der Befreiung
14. Kurzfristige Beschäftigungen
    a) Allgemeines
    b) Auf ein Jahr befristete Rahmenarbeitsverträge
    c) Zwei Monate oder 50 Arbeitstage
    d) Zusammenrechnung mehrerer Beschäftigungsverhältnisse innerhalb eines Jahres
    e) Prüfung der Berufsmäßigkeit
    f) Kurzfristige Beschäftigung im Anschluss an einen 400-Euro-Job
    g) Ab wann tritt die Versicherungspflicht ein, wenn die 50-Tage- oder 2-Monats-Grenze überschritten wird?
15. Besonderheiten in der Arbeitslosenversicherung
16. Aufzeichnungspflichten
17. Abführen der Beiträge
18. Meldepflichten
    a) Allgemeines
19. Lohnfortzahlungsversicherung
    a) Allgemeines
    b) Kreis der Arbeitgeber
    c) Umlagen U 1 und U 2
    d) Erstattung von Arbeitgeberaufwendungen
20. Arbeitsvertrag für geringfügige Beschäftigungsverhältnisse

Geringfügige Beschäftigung

	Lohn-steuer-pflichtig	Sozial-versich.-pflichtig

1. Allgemeines

Durch das Haushaltsbegleitgesetz vom 29. Juni 2006 (BGBl. I S. 1402) ist die Pauschalabgabe für 400-€-Jobs **ab 1. Juli 2006** von bisher 25 % auf **30 %** erhöht worden. Die Pauschalabgabe für 400-€-Jobs in Privathaushalten ist dagegen unverändert bei 12 % geblieben. Hiernach ergibt sich seit 1. Juli 2006 folgende Übersicht:

400-€-Job	pauschaler Beitrag zur Rentenversicherung	pauschaler Beitrag zur Krankenversicherung*)	Pauschalsteuer	Pauschalabgabe insgesamt
in Privathaushalten	5 %	5 %*)	2 %	12 %
außerhalb von Privathaushalten bis 30. Juni 2006	12 %	11 % *)	2 %	25 %
außerhalb von Privathaushalten **seit 1. Juli 2006**	15 %	13 %*)	2 %	**30 %**

Die Übersicht zeigt, dass nur die Pauschalbeiträge zur Renten- und Krankenversicherung für geringfügig Beschäftigte außerhalb von Privathaushalten erhöht worden sind und die Pauschalsteuer in Höhe von 2 % (für Lohn- und Kirchensteuer sowie den Solidaritätszuschlag) unverändert geblieben ist.

Die für geringfügige Beschäftigungsverhältnisse geltenden Regelungen sind nachfolgend anhand von Beispielen im Einzelnen erläutert. Die Erläuterungen gelten im Grundsatz auch für geringfügige Beschäftigungsverhältnisse in privaten Haushalten. Aus Gründen der Übersichtlichkeit und vor allem weil für geringfügige Beschäftigungsverhältnisse in Privathaushalten andere Pauschalbeiträge zur Renten- und Krankenversicherung gelten, sind unter dem Stichwort „Hausgehilfin" die sozialversicherungsrechtlichen und steuerlichen Besonderheiten für geringfügige Beschäftigungsverhältnisse in Privathaushalten gesondert dargestellt.

Gesondert dargestellt, und zwar unter dem Stichwort „Gleitzone im Niedriglohnbereich" ist auch die Sonderregelung für Beschäftigungsverhältnisse, bei denen der Monatslohn im Bereich von 401 € bis 800 € liegt.

Die **Pauschalierung der Lohnsteuer** mit 2 % für „normale" 400-Euro-Jobs ist nachfolgend in den wesentlichen Grundzügen erläutert. Aus Gründen der Übersichtlichkeit sind alle steuerlichen Pauschalierungsvorschriften für Aushilfskräfte und Teilzeitbeschäftigte (2 %, 5 %, 20 % und 25 %) unter dem Stichwort „Pauschalierung der Lohnsteuer für Aushilfskräfte und Teilzeitbeschäftigte" zusammengefasst dargestellt.

2. Geringfügige Beschäftigungen

Die sozialversicherungsrechtliche Beurteilung geringfügiger Beschäftigungen ist in § 8 SGB IV geregelt. Diese Regelungen gelten grundsätzlich für alle Versicherungszweige (Kranken-, Pflege-, Renten- und Arbeitslosenversicherung). Außerdem gelten die Regelungen für geringfügige Beschäftigungsverhältnisse nach § 8 a Satz 1 SGB IV auch für Beschäftigungen in Privathaushalten. Eine Beschäftigung im Privathaushalt liegt nach § 8 a Satz 2 SGB IV vor, wenn diese durch einen privaten Haushalt begründet ist und die Tätigkeit sonst gewöhnlich durch Mitglieder des privaten Haushalts erledigt wird (vgl. die Erläuterungen beim Stichwort „Hausgehilfin").

Geringfügige Beschäftigungen werden unterteilt in

- **geringfügig entlohnte Beschäftigungen** und
- Beschäftigungen, die wegen ihrer kurzen Dauer geringfügig sind; sie werden als **kurzfristige Beschäftigungen** bezeichnet.

Versicherungsfreiheit aufgrund einer geringfügigen Beschäftigung kommt allerdings für verschiedene Personengruppen nicht in Betracht. Die Beschäftigung der nachstehend genannten Personen ist selbst dann nicht versicherungsfrei, wenn sie die Voraussetzungen der Geringfügigkeit erfüllen. Ausgenommen sind demnach

- Personen, die zu ihrer **Berufsausbildung** beschäftigt werden (z. B. Auszubildende und Praktikanten, vgl. diese Stichwörter),
- Personen, die ein freiwilliges soziales oder ökologisches Jahr ableisten,
- Behinderte in geschützten Einrichtungen,
- Personen in Einrichtungen der Jugendhilfe,
- Personen, die nach längerer Krankheit wieder stufenweise ins Erwerbsleben eingegliedert werden,
- Personen während konjunktureller oder saisonaler Kurzarbeit.

Diese Ausnahmen bedeuten, dass in den genannten Beschäftigungsverhältnissen Versicherungspflicht auch dann besteht, wenn das regelmäßige Arbeitsentgelt 400 € monatlich nicht überschreitet oder die Beschäftigung nur kurzfristig ausgeübt wird.

3. Geringfügig entlohnte Beschäftigung (sog. 400-Euro-Jobs)

a) 400-Euro-Grenze

Eine geringfügig entlohnte Beschäftigung liegt dann vor, wenn das Arbeitsentgelt regelmäßig im Monat 400 € nicht überschreitet. Die wöchentliche Arbeitszeit spielt dabei grundsätzlich keine Rolle.

Beispiel A

Eine Arbeitnehmerin arbeitet als Putzfrau in einem Kaufhaus gegen ein monatliches Entgelt von 400 €, sie ist über ihren Ehemann in der gesetzlichen Krankenversicherung familienversichert.

Die Arbeitnehmerin ist versicherungsfrei, weil das Arbeitsentgelt 400 € nicht übersteigt. Der Arbeitgeber hat den Pauschalbeitrag zur Kranken- und Rentenversicherung in Höhe von (15 % + 13 % =) 28 % zu bezahlen. Wird keine Lohnsteuerkarte vorgelegt, muss eine Pauschalsteuer von 2 % gezahlt werden, die auch den Solidaritätszuschlag und die Kirchensteuer mit abgilt. Ist die Arbeitnehmerin bei einem Arbeitgeber mit maximal 30 Arbeitnehmern beschäftigt, fallen außerdem Beiträge zur Umlage U 1 für Entgeltfortzahlungen im Krankheitsfall an. Außerdem fallen Beiträge zur Umlage U 2 für Mutterschaftsaufwendungen an, und zwar auch bei Arbeitgebern, die mehr als 30 Arbeitnehmer beschäftigen. Für die Arbeitnehmerin ergibt sich folgende Lohnabrechnung:

Monatslohn		400,— €
Lohnsteuer	0,— €	
Solidaritätszuschlag	0,— €	
Kirchensteuer	0,— €	
Sozialversicherung	0,— €	0,— €
Nettolohn		400,— €

Der Arbeitgeber muss folgende Pauschalabgaben zahlen:

Lohnsteuer (einschließlich Solidaritätszuschlag und Kirchensteuer)	2,0 %	8,— €
Krankenversicherung	13,0 %	52,— €
Rentenversicherung pauschal	15,0 %	60,— €
Umlage U 1	0,6 %	2,40 €
Umlage U 2	0,07 %	0,28 €
Insolvenzgeldumlage	0,41 %	1,64 €
insgesamt		124,32 €

Die Verdienstgrenze beträgt also einheitlich für die alten und neuen Bundesländer 400 € im Monat. Beginnt oder endet die Beschäftigung im Laufe eines Monats, gilt für diesen Monat ebenfalls die Arbeitsentgeltgrenze von 400 €. Ist die Beschäftigung auf weniger als einen Zeitmonat befristet, ist von einem anteiligen Monatswert auszugehen (400 € × Kalendertage des Beschäftigungsverhältnisses : 30).

---

*) Der Pauschalbeitrag zur Krankenversicherung fällt nur dann an, wenn der Beschäftigte in der **gesetzlichen Krankenversicherung** versichert ist (z. B. im Rahmen der Familienversicherung, als Rentner, Student, Arbeitsloser, freiwilliger Versicherung).

Geringfügige Beschäftigung

Die Arbeitszeit ist für die Geringfügigkeit grundsätzlich nicht mehr von Bedeutung, gleichwohl verlangen die Sozialversicherungsträger in ihren Geringfügigkeits-Richtlinien nach wie vor einen Nachweis über die regelmäßige Arbeitszeit und die tatsächlich geleisteten Arbeitsstunden, und zwar aus folgenden Gründen:

Für die Prüfung der 400-Euro-Grenze kommt es nicht auf das tatsächlich gezahlte Arbeitsentgelt, sondern auf das Arbeitsentgelt an, auf das ein Rechtsanspruch besteht. Denn das im Sozialversicherungsrecht geltende sog. Entstehungsprinzip stellt auf den **Anspruch auf Arbeitsentgelt** ab (wohingegen das im Lohnsteuerrecht geltende Zuflussprinzip allein an die tatsächliche Auszahlung des Arbeitslohns anknüpft). Das Zuflussprinzip gilt zwar auch im Sozialversicherungsrecht, allerdings **nur für einmalige Zuwendungen** (§ 22 Abs. 1 SGB IV, vgl. die ausführlichen Erläuterungen unter dem nachfolgenden Buchstaben b). Für **laufenden Arbeitslohn** gilt nach wie vor das sog. Entstehungsprinzip. Dies hat das Bundessozialgericht in mehreren Revisionsverfahren ausdrücklich bestätigt (z. B. Urteil des Bundessozialgerichts vom 14.7.2004, B 12 KR 1/04 R). In dem entschiedenen Fall beschäftigte der Arbeitgeber Aushilfskräfte mit einem Stundenlohn, der ein monatliches Arbeitsentgelt unter der Geringfügigkeitsgrenze von (derzeit 400 €) ergab. Im Rahmen einer Betriebsprüfung wurde festgestellt, dass die Arbeitnehmer nach Tarifverträgen, die für allgemeinverbindlich erklärt waren, **Anspruch auf einen höheren Stundenlohn** hatten und dadurch die monatliche Geringfügigkeitsgrenze überschritten war. Das Bundessozialgericht hat in diesen Fällen die Anwendung des Entstehungsprinzips ausdrücklich bestätigt und ausführlich begründet. Hiermit relativiert sich der Wegfall der 15-Stunden-Wochengrenze in der Praxis. Denn anhand der nach wie vor geforderten Aufzeichnung der tatsächlich geleisteten Arbeitsstunden kann der Prüfer feststellen, ob der nach tarifvertraglichen oder arbeitsrechtlichen Bestimmungen ggf. geschuldete Arbeitslohn zu einem Überschreiten der 400-Euro-Grenze führt. Damit würde Versicherungspflicht eintreten, was zu erheblichen Beitragsnachforderungen führen kann. Hierauf sollte der Arbeitgeber bei der Gestaltung der Arbeitsverträge für seine Mini-Jobs achten.

Beispiel B

Eine Arbeitnehmerin arbeitet Freitag und Samstag jeweils 4 Stunden für einen Stundenlohn von 10 €. Der für allgemein verbindlich erklärte Tarifvertrag sieht jedoch einen Stundenlohn von 13,50 € vor. Im August 2010 wurde an 8 Arbeitstagen jeweils vier Stunden gearbeitet und hierfür ein Arbeitslohn von (8 × 4 × 10 € =) 320 € ausgezahlt.

Bei einer Betriebsprüfung wird die untertarifliche Vergütung festgestellt. Für die Beurteilung der Versicherungspflicht wird auf einen Stundenlohn von 13,50 € abgestellt. Daraus errechnet sich für August 2010 ein Lohn in Höhe von 432 €. Aufgrund dieser – auch in den anderen Monaten auftretenden – Überschreitung der Monatsentgeltgrenze von 400 € wird die Beschäftigung sowohl rückwirkend als auch zukünftig versicherungspflichtig.

Durch das Überschreiten der 400-Euro-Grenze entfällt die Pauschalabgabe von 28 %. Für das Beschäftigungsverhältnis sind Sozialversicherungsbeiträge in allen vier Versicherungszweigen nach den allgemeinen Grundsätzen zu zahlen. Außerdem entfällt die Pauschalsteuer von 2 %, weil die Pauschalierung der Lohnsteuer mit 2 % an die Zahlung des pauschalen Beitrags zur Rentenversicherung in Höhe von 15 % anknüpft. Fällt kein pauschaler, sondern der „normale" Beitrag zur Rentenversicherung an, muss der Arbeitnehmer den Arbeitslohn nach Lohnsteuerkarte versteuern, oder die Lohnsteuer mit 20 % pauschalieren. Für die Beurteilung der lohnsteuerlichen Pauschalierungsgrenze von monatlich 400 € gilt allerdings auch für den laufenden Monatslohn das Zuflussprinzip, so dass die Pauschalierung mit 20 % im Beispielsfall zulässig wäre.

Das Beispiel zeigt, dass es ratsam ist, jeden einzelnen Arbeitsvertrag ständig im Auge zu behalten und notfalls anzupassen. Dabei ist zu prüfen, ob und inwieweit Tarifverträge, Betriebsvereinbarungen oder „betriebliche Übung" im Einzelfall Anwendung finden. Wichtig ist, dass eine einmalige Überprüfung nicht ausreicht! Da sich die tariflichen Arbeitsbedingungen regelmäßig – meist jährlich – ändern, die Versicherungspflichtgrenze für geringfügig entlohnte Beschäftigungen jedoch mit monatlich 400 € festgeschrieben wurde, muss vorausschauend geplant werden. Sonst kann es vorkommen, dass zwar derzeit die Versicherungspflichtgrenze noch unter-, durch nachfolgende tarifliche Erhöhungen jedoch überschritten wird. Nach den Geringfügigkeitsrichtlinien der Sozialversicherungsträger gilt für einen Verzicht auf künftige Ansprüche auf laufenden Arbeitslohn Folgendes:

Ein Verzicht auf künftig entstehende Ansprüche auf laufendes Arbeitsentgelt wird nur dann anerkannt, wenn er schriftlich festgelegt und **arbeitsrechtlich zulässig** ist. Ein Verzicht z. B. auf tarifvertragliche Ansprüche ist nur zulässig, wenn der Tarifvertrag eine diesbezügliche Öffnungsklausel enthält. Rückwirkende Verzichtserklärungen sind für die versicherungsrechtliche Beurteilung in jedem Fall unerheblich.

b) Ermittlung des Arbeitsentgelts, einmalige Zuwendungen

Arbeitsentgelt sind alle laufenden und einmaligen Einnahmen aus einer Beschäftigung, gleichgültig, ob ein Rechtsanspruch auf die Einnahmen besteht, unter welcher Bezeichnung oder in welcher Form sie geleistet werden und ob sie unmittelbar aus der Beschäftigung oder im Zusammenhang mit ihr erzielt werden (§ 14 Abs. 1 Satz 1 SGB IV). Es kann im Normalfall davon ausgegangen werden, dass alle steuerpflichtigen Einnahmen aus einer Beschäftigung auch Arbeitsentgelt darstellen (vgl. die Erläuterungen unter der nachfolgenden Nr. 4).

Ob die Grenze von 400 € überschritten wird, hängt von der Höhe des „**regelmäßigen**" monatlichen Arbeitsentgelts ab. Dabei ist mindestens auf das Arbeitsentgelt abzustellen, auf das der Arbeitnehmer einen Rechtsanspruch hat (z. B. aufgrund eines Tarifvertrags, einer Betriebsvereinbarung oder einer Einzelabsprache); insoweit kommt es auf die Höhe des tatsächlich gezahlten Arbeitsentgelts nicht an. Ein arbeitsrechtlich zulässiger schriftlicher Verzicht auf künftig entstehende Arbeitsentgeltansprüche mindert das zu berücksichtigende Arbeitsentgelt.

Das regelmäßige Arbeitsentgelt ermittelt sich abhängig von der Anzahl der Monate, für die eine Beschäftigung gegen Arbeitsentgelt besteht, wobei maximal ein Jahreszeitraum (12 Monate) zugrunde zu legen ist. Dabei darf das regelmäßige monatliche Arbeitsentgelt im Durchschnitt einer Jahresbetrachtung 400 € nicht übersteigen (maximal 4800 € pro Jahr bei durchgehender mindestens 12 Monate dauernder Beschäftigung gegen Arbeitsentgelt in jedem Monat. Steht bereits zu Beginn der Beschäftigung fest, dass diese nicht durchgehend für mindestens 12 Monate gegen Arbeitsentgelt besteht, ist die zulässige Arbeitsentgeltgrenze für den Gesamtzeitraum entsprechend zu reduzieren.

Die Ermittlung des regelmäßigen Arbeitsentgelts ist **vorausschauend** bei Beginn der Beschäftigung bzw. erneut bei jeder dauerhaften Veränderung in den Verhältnissen vorzunehmen. Stellen Arbeitgeber aus abrechnungstechnischen Gründen stets zu Beginn eines jeden Kalenderjahres eine erneute vorausschauende Betrachtung zur Ermittlung des regelmäßigen Arbeitsentgelts an, bestehen hiergegen keine Bedenken. Eine erstmalige vorausschauende Betrachtung für eine im Laufe eines Kalenderjahres aufgenommene Beschäftigung kann demnach zu Beginn des nächsten Kalenderjahres durch eine neue jährliche Betrachtung für dieses Kalenderjahr ersetzt werden.

Sofern eine Beschäftigung mit einem Arbeitsentgelt von mehr als 400 € im Monat durch die vertragliche Reduzierung der Arbeitszeit auf eine Beschäftigung mit einem Arbeitsentgelt bis zu 400 € im Monat umgestellt ist, ist der Beschäftigungsabschnitt ab dem Zeitpunkt der Arbeitszeitreduzierung bzw. für den Zeitraum der Arbeitszeitreduzierung getrennt zu beurteilen. Dies gilt auch bei einer Reduzierung der Arbeitszeit z. B. wegen einer Pflege- oder Elternzeit.

Geringfügige Beschäftigung

	Lohn-steuer-pflichtig	Sozial-versich.-pflichtig

Einmalige Einnahmen, deren Gewährung mit hinreichender Sicherheit (z. B. aufgrund eines für allgemein verbindlich erklärten Tarifvertrags oder aufgrund Gewohnheitsrechts wegen betrieblicher Übung) mindestens einmal jährlich zu erwarten ist, sind bei der Ermittlung des Arbeitsentgelts zu berücksichtigen. Der Arbeitgeber muss also insbesondere bei der Zahlung von Urlaubs- und Weihnachtsgeld bereits im Laufe des Kalenderjahrs **vorausblickend** darauf achten, dass die 400-Euro-Grenze nicht überschritten wird. Die Regelung soll an einem Beispiel verdeutlicht werden.

Beispiel A

Eine Arbeitnehmerin arbeitet für ein monatliches Arbeitsentgelt von 380 €. Außerdem erhält sie jeweils im Dezember ein vertraglich zugesichertes Weihnachtsgeld in Höhe von 180 €. Für die sozialversicherungsrechtliche Beurteilung maßgebendes Arbeitsentgelt:

laufendes Arbeitsentgelt 380 € × 12	4560,— €
Weihnachtsgeld	180,— €
insgesamt	4740,— €
ein Zwölftel	395,— €

Die 400-Euro-Grenze wird nicht überschritten. Es handelt sich deshalb um eine geringfügige versicherungsfreie Beschäftigung. Der Arbeitslohn für Dezember beträgt (380 € + 180 € =) 560 €. Hierfür hat der Arbeitgeber die Pauschalabgabe von 30 % zu zahlen (30 % von 560 € =) 168 €.

Wichtig ist bei der Berücksichtigung einmaliger Zuwendungen, dass es nicht auf den Anspruch, sondern auf den Zufluss ankommt. Denn nach § 22 Abs. 1 SGB IV gilt für einmalige Zuwendungen nicht das Entstehungsprinzip, sondern das **Zuflussprinzip.** Dieser bewussten Abkehr des Gesetzgebers vom Entstehungsprinzip bei einmalig gezahltem Arbeitsentgelt haben auch die Sozialversicherungsträger in den Geringfügigkeits-Richtlinien Rechnung getragen und bestimmt, dass ein tarifvertraglich bestehender Anspruch auf eine Sonderzahlung, auf die ausdrücklich verzichtet wird, auf das regelmäßige Arbeitsentgelt nicht anzurechnen ist, und zwar ungeachtet der arbeitsrechtlichen Zulässigkeit eines solchen Verzichts. Außerdem ist es unerheblich auf welcher arbeitsrechtlichen Grundlage der Entgeltanspruch beruht. Der Verzicht muss allerdings schriftlich festgelegt werden und kann nur für die Zukunft erfolgen.

Beispiel B

Eine Arbeitnehmerin arbeitet ab 1. Juli 2010 für ein monatliches Arbeitsentgelt von 400 €. Der für allgemein verbindlich erklärte Tarifvertrag sieht ein Weihnachtsgeld in Höhe eines Monatsgehalts vor. Die Arbeitnehmerin hat jedoch bei Beginn des Beschäftigungsverhältnisses am 1. Juli 2010 im Voraus auf das Weihnachtsgeld verzichtet. Obwohl dieser Verzicht arbeitsrechtlich unwirksam ist, handelt es sich um eine geringfügige versicherungsfreie Beschäftigung, weil die monatliche Entgeltgrenze von 400 € nicht überschritten wird. Der Arbeitgeber hat die Pauschalabgabe von 30 % zu zahlen.

Die Abkehr vom Entstehungsprinzip und die Anwendung des Zuflussprinzips gilt nach der ausdrücklichen gesetzlichen Regelung in § 22 Abs. 1 SGB IV nur für einmalige Zuwendungen. Für laufendes Arbeitsentgelt gilt weiterhin das Entstehungsprinzip und der Grundsatz, dass **nur ein arbeitsrechtlich zulässiger schriftlicher Verzicht** auf künftig entstehende Arbeitsentgeltansprüche das zu berücksichtigende Arbeitsentgelt mindert (vgl. die Erläuterungen unter dem vorstehenden Buchstaben a).

c) Schwankende Arbeitslöhne

Bei schwankender Höhe des Arbeitsentgelts und in den Fällen, in denen im Rahmen eines Dauerarbeitsverhältnisses saisonbedingt unterschiedliche Arbeitsentgelte erzielt werden, ist der regelmäßige Betrag nach denselben Grundsätzen zu ermitteln, die für die Schätzung des Jahresarbeitsentgelts in der Krankenversicherung bei schwankenden Bezügen gelten (sog. vorausschauende Betrachtung, vgl. das Stichwort „Jahresarbeitsentgeltgrenze"); diese Feststellung bleibt für die Vergangenheit auch dann maßgebend, wenn sie infolge nicht sicher voraussehbarer Umstände mit den tatsächlichen Arbeitsentgelten aus der Beschäftigung nicht übereinstimmen.

d) Gelegentliches Überschreiten der 400-Euro-Grenze

Überschreitet das Arbeitsentgelt regelmäßig 400 €, so tritt ab dem Tag des Überschreitens Versicherungspflicht ein. Für die zurückliegende Zeit verbleibt es bei der Versicherungsfreiheit.

Ein nur **gelegentliches** und **nicht vorhersehbares** Überschreiten der Geringfügigkeitsgrenzen führt nicht zur Versicherungspflicht. Als gelegentlich ist dabei ein Zeitraum bis zu **zwei Monaten** innerhalb eines Jahres anzusehen.

Beispiel

Ein Arbeitnehmer übt eine geringfügige Dauerbeschäftigung aus und erhält hierfür 400 € monatlich. Im August 2010 fallen wider Erwarten Überstunden durch die Vertretung eines krank gewordenen Kollegen an. Dadurch erhöht sich der Monatslohn auf 1000 €. Gleichwohl liegt auch im August eine geringfügige Beschäftigung vor, weil es sich nur um ein gelegentliches und unvorhersehbares Überschreiten der 400-Euro-Grenze handelt. Der Arbeitnehmer bleibt deshalb auch im August versicherungsfrei. Der Arbeitgeber hat auch im August 2010 einen Pauschalbeitrag von 30 % zu zahlen. Für August 2010 ergibt sich folgende Lohnabrechnung:

Monatslohn		1 000,— €
Lohnsteuer		0,— €
Solidaritätszuschlag		0,— €
Kirchensteuer		0,— €
Sozialversicherung (Arbeitnehmeranteil)	0,— €	0,— €
auszuzahlender Betrag		1 000,— €

Der Arbeitgeber muss im August 2010 folgende Pauschalabgaben zahlen (aus 1000 €):

Lohnsteuer (einschließlich Solidaritätszuschlag und Kirchensteuer)	2 %	20,— €
Krankenversicherung pauschal	13 %	130,— €
Rentenversicherung pauschal	15 %	150,— €
insgesamt		300,— €

Ist der Arbeitnehmer privat krankenversichert, entfällt der pauschale Arbeitgeberanteil zur Krankenversicherung in Höhe von 13 %.

Das gelegentliche Überschreiten der 400-Euro-Grenze muss also **unvorhersehbar** sein, damit es nicht zur Versicherungspflicht führt. Keine Probleme bereitet deshalb – wie im Beispiel dargestellt – eine Krankheitsvertretung. Schwieriger wird es bereits, wenn regelmäßig Urlaubsvertretungen wahrgenommen werden oder zu bestimmten, alljährlich wiederkehrenden Spitzenzeiten (z. B. Weihnachtsgeschäft, Inventur), der erhöhte Arbeitsanfall durch Mehrarbeit von ansonsten geringfügig entlohnten Beschäftigten aufgefangen wird. In diesen Fällen wird der Nachweis der Unvorhergesehenheit nur schwer zu erbringen sein.

Außerdem ist nach den Geringfügigkeits-Richtlinien der Sozialversicherungsträger Folgendes zu beachten:

Sofern im **unmittelbaren Anschluss** an eine geringfügig entlohnte (Dauer-)Beschäftigung bei demselben Arbeitgeber eine auf längstens zwei Monate befristete Beschäftigung mit einem Arbeitsentgelt von mehr als 400 € vereinbart wird, ist von der widerlegbaren Vermutung auszugehen, dass es sich um die Fortsetzung der bisherigen (Dauer-)Beschäftigung handelt mit der Folge, dass vom Zeitpunkt der Vereinbarung der befristeten Beschäftigung an die Arbeitsentgeltgrenze überschritten wird und damit Versicherungspflicht eintritt. Dies gilt umso mehr, wenn sich an die befristete Beschäftigung wiederum unmittelbar eine – für sich betrachtet – geringfügig entlohnte Beschäftigung anschließt. Versicherungsfreiheit wegen Vorliegens einer kurzfristigen Beschäftigung (vgl. nachfolgend unter Nr. 14) kommt in diesen Fällen nur dann in Betracht, wenn es sich bei den einzelnen Beschäftigungen um völlig voneinander unabhängige Beschäftigungsverhältnisse handelt.

In den Fällen, in denen die Arbeitsentgeltgrenze von 400 € infolge einer **rückwirkenden Erhöhung des Arbeitsentgelts** überschritten wird, tritt Versicherungs-

Geringfügige Beschäftigung

pflicht mit dem Tage ein, an dem der Anspruch auf das erhöhte Arbeitsentgelt entstanden ist (z. B. Tag des Abschlusses eines Tarifvertrags); für die zurückliegende Zeit verbleibt es bei der Versicherungsfreiheit. Allerdings sind in diesen Fällen für das nachgezahlte Arbeitsentgelt Pauschalbeiträge (auch von dem 400 € übersteigenden Betrag) zu zahlen.

e) Arbeitszeitkonten bei 400-Euro-Jobs

Seit 1.1.2009 sind sozialversicherungsrechtlich relevante flexible Arbeitszeitregelungen auch für geringfügig Beschäftigte möglich. Dabei ist zwischen sonstigen flexiblen Arbeitszeitregelungen (z. B. Gleitzeit- oder Jahreszeitkonten) und Wertguthabenvereinbarungen (z. B. Langzeit- oder Lebensarbeitszeitkonten) zu unterscheiden.

Soweit in einer geringfügig entlohnten Beschäftigung mit einem Stundenlohnanspruch und schwankender Arbeitszeit im Rahmen einer **sonstigen flexiblen Arbeitszeitregelung** ein verstetigtes Arbeitsentgelt gezahlt werden soll, sind für die Ermittlung des regelmäßigen Arbeitsentgelts die sich aus der zu erwartenden Gesamtjahresarbeitszeit abzuleitenden Ansprüche auf Arbeitsentgelt zu berücksichtigen. Hierbei sind bereits bestehende und zu erwartende Arbeitszeitguthaben einzubeziehen. Demzufolge darf das durchschnittliche monatliche Arbeitsentgelt in einem Jahr unter Berücksichtigung des zu Beginn des Jahres in einem Zeitguthaben bereits enthaltenen sowie des zum Ende des Jahres in einem Zeitguthaben zu erwartenden Arbeitsentgeltanspruchs die entgeltliche Geringfügigkeitsgrenze nicht übersteigen.

Beispiel A

Einstellung eines Hausmeisters zum 1.4. auf Stundenlohnbasis (10 € pro Stunde). Es wird ein verstetigtes Arbeitsentgelt von 380 Euro im Monat vereinbart. Dies entspricht einer monatlichen Arbeitszeit von 38 Stunden (Jahresarbeitszeit = 456 Stunden). Der Arbeitseinsatz soll flexibel erfolgen und die wöchentliche Arbeitszeit demnach schwanken. Der Arbeitgeber schließt mit dem Hausmeister daher eine Gleitzeitvereinbarung über die Einrichtung eines Arbeitszeitkontos ab, die es dem Hausmeister ermöglicht, monatliche Überstunden auf- und abzubauen.

Soweit der Arbeitgeber in der vorausschauenden Betrachtung davon ausgeht, dass das Arbeitszeitkonto zum Ende des maßgebenden Zeitjahres (31.3. des Folgejahres) maximal 24 Stunden Restguthaben enthalten wird, ist der Hausmeister versicherungsfrei, weil das durchschnittliche Arbeitsentgelt 400 € nicht übersteigt (456 + 24 = 480 Stunden : 12 Monate × 10 € = 400 €). Der Arbeitgeber hat von dem verstetigten Arbeitsentgelt den Pauschalbeitrag zur Kranken- und Rentenversicherung zu zahlen.

Dies gilt in einer Beschäftigung mit Anspruch auf einen festen Monatslohn, in der die vertraglich geschuldete Arbeitszeit über Zeitguthaben flexibel gestaltet werden kann, entsprechend.

Im Rahmen einer **Wertguthabenvereinbarung** wird durch den Verzicht auf die Auszahlung erarbeiteten Arbeitsentgelts Wertguthaben für dessen Entsparung in Zeiten einer (längerfristigen) Freistellung von der Arbeitsleistung aufgebaut. Der Auszahlungsverzicht zugunsten eines Wertguthabens begründet hinsichtlich des ins Wertguthaben eingestellten Arbeitsentgelts eine Verschiebung der Beitragsfälligkeit. Vor Klärung der beitragsrechtlichen Konsequenzen für eine Beschäftigung ist aber zunächst deren versicherungsrechtlicher Status festzustellen. Aus diesem Grunde ist vor Abschluss einer Wertguthabenvereinbarung vorrangig zunächst zu prüfen, ob dies im Rahmen einer geringfügig entlohnten oder einer mehr als geringfügig entlohnten Beschäftigung erfolgen soll. Für die Klärung dieser Ausgangsfrage wird das zu erwartende vertraglich vereinbarte Bruttoarbeitsentgelt für die Ermittlung des regelmäßigen Arbeitsentgelts berücksichtigt. Sofern wegen Nichtüberschreitung der Arbeitsentgeltgrenze von 400 € eine geringfügig entlohnte Beschäftigung vorliegt, ist nach Abschluss einer Wertguthabenvereinbarung für weitere klärungsbedürftige Sachverhalte, wie beispielsweise bei der Zusammenrechnung mit weiteren Beschäftigungen, das Arbeitsentgelt maßgebend, welches sowohl in der Arbeitsphase als auch in der Freistellungsphase tatsächlich ausgezahlt, gemeldet und verbeitragt wird. Auch für die Prüfung der Angemessenheit der Entsparung eines Wertguthabens nach § 7 Abs. 1a Satz 1 Nr. 2 SGB IV ist dabei – unabhängig von einem Wechsel des Versicherungsstatus aufgrund der Zusammenrechnung mehrerer Beschäftigungen – dieses Arbeitsentgelt zugrunde zu legen.

Für Zeiten der **Freistellung von der Arbeitsleistung im Rahmen sonstiger flexibler Arbeitszeitregelungen** kann eine Beschäftigung nach § 7 Abs. 1 SGB IV jedoch nur für **längstens einen Monat** begründet werden, während bei Freistellungen von der Arbeitsleistung auf der Grundlage einer Wertguthabenvereinbarung (§ 7b SGB IV) auch für Zeiten von mehr als einem Monat eine Beschäftigung besteht (§ 7 Abs. 1a SGB IV).

Sonstige flexible Arbeitszeitregelungen verfolgen im Unterschied zu Wertguthabenvereinbarungen nicht das Ziel der (längerfristigen) Freistellung von der Arbeitsleistung unter Verwendung eines aufgebauten Wertguthabens. Vielmehr erfolgt bei diesen Arbeitszeitregelungen bei schwankender Arbeitszeit regelmäßig ein Ausgleich in einem Arbeitszeitkonto.

Für diese Arbeitszeitregelungen zur flexiblen Gestaltung der werktäglichen oder wöchentlichen Arbeitszeit oder zum Ausgleich betrieblicher Produktions- und Arbeitszeitzyklen unter Verstetigung des regelmäßigen Arbeitsentgelts besteht bei Abweichungen der tatsächlichen Arbeitszeit von der vertraglich geschuldeten (Kern-)Arbeitszeit auch in Zeiten der vollständigen Verringerung der Arbeitszeit (Freistellung) unter Fortzahlung eines verstetigten Arbeitsentgelts bis zu einem Monat die Beschäftigung nach § 7 Abs. 1 SGB IV fort. Der Beitragspflicht unterliegt ausschließlich das ausgezahlte vertraglich geschuldete verstetigte Arbeitsentgelt, unabhängig von der im Rahmen einer geringeren oder höheren Arbeitszeit tatsächlich erbrachten Arbeitsleistung. Einer Verschiebung der Fälligkeit von Sozialversicherungsbeiträgen auf den Zeitpunkt der Inanspruchnahme des Zeitguthabens – wie bei Wertguthabenvereinbarungen bedarf es in diesen Fällen daher nicht. Für die beitragsrechtliche Behandlung der in entsprechenden Beschäftigungen mit einem Stundenlohnanspruch aus einem Arbeitszeitkonto beanspruchten Arbeitsentgelte wurde das Zuflussprinzip eingeführt (§ 22 Abs. 1 Satz 2 SGB IV). Hiernach hängt die Fälligkeit der Beiträge für Arbeitsentgelte aus einem Stundenlohnanspruch, die während des Abbaus eines Arbeitszeitkontos einer sonstigen flexiblen Arbeitszeitregelung ausgezahlt werden, vom Zufluss des Arbeitsentgelts ab.

Die sonstigen flexiblen Arbeitszeitregelungen für geringfügig Beschäftigte müssen neben dem Aufbau von Zeitguthaben auch deren tatsächlichen Abbau ermöglichen. Ist der Abbau eines Zeitguthabens von vornherein nicht beabsichtigt, ist die Arbeitszeitvereinbarung sozialversicherungsrechtlich irrelevant (§ 32 SGB I). In diesen Fällen wäre – unabhängig von der Führung eines Arbeitszeitkontos – vom Beginn der Beschäftigung an der versicherungs- und beitragsrechtlichen Beurteilung das tatsächlich erarbeitete Arbeitsentgelt zugrunde zu legen.

Beispiel B

Die Reinigungskraft eines Gebäudereinigungsunternehmens ist mit einem monatlichen Arbeitsentgelt in Höhe von 400 € für drei Jahre befristet geringfügig entlohnt beschäftigt. Die Arbeitszeit kann über ein Arbeitszeitkonto flexibel gestaltet werden. Zusätzlich erklärt sich die Reinigungskraft bereit, Urlaubs- und Krankheitsvertretungen zu übernehmen, die ihrem Arbeitszeitkonto gut geschrieben werden. Das Arbeitszeitguthaben soll am Ende der Beschäftigung in Arbeitsentgelt abgegolten werden.

Da bereits von vornherein feststeht, dass die aufgrund der Urlaubs- und Krankheitsvertretungen aufgebauten Arbeitszeitguthaben nicht bis zum Ende der Beschäftigung abgebaut werden, hat die versicherungs- und beitragsrechtliche Beurteilung unter Berücksichtigung der zu erwartenden Vertretungsarbeit zu erfolgen. Die sonstige flexible Arbeitszeitregelung ist dabei irrelevant.

Geringfügige Beschäftigung

Dies gilt gleichermaßen, wenn erkennbar wird, dass die ursprünglich vorausschauende Schätzung des regelmäßigen Arbeitsentgelts nicht gewissenhaft erfolgt ist, weil bewusst längerfristige (mehr als einen Monat dauernde) Freistellungen von der Arbeitsleistung zugelassen wurden

Beispiel C

Der Hausmeister arbeitet vom 1.4. bis 30.9. jeweils 76 Stunden im Monat. Ab 1.10. erfolgt eine Freistellung von der Arbeitsleistung. Die Überstunden werden vollständig abgebaut, sodass die Arbeit erst am 1.4. des Folgejahres wieder aufgenommen wird. Das verstetigte Arbeitsentgelt wird entsprechend der Vereinbarung auch in den Monaten der Freistellung gezahlt.

Die ursprünglich vorausschauende Schätzung des regelmäßigen Arbeitsentgelts ist nicht gewissenhaft erfolgt, weil der Arbeitgeber bewusst eine längerfristige (mehr als einen Monat dauernde) Freistellung von der Arbeitsleistung zugelassen hat. Die Arbeitszeitvereinbarung ist daher sozialversicherungsrechtlich irrelevant.

Die sozialversicherungsrechtliche Beschäftigung besteht längstens für einen Monat der Freistellung und endet am 31.10. Das darüber hinaus für die Freistellungsphase vom 1.11. bis 31.3. gezahlte Arbeitsentgelt ist als Einmalzahlung dem Entgeltabrechnungszeitraum bis 31.10. zuzuordnen.

Das Arbeitsentgelt für den abgelaufenen Beschäftigungszeitraum vom 1.4. bis 31.10. beträgt:

April bis September (6 × 380 € =)	2280 €
Oktober (lfd. Entgelt) (1 × 380 € =)	380 €
November bis März (einmaliges Entgelt) (5 × 380 € =)	1900 €
Zusammen	4560 €

Das erzielte Arbeitsentgelt übersteigt die zulässige anteilige Arbeitsentgeltgrenze für die Zeit von April bis Oktober von 2800 € (4800 × 210 : 360), sodass für den Beschäftigungszeitraum vom 1.4. bis 31.10. nachträglich Versicherungspflicht eintritt. Für die Zeit ab 1.11. ergibt sich wieder Versicherungsfreiheit, vorausgesetzt das regelmäßige monatliche Arbeitsentgelt ab diesem Zeitpunkt beträgt nicht mehr als 400 €.

Es ergeben sich folgende Meldungen an die Minijob-Zentrale:
Stornierung der Anmeldung zum 1.4. (Personengruppenschlüssel 109, Beitragsgruppenschlüssel 6500)

Anmeldung zum 1.11.:
Personengruppenschlüssel:	109
Beitragsgruppenschlüssel:	6500

Der Krankenkasse ist Folgendes zu melden:
An- und Abmeldung vom 1.4. bis 14.10.:
Personengruppenschlüssel:	101
Beitragsgruppenschlüssel:	1111

Wertguthabenvereinbarungen sollen (längerfristige) **Freistellungen von der Arbeitsleistung unter Verwendung eines aufgebauten Wertguthabens** ermöglichen. Eine Freistellung im Rahmen einer Wertguthabenvereinbarung dient vorrangig dem Zweck, auch in Zeiten von mehr als einem Monat aufgrund der gesetzlichen Beschäftigungsfiktion (§ 7 Abs. 1a SGB IV) den Versicherungsschutz in der Kranken-, Pflege-, Renten- und Arbeitslosenversicherung aufrecht zu erhalten. Dies ist in einer geringfügigen Beschäftigung, die Versicherungsfreiheit begründet, nicht möglich. Im Rahmen der nunmehr zulässigen Wertguthabenvereinbarung in einer geringfügigen Beschäftigung (§ 7b Nr. 5 SGB IV) besteht in Zeiten der Freistellung von der Arbeitsleistung und der Fortzahlung des Arbeitsentgelts aus einem Wertguthaben lediglich die versicherungsfreie Beschäftigung fort.

Soweit Wertguthaben in einer geringfügigen Beschäftigung aufgebaut wurde, kann dessen Entsparung lediglich in geringfügig entlohntem Umfang erfolgen. Es fehlt zwar an einer klarstellenden entsprechenden gesetzlichen Regelung. Allerdings schließen Sinn und Zweck von Wertguthabenvereinbarungen aus, dass aus einer während der Arbeitsphase versicherungsfreien geringfügigen Beschäftigung ein sozialversicherungsrechtlicher Schutz in einer während der Freistellungsphase versicherungspflichtigen Beschäftigung begründet werden kann.

Für die Prüfung der Angemessenheit der Entsparung des Wertguthabens nach § 7 Abs. 1a Satz 1 Nr. 2 SGB IV gilt – wie bei einer versicherungspflichtigen Beschäftigung – als Höchstgrenze zwar ebenfalls 130 Prozent des durchschnittlich gezahlten Arbeitsentgelts der unmittelbar vorangegangenen zwölf Kalendermonate der Arbeitsphase, allerdings können bei der Entsparung eines Wertguthabens aus einer geringfügig entlohnten Beschäftigung nicht mehr als 400 € monatlich aus dem Wertguthaben entnommen werden. Wird das Wertguthaben mit einem monatlichen Arbeitsentgelt von mehr als 400 € entspart, bleibt die Beschäftigung dennoch auch in der Freistellungsphase versicherungsfrei geringfügig entlohnt und die Pauschalbeiträge sind auf das tatsächlich ausgezahlte Arbeitsentgelt zu zahlen. Da in vorgenannten Fällen keine versicherungspflichtige (Haupt-)Beschäftigung begründet wird, ist bei der Zusammenrechnung mit weiteren geringfügig entlohnten Beschäftigungen auch das tatsächlich entsparte Arbeitsentgelt zu berücksichtigen, in dessen Folge die Beschäftigungen mehr als geringfügig entlohnt und somit versicherungspflichtig zu beurteilen sind.

Nach § 7b Nr. 5 SGB IV kann Wertguthaben aus einer versicherungspflichtigen Beschäftigung während der Freistellung von der Arbeitsleistung zudem nicht im Rahmen einer geringfügig entlohnten Beschäftigung versicherungsfrei entspart werden. Demzufolge muss jedoch die Umwandlung einer versicherungspflichtigen Beschäftigung bereits in der Ansparphase in eine versicherungsfreie Beschäftigung durch eine Wertguthabenvereinbarung erst recht unzulässig sein (§ 32 SGB I). Soweit geringfügig Beschäftigten der Abschluss von Wertguthabenvereinbarungen ermöglicht wurde, der auch in Zeiten der Freistellung von der Arbeitsleistung nicht mit einem besonderen Versicherungsschutz verbunden ist, kann dies nicht dazu führen, dass durch eine Wertguthabenvereinbarung eine versicherungspflichtige Beschäftigung (bereits in der Ansparphase des Wertguthabens) versicherungsfrei wird.

Beispiel D

Eine Verkäuferin ist gegen ein monatliches Arbeitsentgelt von 800 € beschäftigt. Ab 1.10.2009 verzichtet die Verkäuferin im Rahmen einer Wertguthabenvereinbarung auf die Auszahlung von monatlich 400 €. Diese sollen monatlich als Wertguthaben für eine spätere Freistellung angespart werden.

Die Verkäuferin ist weiterhin versicherungspflichtig in der Kranken-, Renten-, Arbeitslosen- und Pflegeversicherung, weil das Bruttoarbeitsentgelt 400 € übersteigt. Die Umwandlung einer versicherungspflichtigen Beschäftigung in eine versicherungsfreie Beschäftigung durch eine Wertguthabenvereinbarung ist unzulässig. Die besonderen Regelungen zu Wertguthabenvereinbarungen finden keine Anwendung. Auf Basis des monatlich erarbeiteten Arbeitsentgeltanspruchs von 800 € besteht Beitragspflicht. Eine sozialversicherungsrechtlich relevante Entsparung des „Wertguthabens" ist nicht möglich. Die versicherungspflichtige Beschäftigung endet vor Beginn der Freistellung der Verkäuferin von der Arbeitsleistung und der Auszahlung des „Wertguthabens".

Personengruppenschlüssel:	101
Beitragsgruppenschlüssel:	1111

Wurde eine entsprechende Wertguthabenvereinbarung geschlossen, ist sie sozialversicherungsrechtlich nicht relevant. Da in diesen Fällen eine Wertguthabenvereinbarung nach § 7b SGB IV nicht vorliegt, finden auch die besonderen beitragsrechtlichen Regelungen zur Verschiebung der Beitragsfälligkeit nach § 23b Abs. 1 SGB IV keine Anwendung. Demzufolge ist das Arbeitsentgelt für die versicherungs- und beitragsrechtliche Beurteilung maßgebend, welches erarbeitet wurde. Die nur teilweise Auszahlung des Arbeitsentgelts im Rahmen des Aufbaus eines „Arbeitsentgeltkontos" ist dabei unerheblich. Bei den später aus diesem Konto ausgezahlten Beträgen handelt es sich nicht um sozialversicherungsrechtlich relevantes Arbeitsentgelt.

Da versicherungsfreie kurzfristige Beschäftigungen im Voraus auf einen kurzen Zeitraum begrenzt werden, sind hier Wertguthabenvereinbarungen für eine (längerfristige) Freistellung von der Arbeitsleistung nicht möglich.

Geringfügige Beschäftigung

Bei Freistellungen von der Arbeitsleistung im Rahmen sonstiger flexibler Arbeitszeitregelungen **von mehr als einem Monat,** ist wegen Beendigung des versicherungsrechtlichen Beschäftigungsverhältnisses nach Ablauf eines Monats (Abmeldung zum Ende des Monats) das darüber hinaus ausgezahlte Arbeitsentgelt wie einmalig gezahltes Arbeitsentgelt zu behandeln und dem letzten Entgeltabrechnungszeitraum zuzuordnen (§ 23a SGB IV); Gleiches gilt für Zeitguthaben, welches nicht durch Freizeit ausgeglichen, sondern in Arbeitsentgelt abgegolten wird.

Auswirkungen auf die versicherungsrechtliche Beurteilung für abgelaufene Beschäftigungszeiträume ergeben sich hierdurch nicht, vorausgesetzt es liegt keine nichtige Vereinbarung vor. Der Arbeitgeber hat allerdings für die Zeit ab der auf die Arbeitsunterbrechung folgenden ersten Arbeitsaufnahme das regelmäßige Arbeitsentgelt vorausschauend neu zu bestimmen.

Bei einer Wertguthabenvereinbarung besteht die Beschäftigung auch bei einer Freistellung von mehr als einem Monat fort, wenn aus dem Wertguthaben während der Freistellung ein angemessenes Arbeitsentgelt (§ 7 Abs. 1a Satz 1 Nr. 2 SGB IV) bezogen wird, welches mindestens 70 % des durchschnittlich gezahlten Arbeitsentgelts der unmittelbar vorangegangenen zwölf Kalendermonate der Arbeitsphase entspricht.

4. Auswirkungen von steuerfreiem und pauschal versteuertem Arbeitslohn auf die 400-Euro-Grenze

a) Steuerfreier Arbeitslohn

Bei der Prüfung der 400-Euro-Grenze bleibt steuerfreier Arbeitslohn außer Betracht, wenn die Steuerfreiheit auch Beitragsfreiheit in der Sozialversicherung auslöst. Bei der Prüfung der 400-Euro-Grenze bleiben somit z. B. außer Betracht:

- **steuer- und beitragsfreier** Arbeitslohn (z. B. Kindergartenzuschüsse, Rabattfreibetrag in Höhe von 1080 € jährlich, Sachbezüge bis zu 44 € monatlich, Zuschläge für Sonntags-, Feiertags- und Nachtarbeit, vgl. die nachfolgenden Beispiele A und B);
- **Beiträge zu Direktversicherungen,** Pensionskassen und Pensionsfonds, die nach § 3 Nr. 63 Satz 1 und 2 EStG steuerfrei und damit auch beitragsfrei sind*);
- die **steuer- und beitragsfreie Übungsleiterpauschale** in Höhe von 175 € monatlich (**2100 € jährlich,** vgl. die ausführlichen Erläuterungen beim Stichwort „Nebentätigkeit für gemeinnützige Organisationen"),
- steuer- und beitragsfreie Einnahmen aus ehrenamtlicher Tätigkeit in Höhe von 500 € jährlich (§ 3 Nr. 26a EStG, vgl. die ausführlichen Erläuterungen beim Stichwort „Nebentätigkeit für gemeinnützige Organisationen" unter Nr. 10);
- steuer- und beitragsfreie Aufwendungen des Arbeitgebers für die Gesundheitsförderung seiner Arbeitnehmer in Höhe von 500 € jährlich (vgl. das Stichwort „Gesundheitsförderung").

Beispiel A

Eine Arbeitnehmerin erhält für eine Teilzeitbeschäftigung 400 € monatlich. Zusätzlich bekommt sie von ihrem Arbeitgeber jeden Monat einen Benzingutschein für 30 Liter Superbenzin. Dieser Warengutschein ist ein Sachbezug, der mit dem üblichen Endpreis am Abgabeort bewertet wird (vgl. das Stichwort „Warengutscheine"). Solange der Preis für 30 Liter Superbenzin die monatliche 44-Euro-Freigrenze für geringwertige Sachbezüge nicht übersteigt, ist der Wert des Warengutscheins steuer- und beitragsfrei und bleibt deshalb bei der Prüfung, ob die monatliche 400-Euro-Grenze überschritten ist außer Betracht. Die monatliche 44-Euro-Freigrenze für geringwertige Sachbezüge ist beim Stichwort „Sachbezüge" unter Nr. 4 anhand von Beispielen ausführlich erläutert.

Beispiel B

Die Küchenaushilfe in einer Gaststätte arbeitet nur an Sonn- und Feiertagen. Sie erhält einen Stundenlohn von 10 €. Hierzu wird ein Zuschlag bei Sonntagsarbeit von 50 %, bei Feiertagsarbeit von 100 % und ein Zuschlag bei Nachtarbeit (20 Uhr bis 6 Uhr) von 25 % gezahlt. Für Mai 2010 rechnet sie folgende Stunden ab:
- 20 Stunden Sonntagsarbeit, davon 16 nach 20 Uhr;
- 10 Stunden Feiertagsarbeit, davon 8 nach 20 Uhr.

Es ergibt sich folgende Lohnabrechnung:

- 4 Stunden Sonntagsarbeit zu 15 € (10 € + 50 %) = 60,— €
- 16 Stunden Sonntagsarbeit mit Nachtarbeitszuschlag zu 17,50 € (10 € + 75 %) = 280,— €
- 2 Stunden Feiertagsarbeit zu 20 € (10 € + 100 %) = 40,— €
- 8 Stunden Feiertagsarbeit mit Nachtarbeitszuschlag zu 22,50 € (10 € + 125 %) = 180,— €

insgesamt 560,— €

Der steuerpflichtige und damit auch beitragspflichtige Arbeitslohn beträgt (30 Stunden zu 10 € =) 300 € im Monat Mai 2010. Da die 400-Euro-Grenze nicht überschritten ist, handelt es sich um eine geringfügige versicherungsfreie Beschäftigung, für die der Arbeitgeber den besonderen Arbeitgeberanteil zur Rentenversicherung in Höhe von 15 % entrichten muss (und ggf. 13 % Pauschalbeitrag zur Krankenversicherung). Durch die Zahlung des besonderen Arbeitgeberanteils zur Rentenversicherung in Höhe von 15 % besteht für den Arbeitgeber die Möglichkeit der Lohnsteuerpauschalierung mit 2 %. Damit sind auch der Solidaritätszuschlag und die Kirchensteuer mit abgegolten. Die Pauschalsteuer beträgt monatlich 2 % von 300 € = 6 €.

b) Sonderfälle

Es gibt Fälle, in denen die Steuerfreiheit keine Beitragsfreiheit in der Sozialversicherung auslöst. Auch umgekehrt gibt es Lohnbestandteile, die zwar sozialversicherungsfrei aber steuerpflichtig sind. Für diese Fälle gilt Folgendes:

In R 40a.2 Satz 4 LStR wurde klargestellt, dass für steuerpflichtige Lohnbestandteile, die nicht zum sozialversicherungspflichtigen Arbeitsentgelt gehören (z. B. Abfindungen), die Lohnsteuerpauschalierung nach § 40a Abs. 2 und 2a EStG nicht zulässig ist. Diese Lohnbestandteile unterliegen der Lohnsteuererhebung vielmehr nach den allgemeinen Regelungen.

Beispiel

Eine geringfügig entlohnte Arbeitnehmerin scheidet nach 10-jähriger Betriebszugehörigkeit aus dem Arbeitsverhältnis aus und erhält aufgrund eines Aufhebungsvertrags eine Abfindung wegen Entlassung aus dem Dienstverhältnis in Höhe von 3000 €. Nach dem Wegfall der steuerfreien Höchstbeträge für Entlassungsabfindungen (vgl. die Erläuterungen beim Stichwort „Abfindungen wegen Entlassung aus dem Dienstverhältnis") ist die Abfindung steuerpflichtig. Die Arbeitnehmerin muss dem Arbeitgeber eine Lohnsteuerkarte vorlegen, damit dieser den Lohnsteuerabzug durchführen kann. Wird keine Lohnsteuerkarte vorgelegt muss der Arbeitgeber die Lohnsteuer nach Steuerklasse VI einbehalten (vgl. das Stichwort „Nichtvorlage der Lohnsteuerkarte").

Außerdem wurde in R 40a.2 Satz 3 LStR klargestellt, das bei der Pauschalierung der Lohnsteuer mit 2 % für 400-Euro-Jobs Lohnbestandteile außer Ansatz bleiben, die nicht zum sozialversicherungspflichtigen Arbeitsentgelt gehören, und zwar unabhängig davon, ob es sich um **steuerpflichtige oder steuerfreie Lohnbestandteile** handelt. Denn für die Pauschalierung nach § 40a Abs. 2 und 2a EStG gilt der sozialversicherungsrechtliche Arbeitslohnbegriff. Damit bleiben steuerfreie Direktversicherungsbeiträge und steuerfreie Zuwendungen an Pensionskassen und Pensionsfonds im Kalenderjahr 2010 bis zu einem Betrag von 2640 € jährlich (220 € monatlich) bei der Prüfung der Pauschalierungsgrenzen und bei der Berechnung der 2 %igen Pauschalsteuer außer Ansatz, da sie auch sozialversicherungsrechtlich nicht zum beitragspflichtigen Arbeitsentgelt gehören.

Dagegen gehört der nach § 3 Nr. 63 Satz 3 EStG **steuerfreie Erhöhungsbetrag von 1800 €** zum sozialversicherungspflichtigen Arbeitsentgelt und unterliegt damit der 2 %igen Pauschalsteuer, wenn diese Beträge im Rahmen

---

*) Die Steuerfreiheit der Beiträge zu Direktversicherungen, Pensionskassen und Pensionsfonds nach § 3 Nr. 63 EStG bis zu 4 % der Beitragsbemessungsgrenze in der gesetzlichen Rentenversicherung (2010: 2640 € jährlich) setzt voraus, dass es sich bei dem 400-Euro-Job um das **erste** Dienstverhältnis handelt. Bei einem pauschal mit 2 % versteuerten 400-Euro-Job ist diese Voraussetzung erfüllt, wenn der 400-Euro-Job das einzige Dienstverhältnis des Arbeitnehmers ist.

Geringfügige Beschäftigung

eines geringfügig entlohnten Beschäftigungsverhältnisses gezahlt werden sollten.

Die Pauschalierung der Lohnsteuer mit 2 % nach § 40a Abs. 2 EStG knüpft also voll an die sozialversicherungsrechtliche Behandlung an. Dies gilt auch für die Bemessungsgrundlage, das heißt Bemessungsgrundlage für die 2 %ige Pauschalsteuer ist das sozialversicherungspflichtige Arbeitsentgelt. Dies kann dazu führen, dass die 2 %ige Pauschalsteuer auch für das vertraglich geschuldete tatsächlich aber nicht gezahlte Arbeitsentgelt zu zahlen ist, wenn sozialversicherungsrechtlich das **Anspruchsprinzip** und nicht das Zuflussprinzip zur Anwendung kommt. In R 40a.2 Satz 3 der Lohnsteuer-Richtlinien 2008 wurde dies ausdrücklich klargestellt, denn dort heißt es wörtlich: „Bemessungsgrundlage für die einheitliche Pauschalsteuer (§ 40a Abs. 2 EStG) ... ist das sozialversicherungsrechtliche Arbeitsentgelt." Das BFH-Urteil vom 29.5.2008 (BStBl. 2009 II S. 147) steht dem nicht entgegen, da es zu der vor dem 1. April 2003 geltenden Rechtslage ergangen ist.

c) Entgeltumwandlung für eine betriebliche Altersversorgung bei 400-Euro-Jobs

Arbeitslohn aus einem Beschäftigungsverhältnis kann grundsätzlich zur Finanzierung einer betrieblichen Altersversorgung verwendet werden. Dies gilt auch für 400-Euro-Jobs.

In der Sozialversicherung haben Entgeltumwandlungen zu Gunsten einer betrieblichen Altersversorgung zur Folge, dass die verwendeten Entgeltbestandteile – unabhängig von der Höhe des Verdienstes – nicht zum beitragspflichtigen Arbeitsentgelt gehören, soweit sie 4 % der Beitragsbemessungsgrenze in der gesetzlichen Rentenversicherung nicht übersteigen. Im Kalenderjahr 2010 sind dies 4 % von 66 000 € = 2640 €.

Allerdings führen nur **künftige** Entgeltumwandlungen zur Beitragsfreiheit, das heißt, rückwirkende Entgeltumwandlungen sind nicht zulässig. Für Entgeltansprüche, die auf einem Tarifvertrag beruhen, kann eine Entgeltumwandlung nur vorgenommen werden, soweit dies durch den Tarifvertrag vorgesehen ist.

Eine geringfügige Beschäftigung liegt vor, wenn das regelmäßige Arbeitsentgelt nach der Entgeltumwandlung die Arbeitsentgeltgrenze von 400 € nicht mehr übersteigt.

Beispiel A

Das monatliche Bruttoarbeitsentgelt einer Arbeitnehmerin beträgt 450 €. Für die Zukunft wird eine Entgeltumwandlung zu Gunsten einer betrieblichen Altersversorgung (z. B. einer Direktversicherung) in Höhe von 60 € monatlich vereinbart.

Es verbleibt ein beitragspflichtiges Arbeitsentgelt von 390 € monatlich. Damit besteht wegen geringfügiger Entlohnung Versicherungsfreiheit in der Kranken-, Pflege-, Renten- und Arbeitslosenversicherung. Der Arbeitgeber hat für das Arbeitsentgelt in Höhe von 390 € monatlich Pauschalbeiträge zur Renten- und ggf. auch zur Krankenversicherung zu zahlen. Außerdem fällt pauschale Lohnsteuer in Höhe von 2 % an, wenn der Arbeitnehmer keine Lohnsteuerkarte vorlegt.

Eine Entgeltumwandlung zu Gunsten einer betrieblichen Altersversorgung ist auch bei reinen 400-€-Jobs zulässig.

Beispiel B

Das monatliche Arbeitsentgelt einer Arbeitnehmerin beträgt 400 €. Für die Zukunft wird eine Entgeltumwandlung zu Gunsten einer betrieblichen Altersversorgung (z. B. einer Direktversicherung) in Höhe von 60 € monatlich vereinbart.

Es verbleibt ein Arbeitsentgelt von 340 € monatlich. Der Arbeitgeber hat für das verbleibende Arbeitsentgelt in Höhe von 340 € monatlich die (verminderten) Pauschalbeiträge zur Renten- und ggf. auch zur Krankenversicherung zu zahlen. Außerdem fällt pauschale Lohnsteuer in Höhe von 2 % an, wenn der Arbeitnehmer keine Lohnsteuerkarte vorlegt.

Versicherungsfreie geringfügig Beschäftigte (sog. 400-Euro-Jobs) haben allerdings gegenüber dem Arbeitgeber **keinen Rechtsanspruch** auf eine Entgeltumwandlung zu Gunsten einer betrieblichen Altersversorgung. Denn ein Rechtsanspruch besteht nach § 17 Abs. 1 in Verbindung mit § 1a des Gesetzes zur Verbesserung der betrieblichen Altersversorgung nur für Arbeitnehmer, die dem Grunde nach in der gesetzlichen Rentenversicherung pflichtversichert sind. Bei Arbeitnehmern, die von vorneherein wegen geringfügiger Entlohnung versicherungsfrei sind, sind Entgeltumwandlungen zugunsten einer betrieblichen Altersversorgung also davon abhängig, ob der Arbeitgeber freiwillig zu einer solchen arbeitsvertraglichen Änderung bereit ist.

Zur Entgeltumwandlung zugunsten einer betrieblichen Altersversorgung und der Problematik der sog. „Überversorgung" bei Ehegatten-Arbeitsverhältnissen vgl. die Erläuterungen beim Stichwort „Zukunftsicherung" unter Nr. 18.

d) Pauschal versteuerter Arbeitslohn

Bei der Prüfung der 400-Euro-Grenze bleibt pauschal besteuerter Arbeitslohn außer Betracht, wenn die Pauschalierung Beitragsfreiheit in der Sozialversicherung auslöst. Bei der Prüfung der 400-Euro-Grenze bleiben somit außer Betracht:

- **Fahrkostenzuschüsse** zu den Aufwendungen des Arbeitnehmers für Fahrten zwischen Wohnung und Arbeitsstätte, soweit sie **pauschal mit 15 % versteuert** werden (vgl. das nachfolgende Beispiel);

- **Job-Tickets** für Fahrten zwischen Wohnung und Arbeitsstätte, soweit sie pauschal mit 15 % versteuert werden;

- **Beiträge zu Direktversicherungen** (sog. Altverträge) **und Gruppenunfallversicherungen, die pauschal mit 20 % versteuert** werden. Pauschal versteuerte Beiträge zu Direktversicherungen und Gruppenunfallversicherungen bleiben bei der Prüfung der sozialversicherungsrechtlichen Geringfügigkeitsgrenze außer Betracht, wenn die Pauschalversteuerung mit 20 % Beitragsfreiheit auslöst. Dies ist der Fall, wenn die Direktversicherungs- oder Gruppenunfallversicherungsbeiträge zusätzlich zum Arbeitslohn oder ausschließlich aus Einmalzahlungen geleistet werden (vgl. das Stichwort „Zukunftsicherung");

- die Übereignung von **Personal-Computern** und die Arbeitgeberzuschüsse zu **Internetnutzung,** soweit zulässigerweise eine Pauschalierung der Lohnsteuer mit **25 %** erfolgt, weil diese Pauschalierung mit 25 % Beitragsfreiheit auslöst (vgl. das Stichwort „Computer");

- steuerpflichtige Zuwendungen bei **Betriebsveranstaltungen,** soweit zulässigerweise eine Pauschalierung mit **25 %** erfolgt, weil diese Pauschalierung mit 25 % Beitragsfreiheit auslöst;

- bei einer Pauschalierung der Lohnsteuer mit 25 % für steuerpflichtige **Reisekostenvergütungen, Erholungsbeihilfen** und **Kantinenessen** gilt das Gleiche.

Beispiel

Eine Arbeitnehmerin erhält im Kalenderjahr 2010 für eine Teilzeitbeschäftigung 400 € monatlich. Sie arbeitet an 12 Tagen im Monat und fährt teils mit öffentlichen Verkehrsmitteln, teils mit dem Pkw zur Arbeitsstätte. Die einfache Entfernung zwischen Wohnung und Arbeitsstätte beträgt 36 km. Der Arbeitgeber zahlt für diese Fahrten einen Fahrkostenzuschuss in Höhe des Betrags, den der Arbeitnehmer als Entfernungspauschale wie Werbungskosten absetzen könnte, wenn der Arbeitgeber keinen Fahrkostenzuschuss zahlen würde. Es ergibt sich folgende monatliche Lohnabrechnung:

Arbeitslohn	400,— €
Fahrkostenzuschuss in Höhe der Entfernungspauschale	
36 km × 0,30 € × 12 Arbeitstage	= 129,60 €
insgesamt	529,60 €

Der Fahrkostenzuschuss ist steuerpflichtig, das heißt, die Entgeltgrenze von 400 € monatlich wäre an sich überschritten. Der Fahrkostenzuschuss bleibt jedoch bei der Prüfung der Entgeltgrenze außer Betracht, soweit er zulässigerweise nach § 40 Abs. 2 EStG mit 15 % pauschaliert wird. Die Pauschalierung des Fahrkostenzuschusses ist nur insoweit zulässig, soweit die gesetzliche Entfernungspauschale nicht überschritten wird. Die Entfernungspauschale beträgt 0,30 € für jeden Kilometer der einfachen Entfernung zwischen Wohnung und Arbeitsstätte (vgl. die ausführlichen Erläuterungen bei den Stichwörtern „Entfernungspauschale" und „Fahrten zwischen Wohnung und regelmäßiger Arbeitsstätte"). Im Beispielsfall sind also 129,60 € pauschalierungs-

Geringfügige Beschäftigung

fähig. Die Pauschalbesteuerung nach § 40 Abs. 2 EStG mit 15 % löst Beitragsfreiheit in der Sozialversicherung aus. Der pauschal besteuerte Fahrkostenzuschuss bleibt somit bei der Beurteilung der monatlichen Entgeltgrenze von 400 € außer Betracht. Da die 400-Euro-Grenze nicht überschritten ist, handelt es sich um eine geringfügige versicherungsfreie Beschäftigung, für die der Arbeitgeber den besonderen Arbeitgeberanteil zur Rentenversicherung in Höhe von 15 % entrichten muss (und ggf. auch 13 % Pauschalbeitrag zur Krankenversicherung). Durch die Zahlung des besonderen Arbeitgeberanteils zur Rentenversicherung in Höhe von 15 % besteht für den Arbeitgeber die Möglichkeit der Lohnsteuerpauschalierung mit 2 %. Damit sind auch der Solidaritätszuschlag und die Kirchensteuer mit abgegolten. Die Pauschalsteuer beträgt monatlich 2 % von 400 € = 8 €.

Der Fahrkostenzuschuss in Höhe von 129,60 € monatlich ist pauschal zu versteuern. Die pauschale Lohn- und Kirchensteuer sowie der Solidaritätszuschlag für den Fahrkostenzuschuss betragen monatlich:

pauschale Lohnsteuer (15 % von 129,60 €)	=	19,44 €
Solidaritätszuschlag (5,5 % von 19,44 €)	=	1,06 €
Kirchensteuer (z. B. in Bayern 7 % von 19,44 €)	=	1,36 €

Besonders zu beachten ist in diesen Fällen, dass die 2 %ige Pauschalsteuer, die auch den Solidaritätszuschlag und die Kirchensteuer abgilt, mit den pauschalen Sozialversicherungsbeiträgen von 15 % für die Rentenversicherung und 13 % für die Krankenversicherung mit Beitragsnachweis an die Minijob-Zentrale bei der Deutschen Rentenversicherung Knappschaft-Bahn-See abzuführen ist. Die 15 %ige Pauschalsteuer für den Fahrkostenzuschuss ist hingegen zusammen mit dem Solidaritätszuschlag und der pauschalen Kirchensteuer beim Finanzamt mit Lohnsteuer-Anmeldung anzumelden und an das Betriebsstättenfinanzamt abzuführen.

5. Pauschalbeitrag zur Krankenversicherung in Höhe von 13 % oder 5 %

Der Arbeitgeber einer geringfügig entlohnten Beschäftigung hat für Versicherte, die in dieser Beschäftigung versicherungsfrei oder nicht versicherungspflichtig sind, einen Pauschalbeitrag zur Krankenversicherung von 13 % des Arbeitsentgelts aus dieser Beschäftigung zu zahlen. Wird die geringfügig entlohnte Beschäftigung in einem Privathaushalt ausgeübt, beträgt der Pauschalbeitrag zur Krankenversicherung 5 % des Arbeitsentgelts. Deshalb ist die Abgrenzung zwischen diesen Arten von Beschäftigungsverhältnissen von erheblicher Bedeutung (vgl. das Stichwort „Hausgehilfin").

Voraussetzung für die Zahlung des Pauschalbeitrags von 13 % oder 5 % ist also, dass der geringfügig Beschäftigte in der **gesetzlichen Krankenversicherung** versichert ist (z. B. im Rahmen der Familienversicherung, als Rentner, Student oder Arbeitsloser, freiwillige Versicherung).

Für geringfügig Beschäftigte, die privat oder gar nicht krankenversichert sind, fällt kein Pauschalbeitrag an.

Weitere Voraussetzung für die Zahlung des Pauschalbeitrags zur Krankenversicherung ist, dass der Arbeitnehmer in der geringfügig entlohnten Beschäftigung krankenversicherungsfrei oder nicht versicherungspflichtig ist. Der Pauschalbeitrag kommt demzufolge entweder dann in Betracht, wenn die Versicherungsfreiheit auf den Regelungen für die geringfügig entlohnten Beschäftigungen beruht oder aus anderen Gründen Krankenversicherungsfreiheit besteht. Der Pauschalbeitrag ist deshalb auch für nach § 6 Abs. 1 Nr. 1 SGB V wegen **Überschreitens der Jahresarbeitsentgeltgrenze** krankenversicherungsfreie Arbeitnehmer, für nach § 6 Abs. 1 Nr. 2 SGB V krankenversicherungsfreie **Beamte** sowie für nach § 6 Abs. 1 Nr. 3 SGB V krankenversicherungsfreie **Werkstudenten** zu zahlen, die daneben eine geringfügig entlohnte Beschäftigung ausüben und gesetzlich krankenversichert sind. Für Werkstudenten fällt der Pauschbetrag dann nicht an, wenn sie mehr als geringfügig entlohnt beschäftigt werden, also mehr als 400 € monatlich verdienen (z. B. im Rahmen der sog. 20-Stunden-Regelung, vgl. das Stichwort „Studenten").

Beispiel

Ein Student übt eine Teilzeitbeschäftigung aus, für die er einen Monatslohn von 400 € erhält. Der Student legt dem Arbeitgeber eine Lohnsteuerkarte mit der Steuerklasse I vor. Für den 400-Euro-Job des Studenten ergibt sich folgende Lohnabrechnung:

	Lohnsteuerpflichtig	Sozialversich.-pflichtig
Monatslohn		400,— €
Lohnsteuer (Steuerklasse I)	0,— €	
Solidaritätszuschlag	0,— €	
Kirchensteuer	0,— €	
Sozialversicherung (Arbeitnehmeranteil)	0,— €	0,— €
Nettolohn		400,— €

Der Arbeitgeber muss bei versicherungsfrei geringfügig Beschäftigten einen Beitragsanteil von 15 % für die Rentenversicherung und 13 % für die Krankenversicherung bezahlen.

Dies sind (28 % von 400 € =) 112,— €

Die Pauschalsteuer von 2 % entfällt, weil der Student eine Lohnsteuerkarte vorgelegt hat. Legt der Student keine Lohnsteuerkarte vor, muss der Arbeitgeber 2 % Pauschalsteuer zahlen.

Der 13 %ige pauschale Beitrag zur Krankenversicherung entfällt, wenn der Student privat krankenversichert ist.

Das Beispiel gilt auch für Schüler, die auf 400-Euro-Basis arbeiten.

Für **Praktikanten**, die ein Praktikum machen, das in einer Studien- oder Prüfungsordnung vorgeschrieben ist, fällt ein Pauschalbeitrag zur Krankenversicherung selbst dann nicht an, wenn das Praktikum die Kriterien einer geringfügig entlohnten Beschäftigung erfüllt. Wird **neben** einem Zwischenpraktikum eine geringfügig entlohnte Beschäftigung ausgeübt, hat der Arbeitgeber der geringfügig entlohnten Beschäftigung den Pauschalbeitrag zur Krankenversicherung zu zahlen, wenn der Praktikant in der gesetzlichen Krankenversicherung versichert ist. Entsprechendes gilt für Vor- und Nachpraktikanten, die kein Arbeitsentgelt erhalten. Erhalten die Praktikanten Arbeitsentgelt, unterliegen sie als Arbeitnehmer grundsätzlich der Krankenversicherungspflicht, so dass für eine **daneben** ausgeübte geringfügig entlohnte Beschäftigung ein Pauschalbeitrag zu zahlen ist. Werden weitere geringfügig entlohnte Beschäftigungen ausgeübt, sind dagegen aus den weiteren Beschäftigungen individuelle Beiträge zu zahlen.

Für Personen, die ein **nicht** in der Studien- oder Prüfungsordnung vorgeschriebenes Praktikum ableisten, fallen Pauschalbeiträge zur Krankenversicherung an, wenn das Praktikum die Kriterien einer geringfügig entlohnten Beschäftigung erfüllt und der Arbeitnehmer gesetzlich krankenversichert ist (vgl. das Stichwort „Praktikanten").

Der Pauschbetrag fällt im Übrigen auch für solche geringfügig entlohnten Beschäftigte an, die zwar aufgrund dieser Beschäftigung nicht versicherungspflichtig werden, gleichwohl aber in der gesetzlichen Krankenversicherung **(freiwillig)** versichert sind (z. B. hauptberuflich Selbständige, die daneben eine geringfügig entlohnte Beschäftigung ausüben).

6. Pauschalbeitrag zur Rentenversicherung in Höhe von 15 % oder 5 %

Der Arbeitgeber einer geringfügig entlohnten Beschäftigung hat einen Pauschalbeitrag zur Rentenversicherung von 15 % des Arbeitsentgelts aus dieser Beschäftigung zu zahlen. Wird die geringfügig entlohnte Beschäftigung in einem Privathaushalt ausgeübt, beträgt der Pauschalbeitrag zur Rentenversicherung 5 % des Arbeitsentgelts (vgl. das Stichwort „Hausgehilfin"). Voraussetzung für die Zahlung des Pauschalbeitrages ist, dass der geringfügig Beschäftigte

– in der geringfügig entlohnten Beschäftigung rentenversicherungsfrei,
– von der Rentenversicherungspflicht befreit oder
– nach § 5 Abs. 4 SGB VI (z. B. als Bezieher einer Vollrente wegen Alters oder als Beamtenpensionär) rentenversicherungsfrei

ist.

Dem Pauschalbeitrag zur Rentenversicherung in Höhe von 15 % oder 5 % kommt große Bedeutung zu, da an diesen Pauschalbeitrag die 2 %ige Pauschalsteuer anknüpft,

Geringfügige Beschäftigung

die für einen 400-Euro-Job gezahlt werden muss (vgl. die Erläuterungen unter der nachfolgenden Nr. 8). Ob der Arbeitnehmer neben dem 15 %igen oder 5 %igen Pauschalbeitrag zur Rentenversicherung auch noch einen Pauschalbeitrag zur Krankenversicherung in Höhe von 13 % oder 5 % zahlen muss, ist für die 2 %ige Pauschalsteuer ohne Bedeutung.

Anknüpfungspunkt für den Pauschalbeitrag zur Rentenversicherung in Höhe von 15 % oder 5 % ist also allein die Ausübung eines geringfügig entlohnten Beschäftigungsverhältnisses.

Deshalb fällt auch für Beamte, die neben ihrer Beamtentätigkeit einen 400-Euro-Job ausüben, im Normalfall der Pauschalbeitrag zur Rentenversicherung an.

Beispiel A

Ein privat krankenversicherter Beamter übt neben seiner Beamtenbeschäftigung einen 400-Euro-Job aus. Für den 400-Euro-Job ergibt sich folgende Lohnabrechnung:

		Lohnsteuerpflichtig	Sozialversich.-pflichtig
Monatslohn		400,— €	
Lohnsteuer		0,— €	
Solidaritätszuschlag		0,— €	
Kirchensteuer		0,— €	
Sozialversicherung		0,— €	0,— €
Nettolohn		400,— €	

Der Arbeitnehmer braucht für den 400-Euro-Job keine Lohnsteuerkarte vorzulegen.

Der Arbeitgeber muss folgende Pauschalabgaben zahlen:

Lohnsteuer (einschließlich Solidaritätszuschlag und Kirchensteuer)	2 %	8,— €
Krankenversicherung (kein Pauschalbeitrag, da privat krankenversichert)		0,— €
Rentenversicherung pauschal	15 %	60,— €
insgesamt		68,— €

In der Fachliteratur wird des Öfteren darauf hingewiesen, dass für Beamte kein 15 %iger Pauschalbeitrag zur Rentenversicherung anfallen soll. Dies trifft jedoch nur in seltenen Ausnahmefällen zu. Denn nur bei Beamten, bei denen der Dienstherr die Gewährleistung auf Versorgungsanwartschaften (Pensionsgarantie) **auch auf die geringfügig entlohnte Beschäftigung erstreckt,** sind keine Pauschalbeiträge zu zahlen. Hierfür ist es allerdings erforderlich, dass der Dienstherr einen entsprechenden Gewährleistungsbescheid erteilt. Dies ist nur möglich, wenn die beamtenrechtlichen Voraussetzungen (u. a. dienstliches oder überwiegend öffentliches Interesse an der Nebentätigkeit) vorliegen. Für eine „normale" Nebenbeschäftigung wird dies in aller Regel nicht der Fall sein.

Der Pauschalbeitrag ist auch für solche Arbeitnehmer zu zahlen, die eine geringfügig entlohnte Beschäftigung ausüben und **von der Rentenversicherungspflicht befreit** sind (§ 6 SGB VI). Hierunter fallen vor allem Personen, die zugunsten einer **berufsständischen Versorgungseinrichtung** von der Rentenversicherungspflicht befreit sind (z. B. Anwälte, Ärzte, Apotheker, Architekten), sowie befreite Lehrer und Erzieher sowie Handwerker. Bei den nach § 6 Abs. 1 Satz 1 Nr. 1 SGB VI von der Rentenversicherungspflicht befreiten Mitgliedern berufsständischer Versorgungswerke erhält im Übrigen – auch wenn die geringfügig entlohnte Beschäftigung in einem Beruf ausgeübt wird, für den die Befreiung erfolgt ist – nicht das berufsständische Versorgungswerk, sondern über die Minijob-Zentrale die Deutsche Rentenversicherung die Beiträge.

Der Pauschalbeitrag zur Rentenversicherung fällt darüber hinaus auch für Personen an, die nach § 5 Abs. 4 SGB VI rentenversicherungsfrei sind und eine geringfügig entlohnte Beschäftigung ausüben. Dies sind Bezieher einer **Vollrente wegen Alters, Ruhestandsbeamte** und gleichgestellte Personen sowie Bezieher einer berufsständischen Altersversorgung und auch Personen nach der Vollendung des 65. Lebensjahres, die bis dahin nicht rentenversichert waren oder danach eine Beitragserstattung aus ihrer Versicherung erhalten haben.

Beispiel B

Der Bezieher einer Vollrente wegen Alters übt nebenher einen 400-Euro-Job aus. Sozialversicherungsrechtlich handelt es sich um eine versicherungsfreie geringfügige Beschäftigung, für die der Arbeitgeber einen 15 %igen Arbeitgeberanteil zur Rentenversicherung, einen 13 %igen Arbeitgeberanteil zur Krankenversicherung und 2 % Pauschalsteuer zu entrichten hat.

Für den 400-Euro-Job ergibt sich folgende Lohnabrechnung:

		Lohnsteuerpflichtig	Sozialversich.-pflichtig
Monatslohn		400,— €	
Lohnsteuer		0,— €	
Solidaritätszuschlag		0,— €	
Kirchensteuer		0,— €	
Sozialversicherung (Arbeitnehmeranteil)		0,— €	0,— €
Nettolohn		400,— €	

Der Arbeitgeber muss bei versicherungsfrei geringfügig Beschäftigten einen Beitragsanteil von 15 % für die Rentenversicherung, 13 % für die Krankenversicherung und 2 % Pauschalsteuer bezahlen.

Lohnsteuer (einschließlich Solidaritätszuschlag und Kirchensteuer)	2 %	8,— €
Krankenversicherung pauschal	13 %	52,— €
Rentenversicherung pauschal	15 %	60,— €
insgesamt		120,— €

Der 13 %ige pauschale Beitrag zur Krankenversicherung entfällt, wenn der Rentner privat krankenversichert ist.

Hat der Rentner das 65. Lebensjahr noch nicht vollendet, müssen die Hinzuverdienstgrenzen beachtet werden, da bei einem schädlichen Hinzuverdienst, die Vollrente entfällt (vgl. das Stichwort „Rentner").

Beispiel C

Ein privat krankenversicherter pensionierter Beamter, Richter oder Soldat übt nebenher einen 400-Euro-Job aus. Sozialversicherungsrechtlich handelt es sich um eine versicherungsfreie geringfügige Beschäftigung, für die der Arbeitgeber einen 15 %igen Arbeitgeberanteil zur Rentenversicherung zu entrichten hat. Ein 13 %iger Arbeitgeberanteil zur Krankenversicherung fällt nur dann an, wenn der pensionierte Beamte, Richter oder Soldat in der gesetzlichen Krankenversicherung (z. B. freiwillig) krankenversichert ist. Außerdem muss der Arbeitgeber 2 % Pauschalsteuer bezahlen. Für den 400-Euro-Job ergibt sich folgende Lohnabrechnung:

		Lohnsteuerpflichtig	Sozialversich.-pflichtig
Monatslohn		400,— €	
Lohnsteuer		0,— €	
Solidaritätszuschlag		0,— €	
Kirchensteuer		0,— €	
Sozialversicherung (Arbeitnehmeranteil)		0,— €	0,— €
Nettolohn		400,— €	

Der Arbeitgeber muss folgende Pauschalabgaben zahlen:

Lohnsteuer (einschließlich Solidaritätszuschlag und Kirchensteuer)	2 %	8,— €
Krankenversicherung		0,— €
Rentenversicherung pauschal	15 %	60,— €
insgesamt		68,— €

Für **Praktikanten** gilt Folgendes:

Praktikanten, die ein in einer Studien- oder Prüfungsordnung vorgeschriebenes Praktikum ableisten, unterliegen als zur Berufsausbildung Beschäftigte grundsätzlich der Rentenversicherungspflicht, für die die Versicherungsfreiheit aufgrund einer geringfügigen Beschäftigung nach § 5 Abs. 2 Satz 3 SGB VI ausgeschlossen ist. Für vorgeschriebene Zwischenpraktika besteht zudem nach § 5 Abs. 3 SGB VI Versicherungsfreiheit. Pauschalbeiträge sind demnach für vorgeschriebene Praktika nicht zu zahlen. Pauschalbeitragspflicht besteht jedoch für eine **daneben** ausgeübte geringfügig entlohnte Beschäftigung, da eine versicherungspflichtige Beschäftigung (vorgeschriebenes Vor- und Nachpraktikum) nicht mit einer (ersten) geringfügig entlohnten Beschäftigung bzw. eine versicherungsfreie Beschäftigung (vorgeschriebenes Zwischenpraktikum) nicht mit geringfügig entlohnten Beschäftigun-

Geringfügige Beschäftigung

gen zusammenzurechnen ist. Werden weitere geringfügig entlohnte Beschäftigungen neben dem vorgeschriebenen Vor- oder Nachpraktikum ausgeübt, sind für diese dagegen individuelle Beiträge zu zahlen, neben einem vorgeschriebenen Zwischenpraktikum erst dann, wenn die Arbeitsentgelte aus mehreren ausgeübten geringfügig entlohnten Beschäftigungen in der Summe 400 € im Monat überschreiten.

Nach § 172 Abs. 3 Satz 2 SGB VI gilt die Regelung über den Pauschalbeitrag zur Rentenversicherung nicht für Studierende, die während der Dauer eines Studiums als ordentlich Studierende einer Fachschule oder Hochschule ein Praktikum ableisten (Zwischenpraktikum), das nicht in ihrer Studien- oder Prüfungsordnung vorgeschrieben ist und die Kriterien für eine geringfügig entlohnte Beschäftigung erfüllt. Für diese Praktikanten sind Pauschalbeiträge daher nicht zu zahlen. Für eine daneben ausgeübte geringfügig entlohnte Beschäftigung hat der Arbeitgeber jedoch den Pauschalbeitrag zu zahlen, sofern die Arbeitsentgelte in der Summe 400 € im Monat nicht überschreiten.

Werden **nicht** vorgeschriebene Vor- oder Nachpraktika geringfügig entlohnt ausgeübt, gelten die allgemeinen Regelungen. Pauschalbeiträge sind daher zur Rentenversicherung zu zahlen.

7. Wahl der Rentenversicherungspflicht (sog. Option)

a) Allgemeines

Arbeitnehmer in einer versicherungsfreien geringfügig entlohnten Beschäftigung können die Rentenversicherungspflicht wählen und erwerben dadurch die vollen Leistungsansprüche in der Rentenversicherung (der Gesetzgeber bezeichnet dies als „Verzicht auf die Rentenversicherungsfreiheit"). Diese sog. Option muss schriftlich gegenüber dem Arbeitgeber erklärt werden. Die Wahl der Rentenversicherungspflicht gilt für die gesamte Dauer der jeweiligen geringfügig entlohnten Beschäftigung, für die sie erklärt wird, und kann nicht widerrufen werden. Bezieher einer **Vollrente wegen Alters** sind nach § 5 Abs. 4 SGB VI rentenversicherungsfrei, so dass spätestens mit Beginn dieser Leistungen keine Rentenanwartschaftszeiten mehr erworben werden können. Die Wahl der Rentenversicherungspflicht in der geringfügig entlohnten Beschäftigung endet in diesem Fall mit dem Tag, der dem Tag des Beginns der Vollrente wegen Alters vorausgeht.

Die Option wirkt für die Zukunft, das heißt, die Rentenversicherungspflicht tritt ab dem Tag ein, der dem Eingang der Erklärung beim Arbeitgeber folgt, es sei denn der Arbeitnehmer bestimmt einen späteren Zeitpunkt. Geht die Erklärung innerhalb von 14 Tagen nach Beginn der geringfügig entlohnten Beschäftigung beim Arbeitgeber ein, wirkt sie ab dem Beginn der Beschäftigung, wenn der Arbeitnehmer dies verlangt. Die Erklärung ist vom Arbeitgeber zu den Entgeltunterlagen zu nehmen. Bei mehreren geringfügigen Beschäftigungen, bei denen trotz Zusammenrechnung der Arbeitsentgelte die monatliche Grenze von 400 € nicht überschritten wird, kann die Wahl der Rentenversicherungspflicht **nur einheitlich** für alle Beschäftigungsverhältnisse erfolgen.

Hat der Arbeitnehmer die Rentenversicherungspflicht gewählt, ist der volle Beitrag zur Rentenversicherung zu zahlen. Der volle Beitrag zur Rentenversicherung beträgt derzeit 19,9 %.

Der Arbeitgeber hat hiervon einen Arbeitgeberanteil von 15 % des aus der geringfügig entlohnten Beschäftigung erzielten tatsächlichen Arbeitsentgelts zu tragen. Der Arbeitnehmer stockt den Restbeitrag also um (19,9 % – 15,0 % =) **4,9 %** auf. Bei geringfügig entlohnten Beschäftigungsverhältnissen in privaten Haushalten, für die der Arbeitgeber einen Arbeitgeberanteil von 5 % bezahlt, beträgt der Aufstockungsbetrag des Arbeitnehmers (19,9 % – 5,0 % =) 14,9 % (vgl. die Erläuterungen beim Stichwort „Hausgehilfin").

Beispiel

Eine Arbeitnehmerin ist als Teilzeitkraft tätig und erhält hierfür einen Monatslohn von 400 €. Für das 400-Euro-Arbeitsverhältnis ergibt sich folgende Lohnabrechnung:

	Lohnsteuerpflichtig	Sozialversich.-pflichtig
Monatslohn		400,— €
Lohnsteuer	0,— €	
Solidaritätszuschlag	0,— €	
Kirchensteuer	0,— €	
Sozialversicherung (Arbeitnehmeranteil)	0,— €	0,— €
auszuzahlender Betrag		400,— €

Der Arbeitgeber muss bei versicherungsfrei geringfügig Beschäftigten einen Beitragsanteil von 15 % für die Rentenversicherung, 13 % für die Krankenversicherung und 2 % Pauschalsteuer bezahlen:

Lohnsteuer (einschließlich Solidaritätszuschlag und Kirchensteuer)	2 %	8,— €
Krankenversicherung pauschal	13 %	52,— €
Rentenversicherung pauschal	15 %	60,— €
insgesamt		120,— €

Die Arbeitnehmerin kann aber auch auf die Rentenversicherungsfreiheit verzichten und für die Rentenversicherungspflicht optieren. In diesem Fall muss sie einen Arbeitnehmerbeitrag zur Rentenversicherung in Höhe von 4,9 % bezahlen. Es ergibt sich folgende Lohnabrechnung:

	Lohnsteuerpflichtig	Sozialversich.-pflichtig
Monatslohn		400,— €
Lohnsteuer	0,— €	
Solidaritätszuschlag	0,— €	
Kirchensteuer	0,— €	
Arbeitnehmeranteil zur Rentenversicherung 4,9 %	19,60 €	19,60 €
Nettolohn		380,40 €

Der Arbeitgeber muss folgende Pauschalabgaben zahlen:

Lohnsteuer (einschließlich Solidaritätszuschlag und Kirchensteuer)	2 %	8,— €
Krankenversicherung pauschal	13 %	52,— €
Rentenversicherung pauschal	15 %	60,— €
insgesamt		120,— €

b) Mindestbeitragsbemessungsgrundlage

Für diejenigen **Arbeitnehmer,** die die Rentenversicherungspflicht gewählt haben, gilt bei niedrigerem Entgelt eine **Mindestbeitragsbemessungsgrundlage** von **155 €** monatlich (§ 163 Abs. 8 SGB VI). Das bedeutet, dass als Rentenversicherungsbeitrag derzeit mindestens ein Betrag von (19,9 % von 155 € =) 30,85 € zu zahlen ist.

Beispiel A

Arbeitsentgelt aus der geringfügig entlohnten Beschäftigung 100 €. Der Arbeitnehmer wählt die Rentenversicherungspflicht.

19,9 % aus 155 €	30,85 €
abzüglich Arbeitgeberanteil 15 % aus 100 €	15,— €
Arbeitnehmeranteil	15,85 €

Bei monatlichen Arbeitsentgelten unter 155 € muss der Arbeitnehmer also den vom Arbeitgeber zu zahlenden Beitragsanteil von 15 % stets auf 30,85 € aufstocken. Dieser Aufstockungsbetrag wird nach § 2 Abs. 1 Satz 5 der Beitragsverfahrensverordnung ermittelt, indem der gerundete Arbeitgeberbeitragsanteil vom Mindestbeitrag abgezogen wird. Hiernach ergeben sich entsprechend den unterschiedlichen Beitragssätzen zur Rentenversicherung folgende Aufstockungsbeträge:

Geringfügige Beschäftigung

	Lohn-steuer-pflichtig	Sozial-versich.-pflichtig
seit 1.1.2007		30,85 €
1.1.–31.12.2006		30,23 €
1.1.–31.12.2005		30,23 €
1.1.–31.12.2004		30,23 €
1.1.–31.12.2003		30,23 €
1.1.–31.12.2002		29,61 €
1.1.–31.12.2001		57,30 DM
1.1.–31.12.2000		57,90 DM
1.4.–31.12.1999		58,50 DM

Sofern das Beschäftigungsverhältnis im Laufe eines Monats beginnt oder endet, kommt ein **anteiliger Mindestbeitrag** in Betracht. Entsprechendes gilt im Falle von Arbeitsunterbrechungen (z. B. wegen Arbeitsunfähigkeit). Die anteilige Mindestbeitragsbemessungsgrundlage ist wie folgt zu ermitteln:

$$\frac{155\,\text{€} \times \text{Kalendertage}}{30} = \text{anteilige Mindestbeitragsbemessungsgrundlage}$$

Dagegen führt ein unbezahlter Urlaub von nicht mehr als einem Monat nicht zu einer Kürzung der Mindestbeitragsbemessungsgrundlage. Dauert der unbezahlte Urlaub länger als einen Monat, ist die Mindestbeitragsbemessungsgrundlage entsprechend zu kürzen. Für Kalendermonate, in denen tatsächliches Arbeitsentgelt nicht erzielt wird, ist allerdings kein Mindestbeitrag zu zahlen, so dass eine Aufstockung entfällt.

Beispiel B

Eine Arbeitnehmerin arbeitet für einen Monatslohn von 90 €; sie hat auf die Rentenversicherungsfreiheit verzichtet. Das Beschäftigungsverhältnis endet am 20.6.2010; für den Monat Juni 2010 erhält sie ein Arbeitsentgelt von 60 €.

Für den Monat Juni 2010 ergibt sich für die Berechnung der Rentenversicherungsbeiträge eine monatliche Mindestbeitragsbemessungsgrundlage von (155 € × 20 : 30 =) 103,33 €, so dass der Mindestbeitrag 20,56 € (19,9 % aus 103,33 €) beträgt. Dieser Mindestbeitrag ist wie folgt aufzubringen:

Mindestbeitrag (19,9 % von 103,33 €)	20,56 €
abzüglich Arbeitgeberanteil (15 % von 60 €)	9,— €
Arbeitnehmeranteil	11,56 €

c) Hinweispflicht des Arbeitgebers

Der Arbeitgeber ist gesetzlich verpflichtet, den Arbeitnehmer darauf hinzuweisen, dass er die Rentenversicherungspflicht wählen kann.

Kommt der Arbeitgeber dieser Verpflichtung nicht nach, kann dies ggf. zu Schadensersatzforderungen gegen den Arbeitgeber führen, wenn dadurch Einbußen bei der späteren Rentengewährung (z. B. durch fehlende Beitragszeiten) erfolgen. Aus diesem Grund ist es ratsam, den Arbeitnehmer schriftlich auf die Möglichkeit des Verzichts hinzuweisen und ihn dies unterschriftlich bestätigen zu lassen. Am einfachsten kann dies im Arbeitsvertrag geschehen. Viele Arbeitgeber verwenden jedoch auch Fragebogen, die einen entsprechenden Hinweis (ggf. mit der entsprechenden Verzichtserklärung) enthalten, und der zusammen mit den anderen Angaben, die der Arbeitnehmer zu machen hat, unterschrieben wird und zu den Lohnunterlagen genommen wird. Das Muster eines solchen Personalfragebogens ist als Anlage 18 auf Seite 999 abgedruckt.

8. Pauschalierung der Lohnsteuer

a) Pauschalsteuer in Höhe von 2 %

Nach § 40 a Abs. 2 EStG kann der Arbeitgeber den Arbeitslohn für einen 400-Euro-Job unter Verzicht auf die Vorlage einer Lohnsteuerkarte pauschal mit **2 %** versteuern, wenn der Arbeitgeber für diese geringfügige Beschäftigung einen **Pauschalbeitrag zur gesetzlichen Rentenversicherung** in Höhe von **15 %** für „normale" 400-Euro-Jobs oder in Höhe von **5 %** für 400-Euro-Jobs in einem Privathaushalt entrichtet. Die Voraussetzungen für eine Pauschalierung der Lohnsteuer mit 2 % richten sich ausschließlich nach den sozialversicherungsrechtlichen Vorschriften. Auf die Höhe des Stundenlohns kommt es nicht an. Die 2 %ige Pauschalsteuer ist eine Abgeltungssteuer und gilt auch für den Solidaritätszuschlag und die Kirchensteuer mit ab. Der pauschal versteuerte Arbeitslohn und die 2 %ige Pauschalsteuer bleiben bei der Veranlagung des Arbeitnehmers zur Einkommensteuer außer Ansatz. Die Pauschalsteuer von 2 % ist zusammen mit dem pauschalen Kranken- und Rentenversicherungsbeitrag mit Beitragsnachweis an die Minijob-Zentrale bei der Deutschen Rentenversicherung Knappschaft-Bahn-See abzuführen (vgl. die ausführlichen Erläuterungen beim Stichwort „Pauschalierung der Lohnsteuer für Aushilfskräfte und Teilzeitbeschäftigte").

b) Vorlage einer Lohnsteuerkarte oder Pauschalierung der Lohnsteuer mit 2 %

Die Pauschalierungsmöglichkeit mit 2 % ist als „**Kannvorschrift**" ausgestaltet. Das bedeutet, dass anstelle der Pauschalierung der Lohnsteuer mit 2 % auch ein Lohnsteuerabzug nach Lohnsteuerkarte durchgeführt werden kann. Dies werden in der Praxis diejenigen Fälle sein, in denen der Arbeitnehmer eine Lohnsteuerkarte mit der Steuerklasse I, II, III oder IV vorlegen kann, weil dann für ihn keine Lohnsteuer anfällt und sich der Arbeitgeber die 2 %ige Lohnsteuer spart. Kann der Arbeitnehmer also für den 400-Euro-Job eine Lohnsteuerkarte mit der Steuerklasse I, II, III oder IV vorlegen (z. B. Schüler, Studenten), ist dies für den Arbeitgeber günstiger als die 2 %ige Lohnsteuerpauschalierung (vgl. die ausführlichen Erläuterungen beim Stichwort „Pauschalierung der Lohnsteuer für Aushilfskräfte und Teilzeitbeschäftigte" unter Nr. 2 Buchstabe i auf Seite 530).

c) Pauschalierung der Lohnsteuer für 400-Euro-Jobs mit 20 %

Liegen die Voraussetzungen für eine Pauschalierung der Lohnsteuer mit 2 % nicht vor, weil der Arbeitgeber für ein geringfügig entlohntes Beschäftigungsverhältnis keinen Pauschalbeitrag zur gesetzlichen Rentenversicherung von 15 % oder 5 % entrichtet, so kann die Lohnsteuer nach § 40 a Abs. 2 a EStG unter Verzicht auf die Vorlage einer Lohnsteuerkarte mit 20 % pauschaliert werden, wenn das Arbeitsentgelt **monatlich 400 €** nicht übersteigt. Auf die Höhe des Stundenlohns kommt es nicht an (§ 40 a Abs. 4 EStG).

Die Pauschalierung der Lohnsteuer mit 20 % an Stelle von 2 % wird bei 400-Euro-Jobs nur in Ausnahmefällen zur Anwendung kommen, und zwar dann, wenn für eine Beschäftigung, die für sich allein gesehen eine geringfügig entlohnte Beschäftigung ist, **keine Pauschalbeiträge von 15 % oder 5 % zur Rentenversicherung** zu zahlen sind, z. B. wegen der Zusammenrechnung von mehreren geringfügig entlohnten Beschäftigungen. Der Hauptanwendungsfall der 20 %igen Lohnsteuerpauschalierung bei einer Zusammenrechnung mehrerer geringfügig entlohnter Beschäftigungsverhältnisse ist unter der nachfolgenden Nr. 9 anhand eines Beispiels erläutert.

9. Zusammenrechnung von mehreren geringfügig entlohnten Beschäftigungsverhältnissen

Werden mehrere geringfügig entlohnte Beschäftigungen bei verschiedenen Arbeitgebern nebeneinander ausgeübt, dann sind für die versicherungsrechtliche Beurteilung in allen Versicherungszweigen (auch in der Arbeitslosenversicherung) die Arbeitsentgelte aus den einzelnen Beschäftigungen zusammenzurechnen. Eine Zusammenrechnung ist nicht vorzunehmen, wenn eine geringfügig entlohnte Beschäftigung mit einer kurzfristigen Beschäftigung zusammentrifft.

Geringfügige Beschäftigung

Eine geringfügig entlohnte Beschäftigung im Sinne des § 8 Abs. 1 Nr. 1 SGB IV liegt bei mehreren nebeneinander ausgeübten Minijobs solange vor, solange die zusammengerechneten Arbeitsentgelte aus allen Beschäftigungsverhältnissen 400 € im Monat nicht übersteigen. Jeder Arbeitgeber hat in diesem Fall Pauschalbeiträge zur Rentenversicherung und ggf. auch zur Krankenversicherung sowie die 2%ige Pauschalsteuer zu zahlen.

Beispiel A

Eine privat krankenversicherte Raumpflegerin arbeitet beim Arbeitgeber A gegen ein monatliches Arbeitsentgelt von 170 € und beim Arbeitgeber B gegen ein monatliches Arbeitsentgelt von 150 €.

Die Raumpflegerin ist in beiden Beschäftigungen versicherungsfrei, weil das zusammengerechnete Arbeitsentgelt (320 €) aus diesen Beschäftigungen 400 € nicht übersteigt. Die Arbeitgeber haben Pauschalbeiträge zur Rentenversicherung sowie die 2%ige Pauschalsteuer zu zahlen.

Übersteigen die zusammengerechneten Arbeitsentgelte die monatliche 400-Euro-Grenze, tritt Sozialversicherungspflicht in allen vier Versicherungszweigen ein. Eine Steuerpauschalierung mit 2% ist nicht möglich.

Beispiel B

Eine verheiratete Arbeitnehmerin hat einen 400-Euro-Job als Verkäuferin beim Arbeitgeber A und einen 400-Euro-Job als Aushilfskellnerin beim Arbeitgeber B. Sozialversicherungsrechtlich werden beide 400-Euro-Jobs zusammengerechnet, das heißt jeder 400-Euro-Job ist voll sozialversicherungspflichtig. Das bedeutet, dass beide Arbeitgeber nicht den pauschalen 15%igen Arbeitgeberanteil zur Rentenversicherung entrichten, sondern den hälftigen Arbeitgeberanteil zur Rentenversicherung in Höhe von 9,95%. Damit entfällt die Steuerpauschalierung mit 2%, die auch den Solidaritätszuschlag und die Kirchensteuer mit abgilt. Die Arbeitnehmerin müsste deshalb bei beiden Arbeitgebern eine Lohnsteuerkarte vorlegen. Nach § 40 a Abs. 2 a EStG besteht jedoch sowohl für den Arbeitgeber A als auch für den Arbeitgeber B die Möglichkeit einer Pauschalierung der Lohnsteuer mit 20%, weil der Monatslohn 400 € nicht übersteigt (auf die Höhe des Stundenlohns kommt es nicht an). Die unterschiedliche Steuerbelastung bei Vorlage einer Lohnsteuerkarte einerseits und bei einer Lohnsteuerpauschalierung mit 20% andererseits sowie die Belastung mit individuellen Sozialversicherungsbeiträgen soll die nachfolgende Gegenüberstellung verdeutlichen.

Behandlung des 400-Euro-Jobs beim Arbeitgeber A

(Vorlage einer Lohnsteuerkarte mit der Steuerklasse V oder Pauschalierung der Lohnsteuer mit 20%)

	Lohnsteuer-pflichtig	Sozialversich.-pflichtig
Monatslohn		400,— €
Lohnsteuer (Steuerklasse V)	35,83 €	
Solidaritätszuschlag	0,— €	
Kirchensteuer (z. B. 8%)	2,86 €	
Krankenversicherung (7,9%)		31,60 €
Pflegeversicherung (0,975% + 0,25% = 1,225%)		4,90 €
Rentenversicherung (9,95%)		39,80 €
Arbeitslosenversicherung (1,4%)		5,60 € / 120,59 €
Nettolohn		279,41 €
Arbeitgeberanteil:		
Krankenversicherung (7,0%)		28,— €
Pflegeversicherung (0,975%)		3,90 €
Rentenversicherung (9,95%)		39,80 €
Arbeitslosenversicherung (1,4%)		5,60 €
insgesamt		77,30 €

Pauschalierung der Lohnsteuer mit 20%:

Will die Arbeitnehmerin für ihren 400-Euro-Job keine Lohnsteuerkarte mit der Steuerklasse V und auch keine zweite Lohnsteuerkarte mit der Steuerklasse VI vorlegen, so kann der Arbeitgeber die Lohnsteuer mit 20% pauschalieren. Bei der Prüfung der 400-Euro-Pauschalierungsgrenze werden die beiden 400-Euro-Jobs **nicht** zusammengerechnet, das heißt sowohl der Arbeitgeber A als auch der Arbeitgeber B kann mit 20% pauschalieren. Im Pauschalierungsfall ergibt sich folgende Lohnabrechnung:

	Lohnsteuer-pflichtig	Sozialversich.-pflichtig
Monatslohn		400,— €
Lohnsteuer	0,— €	
Solidaritätszuschlag	0,— €	
Kirchensteuer	0,— €	
Krankenversicherung (7,9%)		31,60 €
Pflegeversicherung (0,975% + 0,25% = 1,225%)		4,90 €
Rentenversicherung (9,95%)		39,80 €
Arbeitslosenversicherung (1,4%)		5,60 € / 81,90 €
Nettolohn		318,10 €
Arbeitgeberanteil:		
Krankenversicherung (7,0%)		28,— €
Pflegeversicherung (0,975%)		3,90 €
Rentenversicherung (9,95%)		39,80 €
Arbeitslosenversicherung (1,4%)		5,60 €
insgesamt		77,30 €

Außerdem muss der Arbeitgeber folgende Pauschalsteuer an das Finanzamt abführen:

Lohnsteuer (20% von 400 €)	80,— €
Solidaritätszuschlag (5,5% von 80 €)	4,40 €
pauschale Kirchensteuer (z. B. 7% von 80 €)	5,60 €
insgesamt	90,— €

Die Belastung des Arbeitgebers beträgt also im Falle der Lohnsteuerpauschalierung mit 20% insgesamt (77,30 € + 90,— € =) 167,30 €.

Behandlung des 400-Euro-Jobs beim Arbeitgeber B

(Vorlage einer Lohnsteuerkarte mit der Steuerklasse VI oder Pauschalierung der Lohnsteuer mit 20%)

	Lohnsteuer-pflichtig	Sozialversich.-pflichtig
Monatslohn		400,— €
Lohnsteuer (Steuerklasse VI)	47,— €	
Solidaritätszuschlag	0,— €	
Kirchensteuer (z. B. 8%)	3,76 €	
Krankenversicherung (7,9%)		31,60 €
Pflegeversicherung (1,225%)		4,90 €
Rentenversicherung (9,95%)		39,80 €
Arbeitslosenversicherung (1,4%)		5,60 € / 132,66 €
Nettolohn		267,34 €
Arbeitgeberanteil:		
Krankenversicherung (7,0%)		28,— €
Pflegeversicherung (0,975%)		3,90 €
Rentenversicherung (9,95%)		39,80 €
Arbeitslosenversicherung (1,4%)		5,60 €
insgesamt		77,30 €

Pauschalierung der Lohnsteuer mit 20%:

Will die Arbeitnehmerin für ihren 400-Euro-Job keine zweite Lohnsteuerkarte mit der Steuerklasse VI vorlegen, so kann der Arbeitgeber die Lohnsteuer mit 20% pauschalieren. Bei der Prüfung der 400-Euro-Pauschalierungsgrenze werden die beiden 400-Euro-Jobs **nicht** zusammengerechnet, das heißt sowohl der Arbeitgeber A als auch der Arbeitgeber B kann mit 20% pauschalieren. Im Pauschalierungsfall ergibt sich folgende Lohnabrechnung:

	Lohnsteuer-pflichtig	Sozialversich.-pflichtig
Monatslohn		400,— €
Lohnsteuer	0,— €	
Solidaritätszuschlag	0,— €	
Kirchensteuer	0,— €	
Krankenversicherung (7,9%)		31,60 €
Pflegeversicherung (1,225%)		4,90 €
Rentenversicherung (9,95%)		39,80 €
Arbeitslosenversicherung (1,4%)		5,60 € / 81,90 €
Nettolohn		318,10 €
Arbeitgeberanteil:		
Krankenversicherung (7,0%)		28,— €
Pflegeversicherung (0,975%)		3,90 €
Rentenversicherung (9,95%)		39,80 €
Arbeitslosenversicherung (1,4%)		5,60 €
insgesamt		77,30 €

Außerdem muss der Arbeitgeber folgende Pauschalsteuer an das Finanzamt abführen:

Lohnsteuer (20% von 400 €)	80,— €
Solidaritätszuschlag (5,5% von 80 €)	4,40 €
pauschale Kirchensteuer (z. B. 7% von 80 €)	5,60 €
insgesamt	90,— €

Die Belastung des Arbeitgebers beträgt also im Falle der Lohnsteuerpauschalierung mit 20% insgesamt (77,30 € + 90,— € =) 167,30 €.

Geringfügige Beschäftigung

Beispiel C

Eine Verkäuferin arbeitet befristet beim Arbeitgeber A vom 2.5. bis zum 28.6. (Sechstagewoche), 58 Kalendertage, gegen ein monatliches Arbeitsentgelt von 700 € und beim Arbeitgeber B vom 2.5. bis zum 3.8. (Sechstagewoche), 94 Kalendertage, gegen ein monatliches Arbeitsentgelt von 320 €.

Die Beschäftigung beim Arbeitgeber A ist wegen ihrer Dauer und die Beschäftigung beim Arbeitgeber B wegen der Höhe des Arbeitsentgelts geringfügig. Deshalb ist die Verkäuferin in beiden Beschäftigungen versicherungsfrei. Eine Zusammenrechnung der beiden Beschäftigungen kann nicht vorgenommen werden, da es sich bei der Beschäftigung beim Arbeitgeber A um eine kurzfristige Beschäftigung (vgl. nachfolgend unter Nr. 14) und bei der Beschäftigung beim Arbeitgeber B um eine geringfügig entlohnte Beschäftigung handelt. Der Arbeitgeber B hat die Pauschalabgabe von (15 % + 13 % + 2 % =) 30 % zu zahlen.

Beispiel D

Eine Verkäuferin arbeitet befristet beim Arbeitgeber A vom 2.5. bis zum 28.6. (Sechstagewoche), 58 Kalendertage, gegen ein monatliches Arbeitsentgelt von 720 € und vom 3.8. bis zum 30.9. (Sechstagewoche), 59 Kalendertage, beim Arbeitgeber B gegen ein monatliches Arbeitsentgelt von 310 €.

Die zweite Beschäftigung beim Arbeitgeber B ist keine kurzfristige Beschäftigung, weil zu ihrem Beginn feststeht, dass sie zusammen mit der ersten Beschäftigung die Grenze von zwei Monaten (60 Kalendertagen) überschreitet (vgl. die nachfolgenden Erläuterungen zu kurzfristigen Beschäftigungen unter Nr. 14). Sie ist aber eine geringfügig entlohnte Beschäftigung und damit versicherungsfrei, weil das monatliche Arbeitsentgelt 400 € nicht übersteigt. Der Arbeitgeber B hat die Pauschalabgabe von 30 % zu zahlen.

Beispiel E

Eine Verkäuferin arbeitet beim Arbeitgeber A gegen ein monatliches Arbeitsentgelt von 350 € (Dauerbeschäftigung). Am 1.7. nimmt sie zusätzlich eine bis zum 20.8. befristete Beschäftigung beim Arbeitgeber B auf; dort arbeitet sie als Verkäuferin gegen ein monatliches Arbeitsentgelt von 200 €.

Die Verkäuferin bleibt auch in der Zeit vom 1.7. bis zum 20.8. weiterhin versicherungsfrei in der Kranken-, Renten-, Arbeitslosen- und Pflegeversicherung, weil es sich bei der Beschäftigung beim Arbeitgeber A um eine geringfügig entlohnte und bei der Beschäftigung beim Arbeitgeber B um eine kurzfristige Beschäftigung, vgl. nachfolgend unter Nr. 14, handelt und keine Zusammenrechnung vorzunehmen ist. Der Arbeitgeber A hat die Pauschalabgabe von 30 % zu zahlen.

10. Zusammenrechnung von Hauptbeschäftigungen und geringfügig entlohnten Beschäftigungen

a) Allgemeines

Versicherungspflichtige Hauptbeschäftigungen werden im Grundsatz mit geringfügigen Beschäftigungen zusammengerechnet. Von diesem Grundsatz gibt es eine Ausnahme, denn **eine** Nebenbeschäftigung bis zu 400 € monatlich bleibt anrechnungsfrei.

Beispiel

Eine allein stehende Arbeitnehmerin bezieht aus ihrem ersten Arbeitsverhältnis 2000 € monatlich und hat nebenher einen 400-Euro-Job. Die beiden Arbeitsverhältnisse werden für die Berechnung der Sozialversicherungsbeiträge nicht zusammengerechnet. Für den 400-Euro-Job ergibt sich folgende Lohnabrechnung:

	Lohnsteuerpflichtig	Sozialversich.-pflichtig
Monatslohn	400,— €	
Lohnsteuer	0,— €	
Solidaritätszuschlag	0,— €	
Kirchensteuer	0,— €	
Sozialversicherung	0,— €	0,— €
Nettolohn	400,— €	

Die Arbeitnehmerin braucht für den 400-Euro-Job keine Lohnsteuerkarte vorzulegen.

Der Arbeitgeber muss folgende Pauschalabgaben zahlen:

Lohnsteuer (einschließlich Solidaritätszuschlag und Kirchensteuer)	2 %	8,— €
Krankenversicherung pauschal	13 %	52,— €
Rentenversicherung pauschal	15 %	60,— €
insgesamt		120,— €

Sowohl lohnsteuerlich als auch sozialversicherungsrechtlich ist jedoch zu beachten, dass ein Arbeitnehmer **nicht gleichzeitig für denselben** Arbeitgeber in **zwei Arbeitsverhältnissen** tätig sein kann (z. B. Haupttätigkeit und Minijob beim selben Arbeitgeber). Das gilt auch dann, wenn es sich um unterschiedliche Tätigkeiten handelt. In § 40 a Abs. 4 Nr. 2 EStG wurde dies ausdrücklich klargestellt.

Möglich ist es hingegen vom bisherigen Arbeitgeber eine Betriebsrente zu beziehen (Versorgungsempfänger) und daneben für diesen Arbeitgeber noch einen Minijob auszuüben.

b) Auszubildende mit Minijob

Auszubildende üben eine versicherungspflichtige (Haupt-) Beschäftigung aus (vgl. das Stichwort „Auszubildende"). Eine (einzelne) daneben ausgeübte geringfügig entlohnte Beschäftigung bleibt deshalb anrechnungsfrei.

Beispiel

Ein Auszubildender mit einer monatlichen Ausbildungsvergütung von 500 € übt nebenher **einen** 400-Euro-Job aus. Die Arbeitslöhne aus einer versicherungspflichtigen Hauptbeschäftigung und **einem** 400-Euro-Job werden nicht zusammengerechnet. Für den 400-Euro-Job ergibt sich deshalb folgende Lohnabrechnung:

	Lohnsteuerpflichtig	Sozialversich.-pflichtig
Monatslohn	400,— €	
Lohnsteuer	0,— €	
Solidaritätszuschlag	0,— €	
Kirchensteuer	0,— €	
Sozialversicherung (Arbeitnehmeranteil)	0,— €	0,— €
Nettolohn	400,— €	

Der Arbeitgeber muss folgende Pauschalabgaben zahlen:

Lohnsteuer (einschließlich Solidaritätszuschlag und Kirchensteuer)	2 %	8,— €
Krankenversicherung pauschal	13 %	52,— €
Rentenversicherung pauschal	15 %	60,— €
insgesamt		120,— €

c) Mehrere Minijobs neben einer Haupttätigkeit

Werden neben einer sozialversicherungspflichtigen Hauptbeschäftigung **mehrere** geringfügig entlohnte Beschäftigungen ausgeübt, dann scheidet für **eine** geringfügig entlohnte Beschäftigung die Zusammenrechnung mit der Hauptbeschäftigung aus. Ausgenommen von der Zusammenrechnung wird dabei diejenige geringfügig entlohnte Beschäftigung, die **zeitlich zuerst aufgenommen** worden ist, so dass diese Beschäftigung versicherungsfrei bleibt. Die **weiteren** geringfügig entlohnten Beschäftigungen sind mit der versicherungspflichtigen Hauptbeschäftigung zusammenzurechnen, so dass für diese Mini-Jobs die Zahlung pauschaler Arbeitgeberbeiträge für Kranken- und Rentenversicherung sowie die 2 %ige Pauschalsteuer entfällt. Eine Pauschalierung der Lohnsteuer mit 20 % anstelle von 2 % ist möglich, wenn der Monatslohn für die geringfügig entlohnte Beschäftigung 400 € nicht übersteigt (vgl. die Erläuterungen beim Stichwort „Pauschalierung der Lohnsteuer für Aushilfskräfte und Teilzeitbeschäftigte" unter Nr. 2 Buchstabe b auf Seite 527).

Beispiel

Eine Verkäuferin arbeitet beim Arbeitgeber A gegen ein monatliches Arbeitsentgelt von 1000 €. Bei Arbeitgeber B arbeitet sie ab 1. Juni 2010 gegen ein monatliches Arbeitsentgelt von 150 € und beim Arbeitgeber C ab 1. August 2010 gegen ein monatliches Entgelt von 240 €.

Die Verkäuferin unterliegt in der (Haupt-)Beschäftigung beim Arbeitgeber A der Versicherungspflicht. Bei den beiden übrigen Beschäftigungen handelt es sich jeweils um geringfügig entlohnte Beschäftigungen, weil das Arbeitsentgelt aus den einzelnen Beschäftigungen 400 € nicht übersteigt. Da die Beschäftigung beim Arbeitgeber B zeitlich zuerst aufgenommen wird, wird sie **nicht** mit der versicherungspflichtigen (Haupt-)Beschäftigung zusammengerechnet und bleibt in der Kranken-, Renten- und Pflegeversicherung versicherungsfrei. Der Arbeitgeber B muss die Pauschalabgabe von 30 % bezahlen. Die Beschäftigung beim Arbeitgeber C ist hingegen mit der versicherungspflichtigen (Haupt-)Beschäftigung zusammenzurechnen mit der Folge, dass volle Versicherungspflicht in der Kranken-, Renten- und Pflegeversicherung begründet wird. In der Arbeitslosenversicherung besteht sowohl beim Arbeitgeber B als auch beim Arbeitgeber C Versicherungsfreiheit, weil das Arbeitsentgelt aus diesen Beschäftigungen jeweils 400 € nicht überschreitet und geringfügig entlohnte Beschäftigungen mit versicherungspflichtigen (Haupt-)Beschäftigungen bei der Arbeitslosenversicherung generell nicht zusammengerechnet werden (vgl. die Erläuterungen unter der nachfolgenden Nr. 15).

Da für die Beschäftigung beim Arbeitgeber C kein pauschaler Beitrag zur Rentenversicherung von 15 % entrichtet wird (sondern der hälftige Arbeitgeberanteil von 9,95 %), entfällt die 2 %ige Steuerpauschalierung (eine Pauschalierung der Lohnsteuer mit 20 % ist jedoch möglich, vgl. das Stichwort „Pauschalierung der Lohnsteuer für Aushilfskräfte und Teilzeitbeschäftigte").

d) Sonderfälle

Die Zusammenrechnung einer nicht geringfügigen (Haupt-)Beschäftigung mit geringfügig entlohnten Beschäftigungen ist nur vorgesehen, **wenn die nicht geringfügige (Haupt-)Beschäftigung Versicherungspflicht begründet.** Deshalb scheidet z. B. eine Zusammenrechnung nach § 6 Abs. 1 Nr. 2 SGB V und § 5 Abs. 1 Nr. 1 SGB VI in der Kranken-, Pflege und Rentenversicherung versicherungsfreien (nicht geringfügigen) **Beamtenbeschäftigung** mit geringfügig entlohnten Beschäftigungen aus. Allerdings hat hinsichtlich der neben einer versicherungsfreien Beamtenbeschäftigung ausgeübten geringfügig entlohnten Beschäftigungen eine Zusammenrechnung zu erfolgen, und zwar auch bei der Arbeitslosenversicherung.

Beispiel A

Ein privat krankenversicherter Beamter übt neben seiner Beamtenbeschäftigung beim Arbeitgeber A weitere Beschäftigungen beim Arbeitgeber B und C aus. Beim Arbeitgeber B arbeitet er als Programmierer gegen ein monatliches Arbeitsentgelt von 250 €; beim Arbeitgeber C arbeitet er als Buchhalter gegen ein monatliches Arbeitsentgelt von 200 €.

Der Beamte ist sowohl beim Arbeitgeber B als auch beim Arbeitgeber C in der Krankenversicherung und damit auch in der Pflegeversicherung versicherungsfrei. In der Renten- und **Arbeitslosenversicherung** besteht für den Beamten aufgrund der Beschäftigungen beim Arbeitgeber B und C Versicherungspflicht, weil das zusammengerechnete Arbeitsentgelt aus diesen Beschäftigungen 400 € übersteigt.

Beispiel B

Ein privat krankenversicherter Beamter übt neben seiner Beamtenbeschäftigung beim Arbeitgeber A weitere Beschäftigungen beim Arbeitgeber B und C aus. Beim Arbeitgeber B arbeitet er als Buchhalter gegen ein monatliches Arbeitsentgelt von 500 €; beim Arbeitgeber C arbeitet er als Taxifahrer gegen ein monatliches Arbeitsentgelt von 200 €.

Der Beamte ist aufgrund der Beschäftigung beim Arbeitgeber B und C in der Krankenversicherung und damit auch in der Pflegeversicherung versicherungsfrei. In der Beschäftigung beim Arbeitgeber B unterliegt der Beamte der Versicherungspflicht in der Renten- und Arbeitslosenversicherung, weil das Arbeitsentgelt 400 € übersteigt. Die Beschäftigung beim Arbeitgeber C bleibt als (erste) geringfügig entlohnte Beschäftigung neben der versicherungspflichtigen (Haupt-)Beschäftigung beim Arbeitgeber B in der Rentenversicherung versicherungsfrei, weil das monatliche Arbeitsentgelt 400 € nicht übersteigt. In der Arbeitslosenversicherung besteht in der Beschäftigung beim Arbeitgeber C ebenfalls Versicherungsfreiheit, weil geringfügig entlohnte Beschäftigungen mit versicherungspflichtigen Beschäftigungen nicht zusammengerechnet werden.

Der Grundsatz, dass die Zusammenrechnung einer nicht geringfügigen (Haupt-)Beschäftigung mit geringfügig entlohnten Beschäftigungen nur dann vorzunehmen ist, wenn die nicht geringfügige (Haupt-)Beschäftigung Versicherungspflicht begründet, gilt bei der **Krankenversicherung** auch für diejenigen Arbeitnehmer, die bereits wegen Überschreitens der Jahresarbeitsentgeltgrenze nach § 6 Abs. 1 Nr. 1 SGB V versicherungsfrei sind.

Bei der **Rentenversicherung** gilt der Grundsatz, dass die Zusammenrechnung einer nicht geringfügigen (Haupt-) Beschäftigung mit geringfügig entlohnten Beschäftigten nur dann vorzunehmen ist, wenn die nicht geringfügige (Haupt-)Beschäftigung Versicherungspflicht begründet, auch für diejenigen Arbeitnehmer, die wegen Zugehörigkeit zu einer berufsständischen Versorgungseinrichtung von der Versicherungspflicht nach § 6 Abs. 1 Nr. 1 SGB VI befreit sind.

11. Überschreiten der Jahresarbeitsentgeltgrenze in der Krankenversicherung durch Mehrfachbeschäftigungen

In der Krankenversicherung unterliegen Arbeitnehmer nur dann der Versicherungspflicht, wenn ihr regelmäßiges Jahresarbeitsentgelt die Jahresarbeitsentgeltgrenze in drei aufeinanderfolgenden Kalenderjahren nicht übersteigt. Auf die ausführlichen Erläuterungen beim Stichwort „Jahresarbeitsentgeltgrenze" wird Bezug genommen.

Die Versicherungsfreiheit in der Krankenversicherung bedeutet gleichzeitig, dass auch in der sozialen Pflegeversicherung keine Versicherungspflicht aufgrund der Beschäftigung besteht. Wird die Jahresarbeitsentgeltgrenze überschritten, endet die Krankenversicherungspflicht mit Ablauf des Kalenderjahres, in dem die Grenze überschritten wird, vorausgesetzt, das Arbeitsentgelt überschreitet auch die Jahresarbeitsentgeltgrenze des folgenden Kalenderjahres.

Ein Überschreiten der Jahresarbeitsentgeltgrenze kann auch durch Zusammenrechnung einer nicht geringfügigen versicherungspflichtigen (Haupt-)Beschäftigung mit einer bei einem anderen Arbeitgeber ausgeübten zweiten oder weiteren für sich gesehen geringfügig entlohnten und damit versicherungsfreien Beschäftigung erfolgen. Arbeitnehmer, die neben einer nicht geringfügig versicherungspflichtigen (Haupt-)Beschäftigung und einer geringfügig entlohnten Beschäftigung eine weitere (zweite oder dritte) geringfügig entlohnte Beschäftigung aufnehmen und deren regelmäßiges Jahresarbeitsentgelt dadurch die Jahresarbeitsentgeltgrenze überschreitet, werden auch in der weiteren geringfügig entlohnten Beschäftigung zunächst krankenversicherungspflichtig. Die Krankenversicherungspflicht endet in beiden Beschäftigungen mit dem Ablauf des dritten Kalenderjahres in dem die Jahresarbeitsentgeltgrenze in ununterbrochener Reihenfolge überschritten wird, sofern die Arbeitsentgelte aus beiden Beschäftigungen auch die vom Beginn des nächsten Kalenderjahres an geltende Jahresarbeitsentgeltgrenze überschreiten.

12. Beginn der Versicherungspflicht bei Mehrfachbeschäftigungen

Der Arbeitgeber hat nach § 28 a SGB IV jeden Versicherungspflichtigen und jeden geringfügig entlohnten Beschäftigten zu melden und nach § 28 e SGB IV den Gesamtsozialversicherungsbeitrag zu zahlen. Hieraus erwächst für den Arbeitgeber die Verpflichtung, das Versicherungsverhältnis des jeweiligen Arbeitnehmers zu beurteilen, Beiträge zu berechnen und gegebenenfalls vom Arbeitsentgelt einzubehalten und an die Einzugsstelle abzuführen. Außerdem hat der Arbeitgeber nach § 8 Abs. 1 Nr. 9 der Beitragsverfahrensverordnung die für die Versicherungsfreiheit oder der Befreiung von der Versicherungspflicht maßgebenden Angaben – z. B. bei geringfügig Beschäftigten – zu den Entgeltunterlagen zu nehmen.

Andererseits ist der Arbeitnehmer nach § 28 o SGB IV verpflichtet, dem Arbeitgeber die zur Durchführung des Meldeverfahrens und der Beitragszahlung erforderlichen Angaben zu machen. Hierzu gehört auch, dass der Arbeitnehmer seinen Arbeitgeber über eventuelle Vorbeschäftigungen oder über aktuelle weitere Beschäftigungen bei anderen Arbeitgebern informiert, damit der Arbeitgeber prüfen kann, ob eine geringfügig entlohnte Beschäftigung mit anderen geringfügig entlohnten Beschäftigungen oder mit einer nicht geringfügigen versicherungspflichtigen Beschäftigung zusammenzurechnen ist.

Sofern ein Sozialversicherungsträger im Nachhinein (z. B. durch Datenabgleich bei der Deutschen Rentenversicherung Knappschaft-Bahn-See oder bei der Datenstelle der Rentenversicherungsträger oder im Rahmen einer

Geringfügige Beschäftigung

Betriebsprüfung) feststellt, dass mehrere geringfügig entlohnte Beschäftigungen oder eine geringfügig entlohne Beschäftigung mit einer nicht geringfügigen versicherungspflichtigen Beschäftigung zusammenzurechnen sind und damit Versicherungspflicht gegeben ist, tritt die Versicherungspflicht nach § 8 Abs. 2 Satz 3 SGB IV **erst mit der Bekanntgabe dieser Feststellung** durch die Einzugsstelle oder durch einen Rentenversicherungsträger ein. Dies gilt dann nicht, wenn der Arbeitgeber vorsätzlich oder grob fahrlässig versäumt hat, den Sachverhalt für die versicherungsrechtliche Beurteilung aufzuklären (§ 8 Abs. 2 Satz 4 SGB IV).

Zuständige Einzugsstelle im oben genannten Sinne ist die Minijob-Zentrale bei der Deutschen Rentenversicherung Knappschaft-Bahn-See. Der Rentenversicherungsträger ist zuständig, wenn eine unterbliebene Zusammenrechnung im Rahmen einer Betriebsprüfung festgestellt wird. Die Minijob-Zentrale bzw. der Rentenversicherungsträger wird dem Arbeitgeber im Übrigen in dem Bescheid über die festgestellte Versicherungspflicht definitiv den Tag des Beginns der Versicherungspflicht mitteilen und den bzw. die Arbeitgeber auffordern, die entsprechenden Meldungen vorzunehmen.

Beispiel

Eine Kellnerin arbeitet beim Arbeitgeber A gegen ein monatliches Arbeitsentgelt von 250 € und wird als geringfügig entlohnte Beschäftigte bei der Minijob-Zentrale gemeldet.

Am 1.8.2010 nimmt sie zusätzlich eine Beschäftigung als Kellnerin gegen ein monatliches Arbeitsentgelt von 300 € beim Arbeitgeber B auf. Die Kellnerin hat die Frage des Arbeitgebers B nach dem Vorliegen einer weiteren Beschäftigung verneint. Arbeitgeber B meldet die Arbeitnehmerin somit ebenfalls im Rahmen einer geringfügig entlohnten Beschäftigung bei der Minijob-Zentrale an.

Die Minijob-Zentrale bei der Deutschen Rentenversicherung Knappschaft-Bahn-See stellt im Oktober des Jahres 2010 fest, dass die Kellnerin in beiden Beschäftigungen versicherungspflichtig ist, weil das zusammengerechnete Arbeitsentgelt aus beiden Beschäftigungen 400 € übersteigt. Mit Bescheid vom 15.10.2010 informiert die Minijob-Zentrale bei der Deutschen Rentenversicherung Knappschaft-Bahn-See die Arbeitgeber A und B darüber, dass die Arbeitnehmerin zum 17.10.2010 als geringfügig Beschäftigte bei der Minijob-Zentrale abzumelden und ab dem 18.10.2010 als versicherungspflichtig Beschäftigte bei der zuständigen Krankenkasse anzumelden ist.

Um Streitereien mit den Prüfern von vornherein zu vermeiden, empfiehlt es sich die entsprechenden Angaben zur richtigen sozialversicherungsrechtlichen Beurteilung mit einem **Personalfragebogen** zu erheben und zu dokumentieren. Das Muster eines solchen Personalfragebogens ist als Anhang 18 auf Seite 999 abgedruckt.

13. Fortbestand der Versicherungspflicht und Befreiung von der Versicherungspflicht in Übergangsfällen ab 1. April 2003

a) Allgemeines

Nach der Gesetzessystematik bleiben Arbeitnehmer, deren Monatslohn am 31. März 2003 im Bereich zwischen 325 € und 400 € liegt, aufgrund einer Regelung zur Besitzstandswahrung zunächst grundsätzlich versicherungspflichtig. Der Arbeitnehmer kann wählen, ob er versicherungspflichtig bleiben oder auf eine versicherungsfreie geringfügig entlohnte Beschäftigung umgestellt werden will. Hierzu reicht es aus, wenn er dies seinem Arbeitgeber mitteilt. Hierzu kann der als Anhang 18 zum Lexikon abgedruckte Personalfragebogen verwendet werden. Dieser meldet ihn aus der pflichtigen Beschäftigung ab und meldet ihn gleichzeitig bei der Bundesknappschaft als geringfügig entlohnten Beschäftigten an. Arbeitgeber, die Beschäftigte mit derartigen Löhnen haben, sollten diese auf das Wahlrecht aufmerksam machen. Das Wahlrecht für den Fortbestand der Krankenversicherung kann bis 30. Juni 2003 rückwirkend zum 1. April 2003 ausgeübt werden. Für den Fortbestand der Versicherungspflicht in der Kranken- und Pflegeversicherung sind allerdings noch zusätzliche Voraussetzungen erforderlich (vgl. die nachfolgenden Erläuterungen unter Buchstabe b). Im Einzelnen gilt für den Fortbestand der Versicherungspflicht und für die Befreiung von der Versicherungspflicht in Übergangsfällen Folgendes:

b) Fortbestand der Krankenversicherungspflicht

Nach § 7 Abs. 2 Satz 1 SGB V kommt ein Fortbestand der Krankenversicherungspflicht für eine nach neuem Recht geringfügige Beschäftigung nur in Betracht, wenn der Arbeitnehmer vom 1. April 2003 an **nicht die Voraussetzungen für eine Familienversicherung erfüllt,** wobei die Einkommensgrenze für die Familienversicherung bei Beschäftigten vom 1. April 2003 an 400 € beträgt. Es muss sich also um Arbeitnehmer handeln, deren Beschäftigung bis zum 31. März 2003 wegen Erreichens der Zeitgrenze von 15 Wochenstunden oder wegen Überschreitens der Arbeitsentgeltgrenze von 325 € versicherungspflichtig ist, die aber vom 1. April 2003 an nicht mehr der Versicherungspflicht unterliegen, weil das Arbeitsentgelt 400 € nicht übersteigt, und die neben dem Arbeitsentgelt aus der Beschäftigung noch weitere Einnahmen haben, die zusammen mit dem Arbeitsentgelt aus der Beschäftigung mehr als 400 € betragen. Der Fortbestand der Krankenversicherungspflicht gilt mithin nicht für eine Beschäftigung, die nach dem bis zum 31. März 2003 geltenden Recht versicherungspflichtig ist, weil sie neben einer nicht geringfügigen versicherungspflichtigen (Haupt-)Beschäftigung ausgeübt wird, aber nach neuem Recht nicht mehr mit der (Haupt-)Beschäftigung zusammengerechnet wird und deshalb versicherungsfrei bleibt. Soweit für Arbeitnehmer aufgrund des § 7 Abs. 2 Satz 1 SGB V weiterhin Versicherungspflicht in der Krankenversicherung besteht, bleiben die Arbeitnehmer auch in der Pflegeversicherung versicherungspflichtig.

c) Fortbestand der Rentenversicherungspflicht

In der Rentenversicherung bleiben nach § 229 Abs. 6 Satz 1 SGB VI Arbeitnehmer in allen Beschäftigungen, die vom 1. April 2003 an geringfügig sind und deshalb versicherungsfrei wären, weiterhin versicherungspflichtig. Dabei ist unerheblich, ob es sich um einen Arbeitnehmer handelt, der

– nur eine Beschäftigung, die bisher wegen Überschreitens der Zeit- oder Arbeitsentgeltgrenzen versicherungspflichtig ist, **oder**
– eine kurzfristige Beschäftigung, die wegen Überschreitens des bisherigen Zeitrahmens (zwei Monate oder 50 Arbeitstage innerhalb eines Zeitjahres) versicherungspflichtig ist,

ausübt, aber nach neuem Recht versicherungsfrei wäre.

Für Arbeitnehmer, die neben einer nicht geringfügigen versicherungspflichtigen (Haupt-)Beschäftigung eine (erste) geringfügig entlohnte Beschäftigung ausüben, die bislang wegen Zusammenrechnung mit der (Haupt-)Beschäftigung versicherungspflichtig ist, besteht in der (ersten) geringfügig entlohnten Beschäftigung vom 1. April 2003 an Versicherungsfreiheit.

d) Fortbestand der Arbeitslosenversicherungspflicht

Auch in der Arbeitslosenversicherung bleibt nach § 434 i Satz 1 SGB III die Versicherungspflicht in einer am 31. März 2003 mehr als geringfügigen Beschäftigung bestehen, wenn diese Beschäftigung die Merkmale einer geringfügig entlohnten Beschäftigung nach neuem Recht erfüllt und deshalb versicherungsfrei wäre.

e) Antrag auf Befreiung von der Versicherungspflicht

Arbeitnehmer, die aufgrund der Bestandsschutzregelungen in der Kranken-, Pflege-, Renten- und Arbeitslosenversicherung versicherungspflichtig bleiben, können sich auf Antrag von dieser Versicherungspflicht befreien lassen. Der Antrag braucht allerdings nicht bei dem jeweils

Geringfügige Beschäftigung

zuständigen Versicherungsträger gestellt zu werden; die Befreiung sollte – aus Gründen der Verwaltungsvereinfachung und der sofortigen Rechtsklarheit für den Arbeitgeber – vielmehr durch eine schriftliche Erklärung des Arbeitnehmers, dass auf die Versicherungspflicht in einem oder mehreren Versicherungszweigen verzichtet wird, **gegenüber dem Arbeitgeber** geltend gemacht werden. Der Arbeitgeber hat die Erklärung des Arbeitnehmers zu den Lohnunterlagen zu nehmen.

f) Frist für die Befreiung von der Versicherungspflicht und Wirkung der Befreiung

Ein Antrag auf Befreiung von der Versicherungspflicht in der **Krankenversicherung** nach § 7 Abs. 2 Satz 3 i. V. m. § 8 Abs. 2 SGB V sowie in der **Rentenversicherung** nach § 229 Abs. 6 Satz 3 SGB VI wirkte vom 1. April 2003 an, vorausgesetzt, dass er bis zum 30. Juni 2003 beim Arbeitgeber gestellt wurde; der Arbeitgeber sollte den Eingang des Antrags vermerken. Für den Bereich der **Arbeitslosenversicherung** fehlt zwar eine Frist, innerhalb der der Befreiungsantrag zu stellen ist; der Antrag sollte dennoch unverzüglich – spätestens aber innerhalb der in § 229 Abs. 6 Satz 3 SGB VI genannten Frist, also auch bis zum 30. Juni 2003 – gestellt worden sein. In der **Rentenversicherung** ist eine Antragstellung auch noch nach dem 30. Juni 2003 zulässig; die Befreiung wirkt dann vom Eingang des Antrags an. Im Übrigen ist die Befreiung von der Versicherungspflicht in der Kranken-, Pflege-, Renten- und Arbeitslosenversicherung auf die geringfügige Beschäftigung, für die sie beantragt worden ist, beschränkt. Sie verliert daher ihre Wirkung, wenn diese Beschäftigung aufgegeben wird, oder z. B. das Arbeitsentgelt 400 € übersteigt und dadurch Versicherungspflicht eintritt. Nimmt der Arbeitnehmer danach eine andere geringfügig entlohnte Beschäftigung auf, dann ist diese Beschäftigung in der Kranken-, Pflege-, Renten- und Arbeitslosenversicherung versicherungsfrei.

14. Kurzfristige Beschäftigungen

a) Allgemeines

Für eine **zeitlich** geringfügige (sog. kurzfristige Beschäftigung) fallen keine Beiträge zur Sozialversicherung an, und zwar auch keine Pauschalbeiträge zur Kranken- und Rentenversicherung. Das gilt auch dann, wenn die kurzfristige Beschäftigung gleichzeitig die Voraussetzungen einer geringfügig entlohnten Beschäftigung erfüllt. **Der Arbeitslohn für die kurzfristige Beschäftigung unterliegt jedoch der Lohnsteuer.** Der Lohnsteuerabzug kann entweder individuell nach der Lohnsteuerkarte oder pauschal mit 25 % des Arbeitslohns vorgenommen werden. Bei Aushilfskräften in der Land- und Forstwirtschaft beträgt die pauschale Lohnsteuer 5 %. Die Steuerabzüge nach der Lohnsteuerkarte oder die pauschale Lohnsteuer in Höhe von 25 % oder 5 % muss der Arbeitgeber mit dem Solidaritätszuschlag und der Kirchensteuer beim Betriebsstättenfinanzamt anmelden und dorthin abführen (vgl. die ausführlichen Erläuterungen beim Stichwort „Pauschalierung der Lohnsteuer für Aushilfskräfte und Teilzeitbeschäftigte"). Im Einzelnen gilt für kurzfristige Beschäftigungen Folgendes:

Eine zeitlich geringfügige, d. h. kurzfristige Beschäftigung liegt nach § 8 Abs. 1 Nr. 2 SGB IV vor, wenn die Beschäftigung für eine Zeitdauer ausgeübt wird, die im Laufe eines Kalenderjahres seit ihrem Beginn auf nicht mehr als

– zwei Monate
  oder
– insgesamt 50 Arbeitstage

nach ihrer Eigenart begrenzt zu sein pflegt oder im Voraus vertraglich (z. B. durch einen auf längstens ein Jahr befristeten Rahmenarbeitsvertrag) begrenzt ist; dies gilt auch dann, wenn die kurzfristige Beschäftigung die Voraussetzungen einer geringfügig entlohnten Beschäftigung erfüllt.

Die Voraussetzung einer kurzfristigen Beschäftigung sind mithin nur gegeben, wenn die Beschäftigung von vorneherein auf nicht mehr als zwei Monate oder 50 Arbeitstage (auch kalenderjahrüberschreitend) befristet ist. Eine kurzfristige Beschäftigung liegt allerdings nicht mehr vor, wenn die Beschäftigung **berufsmäßig** ausgeübt wird und das Arbeitsentgelt aus dieser Beschäftigung 400 € überschreitet.

Beispiel A
Eine Hausfrau übt jedes Jahr im Juli und August eine Aushilfstätigkeit als Verkäuferin aus. Der Monatslohn beträgt 1800 €. Die Beschäftigung ist sozialversicherungsfrei, da sie von vornherein auf zwei Monate befristet ist und nicht berufsmäßig ausgeübt wird. Für den Lohnsteuerabzug muss die Arbeitnehmerin eine Lohnsteuerkarte vorlegen, da ansonsten der Arbeitslohn nach Steuerklasse VI besteuert wird.

Eine zeitliche Beschränkung der Beschäftigung nach ihrer Eigenart liegt vor, wenn sie sich aus der Art, dem Wesen oder dem Umfang der zu verrichtenden Arbeit ergibt (Schlussverkauf, Ausstellungen, Messen). Versicherungsfreiheit besteht jedoch trotz Kurzfristigkeit nicht, wenn diese Beschäftigungen **berufsmäßig** ausgeübt werden (vgl. die Erläuterungen unter dem nachfolgenden Buchstaben e).

Eine kurzfristige Beschäftigung liegt selbst dann nicht vor, wenn die Zeitdauer von 50 Arbeitstagen im Laufe eines Kalenderjahres innerhalb eines Dauerarbeitsverhältnisses oder eines regelmäßig wiederkehrenden Arbeitsverhältnisses nicht überschritten wird; eine Beschäftigung, die aufgrund eines über zwölf Monate hinausgehenden Rahmenarbeitsvertrags begründet wird, ist dabei als Dauerarbeitsverhältnis anzusehen (z. B. bei sog. Ultimo-Aushilfen). Allerdings ist in den vorgenannten Fällen zu prüfen, ob die Beschäftigung die Voraussetzungen einer geringfügig entlohnten Beschäftigung erfüllt.

Beispiel B
Eine Hausfrau arbeitet aufgrund eines unbefristeten Vertrags als Bankkauffrau bei einem Geldinstitut jeweils an den letzten vier Arbeitstagen im Kalendermonat gegen ein monatliches Arbeitsentgelt von 500 €.
Die Bankkauffrau ist versicherungspflichtig, weil das Arbeitsentgelt 400 € übersteigt. Dabei ist unerheblich, dass die für die Kurzfristigkeit einer Beschäftigung maßgebende Zeitdauer von 50 Arbeitstagen im Laufe eines Jahres nicht überschritten wird; die Tatsache, dass die Bankkauffrau eine Dauerbeschäftigung ausübt, schließt das Vorliegen einer kurzfristigen Beschäftigung aus.

b) Auf ein Jahr befristete Rahmenarbeitsverträge

Die Unterscheidung, ob es sich um eine geringfügig entlohnte (Dauer-)Beschäftigung oder um eine kurzfristige Beschäftigung handelt, ist angesichts der Tatsache, dass für kurzfristige Beschäftigungen keine Pauschalbeiträge zu entrichten sind, von großer Bedeutung. In der Praxis werden deshalb vermehrt Überlegungen angestellt, eine auf Dauer angelegte, regelmäßige Beschäftigung durch Kettenarbeitsverträge in eine kurzfristige Beschäftigung umzuwandeln. Hierzu ist Folgendes zu bemerken:

Eine Beschäftigung, die sich über einen längeren Zeitraum ständig wiederholen soll, wird regelmäßig ausgeübt. Dies ist dann der Fall, wenn ein über ein Jahr hinausgehender Arbeitsvertrag geschlossen wird, und zwar auch dann, wenn dieser Vertrag maximal nur Arbeitseinsätze von 50 Arbeitstagen innerhalb eines Jahres vorsieht (vgl. das Beispiel B unter dem vorstehenden Buchstaben a). Ist der Rahmenarbeitsvertrag zunächst auf ein Jahr oder weniger begrenzt und werden für diesen Zeitraum Arbeitseinsätze von maximal 50 Arbeitstagen vereinbart, bleibt diese Beschäftigung zunächst als kurzfristige Beschäftigung versicherungsfrei. Wird ein solcher Rahmenarbeitsvertrag auf mehr als ein Jahr verlängert, liegt von dem Zeitpunkt an, an dem die Verlängerung vereinbart wird, eine regelmäßige Beschäftigung vor. Wird ein Rahmenarbeitsvertrag zunächst auf ein Jahr begrenzt und unmittelbar im Anschluss daran ein neuer Rahmenarbeitsvertrag geschlossen (Kettenvertrag), ist vom Beginn des neuen Rahmenarbeitsvertrags an von einer regelmä-

Geringfügige Beschäftigung

	Lohn- steuer- pflichtig	Sozial- versich.- pflichtig

ßigen Beschäftigung auszugehen. Dies ist dann nicht der Fall, **wenn zwischen den beiden Rahmenarbeitsverträgen eine Unterbrechung von mindestens zwei Monaten** liegt. Wird also im Anschluss an einen Rahmenarbeitsvertrag mit einem Abstand von mindestens zwei Monaten ein neuer Rahmenarbeitsvertrag mit einer Befristung auf ein Jahr und einer Begrenzung auf maximal 50 Arbeitstage abgeschlossen, kann im Regelfall vom Beginn des neuen Rahmenarbeitsvertrages an wiederum von einer kurzfristigen Beschäftigung ausgegangen werden.

Beispiel
Mit einer Hausfrau ist ein vom 1.1. bis 31.12.2010 befristeter Arbeitsvertrag abgeschlossen worden, der mit Ausnahme des Monats August (Ferien) verschiedene Büroarbeiten jeweils am Montag zum Inhalt hatte. Ein weiterer befristeter Arbeitsvertrag gleichen Inhalts schließt sich erst nach einer Unterbrechung von zwei Monaten an und läuft vom 1.3.2011 bis zum 28.2.2012.

Werden Arbeitnehmer wiederholt von ein und demselben Arbeitgeber beschäftigt, ohne dass ein Rahmenarbeitsvertrag besteht, liegt eine regelmäßige Beschäftigung so lange **nicht** vor, als im laufenden Kalenderjahr die Zeitgrenze von 50 Arbeitstagen nicht überschritten wird.

c) Zwei Monate oder 50 Arbeitstage

Hinsichtlich der Bestimmung der Frist von zwei Monaten oder 50 Arbeitstagen gilt Folgendes: Vom Zweimonatszeitraum ist nur dann auszugehen, wenn die Beschäftigung an mindestens fünf Tagen in der Woche ausgeübt wird. Bei einer Arbeitszeit von weniger als fünf Tagen in der Woche ist der Zeitraum von 50 Arbeitstagen maßgebend.

Beispiel
In einem Betrieb werden für Saisonarbeiten mehrere Aushilfskräfte eingestellt mit einer regelmäßigen Arbeitszeit von wöchentlich
a) sechs Tagen
b) fünf Tagen
c) vier Tagen.
Da in den Fällen a) und b) die Beschäftigung an mindestens fünf Tagen in der Woche ausgeübt wird, ist von dem Zweimonatszeitraum auszugehen, im Falle c) dagegen von dem Zeitraum von 50 Arbeitstagen.

Sofern lediglich eine Beschäftigung zu beurteilen ist, wird die Entscheidung ob der Zeitraum von 50 Arbeitstagen oder zwei Monaten anzuwenden ist, keine Schwierigkeiten bereiten. Zweifel können dagegen auftreten, wenn mehrere kurzfristige Beschäftigungen, auch bei verschiedenen Arbeitgebern, ausgeübt werden oder in der Vergangenheit ausgeübt wurden. Denn bei einer Zusammenrechnung von mehreren Beschäftigungszeiten treten an die Stelle des Zweimonatszeitraums 60 Kalendertage; das gilt nicht, wenn es sich bei den einzelnen Beschäftigungszeiten jeweils um volle Kalendermonate handelt. Sind bei einer Zusammenrechnung Zeiten, in denen die Beschäftigung regelmäßig an mindestens fünf Tagen in der Woche ausgeübt wurde, und Beschäftigungszeiten mit einer Arbeitszeit an weniger als fünf Tagen in der Woche zu berücksichtigen, dann ist einheitlich von dem Zeitraum von 50 Arbeitstagen auszugehen (vgl. die Erläuterungen und Beispiele unter dem nachfolgenden Buchstaben d). Klargestellt wurde außerdem in den Geringfügigkeits-Richtlinien, dass Überschneidungen von kurzfristigen Beschäftigungsverhältnissen hinsichtlich der Arbeitstage nicht mehrfach gerechnet werden.

d) Zusammenrechnung mehrerer Beschäftigungsverhältnisse innerhalb eines Jahres

Bei der Prüfung, ob die Zeiträume von zwei Monaten oder 50 Arbeitstagen überschritten werden, sind die Zeiten mehrerer aufeinander folgender kurzfristiger Beschäftigungen zusammenzurechnen, unabhängig davon, ob sie geringfügig entlohnt oder mehr als geringfügig entlohnt sind. Dies gilt auch dann, wenn die einzelnen Beschäftigungen bei verschiedenen Arbeitgebern ausgeübt werden. Es ist jeweils bei Beginn einer neuen Beschäftigung zu prüfen, ob diese zusammen mit den schon im laufen-

den Kalenderjahr ausgeübten Beschäftigungen die maßgebende Zeitgrenze überschreitet. Wird durch eine Zusammenrechnung mehrerer kurzfristiger Beschäftigungen die Grenze von zwei Monaten oder 50 Arbeitstagen überschritten, handelt es sich um eine regelmäßig ausgeübte Beschäftigung; in diesen Fällen ist gegebenenfalls zu prüfen, ob eine geringfügig entlohnte Beschäftigung vorliegt.

Die vorstehenden Ausführungen gelten auch für Beschäftigungen, **die über den Jahreswechsel hinausgehen,** d. h., beginnt eine Beschäftigung in einem Kalenderjahr, in dem die Dauer von zwei Monaten bzw. 50 Arbeitstagen zusammen mit Vorbeschäftigungen erreicht ist, besteht für die gesamte Dauer dieser Beschäftigung Versicherungspflicht, und zwar auch insoweit, als die zu beurteilende Beschäftigung in das neue Kalenderjahr hineinreicht. Eine nach Kalenderjahren getrennte versicherungsrechtliche Beurteilung dieser Beschäftigung erfolgt nicht. Ist die Dauer von zwei Monaten bzw. 50 Arbeitstagen bei Beginn einer kalenderjahrüberschreitenden Beschäftigung unter Hinzurechnung von Vorbeschäftigungen noch nicht erreicht, bleibt die kalenderjahrüberschreitende Beschäftigung versicherungsfrei, wenn sie auf zwei Monate bzw. 50 Arbeitstage befristet ist.

Beispiel A
Eine Verkäuferin nimmt am 15.11.2009 eine bis zum 15.2.2010 befristete Beschäftigung (Fünftagewoche) gegen ein monatliches Arbeitsentgelt von 1500 € auf.

Die Verkäuferin ist versicherungspflichtig, weil die Beschäftigungszeit von vornherein auf mehr als zwei Monate befristet und deshalb nicht kurzfristig ist. Dem steht nicht entgegen, dass die Beschäftigungszeit in den beiden Kalenderjahren jeweils zwei Monate nicht überschreitet.

Beispiel B
Eine Hausfrau nimmt am 1.12. eine Beschäftigung als Aushilfsverkäuferin gegen ein monatliches Arbeitsentgelt von 1000 € auf. Die Beschäftigung ist von vornherein bis zum 31.1. des Folgejahres befristet. Anspruch auf Entgeltfortzahlung im Krankheitsfall besteht vom Beginn der Beschäftigung an. Die Hausfrau hat im laufenden Kalenderjahr bereits vom 1.7. bis zum 31.8. eine Beschäftigung ausgeübt.

Die am 1.12. aufgenommene Beschäftigung ist nicht kurzfristig und daher versicherungspflichtig, weil zu ihrem Beginn feststeht, dass die Beschäftigungsdauer im laufenden Kalenderjahr unter Berücksichtigung der Vorbeschäftigung mehr als zwei Monate beträgt. Die Beschäftigung bleibt auch über den Jahreswechsel hinaus weiterhin versicherungspflichtig, weil bei kalenderjahrüberschreitenden Beschäftigungen eine getrennte versicherungsrechtliche Beurteilung nicht in Betracht kommt.

Beispiel C
Eine Hausfrau nimmt am 1.12. eine Beschäftigung als Aushilfsverkäuferin gegen ein monatliches Arbeitsentgelt von 900 € auf. Die Beschäftigung ist von vornherein bis zum 31.1. des Folgejahres befristet. Die Hausfrau hat im laufenden Kalenderjahr bereits vom 1.8. bis zum 31.8. eine Beschäftigung ausgeübt.

Die am 1.12. aufgenommene Beschäftigung ist kurzfristig und damit versicherungsfrei, weil zu ihrem Beginn feststeht, dass die Beschäftigungsdauer im laufenden Kalenderjahr unter Berücksichtigung der Vorbeschäftigung nicht mehr als zwei Monate beträgt. Die Beschäftigung bleibt auch über den Jahreswechsel hinaus weiterhin versicherungsfrei, weil bei kalenderjahrüberschreitenden Beschäftigungen eine getrennte versicherungsrechtliche Beurteilung nicht in Betracht kommt.

Beispiel D
Eine Hausfrau nimmt am 2.5. eine Beschäftigung als Aushilfsverkäuferin (Urlaubsvertretung) auf, die von vornherein bis zum 18.6. befristet ist und wöchentlich sechs Arbeitstage umfassen soll. Die Hausfrau war im laufenden Kalenderjahr wie folgt beschäftigt:

a) vom 2.1. bis 25.1.
   (Fünf-Tage-Woche) = 24 Kalendertage
b) vom 31.3. bis 15.4.
   (Sechs-Tage-Woche) = 16 Kalendertage
c) vom 2.5 bis 18.6.
   (Sechs-Tage-Woche) = 48 Kalendertage
zusammen = 88 Kalendertage

Die wöchentliche Arbeitszeit beträgt jeweils 40 Stunden.

Die Beschäftigung zu c) ist versicherungspflichtig, weil zu ihrem Beginn feststeht, dass sie zusammen mit den im laufenden Kalenderjahr bereits verrichteten Beschäftigungen die Grenze von zwei Monaten (60 Kalendertagen) überschreitet. Stehen bereits bei Aufnahme der ersten Beschäftigung (am 2.1.) die gesamten folgenden Beschäftigungszeiten fest, so unterliegen alle Beschäftigungen der Versicherungspflicht.

Geringfügige Beschäftigung

e) Prüfung der Berufsmäßigkeit

Eine kurzfristige Beschäftigung erfüllt dann nicht mehr die Voraussetzungen einer geringfügigen Beschäftigung, wenn die Beschäftigung berufsmäßig ausgeübt wird. Die Prüfung der Berufsmäßigkeit ist jedoch nicht erforderlich, wenn das aufgrund dieser Beschäftigung erzielte monatliche Arbeitsentgelt 400 € nicht überschreitet. Darüber hinaus braucht die Berufsmäßigkeit der Beschäftigung auch dann nicht geprüft zu werden, wenn die Beschäftigung bereits infolge Überschreitens der Zeitgrenzen als nicht geringfügig anzusehen ist. Berufsmäßig wird eine Beschäftigung dann ausgeübt, wenn sie für die in Betracht kommende Person nicht von untergeordneter wirtschaftlicher Bedeutung ist. Aushilfsweise tätige **Hausfrauen, Rentner, Schüler und Studenten** sind in der Regel nicht berufsmäßig beschäftigt.

Beschäftigungen, die nur gelegentlich ausgeübt werden, sind also grundsätzlich von untergeordneter wirtschaftlicher Bedeutung und daher als nicht berufsmäßig anzusehen. Dies gilt sinngemäß auch für kurzfristige Beschäftigungen, die neben einer Beschäftigung mit einem Entgelt von mehr als 400 € (Hauptbeschäftigung) ausgeübt werden.

Beispiel A

Ein Kraftfahrer übt beim Arbeitgeber A eine Dauerbeschäftigung gegen ein monatliches Arbeitsentgelt von 2300 € aus. Am 1.7. nimmt er zusätzlich eine Beschäftigung beim Arbeitgeber B als Kellner auf, die von vornherein bis zum 31.8. befristet ist; in dieser Beschäftigung erzielt er ein monatliches Arbeitsentgelt von 500 €.

Die Beschäftigung beim Arbeitgeber B bleibt versicherungsfrei, weil sie von vornherein auf nicht mehr als zwei Monate befristet ist und auch nicht berufsmäßig ausgeübt wird.

Folgt eine kurzfristige Beschäftigung auf bereits ausgeübte Beschäftigungen, ist Berufsmäßigkeit ohne weitere Prüfung anzunehmen, wenn die Beschäftigungszeiten im Laufe eines Kalenderjahres insgesamt mehr als zwei Monate oder 50 Arbeitstage betragen. Dabei können nur solche Beschäftigungen berücksichtigt werden, in denen die monatliche Arbeitsentgeltgrenze von 400 € überschritten wird.

Beispiel B

Eine Hausfrau nimmt am 13.8. eine Beschäftigung als Aushilfsverkäuferin gegen ein monatliches Arbeitsentgelt von 1400 € auf. Die Beschäftigung ist von vornherein bis zum 20.9. befristet. Im laufenden Kalenderjahr war die Hausfrau wie folgt beschäftigt (das Arbeitsentgelt betrug jeweils mehr als 400 €):

a) vom 2.3. bis 15.6. = 106 Kalendertage
b) vom 13.8. bis 20.9. = 39 Kalendertage
zusammen = 145 Kalendertage

Eine Zusammenrechnung der beiden Beschäftigungszeiten scheidet aus, da hiernach nur Beschäftigungen von einer Dauer von nicht mehr als zwei Monaten bzw. 50 Arbeitstagen zusammengerechnet werden können. Für die Prüfung der Berufsmäßigkeit sind die Beschäftigungen jedoch in jedem Falle zusammenzurechnen. Da die Beschäftigungszeiten im laufenden Kalenderjahr insgesamt 145 Kalendertage, also mehr als zwei Monate, betragen, wird die Beschäftigung berufsmäßig ausgeübt; es besteht deshalb Versicherungspflicht.

Bei Personen, die aus dem Berufsleben ausgeschieden sind, werden nur die Beschäftigungszeiten **nach dem Ausscheiden** angerechnet.

Beispiel C

Eine Verkäuferin hatte ihre langjährige, versicherungspflichtige Beschäftigung infolge Verheiratung zum 31.3. aufgegeben. Von diesem Zeitpunkt an war sie nicht mehr berufstätig. Am 1.8. nimmt sie eine Beschäftigung als Aushilfsverkäuferin auf, die von vornherein bis zum 31.8. befristet ist. Die Arbeitszeit beträgt täglich 8 Stunden (5-Tage-Woche); als Vergütung werden 1000,— € bezahlt.

Es handelt sich um eine kurzfristige Beschäftigung (nicht mehr als 2 Monate). Bei der Prüfung der Berufsmäßigkeit bleibt die bis zum 31.3. ausgeübte Beschäftigung außer Betracht, da bei Personen, die aus dem Berufsleben ausgeschieden sind, nur Beschäftigungszeiten nach dem Ausscheiden angerechnet werden. Die Beschäftigung ist daher sozialversicherungsfrei.

Bei der Prüfung der Berufsmäßigkeit wird also zum einen darauf abgestellt, ob die Beschäftigung für den betreffenden Arbeitnehmer von mehr als untergeordneter wirtschaftlicher Bedeutung ist. Nach der Rechtsprechung des Bundessozialgerichts ist dies dann anzunehmen, wenn aus dem Entgelt der zu beurteilenden Beschäftigung der Lebensunterhalt ganz oder zu einem erheblichen Teil bestritten wird. Hierbei sind die Lebensumstände des Beschäftigten, insbesondere seine Vermögens- und Einkommensverhältnisse und etwaige Unterhaltsansprüche zu berücksichtigen. Diese Verhältnisse sind nicht nur für die Dauer der zu beurteilenden Beschäftigung zu beachten.

Bei folgenden Personengruppen wird hiernach im Regelfall von Berufsmäßigkeit ausgegangen:

– Bezieher von Arbeitslosengeld und Arbeitslosengeld II, und zwar unabhängig davon, ob die kurzfristige Beschäftigung während des Leistungsbezuges aufgenommen wird oder der Leistungsbezug erst nach der kurzfristigen Beschäftigung beginnt;

– Arbeitsuchende, die bei einer Agentur für Arbeit gemeldet sind (ohne Leistungsbezug), ansonsten wie bei tatsächlichen Leistungsbeziehern;

– Mütter oder Väter während der Elternzeit;

– Bezieher von Sozialhilfe;

– Beschäftigung zwischen Schulentlassung und Aufnahme eines Ausbildungsverhältnisses;

– Beschäftigung während des Wehr- und Zivildienstes ohne Rücksicht darauf, ob es sich um eine Beschäftigung beim bisherigen Arbeitgeber oder bei einem anderen Arbeitgeber handelt. Entscheidend ist hier allerdings, dass der Wehr- oder Zivildienst eine vorher bestandene (Haupt-)Beschäftigung unterbrochen hat. Leistet ein Schulabgänger im Anschluss an seine Schulausbildung seinen Wehr- oder Zivildienst ab und übt er während des Wehr- und Zivildienstes eine kurzfristige Beschäftigung aus, kann nicht von Berufsmäßigkeit ausgegangen werden.

Bei den genannten Personen besteht aufgrund der Berufsmäßigkeit ohne Rücksicht auf die Dauer der befristeten Beschäftigung immer Versicherungspflicht, und zwar auch dann, wenn es sich lediglich um einen einzigen Beschäftigungstag handelt. Versicherungsfreiheit besteht nur dann, wenn die (ggf. anteilige) monatliche Arbeitsentgeltgrenze von 400 € nicht überschritten wird.

Beispiel D

Ein Bezieher von Arbeitslosengeld vereinbart eine auf zwei Tage (Samstag und Sonntag) befristete Beschäftigung als Kellner zu je sieben Stunden; das Arbeitsentgelt beträgt pro Tag 50 €.

Da das Arbeitsentgelt die für den Beschäftigungszeitraum anteilige Arbeitsentgeltgrenze (400 € : 30 × 2 = 26,67 €) übersteigt und der Arbeitnehmer als Bezieher von Arbeitslosengeld als berufsmäßig Beschäftigter anzusehen ist, besteht Versicherungspflicht in der Kranken-, Renten- und Pflegeversicherung. In der Arbeitslosenversicherung besteht Versicherungsfreiheit, weil die wöchentliche Arbeitszeit weniger als 15 Stunden beträgt (vgl. die Erläuterungen zur Arbeitslosenversicherung unter der nachfolgenden Nr. 15).

Zusammenfassend ist für die Prüfung der Berufsmäßigkeit Folgendes festzuhalten:

Im Gegensatz zur Prüfung der Kurzfristigkeit werden bei der Prüfung der Berufsmäßigkeit im Grundsatz **alle Beschäftigungen** (nicht nur kurzfristige) innerhalb des laufenden Kalenderjahres angerechnet, bei denen das Arbeitsentgelt mehr als 400 € betragen hat. Das bedeutet, dass auch versicherungspflichtige Beschäftigungen, die beispielsweise auf 3 Monate befristet waren (= mehr als kurzfristig), hier berücksichtigt werden. Darüber hinaus werden auch Zeiträume des Bezuges von Leistungen einer Agentur für Arbeit (Arbeitslosengeld I oder II) wie Beschäftigungszeiten mit einbezogen.

Berufsmäßigkeit wird dagegen nicht angenommen, wenn eine kurzfristige Beschäftigung **neben einer Hauptbeschäftigung** ausgeübt wird. Dies stellt einen wesentlichen Unterschied zur Behandlung von 400-Euro-Jobs neben einer Hauptbeschäftigung dar. Dort erfolgt nämlich ab dem zweiten 400-Euro-Job eine Zusammenrechnung mit der Folge der Versicherungspflicht.

Geringfügige Beschäftigung

f) Kurzfristige Beschäftigung im Anschluss an einen 400-Euro-Job

Sofern im unmittelbaren Anschluss an eine geringfügig entlohnte (Dauer-)Beschäftigung bei demselben Arbeitgeber eine auf längstens zwei Monate befristete Beschäftigung mit einem Arbeitsentgelt von mehr als 400 € vereinbart wird, geht die Sozialversicherung von der widerlegbaren Vermutung aus, dass es sich um die Fortsetzung der bisherigen (Dauer-)Beschäftigung handelt mit der Folge, dass vom Zeitpunkt der Vereinbarung der befristeten Beschäftigung an die Arbeitsentgeltgrenze überschritten wird und damit Versicherungspflicht eintritt. Dies wird umso mehr angenommen, wenn sich an die befristete Beschäftigung wiederum unmittelbar eine – für sich betrachtet – geringfügig entlohnte Beschäftigung anschließt. Versicherungsfreiheit wegen Vorliegens einer kurzfristigen Beschäftigung kommt in Fällen der hier in Rede stehenden Art nur dann in Betracht, wenn es sich bei den einzelnen Beschäftigungen um völlig voneinander unabhängige Beschäftigungsverhältnisse handelt.

g) Ab wann tritt die Versicherungspflicht ein, wenn die 50-Tage- oder 2-Monats-Grenze überschritten wird?

Überschreitet eine Beschäftigung, die als kurzfristige Beschäftigung angesehen wird, entgegen der ursprünglichen Erwartung die Zeitdauer von 2 Monaten oder 50 Arbeitstagen, so tritt vom Tage des Überschreitens an Versicherungspflicht ein, es sei denn, dass die Merkmale einer geringfügig entlohnten Beschäftigung vorliegen.

Stellt sich im Laufe der Beschäftigung heraus, dass sie länger dauern wird, so beginnt gegebenenfalls die Versicherungspflicht bereits mit dem Tage, an dem das Überschreiten der Zeitdauer erkennbar wird, also nicht erst nach Ablauf der zwei Monate bzw. 50 Arbeitstage; für die zurückliegende Zeit verbleibt es bei der Versicherungsfreiheit.

Sofern ein zunächst auf ein Jahr oder weniger befristeter **Rahmenarbeitsvertrag** mit Arbeitseinsätzen bis zu maximal 50 Arbeitstagen auf eine Dauer von über einem Jahr verlängert wird, liegt vom Zeitpunkt der Vereinbarung der Verlängerung an eine regelmäßige Beschäftigung vor. Wird ein Rahmenvertrag zunächst auf ein Jahr begrenzt und im unmittelbaren Anschluss daran ein neuer Rahmenarbeitsvertrag abgeschlossen, ist vom Beginn des neuen Rahmenarbeitsvertrags an von einer regelmäßig ausgeübten Beschäftigung auszugehen, wenn zwischen den beiden Rahmenarbeitsverträgen kein Zeitraum von **mindestens zwei Monaten** liegt. Auch in diesen Fällen ist allerdings zu prüfen, ob die Merkmale einer geringfügig entlohnten Beschäftigung vorliegen.

15. Besonderheiten in der Arbeitslosenversicherung

Die Arbeitslosenversicherungsfreiheit geringfügiger Beschäftigungen ergibt sich aus § 27 Abs. 2 SGB III. Eine Ausnahmeregelung besteht allerdings nach § 27 Abs. 5 SGB III für solche Arbeitnehmer, die **neben** dem Anspruch auf Arbeitslosengeld eine mehr als geringfügige, aber kurzzeitige Beschäftigung ausüben; sie sind in der Arbeitslosenversicherung versicherungsfrei. Als kurzzeitig gilt eine Beschäftigung, deren wöchentliche Arbeitszeit weniger als 15 Stunden beträgt.

Die Versicherungsfreiheit nach § 27 Abs. 5 SGB III gilt nicht für Bezieher von Teilarbeitslosengeld; sie sind nur dann arbeitslosenversicherungsfrei, wenn sie eine geringfügige (geringfügig entlohnte) Beschäftigung ausüben.

Die Besonderheit in der Arbeitslosenversicherung bedeutet, dass Personen, die **neben dem Bezug der oben genannten Leistungen durch eine Agentur für Arbeit** in einer Beschäftigung stehen, in der sie zwar mehr 400 € monatlich verdienen, die regelmäßige wöchentliche Arbeitszeit aber weniger als 15 Stunden beträgt, versicherungsfrei in der Arbeitslosenversicherung bleiben, solange die Beschäftigung und der Bezug der Leistungen parallel nebeneinander bestehen. Versicherungsfreiheit besteht allerdings nur während des Überschneidungszeitraumes. In der Kranken-, Pflege- und Rentenversicherung besteht Versicherungspflicht für die gesamte Dauer der Beschäftigung.

16. Aufzeichnungspflichten

Die Regelungen der Beitragsverfahrensverordnung über die Führung von Entgeltunterlagen gelten uneingeschränkt auch für geringfügig Beschäftigte. Der Arbeitgeber hat die für die Versicherungsfreiheit maßgebenden Angaben in den Entgeltunterlagen aufzuzeichnen und Nachweise, aus denen die erforderlichen Angaben ersichtlich sind, zu den Entgeltunterlagen zu nehmen. Hierzu gehören insbesondere Angaben und Unterlagen über

– das monatliche Arbeitsentgelt,
– die Beschäftigungsdauer,
– die regelmäßige wöchentliche Arbeitszeit und die tatsächlich geleisteten Arbeitsstunden,
– das Vorliegen weiterer Beschäftigungen (z. B. Erklärungen des Beschäftigten),
– die Feststellungen der Minijob-Zentrale oder des Rentenversicherungsträgers über das Vorliegen von Sozialversicherungspflicht,
– der Nachweis, aus dem hervorgeht, dass der Beschäftigte auf die Möglichkeit des Verzichts auf die Rentenversicherungsfreiheit hingewiesen wurde,
– die schriftliche Erklärung des Beschäftigten über den Verzicht auf die Rentenversicherungsfreiheit,
– Bescheide der zuständigen Einzugsstelle über die Feststellung des Bestehens oder Nichtbestehens von Versicherungspflicht,
– die Bescheinigung E101 für Aushilfsbeschäftigungen von Saisonarbeitskräften aus einem EU-Mitgliedstaat (sowie der Schweiz und Norwegen),
– die Erklärung des Beschäftigten über die Befreiung von der Versicherungspflicht.

Bei kurzfristig Beschäftigten sind zusätzlich Nachweise oder Erklärungen über

– eventuelle weitere kurzfristige Beschäftigungen im Kalenderjahr vor Beginn der zu beurteilenden Beschäftigung,
– den Status (z. B. Hausfrau, Schüler, Student, Wehr- oder Zivildienstleistender, Arbeitsloser, Rentner) des Beschäftigten

den Entgeltunterlagen beizufügen.

Die Entscheidung darüber, ob bei geringfügig entlohnten oder kurzfristigen Beschäftigungen Sozialversicherungspflicht vorliegt oder nicht, ist oft schwierig zu treffen, zumal häufig vorangegangene oder gleichzeitig ausgeübte Beschäftigungen in die Prüfung mit einbezogen werden müssen. Um Nachforderungen bei den Beiträgen zur Sozialversicherung zu vermeiden, empfiehlt es sich deshalb für den Arbeitgeber, die Feststellung der Versicherungspflicht nachprüfbar zu dokumentieren. Dies kann durch den als **Anhang 18** zum Lexikon abgedruckten **Personalfragebogen** erfolgen.

17. Abführen der Beiträge

Die Pauschalbeiträge zur Kranken- und Rentenversicherung für 400-Euro-Jobs sowie die vollen Rentenversicherungsbeiträge bei einer Option zur Rentenversicherungspflicht sind **der Minijob-Zentrale** bei der Deutschen Rentenversicherung Knappschaft-Bahn-See **im Beitragsnachweis für geringfügig Beschäftigte nachzuweisen,** und zwar

Geringfügige Beschäftigung

- unter 6000 Pauschalbeitrag zur Krankenversicherung,
- unter 0100 Beitrag zur Rentenversicherung bei Verzicht auf die Rentenversicherungsfreiheit,
- unter 0500 Pauschalbeitrag zur Rentenversicherung.

Für die Erhebung der einheitlichen **Pauschsteuer von 2 %**, die auch den Solidaritätszuschlag und die Kirchensteuer abgilt, ist ebenfalls die **Minijob-Zentrale** bei der Deutschen Rentenversicherung Knappschaft-Bahn-See zuständig. Anmeldung und Abführung der Pauschsteuer sind analog zu den für die Pauschalbeiträge zur Rentenversicherung geltenden Vorschriften abzuwickeln. Zu diesem Zweck besteht im Beitragsnachweis für geringfügig Beschäftigte die Möglichkeit, auch die Pauschsteuer nachzuweisen. Wird hiervon Gebrauch gemacht, ist auch die **Steuernummer des Arbeitgebers im Beitragsnachweis anzugeben.**

Seit 1.1.2009 ist die Minijob-Zentrale auch zuständig für den Einzug der **Insolvenzgeldumlage** in Höhe von **0,41 %** für geringfügig Beschäftigte. Die Insolvenzgeldumlage in Höhe von 0,41 % des tatsächlich gezahlten Arbeitsentgelts muss sowohl bei geringfügig entlohnten Beschäftigungen (sog. 400-€-Jobs) als auch bei kurzfristigen Beschäftigungsverhältnissen abgeführt werden.

Die Minijob-Zentrale ist auch dann Einzugsstelle für die Insolvenzgeldumlage, wenn es sich um nach § 6 Abs. 1 Satz 1 Nr. 1 SGB VI von der Rentenversicherungspflicht befreite Mitglieder berufsständischer Versorgungswerke handelt, die wegen Verzichts auf die Rentenversicherungsfreiheit nach § 5 Abs. 2 Satz 2 SGB VI keine Rentenversicherungsbeiträge und wegen einer privaten Krankenversicherung auch keine Pauschalbeiträge an die Minijob-Zentrale zahlen. Der Einzug der Insolvenzgeldumlage erfolgt ebenfalls durch die Minijob-Zentrale, wenn neben der Pauschalbeitragszahlung in der Kranken- oder Rentenversicherung aufgrund der Bestandsschutzregelung über den 31. März 2003 hinaus für dieselbe Beschäftigung auch Pflichtbeiträge zur Renten- oder Krankenversicherung an die zuständige Krankenkasse gezahlt werden.

Die Umlagebeträge sind im Beitragsnachweisdatensatz unter dem Beitragsgruppenschlüssel 0050 anzugeben.

Auf die ausführlichen Erläuterungen beim Sichwort „Insolvenzgeldumlage" wird Bezug genommen.

18. Meldepflichten

a) Allgemeines

Für geringfügig Beschäftigte gilt das Meldeverfahren nach der Datenerfassungs- und -übermittlungsverordnung (DEÜV). Dies bedeutet, dass nicht nur An- und Abmeldungen, sondern grundsätzlich auch alle anderen Meldungen zu erstatten sind. Die Meldepflichten für geringfügig Beschäftigte sind in Anhang 15 unter Nr. 13 ausführlich erläutert. Geringfügig Beschäftigte in Privathaushalten sind in einem vereinfachten, dem so genannten Haushaltsscheckverfahren, zu melden (vgl. die Erläuterungen beim Stichwort „Hausgehilfin").

Da die Rentenversicherungsträger im Rahmen der Betriebsprüfung zukünftig auch die Beitragszahlung zur Unfallversicherung prüfen werden, wurde das Meldeverfahren zur Sozialversicherung ab dem 1. Januar 2009 um die prüfrelevanten Informationen zur Unfallversicherung erweitert. Das bedeutet, dass in allen Entgeltmeldungen, die nach dem 31. Dezember 2008 erstellt werden und einen Meldezeitraum ab dem 1. Januar 2008 beinhalten, die unfallversicherungsspezifischen Daten zwingend anzugeben sind. Bei ununterbrochenen Beschäftigungsverhältnissen waren erstmalig mit der Jahresmeldung für das Jahr 2008 die Unfallversicherungsdaten zu melden. Dies hat darüber hinaus zur Folge, dass für Meldezeiträume seit **dem 1. Januar 2008 auch für kurzfristig Beschäftigte Entgeltmeldungen zur Unfallversicherung zu erstatten** sind. Auf die ausführlichen Erläuterungen in Anhang 15 Nr. 16 auf Seite 986 wird Bezug genommen.

Ab 1.1.2010 sind auch für geringfügig Beschäftigte monatlich sog. ELENA-Meldungen zu erstatten (vgl. hierzu die Erläuterungen beim Stichwort „ELENA-Verfahren").

19. Lohnfortzahlungsversicherung

a) Allgemeines

Durch das Aufwendungsausgleichsgesetz (AAG) ist seit 1.1.2006 die Erstattung der Arbeitgeberaufwendungen für die Entgeltfortzahlung im Krankheitsfall und beim Mutterschutz neu geregelt worden. Die wichtigsten Neuerungen des Aufwendungsausgleichsgesetzes sind

- die Teilnahme **aller Arbeitgeber** am Ausgleichsverfahren der Arbeitgeberaufwendungen für **Mutterschaftsleistungen** (U2)
- die **Einbeziehung** der Aufwendungen für die **Entgeltfortzahlung der Angestellten** im Arbeitsunfähigkeitsfall in das Ausgleichsverfahren der Arbeitgeberaufwendungen (U1)
- die **Erweiterung der** an den Ausgleichsverfahren **teilnehmenden Krankenkassen** auf die Ersatz- und Betriebskrankenkassen
- die **Festschreibung einer einheitlichen** Grenze von 30 Arbeitnehmern für die Teilnahme am Ausgleichsverfahren der Arbeitgeberaufwendungen bei Arbeitsunfähigkeit (U1).

Die Minijob-Zentrale bei der Deutschen Rentenversicherung Knappschaft-Bahn-See ist – wie bisher – für die Durchführung des Ausgleichsverfahrens U1 und U2 zuständig.

b) Kreis der Arbeitgeber

Am Ausgleichsverfahren U1 für die Entgeltfortzahlung bei Arbeitsunfähigkeit im Krankheitsfall nehmen grundsätzlich alle Arbeitgeber mit **maximal 30 Arbeitnehmer** teil (Ausnahme: öffentlich-rechtliche Arbeitgeber). Ein Arbeitgeber nimmt am Ausgleichsverfahren U1 teil, wenn er in dem Kalenderjahr, das demjenigen, für das die Feststellung zu treffen ist, vorangegangen ist, für mindestens acht Monate nicht mehr als 30 Arbeitnehmer beschäftigt hat. Falls ein Betrieb nicht das ganze maßgebliche Kalenderjahr bestanden hat, nimmt der Arbeitgeber am Ausgleich der Arbeitgeberaufwendungen teil, wenn er während des Zeitraums des Bestehens des Betriebs in der überwiegenden Zahl der Kalendermonate nicht mehr als 30 Arbeitnehmer beschäftigt hat. Für die Ermittlung der Mitarbeiterzahl sind alle Arbeitnehmer maßgebend, die ein Arbeitgeber beschäftigt. Das bedeutet, dass alle Arbeiter und Angestellten zu berücksichtigen sind, ungeachtet ihrer Krankenkassenzugehörigkeit. Nicht mitgezählt werden

- Auszubildende und Praktikanten,
- schwerbehinderte Menschen,
- Bezieher von Vorruhestandsgeld und
- Wehr- und Zivildienstleistende.

Eine besondere Regelung gilt für Teilzeitbeschäftigte. Sie werden bei der Feststellung der Gesamtzahl der Arbeitnehmer entsprechend ihrer Arbeitszeit berücksichtigt, und zwar wie folgt:

- Arbeitnehmer, die wöchentlich regelmäßig nicht mehr als 10 Stunden zu leisten haben, werden mit dem Faktor **0,25,**
- Arbeitnehmer, die wöchentlich regelmäßig nicht mehr als 20 Stunden zu leisten haben, werden mit dem Faktor **0,5,**
- Arbeitnehmer, die wöchentlich regelmäßig nicht mehr als 30 Stunden zu leisten haben, werden mit dem Faktor **0,75,** angesetzt.

Geringfügige Beschäftigung

Dabei ist stets von der regelmäßigen wöchentlichen Arbeitszeit auszugehen. Schwankt die Arbeitszeit von Woche zu Woche, dann ist die regelmäßige wöchentliche Arbeitszeit in den einzelnen Kalendermonaten im Wege einer Durchschnittsberechnung zu ermitteln.

Die Teilnahme am Ausgleichsverfahren wird jeweils zu Beginn eines Kalenderjahrs für das gesamte Kalenderjahr festgestellt.

c) Umlagen U 1 und U 2

Die für die Durchführung des Erstattungsverfahrens erforderlichen Mittel werden durch Umlagen von den am Ausgleich beteiligten Arbeitgebern aufgebracht, und zwar durch die Umlage U 1 und die Umlage U 2.

Die **Umlage U 1** ist für den Ausgleich der Arbeitgeberaufwendungen für die **Entgeltfortzahlung** bei Krankheit bzw. Kur zu entrichten. Sie errechnet sich aus den Bruttoarbeitsentgelten aller im Betrieb geringfügig beschäftigten Arbeitnehmer und beträgt seit 1.1.2009 0,6%.

Die **Umlage U 2** ist für den Ausgleich der Aufwendungen nach dem **Mutterschutzgesetz** zu entrichten. Sie errechnet sich aus den Bruttoarbeitsentgelten aller im Betrieb geringfügig beschäftigten Arbeitnehmer und beträgt seit 1.1.2009 0,07%.

d) Erstattung von Arbeitgeberaufwendungen

Geringfügig Beschäftigte, die durch Arbeitsunfähigkeit infolge Krankheit oder infolge einer medizinischen Vorsorge- bzw. Rehabilitationsmaßnahme an ihrer Arbeitsleistung verhindert sind, haben grundsätzlich Anspruch auf Entgeltfortzahlung durch den Arbeitgeber für längstens 42 Tage. Die Erstattung durch die Deutsche Rentenversicherung Knappschaft-Bahn-See beträgt 80% des fortgezahlten Bruttoarbeitsentgelts.

Des Weiteren gehören Leistungen nach dem Mutterschutzgesetz zu den erstattungsfähigen Arbeitgeberaufwendungen. Danach erstattet die Deutsche Rentenversicherung Knappschaft-Bahn-See für Arbeitnehmerinnen

– 100 % des Arbeitgeberzuschusses zum Mutterschaftsgeld während der Schutzfristen vor und nach der Entbindung zuzüglich der darauf entfallenden pauschalen Kranken- und Rentenversicherungsbeiträge,
– 100 % des fortgezahlten Arbeitsentgelts für die Dauer von Beschäftigungsverboten.

Die Erstattungen werden auf Antrag gewährt und können sofort nach geleisteter Entgeltfortzahlung erfolgen.

20. Arbeitsvertrag für geringfügige Beschäftigungsverhältnisse

Nach dem sog. Nachweisgesetz muss der Arbeitgeber bei Teilzeitkräften spätestens einen Monat nach Beginn des Arbeitsverhältnisses die wesentlichen Vertragsbedingungen **schriftlich niederlegen, unterschreiben und aushändigen.** Eine Ausnahme besteht nur für eine Aushilfstätigkeit von höchstens **einem** Monat. Bei geringfügig entlohnten Beschäftigungsverhältnissen muss ein Hinweis aufgenommen werden, dass die Möglichkeit der Option zur Rentenversicherung durch die Entrichtung eines eigenen Arbeitnehmeranteils zur Rentenversicherung besteht und damit entsprechende Rentenanwartschaften erworben werden können. Eine Änderung wesentlicher Vertragsbedingungen muss spätestens einen Monat nach der Änderung schriftlich mitgeteilt werden. Die Pflicht zur schriftlichen Mitteilung der Vertragsbedingungen entfällt nur dann, wenn ein **schriftlicher Arbeitsvertrag** vorhanden ist, der die erforderlichen Angaben enthält. Es empfiehlt sich deshalb, in allen Fällen einen schriftlichen Arbeitsvertrag abzuschließen.

Geringverdienergrenze

1. Lohnsteuer

Unter Berücksichtigung der Freibeträge, die in die Lohnsteuertabellen eingearbeitet sind, ergibt sich bei Vorlage einer Lohnsteuerkarte eine Lohnsteuer erst dann, wenn die sog. Besteuerungsgrenzen überschritten sind (vgl. hierzu das Stichwort „Tarifaufbau"). Diese Besteuerungsgrenzen sind in den einzelnen Steuerklassen unterschiedlich hoch. Sie betragen 2010

Jahresarbeitslohn, bis zu dem bei Vorlage einer Lohnsteuerkarte keine Lohnsteuer anfällt

Steuerklasse	sozialversicherungspflichtige Arbeitnehmer	nicht sozialversicherungspflichtige Arbeitnehmer
I	10 673 €	10 192 €
II	12 230 €	11 677 €
III	20 209 €	19 296 €
IV	10 673 €	10 192 €
V	1 147 €	1 096 €

Monatsarbeitslohn, bis zu dem bei Vorlage einer Lohnsteuerkarte keine Lohnsteuer anfällt

Steuerklasse	sozialversicherungspflichtige Arbeitnehmer	nicht sozialversicherungspflichtige Arbeitnehmer
I	889 €	849 €
II	1 019 €	973 €
III	1 684 €	1 608 €
IV	889 €	849 €
V	95 €	91 €

Diese Besteuerungsgrenzen kommen nur dann zur Anwendung, wenn der Arbeitnehmer eine **Lohnsteuerkarte** vorlegt. Ohne Vorlage einer Lohnsteuerkarte muss der Arbeitgeber die Lohnsteuer nach der (ungünstigsten) Steuerklasse VI einbehalten, sofern nicht eine Pauschalierung der Lohnsteuer mit 25 %, 20 %, 5 % oder 2 % in Betracht kommt. Auf die ausführlichen Erläuterungen beim Stichwort „Pauschalierung der Lohnsteuer für Aushilfskräfte und Teilzeitbeschäftigte" wird hingewiesen.

2. Sozialversicherung

Geringverdiener im sozialversicherungsrechtlichen Sinne dürfen nicht mit den sozialversicherungsfreien geringfügig Beschäftigten verwechselt werden. Geringverdiener sind nämlich aufgrund ihres Beschäftigungsverhältnisses sozialversicherungspflichtig; allerdings muss der Arbeitgeber den Gesamtsozialversicherungsbeitrag (Arbeitnehmer- und Arbeitgeberanteil) **allein** tragen. Im Einzelnen gilt Folgendes:

Der Arbeitgeber hat für die im Rahmen einer **betrieblichen Berufsbildung** beschäftigten Arbeitnehmer, deren monatliches Arbeitsentgelt 325 € nicht übersteigt, sowie für Personen, die ein freiwilliges soziales Jahr im Sinne des Gesetzes zur Förderung eines freiwilligen sozialen Jahres oder ein freiwilliges ökologisches Jahr i. S. des Gesetzes zur Förderung eines freiwilligen ökologischen Jahres leisten, den Gesamtsozialversicherungsbeitrag allein zu tragen. Diese sog. Geringverdienergrenze beträgt monatlich:

vom 1.4.1999 bis 31.12.2001	630 DM
vom 1.1.2002 bis 31.3.2003	325 €
vom 1.4.2003 bis 31.7.2003	400 €
vom 1.8.2003 bis 31.12.2003	325 €
vom 1.1.2004 bis 31.12.2004	325 €
vom 1.1.2005 bis 31.12.2005	325 €
vom 1.1.2006 bis 31.12.2006	325 €
vom 1.1.2007 bis 31.12.2007	325 €

Geschäftsjubiläum

	Lohn-steuer-pflichtig	Sozial-versich.-pflichtig
vom 1.1.2008 bis 31.12.2008	325 €	
vom 1.1.2009 bis 31.12.2009	325 €	
ab 1.1.2010	325 €	

Die bei Anwendung der Geringverdienergrenze zu beachtenden Besonderheiten sind beim Stichwort „Auszubildende" erläutert.

3. Gleitzone im Niedriglohnbereich

Arbeitnehmer zahlen einen geringeren Arbeitnehmeranteil am Gesamtsozialversicherungsbeitrag als andere Arbeitnehmer, wenn ihr monatlicher Arbeitslohn im Bereich von 400,01 € bis 800,00 € liegt. Die Gleitzone im Niedriglohnbereich gilt **nicht** für die im Rahmen einer betrieblichen Berufsbildung beschäftigten Arbeitnehmer (z. B. Auszubildende, Praktikanten vgl. das Stichwort „Gleitzone im Niedriglohnbereich").

Geschäftsjubiläum

siehe „Jubiläumszuwendungen"

Geschäftswagen zur privaten Nutzung

siehe „Firmenwagen zur privaten Nutzung"

Geschenke

Die lohnsteuerliche Beurteilung von „Geschenken", die der Arbeitnehmer von seinem Arbeitgeber erhält, ist beim Stichwort „Gelegenheitsgeschenke" erläutert. Macht der Arbeitnehmer im Auftrag des Arbeitgebers einem Kunden ein Geschenk vgl. das Stichwort „Werbegeschenke".

Geschenk-Lose

siehe „Verlosungsgewinne"

Gesellschafter-Geschäftsführer

Neues und Wichtiges auf einen Blick:

Ab dem 1.1.2010 ist die **Vorsorgepauschale neu geregelt** worden. Sie setzt sich zusammen aus einem

- **Teilbetrag** für die **Rentenversicherung,**
- **Teilbetrag** für die **gesetzliche Kranken- und soziale Pflegepflichtversicherung** und
- **Teilbetrag** für die **private Basiskranken- und Pflegepflichtversicherung.**

Die bisherige Unterscheidung zwischen ungekürzter und gekürzter Vorsorgepauschale sowie die auf der gekürzten Vorsorgepauschale beruhende Besondere Lohnsteuertabelle (einschließlich des Großbuchstabens „B") ist weggefallen. Der Teilbetrag der Vorsorgepauschale für die Rentenversicherung und für die gesetzliche Kranken- und soziale Pflegeversicherung ist mangels Versicherungspflicht bei beherrschenden Gesellschafter-Geschäftsführern nicht zu berücksichtigen. **Anzusetzen** ist bei beherrschenden Gesellschafter-Geschäftsführern der **Teilbetrag** für die **private Basiskranken- und Pflegepflichtversicherung. Berücksichtigt** werden die der GmbH vom Gesellschafter-Geschäftsführer **mitgeteilten** privaten **Basiskranken- und Pflegepflichtversicherungsbeiträge.** Werden der GmbH vom Gesellschafter-Geschäftsführer **keine Beiträge** zur privaten Basiskranken- und Pflegepflichtversicherung **mitgeteilt,** wird die **Mindestvorsorgepauschale** angesetzt. Wegen der Einzelheiten zur Vorsorgepauschale vgl. die ausführlichen Erläuterungen im Anhang 8.

Gesellschafter-Geschäftsführer

	Lohn-steuer-pflichtig	Sozial-versich.-pflichtig

Zeitwertkontenvereinbarungen mit **Organen** von Kapitalgesellschaften (z. B. Geschäftsführern) werden **steuerlich nicht anerkannt.** Allerdings sind bei **Zeitwertkontenmodellen** für Organe, die **bis zum 31.1.2009 eingerichtet** wurden und die aus Vertrauensschutzgründen steuerlich anzuerkennen wären, **alle Zuführungen bis zum 31.1.2009** erst **bei Auszahlung** als **Arbeitslohn** zu besteuern. Vgl. die Erläuterungen unter der nachfolgenden Nr. 5 Buchstabe h sowie beim Stichwort „Arbeitszeitkonten" besonders unter Nr. 4 Buchstabe c.

Zur **vertragswidrigen Privatnutzung** eines **Firmenwagens** durch einen Gesellschafter-Geschäftsführer vgl. die Erläuterungen beim Stichwort „Firmenwagen zur privaten Nutzung" unter Nr. 18 Buchstabe c.

Gliederung:

1. Gesellschafter einer GmbH
    a) Gesellschafter-Geschäftsführer mit mindestens 50 % Anteil am Stammkapital
    b) Übrige Gesellschafter-Geschäftsführer
    c) Abhängiges Beschäftigungsverhältnis
    d) Statusprüfung
    e) Rückwirkender Wegfall der Sozialversicherungspflicht
    f) Unternehmergesellschaft (haftungsbeschränkt)
2. Vorstandsmitglieder von Aktiengesellschaften
3. Organe ausländischer Kapitalgesellschaften
4. Offene Handelsgesellschaft und Gesellschaft bürgerlichen Rechts
5. Kommanditgesellschaften
    a) Komplementäre
    b) Kommanditisten
6. Lohnsteuerliche Besonderheiten bei Gesellschafter-Geschäftsführern einer GmbH
    a) Allgemeines
    b) Überstundenvergütungen
    c) Zuschläge für Sonntags-, Feiertags- und Nachtarbeit
    d) Vorsorgepauschale bei Gesellschafter-Geschäftsführern
    e) Nachversteuerung von Arbeitslohn bei Gesellschafter-Geschäftsführern
    f) Kürzung des Höchstbetrags zur Basisversorgung beim neuen Sonderausgabenabzug
    g) Kürzung des Vorwegabzugs im Rahmen der sog. Günstigerprüfung nach altem Recht
    h) Arbeitszeitkonten
7. Gehaltsabrechnung für den Gesellschafter-Geschäftsführer einer GmbH
8. Übersicht über gleichgesetzte Kapitalgesellschaften in den Mitgliedstaaten der Europäischen Union

1. Gesellschafter einer GmbH

a) Gesellschafter-Geschäftsführer mit mindestens 50 % Anteil am Stammkapital

Der **Geschäftsführer einer GmbH,** der als Gesellschafter **mindestens** über **die Hälfte** des Stammkapitals verfügt und damit die Entscheidungen der Gesellschaft maßgeblich beeinflussen kann, ist nicht Arbeitnehmer im Sinne der Sozialversicherung. Er hat maßgeblichen Einfluss auf das Unternehmen, da gegen seinen Willen keine Beschlüsse gefasst werden können. Ein abhängiges Beschäftigungsverhältnis liegt demnach nicht vor. Er ist jedoch Arbeitnehmer im Sinne des Lohnsteuerrechts (sogar bei einer sog. Einmann-GmbH), wenn dies in den Verhältnissen klar zum Ausdruck kommt. In diesem Fall sind die von ihm bezogenen Vergütungen Arbeitslohn, soweit sie nach dem Umfang der Bedeutung seiner Arbeitsleistung **angemessen** sind, d. h. im Zweifel für die gleiche Leistung auch einem Fremden gezahlt werden würden. | ja | nein |

Gesellschafter-Geschäftsführer

	Lohn-steuer-pflichtig	Sozial-versich.-pflichtig

Arbeitsrechtlich ist der Geschäftsführer einer GmbH, unabhängig davon, ob er zugleich ihr Gesellschafter ist, kein Arbeitnehmer. Die arbeitsrechtlichen Vorschriften, z. B. über die Lohn- und Gehaltsfortzahlung, den Urlaub, die Kündigung finden deshalb keine Anwendung. Vermögenswirksame Leistungen nach dem Vermögensbildungsgesetz kann die GmbH für ihren Geschäftsführer nicht erbringen. Aufgrund der fehlenden Arbeitnehmereigenschaft werden Geschäftsführer einer GmbH bei der Ermittlung der für die Teilnahme an der Lohnfortzahlungsversicherung maßgeblichen Anzahl von Beschäftigten nicht mitgerechnet (vgl. hierzu auch Teil B „Grundsätzliches zur Kranken-, Pflege-, Renten- und Arbeitslosenversicherung", Nr. 10 „Ausgleich der Arbeitgeberaufwendungen").

Die Besonderheiten, die sich durch die unterschiedliche lohnsteuerliche und sozialversicherungsrechtliche Behandlung ergeben, soll das Lohnabrechnungsbeispiel für den Gesellschafter-Geschäftsführer einer GmbH unter der nachfolgenden Nr. 6 verdeutlichen.

b) Übrige Gesellschafter-Geschäftsführer

Aber auch der Gesellschafter-Geschäftsführer einer GmbH, dessen Anteil am Stammkapital **weniger als die Hälfte** beträgt, steht dann nicht in einem abhängigen Beschäftigungsverhältnis im Sinne der Sozialversicherung, wenn er aufgrund seiner Beteiligung, seiner Gesellschaftsrechte (z. B. Sperrminorität), der vertraglichen Gestaltung seiner Mitarbeit oder wegen der besonderen Verhältnisse im Einzelfall die Gesellschaft beherrscht, insbesondere einen so maßgebenden Einfluss auf die Willensbildung der Gesellschaft hat, dass er alle ihre Tätigkeit betreffenden Entscheidungen maßgeblich beeinflussen, insbesondere ihm nicht genehme Entscheidungen verhindern kann*).   ja   nein

Er ist jedoch Arbeitnehmer im Sinne des Lohnsteuerrechts, wenn dies in den Verhältnissen klar zum Ausdruck kommt. In diesem Fall sind die von ihm bezogenen Vergütungen Arbeitslohn, soweit sie nach dem Umfang und der Bedeutung seiner Arbeitsleistung **angemessen** sind, d. h. im Zweifel für die gleiche Leistung auch einem Fremden gezahlt werden würden.

c) Abhängiges Beschäftigungsverhältnis

Mitarbeitende Gesellschafter einer GmbH können nach der Rechtsprechung des Bundessozialgerichts durchaus in einem abhängigen und damit sozialversicherungspflichtigen Beschäftigungsverhältnis zur GmbH stehen. Allerdings liegt bei mitarbeitenden Gesellschaftern – und das gilt auch für Gesellschafter-Geschäftsführer – ein abhängiges Beschäftigungsverhältnis zur GmbH nur dann vor, wenn die Gesellschafter

– funktionsgerecht dienend am Arbeitsprozess der GmbH teilhaben,
– für ihre Beschäftigung ein entsprechendes Arbeitsentgelt erhalten und
– keinen maßgeblichen Einfluss auf die Geschicke der Gesellschaft kraft eines etwaigen Anteils am Stammkapital geltend machen können.

Ist dies der Fall, können die Gesellschafter sowohl lohnsteuerlich als auch sozialversicherungsrechtlich Arbeitnehmer sein.   ja   ja

Gesellschafter-Geschäftsführer, die hiernach in einem Beschäftigungsverhältnis im Sinne des § 7 Abs. 1 SGB IV stehen, haben bei Versicherungsfreiheit in der Krankenversicherung wegen Überschreiten der Jahresarbeitsentgeltgrenze sowohl Anspruch auf einen Arbeitgeberzuschuss zu ihrem Krankenversicherungsbeitrag nach § 257 SGB V als auch Anspruch auf einen Arbeitgeberzuschuss zu ihrem Pflegeversicherungsbeitrag nach § 61 Abs. 1 und 2 SGB XI. Die aufgrund der gesetzlichen Verpflichtung geleisteten Arbeitgeberzuschüsse sind nach § 3 Nr. 62 Satz 1 EStG steuer- und damit auch beitragsfrei.   nein   nein

d) Statusprüfung

Der Datensatz für die Anmeldung zur Sozialversicherung enthält zwei sogenannte Statuskennzeichen. Denn für GmbHs, die einen Geschäftsführer, der zugleich Gesellschafter ist, versicherungspflichtig beschäftigen, ist bei der Anmeldung eines derartigen Beschäftigungsverhältnisses das Statuskennzeichen im Datensatz zu füllen. Das Statuskennzeichen „1" steht dabei für ein Beschäftigungsverhältnis zum Arbeitgeber als Ehegatte oder Lebenspartner (vgl. das Stichwort „Ehegattenarbeitsverhältnis"), das Statuskennzeichen „**2**" für eine **Tätigkeit als geschäftsführender Gesellschafter einer GmbH**. Der Grund für diese Meldepflicht ist folgender:

Die Einzugsstellen und die Deutsche Rentenversicherung sind bei einer versicherungspflichtigen Beschäftigung eines geschäftsführenden Gesellschafters einer GmbH von Amts wegen verpflichtet zu prüfen, ob diese zu Recht als Beschäftigte angemeldet werden. Anschließend wird hierzu eine verbindliche Entscheidung in Form eines Verwaltungsakts getroffen.

Ergibt die Prüfung, dass entsprechend der Anmeldung des Arbeitgebers ein Beschäftigungsverhältnis vorliegt und damit zu Recht auch Beiträge zur Arbeitslosenversicherung gezahlt werden, ist die Bundesagentur für Arbeit hieran gebunden. Bei späteren Anträgen, beispielsweise auf Arbeitslosengeld, darf die Bundesagentur für Arbeit also die Leistung nicht deshalb versagen, weil aus ihrer Sicht der Beitragszahlung gar kein Beschäftigungsverhältnis zugrunde lag. Trägt der Arbeitgeber das Statuskennzeichen „2" in den Datensatz ein, bekommt er einen Fragebogen zugesandt. Aufgrund der Angaben in diesem Fragebogen werden die zuständigen Stellen anschließend die Statusprüfung vornehmen. Bis zur Entscheidung darüber sind entsprechend der Anmeldung Gesamtsozialversicherungsbeiträge abzuführen. Sollte sich herausstellen, dass kein Beschäftigungsverhältnis vorliegt, werden die Einzugsstellen ein Erstattungsverfahren durchführen.

e) Rückwirkender Wegfall der Sozialversicherungspflicht

Gesellschafter-Geschäftsführer einer GmbH werden oft auch dann als sozialversicherungspflichtige Arbeitnehmer behandelt, wenn sie zu mehr als 50 % an der GmbH beteiligt sind. Ein versicherungspflichtiges Beschäftigungsverhältnis liegt in diesen Fällen jedoch nicht vor. Die für einen solchen Gesellschafter-Geschäftsführer gezahlten Arbeitgeberanteile zur Sozialversicherung (dies sind Zuschüsse zur Kranken-, Pflege-, Arbeitslosen- und Rentenversicherung) können deshalb nicht nach § 3 Nr. 62 EStG steuerfrei gelassen werden, da sie nicht aufgrund einer gesetzlichen Verpflichtung gezahlt wurden. Gleichgestellte Aufwendungen liegen ebenfalls nicht vor. Erhält der Versicherungsträger Kenntnis davon, dass Gesellschafter-Geschäftsführer zu Unrecht der Versicherungspflicht unterworfen und Versicherungsbeiträge für sie abgeführt worden sind, so werden die geleisteten Beiträge zurückerstattet. Wie sich die Erstattung der Sozialversicherungsbeiträge steuerlich auswirkt, ist beim Stichwort „Zukunftssicherung" unter Nr. 5 Buchstabe c auf Seite 800 erläutert.

---

*) Die Spitzenverbände der Sozialversicherungsträger haben eine 16-seitige Entscheidungshilfe zur versicherungsrechtlichen Beurteilung von Gesellschafter-Geschäftsführern einer GmbH herausgegeben. Das **PC-Lexikon** für das Lohnbüro 2010 enthält neben den steuerlichen Rechtsgrundlagen auch die aktuellen Rundschreiben und Niederschriften der Spitzenverbände der Sozialversicherung. Eine Bestellkarte finden Sie vorne im Lexikon.

Gesellschafter-Geschäftsführer

f) Unternehmergesellschaft (haftungsbeschränkt)

Durch das Gesetz zur Modernisierung des GmbH-Rechts und zur Bekämpfung von Missbrauch wird u. a. die Gründung einer GmbH erleichtert. Ein wesentlicher Bestandteile des o. g. Gesetzes ist insbesondere die Streichung der Mindesthöhe des Stammkapitals von 25 000 €. Insofern ist zukünftig die Gründung einer GmbH mit einem Stammkapital von 1 €. Eine solche Gesellschaft muss allerdings die Bezeichnung „Unternehmergesellschaft (haftungsbeschränkt)" oder „UG (haftungsbeschränkt)" führen.

Die Spitzenverbände der Sozialversicherungsträger haben sich darauf verständigt dass die o. g. Grundsätze zur versicherungsrechtlichen Beurteilung von Gesellschafter-Geschäftsführern und mitarbeitenden Gesellschaftern und Fremdgeschäftsführern einer GmbH entwickelten Grundsätze uneingeschränkt auch für die genannten Personen gelten, wenn es sich bei der Gesellschaft um eine GmbH mit der Bezeichnung „Unternehmergesellschaft (haftungsbeschränkt)" oder „UG (haftungsbeschränkt)" führt. Die Angabe einer Tätigkeit als geschäftsführender Gesellschafter einer solchen Gesellschaft in der Anmeldung nach der DEÜV (für das obligatorische Statusfeststellungsverfahren) ist für diese Gesellschaftform ebenfalls verbindlich.

2. Vorstandsmitglieder von Aktiengesellschaften

Mitglieder des Vorstands einer Aktiengesellschaft sind nach § 1 Satz 4 SGB VI nicht rentenversicherungspflichtig. Dies gilt nach der Rechtsprechung auch für die stellvertretenden Vorstandsmitglieder. Für diesen Personenkreis besteht auch keine Versicherungspflicht in der Arbeitslosenversicherung. Mitglieder und stellvertretende Mitglieder des Vorstands einer Aktiengesellschaft sind jedoch Arbeitnehmer im Sinne des Lohnsteuerrechts.   ja   nein*)

Nach der Rechtsprechung des Bundessozialgerichts vom 27.2.2008 – B 12 KR 23/06 R sind die o. g. rechtl. Grundsätze nicht auf die Mitglieder der Organe ausländischer Kapitalgesellschaften (hier: private limited nach irischem Recht) übertragbar.

3. Organe ausländischer Kapitalgesellschaften

Mit der versicherungsrechtlichen Beurteilung in Deutschland beschäftigter Mitglieder von Organen einer ausländischen Kapitalgesellschaft hat sich das Bundessozialgericht in seinem Urteil vom 27.2.2008 – B 12 KR 23/06 R – (USK 2008-28) befasst. Dabei ging es konkret um die versicherungsrechtliche Beurteilung eines Mitglieds des Board of Directors (BoD) einer irischen Kapitalgesellschaft in Form einer private limited company in seiner Beschäftigung für die Gesellschaft in Deutschland. Hierzu hat das Bundessozialgericht entschieden, dass in Deutschland beschäftigte Mitglieder des Board of Directors einer private limited company irischen Rechts auch unter Berücksichtigung des Rechts der Europäischen Gemeinschaft nicht wie Mitglieder des Vorstandes einer deutschen Aktiengesellschaft von der Versicherungspflicht in der gesetzlichen Renten- und Arbeitslosenversicherung ausgenommen sind.

Die Spitzenverbände der Sozialversicherungsträger vertreten die Auffassung, dass dem Urteil des Bundessozialgerichts vom 27.2.2008 über den entschiedenen Einzelfall hinaus grundsätzliche Bedeutung beizumessen und den aufgestellten Grundsätzen für Kapitalgesellschaftsformen der EU-Mitgliedstaaten hinsichtlich ihrer Vergleichbarkeit mit einer Aktiengesellschaft nach deutschem Recht bzw. ihrer Vergleichbarkeit mit einer GmbH nach deutschem Recht zu folgen ist (vgl. Besprechungsergebnis vom 30./31.3.2009). Beschäftigte Organmitglieder dieser Gesellschaftsformen werden daher – unabhängig von der Bezeichnung ihrer jeweiligen Organfunktion – statusrechtlich dem Vorstand einer deutschen Aktiengesellschaft bzw. der Geschäftsführung einer deutschen GmbH gleichgestellt. Eine Übersicht der Kapitalgesellschaften in den einzelnen Mitgliedstaaten der Europäischen Union die als Parallelformen der deutschen Aktiengesellschaft betrachtet werden und der Gesellschaftsformen die als der deutschen GmbH vergleichbar behandelt werden, ist unter der nachfolgenden Nr. 8 abgedruckt.

Für die steuerliche Behandlung von **Arbeitgeberzuschüssen zur Kranken- und Pflegeversicherung** gilt Folgendes:

Das Bundesministerium für Arbeit und Soziales vertritt die Auffassung, dass Vorstandsmitglieder einer Aktiengesellschaft

- grundsätzlich nach § 1 Satz 1 Nr. 1 SGB VI von der Rentenversicherungspflicht erfasst würden, wenn sie nicht durch § 1 Satz 4 SGB VI nicht rentenversicherungspflichtig wären,
- als Beschäftigte im Sinne des § 7 Abs. 1 SGB IV anzusehen sind, wenn sie funktionsgerecht dienend am Arbeitsprozess teilhaben,
- Anspruch auf einen Zuschuss zu ihrem Krankenversicherungsbeitrag nach § 257 SGB V und zu ihrem Pflegeversicherungsbeitrag nach § 61 SGB XI haben und
- diese Zuschüsse steuerfrei nach § 3 Nr. 62 EStG sind, weil sie aufgrund gesetzlicher Verpflichtung geleistet werden und im Übrigen die Finanzverwaltung der Entscheidung des zuständigen Sozialversicherungsträgers zu folgen hat (BFH vom 6. Juni 2002, BStBl. 2003 II S. 34).

Begründet wird dies mit der Entstehungsgeschichte der Regelung in § 1 Satz 4 SGB VI**).

---

*) Nach § 229 Abs. 1 SGB VI bleiben Personen, die am 31.12.1991 als Mitglieder des Vorstands einer Aktiengesellschaft rentenversicherungspflichtig waren, in dieser Tätigkeit weiterhin versicherungspflichtig. Sie werden jedoch auf Antrag von der Versicherungspflicht befreit. Die Befreiung wirkt vom 1.1.1992 an, wenn sie bis zum 31. März 1992 beantragt wurde, ansonsten vom Eingang des Antrags an. Die Befreiung von der Versicherungspflicht ist auf die jeweilige Tätigkeit beschränkt.

**) Das Bundessozialgericht hat durch Urteil vom 31. Mai 1989 – 4 RA 22/88 – entschieden, dass Vorstandsmitglieder von Aktiengesellschaften in einer Beschäftigung im Sinne von § 7 Abs. 1 des Vierten Buches Sozialgesetzbuch (SGB IV) stehen. Bei ihnen äußere sich die „nichtselbständige Arbeit" im Sinne des § 7 Abs. 1 SGB IV – wie bei anderen hochqualifizierten Tätigkeiten – nicht in der Weisungsgebundenheit gegenüber dem Arbeitgeber, sondern in der funktionsgerecht dienenden Teilhabe am Arbeitsprozess.
Das Urteil des Bundessozialgerichts vom 31. Mai 1989 veranlasste den Gesetzgeber, den damals in der parlamentarischen Beratung befindlichen Entwurf eines Gesetzes zur Reform der gesetzlichen Rentenversicherung (Bundestags-Drucksache 11/4452) in Artikel 1 § 1 um den Satz „Mitglieder des Vorstandes einer Aktiengesellschaft sind nicht rentenversicherungspflichtig" zu ergänzen (vgl. Bundestags-Drucksache 11/5490 S. 11). Begründet wurde diese Ergänzung in dem Bericht des Bundestagsausschusses für Arbeit und Sozialordnung (Bundestags-Drucksache 11/5530 S. 40) mit dem Hinweis auf die neuere Rechtsprechung, womit zweifellos das Urteil des Bundessozialgerichts vom 31. Mai 1989 gemeint war. Im Übrigen ist die hier in Rede stehende Regelung am 1. Januar 1992 als § 1 Satz 3 (jetzt: Satz 4) SGB VI in Kraft getreten.
Der vorgenannten Ergänzung hätte es nicht bedurft, wenn der Gesetzgeber davon ausgegangen wäre, dass Vorstandsmitglieder von Aktiengesellschaften keine Beschäftigten sind; dann nämlich würden sie von der Rentenversicherungspflicht nach § 1 Satz 1 Nr. 1 SGB VI nicht erfasst. Da der Gesetzgeber sie jedoch als Beschäftigte und damit als nach § 1 Satz 1 Nr. 1 SGB VI rentenversicherungspflichtig ansah, er sie aber andererseits (weiterhin) von der Rentenversicherungspflicht freistellen wollte, war die beschriebene Ergänzung unerlässlich.
Hieraus folgt, dass Vorstandsmitglieder von Aktiengesellschaften, wenn sie funktionsgerecht dienend am Arbeitsprozess teilhaben, als Beschäftigte im Sinne des § 7 Abs. 1 SGB IV anzusehen sind und als solche sowohl Anspruch auf einen Zuschuss zu ihrem Krankenversicherungsbeitrag nach § 257 SGB V als auch Anspruch auf einen Zuschuss zu ihrem Pflegeversicherungsbeitrag nach § 61 SGB XI haben. Hiervon gehen auch die Spitzenorganisationen der Sozialversicherung aus, die in ihrem gemeinsamen Rundschreiben vom 20. Oktober 1994 zu den versicherungs-, melde- und beitragsrechtlichen Vorschriften des Pflege-Versicherungsgesetzes zu den nach § 61 SGB XI anspruchsberechtigten Arbeitnehmern auch die Vorstandsmitglieder von Aktiengesellschaften zählen. Denn an den Ausführungen unter E 2.1 (Voraussetzungen für die Gewährung eines Beitragszuschusses) heißt es wörtlich: „Zu den anspruchsberechtigten Arbeitnehmern zählen auch die Vorstandsmitglieder von Aktiengesellschaften bzw. von großen Versicherungsvereinen auf Gegenseitigkeit."

Gesellschafter-Geschäftsführer

	Lohn- steuer- pflichtig	Sozial- versich.- pflichtig

Die Finanzverwaltung hat sich der Auffassung des Bundesministeriums für Arbeit und Soziales angeschlossen, die Vorstandsmitglieder von Aktiengesellschaften als abhängig Beschäftigte im Sinne des § 7 SGB IV zu beurteilen und deshalb die Zuschüsse für ihre Zukunftssicherung (Kranken- und Pflegeversicherung) nach § 3 Nr. 62 EStG steuerfrei zu belassen. In Zweifelsfällen kann die Entscheidung der Sozialversicherungsträger eingeholt werden, der dann zu folgen sei (Verfügung der OFD Münster vom 16. 1. 2006 Az.: S 2333 – 15 – St 21 – 31).

Die o. a. Grundsätze gelten auch für die **Vorstandsmitglieder von Versicherungsvereinen auf Gegenseitigkeit**.

4. Offene Handelsgesellschaft und Gesellschaft bürgerlichen Rechts

Mitarbeitende Gesellschafter einer **offenen Handelsgesellschaft** (OHG) oder einer **Gesellschaft bürgerlichen Rechts** sind steuerlich stets als Mitunternehmer und nicht als Arbeitnehmer zu behandeln. Etwaige Vergütungen für die Mitarbeit sind somit kein Arbeitslohn, sondern werden den Gewinneinkünften zugerechnet. Das gilt selbst dann, wenn ein Gesellschafter mit der Geschäftsführung beauftragt ist und hierfür ein laufendes Gehalt bezieht.   nein   nein

Gesellschafter einer offenen Handelsgesellschaft oder einer Gesellschaft bürgerlichen Rechts können sozialversicherungsrechtlich zu der Gesellschaft nie in einem versicherungspflichtigen Beschäftigungsverhältnis stehen, da sie für die Verbindlichkeiten der Gesellschaft unbeschränkt persönlich haften (und bei einer so weitgehenden Haftung eine Arbeitnehmereigenschaft ausgeschlossen ist).

5. Kommanditgesellschaften

Bei Kommanditgesellschaften (bzw. Kommanditgesellschaften auf Aktien) gilt Folgendes:

a) Komplementäre

Komplementäre sind wie Gesellschafter einer OHG oder einer Gesellschaft bürgerlichen Rechts zu behandeln und daher weder lohnsteuerlich noch sozialversicherungsrechtlich Arbeitnehmer.   nein   nein

b) Kommanditisten

Kommanditisten, die als Angestellte (auch als Geschäftsführer) oder Arbeiter im Betrieb einer Kommanditgesellschaft gegen Entgelt beschäftigt werden, sind grundsätzlich **versicherungspflichtig**. Lediglich wenn der bei der Gesellschaft beschäftigte Kommanditist mit Zustimmung aller Gesellschafter geschäftsführend tätig ist, ohne dabei von dem Komplementär oder von den Beschlüssen der Gesellschaft abhängig zu sein, ist Versicherungspflicht zu verneinen. Versicherungspflicht scheidet auch dann aus, wenn Kommanditisten unmittelbar und ausschließlich aufgrund des Gesellschaftsvertrages zur Mitarbeit in der Gesellschaft verpflichtet sind und kein dem Umfang ihrer Dienstleistung entsprechendes Arbeitsentgelt erhalten, sondern sich ihre Vergütung als vorweggenommene Gewinnbeteiligung darstellt.

Steuerlich ist die Tätigkeitsvergütung der Kommanditisten in aller Regel kein Arbeitslohn, sondern den Gewinneinkünften zuzurechnen. Ist ein Kommanditist sozialversicherungsrechtlich als Arbeitnehmer anzusehen, und ist die Kommanditgesellschaft demzufolge zur Leistung der Arbeitgeberanteile zu den Sozialversicherungsbeiträgen verpflichtet, so handelt es sich dabei steuerlich gleichwohl nicht um steuerfreien Arbeitslohn, sondern um eine Vergütung für die Tätigkeit im Dienste der Kommanditgesellschaft, also um gewerbliche Einkünfte (BFH-Urteil vom 19. 10. 1970, BStBl. 1971 II S. 177). Wegen der fehlenden

	Lohn- steuer- pflichtig	Sozial- versich.- pflichtig

lohnsteuerlichen Arbeitnehmereigenschaft können von der Kommanditgesellschaft auch keine steuerfreien Beiträge zur betrieblichen Altersversorgung (vgl. Anhang 6 Nr. 5) erbracht werden.   nein   ja

6. Lohnsteuerliche Besonderheiten bei Gesellschafter-Geschäftsführern einer GmbH

a) Allgemeines

Bei der steuerlichen Anerkennung von Gehältern für Gesellschafter-Geschäftsführer einer GmbH stellt sich vorrangig stets die Frage, ob eine **verdeckte Gewinnausschüttung** gegeben ist. Dabei ist – neben der Angemessenheit der Gesamtbezüge – zu beachten, dass alle Vergütungen und geldwerten Vorteile aufgrund einer im **Voraus** getroffenen klaren und eindeutigen Vereinbarung gezahlt werden müssen, um eine verdeckte Gewinnausschüttung zu vermeiden. Die Gegenleistungen für die Geschäftsführertätigkeit müssen also von vornherein vertraglich festgelegt werden. Als Betriebsausgaben und damit als Arbeitslohn werden die Geschäftsführerbezüge nur anerkannt, soweit sie insgesamt nicht unangemessen sind. In die Angemessenheitsprüfung sind sämtliche Vergütungen, also Barbezüge, Sachbezüge und andere geldwerte Vorteile mit einzubeziehen. Die Prüfung, ob eine verdeckte Gewinnausschüttung vorliegt, erfolgt in folgenden Schritten:

In einem **ersten Schritt** sind alle vereinbarten Vergütungsbestandteile einzeln danach zu beurteilen, ob sie **dem Grunde nach** als durch das Gesellschaftsverhältnis veranlasst anzusehen sind. Ist dies der Fall, führt die Vermögensminderung, die sich durch die Vereinbarung ergibt, in vollem Umfang zu einer verdeckten Gewinnausschüttung. Zum Vorliegen einer verdeckten Gewinnausschüttung bei einer vertragswidrigen Privatnutzung eines Firmenwagens durch den Gesellschafter-Geschäftsführer vgl. die Erläuterungen beim Stichwort „Firmenwagen zur privaten Nutzung" unter Nr. 18 Buchstabe c).

In einem **zweiten Schritt** sind die verbleibenden Vergütungsbestandteile danach zu beurteilen, ob sie **der Höhe nach** als durch das Gesellschaftsverhältnis veranlasst anzusehen sind (z. B. Verhältnis der Tantieme zum Festgehalt). Soweit die gesellschaftliche Veranlassung gegeben ist, führt dies zu verdeckten Gewinnausschüttungen.

Losgelöst vom Vorliegen einer verdeckten Gewinnausschüttung ist es auch nicht immer leicht zu entscheiden, ob ein Vorteil in der Eigenschaft als Gesellschafter (kein Arbeitslohn) oder als Geschäftsführer (Arbeitslohn) zufließt. Im Streitfall ging es um ein **Aktienankaufs-/Vorkaufsrecht**. Entscheidend war für den Bundesfinanzhof letztlich, dass das dem Kläger eingeräumte Ankaufsrecht ihm nur in seiner Eigenschaft und in seiner Stellung als Geschäftsführer oder Vorstandsmitglied zugestanden hatte und er das Recht dann verloren hätte, wenn er aus dieser Position entlassen worden wäre. Folge dieser Würdigung: Dem Kläger floss zwar nicht zum Zeitpunkt der Rechtseinräumung, aber zum Zeitpunkt des **entgeltlichen Verzichts** auf dieses Recht ein als **Arbeitslohn** zu versteuernder geldwerter Vorteil zu (BFH-Urteil vom 19. 6. 2008, BStBl. II S. 826; vgl. auch die Erläuterungen beim Stichwort „Aktienoptionen").

b) Überstundenvergütungen

Wie unter dem vorstehenden Buchstaben a ausgeführt, ist in einem ersten Schritt zu prüfen, ob Vergütungsbestandteile bereits **dem Grunde nach** durch das Gesellschaftsverhältnis veranlasst sind. Zu einer Vereinbarung von Überstundenvergütungen hat der Bundesfinanzhof entschieden, dass eine solche Vereinbarung nicht mit dem Aufgabenbild eines Gesellschafter-Geschäftsführers vereinbar ist (BFH-Urteil vom 19. 3. 1997, BStBl. II S. 577 und BFH-Urteil vom 27. 3. 2001, BStBl. II S. 655). Die Überstundenvergütungen sind deshalb bei der GmbH nicht als

Gesellschafter-Geschäftsführer

Betriebsausgaben abzugsfähig; sie sind verdeckte Gewinnausschüttungen und gehören als solche beim Gesellschafter-Geschäftsführer nicht zum Arbeitslohn.

c) Zuschläge für Sonntags-, Feiertags- und Nachtarbeit

Zuschläge, die eine GmbH ihrem Gesellschafter-Geschäftsführer für Sonntags-, Feiertags- und Nachtarbeit zahlt, sind nach Auffassung der Finanzverwaltung mit dem Aufgabenbild des Gesellschafter-Geschäftsführers im Grundsatz nicht vereinbar und daher regelmäßig als **verdeckte Gewinnausschüttung** zu behandeln. Dies hat zur Folge, dass für diese Zuschläge die Steuerfreiheit im Rahmen des § 3b EStG nicht in Betracht kommt, da diese Steuerfreiheit voraussetzt, dass die Zuschläge dem Grunde nach den Einkünften aus nichtselbständiger Arbeit zuzurechnen sind. Dieser Grundsatz gilt gleichermaßen für beherrschende und nicht beherrschende Gesellschafter-Geschäftsführer (BFH-Urteile vom 19.3.1997, BStBl. II S. 577 und vom 27.3.2001, BStBl. II S. 655). Der Grundsatz ist selbst dann anzuwenden, wenn sowohl in der betreffenden Branche als auch in dem einzelnen Betrieb regelmäßig in der Nacht sowie an Sonn- und Feiertagen gearbeitet werden muss und gesellschaftsfremde Arbeitnehmer typischerweise solche steuerfreien Zuschläge erhalten (BFH-Urteil vom 14.7.2004, BFH/NV 2005 S. 247). Unerheblich ist auch, dass dem Gesellschafter-Geschäftsführer keine Gewinntantieme zusteht und er für Sonntags-, Feiertags- und Nachtarbeit ausschließlich die nach einem festen Grundlohn berechneten Zuschläge erhält (BFH-Urteil vom 19.7.2001, BFH/NV 2001 S. 1608). Bezieht ein nicht beherrschender Gesellschafter, der zugleich leitender Angestellter der GmbH ist, neben einem hohen Festgehalt, Sonderzahlungen und einer Gewinntantieme zusätzlich auch Zuschläge für Sonntags-, Feiertags-, Mehr- und Nachtarbeit, so liegen regelmäßig verdeckte Gewinnausschüttungen vor (BFH-Urteil vom 13.12.2006, BStBl. 2007 II S. 393).

(Steuerfreier) Arbeitslohn und damit keine verdeckte Gewinnausschüttung kann aber auch bei Gesellschafter-Geschäftsführern ausnahmsweise dann vorliegen, wenn im Einzelfall entsprechende Vereinbarungen über die Zahlung von Sonntags-, Feiertags- und Nachtarbeit nicht nur mit dem Gesellschafter-Geschäftsführer, sondern auch mit **vergleichbaren gesellschaftsfremden** Arbeitnehmern abgeschlossen wurden. Eine solche Gestaltung weist im Rahmen des betriebsinternen Fremdvergleichs darauf hin, dass die Vereinbarung speziell in dem betreffenden Unternehmen auf betrieblichen Gründen beruht (BFH-Urteil vom 14.7.2004, BStBl. 2005 II S. 307). Für die Frage der Vergleichbarkeit kommt es darauf an, dass die gesellschaftsfremden Arbeitnehmer

– eine mit dem Geschäftsführer vergleichbare Leitungsfunktion haben und
– eine Vergütung erhalten, die sich in derselben Größenordnung bewegt wie die Gesamtbezüge des Gesellschafter-Geschäftsführers*).

d) Vorsorgepauschale bei Gesellschafter-Geschäftsführern

Ab dem 1.1.2010 ist die **Vorsorgepauschale neu geregelt** worden. Sie setzt sich zusammen aus einem
– **Teilbetrag** für die **Rentenversicherung,**
– **Teilbetrag** für die **gesetzliche Kranken-** und **soziale Pflegepflichtversicherung** und
– **Teilbetrag** für die **private Basiskranken-** und **Pflegepflichtversicherung.**

Die bisherige Unterscheidung zwischen ungekürzter und gekürzter Vorsorgepauschale sowie die auf der gekürzten Vorsorgepauschale beruhende Besondere Lohnsteuertabelle (einschließlich des Großbuchstabens „B") ist weggefallen.

Der Teilbetrag der Vorsorgepauschale für die Rentenversicherung und für die gesetzliche Kranken- und soziale Pflegeversicherung ist mangels Versicherungspflicht bei beherrschenden Gesellschafter-Geschäftsführern nicht zu berücksichtigen. Anzusetzen ist bei beherrschenden Gesellschafter-Geschäftsführern der **Teilbetrag** für die **private Basiskranken- und Pflegepflichtversicherung.** **Berücksichtigt** werden die der GmbH vom Gesellschafter-Geschäftsführer **mitgeteilten** privaten **Basiskranken- und Pflegepflichtversicherungsbeiträge.** Werden der GmbH vom Gesellschafter-Geschäftsführer **keine Beiträge** zur privaten Basiskranken- und Pflegepflichtversicherung **mitgeteilt,** wird die **Mindestvorsorgepauschale** angesetzt. Wegen der Einzelheiten zur Vorsorgepauschale vgl. die ausführlichen Erläuterungen im Anhang 8.

Zur Ermittlung der abziehbaren Sonderausgaben bei der Einkommensteuerveranlagung des Gesellschafter-Geschäftsführers vgl. die Erläuterungen unter den nachfolgenden Buchstaben f und g.

e) Nachversteuerung von Arbeitslohn bei Gesellschafter-Geschäftsführern

Sind Zuwendungen an den Gesellschafter-Geschäftsführer nachzuversteuern und **übernimmt der Arbeitgeber nachträglich die Lohnsteuer,** so ist dies eine verdeckte Gewinnausschüttung. Bei der Höhe der verdeckten Gewinnausschüttung ist jedoch zu beachten, dass die übernommene Lohnsteuer als verdeckte Gewinnausschüttung keinen zusätzlichen Arbeitslohn darstellt. Eine **Netto-Einzelberechnung** kommt somit **nicht** in Betracht.

Beispiel

Nachzuversteuernder Betrag (z. B. höhere Bewertung der Pkw-Nutzung)	3 000,– €
Lohnsteuer lt. Brutto-Einzelberechnung (vgl. das Stichwort „Haftung des Arbeitgebers" Nr. 11 Buchstabe b auf Seite 384)	1 000,– €
Solidaritätszuschlag 5,5 %	55,– €
Kirchensteuer (z. B. 8 %)	80,– €
Vom Arbeitgeber nachzusteuern (= verdeckte Gewinnausschüttung)	1 135,– €

Die verdeckte Gewinnausschüttung führt beim **Gesellschafter zu Einnahmen aus Kapitalvermögen** (§ 20 Abs. 1 Nr. 1 Satz 2 EStG), die bei seiner Einkommensteuer-Veranlagung 2010 mit dem Abgeltungsteuersatz von 25 % zu erfassen sind.

Werden dagegen Zuwendungen an den Gesellschafter-Geschäftsführer zu Recht in eine Pauschalierung der Lohnsteuer einbezogen (weil es sich um Arbeitslohn handelt), so führt die auf die Bezüge entfallende pauschale Lohnsteuer **nicht** zu einer verdeckten Gewinnausschüttung, da die pauschale Lohnsteuer eine Steuer des Arbeitgebers (= GmbH) ist.

f) Kürzung des Höchstbetrags zur Basisversorgung beim neuen Sonderausgabenabzug

Beiträge zur sog. Basisversorgung sind 2010 zu 70 % als Sonderausgaben abziehbar (maximal 70 % von 20 000 € bzw. 40 000 €). Dieser Höchstbetrag von 20 000 € bzw. 40 000 € ist bei beherrschenden Gesellschafter-Geschäftsführern um einen fiktiven Gesamtbeitrag zur gesetzlichen Rentenversicherung (maximal 19,9 % von 55 800 € = Beitragsbemessungsgrenze Ost) zu kürzen, wenn ihnen im Zusammenhang mit ihrer Tätigkeit aufgrund vertraglicher Vereinbarungen eine betriebliche Altersversorgung in einem der fünf Durchführungswege (Direktzusage, Unterstützungskasse, Direktversicherung,

---

*) Verfügung der OFD Düsseldorf vom 7.7.2005. Die OFD-Verfügung ist als Anlage 9 zu H 3b LStR im **Steuerhandbuch für das Lohnbüro 2010** abgedruckt, das im selben Verlag erschienen ist. Das **PC-Lexikon** für das Lohnbüro 2010 enthält auch dieses Handbuch und hat außerdem den Vorteil, dass Sie **alle BFH-Urteile** sowie die aktuellen Rundschreiben und Niederschriften der Spitzenverbände der **Sozialversicherung** mit Mausklick **im Volltext** abrufen und ausdrucken können. Eine Bestellkarte finden Sie vorne im Lexikon.

Gesellschafter-Geschäftsführer

Pensionskasse, Pensionsfonds) zugesagt worden ist (vgl. die Erläuterungen in Anhang 8 Nr. 4 Buchstabe d). Der maximale Kürzungsbetrag beträgt 2010 also 11 104 € (= 19,9 % von 55 800 €). Der nach der Kürzung verbleibende Höchstbetrag beträgt also 8 896 € bzw. 28 896 € (20 000 €/40 000 € abzüglich 11 104 €).

g) Kürzung des Vorwegabzugs im Rahmen der sog. Günstigerprüfung nach altem Recht

Besonders bei Gesellschafter-Geschäftsführern einer GmbH wird mangels ausreichender Beiträge in die sog. Basisversorgung die „Günstigerprüfung" zwischen Sonderausgabenabzug nach neuem Recht (ab 2005/2010) und Sonderausgabenabzug nach altem Recht (bis 2004) zum Ergebnis führen, dass der Sonderausgabenabzug nach altem Recht günstiger ist.

Beim Sonderausgabenabzug nach altem Recht ist der Vorwegabzug von 3068 € bzw. 6136 € um 16 % des Bruttoarbeitslohns zu kürzen, wenn der Arbeitnehmer (wie z. B. Gesellschafter-Geschäftsführer) nicht der gesetzlichen Rentenversicherung unterliegt, eine Berufstätigkeit ausübt und im Zusammenhang damit aufgrund vertraglicher Vereinbarungen **Anwartschaftsrechte** auf eine Altersversorgung **ganz oder teilweise ohne eigene Beitragsleistung** erworben hat (§ 10 Abs. 4 a EStG i. V. m. § 10c Abs. 3 Nr. 2 EStG in der Fassung für 2004).

Der **Alleingesellschafter-Geschäftsführer** (= 100 % beteiligt), dem von der GmbH eine betriebliche Altersversorgung im Rahmen einer **Direktzusage/Pensionszusage** oder über eine **Unterstützungskasse** zugesagt worden ist, erwirbt die Anwartschaftsrechte auf die Altersversorgung durch eine Verringerung seiner gesellschaftsrechtlichen Ansprüche und damit letztlich durch eigene Beiträge. Der Vorwegabzug von 3068 €/6136 € ist daher **nicht** um 16 % des Bruttoarbeitslohns zu **kürzen**.

Bei **mehreren Gesellschafter-Geschäftsführern** ist entscheidend, ob die GmbH diesen eine Altersversorgung im Rahmen einer Direktzusage/Pensionszusage oder über eine Unterstützungskasse zusagt, bei der das entsprechende Anwartschaftsrecht ausschließlich durch einen der **Beteiligungsquote entsprechenden Verzicht** auf gesellschaftsrechtliche Ansprüche erworben wird. Ist dies der Fall, ist der Vorwegabzug des betreffenden Gesellschafters **nicht zu kürzen.** Maßgebend für die vorstehende Prüfung ist der persönliche Anteil des jeweiligen Gesellschafters am Gesamtaufwand der GmbH, der entweder anhand der Barwerte der Anwartschaften auf Altersversorgung oder der nominal zugesagten Versorgungsleistungen ermittelt und anschließend mit der Beteiligungsquote des Gesellschafters verglichen wird. Abweichungen von bis zu 10 % zwischen der Beteiligungsquote und dem Barwertanteil oder dem Anteil der nominal zugesagten Versorgungsleistung sind zugunsten des Steuerpflichtigen unbeachtlich (BMF-Schreiben vom 22.5.2007, BStBl. I S. 493).

Beispiel

An der ABC-GmbH sind die Gesellschafter A, B und C zu jeweils ⅓ beteiligt. Die Geschäftsführung erfolgt durch die Gesellschafter A und B. Die GmbH hat ihren Gesellschafter-Geschäftsführern in der Summe eine monatliche Pensionszusage von 9000 € erteilt. Hiervon entfallen auf

a) Gesellschafter A und Gesellschafter B jeweils 4500 €.
b) Gesellschafter A 6000 € und Gesellschafter B 3000 €.

Ausgehend von ⅓ Beteiligung und 9000 € Gesamtzusage entsprächen 3000 € Pensionszusage dem Verhältnis der Beteiligung.

Im Fall a) überschreiten beide Gesellschafter-Geschäftsführer diese Quote, d. h. die Finanzierung ihrer Pensionszusage erfolgt hier teilweise auch über einen Gewinnverzicht des Gesellschafters C. Demzufolge ist bei A und B der maßgebende Vorwegabzug um 16 % des Bruttoarbeitslohns zu kürzen.

Im Fall b) überschreitet lediglich Gesellschafter-Geschäftsführer A diese Quote, d. h. die Finanzierung seiner Pensionszusage erfolgt hier teilweise über einen Gewinnverzicht des Gesellschafters C mit den Folgen wie im Fall a). Gesellschafter-Geschäftsführer B hingegen erhält keine höhere Pensionszusage, als ihm nach seiner Beteiligung zusteht. Sein Vorwegabzug ist daher nicht um 16 % des Bruttoarbeitslohns zu kürzen.

Der Mangel einer disquotalen Pensionszusage kann übrigens weder durch eine höhere Arbeitsleistung des durch die Pensionszusage begünstigten Gesellschafter-Geschäftsführers noch durch eine höhere Vergütung des „benachteiligten" Gesellschafter-Geschäftsführers ausgeglichen werden (BFH-Beschluss vom 16.7.2008, BFH/NV 2008 S. 1681).

Im Rahmen der „Günstigerprüfung" führen weder steuerfreie noch pauschal besteuerte Beiträge zur betrieblichen Altersversorgung in den Durchführungswegen Direktversicherung, Pensionskasse und Pensionsfonds zu einer Kürzung des Vorwegabzugs.

h) Arbeitszeitkonten

Bei Geschäftsführern einer GmbH werden **Zeitwertkonten** steuerlich **nicht anerkannt**. **Gutschriften** auf dem Zeitwertkonto führen daher – vorbehaltlich einer verdeckten Gewinnausschüttung – zum **Zufluss** von **Arbeitslohn**. Dies gilt auch für Fremdgeschäftsführer.

Beispiel A

Ein Alleingesellschafter einer GmbH beabsichtigt in Höhe seiner Gewinntantieme vor Fälligkeit eine entsprechende Gutschrift auf einem Zeitwertkonto vorzunehmen.

Bei Geschäftsführern einer GmbH werden Zeitwertkonten steuerlich nicht anerkannt mit der Folge, dass bei dieser Personengruppe auch eine Wertgutschrift auf einem solchen Konto zum Zufluss von Arbeitslohn führt.

Besondere **Übergangsregelung**: **Zuführungen** zu einem Zeitwertkonto **bis** zum **31.1.2009** sind bei Organen von Körperschaften erst bei Auszahlung zu versteuern. Die Anwendung der Übergangsregelung setzt aber voraus, dass die Zeitwertkontenmodelle aus Vertrauensschutzgründen steuerlich anzuerkennen gewesen wären und es sich nicht um verdeckte Gewinnausschüttungen handelt. Das Vorliegen und der Nachweis der Vertrauensschutzgründe bedarf grundsätzlich einer Prüfung im jeweiligen Einzelfall.

Beispiel B

Das Betriebsstättenfinanzamt hat einer GmbH aufgrund einer gestellten Anrufungsauskunft im Januar 2008 mitgeteilt, dass auch für Gesellschafter-Geschäftsführer Zeitwertkontenmodelle gebildet werden dürfen. Die GmbH hat für ihren Gesellschafter-Geschäftsführer daher bis 31.1.2009 einen Betrag in Höhe von 50 000 € in ein Zeitwertkonto eingestellt.

Angesichts der positiven Anrufungsauskunft des Betriebsstättenfinanzamts sind die bis zum 31.1.2009 zum Zeitwertkonto des Gesellschafter-Geschäftsführers vorgenommenen Zuführungen aufgrund der Übergangsregelung erst bei Auszahlung als Arbeitslohn zu versteuern.

Der **Erwerb einer Organstellung** hat keinen Einfluss auf ein bis zu diesem Zeitpunkt aufgebautes Guthaben. Nach Erwerb der Organstellung führen alle weiteren Zuführungen zu dem Zeitwertkonto zum Zufluss von Arbeitslohn.

Beispiel C

Das Zeitwertkonto eines Arbeitnehmers weist zum 30.6.2010 ein Guthaben von 80 000 € auf. Zum 1.7.2010 wird er zum Fremdgeschäftsführer der GmbH bestellt.

Der Erwerb der Organstellung hat keinen Einfluss auf das bis zum 30.6.2010 aufgebaute Guthaben. Dieses Guthaben ist erst bei seiner späteren Auszahlung als Arbeitslohn zu versteuern. Alle weiteren Zuführungen zu dem Zeitwertkonto ab 1.7.2010 (= Erwerb der Organstellung) würden allerdings unmittelbar zu einem Zufluss von Arbeitslohn führen.

Sollte das Dienstverhältnis nach Beendigung der Organstellung weiter bestehen, kann das Guthaben auf dem Zeitwertkonto nach dem Zeitpunkt der Beendigung der Organstellung durch „unversteuerte" Zuführungen weiter aufgebaut oder das aufgebaute Guthaben für Zwecke der Freistellung verwendet werden.

7. Gehaltsabrechnung für den Gesellschafter-Geschäftsführer einer GmbH

Die Lohnabrechnung für einen Gesellschafter-Geschäftsführer, der kein Arbeitnehmer im Sinne des Sozialversicherungsrechts ist, soll an einem Beispiel verdeutlicht werden.

Gesellschafter-Geschäftsführer

Beispiel

Der Geschäftsführer einer GmbH ist mit mehr als 50% an der Gesellschaft beteiligt. Er übt auf die Gesellschaft beherrschenden Einfluss aus und ist deshalb kein abhängig Beschäftigter im Sinne des Sozialversicherungsrechts. Über die Geschäftsführertätigkeit und die von der GmbH hierfür zu erbringenden Gegenleistungen bestehen von vornherein getroffene Vereinbarungen. Die Vergütungen sind im Beispielsfall insgesamt angemessen und werden deshalb steuerlich anerkannt. Der Geschäftsführer erhält vertragsgemäß folgende Vergütungen:

- ein monatliches Gehalt von 5000 €;
- einen Zuschuss zur Kranken- und Pflegeversicherung, wie er auch für andere in einer privaten Krankenversicherung versicherte Angestellte der GmbH nach §257 SGB V zu leisten ist;
- einen Zuschuss zur Pflegeversicherung, wie er auch für andere in einer privaten Krankenversicherung versicherte Angestellte der GmbH nach §61 SGB XI zu leisten ist;
- einen Geschäftswagen zur unentgeltlichen privaten Nutzung;
- einen Direktversicherungsbeitrag zu einer Lebensversicherung mit Kapitalauszahlung in Höhe des halben Höchstbeitrags zur gesetzlichen Rentenversicherung; dabei trägt die Gesellschaft die pauschale Lohn- und Kirchensteuer sowie den Solidaritätszuschlag für einen Betrag von monatlich 146 € (der Vertrag wurde im Jahre 2000 abgeschlossen);

Auf der Lohnsteuerkarte des Gesellschafter-Geschäftsführers sind die Steuerklasse III/0 Kinderfreibeträge und das Kirchensteuermerkmal rk eingetragen. Für Mai 2010 ergibt sich folgende Lohnabrechnung:

		Lohnsteuerpflichtig	Sozialversich.-pflichtig
a)	monatliches Gehalt	5 000,— €	
b)	Zuschuss zur Krankenversicherung	262,50 €	
c)	Zuschuss zur Pflegeversicherung	36,56 €	
d)	geldwerter Vorteil aus der privaten Nutzung des Geschäftswagens, soweit nicht pauschal versteuert	700,— €	
e)	Direktversicherungsbeitrag, soweit nicht pauschal versteuert	401,25 €	
	Steuerpflichtige Bruttovergütungen	6 400,31 €	
	Abzüge:		
	Lohnsteuer für 6400,31 € nach Steuerklasse III/0. Der Gesellschafter-Geschäftsführer hat keine Beiträge zur privaten Basiskrankenversicherung und Pflegepflichtversicherung mitgeteilt, sodass die Mindestvorsorgepauschale anzusetzen ist.	1 290,83 €	
	Solidaritätszuschlag (5,5%)	70,99 €	
	Kirchensteuer (z.B. 8%)	103,26 €	
	Direktversicherungsbeitrag	401,25 €	
	geldwerter Vorteil Geschäftswagen*)	700,— €	2 566,33 €
	auszuzahlendes Nettogehalt		3 833,98 €

Zuschuss zur Krankenversicherung

Der Gesellschafter-Geschäftsführer ist kein „abhängig Beschäftigter" im Sinne der Sozialversicherung. Der Zuschuss zur Krankenversicherung wird ihm deshalb nur in Anlehnung an §257 SGB V gewährt; er ist steuerpflichtiger Arbeitslohn. Der Zuschuss beträgt (vgl. auch die Erläuterungen beim Stichwort „Arbeitgeberzuschuss zur Krankenversicherung") 262,50 €

Zuschuss zur Pflegeversicherung

Der Gesellschafter-Geschäftsführer ist kein „abhängig Beschäftigter" im Sinne des §61 SGB XI. Der Zuschuss zur Pflegeversicherung wird ihm deshalb nur in Anlehnung an §61 SGB XI gezahlt; er ist deshalb steuerpflichtiger Arbeitslohn. Der Zuschuss beträgt:

0,975% von 3750,00 € (monatliche Beitragsbemessungsgrenze 2010**) in der sozialen Pflegeversicherung) 36,56 €

Privatnutzung des Geschäftswagens

Die vertraglich geregelte Privatnutzung wird monatlich mit 1% des Listenpreises als geldwerter Vorteil versteuert (Listenpreis 40 000 €). Die Fahrten zwischen Wohnung und regelmäßiger Arbeitsstätte sind zusätzlich als geldwerter Vorteil zu versteuern und zwar mit 0,03% des Listenpreises monatlich je Kilometer der einfachen Entfernung zwischen Wohnung und regelmäßiger Arbeitsstätte (vgl. das Stichwort „Firmenwagen zur privaten Nutzung").

Die einfache Entfernung zwischen Wohnung und regelmäßiger Arbeitsstätte beträgt 40 km. Der geldwerte Vorteil beträgt somit 0,03% von 40 000 € = 12 € × 40 km = 480 € monatlich. Davon kann pauschal mit 15% der Betrag versteuert werden, der in Höhe der Entfernungspauschale als Werbungskosten abgezogen werden könnte. Zum laufenden steuerpflichtigen Monatslohn sind somit hinzuzurechnen:

		Lohnsteuerpflichtig	Sozialversich.-pflichtig
1% von 40 000 €	=	400,— €	
0,03% von 40 000 € = 12 € × 40 km	=	480,— €	
insgesamt		880,— €	
abzüglich pauschal zu versteuernder Betrag			
40 km × 0,30 € für 15 Arbeitstage		180,— €	
mit dem laufenden Monatslohn zu versteuern		700,— €	
pauschal mit 15% sind monatlich zu versteuern:		180,— €	
Lohnsteuer hierauf 15%	=	27,— €	
Solidaritätszuschlag 5,5% von 27,– €	=	1,48 €	
Kirchensteuer (z.B. in Bayern) 7% von 27,– €	=	1,89 €	
Pauschalsteuer insgesamt		30,37 €	

Da bei einem Gesellschafter-Geschäftsführer durch die Lohnsteuerpauschalierung keine Sozialversicherungsbeiträge gespart werden können, ist es meist günstiger, wenn die Lohnsteuerpauschalierung unterbleibt und der Vorteil individuell versteuert wird. Bei der Einkommensteuer-Veranlagung wird dann zur Abgeltung der Aufwendungen für Fahrten zwischen Wohnung und regelmäßiger Arbeitsstätte die Entfernungspauschale berücksichtigt und die individuelle Besteuerung damit im Ergebnis insoweit wieder ausgeglichen. Der Arbeitgeber (die Gesellschaft) spart dadurch die Pauschalsteuer.

Anders ist es hingegen, wenn der Gesellschafter-Geschäftsführer bei der Veranlagung keine weiteren Werbungskosten geltend machen kann, weil sich bei ihm dann durch Anrechnung des Arbeitnehmer-Pauschbetrags von 920 € die Entfernungspauschale nicht voll auswirkt.

Direktversicherung

Der Beitrag zu der Direktversicherung mit Kapitalauszahlung beläuft sich laut Geschäftsführervertrag auf 9,95% von 5500 € (Beitragsbemessungsgrenze 2010***) in der gesetzlichen Rentenversicherung).

9,95% von 5500 €	=	547,25 €
hiervon werden nach §40b EStG pauschal mit 20% versteuert (vgl. „Zukunftsicherung")		146,— €
vom Geschäftsführer sind als laufender Arbeitslohn zu versteuern		401,25 €
Pauschal mit 20% sind zu versteuern		146,— €
pauschale Lohnsteuer 20% von 146 €	=	29,20 €
Solidaritätszuschlag 5,5% von 29,20 €	=	1,60 €
Kirchensteuer 7% von 29,20 €	=	2,04 €
Pauschalsteuer insgesamt		32,84 €

Abzuführende Lohn- und Kirchensteuer

	Lohnsteuer	Kirchensteuer rk	pauschal
– für die nach der Monatstabelle besteuerten Vergütungen	1 290,83 €	103,26 €	
– pauschalierte Steuer für die Direktversicherung	29,20 €		2,04 €
– pauschalierte Steuer für Fahrten zwischen Wohnung und Arbeitsstätte	27,00 €		1,89 €
insgesamt	1 347,03 €	103,26 €	3,93 €

Abzuführender Solidaritätszuschlag

Der abzuführende Solidaritätszuschlag beträgt

(70,99 € + 1,60 € + 1,48 €) = 74,07 €

---

*) Der geldwerte Vorteil wurde zur Ermittlung der steuerpflichtigen Bruttovergütung dem Barlohn hinzugerechnet. Der Sachbezug muss deshalb bei der Berechnung des auszuzahlenden Nettobetrags (rein rechnerisch) wieder gekürzt werden (vgl. das Beispiel einer Lohnabrechnung mit Sachbezügen beim Stichwort „Sachbezüge" unter Nr. 2).

**) Die Beitragsbemessungsgrenze in der Kranken- und Pflegeversicherung beträgt 2010 sowohl in den alten Bundesländern als auch in den neuen Bundesländern monatlich 3750 €.

***) Die Beitragsbemessungsgrenze in der Rentenversicherung beträgt 2010 in den alten Bundesländern 5500 € monatlich und in den neuen Bundesländern 4650 € monatlich.

Gesellschafter-Geschäftsführer

8. Übersicht über gleichgesetzte Kapitalgesellschaften in den Mitgliedstaaten der Europäischen Union

Kapitalgesellschaften in den einzelnen Mitgliedstaaten der Europäischen Union, die als Parallelformen einerseits mit der deutschen Aktiengesellschaft (AG) und andererseits mit der deutschen GmbH gleichgesetzt werden (vgl. die Erläuterungen unter der vorstehenden Nr. 3):

Mitgliedstaat	mit deutscher AG vergleichbar [inoffizielle Abkürzung]	mit deutscher GmbH vergleichbar
Belgien	la société anonyme/ de naamloze vennootschap [N.V.]	la société privée à responsabilité limitée/ besloten vennootschap met beperkte aansprakelijkheid
Bulgarien	акционерно дружество [Akzionerno druschestwo – AD]	дружество с ограничена отговорност
Dänemark	aktieselskaber [A/S]	Anpartselskaber [APS]
Estland	aktsiaselts	osaühing
Finnland	julkinen osakeyhtiö / publikt aktiebolag [OYJ]	./.
Frankreich	la société anonyme [S.A.]	la société à responsabilité limitée
Griechenland	ανώνυμη εταιρία [Anonimi etairia – AE]	εταιρία περιορισμένης ευθύνης
Irland	public companies limited by shares, public companies limited by guarantee having a share capital	private companies limited by shares, private companies limited by guarantee having a share capital
Italien	società per azioni [SpA]	società a responsabilità limitata
Lettland	akciju sabiedrība	un sabiedrība ar ierobežotu atbildību
Litauen	akcinės bendrovės	uždarosios akcinės bendrovės
Luxemburg	la société anonyme	la société à responsabilité limitée
Malta	kumpaniji pubbliċi/ public limited liability companies	kumpaniji privati/ private limited liability companies
Niederlande	de naamloze vennootschap [N.V.]	de besloten vennootschap met beperkte aansprakelijkheid
Österreich	die Aktiengesellschaft [AG]	die Gesellschaft mit beschränkter Haftung
Polen	spółka akcyjna [S.A.]	spółka z ograniczoną odpowiedzialnością
Portugal	a sociedade anónima de responsabilidade limitada [S.A.]	a sociedade por quotas de responsabilidade limitada
Rumänien	societate pe acțiuni [S.A.]	societate cu răspundere limitată
Schweden	publikt aktiebolag [AB]	./.
Slowakei	akciová spoloènos [a.s.]	spoločnosť s ručeením obmedzeným
Slowenien	delniška družba	družba z omejeno odgovornostjo
Spanien	la sociedad anónima [S.A.]	la sociedad de responsabilidad limitada
Tschechische Republik	akciová společnost' [a.s.]	spoločnost s ručením omezeným
Ungarn	részvénytársaság [Rt]	korlátolt felelősségű társaság
Vereinigtes Königreich	public companies limited by shares, public companies limited by guarantee having a share capital [LTD]	private companies limited by shares, private companies limited by guarantee having a share capital
Zypern	Δημόσια Εταιρεία περιορισμένης ευθύνης με μετοχές, Δημόσια Εταιρεία περιορισμένης ευθύνης με εγγύηση	ιδιωτική εταιρεία

Gesundheitsförderung

Gliederung:

1. Allgemeines
2. Begünstigte Maßnahmen
3. Barleistungen
4. Überschreiten des Höchstbetrags
5. Umsatzsteuerpflicht der Sachleistungen des Arbeitgebers

1. Allgemeines

Durch das Jahressteuergesetz 2009 ist rückwirkend zum **1.1.2008** eine **Steuerbefreiungsvorschrift** mit dem Ziel der Verbesserung des allgemeinen Gesundheitszustands und der Stärkung der **betrieblichen Gesundheitsförderung** eingeführt worden. Hierdurch soll die Bereitschaft des Arbeitgebers erhöht werden, seinen Arbeitnehmern **Dienstleistungen** zur Verbesserung des allgemeinen Gesundheitszustands sowie zur betrieblichen Gesundheitsförderung anzubieten und/oder entsprechende **Barzuschüsse** für die Durchführung derartiger Maßnahmen zuzuwenden.

Durch die Steuerbefreiungsvorschrift werden die **zusätzlich zum ohnehin geschuldeten Arbeitslohn** erbrachten Leistungen des Arbeitgebers zur Verbesserung des allgemeinen Gesundheitszustandes und der betrieblichen Gesundheitsförderung steuerfrei gestellt, soweit sie **je Arbeitnehmer 500 € jährlich** (= Freibetrag) nicht übersteigen (§ 3 Nr. 34 EStG i. V. m. § 52 Abs. 4c EStG). nein nein

Gesundheitsförderung

Leistungen, die unter Anrechnung auf den vereinbarten Arbeitslohn oder durch Umwandlung erbracht werden, sind nicht steuer- und sozialversicherungsfrei (vgl. hierzu die ausführlichen Erläuterungen beim Stichwort „Gehaltsumwandlung").

2. Begünstigte Maßnahmen

Zur sachlichen Eingrenzung der Steuerbefreiung müssen die vorstehend beschriebenen Leistungen des Arbeitgebers hinsichtlich **Qualität, Zweckbindung und Zielgerichtetheit** den Anforderungen der §§ 20 und 20a SGB V genügen. Hierunter fällt zum einen die **Verbesserung** des **allgemeinen Gesundheitszustands** (sog. Primärprävention) und zum anderen die **betriebliche Gesundheitsförderung**. Im Einzelnen sind dies die Bereiche:

- allgemeine Reduzierung von Bewegungsmangel sowie Vorbeugung und Reduzierung spezieller gesundheitlicher Risiken durch verhaltens- und gesundheitsorientierte Bewegungsprogramme,
- Vorbeugung und Reduzierung arbeitsbedingter Belastungen des Bewegungsapparates,
- allgemeine Vermeidung von Mangel- und Fehlernährung sowie Vermeidung und Reduktion von Übergewicht,
- Gesundheitsgerechte betriebliche Gemeinschaftsverpflegung (z. B. Ausrichtung der Betriebsverpflegungsangebote an Ernährungsrichtlinien und Bedürfnisse der Beschäftigten, Schulung des Küchenpersonals, Informations- und Motivierungskampagnen),
- Stressbewältigung und Entspannung (= Vermeidung stressbedingter Gesundheitsrisiken)
- Förderung der individuellen Kompetenzen der Stressbewältigung am Arbeitsplatz, gesundheitsgerechte Mitarbeiterführung,
- Einschränkung des Suchtmittelkonsums (= allgemeine Förderung des Nichtrauchens, „rauchfrei" im Betrieb, gesundheitsgerechter Umgang mit Alkohol, allgemeine Reduzierung des Alkoholkonsums, Nüchternheit am Arbeitsplatz).

Begünstigt sind auch **Yoga-Kurse,** da es sich entweder um verhaltens-/gesundheitsorientierte Bewegungsprogramme oder um Vermeidung stressbedingter Gesundheitsrisiken handelt. Auch Aufwendungen des Arbeitgebers für **Schutzimpfungen** (z. B. gegen Grippe) fallen als Leistungen zur Primärprävention (= Risikoschutz) unter die Steuerbefreiungsvorschrift des § 3 Nr. 34 EStG. Entsprechendes gilt u.E. für **Vorsorgeuntersuchungen,** sofern es sich nicht ohnehin um eine Leistung im ganz überwiegend betrieblichen Interesse des Arbeitgebers handelt (vgl. die Erläuterungen beim Stichwort „Vorsorgekuren, Vorsorgeuntersuchungen"). Schließlich kann die Steuerbefreiungsvorschrift des § 3 Nr. 34 EStG zur Anwendung kommen, wenn eine **Bildschirmarbeitsbrille** nicht aufgrund einer ärztlichen Untersuchung angeschafft wird (vgl. die Erläuterungen beim Stichwort „Bildschirmarbeit"). Bei sog. **Aktivwochen für Mitarbeiter** kann die Steuerbefreiung u.E. nur angewendet werden, wenn die gesundheitsfördernden Maßnahmen dem Grunde und der Höhe eindeutig feststehen und die Kosten für das Gesundheitsprogramm ausnahmsweise nicht von der Krankenkasse, sondern vom Arbeitgeber getragen werden (vgl. auch das Stichwort „Erholungsbeihilfen").

Beispiel A

Zur Vorbeugung und Reduzierung arbeitsbedingter Belastungen am Bewegungsapparat lässt der Arbeitgeber auf seine Kosten seinen Arbeitnehmern im Betrieb während der Arbeitszeit Massagen verabreichen. Der geldwerte Vorteil (vgl. die Erläuterungen beim Stichwort „Bildschirmarbeit") beträgt je Arbeitnehmer 360 € pro Jahr.

Der geldwerte Vorteil in Höhe von 360 € ist nach § 3 Nr. 34 EStG steuer- und sozialversicherungsfrei.

Beispiel B

Zur Einschränkung des Suchtmittelkonsums führt der Arbeitgeber auf seine Kosten während der Arbeitszeit Seminare für seine Mitarbeiter durch. Der geldwerte Vorteil beträgt je Arbeitnehmer 180 € pro Jahr.

Der geldwerte Vorteil in Höhe von 180 € ist nach § 3 Nr. 34 EStG steuer- und sozialversicherungsfrei.

Beispiel C

Ein Arbeitgeber errichtet mit erheblichem finanziellen Aufwand einen Fitnessraum und bezahlt anschließend eine Fremdfirma, die für die Arbeitnehmer „gesundheitsfördernde Trainingsprogramme" im Sinne der §§ 20, 20a SGB V durchführt.

Bei der Errichtung und zur Verfügungstellung des Fitnessraums handelt es sich um eine steuer- und beitragsfreie Leistung im ganz überwiegenden betrieblichen Interesse des Arbeitgebers (vgl. die Erläuterungen beim Stichwort „Fitnessraum" und „Fitnessstudio"). Die im Auftrag des Arbeitgebers erbrachten Leistungen der Fremdfirma sind steuerfrei, soweit sie beim einzelnen Arbeitnehmer 500 € jährlich nicht übersteigen. Hinweis: Etwaige Eigenbeteiligungen der Arbeitnehmer (z. B. Kursgebühren) mindern den geldwerten Vorteil.

3. Barleistungen

Unter die Steuerbefreiungsvorschrift fallen neben den unmittelbaren Leistungen des Arbeitgebers auch **Barleistungen** (Zuschüsse) des Arbeitgebers an seine Arbeitnehmer, die diese für extern durchgeführte Maßnahmen aufwenden. Hierdurch wird die Tatsache berücksichtigt, dass insbesondere Arbeitgeber kleinerer und mittlerer Unternehmen nicht in demselben Maße wie große Unternehmen eigene Gesundheitsförderungsmaßnahmen durchführen können und daher auf bestehende, externe Angebote angewiesen sind. Die Steuerbefreiung kann daher auch in Anspruch genommen werden, wenn durch den Arbeitgeber ein Zuschuss für eine der o. a. Maßnahmen gewährt wird, die von einem Sportverein oder einem Fitnessstudio angeboten werden. Allein die Übernahme oder die Bezuschussung von **Mitgliedsbeiträgen** an einen Sportverein oder ein Fitnessstudio ist aber nicht steuer- und sozialversicherungsfrei.

Beispiel A

Zur Vorbeugung und Reduzierung arbeitsbedingter Belastungen am Bewegungsapparat nimmt ein Arbeitnehmer in seiner Freizeit an einem Pilates-Kurs eines Sportvereins teil. Die Kosten in Höhe von 75 € werden ihm von seinem Arbeitgeber erstattet.

Auch der Barzuschuss des Arbeitgebers in Höhe von 75 € ist nach § 3 Nr. 34 EStG steuer- und sozialversicherungsfrei.

Beispiel B

Der Arbeitgeber zahlt allen seinen Arbeitnehmern, die ihm die Mitgliedschaft in einem Fitnessstudio nachweisen einen monatlichen Barzuschuss von 15 €.

Der Barzuschuss von monatlich 15 € ist steuer- und sozialversicherungspflichtig, da die Steuerbefreiungsvorschrift nach § 3 Nr. 34 EStG allein wegen der Bezuschussung von Mitgliedsbeiträgen eines Sportvereins oder Fitnessstudios nicht in Anspruch genommen werden kann.

Die **Sach-** und/oder **Barleistungen** des Arbeitgebers müssen hinsichtlich Qualität, Zweckbindung und Zielgerichtetheit den **Anforderungen der §§ 20 und 20a SGB V genügen.** Dies setzt u. a. voraus, dass die Maßnahmen von einem **qualifizierten Anbieter** angeboten und durchgeführt werden.

Beispiel C

Ein Arbeitgeber möchte seinen Arbeitnehmer alternativ den Eintritt in die Sauna oder in das Schwimmbad gegen Vorlage entsprechender Nachweise steuerfrei erstatten. Er argumentiert, dass der Saunabesuch der Stressbewältigung und Entspannung dient und das Schwimmen letztlich ein gesundheitsorientiertes Bewegungsprogramm sei.

Eine steuerfreie Erstattung des Eintritts in die Sauna bzw. in das Schwimmbad kommt u.E. nicht in Betracht, da dort zumindest im Beispielsfall keine gesundheitsorientierten Maßnahmen von einem qualifizierten Anbieter durchgeführt werden.

Da Barzuschüsse begünstigt sind, **reicht** es aus, wenn die **Rechnung** für die Durchführung dieser Maßnahmen **auf** den **Arbeitnehmer** und nicht auf die Firma lautet. Die Rechnung ist als Nachweis für die steuerfreie Zahlung zum Lohnkonto des Arbeitnehmers zu nehmen.

Gesundheitsförderung

| | Lohn-steuer-pflichtig | Sozial-versich.-pflichtig |

4. Überschreiten des Höchstbetrags

Wird der jährliche **Höchstbetrag** von 500 € je Arbeitnehmer aufgrund von Leistungen des Arbeitgebers zur Verbesserung des allgemeinen Gesundheitszustandes und der betrieblichen Gesundheitsförderung **überschritten,** ist zu **prüfen,** ob es sich beim übersteigenden Betrag um eine nicht zu Arbeitslohn führende Maßnahme im ganz überwiegenden **eigenbetrieblichen Interesse** des Arbeitgebers handelt. Rein systematisch wäre zunächst die Prüfung vorzunehmen, ob es sich um Arbeitslohn oder um eine Leistung im ganz überwiegenden eigenbetrieblichen Interesse des Arbeitgebers handelt und anschließend die Steuerbefreiungsvorschrift von 500 € anzuwenden. Bei Beträgen bis 500 € kann jedoch wegen des steuerfreien Höchstbetrags auf diese systematische Vorgehensweise verzichtet werden.

Beispiel A

Zur Vermeidung stressbedingter Gesundheitsrisiken ermöglicht der Arbeitgeber seinen Arbeitnehmern auf seine Kosten den Besuch von Kursen zur Stressbewältigung und Entspannung. Die Kosten betragen pro Arbeitnehmer 480 € jährlich. Außerdem bezuschusst er die Teilnahme am FPZ-Rückenkonzept mit 120 € je Arbeitnehmer.

Da es sich bei der Teilnahme am FPZ-Rückenkonzept um eine Leistung im ganz überwiegenden betrieblichen Interesse des Arbeitgebers handeln soll (zu den Voraussetzungen im Einzelnen vgl. die Erläuterungen beim Stichwort „FPZ-Rückenkonzept"), ist der geldwerte Vorteil für den Besuch der Kurse zur Stressbewältigung und Entspannung in Höhe von 480 € nach § 3 Nr. 34 EStG steuerfrei.

Beispiel B

Wie Beispiel A. Anstelle der Teilnahme am FPZ-Rückenkonzept handelt es sich um einen Raucherentwöhnungskurs.
Der geldwerte Vorteil der Arbeitnehmer beträgt insgesamt 600 € (vgl. auch die Erläuterungen zum Stichwort „Raucherentwöhnung"). Davon sind 500 € aufgrund des § 3 Nr. 34 EStG steuer- und sozialversicherungsfrei. Der steuer- und sozialversicherungspflichtige Vorteil beträgt daher 100 € je Arbeitnehmer (600 € abzüglich 500 €).

5. Umsatzsteuerpflicht der Sachleistungen des Arbeitgebers

In vielen Fällen werden die Aufwendungen des Arbeitgebers von der **Krankenkasse bezuschusst.** Dabei stellt sich die Frage, wie dieser Zuschuss **umsatzsteuerlich** zu behandeln ist. Gleiches gilt, wenn der Arbeitgeber „unentgeltlich" – ohne einen Zuschuss von dritter Seite – Sachleistungen an seine Arbeitnehmer erbringt.

Beispiel

Ein Arbeitgeber lässt für seine 50 Mitarbeiter Kurse zur Stressbewältigung und Entspannung durch einen externen Dienstleister durchführen. Die Aufwendungen hierfür betragen 10 000 € zuzüglich 1900 € Umsatzsteuer. Von der Krankenkasse erhält der Arbeitgeber einen Zuschuss von 5000 € (= 50 % der Nettokosten).

Die Kurse zur Stressbewältigung und Entspannung sind lohnsteuer- und sozialversicherungsfrei, da die Aufwendungen je Arbeitnehmer von 238 € (= 1/50 von 11 900 €) den Höchstbetrag von 500 € nicht übersteigen.

Aus der ordnungsgemäßen Rechnung des externen Dienstleisters ist der Arbeitgeber in Höhe von 1900 € zum Vorsteuerabzug berechtigt.

Zudem erbringt der Arbeitgeber umsatzsteuerlich eine Leistung gegenüber seinen Arbeitnehmern. Die Leistung des externen Dienstleisters wird ihm umsatzsteuerlich als eigene Leistung zugerechnet. Fraglich ist die Höhe der umsatzsteuerlichen Bemessungsgrundlage. Beim Zuschuss der Krankenkasse handelt es sich um ein Entgeltzahlung von dritter Seite in Höhe von netto 4201,68 € (5000 € : 1,19). Anzusetzen ist allerdings u.E. in diesem Fall die sog. Mindestbemessungsgrundlage von 10 000 €, da die Leistung „Stressbewältigung und Entspannung" für den privaten Bedarf der Arbeitnehmer und nicht aufgrund betrieblicher Erfordernisse erbracht wird. Die Mindestbemessungsgrundlage von 10 000 € führt somit für den Arbeitgeber zu einer Umsatzsteuer von 1900 € (= 19 %). Die gleiche Lösung (Bemessungsgrundlage für die Leistung des Arbeitgebers an seine Arbeitnehmer 10 000 €; Umsatzsteuer 1900 €) würde sich übrigens ergeben, wenn der Arbeitgeber keinen Zuschuss von der Krankenkasse erhalten hätte.

Vgl. auch die Stichworte „Bildschirmarbeit", „Fitnessstudio", „FPZ-Rückenkonzept" und „Raucherentwöhnung".

Gewinnbeteiligung

| | Lohn-steuer-pflichtig | Sozial-versich.-pflichtig |

Gesundheitsfonds

Der Gesundheitsfonds startete am 1. Januar 2009. Der Gesundheitsfonds ist die zentrale Stelle, in der die Geldmittel der gesetzlichen Krankenversicherung verwaltet werden. Der Gesundheitsfonds wird vom Bundesversicherungsamt verwaltet. Er speist sich aus Krankenkassenbeiträgen der Arbeitnehmer und der Arbeitgeber aber auch aus Beiträgen von Rentnern, geringfügig Beschäftigten, Künstlern und Publizisten, Wehr- und Zivildienstleistenden, Beziehern von Arbeitslosen- und Unterhaltsgeld sowie aus Steuermitteln. Alle Beträge fließen in einen zentralen Topf, den Gesundheitsfonds. Von hier aus werden die Mittel dann vom Bundesversicherungsamt auf die Krankenkassen verteilt.

Die Beitragssätze zur Krankenversicherung werden wegen des Gesundheitsfonds nicht mehr individuell durch die Krankenkassen, sondern für alle Krankenkassen einheitlich per Rechtsverordnung durch die Bundesregierung festgelegt. Der einheitliche allgemeine Beitragssatz zur Krankenversicherung beträgt seit 1. Juli 2009 14,9 %. Der ermäßigte Beitragssatz wurde auf 14,3 % festgeschrieben.

Trotz Gesundheitsfonds ändert sich für die Arbeitgeber nichts am gewohnten Beitragseinzugsverfahren. Die Krankenkassen ziehen weiterhin die Beiträge ein und leiten sie an den Gesundheitsfonds weiter. Beiträge für geringfügig Beschäftigte gehen unverändert an die Minijobzentrale. Erheben Krankenkassen Zusatzbeiträge, sind diese von den Versicherten unmittelbar an die Krankenkassen zu zahlen; der Arbeitgeber ist insoweit weder an der Beitragstragung noch an der Beitragszahlung beteiligt.

Getränke

Getränke (Kaffee, Tee, Limonade, Mineralwasser, Milch), die der Arbeitgeber dem Arbeitnehmer **zum Verzehr im Betrieb** unentgeltlich oder verbilligt überlässt, bleiben steuerfrei (R 19.6 Abs. 2 Satz 1 LStR).   nein   nein

Steuerfrei sind hiernach z. B. unentgeltliche oder verbilligte Getränke aus einem im Betrieb aufgestellten Getränkeautomaten oder Getränke, die nicht im Zusammenhang mit Mahlzeiten (vgl. dieses Stichwort) unentgeltlich oder verbilligt in der Werkskantine ausgegeben werden.

Zu den Getränken, die Brauereien und andere Getränkefirmen ihren Arbeitnehmern unentgeltlich zum **häuslichen Verzehr** überlassen vgl. „Haustrunk".

Gewinnbeteiligung

Gewinnanteile, die aufgrund eines Arbeitsverhältnisses gewährt werden, sind steuer- und beitragspflichtiger Arbeitslohn.   ja   ja

Gewinnbeteiligungen werden in der Regel einmalig gezahlt (z. B. eine jährlich nach Aufstellung der Bilanz zahlbare Gewinnbeteiligung); sie sind deshalb als sonstige Bezüge (vgl. dieses Stichwort) zu versteuern. Beitragsrechtlich ist eine solche Gewinnbeteiligung als einmalige Zuwendung zu behandeln und im Monat der Zahlung beitragspflichtig. Die Sozialversicherungsbeiträge sind nach dem beim Stichwort „Einmalige Zuwendungen" dargestellten Verfahren zu berechnen.

Zur Behandlung von „gutgeschriebenen" Gewinnanteilen vgl. „Gutschrift von Arbeitslohn".

Nach der Rechtsprechung des Bundesfinanzhofs kann ein Arbeitsverhältnis dann nicht mehr angenommen werden, wenn die Gewinnbeteiligung ungewöhnlich hoch ist und deshalb von einer Mitunternehmerinitiative auszugehen ist. In solchen Fällen kann die Finanzverwaltung prüfen, ob der Arbeitsvertrag nicht als verdeckter Gesellschaftsvertrag anzusehen ist. Wäre dies der Fall, würde die Gewinnbeteiligung (und ein etwa daneben gezahltes

"Gehalt") nicht lohnsteuerpflichtig sein, sondern Teil der Einkünfte aus Gewerbebetrieb und müsste dann durch Veranlagung zur Einkommensteuer steuerlich erfasst werden.

Gleichbehandlungsgesetz

siehe „Abfindungen nach dem Gleichbehandlungsgesetz"

Gleisbauarbeiter

Einem Gleisbauarbeiter können steuerfreie Auslösungen wegen Auswärtstätigkeiten gezahlt werden (vgl. im Einzelnen die Erläuterungen beim Stichwort „Reisekosten bei Auswärtstätigkeiten"). Da er keinen ortsgebundenen Mittelpunkt seiner Tätigkeit hat, fehlt es am Vorhandensein einer regelmäßigen Arbeitsstätte. Folglich ist ein Gleisbauarbeiter bei seiner individuellen beruflichen Tätigkeit nur an ständig wechselnden Tätigkeitsstätten tätig (R 9.4 Abs. 2 Satz 2 LStR).

Gleitzone im Niedriglohnbereich

Neues auf einen Blick:

Der für die Berechnung der geminderten Bemessungsgrundlage zur Ermittlung des Arbeitnehmeranteils maßgebende Faktor beträgt ab 1.1.2010 **0,7585.**

Seit 1.1.2009 muss der Arbeitgeber die Insolvenzgeldumlage mit Beitragsnachweis an die Krankenkassen abführen. Der Umlagesatz betrug bisher 0,1%. **Ab 1.1.2010 ist der Umlagesatz auf 0,41 % erhöht worden.**

Bei Arbeitnehmern in der Gleitzone gilt als umlagepflichtiges Arbeitsentgelt die nach der Gleitzonenformel ermittelte beitragspflichtige Einnahme. Hat der Arbeitnehmer auf die Anwendung der Gleitzone verzichtet (§ 163 Abs. 10 Sätze 6 und 7 SGB VI), wird die Umlage nach dem tatsächlichen Arbeitsentgelt bemessen.

Gliederung:

1. Allgemeines
2. Ermittlung des regelmäßigen Arbeitsentgelts
3. Beitragsberechnung in der Gleitzone
   a) Berechnungsformel
   b) Beitragsberechnung
4. Beitragsberechnung bei schwankenden Arbeitslöhnen, Einmalzahlungen und Teillohnzahlungszeiträumen
   a) Schwankende Arbeitslöhne oder Einmalzahlungen
   b) Teillohnzahlungszeitraum
5. Mehrere Arbeitsverhältnisse
   a) Allgemeines
   b) Berechnung der Beiträge
6. Ausnahmen von der Anwendung der Gleitzonenregelung
   a) Auszubildende
   b) Fiktives Arbeitsentgelt
   c) Altersteilzeit
   d) Kurzarbeit
7. Nettolohnvereinbarung
8. Verzicht auf die Reduzierung des Arbeitnehmerbeitrags
9. Meldepflichten

1. Allgemeines

Gleichzeitig mit der Anhebung der Arbeitsentgeltgrenze für geringfügige Beschäftigungen auf 400 € monatlich wurde auch eine sog. Gleitzonenregelung für den Niedriglohnbereich eingeführt. Hiernach sind Beschäftigungen mit einem monatlichen Arbeitsentgelt in der sog. **Gleitzone von 400,01 € bis 800,00 €** zwar **versicherungspflichtig,** allerdings hat der **Arbeitnehmer** nur einen **reduzierten Beitragsanteil** am Gesamtsozialversicherungsbeitrag zu zahlen. Der **Arbeitgeberbeitrag bleibt unverändert.** Die Regelung zur Gleitzone gilt **nicht für Auszubildende.**

2. Ermittlung des regelmäßigen Arbeitsentgelts

Für die Prüfung der Frage, ob das Arbeitsentgelt in der Gleitzone von 400,01 € bis 800,00 € liegt, ist vom **regelmäßigen Arbeitsentgelt** auszugehen. Dabei finden dieselben Grundsätze Anwendung, die auch für die Ermittlung des regelmäßigen Arbeitsentgelts bei geringfügig entlohnten Beschäftigungen gelten. Auf die Erläuterungen beim Stichwort „Geringfügige Beschäftigung" unter Nr. 3 wird deshalb Bezug genommen.

Gleitzonenfälle liegen nicht vor, wenn lediglich Teilarbeitsentgelte (z. B. wegen Arbeitsunfähigkeit und Wegfall der Entgeltfortzahlung oder bei Beginn bzw. Ende der Beschäftigung im Laufe eines Kalendermonats) innerhalb der Gleitzone liegen, der „normale" Monatslohn aber höher ist als 800,00 €.

Bei der Prüfung der Frage, ob das Arbeitsentgelt in der Gleitzone von 400,01 € bis 800,00 € liegt, bleibt steuerfreier Arbeitslohn außer Betracht, wenn die Steuerfreiheit auch Beitragsfreiheit in der Sozialversicherung auslöst. Ebenso bleibt pauschal versteuerter Arbeitslohn bei der Prüfung der Gleitzonengrenze außer Betracht, wenn die Pauschalierung Beitragsfreiheit in der Sozialversicherung auslöst. Bei der Prüfung der Gleitzonengrenze bleiben somit z. B. außer Betracht:

- **steuer- und beitragsfreier** Arbeitslohn (z. B. Kindergartenzuschüsse, Rabattfreibetrag in Höhe von 1080 € jährlich, Sachbezüge bis zu 44 € monatlich, steuer- und beitragsfreie Zuschläge für Sonntags-, Feiertags- und Nachtarbeit);
- **Beiträge zu Direktversicherungen,** Pensionskassen und Pensionsfonds, die nach § 3 Nr. 63 Satz 1 und 2 EStG steuerfrei und damit auch beitragsfrei sind;
- die **steuer- und beitragsfreie Übungsleiterpauschale** in Höhe von 175 € monatlich (**2100 € jährlich,** vgl. die ausführlichen Erläuterungen bei Stichwort „Nebentätigkeit für gemeinnützige Organisationen");
- steuer- und beitragsfreie Einnahmen aus ehrenamtlicher Tätigkeit in Höhe von 500 € jährlich (§ 3 Nr. 26a EStG, vgl. die ausführlichen Erläuterungen beim Stichwort „Nebentätigkeit für gemeinnützige Organisationen" unter Nr. 10);
- steuer- und beitragsfreie Aufwendungen des Arbeitgebers für die Gesundheitsförderung seiner Arbeitnehmer in Höhe von 500 € jährlich (vgl. das Stichwort „Gesundheitsförderung");
- **Fahrkostenzuschüsse** zu den Aufwendungen des Arbeitnehmers für Fahrten zwischen Wohnung und Arbeitsstätte, die ab dem 1. Entfernungskilometer **pauschal mit 15% versteuert** werden;
- **Job-Tickets** für Fahrten zwischen Wohnung und Arbeitsstätte, die in Anwendung der monatlichen 44-Euro-Freigrenze steuer- und beitragsfrei sind oder die pauschal mit 15% versteuert werden;
- **Beiträge zu Direktversicherungen** (sog. Altverträge) **und Gruppenunfallversicherungen, die pauschal mit 20% versteuert** werden. Pauschal versteuerte Beiträge zu Direktversicherungen und Gruppenunfallversicherungen bleiben also bei der Prüfung der sozialversicherungsrechtlichen Geringfügigkeitsgrenze außer Betracht, wenn die Pauschalversteuerung mit 20% Beitragsfreiheit auslöst. Dies ist der Fall, wenn die Direktversicherungs- oder Gruppenunfallversicherungsbeiträge zusätzlich zum Arbeitslohn oder ausschließlich

Gleitzone im Niedriglohnbereich

aus Einmalzahlungen geleistet werden (vgl. das Stichwort „Zukunftsicherung");
- die Übereignung von **Personal-Computern** und die Arbeitgeberzuschüsse zu **Internetnutzung,** soweit zulässigerweise eine Pauschalierung der Lohnsteuer mit **25 %** erfolgt, weil diese Pauschalierung mit 25 % Beitragsfreiheit auslöst (vgl. das Stichwort „Computer");
- steuerpflichtige Zuwendungen bei **Betriebsveranstaltungen,** soweit zulässigerweise ein Pauschalierung mit **25 %** erfolgt, weil diese Pauschalierung mit 25 % Beitragsfreiheit auslöst;
- bei einer Pauschalierung der Lohnsteuer mit 25 % für steuerpflichtige Reisekostenvergütungen, Erholungsbeihilfen und Kantinenessen gilt das Gleiche.

Auf die ausführlichen Erläuterungen anhand von Beispielen beim Stichwort „Geringfügige Beschäftigung" unter Nr. 4 wird Bezug genommen.

3. Beitragsberechnung in der Gleitzone

a) Berechnungsformel

Bei Arbeitnehmern, die mit ihrem regelmäßigen monatlichen Arbeitsentgelt innerhalb der Gleitzone liegen, wird für die Berechnung der Beiträge nicht das tatsächlich erzielte Arbeitsentgelt zugrunde gelegt, sondern ein Betrag, der nach folgender Formel berechnet wird:

$$F \times 400 + (2 - F) \times (AE - 400)$$

AE = Arbeitsentgelt

F = 30 % geteilt durch den Gesamtsozialversicherungsbeitragssatz

Der Berechnung des Faktors F wird dabei der durchschnittliche Gesamtsozialversicherungsbeitragssatz des Kalenderjahres zugrunde gelegt, in dem der Anspruch auf das Arbeitsentgelt entstanden ist. Der Faktor ist auf vier Dezimalstellen zu runden. Der durchschnittliche Gesamtsozialversicherungsbeitragssatz eines Kalenderjahres ergibt sich aus der Summe der zum 1. Januar desselben Kalenderjahres geltenden Beitragssätze in der Rentenversicherung der Arbeiter und Angestellten, in der gesetzlichen Pflegeversicherung sowie zur Arbeitsförderung und des durchschnittlich allgemeinen Beitragsatzes der Krankenkassen vom 1. Januar des Vorjahres (§ 245 Abs. 1 SGB V). Der durchschnittliche Gesamtsozialversicherungsbeitragssatz und der Faktor F wird vom Bundesministerium für Gesundheit und Soziale Sicherung bis zum 31. Dezember eines Jahres für das folgende Kalenderjahr im Bundesanzeiger bekannt gegeben.

Der Faktor F beträgt ab 1. 1. 2010 0,7585. Demzufolge kann die ab 1. 1. 2010 anzuwendende Formel wie folgt vereinfacht werden:

beitragspflichtige Einnahme = 1,2415 × AE − 193,20

Beispiel

Das Arbeitsentgelt einer Arbeitnehmerin beträgt 600 €. Die für die Berechnung des Arbeitnehmeranteils maßgebende verminderte Bemessungsgrundlage errechnet sich wie folgt:

beitragspflichtige Einnahme	=	1,2415 × 600 − 193,20
	=	744,90 − 193,20
	=	551,70 €

Hiernach ergibt sich folgende Übersicht:

Arbeitslohn monatlich z. B.	geminderte Bemessungsgrundlage für die Berechnung des Arbeitnehmeranteils
400,01 €	303,40 €
450,— €	365,48 €
500,— €	427,55 €
550,— €	489,63 €
600,— €	551,70 €
650,— €	613,78 €
700,— €	675,85 €
750,— €	737,93 €
800,— €	800,00 €

b) Beitragsberechnung

Da der **Arbeitgeberanteil** unverändert bleibt, errechnet er sich stets durch die Anwendung des halben Beitragssatzes auf das tatsächlich erzielte Arbeitsentgelt. Der **Arbeitnehmeranteil** wird wie folgt ermittelt:

- auf das verminderte Arbeitsentgelt wird der allgemeine Beitragssatz angewandt;
- außerdem wird bei kinderlosen Arbeitnehmern der Beitragszuschlag zur Pflegeversicherung von 0,25 % hinzugezählt;
- vom Ergebnis wird jeweils der aus dem tatsächlichen Arbeitsentgelt errechnete Arbeitgeberanteil abgezogen.

Beispiel A

Der monatliche Arbeitslohn einer Arbeitnehmerin beträgt 550 €. Für den Lohnsteuerabzug hat sie eine Lohnsteuerkarte mit der Steuerklasse V vorgelegt. Bei einem Beitragssatz zur Krankenversicherung von 14,9 % ergibt sich folgende monatliche Lohnabrechnung:

	Lohnsteuerpflichtig	Sozialversich.-pflichtig
Monatslohn		550,— €
Lohnsteuer (Steuerklasse V)	53,50 €	
Solidaritätszuschlag	0,— €	
Kirchensteuer (z. B. 8 %)	4,28 €	
Sozialversicherung (Arbeitnehmeranteil)	88,58 €	146,36 €
Nettolohn		403,64 €

Berechnung der Sozialversicherungsbeiträge:

Arbeitgeberanteil (AG-Anteil)
Bemessungsgrundlage: **550,− €**

Krankenversicherung (7,0 %)	38,50 €
Pflegeversicherung (0,975 %)	5,36 €
Rentenversicherung (9,95 %)	54,73 €
Arbeitslosenversicherung (1,4 %)	7,70 €
Arbeitgeberanteil insgesamt	**106,29 €**

Arbeitnehmeranteil (AN-Anteil)
Bemessungsgrundlage:

beitragspflichtige Einnahme: 1,2415 × 550,00 − 193,20 € =	**489,63 €**

Krankenversicherung

Beitrag: 14,9 % von 489,63 € =	72,95 €
abzüglich Arbeitgeberanteil	38,50 €
Arbeitnehmeranteil	34,45 €

Pflegeversicherung

Beitrag: 0,975 % von 489,63 € = 4,78 €	
1,225 % von 489,63 € = 6,00 €	10,78 €
abzüglich Arbeitgeberanteil	5,36 €
Arbeitnehmeranteil	5,42 €

Rentenversicherung

Beitrag: 9,95 % von 489,63 € = 48,72 € × 2 =	97,44 €
abzüglich Arbeitgeberanteil	54,73 €
Arbeitnehmeranteil	42,71 €

Arbeitslosenversicherung

Beitrag: 1,4 % von 489,63 € = 6,85 € × 2 =	13,70 €
abzüglich Arbeitgeberanteil	7,70 €
Arbeitnehmeranteil	6,00 €

Arbeitnehmeranteil insgesamt (34,45 € + 5,42 € + 42,71 € + 6,00 €)	**88,58 €**

Gleitzone im Niedriglohnbereich

4. Beitragsberechnung bei schwankenden Arbeitslöhnen, Einmalzahlungen und Teillohnzahlungszeiträumen

a) Schwankende Arbeitslöhne oder Einmalzahlungen

Bei Arbeitslöhnen, die infolge von Lohnschwankungen oder Einmalzahlungen unterhalb oder oberhalb der Gleitzonengrenzen liegen, gilt Folgendes:

Bei Beschäftigungen mit Arbeitsentgelten außerhalb der Gleitzone (z. B. schwankendes Arbeitsentgelt, Einmalzahlungen), in denen zwar das **regelmäßige** monatliche Arbeitsentgelt innerhalb der Gleitzone liegt, das tatsächliche monatliche Arbeitsentgelt jedoch die Gleitzonengrenzen über- oder unterschreitet, kann die für die Beitragsberechnung zu ermittelnde beitragspflichtige Einnahme nicht nach der Formel berechnet werden, die unter der vorstehenden Nr. 3 Buchstabe a erläutert ist.

In diesen Fällen ist in den Monaten, in denen das Arbeitsentgelt die untere Gleitzonengrenze von 400,01 € unterschreitet, für die Berechnung der beitragspflichtigen Einnahme das tatsächliche Arbeitsentgelt mit dem Faktor F (im Kalenderjahr 2010 beträgt F 0,7585) zu multiplizieren:

tatsächliches Arbeitsentgelt × F = beitragspflichtige Einnahme.

In den Monaten des Überschreitens der oberen Gleitzonengrenze von 800,00 € hat die Beitragsberechnung nach den allgemeinen Regelungen zu erfolgen. Das heißt, der Beitragsberechnung ist das tatsächliche Arbeitsentgelt als beitragspflichtige Einnahme zugrunde zu legen und der Beitrag nach den allgemeinen Grundsätzen auf den Arbeitgeber und Arbeitnehmer zu verteilen.

b) Teillohnzahlungszeitraum

In den Fällen, in denen nur ein Teilarbeitsentgelt gezahlt wird (z. B. wegen Ablaufs der Entgeltfortzahlung bei Arbeitsunfähigkeit oder bei Beginn bzw. Ende der Beschäftigung im Laufe eines Kalendermonats) ist – ausgehend von der monatlichen Einnahme – die anteilige beitragspflichtige Einnahme zu berechnen. Hierfür ist zunächst ausgehend vom anteiligen Arbeitsentgelt das monatliche Arbeitsentgelt zu berechnen, welches in diesen Fällen der monatlichen beitragspflichtigen Einnahme entspricht. Die Berechnung erfolgt nach folgenden Formeln:

$$\text{monatliche beitragspflichtige Einnahme zur Prüfung der Gleitzonengrenze} = \frac{\text{anteiliges Arbeitsentgelt} \times 30}{\text{Kalendertage}}$$

$$\text{anteilige beitragspflichtige Einnahme} = \frac{\text{monatliche beitragspflichtige Einnahme} \times \text{Kalendertage}}{30}$$

Bei der Anwendung der Formeln ist es unerheblich, ob das anteilige Arbeitsentgelt unterhalb der Gleitzone liegt. Für die Anwendung der besonderen Regelungen zur Gleitzone ist allein auf das monatliche Arbeitsentgelt abzustellen.

Beispiel

Das monatliche Arbeitsentgelt beträgt 600 €. Die Beschäftigung wird am 12. 6. 2010 beendet. Deshalb wird für Juni nur ein Arbeitsentgelt von 240 € bezahlt.
Die **monatliche** beitragspflichtige Einnahme für die Prüfung der Gleitzonengrenze beträgt (1,2415 × 600 € − 193,20 =) 551,70 €.
Die **anteilige** beitragspflichtige Einnahme vom 1. 6. bis 12. 6. 2010 beträgt (551,70 € × 12 : 30 =) 220,68 €.

5. Mehrere Arbeitsverhältnisse

a) Allgemeines

Werden mehrere Beschäftigungen nebeneinander ausgeübt, gelten die besonderen Regelungen zur Gleitzone nur dann, wenn das **insgesamt** erzielte Arbeitsentgelt innerhalb der Gleitzone liegt.

Beispiel A

Beschäftigung beim Arbeitgeber A: monatliches Arbeitsentgelt 350 €.
Beschäftigung beim Arbeitgeber B: monatliches Arbeitsentgelt 250 €.
Die monatlichen Arbeitsentgelte der beiden geringfügigen Beschäftigungen liegen zwar jeweils unterhalb der Gleitzone, da jedoch die Summe der monatlichen Arbeitsentgelte der aufgrund der Zusammenrechnung versicherungspflichtigen Beschäftigungen in Höhe von 600 € in der Gleitzone liegt, finden die besonderen Regelungen zur Gleitzone Anwendung.

Beispiel B

Beschäftigung beim Arbeitgeber A: monatliches Arbeitsentgelt 450 €.
Beschäftigung beim Arbeitgeber B: monatliches Arbeitsentgelt 550 €.
Die monatlichen Arbeitsentgelte der Beschäftigungen liegen zwar jeweils in der Gleitzone, da jedoch die Summe der monatlichen Arbeitsentgelte in Höhe von 950 € über der Gleitzonengrenze liegt, finden die besonderen Regelungen zur Gleitzone keine Anwendung.

Bei der Zusammenrechnung der Arbeitsentgelte aus Hauptbeschäftigungen und geringfügigen Nebenbeschäftigungen ist jedoch zu beachten, dass das Arbeitsentgelt aus einer geringfügigen Beschäftigung im Grundsatz mit dem Arbeitslohn aus einer sozialversicherungspflichtigen Hauptbeschäftigung zusammenzurechnen ist. Von diesem Grundsatz gibt es eine Ausnahme, denn **eine** Nebenbeschäftigung bis 400 € monatlich bleibt anrechnungsfrei. Werden neben einer sozialversicherungspflichtigen Hauptbeschäftigung **mehrere** geringfügig entlohnte Beschäftigungen ausgeübt, dann scheidet für **eine** geringfügig entlohnte Beschäftigung die Zusammenrechnung mit der Hauptbeschäftigung aus. Ausgenommen von der Zusammenrechnung wird dabei diejenige geringfügig entlohnte Beschäftigung, die **zeitlich zuerst aufgenommen** worden ist. Aufgrund des fortbestehenden Charakters der „ersten" Nebenbeschäftigung als geringfügige Beschäftigung, ist diese nicht bei der Zusammenrechnung zu berücksichtigen. Das aus § 8 Abs. 2 Satz 1 SGB IV erworbene Recht wird durch § 20 Abs. 2 SGB IV nicht wieder aufgehoben.

Beispiel C

Beschäftigung beim Arbeitgeber A: monatliches Arbeitsentgelt 750 €.
Beschäftigung beim Arbeitgeber B: monatliches Arbeitsentgelt 250 €.
Da es sich bei der Beschäftigung B um eine in der Kranken-, Pflege und Rentenversicherung versicherungsfreie „erste" geringfügige Nebenbeschäftigung handelt, erfolgt keine Zusammenrechnung der Arbeitsentgelt aus beiden Beschäftigungen. Die Beschäftigung B ist auch arbeitslosenversicherungsfrei, da in der Arbeitslosenversicherung Zusammenrechnungen mit Hauptbeschäftigungen ausgeschlossen sind. Das monatliche Arbeitsentgelt aus der Beschäftigung A liegt demnach weiterhin in der Gleitzone. Die besonderen Regelungen zur Gleitzone finden daher auf die Beschäftigung A Anwendung

Bei mehreren Beschäftigungsverhältnissen gelten also für die Prüfung der Frage, ob das zusammengerechnete Arbeitsentgelt innerhalb der Gleitzone von 400,01 € bis 800,00 € liegt, die gleichen Grundsätze wie bei den geringfügig entlohnten Beschäftigungsverhältnissen. Auf die Erläuterungen beim Stichwort „Geringfügige Beschäftigung" unter den Nrn. 9 und 10 wird deshalb Bezug genommen. Außerdem ist auf Folgendes hinzuweisen:

Werden mehrere Beschäftigungen ausgeübt, sind für die Prüfung der Gleitzonengrenze nur die Arbeitsentgelte zusammenzurechnen, die aus **versicherungspflichtigen** Beschäftigungen erzielt werden (deshalb z. B. keine Berücksichtigung einer versicherungsfreien Beschäftigung als Beamter). Geringfügig entlohnte Beschäftigungen, die nur in der gesetzlichen Rentenversicherung aufgrund des Verzichts auf die Rentenversicherungsfreiheit (sog. Option) versicherungspflichtig sind (vgl. die Erläuterungen beim Stichwort „Geringfügige Beschäftigung" unter Nr. 7), werden bei der Zusammenrechnung **nicht** berücksichtigt.

b) Berechnung der Beiträge

Werden mehrere (ggf. durch Zusammenrechnung) versicherungspflichtige Beschäftigungen ausgeübt, deren Arbeitsentgelte jedoch in der Summe innerhalb der Gleitzone liegen, können die für die Berechnung der Arbeit-

Gleitzone im Niedriglohnbereich

nehmerbeitragsanteile zugrunde zu legenden reduzierten beitragspflichtigen Einnahmen für die einzelnen Beschäftigungen **nicht** nach der sich aus dem Gesetz ergebenden Formel (vgl. vorstehend unter Nr. 3 Buchstabe a) ermittelt werden.

In diesen Fällen berechnet sich die beitragspflichtige Einnahme nach der vereinfachten Formel für das Jahr 2010 wie folgt:

$$(1{,}2415 \times GAE - 193{,}20) \times \frac{EAE}{GAE}$$

EAE = Einzelarbeitsentgelt
GAE = Gesamtarbeitsentgelt

Das Ergebnis der Berechnung ist auf zwei Dezimalstellen zu runden, wobei die letzte Dezimalstelle um 1 zu erhöhen ist, wenn sich in der folgenden Dezimalstelle eine der Zahlen 5 bis 9 ergeben würde.

Der Arbeitnehmer hat seinen Arbeitgebern die für die Beitragsberechnung erforderlichen Angaben über die Höhe der jeweiligen monatlichen Arbeitsentgelte der einzelnen Beschäftigungen zu machen (§ 28 o Abs. 1 SGB IV).

6. Ausnahmen von der Anwendung der Gleitzonenregelung

a) Auszubildende

Die besonderen Regelungen zur Gleitzone gelten ausdrücklich nicht für Personen, die zu ihrer Berufsausbildung beschäftigt sind (z. B. Auszubildende, Praktikanten).

b) Fiktives Arbeitsentgelt

Darüber hinaus finden diese Regelungen auch bei Beschäftigungen keine Anwendung, für deren Beitragsberechnung fiktive Arbeitsentgelte zugrunde gelegt werden (z. B. bei der Beschäftigung behinderter Menschen in anerkannten Werkstätten für behinderte Menschen, bei Mitgliedern geistlicher Genossenschaften, Diakonissen und Angehörige ähnlicher Gemeinschaften).

c) Altersteilzeit

In den Fällen der Altersteilzeit oder bei sonstigen Vereinbarungen über flexible Arbeitszeiten, in denen lediglich das reduzierte Arbeitsentgelt in die Gleitzone fällt, finden die besonderen Regelungen zur Gleitzone ebenfalls keine Anwendung. Dies gilt auch für Arbeitsentgelte aus Wiedereingliederungsmaßnahmen nach einer Arbeitsunfähigkeit. Maßgebend sind in diesen Fällen nicht die reduzierten, sondern die „vollen" Arbeitsentgelte.

d) Kurzarbeit

Die besonderen Regelungen zur Gleitzone gelten auch nicht für versicherungspflichtige Arbeitnehmer, deren monatliches Arbeitsentgelt regelmäßig mehr als 800,00 € beträgt und nur wegen Kurzarbeit oder im Baugewerbe wegen schlechten Wetters so weit gemindert ist, dass das tatsächlich erzielte Arbeitsentgelt (Istentgelt) die obere Gleitzonengrenze von 800,00 € unterschreitet (vgl. die Stichwörter „Kurzarbeitergeld" und **„Saison-Kurzarbeitergeld"**). Denn nach § 20 Abs. 2 SGB IV ist u. a. Voraussetzung, dass das aus der Beschäftigung erzielte Arbeitsentgelt die Grenze von 800,00 € **regelmäßig** nicht überschreitet. Diese Voraussetzung ist bei Arbeitsausfällen wegen Kurzarbeit oder schlechten Wetters und der daraus folgenden Entgeltminderung nicht gegeben, weil die Entgeltminderung nur vorübergehend ist und regelmäßig ein über 800,00 € liegendes Arbeitsentgelt erzielt wird. Eine andere Beurteilung ergibt sich, wenn für die Beschäftigung die Gleitzonenregelung des § 20 Abs. 2 SGB IV bereits gilt, weil das Arbeitsentgelt (z. B: bei einer regelmäßigen Arbeitszeit von 20 Std. wöchentlich) ohne Arbeitsausfälle durch Kurzarbeit oder schlechten Wetters innerhalb der Gleitzone von 400,01 € bis 800,00 € liegt. In diesen Fällen ist bei einer Minderung des Arbeitsentgelts auch weiterhin die Gleitzonenregelung anzuwenden.

7. Nettolohnvereinbarung

Ist für eine Beschäftigung ein Nettolohn vereinbart, ist bei dem für die Prüfung, ob es sich um eine Beschäftigung in der Gleitzone handelt, zugrunde zu legenden Bruttoarbeitsentgelt nicht der reduzierte Arbeitnehmerbeitrag, sondern der reguläre Arbeitnehmerbeitrag zu berücksichtigen.

8. Verzicht auf die Reduzierung des Arbeitnehmerbeitrags

In der Rentenversicherung richtet sich die Höhe der Rentenansprüche nach dem beitragspflichtigen Arbeitsentgelt. Aufgrund der Reduzierung des beitragspflichtigen Arbeitsentgelts und daraus folgend des Arbeitnehmerbeitragsanteils bei Beschäftigungen in der Gleitzone, werden der späteren Rentenberechnung für diese Zeit auch nur die reduzierten Arbeitsentgelte zugrunde gelegt. Das heißt, aufgrund des reduzierten Arbeitnehmerbeitrags erwirbt der Beschäftigte reduzierte Rentenanwartschaften.

Versicherungspflichtige Arbeitnehmer, die Beschäftigungen in der Gleitzone ausüben, haben deshalb in der Rentenversicherung die Möglichkeit, auf die Reduzierung des beitragspflichtigen Arbeitsentgelts zu verzichten und den vollen Arbeitnehmerbeitrag zu zahlen (§ 163 Abs. 10 Satz 6 SGB VI). Hierzu muss der Arbeitnehmer gegenüber dem Arbeitgeber schriftlich erklären, dass der Beitragsberechnung als beitragspflichtige Einnahme das tatsächliche Arbeitsentgelt zugrunde gelegt werden soll. Die Erklärung kann jedoch nur für die Zukunft und bei mehreren Beschäftigungen nur einheitlich abgegeben werden. Die Erklärung bleibt für die Dauer der Beschäftigung bindend (§ 163 Abs. 10 Satz 7 SGB VI) und ist zu den Lohnunterlagen zu nehmen.

9. Meldepflichten

In § 28 a Abs. 1 SGB IV sind alle Meldetatbestände abschließend aufgeführt; ein Meldetatbestand für den Eintritt in eine oder den Austritt aus einer Beschäftigung der Gleitzone wurde nicht aufgenommen. Bei einem Eintritt oder Austritt einer Beschäftigung in oder aus der Gleitzone sind demnach keine Meldungen durch den Arbeitgeber zu übermitteln. Bei Beschäftigungen in der Gleitzone ist die Meldung mit einem Merkmal zu versehen, sofern ein Arbeitsentgelt (Jahresmeldung, Abmeldung, Unterbrechungsmeldung) gemeldet wird. Für die Kennzeichnung ist das Feld „Gleitzone" zu benutzen. Das Kennzeichen besteht in drei Ausprägungen:

0 = Keine Gleitzone bzw. Verzicht auf die Anwendung der Gleitzone in der gesetzlichen Rentenversicherung

1 = Gleitzone; tatsächliche Arbeitsentgelte in **allen** Entgeltabrechnungszeiträumen von 400,01 Euro bis 800,00 Euro

2 = Gleitzone; die Meldung umfasst sowohl Entgeltabrechnungszeiträume mit Arbeitsentgelten von 400,01 Euro bis 800,00 Euro als auch solche mit Arbeitsentgelten unter 400,01 Euro und über 800,00 Euro.

In die Meldungen ist als beitragspflichtiges Bruttoarbeitsentgelt die reduzierte beitragspflichtige Einnahme einzutragen (vgl. Erläuterungen unter der vorstehenden Nr. 3 Buchstabe a).

Gratifikationen

Gratifikationen, die aufgrund eines Arbeitsverhältnisses gewährt werden, sind steuer- und beitragspflichtiger Arbeitslohn.   ja   ja

Die Berechnung der Lohnsteuer und der Sozialversicherungsbeiträge für Gratifikationen ist anhand eines Beispiels beim Stichwort „Weihnachtsgeld" dargestellt.

Zur Umwandlung steuer- und beitragspflichtiger Gratifikationen in steuerfreie Bezüge vgl. das Stichwort „Gehaltsumwandlung".

Grenzgänger

Gliederung:

1. Allgemeines
2. Grenzgängerregelungen
3. Ausnahmen von der täglichen Rückkehr
4. Freistellungsbescheinigung
5. Sonderregelung für die Schweiz
6. Sonderregelung für belgische „Grenzgänger"
7. Nachbarländer ohne Grenzgängerregelung
8. Kirchensteuer
9. Vermögensbildung
10. Sozialversicherung
11. Kindergeld

1. Allgemeines

Der Begriff „Grenzgänger" findet sich in einigen Doppelbesteuerungsabkommen (vgl. dieses Stichwort), die Deutschland mit Nachbarstaaten abgeschlossen hat. Denn Grenzgänger sind Arbeitnehmer, die in einer bestimmten Grenzzone eines Staates wohnen und in der entsprechenden Grenzzone des Nachbarstaates arbeiten und täglich an ihren Wohnort zurückkehren. Die steuerliche Behandlung der Grenzgänger richtet sich nach dem mit dem jeweiligen Nachbarstaat abgeschlossenen Doppelbesteuerungsabkommen (DBA). Durch den Aufenthalt im Ausland nur während der Arbeitszeit wird dort weder ein Wohnsitz noch ein gewöhnlicher Aufenthalt noch Ansässigkeit begründet. Das **Besteuerungsrecht** wird deshalb dem **Wohnsitzstaat** zugewiesen. Gelegentliche Übernachtungen am Arbeitsort und Unterbrechungen der Grenzüberschreitung durch Urlaub und Erkrankung sind unbeachtlich. Zur Abgrenzung der Begriffe „Grenzgänger" und „Grenzpendler" vgl. die Erläuterungen beim Stichwort „Grenzpendler".

2. Grenzgängerregelungen

Folgende Doppelbesteuerungsabkommen enthalten eine Grenzgängerregelung:

	Fundstelle BStBl. I	
	Jahr	Seite
Frankreich (Art. 13 Abs. 5)	1961	342
	1970	900
	1990	413
	2002	891
Österreich (Art. 15 Abs. 6)	2002	584
Schweiz (Art. 15a)	1972	518
	1980	398
	1990	409
	1993	927
	2003	165

Die frühere Grenzgängerregelung mit Belgien ist ab 1.1.2004 weggefallen (vgl. die Erläuterungen unter Nr. 6).

Nach den genannten Doppelbesteuerungsabkommen steht das **Besteuerungsrecht** für Grenzgänger dem **Wohnsitzstaat** zu. Voraussetzung hierfür ist, dass die Tätigkeit innerhalb einer bestimmten **Grenzzone** ausgeübt wird. Die Grenzzone beträgt:

Staat	Grenzzone
Frankreich	20 km bzw. 30 km*)
Österreich	30 km
Schweiz	Keine Kilometergrenze, vgl. nachfolgend unter Nr. 5

Arbeitnehmer, die im Ausland außerhalb der 20 km bzw. 30 km Zone leben und im Inland arbeiten, werden von der Grenzgängerregelung nicht erfasst. Sie sind mit ihrem in Deutschland erzielten Arbeitslohn beschränkt steuerpflichtig (vgl. die Ausführungen beim Stichwort „Beschränkt steuerpflichtige Arbeitnehmer").

3. Ausnahmen von der täglichen Rückkehr

Die Eigenschaft als Grenzgänger erfordert im Grundsatz eine **tägliche Rückkehr zum Wohnort**. Gelegentliche Übernachtungen am Arbeitsort und Unterbrechungen der täglichen Rückkehr durch Urlaub oder Krankheit sind grundsätzlich unschädlich.

In einer Verständigungsvereinbarung mit Frankreich und einer entsprechenden Regelung zum DBA Österreich ist bestimmt, dass die Grenzgängereigenschaft abweichend vom allgemeinen Grundsatz dann nicht verloren geht, wenn der Grenzgänger an nicht mehr als **45 Arbeitstagen** im Kalenderjahr nicht an seinen Wohnsitz zurückkehrt oder außerhalb der Grenzzone für den Arbeitgeber tätig ist**). Überschreiten die Tage der Nichtrückkehr oder der Tätigkeit außerhalb der Grenzzone 45 Arbeitstage im Jahr, so steht das Besteuerungsrecht für die gesamten Arbeitseinkünfte dem Tätigkeitsstaat zu.

Darüber hinaus ist mit **Frankreich** zur Anwendung der Grenzgängerregelung Folgendes vereinbart (Schreiben des Bundesministeriums der Finanzen vom 3. 4. 2006, BStBl. I S. 304***)):

Tätigkeiten in der Grenzzone des Ansässigkeitsstaates des Arbeitnehmers gelten als innerhalb der Grenzzone ausgeübt. Als Arbeitstage gelten die vertraglich vereinbarten Arbeitstage (Kalendertage abzüglich der Tage, an denen der Arbeitnehmer laut Arbeitsvertrag nicht zu arbeiten verpflichtet ist, wie z. B. Urlaubstage, Wochenendtage, gesetzliche Feiertage) sowie alle weiteren Tage, an denen der Arbeitnehmer seine Tätigkeit ausübt. Daneben gelten auch Krankheitstage nicht als Tage der Nichtrückkehr. Ein Nichtrückkehrtag ist nicht schon deshalb anzunehmen, weil sich die Arbeitszeit des Arbeitnehmers bedingt durch den Anfangszeit oder durch die Dauer der Arbeitszeit über mehr als einen Kalendertag erstreckt (z. B. bei Schichtarbeitern oder Personal mit Nachtdiensten). Bei mehrtägigen Auswärtstätigkeiten gehören die Tage der Hinreise sowie der Rückreise stets zu den Nichtrückkehrtagen.

---

*) Das Doppelbesteuerungsabkommen mit Frankreich regelt die Grenzzonen unterschiedlich: Für die deutsche Seite gelten 20 km diesseits und jenseits der Grenze, wohingegen für die in Frankreich innerhalb der 20-km-Zone ansässigen Arbeitnehmer auf deutscher Seite 30 km gelten.

**) Ist der Arbeitnehmer nicht während des ganzen Kalenderjahres in der Grenzzone beschäftigt, gelten 20 % der Arbeitstage als unschädlich, höchstens jedoch 45 Arbeitstage im Kalenderjahr.

***) Das BMF-Schreiben ist als Anlage 10 zu H 39b.10 LStR im **Steuerhandbuch für das Lohnbüro 2010** abgedruckt, das im selben Verlag erschienen ist. Das **PC-Lexikon** für das Lohnbüro 2010 enthält auch dieses Handbuch und hat außerdem den Vorteil, dass Sie **alle BFH-Urteile** sowie alle aktuellen Rundschreiben und Niederschriften der Spitzenverbände der **Sozialversicherung** mit Mausklick **im Volltext** abrufen und ausdrucken können. Eine Bestellkarte finden Sie vorne im Lexikon.

Grenzgänger

Ausgangssachverhalt

Ein Grenzgänger hat seinen Wohnsitz in Straßburg (französisches Grenzgebiet). Sein gewöhnlicher Arbeitsort befindet sich in Kehl (deutsches Grenzgebiet).

Beispiel A

Der Arbeitnehmer verlässt seinen Wohnsitz am Montagmorgen und begibt sich an seinen gewöhnlichen Arbeitsort im Grenzgebiet. Er verlässt dann dienstlich das Grenzgebiet. Am Abend kehrt er an seinen Arbeitsort im Grenzgebiet und anschließend an seinen Wohnsitz zurück.

Der Grenzgänger verrichtet auch im Grenzgebiet dienstliche Tätigkeiten. Er ist damit nicht den ganzen Arbeitstag außerhalb des Grenzgebiets beschäftigt. Es ist kein Nichtrückkehrtag anzusetzen.

Beispiel B

Der Grenzgänger verlässt seinen Wohnsitz am Montagmorgen und begibt sich an seinen gewöhnlichen Arbeitsort im Grenzgebiet. Er verlässt dann dienstlich das Grenzgebiet. Am Abend kehrt er direkt an seinen Wohnsitz zurück.

Lösung wie in Beispiel A.

Beispiel C

Der Arbeitnehmer verlässt seinen Wohnsitz am Montagmorgen und begibt sich direkt an seinen Arbeitsort außerhalb des Grenzgebiets. Nach seinem Arbeitstag kehrt er am Abend direkt an seinen Wohnsitz zurück.

Der Arbeitnehmer ist den ganzen Arbeitstag außerhalb der Grenzzone beschäftigt. Es ist damit ein Nichtrückkehrtag zu berücksichtigen.

Beispiel D

Der Arbeitnehmer übt seine Tätigkeit nachts zwischen 20.00 Uhr und 4.00 Uhr morgens aus. Er verlässt seinen Wohnsitz am Montagabend, begibt sich an seinen gewöhnlichen Arbeitsort im Grenzgebiet und verlässt dann dienstlich das Grenzgebiet. Am Dienstagmorgen kehrt er an seinen Arbeitsort im Grenzgebiet und anschließend an seinen Wohnsitz zurück.

Da der Grenzgänger im Grenzgebiet dienstliche Tätigkeiten verrichtet, ist er keinen ganzen Arbeitstag außerhalb des Grenzgebiets beschäftigt. Es ist damit kein Nichtrückkehrtag anzusetzen. Unbeachtlich ist das Erstrecken der Arbeitszeit auf zwei Kalendertage.

Beispiel E

Der Arbeitnehmer übt seine Tätigkeit nachts zwischen 20.00 Uhr und 4.00 Uhr morgens aus. Er verlässt seinen Wohnsitz am Montagabend und begibt sich direkt an einen Arbeitsort außerhalb des Grenzgebiets. Am Dienstagmorgen kehrt er direkt an seinen Wohnsitz zurück.

Der Arbeitnehmer ist den ganzen Arbeitstag außerhalb der Grenzzone beschäftigt. Es ist damit ein Nichtrückkehrtag anzusetzen. Das Erstrecken der Arbeitszeit auf zwei Kalendertage führt zu keiner Erhöhung der zu zählenden Tage.

Beispiel F

Der Arbeitnehmer verlässt seinen Wohnsitz am Montagmorgen und begibt sich an seinen gewöhnlichen Arbeitsort im Grenzgebiet. Er verlässt dann dienstlich für mehrere Tage das Grenzgebiet. Am Donnerstagabend kehrt er an seinen Wohnsitz zurück.

Bei mehrtägiger Auswärtstätigkeit sind sämtliche Reisetage, sofern es sich bei diesen um Arbeitstage handelt, als Tage im Sinne der Nichtrückkehr zu zählen (hier: vier Tage). Unbeachtlich ist, dass der Arbeitnehmer vor Antritt seiner mehrtägigen Auswärtstätigkeit in der Grenzzone dienstliche Tätigkeiten verrichtet hat.

Beispiel G

Der Arbeitnehmer verlässt seinen Wohnsitz am Donnerstagmorgen, begibt sich an seinen gewöhnlichen Arbeitsort und verlässt dann dienstlich für mehrere Tage das Grenzgebiet. Am folgenden Dienstag kehrt er an seinen Wohnsitz zurück. Der Sonnabend und der Sonntag stellen gemäß Arbeitsvertrag keine Arbeitstage für den Arbeitnehmer dar. Jedoch muss der Arbeitnehmer während seiner Auswärtstätigkeit auf Anordnung seines Arbeitgebers an dem Sonnabend arbeiten.

Bei mehrtägiger Auswärtstätigkeit sind sämtliche Reisetage, sofern es sich bei diesen um Arbeitstage handelt, als Tage im Sinne einer Nichtrückkehr zu zählen. Da der Arbeitnehmer auch an dem Sonnabend arbeiten muss, wird auch dieser Tag als Nichtrückkehrtag gewertet. In diesem Fall sind damit fünf Tage anzusetzen.

Zur Anwendung der Grenzgängerregelung auf Berufskraftfahrer wurde mit **Österreich** folgende Verständigungsvereinbarung getroffen:

Verlässt ein als Grenzgänger tätiger **Berufskraftfahrer** in Ausübung seiner Berufstätigkeit im Zuge einer Tagestour (ein- oder mehrmals) die Grenzzone von 30 km, so ist eine Tätigkeit außerhalb der Grenzzone nur anzunehmen, wenn sich der Berufskraftfahrer während der Tagestour überwiegend (d. h. mehr als die Hälfte der täglichen Arbeitszeit) außerhalb der Grenzzone aufhält. Arbeitstage mit überwiegendem Aufenthalt außerhalb der Grenzzone sind in die „45-Tage-Frist", die für die Beibehaltung der Grenzgängereigenschaft maßgeblich ist, einzubeziehen. Arbeitstage mit überwiegendem Aufenthalt innerhalb der Grenzzone bleiben für die Anwendung der „45-Tage-Frist" außer Ansatz. Es bestehen keine Bedenken, die Verständigungsvereinbarung mit Berufskraftfahrern auch bei anderen Arbeitnehmern anzuwenden.

4. Freistellungsbescheinigung

In Deutschland wird vom Lohnsteuerabzug bei Grenzgängern aufgrund eines Doppelbesteuerungsabkommens nur dann abgesehen, wenn eine amtliche **Freistellungsbescheinigung** des Betriebsstättenfinanzamts vorliegt (Ausnahme: Schweiz; vgl. die Erläuterungen unter der nachfolgenden Nr. 5). Die Freistellungsbescheinigung kann auf amtlichen Vordruck beim Betriebsstättenfinanzamt durch den Arbeitnehmer oder in dessen Auftrag auch durch den Arbeitgeber beantragt werden.

5. Sonderregelung für die Schweiz

Seit 1994 ist die Besteuerung der Grenzgänger aus der Schweiz durch eine Änderung des Doppelbesteuerungsabkommens mit der Schweiz neu geregelt worden. Kernpunkte der Neuregelung sind:

– Wegfall der früher geltenden 30-km-Grenzzone.
– Einführung einer Abzugssteuer in Höhe von 4,5%.
– Aufhebung der Sonderregelung für leitende Angestellte.

Nach Wegfall der früher geltenden 30-km-Grenzzone stellt sich die Frage, wer als Grenzgänger aus der Schweiz anzusehen ist. Hierzu gilt Folgendes:

– Grenzgänger ist jede in der Schweiz wohnende Person, die in Deutschland ihren Arbeitsort hat und von dort regelmäßig an ihren Wohnsitz zurückkehrt **(unabhängig von der zurückgelegten Entfernung)**.
– Die Grenzgängereigenschaft hängt ausschließlich von der **regelmäßigen** Rückkehr an den Wohnsitz ab. Eine regelmäßige Rückkehr wird auch dann angenommen, wenn sich die Arbeitszeit über mehrere Tage erstreckt (z. B. Schichtarbeiter, Krankenhauspersonal mit Bereitschaftsdienst vgl. BFH-Urteil vom 16. 5. 2001, BStBl. II S. 633 und BFH-Urteile vom 27. 8. 2008, BStBl. 2009 II S. 94 und S. 97).
– Wenn der Grenzgänger **aus beruflichen Gründen** bis zu **60 Arbeitstagen** im Kalenderjahr nicht an seinen Wohnsitz zurückkehrt, bleibt die Grenzgängereigenschaft erhalten. Ein solcher „Nichtrückkehrtag" liegt z. B. vor, wenn ein Arbeitnehmer (geringfügig) über die Tagesgrenze hinaus seiner Tätigkeit nachgeht und erst nach Mitternacht seine Arbeitsstätte verlässt (BFH-Urteil vom 20.10.2004, BFH/NV 2005 S. 840). Privat veranlasste Übernachtungen in Deutschland werden bei der Berechnung nicht mitgezählt.
– Als Arbeitstage werden die im Arbeitsvertrag vereinbarten Tage angesehen. Beginnt oder endet die Beschäftigung im Inland im Laufe des Kalenderjahres oder liegt eine Teilzeitbeschäftigung an bestimmten Tagen vor, sind die 60 Tage entsprechend zu kürzen.

Beispiel

Ein in der Schweiz wohnender Arbeitnehmer ist 40 Mal im Jahr für jeweils drei Tage ununterbrochen bei seinem deutschen Arbeitgeber tätig.

Der Arbeitnehmer kann zwar tatsächlich an insgesamt 80 Tagen (40 Mal × 2) nicht in seine Wohnung in der Schweiz zurückkehren. Dennoch kann er nicht 80 „Nichtrückkehrtage" aufweisen, da es insoweit darauf ankommt, an wie vielen Tagen nach dem Ende der jeweiligen dreitägigen Dienstzeit eine Heimfahrt in die Schweiz nicht möglich war. Die Grenzgängereigenschaft bleibt daher erhalten (BFH-Urteile vom 27.8.2008, BStBl. 2009 II S. 94 und S. 97).

Grenzgänger

Ein deutscher Arbeitgeber muss seit 1994 eine **Abzugssteuer in Höhe von 4,5 %** des Bruttoarbeitslohns einbehalten. Eine Freistellung vom Lohnsteuerabzug durch den deutschen Arbeitgeber ist damit bei schweizerischen Grenzgängern nicht möglich. Im Einzelnen gilt Folgendes*):

Schweizerische Arbeitnehmer, die die Grenzgängereigenschaft erfüllen, sind **beschränkt einkommensteuerpflichtig**. Der Lohnsteuerabzug ist in diesen Fällen jedoch abweichend von den bei anderen beschränkt einkommensteuerpflichtigen Arbeitnehmern geltenden gesetzlichen Bestimmungen durchzuführen. Die schweizerischen Grenzgänger erhalten keine besondere Bescheinigung für den **Lohnsteuerabzug** durch den Arbeitgeber, in die die maßgebende Steuerklasse eingetragen ist. Der Arbeitgeber muss vielmehr **pauschal 4,5 %** vom Bruttolohn des Arbeitnehmers einbehalten, wenn der Arbeitnehmer seine Eigenschaft als Schweizer Grenzgänger durch eine amtliche Bescheinigung der Schweizer Finanzbehörde nachweist. **Persönliche Abzüge**, wie Werbungskosten, Sonderausgaben und Unterhaltsleistungen an Kinder werden **nicht berücksichtigt**. Die Regelung, dass in diesen Fällen die Lohnsteuer höchstens 4,5 % des steuerpflichtigen Arbeitslohnes des jeweiligen Lohnzahlungszeitraumes beträgt, gilt auch bei der Pauschalierung der Lohnsteuer für Aushilfskräfte und Teilzeitbeschäftigte. Bei Beendigung des Dienstverhältnisses oder nach Ablauf des Kalenderjahres hat der Arbeitgeber dem schweizerischen Grenzgänger eine besondere **Lohnsteuerbescheinigung** nach amtlichem Muster auszustellen.

Die vorstehenden Regelungen gelten entsprechend, wenn deutsche Arbeitnehmer, die die Grenzgängereigenschaft erfüllen, bei einem Schweizer Arbeitgeber beschäftigt sind. Der Umrechnungskurs für den Schweizer Franken – wegen der erforderlichen Umrechnung des Bruttoarbeitslohns und der Abzugsteuer von Schweizer Franken in Euro – wird auf der Basis der durchschnittlichen monatlichen Umsatzsteuerumrechnungskurse ermittelt (§ 16 Abs. 6 UStG).

6. Sonderregelung für belgische „Grenzgänger"

Durch ein Zusatzabkommen zum Doppelbesteuerungsabkommen mit Belgien ist die früher geltende belgische Grenzgängerregelung ab 1.1.2004 aufgehoben worden. Der Arbeitslohn wird hiernach – wie bei anderen beschränkt steuerpflichtigen Arbeitnehmern auch – im Tätigkeitsstaat versteuert, das heißt, alle in Belgien wohnenden Arbeitnehmer, die in Deutschland arbeiten und die bisher im Wohnsitzstaat Belgien besteuert wurden, unterliegen ab 1.1.2004 im Tätigkeitsstaat Deutschland der **beschränkten Steuerpflicht** (vgl. das Stichwort „Beschränkt steuerpflichtige Arbeitnehmer"). Hierzu gibt es allerdings eine Besonderheit, denn trotz der in Belgien im Grundsatz eingetretenen Steuerfreiheit erheben die belgischen Kommunen eine Zusatzsteuer auf der Grundlage einer (fiktiven) Steuer, die in Belgien zu zahlen wäre, wenn die betreffenden Einkünfte aus Belgien stammen würden. Zum Ausgleich hierfür wird in **Deutschland eine 8 %ige Steuerentlastung** gewährt. Dies gilt auch beim Lohnsteuerabzug, das heißt, die vom deutschen Arbeitgeber an sich einzubehaltende **Lohnsteuer wird um 8 % gemindert**. Ob ein solcher Fall vorliegt, ergibt sich aus der von jedem beschränkt steuerpflichtigen Arbeitnehmer vorzulegenden Lohnsteuerabzugsbescheinigung**). Denn diese Bescheinigung enthält für die betreffenden Fälle seit 1.1.2004 folgenden Zusatz:

„Die einzubehaltende Lohnsteuer ist nach Punkt 11 Nummer 2 des Schlussprotokolls zum Abkommen zur Vermeidung der Doppelbesteuerung zwischen der Bundesrepublik Deutschland und dem Königreich Belgien um 8 % zu mindern. Bei der Ermittlung der Bemessungsgrundlage für den Solidaritätszuschlag ist die 8 %ige Minderung ebenfalls zu berücksichtigen."

Die Minderung der deutschen Lohnsteuer ist aber nicht vorzunehmen bei Einkünften eines in Belgien wohnenden Geschäftsführers einer deutschen Kapitalgesellschaft, da diese Einkünfte unter Artikel 16 DBA – Belgien fallen und nicht der belgischen Gemeindesteuer unterworfen werden.

7. Nachbarländer ohne Grenzgängerregelung

Die Doppelbesteuerungsabkommen mit den Ländern Dänemark, Luxemburg, Niederlande, Polen und Tschechien enthalten keine Grenzgänger-Regelung. Die Besteuerung der Grenzgänger richtet sich deshalb nach den allgemein geltenden Grundsätzen, wonach der **Tätigkeitsstaat** das Besteuerungsrecht hat. Die Arbeitnehmer aus den genannten Staaten sind im Regelfall mit ihrem in Deutschland bezogenen Arbeitslohn beschränkt steuerpflichtig, da sie im Inland weder einen Wohnsitz noch einen gewöhnlichen Aufenthalt begründen. Die Besteuerung des Arbeitslohns richtet sich deshalb nach den beim Stichwort „Beschränkt steuerpflichtige Arbeitnehmer" dargestellten Grundsätzen.

8. Kirchensteuer

Im Ausland ansässige **Grenzgänger unterliegen nicht der Kirchensteuer**. Arbeitgeber in der Bundesrepublik Deutschland brauchen deshalb auch dann keine Kirchensteuer einzubehalten, wenn der Arbeitslohn des Grenzgängers lohnsteuerpflichtig sein sollte (z. B. bei Grenzgängern aus der Schweiz).

9. Vermögensbildung

Im Ausland ansässige Grenzgänger erhalten für vermögenswirksame Leistungen ihres inländischen Arbeitgebers eine Sparzulage unabhängig davon, ob ihr Arbeitslohn nach einem Doppelbesteuerungsabkommen steuerfrei oder steuerpflichtig ist.

Grenzgänger mit Wohnsitz im Inland, die bei einem ausländischen Arbeitgeber beschäftigt sind, erhalten für vermögenswirksam angelegte Teile ihres Arbeitslohns ebenfalls eine Sparzulage (§ 1 Abs. 4 Nr. 1 VermBG).

10. Sozialversicherung

In der Sozialversicherung werden Grenzgänger im Regelfall wie andere Arbeitnehmer behandelt, das heißt ihre Versicherungspflicht richtet sich nach am Beschäftigungsort maßgebenden Rechtsvorschriften (Territorialprinzip). Für Grenzgänger in den EU-Staaten gelten die Vorschriften der VO Nr. 36/63 über die soziale Sicherheit der Grenzgänger vom 2.4.1963 (BGBl. II S. 893) sowie Art. 20 VO 1408/71 und Art. 19 VO 574/72. Mit den anderen in Betracht kommenden Grenzländern der Bundesrepublik Deutschland bestehen zwischenstaatliche Abkommen mit den gleichen Grundsätzen wie nach den EG-Verordnungen.

Grenzgänger können ihre gesetzlichen Sozialversicherungsbeiträge in Deutschland auch dann nur bis zu den

---

*) Die Regelungen für Grenzgänger im Sinne von Art. 15 a des DBA-Schweiz in der Fassung des Protokolls vom 21.12.1992, BStBl. I 1993 S. 928, ergeben sich aus Art. 3 des Zustimmungsgesetzes vom 30.9.1993, BStBl. I 1993 S. 927, unter Berücksichtigung des Verhandlungsprotokolls zum Änderungsprotokoll vom 18.12.1991, BStBl. I 1991 S. 929, sowie aus dem BMF-Schreiben vom 19.9.1994, BStBl. I 1994 S. 683, zur Neuregelung der ab 1994 geltenden Grenzgängerbesteuerung, ergänzt durch BMF-Schreiben vom 7.7.1997, BStBl. I 1997 S. 723.

) Die ab 1.1.2010 geltende Lohnsteuerabzugsbescheinigung ist als Anlage 4 zu H 39d LStR im **Steuerhandbuch für das Lohnbüro 2010 abgedruckt, das im selben Verlag erschienen ist. Das **PC-Lexikon** für das Lohnbüro 2010 enthält auch dieses Handbuch und hat außerdem den Vorteil, dass Sie **alle BFH-Urteile** sowie die aktuellen Rundschreiben und Niederschriften der Spitzenverbände der **Sozialversicherung** mit Mausklick **im Volltext** abrufen und ausdrucken können. Eine Bestellkarte finden Sie vorne im Lexikon.

gesetzlich vorgesehenen Höchstbeträgen als Sonderausgaben geltend machen, wenn sie später im Heimatland (z. B. Frankreich) ihre Alterseinkünfte voll versteuern müssen. Die Beschränkung des Sonderausgabenabzugs bei Grenzgängern verstößt nicht gegen Europarecht (BFH-Urteil vom 24.6.2009 X R 57/06).

11. Kindergeld

Wohnen Eltern mit ihren Kindern in Deutschland, arbeiten aber beide in der Schweiz, stehen ihnen Leistungen für ihre Kinder nur nach dem in der Schweiz geltenden Recht zu. Ein Anspruch auf die Differenz zwischen dem in der Schweiz gezahlten und dem höheren (deutschen) Kindergeld besteht nicht (BFH-Urteil vom 24. 3. 2006, BStBl. 2008 II S. 369). Ein solches „Differenzkindergeld" ist nur zu gewähren, wenn einem Elternteil (dem Grenzgänger) Familienleistungen nach dem Recht des Beschäftigungslandes zustehen, während der andere Elternteil für dasselbe Kind in dem Wohnland der Familie Kindergeld beanspruchen kann. Der oder die Grenzgänger selbst haben aber im Wohnland keinen Anspruch auf Differenzkindergeld.

Grenzpendler

Der Begriff „Grenzpendler" findet sich in den amtlichen Vordrucken der Finanzverwaltung, und zwar im Vordruck **„Anlage Grenzpendler EU/EWR"** und **„Anlage Grenzpendler außerhalb EU/EWR"**. Beide Vordrucke werden als Anlage zum „Antrag auf Lohnsteuer-Ermäßigung 2010" verwendet, mit dem die Eintragung eines Freibetrags auf der Lohnsteuerabzugsbescheinigung 2010 beantragt werden kann (vgl. hierzu die ausführlichen Erläuterungen beim Stichwort „Beschränkt steuerpflichtige Arbeitnehmer" unter Nr. 5 auf Seite 155). Der in den oben genannten Vordrucken verwendete Begriff „Grenzpendler" wird für **beschränkt** steuerpflichtige Arbeitnehmer verwendet, und zwar unabhängig davon, ob sie beschränkt steuerpflichtig sind, weil sie sich weniger als sechs Monate in Deutschland aufhalten oder ob sie (ggf. über Jahre hinweg) in Deutschland arbeiten und **täglich** an ihren ausländischen Wohnort zurückkehren. Durch die tägliche Rückkehr wird in Deutschland kein gewöhnlicher Aufenthalt begründet, sodass dieser Personenkreis mit dem in Deutschland erzielten Arbeitslohn (nur) beschränkt steuerpflichtig ist.

Der Unterschied zwischen einem Grenzpendler und einem Grenzgänger besteht darin, dass ein „Grenzgänger" ein Arbeitnehmer ist, der unter die sog. **Grenzgängerregelung** fällt, die einige mit Deutschland abgeschlossene Doppelbesteuerungsabkommen enthalten (vgl. das Stichwort „Grenzgänger"). Fällt ein ausländischer Arbeitnehmer, der **täglich** an seinen ausländischen Wohnort zurückkehrt, nicht unter die Grenzgängerregelung (weil das geltende Doppelbesteuerungsabkommen keine Grenzgängerregelung enthält), so handelt es sich um einen **beschränkt steuerpflichtigen Grenzpendler**. Diese Form der beschränkten Steuerpflicht kann – im Gegensatz zu einem vorübergehend bis zu 6 Monaten in Deutschland tätigen Gastarbeiter – oft mehrere Jahre oder gar Jahrzehnte dauern (vgl. „Beschränkt steuerpflichtige Arbeitnehmer").

Grenzsteuersatz

siehe „Tarifaufbau"

Grubenwehren

Die Mitglieder der Grubenwehren im Bergbau erhalten für Übungen und für den Gefahreneinsatz besondere Vergütungen. Diese Vergütungen sind steuer- und beitragspflichtig. | ja | ja

Die Vergütungen wurden früher mit einem Pauschsteuersatz zur Lohnsteuer herangezogen. Seit 1. 1. 1982 ist die Versteuerung der Vergütungen der Grubenwehren für Übungs- und Rettungsschichten nach den allgemeinen Grundsätzen durchzuführen. Neben den Sondervergütungen etwa gezahlte tarifliche Zuschläge für Sonntags-, Feiertags- und Nachtarbeit sind beim Vorliegen der Voraussetzungen des § 3b EStG steuerfrei. Zur Steuer- und Sozialversicherungsfreiheit im Einzelnen vgl. das Stichwort „Zuschläge für Sonntags-, Feiertags- und Nachtarbeit".

Grundfreibetrag

siehe „Tarifaufbau"

Grundstücke

Gliederung:

1. Allgemeines
2. Optionsrecht
3. Rückkaufsrecht
4. Vorkaufsrecht
5. Erbbaurecht
6. Wohnrecht
7. Besteuerung

1. Allgemeines

Überlässt ein Arbeitgeber einem Arbeitnehmer kostenlos oder verbilligt ein Grundstück (unbebautes Grundstück, Einfamilienhaus, Eigentumswohnung usw.), so ergibt sich für den Arbeitnehmer ein steuerpflichtiger geldwerter Vorteil. Zur Bewertung eines solchen Vorteils ist von dem üblichen Endpreis am Abgabeort auszugehen (§ 8 Abs. 2 EStG), was jeweils im Ergebnis dem Betrag entspricht, der für Grundstücke gleicher Lage und Art am Ort gezahlt wird (Verkehrswert). | ja | ja

Ein weiterer geldwerter Vorteil kann dem Arbeitnehmer durch die Übernahme von Grunderwerbsteuer, Gebühren, Notariatskosten usw. durch den Arbeitgeber eingeräumt werden. | ja | ja

Handelt es sich bei einem Grundstück um eine Ware im Sinne des § 8 Abs. 3 EStG, die der Arbeitgeber nicht überwiegend für den Bedarf seiner Arbeitnehmer vertreibt (z. B. eine Wohnungsbaugesellschaft, Bauunternehmen usw.), so ist der Sachbezug nach § 8 Abs. 3 EStG zu bewerten, das heißt, der Rabattfreibetrag von 1080 € und ein Preisabschlag von 4 % sind bei der Ermittlung des steuerpflichtigen geldwerten Vorteils abzuziehen (vgl. das Stichwort „Rabatte, Rabattfreibetrag").

2. Optionsrecht

Räumt ein Arbeitgeber einem Arbeitnehmer ein – ggf. befristetes – Ankaufsrecht (Optionsrecht) an einem Grundstück zu einem festen Kaufpreis oder zu von der Marktsituation unabhängigen Bedingungen (z. B. Buchwert) ein, so ist ein etwa daraus ergebender Unterschiedsbetrag zum Verkehrswert als Ausfluss des Dienstverhältnisses anzusehen. Solange der Arbeitnehmer das Optionsrecht jedoch nicht ausübt, ist kein Arbeitslohn gegeben. Für die Frage eines geldwerten Vorteils bei einem ausgeübten Optionsrecht des Arbeitnehmers ist daher nicht der Wert des Grundstücks bei der Einräumung, sondern sein Wert bei der Ausübung des Optionsrechts maßgebend.

3. Rückkaufsrecht

Wird ein Wiederkaufsrecht (Rückkaufsrecht) derart vereinbart, dass der das Grundstück veräußernde Arbeitgeber das Grundstück innerhalb einer bestimmten Frist zum

Grundstücke

Veräußerungspreis wiederkaufen kann, wenn der erwerbende Arbeitnehmer gewisse Bedingungen nicht erfüllt, so bleibt diese Vereinbarung nach geltendem Recht solange ohne Wirkung, als der Veräußerer das Recht nicht ausübt. Es ist deshalb nicht gerechtfertigt, deswegen etwa den Verkehrswert niedriger anzusetzen.

Wenn der Arbeitgeber sein Wiederkaufsrecht (Rückkaufsrecht) ausübt und der Arbeitnehmer vom Arbeitgeber für das noch voll werthaltige Grundstück nur den von ihm tatsächlich bezahlten Betrag, nicht aber auch den Wert des von ihm versteuerten Preisnachlasses zurückerhält, ist dieses steuerlich ebenso zu behandeln wie die Rückzahlung von Arbeitslohn. In Höhe des als Arbeitslohn besteuerten geldwerten Vorteils (Differenz zwischen dem Erwerbspreis und dem Verkehrswert) entstehen im Kalenderjahr der Rückübereignung des Grundstücks beim Arbeitnehmer so genannte negative Einnahmen. Diese können wie Werbungskosten vom steuerpflichtigen Arbeitslohn abgezogen werden, allerdings ohne Anrechnung auf den Arbeitnehmer-Pauschbetrag. Wirken sich die negativen Einnahmen hierbei nicht oder nicht in vollem Umfang aus, so ist ein Verlustabzug nach § 10d EStG vorzunehmen (vgl. das Stichwort „Rückzahlung von Arbeitslohn").

4. Vorkaufsrecht

Bei der Ausübung eines Vorkaufsrechts erwirbt der Arbeitnehmer hinsichtlich der Verkaufsbedingung keine Vorteile gegenüber einem Dritten. Die Einräumung eines Vorkaufsrechts ist lohnsteuerlich ohne Bedeutung.

5. Erbbaurecht

Wird ein Grundstück an den Arbeitnehmer veräußert, das mit einem Erbbaurecht belastet ist, so ist der Verkehrswert dieses Grundstücks unter Berücksichtigung der vertraglichen Vereinbarungen sowie sonstiger den Wert beeinflussender Umstände zu ermitteln. Dabei kann das Erbbaurecht auch dann zu einer Wertminderung des Grundstücks führen, wenn es zugunsten des erwerbenden Arbeitnehmers bestellt ist.

6. Wohnrecht

Überlässt der Arbeitgeber dem Arbeitnehmer lebenslänglich die unentgeltliche Nutzung eines Einfamilienhauses im Hinblick auf das zwischen ihnen bestehende Dienstverhältnis, so fließt dem Arbeitnehmer auf Grund dieses obligatorischen Wohnrechts monatlich ein geldwerter Vorteil in Höhe der ersparten ortsüblichen Miete zu (vgl. das Stichwort „Wohnungsüberlassung"). Vereinbaren Arbeitgeber und Arbeitnehmer die Übertragung des betroffenen Grundstücks an den Arbeitnehmer zu einem wegen des Wohnrechts geminderten Kaufpreis, so fließt hiermit der zu diesem Zeitpunkt bestehende Kapitalwert des obligatorischen Wohnrechts dem Arbeitnehmer als geldwerter Vorteil zu.

Erfolgt eine solche Vereinbarung im Zusammenhang mit einer vom Arbeitgeber ausgesprochenen Kündigung des Dienstverhältnisses, so kann eine steuerbegünstigte Abfindung vorliegen (vgl. das Stichwort „Abfindung wegen Entlassung aus dem Dienstverhältnis").

7. Besteuerung

Die Berechnung der Lohnsteuer für den geldwerten Vorteil erfolgt nach dem beim Stichwort „Sonstige Bezüge" dargestellten Verfahren. Die Berechnung der Sozialversicherungsbeiträge ist beim Stichwort „Einmalige Zuwendungen" dargestellt.

Dabei ist zu beachten, dass es sich um eine Vergütung für eine mehrjährige Tätigkeit handeln kann, auf die die sog. Fünftelregelung anzuwenden ist (vgl. das Stichwort „Arbeitslohn für mehrere Jahre").

Haftung des Arbeitgebers

	Lohnsteuerpflichtig	Sozialversich.-pflichtig

Gründungszuschuss

Arbeitnehmer, die eine selbständige Tätigkeit aufnehmen und dadurch die Arbeitslosigkeit beenden, haben zur Sicherung des Lebensunterhalts und zur sozialen Sicherung in der Zeit nach der Existenzgründung Anspruch auf einen Gründungszuschuss, den die Bundesagentur für Arbeit zahlt (§ 57 SGB III). Der Gründungszuschuss fasst die bisherigen Einzelmaßnahmen, das Überbrückungsgeld und den Existenzgründungszuschuss (Ich-AG), zusammen.

Der Gründungszuschuss nach § 57 SGB III ist steuerfrei und unterliegt **nicht** dem Progressionsvorbehalt (vgl. das Stichwort „Progressionsvorbehalt"). — nein / nein

Gruppenunfallversicherung

siehe „Unfallversicherung"

Gutscheine

siehe „Warengutscheine"

Gutschrift von Arbeitslohn

Wird Arbeitslohn am Fälligkeitstag nicht ausgezahlt, sondern dem Arbeitnehmer in irgendeiner Form gutgebracht, so hängt die Lohnsteuerpflicht davon ab, ob in der Gutschrift des Arbeitslohns bereits ein Zufluss an den Arbeitnehmer zu erblicken ist. Für die Beurteilung dieser Frage gelten folgende Grundsätze:

– Bleibt der Arbeitslohn im Interesse des Arbeitnehmers mit seiner ausdrücklichen Zustimmung im Betrieb stehen, z. B. weil er ihn dem Arbeitgeber als Darlehen zur Verfügung stellt, so ist zugeflossener Arbeitslohn anzunehmen (der Arbeitnehmer hat über den Arbeitslohn durch die Überlassung als Darlehen verfügt) — ja / ja

– Gewinnbeteiligungen, die dem Arbeitnehmer zwar gutgeschrieben werden, aber als Erfolgsbeteiligung im Betrieb verbleiben, sind nicht im Zeitpunkt der Gutschrift, sondern erst bei der tatsächlichen Auszahlung (als einmalige Zuwendung) bei der Beitragsberechnung zu berücksichtigen (Urteil des Bundessozialgerichts vom 1.12.1977). Lohnsteuerlich ist der Arbeitslohn erst dann zugeflossen, wenn der Arbeitnehmer über die gutgeschriebenen Beträge wirtschaftlich verfügen kann (BFH-Urteil vom 14.5.1982 BStBl. I S. 469).

– Wird der Arbeitslohn zwar nicht ausdrücklich festgelegt, jedoch in der Weise im Betrieb belassen, dass der Arbeitnehmer jederzeit darüber verfügen (ihn z. B. abheben oder überweisen lassen kann) kann, so ist ebenfalls zugeflossener Arbeitslohn anzunehmen. — ja / ja

– Wird der Arbeitslohn deshalb nicht ausgezahlt, weil sich der Arbeitgeber in Zahlungsschwierigkeiten befindet oder weil er ihn aus sonstigen Gründen (z. B. wegen Schadenersatzforderungen) gegen den Willen des Arbeitnehmers zurückbehalten will, so ist der Arbeitslohn lohnsteuerlich gesehen noch nicht zugeflossen; bei der Sozialversicherung gilt das Anspruchsprinzip, das heißt, dass Beitragspflicht eintritt, sobald der Anspruch auf das Arbeitsentgelt entstanden ist. — nein / ja

Siehe auch das Stichwort „Zufluss von Arbeitslohn".

Haftung des Arbeitgebers

Neues auf einen Blick:

Der BFH hat mit Urteil vom 6.3.2008 (BStBl. II S. 597) entschieden, dass es für den Beginn der die Lohnsteuer betreffenden Festsetzungsfrist auf die Lohnsteuer-Anmeldung und nicht auf die Einkommensteuererklärung der betroffenen Arbeitnehmer ankommt. Die Finanzverwal-

Haftung des Arbeitgebers

tung schließt nunmehr folgerichtig daraus, dass ein Haftungsbescheid wegen Lohnsteuer auch dann noch ergehen kann, wenn beim Arbeitnehmer hinsichtlich der Einkommensteuer bereits Festsetzungsverjährung eingetreten ist. Zu weiteren Einzelheiten wird auf die Erläuterungen unter Nr. 4 Buchstabe c und das Stichwort „Verjährung" hingewiesen.

Gliederung:

1. Allgemeines
2. Arbeitgeberbegriff
3. Umfang der Arbeitgeberhaftung
   a) Einbehaltung und Abführung der Lohnsteuer
   b) Lohnsteuer-Jahresausgleich
   c) Fehler im Lohnkonto/in der Lohnsteuerbescheinigung
4. Grenzen der Arbeitgeberhaftung
   a) Maßgeblichkeit der Lohnsteuerkarte
   b) Anwendung der Lohnsteuertabelle
   c) Verjährung
   d) Anzeige des Arbeitgebers
5. Ermessensprüfung des Finanzamts
6. Einschränkung der Arbeitgeberhaftung durch den Grundsatz von Treu und Glauben (Entschließungsermessen)
7. Inanspruchnahme des Arbeitgebers oder des Arbeitnehmers (Auswahlermessen)
   a) Allgemeines
   b) Inanspruchnahme des Arbeitnehmers als Steuerschuldner
   c) Unzulässige Inanspruchnahme des Arbeitgebers
   d) Ermessensfehlerfreie Inanspruchnahme des Arbeitgebers
8. Rückgriff auf den Arbeitnehmer
9. Nettolohnvereinbarungen, Schwarzgeldzahlungen und missglückte Pauschalierung
   a) Nettolohnvereinbarungen
   b) Schwarzgeldzahlungen
   c) Missglückte Pauschalierung bei Aushilfskräften und Teilzeitbeschäftigten
10. Einwendungen gegen eine Lohnsteuernachforderung aus sachlichen Gründen
11. Berechnung der Steuernachforderung
    a) Allgemeines
    b) Brutto-Einzelberechnung
    c) Netto-Einzelberechnung
    d) Pauschsteuersatz auf Antrag des Arbeitgebers
    e) Schätzung der Lohnsteuer bei fehlendem Pauschalierungsantrag
12. Verfahren bei der Lohnsteuernachholung
    a) Haftungsbescheid
    b) Nachforderungsbescheid
    c) Zahlungsfrist, Kleinbetragsgrenze
    d) Änderungssperre
13. Sozialversicherung
    a) Arbeitgeber als Schuldner (Rückgriffsrecht)
    b) Beitragsnacherhebung nach Prüfung des Arbeitgebers
    c) Nacherhebungen bei mangelhaften Aufzeichnungen
    d) Haftung bei Arbeitnehmerüberlassung
    e) Haftung des Reeders
    f) Generalunternehmerhaftung im Baugewerbe
    g) Umfang der Haftung
14. Haftung bei Übernahme lohnsteuerlicher Pflichten durch Dritte
15. Haftung anderer Personen für Lohnsteuer

1. Allgemeines

Der **Arbeitnehmer** ist zwar beim Lohnsteuerabzug Steuerschuldner; der **Arbeitgeber** haftet aber nach § 42d EStG für die richtige Einbehaltung und Abführung der Lohnsteuer. Der Zweck der Arbeitgeberhaftung besteht darin, den Steueranspruch des Staates durch Abzug an der Quelle in einem möglichst einfachen Verfahren sicherzustellen. Die Arbeitgeberhaftung ist jedoch nicht das einzige Mittel, den Lohnsteuerabzug durchzusetzen. Meldet ein Arbeitgeber keine Lohnsteuer an, kann das Finanzamt die Abgabe der Lohnsteuer-Anmeldung mit Zwangsmitteln durchsetzen oder die Lohnsteuer im Schätzungswege festsetzen. Die Möglichkeit gegen den Arbeitgeber einen Haftungsbescheid zu erlassen, bleibt davon unberührt (BFH-Urteil vom 7. 7. 2004, BStBl. II S. 1087). Darüber hinaus drohen dem Arbeitgeber bußgeld- und strafrechtliche Sanktionen.

Ein wesentliches Merkmal der lohnsteuerlichen Arbeitgeberhaftung liegt darin, dass die Haftung nicht von einem **Verschulden des Arbeitgebers** abhängt. Das Finanzamt muss dem Arbeitgeber also kein Verschulden nachweisen, es genügt allein die (objektive) Feststellung, dass Lohnsteuer unrichtig einbehalten wurde. Mit oder ohne Verschulden des Arbeitgebers an der unzutreffenden Einbehaltung der Lohnsteuer greift die Arbeitgeberhaftung jedoch nicht automatisch, sondern erst nach der Ermessensentscheidung des Finanzamts, den Arbeitgeber in Anspruch zu nehmen.

Weiterhin ist die Haftung des Arbeitgebers **nicht subsidiär.** Die Haftung des Arbeitgebers setzt also nicht voraus, dass das Finanzamt zunächst ohne Erfolg versucht haben muss, den Steueranspruch beim Arbeitnehmer durchzusetzen. Sie greift auch dann, wenn das Finanzamt auf den Erlass eines Steuerbescheids gegenüber dem Arbeitnehmer ganz verzichtet.

Soweit die Haftung des Arbeitgebers reicht, sind der Arbeitgeber und der Arbeitnehmer **Gesamtschuldner,** dass heißt, beide schulden in vollem Umfang denselben Anspruch nebeneinander. Durch die Zahlung eines Gesamtschuldners erlischt in gleichem Maße die Steuer-/Haftungsschuld des anderen.

Die Verwirklichung des grundsätzlich bestehenden Haftungsanspruches kann jedoch eingeschränkt sein dadurch, dass

– das Finanzamt eine **verbindliche Zusage** oder eine **Anrufungsauskunft** erteilt hat (vgl. „Auskunft");
– der zugrunde liegende Steueranspruch bereits **verjährt** ist (vgl. „Verjährung");
– die Grundsätze von **Treu und Glauben** einer Haftungsinanspruchnahme entgegenstehen (sog. **Entschließungsermessen,** vgl. Nr. 6);
– bei der Auswahl zwischen der Inanspruchnahme des Arbeitgebers als Haftender und des Arbeitnehmers als Steuerschuldner bestimmte Grundsätze zu beachten sind (sog. **Auswahlermessen,** vgl. Nr. 7).

Eine Pauschalierung der Lohnsteuer nach den §§ 40, 40a oder 40b EStG schließt eine Haftung des Arbeitgebers aus, soweit der Arbeitgeber den Pauschalierungsantrag oder seine Zustimmung zur Pauschalierung nicht mehr widerrufen oder anfechten kann. In den Fällen der Lohnsteuerpauschalierung ist der **Arbeitgeber** selbst **Schuldner** der Lohnsteuer. Er wird bei fehlerhafter Lohnsteuerpauschalierung mithin auch durch einen Steuerbescheid (Nachforderungsbescheid) in Anspruch genommen. In allen anderen Fällen der Lohnsteuernacherhebung (insbesondere nach einer Lohnsteuer-Außenprüfung) kann gegen den Arbeitgeber nur ein Haftungsbescheid ergehen.

Eine Haftung des Arbeitgebers scheidet auch bei der Pauschalierung der Einkommensteuer von Sachzuwendungen an Arbeitnehmer nach der Vorschrift des § 37b

Haftung des Arbeitgebers

EStG aus. Die pauschale Einkommensteuer gilt als pauschale Lohnsteuer, auf die die Vorschrift des § 40 Abs. 3 EStG sinngemäß anzuwenden ist (§ 37b Abs. 3 und 4 EStG). Der Arbeitgeber ist daher Schuldner der pauschalen Einkommensteuer und kann bei einer Nacherhebung vom Finanzamt nur durch Steuerbescheid und nicht durch Haftungsbescheid in Anspruch genommen werden.

2. Arbeitgeberbegriff

Es können nur solche Arbeitgeber als Haftende in Anspruch genommen werden, die auch rechtlich zur Einbehaltung und Abführung der Lohnsteuer verpflichtet sind. Dies sind nur der **inländische Arbeitgeber** (vgl. die Erläuterungen in Teil A unter Nr. 2 auf Seite 5) und der **ausländische Verleiher** (zur Haftung bei Leiharbeitsverhältnissen vgl. das Stichwort „Arbeitnehmerüberlassung"). Inländischer Arbeitgeber ist auch ein im Ausland ansässiger Arbeitgeber, der im Inland eine Betriebsstätte oder einen ständigen Vertreter hat (BFH-Urteil vom 5.10.1977, BStBl. 1978 II S. 205).

Bei verbundenen Gesellschaften ist nicht jede Gesellschaft Arbeitgeber des für verschiedene Gesellschaften handelnden Arbeitnehmers, sondern nur diejenige von der er angestellt ist und entlohnt wird und die ihn mit der Tätigkeit für die andere Gesellschaft betraut hat. Eine Gesellschaft (GmbH & Co KG) haftet deshalb nicht für die Lohnsteuer des bei einer verbundenen Gesellschaft (Komplementär-GmbH) angestellten Geschäftsführers (Urteil des Finanzgerichts Hamburg vom 19.11.2004, EFG 2005 S. 1268).

In den Fällen der **Arbeitnehmerentsendung** ist auch das in Deutschland ansässige aufnehmende Unternehmen zum Lohnsteuerabzug verpflichtet, das den Arbeitslohn für die ihm geleistete Arbeit wirtschaftlich trägt (§ 38 Abs. 1 Satz 2 EStG). Voraussetzung hierfür ist nicht, dass das Unternehmen dem Arbeitnehmer den Arbeitslohn im eigenen Namen und für eigene Rechnung auszahlt (vgl. das Stichwort „Arbeitnehmerüberlassung" unter Nr. 12 Buchstabe d). Bei Arbeitgebern des öffentlichen Rechts ist die **öffentliche Kasse,** die den Arbeitslohn zahlt, im Fall der Haftung in Anspruch zu nehmen.

Ein Dritter, der einem Arbeitnehmer Arbeitslohn zahlt, ist grundsätzlich kein Arbeitgeber, weil zwischen ihm und dem Arbeitnehmer kein Dienstverhältnis begründet wird. Demgegenüber haftet der Arbeitgeber nicht nur für den von ihm gezahlten Arbeitslohn, sondern auch dann, wenn der Arbeitslohn ganz oder teilweise nicht durch den Arbeitgeber selbst, sondern durch Dritte gezahlt wird (vgl. das Stichwort „Lohnzahlung durch Dritte"). Freiwillige **Trinkgeldzahlungen** durch Dritte unterliegen nicht dem Lohnsteuerabzug; sie sind nach § 3 Nr. 51 EStG ohne betragsmäßige Begrenzung steuerfrei (vgl. das Stichwort „Trinkgelder"). Trinkgelder, auf die ein **Rechtsanspruch** besteht (z. B. die Bedienungsgelder im Hotel- und Gaststättengewerbe oder die tariflichen Metergelder im Möbeltransportgewerbe) sind weiterhin in voller Höhe steuer- und beitragspflichtig. Der Lohnsteuer unterliegen auch freiwillige Sonderzahlungen eines Konzerns an Arbeitnehmer eines konzernverbundenen Unternehmens (§ 38 Abs. 1 Satz 3 EStG). Solche Zahlungen sind nicht nach § 3 Nr. 51 EStG steuerfrei (BFH-Urteil vom 3.5.2007, BStBl. II S. 712). Das bedeutet, dass in den vorgenannten Fällen auch weiter die Haftung des Arbeitgebers greift, wenn der Arbeitgeber die Lohnsteuer von diesen Zahlungen nicht vorschriftsmäßig einbehält.

Bei Übernahme lohnsteuerlicher Pflichten durch Dritte (§ 38 Abs. 3 a EStG) haftet auch der Dritte neben dem Arbeitgeber als Gesamtschuldner (vgl. unter Nr. 14 sowie das Stichwort „Lohnsteuerabzug durch einen Dritten").

3. Umfang der Arbeitgeberhaftung

a) Einbehaltung und Abführung der Lohnsteuer

Nach § 42d Abs. 1 Nr. 1 EStG haftet der Arbeitgeber für die Lohnsteuer, die er einzubehalten und abzuführen hat. Die Arbeitgeberhaftung erstreckt sich auch auf die Kirchensteuer und den Solidaritätszuschlag. Zahlt ein öffentlicher Arbeitgeber das **Kindergeld** an seine Arbeitnehmer aus, so erstreckt sich die Arbeitgeberhaftung auch auf das ausgezahlte Kindergeld (vgl. Anhang 9). Für private Arbeitgeber besteht keine Verpflichtung zur Auszahlung des Kindergeldes; damit entfällt insoweit auch eine Haftung nach § 42d EStG.

„Richtige Einbehaltung und Abführung" der Lohnsteuer bedeutet:

aa) Der Arbeitgeber darf **keine** von ihm beschäftigte Person, die **Arbeitnehmer** ist, **vom Lohnsteuerabzug ausnehmen.** Das gilt auch dann, wenn der Arbeitnehmer zur Einkommensteuer veranlagt wird oder auf das Jahr gesehen, voraussichtlich lohnsteuerfrei bleiben wird (z. B. Aushilfskräfte, Werkstudenten).

bb) Der Arbeitgeber muss **alle** Leistungen, die Arbeitslohn sind und nicht aufgrund einer bestimmten Vorschrift steuerfrei sind, dem Lohnsteuerabzug unterwerfen. Der Beantwortung dieser – zum Teil schwierigen – Frage dient der alphabetische Hauptteil des Lexikons.

cc) Der Arbeitgeber muss die Lohnsteuer richtig **berechnen,** d. h.

- in jedem Lohnzahlungszeitraum die zutreffende Lohnsteuer entweder **maschinell** oder aus der maßgebenden **Lohnsteuertabelle** (Allgemeine oder Besondere Lohnsteuertabelle, Monats-, Wochen-, Tagestabelle) ermitteln;

- bei der **maschinellen Lohnsteuerermittlung** bzw. **vor Anwendung** der Allgemeinen oder Besonderen Lohnsteuertabelle in eigener Zuständigkeit den Altersentlastungsbetrag oder die Freibeträge für Versorgungsbezüge berücksichtigen, wenn die Voraussetzungen für den Abzug dieser Freibeträge erfüllt sind;

- die auf der Lohnsteuerkarte eingetragene **Steuerklasse** zugrunde legen (die Zahl der **Kinderfreibeträge** hat nur Bedeutung für die Kirchensteuer und den Solidaritätszuschlag);

- auf der Lohnsteuerkarte etwa eingetragene **Steuerfreibeträge** oder **Hinzurechnungsbeträge** berücksichtigen;

- bei einer **Lohnsteuerpauschalierung** den vorgeschriebenen Steuersatz anwenden;

- bei der Zahlung von **Nettolöhnen** oder von **sonstigen Bezügen** die besonderen Berechnungsvorschriften beachten;

- für den Fall, dass der Arbeitnehmer seine Lohnsteuerkarte oder seine Lohnsteuerabzugsbescheinigung für beschränkt steuerpflichtige Arbeitnehmer **schuldhaft** (absichtlich oder grob fahrlässig) **nicht vorlegt,** die Lohnsteuer ohne Rücksicht auf den Familienstand des Arbeitnehmers nach der Steuerklasse VI berechnen (vgl. „Nichtvorlage der Lohnsteuerkarte").

dd) Die Lohnsteuer muss bei **jeder** Lohnzahlung bzw. im Falle der Leistung regelmäßiger Abschlagszahlungen (vgl. dieses Stichwort) bei jeder Lohnabrechnung **einbehalten** werden. Auch dann, wenn der Arbeitgeber einen geringeren als den tariflich oder vertraglich vereinbarten Arbeitslohn zahlt, ist der tatsächlich gezahlte Arbeitslohn um die darauf entfallende Lohnsteuer zu kürzen (vgl. „Zufluss von Arbeitslohn").

ee) Die Lohnsteuer ist zu den festgesetzten Terminen an das Finanzamt **abzuführen** (vgl. „Abführung der Lohnsteuer"). Die bloße Anmeldung der Lohnsteuer reicht dabei nicht aus. Mit der Einbehaltung gilt die Lohnsteuer

Haftung des Arbeitgebers

für den Arbeitnehmer als bezahlt. In der Zeit zwischen der Einbehaltung und der Abführung verwaltet der Arbeitgeber die Lohnsteuer treuhänderisch. Der Arbeitgeber muss seine Haftung in dieser Hinsicht deshalb besonders ernst nehmen. Er muss für die einbehaltene Lohnsteuer nicht nur persönlich einstehen; die Nichtabführung der einbehaltenen Lohnsteuer ist auch als Steuerhinterziehung strafbar.

b) Lohnsteuer-Jahresausgleich

Nach § 42 d Abs. 1 Nr. 2 EStG erstreckt sich die Arbeitgeberhaftung auf die richtige Durchführung des **Lohnsteuer-Jahresausgleichs durch den Arbeitgeber.** Der Arbeitgeber haftet danach für die Lohnsteuer, die er durch eine unzulässige oder unzutreffende Durchführung des Lohnsteuer-Jahresausgleichs nach § 42 b EStG (vgl. dieses Stichwort) dem Arbeitnehmer zu viel erstattet hat. Fehler beim sog. Permanenten Lohnsteuer-Jahresausgleich, der als besondere Form der Lohnsteuererhebung bei der maschinellen Lohnabrechnung zugelassen werden kann (vgl. R 39b.8 LStR), erfüllen nicht den Tatbestand des § 42 d Abs. 1 Nr. 2 EStG, sondern führen zu einer Haftung wegen nicht einbehaltener Lohnsteuer nach § 42 d Abs. 1 Nr. 1 EStG.

c) Fehler im Lohnkonto/in der Lohnsteuerbescheinigung

In § 42 d Abs. 1 Nr. 3 EStG ist bestimmt, dass der Arbeitgeber auch für die Einkommensteuer oder Lohnsteuer haftet, die aufgrund fehlerhafter Angaben im **Lohnkonto** oder durch fehlerhafte **Eintragungen in der Lohnsteuerbescheinigung** verkürzt wird. Der Arbeitgeber haftet also für Steuerausfälle, wenn er die gesetzlich vorgeschriebene elektronische Lohnsteuerbescheinigung (vgl. das Stichwort „Lohnsteuerbescheinigung") unzutreffend übermittelt und das Finanzamt deshalb bei einer Veranlagung zur Einkommensteuer zu viel erstattet bzw. die Einkommensteuer zu niedrig festsetzt. Eine Haftung des Arbeitgebers dürfte auch dann in Betracht kommen, wenn er seiner Pflicht, die Lohnsteuerbescheinigung elektronisch an die Finanzverwaltung zu übermitteln, nicht nachkommt und hierdurch Einkommensteuer beim betreffenden Arbeitnehmer verkürzt wird.

Beispiel A

Der Arbeitgeber hat in der elektronischen Lohnsteuerbescheinigung 2010 die auf die Entfernungspauschale anzurechnenden steuerfreien Arbeitgeberleistungen für Fahrten zwischen Wohnung und Arbeitsstätte (vgl. dieses Stichwort) nicht übermittelt. Dem Arbeitnehmer wird deshalb bei der Veranlagung zur Einkommensteuer zu viel Lohnsteuer erstattet. Hierfür haftet der Arbeitgeber, weil die Angabe der steuerfreien Arbeitgeberleistungen für Fahrten zwischen Wohnung und Arbeitsstätte Inhalt der gesetzlich vorgeschriebenen elektronischen Lohnsteuerbescheinigung nach § 41 b Abs. 1 Nr. 6 EStG ist.

Beispiel B

Der Arbeitgeber hat in der elektronischen Lohnsteuerbescheinigung 2010 die pauschal mit 15 % besteuerten Fahrkostenzuschüsse nicht übermittelt. Hierdurch unterbleibt die Anrechnung auf die als Werbungskosten abziehbare Entfernungspauschale. Dem Arbeitnehmer wird deshalb bei der Veranlagung zur Einkommensteuer zu viel Lohnsteuer erstattet. Hierfür haftet der Arbeitgeber, weil die Angabe der pauschalbesteuerten Arbeitgeberleistungen für Fahrten zwischen Wohnung und Arbeitsstätte Inhalt der gesetzlich vorgeschriebenen elektronischen Lohnsteuerbescheinigung nach § 41 b Abs. 1 Nr. 7 EStG ist.

Beispiel C

Der Arbeitgeber übermittelt in der elektronischen Lohnsteuerbescheinigung 2010 einen um den Altersentlastungsbetrag geminderten Jahresarbeitslohn. Dadurch wird bei einer Veranlagung durch das Finanzamt ein zu hoher Erstattungsbetrag festgesetzt. Der Arbeitgeber haftet für die zu viel erstattete Lohnsteuer. Das Gleiche gilt, wenn bei der Berechnung der Lohnsteuer berücksichtigte Freibeträge für Versorgungsbezüge nicht in dem mit der elektronischen Lohnsteuerbescheinigung übermittelten Bruttolohn enthalten sind. In diesen Fällen erstattet das Finanzamt eine zu hohe Lohnsteuer (weil es den Versorgungsfreibetrag oder Altersentlastungsbetrag nochmals berücksichtigt). Für diese zu viel vom Finanzamt erstattete Steuer haftet der Arbeitgeber.

Beispiel D

Der Arbeitgeber übermittelt in der elektronischen Lohnsteuerbescheinigung 2010 die von ihm gezahlten Lohnersatzleistungen (z. B. Kurzarbeitergeld, Aufstockungsbeträge nach dem Altersteilzeitgesetz) nicht. Das Finanzamt wendet deshalb bei einer Veranlagung zur Einkommensteuer den sog. „Progressionsvorbehalt" (vgl. dieses Stichwort) nicht an und erstattet zu viel Lohnsteuer. Der Arbeitgeber haftet für die zu viel erstattete Lohnsteuer.

Beispiel E

Der Arbeitgeber erfasst eine Tantieme, für die die Lohnsteuer ordnungsgemäß nach den für sonstige Bezüge geltenden Vorschriften einbehalten wurde, nicht in der elektronischen Lohnsteuerbescheinigung. Bei einer Veranlagung des Arbeitnehmers, in die auch die Einkünfte der Ehefrau mit einbezogen werden, wird die Tantieme nicht erfasst und damit die insgesamt für die Ehegatten anfallende Einkommensteuer zu niedrig festgesetzt. Der Arbeitgeber haftet für die Einkommensteuer, die infolge der Steuerprogression unter Einbeziehung anderer Einkünfte zu niedrig festgesetzt wird.

Beispiel F

Der Arbeitgeber übermittelt den Arbeitslohn aus einem zweiten Dienstverhältnis nicht elektronisch an die Finanzverwaltung. Bei der Einkommensteuerveranlagung des Arbeitnehmers bleibt der Arbeitslohn deshalb außer Ansatz. Der Arbeitgeber kann für die zu wenig festgesetzte Einkommensteuer durch Haftungsbescheid in Anspruch genommen werden.

Den Angaben im Lohnkonto und in der elektronischen Lohnsteuerbescheinigung kommt damit erhöhte Bedeutung zu. Die Eintragungen sollte der Arbeitgeber deshalb besonders sorgfältig vornehmen.

Arbeitgeber, die bei der Lohnabrechnung eines der vielfach auf dem Markt angebotenen Lohnabrechnungsprogramme verwenden, sollten hierbei Folgendes beachten:

Bei Lohnsteuer-Außenprüfungen durch die Finanzämter wird immer wieder festgestellt, dass die im Handel angebotenen Lohnabrechnungsprogramme zum Teil gravierende Fehler enthalten. Auch bei der maschinellen Lohnabrechnung und der Übermittlung der elektronischen Lohnsteuerbescheinigung wird vielfach gegen lohnsteuerliche Vorschriften verstoßen. **Leidtragender ist stets der Arbeitgeber, da dieser** für die zutreffende Berechnung und Abführung der Lohnsteuer (einschließlich der Bescheinigung auf der Lohnsteuerkarte) **haftet.** Da er allenfalls einen privatrechtlichen Regressanspruch gegen die Software-Firma hat, ist der Einsatz falscher Lohnabrechnungsprogramme stets mit einem Haftungs- und Prozessrisiko verbunden. Die Arbeitgeber sollten deshalb die zum Einsatz kommenden Lohnabrechnungsprogramme gründlich prüfen.

Ein Hilfsmittel zur Prüfung der Lohnabrechnungsprogramme ist der für die maschinelle Berechnung der Lohnsteuer vom Bundesministerium der Finanzen erstellte Programmablaufplan, der auch entsprechende Prüftabellen enthält. Der Programmablaufplan wird jährlich im Bundessteuerblatt Teil I bekannt gemacht (§ 39 b Abs. 8 EStG). Ein Prüf- oder Genehmigungsverfahren für Lohnabrechnungsprogramme durch die Finanzbehörden existiert im Übrigen nicht.

4. Grenzen der Arbeitgeberhaftung

a) Maßgeblichkeit der Lohnsteuerkarte

Den Steuerabzug vom Arbeitslohn hat der Arbeitgeber nach den auf der Lohnsteuerkarte eingetragenen Besteuerungsmerkmalen (Steuerklasse, Zahl der Kinderfreibeträge, Merkmale für den Kirchensteuerabzug, Frei- und Hinzurechnungsbeträge) durchzuführen. Ob diese richtig sind, hat der Arbeitgeber nicht zu prüfen. Der Arbeitgeber haftet also nicht für Steuerausfälle, die dadurch entstehen, dass dem Arbeitnehmer eine zu günstige Steuerklasse oder ein zu hoher Steuerfreibetrag auf der Lohnsteuerkarte eingetragen worden ist. Das Gleiche gilt, wenn der Arbeitnehmer seiner Verpflichtung nach § 39 Abs. 4 EStG, bei Änderung bestimmter Verhältnisse oder in Fällen mit Steuerklasse II bei Wegfall der Voraussetzungen für die Berücksichtigung des Entlastungsbetrags

Haftung des Arbeitgebers

für Alleinerziehende seine Lohnsteuerkarte berichtigen zu lassen, nicht nachgekommen ist (vgl. das Stichwort „Lohnsteuerkarte"). In diesen Fällen darf die Lohnsteuer **nur vom Arbeitnehmer** nachgefordert werden.

Der Arbeitgeber haftet selbst dann nicht, wenn er weiß, dass die Eintragungen auf der Lohnsteuerkarte falsch oder unvollständig sind. Er darf in diesen Fällen beim Lohnsteuerabzug nicht die ihm bekannten steuerlichen Familienverhältnisse zugrunde legen, wenn diese zu einer niedrigeren Lohnsteuer führen. Andernfalls haftet er nach § 42 d Abs. 1 Nr. 1 EStG. Der Arbeitgeber sollte jedoch den Arbeitnehmer auf die notwendige Berichtigung der Lohnsteuerkarte aufmerksam machen.

b) Anwendung der Lohnsteuertabelle

Der Arbeitgeber ist bei der **maschinellen Lohnsteuerberechnung** verpflichtet, die Lohnsteuer nach der Formel des Einkommensteuertarifs zu berechnen und ausgehend vom Arbeitslohn die Bemessungsgrundlage (also das zu versteuernde Einkommen) für die Anwendung der Tarifformel zu ermitteln (§ 39 b Abs. 2 und 3 EStG). Tabellensprünge wie bei einer gedruckten Lohnsteuertabelle sind hierbei nicht mehr vorgesehen. Die Anwendung der stufenlosen Tarifformel bei einer maschinellen Berechnung der Lohnsteuer führt gegenüber dem Ablesen der Lohnsteuer aus einer gedruckten Lohnsteuertabelle zu geringfügigen Abweichungen (vgl. das Stichwort „Lohnsteuertabellen" unter Nr. 1).

Dieses Auseinanderlaufen von maschinell ermittelter oder aus einer Tabelle abgelesener Lohnsteuer wurde vom Gesetzgeber bewusst in Kauf genommen. Eine **Lohnsteuerhaftung** des Arbeitgebers kommt insoweit nicht in Betracht. Die ggf. zu wenig erhobene Lohnsteuer wird im Rahmen der Einkommensteuerveranlagung des Arbeitnehmers nacherhoben (§ 46 Abs. 2 Nr. 4 EStG).

c) Verjährung

Die Haftung des Arbeitgebers hängt von der für die Lohnsteuer geltenden Festsetzungsfrist ab (BFH-Urteil vom 6. 3. 2008, BStBl. II S. 597). Die Festsetzungsfrist für die Lohnsteuer richtet sich ausschließlich nach der vom Arbeitgeber abzugebenden Lohnsteuer-Anmeldung; die Einkommensteuererklärung der betroffenen Arbeitnehmer ist insoweit nicht maßgebend. Ist für die einzelne Lohnsteuer-Anmeldung Festsetzungsverjährung eingetreten, schließt dies eine Arbeitgeberhaftung für diesen Anmeldungszeitraum aus (§ 191 Abs. 5 Satz 1 Nr. 1 AO). Die Finanzverwaltung schließt aus diesem Urteil folgerichtig, dass ein Haftungsbescheid wegen Lohnsteuer auch dann noch ergehen kann, wenn beim Arbeitnehmer hinsichtlich der Einkommensteuer bereits Festsetzungsverjährung eingetreten ist. An dem bisherigen Grundsatz, dass die Haftung des Arbeitgebers auch vom Bestehen der Einkommensteuerschuld beim Arbeitnehmer abhängig ist, wird nicht mehr festgehalten (vgl. das Stichwort „Verjährung" unter Nr. 5).

d) Anzeige des Arbeitgebers

Ein Haftungsausschluss besteht nach § 42 d Abs. 2 EStG auch dann, wenn Lohnsteuer in den vom Arbeitgeber angezeigten Fällen des § 38 Abs. 4 Satz 2 EStG und des § 41 c EStG **ausschließlich vom Arbeitnehmer** nachzufordern ist. Die Anzeige des Arbeitgebers an das Betriebsstättenfinanzamt bewirkt, dass er grundsätzlich nicht mehr als Haftender in Anspruch genommen werden kann. Hierdurch erübrigt sich auch die weitere Ermessensprüfung des Finanzamts (vgl. Nr. 5).

Hat der Arbeitgeber bei **Sachleistungen** oder **Einmalbezügen** Lohnsteuer einzubehalten, reicht der dem Arbeitnehmer zustehende Barlohn u. U. nicht zur Deckung der einzubehaltenden Lohnsteuer aus. In diesem Fall hat der Arbeitnehmer dem Arbeitgeber den Fehlbetrag zur Verfügung zu stellen oder der Arbeitgeber einen entsprechenden Teil anderer Bezüge des Arbeitnehmers zurückzubehalten. Soweit der Arbeitnehmer seiner Verpflichtung nicht nachkommt und der Arbeitgeber den Fehlbetrag nicht durch Zurückbehaltung von anderen Bezügen des Arbeitnehmers aufbringen kann, hat der Arbeitgeber dies dem Betriebsstättenfinanzamt anzuzeigen (§ 38 Abs. 4 Satz 1 EStG). Diese Anzeige des Arbeitgebers ersetzt quasi die Erfüllung der Einbehaltungspflichten (BFH-Urteil vom 9. 10. 2002, BStBl. II S. 884). Bei unterlassener Anzeige hat jedoch der Arbeitgeber die Lohnsteuer nicht ordnungsgemäß einbehalten und kann daher nach § 42 d Abs. 1 Nr. 1 EStG als Haftungsschuldner in Anspruch genommen werden.

Beispiel

Der Arbeitnehmer hat die Rechte aus einer Pensionszusage des Arbeitgebers am 15. Januar 2010 an einen Dritten abgetreten. Die Versicherungsgesellschaft zahlt daraufhin das in der Rückdeckungsversicherung angesammelte Kapital in Höhe von 150 000,– € an einen Dritten aus. Der Nettoarbeitslohn des Arbeitnehmers beträgt monatlich 5000,– €. Andere Bezüge des Arbeitnehmers stehen zum Ausgleich der einzubehaltenden Lohnsteuer nicht zur Verfügung.

Die Abtretung der Ansprüche aus der Rückdeckungsversicherung löst beim Arbeitnehmer im Monat Januar 2010 einen Lohnzufluss aus. Die von dem Einmalbezug einzubehaltende Lohnsteuer in Höhe von 35 000,– € kann aus dem Barlohn des Arbeitnehmers nur teilweise beglichen werden. Der Arbeitgeber muss daher – neben der Einbehaltung des Nettoarbeitslohns von 5000,– € – den Arbeitnehmer auffordern, den Fehlbetrag (35 000,– € abzüglich 5000,– € = 30 000,– €) zur Deckung der einzubehaltenden Lohnsteuer zur Verfügung zu stellen. Kommt der Arbeitnehmer dieser Aufforderung nicht nach, ist der Arbeitgeber verpflichtet dies dem Betriebsstättenfinanzamt anzuzeigen. Er kann daraufhin nicht mehr als Haftungsschuldner in Anspruch genommen werden. Das Finanzamt muss die bisher nicht einbehaltene Lohnsteuer unmittelbar beim Arbeitnehmer nachfordern. Unterlässt der Arbeitgeber die Anzeige kann er für den Fehlbetrag als Haftungsschuldner in Anspruch genommen werden.

Bei steuerpflichtigen **Lohnzahlungen** durch **Dritte,** die der Arbeitgeber nicht kennt, besteht eine Anzeigeverpflichtung des Arbeitnehmers gegenüber dem Arbeitgeber (vgl. das Stichwort „Lohnzahlung durch Dritte"). Der Arbeitgeber kann allerdings vom Finanzamt für zu wenig einbehaltene Lohnsteuer nicht in Anspruch genommen werden, wenn die Angaben des Arbeitnehmers unvollständig oder unrichtig waren. Wenn der Arbeitnehmer aber erkennbar unrichtige Angaben macht, muss der Arbeitgeber dies wiederum dem Betriebsstättenfinanzamt anzeigen. Diese Anzeige muss der Arbeitgeber auch erstatten, wenn der Arbeitnehmer die Bar- oder Sachbezüge von Dritten überhaupt nicht mitteilt, der Arbeitgeber aber weiß oder erkennen kann, dass solche Zuwendungen zugeflossen sind (§ 38 Abs. 4 Satz 3 EStG). Aufgrund der Anzeige fordert das Finanzamt die Lohnsteuer unmittelbar vom **Arbeitnehmer** nach. Unterlässt der Arbeitgeber die Anzeige kann er nach § 42 d Abs. 1 Nr. 1 EStG als Haftungsschuldner in Anspruch genommen werden.

Die Anzeige nach § 41 c Abs. 4 EStG betrifft die Fälle, in denen zwar der Arbeitgeber die unvorschriftsmäßige Lohnsteuererhebung erkennt, er aber von seiner Berechtigung, die Lohnsteuer nachträglich einzubehalten, keinen Gebrauch macht. Durch die unverzügliche Anzeige an das Betriebsstättenfinanzamt wird er ebenfalls von der Arbeitgeberhaftung befreit. Dies gilt aber nicht bei vorsätzlichem unrichtigem Lohnsteuereinbehalt. Hat sich z. B. der Arbeitgeber überhaupt nicht über die richtige Einbehaltung der Lohnsteuer unterrichtet und ist sein Verhalten völlig willkürlich, so kann er sich trotz der Anzeige nicht auf den Haftungsausschluss berufen.

Verzichtet ein Arbeitgeber auf die nachträgliche Änderung des Lohnsteuerabzugs bei rückwirkenden Gesetzesänderungen (§ 41 c Abs. 1 Nr. 2 EStG) und teilt er dies dem Betriebsstättenfinanzamt mit, kann er für die nachzuerhebende Lohnsteuer nicht in Anspruch genommen werden.

Haftung des Arbeitgebers

5. Ermessensprüfung des Finanzamts

Soweit die Haftung des Arbeitgebers reicht, sind der Arbeitgeber und der Arbeitnehmer Gesamtschuldner. Das Betriebsstättenfinanzamt kann die Steuer- oder Haftungsschuld nach **pflichtgemäßem Ermessen** gegenüber jedem Gesamtschuldner geltend machen (§ 42 d Abs. 3 EStG). Das Finanzamt muss dabei nach pflichtgemäßem Ermessen zunächst prüfen, ob der Arbeitgeber überhaupt in Anspruch genommen werden kann, oder ob die Inanspruchnahme des Arbeitgebers wegen eines Verstoßes gegen Treu und Glauben von vornherein ausgeschlossen ist (sog. **Entschließungsermessen,** vgl. Nr. 6). Erst nach dieser Prüfung stellt sich die Frage, ob im Rahmen der gesamtschuldnerischen Haftung der Arbeitgeber oder der Arbeitnehmer in Anspruch genommen wird (sog. **Auswahlermessen,** vgl. Nr. 7). Die Ermessensausübung ist also **zweistufig.** Hiernach ergibt sich folgende Übersicht:

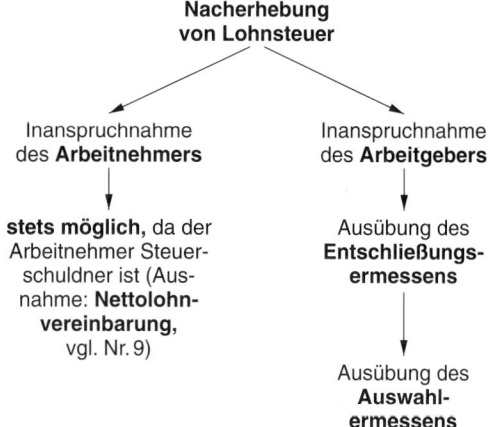

6. Einschränkung der Arbeitgeberhaftung durch den Grundsatz von Treu und Glauben (Entschließungsermessen)

Die Inanspruchnahme des Arbeitgebers muss unterbleiben, wenn sie „unbillig" wäre, das heißt, gegen den Grundsatz von Treu und Glauben verstoßen würde. Eine Inanspruchnahme des Arbeitgebers kann danach wegen eines Verstoßes gegen Treu und Glauben von vornherein ausgeschlossen sein, wenn

a) der Arbeitgeber eine bestimmte Methode der Steuerberechnung angewendet und das **Finanzamt** hiervon Kenntnis erlangt und **nicht beanstandet hat** (BFH-Urteil vom 20. 7. 1962, BStBl. 1963 III S. 23) oder wenn der Arbeitgeber durch die **Prüfung** und Erörterung einer Rechtsfrage **durch das Finanzamt** in einer unrichtigen Rechtsauslegung bestärkt wurde.

Wird z. B. vom Prüfer im Rahmen einer Lohnsteuer-Außenprüfung ein klar zu Tage liegender Sachverhalt untersucht und die Sachbehandlung des Arbeitgebers (z. B. die Freistellung bestimmter Zuwendungen von der Lohnsteuer oder die Bewertung bestimmter geldwerter Vorteile) erkennbar gebilligt, dann kann der Arbeitgeber zumindest für die bereits geprüften Lohnzahlungszeiträume später nicht mehr in Anspruch genommen werden (BFH-Urteil vom 2. 8. 1956, BStBl. III S. 340).

Hat der Prüfer den fraglichen Sachverhalt und seine Stellungnahme in einem **schriftlichen Prüfungsbericht** niedergelegt, und hat das Finanzamt diese Ausführungen unbeanstandet hingenommen, **oder** ist der Arbeitgeber durch **wiederholte Prüfung** und Erörterung einer Rechtsfrage in seiner unrichtigen Rechtsauslegung bestärkt worden, so befreit dies den Arbeitgeber auch von der Haftung für die anschließenden **noch nicht geprüften** Lohnzahlungszeiträume. Die Behandlung der fraglichen Tatbestände durch die Lohnsteuer-Außenprüfung wirkt in diesen Fällen wie eine „Anrufungsauskunft". Das Finanzamt kann in diesem Fall seine Auffassung bei der nächsten Lohnsteuer-Außenprüfung oder durch einen anderen Verwaltungsakt (z. B. eine schriftliche Verfügung) mit Wirkung für die Arbeitgeberhaftung nur für die Zukunft ändern (vgl. BFH-Urteile vom 18. 10. 1957, BStBl. 1958 III S. 16, vom 5. 3. 1965, BStBl. III S. 355 und vom 7. 12. 1984, BStBl. 1985 II S. 164).

b) der Arbeitgeber einem **entschuldbaren Rechtsirrtum** unterlegen ist, z. B. weil das Finanzamt eine unklare oder falsche **Auskunft** gegeben hat (BFH-Urteile vom 24. 11. 1961, BStBl. 1962 III S. 37 und vom 18. 9. 1981, BStBl. II S. 801).

Hat der Arbeitgeber z. B. auf eine – schriftliche – Anfrage beim Finanzamt, in der der Sachverhalt vollständig und zutreffend geschildert worden ist, über die steuerliche Behandlung des Tatbestands vom Finanzamt eine bestimmte Auskunft (sog. **Anrufungsauskunft**) erhalten (§ 42 e EStG) und sich nach ihr gerichtet, so kann das Finanzamt zwar seine Rechtsauffassung nachträglich ändern, eine etwaige höhere Lohnsteuer aber nicht mehr vom Arbeitgeber, sondern nur noch vom Arbeitnehmer nachfordern. Dies gilt selbst dann, wenn die Lohnsteuer beim Arbeitnehmer uneinbringlich geworden sein sollte. Weicht der Arbeitgeber jedoch von einer erteilten Anrufungsauskunft ab, kann er nicht dadurch einen Haftungsausschluss bewirken, dass er die Abweichung dem Betriebsstättenfinanzamt anzeigt (BFH-Urteil vom 4. 6. 1993, BStBl. II S. 687). Zur nunmehr zulässigen Anfechtung einer dem Arbeitgeber erteilten Anrufungsauskunft vgl. BFH-Urteil vom 30.4.2009 – VI R 54/07 sowie das Stichwort „Auskunft".

Die Bindungswirkung einer Anrufungsauskunft entfällt, wenn sich die der Auskunft zugrunde liegenden gesetzlichen Vorschriften ändern. Eines förmlichen Widerrufs oder einer Mitteilung an den Steuerpflichtigen bedarf es in diesem Fall nicht (Urteil des Finanzgerichts Düsseldorf vom 8. 5. 2003, EFG 2003 S. 1101).

Bei Vorliegen einer Anrufungsauskunft kann nach einer Lohnsteuer-Außenprüfung Lohnsteuer vom Arbeitgeber auch nicht im Wege der Lohnsteuerpauschalierung nach § 40 Abs. 1 Satz 1 Nr. 2 EStG nacherhoben werden (BFH-Urteil vom 16. 11. 2005, BStBl. 2006 II S. 210). In solchen Fällen ist das Finanzamt aber nicht gehindert, gegenüber dem Arbeitnehmer eine ungünstigere Auffassung zu vertreten und die Lohnsteuer von diesem nachzufordern, sofern dies verfahrensmäßig noch zulässig ist (insbesondere bezüglich Einkommensteuerfestsetzung wenn beim Arbeitnehmer noch keine Verjährung eingetreten ist, vgl. das Stichwort „Verjährung" unter Nr. 7 Buchstabe f). Möchte der Arbeitgeber dies vermeiden, sollte er der Lohnsteuerpauschalierung nach § 40 Abs. 1 Satz 1 Nr. 2 EStG schriftlich zustimmen und mit dem Finanzamt einen diesbezüglichen Rechtsbehelfsverzicht vereinbaren.

Macht der Arbeitgeber in schwierigen Fällen, in denen ihm bei Anwendung der gebotenen Sorgfalt Zweifel über die Rechtslage hätten kommen müssen, von der Möglichkeit der Anrufungsauskunft keinen Gebrauch, so ist ein auf dieser Unterlassung beruhender Rechtsirrtum grundsätzlich nicht entschuldbar und steht der Inanspruchnahme des Arbeitgebers im Wege der Haftung nicht entgegen (BFH-Urteile vom 18. 8. 2005, BStBl. 2006 II S. 30 und vom 29. 5. 2008, BStBl. II S. 933).

c) der Arbeitgeber den Angaben in einem **Manteltarifvertrag** über die Steuerfreiheit vertraut hat (BFH-Urteil vom 18. 9. 1981, BStBl. II S. 801).

d) der Arbeitgeber den Lohnsteuerabzug entsprechend der von einer **Oberfinanzdirektion** in einer **Verfügung** geäußerten Auffassung durchführt, auch wenn er die Verfügung nicht gekannt hat (BFH-Urteil vom 25. 10. 1985, BStBl. 1986 II S. 98).

Haftung des Arbeitgebers

Ob die Betriebsstätte des Arbeitgebers in dem Geschäftsbereich der Oberfinanzdirektion liegt, die die Verfügung erlassen hat, ist ohne Bedeutung. Denn vom Arbeitgeber können nicht bessere Rechtskenntnisse verlangt werden, als von einer Oberfinanzdirektion. Dies gilt aber dann nicht mehr, wenn dem Arbeitgeber bekannt ist, dass das für ihn zuständige Betriebsstättenfinanzamt eine andere Auffassung vertritt.

e) der Arbeitgeber den individuellen Lohnsteuerabzug ohne **Berücksichtigung von Gesetzesänderungen** durchgeführt hat, soweit es ihm in der kurzen Zeit zwischen der Verkündung des Gesetzes und den folgenden Lohnabrechnungen bei Anwendung eines strengen Maßstabs **nicht zumutbar** war, die Gesetzesänderungen zu berücksichtigen (vgl. R 42d.1 Abs. 4 Satz 4 LStR).

7. Inanspruchnahme des Arbeitgebers oder des Arbeitnehmers (Auswahlermessen)

a) Allgemeines

Verstößt die Inanspruchnahme des Arbeitgebers nicht gegen die Grundsätze von Treu- und Glauben (Entschließungsermessen) ist vom Finanzamt zu prüfen, ob im Rahmen der gesamtschuldnerischen Haftung **vorrangig der Arbeitgeber** anstelle des Arbeitnehmers in Anspruch genommen werden kann (Auswahlermessen). Das Finanzamt muss die Wahl, an welchen Gesamtschuldner es sich halten will, nach pflichtgemäßem Ermessen unter Beachtung der durch Recht und Billigkeit gezogenen Grenzen und unter verständiger Abwägung der Interessen aller Beteiligten treffen.

Der Inanspruchnahme des Arbeitgebers steht es nicht entgegen, dass das Finanzamt über einen längeren Zeitraum von seinen Befugnissen zur Überwachung des Lohnsteuerabzugs durch eine Lohnsteuer-Außenprüfung keinen Gebrauch gemacht hat (BFH-Urteil vom 11. 8. 1978, BStBl. II S. 683).

b) Inanspruchnahme des Arbeitnehmers als Steuerschuldner

Die Grundsätze von Recht und Billigkeit verlangen keine vorrangige Inanspruchnahme des Arbeitnehmers (BFH-Urteil vom 6. 5. 1959, BStBl. III S. 292). Um eine Ermessensentscheidung handelt es sich aber nur, soweit der Arbeit**geber** in Anspruch genommen werden soll. Der Arbeit**nehmer** als Steuerschuldner kann stets in Anspruch genommen werden, wenn die Lohnsteuer nicht ordnungsgemäß **einbehalten** worden ist. Die Inanspruchnahme des Arbeitnehmers erfolgt durch Nachforderungsbescheid oder nach Ablauf des Kalenderjahrs durch Veranlagung zur Einkommensteuer. Wurde bereits eine Veranlagung für das betreffende Kalenderjahr durchgeführt, so erfolgt die Nachholung durch eine Änderung des Einkommensteuerbescheids.

Im Einkommensteuer-Veranlagungsverfahren besteht keine Bindung an eine ggf. vom Arbeitgeber durchgeführte Lohnsteuerpauschalierung. Wird nachträglich festgestellt, dass die Pauschalierungsvoraussetzungen nicht vorgelegen haben, so kann das Finanzamt ohne weiteres den bisher pauschal versteuerten Arbeitslohn beim Arbeitnehmer im Rahmen einer Veranlagung zur Einkommensteuer erfassen (BFH-Urteil vom 10. 6. 1988, BStBl. II S. 981). Für den Arbeitgeber entsteht in einem solchen Fall ein Anspruch auf Erstattung der pauschalen Lohnsteuer.

c) Unzulässige Inanspruchnahme des Arbeitgebers

Die Frage, ob der **Arbeitgeber** vor dem Arbeitnehmer in Anspruch genommen werden darf, hängt wesentlich von den Gesamtumständen des Einzelfalls ab, wobei von dem gesetzgeberischen Zweck des Lohnsteuerverfahrens, durch den Abzug an der Quelle den schnellen Eingang der Lohnsteuer in einem vereinfachten Verfahren sicherzustellen, auszugehen ist (BFH-Urteil vom 26. 7. 1974, BStBl. II S. 756). Eine vorrangige Inanspruchnahme des Arbeitgebers vor dem Arbeitnehmer kann danach unzulässig sein, wenn die Lohnsteuer ebenso schnell und ebenso einfach vom Arbeitnehmer nacherhoben werden kann, weil z. B. der **Arbeitnehmer** ohnehin zu **veranlagen** ist (BFH-Urteile vom 30. 11. 1966, BStBl. 1967 III S. 331 und vom 12. 1. 1968, BStBl. II S. 324); das gilt insbesondere dann, wenn der Arbeitnehmer inzwischen aus dem Betrieb ausgeschieden ist (BFH-Urteil vom 10. 1. 1964, BStBl. III S. 213). War nach diesen Grundsätzen die Inanspruchnahme des Arbeitgebers unzulässig, so kann der Arbeitgeber trotzdem dann in Anspruch genommen werden, wenn der Versuch des Finanzamts, die Lohnsteuer beim Arbeitnehmer nachzuerheben, erfolglos verlaufen ist (BFH-Urteil vom 18. 7. 1958, BStBl. III S. 384). Wie bereits ausgeführt, ist das Finanzamt auch dann nicht gehindert, den Arbeitgeber als Gesamtschuldner in Anspruch zu nehmen, wenn der Arbeitnehmer zur Einkommensteuer veranlagt wird (§ 42d Abs. 3 Satz 3 EStG). Kann die Steuer beim Arbeitnehmer jedoch deshalb nicht nachgefordert werden, weil seine Einkommensteuerveranlagung bestandskräftig ist und die für eine Änderung des Steuerbescheides nach § 173 Abs. 1 Nr. 1 AO erforderlichen Voraussetzungen nicht vorliegen, ist ein Haftungsbescheid gegen den Arbeitgeber in der Regel ermessensfehlerhaft (BFH-Urteil vom 9. 10. 1992, BStBl. 1993 II S. 169).

d) Ermessensfehlerfreie Inanspruchnahme des Arbeitgebers

Die Inanspruchnahme des Arbeitgebers anstelle des Arbeitnehmers ist in aller Regel **ermessensfehlerfrei,** wenn

– die Einbehaltung der Lohnsteuer in einem rechtlich einfach und eindeutig vorliegenden Fall nur deshalb unterblieben ist, weil der Arbeitgeber sich über seine Verpflichtungen nicht hinreichend unterrichtet hat (BFH-Urteil vom 5. 2. 1971, BStBl. II S. 353);

– sie der Vereinfachung dient, weil gleiche oder ähnliche Berechnungsfehler bei einer größeren Zahl von Arbeitnehmern (in der Regel mehr als 40 Arbeitnehmer) gemacht worden sind (BFH-Urteile vom 16. 3. 1962, BStBl. III S. 282, vom 6. 3. 1980, BStBl. II S. 289 und vom 24. 1. 1992, BStBl. II S. 696);

– das Finanzamt aufgrund einer fehlerhaften Unterlassung des Arbeitgebers aus tatsächlichen Gründen nicht in der Lage ist, die Arbeitnehmer als Schuldner der Lohnsteuer heranzuziehen (BFH-Urteil vom 7. 12. 1984, BStBl. 1985 II S. 164);

– die individuelle Ermittlung der Lohnsteuer schwierig ist und der Arbeitgeber sich bereit erklärt, die Lohnsteuerschulden seiner Arbeitnehmer endgültig zu tragen (BFH-Urteil vom 7. 12. 1984, BStBl. 1985 S. 170) und keinen Antrag auf Pauschalierung stellt. In diesen und vergleichbaren Fällen kann die nachzufordernde Lohnsteuer unter Anwendung eines durchschnittlichen Bruttosteuersatzes – gegebenenfalls im Schätzungswege – ermittelt werden (vgl. BFH-Urteile vom 12. 6. 1986, BStBl. II S. 681 und vom 29. 10. 1993, BStBl. 1994 II S. 197). Zahlt der Arbeitgeber als Haftungsschuldner die nachgeforderte Lohnsteuer ohne dafür bei den Arbeitnehmern Regress zu nehmen, fließt den Arbeitnehmern erst mit der Zahlung ein geldwerter Vorteil zu, der dann nach den Grundsätzen der Nettobesteuerung (vgl. R 39b.9 LStR) dem Lohnsteuerabzug unterliegt (vgl. die Hinweise unter der nachfolgenden Nr. 8);

– eine **Nettolohnvereinbarung** vorliegt. Eine Inanspruchnahme des Arbeitnehmers ist im Falle der Nettolohnvereinbarung nur möglich, wenn der Arbeitnehmer weiß, dass der Arbeitgeber die Lohnsteuer nicht angemeldet hat (BFH-Urteil vom 8. 11. 1985, BStBl. 1986 II S. 186). Vgl. die Ausführungen unter Nr. 9.

Haftung des Arbeitgebers

8. Rückgriff auf den Arbeitnehmer

Mit der Erfüllung des Haftungsanspruchs erlangt der Arbeitgeber einen (arbeitsrechtlich befristeten) Ausgleichsanspruch gegenüber dem Arbeitnehmer (§ 426 Abs. 2 BGB). Dies gilt nicht bei einer Nettolohnvereinbarung (vgl. die Erläuterungen unter der folgenden Nr. 9). Liegt keine Nettolohnvereinbarung vor, so ist der Arbeitgeber berechtigt, die von ihm nachgezahlte Lohnsteuer von den Arbeitnehmern, um deren Lohnsteuer es sich handelt, zurückzuverlangen (im Gegensatz zur Sozialversicherung, bei der dies nur in sehr eingeschränktem Umfang möglich ist, vgl. Nr. 13). Dieser **Rückgriff** ist jedoch rein **privatrechtlicher** Natur. Das Finanzamt ist weder befugt noch verpflichtet, sich dabei einzuschalten. Verzichtet der Arbeitgeber freiwillig darauf, eine Lohnsteuernachholung auf den Arbeitnehmer abzuwälzen, so liegt in diesem **Verzicht ein geldwerter Vorteil,** der selbst wieder steuerpflichtiger Arbeitslohn ist. Die Annahme von Arbeitslohn erfordert nicht das Zustandekommen eines Erlassvertrages zwischen Arbeitgeber und Arbeitnehmer im Sinne von § 397 BGB (BFH-Beschluss vom 5. 3. 2007, BFH/NV 2007 S. 1122). Der Vorteil ist im Zeitpunkt des Verzichts als „sonstiger Bezug" zur Lohnsteuer heranzuziehen. Will der Arbeitgeber auch diese Lohnsteuer übernehmen, so ist sie nach den Grundsätzen der Nettobesteuerung zu ermitteln (vgl. die Erläuterungen unter Nr. 11 Buchstabe c). Der Arbeitgeber kann dieses Verfahren vermeiden, wenn er im Anschluss an die Lohnsteuer-Außenprüfung sich entweder aus Vereinfachungsgründen mit der sofortigen Inanspruchnahme als Haftungsschuldner mit der individuellen Nettosteuerberechnung einverstanden erklärt oder bei einer größeren Zahl von Nachforderungsfällen die Festsetzung eines besonderen Pauschsteuersatzes nach § 40 Abs. 1 Nr. 2 EStG beantragt und diese Pauschalsteuer übernimmt.

Trägt der Arbeitgeber die nachgeforderten Steuerbeträge zwangsläufig selbst, weil ihm wegen der Entlassung oder der Zahlungsunfähigkeit des Arbeitnehmers ein Rückgriff nicht möglich ist, so führt die Übernahme der Steuernachforderung durch den Arbeitgeber nicht zu einem weiteren geldwerten Vorteil. Hat der Arbeitgeber jedoch aufgrund einer Vereinbarung mit dem Arbeitnehmer auf sein Rückgriffsrecht verzichtet (z. B. bei einer Nettolohnvereinbarung) oder ist ihm aufgrund eines tarifvertraglichen Ausschlusses (z. B. nach 6 Monaten nach Bekanntgabe des Haftungsbescheides, vgl. BAG-Urteil vom 20. 3. 1984, veröffentlicht in der Zeitschrift „Der Betrieb" 1984 S. 1888) bzw. bei Verjährung der Ansprüche des Arbeitgebers nach Ablauf von drei Jahren (§§ 195, 199 Abs. 2 BGB) ein Rückgriff auf den Arbeitnehmer nicht möglich, so stellt die endgültige Übernahme der Steuerbeträge im Jahr der Zahlung einen netto zu besteuernden geldwerten Vorteil dar.

9. Nettolohnvereinbarungen, Schwarzgeldzahlungen und missglückte Pauschalierung

a) Nettolohnvereinbarungen

Arbeitnehmer und Arbeitgeber können arbeitsvertraglich eine Nettolohnvereinbarung treffen. Erforderlich ist allerdings eine klare und ausdrückliche Vereinbarung, die im Streitfall als Ausnahme vom Grundsatz des Bruttolohnes durch den Arbeitnehmer dargelegt und bewiesen werden muss (BFH-Urteile vom 14. 3. 1986, BStBl. II S. 886 und vom 13. 10. 1989, BStBl. 1990 II S. 30).

Die Nettolohnvereinbarung befreit den Arbeitnehmer von seiner Steuerschuld und ggf. auch von seiner Beitragslast bezüglich der Sozialversicherungsbeiträge. Obwohl die Nettolohnvereinbarung lediglich einen **arbeitsrechtlichen** Anspruch des Arbeitnehmers auf Befreiung von den Lohnabzugsbeträgen begründet, schützt ihn die Befreiungswirkung faktisch gegen die Inanspruchnahme durch das Finanzamt. Diese Schutzwirkung resultiert daraus, dass der Arbeitnehmer durch die vom Arbeitgeber erteilte Zusage, die Lohnabzugsbeträge zu übernehmen, davon ausgehen kann, dass mit der Auszahlung des Nettolohns der (fiktive) Bruttolohn vorschriftsmäßig gekürzt wurde.

Die Nettolohnvereinbarung ist ein Sonderfall des Lohnsteuerabzugs. Voraussetzung für die aus § 42d Abs. 3 Satz 4 EStG abgeleitete „Tilgungsmaßnahme" ist, dass der Arbeitnehmer dem Arbeitgeber vor Durchführung des Lohnsteuerabzugs eine – ggf. weitere – Lohnsteuerkarte ausgehändigt hat. Denn insofern darf der Arbeitnehmer nur dann von einem vorschriftsmäßigen Lohnsteuereinbehalt ausgehen, wenn dem Arbeitgeber die für den Lohnsteuerregelabzug erforderliche Lohnsteuerkarte vorliegt (BFH-Urteil vom 28.2.1992, BStBl. II S. 732).

Stellt sich bei einer eindeutigen Nettolohnvereinbarung nachträglich heraus, dass die Lohnsteuer vom Arbeitgeber unzutreffend einbehalten wurde, so handelt das Finanzamt ermessensfehlerfrei, wenn es den **Arbeitgeber** als Haftungsschuldner **in Anspruch nimmt.** Eine Inanspruchnahme des **Arbeitnehmers** ist im Falle der Nettolohnvereinbarung nur dann möglich, wenn der Arbeitnehmer weiß, dass der Arbeitgeber die Lohnsteuer nicht angemeldet hat (BFH-Urteil vom 8. 11. 1985, BStBl. 1986 II S. 186). Die Inanspruchnahme des Arbeitgebers erfolgt im Regelfall durch **Netto-Einzelberechnung** nach den Besteuerungsmerkmalen des Jahres, in dem der unzutreffend besteuerte Arbeitslohn zugeflossen ist (vgl. die Erläuterungen unter Nr. 11 Buchstabe b).

b) Schwarzgeldzahlungen

Bei Lohnsteuer-Außenprüfungen werden nicht selten sog. **Schwarzgeldzahlungen** festgestellt. Diesen Zahlungen liegen Schwarzlohnvereinbarungen zugrunde, das heißt Arbeitgeber und Arbeitnehmer haben einvernehmlich mit dem Zweck der Hinterziehung der Lohnsteuer und der Gesamtbeiträge zur Sozialversicherung zusammengewirkt, um zum beiderseitigen Vorteil diese Lohnabzüge zu ersparen. Derartige Absprachen kommen sowohl in der Form vor, dass die gesamte Arbeitsvergütung schwarz ausgezahlt wird als auch in der Form, dass Teile der Arbeitsvergütung beispielsweise die Überstundenvergütung, schwarz ausgezahlt werden.

Sind bei **illegalen Beschäftigungsverhältnissen** Beiträge zur Sozialversicherung und zur Arbeitsförderung nicht gezahlt worden, gilt für den Bereich der Sozialversicherung ein Nettoarbeitsentgelt als vereinbart (§ 14 Abs. 2 Satz 2 SGB IV). Eine **Schwarzlohnvereinbarung** zwischen Arbeitgeber und Arbeitnehmer mit dem Ziel der einvernehmlichen Hinterziehung der Lohnsteuer **stellt demgegenüber keine Nettolohnvereinbarung dar** (BFH-Urteil vom 21. 2. 1992, BStBl II S. 443).

Die Nachversteuerung bei Schwarzlohnvereinbarungen erfolgt in der Praxis auf der Basis eines **Nettosteuersatzes** (BFH-Urteil vom 21. 2. 1992, BStBl. II S. 443). Da im Regelfall sowohl ein Rückgriff des Arbeitgebers hinsichtlich der Anteile des Arbeitnehmers bei den Sozialversicherungsbeiträgen wie auch ein **Rückgriff** des Arbeitgebers hinsichtlich der Lohnsteuer aus tatsächlichen und rechtlichen Gründen **ausscheidet,** wird bei einer Inanspruchnahme des Arbeitgebers als Haftungsschuldner Folgendes versteuert:

– der schwarz ausgezahlte Barlohn;

– die auf den Schwarzlohn entfallenden Steuern, für die der Arbeitgeber haftet (geldwerter Vorteil für den Arbeitnehmer);

– die vom Arbeitgeber nachzuzahlenden Arbeitnehmeranteile zur Gesamtsozialversicherung als zusätzlicher geldwerter Vorteil für den Arbeitnehmer (BFH-Urteil vom 13. 9. 2007, BStBl. 2008 II S. 58); dem Lohnzufluss steht nicht entgegen, dass der Arbeitgeber beim Arbeitnehmer gemäß § 28g SGB IV keinen Rückgriff mehr nehmen kann;

Haftung des Arbeitgebers

– die Steuern, die auf die Nacherhebung der Arbeitnehmeranteile zur Gesamtsozialversicherung entfallen (als weiterer geldwerter Vorteil für den Arbeitnehmer).

c) Missglückte Pauschalierung bei Aushilfskräften und Teilzeitbeschäftigten

Bei Aushilfskräften und Teilzeitbeschäftigten kann die Lohnsteuer bei Vorliegen bestimmter Voraussetzungen pauschal versteuert werden (vgl. das Stichwort „Pauschalierung der Lohnsteuer bei Aushilfskräften und Teilzeitbeschäftigten"). Der pauschal versteuerte Arbeitslohn wird nicht auf der Lohnsteuerkarte bescheinigt; er bleibt deshalb bei einer Veranlagung des Arbeitnehmers zur Einkommensteuer außer Betracht. Schuldner der pauschalen Lohnsteuer ist stets der Arbeitgeber, auch wenn der Arbeitnehmer die Pauschalsteuer im Innenverhältnis übernimmt (vgl. das Stichwort „Abwälzung der Pauschalsteuer auf den Arbeitnehmer").

Stellt sich nachträglich heraus, dass die vorgenommene Pauschalversteuerung ganz oder teilweise unzulässig war, wird der bisher pauschal versteuerte Arbeitslohn nach den individuellen Besteuerungsmerkmalen des Arbeitnehmers nachversteuert, wenn nicht eine andere als die vom Arbeitgeber gewählte Pauschalierungsmöglichkeit in Betracht kommt. Dabei ist zu beachten, dass allein aus der Vereinbarung eines Pauschalierungsarbeitsverhältnisses noch nicht die Schlussfolgerung gezogen werden kann, dass der Arbeitgeber auch dann gegenüber seinen Arbeitnehmern zur Übernahme der Lohnsteuer verpflichtet ist, wenn sich die Pauschalierungsvoraussetzungen als nicht gegeben erweisen (BFH vom 8.11.1985, BStBl. 1986 II S. 274). Von einer Nettolohnvereinbarung kann nur dann ausgegangen werden, wenn der Abschluss einer derartigen Vereinbarung klar und einwandfrei feststellbar ist (BFH-Urteile vom 14.3.1986, BStBl. II S. 886 und vom 13.10.1989, BStBl. 1990 II S. 30).

Die nachzuerhebende Steuer ist somit im Grundsatz vom vereinbarten Lohn brutto zu ermitteln. Gegebenenfalls kommt eine Hochrechnung der Bruttosteuer als Nettobezug in Betracht, wenn der Arbeitgeber auf seine Regressansprüche gegen die Arbeitnehmer verzichtet (vgl. die Erläuterungen unter Nr. 11). Hierbei ist jedoch zu beachten, dass dem Arbeitgeber gerade bei Beschäftigung von Teilzeitkräften wegen der oft nur kurzen Beschäftigungsdauer ein Regress beim Arbeitnehmer nicht mehr möglich ist. Der Arbeitgeber trägt die nachzuentrichtende Steuer in diesen Fällen unfreiwillig, sodass er nur mit der Bruttosteuer in Anspruch genommen werden kann. Die Übernahme der Lohnsteuer stellt hier keine beabsichtigte Zuwendung des Arbeitgebers an die Arbeitnehmer dar.

10. Einwendungen gegen eine Lohnsteuernachforderung aus sachlichen Gründen

Lohnsteuernachforderungen ergeben sich oft daraus, dass das Finanzamt zu einem bestimmten Sachverhalt eine andere Rechtsauffassung vertritt als der Arbeitgeber. Hat der Arbeitgeber deshalb keine oder eine geringere Lohnsteuer einbehalten, weil er z. B. von ihm beschäftigte Personen nicht als Arbeitnehmer betrachtet oder bestimmte Zuwendungen für lohnsteuerfrei gehalten hat, so kann er seine abweichende Meinung im ordentlichen Rechtsbehelfsverfahren gegen den Haftungsbescheid (Einspruch, Klage, Revision) gegebenenfalls bis zum Bundesfinanzhof geltend machen.

Ansprüche auf **Steuerermäßigung**, die der **Arbeitnehmer** in den dafür vorgesehenen Verfahren (z. B. Eintragung einer günstigeren Steuerklasse oder steuerfreier Beträge auf der Lohnsteuerkarte, Antrag auf Durchführung einer Einkommensteuerveranlagung zur Erstattung von Lohnsteuer) hätte geltend machen müssen und die er wegen Ablaufs der dafür festgesetzten Fristen nicht mehr verwirklichen kann, können auch im Lohnsteuerhaftungsverfahren **im Grundsatz nicht mehr** berücksichtigt werden (BFH-Beschluss vom 6.6.2005, BFH/NV 2005 S. 1793). Nur in Ausnahmefällen, z. B. wenn sich Arbeitgeber und Arbeitnehmer in gutem Glauben über die Zugehörigkeit bestimmter Bezüge zum Arbeitslohn geirrt haben und es der Arbeitnehmer deshalb unterlassen hat, mit diesen Bezügen zusammenhängende Aufwendungen als Werbungskosten geltend zu machen, kann die Steuerermäßigung im Haftungsverfahren noch nachgeholt werden (BFH-Urteile vom 29.11.1968, BStBl. 1969 II S. 173 und vom 5.11.1971, BStBl. 1972 II S. 137). Der Irrtum des Arbeitgebers darf aber nicht auf einer groben und für ihn offensichtlichen Verletzung steuerlicher Pflichten beruhen. Ein solcher Irrtum ist deshalb nicht anzuerkennen, wenn der Arbeitgeber (z. B. bei einer früheren Lohnsteuer-Außenprüfung) auf die Lohnsteuerpflicht bestimmter Zuwendungen hingewiesen wurde (BFH-Urteil vom 10.2.1961, BStBl. III S. 139). Entsprechendes gilt, wenn der Arbeitgeber in schwierigen Fällen, in denen ihm bei Anwendung der gebotenen Sorgfalt Zweifel über die Rechtslage kommen müssten, von der Möglichkeit der Anrufungsauskunft nach § 42e EStG keinen Gebrauch gemacht hat (BFH-Urteil vom 18.8.2005, BStBl. 2006 II S. 30).

Ausnahmsweise kann von einer Inanspruchnahme des Arbeitgebers abgesehen werden, wenn es sich um einen oder wenige langfristig beschäftigte und gering entlohnte Arbeitnehmer handelt, für die keine Lohnsteuerkarten vorgelegen haben, und damit gerechnet werden kann, dass ihre Einkünfte keinen materiellen Steueranspruch ausgelöst haben. Voraussetzung ist, dass die Namen der Arbeitnehmer und ihre Anschriften bekannt sind und sich das Verhalten des Arbeitgebers nicht als grob fahrlässig darstellt (BFH-Urteil vom 15.11.1974, BStBl. 1975 II S. 297).

Wird Lohnsteuer vom Arbeitnehmer nachgefordert, kann dieser sämtliche Gründe gegen die Nachforderung geltend machen, und zwar auch dann, wenn die Frist für den Antrag auf Durchführung einer Einkommensteuerveranlagung zur Erstattung von Lohnsteuer für das betreffende Kalenderjahr bereits verstrichen ist; wobei das Nachschieben von Steuerermäßigungen jedoch nicht zu einer Erstattung führen darf (BFH-Urteil vom 26.1.1973, BStBl. II S. 423).

11. Berechnung der Steuernachforderung

a) Allgemeines

Bei Nachforderungen für abgelaufene Kalenderjahre ist die Jahreslohnsteuer zu ermitteln, wenn der Arbeitnehmer während des ganzen Jahres bei demselben Arbeitgeber beschäftigt gewesen ist. Für die Lohnsteuerermittlung ist grundsätzlich von den persönlichen Besteuerungsmerkmalen des Arbeitnehmers auszugehen. Bei der Feststellung der Besteuerungsgrundlagen trifft den Arbeitgeber eine erhöhte Mitwirkungspflicht.

Bei **Nichtvorlage** einer **Lohnsteuerkarte** durch den Arbeitnehmer ist der Arbeitgeber nach § 39c Abs. 1 Satz 1 EStG verpflichtet, die Lohnsteuer nach Steuerklasse VI einzubehalten (vgl. das Stichwort „Nichtvorlage der Lohnsteuerkarte"). Entsprechendes gilt für beschränkt einkommensteuerpflichtige Arbeitnehmer, die ihrem Arbeitgeber keine entsprechende Bescheinigung für den Lohnsteuerabzug vorlegen (§ 39d Abs. 3 Satz 4 EStG). Führt der Arbeitgeber in diesen Fällen den Lohnsteuerabzug trotz Nichtvorliegens der Lohnsteuerkarte/Bescheinigung für den Lohnsteuerabzug nicht nach Steuerklasse VI, sondern nach Steuerklasse I durch, so kann der Arbeitgeber auch noch **nach Ablauf des Kalenderjahrs**, für das die Lohnsteuerkarte/Bescheinigung gilt, als **Haftungsschuldner** nach § 42d Abs. 1 Nr. 1 EStG in Anspruch genommen werden (BFH-Urteil vom 12.1.2001, BStBl. 2003 II S. 151; H 42d.1 – Allgemeines zur Arbeitgeberhaftung – LStH). Der BFH begründet dies damit, dass

Haftung des Arbeitgebers

die Anwendung der Regelung in § 39c Abs. 1 EStG gerade Steuerausfälle verhindern soll (insbesondere bei Arbeitnehmern, die nebeneinander aus zwei Beschäftigungsverhältnissen Arbeitslohn beziehen) und deshalb zeitlich nicht beschränkt sein kann. Falls eine Lohnsteuer-Außenprüfung aufdeckt, dass ein Lohnsteuerabzug nach der Steuerklasse VI unterblieben ist und die Voraussetzungen für eine Haftung des Arbeitgebers nach § 42d EStG ansonsten erfüllt sein sollten, kann das vorstehende BFH-Urteil erhebliche finanzielle Auswirkungen für die Arbeitgeber haben. Deshalb sollte beim laufenden Lohnsteuerabzug unbedingt auf die Vorlage der notwendigen Urkunden (Lohnsteuerkarte; Lohnsteuerabzugsbescheinigung) geachtet, und soweit die Vorlagefristen verstrichen sind, der Steuerabzug nach Steuerklasse VI vorgenommen werden.

Werden durch eine Lohnsteuer-Außenprüfung nachzuversteuernde Zuwendungen festgestellt und steht fest, dass die Steuer vom Arbeitgeber nachgefordert wird, so ergeben sich für die Berechnung der Steuernachforderung mehrere Möglichkeiten, je nach dem, ob der Arbeitgeber die im Haftungsverfahren gezahlte Lohnsteuer dem Arbeitnehmer weiterbelasten will, ob er die Lohnsteuer endgültig übernimmt oder ob eine Lohnsteuerpauschalierung in Betracht kommt:

– **Brutto-Einzelberechnung,**
– **Netto-Einzelberechnung,**
– Anwendung eines **Pauschsteuersatzes** auf Antrag des Arbeitgebers,
– **Schätzung der Lohnsteuer** bei Fehlen eines Pauschalierungsantrags.

b) Brutto-Einzelberechnung

Die Brutto-Einzelberechnung kommt in Betracht, wenn Steuerabzugsbeträge von den Arbeitnehmern nachzufordern sind, der Arbeitgeber aber nicht beabsichtigt, die nachgeforderten Steuerabzugsbeträge zu übernehmen, das heißt der Arbeitgeber erklärt, dass er die von ihm im Haftungsverfahren gezahlte Lohnsteuer vom Arbeitnehmer zurückfordern wird. Die nachzufordernde Lohnsteuer ist dabei grundsätzlich individuell zu ermitteln. Der individuellen Ermittlung der Steuerabzugsbeträge steht nicht entgegen, dass es sich um eine Vielzahl von Fällen handelt oder sie mit einem großen Arbeitsaufwand verbunden ist (BFH-Urteil vom 17.3.1994, BStBl. II S. 536). Der Arbeitgeber hat im Rahmen seiner Mitwirkungspflichten dem Finanzamt angemessene und zumutbare Hilfestellung bei der Berechnung der Steuerabzugsbeträge zu leisten (BFH-Urteil vom 1.7.1994, BFH/NV 1995 S. 297).

Der Nachforderungsbetrag ergibt sich aus dem Unterschied zwischen der Lohnsteuer, die auf den bisher versteuerten Arbeitslohn, und der Lohnsteuer, die auf den vom Prüfer festgestellten Arbeitslohn entfällt. Für die Berechnung der (Brutto-)Lohnsteuer ist der Lohnsteuertarif des Kalenderjahres anzuwenden, in dem der zu versteuernde geldwerte Vorteil zugeflossen ist.

Beispiel

Bei einer Lohnsteuer-Außenprüfung im Kalenderjahr 2010 wird Folgendes festgestellt:

Ein Arbeitnehmer (Steuerklasse III/1 Kinderfreibetrag), rk Kirchensteuer (8%) bewohnte im Kalenderjahr 2009 eine Werkswohnung, die ihm sein Arbeitgeber verbilligt überlassen hat. Hierfür wäre ihm ein geldwerter Vorteil von (100 € × 12 =) 1200 € zuzurechnen gewesen. Die Besteuerung dieses geldwerten Vorteils ist bisher unterblieben. Der bisher versteuerte Jahresarbeitslohn 2009 beträgt 35 000 €. Es ergibt sich für das Kalenderjahr 2009 folgende Berechnung der Steuernachforderung:

	LSt	SolZ	KiSt
bisheriger Jahresarbeitslohn	35 000,– €	2 790,– €	0,– €	109,76 €
geldwerter Vorteil	1 200,– €			
Gesamt	36 200,– €	3 136,– €	19,03 €	137,44 €
Nachforderung		346,– €	19,03 €	27,68 €

Bei der nächsten Lohnsteuer-Außenprüfung prüft das Finanzamt, ob der Arbeitgeber den nachentrichteten Betrag in Höhe von 392,71 € (346,– € + 19,03 € + 27,68 €) vom Arbeitnehmer zurückgefordert hat. Hat der Arbeitgeber diesen Betrag nicht vom Arbeitnehmer zurückgefordert, so erfasst das Finanzamt die Übernahme durch den Arbeitgeber wiederum als steuerpflichtigen geldwerten Vorteil. Der Vorteil ist im Zeitpunkt des Verzichts auf den Rückgriff als „sonstiger Bezug" zu versteuern (vgl. die Erläuterungen unter dem nachfolgenden Buchstaben c). Übernimmt der Arbeitgeber die hierauf entfallende Lohnsteuer, so ist eine Nettobesteuerung dieses sonstigen Bezugs durchzuführen (die Nettobesteuerung eines sonstigen Bezugs ist beim Stichwort „Sonstige Bezüge" unter Nr. 13 dargestellt).

Auch wenn der Arbeitgeber die Steuerbeträge nach einer Lohnsteuer-Außenprüfung nicht an den Arbeitnehmer weiterbelasten kann, ist für den bisher unversteuerten Arbeitslohn im Zuflussjahr die Bruttosteuer zu ermitteln. Ob in der unterbliebenen Weiterbelastung ein zusätzlicher steuerpflichtiger Vorteil zu sehen ist, hängt von den Gründen ab. Entscheidend ist, ob der Arbeitgeber objektiv seinen Ausgleichsanspruch gegen den Arbeitnehmer nicht mehr geltend machen kann (z.B. der Arbeitnehmer ist unbekannt verzogen oder zahlungsunfähig), ob er erfolglos war oder ob er lediglich aus subjektiven Gründen (z.B. Regressverzicht gegenüber dem Arbeitnehmer oder zu hoher Verwaltungsaufwand) auf die Geltendmachung seines Anspruchs verzichtet. Kann der Arbeitgeber seinen Ausgleichsanspruch aus objektiven Gründen nicht geltend machen, hat er die nachgeforderten Steuerbeträge aufgrund seiner Haftung an das Finanzamt zu entrichten. Darin kann kein zusätzlicher Arbeitslohn gesehen werden (vgl. unter Nr. 8).

c) Netto-Einzelberechnung

Ist der Arbeitgeber bereit, die Steuerabzugsbeträge, die auf den bisher nicht versteuerten Arbeitslohn entfallen, zu übernehmen, so ist in entsprechender Anwendung des BFH-Urteils vom 29.10.1993 (BStBl. 1994 II S. 197) zunächst nur die **Bruttosteuer** zu ermitteln, die für die einzelnen Kalenderjahre des Prüfungszeitraums im Einzelfall auf den Nachforderungsgrund entfällt. Erst die Zahlung der nachgeforderten Lohnsteuerbeträge an das Finanzamt (also die Entrichtung der Haftungsschuld durch den Arbeitgeber) führt beim Arbeitnehmer zu einem weiteren Lohnzufluss. Denn der Arbeitgeber übernimmt im Zeitpunkt der Zahlung die Lohnsteuer des Arbeitnehmers. Bei einer endgültigen Übernahme wird dieser Lohn als Nettozuwendung versteuert (R 39b.9 Abs. 1 LStR). Für die Berechnung der Lohnsteuer ist der netto gezahlte sonstige Bezug auf einen Bruttobetrag hochzurechnen. Aus Vereinfachungsgründen sind vor der Steuerberechnung vom Nettolohn der auf den Lohnzahlungszeitraum entfallende Anteil der Freibeträge für Versorgungsbezüge und des Altersentlastungsbetrags abzuziehen, wenn die Voraussetzungen für den Abzug dieser Beträge jeweils erfüllt sind (R 39b.9 Abs. 1 Satz 5 LStR). Übernimmt der Arbeitgeber außer der Lohnsteuer auch den Solidaritätszuschlag, die Kirchensteuer und ggf. den Arbeitnehmeranteil am Gesamtsozialversicherungsbeitrag, so sind bei der Ermittlung des Bruttoarbeitslohns außer der Lohnsteuer auch diese weiteren Abzugsbeträge einzubeziehen (R 39b.9 Abs. 2 Satz 2 Nr. 2 LStR). Auf das Berechnungsbeispiel in **Anhang 12** auf Seite 968 wird hingewiesen.

Wird eine Nettolohnvereinbarung festgestellt (vgl. unter Nr. 9 Buchstabe a), vom Arbeitgeber das Vorliegen einer Nettozuwendung eingeräumt oder ist der Arbeitgeber aus Vereinfachungsgründen mit der sofortigen Inanspruchnahme als Haftungsschuldner mit der individuellen Nettosteuerberechnung einverstanden (vgl. unter Nr. 8), ist die Lohnsteuer bereits für das **Jahr des Zuflusses** des nachzuversteuernden sonstigen Bezuges im Wege der Nettolohnversteuerung nach R 39b.9 LStR zu berechnen. Übernimmt der Arbeitgeber in diesem Fall auch die auf den sonstigen Bezug entfallende Kirchensteuer, den Solidaritätszuschlag und den Arbeitnehmeranteil am Gesamtsozialversicherungsbeitrag, so sind in die Berechnung der Steuernachforderung diese weiteren Lohnabzugsbeträge einzubeziehen (R 39b.9 Abs. 2 Satz 2 Nr. 2 LStR).

Haftung des Arbeitgebers

d) Pauschsteuersatz auf Antrag des Arbeitgebers

Die Berechnung der Steuernachforderung ist insbesondere dann, wenn mehrere Arbeitnehmer betroffen sind, mit einem erheblichen Arbeitsaufwand verbunden. Bei einer Nachforderung von Lohnsteuer in einer größeren Zahl von Fällen kann deshalb die Lohnsteuer mit einem Pauschsteuersatz erhoben werden, **wenn der Arbeitgeber dies** nach § 40 Abs. 1 Nr. 2 EStG **beantragt.** Dabei kommt es nicht darauf an, ob sonstige Bezüge oder Teile des **laufenden** Arbeitslohns nachzuversteuern sind. Auch die **Pauschalierungsgrenze von 1000 €,** die bei einer Pauschalierung von sonstigen Bezügen normalerweise zu beachten ist, findet bei einer Lohnsteuer-Außenprüfung **keine Anwendung.** Pauschalierte Lohnsteuer darf nur für solche Einkünfte aus nichtselbstständiger Arbeit erhoben werden, die dem Lohnsteuerabzug unterliegen, wenn der Arbeitgeber keinen Pauschalierungsantrag gestellt hätte (BFH-Urteil vom 10.5.2006, BStBl. II S. 669).

Derjenige, der für den Arbeitgeber im Rahmen der Lohnsteuer-Außenprüfung auftritt, ist in der Regel nach den Grundsätzen der Anscheinsvollmacht dazu befugt, einen Antrag auf Lohnsteuer-Pauschalierung zu stellen (BFH-Urteil vom 10.10.2002, BStBl. 2003 II S. 156). Es empfiehlt sich, die Antragstellung aktenkundig zu machen.

Der Arbeitgeber ist an seinen Pauschalierungsantrag gebunden, sobald der Pauschalierungsbescheid bekannt gegeben worden ist. War sich der Arbeitgeber über die Bedeutung und Rechtsfolgen des Antrags auf Pauschalierung der Steuern nicht im Klaren und sind im Einspruchsverfahren seine Einwendungen gegen den Pauschalierungsbescheid als Rücknahme oder Anfechtung des Pauschalierungsantrags zu verstehen, so wäre es im Regelfall ermessensfehlerhaft, wenn das Finanzamt den Pauschalierungsbescheid aufrechterhält, obwohl es den Steueranspruch durch Erlass eines Haftungsbescheids gegenüber dem Arbeitgeber realisieren könnte (BFH-Urteil vom 5.3.1993, BStBl. II S. 692). Wird der Nachforderungsbescheid auf den Einspruch des Arbeitgebers aufgehoben, ist der dort berücksichtigte Arbeitslohn dann entweder durch Haftungsbescheid nachzuversteuern oder im Rahmen der Einkommensteuerveranlagung des Arbeitnehmers zu erfassen (BFH-Beschluss vom 18.1.1991, BStBl. II S. 309). Für Nachforderungszeiträume, die wegen des Ablaufs der Festsetzungsfrist nicht mehr im Haftungswege oder im Rahmen der Einkommensteuerveranlagung realisiert werden können, muss jedoch der Pauschalierungsbescheid bestehen bleiben (BFH-Urteil vom 5.3.1993, BStBl. II S. 692).

Ein nach § 40 Abs. 1 Nr. 2 EStG ergangener Lohnsteuer-Pauschalierungsbescheid ist nicht deshalb nichtig, weil der Arbeitgeber keinen Pauschalierungsantrag gestellt hat (BFH-Urteil vom 7.2.2002, BStBl. II S. 438). Deshalb ist ein bestandskräftig gewordener Pauschalierungsbescheid auch dann als verbindlich anzuerkennen, wenn er vom Finanzamt ohne Antrag des Arbeitgebers erlassen wurde. Um verfahrensrechtliche Schwierigkeiten zu vermeiden, sollte jedoch stets auf den erforderlichen (schriftlichen) Pauschalierungsantrag geachtet werden.

Die Pauschalierung setzt voraus, dass der Arbeitgeber die pauschale Lohnsteuer übernimmt. Dazu wird der für das jeweilige Zuflussjahr des nachzuversteuernden Betrags ermittelte Bruttosteuersatz auf den Nettosteuersatz hochgerechnet. Im Rahmen der Lohnsteuerpauschalierung übernimmt der Arbeitgeber auch die Kirchensteuer und einen ggf. anfallenden Solidaritätszuschlag. Die Übernahme der Kirchensteuer stellt zwar für den Arbeitnehmer einen Vorteil dar, die Finanzverwaltung verzichtet aber bei der Anwendung eines Pauschsteuersatzes aus Vereinfachungsgründen auf die Einbeziehung dieses Vorteils. Das Gleiche gilt für die Übernahme des Solidaritätszuschlags. Die Ermittlung des Pauschsteuersatzes ist beim Stichwort „Pauschalierung der Lohnsteuer" unter Nr. 2 Buchstabe b auf Seite 518 anhand eines Beispiels dargestellt (ebenso die Berechnung der Kirchensteuer und des gegebenenfalls nachzuerhebenden Solidaritätszuschlags).

Der pauschal versteuerte Arbeitslohn, die pauschale Lohn- und Kirchensteuer sowie der pauschalierte Solidaritätszuschlag bleiben bei der Einkommensteuerveranlagung des Arbeitnehmers außer Ansatz. Sie dürfen deshalb **nicht** in der (elektronischen) Lohnsteuerbescheinigung berücksichtigt werden. Die pauschale Lohnsteuer entsteht nicht erst durch den auf das Pauschalierungsverfahren hin ergehenden Bescheid über die nachzuerhebende Lohnsteuer, sondern bereits im Zeitpunkt des Lohnzuflusses beim Arbeitnehmer (BFH-Urteil vom 6.5.1994, BStBl. II S. 715). Der Entstehungszeitpunkt der pauschalen Lohnsteuer ist vor allem für die Festsetzungsverjährung von großer Bedeutung. Denn die Festsetzungsfrist beträgt in der Regel 4 Jahre, beginnend mit dem Zeitpunkt, in dem die Steuer entsteht (vgl. das Stichwort „Verjährung").

e) Schätzung der Lohnsteuer bei fehlendem Pauschalierungsantrag

Stellt der Arbeitgeber keinen Pauschalierungsantrag, so gehen die Lohnsteuer-Außenprüfer im Regelfall nach folgenden Grundsätzen vor:

Kann die Höhe des nachzuversteuernden Betrags für den einzelnen Arbeitnehmer nicht genau festgestellt werden, weil eine genaue Feststellung **objektiv unmöglich** ist und der Arbeitgeber die Lohnsteuer von den Arbeitnehmern nicht zurückverlangt oder nicht zurückverlangen kann, so ist die nachzuerhebende Lohnsteuer in Anlehnung an § 40 Abs. 1 EStG regelmäßig mit dem niedrigeren Bruttosteuersatz zu schätzen; zur Realisierung der auf den Regressverzicht entfallenden Steuerabzugsbeträge vgl. nachfolgend unter f. Eine Schätzung mit einem Nettosteuersatz im Jahr des Zuflusses des Arbeitslohns ist nur beim Vorliegen einer Nettolohnvereinbarung zulässig. Die Steuerbeträge sind durch **Haftungsbescheid** und nicht durch Steuerbescheid zu erheben, da es sich nicht um eine Pauschalierung der Lohnsteuer nach § 40 EStG handelt und der Arbeitgeber demnach nicht Steuerschuldner ist.

Sind die nachzuversteuernden Beträge der Höhe nach für jeden Arbeitnehmer eindeutig feststellbar und ist somit die Berechnung der individuellen Steuer **möglich** (z. B. Nachversteuerung von geldwerten Vorteilen bei der Überlassung von Werkswohnungen oder bei der privaten Pkw-Nutzung), so ist bei einem Fehlen des Antrags des Arbeitgebers auf Pauschalierung eine Brutto-Einzelberechnung (vgl. unter a) oder bei einem Verzicht auf Regress gegenüber den Arbeitnehmern eine Netto-Einzelberechnung (vgl. unter b) für jeden einzelnen Arbeitnehmer durchzuführen. Eine Ermittlung der Lohnsteuer in Anlehnung an die für eine Pauschalierung geltenden Grundsätze ist nach dem BFH-Urteil vom 17.3.1994 (BStBl. II S. 536) nicht zulässig. Der Arbeitgeber muss in diesen Fällen aufgrund seiner Mitwirkungspflicht dem Prüfer alle für eine derartige Berechnung erforderlichen Merkmale (Bruttoarbeitslohn, Freibeträge, Steuerklasse usw.) vorlegen.

12. Verfahren bei der Lohnsteuernachholung

Wird Lohnsteuer beim Arbeitgeber nachgeholt, so ist zu unterscheiden, ob es sich um die Nachforderung pauschaler Lohnsteuer oder um eine Inanspruchnahme des Arbeitgebers im Haftungsverfahren handelt.

Haftung des Arbeitgebers

Lohnsteuernacherhebung beim Arbeitgeber

durch **Nachforderungsbescheid**: Durch diesen Bescheid wird **pauschale Lohnsteuer** (§§ 37b, 40, 40a und 40b EStG) vom Arbeitgeber als Steuerschuldner nachgefordert. Der Nachforderungsbescheid ist ein Steuerbescheid im Sinne des § 155 AO für den die Änderungsvorschriften der §§ 172ff. AO gelten.

durch **Haftungsbescheid**: Durch diesen Bescheid wird der Arbeitgeber als **Haftungsschuldner** in Anspruch genommen (der Arbeitnehmer bleibt Steuerschuldner). Der Haftungsbescheid ist **kein Steuerbescheid** im Sinne des § 155 AO; eine Änderung richtet sich deshalb nach den §§ 130, 131 AO.

Zur Nachforderung von Lohnsteuer beim Arbeitnehmer vgl. R 41c.3 LStR sowie das Stichwort „Nachforderung der Lohnabzugsbeträge vom Arbeitnehmer". Zur Nachforderung der Lohnsteuer durch Erhöhung der Lohnsteuer-Entrichtungsschuld des Arbeitgebers vgl. die Erläuterungen beim Stichwort „Änderung des Lohnsteuerabzugs".

a) Haftungsbescheid

Wird der Arbeitgeber anstelle des Arbeitnehmers im Haftungsverfahren in Anspruch genommen, so erlässt das Finanzamt über die Lohnsteuernachforderung einen Haftungsbescheid mit Rechtsbehelfsbelehrung und Erläuterung der Steuerfestsetzung. Hiervon kann jedoch Abstand genommen werden, wenn der Haftungsschuldner (Arbeitgeber) seine **Zahlungsverpflichtung** gegenüber dem Prüfer oder dem Finanzamt schriftlich anerkennt oder wenn der Arbeitgeber über die von ihm einbehaltene, aber noch nicht abgeführte Lohnsteuer eine Lohnsteueranmeldung abgibt (§ 42d Abs. 4 EStG). Erkennt der Arbeitgeber nach einer Lohnsteuer-Außenprüfung seine Zahlungsverpflichtung gegenüber dem Finanzamt schriftlich an (§ 42d Abs. 4 Nr. 2 EStG), ergeht unter Bezugnahme auf diese Zahlungsverpflichtung nur ein Bescheid über die Aufhebung des Vorbehalts der Nachprüfung. Das Leistungsgebot für den Arbeitgeber und die Fälligkeit der nachzuzahlenden Beträge ergibt sich unmittelbar aus dem Zahlungsanerkenntnis. Das Haftungsanerkenntnis nach einer Lohnsteuer-Außenprüfung bedeutet zwar keinen Rechtsbehelfsverzicht und setzt auch keine Rechtsbehelfsfrist in Lauf (BFH-Urteil vom 14.11.1986, BStBl 1987 II S. 198). Will der Arbeitgeber Einwendungen gegen das Anerkenntnis geltend machen, so empfiehlt es sich, diese im Rahmen eines Einspruchs gegen den Bescheid über die Aufhebung des Vorbehalts der Nachprüfung vorzubringen. Dieser Bescheid umfasst nämlich gleichzeitig auch die Aufhebung des Vorbehalts der Nachprüfung für das Zahlungsanerkenntnis. Das Anerkenntnis nach § 42d Abs. 4 Nr. 2 EStG steht einer Lohnsteueranmeldung gleich (§ 167 Abs. 1 Satz 3 AO) und ist damit nach Bestandskraft des Aufhebungsbescheids nur noch eingeschränkt änderbar.

Wird vom Arbeitgeber pauschale Lohnsteuer nacherhoben (dies sind nach § 40 Abs. 3 EStG alle Pauschalierungen im Sinne der §§ 37b, 40, 40a und 40b EStG) und wird er zugleich als Haftungsschuldner in Anspruch genommen, so ist die Steuerschuld von der Haftungsschuld eindeutig zu trennen. Dies kann im Entscheidungssatz des zusammengefassten Steuer- und Haftungsbescheids, in der Begründung dieses Bescheids oder in dem dem Arbeitgeber bereits bekannten oder beigefügten Bericht einer Lohnsteuer-Außenprüfung, auf den zur Begründung Bezug genommen ist, erfolgen (BFH-Urteil vom 1.8.1985, BStBl. II S. 664). Die Steuerschuld und Haftungsschuld können äußerlich in einer Verfügung verbunden werden (BFH-Urteil vom 16.11.1984, BStBl 1985 II S. 266). Bei einer Nachforderung von Lohnsteuer für abgelaufene Kalenderjahre braucht die Steuerschuld oder der Haftungsbetrag nur nach Kalenderjahren aufgegliedert zu werden (BFH-Urteile vom 18.7.1985, BStBl 1986 II S. 152 und vom 22.11.1988, BStBl. 1989 II S. 220). Eine Aufgliederung auf die einzelnen Lohnsteuer-Anmeldungszeiträume ist nicht erforderlich.

Wird im Anschluss an eine Außenprüfung pauschale Lohnsteuer fälschlicherweise durch einen Haftungsbescheid geltend gemacht, kann mit der Aufhebung des Haftungsbescheides die Unanfechtbarkeit i.S. des § 171 Abs. 4 Satz 1 AO und damit das Ende der Ablaufhemmung für die Festsetzungsfrist eintreten (BFH-Urteil vom 6.5.1994, BStBl. II S. 715). Der Eintritt der Festsetzungsverjährung kann nur vermieden werden, wenn der nicht korrekte Haftungsbescheid erst dann aufgehoben wird, nachdem zuvor der formell korrekte Nachforderungsbescheid erlassen worden ist.

Der Haftungsbetrag ist grundsätzlich auf die einzelnen Arbeitnehmer aufzuschlüsseln und individuell zu ermitteln. Dies gilt trotz des damit verbundenen Arbeitsaufwands auch in einer Vielzahl von Fällen. Hierdurch wird dem Arbeitgeber erst die Weiterbelastung der nachgeforderten Beträge an die Arbeitnehmer ermöglicht (vgl. die Erläuterungen bei Nr. 8). Etwas anderes gilt nur dann, wenn entweder die Voraussetzungen des § 162 AO für eine Schätzung der Haftungsschuld vorliegen oder der Arbeitgeber mit der Berechnung der Haftungsschuld nach einem durchschnittlichen Steuersatz einverstanden ist (BFH-Urteil vom 17.3.1994, BStBl. II S. 536).

Der Arbeitgeber kann gegen den Haftungsbescheid **Einspruch** einlegen. Werden vom Arbeitgeber nur bestimmte Haftungsbestände in einem zusammengefassten Haftungsbescheid mit Einspruch angefochten, so wird der restliche Teil des Bescheids nach Ablauf der einmonatigen Rechtsbehelfsfrist bestandskräftig und kann in einem eventuellen späteren Klageverfahren nicht mehr aufgegriffen werden.

Das Finanzamt kann im finanzgerichtlichen Verfahren einen angefochtenen Haftungsbescheid, der in formeller Hinsicht fehlerhaft ist, durch den gleichzeitigen Erlass eines neuen Haftungsbescheides aufheben (BFH-Urteil vom 5.10.2004, BStBl. 2005 II S. 323).

In Kirchensteuerangelegenheiten ist in einzelnen Bundesländern (z.B. in Rheinland-Pfalz) als Rechtsbehelf nicht der Einspruch, sondern der Widerspruch gegeben. Das Rechtsbehelfsverfahren richtet sich hierbei nicht nach den Vorschriften der AO sondern nach dem Verwaltungsverfahrensgesetz und der Verwaltungsgerichtsordnung. Ein Widerspruch ist jedoch dann nicht zulässig, wenn die Einwendungen gegen die Inanspruchnahme durch Anfechtung der Lohnsteuerhaftung/-nachforderung geltend gemacht werden können. Wird ein Bescheid wegen der Höhe der Lohnsteuer geändert, so führt das von Amts wegen zu einer entsprechenden Änderung der Kirchensteuer.

Auch der **Arbeitnehmer** hat gegen den Haftungsbescheid insoweit ein Einspruchsrecht, als er persönlich für die nachgeforderte Lohnsteuer in Anspruch genommen werden kann (BFH-Urteil vom 29.6.1973, BStBl. II S. 780). In einem allein vom Arbeitnehmer veranlassten Einspruchsverfahren ist der Arbeitgeber nach § 360 AO hinzuzuziehen.

b) Nachforderungsbescheid

Wird **pauschale** Lohnsteuer nacherhoben, die der Arbeitgeber zu übernehmen hat, so wird kein Haftungsbescheid, sondern ein **Nachforderungsbescheid** (Steuerbescheid) erlassen, da der Arbeitgeber Schuldner der pauschalen Lohnsteuer ist. Gegebenenfalls wird der Nachforderungsbescheid mit Haftungsbescheid zusammengefasst, wenn der Arbeitgeber gleichzeitig als Haftungsschuldner in Anspruch genommen wird. Der Nachforderungsbescheid bezieht sich ebenfalls auf bestimmte steuerpflichtige Sachverhalte. Die Nachforderung pauschaler Lohnsteuer setzt einen Antrag oder die Zustimmung des Arbeitgebers zur Lohnsteuerpauschalierung nach den vorgenannten Vorschriften voraus. Die pau-

Haftung des Arbeitgebers

schale Lohnsteuer entsteht nach dem BFH-Urteil vom 6.5.1994 (BStBl. II S. 715) im Zeitpunkt des Zuflusses des Arbeitslohns beim Arbeitnehmer. Die Pauschalsteuer ist deshalb im Nachforderungsbescheid als Steuerschuld des jeweiligen Jahres auszuweisen, in dem der Arbeitslohn zugeflossen ist.

c) Zahlungsfrist, Kleinbetragsgrenze

Für die durch Haftungsbescheid oder Nachforderungsbescheid angeforderten Steuerbeträge hat das Finanzamt eine **Zahlungsfrist** von einem Monat einzuräumen (R 42d.1 Abs. 7 LStR).

Für die Steuernacherhebung durch Haftungs- oder Nachforderungsbescheid gilt eine Kleinbetragsgrenze von **10 €**. Das Finanzamt muss bis zu diesem Betrag auf die Geltendmachung seiner Steuer- oder Haftungsforderungen verzichten (§ 42d Abs. 5 EStG). Die Kleinbetragsgrenze bezieht sich dabei auf die **Summe** der Lohnsteuernachforderungen aus ggf. mehreren Kalenderjahren.

Eine Haftungsinanspruchnahme des Arbeitgebers unterbleibt, wenn beim Arbeitnehmer selbst eine Nachforderung unzulässig ist, weil der Mindestbetrag 10 € nicht überschritten ist (R 42d.3 Satz 4 LStR).

d) Änderungssperre

Wurde nach einer ergebnislosen Lohnsteuer-Außenprüfung der Vorbehalt der Nachprüfung aufgehoben, steht nach den BFH-Urteilen vom 15.5.1992 (BStBl. 1993 II S. 840 und S. 829) einer Änderung der betreffenden Lohnsteuer-Anmeldungen nach § 173 Abs. 1 AO durch Erlass eines **Haftungs- oder Nachforderungsbescheids gegen den Arbeitgeber** die Änderungssperre des § 173 Abs. 2 AO entgegen, es sei denn, es liegt eine Steuerhinterziehung oder eine leichtfertige Steuerverkürzung vor. Gleiches gilt, wenn nach einer Lohnsteuer-Außenprüfung bereits ein Haftungs- oder Nachforderungsbescheid ergangen ist und später für die gleichen Anmeldungszeiträume neue Tatsachen im Sinne des § 173 Abs. 1 AO bekannt werden. Ein bisher zu Unrecht nicht erfasster Sachverhalt des Prüfungszeitraums der Lohnsteuer-Außenprüfung kann hiernach später nicht mehr durch einen (weiteren) Haftungsbescheid realisiert werden (BFH-Urteil vom 7.2.2008, BStBl. 2009 II S. 703). Dies lehnt der BFH in dem vorgenannten Urteil grundsätzlich ab, da auch der weitere Haftungsbescheid eine Änderung der Lohnsteuer-Anmeldung des Arbeitgebers darstellt, die aber nach der Aufhebung des Vorbehalts der Nachprüfung aufgrund der Änderungssperre nicht mehr möglich ist. Etwas anderes gelte nur dann, wenn der Arbeitgeber eine leichtfertige Steuerverkürzung oder gar eine Steuerhinterziehung begangen habe; in diesem Fall ist der Arbeitgeber nicht besonders schutzbedürftig und mithin der Erlass eines weiteren Haftungsbescheids zulässig.

Damit eine spätere Inanspruchnahme des Arbeitgebers als Haftungsschuldner sichergestellt ist, wird die Finanzverwaltung versuchen, den Eintritt der Änderungssperre des § 173 Abs. 2 AO auszuschließen. Verfahrensrechtlich ist dies wie folgt möglich (BFH-Urteil vom 17.2.1995, BStBl. II S. 555):

Der Vorbehalt der Nachprüfung wird aufgehoben. Es wird ein Haftungsbescheid **mit Leistungsgebot** über die unstreitig nachzuzahlende Lohnsteuer erlassen. Mit gleicher Post erlässt das Finanzamt einen weiteren Haftungsbescheid **ohne Leistungsgebot** über diejenige Lohnsteuer, die zunächst bei den Arbeitnehmern nachgefordert werden soll. Der Erlass des Leistungsgebots ist für den Fall vorbehalten, dass die Steuererhebung beim Arbeitnehmer nicht möglich oder erfolglos ist.

In einem Haftungsbescheid ohne Leistungsgebot wird für die Berechnung der gegenüber dem Arbeitgeber geltend zu machenden Haftungsschulden nicht auf die beim Arbeitnehmer festzusetzende Einkommensteuer, sondern auf die einzubehaltende Lohnsteuer abgestellt (BFH-Urteile vom 22.7.1993, BStBl. II S. 775 und vom 1.7.1994, BFH/NV 1995 S. 297). Die im Haftungsbescheid aufzuführende Lohnsteuer ist deshalb

- unabhängig von der festzusetzenden Einkommensteuer
- nach den Merkmalen der Lohnsteuerkarte zu ermitteln

(vgl. die Erläuterungen zu Nr. 11).

Nachdem die Steuernacherhebung bei den Arbeitnehmern abgeschlossen ist, wird das Finanzamt bei nur teilweiser Zahlung durch die Arbeitnehmer, den Haftungsbescheid teilweise wieder zurücknehmen (§ 130 AO) und über den verbleibenden Betrag ein Leistungsgebot erteilen. Bei Nichtzahlung durch die Arbeitnehmer erhält der Arbeitgeber ein **gesondertes Leistungsgebot** über den vollen Haftungsbetrag, ohne dass ein neuer Haftungsbescheid erlassen werden muss. Der Arbeitgeber muss in diesen Fällen beachten, dass er Einwendungen gegen das gesonderte Leistungsgebot nicht mehr erheben kann. Diese muss er bereits im Rechtsbehelfsverfahren gegen den zuvor erlassenen Haftungsbescheid ohne Leistungsgebot vorbringen. Wird die festgesetzte Steuer in vollem Umfang von den betroffenen Arbeitnehmern bezahlt, wird der an den Arbeitgeber ergangene Haftungsbescheid nach § 130 Abs. 1 AO ganz aufgehoben.

Auf Sachverhalte, die sich auf andere Steuerarten auswirken (z. B. Arbeitsverhältnisse zwischen Ehegatten, Bezüge von Gesellschafter-Geschäftsführern), findet die oben genannte BFH-Rechtsprechung zur Änderungssperre keine Anwendung. Die Änderungssperre betrifft nur die Lohnsteuer-Anmeldungen des geprüften Zeitraums, für die der Vorbehalt der Nachprüfung aufgehoben wurde. Sie wirkt nur gegenüber dem Arbeitgeber und schließt damit eine unmittelbare **Inanspruchnahme des Arbeitnehmers** als Steuerschuldner nicht aus.

13. Sozialversicherung

a) Arbeitgeber als Schuldner (Rückgriffsrecht)

Im Steuerrecht ist **Steuerschuldner** stets der **Arbeitnehmer.** Der Arbeitgeber haftet lediglich für die richtige Einbehaltung und Abführung der Lohnsteuer. Aus diesem Steuerschuldverhältnis des Arbeitnehmers ergibt sich zwangsläufig ein Rückgriffsrecht des Arbeitgebers, wenn er vom Finanzamt für zu wenig einbehaltene Lohnsteuer als Haftungsschuldner in Anspruch genommen wird.

Völlig anders ist dieses Verhältnis im Sozialversicherungsrecht geregelt. Nach § 28e Abs. 1 SGB IV hat der **Arbeitgeber den Gesamtsozialversicherungsbeitrag zu zahlen.** Die Beitragspflicht des Arbeitnehmers äußert sich lediglich darin, dass er verpflichtet ist, sich im Rahmen der gesetzlichen Vorschriften seinen Arbeitnehmeranteil vom Lohn oder Gehalt kürzen zu lassen. Daraus ergibt sich, dass **Schuldner** der Sozialversicherungsbeiträge gegenüber der Krankenkasse im Regelfall **der Arbeitgeber** ist. Der Gesetzgeber hat somit dem Arbeitgeber für die Einziehung des Arbeitnehmeranteils nur die Möglichkeit eingeräumt, diese Anteile **bei der Lohn- oder Gehaltszahlung** zu kürzen. Ein unterbliebener Abzug darf nach § 28g Satz 3 SGB IV grundsätzlich nur bei den **drei** nächsten Lohn- oder Gehaltszahlungen nachgeholt werden, danach nur dann, wenn der Abzug ohne Verschulden des Arbeitgebers unterblieben ist. Wird kein Lohn mehr gezahlt, weil der Arbeitnehmer ausgeschieden ist, so entfällt auch diese Möglichkeit. Hat der Arbeitgeber also den rechtzeitigen Beitragsabzug versäumt (weil er sich z. B. über die Beitragspflicht bestimmter Bezüge nicht im Klaren war), dann muss er auch den Arbeit**nehmer**anteil selbst tragen. Ein Rückgriffsrecht gegenüber dem Arbeitnehmer steht ihm – im Gegensatz zum Steuerrecht – auch nach bürgerlichem Recht nicht zu. Dies gilt selbst dann, wenn das Beschäftigungsverhältnis nicht mehr besteht.

Haftung des Arbeitgebers

Eine Nacherhebung der Arbeitnehmeranteile zum Gesamtsozialversicherungsbeitrag ist allerdings uneingeschränkt möglich, wenn der Arbeitnehmer seine Mitwirkungspflichten nach § 28 o Abs. 1 SGB IV **vorsätzlich** oder **grob fahrlässig** verletzt hat. Der Beschäftigte hat hiernach dem Arbeitgeber die zur Durchführung des Meldeverfahrens und der Beitragszahlung erforderlichen Angaben zu machen und, soweit erforderlich, Unterlagen vorzulegen; dies gilt bei mehreren Beschäftigungen gegenüber allen beteiligten Arbeitgebern. Wurde z. B. ein Arbeitnehmer als versicherungsfrei angesehen, weil er seinem Arbeitgeber weitere Beschäftigungen verschwiegen hat, und stellt sich nachträglich die Versicherungspflicht heraus, kann der Arbeitgeber den Beitragsanteil des Beschäftigten auch noch später (außerhalb des Lohnabzugs) einfordern, selbst nach Ende des Beschäftigungsverhältnisses.

Das Rückgriffsrecht des Arbeitgebers ist nach § 28 g Satz 4 SGB IV ebenfalls dann nicht eingeschränkt, wenn der Beschäftigte den Gesamtsozialversicherungsbeitrag allein trägt oder solange dieser nur Sachbezüge erhält.

b) Beitragsnacherhebung nach Prüfung des Arbeitgebers

Stellen die Träger der Rentenversicherung (Bundesversicherungsanstalt, Landesversicherungsanstalten) anlässlich einer **Betriebsprüfung** fest, dass keine oder zu wenig Beiträge abgeführt worden sind, so sind sie nach dem aufgezeigten Schuldverhältnis ohne weiteres berechtigt, die zu wenig berechneten Beiträge beim Arbeitgeber nachzufordern. In diesen Fällen ist der Arbeitgeber – wie bereits dargelegt – nicht berechtigt, die zu wenig einbehaltenen Arbeitnehmeranteile für andere als die letzten drei Lohnzahlungszeiträume (im Regelfall also die letzten drei Monate) vom Lohn oder Gehalt einzubehalten. Der Arbeitgeber wird also mit den Arbeitnehmeranteilen endgültig belastet.

Werden im Anschluss an eine Prüfung durch den Rentenversicherungsträger vom Arbeitgeber die **Arbeitnehmeranteile** am Gesamtsozialversicherungsbeitrag nachgefordert, weil er **irrtümlich** den Arbeitslohn des Arbeitnehmers nicht um den gesetzlichen Arbeitnehmeranteil gekürzt hat, kann der Arbeitgeber im Hinblick auf die gesetzliche Lastenverschiebung die übernommenen Beiträge dem Arbeitnehmer nicht weiterbelasten (§ 28g SGB IV). Insoweit liegt **kein** steuerpflichtiger Arbeitslohn vor (BFH-Urteil vom 29. 10. 1993, BStBl. 1994 II S. 194). Das vorgenannte Urteil wird von der Finanzverwaltung weiterhin angewendet (vgl. H 19.3 LStH), auch wenn der BFH in einer neueren Entscheidung (Urteil vom 13. 9. 2007, BStBl. 2008 II S. 58) an der Begründung nicht mehr festhält, dass der Vorteil im Fall der Nachentrichtung nicht in der Nachzahlung der Beiträge liege, sondern (bereits) in der endgültigen Befreiung des Arbeitnehmers von der sozialversicherungsrechtlichen Beitragslast.

Steuerpflichtiger Arbeitslohn ist dagegen stets anzunehmen, wenn Arbeitgeber und Arbeitnehmer eine **Nettolohnvereinbarung** getroffen haben oder der Arbeitgeber zwecks **Steuer- und Beitragshinterziehung** die Unmöglichkeit einer späteren Rückbelastung beim Arbeitnehmer bewusst in Kauf genommen hat. Der Zufluss des Arbeitslohns ist im Fall einer Nettolohnvereinbarung im Zeitpunkt der Lohnzahlung und im Fall einer Schwarzlohnzahlung im Zeitpunkt der Nachentrichtung der Beiträge bewirkt (BFH-Urteil vom 13. 9. 2007, BStBl. 2008 II S. 58).

Sind bei illegalen Beschäftigungsverhältnissen Steuern und Beiträge zur Sozialversicherung nicht gezahlt worden, gilt für den Bereich der Sozialversicherung ein Nettoarbeitsentgelt als vereinbart (§ 14 Abs. 2 Satz 2 SGB IV), nicht jedoch für den steuerlichen Bereich. **Verzichtet** ein Arbeitgeber nach einer Betriebsprüfung der Rentenversicherungsträger auf sein für drei Lohn- und Gehaltszahlungen bestehendes Rückgriffsrecht gegenüber dem Arbeitnehmer (§ 28 g Satz 3 SGB IV), liegt in Höhe der übernommenen Arbeitnehmeranteile Arbeitslohn vor.

Wie sich eine Lohnsteuernachholung im Anschluss an eine Lohnsteuer-Außenprüfung auf die Sozialversicherung auswirkt, ist beim Stichwort „Pauschalierung der Lohnsteuer" unter Nr. 3 Buchstabe e auf Seite 524 erläutert.

c) Nacherhebungen bei mangelhaften Aufzeichnungen

Der prüfende Rentenversicherungsträger ist ohne weiteres berechtigt, zu wenig einbehaltene Beiträge beim Arbeitgeber nachzufordern. Da im Grundsatz nur für namentlich bezeichnete Versicherte Beiträge zur Sozialversicherung erhoben werden dürfen, stellt sich die Frage, wie verfahren wird, wenn der **Arbeitgeber** seine **Aufzeichnungspflichten nicht erfüllt** hat und deshalb die beschäftigten Personen namentlich nicht mehr festgestellt werden können. Für diese Fälle ist in § 28 f Abs. 2 SGB IV der Erlass eines sog. „**Summenbescheides**" vorgesehen. Dabei werden zwei Fälle unterschieden:

– Im ersten Fall kann zwar die Lohnsumme ermittelt werden, nicht aber die auf die einzelnen Beschäftigten entfallenden Entgelte. Ausgehend von der festgestellten Lohnsumme können die Beiträge zur Kranken-, Renten- und Arbeitslosenversicherung durch Summenbescheid geltend gemacht werden.

– Im zweiten Fall kann nicht einmal mehr die Lohnsumme wegen fehlender Unterlagen festgestellt werden. In diesen Fällen kann die Höhe der Arbeitsentgelte geschätzt werden, wobei ortsübliche Maßstäbe mit zu berücksichtigen sind. Für die geschätzten Arbeitsentgelte werden die Sozialversicherungsbeiträge nacherhoben.

Der prüfende Träger der Rentenversicherungsträger hat einen ergangenen Summenbescheid insoweit zu widerrufen, als nachträgliche Versicherungs- oder Beitragspflicht oder Versicherungsfreiheit festgestellt und die Höhe des Arbeitsentgelts nachgewiesen werden. Die von dem Arbeitgeber aufgrund dieses Bescheids geleisteten Zahlungen sind dann mit der Beitragsforderung zu verrechnen.

d) Haftung bei Arbeitnehmerüberlassung

Bei erlaubter Arbeitnehmerüberlassung hat der Verleiher den Gesamtsozialversicherungsbeitrag zu entrichten. Der Entleiher haftet jedoch kraft Gesetzes wie ein selbstschuldnerischer Bürge für die Zahlungsverpflichtung des Verleihers (§ 28 e Abs. 2 Satz 1 SGB IV). Bei unerlaubter Arbeitnehmerüberlassung wird sozialversicherungsrechtlich dagegen ein Arbeitsverhältnis mit dem Entleiher fingiert (§ 10 Abs. 1 AÜG), so dass dieser den Gesamtsozialversicherungsbeitrag schuldet. Zahlt jedoch der Verleiher das Arbeitsentgelt, so hat er auch den hierauf entfallenden Gesamtsozialversicherungsbeitrag zu zahlen. Verleiher und Entleiher haften in diesen Fällen als Gesamtschuldner. Auf die Erläuterungen beim Stichwort „Arbeitnehmerüberlassung" unter Nr. 7 wird im Einzelnen hingewiesen.

e) Haftung des Reeders

Soweit ein Reeder nicht Arbeitgeber ist, haften Arbeitgeber und Reeder als Gesamtschuldner für die Sozialversicherungsbeiträge der bei der Seekrankenkasse pflichtversicherten Seeleute (§ 28 e Abs. 3 SGB IV i. V. m. § 176 Nr. 1 bis 3 SGB V).

f) Generalunternehmerhaftung im Baugewerbe

Wegen der besonderen Bedeutung der illegalen Beschäftigung im Baugewerbe ist im Bereich der Sozialversicherung eine Haftung **gewerblicher Auftraggeber** von **Bauleistungen** (sog. Generalunternehmerhaftung) eingeführt worden. Ein (General-)Unternehmer des Baugewerbes, der einen

Haftung des Arbeitgebers

anderen (Sub-)Unternehmer mit der Erbringung von Bauleistungen beauftragt, haftet danach für die Erfüllung der Zahlungspflicht dieses Unternehmers oder eines von diesem Unternehmen beauftragten Verleihers wie ein selbstschuldnerischer Bürge (§ 28e Abs. 3a SGB IV). Die Haftung erstreckt sich auch auf die vom Subunternehmer gegenüber ausländischen Sozialversicherungsträgern abzuführenden Beiträge. Diese Regelung greift ab einem geschätzten Gesamtwert aller für ein Bauwerk in Auftrag gegebenen Bauleistungen von 275 000 € (für die Schätzung gilt § 3 der Vergabeverordnung vom 9.1.2001, BGBl. I S. 110).

Die Haftung des Generalunternehmers ist **subsidiär.** Sie greift daher nur dann, wenn die zuständige Einzugsstelle den Subunternehmer erfolglos gemahnt hat und die Mahnfrist abgelaufen ist (§ 28 e Abs. 3 a Satz 3 i. V. m. Abs. 2 Satz 2 SGB IV).

Die Haftung ist **verschuldensabhängig.** Weist der Hauptunternehmer gegenüber der Einzugsstelle nach, dass er **ohne eigenes Verschulden** davon ausgehen konnte, dass der Subunternehmer oder ein von ihm beauftragter Verleiher seine Zahlungspflicht erfüllt, entfällt seine Haftung nach § 28 e Abs. 3 a SGB IV. Ein Verschulden des Generalunternehmers ist nach § 28e Abs. 3b Satz 2 SGB IV ausgeschlossen, soweit und solange er Fachkunde, Zuverlässigkeit und Leistungsfähigkeit des Nachunternehmers oder des von diesem beauftragten Verleihers durch eine sog. Präqualifikation nachweist, die die Eignungsvoraussetzungen nach § 8 der Vergabe- und Vertragsordnung für Bauleistungen Teil A i.d.F. der Bekanntmachung vom 20.3.2006 (BAnz. Nr. 94a vom 18.5.2006) erfüllt. Die Beweislast für das Nichtvorliegen der Haftung trägt somit der Generalunternehmer. Dieser muss insbesondere nachweisen, dass er bei der Auswahl der Subunternehmer die Sorgfaltspflicht eines ordentlichen Kaufmanns aufgewandt hat. Dazu gehört z. B. eine Prüfung des Angebots des Subunternehmers darauf, ob bei den Lohnkosten Sozialversicherungsbeiträge einkalkuliert sind. Der Generalunternehmer kann den Nachweis anstelle der Präqualifikation auch durch Vorlage einer Unbedenklichkeitsbescheinigung der zuständigen Einzugsstelle für den Subunternehmer oder den von diesem beauftragten Verleiher erbringen. Die Unbedenklichkeitsbescheinigung enthält Angaben über die ordnungsgemäße Zahlung der Sozialversicherungsbeiträge und die Zahl der gemeldeten Beschäftigten (§ 28e Abs. 3f SGB IV).

Die Haftung des Generalunternehmers erstreckt sich auch auf das von dem **Subunternehmer beauftragte** nächste **Unternehmen,** wenn die Beauftragung des unmittelbaren Subunternehmers als ein Rechtsgeschäft anzusehen ist, dessen Ziel vor allem die **Umgehung** der Generalunternehmerhaftung ist (§ 28 e Abs. 3 e SGB IV). Ein Rechtsgeschäft, das als Umgehungstatbestand anzusehen ist, ist in der Regel anzunehmen, wenn der unmittelbare Subunternehmer

– weder selbst eigene Bauleistungen noch planerische oder kaufmännische Leistungen erbringt,
– weder technisches noch planerisches oder kaufmännisches Fachpersonal in nennenswertem Umfang beschäftigt oder
– in einem gesellschaftlichen Abhängigkeitsverhältnis zum Hauptunternehmer steht.

Einer besonderen Prüfung bedürfen die Umstände des Einzelfalles vor allem in den Fällen, in denen der unmittelbare Subunternehmer seinen handelsrechtlichen Sitz außerhalb des Europäischen Wirtschaftsraums hat.

Werden vom Subunternehmer zur Durchführung des Werkes weitere Subunternehmer eingeschaltet, so verringern sich die Möglichkeiten des Generalunternehmers, die Erfüllung der Zahlungspflicht der weiteren Subunternehmer festzustellen und nachzuweisen. Gleichwohl hat er alle Anstrengungen zu unternehmen, um die Erfüllung der Zahlungspflichten sicherzustellen. Zur Sorgfaltspflicht des Generalunternehmers gehört beispielsweise, seine unmittelbar beauftragten Subunternehmer nachweisbar zu verpflichten, ihrerseits die Erfüllung der Zahlungspflicht der weiteren Subunternehmer zu prüfen und sich von diesen geeignete Nachweise vorlegen zu lassen.

Ein Unternehmer, der Bauleistungen im Auftrag eines anderen Unternehmers erbringt, ist verpflichtet, auf Verlangen der Einzugsstelle Firma und Anschrift dieses Unternehmers mitzuteilen. Kann dieser **Auskunftsanspruch** nicht durchgesetzt werden, hat ein Unternehmer, der einen Gesamtauftrag für die Erbringung von Bauleistungen für ein Bauwerk erhält, der Einzugsstelle auf Verlangen Firma und Anschrift aller Unternehmer, die von ihm mit der Erbringung von Bauleistungen beauftragt wurden, zu benennen (§ 28e Abs. 3c SGB IV).

g) Umfang der Haftung

Die Haftung im Sozialversicherungsrecht umfasst neben den Beiträgen auch Säumniszuschläge, die infolge der Pflichtverletzung zu zahlen sind, sowie Zinsen für gestundete Beiträge/Beitragsansprüche (§ 28e Abs. 4 SGB IV).

14. Haftung bei Übernahme lohnsteuerlicher Pflichten durch Dritte

Das geltende Lohnsteuerverfahren verpflichtet nur den inländischen Arbeitgeber zur Vornahme des Lohnsteuerabzugs. Daneben treten in der Praxis jedoch Fallgestaltungen auf, in denen ein Dritter im eigenen Namen lohnsteuerlich wie ein Arbeitgeber handelt (z. B. bei den Sozialkassen des Baugewerbes, bei studentischen Arbeitsvermittlungen, im Konzernbereich, bei Kirchenkassen). Um auch in diesen Fällen die Lohnsteuererhebung sicherzustellen bzw. zu erleichtern, besteht die Möglichkeit die **lohnsteuerlichen Pflichten auf Dritte** zu übertragen (§ 38 Abs. 3 a EStG). Soweit sich aus einem Dienstverhältnis oder früheren Dienstverhältnis tarifvertragliche Ansprüche des Arbeitnehmers unmittelbar gegen einen Dritten mit Wohnsitz, Geschäftsleitung oder Sitz im Inland richten und von diesem gezahlt werden, hat der Dritte die Pflichten des Arbeitgebers zu erfüllen (§ 38 Abs. 3a Satz 1 EStG). In anderen Fällen kann das Finanzamt zulassen, dass ein Dritter mit Wohnsitz, Geschäftsleitung oder Sitz im Inland als **Dienstleister** die Pflichten des Arbeitgebers im eigenen Namen erfüllt (§ 38 Abs. 3 a Satz 2 EStG). Auf die Erläuterungen beim Stichwort „Lohnsteuerabzug durch einen Dritten" wird hingewiesen.

Soweit der Arbeitgeber einem Dritten lohnsteuerliche Arbeitgeberpflichten überträgt, kann er sich dadurch **nicht** aus seiner Haftung für Lohnsteuer befreien (§ 42d Abs. 1 Nr. 4 EStG). Die Haftung des Arbeitgebers erstreckt sich dabei auch auf die **pauschale Lohnsteuer** nach den §§ 37b, 40 bis 40b EStG, die von einem Dritten zu erheben ist.

Erfüllt in den o.g. Fällen des § 38 Abs. 3 a EStG ein Dritter die lohnsteuerlichen Pflichten des Arbeitgebers, so haftet auch der **Dritte** neben dem Arbeitgeber (§ 42 d Abs. 9 EStG). Es besteht eine **Gesamtschuldnerschaft** zwischen Arbeitgeber, dem Dritten und dem Arbeitnehmer (R 42d.3 Satz 2 LStR). Die Einbeziehung des Dritten in die Gesamtschuldnerschaft ist erforderlich, weil sich Lohnsteuerfehlbeträge aus dessen Handeln ergeben können. Der Arbeitgeber kann nicht aus der Gesamtschuldnerschaft entlassen werden, weil Fehlbeträge auch auf falschen Angaben gegenüber dem Dritten beruhen können. Das Finanzamt muss die Wahl, an welchen Gesamtschuldner es sich halten will, nach pflichtgemäßem Ermessen unter Beachtung der durch Recht und Billigkeit gezogenen Grenzen und unter verständiger Abwägung der Interessen aller Beteiligten treffen. Dabei sind die gleichen Grundsätze anzuwenden, die für die Ermessensabwägung zwischen Arbeitgeber und Arbeitnehmer gelten (vgl. unter Nr. 6 und Nr. 7). Bei der Ermessensentschei-

Haftung des Arbeitgebers

dung des Betriebsstättenfinanzamts, welcher Gesamtschuldner in Anspruch genommen werden soll, wird zu berücksichtigen sein, wer den Fehler zu vertreten hat. Der Arbeitgeber und der Dritte können auch dann in Anspruch genommen werden, wenn der Arbeitnehmer zur Einkommensteuer veranlagt wird.

Die Haftung des Dritten **beschränkt** sich auf die Lohnsteuer, die für die Zeit zu erheben ist, für die er sich gegenüber dem Arbeitgeber zur Vornahme des Lohnsteuerabzugs verpflichtet hat; der maßgebende Zeitraum endet nicht, bevor der Dritte seinem Betriebsstättenfinanzamt die Beendigung seiner Verpflichtung gegenüber dem Arbeitgeber angezeigt hat.

Erfüllt der Dritte die Pflichten des Arbeitgebers, kann er den Arbeitslohn, der einem Arbeitnehmer in demselben Lohnabrechnungszeitraum aus mehreren Dienstverhältnissen zufließt, für die Lohnsteuerermittlung **zusammenrechnen** (§ 38 Abs. 3a Satz 7 EStG). Im Fall der Haftung ist als Haftungsschuld der Betrag zu ermitteln, um den die Lohnsteuer, die für den gesamten Arbeitslohn des Lohnzahlungszeitraums zu berechnen und einzubehalten ist, die insgesamt tatsächlich einbehaltene Lohnsteuer übersteigt. Hat der Dritte für Zwecke der Lohnsteuerberechnung Arbeitslohn aus mehreren Dienstverhältnissen zusammengefasst, ist der Haftungsbetrag bei fehlerhafter Lohnsteuerberechnung nach dem Verhältnis der Arbeitslöhne bzw. für nachträglich zu erfassende Arbeitslohnbeträge nach dem Verhältnis dieser Beträge auf die betroffenen Arbeitgeber aufzuteilen.

Beispiel

Ein Student (Steuerklasse I, ohne Konfession) ist aushilfsweise für insgesamt 5 Arbeitgeber tätig. Die studentische Arbeitsvermittlung hat sich gegenüber den Arbeitgebern vertraglich verpflichtet, die lohnsteuerlichen Arbeitgeberpflichten zu übernehmen. Im Kalenderjahr 2009 erzielte der Student einen Bruttoarbeitslohn von insgesamt 12 000,– €, der von der studentischen Arbeitsvermittlung ordnungsgemäß versteuert wurde. Im Rahmen einer Lohnsteuer-Außenprüfung im Kalenderjahr 2010 stellt sich heraus, dass der Student von zwei Arbeitgebern im Monat Juli 2009 für Überstunden jeweils weitere 250,– € in bar erhalten hat, die bisher nicht versteuert wurden.

Der nachzufordernde Haftungsbetrag ist vom Betriebsstättenfinanzamt wie folgt zu ermitteln:

	Arbeitslohn	Lohnsteuer
Bruttoarbeitslohn bisher	12 000,– €	119,– €
Überstundenvergütung 2 × 250,– €	+ 500,– €	
Gesamt Bruttoarbeitslohn	12 500,– €	191,– €
Differenz = Haftungsbetrag		72,– €

Solidaritätszuschlag fällt wegen der sog. Nullzone (in Steuerklasse I bis zu einer Lohnsteuer von 972,– € jährlich) nicht an.

Der Haftungsbetrag ist im Verhältnis der nachträglich zu erfassenden Überstundenvergütung auf die beiden zahlenden Arbeitgeber aufzuteilen. Auf jeden Arbeitgeber entfällt somit eine Haftungsschuld von (72,– € : 2 =) 36,– €.

Bei der Übertragung lohnsteuerlicher Pflichten ist das **Betriebsstättenfinanzamt** des **Dritten** für die Geltendmachung der Steuer- oder Haftungsschuld zuständig. Dieses führt auch die Lohnsteuer-Außenprüfung bei dem Dritten durch; eine Außenprüfung ist aber auch noch beim Arbeitgeber möglich (§ 42f Abs. 3 EStG).

Eine Haftungsinanspruchnahme des Arbeitgebers und auch des Dritten unterbleibt, wenn beim Arbeitnehmer selbst die Nachforderung unzulässig ist, weil der Mindestbetrag von 10 € des § 42d Abs. 5 EStG nicht überschritten wird. Für die im Haftungsbescheid angeforderten Steuerbeträge beträgt die Zahlungsfrist einen Monat (R 42d.3 Satz 5 LStR).

15. Haftung anderer Personen für Lohnsteuer

Neben dem Arbeitgeber haften:

a) der Insolvenzverwalter,

b) der gesetzliche Vertreter juristischer Personen, z. B. der Geschäftsführer einer GmbH,

c) die Vorstände und Geschäftsführer nicht rechtsfähiger Personenvereinigungen,

d) die Erben, Erbschaftsbesitzer, Testamentsvollstrecker, Pfleger, Liquidatoren, Vermögensverwalter,

e) der Bevollmächtigte, Beistand oder Vertreter, wenn er gleichzeitig Verfügungsberechtigter im Sinne der §§ 34 und 35 Abgabenordnung ist,

f) der persönlich haftende Gesellschafter von Personengesellschaften, soweit sie nicht schon als Arbeitgeber haften,

g) der Erwerber eines Betriebes für die Lohnsteuer, die seit Beginn des letzten, vor der Übereignung liegenden Kalenderjahres entstanden ist und die innerhalb von einem Jahr nach der Anmeldung des Betriebs durch den Erwerber festgesetzt oder angemeldet worden ist (§ 75 AO). Die Jahresfrist beginnt frühestens mit dem Zeitpunkt der Betriebsübernahme. Der Erwerber eines Betriebs haftet jedoch nicht für Lohnsteuer, die der Vorgänger fälschlicherweise nicht einbehalten hat. Der Erwerber haftet auch nicht für Säumniszuschläge, die dem Vorbesitzer wegen verspäteter Lohnsteuerentrichtung belastet worden sind. Die Haftung beschränkt sich auf den Bestand des übernommenen Vermögens. Die Haftung entfällt bei Erwerb aus einer Insolvenzmasse und aus Erwerben im Vollstreckungsverfahren (§ 75 Abs. 2 AO). Der Betrieb muss im Ganzen erworben worden sein, das heißt, das gesamte lebende Unternehmen (die Einrichtung und dauernden Maßnahmen, die einem Unternehmen dienen oder seine wesentlichen Grundlagen ausmachen) muss übergehen, sodass der Erwerber das Unternehmen ohne nennenswerte finanzielle Aufwendungen fortsetzen kann. Welche die wesentlichen Grundlagen eines Unternehmens sind, ist nach wirtschaftlichen Gesichtspunkten zu beurteilen und kann je nach der Art des Unternehmens verschieden sein. Die Haftung entfällt auch dann nicht, wenn der Betrieb vor der Wiederaufnahme durch den Rechtsnachfolger einige Zeit geruht hat, es sei denn, dass der Betrieb wegen einer allzu langen Stilllegung seinen Charakter als lebender Organismus verloren hat.

Die Haftung der unter a) bis e) genannten Personen kommt (im Gegensatz zur lohnsteuerlichen Arbeitgeberhaftung, die ohne ein Verschulden besteht) nur dann zum Zug, wenn sie ihre steuerlichen Pflichten **schuldhaft**, d.h. vorsätzlich oder **grob fahrlässig**, verletzt haben.

Zur Frage der **schuldhaften Pflichtverletzung** des gesetzlichen Vertreters bei der Abführung von Lohnsteuer, zum Umfang der Haftung und zum Auswahlermessen bei mehreren gesetzlichen Vertretern ist die einschlägige BFH-Rechtsprechung zu beachten; vgl. im Einzelnen H 42d.1 (Haftung anderer Personen) LStH. Nimmt das Finanzamt sowohl den Arbeitgeber nach § 42d EStG als auch den früheren Gesellschafter-Geschäftsführer u. a. wegen Lohnsteuer-Hinterziehung nach § 71 AO in Haftung, so hat es insoweit eine Ermessensentscheidung nach § 191 Abs. 1 i. V. m. § 5 AO zu treffen und die Ausübung dieses Ermessens regelmäßig zu begründen (BFH-Urteil vom 9. 8. 2002, BStBl. 2003 II S. 160).

Handelsvertreter

siehe „Vertreter"

Hand- und Spanndienste

Vergütungen der Gemeinden für Hand- und Spanndienste sind kein Arbeitslohn.   nein   nein

Es muss sich aber tatsächlich um Hand- und Spanndienste aufgrund der Gemeindeordnung und um entsprechend geringfügige Entschädigungen handeln. Werden zur Durchführung gemeindlicher Vorhaben Arbeitskräfte eingestellt, deren arbeitsrechtliche und versicherungsrecht-

Handy

liche Stellung sich nicht von der anderer Arbeitnehmer unterscheidet (vor allem nicht in der Höhe des Entgelts), so liegen normale Dienstverhältnisse vor, aus denen alle steuerlichen und beitragsrechtlichen Folgerungen zu ziehen sind. — **Lohnsteuerpflichtig:** ja — **Sozialversich.-pflichtig:** ja

Handy

siehe „Telefonkosten"

Hausgehilfin

Wichtiges auf einen Blick:

Seit 1.1.2009 muss der Arbeitgeber die **Insolvenzgeldumlage** mit Beitragsnachweis an die Krankenkassen abführen (Umlagesatz ab 1.1.2010 **0,41 %**). Diese Verpflichtung gilt zwar auch für Minijobs, **nicht aber für Minijobs, die in privaten Haushalten ausgeübt werden** (vgl. das Stichwort „Insolvenzgeldumlage").

Unter der nachfolgenden Nr. 9 sind die steuerlichen Vergünstigungen erläutert, die für eine Tätigkeit in einem Privathaushalt gewährt werden. Seit 1.1.2009 gelten folgende Änderungen:

Bei einer geringfügig entlohnten (versicherungsfreien) **Beschäftigung** in einem **Privathaushalt** bis zu einem Monatslohn von **400 €** beträgt die steuerliche Entlastung in Form einer **Steuerermäßigung 20 %** der Aufwendungen, **höchstens 510 €** jährlich. Seit dem 1.1.2009 vermindert sich der Höchstbetrag von 510 € nicht mehr, wenn das geringfügig entlohnte Beschäftigungsverhältnis nicht während des gesamten Kalenderjahres besteht **(keine Zwölftelung).** Vgl. im Einzelnen die Erläuterungen unter der nachfolgenden Nr. 9 Buchstabe b.

Bei Beschäftigungsverhältnissen in privaten Haushalten, für die **Pflichtbeiträge** zur **gesetzlichen Sozialversicherung** entrichtet werden, beträgt die steuerliche Entlastung in Form einer **Steuerermäßigung 20 %** der Aufwendungen, höchstens **4000 €** jährlich. Seit dem 1.1.2009 vermindert sich der Höchstbetrag von 4000 € nicht mehr, wenn das haushaltsnahe sozialversicherungspflichtige Beschäftigungsverhältnis nicht während des gesamten Kalenderjahres besteht **(keine Zwölftelung).** Vgl. im Einzelnen die Erläuterungen unter der nachfolgenden Nr. 9 Buchstabe c.

Die **Steuerermäßigung** für **haushaltsnahe Dienstleistungen einschließlich Pflege- und Betreuungsleistungen,** die nicht im Rahmen eines Arbeitsverhältnisses erbracht werden, beträgt **20 %** der Aufwendungen, höchstens **4000 €** jährlich (vgl. die Erläuterungen unter der nachfolgenden Nr. 9 Buchstabe d). **Wichtig** ist, dass die Steuerermäßigung für haushaltsnahe **sozialversicherungspflichtige Beschäftigungsverhältnisse** und **haushaltsnahe Dienstleistungen** einschließlich Pflege- und Betreuungsleistungen **zusammen** berechnet wird, das heißt, insgesamt 20 % der Aufwendungen, **höchstens 4000 €** beträgt (vgl. auch das Schaubild unter der nachfolgenden Nr. 9 Buchstabe a).

Die **Steuerermäßigung** für **Handwerkerleistungen** beträgt **20 %** der Aufwendungen, höchstens **1200 €** jährlich. Vgl. im Einzelnen auch die Erläuterungen unter der nachfolgenden Nr. 9 Buchstabe e.

Die vorstehenden Steuerermäßigungen können auch dann in Anspruch genommen werden, wenn der Arbeitgeber Aufwendungen für haushaltsnahe Dienstleistungen und Handwerkerleistungen für vom Arbeitnehmer bewohnte **Dienst- oder Werkswohnungen** getragen hat, die vom Arbeitnehmer als Arbeitslohn versteuert worden sind. Vgl. die Ausführungen unter der nachfolgenden Nr. 9 Buchstabe i.

Gliederung:

1. Allgemeines
2. Definition der Beschäftigung in einem Privathaushalt
   a) Allgemeines
   b) Beschäftigung von Familienangehörigen
3. Pauschalabgabe von 12 % für Beschäftigungen in einem Privathaushalt
4. Wahl der Rentenversicherungspflicht (sog. Option)
   a) Allgemeines
   b) Mindestbeitragsbemessungsgrenze
5. Zusammenrechnung von mehreren geringfügig entlohnten Beschäftigungsverhältnissen
6. Zusammenrechnung von Hauptbeschäftigungen mit geringfügig entlohnten Beschäftigungsverhältnissen in Privathaushalten
7. Haushaltsscheckverfahren
   a) Allgemeines
   b) 400-Euro-Grenze
   c) Halbjahrescheck
8. Pauschalierung der Lohnsteuer mit 2 %
   a) Allgemeines
   b) Vorlage einer Lohnsteuerkarte oder Pauschalierung der Lohnsteuer mit 2 %
9. Steuerliche Vergünstigungen
   a) Allgemeines
   b) Geringfügig entlohnte Beschäftigung (sog. 400-Euro-Job)
   c) Sozialversicherungspflichtige Beschäftigung in einem privaten Haushalt
   d) Haushaltsnahe Dienstleistungen, die nicht im Rahmen des Arbeitsverhältnisses erbracht werden
   e) Zusätzliche Förderung von Handwerkerleistungen
   f) Freibetrag auf der Lohnsteuerkarte
   g) Steuerermäßigung nach § 35 a EStG bei Wohnungseigentümergemeinschaften und Mietern
   h) Aufwendungen für eine Haushaltshilfe als außergewöhnliche Belastung
   i) Dienst- oder Werkswohnung
10. Schwarzarbeit in Privathaushalten

1. Allgemeines

Zwischen „normalen" 400-Euro-Jobs einerseits und **400-Euro-Jobs in Privathaushalten** andererseits wird sozialversicherungsrechtlich hinsichtlich der Pauschalbeiträge und dem Meldeverfahren unterschieden. Für „normale" 400-Euro-Jobs muss der Arbeitgeber eine Pauschalabgabe von **30 %** bezahlen, und zwar 15 % für die Rentenversicherung, 13 % für die Krankenversicherung und 2 % Pauschalsteuer (vgl. das Stichwort „Geringfügige Beschäftigung"). Für 400-Euro-Jobs in Privathaushalten beträgt die Pauschalabgabe dagegen lediglich **12 %.** Davon entfallen 5 % auf die Rentenversicherung, 5 % auf die Krankenversicherung und 2 % auf die Pauschalsteuer. Der 5 %ige Pauschalbeitrag zur Krankenversicherung ist jedoch nur dann zu zahlen, wenn der/die Beschäftigte in der **gesetzlichen** Krankenversicherung versichert ist (z. B. im Rahmen einer Familienversicherung oder als Rentner). Ist der geringfügig in einem Privathaushalt Beschäftigte **privat oder gar nicht versichert,** fällt kein Pauschalbeitrag zur Krankenversicherung an.

Für 400-Euro-Jobs in Privathaushalten gilt zwingend das **Haushaltsscheckverfahren** (vgl. nachfolgend unter Nr. 7).

Nach § 35 a EStG erhält der Arbeitgeber für die Beschäftigung einer Haushaltshilfe eine Reihe von Steuervergünstigungen. Diese sind nachfolgend unter Nr. 9 erläutert.

Hausgehilfin

Im Einzelnen gilt für 400-Euro-Jobs in Privathaushalten Folgendes:

2. Definition der Beschäftigung in einem Privathaushalt

a) Allgemeines

Für die Annahme einer geringfügigen Beschäftigung im Privathaushalt wird nach § 8a Satz 2 SGB IV gefordert, dass diese durch einen **privaten** Haushalt begründet ist und die Tätigkeit sonst gewöhnlich durch Mitglieder des privaten Haushalts erledigt wird. Hierzu gehören z. B.

- Reinigung der Wohnung des Arbeitgebers;
- Zubereitung von Mahlzeiten im Haushalt des Arbeitgebers;
- Gartenpflege, nicht jedoch die erstmalige Errichtung einer Gartenanlage oder das Pflanzen einer Hecke;
- Pflege, Versorgung und Betreuung von Kindern, kranken, alten oder pflegebedürftigen Personen.

Keine begünstigte haushaltsnahe Tätigkeit ist dagegen z. B.

- die Erteilung von Unterricht (z. B. Nachhilfeunterricht, Sprachunterricht);
- die Vermittlung besonderer Fähigkeiten;
- sportliche und andere Freizeitbetätigungen (z. B. Fußball, Reiten, Golf, Tennis, Tanzen, Musizieren).

Die abhängige Beschäftigung muss durch einen privaten Haushalt begründet werden. Nach Auffassung der Spitzenverbände der Sozialversicherungsträger kommen als Arbeitgeber im Haushaltsscheckverfahren nur natürliche Personen in Betracht. Deshalb fallen Beschäftigungen in privaten Haushalten, die durch Dienstleistungsagenturen oder andere Unternehmen begründet sind, nicht unter diese Regelung. Entsprechendes gilt für Beschäftigungen, die mit Wohnungseigentümergemeinschaften geschlossen werden, da es sich hierbei nicht um einen Privathaushalt im engeren Sinne handelt. Für Dienstleistungen in einem Haushalt, die zwar auf 400-Euro-Basis erbracht werden, bei denen der Arbeitgeber aber ein gewerblicher Unternehmer oder eine Wohnungseigentümergemeinschaft ist, gilt deshalb nicht die 12 %ige sondern die 30 %ige Pauschalabgabe.

Nach der gemeinsamen Verlautbarung der Sozialversicherungsträger zum Haushaltsscheckverfahren wird eine Beschäftigung nur dann ausschließlich im Privathaushalt ausgeübt, wenn der Arbeitnehmer für denselben Arbeitgeber keine weiteren Dienstleistungen, wie z. B. in den dem Privathaushalt angeschlossenen Geschäftsräumen, erbringt. Wird der Arbeitnehmer z. B. auch in den Geschäftsräumen tätig, ist ohne Rücksicht auf die arbeitsvertragliche Gestaltung sozialversicherungsrechtlich von einem einheitlichen Beschäftigungsverhältnis auszugehen, so dass das Haushaltsscheckverfahren keine Anwendung finden kann.

b) Beschäftigung von Familienangehörigen

Nach der gemeinsamen Verlautbarung der Sozialversicherungsträger zum Haushaltsscheckverfahren gilt für die Beschäftigung von Familienangehörigen Folgendes:

Ein entgeltliches Beschäftigungsverhältnis wird grundsätzlich nicht dadurch ausgeschlossen, dass jemand für einen nahen Verwandten oder Familienangehörigen im Privathaushalt tätig wird. Allerdings ist bei solchen Beschäftigungsverhältnissen die Arbeitnehmereigenschaft zu prüfen und dabei festzustellen, ob der Arbeitsvertrag zum Schein abgeschlossen wurde (§ 117 BGB) oder die Tätigkeit lediglich eine familienhafte Mithilfe darstellt. Die erforderliche Abgrenzung ist nach den in ständiger Rechtsprechung des Bundessozialgerichts festgelegten Abgrenzungskriterien ausgehend von den gesamten Umständen des Einzelfalles vorzunehmen. Ein entgeltliches Beschäftigungsverhältnis im Privathaushalt unter Ehegatten scheidet allerdings regelmäßig aus, weil in der Ehe bereits gesetzliche Dienstleistungspflichten in Bezug auf die Haushaltsführung bestehen. Gleiches gilt dem Grunde nach für im Haushalt Dienste leistende Kinder, die dem elterlichen Hausstand angehören und von den Eltern unterhalten werden. Als Arbeitgeber in diesem Verfahren kommen nur natürliche Personen in Betracht. Wird der Arbeitnehmer sowohl im Privathaushalt als auch im Betrieb des Arbeitgebers beschäftigt, kann das Haushaltsscheckverfahren nicht angewendet werden.

Die Ausführungen decken sich im Wesentlichen mit den Anweisungen der Finanzverwaltung, die bundeseinheitlich zu Beschäftigungsverhältnissen mit nahen Angehörigen oder zwischen Partnern einer nicht ehelichen Lebensgemeinschaft für die Anwendung der Steuervergünstigungen nach § 35a Abs. 1 und 2 EStG (nachfolgend erläutert unter Nr. 9) ergangen sind und in denen Folgendes festgelegt worden ist*):

Da familienrechtliche Verpflichtungen grundsätzlich nicht Gegenstand eines steuerlich anzuerkennenden Vertrags sein können, kann zwischen Ehegatten, die in einem Haushalt zusammenlebenden (§§ 1360, 1356 Abs. 1 BGB) oder zwischen Eltern und in deren im Haushalt lebenden Kindern (§ 1619 BGB) ein haushaltsnahes Beschäftigungsverhältnis im Sinne des § 35a Abs. 1 oder 2 EStG nicht begründet werden. Dies gilt entsprechend für die Partner einer eingetragenen Lebenspartnerschaft. Auch bei in einem Haushalt zusammenlebenden Partnern einer nicht ehelichen Lebensgemeinschaft kann regelmäßig nicht von einem begünstigten Beschäftigungsverhältnis ausgegangen werden, weil jeder Partner auch seinen eigenen Haushalt führt und es deshalb an dem für Beschäftigungsverhältnisse typischen Über- und Unterordnungsverhältnis fehlt.

3. Pauschalabgabe von 12 % für Beschäftigungen in einem Privathaushalt

Arbeitgeber, die in ihrem Haushalt Arbeitnehmer auf 400-Euro-Basis beschäftigen, sind gegenüber den Arbeitgebern im gewerblichen Bereich erheblich begünstigt. Denn neben einer steuerlichen Förderung nach § 35a EStG (vgl. nachfolgend unter Nr. 9) zahlen die Arbeitgeber geringfügig Beschäftigter in Privathaushalten anstelle der Pauschalabgabe von 30 % lediglich 12 %. Folgende Übersicht soll dies verdeutlichen:

400-Euro-Job	Pauschaler Beitrag zur Rentenversicherung	Pauschaler Beitrag zur Krankenversicherung**)	Pauschalsteuer	Pauschalabgabe insgesamt
in Privathaushalten	5 %	5 %**)	2 %	12 %
außerhalb von Privathaushalten	15 %	13 %**)	2 %	30 %

Die 400-Euro-Jobs in Privathaushalten unterscheiden sich von den „normalen" 400-Euro-Jobs nur durch die Höhe der Pauschalbeiträge zur Renten- und Krankenver-

---

*) BMF-Schreiben vom 26.10.2007 (BStBl. I S. 783). Das BMF-Schreiben ist als Anlage zu § 35a EStG im **Steuerhandbuch für das Lohnbüro 2010** abgedruckt, das im selben Verlag erschienen ist. Das **PC-Lexikon** für das Lohnbüro 2010 enthält auch dieses Handbuch und hat außerdem den Vorteil, dass Sie **alle BFH-Urteile** sowie die aktuellen Rundschreiben und Niederschriften der Spitzenverbände der **Sozialversicherung** mit Mausklick **im Volltext** abrufen und ausdrucken können. Eine Bestellkarte finden Sie vorne im Lexikon.

) Der Pauschalbeitrag zur Krankenversicherung fällt nur dann an, wenn der Beschäftigte in der **gesetzlichen Krankenversicherung versichert ist (z. B. im Rahmen der Familienversicherung, als Rentner, Student, Arbeitsloser, freiwillige Versicherung). Für geringfügig Beschäftigte, die privat oder gar nicht krankenversichert sind, fällt kein Pauschalbeitrag zur Krankenversicherung an.

Hausgehilfin

sicherung. Bei den Voraussetzungen, ob überhaupt ein geringfügig entlohntes Beschäftigungsverhältnis vorliegt, für das Pauschalbeiträge zur Renten- und Krankenversicherung entrichtet werden müssen, bestehen **keine Unterschiede**. Auf die Erläuterungen beim Stichwort „Geringfügige Beschäftigung" wird deshalb Bezug genommen, und zwar auf

- Nr. 3 „Geringfügig entlohnte Beschäftigung (sog. 400-Euro-Jobs)";
- Nr. 4 „Auswirkungen von steuerfreien und pauschal versteuerten Arbeitslohn auf die 400-Euro-Grenze";
- Nr. 5 „Pauschalbeitrag zur Krankenversicherung in Höhe von 13 % oder 5 %";
- Nr. 6 „Pauschalbeitrag zur Rentenversicherung in Höhe von 15 % oder 5 %".

Beispiel

Eine Arbeitnehmerin arbeitet als Putzfrau in einem Privathaushalt gegen ein monatliches Arbeitsentgelt von 400 €, sie ist über ihren Ehemann in der gesetzlichen Krankenversicherung familienversichert.

Die Arbeitnehmerin ist versicherungsfrei, weil das Arbeitsentgelt 400 € nicht übersteigt. Der Arbeitgeber hat den Pauschalbeitrag zur Kranken- und Rentenversicherung in Höhe von (5 % + 5 % =) 10 % zu bezahlen. Wird keine Lohnsteuerkarte vorgelegt, muss eine Pauschalsteuer von 2 % gezahlt werden, die auch den Solidaritätszuschlag und die Lohnsteuer mit abgilt. Ist die Arbeitnehmerin bei einem Arbeitgeber mit maximal 30 Arbeitnehmern beschäftigt, fallen außerdem Beiträge zur Umlage U1 für Entgeltfortzahlungen im Krankheitsfall an. Außerdem fallen Beiträge zur Umlage U2 für Mutterschaftsaufwendungen an, und zwar auch bei Arbeitgebern, die mehr als 30 Arbeitnehmer beschäftigen. Für die Arbeitnehmerin ergibt sich folgende Lohnabrechnung:

		Lohnsteuerpflichtig	Sozialversich.-pflichtig
Monatslohn		400,— €	
Lohnsteuer		0,— €	
Solidaritätszuschlag		0,— €	
Kirchensteuer		0,— €	
Sozialversicherung		0,— €	0,— €
Nettolohn		400,— €	

Der Arbeitgeber muss folgende Pauschalabgaben zahlen:

Lohnsteuer (einschließlich Solidaritätszuschlag und Kirchensteuer)	2,0 %	8,— €
Krankenversicherung pauschal	5,0 %	20,— €
Rentenversicherung pauschal	5,0 %	20,— €
Umlage U1	0,6 %	2,40 €
Umlage U2	0,07 %	0,28 €
Unfallversicherung	1,6 %	6,40 €
insgesamt		57,08 €

4. Wahl der Rentenversicherungspflicht (sog. Option)

a) Allgemeines

Arbeitnehmer in einer versicherungsfreien geringfügig entlohnten Beschäftigung können die Rentenversicherungspflicht wählen und erwerben dadurch die vollen Leistungsansprüche in der Rentenversicherung (sog. Option).

Geringfügig entlohnte Beschäftigte in Privathaushalten können die Wahl der Rentenversicherungspflicht auf dem Haushaltsscheck erklären. Maßgebend für den Beginn der Versicherungspflicht ist das Datum der Unterschrift des Arbeitnehmers, wenn er nicht ausdrücklich einen späteren Zeitpunkt angibt. Eine gegenüber dem Arbeitgeber abzugebende Verzichtserklärung ist in diesen Fällen entbehrlich.

Sofern ein Arbeitnehmer hiervon Gebrauch macht, sind für ihn Rentenversicherungsbeiträge unter Zugrundelegung des vollen Beitragssatzes in der Rentenversicherung zu zahlen. Den Aufstockungsbetrag zwischen den vom Arbeitgeber zu zahlenden Pauschalbetrag von 5 % und dem vollen Beitragssatz von 19,9 %, also (19,9 % minus 5 % =) **14,9 %** trägt der Arbeitnehmer. Der Aufstockungsbetrag ist durch den Arbeitgeber vom Arbeitsentgelt einzubehalten.

Beispiel

Eine Arbeitnehmerin ist als Putzfrau in einem Privathaushalt beschäftigt und erhält hierfür einen Monatslohn von 400 €. Die Arbeitnehmerin hat auf die Rentenversicherungsfreiheit verzichtet und für die Rentenversicherungspflicht optiert. In diesem Fall muss sie einen Arbeitnehmerbeitrag zur Rentenversicherung in Höhe von 14,9 % bezahlen. Es ergibt sich folgende Lohnabrechnung:

		Lohnsteuerpflichtig	Sozialversich.-pflichtig
Monatslohn		400,— €	
Lohnsteuer		0,— €	
Solidaritätszuschlag		0,— €	
Kirchensteuer		0,— €	
Arbeitnehmeranteil zur Rentenversicherung 14,9 %		59,60 €	59,60 €
Nettolohn		340,40 €	

Der Arbeitgeber muss folgende Pauschalabgaben zahlen:

Lohnsteuer (einschließlich Solidaritätszuschlag und Kirchensteuer)	2,0 %	8,— €
Krankenversicherung pauschal	5,0 %	20,— €
Rentenversicherung pauschal	5,0 %	20,— €
Umlage U1	0,6 %	2,40 €
Umlage U2	0,07 %	0,28 €
Unfallversicherung	1,6 %	6,40 €
insgesamt		57,08 €

b) Mindestbeitragsbemessungsgrenze

Zu beachten ist, dass im Falle der Wahl der Rentenversicherungspflicht als Mindestbeitragsbemessungsgrundlage nach § 163 Abs. 8 SGB VI ein Betrag in Höhe von **155 €** zugrunde zu legen ist. Der Aufstockungsbetrag für Arbeitnehmer mit einem monatlichen Arbeitsentgelt unterhalb der Mindestbeitragsbemessungsgrundlage ermittelt sich, indem der – ausgehend vom tatsächlich erzielten Arbeitsentgelt berechnete – Pauschalbeitrag des Arbeitgebers vom Mindestbeitrag (155 € × voller Beitragssatz zur Rentenversicherung) abgezogen wird. Das bedeutet, dass als Rentenversicherungsbeitrag mindestens ein Beitrag von (19,9 % von 155 € =) **30,85 €** zu zahlen ist. Reicht das Arbeitsentgelt zur Deckung des Aufstockungsbetrages nicht aus, hat der Arbeitnehmer dem Arbeitgeber den Restbetrag zu erstatten.

Beispiel

Arbeitsentgelt aus der geringfügig entlohnten Beschäftigung in einem Privathaushalt 100 €. Der Arbeitnehmer wählt die Rentenversicherungspflicht.

19,9 % aus 155 €	30,85 €
abzüglich Arbeitgeberanteil 5 % aus 100 €	5,— €
Arbeitnehmeranteil	25,85 €

Sofern das Beschäftigungsverhältnis im Laufe eines Monats beginnt oder endet, kommt ein **anteiliger Mindestbeitrag** in Betracht. Entsprechendes gilt im Falle von Arbeitsunterbrechungen (z. B. wegen Arbeitsunfähigkeit). Auf die Erläuterungen beim Stichwort „Geringfügige Beschäftigung" unter Nr. 7 auf Seite 345 wird Bezug genommen.

5. Zusammenrechnung von mehreren geringfügig entlohnten Beschäftigungsverhältnissen

Werden mehrere geringfügig entlohnte Beschäftigungen bei verschiedenen Arbeitgebern nebeneinander ausgeübt, dann sind für die versicherungsrechtliche Beurteilung in allen Versicherungszweigen (auch in der Arbeitslosenversicherung) die Arbeitsentgelte aus den einzelnen Beschäftigungen zusammenzurechnen, und zwar unabhängig davon, ob die geringfügig entlohnten Beschäftigungen in Privathaushalten oder außerhalb von Privathaushalten ausgeübt werden.

Übersteigt das zusammengerechnete monatliche Arbeitsentgelt die 400-Euro-Grenze, tritt also Versicherungspflicht bei allen Arbeitgebern in allen vier Zweigen der Sozialversicherung ein. Das bedeutet, dass jeder Arbeitgeber nicht den pauschalen Arbeitgeberanteil zur Rentenversicherung zu entrichten hat, sondern den hälftigen Arbeitgeberanteil zur Rentenversicherung in Höhe von 9,95 %. Damit entfällt die Steuerpauschalierung mit 2 %, die auch den Solidaritätszuschlag und die Kirchensteuer

Hausgehilfin

mit abgilt. Der Arbeitnehmer müsste deshalb bei allen Arbeitgebern eine Lohnsteuerkarte vorlegen. Nach § 40a Abs. 2a EStG besteht jedoch für alle Beschäftigungsverhältnisse die Möglichkeit einer Pauschalierung der Lohnsteuer mit 20 %, weil der Monatslohn 400 € nicht übersteigt (auf die Höhe des Stundenlohns kommt es nicht an). Die Vorlage von Lohnsteuerkarten bei allen geringfügig entlohnten Beschäftigungsverhältnissen wäre dann günstiger, wenn der Arbeitnehmer durch die Eintragung von Freibeträgen und Hinzurechnungsbeträgen insgesamt den Lohnsteuerabzug vermeiden könnte (vgl. Beispiel B).

Beispiel A

Eine privat krankenversicherte Putzfrau arbeitet im privaten Haushalt des Arbeitgebers A gegen ein monatliches Arbeitsentgelt von 170 € und in den Geschäftsräumen des Arbeitgebers B gegen ein monatliches Arbeitsentgelt von 200 €. Die Arbeitsentgelte aus den beiden geringfügig entlohnten Beschäftigungsverhältnissen sind für die Prüfung der 400-Euro-Grenze unabhängig davon zusammenzurechnen, dass die Beschäftigung beim Arbeitgeber A in einem Privathaushalt und die Beschäftigung beim Arbeitgeber B außerhalb von einem Privathaushalt ausgeübt wird. Die Putzfrau unterliegt in beiden Beschäftigungsverhältnissen nicht der Sozialversicherungspflicht, weil das zusammengerechnete monatliche Arbeitsentgelt 400 € nicht übersteigt. Beide Arbeitgeber haben Pauschalbeiträge zur Rentenversicherung sowie die 2 %ige Pauschalsteuer zu zahlen, und zwar in folgender Höhe:

Arbeitgeber A	(5 % + 2 % =)	7 % von 170 €	11,90 €
Arbeitgeber B	(15 % + 2 % =)	17 % von 200 €	34,— €

Beispiel B

Eine Arbeitnehmerin arbeitet an drei Tagen in der Woche in einem Lebensmittelgeschäft beim Arbeitgeber A und erhält hierfür monatlich 400 €. Außerdem putzt sie an jeweils zwei Abenden in den privaten Haushalten der Arbeitgeber B und C. Die Arbeitnehmerin erhält vom Arbeitgeber B monatlich 250 € und vom Arbeitgeber C monatlich 200 €.

Durch die sozialversicherungsrechtliche Zusammenrechnung der drei, für sich allein betrachtet, geringfügig entlohnten Beschäftigungsverhältnisse tritt Versicherungspflicht in allen vier Zweigen der Sozialversicherung ein. Alle drei Arbeitgeber müssen einen hälftigen Arbeitgeberanteil zur Rentenversicherung in Höhe von 9,95 % bezahlen. Damit entfällt für alle drei Beschäftigungsverhältnisse die 2 % Pauschalsteuer. Eine Pauschalierung der Lohnsteuer mit 20 % – ggf. unter Abwälzung auf die Arbeitnehmerin – wäre dagegen für alle drei Beschäftigungsverhältnisse möglich (vgl. das Stichwort „Geringfügige Beschäftigung" unter Nr. 9 auf Seite 346).

Die Arbeitnehmerin legt jedoch für alle drei Beschäftigungsverhältnisse Lohnsteuerkarten vor und zwar

- beim Arbeitgeber A eine Lohnsteuerkarte mit der Steuerklasse I und einem **Hinzurechnungsbetrag von 450 €**;
- bei Arbeitgeber B eine Lohnsteuerkarte mit der Steuerklasse VI und einem **Freibetrag von 250 €**;
- beim Arbeitgeber C eine Lohnsteuerkarte mit der Steuerklasse VI und einem **Freibetrag von 200 €**.

Damit fällt in allen drei Beschäftigungsverhältnissen weder Lohnsteuer noch Solidaritätszuschlag und auch keine Kirchensteuer an. Die Möglichkeit, sich korrespondierende Freibeträge und Hinzurechnungsbeträge auf der Lohnsteuerkarte eintragen zu lassen, ist beim Stichwort „Pauschalierung der Lohnsteuer bei Aushilfskräften und Teilzeitbeschäftigten" unter Nr. 12 auf Seite 540 erläutert.

6. Zusammenrechnung von Hauptbeschäftigungen mit geringfügig entlohnten Beschäftigungsverhältnissen in Privathaushalten

Versicherungspflichtige Hauptbeschäftigungen werden im Grundsatz mit geringfügigen Beschäftigungen zusammengerechnet. Davon gibt es eine Ausnahme, denn **eine** Nebenbeschäftigung bis zu 400 € monatlich bleibt anrechnungsfrei.

Beispiel A

Eine alleinstehende Arbeitnehmerin bezieht aus ihrem ersten Arbeitsverhältnis als Verkäuferin 2000 € monatlich und hat nebenher eine Putzstelle in einem privaten Haushalt. Hierfür erhält sie monatlich 400 €. Die beiden Arbeitsverhältnisse werden für die Berechnung der Sozialversicherungsbeiträge nicht zusammengerechnet. Für den 400-Euro-Job ergibt sich folgende Lohnabrechnung:

	Lohnsteuerpflichtig	Sozialversich.-pflichtig
Monatslohn		400,— €
Lohnsteuer	0,— €	
Solidaritätszuschlag	0,— €	
Kirchensteuer	0,— €	
Sozialversicherung	0,— €	0,— €
Nettolohn		400,— €

Die Arbeitnehmerin braucht für den 400-Euro-Job keine Lohnsteuerkarte vorzulegen.

Der Arbeitgeber muss folgende Pauschalabgaben zahlen:

Lohnsteuer (einschließlich Solidaritätszuschlag und Kirchensteuer)	2,0 %	8,— €
Krankenversicherung pauschal	5,0 %	20,— €
Rentenversicherung pauschal	5,0 %	20,— €
Umlage U1	0,6 %	2,40 €
Umlage U2	0,07 %	0,28 €
Unfallversicherung	1,6 %	6,40 €
insgesamt		57,08 €

Werden neben einer Hauptbeschäftigung **mehrere** geringfügig entlohnte Beschäftigungen ausgeübt, dann scheidet für **eine** geringfügig entlohnte Beschäftigung die Zusammenrechnung mit der Hauptbeschäftigung aus. Ausgenommen von der Zusammenrechnung wird nach den Geringfügigkeits-Richtlinien dabei diejenige geringfügig entlohnte Beschäftigung, die **zeitlich zuerst aufgenommen** worden ist, so dass diese Beschäftigung versicherungsfrei bleibt. Die **weiteren** geringfügig entlohnten Beschäftigungen sind mit der versicherungspflichtigen Hauptbeschäftigung zusammenzurechnen, so dass für diese Mini-Jobs die Zahlung pauschaler Arbeitgeberbeiträge zur Kranken- und Rentenversicherung sowie die 2 %ige Pauschalsteuer entfällt. Damit findet auch das Haushaltsscheckverfahren keine Anwendung mehr. Der Arbeitgeber hat dann das übliche Beitrags- und Meldeverfahren gegenüber der Krankenkasse durchzuführen, die der Arbeitnehmer gewählt hat.

Eine Pauschalierung der Lohnsteuer mit 20 % anstelle von 2 % ist möglich, wenn der Monatslohn für die geringfügig entlohnte Beschäftigung 400 € nicht übersteigt (vgl. die Erläuterungen beim Stichwort „Pauschalierung der Lohnsteuer bei Aushilfskräften und Teilzeitbeschäftigten" unter Nr. 3 Buchstabe b auf Seite 531.

Beispiel B

Eine alleinstehende Arbeitnehmerin bezieht aus ihrem ersten Arbeitsverhältnis als Verkäuferin beim Arbeitgeber A einen Monatslohn von 2000 €. Außerdem hat sie zwei Putzstellen in Privathaushalten, und zwar beim Arbeitgeber B ab 1. Juni 2010 gegen ein monatliches Arbeitsentgelt von 150 € und beim Arbeitgeber C ab 1. August 2010 gegen ein monatliches Entgelt von 240 €.

Die Verkäuferin unterliegt in der (Haupt-)Beschäftigung beim Arbeitgeber A der Versicherungspflicht. Bei den beiden übrigen Beschäftigungen handelt es sich jeweils um geringfügig entlohnte Beschäftigungen, weil das Arbeitsentgelt aus den einzelnen Beschäftigungen 400 € nicht übersteigt. Obwohl die zusammengerechneten Arbeitslöhne aus den beiden geringfügig entlohnten Beschäftigungsverhältnissen die monatliche 400-Euro-Grenze nicht übersteigen wird nur die beim Arbeitgeber B ausgeübte, **zeitlich zuerst aufgenommene Beschäftigung nicht** mit der versicherungspflichtigen (Haupt-)Beschäftigung zusammengerechnet und bleibt deshalb in der Kranken-, Renten- und Pflegeversicherung versicherungsfrei. Der Arbeitgeber B muss die Pauschalabgabe von (5 % + 5 % + 2 % =) 12 % bezahlen. Die Beschäftigung beim Arbeitgeber C ist hingegen mit der versicherungspflichtigen (Haupt-)Beschäftigung zusammenzurechnen mit der Folge, dass volle Versicherungspflicht in der Kranken-, Renten- und Pflegeversicherung begründet wird. In der Arbeitslosenversicherung besteht sowohl beim Arbeitgeber B als auch beim Arbeitgeber C Versicherungsfreiheit, weil das Arbeitsentgelt aus diesen Beschäftigungen jeweils 400 € nicht überschreitet und geringfügig entlohnte Beschäftigungen mit versicherungspflichtigen (Haupt-)Beschäftigungen bei der Arbeitslosenversicherung nicht zusammengerechnet werden.

Da für die Beschäftigung beim Arbeitgeber C kein pauschaler Rentenversicherungsbeitrag von 5 % entrichtet wird (sondern der hälftige Arbeitgeberbeitrag von 9,95 %), entfällt die 2 %ige Steuerpauschalierung (eine Pauschalierung der Lohnsteuer mit 20 % ist jedoch möglich, weil das Arbeitsentgelt 400 € monatlich nicht übersteigt, vgl. das Stichwort „Pauschalierung der Lohnsteuer bei Aushilfskräften und Teilzeitbeschäftigten" unter Nr. 3 Buchstabe b).

Hausgehilfin

| | Lohn-steuer-pflichtig | Sozialversich.-pflichtig |

7. Haushaltsscheckverfahren

a) Allgemeines

Ein gewerblicher Arbeitgeber hat für jeden (auch geringfügig) Beschäftigten Meldepflichten zu erfüllen und die Beiträge mit Beitragsnachweis gegenüber der Krankenkasse bzw. der Minijobzentrale nachzuweisen. Ist ein **Privathaushalt** Arbeitgeber gibt es ein vereinfachtes Beitrags- und Meldeverfahren, nämlich den sog. Haushaltsscheck. Das Haushaltsscheckverfahren gilt nur für geringfügige Beschäftigungen in Privathaushalten. Es ist **obligatorisch,** d. h., der Arbeitgeber kann nicht alternativ das allgemeine Beitrags- und Meldeverfahren nutzen. Das Haushaltsscheckverfahren wird – wie das Beitrags- und Meldeverfahren für geringfügig Beschäftigte insgesamt – ausschließlich von der **Minijob-Zentrale** bei der Deutschen Rentenversicherung Knappschaft-Bahn-See durchgeführt.

Die Anwendung des Haushaltsscheckverfahrens ist daran gebunden, dass der an den Arbeitnehmer ausgezahlte Geldbetrag zusammen mit den einbehaltenen Steuern 400 € im Monat nicht übersteigt und der Arbeitgeber der Bundesknappschaft eine Einzugsermächtigung zum Einzug des Gesamtsozialversicherungsbeiträge, der Umlagen U1 und U2, des Beitrags zur gesetzlichen Unfallversicherung in Höhe von 1,6 % sowie ggf. der 2 %igen Pauschalsteuer erteilt. Das Verfahren wiederholt sich bei jeder Lohn- oder Gehaltszahlung, es sei denn, das Arbeitsentgelt bleibt monatlich unverändert und der Haushaltsscheck wird als „Dauerscheck" gekennzeichnet.

Die **Minijob-Zentrale** bei der Deutschen Rentenversicherung Knappschaft-Bahn-See prüft nach Eingang des Haushaltsschecks die Einhaltung der Arbeitsentgeltgrenzen bei geringfügiger Beschäftigung, berechnet die Gesamtsozialversicherungsbeiträge, die Umlagen U1 und U2, den Beitrag zur gesetzlichen Unfallversicherung in Höhe von 1,6 % sowie die ggf. zu zahlende 2 %ige Pauschalsteuer und zieht den Gesamtbetrag mittels Lastschriftverfahren vom Konto des Arbeitgebers ein.

Arbeitgeber werden nach § 28 p Abs. 10 SGB IV wegen der beschäftigten Arbeitnehmer in Privathaushalten nicht geprüft. Im Übrigen sind sie ohnehin von der Führung von Entgeltunterlagen freigestellt (§ 28 f Abs. 1 Satz 2 SGB IV).

Der Haushaltsscheck und die Einzugsermächtigung werden im Internet unter „www.haushaltsscheck.de" zur Verfügung gestellt. Diese können dann vom Arbeitgeber direkt am Bildschirm fehlergeprüft ausgefüllt und anschließend ausgedruckt werden. Darüber hinaus besteht die Möglichkeit, die Blankoformulare auszudrucken und handschriftlich auszufüllen. Für Arbeitgeber ohne Internetanschluss werden die Vordrucke von der Minijob-Zentrale bei der Deutschen Rentenversicherung Knappschaft-Bahn-See auf Anforderung zur Verfügung gestellt.

Der Haushaltsscheck besteht aus drei Belegen, jeweils ein Formular für die Minijob-Zentrale bei der Deutschen Rentenversicherung Knappschaft-Bahn-See, den Arbeitgeber und die/den Beschäftigte/n. Die Belege sind vom Arbeitgeber und vom Arbeitnehmer zu unterschreiben; der entsprechende Beleg für die Minijob-Zentrale bei der Deutschen Rentenversicherung Knappschaft-Bahn-See ist bei der Minijob-Zentrale einzureichen. Die Einzugsermächtigung ist bei der erstmaligen Verwendung des Haushaltsschecks sowie bei Änderung der Bankverbindung zusätzlich vom Arbeitgeber auszufüllen und zu unterschreiben.

b) 400-Euro-Grenze

Für geringfügig entlohnte Beschäftigungsverhältnisse in Privathaushalten ist der Haushaltsscheck zu verwenden, wenn das Arbeitsentgelt monatlich 400 € nicht übersteigt (§ 28 a Abs. 7 SGB IV). Dabei gilt nach § 14 Abs. 3 SGB IV die Besonderheit, dass der an den Arbeitnehmer ausgezahlte Geldbetrag zuzüglich der durch Abzug vom Arbeitslohn einbehaltenen Steuer (Lohnsteuer einschließlich eventuell zu zahlender Kirchensteuer und Solidaritätszuschlag) als Arbeitsentgelt gilt. Diese Regelung stammt aus der Zeit, als das Haushaltsscheckverfahren noch für Arbeitslöhne bis zu einem Monatslohn von 767 € anwendbar war und deshalb die Steuerabzugsbeträge vielfach nach Vorlage einer Lohnsteuerkarte (z. B. mit der Steuerklasse V) errechnet wurden. Da die monatliche Lohngrenze für die Anwendung des Haushaltsscheckverfahrens 400 € beträgt und gleichzeitig eine 2 %ige Pauschalsteuer zu entrichten ist, wird die Vorlage einer Lohnsteuerkarte auf die Fälle beschränkt bleiben, in denen dadurch die 2 %ige Pauschalsteuer gespart werden kann (vgl. nachfolgend unter Nr. 8). Die Regelung, dass der an den Arbeitnehmer ausgezahlte Geldbetrag, **zuzüglich der durch Abzug vom Arbeitslohn einbehaltenen Steuern** als Arbeitsentgelt gilt, ist deshalb ohne praktische Auswirkung.

Von erheblicher praktischer Bedeutung ist jedoch die Regelung, dass nur der an den Arbeitnehmer **ausbezahlte Geldbetrag** als Arbeitsentgelt **gilt** (§ 14 Abs. 3 SGB IV). **Sachbezüge bleiben also bei Anwendung des Haushaltsscheckverfahrens außer Ansatz**. Bei Gewährung kostenloser Unterkunft und Verpflegung, die mit den amtlichen Sachbezugswerten anzusetzen ist, bedeutet dies in der Praxis eine Verdoppelung der monatlichen 400-Euro-Grenze. Steuerlich ist aber zu beachten, dass Lohnbestandteile, die nicht zum sozialversicherungsrechtlichen Arbeitsentgelt gehören, dem **Lohnsteuerabzug nach den allgemeinen Regelungen** unterliegen (R 40a.2 Satz 4 LStR), das heißt Vorlage einer Lohnsteuerkarte oder Lohnsteuerabzug nach Steuerklasse VI. Die Gewährung von Sachbezügen hat daher in diesen Fällen erheblich an Attraktivität verloren.

Beispiel

Eine Köchin, die in einem privaten Haushalt tätig ist, erhält neben ihrem Barlohn von 400 € monatlich, freie Unterkunft und Verpflegung. Der amtliche Sachbezugswert für freie Unterkunft und Verpflegung beträgt monatlich 419 € (vgl. Anhang 3). Bemessungsgrundlage für die monatlichen Pauschalabgaben ist der Barlohn. Der amtliche Sachbezugswert für freie Unterkunft und Verpflegung in Höhe von 419 € monatlich bleibt zwar sowohl für die Prüfung der 400-Euro-Grenze als auch für die Berechnung der Pauschalabgaben außer Ansatz, er ist jedoch nach R 40a.2 Satz 4 LStR nach Lohnsteuerkarte zu versteuern. Für die Köchin ergibt sich somit folgende Lohnabrechnung:

Barlohn	400,— €
Lohnsteuer	0,— €
Solidaritätszuschlag	0,— €
Kirchensteuer	0,— €
Sozialversicherung	0,— € 0,— €
Nettolohn	400,— €

Die Arbeitnehmerin braucht für den 400-Euro-Job keine Lohnsteuerkarte vorzulegen. Eine Vorlage der Lohnsteuerkarte ist jedoch für die Versteuerung des amtlichen Sachbezugswerts Unterkunft und Verpflegung erforderlich. Bei Vorlage einer Lohnsteuerkarte mit der Steuerklasse I beträgt die Lohnsteuer jedoch 0,– €.

Der Arbeitgeber muss folgende Pauschalabgaben zahlen:

Lohnsteuer (einschließlich Solidaritätszuschlag und Kirchensteuer)	2,0 %	8,— €
Krankenversicherung pauschal	5,0 %	20,— €
Rentenversicherung pauschal	5,0 %	20,— €
Umlage U1	0,6 %	2,40 €
Umlage U2	0,07 %	0,28 €
Unfallversicherung	1,6 %	6,40 €
insgesamt		57,08 €

c) Halbjahresscheck

Als Zusatzangebot für Privathaushalte, in denen die Beschäftigte ein monatlich schwankendes Arbeitsentgelt bezieht, bietet die Minijobzentrale den sog. Halbjahresscheck an. Hierbei ist zunächst der normale Haushalts-

Hausgehilfin

scheck einzureichen. Die Minijobzentrale schickt dem privaten Arbeitgeber dann bereits maschinell vorbereitete Schecks zu, die vom Arbeitgeber dann entsprechend um das Halbjahresentgelt und den Beschäftigungszeitraum zu ergänzen ist und rechtzeitig vor Fälligkeit der Beiträge (15. 1./15. 7.) wieder bei der Minijobzentrale einzureichen ist.

8. Pauschalierung der Lohnsteuer mit 2 %

a) Allgemeines

Nach § 40a Abs. 2 EStG kann der Arbeitgeber den Arbeitslohn für einen 400-Euro-Job unter Verzicht auf die Vorlage einer Lohnsteuerkarte pauschal mit **2 %** versteuern, wenn der Arbeitgeber für diese geringfügige Beschäftigung einen **Pauschalbeitrag zur gesetzlichen Rentenversicherung** in Höhe von **15 %** für „normale" 400-Euro-Jobs oder in Höhe von **5 %** für 400-Euro-Jobs in einem Privathaushalt entrichtet. Die Voraussetzungen für eine Pauschalierung der Lohnsteuer mit 2 % richten sich ausschließlich nach den sozialversicherungsrechtlichen Vorschriften. Die Höhe des Stundenlohns spielt keine Rolle. Die 2 %ige Pauschalsteuer ist eine Abgeltungsteuer und gilt auch den Solidaritätszuschlag und die Kirchensteuer mit ab. Der pauschal versteuerte Arbeitslohn und die 2 %ige Pauschalsteuer bleiben bei der Veranlagung des Arbeitnehmers zur Einkommensteuer außer Ansatz.

Nach § 40a Abs. 6 EStG ist die Minijob-Zentrale bei der Deutschen Rentenversicherung Knappschaft-Bahn-See für die Erhebung der 2 %igen Pauschalsteuer zuständig. Für die Anmeldung und Abführung dieser Pauschalsteuer an die Minijob-Zentrale bei der Deutschen Rentenversicherung Knappschaft-Bahn-See gelten die gleichen Regelungen wie für die pauschalen Kranken- und Rentenversicherungsbeiträge. Die Minijob-Zentrale bei der Deutschen Rentenversicherung Knappschaft-Bahn-See ist berechtigt, die Pauschalsteuer zusammen mit den Sozialversicherungsbeiträgen beim Arbeitgeber einzuziehen.

Zu beachten ist, dass für **Lohnbestandteile, die nicht** zum sozialversicherungsrechtlichen **Arbeitsentgelt** gehören, eine Pauschalierung der Lohnsteuer mit 2 % nicht zulässig ist. Dieser Arbeitslohn ist nach den allgemeinen Regelungen (grundsätzlich **Lohnsteuerkarte**) zu versteuern. Vgl. die Erläuterungen unter der vorstehenden Nr. 7.

b) Vorlage einer Lohnsteuerkarte oder Pauschalierung der Lohnsteuer mit 2 %

Die Pauschalierungsmöglichkeit mit 2 % ist als „**Kannvorschrift**" ausgestaltet. Das bedeutet, dass anstelle der Pauschalierung der Lohnsteuer mit 2 % auch ein Lohnsteuerabzug nach Lohnsteuerkarte durchgeführt werden kann. Dies werden in der Praxis diejenigen Fälle sein, in denen der Arbeitnehmer eine Lohnsteuerkarte mit der Steuerklasse I, II, III oder IV vorlegen kann, weil dann für ihn keine Lohnsteuer anfällt und sich der Arbeitgeber die 2 %ige Lohnsteuer spart. Kann der Arbeitnehmer also für den 400-Euro-Job eine Lohnsteuerkarte mit der Steuerklasse I, II, III oder IV vorlegen, ist dies für den Arbeitgeber günstiger als die 2 %ige Lohnsteuerpauschalierung (vgl. die ausführlichen Erläuterungen beim Stichwort „Pauschalierung der Lohnsteuer bei Aushilfskräften und Teilzeitbeschäftigten" besonders unter Nr. 2 Buchstabe i).

Zu beachten ist, dass für steuerpflichtige **Lohnbestandteile, die nicht** zum sozialversicherungsrechtlichen **Arbeitsentgelt** gehören, eine Pauschalierung der Lohnsteuer mit 2 % nicht zulässig ist. Dieser Arbeitslohn ist vielmehr nach den allgemeinen Regelungen (grundsätzlich **Lohnsteuerkarte**) zu versteuern. Vgl. die Erläuterungen unter der vorstehenden Nr. 7.

9. Steuerliche Vergünstigungen

a) Allgemeines

Seit 2003 gibt es steuerliche Vergünstigungen, und zwar zum einen für **Beschäftigungsverhältnisse** in privaten Haushalten und zum anderen für die Inanspruchnahme haushaltsnaher **Dienstleistungen** auf freiberuflicher oder gewerblicher Basis (§ 35 a EStG). Die Steuerentlastung für abhängige Beschäftigungsverhältnisse in privaten Haushalten wird dem **Arbeitgeber** in Form eines **Abzugsbetrages von der Einkommensteuer** gewährt, und zwar seit 1. 1. 2009 wie folgt:

– Bei einer geringfügigen Beschäftigung in Privathaushalten bis zu einem Monatslohn von 400 € beträgt der beim Arbeitgeber von der Einkommensteuer abzuziehende Betrag **20 % der Aufwendungen,** höchstens **510 €** jährlich.

– Bei Beschäftigungsverhältnissen in privaten Haushalten, für die **Pflichtbeiträge zur gesetzlichen Sozialversicherung** entrichtet werden, beträgt der beim Arbeitgeber von der Einkommensteuer abzuziehende Betrag **20 % der Aufwendungen,** höchstens **4000 €** jährlich.

Liegt kein abhängiges Beschäftigungsverhältnis vor, so wird gleichwohl eine steuerliche Entlastung gewährt, und zwar für die Inanspruchnahme haushaltsnaher **Dienstleistungen, die nicht im Rahmen eines Arbeitsverhältnisses erbracht werden** (z. B. wenn der Steuerpflichtige seine Fenster durch ein Dienstleistungsunternehmen putzen lässt). In diesen Fällen erhält der Steuerpflichtige einen von der Einkommensteuer abzuziehenden Entlastungsbetrag von **20 %** der Aufwendungen, höchstens 4000 €. Entsprechendes gilt bei Inanspruchnahme von Pflege- und Betreuungsleistungen. Zu beachten ist, dass die **Steuerermäßigung** für **sozialversicherungspflichtige Beschäftigungsverhältnisse** und **haushaltsnahen Dienstleistungen** einschließlich **Pflege- und Betreuungsleistungen** zusammen berechnet wird, das heißt, **insgesamt** 20 % der Aufwendungen, **höchstens 4000 €** beträgt.

Seit 1. 1. 2006 sind außerdem haushaltsnahe Dienstleistungen in Form von **Handwerkerrechnungen** durch einen von der Einkommensteuer abzuziehenden Entlastungsbetrag begünstigt. Für **2009** beträgt der Entlastungsbetrag **20 %** der Aufwendungen, **höchstens 1200 €**.

Die Inanspruchnahme der Steuerermäßigung für haushaltsnahe Beschäftigungsverhältnisse, haushaltsnahe Dienstleistungen und Handwerkerleistungen seit dem Jahre 2009 soll durch folgendes Schaubild verdeutlicht werden:

	Prozentsatz	Höchstbetrag
Haushaltsnahe Minijobber	20 %	510,— €
Haushaltsnahe Vollbeschäftigungsverhältnisse	20 %	4 000,— €
Haushaltsnahe Dienstleistungen		
Pflege- und Betreuungsleistungen		
Handwerkerleistungen im Haushalt	20 %	1 200,— €

Im Einzelnen gilt für die Inanspruchnahme der steuerlichen Entlastungen nach § 35 a EStG Folgendes:

b) Geringfügig entlohnte Beschäftigung (sog. 400-Euro-Job)

Bei einer geringfügig entlohnten (versicherungsfreien) Beschäftigung in einem Privathaushalt bis zu einem Monatslohn von 400 € beträgt die steuerliche Entlastung

Hausgehilfin

nach § 35a Abs. 1 EStG **20 % der Aufwendungen,** höchstens **510 €** jährlich. Eine steuerlich begünstigte geringfügige Beschäftigung in diesem Sinne liegt nur dann vor, wenn der Arbeitgeber am **Haushaltsscheckverfahren** teilnimmt (vgl. die Erläuterungen unter der vorstehenden Nr. 7).

Beispiel A

Ein Steuerpflichtiger (Arbeitgeber) zahlt einer Haushaltshilfe monatlich 300 €, jährlich also	3 600,— €
Pauschalabgaben (5 % + 5 % + 2 % =) 12 %	432,— €
Beiträge zur Umlage U1 0,6 %	21,60 €
Beiträge zur Umlage U2 0,07 %	2,52 €
Unfallversicherung 1,6 %	57,60 €
Aufwendungen für die Haushaltshilfe insgesamt	4 113,72 €
Betrag den der Steuerpflichtige von seiner persönlichen Einkommensteuerschuld abziehen kann:	
20 % von 4113,72 € =	822,74 €
höchstens (= Höchstbetrag)	510 €

Zu den begünstigten Aufwendungen, für die eine Einkommensteuerermäßigung geltend gemacht werden kann, gehören das Arbeitsentgelt, die Pauschalabgaben, die Umlagen U1 und U2 sowie die Unfallversicherungsbeiträge. Die Höhe der Aufwendungen ist nachzuweisen. Bei geringfügigen Beschäftigungsverhältnissen in Privathaushalten ergibt sich der überwiegende Teil der Aufwendungen aus der von der Bundesknappschaft zum Jahresende erteilten Bescheinigung. Hinzuzurechnen sind noch die Beiträge zur gesetzlichen Unfallversicherung sowie etwaige Sachbezüge und die hierauf entfallenden Steuerbeträge (vgl. die Erläuterungen unter der vorstehenden Nr. 7).

Besteht das geringfügig entlohnte Beschäftigungsverhältnis nicht während des ganzen Kalenderjahres, so vermindert sich der Höchstbetrag von 510 € seit dem 1. 1. 2009 nicht mehr **(keine Zwölftelung).**

Beispiel B

Ein Steuerpflichtiger beschäftigt ab 1. 9. 2010 eine Haushaltshilfe für monatlich 400 €.	
Lohnaufwendungen 2010: 4 × 400 €	1600,— €
Pauschalabgaben (5 % + 5 % + 2 % =) 12 %	192,— €
Beiträge zur Umlage U1 0,6 %	9,60 €
Beiträge zur Umlage U2 0,07 %	1,12 €
Unfallversicherung 1,6 %	25,60 €
Aufwendungen für die Haushaltshilfe insgesamt	1 828,32 €
Betrag den der Steuerpflichtige von seiner persönlichen Einkommensteuerschuld abziehen kann:	
20 % von 1828,32 € =	365,66 €

Der Höchstbetrag von 510 € ist nicht überschritten. Anders als bis zum 31. 12. 2008 ist der **Höchstbetrag nicht zeitanteilig** (hierbei würde sich lediglich ein Betrag von 170 € = 4/12 von 510 € ergeben) zu berechnen.

Die Steuerentlastung von 20 %, höchstens 510 €, wird nicht für solche Aufwendungen gewährt, die Betriebsausgaben bzw. Werbungskosten sind, oder die als außergewöhnliche Belastung geltend gemacht werden können.

Weiterhin ist zu beachten, dass nicht jedes Beschäftigungsverhältnis im Sinne des § 8 a SGB IV nach § 35a Abs. 1 EStG begünstigt ist, weil hiernach nur geringfügige Beschäftigungsverhältnisse erfasst werden, die **in** einem inländischen Haushalt oder in einem Haushalt in einem Mitgliedstaat der EU/des EUR ausgeübt werden*). § 8 a SGB IV setzt dagegen lediglich voraus, dass die geringfügige Beschäftigung **durch** einen privaten Haushalt **begründet** ist**). Bei beschränkter Steuerpflicht (vgl. dieses Stichwort) kann die Steuerermäßigung nach § 35a EStG nicht in Anspruch genommen werden.

Da **Wohnungseigentümergemeinschaften** nicht am Haushaltsscheckverfahren teilnehmen können, sind von diesen eingegangene **geringfügigen Beschäftigungsverhältnisse** als **haushaltsnahe Dienstleistungen** zu berücksichtigen (vgl. nachfolgend unter Buchstabe d).

Entsprechendes gilt für geringfügige Beschäftigungsverhältnisse von Vermietern im Rahmen ihrer Vermietertätigkeit. Hier liegen beim Mieter haushaltsnahe Dienstleistungen (vgl. den nachfolgenden Buchstaben d) vor.

c) Sozialversicherungspflichtige Beschäftigung in einem privaten Haushalt

Bei Beschäftigungsverhältnissen in privaten Haushalten, für die **Pflichtbeiträge zur gesetzlichen Sozialversicherung** entrichtet werden, beträgt der beim Arbeitgeber von der Einkommensteuer abzuziehende Betrag **20 % der Aufwendungen,** höchstens **4000 €** jährlich.

Beispiel A:

Ein Steuerpflichtiger wendet für ein haushaltsnahes sozialversicherungspflichtiges Beschäftigungsverhältnis inklusive aller Abgaben 18 000 € auf.

Betrag den der Steuerpflichtige von seiner persönlichen Einkommensteuerschuld abziehen kann:	
20 % von 18 000 €	3 600,— €

Der Höchstbetrag von 4000 € ist nicht überschritten.

Besteht das haushaltsnahe sozialversicherungspflichtige Beschäftigungsverhältnis nicht während des ganzen Kalenderjahres, so vermindert sich der Höchstbetrag von 4000 € seit dem 1. 1. 2009 nicht mehr **(keine Zwölftelung).**

Beispiel B:

Ein Steuerpflichtiger (Arbeitgeber) beschäftigt ab 1. September 2010 eine Haushälterin. Die Haushälterin bekommt einen Barlohn von 1000 € monatlich sowie freie Unterkunft und Verpflegung. Der steuer- und beitragspflichtige Monatslohn beträgt somit:

Barlohn	1 000,— €
Sachbezugswert für freie Unterkunft und Verpflegung (vgl. Anhang 3)	419,— €
	1 419,— €

Die Lohnsteuer (z. B. nach Steuerklasse I) und der hälftige Arbeitnehmeranteil am Gesamtsozialversicherungsbeitrag sind vom Barlohn einzubehalten. Die Aufwendungen des Steuerpflichtigen für die Inanspruchnahme der Steuervergünstigung nach § 35 a EStG errechnen sich wie folgt:

Barlohn und Sachbezug monatlich	1 419,— €
Arbeitgeberanteil am Gesamtsozialversicherungsbeitrag (z. B. 19,325 %)	274,22 €
Umlage U1 und U2 (angenommen)	28,11 €
Beitrag zur gesetzlichen Unfallversicherung (angenommen mit 1 %)	14,19 €
insgesamt	1 735,52 €
für 4 Monate (1735,52 € × 4)	6 942,08 €
Die Einkommensteuerermäßigung beträgt 20 % von 6942,08 €	1388,42 €

Der Höchstbetrag von 4000 € ist nicht überschritten. Anders als bis zum 31. 12. 2008 ist der **Höchstbetrag nicht zeitanteilig** (hierbei würde sich lediglich ein Betrag von 1334 € = 4/12 von 4000 € ergeben) zu berechnen.

Für die Inanspruchnahme des Abzugsbetrags von der Einkommensteuer in Höhe von 20 % der Aufwendungen, höchstens 4000 € jährlich, muss also ein sozialversicherungspflichtiges Beschäftigungsverhältnis vorliegen. Dies ist nicht der Fall, wenn ein geringfügig entlohnter Arbeitnehmer auf die Rentenversicherungsfreiheit verzichtet und für die Rentenversicherungspflicht optiert (vgl. vorstehend unter Nr. 4).

---

*) **EU-Länder** sind die folgenden Mitgliedsländer der Europäischen Union: Belgien, Bulgarien, Dänemark, Estland, Finnland, Frankreich, Griechenland, Irland, Italien, Lettland, Litauen, Luxemburg, Malta, Niederlande, Österreich, Polen, Portugal, Rumänien, Schweden, Slowakei, Slowenien, Spanien, Tschechische Republik, Ungarn, Vereinigtes Königreich Großbritannien und Zypern.
EWR-Mitgliedstaaten, das heißt Staaten, auf die das Abkommen über den Europäischen Wirtschaftsraum Anwendung findet, sind Island, Norwegen und Liechtenstein.

) Textziffer 2 des BMF-Schreibens vom 26. 10. 2007 (BStBl. I S. 783). Das BMF-Schreiben ist als Anlage zu § 35a EStG im **Steuerhandbuch für das Lohnbüro 2010 abgedruckt, das im selben Verlag erschienen ist. Das **PC-Lexikon** für das Lohnbüro 2010 enthält auch dieses Handbuch und hat außerdem den Vorteil, dass Sie **alle BFH-Urteile** sowie die aktuellen Rundschreiben und Niederschriften der Spitzenverbände der **Sozialversicherung** mit Mausklick **im Volltext** abrufen und ausdrucken können. Eine Bestellkarte finden Sie vorne im Lexikon.

Hausgehilfin

Des Weiteren wird die Steuerentlastung von 20 %, höchstens 4000 €, nicht für solche Aufwendungen gewährt, die Betriebsausgaben bzw. Werbungskosten sind, oder die als außergewöhnliche Belastung geltend gemacht werden können.

Eine **sozialversicherungspflichtige Beschäftigung** in einem privaten Haushalt kann auch zu einer **Wohnungseigentümergemeinschaft** bestehen.

Im Übrigen sind auch sozialversicherungspflichtige Beschäftigungsverhältnisse begünstigt, die in einem Haushalt in einem Mitgliedstaat der EU/des EWR ausgeübt werden (vg. auch die Erläuterungen unter dem vorstehenden Buchstaben b).

d) Haushaltsnahe Dienstleistungen, die nicht im Rahmen des Arbeitsverhältnisses erbracht werden

Neben der Steuerermäßigung für abhängige haushaltsnahe Beschäftigungsverhältnisse (vorstehend erläutert unter Buchstabe b und c) gibt es eine Steuerermäßigung für haushaltsnahe Dienstleistungen einschließlich Pflege- und Betreuungsleistungen, die nicht im Rahmen eines Arbeitsverhältnisses sondern als **selbständige** Tätigkeit erbracht werden. Die Einkommensteuerermäßigung beträgt 20 % der Aufwendungen, höchstens 4000 € jährlich. Wichtig ist, dass die **Steuerermäßigung** für **sozialversicherungspflichtige Beschäftigungsverhältnisse** und **haushaltsnahe Dienstleistungen** einschließlich **Pflege- und Betreuungsleistungen** zusammen berechnet wird, das heißt, **insgesamt** 20 % der Aufwendungen, **höchstens 4000 €** beträgt (vgl. auch das Schaubild unter dem vorstehenden Buchstaben a).

Zu den haushaltsnahen Dienstleistungen gehören alle Tätigkeiten, die auch Gegenstand eines haushaltsnahen Beschäftigungsverhältnisses sein können. Es muss sich allerdings um Tätigkeiten handeln, die gewöhnlich durch Mitglieder des privaten Haushalts erledigt werden und in regelmäßigen, also kürzeren Abständen anfallen. Begünstigt sind z. B.

– Tätigkeiten eines selbständigen Fensterputzers,
– Gartenpflegearbeiten (z. B. Rasenmähen, Heckenschneiden) durch einen selbständigen Gärtner,
– Inanspruchnahme haushaltsnaher Tätigkeiten über eine Dienstleistungsagentur,
– Dienstleistungen einer Umzugsfirma anlässlich von privaten Umzügen,
– Tätigkeiten eines selbständigen Pflegedienstes.

Beispiel A

Ein Arbeitnehmer fährt im Sommer für drei Wochen in Urlaub. Er beauftragt eine Dienstleistungsagentur in dieser Zeit in der Wohnung „nach dem Rechten" zu sehen. Die Dienstleistungsagentur leert den Briefkasten, gießt die Blumen, lüftet die Wohnung und schneidet einmal wöchentlich den Rasen. Der Arbeitnehmer zahlt dafür an die Dienstleistungsagentur 300 €. Eine Einkommensteuerermäßigung wegen Vorliegens eines haushaltsnahen Beschäftigungsverhältnisses scheidet aus, da kein abhängiges Beschäftigungsverhältnis begründet worden ist. Allerdings kann die Einkommensteuerermäßigung für haushaltsnahe Dienstleistungen in Anspruch genommen werden; sie beträgt 20 % von 300 € = 60 €. Der Arbeitnehmer kann sich auch einen Freibetrag in Höhe von (4 × 60 € =) 240 € auf seiner Lohnsteuerkarte eintragen lassen (vgl. die Erläuterungen unter dem nachfolgenden Buchstaben f).

Beispiel B

Ein Steuerpflichtiger wendet für ein haushaltsnahes sozialversicherungspflichtiges Beschäftigungsverhältnis inklusive aller Abgaben 18 000 € auf. Für haushaltsnahe Dienstleistungen durch einen selbständigen Gärtner entstehen ihm im Jahre 2010 Aufwendungen in Höhe von 2500 €.

Betrag den der Steuerpflichtige von seiner persönlichen Einkommensteuerschuld abziehen kann:

20 % von 20 500 €	4 100 €
Höchstbetrag	4 000 €

Die Steuerermäßigung nach § 35a Abs. 2 EStG beträgt 4000 € (= Höchstbetrag).

Zu den begünstigten **haushaltsnahen Dienstleistungen** gehören auch **geringfügige Beschäftigungsverhältnisse**, die von **Wohnungseigentümergemeinschaften** begründet worden sind. Entsprechendes gilt für geringfügige Beschäftigungsverhältnisse von **Vermietern** im Rahmen ihrer Vermietertätigkeit. Hier liegen beim Mieter haushaltsnahe Dienstleistungen vor. Ebenso begünstigt sind Aufwendungen eines in einem **Heim** untergebrachten Steuerpflichtigen für Dienstleistungen, die mit denen einer Hilfe im Haushalt vergleichbar sind.

Die haushaltsnahen Dienstleistungen einschließlich Pflege- und Betreuungsleistungen sind auch dann begünstigt, wenn sie in einem Haushalt bzw. einem Heim in einem Mitgliedstaat der EU/des EWR ausgeübt werden (vgl. auch die Erläuterungen unter dem vorstehenden Buchstaben b).

e) Zusätzliche Förderung von Handwerkerleistungen

Bei Inanspruchnahme von Handwerkerleistungen ermäßigt sich die Einkommensteuer zusätzlich um weitere **20 %** der Aufwendungen des Steuerzahlers, höchstens **1200 €** jährlich, wobei nur der Arbeitslohn (einschließlich in Rechnung gestellte Maschinen- und Fahrtkosten) begünstigt ist und nicht auch die Materialkosten. Die Erhöhung des Höchstbetrags von 600 € auf 1200 € ab 1. 1. 2009 gilt für alle in 2009 geleisteten Aufwendungen, sofern auch die Leistungen nach dem 31. 12. 2008 erbracht worden sind. Begünstigt sind alle handwerklichen Tätigkeiten für **Renovierungs-, Erhaltungs- und Modernisierungsmaßnahmen,** die im Haushalt bzw. auf dem Grundstück des Steuerzahlers erbracht werden. Es kommt nicht darauf an, ob es sich um regelmäßig vorzunehmende Renovierungsarbeiten oder kleine Ausbesserungsarbeiten handelt, die gewöhnlich durch Mitglieder des privaten Haushalts erledigt werden, oder um Erhaltungs- und Modernisierungsaufwendungen, die im Regelfall nur von Fachkräften durchgeführt werden.

Zu den begünstigten Handwerkerleistungen gehören u. a.:

– Malerarbeiten wie Streichen/Lackieren von Türen, Fenstern (innen und außen), Wandschränken, Heizkörpern und -rohren,
– Reparatur oder Austausch von Bodenbelägen (z. B. Teppichboden, Parkett, Fliesen),
– Reparatur oder Austausch von Fenster und Türen,
– Reparatur und Wartung von Heizungsanlagen, Elektro-, Gas- und Wasserinstallationen,
– Reparatur und Wartung von Haushaltsgeräten im Haushalt des Steuerzahlers (z. B. Fernsehreparatur vor Ort, aber keine Steuerermäßigung bei Mitnahme des Fernsehers zur Reparatur); Entsprechendes gilt für die Reparatur von Waschmaschine, Geschirrspüler, Herd und anderer Gegenstände, die in der Hausratversicherung mitversichert werden können,
– Erhaltungsarbeiten an Innen- und Außenwänden,
– Modernisierungsarbeiten am Dach, an der Fassade, an Garagen,
– Modernisierung des Badezimmers,
– Maßnahmen zur Modernisierung der Gartengestaltung,
– Pflasterarbeiten im Rahmen einer Renovierungs- oder Modernisierungsmaßnahme auf dem Wohngrundstück.

Beispiel A

Ein Haus- oder Eigentumswohnungsbesitzer oder der Mieter einer Wohnung lässt sich einen neuen Teppichboden in seine Wohnung legen. Die Materialkosten betragen 3000 €. Das Verlegen des Teppichs kostet 1000 €. Der Mieter oder Wohnungsbesitzer kann 20 % aus 1000 € = 200 € von seiner Einkommensteuerschuld abziehen. Er kann sich auch einen Freibetrag von 4 × 200 € = 800 € auf seiner Lohnsteuerkarte eintragen lassen (vgl. auch die Erläuterungen unter dem nachfolgenden Buchstaben f).

Hausgehilfin

Ebenfalls begünstigt sind Kontrollaufwendungen wie z. B. die Gebühr für den Schornsteinfeger oder die Kontrolle von Blitzschutzanlagen. Das Gleiche gilt für handwerkliche Leistungen für Hausanschlüsse (z. B. Kabel für Strom oder Fernsehen), soweit die Aufwendungen die Zuleitung zum Haus oder zur Wohnung betreffen. Aufwendungen im Zusammenhang mit Zuleitungen, die sich auf öffentlichen Grundstücken befinden, sind hingegen nicht begünstigt. Ebenfalls nicht begünstigt sind Kontrollaufwendungen des TÜV.

Um die Steuerermäßigung für die Handwerkerleistungen in Anspruch nehmen zu können, muss der Steuerpflichtige eine Rechnung erhalten haben und die Zahlung muss auf ein Konto des Leistungserbringers erfolgt sein (z. B. durch Überweisung – auch im Wege des Onlinebankings – oder Teilnahme am Electronic-Cash-Verfahren). **Barzahlungen** werden auch dann **nicht anerkannt**, wenn sie auf der Rechnung quittiert sind. Dies gilt entsprechend für haushaltsnahe Dienstleistungen (vgl. die Erläuterungen unter dem vorstehenden Buchstaben d).

Bei Vorliegen der entsprechenden Voraussetzungen kann die Steuerermäßigung für **allgemeine** haushaltsnahe Dienstleistungen (Fensterputzer, Gärtner) und für **Handwerkerleistungen** nebeneinander in Anspruch genommen werden.

Beispiel C
Aufwendungen für **haushaltsnahe Dienstleistungen** (z. B. Fensterputzer, Gärtner) 3500 €.
Steuerermäßigung 20 % von 3500 € = 700 €
Der Höchstbetrag von 4000 € ist nicht überschritten.

Aufwendungen für **Handwerkerleistungen**
(z. B. für Malerarbeiten und Verlegen eines neuen Teppichbodens)
Arbeitskosten 5000 €
Steuerermäßigung 20 % von 5000 € = 1 000 €
Der Höchstbetrag von 1200 € ist nicht überschritten.
Summe der Steuerermäßigung insgesamt 1 700 €

Der Steuerpflichtige kann 1700 € von seiner Einkommensteuerschuld abziehen. Bereits für das Lohnsteuerabzugsverfahren kann er sich einen Freibetrag von 4 × 1700 € = 6800 € auf seiner Lohnsteuerkarte eintragen lassen (vgl. die Erläuterungen unter dem nachfolgenden Buchstaben f).

Eine kumulative Inanspruchnahme bzw. eine Doppelförderung für ein und dieselbe Dienstleistung ist allerdings nicht möglich. Deshalb sind auch Aufwendungen, die Betriebsausgaben oder Werbungskosten sind, nicht nochmals begünstigt.

Die Handwerkerleistungen sind auch dann begünstigt, wenn sie in einem Haushalt in einem Mitgliedstaat der EU/des EWR ausgeübt werden (vgl. auch die Erläuterungen unter dem vorstehenden Buchstaben b).

f) Freibetrag auf der Lohnsteuerkarte

Die Einkommensteuerentlastung nach § 35 a EStG kann bei der Einkommensteuer-Veranlagung, bei den Einkommensteuer-Vorauszahlungen und auch beim Lohnsteuerabzug durch den Arbeitgeber berücksichtigt werden. Um eine Berücksichtigung bereits im sog. Lohnsteuer-Ermäßigungsverfahren (vgl. Anhang 7) zu erreichen, wird die Steuerentlastung nach § 35 a EStG durch **Vervierfachung** in einen Freibetrag umgerechnet und dieser Freibetrag vom Finanzamt auf der Lohnsteuerkarte eingetragen (§ 39a Abs. 1 Nr. 5 Buchstabe c).

Beispiel
Ein Arbeitnehmer beschäftigt eine Haushaltshilfe im Rahmen eines geringfügig entlohnten Beschäftigungsverhältnisses. Seine Aufwendungen für den Zeitraum Januar bis Dezember 2010 betragen 2000 €.
Die Einkommensteuerentlastung nach § 35 a EStG beträgt 20 % von 2000 € = 400 €. Der Höchstbetrag von 510 € wird nicht überschritten. Will sich der Arbeitnehmer die Einkommensteuerentlastung nach § 35 a EStG als Freibetrag auf seiner Lohnsteuerkarte eintragen lassen, so ergibt sich ein Jahresfreibetrag von 400 € × 4 = 1600 €.

Die höchstmöglichen Freibeträge auf der Lohnsteuerkarte betragen somit
– 510 € × 4 = **2040 €,** wenn die Hausgehilfin auf 400-Euro-Basis beschäftigt wird (vgl. Buchstabe b);
– 4000 € × 4 = **16 000 €,** wenn die Hausgehilfin sozialversicherungspflichtig ist (vgl. Buchstabe c) und/oder ein Selbständiger die haushaltsnahe Dienstleistung erbringt (vgl. Buchstabe d) und/oder ein selbständiger Pflegedienst die begünstigte Leistung erbringt (vgl. Buchstabe d);
– 1200 € × 4 = **4800 €,** wenn begünstigte Handwerkerleistungen vorliegen (vgl. Buchstabe e).

g) Steuerermäßigung nach § 35 a EStG bei Wohnungseigentümergemeinschaften und Mietern

Die Steuerermäßigung für haushaltsnahe Beschäftigungsverhältnisse und haushaltsnahe Dienstleistungen bzw. Handwerkerleistungen kann im Grundsatz nur dann in Anspruch genommen werden, wenn der Steuerpflichtige selbst der Arbeitgeber bzw. Auftraggeber ist.

Besteht das Beschäftigungsverhältnis zu einer Wohnungseigentümergemeinschaft (z. B. bei Reinigung und Pflege von Gemeinschaftsräumen) oder ist eine Wohnungseigentümergemeinschaft Auftraggeber der haushaltsnahen Dienstleistung bzw. der handwerklichen Leistung, kann der einzelne **Wohnungseigentümer** die Steuerermäßigung in Anspruch nehmen, wenn folgende Voraussetzungen erfüllt sind:

– die entsprechenden Beträge für die begünstigten sozialversicherungspflichtigen Beschäftigungsverhältnisse, Dienst- bzw. Handwerkerleistungen sind in der Jahresabrechnung gesondert aufgeführt,
– der Anteil der steuerbegünstigten Kosten (Arbeits- und Fahrtkosten) ist ausgewiesen und
– der Anteil des jeweiligen Wohnungseigentümers wurde anhand seines Beteiligungsverhältnisses individuell berechnet.

Zu beachten ist, dass geringfügige Beschäftigungsverhältnisse, die von Wohnungseigentümergemeinschaften begründet worden sind, zu den begünstigten haushaltsnahen Dienstleistungen (vgl. vorstehenden Buchstaben d) gehören.

Hat die Wohnungseigentümergemeinschaft – wie dies in der Regel der Fall ist – zur Wahrnehmung ihrer Aufgaben und Interessen einen Verwalter bestellt und ergeben sich die erforderlichen Angaben nicht bereits aus der Jahresabrechnung, ist der Nachweis der Höhe der begünstigten Aufwendungen gegenüber dem Finanzamt durch eine Bescheinigung des Verwalters über den Anteil des jeweiligen Wohnungseigentümers an der begünstigten Maßnahme zu führen.

Beispiel A
Eine Wohnungseigentümergemeinschaft lässt das Dach für 15 000 € brutto neu eindecken. Der Anteil der begünstigten Arbeitskosten beträgt 6000 € brutto. Der Verwalter bescheinigt dem Wohnungseigentümer A – entsprechend seinem Beteiligungsverhältnis – einen Anteil von 18 500/100 000.
Begünstigte Aufwendungen 6000 €
Anteil A 18 500/100 000 1110 €
davon 20 % Steuerermäßigung 222 €

Es wird übrigens von der Finanzverwaltung nicht beanstandet, wenn Wohnungseigentümer die gesamten Aufwendungen erst in dem Jahr geltend machen, in dem die Jahresabrechnung von der Eigentümerversammlung genehmigt worden ist.

Die Steuerermäßigung für haushaltsnahe Beschäftigungsverhältnisse und haushaltsnahe Dienst- bzw. Handwerkerleistungen kann auch von **Mietern** in Anspruch genommen werden, wenn in den von ihnen zu zahlenden Nebenkosten Beträge für solch begünstigte Tätigkeiten

Hausgehilfin

enthalten sind und der Anteil des Mieters an diesen Aufwendungen aus der jährlichen Nebenkostenabrechnung hervorgeht oder durch eine Bescheinigung des Vermieters oder seines Verwalters nachgewiesen wird.

Beispiel B

Der Vermieter eines Mehrfamilienhauses beschäftigt für die Reinigung des Treppenhauses und der übrigen gemeinschaftlichen Räume ein Reinigungsunternehmen. Die Aufwendungen belaufen sich auf 6500 €. Aus der Nebenkostenabrechnung des Mieters A ergibt sich ein Anteil von 812,50 €. Der Mieter kann bei seiner Einkommensteuererklärung folgende Steuerermäßigung wegen haushaltsnaher Dienstleistungen geltend machen:

Begünstigte Aufwendungen	812,50 €
davon 20 % Steuerermäßigung	162,50 €

h) Aufwendungen für eine Haushaltshilfe als außergewöhnliche Belastung

Die Einkommensteuerermäßigung nach § 35 a EStG ist ausgeschlossen, soweit die Aufwendungen als außergewöhnliche Belastungen berücksichtigt worden sind. Dabei kann nicht zu Gunsten der Steuerermäßigung auf den Abzug der außergewöhnlichen Belastungen verzichtet werden; es besteht also **kein Wahlrecht*)**. Handelt es sich allerdings um Aufwendungen, für die beim Abzug als außergewöhnliche Belastung eine zumutbare Eigenbelastung zu kürzen ist, so kann für den Teil der Aufwendungen, der durch den Ansatz der zumutbaren Belastung nach § 33 Abs. 3 EStG nicht als außergewöhnliche Belastung berücksichtigt wird, die Steuerermäßigung nach § 35 a EStG in Anspruch genommen werden. Denkbar ist das Zusammentreffen von außergewöhnlichen Belastungen allgemeiner Art (§ 33 EStG) und der Steuerermäßigung nach § 35a EStG z. B., wenn infolge Pflegebedürftigkeit eine ambulante Pflegekraft beschäftigt oder ein Pflegedienst in Anspruch genommen wird. Nimmt die pflegebedürftige Person einen Behinderten-Pauschbetrag in Anspruch, schließt dies eine (teilweise) Berücksichtigung von Pflegeaufwendungen nach § 35a EStG aus.

Nach **§ 33 a Abs. 3 EStG** in der Fassung bis zum 31. 12. 2008 konnten Aufwendungen für die Beschäftigung einer Hilfe im Haushalt bis zu folgenden Höchstbeträgen im Kalenderjahr als **außergewöhnliche Belastung** abgezogen werden:

- 624 € bei Vollendung des 60. Lebensjahres durch den Arbeitnehmer oder durch seinen Ehegatten oder bei Krankheit einer zum Haushalt gehörenden Person (Arbeitnehmer, Ehefrau, Kind, sonstige vom Arbeitnehmer unterhaltene Person);
- 924 €, wenn eine zum Haushalt gehörende Person (Arbeitnehmer, Ehefrau, Kind, sonstige vom Arbeitnehmer unterhaltene Person) hilflos oder schwer behindert ist (Grad der Behinderung mindestens 45).

Im Hinblick auf die Zusammenfassung der Regelungen zu einer Steuerermäßigung in Form des Abzugs von der Steuerschuld (vgl. das Schaubild unter dem Buchstaben a) ist die Vorschrift des § 33a Abs. 3 EStG **ab 2009 gestrichen** worden.

i) Dienst- oder Werkswohnung

Für vom Arbeitnehmer bewohnte Dienst- oder Werkswohnungen gilt Folgendes: Lässt der Arbeitgeber haushaltsnahe Dienstleistungen oder Handwerksleistungen von einem (fremden) Dritten durchführen, und trägt er hierfür die Aufwendungen, kann der Arbeitnehmer die Steuerermäßigung nach § 35a EStG nur in Anspruch nehmen, wenn er die Aufwendungen – neben dem Mietwert der Wohnung – als Arbeitslohn **versteuert** hat und der Arbeitgeber eine Bescheinigung erteilt hat, aus der eine Aufteilung der Aufwendungen nach haushaltsnahen Dienstleistungen und Handwerksleistungen, jeweils unterteilt nach Arbeitskosten und Materialkosten, hervorgeht. Zusätzlich muss aus der Bescheinigung hervorgehen, dass die Leistungen durch (fremde) Dritte ausgeführt worden sind und

Hausgewerbetreibende

zu welchem Wert sie zusätzlich zum Mietwert der Wohnung als Arbeitslohn versteuert worden sind. Die Steuerermäßigung kann nicht in Anspruch genommen werden, wenn die haushaltsnahen Dienstleistungen oder Handwerksleistungen durch eigenes Personal des Arbeitgebers durchgeführt worden sind.

10. Schwarzarbeit in Privathaushalten

Seit 1. August 2004 sind bei Beschäftigungsverhältnissen in privaten Haushalten und bei der Inanspruchnahme haushaltsnaher Dienstleistungen auf freiberuflicher oder gewerblicher Basis die Vorschriften des § 50 e EStG in der Fassung des Gesetzes zur Intensivierung der Bekämpfung der Schwarzarbeit und damit zusammenhängender Steuerhinterziehung vom 23. 7. 2004 (BGBl. I S. 1842) zu beachten, das heißt insbesondere die neuen Rechnungsausstellungs- und Aufbewahrungspflichten im Umsatzsteuerrecht. Danach ist der leistende Unternehmer bei Leistungen im Zusammenhang mit einem Grundstück (z. B. auch Fensterputzen) an Privatpersonen innerhalb von sechs Monaten zur Ausstellung einer Rechnung verpflichtet. Anderenfalls droht ein Bußgeld bis 5000 €. Der Leistungsempfänger **(auch Privatpersonen)** müssen die Rechnung oder den Zahlungsbeleg **zwei Jahre aufbewahren**. Anderenfalls droht hier ein Bußgeld bis zu 500 €.

Aus **lohnsteuerlicher** Sicht ist zu beachten, dass bei 400-Euro-Jobs in Privathaushalten, die nicht ordnungsgemäß angemeldet werden, keine **strafrechtliche** Verfolgung vorgesehen ist, sondern „nur" eine Verfolgung sowohl des Arbeitgebers als auch des Arbeitnehmers über die **Bußgeldvorschriften** der §§ 377 bis 384 AO (Geldbuße bis zu 50 000 €, Verjährung nach fünf Jahren). § 50 e EStG gilt zwar in erster Linie für Arbeitgeber, die eine geringfügige Beschäftigung in Privathaushalten (§ 8a SGB IV) nicht ordnungsgemäß bei der Minijob-Zentrale bei der Deutschen Rentenversicherung Knappschaft-Bahn-See anmelden; sie gelten aber auch für Arbeitnehmer, die die Finanzbehörden pflichtwidrig über steuerlich erhebliche Tatsachen bei der Ausübung von 400-Euro-Jobs in Unkenntnis lassen, z. B. wenn der Arbeitnehmer mehrere geringfügige Beschäftigungen ausübt, die zusammengerechnet den Betrag von 400 € übersteigen (§ 50 e Abs. 2 Satz 2 EStG).

Hausgewerbetreibende

Hausgewerbetreibende sind im Gegensatz zu den als Arbeitnehmer geltenden Heimarbeitern selbständige Gewerbetreibende, deren Gewinne durch Veranlagung zur Einkommensteuer erfasst werden (R 15.1 Abs. 2 EStR). Für die steuerrechtliche Beurteilung ist nicht unbedingt die sozialversicherungsrechtliche Behandlung, sondern das Gesamtbild der Verhältnisse entscheidend. Hausgewerbetreibende unterscheiden sich von den Heimarbeitern insbesondere dadurch, dass sie fremde Arbeitskräfte beschäftigen, ein unternehmerisches Risiko tragen, dass sie für eine größere Zahl von Auftraggebern tätig sind und ggf. ein größeres Betriebsvermögen besitzen.

Nach § 12 Abs. 1 SGB IV sind Hausgewerbetreibende selbständig Tätige, die in eigener Arbeitsstätte im Auftrag und für Rechnung von Gewerbetreibenden, gemeinnützigen Unternehmen oder öffentlich-rechtlichen Körperschaften gewerblich arbeiten, auch wenn sie die Roh- und Hilfsstoffe selbst beschaffen oder vorübergehend für eigene Rechnung tätig sind. Hausgewerbetreibende sind nicht

---

*) Textziffer 22 des BMF-Schreibens vom 26. 10. 2007 (BStBl. I S. 783). Das BMF-Schreiben ist als Anlage zu § 35 a EStG im **Steuerhandbuch für das Lohnbüro 2010** abgedruckt, das im selben Verlag erschienen ist. Das **PC-Lexikon** für das Lohnbüro 2010 enthält auch dieses Handbuch und hat außerdem den Vorteil, dass Sie **alle BFH-Urteile** sowie die aktuellen Rundschreiben und Niederschriften der Spitzenverbände der **Sozialversicherung** mit Mausklick **im Volltext** abrufen und ausdrucken können. Eine Bestellkarte finden Sie vorne im Lexikon.

	Lohn-steuer-pflichtig	Sozial-versich.-pflichtig

kranken- und pflegeversicherungspflichtig, sondern nur rentenversicherungspflichtig (§ 2 Nr. 6 SGB VI). Sie unterliegen nicht der Beitragspflicht zur Arbeitslosenversicherung.

Hausgewerbetreibende im Sinne des § 2 Abs. 2 des Heimarbeitsgesetzes gelten als Arbeitnehmer im Sinne des 5. Vermögensbildungsgesetzes. Sie können deshalb vermögenswirksame Leistungen erhalten. Eine Arbeitnehmer-Sparzulage kann jedoch dann nicht gewährt werden, wenn die Hausgewerbetreibenden steuerlich als selbständige Gewerbetreibende anzusehen sind (was in aller Regel der Fall sein wird).

Haushaltsfreibetrag

An die Stelle des früher geltenden Haushaltsfreibetrags ist seit 1.1.2004 der Entlastungsbetrag für Alleinerziehende getreten. Der Entlastungsbetrag für Alleinerziehende, der in Steuerklasse II in den Lohnsteuertarif eingearbeitet ist, ist in Anhang 9 Nr. 15 im Einzelnen erläutert.

Haushaltsnahe Dienstleistungen

siehe „Hausgehilfin"

Haushaltsscheck

siehe „Hausgehilfin"

Häusliches Arbeitszimmer

siehe „Arbeitszimmer"

Hausmeister

Bei einer Beschäftigung als Hausmeister wird wegen der weitgehenden Weisungsbefugnis des Hausbesitzers und dem fehlenden Unternehmerrisiko in aller Regel ein Arbeitsverhältnis vorliegen. Das gilt auch dann, wenn die Tätigkeit nur nebenberuflich ausgeübt wird. Zur lohnsteuerlichen Erfassung des Vorteils aus der verbilligten Überlassung einer Hausmeisterwohnung vgl. das Stichwort „Wohnungsüberlassung" unter Nr. 3).   ja   ja

Hausmeisterzulage

Eine Hausmeisterzulage ist als Funktionszulage steuer- und beitragspflichtig.   ja   ja

Haus- und Verpflegungsgemeinschaft

siehe „Freie Unterkunft und Verpflegung"

Haustrunk

Die unentgeltliche oder verbilligte Überlassung von Bier, von alkoholarmen oder alkoholfreien Getränken im Brauereigewerbe (sog. Haustrunk) blieb früher lohnsteuerfrei, wenn den (männlichen oder weiblichen) Arbeitnehmern höchstens Mengen gewährt wurden, die in dem am 1.1.1966 für die Branche geltenden Tarifvertrag vereinbart waren. Diese Regelung ist seit 1.1.1990 ersatzlos weggefallen. Seit 1.1.1990 gelten auch im Brauereigewerbe die Vorschriften für Belegschaftsrabatte, d. h., dass die unentgeltliche oder verbilligte Überlassung von Bier, Limo usw. in Höhe des Rabattfreibetrags von jährlich 1080 € steuerfrei bleibt. Für die Prüfung der Frage, ob die gewährten Sachbezüge den Rabattfreibetrag übersteigen, ist vom Letztverbraucherpreis abzüglich 4 % auszugehen.

Beispiel

Ein Arbeitnehmer ist bei einer Münchner Brauerei beschäftigt. Ein Kasten des Bieres dieser Brauerei wird im Getränkemarkt um 11,25 € verkauft. Unter Berücksichtigung des 4 %igen Preisabschlags kann die Brauerei dem Arbeitnehmer jährlich 100 Kasten Bier unentgeltlich überlassen, ohne dass der Rabattfreibetrag von 1080 € jährlich überschritten wird:

11,25 € × 100 =	1 125,— €
abzüglich 4 % von 1125 €	45,— €
verbleibender Sachbezugswert	1 080,— €

Unentgeltlich gewährte Sachbezüge sind umsatzsteuerpflichtig. Der Haustrunk ist also umsatzsteuerpflichtig. Der Rabattfreibetrag wird bei der Umsatzsteuer nicht berücksichtigt. Vgl. hierzu das Stichwort „Umsatzsteuerpflicht bei Sachbezügen".

Hausverwalter

Hausverwalter sind in der Regel selbständig tätig (BStBl. 1956 III S. 45 und BStBl. 1966 III S. 489).   nein   nein

Der Verwalter einer Eigentumswohnanlage ist demnach nicht Arbeitnehmer der Wohneigentümergemeinschaft. Die Vergütungen, die ein Hausverwalter erhält (z. B. 30 € monatlich je Wohnung) sind Einnahmen aus sonstiger selbständiger Arbeit. Diese werden im Rahmen einer Veranlagung zur Einkommensteuer steuerlich erfasst.

Heimarbeiter

1. Allgemeines

Wer Heimarbeiter ist, bestimmt sich nach § 2 Abs. 1 des Heimarbeitergesetzes.

Heimarbeiter werden nach Rechtsprechung und Verwaltungsübung lohnsteuerlich allgemein als Arbeitnehmer angesehen.

Die Abgrenzung von den Hausgewerbetreibenden ist schwierig, weil sowohl die Hausgewerbetreibenden wie die Heimarbeiter in eigener Wohnung oder Betriebsstätte im Auftrag und für Rechnung von Gewerbetreibenden unter eigener Handarbeit Waren herstellen oder bearbeiten und dabei wesentlich am einzelnen Stück mitarbeiten. Auch sind beide sozialversicherungspflichtig. Es wurde deshalb durch die Rechtsprechung bisher auf das Gesamtbild der typischen Verhältnisse des betreffenden Wirtschaftszweiges abgestellt, das in der Mehrzahl der Fälle den Ausschlag **für** die Annahme eines Dienstverhältnisses gab. In dem Urteil vom 24.11.1961 (BStBl. 1962 III S. 37) hat der Bundesfinanzhof in der Urteilsbegründung ausgesprochen, dass Heimarbeiter „in der Regel selbständig" tätig seien. Da in diesem und einigen nicht veröffentlichten anderen Urteilen des Bundesfinanzhofs besondere Verhältnisse vorlagen, die nicht ohne weiteres auf die Gesamtheit der Heimarbeiter übertragen werden können, wird weiterhin von dem Grundsatz ausgegangen, dass Heimarbeiter im Allgemeinen nichtselbständig und damit lohnsteuerpflichtig sind (R 15.1 Abs. 2 EStR).

Zu den Heimarbeitern gehören auch die Büroheimarbeiter (Stenotypistinnen, Phonotypistinnen, Buchhalterinnen u. a.).

2. Lohnsteuerabzug

Sind Heimarbeiter Arbeitnehmer, so müssen sie ihrem Arbeitgeber eine Lohnsteuerkarte vorlegen. Tun sie das aus eigenem Verschulden nicht, dann muss der Arbeitgeber eine höhere Lohnsteuer nach der Steuerklasse VI berechnen (vgl. „Nichtvorlage der Lohnsteuerkarte"). Werden Heimarbeiter von einem Unternehmen kurzfristig oder in geringem Umfang und gegen geringen Arbeitslohn beschäftigt, so kann der Arbeitgeber beim Vorliegen der Voraussetzungen des § 40 a EStG die Steuerabzugs-

Heimarbeiterzuschläge

	Lohn-steuer-pflichtig	Sozial-versich.-pflichtig

beträge mit einem Pauschsteuersatz von 25 %, 20 % oder 2 % berechnen und auf die Vorlage einer Lohnsteuerkarte verzichten. Wegen der Besonderheiten bei der Steuerberechnung für Heimarbeiter vgl. „Heimarbeiterzuschläge". Im Übrigen sind die allgemeinen Vorschriften maßgebend.

3. Vermögenswirksame Leistungen

Heimarbeiter gelten als Arbeitnehmer im Sinne des 5. Vermögensbildungsgesetzes. Sie können deshalb vermögenswirksame Leistungen erhalten oder selbst erbringen. Eine Arbeitnehmer-Sparzulage kann jedoch nur dann gewährt werden, wenn die Heimarbeiter Arbeitslohn im Sinne der lohnsteuerlichen Vorschriften beziehen, d. h. nichtselbständig tätig sind.

4. Sozialversicherungsrechtliche Behandlung

Heimarbeiter sind nach § 12 Abs. 2 SGB IV Beschäftigte, die in einer eigenen Arbeitsstätte erwerbsmäßig arbeiten, und zwar im Auftrag und für Rechnung von Gewerbetreibenden, gemeinnützigen Unternehmen oder öffentlich-rechtlichen Körperschaften. Das Unterschiedsmerkmal gegenüber den Hausgewerbetreibenden besteht darin, dass die Heimarbeiter unselbständige Tätigkeiten erwerbsmäßig ausüben, während die Hausgewerbetreibenden selbständige Tätigkeiten gewerblich ausüben. Der einzelne Heimarbeiter arbeitet also in persönlicher Abhängigkeit zwecks Erlangung eines Verdienstes und überlässt die Verwertung des Arbeitsergebnisses dem mittelbaren oder unmittelbaren Auftraggeber.

Heimarbeiter in diesem Sinne unterliegen der Kranken-, Pflege-, Renten- und Arbeitslosenversicherungspflicht. Obwohl Heimarbeiter keinen Anspruch auf Entgeltfortzahlung im Krankheitsfall haben, gilt für sie der **allgemeine Beitragssatz** in der Krankenversicherung. Der nach § 10 Entgeltfortzahlungsgesetz zu zahlende Heimarbeiterzuschlag ist beitragsfrei, aber lohnsteuerpflichtig (vgl. „Heimarbeiterzuschläge").

Heimarbeiter stehen unter einem besonderen gesetzlichen Schutz. Besondere Regelungen für Heimarbeiter enthält vor allem das Heimarbeitergesetz aber auch das Entgeltfortzahlungsgesetz, das Bundesurlaubsgesetz, das Mutterschutzgesetz und das Schwerbehindertengesetz.

Heimarbeiterzuschläge

Heimarbeiterzuschläge zur Abgeltung der mit der Heimarbeit verbundenen Aufwendungen (z. B. für Miete, Heizung und Beleuchtung der Arbeitsräume, für Arbeitsgeräte, Zutaten usw.) sind steuer- und beitragsfrei, soweit sie 10 % des Grundlohns nicht übersteigen (R 9.13 Abs. 2 LStR). | nein | nein

Nach § 10 des Gesetzes über die Zahlung des Arbeitsentgelts an Feiertagen und im Krankheitsfall (Entgeltfortzahlungsgesetz) wird Heimarbeitern zur Sicherung im Krankheitsfall ein Zuschlag zum Arbeitsentgelt bezahlt. Der vom Auftraggeber zu zahlende Zuschlag beträgt für Heimarbeiter und Hausgewerbetreibende ohne fremde Hilfskräfte 3,4 % und für Hausgewerbetreibende mit höchstens 2 Hilfskräften 6,4 % des Bruttoarbeitsentgelts (ohne die für den Lohnausfall an Feiertagen, den Urlaub und den Arbeitsausfall infolge Krankheit zu leistenden Zahlungen). Dieser Zuschlag ist **lohnsteuerpflichtig, aber beitragsfrei*)**. | ja | nein

Geringfügig Beschäftigte, für die der Arbeitgeber Pauschalabgaben entrichtet, brauchen hierfür aber keine Lohnsteuerkarte vorzulegen (einzige Ausnahme zu R 40a.2 Satz 4 LStR).

Das sog. **Feiertagsgeld** nach § 11 des Entgeltfortzahlungsgesetzes ist steuer- und beitragspflichtig. | ja | ja

Heizung

	Lohn-steuer-pflichtig	Sozial-versich.-pflichtig

Heiratsbeihilfen

Heiratsbeihilfen sind einmalige oder laufende Geld- bzw. Sachleistungen des Arbeitgebers an den Arbeitnehmer. Nach der bis 31. 12. 2005 geltenden Rechtslage waren diese Zuwendungen des Arbeitgebers an seine Arbeitnehmer anlässlich der Eheschließung steuer- und sozialversicherungsfrei, soweit der steuerfreie Höchstbetrag von 315 € nicht überschritten wurde.

Seit 1. 1. 2006 sind Heiratsbeihilfen steuer- und beitragspflichtig. | ja | ja

Nach Wegfall der Steuerbefreiungsvorschrift des § 3 Nr. 15 EStG sind seit 1. 1. 2006 nur noch **Sachzuwendungen** des Arbeitgebers anlässlich des besonderen persönlichen Ereignisses „Heirat" bis zu einem Wert von 40 € steuer- und sozialversicherungsfrei (sog. Freigrenze für Aufmerksamkeiten z. B. für Bücher, Tonträger usw.). Auf die Erläuterungen beim Stichwort „Aufmerksamkeiten" wird hingewiesen.

Anstelle der Freigrenze für Aufmerksamkeiten in Höhe von 40 € kann auch die monatliche Freigrenze für geringfügige Sachbezüge in Höhe von 44 € in Anspruch genommen werden, wenn sie nicht bereits bei anderen Sachbezügen ausgeschöpft wurde. Auf die Erläuterungen beim Stichwort „Sachbezüge" unter Nr. 4 wird hingewiesen.

Heizung

Freie Heizung ist im Grundsatz ein steuer- und beitragspflichtiger Sachbezug. | ja | ja

Die Bewertung des Sachbezugs „Heizung" erfolgt stets mit dem ortsüblichen Preis, da seit 1. 1. 2002 der früher geltende Sachbezugswert für Heizung gestrichen wurde (vgl. das Beispiel beim Stichwort „Freie Unterkunft und Verpflegung" unter Nr. 5).

Die Abgabe von Heizmaterial an Arbeitnehmer ist durch den **Rabattfreibetrag** in Höhe von **1080 €** jährlich begünstigt, wenn der Arbeitgeber mit dem Heizmaterial handelt (das Heizmaterial also in erster Linie an Fremde verkauft und nur in zweiter Linie auch seine Arbeitnehmer beliefert).

Dies ist z. B. der Fall

– bei der Abgabe von Kohle an die Bergleute eines Bergbauunternehmens;

– bei der Abgabe von Holz an Waldarbeiter durch einen Forstbetrieb;

– bei der Abgabe von Strom an Arbeitnehmer eines Elektrizitätswerks;

– bei der Abgabe von Fernwärme an die Arbeitnehmer eines Heizkraftwerks.

Beispiel

Ein Waldarbeiter erhält von seinem Arbeitgeber unentgeltlich Holz im Wert von 1125 € jährlich. Vom Endpreis am Abgabeort ist ein Preisabschlag von 4 % vorzunehmen. Es ergibt sich Folgendes:

Wert des Holzes jährlich	1 125,— €
Preisabschlag 4 % (4 % von 1125 € =)	45,— €
verbleibender geldwerter Vorteil	1 080,— €

Dieser Betrag ist steuerfrei, da er den Rabattfreibetrag von 1080 € nicht übersteigt. Ist der Wert der Heizung in Anwendung des Rabattfreibetrags steuerfrei, so ist er auch beitragsfrei bei der Sozialversicherung.

---

*) Beträge nach § 10 des Entgeltfortzahlungsgesetzes sind nach § 1 Abs. 1 Nr. 5 der Sozialversicherungsentgeltverordnung beitragsfrei. Die Sozialversicherungsentgeltverordnung ist als Anhang 2 im **Steuerhandbuch für das Lohnbüro 2010** abgedruckt, das im selben Verlag erschienen ist. Das **PC-Lexikon** für das Lohnbüro 2010 enthält auch dieses Handbuch und hat außerdem den Vorteil, dass Sie **alle BFH-Urteile** sowie die aktuellen Rundschreiben und Niederschriften der Spitzenverbände der **Sozialversicherung** mit Mausklick **im Volltext** abrufen und ausdrucken können. Eine Bestellkarte finden Sie vorne im Lexikon.

Hinterbliebenenbezüge

Werden Arbeitnehmern unentgeltlich Sachbezüge gewährt, muss der Arbeitgeber die umsatzsteuerlichen Vorschriften beachten. Denn die unentgeltliche Abgabe von Sachbezügen ist umsatzsteuerpflichtig. Der Rabattfreibetrag ist bei der Umsatzsteuer nicht anwendbar (vgl. das Stichwort „Umsatzsteuerpflicht bei Sachbezügen").

Hinterbliebenenbezüge

Zur steuerlichen Behandlung des Arbeitslohns, der den Hinterbliebenen eines verstorbenen Arbeitnehmers ausgezahlt wird, vgl. die Stichwörter „Rechtsnachfolger", „Sterbegeld" und „Versorgungsbezüge, Versorgungsfreibetrag".

Hinterbliebenenfreibetrag

siehe Anhang 7 Abschnitt D Nr. 9 auf Seite 912

Hinweise zu den Lohnsteuer-Richtlinien

siehe „Lohnsteuer-Richtlinien"

Hinzurechnungsbetrag auf der Lohnsteuerkarte

Gliederung:

1. Allgemeines
2. Verfahren bei der Eintragung von Hinzurechnungsbeträgen auf der Lohnsteuerkarte 2010
3. Berücksichtigung von Hinzurechnungsbeträgen beim Lohnsteuerabzug durch den Arbeitgeber
4. Eintragung von Freibeträgen und Hinzurechnungsbeträgen bei 400-Euro-Jobs
5. Nicht sozialversicherungspflichtige Arbeitnehmer und Versorgungsempfänger
6. Hinzurechnungsbeträge auch für beschränkt steuerpflichtige Arbeitnehmer

1. Allgemeines

Seit 1.1.2000 gibt es nicht nur einen Freibetrag auf der Lohnsteuerkarte, den der Arbeitgeber vom Arbeitslohn abziehen muss, sondern auch einen **Hinzurechnungsbetrag,** den der Arbeitgeber **dem Arbeitslohn hinzurechnen muss, bevor der die Lohnsteuer nach der Lohnsteuertabelle berechnet** (§ 39a Abs. 1 Nr. 7 EStG). Die Gründe für die Eintragung von Hinzurechnungsbeträgen auf der Lohnsteuerkarte sind folgende:

In einer Vielzahl von Fällen haben Arbeitnehmer mehrere Arbeitsverhältnisse mit geringem Arbeitslohn (z. B. Studenten, Rentner, Pensionisten, Auszubildende). Dabei wird der steuerliche Grundfreibetrag im ersten Dienstverhältnis, bei dem eine Lohnsteuerkarte mit der Steuerklasse I vorgelegt wird, oftmals nicht ausgeschöpft. Trotzdem unterliegt der Arbeitslohn des Arbeitnehmers im zweiten Dienstverhältnis in voller Höhe dem Lohnsteuerabzug, denn dem zweiten Arbeitgeber muss eine Lohnsteuerkarte mit der Steuerklasse VI vorgelegt werden. Das gilt z. B. für Rentner, die neben einer Betriebsrente noch Arbeitslohn aus einem gering entlohnten Beschäftigungsverhältnis beziehen oder die mehrere Betriebsrenten erhalten und auch für Arbeitnehmer, die aus mehreren Dienstverhältnissen nur geringe Arbeitslöhne beziehen. Der Lohnsteuerabzug nach der Steuerklasse VI ist in diesen Fällen auch dann vorzunehmen, wenn das gesamte zu versteuernde Einkommen des Arbeitnehmers unter dem steuerlichen Grundfreibetrag

Hinzurechnungsbetrag auf der Lohnsteuerkarte

liegt und deshalb die einbehaltene Lohnsteuer nach Ablauf des Kalenderjahrs im Rahmen einer Einkommensteuerveranlagung wieder zu erstatten ist. Die Zusammenhänge sollen an einem Beispiel verdeutlicht werden:

Beispiel A

Ein Auszubildender mit Ausbildungsvergütung von 300 € monatlich ist nebenher als Aushilfskellner tätig und verdient in diesem zweiten Arbeitsverhältnis 500 € monatlich. Der Auszubildende hat beim Arbeitgeber, mit dem das Ausbildungsverhältnis besteht, die erste Lohnsteuerkarte und beim Nebenjob eine zweite Lohnsteuerkarte mit der Steuerklasse VI vorgelegt. Beim Lohnsteuerabzug für den Nebenjob ergeben sich nach Steuerklasse VI folgende Steuerabzüge:

Arbeitslohn		500,— €
Lohnsteuer (Steuerklasse VI)	58,75 €	
Solidaritätszuschlag	0,— €	
Kirchensteuer (8 %)	4,70 €	63,45 €
Nettolohn (ohne Berücksichtigung der Sozialversicherungsbeiträge)		436,55 €

Die Steuerabzugsbeträge von jährlich (12 × 63,45 € =) 761,40 € kann sich der Auszubildende nach Ablauf des Kalenderjahrs im Rahmen einer Veranlagung zur Einkommensteuer wieder erstatten lassen, da seine Einkünfte im Kalenderjahr den steuerlichen Grundfreibetrag nicht übersteigen. Bei einer Veranlagung nach Ablauf des Kalenderjahrs ergibt sich Folgendes:

Ausbildungsvergütung (12 × 300 €)		3 600,— €
Nebenjob (12 × 500 €)		6 000,— €
insgesamt		9 600,— €
abzüglich Arbeitnehmerpauschbetrag		920,— €
Einkünfte aus nichtselbständiger Arbeit		8 680,— €
abzüglich:		
Vorsorgeaufwendungen angenommen mit ca. 15 % aus 6 000 € (vgl. Anhang 8a)	900,— €	
Sonderausgaben-Pauschbetrag	36,— €	936,— €
verbleiben (= zu versteuerndes Einkommen)		7 744,— €
Hierauf entfallende Steuer nach der Grundtabelle 2010		0,— €

Da das zu versteuernde Einkommen den steuerlichen Grundfreibetrag für das Kalenderjahr 2010 in Höhe von 8 004 € nicht übersteigt, ergibt sich keine Einkommensteuer, sodass die einbehaltene Lohn- und Kirchensteuer sowie der Solidaritätszuschlag in voller Höhe wieder erstattet wird.

Hat ein Arbeitnehmer mehrere Jobs mit geringem Arbeitslohn oder ein Rentner eine Betriebsrente und einen Nebenjob, so wird in vielen Fällen während des Kalenderjahrs Lohnsteuer nach Steuerklasse VI einbehalten, die nach Ablauf des Jahres im Wege einer Veranlagung zur Einkommensteuer wieder erstattet werden muss. Dies wurde von dem betroffenen Personenkreis als ungerecht und bürokratisch empfunden. Durch die seit 1.1.2000 geltende Neuregelung ist deshalb ein Verfahren eingeführt worden, nach dem sich ein Arbeitnehmer einen Freibetrag auf seiner zweiten oder weiteren Lohnsteuerkarte eintragen lassen kann, **wenn er sich in gleicher Höhe einen Hinzurechnungsbetrag auf seiner ersten Lohnsteuerkarte eintragen lässt.** Einzige Voraussetzung hierfür ist, dass der Arbeitslohn aus dem ersten Dienstverhältnis niedriger ist als der Eingangsbetrag derjenigen Jahreslohnsteuertabelle, die für den Lohnsteuerabzug nach der für das erste Dienstverhältnis geltenden Steuerklasse maßgebend ist.

Beispiel B

Der Auszubildende im Beispiel A lässt sich auf seiner ersten Lohnsteuerkarte mit der Steuerklasse I von seinem Wohnsitzfinanzamt ab 1.1.2010 einen **Hinzurechnungsbetrag** in Höhe von **500 € monatlich** eintragen. Dementsprechend trägt ihm das Wohnsitzfinanzamt auf seiner zweiten Lohnsteuerkarte mit der Steuerklasse VI einen **Freibetrag** in Höhe von ebenfalls **500 € monatlich** ein. Der Arbeitgeber, dem die Lohnsteuerkarte mit der Steuerklasse I und einem darauf eingetragenen Hinzurechnungsbetrag in Höhe von 500 € vorgelegt wird, muss die Lohnsteuer für den Arbeitslohn **zuzüglich Hinzurechnungsbetrag** berechnen. Der Arbeitgeber, mit dem das Ausbildungsverhältnis besteht und der eine Ausbildungsvergütung in Höhe 300 € monatlich zahlt, muss die Lohnsteuer nach Steuerklasse I also für einen Betrag von insgesamt (300 € + 500 € =) **800 €** berechnen. Die Lohnsteuer beträgt für 800 € nach Steuerklasse I 0 €. Der Arbeitgeber, dem die

Hinzurechnungsbetrag auf der Lohnsteuerkarte

zweite Lohnsteuerkarte mit der Steuerklasse VI und einem Freibetrag von 500 € monatlich vorgelegt wird, muss die Lohnsteuer für einen Betrag von (500 € abzüglich Freibetrag von 500 € =) 0 € berechnen, das heißt, für den Nebenjob fällt trotz Besteuerung nach einer Lohnsteuerkarte mit der Steuerklasse VI keine Lohnsteuer an.

Das Verfahren erscheint auf den ersten Blick einfach, hat jedoch seine Tücken, denn der Gesetzgeber räumt dem Arbeitnehmer einen relativ großen Spielraum bei der Auswahl des Freibetrags ein, den sich der Arbeitnehmer auf seiner zweiten Lohnsteuerkarte mit der Steuerklasse VI eintragen lassen kann. Der Arbeitnehmer kann sich nämlich auf seiner zweiten Lohnsteuerkarte mit der Steuerklasse VI einen Freibetrag **nach eigener Wahl** bis zur Höhe des **Eingangsbetrags der Jahreslohnsteuertabelle** eintragen lassen, bis zu dem im **ersten** Dienstverhältnis Lohnsteuer nicht zu erheben ist (§ 39a Abs. 1 Nr. 7 EStG). Der Gesetzgeber hat also ganz bewusst darauf verzichtet, den Freibetrag auf den im ersten Dienstverhältnis nicht ausgeschöpften steuerlichen Grundfreibetrag zu beschränken. Denn in Höhe des auf der zweiten (oder weiteren) Lohnsteuerkarte eingetragenen Freibetrags wird ein Hinzurechnungsbetrag auf der ersten Lohnsteuerkarte eingetragen. Diese korrespondierenden Eintragungen stellen **im Lohnsteuerabzugsverfahren** den zutreffenden Ausgleich sicher. Wird der Freibetrag und dementsprechend auch der Hinzurechnungsbetrag nicht richtig gewählt, so kann es **im Veranlagungsverfahren** nach Ablauf des Kalenderjahrs durchaus zu Steuernachzahlungen kommen (vgl. nachfolgend unter Nr. 2). Um solche Nachzahlungen zu vermeiden muss der Arbeitnehmer im eigenen Interesse bestrebt sein, sich einen Freibetrag nur in der Höhe eintragen zu lassen, in der beim ersten Dienstverhältnis der steuerfreie Eingangsbetrag der Jahreslohnsteuertabelle noch nicht ausgeschöpft ist. Diese steuerfreien Eingangsbeträge sind beim Stichwort „Tarifaufbau" unter Nr. 7 auf Seite 688 erläutert; sie betragen bei Anwendung der **Allgemeinen Lohnsteuertabelle 2010** für sozialversicherungspflichtige Arbeitnehmer:

Steuerklasse	jährlich	monatlich
I	10 673,— €	889,— €
II	12 230,— €	1 019,— €
III	20 209,— €	1 684,— €
IV	10 673,— €	889,— €
V	1 147,— €	95,— €

Hat ein Arbeitnehmer auf seiner ersten Lohnsteuerkarte die Steuerklasse I und übersteigt sein Jahresarbeitslohn aus dem ersten Dienstverhältnis den für die Steuerklasse I maßgebenden steuerfreien Eingangsbetrag von 10 673 € nicht, so kann er **beliebig zwischen 0 und 10 673 € einen Jahresfreibetrag auswählen** und auf seiner zweiten Lohnsteuerkarte mit der Steuerklasse VI eintragen lassen. In gleicher Höhe wird dann ein Hinzurechnungsbetrag auf seiner ersten Lohnsteuerkarte mit der Steuerklasse I eingetragen. Die Wahl des Freibetrags ist also nicht auf die Differenz zwischen dem Jahresarbeitslohn aus dem ersten Dienstverhältnis und den Eingangsbeträgen der Jahreslohnsteuertabelle beschränkt. Gleichwohl wird der Arbeitnehmer den auf der Lohnsteuerkarte mit der Steuerklasse VI einzutragenden Freibetrag auf den beim ersten Dienstverhältnis noch nicht ausgeschöpften Eingangsbetrag beschränken, weil sich andernfalls beim Veranlagungsverfahren nach Ablauf des Kalenderjahrs eine Steuernachzahlung ergeben kann.

Beispiel C

Ein Auszubildender mit einer Ausbildungsvergütung von 300 € monatlich ist nebenher als Aushilfskellner tätig und verdient in diesem zweiten Arbeitsverhältnis 700 € monatlich. Der Auszubildende hat beim Arbeitgeber, mit dem das Ausbildungsverhältnis besteht, die erste Lohnsteuerkarte und beim Nebenjob eine zweite Lohnsteuerkarte mit der Steuerklasse VI vorgelegt.

Um einen überhöhten Lohnsteuerabzug beim Nebenjob zu vermeiden, wird sich der Auszubildende auf seiner zweiten Lohnsteuerkarte mit der Steuerklasse VI einen Freibetrag in Höhe des beim ersten Dienstverhältnis (= Ausbildungsverhältnis) noch nicht ausgeschöpften Eingangs-

betrags eintragen lassen. Der bei Anwendung der Steuerklasse I noch nicht ausgeschöpfte Eingangsbetrag beträgt

– monatlich (889 € – 300 € =)	589,— €
– jährlich (10 673 € – 3600 € =)	7 073,— €

Der Auszubildende wird sich also auf seiner zweiten Lohnsteuerkarte mit der Steuerklasse VI einen Jahresfreibetrag in Höhe von 7073 € (monatlicher Freibetrag 589 €) eintragen lassen. Dementsprechend wird auf der ersten Lohnsteuerkarte mit der Steuerklasse I ein jährlicher Hinzurechnungsbetrag in Höhe von 7073 € (monatlich 589 €) eingetragen. Bei Anwendung der Steuerklasse I ergibt sich für die Ausbildungsvergütung zuzüglich Hinzurechnungsbetrag (300 € + 589 € =) 889 € keine Lohnsteuer. Beim zweiten Dienstverhältnis unterliegt nur der nach Abzug des Freibetrags verbleibende Restbetrag in Höhe von (700 € – 589 € =) 111 € dem Lohnsteuerabzug nach Steuerklasse VI.

Das korrespondierende Freibetrags- und Hinzurechnungsverfahren gilt also nur für diejenigen Arbeitnehmer, die im ersten Dienstverhältnis nicht mehr verdienen als die vorstehend erläuterten Eingangsbeträge (889 € **monatlich** bei Anwendung der Steuerklasse I). Dies sind Kleinverdiener mit mehreren gering entlohnten Jobs und Rentner, die nebenher arbeiten. Außerdem ist zu berücksichtigen, dass sich der Arbeitnehmer den Freibetrag nicht nur auf **einer** Lohnsteuerkarte mit der Steuerklasse VI eintragen lassen, sondern ihn beliebig auf mehrere Lohnsteuerkarten mit der Steuerklasse VI verteilen kann. Das Verfahren spielt deshalb insbesondere auch bei den sog. **400-Euro-Jobs** eine Rolle, die unter Vorlage einer Lohnsteuerkarte mit der Steuerklasse VI versteuert werden müssen. Weiterhin spielt das neue Verfahren bei den Beziehern einer Altersrente eine Rolle, die daneben noch eine oder mehrere **Betriebsrenten** erhalten oder gering vergütete Nebenjobs ausüben. Wie sich im Falle eines Altersrentners mit Betriebsrente und Nebenjob die Wahl des zutreffenden Freibetrags gestaltet, ist beim Stichwort „Pauschalierung der Lohnsteuer von Aushilfskräften und Teilzeitbeschäftigten" unter Nr. 12 auf Seite 540 erläutert.

2. Verfahren bei der Eintragung von Hinzurechnungsbeträgen auf der Lohnsteuerkarte 2010

Zuständig für die Eintragung eines Freibetrags auf der zweiten (oder weiteren) Lohnsteuerkarte und dementsprechend eines Hinzurechnungsbetrags auf der ersten Lohnsteuerkarte ist das **Wohnsitzfinanzamt des Arbeitnehmers.** Denn die Neuregelung ist verfahrensrechtlich ein Teil des sog. Lohnsteuer-Ermäßigungsverfahrens, das heißt des Verfahrens zur Eintragung eines Freibetrags auf der Lohnsteuerkarte. Dementsprechend ist im amtlichen **Antragsvordruck** für das **Lohnsteuer-Ermäßigungsverfahren 2010** ein besonderer **Abschnitt E** für die korrespondierende Eintragung von Freibeträgen und Hinzurechnungsbeträgen vorgesehen. Dabei muss der Arbeitnehmer durch Ankreuzen erklären, dass sein Arbeitslohn aus dem ersten Dienstverhältnis den steuerfreien Eingangsbetrag der für ihn maßgebenden Jahreslohnsteuertabelle nicht übersteigt. Für Arbeitnehmer, die einen Freibetrag mit korrespondierendem Hinzurechnungsbetrag in der gleichen Höhe haben wollen wie im Vorjahr, gibt es einen vereinfachten Antragsvordruck.

Eine Übertragung des nicht ausgeschöpften Eingangsbetrags auf den Ehegatten ist unzulässig. Es ist also nicht möglich, dass sich der **Ehemann** einen Hinzurechnungsbetrag auf seiner ersten Lohnsteuerkarte eintragen lässt, damit die **Ehefrau** auf der Lohnsteuerkarte mit der Steuerklasse V oder einer zweiten Lohnsteuerkarte mit der Steuerklasse VI einen Freibetrag erhält.

Aus der Anbindung an das Lohnsteuer-Ermäßigungsverfahren folgt, dass ein evtl. auf der ersten Lohnsteuerkarte bereits eingetragener oder noch einzutragender Freibetrag **mit dem Hinzurechnungsbetrag saldiert** wird. Das Verfahren zur Eintragung eines Freibetrags auf der Lohnsteuerkarte ist ausführlich in Anhang 7 erläutert. Ebenso wie ein Freibetrag auf der Lohnsteuerkarte erst im Laufe des Kalenderjahrs eingetragen werden kann, kann auch

Hinzurechnungsbetrag auf der Lohnsteuerkarte

das korrespondierende Freibetrags- und Hinzurechnungsbetragsverfahren erst im Laufe des Kalenderjahrs beantragt werden. Der Freibetrag und der entsprechende Hinzurechnungsbetrag werden in diesem Fall auf die restlichen Monate des Jahres verteilt. Nach dem 30. November 2010 ist die Eintragung eines Freibetrags oder Hinzurechnungsbetrags auf der Lohnsteuerkarte 2010 nicht mehr zulässig. Die Verteilung von Frei- und Hinzurechnungsbeträgen auf die restlichen Monate des Jahres sowie die Saldierung eines Hinzurechnungsbetrags mit einem gleichzeitig einzutragenden Freibetrag soll an einem Beispiel verdeutlicht werden:

Beispiel

Ein Auszubildender mit einer Ausbildungsvergütung von 400 € monatlich lässt sich ab 1. September 2010 korrespondierende Frei- und Hinzurechnungsbeträge eintragen. Da er im ersten Dienstverhältnis die Steuerklasse I hat, kann er beliebig zwischen 0 € und 10 673 € einen Jahresfreibetrag auswählen. Wählt er z. B. einen Jahresfreibetrag von 4000 € aus, so wird dieser Betrag auf die Monate September bis Dezember verteilt, sodass sich ein monatlicher Freibetrag von 1000 € ergibt. Dementsprechend wird auf der ersten Lohnsteuerkarte des Auszubildenden ein Hinzurechnungsbetrag von 1000 € monatlich für die Zeit vom 1. September bis 31. Dezember 2010 eingetragen. Beantragt der Auszubildende gleichzeitig die Eintragung eines Freibetrags wegen erhöhter Werbungskosten z. B. wegen Aufwendungen für Fahrten zwischen Wohnung und Arbeitsstätte in Höhe von 800 € jährlich (200 € monatlich ab 1. September 2010, so wird der Freibetrag von 200 € monatlich mit dem Hinzurechnungsbetrag von 1000 € monatlich saldiert, sodass ein monatlicher Hinzurechnungsbetrag von 800 € für die Zeit vom 1. September bis 31. Dezember 2010 verbleibt. Damit ergibt sich z. B. für September 2010 folgende Berechnung der Steuerabzugsbeträge:

Ausbildungsvergütung	400,— €
zuzüglich auf der Lohnsteuerkarte eingetragener Hinzurechnungsbetrag	800,— €
Bemessungsgrundlage für die Lohnsteuer	1 200,— €
Lohnsteuer (nach Steuerklasse I)	44,08 €
Solidaritätszuschlag	0,— €
Kirchensteuer (8 %)	3,52 €
Steuerabzüge insgesamt	47,60 €

Das Beispiel zeigt, dass insbesondere bei der Eintragung von Frei- und Hinzurechnungsbeträgen im Laufe des Kalenderjahrs durch die Verteilung auf den Rest des Kalenderjahrs erstaunlich hohe Freibeträge und damit korrespondierende Hinzurechnungsbeträge entstehen können.

Wird der Freibetrag und der korrespondierende Hinzurechnungsbetrag vom Arbeitnehmer falsch gewählt, oder ändern sich im Laufe des Jahres die Verhältnisse, ohne dass der Arbeitnehmer den Freibetrag und Hinzurechnungsbetrag den geänderten Verhältnissen anpasst, so kann es zu Steuernachzahlungen im Veranlagungsverfahren kommen. Diese Fälle werden über den Veranlagungstatbestand des § 46 Abs. 2 Nr. 2 EStG erfasst (= Pflichtveranlagung für Arbeitnehmer, die nebeneinander Arbeitslohn von mehreren Arbeitgebern bezogen haben).

3. Berücksichtigung von Hinzurechnungsbeträgen beim Lohnsteuerabzug durch den Arbeitgeber

Der Arbeitgeber muss sich strikt an die Eintragungen auf der Lohnsteuerkarte halten. Auf die grundsätzlichen Ausführungen zum Prinzip der **Maßgeblichkeit der Lohnsteuerkarte** beim Stichwort „Lohnsteuerkarte" wird Bezug genommen. Der Arbeitgeber darf auf keinen Fall den auf der Lohnsteuerkarte eingetragenen Hinzurechnungsbetrag unberücksichtigt lassen, auch wenn er der Meinung ist, dass die Hinzurechnung zu falschen Ergebnissen führt. Der Arbeitgeber kann den Arbeitnehmer allerdings beraten und zu einer Änderung des eingetragenen Hinzurechnungsbetrags veranlassen, wenn er erkennt, dass z. B. aufgrund der geänderten Verhältnisse eine Berichtigung erforderlich ist. Eine andere Möglichkeit hat der Arbeitgeber nicht.

Der Arbeitgeber muss den Hinzurechnungsbetrag nicht nur bei der Berechnung der Lohnsteuer für den laufenden Arbeitslohn berücksichtigen, sondern **auch bei der Besteuerung sonstiger Bezüge.** Auf das Berechnungsschema für die Besteuerung sonstiger Bezüge beim Stichwort „Sonstige Bezüge" unter Nr. 5 auf Seite 662 wird Bezug genommen.

Ein Hinzurechnungsbetrag muss vor der Berechnung der Lohnsteuer dem Arbeitslohn auch dann hinzugerechnet werden, wenn der Arbeitgeber eine **Nettolohnvereinbarung** mit dem Arbeitnehmer getroffen hat. Da dies zu Lasten des Arbeitgebers geht, muss dieser prüfen, ob nicht durch eine **Änderung der Nettolohnvereinbarung** die auf die Berücksichtigung des Hinzurechnungsbetrags entfallende Mehrsteuer dem Arbeitnehmer angelastet, das heißt vom Arbeitslohn abgezogen werden kann.

Außerdem muss der Arbeitgeber im Zusammenhang mit dem Hinzurechnungsverfahren beachten, dass er für diejenigen Arbeitnehmer **keinen Lohnsteuer-Jahresausgleich** durchführen darf, auf deren Lohnsteuerkarte ein Hinzurechnungsfreibetrag eingetragen ist. Dies gilt auch dann, wenn der Hinzurechnungsbetrag nur für einen Teil des Kalenderjahrs gegolten hat (z. B. nur vom 1. Januar bis 30. Juni 2010).

4. Eintragung von Freibeträgen und Hinzurechnungsbeträgen bei 400-Euro-Jobs

Auf die ausführlichen Erläuterungen beim Stichwort „Pauschalierung der Lohnsteuer bei Aushilfskräften und Teilzeitbeschäftigten" unter Nr. 12 auf Seite 540 wird Bezug genommen.

5. Nicht sozialversicherungspflichtige Arbeitnehmer und Versorgungsempfänger

Nach dem seit 1. 1. 2000 geltenden Verfahren kann sich der Arbeitnehmer einen Freibetrag und einen damit korrespondierenden Hinzurechnungsbetrag bis zur Eingangsstufe derjenigen Jahreslohnsteuertabelle eintragen lassen, die für den Lohnsteuerabzug bei seinem ersten Dienstverhältnis maßgebend ist. Da für den Lohnsteuerabzug unterschiedliche Lohnsteuertabellen gelten, je nachdem, ob der Arbeitnehmer sozialversicherungspflichtig ist oder nicht, gelten auch für das Freibetrags- und Hinzurechnungsverfahren unterschiedliche Grenzbeträge, je nachdem, ob der Arbeitslohn aus dem ersten Dienstverhältnis nach der **Allgemeinen Lohnsteuertabelle** für sozialversicherungspflichtige Arbeitnehmer oder nach der **Besonderen Lohnsteuertabelle** für nicht sozialversicherungspflichtige Arbeitnehmer besteuert wird. Die Unterschiede zwischen der Allgemeinen und Besonderen Lohnsteuertabelle sind beim Stichwort „Lohnsteuertabellen" ausführlich anhand von Beispielen erläutert. Wie bereits ausgeführt, spielt der Eingangsbetrag der jeweiligen Jahrestabelle in zweierlei Hinsicht eine Rolle. Nämlich zum einen für die Beantwortung der Frage, ob für den Arbeitnehmer nach der Höhe seines Arbeitslohns aus dem ersten Dienstverhältnis überhaupt das neue Verfahren anwendbar ist und (falls dies zutrifft) zum anderen für die Begrenzung des Frei- und Hinzurechnungsbetrags nach oben. Die steuerfreien Eingangsbeträge der **Besonderen Jahreslohnsteuertabelle** für nicht sozialversicherungspflichtige Arbeitnehmer für das Kalenderjahr 2010 betragen:

Steuerklasse	jährlich	monatlich
I	10 191,— €	849,— €
II	11 677,— €	973,— €
III	19 296,— €	1 608,— €
IV	10 191,— €	849,— €
V	1 096,— €	91,— €

Für die Empfänger von Betriebsrenten (sog. Werkspensionen) und anderen Versorgungsbezügen gelten folgende Grenzen*):

---

*) Vgl. Abschnitt E des amtlichen Vordrucks „Antrag auf Lohnsteuer-Ermäßigung 2010".

	Lohn-steuer-pflichtig	Sozial-versich.-pflichtig

Steuerklasse	jährlich	monatlich
I	13 693,— €	1 141,— €
II	15 179,— €	1 265,— €
III	22 797,— €	1 900,— €
IV	13 693,— €	1 141,— €
V	2 179,— €	181,— €

Für den **Lohnsteuerabzug durch den Arbeitgeber** ist es gleichgültig, wie der auf der Lohnsteuerkarte eingetragene Hinzurechnungsbetrag zustande gekommen ist. Er muss nach dem Grundsatz der Maßgeblichkeit der Lohnsteuerkarte den Hinzurechnungsbetrag **in jedem Fall** dem Arbeitslohn hinzurechnen, bevor er die Lohnsteuer aus der Tabelle abliest, egal ob die Lohnsteuer nach der Allgemeinen oder Besonderen Lohnsteuertabelle einzubehalten ist.

6. Hinzurechnungsbeträge auch für beschränkt steuerpflichtige Arbeitnehmer

Ein beschränkt steuerpflichtiger Arbeitnehmer unterscheidet sich von einem unbeschränkt steuerpflichtigen Arbeitnehmer dadurch, dass er keine Lohnsteuerkarte erhält. Auf die ausführlichen Erläuterungen beim Stichwort „Beschränkt steuerpflichtige Arbeitnehmer" wird Bezug genommen. Gleichwohl gilt das neue Verfahren zur Eintragung von Freibeträgen und damit korrespondierenden Hinzurechnungsbeträgen **auch für beschränkt steuerpflichtige Arbeitnehmer** (§ 39 d Abs. 2 Nr. 3 EStG). In der dem Arbeitnehmer vorzulegenden besonderen Lohnabzugsbescheinigung für beschränkt steuerpflichtige Arbeitnehmer kann deshalb auch ein Hinzurechnungsbetrag eingetragen sein, den der Arbeitgeber dem Arbeitslohn hinzurechnen muss, bevor er die Lohnsteuer aus der Lohnsteuertabelle abliest.

Hinzuverdienst bei Renten

siehe „Rentner"

Hitzezuschläge

Hitzezuschläge sind als „Erschwerniszuschläge" steuer- und beitragspflichtig. — ja — ja

Hochzeitsgeschenke

siehe „Heiratsbeihilfen"

Holzabgabe an Forstbedienstete

siehe „Heizung"

Honorare

Honorare sind Arbeitslohn, wenn die ihnen zugrunde liegenden Leistungen (z. B. Gutachten, literarische Arbeiten, Vorträge usw.) im Rahmen eines Dienstverhältnisses ausgeführt werden (z. B. das Gutachten eines bei einer Universitätsklinik angestellten Assistenzarztes, das als solches der Universitätsklinik ergeht; BFH-Urteil vom 19. 4. 1956, BStBl. III S. 187). — ja — ja

Eine Leistung im Rahmen des Dienstverhältnisses liegt vor, wenn sie entweder zu den unmittelbaren Dienstaufgaben des Arbeitnehmers gehört oder als freiwillige Nebentätigkeit (für den selben Arbeitgeber) mit diesen Dienstaufgaben in wirtschaftlichem Zusammenhang steht. Die Entscheidung ist nach dem gegebenen Sachverhalt von Fall zu Fall zu treffen; so können z. B. Einnahmen, die ein angestellter Schriftleiter aus freiwilliger schriftstellerischer Tätigkeit für seinen Arbeitgeber erzielt, Einnahmen aus selbständiger Arbeit sein. Diese Einnahmen sind zwar einkommensteuerpflichtig aber nicht lohnsteuerpflichtig (BFH-Urteil vom 3. 3. 1955, BStBl. III S. 153). Lohnsteuerpflichtiger Arbeitslohn liegt allerdings vor, wenn dem Arbeitnehmer aus dem Arbeitsverhältnis **Nebenpflichten** obliegen, deren Erfüllung der Arbeitgeber erwarten darf. Das gilt unabhängig davon, ob der Arbeitsvertrag ausdrücklich eine entsprechende Regelung enthält. Beispiele für lohnsteuerpflichtigen Arbeitslohn aus einer Nebentätigkeit: Provisionen an den Arbeitnehmer einer Bank für die Benennung von Immobilieninteressenten, Bankangestellte wird als Hostess bei Veranstaltungen ihres Arbeitgebers tätig. — ja — ja

Hundegeld

Die vom Arbeitgeber **ohne Einzelnachweis** der entstandenen Kosten ersetzten Futter- und Pflegekosten gehören zum steuerpflichtigen Arbeitslohn und zum beitragspflichtigen Entgelt. — ja — ja

Nach bundeseinheitlicher Verwaltungsanweisung*) liegt kein steuerfreier Auslagenersatz vor, wenn der Hund dem Wachmann gehört (auch ein steuerfreies Werkzeuggeld liegt nicht vor, da der Hund kein Werkzeug im Sinne des § 3 Nr. 30 EStG ist, vgl. „Werkzeuggeld"). Gehört der Hund nicht dem Arbeitnehmer (sondern z. B. der Bewachungsfirma), so liegt dem Grunde nach Auslagenersatz vor. Ein **pauschaler** Auslagenersatz für den im Eigentum der Wachgesellschaft stehenden Wachhund wird jedoch von der Finanzverwaltung nicht anerkannt, da es sich z. B. bei 3 € täglich (= 1095 € jährlich) nicht mehr um einen geringfügigen Betrag handelt, der ohne Einzelnachweis steuerfrei gelassen werden kann. Wird jedoch für einen **repräsentativen** Zeitraum von **drei Monaten nachgewiesen,** dass das Futter für den Wachhund täglich 3 € kostet, kann das Futtergeld von 3 € täglich so lange als **Auslagenersatz** (vgl. dieses Stichwort) steuer- und beitragsfrei gezahlt werden, bis sich die Verhältnisse wesentlich ändern (R 3.50 Abs. 2 Satz 2 LStR). — nein — nein

Soweit ein steuerfreier Ersatz durch den Arbeitgeber nicht möglich ist, muss der Wachmann seine Aufwendungen für den Wachhund bei einer Veranlagung zur Einkommensteuer als Werbungskosten geltend machen.

Hypotax-Zahlungen

Der Begriff „Hypotax" umschreibt eine **fiktive Steuer** vom Einkommen eines nach Deutschland oder ins Ausland entsandten Arbeitnehmers, die der Arbeitnehmer bei einer Steuerpflicht des Arbeitslohns in seinem Heimatland zu entrichten hätte. Der Arbeitnehmer soll dadurch während seines Auslandsaufenthalts netto das gleiche Gehaltsniveau haben wie bei einer Tätigkeit in seinem Heimatland. Er soll finanziell nicht schlechter, aber auch nicht besser gestellt werden, als wenn er dieselbe Tätigkeit im Heimatland ausgeübt hätte. Dem Arbeitnehmer wird daher vom Arbeitgeber eine fiktive Steuer einbehalten, die sich nach dem Steuersystem seines Heimatlandes berechnet.

Da die **tatsächliche Steuerbelastung höher oder niedriger** sein kann als die vom Arbeitnehmer tatsächlich gezahlte hypothetische Steuer (= HypoTax), stellt sich die Frage, welche steuerliche Folgerungen sich in diesen Fällen ergeben. Hierzu folgende Beispiele:

---

*) Gleich lautende Ländererlasse (z. B. Erlass des Bayerischen Staatsministeriums der Finanzen vom 11. 7. 1990 32 – S 2336 – 4/22 – 28874). Der Erlass ist als Anlage 1 zu H 3.50 LStR im **Steuerhandbuch für das Lohnbüro 2010** abgedruckt, das im selben Verlag erschienen ist. Das **PC-Lexikon** für das Lohnbüro 2010 enthält auch dieses Handbuch und hat außerdem den Vorteil, dass Sie **alle BFH-Urteile** sowie die aktuellen Rundschreiben und Niederschriften der Spitzenverbände der **Sozialversicherung** mit Mausklick **im Volltext** abrufen und ausdrucken können. Eine Bestellkarte finden Sie vorne im Lexikon.

Incentive-Reisen

	Lohn-steuer-pflichtig	Sozial-versich.-pflichtig

Beispiel A

Ein deutscher Arbeitnehmer wird von seinem Arbeitgeber ins Ausland entsandt; das Besteuerungsrecht für den Arbeitslohn in dieser Zeit steht dem ausländischen Staat zu. Dem Arbeitnehmer ist von seinem Arbeitgeber nach Abzug einer fiktiven deutschen Steuer von 500 € ein monatlicher Nettoarbeitslohn von 3000 € zugesagt worden. Die vom Arbeitgeber für den Arbeitnehmer im Ausland tatsächlich abgeführte Steuer beträgt aber nur 300 €.

Bei Anwendung des Progressionsvorbehalts (vgl. dieses Stichwort) ist von einem monatlichen Arbeitslohn von 3300 € (3000 € plus 300 € tatsächliche Steuerbelastung) auszugehen. Der Betrag der tatsächlichen Steuerbelastung ist zudem erst im Kalenderjahr der Steuerzahlung im Ausland im Rahmen des Progressionsvorbehalts anzusetzen.

Sofern der Arbeitgeber die dem Arbeitnehmer obliegenden steuerlichen Pflichten (z. B. Abgabe der Steuererklärung ggf. einschließlich Steuerberatung) im ausländischen Staat erfüllt, ist ein weiterer geldwerter Vorteil im Rahmen des Progressionsvorbehalts anzusetzen.

Beispiel B

Wie Beispiel A. Die vom Arbeitgeber für den Arbeitnehmer im Ausland abgeführte Steuer beträgt aber 700 €.

Bei Anwendung des **Progressionsvorbehalts** (vgl. dieses Stichwort) ist von einem monatlichen Arbeitslohn von 3700 € (Nettoarbeitslohn 3000 € plus tatsächliche ausländische Steuer 700 €) auszugehen. Der Betrag der tatsächlichen Steuerbelastung ist zudem erst im Kalenderjahr der Steuerzahlung im Ausland im Rahmen des Progressionsvorbehalts anzusetzen.

Beispiel C

Ein ausländischer Arbeitnehmer wird von seinem Arbeitgeber nach Deutschland entsandt; das Besteuerungsrecht für den Arbeitslohn in dieser Zeit steht dem deutschen Staat zu. Dem Arbeitnehmer ist von seinem ausländischen Arbeitgeber unter Berücksichtigung einer fiktiven ausländischen Steuer von 500 € ein Nettoarbeitslohn von 3000 € zugesagt worden.

Der Nettoarbeitslohn von 3000 € ist unter Berücksichtigung der tatsächlichen deutschen Steuerbelastung in einen Bruttoarbeitslohn hochzurechnen und im Rahmen der Einkommensteuerveranlagung des Arbeitnehmers anzusetzen.

Vgl. auch die Erläuterungen beim Stichwort „Nettolöhne".

Incentive-Reisen

Der **Bundesfinanzhof** hat unter Aufgabe seiner bisherigen Rechtsprechung zu einer **Außendienstmitarbeitertagung** im Ausland entschieden, dass kein Arbeitslohn vorliegt, soweit die Reise im ganz überwiegenden eigenbetrieblichen Interesse des Arbeitgebers durchführt wird. Ist die Reise „gemischt veranlasst" (weil sie z. B. auch touristische Programmpunkte beinhaltet, die als Arbeitslohn anzusehen sind), ist eine **Aufteilung** der Kosten vorzunehmen (BFH-Urteil vom 18. 8. 2005, BStBl. 2006 II S. 30). Auf die ausführlichen Erläuterungen beim Stichwort „Reisekosten bei Auswärtstätigkeiten" unter Nr. 2 Buchstabe d auf Seite 587 wird Bezug genommen. Die Finanzverwaltung wendet das Urteil auch bei Incentive-Reisen an und hat dies in den Hinweisen zu den Lohnsteuer-Richtlinien ausdrücklich klargestellt (H 19.7 LStR, Stichwort „Incentive-Reisen"). Kommt eine Aufteilung in Arbeitslohn und Zuwendungen im eigenbetrieblichen Interesse nicht in Betracht sind die Regelungen im BMF-Schreiben vom 14. 10. 1996 (BStBl. I S. 1192)*) weiter anzuwenden. Hiernach gilt Folgendes:

Veranstaltet der Arbeitgeber sog. Incentive-Reisen (einschließlich Übernachtung), um bestimmte Arbeitnehmer für besondere Leistungen zu **belohnen** und zu weiteren Leistungssteigerungen zu motivieren, so erhalten die Arbeitnehmer damit einen **steuerpflichtigen geldwerten Vorteil,** wenn auf den Reisen ein **Besichtigungsprogramm angeboten** wird, das einschlägigen Touristikreisen entspricht und der Erfahrungsaustausch zwischen den Arbeitnehmern demgegenüber zurücktritt. Der Wert der Reise (grundsätzlich der übliche Endpreis am Abgabeort) gehört zum steuer- und beitragspflichtigen Arbeitslohn. Das gilt auch für den Teil der Aufwendungen, der auf die Bewirtung entfällt.   ja   ja

Das Gleiche gilt, wenn die **Zuwendung durch einen Dritten** erfolgt, z. B. wenn ein Automobilhersteller dem Autoverkäufer eines Autohauses als Belohnung für Vertrags-

abschlüsse eine solche Reise finanziert. Es handelt sich dann um eine Lohnzahlung durch einen Dritten; das Autohaus muss als Arbeitgeber den Wert der Reise dem Lohnsteuerabzug unterwerfen (vgl. das Stichwort „Lohnzahlung durch Dritte").

Ein geldwerter Vorteil entsteht ausnahmsweise dann nicht, wenn die **Betreuungsaufgaben** das Eigeninteresse des Arbeitnehmers an der Teilnahme des touristischen Programms in den Hintergrund treten lassen (BFH-Urteil vom 5.9.2006, BStBl. 2007 II S. 312). Ein zu Arbeitslohn führendes erhebliches Eigeninteresse des Arbeitnehmers liegt aber bereits dann vor, wenn er von seinem Ehepartner begleitet wird und nicht für die organisatorische Durchführung der Reise, sondern lediglich für die Betreuung der Gäste verantwortlich ist.

Seit 1. 1. 2007 kann der Wert der Reise (hier = Bruttoaufwand des Arbeitgebers – bei einer Incentive-Reise einschließlich des Aufwendungen, die auf die Bewirtung entfallen –; § 37b Abs. 2 i. V. m. Abs. 1 EStG) **pauschal mit 30 % versteuert** werden, wenn die Pauschalierungsgrenze von 10 000 € nicht überschritten wird (vgl. die Erläuterungen beim Stichwort „Pauschalierung der Lohnsteuer für Belohnungsessen, Incentive-Reisen, VIP-Logen und ähnliche Sachbezüge" unter Nr. 5 auf Seite 545).

Die Zuwendung an den Arbeitnehmer ist auch bei einer Auslobung durch Dritte **als Sachbezug umsatzsteuerpflichtig,** wenn der Arbeitgeber die Reise aus eigenem Recht – wie bei einem Reihengeschäft – an den Arbeitnehmer weitergibt (BFH-Urteil vom 16. 3. 1995 (BStBl. II S. 651). Auf die Erläuterungen beim Stichwort „Umsatzsteuerpflicht bei Sachbezügen" unter Nr. 14 auf Seite 709 wird hingewiesen.

Infektionsschutzgesetz

Entschädigungen für Verdienstausfall nach dem Infektionsschutzgesetz sind steuerfrei (§ 3 Nr. 25 EStG).   nein   nein

Die Entschädigungen unterliegen jedoch dem Progressionsvorbehalt (vgl. dieses Stichwort). Sie sind deshalb im Lohnkonto und in der (elektronischen) Lohnsteuerbescheinigung gesondert zu vermerken (vgl. „Lohnkonto" und „Lohnsteuerbescheinigung"). Der Arbeitgeber darf für den Arbeitnehmer keinen Lohnsteuer-Jahresausgleich durchführen, wenn der Arbeitnehmer zu irgendeinem Zeitpunkt im Kalenderjahr Entschädigungen für Verdienstausfall nach dem Infektionsschutzgesetz bezogen hat. Auch der sog. Permanente Lohnsteuer-Jahresausgleich (vgl. dieses Stichwort) ist nicht zulässig.

Inkassogebühren

Die Inkassogebühren der nebenberuflichen Inkassoagenten von Versicherungsgesellschaften, usw. sind nach der Rechtsprechung des Bundesfinanzhofs im BStBl. 1962 III S. 125 kein Arbeitslohn, da die nebenberuflichen Inkassoagenten nicht als Arbeitnehmer angesehen werden (vgl. „Beitragskassierer"). Die Inkassogebühren sind aber einkommensteuerpflichtig und im Wege einer Veranlagung steuerlich zu erfassen.   nein   nein

Die Inkassoprämien der als Arbeitnehmer tätigen Auslieferungsfahrer gehören dagegen zum Arbeitslohn.   ja   ja

Insassen-Unfallversicherung

siehe „Autoinsassen-Unfallversicherung"

---

*) Das BMF-Schreiben ist als Anlage 5 zu H 19.7 LStR in **Steuerhandbuch für das Lohnbüro 2010** abgedruckt, das im selben Verlag erschienen ist. Das **PC-Lexikon** für das Lohnbüro 2010 enthält auch dieses Handbuch und hat außerdem den Vorteil, dass Sie **alle BFH-Urteile** sowie die aktuellen Rundschreiben und Niederschriften der **Sozialversicherung** mit Mausklick im **Volltext** abrufen und ausdrucken können. Eine Bestellkarte finden Sie vorne im Lexikon.

Insolvenzgeld

Bei Zahlungsunfähigkeit seines Arbeitgebers hat der Arbeitnehmer Anspruch auf Ersatz des Arbeitslohnes, den ihm der Arbeitgeber für die letzten **drei Monate** vor Eröffnung des Insolvenzverfahrens noch schuldet. Dieses sog. Insolvenzgeld wird auf Antrag von der Agentur für Arbeit in Höhe der **Nettobezüge** gezahlt, die der Arbeitnehmer für die letzten drei Monate vor Eröffnung des Insolvenzverfahrens noch zu beanspruchen hat. Übersteigt das Arbeitsentgelt die monatliche Beitragsbemessungsgrenze in der allgemeinen Rentenversicherung, ist „Nettoarbeitsgelt" die Differenz zwischen der Beitragsbemessungsgrenze und der hierauf entfallenden gesetzlichen Abzüge (§ 185 Abs. 1 SGB III). Das Insolvenzgeld wird auch gezahlt, wenn der Antrag auf Eröffnung des Insolvenzverfahrens mangels Masse gar nicht gestellt oder abgelehnt wird (§§ 183 bis 189a SGB III).

Das Insolvenzgeld ist zwar steuerfrei nach § 3 Nr. 2 EStG, es unterliegt jedoch dem sog. Progressionsvorbehalt (vgl. dieses Stichwort).

Die Bundesagentur für Arbeit ist nach § 32b Abs. 3 EStG verpflichtet, das gezahlte Insolvenzgeld der Finanzverwaltung durch Datenübertragung automatisch mitzuteilen, damit das Finanzamt das Insolvenzgeld beim Progressionsvorbehalt im Rahmen einer Veranlagung des Arbeitnehmers zur Einkommensteuer berücksichtigen kann. Der Arbeitnehmer wird hierüber entsprechend informiert und darauf hingewiesen, dass er das Insolvenzgeld in seiner Einkommensteuererklärung angeben muss.

Zahlungen von Arbeitslohn durch den Insolvenzverwalter an die Agentur für Arbeit wegen des gesetzlichen Forderungsübergangs nach § 187 Satz 1 SGB III sind ebenfalls nach § 3 Nr. 2 EStG steuerfrei. In diesen Fällen liegt bei der Ausschüttung von Masseverbindlichkeiten gemäß § 55 Abs. 1 Nr. 2 InsO (u. a. Zahlungen an freigestellte Arbeitnehmer bis zum Ablauf der Kündigungsfrist) steuerpflichtigen Arbeitslohn in Höhe der Differenz zwischen dem (erfüllten) Arbeitslohnanspruch und den an die Bundesagentur für Arbeit geleisteten Rückzahlungen des vom Arbeitnehmer bezogenen Arbeitslosengeldes vor. In den Fällen des § 188 Abs. 1 SGB III (= Übertragung der Ansprüche auf Arbeitsentgelt durch den Arbeitnehmer auf einen Dritten – z. B. ein Kreditinstitut –) ist Empfänger des an diesen Dritten ausgezahlten Insolvenzgeldes der Arbeitnehmer, der seinen Arbeitsentgeltanspruch übertragen hat.

Ein Arbeitnehmer kann die **Entfernungspauschale** für Fahrten zwischen Wohnung und regelmäßiger Arbeitsstätte auch für den Zeitraum geltend machen, für den er steuerfreies Insolvenzgeld erhält (BFH-Urteil vom 23.11.2000, BStBl. 2001 II S. 199 zum Konkursausfallgeld).

Zu Lohnnachzahlungen des Arbeitgebers unmittelbar an die Arbeitsverwaltung aufgrund eines gesetzlichen Forderungsübergangs außerhalb eines Insolvenzverfahrens vgl. das Stichwort „Arbeitslohn für mehrere Jahre".

Insolvenzgeldumlage

Neues auf einen Blick:

Seit 1.1.2009 muss der Arbeitgeber die Insolvenzgeldumlage mit Beitragsnachweis an die Krankenkassen abführen. Der Umlagesatz betrug bisher 0,1 %. **Ab 1.1.2010 ist der Umlagesatz auf 0,41 % erhöht worden.**

Gliederung:

1. Allgemeines
2. Zuständigkeiten
3. Umlagepflichtige Arbeitgeber
4. Umlagesatz
5. Umlagepflichtiges Arbeitsentgelt
   a) Allgemeine Grundsätze
   b) Altersteilzeitarbeitsverhältnisse und sonstige flexible Arbeitszeitverhältnisse
   c) Begrenzung durch Beitragsbemessungsgrenze der Rentenversicherung
6. Berechnung der Umlage
   a) Laufendes Arbeitsentgelt
   b) Einmalig gezahltes Arbeitsentgelt
   c) März-Klausel
7. Nachweis der Umlage
8. Geltung der Vorschriften des Vierten Buches Sozialgesetzbuch (SGB IV)

1. Allgemeines

Nach § 358 SGB III werden die notwendigen Mittel für die Zahlung des Insolvenzgeldes durch eine monatliche Umlage von den Arbeitgebern aufgebracht. Der Bund, die Länder, die Gemeinden sowie Körperschaften, Stiftungen und Anstalten des öffentlichen Rechts, über deren Vermögen ein Insolvenzverfahren nicht zulässig ist, und solche juristische Personen des öffentlichen Rechts, bei denen der Bund, ein Land oder eine Gemeinde kraft Gesetzes die Zahlungsfähigkeit sichert, und private Haushalte werden nicht in die Umlage einbezogen.

Das Insolvenzgeld wird von den Arbeitsagenturen ausgezahlt, aufzubringen ist es von den Trägern der gesetzlichen Unfallversicherung. Dies geschah bisher durch eine Umlage, die jährlich nachträglich parallel zum Einzug des Unfallversicherungsbeitrags durchgeführt wurde.

Mit dem UVMG (Unfallversicherungsmodernisierungsgesetz) hat der Gesetzgeber die Aufgabe des Einzugs der Insolvenzgeldumlage für Entgeltabrechnungszeiträume ab 1.1.2009 auf die Einzugsstellen der Krankenkassen übertragen. Die Zahlung erfolgt parallel zum Verfahren beim Gesamtsozialversicherungsbeitrag monatlich für das laufende Jahr. Seit Januar 2009 erheben somit die Einzugsstellen die Monatsbeiträge für Insolvenzgeldumlage und leiten diese an die Bundesagentur für Arbeit weiter. Die für den Gesamtsozialversicherungsbeitrag geltenden Vorschriften des Vierten Buches Sozialgesetzbuch (SGB IV) finden für den Einzug Umlage entsprechende Anwendung.

Das Meldeverfahren nach der Datenerfassungs- und Übermittlungsverordnung wird durch den Einzug der Umlage durch die Einzugsstellen nicht tangiert. Insbesondere wurde im Meldeverfahren keine neue Beitragsgruppe für die Insolvenzgeldumlage eingeführt. Für den Beitragsnachweisdatensatz gilt seit 1.1.2009 die neue Beitragsgruppe 0050.

2. Zuständigkeiten

Zuständig für den Einzug der Umlage und deren Weiterleitung an die Bundesagentur für Arbeit sind seit 1.1.2009 die Einzugsstellen für den Gesamtsozialversicherungsbeitrag.

Hierbei ist als Einzugsstelle die Krankenkasse zuständig,

a) bei der der Arbeitnehmer versichert ist,
b) sofern eine Mitgliedschaft bei einer Krankenkasse nicht besteht, die zuständige Einzugsstelle für die Beiträge zur Rentenversicherung und zur BA und
c) sofern sich eine Zuständigkeit nach den Buchst. a) oder b) nicht ergibt, die Krankenkasse, die der Arbeitgeber gewählt hat.

Eine Ausnahme hiervon gilt für alle geringfügig Beschäftigten nach dem SGB IV. Für diesen Personenkreis ist die zuständige Einzugsstelle immer die Deutsche Rentenversicherung Knappschaft-Bahn-See als Träger der knappschaftlichen Krankenversicherung.

Insolvenzgeldumlage

Sofern Arbeitnehmer Mitglied oder freiwilliges Mitglied einer landwirtschaftlichen Krankenkasse sind, ist die Umlage an die landwirtschaftliche Krankenkasse als Einzugsstelle zu zahlen.

Die Umlagepflicht des Arbeitgebers ergibt sich kraft Gesetz und ist nicht von einem Verwaltungsakt der Einzugsstelle abhängig. Die Feststellung über die Teilnahme am Umlageverfahren hat daher jeder Arbeitgeber selbst zu treffen.

Die Einzugsstellen treffen in Zweifelsfällen die Entscheidung über die Umlagepflicht der Arbeitgeber. Des Weiteren sind die Einzugsstellen für die Erstattung zu Unrecht gezahlter Umlagen für Entgeltabrechnungszeiträume ab 1.1.2009 zuständig.

3. Umlagepflichtige Arbeitgeber

Die Mittel für die Zahlung des Insolvenzgeldes werden durch eine monatliche Umlage von den Arbeitgebern allein aufgebracht. Für die Umlagepflicht ist die Größe, Branche und Ertragslage des Betriebes unmaßgeblich. Bei Fortführung eines Betriebes durch den Insolvenzverwalter nach Eröffnung des Insolvenzverfahrens kann der Betrieb jedoch nicht mehr zur Umlage herangezogen werden (Urteil des BSG vom 31. Mai 1978 – 12 RAr 57/77).

Arbeitgeber der öffentlichen Hand bleiben von der Zahlung der Umlage ausgenommen. Als Arbeitgeber der öffentlichen Hand gelten insbesondere der Bund, die Länder und die Gemeinden, Körperschaften, Stiftungen und Anstalten des öffentlichen Rechts, über deren Vermögen ein Insolvenzverfahren nicht zulässig ist, juristische Personen des öffentlichen Rechts, bei denen der Bund, ein Land oder eine Gemeinde kraft Gesetzes die Zahlungsfähigkeit sichert, als Körperschaften des öffentlichen Rechts organisierte Religionsgemeinschaften und ihre gleiche Rechtsstellung genießende Untergliederungen, sowie öffentlich-rechtliche Rundfunkanstalten nach Art. 5 Abs. 1 S. 2 GG. Private Haushalte sowie Botschaften und Konsulate ausländischer Staaten in der Bundesrepublik Deutschland gehören nicht zu den von der Insolvenzgeldumlage erfassten Betrieben.

Zu den umlagepflichtigen Arbeitgebern gehören dagegen z. B. Industrie- und Handelskammern, Rechtsanwaltskammern sowie Ärzte- und Zahnärztekammern.

Im Zusammenhang mit der Übertragung des Einzuges der Umlage auf die Krankenkassen haben einige Unternehmen gegen die Einziehung der Insolvenzgeldumlage Verfassungsbeschwerde beim Bundesverfassungsgericht erhoben. Die Beschwerde wurden vom Bundesverfassungsgericht allerdings nicht zur Entscheidung angenommen, da der allgemeine Gleichbehandlungsgrundsatz des Art. 3 Abs. 1 GG nach Ansicht des Gerichtes nicht verletzt ist (vgl. Beschluss des BVerfG vom 2.2.2009 – 1 BvR 2553/08).

4. Umlagesatz

Nach § 358 Abs. 2 SGB III ist die Umlage nach einem Prozentsatz des Arbeitsentgelts (Umlagesatz) zu erheben. Die Höhe des Umlagesatzes wird durch Rechtsverordnung des Bundesministeriums für Arbeit und Sozialordnung (BMAS) bzw. der BA festgelegt. Für das Jahr 2010 beträgt der Umlagesatz 0,41 %.

5. Umlagepflichtiges Arbeitsentgelt

a) Allgemeine Grundsätze

Für die Umlage ist Bemessungsgrundlage das Arbeitsentgelt, nach dem die Beiträge zur gesetzlichen Rentenversicherung der im Betrieb beschäftigten Arbeitnehmer und Auszubildenden bemessen werden oder bei Versicherungspflicht in der gesetzlichen Rentenversicherung zu bemessen wären. Die Koppelung an die Bemessungsgrundlage für die Rentenversicherungsbeiträge bedeutet, dass für die Berechnung der Umlage nur solche Bezüge herangezogen werden können, die laufendes oder einmalig gezahltes Arbeitsentgelt im Sinne der Sozialversicherung darstellen. Vergütungen, die nicht zum Arbeitsentgelt im Sinne der Sozialversicherung gehören, bleiben mithin bei der Bemessung der Umlage außer Ansatz. Von der Umlagepflicht wird auch das Arbeitsentgelt von Erwerbsunfähigkeitsrentnern, von Erwerbsminderungsrentnern, von Altersrentnern und von Personen, die während der Elternzeit beschäftigt sind, erfasst. Bei rentenversicherungsfreien oder von der Rentenversicherungspflicht befreiten Arbeitnehmern (z. B. aufgrund der Mitgliedschaft in einem berufsständischen Versorgungswerk) ist das Arbeitsentgelt maßgebend, nach dem die Rentenversicherungsbeiträge im Falle des Bestehens von Rentenversicherungspflicht zu berechnen wären. Ebenso ist das Arbeitsentgelt, das ein Beamter in einer Nebentätigkeit in der Privatwirtschaft erhält, umlagepflichtig. Im Übrigen unterliegt auch das nach dem Entgeltfortzahlungsgesetz an arbeitsunfähige Arbeitnehmer fortgezahlte Arbeitsentgelt der Umlagepflicht.

Für die Ermittlung des beitragspflichtigen Arbeitsentgeltes in der Rentenversicherung und damit die Ermittlung der Bemessungsgrundlage Umlage gelten die unter den einzelnen Stichwörtern in diesem Lexikon beschriebenen Regelungen.

Es ist zu beachten, dass bei Personenkreisen, für die ganz oder teilweise fiktive Entgelte zur Beitragsberechnung in der Rentenversicherung zugrunde gelegt werden, diese bei der Ermittlung der Bemessungsgrundlage zur Insolvenzgeldumlage nicht berücksichtigt werden. Hier werden nur die tatsächlichen Entgelte berücksichtigt. Dies gilt insbesondere für Bezieher von Kurzarbeitergeld, Saisonkurzarbeitergeld und Transferkurzarbeitergeld, ehrenamtlich Tätigen, Menschen, die in anerkannten Werkstätten für behinderte Menschen, in anerkannten Blindenwerkstätten, Anstalten, Heimen oder gleichartigen Einrichtungen tätig sind sowie den Personen, die in Einrichtungen der Jugendhilfe für eine Erwerbstätigkeit befähigt werden sollen und Auszubildenden ohne Arbeitsentgelt.

Für Saisonarbeitskräfte aus dem EU-Ausland sowie für in die Bundesrepublik Deutschland entsandte Arbeitnehmer, die eine Entsendebescheinigung E101 vorlegen bzw. die nach § 5 Abs. 1 SGB IV wegen einer Entsendung nach Deutschland nicht den deutschen Sozialversicherungsvorschriften unterliegen, ist keine Insolvenzgeldumlage zu entrichten.

b) Altersteilzeitarbeitsverhältnisse und sonstige flexible Arbeitszeitverhältnisse

Bei der Berechnung der Umlage ist das Arbeitsentgelt der Arbeitnehmer in der Altersteilzeit oder sonstigen flexiblen Arbeitszeitverhältnissen zu berücksichtigen. Als umlagepflichtiges Arbeitsentgelt ist in der Arbeitsphase das tatsächlich erzielte (ausgezahlte) Arbeitsentgelt maßgebend, in der Freistellungsphase das ausgezahlte Wertguthaben.

Von Wertguthaben in Störfällen wird Umlage erhoben. Als umlagepflichtiges Entgelt aus dem Wertguthaben gilt dabei das nach den besonderen Bestimmungen des § 10 Abs. 5 AtG für Altersteilzeitarbeitsverhältnisse (unter Berücksichtigung der zusätzlichen beitragspflichtigen Einnahme) bzw. das nach § 23 Abs. 2 bis 3 SGB IV für sonstige flexible Arbeitszeitverhältnisse ermittelte rentenversicherungspflichtige Entgelt.

Das Arbeitsentgelt der rentenversicherungspflichtigen mitarbeitenden Familienangehörigen von landwirtschaftlichen Unternehmen und die Vergütung von Heimarbeitern werden für die Berechnung der Umlage herangezogen, jedoch nicht das Vorruhestandsgeld und die Vergütung der Hausgewerbetreibenden.

Insolvenzsicherung

	Lohn-steuer-pflichtig	Sozial-versich.-pflichtig

c) Begrenzung durch Beitragsbemessungsgrenze der Rentenversicherung

Die Umlage wird von einem Arbeitsentgelt bis zu den in der allgemeinen Rentenversicherung geltenden Beitragsbemessungsgrenzen in der jeweils gültigen Höhe berechnet.

Das gilt auch für einen Betrieb, der der knappschaftlichen Rentenversicherung zuzuordnen ist.

6. Berechnung der Umlage

a) Laufendes Arbeitsentgelt

Die Umlage ist vom maßgeblichen Arbeitsentgelt zu berechnen. Für beitragsfreie Zeiten in der Sozialversicherung (z. B. bei Bezug von Krankengeld, Mutterschaftsgeld oder Übergangsgeld) wird grundsätzlich keine Umlage erhoben, weil es mangels eines Arbeitsentgelts an einer Bemessungsgrundlage fehlt.

b) Einmalig gezahltes Arbeitsentgelt

Einmalig gezahltes Arbeitsentgelt wird im Gegensatz zu den Umlagen U1 und U2 zur Bemessung der Insolvenzgeldumlage herangezogen.

c) März-Klausel

Bei Einmalzahlungen im ersten Quartal eines Kalenderjahres ist ggf. auch die sog. März-Klausel anzuwenden. Die Zuordnung des einmalig gezahlten Arbeitsentgelts zum letzten Entgeltabrechnungszeitraum des Vorjahres richtet sich auch bei der Bemessung der Insolvenzgeldumlage nach den für die März-Klausel geltenden allgemeinen Grundsätzen.

7. Nachweis der Umlage

Die Umlagebeträge sind im Beitragsnachweisdatensatz unter dem Beitragsgruppenschlüssel 0050 anzugeben.

8. Geltung der Vorschriften des Vierten Buches Sozialgesetzbuch (SGB IV)

Nach § 359 Abs. 1 Satz 2 SGB III finden die für den Einzug und die Weiterleitung des Gesamtsozialversicherungsbeitrags geltenden Vorschriften des SGB IV auf die Umlage entsprechende Anwendung, soweit das SGB III nichts anderes bestimmt. Mit der Verweisung auf die Regelungen des SGB IV finden die geltenden Bestimmungen über die Prüfung bei den Einzugsstellen (§ 28q SGB IV) und über die Prüfung der Rentenversicherungsträger bei den Arbeitgebern (§ 28p SGB IV) auf die Umlage sinngemäß Anwendung. Die Prüfung bei den Arbeitgebern erfolgt durch die Rentenversicherungsträger im Rahmen der turnusmäßigen Betriebsprüfungen.

Insolvenzsicherung

1. Allgemeines

Immer mehr Arbeitgeber sichern die Ansprüche der Arbeitnehmer aus einer betrieblichen Altersversorgung für den Fall der Insolvenz zusätzlich zur **Insolvenzsicherung** über den Pensions-Sicherungs-Verein auch privatrechtlich ab. Diese privatrechtliche Absicherung geschieht vielfach über sog. „Contractual Trust Agreement" (CTA). Dabei handelt es sich um **Treuhandkonstruktionen,** durch die der besondere Zugriff des Insolvenzverwalters auf die ganz oder teilweise unter „wirtschaftlicher Beteiligung" des Arbeitnehmers (z. B. durch Gehaltsumwandlung) erworbenen Ansprüche auf Leistungen der betrieblichen Altersversorgung verhindert wird.

Durch das Jahressteuergesetz 2007 ist gesetzlich sichergestellt worden (§ 3 Nr. 65 Satz 1 Buchstabe c EStG), dass das Einstehen eines Dritten für die Erfüllung von Ansprüchen aufgrund bestehender Versorgungsverpflichtungen oder -anwartschaften im Fall der Eröffnung des Insolvenzverfahrens oder in gleichstehenden Fällen (z. B. Abweisung des Antrags auf Eröffnung des Insolvenzverfahrens mangels Masse) nicht zu einem Zufluss von Arbeitslohn beim Arbeitnehmer und ggf. dessen Hinterbliebenen führt. Die spätere Zahlung der Versorgungsleistungen durch den Dritten an den Arbeitnehmer oder seine Hinterbliebenen führt zum Zufluss von Arbeitslohn, von dem der Dritte den Lohnsteuerabzug vorzunehmen hat. Auf die ausführlichen Erläuterungen beim Stichwort „Contractual Trust Agreement (CTA-Modelle)" wird hingewiesen. Zu beachten ist aber, dass die Steuerbefreiungsvorschrift des § 3 Nr. 65 Satz 1 Buchstabe c EStG bei Übertragung oder Umwandlung einer Rückdeckungsversicherung nicht anwendbar ist (R 3.65 Abs. 4 LStR). Hier fließt dem Arbeitnehmer im Zeitpunkt der Übertragung bzw. Umwandlung ein lohnsteuerpflichtiger geldwerter Vorteil zu, der grundsätzlich dem geschäftsplanmäßigen Deckungskapital zuzüglich der bis zu diesem Zeitpunkt zugeteilten Überschussbeteiligung der Versicherung entspricht.

2. Betriebliche Altersversorgung und Insolvenzsicherung

Durch das Gesetz zur Verbesserung der betrieblichen Altersversorgung wurde zur Absicherung von Versorgungszusagen auf Leistungen aus der betrieblichen Altersversorgung für den Fall der Zahlungsunfähigkeit des Arbeitgebers eine sog. Insolvenzsicherung eingeführt (zu den verschiedenen Formen der betrieblichen Altersversorgung vgl. das Stichwort „Zukunftsicherung"). Träger der Insolvenzsicherung ist ein privatrechtlicher Versicherungsverein auf Gegenseitigkeit, der im Falle der Insolvenz des Arbeitgebers die Ansprüche, die sich aus unmittelbaren Versorgungszusagen des Arbeitgebers ergeben, zu erfüllen hat (Pensions-Sicherungs-Verein, 50969 Köln, Berlin-Kölnische-Allee 2–4 oder 50963 Köln). Die Mittel für die Durchführung der Insolvenzsicherung werden aufgrund öffentlich-rechtlicher Verpflichtung durch Beiträge der Arbeitgeber aufgebracht, die die Versorgung ihrer Mitarbeiter nicht über Pensionskassen oder Direktversicherungen durchgeführt haben. Der Arbeitgeber hat dem Verein das Bestehen einer betrieblichen Altersversorgung innerhalb von drei Monaten nach der Versorgungszusage mitzuteilen. Die Beiträge an den Träger der Insolvenzsicherung gehören als Ausgaben des Arbeitgebers für die Zukunftsicherung des Arbeitnehmers, die aufgrund gesetzlicher Verpflichtung geleistet werden, zu den steuerfreien Einnahmen des Arbeitnehmers im Sinne des § 3 Nr. 62 EStG. Beim Arbeitgeber gehören sie zu den abziehbaren Betriebsausgaben. — nein / nein

Durch die Insolvenzsicherung der betrieblichen Altersversorgung werden nicht neue und auch keine höheren Ansprüche geschaffen, sondern nur bereits vorhandene Ansprüche gegen Insolvenzen geschützt. Die in Insolvenzfällen zu erbringenden Versorgungsleistungen des Trägers der Insolvenzsicherung behalten daher grundsätzlich ihren ursprünglichen steuerlichen Charakter, so als wäre der Insolvenzfall nicht eingetreten. Das bedeutet z. B., dass Versorgungsleistungen an einen Arbeitnehmer, die auf einer Pensionszusage beruhen oder die über eine Unterstützungskasse hätten durchgeführt werden sollen, auch nach Eintritt des Insolvenzfalles und Übernahme der Leistungen durch den Träger der Insolvenzsicherung zu den Einnahmen aus nichtselbständiger Arbeit gehören, die dem Lohnsteuerabzug unterliegen. Der Lohnsteuerabzug ist von dem Versicherungsunternehmen durchzuführen, das die Versorgungsleistungen auszahlt. — ja / nein*)

---

*) Wegen der Krankenversicherungspflicht von Versorgungsbezügen vgl. die Erläuterungen in Teil B Nr. 12 auf Seite 18.

Insolvenzsicherung

	Lohn-steuer-pflichtig	Sozial-versich.-pflichtig

Der Träger der Insolvenzsicherung kann auch Beiträge zugunsten eines Versorgungsberechtigten an eine Pensionskasse oder ein Lebensversicherungsunternehmen zur Ablösung seiner Verpflichtungen im Versorgungsfall erbringen. Diese Beiträge sind nach § 3 Nr. 65 Satz 1 Buchstabe a EStG steuerfrei. Da die Leistungen der Pensionskasse oder des Lebensversicherungsunternehmens nur als Leibrente zu erfassen wären, ordnet § 3 Nr. 65 Satz 2 EStG an, dass diese Leistungen zu den Einkünften gehören, zu denen die Versorgungsleistungen gehören würden, die ohne Eintritt des Versicherungsfalls zu erbringen wären. Als Einkünfte aus nichtselbständiger Arbeit sind deshalb nur die Leistungen zu behandeln, die ohne Eintritt des Insolvenzfalles aus einer Unterstützungskasse oder aufgrund einer Pensionszusage gezahlt worden wären. Soweit dies der Fall ist, hat die Pensionskasse oder das Versicherungsunternehmen von diesen Leistungen Lohnsteuer einzubehalten. Die Pensionskasse oder das Lebensversicherungsunternehmen gelten insoweit als Arbeitgeber und der Leistungsempfänger als Arbeitnehmer (§ 3 Nr. 65 Sätze 3 und 4 EStG).

Die Steuerfreiheit gilt auch für die Übertragung von Direktzusagen oder für Zusagen, die von einer Unterstützungskasse erbracht werden sollen, wenn die Betriebstätigkeit eingestellt und das Unternehmen liquidiert wird, nicht jedoch, wenn der Betrieb veräußert und vom Erwerber fortgeführt wird (§ 3 Nr. 65 Satz 1 Buchstabe b EStG, R 3.65 Abs. 1 LStR). Auch in diesem Fall gehören die späteren Versorgungsleistungen regelmäßig zu den Einkünften aus nichtselbständiger Arbeit, die Pensionskasse bzw. das Lebensversicherungsunternehmen gelten als Arbeitgeber – der zum Lohnsteuerabzug verpflichtet ist – und der Leistungsempfänger gilt als Arbeitnehmer (§ 3 Nr. 65 Sätze 2 bis 4 EStG). Die vorstehenden Grundsätze gelten auch dann, wenn es sich um Versorgungszusagen an beherrschende Gesellschafter-Geschäftsführer handelt (R 3.65 Abs. 1 Satz 3 LStR).

3. Verlust eines Bezugsrechts

Der Bundesfinanzhof hat bestätigt, dass der Verlust des durch eine Direktversicherung eingeräumten widerruflichen Bezugsrechts bei Insolvenz des Arbeitgebers keine lohnsteuerrechtlichen Folgen auslöst. Arbeitnehmer, die bei der Eröffnung des Insolvenzverfahrens eine unverfallbare Versorgungsanwartschaft haben, besitzen einen Anspruch gegen den Träger der Insolvenzsicherung, wenn die Anwartschaft auf einer Direktversicherung beruht und der Arbeitnehmer hinsichtlich der Leistungen des Versicherers widerruflich bezugsberechtigt ist. Auf diese Weise bleibt im Ergebnis der Versicherungsschutz für die von der Insolvenz betroffenen Arbeitnehmer erhalten. Zwar werden aufgrund des Widerrufs der Bezugsrechte durch den Insolvenzverwalter die Deckungsmittel aus der Versicherung zur Masse gezogen und gehen den Arbeitnehmern insofern verloren. Dieser Verlust wird jedoch durch gewährleisteten gesetzlichen Insolvenzschutz kompensiert. Der Anspruch gegen den Pensions-Sicherungs-Verein tritt an die Stelle des ursprünglichen Versorgungsanspruchs. Da sich der Umfang der gesicherten Leistungsanwartschaften prinzipiell nach der Versorgungszusage des Arbeitgebers richtet, ist wirtschaftlich kein Verlust der Versorgungsanwartschaften gegeben. Im Hinblick darauf sind auch die als Arbeitslohn versteuerten Versicherungsbeiträge nicht verloren, so dass für die Annahme einer Arbeitslohnrückzahlung kein Raum ist (BFH-Urteil vom 5.7.2007, BStBl. II S. 774).

Bezüglich des Insolvenzschutzes des Wertguthabens auf einem Zeitwertkonto vgl. die Erläuterungen beim Stichwort „Arbeitszeitkonten" unter Nr. 9 Buchstabe f).

Jahresarbeitsentgeltgrenze

Instrumentengeld

	Lohn-steuer-pflichtig	Sozial-versich.-pflichtig
Hierunter versteht man Zuschüsse des Arbeitgebers an Musiker zur Abgeltung der Abnutzung und der Instandhaltungskosten eigener Musikinstrumente der Arbeitnehmer. Das Instrumentengeld ist nach Auffassung der Finanzverwaltung*) kein steuer- und beitragsfreies Werkzeuggeld, da Musikinstrumente keine Werkzeuge sind (BFH-Urteil vom 21.8.1995, BStBl. II S. 906).		
Ein Instrumentengeld kann jedoch nach dem BFH-Urteil vom 28.3.2006 (BStBl. II S. 473) als **Auslagenersatz** steuerfrei sein, wenn es für die Kosten der Instandsetzung der dem Arbeitnehmer gehörenden Musikinstrumente gezahlt wird und **tarifvertraglich** vereinbart worden ist.	nein	nein
Wird das Instrumentengeld aufgrund einer Betriebsvereinbarung oder aufgrund einer individuellen arbeitsvertraglichen Vereinbarung gezahlt liegt kein steuerfreier Auslagenersatz vor.	ja	ja

Siehe auch die Stichworte: Auslagenersatz, Blattgeld, Rohrgeld, Saitengeld.

Internet

Steht dem Arbeitnehmer am Arbeitsplatz ein Internetanschluss zur Verfügung, stellt eine kostenlose Nutzung dieses Anschlusses zu privaten Zwecken keinen geldwerten Vorteil dar (§ 3 Nr. 45 EStG). Auf die ausführlichen Erläuterungen beim Stichwort „Computer" wird Bezug genommen.   nein nein

Jagdaufwandsentschädigung

Siehe die Stichworte: Forstleute, Hundegeld, Motorsägegeld.

Jahresarbeitsentgeltgrenze

Gliederung:

1. Allgemeines
2. Regelmäßiges Jahresarbeitsentgelt
3. Maßgebende Jahresarbeitsentgeltgrenze
4. Feststellung des regelmäßigen Jahresarbeitsentgelts
   a) Beurteilung der Versicherungsfreiheit bei Aufnahme einer Beschäftigung
   b) Beurteilung der Versicherungsfreiheit bei Entgelterhöhung oder Hinzutritt einer weiteren Beschäftigung
   c) Beurteilung der Versicherungsfreiheit bei Aufnahme einer Beschäftigung mit Vorbeschäftigungszeiten
   d) Unterjährige Beschäftigungsaufnahme
   e) Vorbeschäftigung als Beamter oder sonstige versicherungsfreie Person
   f) Unterbrechungen der Beschäftigung im Drei-Kalenderjahres-Zeitraum
   g) Bezug von Erziehungsgeld oder Elterngeld, Inanspruchnahme der Elternzeit, Wehr- oder Zivildienst, Entwicklungsdienst
5. Befreiungstatbestände
6. Nachweis des regelmäßigen Jahresarbeitsentgelts für vergangene Kalenderjahre
7. Unterschreiten der Jahresarbeitsentgeltgrenze
8. Besitzstandsregelung

---

*) Bundeseinheitliche Regelung; für Bayern bekannt gemacht mit Schreiben des Bayer. Staatsministeriums der Finanzen vom 22.3.1991 Az.: 32 – S 2355 – 26/2 – 5320. Das Schreiben ist als Anlage 1 zu H 3.30 LStR im **Steuerhandbuch für das Lohnbüro 2010** abgedruckt, das im selben Verlag erschienen ist. Das **PC-Lexikon** für das Lohnbüro 2010 enthält auch dieses Handbuch und hat außerdem den Vorteil, dass Sie **alle BFH-Urteile** sowie die aktuellen Rundschreiben und Niederschriften der Spitzenverbände der **Sozialversicherung** mit Mausklick **im Volltext** abrufen und ausdrucken können. Eine Bestellkarte finden Sie vorne im Lexikon.

Jahresarbeitsentgeltgrenze

1. Allgemeines

Vor der durch das GKV-Wettbewerbsstärkungsgesetz geänderten Rechtslage waren Arbeitnehmer, die eine Beschäftigung mit einem regelmäßigen Jahresarbeitsentgelt über der Jahresarbeitsentgeltgrenze aufnahmen, von Beginn der Beschäftigung an versicherungsfrei; ob das Arbeitsentgelt aus der Beschäftigung die maßgebende Jahresarbeitsentgeltgrenze überschritt, musste in einer vorausschauenden Betrachtungsweise beurteilt werden. Bestand für den Arbeitnehmer hingegen zunächst Versicherungspflicht, weil die Jahresarbeitsentgeltgrenze nicht überschritten wurde, endete diese – im Falle der Entgelterhöhung – mit Ablauf des Kalenderjahres des Überschreitens, vorausgesetzt, dass das regelmäßige Jahresarbeitsentgelt auch die vom Beginn des nächsten Kalenderjahres an geltende Jahresarbeitsentgeltgrenze überstieg. Bei rückwirkender Erhöhung des Arbeitsentgelts endete die Krankenversicherungspflicht mit Ablauf des Kalenderjahres, in dem der Anspruch auf das erhöhte Arbeitsentgelt entstanden war.

Nach der durch das GKV-Wettbewerbsstärkungsgesetz vom 26.3.2006 (BGBl. I S. 378) geänderten Regelung des § 6 Abs. 1 Nr. 1 und Abs. 4 SGB V sind Arbeitnehmer erst dann versicherungsfrei, wenn ihr regelmäßiges Jahresarbeitsentgelt die Jahresarbeitsentgeltgrenze übersteigt und in drei aufeinanderfolgenden Kalenderjahren überstiegen hat. Die Änderung bewirkt, dass Arbeitnehmer bei Aufnahme einer mehr als geringfügigen Beschäftigung zunächst – unabhängig von der Höhe ihres regelmäßigen Jahresarbeitsentgelts – grundsätzlich versicherungspflichtig sind, es sei denn, die Versicherungspflicht in der gesetzlichen Krankenversicherung ist aus anderen Gründen ausgeschlossen. Ein Ausscheiden aus der Versicherungspflicht aufgrund der Höhe des Jahresarbeitsentgelts kommt frühestens nach dreimaligem aufeinanderfolgenden Überschreiten der Jahresarbeitsentgeltgrenze in Betracht. Bei einem Überschreiten der Jahresarbeitsentgeltgrenze durch Entgelterhöhung im Laufe eines Beschäftigungsverhältnisses wird das früheste Ausscheiden aus der Versicherungspflicht bis zum Ablauf des dritten Kalenderjahres des Überschreitens hinausgeschoben. In den beiden genannten Fallgruppen wird für das Ausscheiden aus der Versicherungspflicht zum Ende des (dritten) Kalenderjahres ferner verlangt, dass das regelmäßige Jahresarbeitsentgelt die vom Beginn des nächsten Kalenderjahres an geltende Jahresarbeitsentgeltgrenze ebenfalls übersteigt. Versicherungsfreiheit besteht bei Aufnahme einer Beschäftigung aufgrund der Höhe des Jahresarbeitsentgelts allerdings dann, wenn sowohl das regelmäßige Jahresarbeitsentgelt aus der zu beurteilenden Beschäftigung die (aktuelle) Jahresarbeitsentgeltgrenze übersteigt als auch das regelmäßige tatsächliche Jahresarbeitsentgelt in dem der Beschäftigung vorangegangenen Zeitraum von drei aufeinanderfolgenden Kalenderjahren die jeweilige Jahresarbeitsentgeltgrenze überstiegen hat. Die allein in Folge der vorliegenden gesetzlichen Neuregelung zur Versicherungsfreiheit bei Überschreiten der Jahresarbeitsentgeltgrenze für den Arbeitnehmer eintretende Versicherungspflicht berechtigt nicht zur Befreiung von der Versicherungspflicht nach § 8 Abs. 1 Nr. 1 SGB V. Arbeitnehmer, die aufgrund der Höhe ihres regelmäßigen Jahresarbeitsentgelts in der Krankenversicherung versicherungsfrei sind, sind nicht versicherungspflichtig in der sozialen Pflegeversicherung, es sei denn, es besteht eine freiwillige Krankenversicherung. Das Versicherungsrecht der Pflegeversicherung folgt insoweit dem der Krankenversicherung (§ 1 Abs. 2 Satz 1 SGB XI).

2. Regelmäßiges Jahresarbeitsentgelt

Maßgebend für die Beurteilung der Versicherungsfreiheit von Arbeitnehmern nach § 6 Abs. 1 Nr. 1 SGB V ist nach wie vor das regelmäßige Jahresarbeitsentgelt. Zum regelmäßigen Jahresarbeitsentgelt gehören neben dem laufend gezahlten Arbeitsentgelt aus der Beschäftigung des Arbeitnehmers, dessen Versicherungspflicht oder Versicherungsfreiheit festzustellen ist, auch einmalig gezahlte Bezüge, die mit an Sicherheit grenzender Wahrscheinlichkeit mindestens einmal jährlich gezahlt werden. Ferner sind Vergütungen für vertraglich vorgesehenen Bereitschaftsdienst in die Berechnung des regelmäßigen Jahresarbeitsentgelts mit einzubeziehen. Vergütungen für Überstunden gehören dagegen zu den unregelmäßigen Arbeitsentgeltbestandteilen und sind daher bei der Berechnung des regelmäßigen Jahresarbeitsentgelts außer Betracht zu lassen; etwas anderes gilt lediglich für feste Pauschbeträge, die als Abgeltung für Überstunden regelmäßig zum laufenden Arbeitsentgelt gezahlt werden. Zuschläge, die mit Rücksicht auf den Familienstand gezahlt werden, bleiben bei der Berechnung des regelmäßigen Jahresarbeitsentgelts außer Betracht. Übt ein Arbeitnehmer nebeneinander mehrere Beschäftigungen aus, dann sind für die Feststellung des regelmäßigen Jahresarbeitsentgelts die Arbeitsentgelte aus allen Beschäftigungen zusammenzurechnen. Eine Zusammenrechnung der regelmäßigen Arbeitsentgelte findet ebenfalls statt, wenn neben einer nicht geringfügigen (für sich betrachtet) versicherungspflichtigen Beschäftigung Arbeitsentgelt aus einer bei einem anderen Arbeitgeber ausgeübten zweiten oder weiteren (für sich betrachtet) geringfügig entlohnten Beschäftigung erzielt wird.

3. Maßgebende Jahresarbeitsentgeltgrenze

Durch das Beitragssatzsicherungsgesetz vom 23.12.2002 (BGBl. I S. 4637) ist die Jahresarbeitsentgeltgrenze mit Wirkung vom 1.1.2003 formal von der Beitragsbemessungsgrenze der Rentenversicherung abgekoppelt worden. Seitdem ist in § 6 Abs. 6 SGB V eine „allgemeine" Jahresarbeitsentgeltgrenze und daneben in § 6 Abs. 7 SGB V eine „besondere" Jahresarbeitsentgeltgrenze normiert. Die besondere Jahresarbeitsentgeltgrenze gilt für Arbeitnehmer, die am 31.12.2002 wegen Überschreitens der an diesem Tag geltenden Jahresarbeitsentgeltgrenze versicherungsfrei und bei einem privaten Krankenversicherungsunternehmen in einer substitutiven Krankenversicherung versichert waren. An der Fortgeltung dieser Differenzierung und an der Fortschreibung der für das jeweilige Kalenderjahr maßgebenden Jahresarbeitsentgeltgrenzen ändert sich durch die Neuregelung des GKV-Wettbewerbsstärkungsgesetz nichts.

Übersicht

Höhe der Jahresarbeitsentgeltgrenzen nach § 6 Abs. 6 und 7 SGB V seit 2004

	„allgemeine" Jahresarbeitsgeltgrenze (§ 6 Abs. 6 SGB V)	„besondere" Jahresarbeitsententgeltgrenze (§ 6 Abs. 7 SGB V)
2004	46 350 €	41 850 €
2005	46 800 €	42 300 €
2006	47 250 €	42 750 €
2007	47 700 €	42 750 €
2008	48 150 €	43 200 €
2009	48 600 €	44 100 €
2010	49 950 €	45 000 €

4. Feststellung des regelmäßigen Jahresarbeitsentgelts

Die Regelung des § 6 Abs. 1 Nr. 1 SGB V verlangt hinsichtlich der Feststellung des regelmäßigen Jahresarbeitsentgelts **nicht mehr allein eine vorausschauende Betrachtung** auf der Grundlage der gegenwärtigen und bei normalem Verlauf für ein Zeitjahr zu erwartenden Einkommensverhältnisse, sondern zusätzlich eine rück-

Jahresarbeitsentgeltgrenze

schauende Bewertung. Für die Feststellung, ob das regelmäßige Jahresarbeitsentgelt die Jahresarbeitsentgeltgrenze in drei aufeinanderfolgenden Kalenderjahren überstiegen hat, sind die in der **Vergangenheit liegenden tatsächlichen Verhältnisse** maßgebend. Lag das regelmäßige Jahresarbeitsentgelt in drei aufeinanderfolgenden Kalenderjahren oberhalb der Jahresarbeitsentgeltgrenze, wird sowohl für das Ausscheiden aus der Versicherungspflicht zum Ende des dritten Kalenderjahres als auch für den Eintritt der Versicherungsfreiheit bei Aufnahme einer (neuen) Beschäftigung verlangt, dass das regelmäßige Jahresarbeitsentgelt die vom Beginn des nächsten Kalenderjahres an geltende Jahresarbeitsentgeltgrenze – bzw. im Falle der Aufnahme einer (neuen) Beschäftigung die aktuell geltende Jahresarbeitsentgeltgrenze – ebenfalls übersteigt. Für diese Feststellung ist das regelmäßige Jahresarbeitsentgelt weiterhin in vorausschauender Betrachtungsweise nach den mit hinreichender Wahrscheinlichkeit zu erwartenden Einnahmen zu bestimmen. Im Rahmen der vorausschauenden Betrachtung ist auf das Zeitjahr abzustellen.

a) Beurteilung der Versicherungsfreiheit bei Aufnahme einer Beschäftigung

Arbeitnehmer, die **erstmalig eine Beschäftigung aufnehmen** oder in einem der der Beschäftigungsaufnahme vorangegangenen drei Kalenderjahre nicht beschäftigt waren, sind zunächst unabhängig von der Höhe ihres regelmäßigen Jahresarbeitsentgelts versicherungspflichtig, es sei denn, die Versicherungspflicht in der gesetzlichen Krankenversicherung ist aufgrund besonderer Vorschriften ausgeschlossen (z. B. nach § 7 SGB V bei geringfügiger Beschäftigung oder nach § 6 Abs. 3a SGB V für über 55-jährige Personen ohne ausreichende „GKV-Vorversicherung"). Eine Feststellung des regelmäßigen Jahresarbeitsentgelts ist bei Aufnahme der Beschäftigung daher in diesen Fällen nicht erforderlich. Ein Ausscheiden aus der Versicherungspflicht aufgrund der Höhe des Jahresarbeitsentgelts kommt frühestens nach dreimaligem aufeinanderfolgenden Überschreiten der Jahresarbeitsentgeltgrenze in Betracht, vorausgesetzt, dass das regelmäßige Jahresarbeitsentgelt auch die vom Beginn des nächsten Kalenderjahres an geltende Jahresarbeitsentgeltgrenze übersteigt (§ 6 Abs. 4 Satz 2 SGB V). Rückwirkende Erhöhungen des Arbeitsentgelts werden dem Kalenderjahr zugerechnet, in dem der Anspruch auf das erhöhte Arbeitsentgelt entstanden ist (§ 6 Abs. 4 Satz 3 SGB V).

Beispiel A

Aufnahme einer Beschäftigung nach mehrjähriger Unterbrechung der Berufstätigkeit am 1.1.2010

Es besteht vom 1.1.2010 an Versicherungspflicht. Ein Ausscheiden aus der Versicherungspflicht kommt frühestens zum 31.12.2012 in Betracht, wenn das tatsächliche regelmäßige Jahresarbeitsentgelt in den Jahren 2010, 2011 und 2012 die jeweilige Jahresarbeitsentgeltgrenze überstiegen hat; für das Ausscheiden aus der Versicherungspflicht zum 31.12.2012 wird ferner verlangt, dass das regelmäßige Jahresarbeitsentgelt — bei zu diesem Zeitpunkt vorausschauender Betrachtungsweise — die für 2013 geltende Jahresarbeitsentgeltgrenze ebenfalls übersteigt.

Wird die Beschäftigung im Laufe eines Kalenderjahres aufgenommen, gilt dieses Jahr dann als erstes Jahr des Überschreitens der Jahresarbeitsentgeltgrenze, wenn das tatsächlich in diesem Jahr erzielte regelmäßige Jahresarbeitsentgelt die für dieses Jahr geltende Jahresarbeitsentgeltgrenze übersteigt.

Beispiel B

Aufnahme einer Beschäftigung nach mehrjähriger Zeit der Erwerbslosigkeit zum 1.7.2009

Es besteht vom 1.7.2009 an Versicherungspflicht. Ein Ausscheiden aus der Versicherungspflicht kommt frühestens

– zum 31.12.2011 in Betracht, wenn das tatsächliche regelmäßige Jahresarbeitsentgelt in den Jahren 2009, 2010 und 2011 die jeweilige Jahresarbeitsentgeltgrenze überstiegen hat; dabei muss das in der Zeit vom 1.7. bis zum 31.12.2009 tatsächlich erzielte regelmäßige Jahresarbeitsentgelt die volle Jahresarbeitsentgeltgrenze des Kalenderjahres 2009 überschritten haben. Für das Ausscheiden aus der Versicherungspflicht zum 31.12.2011 wird ferner verlangt, dass das regelmäßige Jahresarbeitsentgelt – bei zu diesem Zeitpunkt vorausschauender Betrachtungsweise – die für 2012 geltende Jahresarbeitsentgeltgrenze ebenfalls übersteigt,

– zum 31.12.2012 in Betracht, wenn das tatsächliche regelmäßige Jahresarbeitsentgelt zwar nicht im Jahr 2009, aber in den Jahren 2010, 2011 und 2012 die jeweilige Jahresarbeitsentgeltgrenze überstiegen hat; für das Ausscheiden aus der Versicherungspflicht zum 31.12.2012 wird ferner verlangt, dass das regelmäßige Jahresarbeitsentgelt – bei zu diesem Zeitpunkt vorausschauender Betrachtungsweise – die für 2013 geltende Jahresarbeitsentgeltgrenze ebenfalls übersteigt.

b) Beurteilung der Versicherungsfreiheit bei Entgelterhöhung oder Hinzutritt einer weiteren Beschäftigung

Für die Beurteilung der Versicherungsfreiheit bei Entgelterhöhung im Laufe eines Beschäftigungsverhältnisses gelten die oben gemachten Aussagen sinngemäß. Wird das Arbeitsentgelt im Laufe eines Kalenderjahres erhöht, gilt dieses Jahr dann als erstes Kalenderjahr des Überschreitens der Jahresarbeitsentgeltgrenze, wenn hierdurch das tatsächlich in diesem Jahr erzielte regelmäßige Jahresarbeitsentgelt die für dieses Jahr geltende Jahresarbeitsentgeltgrenze übersteigt. Entsprechendes gilt, wenn eine weitere Beschäftigung (entweder die zweite oder jede weitere geringfügige Beschäftigung oder jede mehr als geringfügige Beschäftigung) aufgenommen wird.

Beispiel

Entgelterhöhung im laufenden Beschäftigungsverhältnis zum 1.9.2009

Es besteht über den 31.8.2009 hinaus Versicherungspflicht. Ein Ausscheiden aus der Versicherungspflicht kommt frühestens

– zum 31.12.2011 in Betracht, wenn das tatsächliche regelmäßige Jahresarbeitsentgelt in den Jahren 2009, 2010 und 2011 die jeweilige Jahresarbeitsentgeltgrenze überstiegen hat; dabei muss das in der Zeit vom 1.1. bis zum 31.8.2009 zusammen mit dem in der Zeit vom 1.9. bis zum 31.12.2009 tatsächlich erzielte regelmäßige Jahresarbeitsentgelt die volle Jahresarbeitsentgeltgrenze des Kalenderjahres 2009 überschritten haben. Für das Ausscheiden aus der Versicherungspflicht zum 31.12.2011 wird ferner verlangt, dass das regelmäßige Jahresarbeitsentgelt – bei zu diesem Zeitpunkt vorausschauender Betrachtungsweise – die für 2012 geltende Jahresarbeitsentgeltgrenze ebenfalls übersteigt,

– zum 31.12.2012 in Betracht, wenn das tatsächliche regelmäßige Jahresarbeitsentgelt zwar nicht im Jahr 2009, aber in den Jahren 2010, 2011 und 2012 die jeweilige Jahresarbeitsentgeltgrenze überstiegen hat; für das Ausscheiden aus der Versicherungspflicht zum 31.12.2012 wird ferner verlangt, dass das regelmäßige Jahresarbeitsentgelt – bei zu diesem Zeitpunkt vorausschauender Betrachtungsweise – die für 2013 geltende Jahresarbeitsentgeltgrenze ebenfalls übersteigt.

c) Beurteilung der Versicherungsfreiheit bei Aufnahme einer Beschäftigung mit Vorbeschäftigungszeiten

Versicherungsfreiheit nach § 6 Abs. 1 Nr. 1 SGB V besteht bei Aufnahme einer Beschäftigung aufgrund der Höhe des Jahresarbeitsentgelts von Beginn an, wenn in dem der Beschäftigung vorangegangenen Zeitraum das tatsächliche regelmäßige Jahresarbeitsentgelt in drei aufeinanderfolgenden Kalenderjahren die Jahresarbeitsentgeltgrenze überstiegen hat. Dabei bezieht sich die vergangenheitsbezogene Betrachtung der tatsächlichen regelmäßigen Jahresarbeitsentgelte auf die dem zu beurteilenden Beschäftigungsverhältnis vorangegangenen Beschäftigungen. Ein Überschreiten der Jahresarbeitsentgeltgrenze in einem von drei aufeinanderfolgenden Kalenderjahren liegt vor, wenn das **tatsächlich** im Kalenderjahr erzielte regelmäßige Jahresarbeitsentgelt die Jahresarbeitsentgeltgrenze überstiegen hat. Die Versicherungsfreiheit erfordert ferner, dass das in vorausschauender Betrachtungsweise für ein Zeitjahr zu ermittelnde regelmäßige Jahresarbeitsentgelt aus der zu beurteilenden Beschäftigung die (aktuelle) Jahresarbeitsentgeltgrenze übersteigt.

Jahresarbeitsentgeltgrenze

	Lohn-steuer-pflichtig	Sozial-versich.-pflichtig

Beispiel

Aufnahme einer Beschäftigung am 1.1.2010 nach vorangegangenem Arbeitgeberwechsel (bis zum 31.12.2009 bestand Versicherungsfreiheit nach § 6 Abs. 1 Nr. 1 SGB V). Das regelmäßige Jahresarbeitsentgelt liegt bei vorausschauender Betrachtung über der Jahresarbeitsentgeltgrenze 2010. Das tatsächliche regelmäßige Jahresarbeitsentgelt hat in den der Beschäftigung vorangegangenen drei Kalenderjahren (2007, 2008 und 2009) die jeweilige Jahresarbeitsentgeltgrenze überstiegen.

Es besteht bei Aufnahme der Beschäftigung am 1.1.2010 Versicherungsfreiheit, da das regelmäßige Jahresarbeitsentgelt unter Zugrundelegung des aus der zu beurteilenden Beschäftigung erzielten Arbeitsentgelts die aktuelle Jahresarbeitsentgeltgrenze übersteigt und das tatsächliche regelmäßige Jahresarbeitsentgelt in den Jahren 2007, 2008 und 2009 die jeweilige Jahresarbeitsentgeltgrenze überstiegen hat.

Der Begriff des regelmäßigen Jahresarbeitsentgelts ist im Übrigen gebietsneutral zu verstehen. Das bedeutet, dass ein Überschreiten der Jahresarbeitsentgeltgrenze auch dann erfüllt werden kann, wenn die Beschäftigung, mit der das regelmäßige Jahresarbeitsentgelt erzielt wurde, im Ausland ausgeübt wurde. Für die Feststellung des im Ausland erzielten Jahresarbeitsentgelts kann aus Vereinfachungsgründen auf das tatsächlich erzielte Arbeitsentgelt eines Jahres abgestellt werden, wenn sich unregelmäßige Bezügebestandteile oder mit Rücksicht auf den Familienstand gezahlte Bezüge nicht oder nur mit unverhältnismäßig hohem Aufwand feststellen lassen.

d) Unterjährige Beschäftigungsaufnahme

Wird die Beschäftigung im Laufe eines Kalenderjahres aufgenommen und geht dieser Beschäftigung eine Beschäftigung im gleichen Kalenderjahr voran, ist auch das regelmäßige Jahresarbeitsentgelt aus der vorangegangenen Beschäftigung bei der vom 1.1. des Folgejahres an vorzunehmenden Beurteilung der Voraussetzungen der Versicherungsfreiheit zu berücksichtigen, und zwar unabhängig davon, ob der Arbeitnehmer in dieser Zeit der vorangegangenen Beschäftigung versicherungsfrei oder versicherungspflichtig war.

Beispiel

Aufnahme einer Beschäftigung am 1.7.2009 nach vorangegangenem Arbeitgeberwechsel (bis zum 30.6.2009 bestand Versicherungspflicht). Das regelmäßige Jahresarbeitsentgelt liegt bei vorausschauender Betrachtung über der Jahresarbeitsentgeltgrenze 2009. Das tatsächliche regelmäßige Jahresarbeitsentgelt hat in den der Beschäftigung vorangegangenen drei Kalenderjahren (2008, 2007 und 2006) die jeweilige Jahresarbeitsentgeltgrenze nicht überstiegen.

Es besteht bei Aufnahme der Beschäftigung am 1.7.2009 Versicherungspflicht, da das tatsächliche regelmäßige Jahresarbeitsentgelt in den Jahren 2006, 2007 und 2008 die jeweilige Jahresarbeitsentgeltgrenze nicht überstiegen hat.

Für die am 1.1.2010 (erneut) vorzunehmende Prüfung, ob die Jahresarbeitsentgeltgrenze in drei aufeinanderfolgenden Kalenderjahren überschritten wurde, ist für das (dann: dritte) Kalenderjahr 2009 das in der Zeit vom 1.1. bis zum 30.6.2009 aus der vorangegangenen Beschäftigung sowie das in der Zeit vom 1.7. bis zum 31.12.2009 aus der aktuellen Beschäftigung tatsächlich erzielte regelmäßige Jahresarbeitsentgelt anzusetzen.

e) Vorbeschäftigung als Beamter oder sonstige versicherungsfreie Person

Die Voraussetzung des Überschreitens der Jahresarbeitsentgeltgrenze in drei aufeinanderfolgenden Kalenderjahren ist auch dann erfüllt, wenn der Arbeitnehmer in dieser Zeit als Beamter, Richter, Soldat oder sonstige Person beschäftigt war, sofern das tatsächliche regelmäßige Jahresarbeitsentgelt in diesen drei Kalenderjahren die Jahresarbeitsentgeltgrenze überstiegen hat. Dabei ist für am 31.12.2002 privat krankenversicherte Beamte auf die allgemeine Jahresarbeitsentgeltgrenze des § 6 Abs. 6 SGB V abzustellen. Eine beihilfekonforme (Restkosten-)Versicherung stellt keine substitutive Krankenversicherung dar, die eine Berücksichtigung der besonderen Jahresarbeitsentgeltgrenze zuließe.

Beispiel

Aufnahme einer Beschäftigung am 1.7.2009 nach vorangegangenem Ausscheiden aus einem langjährigen Beamtenverhältnis im höheren Dienst. Das regelmäßige Jahresarbeitsentgelt liegt bei vorausschauender Betrachtung über der Jahresarbeitsentgeltgrenze 2009. Das tatsächliche regelmäßige Jahresarbeitsentgelt (hier: aus der Beamtenbeschäftigung) hat in den der Beschäftigung vorangegangenen drei Kalenderjahren (2008, 2007 und 2006) die jeweilige Jahresarbeitsentgeltgrenze überstiegen.

Es besteht bei Aufnahme der Beschäftigung am 1.7.2009 Versicherungsfreiheit, da das regelmäßige Jahresarbeitsentgelt unter Zugrundelegung des aus der zu beurteilenden Beschäftigung erzielten Arbeitsentgelts die aktuelle Jahresarbeitsentgeltgrenze übersteigt und das tatsächliche regelmäßige Jahresarbeitsentgelt in den Jahren 2006, 2007 und 2008 die jeweilige Jahresarbeitsentgeltgrenze überstiegen hat. Der Versicherungsfreiheit steht nicht entgegen, dass in den Jahren 2006, 2007 und 2008 Versicherungsfreiheit (auch) aufgrund der Zugehörigkeit zu dem in § 6 Abs. 1 Nr. 2 SGB V genannten Personenkreis (hier: Beamter) bestand.

f) Unterbrechungen der Beschäftigung im Drei-Kalenderjahres-Zeitraum

Ist innerhalb des der Beschäftigung vorangegangenen Zeitraums von drei aufeinanderfolgenden Kalenderjahren – bei fortbestehendem Beschäftigungsverhältnis – die Zahlung von Arbeitsentgelt unterbrochen worden, für die Prüfung der Frage, ob das tatsächliche regelmäßige Jahresarbeitsentgelt die Jahresarbeitsentgeltgrenze überstiegen hat, für die Zeit der Unterbrechung ein (fiktives) regelmäßiges Arbeitsentgelt in der Höhe anzusetzen, in der es ohne die Unterbrechung erzielt worden wäre. Während der Zeit der Unterbrechung eintretende Änderungen des Arbeitsentgeltanspruchs sind zu berücksichtigen. Als Unterbrechungstatbestände im vorstehenden Sinne sind zu berücksichtigen:

– Zeiten der Arbeitsunfähigkeit nach Ablauf der Entgeltfortzahlung (unabhängig davon, ob Krankengeld oder Krankentagegeld gezahlt wird),
– Zeiten des Bezugs von Verletztengeld, Übergangsgeld oder Versorgungskrankengeld,
– Zeiten des Bezugs von Mutterschaftsgeld,
– Zeiten des Bezugs von Kurzarbeitergeld mit Ausnahme des Transferkurzarbeitergeldes nach § 216b SGB III,
– Zeiten, in denen das Beschäftigungsverhältnis ohne Entgeltzahlung für längstens einen Monat im Sinne des § 7 Abs. 3 Satz 1 SGB IV als fortbestehend gilt,
– Zeiten, in denen sich der Arbeitnehmer rechtmäßig im Arbeitskampf befand,
– Zeiten der Teilnahme an einer Eignungsübung.

Beispiel A

Aufnahme einer Beschäftigung am 1.7.2009 nach vorangegangenem Arbeitgeberwechsel (bis zum 30.6.2009 bestand Versicherungsfreiheit nach § 6 Abs. 1 Nr. 1 SGB V). Das regelmäßige Jahresarbeitsentgelt liegt bei vorausschauender Betrachtung über der Jahresarbeitsentgeltgrenze 2007. Das tatsächliche regelmäßige Jahresarbeitsentgelt hat in den der Beschäftigung vorangegangenen Kalenderjahren 2008 und 2007 die jeweilige Jahresarbeitsentgeltgrenze überstiegen. Im Jahr 2006 bestand in der Zeit vom 15.3. bis zum 23.5. Arbeitsunfähigkeit (Entgeltfortzahlung bis zum 25.4.).

Für die Prüfung, ob das tatsächliche regelmäßige Jahresarbeitsentgelt im Jahr 2006 die maßgebende Jahresarbeitsentgeltgrenze überstiegen hat, ist für die Zeit der Arbeitsunfähigkeit nach Ablauf der Entgeltfortzahlung (26.4. bis 23.5. = 28 Tage) ein Arbeitsentgelt in der Höhe anzusetzen, in der es ohne die Unterbrechung erzielt worden wäre.

Für sonstige Zeiten der Unterbrechung der Beschäftigung im Drei-Kalenderjahres-Zeitraum (z. B. beim unbezahlten Urlaub von Beginn des zweiten Monats an, oder für Zeiten ohne Beschäftigung (z. B. bei Ausübung einer selbständigen Tätigkeit oder bei Arbeitslosigkeit), sind fiktive Arbeitsentgelte nicht anzusetzen.

Beispiel B

Aufnahme einer Beschäftigung am 1.7.2009 (bis zum 30.6.2009 bestand eine Familienversicherung nach § 10 SGB V). Das regelmäßige Jahresarbeitsentgelt liegt bei vorausschauender Betrachtung über der Jahresarbeitsentgeltgrenze 2009. Das tatsächliche regelmäßige Jahresarbeitsentgelt hat in den der Beschäftigung vorangegangenen Kalenderjahren 2008 und 2007 die jeweilige Jahresarbeitsentgeltgrenze überstiegen. Im Jahr 2006 war der Arbeitnehmer in den Monaten Februar und März unbezahlt beurlaubt.

Jahresarbeitsentgeltgrenze

Für die Prüfung, ob das tatsächliche regelmäßige Jahresarbeitsentgelt im Jahr 2006 die maßgebende Jahresarbeitsentgeltgrenze überstiegen hat, ist für die Zeit des unbezahlten Urlaubs (Februar und März 2006) differenziert vorzugehen. Für den Monat Februar 2006 (das ist der Zeitraum, in dem das Beschäftigungsverhältnis im Sinne des § 7 Abs. 3 Satz 1 SGB IV als fortbestehend gilt) ist ein fiktives Arbeitsentgelt in der Höhe anzusetzen, in der es ohne die Unterbrechung erzielt worden wäre. Für den Monat März 2006 ist ein fiktives Arbeitsentgelt nicht anzusetzen. Die Voraussetzungen der Versicherungsfreiheit bei Aufnahme der Beschäftigung am 1.7.2006 sind daher nur dann erfüllt, wenn das im Kalenderjahr 2006 tatsächlich erzielte regelmäßige Jahresarbeitsentgelt einschließlich des für den Monat Februar in fiktiver Höhe anzusetzenden regelmäßigen Arbeitsentgelts die volle Jahresarbeitsentgeltgrenze überstiegen hat.

Beispiel C

Aufnahme einer Beschäftigung am 1.7.2009 (bis zum 30.6.2009 bestand eine Familienversicherung nach § 10 SGB V). Das regelmäßige Jahresarbeitsentgelt liegt bei vorausschauender Betrachtung über der Jahresarbeitsentgeltgrenze 2009. Das tatsächliche regelmäßige Jahresarbeitsentgelt hat in den der Beschäftigung vorangegangen Kalenderjahren 2008 und 2006 die jeweilige Jahresarbeitsentgeltgrenze überstiegen. Im Kalenderjahr 2007 bestand in den Monaten September und Oktober Versicherungspflicht aufgrund des Bezugs von Arbeitslosengeld. Im Anschluss daran wurde die bis zum 31.12.2008 fortdauernde Beschäftigung aufgenommen.

Für die Prüfung, ob das tatsächliche regelmäßige Jahresarbeitsentgelt im Jahr 2009 die maßgebende Jahresarbeitsentgeltgrenze überstiegen hat, ist für die Zeit des Bezugs von Arbeitslosengeld (September und Oktober 2007) ein fiktives Arbeitsentgelt nicht anzusetzen. Die Voraussetzungen der Versicherungsfreiheit bei Aufnahme der Beschäftigung am 1.7.2009 sind daher nur dann erfüllt, wenn das im Kalenderjahr 2007 tatsächlich erzielte regelmäßige Jahresarbeitsentgelt die volle Jahresarbeitsentgeltgrenze überstiegen hat.

g) Bezug von Erziehungsgeld oder Elterngeld, Inanspruchnahme der Elternzeit, Wehr- oder Zivildienst, Entwicklungsdienst

Für Zeiten des Bezugs von Erziehungsgeld oder Elterngeld oder der Inanspruchnahme von Elternzeit, für Zeiten, in denen als Entwicklungshelfer Entwicklungsdienst nach dem Entwicklungshelfergesetz geleistet worden ist, sowie im Falle des Wehr- oder Zivildienstes ist ein Überschreiten der Jahresarbeitsentgeltgrenze anzunehmen, wenn spätestens innerhalb eines Jahres nach diesen Zeiträumen eine Beschäftigung mit einem regelmäßigen Arbeitsentgelt oberhalb der Jahresarbeitsentgeltgrenze aufgenommen wird. Mit dieser Regelung wird bewirkt, dass sich weitere Unterbrechungstatbestände im Beschäftigungsverhältnis innerhalb des Drei-Kalenderjahres-Zeitraums nicht nachteilig auf die Versicherungsfreiheit auswirken. Anders als bei den oben genannten Unterbrechungstatbeständen wird in den hier genannten Fällen für die Zeit der Unterbrechung nicht ein fiktives Arbeitsentgelt angesetzt, sondern ein Überschreiten der Jahresarbeitsentgeltgrenze unterstellt. Dabei wird als einziges Erfordernis dieser Fiktion auf die Verhältnisse nach Beendigung des Unterbrechungstatbestandes abgestellt. Zeiten des Bezugs von Erziehungsgeld oder Elterngeld oder der Inanspruchnahme von Elternzeit sind dementsprechend ohne weitere Prüfung als Zeiten anzusehen, in denen das regelmäßige Jahresarbeitsentgelt die Jahresarbeitsentgeltgrenze überstiegen hat, wenn innerhalb eines Jahres (nicht Kalenderjahr) danach eine Beschäftigung mit einem regelmäßigen Arbeitsentgelt oberhalb der Jahresarbeitsentgeltgrenze aufgenommen wird. Gleiches gilt für Zeiten, in denen Entwicklungshilfe geleistet wird, sowie für Zeiten des Wehrdienstes (einschließlich Wehrübung) des Zivildienstes. Zur Anwendung der Regelung führt jede innerhalb des Jahreszeitraums aufgenommene Beschäftigung nach dem Unterbrechungszeitraum.

Beispiel

Wiederaufnahme der Beschäftigung am 1.7.2009 nach vorangegangener Inanspruchnahme der Elternzeit (1.7.2006 bis 30.6.2009). Das regelmäßige Jahresarbeitsentgelt liegt bei vorausschauender Betrachtung über der Jahresarbeitsentgeltgrenze 2009. Das tatsächliche regelmäßige Jahresarbeitsentgelt einschließlich des für die Zeit des Mutterschaftsgeldbezugs vor der Entbindung in fiktiver Höhe anzusetzenden regelmäßigen Arbeitsentgelts für die Zeit vom 1.1. bis 30.6.2006 hat die Jahresarbeitsentgeltgrenze für die Zeit vom 1.1. bis zum 30.6.2006 überstiegen.

Es besteht bei Wiederaufnahme der Beschäftigung am 1.7.2008 Versicherungsfreiheit, da das regelmäßige Jahresarbeitsentgelt unter Zugrundelegung des aus der zu beurteilenden Beschäftigung erzielten Arbeitsentgelts die aktuelle Jahresarbeitsentgeltgrenze übersteigt und das tatsächliche regelmäßige Jahresarbeitsentgelt einschließlich des für die Zeit des Mutterschaftsgeldbezugs vor der Entbindung in fiktiver Höhe anzusetzenden regelmäßigen Arbeitsentgelts die Jahresarbeitsentgeltgrenze für die Zeit vom 1.1. bis zum 30.6.2006 überstiegen hat. Für die Elternzeit ist ohne weitere Prüfung ein Überschreiten der Jahresarbeitsentgeltgrenze anzunehmen, weil innerhalb eines Jahres nach Beendigung der Elternzeit eine Beschäftigung mit einem regelmäßigen Arbeitsentgelt oberhalb der Jahresarbeitsentgeltgrenze aufgenommen wurde.

Wird während der Elternzeit eine zulässige (§ 1 Abs. 6 BEEG, § 2 BErzGG), mehr als geringfügige Beschäftigung ausgeübt, ist für diese Zeit der Beschäftigung innerhalb der Elternzeit das tatsächliche regelmäßige Arbeitsentgelt anzusetzen. Dies gilt nicht, wenn für diese Zeit eine Befreiung von der Versicherungspflicht nach § 8 Abs. 1 Nr. 2 SGB V ausgesprochen wurde.

5. Befreiungstatbestände

Für Zeiten der Befreiung von der Versicherungspflicht nach § 8 Abs. 1 Nr. 1a SGB V (Befreiung von der aufgrund des Bezugs von Arbeitslosengeld, Unterhaltsgeld oder Arbeitslosengeld II eintretenden Versicherungspflicht), § 8 Abs. 1 Nr. 2 SGB V (Befreiung von der durch Aufnahme einer nicht vollen Erwerbstätigkeit während der Elternzeit eintretenden Versicherungspflicht) und § 8 Abs. 1 Nr. 3 SGB V (Befreiung von der wegen Reduzierung der Arbeitszeit eintretenden Versicherungspflicht) gelten die oben gemachten Aussagen entsprechend. Das bedeutet, dass derartige Zeiten ohne weitere Prüfung als Zeiten anzusehen sind, in denen das Jahresarbeitsentgelt die Jahresarbeitsentgeltgrenze überstiegen hat, wenn innerhalb eines Jahres (nicht Kalenderjahr) danach eine Beschäftigung mit einem regelmäßigen Arbeitsentgelt oberhalb der Jahresarbeitsentgeltgrenze aufgenommen wird.

6. Nachweis des regelmäßigen Jahresarbeitsentgelts für vergangene Kalenderjahre

Der Arbeitgeber hat im Rahmen der ihm obliegenden Melde- und Beitragspflichten zwecks Beurteilung des Versicherungsstatus jeden seiner Arbeitnehmer, dessen regelmäßiges Jahresarbeitsentgelt die (aktuelle) Jahresarbeitsentgeltgrenze übersteigt, bei Beginn der Beschäftigung zu fragen, ob er in dem der Beschäftigung vorangegangenen Zeitraum von drei aufeinanderfolgenden Kalenderjahren mit einem regelmäßigen Jahresarbeitsentgelt oberhalb der jeweiligen Jahresarbeitsentgeltgrenzen beschäftigt war. Nur mit Kenntnis dieser in der Vergangenheit liegenden tatsächlichen Verhältnisse, die zudem vom Arbeitnehmer nachzuweisen und beleghaft den Entgeltunterlagen beizufügen sind, kann die erforderliche Beurteilung erfolgen. Im Zweifelsfall muss die zuständige Krankenkasse eingebunden werden und eine Entscheidung über die Versicherungspflicht oder die Versicherungsfreiheit treffen. Zuständig ist die Krankenkasse, bei der eine Mitgliedschaft besteht; für Arbeitnehmer, die bei keiner Krankenkasse versichert sind, ist die Krankenkasse zuständig, an die die Renten- und Arbeitslosenversicherungsbeiträge gezahlt werden.

7. Unterschreiten der Jahresarbeitsentgeltgrenze

Wird die Jahresarbeitsentgeltgrenze im Laufe eines Kalenderjahres nicht nur vorübergehend unterschritten (z. B. bei Herabsetzung der Arbeitszeit und daraus folgend einer Reduzierung des Arbeitsentgelts), endet die Versicherungsfreiheit unmittelbar und nicht erst zum Ende des Kalenderjahres. An dieser bislang bereits eintretenden Rechtsfolge hat sich nichts geändert. Sie ergibt sich zwingend aus den in der Vorschrift des § 6 Abs. 1 Nr. 1 SGB V für die Versicherungsfreiheit geforderten Tatbestandsvoraussetzungen. Danach wird für die Versicherungsfreiheit neben den in der Vergangenheit liegenden Voraussetzungen (Überschreiten der Jahresarbeitsentgeltgrenze in drei aufeinanderfolgenden Kalenderjahren) ein Überschreiten der Jahresarbeitsentgeltgrenze auch für das zu beurteilende Beschäftigungsverhältnis verlangt. Liegt diese zuletzt genannte Voraussetzung nicht (mehr) vor, endet die Versicherungsfreiheit. Die gleiche Rechtsfolge tritt ein, wenn das Unterschreiten der Jahresarbeitsentgeltgrenze allein auf die Anhebung der Jahresarbeitsentgeltgrenze zurückzuführen ist. In diesem Fall haben betroffene Arbeitnehmer allerdings ggf. die Möglichkeit der Befreiung von der Versicherungspflicht (§ 8 Abs. 1 Nr. 1 SGB V).

8. Besitzstandsregelung

Arbeitnehmer, die bereits am 2.2.2007 wegen Überschreitens der Jahresarbeitsentgeltgrenze versicherungsfrei und bei einem privaten Krankenversicherungsunternehmen in einer Krankheitskostenvollversicherung versichert waren, bleiben nach § 6 Abs. 9 Satz 1 SGB V aus Gründen des Bestandsschutzes weiterhin versicherungsfrei, auch wenn sie die neuen Voraussetzungen (noch) nicht erfüllen. Dies gilt auch für privat krankenversicherte Arbeitnehmer, die erst mit Ablauf des Kalenderjahres 2006 aus der Versicherungspflicht ausgeschieden sind. Die Besitzstandsregelung kam allerdings nur für die am 2.2.2007 privat krankenversicherten Arbeitnehmer in Betracht, nicht dagegen für am Stichtag privat krankenversicherte Selbständige, Studenten und andere Personen. Für Arbeitnehmer, die vor dem 2.2.2007 die freiwillige Mitgliedschaft bei ihrer Krankenkasse gekündigt hatten, um in eine private Krankenversicherung zu wechseln, gilt die Besitzstandsregelung gleichermaßen. Der Bestandsschutz erstreckt sich auch auf solche Arbeitnehmer, die am o.g. Stichtag nach § 8 Abs. 1 Nr. 1a, 2 oder 3 SGB V von der Versicherungspflicht befreit waren. Die durch die Besitzstandsregelung vermittelte Versicherungsfreiheit endet, wenn ein Tatbestand der Versicherungspflicht erfüllt wird. Ihre Wirkung bleibt jedoch unberührt, wenn sich eine neue Beschäftigung mit einem regelmäßigen Jahresarbeitsentgelt oberhalb der Jahresarbeitsentgeltgrenze innerhalb von drei Monaten nach Beendigung der vorherigen Beschäftigung anschließt oder der Zeitraum zwischen zwei Beschäftigungen durch einen Befreiungstatbestand nach § 8 Abs. 1 Nr. 1a SGB V überbrückt wird.

Jahresarbeitszeitkonto

siehe „Arbeitszeitkonten"

Jahresausgleich

siehe „Lohnsteuer-Jahresausgleich"

Jahresmeldung

Nach Ablauf eines Kalenderjahres haben die Arbeitgeber für die Versicherungspflichtigen den Zeitraum der Beschäftigung im vergangenen Jahr und die Höhe des beitragspflichtigen Arbeitsentgelts – unter Berücksichtigung der Beitragsbemessungsgrenze in der Renten- und Arbeitslosenversicherung – mit der 1. folgenden Lohn- und Gehaltsabrechnung, **spätestens bis zum 15. April** des folgenden Jahres zu melden.

Die Jahresmeldung ist nur zu erstatten, wenn das Beschäftigungsverhältnis über das Jahresende hinaus unverändert fortbesteht. Ist zum Jahresende eine Abmeldung notwendig, z. B. wegen Ende des Beschäftigungsverhältnisses oder Ende der Versicherungspflicht, entfällt die Jahresmeldung; die notwendigen Daten werden mit der Abmeldung an den Rentenversicherungsträger übermittelt. Wurde bereits in dem Kalenderjahr eine Unterbrechungsmeldung oder wegen versicherungsrechtlicher Änderungen eine Abmeldung und Neuanmeldung erstattet, darf nur das noch nicht gemeldete beitragspflichtige Arbeitsentgelt in die Jahresmeldung aufgenommen werden.

Bei der Abgabe der Meldung ist auf Folgendes zu achten:

Es ist das **Bruttoarbeitsentgelt** zu melden, für das in dem angegebenen Zeitraum Beiträge oder Beitragsanteile entrichtet wurden oder zu entrichten waren; die in dem Zeitraum geltende Beitragsbemessungsgrenze in der Rentenversicherung ist zu beachten. Einzugeben sind nur volle Euro-Beträge. Sind Cent-Beträge angefallen, gilt Folgendes:

Centbeträge von mehr als 49 sind nach oben, von weniger als 50 nach unten auf volle Euro-Beträge zu runden. Der Entgeltbetrag ist mit sechs Ziffern einzugeben; bei Entgeltbeträgen von weniger als sechs Stellen sind die fehlenden Stellen mit Nullen in der Weise auszufüllen, dass diese den Ziffern vorgesetzt werden, die den Entgeltbetrag kennzeichnen. Ist kein Arbeitsentgelt einzutragen, sind sechs Nullen einzugeben. Seit 1. 1. 2009 gilt, dass auch die Daten für die Unfallversicherung und damit auch das unfallversicherungspflichtige Arbeitsentgelt in der Jahresmeldung zu melden ist. Hierfür gibt es einen gesonderten Datenbaustein (DBUV).

Hinsichtlich der Jahresentgeltmeldung bei Bezug von **Kurzarbeitergeld** gelten Besonderheiten. Zu melden ist neben dem tatsächlich erzielten Arbeitsentgelt auch ausgefallenes Arbeitsentgelt für die Stunden, für die eine dieser Leistungen gezahlt wurde. Dabei werden **80 %** des Stundensatzes, nach dem sich das Kurzarbeitergeld bemisst, berücksichtigt.

Jahresmeldungen sind auch für die geringfügig entlohnten Beschäftigungsverhältnisse (sog. 400-Euro-Jobs) einzureichen. Für kurzfristige Beschäftigungen (höchstens 2 Monate bzw. 50 Arbeitstage im Jahr) sind aufgrund gesetzl. Neuregelung grds. seit 1. 1. 2009 Jahresmeldungen abzugeben. Hierbei ist jedoch das unfallversicherungspflichtige Entgelt anzugeben.

Auf die ausführlichen Erläuterungen zu den Meldepflichten des Arbeitgebers in **Anhang 15** des Lexikons wird hingewiesen.

Jahreswagen

Arbeitnehmer, die in der Automobilindustrie beschäftigt sind, z. B. bei BMW, VW, Audi oder Mercedes, erhalten neue Pkws mit erheblichen Preisnachlässen. Voraussetzung für diesen Belegschaftsrabatt kann nach betriebsinternen Regelungen sein, dass der Arbeitnehmer den Pkw mindestens ein Jahr selbst fahren muss. Im allgemeinen Sprachgebrauch werden diese Autos deshalb als „Jahreswagen" bezeichnet.

Der den Arbeitnehmern in der Automobilindustrie beim Kauf eines Neuwagens gewährte Preisnachlass gehört als geldwerter Vorteil zum Arbeitslohn und zwar unabhängig davon, ob der Arbeitnehmer das Auto ein Jahr selbst fährt oder nicht. Der Preisnachlass ist lohnsteuerpflichtig, soweit der sog. Rabattfreibetrag in Höhe von 1080 € jährlich überschritten wird. Für diese Steuer hat sich die Bezeichnung **„Jahreswagensteuer"** eingebürgert. Es handelt sich jedoch nicht um eine besondere Steuer für Arbeitnehmer der Automobilindustrie, sondern um die ganz allgemein geltende Besteuerung der in vielfältiger Form auftretenden Belegschaftsrabatte. Alle diese Rabatte sind lohnsteuerpflichtig, soweit sie den Rabattfreibetrag von 1080 € jährlich übersteigen. Beim Stichwort „Rabatte, Rabattfreibetrag" unter Nr. 4 Buchstabe b auf Seite 569 ist die Berechnung der „Jahreswagensteuer" mit einem Beispiel dargestellt.

Job-Ticket

Auf die ausführlichen Erläuterungen beim Stichwort „Fahrten zwischen Wohnung und regelmäßiger Arbeitsstätte" unter Nr. 5 wird Bezug genommen.

Journalisten

Journalisten können entweder als fest angestellte Arbeitnehmer oder aber als freie Mitarbeiter tätig sein. Zur Scheinselbständigkeit vgl. dieses Stichwort. Den Journalisten wurde früher auf Antrag ein besonderer Werbungskosten-Pauschbetrag vom Finanzamt auf der Lohnsteuerkarte eingetragen. Dieser besondere Werbungskosten-Pauschbetrag für Journalisten ist seit 1.1.2000 weggefallen.

Siehe die Stichworte: Künstler, Beschränkt steuerpflichtige Künstler, Berufssportler, Schriftsteller und Journalisten.

Jubilarfeier

siehe „Bewirtungskosten"

Jubiläumszuwendungen

Gliederung:
1. Arbeitnehmerjubiläum
2. Besteuerung von steuerpflichtigen Zuwendungen bei Arbeitnehmerjubiläen
3. Geschäftsjubiläum
4. Besteuerung von steuerpflichtigen Zuwendungen bei Geschäftsjubiläen
5. Umsatzsteuerpflicht von Sachzuwendungen bei einem Arbeitnehmer- oder Firmenjubiläum

1. Arbeitnehmerjubiläum

1999 sind die früher geltenden **Steuerfreibeträge** für Jubiläumszuwendungen **abgeschafft** worden. Bar- und Sachzuwendungen des Arbeitgebers anlässlich eines Arbeitnehmerjubiläums sind deshalb seit 1999 in voller Höhe steuer- und beitragspflichtig. | ja | ja

Steuerfreiheit für **Sachzuwendungen** kommt nur dann in Betracht, wenn es sich um ein sog. Gelegenheitsgeschenk handelt. Dies ist der Fall, wenn der Wert des Geschenks 40 € nicht übersteigt (vgl. „Gelegenheitsgeschenke"). | nein | nein

Außerdem kann eine **Sachzuwendung** anlässlich eines Arbeitnehmerjubiläums in Anwendung der für geringfügige Sachbezüge geltenden 44-Euro-Freigrenze steuerfrei sein, wenn diese Freigrenze in dem betreffenden Monat nicht bereits durch andere Sachbezüge ausgeschöpft worden ist (vgl. „Sachbezüge" unter Nr. 4). | nein | nein

Beispiel
Der Arbeitnehmer erhält anlässlich seines 10-jährigen Arbeitnehmerjubiläums vom Arbeitgeber eine Uhr im Wert von 200 € geschenkt. Diese Jubiläumszuwendung ist steuer- und beitragspflichtig. Beträgt der Wert der Uhr lediglich 44 €, bleibt dieses Jubiläumsgeschenk in Anwendung der für Sachbezüge geltenden monatlichen 44-Euro-Freigrenze steuer- und beitragsfrei, wenn die Freigrenze in diesem Monat nicht bereits durch andere Sachzuwendungen ausgeschöpft worden ist.

2. Besteuerung von steuerpflichtigen Zuwendungen bei Arbeitnehmerjubiläen

Die Besteuerung von steuerpflichtigen Zuwendungen anlässlich eines Arbeitnehmerjubiläums erfolgt als sonstiger Bezug (einmalige Zuwendung). Dabei ist im Regelfall die sog. Fünftelregelung anzuwenden (vgl. die Erläuterungen beim Stichwort „Sonstige Bezüge" unter Nr. 6 auf Seite 663). Dort ist auch ein Berechnungsbeispiel zur Anwendung der Fünftelregelung abgedruckt. Will der Arbeitgeber die Lohn- und Kirchensteuer sowie den Solidaritätszuschlag für die steuerpflichtige Jubiläumszuwendung an mehrere Arbeitnehmer übernehmen, so kann er eine **Pauschalierung** beantragen. Diese Möglichkeit ist für steuerpflichtige Jubiläumszuwendungen anhand eines Berechnungsbeispiels beim Stichwort „Pauschalierung der Lohnsteuer" unter Nr. 2 auf Seite 517 ausführlich dargestellt.

Eine **Nettolohnbesteuerung** unter Anwendung der **Fünftelregelung** ist in **Anhang 14** abgedruckt (mit Berücksichtigung der Sozialversicherungsbeiträge und der anteiligen Jahresbeitragsbemessungsgrenze).

Bei steuerpflichtigen Sachzuwendungen kommt auch eine Pauschalierung der Lohnsteuer mit 30 % nach § 37b Abs. 2 EStG in Betracht, vgl. hierzu das Stichwort „Pauschalierung der Lohnsteuer für Belohnungsessen, Incentive-Reisen, VIP-Logen und ähnliche Sachbezüge".

Zum Vorliegen einer Betriebsveranstaltung bei Jubilarfeiern vgl. die Erläuterungen beim Stichwort „Betriebsveranstaltungen" besonders unter Nr. 2.

3. Geschäftsjubiläum

Der früher geltende Freibetrag bei **Geschäftsjubiläen**, die begangen wurden, weil das Geschäft 25, 50 oder ein sonstiges Vielfaches von 25 Jahren bestand, ist ebenfalls 1999 abgeschafft worden. Seit 1999 ist eine Jubiläumszuwendung (Bar- oder Sachzuwendung) anlässlich eines Geschäftsjubiläums in vollem Umfang steuer- und beitragspflichtig. | ja | ja

Sachzuwendungen anlässlich eines Geschäftsjubiläums können **nicht** bis zu einem Wert von 40 € als sog. Gelegenheitsgeschenk (vgl. dieses Stichwort) steuerfrei belassen werden, weil das Geschäftsjubiläum **kein besonderes persönliches Ereignis** des Arbeitnehmers ist.

Eine **Sachzuwendung** anlässlich eines Geschäftsjubiläums kann aber in Anwendung der für geringfügige Sachbezüge geltenden 44-Euro-Freigrenze steuerfrei sein, wenn diese Freigrenze in dem betreffenden Monat nicht bereits durch andere Sachbezüge ausgeschöpft worden ist (vgl. „Sachbezüge" unter Nr. 4). | nein | nein

Beispiel
Alle Arbeitnehmer erhalten anlässlich des 10-jährigen Geschäftsjubiläums vom Arbeitgeber eine Uhr im Wert von 200 € geschenkt. Diese Jubiläumszuwendung ist steuer- und beitragspflichtig. Beträgt der Wert der Uhr lediglich 44 €, bleibt das Jubiläumsgeschenk in Anwendung der für Sachbezüge geltenden monatlichen 44-Euro-Freigrenze steuer- und beitragsfrei, wenn die Freigrenze in diesem Monat noch nicht durch andere Sachzuwendungen ausgeschöpft worden ist.

4. Besteuerung von steuerpflichtigen Zuwendungen bei Geschäftsjubiläen

Die anlässlich eines Geschäftsjubiläums gezahlte steuerpflichtige Jubiläumszuwendung kann bei Arbeitnehmern, die bereits **mehrere Jahre** dem Betrieb angehören, als Entlohnung für eine mehrjährige Tätigkeit behandelt und unter Anwendung der sog. Fünftelregelung ermäßigt besteuert werden (vgl. das Stichwort „Sonstige Bezüge" unter Nr. 6 auf Seite 663). Hingegen liegt keine Entlohnung für eine mehrjährige Tätigkeit bei Jubiläumszuwendungen vor, die ohne Rücksicht auf die Dauer der Betriebszugehörigkeit aus Anlass des Geschäftsjubiläums erfolgen (BFH-Urteil vom 3.7.1987, BStBl. II S. 820).

Will der Arbeitgeber die Lohn- und Kirchensteuer sowie den Solidaritätszuschlag für die steuerpflichtige Jubiläumszuwendung anlässlich seines Geschäftsjubiläums übernehmen, so kann er eine **Pauschalierung** beantragen. Diese Möglichkeit ist für steuerpflichtige Jubiläumszuwendungen anhand eines Berechnungsbeispiels beim Stichwort „Pauschalierung der Lohnsteuer" unter Nr. 2 auf Seite 517 ausführlich dargestellt.

Bei steuerpflichtigen Sachzuwendungen anlässlich eines Geschäftsjubiläums kommt auch eine Pauschalierung der

	Lohnsteuerpflichtig	Sozialversich.pflichtig

Lohnsteuer mit 30 % nach § 37b Abs. 2 EStG in Betracht, vgl. hierzu das Stichwort „Pauschalierung der Lohnsteuer für Belohnungsessen, Incentive-Reisen, VIP-Logen und ähnliche Sachbezüge".

Bei einer Feier für die Arbeitnehmer anlässlich eines Geschäftsjubiläums wird es sich regelmäßig um eine **Betriebsveranstaltung** (vgl. dieses Stichwort) handeln.

5. Umsatzsteuerpflicht von Sachzuwendungen bei einem Arbeitnehmer- oder Firmenjubiläum

Sachgeschenke anlässlich eines Arbeitnehmerjubiläums oder eines Firmenjubiläums sind umsatzsteuerpflichtig. Bemessungsgrundlage sind der Einkaufspreis/die Selbstkosten des Arbeitgebers (ohne Umsatzsteuer). Auf die ausführlichen Erläuterungen beim Stichwort „Umsatzsteuerpflicht bei Sachbezügen" wird Bezug genommen.

Kaminkehrer

Siehe die Stichworte: Kleidergeld und Waschgeld.

Kapitalbeteiligungen

siehe „Vermögensbeteiligungen".

Kantinenessen

siehe „Mahlzeiten"

Karenzentschädigung

siehe „Konkurrenzverbot"

Kaskoversicherung für Unfallschäden bei Auswärtstätigkeiten

Verwendet ein Arbeitnehmer sein eigenes Fahrzeug für **Auswärtstätigkeiten** und erleidet er auf einer solchen Fahrt einen unverschuldeten **Unfall**, so ist der Arbeitgeber nach der Rechtsprechung des Bundesarbeitsgerichts verpflichtet, dem Arbeitnehmer den Unfallschaden zu ersetzen. Ersetzt der Arbeitgeber die entstandenen Unfallkosten, so ist dieser Kostenersatz steuerfrei (vgl. das Stichwort „Unfallkosten"). — nein nein

Um das Risiko dieses Kostenersatzes abzudecken, veranlassen die Arbeitgeber häufig ihre Arbeitnehmer zum Abschluss einer Kaskoversicherung, wobei die Prämien für die Kaskoversicherung ganz oder teilweise vom Arbeitgeber übernommen werden. Hierbei unterscheidet man zwei Fälle: Entweder wird **vom Arbeitnehmer** eine normale Kaskoversicherung abgeschlossen, die die Schäden auf allen – dienstlichen und privaten – Fahrten abdeckt, oder es wird **vom Arbeitgeber** eine sog. „Dienstreisen-Kaskoversicherung" abgeschlossen, die nur Schäden auf dienstlichen Fahrten abdeckt. Für diese beiden Fälle ergibt sich folgende unterschiedliche steuerliche Behandlung:

Erstattet der Arbeitgeber dem Arbeitnehmer neben dem für die Benutzung des privaten Pkws zu Auswärtstätigkeiten geltenden Kilometersatz von 0,30 € je gefahrenen Kilometer ganz oder teilweise die Prämien für eine **private Kaskoversicherung,** so handelt es sich um steuerpflichtigen Arbeitslohn (die Prämien für die Kaskoversicherung sind mit dem steuerfreien Kilometersatz von 0,30 € abgegolten). — ja ja

Übernimmt der Arbeitgeber die Prämien für eine „Dienstreisen-Kaskoversicherung" (d. h. der Versicherungsschutz der Fahrzeugvollversicherung für den privaten Pkw des Arbeitnehmers deckt nur diejenigen Unfallkosten ab, die auf Dienstfahrten entstanden sind), so sind die vom Arbeitgeber gezahlten Prämien für die **„Dienstreisen-Kaskoversicherung"** steuerfrei. — nein nein

Der Arbeitgeber kann dem Arbeitnehmer daneben die bei Auswärtstätigkeiten anfallenden Kraftfahrzeugkosten ohne weiteres mit dem Kilometersatz von 0,30 € steuerfrei ersetzen. Dem BFH-Urteil vom 27. 6. 1991 (BStBl. 1992 II S. 365), das zu einem anderen Ergebnis kam, kommt aufgrund eines sog. Nichtanwendungserlasses der Finanzverwaltung*) über den entschiedenen Einzelfall hinaus keine Bedeutung zu.

Siehe auch die Stichworte: „Autoinsassen-Unfallversicherung", „Reisegepäckversicherung", „Unfallversicherung".

Kassenverlustentschädigungen

siehe „Fehlgeldentschädigungen"

Kassenverwalter

Kassenverwalter von Gemeinden sind Arbeitnehmer. Die ihnen gewährten Aufwandsentschädigungen sind Arbeitslohn. — ja ja**)

Wird die Tätigkeit als Kassenverwalter einer Gemeinde **ehrenamtlich** ausgeübt, so bleibt die dafür gewährte Aufwandsentschädigung teilweise steuerfrei. Wegen der Einzelheiten vgl. „Aufwandsentschädigungen aus öffentlichen Kassen".

Kassierer

siehe „Beitragskassierer"

Kaufkraftausgleich

Gliederung:

1. Allgemeines
2. Arbeitnehmer im öffentlichen Dienst und vergleichbare Personen
3. Arbeitnehmer in der Privatwirtschaft
4. Höhe des steuerfreien Kaufkraftausgleichs
5. Steuerfreier Mietzuschuss

1. Allgemeines

Arbeitnehmer im öffentlichen Dienst erhalten Gehaltszuschläge, wenn sich ihr dienstlicher Wohnsitz im Ausland befindet. Unter anderem erhalten sie auch einen Ausgleich für den Fall, dass die Kaufkraft ihrer Bezüge niedriger ist, als die Lebenshaltungskosten am ausländischen Dienstort. In § 3 Nr. 64 EStG ist die Steuerfreiheit solcher Auslandszulagen geregelt. Hierbei werden drei Fälle unterschieden:

1. **Gruppe:** Arbeitnehmer im öffentlichen Dienst (§ 3 Nr. 64 **Satz 1** EStG).
2. **Gruppe:** Den Arbeitnehmern im öffentlichen Dienst vergleichbare Personen (§ 3 Nr. 64 **Satz 2** EStG).
3. **Gruppe:** Übrige Arbeitnehmer = Arbeitnehmer in der Privatwirtschaft (§ 3 Nr. 64 **Satz 3** EStG).

---

*) BMF-Schreiben vom 31. 3. 1992 (BStBl. I S. 270). Das BMF-Schreiben ist als Anlage 3 zu H 9.5 LStR im **Steuerhandbuch für das Lohnbüro 2010** abgedruckt, das im selben Verlag erschienen ist. Das **PC-Lexikon** für das Lohnbüro 2010 enthält auch dieses Handbuch und hat außerdem den Vorteil, dass Sie **alle BFH-Urteile** sowie die aktuellen Rundschreiben und Niederschriften der Spitzenverbände der **Sozialversicherung** mit Mausklick **im Volltext** abrufen und ausdrucken können. Eine Bestellkarte finden Sie vorne im Lexikon.

**) Sofern nicht versicherungsfrei als Beamte.

Kaufkraftausgleich

	Lohn-steuer-pflichtig	Sozial-versich.-pflichtig

2. Arbeitnehmer im öffentlichen Dienst und vergleichbare Personen

Arbeitnehmer im **öffentlichen Dienst** erhalten Gehaltszuschläge, wenn sich ihr dienstlicher Wohnsitz im Ausland befindet (vgl. „Auslandsbeamte"). Zu den Personen, für die diese Regelungen des öffentlichen Dienstes anzuwenden sind, gehören Arbeitnehmer, die zu einer inländischen juristischen Person des öffentlichen Rechts **unmittelbar** in einem Dienstverhältnis stehen **(Gruppe 1).** Arbeitnehmer, die zu einer anderen Person in einem Dienstverhältnis stehen, deren Arbeitslohn aber **wie im öffentlichen Dienst ermittelt, aus einer öffentlichen Kasse gezahlt** und ganz oder im Wesentlichen **aus öffentlichen Mitteln aufgebracht** wird **(Gruppe 2),** zählen ebenfalls zu dem begünstigten Personenkreis. Unter die Gruppe 2 fallen insbesondere Arbeitnehmer des Goethe-Instituts e. V., der Max-Planck-Gesellschaft e. V., des Deutschen akademischen Austauschdienstes e. V., des Deutschen Entwicklungsdienstes e. V. und der Gesellschaft für technische Zusammenarbeit e. V. Den Umfang der Steuerfreiheit für diese Gehaltszuschläge regelt § 3 Nr. 64 **Sätze 1 und 2** EStG.

Die sog. steuerfreien Auslandsdienstbezüge umfassen den Auslandszuschlag, den Mietzuschuss (vgl. Nr. 5), den Auslandskindergeldzuschlag und den Auslandsverwendungszuschlag (§§ 52, 55, 56, 57 und 58 a Bundesbesoldungsgesetz). Für Arbeitslohn der nach anderen (besoldungsrechtlichen) Vorschriften gezahlt wird, ist die Steuerbefreiungsvorschrift des § 3 Nr. 64 EStG nicht anwendbar (z. B. Zahlung von Reisekosten). Durch den Kaufkraftzuschlag nach § 54 Bundesbesoldungsgesetz soll außerdem der Kaufkraftverlust ausgeglichen werden, der dem Empfänger der Bezüge ggf. beim Umtausch in fremde Währung entsteht. Der Kaufkraftzuschlag zu den Auslandsdienstbezügen im öffentlichen Dienst wird vom Bundesminister des Innern im Einvernehmen mit dem Bundesminister der Finanzen und dem Auswärtigen Amt festgesetzt. Dieser Kaufkraftzuschlag ist ebenfalls nach § 3 Nr. 64 EStG steuerfrei.

Beamte, die z. B. als nationale Sachverständige bei der Europäischen Union (EU) tätig werden, erhalten von der EU zusätzlich zu ihren Dienstbezügen sog. EU-Tagegelder. Diese EU-Tagegelder sind nur insoweit nach § 3 Nr. 64 EStG steuerfrei, soweit sie auf steuerfreie Auslandsdienstbezüge angerechnet werden*). Der übersteigende Teil des EU-Tagegeldes gehört zum steuerpflichtigen Arbeitslohn.

3. Arbeitnehmer in der Privatwirtschaft

Wird einem Arbeitnehmer **außerhalb des öffentlichen Dienstes,** also von einem privaten inländischen Arbeitgeber ebenfalls ein Kaufkraftausgleich gewährt **(= Gruppe 3),** bleibt er im Rahmen der in der nachfolgenden Tabelle (Nr. 4) aufgeführten Abschlagssätze steuer- und damit auch beitragsfrei in der Sozialversicherung, wenn der Arbeitnehmer aus dienstlichen Gründen ins Ausland entsandt wird und dort für einen begrenzten Zeitraum **einen Wohnsitz** oder **gewöhnlichen Aufenthalt** hat (§ 3 Nr. 64 Satz 3 EStG). nein nein

Die Regelungen zum Kaufkraftausgleich haben jedoch bei Arbeitnehmern privater Arbeitgeber geringe Bedeutung, da bei diesem Personenkreis in der Regel schon eine generelle Steuerbefreiung aufgrund eines Doppelbesteuerungsabkommens oder des Auslandstätigkeitserlasses gegeben ist (vgl. die Stichwörter „Doppelbesteuerungsabkommen" und „Auslandstätigkeit/Auslandstätigkeitserlass"). Der Vorteil eines steuerfreien Kaufkraftausgleichs gegenüber steuerfreiem Arbeitslohn nach einem Doppelbesteuerungsabkommen oder dem Auslandstätigkeitserlass liegt darin, dass die **Zahlung** eines **Kaufkraftausgleichs nicht dem Progressionsvorbehalt** (vgl. dieses Stichwort) unterliegt. Im Einzelnen gilt für die Zahlung von Kaufkraftzuschlägen in der Privatwirtschaft nach R 3.64 LStR Folgendes:

Ein steuerfreier Kaufkraftausgleich kommt nur in Betracht, wenn der geplante **Auslandsaufenthalt sechs Monate** überschreitet, da bei einer kürzeren Dauer weder ein gewöhnlicher Aufenthalt im Sinne von § 9 AO vorliegt, noch von der Begründung eines Wohnsitzes ausgegangen werden kann. Eine Entsendung für einen begrenzten Zeitraum ist anzunehmen, wenn eine Rückkehr des Arbeitnehmers nach Beendigung der Tätigkeit vorgesehen ist. Es ist aber unerheblich, ob der Arbeitnehmer tatsächlich zurückkehrt oder nicht. Der Umfang der Steuerfreiheit des Kaufkraftausgleichs für private Arbeitnehmer bestimmt sich nach den Sätzen des Kaufkraftzuschlags im öffentlichen Dienst. Diese für die einzelnen Länder in Betracht kommenden Kaufkraftzuschläge und ihre jeweilige Geltungsdauer werden laufend im Bundessteuerblatt Teil I bekannt gegeben (vgl. Gesamtübersicht zum 1.1.2009 vom 9. 1. 2009, BStBl. 2009 I S. 56). Die ab 1.1.2010 geltende Gesamtübersicht wird im Januar 2010 im Bundessteuerblatt Teil I veröffentlicht. Die Zuschläge beziehen sich jeweils auf den Auslandsdienstort einer Vertretung der Bundesrepublik Deutschland und gelten – sofern nicht im Einzelnen andere Zuschläge festgesetzt sind – jeweils für den gesamten konsularischen Amtsbezirk der Vertretung. Die konsularischen Amtsbezirke der Vertretungen ergeben sich vorbehaltlich späterer Änderungen, die im Bundesanzeiger veröffentlicht werden, aus dem Verzeichnis der Vertretungen der Bundesrepublik Deutschland im Ausland. Die regionale Begrenzung der Zuschlagssätze gilt auch für die Steuerbefreiung nach § 3 Nr. 64 EStG. Für ein Land, das von einer Vertretung der Bundesrepublik Deutschland nicht erfasst wird, kann jedoch der Zuschlagssatz angesetzt werden, der für einen vergleichbaren konsularischen Amtsbezirk eines Nachbarlandes festgesetzt worden ist.

4. Höhe des steuerfreien Kaufkraftausgleichs

Kaufkraftausgleich im öffentlichen Dienst wird jedoch nur auf 60 % der Dienstbezüge, die bei Verwendung im Inland zustehen, sowie auf 60 % der Auslandsdienstbezüge gewährt. Da eine vergleichbare Bemessungsgrundlage außerhalb des öffentlichen Dienstes regelmäßig nicht vorhanden ist, ist der steuerfreie Teil des Kaufkraftausgleichs durch Anwendung eines entsprechenden Abschlagsatzes nach den Gesamtbezügen einschließlich des Kaufkraftausgleichs zu bestimmen. Dabei ist es gleichgültig, ob die Bezüge im Inland oder im Ausland ausgezahlt werden.

	Prozentsätze:						
Einem Zuschlagsatz von	5	10	15	20	25	30	35
entspricht ein Abschlagsatz von	2,91	5,66	8,26	10,71	13,04	15,25	17,36
Einem Zuschlagsatz von	40	45	50	55	60	65	70
entspricht ein Abschlagsatz von	19,35	21,26	23,08	24,81	26,47	28,06	29,58
Einem Zuschlagsatz von	75	80	85	90	95	100	
entspricht ein Abschlagsatz von	31,03	32,43	33,77	35,06	36,31	37,50	

Für andere Zuschlagssätze errechnet sich der Abschlagsatz nach folgender Formel:

---

*) BMF-Schreiben vom 12.4.2006 (BStBl. I S. 340). Das BMF-Schreiben ist als Anlage 4 zu H 39b.10 LStR im **Steuerhandbuch für das Lohnbüro 2010** abgedruckt, das im selben Verlag erschienen ist. Das **PC-Lexikon** für das Lohnbüro 2010 enthält auch dieses Handbuch und hat außerdem den Vorteil, dass Sie **alle BFH-Urteile** sowie die aktuellen Rundschreiben und Niederschriften der Spitzenverbände der **Sozialversicherung** mit Mausklick **im Volltext** abrufen und ausdrucken können. Eine Bestellkarte finden Sie vorne im Lexikon.

Kaufkraftausgleich

	Lohn-steuer-pflichtig	Sozial-versich.-pflichtig

$$\frac{\text{Zuschlagsatz} \times 600}{1000 + 6 \times \text{Zuschlagsatz}}$$

Ergibt sich nach Anwendung des Abschlagsatzes ein höherer Betrag als der tatsächlich gewährte Kaufkraftausgleich, so kann nur der tatsächlich gewährte Kaufkraftausgleich steuerfrei gestellt werden. Zu den Gesamtbezügen, auf die der Abschlagsatz anzuwenden ist, gehören nicht etwaige steuerfreie Reisekostenvergütungen und steuerfreie Vergütungen für Mehraufwendungen bei doppelter Haushaltsführung.

Wird ein Zuschlagsatz rückwirkend erhöht, so ist der Arbeitgeber berechtigt, die bereits abgeschlossenen Lohnabrechnungen insoweit wieder aufzurollen und bei der jeweils nächstfolgenden Lohnzahlung die ggf. zu viel einbehaltene Lohnsteuer zu erstatten (vgl. „Änderung des Lohnsteuerabzugs"). Die Herabsetzung eines Zuschlagsatzes ist erstmals bei der Lohnabrechnung des Arbeitslohns zu berücksichtigen, der für einen nach der Veröffentlichung der Herabsetzung beginnenden Lohnzahlungszeitraum gezahlt wird.

Beispiel

Ein verheirateter Arbeitnehmer mit einem Monatslohn von 5000 € wird für ein Jahr nach Kamerun zu einem Zweigbetrieb der Firma entsandt. Er behält seinen Familienwohnsitz im Inland bei, begründet im Ausland jedoch einen 2. Wohnsitz. Zuzüglich zu seinem Monatslohn erhält er Auslösungen und einen Kaufkraftausgleich in Höhe von 2000 € monatlich. Die Auslösungen werden in Höhe von 40 % des Auslandsübernachtungsgelds gezahlt (= 36 €). Vgl. die Übersicht „Auslandsauslösungen" in Anhang 5 auf Seite 848.

Für den Arbeitnehmer ergibt sich folgende monatliche Lohnabrechnung:

Monatslohn	5 000,— €
Kaufkraftausgleich	2 000,— €
Auslösungen (31 Tage à 36 €)	1 116,— €
Bruttolohn	8 116,— €
Vom Bruttolohn sind steuerfrei:	
a) die Auslösungen in Höhe von	1 116,— €
b) der Kaufkraftausgleich in Höhe von	203,70 €
insgesamt	1319,70 €

Lohnsteuerpflichtig ist demnach ein Monatslohn in Höhe von (8116 € – 1319,70 € =) 6796,30 €.

Der steuerfreie Kaufkraftausgleich errechnet sich wie folgt:

Für Kamerun soll für den öffentlichen Dienst im Bundessteuerblatt Teil I ein Zuschlagsatz von 5 % festgesetzt sein. Dies entspricht laut Tabelle einem Abschlagsatz von 2,91 %. Dieser Abschlagsatz ist auf den Monatslohn zuzüglich dem gezahlten Kaufkraftausgleich anzuwenden (= 7000 €). Die steuerfreien Auslösungen (= Reisekostenvergütungen) bleiben außer Betracht. Als steuerfreier Kaufkraftausgleich ergibt sich hiernach ein Betrag von (2,91 % aus 7000 € =) 203,70 €.

Die steuerlichen Regelungen zum Kaufkraftausgleich haben bei Arbeitnehmern in der Privatwirtschaft kaum Bedeutung, da bei diesen Arbeitnehmern in aller Regel bereits eine generelle Steuerbefreiung aufgrund eines Doppelbesteuerungsabkommens oder des Auslandstätigkeitserlasses gegeben ist. Der Vorteil eines steuerfreien Kaufkraftausgleichs gegenüber steuerfreiem Arbeitslohn nach einem Doppelbesteuerungsabkommen oder dem Auslandstätigkeitserlass liegt darin, dass die **Zahlung** eines **Kaufkraftausgleichs nicht** dem **Progressionsvorbehalt** (vgl. dieses Stichwort) unterliegt.

5. Steuerfreier Mietzuschuss

Arbeitnehmer im **öffentlichen Dienst** erhalten einen Mietzuschuss, wenn sich der dienstliche Wohnsitz im Ausland befindet. Der Mietzuschuss wird gewährt, wenn die für die Wohnung im Ausland bezahlte Miete 18 % des Gehalts übersteigt, das dem Bediensteten bei einer Verwendung im Inland zustünde. Der Mietzuschuss beträgt regelmäßig 90 % des Mehrbetrags.

Beispiel

Gehalt		5 000,— €
Miete, die für die Wohnung im Ausland gezahlt werden muss		1 500,— €
Der Mietzuschuss errechnet sich wie folgt:		
18 % des Gehalts	=	900,— €
gezahlte Miete	=	1 500,— €
Mehrbetrag		600,— €
Mietzuschuss 90 % des Mehrbetrags		540,— €

Dieser **Mietzuschuss**, der nach den §§ 52 Abs. 1 und 57 Abs. 1 Bundesbesoldungsgesetz gezahlt wird, ist nach § 3 Nr. 64 EStG **steuerfrei**.

Auch bei **privaten Arbeitnehmern,** denen der Arbeitgeber eine Wohnung im Ausland zur Verfügung stellt, ist der geldwerte Vorteil aus der verbilligten Überlassung bis zu der Höhe steuerfrei, bis zu der ein **steuerfreier Mietzuschuss** nach den Vorschriften des Bundesbesoldungsgesetzes (§§ 52 Abs. 1 und 57 Abs. 1) gezahlt werden könnte. Die Steuerfreiheit wird durch eine entsprechende Begrenzung des bei unentgeltlicher oder verbilligter Überlassung der Wohnung anzusetzenden geldwerten Vorteils realisiert (vgl. das Stichwort „Wohnungsüberlassung" unter Nr. 15).

Kellner/Kellnerin

	Lohn-steuer-pflichtig	Sozial-versich.-pflichtig
Kellner und Bedienungen im Hotel- und Gaststättengewerbe sind **nichtselbständig** tätig. Sie sind in den Betrieb des Arbeitgebers eingegliedert, auch wenn sie nur kurzfristig (aushilfsweise) beschäftigt werden oder der Betrieb des Arbeitgebers selbst nur kurze Zeit besteht, wie dies bei Bier- oder Weinfesten und Veranstaltungen von Vereinen häufig der Fall ist. Die umsatzorientierte Entlohnung der Kellner und Bedienungen begründet auch bei nur kurzfristiger Beschäftigung noch kein Unternehmerrisiko, das zur Selbständigkeit führen könnte, sondern lediglich ein Vergütungsrisiko, das in der Gastronomie berufstypisch ist.	ja	ja

Kilometergelder

siehe „Reisekosten bei Auswärtstätigkeiten" unter Nr. 7

Kilometerpauschale

siehe „Entfernungspauschale" und „Fahrten zwischen Wohnung und regelmäßiger Arbeitsstätte"

Kinder

Auf die ausführlichen Erläuterungen in **Anhang 9** wird hingewiesen.

Kinderbetreuungsfreibetrag

Seit 1.1.2002 gibt es einen **Freibetrag für Betreuungs-, Erziehungs- oder Ausbildungsbedarf** als Ergänzung zum Kinderfreibetrag. Der Freibetrag ist ausführlich in **Anhang 9** unter Nr. 7 erläutert.

Siehe auch „Kinderbetreuungskosten".

Kinderbetreuungskosten

Neues auf einen Blick:

Ab 2010 können erstmals auch **beschränkt** steuerpflichtige Arbeitnehmer **erwerbsbedingte Kinderbetreuungskosten** wie **Werbungskosten** abziehen, soweit sie auf die Zeit entfallen, in der inländische Einkünfte aus nichtselbständiger Arbeit erzielt werden (vgl. nachfolgende

Kinderbetreuungskosten

Nr. 4). Der Gesetzgeber hält insoweit eine Gleichstellung mit unbeschränkt steuerpflichtigen Arbeitnehmern für gerechtfertigt. Allerdings können beschränkt steuerpflichtige Arbeitnehmer nach wie vor keine Kinderbetreuungskosten als Sonderausgaben geltend machen.

Gliederung:
1. Allgemeines
2. Begünstigte Kinderbetreuungskosten
3. Begünstigte Kinder
4. Erwerbsbedingte Kinderbetreuungskosten
5. Sonderausgabenabzug bei Ausbildung, Behinderung oder Krankheit des Steuerzahlers
6. Sonderausgabenabzug bei Kindern zwischen 3 und 6 Jahren
7. Sonstiges

1. Allgemeines

Ein Abzug von **Kinderbetreuungskosten** war bis einschließlich 2005 nur in geringem Umfang als außergewöhnliche Belastung (§ 33c EStG) möglich. Seit 1.1.2006 werden die Kinderbetreuungskosten regelmäßig wie **Werbungskosten** oder **Betriebsausgaben** oder als **Sonderausgaben** berücksichtigt. Die Finanzverwaltung hat zu der Neuregelung mit BMF-Schreiben vom 19.1.2007 (BStBl. I S. 184)*) ausführlich Stellung genommen. Die wesentlichen Inhalte der gesetzlichen Neuregelung und der Verwaltungsauffassung sind nachfolgend dargestellt.

2. Begünstigte Kinderbetreuungskosten

Zu den berücksichtigungsfähigen Kinderbetreuungskosten gehören z. B. die Kosten für einen **Babysitter**, einen **Kindergarten**, eine Kindertagesstätte, eine Ganztagspflegestelle, eine **Tagesmutter** oder eine **Erzieherin**. Begünstigt sind auch die Aufwendungen für die Beaufsichtigung des Kindes bei Erledigung der häuslichen **Schulaufgaben**.

Nicht abziehbar sind hingegen Aufwendungen für **Unterricht** (z. B. Schulgeld, Nachhilfe-, Fremdsprachen-, Musikunterricht), die Vermittlung besonderer Fähigkeiten (z. B. Computerkurse), sportliche und andere **Freizeitbetätigungen** (z. B. Mitgliedschaft in Sport- oder anderen Vereinen, Golf-, Reit-, Tennisunterricht) und Nebenkosten zur Kinderbetreuung (z. B. **Verpflegung** des Kindes). Zu den **begünstigten** Kinderbetreuungskosten gehören aber auch die **Gebühren** für den Besuch einer **Vorschule** oder **Vorklasse**. In diesen Fällen findet nämlich eine spielerische Vorbereitung auf die Grundschule statt, die pädagogisch und erzieherisch ausgerichtet ist. Letztlich erhalten Kinder, die eine Kindertagesstätte, eine Vorschule oder Vorklasse besuchen, die gleichen Betreuungsleistungen. Von nicht abziehbaren Unterricht ist erst mit dem Besuch der Grundschule auszugehen.

Ggf. ist eine **Aufteilung** der begünstigten und nicht begünstigten Aufwendungen im Schätzungswege vorzunehmen (z. B. bei der Beschäftigung einer **Haushaltshilfe**, die den Haushalt führt und die Kinder betreut). Bei Aufnahme eines **Au-pairs** in die Familie unterstellt die Finanzverwaltung, dass 50 % der Aufwendungen auf die begünstigte Kinderbetreuung und die anderen 50 % auf die nicht begünstigte Erledigung von leichten Hausarbeiten entfallen. Bei einer **Nachmittagsbetreuung** in der Schule verlangt die Verwaltung, dass eine Aufschlüsselung der Beiträge in begünstigte Aufwendungen (z. B. Hausaufgabenbetreuung) und nicht begünstigte Aufwendungen (z. B. Computerkurs) erfolgt.

Zu den begünstigten Aufwendungen gehören alle Ausgaben in Geld oder Geldeswert (Wohnung, Kost, Waren, sonstige Sachleistungen) für die Dienstleistungen zur Kinderbetreuung. Hierzu zählt auch die Fahrtkostenerstattung an die Betreuungsperson. Steuerfreie Arbeitgeberleistungen (vgl. das Stichwort „Kindergartenzuschüsse") mindern übrigens die steuerlich zu berücksichtigenden Aufwendungen (§ 3c Abs. 1 und § 10 Abs. 2 Nr. 1 EStG). Entsprechendes gilt bei einer Erstattung der Aufwendungen (z. B. durch die Stadt wegen der Höhe des Einkommens der Eltern).

Für die Aufwendungen für die Kinderbetreuung muss man eine **Rechnung** erhalten haben und die Zahlung muss unbar (z. B. **Überweisung**, Dauerauftrag) auf das Konto des Erbringers der Leistung erfolgt sein. Auf Anforderung ist dies gegenüber dem Finanzamt nachzuweisen. Ein Arbeitsvertrag oder der Gebührenbescheid des Kindergartens gelten als Rechnung in diesem Sinne. Kinderbetreuungskosten die durch **Barzahlungen** oder Barschecks bezahlt wurden, sind **nicht begünstigt**.

3. Begünstigte Kinder

Begünstigt sind Kinderbetreuungskosten für **leibliche Kinder, Adoptiv- und Pflegekinder.** Nicht begünstigt sind hingegen Betreuungsaufwendungen für Stief- und Enkelkinder.

Beispiel

Die Ehegatten A und B sind beide erwerbstätig; A Vollzeit, B im Rahmen einer geringfügigen Beschäftigung (400-€-Job mit Pauschalabgaben). B hat einen zehnjährigen Sohn mit in die Ehe gebracht, für den 150 € monatlich an Kinderbetreuungskosten anfallen.

B kann im Rahmen ihrer geringfügigen Beschäftigung keine Kinderbetreuungskosten wie Werbungskosten abziehen, da der pauschal versteuerte Arbeitslohn bei der Einkommensteuer-Veranlagung außer Ansatz bleibt (§ 40a Abs. 5 i. V. m. § 40 Abs. 3 EStG). Bei A scheidet ein Abzug aus, da es sich bei ihm um Kinderbetreuungskosten für ein Stiefkind handelt.

Des Weiteren muss das **Kind zum Haushalt** der Eltern bzw. des Elternteils gehören, das heißt, in deren Haushalt leben. Bei nicht zusammenlebenden Eltern ist grundsätzlich die Meldung des Kindes maßgebend. Eine vorübergehende auswärtige Unterbringung des Kindes (z. B. zu Schul- oder Ausbildungszwecken) ist unschädlich.

4. Erwerbsbedingte Kinderbetreuungskosten

Die Kinderbetreuungskosten werden dem Grunde nach wie **Werbungskosten (neben dem Arbeitnehmer-Pauschbetrag von 920 €)** oder **Betriebsausgaben** (mit Auswirkung auf **Gewerbesteuer**) berücksichtigt, wenn sie wegen Erwerbstätigkeit des Elternteils anfallen. Bei zusammenlebenden Elternteilen liegen erwerbsbedingte Kinderbetreuungskosten nur vor, wenn beide Elternteile erwerbstätig sind (§ 9c Abs. 1 EStG).

Als Erwerbstätigkeit gilt jede auf die Erzielung von Einnahmen gerichtete Tätigkeit, die den Einsatz persönlicher Arbeitskraft erfordert. Hierunter fallen auch **„Minijobs"** (400-€-Job) und nicht sozialversicherungspflichtige Tätigkeiten. Bei einer Arbeitszeit von mindestens 10 Stunden pro Woche wird davon ausgegangen, dass die Kinderbetreuungskosten erwerbsbedingt anfallen. Studium, Vermögensverwaltung und Tätigkeiten ohne Gewinn-/Überschusserzielungsabsicht (sog. Liebhaberei) gelten nicht als Erwerbstätigkeit.

Wird die Erwerbstätigkeit durch Urlaub, Krankheit oder Arbeitslosigkeit unterbrochen, können auch die während der Unterbrechungszeit entstandenen Kinderbetreuungskosten wie Werbungskosten oder Betriebsausgaben berücksichtigt werden. Dies gilt jedoch längstens für einen Zeitraum von vier Monaten.

---

*) Das BMF-Schreiben ist als Anlage 3 zu H 9.1 LStR im **Steuerhandbuch für das Lohnbüro 2010** abgedruckt, das im selben Verlag erschienen ist. Das **PC-Lexikon** für das Lohnbüro 2010 enthält auch dieses Handbuch und hat außerdem den Vorteil, dass Sie **alle BFH-Urteile** sowie die aktuellen Rundschreiben und Niederschriften der Spitzenverbände der **Sozialversicherung** mit Mausklick **im Volltext** abrufen und ausdrucken können. Eine Bestellkarte finden Sie vorne im Lexikon.

Kinderbetreuungskosten

Die Berücksichtigung von erwerbsbedingten Kinderbetreuungskosten setzt außerdem voraus, dass das Kind das **14. Lebensjahr** noch nicht vollendet hat oder wegen einer vor Vollendung des 25. Lebensjahres eingetretenen körperlichen, geistigen oder seelischen Behinderung (Eintritt der Behinderung bis 2006 = 27 Jahre) außerstande ist, sich selbst finanziell zu unterhalten.

Der Höhe nach sind **zwei Drittel** der Kinderbetreuungskosten, **höchstens 4000 €** je Kind bei den Einkünften aus nichtselbständiger Arbeit wie Werbungskosten (**neben dem Arbeitnehmer-Pauschbetrag** von 920 €) oder bei den Gewinneinkünften (Land- und Forstwirtschaft, Gewerbebetrieb oder selbständige Arbeit) wie Betriebsausgaben (ggf. mit Auswirkung auf die Gewerbesteuer) abziehbar. Bei mehreren Kindern kann der Höchstbetrag von 4000 € **für jedes Kind** vorgenommen werden. Eine zeitanteilige Kürzung des Höchstbetrags wird übrigens auch dann nicht vorgenommen, wenn Kinderbetreuungskosten nicht während des gesamten Kalenderjahres geleistet worden sind.

Beispiel A
Die alleinerziehende A erzielt als Arbeitnehmerin Einkünfte aus nichtselbständiger Arbeit. Ihre 11-jährige Tochter wird nachmittags bei der Erledigung der Schulaufgaben durch eine Betreuungsperson beaufsichtigt. Hierfür fallen im Jahre 2010 Aufwendungen in Höhe von 600 € an. Weitere Werbungskosten hat A nicht.
Die erwerbsbedingten Kinderbetreuungskosten werden in Höhe von 400 € (= ²/₃ von 600 €) wie Werbungskosten neben dem Arbeitnehmer-Pauschbetrag von 920 € berücksichtigt.

Beispiel B
Die Eheleute A und B sind beide berufstätig. A Vollzeit, B im Rahmen eines 400-€-Jobs mit Pauschalabgaben. Für ihre 6- und 8-jährigen Töchter fallen in 2010 jeweils 4500 € Kinderbetreuungskosten an.
Die Kinderbetreuungskosten sind jeweils in Höhe von ²/₃ von 4500 € = 3000 € wie Werbungskosten abziehbar. Die Eheleute sollten die volle Berücksichtigung der 6000 € (2 × 3000 €) bei A beantragen, da B im Rahmen ihres 400-€-Jobs keine Werbungskosten geltend machen kann. Dies wäre auch zu empfehlen, wenn A Gewerbetreibender und B „Vollzeit-Arbeitnehmerin" wäre, damit sich die erwerbsbedingten Kinderbetreuungskosten bei A auch mindernd auf die Gewerbesteuer auswirken können.

Kinderbetreuungskosten sind **monatsweise** und nicht tageweise zu **berechnen,** wenn die Voraussetzungen für den Abzug der Aufwendungen im Laufe des Kalenderjahres wegfallen.

Beispiel C
Die Tochter der beiderseits berufstätigen Ehegatten A und B vollendet am 15. Oktober 2010 ihr 14. Lebensjahr. Kinderbetreuungskosten sind im gesamten Jahr 2010 angefallen.
Die Kinderbetreuungskosten von Januar **bis Oktober** 2010 können mit ²/₃ der Aufwendungen bis zum Höchstbetrag von 4000 € wie Werbungskosten oder Betriebsausgaben berücksichtigt werden.

Ab 2010 können erstmals auch **beschränkt** steuerpflichtige Arbeitnehmer **erwerbsbedingte Kinderbetreuungskosten** wie **Werbungskosten** abziehen, soweit sie auf die Zeit entfallen, in der inländische Einkünfte aus nichtselbständiger Arbeit erzielt werden (§ 50 Abs. 1 Satz 4 EStG). Der Gesetzgeber hält insoweit eine Gleichstellung mit unbeschränkt steuerpflichtigen Arbeitnehmern für gerechtfertigt.

Ist das Kind beschränkt steuerpflichtig, ist der Höchstbetrag von 4000 € ggf. nach den Verhältnissen des Wohnsitzstaates des Kindes um 25 %, 50 % oder 75 % zu kürzen (vgl. hierzu die sog. Ländergruppeneinteilung im Anhang 10).

5. Sonderausgabenabzug bei Ausbildung, Behinderung oder Krankheit des Steuerzahlers

Zwei Drittel der Kinderbetreuungskosten, höchstens **4000 €** je Kind sind als **Sonderausgaben** (§ 9c Abs. 2 EStG) abziehbar, wenn der **Steuerzahler** – nicht das Kind! – sich in **Ausbildung** befindet oder körperlich, geistig oder seelisch **behindert** oder mindestens drei Monate **krank** ist. Der Dreimonatszeitraum muss nicht erfüllt sein, wenn die Krankheit unmittelbar im Anschluss an eine Erwerbstätigkeit oder Ausbildung eintritt. Auch dieser Sonderausgabenabzug setzt voraus, dass das Kind das **14. Lebensjahr** noch nicht vollendet hat oder wegen einer vor Vollendung des 25. Lebensjahres (bis 2006 27 Jahre) eingetretenen Behinderung außerstande ist, sich selbst finanziell zu unterhalten.

Bei zusammenlebenden Eltern ist der Sonderausgabenabzug nur möglich, wenn bei beiden Elternteilen das Merkmal Ausbildung, Behinderung oder Krankheit vorliegt oder bei einem Elternteil dieses Merkmal erfüllt ist und der andere Elternteil erwerbstätig ist.

Beschränkt steuerpflichtige Arbeitnehmer können keine Kinderbetreuungskosten als Sonderausgaben abziehen (§ 50 Abs. 1 Satz 3 EStG).

6. Sonderausgabenabzug bei Kindern zwischen 3 und 6 Jahren

Sofern die Voraussetzungen für die Anwendung der vorstehenden Regelungen 4. und 5. nicht erfüllt sind, können alle Eltern mit haushaltszugehörigen Kindern, die **das 3. Lebensjahr aber noch nicht das 6. Lebensjahr vollendet** haben, ohne weitere persönliche Voraussetzungen zwei Drittel ihrer Kinderbetreuungskosten, höchstens 4000 € je Kind, als **Sonderausgaben** abziehen (§ 9c Abs. 2 EStG).

Diese Regelung ist insbesondere bei Alleinverdiener-Ehepaaren von Bedeutung, da hierdurch die **Kindergartenbeiträge** steuermindernd berücksichtigt werden. Sie gilt aber auch bei Alleinerziehenden mit steuerpflichtigen Einkünften außerhalb einer Erwerbstätigkeit (z. B. Unterhaltsleistungen vom geschiedenen oder dauernd getrennt lebenden Ehegatten).

Beispiel A
Bei einem Alleinverdiener-Ehepaar mit einem fünfjährigen Kind beträgt der monatliche Kindergartenbeitrag 75 €.
Zwei Drittel von 900 € = 600 € sind als Sonderausgaben abziehbar. Erwerbsbedingte Kinderbetreuungskosten liegen nicht vor, weil nicht beide Elternteile erwerbstätig sind.

Kinderbetreuungskosten sind **monatsweise** und nicht tageweise zu **berechnen,** wenn die Voraussetzungen für den Abzug der Aufwendungen im Laufe des Kalenderjahres wegfallen.

Beispiel B
Wie Beispiel A. Der Sohn vollendet am 2. Mai 2010 sein 6. Lebensjahr.
Die Kinderbetreuungskosten von Januar **bis einschließlich Mai** 2010 können in Höhe von 250 € (5 Monate á 75 € × ²/₃) als Sonderausgaben abgezogen werden.

Beschränkt steuerpflichtige Arbeitnehmer können keine Kinderbetreuungskosten als Sonderausgaben abziehen (§ 50 Abs. 1 Satz 3 EStG).

7. Sonstiges

Kinderbetreuungskosten können im Rahmen des Lohnsteuer-Ermäßigungsverfahrens als **Freibetrag** auf der **Lohnsteuerkarte** eingetragen werden (§ 39a EStG; vgl. Anhang 7). Entsprechendes gilt für erwerbsbedingte Kinderbetreuungskosten auf der Lohnsteuerabzugsbescheinigung eines beschränkt steuerpflichtigen Arbeitnehmers.

Ist ein Abzug von Kinderbetreuungskosten dem Grunde nach weder wie Werbungskosten oder Betriebsausgaben noch als Sonderausgaben möglich, kann unter den weiteren Voraussetzungen eine Steuerermäßigung für **haushaltsnahe Beschäftigungsverhältnisse** bzw. haushaltsnahe **Dienstleistungen** (§ 35a EStG; vgl. auch „Hausgehilfin") in Betracht kommen.

Kinderdorfmütter

	Lohn-steuer-pflichtig	Sozial-versich.-pflichtig
Kinderdorfmütter sind Arbeitnehmer; ihr Entgelt ist steuer- und beitragspflichtiger Arbeitslohn.	ja	ja

siehe aber auch „Tagesmütter"

Kinderfreibeträge

Die Kinderfreibeträge betragen:

	2002 bis 2008		2009		2010	
	monatl.	jährl.	monatl.	jährl.	monatl.	jährl.
halber Kinderfreibetrag	152 €	1 824 €	161 €	1 932 €	182 €	2 184 €
ganzer Kinderfreibetrag	304 €	3 648 €	322 €	3 864 €	364 €	4 368 €

Seit 1996 wirkt sich der Kinderfreibetrag nicht mehr auf die Höhe der Lohnsteuer aus. Bei der Ermittlung der Bemessungsgrundlage für den Solidaritätszuschlag und der Kirchensteuer wird der Kinderfreibetrag jedoch weiterhin berücksichtigt. Anstelle des bis 31.12.1995 im Lohnsteuertarif enthaltenen Kinderfreibetrags wird dem Arbeitnehmer ein höheres Kindergeld gewährt, wobei nach Ablauf des Kalenderjahres vom Finanzamt im Rahmen einer Veranlagung zur Einkommensteuer geprüft wird, ob die steuerliche Berücksichtigung des Kinderfreibetrags „günstiger" ist als das während des Kalenderjahres gezahlte Kindergeld. Seit 2002 wird in diese Vergleichsberechnung auch der Freibetrag für Betreuungs-, Erziehungs- oder Ausbildungsbedarf mit einbezogen. Der seit 2002 geltende Freibetrag für Betreuungs-, Erziehungs- oder Ausbildungsbedarf beträgt je Kind:

	2002 bis 2009		2010	
	monatl.	jährl.	monatl.	jährl.
ganzer Freibetrag für Betreuung und Erziehung oder Ausbildung	180 €	2 160 €	220 €	2 640 €
halber Freibetrag für Betreuung und Erziehung oder Ausbildung	90 €	1 080 €	110 €	1 320 €

Die Inanspruchnahme des Kinderfreibetrags zuzüglich des Freibetrags für den Betreuungs-, Erziehungs- oder Ausbildungsbedarf anstelle des Kindergelds, der Kinderbegriff und die Anspruchsvoraussetzungen für das Kindergeld sind ausführlich anhand von Beispielen in **Anhang 9** erläutert. Die Berücksichtigung der Kinderfreibeträge bei der Berechnung der Bemessungsgrundlage für den Solidaritätszuschlag und die Kirchensteuer ist bei diesen Stichworten anhand von Beispielen erläutert. Zur steuerlichen Berücksichtigung von „Kinderbetreuungskosten" vgl. dieses Stichwort. Die Einkommensteuerfestsetzungen sind wegen der Höhe der kindbezogenen Freibeträge vorläufig.

Kindergartenzuschüsse

Wichtiges auf einen Blick:

Zu den **begünstigten Betreuungsleistungen**, die der Arbeitgeber steuer- und sozialversicherungsfrei ersetzen kann, gehören auch die **Gebühren** für den Besuch einer **Vorschule** oder **Vorklasse**. In diesen Fällen findet nämlich eine spielerische Vorbereitung auf die Grundschule statt, die pädagogisch und erzieherisch ausgerichtet ist. Letztlich erhalten Kinder, die eine Kindertagesstätte, eine Vorschule oder Vorklasse besuchen, die gleichen Betreuungsleistungen.

1. Allgemeines

Steuer- und **sozialversicherungsfrei** sind Arbeitgeberleistungen zur **Unterbringung** (einschließlich Unterkunft und **Verpflegung**) und **Betreuung** von nicht schulpflichtigen Kindern des Arbeitnehmers in Kindergärten oder vergleichbaren Einrichtungen (z. B. bei einer Tagesmutter), die der Arbeitgeber **zusätzlich** zum ohnehin geschuldeten Arbeitslohn erbringt.

Im Einzelnen gilt für Kindergartenzuschüsse Folgendes:

2. Steuerfreie Kindergartenzuschüsse

	Lohn-steuer-pflichtig	Sozial-versich.-pflichtig
Die kostenlose Betreuung der Kinder von Arbeitnehmern in einem **Betriebskindergarten** war bereits seit jeher kein steuer- und beitragspflichtiger Arbeitslohn.	nein	nein
Seit 1992 gibt es darüber hinaus eine generelle Steuerfreiheit für alle Leistungen des Arbeitgebers zur Unterbringung (**einschließlich Unterkunft und Verpflegung**) und Betreuung von **nicht schulpflichtigen** Kindern der Arbeitnehmer in Kindergärten oder vergleichbaren Einrichtungen (§ 3 Nr. 33 EStG). Seit 1992 sind deshalb auch **Barzuschüsse,** die der Arbeitgeber zu den Aufwendungen des Arbeitnehmers für einen Kindergartenplatz erbringt, steuer- und beitragsfrei. Die steuerfreien Arbeitgeberleistungen mindern aber die wie Werbungskosten, Betriebsausgaben oder als Sonderausgaben abziehbaren Kinderbetreuungskosten (vgl. die Erläuterungen bei diesem Stichwort).	nein	nein

Die Steuerbefreiung kann auch dann in Anspruch genommen werden, wenn der nicht bei dem Arbeitgeber beschäftigte Elternteil die vom Arbeitgeber erstatteten Aufwendungen getragen hat (R 3.33 Abs. 1 Satz 2 LStR).

Beispiel
Die Eltern einer vierjährigen Tochter sind nicht miteinander verheiratet. Die kindergeldberechtigte Mutter hat die Tochter in einem Kindergarten untergebracht und zahlt hierfür 100 € monatlich. Der Betrag von 100 € monatlich wird vom Arbeitgeber des Vaters erstattet.
Die Erstattung der Aufwendungen durch den Arbeitgeber des Vaters ist steuer- und sozialversicherungsfrei, obwohl die Aufwendungen wirtschaftlich von der nicht bei ihm beschäftigten Mutter des Kindes getragen wurden.

	Lohn-steuer-pflichtig	Sozial-versich.-pflichtig
Bei Barzuschüssen des Arbeitgebers ist die Steuer- und Sozialversicherungsfreiheit nur dann gegeben, wenn der Arbeitnehmer dem Arbeitgeber die zweckentsprechende Verwendung nachgewiesen hat. Der **Arbeitgeber** hat die Nachweise im **Original** als **Belege** zum Lohnkonto aufzubewahren (R 3.33 Abs. 4 Sätze 2 und 3 LStR).		
Weitere Voraussetzung für die Steuer- und Beitragsfreiheit ist, dass die Zuschüsse **zusätzlich** zum ohnehin geschuldeten Arbeitslohn erbracht werden. Die **Umwandlung** von Barlohn in einen Kindergartenzuschuss führt **nicht** zur Steuer- und Beitragsfreiheit, wobei es gleichgültig ist, ob laufender Barlohn oder eine Einmalzahlung umgewandelt wird (vgl. hierzu die ausführlichen Erläuterungen beim Stichwort „Gehaltsumwandlung").	ja	ja

Beispiel
Die Arbeitnehmerin A hat Anspruch auf einen Arbeitslohn von 2200 € monatlich. Im März 2010 vereinbart sie mit ihrem Arbeitgeber, dass ab 1. April 2010 ein Arbeitslohn von 2100 € zuzüglich 100 € Kindergartenzuschuss gezahlt wird.
Der ab April 2010 gezahlte Kindergartenzuschuss ist steuerpflichtig und nicht steuerfrei, da eine (schädliche) Gehaltsumwandlung vorliegt und der Zuschuss somit nicht zusätzlich zum ohnehin geschuldeten Arbeitslohn gezahlt wird.

Es ist **gleichgültig,** ob die Unterbringung und Betreuung in **betrieblichen** oder **außerbetrieblichen Kindergärten** erfolgt. Vergleichbare Einrichtungen sind z. B. Schulkindergärten, Kindertagesstätten, Kinderkrippen, Tagesmütter, Wochenmütter und Ganztagespflegestellen. Auch Internate sind eine „vergleichbare Einrichtung", wenn das Internat auch nicht schulpflichtige Kinder aufnimmt. Dabei ist zu beachten, dass Arbeitgeberleistungen insoweit nicht steuerfrei sind, als sie auf den **Unterricht** des Kindes entfallen. Das Gleiche gilt auch für andere Leistungen, die nicht unmittelbar der Betreuung eines Kindes dienen, z. B. die Beförderung zwischen Wohnung und Kindergarten. Nicht steuerfrei sind auch Leistungen, die der

Kindergartenzuschüsse

Arbeitgeber für die (bloße) **Vermittlung** von Unterbringungs- und Betreuungsmöglichkeiten durch Dritte gewährt. Pauschale Arbeitgeberzahlungen an ein Dienstleistungsunternehmen, das sich verpflichtet, alle Arbeitnehmer kostenlos in Angelegenheiten zu beraten und zu betreuen (z. B. durch die Übernahme der Vermittlung von Betreuungspersonen für Familienangehörige) gehören allerdings nicht zum Arbeitslohn (R 19.3 Abs. 2 Nr. 5 LStR). Auch Zuwendungen des Arbeitgebers an eine Einrichtung, durch die der Arbeitgeber für seine Arbeitnehmer ein **Belegungsrecht** ohne Beurlaubungsverfahren und Wartezeit erwirkt, führen nicht zu einem geldwerten Vorteil (R 3.33 Abs. 1 Satz 4 LStR).

Auch die **Gebühren** für den Besuch einer **Vorschule** oder **Vorklasse** – die es in einigen Bundesländern gibt – gehören zu den begünstigten Betreuungsleistungen. In diesen Fällen findet nämlich eine spielerische Vorbereitung auf die Grundschule statt, die pädagogisch und erzieherisch ausgerichtet ist. Letztlich erhalten Kinder, die eine Kindertagesstätte, eine Vorschule oder Vorklasse besuchen, die gleichen Betreuungsleistungen, so dass nicht von einem (schädlichen) Unterricht des Kindes auszugehen ist.

Aufwendungen für die Betreuung des Kindes **im eigenen Haushalt**, z. B. durch Kinderpflegerinnen, Hausgehilfinnen oder Familienangehörige, können nicht steuerfrei vom Arbeitgeber ersetzt werden.

Beispiel

Für die Betreuung des Kindes im eigenen Haushalt entstehen dem Arbeitnehmer monatliche Aufwendungen von 150 €.

Eine steuerfreie Erstattung des Betrags durch den Arbeitgeber ist nicht möglich, da die Unterbringung und Betreuung des Kindes nicht in einem Kindergarten bzw. einer vergleichbaren Einrichtung erfolgt. Zur Berücksichtigung der Aufwendungen als Werbungskosten vgl. die Erläuterungen beim Stichwort „Kinderbetreuungskosten" besonders unter Nr. 2 und 4.

3. Das Kind darf noch nicht schulpflichtig sein

Begünstigt sind nur Leistungen zur Unterbringung (einschließlich Unterkunft und Verpflegung) und Betreuung von **nicht schulpflichtigen** Kindern. Ob ein Kind **schulpflichtig** ist, bestimmt sich nach dem **jeweiligen landesrechtlichen Schulgesetz**. Aus **Vereinfachungsgründen** braucht der Arbeitgeber die Schulpflicht bei Kindern nicht zu prüfen, die

– das 6. Lebensjahr noch nicht vollendet haben oder

– im laufenden Kalenderjahr das 6. Lebensjahr nach dem 30. Juni vollenden, es sei denn, sie sind vorzeitig eingeschult worden oder

– im laufenden Kalenderjahr das 6. Lebensjahr vor dem 1. Juli vollenden. In diesem Fall entfällt die Prüfung der Schulpflicht durch den Arbeitgeber aber nur in den Monaten Januar bis Juli dieses Jahres.

Den nicht schulpflichtigen Kindern stehen schulpflichtige Kinder gleich, solange sie mangels Schulreife vom Schulbesuch zurückgestellt sind. Hierzu gehören auch die Kinder, die zwar im laufenden Kalenderjahr das 6. Lebensjahr vollenden, aber erst im nächsten Kalenderjahr eingeschult werden.

Beispiel

Die Schulpflicht soll für Kinder, die bis 30. 6. 2010 das 6. Lebensjahr vollendet haben, am 1. 8. 2010 beginnen. Kinder, die das 6. Lebensjahr bis zum 31. 12. 2010 vollenden, werden **auf Antrag** ebenfalls für das laufende Schuljahr eingeschult. Damit beginnt ihre Schulpflicht; eine steuerfreie Zahlung von Kindergartenzuschüssen ist deshalb ab 1. 8. 2010 nicht mehr möglich.

Wird für die Kinder, die bis zum 31. 12. 2010 das 6. Lebensjahr vollenden, kein Antrag auf Einschulung für das laufende Schuljahr gestellt, beginnt die Schulpflicht erst am 1. 8. 2011. Für diese Kinder können Kindergartenzuschüsse bis 31. 7. 2011 steuerfrei gezahlt werden.

Kinder-Krankengeld

Kindergeld

Das Kindergeld beträgt **monatlich**:

	2002 bis 2008	2009	2010
für das erste Kind	154 €	164 €	184 €
für das zweite Kind	154 €	164 €	184 €
für das dritte Kind	154 €	170 €	190 €
für jedes weitere Kind	179 €	195 €	215 €

Das eigene Einkommen des Kindes spielt **bis zur Vollendung des 18. Lebensjahrs** keine Rolle. Ab dem 18. Lebensjahr wird das Kindergeld nur dann gewährt, wenn die eigenen Einkünfte und Bezüge des Kindes einen bestimmten Betrag nicht übersteigen. Diese Grenze ist zum **1.1.2010** von 7680 € jährlich auf **8004 €** jährlich erhöht worden.

Die Anspruchsvoraussetzungen für das Kindergeld und die Inanspruchnahme des Kinderfreibetrags zuzüglich des Freibetrags für den Betreuungs-, Erziehungs- oder Ausbildungsbedarf anstelle des Kindergelds nach Ablauf des Kalenderjahres sowie der Kinderbegriff sind ausführlich anhand von Beispielen in **Anhang 9** erläutert. Zum Kinderzuschlag für Geringverdiener vgl. die Erläuterungen in Anhang 9 am Ende der Nr. 5.

Für jedes Kind, für das im Kalenderjahr 2009 mindestens für einen Kalendermonat Anspruch auf Kindergeld bestand, wird ein Einmalbetrag von 100 € (sog. **Kinderbonus**) gezahlt. Bei der Einkommensteuerveranlagung 2009 wird im Rahmen der Vergleichsrechnung den Freibeträgen für Kinder das Kindergeld einschließlich des Kinderbonus gegenübergestellt (vgl. hierzu im Einzelnen Anhang 9 unter Nr. 4).

Beispiel

Das erste Kind der Eheleute wird am 31.12.2009 geboren. Neben dem Kindergeld von 164 € erhalten die Eltern auch den Kinderbonus von 100 €. Im Rahmen der Einkommensteuerveranlagung 2009 wird den Freibeträgen für das Kind (Kinderfreibetrag 322 € und Freibetrag für Betreuung, Erziehung oder Ausbildung 180 €) das Kindergeld einschließlich Kinderbonus (Summe = 264 €) gegenübergestellt.

Kinder-Krankengeld

Gliederung:

1. Allgemeines
2. Lohnsteuerliche Behandlung
3. Sozialversicherungsrechtliche Behandlung

1. Allgemeines

Nach § 45 SGB V erhalten in der gesetzlichen Krankenversicherung versicherte Arbeitnehmer ein sogenanntes Kinder-Krankengeld, wenn es nach ärztlichem Zeugnis erforderlich ist, dass der Versicherte zur Beaufsichtigung, Betreuung oder Pflege seines erkrankten Kindes der Arbeit fernbleibt, eine andere im Haushalt des Versicherten lebende Person die Beaufsichtigung, Betreuung oder Pflege nicht übernehmen kann und das Kind das **12. Lebensjahr** noch nicht vollendet hat. Der Anspruch auf unbezahlte Freistellung von der Arbeit zur Pflege eines kranken Kindes beträgt **10 Arbeitstage** im Kalenderjahr; für **Alleinerziehende 20 Arbeitstage**. Der Anspruch ist allerdings insgesamt auf höchstens 25 Arbeitstage im Kalenderjahr begrenzt (für Alleinerziehende auf 50 Arbeitstage). Für die genannten Zeiträume haben die Krankenkassen das Kinder-Krankengeld zu zahlen, wenn der Arbeitgeber keine Entgeltfortzahlung für diese Zeit gewährt. Ein Anspruch auf Freistellung von der Arbeit unter Fortzahlung der Bezüge wegen Pflege eines erkrankten Kindes ergibt sich nach der Rechtsprechung des Bundesarbeitsgerichts aus § 616 BGB. Allerdings ist dieser Anspruch auf bezahlte Freistellung von der Arbeit abdingbar und meist auch in den Tarifverträgen abbedungen. In diesen Fällen muss die Krankenkasse das Kinder-

Kinder-Krankengeld

	Lohn-steuer-pflichtig	Sozial-versich.-pflichtig

Krankengeld zahlen. In einigen Tarifverträgen ist die Zahlung eines Arbeitgeberzuschusses zum Krankengeld vorgesehen (vgl. das Stichwort „Krankengeldzuschüsse"). In diesen Fällen zahlt der Arbeitgeber auch einen Zuschuss zum Kinderkrankengeld in Höhe des Unterschiedsbetrags zwischen Krankengeld und Nettolohn.

2. Lohnsteuerliche Behandlung

Das Kinderkrankengeld ist lohnsteuerfrei nach § 3 Nr. 1 EStG.

Das Kinderkrankengeld ist zwar steuerfrei, es unterliegt jedoch dem sog. **Progressionsvorbehalt** (vgl. dieses Stichwort). Der Arbeitnehmer muss deshalb die Bescheinigung, die er über die Höhe des Krankengelds von seiner Krankenkasse erhält (sog. Leistungsnachweis), bei seiner Veranlagung zur Einkommensteuer dem Finanzamt vorlegen.

In dem Monat, in dem die Entgeltfortzahlung endet und die beitragsfreie Zeit der Krankengeldzahlung beginnt, entsteht beitragsrechtlich ein **Teillohnzahlungszeitraum.** Bei der Lohnsteuer wird dagegen der Lohnzahlungszeitraum durch ausfallende (unbezahlte) Arbeitstage nicht unterbrochen. Auf das Beispiel einer vollständigen Lohnabrechnung beim Übergang von der Lohnfortzahlung zum Krankengeld (mit Erläuterung der Meldepflichten) beim Stichwort „Teillohnzahlungszeitraum" unter Nr. 4 auf Seite 692 wird hingewiesen.

Zahlt der Arbeitgeber zusätzlich zum Kinderkrankengeld einen Zuschuss, so gilt Folgendes:

Krankengeldzuschüsse, die der Arbeitnehmer zusätzlich zum Kinderkrankengeld erhält, sind lohnsteuerpflichtig aber im Normalfall sozialversicherungsfrei (vgl. nachfolgend unter Nr. 3). | ja | nein

Fällt bei Zuschüssen des Arbeitgebers zum Kinder-Krankengeld wegen der geringen Höhe der Zuschüsse und Anwendung der Monatslohnsteuertabelle keine Lohnsteuer an, so müssen die Zuschüsse trotzdem im Lohnkonto und auf der Lohnsteuerkarte als steuerpflichtiger Arbeitslohn erfasst werden. Außerdem ist im Lohnkonto und auf der Lohnsteuerkarte ein U zu bescheinigen, wenn der Arbeitnehmer für 5 oder mehr Arbeitstage Kinderkrankengeld – mit oder ohne Arbeitgeberzuschuss – erhält (vgl. „Lohnkonto").

3. Sozialversicherungsrechtliche Behandlung

Beitragsrechtlich gilt nach §23c SGB IV einheitlich für alle Versicherungszweige Folgendes:

Zuschüsse des Arbeitgebers zum Krankengeld, Verletztengeld, Übergangsgeld oder Krankentagegeld und sonstige Einnahmen aus einer Beschäftigung, die für die Zeit des Bezuges von Krankengeld, Krankentagegeld, Versorgungskrankengeld, Verletztengeld, Übergangsgeld, Mutterschaftsgeld oder Elterngeld weiter erzielt werden, gelten nicht als beitragspflichtiges Arbeitsentgelt, wenn die Einnahmen zusammen mit den genannten Sozialleistungen das Nettoarbeitsentgelt im Sinne des § 47 Abs. 1 SGB V nicht um mehr als **50 €** übersteigen (Freigrenze).

Nach dieser Regelung sind Krankengeldzuschüsse, die der Arbeitnehmer zusätzlich zum Kinderkrankengeld erhält, beitragsfrei wenn das Nettoarbeitsentgelt nicht um mehr als 50 € überschritten wird. | ja | nein

Die Anwendung des § 23c SGB IV auf Krankengeldzuschüsse ist ausführlich beim Stichwort „Arbeitsentgelt" unter Nr. 2 auf Seite 86 erläutert.

Kirchensteuer

	Lohn-steuer-pflichtig	Sozial-versich.-pflichtig

Kinderzulagen

Kinderzulagen oder Kinderzuschläge, die der Arbeitgeber zahlt, gehören ebenso wie Familienzuschläge zum steuer- und beitragspflichtigen Arbeitslohn. | ja | ja

Dies gilt auch für Kinderzuschläge und Kinderbeihilfen, die aufgrund der Besoldungsgesetze, besonderer Tarife oder ähnlicher Vorschriften gewährt werden (§ 3 Nr. 11 Satz 2 EStG). | ja | ja

Bei der **Feststellung der Krankenversicherungspflicht** bleiben Zuschläge, die mit Rücksicht auf den Familienstand gezahlt werden, unberücksichtigt, d. h. bei der Ermittlung des regelmäßigen Jahresarbeitsentgelts werden diese Zuschläge **nicht berücksichtigt** (vgl. das Stichwort „Jahresarbeitsentgeltgrenze").

Kirchenbedienstete/Kirchenmusiker

Nebenamtliche Kirchenbedienstete, z. B. Küster, Mesner, sind stets als Arbeitnehmer anzusehen. Die ihnen gewährten Vergütungen sind steuerpflichtiger Arbeitslohn. | ja | ja

Für diese Arbeitnehmer kommt jedoch meist eine Pauschalierung der Lohnsteuer unter Verzicht auf die Vorlage einer Lohnsteuerkarte in Betracht; vgl. „Pauschalierung der Lohnsteuer bei Aushilfskräften und Teilzeitbeschäftigten".

Nebenberufliche **Kirchenmusiker** sind im Normalfall selbständig tätig, es sei denn, dass ausnahmsweise ein festes Beschäftigungsverhältnis zu einer Kirchengemeinde vorliegt. Bei fester Beschäftigung besteht ggf. die Möglichkeit einer Lohnsteuerpauschalierung unter Verzicht auf die Vorlage einer Lohnsteuerkarte. | nein | nein

Nebenberufliche Kirchenmusiker können einen Steuerfreibetrag von 2100 € jährlich (175 € monatlich) in Anspruch nehmen und zwar ohne Rücksicht darauf, ob sie als Arbeitnehmer oder selbständig Beschäftigte tätig werden (vgl. „Nebentätigkeit für gemeinnützige Organisationen").

Siehe auch die Stichworte „Chorleiter" und „Organisten".

Kirchensteuer

Neues auf einen Blick:

Die zum **1. 1. 2010** erfolgte **Erhöhung** des halben **Kinderfreibetrags** von 1932 € jährlich auf 2184 € jährlich und des ganzen Kinderfreibetrags von 3864 € jährlich auf 4368 € jährlich sowie die **Erhöhung** des halben **Freibetrags für den Betreuungs- und Erziehungs- oder Ausbildungsbedarf** von 1080 € jährlich auf 1320 € jährlich und des ganzen Freibetrags für den Betreuungs- und Erziehungs- oder Ausbildungsbedarf von 2160 € jährlich auf 2640 € jährlich führt bei Arbeitnehmern mit Kindern dazu, dass sich die **Kirchensteuer** ab Januar 2010 gegenüber 2009 **vermindert** (vgl. die Erläuterungen unter der nachfolgenden Nr. 2).

Wird die Lohnsteuer ab 2010 im sog. **Faktorverfahren** (vgl. die Erläuterungen bei diesem Stichwort) ermittelt, ist die sich hierbei ergebende Lohnsteuer zugleich auch Bemessungsgrundlage für die Kirchensteuer.

Bei Arbeitnehmern mit Kindern ist bei Anwendung des Faktorverfahrens die sog. Maßstablohnsteuer für den laufenden Arbeitslohn zunächst unter Berücksichtigung des Kinderfreibetrags und des Freibetrags für den Betreuungs-, Erziehungs- und Ausbildungsbedarf zu ermitteln und anschließend ist der auf der Lohnsteuerkarte neben der Steuerklasse IV vom Finanzamt bescheinigte Faktor zu berücksichtigen. Ausgehend von dieser Bemessungsgrundlage ist dann die Kirchensteuer mit dem Kirchensteuersatz von 8 % oder 9 % zu berechnen (vgl. auch die Erläuterungen und das Beispiel unter Nr. 2)

Kirchensteuer

Gliederung:

1. Kirchensteuerpflicht und Kirchensteuersätze
2. Berechnung der Kirchensteuer bei Arbeitnehmern mit Kindern
3. Mindestkirchensteuer
4. Kappung der Kirchensteuer
5. Beginn und Ende der Kirchensteuerpflicht
6. Besonderheiten bei verheirateten Arbeitnehmern
   a) Allgemeines
   b) Halbteilungsgrundsatz
   c) Abschaffung des Halbteilungsgrundsatzes
   d) Glaubensverschiedenheit
7. Betriebsstättenprinzip
8. Berechnung der Kirchensteuer bei ausländischen Arbeitnehmern
9. Kirchensteuerberechnung bei der Besteuerung sonstiger Bezüge
10. Pauschalierung der Kirchensteuer
    a) Allgemeines
    b) Vereinfachtes Verfahren
    c) Ausscheiden der nicht kirchensteuerpflichtigen Arbeitnehmer
    d) Nachweis, dass der Arbeitnehmer nicht kirchensteuerpflichtig ist

1. Kirchensteuerpflicht und Kirchensteuersätze

Neben der Lohnsteuer ist bei jeder Lohnzahlung an Arbeitnehmer, die der Kirchensteuerpflicht unterliegen, auch Kirchensteuer einzubehalten und an das Finanzamt abzuführen. Bei Arbeitnehmern, die eine Lohnsteuerkarte vorgelegt haben, ergibt sich die Kirchensteuerpflicht aus den Eintragungen der Besteuerungsmerkmale für den Kirchensteuerabzug in Teil I auf der Vorderseite der Lohnsteuerkarte. Bei der Pauschalierung der Lohnsteuer ohne Vorlage einer Lohnsteuerkarte ist die Kirchensteuer ebenfalls pauschal zu errechnen (vgl. nachfolgend unter Nr. 10). Keine Kirchensteuer ist bei beschränkt steuerpflichtigen Arbeitnehmern einzubehalten, da sie keinen Wohnsitz oder gewöhnlichen Aufenthalt in Deutschland haben (vgl. nachfolgend unter Nr. 8). Der Arbeitgeber haftet für die zutreffende Einbehaltung und Abführung der Kirchensteuer. Die Höhe der Kirchensteuer ist in den einzelnen Ländern verschieden, da das Kirchensteuerrecht in den Ländern der Bundesrepublik Deutschland nicht einheitlich geregelt ist. Derzeit (Stand 1. 1. 2010) gelten folgende Kirchensteuersätze:

Land	Kirchen-steuersatz	Mindest-kirchen-steuer jährlich
Baden-Württemberg	8 %	–
Bayern	8 %	–
Berlin	9 %	–
Brandenburg	9 %	–
Bremen	9 %	–
Hamburg	9 %	3,60 €
Hessen	9 %	1,80 €
Mecklenburg-Vorpommern	9 %	3,60 € *)
Niedersachsen	9 %	–
Nordrhein-Westfalen	9 %	–
Rheinland-Pfalz	9 %	–
Saarland	9 %	–
Sachsen	9 %	3,60 €**)
Sachsen-Anhalt	9 %	3,60 €**)
Schleswig-Holstein	9 %	3,60 €
Thüringen	9 %	3,60 €**)

Bei der Berechnung der Kirchensteuer mit 8 % oder 9 % bleiben Bruchteile eines Cents außer Betracht.

Kirchensteuerpflichtig sind diejenigen Arbeitnehmer, die nach den Eintragungen auf der Lohnsteuerkarte einer zur Erhebung von Kirchensteuer berechtigten Religionsgemeinschaft angehören. Diese Religionsgemeinschaften werden bei der Eintragung auf der Lohnsteuerkarte durch folgende Abkürzungen gekennzeichnet:

römisch-katholisch	=	rk
evangelisch	=	ev
evangelisch-lutherisch	=	lt
evangelisch-reformiert	=	rf
französisch-reformiert	=	fr
altkatholisch	=	ak
israelitisch Bekenntnissteuer/Kultussteuer	=	is/il
jüdische Kultussteuer	=	is/jh/jd/ih
freireligiöse Landesgemeinde Baden	=	fb
israelitische Religionsgemeinschaft Baden	=	ib
israelitische Religionsgemeinschaft Württembergs	=	iw
freireligiöse Landesgemeinde Pfalz	=	fg
freireligiöse Gemeinde Mainz	=	fm
freie Religionsgemeinschaft Alzey	=	fa
freireligiöse Gemeinde Offenbach	=	fs

Für einzelne Länder sind noch weitere Abkürzungen zugelassen. Der Arbeitgeber hat die Kirchensteuer nur dann vom Arbeitslohn einzubehalten, wenn der Abschnitt „Kirchensteuerabzug" auf der Lohnsteuerkarte 2010 ein entsprechendes Kirchensteuermerkmal enthält. Die gesetzlich vorgesehene Eintragung der Religionszugehörigkeit auf der Lohnsteuerkarte verletzt nach dem Beschluss des Bundesverfassungsgerichts vom 25. 5. 2001 Az.: 1 BvR 2253/00 keine Grundrechte des Arbeitnehmers.

Gehört der Arbeitnehmer einer nicht kirchensteuerberechtigten Religionsgemeinschaft (z. B. der griechisch-orthodoxen) oder keiner Religionsgemeinschaft an, so sind auf der Lohnsteuerkarte bei den Besteuerungsmerkmalen für den Kirchensteuerabzug zwei Striche „– –" eingetragen. Dieses Signal bedeutet also, dass keine Kirchensteuer einzubehalten ist. Auch diese Bescheinigung ist nach einem Beschluss des Bundesverfassungsgerichts vom 30.9.2002 Az.: 1 BvR 1744/02 verfassungsgemäß.

2. Berechnung der Kirchensteuer bei Arbeitnehmern mit Kindern

Die Kirchensteuer wird durch Anwendung des maßgebenden Kirchensteuersatzes von 8 % oder 9 % auf die Bemessungsgrundlage berechnet. Bemessungsgrundlage ist im Normalfall die vom Arbeitslohn einzubehaltende Lohnsteuer, sodass die Kirchensteuer 8 % oder 9 % derjenigen Lohnsteuer beträgt, die dem Arbeitnehmer vom Arbeitslohn abgezogen wird. Das gilt auch dann, wenn die Lohnsteuer im ab 2010 anzuwendenden Faktorverfahren ermittelt wurde (vgl. hierzu die Erläuterungen beim Stichwort „Faktorverfahren"). Dies gilt nicht bei Arbeitnehmern mit Kindern, und zwar aus folgenden Gründen:

Seit Inkrafttreten des Familienleistungsausgleichs zum 1. 1. 1996 werden bei der Berechnung der **Lohnsteuer** keine Kinderfreibeträge mehr berücksichtigt. Denn die lohnsteuerliche Entlastung für Kinder wird nur noch durch das Kindergeld gewährt (vgl. Anhang 9). **Dies gilt jedoch nicht für die Kirchensteuer.** Bei der Berechnung der Bemessungsgrundlage für die Kirchensteuer werden vielmehr auch weiterhin die Kinderfreibeträge berücksichtigt, wobei **seit 1. 1. 2002** auch der **Freibetrag für Betreu-**

---

*) Nur Erzbistümer Hamburg und Berlin im Bundesland Mecklenburg-Vorpommern.

**) Die Mindestkirchensteuer wird nur von der evangelischen Kirche erhoben.

Kirchensteuer

ungs-, Erziehungs- oder Ausbildungsbedarf in die Berechnung der Bemessungsgrundlage mit einbezogen wird. Die zum 1.1.2010 erfolgte **Erhöhung** des halben **Kinderfreibetrags** von 1932 € jährlich auf 2184 € jährlich und des ganzen Kinderfreibetrags von 3864 € jährlich auf 4368 € jährlich sowie die **Erhöhung** des halben **Freibetrags für den Betreuungs- und Erziehungs- oder Ausbildungsbedarf** von 1080 € jährlich auf 1320 € jährlich und des ganzen Freibetrags für den Betreuungs- und Erziehungs- oder Ausbildungsbedarf von 2160 € jährlich auf 2640 € jährlich führt dazu, dass sich die **Kirchensteuer ab Januar 2010 gegenüber 2009 vermindert.**

Bei Arbeitnehmern mit Kindern ermäßigt sich also die Kirchensteuer, und zwar durch eine Berücksichtigung der Kinderfreibeträge und der Freibeträge für Betreuungs-, Erziehungs- oder Ausbildungsbedarf (§ 51 a Abs. 2 a EStG). Allerdings werden diese Freibeträge nicht als Abzugsbetrag von der Lohnsteuer gekürzt, sondern **bei der Ermittlung der** für die Kirchensteuer maßgebenden **Bemessungsgrundlage** berücksichtigt, und zwar für das Kalenderjahr 2010 in folgender Höhe:

Steuerklassen I, II und III

Zahl der Kinderfreibeträge lt. Lohnsteuerkarte	Kinderfreibetrag		Betreuungsfreibetrag	
	jährl.	monatl.	jährl.	monatl.
0,5	2 184 €	182 €	1 320 €	110 €
1,0	4 368 €	364 €	2 640 €	220 €
1,5	6 552 €	546 €	3 960 €	330 €
2,0	8 736 €	728 €	5 280 €	440 €
2,5	10 920 €	910 €	6 600 €	550 €
3,0	13 104 €	1 092 €	7 920 €	660 €
usw.				

Steuerklasse IV

Zahl der Kinderfreibeträge lt. Lohnsteuerkarte	Kinderfreibetrag		Betreuungsfreibetrag	
	jährl.	monatl.	jährl.	monatl.
0,5	1 092 €	91 €	660 €	55 €
1,0	2 184 €	182 €	1 320 €	110 €
1,5	3 276 €	273 €	1 980 €	165 €
2,0	4 368 €	364 €	2 640 €	220 €
2,5	5 460 €	455 €	3 300 €	275 €
3,0	6 552 €	546 €	3 960 €	330 €
usw.				

Die Berücksichtigung des **Kinderfreibetrags** und des **Freibetrags für Betreuungs-, Erziehungs- oder Ausbildungsbedarf** bei der Bemessungsgrundlage für die Kirchensteuer erfolgt **stets** mit dem **halben oder ganzen Jahresbetrag** und nicht nach dem Monatsprinzip (vgl. hierzu die Erläuterungen im Anhang 9 unter Nr. 6 und Nr. 7).

Wie die Kinderfreibeträge und die Freibeträge für Betreuungs-, Erziehungs- oder Ausbildungsbedarf bei der Ermittlung der Bemessungsgrundlage für die Berechnung der Kirchensteuer berücksichtigt werden, soll folgendes Beispiel verdeutlichen:

Beispiel

Ein Arbeitnehmer hat auf seiner Lohnsteuerkarte folgende Eintragungen: Steuerklasse III; Zahl der Kinderfreibeträge 1,0; Kirchensteuermerkmal rk. Sein Monatslohn beträgt 3000 €. Die Lohn- und Kirchensteuer errechnet sich im Kalenderjahr 2010 wie folgt:

a) Berechnung der Lohnsteuer

Jahresarbeitslohn (3000 € × 12)		36 000,— €
abzüglich		
Arbeitnehmer-Pauschbetrag	920,— €	
Sonderausgaben-Pauschbetrag	36,— €*)	
Vorsorgepauschale (vgl. Tabelle in Anhang 8 Nr. 10)	4 520,— €	5 476,— €
zu versteuerndes Einkommen		30 524,— €
Steuer nach der Einkommensteuer-Splittingtabelle für das Kalenderjahr 2010 (= Jahreslohnsteuer)		2 950,— €
die monatliche Lohnsteuer beträgt 1/12 =		245,83 €

Bruchteile eines Cents bleiben außer Ansatz.

b) Berechnung der Kirchensteuer

zu versteuerndes Einkommen (siehe oben)	30 524,— €
abzüglich ein Kinderfreibetrag (Steuerklasse III)	4 368,— €
abzüglich ein Freibetrag für Betreuungs-, Erziehungs- oder Ausbildungsbedarf (Steuerklasse III)	2 640,— €
verbleiben	23 516,— €
Steuer lt. Splittingtabelle 2010	1 308,— €
monatlich 1/12 (= Bemessungsgrundlage für die Kirchensteuer)	109,— €

auf die so ermittelte Bemessungsgrundlage ist der maßgebende Kirchensteuersatz von 8 % oder 9 % anzuwenden:

Kirchensteuer 8 % von 109,— € =	8,72 €
Kirchensteuer 9 % von 109,— € =	9,81 €

Die Berücksichtigung der Kinderfreibeträge und der Freibeträge für Betreuungs-, Erziehungs- oder Ausbildungsbedarf bei der Berechnung der für die Kirchensteuer maßgebenden Bemessungsgrundlage ist in die **Lohnsteuertabellen 2010 bereits eingearbeitet,** sodass der Arbeitgeber die Kirchensteuer ohne weiteres – entsprechend der Zahl der Kinderfreibeträge – aus der Spalte 8 % oder 9 % Kirchensteuer ablesen kann. Auf die im selben Verlag erschienenen **Lohnsteuertabellen 2010** für Jahr/Monat/Woche/Tag wird hingewiesen. Alle Steuerabzugsbeträge (Lohnsteuer, Solidaritätszuschlag und Kirchensteuer) können aus diesen Tabellen ohne komplizierte Berechnungen in einem Arbeitsgang abgelesen werden.

Bei Anwendung des ab 2010 geltenden Faktorverfahrens (vgl. dieses Stichwort), ist auf die sog. Maßstablohnsteuer für den laufenden Arbeitslohn (= Lohnsteuer, die unter Berücksichtigung des Kinderfreibetrags und des Freibetrags für den Betreuungs-, Erziehungs- oder Ausbildungsbedarf ermittelt wurde) zunächst der auf der Lohnsteuerkarte neben der Steuerklasse IV bescheinigte Faktor und anschließend – je nach Bundesland – der Kirchensteuersatz von 8 % oder 9 % anzuwenden.

Beispiel

Die unter Berücksichtigung des Kinderfreibetrags und des Freibetrags für Betreuungs-, Erziehungs- oder Ausbildungsbedarf ermittelte monatliche Lohnsteuer soll 250 € betragen. Auf der Lohnsteuerkarte des Arbeitnehmers ist neben der Steuerklasse IV der Faktor 0,9 bescheinigt.

Monatliche Lohnsteuer unter Berücksichtigung der Freibeträge für Kinder	250,— €
Anwendung des Faktors 0,9 = Bemessungsgrundlage für die Kirchensteuer	225,— €
Kirchensteuer 8 % von 225,— €	18,00 €
Kirchensteuer 9 % von 225,— €	20,25 €

Ohne Anwendung des Faktorverfahrens hätte die Kirchensteuer 20,— € (8 % von 250,— €) bzw. 22,50 € (9 % von 250,— €) betragen.

---

*) Der Sonderausgaben-Pauschbetrag beträgt beim Lohnsteuerabzug ab 1.1.2010 auch bei der Steuerklasse III 36 € (statt bisher 72 €), weil dem Ehegatten zustehende Sonderausgaben-Pauschbetrag von 36 € bei Anwendung der Steuerklasse V berücksichtigt wird (§ 39b Abs. 2 Satz 5 Nr. 2 EStG). Auf die Erläuterungen beim Stichwort „Tarifaufbau" unter Nr. 7 wird Bezug genommen.

Kirchensteuer

Lohnsteuerpflichtig Sozialversich.pflichtig

3. Mindestkirchensteuer

In verschiedenen Ländern wird eine **Mindestkirchensteuer** erhoben. Die Mindestkirchensteuer beträgt:

Land	Jahr	Monat	Woche	Tag
Hamburg	3,60 €	0,30 €	0,07 €	0,00 €
Hessen	1,80 €	0,15 €	0,04 €	0,01 €
Mecklenburg-Vorp.*)	3,60 €	0,30 €	0,07 €	0,00 €
Sachsen**)	3,60 €	0,30 €	0,07 €	0,01 €
Sachsen-Anhalt**)	3,60 €	0,30 €	0,07 €	0,01 €
Schleswig-Holstein	3,60 €	0,30 €	0,07 €	0,00 €
Thüringen**)	3,60 €	0,30 €	0,07 €	0,01 €

Die Mindestkirchensteuer wird erhoben, wenn bei Anwendung des maßgebenden Kirchensteuersatzes von 8 % oder 9 % auf die Bemessungsgrundlage die sich hiernach ergebende Kirchensteuer geringer ist als der Mindestbetrag. Der Mindestbetrag ist also immer dann einzubehalten, wenn vom Arbeitslohn des Arbeitnehmers **Lohnsteuer** einzubehalten ist. Mindestkirchensteuer kommt also insbesondere dann in Betracht, wenn durch die Berücksichtigung der Kinderfreibeträge und der Freibeträge für Betreuungs-, Erziehungs- oder Ausbildungsbedarf die Bemessungsgrundlage sehr gering ist.

Beispiel

Ein Arbeitnehmer hat lt. Lohnsteuerkarte 2010 folgende Besteuerungsmerkmale: Steuerklasse III/1 Kinderfreibetrag, Kirchensteuermerkmal rk. Die monatliche Kirchensteuer (9 %) beträgt bei einem Monatslohn von 2330 € unter Berücksichtigung des Kinderfreibetrags und des Freibetrags für Betreuungs-, Erziehungs- oder Ausbildungsbedarf bei der Ermittlung der Bemessungsgrundlage nur 0,22 €. Anzusetzen ist jedoch eine Mindestkirchensteuer von monatlich (z. B. in Hamburg) 0,30 €.

In einigen Ländern mit Mindestkirchensteuer wird die Mindestkirchensteuer nicht erhoben, wenn unter Beachtung des § 51 a EStG keine Lohnsteuer anfällt. Das bedeutet, dass die Mindestkirchensteuer nur dann einzubehalten ist, wenn die sich unter Berücksichtigung der Kinderfreibeträge und der Freibeträge für Betreuungs-, Erziehungs- oder Ausbildungsbedarf ergebende Lohnsteuer **mehr** als 0,00 € beträgt.

4. Kappung der Kirchensteuer

Eine Höchstkirchensteuer, das heißt eine **prozentuale Begrenzung der Kirchensteuer nach oben** (= Kappung) besteht in folgenden Bundesländern:

- In Baden-Württemberg 2,75 % evangelische Kirche Württemberg und 3,5 % evangelische Kirche Baden und katholische Kirche.
- In Berlin, Brandenburg, Hamburg, Mecklenburg-Vorpommern (allerdings nur im Bereich des katholischen Bistums Hamburg) und Schleswig-Holstein wird die Kirchensteuer auf **3 %** des zu versteuernden Einkommens begrenzt.
- In Bremen, Hessen (evangelische Kirche), Niedersachsen, Mecklenburg-Vorpommern (evangelische Kirche), Nordrhein-Westfalen (evangelische Kirche), Rheinland-Pfalz (evangelische Kirche), Saarland (evangelische Kirche), Sachsen, Sachsen-Anhalt und Thüringen wird die Kirchensteuer auf **3,5 %** des zu versteuernden Einkommens begrenzt.
- In Hessen, Nordrhein-Westfalen, Rheinland-Pfalz und Saarland wird die Kirchensteuer – jeweils bei der katholischen Kirchensteuer – auf **4 %** des zu versteuernden Einkommens begrenzt.

In einigen Ländern muss die Kappung der Kirchensteuer ausdrücklich **beantragt** werden, und zwar in Baden-Württemberg, Hessen (evangelische Kirche), Mecklenburg-Vorpommern (evangelische Kirche), Nordrhein-Westfalen, Rheinland-Pfalz und dem Saarland.

In **Bayern** gibt es **keine Kappung** der Kirchensteuer.

5. Beginn und Ende der Kirchensteuerpflicht

Bei einem Kircheneintritt ist Kirchensteuer erst ab dem Monat zu entrichten, der auf den Monat des Kircheneintritts folgt.

Bei einem Kirchenaustritt hört der Kirchensteuerabzug auf

- mit Ablauf des Monats in dem der Kirchenaustritt erfolgt in den Ländern Baden-Württemberg, Bayern, Niedersachsen, Nordrhein-Westfalen, Rheinland-Pfalz, Saarland und Sachsen-Anhalt;
- mit Ablauf des Monats, der dem Monat des Kirchenaustritts folgt (also einen Monat später) in den Ländern Berlin, Brandenburg, Bremen, Hamburg, Hessen, Mecklenburg-Vorpommern, Sachsen, Schleswig-Holstein und Thüringen.

Beim Kirchensteuerabzug durch den Arbeitgeber ist in jedem Fall der amtliche Eintrag auf der Lohnsteuerkarte maßgebend. Ohne eine entsprechende Änderung der Lohnsteuerkarte darf der Arbeitgeber nicht vom Kirchensteuerabzug absehen und zwar auch dann nicht, wenn ihm der Arbeitnehmer durch amtliche Unterlagen (z. B. Austrittserklärung) nachweist, dass er aus der Kirche ausgetreten ist.

6. Besonderheiten bei verheirateten Arbeitnehmern

a) Allgemeines

Ist der Arbeitnehmer verheiratet, so wird für den Kirchensteuerabzug zwischen konfessionsgleichen, konfessionsverschiedenen und glaubensverschiedenen Eheleuten unterschieden. Diese Begriffe bedeuten Folgendes:

- **Konfessionsgleichheit** liegt vor, wenn beide Eheleute die gleiche Konfession haben (z. B. beide sind evangelisch oder beide sind katholisch).
- **Konfessionsverschiedenheit** liegt vor, wenn zwar beide Ehegatten einer erhebungsberechtigten Religionsgemeinschaft angehören, diese Religionsgemeinschaften jedoch unterschiedlich sind (z. B. ein Ehegatte ist evangelisch, der andere katholisch – oder umgekehrt).
- **Glaubensverschiedenheit** liegt vor, wenn
  - der Arbeitnehmer einer erhebungsberechtigten Religionsgemeinschaft angehört und der Ehegatte nicht in der Kirche (also glaubenslos) ist;
  - der Arbeitnehmer einer erhebungsberechtigten Religionsgemeinschaft angehört und der Ehegatte zwar ebenfalls einer Religionsgemeinschaft angehört, diese jedoch nicht berechtigt ist, eine Kirchensteuer zu erheben.

Aufgrund datenschutzrechtlicher Einwände darf sowohl bei **Konfessionsgleichheit** als auch bei **Glaubensverschiedenheit** das Merkmal des Ehegatten nicht mehr auf der Lohnsteuerkarte erscheinen. Liegt **Konfessionsverschiedenheit** vor, werden die Merkmale beider Ehegatten auf der Lohnsteuerkarte bescheinigt, da dies für die Durchführung des sog. Halbteilungsgrundsatzes (vgl. nachfolgend unter b) zwingend erforderlich ist (und deshalb in diesem Fall die datenschutzrechtlichen Einwände nicht greifen). Die Eintragung der Kirchensteuermerkmale auf der Lohnsteuerkarte soll an folgenden Beispielen verdeutlicht werden:

---

*) Nur Erzbistümer Hamburg und Berlin im Bundesland Mecklenburg-Vorpommern.

**) Die Mindestkirchensteuer wird nur von der evangelischen Kirche erhoben.

Kirchensteuer

| Konfessionszugehörigkeit | | Eintragung auf | Lohn-steuer-pflichtig | Sozial-versich.-pflichtig |
Arbeitnehmer	Ehegatte	der Lohnsteuerkarte		
ev	ev	ev		
rk	rk	rk		
ev	rk	ev rk		
rk	ev	rk ev		
rk	– –	rk		
ev	– –	ev		
– –	rk	– –		
– –	ev	– –		
– –	– –	– –		

Ist also auf der Lohnsteuerkarte 2010 nur **ein** Kirchensteuermerkmal eingetragen (z. B. „rk" oder „ev"), so bedeutet dies, dass – je nach Kirchensteuersatz – 8 % oder 9 % Kirchensteuer vom Arbeitslohn einzubehalten und an die betreffende Kirche abzuführen sind. Ob der Arbeitnehmer ledig oder verheiratet ist, spielt keine Rolle.

Sind auf der Lohnsteuerkarte 2010 zwei Striche „– –" eingetragen, so bedeutet dies, dass keine Kirchensteuer einzubehalten ist. Ob der Arbeitnehmer ledig oder verheiratet ist, spielt keine Rolle.

Sind auf der Lohnsteuerkarte 2010 **zwei** Kirchensteuermerkmale eingetragen (z. B. „rk ev" oder „ev rk"), so muss – mit Ausnahme der Länder Bayern, Bremen und Niedersachsen – der sog. Halbteilungsgrundsatz angewendet werden (vgl. nachfolgend unter b).

b) Halbteilungsgrundsatz

Der sog. Halbteilungsgrundsatz gilt nur bei **konfessionsverschiedenen** Eheleuten (Eintragung auf der Lohnsteuerkarte z. B. „ev rk" oder „rk ev"). Der Halbteilungsgrundsatz besagt, dass die einbehaltene Kirchensteuer von 8 % oder 9 % **je zur Hälfte** auf die beiden Religionsgemeinschaften der Eheleute aufgeteilt werden muss.

Beispiel A

Auf der Lohnsteuerkarte 2010 ist als Kirchensteuermerkmal „rk ev" eingetragen. Liegt die lohnsteuerliche Betriebsstätte des Arbeitgebers (vgl. nachfolgend unter Nr. 7) in einem Land, in dem ein Kirchensteuersatz von 9 % gilt und der Halbteilungsgrundsatz anzuwenden ist, so ergibt sich Folgendes:

Die Kirchensteuer ist entweder mit 9 % der Lohnsteuer – unter Berücksichtigung der Freibeträge für Kinder (vgl. Nr. 2) – zu berechnen oder aus einer der im Handel befindlichen Lohnsteuertabellen abzulesen. Die sich hiernach ergebende Kirchensteuer ist je zur Hälfte an die katholische und evangelische Kirche abzuführen. Beträgt die Kirchensteuer für den Arbeitnehmer lt. Lohnsteuertabelle z. B. 50 €, so sind 25 € an die katholische und 25 € an die evangelische Kirche abzuführen. Dies geschieht dadurch, dass der Arbeitgeber diese Beträge – insgesamt für alle seine Arbeitnehmer – in die entsprechende Zeile der Lohnsteuer-Anmeldung einträgt und die Gesamtschuld an das Finanzamt zahlt.

Eine Ausnahme vom Halbteilungsgrundsatz galt früher nur in den Ländern Bremen und Niedersachsen. Seit 1995 ist der Halbteilungsgrundsatz auch in Bayern weggefallen (vgl. nachfolgend unter Buchstabe c). Beim Kirchensteuerabzug in **Bayern, Bremen und Niedersachsen** ist die volle Kirchensteuer an diejenige Religionsgemeinschaft abzuführen, der der Arbeitnehmer angehört.

Maßgebend für die Anwendung des Halbteilungsgrundsatzes ist – ebenso wie für die Anwendung des Kirchensteuersatzes von 8 % oder 9 % – das Kirchensteuerrecht desjenigen Landes, in dem die lohnsteuerliche Betriebsstätte liegt.

Beispiel B

Ein bayerischer Arbeitnehmer ist in München für eine Firma tätig, die ihre lohnsteuerliche Betriebsstätte in Düsseldorf hat. Auf der Lohnsteuerkarte des Arbeitnehmers ist das Kirchensteuermerkmal „rk ev" eingetragen. Der Arbeitgeber in Düsseldorf hat die Kirchensteuer entsprechend dem Betriebsstättenprinzip mit 9 % zu berechnen und die Kirchensteuer entsprechend dem Halbteilungsgrundsatz je zur Hälfte an die katholische und evangelische Kirche abzuführen, obwohl die Kirchensteuer in Bayern 8 % beträgt und es in Bayern keinen Halbteilungsgrundsatz gibt.

Wie die Kirchensteuer bei konfessionsverschiedenen Ehen in die (elektronische) Lohnsteuerbescheinigung einzutragen ist, ist beim Stichwort „Lohnsteuerbescheinigung" unter Nr. 7 ausführlich anhand von Beispielen dargestellt.

c) Abschaffung des Halbteilungsgrundsatzes

In Bayern wurde der Halbteilungsgrundsatz mit Wirkung vom 1.1.1995 abgeschafft. Deshalb ist bei einem verheirateten Arbeitnehmer, dessen Ehegatte einer anderen Religionsgemeinschaft angehört (Eintragung auf der Lohnsteuerkarte z. B. „rk ev"), die einzubehaltende Kirchensteuer seit 1.1.1995 **nicht mehr je zur Hälfte** auf die Religionsgemeinschaften beider Ehegatten **aufzuteilen** und auch nicht mehr getrennt in der Lohnsteuerbescheinigung des Arbeitnehmers zu bescheinigen, sondern in voller Höhe dem Arbeitnehmer und dessen Religionsgemeinschaft zuzurechnen.

Beispiel

Ein Arbeitnehmer ist bei einem Arbeitgeber beschäftigt, der seine lohnsteuerliche Betriebsstätte in Bayern hat. Auf der Lohnsteuerkarte des Arbeitnehmers sind die Kirchensteuermerkmale „rk ev" eingetragen. Bis 31.12.1994 musste der Arbeitgeber die 8 %ige Kirchensteuer zur Hälfte an die katholische Kirche und zur Hälfte an die evangelische Kirche abführen.

Seit 1.1.1995 muss der Arbeitgeber die **volle** Kirchensteuer von 8 % an die **katholische** Kirche abführen. Bei der Lohnsteuerbescheinigung muss der Arbeitgeber dementsprechend die **volle** Kirchensteuer **in Zeile 6** der Lohnsteuerbescheinigung 2010 eintragen.

Es ist dabei gleichgültig, ob der Arbeitnehmer in Bayern wohnt oder seinen Wohnsitz in einem Land hat, in dem der Halbteilungsgrundsatz noch gilt. Kommt der Arbeitnehmer z. B. aus Hessen, so muss der bayerische Arbeitgeber gleichwohl die volle Kirchensteuer von 8 % an die katholische Kirche abführen (obwohl in Hessen nach wie vor der Halbteilungsgrundsatz gilt und die dortigen Arbeitgeber hiernach verfahren).

Das Kirchensteuermerkmal des Ehegatten hat also für den Kirchensteuerabzug in Bayern seit 1.1.1995 **keine Bedeutung** mehr.

Auf Lohnsteuerkarten, die nur für den Lohn- und Kirchensteuerabzug in Bayern Bedeutung haben, könnte deshalb das Kirchensteuermerkmal des Ehegatten bei Konfessionsverschiedenheit – ebenso wie bei Konfessionsgleichheit – ohne weiteres weggelassen werden. Es wird nur deshalb weiterhin in die in Bayern ausgestellten Lohnsteuerkarten eingetragen, weil bayerische Arbeitnehmer auch in anderen Bundesländern arbeiten, in denen die Arbeitgeber den Halbteilungsgrundsatz durchführen müssen.

Die vorstehenden Ausführungen gelten entsprechend für die Länder **Bremen** und **Niedersachsen,** wo der Halbteilungsgrundsatz ebenfalls nicht anzuwenden ist.

d) Glaubensverschiedenheit

Gehört ein verheirateter Arbeitnehmer nach den Eintragungen auf der Lohnsteuerkarte keiner kirchensteuerberechtigten Religionsgemeinschaft an, so ist keine Kirchensteuer zu erheben; die Zugehörigkeit seines Ehegatten zu einer kirchensteuerberechtigten Religionsgemeinschaft ist ohne Bedeutung. Deshalb werden sowohl bei unverheirateten als auch bei verheirateten Arbeitnehmern, die keiner hebeberechtigten Religionsgemeinschaft angehören, zwei waagrechte Striche „--" eingetragen. Dieses Kirchensteuermerkmal bedeutet, dass der Arbeitgeber keine Kirchensteuer einzubehalten hat.

Von einigen Kirchen wird bei **glaubensverschiedenen** Ehen allerdings ein (besonderes) **Kirchgeld** im Rahmen der Einkommensteuerveranlagung des Arbeitnehmers erhoben. Dieses Kirchgeld, das nicht im Lohnsteuerabzugsverfahren erhoben wird, ist regelmäßig wie folgt gestaffelt:

Kirchensteuer

Stufe	Bemessungsgrundlage (Gemeinsam zu versteuerndes Einkommen unter sinngemäßer Anwendung des § 51a Abs. 2 EStG)	Jährliches Kirchgeld
	Euro	Euro
1	30 000 – 37 499	96
2	37 500 – 49 999	156
3	50 000 – 62 499	276
4	62 500 – 74 999	396
5	75 000 – 87 499	540
6	87 500 – 99 999	696
7	100 000 – 124 999	840
8	125 000 – 149 999	1 200
9	150 000 – 174 999	1 560
10	175 000 – 199 999	1 860
11	200 000 – 249 999	2 220
12	250 000 – 299 999	2 940
13	300 000 und mehr	3 600

In Baden-Württemberg, Bayern und Nordrhein-Westfalen wird das besondere Kirchgeld nur von der evangelischen Kirche erhoben.

Zwischen der Kirchensteuer und dem Kirchgeld in glaubensverschiedener Ehe wird eine **Vergleichsberechnung** durchgeführt. Festgesetzt wird der sich hierbei ergebende höhere Betrag.

7. Betriebsstättenprinzip

Alle Bezüge, die lohnsteuerpflichtig sind, unterliegen auch der Kirchensteuer. Der Steuersatz beträgt 8 % oder 9 % der Lohnsteuer, je nachdem, in welchem Land die lohnsteuerliche Betriebsstätte des Arbeitgebers liegt.

Für den Kirchensteuerabzug vom Arbeitslohn gilt das so genannte **Betriebsstättenprinzip.** Der Arbeitgeber hat deshalb die Kirchensteuer nach dem für die Betriebsstätte maßgebenden Steuersatz einzubehalten, **auch wenn der Arbeitnehmer in einem anderen Bundesland wohnt.** Gleiches gilt für die Anwendung des sog. Halbteilungsgrundsatzes (vgl. vorstehende Nr. 6 Buchstabe b).

Hat der Arbeitgeber Kirchensteuer nach einem Steuersatz einbehalten, der höher ist, als der für den Wohnsitz des Arbeitnehmers maßgebende Kirchensteuersatz, so wird dem Arbeitnehmer der Unterschiedsbetrag bei einer Veranlagung zur Einkommensteuer erstattet. Wird der Arbeitnehmer nicht zur Einkommensteuer veranlagt, so kann der Arbeitnehmer die Erstattung bei der zuständigen Kirchenbehörde beantragen.

Beispiel
Eine Düsseldorfer Firma hat eine Zweigniederlassung in München. Die lohnsteuerliche Betriebsstätte (vgl. dieses Stichwort) befindet sich in Düsseldorf. Die Kirchensteuer ist deshalb für alle Arbeitnehmer der Münchener Zweigniederlassung mit einem Kirchensteuersatz von 9 % einzubehalten. Diejenigen Arbeitnehmer, die ihren Wohnsitz in Bayern haben, erhalten die zu viel einbehaltene Kirchensteuer (= Differenz zwischen den unterschiedlichen Kirchensteuersätzen von 8 % und 9 %) vom zuständigen Kirchensteueramt erstattet.

Hat der Arbeitgeber aufgrund des Betriebsstättenprinzips eine niedrigere Kirchensteuer einbehalten, als am Wohnsitz des Arbeitnehmers zu erheben gewesen wäre, ist der Unterschiedsbetrag nachzufordern. Die Nachforderung erfolgt im Rahmen einer Veranlagung zur Einkommensteuer oder durch besonderen Nachforderungsbescheid der Kirchenbehörden.

8. Berechnung der Kirchensteuer bei ausländischen Arbeitnehmern

Bei der Kirchensteuer gilt das sog. Territorialprinzip. Das bedeutet, dass jeder Arbeitnehmer, der im Inland seinen Wohnsitz oder gewöhnlichen Aufenthalt hat, kirchensteuerpflichtig ist, wenn er einer hebeberechtigten Kirche angehört. Auf die Staatsangehörigkeit kommt es also nicht an. Kirchensteuerpflichtig können hiernach nur unbeschränkt steuerpflichtige Arbeitnehmer sein, weil der Begriff der unbeschränkten Steuerpflicht im Sinne des Einkommensteuergesetzes ebenfalls an den Wohnsitz oder gewöhnlichen Aufenthalt anknüpft.

Die Tatsache, dass der Arbeitnehmer unbeschränkt steuerpflichtig ist, ergibt sich aus der Vorlage der **Lohnsteuerkarte.** Denn nur unbeschränkt steuerpflichtige Arbeitnehmer erhalten von ihrer Wohnsitzgemeinde eine Lohnsteuerkarte, auf der im Abschnitt „Kirchensteuerabzug" entweder ein Kirchensteuermerkmal (z. B. „rk" oder „ev") oder zwei waagrechte Striche eingetragen sind. Die Eintragung der waagrechten Striche bedeutet, dass keine Kirchensteuer einzubehalten ist (vgl. Nr. 1).

Bei ausländischen Arbeitnehmern ohne Wohnsitz oder gewöhnlichen Aufenthalt in Deutschland tritt lediglich beschränkte Steuerpflicht ein. Beschränkt steuerpflichtige Arbeitnehmer erhalten keine Lohnsteuerkarte, sondern lediglich eine Lohnsteuerabzugsbescheinigung mit den maßgebenden Besteuerungsmerkmalen (vgl. „Beschränkt steuerpflichtige Arbeitnehmer"). Die vom Betriebsstättenfinanzamt ausgestellte amtliche Bescheinigung für beschränkt steuerpflichtige Arbeitnehmer enthält keine Merkmale für den Kirchensteuerabzug. **Beschränkt steuerpflichtige Arbeitnehmer sind** mangels Wohnsitzes oder gewöhnlichen Aufenthalts im Inland **nicht kirchensteuerpflichtig.** Kirchensteuer ist deshalb vom Arbeitgeber nicht einzubehalten. Das gilt auch dann, wenn der beschränkt steuerpflichtige Arbeitnehmer ein EU-/EWR-Staatsangehöriger ist, der nahezu alle Einkünfte in Deutschland erzielt und daher einem inländischen Arbeitnehmer völlig gleichgestellt ist.

Bei beschränkt steuerpflichtigen Aushilfskräften und Teilzeitbeschäftigten kann die Lohnsteuer in gleicher Weise pauschaliert werden wie bei unbeschränkter Steuerpflicht (vgl. das Stichwort „Pauschalierung der Lohnsteuer bei Aushilfskräften und Teilzeitbeschäftigten"). **Auch in diesen Fällen wird keine (pauschale) Kirchensteuer erhoben.** Der Pauschsteuersatz von 2 %, der auch die Kirchensteuer und den Solidaritätszuschlag mit abgilt, verringert sich allerdings nicht.

Bei ausländischen Arbeitnehmern wird für die Frage, ob unbeschränkte oder lediglich beschränkte Steuerpflicht vorliegt, häufig auf die erteilte Arbeits- bzw. Aufenthaltserlaubnis abgestellt. Hierbei ergibt sich für ausländische **Saisonarbeiter** hinsichtlich der Erhebung der Kirchensteuer Folgendes:

a) Ist die Aufenthaltserlaubnis in der Bundesrepublik Deutschland für höchstens sechs Monate erteilt, so sind die Saisonarbeiter beschränkt lohnsteuerpflichtig. In diesem Fall entsteht **keine Kirchensteuerpflicht** (der Arbeitnehmer erhält keine Lohnsteuerkarte).

b) Ist die Aufenthaltserlaubnis in der Bundesrepublik Deutschland für eine Dauer von mehr als sechs Monaten erteilt, so sind die Saisonarbeiter unbeschränkt lohnsteuerpflichtig. In diesem Fall ist die Kirchensteuer nach den Merkmalen der Lohnsteuerkarte laufend zu erheben.

c) Wurde die Aufenthaltsdauer in der Bundesrepublik Deutschland zunächst für höchstens sechs Monate erteilt und nachträglich über eine Gesamtdauer von mehr als sechs Monaten verlängert, so erstreckt sich die unbeschränkte Lohnsteuerpflicht auch auf die ersten sechs Monate. Gleichwohl ist die Kirchensteuer erst von dem Zeitpunkt an laufend zu erheben, in dem die Aufenthaltsdauer verlängert wurde.

9. Kirchensteuerberechnung bei der Besteuerung sonstiger Bezüge

Bei der Besteuerung **sonstiger Bezüge nach der Jahreslohnsteuertabelle** (vgl. das Stichwort „Sonstige Bezüge") ist die Kirchensteuer für den sonstigen Bezug **in**

Kirchensteuer

allen **Fällen** durch die Anwendung des maßgebenden Kirchensteuersatzes von 8% oder 9% auf die sich für den sonstigen Bezug ergebende Lohnsteuer zu errechnen. Es ist **nicht zulässig,** die Kirchensteuer ebenfalls aus der Jahreslohnsteuertabelle abzulesen und die Differenz zu bilden. Ein evtl. Ausgleich erfolgt bei einer Veranlagung zur Einkommensteuer durch das Finanzamt.

Beispiel

Ein Arbeitnehmer mit einem Monatslohn von 2000 € erhält im August ein Urlaubsgeld von 500 € und im Dezember eine Weihnachtszuwendung von 1500 €. Bei Steuerklasse III/1 Kinderfreibetrag (Kirchensteuermerkmal rk) ergibt sich 2010 folgende Besteuerung des Weihnachtsgeldes:

Voraussichtlicher laufender Arbeitslohn (12 × 2000 €)	24 000,— €
zuzüglich Urlaubsgeld	500,— €
maßgebender Jahresarbeitslohn	24 500,— €
Lohnsteuer nach Steuerklasse III/1 Kinderfreibetrag der Jahreslohnsteuertabelle 2010	
a) vom maßgebenden Jahresarbeitslohn (24 500 €)	566,— €
b) vom maßgebenden Jahresarbeitslohn einschließlich Weihnachtsgeld (24 500 € + 1500 €) = 26 000 €	814,— €
Lohnsteuer für das Weihnachtsgeld	248,— €
Die Kirchensteuer beträgt 8% von 248 € =	19,84 €

Die Kirchensteuer für den sonstigen Bezug wird in **allen Fällen** durch die Anwendung des maßgebenden Kirchensteuersatzes von 8% oder 9% auf die für den sonstigen Bezug ergebende Lohnsteuer errechnet. Es ist **nicht zulässig,** die Kirchensteuer ebenfalls aus der Jahreslohnsteuertabelle abzulesen und die Differenz zu bilden.

Würde man die Kirchensteuer ebenfalls aus der Jahreslohnsteuertabelle ablesen, so ergäbe sich Folgendes:

Kirchensteuer nach Steuerklasse III/1 Kinderfreibetrag	
a) vom maßgebenden Jahresarbeitslohn (24 500 €)	0,— €
b) vom maßgebenden Jahresarbeitslohn einschließlich Weihnachtsgeld (24 500 € + 1500 €) = 26 000 €	0,— €
Kirchensteuer für den sonstigen Bezug	0,— €

Dieses Verfahren ist **nicht zulässig** (§ 51 a Abs. 2 a EStG). Ein Ausgleich der Kirchensteuer ist erst bei einer Veranlagung zur Einkommensteuer durch das Finanzamt möglich.

10. Pauschalierung der Kirchensteuer

a) Allgemeines

Pauschaliert der Arbeitgeber die Lohnsteuer für **unbeschränkt** steuerpflichtige Arbeitnehmer, so ist er verpflichtet, auch die anfallende Kirchensteuer zu pauschalieren. Nur bei 400-Euro-Jobs, für die eine Pauschalsteuer von 2% gezahlt wird, ist die Kirchensteuer mit den 2% abgegolten (vgl. das Stichwort „Pauschalierung der Lohnsteuer bei Aushilfskräften und Teilzeitbeschäftigten"). Bei einer Pauschalierung der Lohnsteuer für **beschränkt** steuerpflichtige Arbeitnehmer fällt **keine** Kirchensteuer an (vgl. Nr. 8). Der Pauschsteuersatz von 2%, der auch die Kirchensteuer und den Solidaritätszuschlag mit abgilt, verringert sich allerdings nicht.

b) Vereinfachtes Verfahren

Die Pauschalierung der Kirchensteuer erfolgt nach einem **vereinfachten Verfahren,** für das in den einzelnen Ländern des Bundesgebietes niedrigere Prozentsätze als beim normalen Kirchensteuerabzug nach der Lohnsteuerkarte gelten. Diese niedrigeren Prozentsätze berücksichtigen, dass ggf. nicht alle Arbeitnehmer für die die Lohnsteuer pauschaliert wird, kirchensteuerpflichtig sind. Die ermäßigten pauschalen Kirchensteuersätze ergeben sich aus der folgenden Aufstellung (maßgebend ist das Land, in dem die lohnsteuerliche Betriebsstätte des Arbeitgebers liegt, vgl. die Erläuterungen unter der vorstehenden Nr. 7 und das Stichwort „Betriebsstätte").

Bundesland	Regelsteuersatz	Steuersatz bei Pauschalierungen
Baden-Württemberg	8%	6,5%
Bayern	8%	7%
Berlin	9%	5%
Brandenburg	9%	5%
Bremen	9%	7%
Hamburg	9%	4%
Hessen	9%	7%
Mecklenburg-Vorpommern	9%	5%
Niedersachsen	9%	6%
Nordrhein-Westfalen	9%	7%
Rheinland-Pfalz	9%	7%
Saarland	9%	7%
Sachsen	9%	5%
Sachsen-Anhalt	9%	5%
Schleswig-Holstein	9%	6%
Thüringen	9%	5%

Früher war die mit dem ermäßigten Kirchensteuersatz im vereinfachten Verfahren pauschalierte Kirchensteuer nach einem fest vorgegebenen prozentualen Verteilungsschlüssel auf die katholische und evangelische Kirche aufzuteilen (z. B. in Bayern mit 70% auf die katholische und mit 30% auf die evangelische Kirche). **Diese prozentuale Aufteilung durch den Arbeitgeber ist ab 1.1.2007 weggefallen,** weil die im vereinfachten Verfahren ermittelte pauschale Kirchensteuer in eine besondere Zeile der Lohnsteuer-Anmeldung 2010 (= Zeile 24, Kennzahl 47) eingetragen werden kann und **das Finanzamt** aufgrund dieser Eintragung die Aufteilung der pauschalen Kirchensteuer auf die erhebungsberechtigten Religionsgemeinschaften vornimmt.

c) Ausscheiden der nicht kirchensteuerpflichtigen Arbeitnehmer

Pauschaliert der Arbeitgeber die Lohnsteuer und damit auch die Kirchensteuer für mehrere Arbeitnehmer von denen ein Teil nicht kirchensteuerpflichtig ist, kann er zwischen dem **vereinfachten Verfahren** und einem **Nachweisverfahren** wählen. Denn diejenigen Arbeitnehmer, die nachgewiesenermaßen keiner kirchensteuerberechtigten Konfession angehören, kann der Arbeitgeber aus der Kirchensteuerpauschalierung ausscheiden. Führt der Arbeitgeber für einen Teil der Arbeitnehmer, deren Lohnsteuer pauschaliert wird, den Nachweis, dass sie nicht kirchensteuerpflichtig sind, so ist die Kirchensteuer für die übrigen Arbeitnehmer allerdings mit dem **vollen** Kirchensteuersatz (9% oder 8%) und nicht mit dem für Pauschalierungsfälle vorgesehenen ermäßigten Kirchensteuersatz zu berechnen und entsprechend der Religionszugehörigkeit aufzuteilen. Die im Nachweisverfahren ermittelte Kirchensteuer ist in der Lohnsteuer-Anmeldung unter der jeweiligen Kirchensteuer-Kennzahl (z. B. ev = 61, rk = 62) einzutragen*).

Beispiel A

Ein Arbeitgeber in Bayern pauschaliert die Lohnsteuer für Aushilfskräfte mit 25%. Der Arbeitgeber hat zwei Möglichkeiten, die Kirchensteuer zu berechnen:

– Er kann für **alle** unter die Pauschalierung der Lohnsteuer fallenden Arbeitnehmer die Kirchensteuer im vereinfachten Verfahren mit **7%** der Lohnsteuer pauschalieren.

– Er kann aber auch die nicht kirchensteuerpflichtigen Arbeitnehmer aus der Besteuerung mit pauschaler Kirchensteuer herausnehmen, muss aber dann für die übrigen Arbeitnehmer mit dem normalen Kirchensteuersatz, das heißt mit **8%** der pauschalen Lohnsteuer errechnen.

---

*) Gleich lautende Erlasse der obersten Finanzbehörden der Länder vom 17.11.2006 (BStBl. I S. 716). Der gleich lautende Erlass ist als Anlage 1 zu H 40a.1 LStR im **Steuerhandbuch für das Lohnbüro 2010** abgedruckt, das im selben Verlag erschienen ist. Das **PC-Lexikon** für das Lohnbüro 2010 enthält auch dieses Handbuch und hat außerdem den Vorteil, dass Sie **alle BFH-Urteile** sowie die aktuellen Rundschreiben und Niederschriften der Spitzenverbände der **Sozialversicherung** mit Mausklick **im Volltext** abrufen und ausdrucken können. Eine Bestellkarte finden Sie vorne im Lexikon.

Kirchensteuer

Wählt der Arbeitgeber das vereinfachte Verfahren, ist die mit 7 % errechnete pauschale Kirchensteuer in Zeile 24 (= Kennzahl 47) der Lohnsteuer-Anmeldung 2010 einzutragen.

Wählt der Arbeitgeber das Nachweisverfahren, ist die mit 8 % errechnete Kirchensteuer in der Lohnsteuer-Anmeldung 2010 unter der jeweiligen Kirchensteuer-Kennzahl einzutragen, z. B. evangelische Kirchensteuer in Zeile 25 (= Kennzahl 61) und katholische Kirchensteuer in Zeile 26 (= Kennzahl 62).

Bei der Trennung der kirchensteuerpflichtigen von den nicht kirchensteuerpflichtigen Arbeitnehmern stellt sich häufig die Frage, wie die pauschale Lohnsteuer, die als Bemessungsgrundlage für die Kirchensteuer dient, aufgeteilt werden soll, wenn die auf den einzelnen Arbeitnehmer entfallende Lohnsteuer nicht ermittelt werden kann (z. B. bei einer Pauschalierung der Lohnsteuer für sonstige Bezüge in einer Vielzahl von Fällen). Hierzu gilt Folgendes:

Kann der Arbeitgeber die auf den **einzelnen** kirchensteuerpflichtigen Arbeitnehmer entfallende pauschale Lohnsteuer nicht individuell zuordnen, so kann er aus Vereinfachungsgründen die gesamte pauschale Lohnsteuer im Verhältnis der kirchensteuerpflichtigen zu den nicht kirchensteuerpflichtigen Arbeitnehmern aufteilen*).

Beispiel B
Die pauschale Lohnsteuer beträgt z. B. für 35 Arbeitnehmer 1050 €. Weist der Arbeitgeber nach, dass von diesen 35 Arbeitnehmern 15 keiner kirchensteuerberechtigten Religionsgemeinschaft angehören, so ergibt sich folgende Berechnung der pauschalen Kirchensteuer:

Auf die 20 kirchensteuerpflichtigen Arbeitnehmer entfällt eine anteilige pauschale Lohnsteuer in Höhe von
$^{20}/_{35}$ von 1 050 € = 600,— €
die Kirchensteuer hierfür beträgt bei einem Regelkirchensteuersatz von 8 % (z. B. in Bayern) = 48,— €

Die nach dem im Beispiel B dargestellten Verfahren ermittelte Kirchensteuer ist im Verhältnis der Konfessions- bzw. Religionszugehörigkeit der kirchensteuerpflichtigen Arbeitnehmer aufzuteilen. Die Konfessions- bzw. Religionszugehörigkeit ist anhand des in den Lohnkonten aufgezeichneten Religionsbekenntnisses zu ermitteln*). Die im Nachweisverfahren ermittelten Kirchensteuern sind in der Lohnsteuer-Anmeldung unter der jeweiligen Kirchensteuer-Kennzahl (z. B. ev = 61, rk = 62) einzutragen.

Die Frage, ob ein Teil der Arbeitnehmer aus der Pauschalierung der Kirchensteuer ausscheidet, weil er keiner kirchensteuerberechtigten Konfession angehört, **ist für jeden Pauschalierungstatbestand getrennt zu beurteilen***); ausgenommen ist lediglich die Pauschalierung nach § 40a Abs. 2 EStG, weil durch den Pauschsteuersatz von 2 % die Kirchensteuer und der Solidaritätszuschlag abgegolten sind. Nimmt der Arbeitgeber z. B. bei den Fahrtkostenzuschüssen die nicht kirchensteuerpflichtigen Arbeitnehmer aus der Pauschalbesteuerung heraus, so führt dies **nicht** dazu, dass er auch bei den Beiträgen zu einer Direktversicherung den Regelkirchensteuersatz von 8 % oder 9 % anwenden muss. Der Arbeitgeber kann vielmehr isoliert für die Direktversicherungsbeiträge erneut entscheiden, ob er die betroffenen Arbeitnehmer mit dem ermäßigten Kirchensteuersatz besteuern will, oder ob er die nicht kirchensteuerpflichtigen Arbeitnehmer herausnimmt und den Rest mit dem Regelkirchensteuersatz von 8 % oder 9 % besteuert. Für **jeden einzelnen der nachfolgend aufgeführten Pauschalierungssachverhalte** kann der Arbeitgeber also die oben geschilderte Entscheidung **gesondert** treffen:

– bei einer Pauschalierung der Lohnsteuer für Aushilfskräfte und Teilzeitbeschäftigte mit 25 %, 20 % oder 5 % (vgl. das Stichwort „Pauschalierung der Lohnsteuer bei Aushilfskräften und Teilzeitbeschäftigten"),

– bei einer Pauschalierung der Lohnsteuer mit 15 % für Fahrtkostenzuschüsse des Arbeitgebers zu den Aufwendungen des Arbeitnehmers für Fahrten zwischen Wohnung und regelmäßiger Arbeitsstätte und für die Firmenwagenstellung zu Fahrten zwischen Wohnung und regelmäßiger Arbeitsstätte (vgl. „Fahrten zwischen Wohnung und regelmäßiger Arbeitsstätte"),

– bei einer Pauschalierung der Lohnsteuer mit 25 % für unentgeltliche oder verbilligte Mahlzeiten (vgl. „Mahlzeiten"),

– bei einer Pauschalierung der Lohnsteuer mit 25 % für Erholungsbeihilfen (vgl. „Erholungsbeihilfen"),

– bei einer Pauschalierung der Lohnsteuer mit 25 % für steuerpflichtige Zuwendungen bei Betriebsveranstaltungen (vgl. „Betriebsveranstaltungen"),

– bei einer Pauschalierung der Lohnsteuer mit 25 % für steuerpflichtige Teile von Reisekosten (vgl. „Reisekosten"),

– bei einer Pauschalierung der Lohnsteuer mit 25 % bei Computerübereignung und Arbeitgeberzuschüssen zur Internetnutzung (vgl. „Computer"),

– bei einer Pauschalierung der Lohnsteuer mit 20 % für Beiträge zu einer Direktversicherung oder Pensionskasse (vgl. das Stichwort „Zukunftssicherung"),

– bei einer Pauschalierung der Lohnsteuer mit 20 % für Beiträge zu einer Gruppenunfallversicherung (vgl. das Stichwort „Unfallversicherung"),

– bei einer Pauschalierung der Lohnsteuer für sonstige Bezüge in einer größeren Zahl von Fällen (vgl. das Stichwort „Pauschalierung der Lohnsteuer" unter Nr. 2),

– bei der Nacherhebung von Lohnsteuer im Anschluss an eine Lohnsteuer-Außenprüfung (vgl. das Stichwort „Pauschalierung der Lohnsteuer" unter Nr. 3).

Bei allen aufgeführten Pauschalierungsmöglichkeiten führt also das Ausscheiden der nicht kirchensteuerpflichtigen Arbeitnehmer dazu, dass für die verbleibenden kirchensteuerpflichtigen Arbeitnehmer der Regelkirchensteuersatz von 8 % oder 9 % angewendet werden muss. Der Arbeitgeber muss also bei jeder einzelnen Pauschalierungsmöglichkeit prüfen, welche Vorgehensweise günstiger ist, denn das Ausscheiden der nicht kirchensteuerpflichtigen Arbeitnehmer muss nicht immer zu einer Steuerersparnis führen:

Beispiel C
Für 100 Arbeitnehmer werden Direktversicherungsbeiträge in Höhe von 146 € monatlich pauschal versteuert. Die pauschale Lohnsteuer beträgt 20 % von 14 600 € = 2920 €.

5 Arbeitnehmer sind nach den Eintragungen auf den Lohnsteuerkarten nicht kirchensteuerpflichtig; der Arbeitgeber kann diese Arbeitnehmer aus der Kirchensteuerpauschalierung herausnehmen. Tut er dies, so muss er die Kirchensteuer für die übrigen Arbeitnehmer mit dem **vollen** Kirchensteuersatz berechnen (z. B. in Bayern 8 %):

95 Arbeitnehmer × 146 € = 13 870,— €
pauschale Lohnsteuer 20 % von 13 870 € = 2 774,— €
pauschale Kirchensteuer **8 %** von 2774 € = 221,92 €

Nimmt der Arbeitgeber die 5 kirchensteuerfreien Arbeitnehmer nicht aus der Berechnung der pauschalen Kirchensteuer heraus, so ergibt sich Folgendes:

100 Arbeitnehmer × 146 € = 14 600,— €
pauschale Lohnsteuer 20 % von 14 600 € = 2 920,— €
pauschale Kirchensteuer **7 %** von 2920 € = 204,40 €

Die Kirchensteuer ist also in diesem Fall **niedriger**, das heißt, dass es nicht immer günstiger ist, die kirchensteuerfreien Arbeitnehmer aus der Berechnung der pauschalen Kirchensteuer herauszunehmen.

Weiterhin stellt sich die Frage, wie lange der Arbeitgeber an die einmal getroffene Wahl gebunden ist. Durch bundeseinheitliche Regelung ist klargestellt, dass der Arbeitgeber das Wahlrecht für jede einzelne Pauschalierungsmöglichkeit und **jeden einzelnen Lohnsteuer-Anmeldungszeitraum** (also in der Regel der Monat) gesondert treffen kann.*) Arbeitgeber mit monatlichem Lohnsteuer-Anmeldungszeitraum können also praktisch jeden Monat das Verfahren wechseln.

---

*) Gleich lautende Erlasse der obersten Finanzbehörden der Länder vom 17. 11. 2006 (BStBl. I S. 716). Der gleich lautende Erlass ist als Anlage 1 zu H 40a.1 LStR im **Steuerhandbuch für das Lohnbüro 2010** abgedruckt, das im selben Verlag erschienen ist. Das **PC-Lexikon** für das Lohnbüro 2010 enthält auch dieses Handbuch und hat außerdem den Vorteil, dass Sie **alle BFH-Urteile** sowie die aktuellen Rundschreiben und Niederschriften der Spitzenverbände der **Sozialversicherung** mit Mausklick **im Volltext** abrufen und ausdrucken können. Eine Bestellkarte finden Sie vorne im Lexikon.

Kirchensteuer

Das bei der Erhebung der Kirchensteuer bestehende **Wahlrecht** zwischen einem vereinfachten Verfahren und einem Nachweisverfahren gilt auch bei der **Pauschalierung** der Lohnsteuer für Belohnungsessen, Incentive-Reisen, VIP-Logen und ähnliche Sachbezüge mit 30 % (§ 37b Abs. 1 und 2 EStG). Da es sich bei Sachzuwendungen an Dritte und an eigene Arbeitnehmer um getrennte Pauschalierungskreise handelt, kann u.E. auch das bei der Erhebung der Kirchensteuer bestehende Wahlrecht zwischen einem vereinfachten Verfahren und einem Nachweisverfahren für den einzelnen Pauschalierungskreis i.S.d. § 37b Abs. 1 oder 2 EStG gesondert ausgeübt werden.

d) Nachweis, dass der Arbeitnehmer nicht kirchensteuerpflichtig ist

Der Arbeitgeber muss **nachweisen,** dass ein Teil der Arbeitnehmer, für die die Lohnsteuer pauschaliert werden soll, keiner kirchensteuerberechtigten Konfession angehören. Dieser Nachweis ist durch eine vom Arbeitnehmer vorzulegende **Lohnsteuerkarte** zu führen*). Dies gilt mit Ausnahme einer Pauschalierung der Lohnsteuer für Aushilfskräfte und Teilzeitbeschäftigte für alle anderen Pauschalierungsfälle. Nur bei einer Pauschalierung der Lohnsteuer nach § 40a EStG mit 20 % für Teilzeitbeschäftigte, 25 % für Aushilfskräfte und 5 % für Aushilfskräfte in der Land- und Forstwirtschaft wird als Nachweis, dass der Arbeitnehmer nicht kirchensteuerpflichtig ist, anstelle der Lohnsteuerkarte eine vom Arbeitnehmer unterschriebene Erklärung akzeptiert (R 41.1 Abs. 4 Satz 4 LStR). Das Muster einer solchen Erklärung ist amtlich vorgeschrieben*). Es muss folgenden Inhalt haben:

Muster:
Erklärung gegenüber dem Betriebsstättenfinanzamt zur Religionszugehörigkeit für die Erhebung der pauschalen Lohnsteuer nach § 40a Abs. 1, 2a und 3 EStG

Finanzamt _____

Arbeitgeber
Name der Firma: _____
Anschrift: _____

Arbeitnehmer
Name, Vorname: _____
Anschrift: _____

Ich, der vorbezeichnete Arbeitnehmer erkläre, dass ich
☐ bereits zu Beginn meiner Beschäftigung bei dem oben genannten Arbeitgeber
☐ seit dem _____
keiner Religionsgemeinschaft angehöre, die Kirchensteuer erhebt.

Ich versichere, die Angaben in dieser Erklärung wahrheitsgemäß nach bestem Wissen und Gewissen gemacht zu haben und werde den Eintritt in eine steuererhebende Religionsgemeinschaft dem Arbeitgeber unverzüglich anzeigen. Mir ist bekannt, dass die Erklärung als Grundlage für das Besteuerungsverfahren dient und meinen Arbeitgeber berechtigt, von der Entrichtung von Kirchensteuer auf den Arbeitslohn abzusehen.

_____ _____
Ort, Datum   Unterschrift des Arbeitnehmers

Diese und jede weitere Erklärung über den Beitritt zu einer steuererhebenden Religionsgemeinschaft sind vom Arbeitgeber zum Lohnkonto zu nehmen.

Auch in den Fällen der Pauschalierung der Lohnsteuer für Belohnungsessen, Incentive-Reisen, VIP-Logen und ähnliche Sachbezüge mit 30 % (§ 37b Abs. 1 und 2 EStG; vgl. dieses Stichwort) kann der Arbeitgeber als Nachweis, dass der Empfänger nicht kirchensteuerpflichtig ist, anstelle der Lohnsteuerkarte eine vom Empfänger unterschriebene Erklärung akzeptieren. Diese Erklärung muss folgenden Inhalt haben:

Muster:
Erklärung gegenüber dem Betriebsstättenfinanzamt zur Religionszugehörigkeit für die Erhebung der pauschalen Einkommensteuer nach § 37b Abs. 4 EStG

Finanzamt _____

Steuerpflichtiger
Name der Firma: _____
Anschrift: _____

Empfänger der Zuwendung
Name, Vorname: _____
Anschrift: _____

Ich, der vorbezeichnete Empfänger einer Zuwendung, erkläre, dass ich
☐ keiner Religionsgemeinschaft angehöre, die Kirchensteuer erhebt.
☐ der _____ angehöre.
(z. B. der Evangelischen oder Katholischen Kirche, Jüdischen Gemeinde etc.)

Ich versichere, die Angaben in dieser Erklärung wahrheitsgemäß nach bestem Wissen und Gewissen gemacht zu haben. Mir ist bekannt, dass die Erklärung als Grundlage für das Besteuerungsverfahren dient.

_____ _____
Ort, Datum   Unterschrift des Zuwendungsempfängers

Diese Erklärung ist vom Zuwendenden aufzubewahren.

Kleidergeld

	Lohnsteuerpflichtig	Sozialversich.-pflichtig
Schornsteinfegermeister und Schornsteinfegergesellen haben nach einjähriger Betriebszugehörigkeit Anspruch auf Gestellung von berufsbezogener Arbeitskleidung (Ober- und Unterbekleidung) bis zu einem bestimmten Betrag, der in § 7 Nr. 5 des Bundestarifvertrags für das Schornsteinfegerhandwerk festgelegt ist. Arbeitnehmer des Schornsteinfegerhandwerks, die weniger als ein Jahr im gleichen Betrieb beschäftigt sind, erhalten wöchentlich $1/52$ dieses Betrags zur Abgeltung des Aufwands für Arbeitskleidung ausgezahlt. Das in § 7 Nr. 5 des Bundestarifvertrags für das Schornsteinfegerhandwerk festgelegte Kleidergeld ist als **Barablösung** einer Verpflichtung zur Gestellung von typischer Berufskleidung steuerfrei (§ 3 Nr. 31 EStG).	nein	nein

Zum sog. Waschgeld der Kaminkehrer vgl. „Waschgeld".

Orchestermusiker erhalten nach tariflichen Vorschriften für jede Veranstaltung, für die Frack bzw. Abendkleid vorgeschrieben und getragen worden ist, ein Kleidergeld. Dieses Kleidergeld ist nach bundeseinheitlichen Erlassen der Finanzverwaltung**) als Barablösung einer Verpflichtung zur Gestellung von typischer Berufskleidung steuerfrei (§ 3 Nr. 31 EStG).	nein	nein

Siehe auch die Stichworte: Arbeitskleidung und Bekleidungszuschüsse.

Kleiderkasse

siehe „Arbeitskleidung"

---

*) Gleich lautende Erlasse der obersten Finanzbehörden der Länder vom 17. 11. 2006 (BStBl. I S. 716). Der gleich lautende Erlass ist als Anlage 1 zu H 40a.1 LStR im **Steuerhandbuch für das Lohnbüro 2010** abgedruckt, das im selben Verlag erschienen ist. Das **PC-Lexikon** für das Lohnbüro 2010 enthält auch dieses Handbuch und hat außerdem den Vorteil, dass Sie **alle BFH-Urteile** sowie die aktuellen Rundschreiben und Niederschriften der Spitzenverbände der **Sozialversicherung** mit Mausklick **im Volltext** abrufen und ausdrucken können. Eine Bestellkarte finden Sie vorne im Lexikon.

) Bundeseinheitliche Regelung, z. B. Erlass der Berliner Senatsverwaltung für Finanzen vom 1. 4. 1993 Az.: III D 12 – S 2334 – 10/91. Der Erlass ist als Anlage 1 zu H 3.31 LStR im **Steuerhandbuch für das Lohnbüro 2010 abgedruckt, das im selben Verlag erschienen ist. Das **PC-Lexikon** für das Lohnbüro 2010 enthält auch dieses Handbuch und hat außerdem den Vorteil, dass Sie **alle BFH-Urteile** sowie die aktuellen Rundschreiben und Niederschriften der Spitzenverbände der **Sozialversicherung** mit Mausklick **im Volltext** abrufen und ausdrucken können. Eine Bestellkarte finden Sie vorne im Lexikon.

Knappschaftsversicherung

Die Knappschaftsversicherung ist die zusammengefasste Kranken- und Rentenversicherung im Bergbau. Sitz der Bundesknappschaft ist in 44789 Bochum, Pieperstr. 14–28. Dort werden zu Versicherungsfragen der Bergleute Auskünfte erteilt.

Zu den Beitragsbemessungsgrenzen und dem Beitragssatz in der knappschaftlichen Rentenversicherung vgl. die Stichwörter „Beitragsbemessungsgrenzen" und „Beitragssatz".

Kohlendeputate

siehe „Heizung"

Kommanditist

siehe „Gesellschafter-Geschäftsführer"

Konkurrenzverbot

	Lohnsteuerpflichtig	Sozialversich.-pflichtig

Nach Beendigung des Arbeitsverhältnisses darf der Arbeitnehmer dem Arbeitgeber im Grundsatz beliebig Konkurrenz machen (zur Konkurrenz während der Dauer des Arbeitsverhältnisses siehe „Wettbewerbsverbot"). Durch Vertrag zwischen Arbeitgeber und Arbeitnehmer kann jedoch für die Zeit nach Beendigung des Arbeitsverhältnisses ein Konkurrenzverbot für die Dauer von längstens zwei Jahren vereinbart werden **(sog. Konkurrenzklausel).** Die Konkurrenzklausel ist nur verbindlich, wenn der Arbeitgeber sich verpflichtet, für die Dauer des Verbots eine Entschädigung zu zahlen (sog. Karenzentschädigung).

Karenzentschädigungen, die aufgrund einer Konkurrenzklausel gezahlt werden, gehören zum steuerpflichtigen Arbeitslohn (§ 2 Abs. 2 Nr. 4 LStDV). Die Lohnsteuer ist im Zeitpunkt der Zahlung einzubehalten. Wird die Entschädigung als Einmalzahlung geleistet, ist sie als sonstiger Bezug unter Anwendung der sog. Fünftelregelung ermäßigt zu versteuern, wenn eine Zusammenballung von Einkünften vorliegt (vgl. das Stichwort „Entschädigungen").

Bei der Karenzentschädigung handelt es sich nicht um Arbeitsentgelt im Sinne von § 14 SGB IV, da es sich nicht um eine Zahlung des Arbeitgebers für eine während der Beschäftigung geleistete Arbeit handelt (Urteil des LSG Berlin vom 27.7.1983 – L 9 Kr 45/78). — ja / nein

Steuerpflichtiger Arbeitslohn liegt jedoch dann nicht vor, wenn eine eindeutige Zuordnung zu einer der Einkunftsarten des § 2 Abs. 1 Nr. 1 bis 6 EStG nicht möglich ist, weil eine Karenzentschädigung für die Nichtausübung mehrerer unterschiedlich zu qualifizierender Tätigkeiten gezahlt wird. Die Entschädigung gehört in diesen Fällen zu den **sonstigen Einkünften** i. S. des § 22 Nr. 3 EStG (BFH-Urteil vom 12.6.1996, BStBl. II S. 516 und vom 23.2.1999, BStBl. II S. 590) und wird durch eine Veranlagung zur Einkommensteuer erfasst. Lohnsteuer ist somit nicht einzubehalten. — nein / nein

Konkursausfallgeld

siehe „Insolvenzgeld"

Konsularbeamte

siehe „Erweiterte unbeschränkte Steuerpflicht" und „Persönliche Lohnsteuerbefreiungen"

Kontoführungsgebühren

	Lohnsteuerpflichtig	Sozialversich.-pflichtig

Der Ersatz von Kontoführungsgebühren und Kontoeröffnungsgebühren durch den Arbeitgeber gehört als Werbungskostenersatz zum steuerpflichtigen Arbeitslohn (R 19.3 Abs. 3 Nr. 1 LStR). Wegen grundsätzlicher Ausführungen hierzu vgl. das Stichwort „Auslagenersatz"). — ja / ja

Bei einer Veranlagung zur Einkommensteuer kann der Arbeitnehmer ohne Nachweis 16 € jährlich als Werbungskosten geltend machen.

Zum Arbeitslohn gehören auch die geldwerten Vorteile, die Arbeitnehmern von Kreditinstituten durch die kostenlose Kontoführung bei ihrem Arbeitgeber entstehen. In diesen Fällen ist jedoch die Rabattregelung anwendbar mit der Folge, dass die von Kreditinstituten für ihre Arbeitnehmer übernommenen Kontoführungsgebühren bis zum Rabattfreibetrag von 1080 € jährlich steuerfrei sind (vgl. das Stichwort „Rabatte" unter Nr. 10). — nein / nein

Sind die Kontoführungsgebühren in Anwendung des Rabattfreibetrags steuerfrei, kann der Arbeitnehmer keine Werbungskosten bei seiner Veranlagung zur Einkommensteuer geltend machen.

Kopiergerät

siehe „Arbeitsmittel", „Arbeitszimmer", „Werkzeuggeld"

Kraftfahrerzulage

Die Kraftfahrerzulage ist als „Erschwerniszuschlag" lohnsteuer- und sozialversicherungspflichtig. — ja / ja

Kraftfahrzeuge

Übereignet ein Arbeitgeber einem Arbeitnehmer kostenlos oder verbilligt einen bisher zur privaten und beruflichen Nutzung überlassenen Firmenwagen, so ergibt sich in Höhe der Verbilligung ein geldwerter Vorteil für den Arbeitnehmer, der steuer- und beitragspflichtig ist. — ja / ja

Wegen der beim verbilligten Kauf eines Firmenwagens zu beachtenden Besonderheiten wird auf die Erläuterungen beim Stichwort „Firmenwagen zur privaten Nutzung" unter Nr. 12 Buchstabe i hingewiesen.

Verkauft eine Firma, die Kraftfahrzeuge herstellt oder mit ihnen handelt, diese Fahrzeuge verbilligt an ihre Belegschaftsmitglieder, so gelten in diesem Ausnahmefall besondere Vorschriften (Anwendung des Rabattfreibetrags von 1080 € und spezielle Bewertungsvorschriften), die unter dem Stichwort „Jahreswagen" dargestellt sind.

In allen anderen Fällen, in denen ein Arbeitgeber einem Arbeitnehmer ein Kraftfahrzeug kostenlos oder verbilligt überlässt, ist die Verbilligung (die in der Regel in der Differenz zwischen Buchwert und Verkehrswert besteht) in voller Höhe zu versteuern. — ja / ja

Dabei spielt es keine Rolle, ob der unentgeltlich oder verbilligt überlassene Pkw zum Betriebs- oder Privatvermögen des Arbeitgebers gehört hat.

Kann der Arbeitgeber keine Schätzurkunde vorlegen, aus der der Verkehrswert im Zeitpunkt der kostenlosen oder verbilligten Überlassung hervorgeht, wird die Finanzverwaltung den Wert durch Schätzung ermitteln, wobei auch die Zusatzausstattung einbezogen wird. Stehen keine anderen Unterlagen zur Verfügung, kann der Verkehrswert in Anlehnung an die sog. „Schwacke-Liste" für den Gebrauchtwagenhandel festgestellt werden. Dabei ist von den Händler-Verkaufspreisen (also einschließlich Mehrwertsteuer) auszugehen.

Kraftfahrzeuggestellung

siehe „Firmenwagen zur privaten Benutzung"

Kraftfahrzeugkosten

Zur Behandlung der Kraftfahrzeugkosten bei **beruflichen Reisen** vgl. die Erläuterungen beim Stichwort „Reisekosten bei Auswärtstätigkeiten" unter Nr. 7 auf Seite 593.

Zur Behandlung der Kraftfahrzeugkosten bei **Familienheimfahrten** im Rahmen einer doppelten Haushaltsführung vgl. das Stichwort „Familienheimfahrten".

Zur Behandlung der Kraftfahrzeugkosten bei **Fahrten zwischen Wohnung und regelmäßiger Arbeitsstätte** vgl. dieses Stichwort.

Zum Abzug der Kraftfahrzeugkosten als Werbungskosten in Höhe der **Entfernungspauschale** vgl. dieses Stichwort.

Kraftfahrzeugunfall

siehe „Unfallkosten"

Krankenbezüge

	Lohnsteuerpflichtig	Sozialversich.-pflichtig
Erkrankt ein Arbeitnehmer, so ist das Entgelt für sechs Wochen weiterzuzahlen (vgl. das Stichwort „Entgeltfortzahlung"). Durch Tarifvertrag, Betriebsvereinbarung oder Einzelarbeitsvertrag können sich auch längere Entgeltfortzahlungszeiten ergeben (zum Teil bis zu 78 Wochen). Der im Krankheitsfall fortgezahlte Arbeitslohn ist steuer- und beitragspflichtig. Sowohl lohnsteuerlich als auch beitragsrechtlich ergeben sich bei der Lohnabrechnung keine Besonderheiten.	ja	ja
Besteht die Krankheit nach Beendigung des Entgeltfortzahlungszeitraums weiter, so erhält der Arbeitnehmer Krankengeld oder Krankentagegeld von seiner Krankenkasse oder seiner privaten Versicherung. Das Krankengeld oder Krankentagegeld ist steuerfrei (§ 3 Nr. 1 EStG).	nein	nein*)

In dem Monat, in dem die Entgeltfortzahlung endet und die beitragsfreie Zeit der Krankengeldzahlung beginnt, entsteht beitragsrechtlich ein **Teillohnzahlungszeitraum.** Bei der Lohnsteuer wird dagegen der Lohnzahlungszeitraum durch ausfallende (unbezahlte) Arbeitstage **nicht** unterbrochen. Auf das Beispiel einer vollständigen Lohnabrechnung beim Übergang von der Lohnfortzahlung zum Krankengeld (mit Erläuterung der Meldepflichten) beim Stichwort „Teillohnzahlungszeitraum" unter Nr. 4 auf Seite 692 wird hingewiesen.

Wird in der beitragsfreien Zeit des Krankengeldbezugs eine **einmalige Zuwendung** gezahlt, so ist diese **beitragspflichtig** (§ 23a SGB IV).	ja	ja

Das von den gesetzlichen Krankenkassen gezahlte Krankengeld ist zwar steuerfrei, es unterliegt jedoch dem sog. **Progressionsvorbehalt** (vgl. dieses Stichwort). Der Arbeitnehmer muss deshalb die Bescheinigung, die er über die Höhe des Krankengelds von seiner gesetzlichen Krankenkasse erhält (sog. Leistungsnachweis), bei seiner Veranlagung zur Einkommensteuer dem Finanzamt vorlegen.

Damit das Finanzamt diese Fälle erkennen kann, muss der Arbeitgeber bei der Zahlung von Krankengeld für mindestens **fünf** aufeinander folgende Arbeitstage sowohl im Lohnkonto als auch auf der Lohnsteuerbescheinigung 2010 den Buchstaben „U" bescheinigen (U steht für Unterbrechung). Auf die ausführlichen Erläuterungen zur Bescheinigung des Buchstabens U beim Stichwort „Lohnkonto" unter Nr. 9 auf Seite 449 wird Bezug genommen. Ist im Lohnkonto des Arbeitnehmers ein U bescheinigt, darf der Arbeitgeber für diesen Arbeitnehmer **keinen Lohnsteuer-Jahresausgleich durchführen** (vgl. das Stichwort „Lohnsteuer-Jahresausgleich durch den Arbeitgeber").

Das von **privaten** Krankenkassen gezahlte Krankengeld oder Krankentagegeld unterliegt **nicht** dem Progressionsvorbehalt (R 32b Abs. 1 EStR, vgl. das Stichwort „Progressionsvorbehalt"). Gleichwohl muss der Arbeitgeber auch in diesen Fällen den Buchstaben „U" sowohl im Lohnkonto als auch auf der Lohnsteuerbescheinigung eintragen, wenn der Arbeitnehmer an mindestens fünf aufeinanderfolgenden Arbeitstagen krank war und für diese Tage keine Entgeltfortzahlung erhalten hat.

Krankengeld

siehe „Krankenbezüge"

Krankengeldzuschüsse

Viele Arbeitgeber gewähren ihren Arbeitnehmern nach Ablauf des Entgeltfortzahlungsanspruchs einen Zuschuss zum Krankengeld. Hierfür gibt es keine gesetzliche Verpflichtung; die Zahlung von Zuschüssen zum Krankengeld erfolgt vielmehr aufgrund tariflicher oder betrieblicher Regelungen und zwar meistens in Höhe des Unterschiedsbetrags zwischen dem von der Krankenkasse gezahlten Krankengeld und dem letzten Nettoverdienst. Für die steuer- und beitragsrechtliche Behandlung der Arbeitgeberzuschüsse zum Krankengeld gilt Folgendes:

	Lohnsteuerpflichtig	Sozialversich.-pflichtig
Krankengeldzuschüsse, die der Arbeitnehmer zusätzlich zum Krankengeld oder Krankentagegeld **aus der gesetzlichen oder privaten Krankenversicherung** erhält, sind lohnsteuerpflichtig.	ja	nein

Fällt wegen der geringen Höhe der Zuschüsse und Anwendung der Monatslohnsteuertabelle keine Lohnsteuer an, so müssen die Zuschüsse trotzdem im Lohnkonto und auf der Lohnsteuerkarte als steuerpflichtiger Arbeitslohn erfasst werden. Außerdem ist im Lohnkonto und auf der Lohnsteuerkarte ein U zu bescheinigen, wenn der Arbeitnehmer für 5 oder mehr Arbeitstage Krankengeld erhält (vgl. „Lohnkonto").

Beitragsrechtlich gilt nach § 23c SGB IV einheitlich für alle Versicherungszweige Folgendes:

Zuschüsse des Arbeitgebers zum Krankengeld, Verletztengeld, Übergangsgeld oder Krankentagegeld und sonstige Einnahmen aus einer Beschäftigung, die für die Zeit des Bezuges von Krankengeld, Krankentagegeld, Versorgungskrankengeld, Verletztengeld, Übergangsgeld, Mutterschaftsgeld oder Elterngeld weiter erzielt werden, gelten nicht als beitragspflichtiges Arbeitsentgelt, wenn die Einnahmen zusammen mit den genannten Sozialleistungen das Nettoarbeitsentgelt im Sinne des § 47 Abs. 1 SGB V nicht um mehr als **50 €** übersteigen (Freigrenze).

	Lohnsteuerpflichtig	Sozialversich.-pflichtig
Nach dieser Regelung sind sowohl Krankengeldzuschüsse, die der Arbeitgeber zusätzlich zum Krankengeld aus der **gesetzlichen** Krankenversicherung erhält, beitragsfrei als auch Krankengeldzuschüsse, die der Arbeitgeber neben Krankengeld oder Krankentagegeld aus einer **privaten** Krankenversicherung erhält, wenn das Nettoarbeitsentgelt nicht um mehr als 50 € überschritten wird, was in aller Regel der Fall ist.	ja	nein

Die Anwendung des § 23c SGB IV auf Krankengeldzuschüsse ist ausführlich beim Stichwort „Arbeitsentgelt" unter Nr. 2 auf Seite 86 erläutert.

Krankenkassenwahlrecht

vgl. Teil B Nr. 2b auf Seite 11

---

*) Das von den gesetzlichen Krankenkassen gezahlte Krankengeld ist versicherungspflichtig in der Renten-, Arbeitslosen- und Pflegeversicherung. Die Beiträge werden im Normalfall je zur Hälfte vom Empfänger und der Krankenkasse getragen (vgl. das Stichwort „Lohnersatzleistungen").

Krankenversicherung

	Lohn-steuer-pflichtig	Sozial-versich.-pflichtig

Für **Arbeitnehmer** besteht Krankenversicherungspflicht, wenn ihr regelmäßiges Jahresarbeitsentgelt an drei aufeinanderfolgenden Jahren die sog. **Jahresarbeitsentgeltgrenze** nicht übersteigt (vgl. das Stichwort „Jahresarbeitsentgeltgrenze").

Krankenversicherungspflichtige Arbeitnehmer können die Mitgliedschaft bei einer **gesetzlichen** Krankenversicherung mit Ausnahme der Landwirtschaftlichen Alterskasse völlig frei wählen (vgl. Teil B Nr. 2 auf Seite 10). Gesetzliche Krankenkassen sind

– die AOK,
– die Betriebskrankenkassen,
– die Innungskrankenkassen,
– die Ersatzkassen,
– die Landwirtschaftlichen Alterskassen,
– die See-Krankenkasse,
– die Knappschaftliche Krankenversicherung.

Arbeitnehmer, deren regelmäßiges Jahresarbeitsentgelt an drei aufeinanderfolgenden Kalenderjahren die sog. Jahresarbeitsentgeltgrenze übersteigt, können sich entweder

– **freiwillig** in einer gesetzlichen Krankenkasse oder
– bei einer **privaten** Krankenkasse versichern lassen.

Dies hat Auswirkungen auf die Anwendung des **steuerlichen Progressionsvorbehalts beim Krankengeld.** Denn das von den gesetzlichen Krankenkassen an ihre Mitglieder (freiwillig oder pflichtversichert) gezahlte Krankengeld unterliegt dem Progressionsvorbehalt, das von den privaten Krankenkassen gezahlte Krankengeld hingegen nicht (vgl. das Stichwort „Progressionsvorbehalt").

Kreditkarte

siehe „Firmenkreditkarte"

Kreislauftrainingskuren

Kreislauftrainingskuren, die vom Arbeitgeber finanziert werden, sind kein geldwerter Vorteil und deshalb wie Unterstützungen (vgl. dieses Stichwort) steuerfrei und beitragsfrei, wenn die Kuren im überwiegenden betrieblichen Interesse zur Wiederherstellung oder Erhaltung der Arbeitsfähigkeit durchgeführt werden (BFH-Urteil vom 24.1.1975, BStBl. II S. 340). nein nein

Dieses Urteil zur Steuerfreiheit sog. Kreislauftrainingskuren ist nur bei genau gleich gelagerten Sachverhalten anzuwenden. Übernimmt der Arbeitgeber ganz allgemein bei älteren Arbeitnehmern die Kosten für eine Kur (z. B. für alle über 50 Jahre alten Arbeitnehmer), so handelt es sich um steuerpflichtigen Arbeitslohn (BFH-Urteil vom 31.10.1986, BStBl. 1987 II S. 142). ja ja

Kundenbindungsprogramm

siehe „Miles & More"

Künstler

Gliederung:

1. Allgemeines
2. Tätigkeit bei Theaterunternehmen (Bühnenkünstler)
   a) Spielzeitverpflichtete Künstler
   b) Gastspielverpflichtete Künstler
3. Tätigkeit bei Kulturorchestern
4. Tätigkeit bei Hörfunk und Fernsehen
5. Tätigkeit bei Film- und Fernsehproduktionen
6. Synchronisierung
7. Tätigkeit bei Konzertunternehmen und Kapellenagenturen
8. Wiederholungshonorare
9. Steuerabzug vom Arbeitslohn
10. Berechnung der Sozialversicherungsbeiträge für unständig Beschäftigte bei Rundfunk- und Fernsehanstalten
11. Künstlersozialversicherung

1. Allgemeines

Künstler können entweder unbeschränkt oder nur beschränkt steuerpflichtig sein, je nachdem, ob sie in Deutschland einen Wohnsitz oder gewöhnlichen Aufenthalt haben oder nicht. Für beschränkt steuerpflichtige Künstler gelten Sonderregelungen, die beim Stichwort „Beschränkt steuerpflichtige Künstler, Berufssportler, Schriftsteller, Journalisten" erläutert sind. Für Künstler, die **nebenberuflich** für eine gemeinnützige Organisation tätig sind (z. B. Kirchenmusiker oder Organisten), gibt es einen Steuerfreibetrag von 2100 € jährlich (vgl. das Stichwort „Nebentätigkeit für gemeinnützige Organisationen").

Sowohl für beschränkt als auch für unbeschränkt steuerpflichtige Künstler ist die Beantwortung der Frage von ausschlaggebender Bedeutung, ob eine **selbständige** oder **nichtselbständige** Tätigkeit vorliegt. Für steuerliche Zwecke ist diese Frage im sog. Künstlererlass*) beantwortet worden. Für die Belange der Sozialversicherung haben die Spitzenverbände der Sozialversicherungsträger einen eigenen Abgrenzungskatalog erstellt, der sich jedoch in den meisten Fällen mit der steuerlichen Einordnung deckt.

Im Übrigen gelten für die Abgrenzung zwischen selbständiger und nichtselbständiger Arbeit sowohl bei beschränkt als auch bei unbeschränkt steuerpflichtigen Künstlern die allgemeinen Abgrenzungsmerkmale (vgl. die Ausführungen im Teil A unter Nr. 3 auf Seite 6). Danach liegt eine nichtselbständige Arbeit vor, wenn die tätige Person in der Betätigung ihres geschäftlichen Willens unter der Leitung eines Arbeitgebers steht oder in den geschäftlichen Organismus des Arbeitgebers eingegliedert und dessen Weisungen zu folgen verpflichtet ist. Dies führt bei künstlerischen und verwandten Berufen im Allgemeinen zu folgenden Ergebnissen:

2. Tätigkeit bei Theaterunternehmen (Bühnenkünstler)

a) Spielzeitverpflichtete Künstler

Künstler und Angehörige von verwandten Berufen, die auf Spielzeit- oder Teilspielzeitvertrag angestellt sind, sind in den Theaterbetrieb eingegliedert und damit unselbständig. Dabei spielt es keine Rolle, ob der Künstler gleichzeitig eine Gastspielverpflichtung bei einem anderen Unternehmen eingegangen ist.

b) Gastspielverpflichtete Künstler

Bei **Gastspielen** sind Künstler in der Regel selbständig. Wegen der verhältnismäßig kurzen Berührung mit dem Theater fehlt es an einer Eingliederung in den Theaterbetrieb. Entscheidend ist, dass das Theater bei einer Gastspielverpflichtung nicht im Wesentlichen über die Arbeitskraft des Gastkünstlers verfügen kann, sondern der Künstler auch während des zeitlichen Rahmens des

---

*) Der Künstlererlass des Bundesfinanzministeriums vom 5.10.1990 (BStBl. I S. 638) ist als Anlage 1 zu H 19.0 LStR im **Steuerhandbuch für das Lohnbüro 2010** abgedruckt, das im selben Verlag erschienen ist. Das **PC-Lexikon** für das Lohnbüro 2010 enthält auch dieses Handbuch und hat außerdem den Vorteil, dass Sie **alle BFH-Urteile** sowie die aktuellen Rundschreiben und Niederschriften der Spitzenverbände der **Sozialversicherung** mit Mausklick **im Volltext** abrufen und ausdrucken können. Eine Bestellkarte finden Sie vorne im Lexikon.

Künstler

Gastspielvertrags seine Arbeitskraft frei und ohne Einfluss des Gastspieltheaters nutzen kann. Ob ein Künstler allein (Solokünstler) oder in einer Gruppe (z. B. Chor) auftritt und welchen künstlerischen Rang er hat, spielt für die Abgrenzung keine entscheidende Rolle. Bei Anwendung dieser Grundsätze gilt nach Auffassung der Finanzverwaltung im Einzelnen Folgendes:

Gastspielverpflichtete
- Regisseure,
- Choreographen,
- Bühnenbildner und
- Kostümbildner

sind stets **selbständig.**

Gastspielverpflichtete
- Dirigenten

sind **nichtselbständig;** sie sind nur ausnahmsweise selbständig, wenn sie nur für kurze Zeit einspringen. In der Sozialversicherung wird ein gastspielverpflichteter Dirigent als selbständig behandelt, wenn er die Einstudierung nur eines bestimmten Stückes oder Konzertes übernimmt und/oder nach dem jeweiligen Gastspielvertrag voraussehbar nicht mehr als 5 Vorstellungen oder Konzerte dirigiert.

Gastspielverpflichtete
- Schauspieler,
- Sänger,
- Tänzer und
- andere Künstler

sind **nichtselbständig,** wenn sie eine Rolle in einer Aufführung übernehmen und gleichzeitig eine Probenverpflichtung zur Einarbeitung in die Rolle oder eine künstlerische Konzeption eingehen. Stell- oder Verständigungsproben reichen für die Annahme einer nichtselbständigen Tätigkeit nicht aus. Voraussetzung ist außerdem, dass die Probenverpflichtung tatsächlich erfüllt wird. Die Zahl der Aufführungen ist nicht entscheidend.

Nach dem für die Sozialversicherung maßgebenden Abgrenzungskatalog richtet sich die Einordnung in diesen Fällen mehr nach der künstlerischen Stellung des Verpflichteten. Bei Stargastspielen und wenigen vereinbarten Vorstellungen wird deshalb Selbständigkeit angenommen. Die Probenverpflichtung stellt aber auch für die Sozialversicherung ein wichtiges Indiz für die Arbeitnehmertätigkeit dar.

Gastspielverpflichtete Künstler einschließlich der Instrumentalsolisten sind **selbständig,** wenn sie an einer konzertanten Opernaufführung, einem Oratorium, Liederabend oder dgl. mitwirken.

Aushilfen für Chor und Orchester sind **selbständig,** wenn sie nur für kurze Zeit einspringen.

3. Tätigkeit bei Kulturorchestern

Die Mitglieder von Kulturorchestern sind grundsätzlich nichtselbständig. Arbeitgeber ist der Träger des Orchesters (Theaterunternehmen, Stadtverwaltung, Musikverein usw.).

Alle **gastspielverpflichteten** Künstler, z. B. Dirigenten, Vokal- und Instrumentalsolisten, sind stets und ohne Rücksicht auf die Art und Anzahl der Aufführungen **selbständig.** Orchesteraushilfen sind ebenfalls selbständig, wenn sie nur für kurze Zeit einspringen.

4. Tätigkeit bei Hörfunk und Fernsehen

Von den Rundfunk- und Fernsehanstalten werden neben dem fest angestellten Personal Künstler und Angehörige von verwandten Berufen auf Honorarbasis als sog. **freie Mitarbeiter** beschäftigt. Diese freien Mitarbeiter sind grundsätzlich Arbeitnehmer. Bestimmte Gruppen von freien Mitarbeitern sind jedoch selbständig, soweit sie nur für einzelne Produktionen (z. B. ein Fernsehspiel, eine Unterhaltungssendung oder einen aktuellen Beitrag) tätig werden.

Im Einzelnen handelt es sich um folgende Mitarbeiter:
- Architekten,
- Arrangeure,
- Artisten, die als Gast außerhalb eines Ensembles oder einer Gruppe eine Sololeistung erbringen,
- Autoren,
- Berichterstatter,
- Bildhauer,
- Bühnenbildner,
- Choreographen,
- Chorleiter, soweit sie als Gast mitwirken oder Träger des Chores sind,
- Darsteller, die als Gast in einer Sendung mit Live-Charakter mitwirken,
- Dirigenten, soweit sie als Gast mitwirken oder Träger des Klangkörpers sind,
- Diskussionsleiter,
- Dolmetscher,
- Fachberater,
- Fotografen,
- Gesprächsteilnehmer,
- Grafiker,
- Interviewpartner,
- Journalisten,
- Kommentatoren,
- Komponisten,
- Korrespondenten,
- Kostümbildner,
- Kunstmaler,
- Lektoren,
- Moderatoren, wenn der eigenschöpferische Teil der Leistung überwiegt,
- musikalische Leiter, soweit sie als Gast mitwirken oder Träger des Chores sind,
- Quizmaster,
- Realisatoren, wenn der eigenschöpferische Teil der Leistung überwiegt,
- Regisseure,
- Solisten (Gesang, Musik, Tanz), die als Gast außerhalb eines Ensembles oder einer Gruppe eine Sololeistung erbringen,
- Schriftsteller,
- Übersetzer.

Eine von vornherein auf Dauer angelegte Tätigkeit, auch wenn mehrere Honorarverträge abgeschlossen werden, ist dagegen in jedem Fall als nichtselbständig zu behandeln.

Die Tätigkeit für denselben Auftraggeber in mehreren zusammenhängenden Leistungsbereichen ist einheitlich zu beurteilen. Die Einordnung einer solchen Mischtätigkeit richtet sich nach der überwiegend ausgeübten Tätigkeit. Dabei kann auch auf die Höhe des aufgeteilten Honorars abgestellt werden.

Im Einzelfall kann auch ein freier Mitarbeiter, der nicht zu den vorgenannten Berufsgruppen gehört, als selbständig anerkannt werden. Das für die Veranlagung des Mitarbeiters zuständige Finanzamt muss hierüber jedoch eine Bescheinigung erteilen und sich zuvor mit dem Betriebsstättenfinanzamt des Auftraggebers abstimmen. Ebenso kann im Einzelfall die Selbständigkeit eines zu den vorgenannten Berufsgruppen gehörenden Mitarbeiters verneint werden.

Künstler

	Lohn-steuer-pflichtig	Sozial-versich.-pflichtig

5. Tätigkeit bei Film- und Fernsehproduktionen

Schauspieler, Regisseure, Kameraleute, Regieassistenten und sonstige Mitarbeiter an einer Film- und Fernsehproduktion sind **Arbeitnehmer** (BFH-Urteil vom 6.10.1971, BStBl. 1972 II S. 88). Sie sind durch das notwendige Zusammenwirken aller Beteiligten in den Organismus der Produktion eingegliedert und damit unselbständig. Dies gilt auch für nur in geringem Umfang und gelegentlich mitwirkende Komparsen (= Statisten) und auch für die Mitarbeiter bei der Herstellung von Werbefilmen. Allerdings kann es sich auch bei der Tätigkeit als Komparse (= Statist) um eine nebenberufliche künstlerische Tätigkeit handeln mit der Folge, dass der Steuerfreibetrag von 2100 € jährlich in Anspruch genommen werden kann (BFH-Urteil vom 18.4.2007, BStBl. II S. 702; vgl. auch das Stichwort „Nebentätigkeit für gemeinnützige Organisationen").

Filmautoren, Filmkomponisten und Fachberater sind im Allgemeinen nicht in den Organismus des Unternehmens eingegliedert, sie sind deshalb in der Regel selbständig tätig.

Entgegen den Ausführungen im sog. Künstlererlass hat der Bundesfinanzhof entschieden, dass ausländische Fotomodelle, die zur **Produktion von Werbefilmen/Werbespots** kurzfristig (im Streitfall ein bis drei Tage) im Inland einer Beschäftigung nachgehen, selbständig sein können (BFH-Urteil vom 14.6.2007, BStBl. 2009 II S. 931). Die Fotomodelle trugen im Streitfall ein Unternehmerrisiko (keine Folgeaufträge bei schlechter Erfüllung), das Vergütungsrisiko im Krankheitsfall und hatten keinen Anspruch auf Sozialleistungen.

Auch Regisseure und Kameramänner, die für den Dreh von Werbespots tätig werden, können selbständig sein (BFH-Beschluss vom 2.7.2008, BFH/NV 2008 S. 1485). Im Streitfall schuldeten die Regisseure und Kameramänner nach den vertraglichen Vereinbarungen nicht nur die Ausführung ihrer Tätigkeit, sondern – vergleichbar einem Werkunternehmer – auch den Erfolg ihrer Leistung.

6. Synchronisierung

Synchronsprecher sind in der Regel selbständig tätig, vgl. BFH-Urteil vom 12.10.1978 (BStBl. 1981 II S. 706). Das gilt nicht nur für Lippensynchronsprecher, sondern auch für Synchronsprecher für besondere Filme (z. B. Kultur-, Lehr- und Werbefilme), bei denen der in eine andere Sprache zu übertragende Begleittext zu sprechen ist. Synchronregisseure sind ebenfalls selbständig tätig.

7. Tätigkeit bei Konzertunternehmen und Kapellenagenturen

Zur Einordnung von Musikern vgl. dieses Stichwort.

8. Wiederholungshonorare

Wiederholungshonorare und Erlösbeteiligungen, die an ausübende Künstler von Hörfunk- oder Fernsehproduktionen als Nutzungsentgelte für die Übertragung originärer urheberrechtlicher Verwertungsrechte gezahlt werden, sind **kein Arbeitslohn.** Derartige Zahlungen gehören vielmehr zu den Einkünften aus selbständiger Arbeit (BFH-Urteil vom 26.7.2006, BStBl. II S. 917). Dies gilt auch dann, wenn es sich beim Ersthonorar um Arbeitslohn handelt.

Entscheidend für diese Differenzierung ist, dass die Zahlungen auf unterschiedlichen Rechtsgründen beruhen. Im Streitfall war die Erstvergütung die arbeitsrechtlich vereinbarte Vergütung. Hingegen lagen den Wiederholungsvergütungen bzw. Erlösbeteiligungen, die in der Person des ausübenden Künstlers entstanden, originäre urheberrechtliche Schutzrechte zugrunde.

Künstlersozialabgabe

	Lohn-steuer-pflichtig	Sozial-versich.-pflichtig

9. Steuerabzug vom Arbeitslohn

Bei Annahme einer nichtselbständigen Tätigkeit ist der Arbeitgeber zur Einbehaltung und Abführung der Lohnsteuer verpflichtet und trägt folglich auch das Haftungsrisiko (vgl. „Haftung des Arbeitgebers"). Die Höhe der einzubehaltenden Lohnsteuer richtet sich dabei nach der für den jeweiligen Lohnzahlungszeitraum maßgebenden Lohnsteuertabelle. Bei täglicher Zahlung des Honorars ist grundsätzlich die Lohnsteuertabelle für tägliche Lohnzahlungen anzuwenden. Stellt sich die tägliche Lohnzahlung lediglich als Abschlagszahlung auf ein für einen längeren Lohnabrechnungszeitraum vereinbartes Honorar dar, so ist der Lohnabrechnungszeitraum als Lohnzahlungszeitraum zu betrachten (vgl. „Abschlagszahlungen"). Können die Honorare nicht als Abschlagszahlungen angesehen werden, sodass sie nach der Tagestabelle zu versteuern wären, ergeben sich vielfach unbillige Härten. Diese liegen darin, dass die notwendigen Vor- und Nacharbeiten bei der Bestimmung des Lohnzahlungszeitraums nicht berücksichtigt werden. Für diese Fälle ist deshalb durch bundeseinheitliche Verwaltungsanweisung eine Billigkeitsregelung getroffen worden, mit der der Lohnzahlungszeitraum stufenweise bis auf **einen Monat** erweitert wird*).

10. Berechnung der Sozialversicherungsbeiträge für unständig Beschäftigte bei Rundfunk- und Fernsehanstalten

Für die Beitragsberechnung ist ohne Rücksicht auf die Beschäftigungsdauer innerhalb **eines Monats** das erzielte Bruttoarbeitsentgelt bis zur Höhe der für Monatsbezüge geltenden Beitragsbemessungsgrenze maßgebend. Bestanden innerhalb eines Kalendermonats weitere Beschäftigungsverhältnisse vgl. das Stichwort „Mehrfachbeschäftigung".

11. Künstlersozialversicherung

Auf die ausführlichen Erläuterungen beim Stichwort „Künstlersozialabgabe" wird Bezug genommen.

Künstlersozialabgabe

Das am 1.1.1983 in Kraft getretene Künstlersozialversicherungsgesetz (KSVG) bietet selbständigen Künstlern und Publizisten sozialen Schutz in der Renten-, Kranken- und Pflegeversicherung. Wie Arbeitnehmer zahlen sie nur etwa die Hälfte der Versicherungsbeiträge; die andere Beitragshälfte trägt die Künstlersozialkasse.

Die für die Finanzierung erforderlichen Mittel werden aus einem Zuschuss des Bundes und aus einer Künstlersozialabgabe der Unternehmen finanziert, die künstlerische und publizistische Leistungen in Anspruch nehmen und verwerten (Verwerter). Seit dem Inkrafttreten des KSVG ist praktisch für jede Inanspruchnahme künstlerischer oder publizistischer Leistungen durch einen Verwerter eine Sozialabgabe zu zahlen.

– Für angestellte Künstler/Publizisten ist der Gesamtsozialversicherungsbeitrag an die zuständige Einzugsstelle abzuführen.

– Für selbständige Künstler/Publizisten ist die Künstlersozialabgabe an die Künstlersozialkasse zu zahlen.

Unternehmer, die Leistungen selbständiger Künstler/Publizisten in Anspruch nehmen, müssen an dem gesetz-

---

*) BMF-Schreiben vom 5.10.1990, Tz. 2 (BStBl. I S. 638). Das BMF-Schreiben ist als Anlage 1 zu H 19.0 LStR im **Steuerhandbuch für das Lohnbüro 2010** abgedruckt, das im selben Verlag erschienen ist. Das **PC-Lexikon** für das Lohnbüro 2010 enthält auch dieses Handbuch und hat außerdem den Vorteil, dass Sie **alle BFH-Urteile** sowie die aktuellen Rundschreiben und Niederschriften der Spitzenverbände der **Sozialversicherung** mit Mausklick **im Volltext** abrufen und ausdrucken können. Eine Bestellkarte finden Sie vorne im Lexikon.

Künstlersozialabgabe

lich geregelten Meldeverfahren teilnehmen. Der erste Schritt hierfür ist eine formlose Meldung bei der Künstlersozialkasse.

Die Unternehmen, die typischerweise künstlerische oder publizistische Werke oder Leistungen verwerten, sind im Künstlersozialversicherungsgesetz aufgezählt. Die hier vom Gesetzgeber benutzten Begriffe werden in den verschiedenen Kunst-Branchen allerdings häufig nicht einheitlich gebraucht. Allgemein lässt sich sagen: Alle Unternehmen, die durch ihre Organisation, besondere Branchenkenntnisse oder spezielles Know-how den Absatz künstlerischer Leistungen am Markt fördern oder ermöglichen, gehören grundsätzlich zum Kreis der künstlersozialabgabepflichtigen Personen. Die nachfolgend genannten Branchen sind in einem sehr weiten Sinne zu verstehen und beziehen sich auch auf Unternehmen, die nur partiell in diesen Branchen tätig werden:

Verlage (Buchverlage, Presseverlage etc.), Presseagenturen und Bilderdienste, Theater, Orchester, Chöre, Veranstalter jeder Art, Konzert- und Gastspieldirektionen, Tourneeveranstalter, Künstleragenturen, Künstlermanager, Rundfunk- und Fernsehanbieter, Hersteller von Bild- und Tonträgern (Film, TV, Musik-Produktion, Tonstudio etc.), Galerien, Kunsthändler, Werbeagenturen, PR-Agenturen, Agenturen für Öffentlichkeitsarbeit, Unternehmen, die das eigene Unternehmen oder eigene Produkte/Verpackungen etc. bewerben, Design-Unternehmen, Museen und Ausstellungsräume, Zirkus- und Varietéunternehmen, Ausbildungseinrichtungen für künstlerische und publizistische Tätigkeiten (z. B. auch für Kinder oder Laien).

Außerdem sind alle Unternehmen abgabepflichtig, die regelmäßig von Künstlern oder Publizisten erbrachte Werke oder Leistungen für das eigene Unternehmen nutzen, um im Zusammenhang mit dieser Nutzung (mittelbar oder unmittelbar) Einnahmen zu erzielen.

Unternehmen, die Werbung oder Öffentlichkeitsarbeit für Zwecke ihres eigenen Unternehmens betreiben, sind ebenfalls abgabepflichtig, wenn sie nicht nur gelegentlich Aufträge an selbständige Künstler und Publizisten erteilen. Zu den Abgabepflichtigen zählen damit praktisch alle verkaufsorientierten Unternehmen, die regelmäßig Aufträge an selbständige Künstler und Publizisten erteilen, um beispielsweise Geschäftsberichte, Kataloge, Prospekte, Zeitschriften, Broschüren, Zeitungsartikel zu erstellen, Produkte zu gestalten und Konzerte, Theateraufführungen und Vorträge zu veranstalten.

Bemessungsgrundlage der Künstlersozialabgabe sind alle in einem Kalenderjahr an selbständige Künstler und Publizisten gezahlten Entgelte. Entgelt in diesem Sinne ist alles, was der Unternehmer aufwendet, um das künstlerische/publizistische Werk oder die Leistung zu erhalten oder zu nutzen. Ob es sich bei den Aufwendungen um Gagen, Honorare, Tantiemen, Lizenzen, Ankaufpreise, Zahlungen aus Kommissionsgeschäften, Sachleistungen, Ausfallhonorare, freiwillige Leistungen zu Lebensversicherungen oder zu Pensionskassen oder andere Formen der Bezahlung handelt, ist unerheblich. Zum Entgelt gehören grundsätzlich auch alle Auslagen (z. B. Kosten für Telefon und Fracht) und Nebenkosten (z. B. für Material, Hilfskräfte und nicht künstlerische Nebenleistungen), die dem Künstler vergütet werden.

Der Prozentsatz der Künstlersozialabgabe beträgt für das Kalenderjahr 2010 **3,9 %** (vgl. Künstlersozialabgabeverordnung 2010 vom 10.8.2009, BGBl. I S. 2840).

Die Künstlersozialabgabe wird auch für Zahlungen an Personen erhoben, die selbständig künstlerisch/publizistisch tätig sind, aber nicht nach dem KSVG versichert werden können. Künstler oder Publizist in diesem Sinne ist auch, wer die künstlerische/publizistische Tätigkeit nur nebenberuflich oder nicht berufsmäßig ausübt (z. B. Beamte, Studenten, Rentner, die nebenbei publizistisch oder künstlerisch tätig sind), oder wer seinen ständigen Aufenthalt im Ausland hat oder im Ausland tätig ist.

Für die Frage der Selbständigkeit kommt es allein auf das Verhältnis zwischen dem Künstler und seinem Auftraggeber an. Von selbständiger Tätigkeit ist stets auszugehen, wenn der Künstler im Unternehmen des Abgabepflichtigen nicht abhängig als Arbeitnehmer beschäftigt ist, sondern auf freiberuflicher Basis tätig wird. Eine anderweitige hauptberufliche Tätigkeit ist hier ebenfalls ohne Belang.

Unerheblich für die Einbeziehung der gezahlten Entgelte ist schließlich, ob die selbständigen Künstler/Publizisten als einzelne Freischaffende oder als Gruppe (z. B. als Gesellschaft bürgerlichen Rechts) oder unter einer Firma beauftragt werden. Die steuerliche Einstufung dieser Personen als Gewerbetreibende oder als Freiberufler ist für die Beurteilung der selbständigen künstlerischen oder publizistischen Tätigkeit nicht maßgeblich.

Die an nicht versicherte Künstler/Publizisten gezahlten Entgelte werden in die Bemessungsgrundlage einbezogen, um Wettbewerbsnachteile der versicherten Künstler und Publizisten zu vermeiden.

Nicht abgabepflichtig sind:

Zahlungen an juristische Personen, die gesondert ausgewiesene Umsatzsteuer, steuerfreie Aufwandsentschädigungen (z. B. Reise- und Bewirtungskosten) und Entgelte, die im Rahmen der sogenannten Übungsleiterpauschale in Höhe von 2100 € jährlich steuerfreie Aufwandsentschädigungen sind (§ 3 Nr. 26 EStG).

Die Deutsche Rentenversicherung hat den gesetzlichen Auftrag erhalten, möglichst alle Unternehmen zu erfassen, die Werke oder Leistungen von selbständigen Künstlern oder Publizisten verwerten. Die Unternehmen sind verpflichtet, dem Rentenversicherungsträger über alle für die Feststellung der Abgabepflicht und der Höhe der Künstlersozialabgabe erforderlichen Tatsachen Auskunft zu geben. In Angelegenheiten der alljährlichen Erhebung der Künstlersozialabgabe ist die Künstlersozialkasse in ihrer Funktion als Einzugsstelle weiterhin Empfängerin der Meldebögen. Die Deutsche Rentenversicherung ist im Rahmen der Ersterfassung und der Betriebsprüfungen bei Arbeitgebern für die Überwachung der rechtzeitigen und vollständigen Entrichtung der Künstlersozialabgabe zuständig. Sämtliche Zahlungen sind ausschließlich an die Künstlersozialkasse zu leisten.

Kundenbindungsprogramme

siehe „Miles & More"

Kurierfahrer

	Lohnsteuerpflichtig	Sozialversich.-pflichtig
Kurierfahrer sind in der Regel keine Arbeitnehmer. Es fehlt meist an der für ein Arbeitsverhältnis typischen Weisungsbefugnis des Auftraggebers. Seine Einflussnahme beschränkt sich im Allgemeinen auf die Beschreibung des Kurierauftrags, aber nicht auf den Tätigkeitsablauf selbst. Die Selbständigkeit des Kurierfahrers kommt vor allem durch den Einsatz eines eigenen Fahrzeugs, dessen Unterhaltskosten der Kurierfahrer selbst zu tragen hat, die Übernahme von Beförderungsrisiken und die Möglichkeit, einen Ersatzkurier auf eigene Rechnung einzusetzen, zum Ausdruck.	nein	nein

Zur Frage der Scheinselbständigkeit vgl. dieses Stichwort.

Kurkosten

Siehe die Stichworte: Erholungsbeihilfen, Kreislauftrainingskuren und Vorsorgekuren.

Kurzarbeitergeld

Kurzarbeitergeld

Neues auf einen Blick:

Durch die erste Verordnung zur Änderung der Verordnung über die Bezugsfrist für das Kurzarbeitergeld vom 29.5.2009 (BGBl. I S. 1223) wurde die Bezugsdauer des Kurzarbeitergeldes ab 1.7.2009 von 18 auf 24 Monate verlängert. Da wegen der Befristung der o.g. Verordnung ab 1.1.2010 wieder die gesetzliche Regelung von 6 Monaten Bezugszeit gegolten hätte, hat es das Bundeskabinett mit dem Beschluss einer neuen Zweiten Verordnung zur Änderung der Verordnung über die Bezugsfrist für das Kurzarbeitergeld ermöglicht, dass **für Kurzarbeit die im Jahr 2010 beginnt, bis zu 18 Monate Kurzarbeitergeld** gezahlt werden kann. Im Detail bedeutet dies, dass für alle Beschäftigten, die bis 31.12.2009 in Kurzarbeit gehen, eine Höchstbezugsdauer von 24 Monaten gilt und für Beschäftigte, bei denen die Kurzarbeit nach dem 31.12.2009 beginnt, eine Bezugsdauer von maximal 18 Monaten maßgeblich ist.

Die Regelung über die Erstattung der Sozialversicherungsbeiträge ab dem siebten Monat der Kurzarbeit durch die Bundesagentur für Arbeit bleibt zunächst bis 31.12.2010 erhalten. Ebenso ist bis zu diesem Zeitpunkt die Übernahme der Beiträge durch die Bundesagentur für die ersten sechs Monate möglich, wenn Arbeitnehmer während der Kurzarbeit an Weiterbildungsmaßnahmen teilnehmen.

Gliederung:

1. Allgemeines
2. Lohnsteuerliche Behandlung
3. Beitragsrechtliche Behandlung
   a) Krankenversicherung
   b) Pflegeversicherung
   c) Rentenversicherung
   d) Arbeitslosenversicherung
   e) Verteilung der Beitragslast
4. Einmalige Zuwendungen und Kurzarbeitgeld
5. Zuschuss zum Kurzarbeitergeld
6. Beitragszuschuss zur Kranken- und Pflegeversicherung bei Beziehern von Kurzarbeitergeld
   a) Allgemeines
   b) Freiwillig in der gesetzlichen Krankenversicherung versicherte Bezieher von Kurzarbeitergeld
   c) Privat krankenversicherte Bezieher von Kurzarbeitergeld
7. Insolvenzgeldumlage

1. Allgemeines

Die Zahlung von Kurzarbeitergeld ist in den §§ 169 bis 182 SGB III geregelt.

Kurzarbeitergeld (Kug) wird bei Erfüllung der in §§ 169 bis 182 SGB III genannten Voraussetzungen gewährt, wenn in Betrieben oder Betriebsabteilungen die regelmäßige betriebsübliche wöchentliche Arbeitszeit infolge wirtschaftlicher Ursachen oder eines unabwendbaren Ereignisses vorübergehend verkürzt wird.

Das Kurzarbeitergeld beträgt

– **67 %** für Arbeitnehmer, die mindestens 1 Kind im Sinne des § 32 Abs. 1, Abs. 3 bis 5 EStG haben unabhängig von der Haushaltszugehörigkeit oder vom in- oder ausländischen Wohnsitz des Kindes (das sind leibliche Kinder sowie Adoptiv- und Pflegekinder, vgl. Anhang 9)

– **60 %** für die übrigen Arbeitnehmer

der **Nettoentgeltdifferenz** im Anspruchszeitraum **(Kalendermonat).**

Die Höhe des Kurzarbeitergeldes richtet sich nach dem **pauschalierten Nettoentgeltausfall** im Anspruchszeitraum (Kalendermonat). Das ist der Unterschiedsbetrag **(= Nettoentgeltdifferenz)** zwischen

– dem pauschalierten Nettoentgelt aus dem **Sollentgelt** und
– dem pauschalierten Nettoentgelt aus dem **Istentgelt.**

Sollentgelt ist das beitragspflichtige Bruttoarbeitsentgelt, das der Arbeitnehmer ohne den Arbeitsausfall im Anspruchszeitraum (Kalendermonat) erzielt hätte einschließlich

– vermögenswirksame Leistungen,
– Anwesenheitsprämien,
– Leistungs- und Erschwerniszulagen,
– Zuschläge für Sonntags-, Feiertags- und Nachtarbeit, soweit sie steuer- und beitragspflichtig sind.

Nicht zum Sollentgelt gehören die Mehrarbeitsvergütung (Stundenlöhne und Zuschläge), einmalig gezahltes Arbeitsentgelt und die steuer- und beitragsfreien Zuschläge für Sonntags-, Feiertags- und Nachtarbeit.

Istentgelt ist das im jeweiligen Anspruchszeitraum (Kalendermonat) tatsächlich erzielte gesamte beitragspflichtige Arbeitsentgelt ohne einmalig gezahltes Arbeitsentgelt aber **einschließlich der Vergütung für Mehrarbeit** (Stundenlöhne und Zuschläge). Das **Soll-** und das **Istentgelt** wird auf den nächsten durch 20 teilbaren Euro-Betrag gerundet.

Das **pauschalierte monatliche Nettoentgelt** wird ermittelt, in dem das gerundete Soll- und das gerundete Istentgelt um folgende pauschalierte Abzüge vermindert wird:

– Sozialversicherungspauschale in Höhe von 21 %
– Lohnsteuer nach der Lohnsteuerklasse
– Solidaritätszuschlag.

Maßgebend ist die im jeweiligen Kalendermonat (Anspruchszeitraum) auf der Lohnsteuerkarte eingetragene **Steuerklasse** und Zahl der **Kinderfreibeträge.** Wird eine Eintragung zu einem späteren Zeitraum geändert, so ist die Änderung für einen bereits abgerechneten Kalendermonat unbeachtlich.

Das Kurzarbeitergeld wird nach dem höheren Leistungssatz von 67 % gewährt, wenn auf der Lohnsteuerkarte mindestens der Kinderfreibetragszähler **0,5** eingetragen ist.

Ein Kind, das das 18. Lebensjahr vollendet hat, kann unter bestimmten Voraussetzungen (z. B. Berufsausbildung) auf Antrag durch das Finanzamt auf der Lohnsteuerkarte eingetragen werden (vgl. Anhang 9). Der Arbeitnehmer muss sich also Kinder über 18 Jahre vom Finanzamt auf der Lohnsteuerkarte eintragen lassen um den höheren Leistungssatz für das Kurzarbeitergeld zu erhalten.

Zur Ermittlung der Höhe des Kurzarbeitergelds stellt die Bundesagentur für Arbeit eine **Tabelle zur Berechnung des Kurzarbeitergeldes und des Saisonkurzarbeitergeldes** zur Verfügung, aus der bei dem jeweiligen Bruttoarbeitsentgelt (Soll- und Istentgelt) die pauschalierten monatlichen Nettoentgelte unter Berücksichtigung der Leistungssätze von 67 % oder 60 % und der auf der Lohnsteuerkarte des Arbeitnehmers eingetragenen Lohnsteuerklasse abgelesen werden können (sog. rechnerische Leistungssätze). Die Differenz zwischen den nach den vorstehenden Kriterien abgelesenen Leistungssätzen stellt das für den Kalendermonat zustehende Kurzarbeitergeld dar.

Beispiel

Bruttoarbeitsentgelt (ohne Kurzarbeit) = 2500,00 €; während der Kurzarbeit wird ein Entgelt von 1500,00 € erzielt. Auf der Lohnsteuerkarte des Arbeitnehmers ist die Steuerklasse III und ein Kinderfreibetragszähler von 0,5 eingetragen (= Leistungssatz 67 %)

Kurzarbeitergeld

		Lohn-steuer-pflichtig	Sozial-versich.-pflichtig
Sollentgelt	2 500,00 €		
rechnerischer Leistungssatz =			1 232,02 €
Istentgelt	1 500,00 €		
rechnerischer Leistungssatz =			793,95 €
Kurzarbeitergeld			438,07 €

Der Arbeitgeber muss die Kurzarbeit dem **Arbeitsamt** schriftlich **anzeigen.** Das Kurzarbeitergeld kann frühestens von dem Kalendermonat an gewährt werden, in dem die Anzeige beim Arbeitsamt eingegangen ist. Mit der Anzeige sind das Vorliegen eines erheblichen Arbeitsausfalls und die betrieblichen Voraussetzungen für das Kurzarbeitergeld glaubhaft zu machen (§ 173 SGB III).

Das Kurzarbeitergeld ist für den jeweiligen Anspruchszeitraum (Kalendermonat) innerhalb einer **Ausschlussfrist** von **drei Monaten** zu beantragen. Die Frist beginnt mit Ablauf des Kalendermonats, für den Kurzarbeitergeld beantragt wird.

Das Kurzarbeitergeld wird grds. für längstens 6 Monate gewährt. Liegen auf dem Arbeitsmarkt in bestimmten Wirtschaftszweigen oder Bezirken außergewöhnliche Verhältnisse vor, kann das Bundesministerium für Wirtschaft und Arbeit durch Rechtsverordnung die Bezugsfrist bis auf 12 Monate verlängern. Wenn auf dem gesamten Arbeitsmarkt außergewöhnliche Verhältnisse vorliegen kann die Verlängerung auf bis zu 24 Monate ausgesprochen werden. Von dieser Möglichkeit hat das Wirtschaftsministerium zuletzt mit der Verordnung zur Änderung der Verordnung über die Bezugsfrist für das Kurzarbeitergeld vom 25.5.2009, BGBl. I S. 1223 Gebrauch gemacht. Die Höchstbezugsfrist beträgt für Kurzarbeit, **die vor dem 31.12.2009** beginnt, 24 Monate. Für Kurzarbeit, die nach dem 31.12.2009 beginnt, beträgt die Höchstbezugsdauer nach der Zweiten Verordnung zur Änderung der Verordnung über die Bezugsfrist für das Kurzarbeitergeld 18 Monate.

2. Lohnsteuerliche Behandlung

Das nach den §§ 169 bis 182 SGB III gezahlte Kurzarbeitergeld ist als Lohnersatzleistung nach § 3 Nr. 2 EStG **steuerfrei.** Es unterliegt jedoch dem sog. Progressionsvorbehalt (vgl. dieses Stichwort), der vom Finanzamt bei der Einkommensteuerveranlagung berechnet wird. Deshalb muss das Kurzarbeitergeld in Zeile 15 der elektronischen Lohnsteuerbescheinigung 2010 gesondert eingetragen werden.   nein   nein

Zahlt der Arbeitgeber einen Zuschuss zum Kurzarbeitergeld, so ist dieser Zuschuss steuerpflichtig aber beitragsfrei*), soweit er zusammen mit dem Kurzarbeitergeld 80 % des ausgefallenen Arbeitsentgelts nicht übersteigt (vgl. nachfolgend unter Nr. 5).   ja   nein

Beim Ausfall voller Arbeitstage entsteht kein Teillohnzahlungszeitraum (anzuwenden ist stets die Monatstabelle, vgl. das nachfolgende Berechnungsbeispiel). Fallen mehr als 5 aufeinander folgende Arbeitstage aus, ist kein Eintrag des Buchstabens „U" im Lohnkonto erforderlich, da die Höhe des Kurzarbeitergeldes gesondert in Zeile 15 der elektronischen Lohnsteuerbescheinigung zu bescheinigen ist.

3. Beitragsrechtliche Behandlung

Das versicherungspflichtige Beschäftigungsverhältnis besteht während der Zahlung von Kurzarbeitergeld fort. Der Arbeitgeber hat also die Sozialversicherungsbeiträge für die Zeit der Zahlung des Kurzarbeitergeldes weiterhin zu berechnen und abzuführen.

Für die beitragsrechtliche Behandlung bei Kurzarbeit gilt Folgendes:

a) Krankenversicherung

Die für die Berechnung der Krankenversicherungsbeiträge bei Beziehern von Kurzarbeitergeld maßgebende Bemessungsgrundlage wird durch Addition des tatsächlich erzielten Arbeitsentgelts (sog. Istentgelt oder Kurzlohn) und des gekürzten fiktiven Arbeitsentgelts ermittelt. Für das infolge von Kurzarbeit ausgefallene Arbeitsentgelt ist nach § 232 a Abs. 2 SGB V ein **fiktives Arbeitsentgelt** anzusetzen. Ausgangsbasis ist der (auf 80 % verminderte) Unterschiedsbetrag zwischen dem Bruttoarbeitsentgelt, das der Arbeitnehmer ohne den Arbeitsausfall im Anspruchszeitraum erzielt hätte (Sollentgelt), und dem Bruttoarbeitsentgelt, das er im Anspruchszeitraum tatsächlich erzielt hat (Istentgelt). Dabei sind das Sollentgelt und das Istentgelt – anders als in § 179 Abs. 1 Satz 5 SGB III für das Leistungsrecht der Arbeitslosenversicherung vorgeschrieben – nicht auf den nächsten durch zwanzig teilbaren Euro-Betrag zu runden; der auf 80 % verminderte Unterschiedsbetrag ist jedoch in der zweiten Dezimalstelle kaufmännisch zu runden. Übersteigt dieser Betrag die für den Entgeltabrechnungszeitraum maßgebende Beitragsbemessungsgrenze der Krankenversicherung, sind die Beiträge zunächst vom tatsächlich erzielten Arbeitsentgelt (Istentgelt) zu berechnen; das gekürzte fiktive Arbeitsentgelt wird nur insoweit für die Beitragsberechnung herangezogen, als die Beitragsbemessungsgrenze der Krankenversicherung noch nicht durch das tatsächlich erzielte Arbeitsentgelt ausgeschöpft ist. Ein eventueller Zuschuss zum Kurzarbeitergeld wird nicht auf das fiktive Arbeitsentgelt angerechnet (vgl. nachfolgend unter Nr. 5).

b) Pflegeversicherung

Für die Beiträge zur Pflegeversicherung gilt dieselbe Beitragsbemessungsgrundlage (und Beitragsbemessungsgrenze) wie in der Krankenversicherung. Der Berechnung der Pflegeversicherungsbeiträge ist deshalb neben dem tatsächlich erzielten Arbeitsentgelt das gekürzte fiktive Arbeitsentgelt (vgl. Ausführungen unter a) zugrunde zu legen.

c) Rentenversicherung

Die für die Berechnung der Rentenversicherungsbeiträge bei Beziehern von Kurzarbeitergeld maßgebende Berechnungsgrundlage wird durch Addition des tatsächlich erzielten Arbeitsentgelts (Istentgelt) und des gekürzten fiktiven Arbeitsentgelts ermittelt. Für das infolge von Kurzarbeit ausgefallene Arbeitsentgelt ist nach § 163 Abs. 6 SGB VI ebenfalls ein **fiktives Arbeitsentgelt** anzusetzen. Ausgangsbasis ist auch bei der Rentenversicherung der (auf 80 % verminderte) Unterschiedsbetrag zwischen dem Bruttoarbeitsentgelt, das der Arbeitnehmer ohne den Arbeitsausfall im Anspruchszeitraum erzielt hätte (Sollentgelt), und dem Bruttoarbeitsentgelt, das er im Anspruchszeitraum tatsächlich erzielt hat (Istentgelt). Die Ermittlung der Beitragsbemessungsgrundlage in der Rentenversicherung erfolgt somit nach denselben Grundsätzen wie in der Kranken- und Pflegeversicherung, wobei allerdings die höhere Beitragsbemessungsgrenze der Rentenversicherung beachtet werden muss. Übersteigt das für die Berechnung der Rentenversicherungsbeiträge maßgebende Arbeitsentgelt diese Beitragsbemessungsgrenze, sind die Beiträge zunächst vom tatsächlich erzielten Arbeitsentgelt (Istentgelt) zu berechnen; das gekürzte fiktive Arbeitsentgelt wird nur noch insoweit für die Beitragsberechnung herangezogen, als die Beitragsbemessungsgrenze noch nicht durch das tatsächlich erzielte Arbeitsentgelt (Istentgelt) ausgeschöpft ist. Ein eventueller Zuschuss zum Kurzarbeitergeld wird nicht auf das fiktive Arbeitsentgelt angerechnet (vgl. nachfolgend unter Nr. 5).

In die Versicherungsnachweise (Entgeltbescheinigung) muss das Arbeitsentgelt eingetragen werden, von dem die Rentenversicherungsbeiträge tatsächlich berechnet worden sind. Dieses Entgelt besteht aus der Summe

---

*) § 1 Abs. 1 Nr. 8 Sozialversicherungsentgeltverordnung.

Kurzarbeitergeld

– des tatsächlich erzielten Arbeitsentgelts (Istentgelt),
– 80 % des Unterschiedsbetrages zwischen dem ungerundeten Sollentgelt und dem ungerundeten Istentgelt,
– ggf. Einmalzahlung.

d) Arbeitslosenversicherung

Beiträge zur Arbeitslosenversicherung sind für Bezieher von Kurzarbeitergeld lediglich aus dem tatsächlich erzielten Arbeitsentgelt (Istentgelt) zu berechnen. Die Berechnung eines fiktiven Arbeitsentgelts entfällt also für den Bereich der Arbeitslosenversicherung. Das Kurzarbeitergeld ist beitragsfrei.

e) Verteilung der Beitragslast

Für die Verteilung der Beitragslast auf Arbeitnehmer und Arbeitgeber gilt Folgendes:

Beim Bezug von Kurzarbeitergeld tragen Arbeitnehmer und Arbeitgeber die Beiträge zur Kranken-, Pflege-, Renten- und Arbeitslosenversicherung aus dem tatsächlich bezogenen Arbeitsentgelt jeweils zur Hälfte. Den Beiragszuschlag zur Pflegeversicherung für Kinderlose (0,25 %) und den zusätzlichen Arbeitnehmerbeitrag zur Krankenversicherung in Höhe von 0,9 % trägt der Arbeitnehmer allein.

Die auf das gekürzte fiktive Arbeitsentgelt entfallenden Kranken-, Pflege- und Rentenversicherungsbeiträge **muss der Arbeitgeber allein tragen.** Diese alleinige Beitragstragungspflicht umfasst den gesamten aus dem fiktiven Arbeitsentgelt ermittelten Beitrag zur Krankenversicherung, also auch den unter Berücksichtigung des zusätzlichen Beitragssatzes von 0,9 % errechneten Beitragsteil. Der Beitragszuschlag für Kinderlose in der Pflegeversicherung wird von der Bundesagentur für Arbeit pauschal abgegolten.

Folgende Lohnabrechnung mit Kurzarbeitergeld soll die geltende Regelung verdeutlichen:

Beispiel

Ein Betrieb ist im Juni 2010 aus wirtschaftlichen Gründen gezwungen, Kurzarbeit einzuführen. Der Arbeitnehmer würde ohne Arbeitsausfall einen Monatslohn von 2050 € erhalten. Wegen der Kurzarbeit erhält er jedoch nur 1500 € (sog. Kurzlohn oder Istentgelt). Das wegen Kurzarbeit ausfallende Arbeitsentgelt beträgt somit 550 €. Das nach den Leistungstabellen der Bundesagentur für Arbeit errechnete Kurzarbeitergeld soll (angenommen) 120 € betragen.

Auf der Lohnsteuerkarte des Arbeitnehmers sind die Steuerklasse I und das Kirchensteuermerkmal „rk" eingetragen.

Für die Abrechnungsmonat Juni 2010 ergibt sich folgende Ermittlung der beitragspflichtigen Einnahmen:

Soll-Stunden (die ohne den Arbeitsausfall zu leisten wären)	164 Stunden
Ist-Stunden (tatsächlich geleistete Arbeitszeit)	120 Stunden
Stundenlohn	12,50 €

Die beitragspflichtigen Einnahmen betragen

Sollentgelt (12,50 € × 164 Stunden)	=	2 050,— €
Istentgelt (12,50 € × 120 Stunden)	=	1 500,— €
Unterschiedsbetrag zwischen Sollentgelt und Istentgelt	=	550,— €
80 % des Unterschiedsbetrags	=	440,— €

Für Juni 2010 ergibt sich folgende Lohnabrechnung:

Entsprechend der Ausfallzeit gekürzter Monatslohn		1 500,— €
Kurzarbeitergeld		120,— €
insgesamt		1 620,— €
abzüglich:		
Lohnsteuer (Steuerklasse I)	105,75 €	
Solidaritätszuschlag	4,95 €	
Kirchensteuer	8,46 €	
Sozialversicherungsbeiträge	307,13 €	426,29 €
auszuzahlender Betrag		1 193,71 €

Berechnung der Lohn- und Kirchensteuer sowie des Solidaritätszuschlags

Die Steuerabzugsbeträge sind aus dem tatsächlich gezahlten Arbeitslohn in Höhe von 1500 € zu berechnen (sog. Kurzlohn oder Istentgelt).

Das Kurzarbeitergeld ist steuerfrei. Es unterliegt jedoch dem sog. Progressionsvorbehalt (vgl. dieses Stichwort). Deshalb muss es auf der elektronischen Lohnsteuerbescheinigung gesondert bescheinigt werden.

	Lohn-steuer-pflichtig	Sozial-versich.-pflichtig
Lohnsteuer (Steuerklasse I) für 1500 €	105,75 €	
Solidaritätszuschlag	4,95 €	
Kirchensteuer	8,46 €	

Berechnung der Sozialversicherungsbeiträge

Zur **Arbeitslosenversicherung** wird nur das tatsächlich gezahlte Arbeitsentgelt (Istentgelt) herangezogen:

Betrag 2,8 % von 1500 €		42,— €
Arbeitnehmeranteil ½	=	21,— €
Arbeitgeberanteil ½	=	21,— €

In der **Kranken-, Pflege- und Rentenversicherung** werden die Beiträge für das tatsächlich gezahlte Arbeitsentgelt (Istentgelt) vom Arbeitnehmer und Arbeitgeber je zur Hälfte getragen. Für das auf 80 % gekürzte ausgefallene Arbeitsentgelt (sog. Fiktivlohn) muss der Arbeitgeber den Beitrag allein tragen.

	Arbeitnehmer-anteil	Arbeitgeber-anteil
Kurzlohn: 1500 €		
Krankenversicherung (7,9 % bzw. 7,0 %)	118,50 €	105,— €
Pflegeversicherung (1,225 % bzw. 0,975 %)	18,38 €	14,63 €
Rentenversicherung (2 × 9,95 %)	149,25 €	149,25 €
ausgefallenes Entgelt: (2050 € – 1500 € =) 550 € 80 % = 440 €		
Krankenversicherung (14,9 %)		65,56 €
Pflegeversicherung (1,95 %)		8,58 €
Rentenversicherung (19,9 %)		87,56 €

Zusammengerechnet ergibt sich Folgendes:

	Arbeitnehmer-anteil	Arbeitgeber-anteil
Arbeitslosenversicherung	21,— €	21,— €
Krankenversicherung	118,50 €	170,56 €
Pflegeversicherung	18,38 €	23,21 €
Rentenversicherung	149,25 €	236,81 €
	307,13 €	451,58 €

Meldepflichtig in der Rentenversicherung ist das tatsächlich gezahlte Arbeitsentgelt (Istentgelt) zuzüglich 80 % des ausgefallenen Arbeitsentgelts insgesamt also (1500 € + 440 € =) 1940 €.

4. Einmalige Zuwendungen und Kurzarbeitgeld

Für die Prüfung, ob durch das einmalig gezahlte Entgelt die anteilige Beitragsbemessungsgrenze überschritten wird, sind bei Bezug von Kurzarbeitergeld vorrangig das tatsächliche und das fiktive Arbeitsentgelt heranzuziehen.

Für die Berechnung der Beiträge wird das einmalig gezahlte Arbeitsentgelt nur insoweit berücksichtigt, als die anteilige Jahresbeitragsbemessungsgrenze noch nicht durch tatsächliches und fiktives Arbeitsentgelt sowie durch in früheren Entgeltabrechnungszeiträumen zur Beitragspflicht herangezogenes einmalig gezahltes Arbeitsentgelt ausgeschöpft ist. Dies bedeutet, dass auch für den Entgeltabrechnungszeitraum, dem das einmalig gezahlte Arbeitsentgelt zuzuordnen ist, neben dem laufenden Arbeitsentgelt vorrangig ein fiktives Arbeitsentgelt anzusetzen ist.

5. Zuschuss zum Kurzarbeitergeld

Um die für den Arbeitnehmer finanziell nachteiligen Auswirkungen der Kurzarbeit abzumildern, gewähren manche Arbeitgeber einen Zuschuss zum Kurzarbeitergeld. Auch mehrere Tarifverträge – vor allem in den neuen Bundesländern – sehen die Zahlung eines Arbeitgeberzuschusses zum Kurzarbeitergeld vor. Dieser Zuschuss gehört nach § 1 Abs. 1 Nr. 8 Sozialversicherungsentgeltverordnung nicht zum beitragspflichtigen Arbeitsentgelt, soweit er zusammen mit dem Kurzarbeitergeld **80 % des Unterschiedsbetrags von Sollentgelt und Istentgelt nicht übersteigt.** Das bedeutet, dass die Zuschüsse zum

Kurzarbeitergeld

	Lohn-steuer-pflichtig	Sozial-versich.-pflichtig
Kurzarbeitergeld im Normalfall bei der Berechnung der Sozialversicherungsbeiträge außer Betracht bleiben.	ja	nein
Soweit der Zuschuss 80 % des ausgefallenen Arbeitsentgelts übersteigt, ist er steuer- und beitragspflichtig (also nur der übersteigende Teil ist sowohl steuer- als auch beitragspflichtig).	ja	ja

6. Beitragszuschuss zur Kranken- und Pflegeversicherung bei Beziehern von Kurzarbeitergeld

a) Allgemeines

Soweit für krankenversicherungspflichtige Bezieher von Kurzarbeitergeld Beiträge zur Kranken- und Pflegeversicherung aus einem fiktiven Arbeitsentgelt zu zahlen sind, hat der Arbeitgeber die Beiträge allein zu tragen; der Arbeitnehmer wird insoweit nicht mit Beiträgen belastet. Für die in der gesetzlichen Krankenversicherung freiwillig oder für die bei einem privaten Krankenversicherungsunternehmen versicherten Bezieher von Kurzarbeitergeld hat der Arbeitgeber hinsichtlich des fiktiven Arbeitsentgelts im Ergebnis den **vollen Beitrag** zur Kranken- und Pflegeversicherung als Zuschuss zu zahlen. Insofern besteht eine Gleichbehandlung der Pflichtversicherten und freiwillig Versicherten sowie der privat Krankenversicherten.

b) Freiwillig in der gesetzlichen Krankenversicherung versicherte Bezieher von Kurzarbeitergeld

Freiwillig in der gesetzlichen Krankenversicherung versicherte Arbeitnehmer erhalten von ihrem Arbeitgeber als Beitragszuschuss die Hälfte des Beitrags, der für einen krankenversicherungspflichtigen Arbeitnehmer bei der Krankenkasse, bei der die Mitgliedschaft besteht, zu zahlen wäre.

Zusätzlich zum regulär zu zahlenden Zuschussbetrag wird Beziehern von Kurzarbeitergeld ein Arbeitgeberzuschuss in Höhe der Hälfte des Betrags eingeräumt, den der Arbeitgeber bei krankenversicherungspflichtigen Arbeitnehmern als Beitrag allein zu tragen hat. Im Ergebnis bedeutet dies, dass bezüglich des fiktiven Arbeitsentgelts vom Arbeitgeber ein Beitragszuschuss in Höhe des vollen Beitrags zu zahlen ist.

In Bezug auf das fiktive Arbeitsentgelt ergibt sich keine Änderung, das heißt, dass der Arbeitgeber – wie bisher – aus dem fiktiven Arbeitsentgelt einen Beitragszuschuss in Höhe des vollen Beitrags zu zahlen hat. Die Berechnung des Beitragszuschusses aus dem fiktiven Arbeitsentgelt erfolgt in der Weise, dass zunächst der reguläre Beitragszuschuss auf der Grundlage des Beitragssatzes aller gesetzl. Krankenkassen erfolgt. Anschließend wird dann in einem zweiten Rechenschritt der Beitragszuschuss auf der Grundlage des zusätzlichen Beitragssatzes von 0,9 % errechnet.

Beispiel

Monatslohn eines freiwillig in der gesetzlichen Krankenversicherung versicherten Arbeitnehmers (Sollentgelt)	5 000,— €
Beitragssatz der Krankenkasse	14,9 %
monatlicher Beitragszuschuss (7,0 % von 3750 € =)	262,50 €
wegen Kurzarbeit fällt im Februar 2010 die Hälfte der Arbeitszeit aus. Der Kurzlohn (Istentgelt) beträgt	2 500,— €
hierauf entfallender Beitragszuschuss (7,0 % von 2500 € =)	175,— €
Berechnung des fiktiven Arbeitsentgelts: 80 % des Unterschiedsbetrags zwischen Sollentgelt und Istentgelt (5000 € – 2500 € = 2500 € × 0,8 = 2000 €, höchstens jedoch bis zur Beitragsbemessungsgrenze (3750 € – 2500 € =)	1 250,— €
auf das fiktive Arbeitsentgelt entfallender Beitragszuschuss (7,0 % von 1250 € =)	87,50 €

Kurzfristig beschäftigte Arbeitnehmer

	Lohn-steuer-pflichtig	Sozial-versich.-pflichtig
Zuzüglich eines Betrages in Höhe des bei Versicherungspflicht des Arbeitnehmers vom Arbeitgeber allein zu tragenden Beitrags	110,— €	
Beitragszuschuss des Arbeitgebers insgesamt 175,— € + 87,50 € + 110,— €	**372,50 €**	

c) Privat krankenversicherte Bezieher von Kurzarbeitergeld

Für die bei einem privaten Krankenversicherungsunternehmen versicherten Arbeitnehmer, die Kurzarbeitergeld beziehen, erhalten als Beitragszuschuss einen Betrag, der sich unter Anwendung des halben durchschnittlichen Beitragssatzes und des bei Krankenversicherungspflicht zugrunde zu legenden fiktiven Arbeitsentgelts ergibt. Der Zuschuss ist jedoch höchstens auf die Hälfte des Betrags begrenzt, den der Arbeitnehmer tatsächlich an das private Krankenversicherungsunternehmen zu zahlen ist.

Für die Berechnung des Beitragszuschusses aus dem Istentgelt ist der allgemeine Beitragssatz der gesetzlichen Krankenversicherung zu berücksichtigen.

In Bezug auf das fiktive Arbeitsentgelt ergibt sich keine Änderung, das heißt, dass der Beitragszuschuss des Arbeitgebers auch den zusätzlichen Anteil in Höhe von 0,9 % berücksichtigen muss. Die Berechnung des Beitragszuschusses aus dem fiktiven Arbeitsentgelt erfolgt in der Weise, dass zunächst der reguläre Beitragszuschuss auf der Grundlage des um 0,9 % verminderten allgemeinen Beitragssatzes der Krankenkassen erfolgt. Anschließend wird dann in einem zweiten Rechenschritt der Beitragszuschuss auf der Grundlage des zusätzlichen Anteils des Arbeitgebers von 0,9 % errechnet.

7. Insolvenzgeldumlage

Seit 1.1.2009 muss der Arbeitgeber die **Insolvenzgeldumlage** mit Beitragsnachweis an die Krankenkassen abführen. Die Insolvenzgeldumlage wurde ab 1.1.2010 von bisher 0,1 % auf **0,41 %** erhöht. Die Insolvenzgeldumlage bemisst sich nach dem Arbeitsentgelt, aus dem die Beiträge zur gesetzlichen Rentenversicherung berechnet werden (vgl. das Stichwort „Insolvenzgeldumlage"). Eine von der Bemessungsgrundlage für die Rentenversicherungsbeiträge abweichende Regelung gilt für Bezieher von Kurzarbeitergeld (§ 358 Abs. 2 Satz 2 SGB III). Während die Rentenversicherungsbeiträge für diese Personen aus dem tatsächlich erzielten Arbeitsentgelt zuzüglich 80 % des Unterschiedsbetrages zwischen dem Sollentgelt und dem Istentgelt berechnet werden, ist der Berechnung der Umlage nur das tatsächlich erzielte Arbeitsentgelt bis zur Beitragsbemessungsgrenze in der gesetzlichen Rentenversicherung zugrunde zu legen. Das fiktive Arbeitsentgelt wird für die Umlageberechnung nicht herangezogen.

Kurzfristig beschäftigte Arbeitnehmer

Aushilfskräfte und Gelegenheitsarbeiter üben ihre Tätigkeit in aller Regel im Rahmen eines abhängigen Beschäftigungsverhältnisses aus. Denn bei einfachen Arbeiten trägt der Beschäftigte im Allgemeinen kein unternehmerisches Risiko, auch wenn er nur kurzfristig und gelegentlich eingesetzt ist. Bei solchen Tätigkeiten unterliegt der Beschäftigte besonders stark den Weisungen des Auftraggebers, die eine eigene unternehmerische Initiative unterbinden. Der Bundesfinanzhof hat deshalb entschieden, dass bei einfacheren Arbeiten auch dann ein Arbeitsverhältnis vorliegt, wenn es sich nur um kurzfristige Einsätze handelt (BFH-Urteil vom 24.11.1961, BStBl. 1962 III S. 37).

	Lohn-steuer-pflichtig	Sozial-versich.-pflichtig
Aushilfskräfte und Gelegenheitsarbeiter unterliegen dem Lohnsteuerabzug grundsätzlich nach den allgemeinen Vorschriften.	ja	ja

Land- und Forstwirtschaft

Unter bestimmten Voraussetzungen kann jedoch der Arbeitgeber die Steuerabzugsbeträge unter Verzicht auf die Vorlage einer Lohnsteuerkarte mit einem Pauschsteuersatz von 25 %, 20 %, 5 % oder 2 % erheben. Näheres siehe „Pauschalierung der Lohnsteuer bei Aushilfskräften und Teilzeitbeschäftigten". Zur Sozialversicherung vgl. „Geringfügige Beschäftigung".

Land- und Forstwirtschaft

Zur Pauschalierung der Lohnsteuer für Aushilfskräfte in der Land- und Forstwirtschaft mit **5 %** vgl. „Pauschalierung der Lohnsteuer für Aushilfskräfte und Teilzeitbeschäftigte".

Laufende Bezüge

Laufende Bezüge sind die regelmäßigen Zahlungen (Gehälter, Löhne, Pensionen usw.) für die üblichen Lohnzahlungszeiträume (Monat, Woche usw.). Dazu gehören auch solche Bezüge, deren Höhe schwankt (z. B. laufende Umsatzprovision).

Zum laufenden Arbeitslohn gehören insbesondere

- Monatslöhne und -gehälter,
- Wochen- und Tageslohn,
- Mehrarbeitsvergütungen,
- geldwerte Vorteile aus der ständigen Überlassung von Firmenwagen zur privaten Nutzung und zu Fahrten zwischen Wohnung und Arbeitsstätte,
- Vorauszahlungen von Arbeitslohn, wenn sich die Vorauszahlung ausschließlich auf Lohnzahlungszeiträume des laufenden Kalenderjahres bezieht,
- Nachzahlungen von Arbeitslohn, wenn sich der Gesamtbetrag einer Nachzahlung ausschließlich auf Lohnzahlungszeiträume des laufenden Kalenderjahres bezieht. Eine Nachzahlung von Arbeitslohn, die weiter als zum Beginn des laufenden Kalenderjahres zurückreicht, ist lohnsteuerlich ausnahmslos als sonstiger Bezug zu behandeln.
- Zum laufenden Arbeitslohn gehört auch derjenige laufende Arbeitslohn, der für das abgelaufene Kalenderjahr innerhalb der **ersten drei Wochen** des neuen Kalenderjahrs gezahlt wird. Wird der laufende Arbeitslohn für das abgelaufene Kalenderjahr später als drei Wochen nach Beginn des neuen Jahres gezahlt, so handelt es sich um einen sonstigen Bezug (vgl. die Erläuterungen beim Stichwort „Nachzahlung von laufendem Arbeitslohn").

Die laufenden Bezüge sind nach der für den Lohnzahlungszeitraum maßgebenden Lohnsteuertabelle (Monats-, Wochen-, Tagestabelle) zu besteuern.

Vergütungen, die ihrem Wesen nach zum laufenden Arbeitslohn gehören, sind für die Berechnung der Lohnsteuer auch dann mit dem laufenden Arbeitslohn des Lohnzahlungszeitraums zusammenzurechnen, wenn sie zu einem anderen Zeitpunkt als diesem gezahlt werden (etwa Mehrarbeitslohn).

Vom laufenden Arbeitslohn zu unterscheiden sind die sonstigen Bezüge oder einmaligen Zuwendungen, da diese sowohl lohnsteuerlich als auch sozialversicherungsrechtlich anders behandelt werden als der laufende Arbeitslohn. Die Berechnung der Lohnsteuer ist beim Stichwort „Sonstige Bezüge" dargestellt. Die Berechnung der Sozialversicherungsbeiträge ist unter dem Stichwort „Einmalige Zuwendungen" erläutert.

Siehe auch die Stichworte: Nachzahlung von laufendem Arbeitslohn, Vorauszahlungen von Arbeitslohn und Vorschüsse.

Lehrtätigkeit

	Lohnsteuerpflichtig	Sozialversich.-pflichtig

Lebensmittel

Siehe die Stichworte: Deputate, Getränke, Mahlzeiten, Rabatte, Sachbezüge.

Lebensversicherung

Bei Aufwendungen des Arbeitgebers für eine Lebensversicherung des Arbeitnehmers gilt Folgendes:

- Im Falle der Befreiung von der gesetzlichen Rentenversicherungspflicht in der Angestelltenversicherung oder in der Knappschaftsversicherung siehe „Befreiende Lebensversicherung".
- In anderen Fällen siehe „Direktversicherung".

Lehrabschlussprämien

	Lohnsteuerpflichtig	Sozialversich.-pflichtig
Lehrabschlussprämien sind Vergütungen an Auszubildende zum Abschluss der Lehrzeit.	ja	ja
Bei Sachzuwendungen von geringem Wert (bis 40 €) liegt nach R 19.6 Abs. 1 Satz 2 LStR eine steuerfreie „Aufmerksamkeit" vor (vgl. dieses Stichwort).	nein	nein
Beispiel: Ein angehender Landschaftsgärtner erhält zum Abschluss seiner Lehrzeit ein Buch über Gartengestaltung im Wert von **40 €**.	nein	nein

Lehrlinge

Lehrlinge oder „Auszubildende" im Sinne des Sozialversicherungsrechts sind Arbeitnehmer (vgl. „Auszubildende").	ja	ja

Lehrbeauftragte

Lehrbeauftragte an Hochschulen sind in der Regel keine Arbeitnehmer, sondern selbständig tätig (BFH-Urteil vom 17. 7. 1958, BStBl. III S. 360, Urteil des Bundessozialgerichts vom 25. 9. 1981).	nein	nein

Lehrtätigkeit

Probleme bei der Einordnung einer Lehrtätigkeit als Arbeitsverhältnis oder Ausübung eines freien Berufs ergeben sich insbesondere bei **nebenberuflichen** Lehrtätigkeiten. Von den nebenberuflichen Lehrkräften sind zunächst die **hauptamtlichen** Lehrkräfte zu unterscheiden, die für ihren „Hauptarbeitgeber" an der eigenen Schule oder an einer anderen Schule derselben Schulform **zusätzlichen Unterricht** geben und hierfür eine besondere Vergütung erhalten. Diese zusätzliche Tätigkeit gehört zu den eigentlichen Dienstobliegenheiten, die der Arbeitgeber erwarten darf. Die Tätigkeit wird also nicht nebenberuflich ausgeübt, wenn sie als Teil der Haupttätigkeit anzusehen ist (Hinweise zu R 19.2 LStR). Die Vergütungen sind zusammen mit den Bezügen für die „Haupttätigkeit" dem Lohnsteuerabzug zu unterwerfen. Ist die Lehrtätigkeit nicht Ausfluss der Haupttätigkeit, sondern tatsächlich „nebenberuflich", so gilt für die Beantwortung der Frage, ob ein Arbeitsverhältnis oder eine selbständige Tätigkeit vorliegt, Folgendes:

Ob eine Nebentätigkeit in einem Arbeitsverhältnis oder selbständig ausgeübt wird, ist nach den allgemeinen Abgrenzungskriterien zu beurteilen, die in Teil A des Lexikons unter Nr. 3 auf Seite 6 dargestellt sind. Dabei ist die Nebentätigkeit im Regelfall für sich allein zu beurteilen. Die Art einer etwaigen Haupttätigkeit ist für die Beurteilung der Nebentätigkeit nur wesentlich, wenn beide Tätigkeiten unmittelbar zusammenhängen. Hiernach liegt bei Lehrkräften, die im Hauptberuf eine nichtselbständige Tätigkeit ausüben, eine Lehrtätigkeit im Nebenberuf nur dann vor, wenn diese Lehrtätigkeit nicht zu den eigentlichen Dienstobliegenheiten des Arbeitnehmers aus der Haupttätigkeit gehört. Gehört die nebenher ausgeübte

Lehrzulagen

Lehrtätigkeit **nicht** zu den Dienstobliegenheiten des Arbeitnehmers aus der Haupttätigkeit gilt Folgendes:

Die Ausübung der Lehrtätigkeit im Nebenberuf ist in der Regel als **Ausübung eines freien Berufs** anzusehen, es sei denn, dass gewichtige Anhaltspunkte – z. B. Arbeitsvertrag unter Zugrundelegung eines Tarifvertrags, Anspruch auf Urlaubs- und Feiertagsvergütung – für das Vorliegen einer Arbeitnehmertätigkeit sprechen. Handelt es sich um die nebenberufliche Lehrtätigkeit an einer Schule oder einem Lehrgang mit einem allgemein feststehenden und nicht nur von Fall zu Fall aufgestellten Lehrplan, so sind die nebenberuflich tätigen Lehrkräfte dagegen in der Regel Arbeitnehmer, es sei denn, dass sie in den Schul- oder Lehrgangsbetrieb nicht fest eingegliedert sind. Hat die Lehrtätigkeit nur einen geringen Umfang, so kann das ein Anhaltspunkt dafür sein, dass eine feste Eingliederung in den Schul- oder Lehrgangsbetrieb nicht vorliegt. Ein geringer Umfang in diesem Sinne kann stets angenommen werden, wenn die nebenberuflich tätige Lehrkraft bei der einzelnen Schule oder dem einzelnen Lehrgang **in der Woche durchschnittlich nicht mehr als sechs Unterrichtsstunden** erteilt (R 19.2 Satz 3 LStR). Die Lehrveranstaltungen von Volkshochschulen werden nach Auffassung der Finanzverwaltung nicht als Lehrgang in diesem Sinne angesehen. Die dort mit Nebentätigkeit beschäftigten Lehrkräfte sind deshalb in der Regel selbständig tätig, es sei denn, dass ein Arbeitsvertrag für die Arbeitnehmereigenschaft spricht.

Die 6-Stunden-Regelung darf jedoch nicht schematisch angewandt werden. Der Bundesfinanzhof hat im Urteil vom 4.12.1975, BStBl. 1976 II S. 292 einen Ingenieur, der nur 2 Stunden wöchentlich Unterricht erteilte, als nichtselbständig angesehen, weil sich aus der schriftlichen Vereinbarung ergab, dass ein Arbeitsverhältnis gewollt und auch tatsächlich durchgeführt worden war. Andererseits hat der Bundesfinanzhof im Urteil vom 4.10.1984, BStBl. 1985 II S. 51 einen Lehrbeauftragten an einer Fachhochschule als selbständig beurteilt, obwohl dieser bis zu 8 Stunden wöchentlich Unterricht erteilte und eine Fortzahlung der Unterrichtsvergütung bei Krankheit bis zu 6 Wochen vereinbart war. Als entscheidend für diese Beurteilung sah der Bundesfinanzhof in diesem Fall das Rechtsverhältnis an, das der Tätigkeit zugrunde lag, denn das maßgebliche Fachhochschulgesetz bestimmte hierzu, dass die Lehrbeauftragten die ihnen übertragenen Lehraufgaben „selbständig" wahrnehmen.

Die nebenberufliche Lehrtätigkeit von Handwerksmeistern an Berufs- und Meisterschulen ist in aller Regel eine **selbständige** Tätigkeit.

Wird die nebenberufliche Lehrtätigkeit für eine gemeinnützige Organisation ausgeübt, sind die Einnahmen bis zur Höhe von insgesamt **2100 €** im Kalenderjahr **steuerfrei**. Dabei kommt es nicht darauf an, ob die nebenberufliche Lehrtätigkeit selbständig oder nichtselbständig ausgeübt wird. Auf die ausführlichen Erläuterungen beim Stichwort „Nebentätigkeit für gemeinnützige Organisationen" wird Bezug genommen.

Zur sozialversicherungsrechtlichen Behandlung wird auf das Stichwort „Scheinselbständigkeit" Bezug genommen.

Lehrzulagen

	Lohnsteuerpflichtig	Sozialversich.-pflichtig
Lehrzulagen zum laufenden Arbeitslohn an Arbeitnehmer, die mit der Ausbildung des Nachwuchses für den eigenen Betrieb beauftragt sind, sind steuerpflichtig.	ja	ja
In öffentlichen Verwaltungen können Lehrzulagen oder Lehrentschädigungen den Charakter von „Aufwandsentschädigungen aus öffentlichen Kassen" (vgl. dieses Stichwort) haben und als solche im Haushaltsplan ausgewiesen sein. In diesem Fall sind sie steuerfrei.	nein	nein

Siehe auch das Stichwort „Lehrtätigkeit".

Leistungszulagen

	Lohnsteuerpflichtig	Sozialversich.-pflichtig
Leistungszulagen für die Erledigung schwieriger Arbeiten oder als Anerkennung besonderer Tüchtigkeit sind steuer- und beitragspflichtig.	ja	ja

Liquidationspool

Vergütungen, die Arbeitnehmer eines Krankenhauses als Anteil an den Liquidationseinnahmen der liquidationsberechtigten Chefärzte erhalten, gehören zu den Einkünften aus nichtselbständiger Arbeit (BFH-Urteil vom 11.11.1971, BStBl. 1972 II S. 213).

In der Regel erfolgt die Mitarbeit des Krankenhauspersonals im Rahmen des Dienstverhältnisses zum Krankenhausträger. Vergütungen, die der Chefarzt für diese Mitarbeit aus seinen Liquidationseinnahmen dem Krankenhauspersonal zahlt, müssen deshalb vom Krankenhausträger bei den Mitarbeitern lohnsteuerlich erfasst werden. Dabei ist es unerheblich, ob der Chefarzt die Mitarbeiter freiwillig oder aufgrund besonderer Verpflichtung beteiligt, ob er Zahlungen direkt an Mitarbeiter leistet oder ob er die Mittel einem Pool zuführt, der die Zuwendungen verteilt. Die Vergütungen stellen **Lohnzahlungen Dritter** im Sinne des § 38 Abs. 1 Satz 3 EStG dar, für die der Krankenhausträger als Arbeitgeber zusammen mit dem dienstvertraglichen Arbeitslohn die Lohnsteuer einzubehalten und abzuführen hat.

Soweit der Krankenhausträger die Vergütungen nicht selbst ermitteln kann und sie ihm auch nicht vom liquidationsberechtigten Arzt mitgeteilt werden, hat sie der Arbeitnehmer dem Krankenhausträger anzuzeigen. Zur Form dieser Anzeige und zu den aus einer unvollständigen Anzeige resultierenden Haftungsfolgen wird auf die Ausführungen beim Stichwort „Lohnzahlung durch Dritte" unter Nr. 4 hingewiesen.

Nur wenn ausnahmsweise gegenüber dem Krankenhausträger keine Verpflichtung des Krankenhauspersonals zur Mitarbeit im Liquidationsbereich des Chefarztes gegeben ist, entfällt für den Krankenhausträger die Verpflichtung zum Lohnsteuerabzug. In solchen Fällen ist der **Chefarzt** insoweit selbst **Arbeitgeber** und hat die lohnsteuerlichen Pflichten zu erfüllen.

Liquidationsrecht

Zu den Einnahmen, die ein angestellter Chefarzt aus dem ihm eingeräumten Liquidationsrecht für die gesondert berechenbaren wahlärztlichen Leistungen hat, hat der Bundesfinanzhof mit Urteil vom 5.10.2005 (BStBl. 2006 II S. 94) Folgendes entschieden: „Ein angestellter Chefarzt bezieht mit den Einnahmen aus dem ihm eingeräumten Liquidationsrecht für die gesondert berechenbaren wahlärztlichen Leistungen in der Regel **Arbeitslohn**, wenn die wahlärztlichen Leistungen innerhalb eines Dienstverhältnisses erbracht werden".

Das bedeutet Folgendes:

– Wird der Behandlungsvertrag über die wahlärztlichen Leistungen unmittelbar zwischen dem Chefarzt und dem Patienten geschlossen und der Chefarzt liquidiert selbst aus diesem Vertrag, liegen selbständige Einkünfte im Sinne des § 18 EStG vor. Erfolgt in diesem Fall die Liquidation durch das Krankenhaus, liegen regelmäßig nichtselbständige Einkünfte im Sinne des § 19 EStG vor.

– Wird der Behandlungsvertrag über die wahlärztlichen Leistungen zwischen dem Krankenhaus und dem Patienten geschlossen, und hat der Chefarzt die wahlärztlichen Leistungen aus seiner Dienstverpflichtung gegenüber dem Krankenhaus zu erbringen, wobei das Krankenhaus auch die Liquidation der Einnahmen übernimmt, liegen regelmäßig nichtselbständige Einkünfte im Sinne des § 19 EStG (= Arbeitslohn) vor.

– Wird der Behandlungsvertrag über die wahlärztlichen Leistungen zwischen dem Krankenhaus und dem Patienten geschlossen und der Chefarzt hat die wahlärztlichen Leistungen aus seiner Dienstverpflichtung gegenüber dem Krankenhaus zu erbringen, liegen regelmäßig nichtselbständige Einkünfte im Sinne des § 19 EStG vor, auch wenn durch das Krankenhaus dem Chefarzt ein eigenes Liquidationsrecht über diese wahlärztlichen Leistungen eingeräumt worden ist (= der im BFH-Urteil vom 5.10.2005, BStBl. 2006 II S.94 entschiedene Fall).

Zusammenfassend lässt sich festhalten, dass **nichtselbständige Einkünfte** im Sinne des § 19 EStG regelmäßig vorliegen, wenn das **Krankenhaus** den **Behandlungsvertrag** mit dem Patienten abgeschlossen hat **oder** in die **Liquidation** des vom Chefarzt mit dem Patienten abgeschlossenen Vertrags eingeschaltet ist.*) Der **Krankenhausträger** hat in diesen Fällen den Lohnsteuerabzug vorzunehmen. Dabei ist die **Lohnsteuer** von dem Betrag zu berechnen, der dem Arzt nach Abzug der gesetzlich oder vertraglich geschuldeten und aus den „Bruttoliquidationserlösen" zu bestreitenden Zahlungen verbleibt (= „**Nettoliquidationserlöse**"). Werden die Zahlungen regelmäßig geleistet (z. B. vierteljährlich) und liegt ihnen der gleiche Abrechnungszeitraum zugrunde, handelt es sich um **laufenden Arbeitslohn** und nicht um einen sonstigen Bezug. Dies gilt auch dann, wenn die Zahlungen der Höhe nach schwanken.

Lohnabrechnung

siehe „Berechnung der Lohnsteuer und der Sozialversicherungsbeiträge"

Lohnabrechnungszeitraum

siehe „Berechnung der Lohnsteuer und der Sozialversicherungsbeiträge" unter Nr. 6

Lohnausfallvergütung

Siehe die Stichworte: Lohnfortzahlung und Verdienstausfallentschädigung.

Lohnbescheinigung

siehe „Lohnsteuerbescheinigung"

Lohnersatzleistungen

Lohnersatzleistungen wie z. B. das Krankengeld, Arbeitslosengeld, Kurzarbeitergeld, Saisonkurzarbeitergeld sind steuerfrei nach § 3 Nr. 1 und 2 EStG, unterliegen jedoch dem sog. Progressionsvorbehalt (§ 32b Abs. 1 Nr. 1 EStG, vgl. die ausführlichen Erläuterungen beim Stichwort „Progressionsvorbehalt"). Zu den Aufzeichnungspflichten des Arbeitgebers bei Lohnersatzleistungen vgl. das Stichwort „Lohnkonto".

Soweit Sozialleistungsträger (Krankenkassen, Rentenversicherungsträger, Unfallversicherungsträger, Bundesagentur für Arbeit) anstelle des ausgefallenen Arbeitsentgeltes z. B. Krankengeld, Übergangsgeld, Verletztengeld usw. gewähren, sind von ihnen auch Beiträge aus den Geldleistungen zu zahlen. Diese Beiträge werden je zur Hälfte durch den Versicherten im Wege des Einbehalts von der zustehenden Geldleistung und durch den Leistungsträger aufgebracht (wie beim Entgeltabzugsverfahren durch den Arbeitgeber). Der Leistungsträger tritt insoweit an die Stelle des Arbeitgebers; ihm obliegen grundsätzlich die gleichen Verpflichtungen hinsichtlich der Berechnung, Abführung und Meldung z. B. an den Rentenversicherungsträger.

Lohnfortzahlung

siehe „Entgeltfortzahlung"

Lohnfortzahlungsversicherung

vgl. die Erläuterungen im Teil B unter Nr. 10 auf Seite 16

Lohnkonto

Neues auf einen Blick:

Erstmals in der Lohnsteuerbescheinigung für das Kalenderjahr 2010 sind folgende Sozialversicherungsbeiträge des Arbeitnehmers im Einzelnen anzugeben:

– in Zeile 25 die Beiträge des Arbeitnehmers zur **gesetzlichen Krankenversicherung (GKV)**

– in Zeile 26 die Beiträge des Arbeitnehmers zur **sozialen Pflegeversicherung**

– in Zeile 27 die Beiträge des Arbeitnehmers zur **Arbeitslosenversicherung**

Hierfür wurden drei neue Zeilen in den amtlichen Vordruck „elektronische Lohnsteuerbescheinigung für 2010" eingefügt.

Außerdem wurde in die Lohnsteuerbescheinigung für das Kalenderjahr 2010 eine neue Zeile 28 eingefügt, in die der Arbeitgeber die Beiträge eines **privat krankenversicherten Arbeitnehmers (PKV)** zu seiner privaten Kranken- und Pflegeversicherung eintragen muss, wenn der Arbeitnehmer dem Arbeitgeber eine Bescheinigung der Versicherung über die Höhe der Beiträge für die **sog. Basisversorgung** vorgelegt hat.

Damit der Arbeitgeber diese neuen Bescheinigungspflichten erfüllen kann, muss er bereits bei der Führung des Lohnkontos die entsprechenden Aufzeichnungen machen.

Der Grund für diese Änderungen ist eine völlige Neugestaltung der **Vorsorgepauschale**, die in den **neuen amtlichen Lohnsteuertarif 2010** eingearbeitet ist. Alle Einzelheiten zu dieser Änderung des Lohnsteuertarifs ab 1.1.2010 sind im **Anhang 8 zum Lexikon** ausführlich anhand von Beispielen erläutert.

Weggefallen ist hingegen die bisher gesetzlich vorgeschriebene Eintragung des Buchstabens „**B**" im Lohnkonto bei Anwendung der **Besonderen Lohnsteuertabelle.** Obwohl die Eintragung des Buchstabens „B" ab 1.1.2010 weggefallen ist, gibt es nach wie vor eine Besondere Lohnsteuertabelle mit einer gekürzten Vorsorgepauschale (vgl. die Erläuterungen beim Stichwort „Lohnsteuertabelle").

Ab dem Kalenderjahr 2010 sind die Gemeinden im Grundsatz verpflichtet, die neue steuerliche Identifikationsnummer des Arbeitnehmers auf der Vorderseite der Lohnsteuerkarte einzutragen (§ 39 Abs. 3 Nr. 3 EStG). Die auf der Lohnsteuerkarte 2010 eingetragene **Identifikationsnummer** muss der Arbeitgeber – wie alle anderen auf der Vorderseite der Lohnsteuerkarte eingetragenen Besteuerungsmerkmale – **in das Lohnkonto übernehmen.**

Allerdings enthalten nicht alle Lohnsteuerkarten 2010 die neue Identifikationsnummer. Ist auf der Lohnsteuerkarte 2010 keine Identifikationsnummer eingetragen braucht der Arbeitgeber keine Nachforschungen anstellen, das

---

*) Zur Abgrenzung der nichtselbständigen Einkünfte von den selbständigen Einkünften in diesen Fällen vgl. auch die Verfügung der OFD Karlsruhe vom 24.4.2006 S 236.0/15 – St 131. Die Verfügung ist als Anlage 2 zu H 19.3 im **Steuerhandbuch für das Lohnbüro 2010** abgedruckt, das im selben Verlag erschienen ist. Das **PC-Lexikon** für das Lohnbüro 2010 enthält auch dieses Handbuch und hat außerdem den Vorteil, dass Sie **alle BFH-Urteile** sowie die aktuellen Rundschreiben und Niederschriften der Spitzenverbände der **Sozialversicherung** mit Mausklick **im Volltext** abrufen und ausdrucken können. Eine Bestellkarte finden Sie vorne im Lexikon.

Lohnkonto

heißt er hat nur die auf der Lohnsteuerkarte eingetragenen Merkmale in das Lohnkonto zu übernehmen. Die Datenübermittlung der elektronischen Lohnsteuerbescheinigung 2010 erfolgt dann mit dem Ordnungsmerkmal „eTIN" (vgl. das Stichwort „Lohnsteuerbescheinigung")*).

Gliederung:

1. Allgemeines
2. Anlegen eines neuen Lohnkontos für 2010
3. Aufzeichnungen für die Eintragung der Buchstaben F, S und U in die Lohnbescheinigung 2010
4. Laufende Eintragungen im Lohnkonto 2010
5. Sachbezüge
6. Sonstige Bezüge
7. Arbeitslohn für mehrere Jahre und Entschädigungen
8. Versorgungsbezüge
9. Eintragung des Buchstabens „U" im Lohnkonto
10. Pauschal versteuerter Arbeitslohn
    a) Pauschal versteuerte Fahrkostenzuschüsse und Job-Tickets für Fahrten zwischen Wohnung und Arbeitsstätte
    b) Sonstiger pauschal besteuerter Arbeitslohn
11. Steuerfreier Arbeitslohn
    a) Allgemeines
    b) Ausnahmen von der Aufzeichnungspflicht für steuerfreien Arbeitslohn
    c) Besonderheiten bei steuerfreien Reisekosten und Auslösungen
12. Aufzeichnungen für Zwecke des Progressionsvorbehalts
13. Besondere Aufzeichnungspflichten für Beiträge zu Direktversicherungen, Pensionskassen und Pensionsfonds
    a) Steuerfreie Beiträge zu Direktversicherungen, Pensionskassen und Pensionsfonds
    b) Pauschalierung der Lohnsteuer mit 20 %
14. Sozialversicherungsbeiträge und Beitragszuschüsse zur Kranken- und Pflegeversicherung
    a) Arbeitnehmer- und Arbeitgeberanteil zur Rentenversicherung
    b) Steuerfreie Beitragszuschüsse des Arbeitgebers zur Kranken- und Pflegeversicherung
    c) Beiträge des Arbeitnehmers zur Kranken-, Pflege- und Arbeitslosenversicherung
    d) Keine Bescheinigung von Beiträgen, die auf steuerfreien Arbeitslohn entfallen
15. Besondere Aufzeichnungspflichten für Versorgungsbezüge
16. Vermögenswirksame Leistungen
17. Vermögensbeteiligungen
18. Eintragungen im Lohnkonto bei Durchführung des Lohnsteuer-Jahresausgleichs
19. Sammellohnkonto
20. Aufzeichnungspflichten bei Aushilfskräften und Teilzeitbeschäftigten
21. Form des Lohnkontos
22. Aufbewahrung des Lohnkontos
23. Führung des Lohnkontos durch Dritte
24. Sozialversicherungsrechtliche Aufzeichnungspflichten

1. Allgemeines

Der Arbeitgeber hat für **jeden Arbeitnehmer** und **jedes Kalenderjahr** ein Lohnkonto zu führen (§ 41 Abs. 1 EStG). Eine besondere Form des Lohnkontos ist nicht vorgeschrieben; sie hängt weitgehend von der Art der Lohnabrechnung ab. Bedient sich der Arbeitgeber noch der personellen (manuellen) Lohnabrechnung, dann wird dem Lohnkonto in Karteiform der Vorzug zu geben sein. Bei maschineller Lohnabrechnung empfiehlt es sich, für jeden Arbeitnehmer ein sog. Stammblatt zu führen, das alle für den Lohnsteuerabzug maßgebenden Merkmale enthält. Dieses Stammblatt ist mit den für jeden Lohnzahlungszeitraum erstellten Lohn- und Gehaltsabrechnungen zu verbinden. Die aus steuerlicher Sicht erforderlichen Angaben ergeben sich im Einzelnen aus §§ 4 und 5 der Lohnsteuer-Durchführungsverordnung (LStDV); sie sind nachstehend dargestellt (wegen der sozialversicherungsrechtlichen Aufzeichnungspflichten wird auf die Erläuterungen in Teil B Nr. 7 auf Seite 13 hingewiesen).

Der Arbeitgeber hat für **jeden** Arbeitnehmer ein **eigenes** Lohnkonto zu führen (gleichgültig ob der Arbeitnehmer beschränkt oder unbeschränkt steuerpflichtig ist).

2. Anlegen eines neuen Lohnkontos für 2010

Zu Beginn eines Kalenderjahrs ist stets ein **neues** Lohnkonto anzulegen. In dieses Lohnkonto sind einzutragen:

a) Sämtliche Merkmale, die auf der Vorderseite der Lohnsteuerkarte oder in der Bescheinigung für beschränkt steuerpflichtige Arbeitnehmer eingetragen sind (Name, Anschrift, Geburtsdatum, Steuerklasse, Religionszugehörigkeit, Zahl der Kinderfreibeträge, **amtlicher Gemeindeschlüssel** – AGS und die neue persönliche **Identifikationsnummer** des Arbeitnehmers.

b) Jährliche und monatliche (wöchentliche, tägliche) **Freibeträge und Hinzurechnungsbeträge,** die auf der Lohnsteuerkarte eingetragen sind, und **der Zeitraum, für den diese Eintragungen gelten.**

c) Die Beschäftigungsdauer und der Zeitraum, für den die Lohnsteuerkarte schuldhaft nicht vorgelegen hat (vgl. hierzu das Stichwort „Nichtvorlage der Lohnsteuerkarte").

3. Aufzeichnungen für die Eintragung der Buchstaben F, S und U in die Lohnbescheinigung 2010

In **Zeile 2** des amtlichen Vordrucks für die (elektronische) Lohnsteuerbescheinigung 2010 sind die Buchstaben **F, S** und **U** einzutragen, wenn die Voraussetzungen vorliegen, an die der Gesetzgeber die Verpflichtung zur Eintragung geknüpft hat. Der Arbeitgeber muss deshalb bereits im Laufe des Kalenderjahrs durch entsprechende Aufzeichnungen im Lohnkonto dafür sorgen, dass er beim vorzeitigen Ausscheiden des Arbeitnehmers oder am Ende des Kalenderjahrs diese gesetzlich auferlegten Pflichten erfüllen kann. Die bisher vorgeschriebene Eintragung des Buchstabens **B** bei Anwendung der **Besonderen Lohnsteuertabelle** ist ab 1.1.2010 weggefallen, obwohl es nach wie vor eine Besondere Lohnsteuertabelle mit einer gekürzten Vorsorgepauschale gibt (vgl. die Erläuterungen beim Stichwort „Lohnsteuertabellen"). Im Einzelnen gilt Folgendes:

– Eintragung des Buchstabens „**F**" im Lohnkonto, wenn der Arbeitgeber den Arbeitnehmer in dem betreffenden Lohnzahlungszeitraum kostenlos oder verbilligt von der Wohnung zur Arbeitsstätte befördert hat (vgl. die Erläuterungen beim Stichwort „Sammelbeförderung").

– Eintragung des Buchstabens „**S**" im Lohnkonto, wenn bei der Besteuerung eines **sonstigen Bezugs** der Arbeitslohn aus einem früheren Dienstverhältnis bei der Ermittlung des voraussichtlichen Jahresarbeits-

---

*) BMF-Schreiben vom 9.11.2009 (BStBl. I S. 1313). Das BMF-Schreiben ist als Anlage 2 zu H 41b LStR im **Steuerhandbuch für das Lohnbüro 2010** abgedruckt, das im selben Verlag erschienen ist. Das **PC-Lexikon** für das Lohnbüro 2010 enthält auch dieses Handbuch und hat außerdem den Vorteil, dass Sie **alle BFH-Urteile** sowie die aktuellen Rundschreiben und Niederschriften der Spitzenverbände der **Sozialversicherung** mit Mausklick **im Volltext** abrufen und ausdrucken können. Eine Bestellkarte finden Sie vorne im Lexikon.

Lohnkonto

lohns außer Betracht geblieben ist (vgl. die Erläuterungen beim Stichwort „Sonstige Bezüge" unter Nr. 4 Buchstabe b auf Seite 660).

– Eintragung des Buchstabens **„U"** im Lohnkonto, wenn der **Arbeitslohn für mindestens fünf aufeinanderfolgende Arbeitstage im Wesentlichen wegfällt,** das Beschäftigungsverhältnis aber weiterbesteht (vgl. die nachfolgenden Erläuterungen unter Nr. 9).

4. Laufende Eintragungen im Lohnkonto 2010

Der Arbeitgeber hat im Lohnkonto bei der Abrechnung von laufendem Arbeitslohn und sonstigen Bezügen Folgendes einzutragen:

a) Den Tag der jeweiligen Lohnzahlung und den Lohnzahlungszeitraum (z. B. „16.1.2010" für „3. Lohnwoche").

b) Den **steuerpflichtigen Bruttoarbeitslohn,** getrennt nach Barlohn und Sachbezügen. Ein evtl. bei der Lohnabrechnung gekürzter Altersentlastungsbetrag, Versorgungsfreibetrag oder Zuschlag zum Versorgungsfreibetrag dürfen **nicht** vom Bruttolohn abgezogen werden; die Berücksichtigung des Altersentlastungsbetrags oder der Versorgungsfreibeträge ist jedoch bei der Berechnung der Lohnsteuer gesondert zu vermerken. Für Versorgungsbezüge gelten erweiterte Aufzeichnungspflichten (vgl. nachfolgend unter Nr. 8). Die vom Arbeitgeber zusätzlich gezahlten vermögenswirksamen Leistungen müssen ebenfalls im steuerpflichtigen Bruttoarbeitslohn enthalten sein.

c) Die vom Bruttoarbeitslohn einbehaltenen Steuerabzugsbeträge. Dies sind

– die **Lohnsteuer,**
– der **Solidaritätszuschlag** und
– die **Kirchensteuer.**

Diese Abzugsbeträge sind getrennt voneinander im Lohnkonto einzutragen.

d) Trägt der Arbeitgeber im Falle der **Nettolohnzahlung** die auf den Arbeitslohn entfallende Steuer selbst, ist in jedem Fall der durch Abtasten der Lohnsteuertabelle ermittelte Bruttoarbeitslohn und die hierauf entfallende Lohn- und Kirchensteuer sowie der Solidaritätszuschlag einzutragen (vgl. „Nettolöhne").

5. Sachbezüge

Sachbezüge sind einzeln zu bezeichnen und einzutragen (Angabe des Tags der Abgabe, des Abgabeorts und des ggf. hierfür vom Arbeitnehmer gezahlten Entgelts). Einzutragen ist der für steuerliche Zwecke maßgebende Wert. Dies kann entweder der amtliche Sachbezugswert sein, wenn für diesen Sachbezug amtliche Werte festgesetzt und anwendbar sind, oder es ist der Endpreis am Abgabeort maßgebend (= Einzelhandelspreis gegenüber Letztverbrauchern einschließlich Mehrwertsteuer). Waren und Dienstleistungen auf deren unentgeltliche oder verbilligte Abgabe der Rabatt-Freibetrag (vgl. „Rabatte") anwendbar ist, sind gesondert zu kennzeichnen und **ohne Kürzung** um den Rabatt-Freibetrag von 1080 € im Lohnkonto einzutragen. Zu den Aufzeichnungsvorschriften für sog. Personalrabatten und den hierfür geltenden Aufzeichnungserleichterungen vgl. das Stichwort „Rabatte" unter Nr. 11. In das Lohnkonto sind auch solche Sachbezüge einzutragen, die in Anwendung der für geringfügige Sachbezüge geltenden monatlichen 44-Euro-Freigrenze steuerfrei bleiben (vgl. „Sachbezüge").

6. Sonstige Bezüge

Handelt es sich bei dem gezahlten Arbeitslohn um einen **sonstigen Bezug,** der nach der Jahreslohnsteuertabelle besteuert worden ist, so sind die Aufzeichnungen im Lohnkonto in gleicher Weise vorzunehmen, wie beim laufenden Arbeitslohn.

Ist bei der Besteuerung eines **sonstigen Bezugs** der Arbeitslohn aus einem **früheren Dienstverhältnis** nicht in die Ermittlung des voraussichtlichen Jahresarbeitslohns einbezogen worden, so ist dies im Lohnkonto durch die Eintragung des Großbuchstabens **„S"** zu vermerken (§ 41 Abs. 1 Satz 7 EStG, vgl. die ausführlichen Erläuterungen beim Stichwort „Sonstige Bezüge" unter Nr. 4 Buchstabe b auf Seite 660).

Sonstige Bezüge, die pauschal mit einem besonders ermittelten Pauschsteuersatz versteuert werden, sind gesondert im Lohnkonto aufzuzeichnen, damit die hierfür geltende 1000-Euro-Grenze (vgl. „Pauschalierung der Lohnsteuer") vom Finanzamt nachgeprüft werden kann.

7. Arbeitslohn für mehrere Jahre und Entschädigungen

Arbeitslohn für mehrere Jahre und Entschädigungen muss der Arbeitgeber in eine besondere Zeile der elektronischen Lohnsteuerbescheinigung eintragen, wenn er die ermäßigte Besteuerung in Form der sog. Fünftelregelung angewendet hat. Für diese Eintragung ist die Zeile 10 der Lohnsteuerbescheinigung vorgesehen. Um diese Eintragungen vornehmen zu können, ist bereits bei der Führung des Lohnkontos Folgendes zu beachten:

Ermäßigt besteuerter Arbeitslohn für mehrere Jahre einerseits und ermäßigt besteuerte Entschädigungen andererseits müssen **nicht voneinander getrennt** im Lohnkonto eingetragen und **getrennt** auf der Lohnsteuerkarte bescheinigt werden. Eine getrennte Bescheinigung sieht das Muster der elektronischen Lohnsteuerbescheinigung 2010 nicht vor. Denn sowohl die ermäßigte Besteuerung von Vergütungen für eine mehrjährige Tätigkeit als auch die ermäßigte Besteuerung von Entschädigungen erfolgt einheitlich nach der sog. Fünftelmethode. Deshalb wurde vom Gesetzgeber eine getrennte Eintragung dieser ermäßigt besteuerten Bezüge weder im Lohnkonto noch in der elektronischen Lohnsteuerbescheinigung vorgeschrieben.

Es erscheint jedoch zweckmäßig, diese ermäßigt besteuerten Bezüge **getrennt** im Lohnkonto aufzuzeichnen, und zwar nicht nur dann, wenn diese Vergütungen ermäßigt besteuert wurden, sondern auch in den Fällen, in denen die Voraussetzungen für eine Anwendung der sog. Fünftelregelung nicht vorgelegen haben, und zwar aus folgenden Gründen:

Es gibt Fälle, in denen die ermäßigte Besteuerung nach der sog. Fünftelmethode zu einer höheren Steuer führt, als der normale Lohnsteuerabzug (vgl. die Erläuterungen beim Stichwort „Sonstige Bezüge" unter Nr. 6 Buchstabe a auf Seite 663). Der Arbeitgeber darf deshalb die Fünftelregelung **nicht** anwenden. Der Arbeitnehmer kann jedoch die ermäßigte Besteuerung sowohl bei Vergütungen für eine mehrjährige Tätigkeit als auch bei steuerpflichtigen Teilen von Entlassungsentschädigungen nach Ablauf des Kalenderjahrs im Wege einer Veranlagung zur Einkommensteuer nochmals gesondert beantragen, weil sich durch die Zusammenrechnung mit anderen Einkünften oder durch eine Zusammenveranlagung eine Steuervergünstigung ergeben kann. Hierzu benötigt er aber eine gesonderte Bescheinigung seines Arbeitgebers, weil die „normal" versteuerten Entschädigungen und Vergütungen für eine mehrjährige Tätigkeit im steuerpflichtigen Bruttoarbeitslohn enthalten sind, der in Zeile 3 auf der Lohnsteuerbescheinigung 2010 einzutragen ist. Diese vom Arbeitnehmer ggf. benötigte Bescheinigung kann der Arbeitgeber ohne zusätzlichen Arbeitsaufwand nur dann erteilen, wenn er den Arbeitslohn für mehrere Jahre und die Entschädigungen **bereits im Laufe des Jahres getrennt im Lohnkonto aufgezeichnet hat,** und zwar unabhängig davon, ob diese Bezüge in Anwendung der Fünftelregelung ermäßigt besteuert wurden oder nicht. Für diese

Lohnkonto

| | Lohn-steuer-pflichtig | Sozial-versich.-pflichtig |

gesonderte Bescheinigung der „normal" versteuerten Entschädigungen und dem Arbeitslohn für mehrere Jahre enthält die elektronische Lohnsteuerbescheinigung für das Kalenderjahr 2010 ein eigenes Eintragungsfeld **(Zeile 19).**

8. Versorgungsbezüge

Zum steuerpflichtigen Arbeitslohn gehören nach § 19 Abs. 1 Nr. 2 EStG auch sog. Versorgungsbezüge (vgl. „Versorgungsbezüge, Versorgungsfreibetrag"). Lohnsteuerpflichtige Versorgungsbezüge sind insbesondere die sog. **Betriebsrenten** der Werkspensionäre und die **Ruhegehälter der Beamtenpensionäre,** da diese Bezüge nicht auf eigenen Beitragsleistungen des Arbeitnehmers, sondern auf einer **Versorgungszusage des Arbeitgebers** beruhen.

Für lohnsteuerpflichtige Versorgungsbezüge wird nach § 19 Abs. 2 EStG ein Versorgungsfreibetrag und seit 1.1.2005 auch ein Zuschlag zum Versorgungsfreibetrag gewährt. Bisher mußte der Arbeitgeber die Höhe derjenigen Versorgungsbezüge im Lohnkonto gesondert aufzeichnen, für die der Versorgungsfreibetrag gewährt wurde. Denn diese „steuerbegünstigten Versorgungsbezüge" mussten (und müssen auch weiterhin) in eine besondere Zeile der Lohnsteuerbescheinigung eingetragen werden. In der Lohnsteuerbescheinigung für das Kalenderjahr 2010 ist dies die **Zeile 8.** Steuerbegünstigte Versorgungsbezüge für mehrere Kalenderjahre sind in Zeile 9 der Lohnsteuerbescheinigung für das Kalenderjahr 2010 einzutragen.

Diese bereits bisher zu beachtenden Aufzeichnungs- und Bescheinigungspflichten gelten unverändert weiter. Allerdings sind seit 1.1.2005 neue Aufzeichnungs- und Bescheinigungspflichten hinzugekommen, denn § 4 Abs. 1 Nr. 4 der Lohnsteuer-Durchführungsverordnung in der seit 1.1.2005 geltenden Fassung schreibt vor, dass bei Versorgungsbezügen die „für eine zutreffende Berechnung des Versorgungsfreibetrags und des Zuschlags zum Versorgungsfreibetrag erforderlichen Angaben" im Lohnkonto aufzuzeichnen sind. Was dies genau bedeutet ist unter der nachfolgenden Nr. 15 im Einzelnen erläutert.

9. Eintragung des Buchstabens „U" im Lohnkonto

Der Großbuchstabe **„U"** ist in all den Fällen im Lohnkonto einzutragen, in denen das Beschäftigungsverhältnis zwar weiterbesteht, der Anspruch auf Arbeitslohn aber für mindestens **fünf** aufeinander folgende Arbeitstage **im Wesentlichen** weggefallen ist (U steht für **Unterbrechung**). Die Eintragung des genauen Zeitraums ist **nicht** erforderlich (§ 41 Abs. 1 Satz 5 EStG). Als „wesentlich" in diesem Sinne sind immer die Grundbezüge des Arbeitnehmers anzusehen. Von einem wesentlichen Wegfall des Arbeitslohns ist somit immer dann auszugehen, wenn der Arbeitgeber während der Unterbrechung lediglich die vermögenswirksamen Leistungen weiterzahlt. Gleiches gilt, wenn der Arbeitgeber nach Wegfall der Lohnfortzahlung einen Zuschuss zum (steuerfreien) Krankengeld gewährt oder während einer Unterbrechung die Beiträge zu einer Direktversicherung oder Unfallversicherung weiterzahlt.

Weiterhin stellt sich die Frage, welcher Zeitraum unter „fünf aufeinander folgenden Arbeitstagen" zu verstehen ist.

Beispiel A
Der Arbeitnehmer bezieht Krankengeld für eine Woche, und zwar vom 26.2.2010 (Donnerstag) bis 5.3.2010 (Mittwoch). Samstag und Sonntag wird in dem Betrieb nicht gearbeitet. Frage: Handelt es sich um fünf **zusammenhängende** Arbeitstage? Antwort: Ja, weil der Zeitraum von „fünf zusammenhängenden Arbeitstagen" durch Sonn- und Feiertage, arbeitsfreie Samstage und andere arbeitsfreie Werktage (sog. Freizeittage) nicht unterbrochen wird. Unbeachtlich ist auch, dass die Tage in zwei verschiedenen Lohnzahlungszeiträumen liegen. Der Arbeitgeber hat im Lohnkonto 2010 ein „U" einzutragen.

Ein „U" ist demnach im Lohnkonto und auf der Lohnsteuerbescheinigung z. B. in folgenden Fällen zu vermerken:
- Bezug von Krankengeld für 5 oder mehr Arbeitstage nach Ablauf der Lohnfortzahlung (mit oder ohne Zuschuss des Arbeitgebers).
- Bezug von sog. Kinder-Krankengeld wegen Pflege eines Kleinkindes für 5 oder mehr Arbeitstage nach Ablauf der Lohnfortzahlung.
- Bezug von Elterngeld.
- Bezug von Erziehungsgeld (zum 31.12.2008 ausgelaufen).
- Bezug von Mutterschaftsgeld (ohne Zuschuss des Arbeitgebers).
- Unbezahlter Urlaub für 5 oder mehr Arbeitstage.
- Eine Wehrübung von mindestens 5 Tagen ohne Lohnfortzahlung durch den Arbeitgeber.
- Beim Ableisten des Wehr- oder Zivildienstes, wenn die Lohnsteuerkarte während dieser Zeit beim Arbeitgeber verbleibt und deshalb das Dienstverhältnis fortbesteht.
- Elternzeit und zwar auch dann, wenn während der Elternzeit eine Beschäftigung mit reduzierter Arbeitszeit beim selben Arbeitgeber aufgenommen wird (R 41.2 Satz 1 LStR). Wird dem Arbeitnehmer bei Beginn der Elternzeit die Lohnsteuerkarte ausgehändigt, ist kein „U" für Unterbrechung einzutragen, weil das Ende des Beschäftigungsverhältnisses in die Lohnsteuerbescheinigung eingetragen wird;
- Pflegezeit, wenn der Anspruch auf Arbeitslohn durch die in Inanspruchnahme der Pflegezeit für mindestens fünf aufeinanderfolgende Arbeitstage im Wesentlichen wegfällt.

Für jeden einzelnen Unterbrechungszeitraum ist ein neuer Buchstabe „U" einzutragen.

Beispiel B
Ein Arbeitnehmer nimmt an einer viertägigen Wehrübung (ohne Lohnfortzahlung) teil; er nimmt anschließend einen Tag unbezahlten Urlaub. Es handelt sich um einen (einheitlichen) Unterbrechungszeitraum, auch wenn diesem zwei unterschiedliche Sachverhalte zugrunde liegen. Im Lohnkonto ist nur ein „U" einzutragen.

Der Unterbrechungszeitraum von 5 Arbeitstagen bezieht sich auf das Kalenderjahr. Bei Unterbrechungen, die sich über den Jahreswechsel hinaus erstrecken, ist deshalb jedes Kalenderjahr für sich zu betrachten.

Beispiel C
Ein Arbeitnehmer nimmt vom 28.12.2009 bis 4.1.2010 unbezahlten Urlaub. In das Kalenderjahr 2009 fallen 4 Arbeitstage (der 28., 29., 30. und der 31. Dezember 2009). In das Kalenderjahr 2010 fällt ein Arbeitstag. Da jedes Kalenderjahr für sich zu betrachten ist, ist weder im Lohnkonto 2009 noch im Lohnkonto 2010 ein U einzutragen.

Kein „U" ist beim Bezug von Kurzarbeiter- oder Saisonkurzarbeitergeld (frühere Bezeichnung: Winterausfallgeld) zu vermerken. Ebenso ist kein „U" zu vermerken, wenn zum Mutterschaftsgeld ein Arbeitgeberzuschuss gezahlt wird. Denn sowohl das Kurzarbeitergeld als auch das Saisonkurzarbeitergeld sowie der Arbeitgeberzuschuss zum Mutterschaftsgeld sind mit den ausgezahlten Beträgen im Lohnkonto und auch in der elektronischen Lohnsteuerbescheinigung gesondert einzutragen. Daher bedarf es keines zusätzlichen Eintrags des Buchstabens U (§ 41 Abs. 1 Satz 6 i. V. m. Satz 5 EStG).

Die Kennzeichnung der elektronischen Lohnsteuerbescheinigung mit dem Buchstaben U soll das Finanzamt bei der Veranlagung zur Einkommensteuer vorgelegt wird, darauf hinweisen, dass der Arbeitnehmer Lohnersatzleistungen bezogen haben kann, die dem Progressionsvorbehalt unterliegen. Darüber hinaus ist der Lohnsteuer-Jahresausgleich durch den Arbeitgeber ausgeschlossen, wenn der Buchstabe U im Lohnkonto eingetragen oder auf der elektronischen Lohnsteuerbescheinigung vermerkt ist (vgl. „Lohnsteuer-Jahresausgleich durch den Arbeitgeber").

Lohnkonto

Lohnsteuerpflichtig | Sozialversich.pflichtig

10. Pauschal versteuerter Arbeitslohn

Pauschal versteuerter Arbeitslohn ist **gesondert** im Lohnkonto einzutragen. Denn diese gesondert einzutragenden Beträge sind bei der Ermittlung des lohnsteuerpflichtigen Bruttoarbeitslohns, der in Zeile 3 der Lohnsteuerkarte 2010 zu bescheinigen ist, **nicht** mitzählen. Im Einzelnen gilt Folgendes:

a) Pauschal versteuerte Fahrkostenzuschüsse und Job-Tickets für Fahrten zwischen Wohnung und Arbeitsstätte

Wird der Zuschuss des Arbeitgebers zu den Aufwendungen des Arbeitnehmers für Fahrten zwischen Wohnung und Arbeitsstätte pauschal mit 15 % versteuert, so muss der pauschal besteuerte Fahrkostenzuschuss und die darauf entfallende pauschale Lohn- und Kirchensteuer sowie der Solidaritätszuschlag im Lohnkonto getrennt vom übrigen Gehalt des Arbeitnehmers aufgezeichnet werden. Denn einerseits bleibt zwar der pauschal versteuerte Arbeitslohn bei dem in Zeile 3 der Lohnsteuerbescheinigung 2010 einzutragenden Bruttoarbeitslohn außer Betracht, andererseits muss aber der pauschal versteuerte Fahrkostenzuschuss gesondert in **Zeile 18** der Lohnsteuerbescheinigung 2010 eingetragen werden. Das Gleiche gilt für eine Pauschalierung des geldwerten Vorteils mit 15 % bei der unentgeltlichen oder verbilligten Überlassung sog. Job-Tickets (vgl. hierzu die ausführlichen Erläuterungen beim Stichwort „Fahrten zwischen Wohnung und regelmäßiger Arbeitsstätte").

b) Sonstiger pauschal besteuerter Arbeitslohn

Bezüge, die mit einem **festen** Pauschsteuersatz nach § 40 Abs. 2 EStG besteuert worden sind und die darauf entfallende Lohn- und Kirchensteuer sowie der Solidaritätszuschlag sind gesondert im Lohnkonto einzutragen;

hierunter fallen außer den Fahrkostenzuschüssen:

– Mahlzeiten, Erholungsbeihilfen, Computerübereignung, Internetzuschüsse, Betriebsveranstaltungen;
– steuerpflichtige Teile von Reisekostenvergütungen.

Wegen der Möglichkeit pauschal besteuerte Mahlzeiten, Erholungsbeihilfen und Zuwendungen aus Anlass von Betriebsveranstaltungen in einem Sammellohnkonto einzutragen vgl. Nr. 19.

Beiträge zu Unfallversicherungen, die nach § 40 b EStG mit dem festen Pauschsteuersatz von 20 % versteuert wurden, sind ebenfalls gesondert im Lohnkonto einzutragen. Zur Aufzeichnung von pauschal versteuerten Beiträgen zu einer Direktversicherung vgl. die ausführlichen Erläuterungen unter der nachfolgenden Nr. 14.

Außer den Bezügen, die mit einem festen Pauschsteuersatz versteuert wurden, müssen auch Bezüge, die mit einem **besonderen** Pauschsteuersatz besteuert worden sind, und die darauf entfallende Lohn- und Kirchensteuer sowie der Solidaritätszuschlag ebenfalls gesondert im Lohnkonto eingetragen werden.

Hierunter fallen:

– sonstige Bezüge unter 1000 € jährlich je Arbeitnehmer in einer größeren Zahl von Fällen (vgl. „Pauschalierung der Lohnsteuer" unter Nr. 2);
– Nacherhebung von Lohnsteuer aufgrund einer Lohnsteuer-Außenprüfung in einer größeren Zahl von Fällen.

Wegen der Möglichkeit, diesen pauschal besteuerten Arbeitslohn in einem Sammellohnkonto einzutragen vgl. nachfolgend unter Nr. 19.

Die nach § 37b EStG pauschal versteuerten Zuwendungen müssen **nicht** im Lohnkonto aufgezeichnet werden (vgl. das Stichwort „Pauschalierung der Lohnsteuer für Belohnungsessen, Incentive-Reisen, VIP-Logen und ähnliche Sachbezüge").

11. Steuerfreier Arbeitslohn

a) Allgemeines

Mit Ausnahme der steuerfreien Trinkgelder und der steuerfreien Privatnutzung betrieblicher Internet- und Telefonanschlüsse müssen nach § 4 Abs. 2 Nr. 4 LStDV alle steuerfreien Bezüge gesondert im Lohnkonto angegeben werden.

Gesondert sind hiernach z. B. einzutragen:

– steuerfreie Auslösungen bei doppelter Haushaltsführung, Reisekostenvergütungen oder Umzugskostenentschädigungen;
– steuerfreie Arbeitgeberzuschüsse zur freiwilligen Krankenversicherung;
– steuerfreie Beihilfen, Unterstützungen, Kindergartenzuschüsse;
– steuerfreie Sachbezüge aller Art und zwar auch dann, wenn die für Sachbezüge geltende Freigrenze von monatlich 44 € nicht überschritten wird (vgl. das Stichwort „Sachbezüge").

b) Ausnahmen von der Aufzeichnungspflicht für steuerfreien Arbeitslohn

Mit **Genehmigung des Betriebsstättenfinanzamts** braucht der Arbeitgeber Reisekosten, durchlaufende Gelder, Auslagenersatz und sonstige steuerfreie Bezüge nach § 3 EStG nicht in das Lohnkonto einzutragen, wenn es sich um Fälle von geringer Bedeutung handelt oder wenn die zuverlässige Nachprüfung in anderer geeigneter Weise sichergestellt ist (z. B. durch die kaufmännische Buchführung und die dazugehörigen Belege).

Diese in § 4 Abs. 2 Nr. 4 Satz 2 LStDV geregelte Ausnahmegenehmigung durch das Betriebsstättenfinanzamt gilt nicht für Arbeitslohn, der aufgrund eines Doppelbesteuerungsabkommens oder aufgrund des Auslandstätigkeitserlasses (vgl. diese Stichworte) nicht dem Lohnsteuerabzug unterliegt. Dieser steuerfreie Arbeitslohn ist in jedem Fall getrennt vom übrigen (steuerpflichtigen) Arbeitslohn im Lohnkonto einzutragen und in der elektronischen Lohnsteuerbescheinigung gesondert zu bescheinigen. Die Freistellungsbescheinigung des Betriebsstättenfinanzamts ist als Beleg zum Lohnkonto zu nehmen.

c) Besonderheiten bei steuerfreien Reisekosten und Auslösungen

Nach § 41 b Abs. 1 Nr. 10 EStG muss der Arbeitgeber steuerfreie **Verpflegungszuschüsse** bei Dienstreisen, Einsatzwechseltätigkeit und Fahrtätigkeit im Lohnkonto aufzeichnen und gesondert in die Lohnsteuerbescheinigung eintragen. Ebenso muss der Arbeitgeber steuerfreie **Vergütungen** bei einer doppelten Haushaltsführung im Lohnkonto gesondert aufzeichnen und in die Lohnsteuerbescheinigung eintragen, wobei der gesetzliche Begriff „Vergütungen" sowohl steuerfreie Verpflegungsgelder als auch steuerfreie Übernachtungskosten umfasst.

Diese seit 1.1.2004 geltende Bescheinigungspflicht hat in der Praxis zu Problemen geführt, weil die Reisekostenstelle in den Betrieben regelmäßig organisatorisch vom Lohnbüro getrennt ist. Das Bundesfinanzministerium hat deshalb die gesetzliche Pflicht zur Eintragung steuerfreier Reisekosten in die Lohnsteuerbescheinigung auf bestimmte Fälle beschränkt (BMF-Schreiben vom 27. 1. 2004, BStBl. I S. 173)*). Steuerfreie Reisekosten sind danach entgegen der gesetzlichen Regelung nur dann zu bescheinigen, wenn sie im Lohnkonto aufge-

---

*) Das BMF-Schreiben vom 27.1.2004 (BStBl. I S. 173) ist als Anhang 16 im **Steuerhandbuch für das Lohnbüro 2010** abgedruckt, das im selben Verlag erschienen ist. Das **PC-Lexikon** für das Lohnbüro 2010 enthält auch dieses Handbuch und hat außerdem den Vorteil, dass Sie **alle BFH-Urteile** sowie die aktuellen Rundschreiben und Niederschriften der Spitzenverbände der **Sozialversicherung** mit Mausklick **im Volltext** abrufen und ausdrucken können. Eine Bestellkarte finden Sie vorne im Lexikon.

Lohnkonto

zeichnet werden und damit auch Gegenstand der Lohn- und Gehaltsabrechnung des jeweiligen Arbeitnehmers sind. Denn die Lohnsteuerbescheinigung kann in diesen Fällen ohne größeren zusätzlichen Aufwand um die steuerfreien Reisekostenbeträge erweitert werden.

Keine Bescheinigungspflicht besteht hingegen, wenn die Reisekostenvergütungen getrennt von der Lohn- und Gehaltsabrechnung aufgezeichnet werden. Hierzu ist es erforderlich, das das Betriebsstättenfinanzamt die gesonderte Aufzeichnung der steuerfreien Reisekostenerstattungen außerhalb des Lohnkontos zugelassen hat (§ 4 Abs. 2 Nr. 4 LStDV). Grundsätzlich muss der Arbeitgeber die Aufzeichnungsmöglichkeit außerhalb des Lohnkontos schriftlich beantragen und das Betriebsstättenfinanzamt muss diesem Verfahren ausdrücklich zustimmen. Aus Vereinfachungsgründen gilt eine stillschweigende Zustimmung der Finanzverwaltung zu diesen Aufzeichnungserleichterungen des Arbeitgebers auch ohne ausdrückliche Antragstellung des Arbeitgebers als erteilt, wenn bereits **vor dem 1.1.2004 die steuerfreien Lohnteile außerhalb des Lohnkontos aufgezeichnet wurden.**

Zur Aufzeichnung von steuerfreien Beiträgen zu Direktversicherungen, Pensionskassen und Pensionsfonds vgl. die ausführlichen Erläuterungen unter der nachfolgenden Nr. 14.

12. Aufzeichnungen für Zwecke des Progressionsvorbehalts

Folgende steuerfreien Bezüge sind gesondert im Lohnkonto 2010 einzutragen und für Zwecke des Progressionsvorbehalts gesondert auf der Lohnsteuerkarte 2010 zu bescheinigen:

– das **Kurzarbeitergeld,**
– das **Saisonkurzarbeitergeld** (frühere Bezeichnung: **Winterausfallgeld**),
– der **Zuschuss** des Arbeitgebers **zum Mutterschaftsgeld** nach dem Mutterschutzgesetz,
– der Zuschuss nach § 4 a der Mutterschutzverordnung des Bundes oder einer entsprechenden Landesregelung*),
– die Entschädigungen für Verdienstausfall nach dem Infektionsschutzgesetz,
– der Aufstockungsbetrag nach dem Altersteilzeitgesetz,
– die Zuschläge, die Beamte und Richter nach § 6 Abs. 2 des Bundesbesoldungsgesetzes erhalten, sog. Altersteilzeitzuschläge,
– Zuschläge, die versicherungsfrei Beschäftigte im Sinne des § 27 Abs. 1 Nrn. 1 bis 3 SGB III zur Aufstockung der Bezüge bei Altersteilzeit nach beamtenrechtlichen Vorschriften oder Grundsätzen erhalten**).

Kurzarbeiter- oder Saisonkurzarbeitergeld sind im Lohnkonto des Kalenderjahrs einzutragen, in dem der Lohnzahlungszeitraum endet, für den Kurzarbeiter- oder Saisonkurzarbeitergeld gezahlt wird.

Fordert der Arbeitgeber an den Arbeitnehmer ausgezahltes Kurzarbeiter- oder Saisonkurzarbeitergeld zurück, ist der zurückgezahlte Betrag im Lohnkonto des Kalenderjahres einzutragen, in dem die Rückzahlung erfolgt. Gleiches gilt für Aufstockungsbeträge nach dem Altersteilzeitgesetz, die beim Eintritt sog. Störfälle ggf. vom Arbeitnehmer zurückgefordert werden.

Die Eintragungen der oben genannten Lohnersatzleistungen im Lohnkonto und damit auch in der elektronischen Lohnsteuerbescheinigung dienen zwar in erster Linie der Realisierung des sog. Progressionsvorbehalts durch das Finanzamt. Gleichzeitig muss der Arbeitgeber aber beachten, dass er für diese Arbeitnehmer keinen Lohnsteuer-Jahresausgleich durchführen darf (vgl. das Stichwort „Lohnsteuer-Jahresausgleich durch den Arbeitgeber").

13. Besondere Aufzeichnungspflichten für Beiträge zu Direktversicherungen, Pensionskassen und Pensionsfonds

a) Steuerfreie Beiträge zu Direktversicherungen, Pensionskassen und Pensionsfonds

Der Arbeitgeber hat die steuerfreien Beiträge zu Direktversicherungen, Pensionskassen und Pensionsfonds im Lohnkonto gesondert aufzuzeichnen. Seit 1.1.2007 muss der Arbeitgeber im Hinblick auf die zutreffende Besteuerung der späteren Versorgungsleistungen diese Aufzeichnungen getrennt für **jeden Arbeitnehmer** und für **jede einzelne Versorgungszusage** vornehmen. Im Einzelnen sind folgende Aufzeichnungen notwendig:

– Aufzeichnungen darüber, ob es sich um Versorgungszusage vor dem 1. Januar 2005 **(Altzusage)** oder um eine Versorgungszusage nach dem 31. Dezember 2004 **(Neuzusage)** handelt.
Für die Frage, zu welchem Zeitpunkt eine Versorgungszusage erstmalig erteilt wurde, ist grundsätzlich die zu einem Rechtsanspruch führende arbeitsrechtliche bzw. betriebsrentenrechtliche Verpflichtungserklärung des Arbeitgebers maßgebend (z. B. Einzelvertrag, Betriebsvereinbarung oder Tarifvertrag).
– Aufzeichnungen über **alle Änderungen** einer vor dem 1. Januar 2005 erteilten Versorgungszusage **(Altzusage)** nach dem 31. Dezember 2004 (§ 5 Abs. 1 Nr. 1 LStDV)

b) Pauschalierung der Lohnsteuer mit 20 %

Ist die **Pauschalierung der Lohnsteuer mit 20 %** nach § 40 b EStG auch ab 1.1.2005 beibehalten worden, hat der Arbeitgeber je Versorgungszusage und für jeden Arbeitnehmer Folgendes aufzuzeichnen:

Den Inhalt der am 31. 12. 2004 bestehenden Versorgungszusage; die ggf. erforderliche **Verzichtserklärung** des Arbeitnehmers auf die Anwendung der Steuerfreiheit und bei Übernahme/Übertragung einer Versorgungszusage die Erklärung des ehemaligen Arbeitgebers, dass es sich bei der Versorgungszusage um eine Altzusage handelt (= Versorgungszusage, die vor dem 1. 1. 2005 erteilt wurde) und die auch als solche behandelt worden ist (§ 5 Abs. 1 Nr. 2 LStDV).

14. Sozialversicherungsbeiträge und Beitragszuschüsse zur Kranken- und Pflegeversicherung

a) Arbeitnehmer- und Arbeitgeberanteil zur Rentenversicherung

Seit 1. 1. 2005 ist der Sonderausgabenbezug für die sog. Altersbasisversorgung neu geregelt worden. Auf die ausführlichen Erläuterungen in **Anhang 8a zum Lexikon** wird Bezug genommen. Im Zusammenhang mit dieser Neuregelung sind folgende Eintragungen in die Lohnsteuerbescheinigung notwendig geworden:

– Die Höhe der Beiträge zur gesetzlichen Rentenversicherung, und zwar **getrennt nach Arbeitnehmer- und Arbeitgeberanteil** (Zeilen 22 und 23 der Lohnsteuerbescheinigung für das Kalenderjahr 2010).
– Die Höhe der Beiträge zu berufsständischen Versorgungseinrichtungen, und zwar **getrennt nach Arbeitnehmer- und Arbeitgeberanteil** (Zeilen 22 und 23 der Lohnsteuerbescheinigung für das Kalenderjahr 2010).

Damit der Arbeitgeber diese Bescheinigungspflichten erfüllen kann, muss er bereits bei der Führung des Lohnkontos die entsprechenden Aufzeichnungen machen.

---

*) Dieser Zuschuss wird nur an Arbeitnehmerinnen im öffentlichen Dienst gezahlt, er hat deshalb für Arbeitgeber in der privaten Wirtschaft keine Bedeutung.

**) Gilt nur für versicherungsfrei Beschäftigte mit beamtenähnlichem Status (z. B. Kirchenbeamte und Pfarrer), hat also für Arbeitgeber in der privaten Wirtschaft keine Bedeutung.

Lohnkonto

	Lohn- steuer- pflichtig	Sozial- versich.- pflichtig

b) Steuerfreie Beitragszuschüsse des Arbeitgebers zur Kranken- und Pflegeversicherung

Die **steuerfreien Beitragszuschüsse des Arbeitgebers zur Kranken- und Pflegeversicherung** sind in Zeile 24 der Lohnsteuerbescheinigung für das Kalenderjahr 2010 einzutragen. Auf die ausführlichen Erläuterungen bei den Stichwörtern „Arbeitgeberzuschuss zur Krankenversicherung" und „Arbeitgeberzuschuss zur Pflegeversicherung" wird Bezug genommen.

Damit der Arbeitgeber diese Bescheinigungspflichten erfüllen kann, muss er bereits bei der Führung des Lohnkontos die entsprechenden Aufzeichnungen machen.

c) Beiträge des Arbeitnehmers zur Kranken-, Pflege- und Arbeitslosenversicherung

Erstmals in der Lohnsteuerbescheinigung für das Kalenderjahr 2010 sind folgende Sozialversicherungsbeiträge des Arbeitnehmers im Einzelnen anzugeben:

- in Zeile 25 die Beiträge des Arbeitnehmers zur **gesetzlichen Krankenversicherung (GKV)**
- in Zeile 26 die Beiträge des Arbeitnehmers zur **sozialen Pflegeversicherung**
- in Zeile 27 die Beiträge des Arbeitnehmers zur **Arbeitslosenversicherung**

Hierfür wurden drei neue Zeilen in den amtlichen Vordruck „Elektronische Lohnsteuerbescheinigung 2010" eingefügt.

Außerdem wurde in die Lohnsteuerbescheinigung für das Kalenderjahr 2010 eine neue Zeile 28 eingefügt, in die der Arbeitgeber die Beiträge eines **privat krankenversicherten Arbeitnehmers (PKV)** zu seiner privaten Kranken- und Pflegeversicherung eintragen muss, wenn der Arbeitnehmer dem Arbeitgeber eine Bescheinigung der Versicherung über die Höhe der Beiträge für die **sog. Basisversorgung** vorgelegt hat.

Der Grund für diese Änderungen ist eine völlige Neugestaltung der Vorsorgepauschale, die in den **neuen amtlichen Lohnsteuertarif 2010** eingearbeitet ist. Alle Einzelheiten zu dieser Änderung des Lohnsteuertarifs ab 1.1.2010 sind im **Anhang 8 zum Lexikon** ausführlich anhand von Beispielen erläutert.

Damit der Arbeitgeber diese Bescheinigungspflichten erfüllen kann, muss er bereits bei der Führung des Lohnkontos die entsprechenden Aufzeichnungen machen.

d) Keine Bescheinigung von Beiträgen, die auf steuerfreien Arbeitslohn entfallen

Bei der Bescheinigung in den Zeilen 22 bis 27 der Elektronischen Lohnsteuerbescheinigung 2010 muss der Arbeitgeber darauf achten, dass keine Beiträge oder Zuschüsse bescheinigt werden dürfen, die auf steuerfreien Arbeitslohn entfallen, z. B. auf Arbeitslohn, der nach dem sog. Auslandstätigkeitserlass oder aufgrund eines Doppelbesteuerungsabkommens steuerfrei ist. Der Arbeitgeber muss also bereits bei der Führung des Lohnkontos diese Trennung vornehmen, damit er am Ende des Jahres die zutreffenden Eintragungen in die elektronische Lohnsteuerbescheinigung machen kann.

Diese Trennung bei der Eintragung in die Lohnsteuerbescheinigung ist erforderlich, damit das Finanzamt bei der Veranlagung zur Einkommensteuer erkennen kann, ob bestimmte Sonderausgaben abzugsfähig sind oder nicht. Denn Sonderausgaben, die in unmittelbarem wirtschaftlichem Zusammenhang mit steuerfreien Einnahmen stehen, dürfen nach § 10 Abs. 2 Nr. 1 EStG nicht als Sonderausgaben abgezogen werden. Deshalb dürfen auch Sozialversicherungsbeiträge, die auf den in Anwendung des zusätzlichen Höchstbetrags von 1800 € nach § 3 Nr. 63 Satz 3 EStG steuerfreien (aber sozialversicherungspflichtigen) Arbeitslohn entfallen **nicht** bescheinigt werden*).

Ist in einem Monat sowohl steuerpflichtiger als auch (z. B. nach dem Auslandstätigkeitserlass) steuerfreier Arbeitslohn vorhanden, gilt für die Bescheinigung der Sozialversicherungsbeiträge Folgendes:

Es ist nur der Anteil der Sozialversicherungsbeiträge zu bescheinigen, der sich nach dem Verhältnis des steuerpflichtigen Arbeitslohns zum gesamten Arbeitslohn des Lohnzahlungszeitraums (höchstens maßgebende Beitragsbemessungsgrenze) ergibt. Erreicht der **steuerpflichtige** Arbeitslohn im Lohnzahlungszeitraum die für die Beitragsberechnung maßgebende Beitragsbemessungsgrenze, sind die Sozialversicherungsbeiträge des Lohnzahlungszeitraums demnach insgesamt dem steuerpflichtigen Arbeitslohn zuzuordnen und in vollem Umfang zu bescheinigen.

15. Besondere Aufzeichnungspflichten für Versorgungsbezüge

Der Arbeitgeber ist nach § 4 Abs. 1 Nr. 4 LStDV verpflichtet, die für eine zutreffende Berechnung des Versorgungsfreibetrags und des Zuschlags zum Versorgungsfreibetrag erforderlichen Angaben für jeden Versorgungsbezug gesondert im Lohnkonto aufzuzeichnen. Was dies genau ist, wird in den Zeilen 29, 30, 31 und 32 des amtlichen Musters der elektronischen Lohnsteuerbescheinigung für das Kalenderjahr 2010 konkretisiert und im sog. Ausschreibungserlass des Bundesfinanzministeriums vom 26.8.2009 (BStBl. I S. 902) im Einzelnen erläutert**).

Dabei ist zu berücksichtigen, dass sich sowohl die Höhe des Zuschlags des Versorgungsfreibetrags als auch die Höhe des Zuschlags zum Versorgungsfreibetrag sich zum einen nach der Bemessungsgrundlage (= Höhe der steuerbegünstigten Versorgungsbezüge) und zum anderen nach dem **Kalenderjahr des Versorgungsbeginns** richtet (vgl. die Erläuterungen beim Stichwort „Versorgungsbezüge, Versorgungsfreibetrag"). Dementsprechend ist sowohl die Bemessungsgrundlage für den Versorgungsfreibetrag als auch das Kalenderjahr des Versorgungsbeginns im Lohnkonto aufzuzeichnen und in die Lohnsteuerbescheinigung wie folgt einzutragen:

- In **Zeile 29,** die Bemessungsgrundlage für den Versorgungsfreibetrag (= das Zwölffache des Versorgungsbezugs für den **ersten vollen Monat** zuzüglich voraussichtlicher Sonderzahlungen z. B. Weihnachtsgeld).

- In **Zeile 30,** das maßgebende Kalenderjahr des Versorgungsbeginns (vierstellig).

Nach § 19 Abs. 2 Satz 12 EStG ermäßigen sich der Versorgungsfreibetrag und der Zuschlag zum Versorgungsfreibetrag für jeden vollen Kalendermonat, für den keine Versorgungsbezüge gezahlt werden, um **ein Zwölftel**. Die Zwölftelung kommt insbesondere dann in Betracht, wenn die Zahlung von Versorgungsbezügen im Laufe des Kalenderjahrs beginnt oder endet **(sog. unterjährige**

---

*) Nach § 3 Nr. 63 EStG sind Beiträge des Arbeitgebers zu einem Pensionsfonds, einer Pensionskasse oder für eine Direktversicherung bis zu 4 % der Beitragsbemessungsgrenze in der gesetzlichen Rentenversicherung steuerfrei (für 2010 sind dies 4 % von 66 000 € = 2640 €). Nach § 3 Nr. 63 **Satz 3** EStG ist **zusätzlich** ein Betrag von **1800 €** jährlich steuerfrei, soweit es sich um eine neue Versorgungszusage ab 2005 handelt. Dieser zusätzliche Höchstbetrag ist zwar steuerfrei aber sozialversicherungspflichtig (§ 1 Abs. 1 Nr. 9 der Sozialversicherungsentgeltverordnung). Deshalb dürfen die auf diesen zusätzlichen Höchstbetrag von 1800 € entfallenden Sozialversicherungsbeiträge nicht in den Beiträgen enthalten sein, die in den Zeilen 22 bis 25 bescheinigt werden.

) Der sog. Ausschreibungserlass des Bundesfinanzministeriums vom 26.8.2009 (BStBl. I S. 902) ist als Anlage 1 zu H 41b LStR im **Steuerhandbuch für das Lohnbüro 2010 abgedruckt, das im selben Verlag erschienen ist. Das **PC-Lexikon für das Lohnbüro 2010** enthält auch dieses Handbuch und hat außerdem den Vorteil, dass Sie **alle BFH-Urteile** sowie die aktuellen Rundschreiben und Niederschriften der Spitzenverbände der **Sozialversicherung** mit Mausklick **im Volltext** abrufen und ausdrucken können. Eine Bestellkarte finden Sie vorne im Lexikon.

Lohnkonto

Zahlung). Entsprechend den Aufzeichnungen im Lohnkonto ist deshalb auf der Lohnsteuerbescheinigung Folgendes einzutragen:

– In **Zeile 31** bei unterjähriger Zahlung laufender Versorgungsbezüge: Erster und letzter Monat, für den die Versorgungsbezüge gezahlt wurden.

Beispiel
Zahlung einer Betriebsrente ab 15.2.2010
Bescheinigung in Zeile 31: „02–12"
Weil der Arbeitnehmer verstorben ist, wird eine Betriebsrente im Kalenderjahr 2010 nur vom 1.1. bis 30.6.2010 gezahlt.
Bescheinigung in Zeile 31: „01–06"

– In **Zeile 32** sind Sterbegelder, Kapitalauszahlungen, Abfindungen von Versorgungsbezügen und Versorgungsbezüge, die als sonstiger Bezug versteuert wurden einzutragen. Denn **Sterbegelder** und Kapitalauszahlungen oder Abfindungen von Versorgungsbezügen sowie **Nachzahlungen von Versorgungsbezügen,** die sich ganz oder teilweise auf vorangegangene Kalenderjahre beziehen, sind als eigenständige zusätzliche Versorgungsbezüge zu behandeln (= sonstiger Bezug). In diesen Fällen sind die maßgebenden Freibeträge für Versorgungsbezüge in voller Höhe und nicht nur zeitanteilig zu berücksichtigen. Auf die ausführlichen Erläuterungen beim Stichwort „Sterbegeld" wird Bezug genommen.

Da in diesen Fällen eine Zwölftelung **nicht** stattfindet, müssen diese Versorgungsbezüge im Lohnkonto gesondert aufgezeichnet und in die elektronische Lohnsteuerbescheinigung gesondert eingetragen werden, und zwar zum einen in Zeile 32 die Bemessungsgrundlage für den Versorgungsfreibetrag und zum anderen in Zeile 30 das Jahr des Versorgungsbeginns.

Die in Zeile 32 eingetragenen Zahlungen müssen auch in Zeile 3 und in Zeile 8 der Lohnsteuerbescheinigung enthalten sein.

16. Vermögenswirksame Leistungen

Da die Bescheinigung der vermögenswirksamen Leistungen auf der Lohnsteuerkarte seit 1.1.1994 weggefallen ist, sind ab diesem Zeitpunkt auch die entsprechenden Eintragungen im Lohnkonto entfallen. Der Arbeitgeber muss jedoch auch weiterhin vermögenswirksame Leistungen für den Arbeitnehmer an das Anlageinstitut überweisen, wenn der Arbeitnehmer dies verlangt. Eine Aufzeichnung der überwiesenen Beträge im Lohnkonto ist deshalb bereits aus abrechnungstechnischen Gründen notwendig. Lediglich die Angabe des maßgebenden Sparzulagensatzes im Lohnkonto ist seit 1.1.1994 weggefallen (vgl. die Erläuterungen beim Stichwort „Vermögensbildung").

17. Vermögensbeteiligungen

Zur Aufzeichnungspflicht bei der Überlassung von Vermögensbeteiligungen an den Arbeitnehmer vgl. das Stichwort „Vermögensbeteiligungen" unter Nr. 7.

18. Eintragungen im Lohnkonto bei Durchführung des Lohnsteuer-Jahresausgleichs

Führt der Arbeitgeber den Lohnsteuer-Jahresausgleich durch, so muss er die im Jahresausgleich erstatteten Steuerbeträge (Lohnsteuer, Solidaritätszuschlag, Kirchensteuer) **im Lohnkonto gesondert eintragen,** obwohl diese Beträge nicht mehr gesondert in der elektronischen Lohnsteuerbescheinigung bescheinigt werden (§ 42b Abs. 4 Satz 2 EStG). Auf die ausführliche Erläuterung beim Stichwort „Lohnsteuer-Jahresausgleich durch den Arbeitgeber" unter Nr. 15 wird Bezug genommen.

19. Sammellohnkonto

Unter dem steuerlichen Begriff „Sammellohnkonto" ist ein Lohnkonto zu verstehen, das für mehrere Arbeitnehmer gemeinsam geführt wird.

Die Aufzeichnung des Arbeitslohns und der darauf entfallenden Lohnsteuer in einem steuerlichen Sammellohnkonto ist nach § 4 Abs. 2 Nr. 8 LStDV bei folgenden pauschal besteuerten Bezügen zulässig, wenn der Arbeitgeber die auf den einzelnen Arbeitnehmer entfallende Lohnsteuer nicht ohne Weiteres ermitteln kann:

– bei der Nacherhebung von Lohnsteuer in einer größeren Zahl von Fällen;
– bei Zuwendungen in der Form von Mahlzeiten oder bei Zuwendungen anlässlich von Betriebsveranstaltungen, bei Erholungsbeihilfen, bei steuerpflichtigen Teilen von Verpflegungsmehraufwendungen sowie bei PC-Überlassung und bei Internetzuschüssen.

Das Sammellohnkonto muss folgende Angaben enthalten: Tag der Zahlung, Zahl der bedachten Arbeitnehmer, Summe der insgesamt gezahlten Bezüge, Höhe der pauschalen Lohn- und Kirchensteuer sowie des Solidaritätszuschlags; außerdem Hinweise auf die als Belege zum Sammellohnkonto aufzubewahrenden Unterlagen (Zahlungsnachweise, Berechnungsunterlagen, Unterlagen über Kirchensteuerpflicht oder Kirchensteuerfreiheit).

Da bei der **Sozialversicherung** die Führung eines **Sammellohnkontos nicht zulässig** ist, haben die steuerlichen Vorschriften zum Sammellohnkonto in § 4 Abs. 2 Nr. 8 LStDV kaum noch praktische Bedeutung.

20. Aufzeichnungspflichten bei Aushilfskräften und Teilzeitbeschäftigten

Auf die Erläuterungen beim Stichwort „Pauschalierung der Lohnsteuer für Aushilfskräfte und Teilzeitbeschäftigte" wird Bezug genommen.

21. Form des Lohnkontos

Eine besondere **Form** ist für das **Lohnkonto** nicht vorgeschrieben; es genügen **fortlaufende Aufzeichnungen** (getrennt für jedes Kalenderjahr), die den oben dargestellten Anforderungen gerecht werden, wobei diese Angaben als **Mindestanforderungen** aufzufassen sind. Die Aufzeichnungen im Lohnkonto sind in enger Verbindung mit den Angaben in der elektronischen Lohnsteuerbescheinigung zu sehen; d.h. die Aufzeichnungen im Lohnkonto dienen einerseits als Nachweis für eine evtl. Lohnsteueraußenprüfung und andererseits als Grundlage für die Erfüllung der Bescheinigungspflichten (vgl. „Lohnsteuerbescheinigung"). Die Oberfinanzdirektionen können auf Antrag bei Arbeitgebern, die für die **Lohnabrechnung ein maschinelles Verfahren** anwenden, Ausnahmen von den vorstehenden Vorschriften zulassen, wenn die Möglichkeit zur Nachprüfung in anderer Weise sichergestellt ist. Dabei ist die Möglichkeit zur Nachprüfung in anderer Weise nur dann gegeben, wenn zumindest die Zahlung der Bezüge und die Art der anderweitigen Aufzeichnung im Lohnkonto vermerkt wird (§ 4 Abs. 3 LStDV).

22. Aufbewahrung des Lohnkontos

Das Lohnkonto ist beim Ausscheiden des Arbeitnehmers, spätestens am Ende des Kalenderjahres, aufzurechnen und mit den dazugehörenden Belegen gemäß § 41 Abs. 1 Satz 9 EStG bis zum Ablauf des **sechsten** Kalenderjahres, das auf die zuletzt eingetragene Lohnzahlung folgt, aufzubewahren (das Lohnkonto 2010 also bis Ende des Jahres 2016). Hieran hat sich durch die Verlängerung der Aufbewahrungsfrist von 6 auf 10 Jahre in § 147 Abs. 3 der Abgabenordnung nichts geändert, da § 41 Abs. 1 Satz 9 EStG als „lex spezialis" der Regelung in § 147 Abs. 3 AO vorgeht.

Lohnnachzahlung

	Lohn-steuer-pflichtig	Sozial-versich.-pflichtig

23. Führung des Lohnkontos durch Dritte

Soweit ein Dritter nach § 38 Abs. 3 a EStG die Pflichten des Arbeitgebers zu erfüllen hat, ist von ihm ein Lohnkonto zu führen. In den Fällen, in denen die lohnsteuerlichen Pflichten mit Zustimmung des Finanzamts vom Arbeitgeber auf einen Dritten übertragen werden (§ 38 Abs. 3 a Satz 2 EStG), hat der Dritte den Arbeitgeber im Lohnkonto anzugeben und auch den Arbeitslohn einzutragen, der nicht von ihm, sondern vom Arbeitgeber selbst gezahlt wird. In den Fällen, in denen der Arbeitnehmer Arbeitslohn aus mehereren Dienstverhältnissen erhält, die der Dritte für die Lohnsteuerermittlung zusammenrechnet (§ 38 Abs. 3 a Satz 7 EStG), ist der Arbeitslohn für jedes Dienstverhältnis gesondert im Lohnkonto aufzuzeichnen (§ 4 Abs. 4 LStDV).

24. Sozialversicherungsrechtliche Aufzeichnungspflichten

Zu den sozialversicherungsrechtlichen Aufzeichnungspflichten wird auf die Erläuterungen in Teil B Nr. 7 auf Seite 13 hingewiesen.

Lohnnachzahlung

siehe „Nachzahlung von laufendem Arbeitslohn"

Lohnpfändung

1. Allgemeines

Zu den Aufgaben der Lohnabrechnung gehört auch der Vollzug von Pfändungen des Arbeitseinkommens. Der Arbeitgeber ist gegenüber dem Gläubiger für eine ordnungsgemäße Durchführung der Pfändung verantwortlich; gleichzeitig hat er die zur Wahrung der Interessen des Arbeitnehmers bestehenden Vollstreckungsschutzbestimmungen (§§ 850 bis 850 k Zivilprozessordnung) zu beachten.

Die Pfändung wird mit Zustellung des Beschlusses wirksam. Diesem Zeitpunkt kommt vor allem für die Rangfolge Bedeutung zu, wenn dasselbe Arbeitseinkommen durch mehrere Gläubiger gepfändet wird. Der Arbeitgeber sollte deshalb stets den Zustellungszeitpunkt des Pfändungsbeschlusses vermerken.

Für die lohnsteuerliche und beitragsrechtliche Behandlung gilt Folgendes:

Geht der Anspruch auf Arbeitslohn auf einen Dritten über, so ist dieser Vorgang auf den Zufluss des Arbeitslohns beim Arbeitnehmer ohne Bedeutung; auch der durch die Pfändung direkt an einen Dritten überwiesene Teil des Arbeitslohns ist dem Arbeitnehmer zugeflossen und damit steuer- und beitragspflichtig (BFH-Urteil vom 16. 3. 1993, BStBl. II S. 507).   ja   ja

Die Pfändungsschutzvorschriften der §§ 850 bis 850 k Zivilprozessordnung spielen für die steuer- und beitragsrechtliche Behandlung keine Rolle. Das bedeutet, dass der Steuerabzug auch dann zulässig ist, wenn sich dadurch ein Nettolohn ergibt, der unter den Pfändungsfreigrenzen liegt. Denn pfändbar ist nur der Teil des Arbeitslohns, der nach Abzug von Steuern und Sozialversicherungsbeiträgen verbleibt. Öffentlich-rechtliche Ansprüche auf Steuern und Sozialversicherungsbeiträge haben also stets Vorrang. Wird bei einer **rückwirkenden** Änderung des Lohnsteuerabzugs nachträglich Lohnsteuer einbehalten, sind auch in diesem Fall die Pfändungsschutzbestimmungen des § 850 ff. ZPO nicht anzuwenden. Das bedeutet, dass auch durch nachträglich einbehaltene Lohnsteuer der dem Arbeitnehmer zustehende Arbeitslohn bis auf 0 Euro gemindert werden kann. Dies ergibt sich aus R 41c.1 Abs. 4 Satz 3 der Lohnsteuer-Richtlinien.

Lohnpfändung

	Lohn-steuer-pflichtig	Sozial-versich.-pflichtig

2. Begriff des Arbeitseinkommens

Der Begriff umfasst unabhängig von der Bezeichnung alle Vergütungen, die dem Arbeitnehmer aus dem Arbeitsverhältnis zustehen. Auch der Wert der Sachbezüge wird dem Arbeitseinkommen zugerechnet, wenn sie neben dem Geldeinkommen bezogen werden (z. B. freie Unterkunft und Verpflegung, geldwerter Vorteil bei Überlassung eines Firmenwagens zur privaten Nutzung.).

3. Unpfändbare Teile des Arbeitseinkommens

Unpfändbar sind insbesondere

– die Hälfte der Gesamtvergütung für die Überstunden (Grundvergütung + Zuschlag),

– das zusätzliche Urlaubsgeld; die Lohnfortzahlung während des Urlaubs (Urlaubsentgelt) und eine beim Ausscheiden des Arbeitnehmers aus dem Arbeitsverhältnis gezahlte Urlaubsabgeltung*) nach § 7 Abs. 4 des Bundesurlaubsgesetzes sind dagegen pfändbar,

– Zuwendungen aus Anlass eines besonderen Betriebsereignisses und Treuegelder (z. B. Jubiläumszuwendungen),

– Aufwandsentschädigungen und Auslösungen für eine auswärtige Tätigkeit (Reisekosten, Umzugskosten),

– Gefahren-, Schmutz- und Erschwerniszulagen,

– Heirats- und Geburtsbeihilfen,

– Weihnachtszuwendungen bis zur Hälfte des monatlichen Arbeitseinkommens, **höchstens jedoch bis zu 500 €.**

Für **vermögenswirksame Leistungen** gilt Folgendes:

Die Zahlungen, die der Arbeitgeber zur Vermögensbildung des Arbeitnehmers erbringt, sind ebenso unpfändbar, wie die Teile des Einkommens des Arbeitnehmers, die der Arbeitgeber zur vermögenswirksamen Anlage vereinbarungsgemäß unmittelbar dieser Anlage gutschreibt (§ 2 Abs. 7 des 5. VermBG). Die Vereinbarung muss vor der Zustellung des Pfändungs- und Überweisungsbeschlusses an den Drittschuldner getroffen worden sein. Andernfalls ist die Vereinbarung dem Pfändungsgläubiger gegenüber unwirksam.

Nicht zum Arbeitseinkommen i.S.d. § 850 ZPO gehört auch der im Wege einer **Gehaltsumwandlung** für die betriebliche Altersversorgung entfallende Barlohn. Ändern beispielsweise Arbeitgeber und Arbeitnehmer ihre ursprüngliche Lohnvereinbarung dahin, dass in Zukunft anstelle eines Teils des monatlichen Barlohns vom Arbeitgeber eine Versicherungsprämie an einen Lebensversicherungsvertrag zugunsten des Arbeitnehmers **(Direktversicherung)** gezahlt werden soll (Gehaltsumwandlung), entstehen nach dem Urteil des Bundesarbeitsgerichts vom 17.2.1998 3 AZR 611/97 insoweit **keine pfändbaren Ansprüche auf Arbeitseinkommen.**

4. Berechnung des Nettoarbeitseinkommens und Ermittlung der Pfändungsgrenze

Das für die Pfändung maßgebende Nettoarbeitseinkommen ist vom Arbeitgeber zu berechnen. Hierzu sind vom pfändbaren Bruttoarbeitseinkommens abzuziehen

– Lohn- und Kirchensteuer sowie der Solidaritätszuschlag,

– Beiträge des Arbeitnehmers zur Sozialversicherung (Renten-, Kranken-, Pflege- und Arbeitslosenversicherung) und gleichgestellte Abgaben in der „üblichen" Größenordnung. Zu den gleichgestellten Abgaben gehören die Beiträge des Arbeitnehmers zu einer privaten Kranken- und Pflegeversicherung. Als „übliche" Größenordnung gelten die vergleichbaren Beiträge zur gesetzlichen Kranken- und Pflegeversicherung.

---

*) Beschluss des Bundesarbeitsgerichts vom 28.8.2001 – 9 AZR 611/99 (BB 2001 S.2378).

Lohnpfändung

– gesetzlicher Beitragszuschuss zur Kranken- und Pflegeversicherung.

Die gesetzlichen Lohnabzüge mindern auch insoweit das Nettoarbeitseinkommen als sie auf unpfändbare Teile des Arbeitseinkommens entfallen (z. B. Steuern und Sozialversicherungsbeiträge auf das zusätzliche Urlaubsgeld)*).

Die Pfändungsgrenze hat der Arbeitgeber anhand der amtlichen Lohnpfändungstabelle zu ermitteln (abgedruckt als **Anhang 16**). Diese weist zu dem jeweiligen Nettoarbeitseinkommen den pfändbaren Betrag unter Berücksichtigung der Unterhaltspflichten des Schuldners aus. Die unterhaltsberechtigten Angehörigen hat der Arbeitgeber festzustellen. In Betracht kommen

– der Ehegatte,
– der frühere Ehegatte,
– Verwandte (Kinder, Enkelkinder, Eltern, Großeltern),
– die Mutter eines nichtehelichen Kindes.

Die Berechnung des Nettoarbeitseinkommens und der Pfändungsgrenze soll an folgendem Beispiel verdeutlicht werden:

Beispiel
Ein Arbeitnehmer mit einem Monatslohn von 2000 € erhält im Mai 2010 eine Überstundenvergütung von 125 € und ein Urlaubsgeld von 200 €. Der Arbeitnehmer hat auf seiner Lohnsteuerkarte 2010 folgende Eintragungen: Steuerklasse III/0, Religionszugehörigkeit ev. Der Arbeitgeber gewährt eine zusätzliche vermögenswirksame Leistung in Höhe von 27 € monatlich. Der Arbeitnehmer legt darüber hinaus selbst 13 € vermögenswirksam an. Für Mai 2010 ergibt sich folgende Lohnabrechnung:

Monatslohn		2 000,— €
Überstundenvergütung:		
– Grundvergütung	100,— €	
– Zuschlag 25 %	25,— €	125,— €
zusätzliches Urlaubsgeld		200,— €
tarifliche vermögenswirksame Leistung		27,— €
Bruttoarbeitslohn		2 352,— €
Abzüge (aus 2352 €):		
Lohnsteuer (Steuerklasse III/0)	102,50 €	
Solidaritätszuschlag	0,— €	
Kirchensteuer (8 %)	8,20 €	
Sozialversicherung (20,475 %)	481,57 €	592,27 €
verbleiben		1 759,73 €
abzüglich vermögenswirksame Anlage		40,— €
Nettolohn		1 719,73 €

Vom Nettolohn sind die Beträge abzuziehen, die nicht zum pfändbaren Arbeitseinkommen gehören. Dies sind

– die Hälfte der Überstundenvergütung 62,50 €
– das Urlaubsgeld 200,— €
– Als vermögenswirksame Leistung ist nicht nur der Betrag unpfändbar, den der Arbeitgeber gewährt (27 €), sondern auch der Teil, den der Arbeitnehmer darüber hinaus anlegt (im Beispiel weitere 13 €). Zur Berechnung des pfändbaren Arbeitseinkommens verbleibt es somit beim Abzug von 40 € —,— € 262,50 €

maßgebendes Nettoarbeitseinkommen		1 457,23 €

Für das maßgebende Nettoarbeitseinkommen ist der pfändbare Betrag aus der Lohnpfändungstabelle abzulesen (abgedruckt als **Anhang 16**). Der pfändbare Betrag beträgt unter Berücksichtigung der Unterhaltspflicht für die Ehefrau 47,05 €

An den Arbeitnehmer sind auszuzahlen:

Nettolohn	1 719,73 €
abzüglich Pfändungsbetrag	47,05 €
auszuzahlender Betrag	1 672,68 €

5. Besonderheiten bei einer Pfändung wegen Unterhaltsansprüchen

Bei einer Pfändung wegen Unterhaltsansprüchen ist die **Lohnpfändungstabelle nicht anwendbar**. Der pfandfrei bleibende Betrag wird vielmehr vom Vollstreckungsgericht im Pfändungsbeschluss festgelegt. Das für die Pfändung verfügbare Nettoarbeitseinkommen hat der Arbeitgeber wie bei anderen Pfändungen selbst zu berechnen. Dabei ist zu beachten, dass dem Schuldner von Überstundenvergütungen, vom zusätzlichen Urlaubsgeld und vom Weihnachtsgeld mindestens die Hälfte des Betrags belassen werden muss, der bei einer anderweitigen Pfändung unpfändbar wäre.

Lohnsteuerabzug durch einen Dritten

Gliederung:

1. Allgemeines
2. Der Dritte ist gesetzlich zur Durchführung des Lohnsteuerabzugs verpflichtet
3. Freiwillige Übernahme des Lohnsteuerabzugs durch Dritte
   a) Allgemeines
   b) Antrag beim Betriebsstättenfinanzamt des Dritten
   c) Zusammenfassung der Arbeitslöhne aus mehreren Arbeitsverhältnissen
4. Aufzeichnungs- und Bescheinigungspflichten
5. Haftung bei der Übertragung der Arbeitgeberpflichten auf einen Dritten

1. Allgemeines

Das Lohnsteuerabzugsverfahren verpflichtet im Grundsatz nur den (inländischen) Arbeitgeber zur Vornahme des Lohnsteuerabzugs. Dies hat in der Praxis bei folgenden Fallgruppen zu Problemen geführt:

– Teile des Arbeitslohns werden z. B. auf Grund tarifvertraglicher Regelungen nicht vom Arbeitgeber oder einem früheren Arbeitgeber, sondern von einem Dritten gezahlt (**Sozialkassen des Baugewerbes**).

– Für Arbeitnehmer mit mehreren aufeinander folgenden kurzfristigen Dienstverhältnissen zu unterschiedlichen Arbeitgebern fasst ein Dritter die Löhne zur Berechnung der Lohnsteuer zusammen. Für eine Vielzahl von Arbeitnehmern meldet er die Lohnsteuer unter eigenem Namen bei seinem Betriebsstättenfinanzamt an und führt sie dorthin ab (**studentische Arbeitsvermittlungen**).

– Für Arbeitnehmer mit mehreren gleichzeitig nebeneinander bestehenden Dienstverhältnissen übernimmt **einer der Arbeitgeber** die lohnsteuerlichen Arbeitgeberpflichten, der dann in der Regel als Stammarbeitgeber und Abrechnungsstelle auch den Arbeitslohn aus den anderen Dienstverhältnissen auszahlt (**Mehrfacharbeitsverhältnisse**, die insbesondere bei Versicherungsunternehmen wegen der Spartentrennung auftreten). Auch in diesen Fällen werden die Löhne aus sämtlichen Dienstverhältnissen für Zwecke der Lohnsteuerberechnung zusammengerechnet.

– Für Arbeitnehmer mit nur einem Dienstverhältnis übernimmt **ein Dritter** die Arbeitgeberpflichten einschließlich der Lohnzahlung (leitende Konzernmitarbeiter, Auszahlung von Betriebsrenten, zentrale Abrechnungsstellen für Arbeitnehmer bei den Kirchen und den Einrichtungen

---

*) Die unpfändbaren Teile des Arbeitslohns sind bei der Berechnung der pfändbaren Bezüge mit dem **Bruttobetrag** abzuziehen (sog. Bruttoprinzip, vgl. das nachfolgende Beispiel), obwohl dies zu einer doppelten Berücksichtigung der auf die unpfändbaren Teile des Arbeitslohns entfallenden Abzüge führt (Urteil des Landesarbeitsgerichts Berlin vom 14.1.2000 – 19 Sa 2154/99 und herrschende Meinung im Schrifttum).

Lohnsteuerabzug durch einen Dritten

der Wohlfahrtspflege, Arbeitnehmer von Wohnungseigentümergemeinschaften, Mitarbeiter von Landtagsabgeordneten und Bundestagsabgeordneten).

Um auch in diesen Fällen die Lohnsteuererhebung sicherzustellen bzw. zu erleichtern, ist seit dem Kalenderjahr 2004 die **Übertragung lohnsteuerlicher Pflichten auf Dritte** eingeführt worden (§ 38 Abs. 3 a EStG). Im Einzelnen gilt für den Lohnsteuerabzug durch einen Dritten Folgendes:

2. Der Dritte ist gesetzlich zur Durchführung des Lohnsteuerabzugs verpflichtet

Nach § 38 Abs. 3 a **Satz 1** EStG ist ein Dritter, der Arbeitnehmern eines anderen Arbeitgebers Arbeitslohn zahlt, **gesetzlich verpflichtet** den Lohnsteuerabzug durchzuführen, soweit der Dritte tarifvertragliche Geldansprüche erfüllt, die sich gegen ihn (also den Dritten) und nicht direkt gegen den eigentlichen Arbeitgeber richten. Hiernach sind die Sozialkassen des Baugewerbes zum Lohnsteuerabzug verpflichtet, soweit sie tarifvertragliche Geldansprüche erfüllen (vgl. das Stichwort „Urlaubsgelder im Baugewerbe"). Früher galt in diesen Fällen Folgendes:

Bei den Zahlungen im Baugewerbe durch die Urlaubs- und Lohnausgleichskasse handelt es sich immer schon um Lohnzahlungen eines Dritten. Eine Pauschalbesteuerung durch die Urlaubs- und Lohnausgleichskasse war früher nicht zulässig. Da der Empfänger im Zeitpunkt der Zahlung in keinem Dienstverhältnis stand, konnte früher auch kein Arbeitgeber den Lohnsteuerabzug durchführen. Die Lohnzahlungen waren jedoch im Rahmen einer Einkommensteuer-Veranlagung zu erfassen. Dazu hatte die Urlaubs- und Lohnausgleichskasse eine Bescheinigung über die Höhe der Lohnzahlungen auszustellen, in der auch ein Hinweis darauf enthalten sein musste, dass der Betrag in der Einkommensteuererklärung anzugeben ist.

Seit 1. 1. 2004 ist die Urlaubs- und Lohnausgleichskasse als Dritte zum Lohnsteuerabzug **gesetzlich verpflichtet**. Um das Verfahren zu erleichtern wurde in § 39c EStG folgender neue Absatz 5 eingefügt:

„In den Fällen des § 38 Abs. 3 a **Satz 1 kann** der Dritte die Lohnsteuer für einen sonstigen Bezug mit **20 %** unabhängig von einer Lohnsteuerkarte ermitteln, wenn der maßgebende Jahresarbeitslohn nach § 39 b Abs. 3 zuzüglich des sonstigen Bezugs 10 000 € nicht übersteigt; bei der Feststellung des maßgebenden Jahresarbeitslohns sind nur die Lohnzahlungen des Dritten zu berücksichtigen".

Die Vorschrift ermöglicht es dem gesetzlich zum Lohnsteuerabzug verpflichteten Dritten, innerhalb einer Jahresarbeitslohngrenze von 10 000 € die Lohnsteuer für sonstige Bezüge mit einem festen Steuersatz von 20 % zu erheben (zuzüglich Solidaritätszuschlag und Kirchensteuer). Die Vorlage einer Lohnsteuerkarte ist nicht erforderlich.

Der Dritte erspart damit die Lohnsteuerberechnung nach den individuellen Besteuerungsmerkmalen der einzelnen Arbeitnehmer und den Aufwand, der sich aus der Verwaltung der Lohnsteuerkarten ergibt (Anforderung und Aufbewahrung). Die Änderung soll dafür sorgen, dass der Aufwand, den den Sozialkassen des Baugewerbes durch die in § 38 Abs. 3 a EStG neu eingeführte Lohnsteuerabzugsverpflichtung entsteht, in vertretbarem Rahmen bleibt.

Schuldner der pauschalen Lohnsteuer von 20 % (zuzüglich Solidaritätszuschlag und Kirchensteuer) **bleibt** allerdings **der Arbeitnehmer** (im Gegensatz zu den „normalen" Lohnsteuerpauschalierungen nach den §§ 40, 40 a und 40 b EStG vgl. das Stichwort „Pauschalierung der Lohnsteuer").

Der pauschal mit 20 % versteuerte Arbeitslohn muss deshalb in der Einkommensteuererklärung des Arbeitnehmers angegeben werden. **Die pauschale Lohnsteuer wird auf die Einkommensteuerschuld angerechnet.**

Deshalb hat der Dritte dem Arbeitnehmer einen Ausdruck der elektronischen Lohnsteuerbescheinigung oder eine Besondere Lohnsteuerbescheinigung nach amtlichem Vordruck auszustellen und dort den Arbeitslohn und die einbehaltene Lohnsteuer anzugeben (vgl. das Stichwort „Besondere Lohnsteuerbescheinigung").

Ist das **Guthaben** eines **Zeitwertkontos** auf die Deutsche Rentenversicherung übertragen worden, handelt es sich bei der Auszahlung des Guthabens um **Arbeitslohn**, für den die **Deutsche Rentenversicherung Lohnsteuer** einzubehalten hat (§ 38 Abs. 3 Satz 3 EStG). Vgl. hierzu die Erläuterungen beim Stichwort „Arbeitszeitkonten" unter Nr. 8.

3. Freiwillige Übernahme des Lohnsteuerabzugs durch Dritte

a) Allgemeines

Eine **freiwillige** Übernahme der lohnsteuerlichen Pflichten des Arbeitgebers durch einen Dritten kann in Betracht kommen bei Auszahlung von Betriebsrenten, studentischen Arbeitsvermittlungen, Mehrfacharbeitsverhältnissen bei Versicherungsunternehmen, zentralen Abrechnungsstellen für Arbeitnehmer bei Kirchen und Einrichtungen der Wohlfahrtspflege, leitenden Konzernmitarbeitern sowie Arbeitnehmern von Wohnungseigentümergemeinschaften. Vgl. auch die Erläuterungen beim Stichwort „Contractual Trust Agreement (CTA-Modelle)". Im Einzelnen gilt Folgendes:

b) Antrag beim Betriebsstättenfinanzamt des Dritten

Nach § 38 Abs. 3 a Satz 2 EStG kann das Finanzamt **auf Antrag** zulassen, dass ein Dritter mit Wohnsitz, Geschäftsleitung oder Sitz im Inland, die Pflichten des Arbeitgebers im eigenen Namen erfüllt. Voraussetzung ist, dass der Dritte

– sich hierzu gegenüber dem Arbeitgeber verpflichtet hat,
– **den Arbeitslohn auszahlt** (oder er nur Arbeitgeberpflichten für von ihm vermittelte Arbeitnehmer übernimmt) und
– die Steuererhebung nicht beeinträchtigt wird.

Der Dritte kann also den Lohnsteuerabzug vornehmen, wenn er sich hierzu gegenüber dem eigentlichen Arbeitgeber verpflichtet hat und das Finanzamt zustimmt. Mit dieser Änderung sollen die bisher in der Praxis geduldeten Fälle legalisiert werden (vgl. die Erläuterungen unter der vorstehenden Nr. 1). In der Praxis wird die Übertragung der lohnsteuerlichen Pflichten des Arbeitgebers auf einen Dritten häufig bereits daran scheitern, dass der Dritte den Arbeitslohn nicht auszahlt. Vgl. aber auch die Erläuterungen beim Stichwort „Contractual Trust Agreement (CTA-Modelle)".

Die Zustimmung zur Übertragung lohnsteuerlicher Pflichten auf Dritte erteilt das **Betriebsstättenfinanzamt des Dritten** im Einvernehmen mit dem Betriebsstättenfinanzamt des Arbeitgebers. Die Zustimmung kann mit Nebenbestimmungen (§ 120 AO) versehen werden, z. B. kann der Arbeitgeber zur Vorlage seiner Sachkonten verpflichtet werden, wenn beim Dritten der Lohnsteuerabzug überprüft wird. Welches Finanzamt Betriebsstättenfinanzamt ist, bestimmt sich nach § 41 Abs. 2 EStG (vgl. das Stichwort „Betriebsstättenfinanzamt"). Das Betriebsstättenfinanzamt kann die Zustimmung mit Wirkung für die Zukunft widerrufen, wenn es feststellt, dass der Dritte seinen übernommenen Pflichten nicht ordnungsgemäß nachkommt.

c) Zusammenfassung der Arbeitslöhne aus mehreren Arbeitsverhältnissen

Erfüllt ein Dritter auf Antrag die Pflichten für Arbeitnehmer, die zu mehreren Arbeitgebern oder zu ihm und einem anderen Arbeitgeber in einem Dienstverhältnis stehen,

Lohnsteuerabzug durch einen Dritten

darf er die Arbeitslöhne, die denselben Lohnzahlungszeitraum betreffen, zusammenrechnen, die Lohnsteuer nach der Summe und den Besteuerungsmerkmalen einer Lohnsteuerkarte berechnen und in einer Summe in die (elektronische) Lohnsteuerbescheinigung eintragen (§ 38 Abs. 3a Satz 7 EStG).

Beispiel
Ein Arbeitnehmer ist bei drei Tochterfirmen eines Konzerns gleichzeitig tätig und hat deshalb drei Arbeitsverhältnisse. Er erhält monatlich
- bei Arbeitgeber A 900 €
- bei Arbeitgeber B 1000 €
- bei Arbeitgeber C 1200 €

Der Arbeitgeber A übernimmt mit Zustimmung „seines" Betriebsstättenfinanzamts für alle die lohnsteuerlichen Pflichten.

Der Arbeitgeber A kann die Arbeitslöhne zusammenrechnen; der Arbeitslohn für den Arbeitnehmer beträgt insgesamt 3100 €. Von diesem Betrag hat der Arbeitgeber A die Steuerabzugsbeträge (Lohnsteuer, Solidaritätszuschlag und ggf. Kirchensteuer) zu ermitteln und an „sein" Betriebsstättenfinanzamt abzuführen. Für den Arbeitnehmer wird nur eine (elektronische) Lohnsteuerbescheinigung erteilt.

4. Aufzeichnungs- und Bescheinigungspflichten

Hat der Dritte die Arbeitgeberpflichten zu erfüllen (entweder auf Antrag oder weil er hierzu gesetzlich verpflichtet ist), so tritt er mit allen Konsequenzen an die Stelle des eigentlichen Arbeitgebers, denn er haftet neben dem eigentlichen Arbeitgeber als Gesamtschuldner für ggf. zu wenig einbehaltene Lohnsteuer (vgl. nachfolgend unter Nr. 5). Der Dritte hat also die Lohnkonten zu führen und die (elektronischen) Lohnsteuerbescheinigungen zu erteilen und zwar genauso, wie wenn er selbst der eigentliche Arbeitgeber wäre. Außerdem hat er die Lohn- und Kirchensteuer sowie den Solidaritätszuschlag bei seinem Betriebsstättenfinanzamt anzumelden und an dieses abzuführen. Weiterhin hat er – wie der eigentliche Arbeitgeber – auch sämtliche Anzeigepflichten nach § 41c EStG zu erfüllen. Alle im Lexikon unter den einzelnen Stichworten aufgeführten Arbeitgeberpflichten gelten deshalb auch für einen Dritten, der die Arbeitgeberpflichten auf Antrag und mit Zustimmung des Finanzamts übernommen hat oder im Sonderfall des § 38 Abs. 3 a Satz 1 EStG bzw. § 38 Abs. 3 Satz 3 EStG (vgl. die Erläuterungen unter Nr. 2) hierzu sogar gesetzlich verpflichtet ist.

Da der Dritte alle Pflichten des Arbeitgebers zu erfüllen hat, wird die Lohnsteuer-Außenprüfung auch bei ihm durchgeführt. Denn die Zuständigkeit für die Überprüfung des vom Dritten durchgeführten Lohnsteuerabzugs ist dem für den Dritten zuständigen Betriebsstättenfinanzamt übertragen worden (§ 42f Abs. 3 EStG). Eine Prüfung ist aber auch beim eigentlichen Arbeitgeber möglich um feststellen zu können, ob unmittelbar vom Arbeitgeber gezahlte Lohnteile versteuert worden sind. Ferner kann das eigentlich zuständige Finanzamt ein anderes Finanzamt mit der Prüfung beauftragen (§ 195 Satz 2 AO), z. B. wenn der zu prüfende Arbeitgeber außerhalb des zuständigen Finanzamtsbezirks ansässig ist.

5. Haftung bei der Übertragung der Arbeitgeberpflichten auf einen Dritten

Soweit der Arbeitgeber einem Dritten lohnsteuerliche Arbeitgeberpflichten überträgt, kann er sich dadurch **nicht aus seiner Haftung für die Lohnsteuer befreien** (§ 42d Abs. 1 Nr. 4 EStG). Die Haftung des Arbeitgebers erstreckt sich dabei auch auf die **pauschale Lohnsteuer** nach den §§ 40, 40a und 40b EStG, die der Dritte abzuführen hat.

Erfüllt ein Dritter nach § 38 Abs. 3a EStG die lohnsteuerlichen Pflichten des Arbeitgebers, so haftet auch der **Dritte** neben dem Arbeitgeber und dem Arbeitnehmer als **Gesamtschuldner** (§ 42d Abs. 9 EStG). Die Einbeziehung des Dritten in die Gesamtschuldnerschaft ist erforderlich, weil sich Lohnsteuerfehlbeträge aus dessen Handeln ergeben können. Der Arbeitgeber kann nicht aus der Gesamtschuldnerschaft entlassen werden, weil Fehlbeträge auch auf falschen Angaben gegenüber dem Dritten beruhen können. Bei der Ermessensentscheidung des Betriebsstättenfinanzamts, welcher Gesamtschuldner in Anspruch genommen werden soll, wird zu berücksichtigen sein, wer den Fehlbetrag zu vertreten hat. Der Arbeitgeber und der Dritte können auch dann in Anspruch genommen werden, wenn der Arbeitnehmer zur Einkommensteuer veranlagt wird.

Die Haftung des Dritten **beschränkt** sich in den Fällen der freiwilligen Übernahme des Lohnsteuerabzugs auf die Lohnsteuer, die für die Zeit zu erheben ist, für die er sich gegenüber dem Arbeitgeber zur Vornahme des Lohnsteuerabzugs verpflichtet hat; der maßgebende Zeitraum endet nicht, bevor der Dritte seinem Betriebsstättenfinanzamt die Beendigung seiner Verpflichtung gegenüber dem Arbeitgeber angezeigt hat.

Erfüllt ein Dritter auf Antrag die Pflichten des Arbeitgebers, kann er den Arbeitslohn, der einem Arbeitnehmer in demselben Lohnabrechnungszeitraum aus mehreren Dienstverhältnissen zufließt, für die Lohnsteuerermittlung **zusammenrechnen** (vgl. die Erläuterungen unter der vorstehenden Nr. 3 Buchstabe c). Im Fall der Haftung ist als Haftungsschuld der Betrag zu ermitteln, um den die Lohnsteuer, die für den gesamten Arbeitslohn des Lohnzahlungszeitraums zu berechnen und einzubehalten ist, die insgesamt tatsächlich einbehaltene Lohnsteuer übersteigt. Hat der Dritte für Zwecke der Lohnsteuerberechnung Arbeitslohn aus mehreren Dienstverhältnissen zusammengefasst, ist der Haftungsbetrag bei fehlerhafter Lohnsteuerberechnung nach dem Verhältnis der Arbeitslöhne bzw. für nachträglich zu erfassende Arbeitslohnbeträge nach dem Verhältnis dieser Beträge auf die betroffenen Arbeitgeber aufzuteilen.

Bei der Übertragung lohnsteuerlicher Pflichten ist das **Betriebsstättenfinanzamt** des **Dritten** für die Geltendmachung der Steuer- oder Haftungsschuld zuständig. Für die durch Haftungsbescheid angeforderten Steuerbeträge ist eine Zahlungsfrist von einem Monat zu setzen.

Lohnsteuerabzugsbescheinigung

Das deutsche Steuerrecht unterscheidet zwischen unbeschränkt steuerpflichtigen Personen einerseits und nur beschränkt steuerpflichtigen Personen andererseits. Wenn ein Arbeitnehmer in Deutschland seinen Wohnsitz hat – oder sich länger als 6 Monate in Deutschland aufhält – ist er stets unbeschränkt steuerpflichtig **und erhält deshalb eine Lohnsteuerkarte.** Die Staatsangehörigkeit des Arbeitnehmers spielt dabei keine Rolle. Der Arbeitgeber kann den Lohnsteuerabzug ohne weiteres nach den auf der Lohnsteuerkarte eingetragenen Besteuerungsmerkmalen (Steuerklasse, Zahl der Kinderfreibeträge, monatlicher Steuerfreibetrag oder Hinzurechnungsbetrag usw.) durchführen.

Die vorübergehend in Deutschland tätigen – meist ausländischen – Arbeitnehmer werden nur **„beschränkt steuerpflichtig",** wenn sie keinen Wohnsitz in Deutschland haben und sich auch nicht länger als **6 Monate** in Deutschland aufhalten.

Im Gegensatz zu unbeschränkt steuerpflichtigen Arbeitnehmern erhalten beschränkt steuerpflichtige Arbeitnehmer **keine Lohnsteuerkarte.** Anstelle der Lohnsteuerkarte erhalten diese Arbeitnehmer eine **besondere Bescheinigung,** die alle für den Lohnsteuerabzug erforderlichen Besteuerungsmerkmale enthält (Steuerklasse, Zahl der Kinderfreibeträge, monatlicher Steuerfreibetrag oder Hinzurechnungsbetrag usw.). Diese sog. **Lohnsteuerabzugsbescheinigung** wird nach amtlichem

Muster*) auf Antrag von der Arbeitgeberstelle desjenigen Finanzamts ausgestellt, an das der Arbeitgeber die Lohnsteuer abführt (= **Betriebsstättenfinanzamt**). Auf die ausführlichen Erläuterungen beim Stichwort „Beschränkt steuerpflichtige Arbeitnehmer" wird Bezug genommen.

Lohnsteuer-Anmeldung

siehe „Abführung und Anmeldung der Lohnsteuer"

Lohnsteuer-Außenprüfung

Neues auf einen Blick:

Ab dem **1.1.2010** können **auf Verlangen des Arbeitgebers** die **Lohnsteuer-Außenprüfung** und die **Betriebsprüfung** der **Rentenversicherungsträger zur gleichen Zeit** durchgeführt werden (§ 42f Abs. 4 EStG). Hierdurch sollen die beim Arbeitgeber durch Prüfungen zwangsläufig entstehenden Belastungen reduziert werden. Der **Antrag** des Arbeitgebers auf zeitgleiche Prüfung ist formlos bei seinem **Betriebsstättenfinanzamt** zu stellen. Das **Betriebsstättenfinanzamt** hat den Antrag zu prüfen und die Einzelheiten für eine zeitgleiche Prüfung mit dem Rentenversicherungsträger abzustimmen. Ein Rechtsanspruch des Arbeitgebers auf zeitgleiche Prüfung besteht allerdings nicht.

Das Betriebsstättenfinanzamt überwacht die ordnungsgemäße Einbehaltung und Abführung der Lohnsteuer, Kirchensteuer und des Solidaritätszuschlags durch turnusmäßige Lohnsteuer-Außenprüfungen. Die Durchführung einer Lohnsteuer-Außenprüfung und der Zeitpunkt des Beginns werden mit einer schriftlichen Prüfungsanordnung mindestens zwei Wochen vorher mitgeteilt. Sind wichtige Gründe vorhanden (z. B. Krankheit des Steuerberaters, des Arbeitgebers, des Lohnbuchhalters oder der Lohnbuchhalterin), kann der Beginn der Lohnsteuer-Außenprüfung hinausgeschoben werden. Die Arbeitgeber sind verpflichtet, den Prüfern das Betreten der Geschäftsräume in den üblichen Geschäftsstunden zu gestatten und ihnen die erforderlichen Hilfsmittel und einen geeigneten Arbeitsplatz unentgeltlich zur Verfügung zu stellen. Den Prüfern ist nicht nur Einsicht in die lohnsteuerlichen Unterlagen (Lohnsteuerkarten, Lohnkonten, Lohnlisten usw.) zu gewähren, sondern auch Einsicht in die Geschäftsbücher, Sachkonten, Abschlussberichte und sonstigen Buchführungsunterlagen (einschließlich Arbeitsverträge der leitenden Angestellten und GmbH-Gesellschafter-Geschäftsführer) soweit dies nach dem Ermessen des Prüfers zur Durchführung der Lohnsteuerprüfung erforderlich ist. Die Arbeitgeber (Lohnbuchhalter) haben über alle für den Betrieb tätigen Personen jede gewünschte Auskunft zur Feststellung der für die Lohnsteuer bedeutsamen Verhältnisse zu geben; in gleicher Weise haben auch die Arbeitnehmer selbst dem Lohnsteuerprüfer Auskunft zu erteilen.

Wer aufzubewahrende Unterlagen nur in Form einer Wiedergabe auf einem Bildträger oder auf anderen Datenträgern vorlegen kann, ist verpflichtet, auf seine Kosten diejenigen Hilfsmittel (z. B. Lesegeräte) zur Verfügung zu stellen, die erforderlich sind, um die Unterlagen lesbar zu machen; auf Verlangen des Prüfers hat der Arbeitgeber auf eigene Kosten die Unterlagen unverzüglich ganz oder teilweise auszudrucken oder ohne Hilfsmittel lesbare Reproduktionen zu beschaffen.

Durch eine Änderung der Vorschriften in §§ 146, 147 und 200 der Abgabenordnung haben die Finanzbehörden im Rahmen von Außenprüfungen bei DV-gestützten Buchführungssystemen seit 1.1.2002 das Recht, Einsicht in die gespeicherten Daten zu nehmen und das Datenverarbeitungssystem der Unternehmen zur Prüfung zu nutzen. Die Einzelheiten dieses Prüfungsrechts der Finanzämter sind in den „Grundsätzen zum Datenzugriff und zur Prüfbarkeit digitaler Unterlagen" geregelt**).

Ergibt sich während einer Lohnsteuer-Außenprüfung der Verdacht einer Steuerstraftat oder einer Steuerordnungswidrigkeit und richtet sich der Verdacht gegen den Arbeitgeber, dürfen Ermittlungen bei ihm erst fortgesetzt werden, wenn ihm die Einleitung des Straf- bzw. Bußgeldverfahrens **mitgeteilt** worden ist. Denn die Mitwirkung des Arbeitgebers kann in diesem Fall, soweit die Feststellungen auch für Zwecke eines Steuerstraf- oder Bußgeldverfahrens gegen ihn verwendet werden können, nicht mehr erzwungen werden.

Der Arbeitgeber ist während der Lohnsteuer-Außenprüfung über die festgestellten Sachverhalte und die möglichen steuerlichen Auswirkungen zu unterrichten. Der Arbeitgeber hat ein Recht auf eine **Schlussbesprechung**, es sei denn, dass sich durch die Lohnsteuer-Außenprüfung keine Änderung der Besteuerungsgrundlagen ergibt; er kann allerdings auf die Schlussbesprechung verzichten. Über das Ergebnis der Lohnsteuer-Außenprüfung ist ein Prüfungsbericht zu fertigen und dem Arbeitgeber zu übersenden. Führt die Lohnsteuer-Außenprüfung zu keiner Änderung der Besteuerungsgrundlagen, so genügt eine schriftliche Mitteilung hierüber. Der Arbeitgeber kann beantragen, dass ihm der Prüfungsbericht vor der Auswertung durch das Finanzamt zur Stellungnahme übersandt wird.

Die Rentenversicherungsträger müssen **mindestens alle 4 Jahre** eine Beitragsprüfung durchführen. Auf Verlangen des Arbeitgebers kann auch eine Prüfung in kürzeren Abständen stattfinden. Um Prüfungsbeanstandungen zu vermeiden, sollte der Arbeitgeber auch die Beratungsangebote der Krankenkassen wahrnehmen. Für die Durchführung der Beitragsprüfungen gelten im Wesentlichen die gleichen Grundsätze wie bei einer Lohnsteuer-Außenprüfung (vgl. das Stichwort „Betriebsprüfung").

Lohnsteuerbelege

Darunter versteht man die Lohnsteuerkarte, die Lohnsteuerbescheinigung und die Besondere Lohnsteuerbescheinigung (vgl. diese Stichworte).

Lohnsteuerberechnung

siehe „Berechnung der Lohnsteuer"

Lohnsteuerbescheinigung

Neues auf einen Blick:

In der Lohnsteuerbescheinigung für das Kalenderjahr 2010 sind erstmals folgende Sozialversicherungsbeiträge des Arbeitnehmers im Einzelnen anzugeben:

– die Beiträge des Arbeitnehmers zur **gesetzlichen Krankenversicherung (GKV)**

---

*) Die für das Kalenderjahr 2010 geltende amtliche Lohnsteuerabzugsbescheinigung ist als Anlage 4 zu H 39d LStR im **Steuerhandbuch für das Lohnbüro 2010** abgedruckt, das im selben Verlag erschienen ist. Das **PC-Lexikon** für das Lohnbüro 2010 enthält auch dieses Handbuch und hat außerdem den Vorteil, dass Sie **alle BFH-Urteile** sowie die aktuellen Rundschreiben und Niederschriften der Spitzenverbände der **Sozialversicherung** mit Mausklick **im Volltext** abrufen und ausdrucken können. Eine Bestellkarte finden Sie vorne im Lexikon.

) Die im BMF-Schreiben vom 16.7.2001 (BStBl. I S. 415) geregelten Grundsätze zum Datenzugriff und zur Prüfbarkeit digitaler Unterlagen (GDPdU) sind als Anlage 2 zu H 42f LStR im **Steuerhandbuch für das Lohnbüro 2010 abgedruckt, das im selben Verlag erschienen ist. Das **PC-Lexikon** für das Lohnbüro 2010 enthält auch dieses Handbuch und hat außerdem den Vorteil, dass Sie **alle BFH-Urteile** sowie die aktuellen Rundschreiben und Niederschriften der Spitzenverbände der **Sozialversicherung** mit Mausklick **im Volltext** abrufen und ausdrucken können. Eine Bestellkarte finden Sie vorne im Lexikon.

Lohnsteuerbescheinigung

– die Beiträge des Arbeitnehmers zur **sozialen Pflegeversicherung**

– die Beiträge des Arbeitnehmers zur **Arbeitslosenversicherung**

Hierfür wurden drei neue Zeilen in den amtlichen Vordruck „Elektronische Lohnsteuerbescheinigung 2010" eingefügt.

Außerdem wurde in die Lohnsteuerbescheinigung für das Kalenderjahr 2010 eine neue Zeile eingefügt, in die der Arbeitgeber die Beiträge eines **privat krankenversicherten Arbeitnehmers (PKV)** zu seiner privaten Kranken- und Pflegeversicherung eintragen muss, wenn der Arbeitnehmer dem Arbeitgeber eine Bescheinigung seiner Versicherung über die Höhe der Beiträge für die **sog. Basisversorgung** vorgelegt hat.

Der Grund für diese Änderungen ist eine völlige Neugestaltung der **Vorsorgepauschale,** die in den **neuen amtlichen Lohnsteuertarif 2010** eingearbeitet ist. Alle Einzelheiten zur neuen Vorsorgepauschale sind im **Anhang 8 zum Lexikon** ausführlich anhand von Beispielen erläutert.

Weggefallen ist hingegen die bisher gesetzlich vorgeschriebene Eintragung des Buchstabens „B" bei Anwendung der **Besonderen Lohnsteuertabelle.** Obwohl die Eintragung des Buchstabens „B" ab 1.1.2010 weggefallen ist, gibt es nach wie vor eine Besondere Lohnsteuertabelle mit einer gekürzten Vorsorgepauschale (vgl. die Erläuterungen beim Stichwort „Lohnsteuertabellen").

Die Arbeitgeber sind verpflichtet, der Finanzverwaltung bis zum 28. Februar des Folgejahres eine elektronische Lohnsteuerbescheinigung zu übermitteln (§ 41b Abs. 1 Satz 2 EStG). Die Datenübermittlung ist nach amtlich vorgeschriebenem Datensatz **authentifiziert** vorzunehmen. Das für die Authentifizierung erforderliche Zertifikat muss vom Datenübermittler einmalig – möglichst frühzeitig – im ELSTER-Online-Portal (www.elsteronline.de) beantragt werden. **Ohne Authentifizierung ist eine elektronische Übermittlung der Lohnsteuerbescheinigung 2010 nicht möglich** (BMF-Schreiben vom 26.8.2009 (BStBl. I S. 902).*)

Seit dem Kalenderjahr 2009 sind die Gemeinden im Grundsatz verpflichtet, die neue steuerliche Identifikationsnummer des Arbeitnehmers auf der Vorderseite der Lohnsteuerkarte einzutragen (§ 39 Abs. 3 Nr. 3 EStG). Da jedoch nicht alle Lohnsteuerkarten die Identifikationsnummer enthalten, kann für die Datenübermittlung der **Lohnsteuerbescheinigungen 2010** – wie bisher – das lohnsteuerliche Ordnungsmerkmal eTIN (= elektronische Transfer-Identifikations-Nummer) verwendet werden. Ab 1.11.2010 gilt für die Verwendung der eTIN Folgendes:

Ab dem 1. November 2010 ist eine Verwendung der eTIN nur noch zulässig, wenn die steuerliche Identifikationsnummer auf der Lohnsteuerkarte des Arbeitnehmers nicht eingetragen ist und der Arbeitnehmer sie nicht mitgeteilt hat und wenn außerdem die Ermittlung der Identifikationsnummer des Arbeitnehmers im Rahmen der voraussichtlich ab April 2010 für den Arbeitgeber zur Verfügung stehenden Anfragemöglichkeit beim Bundeszentralamt für Steuern (§ 41b Absatz 2 Satz 5 bis 8 EStG) nicht zum Erfolg geführt hat. Des Weiteren ist ab dem 1. November 2010 eine Verwendung der eTIN noch zulässig in Fällen der bloßen Korrektur einer mit eTIN unrichtig übermittelten Lohnsteuerbescheinigung (R 41c.1 Absatz 7 Satz 2 LStR). Die erneute Übermittlung kann nämlich nur dann als Korrektur erkannt werden, wenn das vorher verwendete steuerliche (Ordnungs-)Merkmal unverändert beibehalten wird (BMF-Schreiben vom 9.11.2009, BStBl. I S. 1313)**).

Gliederung:

1. Allgemeines
   a) Elektronische Lohnsteuerbescheinigung
   b) Arbeitgeber ohne maschinelle Lohnabrechnung
   c) Befreiung von der elektronischen Übermittlung der Lohnsteuerbescheinigung
   d) Muster der Lohnsteuerbescheinigung 2010
2. Eintragung in Zeile 1 der Lohnsteuerbescheinigung 2010
3. Eintragung in Zeile 2 der Lohnsteuerbescheinigung 2010
   a) Eintragung des Buchstabens F
   b) Eintragung des Buchstabens S
   c) Eintragung der Anzahl der im Lohnkonto vermerkten Buchstaben U
4. Eintragung in Zeile 3 der Lohnsteuerbescheinigung 2010
5. Eintragung in Zeile 4 der Lohnsteuerbescheinigung 2010
6. Eintragung in Zeile 5 der Lohnsteuerbescheinigung 2010
7. Eintragungen in den Zeilen 6 und 7 der Lohnsteuerbescheinigung 2010
8. Eintragung in Zeile 8 der Lohnsteuerbescheinigung 2010
9. Eintragung in Zeile 9 der Lohnsteuerbescheinigung 2010
10. Eintragung in Zeile 10 der Lohnsteuerbescheinigung 2010
11. Eintragungen in den Zeilen 11, 12, 13 und 14 der Lohnsteuerbescheinigung 2010
12. Eintragung in Zeile 15 der Lohnsteuerbescheinigung 2010
13. Eintragung in Zeile 16 der Lohnsteuerbescheinigung 2010
14. Eintragung in Zeile 17 der Lohnsteuerbescheinigung 2010
15. Eintragung in Zeile 18 der Lohnsteuerbescheinigung 2010
16. Eintragung in Zeile 19 der Lohnsteuerbescheinigung 2010
17. Eintragung in Zeile 20 der Lohnsteuerbescheinigung 2010
18. Eintragung in Zeile 21 der Lohnsteuerbescheinigung 2010
19. Eintragung in Zeilen 22 und 23 der Lohnsteuerbescheinigung 2010
20. Eintragung in Zeile 24 der Lohnsteuerbescheinigung 2010
21. Eintragung in Zeile 25 der Lohnsteuerbescheinigung 2010
22. Eintragung in Zeile 26 der Lohnsteuerbescheinigung 2010
23. Eintragung in Zeile 27 der Lohnsteuerbescheinigung 2010

---

*) Das BMF-Schreiben vom 26.8.2009 und das Muster der elektronischen Lohnsteuerbescheinigung für das Kalenderjahr 2010 sind als Anlage 1 zu H 41b LStR im **Steuerhandbuch für das Lohnbüro 2010** abgedruckt, das im selben Verlag erschienen ist. Das **PC-Lexikon** für das Lohnbüro 2010 enthält auch dieses Handbuch und hat außerdem den Vorteil, dass Sie **alle BFH-Urteile** sowie die aktuellen Rundschreiben und Niederschriften der Spitzenverbände der **Sozialversicherung** mit Mausklick **im Volltext** abrufen und ausdrucken können. Eine Bestellkarte finden Sie vorne im Lexikon.

) Das BMF-Schreiben ist als Anlage 2 zu H 41b LStR im **Steuerhandbuch für das Lohnbüro 2010 abgedruckt, das im selben Verlag erschienen ist. Das **PC-Lexikon** für das Lohnbüro 2010 enthält auch dieses Handbuch und hat außerdem den Vorteil, dass Sie **alle BFH-Urteile** sowie die aktuellen Rundschreiben und Niederschriften der Spitzenverbände der **Sozialversicherung** mit Mausklick **im Volltext** abrufen und ausdrucken können. Eine Bestellkarte finden Sie vorne im Lexikon.

Lohnsteuerbescheinigung

24. Eintragungen in Zeilen 22 bis 27 bei steuerfreiem Arbeitslohn
25. Eintragung in Zeile 28 der Lohnsteuerbescheinigung 2010
26. Eintragung in Zeilen 29, 30, 31 und 32 der Lohnsteuerbescheinigung 2010
27. Eintragung in Zeile 33 der Lohnsteuerbescheinigung 2010
28. Eintragungen in die freien Zeilen der Lohnsteuerbescheinigung 2010
29. Eintragungen in die letzte Zeile der Lohnsteuerbescheinigung 2010
30. Besondere Lohnsteuerbescheinigung
31. Aushändigung der Lohnsteuerbescheinigung
32. Nachträgliche Korrektur der Lohnsteuerbescheinigung

1. Allgemeines

a) Elektronische Lohnsteuerbescheinigung

Bei Beendigung eines Dienstverhältnisses oder am Ende des Kalenderjahres hat der Arbeitgeber das Lohnkonto des Arbeitnehmers abzuschließen und aufgrund der Eintragungen im Lohnkonto der Finanzverwaltung spätestens bis zum 28. Februar des Folgejahres nach amtlich vorgeschriebenem Datensatz eine **elektronische Lohnsteuerbescheinigung** auf elektronischem Weg zu übermitteln. Die elektronische Lohnsteuerbescheinigung für das Kalenderjahr 2010 muss der Finanzverwaltung also bis **spätestens 28. Februar 2011** auf elektronischem Weg übersandt werden.

Das Muster der elektronischen Lohnsteuerbescheinigung für das Kalenderjahr 2010 ist als Anlage zum BMF-Schreiben vom 26.8.2009 (BStBl. I S. 902)*) veröffentlicht worden. Es ist nachfolgend abgedruckt und im Einzelnen erläutert. Außerdem muss die elektronische Lohnsteuerbescheinigung 2010 die auf der Vorderseite der Lohnsteuerkarte 2010 eingetragenen Angaben enthalten:

– Name, Vorname, Geburtsdatum und aktuelle Anschrift des Arbeitnehmers,
– die Identifikationsnummer des Arbeitnehmers,
– die auf der Lohnsteuerkarte oder der entsprechenden Bescheinigung eingetragenen Besteuerungsmerkmale (Steuerklasse, Zahl der Kinderfreibeträge, Religionszugehörigkeit, Freibeträge, Hinzurechnungsbeträge),
– den achtstelligen amtlichen Gemeindeschlüssel (AGS) der Gemeinde, die die Lohnsteuerkarte ausgestellt hat,

Die Identifikationsnummer kann der Arbeitgeber nur dann eintragen, wenn sie auf der Lohnsteuerkarte des Arbeitnehmers angegeben ist. Zur Verwendung der eTIN vgl. die Ausführungen unter „Neues auf einen Blick".

Neben der Übermittlung der elektronischen Lohnsteuerbescheinigung an die Finanzverwaltung hat der Arbeitgeber **dem Arbeitnehmer** einen nach amtlich vorgeschriebenem Muster gefertigten **Ausdruck der elektronischen Lohnsteuerbescheinigung auszuhändigen** oder elektronisch bereitzustellen. Für Arbeitnehmer, für die der Arbeitgeber die Lohnsteuer ausschließlich nach §§ 40, 40a und 40b EStG **pauschal** erhoben hat, ist keine Lohnsteuerbescheinigung zu erstellen.

Wenn das Dienstverhältnis im Laufe des Kalenderjahres beendet wird, hat der Arbeitgeber dem Arbeitnehmer die Lohnsteuerkarte auszuhändigen. Nach Ablauf des Kalenderjahrs darf der Arbeitgeber die Lohnsteuerkarte nur dann aushändigen, wenn sie (ausnahmsweise) eine Lohnsteuerbescheinigung enthält und der Arbeitnehmer zur Einkommensteuer veranlagt wird. Dem Arbeitnehmer nicht ausgehändigte Lohnsteuerkarten **ohne** Lohnsteuerbescheinigung **kann der Arbeitgeber vernichten;** nicht ausgehändigte Lohnsteuerkarten mit Lohnsteuerbescheinigungen hat er dem Beriebsstättenfinanzamt einzureichen.

b) Arbeitgeber ohne maschinelle Lohnabrechnung

Arbeitgeber ohne maschinelle Lohnabrechnung, die ausschließlich Arbeitnehmer im Rahmen einer geringfügigen Beschäftigung in einem Privathaushalt im Sinne des § 8a SGB IV beschäftigen und keine elektronische Lohnsteuerbescheinigung erteilen, haben anstelle der elektronischen Lohnsteuerbescheinigung eine entsprechende **Lohnsteuerbescheinigung auf der Rückseite der Lohnsteuerkarte** des Arbeitnehmers zu erteilen. Liegt dem Arbeitgeber keine Lohnsteuerkarte vor, hat er die Lohnsteuerbescheinigung auf einem amtlich vorgeschriebenen Vordruck zu erteilen (vgl. die Erläuterungen beim Stichwort „Besondere Lohnsteuerbescheinigung").

c) Befreiung von der elektronischen Übermittlung der Lohnsteuerbescheinigung

Eine Befreiung von der elektronischen Übermittlung der Lohnsteuerbescheinigung ist seit 2006 nicht mehr vorgesehen. Es wird aber immer Arbeitgeber geben, die nicht über die technische Ausstattung zur Datenübermittlung verfügen. Diesen Arbeitgebern bleibt letztlich nur die Möglichkeit, die Lohnsteuerbescheinigung wie bisher auf der Rückseite der Lohnsteuerkarte oder den Vordruck „Besondere Lohnsteuerbescheinigung" zu verwenden, auch wenn dies gesetzlich nicht mehr zulässig ist. Ob die Finanzverwaltung dies vorerst noch stillschweigend dulden wird, bleibt abzuwarten.

d) Muster der Lohnsteuerbescheinigung 2010

1. Dauer des Dienstverhältnisses	vom – bis	
2. Zeiträume ohne Anspruch auf Arbeitslohn	Anzahl „U"	
Großbuchstaben (S, F)		
	Euro	Ct
3. Bruttoarbeitslohn einschl. Sachbezüge ohne 9. und 10.		
4. Einbehaltene Lohnsteuer von 3.		
5. Einbehaltener Solidaritätszuschlag von 3.		
6. Einbehaltene Kirchensteuer des Arbeitnehmers von 3.		
7. Einbehaltene Kirchensteuer des Ehegatten von 3. (nur bei konfessionsverschiedener Ehe)		
8. In 3. enthaltene Versorgungsbezüge		
9. Ermäßigt besteuerte Versorgungsbezüge für mehrere Jahre		
10. Ermäßigt besteuerter Arbeitslohn für mehrere Kalenderjahre (ohne 9.) und ermäßigt besteuerte Entschädigungen		
11. Einbehaltene Lohnsteuer von 9. und 10.		
12. Einbehaltener Solidaritätszuschlag von 9. und 10.		
13. Einbehaltene Kirchensteuer des Arbeitnehmers von 9. und 10.		
14. Einbehaltene Kirchensteuer des Ehegatten von 9. und 10. (nur bei konfessionsverschiedener Ehe)		

---

*) Das BMF-Schreiben vom 26.8.2009 und das Muster der elektronischen Lohnsteuerbescheinigung für das Kalenderjahr 2010 sind als Anlage 1 zu H 41b LStR im **Steuerhandbuch für das Lohnbüro 2010** abgedruckt, das im selben Verlag erschienen ist. Das **PC-Lexikon** für das Lohnbüro 2010 enthält auch dieses Handbuch und hat außerdem den Vorteil, dass Sie **alle BFH-Urteile** sowie die aktuellen Rundschreiben und Niederschriften der Spitzenverbände der **Sozialversicherung** mit Mausklick **im Volltext** abrufen und ausdrucken können. Eine Bestellkarte finden Sie vorne im Lexikon.

Lohnsteuerbescheinigung

	Lohn-steuer-pflichtig	Sozial-versich.-pflichtig
15. Kurzarbeitergeld, Zuschuss zum Mutterschaftsgeld, Verdienstausfallentschädigung (Infektionsschutzgesetz), Aufstockungsbetrag und Altersteilzeitzuschlag		
16. Steuerfreier Arbeitslohn nach — Doppelbesteuerungsabkommen		
16. Steuerfreier Arbeitslohn nach — Auslandstätigkeitserlass		
17. Steuerfreie Arbeitgeberleistungen für Fahrten zwischen Wohnung und Arbeitsstätte		
18. Pauschalbesteuerte Arbeitgeberleistungen für Fahrten zwischen Wohnung und Arbeitsstätte		
19. Steuerpflichtige Entschädigungen und Arbeitslohn für mehrere Kalenderjahre, die nicht ermäßigt besteuert wurden – in 3. enthalten		
20. Steuerfreie Verpflegungszuschüsse bei Auswärtstätigkeit		
21. Steuerfreie Arbeitgeberleistungen bei doppelter Haushaltsführung		
22. Arbeitgeberanteil zur gesetzlichen Rentenversicherung und an berufsständische Versorgungseinrichtungen		
23. Arbeitnehmeranteil zur gesetzlichen Rentenversicherung und an berufsständische Versorgungseinrichtungen		
24. Steuerfreie Arbeitgeberzuschüsse zur Krankenversicherung und Pflegeversicherung		
25. Arbeitnehmerbeiträge zur gesetzlichen Krankenversicherung		
26. Arbeitnehmerbeiträge zur sozialen Pflegeversicherung		
27. Arbeitnehmerbeiträge zur Arbeitslosenversicherung		
28. Nachgewiesene Beiträge zur privaten Krankenversicherung und Pflege-Pflichtversicherung		
29. Bemessungsgrundlage für den Versorgungsfreibetrag zu 8.		
30. Maßgebendes Kalenderjahr des Versorgungsbeginns zu 8. und/oder 9.		
31. Zu 8. bei unterjähriger Zahlung: Erster und letzter Monat, für den Versorgungsbezüge gezahlt wurden		
32. Sterbegeld; Kapitalauszahlungen/Abfindungen und Nachzahlungen von Versorgungsbezügen – in 3. und 8. enthalten		
33. Ausgezahltes Kindergeld		–
Finanzamt, an das die Lohnsteuer abgeführt wurde (Name und vierstellige Nr.)		

Für die Eintragung in die einzelnen Zeilen der Lohnsteuerbescheinigung 2010 gilt Folgendes:

2. Eintragung in Zeile 1 der Lohnsteuerbescheinigung 2010

Einzutragen ist die Dauer des Dienstverhältnisses beim Arbeitgeber. Zeiträume, in denen kein Lohn gezahlt wurde (z. B. bei unbezahltem Urlaub) unterbrechen die Dauer des Dienstverhältnisses nicht, wenn die Lohnsteuerkarte beim Arbeitgeber bleibt (vgl. die Erläuterungen beim Stichwort „Teillohnzahlungszeitraum"). Für diese Unterbrechungen ist allerdings in Zeile 2 der Lohnsteuerbescheinigung die Anzahl der Buchstaben U einzutragen.

3. Eintragung in Zeile 2 der Lohnsteuerbescheinigung 2010

In der Zeile 2 der Lohnsteuerbescheinigung sind die Angaben zu den Buchstaben **F, S** und **U** einzutragen. Die bisher vorgeschriebene Eintragung des Buchstabens **B** bei Anwendung der **Besonderen Lohnsteuertabelle** ist ab 1.1.2010 weggefallen, obwohl es nach wie vor eine Besondere Lohnsteuertabelle mit einer gekürzten Vorsorgepauschale gibt (vgl. die Erläuterungen beim Stichwort „Lohnsteuertabellen"). Im Einzelnen gilt Folgendes:

a) Eintragung des Buchstabens F

Der Buchstabe F ist einzutragen, wenn der Arbeitgeber den Arbeitnehmer **kostenlos oder verbilligt** von der Wohnung zur Arbeitsstätte befördert hat, weil die Entfernungspauschale für Strecken mit steuerfreier **Sammelbeförderung** nicht als Werbungskosten abgezogen werden kann.

Wegen weiterer Einzelheiten vgl. das Stichwort „Sammelbeförderung".

b) Eintragung des Buchstabens S

Ist bei der Besteuerung eines **sonstigen Bezugs** der Arbeitslohn aus einem früheren Dienstverhältnis nicht in die Ermittlung des voraussichtlichen Jahresarbeitslohns einbezogen worden, so ist dies in der Lohnsteuerbescheinigung durch die Eintragung des Buchstabens „S" zu vermerken (vgl. die ausführlichen Erläuterungen beim Stichwort „Sonstige Bezüge" unter Nr. 4 Buchstabe b auf Seite 660).

c) Eintragung der Anzahl der im Lohnkonto vermerkten Buchstaben U

Einzutragen ist die **Anzahl** der im Lohnkonto vermerkten Buchstaben „U". Der genaue Zeitraum der Unterbrechung braucht nicht angegeben zu werden. Hat der Arbeitnehmer z. B. im Kalenderjahr 2010 einmal 2 Wochen und einmal 1 Woche unbezahlt Urlaub genommen, so ist in Zeile 2 der Lohnsteuerkarte die Zahl „2" oder in Worten „zwei" einzutragen (zur Eintragung des Buchstabens „U" im Lohnkonto vgl. die ausführlichen Erläuterungen beim Stichwort „Lohnkonto" unter Nr. 9 auf Seite 449).

4. Eintragung in Zeile 3 der Lohnsteuerbescheinigung 2010

Einzutragen ist der **steuerpflichtige** Bruttoarbeitslohn, (einschl. des Werts der steuerpflichtigen Sachbezüge und der zusätzlichen vermögenswirksamen Leistungen), der im Laufe des Kalenderjahres 2010 der Lohnsteuerberechnung zugrunde zu legen war. Zum Bruttoarbeitslohn gehören auch die Versorgungsbezüge (vgl. die nachfolgenden Erläuterungen zu den Eintragungen in Zeile 8). Der einzutragende Bruttojahresarbeitslohn darf **nicht** um den **Versorgungsfreibetrag**, den **Zuschlag zum Versorgungsfreibetrag** und um den **Altersentlastungsbetrag gekürzt werden.**

Zu berücksichtigen sind dabei die laufenden Lohnzahlungen für alle Lohnzahlungszeiträume, die **im Kalenderjahr 2010 geendet haben.** Sonstige Bezüge gehören zum Bruttoarbeitslohn des Kalenderjahres 2010, wenn sie dem Arbeitnehmer im Kalenderjahr 2010 **zugeflossen** sind. Wegen der Zuordnung, die insbesondere am Jahresende Schwierigkeiten bereiten kann, vgl. das Stichwort „Berechnung der Lohnsteuer und der Sozialversicherungsbeiträge" unter Nr. 6 auf Seite 145).

Bei einer Nettoentlohnung errechnet sich der Bruttoarbeitslohn aus der Summe der dem Arbeitnehmer tatsächlich ausbezahlten Beträge (Nettolohn) und der vom Arbeitgeber übernommenen Lohnabzugsbeträge (Lohnsteuer, Solidaritätszuschlag, Kirchensteuer und Arbeitnehmeranteile zur Sozialversicherung). Vgl. „Nettolöhne".

Lohnsteuerbescheinigung

Nicht zum Bruttoarbeitslohn gehören **alle steuerfreien Bezüge** und der Arbeitslohn, für den die Lohnsteuer **pauschaliert** worden ist. Steuerfreier Arbeitslohn und pauschal besteuerter Arbeitslohn bleiben also bei der Bescheinigung des steuerpflichtigen Bruttoarbeitslohns in Zeile 3 der Lohnsteuerbescheinigung stets außer Ansatz. Die auf den pauschal besteuerten Arbeitslohn entfallende pauschale Lohn- und Kirchensteuer sowie der bei einer Pauschalierung anfallende Solidaritätszuschlag dürfen ebenfalls nicht in den Steuerabzugsbeträgen enthalten sein, die in die Lohnsteuerbescheinigung eingetragen werden.

Ermäßigt besteuerte Entlassungsentschädigungen und ermäßigt besteuerter Arbeitslohn für mehrere Jahre dürfen ebenfalls nicht in dem in Zeile 3 bescheinigten Bruttoarbeitslohn enthalten sein. Der ermäßigt besteuerte Arbeitslohn für eine mehrjährige Tätigkeit und die ermäßigt besteuerten Entlassungsentschädigungen sind in Zeile 10 gesondert einzutragen.

Hat der Arbeitgeber **steuerpflichtigen Arbeitslohn zurückgefordert**, ist unter Nr. 3 bei fortbestehendem Dienstverhältnis nur der gekürzte steuerpflichtige Bruttoarbeitslohn zu bescheinigen. Ergibt die Verrechnung von ausgezahltem und zurückgefordertem Arbeitslohn einen negativen Betrag, so ist dieser Betrag mit einem Minuszeichen zu versehen (vgl. die Erläuterungen beim Stichwort „Rückzahlung von Arbeitslohn").

5. Eintragung in Zeile 4 der Lohnsteuerbescheinigung 2010

In diese Zeile ist die vom steuerpflichtigen Bruttoarbeitslohn des Kalenderjahrs 2010 insgesamt **einbehaltene Lohnsteuer** einzutragen. War keine Lohnsteuer einzubehalten, ist eine Null oder ein waagrechter Strich einzutragen.

Führt der Arbeitgeber einen Lohnsteuer-Jahresausgleich durch (vgl. dieses Stichwort), so ist in Zeile 4 der Betrag als einbehaltene Lohnsteuer einzutragen, der nach Verrechnung mit der im Jahresausgleich erstatteten Lohnsteuer als Jahreslohnsteuer verbleibt.

Pauschale Lohnsteuer (z. B. für pauschal besteuerte Fahrkostenzuschüsse) darf **in keinem Fall** in der in Zeile 4 bescheinigten Lohnsteuer enthalten sein.

6. Eintragung in Zeile 5 der Lohnsteuerbescheinigung 2010

In diese Zeile ist der vom steuerpflichtigen Bruttolohn des Kalenderjahrs insgesamt einbehaltene **Solidaritätszuschlag** einzutragen. Führt der Arbeitgeber einen Lohnsteuer-Jahresausgleich durch (vgl. dieses Stichwort), so ist in Zeile 5 der Betrag als einbehaltener Solidaritätszuschlag zu bescheinigen, der nach Verrechnung mit dem im Jahresausgleich erstatteten Solidaritätszuschlag verbleibt. Der bei einer Pauschalierung der Lohnsteuer anfallende Solidaritätszuschlag darf nicht in dem in Zeile 5 bescheinigten Betrag enthalten sein.

7. Eintragungen in den Zeilen 6 und 7 der Lohnsteuerbescheinigung 2010

In den Zeilen 6 und 7 ist die vom Arbeitslohn im Kalenderjahr 2010 insgesamt einbehaltene **Kirchensteuer** einzutragen.

Ist auf der Lohnsteuerkarte des Arbeitnehmers nur **ein** Kirchensteuermerkmal eingetragen (z. B. „rk" oder „ev"), so ist die gesamte einbehaltene Kirchensteuer stets in Zeile 6 zu bescheinigen. Dies gilt sowohl für ledige als auch für verheiratete Arbeitnehmer. Die gesamte einbehaltene Kirchensteuer ist auch dann in einem Betrag in Zeile 6 zu bescheinigen, wenn der Arbeitnehmer im Laufe des Kalenderjahrs die Konfession gewechselt hat (da sich die zeitliche Zuordnung der Kirchensteuer aus der von der Gemeinde auf der Vorderseite der Lohnsteuerkarte bescheinigten Dauer der Zugehörigkeit zu der jeweiligen Religionsgemeinschaft ergibt).

Beispiel A
Der Arbeitnehmer ist ledig. Vom 1. 1. 2010 bis 30. 6. 2010 ist er rk, ab 1. 7. 2010 ev. Der volle Betrag der einbehaltenen Kirchensteuer (8 % oder 9 %) ist in Zeile 6 einzutragen.

Sind auf der Lohnsteuerkarte des Arbeitnehmers **zwei** Kirchensteuermerkmale eingetragen (z. B. „ev rk" oder „rk ev"), so ist die einbehaltene Kirchensteuer **je zur Hälfte** in die Zeilen 6 und 7 einzutragen. Diese Aufteilung ist eine Folge des sog. Halbteilungsgrundsatzes, der im Stichwort „Kirchensteuer" unter Nr. 6 Buchstabe b auf Seite 429 erläutert ist. Eine Ausnahme von diesem Halbteilungsgrundsatz gibt es in **Bremen, Niedersachsen** und **in Bayern:**

In diesen Ländern ist abweichend von dem Grundsatz, dass bei konfessionsverschiedenen Ehen die einbehaltene Kirchensteuer je zur Hälfte in die Zeilen 6 und 7 eingetragen werden muss, angeordnet worden, dass die gesamte einbehaltene Kirchensteuer **in voller Höhe in Zeile 6** zu bescheinigen ist.

Beispiel B
Ein Arbeitnehmer ist verheiratet. Auf der Lohnsteuerkarte 2010 sind die Kirchensteuermerkmale „rk ev" eingetragen. Die für das Kalenderjahr 2010 einbehaltene Kirchensteuer beträgt 200 €. Der Arbeitgeber hat – außer in den Ländern Bayern, Bremen und Niedersachsen – in Zeile 6 einen Betrag von 100 € und in Zeile 7 ebenfalls einen Betrag von 100 € einzutragen.
Arbeitgeber in den Ländern Bayern, Bremen und Niedersachsen müssen den gesamten Betrag von 200 € in Zeile 6 eintragen.

Wechselt ein Arbeitnehmer oder sein Ehegatte im Laufe des Kalenderjahrs die Konfession, so gilt der Halbteilungsgrundsatz nur für den Zeitraum, in dem die Eheleute unterschiedlichen Religionsgemeinschaften angehörten.

Beispiel C
Der Arbeitnehmer ist verheiratet. Vom 1. 1. 2010 – 30. 6. 2010 ist eingetragen rk/ev. Ab. 1. 7. 2010 wurden die Kirchensteuermerkmale geändert in ev/ev. Die für das Kalenderjahr 2010 insgesamt einbehaltene Kirchensteuer beträgt 300 €. Für die Zeit vom 1. 1. 2010 – 30. 6. 2010 ist die Kirchensteuer getrennt zu bescheinigen (75 € in Zeile 6 für den Ehemann und 75 € in Zeile 7 für die Ehefrau. Ab 1. 7. 2010 ist nicht mehr zu trennen. Die ab 1. 7. 2010 einbehaltene Kirchensteuer (150 €) ist nur beim Ehemann einzutragen (in Zeile 6 zusammen mit der Kirchensteuer des Ehemannes für das erste Halbjahr 2010). In Zeile 6 ist somit für das Kalenderjahr 2010 insgesamt (75 € + 150 € =) 225 € einzutragen. Arbeitgeber in den Ländern Bayern, Bremen und Niedersachsen müssen den gesamten Betrag in Höhe von 300 € in Zeile 6 eintragen.

Ist keine Kirchensteuer einbehalten worden, so ist der für diese Eintragungen vorgesehene Raum durch einen waagrechten Strich auszufüllen oder eine Null einzutragen.

Beispiel D
Der Arbeitnehmer ist verheiratet. Auf seiner Lohnsteuerkarte ist folgendes Kirchensteuermerkmal eingetragen „ – ". Für den Arbeitnehmer war keine Kirchensteuer einzubehalten. In Zeile 6 ist nichts einzutragen. Um Missverständnisse zu vermeiden, tragen Arbeitgeber häufig auch einen waagrechten Strich oder eine Null ein.

8. Eintragung in Zeile 8 der Lohnsteuerbescheinigung 2010

Einzutragen ist der Bruttobetrag der durch die Versorgungsfreibeträge begünstigten Versorgungsbezüge. Der Versorgungsfreibetrag und der Zuschlag zum Versorgungsfreibetrag dürfen dabei nicht vom Bruttobetrag der Versorgungsbezüge abgezogen werden. Weiterhin ist zu beachten, dass die durch die Versorgungsfreibeträge begünstigten Versorgungsbezüge im steuerpflichtigen Bruttoarbeitslohn der Zeile 3 enthalten sein müssen. Ebenso müssen die Lohnabzugsbeträge (Lohn- und Kirchensteuer sowie der Solidaritätszuschlag), die auf die in Zeile 3 enthaltenen Versorgungsbezüge entfallen, in den Beträgen enthalten sein, die in den Zeilen 4 bis 7 bescheinigt werden.

Lohnsteuerbescheinigung

	Lohn- steuer- pflichtig	Sozial- versich.- pflichtig

Zu den Versorgungsbezügen gehören nicht nur laufend sondern auch einmalig gezahlte Versorgungsbezüge einschließlich Sterbegelder und Abfindungen oder Kapitalauszahlungen solcher Ansprüche. Nicht einzutragen sind jedoch Versorgungsbezüge für mehrere Jahre, die ermäßigt besteuert wurden. Denn ermäßigt besteuerte Versorgungsbezüge für mehrere Jahre müssen stets in Zeile 9 bescheinigt werden.

9. Eintragung in Zeile 9 der Lohnsteuerbescheinigung 2010

In Zeile 9 der Lohnsteuerbescheinigung sind nur Versorgungsbezüge für mehrere Jahre einzutragen, die nach der sog. **Fünftelregelung** ermäßigt besteuert wurden (vgl. das Stichwort „Sonstige Bezüge" unter Nr. 6 auf Seite 663). Diese Versorgungsbezüge dürfen **nicht** im Bruttoarbeitslohn der Zeile 3 enthalten sein. Versorgungsbezüge, die für mehrere Jahre gezahlt werden, dürften seltene Ausnahmefälle sein. Denkbar ist nur der Fall, dass Versorgungsbezüge für einen Zeitraum nachgezahlt werden, der sich auf zwei Kalenderjahre erstreckt und einen Zeitraum von mehr als 12 Monaten umfasst (vgl. die Erläuterungen beim Stichwort „Arbeitslohn für mehrere Jahre").

10. Eintragung in Zeile 10 der Lohnsteuerbescheinigung 2010

In Zeile 10 ist der Arbeitslohn einzutragen, der sich auf mehrere Kalenderjahre bezieht und der nach der sog. **Fünftelregelung ermäßigt besteuert** wurde (z. B. eine Jubiläumszuwendung oder die Nachzahlung von Arbeitslohn für mehrere Jahre, vgl. das Stichwort „Sonstige Bezüge" unter Nr. 6 auf Seite 663 und das Stichwort „Arbeitslohn für mehrere Jahre"). Versorgungsbezüge, die sich auf mehrere Jahre beziehen und nach der sog. Fünftelregelung ermäßigt besteuert wurden, sind in Zeile 9 einzutragen. Sowohl der in Zeile 9 als auch der in Zeile 10 bescheinigte Arbeitslohn für mehrere Jahre darf **nicht** in dem in Zeile 3 bescheinigten Bruttojahresarbeitslohn enthalten sein.

In Zeile 10 sind außerdem die ermäßigt besteuerten Entschädigungen (vgl. dieses Stichwort) einzutragen. In aller Regel handelt es sich hierbei um die steuerpflichtigen Teile von **Entlassungsentschädigungen**, die unter Anwendung der sog. **Fünftelregelung ermäßigt besteuert** wurden (vgl. das Stichwort „Abfindungen wegen Entlassung aus dem Dienstverhältnis"). Bei der Bescheinigung von Entlassungsentschädigungen ist zu beachten, dass in dem in Zeile 3 zu bescheinigenden Jahresbruttoarbeitslohn die **ermäßigt** besteuerten Teile von Entlassungsentschädigungen **nicht** enthalten sein dürfen. Die **ermäßigt** besteuerten Teile von Entlassungsentschädigungen sind in Zeile 10 und die hierauf entfallende Lohn- und Kirchensteuer sowie der Solidaritätszuschlag in den Zeilen 11 bis 14 der Lohnsteuerbescheinigung 2010 einzutragen.

In Zeile 10 der Lohnsteuerkarte dürfen nur **ermäßigt** besteuerte Entschädigungen und Vergütungen für eine mehrjährige Tätigkeit eingetragen werden. Wurden diese Vergütungen **nicht** ermäßigt besteuert, so müssen sie in dem in Zeile 3 bescheinigten Bruttoarbeitslohn enthalten sein. Die auf diese Vergütungen entfallenden Steuerabzüge (Lohnsteuer, Solidaritätszuschlag und Kirchensteuer) müssen dann auch in den Beträgen enthalten sein, die in den Zeilen 4 bis 7 bescheinigt werden. Die **nicht** ermäßigt besteuerten Entschädigungen und Arbeitslöhne für mehrere Jahre sind in Zeile 19 der Lohnsteuerbescheinigung 2010 einzutragen, damit der Arbeitnehmer die ermäßigte Besteuerung noch nachträglich im Veranlagungsverfahren beantragen kann.

11. Eintragungen in den Zeilen 11, 12, 13 und 14 der Lohnsteuerbescheinigung 2010

In diesen Zeilen ist die Lohn- und Kirchensteuer sowie der Solidaritätszuschlag einzutragen, die auf ermäßigt besteuerte Entschädigungen und auf mehrjährigen Arbeitslohn entfallen.

12. Eintragung in Zeile 15 der Lohnsteuerbescheinigung 2010

Einzutragen sind:
- das Kurzarbeitergeld,
- das Saisonkurzarbeitergeld (bisherige Bezeichnung: Winterausfallgeld),
- der Zuschuss zum Mutterschaftsgeld,
- der Zuschuss nach § 4 a der Mutterschutzverordnung des Bundes oder einer entsprechenden Landesregelung*),
- die Verdienstausfallentschädigungen nach dem Infektionsschutzgesetz,
- der Aufstockungsbetrag nach dem Altersteilzeitgesetz,
- die Zuschläge, die Beamte und Richter nach § 6 Abs. 2 des Bundesbesoldungsgesetzes erhalten, sog. Altersteilzeitzuschläge und
- Zuschläge, die versicherungsfrei Beschäftigte im Sinne des § 27 Abs. 1 Nrn. 1 bis 3 SGB III zur Aufstockung der Bezüge bei Altersteilzeit nach beamtenrechtlichen Vorschriften oder Grundsätzen erhalten**).

Einzutragen sind die tatsächlich gezahlten Beträge. Sind steuerfreie Beträge vom Arbeitnehmer zurückgezahlt worden, so darf nur die um den Rückforderungsbetrag geminderte Lohnersatzleistung bescheinigt werden. Ergibt die Verrechnung von ausgezahlten und zurückgeforderten Beträgen einen negativen Betrag, so ist dieser Betrag – als negativ gekennzeichnet – zu bescheinigen.

13. Eintragung in Zeile 16 der Lohnsteuerbescheinigung 2010

In Zeile 16 ist getrennt voneinander der Arbeitslohn einzutragen, der nach einem **Doppelbesteuerungsabkommen** steuerfrei geblieben ist und der Arbeitslohn, der nach dem **Auslandstätigkeitserlass** nicht dem Lohnsteuerabzug unterworfen wurde (vgl. diese Stichworte).

14. Eintragung in Zeile 17 der Lohnsteuerbescheinigung 2010

In Zeile 17 sind die **steuerfreien** Arbeitgeberleistungen für Fahrten zwischen Wohnung und Arbeitsstätte einzutragen. Bei einer **steuerfreien Sammelbeförderung** erfolgt kein Eintrag in Zeile 17, weil ein genauer Betrag nur schwer zu ermitteln wäre. Der Arbeitgeber muss vielmehr den Buchstaben „F" in die Zeile 2 der Lohnsteuerbescheinigung 2010 eintragen.

Steuerfreie Arbeitgeberleistungen für Fahrten zwischen Wohnung und Arbeitsstätte kommen nur dann in Betracht, wenn
- bei Arbeitnehmern eines Verkehrsunternehmens diese geldwerten Vorteile in Anwendung des **Rabattfreibetrags** von **1080 €** im Kalenderjahr steuerfrei bleiben;
- bei der unentgeltlichen oder verbilligten Überlassung von **monatlichen Job-Tickets** die **44-Euro-Freigrenze** zur Anwendung kommt.

---

*) Dieser Zuschuss wird nur an Arbeitnehmerinnen im öffentlichen Dienst gezahlt, er hat deshalb für Arbeitgeber in der privaten Wirtschaft keine Bedeutung.

**) Gilt nur für versicherungsfrei Beschäftigte mit beamtenähnlichem Status (z. B. Kirchenbeamte und Pfarrer), hat also für Arbeitgeber in der privaten Wirtschaft keine Bedeutung.

Lohnsteuerbescheinigung

In beiden Fällen muss der **genaue Betrag** der insgesamt im Kalenderjahr 2010 steuerfrei gelassenen geldwerten Vorteile vom Arbeitgeber in Zeile 17 bescheinigt werden, weil diese Arbeitgeberleistungen, auf die als Werbungskosten anzusetzende Entfernungspauschale anzurechnen sind (vgl. die Stichwörter „Entfernungspauschale" und „Fahrten zwischen Wohnung und regelmäßiger Arbeitsstätte").

Der Arbeitgeber ist gesetzlich verpflichtet, diese Eintragung vorzunehmen (§ 41 b Abs. 1 Nr. 6 EStG). Füllt der Arbeitgeber die Zeile 17 nicht aus, obwohl er steuerfreie Arbeitgeberleistungen für Fahrten zwischen Wohnung und Arbeitsstätte erbracht hat, so haftet er für die durch das Finanzamt bei einer Veranlagung des Arbeitnehmers ggf. zu viel erstattete Steuer (vgl. das Stichwort „Haftung des Arbeitgebers").

15. Eintragung in Zeile 18 der Lohnsteuerbescheinigung 2010

In Zeile 18 sind die **pauschal mit 15 % besteuerten** Arbeitgeberleistungen für Fahrten zwischen Wohnung und Arbeitsstätte einzutragen.

Der Arbeitgeber ist gesetzlich verpflichtet, diese Eintragung vorzunehmen (§ 41 b Abs. 1 Nr. 7 EStG). Füllt der Arbeitgeber die Zeile 18 nicht aus, obwohl er pauschal versteuerte Fahrkostenzuschüsse gezahlt hat, so haftet er für die durch das Finanzamt bei einer Veranlagung des Arbeitnehmers ggf. zu viel erstattete Steuer (vgl. das Stichwort „Haftung des Arbeitgebers"). Damit diesbezüglich keine Missverständnisse entstehen, sollte der Arbeitgeber in die Zeile 18 einen waagrechten Strich oder eine Null eintragen, wenn er keine pauschalversteuerten Fahrkostenzuschüsse gezahlt hat.

16. Eintragung in Zeile 19 der Lohnsteuerbescheinigung 2010

In diese Zeile **soll** der Arbeitgeber **Entschädigungen und Arbeitslohn für mehrere Jahre** dann eintragen, wenn diese Vergütungen **nicht** in Anwendung der sog. Fünftelregelung ermäßigt besteuert wurden. Zur Eintragung besteht zwar keine gesetzliche Verpflichtung, der Arbeitgeber sollte aber die Eintragung im Interesse seiner Arbeitnehmer aus folgenden Gründen vornehmen:

Der Arbeitgeber muss **ermäßigt** besteuerte Entschädigungen und **ermäßigt** besteuerten Arbeitslohn für mehrere Jahre getrennt vom übrigen Arbeitslohn in Zeile 10 der Lohnsteuerbescheinigung 2010 gesondert bescheinigen. Es gibt jedoch Fälle, in denen die Anwendung der Fünftelregelung beim Lohnsteuerabzug durch den Arbeitgeber zu einer höheren Lohnsteuer führt, als der normale Lohnsteuerabzug. Der Arbeitgeber darf deshalb in solchen Fällen die Fünftelregelung nicht anwenden. Damit der Arbeitnehmer die ermäßigte Besteuerung noch nachträglich im Veranlagungsverfahren beantragen kann, muss ihm der Arbeitgeber diese Vergütungen besonders bescheinigen. Hierfür ist die Zeile 19 vorgesehen, in der die entsprechenden Angaben gemacht werden können. Von dieser Möglichkeit sollte der Arbeitgeber in jedem Fall Gebrauch machen. Damit der Arbeitgeber die Angaben in Zeile 19 der Lohnsteuerbescheinigung 2010 machen kann, muss er allerdings nicht nur die ermäßigt besteuerten Entschädigungen und Arbeitslöhne für mehrere Jahre im Lohnkonto 2010 gesondert aufzeichnen; er muss darüber hinaus auch Entschädigungen und Arbeitslöhne für mehrere Jahre im **Lohnkonto gesondert aufzeichnen,** die nicht ermäßigt besteuert wurden.

17. Eintragung in Zeile 20 der Lohnsteuerbescheinigung 2010

In dieser Zeile sind die steuerfreien **Verpflegungszuschüsse** bei einer **Auswärtstätigkeit** einzutragen. Der Begriff „Auswärtstätigkeit" umfasst alles, was unter die Reisekosten im lohnsteuerlichen Sinne einzuordnen ist. Somit sind **alle** bei einer Auswärtstätigkeit gezahlten steuerfreien Verpflegungszuschüsse einzutragen, also nicht nur die bei einer Fahrtätigkeit und Einsatzwechseltätigkeit gezahlten Beträge, sondern auch die bei **Dienstreisen** steuerfrei gezahlten Pauschalen für Verpflegungsmehraufwand. Im Einzelnen gilt Folgendes:

Nach § 41 b Abs. 1 Nr. 10 EStG muss der Arbeitgeber steuerfreie Verpflegungszuschüsse bei Dienstreisen, Einsatzwechseltätigkeit und Fahrtätigkeit sowie steuerfreie Vergütungen bei einer doppelten Haushaltsführung in die Lohnsteuerbescheinigung eintragen.

Diese seit 1. 1. 2004 geltende Bescheinigungspflicht hat in der Praxis zu Problemen geführt, weil die Reisekostenstelle in den Betrieben regelmäßig organisatorisch vom Lohnbüro getrennt ist. Das Bundesfinanzministerium hat deshalb die gesetzliche Pflicht zur Eintragung steuerfreier Reisekosten in die Lohnsteuerbescheinigung auf bestimmte Fälle beschränkt (BMF-Schreiben vom 27. 1. 2004, BStBl. I S. 173)*). Reisekosten sind danach entgegen der gesetzlichen Regelung nur dann zu bescheinigen, wenn sie im Lohnkonto aufgezeichnet werden und damit auch Gegenstand der Lohn- und Gehaltsabrechnung des jeweiligen Arbeitnehmers sind. Denn die Lohnsteuerbescheinigung kann in diesen Fällen ohne größeren zusätzlichen Aufwand um die steuerfreien Reisekostenbeträge erweitert werden.

Keine Bescheinigungspflicht besteht hingegen, wenn die Reisekostenvergütungen getrennt von der Lohn- und Gehaltsabrechnung aufgezeichnet werden. Hierzu ist es erforderlich, das das Betriebsstättenfinanzamt die gesonderte Aufzeichnung der steuerfreien Reisekostenerstattungen außerhalb des Lohnkontos zugelassen hat (§ 4 Abs. 2 Nr. 4 LStDV). Grundsätzlich muss der Arbeitgeber die Aufzeichnungsmöglichkeit außerhalb des Lohnkontos schriftlich beantragen und das Betriebsstättenfinanzamt muss diesem Verfahren ausdrücklich zustimmen. Aus Vereinfachungsgründen gilt eine stillschweigende Zustimmung der Finanzverwaltung zu diesen Aufzeichnungserleichterungen des Arbeitgebers auch ohne ausdrückliche Antragstellung des Arbeitgebers als erteilt, wenn **vor 2004 die steuerfreien Lohnteile außerhalb des Lohnkontos aufgezeichnet wurden.**

18. Eintragung in Zeile 21 der Lohnsteuerbescheinigung 2010

In Zeile 21 sind die steuerfreien Arbeitgeberleistungen bei einer doppelten Haushaltsführung einzutragen, und zwar im Gegensatz zu den Eintragungen in Zeile 20 nicht nur die steuerfreien Verpflegungszuschüsse, sondern **alle** steuerfreien Arbeitgeberleistungen (also der steuerfreie Arbeitgeberersatz für Familienheimfahrten, Übernachtungskosten und Verpflegungsmehraufwand, vgl. das Stichwort „Doppelte Haushaltsführung"). Der Arbeitgeber ist gesetzlich verpflichtet, diese Eintragungen vorzunehmen (§ 41 b Abs. 1 Nr. 10 EStG).

Zu der Frage wie zu verfahren ist, wenn dieser steuerfreie Arbeitgeberersatz bisher nicht im Lohnkonto aufgezeichnet wurde, wird auf die vorstehenden Erläuterungen zu Zeile 20 der Lohnsteuerbescheinigung 2010 Bezug genommen.

---

*) Das BMF-Schreiben vom 27. 1. 2004 (BStBl. I S. 173) ist als Anhang 16 im **Steuerhandbuch für das Lohnbüro 2010** abgedruckt, das im selben Verlag erschienen ist. Das **PC-Lexikon** für das Lohnbüro 2010 enthält auch dieses Handbuch und hat außerdem den Vorteil, dass Sie **alle BFH-Urteile** sowie die aktuellen Rundschreiben und Niederschriften der Spitzenverbände der **Sozialversicherung** mit Mausklick **im Volltext** abrufen und ausdrucken können. Eine Bestellkarte finden Sie vorne im Lexikon.

Lohnsteuerbescheinigung

19. Eintragung in Zeilen 22 und 23 der Lohnsteuerbescheinigung 2010

Der **Arbeitgeber**anteil an den Beiträgen zur **gesetzlichen Rentenversicherung** oder zu berufsständischen Versorgungseinrichtungen ist in Zeile 22 einzutragen; der entsprechende **Arbeitnehmer**anteil ist in Zeile 23 zu bescheinigen.

Zu dieser **getrennten** Bescheinigung des Arbeitnehmer- und Arbeitgeberanteils ist der Arbeitgeber gesetzlich verpflichtet (§ 41b Abs. 1 Nr. 11 EStG).

20. Eintragung in Zeile 24 der Lohnsteuerbescheinigung 2010

In dieser Zeile sind die steuerfrei gezahlten Beitragszuschüsse zur freiwilligen Krankenversicherung einzutragen (vgl. das Stichwort „Arbeitgeberzuschuss zur Krankenversicherung"). Außerdem sind die steuerfreien Beitragszuschüsse zur Pflegeversicherung einzutragen (vgl. das Stichwort „Arbeitgeberzuschuss zur Pflegeversicherung").

Zu dieser Eintragung ist der Arbeitgeber gesetzlich verpflichtet (§ 41b Abs. 1 Nr. 12 EStG).

21. Eintragung in Zeile 25 der Lohnsteuerbescheinigung 2010

In diese Zeile ist der vom Arbeitnehmer tatsächlich gezahlte Beitragsanteil zu einer **gesetzlichen** Krankenversicherung (GKV) einzutragen und zwar ohne Rücksicht darauf, ob sie in einer gesetzlichen Krankenversicherung **pflichtversichert oder freiwillig versichert** sind. Welche Krankenkassen zu den gesetzlichen Krankenkassen gehören ist beim Stichwort „Krankenversicherung" erläutert.

Zu dieser Eintragung in Zeile 25 ist der Arbeitgeber gesetzlich verpflichtet (§ 41b Abs. 1 Nr. 13 EStG).

Zur Eintragung der Beiträge des Arbeitnehmers für eine private Krankenversicherung (PKV) in die Lohnsteuerbescheinigung 2010 vgl. die Erläuterungen unter der nachfolgenden Nr. 28.

22. Eintragung in Zeile 26 der Lohnsteuerbescheinigung 2010

In dieser Zeile ist der vom Arbeitnehmer gezahlte Beitragsanteil zur **sozialen Pflegeversicherung** einzutragen.

Zu dieser Eintragung in Zeile 26 ist der Arbeitgeber gesetzlich verpflichtet (§ 41b Abs. 1 Nr. 13 EStG).

Zur Eintragung der Beiträge des Arbeitnehmers für eine **private** Pflegeversicherung in die Lohnsteuerbescheinigung 2010 vgl. die Erläuterungen unter der nachfolgenden Nr. 28.

23. Eintragung in Zeile 27 der Lohnsteuerbescheinigung 2010

In dieser Zeile ist der vom Arbeitnehmer gezahlte Beitragsanteil zur gesetzlichen **Arbeitslosenversicherung** einzutragen. Zu dieser Eintragung in Zeile 27 ist der Arbeitgeber gesetzlich verpflichtet (§ 41b Abs. 1 Nr. 14 EStG).

24. Eintragungen in Zeilen 22 bis 27 bei steuerfreiem Arbeitslohn

In den Zeilen 22 bis 27 dürfen keine Beiträge oder Zuschüsse bescheinigt werden, die auf steuerfreien Arbeitslohn entfallen, z. B. auf Arbeitslohn, der nach dem sog. Auslandstätigkeitserlass oder aufgrund eines Doppelbesteuerungsabkommens steuerfrei ist. Diese Eintragungen sind erforderlich, damit das Finanzamt bei der Veranlagung zur Einkommensteuer erkennen kann, ob bestimmte Sonderausgaben abzugsfähig sind oder nicht. Denn Sonderausgaben, die in unmittelbarem wirtschaftlichem Zusammenhang mit steuerfreien Einnahmen stehen, dürfen nach § 10 Abs. 2 Nr. 1 EStG nicht als Sonderausgaben abgezogen werden. Deshalb sind auch Beiträge, die auf den in Anwendung des zusätzlichen Höchstbetrags von 1800 € nach § 3 Nr. 63 Satz 3 EStG steuerfreien (aber sozialversicherungspflichtigen) Arbeitslohn entfallen nicht zu bescheinigen*).

Ist in einem Monat sowohl steuerpflichtiger als auch (z. B. nach dem Auslandstätigkeitserlass) steuerfreier Arbeitslohn vorhanden, gilt für die Bescheinigung der Sozialversicherungsbeiträge Folgendes:

Es ist nur der Anteil der Sozialversicherungsbeiträge zu bescheinigen, der sich nach dem Verhältnis des steuerpflichtigen Arbeitslohns zum gesamten Arbeitslohn des Lohnzahlungszeitraums (höchstens maßgebende Beitragsbemessungsgrenze) ergibt. Erreicht der **steuerpflichtige** Arbeitslohn im Lohnzahlungszeitraum die für die Beitragsberechnung maßgebende Beitragsbemessungsgrenze, sind die Sozialversicherungsbeiträge des Lohnzahlungszeitraums somit insgesamt dem steuerpflichtigen Arbeitslohn zuzuordnen und in vollem Umfang zu bescheinigen.

25. Eintragung in Zeile 28 der Lohnsteuerbescheinigung 2010

In diese Zeile sind die vom Arbeitnehmer im Einzelnen nachgewiesenen Beiträge zu seiner **privaten Kranken- und Pflegeversicherung** zu bescheinigen. Der Arbeitgeber kann diese Eintragung in die Lohnsteuerbescheinigung 2010 nur dann vornehmen, wenn ihm der Arbeitnehmer eine Bescheinigung seines Versicherungsunternehmens vorgelegt hat, in der die auf eine **Basisabsicherung** entfallenden Beitragsteile im Einzelnen nachgewiesen sind. Was auf die sog. Basisabsicherung entfällt ist in Anhang 8 zum Lexikon unter Nr. 7 erläutert. In Zeile 28 sind die kumulierten Monatsbeiträge zu bescheinigen, die auf den Zeitraum der Beschäftigung entfallen; bei ganzjähriger Beschäftigung also der Jahresbetrag. Dies gilt auch dann, wenn beim Lohnsteuerabzug in einzelnen Kalendermonaten die Mindestvorsorgepauschale zu berücksichtigen war oder bei fortbestehenden Dienstverhältnis kein Arbeitslohn gezahlt wurde (z. B. Krankheit ohne Anspruch auf Lohnfortzahlung). Unterjährige Beitragsänderungen sind zu berücksichtigen. Bei der Ermittlung des zu bescheinigenden Beitrags ist auf volle Monatsbeiträge abzustellen, auch wenn das Dienstverhältnis nicht den ganzen Monat bestand.

26. Eintragung in Zeilen 29, 30, 31 und 32 der Lohnsteuerbescheinigung 2010

Das Muster der elektronischen Lohnsteuerbescheinigung für das Kalenderjahr 2010 enthält vier Eintragungszeilen **für Versorgungsbezüge,** und zwar

– die **Zeile 29,** in die die Bemessungsgrundlage für den Versorgungsfreibetrag einzutragen ist,

– die **Zeile 30,** in die das Kalenderjahr des Versorgungsbeginns einzutragen ist,

---

*) Nach § 3 Nr. 63 EStG sind Beiträge des Arbeitgebers zu einem Pensionsfonds, einer Pensionskasse oder für eine Direktversicherung bis zu 4 % der Beitragsbemessungsgrenze in der gesetzlichen Rentenversicherung steuerfrei (für 2010 sind dies 4 % von 66 000 € = 2640 €). Nach § 3 Nr. 63 **Satz 3** EStG ist **zusätzlich** ein Betrag von **1800 €** jährlich steuerfrei, wenn es sich um eine neue Versorgungszusage ab 2007 handelt. Dieser zusätzliche Höchstbetrag ist zwar steuerfrei aber sozialversicherungspflichtig (§ 1 Abs. 1 Nr. 9 der Sozialversicherungsentgeltverordnung). Deshalb dürfen die auf diesen zusätzlichen Höchstbetrag von 1800 € entfallenden Sozialversicherungsbeiträge nicht in den Beiträgen enthalten sein, die in den Zeilen 22 bis 27 bescheinigt werden.

Lohnsteuerbescheinigung

	Lohn-steuer-pflichtig	Sozial-versich.-pflichtig

- die **Zeile 31**, in die bei Versorgungsbezügen, die nicht während des ganzen Kalenderjahrs zufließen, der erste und der letzte Monat einzutragen sind, für den die Versorgungsbezüge gezahlt wurden,
- die **Zeile 32**, in die einmalige Versorgungsbezüge wie Sterbegeld, Kapitalauszahlungen und Abfindungen sowie Nachzahlungen von Versorgungsbezügen einzutragen sind.

Die Lohnsteuerbescheinigung auf der Rückseite der Lohnsteuerkarte für das Kalenderjahr 2010 enthält diese Eintragungszeilen 29, 30, 31 und 32 nicht, weil davon ausgegangen wird, dass in diesen Fällen stets eine elektronische Übermittlung der Lohnsteuerbescheinigung erfolgt. Das Fehlen der Zeilen 29, 30, 31 und 32 auf der Rückseite der Lohnsteuerkarte bedeutet aber keineswegs, dass diese Angaben entfallen können, wenn der Arbeitgeber die Lohnsteuerbescheinigung für das Kalenderjahr 2010 ausnahmsweise noch auf der Rückseite der Lohnsteuerkarte erteilen sollte. Der Arbeitgeber muss diese Angaben vielmehr in eine nicht benötigte Zeile auf der Rückseite der Lohnsteuerkarte eintragen.

Um die Angaben in den Zeilen 29, 30, 31 und 32 machen zu können, sind entsprechende Aufzeichnungen im Lohnkonto erforderlich. Beim Stichwort „Lohnkonto" unter Nr. 15 auf Seite 452 sind diese in § 4 Abs. 1 Nr. 4 der Lohnsteuer-Durchführungsverordnung festgelegten Aufzeichnungs- und Bescheinigungspflichten erläutert.

27. Eintragung in Zeile 33 der Lohnsteuerbescheinigung 2010

In dieser Zeile war früher das vom Arbeitgeber ausgezahlte Kindergeld einzutragen. Nachdem die Auszahlung des Kindergelds für Arbeitgeber in der Privatwirtschaft seit 1.1.1999 weggefallen ist, kommt bei diesen Arbeitgebern ein Eintrag in Zeile 33 der Lohnsteuerbescheinigung 2010 nicht mehr in Betracht. Die Zeile 33 der Lohnsteuerbescheinigung 2010 hat nur noch Bedeutung für Arbeitgeber im **öffentlichen Dienst**, da diese auch weiterhin das Kindergeld auszahlen (vgl. die Erläuterungen in Anhang 9 des Lexikons).

28. Eintragungen in die freien Zeilen der Lohnsteuerbescheinigung 2010

In die freien Zeilen der Lohnsteuerbescheinigung kann der Arbeitgeber Daten eintragen, die er freiwillig an die Finanzverwaltung übermitteln will, z. B.

- bei Fahrten zwischen Wohnung und Arbeitsstätte: „Anzahl der Arbeitstage",
- bei Arbeitgeberbeiträgen zur Zusatzversorgung, die nach den Merkmalen der Lohnsteuerkarte versteuert wurden: „Steuerpflichtiger Arbeitgeberbeitrag zur Zusatzversorgung",
- Arbeitnehmerbeitrag zur Zusatzversorgung,
- Arbeitnehmerbeitrag zur Winterbeschäftigungs-Umlage,
- bei steuerfreiem Fahrtkostenersatz für beruflich veranlasste Auswärtstätigkeiten: „Steuerfreie Fahrtkosten bei beruflich veranlasster Auswärtstätigkeit",
- Versorgungsbezüge für mehrere Kalenderjahre, die **nicht** ermäßigt besteuert wurden – in 3. und 8. enthalten.

29. Eintragungen in die letzte Zeile der Lohnsteuerbescheinigung 2010

In der letzten Zeile der Lohnsteuerbescheinigung 2010 muss der Arbeitgeber das Finanzamt angeben, an das er die Lohnsteuer abgeführt hat, sowie dessen **vierstellige Finanzamtsnummer**.

30. Besondere Lohnsteuerbescheinigung

Liegt dem Arbeitgeber am Ende des Kalenderjahres oder bei Beendigung des Dienstverhältnisses eine Lohnsteuerkarte des Arbeitnehmers nicht (oder nicht mehr) vor, so hat er die Lohnsteuerbescheinigung nach einem entsprechenden amtlich vorgeschriebenen Vordruck zu erteilen (**Besondere Lohnsteuerbescheinigung**, vgl. dieses Stichwort).

31. Aushändigung der Lohnsteuerbescheinigung

Nach § 41 b Abs. 1 Satz 3 EStG hat der Arbeitgeber dem Arbeitnehmer einen nach amtlich vorgeschriebenem Muster gefertigten **Ausdruck der elektronischen Lohnsteuerbescheinigung** mit Angabe des lohnsteuerlichen Ordnungsmerkmals (**eTIN** = elektronische Transfer-Identifikations-Nummer) **auszuhändigen.**

Arbeitgeber, die nicht an der elektronischen Übermittlung der Lohnsteuerbescheinigung teilnehmen, müssen dem Arbeitnehmer die mit einer Lohnsteuerbescheinigung versehene Lohnsteuerkarte oder die Besondere Lohnsteuerbescheinigung aushändigen, wenn das Dienstverhältnis vor Ablauf des Kalenderjahrs beendet wird. Nach Ablauf des Kalenderjahrs hat der Arbeitgeber, der nicht an der elektronischen Übermittlung der Lohnsteuerbescheinigung teilnimmt, dem Arbeitnehmer die mit einer Lohnsteuerbescheinigung versehene Lohnsteuerkarte unverzüglich auszuhändigen, wenn der Arbeitnehmer die Lohnsteuerkarte für seine Veranlagung zur Einkommensteuer benötigt.

32. Nachträgliche Korrektur der Lohnsteuerbescheinigung

Eine **Korrektur** der elektronisch an das Finanzamt übermittelten Lohnsteuerbescheinigung ist nur dann möglich, wenn es sich um eine bloße Berichtigung eines zunächst unrichtig übermittelten Datensatzes handelt (R 41c.1 Absatz 7 LStR).

Stellen Nachzahlungen laufenden Arbeitslohn dar, sind diese für die Berechnung der Lohnsteuer den Lohnzahlungszeiträumen zuzurechnen, für die sie geleistet werden (vgl. die Erläuterungen beim Stichwort „Nachzahlung von laufendem Arbeitslohn"). Wird eine solche Nachzahlung nach Beendigung des Dienstverhältnisses im selben Kalenderjahr für Lohnzahlungszeiträume bis zur Beendigung des Dienstverhältnisses geleistet, ist die bereits erteilte und übermittelte Lohnsteuerbescheinigung zu korrigieren. Sonstige Bezüge, die nach Beendigung des Dienstverhältnisses oder in folgenden Kalenderjahren gezahlt werden, sind gesondert zu bescheinigen; als Dauer des Dienstverhältnisses ist in diesen Fällen der Monat der Zahlung anzugeben.

Dem betroffenen Arbeitnehmer ist der Ausdruck der erneut übermittelten Daten mit dem Hinweis auszuhändigen, dass nunmehr diese geänderte Lohnsteuerbescheinigung der Einkommensteuer-Erklärung zugrunde zu legen ist.

Eine **Korrektur des Lohnsteuerabzugs** ist nach der **erstmaligen** elektronischen Übermittlung der Lohnsteuerbescheinigung **nicht mehr möglich**. Stellt sich nachträglich heraus, dass der Lohnsteuerabzug zu niedrig durchgeführt wurde, muss der Arbeitgeber dem Betriebsstättenfinanzamt unverzüglich Anzeige erstatten. Wurde der Lohnsteuerabzug zu hoch durchgeführt, erfolgt eine Erstattung der zu viel gezahlten Lohnsteuer im Rahmen einer Veranlagung des Arbeitnehmers zur Einkommensteuer. Auf die ausführlichen Erläuterungen beim Stichwort „Änderung des Lohnsteuerabzugs" wird Bezug genommen.

Siehe auch die Stichworte: Besondere Lohnsteuerbescheinigung, Lohnsteuerkarte, Lohnkonto, Nachzahlung von laufendem Arbeitslohn, Sonstige Bezüge.

Lohnsteuer-Ermäßigungsverfahren

Der Arbeitnehmer kann sich für Werbungskosten, Sonderausgaben und außergewöhnliche Belastungen einen Freibetrag vom Finanzamt auf seiner Lohnsteuerkarte eintragen lassen. Dieses Verfahren wird Lohnsteuer-Ermäßigungsverfahren genannt. Es ist in **Anhang 7** ausführlich anhand von Beispielen erläutert.

Lohnsteuer-Jahresausgleich durch den Arbeitgeber

Neues auf einen Blick:

Der Arbeitgeber darf ab dem Kalenderjahr 2010 bei denjenigen Arbeitnehmern keinen Lohnsteuer-Jahresausgleich durchführen, bei denen er das **sog. Faktorverfahren** angewandt hat. Das ab 1.1.2010 neu geltende Faktorverfahren ist bei diesem Stichwort ausführlich erläutert.

Der Arbeitgeber darf ab 1.1.2010 keinen Lohnsteuer-Jahresausgleich durchführen, wenn im Kalenderjahr Teilbeträge der Vorsorgepauschale nur **zeitweise** berücksichtigt wurden (§ 42b Abs. 1 Nr. 5 EStG). Dies ist z. B. bei einem Arbeitnehmer der Fall, der bisher rentenversicherungspflichtig beschäftigt war und im Laufe des Kalenderjahrs 2010 in eine rentenversicherungsfreie Beschäftigung wechselt (z. B. ein weiterbeschäftigter Altersrentner). Die ab 1.1.2010 geltende Vorsorgepauschale kann sich aus verschiedenen Teilbeträgen zusammensetzen, und zwar aus

- einem Teilbetrag für die Rentenversicherung,
- Teilbeträgen für die gesetzliche Basiskranken- und Pflegeversicherung oder
- Teilbeträgen für die private Basiskranken- und Pflegeversicherung.

Im Hinblick auf diese Teilbeträge ist nach dem BMF-Schreiben vom 14.12.2009 (Az.: IV C 5 – S 2367/09/10002)*) ein Lohnsteuer-Jahresausgleich auch dann ausgeschlossen, wenn

- der Arbeitnehmer bezogen auf den Teilbetrag der Vorsorgepauschale für die Rentenversicherung innerhalb des Kalenderjahrs teilweise zum Rechtskreis **West** und teilweise zum Rechtskreis **Ost** gehört hat;
- beim Arbeitnehmer bezogen auf die Teilbeträge der Vorsorgepauschale für die Rentenversicherung und/oder die gesetzliche Kranken- und Pflegeversicherung innerhalb des Kalenderjahrs **unterschiedliche Beitragssätze** anzuwenden waren.

Beispiel

Eine Arbeitnehmerin bekommt im Laufe des Kalenderjahrs 2010 ein Kind. Auf der Lohnsteuerkarte wird der Kinderfreibetragszähler 1,0 eingetragen. Ab diesem Zeitpunkt ändert sich der in den Lohnsteuertarif eingearbeitete Teilbetrag der Vorsorgepauschale für die Pflegeversicherung, weil der Beitragssatz von bisher 1,225 % auf 0,975 % sinkt. Für diese Arbeitnehmerin darf kein Lohnsteuer-Jahresausgleich 2010 durchgeführt werden.

Die ab 1.1.2010 geltenden Regelungen zur Berechnung der neuen Vorsorgepauschale sind ausführlich im **Anhang 8 zum Lexikon** erläutert.

Gliederung:

1. Allgemeines
2. Zuständigkeit des Arbeitgebers
3. Fälle, in denen der Arbeitgeber keinen Jahresausgleich durchführen darf
4. Frist für die Durchführung des Jahresausgleichs durch den Arbeitgeber
5. Ermittlung des maßgebenden Jahresarbeitslohns
6. Durchführung des Lohnsteuer-Jahresausgleichs
7. Nachforderung von Lohnsteuer beim Jahresausgleich durch den Arbeitgeber
   a) Zutreffender Lohnsteuerabzug während des Jahres
   b) Falscher Lohnsteuerabzug während des Jahres
8. Zusammenfassung des Lohnsteuer-Jahresausgleichs und der Dezember-Abrechnung
9. Versorgungsfreibetrag und Zuschlag zum Versorgungsfreibetrag beim Jahresausgleich durch den Arbeitgeber
10. Altersentlastungsbetrag bei Jahresausgleich durch den Arbeitgeber
11. Lohnsteuer-Jahresausgleich für beschränkt steuerpflichtige Arbeitnehmer
12. Entnahme des Erstattungsbetrags aus dem Lohnsteueraufkommen
13. Ausgleich des Solidaritätszuschlags durch den Arbeitgeber
14. Kirchensteuer-Jahresausgleich
15. Aufzeichnungs- und Bescheinigungspflichten beim Jahresausgleich

1. Allgemeines

Sinn und Zweck des vom Arbeitgeber durchzuführenden Lohnsteuer-Jahresausgleichs ist es, die für die einzelnen Monate nach der Monatslohnsteuertabelle einbehaltene Lohnsteuer nach Ablauf des Kalenderjahres anhand der **Jahreslohnsteuertabelle** zu überprüfen. Ergibt diese Überprüfung, dass während des Jahres zu viel Lohnsteuer einbehalten wurde, so ist der zu viel einbehaltene Betrag dem Arbeitnehmer zu erstatten. Eine Erstattung kann z. B. auf schwankendem Arbeitslohn oder auf der Eintragung von Freibeträgen im Laufe des Kalenderjahres beruhen. Früher gab es nicht nur einen Lohnsteuer-Jahresausgleich durch den Arbeitgeber, sondern auch einen Jahresausgleich durch das Finanzamt. An die Stelle des Lohnsteuer-Jahresausgleichs durch das Finanzamt ist seit 1991 eine Veranlagung zur Einkommensteuer auf Antrag des Arbeitnehmers getreten (vgl. das Stichwort „Veranlagung von Arbeitnehmern"). Seit 1991 kann deshalb **nur noch der Arbeitgeber** einen Lohnsteuer-Jahresausgleich durchführen und anhand der Jahreslohnsteuertabelle feststellen, ob ggf. im Laufe des Kalenderjahrs zu viel Lohnsteuer einbehalten wurde.

Stellt der Arbeitgeber bei der Durchführung des Lohnsteuer-Jahresausgleiches fest, dass während des Jahres **zu wenig** Lohnsteuer einbehalten wurde, so muss er diese Lohnsteuer nicht vom Arbeitslohn des Arbeitnehmers einbehalten, wenn der Lohnsteuerabzug während der einzelnen Lohnabrechnungszeiträume zutreffend durchgeführt wurde. Stellt der Arbeitgeber allerdings fest, dass der Lohnsteuer-Fehlbetrag auf einen **falschen Lohnsteuerabzug** während des Jahres zurückzuführen ist, so ist er verpflichtet, den Lohnsteuerabzug nachträglich zu berichtigen und die zu wenig einbehaltene Lohnsteuer nachträglich vom Arbeitslohn des Arbeitnehmers einzubehalten. Tut er dies nicht, so haftet er für die zu wenig einbehaltene Lohnsteuer (vgl. das Stichwort „Änderung des Lohnsteuerabzugs").

Eines besonderen Antrags des Arbeitnehmers auf Durchführung des Lohnsteuer-Jahresausgleichs durch den Arbeitgeber bedarf es nicht. Voraussetzung ist jedoch, dass dem Arbeitgeber die elektronischen Lohnsteuerbescheinigungen aus etwaigen vorangegangenen Dienstverhältnissen **lückenlos** vorliegen. Ergeben sich nach den

---

*) Das BMF-Schreiben ist als Anlage zu H 39b.7 LStR im **Steuerhandbuch für das Lohnbüro 2010** abgedruckt, das im selben Verlag erschienen ist. Das **PC-Lexikon für das Lohnbüro 2010** enthält auch dieses Handbuch und hat außerdem den Vorteil, dass Sie **alle BFH-Urteile** sowie die aktuellen Rundschreiben und Niederschriften der Spitzenverbände der **Sozialversicherung** mit Mausklick **im Volltext** abrufen und ausdrucken können. Eine Bestellkarte finden Sie vorne im Lexikon.

Lohnsteuer-Jahresausgleich durch den Arbeitgeber

vorgelegten Lohnsteuerbescheinigungen sog. **Fehlzeiten,** so darf der Arbeitgeber keinen Lohnsteuer-Jahresausgleich durchführen. Fehlzeiten können dadurch entstehen, dass der Arbeitnehmer dem (neuen) Arbeitgeber die elektronische Lohnsteuerbescheinigung aus einem früheren Dienstverhältnis nicht vorlegt oder der Arbeitnehmer einen Teil des Kalenderjahres nicht in einem Dienstverhältnis gestanden hat. Hat der Arbeitnehmer einen Teil des Kalenderjahrs nicht in einem Dienstverhältnis gestanden, so darf der Arbeitgeber den Lohnsteuer-Jahresausgleich selbst dann nicht durchführen, wenn der Arbeitnehmer die Fehlzeiten durch amtliche Unterlagen nachweist (z. B. durch eine Bescheinigung der Agentur für Arbeit über den Bezug von Arbeitslosengeld).

2. Zuständigkeit des Arbeitgebers

Der Arbeitgeber ist nach § 42 b Abs. 1 Satz 2 EStG zur Durchführung des Lohnsteuer-Jahresausgleichs **gesetzlich verpflichtet,** wenn er am 31. Dezember mindestens 10 Arbeitnehmer mit Lohnsteuerkarte beschäftigt. Beschäftigt der Arbeitgeber weniger als 10 Arbeitnehmer mit Lohnsteuerkarte, so ist er zwar nicht verpflichtet, den Lohnsteuer-Jahresausgleich durchzuführen, er ist jedoch hierzu berechtigt. Die Arbeitgeber machen in aller Regel von dieser Berechtigung im Interesse ihrer Arbeitnehmer auch Gebrauch und führen den Lohnsteuer-Jahresausgleich durch, damit die Arbeitnehmer sofort nach Ablauf des Kalenderjahres die zu viel gezahlte Lohnsteuer zurückerhalten.

Der Arbeitgeber darf jedoch nur für diejenigen Arbeitnehmer einen Lohnsteuer-Jahresausgleich durchführen, die während des **ganzen** Kalenderjahres **ununterbrochen** in einem Dienstverhältnis gestanden haben; dabei ist es gleichgültig, ob der Arbeitnehmer während des Kalenderjahres nur bei **einem** Arbeitgeber beschäftigt war oder in mehreren **unmittelbar aufeinander folgenden** Dienstverhältnissen zu verschiedenen Arbeitgebern gestanden hat. Nicht erforderlich ist, dass der Arbeitnehmer ununterbrochen „gearbeitet" hat. Das Dienstverhältnis besteht auch weiter, wenn die Arbeitnehmerin oder der Arbeitnehmer z. B. Elternzeit oder unbezahlten Urlaub genommen hat, oder wenn der Arbeitnehmer zum Wehr- oder Zivildienst einberufen worden ist und die Lohnsteuerkarte in diesen Fällen weiterhin beim Arbeitgeber bleibt.

Beispiel

Ein Arbeitnehmer arbeitet bis 30. 9., am 1. 10. wird er zum Wehrdienst einberufen. Die Lohnsteuerkarte bleibt bei seinem Arbeitgeber. Der Arbeitgeber ist berechtigt, den Lohnsteuer-Jahresausgleich durchzuführen, da das Dienstverhältnis während des ganzen Kalenderjahres bestanden hat. Händigt der Arbeitgeber dem Arbeitnehmer die Lohnsteuerkarte bei der Einberufung zum Wehrdienst aus (was ohne weiteres möglich ist), dann endet das Dienstverhältnis am 30. 9. und die Durchführung eines Lohnsteuer-Jahresausgleichs durch den Arbeitgeber entfällt.

Liegen nicht für alle Zeiträume des Kalenderjahrs elektronische Lohnsteuerbescheinigungen der früheren Arbeitgeber vor (sog. Fehlzeiten), darf der Arbeitgeber auf keinen Fall den Lohnsteuer-Jahresausgleich durchführen. Die Durchführung eines Lohnsteuer-Jahresausgleichs ist auch dann unzulässig, wenn bei einem Arbeitnehmer die unbeschränkte Steuerpflicht im Laufe des Kalenderjahrs **beginnt oder endet** (ein Arbeitnehmer verlegt im Laufe des Kalenderjahrs seinen Wohnsitz ins Inland oder er verzieht im Laufe des Kalenderjahrs ins Ausland). Aber auch wenn **keine Fehlzeiten** vorhanden sind, der Arbeitnehmer im Kalenderjahr also nachweislich der vorgelegten elektronischen Lohnsteuerbescheinigungen ununterbrochen in einem Dienstverhältnis gestanden hat, darf der Arbeitgeber in den unter der folgenden Nr. 3 genannten **Sonderfällen** keinen Lohnsteuer-Jahresausgleich durchführen.

3. Fälle, in denen der Arbeitgeber keinen Jahresausgleich durchführen darf

In keinem Fall darf nach § 42 b Abs. 1 Satz 4 EStG der Jahresausgleich durchgeführt werden,

a) wenn der Arbeitnehmer für das ganze Kalenderjahr oder für einen Teil des Kalenderjahres nach der **Steuerklasse V oder VI** zu besteuern war;

b) wenn der Arbeitnehmer für **einen Teil des Kalenderjahres** nach der Steuerklasse II, III oder IV zu besteuern war;

Beispiel A

Ein Arbeitnehmer heiratet am 1. August und lässt sich ab diesem Zeitpunkt die Steuerklasse von bisher I in III ändern. Der Arbeitgeber darf für diesen Arbeitnehmer keinen Lohnsteuer-Jahresausgleich durchführen.

Beispiel B

Arbeitnehmer-Ehegatten lassen sich die auf ihren Lohnsteuerkarten eingetragene Steuerklasse IV im Laufe des Kalenderjahres in III beim Ehemann und V bei der Ehefrau ändern. Weder der Arbeitgeber des Ehemannes noch der Arbeitgeber der Ehefrau darf den Lohnsteuer-Jahresausgleich durchführen.

Beispiel C

Ein Arbeitnehmer wird während des ganzen Kalenderjahres nach der Steuerklasse VI besteuert. Der Arbeitgeber darf keinen Lohnsteuer-Jahresausgleich durchführen.

Beispiel D

Einem Arbeitnehmer wurde die Steuerklasse II nur für die Monate November und Dezember auf der Lohnsteuerkarte eingetragen. Der Arbeitgeber darf für diesen Arbeitnehmer keinen Lohnsteuer-Jahresausgleich durchführen.

c) wenn auf der Lohnsteuerkarte des Arbeitnehmers ein **Freibetrag** oder Hinzurechnungsbetrag eingetragen ist;

d) wenn bei der Berechnung der Lohnsteuerkarte das sog. Faktorverfahren angewandt wurde;

e) wenn Teilbeträge der Vorsorgepauschale nur **zeitweise** beim Lohnsteuerabzug berücksichtigt wurden (vgl. vorstehend unter „Neues auf einen Blick").

f) wenn der Arbeitnehmer im Kalenderjahr eine der folgenden **Lohnersatzleistungen** bezogen hat:

– Kurzarbeitergeld,

– Saisonkurzarbeitergeld (frühere Bezeichnung: Winterausfallgeld),

– Zuschuss zum Mutterschaftsgeld nach dem Mutterschutzgesetz,

– Zuschuss nach § 4 a der Mutterschutzverordnung des Bundes oder einer entsprechenden Landesregelung*),

– Entschädigungen für Verdienstausfall nach dem Infektionsschutzgesetz,

– Aufstockungsbeträge nach dem Altersteilzeitgesetz,

– Altersteilzeitzuschläge nach beamtenrechtlichen Grundsätzen*).

g) wenn im Lohnkonto der Buchstabe „U" eingetragen ist.

Die Voraussetzungen für die Eintragung des Buchstabens „U" im Lohnkonto sind ausführlich anhand von Beispielen beim Stichwort „Lohnkonto" unter Nr. 9 auf Seite 449 erläutert.

Beispiel A

Der Arbeitnehmer hat für eine Woche Krankengeld nach Ablauf der Lohnfortzahlung bezogen. Im Lohnkonto ist deshalb ein „U" eingetragen. Der Arbeitgeber darf keinen Lohnsteuer-Jahresausgleich durchführen.

Beispiel B

Eine Arbeitnehmerin nimmt ab 1. November Elternzeit. Im Lohnkonto ist deshalb ein „U" eingetragen. Der Arbeitgeber darf keinen Lohnsteuer-Jahresausgleich durchführen.

---

*) Dieser Ausschlusstatbestand betrifft nur den öffentlichen Dienst; er hat für Arbeitgeber in der privaten Wirtschaft keine Bedeutung.

Lohnsteuer-Jahresausgleich durch den Arbeitgeber

h) wenn der Arbeitnehmer im Kalenderjahr Arbeitslohn bezogen hat, der nach einem Doppelbesteuerungsabkommen oder nach dem Auslandstätigkeitserlass (vgl. diese Stichworte) vom Lohnsteuerabzug befreit war;

i) wenn dem Arbeitgeber die Lohnsteuerkarte für den Arbeitnehmer nicht oder nicht mehr vorliegt (z. B. weil der Arbeitgeber dem Arbeitnehmer die Lohnsteuerkarte bereits ausgehändigt hat);

j) wenn es der Arbeitnehmer beantragt (weil er ohnehin zur Einkommensteuer veranlagt wird, vgl. das Stichwort „Veranlagung von Arbeitnehmern").

Der Lohnsteuer-Jahresausgleich ist für die unter den Buchstaben a bis j genannten Fälle ausgeschlossen worden, da es letztlich auch im Interesse der Arbeitnehmer nicht sinnvoll sein kann, wenn der Arbeitgeber im Jahresausgleich Lohn- und Kirchensteuer sowie ggf. Solidaritätszuschlag erstattet und das Finanzamt bei einer Veranlagung zur Einkommensteuer (z. B. zur Anwendung des Progressionsvorbehalts) diese Beträge vom Arbeitnehmer ggf. wieder zurückfordern muss.

4. Frist für die Durchführung des Jahresausgleichs durch den Arbeitgeber

Der **Arbeitgeber** darf den Lohnsteuer-Jahresausgleich **frühestens** bei der Lohnabrechnung für den letzten im Kalenderjahr endenden Lohnzahlungszeitraum und **spätestens** bei der Lohnabrechnung für den letzten **im Monat März des nächsten Jahres** endenden Lohnzahlungszeitraum durchführen (§ 42b Abs. 3 Satz 1 EStG).

Beispiel A
Bei einem monatlich entlohnten Arbeitnehmer darf der Arbeitgeber den Lohnsteuer-Jahresausgleich für das Kalenderjahr 2010 frühestens bei der Berechnung der auf den Arbeitslohn für Dezember 2010 entfallenden Lohnsteuer den Jahresausgleich durchführen. Spätestens darf der Arbeitgeber den bei monatlich entlohnten Arbeitnehmern den Jahresausgleich 2010 bei der Lohnabrechnung für März 2011 durchführen. Dabei ist es gleichgültig, ob der Arbeitslohn im Voraus oder nachträglich bezahlt wird.

Beispiel B
Bei einem wöchentlich entlohnten Arbeitnehmer darf der Arbeitgeber den Lohnsteuer-Jahresausgleich für das Kalenderjahr 2010 spätestens anlässlich der Lohnzahlung für die 12. Lohnwoche des Jahres 2011 durchführen.

Nach Übersendung der elektronischen Lohnsteuerbescheinigung an das Finanzamt darf der Arbeitgeber einen Lohnsteuer-Jahresausgleich nicht mehr durchführen.

5. Ermittlung des maßgebenden Jahresarbeitslohns

Der für die Durchführung des Lohnsteuer-Jahresausgleichs maßgebende steuerpflichtige Jahresarbeitslohn ist anhand der Eintragungen im Lohnkonto festzustellen. Maßgebender Jahresarbeitslohn ist der steuerpflichtige Brutto-Jahresarbeitslohn (einschließlich des Wertes der steuerpflichtigen Sachbezüge), der dem Arbeitnehmer für alle im Kalenderjahr endenden Lohnzahlungszeiträume zugeflossen ist. War der Arbeitnehmer nicht das ganze Kalenderjahr beim selben Arbeitgeber beschäftigt, so muss der Arbeitgeber, der den Lohnsteuer-Jahresausgleich durchführt, den Arbeitslohn, der sich aus den elektronischen Lohnsteuerbescheinigungen der früheren Arbeitgeber ergibt, in die Ermittlung des Jahresarbeitslohnes einbeziehen. Die elektronischen Lohnsteuerbescheinigungen der früheren Arbeitgeber müssen **lückenlos** vorliegen; sind **Fehlzeiten** vorhanden, darf der Arbeitgeber den Lohnsteuer-Jahresausgleich nicht durchführen.

Bei der Ermittlung des maßgebenden Jahresarbeitslohnes bleiben steuerfreier Arbeitslohn und Arbeitslohn, der vom Arbeitgeber **pauschal** versteuert wurde, außer Ansatz.

Beispiel A
Der Arbeitgeber hat Fahrkostenzuschüsse für Fahrten zwischen Wohnung und Arbeitsstätte pauschal mit 15 % versteuert. Die Fahrkostenzuschüsse und die hierauf entfallende Lohn- und Kirchensteuer sowie der Solidaritätszuschlag bleiben beim Lohnsteuer-Jahresausgleich durch den Arbeitgeber außer Ansatz.

Sonstige Bezüge, die dem Arbeitnehmer im Kalenderjahr zugeflossen sind, gehören zum maßgebenden Jahresarbeitslohn, wenn sie nach der Jahreslohnsteuertabelle besteuert wurden. Wurden sonstige Bezüge pauschal besteuert, so bleiben sie bei der Ermittlung des maßgebenden Jahresarbeitslohnes außer Ansatz (vgl. „Pauschalierung der Lohnsteuer").

Bei sonstigen Bezügen gilt also ausschließlich das **Zuflussprinzip.** Hierauf ist besonders zu achten, wenn zum Jahreswechsel sonstige Bezüge zusammen mit laufendem Arbeitslohn ausgezahlt werden.

Beispiel B
Lohnzahlungszeitraum für den laufenden Arbeitslohn ist der Kalendermonat. Der Monatslohn für Dezember 2010 wird zusammen mit dem Weihnachtsgeld (= sonstiger Bezug) am 4.1.2011 an den Arbeitnehmer ausgezahlt. Der laufende Arbeitslohn gehört zum maßgebenden Jahresarbeitslohn für das Kalenderjahr 2010. Auf den Zeitpunkt der Lohnzahlung kommt es beim laufenden Arbeitslohn nicht an. Das Weihnachtsgeld gehört zum maßgebenden Jahresarbeitslohn 2011, da es im Kalenderjahr 2011 zugeflossen ist.

Wichtig ist also in diesen Fällen, wann dem Arbeitnehmer der Arbeitslohn zufließt. Wird der Arbeitslohn, wie dies heute allgemein üblich ist, unbar gezahlt, so wird der Arbeitgeber von dem Tag ausgehen können, an dem er den Überweisungsauftrag erteilt. Wird also im Beispielsfall der Überweisungsauftrag noch im Dezember 2010 erteilt, so ist der sonstige Bezug im Dezember 2010 zugeflossen und kann mit den Dezemberbezügen abgerechnet werden.

Hat der Arbeitgeber aufgrund einer **Nettolohnvereinbarung** den Arbeitslohn netto gezahlt, dann ist der auf einen Bruttobetrag umgerechnete Nettoarbeitslohn in den Lohnsteuer-Jahresausgleich einzubeziehen.

Ermäßigt besteuerte Entschädigungen (dies sind in aller Regel steuerpflichtige Entlassungsentschädigungen, vgl. Stichwort „Entschädigungen" unter Nr. 1 Buchstabe b auf Seite 241) und Bezüge, die eine Entlohnung für eine Tätigkeit darstellen, die sich über mehrere Jahre erstreckt hat, sowie die auf diese Teile des Arbeitslohns entfallenden Steuerabzugsbeträge hat der Arbeitgeber nur dann in den Lohnsteuer-Jahresausgleich einzubeziehen, **wenn der Arbeitnehmer dies ausdrücklich beantragt.** Sind diese Vergütungen in den Lohnsteuer-Jahresausgleich einzubeziehen, so werden sie mit der **vollen** Tabellensteuer versteuert (R 42b Abs. 2 LStR). Der Arbeitnehmer wird deshalb die Einbeziehung nur dann beantragen, wenn sich auch bei Anwendung der für seine Steuerklasse maßgebenden Jahreslohnsteuertabelle noch eine günstigere Besteuerung ergibt, als die für solche Bezüge im laufenden Lohnsteuerabzugsverfahren während des Kalenderjahres bereits gewährte Steuerermäßigung nach der sog. Fünftelregelung betragen hat.

Der nach diesen Grundsätzen festgestellte Jahresarbeitslohn ist ggf. noch zu kürzen um

– den **Altersentlastungsbetrag** (vgl. nachfolgend unter Nr. 10);

– den **Versorgungsfreibetrag** und den **Zuschlag zum Versorgungsfreibetrag,** wenn im Jahresarbeitslohn Versorgungsbezüge enthalten sind (vgl. nachfolgend unter Nr. 9).

Die Berücksichtigung des Altersentlastungsbetrags, des Versorgungsfreibetrags und des Zuschlags zum Versorgungsfreibetrag beim Lohnsteuer-Jahresausgleich durch den Arbeitgeber ist unter den folgenden Nrn. 9 und 10 ausführlich anhand von Beispielen erläutert.

6. Durchführung des Lohnsteuer-Jahresausgleichs

Für den Jahresarbeitslohn ist die Lohn- und Kirchensteuer sowie der Solidaritätszuschlag nach der Jahres-

Lohnsteuer-Jahresausgleich durch den Arbeitgeber

lohnsteuertabelle zu ermitteln. Bei der Berechnung der Lohn- und Kirchensteuer sowie des Solidaritätszuschlags nach der Jahreslohnsteuertabelle ist Folgendes zu beachten: Für die Anwendung der Steuerklasse und der Zahl der Kinderfreibeträge sind die Eintragungen auf der Lohnsteuerkarte maßgebend. Waren während des Kalenderjahres nach den Eintragungen auf der Lohnsteuerkarte verschiedene Steuerklassen anzuwenden, so hat der Arbeitgeber bei der Durchführung des Jahresausgleichs die **zuletzt** eingetragene Steuerklasse für das ganze Ausgleichsjahr zugrunde zu legen. Gleiches gilt für die Zahl der Kinderfreibeträge.

Beispiel A

Einem Arbeitnehmer der Steuerklasse III/1 Kinderfreibetrag wird am 3. Juni 2010 ein weiteres Kind geboren. Die Gemeindebehörde hat auf der Lohnsteuerkarte mit Wirkung ab 3.6.2010 die Steuerklasse III/2 Kinderfreibeträge vermerkt. Beim Lohnsteuer-Jahresausgleich 2010 ist die Steuerklasse III/2 Kinderfreibeträge für das ganze Kalenderjahr anzuwenden.

In diesem Zusammenhang ist jedoch zu beachten, dass bei einer Änderung der Steuerklasse wegen Eheschließung (z.B. Änderung der Steuerklasse I in III oder IV) oder bei einem Steuerklassentausch von Arbeitnehmerehegatten (z.B. von IV/IV in III/V oder umgekehrt) der Arbeitgeber den Lohnsteuer-Jahresausgleich nicht durchführen darf (vgl. die Ausführungen unter der vorstehenden Nr. 3).

Beispiel B

Ein Arbeitnehmer heiratet am 1. August und lässt sich ab diesem Zeitpunkt die Steuerklasse von bisher I in III ändern. Nach der Bestimmung, dass die zuletzt eingetragene Steuerklasse für das ganze Ausgleichsjahr zugrunde zu legen ist, wäre für den Arbeitnehmer die Steuerklasse III. Der Arbeitgeber darf für diesen Arbeitnehmer jedoch keinen Lohnsteuer-Jahresausgleich durchführen.

Außerdem darf der Arbeitgeber den Lohnsteuer-Jahresausgleich bei Anwendung der Steuerklasse II nicht durchführen, wenn die **Steuerklasse II nur für einen Teil des Kalenderjahres** gegolten hat (vgl. die Erläuterungen unter der vorstehenden Nr. 3).

Bei der Durchführung des Lohnsteuer-Jahresausgleichs wird der Arbeitgeber zweckmäßigerweise nach folgendem Schema vorgehen:

Zuerst ist zu prüfen, ob der Arbeitgeber berechtigt ist, für den betreffenden Arbeitnehmer einen Lohnsteuer-Jahresausgleich durchzuführen (vgl. Nr. 3)

Dann ist der steuerpflichtige Bruttojahresarbeitslohn nach den Eintragungen im Lohnkonto und den Lohnsteuerbescheinigungen von früheren Arbeitgebern zu errechnen ..... Euro

Von diesem Bruttojahresarbeitslohn sind abzuziehen:

Der Altersentlastungsbetrag, wenn der Arbeitnehmer vor Beginn des Kalenderjahrs das 64. Lebensjahr vollendet hat (vgl. nachfolgend unter Nr. 10) ..... Euro

Der Versorgungsfreibetrag und den Zuschlag zum Versorgungsfreibetrag, wenn im Bruttojahresarbeitslohn Versorgungsbezüge enthalten sind (vgl. nachfolgend unter Nr. 9) ..... Euro

Der verbleibende Betrag ist der für den Lohnsteuer-Jahresausgleich maßgebende Jahresarbeitslohn ..... Euro

Für diesen maßgebenden Jahresarbeitslohn ist nach der zuletzt eingetragenen Steuerklasse und Zahl der Kinderfreibeträge die Lohn- und Kirchensteuer sowie der Solidaritätszuschlag nach der **Jahres**lohnsteuertabelle zu berechnen ..... Euro

Von diesem Betrag ist die beim laufenden Lohnsteuerabzug während des Jahres einbehaltene Lohn- und Kirchensteuer sowie der Solidaritätszuschlag abzuziehen ..... Euro

Der Differenzbetrag ist die dem Arbeitnehmer im Lohnsteuer-Jahresausgleich zu erstattende Lohn- und Kirchensteuer sowie der zu erstattende Solidaritätszuschlag ..... Euro

7. Nachforderung von Lohnsteuer beim Jahresausgleich durch den Arbeitgeber

Sinn und Zweck des vom Arbeitgeber durchzuführenden Lohnsteuer-Jahresausgleichs ist es, die für die einzelnen Monate nach der Monatslohnsteuertabelle einbehaltene Lohnsteuer nach Ablauf des Kalenderjahres anhand der Jahreslohnsteuertabelle zu überprüfen. Ergibt diese Überprüfung, dass während des Jahres zu viel Lohnsteuer einbehalten wurde, so ist der zu viel einbehaltene Betrag dem Arbeitnehmer zu erstatten. Es gibt jedoch Fälle, in denen die beim Jahresausgleich durch den Arbeitgeber ermittelte Jahreslohnsteuer **höher** ist als die im Laufe des Kalenderjahrs einbehaltene Lohnsteuer. Bei der Durchführung des Lohnsteuer-Jahresausgleichs durch den Arbeitgeber würde sich also eine **Nachforderung** von Lohnsteuer ergeben. Hierbei sind zwei Fälle zu unterscheiden:

a) Zutreffender Lohnsteuerabzug während des Jahres

Stellt der Arbeitgeber bei der Durchführung des Lohnsteuer-Jahresausgleichs fest, dass während des Jahres **zu wenig** Lohnsteuer einbehalten wurde, so muss er diese Lohnsteuer nicht vom Arbeitslohn des Arbeitnehmers einbehalten, wenn der Lohnsteuerabzug während der einzelnen Lohnabrechnungszeiträume **zutreffend** durchgeführt wurde. Für den Arbeitgeber ist also nichts veranlasst. Er muss weder die zu wenig einbehaltene Lohnsteuer vom Arbeitnehmer nachfordern noch ist er verpflichtet, das Finanzamt zu unterrichten. Die Nachforderung der zu wenig einbehaltenen Lohnsteuer erfolgt im Rahmen einer Veranlagung zur Einkommensteuer durch das Finanzamt.

b) Falscher Lohnsteuerabzug während des Jahres

Stellt der Arbeitgeber allerdings fest, dass der Lohnsteuer-Fehlbetrag auf einen **Fehler beim Lohnsteuerabzug** während des Jahres zurückzuführen ist, so ist er verpflichtet, die zu wenig einbehaltene Lohnsteuer nachträglich vom Arbeitslohn des Arbeitnehmers einzubehalten. Tut er dies nicht, so haftet er für die zu wenig einbehaltene Lohnsteuer (vgl. das Stichwort „Änderung des Lohnsteuerabzugs").

8. Zusammenfassung des Lohnsteuer-Jahresausgleichs und der Dezember-Abrechnung

Anstelle des gesondert durchgeführten Lohnsteuer-Jahresausgleichs kann der Arbeitgeber den Jahresausgleich auch mit der **Lohnabrechnung für Dezember zusammenfassen** und beides in einem Arbeitsgang durchrechnen. Dieses Verfahren wird in der Praxis häufig von Firmen mit maschineller Lohnabrechnung durchgeführt.

Führt der Arbeitgeber den Lohnsteuer-Jahresausgleich nicht gesondert durch, sondern fasst er den Lohnsteuer-Jahresausgleich mit der Lohnabrechnung für Dezember zusammen (was nach R 42b Abs. 3 LStR zulässig ist), so erfolgt hierdurch automatisch eine Nachholung von Lohnsteuer, die während des Jahres zu wenig einbehalten wurde, und zwar unabhängig davon, ob der Lohnsteuerabzug während des Jahres zutreffend vorgenommen wurde oder falsch war.

Lohnsteuer-Jahresausgleich durch den Arbeitgeber

9. Versorgungsfreibetrag und Zuschlag zum Versorgungsfreibetrag beim Jahresausgleich durch den Arbeitgeber

Erhält ein Arbeitnehmer von seinem (früheren) Arbeitgeber steuerbegünstigte Versorgungsbezüge (z. B. eine Betriebsrente), so steht ihm ein Versorgungsfreibetrag und ein Zuschlag zum Versorgungsfreibetrag zu (vgl. „Versorgungsbezüge, Versorgungsfreibetrag"). Beide Freibeträge sind nicht nur beim laufenden Lohnsteuerabzug, sondern auch beim Lohnsteuer-Jahresausgleich durch den Arbeitgeber zu berücksichtigen.

Die Höhe des Versorgungsfreibetrags und des Zuschlags zum Versorgungsfreibetrag richten sich nach dem **Jahr des Versorgungsbeginns**. Für das Kalenderjahr 2010 gelten deshalb unterschiedliche Beträge je nachdem, seit wann dem Arbeitnehmer die Versorgungsbezüge gewährt werden:

Jahr des Versorgungsbeginns	Versorgungsfreibetrag			Zuschlag zum Versorgungsfreibetrag	
	in % der Versorgungsbezüge	Höchstbetrag			
		jährlich	monatlich	jährlich	monatlich
2005 oder früher	40 %	3000 €	250 €	900 €	75 €
2006	38,4 %	2880 €	240 €	864 €	72 €
2007	36,8 %	2760 €	230 €	828 €	69 €
2008	35,2 %	2640 €	220 €	792 €	66 €
2009	33,6 %	2520 €	210 €	756 €	63 €
2010	32,0 %	2400 €	200 €	720 €	60 €

Die vollen Jahresbeträge stehen dem Arbeitnehmer nur dann zu, wenn ihm in allen Monaten des Kalenderjahrs 2010 Versorgungsbezüge zugeflossen sind. Denn nach § 19 Abs. 2 Satz 12 EStG ermäßigen sich die Jahresbeträge für jeden vollen Kalendermonat, für den keine Versorgungsbezüge gezahlt werden, um ein Zwölftel. Werden Versorgungsbezüge laufend gezahlt, so ist der Versorgungsfreibetrag und der Zuschlag zum Versorgungsfreibetrag nur mit dem auf den Lohnzahlungszeitraum entfallenden anteiligen Jahresbetrag zu berücksichtigen. Bei monatlicher Lohnzahlung sind also die ggf. zeitanteilig ermäßigten Jahresbeträge mit einem **Zwölftel** anzusetzen (vgl. das Stichwort „Versorgungsbezüge, Versorgungsfreibetrag"). Dadurch können die Jahreshöchstbeträge beim laufenden Lohnsteuerabzug während des Kalenderjahrs unter Umständen nicht voll ausgeschöpft werden. Sowohl der Versorgungsfreibetrag als auch der Zuschlag zum Versorgungsfreibetrag ist deshalb im Rahmen des Lohnsteuer-Jahresausgleichs bei der Berechnung des maßgebenden Jahresarbeitslohns besonders zu ermitteln.

Beispiel

Ein Arbeitnehmer erhält von Januar bis Juni 2010 Versorgungsbezüge in Höhe von 300 € monatlich. Von Juli bis Dezember 2010 erhält er Versorgungsbezüge in Höhe von 700 € monatlich. Versorgungsbeginn ist der 1.1.2010. Bei der Besteuerung der Versorgungsbezüge hat der Arbeitgeber in den Monaten Januar bis Juni 2010 einen Versorgungsfreibetrag in Höhe von (32 % von 300 € =) 96 € × 6 = 576 € und einen Zuschlag zum Versorgungsfreibetrag in Höhe von (60 € × 6 =) 360 € steuerfrei gelassen. Bei der Besteuerung der Versorgungsbezüge von Juli bis Dezember 2010 hat der Arbeitgeber einen Versorgungsfreibetrag in Höhe von (200 € × 6 =) 1200 € und einen Zuschlag zum Versorgungsfreibetrag in Höhe von (60 € × 6 =) 360 € steuerfrei gelassen. Bei der Durchführung des Lohnsteuer-Jahresausgleichs durch den Arbeitgeber sind sowohl der Versorgungsfreibetrag als auch der Zuschlag zum Versorgungsfreibetrag gesondert zu ermitteln, und zwar wie folgt:

	Lohnsteuerpflichtig	Sozialversich.pflichtig
Versorgungsbezüge Januar bis Juni (300 € × 6 =)	1 800,— €	
Versorgungsbezüge Juli bis Dezember (700 € × 6 =)	4 200,— €	
insgesamt	6 000,— €	
abzüglich Versorgungsfreibetrag: 32 % von 6000 € = 1920 € (der Höchstbetrag von 200 € × 12 = 2400 € ist nicht erreicht)	1 920,— €	
verbleiben	4 080,— €	
abzüglich Zuschlag zum Versorgungsfreibetrag	720,— €	
für den Lohnsteuer-Jahresausgleich durch den Arbeitgeber maßgebender Jahresarbeitslohn 2010	3 360,— €	

10. Altersentlastungsbetrag bei Jahresausgleich durch den Arbeitgeber

Einen Altersentlastungsbetrag erhalten Arbeitnehmer, die vor Beginn des Kalenderjahrs das 64. Lebensjahr vollendet haben (§ 24a EStG). Für das Kalenderjahr 2010 erhalten somit alle Arbeitnehmer einen Altersentlastungsbetrag, die vor dem 2.1.1946 geboren sind.

Der Altersentlastungsbetrag errechnet sich mit einem bestimmten Prozentsatz des Arbeitslohns, soweit es sich nicht um steuerbegünstigte Versorgungsbezüge handelt. Für steuerbegünstigte Versorgungsbezüge wird also kein Altersentlastungsbetrag gewährt (vgl. vorstehend unter Nr. 9). Außerdem ist der Altersentlastungsbetrag auf einen Höchstbetrag im Kalenderjahr begrenzt. Sowohl der Prozentsatz als auch der Höchstbetrag werden seit dem Kalenderjahr 2005 stufenweise abgebaut (vgl. die Erläuterungen beim Stichwort „Altersentlastungsbetrag"). Die Höhe des Altersentlastungsbetrags ist deshalb je nachdem, welches Kalenderjahr auf die Vollendung des 64. Lebensjahres folgt, unterschiedlich hoch, das heißt für das Kalenderjahr 2010 gelten folgende unterschiedlichen Altersentlastungsbeträge:

Arbeitnehmer, die das 64. Lebensjahr vollendet haben	Altersentlastungsbetrag		
	Prozentsatz	Höchstbetrag	
		jährlich	monatlich
vor dem 1.1.2005 (Geburtsdatum: vor dem 2.1.1941)	40 %	1 900 €	159 €
vor dem 1.1.2006, aber nach dem 31.12.2004 (Geburtsdatum: 2.1.1941 bis 1.1.1942)	38,4 %	1 824 €	152 €
vor dem 1.1.2007, aber nach dem 31.12.2005 (Geburtsdatum: 2.1.1942 bis 1.1.1943)	36,8 %	1 748 €	146 €
vor dem 1.1.2008, aber nach dem 31.12.2006 (Geburtsdatum: 2.1.1943 bis 1.1.1944)	35,2 %	1 672 €	140 €
vor dem 1.1.2009, aber nach dem 31.12.2007 (Geburtsdatum: 2.1.1944 bis 1.1.1945)	33,6 %	1 596 €	133 €
vor dem 1.1.2010, aber nach dem 31.12.2008 (Geburtsdatum: 2.1.1945 bis 1.1.1946)	32,0 %	1 520 €	127 €

Lohnsteuer-Jahresausgleich durch den Arbeitgeber

Bei den Beträgen von 1900 €, 1824 €, 1748 €, 1672 €, 1596 € und 1520 € handelt es sich um Jahresbeträge, die dem Arbeitnehmer im Jahresausgleichsverfahren ohne Rücksicht darauf zustehen, auf welchen Zeitraum des Kalenderjahres sich der begünstigte Arbeitslohn bezieht. Da der Arbeitgeber bei der Besteuerung des laufenden Arbeitslohns nur den zeitanteiligen Monatsbetrag steuerfrei belassen darf, wird der Jahreshöchstbetrag unter Umständen nicht voll ausgeschöpft. Der zu berücksichtigende steuerfreie Jahresbetrag ist deshalb im Rahmen des Lohnsteuer-Jahresausgleichs besonders zu ermitteln.

Beispiel

Der Arbeitnehmer (geboren am 26.6.1945) hat von Januar bis Juni 2010 Arbeitslohn in Höhe von 3000 € monatlich bezogen. Mit Vollendung seines 65. Lebensjahres tritt er in den Ruhestand und erhält ab 1. Juli 2010 eine Betriebsrente in Höhe von 1200 € monatlich. Bei der Besteuerung des Arbeitslohns für Januar bis Juni hat der Arbeitgeber einen Altersentlastungsbetrag in Höhe von (6 × 127 € =) **762 €** und bei der Besteuerung der Versorgungsbezüge für die Monate Juli bis Dezember einen Versorgungsfreibetrag in Höhe von (6 × 200 € =) **1200 €** sowie einen Zuschlag zum Versorgungsfreibetrag in Höhe von (6 × 60 € =) **360 €** steuerfrei gelassen.

Bei der Ermittlung des maßgebenden Arbeitslohns für den Lohnsteuer-Jahresausgleich ist von folgenden Beträgen auszugehen:

Arbeitslohn Januar bis Juni (6 × 3000 €)	18 000,— €
davon sind 32 %, höchstens 1520 € als Altersentlastungsbetrag steuerfrei	1 520,— €
verbleiben	16 480,— €
Versorgungsbezüge Juli bis Dezember (6 × 1200 €)	7 200,— €
insgesamt	23 680,— €
abzüglich Versorgungsfreibetrag: Der Versorgungsfreibetrag beträgt 32 % der Versorgungsbezüge, höchstens jedoch ($^{6}/_{12}$ von 2400 € =) 1200 €, da die Versorgungsbezüge nur vom 1. Juli bis 31. Dezember 2010 zugeflossen sind (§ 19 Abs. 2 Satz 12 EStG). Versorgungsfreibetrag: 32 % von 7200 € = 2304 €, höchstens jedoch 1200 €	1 200,— €
verbleiben	22 480,— €
abzüglich Zuschlag zum Versorgungsfreibetrag ($^{6}/_{12}$ von 720 € =) 360 €	360,— €
maßgebender Jahresarbeitslohn für den Lohnsteuer-Jahresausgleich 2010	22 120,— €

11. Lohnsteuer-Jahresausgleich für beschränkt steuerpflichtige Arbeitnehmer

Seit 1.1.1996 werden beschränkt steuerpflichtige Arbeitnehmer, die nahezu ihre gesamten Einkünfte in Deutschland erzielen, einem unbeschränkt steuerpflichtigen Arbeitnehmer gleichgestellt. Es stellt sich deshalb die Frage, ob für diese beschränkt steuerpflichtigen Arbeitnehmer ein Lohnsteuer-Jahresausgleich durchzuführen ist, wenn sie das ganze Kalenderjahr beim selben Arbeitgeber beschäftigt waren, also keine Fehlzeiten vorhanden sind*). Diese Frage ist zu verneinen und zwar aus folgenden Gründen:

Obwohl beschränkt steuerpflichtige Arbeitnehmer, die nahezu ihre gesamten Einkünfte in Deutschland erzielen, wie unbeschränkt steuerpflichtige Arbeitnehmer behandelt werden, erhalten sie keine Lohnsteuerkarte, sondern lediglich eine besondere Bescheinigung, die alle für den Lohnsteuerabzug maßgebenden Besteuerungsmerkmale enthält. Da jedoch die Durchführung des Lohnsteuer-Jahresausgleichs durch den Arbeitgeber nach § 42b Abs. 1 Satz 3 EStG zwingend an das Vorhandensein einer Lohnsteuerkarte anknüpft, darf der Arbeitgeber für beschränkt steuerpflichtige Arbeitnehmer **in keinem Fall** einen Lohnsteuer-Jahresausgleich durchführen. Dies gilt sowohl für beschränkt steuerpflichtige Arbeitnehmer, die die Voraussetzungen des § 1 Abs. 3 EStG erfüllen, als auch für diejenigen beschränkt steuerpflichtigen Arbeitnehmer, die die Voraussetzungen des § 1 Abs. 3 in Verbindung mit § 1a EStG erfüllen.

Der beschränkt steuerpflichtige Arbeitnehmer kann allerdings beim Finanzamt eine Veranlagung zur Einkommensteuer beantragen, bei der ggf. die während des Kalenderjahrs zu viel einbehaltene Lohnsteuer erstattet wird (vgl. die ausführlichen Erläuterungen beim Stichwort „Beschränkt steuerpflichtige Arbeitnehmer").

12. Entnahme des Erstattungsbetrags aus dem Lohnsteueraufkommen

Die Differenz zwischen der einbehaltenen Lohnsteuer und der Jahreslohnsteuer ist dem Arbeitnehmer zu erstatten. Die zu erstattende Lohnsteuer ist bei der Lohnabrechnung der Lohnsteuer zu entnehmen, die der Arbeitgeber für den Lohnzahlungszeitraum insgesamt einbehalten oder übernommen hat. Übersteigt die zu erstattende Lohnsteuer die einbehaltene Lohnsteuer, wird der Fehlbetrag auf Antrag des Arbeitgebers vom Betriebsstättenfinanzamt ersetzt. Der Antrag auf Erstattung des Fehlbetrags erfolgt durch entsprechende Angaben in der Lohnsteuer-Anmeldung (der in die Lohnsteuer-Anmeldung einzutragende Betrag ist mit einem **deutlichen Minuszeichen** kenntlich zu machen). Die Eintragung eines Rotbetrags ist nicht zulässig. Gleiches gilt für den Solidaritätszuschlag. Der Arbeitgeber kann den zu viel einbehaltenen Solidaritätszuschlag auch dann erstatten, wenn sich beim Ausgleich der Lohnsteuer keine Erstattung ergibt.

13. Ausgleich des Solidaritätszuschlags durch den Arbeitgeber

Zur Behandlung des Solidaritätszuschlages beim Lohnsteuer-Jahresausgleich gilt folgender Grundsatz:

Führt der Arbeitgeber für den Arbeitnehmer einen Lohnsteuer-Jahresausgleich durch, so muss er auch für den Solidaritätszuschlag einen Jahresausgleich vornehmen. Der Solidaritätszuschlag kann dabei nicht ohne weiteres mit 5,5 % der Jahreslohnsteuer errechnet werden, weil der **Nullbereich** und der sog. **Übergangsbereich** zu beachten sind. Außerdem sind die Kinderfreibeträge und der Freibetrag für Betreuungs-, Erziehungs- oder Ausbildungsbedarf bei der Berechnung der Bemessungsgrundlage für den Solidaritätszuschlag zu berücksichtigen. Übersteigt die Summe der in den einzelnen Lohnzahlungszeiträumen einbehaltenen Solidaritätszuschläge den im Jahresausgleich errechneten Solidaritätszuschlag, so ist der Unterschiedsbetrag dem Arbeitnehmer vom Arbeitgeber zu erstatten. Übersteigt dagegen der im Jahresausgleich errechnete Solidaritätszuschlag die Summe der einbehaltenen Solidaritätszuschlagsbeträge, so hat der Arbeitgeber den Unterschiedsbetrag **nicht** nachzufordern. Eine Nachforderung des Solidaritätszuschlags wird ausschließlich vom Finanzamt im Rahmen einer Veranlagung zur Einkommensteuer durchgeführt.

Ergibt sich beim Solidaritätszuschlag eine Erstattung, bei der Lohnsteuer dagegen eine Nachforderung, so erfolgt keine Verrechnung. Der Solidaritätszuschlag kann in diesen Fällen also auch dann erstattet werden, wenn sich beim Lohnsteuer-Jahresausgleich **keine** Lohnsteuererstattung ergibt. Es gelten hier die gleichen Grundsätze wie beim Ausgleich der Kirchensteuer (vgl. die Erläuterungen unter der folgenden Nr. 14).

Führt der Arbeitgeber den Lohnsteuer-Jahresausgleich nicht gesondert durch, sondern fasst er den Lohnsteuer-Jahresausgleich mit der Lohnabrechnung für Dezember zusammen (was nach R 42b Abs. 3 LStR zulässig ist), so erfolgt hierdurch automatisch eine Nachholung von Lohnsteuer, die während des Jahres zu wenig einbehalten wurde. Gleiches gilt für den Solidaritätszuschlag.

---

*) Denkbar sind solche Fälle nur bei sog. Grenzpendlern, das heißt bei Arbeitnehmern, die täglich ins Ausland zurückkehren und deshalb trotz ganzjähriger Beschäftigung im Inland nicht unbeschränkt steuerpflichtig werden.

Lohnsteuer-Jahresausgleich durch den Arbeitgeber

14. Kirchensteuer-Jahresausgleich

Wird für den Arbeitnehmer ein Lohnsteuer-Jahresausgleich durchgeführt, so ist stets auch die Kirchensteuer auszugleichen.

Bei der Berechnung der Bemessungsgrundlage für die Kirchensteuer wird der Kinderfreibetrag und der Freibetrag für Betreuungs-, Erziehungs- oder Ausbildungsbedarf berücksichtigt.

Allerdings werden die Kinderfreibeträge und der Freibetrag für Betreuungs-, Erziehungs- oder Ausbildungsbedarf nicht von der Lohnsteuer abgezogen, sondern bei der Berechnung der für die Kirchensteuer maßgebenden Bemessungsgrundlage vom zu versteuernden Einkommen gekürzt. Wie dies geschieht, ist beim Stichwort „Kirchensteuer" unter Nr. 2 auf Seite 426 anhand von Beispielen erläutert.

Der Kirchensteuersatz beträgt in den einzelnen Bundesländern 8 % oder 9 % der Bemessungsgrundlage. Maßgebend ist der **Kirchensteuersatz**, der **am Ort der Betriebsstätte** gilt. Stand ein Arbeitnehmer im Laufe des Ausgleichsjahrs in mehreren Arbeitsverhältnissen an Orten mit verschieden hohen Kirchensteuersätzen, so gilt für die Berechnung der zu erstattenden Kirchensteuer Folgendes:

- War von dem Arbeitgeber, der den Lohnsteuer-Jahresausgleich durchführt, beim Kirchensteuerabzug ein Kirchensteuersatz von 8 % und zuvor von einem anderen Arbeitgeber ein Kirchensteuersatz von 9 % anzuwenden, dann ist die Jahreskirchensteuer mit 8 % zu ermitteln und der sich ergebende Differenzbetrag zu erstatten.
- War von dem Arbeitgeber, der den Lohnsteuer-Jahresausgleich durchführt, beim Kirchensteuerabzug ein Kirchensteuersatz von 9 % und zuvor von einem anderen Arbeitgeber ein Kirchensteuersatz von 8 % anzuwenden, dann ist die Jahreskirchensteuer mit 9 % zu ermitteln. Ein sich ergebender Fehlbetrag kann jedoch **nicht nachgefordert werden**.

Gleiches gilt, wenn aus anderen Gründen die beim laufenden Steuerabzug während des Jahres einbehaltene Kirchensteuer geringer ist als die Jahreskirchensteuer, die sich bei Anwendung der Jahrestabelle ergibt. Der Fehlbetrag darf nicht nachgefordert werden. Hat der Arbeitgeber allerdings die Kirchensteuer im Laufe des Jahres falsch berechnet, z. B. weil er bei sonstigen Bezügen nicht 8 % oder 9 % der auf den sonstigen Bezug entfallenden Lohnsteuer angesetzt, sondern die Kirchensteuer nach der Jahrestabelle ermittelt und die Differenz gebildet hat (vgl. das Stichwort „Kirchensteuer" unter Nr. 9 auf Seite 430), so muss der Arbeitgeber den Kirchensteuerabzug berichtigen und die zu wenig einbehaltene Kirchensteuer nachträglich einbehalten.

Übersteigt dagegen die während des Jahres einbehaltene Kirchensteuer den sich nach der Jahrestabelle ergebenden Betrag, so ist dem Arbeitgeber die Differenz zu erstatten. Der Arbeitgeber kann die Kirchensteuer auch dann erstatten, wenn sich bei dem vom Arbeitgeber durchgeführten Lohnsteuer-Jahresausgleich **keine** Lohnsteuererstattung ergibt.

Ist ein Arbeitnehmer im Laufe des Kalenderjahres aus der Kirchensteuerpflicht ausgeschieden und ist dieser Zeitpunkt auf der Lohnsteuerkarte vermerkt, so ist zunächst der Teil der auszugleichenden Lohnsteuerbeträge festzustellen, der auf den Zeitraum entfällt, in dem der Arbeitnehmer dem Kirchensteuerabzug unterlegen hat. Die auszugleichende Kirchensteuer ist nur aus diesem Teil der Lohnsteuer zu berechnen (sog. Zwölftelung).

Beispiel
Ein Arbeitnehmer in Bayern mit der Steuerklasse I ist laut Lohnsteuerkarte mit Wirkung vom 1. 10. aus der katholischen Kirche ausgetreten. Die im Jahresausgleich auszugleichende Lohnsteuer beträgt 80 €.

Davon entfallen auf die Zeit vom 1. 1. bis 30. 9. ¾ von 80 € = 60 €. Die auszugleichende Kirchensteuer beträgt 8 % von 60 € = 4,80 €.

Beim Ausgleich der Kirchensteuer ist zu beachten, dass verschiedene Bundesländer eine Mindestkirchensteuer erheben, wenn der Arbeitnehmer eine Jahreslohnsteuer zu entrichten hat. Folgende Länder erheben eine Mindestkirchensteuer:

Land	Mindestkirchensteuer jährlich
Hamburg	3,60 €
Hessen	1,80 €
Mecklenburg-Vorpommern	3,60 €*)
Niedersachsen	3,60 €
Sachsen	3,60 €**)
Sachsen-Anhalt	3,60 €**)
Schleswig-Holstein	3,60 €
Thüringen	3,60 €**)

Tritt der Arbeitnehmer im Laufe des Kalenderjahres aus der Kirche aus, so errechnet sich die Mindestkirchensteuer durch Vervielfältigung der entsprechenden **monatlichen** Mindestkirchensteuer mit der Anzahl der Monate, in der Kirchensteuerpflicht bestand.

15. Aufzeichnungs- und Bescheinigungspflichten beim Jahresausgleich

Die beim Lohnsteuer-Jahresausgleich durch den Arbeitgeber erstattete Lohn- und Kirchensteuer ist **im Lohnkonto gesondert einzutragen** (obwohl sie auf der Lohnsteuerkarte nicht mehr gesondert bescheinigt wird). In Zeile 4 der elektronischen Lohnsteuerbescheinigung hat der Arbeitgeber den Betrag als einbehaltene Lohnsteuer einzutragen, der **nach Verrechnung** mit der im Jahresausgleich erstatteten Lohnsteuer als Jahreslohnsteuer **verbleibt**. Gleiches gilt für den Solidaritätszuschlag und die Kirchensteuer. Übersteigen die erstatteten Beträge die vom Arbeitgeber einbehaltenen Steuerbeträge, so ist als einbehaltener Steuerbetrag jeweils der übersteigende Betrag mit einem deutlichen Minuszeichen zu versehen.

Lohnsteuerkarte

Neues auf einen Blick:

Die Gemeinden stellen **zum letzten Mal** für das Kalenderjahr 2010 eine Lohnsteuerkarte in Papierform aus und übermitteln sie an alle Arbeitnehmerinnen und Arbeitnehmer. Die Zuständigkeit der Gemeinden für die Lohnsteuerkarten 2010 endet am 31.12.2010. Denn die Lohnsteuerkarte 2010 gilt **mit allen Eintragungen** auch für 2011 weiter. **Die Lohnsteuerkarte für 2010 darf deshalb vom Arbeitgeber nicht vernichtet werden.** Für alle Änderungen und Eintragungen auf der Lohnsteuerkarte ist ab 2011 das Finanzamt zuständig. Die Gründe, warum die Lohnsteuerkarte für 2010 auch für das Kalenderjahr 2011 weiter gilt, sind Folgende:

Zum 1. Juli 2007 wurde für alle Bürger eine persönliche **Steueridentifikationsnummer** eingeführt (Steueridentifikationsnummer-Verordnung vom 28.11.2006, BStBl. I S. 2726). Die neue Steueridentifikationsnummer ist von den Gemeinden auf der Lohnsteuerkarte 2010 eingetragen worden. Diese neue Steueridentifikationsnummer soll u. a. dazu dienen, die Voraussetzungen für die Abschaffung der Lohnsteuerkarte in Papierform vorzubereiten. Denn die Finanzverwaltung wollte ursprünglich bereits ab 2011 dem Arbeitgeber alle persönlichen Besteuerungsmerkmale des Arbeitnehmers, die derzeit auf der Vorderseite der Lohnsteuerkarte enthalten sind, **nur noch elek-**

---

*) Nur Erzbistümer Hamburg und Berlin im Bundesland Mecklenburg-Vorpommern.

**) Die Mindestkirchensteuer wird nur bei evangelischer Kirchensteuer erhoben.

Lohnsteuerkarte

tronisch über einen sog. **Datenpool zur Verfügung stellen.** Das Verfahren wird als ELStAM bezeichnet. Der Name steht für **E**lektronische **L**ohn**St**euer**A**bzugs**M**erkmale.

Nach Einführung dieses Verfahrens können alle Arbeitgeber die für den Lohnsteuerabzug erforderlichen Besteuerungsmerkmale aus einem Datenpool abrufen und ohne personellen Aufwand in ihre Lohnabrechnung übernehmen. Ändern sich die Besteuerungsmerkmale des Arbeitnehmers, werden die im Datenpool gespeicherten Daten angepasst.

Da die ehrgeizige Zeitvorgabe für die Einführung des ELStAM-Verfahrens nicht eingehalten werden kann, wird die **Einführung auf das Jahr 2012 verschoben.**

Ab dem Jahr 2012 ist dann allein die Finanzverwaltung dafür zuständig, dem Arbeitgeber die notwendigen Merkmale für die Besteuerung des Arbeitnehmers zu übermitteln. Alle Daten sollen beim Bundeszentralamt für Steuern (BZSt) gespeichert werden. Sobald jemand eine Arbeitsstelle antritt und lohnsteuerpflichtig ist, fragt der Arbeitgeber beim BZSt auf elektronischem Weg nach den notwendigen Daten, um sie dann in das Lohnkonto des Beschäftigten zu übernehmen. Der Arbeitnehmer muss bei Beginn des Arbeitsverhältnisses lediglich seine steuerliche Identifikationsnummer angeben und sein Geburtsdatum.

Gliederung:

1. Allgemeines
2. Behandlung der Lohnsteuerkarte durch den Arbeitgeber
3. Ausstellung der Lohnsteuerkarte durch die Gemeinde
4. Bescheinigung der Steuerklasse, der Zahl der Kinderfreibeträge und des Kirchensteuermerkmals durch die Gemeinde
5. Aushändigung der Lohnsteuerkarten durch die Gemeinden
6. Änderung der Eintragungen auf der Lohnsteuerkarte durch die Gemeinde
   a) Allgemeines
   b) Änderung der Verhältnisse bis zum Beginn des Kalenderjahres für das die Lohnsteuerkarte gilt
   c) Änderung der Verhältnisse nach Beginn des Kalenderjahres, für das die Lohnsteuerkarte gilt
7. Änderung der Steuerklasse bei Ehegatten
   a) Änderung der Steuerklasse im Jahr der Eheschließung
   b) Änderung der Steuerklasse im Jahr der Auflösung der Ehe
   c) Änderung der Steuerklasse bei Tod des Ehegatten
8. Eintragung von Freibeträgen und Hinzurechnungsbeträgen auf der Lohnsteuerkarte

1. Allgemeines

Die nachfolgenden Erläuterungen befassen sich mit der Vorlage der Lohnsteuerkarte beim Arbeitgeber, mit der Ausstellung der Lohnsteuerkarte durch die Gemeinde und den Eintragungen auf der Vorderseite der Lohnsteuerkarte 2010. Die Bescheinigung des Arbeitslohns auf der Rückseite der Lohnsteuerkarte wird **Lohnsteuerbescheinigung** genannt und ist beim Stichwort „Lohnsteuerbescheinigung" ausführlich abgehandelt. Im Einzelnen gilt für die Verpflichtung des Arbeitnehmers, dem Arbeitgeber zu Beginn des Dienstverhältnisses eine Lohnsteuerkarte vorzulegen, Folgendes:

Alle Arbeitnehmer sind nach § 39 b Abs. 1 Satz 1 EStG verpflichtet, zu Beginn des Kalenderjahrs oder bei Aufnahme eines Arbeitsverhältnisses dem Arbeitgeber die von der Wohnsitzgemeinde ausgeschriebene Lohnsteuerkarte vorzulegen. Aus der Tatsache, dass der Arbeitnehmer eine Lohnsteuerkarte vorlegt, ergibt sich gleichzeitig, dass er unbeschränkt steuerpflichtig ist (für beschränkt steuerpflichtige Arbeitnehmer werden keine Lohnsteuerkarten ausgeschrieben; vgl. das Stichwort „Beschränkt steuerpflichtige Arbeitnehmer"). Legt ein Arbeitnehmer dem Arbeitgeber weder eine Lohnsteuerkarte noch eine Bescheinigung des Finanzamts darüber vor, dass er als beschränkt steuerpflichtig zu behandeln ist, so hat der Arbeitgeber die Lohnsteuer nach den unter Stichwort „Nichtvorlage der Lohnsteuerkarte" dargestellten Grundsätzen zu berechnen, d. h. der Arbeitgeber muss bei der Ermittlung der Lohnsteuer die **Steuerklasse VI** anwenden. Unter bestimmten Voraussetzungen kann für Aushilfskräfte und Teilzeitbeschäftigte (z. B. für 400-Euro-Jobs) eine Pauschalierung der Lohnsteuer ohne Vorlage einer Lohnsteuerkarte in Betracht kommen (vgl. das Stichwort „Pauschalierung der Lohnsteuer für Aushilfskräfte und Teilzeitbeschäftigte").

Steht der Arbeitnehmer gleichzeitig (nebeneinander) in mehreren Dienstverhältnissen, so muss er sich von der Gemeindebehörde eine „Zweite", „Dritte" usw. Lohnsteuerkarte ausschreiben lassen und diese dem zweiten, dritten usw. Arbeitgeber vorlegen. Die Vordrucke für die zweite und weiteren Lohnsteuerkarten unterscheiden sich nicht vom Vordruck für die erste Lohnsteuerkarte. Die dem zweiten und jedem weiteren Arbeitgeber vorlegende Lohnsteuerkarte enthält stets die **Steuerklasse VI** und ist am Kopf durch einen von der Gemeindebehörde angebrachten Zusatz als „zweite", „dritte" usw. Lohnsteuerkarte gekennzeichnet.

Hat der Arbeitnehmer seine Lohnsteuerkarte verloren, kann er sich bei seiner zuständigen Gemeinde gegen eine Gebühr von 5 € eine **Ersatzlohnsteuerkarte** ausstellen lassen (§ 39 Abs. 1 Satz 4 EStG).

2. Behandlung der Lohnsteuerkarte durch den Arbeitgeber

Der Arbeitgeber muss sich stets an die Eintragungen auf der Lohnsteuerkarte halten, und zwar auch dann, wenn ihm bekannt ist, dass sie unrichtig sind (z. B. auf der Lohnsteuerkarte ist die Steuerklasse I eingetragen, obwohl dem Arbeitgeber bekannt ist, dass der Arbeitnehmer verheiratet ist). Das gesamte Lohnsteuerabzugsverfahren ist von diesem Grundprinzip der **Maßgeblichkeit der Lohnsteuerkarte** für den Arbeitgeber geprägt. Denn es ist ausschließlich Sache des Arbeitnehmers, die Eintragungen auf der Lohnsteuerkarte von der Gemeinde oder dem Finanzamt berichtigen zu lassen. Eigenmächtige Änderungen der amtlichen Eintragungen auf der Lohnsteuerkarte sind sowohl dem Arbeitgeber als auch dem Arbeitnehmer untersagt. Da die Lohnsteuerkarte eine **öffentliche Urkunde** ist, werden Verstöße gegen das Änderungsverbot strafrechtlich als Urkundenfälschung und auch als Steuerhinterziehung verfolgt.

Die vom Arbeitnehmer vorgelegte Lohnsteuerkarte hat der Arbeitgeber während des Dienstverhältnisses aufzubewahren. Er darf sie dem Arbeitnehmer vorübergehend nur überlassen, wenn dieser die Lohnsteuerkarte zur Vorlage beim Finanzamt oder bei der Gemeinde benötigt. Eine endgültige Herausgabe der Lohnsteuerkarte ist nur dann zulässig, wenn das Dienstverhältnis im Laufe des Kalenderjahres endet und der Arbeitgeber keinen Arbeitslohn mehr zu zahlen hat.

Der Arbeitgeber hat wegen etwaiger Ansprüche gegen den Arbeitnehmer **kein Zurückbehaltungsrecht.** Er muss dem Arbeitnehmer die Lohnsteuerkarte in jedem Fall aushändigen. Der Anspruch auf Herausgabe der Lohnsteuerkarte kann vom Arbeitnehmer vor den Arbeitsgerichten verfolgt werden. Bis zu einer Entscheidung des Gerichts kann sich der Arbeitnehmer eine Ersatz-Lohnsteuerkarte von der Gemeinde ausstellen lassen.

Lohnsteuerkarte

3. Ausstellung der Lohnsteuerkarte durch die Gemeinde

Zuständig für die Ausstellung der Lohnsteuerkarte 2010 ist die Gemeinde, in deren Bezirk der Arbeitnehmer am 20. September 2009 oder erstmals nach diesem Stichtag seine Hauptwohnung oder in Ermangelung einer Wohnung seinen gewöhnlichen Aufenthalt hatte. Dabei gilt im Einzelnen Folgendes:

Bei **unverheirateten** Arbeitnehmern und bei verheirateten Arbeitnehmern mit der Steuerklasse I oder II ist für die Ausstellung der Lohnsteuerkarte 2010 die Gemeinde örtlich zuständig, in deren Bezirk der Arbeitnehmer am 20. September 2009 für seine Wohnung (bei mehreren Wohnungen, für seine Hauptwohnung) gemeldet ist.

Bei **verheirateten** Arbeitnehmern der Steuerklassen III, IV oder V ist die Gemeinde für die Ausstellung der Lohnsteuerkarte 2010 örtlich zuständig, in deren Bezirk beide Ehegatten am 20. September 2009 mit einer gemeinsamen Wohnung gemeldet sind. Haben Ehegatten mehrere Wohnungen, so ist die Gemeinde zuständig bei der die Ehegatten mit einer gemeinsamen **Hauptwohnung** gemeldet sind. Sind die Ehegatten weder für eine gemeinsame Wohnung noch für eine gemeinsame Hauptwohnung gemeldet, so ist die Gemeinde für die Ausstellung der Lohnsteuerkarte 2010 örtlich zuständig, in deren Bezirk der **ältere** Ehegatte am 20. September 2009 für seine Wohnung, bei mehreren Wohnungen für seine Hauptwohnung, gemeldet war.

Für die Begriffe „Hauptwohnung" und „Nebenwohnung" sind die melderechtlichen Vorschriften maßgebend.

Bei der Ausstellung von Lohnsteuerkarten für **ausländische Arbeitnehmer** gilt Folgendes:

- Ausländische Arbeitnehmer, die sich infolge beschränkter Aufenthaltserlaubnis voraussichtlich **weniger als sechs Monate** im Inland aufhalten, gelten als beschränkt steuerpflichtig; für sie wird eine Lohnsteuerkarte nicht ausgestellt (vgl. das Stichwort „Beschränkt steuerpflichtige Arbeitnehmer").

- Erstreckt sich jedoch der Aufenthalt des Arbeitnehmers (z. B. wegen Verlängerung der Aufenthaltsgenehmigung) auf einen Zeitraum von **mehr als sechs Monaten,** dann tritt unbeschränkte Steuerpflicht ein; für den ausländischen Arbeitnehmer ist bereits zu dem Zeitpunkt eine Lohnsteuerkarte auszustellen, an dem sich aus der Verlängerung der Aufenthaltsgenehmigung ergibt, dass er sich voraussichtlich länger als sechs Monate im Inland aufhalten wird. Zuständig ist die Gemeinde, in der der Arbeitnehmer bei Eintritt der unbeschränkten Steuerpflicht gewohnt bzw. sich aufgehalten hat.

- Steht bei der Einreise eines ausländischen Arbeitnehmers bereits fest, dass er sich länger als sechs Monate im Inland aufhalten wird (z. B. aufgrund vertragl. Vereinbarungen usw.), dann ist für ihn – wie bei allen unbeschränkt steuerpflichtigen Arbeitnehmern – bei Antritt des Dienstverhältnisses eine Lohnsteuerkarte auszustellen.

4. Bescheinigung der Steuerklasse, der Zahl der Kinderfreibeträge und des Kirchensteuermerkmals durch die Gemeinde

Die Gemeinde bescheinigt in Abschnitt I der Lohnsteuerkarte die maßgebende **Steuerklasse.** Zur Einordnung der Arbeitnehmer in die verschiedenen Steuerklassen und zur Wahl der Steuerklasse bei Ehegatten, die beide berufstätig sind, vgl. die Erläuterungen beim Stichwort „Steuerklassen". Für die Eintragung der Steuerklasse sind die Verhältnisse zu Beginn des Kalenderjahrs maßgebend, für das die Lohnsteuerkarte gilt. Auf Antrag des Arbeitnehmers kann eine für ihn ungünstigere Steuerklasse auf der Lohnsteuerkarte eingetragen werden. Ein einmal gestellter Antrag ist auch bei der Ausstellung der Lohnsteuerkarten für die Folgejahre solange zu berücksichtigen, bis er widerrufen wird.

Kinder werden bei der Ausstellung der Lohnsteuerkarte durch die Gemeinde mit dem maßgebenden Kinderfreibetrags-Zähler dann berücksichtigt, wenn sie zu Beginn des Kalenderjahres unbeschränkt einkommensteuerpflichtig sind (also mit Wohnsitz im Inland gemeldet sind), das 18. Lebensjahr noch nicht vollendet haben und es sich nicht um Pflegekinder handelt. Kinder, die nicht in der Wohnung des Arbeitnehmers gemeldet sind, darf die Gemeinde nur bescheinigen, wenn für dieses Kind eine **steuerliche Lebensbescheinigung** vorgelegt wird, die nicht älter als drei Jahre ist. Die Gemeinde trägt die Zahl der Kinderfreibeträge mit Wirkung von dem Tag an ein, an dem alle Voraussetzungen für die Berücksichtigung des Kindes erstmals erfüllt waren.

Beispiel
Auf der Lohnsteuerkarte eines Arbeitnehmers sind die Steuerklasse III und die Kinderfreibetragszahl 1,0 bescheinigt. Dem Arbeitnehmer wurde am 20. 6. 2010 ein zweites Kind geboren. Der Arbeitnehmer legt die Lohnsteuerkarte erst am 15. 8. 2010 der Gemeinde zur Änderung vor. Gleichwohl hat die Gemeinde als Zeitpunkt, von dem an die Änderung gilt, den 20. 6. 2010 einzutragen. Denn es liegen an diesem Tag erstmals alle Voraussetzungen für eine Änderung der Lohnsteuerkarte vor.

Mit welchem Kinderfreibetrags-Zähler die Kinder unter 18 Jahren von der Gemeinde auf der Lohnsteuerkarte 2010 bescheinigt werden, ist ausführlich in **Anhang 9** unter Nr. 13 auf Seite 960 erläutert.

Außer der Steuerklasse und der Zahl der Kinderfreibeträge muss die Gemeinde nach den Unterlagen im Melderegister das **Kirchensteuermerkmal** für den Abzug der Kirchensteuer in den Teil I der Lohnsteuerkarte eintragen. Die hierfür geltenden Abkürzungen sind beim Stichwort „Kirchensteuer" erläutert. Ist keine Kirchensteuer einzubehalten, werden zwei Striche „– –" eingetragen. Dies gilt auch dann, wenn der Arbeitnehmer zwar einer Religionsgemeinschaft angehört, diese aber nicht zur Erhebung von Kirchensteuer berechtigt ist.

5. Aushändigung der Lohnsteuerkarten durch die Gemeinden

Die zuständige Gemeindebehörde händigt dem Arbeitnehmer die Lohnsteuerkarte aus; dies kann durch Postzustellung oder eigenes Außendienstpersonal (Boten) der Gemeinden geschehen. In beiden Fällen ist die Lohnsteuerkarte dem Arbeitnehmer jedoch aus Gründen des Datenschutzes in einem verschlossenen Umschlag getrennt für jeden Ehegatten auszuhändigen. Sobald die Auslieferung der Lohnsteuerkarten beendet ist (dies soll für die Lohnsteuerkarten 2010 spätestens bis 31. Oktober 2009 der Fall sein), weist sie durch öffentliche Bekanntmachung darauf hin und fordert die Arbeitnehmer, denen – versehentlich – keine Lohnsteuerkarte zugestellt wurde, auf, die Ausstellung einer Lohnsteuerkarte zu beantragen.

6. Änderung der Eintragungen auf der Lohnsteuerkarte durch die Gemeinde

a) Allgemeines

Für eine Änderung der auf der Lohnsteuerkarte eingetragenen Steuerklasse ist die Gemeinde zuständig. Ebenso für einen Steuerklassenwechsel bei Ehegatten.

Bei der Änderung der Eintragungen auf der Lohnsteuerkarte sind zwei Fälle zu unterscheiden

- Änderung der Verhältnisse bis zum Beginn des Kalenderjahres für das die Lohnsteuerkarte gilt (für Änderungen der Eintragungen auf der Lohnsteuerkarte 2010 sind dies Änderungen, die in der Zeit von Oktober bis Dezember 2009 eintreten)

- Änderung der Verhältnisse **nach Beginn des Kalenderjahres,** für das die Lohnsteuerkarte gilt.

Lohnsteuerkarte

Die beiden Fälle sind unter den nachfolgenden Buchstaben b und c erläutert.

b) Änderung der Verhältnisse bis zum Beginn des Kalenderjahres für das die Lohnsteuerkarte gilt

Haben sich die Verhältnisse in der Zeit von der Ausschreibung der Lohnsteuerkarte bis zum Beginn des Kalenderjahres, für das die Lohnsteuerkarte gilt, geändert (z. B. durch Scheidung, Tod des Ehegatten oder eines Kindes, Geburt eines Kindes, Aufhebung der ehelichen Gemeinschaft, Wohnsitzverlegung eines Ehegatten in das Ausland), so ist der **Arbeitnehmer verpflichtet, eine Berichtigung der Lohnsteuerkarte zu beantragen** (§ 39 Abs. 4 EStG). Dies gilt auch, wenn sich die Familienverhältnisse zwar nicht geändert haben, aber von vornherein eine günstigere Steuerklasse oder Zahl der Kinderfreibeträge eingetragen worden ist, die den Verhältnissen zu Beginn des Kalenderjahres, für das die Lohnsteuerkarte gilt, nicht entspricht. Für die Änderung von Eintragungen bis zum Beginn des Kalenderjahres, für das die Lohnsteuerkarte gilt, ist stets die Gemeindebehörde zuständig, die die Lohnsteuerkarte ausgeschrieben hat. Kommt der Arbeitnehmer seiner Verpflichtung nicht nach, so hat die Gemeinde oder das Finanzamt die Eintragung von Amts wegen zu ändern. Unterbleibt die Änderung und wird deshalb zu wenig Lohnsteuer einbehalten, so kann das Finanzamt die zu wenig einbehaltene Lohnsteuer vom Arbeitnehmer nachfordern.

c) Änderung der Verhältnisse nach Beginn des Kalenderjahres, für das die Lohnsteuerkarte gilt

Ändern sich die Verhältnisse des Arbeitnehmers **nach** Beginn des Kalenderjahres, für das die Lohnsteuerkarte gilt, zu seinen **Ungunsten** (z. B. Scheidung, Tod eines Ehegatten oder eines Kindes, für das ihm ein Kinderfreibetrag gewährt worden ist, Überschreiten des 18. Lebensjahres durch ein Kind), so sieht das Einkommensteuergesetz keine Verpflichtung für den Arbeitnehmer vor, seine Steuerklasse ändern zu lassen. Einzige Ausnahme: Wenn die **Steuerklasse II** auf der Lohnsteuerkarte eingetragen ist und die Voraussetzungen für die Gewährung des Entlastungsbetrags für Alleinerziehende im Laufe des Kalenderjahrs wegfallen (§ 39 Abs. 4 Satz 1 EStG, vgl. die Erläuterungen in Anhang 9 Nr. 15).

Ändern sich die Verhältnisse **zugunsten** des Arbeitnehmers, kann er die Eintragung der günstigeren Steuerklasse beantragen (§ 39 Abs. 5 Satz 1 EStG). Für diese Eintragung ist stets die Gemeindebehörde zuständig, in deren Bezirk der Arbeitnehmer im Zeitpunkt der Antragstellung seine Hauptwohnung oder seinen gewöhnlichen Aufenthalt hat; hat er seit der Ausschreibung der Lohnsteuerkarte seinen Wohnsitz verlegt, so ist danach die Gemeindebehörde des neuen Wohnsitzes zuständig. Ein solcher Antrag auf Änderung der Eintragungen in der Lohnsteuerkarte kann bis zum 30. November des Kalenderjahres gestellt werden, für das die Lohnsteuerkarte gilt. Sind sonstige Eintragungen auf der Lohnsteuerkarte unzutreffend (z. B. die Religionszugehörigkeit, die Namensschreibung, Geburtsdatum), so ist für die Berichtigung ausschließlich die Gemeindebehörde zuständig, die die Lohnsteuerkarte ausgeschrieben hat. In jedem Falle ist es unzulässig, dass Änderungen vom Arbeitnehmer oder Arbeitgeber vorgenommen werden.

Zur Änderung des Kinderfreibetrags-Zählers auf der Lohnsteuerkarte durch die Gemeinde vgl. die Erläuterungen in **Anhang 9** unter Nr. 12 auf Seite 956.

7. Änderung der Steuerklasse bei Ehegatten

Für Ehegatten, die beide berufstätig sind, stellt sich häufig die Frage, ob für sie die Steuerklassenkombination IV/IV oder III/V günstiger ist. Zur Beantwortung dieser Frage wird auf die Erläuterungen beim Stichwort „Steuerklassen" und die Tabelle zur Steuerklassenwahl in **Anhang 11** hingewiesen. Außerdem stellt sich die Frage, wie die Bescheinigung der Steuerklasse bei Ehegatten im Jahr der Eheschließung oder im Jahr der Auflösung der Ehe vorzunehmen ist. Hierzu gilt im Einzelnen Folgendes:

a) Änderung der Steuerklasse im Jahr der Eheschließung

Heiraten Arbeitnehmer während des Kalenderjahres, so können sie sich die auf ihrer Lohnsteuerkarte eingetragene Steuerklasse mit Wirkung vom Tag der Eheschließung ab bei der Gemeinde in Steuerklasse III oder, wenn auch der Ehegatte in einem Dienstverhältnis steht, in Steuerklasse IV ändern lassen. Eine Verpflichtung hierzu besteht nicht. Der Arbeitnehmer kann aber auch die vor der Eheschließung maßgebende Steuerklasse (z. B. Steuerklasse II) im Jahr der Eheschließung behalten. In diesem Fall darf auch die Steuerklasse auf der Lohnsteuerkarte des Ehegatten nicht geändert werden.

Wird im Jahr der Eheschließung für den bisher nicht berufstätigen Ehegatten nachträglich eine Lohnsteuerkarte ausgeschrieben, so ist auf dieser Lohnsteuerkarte die Steuerklasse V zu bescheinigen, wenn auf der Lohnsteuerkarte des anderen Ehegatten wegen der Eheschließung die Steuerklasse III eingetragen ist (oder IV/IV bei beiden Ehegatten).

Haben Ehegatten im Jahr der Eheschließung ihre Lohnsteuerkarte ändern lassen (z. B. von bisher I/I in IV/IV oder III/V), so können sie trotzdem noch einmal die Steuerklassen tauschen, wenn sie dies für günstiger halten. Durch die Änderung der vor der Eheschließung gültigen Steuerklassen (z. B. I/I in IV/IV oder III/V) ist die Möglichkeit von Ehegatten, einmal im Kalenderjahr die Steuerklassen zu tauschen, noch nicht verbraucht.

Bezieht ein Ehegatte im Kalenderjahr keinen Arbeitslohn mehr, so können die Ehegatten ihre Steuerklassen auch dann tauschen, wenn sie bereits einmal im Kalenderjahr die Steuerklassen gewechselt haben.

b) Änderung der Steuerklasse im Jahr der Auflösung der Ehe

Wird die Ehe eines Arbeitnehmers während des Kalenderjahres durch Scheidung der Ehe aufgelöst oder führen die Ehegatten die dauernde Trennung herbei, so bleiben die auf den Lohnsteuerkarten der Ehegatten eingetragenen Besteuerungsmerkmale (Steuerklasse, Zahl der Kinderfreibeträge) grundsätzlich für das ganze Jahr unverändert bestehen. Die Möglichkeit des unter dem vorstehenden Buchstaben a geschilderten Steuerklassentausches bleibt jedoch bestehen, vorausgesetzt, dass beide Ehegatten einem solchen Tausch zustimmen. Lediglich wenn der geschiedene Ehegatte des Arbeitnehmers im Jahr der Scheidung erneut geheiratet hat, von seinem neuen Ehegatten nicht dauernd getrennt lebt und der neue Ehegatte unbeschränkt steuerpflichtig ist, wird auf der Lohnsteuerkarte des unverheiratet gebliebenen geschiedenen Ehegatten die Steuerklasse III und die Zahl der Kinderfreibeträge eingetragen.

Wird für einen Arbeitnehmer, dessen Ehe im Laufe des Kalenderjahres aufgehoben oder geschieden worden ist, eine Lohnsteuerkarte nachträglich ausgeschrieben, so hat die Gemeinde die Steuerklasse und die Zahl der Kinderfreibeträge zu bescheinigen, die ohne die Aufhebung der Ehe maßgebend gewesen wären; heiratet jedoch der andere Ehegatte im Laufe dieses Kalenderjahres erneut und lebt er von seinem neuen Ehegatten nicht dauernd getrennt und sind beide Ehegatten unbeschränkt steuerpflichtig, so sind auf der Lohnsteuerkarte des unverheiratet gebliebenen Ehegatten mit Wirkung vom Beginn des Kalenderjahres an die Steuerklasse V und mit Wirkung von dem Tag an, von dem der Arbeitnehmer Arbeitslohn bezieht, die Steuerklasse III und die Zahl der Kinderfreibeträge zu bescheinigen.

c) Änderung der Steuerklasse bei Tod des Ehegatten

Wird für einen Arbeitnehmer, dessen Ehegatte im Laufe des Kalenderjahres verstorben ist, eine Lohnsteuerkarte nachträglich ausgeschrieben, so hat die Gemeinde mit Wirkung vom Beginn des Kalenderjahres an die Steuerklasse V und mit Wirkung vom Beginn des ersten, auf den Todestag des Ehegatten folgenden Kalendermonats an die Steuerklasse III einzutragen.

Beispiel

Für einen verheirateten Arbeitnehmer ist von der Gemeinde eine Lohnsteuerkarte 2010 mit der Steuerklasse III ausgeschrieben worden. Der Arbeitnehmer verstirbt am 28. Mai 2010. Seine Witwe beantragt am 3. August 2010 die Ausstellung einer Lohnsteuerkarte. Die Gemeinde hat der Witwe eine Lohnsteuerkarte für das Kalenderjahr 2010 nachträglich auszustellen und darauf mit Wirkung ab 1. Juni 2010 die Steuerklasse III einzutragen. Für die Zeit vom 1. 1. bis 31. 5. 2010 wird die Steuerklasse V eingetragen.

War für den verstorbenen Ehegatten keine Lohnsteuerkarte ausgeschrieben worden, so wird die Steuerklasse III für das ganze Kalenderjahr 2010 bescheinigt.

8. Eintragung von Freibeträgen und Hinzurechnungsbeträgen auf der Lohnsteuerkarte

Für die Eintragung von Freibeträgen auf der Lohnsteuerkarte ist grundsätzlich das Finanzamt zuständig. Dieses sog. Lohnsteuer-Ermäßigungsverfahren ist ausführlich in **Anhang 7** erläutert. Eine Ausnahme besteht bei der Eintragung von Pauschbeträgen für Behinderte und Hinterbliebene. Denn die **Gemeinden** haben die Pauschbeträge für Behinderte und Hinterbliebene bei der Ausstellung der Lohnsteuerkarten in eigener Zuständigkeit als Freibetrag auf den Lohnsteuerkarten einzutragen (§ 39a Abs. 2 EStG). Hierfür sind den Gemeinden vom zuständigen Finanzamt die betreffenden Arbeitnehmer und die erforderlichen Merkmale mitzuteilen. Bei der Eintragung sind sowohl die Gemeinde als auch das Datum der Eintragung anzugeben; eine Unterschrift ist entbehrlich, wenn die Eintragungen maschinell vorgenommen werden.

Die seit 1. 1. 2000 mögliche Eintragung eines **Hinzurechnungsbetrags** auf der Lohnsteuerkarte durch das Finanzamt ist anhand von Beispielen beim Stichwort „Hinzurechnungsbetrag auf der Lohnsteuerkarte" erläutert.

Siehe auch die Stichworte: Berechnung der Lohnsteuer, Freibeträge, Lohnsteuerbescheinigung, Besondere Lohnsteuerbescheinigung, Lohnkonto.

Lohnsteuerpauschalierung

siehe „Pauschalierung der Lohnsteuer"

Lohnsteuer-Richtlinien

Neben Gesetzen und Verordnungen, die die Pflichten des Arbeitgebers beim Steuerabzug vom Arbeitslohn regeln, werden zur Klärung von Zweifels- und Auslegungsfragen bei der Anwendung der gesetzlichen Vorschriften sowie zur Sicherstellung einer möglichst gleichmäßigen Besteuerung aller Arbeitnehmer und eines möglichst einfachen Vollzugs des Lohnsteuerrechts von der Bundesregierung mit Zustimmung des Bundesrats die amtlichen Lohnsteuer-Richtlinien erlassen. **Seit 1. 1. 2008 gelten die Lohnsteuer-Richtlinien 2008** vom 13. 11. 2007 (BStBl. I Sondernummer 1/2007). Die Lohnsteuer-Richtlinien gliedern sich in die eigentlichen Richtlinien einerseits und die sog. **Hinweise** zu den Richtlinien andererseits. In den Richtlinien kann wiederum auf Verwaltungserlasse verwiesen werden, die im Bundessteuerblatt (Teil I) veröffentlicht worden sind. Diese Verwaltungserlasse können dann ohne Zustimmung des Bundesrats geändert werden (z. B. die Übernachtungs- und Verpflegungspauschalen bei Dienstreisen im Ausland). Dies ist mit ein Grund dafür, dass die Lohnsteuer-Richtlinien im Regelfall nur alle drei Jahre geändert werden, wohingegen die amtlichen Hinweise zu den Lohnsteuer-Richtlinien jährlich aktualisiert werden. Den Erläuterungen in diesem Lexikon liegen die **amtlichen Lohnsteuer-Hinweise 2010** zugrunde. Die amtlichen Hinweise zu den Richtlinien enthalten in erster Linie die im Bundessteuerblatt (Teil II) veröffentlichte Rechtsprechung des Bundesfinanzhofs. Denn die im Bundessteuerblatt veröffentlichte höchstrichterliche Rechtsprechung ist für die Finanzverwaltung verbindlich, soweit nicht ausdrücklich ein sog. **Nichtanwendungserlass** ergangen ist. Nicht im Bundessteuerblatt veröffentlichte Entscheidungen (z. B. nur in der Zeitschrift BFH/NV veröffentlichte Urteile) können, soweit sie nicht im Widerspruch zu veröffentlichten Entscheidungen stehen, in gleich gelagerten Fällen herangezogen werden. Im Gegensatz zu den Gesetzen, Verordnungen und den im Bundessteuerblatt veröffentlichten Urteilen des Bundesfinanzhofs, binden die Verwaltungserlasse einschließlich der Lohnsteuer-Richtlinien nur die Verwaltungsbehörden (Finanzämter, Oberfinanzdirektion, Landesamt für Steuern); die Steuergerichte sind weder an die mit Zustimmung des Bundesrats erlassenen Richtlinien noch an die im Bundessteuerblatt veröffentlichten Verwaltungserlasse gebunden. Allerdings sind Vereinfachungsregelungen und typisierende Bewertungsvorschriften auch von den Steuergerichten unter dem Gesichtspunkt der nach außen hin publizierten **Selbstbindung der Verwaltung** und im Hinblick auf das Prinzip der Gleichmäßigkeit der Besteuerung zu beachten (BFH-Urteil vom 6. 11. 2001, BStBl. II 2002 S. 370).

Lohnsteuertabellen

Neues auf einen Blick:

Ab 1.1.2010 gilt eine **neue Berechnungsformel für den Einkommensteuertarif** mit neuen Tarifeckwerten (§ 32a Abs. 1 EStG). Außerdem gilt ab 1.1.2010 eine völlig neue Berechnungsformel für die **Vorsorgepauschale.** Der Lohnsteuertarif ändert sich dadurch grundlegend, das heißt ab 1.1.2010 gelten sowohl völlig neue Lohnsteuerabzugsbeträge als auch neue Solidaritäts- und Kirchensteuerabzüge. Neu ist auch, dass ab 1.1.2010 erstmals eine Vorsorgepauschale bei den **Steuerklassen V und VI** in den Lohnsteuertarif eingearbeitet worden ist. Dies führt in den Steuerklassen V und VI zu einer deutlichen Steuerentlastung. Auch in den anderen Steuerklassen kommt es durch die neue Vorsorgepauschale vor allem in den oberen Lohnbereichen zu erheblichen Steuerminderungen. Allerdings bringt die neue Vorsorgepauschale nicht nur Entlastungen, denn in den unteren und mittleren Lohnbereichen wurden ab 1.1.2010 zum Teil beträchtliche Kürzungen vorgenommen.

Die bisher geltende Zweiteilung der Vorsorgepauschale in ein Zahlenwerk für sozialversicherungspflichtige Arbeitnehmer einerseits und in ein Zahlenwerk für nicht sozialversicherungspflichtige Arbeitnehmer andererseits (Allgemeine und Besondere Lohnsteuertabelle) ist zwar grundsätzlich beibehalten worden. Ab 1.1.2010 gibt es jedoch zusätzlich eine Reihe von **Mischformen** bei der Berechnung der Vorsorgepauschale, wobei jeder Sozialversicherungszweig (Renten-, Kranken- und Pflegeversicherung) gesondert geprüft werden muss. Eine Mischform kann z. B. eintreten, wenn ein Arbeitnehmer zwar rentenversicherungspflichtig, aber nicht kranken- und pflegeversicherungspflichtig ist (z. B. ein Werkstudent) oder umgekehrt, wenn ein Arbeitnehmer zwar kranken- und pflegeversicherungspflichtig aber nicht rentenversicherungspflichtig ist (z. B. ein weiterbeschäftigter Altersvollrentner).

Auf die im selben Verlag erschienenen **Rehm-Tabellen 2010** für Jahr/Monat/Tag, die auch als PC-Version erhältlich sind, wird hingewiesen.

Lohnsteuertabellen

Gliederung:

1. Allgemeines
2. Wodurch unterscheidet sich die Lohnsteuertabelle mit der vollen Vorsorgepauschale von der Lohnsteuertabelle mit der gekürzten Vorsorgepauschale?
3. Wodurch unterscheidet sich die Allgemeine Lohnsteuertabelle 2010 von der Besonderen Lohnsteuertabelle 2010?
4. Aufzeichnungs- und Verfahrensvorschriften bei Anwendung der Lohnsteuertabelle mit der gekürzten Vorsorgepauschale
5. Lohnsteuer-Jahresausgleich durch den Arbeitgeber bei Anwendung verschiedener Vorsorgepauschalen im Laufe des Kalenderjahrs

1. Allgemeines

Die Lohnsteuer ist keine eigene Steuerart, sondern nur eine besondere Erhebungsform der Einkommensteuer für die „Einkünfte aus nichtselbständiger Arbeit" (= Arbeitslohn).

Deshalb leitet sich der Lohnsteuertarif direkt aus dem Einkommensteuertarif ab, dessen Berechnungsformel in § 32a Abs 1 EStG festgelegt ist. Um den Lohnsteuerabzug für den Arbeitgeber zu erleichtern, sind verschiedene **Steuerklassen** geschaffen worden, damit die den Arbeitnehmern zustehenden Pauschbeträge für Werbungskosten und Sonderausgaben, die Vorsorgepauschale sowie der Entlastungsbetrag für Alleinerziehende in den Lohnsteuertarif eingearbeitet werden können.

Die bei den einzelnen Steuerklassen eingearbeiteten Freibeträge sind beim Stichwort „Tarifaufbau" unter Nr. 7 auf Seite 688 im Einzelnen dargestellt.

Arbeitgeber mit maschineller Lohnabrechnung müssen bei der Berechnung der Lohnsteuer die Formel des Einkommensteuertarifs nach § 32a Abs. 1 EStG anwenden und ausgehend vom Arbeitslohn die Bemessungsgrundlage (also das „zu versteuernde Einkommen") für die Anwendung der Tarifformel ermitteln. Tabellensprünge wie bei einer gedruckten Lohnsteuertabelle sind hierbei nicht notwendig. Die Anwendung der **stufenlosen Tarifformel** bei einer maschinellen Berechnung der Lohnsteuer führt gegenüber dem Ablesen der Lohnsteuer aus einer gedruckten Lohnsteuertabelle zu geringfügigen Abweichungen. Diese Abweichungen wurden vom Gesetzgeber bewusst in Kauf genommen. Sowohl bei der maschinell errechneten Lohnsteuer als auch bei der aus einer gedruckten Tabelle abgelesenen Lohnsteuer handelt es sich um den zutreffenden **gesetzlich vorgeschriebenen Lohnsteuerabzug**, der am Stufenendbetrag im Normalfall übereinstimmt. Folgende Übersicht für das Kalenderjahr 2010 soll dies verdeutlichen (Steuerklasse III):

monatlicher Arbeitslohn	Lohnsteuer bei maschineller Lohnabrechnung	Lohnsteuer beim Ablesen aus einer gedruckten Lohnsteuertabelle
2 500,00 €	132,83 €	133,16 €
2 501,00 €	133,00 €	133,16 €
2 501,99 €	133,16 €	133,16 €

2. Wodurch unterscheidet sich die Lohnsteuertabelle mit der vollen Vorsorgepauschale von der Lohnsteuertabelle mit der gekürzten Vorsorgepauschale?

Für den Lohnsteuerabzug durch den Arbeitgeber ist die auf der Lohnsteuerkarte des Arbeitnehmers eingetragene Steuerklasse maßgebend. Entsprechend den unterschiedlichen Steuerklassen werden die verschiedenen Pauschbeträge berücksichtigt, die dem Arbeitnehmer beim Lohnsteuerabzug zustehen. Dies gilt auch für die in den Lohnsteuertarif eingearbeitete Vorsorgepauschale. Bisher gab es lediglich zwei Vorsorgepauschalen je nach dem, ob der Arbeitnehmer rentenversicherungspflichtig war oder nicht. Dementsprechend gab es bisher auch zwei unterschiedliche Lohnsteuertabellen, und zwar

– die Allgemeine Lohnsteuertabelle mit der ungekürzten Vorsorgepauschale für **renten**versicherungspflichtige Arbeitnehmer und

– die Besondere Lohnsteuertabelle mit der gekürzten Vorsorgepauschale für **nicht** rentenversicherungspflichtige Arbeitnehmer.

Im Grundsatz ist diese Zweiteilung (sog. A- und B-Tabelle) beibehalten worden, denn auch ab 1.1.2010 gibt es

– eine **Lohnsteuertabelle mit der ungekürzten Vorsorgepauschale** für sozialversicherungspflichtige Arbeitnehmer*) und

– eine **Lohnsteuertabelle mit einer gekürzten Vorsorgepauschale,** für nicht sozialversicherungspflichtige Arbeitnehmer.

Allerdings gibt es ab 1.1.2010 eine Reihe von **Mischformen** bei der Berechnung der Vorsorgepauschale, wobei jeder Sozialversicherungszweig (Renten-, Kranken- und Pflegeversicherung) gesondert geprüft werden muss. Bei der Kranken- und Pflegeversicherung wird außerdem unterschieden zwischen Arbeitnehmern, die in der gesetzlichen Krankenversicherung (GKV) pflicht- oder privat versichert sind und Arbeitnehmern, die in einer privaten Krankenkasse versichert sind (PKV). Eine Mischform tritt aber auch dann ein, wenn ein Arbeitnehmer zwar rentenversicherungspflichtig, aber nicht kranken- und pflegeversicherungspflichtig ist (z. B. ein Werkstudent) oder umgekehrt, wenn ein Arbeitnehmer zwar kranken- und pflegeversicherungspflichtig aber nicht rentenversicherungspflichtig ist (z. B. ein weiterbeschäftigter Altersvollrentner).

Die einzelnen Möglichkeiten zur Berechnung der ab 1.1.2010 geltenden Vorsorgepauschale sind anhand von Beispielen in **Anhang 8 zum Lexikon** ausführlich erläutert. Außerdem sind dort zwei Vorsorgepauschale-Tabellen abgedruckt und zwar eine Tabelle mit der ungekürzten Vorsorgepauschale für sozialversicherungspflichtige Arbeitnehmer (GKV versichert) und eine Tabelle mit der gekürzten Vorsorgepauschale für nicht sozialversicherungspflichtige Arbeitnehmer (vgl. die Nummern 10 und 11 in Anhang 8 zum Lexikon).

Arbeitgeber mit maschineller Lohnabrechnung können alle ab 1.1.2010 möglichen Mischformen der Vorsorgepauschale durch entsprechende Änderungen des Rechenprogramms berücksichtigen.

Der Arbeitgeber kann aber auch weiterhin die im Handel angebotenen gedruckten Allgemeinen und Besonderen Lohnsteuertabellen verwenden. Auf die im selben Verlag erschienenen **Allgemeinen** und **Besonderen Lohnsteuertabellen** für **Jahr, Monat, Tag** wird besonders hingewiesen.

3. Wodurch unterscheidet sich die Allgemeine Lohnsteuertabelle 2010 von der Besonderen Lohnsteuertabelle 2010?

Die beiden Tabellen unterscheiden sich nur durch die Vorsorgepauschale. Die Allgemeine Lohnsteuertabelle für sozialversicherungspflichtige Arbeitnehmer enthält die ungekürzte Vorsorgepauschale, die sich aus folgenden Teilbeträgen zusammensetzt und zwar

---

*) Bei der Berechnung der ab 1.1.2010 geltenden Vorsorgepauschale werden Beiträge zur Arbeitslosenversicherung nicht berücksichtigt. Dementsprechend wird für die ungekürzte Vorsorgepauschale darauf abgestellt, ob der Arbeitnehmer rentenversicherungspflichtig ist und in der gesetzlichen Krankenversicherung (GKV) freiwillig oder privat versichert ist.

Lohnsteuertabellen

	Lohn-steuer-pflichtig	Sozial-versich.-pflichtig

– einem Teilbetrag für die **Rentenversicherung**,
– einem Teilbetrag für die **Krankenversicherung** und
– einem Teilbetrag für die **Pflegeversicherung**.

Ein Teilbetrag für die **Arbeitslosenversicherung** ist bei der Berechnung der Vorsorgepauschale **nicht** vorgesehen.

Die Besondere Lohnsteuertabelle enthält lediglich eine **Mindestvorsorgepauschale** für die Beiträge zur Kranken- und Pflegeversicherung.

Die **Allgemeine Lohnsteuertabelle 2010** gilt somit
– für rentenversicherungspflichtige Arbeitnehmer, die in der gesetzlichen Krankenversicherung (GKV) pflichtversichert oder freiwillig versichert sind;
– für Arbeitnehmer, die wegen der Versicherung in einer berufsständischen Versorgungseinrichtung von der gesetzlichen Rentenversicherung befreit sind (§ 6 Abs. 1 Nr. 1 SGB VI) und die in der gesetzlichen Krankenversicherung (GKV) pflichtversichert oder freiwillig versichert sind.

Die Besondere Lohnsteuertabelle 2010 berücksichtigt als Teilbetrag für die Vorsorgepauschale wie bisher keinen Teilbetrag für die Rentenversicherung, sondern lediglich einen Teilbetrag für die Kranken- und Pflegeversicherung in Form der Mindestvorsorgepauschale. Die **Besondere Lohnsteuertabelle 2010** gilt somit z. B.
– für Beamte, Richter, Berufssoldaten, Soldaten auf Zeit;
– für Arbeitnehmer, die nach § 5 Abs. 1 Nr. 2 und 3 SGB VI rentenversicherungsfrei sind (z. B. Beschäftigte bei Trägern der Sozialversicherung, Geistliche der als öffentlich-rechtliche Körperschaften anerkannten Religionsgemeinschaften) und die wie Beamte im Krankheitsfall abgesichert sind;
– für Vorstandsmitglieder von Aktiengesellschaften und beherrschenden Gesellschafter-Geschäftsführer einer GmbH, die nicht der gesetzlichen Rentenversicherungspflicht unterliegen und die in einer privaten Kranken- und Pflegeversicherung versichert sind;
– für Arbeitnehmer, die von ihrem Arbeitgeber nur Versorgungsbezüge im Sinne des § 19 Abs. 2 Satz 2 Nr. 1 EStG erhalten (z. B. Beamtenpensionäre, Bezieher von Witwen- oder Waisengeld aufgrund beamtenrechtlicher oder entsprechender Vorschriften).

Weisen privat versicherte Arbeitnehmer, für die die Besondere Lohnsteuertabelle anzuwenden ist, dem Arbeitgeber die vom Versicherungsunternehmen bescheinigten Basiskranken- und Pflegepflichtversicherungsbeiträge nach, so sind diese nachgewiesenen Beiträge zu berücksichtigen, wenn sie höher sind als die Mindestvorsorgepauschale (vgl. die Erläuterungen in Anhang 8 Nr. 7 auf Seite 921).

4. Aufzeichnungs- und Verfahrensvorschriften bei Anwendung der Lohnsteuertabelle mit der gekürzten Vorsorgepauschale

Bisher musste der Arbeitgeber bei jeder Lohnzahlung im Lohnkonto den Buchstaben „**B**" eintragen, wenn die Lohnsteuer für den Arbeitnehmer in dem betreffenden Lohnzahlungszeitraum unter Anwendung der **gekürzten Vorsorgepauschale,** das heißt nach der sog. B-Lohnsteuertabelle ermittelt wurde. Die Eintragung des Buchstabens B im **Lohnkonto** ist ab 1.1.2010 weggefallen.

Bei der Ausschreibung der (elektronischen) **Lohnsteuerbescheinigung** musste der Arbeitgeber bisher den Buchstaben „B" eintragen, wenn er die Lohnsteuer für irgendeinen Lohnzahlungszeitraum des Kalenderjahrs unter Anwendung der gekürzten Vorsorgepauschale ermittelt hat. Auch dieser Eintrag ist ab 1.1.2010 weggefallen. Auf die ausführlichen Erläuterungen beim Stichwort „Lohnsteuerbescheinigung" wird Bezug genommen.

Lohnzahlung durch Dritte

	Lohn-steuer-pflichtig	Sozial-versich.-pflichtig

5. Lohnsteuer-Jahresausgleich durch den Arbeitgeber bei Anwendung verschiedener Vorsorgepauschalen im Laufe des Kalenderjahrs

Die ab 1.1.2010 geltende Vorsorgepauschale kann sich aus verschiedenen Teilbeträgen zusammensetzen, und zwar aus
– einem Teilbetrag für die Rentenversicherung,
– Teilbeträgen für die gesetzliche Basiskranken- und Pflegeversicherung oder
– Teilbeträgen für die private Basiskranken- und Pflegeversicherung.

Auf die ausführlichen Erläuterungen in **Anhang 8 zum Lexikon** wird Bezug genommen.

Berücksichtigt der Arbeitgeber im Laufe des Kalenderjahrs Teilbeträge der Vorsorgepauschale nur **zeitweise,** so ist ein Lohnsteuer-Jahresausgleich durch den Arbeitgeber nicht zulässig (§ 42b Abs. 1 Nr. 5 EStG).

Außerdem ist nach dem BMF-Schreiben vom 14.12.2009 (Az.: IV C 5 – S 2367/09/10002)*) ein Lohnsteuer-Jahresausgleich auch dann ausgeschlossen, wenn
– der Arbeitnehmer bezogen auf den Teilbetrag der Vorsorgepauschale für die Rentenversicherung innerhalb des Kalenderjahrs teilweise zum Rechtskreis **West** und teilweise zum Rechtskreis **Ost** gehört hat;
– beim Arbeitnehmer bezogen auf die Teilbeträge der Vorsorgepauschale für die Rentenversicherung und/oder die gesetzliche Kranken- und Pflegeversicherung innerhalb des Kalenderjahrs **unterschiedliche Beitragssätze** anzuwenden waren.

Lohnsteuertarif

siehe „Tarifaufbau"

Lohnumwandlung

siehe „Gehaltsumwandlung"

Lohnverwendungsabrede

siehe „Gehaltsumwandlung"

Lohnverzicht

siehe „Gehaltsverzicht"

Lohnzahlung durch Dritte

Gliederung:

1. Allgemeines
2. Verpflichtung des Arbeitgebers zum Lohnsteuerabzug bei einer unechten Lohnzahlung durch Dritte
3. Verpflichtung des Arbeitgebers zum Lohnsteuerabzug bei einer echten Lohnzahlung durch Dritte
4. Verfahren beim Lohnsteuerabzug
5. Lohnsteuerabzug durch einen Dritten
6. Sozialversicherungsrechtliche Behandlung

---

*) Das BMF-Schreiben ist als Anlage zu H 39b.7 LStR im **Steuerhandbuch für das Lohnbüro 2010** abgedruckt, das im selben Verlag erschienen ist. Das **PC-Lexikon** für das Lohnbüro 2010 enthält auch dieses Handbuch und hat außerdem den Vorteil, dass Sie **alle BFH-Urteile** sowie die aktuellen Rundschreiben und Niederschriften der Spitzenverbände der **Sozialversicherung** mit Mausklick **im Volltext** abrufen und ausdrucken können. Eine Bestellkarte finden Sie vorne im Lexikon.

Lohnzahlung durch Dritte

1. Allgemeines

Der Arbeitgeber hat die Lohnsteuer auch für den Arbeitslohn einzubehalten und an das Finanzamt abzuführen, der im Rahmen des Dienstverhältnisses von einem Dritten gezahlt wird (§ 38 Abs. 1 Satz 3 EStG). Die Verpflichtung des Arbeitgebers zur Einbehaltung der Lohnsteuer kann also nicht dadurch beseitigt werden, dass ein Dritter tatsächlich oder rechtlich in die Auszahlung des Arbeitslohns eingeschaltet wird. Damit der Arbeitgeber den Lohnsteuerabzug durchführen kann, muss der Arbeitnehmer dem Arbeitgeber alle Bezüge, die er von Dritten erhält, jeden Monat schriftlich mitteilen (§ 38 Abs. 4 Satz 3 EStG).

Den **Dritten** treffen somit keinerlei lohnsteuerliche Pflichten. Die Verpflichtung zum Lohnsteuerabzug und die daraus resultierende Haftung bleiben stets beim Arbeitgeber.

Der Arbeitgeber ist jedoch bei einer Lohnzahlung durch Dritte nicht in jedem Fall zum Lohnsteuerabzug verpflichtet. Im Einzelnen gilt für die Verpflichtung des Arbeitgebers zum Lohnsteuerabzug bei einer Lohnzahlung durch Dritte Folgendes:

2. Verpflichtung des Arbeitgebers zum Lohnsteuerabzug bei einer unechten Lohnzahlung durch Dritte

Bei der Verpflichtung des Arbeitgebers zum Lohnsteuerabzug ist zwischen einer echten und einer unechten Lohnzahlung durch Dritte zu unterscheiden. Denn bei einer sog. **unechten** Lohnzahlung durch Dritte ergibt sich die Verpflichtung des Arbeitgebers zum Lohnsteuerabzug bereits aus § 38 Abs. 1 **Satz 1** EStG, wohingegen die Verpflichtung des Arbeitgebers zum Lohnsteuerabzug bei einer sog. **echten** Lohnzahlung durch Dritte in § 38 Abs. 1 **Satz 3** EStG gesondert geregelt ist.

Eine **unechte Lohnzahlung durch Dritte** ist dann anzunehmen, wenn sich die Lohnzahlung des Dritten als eigene Lohnzahlung des Arbeitgebes darstellt, das heißt der Dritte fungiert lediglich als Leistungsmittler oder Erfüllungsgehilfe (R 38.4 Abs. 1 LStR). Das ist z. B. der Fall, wenn

– der Arbeitgeber in irgendeiner Form tatsächlich oder rechtlich in die Arbeitslohnzahlung eingeschaltet ist (BFH-Urteil vom 13. 3. 1974, BStBl. II S. 411),

– der Dritte in der praktischen Auswirkung nur die Stellung einer zahlenden Kasse hat, z. B. eine selbständige Kasse zur Zahlung von Unterstützungen oder Erholungsbeihilfen (BFH-Urteil vom 30. 5. 2001, BStBl. 2002 II S. 230).

In den Fällen der unechten Lohnzahlung durch Dritte zahlt also im Ergebnis der Dritte den Arbeitslohn nur **im Auftrag des Arbeitgebers aus.** Nach der Rechtsprechung des Bundesfinanzhofs bleibt der den Dritten als Leistungsmittler einsetzende Arbeitgeber damit derjenige, der den Arbeitslohn zahlt. Deshalb ist der Arbeitgeber bei einer unechten Lohnzahlung durch Dritte – wie bei jeder anderen Lohnzahlung auch – bereits nach § 38 Abs. 1 **Satz 1** EStG zum Lohnsteuerabzug verpflichtet.

3. Verpflichtung des Arbeitgebers zum Lohnsteuerabzug bei einer echten Lohnzahlung durch Dritte

Nach der bis 31. 12. 2003 geltenden Rechtslage war der Arbeitgeber bei einer Lohnzahlung durch Dritte zum Lohnsteuerabzug verpflichtet, wenn der Dritte **üblicherweise** den Arbeitslohn für die Arbeitsleistung gezahlt hat (sog. echte Lohnzahlung durch einen Dritten). Außerdem hatte der Arbeitgeber nach Auffassung der Finanzverwaltung die Lohnsteuer auch für Sachbezüge zu erheben, die seinen Arbeitnehmern von dritter Seite zugewendet wurden, wenn er **an der Verschaffung der Bezüge mitgewirkt** hat.

Da das Tatbestandsmerkmal „üblicherweise" in der Praxis Schwierigkeiten bereitet hat und auch die Verpflichtung zum Lohnsteuerabzug in den Fällen in Zweifel gezogen wurde, in denen der Arbeitgeber an der Verschaffung von Sachbezügen und geldwerten Vorteilen von dritter Seite mitgewirkt hat, wurde die Verpflichtung des Arbeitgebers zum Lohnsteuerabzug bei der Lohnzahlung durch Dritte auf eine gesetzliche Grundlage gestellt. Denn § 38 Abs. 1 Satz 3 EStG in der seit 1. 1. 2004 geltenden Fassung schreibt Folgendes vor:

„Der Lohnsteuer unterliegt auch der im Rahmen des Dienstverhältnisses von einem Dritten gewährte Arbeitslohn, wenn der Arbeitgeber **weiß oder erkennen kann,** dass derartige Vergütungen erbracht werden; dies ist insbesondere anzunehmen, wenn Arbeitgeber und Dritter **verbundene Unternehmen** im Sinne von § 15 des Aktiengesetzes sind."

Früher war der Arbeitnehmer lediglich durch die Lohnsteuer-Richtlinien verpflichtet, dem Arbeitgeber Lohnzahlungen von Dritten anzuzeigen. Auch diese Verpflichtung ist auf eine gesetzliche Grundlage gestellt worden, denn § 38 Abs. 4 Satz 3 EStG in der seit 1. 1. 2004 geltenden Fassung bestimmt, dass der Arbeitnehmer bei einer Lohnzahlung durch Dritte verpflichtet ist, dem Arbeitgeber diese Lohnzahlungen **für jeden Lohnzahlungszeitraum schriftlich anzuzeigen,** und zwar unabhängig davon, ob es sich um Bar- oder Sachbezüge handelt. Im Einzelnen gilt bei einer echten Lohnzahlung durch Dritte Folgendes:

Eine **echte Lohnzahlung durch Dritte** liegt dann vor, wenn dem Arbeitnehmer Vorteile von einem Dritten eingeräumt werden, die ein Entgelt für eine Leistung sind, die der Arbeitnehmer im Rahmen seines Dienstverhältnisses für den Arbeitgeber erbringt (R 38.4 Abs. 2 LStR). Während der Arbeitgeber in den Fällen der unechten Lohnzahlung durch Dritte im Normalfall weiß, welchen Lohn der Dritte auszahlt, ist dies bei einer echten Lohnzahlung durch Dritte oft nicht der Fall. Für die echte Lohnzahlung durch Dritte ist deshalb im § 38 Abs. 1 **Satz 3** EStG ausdrücklich festgelegt worden, dass der Arbeitgeber die Lohnsteuer einzubehalten und die damit verbundenen sonstigen Pflichten zu erfüllen hat, wenn er weiß **oder erkennen kann, dass derartige Vergütungen erbracht werden.** Die seit 1. 1. 2004 im Gesetz selbst geregelte Verpflichtung des Arbeitgebers zum Lohnsteuerabzug bei einer echten **Rabattgewährung durch Dritte** war früher im BMF-Schreiben vom 27. 9. 1993 (BStBl. I S. 814)*) enthalten. Die Verpflichtung des Arbeitgebers zum Lohnsteuerabzug ist deshalb in diesen Fällen nichts Neues; die bereits seit vielen Jahren geltende Verwaltungsanweisung wurde lediglich auf eine gesetzliche Grundlage gestellt.

Abgestellt wird also darauf, ob der Arbeitgeber weiß oder erkennen kann, dass Bar- oder Sachleistungen im Rahmen des Dienstverhältnisses von einem Dritten erbracht werden. Ob das „üblicherweise" geschieht ist ohne Bedeutung. Das Gesetz führt beispielhaft auf, dass eine zum Lohnsteuerabzug verpflichtende Lohnzahlung durch Dritte immer dann vorliegt, wenn Arbeitgeber und Dritter **verbundene Unternehmen im Sinne von § 15 des Aktiengesetzes** sind. Dies ist jedoch nicht der einzige Fall. Denn der Arbeitgeber weiß immer dann, ob eine Lohnzahlung durch Dritte vorliegt, **wenn er an der Verschaffung** von unentgeltlichen oder verbilligten Sachbezügen oder geldwerten Vorteilen selbst mitgewirkt hat. Für den Hauptanwendungsfall dieser Regelung, nämlich der Rabattgewährung durch Dritte, wird deshalb in den Hinweisen zu den Lohnsteuer-Richtlinien Folgendes ausgeführt:

---

*) BMF-Schreiben vom 27. 9. 1993 (BStBl. I S. 814). Das BMF-Schreiben ist als Anlage 7 zu H 8.2 LStR im **Steuerhandbuch für das Lohnbüro 2010** abgedruckt, das im selben Verlag erschienen ist. Das **PC-Lexikon** für das Lohnbüro 2010 enthält auch dieses Handbuch und hat außerdem den Vorteil, dass Sie **alle BFH-Urteile** sowie die aktuellen Rundschreiben und Niederschriften der Spitzenverbände der **Sozialversicherung** mit Mausklick **im Volltext** abrufen und ausdrucken können. Eine Bestellkarte finden Sie vorne im Lexikon.

Lohnzahlung durch Dritte

Bei einer **Mitwirkung des Arbeitgebers an der Rabattgewährung** von dritter Seite (vgl. BMF-Schreiben vom 27.9.1993, BStBl. I S. 814, Tz.1)*) ist der Arbeitgeber **zum Lohnsteuerabzug verpflichtet.** In anderen Fällen ist zu **prüfen,** ob der Arbeitgeber weiß oder erkennen kann, dass derartige Vorteile gewährt werden.

Nach Textziffer 1 des oben genannten BMF-Schreibens besteht also eine Verpflichtung des Arbeitgebers zur Durchführung des Lohnsteuerabzugs immer dann, wenn der Arbeitgeber an der Verschaffung der Preisvorteile durch Dritte mitgewirkt hat.

Eine **Mitwirkung des Arbeitgebers** in diesem Sinne liegt vor, wenn

– aus dem Handeln des Arbeitgebers ein **Anspruch** des Arbeitnehmers auf den Preisvorteil entstanden ist (z.B. durch den Abschluss eines Rahmenvertrags mit einem Lieferanten) oder
– der Arbeitgeber für den Dritten Verpflichtungen übernommen hat, z.B. **Inkassotätigkeit** oder Haftung, oder
– zwischen dem Arbeitgeber und dem Dritten eine enge wirtschaftliche oder tatsächliche Verflechtung oder enge Beziehung sonstiger Art besteht, z.B. **Organschaftsverhältnis,** oder
– dem Arbeitnehmer Preisvorteile von einem Unternehmen eingeräumt werden, dessen Arbeitnehmer ihrerseits Preisvorteile vom Arbeitgeber erhalten **(wechselseitige Rabattgewährung).**

Auf die ausführlichen Erläuterungen beim Stichwort „Rabatte, Rabattfreibetrag" unter Nr. 6 wird Bezug genommen.

Eine Lohnzahlung durch Dritte, bei der der Arbeitgeber zum Lohnsteuerabzug verpflichtet ist, liegt auch in folgenden Fällen vor:

– Bei einer Beteiligung des Krankenhauspersonals an den **Liquidationseinnahmen** der Chefärzte (vgl. das Stichwort „Liquidationspool").
– Bei **Provisionen und Sachprämien,** die Arbeitnehmer von Kreditinstituten für den Abschluss von Bauspar- oder Versicherungsverträgen von den Bausparkassen oder Versicherungsunternehmen erhalten.

Bei Provisionen und Sachprämien an Arbeitnehmer von Kreditinstituten gilt dies allerdings nur für solche Bankangestellte, zu deren Aufgabengebiet der Abschluss von solchen Verträgen gehört, da nur bei diesen die Vergütungen im Rahmen des Dienstverhältnisses anfallen. Zum steuerpflichtigen Arbeitslohn gehören in diesen Fällen auch die Vergütungen für Eigenversicherungen und im Verwandtenbereich abgeschlossene Verträge, und zwar unabhängig davon, ob der Abschluss während oder außerhalb der Bankarbeitszeit getätigt wird.

Ist aufgrund der vertraglichen Gestaltung das Kreditinstitut gegenüber der Bausparkasse oder dem Versicherungsunternehmen provisionsberechtigt und leitet es die Provisionen an seine Arbeitnehmer weiter, liegt stets Arbeitslohn vor, unabhängig davon, ob es sich um Arbeitnehmer mit oder ohne Kundenkontakt handelt, und unabhängig davon, ob die Verträge während der Dienstzeit oder in der Freizeit abgeschlossen wurden; die Verpflichtung des Arbeitgebers zum Lohnsteuerabzug ergibt sich bereits aus § 38 Abs. 1 Satz 1 EStG. Die Weitergabe der von der Versicherung erhaltenen Provisionen durch den Arbeitgeber an den Arbeitnehmer stellt Barlohn und keinen Sachbezug dar (BFH-Urteil vom 23.8.2007, BStBl. 2008 II S. 52). Lediglich wenn der Arbeitgeber als Vermittler gegenüber seinem Arbeitnehmer auf die Provision verzichtet, handelt es sich um einen Sachbezug, der im Rahmen des § 8 Abs. 3 EStG (= Anwendung des Rabattfreibetrags von 1080 € jährlich) steuerfrei sein kann. Auf die Erläuterungen beim Stichwort „Rabatte, Rabattfreibetrag" unter Nr. 10 Buchstabe d wird hingewiesen.

Schließlich liegt eine Lohnzahlung durch Dritte auch vor, wenn ein **Berufssportler** vom Verband für Länderspiele, Turnierteilnahmen usw. Vergütungen (Geldprämien, Sachbezüge) erhält. Der Verein als Arbeitgeber des Berufssportlers muss in diesem Fall den Lohnsteuerabzug vornehmen. Vgl. die Erläuterungen beim Stichwort „Berufssportler".

4. Verfahren beim Lohnsteuerabzug

Falls der Arbeitgeber die Höhe der Lohnzahlung des Dritten nicht kennt, muss ihm der Arbeitnehmer diese Bezüge für jeden Lohnzahlungszeitraum **schriftlich anzeigen** (§ 38 Abs. 4 Satz 3 EStG). Die Anzeige ist als Beleg zum Lohnkonto aufzubewahren. Der Arbeitgeber kann vom Finanzamt für zu wenig einbehaltene Lohnsteuer nicht in Anspruch genommen werden, wenn die Angaben des Arbeitnehmers unvollständig oder unrichtig waren. Wenn der Arbeitnehmer aber **erkennbar unrichtige Angaben** macht, muss der Arbeitgeber dies dem Betriebsstättenfinanzamt unter Angabe der ihm bekannten Tatsachen **anzeigen.** Diese Anzeige muss der Arbeitgeber auch erstatten, wenn der Arbeitnehmer die Bar- oder Sachbezüge von Dritten überhaupt nicht mitteilt, der Arbeitgeber aber weiß oder erkennen kann, dass solche Zuwendungen zugeflossen sind (§ 38 Abs. 4 Satz 3 EStG). Aufgrund der Anzeige fordert das Finanzamt die Lohnsteuer unmittelbar vom Arbeitnehmer nach. Beim Arbeitgeber führt die rechtzeitige Anzeige der ihm bekannten Tatsachen zum Haftungsausschluss. Die Anzeigeverpflichtung des Arbeitnehmers spielt vor allem bei einer Rabattgewährung durch Dritte eine große Rolle. Sie ist deshalb beim Stichwort „Rabatte, Rabattfreibetrag" unter Nr. 6 Buchstabe e auf Seite 573 ausführlich erläutert.

Ist der von dem Dritten gezahlte Arbeitslohn so hoch, dass der vom Arbeitgeber gezahlte Arbeitslohn zur Deckung der Lohnsteuer nicht ausreicht, muss der Arbeitnehmer dem Arbeitgeber gemäß § 38 Abs. 4 Satz 1 EStG den Fehlbetrag zur Verfügung stellen. Falls der Arbeitnehmer dieser Verpflichtung nicht nachkommt, hat der Arbeitgeber dies dem Betriebsstättenfinanzamt ebenfalls anzuzeigen, das die Lohnsteuer dann direkt beim Arbeitnehmer nachfordert.

Der Arbeitgeber selbst kann übrigens die Lohnzahlung eines Dritten nicht nach § 37b EStG mit 30% pauschal besteuern. Die Pauschalierung nach § 37b EStG mit 30% kann nur der Zuwendende selbst vornehmen (vgl. die Erläuterungen beim Stichwort „Pauschalierung der Lohnsteuer für Belohnungsessen, Incentive-Reisen, VIP-Logen und ähnliche Sachbezüge" unter Nr. 2 und 3). Erhält der Arbeitnehmer im Nachhinein eine Mitteilung vom Zuwendenden über die Anwendung des § 37b EStG, kann der Arbeitgeber bei bereits durchgeführter individueller Besteuerung über die Lohnsteuerkarte eine Korrektur des Lohnsteuerabzugs vornehmen, sofern eine solche Änderung noch zulässig ist (vgl. die Erläuterungen beim Stichwort „Änderung des Lohnsteuerabzugs"). Anderenfalls hat die Korrektur im Rahmen der Einkommensteuerveranlagung des Arbeitnehmers zu erfolgen.

5. Lohnsteuerabzug durch einen Dritten

Die vorstehenden Erläuterungen befassen sich mit der Frage, in welchen Fällen der **Arbeitgeber** zum Lohnsteuerabzug verpflichtet ist, wenn der Arbeitslohn von einem Dritten gezahlt wird, und wie der Arbeitgeber davon erfährt, ob und ggf. in welcher Höhe der Dritte Arbeitslohn gezahlt hat.

---

*) BMF-Schreiben vom 27.9.1993 (BStBl. I S. 814). Das BMF-Schreiben ist als Anlage 7 zu H 8.2 LStR im **Steuerhandbuch für das Lohnbüro 2010** abgedruckt, das im selben Verlag erschienen ist. Das **PC-Lexikon** für das Lohnbüro 2010 enthält auch dieses Handbuch und hat außerdem den Vorteil, dass Sie **alle BFH-Urteile** sowie die aktuellen Rundschreiben und Niederschriften der Spitzenverbände der **Sozialversicherung** mit Mausklick **im Volltext** abrufen und ausdrucken können. Eine Bestellkarte finden Sie vorne im Lexikon.

Lohnzahlungszeitraum

Es gibt jedoch auch umgekehrte Fälle, in denen die Pflichten des Arbeitgebers zur Einbehaltung und Abführung der Lohnsteuer auf einen Dritten übertragen werden, sei es aufgrund ausdrücklicher gesetzlicher Verpflichtung oder auf Antrag beim Betriebsstättenfinanzamt des Dritten. Diese Fälle sind beim Stichwort „Lohnsteuerabzug durch einen Dritten" ausführlich erläutert.

6. Sozialversicherungsrechtliche Behandlung

Die Grundsätze zur Lohnzahlung durch Dritte gelten für den Bereich der **Sozialversicherung** entsprechend. Bereits in § 160 Abs. 1 der Reichsversicherungsordnung war bestimmt, dass zum Entgelt auch die Bezüge gehören, die der Versicherte vom Arbeitgeber „oder einem Dritten" erhält. § 14 Abs. 1 SGB IV enthält diese Formulierung zwar nicht ausdrücklich, eine Rechtsänderung ist hierdurch jedoch nicht eingetreten (vgl. BSG-Urteil vom 26.10.1988 – 12 RK 18/87 – „Die Beiträge" 1988 S. 368).

Lohnzahlungszeitraum

Lohnzahlungszeitraum ist der Zeitraum, für den Arbeitslohn gezahlt wird, gleichgültig, wie der Arbeitslohn berechnet wird, ob es sich also um Zeitlohn oder Leistungslohn (Akkordlohn, Stücklohn) handelt. Im Normalfall wird der Lohnzahlungszeitraum einen Monat, eine Woche oder einen Tag umfassen und sich mit dem Lohnabrechnungszeitraum decken. Im Einzelnen vgl. das Stichwort „Berechnung der Lohnsteuer und der Sozialversicherungsbeiträge" unter Nr. 6 auf Seite 145.

Lohnzuschläge

Siehe die Stichworte: Zulagen und Zuschläge.

Losgewinn

siehe „Verlosungsgewinne"

März-Klausel

siehe „Einmalige Zuwendungen"

Mahlzeiten

Neues auf einen Blick:

Ab 1.1.2010 gelten für Mahlzeiten im Betrieb (sog. Kantinenessen) folgende Sachbezugswerte:

– für ein Frühstück **1,57 €,**
– für ein Mittag- oder Abendessen **2,80 €.**

Werden beim Arbeitnehmer nicht nur einzelne Mahlzeiten, sondern die **gesamte Verpflegung** und ggf. auch noch die Unterkunft gewährt, so werden diese geldwerten Vorteile mit den amtlichen Sachbezugswerten für freie Unterkunft und Verpflegung bewertet. Die hiermit zusammenhängenden Fragen sind beim Stichwort „Freie Unterkunft und Verpflegung" erläutert. Nachfolgend ist die steuerliche Behandlung **einzelner Mahlzeiten** (sog. Kantinenessen) dargestellt, die der Arbeitgeber dem Arbeitnehmer unentgeltlich oder verbilligt gewährt.

Nach den Lohnsteuer-Richtlinien ist eine **Mahlzeit** zur Verpflegung der Arbeitnehmer anlässlich oder während einer **Auswärtstätigkeit** (einschließlich Fortbildungsveranstaltungen) mit dem amtlichen Sachbezugswert als Arbeitslohn anzusetzen, wenn der Wert der Mahlzeit 40 € nicht übersteigt. Dieser Verwaltungsauffassung ist der Bundesfinanzhof nicht gefolgt (BFH-Urteil vom 19.11.2008, BStBl. 2009 II S. 547). Seiner Ansicht nach sind die Mahlzeiten mit dem tatsächlichen Wert und nicht mit dem Sachbezugswert anzusetzen. Allerdings liegen auch bei Mahlzeitengestellungen anlässlich von Auswärtstätigkeiten in Höhe der jeweils in Betracht kommenden Pauschbeträge für Verpflegungsmehraufwendungen steuerfreie Reisekostenvergütungen vor. Soweit die Pauschbeträge für Verpflegungsmehraufwendungen überschritten sind, und deshalb Lohnsteuerpflicht eintreten würde, kommt die 44-Euro-Freigrenze für Sachbezüge zur Anwendung, sofern diese nicht schon anderweitig ausgeschöpft ist.

Aufgrund dieser Rechtsprechung räumt die Finanzverwaltung den Arbeitgebern ein **Wahlrecht** zwischen dem Ansatz der Mahlzeiten mit dem amtlichen **Sachbezugswert** oder dem Ansatz der Mahlzeiten mit dem **tatsächlichen Wert** ein, wobei es sich bei letzterem teilweise um steuerfreie Reisekostenvergütungen handelt und ggf. die 44-Euro-Freigrenze für Sachbezüge genutzt werden kann (BMF-Schreiben vom 13.7.2009, BStBl. I S. 771). Dieses neue Wahlrecht ist ausführlich beim Stichwort „Reisekosten bei Auswärtstätigkeiten" unter Nr. 10 Buchstabe g auf Seite 604 erläutert.

Gliederung:

1. Allgemeines
2. Arbeitstägliche Mahlzeiten im Betrieb
3. Begriff der Mahlzeit
4. Mahlzeiten, die im Betrieb abgegeben werden
5. Abgabe von Mahlzeiten in verpachteten Kantinen
6. Essensgutscheine und Restaurantschecks
   a) Bewertung mit dem Sachbezugswert
   b) Begrenzung des steuerpflichtigen Betrags auf den Wert der Essensmarke
   c) Umwandlung von Barlohn in Essensgutscheine oder Restaurantschecks
7. Pauschalierung der Lohnsteuer mit 25 %
8. Steuerpflichtige Essenszuschüsse
   a) Barzuschüsse (sog. Essensgeld)
   b) Steuerpflichtige Essenszuschüsse bei der Abgabe von Mahlzeiten
9. Anwendung des Rabattfreibetrags bei der Gewährung von Mahlzeiten
10. Anwendung der 44-Euro-Freigrenze bei der Abgabe von Mahlzeiten
11. Umsatzsteuerpflicht bei der Gewährung unentgeltlicher Mahlzeiten

1. Allgemeines

Wenn es um die lohnsteuerliche Erfassung von Mahlzeiten geht, die der Arbeitgeber dem Arbeitnehmer kostenlos oder verbilligt gewährt, so kommen in erster Linie die arbeitstäglichen Mahlzeiten (sog. **Kantinenessen**) in Betracht.

Bei der Lohnabrechnung müssen jedoch nicht nur die Mahlzeiten im Betrieb (sog. Kantinenessen) lohnsteuerlich erfasst werden, sondern auch Mahlzeiten, die der Arbeitnehmer während einer Auswärtstätigkeit oder im Rahmen einer doppelten Haushaltsführung auf Veranlassung des Arbeitgebers erhält. Auch im Rahmen von Übernachtungen unter Übernahme des Frühstücks durch den Arbeitgeber kann eine Verpflegung des Arbeitnehmers vorliegen, die lohnsteuerlich erfasst werden muss. Probleme bereiten in der Praxis auch die sog. Arbeitsessen und die Teilnahme des Arbeitnehmers an der Bewirtung von Geschäftsfreunden.

Für den Arbeitgeber stellt sich deshalb zum einen die Frage, ob überhaupt eine **steuerpflichtige** Mahlzeitengewährung an den Arbeitnehmer vorliegt, die dem Lohnsteuerabzug unterworfen werden muss, und zum anderen, ob die ggf. steuerpflichtige Mahlzeit mit dem Sachbezugswert oder mit ihrem tatsächlichen Wert als geldwerter Vorteil anzusetzen

Mahlzeiten

	Lohn-steuer-pflichtig	Sozial-versich.-pflichtig

ist. In diese Prüfung sind auch Mahlzeiten einzubeziehen, die der Arbeitnehmer von einem Dritten auf Veranlassung des Arbeitgebers erhalten hat.

Die Lohnsteuer-Richtlinien geben für diese Prüfung ein festes Schema vor (R 8.1 Abs. 8 LStR).

Hiernach ergibt sich für Mahlzeiten, die der Arbeitnehmer vom Arbeitgeber kostenlos oder verbilligt erhält, folgende Übersicht:

Die nachfolgenden Erläuterungen befassen sich mit den **arbeitstäglich** gewährten Mahlzeiten, also mit den sog. **Kantinenessen**, die mit dem amtlichen Sachbezugswert für Mahlzeiten bewertet werden. Im Einzelnen gilt für die lohnsteuerliche Erfassung dieser sog. Kantinenessen Folgendes:

2. Arbeitstägliche Mahlzeiten im Betrieb

Der Vorteil, den ein Arbeitnehmer durch die Gewährung **unentgeltlicher** Mahlzeiten im Betrieb erhält, gehört in Höhe des **amtlichen Sachbezugswerts** zum steuer- und beitragspflichtigen Arbeitslohn.   ja   ja

Wird die Mahlzeit an den Arbeitnehmer nicht unentgeltlich sondern **verbilligt** abgegeben, so gehört die Differenz zwischen dem amtlichen Sachbezugswert und dem vom Arbeitnehmer gezahlten Entgelt (zu dem auch die Umsatzsteuer gehört) zum steuerpflichtigen Arbeitslohn.   ja   ja

Da der Wert von arbeitstäglichen Mahlzeiten, die der Arbeitgeber unentgeltlich oder verbilligt an die Arbeitnehmer im Betrieb abgibt, stets mit den **amtlichen Sachbezugswerten** zu bewerten ist, lässt sich **bei einer Zuzahlung** durch den Arbeitnehmer folgender Grundsatz aufstellen:

Ein lohnsteuerpflichtiger geldwerter Vorteil entsteht bei der verbilligten Abgabe einer Mahlzeit in keinem Fall, **wenn der Arbeitnehmer einen Essenpreis mindestens in Höhe des amtlichen Sachbezugswerts bezahlt.**   nein   nein

Sowohl in den alten als auch in den neuen Bundesländern gelten für unentgeltlich oder verbilligt abgegebene Mahl-

zeiten (Frühstück, Mittag- oder Abendessen) folgende Sachbezugswerte:

	Frühstück	Mittag- oder Abendessen
2010	1,57 €	2,80 €
2009	1,53 €	2,73 €
2008	1,50 €	2,67 €
2007	1,50 €	2,67 €
2006	1,48 €	2,64 €
2005	1,46 €	2,61 €
2004	1,44 €	2,58 €
2003	1,43 €	2,55 €
2002	1,40 €	2,51 €

Die Sachbezugswerte für Frühstück, Mittag- und Abendessen gelten für alle Arbeitnehmer in allen Bundesländern gleichermaßen. Die ermäßigten Werte für Jugendliche unter 18 Jahren und Auszubildende sind seit 1.1.1999 weggefallen.

Wie bereits ausgeführt, werden einzelne Mahlzeiten, die der Arbeitgeber zur üblichen arbeitstäglichen Beköstigung seiner Arbeitnehmer unentgeltlich oder verbilligt im Betrieb abgibt (sog. Kantinenessen), **stets mit dem amtlichen Sachbezugswert bewertet.**

Gewährt der Arbeitgeber also seinen Arbeitnehmern unentgeltlich einzelne Mahlzeiten, deren Werte die oben genannten amtlichen Sachbezugswerte übersteigen, so fließt der **übersteigende** Betrag den Arbeitnehmern steuerfrei zu.

Beispiel A

Eine Firma hat für ihre Führungskräfte ein Vorstandscasino eingerichtet. Der Wert der **kostenlos** abgegebenen Mahlzeiten (einschließlich der Getränke) beträgt 30 € je Mahlzeit. Lohnsteuerlich ist jedoch der Sachbezugswert für Mahlzeiten maßgebend, dies sind 2,80 €; der restliche geldwerte Vorteil in Höhe von 27,20 € fließt den Arbeitnehmern steuerfrei zu. Der Arbeitgeber kann außerdem die Lohnsteuer pauschal mit 25 % aus den Sachbezugswerten errechnen (vgl. nachfolgend unter Nr. 7).

Da sich durch die Ausgabe von Essensgutscheinen eine genaue wertmäßige Begrenzung durchführen lässt, kann der Arbeitgeber dem Arbeitnehmer durch eine entsprechende Gestaltung der Abrechnung von Kantinenessen einen genau festgelegten steuerfreien Vorteil arbeitstäglich zuwenden.

Beispiel B

Ein Arbeitgeber will seinen Arbeitnehmern arbeitstäglich ein um 2 € verbilligtes Mittagessen steuer- und beitragsfrei gewähren. Hierzu gibt der Arbeitgeber je Arbeitstag einen Essensgutschein im Wert von 4,80 € aus, für den der Arbeitnehmer aber nur 2,80 € (= amtlicher Sachbezugswert) bezahlen muss. Der Arbeitgeber zieht den Betrag von 2,80 € je Arbeitstag gleich bei der Lohnzahlung ab. Der Arbeitnehmer erhält in der Betriebskantine je Essensgutschein eine Mahlzeit im Wert von 4,80 €. Der Arbeitgeber kann dem Arbeitnehmer somit einen Vorteil von arbeitstäglich 2 € steuer- und beitragsfrei zuwenden.

Werden arbeitstägliche Mahlzeiten nicht vom Arbeitgeber selbst (z. B. in der Betriebskantine) sondern durch einen Dritten (z. B. durch einen Kantinenpächter, eine Gaststätte in der Umgebung oder eine sonstige Einrichtung) abgegeben, gibt es für die steuer- und beitragsfreie Verbilligung eine betraglich festgelegte Obergrenze von 3,10 € arbeitstäglich. Diese Obergrenze ist unter der nachfolgenden Nr. 6 erläutert.

3. Begriff der Mahlzeit

Mahlzeiten sind alle kalten und warmen Speisen und Lebensmittel, die üblicherweise der Ernährung dienen und die zum Verzehr während der Arbeitszeit oder im unmittelbaren Anschluss daran geeignet sind. Mahlzeiten sind deshalb auch Vor- oder Nachspeisen sowie eine

---

*) Beim Stichwort „Reisekosten bei Auswärtstätigkeiten" ist unter Nr. 10 Buchstabe g auch das neue **Wahlrecht** zwischen der Bewertung mit dem amtlichen Sachbezugswert und dem Ansatz des tatsächlichen Werts der Mahlzeit abgehandelt, das nach dem BMF-Schreiben vom 13.7.2009 (BStBl. I S. 771) möglich ist.

Mahlzeiten

Pausenverpflegung (Brotzeit). Getränke gehören zu den Mahlzeiten, wenn sie üblicherweise zusammen mit der Mahlzeit eingenommen werden. Getränke, die der Arbeitgeber seinen Arbeitnehmern außerhalb von Mahlzeiten zum Verzehr im Betrieb unentgeltlich oder verbilligt überlässt, z. B. durch Getränkeautomaten, gehören als Aufmerksamkeiten nicht zum steuerpflichtigen Arbeitslohn (vgl. „Getränke"). Die Sachbezugswerte sind also einerseits auch bei geringerwertigen Mahlzeiten maßgebend; andererseits sind mit den Sachbezugswerten auch die – ggf. teuren – Getränke mit abgedeckt. Die Sachbezugswerte sind als Durchschnittswerte unabhängig vom objektiven Wert der Mahlzeit anzusetzen.

Beispiel
Der Arbeitgeber gewährt kostenlose Mahlzeiten in der Kantine. Der Arbeitnehmer isst einen Salatteller im Wert von 1,75 €. Der Wert der Mahlzeit ist mit dem amtlichen Sachbezugswert von 2,80 € anzusetzen. Ein Wahlrecht zwischen tatsächlichem Wert und amtlichem Sachbezugswert besteht nicht.

Welcher Sachbezugswert anzusetzen ist, richtet sich allein nach dem Zeitpunkt der Essenseinnahme. Wird z. B. in einem Schichtbetrieb ständig ein Salatbuffet angeboten, so ist der Salatteller je nach Tageszeit als Frühstück oder als Mittag- bzw. Abendessen zu bewerten.

4. Mahlzeiten, die im Betrieb abgegeben werden

Eine Bewertung unentgeltlich oder verbilligt abgegebener Mahlzeiten mit dem amtlichen Sachbezugswert ist ohne weitere Voraussetzung immer dann möglich, wenn die Mahlzeiten **im Betrieb** abgegeben werden. Für die Bewertung der Mahlzeiten mit dem amtlichen Sachbezugswert ist es ohne Bedeutung, ob der Arbeitgeber für die Betriebskantine Essensmarken ausgibt und mit welchem Wert evtl. ausgegebene Essensmarken in Zahlung genommen werden. Lohnsteuerpflichtig ist stets der amtliche Sachbezugswert für Mahlzeiten, abzüglich evtl. Zuzahlungen des Arbeitnehmers.

In den Fällen, in denen die Arbeitnehmer unterschiedliche Mahlzeiten zu unterschiedlichen Preisen verbilligt erhalten, kann die Aufzahlung der Arbeitnehmer mit dem **Durchschnittswert** angesetzt werden, wenn der Arbeitgeber den sich evtl. ergebenden steuerpflichtigen Betrag **pauschal versteuert** (vgl. die Erläuterungen unter der folgenden Nr. 7). Die Aufzahlung bei teuren Essen gleicht also den Vorteil bei billigen Essen aus (ebenso die Bezahlung von Getränken, vgl. Nr. 3). In die Durchschnittsrechnung sind aber nur solche Mahlzeiten einzubeziehen, die **allen** Arbeitnehmern angeboten werden (also nicht das Vorstandskasino). Erfolgt die Abgabe der Mahlzeiten von verschiedenen Einrichtungen (z. B. mehrere Kantinen), so ist der Durchschnittswert für jede Kantine gesondert zu ermitteln.

Beispiel A
Der Arbeitgeber bietet im Kalenderjahr 2010 in einer betriebseigenen Kantine bestimmte Essen zu festen Preisen an. Nach Ablauf des Lohnzahlungszeitraums (z. B. am Schluss des Kalendermonats) stellt er folgende Essensabgaben fest:

Menü I zu 2,40 €	×	300	=	720,— €
Menü II zu 2,90 €	×	600	=	1 740,— €
Menü III zu 4,— €	×	200	=	800,— €
Salatteller zu 1,95 €	×	200	=	390,— €
Zahl der verbilligten Essen		1300		
Essenspreis für alle Arbeitnehmer				3 650,— €

Durchschnittswert: 3650 € : 1300 Essen = 2,8077 €.

Die durchschnittliche Aufzahlung übersteigt also den amtlichen Sachbezugswert für das Kalenderjahr 2010 in Höhe von 2,80 €. Ein steuerpflichtiger Vorteil entsteht deshalb für keinen Arbeitnehmer, gleichgültig welchen Wert sein Essen tatsächlich gehabt hat.

Beispiel B
Der Arbeitgeber kalkuliert mit einem Essenspreis von 2,60 € für Erwachsene und 2,— € für Auszubildende sowie mit durchschnittlich 20 Essenstagen im Monat. Erwachsene zahlen somit ein monatliches Pauschalentgelt von 52 € und Auszubildende von 40 €.

Die Summe der Pauschalentgelte beträgt im Monat Juni 2010	3 800,— €
die Einnahmen aus dem Getränkeverkauf während der Essensausgabe in der Kantine betragen	390,— €
Summe der Aufzahlungen	4 190,— €
Im Monat Juni ausgegebene Essen	
– an Erwachsene 1400 × 2,80 € =	3 920,— €
– an Auszubildende 80 × 2,80 € =	224,— €
Summe der Sachbezugswerte	4 144,— €

Die Entgelte der Arbeitnehmer übersteigen somit die Sachbezugswerte für die ausgegebenen Essen, sodass im Monat Juni 2010 kein steuerpflichtiger Vorteil übrig bleibt.

5. Abgabe von Mahlzeiten in verpachteten Kantinen

Die für eine Bewertung der Mahlzeiten mit den Sachbezugswerten notwendige „Abgabe im Betrieb" ist auch bei Mahlzeiten erfüllt, die Arbeitnehmer in einer nicht vom Arbeitgeber selbst betriebenen Kantine erhalten, wenn der Arbeitgeber gegenüber dieser Einrichtung Barzuschüsse oder andere Leistungen (z. B. verbilligte Überlassung von Räumen, Energie oder Einrichtungsgegenständen) zur Verbilligung der Mahlzeiten erbringt und vertragliche Beziehungen zwischen dem Arbeitgeber und dem Betreiber der Einrichtung (z. B. einem Kantinenpächter) über die Abgabe von Mahlzeiten an die Arbeitnehmer bestehen. Mittelbare Beziehungen zwischen dem Arbeitgeber und dem Betreiber der Einrichtung, z. B. unter Einschaltung eines sog. Essensmarken-Emittenten, reichen aus. Es ist auch nicht erforderlich, dass die Mahlzeiten im Rahmen eines Reihengeschäfts zunächst an den Arbeitgeber und erst von diesem an die Arbeitnehmer abgegeben werden (R 8.1 Abs. 7 Nr. 2 LStR).

Beispiel
Der Arbeitgeber lässt die Kantine von einem Pächter bewirtschaften. Der Arbeitgeber zahlt die Betriebskosten der Kantine (Heizung, Strom usw.) sowie die Löhne für einen Teil des Küchenpersonals. Die Arbeitnehmer erhalten für jeden Arbeitstag eine Essensmarke im Wert von 1 €. In der Kantine werden keine festen Menüs angeboten; jeder Arbeitnehmer kann sich sein Essen selbst zusammenstellen (sog. Komponenten-Essen) und bezahlt den entsprechenden Preis an der Kasse. Die Essensmarken nimmt der Kantinenpächter in Zahlung und löst sie beim Arbeitgeber ein.

Die Subventionierung der Kantine durch die Übernahme von Löhnen und Betriebskosten durch den Arbeitgeber ist im Grundsatz ein geldwerter Vorteil. Damit der Arbeitgeber prüfen kann, ob sich für den einzelnen Arbeitnehmer ein zu versteuernder Betrag ergibt, muss ihm der Kantinenpächter für den Lohnzahlungszeitraum die Zahl der Essensteilnehmer (z. B. 4000) und die Summe der Aufzahlungen durch die Arbeitnehmer (z. B. 11 250 €) mitteilen. Die durchschnittliche Aufzahlung beträgt bei 11 250 € für 4000 Essen genau 2,8125 € pro Mahlzeit. Da die Aufzahlung den Sachbezugswert von 2,80 € überschreitet, führt die Verbilligung des Essens um 1 € nicht zu einem steuerpflichtigen Vorteil.

6. Essensgutscheine und Restaurantschecks

a) Bewertung mit dem Sachbezugswert

Die Bewertung mit dem amtlichen Sachbezugswert ist jedoch nicht nur bei der Abgabe von Mahlzeiten „im Betrieb" zugelassen worden, sondern auch bei der Ausgabe von Essensmarken oder Restaurantschecks, die vom Arbeitgeber an den Arbeitnehmer verteilt und von einer **Gaststätte** oder vergleichbaren Annahmestelle bei der Abgabe einer Mahlzeit in Zahlung genommen werden. Das bedeutet, dass auch bei der Ausgabe von Essensmarken und Restaurantgutscheinen dann kein steuerpflichtiger geldwerter Vorteil entsteht, wenn der Arbeitnehmer mindestens den Sachbezugswert für das Essen selbst bezahlt. Allerdings sind bei der Ausgabe von Essensmarken und Restaurantschecks nach R 8.1 Abs. 7 Nr. 4 der Lohnsteuer-Richtlinien eine Reihe von Besonderheiten zu beachten, damit die Bewertung des Essens mit dem Sachbezugswert erfolgen kann. Die Bewertung der Mahlzeit mit dem Sachbezugswert setzt voraus, dass

Mahlzeiten

– tatsächlich **Mahlzeiten** abgegeben werden. Lebensmittel sind nur dann als Mahlzeiten anzuerkennen, wenn sie zum unmittelbaren Verzehr geeignet oder zum Verbrauch während der Essenpausen bestimmt sind,
– für jede Mahlzeit lediglich **eine** Essensmarke täglich in Zahlung genommen wird,
– der Verrechnungswert der Essensmarke den amtlichen Sachbezugswert einer Mittagsmahlzeit um nicht mehr als **3,10 €** übersteigt,
– die Essensmarken nicht an Arbeitnehmer ausgegeben werden, die eine **Auswärtstätigkeit** ausüben*).

Sind diese Voraussetzungen erfüllt, so ist der Wert der Mahlzeiten mit dem Sachbezugswert zu bewerten und zwar unabhängig davon, ob der Arbeitgeber mit einer Gaststätte direkte vertragliche Beziehungen unterhält oder ein Unternehmen einschaltet, das die Essensmarken ausgibt (sog. **Essenmarkenemittent**).

Kernpunkt dieser Regelung ist die wertmäßige Begrenzung der Essensmarke nach oben. Um eine missbräuchliche Bewertung der Mahlzeiten mit dem Sachbezugswert zu vermeiden (insbesondere bei Barlohnumwandlungen, vgl. die Erläuterungen unter dem nachfolgenden Buchstaben c wurde der höchstmögliche Betrag, den der Arbeitgeber dem Arbeitnehmer durch die Ausgabe von Essensmarken oder Restaurantschecks steuerfrei zuwenden kann, **auf 3,10 € arbeitstäglich begrenzt.** Die Obergrenze wurde an den Sachbezugswert für Mahlzeiten gekoppelt, was zwar einen jährlichen Anstieg der Obergrenze zur Folge hat, den höchstmöglichen steuerfreien geldwerten Vorteil aber konstant bei 3,10 € arbeitstäglich festschreibt. Für das Kalenderjahr 2010 darf der Verrechnungswert der Essensmarke also (3,10 € + 2,80 € =) **5,90 €** nicht übersteigen.

Beispiel A
Ein Arbeitgeber vereinbart im Kalenderjahr 2010 mit einer Gaststätte die Entgegennahme von Essensgutscheinen. Der Wert eines Essensgutscheins beträgt 5,90 €. Muss der Arbeitnehmer für das Essen nichts zuzahlen, ist der amtliche Sachbezugswert in Höhe von 2,80 € zu versteuern.

Muss der Arbeitnehmer zum Essen zuzahlen, vermindert die Zuzahlung den steuerpflichtigen Sachbezugswert. Die **Zuzahlung muss** jedoch in einer durch das Finanzamt überprüfbaren Form **nachgewiesen** werden. Wie dies am zweckmäßigsten geschieht, wird anhand der nachstehenden Beispiele C und D erläutert.

Eine Bewertung der abgegebenen Mahlzeit mit dem Sachbezugswert ist also nur dann möglich, wenn der Verrechnungswert der Essensmarke den amtlichen Sachbezugswert einer Mittagsmahlzeit um nicht mehr als **3,10 €** übersteigt. Hiernach ergeben sich folgende Grenzbeträge:

Kalenderjahr		Grenzbetrag
2010	(3,10 € + 2,80 €)	**5,90 €**
2009	(3,10 € + 2,73 €)	5,83 €
2008	(3,10 € + 2,67 €)	5,77 €
2007	(3,10 € + 2,67 €)	5,77 €
2006	(3,10 € + 2,64 €)	5,74 €
2005	(3,10 € + 2,61 €)	5,71 €
2004	(3,10 € + 2,58 €)	5,68 €
2003	(3,10 € + 2,55 €)	5,65 €
2002	(3,10 € + 2,51 €)	5,61 €

Übersteigt der Wert der Essensmarke den Grenzbetrag, ist eine Bewertung der Mahlzeit mit dem amtlichen Sachbezugswert ausgeschlossen. Hierzu stellt sich die Frage, ob in diesen Fällen der entstehende geldwerte Vorteil mit 25 % pauschal versteuert werden kann. Diese Frage wird von der Finanzverwaltung verneint (zur Pauschalierung der Lohnsteuer bei Mahlzeiten vgl. nachfolgend unter Nr. 7).

Nach R 8.1 Abs. 7 Nr. 4 LStR darf der Arbeitgeber im Grundsatz nur **eine** Essensmarke für jeden Arbeitstag ausgeben, wobei diejenigen Arbeitstage, an denen der Arbeitnehmer eine Auswärtstätigkeit ausübt **außer Ansatz** bleiben. Um diese Voraussetzung erfüllen zu können, müsste der Arbeitgeber für jeden einzelnen Arbeitnehmer **die Abwesenheitstage feststellen** (z. B. Abwesenheit infolge von Auswärtstätigkeiten, Urlaub oder Erkrankung) und die für diese Tage ausgegebenen Essensmarken **zurückfordern.** Da diese Überwachung für den Arbeitgeber sehr arbeitsaufwendig ist, enthalten die Lohnsteuer-Richtlinien folgende zweistufige Vereinfachungsregelung:

– Der Arbeitgeber braucht die Essensmarken nicht zurückzufordern, wenn er die Abwesenheitstage bei der Ausgabe der Essensmarken für den **Folgemonat verrechnet.**
– Darüber hinaus kann der Arbeitgeber **völlig auf die Überwachung der Abwesenheitstage verzichten,** wenn er pro Arbeitnehmer nicht mehr als **15 Essensmarken** monatlich (180 jährlich) ausgibt und dabei diejenigen Arbeitnehmer ausklammert, die im **Jahresdurchschnitt** mehr als **drei** Arbeitstage im Monat eine Auswärtstätigkeit ausüben.

Beispiel B
Ein Arbeitgeber beschäftigt keine Arbeitnehmer, die mehr als drei Tage im Monat eine Auswärtstätigkeit ausüben. Er gibt 2010 zu Beginn jeden Monats 15 Essensmarken an jeden Arbeitnehmer aus. Eine Überwachung, ob und wie lange der Arbeitnehmer in Urlaub oder krank war, und eine evtl. Rückforderung von Essensmarken ist nicht erforderlich. Damit ist auch die Überwachung, ob für jede Mahlzeit lediglich eine Essensmarke täglich in Zahlung genommen wird, hinfällig.

Der Arbeitgeber muss die Ausgabe von Essensgutscheinen, die Berücksichtigung von Abwesenheitstagen und insbesondere auch die Verrechnung von Zuzahlungen des Arbeitnehmers in einer für die Lohnsteuer-Außenprüfung nachvollziehbaren Form im Lohnkonto festhalten. Die Lohnsteuer-Richtlinien enthalten hierzu folgende Aufbewahrungserleichterungen:

Die von Annahmestellen (z. B. Gaststätten) eingelösten Essensmarken brauchen nicht an den Arbeitgeber zurückgegeben und von ihm aufbewahrt werden, wenn die Annahmestelle über die Essensmarken mit dem Arbeitgeber abrechnet und die Abrechnungen, aus denen sich ergibt, wie viel Essensmarken mit welchem Verrechnungswert eingelöst worden sind, vom Arbeitgeber aufbewahrt werden. Dasselbe gilt, wenn ein Essenmarkenemittent eingeschaltet ist, und der Arbeitgeber von diesem eine entsprechende Abrechnung erhält und aufbewahrt. Hiernach ergibt sich folgender **Hinweis für die Praxis:**

Die eingelösten Essensmarken brauchen vom Essenmarkenemittenten (Gaststätte) nicht zurückgegeben werden. Aufzubewahren sind lediglich die Abrechnungen mit den Annahmestellen, aus denen sich ergeben muss, wie viele Essensmarken mit welchem Verrechnungswert eingelöst worden sind.

Muss der Arbeitgeber für die Essensmarken etwas bezahlen, muss die Zuzahlung in einer für das Finanzamt nachprüfbaren Form nachgewiesen werden. Hierzu gilt Folgendes:

Soll durch die Ausgabe von Essensmarken und Restaurantschecks kein steuerpflichtiger geldwerter Vorteil entstehen, so muss der Arbeitgeber sicherstellen, dass die Zuzahlung

---

*) Arbeitnehmer, die eine Auswärtstätigkeit ausüben, sind deshalb von der sog. Restaurantscheckregelung ausgeschlossen worden, weil sie einen steuerfreien Arbeitgeberersatz für Verpflegungsmehraufwendungen in Höhe von 6 €, 12 € oder 24 € arbeitstäglich erhalten können. Neben diesen Beträgen soll nicht auch noch ein steuerfreier Betrag in Höhe von 3,10 € arbeitstäglich über die Ausgabe von Essensgutscheinen oder Restaurantschecks gezahlt werden. Aufgrund dieser Regelung wird fälschlicherweise angenommen, dass Außendienstmitarbeiter generell von der Ausgabe von Essensmarken ausgeschlossen seien. Dies ist jedoch nicht der Fall. Denn Außendienstmitarbeiter können selbstverständlich Essensmarken für die Einnahme des Mittagessens in einer betriebseigenen oder verpachteten Kantine des Arbeitgebers erhalten. In diesem Fall gelten die unter den vorstehenden Nummern 4 und 5 dargestellten Regelungen, das heißt, dass bei einer kostenlos gewährten Mahlzeit der Sachbezugswert in Höhe von 2,80 € dem steuerpflichtigen Arbeitslohn hinzuzurechnen ist. Dies deckt sich mit der Regelung, die für die kostenlose Verpflegung bei einer Auswärtstätigkeit gilt. Auf die Erläuterungen beim Stichwort „Reisekosten bei Auswärtstätigkeiten" unter Nr. 10 auf Seite 601 wird Bezug genommen.

Mahlzeiten

des Arbeitnehmers mindestens in Höhe des Sachbezugswerts erfolgt. Im Kalenderjahr 2010 muss die Zuzahlung also mindestens 2,80 € für das Mittagessen betragen. Dies kann der Arbeitgeber durch eine entsprechende Vereinbarung mit der jeweiligen Gaststätte erreichen, die dann aber auch tatsächlich so durchgeführt werden muss. Am zweckmäßigsten ist jedoch der **Verkauf der Essensmarken an die Arbeitnehmer** selbst zu einem Preis in Höhe des Sachbezugswerts. Dieser Verkauf der Essensmarken durch den Arbeitgeber soll an zwei Beispielen verdeutlicht werden, und zwar zum einen der Verkauf einzelner Essensmarken (Beispiel C) und zum anderen die Abrechnung einer monatlichen Essensmarkenpauschale (Beispiel D).

Beispiel C

Der Arbeitgeber verkauft im Kalenderjahr 2010 Essensmarken im Wert von 5,— €, die in verschiedenen Gaststätten eingelöst werden können, zu einem Preis von 1,— € an die Arbeitnehmer.

Da der Verrechnungswert der Essensmarke in Höhe von 5,- € den Grenzwert von 5,90 € nicht übersteigt, wird die Mahlzeit mit dem Sachbezugswert von 2,80 € bewertet. Steuer- und beitragspflichtig ist die Differenz zwischen Sachbezugswert und Zuzahlung des Arbeitnehmers, also (2,80 € – 1,— € =) 1,80 € für jede Mahlzeit. Der Arbeitgeberzuschuss in Höhe von 4,— € bleibt somit in Höhe von (4,— € – 1,80 € =) 2,20 € steuerfrei. Der steuerpflichtige Betrag in Höhe von 1,80 € kann pauschal mit 25 % versteuert werden. Dies löst die Beitragsfreiheit in der Sozialversicherung aus (vgl. nachfolgend unter Nr. 7).

Beispiel D

Der Arbeitgeber will im Kalenderjahr 2010 zu den arbeitstäglichen Mahlzeiten einen steuerfreien Zuschuss in Höhe von 3,10 € gewähren. Da der Nachweis, dass von der Annahmestelle (Gaststätte oder sonstige Einrichtung) für jede Mahlzeit nur eine Essensmarke in Zahlung genommen wird, schwierig zu führen ist, gibt der Arbeitgeber für jeden Kalendermonat nur 15 Essensmarken an die Arbeitnehmer aus und bezieht nur solche Arbeitnehmer in dieses pauschale Ausgabeverfahren ein, die durchschnittlich nicht an mehr als drei Arbeitstagen im Kalendermonat eine Auswärtstätigkeit ausüben. Auf den Essensmarken ist ein Verrechnungspreis von 5,90 € angegeben.

Bei der Lohnabrechnung behält er den Arbeitnehmern den maßgeblichen Sachbezugswert in Höhe von 2,80 € für 15 Mahlzeiten vom Nettolohn ein (2,80 € × 15 = 42 €).

Der vom Arbeitgeber eingeräumte monatliche geldwerte Vorteil in Höhe von 46,50 € (3,10 € × 15) ist steuer- und beitragsfrei.

b) Begrenzung des steuerpflichtigen Betrags auf den Wert der Essensmarke

Es gibt jedoch auch Fälle, in denen eine wertmäßige Begrenzung nach **oben** (auf 5,90 €) keine Rolle spielt, sondern sich umgekehrt die Frage stellt, welcher Betrag bei der Ausgabe einer Essensmarke im Wert von z. B. 0,50 € oder 1 € in denjenigen Fällen zu versteuern ist, in denen die Zuzahlung des Arbeitnehmers die Höhe des amtlichen Sachbezugswerts nicht erreicht. Hierzu gilt Folgendes:

Zahlt der Arbeitnehmer bei der Ausgabe von Essensmarken **weniger** als den amtlichen Sachbezugswert zum Essen dazu, so sind nach R 8.1 Abs. 7 Nr. 4 Buchstabe b LStR zwei Fälle zu unterscheiden:

a) Die Differenz zwischen Sachbezugswert und Zuzahlung ist **niedriger** als der Wert der Essensmarke; zu versteuern ist die Differenz zum Sachbezugswert (vgl. Beispiele A und B).

b) Die Differenz zwischen Sachbezugswert und Zuzahlung ist **höher** als der Wert der Essensmarke; zu versteuern ist der Wert der Essensmarke (vgl. Beispiel C).

Beispiel A

Ein Arbeitgeber gibt Essensmarken im Wert von 1,50 € aus, die an einem Imbissstand in Zahlung genommen werden. Der Arbeitnehmer kauft einen Imbiss für 3 € und zahlt 1,50 € aus der eigenen Tasche. Für die Bewertung des Sachbezugs ergibt sich Folgendes:

	Lohnsteuerpflichtig	Sozialversich.-pflichtig
Sachbezugswert für Mahlzeiten		2,80 €
Aufzahlung des Arbeitnehmers		1,50 €
lohnsteuerpflichtig:		1,30 €

Beispiel B

	Lohnsteuerpflichtig	Sozialversich.-pflichtig
Preis der Mahlzeiten		3,— €
abzüglich Wert der Essensmarke		3,— €
Zahlung des Arbeitnehmers		0,— €
Sachbezugswert der Mahlzeit		2,80 €
abzüglich Zahlung des Arbeitnehmers		0,— €
Verbleibender Wert		2,80 €
Anzusetzen ist der Sachbezugswert		2,80 €

Beispiel C

Ein Arbeitgeber gibt Essensmarken im Wert von 1 € aus, die an einem Imbissstand in Zahlung genommen werden. Der Arbeitnehmer kauft einen Imbiss im Wert von 2 € und zahlt 1 € auf. Für die Bewertung des Sachbezugs ergibt sich Folgendes:

	Lohnsteuerpflichtig	Sozialversich.-pflichtig
Sachbezugswert für Mahlzeiten		2,80 €
Aufzahlung des Arbeitnehmers		1,— €
verbleiben		1,80 €
höchstens lohnsteuerpflichtig ist jedoch nur der niedrigere Wert der Essensmarke von		1,— €

Diese Regelung gilt nur bei der Ausgabe von Essensmarken für Mahlzeiten, die **außerhalb** des Betriebs eingenommen werden. Gelten die Essensmarken für den Bezug von Mahlzeiten in einer vom Arbeitgeber **selbst betriebenen Kantine,** so ist der Wert der Mahlzeit stets mit dem amtlichen Sachbezugswert anzusetzen; der Wert der Essensmarken ist – wie unter Nr. 4 bereits ausgeführt – für die Besteuerung ohne Bedeutung. Lohnsteuerpflichtig ist immer der Sachbezugswert (ggf. gemindert um eine Zuzahlung des Arbeitnehmers).

c) Umwandlung von Barlohn in Essensgutscheine oder Restaurantschecks

Da bei einer Ausgabe von Essensgutscheinen im Wert von 5,90 € je Mahlzeit lediglich der Sachbezugswert in Höhe von 2,80 € zu versteuern ist, dem Arbeitnehmer also 3,10 € arbeitstäglich steuerfrei zugewendet werden können, stellt sich die Frage, ob Barlohn in Essensgutscheine mit dem Ziel umgewandelt werden kann, Steuern zu sparen. Eine solche Barlohnumwandlung läuft nach folgenden Grundsätzen ab:

Der Arbeitnehmer erwirbt für einen Monat 15 Restaurantschecks im Wert von jeweils 5,90 €. Da er mindestens den Sachbezugswert selbst zuzahlen muss, um den Ansatz eines geldwerten Vorteils zu vermeiden, werden dem Arbeitnehmer 15 × 2,80 € = 42,— € vom Arbeitslohn einbehalten. Die Differenz wird durch eine Barlohnumwandlung finanziert:

15 Schecks zu jeweils 5,90 € =	88,50 €
abzüglich Zuzahlung des Arbeitnehmers 15 × 2,80 € =	42,— €
Differenz monatlich	46,50 €

Diese Differenz wird mit einem Gehaltsverzicht finanziert, z. B. durch Verrechnung des Jahresbetrags von (46,50 € × 12 =) 558 € mit dem Weihnachtsgeld. Hierdurch tritt eine **Minderung des steuerpflichtigen Arbeitslohns** in Höhe von 558 € ein, was zu einer Steuerersparnis führt, die je nach Grenzsteuersatz (vgl. hierzu die Erläuterungen beim Stichwort „Tarifaufbau" unter Nr. 6 auf Seite 687) zwischen 110 € und 235 € jährlich beträgt. Früher war es nach Auffassung der Finanzverwaltung Voraussetzung für eine Bewertung der Mahlzeiten mit dem amtlichen Sachbezugswert, dass der Arbeitnehmer nicht zugunsten von Essensmarken oder Restaurantschecks auf den ihm zustehenden Barlohn verzichtet hat (sog. Ausschluss einer Gehaltsumwandlung). Im Hinblick auf den BFH-Beschluss vom 20. 8. 1997 (BStBl. II S. 667) in dem der Bundesfinanzhof entschieden hat, dass Arbeitgeber und Arbeitnehmer im gegenseitigen Einvernehmen ohne weiteres Barlohn durch einen Sachbezug ersetzen können, hat die Finanzverwaltung ihre einschränkende Haltung

Mahlzeiten

	Lohn-steuer-pflichtig	Sozial-versich.-pflichtig

ausdrücklich aufgegeben (R 8.1 Abs. 7 Nr. 4 Buchstabe c LStR). Eine Gehaltsumwandlung führt jedoch nur dann zur Bewertung der Mahlzeiten mit dem amtlichen Sachbezugswert, wenn der Verrechnungswert der Essensmarke **5,90 € nicht übersteigt.** Außerdem muss der Austausch von Barlohn durch Essensmarken ausdrücklich **durch eine Änderung des Arbeitsvertrags vereinbart** werden.

In der **Sozialversicherung** wird selbst bei einer Änderung des Arbeitsvertrags die Barlohnminderung nicht anerkannt, wenn der Arbeitnehmer ein Wahlrecht zwischen Barlohn und Sachbezug hat. Anders ist es hingegen bei einem Gehaltsverzicht durch Abänderung des Arbeitsvertrags. Denn das laufende Arbeitsentgelt, auf das zugunsten eines Sachbezugs verzichtet wird, unterliegt nicht der Beitragspflicht in de Sozialversicherung, wenn der Verzicht arbeitsrechtlich zbw. tarifrechtlich zulässig ist und für die Zukunft schriftlich vereinbart wird. Zum wirksamen Verzicht vgl. das Stichwort „Zufluss von Arbeitslohn" unter Nr. 2 Buchstabe h.

7. Pauschalierung der Lohnsteuer mit 25 %

Falls arbeitstägliche Mahlzeiten unentgeltlich gewährt werden oder die Aufzahlung des Arbeitnehmers für eine Mahlzeit den Sachbezugswert nicht erreicht, entsteht ein steuer- und beitragspflichtiger geldwerter Vorteil. — ja — ja

Die Versteuerung kann individuell durch Zurechnung beim einzelnen Arbeitnehmer oder pauschal mit dem **Pauschsteuersatz von 25 %** erfolgen. Die Pauschalierung mit 25 % löst Beitragsfreiheit in der Sozialversicherung aus. — ja — nein

Diese in § 40 Abs. 2 Nr. 1 EStG geregelte Pauschalierungsmöglichkeit erfasst nur die Abgabe von **arbeitstäglichen Mahlzeiten im Betrieb.** Eine Pauschalierung der Lohnsteuer mit 25 % für Mahlzeiten, die vom Arbeitgeber oder auf dessen Veranlassung von einem Dritten bei einer Auswärtstätigkeit abgegeben werden, ist **nicht zulässig,** da die Abgabe nicht „im Betrieb" erfolgt.

Wird bei der Ausgabe von Essensmarken oder Restaurantschecks der vorstehend unter Nr. 6 Buchstabe a erläuterte Grenzwert von (3,10 € + 2,80 € =) **5,90 €** überschritten, ist eine Bewertung der Mahlzeit mit dem amtlichen Sachbezugswert ausgeschlossen. Hierzu stellt sich die Frage, ob in diesen Fällen der entstehende geldwerte Vorteil mit 25 % pauschal versteuert werden kann. Diese Frage wird von der Finanzverwaltung verneint. Denn die aus Gründen der Verwaltungsvereinfachung zugelassene Pauschalbesteuerung geht von einer Bewertung der Mahlzeit mit dem amtlichen Sachbezugswert aus. Ist jedoch eine Bewertung mit dem amtlichen Sachbezugswert nicht möglich, weil die hierfür geltende steuerliche Wertgrenze überschritten wird, ist auch für die Anwendung der Pauschalbesteuerung mit 25 % kein Raum (R 40.2 Abs. 1 Nr. 1 Satz 2 LStR).

Beispiel A
Ein Arbeitgeber vereinbart im Kalenderjahr 2010 mit einer Gaststätte die Entgegennahme von Essensgutscheinen für ein Mittagessen. Der Wert eines Essensgutscheins beträgt 7,50 €. Das Essen kann nicht mit dem amtlichen Sachbezugswert von 2,80 € bewertet werden, da die hierfür maßgebende Grenze von 5,90 € überschritten ist. Die Versteuerung des geldwerten Vorteils von arbeitstäglich 7,50 € richtet sich nach den allgemein geltenden Grundsätzen (individuelle Besteuerung als laufender Arbeitslohn). Eine Pauschalierung der Lohnsteuer mit 25 % ist nicht möglich.

Beispiel B
Gleicher Sachverhalt wie Beispiel A. Der Wert eines Essensgutscheins beträgt 5 €. Das Essen ist mit dem amtlichen Sachbezugswert von 2,80 € zu bewerten, da die Wertgrenze von 5,90 € nicht überschritten ist. Der steuerpflichtige geldwerte Vorteil von arbeitstäglich 2,80 € kann mit 25 % pauschal versteuert werden (zuzüglich 5,5 % Solidaritätszuschlag und pauschale Kirchensteuer).

Bei einer Pauschalierung der Lohnsteuer mit 25 % für die Abgabe arbeitstäglicher Mahlzeiten im Betrieb ist zu beachten, dass

– ein **Antrag** beim Finanzamt für die Pauschalierung **nicht** erforderlich ist;
– die Pauschalierung auch dann zulässig ist, wenn nur wenige Arbeitnehmer betroffen sind;
– die Pauschalierung auch dann möglich ist, wenn **mehr als eine Mahlzeit** arbeitstäglich gewährt wird*);
– zusätzlich zur pauschalen Lohnsteuer ein Solidaritätszuschlag von 5,5 % anfällt (vgl. „Solidaritätszuschlag");
– die Pauschalierung der Lohnsteuer mit 25 % **Sozialversicherungsfreiheit** nach § 1 Abs. 1 Nr. 3 der Sozialversicherungsentgeltverordnung auslöst.

Bei der Ausgabe von **Essensmarken** ist die Pauschalversteuerung nur zulässig, wenn die Mahlzeit mit dem amtlichen Sachbezugswert anzusetzen ist. Ausnahmsweise kann auch der Verrechnungswert der Essensmarke pauschal mit 25 % versteuert werden, wenn der in R 8.1 Abs. 7 Nr. 4 Buchstabe b LStR genannte Sonderfall vorliegt. Dieser Sonderfall, in dem ausnahmsweise der Verrechnungswert der Essensmarke anzusetzen ist, ist unter der vorstehenden Nr. 6 Buchstabe b (Beispiel C) erläutert.

Zur Abwälzung der Pauschalsteuer auf den Arbeitnehmer wird auf die Erläuterungen beim Stichwort „Abwälzung der Pauschalsteuer auf den Arbeitnehmer" hingewiesen.

Zur vereinfachten Ermittlung der Pauschalierungsgrundlage ist in R 8.1 Abs. 7 Nr. 5 LStR zugelassen worden, dass der geldwerte Vorteil aus der unentgeltlich oder verbilligten Überlassung von Mahlzeiten mit einem **Durchschnittswert** der Pauschalierung zugrunde gelegt wird.

Hierdurch wird insbesondere den abrechnungstechnischen Schwierigkeiten Rechnung getragen, die in Kantinen mit Freiwahlessen entstehen, weil die Mahlzeiten dem einzelnen Arbeitnehmer nicht zugeordnet werden können. Der Durchschnittswert kann wie folgt ermittelt werden:

Zunächst ist das durchschnittliche Entgelt zu ermitteln, indem das Gesamtentgelt für die Mahlzeiten eines Lohnzahlungszeitraums durch die Anzahl dieser Mahlzeiten geteilt wird. Der geldwerte Vorteil je abgegebener Mahlzeit ist dann der Betrag, der sich ergibt, wenn das durchschnittliche Entgelt vom Sachbezugswert abgezogen wird. Daraus folgt, dass kein zu versteuernder geldwerter Vorteil entsteht, wenn das durchschnittliche Entgelt den Sachbezugswert erreicht. In der Praxis richtet sich der Durchschnittswert nach dem Umsatz der Kasse, an der die Mahlzeiten, einschließlich der zur Mahlzeit gehörenden Getränke, bezahlt werden. Der Umsatz einer Kasse, an der nur Getränke bezahlt werden, ist in die Durchschnittsberechnung nicht mit einzubeziehen. In die Durchschnittsberechnung darf das Entgelt für solche Mahlzeiten nicht einbezogen werden, die der Arbeitgeber nur einem Teil seiner Arbeitnehmer anbietet (z. B. in einem Vorstandskasino). Der Arbeitgeber darf zwar das im Vorstandskasino gezahlte Entgelt nicht in die Durchschnittsberechnung mit einbeziehen (R 8.1 Abs. 7 Nr. 5 Satz 3 LStR), die Möglichkeit einer Pauschalversteuerung dieser Mahlzeiten auf der Grundlage der amtlichen Sachbezugswerte bleibt jedoch erhalten. Unterhält der Arbeitgeber mehrere Kantinen, so muss der Durchschnittswert für jede einzelne Kantine ermittelt werden.

Es reicht aus, wenn die Durchschnittsberechnung für den jeweiligen Lohnzahlungszeitraum (im Regelfall also jeden Monat) durchgeführt wird. Eine arbeitstägliche Durchschnittsberechnung ist hiernach nicht erforderlich. Eine

---
*) § 40 Abs. 2 Nr. 1 EStG. Mit dieser Regelung soll den Schwierigkeiten bei der Abrechnung begegnet werden, die sich bei der Einnahme mehrerer Mahlzeiten in der Kantine am selben Tag ergeben (z. B. Einnahme von Frühstück bzw. Brotzeit und Mittagessen oder Einnahme von Mittag- und Abendessen bei Fortbildungsveranstaltungen). Nicht anwendbar ist diese Regelung auf jene Fälle, in denen die unentgeltlichen oder verbilligten Mahlzeiten als **Lohnbestandteil** gewährt werden, wie dies regelmäßig im Hotel- und Gaststättengewerbe, in der Landwirtschaft und zum Teil auch beim Krankenhauspersonal der Fall ist.

Mahlzeiten

	Lohn-steuer-pflichtig	Sozial-versich.-pflichtig

über den Lohnzahlungszeitraum hinausgehende Durchschnittsberechnung ist jedoch nicht möglich (R 8.1 Abs. 7 Nr. 5 Satz 2 LStR). Eine Durchschnittsberechnung für ein Vierteljahr oder gar eine jahresbezogene Durchschnittsberechnung ist somit unzulässig.

Beispiel

Der Arbeitgeber bietet 2010 in einer betriebseigenen Kantine Menüs zu festen Preisen an. Nach Ablauf des Lohnzahlungszeitraums (im Regelfall also nach Ablauf eines Monats) stellt er folgende Essensausgaben fest:

Menü I zu 2,— €	× 1000	=	2 000,— €
Menü II zu 2,40 €	× 2000	=	4 800,— €
Menü III zu 3,35 €	× 1000	=	3 350,— €
Salatteller zu 1,35 €	× 1000	=	1 350,— €
Zahl der verbilligten Essen	5000		
Essenspreis für alle Arbeitnehmer			11 500,— €

Durchschnittswert: 11 500 € : 5000 = 2,30 €.

Die durchschnittliche Aufzahlung erreicht somit den Sachbezugswert nicht; die Differenz ist deshalb zu versteuern. Steuerpflichtig sind je

Essen 2,80 € – 2,30 €	=	0,50 €

pauschal zu versteuern sind insgesamt:

für 5000 Essen jeweils 0,50 €	=	2 500,— €
Lohnsteuer hierauf 25 %	=	625,— €
Solidaritätszuschlag 5,5 % aus 625 €	=	34,37 €
Kirchensteuer z. B. 7 % aus 625 €	=	43,75 €
Pauschalsteuer insgesamt		703,12 €

Die durchschnittliche Aufzahlung darf der Besteuerung nur dann zugrunde gelegt werden, wenn der Arbeitgeber die Steuer pauschaliert (nicht also bei einer individuellen Besteuerung des geldwerten Vorteils zu Lasten des einzelnen Arbeitnehmers).

Bei außergewöhnlich großen Kantinen hat die Ermittlung des Durchschnittswerts wegen der Menge der zu erfassenden Daten zu Schwierigkeiten geführt. Die Lohnsteuer-Richtlinien enthalten deshalb in R 8.1 Abs. 7 Nr. 5 Satz 5 LStR folgende Vereinfachungsregelung:

„Ist die Ermittlung des Durchschnittswertes wegen der Menge der zu erfassenden Daten besonders aufwendig, kann die Ermittlung des Durchschnittswertes für einen **repräsentativen Zeitraum** und bei einer Vielzahl von Kantinen für eine repräsentative Auswahl der Kantinen durchgeführt werden." Der Arbeitgeber muss sich wegen der Anwendung dieser Regelung mit seinem Betriebsstättenfinanzamt abstimmen.

8. Steuerpflichtige Essenszuschüsse

a) Barzuschüsse (sog. Essensgeld)

Zahlt der Arbeitgeber dem Arbeitnehmer ein sog. Essensgeld, das heißt einen Barzuschuss zum laufenden Arbeitslohn, ohne dass nachprüfbar (z. B. durch die Ausgabe von Essensmarken) festgehalten wird, ob der Arbeitnehmer hierfür auch tatsächlich Mahlzeiten erwirbt, so ist dieses Essensgeld steuer- und beitragspflichtig. Eine Pauschalierung der Lohnsteuer mit 25 % ist nicht möglich. — ja ja

b) Steuerpflichtige Essenszuschüsse bei der Abgabe von Mahlzeiten

Ergibt sich bei der kostenlosen oder verbilligten Mahlzeitengewährung ein steuerpflichtiger geldwerter Vorteil, so hat der Arbeitgeber zwei Möglichkeiten, die Besteuerung durchzuführen:

a) Der geldwerte Vorteil kann durch Zurechnung zum laufenden Lohn individuell versteuert werden. Die Zuwendung unterliegt in diesem Fall jedoch nicht nur dem Lohnsteuerabzug; es fallen auch Beiträge zur Sozialversicherung (Arbeitnehmer- und Arbeitgeberanteile) an. — ja ja

b) Der Arbeitgeber kann den geldwerten Vorteil jedoch auch pauschal mit 25 % versteuern. In diesem Fall unterliegt die Zuwendung nach § 1 Abs. 1 Nr. 3 der Sozialversicherungsentgeltverordnung nicht der Beitragspflicht in der Sozialversicherung. — ja nein

Bei der Ausgabe von **Essensmarken** ist die Pauschalversteuerung nur zulässig, **wenn die Mahlzeit mit dem amtlichen Sachbezugswert zu bewerten ist.** Ausnahmsweise kann auch der Verrechnungswert der Essensmarke pauschal mit 25 % versteuert werden, wenn der in R 8.1 Abs. 7 Nr. 4 Buchstabe b LStR genannte Sonderfall vorliegt. Dieser Sonderfall, in dem ausnahmsweise der Verrechnungswert der Essensmarke anzusetzen ist, ist unter der vorstehenden Nr. 6 Buchstabe b (Beispiel C) erläutert.

9. Anwendung des Rabattfreibetrags bei der Gewährung von Mahlzeiten

Die Anwendung des Rabattfreibetrags in Höhe von 1080 € setzt voraus, dass der Arbeitgeber mit den unentgeltlich oder verbilligt abgegebenen Waren handelt, diese Waren also nicht nur für die Abgabe an seine Arbeitnehmer herstellt (vgl. das Stichwort „Rabattfreibetrag"). Auf die Abgabe von Mahlzeiten in **Betriebskantinen** ist deshalb der **Rabattfreibetrag** im Normalfall **nicht anwendbar** (zur Ausnahme vgl. das nachfolgende Beispiel D). Im Hotel- und Gaststättengewerbe ist dagegen bei der Abgabe von Mahlzeiten an Arbeitnehmer der Rabattfreibetrag anwendbar, es sei denn, es handelt sich um die Abgabe von **Personalessen,** die fremden Gaststättenbesuchern nicht angeboten werden.

Beispiel A

Die Bedienung in einer Gaststätte erhält arbeitstäglich eine kostenlose Mahlzeit, die sie sich aus der Speisekarte wählen kann. Der Rabattfreibetrag ist anwendbar. Für die Bewertung der Mahlzeiten gelten nicht die amtlichen Sachbezugswerte sondern die besonderen Bewertungsvorschriften des § 8 Abs. 3 EStG. Anzusetzen ist hiernach für jede Mahlzeit der auf der Speisekarte ausgezeichnete Endpreis abzüglich 4 %. Geht man davon aus, dass die Bedienung jeden Tag ein Gericht im Wert von 4 € isst und 280 Tage im Kalenderjahr 2010 arbeitet, so ergibt sich Folgendes:

4 € × 280 Arbeitstage	=	1 120,— €
abzüglich 4 %	=	44,80 €
geldwerter Vorteil im Kalenderjahr 2010		1 075,20 €

Dieser geldwerte Vorteil ist steuerfrei, da er den Rabattfreibetrag von 1080 € nicht übersteigt.

Wird der Rabattfreibetrag von 1080 € überschritten, ist eine Pauschalierung der Lohnsteuer mit 25 % möglich:

Beispiel B

Die Bedienung in einer Gaststätte erhält arbeitstäglich eine kostenlose Mahlzeit, die sie sich frei aus der Speisekarte des Lokals wählen kann. **Bei jedem einzelnen Sachbezug,** also bei jeder einzelnen Mahlzeit, kann zwischen der Pauschalbesteuerung mit 25 % und der Bewertung mit dem amtlichen Sachbezugswert einerseits oder einer Bewertung nach § 8 Abs. 3 EStG (Preis lt. Speisekarte) und Anwendung des Rabattfreibetrags andererseits gewählt werden. Der Arbeitgeber wird so lange den Rabattfreibetrag anwenden, bis 1080 € überschritten sind. Hierbei gelten die besonderen Bewertungsvorschriften des § 8 Abs. 3 EStG, d. h., es ist der auf der Speisekarte ausgezeichnete Endpreis abzüglich 4 % maßgebend. Wird zu irgendeinem Zeitpunkt im Kalenderjahr 2010 der Rabattfreibetrag von 1080 € überschritten, so wird der Arbeitgeber ab diesem Zeitpunkt die Pauschalversteuerung für Mahlzeiten mit 25 % wählen. Der Wert der einzelnen Mahlzeit ist dann mit den amtlichen Sachbezugswerten anzusetzen (2,80 € je Mahlzeit). Die Anwendung des Rabattfreibetrags erfordert es, dass die hiernach von der Steuer freigestellten Sachbezüge gesondert im Lohnkonto aufgezeichnet werden. Diese Aufzeichnungen sind arbeitsaufwendig. Der Arbeitgeber kann deshalb die Pauschalierung für alle Mahlzeiten wählen; in diesem Fall sind für alle Mahlzeiten die Sachbezugswerte anzuwenden.

Beispiel C

Ein Hotel gibt kostenlose Personalessen an die Angestellten aus. Die Personalessen werden fremden Gaststättenbesuchern nicht auf der Speisekarte angeboten. Der Rabattfreibetrag von 1080 € ist **nicht** anwendbar. Lohnsteuerpflichtig ist je Essen der amtliche Sachbezugswert. Der so ermittelte geldwerte Vorteil kann pauschal mit 25 % versteuert werden.

	Lohn-steuer-pflichtig	Sozial-versich.-pflichtig

Beispiel D

Der Arbeitgeber betreibt eine betriebseigene Kantine, in der auch Arbeitnehmer anderer Arbeitgeber gegen Einlösung von Essensmarken essensberechtigt sind. Falls die Zahl der an fremde Arbeitnehmer ausgegebenen Essen die Zahl der an die eigenen Arbeitnehmer ausgegebenen Essen **überwiegt,** ist der Rabattfreibetrag von 1080 € auf die Essensausgabe an die **eigene** Belegschaft anwendbar.

In der Betriebskantine werden monatlich folgende Essen ausgegeben:

1000 Essen an fremde Arbeitnehmer zum Preis	von 4,60 €
800 Essen an eigene Arbeitnehmer	**unentgeltlich**

Da die Mahlzeiten im Beispielsfall **nicht überwiegend für die eigenen Arbeitnehmer hergestellt** werden, findet die steuerliche Rabattregelung Anwendung (§ 8 Abs. 3 EStG). Die an die eigene Belegschaft abgegebenen Essen sind nicht mit dem Sachbezugswert zu bewerten, sondern mit dem für fremde Letztverbraucher maßgebenden Endpreis anzusetzen. Das ist im Beispielsfall der von den fremden Arbeitnehmern entrichtete Essenspreis von 4,60 €. Danach ergibt sich folgende Ermittlung des geldwerten Vorteils für die an die eigenen Arbeitnehmer unentgeltlich abgegebenen Kantinenessen:

20 Arbeitstage monatlich à 4,60 €	=	92,— €
abzüglich 4 %	=	3,68 €
monatlicher geldwerter Vorteil		88,32 €
jährlicher geldwerter Vorteil 88,32 € × 12		1 059,84 €
jährlicher Rabattfreibetrag		1 080,— €

Sämtliche unentgeltlich an die eigenen Arbeitnehmer abgegebenen Mahlzeiten im Wert von 4,60 € arbeitstäglich bleiben in Anwendung des Rabattfreibetrags steuer- und auch beitragsfrei.

Auf die ausführlichen Erläuterungen bei den Stichworten „Rabatte" und „Sachbezüge" wird hingewiesen.

10. Anwendung der 44-Euro-Freigrenze bei der Abgabe von Mahlzeiten

Nach § 8 Abs. 2 Satz 9 EStG bleiben Sachbezüge bis zu einer Freigrenze von **monatlich 44 €** steuerfrei. Die Freigrenze dient der Vereinfachung und gilt deshalb nur dann, wenn für die Sachbezüge weder amtliche Sachbezugswerte gelten noch der Rabattfreibetrag in Höhe von 1080 € jährlich anwendbar ist.

Für die mit den amtlichen Sachbezugswerten bewerteten Kantinenmahlzeiten kommt deshalb die Anwendung der neuen Freigrenze **nicht** in Betracht. Ist hingegen eine Mahlzeit nicht mit dem amtlichen Sachbezugswert, sondern mit dem tatsächlichen Preis zu bewerten, wie dies z. B. bei sog. Belohnungsessen der Fall ist, dann ist auf diese Sachbezüge auch die 44-Euro-Freigrenze anwendbar (vgl. das Stichwort „Bewirtungskosten" unter Nr. 7 auf Seite 177).

11. Umsatzsteuerpflicht bei der Gewährung unentgeltlicher Mahlzeiten

Die Gewährung unentgeltlicher Mahlzeiten durch den Arbeitgeber ist umsatzsteuerpflichtig. Als Bemessungsgrundlage können bei der Abgabe von Mahlzeiten durch unternehmenseigene Kantinen nach Abschnitt 12 Abs. 11 der Umsatzsteuer-Richtlinien*) die amtlichen Sachbezugswerte für Mahlzeiten herangezogen werden.

Beispiel

Amtlicher Sachbezugswert für eine Mahlzeit 2010		2,80 €

Dieser Betrag kann als Bemessungsgrundlage für die Berechnung der Umsatzsteuer herangezogen werden. Allerdings handelt es sich um einen Bruttowert; die darin enthaltene Umsatzsteuer muss bei einem Steuersatz von 19 % mit $^{19}/_{119}$ herausgerechnet werden.

$^{19}/_{119}$ von 2,80 €	=	0,45 €
als umsatzsteuerliche Bemessungsgrundlage verblieben je Mahlzeit		2,35 €

Auf die ausführlichen Erläuterungen beim Stichwort „Umsatzsteuerpflicht bei Sachbezügen" wird hingewiesen.

Maifeier

siehe „Betriebsveranstaltungen"

Maigeld

	Lohn-steuer-pflichtig	Sozial-versich.-pflichtig
Zuwendungen des Arbeitgebers anlässlich des Maifeiertags (Maigeld) gehören zum steuerpflichtigen Arbeitslohn (BFH-Urteil vom 30. 8. 1972, BStBl. 1973 II S. 64).	ja	ja

Managerversicherung

siehe „Versicherungsschutz" unter Nr. 2

Mankogelder

siehe „Fehlgeldentschädigungen"

Mannequins

Mannequins sind zwar in der Regel jeweils nur kurze Zeit bei ein und demselben Unternehmen beschäftigt. Da sie jedoch wegen der Art ihrer Tätigkeit trotz der kurzdauernden Beschäftigung in den Betrieb eingegliedert sind und diesem nur ihre Arbeitskraft weisungsgebunden zur Verfügung stellen, sind sie als Arbeitnehmer anzusehen. Ihre Bezüge sind deshalb steuer- und beitragspflichtiger Arbeitslohn.	ja	ja

Marktforscher

Die Marktforscher wirtschaftswissenschaftlicher Institutionen sind Arbeitnehmer. Die ihnen gewährten Zahlungen sind steuerpflichtiger Arbeitslohn.	ja	ja
Sind die Marktforscher für mehrere Auftraggeber von Fall zu Fall tätig und deshalb nicht in den Betrieb eines Unternehmens fest eingegliedert, so sind sie selbständig tätig. Ihre Vergütungen unterliegen nicht dem Lohnsteuerabzug (sondern werden im Wege einer Veranlagung zur Einkommensteuer steuerlich erfasst).	nein	nein

Maschinelle Lohnabrechnung

Für Arbeitgeber mit maschineller Lohnabrechnung hat das Bundesministerium der Finanzen einen Programmablaufplan herausgegeben, der die Berechnung des geltenden Lohnsteuertarifs enthält. Dieser Programmablaufplan enthält auch die Ermittlung der Lohnsteuer für sonstige Bezüge, für Versorgungsbezüge und die Anwendung der Fünftelregelung für Vergütungen bei mehrjähriger Tätigkeit und bei Abfindungen.

Bei der Programmierung der Lohnsteuer nach dem Programmablaufplan ist zu beachten, dass die sich ergebende Lohnsteuer von der aus einer gedruckten Lohnsteuertabelle abgelesenen Lohnsteuer geringfügig abweichen kann. Auf die Ausführungen beim Stichwort „Lohnsteuertabellen" wird hingewiesen.

Arbeitgeber, die die Programmierarbeiten nicht selbst durchführen, sondern eines der vielfach auf dem Markt angebotenen Lohnabrechnungsprogramme verwenden, sollten hierbei Folgendes beachten:

Bei Lohnsteuer-Außenprüfungen durch die Finanzämter wird immer wieder festgestellt, dass die im Handel angebotenen Lohnabrechnungsprogramme zum Teil gravie-

---

*) Abschnitt 12 der Umsatzsteuer-Richtlinien 2008 ist als Anhang 14 im **Steuerhandbuch für das Lohnbüro 2010** abgedruckt, das im selben Verlag erschienen ist. Das **PC-Lexikon** für das Lohnbüro 2010 enthält auch dieses Handbuch und hat außerdem den Vorteil, dass Sie **alle BFH-Urteile** sowie die aktuellen Rundschreiben und Niederschriften der Spitzenverbände der **Sozialversicherung** mit Mausklick **im Volltext** abrufen und ausdrucken können. Eine Bestellkarte finden Sie vorne im Lexikon.

rende **Fehler** enthalten. Auch bei der maschinellen Ausstellung der (elektronischen) Lohnsteuerbescheinigung schleichen sich immer wieder Fehler ein. Leidtragender ist stets der **Arbeitgeber**, da dieser für die zutreffende Berechnung und Abführung der Lohnsteuer (einschließlich falscher Angaben in der Lohnsteuerbescheinigung) dem Finanzamt gegenüber **haftet** (vgl. das Stichwort „Haftung des Arbeitgebers"). Da er allenfalls einen privatrechtlichen Regressanspruch gegen die Software-Firma hat, ist der Einsatz falscher Lohnabrechnungsprogramme stets mit einem Prozessrisiko verbunden. Die Arbeitgeber sollten deshalb die zum Einsatz kommenden Lohnabrechnungsprogramme gründlich prüfen.

Massagen am Arbeitsplatz

siehe „Gesundheitsförderung"

Masseure

	Lohnsteuerpflichtig	Sozialversich.-pflichtig
Masseure, die in verschiedenen Saunabetrieben von Fall zu Fall Massagen verabreichen, ihre Arbeitszeit im Wesentlichen frei gestalten können und deshalb nicht in den Betrieb des Unternehmens fest eingegliedert sind, sind selbständig tätig. Die Vergütungen dieser Masseure unterliegen nicht dem Lohnsteuerabzug (sondern werden im Wege einer Veranlagung zur Einkommensteuer) steuerlich erfasst (zur „Scheinselbständigkeit" vgl. dieses Stichwort).	nein	nein
Ist jedoch ein Arbeitsverhältnis mit festen Arbeitszeiten vereinbart und sind sie deshalb in den Betrieb des Unternehmens eingegliedert, so sind sie Arbeitnehmer.	ja	ja

Mehldeputate

siehe „Deputate"

Mehrarbeitslohn/ Mehrarbeitszuschläge

Das Arbeitszeitgesetz kennt den Begriff der Mehrarbeit oder der Überstunden nicht. Es kennt nur zulässige Arbeitszeiten und verbietet eine darüber hinausgehende Arbeit. Mehrarbeit ist daher eine Frage der vertraglichen Arbeitszeit. Die betriebliche Praxis spricht hier von Überstunden, auch wenn der Sprachgebrauch nicht einheitlich ist. Überstunden liegen immer dann vor, wenn die vertraglich vereinbarte Arbeitszeit überschritten wird. Für den Arbeitgeber stellt sich die Frage, ob Überstunden mit einem höheren Entgelt – einem sog. Überstundenzuschlag – zu vergüten sind. Eine gesetzliche Regelung, nach der für Überstunden ein besonderer Zuschlag zu zahlen ist, gibt es nicht. Die Zahlung eines solchen Zuschlags und dessen Höhe muss daher im Arbeitsvertrag vereinbart werden, sofern sie sich nicht aus einer tariflichen Regelung ergibt. Wird ein Überstundenzuschlag gezahlt, so setzt sich die Überstundenbezahlung aus dem Grundlohn für die jeweilige Überstunde und dem tariflich oder arbeitsvertraglich vereinbarten Mehrarbeitszuschlag zusammen. Beide Teile gehören zum laufenden Arbeitslohn. Der Grundlohn ist steuer- und beitragspflichtig wie alle anderen Vergütungen für die geleistete Arbeit auch. Der Überstundenzuschlag stellt begrifflich eine Erschwerniszulage dar und ist wie diese ebenfalls steuer- und beitragspflichtig. | ja | ja

Wegen der Behandlung von einheitlichen Zuschlägen, die die Mehrarbeit zur Nachtzeit und an Sonn- und Feiertagen abgelten sollen, vgl. die Erläuterungen beim Stichwort „Zuschläge für Sonntags-, Feiertags- und Nachtarbeit" unter Nr. 7 auf Seite 830.

Bei der Berechnung der Sozialversicherungsbeiträge für Überstundenvergütungen gilt Folgendes:

Überstundenvergütungen sind aufgrund ihrer Zeitbezogenheit **laufendes Arbeitsentgelt.** Laufendes Arbeitsentgelt ist stets dem Lohnabrechnungszeitraum zuzuordnen, in dem es erzielt wurde. Zahlt der Arbeitgeber seinen Beschäftigten nur einen Teil des laufenden Lohnes aus, so sind Beiträge zunächst nur von diesem Teilbetrag zu berechnen. Werden die nicht ausgezahlten Lohnteile (z. B. Überstundenvergütungen) zu einem späteren Zeitpunkt nachgezahlt, sind sie auf die jeweiligen Lohnabrechnungszeiträume, auf die sie entfallen, aufzuteilen. Hierbei sind die Beiträge für die einzelnen Beitragsperioden neu zu berechnen. Diese Methode der Beitragsberechnung von Überstundenvergütungen bringt für die Arbeitgeber eine erhebliche Mehrarbeit mit sich, zumal bei regelmäßig anfallenden Überstunden in jedem Monat eine Doppelberechnung durchgeführt werden muss. Es wird daher nicht beanstandet, wenn die Überstundenvergütungen zum Zwecke der Beitragsberechnung nicht dem Entgelt des Lohnabrechnungszeitraumes, in dem sie verdient wurden, sondern dem Entgelt des nächsten oder übernächsten Lohnabrechnungszeitraums hinzugerechnet werden.

Diese vereinfachte Beitragsberechnung für Überstundenvergütungen ist aber nur für die Betriebe zulässig, in denen die Überstundenvergütungen „**regelmäßig**" erst im nächsten oder übernächsten Monat abgerechnet werden, der der Leistung der Überstunden folgt.

Beispiel
Überstunden werden regelmäßig erst im übernächsten Monat abgerechnet. Die Vergütung für die im Monat Juni geleisteten Überstunden wird mit der Lohnabrechnung für August gezahlt. Die Beitragsberechnung kann zusammen mit dem Arbeitsentgelt für August erfolgen. Die Versteuerung erfolgt ebenfalls für August.

Werden die Überstundenvergütungen aber nicht betriebsüblich im nächsten oder übernächsten Monat, sondern erst später (z. B. vierteljährlich oder halbjährlich) abgerechnet, so müssen die Lohnabrechnungen für die Lohnzahlungszeiträume, für die die Überstundenbezahlung erfolgt, wieder aufgerollt werden. Dabei ist auch die Lohn- und Kirchensteuer sowie der Solidaritätszuschlag für diese Zeiträume neu zu berechnen. Ebenso sind die Beiträge zur Sozialversicherung unter Beachtung der Beitragsbemessungsgrenzen für jeden abzurechnenden Lohnzahlungszeitraum neu zu ermitteln.

Fällt die Bezahlung der Überstunden in eine beitragsfreie Zeit (z. B. beim Bezug von Krankengeld) so gilt Folgendes:

Wird Krankengeld nur für einen Teil des Monats gezahlt, bilden die restlichen Tage einen Teillohnzahlungszeitraum (vgl. dieses Stichwort). Die Überstundenvergütung ist mit dem für diesen Teillohnzahlungszeitraum gezahlten Arbeitsentgelt unter Beachtung der anteiligen Beitragsbemessungsgrenzen (siehe Tabelle im Stichwort „Teillohnzahlungszeitraum" unter Nr. 3 auf Seite 691) zusammenzurechnen.

Falls die Beitragsfreiheit für den gesamten Lohnabrechnungszeitraum besteht, muss die Überstundenvergütung zur Berechnung der Beiträge dem letzten mit beitragspflichtigem Arbeitsentgelt belegten Abrechnungszeitraum zugerechnet werden. Das Gleiche gilt für Überstundenvergütungen, die erst nach Beendigung der Beschäftigung ausgezahlt werden.

Auf die Jahresarbeitsentgeltgrenze, die für die Begrenzung der Versicherungspflicht in der Krankenversicherung gilt, sind Mehrarbeitsvergütungen (Grundlohn und Mehrarbeitszuschlag) **nicht** anzurechnen. Feste Pauschbeträge, die als Abgeltung für Überstunden regelmäßig zum Arbeitslohn gewährt werden, und regelmäßig gezahlte Bereitschaftsdienstzulagen sind dagegen in die Berechnung des regelmäßigen Jahresarbeitsentgelts mit einzubeziehen (vgl. „Jahresarbeitsentgeltgrenze").

Mehrere Dienstverhältnisse

Siehe die Stichworte: Lohnsteuerkarte, Mehrfachbeschäftigung, Pauschalierung der Lohnsteuer für Aushilfskräfte und Teilzeitbeschäftigte.

Mehrfachbeschäftigung

1. Lohnsteuer

Arbeitet ein Arbeitnehmer bei mehreren Arbeitgebern, so hat er jedem Arbeitgeber eine Lohnsteuerkarte vorzulegen. Der Arbeitnehmer kann wählen, welchem Arbeitgeber er die erste Lohnsteuerkarte und welchem er die zweite Lohnsteuerkarte mit der Steuerklasse VI vorlegt. Im Regelfall wird diese Entscheidung von der Höhe des Arbeitslohns abhängen. Deshalb wird der Arbeitnehmer die Lohnsteuerkarte mit der günstigeren Steuerklasse in dem Dienstverhältnis vorlegen, aus dem er den höheren Arbeitslohn bezieht.

Beispiel

	LSt	SolZ	KiSt
1. Dienstverhältnis (Steuerklasse I) Monatslohn 3000 €	480,16 €	26,40 €	38,41 €
2. Dienstverhältnis (Steuerklasse VI) Monatslohn 1500 €	314,33 €	17,28 €	25,14 €
Lohnsteuerabzug insgesamt	794,49 €	43,68 €	63,55 €
Der Steuerabzug in der Steuerklasse VI erscheint sehr hoch. Die Annahme eines Gesamtarbeitslohns von 4500 € zeigt jedoch, dass der Steuerabzug insgesamt **noch zu niedrig** ist:			
Steuerklasse I Monatslohn (3000 € + 1500 € =) 4500 €	968,— €	53,24 €	77,44 €
Beim monatlichen Lohnsteuerabzug zu wenig entrichtet	173,51 €	9,56 €	13,89 €

Die durch den laufenden Lohnsteuerabzug während des Kalenderjahrs zu wenig entrichteten Beträge in Höhe von 196,96 € werden nach Ablauf des Kalenderjahrs durch eine Veranlagung zur Einkommensteuer nachgefordert.

Fällt im ersten Dienstverhältnis wegen eines niedrigen Arbeitslohns keine Lohnsteuer an und wird im zweiten Dienstverhältnis durch den Steuerabzug nach Steuerklasse VI zu viel Lohnsteuer einbehalten, kann dies dadurch vermieden werden, dass der beim ersten Dienstverhältnis nicht ausgenutzte Tabelleneingangsbetrag auf eine zweite Lohnsteuerkarte übertragen wird (vgl. das Stichwort „Hinzurechnungsbetrag auf der Lohnsteuerkarte").

Sind die Voraussetzungen für eine Pauschalierung der Lohnsteuer mit 25 %, 20 % oder 5 % erfüllt, so kann der Arbeitslohn ohne weiteres pauschal versteuert werden, denn die Voraussetzungen für eine Pauschalierung der Lohnsteuer sind bei jedem Dienstverhältnis gesondert zu prüfen. Ob der Arbeitnehmer neben dem pauschal versteuerten Arbeitsverhältnis noch eine weitere (Haupt-)Beschäftigung ausübt, ist ohne Bedeutung (vgl. das Stichwort „Pauschalierung der Lohnsteuer für Aushilfskräfte und Teilzeitbeschäftigte"). Bei einer Pauschalierung der Lohnsteuer mit 2 % für eine Beschäftigung auf 400-Euro-Basis sind hingegen die sozialversicherungsrechtlichen Sonderregelungen zu beachten (vgl. das Stichwort „Geringfügige Beschäftigung").

2. Sozialversicherung

Steht ein sozialversicherungspflichtiger Arbeitnehmer zur gleichen Zeit in mehreren versicherungspflichtigen Beschäftigungsverhältnissen, so sind für die Berechnung der Sozialversicherungsbeiträge die Entgelte zusammenzurechnen. Überschreitet die Summe die Beitragsbemessungsgrenze nicht, muss jeder Arbeitgeber die Beiträge von dem bei ihm erzielten Arbeitsentgelt berechnen und abführen. Überschreitet die Summe der Entgelte die Beitragsbemessungsgrenze, gilt für die Berechnung des einzelnen beitragspflichtigen Entgelts folgende Formel (§ 22 Abs. 2 SGB IV):

$$\frac{\text{Beitragsbemessungsgrenze} \times \text{Arbeitsentgelt aus Einzelbeschäftigung}}{\text{Summe der Arbeitsentgelte}}$$

Beispiel A

Ein Arbeitnehmer arbeitet gleichzeitig für zwei Arbeitgeber. Er erhält für Januar 2010 folgende Arbeitslöhne:

Arbeitgeber A: Arbeitsentgelt	4 000,— €
Arbeitgeber B: Arbeitsentgelt	2 000,— €
zusammen	6 000,— €

Aufteilung:

Die Beitragsbemessungsgrenze in der Renten- und Arbeitslosenversicherung beträgt in den alten Bundesländern 5500 €. Es ergibt sich folgende Berechnung:

(5500 € × 4000 €) : 6000 € = 3666,67 €
(5500 € × 2000 €) : 6000 € = 1833,33 €

Beim Arbeitgeber A beträgt das beitragspflichtige Entgelt somit 3666,67 €; beim Arbeitgeber B 1833,33 €. Zur Kranken- und Pflegeversicherung vgl. das Beispiel B.

Für den Lohn- und Kirchensteuerabzug sowie für den Abzug des Solidaritätszuschlags muss der Arbeitnehmer jedem Arbeitgeber eine Lohnsteuerkarte vorlegen. Er wird dem Arbeitgeber A die erste Lohnsteuerkarte und dem Arbeitgeber B die zweite Lohnsteuerkarte mit der Steuerklasse VI vorlegen.

Zu dem Beitragszuschlag zur Pflegeversicherung für Kinderlose in Höhe von 0,25 % gilt Folgendes:

Den Beitragszuschlag zur Pflegeversicherung für Kinderlose trägt der Arbeitnehmer allein. Bemessungsgrundlage für die Berechnung des Beitragszuschlags sind die beitragspflichtigen Einnahmen. Treffen beitragspflichtige Einnahmen aus mehreren Versicherungsverhältnissen zusammen und übersteigen sie die für das jeweilige Versicherungsverhältnis maßgebliche Beitragsbemessungsgrenze, berechnet sich der Beitragszuschlag für Mitglieder ohne Kinder aus dem jeweiligen Anteilsverhältnis der Einzelentgelte zur Beitragsbemessungsgrenze.

Steht ein Arbeitnehmer gleichzeitig in mehreren versicherungspflichtigen Beschäftigungsverhältnissen und übersteigt das Arbeitsentgelt aus allen Beschäftigungen insgesamt die Jahresarbeitsentgeltgrenze, so sind die Arbeitgeber **anteilmäßig** verpflichtet, sowohl einen **Arbeitgeberzuschuss zur Krankenversicherung** als auch einen Arbeitgeberzuschuss zur Pflegeversicherung zu zahlen.

Beispiel B

Ein Arbeitnehmer ist freiwillig in der gesetzlichen Krankenversicherung versichert. Er erhält 2010 Arbeitslohn von zwei Arbeitgebern gleichzeitig und zwar in folgender Höhe:

Arbeitgeber A: Arbeitsentgelt	4 000,— €
Arbeitgeber B: Arbeitsentgelt	2 000,— €
zusammen	6 000,— €
Jahresbetrag (6000 € × 12)	72 000,— €

Der Jahresbetrag übersteigt somit die Jahresarbeitsentgeltgrenze 2010 in Höhe von 49 950 €.

Der Anteil der jeweiligen Arbeitsentgelte an der Beitragsbemessungsgrenze von monatlich 3750 € beträgt:

Arbeitgeber A: (3750 € × 4000 €) : 6000 € =	2 500,— €
Arbeitgeber B: (3750 € × 2000 €) : 6000 € =	1 250,— €
Der Zuschuss beträgt demnach bei einem Beitragssatz von 14,9 %	
für den Arbeitgeber A: 7,0 % von 2500 € =	175,— €
für den Arbeitgeber B: 7,0 % von 1250 € =	87,50 €
Arbeitgeberzuschüsse zur Krankenversicherung insgesamt	262,50 €

In gleicher Weise ist der anfallende **Arbeitgeberzuschuss zur Pflegeversicherung** aufzuteilen.

Wird bei einer Mehrfachbeschäftigung die eine Beschäftigung in den **alten** Bundesländern und die andere Beschäftigung in den **neuen** Bundesländern ausgeübt, so ist zu beachten, dass das Arbeitsentgelt für die Beitragsberechnung nur bis zu den jeweils geltenden Beitragsbemessungsgrenzen in der Renten- und Arbeitslosenversicherung zugrunde gelegt werden darf. Ergibt sich

Mehrjährige Tätigkeit   **Miles & More**

	Lohn-steuer-pflichtig	Sozial-versich.-pflichtig

hierdurch insgesamt ein Betrag oberhalb der für die alten Bundesländer geltenden Beitragsbemessungsgrenze in der Renten- und Arbeitslosenversicherung, so ist folgende Verhältnisrechnung vorzunehmen:

Renten- und Arbeitslosenversicherung

$$\frac{5500\ € \times \text{Arbeitsentgelt-West (max. 5500 €)}}{\text{Arbeitsentgelt-West (max. 5500 €)} + \text{Arbeitsentgelt-Ost (max. 4650 €)}} = \text{beitragspflichtiges Arbeitsentgelt-West}$$

$$\frac{5500\ € \times \text{Arbeitsentgelt-Ost (max. 4650 €)}}{\text{Arbeitsentgelt-West (max. 5500 €)} + \text{Arbeitsentgelt-Ost (max. 4650 €)}} = \text{beitragspflichtiges Arbeitsentgelt-Ost}$$

Mehrjährige Tätigkeit

Vergütungen für eine mehrjährige Tätigkeit, die sich in einem Jahr zusammenballen, sind als „sonstige Bezüge" nach einem besonderen Verfahren zu besteuern (sog. **Fünftelregelung**). Dieses Verfahren ist beim Stichwort „Sonstige Bezüge" unter Nr. 6 auf Seite 663 anhand eines Beispiels erläutert. Auf die grundsätzlichen Ausführungen beim Stichwort „Arbeitslohn für mehrere Jahre" wird Bezug genommen.   ja   ja

Meldepflichten in der Sozialversicherung

Eine ausführliche Gesamtdarstellung der geltenden Meldevorschriften ist in **Anhang 15** des Lexikons abgedruckt.

Metergelder

Unter Metergeldern versteht man die Trinkgelder der Möbeltransportarbeiter.

Metergelder, auf die ein Rechtsanspruch besteht, d. h. die tariflich festgelegt sind, sind in voller Höhe steuerpflichtig.   ja   ja

Metergelder, auf die **kein** Rechtsanspruch besteht, d. h. die über die tariflichen Metergelder hinaus vom Umziehenden freiwillig bezahlt werden, sind als Trinkgeld seit 1. 1. 2002 steuer- und beitragsfrei.   nein   nein

Zur Steuerfreiheit der freiwilligen Trinkgelder vgl. das Stichwort „Trinkgelder".

Mietbeihilfen

siehe „Wohnungsüberlassung"

Miles & More

Viele Unternehmen, insbesondere Fluggesellschaften, haben **sog. Kundenbindungsprogramme** eingeführt, bei denen der Kunde für die Inanspruchnahme einer Leistung Bonuspunkte erhält, die wiederum unter bestimmten Voraussetzungen in Sachprämien umgewandelt werden können.

So hat z. B. die Lufthansa ein Prämienprogramm eingeführt, das sich „Miles & More" nennt. Danach werden denjenigen Fluggästen Prämien gewährt, die besonders häufig die Lufthansa benutzen. Der Wert der Prämien richtet sich im Wesentlichen nach der Zahl der geflogenen Meilen. Die Meilen werden auch den Fluggästen gutgeschrieben, die **im Auftrag und für Rechnung ihres Arbeitgebers** fliegen.

Die von der Lufthansa eingeräumten Preisvorteile gehören grundsätzlich zum steuerlichen Arbeitslohn, **soweit die prämierten Flugmeilen auf Auswärtstätigkeiten entfallen,** die vom Arbeitgeber bezahlt wurden. Da der Arbeitgeber in die Arbeitslohnzahlung durch einen Dritten eingeschaltet ist (Beschaffung bzw. Bezahlung der Tickets), obliegt ihm im Grundsatz auch der Lohnsteuerabzug. Steuerpflichtiger Arbeitslohn entsteht nur dann nicht, wenn der Arbeitnehmer (wie dies häufig im öffentlichen Dienst geschieht) die auf Auswärtstätigkeiten erworbenen Bonusmeilen auch wieder für Auswärtstätigkeiten verwendet.

Die Erfassung dieser geldwerten Vorteile als steuerpflichtiger Arbeitslohn hat in der Praxis zu erheblichen Schwierigkeiten geführt. Es wurde deshalb eine Steuerbefreiungsvorschrift eingeführt (§ 3 Nr. 38 EStG), wonach Sachprämien aus sog. Kundenbindungsprogrammen **steuerfrei** sind, soweit der Wert der Prämien **1080 €** im Kalenderjahr nicht übersteigt.

Außerdem wurde eine Pauschalierungsvorschrift in das Einkommensteuergesetz aufgenommen (§ 37 a EStG), wonach Prämien aus diesen Kundenbindungsprogrammen vom Anbieter des Programms (also von einem Dritten) **mit 2,25 % pauschal versteuert** werden können. Diese Regelung, die erstmals die Pauschalierung der Lohnsteuer **durch einen Dritten** zuließ (vgl. jetzt auch § 37b EStG), ist gezielt auf die sog. Vielfliegerprogramme zugeschnitten, wie sie z. B. von der Lufthansa unter der Bezeichnung **„Miles & More"** angeboten werden*).

Eine Inanspruchnahme der Steuerbefreiungsvorschrift (§ 3 Nr. 38 EStG) und der Pauschalversteuerung (§ 37a EStG) kommen – über den Gesetzeswortlaut hinaus – auch für Sachprämien in Betracht, die in einem **Kundenbindungsprogramm** aufgrund des **Erwerbs von Waren** gewährt werden. Dies setzt allerdings voraus, dass

– der Erwerb von Waren keine prägende Wirkung für das Kundenbindungsprogramm hat **oder**
– der Erwerb der Waren nicht überwiegend im betrieblichen/beruflichen Bereich stattfindet und daher beim Empfänger nicht zu Erwerbsaufwand (Betriebsausgaben oder Werbungskosten) führt.

---

*) In einem Artikel von Thomas (DStR 1997 S. 305) unter der treffenden Bezeichnung „Die Besteuerung von Sachprämien aus Kundenbindungsprogrammen – eine gesetzgeberische Glanzleistung?" wird deshalb vermutet, dass es sich in Wirklichkeit um eine lex Lufthansa handeln könnte.
Da die Gesetzesbegründung zu diesen Vorschriften für sich spricht, wird sie nachfolgend im Wortlaut abgedruckt:
Befreiungsvorschrift (§ 3 Nr. 38 EStG):
Die Vorschrift stellt Prämien aus Kundenbindungsprogrammen bis zu 1224 € (ab 1. 1. 2004: 1080 €) im Kalenderjahr je Empfänger steuerfrei. Begünstigt sind nur Sachprämien, die im Allgemeinen Geschäftsverkehr in einem planmäßigen Verfahren ausgeschüttet werden. Nicht begünstigt sind deshalb z. B. Preisnachlässe, Skonti und Rückvergütungen.
Die Steuerfreiheit setzt voraus, dass die den Prämien zugrunde liegenden Leistungen vom Prämienempfänger persönlich in Anspruch genommen worden sind. Dies entspricht den derzeitig angebotenen Bonusprogrammen und unterscheidet die Prämien von anderen Boni, die üblicherweise dem Erwerber einer Leistung zugute kommen. Aus diesem Grund ist die Steuerfreiheit auch auf Prämien beschränkt, die für Dienstleistungen gewährt werden, weil nur bei Dienstleistungen eine Anknüpfung an die persönliche Inanspruchnahme möglich ist. Soweit privat verwertete Prämien auf privaten Leistungen beruhen oder Prämien beruflich verwertet werden, handelt es sich nicht um steuerpflichtige Vorgänge. Die Steuerbefreiung hat insoweit nur deklaratorische Wirkung.
Pauschalierungsvorschrift (§ 37 a EStG):
Der Prämienanbieter kann die auf den steuerpflichtigen Teil der von ihm insgesamt ausgeschütteten Prämien entfallende Einkommensteuer mit abgeltender Wirkung pauschal erheben. Aus Vereinfachungsgründen soll die Steuer mit 2% (ab 1. 1. 2004: 2,25%) nach den insgesamt an im Inland ansässige Empfänger ausgeschütteten Prämien bemessen werden. Bei der Höhe des Steuersatzes ist berücksichtigt, dass nur ein Teil der Prämien steuerbar ist und ein weiterer Teil in Höhe des noch nicht ausgeschöpften Freibetrags steuerfrei ist. Ein Steuersatz von 2% (ab 1. 1. 2004: 2,25%) für sämtliche Prämien entspricht einem Nettosteuersatz von 53,84% für die steuerpflichtigen Prämien. Dabei ist unterstellt, dass von den insgesamt ausgeschütteten Prämien etwa 80% auf betrieblich genutzten Dienstleistungen beruhen und diese nur zu 50% privat verwertet werden. Für diesen steuerbaren Teil der Prämien wird angenommen, dass nach Abzug des Freibetrags nur 10% tatsächlich als Steuerbemessungsgrundlage übrig bleiben. Die pauschale Einkommensteuer soll der Prämienanbieter übernehmen. Die pauschal besteuerten Prämien bleiben bei der Veranlagung des Prämienempfängers außer Ansatz. Aus diesem Grund wird das pauschalierende Unternehmen verpflichtet, die Prämienempfänger von der abgeltenden Pauschalbesteuerung zu unterrichten.

	Lohn-steuer-pflichtig	Sozial-versich.-pflichtig

Beispiel

Ein Möbelhaus gewährt im Rahmen eines Kundenbindungsprogramms Bonuspunkte für den Erwerb von Möbeln, die von den Kunden gegen Sachprämien eingelöst werden können.

Das Möbelhaus kann eine Pauschalversteuerung nach § 37a EStG vornehmen, da sicherlich davon ausgegangen werden kann, dass der Erwerb der Möbel nicht überwiegend im betrieblichen/beruflichen Bereich stattfindet.

Mit der gleichen Begründung ist u. E. eine Pauschalversteuerung nach § 37a EStG zulässig, wenn ein Mineralölkonzern im Rahmen eines Kundenbindungsprogramms Bonuspunkte z. B. für den Erwerb von Kraftstoffen vergibt. Der Anteil von privaten Kfz dürfte immer noch höher sein als der Anteil von Firmen-/Geschäftswagen, so dass der Erwerb der Waren nicht überwiegend im betrieblichen/beruflichen Bereich stattfindet.

Macht die Fluggesellschaft von der Pauschalierungsmöglichkeit mit 2,25 % Gebrauch, bedeutet dies, dass der Wert der Freiflüge dem Arbeitnehmer steuer- und beitragsfrei zufließt. Dies wurde sozialversicherungsrechtlich in § 1 Abs. 1 Nr. 13 SvEV ausdrücklich geregelt. — nein — nein

Macht z. B. eine **ausländische** Fluggesellschaft von der Pauschalierungsmöglichkeit keinen Gebrauch, ist der Wert der Freiflüge bis zum Freibetrag in Höhe von 1080 € jährlich steuer- und beitragsfrei. — nein — nein

Der den Freibetrag von 1080 € jährlich übersteigende Betrag ist bei einer privaten Nutzung der auf Auswärtstätigkeiten erworbenen Bonusmeilen steuer- und beitragspflichtig, wenn von der Pauschalierungsmöglichkeit nach § 37a EStG kein Gebrauch gemacht wird. — ja — ja

Zur Erfassung und Bewertung der Sachprämien ist eine bundeseinheitliche Verwaltungsanweisung ergangen. Diese ist als Anlage zu § 37a EStG im Steuerhandbuch für das Lohnbüro 2010 abgedruckt, das im selben Verlag erschienen ist. Eine Bestellkarte finden Sie vorne im Lexikon.

Mitarbeiterbeteiligungsprogramm nach französischem Recht

Allein das Innehaben von Ansprüchen oder Rechten gegenüber dem Arbeitgeber führt beim Arbeitnehmer regelmäßig noch nicht zu einem Lohnzufluss. Der **Zufluss** von Arbeitslohn ist grundsätzlich erst mit der **Erfüllung des Anspruchs** bzw. der Erfüllung der Gewinnchance gegeben. Ein Vorteil ist nämlich dem Arbeitnehmer erst dann zugeflossen, wenn die geschuldete Leistung tatsächlich erbracht worden ist, er also wirtschaftlich verfügt oder zumindest verfügen kann.

Bei Mitarbeiterbeteiligungsprogrammen mittels Einschaltung eines Fonds Commun de Placement d'Entreprise **(FCPE) nach französischem Recht** erfolgt eine **Besteuerung** des geldwerten Vorteils erst im Zeitpunkt der **Auflösung des Programms** und Überweisung eines Geldbetrags an den Arbeitnehmer bzw. bei Zuwendung anderer Vorteile (z. B. Tausch in Aktien). Dies gilt unabhängig von der Ausgestaltung im Einzelfall. Bis zur Auflösung des Programms fließen dem Arbeitnehmer auch keine Kapitaleinkünfte (z. B. Dividenden, Zinsen) zu.

Die vorstehenden Grundsätze sind u. E. für andere, vergleichbare Mitarbeiterbeteiligungsprogramme entsprechend anzuwenden, sofern es sich nicht um die Überlassung von Vermögensbeteiligungen (vgl. dieses Stichwort) handelt, die bei Überlassung zu versteuern sind.

Siehe auch die Stichworte „Aktienoptionen", „Vermögensbeteiligungen", „Zufluss von Arbeitslohn".

Mitgliedsbeiträge

Siehe die Stichworte: Berufsverband und Vereinsbeiträge.

	Lohn-steuer-pflichtig	Sozial-versich.-pflichtig

Mobilitätshilfen

Agenturen für Arbeit können an ehemals Arbeitslose nach Beschäftigungsaufnahme außerhalb des Wohnsitzortes aber auch an Arbeitsuchende, die von Arbeitslosigkeit bedroht sind, Zahlungen zur Abgeltung von Fahrtkosten und anderer Aufwendungen (z. B. doppelte Haushaltsführung, Reisekosten- und Umzugskostenbeihilfen) leisten. Die Zahlungen werden als Leistungen zur Förderung der regionalen Mobilität (Mobilitätshilfen) bezeichnet. Sie stehen im Ermessen der Arbeitsverwaltung.

Die Zahlungen der Agentur für Arbeit sind steuerfrei (§ 3 Nr. 2 EStG i. V. m. § 53 SGB III). — nein — nein

Mobilitätshilfen nach § 53 SGB III unterliegen auch nicht dem sog. Progressionsvorbehalt. Sie mindern allerdings die abziehbaren Werbungskosten des Arbeitnehmers (§ 3c EStG i. V. m. R 9.1 Abs. 4 Satz 3 LStR).

Mobiltelefon

siehe „Telefonkosten"

Mobilzeitkonten

siehe „Arbeitszeitkonten"

Montageerlass

siehe „Auslandstätigkeitserlass"

Motorsägegeld

Ein an Waldarbeiter für den Einsatz eigener Motorsägen gezahltes Motorsägegeld ist nach § 3 Nr. 30 EStG als Werkzeuggeld steuer- und beitragsfrei*). — nein — nein

Auf die ausführlichen Erläuterungen beim Stichwort „Werkzeuggeld" wird hingewiesen.

Musiker

1. Allgemeines

Musiker in Orchestern, Kapellen usw. können je nach der Gestaltung des Vertragsverhältnisses selbständig tätig oder Arbeitnehmer sein. Liegt eine nichtselbständige Tätigkeit vor, muss eine Lohnsteuerkarte vorgelegt werden, nach deren Merkmalen der Lohnsteuerabzug vorzunehmen ist. Sind Musiker **nebenberuflich** tätig, so können sie unter bestimmten Voraussetzungen einen Freibetrag von jährlich 2100 € erhalten, und zwar unabhängig davon, ob die Tätigkeit selbständig oder nichtselbständig ausgeübt wird (vgl. das Stichwort „Nebentätigkeit für gemeinnützige Organisationen").

Sind Musiker beschränkt steuerpflichtig, das heißt, haben sie in Deutschland weder einen Wohnsitz noch ihren gewöhnlichen Aufenthalt, so richtet sich die steuerliche Behandlung nach den beim Stichwort „Beschränkt steuerpflichtige Künstler, Berufssportler, Schriftsteller und Journalisten" dargestellten Grundsätzen.

Zur Abgrenzung der selbständigen von der nichtselbständigen Arbeit hat sich zur einheitlichen Behandlung der meist wiederkehrenden Formen der Beschäftigung von Musikern folgende Sachbehandlung herausgebildet:

---

*) Bundeseinheitliche Regelung, z. B. Schreiben des Bayer. Staatsministeriums der Finanzen vom 7.10.1982 (Az.: 32 – S 2332 – 49/14 – 49 572). Das Schreiben ist als Anlage 2 zu H 3.30 LStR im **Steuerhandbuch für das Lohnbüro 2010** abgedruckt, das im selben Verlag erschienen ist. Das **PC-Lexikon** für das Lohnbüro 2010 enthält auch dieses Handbuch und hat außerdem den Vorteil, dass Sie **alle BFH-Urteile** sowie die aktuellen Rundschreiben und Niederschriften der Spitzenverbände der **Sozialversicherung** mit Mausklick **im Volltext** abrufen und ausdrucken können. Eine Bestellkarte finden Sie vorne im Lexikon.

	Lohn-steuer-pflichtig	Sozial-versich.-pflichtig

2. Musikkapelle als Personengesellschaft

Der Zusammenschluss von Musikern zu einer Personengesellschaft (Gesellschaft bürgerlichen Rechts) setzt klare und eindeutige Vereinbarungen der Kapellenmitglieder und ein Auftreten der Kapelle nach außen als Gesellschaft voraus, d. h. die Gesellschaft muss als Träger der Musikkapelle erkennbar sein. Dies wird insbesondere durch die Erfassung der Musikkapelle als selbständiges Unternehmen beim Finanzamt dokumentiert. Gegenüber den Veranstaltern (Gastwirte u. Ä.) tritt die Musikkapelle ebenfalls als selbständig auf mit der Folge, dass Rechtsbeziehungen nur zwischen ihr und dem Veranstalter, nicht aber zwischen den einzelnen Musikern und dem Veranstalter entstehen.

Der von der Musikkapelle im Kalenderjahr erzielte Gewinn wird vom Finanzamt festgestellt und auf die Gesellschafter aufgeteilt. Der danach auf den einzelnen Musiker entfallende Anteil ist bei diesem im Rahmen seiner Einkommensteuerveranlagung bei den Einkünften aus Gewerbebetrieb oder selbständiger Arbeit zu erfassen.   nein   nein*)

3. Loser Zusammenschluss von Musikern

Fehlt es bei der Bildung einer Kapelle an den in Nr. 2 erwähnten klaren Vereinbarungen und dem entsprechenden einheitlichen Auftreten nach außen, bewirkt ein loser Zusammenschluss von Musikern noch nicht, dass die Kapelle als solche, etwa als Gesellschaft des bürgerlichen Rechts oder als Verein, ein eigenes Steuersubjekt bildet. Auch ist in einem solchen Fall der Kapellenleiter oder Organisator, selbst wenn er allein die Verhandlungen mit dem Veranstalter führt, nicht als Unternehmer anzusehen, zu dem die übrigen Musiker in einem Arbeitsverhältnis stehen. Hier bestehen vielmehr unmittelbare Rechtsbeziehungen zwischen dem einzelnen Musiker und dem jeweiligen Veranstalter (z. B. Gastwirt). Nach der Rechtsprechung des Bundesfinanzhofs sind dabei sowohl die einzelnen Musiker als auch der Kapellenleiter als Arbeitnehmer des Veranstalters anzusehen, wenn in einem Unternehmen zur Erreichung des Betriebszwecks oder zur gewerblichen Darbietung von Musik, einzelne Musiker oder Musikkapellen beschäftigt werden.

Danach sind Gaststätten, Theater-, Film- und Schallplattenunternehmen, Rundfunkgesellschaften, Fernsehgesellschaften usw. regelmäßig verpflichtet, von den Vergütungen an die beschäftigten Musiker Lohnsteuer einzubehalten (siehe „Künstler").   ja   ja

Die Musiker sind jedoch nicht Arbeitnehmer des Veranstalters (Gastwirt, Theater o. Ä.), wenn die Kapelle von ihm nur gelegentlich – etwa für einen Abend oder an einem Wochenende – verpflichtet wird (BFH-Urteil vom 10. 9. 1976 – BStBl. 1977 II S. 178). In diesem Fall sind die Musiker selbständig tätig. Die Vergütung unterliegt somit nicht dem Lohnsteuerabzug. Vielmehr müssen die Musiker ihre Einnahmen in ihrer Einkommensteuererklärung angeben.   nein   nein

Ob eine gelegentliche Verpflichtung vorliegt, muss nach den Umständen des Einzelfalls entschieden werden. Sie ist ungeachtet der formalen Vertragsgestaltung nicht gegeben, wenn ein vom Willen der Beteiligten getragenes, auf Dauer angelegtes Beschäftigungsverhältnis vorliegt. Die Musiker werden keinesfalls nur gelegentlich für einen Gastwirt tätig, wenn sie z. B. während der Faschingssaison einmal wöchentlich in seinem Betrieb spielen. In solchen Fällen ist vielmehr generell vom Vorliegen eines Arbeitsverhältnisses auszugehen.

Soweit Vereine im Rahmen einer in eigener Regie betriebenen Gaststätte oder bei Festveranstaltungen Musiker beschäftigen, gelten die gleichen Grundsätze. Zu einer Festveranstaltung, wie z. B. zu einem Faschingsball, zu einem Feuerwehrfest usw., verpflichtete Musiker werden im Allgemeinen nur gelegentlich für den Verein tätig; sie sind schon deshalb nicht als Arbeitnehmer anzusehen. Führt ein Verein jedoch eine Festveranstaltung durch, die sich über mehrere Tage erstreckt, stehen die hierzu beschäftigten Musiker zum veranstaltenden Verein in einem Arbeitsverhältnis, wenn es sich für die auftretende Kapelle nicht nur um eine gelegentliche Verpflichtung, also um eine Tätigkeit an einem Tag oder einem Wochenende handelt**). Vgl. das Stichwort „Kurzfristig beschäftigte Arbeitnehmer".

Werden Musiker bei Anlässen tätig, die nicht von Unternehmern veranstaltet werden (z. B. bei privaten Festlichkeiten), so sind sie in der Regel als selbständig Tätige anzusehen. Die dabei erzielten Einkünfte sind als Einkünfte aus Gewerbebetrieb oder aus selbständiger Arbeit im Wege der Veranlagung zur Einkommensteuer heranzuziehen. Eine gleiche Beurteilung kann angebracht sein, wenn namhafte Künstler lediglich von Fall zu Fall bei der Herstellung von Schallplatten mitwirken.   nein   nein

4. Der Kapellenleiter tritt als Unternehmer auf

Berühmte Kapellen, die stets geschlossen auftreten und ständig unter der Leitung desselben Kapellenleiters stehen, bilden in der Regel ein eigenes Unternehmen. In diesen Fällen ist der Kapellenleiter als **Arbeitgeber** der Kapellenmitglieder anzusehen und verpflichtet, von den Bezügen der einzelnen Musiker Lohnsteuer einzubehalten.   ja   ja

Mutterschaftsgeld

Gliederung:

1. Anspruch auf Mutterschaftsgeld
2. Zuschuss des Arbeitgebers zum Mutterschaftsgeld
3. Höhe des Zuschusses zum Mutterschaftsgeld
4. Nutzung eines Firmenwagens während des Bezugs von Mutterschaftsgeld
5. Lohnabrechnung mit Arbeitgeberzuschuss zum Mutterschaftsgeld
6. Auswirkung von Freibeträgen und Steuerklassenwechsel auf den Arbeitgeberzuschuss zum Mutterschaftsgeld
7. Lohnfortzahlungsversicherung (Umlageverfahren U 2)

1. Anspruch auf Mutterschaftsgeld

Frauen, die **bei Beginn der Mutterschutzfrist in einem Arbeitsverhältnis stehen** (oder in Heimarbeit beschäftigt sind oder deren Arbeitsverhältnis während ihrer Schwangerschaft vom Arbeitgeber zulässig aufgelöst worden ist), erhalten **von der Krankenkasse** bzw. vom **Bundesversicherungsamt** Mutterschaftsgeld.

Das Mutterschaftsgeld wird während der Mutterschutzfrist gezahlt. Als Mutterschutzfrist wird der Zeitraum von **6 Wochen vor** und **8 Wochen nach der Entbindung** bezeichnet. An die Stelle von 8 Wochen tritt bei Früh- oder Mehrlingsgeburten ein Zeitraum von 12 Wochen (vgl. das Stichwort „Mutterschutzfrist").

Die Höhe des Mutterschaftsgeldes bestimmt sich nach dem um die gesetzlichen Abzüge verminderten durchschnittlichen kalendertäglichen Arbeitsentgelt der letzten drei abgerechneten Kalendermonate vor der Schutzfrist (bei wöchentlicher Abrechnung der letzten 13 abgerechneten Wochen). Maßgebend für die Höhe des Mutter-

---

*) Zur Sozialversicherung vgl. „Künstlersozialabgabe".

) Bundeseinheitliche Regelung, z. B. Schreiben des Bayer. Staatsministeriums der Finanzen vom 14. 12. 1977 (Az.: 32 – S 2113 – 1/15 – 50 086). Das Schreiben ist als Anlage 2 zu H 19.0 LStR im **Steuerhandbuch für das Lohnbüro 2010 abgedruckt, das im selben Verlag erschienen ist. Das **PC-Lexikon** für das Lohnbüro 2010 enthält auch dieses Handbuch und hat außerdem den Vorteil, dass Sie **alle BFH-Urteile** sowie die aktuellen Rundschreiben und Niederschriften der Spitzenverbände der **Sozialversicherung** mit Mausklick **im Volltext** abrufen und ausdrucken können. Eine Bestellkarte finden Sie vorne im Lexikon.

Mutterschaftsgeld

	Lohn-steuer-pflichtig	Sozial-versich.-pflichtig

schaftsgeldes ist also das **Nettoarbeitsentgelt** (umgerechnet auf einen Kalendertag). Einmalig gezahltes Arbeitsentgelt bleibt außer Betracht.

Beispiel

Bemessungszeitraum Dezember 2010:

Laufendes Arbeitsentgelt	2 500,— €
Weihnachtsgeld	1 000,— €
Dezemberbezüge insgesamt	3 500,— €
– Beitragspflichtiges Entgelt	3 500,— €
– Steuerpflichtiges Entgelt	3 500,— €
– Bruttoarbeitsentgelt, von dem das fiktive Nettoarbeitsentgelt als Bemessungsgrundlage für das Mutterschaftsgeld zu ermitteln ist	2 500,— €

Arbeitnehmerinnen, die in der **gesetzlichen Krankenversicherung** versichert sind (entweder pflichtversichert oder freiwillig versichert), erhalten von ihrer Krankenkasse ein **Mutterschaftsgeld** von höchstens **13 € pro Kalendertag.** Dieses Mutterschaftsgeld ist steuer- und beitragsfrei. nein nein

Arbeitnehmerinnen, die nicht in der gesetzlichen Krankenversicherung versichert sind (d. h. Arbeitnehmerinnen, die freiwillig bei einer **privaten** Krankenkasse versichert sind), erhalten auf Antrag vom Bundesversicherungsamt in Berlin ebenfalls ein Mutterschaftsgeld bis zu 13 € am Tag, **höchstens jedoch insgesamt 210 €** (§ 13 Abs. 2 Mutterschutzgesetz). Auch dieses Mutterschaftsgeld ist steuer- und beitragsfrei. nein nein

2. Zuschuss des Arbeitgebers zum Mutterschaftsgeld

Der Arbeitgeber muss einen **Zuschuss zum Mutterschaftsgeld** zahlen, wenn das Nettoarbeitsentgelt den Höchstbetrag des Mutterschaftsgeldes (13 € kalendertäglich) übersteigt (§ 14 Abs. 1 Satz 1 Mutterschutzgesetz). Der Zuschuss ist während der Mutterschutzfrist in Höhe des Unterschiedsbetrags zwischen 13 € und dem um die gesetzlichen Abzüge verminderten durchschnittlichen kalendertäglichen Arbeitsentgelt zu zahlen. Der Zuschuss des Arbeitgebers zum Mutterschaftsgeld ist steuer- und beitragsfrei. nein nein

Arbeitnehmerinnen, die nicht in der gesetzlichen Krankenversicherung versichert sind und deren Mutterschaftsgeld deshalb auf insgesamt 210 € begrenzt ist, erhalten gleichwohl für die Zeit der Mutterschutzfrist einen Arbeitgeberzuschuss in Höhe des Unterschiedsbetrags zwischen dem auf einen Kalendertag entfallenden Nettoarbeitsentgelt und 13 €. Auch dieser Zuschuss ist steuer- und beitragsfrei. nein nein

Die Beitragsfreiheit des Zuschusses zum Mutterschaftsgeld ist in § 1 Abs. 1 Nr. 6 der Sozialversicherungsentgeltverordnung geregelt. Die Steuerfreiheit des Zuschusses zum Mutterschaftsgeld ergibt sich aus § 3 Nr. 1 Buchst. d EStG.

Sowohl das von der Krankenkasse bzw. vom Bundesversicherungsamt gezahlte **Mutterschaftsgeld** als auch der **Zuschuss zum Mutterschaftsgeld** sind zwar steuerfrei, sie unterliegen jedoch dem sog. **Progressionsvorbehalt** (vgl. dieses Stichwort). Der vom Arbeitgeber als Zuschuss zum Mutterschaftsgeld steuerfrei gezahlte Betrag muss deshalb im Lohnkonto gesondert vermerkt und in die Lohnsteuerbescheinigung gesondert eingetragen werden, und zwar in **Zeile 15** der elektronischen Lohnsteuerbescheinigung für das Kalenderjahr 2010.

Für die Eintragung des Buchstabens „U" im Lohnkonto gilt Folgendes:

Der Buchstabe „U" (für Unterbrechung) ist im Lohnkonto dann einzutragen, wenn nur das Mutterschaftsgeld gezahlt wird. Zahlt der Arbeitgeber auch einen Zuschuss zum Mutterschaftsgeld ist kein „U" im Lohnkonto einzutragen (vgl. die Erläuterungen beim Stichwort „Lohnkonto" unter Nr. 9 auf Seite 449).

3. Höhe des Zuschusses zum Mutterschaftsgeld

Maßgebend für die Berechnung des Arbeitgeberzuschusses zum Mutterschaftsgeld ist nach § 14 Abs. 1 Mutterschutzgesetz das um die gesetzlichen Abzüge verminderte durchschnittliche kalendertägliche Arbeitsentgelt der letzten drei Kalendermonate vor Beginn der Schutzfrist (bei wöchentlicher Abrechnung der letzten 13 abgerechneten Wochen). Bei der Berechnung des Zuschusses zum Mutterschaftsgeld ist nicht vom sozialversicherungsrechtlichen Entgeltbegriff, sondern vom **arbeitsrechtlichen** Entgeltbegriff auszugehen. Das bedeutet, dass auch das steuerfreie Arbeitsentgelt zur Bemessungsgrundlage gehört (z. B. steuer- und beitragsfreie Zuschläge für Sonntags-, Feiertags- und Nachtarbeit). Zum arbeitsrechtlichen Entgelt gehören auch vermögenswirksame Leistungen des Arbeitgebers und vermögenswirksam angelegte Teile des Arbeitslohn. Nicht zum arbeitsrechtlichen Entgelt gehören hingegen die Beitragszuschüsse des Arbeitgebers zur Krankenversicherung (§ 257 SGB V) und zur Pflegeversicherung (§ 61 SGB XI). Auf die Erläuterungen bei den Stichworten „Arbeitgeberzuschuss zur Krankenversicherung" und „Arbeitgeberzuschuss zur Pflegeversicherung" wird Bezug genommen.

Nicht nur vorübergehende **Erhöhungen des Arbeitsentgelts,** die **während der Mutterschutzfristen** wirksam werden, sind ab dem Zeitpunkt der Erhöhung in die Berechnungen des Zuschusses zum Mutterschaftsgeld mit einzubeziehen. Der neu zu berechnende Zuschuss ist also von dem Zeitpunkt an zu zahlen, von dem an die Erhöhung des Arbeitsentgelts wirksam geworden wäre. Unter den Begriff „nicht nur vorübergehenden Erhöhungen des Arbeitsentgelts" fallen insbesondere dauerhafte Erhöhungen der Grundvergütung z. B. aufgrund tarifvertraglicher Änderungen. Demgegenüber sind Veränderungen bei variablen Zulagen und Zuschlägen (z. B. Zeitzuschläge, Erschwerniszuschläge, Gefahrenzuschläge usw.) sowie Vergütungen für Bereitschaftsdienst und Rufbereitschaft nicht zu berücksichtigen, da diese Vergütung in der Regel nicht auf Dauer in unveränderter Höhe bezogen werden. Diese (unständigen) Lohnbestandteile sind vielmehr mit den Beträgen in den Berechnungszeitraum tatsächlich gezahlt wurden; das Gleiche gilt für Wechselschicht- und Schichtzulagen. Zu berücksichtigen sind jedoch dauerhafte Verdienstkürzungen, die während oder nach Ablauf des Berechnungszeitraums eintreten und nicht auf einem mutterschutzrechtlichen Beschäftigungsverbot beruhen (§ 14 Abs. 1 Satz 5 des Mutterschutzgesetzes).

Einmalig gezahltes Arbeitsentgelt sowie Tage, an denen infolge Kurzarbeit, Arbeitsausfällen oder unverschuldeter Arbeitsversäumnis kein oder ein vermindertes Arbeitsentgelt erzielt wurde, bleiben außer Betracht.

Der Zuschuss zum Mutterschaftsgeld kann vermögenswirksam angelegt werden.

Erhält eine freiwillig krankenversicherte Arbeitnehmerin Mutterschaftsgeld, so steht ihr für diese Zeit **kein Beitragszuschuss zur freiwilligen Krankenversicherung** nach § 257 SGB V zu, da der Beitragszuschuss nur für Zeiten gezahlt wird, für die Anspruch auf Arbeitsentgelt besteht (vgl. das Stichwort „Arbeitgeberzuschuss zur Krankenversicherung"). Gleiches gilt für einen Beitragszuschuss zur Pflegeversicherung. Zahlt der Arbeitgeber gleichwohl den Beitragszuschuss in voller Höhe weiter, so handelt es sich insoweit um eine freiwillige Leistung, die steuerpflichtig ist. Bei der Sozialversicherung kann nach § 23c SGB IV Beitragsfreiheit eintreten, wenn die Freigrenze von 50 € nicht überschritten wird (vgl. die Erläuterungen beim Stichwort „Arbeitsentgelt" unter Nr. 3 auf Seite 88).

Mutterschaftsgeld

4. Nutzung eines Firmenwagens während des Bezugs von Mutterschaftsgeld

Erhält eine Arbeitnehmerin sowohl Mutterschaftsgeld als auch einen Arbeitgeberzuschuss zum Mutterschaftsgeld und darüber hinaus weitere Zuwendungen vom Arbeitgeber (z. B. einen Firmenwagen zur kostenlosen privaten Nutzung), so gilt Folgendes:

Die unentgeltliche private Nutzung des Firmenwagens während des Bezugs von Mutterschaftsgeld ist ein Sachbezug, der zusammen mit dem Barlohn für den betreffenden Monat lohnsteuerpflichtig ist (vgl. das Stichwort „Firmenwagen zur privaten Nutzung").

Sozialversicherungsrechtlich ist die unentgeltliche private Nutzung des Firmenwagens während des Bezugs von Mutterschaftsgeld eine arbeitgeberseitige Leistung nach § 23c SGB IV. Arbeitgeberseitige Leistungen während des Bezugs von Mutterschaftsgeld gelten nicht als beitragspflichtiges Arbeitsentgelt, wenn diese arbeitgeberseitigen Leistungen zusammen mit dem Mutterschaftsgeld das Nettoarbeitsentgelt nicht um mehr als 50 € übersteigen (Freigrenze).

Zahlt der Arbeitgeber einen Zuschuss zum Mutterschaftsgeld nach den Vorschriften des Mutterschaftsgesetzes (vgl. die Erläuterungen unter der vorstehenden Nr. 3) und wird zusätzlich der Firmenwagen während des Bezugs von Mutterschaftsgeld zur privaten Nutzung überlassen, ist die Freigrenze von 50 € im Normalfall (weit) überschritten, so dass der z. B. nach der sog. 1 %-Methode ermittelte Nutzungswert für den Firmenwagen in voller Höhe beitragspflichtig ist. Auf die ausführlichen Erläuterungen anhand eines Beispiels beim Stichwort „Arbeitsentgelt" unter Nr. 3 Buchstabe c auf Seite 88 wird Bezug genommen.

5. Lohnabrechnung mit Arbeitgeberzuschuss zum Mutterschaftsgeld

Die Berechnung des Zuschusses zum Mutterschaftsgeld soll anhand eines Beispiels erläutert werden:

Beispiel

Eine Angestellte, Steuerklasse IV/0, Kirchensteuermerkmal rk, legt ein ärztliches Attest über das voraussichtliche Entbindungsdatum 26. 9. 2010 vor. Zur Berechnung des vom Arbeitgeber zu leistenden Zuschusses zum Mutterschaftsgeld ist das Nettoarbeitsentgelt der letzten drei abgerechneten Kalendermonate vor Beginn der Schutzfrist zu ermitteln (bei wöchentlicher Abrechnung für die letzten 13 Wochen). Maßgebend ist das laufende Entgelt (einschließlich Zulagen, Zuschläge, Mehrarbeitsvergütung, vermögenswirksame Leistungen). Einmalzahlungen bleiben außer Betracht.

Beginn der Schutzfrist 15. 8. 2010.

Abgerechnete Monate	Mai	Juni	Juli
Bruttolohn	2 000,— €	2 000,— €	2 000,— €
abzüglich:			
Lohnsteuer	224,33 €	224,33 €	224,33 €
Solidaritätszuschlag	12,33 €	12,33 €	12,33 €
Kirchensteuer (8 %)	17,94 €	17,94 €	17,94 €
Sozialversicherung (20,475 %)	409,50 €	409,50 €	409,50 €
Nettoarbeitsentgelt	1 335,90 €	1 335,90 €	1 335,90 €
insgesamt für 3 Monate (1335,90 € × 3 =)			4 007,70 €

Der Zuschuss des Arbeitgebers bemisst sich nach dem kalendertäglichen Nettoarbeitsentgelt. Bei der Umrechnung ist der Monat mit 30 Tagen anzusetzen.

Kalendertägliches Nettoarbeitsentgelt (4 007,70 € : 90) =	44,53 €
Mutterschaftsgeld der Krankenkasse	13,— €
Vom Arbeitgeber kalendertäglich zu zahlender Zuschuss	31,53 €

Der Betrag von 31,53 € ist steuer- und beitragsfrei.

Für den Monat August 2010 ergibt sich folgende Lohnabrechnung:

Monatliches Gehalt 2000 €; auf die Zeit bis zum Beginn der Schutzfrist am 15. 8. 2010 entfallen (zur Berechnung vgl. das Stichwort „Teillohnzahlungszeitraum").

$$\frac{2000\,€ \times 10\,\text{Arbeitstage} \times 8\,\text{Stunden}}{166{,}8\,\text{Stunden (bei einer 38,5-Stunden-Woche)}} = 959{,}23\,€$$

Bei einer wöchentlichen Arbeitszeit von 40 Stunden beträgt der Divisor 173,3.

Gehalt für 14 Tage (steuer- und beitragspflichtig)		959,23 €
abzüglich:		
Lohnsteuer lt. Monatstabelle (Steuerklasse IV/0)	8,58 €	
Solidaritätszuschlag	0,— €	
Kirchensteuer (8 %)	0,68 €	
Sozialversicherung (20,475 %)	196,40 €	205,66 €
Nettolohn		753,57 €
Zuschuss zum Mutterschaftsgeld für 17 Kalendertage im August (31,53 € × 17 = 536,01 €)		536,01 €
auszuzahlender Betrag		1 289,58 €

Berechnung der Lohnsteuer- und Sozialversicherungsbeiträge:

Im August entsteht ein Teillohnzahlungszeitraum vom 1. 1. bis 14. 8. 2010 = 14 Kalendertage.

Die anteilige Beitragsbemessungsgrenze (alte Bundesländer) für 14 Kalendertage beträgt

– in der Kranken- und Pflegeversicherung	1 750,— €
– in der Renten- und Arbeitslosenversicherung	2 566,67 €

Vgl. die Tabelle für Teillohnzahlungszeiträume in diesem Stichwort unter Nr. 4 auf Seite 692. Da der Arbeitslohn die anteiligen Beitragsbemessungsgrenzen nicht übersteigt, sind die Beiträge aus dem tatsächlichen Arbeitsentgelt zu berechnen. Gleiches gilt für die neuen Bundesländer, da auch die dort geltenden Beitragsbemessungsgrenzen nicht überschritten sind.

Bei der Lohnsteuer ergibt sich kein Teillohnzahlungszeitraum (vgl. die Erläuterungen beim Stichwort „Teillohnzahlungszeitraum" unter Nr. 3 auf Seite 691). Die Lohn- und Kirchensteuer sowie der Solidaritätszuschlag ist deshalb für 959,23 € nach der Monatstabelle zu berechnen. Nach Steuerklasse IV/0 ergibt sich eine Lohnsteuer von 8,58 €. Die Kirchensteuer beträgt 0,68 € und der Solidaritätszuschlag 0 €.

6. Auswirkung von Freibeträgen und Steuerklassenwechsel auf den Arbeitgeberzuschuss zum Mutterschaftsgeld

Der Zuschuss zum Mutterschaftsgeld hängt vom Nettoarbeitsentgelt der letzten drei abgerechneten Kalendermonate ab. Für die Höhe des Nettoarbeitsentgelts wiederum sind die Eintragungen in der Lohnsteuerkarte (Steuerklasse, Freibetrag) entscheidend. Es stellt sich somit die Frage, wie sich ein Steuerklassenwechsel oder die Eintragung eines Freibetrags auf der Lohnsteuerkarte auf den Arbeitgeberzuschuss zum Mutterschaftsgeld auswirken.

Beispiel A

	Steuerklasse V kein Freibetrag		Steuerklasse III/0 kein Freibetrag	
Monatsgehalt	2 000,— €		2 000,— €	
Lohnsteuer	448,50 €		41,16 €	
Solidaritätszuschlag	24,66 €		0,— €	
Kirchensteuer	35,88 €		3,29 €	
Sozialversicherung z. B. 20,475 %	409,50 €	918,54 €	409,50 €	453,95 €
Nettoarbeitsentgelt		1081,46 €		1 546,05 €
täglich 1/30 =		36,05 €		51,54 €
Mutterschaftsgeld		13,— €		13,— €
Täglicher Arbeitgeberzuschuss		23,05 €		38,54 €
bei 30 Kalendertagen		691,50 €		1 156,20 €

Der steuer- und beitragsfreie Einkommensvorteil von (1156,20 € − 691,50 € =) 464,70 € monatlich könnte Anlass dazu geben, für den Berechnungszeitraum des Arbeitgeberzuschusses vom Finanzamt die Eintragungen auf der Lohnsteuerkarte ändern zu lassen; z. B. könnten – wie im obigen Beispiel – die Steuerklassen zwischen den Ehegatten getauscht werden, sodass auf der Lohnsteuerkarte des Ehemanns die Steuerklasse V und der Ehefrau die Steuerklasse III eingetragen wird. Auch ein auf der Lohnsteuerkarte des Ehemanns evtl. eingetragener Freibetrag kann auf die Lohnsteuerkarte der Ehefrau übernommen werden. Nach den steuerlichen Vorschriften sind solche Änderungen bis 30. November des laufenden Jahres zulässig. Allerdings wird sowohl ein Wechsel der

Steuerklassen als auch ein auf der Lohnsteuerkarte einzutragender Freibetrag erst **ab Beginn des auf die Antragstellung folgenden Monats** eingetragen (§ 39 Abs. 5 Satz 4 EStG). Ein rückwirkender Steuerklassenwechsel oder die rückwirkende Eintragung eines Freibetrags auf der Lohnsteuerkarte ist also nicht möglich.

Das Mutterschutzgesetz verbietet eine solche Beeinflussung des Nettoarbeitsentgelts nicht ausdrücklich. Es fehlt hier an einer der Vorschrift des § 133 Abs. 2 und 3 SGB III entsprechenden Regelung, die für die Berechnung des Arbeitslosengeldes einen willkürlichen Steuerklassentausch nicht anerkennt.

Gleichwohl hat das Bundesarbeitsgericht (Urteil vom 22.10.1986 – 5 AZR 733/85, DB 1987 S. 944 und Urteil vom 18.9.1991 – 5 AZR 581/90, DB 1992 S. 787) entschieden, dass der Arbeitgeber bei der Berechnung des Zuschusses zum Mutterschaftsgeld einem **Steuerklassentausch** nicht zu folgen braucht, wenn die Änderung der Steuermerkmale **ohne sachlichen Grund** nur deshalb erfolgt ist, um den Nettoverdienst im Berechnungszeitraum zu erhöhen. Ein solches Ausnützen einer steuerlich zwar zulässigen Gestaltungsmöglichkeit ist nach Auffassung des Bundesarbeitsgerichts rechtsmissbräuchlich und daher **unbeachtlich.** Erfolgt die Änderung der Steuerklassen aber in Anpassung an die tatsächlichen Lohnverhältnisse, stellt dies keine missbräuchliche Änderung dar. Auf die dem Lexikon als **Anhang 11** beigefügte Tabelle zur richtigen Steuerklassenwahl bei Ehegatten, die beide sozialversicherungspflichtig sind, wird hingewiesen.

Eine weitere steuerrechtliche Möglichkeit ist die **Eintragung eines Steuerfreibetrags** im Zusammenhang mit dem Arbeitgeberzuschuss zum Mutterschaftsgeld.

Beispiel B
Eine Arbeitnehmerin befindet sich ab Mitte August 2010 in Mutterschutz. Sie hat sich ab 1. Mai 2010 einen Steuerfreibetrag von 1500 € monatlich auf der Steuerkarte eintragen lassen und erhielt deshalb seitdem eine erhöhte Nettovergütung ausgezahlt. Der Freibetrag war vorher auf der Steuerkarte des Ehemannes der Arbeitnehmerin eingetragen.

Die Frage nach der Zulässigkeit eines solchen Vorgehens der Arbeitnehmerin ist wie im vorhergehenden Fall des Steuerklassentauschs zu entscheiden. Auch hier ist von einer rechtsmissbräuchlichen Absicht bei zeitnaher Änderung der Steuermerkmale zum Bezugszeitraum für den Zuschuss auszugehen. Diesen Absichtszusammenhang kann die Arbeitnehmerin entkräften, wenn sie einen triftigen sonstigen sachlichen Grund für die Änderung darlegen kann.

Außerdem ist zu beachten, dass seit 1.1.2000 nicht nur Freibeträge, sondern auch **Hinzurechnungsbeträge** auf der Lohnsteuerkarte eingetragen werden. Insbesondere in den Fällen, in denen durch die Eintragung eines Hinzurechnungsbetrags ggf. eine (höhere) Steuer anfällt und sich damit der Nettolohn verringert, muss die Auswirkung auf den Zuschuss zum Mutterschaftsgeld mit in die Überlegung einbezogen werden, das heißt, ein Hinzurechnungsbetrag sollte auf der Lohnsteuerkarte keinesfalls eingetragen werden, wenn mit dem Bezug von Mutterschaftsgeld zu rechnen ist (vgl. die Erläuterungen beim Stichwort „Hinzurechnungsbetrag auf der Lohnsteuerkarte").

7. Lohnfortzahlungsversicherung (Umlageverfahren U 2)

Seit 1.1.2006 sind **alle Arbeitgeber** in das Umlageverfahren U2 für Mutterschutzaufwendungen einbezogen worden (vgl. die Erläuterung in Teil B Nr. 10 auf Seite 16).

Mutterschutz

Dem Arbeitgeber sind durch das Mutterschutzgesetz eine ganz Reihe von Pflichten auferlegt, wenn er eine werdende Mutter beschäftigt. Insbesondere folgende Pflichten müssen erfüllt werden:

– Beachtung von Beschäftigungsverboten innerhalb der Schutzfrist und Beschäftigungsbeschränkungen außerhalb der Schutzfrist; ggf. Zahlung von Mutterschutzlohn,
– Einhaltung der Schutzfrist,
– Zahlung eines Zuschusses zum Mutterschaftsgeld,
– Beachtung der Elternzeit,
– Die werdende Mutter muss dem Arbeitgeber den mutmaßlichen Tag der Entbindung mitteilen, sobald ihr Zustand bekannt ist,
– Einhalten des Kündigungsverbots.

Zum **Kündigungsverbot** ist Folgendes zu bemerken:

Vom Beginn der Schwangerschaft an bis zum Ablauf von vier Monaten nach der Entbindung ist die Kündigung des Arbeitsverhältnisses durch den Arbeitgeber unzulässig. Das bedeutet, dass der Arbeitgeber während dieser Zeit auch nicht zu einem danach liegenden Zeitpunkt kündigen darf. Voraussetzung für das Wirksamwerden des Kündigungsverbotes ist, dass dem Arbeitgeber im Zeitpunkt der Kündigung die Schwangerschaft oder die Entbindung bekannt war oder ihm innerhalb von zwei Wochen nach Zugang der Kündigung mitgeteilt wird. Die Frist von zwei Wochen ist eine Ausschlussfrist. Geht die Mitteilung dem Arbeitgeber nicht innerhalb dieser Frist zu oder unterlässt die Arbeitnehmerin die Mitteilung, wird das Arbeitsverhältnis durch die Kündigung aufgelöst. Das Überschreiten dieser Frist ist jedoch unschädlich, wenn es auf einem von der Arbeitnehmerin nicht zu vertretenden Grund beruht und die Mitteilung unverzüglich nachgeholt wird. Die Arbeitnehmerin ist darlegungs- und beweispflichtig dafür, dass sie die Frist ohne Verschulden versäumt hat.

Mutterschutzfrist

Werdende Mütter dürfen in den letzten **6 Wochen vor der Entbindung** nicht mehr beschäftigt werden, es sei denn, dass sie sich zur Arbeitsleistung ausdrücklich bereit erklären. Für die Berechnung der Frist sind die Angaben des Arztes oder der Hebamme maßgebend.

Bis zum Ablauf von **8 Wochen nach der Entbindung** (bei Früh- oder Mehrlingsgeburten 12 Wochen) dürfen Wöchnerinnen nicht beschäftigt werden. Diese Zeitspanne, also 6 Wochen vor und 8 bzw. 12 Wochen nach der Entbindung wird als Mutterschutzfrist bezeichnet. Bei Frühgeburten und allen anderen **vorzeitigen Entbindungen***) verlängert sich die Zeit nach der Entbindung (12 Wochen) um den Zeitraum, der von den 6 Wochen vor der Entbindung nicht in Anspruch genommen werden konnte.

Beispiel

Mutmaßlicher Entbindungstag lt. ärztlicher Bescheinigung	= 8. September 2010
Schutzfrist vor der Entbindung	= 28. Juli bis 7. September 2010 (= 42 Tage)
Letzter Arbeitstag	= 27. Juli 2010
Tatsächlicher Entbindungstag	= 9. August 2010
Fiktiver Zeitraum der Schutzfrist (§ 3 Abs. 2 Mutterschutzgesetz)	= 28. Juni bis 8. August 2010
In Anspruch genommene Schutzfrist	= 28. Juli bis 8. August 2010 (= 12 Tage)
Dadurch „nicht in Anspruch genommen"	= 28. Juni bis 27. Juli 2010 (= 30 Tage)

Die Schutzfrist von zwölf Wochen (letzter Tag = 1. November 2010) verlängert sich um 30 Tage und endet somit mit Ablauf des 1. Dezember 2010.

Mutterschutzlohn

Für die Zeit der Mutterschutzfrist werden Mutterschaftsgeld und der Arbeitgeberzuschuss zum Mutterschaftsgeld bezahlt (vgl. das Stichwort „Mutterschaftsgeld"). Wird außerhalb der Mutterschutzfrist ohne Einschränkung wie bisher weitergearbeitet und erhält die Arbeitnehmerin

---
*) § 6 Abs. 1 Satz 2 des Mutterschutzgesetzes in der Fassung vom 20.6.2002 (BGBl. I S. 2318).

Nachforderung der Lohnabzugsbeträge vom Arbeitnehmer

	Lohn-steuer-pflichtig	Sozial-versich.-pflichtig

somit wie bisher ihren Arbeitslohn, so ergeben sich keine Besonderheiten. Es bestehen jedoch sowohl für werdende als auch für stillende Mütter bestimmte Beschäftigungsverbote z. B.

- bei Gefährdung von Leben oder Gesundheit von Mutter und Kind lt. ärztlichem Zeugnis;
- Verbot von schwerer körperlicher Arbeit und Umgang mit gesundheitsgefährdenden Stoffen;
- Verbot von Mehrarbeit, Nacht- und Sonntagsarbeit;
- eingeschränkte Leistungsfähigkeit nach der Entbindung (und nach der Schutzfrist) lt. ärztlichem Zeugnis.

Soweit die obigen Beschäftigungsverbote einer Fortsetzung der üblichen Arbeit oder der Beschäftigung im bisherigen Umfang entgegenstehen, kann die Arbeitnehmerin mit anderen zumutbaren Arbeiten beschäftigt werden. Dies darf jedoch nicht zu einer Verdienstminderung führen. Der Arbeitgeber hat deshalb mindestens den **Durchschnittsverdienst** der letzten 13 Wochen oder der letzten 3 Monate vor Beginn des Monats, in dem die Schwangerschaft eingetreten ist, **weiterzuzahlen.** Dieser Durchschnittsverdienst wird Mutterschutzlohn genannt. Bei der Berechnung des Mutterschutzlohns ist Folgendes zu beachten:

- In den Durchschnittsverdienst sind alle laufenden Arbeitsentgelte einzubeziehen. Außer Betracht bleiben jedoch einmalige Zuwendungen.
- Verdiensterhöhungen nicht nur vorübergehender Art, die während oder nach dem Berechnungszeitraum eintreten, sind zu berücksichtigen.
- Verdienstkürzungen, die im Berechnungszeitraum infolge von Kurzarbeit, Arbeitsausfällen oder unverschuldeter Arbeitsversäumnis eintreten, bleiben für die Berechnung des Durchschnittsverdienstes außer Betracht. Zu berücksichtigen sind jedoch dauerhafte Verdienstkürzungen, die während oder nach Ablauf des Berechnungszeitraums eintreten und nicht auf einem mutterschutzrechtlichen Beschäftigungsverbot beruhen (§ 11 Abs. 2 Satz 3 des Mutterschutzgesetzes).
- Wird das Arbeitsverhältnis erst nach Eintritt der Schwangerschaft begonnen, so ist der Durchschnittsverdienst aus dem Arbeitsentgelt der ersten 13 Wochen oder 3 Monate der Beschäftigung zu berechnen.
- Hat das Arbeitsverhältnis nicht 13 Wochen oder 3 Monate bestanden, ist der kürzere Zeitraum zugrunde zu legen.

Da es sich beim Mutterschutzlohn um einen Bruttolohn handelt, gehört der Mutterschutzlohn zum laufenden Arbeitsentgelt und ist ohne Besonderheit steuer- und beitragspflichtig. ja ja

Nachforderung der Lohnabzugsbeträge vom Arbeitnehmer

1. Lohn- und Kirchensteuer, Solidaritätszuschlag

Der Arbeitgeber haftet gesamtschuldnerisch für die richtige Einbehaltung und Abführung der Lohnsteuer. Werden im Rahmen einer Lohnsteuer-Außenprüfung Steuerabzugsbeträge (Lohnsteuer, Kirchensteuer, Solidaritätszuschlag) vom Arbeitgeber als Haftungsschuldner nachgefordert, so hat der Arbeitgeber einen Regressanspruch gegen den Arbeitnehmer. Verzichtet der Arbeitgeber auf die Erfüllung dieses an sich gegebenen Anspruchs, so liegt hierin für den Arbeitnehmer ein steuerpflichtiger geldwerter Vorteil (vgl. das Stichwort „Haftung des Arbeitgebers"). **Vom Arbeitnehmer als Steuerschuldner kann** das Finanzamt die Lohn- oder Kirchensteuer sowie den Solidaritätszuschlag **stets nachfordern,** wenn der Arbeitgeber die Steuerabzugsbeträge nicht vorschriftsmäßig vom Arbeitslohn einbehalten hat.

Nach Ablauf des Kalenderjahres erfolgt die Inanspruchnahme des Arbeitnehmers durch Nachforderungsbescheid oder durch eine Veranlagung zur Einkommensteuer. Wurde bereits eine Veranlagung für das betreffende Kalenderjahr durchgeführt, so kann die Nachholung nur im Wege der Änderung dieses Bescheides erfolgen. Eine Ausnahme von der Inanspruchnahme des Arbeitnehmers besteht nur in den Fällen der **Nettolohnvereinbarung** (vgl. die Erläuterungen beim Stichwort „Haftung des Arbeitgebers" unter Nr. 9 Buchstabe a auf Seite 382).

Arbeitgeber und Arbeitnehmer sind Gesamtschuldner der Lohnsteuer nur insoweit, als eine Haftung des Arbeitgebers vorliegt. In folgenden Fällen liegt keine Haftung des Arbeitgebers vor; die Steuerabzugsbeträge sind deshalb vom Finanzamt **ausschließlich beim Arbeitnehmer nachzufordern** (§ 42d Abs. 2 EStG):

a) wenn auf der Lohnsteuerkarte nach den Verhältnissen zu **Beginn des Kalenderjahres** eine zu günstige Steuerklasse eingetragen war und der Arbeitnehmer die falsche Eintragung nicht hat berichtigen lassen (§ 39 Abs. 4 EStG);

b) wenn auf der Lohnsteuerkarte die Steuerklasse II bescheinigt ist oder der Entlastungsbetrag für Alleinerziehende als Freibetrag eingetragen wurde und die Voraussetzungen hierfür **im Laufe des Kalenderjahres weggefallen** sind (§ 39 Abs. 4 EStG).

c) wenn der Arbeitgeber nach § 41c Abs. 4 EStG Anzeige erstattet hat (vgl. „Anzeigepflichten des Arbeitgebers");

d) wenn der **Barlohn** des Arbeitnehmers zur Deckung der Lohnsteuer **nicht ausreicht,** die Steuer weder aus zurückbehaltenen anderen Bezügen des Arbeitnehmers noch durch einen entsprechenden Barzuschuss des Arbeitnehmers aufgebracht werden kann und der Arbeitgeber dies dem Finanzamt anzeigt (§ 38 Abs. 4 EStG);

e) wenn auf der **Lohnsteuerkarte** ein **Freibetrag unzutreffend** eingetragen worden ist (§ 39a Abs. 5 EStG);

f) wenn nachträglich festgestellt wird, dass bei einem **beschränkt steuerpflichtigen** Arbeitnehmer die **Voraussetzungen** der **unbeschränkten** Steuerpflicht (nach §§ 1 Abs. 2, Abs. 3 oder 1a EStG) **nicht vorgelegen** haben (§ 50 Abs. 2 Satz 2 Nr. 2 EStG). Das gilt auch dann, wenn das Finanzamt bereits bei Erteilung der Lohnsteuer-Abzugsbescheinigung hätte erkennen können, dass die Voraussetzungen der unbeschränkten Steuerpflicht nicht vorliegen (BFH-Urteil vom 23.9.2008, BStBl. 2009 II S. 666).

Die Nachholung ist bis zum Ablauf der Festsetzungsfrist zulässig. Die Festsetzungsfrist beträgt im Allgemeinen 4 Jahre, bei hinterzogener Lohnsteuer 10 Jahre.

2. Sozialversicherungsbeiträge

Nach § 28g SGB IV hat der Arbeitgeber gegen den Arbeitnehmer einen Anspruch darauf, dass der Arbeitnehmer seinen Anteil am Gesamtsozialversicherungsbeitrag trägt (= Arbeitnehmeranteil).

Der Arbeitgeber kann den Anspruch auf den Arbeitnehmeranteil nur durch Abzug vom Arbeitsentgelt des Arbeitnehmers geltend machen. Hat er dies bei einer Entgeltzahlung versäumt, so darf er den unterbliebenen Abzug nur noch bei den **drei** nächsten Lohn- oder Gehaltszahlungen nachholen; danach nur noch dann, wenn der Abzug ohne Verschulden des Arbeitgebers unterblieben ist. Das ist z. B. der Fall, wenn der Arbeitgeber den Beitragsabzug unterlassen hat, weil er von der Krankenkasse eine falsche Auskunft erhalten hat. Eine schuldlose nachträgliche Beitragsentrichtung liegt dagegen nicht vor, wenn der Arbeitgeber aufgrund eines **Rechtsirrtums** die Beiträge zu niedrig errechnet hat. Berichtigt der Arbeitgeber die Beitragsrechnung also infolge eines Rechtsirrtums, so kann er den Arbeitnehmeranteil nur rückwirkend für drei Lohn- oder Gehaltszahlungen nachträglich einbehalten (im Regelfall also rückwirkend für drei Monate).

Nachgelagerte Besteuerung

Hat der Arbeitgeber den rechtzeitigen Beitragsabzug versäumt, dann muss er den Arbeitnehmeranteil selbst tragen. Ein Rückgriffsrecht gegenüber dem Arbeitnehmer steht ihm – im Gegensatz zum Steuerrecht – auch nach bürgerlichen Recht nicht zu. Das gilt auch dann, wenn das Beschäftigungsverhältnis bereits beendet ist.

Diese Regelung wurde insbesondere dann als unbillig empfunden, wenn der Arbeitnehmer seine Mitwirkungspflichten (§ 28o Abs. 1 SGB IV) grob verletzt hat. Die vorstehend aufgezeigten Regelungen gelten deshalb dann nicht, wenn der Arbeitnehmer **grob fahrlässig** oder gar **vorsätzlich** seine Auskunfts- und Vorlagepflicht gegenüber seinem Arbeitgeber verletzt (§ 28 g Satz 4 SGB IV). Wurde z. B. ein Arbeitnehmer als versicherungsfrei angesehen, weil er seinem Arbeitgeber weitere Beschäftigungen verschwiegen hat, und stellt sich nachträglich die Versicherungspflicht heraus, darf der Arbeitgeber den Beitragsanteil des Beschäftigten auch noch später nachfordern, selbst nach Ende der Beschäftigung.

Außerdem hat der Gesetzgeber in § 28g Satz 4 SGB IV noch zwei weitere Ausnahmen von dem Grundsatz gemacht, dass nicht oder zu niedrig einbehaltene Arbeitnehmeranteile nur bei den nächsten drei Lohnzahlungen nachgeholt werden können, und zwar

– Soweit es sich um Beitragsanteile handelt, die **ausschließlich vom Arbeitnehmer zu tragen** sind. Damit sind die Beitragsanteile gemeint, die auf den in der Pflegeversicherung zu zahlenden Beitragszuschlag bei Kinderlosigkeit entfallen (0,25 %).

– Solange der Arbeitnehmer **nur Sachbezüge** erhält.

Nachgelagerte Besteuerung

1. Allgemeines

Der Begriff der nachgelagerten Besteuerung spielt vor allem im Zusammenhang mit der betrieblichen Altersversorgung eine Rolle. Denn bei Zukunftsicherungsleistungen des Arbeitgebers für den Arbeitnehmer gilt Folgendes:

Die Entscheidung der Frage, ob Ausgaben des Arbeitgebers für die Zukunftsicherung **gegenwärtig zufließender Arbeitslohn** des Arbeitnehmers sind oder nicht, ist für die steuerliche Behandlung der späteren Leistungen aus dieser Zukunftsicherung als Arbeitslohn von grundlegender Bedeutung. Denn es gilt folgender Grundsatz:

Sind die Ausgaben **für** die Zukunftsicherung gegenwärtig zufließender Arbeitslohn, so können die späteren Leistungen **aus** der Zukunftsicherung kein Arbeitslohn sein. Die später zufließenden Leistungen werden als sonstige Einkünfte nach § 22 EStG steuerlich erfasst. Lösen die Ausgaben **für** die Zukunftsicherung dagegen keinen Zufluss von Arbeitslohn aus, so sind die späteren Leistungen **aus** der Zukunftsicherung **steuerpflichtiger Arbeitslohn** (sog. Versorgungsbezüge), und zwar auch dann, wenn sie von einer selbständigen Versorgungseinrichtung erbracht werden.

2. Echte nachgelagerte Besteuerung als Arbeitslohn

Ausgehend von diesen Grundsätzen sind die Modelle zur sog. **arbeitnehmerfinanzierten Versorgungszusage** entwickelt worden. Dabei wird ein Teil des Barlohns (ausgehend vom Bruttoarbeitslohn) in eine Pensionszusage umgewandelt und damit der Besteuerung mit dem Grenzsteuersatz entzogen (vgl. die Tabelle zu den Grenzsteuersätzen bei Stichwort „Tarifaufbau" unter Nr. 6 auf Seite 687). Da die Leistungen für die betriebliche Altersversorgung in Form der Direktzusage kein gegenwärtig zufließender Arbeitslohn sind, gehören die späteren Leistungen aus der Pensionszusage zum Arbeitslohn (sog. **echte nachgelagerte Besteuerung** als Arbeitslohn). Die Finanzverwaltung erkennt die Minderung des steuerpflichtigen Arbeitslohns nur unter bestimmten Voraussetzungen an. Diese Voraussetzungen sind beim Stichwort „Arbeitnehmerfinanzierte Pensionszusage" erläutert.

Zu einer echten nachgelagerten Besteuerung als Arbeitslohn führen auch die Leistungen einer **Unterstützungskasse.**

3. Nachgelagerte Besteuerung als sonstige Einkünfte

Außerdem ist die Steuerfreiheit für Beiträge zu Pensionskassen, Pensionsfonds und Direktversicherungen nach § 3 Nr. 56 EStG und § 3 Nr. 63 EStG zu beachten. Werden Beiträge zu Pensionskassen, Pensionsfonds und Direktversicherungen gezahlt, so handelt es sich um gegenwärtig zufließenden Arbeitslohn, weil der Arbeitnehmer einen eigenen Rechtsanspruch auf die späteren Versorgungsleistungen hat. Soll dieser gegenwärtig zufließende Arbeitslohn steuerfrei bleiben, bedarf es hierfür einer ausdrücklichen gesetzlichen Regelung. Diese wurde in § 3 Nr. 56 EStG bzw. § 3 Nr. 63 EStG geschaffen. Die Tatsache, dass es sich bei Beiträgen zu Pensionskassen, Pensionsfonds und Direktversicherungen um gegenwärtig zufließenden Arbeitslohn handelt, hat nach den vorstehend dargelegten Grundsätzen zur sog. echten nachgelagerten Besteuerung zur Folge, dass die später zufließenden Versorgungsleistungen **kein Arbeitslohn** sein können. Um gleichwohl zu einer nachgelagerten Besteuerung zu gelangen, wurde in § 22 Nr. 5 EStG eine neue Form der nachgelagerten Besteuerung als „sonstige Einkünfte" eingeführt. Die Steuerfreiheit nach § 3 Nr. 56 EStG oder § 3 Nr. 63 EStG löst also eine **nachgelangerte Besteuerung als sonstige Einkünfte** im Sinne des § 22 Nr. 5 EStG aus. Auf das Abgrenzungsschema beim Stichwort „Zukunftsicherung" unter Nr. 1 und auf die ausführlichen Erläuterungen zur **betrieblichen Altersversorgung** in **Anhang 6** des Lexikons wird Bezug genommen.

Nachtarbeitszuschläge

siehe „Zuschläge für Sonntags-, Feiertags- und Nachtarbeit"

Nachzahlung von laufendem Arbeitslohn

1. Lohnsteuerliche Behandlung

a) Allgemeines

Nachzahlungen von Arbeitslohn gehören lohnsteuerlich zum **laufenden Arbeitslohn,** wenn sich der **Gesamtbetrag** einer Nachzahlung ausschließlich auf das **laufende** Kalenderjahr bezieht.

Nachzahlungen von Arbeitslohn gehören lohnsteuerlich stets zu den **sonstigen Bezügen,** wenn sich die Nachzahlung ausschließlich auf bereits abgelaufene Kalenderjahre bezieht. Nachzahlungen gehören aber auch dann **in voller Höhe** zu den sonstigen Bezügen, wenn sich die Nachzahlung zum Teil auf das laufende Kalenderjahr und **zum Teil** auf bereits **abgelaufene** Kalenderjahre bezieht. Der **gesamte** Betrag, also auch der Teil der Nachzahlung, der auf das laufende Jahr entfällt, ist in diesem Fall im Monat des Zuflusses als sonstiger Bezug zu besteuern. Eine Aufteilung des Gesamtbetrags in einen laufenden Bezug, der auf Zeiträume des laufenden Jahres entfällt und einen sonstigen Bezug für die bereits abgelaufenen Jahre, ist nicht zulässig. Die Besteuerung richtet sich nach dem beim Stichwort „Sonstige Bezüge" dargestellten Verfahren.

Aus Vereinfachungsgründen können jedoch auch Nachzahlungen, die an sich begrifflich zum laufenden Arbeitslohn gehören, wie sonstige Bezüge besteuert werden (R 39b.5 Abs. 4 Satz 2 LStR).

Nachzahlung von laufendem Arbeitslohn

Hiernach ergibt sich folgendes Schema:

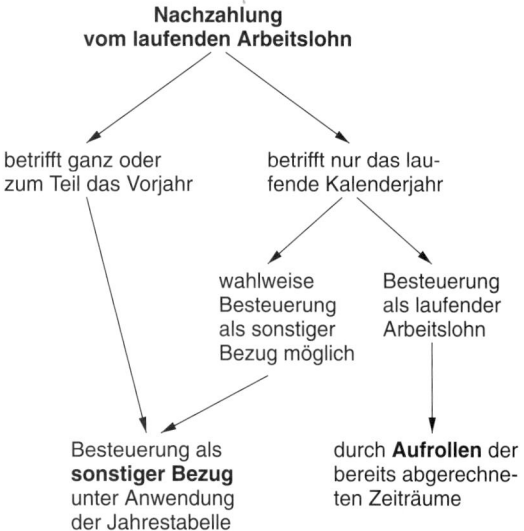

Die Besteuerung von **Lohnnachzahlungen als sonstige Bezüge** ist ausführlich anhand von Beispielen beim Stichwort „Sonstige Bezüge" unter Nr. 7 auf Seite 666 erläutert.

b) Besteuerung als laufender Arbeitslohn oder sonstiger Bezug

Eine Nachzahlung von Arbeitslohn gehört also nur dann zum laufenden Arbeitslohn, wenn sie sich **ausschließlich** auf Lohnzahlungszeiträume bezieht, die im Kalenderjahr der Zahlung enden.

Beispiel A
Der Arbeitgeber zahlt für die Monate Januar bis Juni 2010 Arbeitslohn in Höhe von 600 € am 15.12.2010 nach. Der nachgezahlte Arbeitslohn in Höhe von 600 € gehört zum laufenden Arbeitslohn, weil die Nachzahlung nur das laufende Kalenderjahr betrifft.

Beispiel B
Der Arbeitgeber zahlt für die Monate Juli bis Dezember 2009 Arbeitslohn in Höhe von 600 € am 15.2.2010 nach. Der nachgezahlte Arbeitslohn in Höhe von 600 € betrifft das bereits abgelaufene Kalenderjahr. Es handelt sich deshalb um einen sonstigen Bezug, der im Jahr des Zuflusses (2010) zu versteuern ist.

Beispiel C
Der Arbeitgeber zahlt für die Zeit vom 1.7.2009 bis 30.6.2010 Arbeitslohn in Höhe von 1200 € am 15.7.2010 nach. Der nachgezahlte Arbeitslohn in Höhe von 1200 € ist insgesamt ein sonstiger Bezug und als solcher im Juli 2010 zu versteuern. Eine Aufteilung in einen sonstigen Bezug für die Monate Juli bis Dezember 2009 und laufenden Arbeitslohn für die Monate Januar bis Juni 2010 ist nicht zulässig.

In diesem Zusammenhang ist die Frage aufgetreten, wie die Fälle zu beurteilen sind, in denen der laufende Arbeitslohn für Dezember erst im nachfolgenden Kalenderjahr ausgezahlt wird. Hierzu gilt Folgendes:

Der im Januar eines Jahres gezahlte laufende Arbeitslohn für den Dezember des Vorjahres kann nur dann abrechnungsmäßig dem Vorjahr zugeordnet werden, wenn die Lohnabrechnung in den **ersten drei Januarwochen** erfolgt. Wird später abgerechnet, liegt ein sonstiger Bezug vor, der nach den hierfür maßgebenden Vorschriften im Zeitpunkt des Zuflusses zu versteuern ist (R 39b.2 Abs. 1 Nr. 7 und Abs. 2 Nr. 8 LStR).

Für die Besteuerung der Nachzahlung von laufendem Arbeitslohn ist also der Abgrenzung zum sonstigen Bezug von großer Bedeutung. Denn nur dann, wenn die Nachzahlung zum laufenden Arbeitslohn gehört, weil sie sich ausschließlich auf Lohnzahlungszeiträume des laufenden Kalenderjahrs bezieht, kann die Nachzahlung für die Berechnung der Lohnsteuer den Lohnzahlungszeiträumen zugerechnet werden, für die die Nachzahlung geleistet wird (= **rückwirkende Neuberechnung der Lohnsteuer durch Aufrollen** der bereits abgerechneten Lohnzahlungszeiträume). Die unterschiedliche Besteuerung als laufender Arbeitslohn oder sonstiger Bezug soll das nachfolgende Beispiel verdeutlichen.

Beispiel D
Ein Arbeitnehmer (Steuerklasse III/0) mit einem laufenden Bruttolohn von 2000 € monatlich, erhält ab September 2010 monatlich 100 € mehr und eine Nachzahlung von 800 € für die Monate Januar bis August 2010. Vom Monatslohn in Höhe von 2000 € ist die Lohnsteuer nach Steuerklasse III/0 mit 41,16 € einbehalten worden. Wenn man den Monatslohn von 2000 € um die auf einen Monat entfallende anteilige Nachzahlung in Höhe von 100 € erhöht, ergibt sich eine Lohnsteuer von 56,16 €.

Auf die anteilige monatliche Nachzahlung von 100 € entfällt demnach eine Lohnsteuer von (**56,16 € – 41,16 € =) 15,— €**. Der Betrag von **15 €** vervielfacht mit der Anzahl der in Betracht kommenden Monate, ergibt die Lohnsteuer für die Nachzahlung (**15 € × 8 Monate =) 120 €**. Vom Monatslohn für September zuzüglich der Nachzahlung (2100 € + 800 € = 2900 €) ist daher Lohnsteuer in Höhe von insgesamt (**56,16 € + 120,— € =) 176,16 €** einzubehalten. In gleicher Weise ist die auf die Nachzahlung entfallende Kirchensteuer sowie der Solidaritätszuschlag nach der Steuerklasse III/0 zu berechnen:

Solidaritätszuschlag:
- auf den Monatslohn von 2000 € entfällt ein Solidaritätszuschlag von .... 0,— €
- auf den Monatslohn von 2100 € entfällt ein Solidaritätszuschlag von .... 0,— €

Differenz monatlich .... 0,— €

Der auf die gesamte Nachzahlung von 800 € entfallende Solidaritätszuschlag beträgt .... 0,— €

Kirchensteuer:
- auf den Monatslohn von 2000 € entfällt eine Kirchensteuer (8 %) von .... 3,29 €
- auf den Monatslohn von 2100 € entfällt eine Kirchensteuer (8 %) von .... 4,49 €

Differenz monatlich .... 1,20 €

Die auf die gesamte Nachzahlung von 800 € entfallende Kirchensteuer beträgt (1,20 € × 8) = ... 9,60 €

Da die im September 2010 gezahlte Nachzahlung in Höhe von 800 € für die Monate Januar bis August 2010 sich ausschließlich auf Lohnzahlungszeiträume bezieht, die im Kalenderjahr der Zahlung enden, handelt es sich bei der Nachzahlung begrifflich um laufenden Arbeitslohn. Trotzdem kann der Arbeitgeber diese Nachzahlung **wie** einen sonstigen Bezug besteuern, es sei denn, der Arbeitnehmer widerspricht dieser Besteuerungsform und verlangt eine Besteuerung der Nachzahlung als laufenden Arbeitslohn, also eine Verteilung der Nachzahlung auf die Lohnzahlungszeiträume, auf die sich die Nachzahlung bezieht (R 39b.5 Abs. 4 Satz 2 LStR).

Besteuert der Arbeitgeber die Nachzahlung wie einen sonstigen Bezug, ergibt sich folgende Steuerberechnung:

voraussichtlicher laufender Jahresarbeitslohn (8 × 2000 € + 4 × 2100 €) .... 24 400,— €

Lohnsteuer nach Steuerklasse III/0 der Jahreslohnsteuertabelle
a) vom maßgebenden Jahresarbeitslohn (24 400 €) .... 552,— €
b) vom maßgebenden Jahresarbeitslohn einschließlich der Nachzahlung (24 400 € + 800 €) 25 200 € .... 674,— €

Lohnsteuer für die Nachzahlung .... 122,— €
Der Solidaritätszuschlag beträgt 5,5 % von 122 € = ... 6,71 €
Die Kirchensteuer beträgt 8 % von 122 € = ... 9,76 €

Die Versteuerung als sonstiger Bezug ist somit sowohl bei der Lohnsteuer als auch beim Solidaritätszuschlag und auch bei der Kirchensteuer **ungünstiger** als die Verteilung auf 8 Monate.

Nach der Vereinfachungsregelung in R 39b.5 Abs. 4 Satz 2 LStR können Nachzahlungen trotz der Formulierung „als" nur **wie** sonstige Bezüge unter Anwendung der Jahrestabelle besteuert werden (sie bleiben aber begrifflich laufender Arbeitslohn). Das bedeutet, dass eine Pauschalierung der Lohnsteuer nach § 40 Abs. 1 Satz 1 Nr. 1 EStG für solche Nachzahlungen nicht zulässig ist. Zur Besteuerung von **Lohnnachzahlungen an** bereits **ausgeschiedene Arbeitnehmer** wird auf die Berechnungsbeispiele beim Stichwort „Sonstige Bezüge" unter Nr. 9 Buchstabe b auf Seite 667 hingewiesen. Hinsichtlich der Angaben in der **Lohnsteuerbescheinigung** (vgl. dieses Stichwort) gilt in diesen Fällen Folgendes: Wird eine Nachzahlung von laufendem Arbeitslohn nach Beendi-

Nachzahlung von laufendem Arbeitslohn

gung des Arbeitsverhältnisses im laufenden Kalenderjahr für Lohnzahlungszeiträume bis zur Beendigung geleistet, ist eine bereits erteilte und übermittelte **Lohnsteuerbescheinigung** zu **korrigieren**. **Sonstige Bezüge,** die nach Beendigung des Arbeitsverhältnisses oder in folgenden Kalenderjahren gezahlt werden, sind **gesondert** zu **bescheinigen.** Als Dauer des Arbeitsverhältnisses ist in diesem Fall der Kalendermonat der Zahlung in der Lohnsteuerbescheinigung anzugeben.*)

c) Anwendung der sog. Fünftelregelung

Bei der Nachzahlung von laufendem Arbeitslohn kommt die sog. Fünftelregelung zur Anwendung, wenn es sich um Arbeitslohn für eine **mehrjährige Tätigkeit** handelt. Die Anwendung der Fünftelregelung bedeutet, dass die Nachzahlung für Zwecke der Steuerberechnung mit einem Fünftel als sonstiger Bezug versteuert und die auf dieses Fünftel entfallende Lohnsteuer verfünffacht wird.

Um eine „mehrjährige" Tätigkeit im Sinne des § 34 Abs. 2 Nr. 4 EStG handelt es sich dann, wenn sich die Tätigkeit über zwei Kalenderjahre erstreckt und einen Zeitraum von **mehr als 12 Monaten** umfasst.

Die Anwendung der Fünftelregelung auf Vergütungen für eine mehrjährige Tätigkeit ist beim Stichwort „Sonstige Bezüge" unter Nr. 6 Buchstabe b auf Seite 663 anhand von Beispielen erläutert.

2. Sozialversicherungsrechtliche Behandlung

Berechnung der Sozialversicherungsbeiträge bei der Nachzahlung von laufendem Arbeitslohn.

Nachzahlungen aufgrund rückwirkender Lohn- und Gehaltserhöhungen sind auf die Lohnabrechnungszeiträume zu verteilen, für die sie bestimmt sind. Das bedeutet, dass jeder betroffene Abrechnungsmonat unter Beachtung der maßgebenden monatlichen Beitragsbemessungsgrenze **neu aufzurollen** ist. Aus Vereinfachungsgründen kann die Nachzahlung jedoch als einmalig gezahltes Entgelt behandelt werden. Dabei ist die anteilige Jahresbeitragsbemessungsgrenze für den Nachzahlungszeitraum zugrunde zu legen.

Beispiel

Ein Arbeitnehmer (alte Bundesländer) mit der Steuerklasse I bezieht einen Monatslohn von 3500 €. Im Mai erhält er eine Gehaltserhöhung von 300 € rückwirkend ab 1.2.2010.

Laufendes monatliches Arbeitsentgelt vor der Lohnerhöhung	3 500,— €
Nachzahlung Februar bis April (3 × 300 €)	900,— €

Der Arbeitgeber kann die Sozialversicherungsbeiträge für die Nachzahlung entweder durch Aufrollen der Beitragsberechnung für die Monate Februar, März und April oder wie folgt berechnen:

Anteilige Beitragsbemessungsgrenze Februar bis April in der	Kranken- und Pflegeversicherung	Renten- und Arbeitslosenversicherung
3 × 3 750,— €	11 250,— €	
3 × 5 500,— €		16 500,— €
abzüglich das im Nachzahlungszeitraum bereits gezahlte beitragspflichtige Entgelt		
3 × 3500 €	10 500,— €	10 500,— €
noch nicht verbrauchte Beitragsbemessungsgrenze	750,— €	6 000,— €

Die Nachzahlung von 900 € unterliegt somit in Höhe von 750,- € der Beitragspflicht in der Kranken- und Pflegeversicherung und in voller Höhe der Beitragspflicht in der Renten- und Arbeitslosenversicherung.

	Arbeitnehmeranteil	Arbeitgeberanteil
Krankenversicherung (7,9 % + 7,0 %) aus 750,— €	59,25 €	52,50 €
Pflegeversicherung 1,225 % und 0,975 % aus 750,— €	9,19 €	7,32 €

Nebenberufliche künstlerische Tätigkeit

	Lohnsteuerpflichtig	Sozialversich.-pflichtig
	Arbeitnehmeranteil	Arbeitgeberanteil
Rentenversicherung 2 × 9,95 % aus 900 €	89,55 €	89,55 €
Arbeitslosenversicherung 2 × 1,4 % aus 900 €	12,60 €	12,60 €
insgesamt	170,59 €	161,97 €

Berechnung der Lohn- und Kirchensteuer:	
maßgebender Jahresarbeitslohn (4 × 3500 € + 8 × 3800 €) =	44 400,— €
Lohnsteuer nach Steuerklasse I der Jahreslohnsteuertabelle	
– vom maßgebenden Jahresarbeitslohn (44 400 €)	8 209,— €
– vom maßgebenden Jahresarbeitslohn einschließlich Gehaltsnachzahlung (44 400 € + 900 € =) 45 300 €	8 495,— €
Lohnsteuer für die Gehaltsnachzahlung	286,— €
Solidaritätszuschlag (5,5 % aus 286 €)	15,73 €
Kirchensteuer (8 % aus 286 €)	22,88 €

Die Gehaltsnachzahlung beträgt netto:

Nachzahlung		900,— €
abzüglich:		
Lohnsteuer	286,— €	
Solidaritätszuschlag	15,73 €	
Kirchensteuer	22,88 €	
Sozialversicherungsbeitrag (Arbeitnehmeranteil)	170,59 €	495,20 €
Nachzahlung netto		404,80 €

Von rückwirkenden Lohn- oder Gehaltserhöhungen sind Nachzahlungen von geschuldetem Arbeitslohn zu unterscheiden. Durch die Nachzahlung von geschuldetem Arbeitslohn wird lediglich ein bereits früher entstandener Entgeltanspruch beglichen. Hat der Arbeitgeber also einen zu niedrigen Lohn gezahlt und nimmt er später die notwendige Berichtigung vor (z. B. aufgrund eines Urteils des Arbeitsgerichts), so ist er verpflichtet, die Beitragsberechnung neu aufzurollen.

NATO-Mitarbeiter

siehe „Persönliche Lohnsteuerbefreiungen"

Navigationsgerät

Verschiedentlich erhalten Arbeitnehmer vom Arbeitgeber einen Firmenwagen, der mit einem Navigationsgerät ausgestattet ist. Der Wert des Navigationsgerätes gehört zum Bruttolistenpreis des Firmenwagens, der die Bemessungsgrundlage für die sog. 1 %-Regelung darstellt (BFH-Urteil vom 16.2.2005, BStBl. II S. 563). Auf die Erläuterungen beim Stichwort „Firmenwagen" unter Nr. 3 Buchstabe a auf Seite 284 wird Bezug genommen.

Nebenamtlich tätige Kirchenbedienstete

siehe „Kirchenbedienstete/Kirchenmusiker"

Nebenberufliche künstlerische Tätigkeit

siehe „Nebentätigkeit für gemeinnützige Organisationen"

---

*) BMF-Schreiben vom 26.8.2009 (BStBl. I S. 902). Das BMF-Schreiben ist als Anlage 1 zu H 41b LStR im **Steuerhandbuch für das Lohnbüro 2010** abgedruckt, das im selben Verlag erschienen ist. Das **PC-Lexikon** für das Lohnbüro 2010 enthält auch dieses Handbuch und hat außerdem den Vorteil, dass Sie **alle BFH-Urteile** sowie die aktuellen Rundschreiben und Niederschriften der Spitzenverbände der **Sozialversicherung** mit Mausklick **im Volltext** abrufen und ausdrucken können. Eine Bestellkarte finden Sie vorne im Lexikon.

	Lohn-steuer-pflichtig	Sozial-versich.-pflichtig

Nebenberufliche Pflegetätigkeit

siehe „Nebentätigkeit für gemeinnützige Organisationen"

Nebenberufliche Prüfungstätigkeit

Eine nebenberufliche Prüfungstätigkeit ist nach der Rechtsprechung in der Regel als selbständige Tätigkeit anzusehen (BFH-Urteile vom 14.3.1958, BStBl. III S. 255 und vom 2.4.1958, BStBl. III S. 293). Trifft dies zu, so sind die Prüfungsvergütungen zwar einkommensteuerpflichtig, jedoch kein Arbeitslohn.   nein   nein

Der beim Stichwort „Nebentätigkeit für gemeinnützige Organisationen" unter Nr. 3 abgehandelte steuerfreie Betrag von **2100 €** jährlich gilt auch bei nebenberuflicher Prüfungstätigkeit, da eine abschließende Prüfung als Bestandteil einer Ausbildung anzusehen ist. Dies wurde in den Hinweisen zu R 3.26 der Lohnsteuer-Richtlinien ausdrücklich klargestellt.

Nebentätigkeit

Ob eine Nebentätigkeit in einem Arbeitsverhältnis oder selbständig ausgeübt wird, ist nach den allgemeinen Abgrenzungskriterien zu beurteilen, die in Teil A des Lexikons unter Nr. 3 auf Seite 6 dargestellt sind. Dabei ist die Nebentätigkeit im Regelfall für sich allein zu beurteilen. Die Art einer etwaigen Haupttätigkeit ist für die Beurteilung der Nebentätigkeit nur wesentlich, wenn beide Tätigkeiten unmittelbar zusammenhängen.

Bei einer Nebentätigkeit für denselben Arbeitgeber, bei dem bereits eine Haupttätigkeit ausgeübt wird, ist die Nebentätigkeit als Arbeitnehmertätigkeit einzuordnen, wenn dem Arbeitnehmer aus dem Arbeitsverhältnis Nebenpflichten obliegen, deren Erfüllung der Arbeitgeber erwarten darf. Das gilt unabhängig davon, ob der Arbeitsvertrag ausdrücklich eine entsprechende Regelung enthält.

Beispiel

In einer Bank werden einige Mitarbeiterinnen, im Anschluss an die reguläre Arbeitszeit anlässlich der public-relations-Veranstaltungen des Arbeitgebers (Buchvorstellungen, Empfänge, Vorträge usw.) als Betreuungshostessen für Gäste eingesetzt. Die Mitarbeiterinnen erhalten dafür eine besondere Vergütung.

Die Vergütungen unterliegen zusammen mit dem Arbeitslohn aus der „Haupttätigkeit" dem Lohnsteuerabzug. Auch wenn die Mitarbeiterinnen rechtlich nicht zu dieser Tätigkeit verpflichtet sind, so kann der Arbeitgeber doch ein zusätzliches Engagement über die üblichen Arbeitszeiten hinaus erwarten, wenn er hierfür eine gesonderte Vergütung bietet (BFH-Urteil vom 7.11.2006, BFH/NV 2007 S. 426).

Bei Nebentätigkeiten für den eigenen Arbeitgeber ist also regelmäßig davon auszugehen, dass die erhaltene Vergütung lohnsteuer- und damit auch sozialversicherungspflichtig ist.   ja   ja

Allerdings kann ein Arbeitnehmer im Rahmen einer Nebentätigkeit auch **selbständig** tätig werden, wenn er eigene Unternehmerinitiative entfaltet und eigenes Unternehmerrisiko trägt; dies gilt auch dann, wenn die Nebentätigkeit inhaltlich mit der Haupttätigkeit zusammenhängt (vgl. BFH-Urteil vom 20.12.2000, BStBl. 2001 II S. 496). Dies kann insbesondere bei einer nebenberuflichen Lehr- oder Vortragstätigkeit der Fall sein. Diese Fälle sind deshalb ausführlich beim Stichwort „Lehrtätigkeit" erläutert.

Nebentätigkeit für gemeinnützige Organisationen

Neues auf einen Blick:

Bisher war die Anwendung des sog. Übungsleiterfreibetrags auf Nebentätigkeiten für eine **inländische** Organisation beschränkt. Die Anwendung dieser Vorschriften ist nunmehr auch auf Organisationen erweitert worden, die ihren Sitz in einem **EU/EWR-Mitgliedstaat***) haben. Nach § 52 Abs. 4b EStG ist die neue Regelung in allen Fällen anzuwenden, in denen die Steuer noch nicht bestandskräftig festgesetzt worden ist.

Außerdem hat die Finanzverwaltung die bisher strittige Frage geklärt, ob für Vergütungen bzw. Aufwendungsersatz an **Amateur-Sportler** (z. B. Fußballspieler) der jährliche Freibetrag in Höhe von 500 € nach § 3 Nr. 26a EStG in Anspruch genommen werden kann. Die Finanzverwaltung ist der Auffassung, dass dies nicht zulässig ist (vgl. die Erläuterungen unter Nr. 10).

Abweichend von ihrer bisherigen Auffassung hat die Finanzverwaltung entschieden, dass **Einsatz- und Bereitschaftsdienstzeiten der Rettungssanitäter und Ersthelfer als einheitliche Tätigkeit** zu behandeln sind, die insgesamt nach § 3 Nr. 26 begünstigt ist und für die deshalb (auch nicht teilweise) eine Steuerbefreiung nach § 3 Nr. 26a EStG (= 500 € jährlich) **nicht** in Betracht kommt (vgl. die Erläuterungen unter der nachfolgenden Nr. 2 Buchstabe a).

Ehrenamtliche Betreuer im Sinne des § 1896 BGB haben keinen Anspruch auf den Freibetrag von 2100 € jährlich. Es wird ihnen aber die sog. Ehrenamtspauschale von 500 € jährlich gewährt (vgl. die Erläuterungen unter der nachfolgenden Nr. 13).

Vorstandsmitglieder eines Vereins haben Anspruch auf Auslagenersatz. Die Zahlung von pauschalen Vergütungen für Arbeits- oder Zeitaufwand an den Vorstand ist nur dann zulässig, wenn dies durch eine Satzungsregelung ausdrücklich zugelassen ist. Ein Verein, der nicht ausdrücklich die Bezahlung des Vorstands regelt und der dennoch Tätigkeitsvergütungen an Mitglieder des Vorstands zahlt, verstößt gegen das Gebot der Selbstlosigkeit. Falls ein gemeinnütziger Verein bis zum 14.10.2009 ohne ausdrückliche Erlaubnis in seiner Satzung bereits Tätigkeitsvergütungen gezahlt hat, sind daraus nach dem BMF-Schreiben vom 14.10.2009 (BStBl. I S. 1318)**) für die Gemeinnützigkeit des Vereins keine schädlichen Folgen zu ziehen, wenn

– die Zahlungen nicht unangemessen hoch waren und

– die Mitgliederversammlung bis 31.12.2010 eine Satzungsänderung beschließt, die Tätigkeitsvergütungen zulässt.

An die Stelle der Satzungsänderung kann ein Beschluss des Vorstands treten, künftig auf Tätigkeitsvergütungen zu verzichten.

Gliederung:

1. Allgemeines
2. Begünstigte Tätigkeiten
   a) Nebenberufliche Tätigkeit als Übungsleiter, Ausbilder, Erzieher, Betreuer oder eine vergleichbare Tätigkeit
   b) Nebenberufliche Lehrtätigkeit
   c) Nebenberufliche künstlerische Tätigkeit
   d) Nebenberufliche Pflegetätigkeit
3. Begünstigter Arbeitgeber und begünstigter Zweck

---

*) **EU-Länder** sind die folgenden Mitgliedsländer der Europäischen Union: Belgien, Bulgarien, Dänemark, Estland, Finnland, Frankreich, Griechenland, Irland, Italien, Lettland, Litauen, Luxemburg, Malta, Niederlande, Österreich, Portugal, Rumänien, Schweden, Slowakei, Slowenien, Spanien, Tschechische Republik, Ungarn, Vereinigtes Königreich Großbritannien und Zypern.
EWR-Mitgliedstaaten, das heißt Staaten, auf die das Abkommen über den Europäischen Wirtschaftsraum Anwendung findet, sind: Island, Norwegen und Liechtenstein.

) Das BMF-Schreiben vom 14.10.2009 (BStBl. I S. 1318) ist als Anlage 2 zu H 3.26a LStR im **Steuerhandbuch für das Lohnbüro 2010 abgedruckt, das im selben Verlag erschienen ist. Das **PC-Lexikon für das Lohnbüro 2010** enthält auch dieses Handbuch und hat außerdem den Vorteil, dass Sie **alle BFH-Urteile** sowie die wichtigen Rundschreiben und Niederschriften der Spitzenverbände der **Sozialversicherung** mit Mausklick **im Volltext** abrufen und ausdrucken können. Eine Bestellkarte finden Sie vorne im Lexikon.

Nebentätigkeit für gemeinnützige Organisationen

	Lohn-steuer-pflichtig	Sozial-versich.-pflichtig

4. Nebenberuflichkeit/Drittelregelung
5. Mehrere Nebentätigkeiten nebeneinander
6. Einordnung der Nebentätigkeit als selbständige oder nichtselbständige Tätigkeit
   a) Nebenberufliche Lehrtätigkeit
   b) Nebenberuflich tätige Übungsleiter usw.
7. Steuerliche Behandlung des Arbeitslohns für eine nebenberufliche Tätigkeit als Übungsleiter, Ausbilder, Erzieher oder Betreuer
8. Sozialversicherungsrechtliche Behandlung
   a) Geringfügig entlohnte Beschäftigungen (sog. 400-Euro-Jobs)
   b) Sozialversicherungsrechtliche Behandlung des steuerfreien Betrags von 2100 €
9. Lohnabrechnungen für die Beschäftigung eines Übungsleiters auf 400-Euro-Basis
10. Freibetrag von 500 € jährlich für Vereinskassierer, Platzwarte und Ordner und andere ehrenamtlich für gemeinnützige Organisationen tätige Personen (sog. Ehrenamtspauschale)
11. Steuerfreie Übungsleiterpauschale und Werbungskostenabzug im Veranlagungsverfahren
12. Steuerfreibetrag von 500 € jährlich und Werbungskosten im Veranlagungsverfahren
13. Ehrenamtliche Betreuer im Sinne des § 1896 BGB

1. Allgemeines

Nach § 3 Nr. 26 EStG und § 14 Abs. 1 Satz 3 SGB IV sind Einnahmen für folgende **nebenberufliche** Tätigkeiten bis zu einem Höchstbetrag von insgesamt **2100 €** im Jahr **steuer- und beitragsfrei:**   nein   nein

– nebenberufliche Tätigkeit als **Übungsleiter, Ausbilder, Erzieher, Betreuer***) **oder eine vergleichbare Tätigkeit,**
– nebenberufliche Tätigkeit als **künstlerische** Tätigkeiten,
– nebenberufliche Tätigkeit als **Pflege** alter, kranker oder behinderter Menschen.

Weitere Voraussetzung ist, dass
– die nebenberufliche Tätigkeit der Förderung **gemeinnütziger, mildtätiger** oder **kirchlicher** Zwecke dient **und**
– die nebenberufliche Tätigkeit im Dienst oder Auftrag einer inländischen juristischen Person des öffentlichen Rechts oder einer gemeinnützigen, mildtätigen oder kirchlichen Zwecken dienenden Einrichtung ausgeübt wird.

Alle **vier** Voraussetzungen müssen **gleichzeitig nebeneinander** erfüllt sein.

Ob die nebenberufliche Tätigkeit als Übungsleiter, Ausbilder oder Erzieher usw. im Rahmen eines Arbeitsverhältnisses oder selbständig ausgeübt wird ist für die Steuerfreiheit der Einnahmen ohne Bedeutung (vgl. nachfolgend unter Nr. 6).

Im Einzelnen gilt Folgendes:

2. Begünstigte Tätigkeiten

a) Nebenberufliche Tätigkeit als Übungsleiter, Ausbilder, Erzieher, Betreuer oder eine vergleichbare Tätigkeit

Übungsleiter, Ausbilder, Erzieher und Betreuer haben miteinander gemeinsam, dass sie mit anderen Menschen zusammenarbeiten. Gemeinsamer Nenner der begünstigten Tätigkeiten ist also die auf einem persönlichen Kontakt beruhende Einflussnahme auf andere Menschen, um auf diese Weise deren geistige und körperliche Fähigkeiten zu entwickeln und zu fördern. Die Tätigkeiten sind somit alle **pädagogisch ausgerichtet**.

Der Freibetrag von 2100 € jährlich (175 € monatlich) kommt somit nach R 3.26 Abs. 1 LStR für folgende nebenberufliche Tätigkeiten in Betracht:

– Lehr- und Vortragstätigkeit aller Art,
– Übungsleiter- und Trainertätigkeit,
– Tätigkeit als Aufsichtsperson (z. B. in der Altenpflege) oder als Jugendleiter,
– Chorleiter- und Dirigententätigkeit,
– Betreuertätigkeit z. B. in der Telefonfürsorge,
– Mütterberatung,
– Erste-Hilfe-Kurse,
– Prüfungstätigkeit.

Nicht begünstigt ist die nebenberufliche Tätigkeit als

– Vereinsvorsitzender,
– Vereinskassierer,
– Bürokräfte,
– Gerätewart,
– Platzwart,
– Ordner,
– Reinigungspersonal.

Für diese Personen kommt jedoch im Normalfall der Freibetrag von 500 € nach § 3 Nr. 26a EStG in Betracht, wenn ein begünstigter Auftraggeber vorhanden ist (vgl. die Erläuterungen unter der nachfolgenden Nr. 10).

Die Abgrenzung, ob eine pädagogisch ausgerichtete und damit eine nach § 3 Nr. 26 EStG steuerfreie Tätigkeit vorliegt ist in der Praxis oft schwierig. Die Finanzverwaltung hat deshalb für bestimmte Tätigkeiten eine Abgrenzung vorgenommen**). Hiernach ist eine nebenberufliche Tätigkeit nach § 3 Nr. 26 EStG begünstigt

– von Ärzten im Behindertensport und Coronar-Sport;
– im Bereich der Bahnhofsmission mit einem Anteil von 60 %;
– als ehrenamtlicher Ferienbetreuer;
– als ehrenamtlicher Schulweghelfer und Schulbusbegleiter, wenn gleichzeitig zur Verkehrserziehung beigetragen wird;
– bei Stadtführern;
– von Feuerwehrleuten, soweit sie eine Ausbildungstätigkeit ausüben***).

Nicht nach § 3 Nr. 26 EStG begünstigt sind

– ehrenamtliche Betreuer im Sinne des § 1896 BGB (vgl. die Erläuterungen unter der nachfolgenden Nr. 13);
– Hauswirtschaftliche Tätigkeiten in Altenheimen und Krankenhäusern;

---

*) Die Tätigkeit des „Betreuers" wurde ab 1.1.2000 neu in die nach § 3 Nr. 26 EStG begünstigten Tätigkeiten aufgenommen. Nach der Gesetzesbegründung handelt es sich hierbei um eine Tätigkeit, durch die ein direkter pädagogisch ausgerichteter **persönlicher Kontakt** zu der betreuten **Person** hergestellt wird. Begünstigt ist nur die Betreuung von **Menschen**; deshalb ist die Betreuung von Tieren oder von Sachen bzw. Gegenständen (z. B. als Gerätewart oder Platzwart) nicht begünstigt.

) Verfügung des Bayerischen Landesamtes für Steuern vom 7.5.2009 Az.: S 2121.1.1 – 1/19 St 33/St 33. Die Verfügung ist als Anlage 1 zu H 3.26 LStR im **Steuerhandbuch für das Lohnbüro 2010 abgedruckt, das im selben Verlag erschienen ist. Das **PC-Lexikon** für das Lohnbüro 2010 enthält auch dieses Handbuch und hat außerdem den Vorteil, dass Sie **alle BFH-Urteile** sowie die aktuellen Rundschreiben und Niederschriften der Spitzenverbände der **Sozialversicherung** mit Mausklick **im Volltext** abrufen und ausdrucken können. Eine Bestellkarte finden Sie vorne im Lexikon.

***) Die Finanzverwaltung hat durch Erlass geregelt, inwieweit es sich bei der Tätigkeit einzelner Funktionsträger der Feuerwehr um eine Ausbildungstätigkeit handelt (z. B. Erlass des Finanzministeriums Thüringen vom 4.6.2008 Az.: S 2337 A-4 – 201.4). Der Erlass ist als Anlage 2 zu H 3.26 LStR im **Steuerhandbuch für das Lohnbüro 2010** abgedruckt, das im selben Verlag erschienen ist. Das **PC-Lexikon** für das Lohnbüro 2010 enthält auch dieses Handbuch und hat außerdem den Vorteil, dass Sie **alle BFH-Urteile** sowie die aktuellen Rundschreiben und Niederschriften der Spitzenverbände der **Sozialversicherung** mit Mausklick **im Volltext** abrufen und ausdrucken können. Eine Bestellkarte finden Sie vorne im Lexikon.

Nebentätigkeit für gemeinnützige Organisationen

- Rettungsschwimmer;
- Prädikanten und Lektoren der evangelischen Kirche;
- gerichtlich bestellte Dolmetscher (BFH-Urteil vom 11.5.2005, BFH/NV S. 1694);
- Verantwortliche für die Pressearbeit in einem Berufsverband (Urteil des Finanzgerichts Sachsen-Anhalt vom 20.8.2002, EFG S. 1579).

Die genannten Tätigkeiten sind zwar nicht nach § 3 Nr. 26 EStG begünstigt; für sie kommt jedoch im Normalfall der Freibetrag von 500 € jährlich nach § 3 Nr. 26a EStG in Betracht, wenn ein „begünstigter Auftraggeber" vorhanden ist (vgl. die Erläuterungen unter der nachfolgenden Nr. 10).

Einsatz- und Bereitschaftsdienstzeiten der **Rettungssanitäter und Ersthelfer** sind als einheitliche Tätigkeit zu behandeln, die insgesamt nach § 3 Nr. 26 EStG (= Freibetrag von 2100 € jährlich) begünstigt ist und für die deshalb (auch nicht teilweise) eine Steuerbefreiung nach § 3 Nr. 26a EStG **nicht** in Betracht kommt*).

b) Nebenberufliche Lehrtätigkeit

Große Bedeutung hat die Gewährung des steuer- und sozialversicherungsfreien Freibetrags von 2100 € jährlich (175 € monatlich) für die Lehr-, Vortrags- und Prüfungstätigkeit im Rahmen der allgemeinen Ausbildung und Fortbildung an Schulen, Hochschulen, Universitäten, Volkshochschulen usw. (vgl. hierzu auch das Stichwort „Nebenberufliche Prüfungstätigkeit").

Für die Gewährung des Freibetrags von 2100 € jährlich ist es ohne Bedeutung, ob die nebenberufliche Tätigkeit selbständig oder nichtselbständig ausgeübt wird. Für die grundsätzliche Frage, ob überhaupt ein lohnsteuer- und sozialversicherungspflichtiges Beschäftigungsverhältnis gegeben ist (z. B. bei einer Beschäftigung auf 400-Euro-Basis), kommt der Abgrenzung zwischen selbständiger und nichtselbständiger Tätigkeit erhebliche Bedeutung zu, und zwar vor allem deshalb, weil die lohnsteuerlichen und sozialversicherungsrechtlichen Abgrenzungskriterien unterschiedlich sind. Die Frage, ob eine nebenberufliche Lehrtätigkeit selbständig oder nichtselbständig ausgeübt wird, ist deshalb unter der nachfolgenden Nr. 6 gesondert abgehandelt.

c) Nebenberufliche künstlerische Tätigkeit

Unter die Begünstigung kann z. B. die nebenberuflich ausgeübte Konzerttätigkeit eines Musikers in Kirchen fallen. Viele Tätigkeiten sind aber bereits als Ausbildungstätigkeit begünstigt (z. B. Chorleiter). Häufig fehlt es allerdings an einem „begünstigten Auftraggeber", weil die Künstler nicht im Dienst oder Auftrag einer Gemeinde, eines Vereins oder einer anderen gemeinnützigen Organisation, sondern im eigenen Namen tätig werden. Außerdem wird der Begriff „künstlerische Tätigkeit" im Sinne des § 3 Nr. 26 EStG von der Finanzverwaltung **eng ausgelegt**. Es gelten deshalb grundsätzlich dieselben strengen Anforderungen wie für die hauptberufliche künstlerische Tätigkeit im Sinne des § 18 Abs. 1 Nr. 1 EStG. Allerdings ist zu berücksichtigen, dass unter § 3 Nr. 26 EStG nur nebenberufliche Tätigkeiten fallen. Diese nach Art und Höhe vorgegebenen Begrenzungen beeinflussen auch die Auslegung einer künstlerischen Tätigkeit im Sinne des § 3 Nr. 26 EStG. Eine künstlerische Tätigkeit in diesem Sinn kann daher auch vorliegen, wenn sie die **eigentliche künstlerische (Haupt-)Tätigkeit unterstützt und ergänzt**, sofern sie Teil des gesamten künstlerischen Geschehens ist. Auch der **Komparse** kann daher – anders als z. B. ein Bühnentechniker – eine künstlerische Tätigkeit ausüben, wenn sich seine Tätigkeit nicht auf eine rein mechanische Funktion (sog. menschliche Requisite) beschränkt (BFH-Urteil vom 18.4.2007, BStBl. II S. 702).

Auch die Darbietung von Musik auf Feuerwehrveranstaltungen oder auf Schützen- und Volksfesten ist nicht künstlerisch. Vergütungen, die in diesen Fällen an die Musiker gezahlt werden, fallen daher nicht unter die Steuerbefreiung.

d) Nebenberufliche Pflegetätigkeit

Die Pflege alter, kranker oder behinderter Menschen umfasst außer der Dauerpflege auch Hilfsdienste bei der häuslichen Betreuung durch ambulante Pflegedienste, z. B. Unterstützung bei der Grund- und Behandlungspflege, bei häuslichen Verrichtungen und Einkäufen, beim Schriftverkehr, bei der Altenhilfe entsprechend § 71 SGB XII, z. B. Hilfe bei der Wohnungs- und Heimplatzbeschaffung, in Fragen der Inanspruchnahme altersgerechter Dienste, und bei Sofortmaßnahmen gegenüber Schwerkranken und Verunglückten, z. B. durch Rettungssanitäter und Ersthelfer.

Die Tätigkeit von Küchenpersonal und Reinigungskräften in Altenheimen und Krankenhäusern ist keine begünstigte Pflegetätigkeit.

Wenn für eine nebenberufliche Tätigkeit im Umfeld der Pflegeberufe keine Steuerbefreiung nach § 3 Nr. 26 EStG in Betracht kommt, weil keine „Pflegeleistung" erbracht wird ist zu prüfen, ob eine Steuerbefreiung nach § 3 Nr. 26a in Höhe von 500 € jährlich infrage kommt, was in der Regel der Fall sein wird (vgl. die Erläuterungen unter der nachfolgenden Nr. 10).

3. Begünstigter Arbeitgeber und begünstigter Zweck

Der Freibetrag von 2100 € jährlich wird nur gewährt, wenn die begünstigte nebenberufliche Tätigkeit im Dienst oder im Auftrag einer inländischen juristischen Person des **öffentlichen Rechts** (z. B. Bund, Länder, Gemeinden, Industrie- und Handelskammern, Berufskammern, Universitäten) oder einer unter § 5 Abs. 1 Nr. 9 des Körperschaftsteuergesetzes (KStG) fallenden Einrichtung erfolgt. Zu den Einrichtungen im Sinne des § 5 Abs. 1 Nr. 9 des Körperschaftsteuergesetzes (KStG) gehören Körperschaften, Personenvereinigungen, Stiftungen und Vermögensmassen, die nach der Satzung oder dem Stiftungsgeschäft und nach der tatsächlichen Geschäftsführung ausschließlich und unmittelbar **gemeinnützige, mildtätige oder kirchliche Zwecke** verfolgen. Nicht zu den begünstigten Einrichtungen gehören beispielsweise Berufsverbände (Arbeitgeberverband, Gewerkschaft) oder Parteien. Fehlt es an einem begünstigten Auftraggeber bzw. Arbeitgeber, so kann der Steuerfreibetrag nicht in Anspruch genommen werden.

Die Tätigkeit selbst muss ebenfalls der Verfolgung gemeinnütziger, mildtätiger oder kirchlicher Zwecke dienen, dies wird jedoch unterstellt, wenn sie der Erfüllung der Satzungszwecke der Einrichtung dient.

Die Ausübung der oben genannten nebenberuflichen Tätigkeiten ist somit z. B. bei folgenden Körperschaften begünstigt:

- Volkshochschulen,
- Lehr- und Prüfungstätigkeit an Schulen und Universitäten,
- gemeinnützigen Sportvereinen,
- gemeinnützigen Musikvereinen,
- kirchlichen Einrichtungen,
- Einrichtungen der Wohlfahrtspflege,
- Rettungsdienstorganisationen,
- Feuerwehren.

---

*) BMF-Schreiben vom 25.11.2008 (BStBl. I S. 985). Das BMF-Schreiben ist als Anlage 1 zu H 3.26a LStR im **Steuerhandbuch für das Lohnbüro 2010** abgedruckt, das im selben Verlag erschienen ist. Das **PC-Lexikon** für das Lohnbüro 2010 enthält auch dieses Handbuch und hat außerdem den Vorteil, dass Sie **alle BFH-Urteile** sowie die aktuellen Rundschreiben und Niederschriften der Spitzenverbände der **Sozialversicherung** mit Mausklick **im Volltext** abrufen und ausdrucken können. Eine Bestellkarte finden Sie vorne im Lexikon.

Nebentätigkeit für gemeinnützige Organisationen

4. Nebenberuflichkeit/Drittelregelung

Voraussetzung für die Anwendung des Freibetrags von 2100 € jährlich ist, dass die begünstigte Tätigkeit **nebenberuflich** ausgeübt wird. Die Tätigkeit wird nebenberuflich ausgeübt, wenn sie – bezogen auf das Kalenderjahr – **nicht mehr als ein Drittel der Arbeitszeit** eines vergleichbaren Vollzeiterwerbs in Anspruch nimmt (BFH-Urteil vom 30. 3. 1990, BStBl. II S. 854). In welchem Umfang mit den Einnahmen aus dieser Tätigkeit der Lebensunterhalt bestritten wird, ist nach der Rechtsprechung des Bundesfinanzhofs nicht von Bedeutung. Nebenberuflich können deshalb auch Personen tätig sein, die keinen Hauptberuf ausüben, z. B. Hausfrauen, Rentner, Studenten und Arbeitslose. Eine Tätigkeit wird dann **nicht** „nebenberuflich" ausgeübt, wenn sie als Teil der Haupttätigkeit anzusehen ist. Dies kann insbesondere bei einer nebenher ausgeübten Lehrtätigkeit vorkommen, die zu den Dienstobliegenheiten der hauptamtlichen Lehrtätigkeit gehört (vgl. das Stichwort „Lehrtätigkeit").

5. Mehrere Nebentätigkeiten nebeneinander

Übt jemand mehrere verschiedenartige Tätigkeiten im Sinne des § 3 Nr. 26 EStG aus, ist die Nebenberuflichkeit für jede Tätigkeit getrennt zu beurteilen. Mehrere gleichartige Tätigkeiten sind zusammenzufassen, wenn sie sich nach der Verkehrsanschauung als Ausübung eines einheitlichen Hauptberufs darstellen, z. B. Unterricht von jeweils weniger als dem dritten Teil des Pensums einer Vollzeitkraft in mehreren Schulen (vgl. R 3.26 Abs. 2 LStR).

Bei mehreren Nebentätigkeiten ist jedoch immer der Grundsatz zu beachten, dass der Freibetrag von 2100 € jährlich für alle begünstigten Nebentätigkeiten (vgl. Nr. 2) insgesamt nur **einmal** in Anspruch genommen werden kann.

6. Einordnung der Nebentätigkeit als selbständige oder nichtselbständige Tätigkeit

a) Nebenberufliche Lehrtätigkeit

Probleme bei der Einordnung einer Tätigkeit als Arbeitsverhältnis oder Ausübung eines freien Berufs ergeben sich insbesondere bei **nebenberuflichen Lehrtätigkeiten**. Hierzu gilt im Einzelnen Folgendes:

Ob eine Nebentätigkeit in einem Arbeitsverhältnis oder selbständig ausgeübt wird, ist nach den allgemeinen Abgrenzungskriterien zu beurteilen, die in Teil A des Lexikons unter Nr. 3 auf Seite 6 dargestellt sind. Dabei ist die Nebentätigkeit im Regelfall für sich allein zu beurteilen. Die Art einer etwaigen Haupttätigkeit ist für die Beurteilung der Nebentätigkeit nur wesentlich, wenn beide Tätigkeiten unmittelbar zusammenhängen, die Nebentätigkeit sozusagen Ausfluss der Haupttätigkeit ist. Hiernach liegt bei Lehrkräften, die im Hauptberuf eine nichtselbständige Tätigkeit ausüben, eine Lehrtätigkeit im Nebenberuf nur dann vor, wenn diese Lehrtätigkeit nicht zu den eigentlichen Dienstobliegenheiten des Arbeitnehmers aus der Haupttätigkeit gehört (vgl. das Stichwort „Lehrtätigkeit"). Gehört die nebenher ausgeübte Lehrtätigkeit **nicht** zu den Dienstobliegenheiten des Arbeitnehmers aus der Haupttätigkeit gilt Folgendes:

Die Ausübung der **Lehrtätigkeit im Nebenberuf** ist in der Regel als **Ausübung eines freien Berufs** anzusehen, es sei denn, dass gewichtige Anhaltspunkte – z. B. Arbeitsvertrag unter Zugrundelegung eines Tarifvertrags, Anspruch auf Urlaubs- und Feiertagsvergütung – für das Vorliegen einer Arbeitnehmereigenschaft sprechen.

Wird die **nebenberufliche Lehrtätigkeit an einer Schule** ausgeübt, gilt nach R 19.2 LStR Folgendes:

Bei einer nebenberuflichen Lehrtätigkeit an einer Schule oder einem Lehrgang mit einem allgemein feststehenden und nicht nur von Fall zu Fall aufgestellten Lehrplan sind die nebenberuflich tätigen Lehrkräfte in der Regel Arbeitnehmer, es sei denn, dass sie in den Schul- oder Lehrgangsbetrieb nicht fest eingegliedert sind. Hat die Lehrtätigkeit nur einen geringen Umfang, so kann das ein Anhaltspunkt dafür sein, dass eine feste Eingliederung in den Schul- oder Lehrgangsbetrieb nicht vorliegt. Ein geringer Umfang in diesem Sinne kann stets angenommen werden, wenn die nebenberuflich tätige Lehrkraft bei der einzelnen Schule oder dem einzelnen Lehrgang in der Woche durchschnittlich **nicht mehr als sechs Unterrichtsstunden** erteilt (R 19.2 Satz 3 LStR). Die Lehrveranstaltungen von Volkshochschulen werden nach Auffassung der Finanzverwaltung nicht als Lehrgang in diesem Sinne angesehen. Die dort mit Nebentätigkeit beschäftigten Lehrkräfte sind deshalb in der Regel selbständig tätig, es sei denn, dass ein Arbeitsvertrag für die Arbeitnehmereigenschaft spricht.

b) Nebenberuflich tätige Übungsleiter usw.

Nach R 19.2 Satz 4 LStR gelten die vorstehend unter dem Buchstaben a für nebenberufliche Lehrkräfte aufgestellten Grundsätze ausdrücklich auch für die nebenberuflich tätigen **Übungsleiter, Ausbilder, Erzieher, Betreuer und ähnliche Personen.** Die sog. 6-Stunden-Regelung wurde also ausdrücklich auch für diesen Personenkreis übernommen.

Damit hat sich die Finanzverwaltung bewusst in Widerspruch zu der von den Spitzenorganisationen der Sozialversicherung vertretenen Auffassung gesetzt, dass Übungsleiter im Grundsatz zu den abhängig Beschäftigten gehören.

Denn die Spitzenverbände der Sozialversicherungsträger haben zur versicherungsrechtlichen Beurteilung von Übungsleitern in Sportvereinen folgende Verlautbarung herausgegeben:

Die Beurteilung, ob ein Übungsleiter seine Tätigkeit als Selbständiger oder in einem Beschäftigungsverhältnis ausübt, richtet sich **nach den Umständen des Einzelfalls.** Kriterien für eine selbständige Tätigkeit sind

– die Durchführung des Trainings in eigener Verantwortung, das heißt der Übungsleiter legt Dauer, Lage und Inhalte des Trainings selbst fest und stimmt sich wegen der Nutzung der Sportanlage mit anderen Beauftragten des Vereins ab und

– je geringer der zeitliche Aufwand des Übungsleiters und je geringer seine Vergütung ist, desto mehr spricht dies für seine Selbständigkeit.

Je größer dagegen der zeitliche Aufwand und je höher die Vergütung des Übungsleiters ist, desto mehr spricht für eine Eingliederung in den Verein und damit für eine abhängige Beschäftigung. Anhaltspunkte für die Annahme eines Beschäftigungsverhältnisses sind auch vertraglich mit dem Verein vereinbarte Ansprüche auf durchgehende Bezahlung bei Urlaub oder Krankheit sowie Ansprüche auf Weihnachtsgeld oder vergleichbare Leistungen.

Die Regelung soll an zwei Beispielen verdeutlicht werden:

Beispiel A

Ein Fußballtrainer hat mit seinem Sportverein einen „Freien-Mitarbeiter-Vertrag als Übungsleiter/Sport" gegen ein monatliches Honorar von 975 € abgeschlossen. Seither wird er vom Verein als selbständiger Übungsleiter geführt. Beiträge zur Sozialversicherung werden vom Verein nicht abgeführt.

Im Rahmen einer Betriebsprüfung durch den Rentenversicherungsträger stellt sich heraus, dass die tatsächliche Ausgestaltung völlig konträr zum Vertrag steht. So legt nicht der Trainer die Lage und Dauer des Trainings fest. Vielmehr wird ihm vom Verein vorgeschrieben, dass er das Training zweimal in der Woche von 18 bis 21 Uhr auf dem vereinseigenen Sportplatz durchzuführen hat. Ferner muss der Übungsleiter die Trainingseinheiten dokumentieren und diese monatlich beim Vereinsvorstand einreichen. Er unterliegt also einem umfassenden Weisungsrecht und ist – ungeachtet des vorliegenden Vertrages – beim Verein, der hier Arbeitgeberfunktion hat, abhängig beschäftigt. Es besteht somit in allen Sozialversicherungszweigen Versicherungspflicht.

Nebentätigkeit für gemeinnützige Organisationen

Der als Honorar vereinbarte Betrag stellt grundsätzlich Arbeitsentgelt dar. Da die Übungsleiterpauschale in Höhe von 175 € monatlich weder steuer- noch sozialversicherungspflichtig ist, sind 800 € monatlich beitragspflichtiges Arbeitsentgelt.

Beispiel B

Ein Skilehrer schließt mit einer privaten Skischule einen „Freien-Mitarbeiter-Vertrag" gegen ein monatliches Honorar von 575 € ab. Er teilt seine Schüler selbständig in die einzelnen Leistungsklassen ein und bestimmt nach eigenem Ermessen Ort, Zeit und Dauer des Skiunterrichts. Eigentum der Skischule verwendet er nicht – er hat seine eigene Ausrüstung. Unter den gleichen Bedingungen ist er auch noch für eine andere Skischule tätig.

Der Skilehrer übt seine Tätigkeit grundsätzlich weisungsfrei aus. Er legt selbständig Ort, Zeit und Dauer des Skiunterrichts fest. Er wird für einen weiteren Auftraggeber tätig.

Vertragsgestaltung und tatsächliche Ausgestaltung der Tätigkeit stimmen überein – es liegt keine abhängige Beschäftigung vor.

Der Übungsleiterfreibetrag in Höhe von 175 € monatlich kann nicht abgezogen werden, da die Tätigkeit für eine private Skischule und nicht für eine gemeinnützige Organisation (z. B. Verein) ausgeübt wird. Das Honorar des Skilehrers wird durch eine Veranlagung zur Einkommensteuer steuerlich erfasst.

Auch das Bundessozialgericht hat sich mehrfach mit dieser Problematik befasst. So hat das Bundessozialgericht mit Urteil vom 18.12.2001 – B 12 KR 8/01 R die Annahme einer abhängigen Beschäftigung für den Fall bestätigt, dass eine Dipl.-Sportlehrerin an einem Abend in der Woche **drei Stunden** Gymnastikunterricht als Übungsleiterin für einen Verein erteilt hat. Hierfür erhielt sie eine monatliche Pauschalvergütung von 613,55 € (1200 DM), und zwar **auch im Urlaubs- und Krankheitsfall.** Die Fortzahlung der Vergütung im Urlaubs- und Krankheitsfall hat das Bundessozialgericht als besonders gewichtiges Indiz für ein abhängiges Beschäftigungsverhältnis angesehen und ausgeführt, dass es sich sowohl beim Anspruch auf bezahlten Erholungsurlaub als auch beim Anspruch auf Entgeltfortzahlung im Krankheitsfall um Rechte handle, die ausschließlich Arbeitnehmern vorbehalten seien. Außerdem hat das Bundessozialgericht auch dem Umstand erhebliche Bedeutung beigemessen, dass bei einer Vertretung der Übungsleiterin im Urlaubs- oder Krankheitsfall die Vertretung vom Verein und nicht von der Übungsleiterin organisiert werden musste. Das Bundessozialgericht hat hierzu wörtlich Folgendes ausgeführt:

„Arbeitnehmer haben ihre Arbeitsleistung in der Regel höchstpersönlich zu erbringen und dürfen sich hierbei nicht Dritter als Erfüllungsgehilfen bedienen. Es ist Sache des Arbeitgebers und nicht des Arbeitnehmers, in Verhinderungsfällen eine Ersatzkraft einzusetzen, sofern der Arbeitsausfall nicht hingenommen werden soll. Demgegenüber hat ein selbständiger Unternehmer im Falle seiner Verhinderung selbst eine Ersatzkraft zu stellen, sofern er hierzu nach den vertraglichen Grundlagen berechtigt oder verpflichtet ist. Jedenfalls hätte er, wenn seine Arbeitsleistung ersatzlos entfällt – anders als die Übungsleiterin – keinen Anspruch auf Vergütung. Gerade darin zeigt sich sein unternehmerisches Risiko."

Das Urteil des Bundessozialgerichts zeigt, dass es nicht allein auf zeitlichen Umfang der Beschäftigung, sondern immer auf die Gesamtumstände des Einzelfalles ankommt. Im Steuerrecht gilt hingegen die Sechsstundengrenze. Um eine einheitliche Handhabung zu erreichen, muss ein entsprechender Arbeitsvertrag abgeschlossen werden, der auch für den steuerlichen Bereich sicherstellt, dass bei einer Beschäftigung von weniger als 6 Stunden in der Woche von einer nichtselbständigen Tätigkeit auszugehen ist. Dies ist möglich, weil die steuerliche 6-Stunden-Regelung nicht schematisch anzuwenden ist. Denn der Bundesfinanzhof hat im Urteil vom 4.12.1975, BStBl. 1976 II S. 292 einen Ingenieur, der nur 2 Stunden wöchentlich Unterricht erteilte, als nichtselbständig angesehen, weil sich aus der schriftlichen Vereinbarung ergab, dass ein Arbeitsverhältnis gewollt und auch tatsächlich durchgeführt worden war.

Ist der Übungsleiter **selbständig** tätig, gilt sozialversicherungsrechtlich Folgendes:

Selbständig tätige Übungsleiter unterliegen grundsätzlich der Rentenversicherungspflicht nach § 2 Satz 1 Nr. 1 SGB VI, sofern sie im Zusammenhang mit ihrer selbständigen Tätigkeit keinen versicherungspflichtigen Arbeitnehmer beschäftigen und das monatliche Arbeitseinkommen aus der selbständigen Übungsleitertätigkeit höher ist als 400 €. Auch hier ist bei der Ermittlung des Arbeitseinkommens § 3 Nr. 26 EStG zu berücksichtigen, das heißt Einnahmen bis 2100 € jährlich bzw. 175 € monatlich sind steuer- und beitragsfrei. Besteht Rentenversicherungspflicht als Selbständiger nach § 2 Satz 1 Nr. 1 SGB VI, so ist der Selbständige gesetzlich verpflichtet, sich beim zuständigen Rentenversicherungsträger innerhalb von 3 Monaten nach Aufnahme der selbständigen Tätigkeit zu melden (§ 190a SGB VI).

7. Steuerliche Behandlung des Arbeitslohns für eine nebenberufliche Tätigkeit als Übungsleiter, Ausbilder, Erzieher oder Betreuer

Der Freibetrag in Höhe von 2100 € gilt sowohl bei Einkünften aus nichtselbständiger Arbeit (**= Arbeitslohn**) als auch bei Einkünften aus selbständiger Tätigkeit (= freiberufliche Tätigkeit). Auf die unter der vorstehenden Nr. 6 erläuterten Abgrenzungskriterien wird Bezug genommen. Ist die nebenberufliche Tätigkeit als Übungsleiter, Ausbilder oder Betreuer als nichtselbständige Tätigkeit zu behandeln, stellen die hierfür gezahlten Vergütungen **Arbeitslohn** dar, für den im Rahmen der gesetzlichen Bestimmungen **Lohnsteuer** und **Sozialversicherungsbeiträge** zu entrichten sind. Für die lohnsteuerliche Behandlung des Arbeitslohns für eine Tätigkeit als Übungsleiter, Ausbilder oder Betreuer ergibt sich unter Berücksichtigung des Steuerfreibetrags von 2100 € jährlich (175 € monatlich) folgende Übersicht:

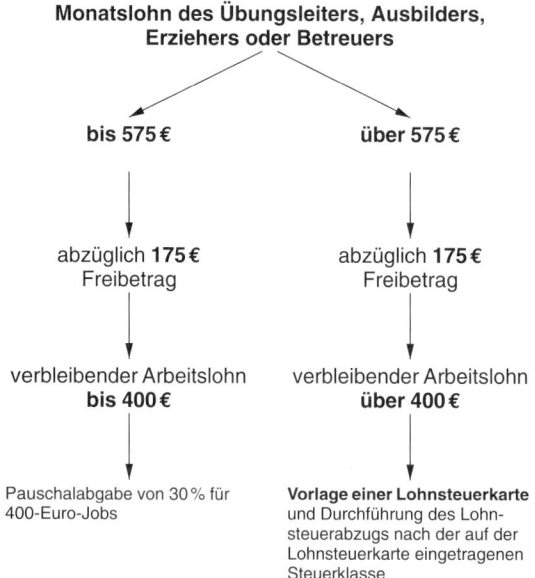

Wird die nebenberufliche Tätigkeit als Übungsleiter, Ausbilder oder Betreuer in einem Dienstverhältnis ausgeübt, so bleibt der Freibetrag von 2100 € jährlich (175 € monatlich) bei der Prüfung der Frage, ob die 400-Euro-Grenze eingehalten ist, außer Betracht. Legt der Arbeitnehmer eine Lohnsteuerkarte vor, so hat der Arbeitgeber den steuerfreien Betrag beim Lohnsteuerabzug zu berücksichtigen. Der Freibetrag in Höhe von 2100 € jährlich wird dem Arbeitnehmer vom Finanzamt **nicht** auf der Lohnsteuerkarte eingetragen. Steuerfreier Auslagenersatz, Reisekostenersatz usw. können zusätzlich zu dem Freibetrag von 2100 € vom Arbeitgeber steuerfrei gezahlt wer-

Nebentätigkeit für gemeinnützige Organisationen

den. Der 2100-Euro-Freibetrag ist nur auf die von anderen Steuerbefreiungsvorschriften nicht erfassten Beträge anzuwenden. Bei der Anwendung verschiedener Befreiungsvorschriften ist die für den Steuerpflichtigen **günstigste Reihenfolge** anzuwenden (R 3.26 Abs. 7 Satz 2 zweiter Halbsatz LStR). Folgende andere Befreiungsvorschriften kommen in Betracht:
- § 3 Nr. 12 EStG (vgl. die Erläuterungen beim Stichwort „Aufwandsentschädigungen aus öffentlichen Kassen");
- § 3 Nr. 13 und Nr. 16 EStG (vgl. die Erläuterungen beim Stichwort „Reisekosten bei Auswärtstätigkeiten").

Der seit 1.1.2007 geltende Steuerfreibetrag in Höhe von 500 € jährlich (§ 3 Nr. 26a EStG) ist ausgeschlossen, wenn für die Einnahmen aus der betreffenden Tätigkeit – ganz oder teilweise – bereits der Überleitungsfreibetrag oder die Steuerfreiheit für Aufwandsentschädigungen aus öffentlichen Kassen gewährt wurde (vgl. die Erläuterungen unter der nachfolgenden Nr. 10).

Werden **mehrere** begünstigte nebenberufliche Tätigkeiten ausgeübt, so kann der Freibetrag **insgesamt** für alle Tätigkeiten **nur einmal** in Höhe von 2100 € gewährt werden (vgl. vorstehend unter Nr. 5). Um sicherzustellen, dass die Steuerbefreiung nicht mehrfach in Anspruch genommen wird, hat der Arbeitgeber sich von dem Arbeitnehmer **schriftlich bestätigen zu lassen,** dass die Steuerbefreiung nicht bereits in einem anderen Dienst- oder Auftragsverhältnis berücksichtigt worden ist oder berücksichtigt wird. Diese Erklärung ist als **Beleg zum Lohnkonto** zu nehmen (R 3.26 Abs. 10 Sätze 2 und 3 LStR).

8. Sozialversicherungsrechtliche Behandlung

a) Geringfügig entlohnte Beschäftigungen (sog. 400-Euro-Jobs)

Für einen sog. **400-Euro-Job** muss der Arbeitnehmer keine Lohnsteuerkarte vorlegen, wenn der **Arbeitgeber** eine Pauschalabgabe von **30 %** bezahlt. Davon entfallen 15 % auf die Rentenversicherung, 13 % auf die Krankenversicherung und 2 % auf die Pauschalsteuer. Für geringfügig Beschäftigte, die privat krankenversichert sind, fällt kein pauschaler 13 %iger Krankenversicherungsbeitrag an. Die 2 %ige Pauschalsteuer gilt auch den Solidaritätszuschlag und die Kirchensteuer mit ab. Die Pauschalabgabe von 30 % ist an die sog. Minijobzentrale bei der Bundesknappschaft abzuführen. Diese Stelle ist auch für das Umlageverfahren nach dem Aufwendungsausgleichsgesetz bei geringfügigen Beschäftigungsverhältnissen zuständig. Auf die ausführlichen Erläuterungen beim Stichwort „Geringfügige Beschäftigung" wird hingewiesen.

b) Sozialversicherungsrechtliche Behandlung des steuerfreien Betrags von 2100 €

Nach § 14 Abs. 1 Satz 3 SGB IV gehört der nach § 3 Nr. 26 EStG steuerfreie Betrag von 2100 € jährlich (175 € monatlich) nicht zum Arbeitsentgelt in der Sozialversicherung. nein nein

Bei der Anwendung des steuerfreien Jahresbetrags von 2100 € stellt sich die Frage, ob der steuerfreie Jahresbetrag von 2100 € pro rata (d.h. monatlich mit 175 €) oder en bloc (z.B. jeweils zum Jahresbeginn) beim regelmäßigen Arbeitsentgelt im Sinne des § 8 Abs. 1 Nr. 1 SGB IV berücksichtigt werden kann.

Die Spitzenverbände der Sozialversicherung vertreten hierzu die Auffassung, dass der steuerliche Freibetrag in der Sozialversicherung in der gleichen Weise zu berücksichtigen ist wie im Steuerrecht. Die Spitzenverbände der Sozialversicherungsträger empfehlen allerdings, dass bei Beschäftigungen, die das ganze Kalenderjahr über andauern, im Interesse einer kontinuierlichen versicherungsrechtlichen Beurteilung ein Freibetrag von monatlich 175 € in Abzug gebracht werden sollte. Eine andere Handhabung (z.B. sofortige Ausschöpfung des Steuerfreibetrags zu Beginn des Kalenderjahrs) könnte dazu führen, dass die ersten Monate eines Kalenderjahrs nicht mit Arbeitsentgelt belegt wären und somit keine Beschäftigung **gegen Arbeitsentgelt** vorliegen würde und unter Umständen erst nach Ausschöpfung des Steuerfreibetrags Versicherungspflicht eintreten könnte; hinzu kommt, dass bei einer derartigen Fallgestaltung jeweils Ab- und Anmeldungen sowie gegebenenfalls Stornierungen und Neu-Meldungen vorzunehmen wären.

Bei Aufnahme oder Beendigung einer Beschäftigung im Laufe eines Kalenderjahrs kann monatlich ein entsprechend höherer steuerfreier Betrag berücksichtigt werden.

Beispiel

Eine privat krankenversicherte Hausfrau nimmt am 1. März 2010 im Rahmen einer abhängigen Beschäftigung eine nebenberufliche Lehrtätigkeit auf. Sie arbeitet gegen ein monatliches Arbeitsentgelt von 700 €. Auf das Arbeitsentgelt wird zunächst der als Aufwandsentschädigung vorgesehene Steuerfreibetrag von jährlich 2100 € angewendet. Die nebenberufliche Lehrerin ist für die Zeit vom 1.3. bis 31.5.2010 wegen der vollen Ausschöpfung des Steuerfreibetrags von (3 × 700 € =) 2100 € nicht gegen Arbeitsentgelt beschäftigt. Für diese Zeit ist weder ein Pauschalbetrag zu zahlen noch eine Meldung zu erstatten. Ab 1. Juni 2010 besteht Versicherungspflicht in allen vier Versicherungszweigen, weil das Arbeitsentgelt 400 € übersteigt. Bei der Berechnung der Sozialversicherungsbeiträge ist die sog. Gleitzone zu beachten, weil das Arbeitsentgelt zwischen 400 € und 800 € liegt (vgl. das Stichwort „Gleitzone im Niedriglohnbereich").

Bei einer Beendigung der Beschäftigung im Laufe eines Kalenderjahrs gilt dies jedoch nur dann, wenn das Ende der Beschäftigung (von vornherein) feststeht, und bei Beginn einer Beschäftigung im Laufe eines Kalenderjahrs nur insoweit, als der Steuerfreibetrag noch nicht ausgeschöpft ist. Sofern eine auf Dauer angelegte Beschäftigung im Laufe des Kalenderjahrs endet, wird durch die steuerlich mögliche, rückwirkende Ausschöpfung des vollen Steuerfreibetrags die versicherungs- und beitragsrechtliche Beurteilung einer Beschäftigung nicht berührt.

9. Lohnabrechnungen für die Beschäftigung eines Übungsleiters auf 400-Euro-Basis

Die lohnsteuerlichen und sozialversicherungsrechtlichen Vorschriften sollen durch folgende zusammenfassende Abrechnungsbeispiele verdeutlicht werden:

Beispiel A

Ein Arbeitnehmer, der in seinem Hauptberuf 3000 € monatlich verdient, ist nebenberuflich als Übungsleiter in einem Sportverein tätig und erhält hierfür 575 € monatlich. Von den 575 € sind 175 € nach § 3 Nr. 26 EStG steuer- und damit auch beitragsfrei. Für den verbleibenden Arbeitslohn in Höhe von 400 € gilt Folgendes:

Die Arbeitslöhne aus einer versicherungspflichtigen Hauptbeschäftigung und **einem** 400-Euro-Job werden nicht zusammengerechnet. Für den 400-Euro-Job ergibt sich deshalb folgende Lohnabrechnung

Monatslohn		400,— €
Lohnsteuer	0,— €	
Solidaritätszuschlag	0,— €	
Kirchensteuer	0,— €	
Sozialversicherung (Arbeitnehmeranteil)	0,— €	0,— €
Nettolohn		400,— €

Für Lohnsteuer und Sozialversicherung muss der Arbeitgeber folgende Pauschalabgaben zahlen:

Lohnsteuer (einschließlich Solidaritätszuschlag und Kirchensteuer)	2,0 %	8,— €
Krankenversicherung pauschal	13,0 %	52,— €
Rentenversicherung pauschal	15,0 %	60,— €
Umlage U 1	0,6 %	2,40 €
Umlage U 2	0,07 %	0,28 €
Insolvenzgeldumlage	0,41 %	1,64 €
insgesamt		124,32 €

Der Übungsleiter kann aber auch auf die Rentenversicherungsfreiheit verzichten und für die Rentenversicherungspflicht optieren. In diesem Fall muss er einen Arbeitnehmerbeitrag zur Rentenversicherung in Höhe von 4,9 % bezahlen. Es ergibt sich folgende Lohnabrechnung:

Nebentätigkeit für gemeinnützige Organisationen

	Lohn-steuer-pflichtig	Sozial-versich.-pflichtig
Monatslohn		400,— €
Lohnsteuer	0,— €	
Solidaritätszuschlag	0,— €	
Kirchensteuer	0,— €	
Arbeitnehmeranteil zur Rentenversicherung 4,9 %	19,60 €	19,60 €
Nettolohn		380,40 €

Der Arbeitgeber muss folgende Pauschalabgaben zahlen:

Lohnsteuer (einschließlich Solidaritätszuschlag und Kirchensteuer)	2,0 %	8,— €
Krankenversicherung pauschal	13,0 %	52,— €
Rentenversicherung pauschal	15,0 %	60,— €
Umlage U 1	0,6 %	2,40 €
Umlage U 2	0,07 %	0,28 €
Insolvenzgeldumlage	0,41 %	1,64 €
insgesamt		124,32 €

Für die Beiträge zur Lohnfortzahlungsversicherung (U1 und U2) gilt Folgendes:

Ist ein Arbeitnehmer bei einem Verein mit maximal 30 Arbeitnehmern beschäftigt, fallen zusätzlich zur Pauschalabgabe von 30 % noch Beiträge zur Lohnfortzahlungsversicherung (U1 und U2) an (vgl. Stichwort „Geringfügige Beschäftigung" unter Nr. 19).

Außerdem fällt seit 1.1.2009 die Insolvenzgeldumlage an. Ab 1.1.2010 wurde die Insolvenzgeldumlage von bisher 0,1 % auf 0,41 % erhöht. Des Weiteren fallen für den Übungsleiter Beiträge zur gesetzlichen Unfallversicherung an, da der Übungsleiter nach § 2 Abs. 1 Nr. 1 SGB VII kraft Gesetzes in der gesetzlichen Unfallversicherung versichert ist.

Beispiel B

Ein Altersrentner ist nebenher bei einem Sportverein als Übungsleiter tätig und erhält hierfür 575 € monatlich. Der Rentner legt dem Sportverein eine Lohnsteuerkarte mit der Steuerklasse I vor. Für den Arbeitslohn in Höhe von 575 € ergibt sich Folgendes:

Von den 575 € sind 175 € nach § 3 Nr. 26 steuer- und damit auch beitragsfrei. Für die verbleibenden 400 € ergibt sich folgende Lohnabrechnung

	Lohn-steuer-pflichtig	Sozial-versich.-pflichtig
Monatslohn		400,— €
Lohnsteuer	0,— €	
Solidaritätszuschlag	0,— €	
Kirchensteuer	0,— €	
Sozialversicherung (Arbeitnehmeranteil)	0,— €	0,— €
Nettolohn		400,— €

Der Sportverein muss bei versicherungsfrei geringfügig Beschäftigten einen pauschalen Beitragsanteil von 15 % für die Rentenversicherung und 13 % für die Krankenversicherung bezahlen. Dies sind 28 % von 400 € = 112,— €

Die Pauschalsteuer von 2 % entfällt, weil der Rentner eine Lohnsteuerkarte vorgelegt hat. Legt der Rentner keine Lohnsteuerkarte vor, muss der Arbeitgeber 2 % Pauschalsteuer zahlen.

Der 13 %ige pauschale Beitrag zur Krankenversicherung entfällt, wenn der Rentner privat krankenversichert ist.

Hat der Verein maximal 30 Arbeitnehmer fallen Beiträge zur Lohnfortzahlungsversicherung U1 und U2 an (vgl. „Geringfügige Beschäftigung" unter Nr. 19).

Außerdem fällt die Insolvenzgeldumlage in Höhe von 0,41 % an.

10. Freibetrag von 500 € jährlich für Vereinskassierer, Platzwarte und Ordner und andere ehrenamtlich für gemeinnützige Organisationen tätige Personen (sog. Ehrenamtspauschale)

Seit 1.1.2007 gibt es einen neuen Freibetrag für nebenberufliche Tätigkeiten im gemeinnützigen Bereich in Höhe von **500 €** jährlich (§ 3 Nr. 26a EStG). Die Voraussetzungen „nebenberuflich" und „gemeinnütziger Bereich" sind identisch mit den Voraussetzungen für die Inanspruchnahme des sog. Übungsleiterfreibetrags (vgl. die Erläuterungen unter den vorstehenden Nrn. 2 bis 6). Die Finanzverwaltung hat einen sog. Einführungserlass zu § 3 Nr. 26a EStG veröffentlicht*). Hiernach gilt Folgendes:

Der neue Freibetrag in Höhe von 500 € jährlich kommt für solche Nebentätigkeiten **nicht** in Betracht, für die

– ein **Übungsleiterfreibetrag** oder

– eine steuerfreie **Aufwandsentschädigung aus öffentlichen Kassen** nach § 3 Nr. 12 EStG gewährt wird (vgl. das Stichwort „Aufwandsentschädigungen aus öffentlichen Kassen"):

Beispiel A

Ein ehrenamtliches Mitglied der freiwilligen Feuerwehr erhält eine Aufwandsentschädigung in Höhe von 4500 € jährlich. Von seiner Tätigkeit entfallen 50 % auf eine durch den sog. Übungsleiterfreibetrag begünstigte Ausbildertätigkeit. Es ergibt sich Folgendes:

– 2100 € jährlich sind als Aufwandsentschädigung aus öffentlichen Kassen steuerfrei nach § 3 Nr. 12 EStG;

– 2100 € jährlich sind steuerfrei nach § 3 Nr. 26 EStG, weil die Hälfte der monatlichen Vergütung auf eine Ausbildertätigkeit entfällt.

Der verbleibende Rest in Höhe von (4500 €–4200 € =) 300 € kann nicht nach § 3 Nr. 26a EStG steuerfrei gelassen werden, weil diese Steuerbefreiungsvorschrift nicht anwendbar ist, wenn die betreffende Tätigkeit gleichzeitig auch nach § 3 Nr. 12 EStG und/oder § 3 Nr. 26 EStG begünstigt ist.

Der neue Freibetrag von 500 € jährlich ist in erster Linie für diejenigen Personen gedacht, die nebenberuflich für einen gemeinnützigen Verein tätig sind, aber für diese Tätigkeit den Freibetrag in Höhe von 2100 € jährlich nicht erhalten können, weil sie keine pädagogisch ausgerichtete Tätigkeit als Übungsleiter, Ausbilder, Erzieher, Betreuer oder Ähnliches ausüben. Den neuen Freibetrag von 500 € jährlich erhalten somit insbesondere

– Vereinsvorstände,
– Vereinskassierer,
– Bürokräfte,
– Gerätewarte,
– Platzwarte,
– Reinigungspersonal,
– Ordner,
– ehrenamtliche Torrichter bei Skisportveranstaltungen,
– Parcourschefs, Parcourschefsassistenten und ehrenamtliche Richter bei Pferdesportveranstaltungen.

Für Vergütungen oder Aufwendungsersatz, die Amateur-Sportler (z. B. Fußballspieler) vom Verein erhalten, kann der Freibetrag von 500 € jährlich nicht in Anspruch genommen werden, weil es sich nicht um eine Tätigkeit im „gemeinnützigen Bereich" handelt.

Der Freibetrag von 500 € jährlich kann neben dem Übungsleiterfreibetrag gewährt werden, wenn eine Person beim selben Verein sowohl als Übungsleiter als auch als Platzwart oder Gerätewart tätig ist.

Da der neue Freibetrag von 500 € jährlich ebenso wie der Übungsleiterfreibetrag nach § 14 Abs. 1 Satz 3 SGB IV nicht zum sozialversicherungspflichtigen Arbeitsentgelt gehört, kann er zu einer faktischen Anhebung der 400-Euro-Grenze für Minijobs führen.

Beispiel B

Ein Arbeitnehmer, der in seinem Hauptberuf 3000 € monatlich verdient ist nebenher bei einem Sportverein tätig und erhält hierfür folgende monatliche Vergütungen

– als Übungsleiter 575 € monatlich und
– als Gerätewart 41 € monatlich.

Der Betrag von 41 € monatlich ist steuer- und beitragsfrei nach § 3 Nr. 26a EStG (§ 14 Abs. 1 Satz 3 SGB IV).

Der Betrag von 575 € monatlich ist in Höhe von 175 € monatlich ebenfalls steuer- und beitragsfrei nach § 3 Nr. 26 EStG (§ 14 Abs. 1 Satz 3 SGB IV).

Der verbleibende Betrag in Höhe von 400 € monatlich ist nach den für Minijobs geltenden Regelungen abzurechnen. Auf das Beispiel A unter der vorstehenden Nr. 9 wird Bezug genommen.

Aber auch andere Tätigkeiten, die nebenberuflich für eine mildtätige, gemeinnützige oder kirchliche Organisation

---

*) BMF-Schreiben vom 25.11.2008 (BStBl. I S. 985). Das BMF-Schreiben ist als Anlage 1 zu H 3.26a LStR **im Steuerhandbuch für das Lohnbüro 2010** abgedruckt, das im selben Verlag erschienen ist. Das **PC-Lexikon** für das Lohnbüro 2010 enthält auch dieses Handbuch und hat außerdem den Vorteil, dass Sie **alle BFH-Urteile** sowie die aktuellen Rundschreiben und Niederschriften der Spitzenverbände der **Sozialversicherung** mit Mausklick **im Volltext** abrufen und ausdrucken können. Eine Bestellkarte finden Sie vorne im Lexikon.

Nebentätigkeit für gemeinnützige Organisationen

ausgeübt werden, sind durch den Steuerfreibetrag von 500 € jährlich begünstigt z. B. Mahlzeitendienste bei gemeinnützigen Hilfsorganisationen.

Einsatz- und Bereitschaftsdienstzeiten der **Rettungssanitäter und Ersthelfer** sind als einheitliche Tätigkeit zu behandeln, die insgesamt nach § 3 Nr. 26 durch den Freibetrag von 2100 € jährlich begünstigt ist und für die deshalb (auch nicht teilweise) keine Steuerbefreiung nach § 3 Nr. 26a EStG gewährt werden kann (vgl. die Erläuterungen unter der vorstehenden Nr. 2 Buchstabe b).

11. Steuerfreie Übungsleiterpauschale und Werbungskostenabzug im Veranlagungsverfahren

Beim Freibetrag nach § 3 Nr. 26 EStG in Höhe von 2100 € jährlich handelt es sich begrifflich nicht um eine steuerfreie Aufwandsentschädigung sondern um eine Steuerbefreiung der Einnahmen. Aus diesem Grunde ist im Hinblick auf § 3c EStG auch eine Regelung zur Berücksichtigung von Werbungskosten in die Vorschrift des § 3 Nr. 26 EStG aufgenommen worden. Im Einzelnen gilt zum Werbungskosten- bzw. Betriebsausgabenabzug Folgendes:

Der Steuerfreibetrag in Höhe von 2100 € gilt sowohl bei Einkünften aus nichtselbständiger Arbeit **(= Arbeitslohn)** als auch bei Einkünften aus selbständiger Tätigkeit (= freiberufliche Tätigkeit). Auf die unter der vorstehenden Nr. 6 erläuterten Abgrenzungskriterien wird Bezug genommen. Steuerfrei sind sämtliche Einnahmen aus den bezeichneten Tätigkeiten bis zur Höhe von insgesamt 2100 € im Jahr. Übersteigen die Einnahmen den Betrag von 2100 €, so ist der übersteigende Betrag der Einnahmen im Rahmen der Einkünfte aus nichtselbständiger oder selbständiger Arbeit zu versteuern.

Nach § 3c EStG dürfen Ausgaben, die mit steuerfreien Einnahmen in unmittelbarem wirtschaftlichen Zusammenhang stehen, nicht als Betriebsausgaben oder Werbungskosten abgezogen werden. Hierzu bestimmt § 3 Nr. 26 Satz 2 EStG Folgendes: Überschreiten die begünstigten Einnahmen den Freibetrag von 2100 € jährlich, dürfen die mit den nebenberuflichen Tätigkeiten in unmittelbarem wirtschaftlichen Zusammenhang stehenden Ausgaben abweichend von § 3c EStG nur insoweit als Betriebsausgaben oder Werbungskosten abgezogen werden, als sie den Betrag der steuerfreien Einnahmen übersteigen. Die Anwendung dieser Vorschrift wird durch die Lohnsteuer-Richtlinien näher erläutert. Denn nach R 3.26 Abs. 9 Satz 1 LStR ist ein Abzug von Werbungskosten bzw. Betriebsausgaben, die mit den steuerfreien Einnahmen nach § 3 Nr. 26 EStG in einem unmittelbaren wirtschaftlichen Zusammenhang stehen, nur dann möglich, wenn die Einnahmen aus der Tätigkeit **und gleichzeitig auch die Ausgaben** den Freibetrag in Höhe von 2100 € übersteigen. Diese Regelung führt dazu, dass ein Verlust aus einer begünstigten Tätigkeit – unabhängig von der Höhe der Ausgaben – nicht entstehen kann, sofern die Einnahmen den Steuerfreibetrag in Höhe von 2100 € nicht übersteigen.

Beispiel A
Ein Übungsleiter erzielt im Kalenderjahr 2010 Einnahmen in Höhe von 1000 € und weist Werbungskosten in Höhe von 1500 € nach, die mit der Übungsleitertätigkeit in Zusammenhang stehen. Der Übungsleiter kann die mit seiner Tätigkeit in Zusammenhang stehenden Werbungskosten nicht abziehen, obwohl bei einer nicht nach § 3 Nr. 26 EStG begünstigten Tätigkeit ein Verlust von Höhe von 500 € entstünde.

Des Weiteren führt die Regelung in R 3.26 Abs. 9 Satz 1 LStR dazu, dass auch bei Einnahmen von mehr als 2100 € Werbungskosten oder Betriebsausgaben nur dann abgezogen werden können, **wenn auch die Ausgaben den Freibetrag von 2100 € übersteigen.**

Beispiel B
Ein Übungsleiter erzielt im Kalenderjahr 2010 Einnahmen in Höhe von 4000 € und weist Werbungskosten in Höhe von 2500 € nach, die mit der Übungsleitertätigkeit in Zusammenhang stehen. Der Übungsleiter kann die mit seiner Tätigkeit in Zusammenhang stehenden Werbungskosten abziehen, weil sie 2100 € übersteigen. Es verbleiben somit positive Einkünfte aus nichtselbständiger Arbeit in Höhe von (4000 € – 2500 € =) 1500 €.

Beispiel C
Ein Übungsleiter erzielt im Kalenderjahr 2010 Einnahmen in Höhe von 4000 € und weist Werbungskosten in Höhe von 1500 € nach, die mit seiner Übungsleitertätigkeit in Zusammenhang stehen. Der Übungsleiter kann die mit seiner Tätigkeit in Zusammenhang stehenden Werbungskosten **nicht** von seinen steuerpflichtigen Einnahmen abziehen, weil sie 2100 € nicht übersteigen. Es verbleiben somit positive Einkünfte aus nichtselbständiger Arbeit in Höhe von (4000 € – 2100 € =) 1900 €.

In R 3.26 Abs. 9 Satz 2 LStR ist festgelegt worden, dass **bei Einnahmen aus nichtselbständiger Arbeit** (= Arbeitslohn) in jedem Fall der Arbeitnehmer-Pauschbetrag in Höhe von 920 € anzusetzen ist, soweit er nicht bei einem anderen Dienstverhältnis bereits verbraucht ist.

Beispiel D
Ein im Hauptberuf selbständig Tätiger ist nebenher als Übungsleiter in einem Arbeitsverhältnis tätig und erzielt aus dieser Tätigkeit Einnahmen in Höhe von 3020 € im Kalenderjahr 2010. Neben dem Steuerfreibetrag von 2100 € kann auch noch der Arbeitnehmer-Pauschbetrag in Höhe von 920 € von den Einnahmen abgezogen werden, so dass die Einkünfte aus nichtselbständiger Arbeit (3020 € – 2100 € – 920 € =) 0 € betragen. Dieses Ergebnis ergibt sich bereits durch die Vorlage einer Lohnsteuerkarte (z. B. mit der Steuerklasse I) bei der Übungsleitertätigkeit. Würde die Übungsleitertätigkeit selbständig ausgeübt, so müssten (3020 € – 2100 € =) 920 € als Einkünfte aus selbständiger Tätigkeit versteuert werden.

12. Steuerfreibetrag von 500 € jährlich und Werbungskosten im Veranlagungsverfahren

Beim neuen Freibetrag nach § 3 Nr. 26a EStG in Höhe von 500 € jährlich handelt es sich begrifflich nicht um eine steuerfreie Aufwandsentschädigung, sondern um eine Steuerbefreiung der Einnahmen. Aus diesem Grunde ist im Hinblick auf § 3c EStG auch eine Regelung zur Berücksichtigung von Werbungskosten in die Vorschrift des § 3 Nr. 26a EStG aufgenommen worden. Im Einzelnen gilt zum Werbungskosten- bzw. Betriebsausgabenabzug Folgendes:

Nach § 3c EStG dürfen Ausgaben, die mit steuerfreien Einnahmen in unmittelbarem wirtschaftlichen Zusammenhang stehen, nicht als Betriebsausgaben oder Werbungskosten abgezogen werden. Hierzu bestimmt § 3 Nr. 26a Satz 3 EStG Folgendes: Überschreiten die begünstigten Einnahmen den Freibetrag von 500 € jährlich, dürfen die mit den nebenberuflichen Tätigkeiten in unmittelbarem wirtschaftlichen Zusammenhang stehenden Ausgaben abweichend von § 3c EStG nur insoweit als Betriebsausgaben oder Werbungskosten abgezogen werden, als sie den Betrag der steuerfreien Einnahmen übersteigen.

Beispiel
Ein Platzwart erzielt im Kalenderjahr 2010 Einnahmen in Höhe von 100 € und weist Werbungskosten in Höhe von 490 € nach, die mit der Platzwarttätigkeit in Zusammenhang stehen. Der Platzwart kann die mit seiner Tätigkeit in Zusammenhang stehenden Werbungskosten nicht abziehen, obwohl bei einer nicht nach § 3 Nr. 26a EStG begünstigten Tätigkeit ein Verlust von 390 € entstünde.

13. Ehrenamtliche Betreuer im Sinne des § 1896 BGB

Nach § 1896 BGB ist für Personen, die aufgrund einer psychischen Krankheit oder einer Behinderung nicht in der Lage sind, ihre Angelegenheiten zu besorgen, ein Betreuer durch das Vormundschaftsgericht zu bestellen. Neben Berufsbetreuern werden vorrangig **ehrenamtliche Betreuer** eingesetzt. Trotz der Bezeichnung „Betreuer" kommt für diesen Personenkreis der steuerfreie Höchstbetrag von 2100 € jährlich nicht in Betracht. Im Einzelnen gilt Folgendes:

Für die Aufwandsentschädigung, die ehrenamtliche Betreuer im Sinne des § 1896 BGB erhalten, kommt weder eine Steuerbefreiung nach § 3 Nr. 12 EStG noch nach § 3 Nr. 26 EStG in Betracht. § 3 Nr. 12 EStG findet keine Anwendung, weil diese Aufwandsentschädigungen weder in einem Haushaltsplan als Aufwandsentschädigung ausgewiesen werden (§ 3 Nr. 12 Satz 1 EStG) noch die ehrenamtlichen Betreuer öffentliche Dienste ausüben (§ 3 Nr. 12 Satz 2 EStG). Der sog. Übungsleiterfreibetrag nach § 3 Nr. 26 EStG kommt ebenfalls nicht in Betracht, da mangels einer **pädagogischen Ausrichtung** keine Betreuungstätigkeit im Sinne der Vorschrift vorliegt. Die Betreuungstätigkeiten können auch nicht als Pflege alter, kranker oder behinderter Menschen im Sinne des § 3 Nr. 26 EStG angesehen werden, weil es sich um einen staatlichen Beistand in Form von Rechtsfürsorge handelt und eine persönliche Betreuung im Sinne von Pflege nicht stattfindet oder nur nachrangig ist.

Seit 1.1.2007 sind die Aufwandsentschädigungen jedoch unter den weiteren Voraussetzungen des § 3 Nr. 26a EStG bis zu einem Betrag von 500 € im Kalenderjahr steuerbefreit **(sog. Ehreamtsfreibetrag).** Denn die ehrenamtlichen Betreuer handeln wegen der rechtlichen und tatsächlichen Ausgestaltung des Vormundschafts- und Betreuungswesens im Dienst oder Auftrag einer juristischen Person des öffentlichen Rechts.

Zum Werbungskostenabzug gilt Folgendes:

Mit der Gewährung der pauschalen Aufwandsentschädigung entfällt für den ehrenamtlichen Betreuer die Möglichkeit, Aufwendungsersatz in Höhe der tatsächlich angefallenen Kosten gemäß § 1835 BGB zu verlangen; die Aufwendungen des Betreuers bei Ausübung seiner Tätigkeit (wie z. B. Fahrtkosten, Telefongebühren, Brief- und Portokosten) sind somit durch die pauschale Aufwandsentschädigung abgegolten.

Es bestehen keine Bedenken, wenn die mit der Aufwandsentschädigung im Zusammenhang stehenden Werbungskosten ohne weiteren Nachweis mit 25 % der pauschalen Aufwandsentschädigung berücksichtigt werden*).

Ein Abzug der mit den steuerfreien Einnahmen nach § 3 Nr. 26a EStG (= Freibetrag bis 500 € jährlich) in einem unmittelbaren wirtschaftlichen Zusammenhang stehenden tatsächlich oder pauschal ermittelten Werbungskosten ist abweichend von § 3c EStG nur insoweit möglich, als die Einnahmen des ehrenamtlichen Betreuers und gleichzeitig auch die berücksichtigungsfähigen Werbungskosten die steuerfreien Einnahmen übersteigen (§ 3 Nr. 26a Satz 3 EStG).

Negative Einnahmen

siehe „Rückzahlung von Arbeitslohn"

Nettolöhne

Neues auf einen Blick:

Hat der Arbeitnehmer bei einer **Nettolohnvereinbarung** den **Einkommensteuererstattungsanspruch** an seinen Arbeitgeber **abgetreten,** liegt eine **Arbeitslohnrückzahlung** vor (vgl. auch die Erläuterungen beim Stichwort „Rückzahlung von Arbeitslohn"). Diese Arbeitslohnrückzahlung ist nach Ansicht des Bundesfinanzhofs durch eine **Verminderung** des laufenden **Bruttoarbeitslohns** und nicht des laufenden Nettolohns zu berücksichtigen (BFH-Urteil vom 30.7.2009 VI R 29/06). Eine Hochrechnung der an den Arbeitgeber zurückgeflossenen Steuererstattung auf einen fiktiven Bruttobetrag ist nicht vorzunehmen. Vgl. auch die Erläuterungen unter der nachfolgenden Nr. 1.

Bei der Berechnung der Lohnsteuer für einen **sonstigen Bezug,** der einem Arbeitnehmer nach einem **Wechsel von der unbeschränkten zur beschränkten Steuerpflicht** in diesem Kalenderjahr zufließt, ist der während des Zeitraums der unbeschränkten Steuerpflicht gezahlte Arbeitslohn im **Jahresarbeitslohn** zu berücksichtigen (BFH-Urteil vom 25.8.2009 I R 33/08; vgl. die Ausführungen und das Beispiel unter der nachfolgenden Nr. 3).

Gliederung:

1. Begriff des Nettolohns
2. Nettolohnberechnung für laufenden Arbeitslohn
3. Nettolohnberechnung bei sonstigen Bezügen
4. Sozialversicherung und Nettolohnvereinbarung
   a) Allgemeines
   b) Beschäftigungsverhältnisse in der Gleitzone
   c) Jahresarbeitsentgeltgrenze

1. Begriff des Nettolohns

Die Zahlung von Nettolohn muss ausdrücklich zwischen Arbeitgeber und Arbeitnehmer vereinbart werden, wenn ihr arbeitsrechtlich eine Bedeutung zukommen soll. Ohne eine solche Vereinbarung schuldet der Arbeitgeber den Bruttolohn. Wird vertraglich festgelegt, dass der Arbeitgeber den Lohn **steuerfrei** auszahlen soll, so ist dies nicht als Nettolohnvereinbarung zu werten, wenn sich die Annahme über die Steuerfreiheit als unzutreffend erweist**).

Durch eine Nettolohnvereinbarung übernimmt der Arbeitgeber im Innenverhältnis die vom Arbeitnehmer geschuldeten Abzugsbeträge (Lohnsteuer, Kirchensteuer, Solidaritätszuschlag und Arbeitnehmeranteil zur Sozialversicherung). Der Arbeitgeber übernimmt also eine fremde Schuld. Die übernommenen Lohnabzüge stellen daher **zusätzlichen Arbeitslohn** dar. Zur Ermittlung der zutreffenden Abzugsbeträge muss der Nettolohn auf einen Bruttolohn hochgerechnet werden (sog. **Abtasten der Lohnsteuertabelle**). Erst dieser Bruttolohn ist der Arbeitslohn im Sinne des Lohnsteuerrechts und das maßgebende Arbeitsentgelt für die Sozialversicherung. In die Lohnsteuerbescheinigung und in die Entgeltbescheinigung für Sozialversicherung ist deshalb der Bruttolohn und keinesfalls der Nettolohn einzutragen.

Die Nettolohnvereinbarung wirkt nur im Innenverhältnis zwischen Arbeitgeber und Arbeitnehmer. Schuldner der Lohnsteuer gegenüber dem Finanzamt bleibt – anders als bei einer Pauschalierung der Lohnsteuer – **der Arbeitnehmer.** Falls Lohnsteuer zu erstatten ist, z. B. aufgrund einer Einkommensteuerveranlagung durch das Finanzamt, hat deshalb nicht der Arbeitgeber, sondern der Arbeitnehmer den Erstattungsanspruch gegenüber dem Finanzamt. In Fällen der Nettolohnvereinbarung wird deshalb oft von vornherein die Abtretung des Erstattungsanspruchs durch den Arbeitnehmer an den Arbeitgeber vereinbart. Nur auf diesem Weg kann der Arbeitgeber erreichen, dass er letztlich nicht mehr Lohnsteuer übernimmt, als der Arbeitnehmer dem Finanzamt tatsächlich schuldet. Trägt der Arbeitgeber in diesem Fall die Steuerberatungskosten für die Erstellung der Einkommensteuererklärung des Arbeitnehmers, führt dies zu einem (weiteren) steuerpflichtigen geldwerten Vorteil. Fließt aufgrund der Abtretung Lohnsteuer vom Arbeitnehmer an den Arbeitgeber zurück, so mindert dieser Vorgang im Jahr der Rückzahlung den steuerpflichtigen Arbeitslohn des Arbeitnehmers (vgl. das Stichwort „Rückzahlung von Arbeitslohn"). Der Bundesfinanzhof hat die Auffassung der Finanzverwaltung bestätigt, dass diese Rückzahlung durch eine **Verminderung**

---

*) Erlass des Bayer. Staatsministeriums der Finanzen vom 15.4.2009. Der Erlass ist als Anlage 3 zu H 3.26 LStR im **Steuerhandbuch für das Lohnbüro 2010** abgedruckt, das im selben Verlag erschienen ist. Das **PC-Lexikon** für das Lohnbüro 2010 enthält auch dieses Handbuch und hat außerdem den Vorteil, dass Sie **alle BFH-Urteile** sowie die aktuellen Rundschreiben und Niederschriften der Spitzenverbände der **Sozialversicherung** mit Mausklick **im Volltext** abrufen und ausdrucken können. Eine Bestellkarte finden Sie vorne im Lexikon.

**) Bei einem Arbeitnehmer mit auswärtiger Tätigkeit wird neben dem Stundenlohn eine Auslöse von täglich 15 € vereinbart, die ausdrücklich als „steuerfrei" bezeichnet wird. Stellt sich nachträglich heraus, dass die Vertragsparteien hinsichtlich der Steuerfreiheit einem Irrtum unterlegen sind, so schuldet der Arbeitnehmer mangels einer eindeutigen Nettolohnvereinbarung die Steuerabzugsbeträge. Der Arbeitgeber haftet für diese Steuerbeträge nach den allgemeinen Grundsätzen der Arbeitgeberhaftung (vgl. „Haftung des Arbeitgebers").

Nettolöhne

des laufenden **Bruttoarbeitslohns** und nicht des laufenden Nettolohns zu berücksichtigen ist (BFH-Urteil vom 30.7.2009 VI R 29/06). Eine Hochrechnung der an den Arbeitgeber zurückgeflossenen Steuererstattung auf einen fiktiven Bruttobetrag ist nicht vorzunehmen. Zur Haftung des Arbeitgebers bei Nettolohnvereinbarungen vgl. Stichwort „Haftung des Arbeitgebers" unter Nr. 9 Buchstabe a auf Seite 382.

Liegt eine Nettolohnvereinbarung vor, so wirken sich etwaige Gesetzesänderungen stets auf den hochgerechneten Bruttolohn aus. Dies bedeutet, dass eine Steuererhöhung (z. B. Erhöhung der Steuersätze) zu Lasten des Arbeitgebers geht. Umgekehrt begünstigt eine Senkung des Eingangssteuersatzes nicht den Arbeitnehmer sondern den Arbeitgeber. Die gleichen Grundsätze gelten für Nettolohnvereinbarungen mit Übernahme der Sozialversicherungsbeiträge. Sollen sich etwaige Gesetzesänderungen beim **Arbeitnehmer** auswirken, muss die Nettolohnvereinbarung entsprechend geändert werden. Vorsicht ist bei Nettolohnvereinbarungen insbesondere auch im Hinblick auf die seit 2000 bestehende Möglichkeit der **Eintragung eines Hinzurechnungsbetrags** auf der Lohnsteuerkarte geboten. Der Arbeitgeber sollte die auf einen Hinzurechnungsbetrag entfallenden Steuerabzüge stets von der Nettolohnvereinbarung ausschließen (vgl. „Hinzurechnungsbetrag auf der Lohnsteuerkarte").

Wird bei **Teilzeitbeschäftigten** oder **Aushilfskräften** die Lohnsteuer pauschal nach § 40 a EStG erhoben, so ist der Arbeitgeber zwar kraft Gesetzes Steuerschuldner der abzuführenden Pauschalsteuer, die zugrunde liegende Lohnvereinbarung ist deshalb jedoch noch keine Nettolohnvereinbarung. Eine Nettolohnvereinbarung liegt nur dann vor, wenn der vereinbarte Lohn – vor Pauschalsteuer – auch tatsächlich als Nettolohn vereinbart ist. Solchen Vereinbarungen kommt erhebliche Bedeutung zu, wenn Lohnsteuer vom Finanzamt wegen einer „missglückten" Pauschalierung nachgefordert wird (vgl. Stichwort „Haftung des Arbeitgebers" unter Nr. 9 Buchstabe c auf Seite 383). Beim Stichwort „Haftung des Arbeitgebers" unter Nr. 9 Buchstabe b auf Seite 382 sind auch die Auswirkungen dargestellt, die sich ergeben, wenn aufgrund von **Schwarzgeldvereinbarungen** Nettolöhne an die Arbeitnehmer gezahlt werden. **Streitigkeiten** darüber, ob eine **Nettolohnvereinbarung** vorliegt oder nicht, unterliegen nicht dem Finanzgerichtsweg (BFH-Beschluss vom 29. 6. 1993, BStBl. II S. 760), sondern sind vor den Arbeitsgerichten auszutragen. Dies gilt auch, wenn bei einer Nettolohnvereinbarung Streitigkeiten über die Höhe des in der Lohnsteuerbescheinigung auszuweisenden Bruttoarbeitslohns bestehen (BFH-Urteil vom 13. 12. 2007, BStBl. 2008 II S. 434). Ungeachtet dessen hat das Finanzamt im Falle einer Nettolohnvereinbarung die vom Arbeitgeber einzubehaltende Lohnsteuer bei der Einkommensteuerveranlagung des Arbeitnehmers so anzurechnen, als ob sie tatsächlich einbehalten und abgeführt worden sei.

2. Nettolohnberechnung für laufenden Arbeitslohn

Steuerpflichtiger Bruttolohn ist bei der Zahlung von Nettolöhnen derjenige Betrag, der nach Abzug der vom Arbeitgeber übernommenen Steuern und Arbeitnehmeranteile am Gesamtsozialversicherungsbeitrag den ausgezahlten Nettolohn ergibt.

Dieser Betrag ist aus dem laufenden Nettolohn mit Hilfe der maßgebenden Abzugstabelle (im Normalfall also die **Monatstabelle**) durch sog. Abtasten zu ermitteln. Dabei sind – jedoch nur für die Berechnung der Lohn- und Kirchensteuer sowie des Solidaritätszuschlags nicht aber für die Sozialversicherung – vom Nettolohn folgende Freibeträge abzuziehen:

– der **Altersentlastungsbetrag** (vgl. dieses Stichwort) und

– der **Versorgungsfreibetrag** und der Zuschlag zum Versorgungsfreibetrag (vgl. „Versorgungsbezüge, Versorgungsfreibetrag").

Bis einschließlich 2007 konnte ein **Freibetrag**, der auf der Lohnsteuerkarte des Arbeitnehmers eingetragen war, für das sog. Abtasten aus Vereinfachungsgründen ebenfalls vom Nettolohn abgezogen werden. Ein auf der Lohnsteuerkarte eingetragener **Hinzurechnungsbetrag** konnte aus Vereinfachungsgründen dem Nettolohn hinzugerechnet werden (R 122 Abs. 2 Satz 2 LStR 2005). Diese Vereinfachungsregelung ist in die Lohnsteuer-Richtlinien 2008 (R 39b.9 LStR 2008) nicht übernommen worden. Ab 2008 müssen deshalb bei einer Nettolohnberechnung sowohl der auf der Lohnsteuerkarte eingetragene Freibetrag als auch der Hinzurechnungsbetrag direkt vom Bruttolohn abgezogen werden. Dies ist bei einer maschinellen Nettolohnberechnung auch kein Problem und wurde in der Vergangenheit bereits weitgehend so gehandhabt. Eine manuelle Nettolohnberechnung durch Abtasten einer gedruckten Lohnsteuertabelle ist allerdings durch die Streichung der Vereinfachungsregelung ab 1.1.2008 nur noch in den Fällen möglich, in denen kein Freibetrag oder Hinzurechnungsbetrag auf der Lohnsteuerkarte des Arbeitnehmers eingetragen ist.

Zur steuerlichen Auswirkung eines Hinzurechnungsbetrags wird auf die Erläuterungen beim Stichwort „Hinzurechnungsbetrag auf der Lohnsteuerkarte" hingewiesen. Der Arbeitgeber sollte die auf einen Hinzurechnungsbetrag entfallenden Steuerabzüge stets von der Nettolohnvereinbarung ausschließen.

Das „Abtasten" geschieht in der Weise, dass zuerst aus dem Nettolohn und der darauf entfallenden Lohnsteuer eine Summe A gebildet wird, anschließend aus dem Nettolohn und der Lohnsteuer aus der Summe A eine Summe B, dann aus dem Nettolohn und der Lohnsteuer aus der Summe B eine Summe C und so fort, bis eine Summe erreicht wird, bei der nach Kürzung der auf sie entfallenden Lohnsteuer der Nettolohn verbleibt. Diese zuletzt ermittelte Summe ist der Bruttolohn.

Übernimmt der Arbeitgeber außer der Lohnsteuer auch die Kirchensteuer, den Solidaritätszuschlag und den Arbeitnehmeranteil zu den Sozialversicherungsbeiträgen, so sind bei der Ermittlung des Bruttoarbeitslohns auch diese weiteren Abzugsbeträge einzurechnen.

Ein vollständiges Beispiel für die **Nettolohnberechnung bei laufendem Arbeitslohn mit Übernahme der Sozialversicherungsbeiträge** ist als **Anhang 13** auf Seite 970 abgedruckt.

Die vom Arbeitgeber übernommenen Steuerbeträge und Sozialversicherungsbeiträge gelten für die steuerliche Beurteilung als für Rechnung des Arbeitnehmers gezahlte Beträge. Deshalb sind im **Lohnkonto** und in der elektronischen **Lohnsteuerbescheinigung** als Arbeitslohn nicht der gezahlte Nettolohn, sondern der ermittelte Bruttoarbeitslohn und als einbehaltene Steuerbeträge die vom Arbeitgeber übernommenen Steuerbeträge einzutragen (vgl. die Stichworte „Lohnkonto" und „Lohnsteuerbescheinigung").

3. Nettolohnberechnung bei sonstigen Bezügen

Werden **sonstige Bezüge** (einmalige Zuwendungen) netto gezahlt, so gilt Folgendes:

Entsprechend der Berechnung der Lohnsteuer für sonstige Bezüge nach der Jahreslohnsteuertabelle ist auch das sog. Abtasten bei netto gezahlten sonstigen Bezügen nach der **Jahrestabelle** durchzuführen (vgl. das Stichwort „Sonstige Bezüge" unter Nr. 13). Bei der Berechnung der Sozialversicherungsbeiträge ist zu beachten, dass die **anteilige Jahresbeitragsbemessungsgrenze** für den einmaligen Bezug gilt, wenn dieser zusammen mit dem laufenden Monatslohn die Monatsbeitragsbemessungs-

Neujahrsgeschenke

	Lohn-steuer-pflichtig	Sozial-versich.-pflichtig

grenze übersteigt. Ein zusammenfassendes Beispiel, das **alle diese Besonderheiten** enthält, ist als **Anhang 12** auf Seite 968 abgedruckt.

Bei der Berechnung der Lohnsteuer für einen sonstigen Bezug, der einem Arbeitnehmer nach einem **Wechsel** von der **unbeschränkten** zur **beschränkten Steuerpflicht** in diesem Kalenderjahr zufließt, ist der während des Zeitraums der unbeschränkten Steuerpflicht gezahlte Arbeitslohn im Jahresarbeitslohn zu berücksichtigen (BFH-Urteil vom 25.8.2009 I R 33/08). Das gilt auch bei einer Nettolohnvereinbarung.

Beispiel

Eine Tochtergesellschaft eines japanischen Unternehmens beschäftigt von der Muttergesellschaft nach Deutschland entsandte Arbeitnehmer. Zwischen der Tochtergesellschaft und den Arbeitnehmern besteht eine Nettolohnvereinbarung. Im Jahr 2010 kehrt ein Arbeitnehmer nach Japan zurück. Nach seinem Wegzug erhält er noch im Jahr 2010 eine Bonuszahlung, die auf die in Deutschland geleistete Tätigkeit entfällt.

Der Bundesfinanzhof hat die Auffassung der Finanzverwaltung bestätigt, wonach der Jahresarbeitslohn unter Berücksichtigung des Arbeitslohns des Zeitraums der unbeschränkten Steuerpflicht zu ermitteln ist (BFH-Urteil vom 25.8.2009 I R 33/08). Die Finanzverwaltung hat übrigens die Steuerberechnung im Streitfall aus Billigkeitsgründen nach der für den Zeitraum der unbeschränkten Steuerpflicht geltenden Steuerklasse vorgenommen.

Des Weiteren ist im **Anhang 14** auf Seite 972 eine Nettolohnberechnung für sonstige Bezüge abgedruckt, die nach der **Fünftelregelung** unter Übernahme der **Sozialversicherungsbeiträge** besteuert werden.

4. Sozialversicherung und Nettolohnvereinbarung

a) Allgemeines

Die vom Arbeitgeber übernommene Lohn- und Kirchensteuer sowie der Solidaritätszuschlag und der Arbeitnehmeranteil zur Sozialversicherung sind beitragspflichtiges Entgelt (§ 14 Abs. 2 SGB IV). Zur Ermittlung der gesetzlichen Abzüge und für die Entgeltbescheinigung (Rentenversicherung) muss daher der Bruttoverdienst festgestellt werden. Dies geschieht durch „Abtasten" wie bei der Lohnsteuer. **Dabei sind die Beitragsbemessungsgrenzen zu beachten.**

b) Beschäftigungsverhältnisse in der Gleitzone

Ist für eine Beschäftigung ein Nettoarbeitsentgelt im Sinne des § 14 Abs. 2 SGB IV vereinbart, ist bei dem für die Prüfung, ob es sich um eine Beschäftigung in der Gleitzone handelt, zugrunde zu legenden Bruttoarbeitsentgelt nicht der reduzierte Arbeitnehmerbeitrag, sondern **der reguläre Arbeitnehmerbeitrag** zu berücksichtigen (vgl. die Erläuterungen beim Stichwort „Gleitzone im Niedriglohnbereich").

c) Jahresarbeitsentgeltgrenze

Für die Ermittlung der Jahresarbeitsentgeltgrenze in der Krankenversicherung gilt Folgendes: Wird bei der Errechnung des Bruttoentgelts die Jahresarbeitsentgeltgrenze (vgl. dieses Stichwort) schon durch Hinzurechnen der Lohn- und Kirchensteuer sowie des Solidaritätszuschlags zum Nettolohn überschritten, so tritt Versicherungsfreiheit ein. Wird jedoch der Grenzbetrag nur zusammen mit den Arbeitnehmeranteilen zu den Sozialversicherungsbeiträgen überschritten, bleibt Krankenversicherungspflicht dennoch bestehen, weil die vom Arbeitgeber übernommenen Sozialversicherungsanteile bei der Feststellung der Krankenversicherungspflicht außer Ansatz bleiben.

Vgl. auch die Erläuterungen beim Stichwort „Hypotax-Zahlungen".

Neujahrsgeschenke

siehe „Weihnachtsgeld"

Nichtvorlage der Lohnsteuerkarte

	Lohn-steuer-pflichtig	Sozial-versich.-pflichtig

Nichtraucherprämien

Bei der Nichtraucherprämie handelt es sich um eine persönliche Zulage, die zum steuer- und beitragspflichtigen Arbeitslohn gehört.   ja   ja

Siehe auch das Stichwort „Gesundheitsförderung".

Nichtvorlage der Lohnsteuerkarte

Gliederung:

1. Allgemeines
2. Schuldhafte Nichtvorlage der Lohnsteuerkarte
3. Lohnsteuerabzug bei unverschuldeter Nichtvorlage der Lohnsteuerkarte
4. Sonderregelung für den Monat Januar
5. Haftung des Arbeitgebers
6. Aufzeichnungs- und Bescheinigungspflichten
7. Lohnsteuerabzug durch einen Dritten

1. Allgemeines

Jeder Arbeitnehmer ist verpflichtet, dem Arbeitgeber eine Lohnsteuerkarte vorzulegen. Eine Ausnahme besteht nur für die Fälle, in denen die Lohnsteuer **pauschal** ohne Vorlage der Lohnsteuerkarte berechnet werden kann (vgl. „Pauschalierung der Lohnsteuer bei Aushilfskräften und Teilzeitbeschäftigten") oder in dem Ausnahmefall, dass ein **Dritter** zum Lohnsteuerabzug verpflichtet ist (vgl. die Erläuterungen unter der nachfolgenden Nr. 7). Beschränkt steuerpflichtige (meist ausländische) Arbeitnehmer müssen eine lohnsteuerkartenähnliche sog. Lohnsteuerabzugsbescheinigung vorlegen (vgl. das Stichwort „Beschränkt steuerpflichtige Arbeitnehmer"). Wird weder eine Lohnsteuerkarte noch eine sog. Lohnsteuerabzugsbescheinigung vorgelegt, gelten die nachfolgend erläuterten Regelungen, wobei sowohl bei einer Nichtvorlage der Lohnsteuerkarte als auch bei einer Nichtvorlage der sog. Lohnsteuerabzugsbescheinigung dieselbe Rechtsfolge eintritt, nämlich die Anwendung der ungünstigen Steuerklasse VI. Im Einzelnen gilt Folgendes:

Wird die Lohnsteuerkarte **schuldhaft** nicht vorgelegt, muss der Arbeitgeber die Lohnsteuer nach der ungünstigen **Steuerklasse VI** einbehalten (§ 39c Abs. 1 EStG).

Auswirkung:

Arbeitslohn 2000 € monatlich	
Steuerklasse III/0, Lohnsteuer	41,16 €
Steuerklasse VI, Lohnsteuer	477,50 €
Differenz monatlich	436,34 €

Der Arbeitgeber hat die Lohnsteuer ohne Rücksicht auf den tatsächlichen Familienstand des Arbeitnehmers so lange unter Anwendung der Steuerklasse VI zu berechnen und einzubehalten, bis der Arbeitnehmer die Lohnsteuerkarte vorlegt. Der Arbeitnehmer wird dadurch im Wesentlichen so besteuert, als ob er in einem zweiten Dienstverhältnis stünde, d. h. seine erste Lohnsteuerkarte einem anderen Arbeitgeber vorgelegt hätte.

Für die **Einbehaltung** der **Kirchensteuer** gilt Folgendes:

Aus der Nichtvorlage der Lohnsteuerkarte kann der Arbeitgeber nicht ohne weiteres schließen, dass der Arbeitnehmer keiner kirchensteuererhebenden Religionsgemeinschaft angehört. Der **Arbeitgeber** ist deshalb auch bei einer Nichtvorlage der Lohnsteuerkarte zur Einbehaltung der Kirchensteuer **verpflichtet.** Er darf hiervon nur dann absehen, wenn ihm der Arbeitnehmer schriftlich erklärt, dass er keiner kirchensteuererhebenden Religionsgemeinschaft angehört. Die für eine Pauschalierung der Kirchensteuer bei konfessionslosen Arbeitnehmern entwickelten Grundsätze betreffend den

Nachweis, dass der Arbeitnehmer nicht kirchensteuerpflichtig ist, gelten bei der Nichtvorlage der Lohnsteuerkarte entsprechend (vgl. das Stichwort „Kirchensteuer" unter Nr. 10 Buchstabe d).

2. Schuldhafte Nichtvorlage der Lohnsteuerkarte

Die Ermittlung der Lohnsteuer nach der Steuerklasse VI wegen Nichtvorlage (Nichtrückgabe) der Lohnsteuerkarte setzt ein schuldhaftes Verhalten (**Vorsatz oder Fahrlässigkeit**) des Arbeitnehmers voraus.

Kein Verschulden des Arbeitnehmers liegt nach R 39c Abs. 2 der Lohnsteuer-Richtlinien vor, wenn der Arbeitnehmer

a) die Lohnsteuerkarte binnen 6 Wochen nach Eintritt in das Dienstverhältnis vorlegt;

b) eine ihm vom Arbeitgeber während des Dienstverhältnisses ausgehändigte Lohnsteuerkarte innerhalb von 6 Wochen wieder zurückgibt;

c) die Lohnsteuerkarte für das laufende Kalenderjahr 2010 bis zum 31. März 2010 vorlegt;

Werden die unter a) bis c) genannten Zeiträume überschritten, so ist ein Verschulden des Arbeitnehmers zu unterstellen, es sei denn, der Arbeitnehmer weist nach, dass er die Verzögerung nicht zu vertreten hat. Der Nachweis ist als Beleg zum Lohnkonto aufzubewahren.

3. Lohnsteuerabzug bei unverschuldeter Nichtvorlage der Lohnsteuerkarte

Solange ein Verschulden des Arbeitnehmers nicht anzunehmen ist, hat der Arbeitgeber

a) im Fall der Nichtvorlage der Lohnsteuerkarte zu Beginn des Kalenderjahres oder bei Eintritt in das Dienstverhältnis die ihm bekannten (ggf. durch amtliche Unterlagen belegten) oder die durch eine Bescheinigung des bisherigen Arbeitgebers nachgewiesenen Familienverhältnisse des Arbeitnehmers (Familienstand, Zahl der Kinderfreibeträge) dem Lohnsteuerabzug zugrunde zu legen;

b) im Fall der Nichtrückgabe einer ausgehändigten Lohnsteuerkarte die bisher auf der Lohnsteuerkarte eingetragenen Merkmale dem Lohnsteuerabzug zugrunde zu legen.

Nach Vorlage oder Rückgabe der Lohnsteuerkarte ist der Lohnsteuerabzug ggf. zu berichtigen (vgl. „Änderung des Lohnsteuerabzugs").

4. Sonderregelung für den Monat Januar

Der Arbeitgeber kann die Lohnsteuer vom Arbeitslohn **für den Monat Januar 2010** nach den Eintragungen auf der Lohnsteuerkarte für das Kalenderjahr 2009 (Steuerklasse, Zahl der Kinderfreibeträge, Freibeträge usw.) berechnen, wenn der Arbeitnehmer die Lohnsteuerkarte für das neue Kalenderjahr bis zur Lohnabrechnung nicht vorgelegt hat. Bei Anwendung der sog. Januarregelung ist bei monatlicher Lohnzahlung der auf der Lohnsteuerkarte 2009 eingetragene Jahresfreibetrag mit einem Zwölftel anzusetzen (es ist also nicht der monatliche Freibetrag für Dezember 2009 abzuziehen), bei wöchentlicher Lohnzahlung ist der Jahresfreibetrag auf der Lohnsteuerkarte 2009 mit $7/360$ und bei täglicher Lohnzahlung mit $1/360$ zu berücksichtigen. Dabei ist der so ermittelte Monatsbetrag auf den nächsten vollen Euro-Betrag, der Wochenbetrag auf den nächsten durch zehn teilbaren Centbetrag und der Tagesbetrag auf den nächsten durch fünf teilbaren Centbetrag aufzurunden. Die Regelungen gelten entsprechend für einen auf der Lohnsteuerkarte 2009 eingetragenen Jahreshinzurechnungsbetrag. Nach Vorlage der Lohnsteuerkarte ist die Lohnsteuerberechnung für den Monat Januar zu überprüfen und erforderlichenfalls zu ändern. Legt der Arbeitnehmer bis spätestens 31. März 2010 keine Lohnsteuerkarte vor, so ist **rückwirkend** die **Steuerklasse VI** anzuwenden (vgl. auch die Erläuterungen beim Stichwort „Änderung des Lohnsteuerabzugs").

5. Haftung des Arbeitgebers

Es steht nicht im Ermessen des Arbeitgebers, ob er die erhöhte Lohnsteuer nach Steuerklasse VI erheben will oder nicht, sondern er ist beim Vorliegen der Voraussetzungen (schuldhafte Nichtvorlage der Lohnsteuerkarte) dazu verpflichtet. Kommt er dieser Verpflichtung nicht nach, so kann er vom Finanzamt auch für die erhöhte Lohnsteuer in Haftung genommen werden. Dies gilt auch, wenn das Kalenderjahr für das keine Lohnsteuerkarte vorgelegt wurde, bereits abgelaufen ist (BFH-Urteil vom 12.1.2001, BStBl. 2003 II S. 151). Vgl. auch „Haftung des Arbeitgebers" unter Nr. 11 Buchstabe a auf Seite 383.

6. Aufzeichnungs- und Bescheinigungspflichten

Den Zeitraum, für den wegen schuldhafter Nichtvorlage der Lohnsteuerkarte die Lohnsteuer nach Steuerklasse VI einbehalten wurde, hatte der Arbeitgeber früher auf der Lohnsteuerkarte zu vermerken. Dieser Vermerk ist weggefallen. Im **Lohnkonto** ist der Zeitraum der **schuldhaften Nichtvorlage der Lohnsteuerkarte** jedoch **weiterhin festzuhalten.**

Liegt dem Arbeitgeber bei Beendigung des Dienstverhältnisses im Laufe des Kalenderjahres oder bei Abschluss der Lohnkonten am Ende des Kalenderjahres die Lohnsteuerkarte nicht vor, muss er eine besondere Lohnsteuerbescheinigung auf amtlich vorgeschriebenem Vordruck ausstellen (vgl. „Besondere Lohnsteuerbescheinigung"), sofern er nicht am ElsterLohn-Verfahren teilnimmt.

7. Lohnsteuerabzug durch einen Dritten

Ist ein Dritter zum Lohnsteuerabzug verpflichtet, weil er tarifvertragliche Ansprüche eines Arbeitnehmers eines anderen Arbeitgebers unmittelbar zu erfüllen hat (§ 38 Abs. 3a Satz 1 EStG), kann der Dritte die Lohnsteuer für einen sonstigen Bezug nach § 39c Abs. 5 EStG mit 20 % unabhängig von einer Lohnsteuerkarte ermitteln. Es handelt sich dabei nicht um eine pauschale Lohnsteuer im Sinne der §§ 40, 40a oder 40b EStG. Schuldner der Lohnsteuer bleibt auch in diesem Fall der Arbeitnehmer. Der versteuerte Arbeitslohn ist im Rahmen einer Einkommensteuerveranlagung des Arbeitnehmers zu erfassen und die **pauschal erhobene Lohnsteuer auf die Einkommensteuerschuld anzurechnen.** Der Dritte hat daher dem Arbeitnehmer eine Besondere Lohnsteuerbescheinigung auszustellen (vgl. dieses Stichwort) und die einbehaltene Lohnsteuer zu bescheinigen (§ 41b EStG). Auf die ausführlichen Erläuterungen beim Stichwort „Lohnsteuerabzug durch einen Dritten" unter Nr. 2 wird Bezug genommen.

Notstandsbeihilfen

siehe „Unterstützungen"

Öffentliche Kassen

Der Begriff ist im Lohnsteuerrecht deshalb von Bedeutung, weil er bei der **Steuerfreiheit verschiedener Arbeitgeberleistungen** eine Rolle spielt (z. B. bei Reisekostenvergütungen, Trennungsgeldern, Umzugskostenvergütungen sowie Unterstützungen und Beihilfen). Voraussetzung für die Steuerfreiheit dieser Vergütungen ist unter anderem, dass die Zahlung aus einer öffentlichen Kasse erfolgt. Die Zahlung aus einer öffentlichen Kasse ist außerdem eine der Voraussetzungen, die für die Steuerfreiheit von Aufwandsentschädigungen gefordert werden.

Öffentliche Kassen sind außer den Kassen des Bundes und der Länder, die Kassen der Gebietskörperschaften (Gemeinden, Gemeindeverbände), der anerkannten Religionsgemeinschaften, des Bundeseisenbahnvermögens, der Deutschen Bundesbank, der Ortskrankenkassen, Landwirtschaftliche Krankenkassen, Innungskrankenkassen, Ersatzkassen, Berufsgenossenschaften, Gemeindeunfallversicherungsverbände, der öffentlich-rechtlichen Rundfunkanstalten und der Träger der gesetzlichen Rentenversicherungen (Bund, Land, Knappschaft-Bahn-See) sowie die Unterstützungskassen der Postunternehmen. Auch die Kassen sonstiger öffentlich-rechtlicher Körperschaften sind öffentliche Kassen, sofern sie einer Dienstaufsicht und Prüfung der Finanzgebarung durch die öffentliche Hand unterliegen (BFH-Urteil vom 7. 8. 1986, BStBl. II S. 848); z. B. der Nachprüfung durch den Prüfungsverband öffentlicher Kassen.

Optionen

siehe „Aktienoptionen"

Ordensangehörige

Nach dem BFH-Urteil vom 11. 5. 1962 (BStBl. III S. 310) ist ein Dienstverhältnis zwischen dem Ordensangehörigen und dem außerhalb des Ordens stehenden Auftraggeber (Schule, Krankenanstalt, Kirchengemeinde) jedenfalls dann nicht anzunehmen, wenn der Orden nicht ein bestimmtes Mitglied abzustellen hat und die Beteiligten bürgerlich-rechtliche Beziehungen zwischen dem Auftraggeber (Arbeitgeber) und dem Ordensangehörigen nicht begründen wollten und tatsächlich nicht begründet haben. Die von den Steuerpflichtigen bürgerlich-rechtlich ernsthaft vereinbarte und durchgeführte Regelung ihrer beiderseitigen Beziehungen ist grundsätzlich auch für die steuerliche Beurteilung maßgebend*). Ein Ordensangehöriger wird deshalb nur dann als **Arbeitnehmer** angesehen, wenn der Orden zur Erledigung der Arbeiten einen bestimmten Ordensangehörigen zur Verfügung stellt und entweder der Ordensangehörige selbst oder für diesen der Orden ausdrücklich einen Dienstvertrag abschließen. Außerdem ist von einem Dienstverhältnis auszugehen, wenn ein Ordensangehöriger formell in ein Beamtenverhältnis (z. B. als Hochschullehrer) berufen wird.

In allen anderen Fällen werden steuerlich nur Rechtsbeziehungen zwischen Orden und dem Auftraggeber angenommen, aufgrund deren sich der Orden verpflichtet, bestimmte Leistungen (Unterrichtserteilung, Krankenpflege usw.) für den Auftraggeber zu bewirken oder für diese Zwecke Arbeitskräfte zur Verfügung zu stellen (Gestellungsverträge). In diesen Fällen liegt jedoch keine Überlassung von Arbeitnehmern im Sinne des Arbeitnehmerüberlassungsgesetzes vor.

Nach § 6 Abs. 1 Nr. 7 SGB V sind satzungsmäßige Mitglieder geistlicher Genossenschaften, Diakonissen und ähnliche Personen **krankenversicherungsfrei,** wenn sie sich aus überwiegend religiösen oder sittlichen Beweggründen mit Krankenpflege, Unterricht oder anderen gemeinnützigen Tätigkeiten beschäftigen und nicht mehr als freien Unterhalt oder ein geringes Arbeitsentgelt beziehen, das nur zur Beschaffung der unmittelbaren Lebensbedürfnisse an Wohnung, Verpflegung, Kleidung und dergleichen ausreicht. In der **Arbeitslosenversicherung** besteht **Versicherungsfreiheit** nach § 27 Abs. 1 Nr. 4 SGB III. In der **Rentenversicherung** besteht **Versicherungsfreiheit** (§ 5 Abs. 1 Nr. 3 SGB VI), wenn nach den Regeln der Gemeinschaft eine Anwartschaft auf die in der Gemeinschaft übliche Versorgung bei verminderter Erwerbsfähigkeit und im Alter gewährleistet und die Erfüllung dieser Gewährleistung gesichert ist.

Wenn auch die Vorschrift des § 6 Abs. 1 Nr. 7 SGB V entweder nur freien Unterhalt oder nur ein geringes Arbeitsentgelt zulässt, wird Versicherungsfreiheit auch dann noch anerkannt, wenn neben dem freien Unterhalt ein geringfügiges Taschengeld gezahlt wird; als geringfügig gilt dabei ein Betrag bis zu einem Einundzwanzigstel der monatlichen Bezugsgröße. Ein einundzwanzigstel der monatl. Bezugsgröße beträgt im Jahr 2010 121,67 €.

Organisten

Nebenberuflich tätige Organisten in Kirchen sind für die Beantwortung der Frage, ob sie ihre Tätigkeit selbständig oder nichtselbständig ausüben wie nebenberufliche Lehrkräfte zu behandeln (vgl. das Stichwort „Nebentätigkeit für gemeinnützige Organisationen" unter Nr. 6 Buchstabe a auf Seite 505). Hiernach wird ihre Tätigkeit grundsätzlich als selbständige Tätigkeit angesehen, es sei denn, dass im Einzelfall ein festes Beschäftigungsverhältnis zu einer Kirchengemeinde, einem Orden usw. vorliegt. Bei fester Beschäftigung besteht ggf. die Möglichkeit einer Pauschalierung der Lohnsteuer unter Verzicht auf die Vorlage einer Lohnsteuerkarte (vgl. „Pauschalierung der Lohnsteuer bei Aushilfskräften und Teilzeitbeschäftigten").

Nebenberuflich tätige Organisten können den Freibetrag für eine künstlerische Tätigkeit in Höhe von **2100 €** jährlich beanspruchen, vgl. „Nebentätigkeit für gemeinnützige Organisationen".

Ortszuschlag

Der Ortszuschlag ist steuer- und beitragspflichtig. ja ja

Outplacement-Beratung

Unter Outplacement-Beratung versteht man eine Beratung zur beruflichen Neuorientierung. Verschiedene Arbeitgeber verpflichten in Zusammenhang mit der Entlassung von Arbeitnehmern sog. Outplacement-Beratungsunternehmen, um ihre aus dem Dienstverhältnis ausscheidenden Arbeitnehmer durch individuelle Betreuung, fachliche Beratung und organisatorische Unterstützung bei der Suche nach einem neuen Arbeitsplatz zu unterstützen. Die Beratung kann – wenn mehrere Arbeitnehmer eines Arbeitgebers betroffen sind – auch als Gruppenberatung stattfinden. Die **Art und Weise,** in der Outplacement-Beratung betrieben wird, ist **sehr unterschiedlich.** Teilweise werden Lehrgänge innerhalb der Arbeitszeit und vor Aufhebung des Dienstverhältnisses durchgeführt, teilweise erstreckt sich die Beratung auch über den Auflösungszeitpunkt hinaus und kann in der gezielten Beratung einzelner Arbeitnehmer und der Zurverfügungstellung von Bürokapazitäten für die Zeit nach Beendigung des Dienstverhältnisses bestehen.

Übernimmt der Arbeitgeber die Aufwendungen für die Beratung ausscheidender Arbeitnehmer durch ein Outplacement-Unternehmen, so liegt begrifflich **Arbeitslohn** vor, da die Beratung nicht im ganz überwiegenden betrieblichen Interesse erfolgt. Denn das Interesse des Arbeitgebers beschränkt sich bei ausscheidenden Arbeitnehmern im Regelfall auf die sozialverträgliche Beendigung des Arbeitsverhältnisses, wohingegen die Beratung selbst auf die Interessen des einzelnen Arbeitnehmers und speziell dessen künftige berufliche Entwicklung zugeschnitten ist. Da der Vorteil im Zusammenhang mit der vom Arbeitgeber veran-

---

*) Bundeseinheitliche Regelung. Für Bayern bekannt gegeben mit Schreiben des Bayer. Staatsministeriums der Finanzen vom 18. 3. 1963 Az.: S 2220 – 27/22 – 12 351. Das Schreiben ist als Anlage 3 zu H 19.0 LStR im **Steuerhandbuch für das Lohnbüro 2010** abgedruckt, das im selben Verlag erschienen ist. Das **PC-Lexikon** für das Lohnbüro 2010 enthält auch dieses Handbuch und hat außerdem den Vorteil, dass Sie **alle BFH-Urteile** sowie die aktuellen Rundschreiben und Niederschriften der Spitzenverbände der **Sozialversicherung** mit Mausklick **im Volltext** abrufen und ausdrucken können. Eine Bestellkarte finden Sie vorne im Lexikon.

	Lohn-steuer-pflichtig	Sozial-versich.-pflichtig

lassten Auflösung des Dienstverhältnisses anfällt, sind die Arbeitgeberleistungen im Regelfall Teil der Abfindung wegen Entlassung aus dem Dienstverhältnis (vgl. dieses Stichwort).

Für die Frage, wann der Arbeitslohn **zufließt,** kommt es auf die vertragliche Gestaltung an:
– Wird der Beratungsvertrag zwischen dem Outplacement-Unternehmen und dem Arbeitnehmer geschlossen, fließt der Arbeitslohn in dem Zeitpunkt zu, in dem der Arbeitgeber eine Zahlung leistet.
– Besteht der Beratungsvertrag zwischen dem Outplacement-Unternehmen und dem Arbeitgeber, erbringt dieser gegenüber dem Arbeitnehmer einen Sachbezug. Der Sachbezug fließt in dem Zeitraum zu, in dem der Arbeitnehmer die Beratungsleistung in Anspruch nimmt.

Entsteht beim Arbeitnehmer steuerpflichtiger Arbeitslohn, so kann er in entsprechender Höhe **Werbungskosten** geltend machen, da es sich um Aufwendungen zur Erwerbung von Einnahmen aus einem Arbeitsverhältnis handelt (vgl. bei Sachleistungen auch R 9.1 Abs. 4 Satz 2 LStR). Ist der Arbeitslohn als Entschädigung (vgl. dieses Stichwort) nach der Fünftelregelung ermäßigt besteuert worden, kann sich durch den Werbungskostenabzug für den Arbeitnehmer sogar ein **Steuervorteil** ergeben.

Kein Arbeitslohn liegt vor, wenn der Arbeitgeber aufgrund des von ihm mit dem Beratungsunternehmen abgeschlossenen Vertrags zwar Aufwendungen tätigt, der Arbeitnehmer aber die ihm zugedachte Beratungsleistung nicht in Anspruch nimmt.   nein   nein

Ebenso wenig liegt Arbeitslohn vor, wenn das Beratungsunternehmen aufgrund eines **alle** Arbeitnehmer in ihrer Gesamtheit **pauschal begünstigenden Vertrags** tätig wird und dem einzelnen Arbeitnehmer der individuell verursachte Beratungsaufwand nicht zugeordnet werden kann (R 19.3 Abs. 2 Nr. 5 LStR).   nein   nein

Beispiel
Arbeitgeber A schließt mit einem Beratungsunternehmen im Januar 2010 einen Vertrag, wonach sich das Beratungsunternehmen verpflichtet, allen in 2010 entlassenen Arbeitnehmer bei der Suche nach einem neuen Arbeitsplatz behilflich zu sein. A zahlt für diese Leistung an das Beratungsunternehmen einmalig einen Betrag von 20 000 €.
Die Zahlung des Arbeitgebers an das Beratungsunternehmen führt bei den von der Entlassung betroffenen Arbeitnehmern nicht zu einem steuerpflichtigen geldwerten Vorteil (R 19.3 Abs. 2 Nr. 5 LStR).

Auch bei Trainings- und Qualifikationsmaßnahmen im Sinne des SGB III liegt kein Arbeitslohn vor, wenn sie der Arbeitgeber oder eine zwischengeschaltete Beschäftigungsgesellschaft im Zusammenhang mit Auflösungsvereinbarungen erbringt (R 19.7 Abs. 2 Satz 5 LStR).   nein   nein

Parkgebühren

Parkgebühren, die vom Arbeitgeber als **Reisenebenkosten***) erstattet werden, sind lohnsteuer- und sozialversicherungsfrei.   nein   nein

Parkgebühren, die vom Arbeitgeber in anderen Fällen, insbesondere im Zusammenhang mit Fahrten zwischen Wohnung und regelmäßiger Arbeitsstätte oder anderen **Privatfahrten** erstattet werden, sind steuer- und beitragspflichtiger Arbeitslohn. In den Fällen der **Firmenwagengestellung** führt die Erstattung des Arbeitgebers von **Parkgebühren** für Privatfahrten zu zusätzlichem Arbeitslohn. Die Erstattung ist **nicht** durch den Ansatz eines geldwerten Vorteils für die Zurverfügungstellung des Firmenwagens nach der Bruttolistenpreisregelung oder Fahrtenbuchmethode **abgegolten** (vgl. „Firmenwagen zur privaten Nutzung" unter Nr. 3 Buchstabe a).   ja   ja

Die erstatteten Parkgebühren für den Parkplatz am Arbeitsplatz können **nicht** wie Fahrtkostenzuschüsse **pauschal** mit 15 % **versteuert** werden, weil die Entfernungspauschale für Fahrten zwischen Wohnung und regelmäßiger Arbeitsstätte die Parkgebühren mit abgilt und der Arbeitnehmer die Parkgebühren deshalb nicht als Werbungskosten geltend machen könnte.

Beispiel
Der Arbeitgeber erstattet dem Arbeitnehmer die Aufwendungen für den Tiefgaragenplatz gegenüber der Firma in Höhe von 90 € monatlich.
Die Erstattung des Arbeitgebers führt zu steuer- und beitragspflichtigen Arbeitslohn. Eine Pauschalversteuerung mit 15 % kommt nicht in Betracht, weil die Parkgebühren durch die Entfernungspauschale abgegolten sind und nicht als Werbungskosten geltend gemacht werden können.

Vgl. auch die Erläuterungen beim Stichwort „Parkplätze".

Parkplätze

Stellt der Arbeitgeber für das Abstellen von Fahrzeugen während der Arbeitszeit eine Parkmöglichkeit unentgeltlich oder verbilligt zur Verfügung, so handelt es sich um Leistungen, die der Arbeitgeber im ganz **überwiegenden betrieblichen Interesse** erbringt; diese gehören nach bundeseinheitlicher Verwaltungsauffassung nicht zum Arbeitslohn. Das gilt auch dann, wenn der Arbeitgeber die Park- oder Einstellplätze von einem Dritten anmietet und sie seinen Arbeitnehmern unentgeltlich oder verbilligt überlässt.   nein   nein

In jüngerer Zeit sind Einzelfälle bekannt geworden, nach denen ein geldwerter Vorteil vorliegen sollte, wenn eine eindeutige Privilegierung einzelner Arbeitnehmer gegeben ist (z. B., wenn ein Arbeitnehmer einen Parkplatz für seinen privaten Pkw zur ausschließlichen Nutzung ohne Vorliegen betrieblicher Gründe – z. B. Außendienstmitarbeiter – zugewiesen bekommt). Auch das Finanzgericht Köln wollte nach einem viel beachteten Urteil vom 15. 3. 2006 (Az. 11 K 5680/04, rechtskräftig) bei der unentgeltlichen oder verbilligten Überlassung von Parkplätzen durch den Arbeitgeber an den Arbeitnehmer grundsätzlich von steuerpflichtigem Arbeitslohn ausgehen. Eine Ausnahme sollte aber wegen der arbeitsvertraglichen Fürsorgepflicht bei der Parkplatzgestellung an behinderte Arbeitnehmer gelten. Die Verwaltung hat auf Grund dieses Urteils erneut klargestellt, dass vom Arbeitgeber den Arbeitnehmern unentgeltlich oder verbilligt zur Verfügung gestellte Parkplätze generell nicht zu besteuern sind (Erlass des Finanzministeriums Nordrhein-Westfalen vom 28. 9. 2006)**).

Beispiel A
Der Arbeitgeber mietet für seine Arbeitnehmer in der der Firma gegenüberliegenden Tiefgarage Stellplätze für deren private Pkws an. Die Stellplätze stehen den Arbeitnehmern ständig zur Verfügung. Der übliche Preis für einen solchen Stellplatz beträgt monatlich 95 €.
Der sich für den einzelnen Arbeitnehmer aus der Parkplatzgestellung ergebende Vorteil ist steuer- und sozialversicherungsfrei.

Bei einer **Firmenwagengestellung** kann sich ohnehin kein geldwerter Vorteil ergeben, da ein Fahrzeug des Arbeitgebers auf einem Parkplatz des Arbeitgebers abgestellt wird.

Ersetzt der Arbeitgeber dagegen dem Arbeitnehmer unmittelbar die **Parkgebühren,** liegt steuerpflichtiger **Arbeitslohn** vor (vgl. das Stichwort „Parkgebühren").   ja   ja

---
*) Die Voraussetzungen, bei denen Parkgebühren unter den Begriff der Reisenebenkosten im steuerlichen Sinne fallen, sind in R 9.8 Abs. 1 Nr. 3 der Lohnsteuer-Richtlinien definiert. Hiernach liegen Reisenebenkosten nur dann vor, wenn die mit den Parkgebühren zusammenhängenden Fahrtkosten ebenfalls Reisekosten sind. Fahrtkosten gehören zu den Reisekosten, wenn es sich um eine vorübergehende beruflich veranlasste Auswärtstätigkeit handelt.

) Der Erlass des Finanzministeriums Nordrhein-Westfalen ist als Anlage 3 zu H 19.6 LStR im **Steuerhandbuch für das Lohnbüro 2010 abgedruckt, das im selben Verlag erschienen ist. Das **PC-Lexikon für das Lohnbüro 2010** enthält auch dieses Handbuch und hat außerdem den Vorteil, dass Sie **alle BFH-Urteile** sowie die aktuellen Rundschreiben und Niederschriften der Spitzenverbände der **Sozialversicherung** mit Mausklick **im Volltext** abrufen und ausdrucken können. Eine Bestellkarte finden Sie vorne im Lexikon.

Pauschalierung der Lohnsteuer

Beispiel B
Wie Beispiel A. Der Arbeitnehmer mietet den Tiefgaragenplatz an und der Arbeitgeber erstattet ihm den Betrag von 95 € monatlich.

Bei der Erstattung des Arbeitgebers handelt es sich um steuer- und beitragspflichtigen Arbeitslohn. Eine Pauschalversteuerung mit 15 % kommt nicht in Betracht, weil die Parkgebühren durch die Entfernungspauschale abgegolten sind und nicht gesondert als Werbungskosten geltend gemacht werden können.

Pauschalierung der Lohnsteuer

Neues auf einen Blick:

Ab 1.1.2010 sind in der Vorsorgepauschale, die in den Lohnsteuertarif eingearbeitet ist, die bei sozialversicherungspflichtigen Arbeitnehmern tatsächlich anfallenden Beiträge zur Kranken- und Pflegeversicherung enthalten. Dies hat in bestimmten Lohnbereichen zu einem erheblichen Anstieg der Vorsorgepauschale geführt (vgl. die Erläuterungen zur Vorsorgepauschale in **Anhang 8 zum Lexikon**.

Außerdem kann ab 1.1.2010 die Berechnung des besonderen Pauschsteuersatzes stets nach dem Lohnsteuertarif erfolgen, der für sozialversicherungspflichtige Arbeitnehmer gilt und der deshalb die ungekürzte Vorsorgepauschale enthält (vgl. die Erläuterungen unter der nachfolgenden Nr. 2 Buchstabe b).

Sowohl diese neue Vereinfachungsregelung als auch der starke Anstieg der Vorsorgepauschale wirken sich auf die Höhe der Pauschsteuersätze aus, die für sonstige Bezüge auf Antrag des Arbeitgebers oder bei einer Nachholung der Lohnsteuer im Rahmen einer Lohnsteuer-Außenprüfung zu zahlen sind. So mindert sich z. B. in dem nachfolgend unter Nr. 2 dargestellten Beispiel B bei gleichem Sachverhalt der vom Finanzamt errechnete Nettosteuersatz von bisher 33,3 % (2009) auf 28,3 % im Kalenderjahr 2010.

Gliederung:

1. Allgemeines
2. Pauschalierung der Lohnsteuer mit einem besonderen Pauschsteuersatz auf Antrag des Arbeitgebers (§ 40 Abs. 1 Nr. 1 EStG)
   a) Pauschalierungsvoraussetzungen
   b) Berechnung des Pauschsteuersatzes
   c) Pauschalierung der Kirchensteuer
   d) Erhebung des Solidaritätszuschlags
   e) Auswirkung der Pauschalbesteuerung mit einem besonders ermittelten Pauschsteuersatz auf die Sozialversicherung
   f) Auswirkung der Pauschalbesteuerung mit einem festen Pauschsteuersatz auf die Sozialversicherung
   g) Auswirkung der Pauschalierung von Sachzuwendungen an Arbeitnehmer nach § 37b EStG auf die Sozialversicherung
3. Pauschalierung der Lohnsteuer bei Lohnsteuer-Außenprüfungen (§ 40 Abs. 1 Nr. 2 EStG)
   a) Berechnung der Lohnsteuer
   b) Solidaritätszuschlag
   c) Kirchensteuer
   d) Verfahren bei der Nachholung von Steuern
   e) Berechnung der Sozialversicherungsbeiträge

1. Allgemeines

Normalerweise muss der Arbeitnehmer für die Besteuerung des Arbeitslohns eine Lohnsteuerkarte vorlegen. Nach den Besteuerungsmerkmalen (Steuerklasse, Zahl der Kinderfreibeträge), die auf der Lohnsteuerkarte eingetragen sind, wird die Lohnsteuer, der Solidaritätszuschlag und die Kirchensteuer berechnet. Unter bestimmten Voraussetzungen kann die Lohnsteuer jedoch pauschal erhoben werden. Mit einer Pauschalierung der Lohnsteuer ist stets auch eine pauschale Erhebung des Solidaritätszuschlags und der Kirchensteuer verbunden.

Bei der Pauschalierung der Lohnsteuer unterscheidet man zwischen einer Pauschalierung der Lohnsteuer für den **gesamten** Arbeitslohn (nur möglich bei Aushilfskräften und Teilzeitbeschäftigten) und der Pauschalierung von Teilen des Arbeitslohns. Weiterhin wird unterschieden zwischen einer Pauschalierung der Lohnsteuer mit **festen** Pauschsteuersätzen und einer Pauschalierung mit **besonders ermittelten** Pauschsteuersätzen. Einen Überblick über die einzelnen Pauschalierungsmöglichkeiten soll die nachstehende Übersicht verschaffen:

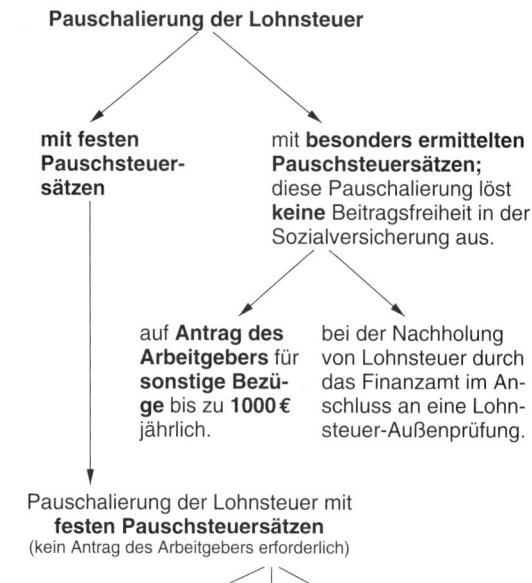

Die nachfolgenden Erläuterungen befassen sich mit der **Ermittlung eines besonderen Pauschsteuersatzes**, und zwar sowohl bei der Pauschalierung der Lohnsteuer für sonstige Bezüge bis 1000 € auf Antrag des Arbeitgebers (Nr. 2 der Erläuterungen) als auch bei einer Pauschalierung der Lohnsteuer im Anschluss an eine Lohnsteuer-Außenprüfung durch das Finanzamt (Nr. 3 der Erläuterungen), da die Ermittlung des besonderen Pauschsteuersatzes **in beiden Fällen nach denselben Grundsätzen** erfolgt.

Pauschalierung der Lohnsteuer

Die Pauschalierung der Lohnsteuer mit **festen Pauschsteuersätzen** ist bei den einzelnen Stichwörtern im Hauptteil des Lexikons ausführlich erläutert (vgl. nachstehende Übersicht). Außerdem ist in **Anhang 2a** eine Gesamtübersicht über die zeitliche Entwicklung aller Pauschalierungsmöglichkeiten in den letzten vier Jahren abgedruckt.

Pauschalierung der Lohnsteuer mit einem festen Pauschsteuersatz

	Pauschsteuersatz
– Abgabe von **Mahlzeiten** im Betrieb (siehe „Mahlzeiten" unter Nr. 7 auf Seite 487)	25 %
– Zuwendungen bei **Betriebsveranstaltungen** (siehe „Betriebsveranstaltungen" unter Nr. 6 auf Seite 172)	25 %
– Gewährung von **Erholungsbeihilfen** (siehe „Erholungsbeihilfen" unter Nr. 4 auf Seite 246)	25 %
– Steuerpflichtiger Ersatz von Verpflegungskosten bei **Auswärtstätigkeiten** (siehe „Reisekosten bei Auswärtstätigkeiten" unter Nr. 12 Buchst. b auf Seite 606)	25 %
– bei der Übereignung eines **Computers** und bei Barzuschüssen des Arbeitgebers zur Internetnutzung (siehe „Computer" unter Nr. 2 auf Seite 183)	25 %
– **Fahrkostenzuschüsse** für Fahrten zwischen Wohnung und Arbeitsstätte bis zur Höhe der abziehbaren Werbungskosten (siehe „Fahrten zwischen Wohnung und regelmäßiger Arbeitsstätte" unter Nr. 5 auf Seite 264)	15 %
– **Job-Tickets** für Fahrten zwischen Wohnung und Arbeitsstätte (siehe „Fahrten zwischen Wohnung und regelmäßiger Arbeitsstätte" unter Nr. 5 auf Seite 264)	15 %
– **Firmenwagengestellung** für Fahrten zwischen Wohnung und Arbeitsstätte bis zur Höhe der abziehbaren Werbungskosten (siehe „Firmenwagen zur privaten Nutzung" unter Nr. 13 auf Seite 300)	15 %
– Beiträge zu **Direktversicherungen** und **Pensionskassen in sog. Altfällen** (siehe „Zukunftssicherung" unter Nr. 10 auf Seite 805)	20 %
– Beiträge zu **Gruppenunfallversicherungen** (siehe „Zukunftssicherung" unter Nr. 7 auf Seite 802)	20 %
– bestimmte **Sonderzahlungen** an umlagefinanzierte Versorgungskassen (siehe Anhang 6 Nr. 5 Buchst. d auf Seite 856)	15 %
– Beschäftigung von **Teilzeitkräften auf 400-Euro-Basis**, für die der Arbeitgeber einen pauschalen Beitrag zur Rentenversicherung von 15 % oder 5 % entrichtet (siehe „Pauschalierung der Lohnsteuer bei Aushilfskräften und Teilzeitbeschäftigten" unter Nr. 2 auf Seite 526)	2 %
– Beschäftigung von **Teilzeitkräften auf 400-Euro-Basis**, für die der Arbeitgeber **keinen** pauschalen Beitrag zur Rentenversicherung von 15 % oder 5 % entrichtet (siehe „Pauschalierung der Lohnsteuer bei Aushilfskräften und Teilzeitbeschäftigten" unter Nr. 3 auf Seite 531)	20 %
– Beschäftigung von **Aushilfskräften** (siehe „Pauschalierung der Lohnsteuer bei Aushilfskräften und Teilzeitbeschäftigten" unter Nr. 4 auf Seite 534)	25 %
– Beschäftigung von Aushilfskräften in der **Land- und Forstwirtschaft** (siehe „Pauschalierung der Lohnsteuer bei Aushilfskräften und Teilzeitbeschäftigten" unter Nr. 5 auf Seite 535)	5 %
– Gewährung von Sachprämien bei Kundenbindungsprogrammen (siehe „Miles & More" auf Seite 492)	2,25 %
– Gewährung bestimmter **Sachbezüge bis 10 000 €** (siehe „Pauschalierung der Lohnsteuer für Belohnungsessen, Incentive-Reisen, VIP-Logen und ähnliche Sachbezüge" auf Seite 542)	30 %

2. Pauschalierung der Lohnsteuer mit einem besonderen Pauschsteuersatz auf Antrag des Arbeitgebers (§ 40 Abs. 1 Nr. 1 EStG)

a) Pauschalierungsvoraussetzungen

Von **sonstigen Bezügen** (einmaligen Zuwendungen), die der Arbeitgeber in einer größeren Zahl von Fällen gewährt, kann die Lohnsteuer mit Genehmigung des Finanzamts pauschal erhoben werden, wenn der Arbeitgeber die Lohnsteuer übernimmt und die sog. **1000-Euro-Grenze** beachtet wird. Ob eine Berechnung der Lohnsteuer nach den allgemeinen Vorschriften schwierig ist oder einen unverhältnismäßig hohen Zeitaufwand erfordern würde, ist nicht Voraussetzung für die Pauschalierung. Die Pauschalbesteuerung **sonstiger Bezüge** ist also ohne weiteres möglich, wenn folgende drei Voraussetzungen erfüllt sind:

– **größere Zahl von Fällen,**
– Übernahme der Lohnsteuer durch den Arbeitgeber (= Anwendung des **Nettosteuersatzes**) und
– Beachtung der **1000-Euro-Grenze**.

Im Einzelnen gilt Folgendes:

Sind die drei genannten Voraussetzungen erfüllt, kann der Arbeitgeber bei seinem Betriebsstättenfinanzamt beantragen, dass die Lohnsteuer für sonstige Bezüge (einmalige Zuwendungen) mit einem besonderen Pauschsteuersatz ermittelt wird. Der Arbeitgeber muss den Pauschsteuersatz selbst berechnen und die Berechnungsgrundlagen dem Antrag beifügen (vgl. die nachfolgenden Erläuterungen unter dem Buchstaben b). Bei den einzelnen Pauschalierungsvoraussetzungen ist Folgendes zu beachten:

Eine **größere Zahl von Fällen** ist ohne weitere Prüfung anzunehmen, wenn gleichzeitig **mindestens 20 Arbeitnehmer** in die Pauschalbesteuerung einbezogen werden. Wird ein Antrag auf Lohnsteuerpauschalierung für weniger als 20 Arbeitnehmer gestellt, so kann unter Berücksichtigung der besonderen Verhältnisse des Arbeitgebers und der mit der Pauschalbesteuerung angestrebten Vereinfachung eine größere Zahl von Fällen auch bei weniger als 20 Arbeitnehmern angenommen werden.

Weitere Voraussetzung ist das Vorliegen eines **sonstigen Bezugs** (= einmalige Zuwendung). Der Begriff „sonstiger Bezug" ist als Gegensatz zum laufenden Arbeitslohn zu verstehen (vgl. die Erläuterungen zum Stichwort „Sonstige Bezüge" unter Nr. 1 auf Seite 658). Teile des laufenden Arbeitslohns können somit nicht mit einem besonders ermittelten Pauschsteuersatz versteuert werden. Auf die Höhe des sonstigen Bezugs kommt es nicht an.

Die Pauschalierung der Lohnsteuer für sonstige Bezüge mit einem besonderen Steuersatz auf Antrag des Arbeitgebers ist nur zulässig, soweit der Gesamtbetrag der

Pauschalierung der Lohnsteuer

pauschal mit einem besonderen Steuersatz besteuerten Bezüge eines Arbeitnehmers **1000 €** im Kalenderjahr **nicht übersteigt.** Anhand der Aufzeichnungen im Lohnkonto (vgl. dieses Stichwort) ist vom Arbeitgeber vor jedem Pauschalierungsantrag zu prüfen, ob die Summe aus den im laufenden Kalenderjahr bereits gezahlten sonstigen Bezügen, für die die Lohnsteuer mit einem besonderen Steuersatz erhoben worden ist, und aus dem sonstigen Bezug, der nunmehr an den einzelnen Arbeitnehmer gezahlt werden soll, den Jahresbetrag von 1000 € übersteigt. Wird die 1000-Euro-Grenze durch den sonstigen Bezug, der gewährt werden soll, überschritten, so kann der 1000 € übersteigende Betrag nicht mehr pauschal besteuert werden.

Beispiel A

Ein Arbeitnehmer hat im August 2010 ein Urlaubsgeld in Höhe von 900 € erhalten, das auf Antrag des Arbeitgebers mit einem besonders ermittelten Pauschsteuersatz versteuert wurde. Er erhält im Dezember 2010 einen weiteren sonstigen Bezug in Höhe von 300 €, für den der Arbeitgeber die Pauschalierung beantragt. Von den 300 € sind jedoch lediglich 100 € pauschalierungsfähig; der Restbetrag von 200 € muss unter Anwendung der Jahreslohnsteuertabelle nach den für sonstige Bezüge allgemein geltenden Besteuerungsgrundsätzen ermittelt werden. Will der Arbeitgeber die Lohnsteuer auch für den Teil des sonstigen Bezugs übernehmen, der die 1000-Euro-Grenze übersteigt, so muss er eine Nettolohnberechnung durchführen (vgl. Stichwort „Sonstige Bezüge" unter Nr. 13 auf Seite 670).

Auf die 1000-Euro-Grenze werden jedoch nur solche pauschal besteuerten Bezüge angerechnet, für die ein **besonderer** Pauschsteuersatz ermittelt wurde. Bezüge, für die eine Pauschalierung mit einem **festen** Pauschsteuersatz durchgeführt wurde (z. B. Fahrkostenzuschüsse, Kantinenmahlzeiten, Beiträge zu Direktversicherungen, Erholungsbeihilfen, Zuwendungen bei Betriebsveranstaltungen, steuerpflichtige Teile von Reisekostenvergütungen, Barzuschüsse zur Internetnutzung, nach § 37b EStG pauschalversteuerte Bezüge) werden nicht auf die 1000-Euro-Grenze angerechnet.

Die 1000-Euro-Grenze bezieht sich auf jedes einzelne Arbeitsverhältnis. Wechselt der Arbeitnehmer im Laufe des Kalenderjahrs den Arbeitgeber, so kann sowohl der alte als auch der neue Arbeitgeber die 1000-Euro-Grenze ausschöpfen.

Die Pauschalierung sonstiger Bezüge mit einem **besonders ermittelten** Pauschsteuersatz löst keine Sozialversicherungsfreiheit aus. Im Gegensatz hierzu löst die Pauschalierung der Lohnsteuer mit einem **festen** Pauschsteuersatz Sozialversicherungsfreiheit*) aus; vgl. hierzu die Erläuterungen unter dem nachfolgenden Buchstaben e. Übernimmt deshalb der Arbeitgeber bei einer Pauschalierung der Lohnsteuer mit einem besonders ermittelten Pauschsteuersatz die auf den pauschal versteuerten sonstigen Bezug entfallenden Arbeit**nehmer**anteile zur Sozialversicherung, so ist dies ein **geldwerter Vorteil**, der wiederum **pauschal versteuert** werden kann und **bei der 1000-Euro-Grenze zu berücksichtigen** ist.

Beispiel B

Ein Arbeitgeber beschäftigt 30 Arbeitnehmer. Aus Anlass des 25-jährigen Bestehens seines Unternehmens gewährt er jedem Betriebsangehörigen im Kalenderjahr 2010 einen bestimmten Betrag als **Jubiläumszuwendung.** Die Arbeitnehmer erhalten die Jubiläumszuwendung netto.

Jubiläumszuwendungen sind in voller Höhe steuerpflichtig. Sie können jedoch unter Anwendung der sog. Fünftelregelung ermäßigt besteuert werden (vgl. das Stichwort „Jubiläumszuwendungen"). Will der Arbeitgeber keine Nettolohnberechnung unter Anwendung der für steuerpflichtige Jubiläumszuwendungen geltenden Fünftelregelung durchführen (eine solche Nettolohnberechnung unter Übernahme der Sozialversicherungsbeiträge ist als **Anhang 14** des Lexikons abgedruckt), so kann er einen Pauschalierung der Lohnsteuer nach den folgenden Grundsätzen beantragen:

Im Kalenderjahr 2010 erhalten

25 Arbeitnehmer	200,— € × 25 =	5 000,— €
4 Arbeitnehmer	1 000,— € × 4 =	4 000,— €
1 Arbeitnehmer		1 500,— €

von den 1500 € sind höchstens pauschalierungsfähig 1 000,— €

Die pauschal zu besteuernden Jubiläumszuwendungen betragen somit insgesamt 10 000,— €

Die Jubiläumszuwendungen unterliegen (obwohl die Lohnsteuer pauschal erhoben wird) außerdem als einmalig gezahltes Arbeitsentgelt der Beitragspflicht in der Sozialversicherung. Übernimmt der Arbeitgeber auch den Arbeitnehmeranteil zur Sozialversicherung, so liegt hierin ein geldwerter Vorteil, der wiederum lohnsteuerlich zu erfassen ist.

Der Arbeitgeber kann diesen geldwerten Vorteil in die Pauschalierung der Lohnsteuer einbeziehen; er muss dabei aber die **1000-Euro-Grenze** beachten. Im Beispielsfall bedeutet dies, dass nur die Übernahme des Arbeitnehmeranteils von 25 Arbeitnehmern einbezogen werden kann. Bei den übrigen 5 Arbeitnehmern ist die 1000-Euro-Grenze bereits durch die Jubiläumszuwendung ausgeschöpft.

Falls die betroffenen 25 Arbeitnehmer mit der Jubiläumszuwendung in allen Zweigen der Sozialversicherung innerhalb der Jahresbeitragsbemessungsgrenzen bleiben, ergibt sich folgende Berechnung:

Arbeitnehmeranteil zur Sozialversicherung 2010:

Beitrag zur Krankenversicherung	7,900 %
Beitrag zur Pflegeversicherung (0,975 % + 0,25 %)	1,225 %
Beitrag zur Rentenversicherung	9,950 %
Beitrag zur Arbeitslosenversicherung	1,400 %
insgesamt	20,475 %

Die Übernahme dieses Arbeitnehmeranteils durch den Arbeitgeber stellt eine Nettozuwendung dar, die auf den Bruttobetrag hochgerechnet werden muss. Die Hochrechnung des Arbeitnehmeranteils von 20,475 % ergibt einen Beitragssatz von 25,747 %.

$$\text{Berechnung: } \frac{100 \times 20{,}475}{100 - 20{,}475}\% = 25{,}747\%$$

Als steuerpflichtiger geldwerter Vorteil sind somit in die Pauschalierung einzubeziehen:

25,747 % von 5000 € = 1287 €.

Die pauschal zu besteuernden Bezüge betragen folglich insgesamt 10 000 € + 1287 € = 11 287 €.

Die Ermittlung des Pauschsteuersatzes für die Bemessungsgrundlage von 11 287 € richtet sich nach dem folgenden unter Buchstabe b dargestellten Verfahren, wobei von einem durchschnittlichen Betrag der pauschal zu versteuernden Bezüge von 11 287 € : 30 = 376 € auszugehen ist.

Im Beispielsfall können wegen Überschreitung der 1000-Euro-Grenze nicht in die Pauschalierung einbezogen werden:

- Bei einem Arbeitnehmer ein Teil der Jubiläumszuwendung in Höhe von 500 € und die vom Arbeitgeber übernommenen Arbeitnehmeranteile zur Sozialversicherung.
- Bei vier Arbeitnehmern die vom Arbeitgeber übernommenen Arbeitnehmeranteile zur Sozialversicherung.

Diese Zuwendungen sind als Nettozahlung nach der Fünftelregelung zu versteuern (vgl. **Anhang 14** des Lexikons).

b) Berechnung des Pauschsteuersatzes

Die Festsetzung eines Pauschsteuersatzes für sonstige Bezüge durch das Finanzamt setzt voraus, dass der Arbeitgeber die hierfür erforderlichen Berechnungsgrundlagen seinem Pauschalierungsantrag beifügt. Er muss deshalb den Durchschnittsbetrag der pauschal zu versteuernden Bezüge und die Summe der Jahresarbeitslöhne der betroffenen Arbeitnehmer ermitteln. Die Jahresarbeitslöhne sind hierbei um folgende Beträge zu kürzen:

- um die **Jahresfreibeträge,** die auf den Lohnsteuerkarten der betroffenen Arbeitnehmer eingetragen sind;
- um den **Entlastungsbetrag für Alleinerziehende in Höhe von 1308 €** für Arbeitnehmer, die die Steuerklasse II auf der Lohnsteuerkarte bescheinigt haben;
- um den **Altersentlastungsbetrag,** wenn die Voraussetzungen für den Abzug dieses Freibetrags vorliegen;
- um den **Versorgungsfreibetrag und den Zuschlag zum Versorgungsfreibetrag,** wenn es sich bei den pauschal zu besteuernden sonstigen Bezügen um **Versorgungsbezüge** handelt.

---

*) Einzige Ausnahme: Die Pauschalversteuerung von Sachzuwendungen bis 10 000 € mit 30 % nach § 37b EStG. Diese Pauschalierung mit dem festen Pauschsteuersatz von 30 % löst in Ausnahmefällen Sozialversicherungsfreiheit aus. Auf die ausführlichen Erläuterungen beim Stichwort „Pauschalierung der Lohnsteuer für Belohnungsessen, Incentive-Reisen, VIP-Logen und ähliche Sachbezüge" wird Bezug genommen.

Pauschalierung der Lohnsteuer

Sind auf der Lohnsteuerkarte der Arbeitnehmer **Hinzurechnungsbeträge** eingetragen, so müssen diese den Jahresarbeitslöhnen hinzugerechnet werden (vgl. das Stichwort „Hinzurechnungsbetrag auf der Lohnsteuerkarte").

Zur Ermittlung des besonderen Pauschsteuersatzes **kann***) der Arbeitgeber die Zahl der betroffenen Arbeitnehmer in folgende Gruppen einordnen:

Gruppe a Arbeitnehmer mit der Steuerklasse I, II, IV,

Gruppe b Arbeitnehmer mit der Steuerklasse III,

Gruppe c Arbeitnehmer mit der Steuerklasse V und VI.

Aus Vereinfachungsgründen kann für die Ermittlung der Summe der Jahresarbeitslöhne und die Einordnung der betroffenen Arbeitnehmer in die oben genannten Gruppen eine **repräsentative Auswahl** der betroffenen Arbeitnehmer zugrunde gelegt werden. Zur Festsetzung eines Pauschsteuersatzes für das laufende Kalenderjahr können aus Vereinfachungsgründen für die Ermittlung der Summe der Jahresarbeitslöhne der betroffenen Arbeitnehmer auch die **Verhältnisse des Vorjahres** zugrunde gelegt werden (Summen der Lohnkonten). Aus der Summe der Jahresarbeitslöhne hat der Arbeitgeber den durchschnittlichen Jahresarbeitslohn der erfassten Arbeitnehmer zu berechnen. Für jede der oben genannten Gruppen hat der Arbeitgeber sodann den Steuerbetrag zu ermitteln, der auf den Durchschnittsbetrag der pauschal zu versteuernden Bezüge entfällt, wenn er dem durchschnittlichen Jahresarbeitslohn hinzugerechnet wird.

Der Durchschnittsbetrag der pauschal zu versteuernden Bezüge war früher auf den nächsten durch 216 ohne Rest teilbaren Euro-Betrag aufzurunden. Durch die Lohnsteuer-Richtlinien 2005 wurde das Aufrunden auf den nächsten durch 216 ohne Rest teilbaren Euro-Betrag abgeschafft. Seit 1.1.2008 ist wieder auf den nächsten durch **216 ohne Rest teilbaren Euro-Betrag aufzurunden** (R 40.1 Abs. 3 Satz 7 zweiter Halbsatz LStR)**).

Für die Anwendung der Jahreslohnsteuertabelle auf die drei Gruppen von Arbeitnehmern gilt Folgendes:

– für die **Gruppe a)** ist die Steuerklasse **I** maßgebend;

– für die **Gruppe b)** ist die Steuerklasse **III** maßgebend;

– für die **Gruppe c)** ist die Steuerklasse **V** maßgebend.

Bisher musste die Berechnung der Lohnsteuer für die drei Gruppen von Arbeitnehmern jeweils getrennt vorgenommen werden, wenn bei den betroffenen Arbeitnehmern sowohl die ungekürzte als auch die gekürzte Vorsorgepauschale anzuwenden war. Diese getrennte Berechnung konnte nur dann unterbleiben, wenn entweder der Anteil an Arbeitnehmern mit der gekürzten Vorsorgepauschale oder der Anteil an Arbeitnehmern mit der ungekürzten Vorsorgepauschale von ganz untergeordneter Bedeutung war (R 40.1 Abs. 3 Satz 2 LStR)***).

Beispiel A

Ein Arbeitgeber beschäftigt fast ausschließlich rentenversicherungspflichtige Arbeitnehmer (= Allgemeine Lohnsteuertabelle mit der ungekürzten Vorsorgepauschale). Außerdem arbeiten bei ihm einige Altersvollrentner (= Besondere Lohnsteuertabelle mit der gekürzten Vorsorgepauschale). In diesem Ausnahmefall konnte bisher der Pauschsteuersatz für alle drei Gruppen von Arbeitnehmern nach der Allgemeinen Lohnsteuertabelle berechnet werden.

Ab 2010 gibt es nicht nur eine ungekürzte und eine gekürzte Vorsorgepauschale, sondern auch eine ganze Reihe von **Mischformen**. Im Anwendungsschreiben des Bundesfinanzministeriums zur neuen Vorsorgepauschale wird deshalb R 40.1 Abs. 3 Satz 2 LStR***) aufgehoben, weil aufgrund der neuen Rechtslage eine Differenzierung nicht mehr möglich ist****). Das bedeutet für die Berechnung des Pauschsteuersatzes, dass die Lohnsteuer für die drei Gruppen von Arbeitnehmern **stets mit der vollen Vorsorgepauschale** für sozialversicherungspflichtige Arbeitnehmer zu berechnen ist, und zwar in allen für die drei Gruppen geltenden Steuerklassen (= Steuerklasse I, III und V). Auch individuelle Verhältnisse eines Arbeitnehmers aufgrund des ab 1.1.2010 geltenden Faktorverfahrens (vgl. dieses Stichwort) bleiben unberücksichtigt****).

Durch Multiplikation der Steuerbeträge mit der Zahl der in der entsprechenden Gruppe erfassten Arbeitnehmer und Division der sich hiernach ergebenden Summe der Steuerbeträge durch die Gesamtzahl der Arbeitnehmer und den gerundeten Durchschnittsbetrag der pauschal zu versteuernden Bezüge ist hiernach die durchschnittliche Steuerbelastung zu berechnen, der die pauschal zu versteuernden Bezüge unterliegen.

Das Finanzamt hat den Pauschsteuersatz nach dieser Steuerbelastung so zu berechnen, dass unter Berücksichtigung der Übernahme der pauschalen Lohnsteuer durch den Arbeitgeber insgesamt nicht zu wenig Lohnsteuer erhoben wird (**= Umrechnung des Bruttosteuersatzes in einen Nettosteuersatz** vgl. § 40 Abs. 1 Satz 2 EStG). Die Prozentsätze der durchschnittlichen Steuerbelastung und des Pauschsteuersatzes sind mit **einer Dezimalstelle** anzusetzen, das heißt, die nachfolgenden Dezimalstellen entfallen zugunsten des Arbeitgebers (R 40.1 Abs. 3 Satz 10 LStR).

Die Ermittlung eines besonderen Pauschsteuersatzes soll an folgendem Beispiel verdeutlicht werden:

Beispiel B

Der Arbeitgeber ermittelt für 30 sozialversicherungspflichtige Arbeitnehmer im Kalenderjahr 2010 den durchschnittlichen Betrag der pauschal zu versteuernden sonstigen Bezüge mit 376 € (vgl. die Berechnung des Durchschnittsbetrags im Beispiel B unter dem vorstehenden Buchstaben a). Der Durchschnittsbetrag von 376 € ist auf den nächsten

---

*) Der Arbeitgeber **kann** die dargestellte Einteilung in drei Gruppen, die in R 40.1 Abs. 3 LStR festgelegt ist, seiner Ermittlung des Pauschsteuersatzes zugrunde legen. Er kann aber auch eine noch detailliertere Aufgliederung vornehmen, wenn dies zu einem für ihn günstigeren Ergebnis führt.

) Die Abschaffung der Rundungsvorschrift durch die Lohnsteuer-Richtlinien 2005 war mit der Einführung des stufenlosen Tarifs begründet worden. Denn der Betrag von 216 € stellt das kleinste gemeinsame Vielfache aller möglichen Tabellensprünge des damaligen Stufentarifs dar – ausgehend von 36-€-Sprüngen. Bei der Abschaffung der Rundungsvorschrift wurde allerdings außer Acht gelassen, dass auch der „stufenlose" Tarif Sprünge aufweist, und zwar bedingt durch die in den Lohnsteuertarif eingearbeitete Vorsorgepauschale. Zu den sich bei der Vorsorgepauschale ergebenden Sprüngen, die zwischen 5 € und ca. 50 € liegen können, wird auf die Erläuterungen zur Vorsorgepauschale in Anhang 8 hingewiesen. Ohne Rundungsvorschrift könnten sich bei einer Pauschalierung der Lohnsteuer mit einem besonders ermittelten Pauschsteuersatz insbesondere bei sehr geringen pauschal zu versteuernden sonstigen Bezügen **ungerechtfertigt hohe Prozentsätze ergeben. Deshalb wurde wieder eine Rundungsvorschrift eingeführt, wobei – wohl aus Vereinfachungsgründen – der „alte" Betrag von 216 € genommen wurde. Da die Wiedereinführung der Rundungsvorschrift als „Vergünstigung" gedacht ist, muss u. E. eine Aufrundung auf den nächsten durch 216 ohne Rest teilbaren Betrag dann unterbleiben, wenn dies zu einem höheren Pauschsteuersatz führen würde.

***) Der bisher geltende Satz 2 in R 40.1 Abs. 3 LStR hat folgenden Wortlaut:
„Werden die sonstigen Bezüge sowohl Arbeitnehmern gewährt, für die die ungekürzte Vorsorgepauschale gilt, als auch Arbeitnehmern, für die die gekürzte Vorsorgepauschale gilt, ist Satz 1 auf die beiden Gruppen jeweils gesondert anzuwenden; hiervon kann aus Vereinfachungsgründen abgesehen werden, wenn die Zahl der zu einer Gruppe gehörenden Arbeitnehmer im Verhältnis zur Gesamtzahl der in Betracht kommenden Arbeitnehmer von ganz untergeordneter Bedeutung ist."

****) BMF-Schreiben vom 14.12.2009 (Az.: IV C 5 – S 2367/09/10002). Das BMF-Schreiben ist als Anlage zu H 39b.7 LStR im **Steuerhandbuch für das Lohnbüro 2010** abgedruckt, das im selben Verlag erschienen ist. Das **PC-Lexikon** für das Lohnbüro 2010 enthält auch dieses Handbuch und hat außerdem den Vorteil, dass Sie **alle BFH-Urteile** sowie die aktuellen Rundschreiben und Niederschriften der Spitzenverbände der **Sozialversicherung** mit Mausklick **im Volltext** abrufen und ausdrucken können. Eine Bestellkarte finden Sie vorne im Lexikon.

Pauschalierung der Lohnsteuer

	Lohn-steuer-pflichtig	Sozial-versich.-pflichtig

durch 216 ohne Rest teilbaren Euro-Betrag aufzurunden; dies sind 432 €. Die Zahl der betroffenen Arbeitnehmer beträgt:

a) in den Steuerklassen I, II und IV mit 15,
b) in der Steuerklasse III mit 12 und
c) in den Steuerklassen V und VI mit 3.

Der Arbeitgeber errechnet nach den Eintragungen in den **Lohnkonten des Vorjahres** die Summe der Jahresarbeitslöhne der betroffenen Arbeitnehmer nach Abzug aller auf den Lohnsteuerkarten dieser Arbeitnehmer eingetragenen Jahresfreibeträge mit 750 000 €.

Dies ergibt einen durchschnittlichen Jahresarbeitslohn von (750 000 € : 30 Arbeitnehmer =) 25 000 €.

Die Erhöhung des durchschnittlichen Jahresarbeitslohns in Höhe von 25 000 € um den auf 432 € aufgerundeten Durchschnittsbetrag der pauschal zu versteuernden Bezüge ergibt folgende Steuerbeträge:

a) Jahreslohnsteuer nach Steuerklasse I vom durchschnittlichen Jahresarbeitslohn (25 000 €)	2 929,— €	
Jahreslohnsteuer nach Steuerklasse I vom durchschnittlichen Jahresarbeitslohn einschließlich 432 € (25 432 €)	3 033,— €	
Differenz	104,— €	
b) Jahreslohnsteuer nach Steuerklasse III vom durchschnittlichen Jahresarbeitslohn (25 000 €)	640,— €	
Jahreslohnsteuer nach Steuerklasse III vom durchschnittlichen Jahresarbeitslohn einschließlich 432 € (25 432 €)	714,— €	
Differenz	74,— €	
c) Jahreslohnsteuer nach Steuerklasse V vom durchschnittlichen Jahresarbeitslohn (25 000 €)	5 698,— €	
Jahreslohnsteuer nach Steuerklasse V vom durchschnittlichen Jahresarbeitslohn einschließlich 432 € (25 432 €)	5 840,— €	
Differenz	142,— €	

Die durchschnittliche Steuerbelastung der pauschal zu versteuernden Bezüge errechnet sich hiernach wie folgt:

Steuerklassen Gruppe	Zahl der Arbeitnehmer	Differenz-betrag	insgesamt
a)	15	104,— €	1 560,— €
b)	12	74,— €	888,— €
c)	3	142,— €	426,— €
Summe der Steuerbelastungen			2 874,— €

Die Gesamtsumme der auf 432 € aufgerundeten sonstigen Bezüge beträgt:

432 € für 30 Arbeitnehmer	= 12 960,— €
hierauf entfallende Steuerbelastung	= 2 874 €
	= 22,175 %
abgerundet	= 22,1 % (Bruttosteuersatz)

Der Pauschsteuersatz beträgt unter Berücksichtigung der Übernahme der pauschalen Lohnsteuer durch den Arbeitgeber:

$$\frac{100 \times 22,1}{100 - 22,1} = 28,369\%$$

abgerundet = 28,3 % (Nettosteuersatz).

Sowohl der Bruttosteuersatz als auch der Nettosteuersatz sind nur mit **einer** Dezimalstelle anzusetzen; die weiteren Dezimalstellen entfallen zugunsten des Arbeitgebers.

Die pauschale Lohnsteuer für die sonstigen Bezüge beträgt demnach:

376 € × 30 Arbeitnehmer	= 11 280,— €
28,3 % von 11 280 €	= 3 192,— €
Der Solidaritätszuschlag beträgt 5,5 % von 3192,— €	= 175,56 €
Die pauschalierte Kirchensteuer beträgt (z. B. in Bayern) 7 % von 3192,— €	= 223,44 €

Sowohl die Übernahme der Kirchensteuer als auch die Übernahme des Solidaritätszuschlags durch den Arbeitgeber wäre an sich wiederum ein geldwerter Vorteil. Durch bundeseinheitliche Verwaltungsanweisungen ist jedoch angeordnet worden, dass dieser geldwerte Vorteil aus Vereinfachungsgründen außer Ansatz bleibt (vgl. die Erläuterungen zur Kirchensteuer und zum Solidaritätszuschlag unter den nachfolgenden Buchstaben c und d).

Die pauschal zu versteuernden sonstigen Bezüge unterliegen als einmalig gezahltes Arbeitsentgelt der Beitragspflicht in der Sozialversicherung. Übernimmt der Arbeitgeber auch den Arbeitnehmeranteil zur Sozialversicherung, so liegt hierin ein geldwerter Vorteil, der wiederum steuerlich zu erfassen ist (zur Berechnung vgl. das Beispiel B unter dem vorstehenden Buchstaben a).

Die pauschale Lohnsteuer (= 3192,— €), der Solidaritätszuschlag (175,56 €) und die pauschale Kirchensteuer (223,44 €) unterliegen **nicht** der Beitragspflicht in der Sozialversicherung (vgl. die Erläuterungen unter der nachfolgenden Nr. 3 Buchstabe e).

Weiter ist zu beachten, dass der pauschal versteuerte Arbeitslohn sowie die pauschale Lohn- und Kirchensteuer (und auch der Solidaritätszuschlag) bei einer Veranlagung des Arbeitnehmers zur Einkommensteuer außer Ansatz bleiben. Diese Beträge dürfen deshalb in die Lohnsteuerbescheinigung des Arbeitnehmers **nicht** eingetragen werden (vgl. „Lohnsteuerbescheinigung").

c) Pauschalierung der Kirchensteuer

Ist der Arbeitgeber zur Pauschalierung und damit zur Übernahme der Lohnsteuer als Steuerschuldner bereit, dann ist er auch verpflichtet, eine pauschale Kirchensteuer zu übernehmen. Für die pauschale Kirchensteuer sind in den einzelnen Ländern unterschiedlich hohe Sätze festgesetzt (vgl. Stichwort „Kirchensteuer" unter Nr. 10 Buchstabe b auf Seite 431. Bemessungsgrundlage für die pauschale Kirchensteuer ist die pauschale Lohnsteuer. Die Übernahme der Kirchensteuer ist an sich ebenso ein geldwerter Vorteil wie die Übernahme der pauschalen Lohnsteuer oder der Sozialversicherungsbeiträge. Durch bundeseinheitliche Verwaltungsanweisung*) hat die Finanzverwaltung jedoch angeordnet, dass in den Fällen, in denen Arbeitslohn zu Lasten des Arbeitgebers mit einem Pauschsteuersatz versteuert wird, die Kirchensteuer (aus Vereinfachungsgründen) dem zu versteuernden Betrag nicht hinzuzurechnen ist.

Wenn der Arbeitgeber nachweist, dass ein Teil der von der Lohnsteuerpauschalierung betroffenen Arbeitnehmer keiner kirchensteuerberechtigten Religionsgemeinschaft angehört (der Nachweis wird durch die Eintragung auf der Lohnsteuerkarte dieser Arbeitnehmer erbracht; die Kirchensteuermerkmale sind aus dem Lohnkonto ersichtlich, da sie von der Lohnsteuerkarte in das Lohnkonto zu übernehmen sind), entfällt für die nicht kirchensteuerpflichtigen Arbeitnehmer die Erhebung der pauschalen Kirchensteuer. Für die übrigen Arbeitnehmer ist die Kirchensteuer jedoch mit dem **Regel**kirchensteuersatz **(8 % oder 9 %)** zu berechnen.

Kann der Arbeitgeber die auf den einzelnen kirchensteuerpflichtigen Arbeitnehmer entfallende pauschale Lohnsteuer nicht ermitteln, so kann er aus Vereinfachungsgründen die gesamte pauschale Lohnsteuer im Verhältnis der kirchensteuerpflichtigen zu den nicht kirchensteuerpflichtigen Arbeitnehmern aufteilen.

Beispiel

Die pauschale Lohnsteuer beträgt in dem unter Nr. 2 Buchstabe b aufgeführten Beispiel für 30 Arbeitnehmer 3192,— €. Weist der Arbeitgeber nach, dass von diesen 30 Arbeitnehmern 10 keiner kirchensteuerberechtigten Religionsgemeinschaft angehören, so ergibt sich folgende Berechnung der pauschalen Kirchensteuer:

Auf die 20 kirchensteuerpflichtigen Arbeitnehmer entfällt eine anteilige pauschale Lohnsteuer in Höhe von 20/30 von 3192,— €	= 2 128,— €
die pauschale Kirchensteuer hierfür beträgt bei einem Regelkirchensteuersatz von (z. B. in Bayern) 8 %	= 170,24 €.

Der Arbeitgeber kann aber auch aus Vereinfachungsgründen auf die oben dargestellte Nachweisführung verzichten und stattdessen auf die gesamte pauschale Lohnsteuer den niedrigeren pauschalen Kirchensteuersatz (z. B. in Bayern 7 %) anwenden. Dies gilt auch dann, wenn feststeht, dass die pauschalierte Lohnsteuer ausschließlich auf kirchensteuerpflichtige Arbeitnehmer entfällt.

Wegen weiterer Einzelheiten wird auf die Ausführungen beim Stichwort „Kirchensteuer" unter Nr. 10 auf Seite 431 hingewiesen.

---

*) Für Bayern bekannt gegeben mit Schreiben des Bayer. Staatsministeriums der Finanzen vom 8. 8. 1972 S 2371 – 16/14 – 25 239. Das Schreiben ist als Anlage 1 zu H 40.1 LStR im **Steuerhandbuch für das Lohnbüro 2010** abgedruckt, das im selben Verlag erschienen ist. Das **PC-Lexikon** für das Lohnbüro 2010 enthält auch dieses Handbuch und hat außerdem den Vorteil, dass Sie **alle BFH-Urteile** sowie die aktuellen Rundschreiben und Niederschriften der Spitzenverbände der **Sozialversicherung** mit Mausklick **im Volltext** abrufen und ausdrucken können. Eine Bestellkarte finden Sie vorne im Lexikon.

Pauschalierung der Lohnsteuer

d) Erhebung des Solidaritätszuschlags

Wird die Lohnsteuer pauschaliert, so beträgt der Solidaritätszuschlag **stets 5,5 % der pauschalen Lohnsteuer.**

Die Übernahme des Solidaritätszuschlags ist ebenso ein geldwerter Vorteil wie die Übernahme der pauschalen Lohnsteuer oder der Sozialversicherungsbeiträge. Durch bundeseinheitliche Verwaltungsanweisung*) hat die Finanzverwaltung jedoch angeordnet, dass in den Fällen, in denen Arbeitslohn zu Lasten des Arbeitgebers mit einem Pauschsteuersatz versteuert wird, der Solidaritätszuschlag (aus Vereinfachungsgründen) dem zu versteuernden Betrag nicht hinzuzurechnen ist.

e) Auswirkung der Pauschalbesteuerung mit einem besonders ermittelten Pauschsteuersatz auf die Sozialversicherung

Sonstige Bezüge, die auf Antrag des Arbeitgebers mit einem **besonders errechneten** Pauschsteuersatz besteuert werden, sind immer dann dem Arbeitsentgelt zuzurechnen sind, wenn es sich um einmalige Zuwendungen nach § 23a SGB IV handelt. Durch eine Pauschalbesteuerung mit einem **besonders errechneten** Pauschsteuersatz kann somit nach dem Wortlaut der Sozialversicherungsentgeltverordnung (§ 1 Abs. 1 Nr. 2 SvEV) die Beitragsfreiheit von sonstigen Bezügen nur noch dann erreicht werden, wenn es sich **nicht** um einmalig gezahltes Arbeitsentgelt handelt.

Hierzu hat das Bundessozialgericht (BSG) durch Urteile vom 7.2.2002 – B 12 KR 6/01 R und B 12 KR 12/01 R – entschieden, dass die geldwerten Vorteile für „freie oder verbilligte Flüge" sowie für „kostenlose Kontoführung" einmalig gezahltes Arbeitsentgelt darstellen (§ 23a Abs. 1 SGB IV) und deshalb ungeachtet der Pauschalbesteuerung (§ 40 Abs. 1 Nr. 1 EStG) zum Arbeitsentgelt im Sinne der Sozialversicherung gehören. Denn nach § 1 Abs. 1 Nr. 2 der Sozialversicherungsentgeltverordnung würden nur laufende Bezüge, die pauschal besteuert werden, beitragsfrei bleiben.

Der Gesetzgeber hat die Rechtsprechung des Bundessozialgerichts zum Anlass genommen und den sozialversicherungsrechtlichen Begriff der einmaligen Zuwendungen gesetzlich definiert. § 23a Abs. 1 Satz 2 SGB IV lautet:

„Als einmalig gezahltes Arbeitsentgelt **gelten nicht** Zuwendungen nach Satz 1, wenn sie
- üblicherweise zur Abgeltung bestimmter Aufwendungen des Beschäftigten, die auch im Zusammenhang mit der Beschäftigung stehen,
- als Waren oder Dienstleistungen, die vom Arbeitgeber nicht überwiegend für den Bedarf seiner Beschäftigten hergestellt, vertrieben oder erbracht werden und monatlich in Anspruch genommen werden können,
- als sonstige Sachbezüge oder
- als vermögenswirksame Leistungen

vom Arbeitgeber erbracht werden."

Mit dieser Regelung wird erreicht, dass bestimmte Leistungen des Arbeitgebers unter Beibehaltung der bisherigen praktischen Handhabung durch die Sozialversicherungsträger entgegen der Rechtsprechung des Bundessozialgerichts (Urteil des BSG vom 7.7.2002 – B 12 KR 6/01 R – und B 12 KR 12/01 R –, USK 2002-1 und USK 2002-2) nicht als einmalig gezahltes Arbeitsentgelt **gelten.** Das bedeutet, dass diese Zuwendungen beitragsfrei bleiben, wenn die Lohnsteuer mit einem besonders ermittelten Pauschsteuersatz nach § 40 Abs. 1 Nr. 1 EStG pauschaliert wird. Damit wird unnötiger verwaltungsmäßiger Mehraufwand auf Arbeitgeberseite vermieden. Insbesondere kostenfreie Kontenführung und erstattete Kontoführungsgebühren (§ 23a Abs. 1 Satz 2 Nr. 1 SGB IV) bleiben somit weiterhin im Rahmen der Regelungen der Sozialversicherungsentgeltverordnung beitragsfrei. Ebenso zählen Belegschaftsrabatte einschließlich freier oder verbilligter Flugreisen zum laufenden Arbeitsentgelt (§ 23a Abs. 1 Satz 2 Nr. 2 SGB IV), wenn sie den Mitarbeitern monatlich zufließen. Bei den in § 23a Abs. 1 Satz 2 Nr. 3 SGB IV aufgeführten sonstigen Sachbezügen, handelt es sich um die von § 3 Sozialversicherungsentgeltverordnung erfassten geldwerten Vorteile.

Die Steuerfreiheit nach § 1 Abs. 1 Nr. 2 der Sozialversicherungsentgeltverordnung tritt jedoch nur dann ein, wenn laufendes Arbeitsentgelt im Sinne des § 23a Abs. 1 Satz 2 SGB IV auf Antrag des Arbeitgebers mit einem besonders ermittelten Pauschsteuersatz nach § 40 Abs. 1 Nr. 1 EStG pauschal versteuert worden ist. Eine Pauschalierung der Lohnsteuer nach § 40 Abs. 1 Nr. 1 EStG ist jedoch nur für **sonstige Bezüge** zulässig.

Sozialversicherungsfreiheit kann deshalb über eine Pauschalierung der Lohnsteuer nach § 40 Abs. 1 Nr. 1 EStG nur für diejenigen Lohnbestandteile erreicht werden, die **lohnsteuerlich** zu den sonstigen Bezügen (R 115 Abs. 2 LStR) gehören, sozialversicherungsrechtlich jedoch nicht als einmalige Zuwendungen **gelten.** Dies werden in der Praxis nicht allzu viele Fälle sein.

Ein Ausnahmefall tritt häufig bei der **Nachzahlung von laufendem Arbeitslohn** auf, und zwar aus folgenden Gründen:

Lohnsteuerlich gehört die Nachzahlung von laufendem Arbeitslohn **stets zu den sonstigen Bezügen,** wenn sich

- die Nachzahlung ausschließlich auf bereits abgelaufene Kalenderjahre bezieht, oder
- die Nachzahlung **zum Teil** das laufende Kalenderjahr und zum Teil bereits abgelaufene Kalenderjahre betrifft.

Bezieht sich also die Nachzahlung von laufendem Arbeitslohn ganz oder zum Teil auf bereits abgelaufene Kalenderjahre, so ist der **Gesamtbetrag** der Nachzahlung lohnsteuerlich ein sonstiger Bezug mit der Folge, dass der Arbeitgeber hierfür die Besteuerung mit einem besonders ermittelten Pauschsteuersatz beantragen kann, wenn die vorstehend dargestellten Pauschalierungsvoraussetzungen vorliegen (= größere Zahl von Fällen, Beachtung der 1000-Euro-Grenze). Diese Pauschalierung mit einem besonders ermittelten Pauschsteuersatz nach § 40 Abs. 1 Nr. 1 EStG löst Beitragsfreiheit in der Sozialversicherung aus, da es sich bei den pauschal besteuerten Nachzahlungen nicht um einmalig gezahltes Arbeitsentgelt im Sinne der Sozialversicherung handelt. Denn die Nachzahlung von **laufendem** Arbeitslohn gehört beitragsrechtlich stets zum laufenden Arbeitsentgelt ohne Rücksicht darauf, ob die Nachzahlung nur das laufende Kalenderjahr oder auch die Vorjahre betrifft (vgl. hierzu auch die Ausführungen beim Stichwort „Nachzahlung von laufendem Arbeitslohn").

Beispiel

Ein Arbeitgeber zahlt für 100 Arbeitnehmer im Februar 2010 laufenden Arbeitslohn für die Monate November und Dezember 2009 sowie Januar 2010 nach. Die nachgezahlten Beträge liegen zwischen 50 € und 150 €. Lohnsteuerlich handelt es sich um sonstige Bezüge, da ein Teilbetrag der Nachzahlung das abgelaufene Kalenderjahr betrifft. Beitragsrechtlich liegt laufendes Arbeitsentgelt vor, das normalerweise durch Aufrollen der bereits abgelaufenen Lohnabrechnungszeiträume der Beitragspflicht zu unterwerfen ist.

Der Arbeitgeber kann jedoch – da es sich begrifflich um sonstige Bezüge handelt, die in einer Mehrzahl von Fällen gewährt werden – unter Beachtung der 1000-Euro-Grenze die Besteuerung mit einem besonders ermittelten Pauschsteuersatz beantragen. Diese Pauschalierung löst Beitragsfreiheit nach § 1 Abs. 1 Nr. 2 der Sozialversicherungsentgeltverordnung aus, da es sich bei den pauschal besteuerten Beträgen **nicht** um einmalig gezahltes Arbeitsentgelt im Sinne des § 23a SGB IV handelt.

---

*) Für Bayern bekannt gegeben mit Schreiben des Bayer. Staatsministeriums der Finanzen vom 28.10.1991 Az. 32 – S 2370 – 14/3 – 67 331. Das Schreiben ist als Anlage 2 zu H 40.1 LStR im **Steuerhandbuch für das Lohnbüro 2010** abgedruckt, das im selben Verlag erschienen ist. Das **PC-Lexikon für das Lohnbüro 2010** enthält auch dieses Handbuch und hat außerdem den Vorteil, dass Sie **alle BFH-Urteile** sowie die aktuellen Rundschreiben und Niederschriften der Spitzenverbände der **Sozialversicherung** mit Mausklick **im Volltext** abrufen und ausdrucken können. Eine Bestellkarte finden Sie vorne im Lexikon.

Pauschalierung der Lohnsteuer

	Lohn-steuer-pflichtig	Sozial-versich.-pflichtig

Die Pauschalierung nach § 40 Abs. 1 Nr. 1 EStG mit einem **besonders ermittelten Pauschsteuersatz** löst somit nur in Ausnahmefällen Beitragsfreiheit aus. Im Normalfall ist der pauschal besteuerte sonstige Bezug **als einmalige Zuwendung beitragspflichtig.** Die Berechnung der Sozialversicherungsbeiträge für einmalige Zuwendungen ist bei diesem Stichwort dargestellt. Übernimmt der Arbeitgeber bei einer Pauschalierung der Lohnsteuer mit einem besonders ermittelten Pauschsteuersatz die auf den pauschal versteuerten sonstigen Bezug entfallenden Arbeitnehmeranteile zur Sozialversicherung, so ist dies ein **geldwerter Vorteil, der pauschal zu versteuern** und **bei der 1000-Euro-Grenze zu berücksichtigen** ist (zur Berechnung vgl. das Beispiel B unter dem vorstehenden Buchstaben a).

f) Auswirkung der Pauschalbesteuerung mit einem festen Pauschsteuersatz auf die Sozialversicherung

Im Gegensatz zur Pauschalierung mit einem besonders ermittelten Pauschsteuersatz sind diejenigen sonstigen Bezüge stets sozialversicherungsfrei, die mit einem **festen** Pauschsteuersatz von 15 % oder 25 % nach § 40 Abs. 2 EStG pauschal besteuert werden. Diese Pauschalierungsmöglichkeiten sind bei folgenden Stichworten erläutert:

– **Mahlzeiten** (Pauschsteuersatz **25 %**);
– **Betriebsveranstaltungen** (Pauschsteuersatz **25 %**);
– **Erholungsbeihilfen** (Pauschsteuersatz **25 %**);
– **Reisekosten**, soweit es sich um steuerpflichtigen Ersatz von Verpflegungskosten handelt (Pauschsteuersatz **25 %**);
– **Computerübereignung** und Barzuschüsse zur Internetnutzung (Pauschsteuersatz **25 %**);
– **Fahrkostenzuschüsse** für Fahrten zwischen Wohnung und Arbeitsstätte (Pauschsteuersatz **15 %**).

Bei einer Pauschalierung der Lohnsteuer für **Zukunftssicherungsleistungen** (Beiträge zu Direktversicherungen oder Pensionskassen) mit einem Pauschsteuersatz von 20 % nach § 40b EStG alter Fassung **(sog. Altzusagen)** tritt Sozialversicherungsfreiheit jedoch nur dann ein, wenn

– der Arbeitgeber die Direktversicherungsbeiträge **zusätzlich** zum (laufenden) Arbeitsentgelt zahlt **oder**
– die Direktversicherungsbeiträge **aus Einmalzahlungen finanziert** werden (vgl. die Erläuterungen beim Stichwort „Zukunftsicherung" unter Nrn. 22).

Bei der Pauschalierung der Lohnsteuer mit einem **festen** Pauschsteuersatz (15 %, 20 % oder 25 %), die die Beitragsfreiheit in der Sozialversicherung auslösen soll, stellt sich die Frage, **bis wann** der Arbeitgeber die Pauschalierung spätestens durchgeführt haben muss, damit die angestrebte Beitragsfreiheit eintritt. Für die Beitragsfreiheit genügt es nach dem Wortlaut des § 1 Abs. 1 Satz 2 der Sozialversicherungsentgeltverordnung*), dass der Arbeitgeber die Lohnsteuer mit einem Pauschsteuersatz erheben **kann.** Für die Nichtzurechnung zum Arbeitsentgelt wird also nur auf **die Möglichkeit** einer Pauschalversteuerung, nicht aber auf den tatsächlichen Zeitpunkt der Durchführung abgestellt. Insbesondere kommt es auf die **Fälligkeit** der Beiträge nicht an. Der Arbeitgeber sollte sich durch diese großzügige Regelung aber nicht verleiten lassen, die Durchführung der Pauschalierung über Gebühr zu verzögern. Denn der Steueranspruch entsteht grundsätzlich mit Zufluss des Arbeitslohns. Dies gilt auch dann, wenn die Lohnsteuer pauschaliert werden soll. Die Durchführung der Pauschalierung kann sich allerdings verzögern, wenn der Arbeitgeber Schwierigkeiten bei der Feststellung der Bemessungsgrundlage für die pauschale Lohnsteuer hat oder andere Zweifelsfragen mit dem Finanzamt klären muss.

g) Auswirkung der Pauschalierung von Sachzuwendungen an Arbeitnehmer nach § 37b EStG auf die Sozialversicherung

Seit 1. 1. 2007 gibt es zur Vereinfachung des Besteuerungsverfahrens eine neue Vorschrift im Einkommensteuergesetz (§ 37b EStG), nach der die Firmen und Betriebe **Sachzuwendungen an Arbeitnehmer** und Nichtarbeitnehmer bis zu einem Höchstbetrag von **10 000 €** mit **30 %** pauschal versteuern können (z. B. Geschenke, Incentive-Reisen, VIP-Logen, Belohnungsessen). Bisher waren diese pauschal besteuerten Sachbezüge sozialversicherungspflichtig und zwar auch dann, wenn sie nicht vom eigenen Arbeitgeber sondern von einem Dritten gewährt wurden. Durch eine Änderung der Sozialversicherungsentgeltverordnung werden seit 1. 1. 2009 die nach § 37b EStG pauschal besteuerten Sachzuwendungen an Beschäftigte **Dritter** beitragsfrei gestellt. Die pauschal nach § 37b EStG besteuerten Sachzuwendungen an **eigene Arbeitnehmer** sind **weiterhin beitragspflichtig**; ebenso die pauschal besteuerten Sachzuwendungen an Arbeitnehmer **konzernverbundener Unternehmen** im Sinne des § 15 Aktiengesetzes oder § 251 HGB.

Bemessungsgrundlage für die Berechnung der Beiträge zur Sozialversicherung ist der für die Bemessung der Pauschalsteuer maßgebende geldwerte Vorteil der Sachzuwendung (vgl. hierzu die Erläuterungen beim Stichwort „Pauschalierung der Lohnsteuer für Belohnungsessen, Incentive-Reisen, VIP-Logen und ähnliche Sachbezüge").

3. Pauschalierung der Lohnsteuer bei Lohnsteuer-Außenprüfungen (§ 40 Abs. 1 Nr. 2 EStG)

a) Berechnung der Lohnsteuer

Wird die Lohnsteuer bei Lohnsteuer-Außenprüfungen in einer größeren Zahl von Fällen vom Finanzamt nacherhoben, weil der Arbeitgeber die Lohnsteuer nicht vorschriftsmäßig einbehalten hat, so ist eine Pauschalierung **ohne Berücksichtigung der 1000-Euro-Grenze** möglich. Außerdem ist es bei Pauschalierungen der Lohnsteuer durch die Lohnsteuer-Außenprüfung **nicht** erforderlich, dass es sich um **sonstige Bezüge** handelt. Im Rahmen einer Lohnsteuer-Außenprüfung kann deshalb auch die Lohnsteuer, die auf Pauschalierungen der **laufenden** Arbeitslohn entfällt, mit einem Pauschsteuersatz nachgefordert werden. Die Höhe des Pauschsteuersatzes ermittelt das Finanzamt nach den gleichen Grundsätzen, wie sie für die Pauschalierung der Lohnsteuer mit einem besonderen Pauschsteuersatz auf Antrag des Arbeitgebers gelten. Die Berechnung des Pauschsteuersatzes ist unter der vorstehenden Nr. 2 Buchstabe b anhand eines Beispiels erläutert. Hat das Finanzamt den Pauschsteuersatz nach diesen Grundsätzen ermittelt, so muss es den festgestellten **Bruttosteuersatz in einen Nettosteuersatz umrechnen.**

Die Umrechnung erfolgt nach folgender Formel:

$$\frac{100 \times \text{Bruttosteuersatz}}{100 - \text{Bruttosteuersatz}} = \text{Nettosteuersatz}$$

---

*) Die ab 1. 1. 2010 geltende Fassung der Sozialversicherungsentgeltverordnung ist als Anhang 2 im **Steuerhandbuch für das Lohnbüro 2010** abgedruckt, das im selben Verlag erschienen ist. Das **PC-Lexikon** für das Lohnbüro 2010 enthält auch dieses Handbuch und hat außerdem den Vorteil, dass Sie **alle BFH-Urteile** sowie die aktuellen Rundschreiben und Niederschriften der Spitzenverbände der **Sozialversicherung** mit Mausklick **im Volltext** abrufen und ausdrucken können. Eine Bestellkarte finden Sie vorne im Lexikon.

Pauschalierung der Lohnsteuer

Tabelle der Nettosteuersätze:

Bruttosteuersatz	entspricht einem Nettosteuersatz von
14%	16,2%
15%	17,6%
16%	19,0%
17%	20,4%
18%	21,9%
19%	23,4%
20%	25,0%
21%	26,5%
22%	28,2%
23%	29,8%
24%	31,5%
25%	33,3%
26%	35,1%
27%	36,9%
28%	38,8%
29%	40,8%
30%	42,8%
31%	44,9%
32%	47,0%
33%	49,2%
34%	51,5%
35%	53,8%
36%	56,2%
37%	58,7%
38%	61,2%
39%	63,9%
40%	66,6%
41%	69,4%
42%	72,4%
43%	75,4%
44%	78,5%
45%	81,8%
46%	85,1%
47%	88,6%
48%	92,3%
49%	96,0%
50%	100,0%

Durch verschiedene Tarifreformen wurden die Eingangs- und Spitzensteuersätze reduziert (vgl. das Stichwort „Tarifaufbau"). Dementsprechend ermäßigt sich auch der niedrigste und höchstmögliche Nettosteuersatz in den einzelnen Jahren wie folgt:

	2000	2001	2002	2003	2004
Eingangssteuersatz	22,9%	19,9%	19,9%	19,9%	16,0%
entsprechender Nettosteuersatz	29,7%	24,8%	24,8%	24,8%	19,0%
Spitzensteuersatz	51,0%	48,5%	48,5%	48,5%	45,0%
entsprechender Nettosteuersatz	104,0%	94,1%	94,1%	94,1%	81,8%

	2005	2006	2007	2008	2009	2010
Eingangssteuersatz	15,0%	15,0%	15,0%	15,0%	14,0%	14,0%
entsprechender Nettosteuersatz	17,6%	17,6%	17,6%	17,6%	16,2%	16,2%
Spitzensteuersatz	42,0%	42,0%	45,0%	45,0%	45,0%	45,0%
entsprechender Nettosteuersatz	72,4%	72,4%	81,8%	81,8%	81,8%	81,8%

Bei einer Pauschalierung der Lohnsteuer nach § 40 Abs. 1 Nr. 2 EStG im Anschluss an eine Lohnsteueraußenprüfung ist der geldwerte Vorteil, der durch die Übernahme der Lohnsteuer durch den Arbeitgeber entsteht (= Hochrechnung auf einen Nettosteuersatz), nicht nach den Verhältnissen im Zeitpunkt der Steuernachforderung zu versteuern. Vielmehr muss der für die pauschalierten Löhne nach den Verhältnissen der jeweiligen Zuflussjahre errechnete Bruttosteuersatz auf den Nettosteuersatz der Jahre hochgerechnet werden, **in denen die pauschalierten Löhne zugeflossen sind** und in denen die pauschale Lohnsteuer entsteht (Hinweise zu R 40.1 LStR, Stichwort „Entstehung der pauschalen Lohnsteuer").

Beispiel

Anlässlich einer Lohnsteuer-Außenprüfung im Jahre 2010 werden unversteuerte Bezüge festgestellt. Private Nutzung der Firmenwagen (Sachverhalt A): 2007 = 5000 €, 2008 = 6000 €, 2009 = 4000 €. Außerdem ist bestimmten Arbeitnehmern im April 2008 eine Tantieme (Sachverhalt B) von insgesamt 50 000 € und im April 2009 von insgesamt 150 000 € ohne Abzug von Lohnsteuer, Kirchensteuer und Solidaritätszuschlag gezahlt worden.

Der Arbeitgeber erklärt die Übernahme der auf die unversteuerten Bezüge entfallenden Abzugssteuern und beantragt deren Erhebung mit einem Pauschsteuersatz.

Der Prüfer errechnet in sinngemäßer Anwendung des Verfahrens, das anhand eines Beispiels unter der vorstehenden Nr. 2 Buchstabe b dargestellt ist, für die auf die einzelnen Kalenderjahre entfallende Lohnsteuer einen Bruttosteuersatz. Der Bruttosteuersatz wird für den Sachverhalt A mit 2007 = 26%; 2008 = 27% und 2009 = 30% ermittelt. Für den Sachverhalt B beträgt er 2008 = 40% und 2009 = 42%.

Kalenderjahr	Bemessungsgrundlage	Bruttosteuersatz	Steuerbetrag
Sachverhalt A:			
2007	5 000,— €	26%	1 300,— €
2008	6 000,— €	27%	1 620,— €
2009	4 000,— €	30%	1 200,— €
Sachverhalt B:			
2007	–	–	–,— €
2008	50 000,— €	40%	20 000,— €
2009	150 000,— €	42%	63 000,— €
Gesamtsumme der Euro-Beträge			87 120,— €

Die Bruttosteuersätze sind im Zuflussjahr auf einen Nettosteuersatz hochzurechnen. Hiernach ergeben sich folgende Nettosteuersätze:

Bruttosteuersatz	Nettosteuersatz
26%	35,1%
27%	36,9%
30%	42,8%
40%	66,6%
42%	72,4%

Die nachzufordernde Lohnsteuer errechnet sich demnach wie folgt:

Kalenderjahr	Bemessungsgrundlage	Nettosteuersatz	Steuerbetrag
Sachverhalt A:			
2007	5 000,— €	35,1%	1 755,— €
2008	6 000,— €	36,9%	2 214,— €
2009	4 000,— €	42,8%	1 712,— €
Sachverhalt B:			
2007	–	–	–,— €
2008	50 000,— €	66,6%	33 300,— €
2009	150 000,— €	72,4%	108 600,— €
Gesamtsumme der Euro-Beträge			147 581,— €

Die pauschale Kirchensteuer beträgt 7% von 147 581,— € = 10 330,67 €. Der Solidaritätszuschlag beträgt 5,5% von 147 581,– € = 8116,95 €. Die Übernahme der Kirchensteuer und des Solidaritätszuschlags durch den Arbeitgeber wäre an sich wiederum ein geldwerter Vorteil. Durch bundeseinheitliche Verwaltungsanweisungen*) ist jedoch angeordnet worden, dass in den Fällen, in denen Arbeitslohn zu Lasten des Arbeitgebers mit einem Pauschsteuersatz nachversteuert wird, die Kirchensteuer und der Solidaritätszuschlag (aus Vereinfachungsgründen) dem zu versteuernden Betrag nicht hinzuzurechnen sind.

---

*) Bundeseinheitliche Regelungen: Für die Kirchensteuer z. B. Erlass Bayern vom 8. 8. 1972 Az. S 2371 – 16/14 – 25 239. Der Erlass ist als Anlage 1 zu H 40.1 LStR im **Steuerhandbuch für das Lohnbüro 2010** abgedruckt, das im selben Verlag erschienen ist. Das **PC-Lexikon** für das Lohnbüro 2010 enthält auch dieses Handbuch und hat außerdem den Vorteil, dass Sie **alle BFH-Urteile** sowie die aktuellen Rundschreiben und Niederschriften der Spitzenverbände der **Sozialversicherung** mit Mausklick **im Volltext** abrufen und ausdrucken können. Eine Bestellkarte finden Sie vorne im Lexikon. Für den Solidaritätszuschlag z. B. Erlass Bayern vom 28. 10. 1991 Az. 32 – S 2370 – 14/3 – 67 331. Der Erlass ist als Anlage 2 zu H 40.1 LStR im **Steuerhandbuch für das Lohnbüro 2010** abgedruckt, das im selben Verlag erschienen ist. Das **PC-Lexikon** für das Lohnbüro 2010 enthält auch dieses Handbuch und hat außerdem den Vorteil, dass Sie **alle BFH-Urteile** sowie die aktuellen Rundschreiben und Niederschriften der Spitzenverbände der **Sozialversicherung** mit Mausklick **im Volltext** abrufen und ausdrucken können. Eine Bestellkarte finden Sie vorne im Lexikon.

Pauschalierung der Lohnsteuer

| | Lohn-steuer-pflichtig | Sozial-versich.-pflichtig |

b) Solidaritätszuschlag

Der Solidaritätszuschlag wird bei Arbeitnehmern als prozentueller Zuschlag zur Lohnsteuer erhoben, wobei bei sonstigen Bezügen auf den Zeitpunkt des Zuflusses abzustellen ist und bei laufendem Arbeitslohn auf den Zeitpunkt, in dem der Lohnzahlungszeitraum endet. Nachdem der Solidaritätszuschlag vorübergehend auch in den Jahren 1991 und 1992 erhoben wurde, ergibt sich folgende Übersicht:

Kalenderjahr	Erhebungszeitraum	Prozentsatz
1991	1.7.–31.12.1991	7,5%
1992	1.1.–30.6.1992	7,5%
1993	—	—
1994	—	—
1995	1.1.–31.12.1995	7,5%
1996	1.1.–31.12.1996	7,5%
1997	1.1.–31.12.1997	7,5%
1998	1.1.–31.12.1998	5,5%
1999	1.1.–31.12.1999	5,5%
2000	1.1.–31.12.2000	5,5%
2001	1.1.–31.12.2001	5,5%
2002	1.1.–31.12.2002	5,5%
2003	1.1.–31.12.2003	5,5%
2004	1.1.–31.12.2004	5,5%
2005	1.1.–31.12.2005	5,5%
2006	1.1.–31.12.2006	5,5%
2007	1.1.–31.12.2007	5,5%
2008	1.1.–31.12.2008	5,5%
2009	1.1.–31.12.2009	5,5%
2010	**1.1.–31.12.2010**	**5,5%**

c) Kirchensteuer

Ist der Arbeitgeber zur Pauschalierung und damit zur Übernahme der Lohnsteuer als Steuerschuldner bereit, dann ist er auch verpflichtet, eine pauschale Kirchensteuer zu übernehmen. Für die pauschale Kirchensteuer sind in den einzelnen Ländern unterschiedlich hohe Sätze festgesetzt. Bemessungsgrundlage für die pauschale Kirchensteuer ist die pauschale Lohnsteuer. Ist nachweislich ein Teil der Arbeitnehmer nicht kirchensteuerpflichtig, können die auf diese Arbeitnehmer entfallenden pauschalen Lohnsteuerbeträge ausgeschieden werden (vgl. die Erläuterungen beim Stichwort „Kirchensteuer" unter Nr. 10 auf Seite 431.

d) Verfahren bei der Nachholung von Steuern

Die Pauschalierung der Lohnsteuer nach § 40 Abs. 1 Nr. 2 EStG im Anschluss an eine Lohnsteuer-Außenprüfung setzt einen entsprechenden **Antrag des Arbeitgebers** voraus. Dieser Antrag beinhaltet die Übernahme der Lohnsteuer (= Anwendung des Nettosteuersatzes). Der Arbeitgeber wird mit der Pauschalbesteuerung selbst zum Steuerschuldner; es ergeht ein Nachforderungsbescheid. Der pauschal besteuerte Arbeitslohn und die hierauf entfallende Pauschalsteuer bleiben bei einer Veranlagung des Arbeitnehmers außer Ansatz. Der Arbeitgeber ist an seinen Pauschalierungsantrag gebunden, sobald der Pauschalierungsbescheid bekannt gegeben worden ist (BFH-Urteil vom 5.3.1993, BStBl. II S. 692). Wird auf einen Einspruch des Arbeitgebers der gegen ihn ergangene Pauschalierungsbescheid aufgehoben, so kann der dort berücksichtigte Arbeitslohn bei der Veranlagung des Arbeitnehmers erfasst werden (BFH-Urteil vom 18.1.1991, BStBl. II S. 309).

Von dieser Pauschalbesteuerung nach § 40 Abs. 1 Nr. 2 EStG im Anschluss an eine Lohnsteuer-Außenprüfung ist die Nacherhebung von Lohnsteuer im Rahmen der **Haftung des Arbeitgebers** zu unterscheiden. Beantragt nämlich der Arbeitgeber die Pauschalbesteuerung **nicht,** so kommt es zur Inanspruchnahme des Arbeitgebers im Haftungsverfahren. Dabei können die Besteuerungsgrundlagen geschätzt werden. Der auf die geschätzten Besteuerungsgrundlagen anzuwendende Steuersatz wird nach den gleichen Grundsätzen ermittelt, wie ein besonderer Pauschsteuersatz bei einer Pauschalierung auf Antrag des Arbeitgebers (vgl. die Ausführungen unter der vorstehenden Nr. 2 Buchstabe b). Die verschiedenen Möglichkeiten bei der Berechnung von Steuernachforderungen im Anschluss an eine Lohnsteuer-Außenprüfung sind ausführlich anhand von Beispielen beim Stichwort „Haftung des Arbeitgebers" unter Nr. 11 auf Seite 383 erläutert.

e) Berechnung der Sozialversicherungsbeiträge

Bei Pauschalierungen im Anschluss an eine Lohnsteuer-Außenprüfung ist die Beitragspflicht unabhängig von der durch das Finanzamt vorgenommenen Pauschalierung zu prüfen. Ebenso wie eine Pauschalierung nach § 40 Abs. 1 Nr. 1 EStG mit einem **besonders** ermittelten Steuersatz **auf Antrag** des Arbeitgebers keine Befreiung in der Sozialversicherung auslöst, ist dies bei Pauschalierungen im Anschluss an Lohnsteuer-Außenprüfungen der Fall. Für die nach § 40 Abs. 1 Nr. 2 EStG pauschalbesteuerten Bezüge sind daher im Grundsatz auch Sozialversicherungsbeiträge zu entrichten. Die zunächst nicht versteuerten Bezüge werden im Zeitpunkt der Auszahlung an den Arbeitnehmer lohnsteuerpflichtig und damit beitragspflichtig. Lediglich zur Vereinfachung der Nacherhebung von Lohnsteuer wird in diesen Fällen die Pauschalbesteuerung zugelassen. Da es aber eine pauschale Nacherhebung von Sozialversicherungsbeiträgen nicht gibt, müssen die Sozialversicherungsbeiträge auch in diesen Fällen im Einzelnen ermittelt werden.

Die nachträgliche Entscheidung über die Pauschalbesteuerung führt nicht dazu, dass sich rückwirkend die Berechnungsgrundlage für die Sozialversicherungsbeiträge um den vom Arbeitgeber übernommenen Steuerbetrag erhöht. Durch die rückwirkende Übernahme der Lohnsteuer durch den Arbeitgeber erhöht sich in diesen Fällen also nicht – wie bei einer Nettolohnvereinbarung – der steuerpflichtige Arbeitslohn um den Betrag der vom Arbeitgeber getragenen Lohnsteuer, weil u. a. auch die auf den einzelnen Arbeitnehmer entfallende Lohnsteuer gar nicht ermittelt wird. Die pauschale Lohn- und Kirchensteuer sowie der pauschale Solidaritätszuschlag unterliegen somit nicht der Beitragspflicht in der Sozialversicherung. Dies wurde bereits früher vom Bundessozialgericht entschieden (BSG-Urteil vom 12.11.1975 – 3/12 RK 8/74). Seit die Betriebsprüfungen auf die Rentenversicherungsträger übergegangen sind, wurde von diesen vereinzelt die Auffassung vertreten, die pauschale Lohnsteuer gehöre – entgegen der Rechtsprechung des Bundessozialgerichts – zum beitragspflichtigen Entgelt. Begründet wurde dies damit, dass sich die Entgelteigenschaft aus § 40 Abs. 1 Satz 2 EStG ergeben würde. Das Bundessozialgericht hat hierzu mit Urteil vom 19.6.2001 – B 12 KR 16/00 R entschieden, dass die nach Maßgabe des § 40 Abs. 1 Nr. 2 EStG erhobene **Pauschalsteuer nicht zum beitragspflichtigen Arbeitsentgelt gehört.**

	Lohn-steuer-pflichtig	Sozial-versich.-pflichtig

Werden nicht oder zu niedrig einbehaltene Pflichtbeiträge (Arbeit**nehmer**anteile) zur Sozialversicherung beim Arbeitgeber nachgeholt (z. B. durch eine Betriebsprüfung des Rentenversicherungsträgers), so liegt nach den BFH-Urteilen vom 29.10.1993 (BStBl. 1994 II S. 194) und vom 13.9.2007 (BStBl. 2008 II S. 58) Lohnsteuerpflicht normalerweise nicht vor. | nein | nein

Steuerpflichtiger Arbeitslohn liegt aber dann vor, wenn Arbeitgeber und Arbeitnehmer eine **Nettolohnvereinbarung** getroffen haben oder der Arbeitgeber zwecks Steuer- und Beitragshinterziehung die Unmöglichkeit einer späteren Rückbelastung beim Arbeitnehmer bewusst in Kauf genommen hat (vgl. hierzu die Ausführungen beim Stichwort „Haftung des Arbeitgebers" unter Nr. 13 auf Seite 387. | ja | nein

Pauschalierung der Lohnsteuer bei Aushilfskräften und Teilzeitbeschäftigten

Neues auf einen Blick:

Bei der Pauschalierung der Lohnsteuer für sog. Minijobs sind ab 1.1.2010 keine Änderungen eingetreten.

Auch die Beitragssätze U 1 und U 2 sind unverändert geblieben. Erhöht hat sich hingegen die Insolvenzgeldumlage von bisher 0,1 % auf **0,41 %** ab 1.1.2010.

Auf die Erläuterungen beim Stichwort „Geringfügige Beschäftigung" wird Bezug genommen.

Gliederung:

1. Allgemeines
2. Pauschalierung der Lohnsteuer für 400-Euro-Jobs mit 2 %
   a) Pauschaler Arbeitgeberbeitrag zur Rentenversicherung von 15 % oder 5 % als Grundvoraussetzung für die 2 %ige Steuerpauschalierung
   b) 2 %ige Pauschalsteuer bei mehreren Arbeitsverhältnissen
   c) Gelegentliches Überschreiten der 400-Euro-Grenze
   d) Vorausschauende Ermittlung des sozialversicherungspflichtigen Arbeitsentgelts und Auswirkung von einmaligen Zuwendungen auf die 400-Euro-Grenze
   e) Auswirkungen von steuer- und sozialversicherungsfreiem Arbeitslohn auf die 400-Euro-Grenze
   f) Auswirkung von steuerfreiem, aber sozialversicherungspflichtigem Arbeitsentgelt
   g) Auswirkung von steuerpflichtigem, aber sozialversicherungsfreien Arbeitslohn auf die 400-Euro-Grenze
   h) Auswirkung von pauschalversteuertem Arbeitslohn auf die 400-Euro-Grenze
   i) Vorlage einer Lohnsteuerkarte oder Pauschalierung der Lohnsteuer mit 2 %
   j) Abwälzung der 2 %igen Pauschalsteuer auf den Arbeitnehmer
   k) Anmeldung und Abführung der 2 %igen Pauschalsteuer
3. Pauschalierung der Lohnsteuer für 400-Euro-Jobs mit 20 %
   a) Allgemeines
   b) Pauschalierung der Lohnsteuer mit 20 % für geringfügig entlohnte Beschäftigungsverhältnisse
   c) Gelegentliches Überschreiten der 400-Euro-Pauschalierungsgrenze
   d) Behandlung einmaliger Bezüge bei der Prüfung der 400-Euro-Pauschalierungsgrenze
   e) Prüfung der Pauschalierungsgrenze von 400 € beim Bezug von steuerfreiem oder pauschal versteuertem Arbeitslohn
   f) Mehrere Teilzeitbeschäftigungen nebeneinander
   g) Abwälzung der 20 %igen pauschalen Lohnsteuer auf den Arbeitnehmer
   h) Vorlage einer Lohnsteuerkarte oder 20 %ige Lohnsteuerpauschalierung
   i) Nettolohnberechnung oder 20 %ige Lohnsteuerpauschalierung
4. Pauschalierung der Lohnsteuer für kurzfristig beschäftigte Aushilfskräfte mit 25 %
   a) Allgemeines
   b) Begriff des Arbeitstags
   c) Durchschnittlicher Stundenlohn höchstens 12 €
5. Pauschalierung der Lohnsteuer für Aushilfskräfte in der Land- und Forstwirtschaft mit 5 %
   a) Allgemeines
   b) Tätigkeit in einem land- und forstwirtschaftlichen Betrieb im Sinne des § 13 EStG
   c) Typisch land- und forstwirtschaftliche Tätigkeit
   d) Land- und forstwirtschaftliche Fachkraft
   e) 180-Tage-Grenze
   f) Beschäftigung mit Arbeiten, die nicht ganzjährig anfallen und 25 %-Regelung
   g) Durchschnittlicher Stundenlohn höchstens 12 €
   h) Aufzeichnungsvorschriften
6. Auswirkung der Pauschalierung auf eine Veranlagung zur Einkommensteuer
   a) Allgemeines
   b) Abzug der pauschalen Arbeitgeberbeiträge von 15 % bzw. 5 % bei 400-Euro-Jobs als Sonderausgaben
7. Ehegatten-Arbeitsverhältnis
8. Abwälzung der pauschalen Lohnsteuer auf den Arbeitnehmer
9. Aufzeichnungsvorschriften
10. Pauschalierung der Kirchensteuer
11. Solidaritätszuschlag
12. Eintragung von Freibeträgen und Hinzurechnungsbeträgen auf der Lohnsteuerkarte bei 400-Euro-Jobs
13. Vermögenswirksame Leistungen für Aushilfskräfte und Teilzeitbeschäftigte
14. Lohnfortzahlungsversicherung
15. Arbeitsvertrag für Aushilfskräfte und Teilzeitbeschäftigte

1. Allgemeines

Durch das Zweite Gesetz für moderne Dienstleistungen am Arbeitsmarkt vom 23.12.2002 (BGBl. I S. 2002) ist § 40 a EStG, der die Pauschalierung der Lohnsteuer für Aushilfskräfte und Teilzeitbeschäftigte regelt, mit Wirkung vom 1. April 2003 umfassend geändert worden. Kernpunkt der Änderung war eine Neufassung des § 40 a Abs. 2 EStG, die sich völlig an das Sozialversicherungsrecht anlehnt. Hiernach ist für eine geringfügig entlohnte Beschäftigung im Sinne der sozialversicherungsrechtlichen Vorschriften (Monatslohn maximal 400 €), für die der Arbeitgeber einen Pauschalbeitrag zur Rentenversicherung in Höhe von **15 %** oder 5 % zu entrichten hat, seit 1. April 2003 eine **neue Pauschalierungsmöglichkeit mit 2 %** eingeführt worden.

Der früher allgemein bei Teilzeitbeschäftigten geltende Pauschsteuersatz von 20 % ist zwar beibehalten worden, tritt aber nur noch in seltenen Ausnahmefällen an die Stelle des 2 %igen Pauschsteuersatzes. Der Pauschsteuersatz für Aushilfskräfte in Höhe von 25 % und der besondere Pauschsteuersatz für Aushilfskräfte in der Land- und Forstwirtschaft in Höhe von 5 % sind unverändert beibehalten worden.

Bei einer Pauschalierung der Lohnsteuer für Aushilfskräfte und Teilzeitbeschäftigte war vor dem 1. April 2003 zu beachten, dass eine Pauschalierung der Lohnsteuer ausnahmslos nur für solche Arbeitsverhältnisse möglich war, bei denen der Stundenlohn höchstens 12 € betrug. Diese Stundenlohngrenze ist sowohl für die 2 %ige als auch für die 20 %ige Pauschalierungsmöglichkeit (vgl. nachfolgend unter Nrn. 2 und 3) seit 1. April 2003 weggefallen. Bei einer Pauschalierung der Lohnsteuer für kurzfristig beschäftigte Aushilfskräfte mit 25 % und bei einer Pauschalierung der Lohnsteuer für Aushilfskräfte in der Land- und Forstwirtschaft mit 5 % **ist die 12-Euro-Stundenlohngrenze auch weiterhin zu beachten** (vgl. nachfolgend unter Nrn. 4 und 5). Hiernach ergibt sich folgende Übersicht:

Pauschalierung der Lohnsteuer bei Aushilfskräften und Teilzeitbeschäftigten

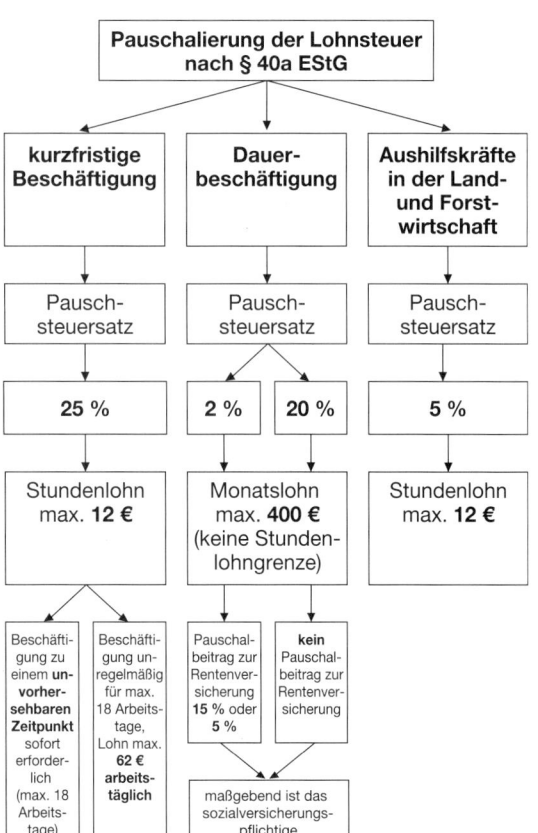

Im Einzelnen gilt bei der Pauschalierung der Lohnsteuer für Aushilfskräfte und Teilzeitbeschäftigte seit 1. April 2003 Folgendes:

2. Pauschalierung der Lohnsteuer für 400-Euro-Jobs mit 2 %

a) Pauschaler Arbeitgeberbeitrag zur Rentenversicherung von 15 % oder 5 % als Grundvoraussetzung für die 2 %ige Steuerpauschalierung

Nach § 40 a Abs. 2 EStG kann der Arbeitgeber den Arbeitslohn für einen 400-Euro-Job unter Verzicht auf die Vorlage einer Lohnsteuerkarte pauschal mit **2 %** versteuern, wenn der Arbeitgeber für diese geringfügig entlohnte Beschäftigung einen **Pauschalbeitrag zur gesetzlichen Rentenversicherung** in Höhe von **15 %** für „normale" 400-Euro-Jobs oder in Höhe von **5 %** für 400-Euro-Jobs in einem Privathaushalt bezahlt. Diese 2 %ige Pauschalsteuer ist eine Abgeltungssteuer und gilt auch den Solidaritätszuschlag und die Kirchensteuer mit ab; sie ermäßigt sich nicht, wenn der Arbeitnehmer keiner erhebungsberechtigten Kirche angehört. Der pauschal versteuerte Arbeitslohn und die 2 %ige Pauschalsteuer bleiben bei der Veranlagung des Arbeitnehmers zur Einkommensteuer außer Ansatz. Zwingende Voraussetzung für die Pauschalierung der Lohnsteuer mit 2 % ist also die Zahlung eines pauschalen Beitrags zur Rentenversicherung durch den Arbeitgeber in Höhe von 15 % oder 5 % für ein geringfügig entlohntes Beschäftigungsverhältnis. Diese beiden Voraussetzungen sind ausschließlich nach sozialversicherungsrechtlichen Vorschriften wie folgt zu beurteilen:

– Es muss Arbeitsentgelt aus einer geringfügig entlohnten Beschäftigung im Sinne des § 8 Abs. 1 **Nr. 1** oder § 8 a SGB IV vorliegen (Arbeitslohn maximal 400 € monatlich).

– Der Arbeitgeber muss einen Pauschalbeitrag zur Rentenversicherung entrichten, und zwar nach einer der folgenden Vorschriften:

= § 172 Abs. 3 SGB VI (15 % Pauschalbeitrag für „normale" 400-Euro-Jobs);

= § 172 Abs. 3a SGB VI (5 % Pauschalbeitrag für 400-Euro-Jobs in Privathaushalten);

= § 168 Abs. 1 Nr. 1 b SGB VI (15 % Pauschalbeitrag in sog. Optionsfällen);

= § 168 Abs. 1 Nr. 1 c SGB VI (5 % Pauschalbeitrag in sog. Optionsfällen in Privathaushalten).

Die sozialversicherungsrechtlichen Voraussetzungen für die Zahlung eines pauschalen Rentenversicherungsbeitrags von 15 % für „normale" 400-Euro-Jobs sind beim Stichwort „Geringfügige Beschäftigung" unter Nrn. 6 und 7 auf Seite 345 ausführlich erläutert. Der 5 %ige Pauschalbeitrag zur Rentenversicherung für 400-Euro-Jobs in Privathaushalten ist beim Stichwort „Hausgehilfin" abgehandelt.

Beispiel A

Eine Arbeitnehmerin arbeitet als Putzfrau in einer Gaststätte gegen ein monatliches Arbeitsentgelt von 400 €, sie ist über ihren Ehemann in der gesetzlichen Krankenversicherung familienversichert.

Die Arbeitnehmerin ist versicherungsfrei, weil das Arbeitsentgelt 400 € nicht übersteigt. Der Arbeitgeber muss einen Pauschalbeitrag zur Kranken- und Rentenversicherung in Höhe von (15 % + 13 % =) 28 % bezahlen. Da der Arbeitgeber für den 400-Euro-Job einen Pauschalbeitrag zur Rentenversicherung von 15 % entrichtet, kann die Lohnsteuer mit 2 % pauschaliert werden. Mit der 2 %igen Pauschalsteuer ist auch der Solidaritätszuschlag und die Kirchensteuer abgegolten.

Ist die Arbeitnehmerin bei einem Arbeitgeber mit maximal 30 Arbeitnehmern beschäftigt, fallen außerdem Beiträge zur Lohnfortzahlungsversicherung U 1 und U 2 an*). Außerdem fällt die Insolvenzgeldumlage in Höhe von 0,41 % an, so dass sich für die Arbeitnehmerin folgende Lohnabrechnung ergibt:

Monatslohn		400,— €
Lohnsteuer	0,— €	
Solidaritätszuschlag	0,— €	
Kirchensteuer	0,— €	
Sozialversicherung	0,— €	0,— €
Nettolohn		400,—

Der Arbeitgeber muss folgende Pauschalabgaben zahlen:

Lohnsteuer (einschließlich Solidaritätszuschlag und Kirchensteuer)	2,0 %	8,— €
Krankenversicherung pauschal	13,0 %	52,— €
Rentenversicherung pauschal	15,0 %	60,— €
Umlage U 1	0,6 %	2,40 €
Umlage U 2	0,07 %	0,28 €
Insolvenzgeldumlage	0,41 %	1,64 €
insgesamt		124,32 €

Da die Anwendung der 2 %igen Pauschalsteuer von der Zahlung des pauschalen Beitrags zur Rentenversicherung in Höhe von 15 % oder 5 % abhängt, muss der Arbeitgeber streng zwischen sozialversicherungspflichtigen Beschäftigungsverhältnissen mit einem hälftigen Arbeitgeberanteil zur Rentenversicherung von **9,95 %** einerseits und Arbeitsverhältnissen mit einem besonderen pauschalen Arbeitgeberanteil von **15 %** bzw. **5 %** andererseits unterscheiden, weil durch die Anwendung des „echten" Arbeitgeberanteils von 9,95 % anstelle des pauschalen Arbeitgeberanteils von 15 % oder 5 % die Pauschalierungsvorschrift des § 40a Abs. 2 EStG ihre Wirkung verliert. Diese Wechselwirkung ist dann von besonderer Bedeutung, wenn der Arbeitnehmer ein zweites 400-Euro-Arbeitsverhältnis aufnimmt und durch die sozialversicherungsrechtlich gebotene Zusammenrechnung der Beschäftigungsverhältnisse die Summe der Arbeitslöhne insgesamt sozialversicherungspflichtig wird. Denn durch die Zusammenrechnung der Arbeitslöhne und dem hieraus folgenden Überschreiten der monatlichen 400-Euro-Grenze entfällt auch die pauschale Lohnsteuer von 2 %. Der Arbeitnehmer muss deshalb Lohnsteuerkarten für die einzelnen geringfügigen Beschäftigungsverhältnisse vor-

---

*) Die Lohnfortzahlungsversicherung ist ausführlich in Teil B „Grundsätzliches zur Sozialversicherung" unter Nr. 10 auf Seite 16 und beim Stichwort „Geringfügige Beschäftigung" unter Nr. 19 auf Seite 355 erläutert.

Pauschalierung der Lohnsteuer bei Aushilfskräften und Teilzeitbeschäftigten

legen. Der Arbeitgeber kann aber auch die Lohnsteuer pauschalieren, wobei in diesen Ausnahmefällen der Pauschsteuersatz für jedes geringfügige Beschäftigungsverhältnis 20 % beträgt (vgl. die Erläuterungen unter der nachfolgenden Nr. 3). Diese Wechselwirkung ist anhand eines Beispiels ausführlich beim Stichwort „Geringfügige Beschäftigung" unter Nr. 9 auf Seite 346 erläutert.

Außerdem ist eine Pauschalierung der Lohnsteuer mit 2 % auch in den Fällen nicht möglich, in denen der Arbeitgeber überhaupt keinen Beitrag zur Rentenversicherung zahlen muss, z. B. weil es sich um eine sozialversicherungsfreie kurzfristige Beschäftigung handelt.

Beispiel B

Eine Hausfrau arbeitet zeitlich befristet als Aushilfsverkäuferin vom 14. Juli bis Ende August 2010 für einen Monatslohn von 400 €. Für die Arbeitnehmerin sind weder normale noch pauschale Beiträge zur Rentenversicherung zu entrichten, da die Beschäftigung wegen Kurzfristigkeit versicherungsfrei ist (vgl. das Stichwort „Geringfügige Beschäftigung" unter Nr. 14 auf Seite 351).

Da der Arbeitgeber für die Arbeitnehmerin keinen pauschalen Beitrag zur Rentenversicherung entrichtet, ist eine Pauschalierung der Lohnsteuer mit 2 % nicht möglich. Auch eine Pauschalierung der Lohnsteuer mit 20 % (vgl. nachfolgend unter Nr. 3) kommt nicht in Betracht, weil es sich hierbei um ein geringfügig entlohntes Beschäftigungsverhältnis im Sinne des § 8 Abs. 1 **Nr. 1** SGB IV sondern um ein zeitlich geringfügiges, sog. kurzfristiges Beschäftigungsverhältnis im Sinne des § 8 Abs. 1 **Nr. 2** SGB IV handelt. Des Weiteren kommt auch eine Pauschalierung der Lohnsteuer mit 25 % für Aushilfsbeschäftigungen nicht in Betracht, weil die hierfür geltende Zeitgrenze von 18 Tagen überschritten ist (vgl. nachfolgend unter Nr. 4). Der Arbeitslohn der Arbeitnehmerin muss deshalb nach der Lohnsteuerkarte – ggf. mit der Steuerklasse VI – versteuert werden.

Die Anbindung der 2 %igen Pauschalsteuer an den pauschalen Arbeitgeberbeitrag zur Rentenversicherung in Höhe von 15 % oder 5 % wirkt sich auch in den Fällen aus, in denen zwar steuerpflichtiger Arbeitslohn, aber kein Arbeitsentgelt aus einer aktiven Beschäftigung vorhanden ist.

Beispiel C

Eine Arbeitnehmerin erhält eine Werkspension (Betriebsrente) von ihrem früheren Arbeitgeber in Höhe von 200 € monatlich. Da der Arbeitgeber für die Betriebsrente in Höhe von 200 € keinen pauschalen 15 %igen Beitrag zur Rentenversicherung zu entrichten hat, ist eine Pauschalierung der Lohnsteuer mit 2 % nicht möglich. Auch eine Pauschalierung der Lohnsteuer mit 20 % (vgl. nachfolgend unter Nr. 3) kommt nicht in Betracht, weil es sich nicht um ein geringfügig entlohntes Beschäftigungsverhältnis im Sinne des § 8 Abs. 1 **Nr. 1** SGB IV handelt. Des Weiteren kommt auch eine Pauschalierung der Lohnsteuer mit 25 % für Aushilfsbeschäftigungen nicht in Betracht, weil die hierfür geltende Zeitgrenze von 18 Tagen überschritten ist (vgl. nachfolgend unter Nr. 4). Der Arbeitslohn der Arbeitnehmerin muss deshalb nach der Lohnsteuerkarte – ggf. mit der Steuerklasse VI – versteuert werden.

Die Pauschalierung der Lohnsteuer mit 2 % nach § 40a Abs. 2 EStG knüpft voll an die sozialversicherungrechtliche Behandlung an. Dies gilt auch für die Bemessungsgrundlage, das heißt Bemessungsgrundlage für die 2 %ige Pauschalsteuer ist das sozialversicherungspflichtige Arbeitsentgelt. Dies kann dazu führen, dass die 2 %ige Pauschalsteuer auch für das vertraglich geschuldete, tatsächlich aber nicht gezahlte Arbeitsentgelt zu zahlen ist, wenn sozialversicherungsrechtlich das **Anspruchsprinzip** und nicht das Zuflussprinzip zur Anwendung kommt. In R 40a.2 Satz 3 der Lohnsteuer-Richtlinien 2008 wurde dies ausdrücklich klargestellt, denn dort heißt es wörtlich: „Bemessungsgrundlage für die einheitliche Pauschalsteuer (§ 40a Abs. 2 EStG) ... ist das sozialversicherungsrechtliche Arbeitsentgelt." Das BFH-Urteil vom 29.5.2008 (BStBl. 2009 II S. 147) steht dem nicht entgegen, da es zu der vor dem 1. April 2003 geltenden Rechtslage ergangen ist.

b) 2 %ige Pauschalsteuer bei mehreren Arbeitsverhältnissen

Eine geringfügig entlohnte Beschäftigung im Sinne des § 8 Abs. 1 Nr. 1 SGB IV liegt bei mehreren nebeneinander ausgeübten Minijobs solange vor, solange die zusammengerechneten Arbeitsentgelte aus allen Beschäftigungsverhältnissen insgesamt 400 € im Monat nicht übersteigen. Jeder Arbeitgeber hat in diesem Fall Pauschalbeiträge zur Rentenversicherung und ggf. auch zur Krankenversicherung sowie die 2 %ige Pauschalsteuer zu zahlen.

Beispiel A

Eine privat krankenversicherte Raumpflegerin arbeitet beim Arbeitgeber A gegen ein monatliches Arbeitsentgelt von 170 € und beim Arbeitgeber B gegen ein monatliches Arbeitsentgelt von 150 €.

Die Raumpflegerin ist in beiden Beschäftigungen versicherungsfrei, weil das Arbeitsentgelt aus diesen Beschäftigungen 400 € nicht übersteigt. Beide Arbeitgeber haben Pauschalbeiträge zur Rentenversicherung sowie die 2 %ige Pauschalsteuer zu zahlen.

Übersteigen die zusammengerechneten Arbeitsentgelte aus mehreren nebeneinander ausgeübten Minijobs die monatliche Entgeltgrenze von 400 € so tritt für jeden Arbeitgeber volle Sozialversicherungspflicht in allen vier Zweigen der Sozialversicherung ein. Damit entfällt automatisch die Möglichkeit der 2 %igen Lohnsteuerpauschalierung. Ein solcher Fall ist beim Stichwort „Geringfügige Beschäftigung" unter Nr. 9 auf Seite 346 erläutert.

Wird ein Minijob **neben einer sozialversicherungspflichtigen Hauptbeschäftigung** ausgeübt, gilt Folgendes:

Sofern neben einer versicherungspflichtigen Hauptbeschäftigung nur ein einzelner Minijob (Monatslohn bis 400 €) ausgeübt wird, findet eine Zusammenrechnung nicht statt, so dass der Minijob versicherungsfrei bleibt und der Arbeitgeber die Pauschalbeiträge zur Kranken- und Rentenversicherung sowie die 2 %ige Pauschalsteuer zu entrichten hat.

Beispiel B

Eine allein stehende Arbeitnehmerin bezieht aus ihrem ersten Arbeitsverhältnis 2000 € monatlich und hat nebenher einen 400-Euro-Job. Die beiden Arbeitsverhältnisse werden für die Berechnung der Sozialversicherungsbeiträge nicht zusammengerechnet. Für den 400-Euro-Job ergibt sich folgende Lohnabrechnung:

	Lohnsteuerpflichtig	Sozialversich.-pflichtig
Monatslohn		400,— €
Lohnsteuer	0,— €	
Solidaritätszuschlag	0,— €	
Kirchensteuer	0,— €	
Sozialversicherung	0,— €	0,— €
Nettolohn		400,— €

Die Arbeitnehmerin brauch für den 400-Euro-Job keine Lohnsteuerkarte vorzulegen.

Für Lohnsteuer und Sozialversicherung muss der Arbeitgeber folgende Pauschalabgaben zahlen:

Lohnsteuer (einschließlich Solidaritätszuschlag und Kirchensteuer)	2 %	8,— €
Krankenversicherung pauschal	13 %	52,— €
Rentenversicherung pauschal	15 %	60,— €
Umlage U 1	0,6 %	2,40 €
Umlage U 2	0,07 %	0,28 €
Insolvenzgeldumlage	0,41 %	1,64 €
insgesamt		124,32 €

Werden neben einer Hauptbeschäftigung **mehrere** geringfügig entlohnte Beschäftigungen ausgeübt, dann scheidet für **eine** geringfügig entlohnte Beschäftigung die Zusammenrechnung mit der Hauptbeschäftigung aus. Ausgenommen von der Zusammenrechnung wird dabei diejenige geringfügig entlohnte Beschäftigung, die **zeitlich zuerst aufgenommen** worden ist, so dass diese Beschäftigung versicherungsfrei bleibt. Die **weiteren** geringfügig entlohnten Beschäftigungen sind mit der versicherungspflichtigen Hauptbeschäftigung zusammenzurechnen, so dass für diese Minijobs die Zahlung pauschaler Arbeitgeberbeiträge zur Kranken- und Rentenversicherung sowie die 2 %ige Pauschalsteuer entfällt. Eine Pauschalierung der Lohnsteuer mit 20 % ist jedoch möglich, vgl. nachfolgend unter Nr. 3.

Beispiel C

Ein Arbeitnehmer übt beim Arbeitgeber A eine sozialversicherungspflichtige Hauptbeschäftigung aus. Ab 1. Mai 2010 nimmt der Arbeitnehmer eine weitere Tätigkeit beim Arbeitgeber B gegen ein monatli-

Pauschalierung der Lohnsteuer bei Aushilfskräften und Teilzeitbeschäftigten

ches Arbeitsentgelt von 200 € auf. Ab 1. August 2010 nimmt der Arbeitnehmer eine dritte Tätigkeit beim Arbeitgeber C gegen ein monatliches Arbeitsentgelt von 150 € auf.

Die erste Nebenbeschäftigung beim Arbeitgeber B ist eine geringfügig entlohnte Beschäftigung. Da diese zeitlich zuerst als eine geringfügige Beschäftigung aufgenommen wurde, wird sie nicht mit der Hauptbeschäftigung zusammengerechnet. Sie bleibt versicherungsfrei, weil die Geringfügigkeitsgrenze von 400 € nicht überschritten ist. Der Arbeitgeber B zahlt den Pauschalbeitrag zur Kranken- und Rentenversicherung sowie die 2 %ige Pauschsteuer – insgesamt also 30 % von 200 €.

Der zweite Minijob beim Arbeitgeber C muss mit der sozialversicherungspflichtigen Hauptbeschäftigung zusammengerechnet werden. Damit entfällt für diesen Minijob die Zahlung pauschaler Arbeitgeberbeiträge zur Kranken- und Rentenversicherung sowie die 2 %ige Pauschalsteuer. Arbeitgeber und Arbeitnehmer müssen vielmehr für den zweiten Minijob jeweils den normalen, hälftigen Sozialversicherungsbeitrag zur Kranken-, Pflege- und Rentenversicherung zahlen. In der Arbeitslosenversicherung ist auch der zweite Minijob versicherungsfrei, weil in diesem Versicherungszweig geringfügig entlohnte Beschäftigungen (Monatslohn bis 400 €) nicht mit versicherungspflichtigen Hauptbeschäftigungen zusammengerechnet werden, und zwar ohne Rücksicht darauf, wie viele Minijobs neben der Hauptbeschäftigung ausgeübt werden.

Da für den Minijob beim Arbeitgeber C kein pauschaler Beitrag zur Rentenversicherung gezahlt wird, entfällt automatisch die Möglichkeit der 2 %igen Lohnsteuerpauschalierung. Eine Pauschalierung der Lohnsteuer mit 20 % ist jedoch möglich. Pauschaliert der Arbeitgeber die Lohnsteuer nicht mit 20 % muss der Arbeitnehmer für den Minijob eine Lohnsteuerkarte vorlegen (vgl. nachfolgend unter Nr. 3).

Sowohl lohnsteuerlich als auch sozialversicherungsrechtlich ist jedoch zu beachten, dass ein Arbeitnehmer **nicht gleichzeitig für denselben** Arbeitgeber in **zwei Arbeitsverhältnissen** tätig sein kann (z. B. Haupttätigkeit und Minijob beim selben Arbeitgeber). Das gilt auch dann, wenn es sich um unterschiedliche Tätigkeiten handelt. In § 40a Abs. 4 Nr. 2 EStG wurde dies ausdrücklich klargestellt.

Möglich ist es hingegen, vom bisherigen Arbeitgeber eine Betriebsrente zu beziehen (Versorgungsempfänger) und daneben für diesen Arbeitgeber noch einen Minijob auszuüben.

c) Gelegentliches Überschreiten der 400-Euro-Grenze

Für die Pauschalierung der Lohnsteuer mit 2 % gilt der sozialversicherungsrechtliche Entgeltbegriff (R 40a.2 Sätze 3 und 4 LStR).

Ein gelegentliches und **nicht vorhersehbares** Überschreiten der 400-Euro-Grenze führt deshalb noch nicht zur Sozialversicherungspflicht (vgl. die Erläuterungen beim Stichwort „Geringfügige Beschäftigung" unter Nr. 3 Buchstabe d auf Seite 338). Dementsprechend bleibt in diesen Fällen auch die Pauschalierungsmöglichkeit mit 2 % erhalten. Als gelegentlich ist dabei ein Zeitraum bis zu zwei Monaten innerhalb eines Jahres anzusehen.

Beispiel

Ein Arbeitnehmer übt eine geringfügige Dauerbeschäftigung aus und erhält hierfür 400 € monatlich. Im August 2010 fallen wider Erwarten Überstunden durch eine Krankheitsvertretung an. Dadurch erhöht sich die wöchentliche Arbeitszeit auf 30 Stunden und der Monatslohn auf 1300 €. Gleichwohl liegt auch im August 2010 eine geringfügige Beschäftigung vor, für die der Arbeitgeber den pauschalen 15 %igen Arbeitgeberanteil zur Rentenversicherung und ggf. auch einen 13 %igen pauschalen Arbeitgeberanteil zur Krankenversicherung zu entrichten hat. Damit liegen auch im August 2010 die Voraussetzungen für eine Pauschalierung der Lohnsteuer vor, so dass der Monatslohn in Höhe von 1300 € pauschal mit 2 % versteuert werden kann.

d) Vorausschauende Ermittlung des sozialversicherungspflichtigen Arbeitsentgelts und Auswirkung von einmaligen Zuwendungen auf die 400-Euro-Grenze

Für die Pauschalierung der Lohnsteuer mit 2 % gilt der sozialversicherungsrechtliche Entgeltbegriff (R 40a.2 Sätze 3 und 4 LStR).

Bei der Prüfung der Frage, ob das Arbeitsentgelt 400 € monatlich übersteigt, ist vom regelmäßigen Arbeitsentgelt auszugehen. Das regelmäßige Arbeitsentgelt ermittelt sich abhängig von der Anzahl der Monate, für die die Beschäftigung besteht, wobei maximal ein Jahreszeitraum (12 Monate) zugrunde zu legen ist. Dabei darf das regelmäßige monatliche Arbeitsentgelt im Durchschnitt einer Jahresbetrachtung 400 € nicht übersteigen (maximal 4800 € pro Jahr bei durchgehender mindestens 12 Monate dauernder Beschäftigung). Steht bereits zu Beginn der Beschäftigung fest, dass die Beschäftigung nicht durchgehend für mindestens 12 Monate besteht, ist die zulässige Arbeitsentgeltgrenze für den Gesamtzeitraum entsprechend zu reduzieren. Es ist mindestens auf das Arbeitsentgelt abzustellen, auf das der Arbeitnehmer einen Rechtsanspruch hat (z. B. aufgrund eines Tarifvertrags, einer Betriebsvereinbarung oder einer Einzelabsprache); insoweit kommt es auf die Höhe des tatsächlich gezahlten Arbeitsentgelts nicht an. Ein arbeitsrechtlich zulässiger schriftlicher Verzicht auf künftig entstehende Arbeitsentgeltansprüche mindert das zu berücksichtigende Arbeitsentgelt.

Die Ermittlung des regelmäßigen Arbeitsentgelts ist vorausschauend bei Beginn der Beschäftigung bzw. erneut bei jeder dauerhaften Veränderung in den Verhältnissen vorzunehmen. Stellen Arbeitgeber aus abrechnungstechnischen Gründen stets zu Beginn eines jeden Kalenderjahres eine erneute vorausschauende Betrachtung zur Ermittlung des regelmäßigen Arbeitsentgelts an, bestehen hiergegen keine Bedenken. Eine erstmalige vorausschauende Betrachtung für eine im Laufe eines Kalenderjahres aufgenommene Beschäftigung kann demnach zu Beginn des nächsten Kalenderjahres durch eine neue jährliche Betrachtung für dieses Kalenderjahr ersetzt werden.

Sofern eine Beschäftigung mit einem Arbeitsentgelt von mehr als 400 € im Monat durch die vertragliche Reduzierung der Arbeitszeit auf eine Beschäftigung mit einem Arbeitsentgelt bis zu 400 € im Monat umgestellt wird, ist der Beschäftigungsabschnitt ab dem Zeitpunkt der Arbeitszeitreduzierung bzw. für den Zeitraum der Arbeitszeitreduzierung getrennt zu beurteilen. Dies gilt auch bei einer Reduzierung der Arbeitszeit z. B. wegen einer Pflege- oder Elternzeit.

Für die sozialversicherungsrechtliche Beurteilung der 400-Euro-Grenze sind **einmalige Zuwendungen** bei der Ermittlung des regelmäßigen Arbeitsentgelts zu berücksichtigen, wenn die Gewährung der einmaligen Zuwendung mindestens einmal jährlich mit hinreichender Sicherheit zu erwarten ist. Deshalb bleiben z. B. Jubiläumszuwendungen bei der Ermittlung des regelmäßigen Arbeitsentgelts außer Betracht, weil es sich um nicht jährlich wiederkehrende Zuwendungen handelt. Der Arbeitgeber muss also insbesondere bei der Zahlung von Urlaubs- und Weihnachtsgeld bereits im Laufe des Kalenderjahrs **vorausblickend** darauf achten, dass die 400-Euro-Grenze nicht überschritten wird. Die Regelung soll an einem Beispiel verdeutlicht werden.

Beispiel

Eine Arbeitnehmerin arbeitet seit 1 Januar 2010 für ein monatliches Arbeitsentgelt von 385 €. Außerdem erhält sie im August ein Urlaubsgeld in Höhe von 50 € und im Dezember ein Weihnachtsgeld in Höhe von 130 €. Beide Zahlungen sind vertraglich zugesichert. Für die sozialversicherungsrechtliche Beurteilung maßgebendes Arbeitsentgelt:

laufendes Arbeitsentgelt 385 € × 12	= 4620,— €
vertraglich zugesichertes Urlaubs- und Weihnachtsgeld (50 € + 130 € = 180 €)	= 180,— €
insgesamt	= 4800,— €
ein Zwölftel	= 400,— €

Die 400-Euro-Grenze wird nicht überschritten. Es handelt sich deshalb um eine geringfügige versicherungsfreie Beschäftigung, für die der Arbeitgeber den besonderen Arbeitgeberanteil zur Rentenversicherung in Höhe von 15 % entrichten muss (und ggf. auch 13 %igen Pauschalbeitrag zur Krankenversicherung). Da der Arbeitgeber für den gezahlten Arbeitslohn den pauschalen 15 %igen Arbeitgeberanteil zur Rentenversicherung entrichtet, kann er den Arbeitslohn pauschal mit 2 % versteuern. Der Arbeitslohn für August beträgt (385 € + 50 € =) 435 € und für Dezember (385 € + 130 € =) 515 €. Sowohl für 435 € als auch für 515 € hat der Arbeitgeber die Pauschalabgabe von 30 % zu zahlen.

Pauschalierung der Lohnsteuer bei Aushilfskräften und Teilzeitbeschäftigten

Hat der Arbeitnehmer auf die Zahlung einer einmaligen Einnahme im Voraus schriftlich verzichtet, dann ist die einmalige Einnahme – ungeachtet der arbeitsrechtlichen Zulässigkeit eines solchen Verzichts – vom Zeitpunkt des Verzichts an bei der Ermittlung des regelmäßigen Arbeitsentgelts nicht mehr zu berücksichtigen. Im Übrigen sind einmalige Einnahmen bei der Ermittlung des Arbeitsentgelts nur insoweit zu berücksichtigen, als sie aus der zu beurteilenden Beschäftigung resultieren. Soweit einmalige Einnahmen aus ruhenden Beschäftigungsverhältnissen (z. B. bei Wehrdienst oder Elternzeit) gezahlt werden, bleiben sie außer Betracht.

e) Auswirkungen von steuer- und sozialversicherungsfreiem Arbeitslohn auf die 400-Euro-Grenze

Wie vorstehend unter Buchstabe c und d erläutert, gilt für die Prüfung der 400-Euro-Grenze der Sozialversicherungsrechtliche Entgeltbegriff. Das bedeutet, dass bei der Prüfung der 400-Euro-Grenze steuerfreier Arbeitslohn außer Betracht bleibt, wenn die Steuerfreiheit auch Beitragsfreiheit in der Sozialversicherung auslöst. Bei der Prüfung der 400-Euro-Grenze bleiben somit z. B. außer Betracht:

- **steuer- und beitragsfreier** Arbeitslohn (z. B. Kindergartenzuschüsse, Rabattfreibetrag in Höhe von 1080 € jährlich, Sachbezüge bis zu 44 € monatlich, Zuschläge für Sonntags-, Feiertags- und Nachtarbeit (vgl. die nachfolgenden Beispiele A und B);
- die **steuer- und beitragsfreie Übungsleiterpauschale** in Höhe von 175 € monatlich (**2100 € jährlich**) vgl. die ausführlichen Erläuterungen beim Stichwort „Nebentätigkeit für gemeinnützige Organisationen";
- steuer- und beitragsfreie Einnahmen aus ehrenamtlicher Tätigkeit in Höhe von 500 € jährlich (§ 3 Nr. 26a EStG, vgl. die Erläuterungen beim Stichwort „Nebentätigkeit für gemeinnützige Organisationen" unter Nr. 10);
- steuer- und beitragsfreie Aufwendungen des Arbeitgebers für die Gesundheitsförderung seiner Arbeitnehmer in Höhe von 500 € jährlich (vgl. das Stichwort „Gesundheitsförderung").

Beispiel A
Eine Arbeitnehmerin erhält für eine Teilzeitbeschäftigung 400 € monatlich. Zusätzlich bekommt sie von ihrem Arbeitgeber jeden Monat einen Benzingutschein für 30 Liter Superbenzin. Dieser Warengutschein ist ein Sachbezug, der mit dem üblichen Endpreis am Abgabeort bewertet wird (vgl. das Stichwort „Warengutscheine"). Solange der Preis für 30 Liter Superbenzin die monatliche 44-Euro-Freigrenze für Sachbezüge nicht übersteigt, ist der Wert des Warengutscheins steuer- und beitragsfrei und bleibt deshalb bei der Prüfung, ob die monatliche 400-Euro-Freigrenze überschritten ist außer Betracht. Die monatliche 44-Euro-Freigrenze für Sachbezüge ist beim Stichwort „Sachbezüge" unter Nr. 4 auf Seite 634 anhand von Beispielen ausführlich erläutert.

Beispiel B
Die Küchenaushilfe in einer Gaststätte arbeitet überwiegend an Sonn- und Feiertagen. Sie erhält einen Stundenlohn von 10 €. Hierzu wird ein Zuschlag bei Sonntagsarbeit von 50 %, bei Feiertagsarbeit von 100 % und ein Zuschlag bei Nachtarbeit (20 Uhr bis 6 Uhr) von 25% gezahlt. Für Mai 2010 rechnet sie folgende Stunden ab:
- 6 Stunden Arbeit an normalen Wochenarbeitstagen
- 20 Stunden Sonntagsarbeit, davon 16 nach 20 Uhr;
- 10 Stunden Feiertagsarbeit, davon 8 nach 20 Uhr.

Es ergibt sich folgende Lohnabrechnung:

– 6 Stunden zu 10 €	=	60,– €
– 4 Stunden Sonntagsarbeit zu 15 € (10 € + 50%)	=	60,– €
– 16 Stunden Sonntagsarbeit mit Nachtarbeitszuschlag zu 17,50 € (10 € + 75%)	=	280,– €
– 2 Stunden Feiertagsarbeit zu 20 € (10 € + 100%)	=	40,– €
– 8 Stunden Feiertagsarbeit mit Nachtarbeitszuschlag zu 22,50 € (10 € + 125%)	=	180,– €
insgesamt		620,– €

Der steuerpflichtige und damit auch beitragspflichtige Arbeitslohn beträgt (36 Stunden zu 10 € =) 360 € im Monat Mai 2010. Da die 400-Euro-Grenze nicht überschritten ist, handelt es sich um eine geringfügige versicherungsfreie Beschäftigung, für die der Arbeitgeber den besonderen Arbeitgeberanteil zur Rentenversicherung in Höhe von 15% entrichten muss (und ggf. 13% Pauschalbeitrag zur Krankenversicherung). Die Pauschalsteuer beträgt monatlich 2% von 360 € = 7,20 €.

f) Auswirkung von steuerfreiem, aber sozialversicherungspflichtigem Arbeitsentgelt

Bei der Pauschalierung der Lohnsteuer mit 2% für 400-Euro-Jobs bleiben Lohnbestandteile außer Ansatz, die nicht zum sozialversicherungspflichtigen Arbeitsentgelt gehören, und zwar unabhängig davon, ob es sich um steuerpflichtige oder steuerfreie Lohnbestandteile handelt. Denn für die Pauschalierung mit 2% gilt der sozialversicherungsrechtliche Arbeitslohnbegriff. Dies wurde in R 40a.2 Satz 3 der Lohnsteuer-Richtlinien ausdrücklich klargestellt. Damit bleiben steuerfreie Direktversicherungsbeiträge und steuerfreie Zuwendungen an Pensionskassen und Pensionsfonds im Kalenderjahr 2010 bis zu einem Betrag von 2640 € jährlich (220 € monatlich) bei der Prüfung der Pauschalierungsgrenzen und bei der Berechnung der 2%igen Pauschalsteuer außer Ansatz, da sie auch sozialversicherungsrechtlich nicht zum Arbeitsentgelt gehören.

Dagegen gehört der steuerfreie Erhöhungsbetrag von 1800 €, der für Direktversicherungsbeiträge und Zuwendungen an Pensionsfonds und Pensionskassen nach § 3 Nr. 63 Satz 3 EStG in Anspruch genommen werden kann, wenn die Versorgungszusage nach dem 31.12.2004 erteilt wurde, **zum sozialversicherungspflichtigen Entgelt** und unterliegt damit der 2%igen Pauschalsteuer, wenn diese Beiträge im Rahmen eines geringfügig entlohnten Beschäftigungsverhältnisses gezahlt werden sollten.

g) Auswirkung von steuerpflichtigem, aber sozialversicherungsfreien Arbeitslohn auf die 400-Euro-Grenze

In den Lohnsteuer-Richtlinien 2008 wurde klargestellt, dass für steuerpflichtige Lohnbestandteile, die nicht zum sozialversicherungspflichtigen Arbeitsentgelt gehören (z. B. Abfindungen), die Lohnsteuerpauschalierung mit 2% nach § 40a Abs. 2a EStG nicht zulässig ist. **Diese Lohnbestandteile unterliegen der Lohnsteuererhebung vielmehr nach den allgemeinen Regelungen** (R 40a.2 Satz 4 LStR).

Beispiel
Eine geringfügig entlohnte Arbeitnehmerin scheidet nach 10-jähriger Betriebszugehörigkeit aus dem Arbeitsverhältnis aus und erhält aufgrund eines Aufhebungsvertrags eine Abfindung wegen Entlassung aus dem Dienstverhältnis in Höhe von 3000 €. Nach dem Wegfall der steuerfreien Höchstbeträge für Entlassungsabfindungen (vgl. die Erläuterungen beim Stichwort „Abfindung wegen Entlassung aus dem Dienstverhältnis") ist die Abfindung in voller Höhe steuerpflichtig. Die Arbeitnehmerin muss dem Arbeitgeber eine Lohnsteuerkarte vorlegen, damit dieser den Lohnsteuerabzug durchführen kann. Wird keine Lohnsteuerkarte vorgelegt muss der Arbeitgeber die Lohnsteuer nach Steuerklasse VI einbehalten (vgl. das Stichwort „Nichtvorlage der Lohnsteuerkarte").

h) Auswirkung von pauschalversteuertem Arbeitslohn auf die 400-Euro-Grenze

Bei der Prüfung der 400-Euro-Grenze bleibt pauschal besteuerter Arbeitslohn außer Betracht, wenn die Pauschalierung Beitragsfreiheit in der Sozialversicherung auslöst. Bei der Prüfung der 400-Euro-Grenze bleiben somit außer Betracht:

- **Fahrkostenzuschüsse** zu den Aufwendungen des Arbeitnehmers für Fahrten zwischen Wohnung und Arbeitsstätte, soweit sie **pauschal mit 15%** versteuert werden (vgl. das nachfolgende Beispiel);
- **Job-Tickets** für Fahrten zwischen Wohnung und Arbeitsstätte, soweit sie **pauschal mit 15%** versteuert werden;
- **Beiträge zu Direktversicherungen (Altfälle) und Gruppenunfallversicherungen, die pauschal mit 20% versteuert** werden. Pauschal versteuerte Beiträ-

Pauschalierung der Lohnsteuer bei Aushilfskräften und Teilzeitbeschäftigten

ge zu Direktversicherungen bleiben also bei der Prüfung der sozialversicherungsrechtlichen Geringfügigkeitsgrenze außer Betracht, wenn die Pauschalversteuerung mit 20% Beitragsfreiheit auslöst. Dies ist der Fall, wenn die Direktversicherungs- oder Gruppenunfallversicherungsbeiträge zusätzlich zum Arbeitslohn oder ausschließlich aus Einmalzahlungen geleistet werden (vgl. das Stichwort „Zukunftsicherung");

– die Übereignung von **Personal-Computern** und Barzuschüsse des Arbeitgebers zu **Internetnutzung,** soweit zulässigerweise eine Pauschalierung der Lohnsteuer mit **25%** erfolgt, weil diese Pauschalierung mit 25% Beitragsfreiheit auslöst (vgl. das Stichwort „Computer");

– steuerpflichtige Zuwendungen bei **Betriebsveranstaltungen,** soweit zulässigerweise ein Pauschalierung mit **25%** erfolgt, weil diese Pauschalierung mit 25% Beitragsfreiheit auslöst;

– bei einer Pauschalierung der Lohnsteuer mit 25% für steuerpflichtige **Reisekostenvergütungen bei Auswärtstätigkeiten, Erholungsbeihilfen** und **Kantinenessen** gilt das Gleiche.

Beispiel

Eine Arbeitnehmerin erhält für eine Teilzeitbeschäftigung 400 € monatlich. Sie arbeitet an 12 Tagen im Monat und fährt teils mit öffentlichen Verkehrsmitteln, teils mit dem Pkw zur Arbeitsstätte. Die einfache Entfernung zwischen Wohnung und Arbeitsstätte beträgt 36 km. Der Arbeitgeber zahlt für diese Fahrten einen Fahrkostenzuschuss in Höhe des Betrags, den der Arbeitnehmer als Entfernungspauschale wie Werbungskosten absetzen könnte, wenn der Arbeitgeber keinen Fahrkostenzuschuss zahlen würde. Es ergibt sich folgende monatliche Lohnabrechnung:

Arbeitslohn	400,– €
Fahrkostenzuschuss in Höhe der Entfernungspauschale 36 km × 0,30 € × 12 Arbeitstage =	129,60 €
insgesamt	529,60 €

Der Fahrkostenzuschuss ist steuerpflichtig, das heißt, die Entgeltgrenze von 400 € monatlich wäre an sich überschritten. Der Fahrkostenzuschuss bleibt jedoch bei der Prüfung der Entgeltgrenze außer Betracht, soweit er zulässigerweise nach §40 Abs. 2 EStG mit 15% pauschaliert wird. Eine Pauschalierung des Fahrkostenzuschusses mit 15% ist insoweit zulässig, soweit die gesetzliche Entfernungspauschale nicht überschritten wird. Die Entfernungspauschale beträgt 0,30 € für jeden Kilometer der einfachen Entfernung zwischen Wohnung und Arbeitsstätte (vgl. die ausführlichen Erläuterungen beim Stichwort „Fahrten zwischen Wohnung und regelmäßiger Arbeitsstätte"). Im Beispielsfall sind also 129,60 € pauschalierungsfähig. Die Pauschalbesteuerung nach §40 Abs. 2 EStG mit 15% löst Beitragsfreiheit in der Sozialversicherung aus. Der pauschal besteuerte Fahrkostenzuschuss bleibt somit bei der Beurteilung der monatlichen Entgeltgrenze von 400 € außer Betracht. Da die 400-Euro-Grenze nicht überschritten ist, handelt es sich um eine geringfügige versicherungsfreie Beschäftigung, für die der Arbeitgeber den besonderen Arbeitgeberanteil zur Rentenversicherung in Höhe von 15% entrichten muss (und ggf. auch 13% Pauschalbeitrag zur Krankenversicherung). Die Pauschalsteuer beträgt monatlich 2% von 400 € = 8 €.

Der Fahrkostenzuschuss in Höhe von 129,60 € monatlich ist pauschal zu versteuern. Die pauschale Lohn- und Kirchensteuer sowie der Solidaritätszuschlag für den Fahrkostenzuschuss betragen monatlich:

pauschale Lohnsteuer (15% von 129,60 €)	=	19,44 €
Solidaritätszuschlag (5,5% von 19,44 €)	=	1,06 €
Kirchensteuer (z. B. in Bayern 7% von 19,44 €)	=	1,36 €

Besonders zu beachten ist in diesen Fällen, dass die 2%ige Pauschalsteuer, die auch den Solidaritätszuschlag und die Kirchensteuer abgilt, mit den pauschalen Sozialversicherungsbeiträgen von 15% für die Rentenversicherung und 13% für die Krankenversicherung mit Beitragsnachweis an die Minijob-Zentrale bei der Deutschen Rentenversicherung Knappschaft-Bahn-See abzuführen ist. Die 15%ige Pauschalsteuer für den Fahrkostenzuschuss ist hingegen zusammen mit dem Solidaritätszuschlag und der pauschalen Kirchensteuer beim Finanzamt mit Lohnsteuer-Anmeldung anzumelden und an das Betriebsstättenfinanzamt abzuführen.

i) Vorlage einer Lohnsteuerkarte oder Pauschalierung der Lohnsteuer mit 2%

Die seit 1. April 2003 geltende Pauschalierungsmöglichkeit mit 2% ist als „Kannvorschrift" ausgestaltet. Das bedeutet, dass anstelle der Pauschalierung der Lohnsteuer mit 2% auch ein Lohnsteuerabzug nach Lohnsteuerkarte durchgeführt werden kann. Dies werden in der Praxis diejenigen Fälle sein, in denen der Arbeitnehmer eine Lohnsteuerkarte mit der Steuerklasse I, II, III oder IV vorlegen kann, weil dann für ihn keine Lohnsteuer anfällt und sich der Arbeitgeber die 2%ige Lohnsteuer spart. Kann der Arbeitnehmer also für den 400-Euro-Job eine Lohnsteuerkarte mit der Steuerklasse I, II, III oder IV vorlegen (z. B. Schüler, Studenten), ist dies für den Arbeitgeber günstiger als die 2%iger Lohnsteuerpauschalierung.

Denn für den 400-Euro-Job fällt in diesem Fall keine Lohnsteuer an, da die in den Lohnsteuertarif eingearbeiteten Freibeträge erheblich höher sind (vgl. das Stichwort „Tarifaufbau"). Diese sog. Besteuerungsgrenzen, das heißt diejenigen Grenzen, bis zu denen bei Vorlage einer Lohnsteuerkarte keine Lohnsteuer anfällt, betragen 2010 bei Anwendung des Lohnsteuertarifs mit der ungekürzten Vorsorgepauschale:

Steuerklasse	kein Lohnsteuerabzug bis zu einem Betrag von monatlich
I	889,– €
II	1 019,– €
III	1 684,– €
IV	889,– €

Kann der Arbeitnehmer keine Lohnsteuerkarte mit der Steuerklasse I, II, III oder IV vorlegen, so bleibt nur noch der Lohnsteuerabzug nach Steuerklasse V oder VI. Bei diesen Steuerklassen würden für einen 400-Euro-Job monatlich folgende Steuerabzugsbeträge anfallen:

	Steuerklasse	
	V	VI
Lohnsteuer für 400 €	35,83 €	47,— €
Solidaritätszuschlag	0,— €	0,— €
Kirchensteuer (8%)	2,86 €	3,76 €
Steuerabzüge insgesamt	38,79 €	50,76 €

In diesen Fällen ist also eine Pauschalierung der Lohnsteuer mit 2%, die auch noch den Solidaritätszuschlag und die Kirchensteuer abgilt, die weitaus günstigere Lösung.

j) Abwälzung der 2%igen Pauschalsteuer auf den Arbeitnehmer

Die Abwälzung der pauschalen Lohnsteuer auf den Arbeitnehmer ist kein steuerlicher sondern ein arbeitsrechtlicher Vorgang. Ein arbeitsrechtlich zulässiger Vorgang könnte nur durch eine entsprechende Regelung im Tarifvertrag, in einer Betriebsvereinbarung oder im Einzelarbeitsvertrag ausgeschlossen werden. Das bedeutet steuerlich, dass die Pauschalierung als solche **nicht unzulässig** wird, wenn der Arbeitgeber die pauschale Lohnsteuer auf den Arbeitnehmer abwälzt und dies nicht ausdrücklich durch Tarifvertrag, Betriebsvereinbarung oder im Einzelarbeitsvertrag ausgeschlossen worden ist. Allerdings darf sich diese Abwälzung auf die **Bemessungsgrundlage** für die pauschale Lohnsteuer nicht auswirken. Dies gilt für alle Pauschalierungsvorschriften in §40a EStG, also auch für die Pauschalierungsmöglichkeit mit 2%. Dies ergibt sich aus der Verweisung in §40a Abs. 5 auf §40 Abs. 3 Satz 2 EStG.

Beispiel

Eine Arbeitnehmerin ist als Bedienung in einer Gaststätte beschäftigt. Der Monatslohn beträgt 400 €. Die Bedienung ist in der gesetzlichen Krankenversicherung familienversichert. Der Arbeitgeber vereinbart mit der Bedienung die Abwälzung der 2%igen Pauschalsteuer. Für die Bedienung ergibt sich folgende monatliche Lohnabrechnung:

Pauschalierung der Lohnsteuer bei Aushilfskräften und Teilzeitbeschäftigten

	Lohn-steuer-pflichtig	Sozial-versich.-pflichtig
Monatslohn		400,— €
Lohnsteuer	0,— €	
Solidaritätszuschlag	0,— €	
Kirchensteuer	0,— €	
Sozialversicherung	0,— €	0,— €
Nettolohn		400,— €
abzüglich vom Arbeitnehmer übernommene Pauschalsteuer		8,— €
auszuzahlender Betrag		392,— €
Der Arbeitgeber muss folgende Pauschalabgaben zahlen:		
Lohnsteuer (einschließlich Solidaritätszuschlag und Kirchensteuer)	2 %	8,— €
Krankenversicherung pauschal	13 %	52,— €
Rentenversicherung pauschal	15 %	60,— €
insgesamt		120,— €

Für die Abwälzung der pauschalen Beiträge zur Kranken- und Rentenversicherung gilt Folgendes:

Der Arbeitgeber hat die Pauschalbeiträge zur Kranken- und Rentenversicherung zu tragen. Eine Abwälzung der Pauschalbeiträge auf den Arbeitnehmer ist deshalb nicht zulässig (z. B. Urteil des Arbeitsgerichts Kassel vom 13. 1. 2000 Az.: 6 Ca 513/99).

Seit 1. 4. 2003 besteht auch die Möglichkeit, dass gegen Arbeitgeber die rechtswidrig die Pauschalbeiträge zur Kranken- und Rentenversicherung auf die Arbeitnehmer (auch teilweise) abwälzen, ein Bußgeld bis zu 5000 € verhängt wird (§ 249b Satz 3 SGB V und § 172 Abs. 4 SGB VI in Verbindung mit § 111 Abs. 2 SGB IV).

k) Anmeldung und Abführung der 2 %igen Pauschalsteuer

Für die Erhebung der 2 %igen Pauschalsteuer, die auch den Solidaritätszuschlag und die Kirchensteuer abgilt, ist ausschließlich die sog. **Minijobzentrale** bei der Deutschen Rentenversicherung Knappschaft-Bahn-See zuständig. Dies gilt sowohl für Beschäftigte in Privathaushalten als auch für Beschäftigte bei anderen Arbeitgebern. Bei Beschäftigten in Privathaushalten ist zwingend das Haushaltsscheckverfahren vorgeschrieben. Dieses Verfahren ist beim Stichwort „Hausgehilfin" erläutert.

Arbeitgeber, die nicht am Haushaltsscheckverfahren teilnehmen, müssen die pauschalen Beiträge zur Kranken- und Rentenversicherung sowie die 2 %ige Pauschalsteuer selbst berechnen und mit dem Vordruck **„Beitragsnachweis für geringfügig Beschäftigte"** bei der Minijobzentrale anmelden und an diese abführen. Auch für Vollstreckungsmaßnahmen bei rückständigen Beträgen ist die Minijobzentrale zuständig (§ 40a Abs. 6 Satz 3 EStG). Beim Einzug der 2 %igen Pauschalsteuer wird die Minijobzentrale bei der Deutschen Rentenversicherung Knappschaft-Bahn-See als **Bundesfinanzbehörde** tätig (§ 6 Abs. 2 Nr. 8 AO). Deshalb gilt für die Erhebung der 2 %igen Pauschalsteuer das Verfahrensrecht der Abgabenordnung. Dies gilt auch für die Festsetzung der 2 %igen Pauschalsteuer. Der Beitragsnachweis oder der Haushaltsscheck ist deshalb eine Steueranmeldung im Sinne des § 168 AO, soweit er eine 2 %ige Pauschalsteuer enthält. Dementsprechend ist für die Festsetzung der 2 %igen Pauschalsteuer als Rechtsbehelf der Einspruch und der Rechtsweg zu den Finanzgerichten und nicht zu den Sozialgerichten gegeben.

3. Pauschalierung der Lohnsteuer für 400-Euro-Jobs mit 20 %

a) Allgemeines

Früher war die Paschalierung der Lohnsteuer mit 20 % bei den Minijobs der Regelfall. Seit 1. April 2003 ist die Pauschalierung der Lohnsteuer mit 2 % der Normalfall.

Die früher in § 40a Abs. 2 EStG geregelte Pauschalierung der Lohnsteuer für Teilzeitbeschäftigte mit 20 % ist zwar beibehalten worden (§ 40a Abs. 2a EStG), kommt aber nur noch in Ausnahmefällen zur Anwendung, und zwar dann, wenn für eine Beschäftigung, die für sich allein gesehen eine geringfügig entlohnte Beschäftigung ist, **kein Pauschalbeitrag von 15 % oder 5 % zur Rentenversicherung** zu zahlen ist, weil z. B. wegen der Zusammenrechnung von mehreren geringfügig entlohnten Beschäftigungen der „normale" Rentenversicherungsbeitrag von 9,95 % erhoben wird oder aber überhaupt kein Rentenversicherungsbeitrag anfällt. Dies ist z. B. bei einem Beamten der Fall, der neben seiner Beamtentätigkeit eine geringfügig entlohnte Beschäftigung ausübt, auf die die Gewährleistung einer Versorgungsanwartschaft erstreckt worden ist.

Eine Pauschalierung mit 20 % kommt auch in den Fällen in Betracht, in denen Mitglieder berufsständischer Versorgungswerke auf die Rentenversicherungsfreiheit bei einer geringfügig entlohnten Beschäftigung verzichten. Denn bei Mitgliedern berufsständischer Versorgungswerke, die nach § 6 Abs. 1 Satz 1 Nr. 1 SGB VI von der Rentenversicherungspflicht befreit worden sind und die eine geringfügig entlohnte Beschäftigung aufnehmen, hat ein Verzicht auf die Rentenversicherungsfreiheit zur Folge, dass die Befreiung nach § 6 Abs. 1 Satz 1 Nr. 1 SGB VI auch für diese Beschäftigung greift, sofern die geringfügig entlohnte Beschäftigung in einem Beruf ausgeübt wird, für den die Befreiung gilt (vgl. Beispiel 23 der Geringfügigkeits-Richtlinien). Die Voraussetzungen für eine Pauschalierung der Lohnsteuer mit 2 % liegen deshalb in diesen Fällen nicht vor.

Im Einzelnen gilt für eine Pauschalierung der Lohnsteuer mit 20 % Folgendes:

b) Pauschalierung der Lohnsteuer mit 20 % für geringfügig entlohnte Beschäftigungsverhältnisse

Liegen die Voraussetzungen für eine Pauschalierung der Lohnsteuer mit 2 % nicht vor, weil der Arbeitgeber für ein geringfügig entlohntes Beschäftigungsverhältnis keinen Pauschalbeitrag zur gesetzlichen Rentenversicherung von 15 % oder 5 % entrichtet, so kann die Lohnsteuer nach § 40a Abs. 2a EStG unter Verzicht auf die Vorlage einer Lohnsteuerkarte mit 20 % pauschaliert werden, wenn das Arbeitsentgelt **monatlich 400 €** nicht übersteigt. Ob in diesen Fällen der durchschnittliche Stundenlohn 12 € übersteigt oder nicht, ist unbeachtlich (§ 40a Abs. 4 EStG).

Im Gegensatz zur 2 %igen Pauschalsteuer ist bei der Pauschalierung der Lohnsteuer mit 20 % der Solidaritätszuschlag und die pauschale Kirchensteuer **nicht** mit abgegolten. Der Solidaritätszuschlag in Höhe von 5,5 % der pauschalen Lohnsteuer und die pauschale Kirchensteuer fallen also zusätzlich zur 20 %igen pauschalen Lohnsteuer an. Die pauschale Lohnsteuer von 20 % sowie der Solidaritätszuschlag und die Kirchensteuer sind im Gegensatz zur 2 %igen Pauschalsteuer nicht an die sog. Minijobzentrale bei der Deutschen Rentenversicherung Knappschaft-Bahn-See sondern mit Lohnsteuer-Anmeldung beim Betriebsstättenfinanzamt anzumelden und an das Finanzamt abzuführen.

Der Arbeitgeber braucht bei einer Pauschalierung der Lohnsteuer mit 20 % nicht zu prüfen, ob der Arbeitnehmer noch in einem anderen Arbeitsverhältnis steht. Die Pauschalierung der Lohnsteuer mit 20 % kann deshalb gleichzeitig für **mehrere** nebeneinander ausgeübte Tätigkeiten in Anspruch genommen werden. Zu beachten ist jedoch, dass ein Arbeitnehmer beim selben Arbeitgeber nicht gleichzeitig zwei Arbeitsverhältnisse haben kann (vgl. nachfolgend unter Buchstabe f).

Die bereits seit jeher geltende Pauschalierungsmöglichkeit mit 20 % ist über den 1. April 2003 hinaus vor allem für diejenigen geringfügig entlohnten Beschäftigungsverhält-

Pauschalierung der Lohnsteuer bei Aushilfskräften und Teilzeitbeschäftigten

nisse beibehalten worden, in denen der Arbeitgeber wegen der sozialversicherungsrechtlich vorgeschriebenen Zusammenrechnung mehrerer nebeneinander ausgeübten Minijobs keine Pauschalbeiträge zur Rentenversicherung sondern die normalen, hälftigen Arbeitgeberanteile zur Sozialversicherung entrichten muss. Da die Voraussetzungen für die 20 %ige Lohnsteuerpauschalierung **für jedes einzelne geringfügig entlohnte Beschäftigungsverhältnis getrennt** zu prüfen sind, kann die Pauschalierung mit 20 % für beliebig viele nebeneinander ausgeübte 400-Euro-Jobs in Anspruch genommen werden. Das Zusammenwirken von voller Sozialversicherungspflicht und 20 %iger Lohnsteuerpauschalierung für mehrere gleichzeitig nebeneinander ausgeübte 400-Euro-Jobs ist beim Stichwort „Geringfügige Beschäftigung" unter Nr. 9 auf Seite 346 anhand eines Beispiels ausführlich erläutert.

Die Pauschalierung der Lohnsteuer mit 20 % ist weder von einem Antrag des Arbeitgebers an das Finanzamt noch von einer ausdrücklichen Zulassung durch das Finanzamt abhängig. Der Arbeitgeber selbst hat unmittelbar das Recht zur Pauschalierung. Dabei muss die Lohnsteuerpauschalierung nicht einheitlich für alle Teilzeitbeschäftigten durchgeführt werden; der Arbeitgeber kann die Pauschalierung auf bestimmte Arbeitnehmer oder auf einen einzelnen Arbeitnehmer beschränken. Der Arbeitgeber darf die Pauschalbesteuerung auch nachholen, solange keine Lohnsteuerbescheinigung ausgeschrieben ist, eine Lohnsteueranmeldung noch berichtigt werden kann und noch keine Festsetzungsverjährung eingetreten ist.

c) Gelegentliches Überschreiten der 400-Euro-Pauschalierungsgrenze

In § 40a Abs. 2a EStG wird direkt auf die sozialversicherungsrechtlichen Vorschriften für geringfügig entlohnte Beschäftigungsverhältnisse verwiesen (§ 8 Abs. 1 Nr. 1 und § 8a SGB IV). Für die Prüfung der 400-Euro-Pauschalierungsgrenze gilt somit der sozialversicherungsrechtliche Entgeltbegriff (R 40a.2 Sätze 3 und 4 LStR). Deshalb bleibt auch bei einem gelegentlichen und nicht vorhersehbaren Überschreiten der 400-Euro-Grenze die Pauschalierungsmöglichkeit mit 20 % erhalten. Als gelegentlich ist dabei ein Zeitraum bis zu zwei Monaten innerhalb eines Jahres anzusehen.

d) Behandlung einmaliger Bezüge bei der Prüfung der 400-Euro-Pauschalierungsgrenze

Wie vorstehend unter Buchstaben c bereits erläutert, gilt für die Prüfung der 400-Euro-Pauschalierungsgrenze der sozialversicherungsrechtliche Entgeltbegriff, weil in § 40a Abs. 2a EStG direkt auf die für geringfügig entlohnte Beschäftigungsverhältnisse anzuwendenden Vorschriften des § 8 Abs. 1 Nr. 1 und § 8a SGB IV verwiesen wird (R 40a.2 Sätze 3 und 4 LStR).

Für die Beurteilung der 400-Euro-Pauschalierungsgrenze sind deshalb einmalige Zuwendungen bei der Ermittlung des regelmäßigen Arbeitsentgelts zu berücksichtigen, wenn die Gewährung der einmaligen Zuwendung mit hinreichender Sicherheit zu erwarten ist. Der Arbeitgeber muss also insbesondere bei der Zahlung von Urlaubs- oder Weihnachtsgeld bereits im Laufe des Kalenderjahres **vorausblickend** darauf achten, dass die 400-Euro-Pauschalierungsgrenze nicht überschritten wird. Die Regelung soll an einem Beispiel verdeutlicht werden.

Beispiel

Eine Arbeitnehmerin arbeitet seit 1. Januar 2010 für ein monatliches Arbeitsentgelt von 385 €. Außerdem erhält sie im August ein Urlaubsgeld in Höhe von 50 € und im Dezember ein Weihnachtsgeld in Höhe von 130 €. Beide Zahlungen sind vertraglich zugesichert. Für die Prüfung der 400-Euro-Pauschalierungsgrenze maßgebendes Arbeitsentgelt:

laufendes Arbeitsentgelt 385 € × 12 =	4620,— €
vertraglich zugesichertes Urlaubs- und Weihnachtsgeld (50 € + 130 € = 180 €) =	180,— €
insgesamt	4800,— €
ein Zwölftel	400,— €

Die 400-Euro-Pauschalierungsgrenze wird nicht überschritten. Das Arbeitsentgelt kann deshalb auch in den Monaten August und Dezember pauschal mit 20 % versteuert werden. Das pauschal mit 20 % zu versteuernde Arbeitsentgelt beträgt für August (385 € + 50 € =) 435 € und für Dezember (385 € + 130 € =) 515 €.

e) Prüfung der Pauschalierungsgrenze von 400 € beim Bezug von steuerfreiem oder pauschal versteuertem Arbeitslohn

Wie vorstehend unter Buchstaben c bereits erläutert, gilt für die Prüfung der 400-Euro-Pauschalierungsgrenze der sozialversicherungsrechtliche Entgeltbegriff. Das bedeutet, dass bei der Prüfung der 400-Euro-Pauschalierungsgrenze steuerfreier Arbeitslohn außer Betracht bleibt, wenn die Steuerfreiheit auch Beitragsfreiheit in der Sozialversicherung auslöst. Ebenso bleibt pauschal versteuerter Arbeitslohn bei der Prüfung der 400-Euro-Pauschalierungsgrenze außer Betracht, wenn die Pauschalierung Beitragsfreiheit in der Sozialversicherung auslöst. Die Erläuterungen beim Stichwort „Geringfügige Beschäftigung" unter Nr. 4 sind deshalb auch für die Prüfung der Frage maßgebend, ob ein geringfügig entlohntes Beschäftigungsverhältnis mit 20 % pauschal versteuert werden kann.

f) Mehrere Teilzeitbeschäftigungen nebeneinander

Bei geringfügig entlohnten Beschäftigungsverhältnissen kann eine Pauschalierung der Lohnsteuer mit 20 % auch für mehrere **gleichzeitig nebeneinander** ausgeübte Tätigkeiten in Anspruch genommen werden. Der Arbeitgeber braucht für die Anwendung der für eine Pauschalierung mit 20 % geltenden lohnsteuerlichen Pauschalierungsvorschriften nicht zu prüfen, ob der Arbeitnehmer noch in einem anderen Arbeitsverhältnis tätig ist. Seine Prüfung beschränkt sich ausschließlich darauf, ob das bei ihm eingegangene Arbeitsverhältnis die Voraussetzungen für eine Pauschalierung erfüllt. Anders ist dies für 400-Euro-Jobs bei der Sozialversicherung geregelt. Dort werden mehrere nebeneinander für verschiedene Arbeitgeber ausgeübte geringfügig entlohnte Beschäftigungen für die Prüfung der Sozialversicherungspflicht **stets zusammengerechnet** (vgl. die Erläuterungen beim Stichwort „Geringfügige Beschäftigung" unter Nr. 9 auf Seite 346).

Sowohl lohnsteuerlich als auch sozialversicherungsrechtlich ist jedoch zu beachten, dass ein Arbeitnehmer **nicht gleichzeitig für denselben Arbeitgeber in zwei Arbeitsverhältnissen** tätig sein kann (z. B. Haupttätigkeit und Minijob beim selben Arbeitgeber). Das gilt auch dann, wenn es sich um unterschiedliche Tätigkeiten handelt. In § 40a Abs. 4 Nr. 2 EStG wurde dies ausdrücklich klargestellt.

Möglich ist es hingegen, vom bisherigen Arbeitgeber eine Betriebsrente zu beziehen (Versorgungsempfänger) und daneben für diesen Arbeitgeber noch einen Minijob auszuüben.

g) Abwälzung der 20 %igen pauschalen Lohnsteuer auf den Arbeitnehmer

Die Abwälzung der pauschalen Lohnsteuer auf den Arbeitnehmer ist ein arbeitsrechtlicher Vorgang, durch den die Pauschalierung als solche nicht unzulässig wird. Allerdings ist § 40 Abs. 3 Satz 2 EStG*) zu beachten, der besagt, dass die auf den Arbeitnehmer abgewälzte pauschale Lohnsteuer **als zugeflossener Arbeitslohn gilt und die Bemessungsgrundlage nicht mindern darf**.

---
*) § 40 Abs. 3 Satz 2 EStG gilt durch die Verweisung in § 40a Abs. 5 EStG auch bei einer Pauschalierung der Lohnsteuer für Aushilfskräfte und Teilzeitbeschäftigte.

Pauschalierung der Lohnsteuer bei Aushilfskräften und Teilzeitbeschäftigten

Beispiel

Der Stundenlohn einer teilzeitbeschäftigten Arbeitnehmerin beträgt lt. Arbeitsvertrag 10 €. Die Arbeitszeit der Arbeitnehmerin beträgt monatlich 35 Stunden, sodass sich ein Bruttolohnanspruch von monatlich 350 € ergibt. Da die Arbeitnehmerin keine Lohnsteuerkarte vorlegen will, vereinbart der Arbeitgeber mit ihr, dass die Lohn- und Kirchensteuer sowie der Solidaritätszuschlag pauschal berechnet und die pauschalen Steuerbeträge im Innenverhältnis von der Arbeitnehmerin getragen werden. Liegen die Voraussetzungen für ein 2 %ige Pauschalierung nicht vor, ergibt sich für die Arbeitnehmerin folgende Berechnung der pauschalen Lohnsteuer:

Monatslohn	350,— €
pauschale Lohnsteuer hierauf 20 %	70,— €
Solidaritätszuschlag (5,5 % von 70 €)	3,85 €
Kirchensteuer (z. B. in Bayern 7 % von 70 €)	4,90 €
an das Finanzamt sind insgesamt abzuführen	78,75 €

Für die Arbeitnehmerin ergibt sich folgende Abrechnung:

Monatslohn	350,— €
im Innenverhältnis übernommene Pauschalsteuern	78,75 €
Auszahlungsbetrag	**271,25 €**

Auf die ausführlichen Erläuterungen zur Abwälzung der Pauschalsteuer unter der nachfolgenden Nr. 8 wird Bezug genommen.

h) Vorlage einer Lohnsteuerkarte oder 20 %ige Lohnsteuerpauschalierung

Die Pauschalierung der Lohnsteuer für einen 400-Euro-Job mit 20 % ist dann nicht sinnvoll, wenn eine Lohnsteuerkarte mit der Steuerklasse I, II, III oder IV vorgelegt werden kann. Denn nach der Monatslohnsteuertabelle fällt in den Steuerklassen I bis IV keine Lohnsteuer (und damit auch kein Solidaritätszuschlag und keine Kirchensteuer) an, wenn der Monatslohn folgende Beträge nicht übersteigt:

Steuerklasse	steuerfreier Monatslohn bei Anwendung des Lohnsteuertarifs mit der ungekürzten Vorsorgepauschale
I	889,— €
II	1 019,— €
III	1 684,— €
IV	889,— €

Bei Vorlage einer Lohnsteuerkarte mit der Steuerklasse V oder VI fallen allerdings Steuerabzugsbeträge an. Ein Vergleich der Auszahlungsbeträge soll dies verdeutlichen:

	Steuerklasse lt. Lohnsteuerkarte		Pauschalsteuern trägt der Arbeitgeber	Pauschalsteuern trägt der **Arbeitnehmer**
	V Euro	VI Euro	Euro	Euro
Arbeitslohn	400,—	400,—	400,—	400,—
Lohnsteuer	35,83	47,—	—,—	80,—
Solidaritätszuschlag	0,—	0,—	—,—	4,40
Kirchensteuer (8 %)	2,86	3,76	—,—	5,60
Auszahlung	361,31	349,24	400,—	310,—

Die Gegenüberstellung zeigt, dass sowohl die Besteuerung des 400-Euro-Jobs nach der Steuerklasse V als auch nach der Steuerklasse VI günstiger ist als eine Pauschalierung der Lohnsteuer mit 20 % unter Abwälzung der Pauschalsteuer auf den Arbeitnehmer. Zur Abwälzung der Pauschalsteuer auf den Arbeitnehmer wird auf die Erläuterungen unter dem vorstehenden Buchstaben g Bezug genommen.

Außerdem ist zu prüfen, ob nicht durch die Eintragung eines **Hinzurechnungsbetrags** auf der ersten Lohnsteuerkarte und eines entsprechenden Freibetrags auf der zweiten Lohnsteuerkarte der Steuerabzug nach Steuerklasse VI vermieden werden kann.

Beispiel

Eine Arbeitnehmerin arbeitet an drei Tagen in der Woche in einem Lebensmittelgeschäft beim Arbeitgeber A und erhält hierfür monatlich 400 €. Außerdem putzt sie an jeweils zwei Abenden bei den Arbeitgebern B und C. Die Arbeitnehmerin erhält vom Arbeitgeber B monatlich 250 € und vom Arbeitgeber C monatlich 200 €.

Durch die sozialversicherungsrechtliche Zusammenrechnung der drei geringfügig entlohnten Beschäftigungsverhältnisse tritt Versicherungspflicht in allen vier Zweigen der Sozialversicherung ein. Alle drei Arbeitgeber müssen einen hälftigen Arbeitgeberanteil zur Rentenversicherung in Höhe 9,95 % bezahlen. Damit entfällt für alle drei Beschäftigungsverhältnisse die 2 %ige Pauschalierung. Die Pauschalierung der Lohnsteuer mit 20 % – ggf. unter Abwälzung auf die Arbeitnehmerin – wäre dagegen für alle drei Beschäftigungsverhältnisse möglich.

Die Arbeitnehmerin legt jedoch für alle drei Beschäftigungsverhältnisse Lohnsteuerkarten vor, und zwar

- beim Arbeitgeber A eine Lohnsteuerkarte mit der Steuerklasse I und einem **Hinzurechnungsbetrag von 450 €**;
- beim Arbeitgeber B eine Lohnsteuerkarte mit der Steuerklasse VI und einem **Freibetrag von 250 €**;
- beim Arbeitgeber C eine Lohnsteuerkarte mit der Steuerklasse VI und einem **Freibetrag von 200 €**.

Damit fällt in allen drei Beschäftigungsverhältnissen weder Lohnsteuer noch Solidaritätszuschlag und auch keine Kirchensteuer an. Die Möglichkeit, sich korrespondierende Freibeträge und Hinzurechnungsbeträge auf der Lohnsteuerkarte eintragen zu lassen, ist unter der nachfolgenden Nr. 12 ausführlich erläutert.

Eine Pauschalierung der Lohnsteuer muss also nicht immer die günstigste Lösung sein. Außerdem ist zu bedenken, dass der Arbeitnehmer durch die Pauschalierung einen evtl. möglichen Werbungskostenabzug verliert. Denn der Arbeitnehmer kann nach R 40a.1 Abs. 1 Satz 5 LStR diejenigen Aufwendungen, die mit pauschal versteuertem Arbeitslohn zusammenhängen, **nicht als Werbungskosten geltend machen**. Wird hingegen das geringfügig entlohnte Beschäftigungsverhältnis nach Lohnsteuerkarte versteuert, so sind auch die mit dem Mini-Job zusammenhängenden Aufwendungen (z. B. die Entfernungspauschale für Fahrten zwischen Wohnung und Arbeitsstätte) als Werbungskosten abziehbar.

Normalerweise werden Arbeitgeber und Arbeitnehmer nach Absprache und Berücksichtigung der arbeitsrechtlichen Vorgaben die Entscheidung der Frage, ob ein steuerpflichtiger 400-Euro-Job unter Vorlage einer Lohnsteuerkarte oder pauschal mit 20 % versteuert werden soll, im Voraus für die Dauer der Beschäftigung treffen. Es wird jedoch Fälle geben, in denen sich die Verhältnisse nachträglich ändern und der Arbeitnehmer deshalb z. B. von einer Pauschalierung der Lohnsteuer mit Abwälzung der 20 %igen Pauschalsteuer zum Lohnsteuerabzug unter Vorlage einer Lohnsteuerkarte z. B. mit der Steuerklasse VI übergehen will und das ggf. rückwirkend, weil er erkennt, dass die Versteuerung nach einer Lohnsteuerkarte mit der Steuerklasse VI günstiger ist, als eine Pauschalierung mit 20 % unter Abwälzung der 20 %igen Pauschalsteuer auf den Arbeitnehmer. Zu einem solchen Wechsel ist Folgendes zu bemerken:

Nach der Rechtsprechung des Bundesfinanzhofs (BFH-Urteil vom 26. 11. 2003, BStBl. 2004 II S. 195) ist der Arbeitgeber nicht gehindert, nach Ablauf des Kalenderjahrs die Pauschalversteuerung rückgängig zu machen und zur Regelbesteuerung nach der Lohnsteuerkarte überzugehen. Ein Wechsel von der Pauschalierung zum Lohnsteuerabzug nach der Steuerklasse VI (und umgekehrt) ist deshalb möglich, und zwar auch rückwirkend. Ein Wechsel ist jedoch nur solange möglich, solange das Lohnsteuerabzugsverfahren noch nicht abgeschlossen ist. Das bedeutet, dass ein rückwirkender Wechsel nur solange möglich ist, solange die elektronische Lohnsteuerbescheinigung noch nicht ausgeschrieben wurde und deshalb die Lohnsteuer-Anmeldung noch berichtigt werden kann. Als Zeitpunkt, bis zu dem ein Arbeitgeber eine elektronische Lohnsteuerbescheinigung für den Arbeitnehmer auszuschreiben hat, ist der 28. Februar des Folgejahres gesetzlich festgelegt worden (§ 41 b Abs. 1 Satz 2 EStG), das heißt, dass spätestens zu diesem Zeitpunkt auch ein Übergang von der Pauschalver-

Pauschalierung der Lohnsteuer bei Aushilfskräften und Teilzeitbeschäftigten

steuerung zum Lohnsteuerabzug nach der Lohnsteuerkarte (oder umgekehrt) abgeschlossen sein muss (§ 41 c Abs. 3 Satz 1 EStG, R 41c.1 Abs. 7 LStR). Auf die ausführlichen Erläuterungen beim Stichwort „Änderung des Lohnsteuerabzugs" wird Bezug genommen.

i) Nettolohnberechnung oder 20%ige Lohnsteuerpauschalierung

Ist ein 400-Euro-Job sozialversicherungspflichtig, weil mehrere Mini-Jobs zusammengerechnet werden, so ist die Versteuerung entweder vom Arbeitnehmer vorzulegenden Lohnsteuerkarte oder pauschal mit 20 % durchzuführen (ggf. unter Abwälzung der pauschalen Lohnsteuer). Reine Nettolohnberechnungen dürften deshalb bei 400-Euro-Jobs in der Praxis nicht vorkommen.

Dagegen kommt es in der Praxis hin und wieder vor, dass der Arbeitgeber den **Arbeitnehmeranteil am Gesamtsozialversicherungsbeitrag** in den Fällen übernehmen will, in denen durch Zusammenrechnung der Arbeitslöhne für mehrere Mini-Jobs volle Sozialversicherungspflicht eintritt. Übernimmt der Arbeitgeber in einem solchen Fall den Arbeitnehmeranteil am Gesamtsozialversicherungsbeitrag, so handelt es sich hierbei um einen **lohnsteuerpflichtigen geldwerten Vorteil,** der dem normalen Arbeitslohn zuzurechnen ist mit der Folge, dass die 400-Euro-Grenze überschritten wird, wenn der Monatslohn eines Mini-Jobs bereits 400 € beträgt. Ein Überschreiten der 400-Euro-Grenze hat zur Folge, dass die Möglichkeit der Lohnsteuerpauschalierung mit 20 % wegen Überschreitens der Pauschalierungsgrenze von 400 € monatlich entfällt. Der Arbeitgeber sollte sich deshalb die Auswirkung einer solchen Nettolohnberechnung, die sich aus der Übernahme des Arbeitnehmeranteils am Gesamtsozialversicherungsbeitrag zwangsläufig ergibt, reiflich überlegen.

4. Pauschalierung der Lohnsteuer für kurzfristig beschäftigte Aushilfskräfte mit 25 %

a) Allgemeines

Der Arbeitgeber kann nach § 40a Abs. 1 EStG bei kurzfristig beschäftigten Arbeitnehmern die Lohnsteuer ohne Vorlage der Lohnsteuerkarte mit einem Pauschsteuersatz von **25 %** erheben, wenn

– der Arbeitslohn **täglich 62 €** nicht übersteigt,
– die Beschäftigung über **18 zusammenhängende Arbeitstage** nicht hinausgeht und
– der **Stundenlohn** höchstens **12 €** beträgt.

Der Arbeitslohn des kurzfristig beschäftigten Arbeitnehmers darf also während der Dauer der kurzfristigen Beschäftigung im Tagesdurchschnitt **62 €** nicht übersteigen. Wird bei einem Arbeitgeber zu einem **unvorhergesehenen Zeitpunkt** der sofortige Einsatz von kurzfristig beschäftigten Arbeitnehmern erforderlich (zum Ersatz einer ausgefallenen Arbeitskraft oder bei akutem Bedarf zusätzlicher Arbeitskräfte), so darf der Tagesdurchschnitt von 62 € überschritten werden (z.B. Aushilfskellner zur Bedienung eines unvorhergesehenen Betriebsausflugs oder zum Einsatz im Gartengeschäft bei unvorhergesehenem Schönwetter, Schneeräumer, Hilfskräfte zum Entladen schnell verderblicher Ware bei unvorhergesehener Lieferung u. Ä.). Die Beschäftigung von Aushilfskräften, deren Einsatzzeitpunkt längere Zeit vorher feststeht, z.B. bei Volksfesten und Messen, kann grundsätzlich nicht als unvorhersehbar und sofort erforderlich angesehen werden; eine andere Beurteilung ist nur bei solchen Aushilfskräften möglich, deren Einstellung entgegen dem vorhersehbaren Bedarf an Arbeitskräften notwendig geworden ist.

Eine kurzfristige Beschäftigung im Sinne des § 40a Abs. 1 EStG liegt nur dann vor, wenn der Arbeitnehmer nur eine **gelegentliche** (nicht regelmäßig wiederkehrende) Tätigkeit ausübt, die über **18 zusammenhängende Arbeitstage** nicht hinausgeht. Eine gelegentliche, nicht regelmäßig wiederkehrende Beschäftigung ist dann nicht mehr gegeben, wenn von Anfang an ein **wiederholter Einsatz vereinbart** ist, eine Wiederholungsabsicht also von Anfang an besteht. Besteht keine Wiederholungsabsicht, kann die Beschäftigung auch öfters für den selben Arbeitgeber ausgeübt werden, ohne dass eine laufende Beschäftigung angenommen wird. Dabei kommt es nicht darauf an, wie oft die Aushilfskraft tatsächlich im Laufe eines Jahres für denselben Arbeitgeber tätig wird (R 40a.1 Abs. 2 Satz 4 LStR).

Beispiel
Eine Arbeitskraft wird in der Großmarkthalle in unregelmäßigen Abständen für ein oder zwei Tage zu Be- und Entladearbeiten beschäftigt. Wiederholungen werden nicht vereinbart. Auch wenn derselbe Unternehmer die Aushilfskraft mehrfach im Kalenderjahr (z.B. mehr als 50-mal) beschäftigt, handelt es sich gleichwohl um eine kurzfristige Tätigkeit.

Früher war auch bei Aushilfskräften eine Pauschalierung der Lohnsteuer mit 20 % der Regelfall. Denn nach dem BFH-Urteil vom 24.8.1990 (BStBl. 1991 II S. 318) war eine begriffliche Unterscheidung zwischen einer kurzfristigen Beschäftigung (Pauschsteuersatz 25 %) und einer gering entlohnten Beschäftigung (Pauschsteuersatz 20 %) nicht notwendig. Der Arbeitgeber konnte deshalb bei jedem gering entlohnten Beschäftigungsverhältnis zuerst prüfen, ob die für eine Pauschalierung der Lohnsteuer mit 20% geltenden Grenzen eingehalten waren. War dies der Fall, konnten auch kurzfristige Aushilfstätigkeiten mit 20% pauschal besteuert werden. Nur wenn eine kurzfristige Aushilfstätigkeit die Voraussetzung für eine Pauschalierung der Lohnsteuer mit 20% nicht erfüllte, z.B. weil der monatliche Arbeitslohn die für gering entlohnte Beschäftigungen maßgebliche Pauschalierungsgrenze überstieg, war zu prüfen, ob eine Pauschalierung mit 25% in Betracht kam.

Seit 1. April 2003 bezieht sich die in § 40a Abs. 2a EStG geregelte 20 %ige Lohnsteuerpauschalierung durch die Verweisung auf § 8 Abs. 1 **Nr. 1** SGB IV nur auf ein geringfügig entlohntes Beschäftigungsverhältnis (sog. 400-Euro-Job). Für zeitlich geringfügige, das heißt kurzfristige Beschäftigungen im Sinne des § 8 Abs. 1 **Nr. 2** SGB IV kommt deshalb seit 1. April 2003 nur noch eine Pauschalierung der Lohnsteuer mit 25 % in Betracht, wenn die hierfür maßgeblichen, vorstehend erläuterten Pauschalierungsvoraussetzungen vorliegen. Auf das Beispiel B unter der vorstehenden Nr. 2 Buchstabe a wird hingewiesen.

Eine Pauschalierung der Lohnsteuer mit 25 % ist sowohl für unbeschränkt als auch für beschränkt steuerpflichtige Aushilfskräfte zulässig (vgl. das Stichwort „Beschränkt steuerpflichtige Arbeitnehmer").

b) Begriff des Arbeitstags

Für den 18-Tage-Zeitraum zählen als Arbeitstage nur die Tage, an denen der Arbeitnehmer tatsächlich tätig ist. Sowohl für die Frage des **zusammenhängenden Einsatzes** als auch des **Zeitraums von 18 Tagen** bleiben Sonn- und Feiertage, Sonnabende, einzelne Werktage (so genannte Freizeittage), unbezahlte Krankheits- und Urlaubstage außer Betracht.

Beispiel A
Ein Arbeitnehmer wird für 3 Wochen vom 18.1.–5.2.2010 (= 19 Kalendertage) beschäftigt. Er arbeitet an 5 Tagen in der Woche jeweils 6 Stunden; wöchentlich also 30 Stunden. Der Arbeitslohn beträgt wöchentlich 300 €, für die gesamte Beschäftigungszeit also 3 × 300 € = 900 €. Eine Pauschalierung der Lohnsteuer mit 25 % ist möglich. In die Beschäftigungszeit vom 18.1.–5.2.2010 fallen 15 Arbeitstage. Der Arbeitslohn übersteigt nicht 62 € je Arbeitstag (900 € : 15 = 60 €). Der Stundenlohn übersteigt nicht 12 € (30 × 3 = 90 Stunden insgesamt; 900 € : 90 = 10 €).

Die pauschale Lohnsteuer beträgt

25 % aus 900 € =	225,– €
Solidaritätszuschlag (5,5 % von 225 €) =	12,37 €
Kirchensteuer (7 % von 225 €) =	15,75 €
Steuerbelastung insgesamt	253,12 €

Die Beschäftigung ist als kurzfristige Beschäftigung sozialversicherungsfrei (vgl. „Geringfügige Beschäftigung" unter Nr. 14 auf Seite 351).

Pauschalierung der Lohnsteuer bei Aushilfskräften und Teilzeitbeschäftigten

Ein „Arbeitstag" muss nicht immer ein Kalendertag sein. Bei einer Nachtschicht, die sich auf zwei Kalendertage erstreckt, ist für die Prüfung der 62-Euro-Grenze von einem Arbeitstag auszugehen.

Beispiel B
Eine Aushilfskraft arbeitet je nach Bedarf (ohne Vereinbarung einer regelmäßigen Wiederholung) einmal wöchentlich eine Nachtschicht in einer Druckerei und erhält hierfür 100 €. Eine Pauschalierung mit 25 % ist nicht möglich, da die Tageslohngrenze von 62 € auch dann überschritten ist, wenn sich die Nachtschicht über zwei Kalendertage erstreckt.

c) Durchschnittlicher Stundenlohn höchstens 12 €

Die Pauschalierung der Lohnsteuer mit 25 % für eine kurzfristige Aushilfstätigkeit ist dann nicht zulässig, wenn der auf einen **Stundenlohn** umgerechnete Arbeitslohn **12 €** übersteigt. Bei gelegentlichen, kurzfristigen Beschäftigungen werden zum Teil schwankende Arbeitszeiten mit unterschiedlich hohen Stundenlöhnen fest vereinbart und in der Regel nicht geändert. Der durchschnittliche Stundenlohn ist dann aus der Zahl der tatsächlichen Arbeitsstunden und dem Gesamtlohn während der Beschäftigungsdauer zu errechnen.

Beispiel
Der Arbeitgeber beschäftigt den Arbeitnehmer für drei Wochen jeweils montags, mittwochs und sonntags. Der Stundenlohn beträgt montags und mittwochs 9,20 € sowie sonntags 12,30 €. Der Lohn wird wöchentlich abgerechnet. Der Arbeitnehmer arbeitet in den drei Wochen montags, mittwochs und sonntags jeweils 6 Stunden.
Berechnung des durchschnittlichen Stundenlohns:

12 Std. à 9,20 €	=	110,40 €
6 Std. à 12,30 €	=	73,80 €
18 Std.	=	184,20 €
1 Std.	=	184,20 € : 18 = 10,23 € (also unter 12 €)

Der durchschnittliche Tageslohn übersteigt nicht 62 € (184,20 € : 3 = 61,40 €). Eine Pauschalierung der Lohnsteuer mit 25 % ist deshalb zulässig.

Wegen der Möglichkeit, bei Aushilfskräften die Steuerbelastung von 25 % auf den Eingangssteuersatz von 14 % zu reduzieren vgl. „Permanenter Lohnsteuerjahresausgleich". Ein sog. „Permanenten Lohnsteuerjahresausgleich" ist vor allem auch dann interessant, wenn die Voraussetzungen einer Lohnsteuerpauschalierung nicht vorliegen, aber eine Lohnsteuerkarte mit der Steuerklasse V vorgelegt werden kann.

5. Pauschalierung der Lohnsteuer für Aushilfskräfte in der Land- und Forstwirtschaft mit 5 %

a) Allgemeines

Eine Pauschalierung der Lohnsteuer mit **5 %** für Aushilfskräfte in der Land- und Forstwirtschaft ist nach § 40 a Abs. 3 EStG nur dann zulässig, wenn die Aushilfskraft

– in einem land- und forstwirtschaftlichen Betrieb im Sinne des § 13 EStG tätig ist,
– ausschließlich typisch land- und forstwirtschaftliche Tätigkeiten ausübt,
– **nicht mehr als 180 Tage** für den Arbeitgeber tätig wird,
– **keine** land- und forstwirtschaftliche **Fachkraft** ist,
– nur Arbeiten ausführt, die **nicht ganzjährig anfallen** (eine Beschäftigung mit anderen land- und forstwirtschaftlichen Arbeiten ist unschädlich, wenn die Dauer dieser Arbeiten **25 %** der Gesamtbeschäftigungsdauer nicht überschreitet) und
– der Stundenlohn **12 €** nicht übersteigt.

Außerdem müssen bestimmte Aufzeichnungsvorschriften beachtet werden (vgl. nachfolgend unter Buchstabe h).

Eine Pauschalierung der Lohnsteuer mit 5 % ist sowohl für unbeschränkt als auch für beschränkt steuerpflichtige Aushilfskräfte zulässig (vgl. das Stichwort „Beschränkt steuerpflichtige Arbeitnehmer").

Im Einzelnen gilt Folgendes:

b) Tätigkeit in einem land- und forstwirtschaftlichen Betrieb im Sinne des § 13 EStG

Hierunter fallen neben der eigentlichen Landwirtschaft und Forstwirtschaft auch der Weinbau, Gartenbau, Obstbau, Gemüsebau, Baumschulen und alle sonstigen Betriebe, die Pflanzen und Pflanzenteile mit Hilfe der Naturkräfte gewinnen. Weiterhin gehören hierzu die Binnenfischerei, Teichwirtschaft, Fischzucht, Imkerei, Wanderschäferei und auch die Jagd, wenn diese mit einem land- und forstwirtschaftlichen Betrieb im Zusammenhang steht.

Eine Pauschalierung kommt nur für Aushilfskräfte in einem Betrieb im Sinne des § 13 Abs. 1 EStG in Betracht (d. h. die Aushilfskräfte müssen in einem Betrieb beschäftigt werden, der auch als land- und forstwirtschaftlicher Betrieb im Sinne des Einkommensteuerrechts besteuert wird). Für Aushilfskräfte, die in einem Gewerbebetrieb im Sinne des § 15 EStG beschäftigt werden, kommt demnach eine Pauschalierung selbst dann nicht in Betracht, wenn die Aushilfskräfte in diesem Betrieb mit typischen land- und forstwirtschaftlichen Arbeiten beschäftigt werden. Eine Pauschalierung der Lohnsteuer mit 5 % ist jedoch für Betriebe möglich, die Land- und Forstwirtschaft betreiben, aber wegen ihrer Rechtsform (z. B. Kapitalgesellschaft) als Gewerbebetrieb **gelten**. Bei Gewerbebetrieben kraft Rechtsform ist nach den Abgrenzungskriterien in R 15.5 der Einkommensteuer-Richtlinien zu prüfen, ob ein land- und forstwirtschaftlicher Betrieb vorläge, wenn der Betrieb kein Gewerbebetrieb kraft Rechtsform wäre. Hiernach sind **Winzergenossenschaften** berechtigt, die Aushilfslöhne mit 5 % zu pauschalieren, wenn nach den Abgrenzungskriterien des in R 15.5 der Einkommensteuer-Richtlinien ein Betrieb der Land- und Forstwirtschaft anzunehmen ist.

Außerdem ist die Pauschalierung der Lohnsteuer für Aushilfskräfte in einem Betrieb der Land- und Forstwirtschaft betreibt, mit 5 % auch dann zulässig, wenn dieser Betrieb nur wegen der in § 15 Abs. 3 Nr. 1 EStG geregelten **Abfärbetheorie** als Gewerbebetrieb anzusehen ist (BFH-Urteil vom 14. 9. 2005, BStBl. 2006 II S. 92).

In der Rechtsform eines eingetragenen Vereins organisierte landwirtschaftliche Betriebshilfsdienste, die landwirtschaftlichen Betrieben in Notfällen Aushilfskräfte zur Verfügung stellen und entlohnen (z. B. bei längerer Erkrankung des Landwirtes), sind keine Betriebe im Sinne des § 13 EStG. Außerdem handelt es sich bei den beschäftigten Aushilfskräften in der Regel um landwirtschaftliche Fachkräfte.

Rebveredelungsarbeiten in **Rebveredelungsbetrieben** sind typisch landwirtschaftliche Arbeiten, weil es sich hierbei um die Gewinnung von Pflanzen bzw. Pflanzenteilen unter Ausnutzung der Naturkraft des Grund und Bodens handelt. Dasselbe gilt auch für entsprechende Tätigkeiten im **Obstbau** und für **Baumschulen.** Auch das Veredeln von Rosen ist landwirtschaftliche Tätigkeit in diesem Sinne.

c) Typisch land- und forstwirtschaftliche Tätigkeit

Zu den „typisch land- und forstwirtschaftlichen Arbeiten" rechnen grundsätzlich alle anfallenden Arbeiten bis zur Verkaufsreife des Produkts.

Hierzu hat der Bundesfinanzhof entschieden (BFH-Urteil vom 8. 5. 2008, BStBl. 2009 II S. 40), dass das **Schälen von Spargel** durch Aushilfskräfte eines landwirtschaftlichen Betriebs **nicht** zu den begünstigten **typisch land- und forstwirtschaftlichen** Arbeiten gehört. **Entscheidend** war für den Bundesfinanzhof letztlich, dass es sich bei dem Schälen von Spargel nicht um eine typisch land- und forstwirtschaftliche Arbeit handelt, sondern um eine **Weiterverarbeitung des verkaufsfertigen Produkts** „Spargel". Der Streitfall ist nicht vergleichbar mit der

Pauschalierung der Lohnsteuer bei Aushilfskräften und Teilzeitbeschäftigten

(begünstigten) Verarbeitung von Trauben zu Wein. Produktionsziel des Weinbaus ist es nämlich, über die Gewinnung von Trauben Traubenmost und Wein zu erzeugen. Demnach ist im Weinbau – anders als im Streifall mit der Ernte des ungeschälten Spargels – allein mit der Ernte der Trauben der tpyische Prozess der landwirtschaftlichen Urproduktion noch nicht abgeschlossen.

Die Aushilfskräfte müssen **ausschließlich** mit typisch land- und forstwirtschaftlichen Arbeiten beschäftigt werden.

Werden die Aushilfskräfte zwar in einem land- und forstwirtschaftlichen Betrieb im Sinne des § 13 EStG beschäftigt, üben sie aber keine typische land- und forstwirtschaftliche Tätigkeit aus, z. B. Blumenbinder, Verkäufer, oder sind sie **abwechselnd** mit typischen land- und forstwirtschaftlichen und anderen Arbeiten betraut, z. B. auch im Gewerbebetrieb oder Nebenbetrieb des gleichen Arbeitgebers tätig, ist eine Pauschalierung der Lohnsteuer mit 5 % nicht zulässig.

Da eine Beschränkung des Pauschalierungsverfahrens auf wachstums- und witterungsabhängige Arbeiten nicht besteht gehören bei einem **Erzeugerbetrieb im Weinbau** auch die saisonbedingten Kellerarbeiten zu den typisch land- und forstwirtschaftlichen Arbeiten. Im Besonderen fallen hierunter die Maßnahmen der Traubenverarbeitung (z. B. Keltern) sowie weitere anschließende Arbeiten bis zum ersten Abstich. Dabei ist jedoch zu beachten, dass beim Weinbau erfahrungsgemäß verstärkt Fachkräfte eingesetzt werden, für die die Anwendung der Pauschalierungsregelung nach den Ausführungen unter d) ausgeschlossen ist.

Werden bei Erntearbeiten (z. B. Zuckerrübenernte) unter anderem auch **Kraftfahrer** als Aushilfskräfte beschäftigt, die das Erntegut von den Feldern zum Verwertungsbetrieb (z. B. Zuckerfabrik) fahren, so ist diese Tätigkeit ebenso wie die Feldarbeit der übrigen Aushilfskräfte als im Rahmen eines Ernteeinsatzes ausgeübte land- und forstwirtschaftliche Tätigkeit anzusehen.

Zu den typischen forstwirtschaftlichen Tätigkeiten gehört grundsätzlich auch der **Bau von Waldwegen**, die der Erschließung oder Ausnutzung eines Waldgebietes dienen. Voraussetzung ist aber, dass die Wald- oder Wirtschaftswege von dem Forstwirt in seiner Eigenschaft als Inhaber eines forstwirtschaftlichen Betriebes angelegt werden. Diese Bedingung ist nicht erfüllt, wenn die Gemeinden die Waldwege ausschließlich oder auch in ihrer Eigenschaft als öffentlich-rechtliche Gebietskörperschaft und in Erfüllung der öffentlichen Daseinsvorsorge zur Erschließung eines Gebietes als Erholungsgebiet oder zur Verbesserung der Zufahrtsmöglichkeiten auch für andere land- und forstwirtschaftliche Betriebe erstellen. In diesen Fällen sind die Aushilfskräfte **nicht** in einem Betrieb der Land- und Forstwirtschaft **ausschließlich** mit typisch land- und forstwirtschaftlichen Arbeiten beschäftigt.

d) Land- und forstwirtschaftliche Fachkraft

Die Pauschalierung der Lohnsteuer mit 5 % gilt nicht für die Beschäftigung land- und forstwirtschaftlicher Fachkräfte (z. B. Landwirtschaftsgehilfen, Angehörige der Betriebshilfsdienste, Melker, Maschinenführer usw.). Auf den Umfang der Tätigkeit (nur kurzfristig) oder die Bezeichnung kommt es hierbei nicht an.

Der Bundesfinanzhof hat in zwei Urteilen die Voraussetzungen für das Vorliegen einer land- und forstwirtschaftlichen Fachkraft wie folgt zusammengefasst:

- Ein Arbeitnehmer, der die Fertigkeiten für eine land- oder forstwirtschaftliche Tätigkeit im Rahmen einer Berufsausbildung erlernt hat, gehört zu den Fachkräften, ohne dass es darauf ankommt, ob die durchgeführten Arbeiten den Einsatz einer Fachkraft erfordern.
- Hat der Arbeitnehmer die erforderlichen Fertigkeiten nicht im Rahmen einer Berufsausbildung erworben, gehört er nur dann zu den land- und forstwirtschaftlichen Fachkräften, wenn er anstelle einer Fachkraft eingesetzt ist.
- Ein Arbeitnehmer ist anstelle einer land- und forstwirtschaftlichen Fachkraft eingesetzt, wenn mehr als 25 % der zu beurteilenden Tätigkeit Fachkraft-Kenntnisse erfordern.
- Traktorführer sind jedenfalls dann als Fachkräfte und nicht als Aushilfskräfte zu beurteilen, wenn sie den Traktor als Zugfahrzeug mit landwirtschaftlichen Maschinen führen.

BFH-Urteil vom 25.10.2005 (BStBl. 2006 II S. 204) und BFH-Urteil vom 25.10.2005 (BStBl. 2006 II S. 208).

e) 180-Tage-Grenze

Eine Pauschalierung der Lohnsteuer mit 5 % ist dann nicht mehr möglich, wenn der Arbeitgeber die Aushilfskraft mehr als 180 Tage im Kalenderjahr beschäftigt. Abzustellen ist also auf die Dauer des Beschäftigungsverhältnisses beim selben Arbeitgeber. Dies sind bei einer nur tageweisen Aushilfstätigkeit die einzelnen Arbeitstage. Wird jedoch die Aushilfskraft für die gesamte Erntezeit z. B. vom 1. Juli bis 30. September eingestellt, so dauert das Beschäftigungsverhältnis drei Monate oder 92 Tage.

Bei einer wiederholten Beschäftigung desselben Arbeitnehmers muss der Arbeitgeber die 180-Tage-Grenze **rückblickend** beachten. Wird die Aushilfskraft mehr als 180 Tage beschäftigt, so entfallen rückwirkend die Voraussetzungen für eine Pauschalierung der Lohnsteuer mit 5 %, das heißt, die Lohnabrechnungen müssen **rückwirkend berichtigt** werden. Der Arbeitgeber muss sich also reiflich überlegen, ob er eine Aushilfskraft einstellt, bei der die Gefahr einer Überschreitung der 180-Tage-Grenze besteht.

Beispiel
Eine Aushilfskraft hilft im Frühjahr einem Winzer an 90 Tagen im Weinberg; im Sommer folgen weitere 60 Tage. Im Herbst soll die Aushilfskraft für die Weinlese und die anschließende Traubenverarbeitung eingestellt werden.
Wenn die Aushilfskraft im Herbst an mehr als 30 Tagen beschäftigt wird, war sie insgesamt mehr als 180 Tage im Kalenderjahr beschäftigt. Eine Pauschalierung der Lohnsteuer mit 5 % ist in diesem Fall für das gesamte Kalenderjahr unzulässig.

Die 180-Tage-Regelung gilt nicht für land- und forstwirtschaftliche Fachkräfte, das heißt, dass eine aushilfsweise tätige **Fachkraft** auch dann nicht mit 5 % pauschal besteuert werden kann, wenn sie weniger als 180 Tage im Kalenderjahr beschäftigt wird.

f) Beschäftigung mit Arbeiten, die nicht ganzjährig anfallen und 25 %-Regelung

Eine Pauschalierung der Lohnsteuer mit 5 % ist nur dann möglich, wenn

- ausschließlich typisch land- und forstwirtschaftliche Tätigkeiten ausgeübt werden,
- die **nicht ganzjährig** anfallen.

Diese Regelung ist auf die land- und forstwirtschaftlichen Arbeitsabläufe zugeschnitten, die geprägt sind von saisonbedingten Arbeiten, die sowohl vom Arbeitsinhalt als auch vom zeitlichen Ablauf her vorübergehend sind, wie dies z. B. beim Pflanzen und bei der Ernte besonders offenkundig wird. Da solche Arbeitsabläufe erfahrungsgemäß von vorübergehender Dauer sind, muss sich auch das Dienstverhältnis auf eine solche vorübergehende Arbeit beziehen. Hieraus folgt, dass Arbeiten, die das ganze Jahr über anfallen, nicht Gegenstand der Pauschalierung mit 5 % sein können wie z. B. Vieh füttern, melken oder saisonunabhängige Kellerarbeiten in einem Weinbaubetrieb (Abfüllen, Etikettieren). Zum einen sind insoweit keine Unterschiede zu Aushilfstätigkeiten außerhalb

Pauschalierung der Lohnsteuer bei Aushilfskräften und Teilzeitbeschäftigten

der Land- und Forstwirtschaft erkennbar. Zum anderen ist nicht entscheidend, dass etwa eine Aushilfskraft für eine vorübergehende Dauer tätig wird, sondern dass die **Arbeit als solche** von ihrer Art her von vorübergehender Dauer ist. Dies ist bei Arbeiten, die keinen erkennbaren Abschluss in sich tragen, sondern das ganze Jahr über anfallen, nicht der Fall.

Der Bundesfinanzhof hat in zwei Urteilen die Voraussetzungen für das Vorliegen von land- und forstwirtschaftlichen Saisonarbeiten wie folgt zusammengefasst:

- Land- und forstwirtschaftliche Arbeiten fallen nicht ganzjährig an, wenn sie wegen der Abhängigkeit vom Lebensrhythmus der produzierten Pflanzen oder Tiere einen erkennbaren Abschluss in sich tragen. Dementsprechend können darunter auch Arbeiten fallen, die im Zusammenhang mit der Viehhaltung stehen.
- Wenn die Tätigkeit des Ausmistens nicht laufend, sondern nur im Zusammenhang mit dem einmal jährlich erfolgenden Vieh-Austrieb auf die Weide möglich ist, handelt es sich um eine nicht ganzjährig anfallende Arbeit. Unschädlich ist, dass ähnliche Tätigkeiten bei anderen Bewirtschaftungsformen ganzjährig anfallen können.
- Reinigungsarbeiten, die ihrer Art nach während des ganzen Jahres anfallen (hier: Reinigung der Güllekanäle und Herausnahme der Güllespalten), sind nicht vom Lebensrhythmus der produzierten Pflanzen der Tiere abhängig und sind daher keine saisonbedingten Arbeiten.

BFH-Urteil vom 25. 10. 2005 (BStBl. 2006 II S. 204) und BFH-Urteil vom 25. 10. 2005 (BStBl. 2006 II S. 206).

Um zu vermeiden, dass Saisonaushilfen aus der Pauschalierung mit 5 % herausfallen, wenn sie kurzfristig für land- und forstwirtschaftliche Arbeiten eingesetzt werden, die das ganze Jahr über anfallen, gilt nach § 40a Abs. 3 Satz 2 EStG eine Milderungsregelung. Diese besagt, dass es für eine Pauschalierung der Lohnsteuer mit 5 % **unschädlich** ist, wenn die Saisonaushilfen auch mit land- und forstwirtschaftlichen Arbeiten beschäftigt werden, die das ganze Jahr über anfallen, diese Arbeiten aber **25 % der Gesamtbeschäftigungsdauer** nicht überschreiten. Übt also eine Aushilfskraft innerhalb der 180-Tage-Grenze eine Mischtätigkeit aus, so muss der Arbeitgeber darauf achten, dass der Arbeitnehmer mindestens zu 75 % ausschließlich mit saisonbedingten Arbeiten beschäftigt wird, da ansonsten eine Pauschalierung der Lohnsteuer mit 5 % nicht möglich ist.

Beispiel

Eine Aushilfskraft wird von einem Winzer zur Weinlese für 20 Tage eingestellt. Da an fünf Tagen wegen schlechten Wetters eine Weinlese nicht möglich ist, wird die Aushilfskraft mit dem Spülen und Etikettieren von Weinflaschen beschäftigt.

Beim Spülen und Etikettieren von Weinflaschen handelt es sich um saisonunabhängige Arbeiten, die für sich betrachtet nicht die Voraussetzungen für eine Pauschalierung der Lohnsteuer mit 5 % erfüllen. Da die Aushilfskraft aber zur Weinlese – also einer typischen Saisonarbeit – eingestellt worden ist, und die saisonabhängigen Tätigkeiten nur **25 % der Gesamtbeschäftigungsdauer** betragen, ist eine Pauschalierung der Lohnsteuer mit 5 % für den gesamten Beschäftigungszeitraum zulässig.

Die Unschädlichkeitsgrenze von 25 % der Gesamtbeschäftigungsdauer bezieht sich auf ganzjährig anfallende land- und forstwirtschaftliche Arbeiten. Für andere land- und forstwirtschaftliche Arbeiten gilt sie nicht (BFH-Urteil vom 25. 10. 2005, BStBl. 2006 II S. 206).

Um die Pauschalierungsvoraussetzungen dem Finanzamt nachweisen zu können, wenn dieses eine Lohnsteuer-Außenprüfung durchführt, muss der Arbeitgeber noch mehr als bisher darauf achten, dass sowohl die Art der Beschäftigung als auch deren genaue zeitliche Dauer in den Lohnunterlagen festgehalten wird.

g) Durchschnittlicher Stundenlohn höchstens 12 €

Voraussetzung für die Pauschalierung der Lohnsteuer mit 5 % ist außerdem, dass der durchschnittliche Stundenlohn 12 € nicht übersteigt. Weitere Voraussetzungen wie das Einhalten einer wöchentlichen Stundengrenze oder einer monatlichen (täglichen, wöchentlichen) Entgeltgrenze sind **nicht** erforderlich.

Beispiel

In einem Weinbaubetrieb wird im Frühjahr und im Herbst dieselbe Aushilfskraft jeweils für vier Wochen beschäftigt. Als Arbeitslohn ist der jeweils höchste pauschalierungsfähige Stundenlohnsatz vereinbart. Dies sind 12 €. Der Wochenlohn beträgt somit bei einer wöchentlichen Arbeitszeit von 40 Stunden (12 € × 40 Stunden =) 480 €, für vier Wochen also 1920 €.

Wenn es sich nicht um eine land- und forstwirtschaftliche Fachkraft handelt, kann die Lohnsteuer mit 5 % pauschaliert werden:

Lohnsteuer: 5 % von 1920 €	96,— €
Solidaritätszuschlag: 5,5 % von 96 €	5,28 €
Kirchensteuer: (z. B. in Bayern) 7 % von 96 €	6,72 €

Falls die Aushilfskraft keine weiteren kurzfristigen Beschäftigungen innerhalb eines Jahres ausübt, besteht Versicherungsfreiheit in der Sozialversicherung (vgl. das Stichwort „Geringfügige Beschäftigung" unter Nr. 14 auf Seite 351).

Für die Prüfung der Stundenlohngrenze von 12 € ist vom **durchschnittlichen** Stundenlohn auszugehen. Der durchschnittliche Stundenlohn ist aus der Zahl der tatsächlichen Arbeitsstunden und dem Gesamtlohn während der Beschäftigungsdauer zu errechnen (vgl. das Beispiel unter der vorstehenden Nr. 4 Buchstabe c). Bei längerfristigen Aushilfsbeschäftigungen kommt es vor, dass der zu Beginn gezahlte Stundenlohn später erhöht wird. In diesem Fall ist der später vereinbarte höhere Stundenlohn nicht in die Berechnung des Stundenlohns für die gesamte Beschäftigungsdauer einzubeziehen, wenn sich dadurch für die gesamte Beschäftigungsdauer ein durchschnittlicher Stundenlohn von über 12 € ergibt. Die Voraussetzungen für die Pauschalierung entfallen vielmehr erst ab dem Zeitpunkt, ab dem der Stundenlohn erstmals 12 € übersteigt.

h) Aufzeichnungsvorschriften

Wegen den allgemein geltenden Aufzeichnungsvorschriften vgl. die Erläuterungen unter der folgenden Nr. 9. Darüber hinaus sind Angaben über die **Art der Beschäftigung** zu vermerken (z. B. „Erntehelfer"). Außerdem ist bei einer Mischtätigkeit (vgl. die Erläuterungen unter dem vorstehenden Buchstaben e) die **Dauer** der begünstigten Saisonarbeit aufzuzeichnen.

6. Auswirkung der Pauschalierung auf eine Veranlagung zur Einkommensteuer

a) Allgemeines

Die mit 25 %, 20 %, 5 % oder 2 % pauschal besteuerten Arbeitslöhne und die hierauf entfallende pauschale Lohn- und Kirchensteuer sowie der Solidaritätszuschlag bleiben bei einer etwaigen Veranlagung der Arbeitnehmer außer Betracht. Die Pauschalierung stellt somit die endgültige Besteuerung des Arbeitslohns dar. Der Arbeitnehmer kann deshalb auch Aufwendungen, die mit dem pauschal besteuerten Arbeitslohn zusammenhängen, nicht als Werbungskosten abziehen.

Eine **fehlerhafte** Pauschalbesteuerung ist allerdings für die Veranlagung zur Einkommensteuer **nicht bindend** (BFH-Urteil vom 10. 6. 1988, BStBl. II S. 981). Wird die Pauschalierung bei einer Veranlagung des Arbeitnehmers vom Finanzamt rückgängig gemacht, hat der **Arbeitgeber** einen Anspruch auf Erstattung der pauschalen Lohn- und Kirchensteuer und des Solidaritätszuschlags.

Pauschalierung der Lohnsteuer bei Aushilfskräften und Teilzeitbeschäftigten

b) Abzug der pauschalen Arbeitgeberbeiträge von 15 % bzw. 5 % bei 400-Euro-Jobs als Sonderausgaben

Arbeitnehmer, die einen 400-Euro-Job ausüben, können die volle Rentenversicherungspflicht wählen und einen eigenen Arbeitnehmeranteil entrichten (sog. Option vgl. die Erläuterungen beim Stichwort „Geringfügige Beschäftigung" unter Nr. 7). Damit erwerben sie die vollen Leistungsansprüche der gesetzlichen Rentenversicherung. Dieser Beitragsanteil des Arbeitnehmers gehört zu den Sonderausgaben im Sinne des § 10 Abs. 1 Nr. 2 EStG und kann bei der Veranlagung zur Einkommensteuer geltend gemacht werden (Eintrag in Zeile 6 der Anlage „Vorsorgeaufwand" zur Einkommensteuererklärung 2009).

Aber auch die pauschalen Arbeitgeberbeiträge in Höhe von 15 % bei normalen Mini-Jobs bzw. 5 % bei Mini-Jobs in Privathaushalten werden **auf Antrag** in eine Veranlagung zur Einkommensteuer mit einbezogen (§ 10 Abs. 1 Satz 3 EStG). Für die Eintragung des pauschalen Arbeitgeberanteils ist die Zeile 9 der Anlage „Vorsorgeaufwand" zur Einkommensteuererklärung 2009 vorgesehen. Die Pauschalbeiträge von 15 % bzw. 5 % werden einerseits den Rentenversicherungsbeiträgen zugerechnet, andererseits als Arbeitgeberbeiträge zur Rentenversicherung wieder abgezogen (vgl. Erläuterungen in Anhang 8a). Dieser Abzug wirkt sich **stets zuungunsten** des Arbeitnehmers aus. Ein Antrag kann sich allenfalls bei einem Mini-Job in einem Privathaushalt lohnen, bei dem auf die Rentenversicherungsfreiheit verzichtet wurde (sog. Optionsfälle).

7. Ehegatten-Arbeitsverhältnis

Das Finanzamt konnte früher die Pauschalierung der Lohnsteuer untersagen, wenn die Pauschalbesteuerung offensichtlich unzutreffend war. Diese Einschränkung wurde ersatzlos gestrichen. Beim bisherigen Hauptanwendungsfall der Missbrauchsvorschrift, nämlich den **Ehegatten-Arbeitsverhältnissen,** kann demnach die Lohnsteuer stets mit 25 %, 20 %, 5 % oder 2 % pauschaliert werden, wenn die in § 40a EStG festgelegten Voraussetzungen vorliegen. Ob die Pauschalierung – auf das Gesamteinkommen der Ehegatten oder auf die Lohnsteuerkarte des einzelnen bezogen – zu einer Steuerersparnis führt, ist nicht mehr zu prüfen.

Insbesondere bei Ehegatten-Arbeitsverhältnissen ist jedoch das BFH-Urteil vom 20. 12. 1991 (BStBl. 1992 II S. 695) zu beachten, nach dem es nicht zulässig ist, im Laufe des Kalenderjahrs zwischen der Regelbesteuerung (nach den Merkmalen einer Lohnsteuerkarte) und der Pauschalbesteuerung zu wechseln, wenn dieser Wechsel ausschließlich dazu dient, die bei den Einkünften aus nichtselbständiger Arbeit anzusetzenden Frei- und Pauschbeträge auszunützen.

Andererseits hat der Bundesfinanzhof entschieden, dass der Ehemann als Arbeitgeber **nach Ablauf des Kalenderjahrs** die Pauschalversteuerung des Arbeitslohns für die in seinem Betrieb angestellte Ehefrau rückgängig machen und zur Regelbesteuerung nach der Lohnsteuerkarte übergeben kann (BFH-Urteil vom 26. 11. 2003, BStBl. 2004 II S. 195).

Die Lohnabrechnung für ein Ehegatten-Arbeitsverhältnis auf 400-Euro-Basis soll anhand des folgenden Beispiels verdeutlicht werden:

Beispiel

Die beim Ehemann beschäftigte Ehefrau erhält einen Monatslohn von 400 €. Im August leistet sie eine Vielzahl von Überstunden, weil eine andere Teilzeitkraft durch Krankheit unvorhergesehen ausfällt. Im August 2010 beträgt der Arbeitslohn deshalb 1000 €.

Für die lohnsteuerliche und sozialversicherungsrechtliche Behandlung gilt Folgendes:

Es liegt eine versicherungsfreie geringfügige Beschäftigung vor. Der Arbeitgeber, das heißt der Ehemann, muss einen pauschalen Arbeitgeberanteil zur Rentenversicherung in Höhe von 15 % und (wenn die Ehefrau in der gesetzlichen Krankenversicherung versichert ist) auch einen pauschalen Arbeitgeberanteil zur Krankenversicherung in Höhe von 13 % entrichten. Außerdem muss der Arbeitgeber 2 % Pauschalsteuer bezahlen. Dies gilt auch für den Monat August 2010, da ein gelegentliches **unvorhergesehenes** Überschreiten der 400-Euro-Grenze nicht zur Sozialversicherungspflicht führt.

Für August 2010 ergibt sich folgende Lohnabrechnung:

Monatslohn		1000,— €
Lohnsteuer	0,— €	
Solidaritätszuschlag	0,— €	
Kirchensteuer	0,— €	
Sozialversicherung (Arbeitnehmeranteil)	0,— €	0,— €
auszuzahlender Betrag		1000,— €

Der Arbeitgeber muss im August 2010 folgende Pauschalabgaben zahlen (aus 1000 €):

Lohnsteuer (einschließlich Solidaritätszuschlag und Kirchensteuer)	2 %	20,— €
Krankenversicherung pauschal	13 %	130,— €
Rentenversicherung pauschal	15 %	150,— €
Umlage U 1	0,6 %	6,— €
Umlage U 2	0,07 %	0,70 €
Insolvenzgeldumlage	0,41 %	4,10 €
insgesamt		310,80 €

Ist die Ehefrau zusammen mit ihrem Ehemann privat krankenversichert, entfällt der pauschale Arbeitgeberanteil zur Krankenversicherung in Höhe von 13 %.

Die Ehefrau kann aber auch auf die Rentenversicherungsfreiheit verzichten und für die Rentenversicherungspflicht optieren. In diesem Fall muss sie einen Arbeitnehmerbeitrag zur Rentenversicherung in Höhe von 4,9 % bezahlen. Für August 2010 ergibt sich folgende Lohnabrechnung:

Monatslohn		1000,— €
Lohnsteuer	0,— €	
Solidaritätszuschlag	0,— €	
Kirchensteuer	0,— €	
Arbeitnehmeranteil zur Rentenversicherung 4,9 %	49,— €	49,— €
Nettolohn		951,— €
Arbeitgeberanteil (30 % von 1000 € =)		300,— €

In den übrigen Monaten beträgt der Arbeitnehmerbeitrag zur Rentenversicherung 4,9 % von 400 € = 19,60 €. Der Arbeitgeberbeitrag beträgt in den übrigen Monaten 30 % von 400 € = 120 €.

Zur Entgeltumwandlung zugunsten einer betrieblichen Altersversorgung und der Problematik der sog. „Überversorgung" bei Ehegatten-Arbeitsverhältnissen vgl. die Erläuterungen beim Stichwort „Zukunftsicherung" unter Nr. 18.

8. Abwälzung der pauschalen Lohnsteuer auf den Arbeitnehmer

Eine Abwälzung der pauschalen Lohnsteuer auf den Arbeitnehmer ist bei allen Pauschalierungsmöglichkeiten zulässig (2 %, 5 %, 20 % oder 25 %). Denn die Abwälzung der pauschalen Lohnsteuer auf den Arbeitnehmer ist ein arbeitsrechtlicher Vorgang, durch den die Pauschalierung als solche nicht unzulässig wird. Allerdings ist § 40 Abs. 3 Satz 2 EStG*) zu beachten, der besagt, dass die auf den Arbeitnehmer abgewälzte pauschale Lohnsteuer **als zugeflossener Arbeitslohn gilt und die Bemessungsgrundlage nicht mindern darf.** Wie sich eine steuerlich **unzulässige** Kürzung der Bemessungsgrundlage bei einer Abwälzung der Pauschalsteuer auf den Arbeitnehmer rechnerisch darstellt, soll an einem Beispiel verdeutlicht werden:

Beispiel A

Der Stundenlohn einer teilzeitbeschäftigten Arbeitnehmerin beträgt lt. Arbeitsvertrag 10 €. Die Arbeitszeit der Arbeitnehmerin beträgt monat-

---

*) § 40 Abs. 3 Satz 2 EStG gilt durch die Verweisung in § 40a Abs. 5 EStG auch bei einer Pauschalierung der Lohnsteuer für Aushilfskräfte und Teilzeitbeschäftigte.

Pauschalierung der Lohnsteuer bei Aushilfskräften und Teilzeitbeschäftigten

lich 35 Stunden, sodass sich ein Bruttolohnanspruch von monatlich 350 € ergibt. Da die Arbeitnehmerin keine Lohnsteuerkarte vorlegen will, vereinbart der Arbeitgeber mit ihr, dass die 2%ige Pauschalsteuer im Innenverhältnis von der Arbeitnehmerin getragen wird. Wird die Bemessungsgrundlage um die vom Arbeitnehmer übernommene Pauschalsteuer gekürzt, ergibt sich folgende Lohnabrechnung:

Auszahlungsbetrag 98,0392 % von 350 €	343,14 €
Pauschalsteuer hierauf 2 %	6,86 €
Bruttolohnanspruch	350,— €

Die im Beispiel A dargestellte **Rückrechnung ist nicht zulässig.** Denn die abgewälzte Pauschalsteuer darf die Bemessungsgrundlage nicht mehr mindern, sodass sich folgende Berechnung der pauschalen Lohnsteuer ergibt:

Beispiel B
Sachverhalt wie Beispiel A.

Monatslohn	350,— €
Pauschalsteuer hierauf 2 %	7,— €

Für die Arbeitnehmerin ergibt sich folgende Abrechnung:

Monatslohn	350,— €
im Innenverhältnis übernommene Pauschalsteuern	7,— €
Auszahlungsbetrag	**343,— €**

Ist der Arbeitgeber bei der Zahlung des Arbeitslohns arbeitsrechtlich nicht gebunden, das heißt, dass er den Stundenlohn der Höhe nach beliebig festlegen kann, so könnte er daran denken, den Stundenlohn so weit herabzusetzen, dass er rein rechnerisch zu dem im Beispiel A dargestellten Ergebnis kommt.

Beispiel C
Das Arbeitsverhältnis der Arbeitnehmerin im Beispiel A ist nicht tarifgebunden. Der Arbeitgeber kann deshalb den Stundenlohn frei vereinbaren. Er vereinbart einen Stundenlohn von 9,80 € und die Übernahme der hierauf entfallenden 2%igen Pauschalsteuer. Bei einer monatlichen Arbeitszeit von 35 Stunden ergibt sich folgende Lohnabrechnung:

Auszahlungsbetrag (9,804 € × 35 =)	343,14 €
Pauschalsteuer hierauf 2 %	6,86 €
insgesamt	350,— €

Damit wäre der Arbeitgeber rein rechnerisch wieder beim alten Ergebnis.

In § 40 Abs. 3 Satz 2 EStG ist jedoch bestimmt worden, dass die auf den Arbeitnehmer abgewälzte pauschale Lohnsteuer **als zugeflossener Arbeitslohn gilt.** Das bedeutet Folgendes: Stellt das Finanzamt bei einer Lohnsteuer-Außenprüfung z. B. anhand von arbeitsvertraglichen Unterlagen fest, dass die gesetzliche Regelung – wie im Beispiel C dargestellt – durch eine Kürzung des Arbeitslohns um die pauschale Lohnsteuer unterlaufen wurde, so kann es die hierauf entfallende Lohnsteuer nachholen, da die in Form der Lohnkürzung auf den Arbeitnehmer abgewälzte Pauschalsteuer **als zugeflossener Arbeitslohn gilt.**

Eine steuerlich unwirksame Abwälzung von pauschalen Steuerbeträgen durch Gehaltskürzung kann sich z. B. aus dem Arbeitsvertrag, einer Zusatzvereinbarung zum Arbeitsvertrag oder aus dem wirtschaftlichen Ergebnis einer Gehaltsumwandlung oder Gehaltsänderungsvereinbarung ergeben. Das ist insbesondere der Fall, wenn die pauschalen Steuerbeträge als Abzugsbetrag in der Lohn- und Gehaltsabrechnung ausgewiesen werden. Eine steuerlich unwirksame Abwälzung von pauschalen Steuerbeträgen liegt auch dann vor, wenn zum Abwälzung zwar in arbeitsrechtlich zulässiger Weise eine Gehaltsminderung vereinbart wird, der bisherige ungekürzte Arbeitslohn aber weiterhin für die Bemessung künftiger Erhöhungen des Arbeitslohns oder anderer Arbeitgeberleistungen (z. B. Weihnachtsgeld, Tantieme, Jubiläumszuwendungen) maßgebend bleibt*).

Eine steuerlich unwirksame Abwälzung der pauschalen Lohnsteuer ist hingegen **nicht** anzunehmen, wenn aus der Gehaltsänderungsvereinbarung alle rechtlichen und wirtschaftlichen Folgerungen gezogen werden, also insbesondere der geminderte Arbeitslohn Bemessungsgrundlage für künftige Erhöhungen des Arbeitslohns oder andere Arbeitgeberleistungen (z. B. Weihnachtsgeld, Jubiläumszuwendung) wird. Dies gilt auch dann, wenn die Gehaltsminderung nur in Höhe der Pauschalsteuer vereinbart wird*).

9. Aufzeichnungsvorschriften

Nach § 4 Abs. 2 Nr. 8 Satz 4 der Lohnsteuer-Durchführungsverordnung hat der Arbeitgeber bei einer Pauschalierung der Lohnsteuer für Teilzeitbeschäftigte und Aushilfskräfte Aufzeichnungen zu führen, aus denen folgende Mindestangaben ersichtlich sein müssen:

– Name und Anschrift,
– Dauer der Beschäftigung,
– Tag der Zahlung,
– Höhe des Arbeitslohnes (auch steuerfreier Arbeitslohn und pauschal besteuerte Fahrkostenzuschüsse),
– Art der Beschäftigung (nur bei Aushilfskräften in der Land- und Forstwirtschaft).

Ein Unterzeichnen oder Quittieren der Lohnabrechnung durch den Arbeitnehmer ist nicht erforderlich.

Die genannten Aufzeichnungen sind zwar nicht materiellrechtliche Voraussetzung für die Pauschalierung; bei fehlenden oder fehlerhaften Aufzeichnungen ist die Pauschalierung aber nur zulässig, wenn die Pauschalierungsvoraussetzungen auf andere Weise nachgewiesen oder zumindest glaubhaft gemacht werden (z. B. durch Arbeitsnachweise, Zeitkontrollen, Zeugenaussagen usw.) vgl. BFH-Urteil vom 12. 6. 1986, BStBl. II S. 681.

Die Aufzeichnungen über die Beschäftigungsdauer müssen den Zweck erfüllen, den Stundenlohn in denjenigen Pauschalierungsfällen zu ermitteln, in denen es unter anderem Voraussetzung ist, dass der **Stundenlohn 12 € nicht übersteigt.** Dies sind die Pauschalierungen mit 25 % für Aushilfskräfte und mit 5 % für Aushilfskräfte in der Land- und Forstwirtschaft. Als Beschäftigungsdauer ist in diesen Fällen jeweils die Zahl der tatsächlichen Arbeitsstunden (à 60 Minuten) in dem jeweiligen Monat aufzuzeichnen (BFH-Urteil vom 10. 9. 1976, BStBl. 1977 II S. 17). Es genügen also Aufzeichnungen über die Anzahl der Arbeitsstunden, z. B. anhand von Stunden- oder Strichlisten. Nicht erforderlich ist dagegen die Aufzeichnung der genauen Uhrzeit (z. B. beschäftigt am 5. 8. 2010 von 7.30 Uhr bis 12.30 Uhr). Stundenaufzeichnungen in Form von Stunden- oder Strichlisten sind entbehrlich, wenn sich die Zahl der Arbeitsstunden aus dem Arbeitsvertrag ergibt und evtl. Abweichungen festgehalten werden.

Bei einer Pauschalierung der Lohnsteuer mit 25 % für kurzfristig beschäftigte Aushilfskräfte (vorstehend erläutert unter Nr. 3) ist neben den tatsächlichen Arbeitsstunden zur Überprüfung der übrigen Voraussetzungen (18 zusammenhängende Arbeitstage, durchschnittlicher Arbeitslohn nicht mehr als 62 € je Tag) die Zahl der Arbeitstage festzuhalten.

Bei einer Pauschalierung der Lohnsteuer mit 5 % für Aushilfskräfte in der Land- und Forstwirtschaft ist zusätzlich zur genauen zeitlichen Dauer der Beschäftigung auch die **Art der Tätigkeit** aufzuzeichnen, damit geprüft werden kann, ob die Aushilfskraft

– ausschließlich typisch land- und forstwirtschaftliche Tätigkeiten ausgeübt hat,
– die nicht ganzjährig anfallen (25 %-Regelung).

---

*) BMF-Schreiben vom 10. 1. 2000 (BStBl. I S. 138). Das BMF-Schreiben ist als Anlage 2 zu H 40.2 LStR im **Steuerhandbuch für das Lohnbüro 2010** abgedruckt, das im selben Verlag erschienen ist. Das **PC-Lexikon** für das Lohnbüro 2010 enthält auch dieses Handbuch und hat außerdem den Vorteil, dass Sie **alle BFH-Urteile** sowie die aktuellen Rundschreiben und Niederschriften der Spitzenverbände der **Sozialversicherung** mit Mausklick **im Volltext** abrufen und ausdrucken können. Eine Bestellkarte finden Sie vorne im Lexikon.

Pauschalierung der Lohnsteuer bei Aushilfskräften und Teilzeitbeschäftigten

Bei Lohnsteuer-Außenprüfungen prüft die Finanzverwaltung die Identität der Arbeitslohnempfänger (Name und Anschrift) besonders intensiv. Denn häufig haben entsprechende Nachforschungen ergeben, dass die betreffenden Personen nicht existieren. Den Arbeitgebern kann deshalb nur dringend geraten werden, die Aufzeichnung der Arbeitslohnempfänger nicht auf die leichte Schulter zu nehmen. Kann nämlich das Finanzamt die bezeichneten Personen nicht ermitteln, geht dies zu Lasten des Arbeitgebers und zwar auch dann, wenn die Aushilfskraft einen falschen Namen angegeben haben sollte.

Die Aufzeichnungsvorschriften für Zwecke der **Sozialversicherung** sind beim Stichwort „Geringfügige Beschäftigung" unter Nr. 16 auf Seite 354 erläutert.

10. Pauschalierung der Kirchensteuer

Ist der Arbeitgeber zur Pauschalierung und damit zur Übernahme der Lohnsteuer als Steuerschuldner bereit, dann ist er bei einer Pauschalierung der Lohnsteuer mit 20 %, 25 % oder 5 % auch verpflichtet, eine pauschale Kirchensteuer zu übernehmen. Nur bei der 2 %igen Pauschalsteuer (vorstehend erläutert unter Nr. 2) ist auch die Kirchensteuer mit abgegolten. Fällt die Kirchensteuer zusätzlich an, ist Bemessungsgrundlage für die pauschale Kirchensteuer die pauschale Lohnsteuer von 20 %, 25 % oder 5 %. Der Steuersatz für die pauschale Kirchensteuer ist in den einzelnen Bundesländern unterschiedlich hoch. Eine Gesamtübersicht der pauschalen Kirchensteuersätze ist beim Stichwort „Kirchensteuer" unter Nr. 10 Buchstabe b auf Seite 431 abgedruckt.

Diejenigen Arbeitnehmer, die **nachgewiesenermaßen** keiner kirchensteuerberechtigten Konfession angehören, kann der Arbeitgeber aus der Kirchensteuerpauschalierung ausscheiden. Führt der Arbeitgeber für einen Teil der Arbeitnehmer, deren Lohnsteuer pauschaliert wird, den Nachweis, dass sie nicht kirchensteuerpflichtig sind, so ist die Kirchensteuer für die übrigen Arbeitnehmer mit dem **vollen** Kirchensteuersatz von 8 % oder 9 % (Regelsteuersatz) und nicht mit dem für Pauschalierungsfälle im vereinfachten Verfahren vorgesehenen ermäßigten Kirchensteuersatz zu berechnen*). Die Auswirkung dieser Regelung soll an einem Beispiel verdeutlicht werden:

Beispiel
Ein Arbeitgeber in Bayern beschäftigt Aushilfskräfte ohne Vorlage einer Lohnsteuerkarte. Er pauschaliert die Lohnsteuer mit 25 %. Der Arbeitgeber hat zwei Möglichkeiten, die Kirchensteuer zu berechnen:
- entweder er pauschaliert für **alle** Aushilfskräfte die Kirchensteuer mit **7 %** der pauschalen Lohnsteuer **oder**
- er lässt sich von den Aushilfskräften, die nicht kirchensteuerpflichtig sind, eine entsprechende Erklärung unterschreiben und nimmt diese als Beleg zum Lohnkonto. Die pauschale Lohnsteuer, die auf diese nicht kirchensteuerpflichtigen Aushilfskräfte entfällt, scheidet aus der Bemessungsgrundlage für die Berechnung der pauschalen Kirchensteuer aus. Für die restliche pauschale Lohnsteuer muss die Kirchensteuer mit dem **normalen** Kirchensteuersatz von **8 %** errechnet werden.

Der Arbeitgeber muss also **nachweisen,** dass ein Teil der Arbeitnehmer, für die die Lohnsteuer pauschaliert werden soll, keiner kirchensteuerberechtigten Konfession angehören. Dieser Nachweis ist bei einer Pauschalierung der Lohnsteuer für Aushilfskräfte und Teilzeitbeschäftigte durch eine Erklärung zur Kirchensteuerpflicht nach amtlichem Muster zu erbringen. Das Muster der amtlichen Erklärung zur Kirchensteuerpflicht ist beim Stichwort „Kirchensteuer" unter Nr. 10 Buchstabe d auf Seite 433 abgedruckt.

11. Solidaritätszuschlag

Wird die Lohnsteuer mit 20 %, 25 % oder 5 % pauschaliert, so wird auch ein Solidaritätszuschlag zur Lohnsteuer erhoben. Nur bei der 2 %igen Pauschalsteuer (vorstehend erläutert unter Nr. 2) ist auch der Solidaritätszuschlag mit abgegolten. Der Solidaritätszuschlag beträgt 5,5 % der pauschalen Lohnsteuer. Die bei der Erhebung des Solidaritätszuschlags nach den Merkmalen der vorgelegten Lohnsteuerkarte zu beachtende Nullzone sowie der Übergangsbereich sind bei einer Pauschalierung der Lohnsteuer **nicht** anwendbar. Auf die ausführlichen Erläuterungen beim Stichwort „Solidaritätszuschlag" wird Bezug genommen.

12. Eintragung von Freibeträgen und Hinzurechnungsbeträgen auf der Lohnsteuerkarte bei 400-Euro-Jobs

Hat ein Arbeitnehmer mehrere 400-Euro-Jobs oder ein Rentner mehrere Betriebsrenten oder Minijobs, so kann es vorkommen, dass bei der Vorlage einer zweiten Lohnsteuerkarte mit der Steuerklasse VI während des Kalenderjahrs Lohnsteuer einbehalten werden muss, die nach Ablauf des Jahres im Wege einer Veranlagung zur Einkommensteuer wieder zu erstatten ist, weil der Arbeitnehmer mit seinen gesamten Einkünften unter den Jahresgrundfreibeträgen liegt. Seit 1. 1. 2000 gibt es deshalb die Möglichkeit, dass sich ein Arbeitnehmer, dessen Arbeitslohn aus dem ersten Dienstverhältnis noch im steuerfreien Bereich der Jahreslohnsteuertabelle liegt, einen Freibetrag auf der zweiten Lohnsteuerkarte eintragen lassen kann, **wenn er sich in gleicher Höhe einen Hinzurechnungsbetrag auf seiner ersten Lohnsteuerkarte eintragen lässt.**

Das Verfahren gilt also nur für diejenigen Arbeitnehmer, deren Arbeitslohn aus dem ersten Dienstverhältnis so niedrig ist, dass er im steuerfreien Bereich der Monatslohnsteuertabelle liegt (vgl. das Stichwort „Tarifaufbau"). Die Eingangsbeträge der Monatslohnsteuertabelle, bis zu denen keine Lohnsteuer anfällt, betragen für das Kalenderjahr 2010:

Steuerklasse	Allgemeine Monatstabelle für sozialversicherungspflichtige Arbeitnehmer	Besondere Monatstabelle für nicht sozialversicherungspflichtige Arbeitnehmer
I	889 €	849 €
II	1 019 €	973 €
III	1 684 €	1 608 €
IV	889 €	849 €
V	95 €	91 €

Hat ein sozialversicherungspflichtiger Arbeitnehmer auf seiner ersten Lohnsteuerkarte z. B. die Steuerklasse I und ist sein Arbeitslohn aus dem ersten Dienstverhältnis niedriger als 889 € monatlich, so kann er **beliebig zwischen 0 und 889 €** einen monatlichen Freibetrag auswählen und auf seiner zweiten Lohnsteuerkarte mit der Steuerklasse VI eintragen lassen. In gleicher Höhe wird dann ein Hinzurechnungsbetrag auf seiner ersten Lohnsteuerkarte mit der Steuerklasse I eingetragen. Die Wahl des Freibetrags ist also nicht auf die Differenz zwischen dem Jahresarbeitslohn aus dem ersten Dienstverhältnis und dem Eingangsbetrag der Jahreslohnsteuertabelle beschränkt. Damit wird dem Arbeitnehmer ein großer Entscheidungsspielraum zugestanden. Die Wahl des zutreffenden Freibetrags soll am Beispiel eines Rentners, der nebenher zwei 300-Euro-Jobs ausübt und außerdem eine Betriebsrente bezieht, näher erläutert werden.

---

*) Gleich lautende Erlasse der obersten Finanzbehörden der Länder vom 17.11.2006 (BStBl. I S. 716). Der gleich lautende Erlass ist als Anlage 1 zu H 40a.1 LStR im **Steuerhandbuch für das Lohnbüro 2010** abgedruckt, das im selben Verlag erschienen ist. Das **PC-Lexikon** für das Lohnbüro 2010 enthält auch dieses Handbuch und hat außerdem den Vorteil, dass Sie **alle BFH-Urteile** sowie die aktuellen Rundschreiben und Niederschriften der Spitzenverbände der **Sozialversicherung** mit Mausklick **im Volltext** abrufen und ausdrucken können. Eine Bestellkarte finden Sie vorne im Lexikon.

Pauschalierung der Lohnsteuer bei Aushilfskräften und Teilzeitbeschäftigten

	Lohn-steuer-pflichtig	Sozial-versich.-pflichtig

Beispiel

Ein allein stehender Rentner, der am 16. April 2005 das 65. Lebensjahr vollendet hat, erhält seit 1. Mai 2005 eine Altersrente in Höhe von 900 € monatlich. Der steuerfreie Teil dieser Rente beträgt 50 % (vgl. die Erläuterungen beim Stichwort „Renten"). Von seinem früheren Arbeitgeber erhält der Rentner eine Betriebsrente in Höhe von 260 € monatlich. Zur Durchführung des Lohnsteuerabzugs für die Betriebsrente muss dem früheren Arbeitgeber eine Lohnsteuerkarte vorgelegt werden (vgl. das Stichwort „Betriebsrente"). Der Arbeitnehmer hat seinem ehemaligen Arbeitgeber deshalb die erste Lohnsteuerkarte mit der Steuerklasse I vorgelegt. Bei der Durchführung des Lohnsteuerabzugs für die Betriebsrente ergibt sich im Kalenderjahr 2010 Folgendes:

Betriebsrente	260,— €	260,— €
abzüglich Versorgungsfreibetrag (40 % von 260 €)	104,— €	
verbleiben	156,— €	
abzüglich Zuschlag zum Versorgungsfreibetrag	75,— €	
verbleiben	81,— €	
Lohnsteuer (für 81 € nach Steuerklasse I)	0,— €	
Solidaritätszuschlag	0,— €	
Kirchensteuer	0,— €	0,— €
Nettobetriebsrente		260,— €

Außerdem hat der Rentner bei den Arbeitgebern A und B zwei Nebenjobs, für die er jeweils 300 € monatlich erhält. Er hat sowohl dem Arbeitgeber A als auch dem Arbeitgeber B eine Lohnsteuerkarte mit der Steuerklasse VI vorgelegt. Sowohl beim Arbeitgeber A als auch beim Arbeitgeber B ergibt sich folgende Lohnabrechnung:

Arbeitslohn	300,— €	300,— €
abzüglich Altersentlastungsbetrag (40 % von 300 €)	120,— €	
verbleiben	180,— €	
Lohnsteuer (für 180 € nach Steuerklasse VI)	21,08 €	
Solidaritätszuschlag	0,— €	
Kirchensteuer (8 %)	1,68 €	22,76 €
Nettolohn beim Arbeitgeber A und B jeweils		278,24 €

Die Steuerabzugsbeträge in Höhe von (12 × 22,76 € = 273,12 € × 2 =) 546,24 € muss sich der Arbeitnehmer im Wege einer Veranlagung zur Einkommensteuer nach Ablauf des Kalenderjahrs vom Finanzamt wieder erstatten lassen. Dies kann der Arbeitnehmer vermeiden, wenn er sich auf **beiden** Lohnsteuerkarten mit der Steuerklasse VI von seinem Wohnsitzfinanzamt einen Freibetrag von jeweils 180 € eintragen lässt. Dementsprechend wird auf der ersten Lohnsteuerkarte mit der Steuerklasse I **ein Hinzurechnungsbetrag** von (2 × 180 € =) 360 € eingetragen. Dadurch ergibt sich sowohl bei den beiden 300-Euro-Jobs als auch beim Lohnsteuerabzug für die Betriebsrente keine Lohnsteuer.

Hat der Arbeitnehmer keinen Anspruch auf den Altersentlastungsbetrag, weil er noch nicht 64 Jahre alt ist, oder will der Arbeitnehmer den Altersentlastungsbetrag im Freibetragsverfahren außer Betracht lassen, so kann er sich auf beiden Lohnsteuerkarten mit der Steuerklasse VI von seinem Wohnsitzfinanzamt einen Freibetrag von jeweils 300 € eintragen lassen. Dementsprechend wird auf der ersten Lohnsteuerkarte mit der Steuerklasse I ein Hinzurechnungsbetrag von (2 × 300 € =) 600 € eingetragen. Am lohnsteuerlichen Ergebnis ändert dies nichts.

Das Verfahren zur Eintragung von Freibeträgen und Hinzurechnungsbeträgen und die dabei beim Lohnsteuerabzug durch den Arbeitgeber zu beachtenden Besonderheiten sind ausführlich beim Stichwort „Hinzurechnungsbetrag auf der Lohnsteuerkarte" erläutert.

13. Vermögenswirksame Leistungen für Aushilfskräfte und Teilzeitbeschäftigte

Das Vermögensbildungsgesetz gilt für unbeschränkt und beschränkt steuerpflichtige Arbeitnehmer im arbeitsrechtlichen Sinne und für Auszubildende, deren Arbeitsverhältnis oder Ausbildungsverhältnis deutschem Arbeitsrecht unterliegt.

Für die vermögenswirksame Anlage des Arbeitslohns ist es im Grundsatz ohne Bedeutung, ob der Arbeitslohn nach Lohnsteuerkarte oder pauschal mit 2 %, 5 %, 20 % oder 25 % versteuert wird. Denn auch pauschal besteuerter Arbeitslohn kann vermögenswirksam angelegt werden (vgl. die Erläuterungen beim Stichwort „Vermögensbildung der Arbeitnehmer" unter Nr. 4).

Die Anlage vermögenswirksamer Leistungen ist also nicht nur von den üblichen Lohnzahlungen möglich. Vermögenswirksam können auch z. B. angelegt werden:

– pauschal mit 2 %, 5 %, 20 % oder 25 % versteuerter Arbeitslohn für Aushilfskräfte und Teilzeitbeschäftigte;
– pauschal versteuerte sonstige Bezüge.

Auch bei einer Teilzeitbeschäftigung kann der Arbeitnehmer also Teile seines steuerfreien oder pauschal versteuerten Arbeitslohns vermögenswirksam anlegen. Auch der Arbeitgeber kann bei Teilzeitbeschäftigten zusätzlich zum normalen Arbeitslohn vermögenswirksame Leistungen gewähren. Diese zusätzlich gewährten vermögenswirksamen Leistungen sind bei der Prüfung, ob die Pauschalierungsgrenzen eingehalten werden, mit einzubeziehen und ebenso wie der normale Lohn für die Teilzeitbeschäftigung mit 25 %, 20 %, 5 % oder 2 % pauschal zu versteuern.

Der **Arbeitnehmer** muss nach Ablauf des Kalenderjahrs die Gewährung der Sparzulage beim Wohnsitzfinanzamt beantragen. Zum Nachweis, dass er vermögenswirksame Leistungen erbracht hat, erhält er **vom Anlageinstitut** (z. B. Bank, Sparkasse, Bausparkasse) eine entsprechende Bescheinigung nach amtlichem Muster (sog. **Anlage VL**). Diese Bescheinigung muss der Arbeitnehmer einer vereinfachten Einkommensteuererklärung beifügen, die **lediglich Angaben zur Person** enthält, wenn außer dem pauschal versteuerten Arbeitslohn keine anderen steuerpflichtigen Einnahmen im Kalenderjahr zugeflossen sind. Denn der pauschal versteuerte Arbeitslohn bleibt bei einer Veranlagung außer Betracht. In **Zeile 27 der vereinfachten Einkommensteuererklärung 2009** für die Einkünfte aus nichtselbständiger Arbeit ist die Anzahl der Bescheinigungen einzutragen, die der Einkommensteuererklärung beigefügt werden. Im Normalfall ist in Zeile 27 der vereinfachten Einkommensteuererklärung 2009 also die Ziffer „1" einzutragen.

14. Lohnfortzahlungsversicherung

Auch Aushilfskräfte und Teilzeitbeschäftigte haben im Krankheitsfall einen Anspruch auf Lohnfortzahlung nach dem Entgeltfortzahlungsgesetz (vgl. das Stichwort „Entgeltfortzahlung"). Einzelheiten zur Lohnfortzahlungsversicherung sind in Teil B unter Nr. 10 Buchstabe e auf Seite 18 erläutert.

15. Arbeitsvertrag für Aushilfskräfte und Teilzeitbeschäftigte

Nach dem sog. Nachweisgesetz muss der Arbeitgeber bei Teilzeitkräften spätestens einen Monat nach Beginn des Arbeitsverhältnisses die wesentlichen Vertragsbedingungen **schriftlich niederlegen, unterschreiben und aushändigen.** Eine Ausnahme besteht nur für eine Aushilfstätigkeit von höchstens **einem** Monat. Seit 1. April 1999 muss bei geringfügig entlohnten Beschäftigungsverhältnissen ein Hinweis aufgenommen werden, dass die Möglichkeit der Option zur Rentenversicherung durch die Entrichtung eines eigenen Arbeitnehmeranteils zur Rentenversicherung besteht und damit entsprechende Rentenanwartschaften erworben werden können. Eine Änderung wesentlicher Vertragsbedingungen muss spätestens einen Monat nach der Änderung schriftlich mitgeteilt werden. Die Pflicht zur schriftlichen Mitteilung der Vertragsbedingungen entfällt nur dann, wenn ein **schriftlicher Arbeitsvertrag** vorhanden ist, der die erforderlichen Angaben enthält. Es empfiehlt sich deshalb, in allen Fällen einen schriftlichen Arbeitsvertrag abzuschließen.

Pauschalierung der Lohnsteuer für Belohnungsessen, Incentive-Reisen, VIP-Logen und ähnliche Sachbezüge

Neues auf einen Blick:

Bei einer **Incentive-Reise** gehört **auch** der Teil der Brutto-Aufwendungen zur **Bemessungsgrundlage** für die Pauschalversteuerung nach § 37b EStG, der auf die **Bewirtung** entfällt. Vgl. die Erläuterungen unter der nachfolgenden Nr. 5.

In der Praxis stellt bei Sachzuwendungen an eigene Arbeitnehmer immer wieder die Frage, wie im Hinblick auf das Pauschalierungswahlrecht nach § 37b Abs. 2 EStG bis zum 28.2. des Folgejahres zu verfahren ist, wenn im Rahmen einer **Lohnsteuer-Außenprüfung** entsprechende **Sachverhalte aufgegriffen** werden. In diesen Fällen gilt Folgendes:

— Sind bisher noch keinerlei Sachzuwendungen an eigene Arbeitnehmer pauschal besteuert worden und werden entsprechende Sachverhalte im Rahmen einer Lohnsteuer-Außenprüfung **erstmalig aufgegriffen,** kann das Wahlrecht erstmalig ausgeübt und die Sachbezüge können nach § 37b Abs. 2 EStG pauschal mit **30 %** versteuert werden.

— Außerdem sind im Rahmen einer Lohnsteuer-Außenprüfung neu aufgegriffene, **weitere Sachverhalte** nach § 37b Abs. 2 EStG mit **30 %** pauschal zu versteuern, **wenn zuvor** bereits **andere Sachverhalte** nach § 37b Abs. 2 EStG mit **30 %** pauschal versteuert worden sind.

— Allerdings **scheidet** für im Rahmen einer Lohnsteuer-Außenprüfung neu aufgegriffene, weitere Sachverhalte eine **Pauschalierung** nach § 37b Abs. 2 EStG mit 30 % **aus,** wenn für **andere Sachverhalte** die Pauschalierung nach § 37b Abs. 2 EStG nicht gewählt, sondern eine individuelle **Besteuerung** über die **Lohnsteuerkarte** der Arbeitnehmer vorgenommen wurde.

Bei Ausübung des Pauschalierungswahlrechts nach § 37b Abs. 1 EStG (Nichtarbeitnehmer/Dritte) kann eine geänderte Lohnsteuer-Anmeldung abgegeben werden, solange dies verfahrensrechtlich noch möglich ist. Vgl. auch die Erläuterungen unter der nachfolgenden Nr. 7.

Gliederung:

1. Allgemeines
2. Pauschalierung der Lohnsteuer für Sachzuwendungen an eigene Arbeitnehmer
3. Pauschalierung der Einkommensteuer für Sachzuwendungen an Nichtarbeitnehmer des Zuwendenden
4. VIP-Logen
5. Incentive-Reisen
6. Bemessungsgrundlage für die Pauschalierung und Höchstbetrag von 10 000 €
7. Ausübung des Pauschalierungswahlrechts und Unterrichtung des Zuwendungsempfängers
8. Rechtsfolgen der Pauschalierung (Lohnsteuerfiktion)
9. Anmeldung und Abführung der pauschalen Einkommensteuer (Lohnsteuer)
10. Aufzeichnungspflichten
11. Auswirkung der Pauschalierung von Sachzuwendungen an Arbeitnehmer nach § 37b EStG auf die Sozialversicherung
    a) Allgemeines
    b) Nettolohnberechnung bei Übernahme des Arbeitnehmeranteils am Gesamtsozialversicherungsbeitrag durch den Arbeitgeber

1. Allgemeines

Durch das Jahressteuergesetz 2007 ist eine neue Vorschrift in das Einkommensteuergesetz eingefügt worden (§ 37b EStG), nach der aus Vereinfachungsgründen **Sachzuwendungen an Arbeitnehmer,** die zusätzlich zum ohnehin geschuldeten Arbeitslohn gewährt werden, bis zu einem Höchstbetrag von **10 000 €** mit **30 %** pauschal versteuert werden können (z. B. Incentive-Reisen, VIP-Logen, Belohnungsessen). Bemessungsgrundlage für die Pauschalsteuer sind die Aufwendungen des Arbeitgebers zuzüglich Umsatzsteuer. Zur Abgrenzung von Sachbezügen gegenüber Geldleistungen vgl. auch die Erläuterungen bei den Stichwörtern „Sachbezüge" sowie „Warengutscheine".

Die Pauschalierungsvorschrift gilt nicht nur für Arbeitnehmer, sondern auch für Sachzuwendungen, die Firmen und Betriebe an Kunden und Geschäftsfreunde gewähren (vgl. nachfolgend unter Nr. 3). Das **Pauschalierungswahlrecht** kann aber für Sachzuwendungen an eigene Arbeitnehmer (§ 37b Abs. 2 EStG; vgl. nachfolgende Nr. 2) und für Sachzuwendungen an Dritte (z. B. Kunden, Geschäftsfreunde; § 37b Abs. 1 EStG; vgl. nachfolgende Nr. 3) **gesondert** ausgeübt werden.*)

Bezüglich des Zeitpunkts der Zuwendung wird bei **Geschenken** (z. B. Eintrittskarten) auf den Zeitpunkt der **Hingabe** und bei **Nutzungen** (z.B. Einladung zu einer Veranstaltung) auf den Zeitpunkt der Inanspruchnahme **(= Teilnahme)** abgestellt. Allerdings kann (= Wahlrecht) die Pauschalierung nach § 37b EStG bereits in dem Wirtschaftsjahr vorgenommen werden, in dem der Aufwand zu berücksichtigen ist.

Beispiel

Ein Arbeitgeber verschenkt an zehn seiner Arbeitnehmer Eintrittskarten für ein Fußball-Bundesligaspiel im Wert von 50 €. Er möchte die Pauschalversteuerung nach § 37b EStG in Anspruch nehmen. Ein Arbeitnehmer kann aufgrund einer kurzfristigen Erkrankung nicht zum Spiel gehen. Die Eintrittskarte verfällt.

Die Sachzuwendung ist im Zeitpunkt der Erlangung der wirtschaftlichen Verfügungsmacht zu erfassen. Das ist der Zeitpunkt der Hingabe der Eintrittskarte. Das gilt auch hinsichtlich des erkrankten Arbeitnehmers. Der Arbeitgeber hat daher die Pauschalversteuerung nach § 37b EStG für zehn Eintrittskarten durchzuführen.

Bei Sachzuwendungen an eigene Arbeitnehmer ist zu beachten, dass von der Pauschalierungsmöglichkeit mit 30 % alle geldwerten Vorteile ausgeschlossen sind, für die bereits gesetzliche Bewertungsregelungen und Pauschalierungsvorschriften bestehen. Die Pauschalierung mit 30 % ist somit **nicht anwendbar**

— bei der Firmenwagenbesteuerung,
— bei der Bewertung von Sachbezügen mit amtlichen Sachbezugswerten oder Durchschnittswerten,
— bei Anwendung der Rabattregelung nach § 8 Abs. 3 EStG (vgl. das Stichwort „Rabatte, Rabattfreibetrag"),
— bei Vermögensbeteiligungen (vgl. das Stichwort „Vermögensbeteiligungen"),
— bei Sachprämien im Rahmen von Kundenbindungsprogrammen nach § 37 a EStG (vgl. das Stichwort „Miles & More"),
— bei allen Pauschalierungen nach § 40 Abs. 2 EStG mit einem Pauschsteuersatz von 15 % oder 25 % (vgl. das Stichwort „Pauschalierung der Lohnsteuer"),
— bei einer Pauschalierung der Lohnsteuer mit einem besonders ermittelten Pauschsteuersatz nach § 40 Abs. 1 Satz 1 EStG (vgl. das Stichwort „Pauschalierung der Lohnsteuer"). Hierfür kann allerdings die Pauschalierung nach § 37b EStG alternativ gewählt werden.

---

*) Tz. 4 des BMF-Schreibens vom 29. 4. 2008 (BStBl. I S. 566). Das BMF-Schreiben ist als Anlage 1 zu § 37b EStG im **Steuerhandbuch für das Lohnbüro 2010** abgedruckt, das im selben Verlag erschienen ist. Das **PC-Lexikon** für das Lohnbüro 2010 enthält auch dieses Handbuch und hat außerdem den Vorteil, dass Sie **alle BFH-Urteile** sowie die aktuellen Rundschreiben und Niederschriften der Spitzenverbände der **Sozialversicherung** mit Mausklick **im Volltext** abrufen und ausdrucken können. Eine Bestellkarte finden Sie vorne im Lexikon.

Pauschalierung der Lohnsteuer für Belohnungsessen, Incentive-Reisen, VIP-Logen und ähnliche Sachbezüge

	Lohn-steuer-pflichtig	Sozial-versich.-pflichtig

Im Einzelnen gilt für die Pauschalierung mit 30 % für Sachbezüge bis zum Höchstbetrag von 10 000 € je Arbeitnehmer und Kalenderjahr nach § 37b EStG Folgendes:

2. Pauschalierung der Lohnsteuer für Sachzuwendungen an eigene Arbeitnehmer

Nach § 37b Abs. 2 EStG kann der Arbeitgeber die Lohnsteuer für Sachzuwendungen an eigene Arbeitnehmer, die **zusätzlich zum ohnehin geschuldeten Arbeitslohn** gewährt werden (z. B. Aufmerksamkeiten), bis zu einem Höchstbetrag von **10 000 €** mit **30 %** pauschal versteuern (zuzüglich Solidaritätszuschlag und pauschale Kirchensteuer). Die Pauschalierung wird also nur in den Fällen zugelassen, in denen die Sachzuwendungen zusätzlich zu dem zwischen den Beteiligten ohnehin geschuldeten Arbeitslohn erbracht werden. Die Umwandlung von regulär zu besteuernden Barvergütungen in pauschal besteuerte Sachzuwendungen ist damit ausgeschlossen. Sachbezüge, die im ganz überwiegenden betrieblichen Interesse des Arbeitgebers gewährt werden (z. B. Aufmerksamkeiten), und steuerfreie Sachbezüge (z. B. Gesundheitsförderung) unterliegen von vornherein nicht der Pauschalversteuerung. Darüber hinaus sind aber auch Sachzuwendungen in die Bemessungsgrundlage für das Pauschalierungswahlrecht nach § 37b Abs. 2 EStG einzubeziehen, die z. B. an ausländische Arbeitnehmer geleistet werden, die in Deutschland nicht steuerpflichtig sind.

Die Pauschalierung ist zudem ausgeschlossen für Sondertatbestände, für die bereits gesetzliche Bewertungsregelungen bestehen (Firmenwagenbesteuerung, amtliche Sachbezugswerte, Durchschnittsbewertung, Rabattregelung nach § 8 Abs. 3 EStG, Überlassung von Vermögensbeteiligungen an Arbeitnehmer, Sachprämien im Rahmen von Kundenbindungsprogrammen nach § 37a EStG).

Die Pauschalierung nach § 37b EStG ist ausgeschlossen, wenn der Sachbezug nach § 40 Abs. 2 EStG pauschal mit 15 % oder 25 % versteuert werden kann.

Beispiel A

Der Arbeitgeber überreicht im Rahmen der jährlich veranstalteten Weihnachtsfeier seinen Arbeitnehmern Krügerrand-Goldmünzen im Wert von ca. 750 € pro Stück. Es handelt sich um steuer- und beitragspflichtigen Arbeitslohn. Eine Pauschalierung der Lohnsteuer mit 25 % ist nicht möglich. Denn der Bundesfinanzhof ist zu der Auffassung gekommen, dass die Goldmünzen **nicht aus Anlass** der Betriebsveranstaltung gewährt werden. Der Arbeitgeber habe vielmehr lediglich die Gelegenheit der Weihnachtsfeier genutzt, um die Goldmünzen zu überreichen. Die Übergabe von Goldmünzen an alle bei einer Weihnachtsfeier anwesenden Arbeitnehmer sei aber eine untypische Programmgestaltung. Zudem hätte die Zuwendung der Goldmünzen auch völlig losgelöst von der Weihnachtsfeier vorgenommen werden können. Eine Pauschalierung des Werts der Goldmünzen mit 25 % kommt folglich nicht in Betracht (vgl. BFH-Urteil vom 7. 11. 2006, BStBl. 2007 II S. 128). Seit 1. 1. 2007 kann jedoch der Wert der Goldmünzen pauschal mit 30 % nach § 37b Abs. 2 EStG versteuert werden. Diese Pauschalierung ist allerdings sozialversicherungspflichtig.

Weiterhin findet § 37b EStG keine Anwendung, **soweit** der Arbeitgeber Sachzuwendungen bereits mit einem betriebsindividuellen Pauschsteuersatz nach § 40 Abs. 1 Satz 1 EStG pauschaliert hat (vgl. die Erläuterungen beim Stichwort „Pauschalierung der Lohnsteuer"). Es kann jedoch in diesen Fällen von einer Pauschalierung nach § 40 Abs. 1 EStG abgesehen und die Pauschalierung nach § 37b EStG gewählt werden. In vielen Fällen dürfte eine Pauschalierung nach § 37b EStG vorteilhafter sein, da der individuell ermittelte besondere Pauschsteuersatz nach § 40 Abs. 1 Satz 1 EStG den Steuersatz nach § 37b EStG von 30 % häufig überschreitet. Zur etwaigen Rückgängigmachung einer Pauschalierung nach § 40 Abs. 1 Satz 1 EStG vgl. die Erläuterungen unter der nachfolgenden Nr. 7.

Beispiel B

Nach einer erfolgreichen Produktpräsentation schenkt A zur Anerkennung den 25 Arbeitnehmern seiner Marketingabteilung jeweils eine Armbanduhr im Wert von 100 €. A hat nach § 40 Abs. 1 Satz 1 EStG einen betriebsindividuellen Pauschsteuersatz von 35 % ermittelt.

A hat die Möglichkeit, den Sachlohn nach § 40 Abs. 1 Satz 1 EStG mit dem betriebsindividuellen Pauschsteuersatz von 35 % oder nach § 37b Abs. 2 EStG mit 30 % zu versteuern, wobei Letzteres wegen des geringeren Pauschsteuersatzes günstiger ist. In beiden Fällen ist der zu pauschalierende Betrag sozialversicherungspflichtig.

Da Sachbezüge bis zur **Freigrenze von 44 €** monatlich auf der Empfängerseite nicht zu steuerpflichtigem Arbeitslohn führen (§ 8 Abs. 2 Satz 9 EStG), werden sie nicht von der Pauschalierung nach § 37b EStG erfasst. Sachbezüge, die nach § 37b EStG pauschal versteuert werden, bleiben für die Prüfung der 44-Euro-Freigrenze unberücksichtigt. Die Anwendung der monatlichen 44-Euro-Freigrenze ist beim Stichwort „Sachbezüge" unter Nr. 4 erläutert.

Beispiel C

Arbeitgeber A gewährt seinem Arbeitnehmer B ein zinsverbilligtes Darlehen (vgl. die Erläuterungen beim Stichwort „Zinsersparnisse und Zinszuschüsse") und pauschaliert den monatlichen geldwerten Vorteil von 50 € nach § 37b Abs. 2 EStG mit 30 %. Daneben ergibt sich in diesem Monat für B ein geldwerter Vorteil aus der Überlassung einer Opernkarte durch A in Höhe von 42 €.

Da A den Sachbezug aus der verbilligten Darlehensgewährung nach § 37b Abs. 2 EStG mit 30 % pauschal versteuert, bleibt dieser Vorteil bei der Überprüfung der 44-Euro-Freigrenze außer vor mit der Folge, dass der Sachbezug aus der Überlassung der Opernkarte die 44-Euro-Freigrenze nicht überschreitet und damit steuer- und sozialversicherungsfrei bleibt. Der geldwerte Vorteil aus der Überlassung der Opernkarte ist auch nicht in die Pauschalierung nach § 37b Abs. 2 EStG mit einzubeziehen.

Auch **Aufmerksamkeiten** bis zu einem Wert von 40 € bleiben bei der Pauschalierung nach § 37b EStG außen vor. Wird der Betrag von 40 € überschritten, ist eine Anwendung des § 37b EStG möglich (vgl. das Stichwort „Aufmerksamkeiten").

Die Pauschalierung kommt auch bei der **Mahlzeitengestellung** im Rahmen von Auswärtstätigkeiten oder anlässlich eines außergewöhnlichen Arbeitseinsatzes zum Tragen, falls die Mahlzeiten z. B. wegen Überschreitens der 40-Euro-Freigrenze mit dem tatsächlichen Wert der Mahlzeit angesetzt werden (vgl. die Erläuterungen beim Stichwort „Bewirtungskosten" unter Nr. 4 und Nr. 6). Die Teilnahme des Arbeitnehmers an einer geschäftlich veranlassten Bewirtung führt nicht zu einem geldwerten Vorteil (vgl. die Erläuterungen beim Stichwort „Bewirtungskosten" unter Nr. 3) und ist daher auch nicht in eine Pauschalversteuerung nach § 37b Abs. 2 EStG einzubeziehen (vgl. auch die Erläuterungen unter der nachfolgenden Nr. 4).

Bemessungsgrundlage für die Pauschalsteuer sind die **Aufwendungen** des Arbeitgebers **zuzüglich Umsatzsteuer**. Mittelbare Kosten (z. B. EDV-Kosten, Transportkosten) gehören u. E. ebenfalls zur Bemessungsgrundlage, wenn sie der Zuwendung direkt zugeordnet werden können. Zuzahlungen des Empfängers (Arbeitnehmer oder Geschäftspartner) sind anzurechnen.

Beispiel D

Der Arbeitgeber lädt im Kalenderjahr 2010 vier Arbeitnehmer zu einem gehobenen Abendessen ein. Der auf die einzelnen Arbeitnehmer entfallende Teil der Kosten laut Rechnung des Restaurants (einschließlich Mehrwertsteuer) beträgt 180 €. Der Arbeitgeber kann den Wert des Abendessens mit 30 % pauschal versteuern. Es ergibt sich folgende Berechnung:

Geldwerter Vorteil (180 € × 4)	720,— €
pauschale Lohnsteuer 30 %	216,— €
Solidaritätszuschlag 5,5 % von 216 €	11,88 €
pauschale Kirchensteuer z. B. 7 % von 216 €	15,12 €
Pauschalsteuer insgesamt	243,— €

Beispiel E

Ein Arbeitgeber erwirbt von einem Verkehrsunternehmen für 10 000 € (brutto) 100 Job-Tickets/Fahrberechtigungen für seine Arbeitnehmer und möchte den geldwerten Vorteil nach § 37b Abs. 2 EStG pauschal versteuern. Von den Beschäftigten des Unternehmens werden jedoch nur 60 Job-Tickets/Fahrberechtigungen abgerufen.

Bemessungsgrundlage für die Pauschalversteuerung nach § 37b Abs. 2 EStG sind die Aufwendungen des Arbeitgebers zuzüglich Umsatzsteuer. Allerdings ist zu beachten, dass für die Pauschalver-

Pauschalierung der Lohnsteuer für Belohnungsessen, Incentive-Reisen, VIP-Logen und ähnliche Sachbezüge

steuerung zunächst einmal Sachzuwendungen vorliegen müssen. Die Tatsache, dass der Arbeitgeber hier lediglich 60 und nicht 100 Sachzuwendungen gegenüber seinen Arbeitnehmern erbracht hat, wirkt sich auch auf die Bemessungsgrundlage für die Pauschalversteuerung nach § 37b Abs. 2 EStG aus. Die Bemessungsgrundlage beträgt folglich lediglich 6000 € (60/100 von 10 000 €). Die gleiche Lösung würde sich ergeben, wenn ein Arbeitgeber 100 Kisten Wein erwirbt, von denen er 60 Kisten an seine Arbeitnehmer weiter gibt und 40 Kisten noch „auf Lager" hat.

Die Pauschalierungsvorschrift in § 37 b Abs. 2 EStG gilt nur für originäre Sachzuwendungen des Arbeitgebers an seine eigenen Arbeitnehmer. Nicht vom Regelungsbereich der Vorschrift erfasst werden somit Sachzuwendungen Dritter an Arbeitnehmer des Steuerpflichtigen, selbst wenn insoweit lohnsteuerpflichtiger Arbeitslohn von dritter Seite vorliegt, z. B. bei einer **Rabattgewährung durch Dritte** (§ 38 Abs. 1 Satz 3 EStG). Die Pauschalierung solcher Zuwendungen wird nämlich von § 37 b **Abs. 1** EStG erfasst (vgl. nachfolgend unter Nr. 3). Denn der Dritte kann Sachzuwendungen an Arbeitnehmer des Geschäftspartners (= Nichtarbeitnehmer aus seiner Sicht) pauschal besteuern, sofern es sich begrifflich um Sachzuwendungen im Sinne des § 37 b Abs. 1 EStG handelt.

3. Pauschalierung der Einkommensteuer für Sachzuwendungen an Nichtarbeitnehmer des Zuwendenden

§ 37 b Abs. 1 EStG beinhaltet die Pauschalierungsmöglichkeit bei Sachzuwendungen an Nichtarbeitnehmer des Steuerpflichtigen (z. B. Kunden, Geschäftsfreunde und deren Arbeitnehmer). Nichtarbeitnehmer in diesem Sinne sind auch Organe von Kapitalgesellschaften (z. B. Aufsichtsräte) sowie Verwaltungsratsmitglieder und sonstige Organmitglieder von Vereinen und Verbänden. Zu den Nichtarbeitnehmern in diesem Sinne gehören auch **Arbeitnehmer verbundener Unternehmen.** Das Wahlrecht für die Besteuerung der Sachzuwendungen nach § 37b Abs. 1 EStG mit 30 % ist zwar einheitlich auszuüben. Es wird aber nicht beanstandet, wenn Sachzuwendungen an Arbeitnehmer verbundener Unternehmen vom Arbeitgeber dieser Arbeitnehmer individuell besteuert werden.

Während zunächst nur Sachzuwendungen in die Pauschalierung einbezogen werden sollten, die einkommensteuerlich als Geschenk im Sinn des § 4 Abs. 5 Satz 1 Nr. 1 EStG zu beurteilen sind, ist die Pauschalierungsmöglichkeit darüber hinaus ganz allgemein auf betrieblich veranlasste Sachzuwendungen ausgedehnt worden, die zusätzlich zur ohnehin vereinbarten Leistung oder Gegenleistung erbracht werden. Diese Ergänzung soll sicherstellen, dass z. B. auch Reisen, die als Belohnung zusätzlich zum vereinbarten Entgelt gewährt werden und damit beim zuwendenden Steuerpflichtigen in vollem Umfang als Betriebsausgaben abzugsfähig sind, in den Anwendungsbereich der Pauschalierung einbezogen werden (sog. Incentive-Reisen). Da das Gesetz sämtliche Geschenke im Sinne des § 4 Abs. 5 Satz 1 Nr. 1 EStG in die Pauschalierungsmöglichkeit einbezieht, werden auch Geschenke bis zur Freigrenze für den Betriebsausgabenabzug von 35 € erfasst. Die Pauschalierung ist somit unabhängig davon zulässig, ob der Zuwendende die Geschenkaufwendungen als Betriebsausgaben abziehen darf oder nicht. Ebenso kommt es nicht darauf an, ob die Zuwendungen dem Empfänger im Rahmen einer Einkunftsart zufließen oder nicht. Allerdings sind **Sachzuwendungen**, deren Anschaffungs- oder Herstellungskosten **10 €** nicht übersteigen (z. B. Kugelschreiber, Kalender, Flasche Wein), **als** sog. Streuwerbeartikel von der Pauschalierungsvorschrift des § 37 b EStG **ausgenommen** worden.*) Das gilt auch bei Sachzuwendungen an eigene Arbeitnehmer. Dabei ist allerdings unbedingt zu beachten, dass die Streuwerbeartikel bei der Prüfung der 44-Euro-Freigrenze mitzurechnen sind und sich somit im Ergebnis doch steuer- und sozialversicherungspflichtige Sachzuwendungen ergeben können.

Beispiel A

Unternehmer A, Betreiber eines Autohauses, schenkt jedem Autokäufer einen Blumenstrauß im Wert von 20 €. Einem selbständigen Vermittler von Kunden hat er zudem eine Incentive-Reise im Wert von 2000 € geschenkt, für die er die Pauschalversteuerung nach § 37b mit 30 % in Anspruch genommen hat.

A hat auch die Aufwendungen für die Blumensträuße der Pauschalversteuerung nach § 37b Abs. 1 EStG zu unterwerfen, auch wenn diese den Empfängern nicht im Rahmen einer steuerlichen Einkunftsart zufließen.

Beispiel B

Ein Unternehmer schenkt seinen Kunden im Dezember einen Kalender im Wert von 7,50 €.

Bei dem Kalender handelt es sich um einen sog. Streuwerbeartikel, der von der Anwendung der Pauschalierungsvorschrift des § 37b EStG ausgenommen ist.

Gibt der Empfänger einer Zuwendung, für die der Zuwendende § 37b EStG angewendet hat, an einen Dritten weiter, entfällt eine erneute Besteuerung. Allerdings darf der Empfänger für die Weitergabe der Sachzuwendung an den Dritten keinen Betriebsausgabenabzug geltend machen.

Beispiel C

Eine GmbH erhält von einem Geschäftspartner eine Eintrittskarte zu einem Fußballspiel. Aus dem Schreiben des Geschäftspartners ist ersichtlich, dass er für die Zuwendung an die GmbH die Pauschalierungsvorschrift nach § 37b EStG angewendet hat. Das Fußballspiel wird mit dieser Eintrittskarte vom Geschäftsführer der GmbH besucht.

Bei der Weitergabe der nach § 37b EStG pauschal versteuerten Eintrittskarte von der GmbH an den Geschäftsführer entfällt eine erneute Besteuerung.

Da die Pauschalierung nur in den Fällen zugelassen wird, in denen die Sachzuwendungen zusätzlich zur ohnehin vereinbarten Leistung/Gegenleistung oder aber als Geschenk erbracht werden, scheidet die Umwandlung von regulär zu besteuernden Vergütungen in pauschal besteuerte Sachzuwendungen aus.

Die Übernahme der **Pauschalsteuer** ist aus Sicht des pauschalierenden Steuerpflichtigen Teil der Zuwendung an den Zuwendungsempfänger. Sie teilt damit im Hinblick auf den **Betriebsausgabenabzug** das steuerliche Schicksal der Sachzuwendung. Die Pauschalsteuer ist folglich als Betriebsausgabe abziehbar, wenn der Empfänger der Zuwendung Arbeitnehmer des Steuerpflichtigen ist. Handelt es sich beim Empfänger der Zuwendung hingegen um einen Nichtarbeitnehmer, hängt die steuermindernde Berücksichtigung der Pauschalsteuer davon ab, ob der zuwendende Steuerpflichtige die Sachzuwendung in vollem Umfang als Betriebsausgabe abziehen kann oder ob diese als Geschenk der Abzugsbeschränkung des § 4 Abs. 5 Satz 1 Nr. 1 EStG unterliegt. Die Pauschalsteuer ist nicht Teil des Geschenks.

Beispiel D

Der Arbeitgeber tätigt ein Geschenk an einen Geschäftsfreund im Wert von 30 € und übernimmt die hierfür anfallende Pauschalsteuer von 30 % nach § 37b Abs. 1 EStG in Höhe von 9 € zuzüglich Solidaritätszuschlag (5,5 %) von 0,49 € und Kirchensteuer (7 %) von 0,63 €.

Der Arbeitgeber kann die Sachzuwendung von 30 € (die Freigrenze für Geschenke von 35 € ist nicht überschritten) und die hierauf entfallende Pauschalsteuer von insgesamt 10,12 € als Betriebsausgaben abziehen. Die Pauschalsteuer ist nicht Teil des Geschenks und führt daher nicht zu einem Überschreiten der 35-Euro-Freigrenze.

Die **Teilnahme** an einer **geschäftlich** veranlassten **Bewirtung,** bei der der Zuwendende die Betriebsausgaben lediglich zu 70 % abziehen kann (vgl. § 4 Abs. 5 Nr. 2 EStG), fällt **nicht** unter die Pauschalierungsvorschrift des § 37b EStG (R 8.1 Abs. 8 Nr. 1 LStR, R 4.7 Abs. 3 EStR).*) Vgl. auch das Beispiel unter der nachfolgenden Nr. 4. Eine Besonderheit gilt allerdings bei Incentive-Reisen (vgl. die Erläuterungen unter der nachfolgenden Nr. 5).

---

*) Tz. 10 des BMF-Schreibens vom 29.4.2008 (BStBl. I S. 566). Das BMF-Schreiben ist als Anlage 1 zu H 37b LStR im **Steuerhandbuch für das Lohnbüro 2010** abgedruckt, das im selben Verlag erschienen ist. Das **PC-Lexikon** für das Lohnbüro 2010 enthält auch dieses Handbuch und hat außerdem den Vorteil, dass Sie **alle BFH-Urteile** sowie die aktuellen Rundschreiben und Niederschriften der Spitzenverbände der **Sozialversicherung** mit Mausklick **im Volltext** abrufen und ausdrucken können. Eine Bestellkarte finden Sie vorne im Lexikon.

Pauschalierung der Lohnsteuer für Belohnungsessen, Incentive-Reisen, VIP-Logen und ähnliche Sachbezüge

4. VIP-Logen

Aufwendungen für VIP-Logen in Sportstätten sind **Ausgaben** eines Steuerpflichtigen, die dieser für bestimmte sportliche Veranstaltungen trägt und für die er vom Empfänger dieser Leistung bestimmte Gegenleistungen mit Werbecharakter für die „gesponserte" Veranstaltung erhält. Neben üblichen Werbeleistungen (z. B. **Werbung** über Lautsprecheransagen, auf Videowänden, in Vereinsmagazinen) werden dem sponsernden Unternehmen auch **Eintrittskarten** für VIP-Logen überlassen, die nicht nur zum Besuch der Veranstaltung berechtigen, sondern auch die Möglichkeit der **Bewirtung** des Steuerpflichtigen und Dritter (z. B. Geschäftsfreunde, Arbeitnehmer) beinhalten. Regelmäßig werden diese Maßnahmen in einem Gesamtpaket vereinbart, wofür dem Sponsor ein **Gesamtbetrag** in Rechnung gestellt wird.

Zur steuerlichen Behandlung dieser Aufwendungen hat die Finanzverwaltung eine bundesweit abgestimmte Verwaltungsanweisung herausgegeben (BMF-Schreiben vom 22. 8. 2005, BStBl. I S. 845)*). Die in diesem BMF-Schreiben enthaltenen Vereinfachungsregelungen zur Aufteilung der Gesamtaufwendungen auf die Bereiche „Werbung", „Bewirtung", „Geschenke" sind weiter anzuwenden.

Als Sachzuwendungen im Sinne der Pauschalierungsvorschrift des § 37 b EStG kommen neben „klassischen" Sachbezügen wie etwa Incentive-Reisen (vgl. nachfolgend unter Nr. 5) und Sachgeschenken auch die dem Empfänger gewährten Vorteile anlässlich des Besuchs von **sportlichen, kulturellen oder musikalischen Veranstaltungen** in Betracht (sog. VIP-Logen-Regelung). Die Aufteilungsgrundsätze der sog. VIP-Logen-Regelung zur Differenzierung zwischen nicht steuerbaren und steuerpflichtigen Zuwendungen sowie die Übertragung dieser Aufteilungsgrundsätze auf ähnlich gelagerte Sachverhalte können weiterhin angewendet werden.

Beispiel

Die Aufwendungen für eine VIP-Loge, die sowohl von Geschäftsfreunden als auch von Arbeitnehmern des zuwendenden Unternehmens besucht wird, betragen im Kalenderjahr 2010 insgesamt 100 000 € zuzüglich 19 000 € Umsatzsteuer. Das zum Vorsteuerabzug berechtigte zuwendende Unternehmen macht von der Pauschalierungsmöglichkeit nach § 37 b EStG Gebrauch. Es ergibt sich folgender Betriebsausgabenabzug:

Werbung (40 %)	40 000 €	100 % Betriebsausgabe	40 000,— €
Bewirtung (30 %)	30 000 €	70 % Betriebsausgabe	21 000,— €
Geschenke (30 %)	30 000 €		
an Geschäftsfreunde	15 000 €	kein Betriebsausgabenabzug	
an eigene Arbeitnehmer	15 000 €	100 % Betriebsausgabe	15 000,— €

Zur Bemessungsgrundlage für die Pauschalierung nach § 37 b EStG gehören nur die Aufwendungen für Geschenke (einschl. der Umsatzsteuer) (30 000 € + 5700 € =) 35 700 €.
Die Pauschalsteuer beträgt 30 % von 35 700 € = 10 710 €, zzgl. 5,5 % Solidaritätszuschlag = 589,05 € und (angenommen) 7 % pauschale Kirchensteuer = 749,70 €. Davon entfallen 50 % (= 6024,38 €) auf Geschenke an die eigenen Arbeitnehmer. Dieser Betrag ist ebenfalls als Betriebsausgabe abziehbar.

	6 024,38 €
Betriebsausgabenabzug insgesamt	82 024,38 €

Hinweis: Bei Aufwendungen für sog. **Business-Seats** ohne Werbeanteil ist aus Vereinfachungsgründen eine Aufteilung im Verhältnis 50 % (Anteil Geschenke) und 50 % (Anteil Bewirtung) vorzunehmen (Tz. 4 des BMF-Schreibens vom 11.7.2006, BStBl. I S. 447).

5. Incentive-Reisen

Wie bereits ausgeführt, gilt die Pauschalierungsmöglichkeit mit 30 % nach § 37 b EStG auch für sog. Incentive-Reisen (vgl. dieses Stichwort).

Beispiel A

Eine Firma gewährt 3 Arbeitnehmern und 4 selbständig für die Firma tätigen Vertretern jeweils eine Incentive-Reise für gute Geschäftsabschlüsse. Der Wert einer Reise inklusive Mehrwertsteuer beträgt 3000 €. Die Firma kann den Wert der Reisen in Höhe von (3000 € × 7 =) 21 000 € pauschal mit 30 % versteuern. Die Pauschalsteuer beträgt

30 % von 21 000 €	6 300,— €
Solidaritätszuschlag 5,5 %	346,50 €
pauschale Kirchensteuer z. B. 7 %	441,— €
insgesamt	7 087,50 €

Die Firma kann den Wert der Reise und die übernommene Pauschalsteuer als Betriebsausgabe abziehen. Hinweis: Die Firma kann das Pauschalierungswahlrecht nach § 37b EStG für ihre drei Arbeitnehmer (§ 37b Abs. 2 EStG) und die vier selbständigen Vertreter (§ 37b Abs. 1 EStG) gesondert ausüben.

Bei **einer Incentive-Reise** von eigenen Arbeitnehmern und/oder Nichtarbeitnehmern gehört auch der Teil der Brutto-Aufwendungen zur **Bemessungsgrundlage** für die Pauschalversteuerung nach § 37b EStG, der auf die **Bewirtung** entfällt. R 4.7 Abs. 3 EStR – wonach der Vorteil aus einer Bewirtung aus Vereinfachungsgründen beim bewirteten Steuerpflichtigen nicht als Betriebseinnahme anzusetzen ist – findet im Zusammenhang mit Incentive-Reisen keine Anwendung.

Beispiel B

Der Steuerpflichtige führt für 5 Nichtarbeitnehmer als „Dankeschön" für die getätigten Geschäfte und als Ansporn für die zukünftige Zusammenarbeit eine Incentive-Reise im Wert von insgesamt 3500 € durch. Der Anteil der Aufwendungen, der auf die Bewirtung entfällt, beträgt 1000 €. Der Steuerpflichtige macht von seinem Pauschalierungswahlrecht nach § 37b Abs. 1 EStG Gebrauch.
Bemessungsgrundlage für die Pauschalversteuerung nach § 37b EStG sind die Aufwendungen des Steuerpflichtigen von 3500 €. Da es sich um eine Incentive-Reise handelt, darf der Bewirtungsanteil von 1000 € auch dann nicht herausgerechnet werden, wenn er eindeutig feststeht.
Die Pauschalsteuer beträgt

30 % von 3 500 €	1 050,— €
Solidaritätszuschlag 5,5 %	57,75 €
pauschale Kirchensteuer 7 %	73,50 €
insgesamt	1 181,25 €

Der Steuerpflichtige kann die Aufwendungen für die Incentive-Reise und die übernommene Pauschalsteuer als Betriebsausgaben abziehen.

6. Bemessungsgrundlage für die Pauschalierung und Höchstbetrag von 10 000 €

Als Bemessungsgrundlage für die Besteuerung der geldwerten Vorteile wird abweichend von § 8 Abs. 2 Satz 1 EStG auf die tatsächlichen Kosten des Zuwendenden einschließlich Umsatzsteuer abgestellt.

In **Herstellungsfällen** kann diese Bemessungsgrundlage allerdings von dem allgemeinen Bewertungsgrundsatz in § 8 Abs. 2 Satz 1 EStG (der um übliche Preisnachlässe geminderte übliche Endpreis am Abgabeort) erheblich „nach unten" abweichen. Bei sehr geringen Aufwendungen des Zuwendenden ist als „Mindestbemessungsgrundlage" der gemeine Wert anzusetzen.**) Bei **Zuwendungen an Arbeitnehmer verbundener Unternehmen** (z. B. eine Rabattgewährung durch Dritte) ist zur Vermeidung der Benachteiligung der originär nach § 8 Abs. 3 EStG zu besteuernden Arbeitnehmer auch bei den nicht

---

*) Das BMF-Schreiben vom 22.8.2005 (BStBl. I S. 845) ist auszugsweise als Anlage 6 zu H 19.6 LStR im **Steuerhandbuch für das Lohnbüro 2010** abgedruckt, das im selben Verlag erschienen ist. Das **PC-Lexikon** für das Lohnbüro 2010 enthält auch dieses Handbuch und hat außerdem den Vorteil, dass Sie **alle BFH-Urteile** sowie die aktuellen Rundschreiben und Niederschriften der Spitzenverbände der **Sozialversicherung** mit Mausklick **im Volltext** abrufen und ausdrucken können. Eine Bestellkarte finden Sie vorne im Lexikon.

) Tz. 15 des BMF-Schreibens vom 29.4.2008 (BStBl. I S. 566). Das BMF-Schreiben ist als Anlage 1 zu H 37b LStR im **Steuerhandbuch für das Lohnbüro 2010 abgedruckt, das im selben Verlag erschienen ist. Das **PC-Lexikon** für das Lohnbüro 2010 enthält auch dieses Handbuch und hat außerdem den Vorteil, dass Sie **alle BFH-Urteile** sowie die aktuellen Rundschreiben und Niederschriften der Spitzenverbände der **Sozialversicherung** mit Mausklick **im Volltext** abrufen und ausdrucken können. Eine Bestellkarte finden Sie vorne im Lexikon.

Pauschalierung der Lohnsteuer für Belohnungsessen, Incentive-Reisen, VIP-Logen und ähnliche Sachbezüge

	Lohn-steuer-pflichtig	Sozial-versich.-pflichtig

durch den Rabatt-Freibetrag begünstigten **Konzernmitarbeitern** als Bemessungsgrundlage mindestens der sich nach § 8 Abs. 3 Satz 1 EStG ergebende Wert anzusetzen (§ 37b Abs. 1 Satz 2 2. Halbsatz EStG). Hierdurch ist sichergestellt, dass Arbeitnehmer eines verbundenen Unternehmens nicht besser gestellt werden, als Arbeitnehmer des „Herstellerunternehmens", bei denen die Besteuerung nach § 8 Abs. 3 EStG durchgeführt wurde und die deshalb von der Pauschalierung nach § 37b EStG ausgeschlossen sind (§ 37b Abs. 2 Satz 2 EStG).

Die Pauschalierung mit 30 % ist nach § 37b Abs. 1 Satz 3 EStG ausgeschlossen,

– soweit die Aufwendungen je Empfänger und Kalenderjahr (Wirtschaftsjahr) **oder**
– wenn die Aufwendungen für die einzelne Zuwendung

den Betrag von **10 000 €** übersteigen; maßgebend sind die Bruttoaufwendungen inklusive Umsatzsteuer. Zuwendungen an **Angehörige** (z. B. Ehegatten, Kinder) sind dem **Geschäftsfreund** bzw. **Arbeitnehmer** selbst als Empfänger **zuzurechnen**. Die Angehörigen erhalten demnach keinen eigenen Höchstbetrag bzw. eine eigene Freigrenze von 10 000 €. Dies gilt allerdings nicht, wenn der Angehörige selbst auch Geschäftsfreund oder Arbeitnehmer des Zuwendenden ist (vgl. das nachfolgende Beispiel E).

Die Begrenzung auf den Höchstbetrag von 10 000 Euro ist also so gestaltet, dass eine Begrenzung nicht nur für alle insgesamt im Kalenderjahr gewährten Zuwendungen (in Form eines Freibetrags), sondern auch für die Einzelzuwendung vorgenommen wird. Dies bewirkt, dass bei einzelnen Zuwendungen eine Pauschalierung bis zum Erreichen des Höchstbetrages möglich ist. Übersteigt dagegen eine Einzelzuwendung den Höchstbetrag, so ist eine Pauschalierung dieser Einzelzuwendung in vollem Umfang ausgeschlossen (= Freigrenze). Bei Zuzahlungen des Empfängers mindert sich der Wert der Zuwendung, auf den der Höchstbetrag/die Freigrenze anzuwenden ist.

Beispiel A
Dem Empfänger werden von einem Zuwendenden drei Sachzuwendungen im Wert von jeweils 5000 € gewährt.
Die Pauschalversteuerung nach § 37b EStG mit 30 % ist für die ersten beiden Sachzuwendungen anwendbar, die dritte Sachzuwendung ist individuell zu besteuern.

Beispiel B
Dem Empfänger werden von einem Zuwendenden drei Sachzuwendungen im Wert von jeweils 4000 € gewährt.
Die Pauschalversteuerung nach § 37b EStG mit 30 % ist für die ersten beiden Sachzuwendungen und die Hälfte der dritten Sachzuwendung anwendbar. Die andere Hälfte der dritten Sachzuwendung ist individuell zu besteuern.

Beispiel C
Dem Empfänger wird von einem Zuwendenden eine Sachzuwendung im Wert von 15 000 € gewährt. Die Pauschalversteuerung nach § 37b EStG mit 30 % ist für die gesamte Sachzuwendung nicht anwendbar, da der Wert der Sachzuwendung die Freigrenze von 10 000 € überschreitet.

Beispiel D
Dem Empfänger werden von einem Zuwendenden drei Sachzuwendungen im Wert von 4000 €, 6000 € und 12 000 € gewährt.
Die Pauschalversteuerung nach § 37b EStG mit 30 % ist für die ersten beiden Sachzuwendungen im Wert von 4000 € und 6000 € möglich. Für die dritte Sachzuwendung ist die Pauschalversteuerung nach § 37b EStG nicht anwendbar, da der Wert der Sachzuwendung die Freigrenze von 10 000 € überschreitet.

Beispiel E
Arbeitgeber A finanziert dem Arbeitnehmer B, seinem Ehegatten und seinen beiden Kindern einen zehntägigen Wintersporturlaub (u. a. Anreise mit der Bahn, Vollpension im Hotel, Skipass und Leihen der Skiausrüstung). Die Sachzuwendungen des Arbeitgebers betragen für jeden Erwachsenen 4000 € und für jedes Kind 2000 €.
Die Zuwendungen an den Ehegatten und die Kinder sind dem Arbeitnehmer selbst zuzurechnen. Der Wert der Sachzuwendung beträgt somit 12 000 € (2 × 4000 € + 2 × 2000 €). Eine Pauschalversteuerung nach § 37b EStG mit 30 % ist für die gesamte Sachzuwendung nicht möglich, da der Wert der Sachzuwendung die Freigrenze von 10 000 € überschreitet.

7. Ausübung des Pauschalierungswahlrechts und Unterrichtung des Zuwendungsempfängers

Die Finanzverwaltung lässt es zu, dass das Pauschalierungswahlrecht für Zuwendungen an eigene Arbeitnehmer (§ 37b Abs. 2 EStG) und an Dritte (§ 37b Abs. 1 EStG) jeweils gesondert ausgeübt wird.*) Es können also **zwei** selbständige **Pauschalierungskreise** gebildet werden. Die Ausübung dieses Wahlrechts erfolgt durch die Anmeldung der Pauschalsteuer. Das Pauschalierungswahlrecht kann nicht widerrufen werden (Rechtsschutz des unterrichteten Empfängers). Vor Anwendung des § 37b Abs. 2 EStG ist ggf. eine vorgenommene Pauschalierung der Lohnsteuer nach § 40 Abs. 1 Satz 1 EStG für alle Arbeitnehmer rückgängig zu machen, die diese Sachzuwendung erhalten haben; der Arbeitgeber ist aber nicht verpflichtet bereits nach § 40 Abs. 1 Satz 1 EStG durchgeführte Pauschalierungen rückgängig zu machen. Nach Anwendung des § 37b EStG ist aber eine Pauschalierung nach § 40 Abs. 1 Satz 1 EStG für alle Sachzuwendungen nicht möglich, auf die § 37b EStG anwendbar ist.

Das Pauschalierungswahlrecht für Sachzuwendungen an Nichtarbeitnehmer (**Dritte**; § 37b Abs. 1 EStG) muss spätestens in der **letzten Lohnsteuer-Anmeldung** des Wirtschaftsjahres der Zuwendung ausgeübt werden. Eine Berichtigung der vorangegangenen einzelnen Lohnsteuer-Anmeldungen zur zeitgerechten Erfassung ist nicht erforderlich. In der letzten Lohnsteuer-Anmeldung des Wirtschaftsjahres wird die Entscheidung zugunsten des Pauschalierungswahlrechts nach § 37b Abs. 1 EStG übrigens auch dann getroffen, wenn für den letzten Lohnsteuer-Anmeldungszeitraum eine **geänderte Lohnsteuer-Anmeldung** abgegeben wird, solange dies verfahrensrechtlich (§§ 164, 168 AO) noch möglich ist.

Bei Sachzuwendungen an **eigene Arbeitnehmer** (§ 37b Abs. 2 EStG) ist das Pauschalierungswahlrecht bis zur Übermittlung der elektronischen Lohnsteuerbescheinigung **(28. 2. des Folgejahres)** auszuüben; dies gilt auch, wenn ein Arbeitnehmer während des laufenden Kalenderjahres ausscheidet. Auch bei einem abweichenden Wirtschaftsjahr ist für das Pauschalierungswahlrecht nach § 37b Abs. 2 EStG (eigene Arbeitnehmer) immer die kalenderjährliche Betrachtungsweise maßgeblich. Ist eine Änderung des individuellen Lohnsteuerabzugs zum Zeitpunkt der Ausübung des Wahlrechts zugunsten der Pauschalversteuerung nach § 37b Abs. 2 EStG nicht mehr möglich (vgl. die Erläuterungen beim Stichwort „Änderung des Lohnsteuerabzugs"), hat der Arbeitgeber dem Arbeitnehmer eine Bescheinigung über die Pauschalierung nach § 37b Abs. 2 EStG auszustellen. Die Korrektur des bereits individuell (zu hoch) besteuerten Arbeitslohns kann der Arbeitnehmer beim Finanzamt im Rahmen der Einkommensteuerveranlagung beantragen.

Werden **Sachzuwendungen** an **eigene Arbeitnehmer** im Rahmen einer **Lohnsteuer-Außenprüfung aufgegriffen**, gilt im Hinblick auf das Pauschalierungswahlrecht nach § 37b Abs. 2 EStG Folgendes:

– Sind bisher noch keinerlei Sachzuwendungen an eigene Arbeitnehmer pauschal besteuert worden und werden entsprechende Sachverhalte im Rahmen einer Lohnsteuer-Außenprüfung **erstmalig aufgegriffen,** kann das Wahlrecht erstmalig ausgeübt und die Sachbezüge können nach § 37b Abs. 2 EStG pauschal mit **30 % versteuert** werden.

– Außerdem sind im Rahmen einer Lohnsteuer-Außenprüfung neu aufgegriffene, **weitere Sachverhalte** nach

---

*) Tz. 4 des BMF-Schreibens vom 29. 4. 2008 (BStBl. I S. 566). Das BMF-Schreiben ist als Anlage 1 zu H 37b LStR im **Steuerhandbuch für das Lohnbüro 2010** abgedruckt, das im selben Verlag erschienen ist. Das **PC-Lexikon** für das Lohnbüro 2010 enthält auch dieses Handbuch und hat außerdem den Vorteil, dass Sie **alle BFH-Urteile** sowie die aktuellen Rundschreiben und Niederschriften der Spitzenverbände der **Sozialversicherung** mit Mausklick **im Volltext** abrufen und ausdrucken können. Eine Bestellkarte finden Sie vorne im Lexikon.

Pauschalierung der Lohnsteuer für Belohnungsessen, Incentive-Reisen, VIP-Logen und ähnliche Sachbezüge

§ 37b Abs. 2 EStG mit **30 %** pauschal zu versteuern, **wenn zuvor** bereits **andere Sachverhalte** nach § 37b Abs. 2 EStG mit **30 %** pauschal versteuert worden sind.

– Allerdings **scheidet** für im Rahmen einer Lohnsteuer-Außenprüfung neu aufgegriffene, weitere Sachverhalte eine **Pauschalierung** nach § 37b Abs. 2 EStG mit 30 % **aus,** wenn für **andere Sachverhalte** die Pauschalierung nach § 37b Abs. 2 EStG nicht gewählt, sondern eine individuelle **Besteuerung** über die **Lohnsteuerkarte** der Arbeitnehmer vorgenommen wurde. Dies gilt u.E. aber nicht, wenn für die anderen Sachverhalte eine Pauschalierung der Lohnsteuer nach § 40 Abs. 1 Satz 1 EStG vorgenommen wurde, da es sich hierbei nicht um eine individuelle Besteuerung handelt.

Der zuwendende Steuerpflichtige ist verpflichtet, den Empfänger über die Pauschalierung zu unterrichten (§ 37b Abs. 3 Satz 3 EStG). Dies soll in einfachster, sachgerechter Weise erfolgen. Welche Anforderungen an die Unterrichtung zu stellen sind, richtet sich nach dem Empfängerkreis. Bei eigenen Arbeitnehmern wird ein Aushang am „Schwarzen Brett" oder ein Hinweis in der Lohnabrechnung genügen. Auch bei Sachzuwendungen an Dritte schreibt das Gesetz keine besondere Form für die Unterrichtung vor.

8. Rechtsfolgen der Pauschalierung (Lohnsteuerfiktion)

Der zuwendende Steuerpflichtige hat die Pauschalsteuer zu übernehmen. Er wird insoweit zum Steuerschuldner. Die **Pauschalsteuer gilt als Lohnsteuer.** Daher kann für Sachverhalte zur Pauschalierung der Steuer nach § 37b EStG eine Anrufungsauskunft (§ 42e EStG; vgl. das Stichwort „Auskunft") eingeholt werden. Der Zuwendungsempfänger wird – wie bei der pauschalen Lohnsteuer – aus der Steuerschuldnerschaft entlassen. Das gilt auch, soweit der Zuwendungsempfänger körperschaftsteuerpflichtig ist. Auf die Pauschalsteuer sind Solidaritätszuschlag und Kirchensteuer zu erheben. Da der Zuwendende Schuldner der Lohnsteuer wird, kann ein Rechtsstreit über die Bemessungsgrundlage (Höhe des Werts der Zuwendung) nur zwischen dem Zuwendenden und seinem Betriebstättenfinanzamt geführt werden. Der Zuwendungsempfänger ist in den Fällen, in denen der Zuwendende einen Antrag auf Pauschalierung gestellt hat, von der Steuerschuld befreit. Denn die Zuwendungen und die Pauschalsteuer bleiben bei der Ermittlung der Einkünfte des Zuwendungsempfängers außer Ansatz (§ 37b Abs. 3 Satz 1 EStG).

Beispiel

Arbeitgeber A schenkt seinem Arbeitnehmer B einen in dessen Privatwohnung als Arbeitsmittel genutzten Schreibtisch im Wert von 1500 €. A pauschaliert die Sachzuwendung nach § 37b Abs. 2 EStG mit 30 %.

B kann für den von A zugewendeten Schreibtisch u. E. keinen Werbungskostenabzug geltend machen, da nach § 37b Abs. 3 Satz 1 EStG die pauschal besteuerten Sachzuwendungen bei der Ermittlung seiner Einkünfte außer Ansatz bleiben. Dies gilt u. E. nicht nur für die Einnahme-, sondern auch für die Ausgabenseite.

Eine **Abwälzung der pauschalen Lohnsteuer** im Innenverhältnis auf den Zuwendungsempfänger dürfte – wie auch bei den anderen derzeitigen Pauschalierungsmöglichkeiten – zulässig sein. Hierbei handelt es sich jedoch nicht um eine steuerliche, sondern um eine arbeitsrechtliche/zivilrechtliche Frage. In der Praxis dürfte die Frage der Abwälzung der Steuerbeträge zumindest bei Zuwendungen an Nichtarbeitnehmern keine Rolle spielen.

9. Anmeldung und Abführung der pauschalen Einkommensteuer (Lohnsteuer)

Die pauschale Lohnsteuer (Einkommensteuer) ist von dem die Sachzuwendung gewährenden Arbeitgeber/Steuerpflichtigen in der Lohnsteuer-Anmeldung der lohnsteuerlichen Betriebsstätte anzumelden und spätestens am zehnten Tag nach Ablauf des für die Betriebsstätte maßgebenden Lohnsteuer-Anmeldungszeitraums an das Betriebsstättenfinanzamt abzuführen. Hat der Arbeitgeber/Steuerpflichtige mehrere Betriebsstätten, so ist das Finanzamt der Betriebsstätte zuständig, in der die für die pauschale Besteuerung maßgebenden Sachbezüge ermittelt werden (§ 37b Abs. 4 EStG).

In der **Lohnsteuer-Anmeldung** ist seit 2009 die **Zeile 19 „Summe der pauschalen Lohnsteuer nach § 37b EStG"** (= Kennzahl 44) eingeführt worden. Für den Solidaritätszuschlag und die (pauschale) Kirchensteuer gibt es im Zusammenhang mit der Anwendung des § 37b EStG keine besonderen Eintragungszeilen in der Lohnsteuer-Anmeldung.

10. Aufzeichnungspflichten

Die nach § 37b EStG pauschal versteuerten Zuwendungen müssen **nicht im Lohnkonto** aufgezeichnet werden.

Aus der Buchführung oder den Aufzeichnungen des Zuwendenden muss sich ergeben, dass bei Wahlrechtsausübung zugunsten des § 37b EStG alle Zuwendungen erfasst wurden und die Höchstbeträge nicht überschritten wurden; Letzteres wird bei Sachzuwendungen bis zu 40 € unterstellt.

11. Auswirkung der Pauschalierung von Sachzuwendungen an Arbeitnehmer nach § 37b EStG auf die Sozialversicherung

a) Allgemeines

Pauschalbesteuerte **Sachleistungen** an **eigene Arbeitnehmer** des Zuwendenden (Fall des § 37b Abs. 2 EStG) gehören zum Arbeitsentgelt im Sinne der Sozialversicherung und sind damit **sozialversicherungspflichtig.**

Durch eine Änderung der Sozialversicherungsentgeltverordnung ist ab 1. 1. 2009 geregelt worden, dass nach § 37b EStG pauschalbesteuerte **Sachleistungen an Arbeitnehmer eines Dritten** (Fall des § 37b Abs. 1 EStG) **sozialversicherungsfrei** sind, **soweit** es sich **nicht** um **Beschäftigte** eines mit dem Zuwendenden **verbundenen Unternehmens** (§ 15 ff. Aktiengesetz oder § 251 Handelsgesetzbuch) handelt (§ 1 Abs. 1 Nr. 14 SvEV). Bei Zuwendungen an Arbeitnehmer verbundener Unternehmen besteht nach Meinung des Gesetzgebers kein Bedürfnis, diese von der Beitragspflicht auszunehmen, da aufgrund der engen Verflechtung der Unternehmen die Höhe des beitragspflichtigen Entgelts ebenso wie bei den eigenen Arbeitnehmern ohne erhöhten Aufwand ermittelt werden könne. Gerade dies sei aber bei Arbeitnehmern eines fremden Dritten nicht der Fall.

b) Nettolohnberechnung bei Übernahme des Arbeitnehmeranteils am Gesamtsozialversicherungsbeitrag durch den Arbeitgeber

Übernimmt der **Arbeitgeber** den **Arbeitnehmeranteil** am **Gesamtsozialversicherungsbeitrag,** so stellt diese Übernahme einen **geldwerten Vorteil** dar, das heißt es ist der Arbeitnehmeranteil zu ermitteln, der auf den **hochgerechneten Bruttobetrag** entfällt (§ 14 Abs. 2 Satz 1 SGB IV). Hierzu sind die Arbeitnehmeranteile dem (Netto-)Sachbezug so lange hinzuzurechnen, bis sich durch die letzte Hinzurechnung kein höherer Sozialversicherungsbeitrag mehr ergibt. Liegt der betreffende Arbeitnehmer in allen Zweigen der Sozialversicherung innerhalb der Beitragsbemessungsgrenzen, so kann der hochgerechnete Arbeitnehmeranteil durch Umrechnung des Bruttoprozentsatzes auf einen Nettoprozentsatz ermittelt werden, weil bei der Sozialversicherung – im Gegensatz zum progressiven Lohnsteuertarif – feste Beitragssätze anzuwenden sind.

Pauschalierung der Lohnsteuer für Belohnungsessen, Incentive-Reisen, VIP-Logen und ähnliche Sachbezüge

	Lohn-steuer-pflichtig	Sozial-versich.-pflichtig

Beispiel

Ein lediger Arbeitnehmer (monatlicher Arbeitslohn 2700 €, Steuerklasse I/0) erhält einen Sachbezug im Wert von 1000 €, der nach § 37b EStG pauschal mit 30 % versteuert wird. Der Sachbezug ist sozialversicherungspflichtig. Der Arbeitgeber übernimmt den Arbeitnehmeranteil. Die Übernahme des Arbeitnehmeranteils durch den Arbeitgeber stellt eine Nettozuwendung dar, die auf den Bruttobetrag hochgerechnet werden muss. Es ergibt sich folgende Berechnung:

Beitrag zur Krankenversicherung (7,0 % + 0,9 %)	7,900 %
Beitrag zur Pflegeversicherung (0,975 % + 0,25 %)	1,225 %
Beitrag zur Rentenversicherung	9,950 %
Beitrag zur Arbeitslosenversicherung	1,400 %
insgesamt	20,475 %

Die Hochrechnung des Arbeitnehmeranteils von 20,475 % ergibt einen Beitragssatz von 25,747 %.

Berechnung: $\frac{100 \times 20{,}475}{100 - 20{,}475} = 25{,}747$

Der hochgerechnete Bruttobetrag beträgt somit (1000 € + 257,47 € =) 1257,47 € abzüglich hierauf entfallende Arbeitnehmeranteile:

Beitrag zur Krankenversicherung 7,9 %	99,34 €	
Beitrag zur Pflegeversicherung 1,225 %	15,41 €	
Beitrag zur Rentenversicherung 9,95 %	125,12 €	
Beitrag zur Arbeitslosenversicherung 1,4 %	17,60 €	257,47 €
Wert des Sachbezugs		1 000,00 €

Lohnsteuerlich ergibt sich **Folgendes:** Der Sachbezug im Wert von 1000 € kann pauschal mit 30 % versteuert werden. Bei Festsetzung des Pauschsteuersatzes durch den Gesetzgeber in Höhe von 30 % ist bereits berücksichtigt worden, dass die Übernahme der Steuer durch den Arbeitgeber für den Arbeitnehmer einen weiteren geldwerten Vorteil darstellt, der steuersystematisch ebenfalls als geldwerter Vorteil zu erfassen wäre.

Übernimmt der Arbeitgeber nicht nur die Steuer von 30 %, sondern zusätzlich auch den Arbeitnehmeranteil am Gesamtsozialversicherungsbeitrag, so ist dies ein weiterer geldwerter Vorteil, der nicht mit der 30 %igen Lohnsteuer abgegolten ist und der deshalb zusätzlich versteuert werden muss. Eine Pauschalierung dieses zusätzlichen geldwerten Vorteils mit 30 % ist nicht möglich, da es sich nicht um einen Sachbezug, sondern um eine **Geldzuwendung** handelt. Die im obigen Beispielsfall auf den Arbeitnehmeranteil in Höhe von 257,47 € entfallende Lohnsteuer (zuzüglich Solidaritätszuschlag und Kirchensteuer) muss deshalb durch eine gesonderte **Nettolohnberechnung** ermittelt werden. Ein Berechnungsbeispiel zur Nettolohnberechnung **für einen** sonstigen Bezug nach der Jahreslohnsteuertabelle ist als Anhang 12 abgedruckt. Die sich bei einer solchen Nettolohnberechnung für 257,47 € ergebende Lohn- und Kirchensteuer sowie der Solidaritätszuschlag beträgt ausgehend von einem Monatslohn von 2700 € und Steuerklasse I/0:

Lohnsteuer	97,00 €
Solidaritätszuschlag (5,5 %)	5,33 €
Kirchensteuer (8 %)	7,76 €

Für den Sachbezug in Höhe von 1000 € ergibt sich bei Übernahme aller Abzüge durch den Arbeitgeber folgende Belastung:

Pauschale Lohnsteuer 30 %	300,00 €
Solidaritätszuschlag 5,5 %	16,50 €
Kirchensteuer (z. B. in Bayern pauschal 7 %)	21,00 €
Arbeitnehmeranteil am SV-Beitrag	257,47 €
Lohnsteuer auf den Arbeitnehmeranteil	97,00 €
Solidaritätszuschlag auf den Arbeitnehmeranteil	5,33 €
Kirchensteuer auf den Arbeitnehmeranteil (8 %)	7,76 €
Belastung des Arbeitgebers insgesamt	705,06 €

Der Arbeitgeber kann für die Versteuerung des geldwerten Vorteils, der sich durch die Übernahme des Arbeitnehmeranteils ergibt anstelle der Einzel-Nettolohnberechnung auch eine Pauschalierung der Lohnsteuer mit einem besonders ermittelten Pauschsteuersatz nach § 40 Abs. 1 Satz 1 Nr. 1 EStG beantragen, wenn mehrere Arbeitnehmer betroffen sind (vgl. die ausführlichen Erläuterungen beim Stichwort „Pauschalierung der Lohnsteuer" unter Nr. 2).

Payback-Punkte

Payback-Punkte sind heute weit verbreitet. Allerdings können sich hierbei auch steuerliche und sozialversicherungsrechtliche Konsequenzen ergeben. Dazu folgender Sachverhalt: Die Arbeitnehmer einer Firma tanken für dienstliche und private Zwecke mit einer auf den Arbeitgeber ausgestellten Tankkarte bei einer großen Tankstellenkette. Nach dem Tanken werden sog. Payback-Punkte dem privaten Punktekonto des Arbeitnehmers gutgeschrieben und ausschließlich privat genutzt. Die Payback-Punkte können gegen Sach- und Barprämien eingelöst werden.

Der vom Arbeitgeber bezahlte, teilweise für private Zwecke und teilweise für dienstliche Zwecke genutzte Treibstoff ist für die Lohnversteuerung aufzuteilen. Entsprechendes gilt für die auf dem privaten Punktekonto gutgeschriebenen Payback-Punkte; ggf. kommt eine Schätzung in Betracht. Die Vorteile aus den **dienstlich erworbenen Payback-Punkten** führen aufgrund der **Nutzung zu privaten Zwecken** zu Arbeitslohn. Der Arbeitslohn fließt bereits bei Gutschrift auf dem privaten Punktekonto zu, nicht erst bei Einlösung der Payback-Punkte.

Die Schwierigkeit in der Praxis besteht darin, die **Höhe des Arbeitslohns** zu ermitteln. Anhaltspunkt ist die Tankquittung, aus der sich die Höhe der jeweils gutgeschriebenen Payback-Punkte ergibt. Der Wert eines Punktes kann über die Tankstelle oder die Mineralölgesellschaft erfragt werden.

Eine Steuerbefreiung (z. B. § 3 Nr. 38 EStG)*) des geldwerten Vorteils kommt nicht in Betracht. Zum einen handelt es sich – zumindest bei einer möglichen Bareinlösung – nicht um eine Sachprämie, zum anderen wird keine Dienstleistung in Anspruch genommen, sondern eine Ware erworben.**) Im Hinblick auf die Erläuterungen beim Stichwort „Miles & More" (vgl. dort insbesondere das Beispiel) verhindert u. E. nur noch eine mögliche Bareinlösung die Inanspruchnahme der Steuerbefreiung nach § 3 Nr. 38 EStG.

Pensionäre

1. Lohnsteuer

Betrachtet man die Begriffe „Pensionär" im Gegensatz zum „Rentner" unter lohnsteuerlichen Gesichtspunkten, so ergibt sich Folgendes:

Pensionen (Ruhegehälter), die an sog. Pensionäre gezahlt werden, beruhen meist auf einer arbeitsvertraglichen Versorgungszusage des Arbeitgebers. Sie werden damit aufgrund eines früheren Dienstverhältnisses als Entgelt für die frühere Dienstleistung gezahlt. Solche Zahlungen sind **steuerpflichtiger Arbeitslohn.**   ja   nein***)

---

*) In § 3 Nr. 38 EStG ist die Steuerfreiheit von Sachprämien bei sog. Kundenbindungsprogrammen geregelt (vgl. das Stichwort „Miles & More").

) Schreiben des Bundesministeriums der Finanzen vom 20.10.2006 IV C 5 – S 2334 – 68/06. Das nicht im Bundessteuerblatt veröffentlichte BMF-Schreiben ist in Anlage 7 zu H 19.6 LStR im **Steuerhandbuch für das Lohnbüro 2010 abgedruckt, das im selben Verlag erschienen ist. Das **PC-Lexikon** für das Lohnbüro 2010 enthält auch dieses Handbuch und hat außerdem den Vorteil, dass Sie **alle BFH-Urteile** sowie die aktuellen Rundschreiben und Niederschriften der Spitzenverbände der **Sozialversicherung** mit Mausklick **im Volltext** abrufen und ausdrucken können. Eine Bestellkarte finden Sie vorne im Lexikon.

***) Zur Kranken- und Pflegeversicherungspflicht von Werkspensionen (Betriebsrenten) vgl. die Erläuterungen in Teil B Nr. 12 auf Seite 18.

Pensionäre

	Lohn-steuer-pflichtig	Sozial-versich.-pflichtig

Im Gegensatz hierzu sind Renten (z. B. aus der gesetzlichen Rentenversicherung) **kein** steuerpflichtiger Arbeitslohn, soweit sie aufgrund früherer Beitragsleistungen gezahlt werden*). Solche Renten unterliegen jedoch mit einem bestimmten steuerpflichtigen Anteil als **„sonstige Einkünfte"** der Einkommensteuer (vgl. das Stichwort „Renten").   nein   nein

Für den Lohnsteuerabzug bei Pensionen gilt Folgendes:

Pensionen werden zwar meist von einem öffentlich-rechtlichen Arbeitgeber bezahlt; sie können aber auch bei einem privaten Arbeitgeber in Betracht kommen, und zwar dann, wenn der private Arbeitgeber aufgrund einer betrieblichen Versorgungszusage Versorgungsbezüge an seine ausgeschiedenen Arbeitnehmer zahlt (= Betriebsrenten an sog. Werkspensionäre vgl. das Stichwort „Betriebsrente").

Sowohl die Pensionäre im öffentlichen Dienst (Beamtenpensionäre) als auch die sog. Werkspensionäre müssen ihrem (früheren) Arbeitgeber zur Durchführung des Lohnsteuerabzugs eine Lohnsteuerkarte vorlegen. Wegen der Besteuerung von Pensionen, die inländische Arbeitgeber an Pensionäre mit Wohnsitz im Ausland zahlen, vgl. „Auslandspensionen".

Bei der Besteuerung der Pensionen ist die Anwendung des sog. **Versorgungsfreibetrags** und des **Zuschlags zum Versorgungsfreibetrag** von großer Bedeutung. Liegen die Voraussetzungen für die Anwendung des Versorgungsfreibetrags und des Zuschlags zum Versorgungsfreibetrag vor, so hat der Arbeitgeber diese Freibeträge steuerfrei zu lassen, ohne dass es einer besonderen Eintragung auf der Lohnsteuerkarte durch das Finanzamt bedarf. Auf die ausführlichen Erläuterungen beim Stichwort „Versorgungsbezüge, Versorgungsfreibetrag" wird Bezug genommen.

Für den bei der Besteuerung von Pensionen anzuwendende Lohnsteuertarif gilt Folgendes:

- Bei der Berechnung der Lohnsteuer für Betriebsrenten ist kein Teilbetrag der Vorsorgepauschale für die gesetzliche Rentenversicherung anzusetzen. Teilbeträge für die Kranken- und Pflegeversicherung sind dann anzusetzen, wenn der Betriebsrentner in der gesetzlichen Krankenversicherung versichert ist (vgl. Anhang 8 Nr. 9 Beispiel T auf Seite 925).
- Bei der Besteuerung von Beamtenpensionären (und Pensionären mit vergleichbarem Status) sind weder ein Teilbetrag der Vorsorgepauschale für die gesetzliche Rentenversicherung noch Teilbeträge für die gesetzliche Kranken- und Pflegeversicherung anzusetzen; es kommt allerdings die Mindestvorsorgepauschale zum Ansatz (vgl. Anhang 8 Nr. 9 Beispiel I auf Seite 923).

Im Einzelnen vgl. die ausführlichen Erläuterungen zur Berechnung der Vorsorgepauschale in Anhang 8.

2. Sozialversicherung

In der Sozialversicherung unterliegen die Versorgungsbezüge sowohl der Beamtenpensionäre als auch der Werkspensionäre nicht der Versicherungspflicht, da kein aktives Beschäftigungsverhältnis vorliegt. Aufgrund der besonderen Vorschrift des § 229 SGB V können **Versorgungsbezüge** jedoch der Krankenversicherungspflicht und nach § 57 SGB XI auch der Pflegeversicherungspflicht unterliegen (vgl. die Erläuterungen in Teil B Nr. 12 auf Seite 18).

3. Beschäftigung eines Pensionärs

a) Lohnsteuer

Üben Pensionäre nebenher noch eine aktive Tätigkeit aus, so gelten hierfür lohnsteuerlich keine Besonderheiten (zu berücksichtigen ist im Kalenderjahr 2010 der Altersentlastungsbetrag – vgl. dieses Stichwort – wenn der beschäftigte Pensionär vor dem 2. 1. 1946 geboren

ist). Der Pensionär hat eine Lohnsteuerkarte vorzulegen, nach deren Besteuerungsmerkmalen die Lohnsteuer errechnet und einbehalten wird, sofern nicht eine Pauschalierung der Lohnsteuer wegen geringfügiger Beschäftigung in Frage kommt (vgl. hierzu die Erläuterungen beim Stichwort „Pauschalierung der Lohnsteuer für Aushilfskräfte und Teilzeitbeschäftigte"). Bei der Besteuerung des Arbeitslohns für eine aktive Beschäftigung anhand einer Lohnsteuerkarte ist die **Mindestvorsorgepauschale** (sog. B-Tabelle) maßgebend, weil der Pensionär mit seiner Nebenbeschäftigung nicht sozialversicherungspflichtig ist (vgl. Anhang 8 Nr. 9 Beispiel S auf Seite 925).

b) Sozialversicherung bei Beschäftigung eines Werkspensionärs

Sozialversicherungsrechtlich gilt für die Beurteilung der Nebenbeschäftigung des Pensionärs Folgendes:

Werkspensionäre (Betriebsrentner) sind mit einer aktiven Nebentätigkeit grundsätzlich versicherungspflichtig, es sei denn, sie üben eine geringfügige Beschäftigung aus (vgl. dieses Stichwort). Für Werkspensionäre, die zusätzlich zur Werkspension noch eine Altersrente aus der gesetzlichen Rentenversicherung beziehen, gilt die beim Stichwort „Rentner" unter Nr. 3 dargestellte Regelung.

Auch die Lohnabrechnung von Werkspensionären, die nebenher noch eine mehr als geringfügige aktive Beschäftigung ausüben, ist nach den gleichen Grundsätzen durchzuführen, wie bei weiter beschäftigten Altersrentnern. Eine solche Lohnabrechnung unter Anwendung der Besonderen Lohnsteuertabelle und Entrichtung des 50 %igen Arbeitgeberanteils zur Renten- und Arbeitslosenversicherung, ist anhand eines Beispiels beim Stichwort „Rentner" unter Nr. 5 auf Seite 624 dargestellt.

c) Sozialversicherung bei Beschäftigung eines Beamtenpensionärs

Für **Beamtenpensionäre** und Personen mit vergleichbarem Status gilt Folgendes:

In der **Krankenversicherung** sind pensionierte Beamte und Personen mit vergleichbarem Status, die ein Arbeitsverhältnis eingehen, versicherungsfrei, wenn ihnen ein Anspruch auf Ruhegehalt oder ähnliche Bezüge zuerkannt ist und sie Anspruch auf Beihilfe im Krankheitsfall nach beamtenrechtlichen Vorschriften haben (§ 6 Abs. 1 Nr. 6 SGB V i. V. m. § 6 Abs. 3 SGB V). Ist die Beschäftigung krankenversicherungsfrei tritt auch keine Versicherungspflicht in der sozialen **Pflegeversicherung** nach § 20 Abs. 1 Satz 1 SGB XI ein.

In der **Rentenversicherung** sind Pensionäre versicherungsfrei, wenn sie nach beamtenrechtlichen Vorschriften eine Versorgung **nach Erreichen einer Altersgrenze** beziehen (§ 5 Abs. 4 Nr. 2 SGB VI). Gleiches gilt für Pensionäre, die eine Versorgung nach Erreichen einer Altersgrenze nach entsprechenden kirchenrechtlichen Regelungen oder berufsständischen Versorgungsregelungen erhalten.

Der Arbeitgeber, bei dem die Nebentätigkeit ausgeübt wird, muss aber den auf ihn entfallenden 50 %igen Beitragsanteil zur Rentenversicherung leisten, sofern es sich nicht um geringfügige Beschäftigungen handelt.

Diese Regelung gilt nicht für die Bezieher einer Hinterbliebenenversorgung. Bei diesem Personenkreis gelten die allgemeinen Grundsätze für die versicherungsrechtliche Beurteilung von Beschäftigungen, das heißt, eine mehr als geringfügige Beschäftigung ist beitragspflichtig.

Zu dem bei versicherungsfreien geringfügigen Beschäftigungsverhältnissen anfallenden 15 %igen oder 5 %igen pauschalen Arbeitgeberanteil zur Rentenversicherung

---
*) § 2 Abs. 2 Nr. 2 Lohnsteuer-Durchführungsverordnung.

Pensionsfonds

	Lohn-steuer-pflichtig	Sozial-versich.-pflichtig

wird auf die Erläuterungen beim Stichwort „Geringfügige Beschäftigung" hingewiesen.

In der **Arbeitslosenversicherung** sind beschäftigte Pensionäre beitragspflichtig; erst mit Ablauf des Monats, in dem sie das 65. Lebensjahr vollenden, besteht Beitragsfreiheit. Der Arbeitgeber muss allerdings, ebenso wie bei der Rentenversicherung, den auf ihn entfallenden 50%igen Beitragsanteil zur Arbeitslosenversicherung entrichten.

Pensionsfonds

Gliederung:
1. Allgemeines
2. Behandlung der Beiträge in der Ansparphase
3. Behandlung der Leistungen in der Auszahlungsphase
4. Krankenkassenbeiträge für Betriebsrenten

1. Allgemeines

Seit dem 1.1.2002 ist neben die bisher bestehenden Durchführungswege der betrieblichen Altersversorgung (Pensionskasse, Direktversicherung, Pensionszusage und Unterstützungskasse) die Möglichkeit getreten, **steuerfreie Arbeitgeberbeiträge** an Pensionsfonds zu entrichten (§ 3 Nr. 63 Satz 1 EStG), und zwar in Höhe von bis zu **4 %** der **Beitragsbemessungsgrenze** in der allgemeinen **Rentenversicherung** in den alten Bundesländern (2010 = 4 % von 66 000 € = 2640 €). Diese Steuerfreiheit löst Beitragsfreiheit in der Sozialversicherung aus (§ 1 Abs. 1 Nr. 9 SvEV). Dies gilt über das Jahr 2008 hinaus auch in den Fällen einer Entgeltumwandlung. nein nein

Für **Versorgungszusagen, die nach dem 31.12.2004** erteilt werden (sog. Neuzusagen), erhöht sich das steuerfreie Beitragsvolumen um einen festen Betrag von **1800 €** (§ 3 Nr. 63 Satz 3 EStG). Der **zusätzliche Steuerfreibetrag** gilt aber **nicht** im **Sozialversicherungsrecht**. nein ja

Pensionsfonds sind **rechtlich selbständige** Versorgungseinrichtungen, die gegen Zahlung von Beiträgen kapitalgedeckte betriebliche Altersversorgung für den Arbeitgeber durchführen. Sie zahlen nach Eintritt des Leistungsfalls an den Arbeitnehmer lebenslange Altersrenten mit der Möglichkeit der Abdeckung des Invaliditäts- und Hinterbliebenenrisikos. Im Vergleich zu den bereits seit vielen Jahren bestehenden Durchführungswegen ähnelt der Pensionsfonds am ehesten der Pensionskasse. (Kapital-)Einmalzahlungen außerhalb eines Auszahlungsplans anstelle der lebenslangen Altersversorgung sind jedoch bei Pensionsfonds – anders als bei Direktversicherungen und Pensionskassen – nicht zulässig.

Mit einer größeren Freiheit bei der Vermögensanlage besteht für Pensionsfonds die Chance, ein den internationalen Standards entsprechendes Anlagemanagement einzurichten. Dadurch können höhere Renditen erwirtschaftet werden, was nicht nur die Effizienz der betrieblichen Altersversorgung weiter verstärken, sondern auch den erforderlichen Aufwand zusätzlich verringern soll. Im Unterschied zu Pensionskassen und Direktversicherungen werden also Pensionsfonds eine **risikobehaftetere Kapitalanlagepolitik** betreiben (z. B. über einen höheren Anteil an Aktien), was zu höheren Erträgen aber auch zu (Kapital-)Verlusten führen kann.

Um die Sicherheit der angelegten Gelder zu gewährleisten, werden Geschäftsbetrieb und Ausstattung mit Eigenkapital (Solvabilität) durch die Bundesanstalt für Finanzdienstleistungs-Aufsicht (BAFin) überwacht. Außerdem müssen die **Ansprüche** des Arbeitnehmers über den **Pensions-Sicherungs-Verein abgesichert** werden.

Für **Arbeitnehmer** ist mit der Einrichtung des Pensionsfonds der Vorteil verbunden, dass sie einen **Rechtsanspruch gegenüber dem Pensionsfonds** als externen Träger der betrieblichen Altersvorsorung erhalten und ihre Ansprüche bei einem Wechsel des Arbeitgebers **mitnehmen** können. Ein Rechtsanspruch besteht also nicht nur gegen den Arbeitgeber.

Den **Arbeitgebern** bietet ein Pensionsfonds (aber auch eine Direktversicherung und eine Pensionskasse) den Vorteil, die betriebliche Altersversorgung durch **Beitragszusage mit einer Mindestgarantie** der eingezahlten Beiträge besser kalkulieren zu können und nicht mehr allein mit höheren Risiken verbundene langfristige Verpflichtungen aus Leistungszusagen eingehen zu müssen. Die **Beiträge** des Arbeitgebers an den Pensionsfonds sind **Betriebsausgaben**, soweit sie auf einer festgelegten Verpflichtung beruhen oder der Abdeckung von Fehlbeträgen bei dem Fonds dienen (§ 4e Abs. 1 und 2 EStG). Auch die **Beiträge** des Arbeitgebers an den **Pensions-Sicherungs-Verein** sind als **Betriebsausgaben** abziehbar. Beitragszahlungen des Arbeitgebers an einen Pensionsfonds während der Rentenbezugszeit des Arbeitnehmers (Fälle des § 112 Abs. 1a VAG) gehören übrigens nicht zum Arbeitslohn.

Vgl. im Übrigen auch die Erläuterungen im Anhang 6 Nr. 4.

2. Behandlung der Beiträge in der Ansparphase

Da der **Arbeitnehmer** einen **Rechtsanspruch** auf die künftigen Versorgungsleistungen erwirbt, sind die Beiträge zu dem **Pensionsfonds** gegenwärtig zufließender **Arbeitslohn** (§ 2 Abs. 2 Nr. 3 LStDV). Dieser Arbeitslohn wird jedoch seit 1.1.2002 aufgrund der Befreiungsvorschrift des § 3 Nr. 63 Satz 1 EStG in Höhe von **bis zu** 4 % der Beitragsbemessungsgrenze in der allgemeinen Rentenversicherung in den alten Bundesländern (2010 = 4 % von 66 000 € = **2640 €**) **steuerfrei** gestellt. Diese Steuerfreiheit löst **Beitragsfreiheit** in der Sozialversicherung aus. Dies gilt über das Jahr 2008 hinaus auch in den Fällen einer Entgeltumwandlung (§ 1 Abs. 1 Nr. 9 SvEV). nein nein

Für **Versorgungszusagen, die nach dem 31.12.2004** erteilt werden (sog. Neuzusagen), erhöht sich das steuerfreie Beitragsvolumen um einen festen Betrag von **1800 €** (§ 3 Nr. 63 Satz 3 EStG). Dieser **zusätzliche Steuerfreibetrag** gilt aber **nicht** im **Sozialversicherungsrecht**. nein ja

Die Anwendung der Befreiungsvorschrift setzt – wie bei Beiträgen zu einer Pensionskasse oder für eine Direktversicherung – ein bestehendes **erstes Dienstverhältnis** voraus. Die Steuerfreiheit wird unabhängig davon gewährt, ob die Beiträge **zusätzlich zum** ohnehin geschuldeten **Arbeitslohn** geleistet **oder** im Wege der **Gehaltsumwandlung** anstelle des geschuldeten Arbeitslohns erbracht werden.

Eine **Pauschalierung der Lohnsteuer** mit 20 % ist bei Beiträgen an einen Pensionsfonds – auch bei sog. Altzusagen (= Versorgungszusagen, die vor dem 1.1.2005 erteilt worden sind) – mangels gesetzlicher Regelung **nicht möglich**.

Soweit die Beiträge zu dem Pensionsfonds aus einer Entgeltumwandlung stammen, kann der Arbeitnehmer vom Arbeitgeber verlangen, dass die Voraussetzungen für eine Förderung über Altersvorsorgezulage oder Sonderausgabenabzug erfüllt werden. Die Voraussetzungen für eine steuerliche Förderung über Zulage und Sonderausgabenabzug (sog. „Riester-Rente" vgl. dieses Stichwort) sind aber nur dann erfüllt, wenn die entsprechenden Beiträge individuell über die Lohnsteuerkarte des jeweiligen Arbeitnehmers versteuert worden sind. Auf Grund dieses Zusammenhangs besteht die Möglichkeit, dass der Arbeitnehmer die **Steuerfreiheit** (und damit auch die Sozialversicherungsfreiheit) von Beiträgen an einen Pensionsfonds ganz oder teilweise „**abwählt**" und die individuelle Versteuerung über seine Lohnsteuerkarte verlangt (§ 3 Nr. 63 Satz 2 EStG). Die steuerlichen **Regelungen** der **betrieblichen Altersversorgung und privaten Altersvorsorge** sind ausführlich anhand von Beispielen in **Anhang 6** und **6a** des Lexikons erläutert.

Zur **Steuerfreiheit** der Leistungen eines Arbeitgebers oder einer Unterstützungskasse bei **Übernahme** bestehender **Versorgungsverpflichtungen** oder **-anwartschaften** durch einen **Pensionsfonds** vgl. die Erläuterungen im Anhang 6 unter Nr. 12.

3. Behandlung der Leistungen in der Auszahlungsphase

Versorgungsleistungen aus Pensionsfonds werden im Zeitpunkt der Auszahlung als sonstige Einkünfte **voll besteuert**, soweit sie auf **steuerfreien Beitragsleistungen** des Arbeitgebers beruhen (sog. **nachgelangerte Besteuerung** nach § 22 Nr. 5 Satz 1 EStG). Beruhen die späteren Versorgungsleistungen sowohl auf steuerfreien als auch auf steuerpflichtigen Beitragsleistungen, müssen die Versorgungsleistungen in einen voll steuerpflichtigen und einen grundsätzlich mit dem Ertragsanteil zu besteuernden Anteil aufgeteilt werden (§ 22 Nr. 5 Satz 2 Buchstabe a EStG). Diese Aufteilung muss von dem auszahlenden Pensionsfonds vorgenommen und dem Versorgungsberechtigten mitgeteilt werden (§ 22 Nr. 5 Satz 7 EStG).

Soweit für Beiträge zu einem Pensionsfonds die Zulagenförderung oder der Sonderausgabenabzug („Riester-Rente" vgl. dieses Stichwort) in Anspruch genommen wurde, führt dies insoweit ebenfalls zu einer **vollen nachgelagerten Besteuerung** der späteren Leistungen nach § 22 Nr. 5 Satz 1 EStG.

4. Krankenkassenbeiträge für Betriebsrenten

Leistungen aus Pensionsfonds sind bei gesetzlich Krankenversicherten als Versorgungsbezüge (§ 229 SGB V) krankenversicherungspflichtig (vgl. die Erläuterungen in Teil B Nr. 12 auf Seite 18).

Pensionskasse

Gliederung:

1. Allgemeines
2. Behandlung der Beiträge in der Ansparphase
   a) Steuerfreiheit der Beiträge zu einer Pensionskasse
   b) Pauschalierung der Lohnsteuer mit 20 % in Altfällen
3. Behandlung der Leistungen in der Auszahlungsphase
4. Krankenkassenbeiträge für Betriebsrenten

1. Allgemeines

Eine Pensionskasse ist eine **rechtsfähige** Versorgungseinrichtung, die dem begünstigten Arbeitnehmer oder seinen Hinterbliebenen einen **Rechtsanspruch** auf die Versorgungsleistungen gewährt. Sie werden von einem oder mehreren Unternehmen (Arbeitgeber) getragen.

Aus diesem Grund dürfen Pensionskassen nur als Versicherungsunternehmen betrieben werden und unterliegen als solche der Versicherungsaufsicht nach dem Versicherungsaufsichtsgesetz durch die Bundesanstalt für Finanzdienstleistungsaufsicht (BAFin), d. h. die Anlage der Kapitalmittel ist aus Gründen der Anlagesicherheit und Risikominimierung in qualitativer und quantitativer Hinsicht reglementiert (zu den Unterschieden gegenüber Pensionsfonds bei der Anlagepolitik vgl. auch dieses Stichwort). Pensionskassen müssen aus dem gleichen Grund **rechtsfähig** sein. Sie werden regelmäßig in der Form einer Kapitalgesellschaft oder eines Versicherungsvereins auf Gegenseitigkeit, manchmal auch in Form einer Stiftung betrieben.

Träger der Pensionskassen sind entweder Einzelbetriebe (praktisch nur Großbetriebe) oder Gruppen von Unternehmen oder Unternehmensverbände; es gibt sog. „offene" Pensionskassen, denen jeder Arbeitgeber beitreten kann. Auf die Bezeichnung der Versorgungseinrichtung kommt es nicht an. Auch „Versorgungskassen" oder gar „Unterstützungskassen" (vgl. dieses Stichwort) können Pensionskassen in dem dargestellten Sinn sein, wenn ein **Rechtsanspruch** des Arbeitnehmers auf die zugesagten Versorgungsleistungen besteht. Ob dies der Fall ist, ergibt sich regelmäßig aus der Satzung der Versorgungseinrichtung.

Die Mittel für die den Arbeitnehmern zugesagten Versorgungsleistungen aus der Pensionskasse werden durch Beiträge aufgebracht, die entweder vom Arbeitgeber allein oder von ihm und den Arbeitnehmern gemeinsam zu leisten sind. Die Beiträge des Arbeitgebers an Pensionskassen sind **Betriebsausgaben**, soweit sie auf einer in der Satzung oder im Geschäftsplan der Kasse festgelegten Verpflichtung oder auf einer Anordnung der Versicherungsaufsichtsbehörde beruhen oder der Abdeckung von Fehlbeträgen bei der Kasse dienen (§ 4c Abs. 1 EStG).

Nachfolgend wird die steuerliche Behandlung der Beiträge in der Ansparphase und die Behandlung der Leistungen in der Auszahlungsphase an **kapitalgedeckte** Pensionskassen dargestellt. Bei einer Kapitaldeckung wird das Versorgungskapital aus den Beiträgen für den einzelnen Arbeitnehmer aufgebaut, das heißt, der geleistete Beitrag kann dem einzelnen Arbeitnehmer genau zugeordnet werden.

Zur steuer- und beitragsrechtlichen Behandlung der Beiträge zu **umlagefinanzierten** Versorgungseinrichtungen wird auf die Erläuterungen beim Stichwort „Zukunftssicherung" unter Nr. 23, in Anhang 6 Nr. 5 Buchstabe d sowie in Anhang 19 Bezug genommen. Umlagefinanzierte Versorgungseinrichtungen sind u. a. die Versorgungsanstalt des Bundes und der Länder (VBL) und die kommunalen Zusatzversorgungskassen (ZVK). In diesen Fällen leistet der Arbeitgeber Umlagen in Höhe eines bestimmten Prozentsatzes von der Bruttolohnsumme an die Versorgungseinrichtung, die zur Finanzierung der aktuell zu erbringenden Versorgungsleistungen verwendet werden.

2. Behandlung der Beiträge in der Ansparphase

a) Steuerfreiheit der Beiträge zu einer Pensionskasse

Wegen des **Rechtsanspruchs** des Arbeitnehmers gehören die Zuwendungen an die Pensionskasse zum gegenwärtig zufließenden **Arbeitslohn** des Arbeitnehmers. Dieser Arbeitslohn ist seit 1. 1. 2002 aufgrund der Befreiungsvorschrift des § 3 Nr. 63 Satz 1 EStG in Höhe von bis zu 4 % der Beitragsbemessungsgrenze in der allgemeinen Rentenversicherung in den alten Bundesländern (2010 = 4 % von 66 000 € = **2640 €**) steuerfrei gestellt. Diese Steuerfreiheit löst Beitragsfreiheit in der Sozialversicherung aus (§ 1 Abs. 1 Nr. 9 Sozialversicherungsentgeltverordnung). Dies gilt auch in den Fällen einer Entgeltumwandlung über das Jahr 2008 hinaus. **nein   nein**

Für **Versorgungszusagen**, die **nach** dem **31. 12. 2004** erteilt werden (sog. Neuzusagen), erhöht sich das steuerfreie Beitragsvolumen um einen festen Betrag von **1800 €** (§ 3 Nr. 63 Satz 3 EStG). Der **zusätzliche Steuerfreibetrag** gilt aber **nicht im Sozialversicherungsrecht.** **nein   ja**

Soweit die Beiträge zu der Pensionskasse aus einer Entgeltumwandlung stammen, kann der Arbeitnehmer vom Arbeitgeber verlangen, dass die Voraussetzungen für eine Förderung über Altersvorsorgezulage oder Sonderausgabenabzug (sog. **„Riester-Rente"** vgl. dieses Stichwort) erfüllt werden. Die Voraussetzungen für eine steuerliche Förderung über Zulage und Sonderausgabenabzug sind aber nur dann erfüllt, wenn die entsprechenden Bei-

Pensionsrückstellung

	Lohn-steuer-pflichtig	Sozial-versich.-pflichtig

träge individuell über die Lohnsteuerkarte des jeweiligen Arbeitnehmers versteuert worden sind. Auf Grund dieses Zusammenhangs besteht die Möglichkeit, dass der Arbeitnehmer die **Steuerfreiheit** (und damit auch die Sozialversicherungsfreiheit) von Beiträgen zu einer Pensionskasse ganz oder teilweise „**abwählt**" und die individuelle Versteuerung über seine Lohnsteuerkarte verlangt (§ 3 Nr. 63 Satz 2 EStG). Die steuerlichen **Regelungen der betrieblichen Altersversorgung und privaten Altersvorsorge** sind ausführlich anhand von Beispielen in **Anhang 6 und 6a** des Lexikons erläutert.

b) Pauschalierung der Lohnsteuer mit 20 % in Altfällen

Beiträge zu Pensionskassen können nach § 40b EStG in der bis zum 31.12.2004 geltenden Fassung – auch in den Jahren 2005 ff. – mit 20 % pauschal versteuert werden (sog. Altfälle). Die Pauschalierung der Lohnsteuer mit 20 % löst Beitragsfreiheit in der Sozialversicherung aus, soweit die Beiträge zusätzlich zum regelmäßigen Arbeitsentgelt gezahlt werden oder aus einer Einmalzahlung (z. B. Weihnachtsgeld) stammen.   ja   nein

Die Pauschalierung der Beiträge zu einer Pensionskasse mit 20 % ist ausführlich beim Stichwort „Zukunftsicherung" unter Nr. 8 erläutert. Die Pauschalierung kommt aber nur dann in Betracht, wenn das unter a) beschriebene Freistellungsvolumen ausgeschöpft ist und es sich um eine Altzusage (= Versorgungszusage, die vor dem 1.1.2005 erteilt wurde) handelt.

Sowohl die Steuerfreiheit nach § 3 Nr. 63 EStG als auch die Pauschalierung der Lohnsteuer mit 20 % setzen ein bestehendes **erstes Dienstverhältnis** voraus. Die Steuerfreiheit und auch die Pauschalierung mit 20 % werden unabhängig davon gewährt, ob die Beiträge **zusätzlich** zum ohnehin geschuldeten **Arbeitslohn** geleistet **oder** im Wege der **Gehaltsumwandlung** anstelle des geschuldeten Arbeitslohns erbracht werden.

3. Behandlung der Leistungen in der Auszahlungsphase

Entsprechend der steuerlichen Behandlung in der Ansparphase werden die Versorgungsleistungen aus der Pensionskasse in der Auszahlungsphase entweder in **vollem Umfang oder** lediglich mit dem sog. **Ertragsanteil** als sonstige Einkünfte im Sinne des § 22 EStG versteuert. Diese Wechselwirkung ist ausführlich anhand von Beispielen in Anhang 6 Nr. 11 auf Seite 865 erläutert. In Ausnahmefällen kann es auch zu einer Besteuerung als sonstige Einkünfte in Höhe des sog. Besteuerungsanteils kommen.

4. Krankenkassenbeiträge für Betriebsrenten

Leistungen aus einer Pensionskasse sind bei gesetzlich Krankenversicherten als Versorgungsbezüge (§ 229 SGB V) krankenversicherungspflichtig (vgl. die Erläuterungen in Teil B Nr. 12 auf Seite 18).

Pensionsrückstellung

siehe „Pensionszusage"

Pensionszusage

Gliederung:

1. Allgemeines
2. Behandlung in der Ansparphase
3. Behandlung der Leistungen in der Auszahlungsphase
4. Krankenkassenbeiträge für Versorgungsbezüge

Pensionszusage

	Lohn-steuer-pflichtig	Sozial-versich.-pflichtig

1. Allgemeines

Arbeitgeber können ihren Arbeitnehmern vertraglich eine Versorgung für Alter, Tod (= Hinterbliebenenversorgung) oder Invalidität versprechen, ohne schon in der Gegenwart Ausgaben dafür zu machen. Solche Pensionszusagen (auch Direktzusage genannt) sind vor allem bei **Gesellschafter-Geschäftsführern von GmbHs** üblich. Der Arbeitgeber kann für eine Pensionszusage schon in der Gegenwart zu Lasten des Betriebsgewinns eine steuermindernde Pensionsrückstellung nach § 6a EStG bilden.

Seit 1.1.2002 können Versorgungsverpflichtungen aus einer Pensionszusage unter bestimmten Voraussetzungen steuerfrei auf einen Pensionsfonds übertragen werden (§ 3 Nr. 66 EStG, vgl. Anhang 6 Nr. 12 auf Seite 866).

2. Behandlung in der Ansparphase

Die Gewährung einer Pensionszusage und die damit verbundene **Bildung einer Pensionsrückstellung** in der Bilanz des Unternehmens lösen **keine Lohnsteuerpflicht** beim Arbeitnehmer aus.   nein   nein

Ob und ggf. in welcher Höhe eine solche Rückstellung nach einkommensteuerrechtlichen Grundsätzen gewinnmindernd anerkannt werden kann, ist für die Lohnsteuer ohne Bedeutung. Die Bildung einer Pensionsrückstellung stellt für den Arbeitnehmer in keinem Fall Zufluss von Arbeitslohn dar, da die Mittel bis zum Eintritt des Versorgungsfalls im Unternehmen verbleiben. **Steuerpflichtig** – und zwar als Arbeitslohn (vgl. nachfolgende Nr. 3) – sind in diesen Fällen die **späteren Versorgungsleistungen** des Arbeitgebers, wobei es sich häufig um Versorgungsbezüge (vgl. das Stichwort „Versorgungsbezüge, Versorgungsfreibetrag") handeln wird.

Seit einigen Jahren treten zunehmend Versorgungsmodelle auf, bei denen Barlohn in eine Pensionszusage umgewandelt wird. Diese Fragen sind beim Stichwort „Arbeitnehmerfinanzierte Pensionszusage" erläutert.

Hat der Arbeitgeber dem Arbeitnehmer eine Pensionszusage gegeben und hierfür eine **Rückdeckungsversicherung** abgeschlossen, so fließt dem Arbeitnehmer durch die Zahlung der Versicherungsbeiträge kein steuerpflichtiger Arbeitslohn zu (vgl. die Erläuterungen beim Stichwort „Rückdeckung"; auch zur Übertragung der Rückdeckungsversicherung auf den Arbeitnehmer).   nein   nein

3. Behandlung der Leistungen in der Auszahlungsphase

Wird die Pensionsrückstellung aufgelöst und werden die Versorgungsleistungen **in einer Summe** direkt **an den Arbeitnehmer ausgezahlt,** liegt steuerpflichtiger **Arbeitslohn** vor. Eine Pauschalierung der Lohnsteuer mit 20 % ist nicht möglich. Es handelt sich allerdings um eine Entschädigung, die nach den bei diesem Stichwort geltenden Grundsätzen ggf. unter Anwendung der sog. **Fünftelregelung** ermäßigt besteuert werden kann; regelmäßig liegt auch Arbeitslohn für mehrere Jahre vor (vgl. dieses Stichwort). Gleiches gilt, wenn der Arbeitgeber eine Rückdeckungsversicherung kündigt und das geschäftsplanmäßige Deckungskapital zuzüglich einer bis zu diesem Zeitpunkt zugeteilten Überschussbeteiligung in einer Summe an den Arbeitnehmer ausgezahlt oder die Rückdeckungsversicherung auf den Arbeitnehmer übertragen wird. Schließlich ist ein Zufluss von Arbeitslohn auch gegeben, wenn im Fall der Ablösung der Pensionszusage der Ablösungsbetrag auf Verlangen des Arbeitnehmers zur Übernahme der Pensionsverpflichtung an einen Dritten gezahlt wird (BFH-Urteil vom 12.4.2007, BStBl. II S. 581). Zur Steuerfreiheit bei Übertragung auf einen Pensionsfonds vgl. die Erläuterungen in Anhang 6 Nr. 12.

Tritt der Versorgungsfall ein und wird aufgrund der Versorgungszusage eine **laufende Betriebsrente** oder Werkspension an den Arbeitnehmer bezahlt, so handelt es sich hierbei um steuerpflichtigen Arbeitslohn (§ 19 Abs. 1 Nr. 2 EStG). Diese sog. **Versorgungsbezüge** sind durch den Versorgungsfreibetrag und den Zuschlag zum Versorgungsfreibetrag begünstigt, wenn der Arbeitnehmer das 63. Lebensjahr oder, wenn er schwerbehindert ist, das 60. Lebensjahr vollendet hat. Auf die ausführlichen Erläuterungen beim Stichwort „Versorgungsbezüge, Versorgungsfreibetrag" wird Bezug genommen.

Werden im Versorgungsfall die Betriebsrente oder Werkspension nicht laufend, sondern in einer Summe gezahlt, handelt es sich um Arbeitslohn für mehrere Jahre (vgl. dieses Stichwort), der bei einer Zusammenballung unter Anwendung der sog. Fünftelregelung ermäßigt besteuert werden kann. Die Gründe für eine **Kapitalisierung** der Versorgungsbezüge sind dabei unerheblich. Bei **Teilkapitalauszahlungen** ist das Erfordernis der Zusammenballung aber nicht erfüllt. Eine Anwendung der Fünftelregelung kommt für diese Zahlungen nicht in Betracht.*)

4. Krankenkassenbeiträge für Versorgungsbezüge

Leistungen aus einer Versorgungszusage sind bei gesetzlich Krankenversicherten als Versorgungsbezüge (§ 229 SGB V) krankenversicherungspflichtig (vgl. die Erläuterungen in Teil B Nr. 12 auf Seite 18).

Permanenter Lohnsteuer-Jahresausgleich

Neues auf einen Blick:

Der **permanente Lohnsteuer-Jahresausgleich** ist im Hinblick auf die Neuregelung der Vorsorgepauschale ab 2010 (vgl. im Einzelnen die Erläuterungen im Anhang 8) auch dann **ausgeschlossen,** wenn

- bezogen auf den Teilbetrag der **Vorsorgepauschale Rentenversicherung** der Arbeitnehmer innerhalb des Kalenderjahres **nicht durchgängig zu einem Rechtskreis** (West oder Ost) gehörte oder
- bezogen auf den Teilbetrag der **Vorsorgepauschale Rentenversicherung** oder den Teilbetrag der Vorsorgepauschale **gesetzliche Kranken- und soziale Pflegeversicherung** innerhalb des Kalenderjahres **nicht durchgängig ein Beitragssatz** anzuwenden war.

Entsprechendes gilt u. E. (= Ausschluss vom permanenten Lohnsteuer-Jahresausgleich), wenn **innerhalb des Kalenderjahres** eine **rentenversicherungspflichtige Beschäftigung** und eine **nicht rentenversicherungspflichtige Beschäftigung** (z. B. Bezug der Betriebsrente, weiterbeschäftigter Altersrentner, nicht optierender Minijobber) vorgelegen haben.

Der Ausschluss vom permanenten Lohnsteuer-Jahresausgleich gilt u. E. ab dem Lohnzahlungszeitraum, für den der Rechtskreiswechsel, die Änderung des Beitragssatzes bzw. die Änderung der Rentenversicherungspflicht der Beschäftigung eingetreten ist. Vgl. zu den Ausschlussfällen des permanenten Lohnsteuer-Jahresausgleichs auch die Erläuterungen unter der nachfolgenden Nr. 2.

Gliederung:

1. Allgemeines
2. Voraussetzungen für den permanenten Lohnsteuer-Jahresausgleich
3. Permanenter Lohnsteuer-Jahresausgleich bei Aushilfskräften und Teilzeitbeschäftigten

1. Allgemeines

Die Bezeichnung „Permanenter Lohnsteuer-Jahresausgleich" hat sich für ein besonderes Verfahren bei der Besteuerung des laufenden Arbeitslohns während des Kalenderjahres eingebürgert. Bei diesem Verfahren wird der **laufende** Lohnsteuerabzug nach dem voraussichtlichen Jahresarbeitslohn und unter Anwendung der **Jahreslohnsteuertabelle** vorgenommen. Hierdurch werden Überzahlungen an Lohnsteuer, die z. B. durch schwankende Arbeitslöhne entstehen können, ständig (permanent) ausgeglichen. Außerdem ergeben sich Vorteile bei Aushilfskräften, die von Fall zu Fall beschäftigt werden (vgl. die Erläuterungen unter der nachfolgenden Nr. 3). Mit einem „Lohnsteuer-Jahresausgleich" im eigentlichen Sinne dieses Worts hat das Verfahren aber nichts zu tun.

Der permanente Lohnsteuer-Jahresausgleich ist an sich nach § 39b Abs. 2 Satz 12 EStG von der Zustimmung des Betriebsstättenfinanzamts abhängig. Nach R 39b.8 Satz 4 LStR gilt die Genehmigung des Betriebsstättenfinanzamts grundsätzlich als erteilt, wenn die unter der nachstehenden Nr. 2 erläuterten Voraussetzungen vorliegen. Das Betriebsstättenfinanzamt kann aber die allgemein als erteilt geltende Genehmigung im Einzelfall widerrufen.

2. Voraussetzungen für den permanenten Lohnsteuer-Jahresausgleich

Die Lohnsteuer für **laufenden** Arbeitslohn kann nach R 39b.8 der Lohnsteuer-Richtlinien nach dem voraussichtlichen Jahresarbeitslohn unter Anwendung der Jahreslohnsteuertabelle ermittelt werden, wenn

a) der Arbeitnehmer unbeschränkt steuerpflichtig ist,

b) dem Arbeitgeber die Lohnsteuerkarte und die **Lohnsteuerbescheinigungen** aus etwaigen vorangegangenen Dienstverhältnissen**)** des Arbeitnehmers **vorliegen,**

c) der Arbeitnehmer seit Beginn des Kalenderjahres **ständig** in einem **Dienstverhältnis** gestanden hat**)**,

d) der Buchstabe U weder im Lohnkonto noch auf der Lohnsteuerbescheinigung des Arbeitnehmers eingetragen ist,

e) bei der Lohnsteuerberechnung kein Freibetrag oder Hinzurechnungsbetrag zu berücksichtigen ist,

f) der Arbeitnehmer kein Kurzarbeiter- oder Saison-Kurzarbeitergeld, keinen Zuschuss zum Mutterschaftsgeld, keinen Zuschuss nach § 4a der Mutterschutzverordnung oder einer entsprechenden Landesregelung, keine Aufstockungsbeträge nach dem Altersteilzeitgesetz, keine Altersteilzeitzuschläge nach beamtenrechtlichen Grundsätzen und auch keine Entschädigung für Verdienstausfall nach dem Infektionsschutzgesetz bezogen hat,

g) der Arbeitnehmer keinen Arbeitslohn bezogen hat, der nach einem Doppelbesteuerungsabkommen oder nach dem Auslandstätigkeitserlass (vgl. diese Stichworte) vom Lohnsteuerabzug befreit war,

h) die Teilbeträge der Vorsorgepauschale Rentenversicherung und/oder Kranken- und Pflegeversicherung oder

---

*) Tz. 267 des BMF-Schreibens vom 20.1.2009 (BStBl. I S. 273). Das BMF-Schreiben ist als Anhang 13c im **Steuerhandbuch für das Lohnbüro 2010** abgedruckt, das im selben Verlag erschienen ist. Das **PC-Lexikon** für das Lohnbüro 2010 enthält auch dieses Handbuch und hat außerdem den Vorteil, dass Sie **alle BFH-Urteile** sowie die aktuellen Rundschreiben und Niederschriften der Spitzenverbände der **Sozialversicherung** mit Mausklick **im Volltext** abrufen und ausdrucken können. Eine Bestellkarte finden Sie vorne im Lexikon.

**) Der Arbeitnehmer muss seit Beginn des Kalenderjahres nicht bei demselben Arbeitgeber in einem Dienstverhältnis gestanden haben. Entscheidend ist vielmehr, dass alle Lohnsteuerbescheinigungen der früheren Arbeitgeber für das Kalenderjahr vorliegen, das heißt, dass keine Fehlzeiten vorhanden sind. Die von früheren Arbeitgebern bezogenen Arbeitslöhne und die hierauf entfallenden Abzugsbeträge (Lohn- und Kirchensteuer sowie Solidaritätszuschlag) sind in den permanenten Lohnsteuer-Jahresausgleich mit einzubeziehen.

Permanenter Lohnsteuer-Jahresausgleich

der Beitragszuschlag für Kinderlose in der Pflegeversicherung nur zeitweise zu berücksichtigen sind.

Der **permanente Lohnsteuer-Jahresausgleich** ist im Hinblick auf die Neuregelung der Vorsorgepauschale ab 2010 (vgl. im Einzelnen die Erläuterungen im Anhang 8) auch dann **ausgeschlossen,** wenn

– bezogen auf den Teilbetrag der **Vorsorgepauschale Rentenversicherung** der Arbeitnehmer innerhalb des Kalenderjahres **nicht durchgängig zu einem Rechtskreis** (West oder Ost) gehörte oder

– bezogen auf den Teilbetrag der **Vorsorgepauschale Rentenversicherung** oder den Teilbetrag der Vorsorgepauschale **gesetzliche Kranken- und soziale Pflegeversicherung** innerhalb des Kalenderjahres **nicht durchgängig ein Beitragssatz** anzuwenden war.

Entsprechendes gilt u. E. (= Ausschluss vom permanenten Lohnsteuer-Jahresausgleich), wenn **innerhalb des Kalenderjahres** eine **rentenversicherungspflichtige Beschäftigung** und eine **nicht rentenversicherungspflichtige Beschäftigung** (z. B. Bezug der Betriebsrente, weiterbeschäftigter Altersrentner, nicht optierender Minijobber) vorgelegen haben.

Der Ausschluss vom permanenten Lohnsteuer-Jahresausgleich gilt u. E. ab dem Lohnzahlungszeitraum, für den der Rechtskreiswechsel, die Änderung des Beitragssatzes bzw. die Änderung der Rentenversicherungspflicht der Beschäftigung eingetreten ist.

Die Fälle, in denen der Arbeitgeber den permanenten Jahresausgleich nicht durchführen darf, decken sich also im Wesentlichen mit den Fällen, in denen der Arbeitgeber auch keinen Lohnsteuer-Jahresausgleich nach Ablauf des Kalenderjahres durchführen darf (vgl. das Stichwort „Lohnsteuer-Jahresausgleich durch den Arbeitgeber"). **Eine Ausnahme ist nur bei einem Wechsel der Steuerklassen und der Steuerklasse VI gemacht worden** (vgl. die folgenden Erläuterungen). Im Einzelnen gilt für den permanenten Jahresausgleich Folgendes:

Die besondere Lohnsteuerermittlung nach dem voraussichtlichen Jahresarbeitslohn darf nur für den **laufenden Arbeitslohn** vorgenommen werden; für die Lohnsteuerermittlung von **sonstigen Bezügen** ist **stets** das unter Stichwort „Sonstige Bezüge" dargestellte **besondere Verfahren** anzuwenden (R 39b.8 Satz 5 LStR). Zur Anwendung des permanenten Lohnsteuer-Jahresausgleichs ist nach Ablauf eines jeden Lohnzahlungszeitraums der **laufende Arbeitslohn** der abgelaufenen Lohnzahlungszeiträume auf einen Jahresbetrag **hochzurechnen,** z. B. der laufende Arbeitslohn für die Monate Januar bis April × 3. Vom Jahresbetrag sind der **Versorgungsfreibetrag,** der **Zuschlag zum Versorgungsfreibetrag** und der **Altersentlastungsbetrag** abzuziehen, wenn die Voraussetzungen für den Abzug dieser Freibeträge jeweils erfüllt sind. Ein Ausgleich mit nicht ausgeschöpften Beträgen aus den Vormonaten ist also beim permanenten Jahresausgleich ausnahmsweise möglich (vgl. die Stichworte „Altersentlastungsbetrag" und „Versorgungsbezüge, Versorgungsfreibetrag"). Für den verbleibenden Jahreslohn ist die Lohnsteuer nach der **Jahreslohnsteuertabelle zu ermitteln.** Dies gilt auch für den **Solidaritätszuschlag** und die **Kirchensteuer** (vgl. diese Stichworte). Dabei sind die auf der Lohnsteuerkarte eingetragene Steuerklasse und Zahl der Kinderfreibeträge maßgebend. Sodann ist der **Teilbetrag der Jahreslohnsteuer zu ermitteln,** der auf die abgelaufenen Lohnzahlungszeiträume entfällt. Von diesem Steuerbetrag ist die **Lohnsteuer abzuziehen,** die von dem laufenden Arbeitslohn der abgelaufenen Lohnzahlungszeiträume **bereits erhoben** worden ist; der Restbetrag ist die Lohnsteuer, die für den zuletzt abgelaufenen Lohnzahlungszeitraum zu erheben ist. In den Fällen, in denen die maßgebende Steuerklasse während des Kalenderjahres gewechselt hat, ist anstelle der Lohnsteuer, die vom laufenden Arbeitslohn der abgelaufenen Lohnzahlungszeiträume erhoben worden ist, die Lohnsteuer abzuziehen, die nach der zuletzt maßgebenden Steuerklasse vom laufenden Arbeitslohn bis zum vorletzten abgelaufenen Lohnzahlungszeitraum zu erheben gewesen wäre. Das Gleiche gilt bei einer Änderung der Zahl der Kinderfreibeträge.

Beispiel

Hat bei einem Arbeitnehmer ab 1. 4. 2010 die Steuerklasse von V in III/0 gewechselt, so ist für die Ermittlung der einzubehaltenden Lohnsteuer für April die nach der Steuerklasse III/0 ermittelte anteilige Jahreslohnsteuer um die Lohnsteuer zu kürzen, die in den Monaten Januar bis März nach der Steuerklasse III/0 einzubehalten gewesen wäre.

Der permanente Lohnsteuer-Jahresausgleich ist grundsätzlich in allen Fällen durchführbar, gleichgültig welche Steuerklasse auf der Lohnsteuerkarte eingetragen ist (er gilt also auch für die Arbeitnehmer, die die Steuerklasse IV, V oder VI auf der Lohnsteuerkarte bescheinigt haben).

3. Permanenter Lohnsteuer-Jahresausgleich bei Aushilfskräften und Teilzeitbeschäftigten

Die Berechnung der Lohnsteuer für den laufenden Arbeitslohn nach der Jahrestabelle bietet vor allem dann **Vorteile,** wenn die Steuerklasse **V oder VI** zugrunde gelegt werden kann und die **Lohnsteuerkarte** dem Arbeitgeber **während des ganzen Kalenderjahres vorliegt,** auch wenn die Tätigkeit und die Lohnzahlung öfter unterbrochen werden. Dies kann bei Aushilfskräften der Fall sein, die der Arbeitgeber von Fall zu Fall einsetzt. Werden die in § 40 a EStG festgelegten Grenzen überschritten, darf die Lohnsteuer bei solchen Beschäftigungen nicht pauschal erhoben werden (vgl. die Erläuterungen beim Stichwort „Pauschalierung der Lohnsteuer bei Aushilfskräften und Teilzeitbeschäftigten"), mit der Folge, dass der oft unverhältnismäßig hohe Lohnsteuerabzug bei tageweiser Anwendung der Lohnsteuerklasse V oder VI in Kauf genommen werden müsste. Durch den permanenten Jahresausgleich kann dieser Effekt vermieden und in vielen Fällen die **Steuerbelastung** auf den Eingangssteuersatz von 14 % **gesenkt** werden. Wichtig ist für dieses Verfahren, dass der Arbeitnehmer eine Lohnsteuerkarte mit der Steuerklasse V oder VI vorlegt, die noch keine Lohnsteuerbescheinigung enthält, und diese Lohnsteuerkarte während des ganzen Kalenderjahres beim Arbeitgeber verbleibt. Denn in diesem Fall werden die erzielten Arbeitslöhne im Ergebnis nach der **Jahreslohnsteuertabelle** besteuert, was eine spürbare Entschärfung der Steuerprogression zur Folge hat. Die Auswirkung des permanenten Jahresausgleichs soll an folgenden Beispielen verdeutlicht werden:

– **Beispiel A** für eine tageweise beschäftigte Aushilfskraft unter Vorlage einer Lohnsteuerkarte mit der **Steuerklasse VI**

– **Beispiel B** für eine Aushilfskraft, die einen Monat im Kalenderjahr unter Vorlage einer Lohnsteuerkarte mit der **Steuerklasse V** beschäftigt wird.

Die Steuerbeträge in den **Steuerklassen V und VI** sind in 2010 niedriger als 2009, da **ab 2010** erstmals auch in den Steuerklassen V und VI bei Versicherungspflicht eine **Vorsorgepauschale** berücksichtigt wird (vgl. die Erläuterungen in Anhang 8).

Beispiel A

Der Arbeitnehmer legt dem Arbeitgeber zu Beginn des Kalenderjahres 2010 eine Lohnsteuerkarte mit der Steuerklasse VI vor. Im Juni 2010 erhält der Arbeitnehmer für eine Tätigkeit in der Zeit vom 11. bis 14. 6. 2010 eine Vergütung von 200 €. Bei Anwendung der Tagestabelle auf 50,— € (Steuerklasse VI) hätte der Arbeitgeber hiervon Lohnsteuer in Höhe von 41,88 € (10,47 € × 4) einzubehalten. Die Kirchensteuer (8 %) beträgt 3,32 € (0,83 € × 4). Der Solidaritätszuschlag würde 2,28 € (0,57 € × 4) betragen. Der Arbeitnehmer ist jedoch berechtigt, die Lohnsteuer nach dem voraussichtlichen Jahresarbeitslohn unter Anwendung der Jahreslohnsteuertabelle für die Zeit vom 1. 1.–14. 6. 2010 zu berechnen, da der Arbeitnehmer eine Lohnsteuerkarte mit der Steuerklasse VI vorgelegt hat, die für diesen Zeitraum keine Eintragungen über Vorbeschäftigungen enthält. Nach R 39b.8 der Lohnsteuer-Richtlinien ergibt sich folgende Berechnung der Lohnsteuer:

Permanenter Lohnsteuer-Jahresausgleich

	Lohn-steuer-pflichtig	Sozial-versich.-pflichtig
Vergütung für die Zeit vom 11.–14. 6. 2010	200,— €	
Unter Einbeziehung der Zeit vom 1. Januar bis 14. Juni 2010 errechnet sich ein voraussichtlicher Jahresarbeitslohn von	439,02 €	
$\frac{200 \times 360}{164}$ (5 Monate à 30 Tage + 14 Tage im Juni)		
Lohnsteuer hierauf nach der Jahreslohnsteuertabelle (Steuerklasse VI)	54,— €	
Solidaritätszuschlag	0,— €	
Kirchensteuer (8 %)	4,32 €	
Teilbetrag der Jahreslohnsteuer, der auf die Zeit vom 1. 1.–14. 6. 2010 entfällt		
$\frac{54\,€ \times 164}{360}$	24,60 €	
Für die Lohnzahlung im Juni 2010 einzubehaltende Lohnsteuer	24,60 €	
Kirchensteuer (8 % von 24,60 €)	1,96 €	

Erhält der Arbeitnehmer im Juni 2010 seine Lohnsteuerkarte zurück, so hat der Arbeitgeber Folgendes zu bescheinigen:

Beschäftigungsdauer	vom 1. 1.–14. 6. 2010
Bruttoarbeitslohn	200,— €
einbehaltene Lohnsteuer	24,60 €
einbehaltene Kirchensteuer	1,96 €

Lässt der Arbeitnehmer dagegen seine Lohnsteuerkarte bei diesem Arbeitgeber, weil er im Kalenderjahr 2010 nochmals für ihn kurzfristig arbeiten will und bezieht er für eine Tätigkeit in der Zeit vom 6. bis 9. 10. 2010 weitere 200 €, so ergibt sich hierfür folgende Berechnung der Lohnsteuer:

Vergütung für die Zeit vom 6.–9. 10. 2010	200,— €
Unter Einbeziehung der Zeit vom 1. 1.–9. 10. 2010 und des bereits im Juni gezahlten Arbeitslohnes in Höhe von 200 € errechnet sich ein voraussichtlicher Jahresarbeitslohn von	516,13 €
$\frac{400 \times 360}{279}$ (9 Monate à 30 Tage + 9 Tage im Oktober)	
Lohnsteuer hierauf nach der Jahreslohnsteuertabelle (Steuerklasse VI)	63,— €
Solidaritätszuschlag	0,— €
Kirchensteuer (8 %)	5,04 €
Teilbetrag der Jahreslohnsteuer, der auf die Zeit vom 1. 1.–9. 10. 2010 entfällt	
$\frac{63\,€ \times 279}{360}$	48,82 €
Lohnsteuer, die vom Arbeitgeber bei früheren Lohnzahlungen (11.–14. 6. 2010) bereits einbehalten wurde	24,60 €
Differenz = die für die Lohnzahlung im Oktober einzubehaltende Lohnsteuer	24,22 €
Kirchensteuer (8 % von 24,22 €)	1,93 €

Erhält der Arbeitnehmer im Oktober 2010 seine Lohnsteuerkarte zurück, so hat der Arbeitgeber Folgendes zu bescheinigen:

Beschäftigungsdauer	1. 1.–9. 10. 2010
Bruttoarbeitslohn	400,— €
einbehaltene Lohnsteuer	48,82 €
einbehaltene Kirchensteuer	3,89 €

Wird dem Arbeitnehmer erst nach Ablauf des Kalenderjahres seine Lohnsteuerkarte für 2010 zurückgegeben, so hat der Arbeitgeber Folgendes zu bescheinigen:

Beschäftigungsdauer	1. 1.–31. 12. 2010
Bruttoarbeitslohn	400,— €
einbehaltene Lohnsteuer	48,82 €
einbehaltene Kirchensteuer	3,89 €

Obwohl dem Arbeitgeber die Lohnsteuerkarte während des ganzen Kalenderjahres 2010 vorgelegen hat, darf er für diesen Arbeitnehmer keinen Lohnsteuer-Jahresausgleich durchführen, da dieser bei Vorlage einer Lohnsteuerkarte mit der Steuerklasse VI nicht zugelassen ist.

Eine Gegenüberstellung der beiden Verfahren – Berechnung der Lohnsteuer nach der Tagestabelle und permanenter Lohnsteuer-Jahresausgleich – zeigt im Beispielsfall, dass die Anwendung des permanenten Lohnsteuer-Jahresausgleichs zu einer wesentlich geringeren Steuerbelastung führt:

	Berechnung der Lohnsteuer nach der Tagestabelle	Permanenter Lohnsteuer-Jahresausgleich
Arbeitslohn (50 € × 8 =)	400,— €	400,— €
Lohnsteuer	83,76 €	48,82 €
Solidaritätszuschlag	4,56 €	0,— €
Kirchensteuer (8 %)	6,64 €	3,89 €
Steuerbelastung insgesamt	94,96 €	52,71 €
prozentuale Steuerbelastung	23,74 %	13,18 %

Beispiel B

Eine Arbeitnehmerin arbeitet seit Jahren im Dezember als Aushilfskraft beim gleichen Arbeitgeber. Sie legt dem Arbeitgeber zu Beginn eines jeden Kalenderjahres ihre Lohnsteuerkarte mit der Steuerklasse V vor, so auch für das Kalenderjahr 2010. Im Dezember 2010 ergibt sich für einen Arbeitslohn von 1200 € folgende Lohnabrechnung bei der Anwendung des permanenten Lohnsteuer-Jahresausgleichs:

Monatslohn für Dezember 2010	1 200,— €
Unter Einbeziehung der Zeit vom 1. Januar bis 30. November 2010 errechnet sich ein voraussichtlicher Jahresarbeitslohn von	
$\frac{1200 \times 12}{12} =$	1 200,— €
Lohnsteuer hierauf nach Steuerklasse V der Jahreslohnsteuertabelle 2010	14,— €
Solidaritätszuschlag	0,— €
Kirchensteuer (8 %)	1,12 €
Steuerbelastung insgesamt	15,12 €

Gibt der Arbeitgeber der Arbeitnehmerin die Lohnsteuerkarte nach Ablauf des Kalenderjahres zurück, so hat er Folgendes zu bescheinigen:

Beschäftigungsdauer	vom 1. 1.–31. 12. 2010
Bruttoarbeitslohn	1 200,— €
einbehaltene Lohnsteuer	14,— €
einbehaltener Solidaritätszuschlag	0,— €
einbehaltene Kirchensteuer	1,12 €

Bei Anwendung der Monatstabelle 2010 für den Monatslohn von 1200 € im Dezember (Steuerklasse V) würden sich folgende Steuerabzüge ergeben:

Lohnsteuer	190,— €
Solidaritätszuschlag	10,45 €
Kirchensteuer (8 %)	15,20 €
Steuerbelastung insgesamt	215,65 €

Durch die Anwendung des permanenten Lohnsteuer-Jahresausgleichs spart sich die Arbeitnehmerin (215,65 € – 15,12 €) 200,53 € Steuer.

Sozialversicherungsbeiträge fallen nicht an, da das Beschäftigungsverhältnis als kurzfristige Beschäftigung sozialversicherungsfrei ist (vgl. das Stichwort „Geringfügige Beschäftigung" unter Nr. 14).

Personalcomputer

siehe „Computer"

Persönliche Lohnsteuerbefreiungen

Persönlich lohnsteuerpflichtig sind grundsätzlich alle Arbeitnehmer, die im Inland einen Wohnsitz oder gewöhnlichen Aufenthalt haben (unbeschränkte Steuerpflicht) oder die, ohne im Inland einen Wohnsitz oder gewöhnlichen Aufenthalt zu haben, im Inland eine nichtselbständige Tätigkeit ausüben oder verwerten (beschränkte Steuerpflicht). Dies gilt auch für Ausländer, soweit sich nicht aus Doppelbesteuerungsabkommen oder sonstigen Sonderregelungen (siehe unten) etwas anderes ergibt. Die Staatsangehörigkeit eines Arbeitnehmers spielt keine Rolle.

Bestimmte Personengruppen sind kraft der von ihnen ausgeübten Tätigkeit ganz oder in Bezug auf die Vergütungen für diese Tätigkeit von der deutschen Lohnsteuerpflicht persönlich befreit. Es handelt sich insbesondere

	Lohn-steuer-pflichtig	Sozial-versich.-pflichtig

um die im Inland tätigen Angehörigen der **diplomatischen** und **konsularischen Vertretungen auswärtiger Staaten,** deren Gehalt nach § 3 Nr. 29 EStG steuerfrei ist. Weiterhin sind die von der **Europäischen Union** und deren Unterorganisationen sowie von ähnlichen **internationalen Organisationen** (z. B. OECD, Europarat, UNO usw.) gezahlten Gehälter aufgrund internationaler Verträge steuerfrei. Steuerfrei sind auch die Mitglieder ausländischer Streitkräfte und ihre (ausländischen) Angehörigen mit ihren Truppenbezügen (Artikel X **NATO-Truppenstatut**). Zum Teil sind diese besonderen Befreiungsvorschriften von der Staatsangehörigkeit des Empfängers abhängig.

Die bei den **ausländischen Streitkräften** in der Bundesrepublik Deutschland beschäftigten **deutschen Arbeitnehmer** unterliegen der Sozialversicherungspflicht nach den allgemeinen Vorschriften. Sie müssen jedoch die Arbeitgeberpflichten (Meldung, Beitragsabführung) als Arbeitnehmer selbst erfüllen. Ebenso unterliegt ihr Arbeitslohn grundsätzlich der Lohnsteuer. Da jedoch den ausländischen Streitkräften keine Arbeitgeberpflichten auferlegt werden können, haben diese Arbeitnehmer ihren Arbeitslohn im Wege der Veranlagung zur Einkommensteuer zu versteuern, wenn die ausländischen Streitkräfte den Lohnsteuerabzug nicht freiwillig durchführen.

Siehe auch die Stichworte: Auslandsbeamte, Beschränkt steuerpflichtige Arbeitnehmer und Erweiterte unbeschränkte Steuerpflicht.

Personalrabatte

siehe „Rabatte, Rabattfreibetrag"

Personenschutz

Es kommt immer häufiger vor, dass **Arbeitgeber** für Arbeitnehmer, die aufgrund ihrer beruflichen Position gefährdet sind (vor allem **Führungskräfte** der Wirtschaft, Vorstandsmitglieder von Banken, Minister usw.), Kosten für **Sicherheitsmaßnahmen** übernehmen. Bei der Bereitstellung von Personenschutz, sog. Body-Guards, gilt nach bundeseinheitlicher Verwaltungsanweisung*) Folgendes:

Aufwendungen des Arbeitgebers für das ausschließlich mit dem **Personenschutz** befasste Personal, sog. Body-Guards, führen **nicht** zu steuerpflichtigem **Arbeitslohn** der zu schützenden Person, weil diese Aufwendungen im ganz **überwiegenden eigenbetrieblichen Interesse** des Arbeitgebers liegen und der Arbeitnehmer durch diese „aufgedrängten" Leistungen nicht bereichert wird.   nein   nein

Zum Einbau von Sicherheitseinrichtungen in der Wohnung des Arbeitnehmers vgl. das Stichwort „Sicherheitseinrichtungen".

Pfändung

siehe „Lohnpfändung"

Pflegepauschbetrag

siehe Anhang 7 Abschnitt D Nr. 10 auf Seite 912

Pflegetätigkeit

siehe „Nebentätigkeit für gemeinnützige Organisationen"

Pflegeversicherung

Versicherungspflicht in der sozialen Pflegeversicherung besteht für den Personenkreis, der auch der gesetzlichen Krankenversicherung unterliegt (§ 20 Abs. 1 Satz 1 SGB XI). Darüber hinaus sind in die soziale Pflegeversicherung auch die Personen einbezogen, die in der gesetzlichen Krankenkasse freiwillig krankenversichert sind (§ 20 Abs. 3 SGB XI).

Freiwillig in der gesetzlichen Krankenversicherung Versicherte, die bei einem privaten Unternehmen gegen das Risiko der Pflegebedürftigkeit versichert sind, werden auf Antrag (Frist drei Monate) von der **Versicherungspflicht** in der sozialen Pflegeversicherung **befreit,** wenn die Leistungsansprüche aus diesem Vertrag dem Leistungsumfang der sozialen Pflegeversicherung gleichwertig sind.

Für die Pflegeversicherung gilt folgender Grundsatz: **Pflegeversicherung folgt Krankenversicherung.** Das bedeutet, dass Versicherungspflicht in der sozialen Pflegeversicherung nicht in Betracht kommt, wenn aufgrund der Beschäftigung nach § 6 oder § 7 SGB V Krankenversicherungsfreiheit besteht oder der Arbeitnehmer nach § 8 SGB V von der Krankenversicherungspflicht befreit ist. Dies bedeutet weiterhin, dass z. B. Arbeitnehmer, die eine wegen Überschreitens der Jahresarbeitsentgeltgrenze nach § 6 Abs. 1 Nr. 1 SGB V krankenversicherungsfreie Beschäftigung oder eine nach § 8 SGB IV geringfügige Beschäftigung ausüben, aufgrund dieser Beschäftigung nicht der Versicherungspflicht in der sozialen Pflegeversicherung unterliegen.

Der Beitragssatz zur Pflegeversicherung beträgt seit 1.7.2008 1,95 %. **Kinderlose Mitglieder** der sozialen Pflegeversicherung, die das 23. Lebensjahr vollendet haben, haben einen um 0,25 Beitragssatzpunkte erhöhten Beitrag zu zahlen (Beitragszuschlag für Kinderlose). Den Beitragszuschlag trägt das Mitglied; eine Beteiligung Dritter ist hierbei nicht vorgesehen. Dies bedeutet, dass der **Beitragszuschlag** vom Arbeitgeber **nicht** – auch nicht anteilig – **steuerfrei erstattet** werden kann. Der Beitragszuschlag ist nicht zu zahlen, wenn die Elterneigenschaft des Mitglieds gegenüber dem Arbeitgeber nachgewiesen wird oder diesem die Elterneigenschaft bereits aus anderem Anlass bekannt ist. Mitglieder, die **vor dem 1.1.1940 geboren** sind sowie Wehr- und Zivildienstleistende und Bezieher von Arbeitslosengeld II, sind generell von der **Beitragszuschlagspflicht ausgenommen**. Der Beitragszuschlag ist auch bei einer Beitragsberechnung in Anwendung der Gleitzonenregelung zu berücksichtigen (vgl. die ausführlichen Erläuterungen beim Stichwort „Beitragszuschlag zur sozialen Pflegeversicherung für Kinderlose").

Zur Berechnung der Beiträge vgl. das Stichwort „Berechnung der Lohnsteuer und der Sozialversicherungsbeiträge". Dort wird auch auf die Besonderheiten eingegangen, die bei der Verteilung der Beitragslast auf Arbeitgeber und Arbeitnehmer gelten, wenn der Ort der Tätigkeit in Sachsen liegt.

Zur Verpflichtung des Arbeitgebers in bestimmten Fällen einen Zuschuss zu den Beiträgen des Arbeitnehmers zur Pflegeversicherung zu leisten, vgl. auch das Stichwort „Arbeitgeberzuschuss zur Pflegeversicherung".

Durch das Gesetz zur Weiterentwicklung der Pflegeversicherung ist ab 1.7.2008 auch das Pflegezeitgesetz in Kraft getreten. Die sozialversicherungsrechtlichen Auswirkungen bei Inanspruchnahme von Pflegezeiten sind unter dem Stichwort „Pflegezeit" detailliert beschrieben.

*) BMF-Schreiben vom 30.6.1997 (BStBl. I S. 696). Das BMF-Schreiben ist als Anlage 3 zu H 8.1 (5–6) LStR im **Steuerhandbuch für das Lohnbüro 2010** abgedruckt, das im selben Verlag erschienen ist. Das **PC-Lexikon** für das Lohnbüro 2010 enthält auch dieses Handbuch und hat außerdem den Vorteil, dass Sie **alle BFH-Urteile** sowie die aktuellen Rundschreiben und Niederschriften der Spitzenverbände der **Sozialversicherung** mit Mausklick **im Volltext** abrufen und ausdrucken können. Eine Bestellkarte finden Sie vorne im Lexikon.

Pflegezeit

Gliederung:

1. Allgemeines
   a) Arbeitsrechtliche Ansprüche
   b) Lohnsteuerliche Behandlung
   c) Sozialversicherungsrechtliche Auswirkungen
2. Kurzfristige Arbeitsverhinderung bis zu 10 Arbeitstagen (§ 2 PflegeZG)
   a) Fortbestehen des Beschäftigungsverhältnisses
   b) Auswirkungen auf das Jahresarbeitsentgelt
   c) SV-Tage während „kurzfristiger Arbeitsverhinderung"
3. Inanspruchnahme von Pflegezeit nach § 3 PflegeZG bis zu maximal 6 Monaten (§§ 3 und 4 PflegeZG)
4. Teilweise Inanspruchnahme von Pflegezeit
   a) Versicherungsfreiheit wegen Geringfügigkeit
   b) Entgelt innerhalb der Gleitzone
   c) Befreiung von der Krankenversicherungspflicht für bisher privat Krankenversicherte
5. Vollständige Inanspruchnahme von Pflegezeit
   a) Kein kostenfreier Fortbestand der Mitgliedschaft in der Kranken- und Pflegeversicherung von bisher gesetzlich Versicherten
   b) Keine Verlängerung der Mitgliedschaft um einen Monat
6. Melderechtliche Auswirkungen für den Arbeitgeber

1. Allgemeines

a) Arbeitsrechtliche Ansprüche

Nach § 2 des seit 1. Juli 2008 geltenden Pflegezeitgesetzes (PflegeZG) vom 28. 5. 2008 (BGBl. I S. 896) haben Arbeitnehmer das Recht bis zu **10 Arbeitstage** der Arbeit fernzubleiben, um einen pflegebedürftigen nahen Angehörigen in einer akut auftretenden Pflegesituation eine bedarfsgerechte Pflege zu organisieren **(sog. kurzzeitige Arbeitsverhinderung)**. Die Inanspruchnahme der kurzzeitigen Pflegezeit muss dem Arbeitgeber unverzüglich mitgeteilt werden und auf Verlangen des Arbeitgebers muss eine ärztliche Bescheinigung über die Pflegebedürftigkeit und die Erforderlichkeit vorgelegt werden. Der Arbeitgeber ist während der kurzzeitigen Arbeitsverhinderung des Arbeitnehmers nur dann zur Fortzahlung der Vergütung verpflichtet, wenn sich eine solche Verpflichtung aus anderen arbeitsrechtlichen Vorschriften (§ 616 BGB) oder aufgrund individualvertraglicher Absprachen, Betriebsvereinbarungen oder Tarifverträgen ergibt (vgl. das Stichwort „Arbeitsverhinderung").

Nach §§ 3 und 4 PflegeZG kann der Arbeitnehmer – ohne Anspruch auf Entgeltfortzahlung – ganz oder teilweise für längstens **6 Monate** zur Pflege eines pflegebedürftigen Angehörigen von der Arbeit freigestellt werden, wenn er für einen Arbeitgeber tätig ist, der **mehr als 15 Arbeitnehmer** beschäftigt.

Nahe Angehörige im Sinne des Pflegezeitgesetzes sind z. B. Kinder, Enkelkinder, Ehegatten, Lebenspartner, Eltern, Großeltern, Schwiegereltern (§ 7 Abs. 3 PflegeZG).

b) Lohnsteuerliche Behandlung

Lohnsteuerlich ergeben sich keine Besonderheiten, das heißt die Lohnsteuer errechnet sich aus dem tatsächlich an den Arbeitnehmer gezahlten verminderten Arbeitsentgelt. Solange die Lohnsteuerkarte beim Arbeitgeber verbleibt, besteht das lohnsteuerliche Arbeitsverhältnis fort (vgl. die Erläuterungen beim Stichwort „Teillohnzahlungszeitraum"). Fällt der Anspruch auf Arbeitslohn für mindestens **fünf** aufeinanderfolgende **Arbeitstage** im Wesentlichen weg, ist der Großbuchstabe „U" im Lohnkonto zu vermerken. Auf die Erläuterungen beim Stichwort „Lohnkonto" unter Nr. 9 auf Seite 449 wird Bezug genommen.

c) Sozialversicherungsrechtliche Auswirkungen

Für den Bereich der Sozialversicherung ergeben sich aus dem Pflegezeitgesetz eine Reihe von Auswirkungen, die nachfolgend im Einzelnen dargestellt sind.

2. Kurzfristige Arbeitsverhinderung bis zu 10 Arbeitstagen (§ 2 PflegeZG)

a) Fortbestehen des Beschäftigungsverhältnisses

Bei kurzfristigen Arbeitsverhinderungen im Sinne des § 2 des PflegeZG ergeben sich sozialversicherungsrechtlich – abgesehen von der entsprechenden Reduzierung des beitragspflichtigen Arbeitsentgelts für den maßgeblichen Zeitraum – keine Besonderheiten. Das versicherungspflichtige Beschäftigungsverhältnis besteht während der kurzfristigen Arbeitsverhinderung, die jeweils längstens 10 Arbeitstage betragen darf, unverändert und ununterbrochen fort. Dies gilt für alle Versicherungszweige der gesetzlichen Sozialversicherung. Eine besondere Meldepflicht für den Arbeitgeber ergibt sich in diesen Fällen nicht.

b) Auswirkungen auf das Jahresarbeitsentgelt

Die Reduzierungen des tatsächlichen Arbeitsentgelts wegen „kurzfristiger Arbeitsunterbrechung" wird wie eine durch den Bezug von Entgeltersatzleistungen (z. B. Krankengeld, Elterngeld, Verletztengeld etc.) bedingte Reduzierung des tatsächlichen Arbeitsentgelts bewertet. Bei der Beurteilung des Jahresarbeitsentgelts ist daher das regelmäßige Arbeitsentgelt in der Höhe anzusetzen, **in der es ohne die Unterbrechung erzielt worden wäre** (vgl. hierzu § 6 Abs. 4 Satz 5 SGB V).

Der Zeitraum der kurzfristigen Arbeitsunterbrechung im Sinne des § 2 PflegeZG wirkt sich somit auf die Beurteilung der Kranken- und Pflegeversicherungspflicht grds. nicht aus, weil die Weiterzahlung des bisherigen Arbeitsentgelts fiktiv unterstellt wird.

c) SV-Tage während „kurzfristiger Arbeitsverhinderung"

Bezüglich der Beitragsabführung ist zu beachten, dass für die Zeit der kurzfristigen Arbeitsverhinderung wegen des tatsächlich fehlenden Entgeltbezugs die sogenannten Sozialversicherungstage (SV-Tage) auf „0" zu stellen sind. Somit reduzieren sich diese entsprechend dem Zeitraum der Arbeitsverhinderung.

Bei Beschäftigten, deren Arbeitsentgelt ansonsten die Beitragsbemessungsgrenze der Kranken- und Pflegeversicherung (2010: mtl. 3750 €) bzw. der Renten- und Arbeitslosenversicherung (2010: mtl. 5500 € bzw. im Osten 4650 €) erreicht bzw. übersteigt, können sich dadurch Auswirkungen sowohl bezüglich der Beitragspflicht aus laufendem Arbeitsentgelt, als auch bei der beitragsrechtlichen Beurteilung von Einmalzahlungen wie Urlaubs- und Weihnachtsgeld, ergeben.

3. Inanspruchnahme von Pflegezeit nach § 3 PflegeZG bis zu maximal 6 Monaten (§§ 3 und 4 PflegeZG)

Zu den Beschäftigten, die Pflegezeit in Anspruch nehmen können, gehören nicht nur Arbeitnehmerinnen und Arbeitnehmer. Vielmehr fallen unter den berechtigten Personenkreis auch die zur Berufsausbildung Beschäftigten (Auszubildenden) sowie Heimarbeiter und die ihnen Gleichgestellten.

Bei diesen Personenkreisen hat die Inanspruchnahme der neuen Pflegezeit – abhängig vom jeweiligen Versicherungsstatus bei Beginn der Inanspruchnahme – unterschiedlichste sozialversicherungsrechtliche Auswirkungen.

Pflegezeit

Lohnsteuerpflichtig | Sozialversich.-pflichtig

4. Teilweise Inanspruchnahme von Pflegezeit

a) Versicherungsfreiheit wegen Geringfügigkeit

Das PflegeZG sieht nicht nur eine vollständige, sondern auch eine teilweise Freistellung von der Arbeitsleistung vor. Da sich in diesen Fällen neben der Arbeitszeit auch die Höhe des Entgelts reduzieren wird, sind die Vorschriften über die Versicherungsfreiheit von geringfügigen Beschäftigungen uneingeschränkt anwendbar, wenn das reduzierte Entgelt die Geringfügigkeitsgrenze des § 8 Abs. 1 Nr. 1 SGB IV in Höhe von monatlich 400 € („Minijob-Grenze") nicht mehr übersteigt.

Ab Beginn der teilweisen Inanspruchnahme von Pflegezeit liegt deshalb ein versicherungsfreier Minijob vor, wenn das reduzierte Arbeitsentgelt 400 € im Monat nicht mehr übersteigt. Der Arbeitgeber muss den Beschäftigten für den Zeitraum ummelden.

Beispiel

Inanspruchnahme von Pflegezeit vom 1.8. bis 30.11.2010 (teilweise Freistellung). Das Arbeitsentgelt reduziert sich während dieser Zeit auf monatlich 380 €.

Die Beschäftigung ist während der Inanspruchnahme der Pflegezeit geringfügig entlohnt (Entgelt < 400 €) und daher in allen Versicherungszweigen versicherungsfrei.

Für den Beschäftigten sind folgende Meldungen abzugeben:

– Abmeldung zum 31.7.2010 bei der bisherigen Krankenkasse (Abgabegrund „30")
– Anmeldung zum 1.8.2010 bei der Minijob-Zentrale (Beitragsgruppen „6500" bzw. „0500")*)
– Abmeldung zum 30.11.2010 von der Minijob-Zentrale
– Anmeldung zum 1.12.2010 bei der Krankenkasse (Abgabegrund „13")

b) Entgelt innerhalb der Gleitzone

Auch in den sogenannten Gleitzonenfällen (regelmäßiges monatliches Arbeitsentgelt zwischen 400,01 € und 800,00 €) ist im Zusammenhang mit der Pflegezeit keine Ausnahmeregelung zu beachten. Reduziert sich das Entgelt bei teilweiser Freistellung auf einen monatlichen Betrag zwischen 400,01 € und 800 € ist die Gleitzeitregelung uneingeschränkt anzuwenden.

Die Beschäftigten haben – bei weiterhin grundsätzlich bestehender Versicherungspflicht in allen Versicherungszweigen – nur einen reduzierten Beitragsanteil am Gesamtsozialversicherungsbeitrag zu zahlen. Der Arbeitgeberbeitrag bleibt unverändert.

Beispiel

Berechnung der **Pflegebeiträge** (August 2010) bei einem **kinderlosen** Arbeitnehmer, dessen monatliches Arbeitsentgelt während der Pflegezeit (teilweise Freistellung) auf monatlich 650 € reduziert wurde:

(1,2415 × 650 − 193,20) = 613,78 € (reduziertes Entgelt):
PV-Beitragssatz 1,95 %

Gesamtbeitrag PV:	Arbeitnehmer	Arbeitgeber
11,97 €	5,63 €	
+ 1,53 €	+ 1,53 €	
	7,16 €	6,34 €

Eine gesonderte Meldung ist in diesen Fällen nicht erforderlich. Lediglich in der nächsten DEÜV-Entgeltmeldung ist das Feld „Entgelt in Gleitzone" entsprechend zu kennzeichnen.

c) Befreiung von der Krankenversicherungspflicht für bisher privat Krankenversicherte

Arbeitnehmer, die bisher kranken- und pflegeversicherungsfrei waren, weil ihre Bezüge die maßgebliche Jahresarbeitsentgeltgrenze überschritten haben, werden grundsätzlich kranken- und pflegeversicherungspflichtig, wenn das geringere Entgelt diese Grenze nicht mehr überschreitet. Allerdings wurde diesen Arbeitnehmern eine Befreiungsmöglichkeit eingeräumt, so dass sie ihre bisherige private Absicherung für den Krankheitsfall während der Pflegezeit fortführen können. Der Befreiungsantrag ist innerhalb von drei Monaten nach Eintritt der Kranken- und Pflegeversicherung von den betroffenen Arbeitnehmern bei der gesetzlichen Krankenkasse zu stellen. Die Befreiung gilt nur für die Dauer der Pflegezeit.

5. Vollständige Inanspruchnahme von Pflegezeit

Die Pflegezeit selbst löst **keine** Versicherungspflicht in der gesetzlichen Kranken- und Pflegeversicherung aus.

Mit dem seit 1.7.2008 geltenden Gesetz sollte bewusst kein neuer Versicherungstatbestand eingeführt werden. Folglich begründet die Pflegezeit keinen eigenständigen Leistungsanspruch in der gesetzlichen Kranken- und Pflegeversicherung.

a) Kein kostenfreier Fortbestand der Mitgliedschaft in der Kranken- und Pflegeversicherung von bisher gesetzlich Versicherten

Anders als beispielsweise für die Dauer des Bezuges von Elterngeld oder bei Elternzeit – während denen die Mitgliedschaft in der Kranken- und Pflegeversicherung beitragsfrei fortbesteht (vgl. §§ 192 und 224 SGB V) – wird durch die Inanspruchnahme der Pflegezeit kein kostenloser Fortbestand der Mitgliedschaft begründet.

Da die bisherige Kassenmitgliedschaft demnach unmittelbar vor Beginn der Pflegezeit endet, müssen sich die Betroffenen während der Inanspruchnahme der Pflegezeit anderweitig gegen das Krankheitsrisiko absichern.

b) Keine Verlängerung der Mitgliedschaft um einen Monat

Nach § 7 Abs. 3 Satz 1 bleibt die Mitgliedschaft für längstens einen Monat bestehen, wenn ein Beschäftigungsverhältnis ohne Entgeltanspruch fortdauert. Nach dieser Vorschrift bleibt beispielsweise die Mitgliedschaft Beschäftigter, die unbezahlten Urlaub einbringen, für einen (Zeit)-Monat erhalten. Im Falle der Inanspruchnahme von Pflegezeit hat der Gesetzgeber diese Verlängerung des Versicherungsschutzes jedoch ausdrücklich nicht zugelassen. Die Mitgliedschaft aufgrund des bisherigen Beschäftigungsverhältnisses endet deshalb unmittelbar am letzten Tag vor der Inanspruchnahme der Pflegezeit.

6. Melderechtliche Auswirkungen für den Arbeitgeber

Nachdem die Mitgliedschaft bei vollständiger Freistellung von der Arbeitsleistung unmittelbar mit dem Beginn der Pflegezeit endet, ist vom Arbeitgeber im Rahmen der ihm nach § 28a SGB IV obliegenden Meldepflichten eine DEÜV-Abmeldung (keine Unterbrechungsmeldung) zum letzten Tag des Entgeltbezuges zu übermitteln. Darin ist u. a. als Abgabegrund die Schlüsselzahl „30" (= Ende der Beschäftigung) einzutragen. Nach Beendigung der Pflegezeit ist eine DEÜV-Anmeldung mit der Schlüsselzahl „13" (Wiederaufnahme der Beschäftigung) zu übermitteln. Die geltenden Meldefristen (nächste Entgeltabrechnung; spätestens sechs Wochen nach Beschäftigungsbeginn bzw. Beschäftigungsende) sind dabei zu beachten.

Beispiel:

Pflegezeit vom 14.8.2010 bis 13.12.2010
Abmeldung zum 13.8.2010 (Abgabegrund „30")
Anmeldung zum 14.12.2010 (Abgabegrund „13")

Pkw

siehe „Firmenwagen zur privaten Nutzung" und „Kraftfahrzeuge"

---

*) Vom Arbeitgeber sind pauschale Beiträge (aus mtl. 380 €) an die Minijob-Zentrale zu entrichten.

Plakatkleber

	Lohn-steuer-pflichtig	Sozial-versich.-pflichtig

Plakatkleber sind steuerlich in der Regel nicht als Arbeitnehmer, sondern als selbständig Tätige zu behandeln (etwas anderes wird dann gelten, wenn sie aufgrund eines Arbeitsvertrages in ein Unternehmen eingegliedert und weisungsgebunden sind). nein   nein

Zur „Scheinselbständigkeit" im Sozialversicherungsrecht vgl. dieses Stichwort.

Polizeizulage

Die Polizeizulage ist als Leistungszulage steuerpflichtig.   ja   nein*)

Portabilität

Unter Portabilität versteht man die Mitnahme der betrieblichen Altersversorgung bei einem Arbeitgeberwechsel (vgl. die Erläuterungen in Anhang 6 Nr. 15).

Prämien

Mit der Zahlung einer Prämie wird – ähnlich wie beim Akkordlohn – meist eine überdurchschnittliche Leistung vergütet. Der Anspruch auf Zahlung einer Prämie kann sich aus einem Tarifvertrag, einer Betriebsvereinbarung oder einem Einzelarbeitsvertrag ergeben. Folgende Prämien kommen in Betracht:
- Anwesenheitsprämien,
- Bleibeprämien,
- Ersparnisprämien,
- Leistungsprämien,
- Mengenprämien,
- Pünktlichkeitsprämien,
- Qualitätsprämien,
- Sicherheitsprämien,
- Terminprämien,
- Treueprämien.

Prämien aller Art, die einem Arbeitnehmer im Rahmen des Dienstverhältnisses zufließen, sind grundsätzlich steuerpflichtiger Arbeitslohn (vgl. die Stichworte „Anwesenheitsprämien" und „Treueprämien").   ja   ja

Lohnsteuerpflichtig sind auch sog. **Sicherheitsprämien**, die der Arbeitgeber im Rahmen eines Sicherheitswettbewerbs zur Einschränkung betrieblicher Unfälle an seine Arbeitnehmer zahlt (BFH-Urteil vom 11. 3. 1988, BStBl. II S. 726; vgl. das Stichwort „Sicherheitswettbewerb").   ja   ja

Gewährt der Arbeitgeber für Leistungen in der Unfallverhütung und im Arbeitsschutz **Sachprämien** und werden diese pauschal versteuert (vgl. Stichwort „Pauschalierung der Lohnsteuer" unter Nr. 2 auf Seite 517), so kann bei der Beitragsberechnung in der Sozialversicherung der **Durchschnittswert** der pauschal versteuerten Sachzuwendungen angesetzt werden. Voraussetzung ist, dass der Wert der einzelnen Prämie 80 € nicht übersteigt und der Arbeitgeber den Arbeitnehmeranteil zur Sozialversicherung übernimmt (§ 3 Abs. 3 Sozialversicherungsentgeltverordnung). Der Durchschnittsbetrag ist als einmalig gezahltes Arbeitsentgelt zu behandeln und dem letzten Abrechnungszeitraum im Kalenderjahr zuzuordnen.

Steuerpflichtig sind auch **Prämienrückvergütungen** wegen geringer Unfallbelastung, die von Versicherungsunternehmen dem Arbeitgeber gewährt werden und die dieser **an** diejenigen **Arbeitnehmer** weitergibt, die innerhalb eines bestimmten Zeitraumes weder einen Unfall verschuldet noch einen selbstverschuldeten Unfall erlitten haben. Steuerpflichtiger Arbeitslohn liegt auch in den Fällen vor, in denen solche Prämienrückvergütungen unter einer Vielzahl in Betracht kommender Arbeitnehmer verlost werden.   ja   ja

Siehe auch die Stichworte: Belohnungen, Preise, Verbesserungsvorschläge.

Prämien für unfallfreies Fahren

Prämien für unfallfreies Fahren innerhalb eines längeren Zeitraums sind steuerpflichtiger Arbeitslohn.   ja   ja

Praktikanten

Wichtiges auf einen Blick:

Die sozialversicherungsrechtliche Behandlung von Praktikanten bereitet in der Praxis immer wieder Schwierigkeiten. Als **Anhang 17** zum Lexikon ist deshalb eine zusammenfassende Übersicht abgedruckt, die die zutreffende Einordnung erleichtern soll.

1. Lohnsteuerliche Behandlung

Praktikanten unterliegen mit den Bezügen aus der Praktikantentätigkeit dem Lohnsteuerabzug. Legen die Praktikanten eine Lohnsteuerkarte vor, so tritt Lohnsteuerpflicht nur dann ein, wenn die für die eingetragene Steuerklasse geltenden Freibeträge überschritten werden. Ist die Steuerklasse I auf der Lohnsteuerkarte 2010 eingetragen, fällt im Kalenderjahr **2010** bis zu einem **Monatslohn** von **849 €** keine Lohnsteuer an. Zur Berechnung der ab 1.1.2010 beim Lohnsteuerabzug zu berücksichtigenden Vorsorgepauschale vgl. Anhang 8 Nr. 9 Beispiel N auf Seite 924.

Für Studentenpraktikanten aus dem Ausland können nach einem Doppelbesteuerungsabkommen besondere Befreiungsvorschriften gelten. Diese sind beim Stichwort „Ausländische Studenten" dargestellt.

2. Sozialversicherungsrechtliche Behandlung

Als Praktikanten bezeichnet man, im Gegensatz zu den beschäftigten Studenten, solche Personen, die eine berufspraktische Tätigkeit verrichten, die mit dem Studium im Zusammenhang steht.

Sozialversicherungsrechtlich ist für die Beurteilung, in welchen Versicherungszweigen Versicherungspflicht besteht, zu unterscheiden, ob es sich um ein

- **Vorpraktikum,**
- **Zwischenpraktikum** oder
- **Nachpraktikum**

handelt und ob das jeweilige Praktikum in einer Prüfungs- oder Studienordnung vorgeschrieben ist oder nicht. Hierbei bestehen in den einzelnen Versicherungszweigen teilweise unterschiedliche Regelungen.

3. Sozialversicherungsrechtliche Behandlung bei einem vorgeschriebenen Praktikum

a) Kranken- und Pflegeversicherung

Bei Personen, die ein in der Prüfungs- oder Studienordnung vorgeschriebenes Vorpraktikum ableisten, hängt die versicherungsrechtliche Beurteilung davon ab, ob während des Praktikums Arbeitsentgelt gewährt wird oder nicht. Wird während des Praktikums Arbeitsentgelt erzielt, besteht in der Kranken- und Pflegeversicherung Versicherungspflicht als zur Berufsausbildung Beschäftigte (Arbeitnehmer). Die Regelungen über Versicherungsfreiheit von geringfügigen Beschäftigungen können nicht angewandt werden. Wird kein Entgelt gewährt, besteht grundsätzlich Versicherungspflicht in der speziellen Krankenversicherung der Praktikanten. Die Versicherung hat der

---

*) Wenn wegen Versorgungsanwartschaft beitragsfrei.

Praktikanten

Praktikant selbst abzuschließen und den Beitrag alleine zu bezahlen; der Arbeitgeber ist hier, anders als in der Renten- und Arbeitslosenversicherung, nicht beteiligt.

Personen, die **während der Dauer ihres Studiums** eine Beschäftigung ausüben, sind grundsätzlich versicherungsfrei (vgl. die Ausführungen unter dem Stichwort „Studenten"). Das Bundessozialgericht hat entschieden, dass diese Regelungen nicht nur auf Studenten beschränkt sind, sondern auch auf solche Studenten anzuwenden sind, die ein **vorgeschriebenes Zwischenpraktikum** ableisten. Diese Praktikanten bleiben, wenn und solange sie an einer Hochschule oder Fachhochschule eingeschrieben sind, ihrem Erscheinungsbild nach Studenten. Es besteht deshalb für Zwischenpraktikanten Versicherungsfreiheit in der Kranken-, Pflege- und Arbeitslosenversicherung. Die Dauer, die Höhe des Entgelts und die wöchentliche Arbeitszeit spielen dabei keine Rolle.

Für vorgeschriebene Praktika, die nach Abschluss des Studiums ausgeübt werden (**vorgeschriebenes Nachpraktikum** oder Berufspraktikum), ist bei der versicherungsrechtlichen Beurteilung zu unterscheiden, ob Arbeitsentgelt gezahlt wird oder nicht. Bei der Gewährung von Arbeitsentgelt besteht für diesen Personenkreis Versicherungspflicht in der Kranken- und Pflegeversicherung als Arbeitnehmer. Sofern kein Entgelt gezahlt wird, besteht wie bei den Vorpraktikanten grundsätzlich eine spezielle Kranken- und Pflegeversicherung, die der Praktikant selbst abzuschließen hat.

b) Renten- und Arbeitslosenversicherung

Vorpraktikanten, die ein vorgeschriebenes Praktikum ableisten, unterliegen als zu ihrer Berufsausbildung Beschäftigte (= Arbeitnehmer) in der Renten- und Arbeitslosenversicherung der Versicherungspflicht. Dabei kommt es nicht darauf an, ob Arbeitsentgelt erzielt wird oder nicht. Zu beachten ist hierbei, dass die Regelungen zur Versicherungsfreiheit für geringfügig Beschäftigte für diesen Personenkreis nicht gelten. Das heißt, dass auch bei einem Praktikum, das nicht länger dauert als 2 Monate oder 50 Arbeitstage oder einem Praktikum, bei dem das monatliche Entgelt nicht mehr als 400 € beträgt, Versicherungspflicht besteht.

Der Arbeitgeber hat versicherungspflichtige Vorpraktikanten zur Renten- und Arbeitslosenversicherung anzumelden und die Beiträge für diese Versicherungszweige zu entrichten. Die Beitragsberechnung erfolgt grundsätzlich aus dem tatsächlichen Arbeitsentgelt. Sofern kein Entgelt gezahlt wird, werden die Beiträge aus einem fiktiven Entgelt berechnet. Monatliche Bemessungsgrundlage ist dann 1 % der monatlichen Bezugsgröße (2010: 25,55 € in den alten Bundesländern und 21,70 € in den neuen Bundesländern).

Personen, die ein **vorgeschriebenes Zwischenpraktikum** ableisten, sind in der Rentenversicherung, unter den gleichen Voraussetzungen wie in den übrigen Versicherungszweigen, versicherungsfrei.

Personen, die im Anschluss an ihr Studium ein **vorgeschriebenes Nachpraktikum** absolvieren, also nicht mehr immatrikuliert sind, unterliegen ebenso wie die Vorpraktikanten als Arbeitnehmer der Versicherungspflicht in der Renten- und Arbeitslosenversicherung. Auch für sie kommt Versicherungsfreiheit als geringfügig Beschäftigte nicht in Frage.

4. Sozialversicherungsrechtliche Behandlung bei einem nicht vorgeschriebenen Praktikum

a) Kranken- und Pflegeversicherung

Im Gegensatz zu den vorgeschriebenen Vorpraktika bestehen für **nicht vorgeschriebene Vorpraktika** keine Sonderregelungen. Vorpraktikanten unterliegen daher als Arbeitnehmer der Versicherungspflicht in der Kranken- und Pflegeversicherung, wenn sie ein Praktikum absolvieren, das nicht vorgeschrieben ist.

Versicherungsrechtlich sind **nicht vorgeschriebene Zwischenpraktika** in der Kranken- und Pflegeversicherung nicht anders zu beurteilen, wie Beschäftigung während des Studiums. Das heißt, dass auch bei diesen Personen zu prüfen ist, ob ihre Zeit und Arbeitskraft noch überwiegend durch das Studium in Anspruch genommen wird. Diesbezüglich wird auf die Ausführungen zu den beschäftigten Studenten (z. B. Beschäftigung während der vorlesungsfreien Zeit) verwiesen (vgl. „Studenten").

Nicht vorgeschriebene Nachpraktika sind ebenso versicherungspflichtig wie nicht vorgeschriebene Vorpraktika.

b) Renten- und Arbeitslosenversicherung

In der Rentenversicherung und Arbeitslosenversicherung besteht für Praktikanten in einem **nicht vorgeschriebenen Vorpraktikum** Versicherungspflicht als Arbeitnehmer. Versicherungsfreiheit wegen einer geringfügigen Beschäftigung kann in beiden Versicherungszweigen hier allerdings in Frage kommen.

Für nicht vorgeschriebene Zwischenpraktika gibt es in der Rentenversicherung keine Sonderregelung für die versicherungsrechtliche Beurteilung. Damit können Personen, die ein **nicht vorgeschriebenes Zwischenpraktikum** absolvieren, nur im Rahmen der Regelungen über die geringfügigen Beschäftigungen versicherungsfrei sein, weil ein nicht vorgeschriebenes Praktikum nicht mehr als Beschäftigung zur Berufsausbildung gilt.

Nicht vorgeschriebene Zwischenpraktika werden in der **Arbeitslosenversicherung** beurteilt wie in der Kranken- und Pflegeversicherung.

Nicht vorgeschriebene Nachpraktika unterliegen nach den gleichen Regelungen wie nicht vorgeschriebene Vorpraktika der Versicherungspflicht in der Renten- und Arbeitslosenversicherung.

Eine Schnellübersicht über die Beurteilung von Praktikanten ist in **Anhang 17** abgedruckt.

Preisausschreiben

siehe „Verlosungsgewinne"

Preise

	Lohnsteuerpflichtig	Sozialversich.-pflichtig
Preise sind steuerpflichtiger Arbeitslohn, wenn sie in ursächlichem Zusammenhang mit dem Arbeitsverhältnis stehen, d. h. wegen der in dem Dienstverhältnis erbrachten Arbeitsleistung gewährt werden. Dies ist insbesondere dann der Fall, wenn der Preisträger zur Erzielung des Preises ein besonderes Werk geschaffen oder eine besondere Leistung erbracht hat. So ist z. B. eine kostenlose Reise, die ein angestellter Autoverkäufer als Preis für die erfolgreiche Teilnahme an einem Verkaufswettbewerb vom Autohersteller erhält, steuerpflichtiger Arbeitslohn (vgl. „Incentive-Reisen" und auch die Erläuterungen beim Stichwort „Pauschalierung der Lohnsteuer für Belohnungsessen, Incentive-Reisen, VIP-Logen und ähnliche Sachbezüge"). Ebenso führt ein Nachwuchsförderpreis zu steuerpflichtigem Arbeitslohn, wenn er vom Arbeitgeber oder einem Dritten (z. B. Arbeitgeberverband) für die fachlichen Leistungen (hier u. a. Erreichen der betriebswirtschaftlichen Ziele und Fähigkeiten im Bereich Personalführung und Marketing) vergeben wird (BFH-Urteil vom 23.4.2009, BStBl. 2009 II S. 668; zum Lohnsteuerabzug vgl. auch „Lohnzahlung durch Dritte").	ja	ja

Preise gehören nur dann nicht zum steuerpflichtigen Arbeitslohn, wenn die Preise zur **Würdigung des Gesamtschaffens** (z. B. auf künstlerischem oder wissenschaftlichem Gebiet) des Arbeitnehmers verliehen wer-

	Lohn-steuer-pflichtig	Sozial-versich.-pflichtig
den (z. B. Nobelpreis)*). In diesem Fall wird in erster Linie die Persönlichkeit und nicht die berufliche Leistung des Preisträgers gewürdigt.	nein	nein
Rennpreise, die einem Arbeitnehmer im Rahmen eines Dienstverhältnisses zufließen, sind ebenfalls Arbeitslohn, gleichgültig, ob es sich um Bar- oder Sachpreise handelt. Dazu gehören auch Preise von Rennfahrern, Reitern usw., die diesen von ihren Arbeitgebern (Werken, Gestüten) überlassen werden, selbst wenn die Preise zunächst den Arbeitgebern selbst zustehen. Eine Heranziehung zur Lohnsteuer kommt jedoch nur in Betracht, wenn es sich um Preise von einigem Wert (nicht nur Erinnerungen oder Andenken) handelt. Diese Grundsätze gelten auch für Berufssportler.	ja	ja
Sechstagerennfahrer sind keine Arbeitnehmer. Ihre Preise unterliegen deshalb nicht der Lohnsteuer (sie werden vielmehr durch Veranlagung zur Einkommensteuer erfasst). Bei beschränkt steuerpflichtigen Sechstagerennfahrern wird die Steuer pauschal nach § 50 a EStG erhoben.	nein	nein

Wegen der Preise im Rahmen von Verlosungen siehe das Stichwort „Verlosungsgewinne".

Preisnachlass an Arbeitnehmer

siehe „Rabatte an Arbeitnehmer"

Privatfahrten mit dem Geschäftswagen

siehe „Firmenwagen zur privaten Nutzung"

Progression

siehe „Progressionsvorbehalt" und „Tarifaufbau"

Progressionsvorbehalt

Neues auf einen Blick:

Der **Bundesfinanzhof** hat die Anwendung des **Progressionsvorbehalts** auch für den **Sockelbetrag** des **Elterngeldes** ausdrücklich **bestätigt**. Das Elterngeld bezwecke, die durch die erforderliche Kinderbetreuung entgangenen Einkünfte teilweise auszugleichen. Dieser Grundsatz gelte auch dann, wenn nur der Sockelbetrag geleistet werde. Auch die Sozialgerichte charakterisierten das Elterngeld als Einkommensersatz (BFH-Urteil vom 21.9.2009 VI B 31/09). Verfassungsbeschwerde beim Bundesverfassungsgericht ist eingelegt worden (Az.: 2 BvR 2604/09).

Gliederung:

1. Allgemeines
2. Wirkung des Progressionsvorbehalts
3. Alphabetische Übersicht über die Lohnersatzleistungen
4. Lohnsteuer-Jahresausgleich durch den Arbeitgeber und Progressionsvorbehalt
5. Veranlagung zur Durchführung des Progressionsvorbehalts
6. Negativer Progressionsvorbehalt
7. Elektronische Übermittlung der Lohnersatzleistungen

1. Allgemeines

Der geltende Einkommensteuertarif, auf dem auch der Lohnsteuertarif aufbaut, beginnt mit einem Steuersatz von 14 %, wenn bestimmte Freibeträge überschritten sind. Danach steigt der Steuersatz stetig an, bis der Spitzensteuersatz von 45 % erreicht ist (vgl. das Stichwort „Tarifaufbau"). Dieses stetige Ansteigen des Steuersatzes mit steigendem Einkommen wird Steuerprogression genannt. Der sog. Progressionsvorbehalt bewirkt, dass bestimmte steuerfreie Leistungen (z. B. Lohnersatzleistungen) **bei der Ermittlung des Steuersatzes** berücksichtigt werden, der für die **steuerpflichtigen** Einkünfte maßgebend ist. Die steuerfreien Leistungen werden also nicht über die Hintertür des Progressionsvorbehalts besteuert. Das Vorhandensein von steuerfreien Lohnersatzleistungen wirkt sich deshalb immer nur dann aus, wenn andere, steuerpflichtige Einkünfte vorhanden sind. Denn die steuerpflichtigen Einkünfte werden mit dem Steuersatz besteuert, der sich ergäbe, wenn man auch die steuerfreien Leistungen besteuern würde. Dies führt regelmäßig zu Steuernachzahlungen. Die genaue Berechnung des Progressionsvorbehalts ist unter der nachfolgenden Nr. 2 anhand eines Beispiels erläutert.

Wichtig für den Arbeitgeber ist dabei, dass der Progressionsvorbehalt in allen Fällen nur vom Finanzamt im Rahmen einer **Veranlagung zur Einkommensteuer** durchgeführt wird. Der Arbeitgeber ist also mit der Berechnung des Progressionsvorbehalts nicht unmittelbar befasst. Er muss jedoch bestimmte Aufzeichnungspflichten erfüllen, damit das Finanzamt in der Lage ist, den Progressionsvorbehalt zu berechnen. Der Arbeitgeber ist deshalb gesetzlich verpflichtet, die von ihm gezahlten steuerfreien Lohnersatzleistungen sowohl im Lohnkonto besonders aufzuzeichnen als auch in die elektronische Lohnsteuerbescheinigung des Arbeitnehmers einzutragen, wenn sie dem Progressionsvorbehalt unterliegen. Folgende **vom Arbeitgeber** gezahlten steuerfreien Lohnersatzleistungen unterliegen nach § 32b EStG dem Progressionsvorbehalt und sind deshalb gesondert im Lohnkonto aufzuzeichnen und in der (elektronischen) Lohnsteuerbescheinigung zu bescheinigen:

– das **Kurzarbeitergeld**,
– das Saison-Kurzarbeitergeld (frühere Bezeichnung: Winterausfallgeld),
– der **Zuschuss zum Mutterschaftsgeld** nach dem Mutterschutzgesetz,
– die **Aufstockungsbeträge** nach dem Altersteilzeitgesetz.
– die Entschädigung für Verdienstausfall nach dem Infektionsschutzgesetz und
– der Zuschuss nach § 4 a der Mutterschutzverordnung des Bundes oder einer entsprechenden Landesregelung**),
– Zuschläge aufgrund des § 6 Abs. 2 des Bundesbesoldungsgesetzes und vergleichbaren beamtenrechtlichen Regelungen, sog. Altersteilzeitzuschläge**).

Neben steuerfreien Lohnersatzleistungen, die dem Progressionsvorbehalt unterliegen **und** vom **Arbeitgeber** ausgezahlt werden, gibt es eine Vielzahl anderer steuerfreier Leistungen, die von den verschiedensten Stellen gezahlt werden und ebenfalls dem Progressionsvorbehalt unterliegen. Von solchen Leistungen ist der Arbeitgeber meist nur mittelbar dadurch betroffen, dass der Arbeitgeber für Zeiten, in denen der Arbeitnehmer solche steuerfreien Leistungen erhält (z. B. Krankengeld) keinen Arbeitslohn zahlt. Damit das Finanzamt Kenntnis von solchen Zeiten erhält, in denen der Arbeitnehmer unter Umständen steuerfreie Lohnersatzleistungen bezogen haben könnte, die dem Progressionsvorbehalt unterlie-

---

*) BMF-Schreiben vom 5.9.1996 (BStBl. I S. 1150); das BMF-Schreiben ist als Anlage 5 zu H 19.3 LStR im **Steuerhandbuch für das Lohnbüro 2010** abgedruckt, das im selben Verlag erschienen ist. Das **PC-Lexikon** für das Lohnbüro 2010 enthält auch dieses Handbuch und hat außerdem den Vorteil, dass Sie **alle BFH-Urteile** sowie die aktuellen Rundschreiben und Niederschriften der Spitzenverbände der **Sozialversicherung** mit Mausklick **im Volltext** abrufen und ausdrucken können. Eine Bestellkarte finden Sie vorne im Lexikon.

**) Diese Leistungen werden nur im öffentlichen Dienst gezahlt; die genannten Vorschriften haben deshalb für Arbeitgeber in der privaten Wirtschaft keine Bedeutung.

Progressionsvorbehalt

gen, muss der Arbeitgeber im Lohnkonto den Buchstaben **U** eintragen, wenn die Zahlung von Arbeitslohn für mindestens 5 Arbeitstage unterbrochen wird (vgl. hierzu die Erläuterungen beim Stichwort „Lohnkonto" unter Nr. 9 auf Seite 449).

Außerdem gibt es noch Fälle, in denen der Arbeitgeber **steuerfreien Arbeitslohn** bezahlt, der dem Progressionsvorbehalt unterliegt. Dies ist der Fall bei einer Steuerbefreiung

– nach dem **Auslandstätigkeitserlass** oder
– nach einem **Doppelbesteuerungsabkommen**.

Vgl. diese Stichworte. Der Arbeitgeber muss deshalb auch diesen steuerfreien Arbeitslohn sowohl im Lohnkonto besonders aufzeichnen als auch in der (elektronischen) Lohnsteuerbescheinigung gesondert bescheinigen.

2. Wirkung des Progressionsvorbehalts

Wie bereits ausgeführt, besteht der Zweck des Progressionsvorbehalts darin, auf die steuerpflichtigen Einkünfte eines Kalenderjahres den Steuersatz anzuwenden, der sich ergibt, wenn auch die steuerfreien Einkünfte in die Berechnung des Steuersatzes mit einbezogen werden. Man könnte sagen, dass dadurch die Steuerfreiheit zum Teil wieder aufgehoben wird. Dies trifft jedoch nicht zu, weil das Vorhandensein von steuerfreien Lohnersatzleistungen sich immer nur dann auswirkt, wenn **andere steuerpflichtige Einkünfte vorhanden sind.** Außerdem soll der Progressionsvorbehalt verhindern, dass an sich steuerpflichtige Arbeitslöhne nur deshalb steuerfrei bleiben, weil der Arbeitnehmer für einen Teil des Kalenderjahres steuerfreie Lohnersatzleistungen erhalten hat. Denn bei einer Veranlagung zur Einkommensteuer wird auf das zu versteuernde Einkommen stets die **Jahrestabelle** (Grund- oder Splittingtabelle) angewendet, und zwar ohne Rücksicht darauf, ob der Arbeitnehmer den der Besteuerung zugrunde liegenden Arbeitslohn während des ganzen Kalenderjahres oder nur während einiger Monate erarbeitet hat. Dies entspricht auch dem Prinzip der Lohnsteuer als Jahressteuer.

Der Grundsatz, dass auf den Arbeitslohn, den der Arbeitnehmer im Laufe des Kalenderjahres bezogen hat, bei einer Veranlagung zur Einkommensteuer durch das Finanzamt immer die Jahrestabelle anzuwenden ist, führt dazu, dass denjenigen Arbeitnehmern, die nur einen Teil des Kalenderjahres gearbeitet haben, die während dieser Zeit vom Arbeitgeber einbehaltene Lohnsteuer durch das Finanzamt ganz oder teilweise wieder erstattet wird. Diese Möglichkeit hatten früher auch Arbeitnehmer, die nur einen Teil des Jahres gearbeitet, die übrige Zeit aber z. B. Arbeitslosengeld bezogen haben. Rechnete man die Lohnsteuererstattung und das steuerfreie Arbeitslosengeld zusammen, so bekamen diese Arbeitnehmer netto oft den gleichen Betrag oder sogar mehr, als wenn sie das ganze Kalenderjahr über gearbeitet hätten.

Mit der Einführung des Progressionsvorbehalts verfolgte der Gesetzgeber deshalb unter anderem auch das Ziel, Empfänger von Arbeitslosengeld im Ergebnis nicht besser zu stellen als „aktive Arbeitnehmer". Der Progressionsvorbehalt ist später auf andere Lohnersatzleistungen ausgeweitet worden, insbesondere auf das Krankengeld. Er führt für den Arbeitnehmer regelmäßig zu einer Steuernachzahlung. Die Wirkung des Progressionsvorbehalts soll an einem Arbeitnehmer verdeutlicht werden, der einen Teil des Jahres arbeitet und den Rest des Jahres Arbeitslosengeld erhält.

Beispiel

Ein Arbeitnehmer mit der Steuerklasse I bezieht einen Bruttolohn von 2000 €. Er arbeitet im Kalenderjahr 2010 nur 5 Monate. Die restliche Zeit bezieht er Arbeitslosengeld. Vom Arbeitslohn in Höhe von (2000 € × 5 =) 10 000 € hat der Arbeitgeber (224,33 € × 5 =) 1121,65 € Lohnsteuer einbehalten. Früher wurde diesem Arbeitnehmer der Betrag von 1121,65 € **in voller Höhe** vom Finanzamt erstattet. Die Einbeziehung des Arbeitslosengeldes (angenommen mit 800 € monatlich) führt dazu, dass sich für diesen Arbeitnehmer folgende Berechnung des Erstattungsbetrages ergibt:

Bezogener Arbeitslohn (5 × 2000 €)		10 000,— €
abzüglich: Arbeitnehmer-Pauschbetrag		920,— €
verbleiben		9 080,— €
zuzüglich Arbeitslosengeld (7 × 800 €)		5 600,— €
insgesamt		14 680,— €
abzüglich: Sonderausgaben-Pauschbetrag	36,— €	
abzüglich: Vorsorgeaufwendungen*)	1 598,— €	1 634,— €
zu versteuerndes Einkommen		13 046,— €
Steuer laut Grundtabelle 2010		937,— €

entspricht einer Steuerbelastung von 7,1822 %

Die Steuerbelastung ist auf vier Stellen nach dem Komma zu berechnen.

Bei der Veranlagung zur Einkommensteuer für das Kalenderjahr 2010 wird das zu versteuernde Einkommen mit 7,1822 % besteuert:

Bezogener Arbeitslohn (5 × 2000 €)		10 000,— €
abzüglich: Arbeitnehmer-Pauschbetrag	920,— €	
abzüglich: Sonderausgaben-Pauschbetrag	36,— €	
abzüglich: Vorsorgeaufwendungen*)	1 598,— €	2 554,— €
zu versteuerndes Einkommen		7 446,— €
Steuer 7,1822 % von 7446 € (abgerundet auf volle Euro)		534,— €
einbehaltene Lohnsteuer (aufgerundet auf volle Euro)		1 122,— €
Erstattungsbetrag		588,— €

Die dem Progressionsvorbehalt unterliegenden Leistungen werden also nicht tatsächlich besteuert, sie erhöhen lediglich den Steuersatz, der auf die steuerpflichtigen Einkünfte anzuwenden ist. Dies gilt auch für die Fälle, in denen – wie im Beispielsfall – das zu versteuernde Einkommen unter dem an sich steuerfreien Grundfreibetrag liegt (BFH-Urteil vom 9. 8. 2001, BStBl. II S. 778). Häufig führt die Anwendung des Progressionsvorbehalts für den Arbeitnehmer zu einer Steuernachzahlung.

3. Alphabetische Übersicht über die Lohnersatzleistungen

Folgende Übersicht soll die Beurteilung erleichtern, ob Lohnersatzleistungen dem Progressionsvorbehalt nach § 32 b Abs. 1 Nr. 1 EStG unterliegen.

	Progressionsvorbehalt	
	ja	nein
Altersteilzeitgesetz		
– Aufstockungsbetrag	X	
– Beiträge zur Höherversicherung		X
Arbeitslosenbeihilfe nach dem Soldatenversorgungsgesetz	X	
Arbeitslosengeld (§ 117 ff. SGB III)	X	
Arbeitslosengeld II		X
Aufstockungsbeträge nach dem Altersteilzeitgesetz	X	
Aussperrungsunterstützung		X
Beiträge zur Höherversicherung nach dem Altersteilzeitgesetz		X
Bundesseuchengesetz (Verdienstausfallentschädigung)	X	
Bundesversorgungsgesetz (BVG)		
– Übergangsgeld nach dem BVG	X	
– Versorgungskrankengeld nach dem BVG	X	
Ein-Euro-Job-Vergütungen		X
Eingliederungshilfe nach § 418 SGB III	X	
Elterngeld (auch Sockelbetrag)	X	
Ermessensleistungen nach § 10 SGB III, die dem Lebensunterhalt dienen	X	
Erziehungsgeld		X

*) Die Vorsorgeaufwendungen werden aus Vereinfachungsgründen in Höhe der beim Lohnsteuerabzug berücksichtigten Vorsorgepauschale angesetzt (vgl. Anhang 8).

Progressionsvorbehalt

	Progressionsvorbehalt ja	Progressionsvorbehalt nein
Existenzgründerzuschuss (§ 421 l SGB III)		X
Gründungszuschuss (§ 57 SGB III, ab 1.8.2006)		X
Insolvenzgeld*)	X	
Kinderzuschlag		X
Krankengeld		
– Gesetzliche Krankenkasse (auch freiwillig Versicherte)	X	
– Private Krankenkasse		X
Kurzarbeitergeld	X	
Leistungen zur Entgeltsicherung (§ 421 j SGB III)	X	
Mobilitätshilfe (§ 53 SGB III)		X
Mutterschaftsleistungen		
– Mutterschaftsgeld	X	
– Zuschuss zum Mutterschaftsgeld	X	
Saisonkurzarbeitergeld	X	
Streikunterstützungen		X
Teilarbeitslosengeld (§ 150 SGB III)	X	
Transferkurzarbeitergeld (§ 216b SGB III)	X	
Überbrückungsgeld (§ 57 SBG III, bis 31.7.2006)		X
Übergangsgeld (§§ 160–162 SBG III)	X	
Übergangsgeld (§§ 20 und 21 SGB VI)	X	
Übergangsgeld (§§ 45–52 SGB IX)	X	
Übergangsgeld aus der gesetzlichen Unfallversicherung	X	
Übergangsgeld nach dem Bundesversorgungsgesetz	X	
Verdienstausfallentschädigung		
– nach dem Infektionsschutzgesetz	X	
– nach dem Unterhaltssicherungsgesetz	X	
Verletztengeld als Leistung der gesetzlichen Unfallversicherung	X	
Versorgungskrankengeld nach dem Bundesversorgungsgesetz	X	
Vorruhestandsgeld		
– nach dem Vorruhestandsgesetz		X
Winterausfallgeld	X	
Wintergeld		
– Mehraufwands-Wintergeld		X
– Zuschuss-Wintergeld		X
Zuschuss zum Arbeitsentgelt für Arbeitnehmer über 50 Jahre (§ 421 j SGB III)	X	
Zuschuss zum Mutterschaftsgeld	X	

Die vom Arbeitgeber gezahlten **Lohnersatzleistungen** gelten für die Anwendung des Progressionsvorbehalts in dem Kalenderjahr als **zugeflossen,** in dem der Lohnzahlungszeitraum endet (§ 11 Abs. 1 Satz 4 i. V. m. § 38a Abs. 1 Satz 2 EStG). Alle übrigen Lohnersatzleistungen (z. B. Elterngeld) sind grundsätzlich in dem Kalenderjahr zu berücksichtigen, in dem sie tatsächlich zugeflossen sind (§ 11 Abs. 1 Sätze 1 und 2 EStG).

4. Lohnsteuer-Jahresausgleich durch den Arbeitgeber und Progressionsvorbehalt

Neben den zusätzlichen Aufzeichnungspflichten hat die Einführung des Progressionsvorbehalts dazu geführt, dass der **Arbeitgeber** in all den Fällen keinen Lohnsteuer-Jahresausgleich durchführen darf, in denen der Progressionsvorbehalt zur Anwendung kommt. Der Arbeitgeber darf deshalb auch für diejenigen Arbeitnehmer keinen Lohnsteuer-Jahresausgleich durchführen, die keine Lohnsteuerbescheinigungen von früheren Arbeitgebern vorgelegt haben (sog. Fehlzeiten), oder für die ein „U" im Lohnkonto vermerkt wurde. Außerdem darf der Arbeitgeber keinen Lohnsteuer-Jahresausgleich für solche Arbeitnehmer durchführen, die zu irgendeinem Zeitpunkt im Kalenderjahr Kurzarbeiter- oder Winterausfallgeld, Zuschüsse zum Mutterschaftsgeld, Aufstockungsbeträge nach dem Altersteilzeitgesetz oder Entschädigungen für Verdienstausfall nach dem Infektionsschutzgesetz bezogen haben. Einen Lohnsteuer-Jahresausgleich darf der Arbeitgeber auch für diejenigen Arbeitnehmer nicht durchführen, die im Kalenderjahr Arbeitslohn bezogen haben, der nach einem Doppelbesteuerungsabkommen oder dem Auslandstätigkeitserlass vom Lohnsteuerabzug freigestellt wurde.

5. Veranlagung zur Durchführung des Progressionsvorbehalts

Die Anwendung des Progressionsvorbehalts erfolgt **in allen Fällen** ausschließlich im Wege einer Veranlagung zur Einkommensteuer. Um Veranlagungen in Bagatellfällen zu vermeiden, wird eine Veranlagung zur Anwendung des Progressionsvorbehalts jedoch nur dann durchgeführt, wenn die Lohnersatzleistungen und andere steuerfreie Einkünfte, die dem Progressionsvorbehalt unterliegen, insgesamt mehr als **410 €** im Kalenderjahr betragen haben.

6. Negativer Progressionsvorbehalt

Werden vom Arbeitnehmer Lohnersatzleistungen zurückgezahlt (z. B. wenn der Arbeitnehmer zu Unrecht erhaltenes Arbeitslosengeld an das Arbeitsamt zurückzahlen muss), so kann der Arbeitnehmer diese Beträge bei einer Veranlagung zur Einkommensteuer von den im selben Kalenderjahr bezogenen Lohnersatzleistungen abziehen. Ergibt sich durch die Absetzung ein negativer Betrag, weil die Rückzahlungen höher sind als die im selben Jahr empfangenen Beträge oder weil den zurückgezahlten Beträgen keine empfangenen Beträge gegenüberstehen, so ist dieser negative Betrag bei der Ermittlung des besonderen Steuersatzes zu berücksichtigen (sog. **negativer Progressionsvorbehalt**). Der Begriff „negativer Progressionsvorbehalt" bedeutet Folgendes: Durch die Berücksichtigung steuerfreier Lohnersatzleistungen bei der Ermittlung des für die steuerpflichtigen Einkünfte maßgebenden Steuersatzes erhöht sich die Steuer. Bei der Rückzahlung steuerfreier Lohnersatzleistungen, die dem Progressionsvorbehalt unterlegen haben, **ermäßigt** sich der auf die steuerpflichtigen Einkünfte anzuwendende **Steuersatz**. Dies führt zu einer Steuerminderung, das heißt die seinerzeitige Steuererhöhung wird wieder rückgängig gemacht. Dieser Effekt wird negativer Progressionsvorbehalt genannt.

Trifft die Rückzahlung von Lohnersatzleistungen (= **negativer Progressionsvorbehalt**) mit Arbeitslohn für eine mehrjährige Tätigkeit zusammen, der nach der **Fünftelregelung** ermäßigt zu besteuern ist, ist die **Steuerberechnung** laut Bundesfinanzhof nach dem **Günstigkeitsprinzip** vorzunehmen. Das heißt, dass die Ermäßigungsvorschriften in der Reihenfolge anzuwenden sind, die zu einer geringeren Steuerbelastung führen, als dies bei ausschließlicher Anwendung des negativen Progressionsvorbehalts der Fall wäre (BFH-Urteil vom 15. 11. 2007, BStBl. 2008 II S. 375). Diese **Vergleichsberechnung** ist allerdings vom **Finanzamt** im Rahmen der Einkommensteuerveranlagung und nicht vom Arbeitgeber durchzuführen.

Hat der Arbeitgeber in einem auf die Zahlung der Lohnersatzleistung folgenden Kalenderjahr z. B. Kurzarbeitergeld zurückgefordert, sind in diesem Kalenderjahr in der (elektronischen) Lohnsteuerbescheinigung nur die um diese Beträge gekürzten Lohnersatzleistungen zu bescheinigen. Ergibt sich durch die Verrechnung von ausgezahlten und zurückgeforderten Beträgen ein negativer Betrag, ist dieser Betrag mit einem deutlichen Minuszeichen kenntlich zu machen.

7. Elektronische Übermittlung der Lohnersatzleistungen

Künftig haben alle Träger der dem Progressionsvorbehalt unterliegenden Lohnersatzleistungen die Daten über die

---
*) Insolvenzgeld unterliegt auch insoweit dem Progressionsvorbehalt, als es für die Beiträge zur Renten-, Kranken- und Pflegeversicherung verwendet worden ist (BFH-Urteil vom 5.3.2009, BFH/NV 2009 S. 1110).

im Kalenderjahr gewährten Leistungen sowie die Dauer des Leistungszeitraums für jeden Empfänger bis zum 28. Februar des Folgejahres nach amtlich vorgeschriebenem Datensatz durch amtlich bestimmte Datenfernübertragung an die Finanzverwaltung **elektronisch zu übermitteln**. Von der Übermittlungspflicht ausgenommen sind nur die Leistungen, die vom Arbeitgeber ohnehin in der Lohnsteuerbescheinigung auszuweisen sind (vgl. die vorstehende Nr. 1). Somit wird die Finanzverwaltung zukünftig also z. B. auch über den Bezug von Elterngeld unterrichtet.

Die **Steuerpflichtigen** sind von dem Leistungsträger darüber zu informieren, dass die Daten an die Finanzverwaltung übermittelt werden. Dabei genügt es, wenn im Bewilligungsbescheid auf den Progressionsvorbehalt und die Datenübertragungspflicht hingewiesen wird. Ferner hat der Leistungsträger dem Steuerpflichtigen auf dessen Steuererklärungspflicht hinzuweisen.

Der Zeitpunkt der **erstmaligen Übermittlung** an die Finanzverwaltung soll durch ein im Bundessteuerblatt zu veröffentlichendes Schreiben bekannt gemacht werden.

Provisionen

1. Lohnsteuerliche Behandlung

Provisionen sind Arbeitslohn, wenn die ihnen zugrunde liegenden Leistungen (z. B. die Vermittlung von Wertpapierverkäufen, Versicherungsabschlüssen, Bausparverträgen usw.) im Rahmen des Dienstverhältnisses ausgeführt werden. Lohnsteuer und Sozialversicherungsbeiträge sind vom Arbeitgeber auch dann einzubehalten, wenn die Provisionen von einem Dritten gezahlt werden (vgl. das Stichwort „Lohnzahlung durch Dritte"). ja ja

Die Besteuerung der Provisionen erfolgt in der Regel als laufender Arbeitslohn (vgl. „Laufende Bezüge"). Wird die Provision einmalig ohne Bezug auf bestimmte Lohnzahlungszeiträume gewährt, ist sie als sonstiger Bezug zu versteuern (vgl. dieses Stichwort).

2. Sozialversicherungsrechtliche Behandlung

In der Sozialversicherung gehören Provisionen in der Regel zum laufenden Arbeitsentgelt, auch wenn sie in größeren Zeitabständen als monatlich ausgezahlt werden. Sie sind für die Beitragsberechnung dem Lohnabrechnungszeitraum zuzuordnen, für den sie gezahlt werden. Werden Provisionen **regelmäßig** erst im nächsten oder übernächsten Monat abgerechnet, so können sie für die Beitragsberechnung dem Monat hinzugerechnet werden, in dem die Abrechnung erfolgt.

Beispiel
Provisionen werden regelmäßig erst im übernächsten Monat abgerechnet. Die Provision für den Monat Juni wird mit der Lohnabrechnung für August bezahlt. Die Beitragsberechnung kann zusammen mit dem Arbeitsentgelt für August erfolgen. Die Versteuerung erfolgt ebenfalls für August.

Werden die Provisionen aber nicht betriebsüblich im nächsten oder übernächsten Monat, sondern erst später (z. B. vierteljährlich oder halbjährlich) abgerechnet, so müssen die Lohnabrechnungen für die Lohnzahlungszeiträume, für die die Provisionszahlung erfolgt, wieder aufgerollt werden. Es bestehen jedoch keine Bedenken, wenn diese Provisionen gleichmäßig auf den Zahlungszeitraum (z. B. das Vierteljahr) verteilt werden. Bei Provisionen, die erst nach Beendigung des Beschäftigungsverhältnisses zur Auszahlung kommen, sollte als Kriterium für die zeitliche Zuordnung die Handhabung während des bestehenden Beschäftigungsverhältnisses maßgebend bleiben. Das bedeutet, dass die nach Beendigung des Beschäftigungsverhältnisses noch anfallenden Provisionen dem letzten Lohnabrechnungszeitraum des Beschäftigungsverhältnisses zugeordnet werden können, wenn die Provisionen monatlich ausgezahlt wurden. Wurden sie dagegen in größeren Zeitabständen ausgezahlt, dann sind sie den entsprechenden letzten Lohnabrechnungszeiträumen zuzuordnen. Für **Stornoreserven** gilt diese Regelung ebenfalls.

Provisionen sind nur dann als einmalige Zuwendungen zu behandeln (vgl. dieses Stichwort), wenn sie ohne Bezug auf bestimmte Lohnzahlungs- bzw. Lohnabrechnungszeiträume gewährt werden.

Prozesskosten

Prozesskosten, die dem Arbeitnehmer von seinem Arbeitgeber ersetzt werden, gehören zwar zu den Werbungskosten, wenn der strafrechtliche Schuldvorwurf, gegen den sich der Arbeitnehmer zur Wehr setzt, durch sein berufliches Verhalten veranlasst war (BFH-Urteil vom 19. 2. 1982, BStBl. II S. 467). Da jedoch seit 1. 1. 1990 ein steuerfreier Werbungskostenersatz durch den Arbeitgeber nicht mehr möglich ist (vgl. hierzu die grundsätzlichen Ausführungen beim Stichwort „Auslagenersatz"), gehören die vom Arbeitgeber ersetzten Prozesskosten (Gerichtskosten und Aufwendungen für einen Verteidiger) zum steuerpflichtigen Arbeitslohn. ja ja

Der Arbeitnehmer kann die vom Arbeitgeber ersetzten und lohnversteuerten Prozesskosten – soweit sie beruflich veranlasst sind – als Werbungskosten bei seiner Veranlagung zur Einkommensteuer geltend machen. Siehe auch das Stichwort „Geldstrafen".

Prüfungsvergütungen

siehe „Nebenberufliche Prüfungstätigkeit"

Rabatte, Rabattfreibetrag

Neues auf einen Blick:

In der **Automobilbranche** ist es schwierig, den **tatsächlichen Angebotspreis** im Sinne des § 8 Abs. 3 EStG zu ermitteln. Deshalb wird es von der Finanzverwaltung **rückwirkend ab 1.1.2009** nicht beanstandet, wenn als Endpreis im Sinne der Rabattregelung der Preis angenommen wird, der sich nach **Abzug von 80 %** (bisher 50 %) des **durchschnittlichen Preisnachlasses** an Endverbraucher vom empfohlenen Preis ergibt. Der durchschnittliche Preisnachlass ist modellbezogen nach den tatsächlichen Verkaufserlösen der letzten drei Monate zu ermitteln. Dabei sind auch nachvollziehbare (= aufgezeichnete) **indirekte Rabatte** (z. B. überhöhte Inzahlungnahme von Gebrauchtfahrzeugen, Sachzugaben wie kostenlose Winterreifen, nicht aber günstige Finanzierungen) zu berücksichtigen. Unterstellt man einen Rabatt an Endverbraucher von 15 %, führt dies bei der Rabattregelung zu einem Preisabschlag von 12 % (80 % von 15 % = 12 %). Bei **neu eingeführten Modellen** kann in den ersten drei Kalendermonaten ein pauschaler **Abschlag von 6 % auf die unverbindliche Preisempfehlung** vorgenommen werden (vgl. die Erläuterungen unter der nachfolgenden Nr. 4 Buchstabe b).

Der **Arbeitgeber** stellt eine Ware im Sinne des § 8 Abs. 3 EStG nicht nur dann her, wenn er den Gegenstand selbst produziert oder wenn er ihn auf eigene Kosten nach seinen Vorgaben und Plänen von einem Dritten produzieren lässt, sondern auch dann, wenn er damit vergleichbare sonstige gewichtige Beiträge zur Herstellung der Ware erbringt. Entscheidend ist, dass dem Arbeitgeber der **Herstellungsprozess zugerechnet** werden kann. Dafür reicht aber nicht jede beliebige Beteiligung am Herstellungsprozess aus. Der Beitrag des Arbeitgebers muss derart gewichtig sein, dass bei wertender Betrachtung die Annahme der Herstellereigenschaft gerechtfertigt erscheint (BFH-Urteil vom 1.10.2009 VI R 22/07).

Rabatte, Rabattfreibetrag

Gliederung:

1. Allgemeines
2. Anwendung des Rabattfreibetrags
   a) Rabattfreibetrag nur für sog. Belegschaftsrabatte
   b) Bewertung des Sachbezugs bei Anwendung des Rabattfreibetrags
3. Begriff der Waren und Dienstleistungen, für die der Rabattfreibetrag gewährt wird
   a) Allgemeines
   b) Begriff der Waren
   c) Begriff der Dienstleistungen
   d) Fehlen des Nämlichkeitsnachweises
4. Bewertung der Waren und Dienstleistungen, auf die der Rabattfreibetrag angewendet wird
   a) Allgemeine Bewertungsgrundsätze
   b) Rabattbesteuerung in der Automobilindustrie
5. Pauschalierung der Lohnsteuer
6. Rabattgewährung durch Dritte
   a) Umfang der Steuerpflicht
   b) Lohnsteuerabzug durch den Arbeitgeber
   c) Unschädliche Mitwirkung des Arbeitgebers
   d) Bewertung und Anwendung der monatlichen 44-Euro-Freigrenze
   e) Anzeigepflichten bei einer Rabattgewährung durch Dritte
   f) Besonderheiten bei sog. Für-uns-Verkaufsstellen
7. Mehrfachgewährung des Rabattfreibetrags
8. Rabattgewährung durch Gutschrift
9. Rabattgewährung bei beschädigten oder gebrauchten Waren
   a) Neuwertige Waren
   b) Beschädigte und gebrauchte Waren
10. Rabattgewährung im Bankgewerbe
    a) Zinsersparnisse
    b) Verbilligte Kontoführung
    c) Verbilligter Erwerb von Fondsanteilen durch Mitarbeiter von Bankkonzernen
    d) Ersparte Abschlussgebühren beim Abschluss eigener Bausparverträge durch Arbeitnehmer von Kreditinstituten
11. Aufzeichnungsvorschriften
12. Umwandlung von Barlohn in einen durch den Rabattfreibetrag begünstigten Sachbezug
13. Sozialversicherungsrechtliche Behandlung der Belegschaftsrabatte
    a) Allgemeine Grundsätze
    b) Umwandlung von Barlohn in einen durch den Rabattfreibetrag begünstigten Sachbezug
14. Umsatzsteuerpflicht bei Rabattgewährung

1. Allgemeines

Überlässt der Arbeitgeber seinen Arbeitnehmern irgendwelche Wirtschaftsgüter unentgeltlich oder verbilligt, so ist der hierin liegende geldwerte Vorteil grundsätzlich steuer- und beitragspflichtig. | ja | ja

Es ist dabei gleichgültig, ob es sich um Gegenstände aus dem Privatvermögen des Arbeitgebers oder um Wirtschaftsgüter des Betriebsvermögens handelt. Außerdem spielt es keine Rolle, ob der Arbeitnehmer noch aktiv tätig oder bereits im Ruhestand ist.

Beispiel

Der Arbeitgeber „schenkt" dem Arbeitnehmer sein privates Motorrad. Der Arbeitgeber verkauft dem Arbeitnehmer verbilligt einen gebrauchten Firmenwagen. Der Arbeitgeber stellt dem Arbeitnehmer kostenlos private Einrichtungsgegenstände für dessen häusliches Arbeitszimmer zur Verfügung. Ein Pensionist kann bei seiner früheren Firma verbilligt einkaufen. In allen Fällen liegt ein steuerpflichtiger geldwerter Vorteil vor.

Für Wirtschaftsgüter, mit **denen der Arbeitgeber Handel treibt**, das heißt überwiegend fremde Dritte beliefert, gibt es jedoch eine Ausnahme. Zwar ist auch in diesen Fällen der geldwerte Vorteil aus der unentgeltlichen oder verbilligten Überlassung solcher Wirtschaftsgüter an Arbeitnehmer als Arbeitslohn anzusehen; es gibt hierfür jedoch einen Freibetrag von **1080 €** jährlich (§ 8 Abs. 3 EStG). | nein | nein

Dieser sog. **Rabattfreibetrag** wird nur bei einer unentgeltlichen oder verbilligten Überlassung von Waren gewährt, die **vom Arbeitgeber** hergestellt oder vertrieben werden (sog. **Belegschaftsrabatte**). Erhält ein Arbeitnehmer aufgrund des Dienstverhältnisses den Rabatt von einem Dritten (sog. **Rabattgewährung durch Dritte**), so liegt ebenfalls Arbeitslohn vor, der Rabattfreibetrag darf jedoch von diesem steuerpflichtigen geldwerten Vorteil **nicht** abgezogen werden. | ja | ja

Aber nicht jede Rabattgewährung durch Dritte führt bereits vom ersten Euro zur Lohnsteuerpflicht. Denn für Sachbezüge gibt es eine Freigrenze von **44 €** monatlich. Diese Freigrenze ist auch bei einer Rabattgewährung durch **Dritte** anwendbar. Das bedeutet, dass die von einem Dritten gewährten Rabatte nur dann steuer- und beitragspflichtig sind, wenn sie 44 € **monatlich** übersteigen. | nein | nein

Die Rabattgewährung durch Dritte ist ausführlich unter der nachfolgenden Nr. 6 erläutert.

2. Anwendung des Rabattfreibetrags

a) Rabattfreibetrag nur für sog. Belegschaftsrabatte

Neben den Geldzahlungen, die ein Arbeitnehmer aufgrund seines Arbeitsverhältnisses erhält, gehören auch etwaige **Sachbezüge und geldwerte Vorteile** aus dem Arbeitsverhältnis **zum steuerpflichtigen Arbeitslohn.** Dabei ist es gleichgültig, ob es sich um einmalige oder laufende Einnahmen handelt, ob ein Rechtsanspruch auf sie besteht und unter welcher Bezeichnung und in welcher Form sie gewährt werden (§ 2 LStDV). Deshalb gehört auch die unentgeltliche oder verbilligte Überlassung von Waren durch den Arbeitgeber an den Arbeitnehmer als Sachbezug zum Arbeitslohn, wenn **die Verbilligung auf dem Arbeitsverhältnis beruht.** Nach der Rechtsprechung des Bundesfinanzhofs beruht ein vom Arbeitgeber gewährter Rabatt nur dann nicht auf dem Arbeitsverhältnis, wenn jede beliebige andere Person beim Kauf derselben Ware den gleichen Preisnachlass erhalten würde. Ob der Arbeitnehmer praktisch gezwungen ist, die Waren des Arbeitgebers verbilligt zu kaufen (sog. aufgezwungene Bereicherung) ist ohne Bedeutung (BFH-Urteil vom 2.2.1990, BStBl. II S. 472).

Vom Arbeitgeber gewährte Rabatte werden nur unter bestimmten Voraussetzungen durch den sog. **Rabattfreibetrag** in Höhe von **1080 €** jährlich steuerfrei gestellt (sog. Belegschaftsrabatte). Voraussetzung für die Anwendung des Rabattfreibetrags ist insbesondere, dass der Preisnachlass vom **Arbeitgeber** gewährt wird (und nicht von einem Dritten), und dass der Arbeitgeber mit diesen Waren Handel betreibt.

Der Rabattfreibetrag findet deshalb **keine Anwendung,** wenn

– Waren verbilligt überlassen werden, die der Arbeitgeber **nur für den Bedarf seiner Arbeitnehmer** herstellt (z. B. Kantinenessen, vgl. die Erläuterungen unter der nachfolgenden Nr. 3 Buchstabe a).

– Waren verbilligt überlassen werden, die **nicht der Arbeitgeber** selbst verbilligt überlässt, sondern ein **Dritter,** z. B. ein mit dem Arbeitgeber verbundenes **Konzernunternehmen** (sog. Rabattgewährung durch Dritte, vgl. die Erläuterungen unter der nachfolgenden Nr. 6 Buchstabe a).

Rabatte, Rabattfreibetrag

| | Lohn-steuer-pflichtig | Sozial-versich.-pflichtig |

– der vom Arbeitgeber gewährte Rabatt **pauschal versteuert** wird (vgl. die Erläuterungen unter der nachfolgenden Nr. 5).

Im Einzelnen gilt für die Anwendung des Rabattfreibetrags Folgendes:

b) Bewertung des Sachbezugs bei Anwendung des Rabattfreibetrags

Der Arbeitgeber muss **bei allen Sachbezügen,** die er dem Arbeitnehmer unentgeltlich oder verbilligt überlässt, zuerst prüfen, ob es sich evtl. um Waren oder Dienstleistungen handelt, auf die der Rabattfreibetrag von **1080 € jährlich** angewendet werden kann. Diese Prüfung ist deshalb besonders wichtig, weil die Anwendung des Rabattfreibetrags neben der Freistellung von der Steuer bis zu einem Betrag von 1080 € jährlich auch eine **besondere Bewertung** des Sachbezugs zur Folge hat. Weiterhin ist eine **Freigrenze für Sachbezüge von monatlich 44 €** zu beachten, die nur für diejenigen Sachbezüge gilt, auf die der Rabattfreibetrag **nicht** anwendbar ist. Muss die steuerliche Behandlung von Sachbezügen beurteilt werden, erscheint es deshalb zweckmäßig, nach folgenden Schema vorzugehen:

1. Frage: Ist auf den vom Arbeitgeber unentgeltlich oder verbilligt gewährten Sachbezug der Rabattfreibetrag von 1080 € jährlich anwendbar? In diesem Fall gelten für die Bewertung des Sachbezugs ausschließlich die **besonderen** Bewertungsvorschriften des § 8 Abs. 3 EStG (kein Ansatz der amtlichen Sachbezugswerte, aber Preisabschlag von 4 %, keine Anwendung der monatlichen 44-Euro-Freigrenze).

2. Frage: Handelt es sich bei dem Sachbezug zwar um Waren- oder Dienstleistungen, auf die der Rabattfreibetrag anwendbar wäre, wählt der Arbeitgeber aber die **Pauschalbesteuerung?** Diese Frage ist deshalb von Bedeutung, weil die Anwendungen der Pauschalbesteuerung die gleichzeitige Gewährung des Rabattfreibetrags von 1080 € ausschließt. Bei Anwendung der Pauschalbesteuerung gelten für die Bewertung des Sachbezugs ausschließlich die **allgemeinen** Bewertungsvorschriften des § 8 Abs. 2 EStG (ortsüblicher Preis unter Anwendung der 96 %-Regelung oder amtliche Sachbezugswerte, soweit festgesetzt).*)

3. Frage: Ist auf den vom Arbeitgeber gewährten Sachbezug der Rabattfreibetrag **nicht** anwendbar? Ist diese Frage zu bejahen, kann also auf den gewährten Sachbezug der Rabattfreibetrag nicht angewendet werden, so gelten für die Bewertung des Sachbezugs ebenfalls nur die **allgemeinen** Bewertungsvorschriften des § 8 Abs. 2 EStG (ortsüblicher Preis unter Anwendung der 96 %-Regelung*) oder amtlicher Sachbezugswert, soweit festgesetzt). Für die Anwendung der Freigrenze von 44 € monatlich ist zu unterscheiden, ob der ortsübliche Preis oder der amtliche Sachbezugswert anzusetzen ist, da beim Ansatz der amtlichen Sachbezugswerte die Anwendung der 44-Euro-Freigrenze ausgeschlossen ist.

Aufgrund dieser Einordnung ergibt sich für die Anwendung des Rabattfreibetrags und die Bewertung von Sachbezügen folgendes Schema:

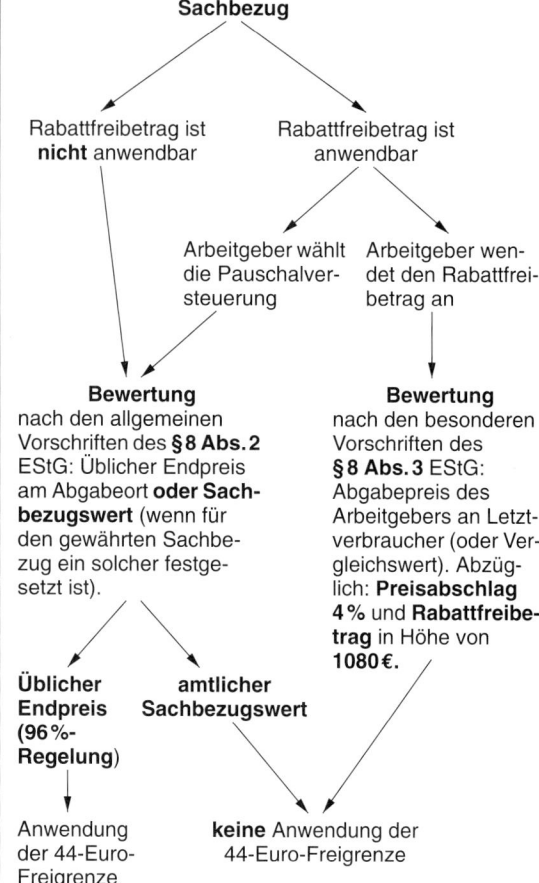

Wenn der Rabattfreibetrag anzuwenden ist und deshalb die besonderen Bewertungsvorschriften des § 8 Abs. 3 EStG zu beachten sind, kommt ein Preisabschlag von 4 % in Betracht. Dieser Preisabschlag von 4 % wirkt sich wie eine Erhöhung des Rabattfreibetrags aus.

Beispiel

Arbeitnehmer können die Waren des Arbeitgebers mit 20 % Rabatt einkaufen. Ein Arbeitnehmer kauft Waren im Wert von 6750 € für 5400 € ein. Der geldwerte Vorteil beträgt somit (6750 € − 5400 € =) 1350 €. Steuerlich ergibt sich Folgendes:

Bruttowarenwert	6 750,— €
abzüglich Preisabschlag in Höhe von 4 %	270,— €
verbleiben	6 480,— €
abzüglich Rabattfreibetrag	1 080,— €
verbleiben	5 400,— €
vom Arbeitnehmer bezahlt	5 400,— €
steuerpflichtiger geldwerter Vorteil	0,— €

Für die Anwendung des Rabattfreibetrags und die daraus resultierende besondere Bewertung der betreffenden Sachbezüge gilt im Einzelnen Folgendes:

3. Begriff der Waren und Dienstleistungen, für die der Rabattfreibetrag gewährt wird

a) Allgemeines

Der Rabattfreibetrag von 1080 € jährlich wird nur für die unentgeltliche oder verbilligte Überlassung von Waren oder Dienstleistungen gewährt, **mit denen der Arbeitgeber Handel treibt,** das heißt, die dem Arbeitnehmer unentgeltlich oder verbilligt überlassenen Waren oder Dienstleistungen dürfen vom Arbeitgeber **nicht nur für den Bedarf seiner Arbeitnehmer** hergestellt werden

---

*) Die sog. 96 %-Regelung ist beim Stichwort „Sachbezüge" unter Nr. 3 Buchstabe b auf Seite 633 anhand von Beispielen erläutert.

sondern müssen **überwiegend** auch an fremde Dritte geliefert werden (§ 8 Abs. 3 EStG).

Beispiel A
Die von einer betriebseigenen Kantine überwiegend an die Belegschaft des Arbeitgebers verbilligt abgegebenen Mahlzeiten werden nur für die Arbeitnehmer hergestellt. Der Rabattfreibetrag kann deshalb von den geldwerten Vorteilen nicht abgezogen werden.
Für die Bewertung der Mahlzeiten gelten die amtlichen Sachbezugswerte (vgl. „Mahlzeiten").

Beispiel B
Das Personal eines Altenheimes erhält eine verbilligte Kantinenmahlzeit. Die Mahlzeiten entsprechen denen der Heimbewohner.
Bei der verbilligten Überlassung von Verpflegung handelt es sich um eine Ware mit der der Arbeitgeber Handel treibt. Der Rabattfreibetrag ist anwendbar, weil der Arbeitgeber ein sog. Personalessen nicht besonders zubereiten lässt und er die Ware „Verpflegung" damit überwiegend für Fremde und nicht für den Bedarf der Arbeitnehmer herstellt.
Für die Bewertung gelten **nicht** die amtlichen Sachbezugswerte, sondern die besondere Bewertungsvorschrift des § 8 Abs. 3 EStG. Anzusetzen ist hiernach der den Heimbewohnern abverlangte Endpreis abzüglich 4 % (vgl. die Erläuterungen unter der folgenden Nr. 4).

b) Begriff der Waren

Zu den Waren gehören alle Wirtschaftsgüter, die im Wirtschaftsverkehr wie Sachen im Sinne des § 90 BGB behandelt werden (z. B. bewegliche und unbewegliche Sachen wie Grundstücke, Strom, Wärme, Gas, Wasser, Zigaretten, Freitrunk, Deputate usw.).

Es muss sich um Waren handeln, die vom Arbeitgeber hergestellt oder vertrieben werden. Auf Rohstoffe, Zutaten und Halbfertigprodukte ist die Begünstigung deshalb anwendbar, wenn diese mengenmäßig überwiegend in die Erzeugnisse des Betriebs eingehen (z. B. die Abgabe von Holz an Arbeitnehmer einer Möbelfabrik). Betriebs- und Hilfsstoffe, die mengenmäßig überwiegend nur an die Arbeitnehmer des Betriebs abgegeben werden, sind nicht begünstigt.

Beispiel A
Eine Transportfirma hat zur Versorgung des Fuhrparks eine Tankstelle im Betrieb eingerichtet. An der Tankstelle können auch die Arbeitnehmer des Betriebs ihre privaten Pkws verbilligt auftanken. Die Verbilligung ist ein geldwerter Vorteil für den Arbeitnehmer. Der Rabattfreibetrag ist nicht anwendbar, weil der Treibstoff nicht überwiegend an fremde Dritte abgegeben wird (der Arbeitgeber handelt nicht mit Treibstoff).

Beispiel B
Ein Pkw-Leasing-Unternehmen verkauft Neuwagen ausschließlich an seine Arbeitnehmer. Der Rabattfreibetrag kann nicht abgezogen werden, weil das Leasing-Unternehmen im Normalfall nicht mit Autos handelt (sondern diese nur verleast).
Veräußert das Leasing-Unternehmen dagegen Gebrauchtwagen nach Ablauf der Leasing-Zeit an fremde Dritte und auch an Arbeitnehmer, so steht diesen der Rabattfreibetrag zu.

Der **Arbeitgeber** stellt eine Ware im Sinne des § 8 Abs. 3 EStG nicht nur dann her, wenn er den Gegenstand selbst produziert oder wenn er ihn auf eigene Kosten nach seinen Vorgaben und Plänen von einem Dritten produzieren lässt, sondern auch dann, wenn er damit vergleichbare sonstige gewichtige Beiträge zur Herstellung der Ware erbringt. Entscheidend ist, dass dem Arbeitgeber der **Herstellungsprozess zugerechnet** werden kann. Dafür reicht aber nicht jede beliebige Beteiligung am Herstellungsprozess aus. Der Beitrag des Arbeitgebers muss derart gewichtig sein, dass bei wertender Betrachtung die Annahme der Herstellereigenschaft gerechtfertigt erscheint (BFH-Urteil vom 1.10.2009 VI R 22/07).

c) Begriff der Dienstleistungen

Als Dienstleistungen kommen alle personellen Leistungen in Betracht, die üblicherweise gegen Entgelt erbracht werden. Zu den Dienstleistungen gehören deshalb z. B. auch Beförderungsleistungen, die Beratung (z. B. in einer Anwalts- oder Steuerkanzlei), die Werbung (z. B. verbilligte Anzeigen durch einen Zeitungsverlag), die Datenverarbeitung, die Kontoführung, der Versicherungsschutz (z. B. Prämienermäßigung für Arbeitnehmer der Versicherungen) sowie Reiseveranstaltungen. Dienstleistungen, die der Arbeitgeber überwiegend nur für seine Arbeitnehmer erbringt, sind nicht begünstigt. Bei gemischten Dienstleistungen muss deshalb geprüft werden, welche Dienstleistung die Voraussetzung für die Anwendung des Rabattfreibetrags erfüllt, und welche nicht.

Beispiel A
Der Arbeitnehmer eines Reisebüros hat für eine vom Arbeitgeber vermittelte Pauschalreise, die im Katalog des Reiseveranstalters zum Preis von 2000 € angeboten wird, nur 1500 € zu zahlen. Vom Preisnachlass entfallen 300 € auf die Reiseleistung des Veranstalters und 200 € auf die Vermittlung des Arbeitgebers, der insoweit keine Vermittlungsprovision erhält. Die unentgeltliche Vermittlungsleistung ist nach § 8 Abs. 3 EStG mit ihrem um 4 % = 8 € geminderten Endpreis von 200 € zu bewerten (vgl. Nr. 4), sodass sich ein geldwerter Vorteil in Höhe von (200 € − 8 € =) 192 € ergibt, der im Rahmen des Rabattfreibetrags von 1080 € jährlich steuerfrei ist.
Auf die darüber hinausgehende Verbilligung der Pauschalreise um 300 € ist der Rabattfreibetrag nicht anwendbar, weil die Reiseveranstaltung **nicht vom Arbeitgeber** durchgeführt wird; sie ist deshalb nach § 8 Abs. 2 EStG mit dem üblichen Endpreis zu bewerten, wobei allerdings die sog. 96 %-Regelung*) angewendet werden kann, sodass sich ein steuerlicher Preisvorteil in folgender Höhe ergibt:

Katalogpreis der Reiseleistung	1 800,— €
96 %-Regelung*)	1 728,— €
vom Arbeitnehmer bezahlt	1 500,— €
steuerpflichtiger geldwerter Vorteil	228,— €

Der Rabattfreibetrag von 1080 € ist auf diesen Teil der Verbilligung nicht anwendbar.

Zu den Dienstleistungen zählen auch Vermittlungsleistungen, z. B. die Vermittlung von Bausparverträgen oder Versicherungsverträgen durch Banken, Sparkassen und Versicherungsunternehmen sowie die Vermittlung von Reisen durch Reisebüros. Arbeitgeber, die derartige Abschlüsse vermitteln, gewähren ihren Arbeitnehmern einen geldwerten Vorteil im Sinne des § 8 Abs. 3 EStG, wenn der Arbeitgeber im Voraus auf die ihnen zustehenden Vermittlungsprovisionen verzichten und aufgrund dieses Verzichts dem Arbeitnehmer einen Preisnachlass bei Reisen, den Abschluss günstigerer Tarife bei Versicherungen oder das Ersparen von Abschlussgebühren bei Bausparverträgen verschaffen. Die Anwendung des § 8 Abs. 3 EStG ist aber auf die Leistung des Arbeitgebers, das heißt auf die Höhe der Vermittlungsprovision begrenzt.

Nach dem BFH-Urteil vom 23. 8. 2007 (BStBl. 2008 II S. 52) sind Provisionen, die der Arbeitgeber von Verbundunternehmen für die Vermittlung von Versicherungsverträgen erhalten hat und in bestimmten Fällen an eigene Arbeitnehmer weitergibt, **Barlohn** und nicht Sachlohn, wenn die Vermittlungsleistung nur dem Verbundunternehmen erbracht wird und auch nur diesem gegenüber Ansprüche bestehen, mit der Folge, dass weitergeleitete Provisionen nicht nach § 8 Abs. 3 EStG zu bewerten sind. Der Arbeitgeber erbringt somit keine Dienstleistung im Sinne des § 8 Abs. 3 EStG, wenn er sie am Markt nicht im eigenen Namen, sondern in fremden Namen, also für das Verbundunternehmen anbietet.

Beispiel B
Eine Sparkasse erbringt die Vermittlung von Bausparverträgen nicht als eigene Dienstleistung am Markt und erwirbt keine eigenen Provisionsansprüche. Die Bausparkasse verzichtet auf die Abschlussgebühr, wenn Arbeitnehmer der Sparkasse einen Bausparvertrag bei dieser Bausparkasse abschließen.
Die Vorteile, die aus dem Verzicht der Abschlussgebühr durch die Bausparkasse beruhen, sind Arbeitslohn von dritter Seite, der nach § 8 Abs. 2 EStG zu bewerten und (ohne Anwendung des Rabattfreibetrags) zu versteuern ist.

Die leih- oder mietweise Überlassung von Grundstücken, **Wohnungen, möblierten Zimmern** oder die Überlassung von Kraftfahrzeugen, Maschinen und anderen

---

*) Die sog. 96 %-Regelung ist beim Stichwort „Sachbezüge" unter Nr. 3 Buchstabe b auf Seite 633 ausführlich anhand von Beispielen erläutert.

Rabatte, Rabattfreibetrag

beweglichen Sachen sowie die **Gewährung von Darlehen** gehören zu den durch den Rabattfreibetrag begünstigten „Dienstleistungen". Ist auch die darüber hinaus erforderliche Voraussetzung gegeben, nämlich dass der Arbeitgeber mit der betreffenden „Dienstleistung" selbst Handel betreibt, ist der Rabattfreibetrag anzuwenden. Die vom Bundesfinanzhof im Urteil vom 4. 11. 1994 (BStBl. 1995 II S. 338) zwingend vorgeschriebene Anwendung des Rabattfreibetrags hat jedoch auch eine Kehrseite. Denn die auf § 8 Abs. 2 EStG beruhenden Sachbezugswerte für die Unterkunft sowie die besonderen Werte bei einer unentgeltlichen Überlassung von Firmenwagen zur privaten Nutzung (1 %-Regelung) und die gleichzeitige Anwendung des Rabattfreibetrags **schließen sich gegenseitig aus,** das heißt der Arbeitgeber hat kein Wahlrecht. Dies soll an zwei Beispielen verdeutlicht werden:

Beispiel D
Ein Arbeitgeber (z. B. ein Chemiekonzern) mietet möblierte Zimmer an und überlässt sie verbilligt an Arbeitnehmer. Der geldwerte Vorteil aus der verbilligten Überlassung der Unterkunft ist mit dem amtlichen Sachbezugswert zu bewerten. Der Rabattfreibetrag von 1080 € jährlich ist nicht anwendbar, da ein Chemiekonzern keine „Wohnraumvermietung" betreibt, das heißt, dass die vom Arbeitgeber erbrachten Vermietungsleistungen ausschließlich für seine Arbeitnehmer erbracht werden. Die Anwendung des § 8 Abs. 3 EStG ist damit ausgeschlossen.

Beispiel E
Ein Hotelbetrieb überlässt Hotelzimmer (die auch fremden Dritten angeboten werden) unentgeltlich an seine Arbeitnehmer.
Nach dem BFH-Urteil vom 4. 11. 1994 (BStBl. 1995 II S. 338) ist die Anwendung des § 8 Abs. 3 EStG für diese Fälle zwingend vorgeschrieben. Das bedeutet, dass zwar einerseits der geldwerte Vorteil um den Rabattfreibetrag von 1080 € zu kürzen ist, andererseits aber der geldwerte Vorteil nicht mit dem amtlichen Sachbezugswert, sondern (zwingend) mit dem ortsüblichen Mietpreis anzusetzen ist. Dies kann sich durchaus zuungunsten des Arbeitnehmers auswirken, z. B. wenn einem Arbeitnehmer im Hotel- und Gaststättengewerbe ein Hotelzimmer, das auch fremden Dritten angeboten wird, unentgeltlich überlassen wird. Denn das Zimmer muss mit dem ortsüblichen Mietpreis bewertet werden, z. B. mit 30 € je Übernachtung, monatlich also (30 Tage × 30 € =) 900 €. Hiervon ist der Rabattfreibetrag von 90 € monatlich abzuziehen, sodass als lohnsteuerpflichtiger Sachbezug ein Betrag von 810 € monatlich verbleibt.
Wird dem Arbeitnehmer kein Hotelzimmer (das auch fremden Dritten angeboten wird) überlassen, sondern wohnt er in einer **Personalunterkunft,** ist die unentgeltliche oder verbillige Überlassung mit dem amtlichen Sachbezugswert (**ohne** Kürzung um den Rabattfreibetrag) zu bewerten. Dies sind monatlich 204 € im Kalenderjahr 2010.

Das oben genannte BFH-Urteil wirkt sich auch auf die Gewährung des Rabattfreibetrags bei der zinslosen oder zinsverbilligten Gewährung von Darlehen im **Bankgewerbe** aus. Diese Auswirkung ist nachfolgend unter Nr. 10 erläutert.

d) Fehlen des Nämlichkeitsnachweises

Die gesetzliche Voraussetzung, dass es sich um Waren handeln muss, die **vom Arbeitgeber** hergestellt oder vertrieben werden, führt dazu, dass weder Arbeitnehmer von **Konzerngesellschaften** noch ein überbetrieblicher Belegschaftshandel durch den Rabattfreibetrag begünstigt wird. Der Begriff des Arbeitgebers im lohnsteuerlichen Sinne ist eindeutig (BFH-Urteil vom 21. 2. 1986, BStBl. II S. 768); es ist diejenige natürliche oder juristische Person, zu der die arbeitsvertraglichen Beziehungen bestehen. Die Beachtung dieses sog. **Nämlichkeitsnachweises** ist für die Gewährung des Rabattfreibetrags von entscheidender Bedeutung. Denn bei einer Rabattgewährung durch Dritte (z. B. bei Konzernen) führt der fehlende Nämlichkeitsnachweis zu einer Versagung des Rabattfreibetrags (vgl. die Erläuterungen unter der folgenden Nr. 6).

4. Bewertung der Waren und Dienstleistungen, auf die der Rabattfreibetrag angewendet wird

a) Allgemeine Bewertungsgrundsätze

Unentgeltlich oder verbilligt überlassene Waren und Dienstleistungen des Arbeitgebers, auf die der Rabattfreibetrag von 1080 € jährlich angewendet wird, sind nach den **besonderen** Bewertungsvorschriften des § 8 Abs. 3 EStG zu bewerten. Ist bei einer unentgeltlichen oder verbilligten Überlassung von Waren und Dienstleistungen der Rabattfreibetrag nicht anwendbar (z. B. bei der Überlassung von Wohnungen), oder ist der Rabattfreibetrag zwar anwendbar, wird aber die Pauschalierung gewählt (vgl. Nr. 5), so gelten die allgemeinen Bewertungsvorschriften des § 8 Abs. 2 EStG. Steht fest, dass auf unentgeltliche Überlassung der Waren oder Dienstleistungen der Rabattfreibetrag angewendet wird, gilt für die Bewertung nach § 8 Abs. 3 EStG Folgendes:

Als Wert der Sachbezüge sind die Endpreise (einschließlich der Umsatzsteuer) zugrunde zu legen, zu denen **der Arbeitgeber** oder der nächstansässige Abnehmer die Waren oder Dienstleistungen fremden Letztverbrauchern im allgemeinen Geschäftsverkehr **anbietet.** Im Einzelhandel sind dies die Preise, mit denen die Waren ausgezeichnet werden. Es kommt nicht darauf an, welcher Preis von einem Letztverbraucher als Ergebnis individueller Verhandlungen schließlich entrichtet worden ist, da das Gesetz auf den angebotenen und nicht den schließlich vereinbarten Preis abstellt (BFH-Urteil vom 4. 6. 1993, BStBl. II S. 687). Die Bewertung basiert nicht auf üblichen Marktpreisen bzw. Durchschnittspreisen. Der gesetzlich festgelegte **Preisabschlag von 4 %** soll die zum üblichen Marktpreis möglichen Preisunterschiede ausgleichen. Ein Preisabschlag, den der Arbeitgeber Groß- oder Dauerkunden einräumt, ist nicht zulässig.

Tritt der Arbeitgeber mit fremden Letztverbrauchern nicht in Geschäftsbeziehungen (z. B. Hersteller oder Großhändler), so sind die Endpreise zugrunde zu legen, zu denen der dem Abgabeort des Arbeitgebers nächstansässige Abnehmer die Waren oder Dienstleistungen fremden Letztverbrauchern anbietet. Für die Preisfeststellung ist der Kalendertag maßgebend, an dem die Ware oder Dienstleistung an den Arbeitnehmer abgegeben wird. Fallen Bestell- und Liefertag auseinander, sind die Verhältnisse am Bestelltag für die Ermittlung des Angebotspreises maßgebend.

Der nach den dargelegten Grundsätzen festgestellte Endpreis ist um den gesetzlich festgelegten Preisabschlag von 4 % zu mindern; dieser geminderte Endpreis stellt den Geldwert des Sachbezugs dar. Als steuerpflichtiger geldwerter Vorteil ist der Unterschiedsbetrag zwischen diesem Geldwert und dem vom Arbeitnehmer gezahlten Entgelt anzusetzen, soweit dieser 1080 € im Kalenderjahr übersteigt.

Die Unterschiede zwischen der **besonderen** Bewertung nach § 8 Abs. 3 EStG bei Berücksichtigung des Rabattfreibetrags und der **allgemeinen** Bewertung nach § 8 Abs. 2 EStG sind Folgende:

- Die **allgemeine** Bewertung der Sachbezüge erfolgt mit dem üblichen Endpreis am Abgabeort, wenn kein amtlicher Sachbezugswert für die Ware festgesetzt ist. Ist für den Sachbezug ein amtlicher Sachbezugswert festgesetzt worden, so ist dieser maßgebend.

- Die **besondere** Bewertung nach § 8 Abs. 3 EStG kennt keine amtlichen Sachbezugswerte. Wird also auf einen unentgeltlichen oder verbilligten Warenbezug der Rabattfreibetrag angewendet, darf diese Ware **niemals** mit amtlichen Sachbezugswerten bewertet werden.

- Die **besondere** Bewertung nach § 8 Abs. 3 EStG geht von dem Preis aus, den **der Arbeitgeber** für die Ware von fremden Letztverbrauchern im allgemeinen Geschäftsverkehr fordert. Im Einzelhandel sind dies die Preise, mit denen die Ware ausgezeichnet wird. Bei Herstellern und Großhändlern, die nicht an Letztverbraucher liefern, ist der Preis maßgebend, den der nächstansässige Abnehmer des Arbeitgebers von fremden Letztverbrauchern fordert. Der nach § 8

Abs. 3 EStG anzusetzende Wert ist also kein „üblicher Endpreis", sondern ein konkreter Einzelpreis. Auf diesen Preis ist ein Bewertungsabschlag von 4 % vorzunehmen (und nicht etwa ein Preisabschlag, den der Arbeitgeber bestimmten Großkunden gewährt).

Beispiel

Eine Möbelfabrik überlässt einem Arbeitnehmer eine komplette Wohnungseinrichtung zum Großhandelspreis von 14 000 €. Da der Arbeitgeber nicht selbst an Endverbraucher liefert, muss er den maßgeblichen Letztverbraucher-Endpreis anhand der Preisauszeichnung seines nächstansässigen Abnehmers ermitteln. Der steuerpflichtige geldwerte Vorteil errechnet sich wie folgt:

Endpreis (Ladenpreis einschließlich Mehrwertsteuer)	17 000,— €
abzüglich gesetzlich festgelegter Abschlag in Höhe von 4 %	680,— €
nach §8 Abs. 3 EStG maßgebender Letztverbraucher-Endpreis	16 320,— €
Zahlung des Arbeitnehmers	14 000,— €
geldwerter Vorteil	2 320,— €
abzüglich Rabattfreibetrag	1 080,— €
steuer- und beitragspflichtiger Betrag	1 240,— €

b) Rabattbesteuerung in der Automobilindustrie

Der den Arbeitnehmern in der Automobilbranche beim Kauf eines Neuwagens gewährte Preisnachlass gehört als geldwerter Vorteil zum steuer- und sozialversicherungspflichtigen Arbeitslohn, soweit der Rabattfreibetrag in Höhe von 1080 € jährlich überschritten wird.

Beispiel

Ein Automobilunternehmen überlässt einem Arbeitnehmer einen Kraftwagen zu einem Preis von 20 000 €; der durch Preisauszeichnung angegebene Endpreis dieses Kraftwagens für fremde Letztverbraucher beträgt 25 000 € (einschließlich Mehrwertsteuer). Zur Ermittlung des geldwerten Vorteils ist der Endpreis um 4 % = 1000 € zu kürzen, sodass sich nach Anrechnung des vom Arbeitnehmer gezahlten Entgelts ein geldwerter Vorteil von 4000 € ergibt. Der mit dem gesetzlich festgelegten Preisabschlag von 4 % ermittelte Rabatt von 4000 € überschreitet den Rabattfreibetrag von 1080 € um 2920 €, sodass dieser Betrag zu versteuern ist. Würde der Arbeitnehmer im selben Kalenderjahr ein zweites Mal einen Kraftwagen unter denselben Bedingungen beziehen, so käme der Rabattfreibetrag nicht mehr in Betracht; es ergäbe sich dann ein zu versteuernder Betrag von 4000 € (Unterschiedsbetrag zwischen dem um 4 % = 1000 € geminderten Endpreis von 25 000 € und dem Abgabepreis von 20 000 €).

Für die steuerliche Bewertung der Kraftfahrzeuge sind nach § 8 Abs. 3 EStG die Endpreise maßgebend, zu denen der Arbeitgeber die Kraftfahrzeuge anderen Letztverbrauchern im allgemeinen Geschäftsverkehr anbietet. Bietet der Arbeitgeber die Kraftfahrzeuge anderen Letztverbrauchern nicht an, so sind die Endpreise des nächstgelegenen Händlers maßgebend.

Endpreis ist nicht der Preis, der mit dem Käufer unter Berücksichtigung individueller Preiszugeständnisse tatsächlich vereinbart wird. Regelmäßig ist vielmehr der Preis maßgebend, der nach der Preisangabenverordnung anzugeben und auszuweisen ist. Dies ist z. B. der sog. Hauspreis, mit dem Kraftfahrzeuge ausgezeichnet werden, die im Verkaufsraum eines Automobilhändlers ausgestellt werden. Wenn kein anderes Preisangebot vorliegt, ist der Endpreis grundsätzlich die unverbindliche Preisempfehlung des Herstellers (UPE) zugrunde zu legen.

Nach den Gepflogenheiten in der Automobilbranche werden Kraftfahrzeuge im allgemeinen Geschäftsverkehr fremden Letztverbrauchern tatsächlich häufig zu einem Preis angeboten, der unter der unverbindlichen Preisempfehlung des Herstellers liegt. Deshalb kann der tatsächliche Angebotspreis anstelle des empfohlenen Preises angesetzt werden (vgl. BFH-Urteil vom 4.6.1993, BStBl. II S. 687 und BFH-Urteil vom 17.6.2009, Az.: VI R 18/07).

Im Hinblick auf die Schwierigkeiten bei der Ermittlung des tatsächlichen Angebotspreises wird es von der Finanzverwaltung nicht beanstandet*), wenn als Endpreis im Sinne des § 8 Absatz 3 EStG der Preis angenommen wird, der sich ergibt, wenn **80 %** des Preisnachlasses, der durchschnittlich beim Verkauf an fremde Letztverbraucher im allgemeinen Geschäftsverkehr tatsächlich gewährt wird, von dem empfohlenen Preis abgezogen wird. Dabei ist der durchschnittliche Preisnachlass modellbezogen nach den tatsächlichen Verkaufserlösen in den vorangegangenen **drei Kalendermonaten** zu ermitteln und jeweils der Endpreisfeststellung im Zeitpunkt der Bestellung (Bestellbestätigung) zugrunde zu legen.

Bei der Ermittlung des durchschnittlichen Preisnachlasses sind sowohl Fahrzeugverkäufe, deren Endpreise inklusive Transport- und Überführungskosten im Einzelfall über der unverbindlichen Preisempfehlung des Herstellers liegen, als auch Fahrzeugverkäufe, die mit überhöhter Inzahlungnahme von Gebrauchtfahrzeugen, Sachzugaben oder anderen indirekten Rabatten einhergehen, einzubeziehen. Neben Barrabatten ist der Wert indirekter Rabatte bei der Ermittlung des durchschnittlichen Preisnachlasses zu berücksichtigen, soweit diese in den Verkaufsunterlagen des Automobilherstellers oder Automobilhändlers nachvollziehbar dokumentiert sind. Fahrzeugverkäufe mit **Marktzins unterschreitenden Finanzierungen** bleiben bei der Ermittlung des durchschnittlichen Preisnachlasses unberücksichtigt.

Von der Finanzverwaltung wird es nicht beanstandet*), wenn bei neu eingeführten Modellen in den ersten drei Kalendermonaten ein pauschaler Abschlag von **6 %** der unverbindlichen Preisempfehlung des Herstellers als durchschnittlicher Preisnachlass angenommen wird. Als neues Modell ist ein neuer Fahrzeugtyp oder eine neue Fahrzeuggeneration anzusehen, nicht dagegen eine sog. Modellpflegemaßnahme („Facelift"). In Zweifelsfällen kann hierzu auf die ersten Ziffern des im Fahrzeugschein oder in der Zulassungsbescheinigung Teil I verzeichneten Typenschlüssels des Herstellers abgestellt werden. Wurde ein Modell in den der Bestellung vorangegangenen drei Kalendermonaten nicht verkauft, ist auf den durchschnittlichen Preisnachlass des letzten Drei-Monats-Zeitraums abzustellen, in dem Verkaufsfälle vorliegen. Der Arbeitgeber hat die Grundlagen für den ermittelten geldwerten Vorteil als Beleg zum Lohnkonto aufzubewahren.

Diese Regelung gilt rückwirkend ab 1.1.2009.

5. Pauschalierung der Lohnsteuer

Für die Anwendung des Rabattfreibetrags und der damit verbundenen **besonderen** Bewertung der unentgeltlich oder verbilligt überlassenen Waren und Dienstleistungen nach §8 Abs. 3 EStG ist es Voraussetzung, dass die Sachbezüge **nicht** pauschal versteuert werden. Wird der Rabattfreibetrag auf den verbilligten Bezug einer Ware angewendet, so kann der den Rabattfreibetrag übersteigende Teil des Preisnachlasses nicht pauschaliert werden. Die Pauschalierung schließt also die **gleichzeitige** Anwendung des Rabattfreibetrags auf den Warenbezug aus. Außerdem führt die Pauschalierung dazu, dass nicht mehr die **besonderen** Bewertungsvorschriften des § 8 Abs. 3 EStG auf den verbilligten Warenbezug anzuwenden sind, sondern die **allgemeinen** Bewertungsvorschriften des § 8 Abs. 2 EStG. Die allgemeinen Bewertungsvorschriften schreiben entweder den amtlichen Sachbezug oder den üblichen Endpreis als Bewertungsmaßstab vor.

---

*) BMF-Schreiben vom 18.12.2009 (Az.: IV C 5 – S 2334/09/10006). Das BMF-Schreiben ist als Anlage 11 zu H 8.2 LStR im **Steuerhandbuch für das Lohnbüro 2010** abgedruckt, das im selben Verlag erschienen ist. Das **PC-Lexikon** für das Lohnbüro 2010 enthält auch dieses Handbuch und hat außerdem den Vorteil, dass Sie **alle BFH-Urteile** sowie die aktuellen Rundschreiben und Niederschriften der Spitzenverbände der **Sozialversicherung** mit Mausklick **im Volltext** abrufen und ausdrucken können. Eine Bestellkarte finden Sie vorne im Lexikon.

Rabatte, Rabattfreibetrag

Werden mehrere Waren oder Dienstleistungen unentgeltlich oder verbilligt überlassen, so kann der Arbeitgeber bei jedem **einzelnen** Sachbezug zwischen der Pauschalbesteuerung und der Anwendung des Rabattfreibetrags (mit entsprechender besonderer Bewertung nach § 8 Abs. 3 EStG) wählen; die Aufteilung eines (einheitlichen) Sachbezugs ist nach den Hinweisen zu R 8.2 der Lohnsteuer-Richtlinien nur dann zulässig, wenn bei einer Pauschalierung der Lohnsteuer die hierbei zu beachtende Pauschalierungsgrenze von 1000 € (vgl. die Erläuterungen beim Stichwort „Pauschalierung der Lohnsteuer" unter Nr. 2 auf Seite 517) überschritten wird.

Beispiel A
Die Bedienung in einer Gaststätte erhält arbeitstäglich eine kostenlose Mahlzeit, die sie sich frei aus der Speisekarte des Lokals wählen kann. Bei jedem einzelnen Sachbezug, also bei jeder einzelnen Mahlzeit, kann zwischen Pauschalbesteuerung und Rabattfreibetrag gewählt werden. Der Arbeitgeber wird so lange den Rabattfreibetrag anwenden, bis 1080 € überschritten sind. Hierbei gelten die **besonderen** Bewertungsvorschriften des § 8 Abs. 3 EStG, das heißt, es ist der auf der Speisekarte ausgezeichnete Endpreis abzüglich 4 % maßgebend. Wird zu irgendeinem Zeitpunkt im Kalenderjahr der Rabattfreibetrag von 1080 € überschritten, so wird der Arbeitgeber ab diesem Zeitpunkt die Pauschalversteuerung für Mahlzeiten mit 25 % wählen. Der Wert der einzelnen Mahlzeit ist dann mit den amtlichen Sachbezugswerten anzusetzen (2,80 € je Mahlzeit). Die Anwendung des Rabattfreibetrags erfordert es, dass die hiernach von der Steuer freigestellten Sachbezüge (im Beispiel also jede einzelne Mahlzeit), gesondert im Lohnkonto aufgezeichnet werden (vgl. nachfolgend unter Nr. 11). Diese Aufzeichnungen sind sehr arbeitsaufwendig. Der Arbeitgeber kann deshalb die Pauschalierung für alle Mahlzeiten wählen; in diesem Fall sind für alle Mahlzeiten die Sachbezugswerte anzusetzen.

Als für den Rabattfreibetrag schädliche Pauschalierungen kommen in Betracht:

- § 40 Abs. 1 Nr. 1 EStG Sonstige Bezüge in einer größeren Zahl von Fällen („Pauschalierung der Lohnsteuer" unter Nr. 2)
- § 40 Abs. 1 Nr. 2 EStG Nachversteuerung in einer größeren Zahl von Fällen („Pauschalierung der Lohnsteuer" unter Nr. 3)
- § 40 Abs. 2 Nr. 1 EStG Mahlzeiten im Betrieb („Mahlzeiten" unter Nr. 5)
- § 40 Abs. 2 Nr. 2 EStG Betriebsveranstaltungen („Betriebsveranstaltungen" unter Nr. 6)
- § 40 Abs. 2 Nr. 5 EStG Computerübereignung („Computer")

Die Pauschalierung schließt also die gleichzeitige Anwendung des Rabattfreibetrages aus. Es ist nicht möglich, für **einen** Teil des Sachbezugs den Rabattfreibetrag anzuwenden und für den übersteigenden Preisnachlass eine Pauschalierung durchzuführen. Das Wahlrecht Rabattfreibetrag oder Pauschalierung steht dem Arbeitgeber für **jeden einzelnen** Sachbezug zu. Für die Frage, ob ein einzelner Sachbezug vorliegt, ist auf den **Zufluss** abzustellen. Bei einem Zufluss zu verschiedenen Zeitpunkten handelt es sich jeweils um einzelne Sachbezüge.

Beispiel B
Ein Arbeitnehmer in der Mühlenindustrie erhält jeden Monat einen Zentner Mehl. Es fließen 12 einzelne Sachbezüge zu. Erhält er aber im Dezember die 12 Zentner Mehl auf einmal, so handelt es sich um einen (einheitlichen) Sachbezug.

Die Aufzählung der für eine Anwendung des Rabattfreibetrags schädlichen Pauschalierungsvorschriften ist abschließend. Das bedeutet, dass bei einer Pauschalierung der Lohnsteuer nach **§ 40 a EStG** für Aushilfskräfte und Teilzeitbeschäftigte der Rabattfreibetrag anwendbar ist (ggf. sogar mehrfach, wenn der Arbeitnehmer mehreren Aushilfstätigkeiten nachgeht, vgl. nachfolgend unter Nr. 7).

6. Rabattgewährung durch Dritte

a) Umfang der Steuerpflicht

Arbeitslohn ist nicht nur ein Rabatt, den der Arbeitgeber selbst einräumt. Steuerpflichtig sind vielmehr auch Preisvorteile, die dem Arbeitnehmer **von einem Dritten** eingeräumt werden, wenn diese Rabatte im weitesten Sinne als Entlohnung für die individuelle Arbeitsleistung anzusehen sind. Die Rechtsprechung des Bundesfinanzhofs und die Auffassung der Finanzverwaltung zu diesem Punkt ist sehr eng. Steuerpflichtig sind hiernach alle Preisnachlässe, die nur deshalb gewährt werden, weil die betreffende Person Arbeitnehmer einer bestimmten Firma ist. Erschwerend kommt hinzu, dass bei einer Rabattgewährung durch Dritte, der **Rabattfreibetrag nicht anwendbar** ist, da sich diese Vergünstigung nach dem Gesetzeswortlaut*) nur auf Rabatte bezieht, die für Waren und Dienstleistungen **des Arbeitgebers** gewährt werden. Dabei ist der Begriff des „Arbeitgebers" wiederum im engen lohnsteuerlichen Sinne zu verstehen, das heißt, Arbeitgeber ist ausschließlich derjenige, mit dem der Arbeitsvertrag abgeschlossen wurde. In der Praxis bedeutet dies, dass z. B. alle **Konzernrabatte steuerpflichtig** sind und der Rabattfreibetrag auf diesen geldwerten Vorteil nicht angerechnet werden kann.

Beispiel A
Die Obergesellschaft eines Konzerns besitzt die Beteiligung von drei rechtlich selbständigen Konzerngesellschaften. Die Konzerngesellschaft A stellt Möbel her; die Gesellschaft B Elektrogeräte. Die Gesellschaft C vertreibt die Waren der Firmen A und B. Alle Arbeitnehmer des Konzerns können bei den Firmen A und B mit Personalrabatt Waren kaufen. Die Rabatte gehören zum Arbeitslohn, da sie durch das Arbeitsverhältnis veranlasst sind. Für die Gewährung des Rabattfreibetrages ergibt sich Folgendes:

- Den Arbeitnehmern der Obergesellschaft kann der Rabattfreibetrag nicht gewährt werden, da der Arbeitgeber die Waren weder herstellt noch vertreibt.
- Den Arbeitnehmern der Gesellschaft A steht der Rabattfreibetrag zu, wenn sie Möbel kaufen; für den Kauf von Elektrogeräten kann der Rabattfreibetrag nicht gewährt werden.
- Den Arbeitnehmern der Gesellschaft B steht der Rabattfreibetrag zu, wenn sie Elektrogeräte kaufen; für den Kauf von Möbeln kann der Rabattfreibetrag nicht gewährt werden.
- Den Arbeitnehmern der Vertriebsgesellschaft C steht der Rabattfreibetrag sowohl beim Kauf von Möbeln als auch beim Kauf von Elektrogeräten zu, da der Arbeitgeber mit sämtlichen Artikeln handelt.

Die Rabattgewährung durch Dritte ist jedoch auch dann steuerpflichtig, wenn es sich nicht um organschaftlich verbundene Unternehmen eines Konzerns handelt.

Beispiel B
Der Kfz-Mechaniker einer Reparaturwerkstätte führt den Kundendienst für das Auto eines Möbelhändlers zu dessen voller Zufriedenheit aus. Der Möbelhändler räumt dem Mechaniker deshalb beim Kauf eines Schlafzimmers 20 % Rabatt ein. Der Preisnachlass ist steuerpflichtiger Arbeitslohn. Der Rabattfreibetrag ist nicht anwendbar.

Beispiel C
Der Automobilverkäufer eines Autohauses verkauft eine bestimmte Anzahl von Fahrzeugen der gleichen Marke. Er erhält von der Herstellerfirma dieser Marke hierfür eine kostenlose Reise in die USA. Der Wert dieser Reise ist steuerpflichtiger Arbeitslohn. Der Rabattfreibetrag ist nicht anwendbar.

Beispiel D
Ein Fluglotse erhält bei den Luftverkehrsgesellschaften, die regelmäßig „seinen" Flughafen anfliegen, 50 % Preisnachlass auf alle Flüge. Der Preisnachlass ist steuerpflichtiger Arbeitslohn. Der Rabattfreibetrag ist nicht anwendbar.

b) Lohnsteuerabzug durch den Arbeitgeber

Alle in den Beispielen unter a) aufgeführten Preisvorteile durch Dritte sind zwar steuerpflichtiger Arbeitslohn, der Arbeitgeber ist jedoch nur in bestimmten Fällen zum Lohnsteuerabzug verpflichtet (ist der Arbeitgeber nicht

---
*) § 8 Abs. 3 Satz 1 EStG lautet:
„Erhält ein Arbeitnehmer aufgrund seines Dienstverhältnisses Waren oder Dienstleistungen, die **vom Arbeitgeber** nicht überwiegend für den Bedarf seiner Arbeitnehmer **hergestellt, vertrieben oder erbracht werden** ..."

zum Lohnsteuerabzug verpflichtet, werden die Preisvorteile im Rahmen einer Veranlagung zur Einkommensteuer erfasst).

Die Verpflichtung des Arbeitgebers zum Lohnsteuerabzug ergibt sich aus § 38 Abs. 1 EStG. Dabei ist zwischen einer echten und einer unechten Lohnzahlung durch Dritte zu unterscheiden. Denn bei einer sog. **unechten** Lohnzahlung durch Dritte ergibt sich die Verpflichtung des Arbeitgebers zum Lohnsteuerabzug bereits aus § 38 Abs. 1 **Satz 1** EStG, wohingegen die Verpflichtung des Arbeitgebers zum Lohnsteuerabzug bei einer sog. **echten** Lohnzahlung durch Dritte in § 38 Abs. 1 **Satz 3** EStG gesondert geregelt ist.

Eine **unechte Lohnzahlung durch Dritte** ist dann anzunehmen, wenn der Dritte lediglich als Leistungsmittler fungiert (R 38.4 Abs. 1 LStR). Das ist z. B. der Fall, wenn

- der Arbeitgeber in irgendeiner Form tatsächlich oder rechtlich in die Auszahlung des Arbeitslohns durch einen Dritten eingeschaltet ist (BFH-Urteil vom 13. 3. 1974, BStBl. II S. 411),
- der Dritte in der praktischen Auswirkung nur die Stellung einer zahlenden Kasse hat, z. B. eine selbständige Kasse zur Zahlung von Unterstützungen oder Erholungsbeihilfen (BFH-Urteil vom 30. 5. 2001, BStBl. 2002 II S. 230)

In den Fällen der unechten Lohnzahlung durch Dritte zahlt also im Ergebnis der Dritte den Arbeitslohn nur **im Auftrag des Arbeitgebers aus.** Nach der Rechtsprechung des Bundesfinanzhofs bleibt der den Dritten als Leistungsmittler einsetzende Arbeitgeber damit derjenige, der den Arbeitslohn zahlt. Deshalb ist der Arbeitgeber bei einer unechten Lohnzahlung durch Dritte – wie bei jeder anderen Lohnzahlung auch – bereits nach § 38 Abs. 1 **Satz 1** EStG zum Lohnsteuerabzug verpflichtet (vgl. die ausführlichen Erläuterungen beim Stichwort „Lohnzahlung durch Dritte").

Eine **echte Lohnzahlung durch Dritte** liegt dann vor, wenn dem Arbeitnehmer Vorteile von einem Dritten eingeräumt werden, die ein Entgelt für eine Leistung sind, die der Arbeitnehmer im Rahmen seines Dienstverhältnisses für den Arbeitgeber erbringt (R 38.4 Abs. 2 LStR). Während der Arbeitgeber in den Fällen der unechten Lohnzahlung durch Dritte im Normalfall weiß, welchen Lohn der Dritte auszahlt, ist dies bei einer echten Lohnzahlung durch Dritte oft nicht der Fall. Für die echte Lohnzahlung durch Dritte ist deshalb im § 38 Abs. 1 **Satz 3** EStG ausdrücklich festgelegt worden, dass der Arbeitgeber die Lohnsteuer einzubehalten und die damit verbundenen sonstigen Pflichten zu erfüllen hat, **wenn er weiß oder erkennen kann, dass derartige Vergütungen erbracht werden.** Die seit 1. 1. 2004 im Gesetz selbst geregelte Verpflichtung des Arbeitgebers zum Lohnsteuerabzug bei einer echten Rabattgewährung durch Dritte war früher im BMF-Schreiben vom 27. 9. 1993 (BStBl. I S. 814)*) geregelt. Die Verpflichtung des Arbeitgebers zum Lohnsteuerabzug ist deshalb in diesen Fällen nichts Neues; die bereits seit vielen Jahren geltende Verwaltungsanweisung wurde lediglich auf eine gesetzliche Grundlage gestellt.

Abgestellt wird also darauf, ob der Arbeitgeber weiß oder erkennen kann, dass Bar- oder Sachleistungen im Rahmen des Dienstverhältnisses von einem Dritten erbracht werden. Ob das „üblicherweise" geschieht ist ohne Bedeutung. Das Gesetz führt beispielhaft auf, dass eine zum Lohnsteuerabzug verpflichtete Lohnzahlung durch Dritte insbesondere dann vorliegt, wenn Arbeitgeber und Dritter **verbundene Unternehmen** im Sinne von § 15 des Aktiengesetzes sind. Dies ist jedoch nicht der einzige Fall. Denn der Arbeitgeber weiß immer dann, ob eine Rabattgewährung durch Dritte vorliegt, wenn er an der Verschaffung dieser Preisvorteile selbst mitgewirkt hat. In den Hinweisen zu den Lohnsteuer-Richtlinien (H 38.4 LStR) wird deshalb zur Rabattgewährung durch Dritte Folgendes ausgeführt:

Wirkt der Arbeitgeber an der Rabattgewährung von Dritter Seite **mit** (vgl. BMF-Schreiben vom 27. 9. 1993, BStBl. I S. 814, Tz. 1)*) ist der Arbeitgeber **zum Lohnsteuerabzug verpflichtet.** In anderen Fällen ist zu **prüfen,** ob der Arbeitgeber weiß oder erkennen kann, dass derartige Vorteile gewährt werden.

Nach Textziffer 1 des oben genannten BMF-Schreibens besteht also eine Verpflichtung des Arbeitgebers zur Durchführung des Lohnsteuerabzugs immer dann, **wenn der Arbeitgeber an der Verschaffung der Preisvorteile durch Dritte mitgewirkt hat.**

Eine Mitwirkung des Arbeitgebers in diesem Sinne liegt vor, wenn

- aus dem Handeln des Arbeitgebers ein **Anspruch** des Arbeitnehmers auf den Preisvorteil entstanden ist **oder**
- der Arbeitgeber für den Dritten Verpflichtungen übernommen hat, z. B. **Inkassotätigkeit** oder Haftung, **oder**
- zwischen dem Arbeitgeber und dem Dritten eine enge wirtschaftliche oder tatsächliche Verflechtung oder enge Beziehung sonstiger Art besteht, z. B. **Organschaftsverhältnis, oder**
- dem Arbeitnehmer Preisvorteile von einem Unternehmen eingeräumt werden, dessen Arbeitnehmer ihrerseits Preisvorteile vom Arbeitgeber erhalten **(wechselseitige Rabattgewährung).**

Beispiel
Ein Arbeitgeber hat mit einem Hersteller von Elektrogeräten ein Rahmenabkommen ausgehandelt, wonach seine Arbeitnehmer einen Rabatt von 20 % erhalten.
Im Fall der Rabattinanspruchnahme liegt Arbeitslohn vor. Der Arbeitgeber hat den Lohnsteuerabzug vorzunehmen und die übrigen Arbeitgeberpflichten zu erfüllen, da er aufgrund seiner Mitwirkung an der Verschaffung des geldwerten Vorteils weiß, dass derartige Vergütungen erbracht werden.

Insbesondere für verbundene Unternehmen **(Konzerne)** hat diese Verpflichtung zum Lohnsteuerabzug bei einer Rabattgewährung durch Dritte erhebliche Bedeutung. Denn bei **Konzernen** wurde durch die gesetzliche Regelung in § 38 Abs. 1 **Satz 3** EStG ab 1.1.2004 klargestellt, dass es für die Verpflichtung des Arbeitgebers zum Lohnsteuerabzug nicht darauf ankommt, ob dieser bei der Rabattbeschaffung selbst mitgewirkt hat oder nicht. Bei Konzernen ist der Arbeitgeber deshalb auch dann zum Lohnsteuerabzug verpflichtet, wenn die **ausländische** Konzernmuttergesellschaft den Arbeitnehmern inländischer Konzerntochtergesellschaften z. B. Aktienoptionsrechte gewährt, wobei der deutsche Arbeitgeber verpflichtet ist, sich Kenntnis über die im Konzernbereich gewährten Vorteile zu verschaffen. Anderenfalls besteht für den deutschen Arbeitgeber ein Haftungsrisiko (vgl. die Erläuterungen unter dem nachfolgenden Buchstaben e).

---

*) BMF-Schreiben vom 27. 9. 1993 (BStBl. I S. 814). Das BMF-Schreiben ist als Anlage 7 zu H 8.2 LStR im **Steuerhandbuch für das Lohnbüro 2010** abgedruckt, das im selben Verlag erschienen ist. Das **PC-Lexikon** für das Lohnbüro 2010 enthält auch dieses Handbuch und hat außerdem den Vorteil, dass Sie **alle BFH-Urteile** sowie die aktuellen Rundschreiben und Niederschriften der Spitzenverbände der **Sozialversicherung** mit Mausklick **im Volltext** abrufen und ausdrucken können. Eine Bestellkarte finden Sie vorne im Lexikon.

Rabatte, Rabattfreibetrag

Für die Rabattgewährung durch Dritte ergibt sich hiernach folgende Übersicht:

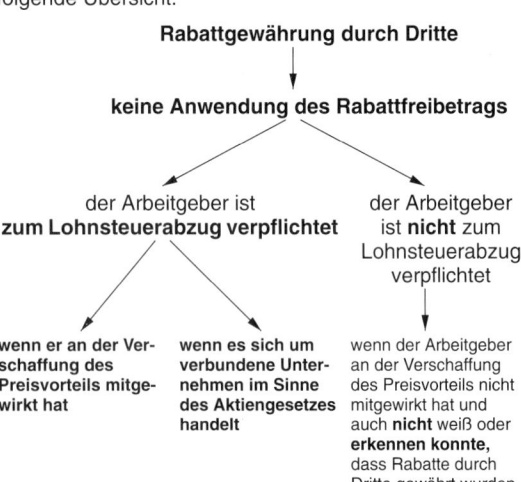

Ohne dass der Arbeitgeber an der Rabattgewährung mitgewirkt hat, kann er die Drittvergütung insbesondere dann **erkennen,** wenn

– der Vorteil auf einer **Rahmenvereinbarung** beruht, die der Berufsverband des Arbeitgebers oder seine Dachorganisation mit dem Dritten geschlossen hat, und der Vorteil den Verbandsmitgliedern bekannt ist,

– der Arbeitgeber von einem Dritten oder von seinem Arbeitnehmer über den gewährten geldwerten Vorteil in Kenntnis gesetzt worden ist,

– der Arbeitgeber von den Finanz- oder Sozialbehörden auf die Drittvergütung hingewiesen worden ist, z. B. bei einer Lohnsteuer-Außenprüfung oder Betriebsprüfung.

Der **Arbeitnehmer** ist bei einer Lohnzahlung durch Dritte verpflichtet, dem Arbeitgeber diese Lohnzahlungen **für jeden Lohnzahlungszeitraum schriftlich anzuzeigen,** und zwar unabhängig davon, ob es sich um Bar- oder Sachbezüge handelt (vgl. § 38 Abs. 4 Satz 3 EStG). Auf die Erläuterungen unter dem nachfolgenden Buchstaben e wird Bezug genommen.

c) Unschädliche Mitwirkung des Arbeitgebers

Die Mitwirkung des Arbeitgebers an der Verschaffung des Preisvorteils bei einem Dritten ist hiernach ein entscheidendes Kriterium und zwar zum einen für die Steuerpflicht des Rabatts und zum anderen für die Verpflichtung des Arbeitgebers zum Lohnsteuerabzug. In vielen Betrieben wird jedoch eine Rabattgewährung durch andere Firmen nicht vom Arbeitgeber sondern **ausschließlich** vom **Betriebsrat** organisiert. Die Arbeitnehmer erhalten Berechtigungsscheine für verschiedene Firmen, damit sie dort günstiger einkaufen können. Im BMF-Schreiben vom 27.9.1993*) ist hierzu unter Textziffer 3 ausgeführt, dass die Mitwirkung des Betriebs- oder Personalrats an der Verschaffung von Preisvorteilen durch Dritte dem Arbeitgeber für die steuerliche Beurteilung dieser Vorteile nicht zuzurechnen ist und **für sich allein** nicht zur Annahme von Arbeitslohn führt. Hat allerdings auch der Arbeitgeber an der Verschaffung der Preisvorteile mitgewirkt, wird die Zurechnung von Preisvorteilen zum Arbeitslohn nicht dadurch ausgeschlossen, dass der Betriebs- oder Personalrat ebenfalls mitgewirkt hat.

Beispiel

Der Personalrat einer Firma vereinbart mit einem Sporthaus für alle Arbeitnehmer einen Einkaufsrabatt von 10%.

Soweit ein solcher Einkaufsrabatt überhaupt zu einem geldwerten Vorteil führt (was nur der Fall ist, wenn der 10%ige Rabatt am Abgabeort nicht ohnehin in der Mehrzahl der Verkaufsfälle gewährt wird), liegt **kein Arbeitslohn** vor. Der Rabatt beruht nicht auf dem Dienstverhältnis, sondern auf der Initiative des Personalrats. Der Preisnachlass ist damit nicht – auch nicht im weitesten Sinne – als Gegenleistung für die im Rahmen des Dienstverhältnisses erbrachte Arbeitsleistung anzusehen.

Zu beachten ist in diesem Zusammenhang jedoch, dass „eine Mitwirkung des Arbeitgebers" an der Verschaffung des Preisvorteils von der Finanzverwaltung stets in den Fällen angenommen wird, in denen Arbeitgeber und Dritter verbundene Unternehmen im Sinne des Aktiengesetzes sind (das Verschaffen des Preisvorteils durch einen solchen Dritten wird also dem Arbeitgeber zugerechnet). Das bedeutet für die Praxis die Annahme von steuerpflichtigem Arbeitslohn auch dann, wenn der mit dem Arbeitgeber verbundene Dritte mit Preisnachlass an eine beim Arbeitgeber bestehende unabhängige Selbsthilfeeinrichtung liefert und diese den Vorteil an die Arbeitnehmer weitergibt.

Hinweis für die Praxis:

Der Arbeitgeber sollte sich also tunlichst aus der Rabattverschaffung **völlig heraushalten.** Denn die in Textziffer 2 des BMF-Schreibens vom 27.9.1993*) enthaltene Regelung ist u. E. durch die seit 1. 1. 2004 gesetzliche Gesetzesfassung überholt. Die Textziffer 2 des BMF-Schreibens vom 27.9.1993*) lautet:

„2. Eine Mitwirkung des Arbeitgebers an der Verschaffung von Preisvorteilen ist nicht anzunehmen, wenn sich seine Beteiligung darauf beschränkt,

– Angebote Dritter in seinem Betrieb bekannt zu machen oder

– Angebote Dritter an die Arbeitnehmer seines Betriebs zu dulden oder

– die Betriebszugehörigkeit der Arbeitnehmer zu bescheinigen.

An einer Mitwirkung des Arbeitgebers fehlt es auch dann, wenn bei der Verschaffung von Preisvorteilen allein eine vom Arbeitgeber unabhängige Selbsthilfeeinrichtung der Arbeitnehmer mitwirkt."

Im Hinblick auf die seit 1. 1. 2004 geltende Regelung in § 38 Abs. 1 Satz 3 EStG ist diese Aussage u.E. insoweit überholt, als sie eine Mitwirkung des Arbeitgebers an der Verschaffung von Preisvorteilen toleriert. Das BMF-Schreiben müsste sobald als möglich überarbeitet werden. Es ist jedoch unverändert in den Hinweisen zu den Lohnsteuer-Richtlinien 2008 und in der sog. Positivliste des Bundesfinanzministeriums enthalten. Der Arbeitgeber sollte deshalb auf Nummer Sicher gehen und sich völlig aus der Rabattverschaffung heraushalten. Dies kann er am einfachsten dadurch erreichen, dass er diese Dinge ausschließlich dem Betriebsrat überlässt.

d) Bewertung und Anwendung der monatlichen 44-Euro-Freigrenze

Wie bereits ausgeführt, ist der Rabattfreibetrag von 1080 € jährlich bei einer Rabattgewährung durch Dritte in keinem Fall anwendbar. Darüber hinaus hat der Verlust des Rabattfreibetrags auch zur Folge, dass für die Bewertung des Preisvorteils nicht die besonderen Bewertungsvorschriften des § 8 Abs. 3 EStG, sondern ausschließlich die allgemeinen Bewertungsvorschriften des § 8 Abs. 2 EStG gelten. Das bedeutet, dass für die Ermittlung des geldwerten Vorteils der um die üblichen Preisnachlässe geminderte übliche Endpreis am Abgabeort – ggf. abzüglich der Zuzahlung des Arbeitnehmers – anzusetzen ist (§ 8 Abs. 2 Satz 1 EStG). Üblicher Endpreis ist der Preis, der im allgemeinen Geschäftsverkehr von Letztverbrauchern in der Mehrzahl der Verkaufsfälle am Abgabeort für gleichartige Waren oder Dienstleistungen tatsächlich gezahlt wird. Er schließt die Umsatzsteuer und sonstige Preisbestandteile ein. Bietet der Arbeitgeber die zu bewertende Ware oder

---

*) BMF-Schreiben vom 27.9.1993 (BStBl. I S.814). Das BMF-Schreiben ist als Anlage 7 zu H 8.2 LStR im **Steuerhandbuch für das Lohnbüro 2010** abgedruckt, das im selben Verlag erschienen ist. Das **PC-Lexikon** für das Lohnbüro 2010 enthält auch dieses Handbuch und hat außerdem den Vorteil, dass Sie **alle BFH-Urteile** sowie die aktuellen Rundschreiben und Niederschriften der Spitzenverbände der **Sozialversicherung** mit Mausklick **im Volltext** abrufen und ausdrucken können. Eine Bestellkarte finden Sie vorne im Lexikon.

Rabatte, Rabattfreibetrag

Dienstleistung unter vergleichbaren Bedingungen in nicht unerheblichem Umfang fremden Letztverbrauchern zu einem niedrigeren als dem üblichen Preis an, ist dieser anzusetzen. Aus Vereinfachungsgründen kann die Ware oder Dienstleistung mit 96 % des Endpreises bewertet werden, zu dem sie fremden Letztverbrauchern im allgemeinen Geschäftsverkehr vom Abgebenden angeboten wird (sog. **96 %-Regelung**).

Weiterhin ist zu beachten, dass auf die nach § 8 Abs. 2 EStG bewerteten Preisvorteile die **Freigrenze** von monatlich **44 €** angewendet werden kann, wenn der Sachbezug nicht mit einem amtlichen Sachbezugswert anzusetzen ist. Hiernach ergibt sich folgende Übersicht:

Beispiel

Ein Sportgeschäft in München räumt den Arbeitnehmern eines Bekleidungshauses beim Kauf von Sportartikeln 10 % Rabatt ein. Umgekehrt können die Angestellten des Sportgeschäfts in dem Bekleidungshaus mit 10 % Rabatt einkaufen (sog. wechselseitige Rabattgewährung). Ein Arbeitnehmer des Bekleidungshauses kauft im Sportgeschäft ein Paar Skier im Wert von 600 € mit 10 % Rabatt. Die Rabattgewährung durch Dritte ist dennoch steuerpflichtiger Arbeitslohn. Der Arbeitgeber ist zum Lohnsteuerabzug verpflichtet, da er an der Verschaffung des Rabatts mitgewirkt hat (wechselseitige Rabattgewährung). Wird festgestellt, dass bei **der Mehrzahl** aller in München verkaufter Skier 10 % Rabatt gewährt werden, liegt kein steuerpflichtiger geldwerter Vorteil vor. Wird dagegen festgestellt, dass bei der Mehrzahl aller in München verkaufter Skier allenfalls 3 % Rabatt gewährt wird, so kommt die 96 %-Regelung zur Anwendung, das heißt, dass (10 % – 4 % =) 6 % des gewährten Rabatts zum steuerpflichtigen Arbeitslohn gehören. 6 % von 600 € = 36 €. Da dieser Betrag unter der monatlichen Freigrenze von 44 € liegt, ist er steuerfrei.

Die Anwendung der 44-Euro-Freigrenze ist im Einzelnen beim Stichwort „Sachbezüge" unter Nr. 4 erläutert.

e) Anzeigepflichten bei einer Rabattgewährung durch Dritte

Ist der Arbeitgeber bei einer Rabattgewährung durch Dritte zum Lohnsteuerabzug verpflichtet, so stellt sich für ihn die Frage, wie er von den gewährten Rabatten erfährt. Wie bei anderen Lohnzahlungen durch Dritte auch, muss der Arbeitnehmer bei einer Rabattgewährung durch Dritte die Preisvorteile für jeden Lohnzahlungszeitraum **schriftlich anzeigen**. Auch diese bisher in den Lohnsteuer-Richtlinien festgelegte Verpflichtung wurde auf eine gesetzliche Grundlage gestellt, denn § 38 Abs. 4 Satz 3 EStG bestimmt, dass der Arbeitnehmer bei einer Lohnzahlung durch Dritte verpflichtet ist, dem Arbeitgeber diese Lohnzahlungen **für jeden Lohnzahlungszeitraum** (also im Normalfall für jeden Monat) **anzuzeigen**, und zwar unabhängig davon, ob **es sich um Bar- oder Sachbezüge handelt**. Die Anzeige muss allein schon aus Nachweisgründen **schriftlich** erfolgen und der Arbeitnehmer muss die Richtigkeit seiner Angaben durch Unterschrift bestätigen. Der Arbeitgeber hat die Anzeige als Beleg zum Lohnkonto aufzubewahren und die bezeichneten Bezüge zusammen mit dem übrigen Arbeitslohn des Arbeitnehmers dem Lohnsteuerabzug zu unterwerfen. Der Arbeitgeber haftet grundsätzlich nicht für diejenige Lohnsteuer, die er infolge unvollständiger oder unrichtiger Angaben des Arbeitnehmers zu wenig einbehalten hat. Wenn der Arbeitnehmer aber **erkennbar unrichtige Angaben** macht, muss der Arbeitgeber dies dem Betriebsstättenfinanzamt **anzeigen**. Diese Anzeige muss der Arbeitgeber auch erstatten, wenn der Arbeitnehmer die Bar- oder Sachbezüge von Dritten überhaupt nicht mitteilt, der Arbeitgeber aber weiß oder erkennen kann, dass solche Zuwendungen zugeflossen sind (§ 38 Abs. 4 Satz 3 EStG). Die dem Arbeitgeber bei der Lohnzahlung durch Dritte auferlegte Verpflichtung zum Lohnsteuerabzug erfordert, dass der Arbeitgeber seine Arbeitnehmer auf ihre gesetzliche Verpflichtung hinweist, ihm am Ende des jeweiligen Lohnzahlungszeitraums die von einem Dritten gewährten geldwerten Vorteile (Rabatte) anzugeben. Kommt der Arbeitnehmer seiner gesetzlichen Verpflichtung (§ 38 Abs. 4 Satz 3 EStG) zur Angabe der gewährten Rabatte nicht nach, so gilt nach R 38.4 Abs. 2 LStR Folgendes:

Kommt der Arbeitnehmer seiner Angabepflicht nicht nach und kann der Arbeitgeber bei der gebotenen Sorgfalt aus seiner Mitwirkung an der Lohnzahlung des Dritten oder aus der Unternehmensverbundenheit mit dem Dritten erkennen, dass der Arbeitnehmer zu Unrecht keine Angaben macht oder seine Angaben unzutreffend sind, hat der Arbeitgeber die ihm bekannten Tatsachen zur Lohnzahlung von dritter Seite dem Betriebsstättenfinanzamt anzuzeigen (§ 38 Abs. 4 Satz 3 zweiter Halbsatz EStG). Die Anzeige hat unverzüglich zu erfolgen.

Beispiel

Ein Arbeitgeber hat mit dem benachbarten Kfz-Händler ein Rahmenabkommen über Preisnachlässe zugunsten seiner Mitarbeiter getroffen und die Arbeitnehmer hierüber sowie auch über die steuerlichen und sozialversicherungsrechtlichen Folgen unterrichtet. Ein Arbeitnehmer hat für das Kalenderjahr 2010 keine Angaben gegenüber seinem Arbeitgeber gemacht. Dem Arbeitgeber ist aber bekannt, dass der Arbeitnehmer ein neues Kfz bei dem benachbarten Händler erworben hat. Auch auf erneutes Befragen verneint der Arbeitnehmer die Inanspruchnahme von Preisnachlässen aufgrund des Rahmenabkommens.

Der Arbeitgeber kann bei der gebotenen Sorgfalt erkennen, dass die Angaben des Arbeitnehmers unzutreffend sind. Er hat daher unverzüglich seinem Betriebsstättenfinanzamt die ihm bekannten Tatsachen anzuzeigen*). Das Finanzamt wird den Sachverhalt weiter aufklären und ggf. zu wenig erhobene Lohnsteuer vom Arbeitnehmer nachfordern.

Der Arbeitgeber ist deshalb gut beraten, seine Arbeitnehmer über die neue Lohnsteuerabzugspflicht bei Arbeitslohnzahlungen von dritter Seite einschließlich der Anzeigepflicht der Arbeitnehmer in geeigneter Weise (E-Mail, Rundschreiben, „schwarzes Brett") zu unterrichten. Dabei empfiehlt sich folgender Text:

„Nach § 38 Abs. 1 Satz 3 EStG ist auch der von einem Dritten im Rahmen des Arbeitsverhältnisses gewährte Arbeitslohn (Barlohn oder Sachbezug) lohnsteuer- und sozialversicherungspflichtig, wenn der Arbeitgeber weiß oder erkennen kann, dass derartige Vergütungen erbracht werden. Dies gilt in unserem Unternehmen u. a. für die von den Mitarbeitern auf Grund des bestehenden Rahmenabkommens in Anspruch genommenen Preisnachlässe der Firma X. Ich bitte Sie daher, mir die von einem Dritten gewährten Bar- und Sachleistungen (einschließlich etwaiger Preisnachlässe) am letzten Werktag des jeweiligen Kalendermonats schriftlich anzuzeigen."

Hat der Arbeitgeber seine Arbeitnehmer darüber informiert, dass sie gesetzlich verpflichtet sind, am Ende des jeweiligen Lohnzahlungszeitraums die von einem Dritten gewährten Vorteile (Rabatte) anzugeben, so braucht der Arbeitgeber dem Betriebsstättenfinanzamt diejenigen Arbeitnehmer nicht mitzuteilen, die bis zum Abschluss

---

*) Für diese Anzeige gibt es einen amtlichen Vordruck. Das Muster eines solchen Vordruckes ist als Anlage zu § 41c EStG in **Steuerhandbuch für das Lohnbüro 2010** abgedruckt, das im selben Verlag erschienen ist. Das **PC-Lexikon** für das Lohnbüro 2010 enthält auch dieses Handbuch und hat außerdem den Vorteil, dass Sie **alle BFH-Urteile** sowie die aktuellen Rundschreiben und Niederschriften der Spitzenverbände der **Sozialversicherung** mit Mausklick **im Volltext** abrufen und ausdrucken können. Eine Bestellkarte finden Sie vorne im Lexikon.

Rabatte, Rabattfreibetrag

des Lohnkontos keine Angaben über Drittvergütungen gemacht und auch keine Fehlanzeige erstattet haben.

Hinweis für die Praxis:

In den Lohnsteuer-Richtlinien ist zwar die Abgabe einer „Fehlanzeige" durch den Arbeitnehmer nicht ausdrücklich vorgesehen. Lässt sich aber der Arbeitgeber vom Arbeitnehmer eine einmalige „Fehlanzeige" nach Ablauf des Kalenderjahrs unterschreiben, hat er sich damit vom Risiko der Arbeitgeberhaftung befreit (sofern die Fehlanzeige nicht erkennbar unrichtig ist).

f) Besonderheiten bei sog. Für-uns-Verkaufsstellen

Verschiedene Konzerne wickeln den Verkauf an die Belegschaft über sog. Für-uns-Verkaufsstellen ab. Die Besonderheit daran ist, dass diese Verkaufsstellen häufig auch betriebsfremden Personen öffentlich zugänglich sind. Die Finanzverwaltung vertritt hierzu die Auffassung, dass in diesen Fällen durch den Verkauf von Waren mit Rabatt beim Arbeitnehmer dann kein lohnsteuerpflichtiger geldwerter Vorteil entsteht, wenn betriebsfremde Personen ebenfalls uneingeschränkten Zugang zu diesen Einkaufsmöglichkeiten haben und die gleichen Preisnachlässe erhalten wie die Arbeitnehmer des Konzerns.

7. Mehrfachgewährung des Rabattfreibetrags

Der Rabattfreibetrag ist arbeitgeberbezogen. Steht der Arbeitnehmer im Kalenderjahr nacheinander oder nebeneinander in mehreren Dienstverhältnissen zu verschiedenen Arbeitgebern, so sind die Sachbezüge aus jedem Dienstverhältnis unabhängig voneinander zu beurteilen, d. h. der Rabattfreibetrag kann in diesen Fällen mehrfach gewährt werden. Dies gilt auch für Aushilfskräfte und Teilzeitbeschäftigte, bei denen die Lohnsteuer nach § 40 a EStG pauschaliert wird.

Der Rabattfreibetrag ist auch dann zu berücksichtigen, wenn der Vorteil aufgrund eines künftigen oder eines früheren Dienstverhältnisses (z. B. Werkspensionäre oder versetzte Arbeitnehmer) eingeräumt wird.

Beispiel A
Der Arbeitnehmer eines Konzerns wird unter Auflösung des Dienstverhältnisses an eine andere, rechtlich selbständige Konzerngesellschaft versetzt. Das Recht auf Einkauf zu Personalrabatten beim bisherigen Arbeitgeber bleibt ihm vereinbarungsgemäß erhalten.
Die Vorteile aus dem verbilligten Einkauf beim bisherigen Arbeitgeber fließen dem Arbeitnehmer aus dem früheren Dienstverhältnis zu. Der Rabattfreibetrag kann abgezogen werden. Zur Versteuerung eventuell den Freibetrag übersteigender Beträge muss der Arbeitnehmer dem bisherigen Arbeitgeber eine (ggf. zweite) Lohnsteuerkarte vorlegen.
Erhält der Arbeitnehmer Rabatte auch vom neuen Arbeitgeber, so steht ihm hierfür ebenfalls der Rabattfreibetrag in Höhe von 1080 € jährlich zu.

Erwerben mehrere Arbeitnehmer eines Arbeitgebers gemeinsam eine Ware, so kann der Rabatt-Freibetrag für jeden Arbeitnehmer gewährt werden. Voraussetzung ist jedoch, dass alle beteiligten Arbeitnehmer Eigentümer der Ware werden. Eine Mehrfachberücksichtigung des Preisabschlags von 4 % kommt nicht in Betracht.

Beispiel B
Die Eheleute sind bei einem Automobilwerk beschäftigt und erwerben verbilligt einen Pkw. Eine Gewährung des Rabattfreibetrages für jeden Arbeitnehmer ist nur dann zulässig, wenn der Kaufvertrag von beiden Eheleuten abgeschlossen wird und auch beide im Kfz-Brief als Eigentümer eingetragen werden.

Beispiel C
Vater und Sohn sind bei einem Elektrizitätsversorgungsunternehmen beschäftigt. Sie bewohnen gemeinsam ein Einfamilienhaus und erhalten vom Arbeitgeber Strom verbilligt über einen Stromzähler geliefert. Eine Gewährung des Rabattfreibetrags für jeden Arbeitnehmer ist nur dann zulässig, wenn beide Vertragspartner für die Stromlieferung sind. Davon ist auszugehen, wenn der Stromzähler auf die Namen beider Arbeitnehmer eingetragen ist.

8. Rabattgewährung durch Gutschrift

Rechnet der Arbeitgeber Waren oder Dienstleistungen, die er seinen Arbeitnehmern liefert, zunächst zu normalen Kundenkonditionen ab und gewährt er die Mitarbeiterrabatte nachträglich in der Form von Gutschriften, so ist auch in diesen Fällen der Rabattfreibetrag anwendbar, wenn sichergestellt ist, dass die Rabattkonditionen, die zu den späteren Gutschriften führen, bereits im Zeitpunkt der Überlassung der Ware oder Ausführung der Dienstleistungen festgelegt sind.

9. Rabattgewährung bei beschädigten oder gebrauchten Waren

a) Neuwertige Waren

Geräte und Möbelstücke, die nur **unerhebliche** Mängel oder Schäden aufweisen (z. B. Kratzer am Gehäuse eines Fernsehgeräts) oder bei denen lediglich die Verpackung mangelhaft oder beschädigt ist, sind wie unbeschädigte Waren zu behandeln. Für die Berechnung des Preisvorteils sind die um 4 % ermäßigten Endpreise anzusetzen, zu denen der Arbeitgeber oder dem Abgabeort nächstansässige Abnehmer die unbeschädigten Waren fremden Letztverbrauchern im allgemeinen Geschäftsverkehr anbietet. Dabei gilt der Rabattfreibetrag auch dann, wenn die beschädigten Artikel einer einzelnen Warengruppe überwiegend an die Arbeitnehmer abgegeben werden*).

b) Beschädigte und gebrauchte Waren

Bei Geräten und Möbeln, die **nicht unerheblich** beschädigt oder zu Vorführzwecken erkennbar benutzt worden sind, handelt es sich um Waren, die eine andere Marktgängigkeit als unbeschädigte oder ungebrauchte Waren haben. Dabei wird eine nicht unerhebliche Beschädigung eines Geräts insbesondere dann angenommen, wenn sie die Funktion des Geräts beeinträchtigt. Die Rabattregelung gilt nur dann, wenn die beschädigten oder gebrauchten Artikel der einzelnen Warengruppe vom Arbeitgeber nicht überwiegend an seine Arbeitnehmer abgegeben werden. Für die Berechnung des Preisvorteils sind die um 4 % ermäßigten Endpreise maßgebend, zu denen der Arbeitgeber oder der dem Abgabeort nächstansässige Abnehmer die beschädigten oder gebrauchten Waren fremden Letztverbrauchern im allgemeinen Geschäftsverkehr anbietet. Wenn der Arbeitgeber die beschädigten oder gebrauchten Waren überwiegend an seine Arbeitnehmer abgibt, gilt die Rabattregelung nicht. Dem Arbeitnehmer entsteht dann ein steuerpflichtiger geldwerter Vorteil, wenn er einen geringeren Preis bezahlt, als für die beschädigten oder gebrauchten Waren im allgemeinen Geschäftsverkehr am Abgabeort verlangt wird*).

10. Rabattgewährung im Bankgewerbe

a) Zinsersparnisse

Wie unter Nr. 3 c bereits ausgeführt, fällt die Gewährung von Darlehen nach dem BFH-Urteil vom 4. 11. 1994 (BStBl. 1995 II S. 338) unter den Begriff der „Dienstleistungen" im Sinne von R 8.2 Abs. 1 Nr. 2 Satz 3 LStR. Der Rabattfreibetrag ist deshalb auf die bei einer zinslosen oder verbilligten Darlehensgewährung entstehenden geldwerten Vorteile dann anwendbar, wenn der Arbeitgeber mit Darlehensgewährungen Handel treibt, wie dies bei Kreditinstituten der Fall ist. Die **Freigrenze von 2600 €** bei zinslosen oder zinsverbilligten Darlehen des Arbeitgebers

---

*) BMF-Schreiben vom 7. 8. 1990. Das BMF-Schreiben ist als Anlage 9 zu H 8.2 LStR im **Steuerhandbuch für das Lohnbüro 2010** abgedruckt, das im selben Verlag erschienen ist. Das **PC-Lexikon** für das Lohnbüro 2010 enthält auch dieses Handbuch und hat außerdem den Vorteil, dass Sie **alle BFH-Urteile** sowie die aktuellen Rundschreiben und Niederschriften der Spitzenverbände der **Sozialversicherung** mit Mausklick **im Volltext** abrufen und ausdrucken können. Eine Bestellkarte finden Sie vorne im Lexikon.

Rabatte, Rabattfreibetrag

ist auch in diesen Fällen anzuwenden (vgl. das Stichwort „Zinsersparnisse und Zinszuschüsse").

Zur Anwendung des Rabattfreibetrags bei Zinsersparnissen im Bankgewerbe hat der Bundesfinanzhof in zwei Urteilen Folgendes entschieden:
- Auf den geldwerten Vorteil eines zinslosen Arbeitgeberdarlehens kann der Rabattfreibetrag nicht schon deswegen angewendet werden, weil der Arbeitgeber drei verbundenen Unternehmen Darlehen gewährt (BFH-Urteil vom 18. 9. 2002, BStBl. 2003 II S. 371).
- Auf den geldwerten Vorteil eines zinsgünstigen Arbeitgeberdarlehens ist der Rabattfreibetrag nicht anwendbar, wenn der Arbeitgeber – eine Landeszentralbank – Darlehen dieser Art nicht auch an Fremde vergibt (BFH-Urteil vom 9. 10. 2002, BStBl. 2003 II S. 373).

Die Finanzverwaltung wendet diese Urteile an und hat hierzu klargestellt*), dass der Rabattfreibetrag nur angewendet werden kann, wenn der Arbeitgeber Darlehen gleicher Art und – mit Ausnahme des Zinssatzes – zu gleichen Konditionen (Laufzeit, Zinsfestlegung, Sicherung) überwiegend an betriebsfremde Dritte vergibt.

Ist der Rabattfreibetrag anwendbar, so ist der geldwerte Vorteil aus der zinslosen oder verbilligten Darlehensgewährung nicht nach § 8 Abs. 2 EStG sondern nach § 8 Abs. 3 EStG zu bewerten.

Obwohl an sich eine Bewertung nach § 8 Abs. 3 EStG durchzuführen wäre, können nach dem BMF-Schreiben vom 1. 10. 2008 (BStBl. I S. 892)*) geldwerte Vorteile aus der zinslosen oder verbilligten Darlehensgewährung dann **nach § 8 Abs. 2 EStG bewertet** werden, wenn der Arbeitgeber einen **Pauschalierungsantrag** stellt. Sind die formalen Voraussetzungen für die Lohnsteuerpauschalierung erfüllt, insbesondere ein Pauschalierungsantrag gestellt worden ist, gilt dies auch dann, **wenn keine pauschale Lohnsteuer anfällt.** Zinsvorteile sind dabei als pauschalierungsfähige sonstige Bezüge i. S. d. § 40 Abs. 1 Nr. 1 EStG anzusehen, wenn der maßgebende Verzinsungszeitraum den jeweiligen Lohnzahlungszeitraum überschreitet.

Durch entsprechende **Pauschalierungsanträge** kann Folgendes erreicht werden:

Bis 31. 12. 2007:

Von der Regelung des § 8 Abs. 3 EStG wird Gebrauch gemacht, solange die Kundenstandardkonditionen unter dem Zinssatz von R 31 Abs. 11 LStR 2005 in Höhe von **5 %** liegen. Erreichen die Kundenstandardkonditionen den Zinssatz von 5 %, wechselt das Kreditinstitut (= Arbeitgeber) automatisch in die Lohnsteuerpauschalierung. Durch den Antrag auf die Lohnsteuerpauschalierung wird erreicht, dass in diesen Fällen bereits dann kein geldwerter Vorteil entsteht, wenn der Arbeitnehmer einen Zinssatz von 5 % entrichtet.

Ab 1. 1. 2008:

Von der Regelung des § 8 Abs. 3 EStG wird Gebrauch gemacht, solange die Kundenstandardkonditionen unter dem Effektivzins der deutschen Bundesbank nach der **Vereinfachungsregelung** des BMF-Schreibens vom 1. 10. 2008 (BStBl. I S. 892)*) liegen. Erreichen die Kundenstandardkonditionen den Effektivzins der Deutschen Bundesbank nach der Vereinfachungsregelung, wechselt das Kreditinstitut (= Arbeitgeber) automatisch in die Lohnsteuerpauschalierung. Durch den Antrag auf die Lohnsteuerpauschalierung wird erreicht, dass in diesen Fällen bereits dann kein geldwerter Vorteil entsteht, wenn der Arbeitnehmer den Effektivzins der Deutschen Bundesbank nach der Vereinfachungsregelung entrichtet.

Wird der geldwerte Vorteil aus der Überlassung eines zinslosen oder zinsverbilligten Darlehens nur zum Teil pauschal versteuert, weil die Pauschalierungsgrenze des § 40 Abs. 1 Satz 3 EStG von **1000 € jährlich** überschritten ist (vgl. das Stichwort „Pauschalierung der Lohnsteuer" unter Nr. 2 Buchstabe a), so ist bei der Bewertung des individuell zu versteuernden Zinsvorteils der Teilbetrag des Darlehens außer Ansatz zu lassen, für den die Zinsvorteile unter Anwendung der **Vereinfachungsregelung** im BMF-Schreiben vom 1. 10. 2008 (BStBl. I S. 892)*) pauschal versteuert werden.

Beispiel

Ein Kreditinstitut überlässt einem Arbeitnehmer am 1. Januar 2010 ein Arbeitgeberdarlehen in Höhe von 150 000 € zum Effektivzinssatz von 4 % jährlich (Laufzeit 4 Jahre mit jährlicher Tilgung und vierteljährlicher Fälligkeit der Zinsen). Darlehen gleicher Art bietet das Kreditinstitut fremden Kunden im allgemeinen Geschäftsverkehr zu einem Effektivzinssatz von 6,5 % an. Der marktübliche Zinssatz für vergleichbare Darlehen am Abgabeort wurde im Internet bei einer Direktbank mit 6 % ermittelt.

Das Kreditinstitut beantragt die Pauschalbesteuerung nach § 40 Abs. 1 Nr. 1 EStG. Der geldwerte Vorteil ist insoweit nach § 8 **Abs. 2** Satz 1 EStG zu ermitteln. Die Zinsverbilligung beträgt 2 % (marktüblicher Zinssatz 6 %, abzüglich Zinslast des Arbeitnehmers von 4 %).

Der geldwerte Vorteil beträgt im Kalenderjahr 2010 3000 € (2 % von 150 000 €). Mangels anderer pauschal besteuerter Leistungen kann der Zinsvorteil des Arbeitnehmers nur bis zum Höchstbetrag von 1000 € pauschal besteuert werden (Pauschalierungsgrenze). Ein Zinsvorteil von 1000 € ergibt sich unter Berücksichtigung der Zinsverbilligung von 2 % bei einem Darlehen von 50 000 € (2 % von 50 000 € = 1000 €). Somit wird durch die Pauschalbesteuerung nur der Zinsvorteil aus einem Darlehensteilbetrag von 50 000 € abgedeckt. Der Zinsvorteil aus dem restlichen Darlehensteilbetrag von 100 000 € ist individuell zu versteuern. Der zu versteuernde Betrag ist wie folgt zu ermitteln:

Nach Abzug eines Abschlags von 4 % (§ 8 Abs. 3 EStG) vom Angebotspreis des Arbeitgebers von 6,5 % ergibt sich ein Maßstabszinssatz von (6,50 % – 0,26 % =) 6,24 %.

100 000 € Darlehen × Maßstabszinssatz 6,24 %	6240 €
./. Zinslast des Arbeitnehmers 100 000 € × 4 %	4000 €
Zinsvorteil	2240 €
./. Rabattfreibetrag (§ 8 Abs. 3 EStG)	1080 €
zu versteuernder geldwerter Vorteil jährlich	1160 €
vierteljährlich sind steuer- und beitragspflichtig	290 €

Der geldwerte Vorteil ist jeweils bei Tilgung des Arbeitgeberdarlehens für die Restschuld neu zu ermitteln.

b) Verbilligte Kontoführung

Auf eine verbilligte Kontenführung, eine Ermäßigung von Vermittlungsgebühren sowie auf andere Preisnachlässe bei Dienstleistungen ist der Rabattfreibetrag ebenfalls anwendbar. Für die bei Anwendung des Rabattfreibetrags maßgebende Bewertung nach § 8 Abs. 3 EStG gilt Folgendes:

Endpreis im Sinne des § 8 Abs. 3 EStG für die von einem Kreditinstitut gegenüber seinen Mitarbeitern erbrachten Dienstleistungen ist der Preis, der für diese Leistungen **im Preisaushang der kontoführenden Zweigstelle** des Kreditinstituts angegeben ist. Dieser Preisaushang ist für die steuerliche Bewertung auch der Dienstleistungen maßgebend, die vom Umfang her den Rahmen des standardisierten Privatkundengeschäfts übersteigen, es sei denn, dass für derartige Dienstleistungen in den Geschäftsräumen besondere Preisverzeichnisse ausgelegt werden.

Das Betriebsstättenfinanzamt kann auf Antrag eines Kreditinstituts Aufzeichnungserleichterungen zulassen, die im Einzelnen im BMF-Schreiben vom 15. 4. 1993 (BStBl. I S. 339) geregelt worden sind**).

---

*) Das BMF-Schreiben vom 1. 10. 2008 (BStBl. I S. 892) ist als Anlage 17 zu H 8.2 im **Steuerhandbuch für das Lohnbüro 2010** abgedruckt, das im selben Verlag erschienen ist. Das **PC-Lexikon** für das Lohnbüro 2010 enthält auch dieses Handbuch und hat außerdem den Vorteil, dass Sie **alle BFH-Urteile** sowie die aktuellen Rundschreiben und Niederschriften der Spitzenverbände der **Sozialversicherung** mit Mausklick **im Volltext** abrufen und ausdrucken können. Eine Bestellkarte finden Sie vorne im Lexikon.

) Das BMF-Schreiben ist als Anlage 3 zu H 8.2 der Lohnsteuer-Richtlinien im **Steuerhandbuch für das Lohnbüro 2010 abgedruckt, das im selben Verlag erschienen ist. Das **PC-Lexikon** für das Lohnbüro 2010 enthält auch dieses Handbuch und hat außerdem den Vorteil, dass Sie **alle BFH-Urteile** sowie die aktuellen Rundschreiben und Niederschriften der Spitzenverbände der **Sozialversicherung** mit Mausklick **im Volltext** abrufen und ausdrucken können. Eine Bestellkarte finden Sie vorne im Lexikon.

Rabatte, Rabattfreibetrag

c) Verbilligter Erwerb von Fondsanteilen durch Mitarbeiter von Bankkonzernen

Beim Erwerb von Fondsanteilen wird Mitarbeitern in Bankkonzernen ein Teilnachlass bei den Erwerbsnebenkosten gewährt, wie es auch bei Geschäften mit anderen Großkunden der Fall ist. Die Verbilligung ist als ein bloßer Rabatt bei einem Kaufvorgang zu sehen, den der Arbeitnehmer aufgrund einer eigenen Investitionsentscheidung tätigt. Es handelt sich daher nicht um einen Vorteil im Rahmen der Überlassung von Vermögensbeteiligungen im Sinne des § 19a EStG, dessen lohnsteuerliche Bewertung nach § 19a Abs. 2 EStG zu erfolgen hat. Die Rabattgewährung ist vielmehr als geldwerter Vorteil nach Maßgabe des § 8 **Abs. 2** EStG (bei Arbeinehmern im **Konzernbereich**) bzw. § 8 **Abs. 3** EStG (bei Arbeitnehmern der Investmentgesellschaft) zu erfassen.

Beispiel

Ein Arbeitnehmer eines Kreditinstituts kauft den Fondsanteil unmittelbar bei der konzernzugehörigen Investmentgesellschaft. Das Kreditinstitut tritt als Finanzintermediär hier lediglich als **Anlagenvermittler** im technischen Sinne (§ 84 HGB) auf, d. h. es wird nur die Verbindung zur Fondsgesellschaft hergestellt, ggf. werden Formulare ausgefüllt, so dass ein Kaufvertrag zustande kommt. Das Kreditinstitut erhält von der Investmentgesellschaft beispielsweise wegen geringerem Arbeitsaufwand auch nur eine geringere oder keine Vermittlungsprovision, so dass sich insgesamt der Ausgabeaufschlag für den Fondsanteil mindert. Der Ausgabepreis für den Fondsanteil soll am Kauftag 1000 € betragen und den normalen Ausgabeaufschlag von 5 % beinhalten. Der „normale" Ausgabeaufschlag von 5 % wird auf 1 % vermindert, so dass der Arbeitnehmer des Kreditinstituts lediglich 9619 € an die Investmentgesellschaft zu zahlen hat. Da der Ausgabeaufschlag von 5 % im Ausgabepreis enthalten ist, entsprechen 1000 € = 105 %. Der Mitarbeiter zahlt lediglich 101 % = 9619 €.

Lohnsteuerliche Beurteilung:

Das Kreditinstitut bei dem der Arbeitnehmer beschäftigt ist handelt als Vermittler und nicht als Verkäufer. Der von **dritter Seite** gewährte geldwerte Vorteil ist deshalb nach § 8 **Abs. 2** EStG zu bewerten; der Rabattfreibetrag von 1080 € ist nicht anwendbar.

Bewertung des Sachbezugs nach § 8 Abs. 2 EStG
auf der Basis von 96 % des üblichen Endpreises am
Abgabeort   9 600,— €
Die Zahlung des Arbeitnehmers beträgt   9 619,— €

Da die Zahlung des Arbeitnehmers den geldwerten Vorteil übersteigt, entsteht keine Lohnsteuerpflicht. Wäre die Zahlung des Arbeitnehmers geringer als der geldwerte Vorteil, käme die monatliche Freigrenze von 44 € zur Anwendung, wenn die gesamten geldwerten Vorteile des Arbeitnehmers im Kaufmonat insgesamt 44 € nicht übersteigen.

Beim verbilligten Erwerb von Fondsanteilen durch Mitarbeiter von Bankkonzernen gibt es eine Fülle von Sachverhalten (Festpreisgeschäft, Anlagenvermittlung, Kommissionsgeschäft, Direkterwerb, Mitarbeiterfonds). Das Hessische Ministerium der Finanzen hat hierzu einen umfangreichen Erlass herausgegeben (Erlass vom 30. 9. 2008 Az.: S 2334 A – 110 – II 3b)*).

d) Ersparte Abschlussgebühren beim Abschluss eigener Bausparverträge durch Arbeitnehmer von Kreditinstituten

Die Sparkassen erhalten für die Vermittlung von Bausparverträgen an Kunden der Sparkasse Provisionen. Diese Provisionsansprüche aus den Vermittlungsleistungen beruhen auf Vereinbarungen zwischen den Sparkassen und der Landesbausparkasse (LBS) im Zusammenhang mit dem Abschluss von Bausparverträgen. Sofern Mitarbeiter der Sparkasse bei der LBS einen eigenen Bausparvertrag abschließen und für diesen keine Abschlussgebühr bezahlen, führt dieser Vorteil zu Arbeitslohn.

Es sind folgende Fallgestaltungen zu unterscheiden**):

Fall 1

Die Sparkasse erbringt die Vermittlung von Bausparkassenverträgen **als eigene Dienstleistung** am Markt. Die Sparkasse nimmt bei ihren eigenen Mitarbeitern die Vermittlungsleistung unentgeltlich vor, indem sie auf die ihr zustehenden Provisionsansprüche gegenüber der Bausparkasse verzichtet. Die Arbeitnehmer zahlen keine Abschlussgebühren. In diesen Fällen ist der Vorteil der Arbeitnehmer – Ersparen der Abschlussgebühr – als von der Sparkasse selbst gewährt anzusehen, so dass die Voraussetzungen des § 8 Abs. 3 EStG (= Anwendung des Rabattfreibetrags) erfüllt sind. Die Anwendung des Rabattfreibetrags ist aber auf die Höhe der Vermittlungsprovision begrenzt. Übersteigt die ersparte Abschlussgebühr die Provisionsansprüche, ist insoweit der Rabattfreibetrag nicht anwendbar (weil insoweit ein Rabatt von dritter Seite vorliegt, vgl. BFH-Urteile vom 7. 2. 1997, BStBl. II S. 363 und vom 30. 5. 2001, BStBl. 2002 II S. 230).

Fall 2

Eine Sparkasse erbringt die Vermittlung von Bausparkassenverträgen **nicht** als eigene Dienstleistung am Markt und erwirbt keine eigenen Provisionsansprüche. Die Bausparkasse verzichtet bei Abschluss eigener Bausparkassenverträge der Arbeitnehmer der Sparkasse ebenfalls auf die Abschlussgebühr. Die Vorteile, die aus dem Verzicht der Abschlussgebühr durch die Bausparkasse beruhen, sind Arbeitslohn von dritter Seite, der nach § 8 Abs. 2 EStG zu bewerten ist (Anwendung der sog. 96 %-Regelung und der monatlichen 44-Euro-Freigrenze, vgl. das Stichwort „Sachbezüge").

Fall 3

Die Frage, ob der Rabattfreibetrag anwendbar ist (Fall 1) oder ob eine Rabattgewährung durch Dritte vorliegt (Fall 2) stellt sich nur dann, wenn es sich bei den ersparten Abschlussgebühren um einen **Sachbezug** handelt. Zur Abgrenzung von Barlohn und Sachlohn hat der Bundesfinanzhof Folgendes entschieden (BFH-Urteil vom 23.8.2007, BStBl. 2008 II S. 52).

Gibt der Arbeitgeber Provisionen, die er von Verbundunternehmen für die Vermittlung von Versicherungsverträgen erhalten hat, in bestimmten Fällen an eigene Arbeitnehmer weiter, gewährt er **Barlohn** und nicht Sachlohn, wenn eine Vermittlungsleistung nur gegenüber den Verbundunternehmen erbracht wird und auch nur diesen gegenüber Ansprüche bestehen, mit der Folge, dass auf die weitergeleiteten Provisionen der Rabattfreibetrag in Höhe von 1080 € nicht anwendbar ist.

Entscheidend für die Annahme von Barlohn war, dass den Arbeitnehmern keine günstigeren Versicherungskonditionen eingeräumt worden waren und der Arbeitgeber gegenüber seinen Arbeitnehmern auch keine vergünstigten Vermittlungsleistungen erbracht hat. Der Rabattfreibetrag kann jedoch nur dann gewährt werden, wenn der Arbeitgeber als Vermittler gegenüber dem Arbeitnehmer auf seine Provision verzichtet (Fall 1). In dem vom Bundesfinanzhof entschiedenen Fall hat der Arbeitgeber lediglich seine Provisionen, die er vom Versicherungsunternehmen erhalten hat, an den Arbeitnehmer weitergeleitet (= Barlohn).

11. Aufzeichnungsvorschriften

Die Anwendung des Rabattfreibetrags und die besonderen Bewertungsvorschriften für den dadurch steuerfrei gestellten Sachbezug erfordern zusätzliche Aufzeichnungen im Lohnkonto. Der Arbeitgeber muss zum einen alle

---

*) Der Erlass ist als Anlage 10 zu H 8.2 LStR im **Steuerhandbuch für das Lohnbüro 2010** abgedruckt, das im selben Verlag erschienen ist. Das **PC-Lexikon** für das Lohnbüro 2010 enthält auch dieses Handbuch und hat außerdem den Vorteil, dass Sie **alle BFH-Urteile** sowie die aktuellen Rundschreiben und Niederschriften der Spitzenverbände der **Sozialversicherung** mit Mausklick **im Volltext** abrufen und ausdrucken können. Eine Bestellkarte finden Sie vorne im Lexikon.

) Verfügung der OFD Hannover vom 19. 2. 2001 – S 2334 – 331 – StH 212. Die OFD-Verfügung ist als Anlage 13 zu H 8.2 LStR im **Steuerhandbuch für das Lohnbüro 2010 abgedruckt, das im selben Verlag erschienen ist. Das **PC-Lexikon** für das Lohnbüro 2010 enthält auch dieses Handbuch und hat außerdem den Vorteil, dass Sie **alle BFH-Urteile** sowie die aktuellen Rundschreiben und Niederschriften der Spitzenverbände der **Sozialversicherung** mit Mausklick **im Volltext** abrufen und ausdrucken können. Eine Bestellkarte finden Sie vorne im Lexikon.

Rabatte, Rabattfreibetrag

Sachbezüge getrennt vom Barlohn aufzeichnen; zum anderen muss der Arbeitgeber zusätzlich die einzelnen Sachbezüge, auf die der Rabattfreibetrag angewendet wird, besonders kennzeichnen und mit den besonders ermittelten Werten (Letztverbraucherpreis, Preisabschlag 4 %) im Lohnkonto eintragen. Der Rabattfreibetrag darf dabei nicht gekürzt werden. Diese Aufzeichnungsvorschriften und die damit verbundene Mehrarbeit führt bei solchen Arbeitgebern zu einer Doppelbelastung, die bereits aus betriebsinternen Gründen die Personalrabatte in irgendeiner Form festhalten (vielfach deshalb, weil der Personaleinkauf betriebsintern auf eine bestimmte Summe im Monat oder im Kalenderjahr begrenzt ist). Für diese Fälle sind deshalb in § 4 Abs. 3 Satz 2 der Lohnsteuer-Durchführungsverordnung Aufzeichnungserleichterungen zugelassen worden.

Alle Arbeitgeber, die also innerbetriebliche Obergrenzen für den verbilligten Bezug ihrer Produkte durch die Arbeitnehmer eingeführt haben, können eine Aufzeichnungserleichterung beantragen, wenn die Obergrenzen dazu führen, dass der Rabatt-Freibetrag nicht überschritten wird.

Beispiel A

Ein Sportgeschäft gewährt seinen Arbeitnehmern beim Kauf von Sportartikeln 25 % Rabatt. Es besteht eine innerbetriebliche Anordnung, dass im Kalenderjahr höchstens Ware im Wert von 3000 € gekauft werden kann. Diese Anordnung wird durch eine computergesteuerte Kasse überwacht, die bei jedem Personalverkauf den Rechnungsbetrag der entsprechenden Personalnummer zuordnet. Das Betriebsstättenfinanzamt wird diesen Arbeitgeber von der gesonderten Aufzeichnung der Personalrabatte im Lohnkonto befreien, da sichergestellt ist, dass der Rabatt-Freibetrag von 1080 € nicht überschritten wird.

Für den Arbeitgeber stellt sich häufig die Frage, wie er die betriebliche Rabattregelung gestalten soll, um den Rabattfreibetrag voll auszuschöpfen. Hierzu gilt die Faustregel: Je weniger Rabatt eingeräumt wird, umso mehr kann der Arbeitnehmer einkaufen. Die Zusammenhänge sollen an einem Beispiel verdeutlicht werden:

Beispiel B

Der Arbeitgeber gewährt seinen Arbeitnehmern auf alle Waren einen Rabatt von 20 %. Frage: Bis zu welchem Bruttobetrag können die Arbeitnehmer einkaufen, ohne dass der Rabattfreibetrag von 1080 € überschritten wird. Der Betrag errechnet sich nach folgender Formel:

$$\frac{1080 \,€ \times 100}{20\,\% - 4\,\%} = \text{Bruttoverkaufspreis}$$

Im Beispielsfall ergibt sich hiernach ein Betrag von 108 000 € : 16 = 6750 €. Die Arbeitnehmer können also jährlich Waren im Wert von 6750 € mit 20 % Rabatt einkaufen, ohne den Rabattfreibetrag von 1080 € zu überschreiten.

Proberechnung:

Bruttowarenwert	6 750,— €
abzüglich Preisabschlag in Höhe von 4 %	270,— €
verbleiben	6 480,— €
abzüglich Rabattfreibetrag	1 080,— €
verbleiben	5 400,— €
vom Arbeitnehmer bezahlt (80 % von 6750 € =)	5 400,— €
steuerpflichtiger geldwerter Vorteil	0,— €

Folgende Tabelle kann als Anhaltspunkt dienen:

gewährter Rabatt	jährlicher Einkauf steuerfrei bis €
5 %	108 000,— €
10 %	18 000,— €
15 %	9 818,— €
20 %	6 750,— €
25 %	5 142,— €
30 %	4 153,— €
35 %	3 483,— €
40 %	3 000,— €

Der Preisabschlag von 4 % wirkt sich somit im Ergebnis wie ein zusätzlicher Rabattfreibetrag aus.

Weiterhin ist in R 41.1 Abs. 3 der Lohnsteuer-Richtlinien die Möglichkeit einer völligen Befreiung von der besonderen Aufzeichnungspflicht für Rabatte durch das Betriebsstättenfinanzamt vorgesehen worden. Einem solchen Befreiungsantrag hat das Betriebsstättenfinanzamt dann stattzugeben, wenn es zu der Überzeugung kommt, dass im Hinblick auf die betrieblichen Verhältnisse nach der Lebenserfahrung ein Überschreiten des Freibetrags von 1080 € im Einzelfall so gut wie ausgeschlossen ist.

Beispiel C

Ein Lebensmittelgeschäft räumt den Verkäuferinnen auf alle Artikel einen Preisnachlass von 10 % ein. Unter Berücksichtigung des 4 %igen Preisabschlags ist der Rabattfreibetrag bei einem Wareneinkauf von 18 000 € erreicht:

10 % von 18 000 €	=	1 800,— €
abzüglich 4 % von 18 000 €	=	720,— €
Geldwerter Vorteil nach § 8 Abs. 3 EStG		1 080,— €

Da es nach der Lebenserfahrung so gut wie ausgeschlossen ist, dass eine Verkäuferin in einem Lebensmittelgeschäft jährlich für 18 000 € einkauft, wird das Betriebsstättenfinanzamt den Arbeitgeber auf Antrag von den besonderen Aufzeichnungsvorschriften für Personalrabatte befreien.

12. Umwandlung von Barlohn in einen durch den Rabattfreibetrag begünstigten Sachbezug

Beim Stichwort „Gehaltsumwandlung" ist unter Nr. 2 Buchstabe b ausgeführt, dass eine **Umwandlung** von **Barlohn** in einen durch den **Rabattfreibetrag** in Höhe von 1080 € jährlich **begünstigten Sachbezug nicht möglich** ist, wenn der Arbeitnehmer ein **Wahlrecht** zwischen **Geld** und einer **Sachleistung** hat. Der Rabattfreibetrag von 1080 € jährlich kommt nur zur Anwendung, wenn der **Anspruch** des Arbeitnehmers **originär auf Sachlohn gerichtet** ist.

Für die Frage, ob ein Anspruch auf Barlohn oder Sachlohn besteht, ist auf den Zeitpunkt abzustellen, zu dem der Arbeitnehmer über seinen Lohnanspruch verfügt. Eine Verfügung über den Lohnanspruch setzt aber voraus, dass der Lohnanspruch schon entstanden ist. Hat der Arbeitnehmer bereits **im Jahr vor der Entstehung des Lohnanspruchs** (also bis spätestens 31.12.2009) durch eine **Entscheidung** für **Barlohn** oder **Sachlohn** seinen künftigen Lohnanspruch für 2010 **unwiderruflich konkretisiert**, kann im Jahr 2010 nur noch der Barlohnanspruch oder der Sachlohnanspruch zur Entstehung kommen. Im Jahr 2010 hat der Arbeitnehmer in diesem Fall also **kein Wahlrecht mehr** zwischen Geld und einer Sachleistung.

Beispiel

Der Tarifvertrag sieht für die Arbeitnehmer einen Anspruch auf eine „Vorsorgeleistung" im Wert von 150 € pro Kalenderjahr vor. Es gibt drei mögliche Leistungsformen:

– Erhöhung des Arbeitgeberbeitrags zur betrieblichen Altersversorgung um 150 €,
– Gutschrift als Wertguthaben auf einem Langzeitkonto (Arbeitszeitkonto) oder
– Leistung in Form eines Warengutscheins (auf Wunsch des Arbeitnehmers).

Die Auszahlung als Barlohn ist ausdrücklich ausgeschlossen.

Die Auswahl zwischen diesen verschiedenen Leistungen erfolgt nach folgendem Verfahren: Grundsätzlich wählt zunächst der Arbeitgeber, ob er die Leistung in Form eines Arbeitgeberbeitrags zur betrieblichen Altersversorgung oder in Form einer Wertgutschrift auf einem Langzeitkonto erbringt. Er hat kein Wahlrecht, sich für einen Warengutschein zu entscheiden. Nur der Arbeitnehmer kann – dann allerdings bindend – festlegen, dass die Leistung in Form eines Warengutscheins zu erbringen ist. Diese Wahl kann der Arbeitnehmer schon treffen, bevor der Arbeitgeber entschieden hat, welche der beiden anderen Leistungen er erbringen möchte.

Da der Arbeitnehmer sich vor dem 1.1.2010 (und damit vor dem Entstehen seines Lohnanspruchs 2010) unwiderruflich zu entscheiden hat, ob er einen Warengutschein erhalten möchte, besteht in diesem Fall zum maßgebenden Zeitpunkt (= Entstehen des Lohnanspruchs 2010) ausschließlich ein originärer Sachlohnanspruch und gerade kein wahlweiser Barlohnanspruch mit der Folge, dass der Rabattfreibetrag von 1080 € jährlich in Anspruch genommen werden kann.

13. Sozialversicherungsrechtliche Behandlung der Belegschaftsrabatte

a) Allgemeine Grundsätze

Soweit die eingeräumten Rabatte nach den vorstehenden Erläuterungen steuerfrei bleiben, besteht auch Beitragsfreiheit in der Sozialversicherung (§ 1 Abs. 1 Nr. 1 der Sozialversicherungsentgeltverordnung). — **nein / nein**

Der Rabattfreibetrag in Höhe von 1080 € jährlich, die monatliche 44-Euro-Freigrenze und die steuerlichen Bewertungsvorschriften gelten also auch bei der Sozialversicherung. Ebenso die Grundsätze über die Rabattgewährung durch Dritte.

Sind Belegschaftsrabatte steuerpflichtig, so sind sie auch beitragspflichtig und zwar unabhängig davon, ob eine individuelle oder pauschale Versteuerung erfolgt. — **ja / ja**

Ausnahme: Eine Pauschalversteuerung mit 25 % von
- Mahlzeiten nach § 40 Abs. 2 Nr. 1 EStG (vgl. „Mahlzeiten")
- Zuwendungen bei Betriebsveranstaltungen nach § 40 Abs. 2 Nr. 2 EStG (vgl. „Betriebsveranstaltungen")
- Computerübereignung nach § 40 Abs. 2 Nr. 5 EStG (vgl. „Computer").

Diese Pauschalierungen lösen nach § 1 Abs. 1 Nr. 3 der Sozialversicherungsentgeltverordnung Beitragsfreiheit in der Sozialversicherung aus. — **ja / nein**

Werden Belegschaftsrabatte pauschal mit **einem besonders ermittelten Pauschsteuersatz** auf Antrag des Arbeitgebers versteuert (vgl. Stichwort „Pauschalierung der Lohnsteuer" unter Nr. 2 auf Seite 517), so stellt sich für die Berechnung des Gesamtsozialversicherungsbeitrags die Frage, wie das auf den einzelnen Arbeitnehmer entfallende Arbeitsentgelt zu ermitteln ist. Da die Aufteilung dem Arbeitgeber vielfach erhebliche Schwierigkeiten bereitet, ist in § 3 Abs. 3 der Sozialversicherungsentgeltverordnung den Arbeitgebern die Möglichkeit eingeräumt worden, dem einzelnen Arbeitnehmer einen **Durchschnittswert** der pauschal versteuerten Belegschaftsrabatte zuzuordnen. Dabei kann auch der Durchschnittsbetrag des Vorjahres angesetzt werden. Die mit einem Durchschnittswert angesetzten Sachbezüge sind nach § 3 Abs. 3 Satz 5 der Sozialversicherungsentgeltverordnung **insgesamt** dem letzten Lohnzahlungszeitraum des Kalenderjahres zuzuordnen und als einmalige Zuwendung beitragspflichtig. Da der Durchschnittswert den tatsächlich erhaltenen geldwerten Vorteil erheblich übersteigen kann, setzt die Anwendung dieser Durchschnittsberechnung voraus, dass der Arbeitgeber den auf den Durchschnittsbetrag entfallenden **Arbeitnehmeranteil übernimmt** (§ 3 Abs. 3 Satz 3 der Sozialversicherungsentgeltverordnung). Die Übernahme dieses Arbeitnehmeranteils ist nach § 3 Nr. 62 EStG steuerfrei.

b) Umwandlung von Barlohn in einen durch den Rabattfreibetrag begünstigten Sachbezug

Verschiedene Arbeitgeber gewähren ihren Arbeitnehmern aus Gründen der Steuerersparnis z. B. kein Weihnachtsgeld in bar, sondern in Form von Sachbezügen. Erhalten z. B. Arbeitnehmer eines Kaufhauses anstelle des Weihnachtsgeldes einen Warengutschein im Wert von 1080 €, der zum Bezug der im Kaufhaus angebotenen Waren berechtigt, so ist dieser Betrag in Anwendung des Rabattfreibetrags steuerfrei. Denn eine Umwandlung von Barlohn in einen Sachbezug hat der Bundesfinanzhof ausdrücklich zugelassen. Die Umwandlung von steuerpflichtigem Barlohn in einen steuerfreien Sachbezug ist jedoch nach der Rechtsprechung des Bundesfinanzhofs nur dann zulässig, wenn der Arbeitsvertrag entsprechend geändert wird (BFH-Urteil vom 6. 3. 2008, BStBl. II S. 530). Der Rabattfreibetrag kann also nicht in Anspruch genommen werden, wenn der Arbeitnehmer ein Wahlrecht zwischen Bargeld oder einem Sachbezug hat.

Die Spitzenverbände der Sozialversicherungsträger lassen eine Umwandlung von Barlohn in einen durch den Rabattfreibetrag begünstigten Sachbezug dann nicht mit sozialversicherungsrechtlicher Wirkung zu, wenn Warengutscheine oder Sachzuwendungen anstelle des vertraglich vereinbarten Arbeitsentgelts gewährt werden. Oder umgekehrt ausgedrückt: Nur wenn **freiwillige** Lohnzahlungen, die über den Tarif- oder Arbeitsvertrag hinausgehen, durch Warengutscheine oder Sachzuwendungen ersetzt werden, tritt Beitragsfreiheit in Anwendung des Rabattfreibetrags nach § 8 Abs. 3 EStG ein. In der Niederschrift über das Besprechungsergebnis werden folgende drei Fälle unterschieden:

- Geldwerte Vorteile aus Warengutscheinen und Sachleistungen, die der Arbeitgeber als **freiwillige Leistung** zusätzlich zum Arbeitsentgelt gewährt, fallen unter § 8 Abs. 3 EStG und gehören – soweit sie hiernach steuerfrei sind – nicht zum Arbeitsentgelt im Sinne der Sozialversicherung.
- Geldwerte Vorteile aus Warengutscheinen und Sachleistungen, die anstelle von in den Vorjahren außervertraglich (freiwillig) gezahltem Arbeitsentgelt gewährt werden, fallen unter § 8 Abs. 3 EStG und gehören – soweit sie hiernach steuerfrei sind – nicht zum Arbeitsentgelt in Sinne der Sozialversicherung.
- Geldwerte Vorteile aus Warengutscheinen und Sachleistungen, die **anstelle von vertraglich vereinbartem Arbeitsentgelt** gewährt werden, fallen nicht unter § 8 Abs. 3 EStG und gehören somit in voller Höhe zum beitragspflichtigen Arbeitsentgelt in Sinne der Sozialversicherung.

14. Umsatzsteuerpflicht bei Rabattgewährung

Bei der **unentgeltlichen** Gewährung von Sachbezügen (z. B. Haustrunk, Deputate, Freizigaretten, Freiflüge, Freie Station, Mahlzeiten usw.) stellt sich stets die Frage der Umsatzsteuerpflicht. Denn die **unentgeltliche** Gewährung solcher Sachbezüge durch den Arbeitgeber ist umsatzsteuerpflichtig. Der lohnsteuerliche Rabattfreibetrag in Höhe von 1080 € jährlich ist bei der Umsatzbesteuerung **nicht** anwendbar. Bemessungsgrundlage für die Umsatzsteuer sind die Selbstkosten des Arbeitgebers. Bei einer Abgabe von Waren mit Belegschaftsrabatt ist Bemessungsgrundlage im Sinne der Umsatzsteuer der vom Arbeitnehmer tatsächlich gezahlte Betrag.

Beispiel
Der Arbeitnehmer eines Automobilwerks kauft einen sog. Jahreswagen (Listenpreis 25 000 €) unter Inanspruchnahme des Belegschaftsrabatts um 20 000 €. Bemessungsgrundlage für die Umsatzsteuer sind 20 000 €. Aus diesem Betrag ist die Umsatzsteuer herauszurechnen (bei einem Steuersatz von 19 % mit $^{19}/_{119}$). Als Bemessungsgrundlage verbleiben somit (20 000 € abzüglich $^{19}/_{119}$ = 3193 €) 16 807 €.

Zahlt der Arbeitnehmer für die Waren einen verbilligten Preis und liegt dieser **unter den Selbstkosten** des Arbeitgebers, so sind mindestens die Selbstkosten des Arbeitgebers Bemessungsgrundlage für die Umsatzsteuer (= Mindestbemessungsgrundlage nach § 10 Abs. 5 UStG). Im Einzelnen vgl. das Stichwort „Umsatzsteuerpflicht bei Sachbezügen".

Raucherentwöhnung

Trägt der Arbeitgeber ganz oder teilweise die Kosten für die Teilnahme seiner Arbeitnehmer an Seminaren zur Raucherentwöhnung, so handelt es sich um Arbeitslohn.

Das gilt auch dann, wenn die Maßnahmen zur Umsetzung des gesetzlich angeordneten generellen Rauchverbots in öffentlichen Gebäuden während der Arbeitszeit angeboten werden; Entsprechendes gilt in der Privatwirtschaft.

Raucherentwöhnung

Ausschlaggebend für das Vorliegen eines geldwerten Vorteils ist das hohe persönliche Interesse des Arbeitnehmers an seiner eigenen Gesundheit und der Verringerung seines Krankheitsrisikos. Die für ein eigenbetriebliches Interesse des Arbeitgebers sprechenden Merkmale (hier: effektivere Ausnutzung der Arbeitszeit durch Wegfall der Raucherpausen, Erhöhung der Einsatzfähigkeit durch Verringerung der krankheitsbedingten Fehlzeiten, die auf Rauchen zurückzuführen sind, Pflichten des Arbeitgebers, das gesetzliche Rauchverbot wirkungsvoll umzusetzen – es besteht allerdings keine gesetzliche Pflicht für Arbeitgeber, Raucherentwöhnungskurse anzubieten –) überwiegen im Bereich der Gesundheitsvorsorge wegen des hohen privaten Interesses des Arbeitnehmers nur in sehr seltenen Ausnahmefällen (vgl. das Stichwort „Vorsorgekuren, Vorsorgeuntersuchungen"). Darüber hinaus müsste die gesundheitserhaltende bzw. -verbessernde Maßnahme ihre Grundlage in einer anderenfalls drohenden berufsspezifisch bedingten gesundheitlichen Beeinträchtigung haben. Dies ist bei den sich durch das Rauchen ergebenden Gesundheitsrisiken nicht der Fall.

Durch das Jahressteuergesetz 2009 ist allerdings **rückwirkend** zum **1.1.2008** eine neue **Steuerbefreiungsvorschrift** mit dem Ziel der Verbesserung des allgemeinen Gesundheitszustands und der Stärkung der **betrieblichen Gesundheitsförderung** eingeführt worden (vgl. im Einzelnen die Erläuterungen beim Stichwort „Gesundheitsförderung"). Durch die Steuerbefreiungsvorschrift werden die **zusätzlich zum ohnehin geschuldeten Arbeitslohn** erbrachte Leistungen des Arbeitgebers zur Verbesserung des allgemeinen Gesundheitszustandes und der betrieblichen Gesundheitsförderung steuerfrei gestellt, soweit sie **je Arbeitnehmer 500 € jährlich** (= Freibetrag) nicht übersteigen (§ 3 Nr. 34 EStG). Begünstigt bis zu diesem Höchstbetrag sind auch alle Maßnahmen zur **Einschränkung des Suchtmittelkonsums** (= allgemeine Förderung des Nichtrauchens, „rauchfrei" im Betrieb, gesundheitsgerechter Umgang mit Alkohol, allgemeine Reduzierung des Alkoholkonsums, Nüchternheit am Arbeitsplatz).

Beispiel A

Zur Einschränkung des Suchtmittelkonsums führt der Arbeitgeber auf seine Kosten während der Arbeitszeit Raucherentwöhnungskurse für seine Mitarbeiter durch. Der geldwerte Vorteil beträgt je Arbeitnehmer 180 € pro Jahr.

Der geldwerte Vorteil in Höhe von 180 € ist nach § 3 Nr. 34 EStG steuer- und sozialversicherungsfrei.

Wird der jährliche **Höchstbetrag** von 500 € je Arbeitnehmer aufgrund von Leistungen des Arbeitgebers zur Verbesserung des allgemeinen Gesundheitszustandes und der betrieblichen Gesundheitsförderung **überschritten**, ist zu **prüfen**, ob es sich beim übersteigenden Betrag um eine nicht zu Arbeitslohn führende Maßnahme im ganz überwiegenden **eigenbetrieblichen Interesse** des Arbeitgebers **oder** um **steuer-** und **sozialversicherungspflichtigen Arbeitslohn** handelt (vgl. hierzu auch die Beispiele E und F beim Stichwort „Gesundheitsförderung").

Beispiel B

Zur Vermeidung stressbedingter Gesundheitsrisiken ermöglicht der Arbeitgeber seinen Arbeitnehmern auf seine Kosten den Besuch von Kursen zur Stressbewältigung und Entspannung. Die Kosten betragen pro Arbeitnehmer 480 € jährlich. Außerdem bezuschusst er die Teilnahme an einem Raucherentwöhnungskurs mit 120 € je Arbeitnehmer.

Der geldwerte Vorteil der Arbeitnehmer beträgt insgesamt 600 €. Davon sind 500 € aufgrund des § 3 Nr. 34 EStG steuer- und sozialversicherungsfrei. Der steuer- und sozialversicherungspflichtige Vorteil beträgt somit 100 € je Arbeitnehmer (600 € abzüglich 500 €). Weder die Kurse zur Stressbewältigung noch der Raucherentwöhnungskurs sind Maßnahmen im ganz überwiegenden eigenbetrieblichen Interesse des Arbeitgebers.

Rechtsbehelfe

Dem Arbeitgeber stehen im **Lohnsteuerverfahren** der **Einspruch** beim Finanzamt, die **Klage** beim Finanzgericht und die **Nichtzulassungsbeschwerde** sowie die **Revision** beim Bundesfinanzhof zur Verfügung.

Außerdem steht dem Arbeitgeber noch die Dienstaufsichtsbeschwerde (Aufsichtsbeschwerde, formlose Beschwerde) zur Verfügung, die jedem Steuerpflichtigen (Arbeitnehmer und Arbeitgeber) gegen Verwaltungsakte aller Art oder bestimmte Verhaltensweisen der Finanzverwaltung offen steht. Sie ist weder an eine bestimmte Frist noch an eine bestimmte Form gebunden und kann bei den Mittelbehörden (z. B. Oberfinanzdirektionen, Landesamt für Steuern) und der obersten Finanzbehörde des Landes (Finanzministerium, Finanzsenator) eingebracht werden. Durch die **Dienstaufsichtsbeschwerde** kann der Steuerpflichtige lediglich die **Nachprüfung,** Aufhebung oder Änderung der erlassenen Verfügung, Entscheidung oder des Bescheids **anregen.** Im Gegensatz zum Einspruchsverfahren hat der Steuerpflichtige keinen Anspruch auf einen begründeten Bescheid; es ist vielmehr in das pflichtgemäße Ermessen der vorgesetzten Behörde gestellt, ob sie eine Behandlung der Beschwerde für erforderlich hält oder nicht.

Es ist insbesondere zu beachten, dass die Einlegung einer Dienstaufsichtsbeschwerde den Eintritt der Rechtskraft des angegriffenen Bescheids nicht beeinflusst. Will der Steuerpflichtige sichergestellt haben, dass die angeordnete Maßnahme auch bei einer ungünstigen Entscheidung über die Dienstaufsichtsbeschwerde durch die unabhängigen Steuergerichte nachgeprüft werden kann, so muss er innerhalb der Rechtsbehelfsfrist (vgl. dieses Stichwort) Einspruch einlegen. Es bleibt ihm überlassen, neben dem Einspruch auch eine Dienstaufsichtsbeschwerde einzureichen.

Das **außergerichtliche** Rechtsbehelfsverfahren (Einspruch, Dienstaufsichtsbeschwerde) ist **kostenfrei.**

In der **Sozialversicherung** kann man gegen beschwerende Verwaltungsakte zunächst **Widerspruch** beim Versicherungsträger und gegen den Widerspruchsbescheid **Klage** beim Sozialgericht erheben. Das Verfahren ist gebührenfrei. Weitere Rechtsmittel sind Berufung beim Landessozialgericht und die Revision beim Bundessozialgericht.

Siehe auch die Stichworte: Auskunft, Rechtsbehelfsfrist, Rechtsbehelfsverzicht.

Rechtsbehelfsfrist

Der Einspruch ist innerhalb **eines Monats** nach Bekanntgabe des Verwaltungsaktes einzureichen (Rechtsbehelfsfrist; § 355 Abs. 1 AO). Ist eine Rechtsbehelfsbelehrung unterblieben oder unrichtig erteilt worden, ist die Einlegung eines Einspruchs binnen eines Jahres seit Bekanntgabe des Verwaltungsaktes zulässig. Ein Verwaltungsakt gilt übrigens im Inland grundsätzlich am dritten Tage nach der Aufgabe zur Post als bekannt gegeben.

Der Einspruch gegen eine Lohnsteueranmeldung ist innerhalb eines Monats nach Eingang der Lohnsteueranmeldung beim Finanzamt einzulegen. Bei Lohnsteueranmeldungen, die zu einer Herabsetzung der bisher entrichteten Steuer oder zu einer Lohnsteuererstattung (Rotbetrag) führen, ist der Einspruch innerhalb eines Monats nach Bekanntwerden der formfreien Zustimmung des Finanzamts einzulegen.

Hat der Steuerpflichtige die Einlegung eines Einspruchs ohne Verschulden versäumt (z. B. wegen Krankheit), so kann ihm das Finanzamt Wiedereinsetzung in den vorigen Stand gewähren (§ 110 AO).

In der Sozialversicherung beträgt die Rechtsbehelfsfrist **einen Monat** seit Zustellung der anzufechtenden Entscheidung.

Rechtsbehelfsverzicht

Der Steuerpflichtige kann durch schriftliche oder mündliche Erklärung auf die Einlegung eines Einspruchs verzichten. Hat er das getan, so wird ein trotzdem eingelegter Einspruch als unzulässig verworfen (§ 354 Abs. 1 AO). An die Wirksamkeit eines Rechtsbehelfsverzichts werden jedoch strenge Anforderungen gestellt. Der Steuerpflichtige muss sich über die Tragweite des Rechtsbehelfsverzichts bewusst sein (er muss freiwillig in Kenntnis der Wirkung des Rechtsbehelfsverzichts und der sich aus dem Bescheid ergebenden Zahlungsverpflichtung oder sonstigen Verpflichtungen auf die Einlegung eines Rechtsbehelfs verzichtet haben). Die Verzichtserklärung ist **unwirksam,** wenn sie

- weitere Erklärungen enthält,
- unter einem **Vorbehalt** oder einer **Bedingung** erfolgt,
- auf einer unzulässigen Beeinflussung (Zwang, Drohung, bewusste Täuschung, unzutreffende Auskunft gegenüber einem rechtsunkundigen Steuerpflichtigen) durch das Finanzamt beruht.

Das Anerkenntnis des Prüfungsergebnisses im Anschluss an eine Lohnsteueraußenprüfung stellt keinen Rechtsbehelfsverzicht dar (BFH-Urteil vom 6. 7. 1962, BStBl. III Seite 355).

Rechtskreise (Ost und West)

Die Zuordnung zum jeweiligen Rechtskreis richtet sich nach dem Ort der Beschäftigung. Auf die Erläuterungen in Teil B Nr. 3 auf Seite 11 und beim Stichwort „Mehrfachbeschäftigung" wird Bezug genommen.

Rechtsnachfolger

Gliederung:

1. Lohnsteuer
   a) Allgemeines
   b) Arbeitslohn für die aktive Tätigkeit oder Versorgungsbezug
   c) Sterbegeld
   d) Lohnabrechnung im Sterbemonat
   e) Mehrere Erben
   f) Erben im Ausland
   g) Altersentlastungsbetrag
2. Sozialversicherung

1. Lohnsteuer

a) Allgemeines

Rechtsnachfolger von Arbeitnehmern **gelten** selbst als Arbeitnehmer, soweit sie Arbeitslohn aus dem früheren Dienstverhältnis ihres Rechtsvorgängers beziehen (§ 1 Abs. 1 Satz 2 LStDV). Gedacht ist dabei insbesondere an Rechtsnachfolger **von Todes wegen,** besonders Erben (z. B. die Witwe oder Kinder), die die Bezüge aufgrund des Arbeitsverhältnisses des verstorbenen Arbeitnehmers erhalten. Arbeitslohn des Rechtsnachfolgers sind vor allem die **laufenden** Bezüge, die nach dem Tod zufließen, aber z. B. auch Tantiemen, die erst nach dem Tode des Erblassers gezahlt werden, Kapitalabfindungen zur Abgeltung von Pensionsansprüchen des Erblassers, Erlass von Schulden des Erblassers durch dessen Arbeitgeber.

Da der Rechtsnachfolger nach den lohnsteuerlichen Bestimmungen selbst als Arbeitnehmer wird, muss bei der Berechnung der Lohnsteuer **seine** Lohnsteuerkarte und **nicht** die des **Erblassers** zugrunde gelegt werden, d. h. die Besteuerung richtet sich nach den Besteuerungsmerkmalen (Steuerklasse, Zahl der Kinderfreibeträge, ggf. Altersentlastungsbetrag usw.) **des Erben** und nicht nach der Steuerklasse des Verstorbenen. Legt der Erbe keine Lohnsteuerkarte vor, so hat der Arbeitgeber die Lohnsteuer nach der Steuerklasse VI einzubehalten (vgl. „Nichtvorlage der Lohnsteuerkarte").

b) Arbeitslohn für die aktive Tätigkeit oder Versorgungsbezug

Beim Lohnsteuerabzug hat der Arbeitgeber nach R 19.9 Abs. 3 LStR Folgendes zu beachten:

- Beim Arbeitslohn, der noch für die aktive Tätigkeit des verstorbenen Arbeitnehmers gezahlt wird, ist zwischen laufendem Arbeitslohn, z. B. Lohn für den Sterbemonat oder den Vormonat, und sonstigen Bezügen, z. B. Erfolgsbeteiligung, zu unterscheiden.
- Der Arbeitslohn für den Sterbemonat stellt, wenn er arbeitsrechtlich für den gesamten monatlichen Lohnzahlungszeitraum zu zahlen ist, keinen Versorgungsbezug im Sinne des § 19 Abs. 2 EStG dar.
- Besteht dagegen ein Anspruch auf Lohnzahlung nur bis zum Todestag, handelt es sich bei den darüber hinausgehenden Leistungen an die Hinterbliebenen um Versorgungsbezüge. Dies gilt entsprechend für den Fall, dass die arbeitsrechtlichen Vereinbarungen für den Sterbemonat lediglich die Zahlung von Hinterbliebenenbezügen vorsehen oder keine vertraglichen Abmachungen über die Arbeitslohnbemessung bei Beendigung des Dienstverhältnisses im Laufe des Lohnzahlungszeitraums bestehen. Auch in diesen Fällen stellt nur der Teil der Bezüge, der auf die Zeit nach dem Todestag entfällt, einen Versorgungsbezug dar.

Die steuerliche Frage, ob Versorgungsbezüge vorliegen oder nicht, ist nach den **arbeitsvertraglichen Abmachungen** zu beurteilen. Nicht zu den steuerbegünstigten Versorgungsbezügen gehören Bezüge, die für den Sterbemonat aufgrund des Arbeitsvertrages als Arbeitsentgelt gezahlt werden; besondere Leistungen an Hinterbliebene, die über das bis zum Erlöschen des Dienstverhältnisses geschuldete Arbeitsentgelt hinaus gewährt werden, sind dagegen Versorgungsbezüge. Hiernach sind folgende Fälle zu unterscheiden:

Beispiel A

Der Arbeitnehmer A hatte arbeitsvertraglich Anspruch auf seine Bezüge nur bis zum Todestag. Werden diese für den Sterbemonat an die Hinterbliebenen gezahlt, so liegen noch keine steuerbegünstigten Versorgungsbezüge vor. Erhalten die Hinterbliebenen nach dem Arbeitsvertrag weitere Leistungen, so sind diese als Versorgungsbezüge anzuerkennen. Wird der Arbeitslohn bis zum Todestag mit den weiteren Leistungen in einer Summe gezahlt, so dürfen die Versorgungsfreibeträge nur von dem Teilbetrag der weiteren Leistungen berechnet werden.

Beispiel B

Hatte A arbeitsvertraglich Anspruch auf die vollen Bezüge des Sterbemonats, so ist eine teilweise Anerkennung als begünstigte Versorgungsbezüge nicht möglich.

Beispiel C

Ist vereinbart, dass im Sterbemonat des A kein Arbeitslohn mehr, sondern nur Hinterbliebenenbezüge gezahlt werden, so ist dennoch der Teil der Bezüge, der auf die Zeit bis zum Todestag des A entfällt, kein Versorgungsbezug.

Beispiel D

Bestehen keine vertraglichen Abmachungen über die Zahlung der Bezüge für den Sterbemonat und wird dennoch Arbeitslohn für einen vollen Kalendermonat gezahlt, so ist der bis zum Todestag zu zahlende Arbeitslohn kein Versorgungsbezug. Der auf die Zeit vom Todestag bis zum Ende des Sterbemonats entfallende Betrag ist dagegen ein Versorgungsbezug.

c) Sterbegeld

Das Sterbegeld ist ein Versorgungsbezug und stellt grundsätzlich einen **sonstigen Bezug** dar. Dies gilt auch für den Fall, dass als Sterbegeld mehrere Monatsgehälter gezahlt werden, weil es sich hierbei dem Grunde nach nur um die ratenweise Zahlung eines Einmalbetrags handelt (R 19.9 Abs. 3 Nr. 3 LStR). Eine Lohnabrechnung für den

Rechtsnachfolger

Sterbemonat mit Zahlung eines Sterbegeldes ist unter dem nachfolgenden Buchstaben d dargestellt.

Auf die ausführlichen Erläuterungen zum Sterbegeld beim Stichwort „Sterbegeld" wird Bezug genommen.

d) Lohnabrechnung im Sterbemonat

Die Besteuerung des Arbeitslohns für den Sterbemonat nach den Besteuerungsmerkmalen des Erben hat früher in der Praxis zu erheblichen Schwierigkeiten geführt. Die Lohnsteuer-Richtlinien enthalten deshalb hierzu (R 19.9 Abs. 1 Satz 2 LStR) eine wichtige Vereinfachungsregelung:

Der **laufende** Arbeitslohn für den Sterbemonat kann noch nach den Besteuerungsmerkmalen (Steuerklasse, Zahl der Kinderfreibeträge) besteuert werden, die für den Sterbemonat nach den Eintragungen auf der **Lohnsteuerkarte des Verstorbenen** gelten. Der Arbeitslohn und die davon nach den Besteuerungsmerkmalen des Verstorbenen einbehaltene Lohnsteuer ist jedoch **auf der Lohnsteuerbescheinigung des Erben zu bescheinigen!** Wird dieses Verfahren für den Sterbemonat angewendet, darf in keinem Fall ein Versorgungsfreibetrag oder ein Zuschlag zum Versorgungsfreibetrag abgezogen werden (auch wenn der Arbeitslohn vom Todestag bis zum Ende des Sterbemonats ein Versorgungsbezug sein sollte).

Beispiel

Ein verheirateter Arbeitnehmer mit der Steuerklasse III/3 Kinderfreibeträge und einem Monatslohn von 3000 € stirbt am 20. 6. 2010.

Der Arbeitnehmer hat nach dem Arbeitsvertrag Anspruch auf die vollen Bezüge im Sterbemonat. Darüber hinaus wird ein Sterbegeld in Höhe von zwei Monatsgehältern bezahlt. Der Arbeitgeber zahlt diese Beträge am 2. 7. 2010 an die Witwe aus und hat hierbei die Lohnsteuer einzubehalten. Der Arbeitnehmer hatte bisher die Steuerklasse III/3 Kinderfreibeträge. Seine Ehefrau war nicht berufstätig und hatte deshalb keine Lohnsteuerkarte. Damit der Arbeitgeber den Lohnsteuerabzug nach den Besteuerungsmerkmalen der Witwe durchführen kann, hat diese bei ihrer zuständigen Gemeinde die Ausstellung einer Lohnsteuerkarte zu beantragen. Sie geht deshalb am 25. 7. 2010 zur Gemeinde, die ihr eine Lohnsteuerkarte ausstellt, auf der Folgendes bescheinigt wird:

Bis 30. 6. 2010 Steuerklasse V, ab 1. 7. 2010 Steuerklasse III/3 Kinderfreibeträge.

Die Steuerklasse III/3 kann erstmals mit Wirkung vom Beginn des ersten, auf den Todestag des Ehemannes folgenden Kalendermonats (= 1. Juli 2010) eingetragen werden (R 39.3 Abs. 5 Satz 1 LStR). Der Arbeitgeber müsste deshalb den Arbeitslohn für Juni nach der für die Ehefrau im Juni maßgebenden Steuerklasse V besteuern (auch wenn der Arbeitslohn erst im Juli 2010 gezahlt wird), weil bei der Lohnsteuerberechnung für laufenden Arbeitslohn diejenigen Merkmale der Lohnsteuerkarte zugrunde zu legen sind, die für den Tag gelten, an dem der Lohnzahlungszeitraum endet (= 30. 6. 2010). Nach R 19.9 Abs. 1 Satz 2 der Lohnsteuer-Richtlinien kann er jedoch aus Vereinfachungsgründen die Lohnsteuer für den laufenden Arbeitslohn des Sterbemonats nach den Besteuerungsmerkmalen des Verstorbenen im Juni 2010 gelten; dies ist die Steuerklasse III/3 Kinderfreibeträge. Der Arbeitslohn und die davon einbehaltene Lohnsteuer sind jedoch **auf der elektronischen Lohnsteuerbescheinigung für die Witwe zu bescheinigen** und nicht auf der elektronischen Lohnsteuerbescheinigung des Verstorbenen!

Die Zahlung des Sterbegelds ist ein sonstiger Bezug, der nach derjenigen Lohnsteuerklasse zu besteuern ist, die im Zeitpunkt der Zahlung des sonstigen Bezugs für den Erben gilt (am 2. 7. 2010 gilt für die Ehefrau die Steuerklasse III/3 Kinderfreibeträge). Es ergeben sich folgende Steuerbeträge:

	Lohnsteuerpflichtig	Sozialversich.-pflichtig
laufender Monatslohn für Juni 2010	3 000,— €	
Sterbegeld (2 Monatslöhne)	6 000,— €	
insgesamt	9 000,— €	
Abzüge:		
Lohnsteuer für den laufenden Arbeitslohn	245,83 €	
Solidaritätszuschlag für den laufenden Arbeitslohn	0,— €	
Kirchensteuer für den laufenden Arbeitslohn	0,— €	
Lohnsteuer für das Sterbegeld	140,— €	
Solidaritätszuschlag hierauf	7,70 €	
Kirchensteuer hierauf	11,20 €	
Arbeitnehmeranteil zur Sozialversicherung	404,50 €	809,23 €
Nettolohn	8 190,77 €	

Berechnung der Lohn- und Kirchensteuer sowie des Solidaritätszuschlags:

Der laufende Monatslohn für Juni ist nach der Monatstabelle 2010 zu versteuern (Steuerklasse III/3):

Monatslohn	3 000,— €
Lohnsteuer (Steuerklasse III/3)	245,83 €
Solidaritätszuschlag	0,— €
Kirchensteuer (8 %)	0,— €

Das Sterbegeld ist ein sonstiger Bezug und nach der Jahreslohnsteuertabelle unter Anwendung des für sonstige Bezüge geltenden Verfahrens zu versteuern (vgl. das Stichwort „Sonstige Bezüge"). Dabei ist der Versorgungsfreibetrag und der Zuschlag zum Versorgungsfreibetrag abzuziehen (vgl. das Stichwort „Sterbegeld"). Es ergibt sich folgende Berechnung der Lohnsteuer:

Voraussichtlicher laufender Jahresarbeitslohn (Juli bis Dezember 2010) 3 000 € × 6 =*)	18 000,— €
Lohnsteuer nach Steuerklasse III/3 der Jahreslohnsteuertabelle 2010	
a) vom maßgebenden Jahresarbeitslohn (18 000 €)	0,— €
b) vom maßgebenden Jahresarbeitslohn zuzüglich des steuerpflichtigen Teils des Sterbegelds (18 000 € + 3 360 € =) 21 360 €	140,— €
Lohnsteuer für das Sterbegeld	140,— €
Solidaritätszuschlag 5,5 % von 140 €	7,70 €
Kirchensteuer 8 % von 140 €	11,20 €

Das Sterbegeld in Höhe von 6000 € ist ein Versorgungsbezug. Der Versorgungsfreibetrag errechnet sich wie folgt:

32,0 % von 6000 € = 1920 € (der Höchstbetrag von 2400 € im Kalenderjahr ist nicht überschritten)	1 920,— €
Zuschlag zum Versorgungsfreibetrag	720,— €
insgesamt	2 640,— €
Der steuerpflichtige Teil des Sterbegeldes beträgt somit (6000 € − 2640 € =)	3 360,— €

Eine Zwölftelung findet weder beim Versorgungsfreibetrag noch beim Zuschlag zum Versorgungsfreibetrag statt.

Berechnung der Sozialversicherungsbeiträge:

Bei Gehaltszahlungen für den Sterbemonat ist zu unterscheiden zwischen dem Lohn, der über den Todestag hinaus gezahlt wird, und dem Lohn, der auf die aktive Beschäftigung des Arbeitnehmers entfällt. Beitragspflichtig als Arbeitsentgelt für eine aktive Beschäftigung ist nur das für die Arbeitsleistung bis zum Todestag gezahlte Arbeitsentgelt, unabhängig vom Zeitpunkt der Zahlung. Da für Juni 2010 der volle Monatslohn in Höhe von 3000 € gezahlt wurde, ist der Betrag von 3000 € zeitanteilig aufzuteilen:

Anteiliger Monatslohn für die Zeit vom 1. 6. bis 20. 6. 2010 ($^{20}/_{30}$ von 3000 € =)	2 000,— €

Beitragsberechnung (aus 2000 €)

	Arbeitnehmeranteil	Arbeitgeberanteil
Krankenversicherung (7,9 % und 7,0 %) =	158,— €	140,— €
Pflegeversicherung 0,975 % =	19,50 €	19,50 €
Rentenversicherung 9,95 % =	199,— €	199,— €
Arbeitslosenversicherung 1,40 % =	28,— €	28,— €
zusammen	404,50 €	386,50 €
Gesamtsozialversicherungsbeitrag	791,— €	

Das Sterbegeld in Höhe von 6000 € gehört nicht zum sozialversicherungspflichtigen Arbeitsentgelt, da es nicht für eine vom Empfänger der Zahlungen selbst ausgeübte Beschäftigung gezahlt wird (vgl. „Sterbegeld").

---

*) Für die Ermittlung des voraussichtlichen Jahresarbeitslohns sind nur die Bezüge der Witwe maßgebend. Bekannt ist nur der Arbeitslohn, der der Witwe für den Sterbemonat zugeflossen ist (= 3000 €). Dieser Monatslohn ist für das zweite Halbjahr auf einen voraussichtlichen Jahresarbeitslohn hochzurechnen (3000 € × 6 = 18 000 €). Steht fest, dass die Witwe im zweiten Halbjahr außer dem Arbeitslohn für den Sterbemonat keinen Arbeitslohn mehr beziehen wird, ist der Betrag von 3000 € auch der voraussichtliche Jahresarbeitslohn (vgl. die Erläuterungen beim Stichwort „Sonstige Bezüge" unter Nr. 4 Buchstabe b).

Rechtsnachfolger

	Lohn-steuer-pflichtig	Sozial-versich.-pflichtig

e) Mehrere Erben

Sind mehrere sterbegeldberechtigte Personen vorhanden, so wird das Sterbegeld an einen Sterbegeldberechtigten gezahlt, der sich ggf. mit den anderen Personen auseinander setzen muss. In diesen Fällen wird das gesamte Sterbegeld beim Empfänger nach den für diese Person geltenden Besteuerungsmerkmalen zur Lohnsteuer herangezogen (vgl. die Erläuterungen unter dem vorstehenden Buchstaben d).

Beim Empfänger des Sterbegeldes stellen die an die übrigen Anspruchsberechtigten weitergegebenen Beträge im Kalenderjahr der Weitergabe negative Einnahmen dar. Der Empfänger des Sterbegeldes kann die weitergegebenen Teile des Sterbegeldes wie Werbungskosten neben dem Arbeitnehmer-Pauschbetrag geltend machen und die Eintragung eines entsprechenden steuerfreien Betrages auf der Lohnsteuerkarte beantragen. Bei den Empfängern der Auseinandersetzungszahlungen (das sind die von dem Sterbegeldempfänger weitergegebenen Teile des Sterbegeldes) werden die Beträge ebenfalls als Arbeitslohn besteuert und im Rahmen einer Veranlagung zur Einkommensteuer steuerlich erfasst.

Wird beim Lohnsteuerabzug vom Sterbegeld der Versorgungsfreibetrag und der Zuschlag zum Versorgungsfreibetrag berücksichtigt, so ist für die Berechnung der negativen Einnahmen beim Empfänger des Sterbegeldes zunächst vom Bruttobetrag der an die anderen Anspruchsberechtigten weitergegebenen Beträge auszugehen; dieser Bruttobetrag ist sodann um den Unterschied zwischen dem beim Lohnsteuerabzug berücksichtigten Versorgungsfreibetrag zuzüglich Zuschlag zum Versorgungsfreibetrag und dem auf den verbleibenden Anteil des Zahlungsempfängers entfallenden Versorgungsfreibetrag zuzüglich Zuschlag zum Versorgungsfreibetrag zu kürzen.

Beispiel

Sachverhalt wie das Beispiel unter dem vorstehenden Buchstaben d, das heißt eine Witwe mit drei Kindern erhält ein Sterbegeld von 6000 € und muss jeweils ein Viertel (= 1500 €) an die Kinder weitergeben. Die Witwe zahlt den Betrag von (3 × 1500 € =) 4500 € im Kalenderjahr 2011 an die Kinder aus. Es ergibt sich folgende Berechnung der negativen Einnahmen aus nichtselbständiger Tätigkeit:

Die lohnsteuerpflichtigen Versorgungsbezüge im Jahr 2010 betragen		
Sterbegeld		6 000,— €
abzüglich:		
Versorgungsfreibetrag (32,0 %)	1 920,— €	
Zuschlag zum Versorgungsfreibetrag	720,— €	2 640,— €
steuerpflichtiger Versorgungsbezug		3 360,— €
Durch die Weitergabe im Jahr 2011 verbleibt der Witwe ein Anteil an den Versorgungsbezügen von		1 500,— €
abzüglich:		
Versorgungsfreibetrag (32,0 %)	480,— €	
Zuschlag zum Versorgungsfreibetrag	720,— €	1 200,— €
verbleibender steuerpflichtiger Versorgungsbezug		300,— €

Bei der Witwe sind somit negative Einnahmen in Höhe von (3360 € – 300 € =) 3060 € anzusetzen*).

f) Erben im Ausland

Soweit Zahlungen an im Ausland wohnhafte Erben oder Hinterbliebene erfolgen, ist beim Steuerabzug nach den für Lohnzahlungen an beschränkt steuerpflichtige Arbeitnehmer geltenden Vorschriften zu verfahren (vgl. das Stichwort „Beschränkt steuerpflichtige Arbeitnehmer". Dabei ist jedoch zu beachten, dass aufgrund eines Doppelbesteuerungsabkommens das Besteuerungsrecht dem ausländischen Wohnsitzstaat zustehen kann (in diesem Fall besteht im Inland Steuerfreiheit). Zum Besteuerungsrecht bei Werkspensionen, Betriebsrenten und ähnlichen Versorgungsbezügen vgl. das Stichwort „Doppelbesteuerungsabkommen" unter Nr. 13 Buchstabe a.

g) Altersentlastungsbetrag

Soweit es sich bei den Zahlungen an die Erben oder Hinterbliebenen **nicht um Versorgungsbezüge** handelt, ist zu prüfen, ob der **Altersentlastungsbetrag** (vgl. dieses Stichwort) zum Ansatz kommt. Dabei ist auf das Lebensalter des jeweiligen Zahlungsempfängers abzustellen. Für die Berechnung der negativen Einnahmen aus nichtselbständiger Arbeit gilt nach R 19.9 Abs. 3 Nr. 4 i. V. m. Absatz 2 LStR Folgendes:

Ist Arbeitslohn an Miterben auszuzahlen, so ist für die Berechnung der negativen Einnahmen zunächst vom **Bruttobetrag** der an die anderen Anspruchsberechtigten weitergegebenen Beträge auszugehen. Der Bruttobetrag ist sodann um den Unterschied zwischen dem beim Lohnsteuerabzug berücksichtigten Altersentlastungsbetrag und dem auf den verbleibenden Anteil des Zahlungsempfängers entfallenden Altersentlastungsbetrag zu kürzen. Dies entspricht der Vorgehensweise bei den Freibeträgen für Versorgungsbezüge (vgl. obiges Beispiel).

2. Sozialversicherung

Der Tod des Arbeitnehmers beendet das Arbeitsverhältnis. Eine Gehaltsfortzahlung an die Witwe über den Todestag des Arbeitnehmers hinaus ist gesetzlich nicht vorgesehen. Vielfach ist jedoch durch Einzelarbeitsvertrag oder durch Tarifvertrag geregelt, dass der Arbeitgeber noch das gesamte Gehalt für den Sterbemonat und ggf. noch für weitere zwei oder drei Monate an die Hinterbliebenen bezahlt. Bei Gehaltszahlungen für den Sterbemonat ist zu unterscheiden zwischen dem Lohn, der über den Todestag hinaus gezahlt wird, und dem Lohn, der auf die aktive Beschäftigung des Arbeitnehmers entfällt. Beitragspflichtig als Arbeitsentgelt für eine aktive Beschäftigung ist nur das für die Arbeitsleistung bis zum Todestag gezahlte Arbeitsentgelt, unabhängig vom Zeitpunkt der Zahlung. — **ja / ja**

Kein Arbeitsentgelt für eine aktive Beschäftigung sind die über den Todestag hinaus geleisteten Zahlungen, da sie nicht als Gegenleistung für die geleistete Arbeit anzusehen sind (siehe „Sterbegeld"). — **ja / nein**

Rechtsschutzversicherung

Wenn eine Rechtsschutzversicherung ausschließlich ein berufliches Risiko abdeckt, dann können die Beiträge vom Arbeitnehmer als Werbungskosten abgezogen werden (z. B. die Fahrer-Rechtsschutzversicherung eines Omnibusfahrers oder Taxifahrers). Ein steuerfreier Arbeitgeberersatz ist jedoch nicht möglich, weil es hierfür keine Steuerbefreiungsvorschrift gibt und ohne ausdrückliche Befreiungsvorschrift der Werbungskostenersatz stets zum steuer- und beitragspflichtigen Arbeitslohn gehört. — **ja / ja**

Auf die grundsätzlichen Erläuterungen zum steuerpflichtigen Werbungskostenersatz durch den Arbeitgeber beim Stichwort „Auslagenersatz" wird hingewiesen. Eine Saldierung von steuerpflichtigem Arbeitslohn und Werbungskosten ist im Lohnsteuerabzugsverfahren nicht zulässig.

Bei Aufwendungen für eine **kombinierte Rechtsschutzversicherung** kann als Werbungskosten nur der Anteil der Prämie für eine Familien-Rechtsschutzversicherung oder eine Familien- und Verkehrs-Rechtsschutzversicherung berücksichtigt werden, der nach der Schadensstatistik der **einzelnen** Versicherungsgesellschaft auf den Arbeits-Rechtsschutz entfällt. Dieser Prämienanteil ist durch eine Bescheinigung der Versicherungsgesellschaft nachzuweisen. Eine Aufteilung im Schätzungswege ist selbst dann nicht zulässig, wenn der Schätzung eine

---

*) Vgl. auch H 19.9 LStR Stichwort „Weiterleitung von Arbeitslohn an Miterben".

	Lohn-steuer-pflichtig	Sozial-versich.-pflichtig

zusammengefasste Schadensstatistik mehrerer Versicherungsgesellschaften zugrunde liegt*).

Ersetzt der Arbeitgeber dem Arbeitnehmer die Aufwendungen für eine kombinierte Rechtsschutzversicherung, handelt es sich stets um steuer- und beitragspflichtigen Arbeitslohn. — ja — ja

Regalauffüller

In Warenhäusern und Supermärkten übernehmen zunehmend Regalauffüller die Warenplatzierung und Regalpflege. Auch wenn die Regalauffüller als „freie Mitarbeiter" bezeichnet werden, liegt in der Regel ein Arbeitsverhältnis vor. Die Vergütungen, die die Regalauffüller erhalten, sind deshalb steuerpflichtiger Arbeitslohn. Auch in der Sozialversicherung besteht Versicherungspflicht in der Kranken-, Pflege-, Renten- und Arbeitslosenversicherung, sofern nicht eine geringfügige Beschäftigung vorliegt (vgl. dieses Stichwort). — ja — ja

Reisegepäckversicherung

Aufwendungen des Arbeitgebers für eine Reisegepäckversicherung seiner Arbeitnehmer sind dann als Reisenebenkosten steuer- und beitragsfrei, wenn der Verlust von Gepäck anlässlich einer beruflichen Tätigkeit versichert ist, die als Auswärtstätigkeit ausgeübt wird (Hinweise zu R 9.8 LStR). — nein — nein

Sind auch die Gepäckverluste auf Privatreisen des Arbeitnehmers versichert, so sind die Aufwendungen für die Reisegepäckversicherung in voller Höhe steuer- und beitragspflichtig. — ja — ja

Eine Aufteilung in einen beruflichen (und damit steuerfreien) und einen privaten (und damit steuerpflichtigen) Anteil ist nur möglich, wenn eine Bescheinigung der Versicherungsgesellschaft über die Verteilung des kalkulierten Risikos vorgelegt wird (BFH-Urteil vom 19. 2. 1993, BStBl. II S. 519).

Reisekosten bei Auswärtstätigkeiten

Neues auf einen Blick:

Bei einer vorübergehenden Auswärtstätigkeit an einer anderen betrieblichen Einrichtung des Arbeitgebers oder eines verbundenen Unternehmens wird diese nicht zu einer regelmäßigen Arbeitsstätte. Die Finanzverwaltung geht bei einer **befristeten Abordnung** von **bis zu vier Jahren** noch von einer vorübergehenden **Auswärtstätigkeit** aus. Vgl. die Erläuterungen und die Beispiele am Ende der nachfolgenden Nr. 2 Buchstabe a.

Anders als bisher geht die Finanzverwaltung bei **außerbetrieblichen Einrichtungen** nur noch dann von einer **regelmäßigen Arbeitsstätte** aus, wenn

– das Arbeitsverhältnis an einen anderen Arbeitgeber ausgelagert wird und der Arbeitnehmer weiterhin an seiner bisherigen regelmäßigen Arbeitsstätte tätig ist **(Outsourcing)** oder

– der **Leiharbeitnehmer** vom Verleiher für die **gesamte Dauer** seines **Arbeitsverhältnisses** dem **Entleiher überlassen** wird. U.E. gilt Entsprechendes, wenn ein Arbeitnehmer für die gesamte Dauer seines Arbeitsverhältnisses bei einem Kunden tätig wird oder

– ein Arbeitnehmer vom Verleiher mit dem **Ziel** der späteren **Festanstellung** beim Entleiher/Kunden eingestellt wird.

Vgl. hierzu die Erläuterungen und die Beispiele unter der nachfolgenden Nr. 3 Buchstabe b.

Der Bundesfinanzhof hält daran fest, dass es sich auch bei **weiträumigen Arbeitsgebieten** (z. B. einem Werksgelände des Arbeitgebers) um **regelmäßige Arbeitsstätten** handeln kann, die das Vorliegen einer vorübergehenden beruflich veranlassten Auswärtstätigkeit ausschließen (BFH-Urteil vom 18.6.2009 VI R 61/06). Vgl. hierzu im Einzelnen die Ausführungen unter der nachfolgenden Nr. 3 Buchstabe c.

Ein sog. **Home-Office** sieht die Finanzverwaltung nur dann als **regelmäßige Arbeitsstätte** an, wenn der Arbeitgeber das (häusliche) Arbeitszimmer in der Wohnung des Arbeitnehmers aus eigenbetrieblichem Interesse anmietet und anschließend dem Arbeitnehmer wieder überlässt (vgl. hierzu die Erläuterungen unter der nachfolgenden Nr. 3 Buchstabe d).

Wird ein Arbeitnehmer anlässlich der Auswärtstätigkeit von seiner **Familie** (Ehegatte, Kinder) **begleitet,** sind die Kosten der Unterkunft einerseits durch die **beruflich** veranlasste Unterbringung des Arbeitnehmers **und** andererseits durch die **privat veranlasste Unterbringung** seiner Familie entstanden. Die Übernachtungskosten können daher nur insoweit vom Arbeitgeber **steuerfrei** erstattet bzw. vom Arbeitnehmer als Werbungskosten abgezogen werden, als sie auf die **beruflich** veranlasste Unterbringung des Arbeitnehmers entfallen. Die **privat** veranlassten Unterbringungskosten für die Familie führen bei einer Erstattung durch den Arbeitgeber zu **steuer- und sozialversicherungspflichtigen Arbeitslohn** bzw. können vom Arbeitnehmer nicht als Werbungskosten abgezogen werden. Vgl. hierzu im Einzelnen die Ausführungen unter der nachfolgenden Nr. 8 Buchstabe b.

Nach den Lohnsteuer-Richtlinien ist eine **Mahlzeit** zur Verpflegung der Arbeitnehmer anlässlich oder während einer **Auswärtstätigkeit** (einschließlich Fortbildungsveranstaltungen) mit dem amtlichen Sachbezugswert als Arbeitslohn anzusetzen, wenn der Wert der Mahlzeit 40 € nicht übersteigt (vgl. die Erläuterungen unter der nachfolgenden Nr. 10 Buchstaben a bis f). Dieser Verwaltungsauffassung ist der Bundesfinanzhof nicht gefolgt (BFH-Urteil vom 19.11.2008, BStBl. 2009 II S. 547). Seiner Ansicht nach sind die Mahlzeiten mit dem tatsächlichen Wert und nicht mit dem Sachbezugswert anzusetzen. Allerdings liegen auch bei Mahlzeitengestellungen anlässlich von Auswärtstätigkeiten in Höhe der jeweils in Betracht kommenden Pauschbeträge für Verpflegungsmehraufwendungen (teilweise) steuerfreie Reisekostenvergütungen vor. Soweit die Pauschbeträge für Verpflegungsmehraufwendungen überschritten sind, kommt die 44-Euro-Freigrenze für Sachbezüge zur Anwendung, falls diese nicht schon anderweitig ausgeschöpft ist. Aufgrund dieser Rechtsprechung räumt die Finanzverwaltung den Arbeitgebern ein **Wahlrecht** zwischen dem Ansatz der Mahlzeiten laut Lohnsteuer-Richtlinien mit dem amtlichen **Sachbezugswert** oder dem Ansatz der Mahlzeiten laut Bundesfinanzhof mit dem **tatsächlichen Wert** ein, wobei es sich bei Letzterem teilweise um steuerfreie Reisekostenvergütungen handeln kann und ggf. die 44-Euro-Freigrenze für Sachbezüge genutzt werden kann (BMF-Schreiben vom 13.7.2009, BStBl. I S. 771). Vgl. die Erläuterungen und die Beispiele unter der nachfolgenden Nr. 10 Buchstabe g.

Auch zum **1.1.2010** haben sich bei **Auslandsreisen** für einige Länder die **Pauschbeträge** für **Verpflegungsmehraufwendungen** und **Übernachtungskosten** geändert. Vgl. im Einzelnen die Länderübersicht über die Auslandsreisekosten 2010 in Anhang 4 auf Seite 846.

---

*) BMF-Schreiben vom 23. 7. 1998 (Az.: IV B 6 – S 2354 – 33/98). Das BMF-Schreiben, das nicht im Bundessteuerblatt veröffentlicht worden ist, ist als Anlage 1 zu H 9.1 LStR im **Steuerhandbuch für das Lohnbüro 2010** abgedruckt, das im selben Verlag erschienen ist. Das **PC-Lexikon** für das Lohnbüro 2010 enthält auch dieses Handbuch und hat außerdem den Vorteil, dass Sie **alle BFH-Urteile** sowie die aktuellen Rundschreiben und Niederschriften der Spitzenverbände der **Sozialversicherung** mit Mausklick **im Volltext** abrufen und ausdrucken können. Eine Bestellkarte finden Sie vorne im Lexikon.

Reisekosten bei Auswärtstätigkeiten

	Lohn-steuer-pflichtig	Sozial-versich.-pflichtig

Gliederung:

1. Allgemeines
2. Begriff der Auswärtstätigkeit/Berufliche Veranlassung
   a) Allgemeines
   b) Berufliche Veranlassung
   c) Studien- und Gruppeninformationsreisen
   d) Aufteilung der Aufwendungen bei teils beruflich teils privat veranlassten Tagungen
   e) Verbindung eines Privataufenthalts mit einer „echten" Auswärtstätigkeit
   f) Mitnahme des Ehegatten
   g) Abgrenzung der Auswärtstätigkeit von den Fahrten zwischen Wohnung und regelmäßiger Arbeitsstätte
3. Regelmäßige Arbeitsstätte
   a) Allgemeine Grundsätze
   b) Regelmäßige Arbeitsstätte bei einem Kunden/Entleiher
   c) Weiträumiges Arbeitsgebiet als regelmäßige Arbeitsstätte
   d) Regelmäßige Arbeitsstätte in der Wohnung des Arbeitnehmers
   e) Mehrere regelmäßige Arbeitsstätten
   f) Ausbildungsdienstverhältnisse
4. Dreimonatsfrist
5. Umwandlung von Barlohn in steuerfreie Reisekostenvergütungen
6. Inlandsreisekosten
7. Fahrtkosten bei Inlandsreisen
   a) Fahrtkosten bei Benutzung öffentlicher Verkehrsmittel
   b) Bahncard
   c) Zurverfügungstellung eines Firmenwagens
   d) Kilometersätze beim Benutzen eigener Fahrzeuge
   e) Pauschale Kilometersätze
   f) Individueller Kilometersatz
   g) Unfallkosten, Diebstahl des Pkws, Parkgebühren,- Beiträge zu Kaskoversicherung oder Unfallversicherung, zinsloses Arbeitgeberdarlehen
   h) Wochenendheimfahrten und Zwischenheimfahrten bei längerfristigen Auswärtstätigkeiten
   i) Fahrten von der Unterkunft zur Arbeitsstätte
   k) Pauschvergütungen
   l) Werbungskostenabzug beim Arbeitnehmer
8. Kosten der Unterkunft bei Inlandsreisen
   a) Allgemeines
   b) Mitnahme des Ehegatten/der Familie
   c) Pauschbetrag
9. Pauschbeträge für Verpflegungsmehraufwand bei Inlandsreisen
   a) Höhe der Pauschbeträge
   b) Zweitägige Auswärtstätigkeiten ohne Übernachtung (sog. Mitternachtsregelung)
   c) Dreimonatsfrist beim Verpflegungsmehraufwand
10. Kostenlose Verpflegung bei Auswärtstätigkeiten
    a) Allgemeines
    b) Gewährung der Verpflegung auf Veranlassung des Arbeitgebers durch einen Dritten
    c) Besonderheiten beim Frühstück
    d) Besonderheit bei Getränken
    e) Bewirtung des Arbeitnehmers bei Auswärtstätigkeiten
    f) Unentgeltliche Verpflegung bei Fortbildungsveranstaltungen
    g) Wahlweiser Ansatz der Mahlzeiten mit dem tatsächlichen Wert
11. Einzelnachweis der Verpflegungsmehraufwendungen bei Inlandsreisen
12. Pauschalierung der Lohnsteuer mit 25% bei steuerpflichtigen Verpflegungsmehraufwendungen
    a) Allgemeines
    b) Pauschalierung der Lohnsteuer mit 25%
    c) Sozialversicherungsrechtliche Behandlung von steuerpflichtigen Verpflegungsmehraufwendungen
13. Nebenkosten bei Auswärtstätigkeiten
14. Auslandsreisekosten
    a) Fahrtkosten
    b) Verpflegungsmehraufwand
    c) Übernachtungskosten
15. Auslandstagegelder
16. Eintägige Auslandsreisen
17. Mehrtägige Auslandsreisen
18. Flugreisen
19. Schiffsreisen
20. Auslandsübernachtungsgelder
21. Vorsteuerabzug bei einer unternehmerisch bedingten Auswärtstätigkeit des Arbeitnehmers
22. Vorsteuerabzug aus Übernachtungskosten
23. Vorsteuerabzug aus Verpflegungskosten
24. Vorsteuerabzug aus Fahrtkosten
    a) Vorsteuerausschluss für Fahrtkosten bei arbeitnehmereigenen Fahrzeugen
    b) Vorsteuerabzug bei der Benutzung öffentlicher Verkehrsmittel
25. Kein Vorsteuerabzug bei Auslandsreisen

1. Allgemeines

Zum 1.1.2008 ist die lange erwartete **grundlegende Reform** des steuerlichen Reisekostenrechts durchgeführt worden. Die bisherigen Begriffe „Dienstreise", „Einsatzwechseltätigkeit" und „Fahrtätigkeit" sind zum 1.1.2008 zum neuen Begriff **„beruflich veranlasste Auswärtstätigkeit"** zusammengefasst worden. Die frühere Unterscheidung zwischen „Dienstreise", „Einsatzwechseltätigkeit" und „Fahrtätigkeit" gilt also nur noch bis zum 31.12.2007.

Die nachfolgenden Erläuterungen behandeln die steuerfreien Ersatzleistungen des Arbeitgebers, die bei einer vorübergehenden beruflich veranlassten Auswärtstätigkeit gezahlt werden können. Die Höhe der bei einer vorübergehenden beruflich veranlassten Auswärtstätigkeit zu berücksichtigenden Reisekosten richtet sich im Wesentlichen nach den bis 31.12.2007 geltenden Grundsätzen für Dienstreisen. Zu den Folgerungen aus der grundlegenden Reform des steuerlichen Reisekostenrechts vgl. auch die Erläuterungen bei den Stichwörtern „Einsatzwechseltätigkeit" und „Fahrtätigkeit".

Für die lohnsteuerliche und sozialversicherungsrechtliche Behandlung der Reisekosten gilt folgender Grundsatz:

	Lohn-steuer-pflichtig	Sozial-versich.-pflichtig
Ersatzleistungen des Arbeitgebers für Aufwendungen, die dem Arbeitnehmer aus Anlass von vorübergehenden beruflich veranlassten Auswärtstätigkeiten entstehen, gehören **nicht zum sozialversicherungspflichtigen Entgelt,** soweit sie lohnsteuerfrei sind.	nein	nein
Sind die Ersatzleistungen des Arbeitgebers anlässlich von vorübergehenden beruflich veranlassten Auswärtstätigkeiten steuerpflichtig, so sind sie auch beitragspflichtig.	ja	ja
Soweit die Lohnsteuer für die steuerpflichtigen Ersatzleistungen des Arbeitgebers bei vorübergehenden beruflich veranlassten Auswärtstätigkeiten mit 25% pauschaliert werden kann, tritt Beitragsfreiheit in der Sozialversicherung ein.	ja	nein

2. Begriff der Auswärtstätigkeit/Berufliche Veranlassung

a) Allgemeines

Seit 1.1.2008 ist die bisherige Unterscheidung zwischen Dienstreise, Einsatzwechseltätigkeit und Fahrtätigkeit aufgegeben und unter dem neuen Begriff „beruflich veranlasste Auswärtstätigkeit" vereinheitlicht worden. Eine **Auswärtstätigkeit** liegt vor, wenn der Arbeitnehmer

- **vorübergehend**
- **außerhalb** seiner **Wohnung** und an **keiner** seiner **regelmäßigen Arbeitsstätten**
- **beruflich tätig** wird.

Eine Auswärtstätigkeit liegt **auch** vor, wenn der Arbeitnehmer bei seiner individuellen Tätigkeit typischerweise **nur** an **ständig wechselnden Tätigkeitsstätten** oder auf einem **Fahrzeug** tätig wird (R 9.4 Abs. 2 Sätze 1 und 2 LStR). Aufgrund der zuletzt genannten Regelung in den Lohnsteuer-Richtlinien ist die frühere Einsatzwechseltätigkeit und Fahrtätigkeit in die beruflich veranlasste Auswärtstätigkeit einbezogen worden.

Das Vorliegen einer Auswärtstätigkeit ist weder von einer bestimmten Kilometer-Grenze noch von einer bestimmten Abwesenheitsdauer von der Wohnung und/oder der regelmäßigen Arbeitsstätte abhängig. Die Dauer der Abwesenheit spielt jedoch für die Höhe des pauschalen Verpflegungsmehraufwands eine entscheidende Rolle, wobei zu beachten ist, dass der Arbeitnehmer sowohl von der Wohnung als auch von einer etwaigen regelmäßigen Arbeitsstätte eine gewisse Zeit abwesend sein muss (mindestens 8 Stunden), damit überhaupt ein Verpflegungsmehraufwand vom Arbeitgeber steuerfrei ersetzt oder vom Arbeitnehmer als Werbungskosten geltend gemacht werden kann (vgl. die Erläuterungen unter der nachfolgenden Nr. 9).

Zur **vorübergehenden** Abwesenheit aus beruflichen Gründen gilt Folgendes:

Eine Auswärtstätigkeit ist **vorübergehend**, wenn der Arbeitnehmer nach Beendigung der auswärtigen Tätigkeit voraussichtlich an seine regelmäßige Arbeitsstätte zurückkehren und dort seine berufliche Tätigkeit fortsetzen wird. In Abgrenzung hierzu ist eine Auswärtstätigkeit nicht „vorübergehend", wenn gar keine Rückkehrabsicht vorhanden ist (wie z. B. bei einer Versetzung). In diesen Fällen wird die auswärtige Tätigkeitsstätte vom ersten Tag an zur (neuen) regelmäßigen Arbeitsstätte.

Bei **befristeten Abordnungen** (z. B. an eine andere betriebliche Einrichtung des Arbeitgebers oder zu einem verbundenen Unternehmen) wird regelmäßig – auch über die ersten drei Monate hinaus – von einer vorübergehenden beruflich veranlassten Auswärtstätigkeit auszugehen sein. Da die bisherige Regelung, wonach die auswärtige Tätigkeitsstätte nach Ablauf der Dreimonatsfrist grundsätzlich als neue regelmäßige Arbeitsstätte anzusehen ist (vgl. R 37 Abs. 3 Satz 3 LStR 2005), nicht mehr fortgeführt wurde und eine andere zeitliche Frist in den Lohnsteuer-Richtlinien nicht vorgesehen ist, muss ggf. anhand der Gesamtumstände des Einzelfalles entschieden werden, ob die Auswärtstätigkeit noch als vorübergehend angesehen werden kann oder ob am Beschäftigungsort eine (weitere, neue) regelmäßige Arbeitsstätte begründet wird. Allein der Zeitablauf führen aber befristete Tätigkeiten (z. B. in Form von Abordnungen) an einer betrieblichen Einrichtung des Arbeitgebers oder bei einem verbundenen Unternehmen nicht zu einer regelmäßigen Arbeitsstätte. Aus Nachweisgründen wird empfohlen, die beruflich veranlasste Auswärtstätigkeit vor Beginn in schriftlicher Form zeitlich zu befristen.

Da die Finanzverwaltung den **Betrieb** des **Entleihers** oder **Kunden** (= außerbetriebliche Einrichtungen) nur noch in seltenen Ausnahmefällen als regelmäßige Arbeitsstätten ansieht (vgl. nachfolgende Nr. 3 Buchstabe b), handelt es sich bei den Tätigkeiten der Arbeitnehmer im Betrieb des Entleihers oder Kunden regelmäßig um vorübergehende beruflich veranlasste **Auswärtstätigkeiten**. Dies gilt auch bei einer mehrjährigen Dauer.

Beispiel A

Arbeitnehmer A erhält im März 2010 den Auftrag, bei einem ausländischen Kunden die Installation einer technisch aufwendigen Maschine zu leiten. Aufgrund nicht vorhersehbarer Montageprobleme vor Ort nehmen die Arbeiten statt der ursprünglich geplanten zwölf Monate zwanzig Monate in Anspruch.

Es ist für die gesamten zwanzig Monate von einer vorübergehenden beruflich veranlassten Auswärtstätigkeit auszugehen. Der ausländische Tätigkeitsort wird somit nicht – auch nicht nach Ablauf von drei Monaten – zur (weiteren) regelmäßigen Arbeitsstätte.

Beispiel B

Arbeitnehmer B ist von seinem Arbeitgeber C (Verleiher) seit 1.1.2000 ununterbrochen an dessen Auftraggeber D (Entleiher) verliehen worden. Nach den vertraglichen Vereinbarungen kann B jederzeit abberufen und von C anderweitig eingesetzt werden. Der Fortbestand seines Arbeitsverhältnisses zu C ist zudem von den vertraglichen Beziehungen zwischen C und D unabhängig.

Obwohl B in dem Betrieb des Entleihers D im Jahr 2010 bereits seit über 10 Jahren tätig ist, handelt es sich um eine vorübergehende beruflich veranlasste Auswärtstätigkeit. B hat im Betrieb des Entleihers D (= außerbetriebliche Einrichtung) keine regelmäßige Arbeitsstätte, weil er von seinem Arbeitgeber C nicht für die gesamte Dauer seines Arbeitsverhältnisses dem Entleiher D überlassen wird. Sollte nämlich die vertragliche Beziehung zwischen C und D beendet werden, besteht das Arbeitsverhältnis zwischen B und C dennoch weiter.

Auch bei einer vorübergehenden Auswärtstätigkeit (befristete Abordnung) an einer **anderen betrieblichen Einrichtung** des Arbeitgebers oder eines verbundenen Unternehmens wird diese andere betriebliche Einrichtung nicht – auch nicht nach Ablauf von drei Monaten – zur regelmäßigen Arbeitsstätte (R 9.4 Abs. 3 Satz 5 LStR). Die Aufwendungen des Arbeitnehmers sind daher grundsätzlich für den gesamten Zeitraum nach Reisekostengrundsätzen zu behandeln.

Beispiel C

Arbeitnehmer C wird ab April 2010 für fünf Monate von seinem Arbeitgeber zu einer Tochtergesellschaft abgeordnet.

Ab April 2010 liegt bei C für fünf Monate eine beruflich veranlasste Auswärtstätigkeit vor. Der Betriebssitz der Tochtergesellschaft wird für C auch nach Ablauf von drei Monaten nicht zu einer weiteren regelmäßigen Arbeitsstätte. Da für den gesamten Zeitraum eine beruflich veranlasste Auswärtstätigkeit (= Reisekosten) gegeben ist, liegt auch keine beruflich veranlasste doppelte Haushaltsführung vor (R 9.11 Abs. 1 Satz 2 LStR).

Beispiel D

Wegen Inanspruchnahme der Elternzeit einer Kollegin wird Arbeitnehmerin D befristet für ein Jahr an eine andere Geschäftsstelle des Unternehmens abgeordnet. Die anschließende Rückkehr auf ihren ursprünglichen Arbeitsplatz ist ihr schriftlich zugesichert worden. Aufgrund der getroffenen Vereinbarungen ist für den gesamten Zeitraum von einem Jahr von einer „vorübergehenden" beruflich veranlassten Auswärtstätigkeit auszugehen. Die Fahrtkosten können daher für den gesamten Zeitraum nach Reisekostengrundsätzen behandelt werden.

Beispiel E

Arbeitnehmer E wird für zwei Jahre an ein verbundenes Unternehmen abgeordnet.

Es ist für die gesamten zwei Jahre von einer vorübergehenden beruflich veranlassten Auswärtstätigkeit auszugehen. Die Fahrtkosten können daher für den gesamten Zeitraum nach Reisekostengrundsätzen behandelt werden.

Beispiel F

Arbeitnehmer F wird ab April 2010 von seinem Arbeitgeber von der Hauptniederlassung zu einer Zweigniederlassung auf Dauer versetzt.

Eine beruflich veranlasste Auswärtstätigkeit liegt nicht vor, da F „nicht vorübergehend" außerhalb seiner Wohnung und einer regelmäßigen Arbeitsstätte tätig wird. Vielmehr ist die Zweigniederlassung ab April 2010 als (neue) regelmäßige Arbeitsstätte des F anzusehen. Ggf. liegt eine beruflich veranlasste doppelte Haushaltsführung vor, falls F neben dem eigenen Hausstand am Lebensmittelpunkt auch am auswärtigen Beschäftigungsort wohnt.

Beispiel G

Arbeitnehmer G wird ab Juli 2010 unbefristet an eine andere Betriebsstätte seines Arbeitgebers abgeordnet.

U.E. liegt eine vorübergehende beruflich veranlasste Auswärtstätigkeit nicht vor, da die Abordnung des G an die andere Betriebsstätte nicht befristet und daher eine voraussichtliche Rückkehr an seine bis-

Reisekosten bei Auswärtstätigkeiten

herige regelmäßige Arbeitsstätte zur Fortsetzung seiner beruflichen Tätigkeit nicht absehbar ist. Ggf. liegt aber eine beruflich veranlasste doppelte Haushaltsführung vor, falls G neben dem eigenen Hausstand am Lebensmittelpunkt auch am auswärtigen Beschäftigungsort wohnt.

Der **Bundesfinanzhof** hatte über die Höhe des Werbungskostenabzugs für Fahrtkosten bei einem Arbeitnehmer zu entscheiden, der neben seiner Vollbeschäftigung vier Jahre lang an zwei Abenden wöchentlich und am Samstag an einer auswärtigen beruflichen Bildungsmaßnahme teilgenommen hatte. Das Finanzamt wollte von einer weiteren regelmäßigen Arbeitsstätte des Klägers am Sitz des Bildungsinstituts ausgehen und die Fahrtkosten nur in Höhe der Entfernungspauschale berücksichtigen. Dieser Ansicht hat sich der Bundesfinanzhof nicht angeschlossen. Eine **Bildungseinrichtung** werde im Allgemeinen **nicht** zu einer **regelmäßigen Arbeitsstätte,** wenn ein vollbeschäftigter Arbeitnehmer eine längerfristige, jedoch vorübergehende berufliche Bildungsmaßnahme durchführe. Die Fahrtkosten zu dem Bildungsinstitut seien deshalb nicht nur in Höhe der Entfernungspauschale, sondern in tatsächlicher Höhe (ggf. 0,30 € je gefahrenen Kilometer) als Werbungskosten zu berücksichtigen (BFH-Urteil vom 10. 4. 2008, BStBl. II S. 825). Eine regelmäßige Arbeitsstätte liege nur vor, wenn die dortige Tätigkeit auf Nachhaltigkeit und Dauer angelegt sei. Diese Voraussetzungen seien nicht erfüllt, wenn ein Bildungsinstitut im Rahmen einer nebenberuflichen Fortbildungsmaßnahme längerfristig über vier Jahre aufgesucht werde. **Alleine durch** bloßen **Zeitablauf** werde eine auswärtige Tätigkeitsstätte nicht zur regelmäßigen Arbeitsstätte. Aus dem Urteil lässt sich ableiten, dass auch **längerfristige Auswärtstätigkeiten** (im Streitfall immerhin vier Jahre) immer noch „vorübergehende Auswärtstätigkeiten" sein können. Vgl. auch die Erläuterungen beim Stichwort „Fortbildungskosten" unter Nr. 4.

Die Finanzverwaltung folgt dieser Rechtsprechung und geht bei **Abordnungen bis zu vier Jahren** zu einer betrieblichen Einrichtung des Arbeitgebers oder eines verbundenen Unternehmens von einer vorübergehenden Auswärtstätigkeit aus.

Beispiel H
H mit regelmäßiger Arbeitsstätte bei einer Einzelhandelsfiliale in Köln wird für vier Jahre nach München abgeordnet, um die dortige kleinere Zweigniederlassung wirtschaftlicher zu gestalten. Danach kommt er wieder nach Köln zurück.

H führt während der vierjährigen Tätigkeit in München eine Auswärtstätigkeit durch. Er begründet in München keine regelmäßige Arbeitsstätte, da er nur vorübergehend an einer betrieblichen Einrichtung des Arbeitgebers tätig ist.

Auch bei einer **Verlängerung einer Abordnung** sollte man darauf achten, dass der oben erwähnte „Vierjahreszeitraum" möglichst nicht überschritten wird. Hierzu zwei von der Finanzverwaltung gebildete Beispiele, aus denen sich allerdings ergibt, dass auch die Gründe für die Verlängerung ausschlaggebend sind.

Beispiel I
I mit regelmäßiger Arbeitsstätte bei seinem Arbeitgeber, einer Softwarefirma in Düsseldorf, soll die Zweigniederlassung des Arbeitgebers in München auf das neue Softwareprogramm umstellen. Hierfür wird er für drei Jahre nach München abgeordnet. Aufgrund technischer Schwierigkeiten verlängert sich der Einsatz um neun Monate. I begründet in München trotz der Verlängerung keine regelmäßige Arbeitsstätte, da es sich um eine unvorhergesehene kurzzeitige Verlängerung handelt.

Beispiel K
K soll die Zweigniederlassung seines Arbeitgebers in Nürnberg auf das neue Softwareprogramm umstellen und anschließend auch die weitere Betreuung übernehmen. Hierfür wird K zunächst für drei Jahre nach Nürnberg abgeordnet. Dieser Einsatz wird nach Ablauf der dreijährigen Tätigkeit in Nürnberg um weitere drei Jahre verlängert.

Die Dauer des Einsatzes lässt eine von vornherein auf Dauer angelegte Tätigkeit vermuten. Anhand der Gesamtumstände – vereinbart war nicht nur die Umstellung auf das neue Softwareprogramm, sondern auch die weitere Betreuung – kann davon ausgegangen werden, dass von Beginn der Tätigkeitsaufnahme an eine nicht nur vorübergehende Tätigkeit geplant war. Nach Auffassung der Finanzverwaltung hat K daher von Beginn der Tätigkeit an in Nürnberg eine regelmäßige Arbeitsstätte.

b) Berufliche Veranlassung

Der Begriff der Auswärtstätigkeit erfordert es, dass der Arbeitnehmer aus **beruflichem Anlass** außerhalb seiner Wohnung und an keiner seiner regelmäßigen Arbeitsstätten vorübergehend tätig wird. Äußeres Merkmal der beruflichen Veranlassung einer Reise ist die **Weisung des Arbeitgebers.** Eine berufliche Veranlassung wird regelmäßig gegeben sein beim Besuch eines **Kunden** (z. B. zur Vornahme eines Geschäftsabschlusses), bei Verhandlungen mit **Geschäftspartnern,** beim Besuch einer **Fachmesse** oder beim Halten eines Vortrags auf einer **Fortbildungsveranstaltung.** Aber nicht jede auf Weisung des Arbeitgebers unternommene Reise muss (weitaus überwiegend) beruflich veranlasst sein. Dies gilt insbesondere für Studienreisen ins Ausland, wenn diese mit einem Privataufenthalt verbunden werden oder der Ehegatte mitgenommen wird. Soweit einzelne Aufwendungen im Rahmen einer privat durchgeführten Reise **ausschließlich beruflich veranlasst** sind, können diese vom Arbeitgeber steuerfrei ersetzt werden. Im Einzelnen gilt zur beruflichen Veranlassung der vorübergehenden Abwesenheit von der regelmäßigen Arbeitsstätte Folgendes:

c) Studien- und Gruppeninformationsreisen

Aufwendungen eines Arbeitnehmers für Gruppeninformations- und Studienreisen sind im Allgemeinen den Kosten der Lebensführung zuzurechnen, und zwar auch dann, wenn durch die Reise zugleich das berufliche Wissen erweitert wird. Dementsprechend gehören Zuschüsse zu den Kosten oder die Übernahme aller Kosten durch den Arbeitgeber im Allgemeinen zum steuerpflichtigen Arbeitslohn. Eine berufliche Veranlassung und damit das Vorliegen einer begünstigten Auswärtstätigkeit wird von der Finanzverwaltung dann anerkannt, wenn die Reise im **weitaus überwiegenden beruflichen oder betrieblichen Interesse** unternommen wird. Ein Indiz dafür, ob die Reise im weitaus überwiegenden beruflichen oder betrieblichen Interesse unternommen wird, kann die Veranlassung durch den Arbeitgeber (z. B. Beurlaubung, Dienstbefreiung usw.) sein. Liegen diese Voraussetzungen vor, so kann der Arbeitgeber die Kosten der Reise nach den für Auswärtstätigkeiten maßgebenden Grundsätzen steuerfrei erstatten.

Ein weitaus überwiegendes berufliches Interesse kann im Allgemeinen bei einer **lehrgangsmäßigen Organisation,** die eine private Betätigung weitestgehend ausschließt, angenommen werden. Ein beruflicher Anlass kann auch dann vorliegen, wenn die Organisation und Durchführung einer Gruppenreise „dienstliche Aufgabe" des damit betrauten Arbeitnehmers ist.

Für ein erhebliches privates Interesse sprechen dagegen Reisen, die in ihrem Ablauf den von Touristikunternehmen üblicherweise angebotenen Besichtigungsreisen entsprechen. Auch das Aufsuchen allgemein bekannter touristischer Zentren oder Sehenswürdigkeiten spricht gegen ein berufliches Interesse. Letztlich kann auch die Zusammensetzung des Teilnehmerkreises für eine überwiegende private Veranlassung sprechen, z. B. wenn Arbeitnehmer unterschiedlicher Fachrichtungen verschiedene Veranstaltungen oder Einrichtungen aufsuchen, die jeweils nur für wenige Arbeitnehmer von Interesse sind.

Wird eine allgemeine Gruppeninformations- oder Studienreise ohne unmittelbaren betrieblichen Anlass, die für sich allein noch als beruflich veranlasst zu beurteilen wäre, weil nach dem Anlass der Reise, dem vorgelegten Programm und der tatsächlichen Durchführung eine weitaus überwiegende berufliche Veranlassung für die Reise gegeben ist, mit einem **Privataufenthalt** von nicht untergeordneter Bedeutung verbunden, so ist die gesamte Reise als privat veranlasst anzusehen, wenn beide Teile der

Reisekosten bei Auswärtstätigkeiten

Reise in Zusammenhang miteinander geplant und durchgeführt und damit insbesondere auch die Beförderungskosten für beide Teile aufgewendet werden (BFH-Beschluss vom 27.11.1978, BStBl. 1979 II S. 213). Eine untergeordnete Bedeutung einer privaten Mitveranlassung ist immer dann anzunehmen, wenn die privat veranlassten Aufenthaltstage außer den ggf. freien Wochenenden weniger als 10 % der gesamten Aufenthaltstage ausmachen.

Beispiel A
Der Arbeitnehmer nimmt auf Veranlassung seines Arbeitgebers an einer 8-tägigen Informationsreise des Fachverbandes des Arbeitgebers in die USA teil. Anschließend verbringt er einen 3-wöchigen Urlaub in Kalifornien.
Durch den anschließenden Urlaub wird die gesamte Reise zu einer privaten Reise. Nur die beruflich veranlassten Kosten der Informationsreise für Unterkunft und Verpflegung können vom Arbeitgeber steuerfrei ersetzt werden. Die nicht aufteilbaren Flugkosten sind dagegen privat zu tragen und bei Ersatz durch den Arbeitgeber zu versteuern.

Bei einer insgesamt als privat zur würdigenden Reise sind jedoch Aufwendungen, die ausschließlich beruflich veranlasst und von den übrigen Kosten eindeutig abgrenzbar sind, nicht als Arbeitslohn zu erfassen. Hierzu gehören insbesondere Kursgebühren, Eintrittsgelder, Raummieten, Fahrtkosten, zusätzliche Unterbringungskosten und Mehraufwendungen für Verpflegung (BFH-Beschluss vom 20.7.2006, BFH/NV 2006 S. 1968).

Beispiel B
Der Arbeitnehmer B verbringt seinen Jahresurlaub am Starnberger See. Sein Arbeitgeber beauftragt ihn während dieser Zeit Verkaufsverhandlungen mit einem Kunden in München zu führen. Der Arbeitnehmer fährt daher an einem Tag vom Starnberger See nach München und kehrt noch am selben Tag an seinen Urlaubsort zurück. Während es sich bei der Reise an den Starnberger See eindeutig um eine private Urlaubsreise handelt, ist die Fahrt vom Starnberger See nach München und zurück ausschließlich beruflich veranlasst (= Auswärtstätigkeit). Der Arbeitgeber kann die Kosten für die Fahrt vom Starnberger See nach München und zurück sowie etwaige Mehraufwendungen für Verpflegung für diesen Tag (Mindestabwesenheitszeit 8 Stunden) steuerfrei ersetzen.

d) Aufteilung der Aufwendungen bei teils beruflich teils privat veranlassten Tagungen

Im sog. Kreta-Urteil hat der Bundesfinanzhof entschieden, dass die Frage, ob Zuwendungen an den Arbeitnehmer z. B. in Form einer Auslandsreise im überwiegenden eigenbetrieblichen Interesse des Arbeitgebers liegen oder für den Arbeitnehmer steuerpflichtigen Arbeitslohn darstellen, einheitlich zu würdigen ist, das heißt, eine Aufteilung der Zuwendung in einen steuerpflichtigen und einen steuerfreien Teil kommt im Normalfall nicht in Betracht. Eine Aufteilung ist ausnahmsweise dann möglich, wenn eine leichte und eindeutige Abgrenzbarkeit gegeben ist (BFH-Urteil vom 9.8.1996, BStBl. 1997 II S. 97).

Dieses bisher geltende Aufteilungsverbot hat der Bundesfinanzhof in ausdrücklicher Abweichung von seiner bisherigen Rechtsprechung aufgegeben (BFH-Urteil vom 18.8.2005, BStBl. 2006 II S. 30).

Der VI. Senat des Bundesfinanzhofs vertritt nunmehr die Auffassung, dass bei einer gemischt veranlassten Reise (sowohl betriebliche Zielsetzung als auch Zuwendung eines steuerpflichtigen geldwerten Vorteils) eine **Aufteilung nach objektiven Gesichtspunkten** grundsätzlich durchgeführt werden müsse, weil § 12 Nr. 1 Satz 2 EStG, in dem das Aufteilungsverbot bei gemischt veranlassten Aufwendungen für die Lebensführung geregelt ist, auf der **Einnahmeseite,** das heißt für die Beurteilung der Frage, ob Arbeitslohn zufließt oder nicht, keine Anwendung finden könne. Denn Vorteile, die der Arbeitgeber aus ganz überwiegend eigenbetrieblichem Interesse gewährt, gehören nicht zum Arbeitslohn. Aus der Gesamtwürdigung muss sich ergeben, dass der mit der Vorteilsgewährung verfolgte betriebliche Zweck ganz im Vordergrund steht. Dabei ist zu beachten, dass die Intensität des eigenbetrieblichen Interesses des Arbeitgebers und das Ausmaß der Bereicherung des Arbeitnehmers in einer Wechselwirkung stehen. Je höher aus der Sicht des Arbeitnehmers die Bereicherung anzusetzen ist, desto geringer zählt das eigenbetriebliche Interesse des Arbeitgebers. Bei gemischt veranlassten Reisen muss deshalb eine Aufteilung nach objektiven Gesichtspunkten vorgenommen werden. Weder das Fehlen eines geeigneten Aufteilungsmaßstabs noch das zeitliche Ineinanderfließen der unterschiedlichen Reisebestandteile könne eine andere Beurteilung rechtfertigen. Sei eine eindeutige Ermittlung oder Berechnung der Besteuerungsgrundlagen nicht möglich, seien sie zu schätzen (§ 162 AO).

Auch bei einer gemischt veranlassten Reise müssen jedoch zuerst diejenigen Aufwendungen herausgerechnet werden, die sich leicht und eindeutig entweder dem betriebsfunktionalen Bereich (z. B. Miete für Tagungsräume) oder dem Bereich, dessen Zuwendung einen steuerpflichtiger geldwerten Vorteil darstelle (z. B. touristisches Programm, gemeinsame Feiern), zuordnen ließen. Nur diejenigen Kosten, die nicht direkt zugeordnet werden können (Flugkosten, Hotel, Verpflegung usw.) müssen gem. § 162 AO aufgeteilt werden, wobei als sachgerechter Aufteilungsmaßstab grundsätzlich das **Verhältnis der Zeitanteile** der unterschiedlichen Reisebestandteile heranzuziehen ist. Bei den Verpflegungsmehraufwendungen ist dieser Aufteilungsmaßstab aber nur auf die steuerlich abzugsfähigen Reisekostenpauschalen anzuwenden; der übersteigende Betrag gehört zum steuerpflichtigen Arbeitslohn.

Die Aufteilung der Kosten bei gemischt veranlassten Reisen in einen steuerpflichtigen geldwerten Vorteil und Leistungen im ganz überwiegend eigenbetrieblichen Interesse des Arbeitgebers soll anhand des nachfolgenden Schaubilds verdeutlicht werden:

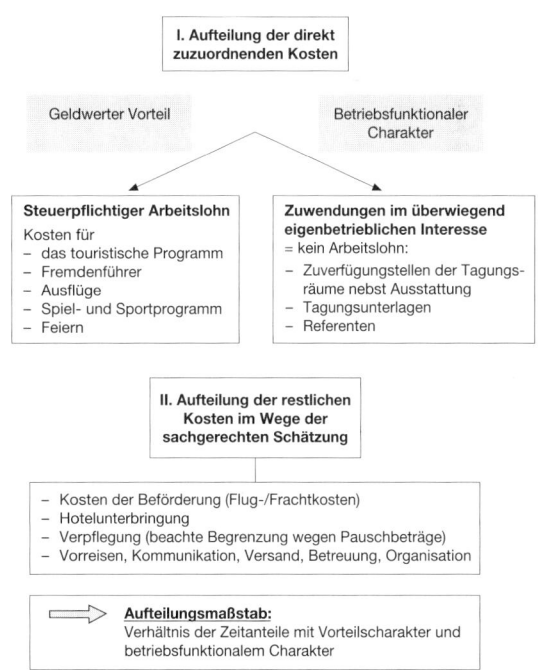

Beispiel
Die Z-AG führt in der Zeit vom 6.–10.9.2010 unter dem Motto „Wettbewerbsvorteile durch Kundenmanagement – vom Produktspezialisten zum Marketingspezialisten" die Jahrestagung ihres Außendienstes (200 Arbeitnehmer) in einem Hotel in Portugal durch. Die mit der Organisation der Reise beauftragte X-GmbH stellte dem Arbeitgeber für die Reise insgesamt 800 000 € in Rechnung. Davon entfielen auf

a) den betriebsfunktionalen Bereich
(Miete Tagungsräume, Tagungsunterlagen,
Honorare der Dozenten) 8 000,— €
b) das touristische Programm 52 000,— €
c) Kosten für Flug, Transfer, Übernachtung 700 000,— €
d) Verpflegungskosten von 40 000,— €

Reisekosten bei Auswärtstätigkeiten

	Lohn-steuer-pflichtig	Sozial-versich.-pflichtig

Die Jahrestagung des Außendienstes fand an den Vormittagen der Aufenthaltstage statt, während an den Nachmittagen das touristische Programm durchgeführt wurde. Die Zeitanteile beliefen sich auf jeweils 50 %.

Hinsichtlich der Verpflegungskosten ist bei der Aufteilung zu beachten, dass Arbeitslohn insoweit vorliegt, als die vom Arbeitgeber getragenen Verpflegungskosten 50 % (betriebsfunktionaler Zeitanteil) des für Portugal geltenden Höchstbetrags von 33 € übersteigen. Danach ergibt sich bei den Verpflegungskosten ein Betrag von 16 500 € (33 € × 50 % × 1000 Aufenthaltstage – Anzahl Arbeitnehmer 200 × 5 Tage –), der nicht als Arbeitslohn zu erfassen ist; die Abwesenheit betrug an allen fünf Tagen durch die späten Abflugzeiten 24 Stunden. Entsprechendes gilt für die Aufwendungen in Höhe von 8000 €, die auf den betriebsfunktionalen Bereich entfallen.

Als steuerpflichtiger Arbeitslohn sind anzusetzen:

a)	die Kosten des touristischen Programms von	52 000 €
b)	50 % der Kosten für Flug, Transfer, Übernachtung	350 000 €
c)	Verpflegungskosten von (40 000,– € ./. 16 500,– €)	23 500 €
	Summe	425 500 €

e) Verbindung eines Privataufenthalts mit einer „echten" Auswärtstätigkeit

Liegt der Reise des Arbeitnehmers – anders als bei einer Gruppeninformations- oder Studienreise – ein **unmittelbarer betrieblicher Anlass** (z. B. Geschäftsabschluss, Dienstleistungen) zugrunde, so ist die Reise auch dann beruflich veranlasst, wenn sie vor oder nach Abschluss der beruflichen Tätigkeit auch zu privaten Unternehmungen genutzt wird.

Beispiel A

Der Arbeitnehmer wird für seinen Arbeitgeber bis zum Freitag auswärts tätig. Er bleibt jedoch in der Stadt, um sich die Baudenkmäler anzusehen. Mit der Beendigung der Tätigkeit am Freitag ist auch die berufliche Veranlassung entfallen. Alle danach entstehenden Aufwendungen für Unterkunft, Verpflegung usw. sind auch dem privaten Bereich des Arbeitnehmers zuzuordnen. Die Fahrtkosten nach Abschluss dieses Wochenendes sind jedoch beruflich veranlasst, weil diese sowieso – nämlich auch bei einer Rückreise am Freitag – angefallen wären.

Verbringt der Arbeitnehmer also im Zusammenhang mit einer unmittelbar beruflich veranlassten Reise vor oder nach Abschluss der beruflichen Tätigkeit weitere private Reisetage (Urlaub) am Ort/im Land der beruflichen Tätigkeit, so sind diese Reisetage nicht beruflich veranlasst. Bei den Übernachtungs- und Verpflegungskosten handelt es sich insoweit nicht um Reisekosten. Die Bahn- oder Flugkosten sind jedoch Reisekosten, da sie durch einen unmittelbaren (konkreten) betrieblichen Anlass bedingt sind. Das gilt allerdings nicht, wenn die privat veranlassten Reisetage zu einer nicht abgrenzbaren Erhöhung der Flug(Fahrt)kosten führen.

Beispiel B

Der Arbeitnehmer nimmt im Auftrag seines Arbeitgebers an Verkaufsverhandlungen mit einem Kunden in Tokio teil. Die Verhandlungen erstrecken sich über eine Woche. Der Arbeitgeber trägt die Aufwendungen für Flug, Unterkunft und Verpflegung. Im Hinblick darauf, dass der Arbeitnehmer ohnehin einmal in Japan seinen Urlaub verbringen wollte, ihm dies aber bisher zu teuer war, nimmt er unmittelbar im Anschluss an die Verkaufsverhandlungen seinen Jahresurlaub. Höhere Flugkosten entstehen dadurch nicht.

Die durch den anschließenden Urlaub bedingten Übernachtungs- und Verpflegungskosten sind keine Reisekosten. Den Flugkosten liegt eine konkrete berufliche Veranlassung zugrunde. Die Arbeitgebererstattung der Flugkosten ist daher als Reisekosten steuerfrei.

f) Mitnahme des Ehegatten

Bei Arbeitnehmern in leitender Funktion kann es vorkommen, dass sie bei Auswärtstätigkeiten – insbesondere bei Auslandsreisen – von ihrem Ehegatten begleitet werden. Die Mitnahme beruht häufig auf gesellschaftlicher Grundlage, weil sich die Arbeitnehmer erfahrungsgemäß gewissen Repräsentationspflichten nicht entziehen können. Soweit Aufwendungen (Flug-, Hotel-, Verpflegungs- oder Nebenkosten) für den mitreisenden Ehegatten vom Arbeitgeber übernommen werden, gehören diese in vollem Umfang zum steuerpflichtigen Arbeitslohn, soweit nicht ausnahmsweise durch den Ehegatten eine fremde Arbeitskraft ersetzt wird. Übernachten die Ehegatten in einem Doppelzimmer, können dem Arbeitnehmer diejenigen Übernachtungskosten steuerfrei erstattet werden, die bei Inanspruchnahme eines Einzelzimmers im selben Hotel entstanden wären (der Arbeitnehmer muss sich diese Kosten vom Hotel schriftlich bestätigen lassen).

Darüber hinaus ist die Mitnahme des Ehegatten ein gegen die berufliche Veranlassung der Reise beim Arbeitnehmer sprechendes Indiz. Vgl. auch die Erläuterungen beim Stichwort „Incentive-Reisen". Bei einem unmittelbaren betrieblichen Anlass (z. B. Kundenbesuch, Sitzung) ist die Mitnahme von Familienangehörigen allerdings regelmäßig unschädlich. Der Arbeitgeber kann Reisekosten steuerfrei ersetzen, soweit sie auch ohne Mitnahme der Familienangehörigen angefallen wären.

g) Abgrenzung der Auswärtstätigkeit von den Fahrten zwischen Wohnung und regelmäßiger Arbeitsstätte

Es kommt häufig vor, dass Arbeitnehmer bei Fahrten zwischen Wohnung und regelmäßiger Arbeitsstätte die Post des Arbeitgebers abholen oder abliefern. Solche Fahrten werden dadurch nicht zu Auswärtstätigkeiten, weil sich der Charakter der Fahrt (= Fahrt zwischen Wohnung und regelmäßiger Arbeitsstätte) nicht **wesentlich** ändert und nur ein geringer Umweg erforderlich ist. Lediglich die erforderliche Umwegstrecke ist als Auswärtstätigkeit zu werten (Hinweise zu R 9.10 LStR, Stichwort „Dienstliche Verrichtungen auf der Fahrt"). Anders ist es hingegen, wenn der Arbeitnehmer auf der Fahrt zwischen Wohnung und regelmäßiger Arbeitsstätte bereits einen auf dem Wege liegenden Kunden des Arbeitgebers aufsucht und dadurch eine wesentliche Änderung des Charakters der Fahrt eintritt mit der Folge, dass die gesamte Fahrt zur Auswärtstätigkeit wird.

3. Regelmäßige Arbeitsstätte

a) Allgemeine Grundsätze

Der Begriff der „regelmäßigen Arbeitsstätte" ist weiterhin im Reisekostenrecht von herausragender Bedeutung, da von einer beruflich veranlassten Auswärtstätigkeit nur dann auszugehen ist, wenn der Arbeitnehmer außerhalb seiner Wohnung und an keiner seiner regelmäßigen Arbeitsstätten tätig wird. Dies hat Folgeauswirkungen für die Berücksichtigung der Fahrtkosten (Entfernungspauschale oder Reisekosten) und für die Höhe der Pauschbeträge für Verpflegungsmehraufwendungen (Abwesenheitsdauer von der Wohnung und/oder von der regelmäßigen Arbeitsstätte).

Regelmäßige Arbeitsstätte ist der ortsgebundene Mittelpunkt der dauerhaft angelegten beruflichen Tätigkeit des Arbeitnehmers; unabhängig davon, ob es sich um eine Einrichtung des Arbeitgebers handelt (vgl. hierzu auch die Erläuterungen unter dem nachfolgenden Buchstaben c). Eine regelmäßige Arbeitsstätte ist insbesondere jede ortsfeste dauerhafte **betriebliche Einrichtung des Arbeitgebers,** der der Arbeitnehmer zugeordnet ist und die er mit einer gewissen Nachhaltigkeit immer wieder aufsucht. Nicht maßgebend sind Art, zeitlicher Umfang und Inhalt der Tätigkeit. Von einer regelmäßigen Arbeitsstätte wird ausgegangen, wenn die betriebliche Einrichtung des Arbeitgebers vom Arbeitnehmer durchschnittlich im Kalenderjahr **einmal in der Woche aufgesucht** wird (R 9.4 Abs. 3 Sätze 1 bis 4 LStR). Es kommt nicht darauf an, ob und in welchem zeitlichen Umfang der Arbeitnehmer in der betrieblichen Einrichtung des Arbeitgebers beruflich tätig wird. Es genügt bereits, wenn der Arbeitnehmer die betriebliche Einrichtung stets nur aufsucht, um dort die täglichen Aufträge entgegenzunehmen, abzurechnen und Bericht zu erstatten oder er dort ein Dienstfahrzeug übernimmt, um damit anschließend von der

Reisekosten bei Auswärtstätigkeiten

regelmäßigen Arbeitsstätte aus eine Auswärtstätigkeit anzutreten (BFH-Urteil v. 11.5.2005, BStBl. II S. 788).

Der **Nachweis,** dass die betriebliche Einrichtung des Arbeitgebers nicht einmal wöchentlich aufgesucht wird und daher **keine regelmäßige Arbeitsstätte** ist, kann z.B. erbracht werden durch

– lückenlose Arbeitszeitnachweise im Betrieb,
– Reisekostenabrechnungen,
– ordnungsgemäße Fahrtenbücher oder
– Bescheinigungen des Arbeitgebers über die Anwesenheitstage im Betrieb.

Als betriebliche Einrichtungen und damit als regelmäßige Arbeitsstätten im vorstehenden Sinne kommen z.B. auch Bus-/Straßenbahndepots oder Verkaufsstellen für Fahrkarten in Betracht. Hingegen sind öffentliche Haltestellen oder Schiffsanlegestellen ohne weitere Arbeitgebereinrichtungen keine regelmäßigen Arbeitsstätten. Auch ein Schiff selbst ist keine regelmäßige Arbeitsstätte, da es sich nicht um eine ortsfeste betriebliche Einrichtung des Arbeitgebers, sondern um ein Fahrzeug handelt. Vgl. auch die Erläuterungen bei den Stichworten „Binnenschiffer" und „Seeleute". Ist die Tätigkeit des Arbeitnehmers an einer Stelle **auf Dauer** angelegt, ist von einer **regelmäßigen Arbeitsstätte** auch dann auszugehen, wenn **keine ortsfeste betriebliche Einrichtung** des Arbeitgebers vorhanden ist.

Beispiel A

Arbeitnehmer A ist befristet für ein bestimmtes Bauvorhaben eingestellt worden und ausschließlich auf dieser Großbaustelle tätig. Auf der Baustelle befindet sich ein rund 30 qm großer transportabler Baucontainer seines Arbeitgebers, in dem die Arbeitnehmer an einem großen Schreibtisch die Fortführung der Bauarbeiten besprechen und auch Pause machen.

A hat auf der Großbaustelle seine regelmäßige Arbeitsstätte, da er dort dauerhaft tätig ist. Unmaßgeblich ist, dass auf der Baustelle keine ortsfeste betriebliche Einrichtung des Arbeitgebers vorhanden ist. Es besteht kein Widerspruch zu der Entscheidung, dass es sich beim Schiff mangels ortsfester betrieblicher Einrichtung nicht um eine regelmäßige Arbeitsstätte handelt, da das Schiff ein Fahrzeug ist.

Beispiel B

Wie Beispiel A. Auf der Großbaustelle ist auch Arbeitnehmer B tätig, der vom Arbeitgeber regelmäßig auf unterschiedlichen Baustellen eingesetzt wird.

B hat auf der Großbaustelle keine regelmäßige Arbeitsstätte. Für ihn handelt es sich um eine Auswärtstätigkeit (= Reisekosten), da er bei seiner individuellen beruflichen Tätigkeit typischerweise nur an ständig wechselnden Tätigkeitsstätten tätig wird.

Beispiel C

Die Außendienstmitarbeiter der Firma kommen jeden Freitagnachmittag in den Betrieb, um die erledigten Aufträge abzugeben und neue Aufträge in Empfang zu nehmen.

Die Außendienstmitarbeiter haben im Betrieb des Arbeitgebers eine regelmäßige Arbeitsstätte, da sie diesen durchschnittlich mindestens einmal in der Woche und damit nachhaltig aufsuchen. Bei den Fahrten von zu Hause zur Firma bzw. umgekehrt handelt es sich um Fahrten zwischen Wohnung und regelmäßiger Arbeitsstätte und nicht um Reisekosten.

Beispiel D

Wie Beispiel C. Die Außendienstmitarbeiter kommen lediglich alle 14 Tage in den Betrieb, um die erledigten Aufträge abzugeben und neue Aufträge in Empfang zu nehmen.

Die Außendienstmitarbeiter haben im Betrieb des Arbeitgebers keine regelmäßige Arbeitsstätte, da sie den Betrieb nicht durchschnittlich im Kalenderjahr an einem Arbeitstag je Arbeitswoche aufsuchen. Auch bei den Fahrten zum Betrieb und nach Hause handelt es sich um Fahrten im Rahmen einer beruflich veranlassten Auswärtstätigkeit und damit um Reisekosten.

Auch der **Bundesfinanzhof** geht von einer **regelmäßigen Arbeitsstätte** aus, wenn ein **Außendienstmitarbeiter** mindestens **einmal wöchentlich** den **Betriebssitz** seines Arbeitgebers **aufsucht** (BFH-Urteil vom 4.4.2008, BStBl. II S. 887). Dem Betriebssitz des Arbeitgebers komme in solchen Fällen durch das fortlaufende und wiederholte Aufsuchen gegenüber den Tätigkeitsstätten bei den Kundenbesuchen eine hinreichend zentrale Bedeutung zu. Zur Versteuerung eines geldwerten Vorteils für die Fahrten zwischen Wohnung und regelmäßiger Arbeitsstätte bei Überlassung eines Firmenwagens vgl. die Erläuterungen beim Stichwort „Firmenwagen zur privaten Nutzung" unter Nr. 3 Buchstabe c.

Da von einer regelmäßigen Arbeitsstätte auszugehen ist, wenn die betriebliche Einrichtung des Arbeitgebers vom Arbeitnehmer „durchschnittlich im Kalenderjahr" an einem Arbeitstag der Woche aufgesucht wird, führt eine Tätigkeit im Betrieb des Arbeitgebers von mindestens 46 Tagen im Kalenderjahr (52 Kalenderwochen abzüglich 6 Wochen Urlaub) zu einer regelmäßigen Arbeitsstätte. Dies gilt auch dann, wenn die **46 Tage im Kalenderjahr** durch einen oder mehrere Aufenthalte im Betrieb über einen längeren Zeitraum erreicht werden.

Beispiel E

A ist bei einer Unternehmensberatungsgesellschaft im Außendienst beschäftigt. In der Zeit von Juni bis September eines jeden Jahres verbringt er ca. 60 Tage am Firmensitz seines Arbeitgebers.

Der Firmensitz der Unternehmensberatungsgesellschaft ist als regelmäßige Arbeitsstätte des A anzusehen, weil er dort durchschnittlich mindestens einen Wochenarbeitstag im Kalenderjahr tätig ist; A hat mit 60 Tagen die Mindestanwesenheitszeit von 46 Tagen im Kalenderjahr (52 Kalenderwochen abzüglich 6 Wochen Urlaub) im Betrieb des Arbeitgebers erreicht.

Beispiel F

Wie Beispiel E. A ist im Frühjahr und im Herbst jeweils ca. 30 Tage am Firmensitz seines Arbeitgebers tätig.

Der Firmensitz der Unternehmensberatungsgesellschaft ist als regelmäßige Arbeitsstätte des A anzusehen, weil er dort durchschnittlich mindestens einen Wochenarbeitstag im Kalenderjahr tätig ist; A hat mit zweimal 30 Tagen (= 60 Tagen) mindestens 46 Tage im Kalenderjahr (52 Kalenderwochen abzüglich 6 Wochen Urlaub) im Betrieb des Arbeitgebers.

Bei Ausübung einer anderen Tätigkeit (z.B. Wechsel vom Innen- in den Außendienst oder umgekehrt) ist allerdings u.E. eine getrennte Beurteilung der jeweiligen Zeiträume innerhalb des Kalenderjahres erforderlich.

Beispiel G

B ist Mitarbeiter einer Versicherungsgesellschaft und wechselt zum 1.10.2010 vom Innen- in den Außendienst. Ab diesem Zeitpunkt sucht er den Sitz der Versicherungsgesellschaft nur noch in einem Abstand von zwei bis drei Wochen auf.

B hat bis zum 30.9.2010 eine regelmäßige Arbeitsstätte im Betrieb seines Arbeitgebers und übt ab Oktober 2010 ausschließlich eine beruflich veranlasste Auswärtstätigkeit (ohne regelmäßige Arbeitsstätte am Betriebssitz des Arbeitgebers) aus.

Die Finanzverwaltung geht bereits dann von einer **regelmäßigen Arbeitsstätte** aus, wenn der Arbeitnehmer an mindestens 46 Tagen im Kalenderjahr die betriebliche Einrichtung des Arbeitgebers aufsuchen soll. Das gilt auch dann, wenn die **46 Tage** – entgegen der ursprünglichen Annahme – **„planwidrig" nicht erreicht** werden.

Beispiel H

Arbeitgeber und Arbeitnehmer gehen im Januar 2010 davon aus, dass der Arbeitnehmer im Betrieb des Arbeitgebers eine regelmäßige Arbeitsstätte hat, da der Arbeitnehmer den Betrieb des Arbeitgebers voraussichtlich an einem Arbeitstag in der Woche aufsuchen wird. Aufgrund einer längeren Erkrankung mit anschließender Kur sucht der Arbeitnehmer den Betrieb des Arbeitgebers im Jahr 2010 jedoch tatsächlich nur an 30 Arbeitstagen auf.

Der Arbeitnehmer hat im Betrieb des Arbeitgebers eine regelmäßige Arbeitsstätte, da er den Betrieb durchschnittlich an einem Arbeitstag in der Woche aufsuchen sollte. Es ist von einer regelmäßigen Arbeitsstätte auszugehen, obwohl die „46-Tage-Regelung" planwidrig unterschritten wurde und der „Arbeitnehmer den Betrieb tatsächlich nur an 30 Tagen aufgesucht hat.

Beispiel I

Arbeitgeber und Arbeitnehmer gehen bei Beginn des Arbeitsverhältnisses davon aus, dass der Arbeitnehmer im Betrieb des Arbeitgebers eine regelmäßige Arbeitsstätte hat, da der Arbeitnehmer den Betrieb des Arbeitgebers voraussichtlich an einem Arbeitstag in der Woche aufsuchen wird. Die tatsächlichen Anwesenheitstage des Arbeitnehmers im Betrieb des Arbeitgebers betragen im Jahr 2008 48 Tage, im Jahr 2009 46 Tage und im Jahr 2010 44 Tage.

Der Arbeitnehmer hat auch im Jahr 2010 im Betrieb des Arbeitgebers eine regelmäßige Arbeitsstätte, da auch in diesem Fall von einem planwidrigen Unterschreiten der 46-Tage-Regelung auszugehen ist.

Reisekosten bei Auswärtstätigkeiten

| | Lohn-steuer-pflichtig | Sozial-versich.-pflichtig |

Außerdem führt eine Tätigkeit des Arbeitnehmers an einer betrieblichen Einrichtung des Arbeitgebers zu einer **regelmäßigen Arbeitsstätte,** wenn er diese an mindestens **46 Tagen** im Kalenderjahr aufgesucht hat. Das gilt auch dann, wenn ein derartiger **Umfang** zunächst **nicht** geplant bzw. **beabsichtigt** gewesen ist.

Beispiel K

Arbeitgeber und Arbeitnehmer gehen im Januar 2010 davon aus, dass der Arbeitnehmer den Betrieb des Arbeitgebers voraussichtlich nur alle zwei Wochen und damit höchstens an 25 Tagen im Kalenderjahr aufsuchen wird. Nach Ablauf des Jahres 2010 stellt sich heraus, dass der Arbeitnehmer die betriebliche Einrichtung des Arbeitgebers tatsächlich an 50 Tagen im Kalenderjahr aufgesucht hat.

Der Arbeitnehmer hat im Betrieb des Arbeitgebers eine regelmäßige Arbeitsstätte, da er den Betrieb durchschnittlich an einem Arbeitstag in der Woche aufgesucht hat. Unmaßgeblich ist, dass ein derartiger Umfang nicht geplant bzw. beabsichtigt gewesen ist. Hat der Arbeitgeber in diesem Fall für die Fahrten zur Firma steuerfreie Reisekosten wegen einer beruflich veranlassten Auswärtstätigkeit gezahlt, ist er zu einer Nachversteuerung bzw. zu einer Anzeige an das Betriebsstättenfinanzamt (§ 41c EStG) verpflichtet (vgl. die Erläuterungen beim Stichwort „Änderung des Lohnsteuerabzugs").

Bei einer Flugbegleiterin ist übrigens der Heimatflughafen regelmäßige Arbeitsstätte (BFH-Urteil vom 5.8.1974, BStBl. II S. 1074), obwohl es sich nicht um eine betriebliche Einrichtung ihres Arbeitgebers handelt.

b) Regelmäßige Arbeitsstätte bei einem Kunden/Entleiher

Bei einer vorübergehenden Auswärtstätigkeit (z. B. befristete Abordnung) an einer anderen betrieblichen Einrichtung des Arbeitgebers oder eines verbundenen Unternehmens wird diese nicht – auch nicht durch Zeitablauf – zur (weiteren) regelmäßigen Arbeitsstätte. Entsprechendes gilt erst recht bei vorübergehenden Auswärtstätigkeiten bei einem Kunden. Vgl. hierzu auch die Erläuterungen und die Beispiele unter der vorstehenden Nr. 2a.

Die Finanzverwaltung hat seit der Neuregelung des Reisekostenrechts zum 1.1.2008 in den Hinweisen zu R 9.4 LStR die Auffassung vertreten, dass auch **außerbetriebliche Einrichtungen** des Arbeitgebers **regelmäßige Arbeitsstätten** des Arbeitnehmers sein können. Begründet wurde dies mit R 9.4 Abs. 3 Satz 1 letzter Halbsatz LStR, wonach eine regelmäßige Arbeitsstätte unabhängig davon vorliegen kann, ob es sich um eine Einrichtung des Arbeitgebers handelt oder nicht. So sollte es sich z. B. beim Betrieb des Kunden oder des Entleihers um eine regelmäßige Arbeitsstätte handeln, wenn die Tätigkeit dort auf Dauer angelegt ist. Eine dauerhafte Tätigkeit sollte immer dann vorliegen, wenn sie nicht vorübergehend, also zeitlich unbefristet war. Als Folge hieraus sollten **Leiharbeitnehmer** im Betrieb des Entleihers eine regelmäßige Arbeitsstätte haben, wenn die Tätigkeit des Leiharbeitnehmers im Betrieb des Entleihers auf unbestimmte Dauer („bis auf Weiteres", also zeitlich unbefristet) angelegt war. Ist die Tätigkeit eines Leiharbeitnehmers beim Entleiher – unabhängig von ihrer tatsächlichen Dauer – bereits bisher als befristet oder „projektbezogen" zu beurteilen gewesen, lag schon bisher eine zu Reisekosten führende Auswärtstätigkeit vor.

Der Bundesfinanzhof hat allerdings in letzter Zeit mehrfach entschieden, dass die betriebliche **Einrichtung eines Kunden keine regelmäßige Arbeitsstätte** ist, **auch wenn** der Arbeitnehmer dort **längerfristig eingesetzt** ist (BFH-Urteile vom 10.7.2008, BStBl. 2009 II S. 818 sowie vom 9.7.2009 BStBl. II S. 822 und BFH/NV 2009 S. 1806). Der Arbeitnehmer habe in diesen Fällen nicht die Möglichkeit, seine Wegekosten zur Tätigkeitsstätte z. B. durch einen Umzug zu verringern. Die Beurteilung, ob sich ein Arbeitnehmer auf eine bestimmte Tätigkeitsstätte einstellen könne – was dann zu einer regelmäßigen Arbeitsstätte führe –, habe stets aus der Sicht zum Zeitpunkt des Beginns der jeweiligen Tätigkeit zu erfolgen. Die vertraglichen Beziehungen zwischen Arbeitgeber und Kunde sind hingegen für das Vorliegen einer regelmäßigen Arbeitsstätte des Arbeitnehmers beim Kunden grundsätzlich nicht von Bedeutung. Das Arbeitsverhältnis des Arbeitnehmers zum Arbeitgeber ist nämlich von dessen Vertragsbeziehung zum Kunden regelmäßig unabhängig. Die vorstehenden Grundsätze gelten auch dann, wenn der Arbeitnehmer längerfristig nur für einen Kunden seines Arbeitgebers tätig sein sollte.

Aufgrund dieser Rechtsprechung hat die Finanzverwaltung ihre Auffassung in den Lohnsteuer-Hinweisen 2010 modifiziert. Sie geht nach den neuen Hinweisen zu R 9.4 LStR bei **außerbetrieblichen Einrichtungen** in allen offenen Fällen nur noch dann von einer **regelmäßigen Arbeitsstätte** aus, wenn

– das Arbeitsverhältnis an einen anderen Arbeitgeber ausgelagert wird und der Arbeitnehmer weiterhin an seiner bisherigen regelmäßigen Arbeitsstätte tätig ist (**Outsourcing**; vgl. die nachfolgenden Beispiele A und G) oder

– der **Leiharbeitnehmer** vom Verleiher für die **gesamte Dauer** seines (befristeten oder unbefristeten) **Arbeitsverhältnisses** dem **Entleiher überlassen** wird (vgl. die nachfolgenden Beispiele E und F); u.E. gilt Entsprechendes, wenn ein Arbeitnehmer für die gesamte Dauer seines Arbeitsverhältnisses bei einem Kunden tätig wird oder

– ein Arbeitnehmer vom Verleiher mit dem **Ziel** der späteren **Festanstellung** beim Entleiher/Kunden eingestellt wird (vgl. das nachfolgende Beispiel H).

In diesen Fällen liegt grundsätzlich keine Tätigkeit an ständig wechselnden Tätigkeitsstätten vor, weil der Arbeitnehmer nicht damit rechnen muss, im Rahmen seines Arbeitsverhältnisses an anderen Tätigkeitsstätten eingesetzt zu werden.

Beispiel A

Der Automationsbereich der A-GmbH wird mit den Mitarbeitern auf die B-GmbH übertragen, die ihre Tätigkeit nach wie vor für die A-GmbH in deren Räumen ausüben (Outsourcing).

Die Arbeitnehmer der B-GmbH haben ihre regelmäßige Arbeitsstätte nach wie vor in den Räumlichkeiten der A-GmbH, da das Arbeitsverhältnis an einen anderen Arbeitgeber ausgelagert wurde und die Arbeitnehmer weiterhin an ihrer bisherigen regelmäßigen Arbeitsstätte tätig sind.

Beispiel B

Ein Arbeitnehmer wird von einer Zeitarbeitsfirma einem Kunden als kaufmännischer Mitarbeiter überlassen. Der Überlassungsvertrag enthält keine zeitliche Befristung („bis auf Weiteres").

In diesem Fall liegt keine regelmäßige Arbeitsstätte vor, da die Überlassung nicht für die gesamte Dauer des Arbeitsverhältnisses des Arbeitnehmers zum Verleiher erfolgt. Ein steuerfreier Reisekostenersatz/Werbungskostenabzug wegen einer Auswärtstätigkeit ist zulässig.

Beispiel C

Eine Zeitarbeitsfirma überlässt einem Bauunternehmen (= Entleiher) Arbeitnehmer (= Bauarbeiter), die von diesem auf unterschiedlichen Baustellen eingesetzt werden und den Betrieb des Entleihers in größeren zeitlichen Abständen unregelmäßig aufsuchen.

Die Bauarbeiter haben im Betrieb des Entleihers keine regelmäßige Arbeitsstätte, da die Bauarbeiter vom Verleiher dem Entleiher nicht für die gesamte Dauer ihres Arbeitsverhältnisses überlassen und außerdem auf unterschiedlichen Baustellen eingesetzt werden. Bei der Tätigkeit der Bauarbeiter auf den unterschiedlichen Baustellen handelt es sich folglich um eine Auswärtstätigkeit.

Beispiel D

Ein bei einer Zeitarbeitsfirma beschäftigter Hochbauingenieur wird in regelmäßigem Wechsel verschiedenen Entleihfirmen überlassen und auf deren Baustellen eingesetzt. Den Betrieb seines Arbeitgebers sucht er nur hin und wieder auf, ohne dort eine regelmäßige Arbeitsstätte zu begründen. Er wird für einen Zeitraum von zwei Jahren an eine Baufirma überlassen und von dieser während des gesamten Zeitraums auf ein und derselben Großbaustelle eingesetzt.

Die Großbaustelle wird nicht zur regelmäßigen Arbeitsstätte, weil der Hochbauingenieur nicht für die gesamte Dauer seines Arbeitsverhältnisses zur Zeitarbeitsfirma dem Entleiher überlassen wird.

Beispiel E

Eine Zeitarbeitsfirma stellt einen Hochbauingenieur für die Überlassung an eine Baufirma für ein genau bestimmtes Bauvorhaben ein. Das Arbeitsverhältnis endet vertragsgemäß nach Abschluss des Bauvorhabens.

Reisekosten bei Auswärtstätigkeiten

Ab dem ersten Tag der Tätigkeit auf der Baustelle liegt eine regelmäßige Arbeitsstätte in einer außerbetrieblichen Einrichtung vor, denn der Hochbauingenieur wird von der Zeitarbeitsfirma für die gesamte Dauer seines Arbeitsverhältnisses an die Baufirma für ein genau bestimmtes Bauvorhaben überlassen. Ein steuerfreier Reisekostenersatz/Werbungskostenabzug wegen Reisekosten ist nicht zulässig. Eine Auswärtstätigkeit und keine regelmäßige Arbeitsstätte würde aber u.E. wiederum vorliegen, wenn der Hochbauingenieur von der Baufirma (= Entleiher) auf unterschiedlichen Baustellen eingesetzt wird.

Beispiel F

Der Arbeitsvertrag zwischen dem (Leih-)Arbeitnehmer A und seinem Arbeitgeber (Verleiher) B enthält u.a. folgende Vereinbarung: „Der Arbeitnehmer A wird im Rahmen dieses Arbeitsverhältnisses ausschließlich dem Entleiher C für eine kaufmännische Tätigkeit in dessen Betrieb überlassen. Endet die vertragliche Vereinbarung zwischen dem Arbeitgeber/Verleiher B und dem Entleiher C, endet zu diesem Zeitpunkt zugleich das Arbeitsverhältnis zwischen dem Arbeitnehmer A und dem Arbeitgeber/Verleiher B".

A hat im Betrieb des Entleihers eine regelmäßige Arbeitsstätte, da er vom Arbeitgeber/Verleiher B für die gesamte Dauer seines unbefristeten Arbeitsverhältnisses dem Entleiher B überlassen wird. Entsprechendes gilt u.E., wenn ein Arbeitnehmer im Rahmen einer solchen Vereinbarung ausschließlich bei einem Kunden tätig wird und sein Arbeitsverhältnis bei einer Beendigung der vertraglichen Vereinbarung zwischen seinem Arbeitgeber und dem Kunden ebenfalls automatisch beendet wird.

Beispiel G

Ein Automobilunternehmen lagert einen Teil der in der Montage beschäftigten Arbeitnehmer an eine Leiharbeitsfirma aus, die ihrerseits diese Arbeitnehmer an das Automobilunternehmen entleihen. Dort üben sie die gleiche Tätigkeit aus wie zuvor im Automobilunternehmen.

Es liegt ab dem ersten Tag der Tätigkeit eine regelmäßige Arbeitsstätte in einer außerbetrieblichen Einrichtung vor, denn das Arbeitsverhältnis ist auch in diesem Fall zu einem anderen Arbeitgeber ausgelagert worden und der Arbeitnehmer wird weiter an seiner bisherigen regelmäßigen Arbeitsstätte tätig. Ein steuerfreier Reisekostenersatz/Werbungskostenabzug ist somit nicht möglich.

Beispiel H

Ein Arbeitnehmer wird von seinem Arbeitgeber mit dem Ziel der späteren Festanstellung beim Entleiher/Kunden eingestellt. Der Arbeitnehmer hat vom ersten Tag an beim Entleiher/Kunden – also in dieser außerbetrieblichen Einrichtung – seine regelmäßige Arbeitsstätte, da er im Rahmen des Arbeitsverhältnisses nicht damit rechnen muss, an wechselnden Tätigkeitsstätten eingesetzt zu werden.

Zum Vorliegen von mehreren regelmäßigen Arbeitsstätten bei Leiharbeitnehmern vgl. die Erläuterungen unter dem nachfolgenden Buchstaben e.

c) Weiträumiges Arbeitsgebiet als regelmäßige Arbeitsstätte

Bei der regelmäßigen Arbeitsstätte kann es sich auch ab 2008 um ein weiträumig zusammenhängendes Arbeitsgebiet handeln, z. B. ein Werksgebäude, Klinikgelände, Flughafengebäude, Forstrevier, Neubaugebiet sowie einen Kehr- oder Zustellbezirk (vgl. die Hinweise zu R 9.4 LStR unter dem Stichwort „Weiträumiges Arbeitsgebiet"). Dies hat der Bundesfinanzhof kürzlich für ein Werksgelände des Arbeitgebers ausdrücklich bestätigt (BFH-Urteil vom 18.6.2009 VI R 61/06). Der Hamburger Hafen ist aber nicht mehr als einheitliche, großräumige Arbeitsstätte anzusehen (BFH-Urteil vom 7.2.1997, BStBl. II S. 333).

Ein weiträumig zusammenhängendes Arbeitsgelände liegt auch nicht schon deshalb vor, weil der Arbeitnehmer ständig in einem Gemeindegebiet, im Bereich einer Großstadt oder in einem durch eine Kilometergrenze bestimmten Arbeitsgebiet an verschiedenen Stellen tätig wird.

Beispiel A

Der Arbeitnehmer ist bei der Werksfeuerwehr eines großen Unternehmens beschäftigt und hat im Jahre 2010 auf dem Werksgelände insgesamt 60 Einsätze.

Da es sich beim Werksgelände um ein weiträumiges Arbeitsgebiet handelt, das als regelmäßige Arbeitsstätte anzusehen ist, liegt auch bezüglich der konkreten Einsätze keine beruflich veranlasste „vorübergehende" Auswärtstätigkeit vor.

Beispiel B

Ein Autoverkäufer darf nur Autos in einem bestimmten Gebiet verkaufen (z. B. in den Gemeinden A und B). Für den Arbeitnehmer ist das Gebiet der Gemeinden A und B keine weiträumige regelmäßige Arbeitsstätte.

Die Ausdehnung der regelmäßigen Arbeitsstätte auf ein flächenmäßig größeres Gebiet hindert deshalb nicht, Auswärtstätigkeiten bei Arbeitnehmern anzunehmen, die neben ihrem regelmäßigen Arbeitsplatz auch noch weitere Orte in einem abgrenzbaren Gebiet aufsuchen.

Beispiel C

Ein Handelsvertreter, Baubetreuer, Architekt, Wirtschaftsprüfer oder Betriebsprüfer sucht über einen längeren Zeitraum Baustellen, Kunden, Mandanten oder Betriebe in einer bestimmten Stadt auf. Es handelt sich regelmäßig um vorübergehende beruflich veranlasste Auswärtstätigkeiten.

Bei einem **Gleisbauarbeiter** liegt eine Auswärtstätigkeit vor, da er typischerweise nur an ständig wechselnden Tätigkeitsstätten tätig wird. Da er keinen ortsgebundenen Mittelpunkt seiner Tätigkeit hat, fehlt es am Vorhandensein einer regelmäßigen Arbeitsstätte. Entsprechendes gilt u. E. unter anderem für Tätigkeiten an **Wanderbaustellen** und die **Montage** von **Hochspannungsleitungen.** Allerdings ist im Einzelfall zu prüfen, ob z. B. der Betriebssitz des Arbeitgebers regelmäßige Arbeitsstätte des Arbeitnehmers ist.

d) Regelmäßige Arbeitsstätte in der Wohnung des Arbeitnehmers

Bei Berufen mit überwiegender Reisetätigkeit kommt es vor, dass der Arbeitnehmer im Betrieb des Arbeitgebers überhaupt keinen Arbeitsplatz hat.

Immer häufiger wird daher die Frage gestellt, unter welchen Voraussetzungen ein häusliches Arbeitszimmer als regelmäßige Arbeitsstätte anzusehen ist. Die Finanzverwaltung sieht ein sog. **Home-Office** nur dann als **regelmäßige Arbeitsstätte** an, wenn der Arbeitgeber das (häusliche) Arbeitszimmer in der Wohnung des Arbeitnehmers aus eigenbetrieblichem Interesse anmietet und anschließend dem Arbeitnehmer wieder überlässt (vgl. hierzu die Erläuterungen beim Stichwort „Arbeitszimmer" unter Nr. 3). In allen anderen Fällen kann das häusliche Arbeitszimmer/Home-Office nicht als betriebliche Einrichtung des Arbeitgebers und damit auch nicht als regelmäßige Arbeitsstätte angesehen werden*).

Einige Arbeitnehmer haben sowohl in der Wohnung als auch im Betrieb des Arbeitgebers eine regelmäßige Arbeitsstätte. Zur steuerlichen Behandlung der Fahrtkosten von der Wohnung zur regelmäßigen Arbeitsstätte vgl. die Erläuterungen am Ende des nachfolgenden Buchstabens e).

e) Mehrere regelmäßige Arbeitsstätten

Ein Arbeitnehmer kann innerhalb desselben Arbeitsverhältnisses mehrere regelmäßige Arbeitsstätten haben, wenn er gleichzeitig jede Arbeitsstätte **nachhaltig und dauerhaft** aufsucht (vgl. auch BFH-Urteil vom 7.6.2002, BStBl. II S. 878). Dies setzt voraus, dass er **jede** betriebliche **Einrichtung** des Arbeitgebers durchschnittlich im Kalenderjahr einmal wöchentlich (= **mindestens 46 Tage** im Kalenderjahr) aufsucht.

Beispiel A

Ein Arbeitnehmer ist gleichzeitig bei drei Filialen als Geschäftsleiter tätig. Seine Tätigkeit besteht darin, die verschiedenen Filialen abwechselnd das ganze Jahr über aufzusuchen. Häufig fährt er zuerst zu der einen Filiale, anschließend zur zweiten Filiale und von dort wieder nach Hause.

Der Arbeitnehmer führt keine Auswärtstätigkeiten aus, sondern Fahrten zwischen Wohnung und regelmäßiger Arbeitsstätte, da er die einzelnen Filialen aufgrund seines Arbeitsvertrags mit einer gewissen Nachhaltigkeit und Dauerhaftigkeit aufsucht. Die einzelnen Filialen stellen deshalb für den Arbeitnehmer mehrere regelmäßige Arbeitsstätten dar. Ein

---

*) Verfügung der Oberfinanzdirektion Frankfurt vom 7.5.2009. Die Verfügung ist als Anlage 8 zu H 8.1 (9–10) LStR im **Steuerhandbuch für das Lohnbüro 2010** abgedruckt, das im selben Verlag erschienen ist. Das **PC-Lexikon** für das Lohnbüro 2010 enthält auch dieses Handbuch und hat außerdem den Vorteil, dass Sie **alle BFH-Urteile** sowie die aktuellen Rundschreiben und Niederschriften der Spitzenverbände der **Sozialversicherung** mit Mausklick **im Volltext** abrufen und ausdrucken können. Eine Bestellkarte finden Sie vorne im Lexikon.

Reisekosten bei Auswärtstätigkeiten

	Lohn-steuer-pflichtig	Sozial-versich.-pflichtig

Arbeitgeberersatz für die Fahrten zwischen **Wohnung** und Filiale richtet sich deshalb nach den beim Stichwort „Fahrten zwischen Wohnung und regelmäßiger Arbeitsstätte" dargestellten Grundsätzen.

Die Fahrten **zwischen den einzelnen Filialen** sind Fahrten zwischen mehreren regelmäßigen Arbeitsstätten. Diese Fahrten **gelten** hinsichtlich der Fahrtkosten als Auswärtstätigkeiten, sodass der Arbeitgeber die Fahrtkosten bei Benutzung eines Pkws mit dem für Auswärtstätigkeiten geltenden Kilometersatz steuerfrei erstatten kann. Diese Betrachtungsweise gilt nur für die Fahrtkosten, nicht jedoch für Verpflegungsmehraufwendungen (vgl. die Hinweise zu R 9.5 unter dem Stichwort „Allgemeines").

Beispiel B

Bei Einstellung hat der Arbeitgeber mit einer Arbeitnehmerin vereinbart, dass sie auf Dauer montags bis donnerstags in der Filiale A und jeden Freitag in der Filiale B tätig ist. Die Arbeitnehmerin hat in den Filialen A und B jeweils eine regelmäßige Arbeitsstätte. Bei der Tätigkeit in der Filiale B handelt es sich nicht um eine vorübergehende beruflich veranlasste Auswärtstätigkeit, da sie dort jeden Freitag auf Dauer – und nicht vorübergehend – eingesetzt ist.

Auch bei einem **Leiharbeitnehmer** können mehrere regelmäßige Arbeitsstätten vorliegen.

Beispiel C

Ein Leiharbeitnehmer ist für die gesamte Dauer seines Arbeitsverhältnisses zum Verleiher vereinbarungsgemäß im Betrieb des Entleihers tätig. Außerdem ist er verpflichtet, einmal wöchentlich den Betrieb des Verleihers aufzusuchen.

Der Leiharbeitnehmer hat sowohl im Betrieb des Entleihers als auch im Betrieb des Verleihers jeweils eine regelmäßige Arbeitsstätte.

In der Praxis ist es oftmals schwierig zu entscheiden, ob eine **Tätigkeit** des Arbeitnehmers an einem **anderen Ort** zu einer (weiteren) regelmäßigen Arbeitsstätte führt oder es sich um eine Auswärtstätigkeit handelt. Dabei ist zu beachten, dass befristete Tätigkeiten (z. B. in Form von Abordnungen) an eine andere betriebliche Einrichtung des Arbeitgebers oder eines verbundenen Unternehmens allein durch Zeitablauf nicht zu einer regelmäßigen Arbeitsstätte führen.

Beispiel D

Ein Arbeitgeber erwirbt im Rahmen einer Unternehmenserweiterung ein neues Werk hinzu. Ein Arbeitnehmer soll in diesem hinzuerworbenen Werk die neue Forschungsabteilung mit aufbauen. Zu diesem Zweck wird er das hinzuerworbene Werk in den nächsten drei Jahren immer wieder für einige Tage („sporadisch") aufsuchen.

Beim Aufsuchen des hinzuerworbenen Werks durch den Arbeitnehmer handelt es sich jeweils um befristete Tätigkeiten (= vorübergehende beruflich veranlasste Auswärtstätigkeiten), für die der Arbeitgeber einen steuerfreien Reisekostenersatz leisten kann. Dies gilt auch dann, wenn der Arbeitnehmer das hinzuerworbene Werk an 46 Tagen oder noch häufiger im Kalenderjahr aufsuchen sollte.

Beispiel E

Wie Beispiel D. Unter Änderung seines Arbeitsvertrags wird der Arbeitnehmer zukünftig auf Dauer an drei Tagen (bisher fünf Tage) wöchentlich am Ort der Geschäftsleitung und an zwei Tagen wöchentlich im hinzuerworbenen Werk tätig.

Der Arbeitnehmer hat zwei regelmäßige Arbeitsstätten, da er die jeweilige betriebliche Einrichtung des Arbeitgebers auf Dauer mindestens einmal in der Woche aufsucht. Bei der Tätigkeit im hinzuerworbenen Werk handelt es sich – wegen des Einsatzes auf Dauer – nicht mehr um eine vorübergehende beruflich veranlasste Auswärtstätigkeit. Hinweis: Übernachtet der Arbeitnehmer in diesem Fall am Sitz des hinzuerworbenen Werkes bzw. in dessen Nähe liegt regelmäßig eine beruflich veranlasste doppelte Haushaltsführung vor.

Beispiel F

Nach dem Arbeitsvertrag zwischen Arbeitnehmer F und der Konzernmutter A wird F an drei Tagen in der Woche bei der Konzernmutter A und an den übrigen Tagen in der Woche bei der Konzerntochter B beschäftigt. Nach R 9.4 Abs. 3 Satz 5 LStR führen vorübergehende Auswärtstätigkeiten (z. B. befristete Abordnungen) bei einer anderen betrieblichen Einrichtung des Arbeitgebers oder eines verbundenen Unternehmens nicht zu einer (weiteren) regelmäßigen Arbeitsstätte. Aus diesem Satz 5 lässt sich u.E. ableiten, dass beim Begriff der regelmäßigen Arbeitsstätte eine sog. „Konzernklausel" greift. Hierfür spricht auch der letzte Halbsatz in R 9.4 Abs. 3 Satz 1 LStR, wonach es für das Vorliegen einer regelmäßigen Arbeitsstätte nicht darauf ankommt, ob es sich um eine betriebliche Einrichtung des Arbeitgebers handelt. U.E. hat daher der Arbeitnehmer F zwei regelmäßige Arbeitsstätten, da er auf Dauer – und nicht nur vorübergehend – sowohl für die Konzernmutter A als auch für die Konzerntochter B tätig ist.

Beispiel G

Arbeitnehmer G hat am Sitz des Arbeitgebers in Münster eine regelmäßige Arbeitsstätte. Mehrmals im Jahr nimmt er anlässlich von Krankheits- oder Urlaubsvertretung Aufgaben in der Zweigniederlassung des Arbeitgebers in Dortmund ohne schriftliche Abordnungen wahr. G ist an mindestens 46 Tagen im Kalenderjahr in Dortmund tätig.

Es handelt sich bei den Vertretungen in Dortmund jeweils um zeitlich befristete und damit vorübergehende Tätigkeiten an einer anderen betrieblichen Einrichtung des Arbeitgebers; die fehlende schriftliche Abordnung steht dem nicht entgegen. A hat in Dortmund keine (weitere) regelmäßige Arbeitsstätte, vielmehr handelt es sich jeweils um Auswärtstätigkeiten.

Bei bestimmten Arbeitnehmern kann sowohl der Betrieb als auch das Arbeitszimmer in der Privatwohnung eine regelmäßige Arbeitsstätte sein (vgl. die Erläuterungen am Ende des vorstehenden Buchstabens d). Trotzdem bleiben die Fahrten zum Betrieb aus steuerlicher Sicht Fahrten zwischen Wohnung und regelmäßiger Arbeitsstätte mit der Folge, dass der Arbeitgeber dem Arbeitnehmer die hierfür entstandenen Aufwendungen bei Benutzung eines Pkws nur nach den für Fahrten zwischen Wohnung und regelmäßiger Arbeitsstätte geltenden Grundsätzen regelmäßig nur steuerpflichtig ersetzen kann. Das gilt auch dann, wenn der Arbeitnehmer unmittelbar vor der Abfahrt oder direkt nach der Ankunft das häusliche Arbeitszimmer aufsucht. Vgl. im Einzelnen die Erläuterungen beim Stichwort „Fahrten zwischen Wohnung und regelmäßiger Arbeitsstätte" unter Nr. 2 und 3. Zur Ermittlung des geldwerten Vorteils bei einer Firmenwagengestellung vgl. die Erläuterungen beim Stichwort „Firmenwagen zur privaten Nutzung" unter Nr. 11.

f) Ausbildungsdienstverhältnisse

Bei Ausbildungsdienstverhältnissen ist entscheidend, ob der Auszubildende ausschließlich an ständig wechselnden Tätigkeitsstätten tätig wird (= Auswärtstätigkeit) oder nach Studienlehrgängen und/oder praktischen Lehrgängen an einen bestimmten Ausbildungsort zurückkehrt (= regelmäßige Arbeitsstätte).

4. Dreimonatsfrist

Die **Fahrten** zu einer auswärtigen Tätigkeitsstätte im Rahmen einer vorübergehenden beruflich veranlassten Auswärtstätigkeit werden **zeitlich unbegrenzt** – also auch über drei Monate hinaus – als **Reisekosten** behandelt (vgl. im Einzelnen die ausführlichen Erläuterungen und die zahlreichen Beispielsfälle unter der vorstehenden Nr. 2). Die Pauschbeträge für **Verpflegungsmehraufwendungen** können hingegen auch ab 2008 bei derselben Auswärtstätigkeit regelmäßig nur für die ersten **drei Monate** steuerfrei ersetzt oder als Werbungskosten geltend gemacht werden (vgl. hierzu – auch bezüglich der Besonderheiten bei der hier weiter geltenden Dreimonatsfrist – die Erläuterungen unter der nachstehenden Nr. 9).

Zum rückwirkenden Wegfall der ursprünglich bis zum 31.12.2007 geltenden Dreimonatsfrist bei Dienstreisen vgl. die Erläuterungen beim Stichwort „Reisekosten bei Auswärtstätigkeiten" im „Lexikon für das Lohnbüro", Ausgabe 2009, unter Nr. 4 auf Seite 555.

5. Umwandlung von Barlohn in steuerfreie Reisekostenvergütungen

Der Bundesfinanzhof hat mit BFH-Urteil vom 27.4.2001 (BStBl. II S. 601) entschieden, dass Vergütungen zur Erstattung von Reisekosten auch dann nach § 3 Nr. 16 EStG steuerfrei sein können, wenn sie der Arbeitgeber aus umgewandeltem Arbeitslohn zahlt. Voraussetzung ist, dass Arbeitgeber und Arbeitnehmer die Lohnumwandlung **vor der Entstehung des Vergütungsanspruchs vereinbaren.**

Begründet hat der Bundesfinanzhof seine Auffassung damit, dass der Wortlaut des § 3 Nr. 16 EStG die Lohnumwandlung nicht ausschließt. Denn eine Vergütung zur

Reisekosten bei Auswärtstätigkeiten

	Lohn-steuer-pflichtig	Sozial-versich.-pflichtig

Erstattung von Reisekosten erhält der Arbeitnehmer auch dann, wenn diese Vergütung vor der Lohnumwandlung Teil des Arbeitslohns war. Im Gegensatz zu anderen Befreiungs- oder Begünstigungsvorschriften, in denen der Gesetzgeber vorschreibt, dass die Zahlung zusätzlich zum ohnehin geschuldeten Arbeitslohn geleistet sein muss, hat er in § 3 Nr. 16 EStG die Lohnumwandlung nicht ausdrücklich für schädlich erklärt. Voraussetzung für die Steuerbefreiung nach § 3 Nr. 16 EStG aufgrund einer Lohnumwandlung ist jedoch, dass die Herabsetzung des Lohnanspruchs und die Umwandlung in eine Vergütung i. S. des § 3 Nr. 16 EStG **vor** der Entstehung des Vergütungsanspruchs zwischen Arbeitnehmer und Arbeitgeber vereinbart wird. Es genügt also nicht, dass der Arbeitgeber lediglich aus dem Arbeitslohn Teile herausrechnet und als steuerfrei behandelt. Außerdem müssen Arbeitgeber und Arbeitnehmer im Zweifel im Einzelnen darlegen und nachweisen, was sie vereinbart haben.

Die Finanzverwaltung hat sich in den Hinweisen zu R 3.16 der Lohnsteuer-Richtlinien diesem Urteil angeschlossen.

Die **Sozialversicherung** folgt dieser Betrachtungsweise des Bundesfinanzhofs nicht. Denn einmalige Einnahmen, laufende Zulagen, Zuschläge, Zuschüsse und ähnliche Einnahmen (zu denen auch Reisekostenvergütungen gehören), sind nur dann beitragsfrei, wenn sie **zusätzlich** zum Arbeitslohn gewährt werden (§ 1 Abs. 1 Nr. 1 der Sozialversicherungsentgeltverordnung). An dieser Zusätzlichkeit fehlt es bei der Umwandlung von Barlohn in eine steuerfreie Reisekostenvergütung. Deshalb hat die im Steuerrecht zulässige Umwandlung von steuerpflichtigem Arbeitslohn in eine nach § 3 Nr. 16 EStG steuerfreie Reisekostenvergütung keine Auswirkung auf das Beitragsrecht der Sozialversicherung (Besprechungsergebnis der Spitzenverbände der Sozialversicherung). Die Umwandlung von Barlohn in eine steuerfreie Reisekostenvergütung wird daher in der Praxis nur eine geringe Rolle spielen.

6. Inlandsreisekosten

Bei den Aufwendungen, die einem Arbeitnehmer aus Anlass von Auswärtstätigkeiten entstehen können, wird unterschieden zwischen

- Fahrtkosten,
- Kosten der Unterkunft,
- **Mehr**aufwendungen für Verpflegung (gegenüber den Kosten der Verpflegung im eigenen Haushalt),
- Nebenkosten.

Werden diese Aufwendungen dem Arbeitnehmer vom Arbeitgeber in Form von Reisekostenentschädigungen ersetzt, so bleiben diese bei Inlandsreisen im Rahmen der nachstehend aufgezeigten Grenzen steuerfrei. Der **Arbeitnehmer** ist **verpflichtet,** seinem Arbeitgeber **Unterlagen** über seine Auswärtstätigkeiten **vorzulegen;** aus den Unterlagen müssen die Dauer der Reise, der Reiseweg und – soweit die Reisekosten nicht zulässigerweise pauschal ersetzt werden – auch die tatsächlich entstandenen Reisekosten ersichtlich und belegt sein (z. B. durch ein Fahrtenbuch, durch Tankquittungen, Hotelrechnungen, sonstige Belege). Diese sog. **Reisekostenabrechnungen muss der Arbeitgeber zu den Lohnkonten der Arbeitnehmer nehmen.** Die Art und Weise, in der die Unterlagen als Beleg zum Lohnkonto zu nehmen sind, ist nicht im Einzelnen vorgeschrieben. Entscheidend ist jedoch, dass das Lohnkonto zumindest eindeutige Hinweise enthält, die im Fall einer Lohnsteuer-Außenprüfung einen leichten Zugriff auf die Belege ermöglichen. Es ist deshalb zulässig, die Reisekostenabrechnungen und die dazugehörenden Belege gesondert aufzubewahren, wenn – durch entsprechende Angaben im Lohnkonto – die Verbindung zwischen Lohnkonto und Reisekostenabrechnung des einzelnen Arbeitnehmers hergestellt werden kann.

7. Fahrtkosten bei Inlandsreisen

a) Fahrtkosten bei Benutzung öffentlicher Verkehrsmittel

Die tatsächlichen Fahrtkosten, die dem Arbeitnehmer für die Benutzung öffentlicher Verkehrsmittel bei Auswärtstätigkeiten entstehen (z. B. für Bahnfahrkarte, Flugschein) können vom Arbeitgeber in der nachgewiesenen oder glaubhaft gemachten Höhe steuerfrei ersetzt werden.   nein   nein

Bei der Benutzung öffentlicher Verkehrsmittel werden die Fahrauslagen fast immer nachgewiesen werden können. Ist dies ausnahmsweise nicht möglich, so ist wenigstens zu belegen, dass die Auswärtstätigkeit überhaupt stattgefunden hat; die Höhe der Fahrauslagen ist durch die Angabe des Reisewegs glaubhaft zu machen. Der Arbeitgeber wird allerdings im eigenen Interesse stets die Vorlage der Originalbelege verlangen, da er ansonsten den für die Benutzung öffentlicher Verkehrsmittel auch weiterhin möglichen Vorsteuerabzug nicht geltend machen kann (vgl. die Erläuterungen unter der nachfolgenden Nr. 24 Buchstabe b).

Beispiel

Arbeitnehmer A wird 2010 von der Hauptniederlassung seines Arbeitgebers in München zu einer Betriebsstätte in Stuttgart für fünf Monate befristet abgeordnet. Die dem Arbeitnehmer in dieser Zeit entstehenden Aufwendungen für öffentliche Verkehrsmittel in Höhe von 600 € werden vom Arbeitgeber erstattet.

Es handelt sich für den gesamten Zeitraum von fünf Monate um eine vorübergehende beruflich veranlasste Auswärtstätigkeit. Die Betriebsstätte in Stuttgart wird allein durch Zeitablauf nicht mehr zu einer weiteren regelmäßigen Arbeitsstätte. Bei der Fahrtkostenerstattung des Arbeitgebers handelt es sich daher für den gesamten Zeitraum von fünf Monaten um steuerfreien Reisekostenersatz nach § 3 Nr. 16 EStG.

b) Bahncard

Ersetzt der Arbeitgeber einem Arbeitnehmer die Anschaffungskosten für eine Bahncard, so ist dieser Arbeitgeberersatz steuer- und beitragsfrei, wenn der Arbeitnehmer die Bahncard zur Verbilligung der Fahrtkosten bei Auswärtstätigkeiten mit der Deutschen Bahn verwendet*).   nein   nein

Nutzt der Arbeitnehmer die Bahncard auch für private Bahnreisen, liegt ein steuerpflichtiger Vorteil dann nicht vor, wenn die Verbilligung der Privatfahrten von untergeordneter Bedeutung ist. Dies ist dann der Fall, wenn die Aufwendungen des Arbeitgebers für die Bahncard und die verbilligten dienstlichen Fahrten unter den Fahrtkosten liegen, die ohne Bahncard entstanden wären.

Beispiel

Ein Arbeitnehmer führt gelegentlich Auswärtstätigkeiten mit der Bahn durch. Der Arbeitgeber ersetzt dem Arbeitnehmer die Aufwendungen für diese Fahrten mit der Bahn. Der Arbeitnehmer erwirbt eine Bahn-Card für 57 €, die zu einer Preisermäßigung von 25 % beim Erwerb von Fahrkarten berechtigt. Der Arbeitgeber übernimmt die Kosten der BahnCard. Ohne Erwerb einer BahnCard 25 würde der steuerfreie Fahrtkostenersatz des Arbeitgebers im Laufe eines Jahres voraussichtlich 250 € betragen.

Der Arbeitgeber wendet somit 244,50 € auf (75 % von 250 € = 187,50 € für die Fahrkarten und 57 € für die BahnCard). Da dieser Betrag niedriger ist als die fiktiven Kosten, kann der gesamte Betrag steuerfrei bleiben.

Erwirbt der Arbeitnehmer privat eine BahnCard und setzt er diese für beruflich veranlasste Auswärtstätigkeiten ein, ohne dass er Erstattungen vom Arbeitgeber erhält, kann er den Kaufpreis der BahnCard im Verhältnis der privaten zur beruflichen Nutzung aufteilen und den beruflichen Anteil als **Werbungskosten** geltend machen. Wird die BahnCard zusätzlich auch für Fahrten zwischen Wohnung und regelmäßiger Arbeitsstätte oder Familienheimfahrten bei doppelter Haushaltsführung benutzt, kann der

---

*) **Bundeseinheitliche Regelung,** z. B. für Bayern Erlass vom 22. 2. 1993 Az.: 32 – S 2334 – 101/41 – 9731. Der Erlass ist als Anlage 4 zu H 9.5 LStR im **Steuerhandbuch für das Lohnbüro 2010** abgedruckt, das im selben Verlag erschienen ist. Das **PC-Lexikon** für das Lohnbüro 2010 enthält auch dieses Handbuch und hat außerdem den Vorteil, dass Sie **alle BFH-Urteile** sowie die aktuellen Rundschreiben und Niederschriften der Spitzenverbände der **Sozialversicherung** mit Mausklick **im Volltext** abrufen und ausdrucken können. Eine Bestellkarte finden Sie vorne im Lexikon.

Reisekosten bei Auswärtstätigkeiten

| | Lohn-steuer-pflichtig | Sozial-versich.-pflichtig |

Arbeitnehmer für diese Fahrten zusätzlich die Entfernungspauschale (vgl. dieses Stichwort) oder die hierauf entfallenden höheren tatsächlichen Aufwendungen geltend machen.

c) Zurverfügungstellung eines Firmenwagens

Stellt der Arbeitgeber dem Arbeitnehmer (ausschließlich oder auch) für die Fahrten anlässlich von vorübergehenden beruflich veranlassten Auswärtstätigkeiten einen Firmenwagen zur Verfügung, handelt es sich auch bei der Gestellung des Firmenwagens für diese Fahrten um **steuerfreien Reisekostenersatz**. In diesem Fall darf der Arbeitgeber jedoch nicht zusätzlich einen pauschalen Kilometersatz (z. B. 0,30 € je gefahrenen Kilometer) steuerfrei erstatten (R 9.5 Abs. 2 Satz 4 LStR). Auch die teilweise steuerfreie Zahlung eines pauschalen Kilometersatzes (z. B. 0,20 € je gefahrenen Kilometer) ist u. E. nicht möglich.

Beispiel A

Ein Arbeitnehmer wird befristet für zwölf Monate an ein verbundenes Unternehmen abgeordnet. Für Privatfahrten und die Fahrten zum verbundenen Unternehmen steht ihm ein Firmenwagen mit einem Bruttolistenpreis von 30 000 € zur Verfügung.

Es ist für die gesamten zwölf Monate von einer vorübergehenden beruflich veranlassten Auswärtstätigkeit auszugehen. Bei der Zurverfügungstellung des Firmenwagens für die Fahrten zum verbundenen Unternehmen im Rahmen der vorübergehenden beruflich veranlassten Auswärtstätigkeit handelt es sich um steuerfreien Reisekostenersatz des Arbeitgebers (§ 3 Nr. 16 EStG). Der steuer- und sozialversicherungspflichtige geldwerte Vorteil für die Zurverfügungstellung des Firmenwagens für die Privatfahrten beträgt 300 € monatlich (1 % von 30 000 €).

Beispiel B

Ein Bauarbeiter (keine regelmäßige Arbeitsstätte an einer betrieblichen Einrichtung des Arbeitgebers) wird ausschließlich an ständig wechselnden Tätigkeitsstätten eingesetzt. Sein Arbeitgeber hat ihm einen Firmenwagen mit einem Bruttolistenpreis von 25 000 € zur Verfügung gestellt.

Bei der Zurverfügungstellung des Firmenwagens für die Fahrten zu den ständig wechselnden Tätigkeitsstätten handelt es sich um steuerfreien Reisekostenersatz des Arbeitgebers (§ 3 Nr. 16 EStG). Der steuer- und sozialversicherungspflichtige geldwerte Vorteil für die Zurverfügungstellung des Firmenwagens für die Privatfahrten beträgt 250 € monatlich (1 % von 25 000 €). Ein zusätzlicher geldwerter Vorteil für Fahrten zwischen Wohnung und regelmäßiger Arbeitsstätte fällt mangels regelmäßiger Arbeitsstätte nicht an.

Beispiel C

Arbeitnehmer A wird für ein Jahr von der ausländischen Konzernmutter an ein deutsches Konzerntochterunternehmen abgeordnet. Die deutsche Konzerntochter stellt A einen Firmenwagen zur uneingeschränkten Nutzung zur Verfügung. Die Entfernung von der Wohnung des A in Deutschland zur deutschen Konzerntochter beträgt 30 km.

Aufgrund der befristeten Abordnung für ein Jahr handelt es sich bei der Tätigkeit des A in Deutschland um eine beruflich veranlasste Auswärtstätigkeit mit der Folge, dass er bei der deutschen Konzerntochter keine regelmäßige Arbeitsstätte hat. Für die Fahrten von seiner Wohnung zur deutschen Konzerntochter mit dem zur Verfügung gestellten Firmenwagen ist daher kein geldwerter Vorteil anzusetzen. Da A das Fahrzeug allerdings auch für Privatfahrten nutzen kann, ist hierfür ein geldwerter Vorteil nach der individuellen Methode (Fahrtenbuchmethode) oder nach der 1 %-Bruttolistenpreisregelung zu ermitteln. Das deutsche Konzernunternehmen ist übrigens in diesen Fällen der Arbeitnehmerentsendung als aufnehmendes Unternehmen zum Lohnsteuerabzug verpflichtet, wenn es den Arbeitslohn für die ihm geleistete Arbeit wirtschaftlich trägt (§ 38 Abs. 1 Satz 2 EStG).

d) Kilometersätze beim Benutzen eigener Fahrzeuge

Wenn ein Arbeitnehmer zur Ausführung seiner Auswärtstätigkeit ein **eigenes Fahrzeug** (Kraftwagen, Motorrad oder Motorroller, Moped, Mofa, Fahrrad) benützt, kann der Arbeitgeber die Fahrauslagen des Arbeitnehmers in Form von **individuellen oder pauschalen Kilometergeldern** steuerfrei ersetzen. Wird dem Arbeitnehmer für die Auswärtstätigkeit vom Arbeitgeber ein Fahrzeug zur Verfügung gestellt (z. B. ein Firmenwagen; vgl. die Erläuterungen unter dem vorstehenden Buchstaben b), können die individuellen oder pauschalen Kilometergelder nicht zusätzlich steuerfrei erstattet werden (R 9.5 Abs. 2 Satz 4 LStR). Die steuerfreie Zahlung von Kilometergeldern setzt voraus, dass das Vorliegen einer Auswärtstätigkeit und die Zahl der beruflich gefahrenen Kilometer nachgewiesen werden (z. B. durch ein Fahrtenbuch) oder zumindest glaubhaft gemacht werden.

Die individuellen oder pauschalen Kilometersätze können für folgende Fahrten steuerfrei ersetzt werden:

– Fahrten zwischen der Wohnung des Arbeitnehmers und dem Ort der Auswärtstätigkeit (= auswärtige Tätigkeitsstätte);
– Fahrten zwischen regelmäßiger Arbeitsstätte (regelmäßig der Betrieb/die Betriebsstätte des Arbeitgebers) und der auswärtigen Tätigkeitsstätte;
– Fahrten zwischen mehreren auswärtigen Tätigkeitsstätten;
– Fahrten zwischen der Wohnung des Arbeitnehmers und der Unterkunft am Ort der Auswärtstätigkeit, wenn der Arbeitnehmer auswärts übernachtet;
– Fahrten zwischen regelmäßiger Arbeitsstätte (regelmäßig der Betrieb/die Betriebsstätte des Arbeitgebers) und der Unterkunft am Ort der Auswärtstätigkeit, wenn der Arbeitnehmer auswärts übernachtet;
– Fahrten zwischen der auswärtigen Unterkunft und der Tätigkeitsstätte (vgl. die Erläuterungen unter dem nachfolgenden Buchstaben i);
– Familienheimfahrten und Zwischenheimfahrten bei längerfristigen Auswärtstätigkeiten (vgl. die Erläuterungen unter dem nachfolgenden Buchstaben h).

Da die auswärtige Tätigkeitsstätte bei einer vorübergehenden beruflich veranlassten Auswärtstätigkeit nicht durch Zeitablauf (z. B. nach Ablauf von drei, sechs oder neun Monaten) zur regelmäßigen Arbeitsstätte wird, können die **Fahrtkosten** nach individuellen oder pauschalen Kilometersätzen für den gesamten Zeitraum der vorübergehenden beruflich veranlassten Auswärtstätigkeit – also **zeitlich unbegrenzt** – steuerfrei erstattet werden. Es liegen keine Fahrten zwischen Wohnung und regelmäßiger Arbeitsstätte vor.

Beispiel

Ein Arbeitnehmer wird befristet für fünf Monate vom Sitz der Geschäftsleitung an eine Niederlassung seines Arbeitgebers abgeordnet. Die Fahrstrecke von seiner Wohnung zur Niederlassung und zurück beträgt monatlich 1000 km.

Der Arbeitgeber kann für den gesamten Zeitraum von fünf Monaten die Fahrtkosten für 1000 km nach individuellen oder pauschalen Kilometersätzen steuerfrei erstatten.

Auch in den folgenden Ausnahmefällen können die Fahrtkosten ohne zeitliche Begrenzung nach individuellen oder pauschalen Kilometersätzen steuerfrei erstattet werden:

– Fahrten zwischen mehreren regelmäßigen Arbeitsstätten innerhalb desselben Arbeitsverhältnisses (Hinweise zu R 9.5 der Lohnsteuer-Richtlinien Stichwort „Allgemeines");
– Fahrten innerhalb eines weiträumigen Arbeitsgebiets (Waldrevier, Zustellbezirk eines Zeitungsverkäufers; Hinweise zu R 9.5 der Lohnsteuer-Richtlinien Stichwort „Allgemeines").

e) Pauschale Kilometersätze

Ohne Einzelnachweise kann der Arbeitgeber folgende **pauschale Kilometersätze** bei Auswärtstätigkeiten steuerfrei ersetzen: nein nein

für Kraftwagen	0,30 €
für Motorräder und Motorroller	0,13 €
für Moped/Mofa	0,08 €
für Fahrräder	0,05 €

Motorräder und Motorroller sind Zweirad-Kraftfahrzeuge mit einem Hubraum von mehr als 50 ccm, Mopeds und Mofas sind Zweirad-Kraftfahrzeuge mit einem Hubraum bis zu 50 ccm.

Neben den oben genannten Kilometersätzen kann der Arbeitgeber eine pauschale **Mitnahmeentschädigung**

Reisekosten bei Auswärtstätigkeiten

	Lohn-steuer-pflichtig	Sozial-versich.-pflichtig

steuerfrei ersetzen, wenn an der Auswärtstätigkeit weitere Arbeitnehmer teilnehmen. Die Mitnahmeentschädigung beträgt für jeden weiteren an der Auswärtstätigkeit teilnehmenden Arbeitnehmer bei Benutzung eines

Kraftwagens	0,02 € je Kilometer		
Motorrads/Motorrollers	0,01 € je Kilometer	nein	nein

Beispiel

Der Arbeitnehmer A führt mit seinem Pkw eine Auswärtstätigkeit durch und legt dabei 100 km zurück. An der Auswärtstätigkeit nehmen zwei weitere Arbeitnehmer teil. Einer fährt 80 km im Pkw des A mit, der andere nur 70 km. Der Arbeitgeber kann dem Arbeitnehmer A, der seinen Pkw für die Auswärtstätigkeit zur Verfügung stellte und die anderen Arbeitnehmer mitnahm, folgende Kilometersätze steuerfrei ersetzen:

für 70 km = 0,30 € + 0,02 € + 0,02 €
= 0,34 € × 70   = 23,80 €
für 10 km = 0,30 € + 0,02 € = 0,32 € × 10 = 3,20 €
für 20 km = 0,30 € = 0,30 € × 20 = 6,— €
insgesamt   33,— €

Für die Beförderung von Gepäck kann keine zusätzliche steuerfreie Mitnahmeentschädigung gezahlt werden. Denn diese Aufwendungen sind durch die pauschalen Kilometersätze abgegolten. **ja ja**

Mitnahmeentschädigungen für den Transport von eigenen Werkzeugen, von eigenem Gerät und Material sind als Werkzeuggeld steuerfrei (vgl. das Stichwort „Werkzeuggeld"). **nein nein**

Ob die Anwendung der pauschalen Kilometersätze zu einer unzutreffenden Besteuerung führt (z. B. bei einer sehr hohen Jahresfahrleistung), braucht der Arbeitgeber nicht zu prüfen. Denn die für den Werbungskostenabzug vorgeschriebene Kürzung der pauschalen Kilometersätze im Falle einer **unzutreffenden Besteuerung** ist aus Vereinfachungsgründen beim **Arbeitgeberersatz nicht zu beachten** (R 9.5 Abs. 2 Satz 3 LStR). Die darin liegende Besserstellung von Arbeitnehmern, die von ihrem Arbeitgeber steuerfreien Reisekostenersatz erhalten, wird aus Vereinfachungsgründen hingenommen.

f) Individueller Kilometersatz

Ein **individueller Kilometersatz** ist durch Einzelberechnung aus den tatsächlichen Kosten zu ermitteln. Will der Arbeitgeber dem Arbeitnehmer einen individuellen Kilometersatz steuerfrei ersetzen, so muss der Arbeitnehmer die tatsächlichen Gesamtkosten seines Fahrzeugs im Einzelnen nachweisen. Der Arbeitgeber hat diese Unterlagen als Belege zum Lohnkonto zu nehmen.

Es wird also festgestellt, welcher Durchschnittssatz sich bei Einbeziehung aller festen und laufenden Kosten (Garage, Versicherung, Kraftfahrzeugsteuer, Abschreibung, Treibstoff, Öl, Reparaturen, alles inclusive Mehrwertsteuer) für das benutzte Fahrzeug je Kilometer ergibt. Bei der Ermittlung des Kilometersatzes durch Einzelberechnung sind auch die Zinsen für einen Kredit zu berücksichtigen, der für die Anschaffung des Fahrzeugs aufgenommen wurde. Zu den Gesamtkosten gehören auch die Beiträge zu einer Vollkaskoversicherung und zu einer Kfz-Rechtsschutzversicherung.

Zur Ermittlung des individuellen Kilometersatzes muss der Arbeitnehmer die Gesamtkosten für das von ihm benutzte Fahrzeug für einen Zeitraum von **12 Monaten** nachweisen (der Zeitraum von 12 Monaten ist zusammenhängend zu verstehen, muss also nicht mit dem Kalenderjahr identisch sein). Der aus diesen Gesamtkosten ermittelte individuelle Kilometersatz bleibt so lange maßgebend, bis sich die Verhältnisse **wesentlich** ändern (z. B. bis zum Ablauf des Abschreibungszeitraums). Dies ergibt sich aus R 9.5 Abs. 1 Satz 4 LStR. Dagegen wird es steuerlich nicht anerkannt, wenn der Arbeitnehmer anstelle eines individuell ermittelten Kilometersatzes die Kfz-Kosten anhand der in den ADAC-Tabellen aufgeführten Kilometersätze nachweisen will.

Beispiel A

Die Anschaffungskosten für einen am 1. Januar 2010 neu erworbenen Pkw betrugen einschließlich Sonderausstattung und Mehrwertsteuer (aber abzüglich evtl. gewährter Preisnachlässe) insgesamt 30 000 €. Es ergibt sich anhand der für 12 Monate vorgelegten Belege folgende Berechnung des individuellen Kilometersatzes zum 31. Dezember 2010:

– Absetzung für Abnutzung 1/6	5 000,— €
– Garagenmiete 12 × 50 €	600,— €
– Kraftfahrzeugsteuer	250,— €
– Haftpflichtversicherung	400,— €
– Vollkaskoversicherung	750,— €
– Rechtsschutzversicherung	150,— €
– Benzinkosten	2 000,— €
– Reparaturen, Wartung, Pflege	550,— €
– Zinsen (für ein zur Finanzierung des Pkws aufgenommenes Darlehen über 5000 € wurden nachweislich 6 % Zinsen jährlich bezahlt)	300,— €
– Pkw-Kosten für 12 Monate insgesamt	10 000,— €

Nach dem vorgelegten Fahrtenbuch wurden in der Zeit vom 1.1. bis 31.12.2010 insgesamt 20 000 Kilometer gefahren. Auf einen Kilometer entfällt demnach ein tatsächlicher Aufwand von 0,50 €. Diesen Kilometersatz kann der Arbeitgeber dem Arbeitnehmer bei der Durchführung von Auswärtstätigkeiten steuer- und beitragsfrei ersetzen.

Dieses Beispiel zeigt, dass es bei dem ohne Einzelnachweis maßgebenden Kilometersatz von 0,30 € für den Arbeitnehmer durchaus günstiger sein kann, die mit einem gewissen Zeitaufwand verbundenen Aufzeichnungen zu führen und Belege zu sammeln, zumal Aufzeichnungen auch dann zu führen sind, wenn der Arbeitgeber nur die pauschalen Kilometersätze steuerfrei ersetzt.

Da der Arbeitgeber im Beispielsfall im Voraus nicht erkennen kann, wie hoch der individuelle Kilometersatz lt. Einzelnachweis sein wird, kann er dem Arbeitnehmer vorläufig 0,30 € je Reisekilometer steuerfrei ersetzen und die Differenz von (0,50 € – 0,30 € =) 0,20 € je Kilometer am 31.12.2010 steuerfrei nachzahlen. Alternativ kann der Arbeitnehmer die Differenz zwischen dem steuerfrei ersetzten pauschalen Kilometersatz und dem individuellen Kilometersatz als Werbungskosten bei seiner Einkommensteuerveranlagung geltend machen. Ab 1.1.2011 gilt der individuelle Kilometersatz von 0,50 € so lange weiter, bis sich die zugrunde liegenden Verhältnisse **wesentlich** ändern (z. B. nach Ablauf des 6-jährigen Abschreibungszeitraums oder bei einem Wechsel des Pkws).

Eine besondere Bedeutung bei der Ermittlung eines individuellen Kilometersatzes kommt der Höhe der Absetzung für Abnutzung zu. Zu den Anschaffungskosten des Fahrzeugs, die nur über die jährliche Absetzung für Abnutzung berücksichtigt werden können, gehören auch Sonderausstattungen des Fahrzeugs (z. B. Navigationsgerät, Diebstahlsicherungssystem, ABS, elektronisches Fahrtenbuch usw.), nicht dagegen die Kosten eines Autotelefons (vgl. das Stichwort „Telefonkosten"). Für die Berechnung der Absetzung für Abnutzung (AfA) sind die amtlichen AfA-Tabellen zu beachten, nach denen die Nutzungsdauer von Personenkraftwagen und Kombiwagen für die ab 1.1.2001 angeschafften Kraftfahrzeuge auf **sechs** Jahre verlängert wurde (BMF-Schreiben vom 15.12.2000, BStBl. I S. 1531). Die früher geltende Vereinfachungsregelung, wonach bei einer Anschaffung des Pkws in der ersten Jahreshälfte die volle Jahres-AfA und bei einer Anschaffung des Pkws in der zweiten Jahreshälfte die halbe Jahres-AfA angesetzt werden konnte, ist seit 1.1.2004 weggefallen. Seit 1.1.2004 ist also die AfA pro rata temporis, das heißt für jeden angefangenen Monat der Nutzung mit einem Zwölftel anzusetzen. Stellt sich bei einer Weiterveräußerung des Fahrzeugs heraus, dass der Pkw noch mehr wert ist, als der sich aufgrund der Abschreibung ergebende Restwert, so bleibt dies auf die Ermittlung des individuellen Kilometersatzes ohne Einfluss. Die Abschreibung wird also nicht nachträglich aufgrund des höheren Veräußerungserlöses korrigiert. Nach dem BMF-Schreiben vom 28.5.1993, BStBl. I S. 483*),

---

*) Das BMF-Schreiben vom 28.5.1993 ist als Anlage 1 zu H 9.5 LStR im **Steuerhandbuch für das Lohnbüro 2010** abgedruckt, das im selben Verlag erschienen ist. Das **PC-Lexikon** für das Lohnbüro 2010 enthält auch dieses Handbuch und hat außerdem den Vorteil, dass Sie **alle BFH-Urteile** sowie die aktuellen Rundschreiben und Niederschriften der Spitzenverbände der **Sozialversicherung** mit Mausklick **im Volltext** abrufen und ausdrucken können. Eine Bestellkarte finden Sie vorne im Lexikon.

Reisekosten bei Auswärtstätigkeiten

	Lohn-steuer-pflichtig	Sozial-versich.-pflichtig

wird bei einer hohen Fahrleistung auch eine kürzere Nutzungsdauer anerkannt, z. B. bei einer jährlichen Fahrleistung von mehr als 40 000 km. Weiterhin enthalten die Hinweise zu R 9.5 der Lohnsteuer-Richtlinien folgende Regelung zur Ermittlung der Absetzung für Abnutzung bei gebraucht erworbenen Pkws und Kombifahrzeugen: „Bei Kraftfahrzeugen, die im Zeitpunkt der Anschaffung nicht neu gewesen sind, ist die entsprechende Restnutzungsdauer unter Berücksichtigung des Alters, der Beschaffenheit und des voraussichtlichen Einsatzes des Kraftfahrzeugs zu schätzen."

Da für eine Schätzung der Restnutzungsdauer das Verhältnis des tatsächlichen Kaufpreises zum Neuwert des Fahrzeugs einen gewichtigen Anhalt bietet, wird es nicht zu beanstanden sein, wenn die Restnutzungsdauer so geschätzt wird, dass der Jahresbetrag der Absetzung für Abnutzung $1/6$ **des Neuwerts** möglichst nahe kommt, diesen Betrag aber nicht übersteigt. Die Restnutzungsdauer ist hierzu nach folgender Formel zu ermitteln:

$$\text{Restnutzungsdauer} = \frac{\text{Kaufpreis}}{\text{Neuwert}} \times 6 \quad \text{(aufgerundet auf volle Jahre)}$$

Beispiel B
Beim Erwerb eines Gebrauchtwagens (Neuwert 20 000 €) zum Preis von 10 000 € kann eine Restnutzungsdauer von ($10/20 \times 6 = 3$) drei Jahren angenommen werden, sodass der Jahresbetrag der Abschreibung 3333 € beträgt.

Die Ermittlung eines individuellen Kilometersatzes anhand der Gesamtkosten ist auch bei Leasing-Fahrzeugen möglich. Dabei treten die Leasingraten an die Stelle der Abschreibung. Eine Leasing-Sonderzahlung gehört im Kalenderjahr der Zahlung zu den Gesamtkosten (Hinweise zu R 9.5 LStR, Stichwort „Einzelnachweis").

g) Unfallkosten, Diebstahl des Pkws, Parkgebühren, Beiträge zu einer Kaskoversicherung oder Unfallversicherung, zinsloses Arbeitgeberdarlehen

Ersetzt der Arbeitgeber einem Arbeitnehmer Aufwendungen zur Beseitigung von **Unfallschäden**, die dem Arbeitnehmer bei einer Auswärtstätigkeit mit dem eigenen Kraftfahrzeug entstanden sind, so können diese Ersatzleistungen **zusätzlich** zu den oben genannten (individuellen oder pauschalen) Kilometersätzen steuerfrei gezahlt werden, es sei denn, für den Eintritt des Unfalls sind ausnahmsweise private Gründe maßgebend (z. B. der Arbeitnehmer verursacht den Unfall unter Alkoholeinfluss; vgl. hierzu auch die Erläuterungen beim Stichwort „Unfallkosten"). Zu den hiernach steuerfrei ersetzbaren Unfallkosten gehören auch Schadensersatzleistungen, die der Arbeitnehmer unter Verzicht auf die Inanspruchnahme seiner gesetzlichen Haftpflichtversicherung selbst getragen hat (z. B. Reparaturkosten am gegnerischen Fahrzeug). Ebenso gehört hierzu eine Wertminderung, wenn der Arbeitnehmer sein unfallbeschädigtes Fahrzeug nicht reparieren lässt. Zu den Unfallkosten gehören auch die Kosten für einen Leihwagen, den der Arbeitnehmer während der Reparaturzeit benutzt. — nein / nein

Wird das Fahrzeug des Arbeitnehmers während einer Auswärtstätigkeit **gestohlen**, z. B. bei der während einer mehrtägigen Auswärtstätigkeit notwendigen Übernachtung, so sind Ersatzleistungen des Arbeitgebers zusätzlich zu dem individuellen oder pauschalen Kilometersatz steuerfrei, da das Parken des für die Auswärtstätigkeit verwendeten Fahrzeugs während der Nacht – wie die Übernachtung selbst – der beruflichen Sphäre zuzurechnen ist (BFH-Urteil vom 25. 5. 1992, BStBl. 1993 II S. 44). Steuerfrei ersetzt werden kann jedoch nicht der Zeitwert, sondern nur der „Restbuchwert", das heißt der Wert, der sich im Zeitpunkt des Unfalls bei einer gleichmäßigen Verteilung der Anschaffungskosten auf die voraussichtliche Nutzungsdauer des Fahrzeugs ergibt. — nein / nein

Erstattet der Arbeitgeber dem Arbeitnehmer neben dem für die Benutzung des privaten Pkws zu Auswärtstätigkeiten geltenden pauschalen Kilometersatz von 0,30 € ganz oder teilweise die Prämien für eine **private Vollkaskoversicherung,** so handelt es sich um steuerpflichtigen Arbeitslohn (die Prämien für die Kaskoversicherung sind mit dem steuerfreien Kilometersatz von 0,30 € abgegolten). — ja / ja

Übernimmt der Arbeitgeber die Prämien für eine **Dienstreisen-Kaskoversicherung** (d. h. der Versicherungsschutz der Fahrzeugvollversicherung für den privaten Pkw des Arbeitnehmers deckt nur diejenigen Unfallkosten ab, die auf Dienstfahrten entstanden sind), so sind die vom Arbeitgeber gezahlten Prämien für die Dienstreisen-Kaskoversicherung unabhängig davon steuerfrei, ob der Arbeitgeber die Fahrtkosten bei Auswärtstätigkeiten mit dem individuellen oder pauschalen Kilometersatz ersetzt. Vgl. auch die Erläuterungen beim Stichwort „Kaskoversicherung für Unfallschäden bei Auswärtstätigkeiten". — nein / nein

Parkgebühren, die anlässlich von Auswärtstätigkeiten anfallen, sind weder durch die pauschalen noch durch die individuellen Kilometersätze abgegolten; sie können als Reisenebenkosten deshalb **zusätzlich** steuerfrei ersetzt werden (R 9.8 Abs. 1 Nr. 3 LStR). — nein / nein

Gibt der Arbeitgeber dem Arbeitnehmer ein zinsloses oder zinsverbilligtes Darlehen zum Kauf eines Pkws, mit dem der Arbeitnehmer auch Auswärtstätigkeiten ausführt, so ist die **Zinsersparnis ggf. ein geldwerter Vorteil** (vgl. hierzu die ausführlichen Erläuterungen beim Stichwort „Zinsersparnisse und Zinszuschüsse"). — ja / ja

h) Wochenendheimfahrten und Zwischenheimfahrten bei längerfristigen Auswärtstätigkeiten

Werden bei längerfristigen Auswärtstätigkeiten von ledigen oder verheirateten Arbeitnehmern **Wochenendheimfahrten** durchgeführt, so können bei Benutzung eines eigenen Kraftfahrzeugs entweder die individuellen oder die pauschalen Kilometersätze steuerfrei ersetzt werden; bei der Benutzung eines Pkws also pauschal 0,30 € für den tatsächlich gefahrenen Kilometer, also unter Berücksichtigung der Hin- und Rückfahrt ($2 \times 0,30 € =$) 0,60 € für jeden Kilometer der einfachen Entfernung. Für Wochenendheimfahrten bei Auswärtstätigkeiten gilt somit nicht die für Familienheimfahrten bei doppelter Haushaltsführung anzusetzende niedrigere Entfernungspauschale. Dies ergibt sich aus H 9.5 der Lohnsteuer-Richtlinien (Stichwort „Allgemeines" unter Nr. 1). Außerdem gilt für Heimfahrten im Rahmen längerfristiger Auswärtstätigkeiten die Regelung nicht, dass nur eine Heimfahrt wöchentlich steuerfrei ersetzt werden kann. Bei längerfristigen Auswärtstätigkeiten kann der Arbeitgeber deshalb dem (verheirateten oder unverheirateten) Arbeitnehmer mehr als eine Heimfahrt wöchentlich steuerfrei ersetzen (pauschal mit 0,60 € je Kilometer der einfachen Entfernung), wenn der Arbeitnehmer tatsächlich mehrmals wöchentlich nach Hause fährt. Bei längerfristigen Auswärtstätigkeiten können also auch die Aufwendungen für **Zwischenheimfahrten** unter der Woche **steuerfrei** ersetzt werden.

Die vorstehenden Grundsätze gelten seit 2008 für den **gesamten Zeitraum** der vorübergehenden beruflich veranlassten **Auswärtstätigkeit**; also auch nach Ablauf von drei, sechs oder neun Monaten.

Beispiel
Arbeitnehmer A wird ab April 2010 befristet für fünf Monate von seinem Arbeitgeber zu einer Tochtergesellschaft abgeordnet. Die Entfernung von der Wohnung des Arbeitnehmers zum Firmensitz der Tochtergesellschaft beträgt 250 km. A fährt jeden Freitag und jeden Mittwoch nach Hause und Montags bzw. Donnerstags morgens wieder zurück zur Tochtergesellschaft (in den fünf Monaten ergeben sich insgesamt jeweils 40 Hin- und Rückfahrten).

Der Arbeitgeber kann in folgender Höhe die Fahrtkosten steuerfrei ersetzen:

40 Fahrten à 250 Entfernungskilometer × 0,60 € = 6000 €

Reisekosten bei Auswärtstätigkeiten

	Lohn-steuer-pflichtig	Sozial-versich.-pflichtig

i) Fahrten von der Unterkunft zur Arbeitsstätte

Die individuellen oder pauschalen Kilometersätze (für den Pkw pauschal 0,30 € für jeden gefahrenen Kilometer) gelten auch für Fahrten des Arbeitnehmers **am Ort der Auswärtstätigkeit** (z. B. Fahrten zwischen Hotel und jeweiliger Tätigkeitsstätte), und zwar auch dann, wenn der Arbeitnehmer im Einzugsgebiet des Reiseortes seine Unterkunft genommen hat (z. B. der Arbeitnehmer ist auf Auswärtstätigkeit in München und wohnt in Starnberg). Dies gilt für den **gesamten Zeitraum** der vorübergehenden beruflich veranlassten **Auswärtstätigkeit** (vgl. auch die Erläuterungen unter dem vorstehenden Buchstaben h).

k) Pauschvergütungen

Pauschvergütungen, die wegen der Benutzung eines eigenen Fahrzeugs ohne Rücksicht auf Zahl und Fahrstrecken der tatsächlich ausgeführten Fahrten für einen bestimmten Zeitraum (z. B. 150 € für einen Monat) gewährt werden, sind stets steuerpflichtiger Arbeitslohn. Der Arbeitnehmer muss in diesen Fällen seine Aufwendungen als Werbungskosten geltend machen und hierbei die gefahrenen Kilometer nachweisen oder glaubhaft machen. — ja — ja

l) Werbungskostenabzug beim Arbeitnehmer

Werden vom Arbeitgeber niedrigere Beträge steuerfrei ersetzt, als dies nach den Ausführungen unter a) – i) möglich wäre, so kann der Arbeitnehmer ohne weiteres den Differenzbetrag als Werbungskosten geltend machen.

Beispiel
Der Arbeitgeber ersetzt dem Arbeitnehmer für jeden Kilometer, den der Arbeitnehmer mit seinem privaten Kraftfahrzeug dienstlich zurückgelegt hat, lediglich 0,20 €. Der Arbeitnehmer kann den Unterschiedsbetrag von (0,30 € – 0,20 €) = 0,10 € für jeden dienstlich gefahrenen Kilometer beim Finanzamt als Werbungskosten geltend machen. Weist der Arbeitnehmer nach, dass die durch die Benutzung des Kraftwagens entstehenden tatsächlichen Kosten 0,45 € betragen, so kann er (0,45 € – 0,20 € =) 0,25 € für jeden dienstlich gefahrenen Kilometer als Werbungskosten geltend machen.

8. Kosten der Unterkunft bei Inlandsreisen

a) Allgemeines

Die Kosten für die Unterkunft können vom Arbeitgeber grundsätzlich **zeitlich unbegrenzt** in der tatsächlich entstandenen und nachgewiesenen Höhe (Hotelrechnung usw.) steuerfrei ersetzt werden. — nein — nein

Dabei gehören die Kosten für das Frühstück zu den Verpflegungskosten, das heißt, die Kosten für das Frühstück sind mit dem Pauschbetrag für Verpflegung abgegolten und müssen deshalb vom Gesamtpreis für Übernachtung mit Frühstück abgezogen werden. Lässt sich der Preis für das Frühstück aus der Hotelrechnung nicht feststellen, so sind die Kosten des Frühstücks bei einer Übernachtung im Inland mit **4,80 €** (= 20 % des Pauschbetrags für Verpflegungsmehraufwendungen bei 24 Stunden Abwesenheit) anzusetzen und vom Rechnungspreis abzuziehen. Wird nur der Preis für eine Übernachtung bescheinigt, muss ebenfalls gekürzt werden*).

Beispiel A
Die Hotelrechnung lautet:

Übernachtung	85,— €
Nebenleistungen (Frühstück, Wellness, Außenparkplatz)	15,— €
Summe	100,— €
Zur Ermittlung der reinen Übernachtungskosten sind abzuziehen 20 % von 24,— € =	4,80 €
steuerfrei ersetzbare Kosten der Unterkunft	95,20 €

Ist aber der Preis für das **Frühstück** in der Hotelrechnung **gesondert ausgewiesen,** muss zur Ermittlung der vom Arbeitgeber steuerfrei ersetzbaren Übernachtungskosten der **Rechnungsbetrag** um die **tatsächlichen Kosten** für das **Frühstück** (Bruttobetrag, also inklusive Umsatzsteuer) **gekürzt** werden.

Beispiel B
Anlässlich einer zweitägigen beruflich veranlassten Auswärtstätigkeit bucht der Arbeitnehmer in einem Hotel ein Einzelzimmer mit Frühstück. Er erhält vom Hotel folgende Rechnung:

Übernachtung Einzelzimmer	100,00 €
zuzüglich 7 % Umsatzsteuer	7,00 €
Frühstück	18,00 €
zuzüglich 19 % Umsatzsteuer	3,42 €
Gesamtbetrag	128,42 €

Der Arbeitgeber kann die Übernachtungskosten in folgender Höhe steuerfrei ersetzen:

Gesamtbetrag der Hotelrechnung	128,42 €
abzüglich Frühstück 18 € zzgl. 19 % Umsatzsteuer	21,42 €
Steuerfrei ersetzbare Übernachtungskosten	107,00 €

Die Kosten für das Frühstück sind mit dem Pauschbetrag für Verpflegung abgegolten. Vgl. hierzu im Einzelnen die Erläuterungen unter der nachfolgenden Nr. 9.

Ist im Gesamtpreis für Übernachtung und Verpflegung ausnahmsweise auch ein Mittag- und/oder Abendessen enthalten (z. B. bei Tagungspauschalen) und lässt sich der Preis für das Mittag- und/oder Abendessen nicht feststellen, ist der Gesamtpreis zur Ermittlung der Übernachtungskosten – ggf. neben der vorstehend beschriebenen Kürzung für das Frühstück – um jeweils 40 % des für den Unterkunftsort maßgebenden Pauschbetrags für Verpflegungsmehraufwendungen mit einer Abwesenheitsdauer von 24 Stunden zu kürzen. Für das Inland ergibt sich somit in diesen Fällen ein zusätzlicher Kürzungsbetrag von jeweils 9,60 € (40 % von 24 € pro Mittag- oder Abendessen).

Beispiel C
Bei einer eintägigen Tagung in München (Anreise 18.1.2010, Abreise 19.1.2010 nachmittags) ist in der Hoteltagungspauschale von 150 € das Frühstück und das Mittagessen am 19.1. enthalten.

Hoteltagungspauschale	150,— €
Zur Ermittlung der Übernachtungskosten sind abzuziehen	
für das Frühstück 20 % von 24 € =	4,80 €
für das Mittagessen 40 % von 24 € =	9,60 €
Steuerfrei ersetzbare Kosten der Unterkunft	135,60 €

Beispiel D
Wie Beispiel C. Der Preis für das Frühstück und das Mittagessen ist in der Hotelrechnung mit 15 € (brutto) bzw. 25 € (brutto) gesondert ausgewiesen.

Der Arbeitgeber kann die Übernachtungskosten in folgender Höhe steuerfrei ersetzen:

Gesamtbetrag der Hotelrechnung	150 €
abzüglich Frühstück (brutto)	15 €
abzüglich Mittagessen (brutto)	25 €
Steuerfrei ersetzbare Übernachtungskosten	110 €

Davon zu unterscheiden sind die Fälle, dass der Arbeitnehmer **auf Veranlassung des Arbeitgebers von einem Dritten** eine Mahlzeit unentgeltlich erhält. Dies ist der Fall, wenn der Arbeitgeber vor Antritt der jeweiligen Auswärtstätigkeit für den Arbeitnehmer eine Unterkunft einschließlich Frühstück und ggf. weiterer Mahlzeiten z. B. in einem Hotel bucht und unmittelbare Vertragsbeziehungen zwischen dem Arbeitgeber und dem Hotel bestehen (vgl. hierzu die nachfolgenden Erläuterungen unter Nr. 10 Buchstabe b und c).

---

*) Eine Kürzung um 4,80 € kann nur dann unterbleiben, wenn die Hotelrechnung wie folgt lautet: „Übernachtung ohne Frühstück . . . €". Aufgrund der Änderung in § 12 Abs. 2 Nr. 11 UStG muss das Hotel/Übernachtungsunternehmen eine Aufteilung der Leistungen in Beherbergung (Steuersatz 7 %) und übrige Leistungen (Steuersatz 19 %) vornehmen. Sofern keine weitere preismäßige Aufschlüsselung der übrigen Leistungen erfolgt, ist der „Frühstücksanteil" u. E. mit 4,80 € anzusetzen.

Reisekosten bei Auswärtstätigkeiten

b) Mitnahme des Ehegatten/der Familie

Wird der Arbeitnehmer bei der Auswärtstätigkeit aus privaten Gründen z. B. von seinem Ehegatten begleitet, sind bei einer Unterbringung in einem Hotel/einer Pension statt der Kosten für das **Doppelzimmer** die Aufwendungen maßgebend, die bei Inanspruchnahme eines Einzelzimmers in derselben Unterkunft entstanden wären (R 9.7 Abs. 1 Satz 2 LStR).

Beispiel E

Ein Arbeitnehmer führt von montags bis freitags eine Auswärtstätigkeit nach Warnemünde durch und wird von seinem Ehegatten begleitet. Das Doppelzimmer kostet pro Übernachtung 109 € inklusive Frühstück. Ein Einzelzimmer im selben Hotel würde pro Übernachtung 89 € kosten. Der Arbeitnehmer fügt die Hotelrechnung über 436 € (109 € × 4 Übernachtungen) seiner Reisekostenabrechnung bei. Der Arbeitgeber kann die Übernachtungskosten in folgender Höhe steuerfrei ersetzen:

Preis pro Übernachtung im Einzelzimmer	89,00 €
abzüglich Frühstück 20 % von 24 € =	4,80 €
Reine Übernachtungskosten	84,20 €
× 4 Übernachtungen	336,80 €

Der Arbeitgeber kann die auf den Arbeitnehmer nach Abzug des Frühstücks entfallenden Übernachtungskosten in Höhe von 336,80 € steuerfrei erstatten.

Fraglich ist, in welcher Höhe Kosten für eine **Wohnung** oder ein **Haus** vom Arbeitgeber steuerfrei ersetzt oder vom Arbeitnehmer als Werbungskosten abgezogen werden können, wenn der Arbeitnehmer anlässlich der Auswärtstätigkeit von seiner **Familie** (Ehegatte, Kinder) **begleitet** wird. In diesem Fall sind die Aufwendungen für die Wohnung oder das Haus – wie im obigen „Doppelzimmerfall" – einerseits durch die **beruflich** veranlasste Unterbringung des Arbeitnehmers und andererseits durch die **privat** veranlasste Unterbringung seiner Familie entstanden. Die Übernachtungskosten können daher nur insoweit vom Arbeitgeber **steuerfrei** erstattet bzw. vom Arbeitnehmer als Werbungskosten abgezogen werden, als sie auf die **beruflich** veranlasste Unterbringung des Arbeitnehmers entfallen. Die **privat** veranlassten Unterbringungskosten für die Familie führen bei einer Erstattung durch den Arbeitgeber zu **steuer- und sozialversicherungspflichtigen** Arbeitslohn bzw. können vom Arbeitnehmer nicht als Werbungskosten abgezogen werden. Schwierig ist es, bezüglich der erforderlichen **Aufteilung** einen geeigneten Maßstab zu finden. Entscheidend ist letztlich, welche Mehrkosten durch die Unterbringung der Familie gegenüber der ausschließlichen Unterbringung des Arbeitnehmers entstehen. Dies wird man regelmäßig nur schätzen können, wobei u.E. eine Aufteilung der Kosten nach Köpfen aber abzulehnen ist, da sie zu Lasten des Arbeitnehmers zu einem nicht sachgerechten Ergebnis führt.

Beispiel F

Ein ausländischer Arbeitnehmer wird für eine auf drei Jahre befristete Tätigkeit nach Deutschland entsendet. Er wird von seiner Ehefrau und den drei gemeinsamen Kindern begleitet. Die Familie hält zudem ihren ausländischen Wohnsitz bei. Der Arbeitgeber stellt dem Arbeitnehmer ein Einfamilienhaus mit 120 qm Wohnfläche zur Verfügung. Aufgrund der Mitnahme der Familie stehen dem Arbeitnehmer 40 qm mehr zur Verfügung, als wenn er alleine nach Deutschland gekommen wäre. Der Arbeitgeber zahlt für das gemietete Einfamilienhaus monatlich 1800 € Miete.

Die privat veranlasste Unterbringung der Familie (hier = 40 qm) führt zu steuer- und sozialversicherungspflichtigem Arbeitslohn. Die vom Arbeitgeber gezahlte Miete ist daher in Höhe von 600 € monatlich steuerpflichtig ($^{40}/_{120} = ^1/_3$) und in Höhe von 1200 € monatlich ($^{80}/_{120} = ^2/_3$) steuerfrei. Das Beispiel macht u.E. deutlich, dass eine Aufteilung der Miete nach Köpfen ($^1/_5$ = Arbeitnehmer steuerfrei; $^4/_5$ = Ehefrau und drei Kinder steuerpflichtig) nicht zu einem sachgerechten Ergebnis führt.

Hinweis. Da es sich um eine befristete Auswärtstätigkeit handelt, hat der ausländische Arbeitnehmer in Deutschland keine regelmäßige Arbeitsstätte mit der Folge, dass es sich nicht um eine beruflich veranlasste doppelte Haushaltsführung handelt. Bei einer doppelten Haushaltsführung können die Unterkunftskosten bis zur Höhe des Durchschnittsmietzinses am Beschäftigungsort für eine 60-qm-Wohnung steuerfrei erstattet bzw. als Werbungskosten abgezogen werden (vgl. die Erläuterungen beim Stichwort „Doppelte Haushaltsführung" unter Nr. 2 Buchstabe d).

c) Pauschbetrag

	Lohnsteuerpflichtig	Sozialversich.-pflichtig

Erstattet der Arbeitgeber dem Arbeitnehmer nicht die im Einzelnen nachgewiesenen Unterbringungskosten, so kann er für jede Übernachtung im Inland – **zeitlich unbegrenzt** – einen

Pauschbetrag von 20 €

steuerfrei zahlen.   nein   nein

Ein steuerfreies Übernachtungsgeld kann nicht gezahlt werden, wenn die Übernachtung in einer vom Arbeitgeber unentgeltlich oder verbilligt zur Verfügung gestellten Unterkunft erfolgt.

Die Tatsache, dass eine Übernachtung stattgefunden hat, muss auch bei Inanspruchnahme des Pauschbetrags nachgewiesen oder zumindest glaubhaft gemacht werden. Der Pauschbetrag kann aber auch dann steuerfrei gezahlt werden, wenn tatsächlich geringere Übernachtungskosten anfallen (z. B., wenn der Arbeitnehmer privat bei Bekannten übernachtet; BFH-Urteil vom 12.9.2001, BStBl. II S. 775). Will der Arbeitgeber einen höheren Betrag als den Pauschbetrag von 20 € steuerfrei ersetzen, so müssen stets die tatsächlichen Übernachtungskosten nachgewiesen werden.

Bei einer mehrtägigen Auswärtstätigkeit ist **ein Wechsel** zwischen Übernachtungspauschbetrag und tatsächlich nachgewiesenen Übernachtungskosten **auch innerhalb ein und derselbem Auswärtstätigkeit möglich.**

Beispiel G

Ein Arbeitnehmer führt von Montag bis Freitag eine Auswärtstätigkeit nach Berlin durch. Von Montag bis Donnerstag übernachtet er im Hotel (Preis für die Übernachtung mit Frühstück 75 €). Von Donnerstag auf Freitag übernachtet er bei Bekannten, die ihm diese Übernachtung bestätigen. Der Arbeitgeber kann folgende Übernachtungskosten steuerfrei ersetzen:

für jede Übernachtung im Hotel	
Preis mit Frühstück	75,— €
für das Frühstück sind abzuziehen	4,80 €
verbleibende Kosten der Unterkunft	70,20 €
für drei Nächte (3 × 70,20 € =)	210,60 €
zuzüglich Übernachtungspauschbetrag für die vierte Übernachtung	20,— €
steuerfreie Übernachtungskosten insgesamt	230,60 €

Der Pauschbetrag für Übernachtung in Höhe von 20 € gilt nur für den steuerfreien Ersatz durch den Arbeitgeber, nicht hingegen für den Werbungskostenabzug beim Arbeitnehmer. Der Arbeitnehmer kann deshalb den Betrag von 20 € nicht als Werbungskosten geltend machen, wenn ihm vom Arbeitgeber keine Übernachtungskosten steuerfrei ersetzt werden. Der Arbeitnehmer muss vielmehr die tatsächlich entstandenen Übernachtungskosten **im Einzelnen nachweisen** (Hotelbelege usw.), wenn er sie als Werbungskosten geltend machen will.

9. Pauschbeträge für Verpflegungsmehraufwand bei Inlandsreisen

a) Höhe der Pauschbeträge

Seit 1. 1. 1996 können Verpflegungsmehraufwendungen **nur noch pauschal** berücksichtigt werden; ein Einzelnachweis der tatsächlichen Aufwendungen ist ausgeschlossen. Folgende Pauschbeträge für Verpflegungsmehraufwand kann der Arbeitgeber bei Auswärtstätigkeiten im Inland steuerfrei ersetzen:

- bei einer Abwesenheit von 24 Stunden: **24,— €,**
- bei einer Abwesenheit von weniger als 24 Stunden aber mindestens 14 Stunden: **12,— €,**
- bei einer Abwesenheit von weniger als 14 Stunden aber mindestens 8 Stunden: **6,— €.**

Reisekosten bei Auswärtstätigkeiten

Maßgebend ist die Dauer der Abwesenheit an dem **Kalendertag,** an dem die Auswärtstätigkeit durchgeführt wird. Dabei richtet sich die Abwesenheitsdauer nach der Dauer der Abwesenheit von der Wohnung **und** der regelmäßigen Arbeitsstätte.

Beispiel A

Ein Arbeitnehmer fährt von seiner Wohnung täglich um 8 Uhr in den Betrieb, von wo aus er nach Entgegennahme der Aufträge um 9 Uhr mit seiner Außendiensttätigkeit (Auswärtstätigkeit) beginnt. Nachmittags fährt er wieder zum Betrieb zurück (Rückkehr im Betrieb 16.30 Uhr), um Kundengelder abzurechnen und kehrt anschließend zur Wohnung zurück (Ankunft 17.30 Uhr). Freitags ist er ganztägig im Betrieb tätig.

Der Arbeitgeber darf keine steuerfreie Verpflegungspauschale zahlen, weil die Mindestabwesenheitsdauer von acht Stunden von der Wohnung **und** von der regelmäßigen Arbeitsstätte (Betrieb) nicht erreicht wird. Die Abwesenheit von der Wohnung beträgt zwar mindestens acht Stunden, nicht aber die Abwesenheit vom Betrieb (nur siebeneinhalb Stunden).

Die **Pauschbeträge** für **Verpflegungsmehraufwendungen** sind nicht zu mindern, wenn der Arbeitnehmer **Mahlzeiten** während der Auswärtstätigkeit vom Arbeitgeber oder auf dessen Veranlassung von einem Dritten unentgeltlich oder teilentgeltlich erhalten hat (R 9.6 Abs. 1 Satz 3 LStR). Die erhaltenen Mahlzeiten sind aber – vorbehaltlich einer steuerlich anzuerkennenden Zuzahlung des Arbeitnehmers – als Arbeitslohn anzusetzen. Vgl. auch die Erläuterungen unter der nachstehenden Nr. 10.

Unternimmt der Arbeitnehmer **mehrere** Auswärtstätigkeiten an **einem** Kalendertag, so sind die Abwesenheitszeiten an diesem Kalendertag zusammenzurechnen (R 9.6 Abs. 1 Satz 4 LStR).

Beispiel B

Ein Arbeitnehmer unternimmt eine Auswärtstätigkeit mit Übernachtung, die 5.2. um 18.00 Uhr begonnen und am 6.2. um 12.00 Uhr beendet wird. Am 6.2. unternimmt er erneut eine Auswärtstätigkeit mit Übernachtung, die um 18.00 Uhr begonnen und am 7.2. um 12.00 Uhr beendet wird. Die Dauer der Abwesenheit am 6.2. wird zusammengerechnet (12 + 6 Stunden = 18 Stunden). Da der Arbeitnehmer somit am 6.2. mindestens 14 Stunden abwesend war, kann er eine steuerfreie Pauschale für Verpflegungsmehraufwand in Höhe von 12 € erhalten. Für den 7.2. beträgt die steuerfreie Pauschale 6 € (Abwesenheit 12 Stunden). Für den 5.2. kann keine steuerfreie Pauschale gezahlt werden (Abwesenheitsdauer lediglich 6 Stunden).

Beispiel C

Ein Arbeitnehmer beginnt am Dienstag um 17 Uhr eine Auswärtstätigkeit, übernachtet auswärts (Hotelrechnung für Übernachtung 100 €) und beendet die Auswärtstätigkeit am Mittwoch um 10 Uhr in seiner Wohnung. Dem Arbeitnehmer kann für Mittwoch ein Pauschbetrag für Verpflegungsmehraufwand in Höhe von 6 € steuerfrei ersetzt werden, da er am Dienstag nicht mindestens 8 Stunden abwesend war. Die Übernachtungskosten kann der Arbeitgeber in tatsächlich nachgewiesener Höhe steuerfrei ersetzen. Dabei ist der Wert des Frühstücks mit 4,80 € (20 % von 24 €) herauszurechnen.

Hotelrechnung für eine Übernachtung	100,— €
für das Frühstück sind abzuziehen	4,80 €
steuerfrei ersetzbare Übernachtungskosten	95,20 €
steuerfreie Reisekosten insgesamt (95,20 € + 6 € =)	101,20 €

Die Kürzung um 4,80 € für das Frühstück kann nur dann unterbleiben, wenn die Hotelrechnung wie folgt lautet: „Übernachtung ohne Frühstück … €".

b) Zweitägige Auswärtstätigkeiten ohne Übernachtung (sog. Mitternachtsregelung)

Eine kalendertagbezogene Berechnung der Abwesenheitszeiten hätte dann zu Härten geführt, wenn z. B. Berufskraftfahrer ohne Übernachtung die ganze Nacht durchfahren, trotzdem aber an keinem Tag die Mindestabwesenheitsdauer von acht Stunden erreichen. Für solche Fälle hat der Gesetzgeber daher folgende Sonderregelung getroffen, die eine Zusammenrechnung der Abwesenheitszeiten auch dann erlaubt, wenn sie zwei verschiedene Tage betreffen:

„Eine Tätigkeit, die nach **16 Uhr** begonnen und vor **8 Uhr** des nachfolgenden Kalendertags beendet wird, ohne dass eine Übernachtung stattfindet, ist mit der gesamten Abwesenheitsdauer dem Kalendertag der überwiegenden Abwesenheit zuzurechnen."

Voraussetzung für die Anwendung dieser Regelung ist also eine Tätigkeit, die sich über Mitternacht hinaus in den nächsten Tag hinein erstreckt, ohne dass eine Übernachtung stattfindet. In der Praxis hat sich deshalb hierfür die Bezeichnung **„Mitternachtsregelung"** eingebürgert.

Die sog. Mitternachtsregelung stellt also eine Ausnahme von dem Grundsatz dar, dass für die Dauer der Abwesenheit von der Wohnung und der regelmäßigen Arbeitsstätte jeder Kalendertag für sich zu beurteilen ist. Die Ausnahmeregelung betrifft ausschließlich diejenigen Fälle, in denen der Arbeitnehmer nachts eine **Tätigkeit** ausübt, **ohne dass eine Übernachtung stattfindet.** Die Ausnahmeregelung soll zwar nach der Gesetzesbegründung*) in erster Linie für Berufskraftfahrer gelten, die nachts fahren; nach dem Gesetzeswortlaut ist jedoch **jede** Tätigkeit angesprochen, die nachts ausgeübt wird.

Beispiel

Ein Computerfachmann, der im Betrieb seine regelmäßige Arbeitsstätte hat, wird am 5. Januar 2010 um 18 Uhr zu einem Kunden geschickt, um einen Fehler zu beheben. Er arbeitet bis 6. Januar 2010 um 1 Uhr und fährt dann nach Hause. Dort trifft er um 2 Uhr ein. Ohne die Sonderregelung könnte diesem Arbeitnehmer weder am 5. noch am 6. Januar 2010 ein Pauschbetrag für Verpflegungsmehraufwand steuerfrei gezahlt werden. Da er jedoch nachts eine Tätigkeit ausgeübt hat, ohne dass eine Übernachtung stattfand, werden die Abwesenheitszeiten zusammengerechnet (6 Stunden am 5.1.2010 und 2 Stunden am 6.1.2010 ergeben eine Abwesenheitsdauer von 8 Stunden) und dem Kalendertag der überwiegenden Abwesenheit zugerechnet. Dem Arbeitnehmer kann deshalb für den 5.1.2010 ein Pauschbetrag für Verpflegungsmehraufwand in Höhe von 6 € steuerfrei gezahlt werden.

Diese Regelung erlangt über den Normalfall hinaus dann eine besondere Bedeutung, wenn eine Inlandsreise mit einer Auslandsreise zusammentrifft und die gesamte Abwesenheitsdauer dabei dem Kalendertag der überwiegenden Abwesenheit zugerechnet wird (vgl. nachfolgend unter den Nummern 16 und 17).

c) Dreimonatsfrist beim Verpflegungsmehraufwand

Aufgrund der grundlegenden Reform des Reisekostenrechts zum **1.1.2008** ist die sog. **Dreimonatsfrist** nur noch für den zeitlichen Umfang der Berücksichtigung der **Pauschbeträge** für **Verpflegungsmehraufwendungen** von Bedeutung.

Bei einer längerfristigen vorübergehenden Auswärtstätigkeit an derselben Tätigkeitsstätte kann ein steuerfreier Arbeitgeberersatz bzw. Werbungskostenabzug der Pauschbeträge für Verpflegungsmehraufwendungen **nur für die ersten drei Monate** erfolgen (§ 9 Abs. 5 i. V. m. § 4 Abs. 5 Satz 1 Nr. 5 Satz 5 EStG). Da es sich bei der Dreimonatsfrist der Pauschbeträge für Verpflegungsmehraufwendungen um eine **gesetzliche Frist** handelt, ist sie auch ab 2008 zu beachten (vgl. auch R 9.6 Abs. 4 Satz 1 LStR).

Beispiel A

Ein Arbeitnehmer wird für fünf Monate vom Sitz der Geschäftsleitung an eine Niederlassung seines Arbeitgebers abgeordnet.

Die Pauschbeträge für Verpflegungsmehraufwendungen können nur für die ersten drei Monate der Tätigkeit an der Niederlassung vom Arbeitgeber steuerfrei erstattet bzw. vom Arbeitnehmer als Werbungskosten abgezogen werden.

Beispiel B

Ein Bauarbeiter mit Wohnsitz in Hamburg, der keine regelmäßige Arbeitsstätte im Betrieb des Arbeitgebers hat und typischerweise nur an ständig wechselnden Tätigkeitsstätten eingesetzt wird, ist für acht Monate (März bis Oktober) an einer Baustelle in Rostock tätig.

Der steuerfreie Arbeitgeberersatz bzw. der Werbungskostenabzug der Pauschbeträge für Verpflegungsmehraufwendungen ist auf die ersten drei Monate (März, April, Mai) der Tätigkeit in Rostock beschränkt.

---

*) Die Gesetzesbegründung zu § 4 Abs. 5 Satz 1 Nr. 5 Satz 2 letzter Halbsatz EStG lautet:
„Mit der Änderung soll den besonderen Verhältnissen der Berufskraftfahrer, die typischerweise ihre Auswärtstätigkeiten zur Nachtzeit ausüben, Rechnung getragen werden."

Reisekosten bei Auswärtstätigkeiten

Eine längerfristige vorübergehende Auswärtstätigkeit ist noch als dieselbe Auswärtstätigkeit zu beurteilen, wenn der Arbeitnehmer nach einer Unterbrechung die Auswärtstätigkeit mit gleichem Inhalt am gleichen Ort ausübt und ein zeitlicher Zusammenhang mit der bisherigen Tätigkeit besteht (R 9.6 Abs. 4 Satz 2 LStR).

Beispiel C
A entwickelt beim Kunden vor Ort über zwei Monate ein Softwareprogramm für den Produktionsablauf einer Maschine. Vierzehn Tage nach Beendigung der Arbeit treten technische Schwierigkeiten auf. Die Beseitigung dieser Schwierigkeiten durch A beim Kunden dauert sechs Wochen.

Bei der Entwicklung des Softwareprogramms und der Nachbesserungsarbeiten handelt es sich um dieselbe Auswärtstätigkeit, da diese nach der Unterbrechung von vierzehn Tagen durch A mit gleichem Inhalt am gleichen Ort ausgeübt wird und ein zeitlicher Zusammenhang mit der bisherigen Tätigkeit besteht. Die Pauschbeträge für Verpflegungsmehraufwendungen können nur für die ersten drei Monate steuerfrei ersetzt bzw. als Werbungskosten geltend gemacht werden. Dies gilt allerdings aufgrund der Unterbrechung nicht für die ersten zwei Wochen im dritten Monat.

Eine **urlaubs- oder krankheitsbedingte Unterbrechung** derselben Auswärtstätigkeit hat auf den Ablauf der Dreimonatsfrist **keinen Einfluss** (R 9.6 Abs. 4 Satz 3 LStR). Dies bedeutet, dass sich der Dreimonatszeitraum weder um die Dauer des Urlaubs oder der Erkrankung verlängert noch dass nach Beendigung des Urlaubs oder der Erkrankung ein neuer Dreimonatszeitraum zu laufen beginnt.

Beispiel D
Wie Beispiel B. Der Arbeitnehmer nimmt die ersten zwei Wochen im Mai Urlaub.

Die Pauschbeträge für Verpflegungsmehraufwendungen können auch in diesem Fall nur bis Ende Mai vom Arbeitgeber steuerfrei ersetzt bzw. vom Arbeitnehmer als Werbungskosten abgezogen werden, da der zweiwöchige Urlaub keinen Einfluss auf den Ablauf der Dreimonatsfrist hat. Dies gilt aber selbstverständlich nicht für die Tage, an denen sich der Arbeitnehmer in Urlaub befindet.

Andere Unterbrechungen als Urlaub oder Krankheit (z. B. eine vorübergehende Tätigkeit an der regelmäßigen Arbeitsstätte) führen nur dann zu einem **Neubeginn** der Dreimonatsfrist, wenn die Unterbrechung **mindestens vier Wochen** gedauert hat (R 9.6 Abs. 4 Satz 4 LStR). Dies gilt auch dann, wenn sich ein betrieblich begründeter Unterbrechungszeitraum durch Urlaub oder Krankheit auf mindestens vier Wochen verlängert, da in diesem Fall der Urlaub oder die Krankheit nicht die eigentliche Ursache für die Unterbrechung der Auswärtstätigkeit war.

Beispiel E
Ein Arbeitnehmer mit Wohnsitz und regelmäßiger Arbeitsstätte in München wird von seinem Arbeitgeber vom 1.2.2010 bis 31.5.2010 an die Niederlassung in Stuttgart abgeordnet. Ab 1.6.2010 ist er wieder an seiner regelmäßigen Arbeitsstätte in München tätig. Aufgrund eines personellen Engpasses wird er vom 16.7. bis 31.8.2010 erneut nach Stuttgart abgeordnet. Der steuerfreie Arbeitgeberersatz bzw. der Werbungskostenabzug der Pauschbeträge für Verpflegungsmehraufwendungen ist zunächst einmal auf die ersten drei Monate (Februar, März, April) der Tätigkeit in Stuttgart beschränkt. Da die Tätigkeit in Stuttgart von Anfang Juni bis Mitte Juli durch eine vorübergehende Tätigkeit an der regelmäßigen Arbeitsstätte in München für mehr als vier Wochen unterbrochen worden ist, beginnt mit der Aufnahme der erneuten Tätigkeit in Stuttgart eine neue Dreimonatsfrist mit der Folge, dass die Pauschbeträge für Verpflegungsmehraufwendungen ab 16.7.2010 bis zur Beendigung der Tätigkeit am 31.8.2010 in Stuttgart vom Arbeitgeber steuerfrei ersetzt bzw. vom Arbeitnehmer als Werbungskosten geltend gemacht werden können. Es liegt übrigens keine aus beruflichem Anlass begründete doppelte Haushaltsführung vor, da es sich sowohl beim Zeitraum Februar bis Mai als auch beim Zeitraum Mitte Juli bis Ende August um vorübergehende beruflich veranlasste Auswärtstätigkeiten handelt (R 9.11 Abs. 1 Satz 2 LStR).

Bei einem endgültigen **Wechsel** der auswärtigen **Tätigkeitsstätte** kommt es unabhängig von der jeweiligen Entfernung und unabhängig von einem Wechsel der auswärtigen Unterkunft stets zu einem **Neubeginn** der Dreimonatsfrist. Ein Wechsel der auswärtigen Tätigkeitsstätte liegt auch dann vor, wenn man bei einem anderen Kunden einen neuen Auftrag erhält.

Beispiel F
Ein Arbeitnehmer mit regelmäßiger Arbeitsstätte in Düsseldorf wird in der Zeit vom 1.3. bis 31.5. an einer Zweigniederlassung des Arbeitgebers in Hannover und vom 1.6. bis 31.8. in Hamburg eingesetzt. Anschließend kehrt er an seine regelmäßige Arbeitsstätte nach Düsseldorf zurück.

Der steuerfreie Arbeitgeberersatz bzw. der Werbungskostenabzug der Pauschbeträge für Verpflegungsmehraufwendungen kann hier für den gesamten Zeitraum (1.3. bis 31.8) vorgenommen werden, da der Wechsel der auswärtigen Tätigkeitsstätte von Hannover nach Hamburg am 1.6. zu einem Neubeginn der Dreimonatsfrist führt.

Die **Dreimonatsfrist** findet keine Anwendung, wenn es sich nicht um „**dieselbe" Auswärtstätigkeit** handelt (vgl. die Formulierung in R 9.6 Abs. 4 Satz 1 LStR „bei derselben Auswärtstätigkeit").

Beispiel G
Ein Vertreter macht täglich Kundenbesuche im Bereich einer Großstadt. Er verlässt seine Wohnung, in der sich auch seine regelmäßige Arbeitsstätte befindet, regelmäßig gegen 10.00 Uhr und ist gegen 19.00 Uhr zurück.

Es handelt sich täglich um eine neue (und nicht dieselbe) vorübergehend beruflich veranlasste Auswärtstätigkeit. Für jeden Tag mit einer Mindestabwesenheit von acht Stunden kann ein Pauschbetrag für Verpflegungsmehraufwendungen von 6 € vom Arbeitgeber steuerfrei ersetzt bzw. vom Arbeitnehmer als Werbungskosten abgezogen werden. Die Dreimonatsfrist ist nicht anzuwenden.

Beispiel H
Busfahrer A ist ständig auf der Linie 007 eingesetzt. Er übernimmt das Fahrzeug jeden Morgen auf dem Betriebshof des Arbeitgebers (= regelmäßige Arbeitsstätte), verlässt diesen gegen 6.45 Uhr und ist gegen 15.00 Uhr zurück.

A hat täglich Anspruch auf den Pauschbetrag für Verpflegungsmehraufwendungen in Höhe von 6 € (steuerfreier Arbeitgeberersatz oder Werbungskostenabzug), da seine vorübergehende beruflich veranlasste Auswärtstätigkeit täglich um 6.45 Uhr beginnt und um 15.00 Uhr endet. Es handelt sich nicht um „dieselbe Auswärtstätigkeit", sondern täglich um eine neue Auswärtstätigkeit.

Dieselbe Auswärtstätigkeit liegt auch nicht vor, wenn die auswärtige Tätigkeitsstätte an nicht mehr als **(ein bis) zwei Tagen wöchentlich** aufgesucht wird mit der Folge, dass die **Dreimonatsfrist nicht anzuwenden** ist (R 9.6 Abs. 4 Satz 1 2. Halbsatz LStR). Vgl. hierzu auch die Erläuterungen beim Stichwort „Berufsschule".

Beispiel I
Ein Arbeitnehmer wird von seinem Arbeitgeber für einen Zeitraum von sieben Monaten jeweils mittwochs zu einem verbundenen Unternehmen abgeordnet.

Es handelt sich um eine vorübergehende beruflich veranlasste Auswärtstätigkeit. Sowohl die Fahrtkosten als auch die Pauschbeträge für Verpflegungsmehraufwendungen können für den gesamten Zeitraum von sieben Monaten nach Reisekostengrundsätzen steuerfrei ersetzt bzw. als Werbungskosten abgezogen werden. Da der Arbeitnehmer das verbundene Unternehmen nur einmal wöchentlich aufsucht, ist die Dreimonatsfrist für die Berücksichtigung der Verpflegungsmehraufwendungen nicht anzuwenden.

Beispiel K
Wie Beispiel I. Die Abordnung umfasst jeweils die Tage dienstags bis donnerstags (= 3 Tage wöchentlich).

Die Gewährung der Pauschbeträge für Verpflegungsmehraufwendungen ist auf die ersten drei Monate begrenzt, da es sich um dieselbe Auswärtstätigkeit handelt. Die Fahrtkosten können jedoch auch hier für den gesamten Zeitraum von sieben Monaten nach Reisekostengrundsätzen steuerfrei ersetzt bzw. als Werbungskosten abgezogen werden, da eine vorübergehende beruflich veranlasste Auswärtstätigkeit vorliegt.

Beispiel L
Der angestellte Architekt A hat seine regelmäßige Arbeitsstätte im Architekturbüro seines Arbeitgebers. Im Rahmen seiner Tätigkeit als Bauleiter besucht er höchstens zweimal wöchentlich die verschiedenen Baustellen, um vor Ort die Koordinierung mit Auftraggebern, Handwerkern und Baubehörden vorzunehmen.

Der jeweils in Betracht kommende Pauschbetrag für Verpflegungsmehraufwendungen kann zeitlich unbegrenzt nach Reisekostengrundsätzen steuerfrei ersetzt bzw. als Werbungskosten abgezogen werden. Da A die jeweilige Baustelle höchstens zweimal wöchentlich aufsucht, ist die Dreimonatsfrist für die Berücksichtigung der Verpflegungsmehraufwendungen nicht anzuwenden.

Beispiel M
Ein Arbeitnehmer führt über einen Zeitraum von rund einem Jahr eine projektbezogene Tätigkeit (= befristete Abordnung) bei einem Kunden durch. In der Zeit vom 1. März bis 30. Juni 2010 ist er beim Kunden zweimal wöchentlich und ab 1. Juli 2010 bis zum Ende des Projekts dreimal wöchentlich tätig. In den Monaten März bis Juni ist nicht von

Reisekosten bei Auswärtstätigkeiten

derselben, sondern immer wieder von neuen Auswärtstätigkeiten auszugehen, da die auswärtige Tätigkeitsstätte an nicht mehr als zwei Tagen wöchentlich aufgesucht wird. Die Dreimonatsfrist für die steuerliche Berücksichtigung der Pauschbeträge für Verpflegungsmehraufwendungen beginnt daher am 1. Juli 2010 und endet mit Ablauf des Monats September.

Hinweis: Würde die Auswärtstätigkeit von Beginn an mal zwei Tage in der Woche und mal drei Tage in der Woche beim Kunden ausgeübt, würde die Dreimonatsfrist für die steuerliche Berücksichtigung der Pauschbeträge für Verpflegungsmehraufwendungen am 1. März 2010 beginnen und mit Ablauf des Monats Mai 2010 (= 3 Monate) enden.

10. Kostenlose Verpflegung bei Auswärtstätigkeiten

a) Allgemeines

Nach R 9.6 Abs. 1 Satz 3 der Lohnsteuer-Richtlinien können dem Arbeitnehmer die Pauschbeträge für Verpflegungsmehraufwand auch dann **in voller Höhe** steuerfrei gezahlt werden, wenn er vom Arbeitgeber kostenlose oder verbilligte Verpflegung erhält. Allerdings ist der Wert der kostenlosen oder verbilligten Verpflegung als Arbeitslohn zu versteuern, wobei nach R 8.1 Abs. 8 Nr. 2 Satz 1 der Lohnsteuer-Richtlinien die **amtlichen Sachbezugswerte** maßgebend sind. **Dies gilt auch bei Auslandsreisen.** Zum wahlweisen Ansatz der Mahlzeiten mit dem tatsächlichen Wert vgl. die Erläuterungen unter dem nachfolgenden Buchstaben g.

Die amtlichen Sachbezugswerte für Verpflegung betragen:

Kalenderjahr	Frühstück	Mittagessen/Abendessen
2004	1,44 €	2,58 €
2005	1,46 €	2,61 €
2006	1,48 €	2,64 €
2007	1,50 €	2,67 €
2008	1,50 €	2,67 €
2009	1,53 €	2,73 €
2010	**1,57 €**	**2,80 €**

Beispiel A

Im Rahmen einer achtstündigen Auswärtstätigkeit zu einer Zweigniederlassung wird dem Arbeitnehmer 2010 ein unentgeltliches Mittagessen in der dortigen Kantine gewährt. Dem Arbeitnehmer kann der Pauschbetrag für Verpflegungsmehraufwand wegen mindestens achtstündiger Abwesenheit in Höhe von 6 € ohne jede Kürzung steuerfrei gezahlt werden. Gleichzeitig ist das unentgeltlich gewährte Mittagessen mit dem amtlichen Sachbezugswert in Höhe von 2,80 € als Arbeitslohn zu versteuern. Dieser Betrag gehört damit zum beitragspflichtigen Arbeitsentgelt.

Die Versteuerung mit den Sachbezugswerten gilt nur für Mahlzeiten, die

– zur **üblichen Beköstigung** der Arbeitnehmer anlässlich oder während einer Auswärtstätigkeit oder doppelten Haushaltsführung

– entweder vom **Arbeitgeber selbst** oder

– auf **Veranlassung des Arbeitgebers von einem Dritten**

abgegeben werden (R 8.1 Abs. 8 Nr. 2 Satz 1 LStR).

Eine „übliche Beköstigung" liegt nach R 8.1 Abs. 8 Nr. 2 Satz 2 LStR nur dann vor, wenn der Wert der Mahlzeit **40 €** nicht übersteigt. Die nachfolgenden Erläuterungen zum Ansatz des amtlichen Sachbezugswerts gelten deshalb immer unter der Voraussetzung, dass der Wert der abgegebenen Mahlzeit 40 € nicht übersteigt. Ist der Wert der abgegebenen Mahlzeit höher als 40 €, muss dieser höhere Wert als Arbeitslohn versteuert werden. Zum wahlweisen Ansatz der Mahlzeiten mit dem tatsächlichen Wert – auch bei einem Wert der Mahlzeit bis 40 € – vgl. die Erläuterungen unter dem nachfolgenden Buchstaben g.

Schwierigkeiten wirft außerdem die Frage auf, wann eine Mahlzeitengestellung durch den Arbeitgeber **oder auf dessen Veranlassung von einem Dritten** vorliegt und wie Zuzahlungen des Arbeitnehmers zu behandeln sind. Im Einzelnen gilt Folgendes:

Ein als Arbeitslohn zu erfassender geldwerter Vorteil entfällt, wenn der Arbeitnehmer mindestens einen dem Sachbezugswert entsprechenden Betrag in bar bezahlt oder der Arbeitgeber diesen Betrag von der steuerfreien Reisekostenvergütung, auf die der Arbeitnehmer einen Anspruch hat, oder vom Nettoarbeitslohn einbehält. Der steuerpflichtige Sachbezug kann also direkt mit der steuerfreien Pauschale für Verpflegungsmehraufwand verrechnet werden. Die tatsächliche Höhe des Anspruchs auf die Reisekostenvergütung und des Arbeitslohns wird dadurch jedoch nicht verändert. Das bedeutet, dass der Arbeitgeber in den Lohnunterlagen als Reisekosten die **ungekürzten** Pauschalen für Verpflegungsmehraufwand ausweisen muss, weil der Arbeitnehmer den durch die Verrechnung entstehenden Differenzbetrag nicht als Werbungskosten geltend machen kann.

Beispiel B

Gleicher Sachverhalt wie Beispiel A; der Arbeitnehmer zahlt jedoch für das Mittagessen in der Zweigniederlassung 2,80 €. Hierdurch ändert sich an der Steuerfreiheit der Verpflegungspauschalen nichts. Der Arbeitgeber kann 6 € steuer- und beitragsfrei zahlen.

Die Erfassung eines geldwerten Vorteils für das Mittagessen entfällt, da der Arbeitnehmer ein Entgelt in Höhe des Sachbezugswerts entrichtet. Der tatsächliche Wert des Mittagessens spielt keine Rolle.

Zahlt der Arbeitnehmer das Mittagessen in der Kantine nicht sofort in bar und kürzt ihm der Arbeitgeber stattdessen die Pauschale für Verpflegungsmehraufwand um 2,80 € auf (6,— € – 2,80 € =) 3,20 €, so ändert sich durch diese Verrechnung nichts an der Steuerfreiheit der 6 €. Der Arbeitgeber muss allerdings **6 € als steuerfreien Reisekostenersatz in den Lohnunterlagen ausweisen** und dementsprechend in Zeile 20 der (elektronischen) Lohnsteuerbescheinigung 2010 bescheinigen. Auf die Höhe des Brutto- oder Nettolohns hat dieser Vorgang keine Auswirkung.

Ein geldwerter Vorteil entsteht also stets dann, wenn der vom Arbeitnehmer gezahlte Preis den maßgebenden amtlichen Sachbezugswert für die Mahlzeit (Frühstück, Mittag- oder Abendessen) **unterschreitet**. Wie bereits ausgeführt, kann das auf den amtlichen Sachbezugswert anzurechnende Entgelt nicht nur in einer Barzahlung durch den Arbeitnehmer bestehen. Denn in den Lohnsteuer-Richtlinien ist klargestellt[*], dass auf den Sachbezugswert auch ein zwischen dem Arbeitgeber und dem Arbeitnehmer vereinbartes Entgelt anzurechnen ist, wenn dieses Entgelt

– von der steuerfreien Reisekostenvergütung, auf die der Arbeitnehmer einen Anspruch hat, oder

– vom Nettolohn des Arbeitnehmers einbehalten wird.

Die Höhe der steuerfreien Reisekostenvergütung und die Höhe des auf der Lohnsteuerkarte zu bescheinigenden Bruttoarbeitslohn werden durch diese Entgeltverrechnung nicht verändert. Wird dagegen wegen der unentgeltlich gewährten Mahlzeit bereits **der Anspruch** des Arbeitnehmers auf die Reisekostenvergütung gekürzt und dieser gekürzte Betrag in vollem Umfang an den Arbeitnehmer ausgezahlt, so bleibt die Mahlzeit weiterhin unentgeltlich mit der Folge, dass der amtliche Sachbezugswert dennoch als steuerpflichtiger Arbeitslohn zu erfassen ist.

Beispiel C

Im Rahmen einer 15-stündigen Auswärtstätigkeit zu einer Zweigniederlassung wird dem Arbeitnehmer 2010 ein unentgeltliches Mittagessen in der Kantine der Zweigniederlassung gewährt. Der Arbeitgeber hat eine betriebliche Reisekostenregelung, nach der die Reisekostenvergütung bei einer 15-stündigen Abwesenheit 14 € beträgt und dieser Anspruch bei Gewährung einer Mahlzeit um 30 % zu kürzen ist. Der Arbeitnehmer hat deshalb nur Anspruch auf eine Reisekostenvergütung von (14,— € – 4,20 € =) 9,80 €. Diese Reisekostenvergütung ist steuerfrei, da die für eine Abwesenheitsdauer von mindestens 14 Stunden zulässige steuerliche Verpflegungspauschale von 12 € nicht überschritten wird. Der geldwerte Vorteil für das Mittagessen ist mit dem Sachbezugswert in Höhe von 2,80 € steuer- und beitragspflichtig.

Beispiel D

Gleicher Sachverhalt wie Beispiel C mit dem Unterschied, dass der Arbeitgeber ein Entgelt für das Mittagessen in Höhe des Sachbezugswerts von 2,80 € vereinbart hat, das er von der Reisekostenvergütung in Höhe von 9,80 € einbehält. Der Arbeitgeber zahlt lediglich (9,80 € – 2,80 € =) 7,00 € an den Arbeitnehmer aus. Diese Verrechnung ändert nichts daran, dass der Arbeitnehmer einen Reisekostenanspruch von 9,80 € hat, der durch die Zahlung des Differenzbetrags von 7,00 € erfüllt, das heißt, der Arbeitnehmer kann im Beispielsfall nur (12,— € – 9,80 € =) 2,20 € als Werbungskosten geltend

---

[*] R 8.1 Abs. 8 Nr. 4 der Lohnsteuer-Richtlinien.

Reisekosten bei Auswärtstätigkeiten

machen und nicht (12,— € – 7,— € =) 5,— €. Demzufolge ist im Lohnkonto ein Betrag von 9,80 € als steuerfreie Reisekostenvergütung einzutragen und in Zeile 20 der Lohnsteuerbescheinigung 2010 zu bescheinigen. Durch die Verrechnung des Betrags von 2,80 € mit dem Anspruch auf Reisekostenvergütung entfällt die Versteuerung des geldwerten Vorteils für das Mittagessen. Auf die Höhe des Brutto- oder Nettolohns hat dieser Vorgang keine Auswirkung.

Wie die Beispiele zeigen, ist die Versteuerung der unentgeltlichen oder verbilligten Mahlzeitgestellung kompliziert. Sie lässt sich am einfachsten durch die Zahlung oder Verrechnung eines Entgelts in Höhe des Sachbezugswerts vermeiden. Verrechnet der Arbeitgeber **mehr** als den amtlichen Sachbezugswert für die Mahlzeit, stellt sich die Frage, ob der Arbeitnehmer den Differenzbetrag als Werbungskosten geltend machen kann. Dies ist nicht der Fall (R 9.6 Abs. 1 Satz 3 LStR).

Beispiel E

Der Arbeitnehmer macht im Kalenderjahr 2010 eine Auswärtstätigkeit zu einer Zweigniederlassung (Dauer 15 Stunden). Er nimmt in der dortigen Kantine ein Mittagessen ein, für das der Arbeitgeber 4 € von der dem Arbeitnehmer zustehenden Reisekostenvergütung einbehält. Der Arbeitnehmer hat nach der betrieblichen Reisekostenregelung Anspruch auf eine Verpflegungspauschale von 14 €. Diese Reisekostenvergütung ist in Höhe von 2 € steuerpflichtig, da sie insoweit die für eine Abwesenheitsdauer von mindestens 14 Stunden zulässige steuerliche Verpflegungspauschale von 12 € überschreitet. Durch die Verrechnung des Betrags von 4 € mit dem Anspruch auf die Verpflegungspauschale von 14 € entfällt die Versteuerung eines geldwerten Vorteils für das Mittagessen. Der Arbeitnehmer kann den Differenzbetrag von (4,— € – 2,80 € =) 1,20 € nicht als Werbungskosten, die anlässlich einer Auswärtstätigkeit entstehen, geltend machen (R 9.6 Abs. 1 Satz 3 LStR). Der Arbeitgeber muss deshalb im Lohnkonto 12 € als steuerfreie Reisekostenvergütung eintragen und in Zeile 20 der Lohnsteuerbescheinigung 2010 bescheinigen.

Muss der Arbeitnehmer zwar nicht das Essen selbst, aber ein zum Essen genommenes **Getränk** bezahlen, so gilt Folgendes:

Wird vom Arbeitgeber oder auf dessen Veranlassung von einem Dritten nur ein Essen, aber kein Getränk gewährt, ist das Entgelt, das der Arbeitnehmer für ein Getränk bei der Mahlzeit zahlt, nicht auf den Sachbezugswert für die Mahlzeit anzurechnen (R 8.1 Abs. 8 Nr. 4 Satz 4 LStR). Umgekehrt ausgedrückt heißt dies, dass ein vom Arbeitnehmer für das Getränk gezahltes Entgelt nur dann auf den Sachbezugswert angerechnet werden kann, wenn das Getränk **zu dem vom Arbeitgeber gewährten Essen gehört.**

b) Gewährung der Verpflegung auf Veranlassung des Arbeitgebers durch einen Dritten

Der Ansatz der Sachbezugswerte bei der Gewährung kostenloser oder verbilligter Verpflegung anlässlich von Auswärtstätigkeiten ist zwar in der Praxis kompliziert, eröffnet aber dem Arbeitgeber verschiedene Gestaltungsmöglichkeiten. Denn die Bewertung mit den Sachbezugswerten ist auch dann möglich, wenn Mahlzeiten nicht vom Arbeitgeber selbst, aber **auf dessen Veranlassung von einem Dritten** zur **üblichen Beköstigung** des Arbeitnehmers anlässlich oder während einer Auswärtstätigkeit abgegeben werden. Eine „übliche Beköstigung" liegt nach R 8.1 Abs. 8 Nr. 2 Satz 2 LStR nur dann vor, wenn der Wert der Mahlzeit **40 €** nicht übersteigt.

Die Mahlzeiten werden „**auf Veranlassung des Arbeitgebers durch einen Dritten**" gewährt, wenn der Arbeitgeber die Mahlzeiten direkt mit dem Dritten abrechnet, das heißt, **unmittelbare** Vertragsbeziehungen zwischen Arbeitgeber und dem Dritten bestehen.

Beispiel A

Der Arbeitnehmer führt 2010 eine zweitägige Auswärtstätigkeit mit Übernachtung aus. Der Arbeitnehmer beginnt die Auswärtstätigkeit am Montag um 17 Uhr, übernachtet und kommt am Dienstag um 12 Uhr wieder zurück. Aufgrund einer vertraglichen Vereinbarung zwischen dem Arbeitgeber und dem Hotelunternehmen am Ort der Auswärtstätigkeit richtet das Hotel die Rechnung unmittelbar an den Arbeitgeber. Dieser begleicht folgende Rechnung:

Abendessen am Montag	40,— €
Übernachtung	100,— €
Frühstück	15,— €
insgesamt	155,— €

Zusätzlich zahlt der Arbeitgeber für Dienstag eine Pauschale für Verpflegungsmehraufwand in Höhe des steuerlich zulässigen Betrags von 6 €, weil der Arbeitnehmer am Dienstag mindestens 8 Stunden abwesend war.

Sowohl der Betrag von 155 € als auch die Pauschale von 6 € bleiben steuerfrei. Dies gilt auch für das Abendessen am Montag, obwohl der Arbeitnehmer am Montag weniger als 8 Stunden abwesend ist und ihm deshalb für diesen Tag steuerlich keine Pauschale für Verpflegungsmehraufwand zusteht.

Dem Arbeitnehmer wurde jedoch auf Veranlassung des Arbeitgebers durch einen Dritten, nämlich durch das Hotel, ein Frühstück und ein Abendessen gewährt. Der Wert dieser unentgeltlich gewährten Verpflegung ist mit den Sachbezugswerten als steuerpflichtiger Arbeitslohn zu erfassen:

Wert des Frühstücks	1,57 €
Wert des Abendessens	2,80 €
insgesamt sind steuer- und beitragspflichtig	4,37 €

Beispiel B

Wie Beispiel A. Der Wert des Abendessens beträgt 50 €.

Das Abendessen kann nicht mit dem Sachbezugswert bewertet werden, da der Wert der Mahlzeit 40 € übersteigt. Das Abendessen führt daher in Höhe von 50 €*) zu steuer- und beitragspflichtigem Arbeitslohn. Das Frühstück ist hingegen – wie im Beispiel A – mit dem Sachbezugswert von 1,57 € steuer- und beitragspflichtig.

Es liegt auf der Hand, dass durch den Ansatz der Sachbezugswerte die Erstattung des gesamten Verpflegungsaufwands bei Auswärtstätigkeiten steuerlich äußerst günstig gestaltet werden kann. Um Missbrauch zu vermeiden, hat deshalb die Finanzverwaltung der Anwendung der Sachbezugswerte Grenzen gesetzt**). Im Einzelnen gilt für die Abgabe von unentgeltlicher Verpflegung auf Veranlassung des Arbeitgebers durch einen Dritten Folgendes:

Eine **Veranlassung durch den Arbeitgeber** setzt grundsätzlich einen Entscheidungsspielraum des Arbeitgebers voraus. Deshalb ist die Abgabe einer Mahlzeit nur dann vom Arbeitgeber veranlasst, wenn der Arbeitgeber seinen Entscheidungsspielraum auch tatsächlich entsprechend ausgeschöpft hat. Dies bedeutet, dass er Tag und Ort der Mahlzeit bestimmt hat. Diese Entscheidung muss der Arbeitgeber für den Arbeitnehmer **vor Beginn der Auswärtstätigkeit,** die den Arbeitgeber zu der Leistung veranlasst, getroffen haben. Der Arbeitgeber muss also vor einer Auswärtstätigkeit für eine bestimmte Mahlzeit (Frühstück, Mittag- oder Abendessen) den Tag und Ort der Abgabe ausgewählt haben. Hierzu ist es erforderlich, dass sich der Arbeitgeber vor Beginn der Auswärtstätigkeit seines Arbeitnehmers direkt mit dem Unternehmen, das dem Arbeitnehmer die Mahlzeit zur Verfügung stellen soll, **schriftlich** (z. B. durch ein Fax) in Verbindung setzt. Es reicht nicht aus, dass der Arbeitgeber den Arbeitnehmer ermächtigt, sich auf seine Rechnung in einer oder mehreren Gaststätten zu beköstigen.

Sind hiernach die Voraussetzungen für die Abgabe von Mahlzeiten durch den Arbeitgeber erfüllt, ist es **unerheblich, wie die Hotel- oder Gaststättenrechnung beglichen** wird. Es ist dann gleichgültig, ob dies durch den Arbeitnehmer unmittelbar, aufgrund einer Firmenkreditkarte oder durch Banküberweisung des Arbeitgebers geschieht. Denn nicht der Zahlungsvorgang ist entschei-

---

*) Da der Wert von 50 € für die Mahlzeit feststeht, will die Finanzverwaltung – entgegen R 8.1 Abs. 2 Satz 9 LStR – keinen Abschlag von 4% vornehmen (vgl. auch die Erläuterungen unter dem nachfolgenden Buchstaben g).

) R 8.1 Abs. 8 Nr. 2 LStR. Die Lohnsteuer-Richtlinien sind im **Steuerhandbuch für das Lohnbüro 2010 abgedruckt, das im selben Verlag erschienen ist. Das **PC-Lexikon** für das Lohnbüro 2010 enthält auch dieses Handbuch und hat außerdem den Vorteil, dass Sie **alle BFH-Urteile** sowie die aktuellen Rundschreiben und Niederschriften der Spitzenverbände der **Sozialversicherung** mit Mausklick **im Volltext** abrufen und ausdrucken können. Eine Bestellkarte finden Sie vorne im Lexikon.

dend, sondern die bestehenden Vertragsbeziehungen vor Antritt der Auswärtstätigkeit.

Liegt keine vom Arbeitgeber veranlasste Mahlzeitenabgabe vor, weil der Arbeitnehmer die Mahlzeit selbst ausgesucht und bestellt hat, ist die Übernahme der Kosten durch den Arbeitgeber wie eine Reisekostenerstattung zu behandeln, wodurch sich ein wesentlich höherer zu versteuernder Betrag ergeben kann.

Beispiel C
Der Arbeitnehmer ist anlässlich einer Auswärtstätigkeit 11 Stunden abwesend. Die Rechnung in Höhe von 20 € für das vom Arbeitgeber **nicht** im Voraus bestellte Mittagessen bezahlt er mit der Firmenkreditkarte.
Wegen der 11-stündigen Abwesenheit steht dem Arbeitnehmer ein steuerfreier Verpflegungspauschbetrag von 6 € zu. Bezahlt hat der Arbeitgeber durch die Übernahme der Kosten für das Mittagessen aber 20 €, somit sind 14 € als steuer- und beitragspflichtiger Arbeitslohn zu erfassen.

c) Besonderheiten beim Frühstück

Der Arbeitgeber kann dem Arbeitnehmer die Kosten für die Unterkunft am auswärtigen Tätigkeitsort in der nachgewiesenen Höhe steuerfrei ersetzen. Lässt sich der Preis für das Frühstück aus der Hotelrechnung nicht feststellen, so sind die Übernachtungskosten bei einer Übernachtung im Inland um 4,80 € (20 % von 24 €) zu kürzen.*)

Beispiel A
Die Hotelrechnung lautet:

Übernachtung	85,— €
Nebenleistungen (Frühstück, Wellness, Außenparkplatz)	15,— €
Summe	100,— €
Zur Ermittlung der Übernachtungskosten sind abzuziehen 20 % von 24,— €	4,80 €
steuerfrei ersetzbare Kosten der Unterkunft	95,20 €

Ist in der Hotelrechnung auch ein Mittag- und/oder Abendessen enthalten, ist für jedes Mittag- und/oder Abendessen ein Betrag von 9,60 € (40 % von 24 €) abzuziehen. Ist in der Hotelrechnung der Preis für das Frühstück, Mittag- und/oder Abendessen gesondert ausgewiesen, muss der Rechnungsbetrag zur Ermittlung der vom Arbeitgeber steuerfrei ersetzbaren Übernachtungskosten um die tatsächlichen Kosten für die Mahlzeiten (Bruttobetrag) gekürzt werden (vgl. auch die Erläuterungen unter der vorstehenden Nr. 8). In der Praxis wird die vorstehend beschriebene Kürzungsregelung bezogen auf Mittag- und/oder Abendessen aber nur sehr selten vorkommen.

Davon zu unterscheiden ist der Fall, dass der Arbeitnehmer **auf Veranlassung des Arbeitgebers von einem Dritten** ein Frühstück unentgeltlich oder teilentgeltlich erhält. Dies ist dann der Fall, wenn der Arbeitgeber vor Antritt der jeweiligen Auswärtstätigkeit für den Arbeitnehmer eine Unterkunft einschließlich Frühstück z. B. in einem Hotel bucht und unmittelbare Vertragsbeziehungen zwischen dem Arbeitgeber und dem Dritten bestehen. Auf den Zahlungsweg kommt es nicht an.

Beispiel B
Ein Münchner Unternehmen hat eine Niederlassung in Dresden. Da es absehbar ist, dass Arbeitnehmer aus München mehrfach Auswärtstätigkeiten nach Dresden unternehmen werden, wird mit dem Hotel „Bayerischer Hof" in Dresden ein schriftlicher Vertrag geschlossen, wonach der Arbeitgeber einen Sonderpreis erhält. Die Übernachtung kostet inklusive Frühstück 100 €. Vor Antritt der Auswärtstätigkeit wird vom Arbeitgeber für den Arbeitnehmer dort ein Zimmer mit Frühstück reserviert. Aufgrund dieser vertraglichen Vereinbarung richtet das Hotel „Bayerischer Hof" in Dresden die Rechnung unmittelbar an den Arbeitgeber in München.
Hat der Arbeitnehmer aufgrund der vor Antritt der Auswärtstätigkeit bestehenden Vertragsbeziehungen auf Veranlassung des Arbeitgebers von einem Dritten (Hotel) ein Frühstück unentgeltlich erhalten, ist dem steuerpflichtigen Arbeitslohn des Arbeitnehmers ein geldwerter Vorteil in Höhe von 1,57 € zuzurechnen. Andererseits ist der für die Übernachtung inklusive Frühstück gezahlte Betrag in Höhe von 100 € als Auslagenersatz nach § 3 Nr. 50 EStG steuerfrei. **Eine Kürzung um 4,80 € für das Frühstück ist nicht vorzunehmen.** Daneben können Verpflegungsmehraufwendungen in Höhe der steuerlich zulässigen Pauschalen in voller Höhe steuerfrei ersetzt werden.

Die vorstehenden Ausführungen gelten dem Grunde nach entsprechend, wenn der Arbeitnehmer auf Veranlassung des Arbeitgebers von einem Dritten ein **Mittag- und/oder Abendessen** unentgeltlich oder teilentgeltlich erhält. Dies ist häufig bei Fortbildungsveranstaltungen (z. B. Seminaren, Tagungen) der Fall. Vgl. hierzu auch die Erläuterungen unter dem nachfolgenden Buchstaben f.

Zum wahlweisen Ansatz der Mahlzeiten mit dem tatsächlichen Wert vgl. die Erläuterungen unter dem nachfolgenden Buchstaben g.

d) Besonderheit bei Getränken

Der Arbeitgeber kann die Versteuerung des Sachbezugswerts für das Frühstück, Mittag- und Abendessen vermeiden, wenn er nachweist, dass der Arbeitnehmer ein Entgelt für die Mahlzeiten entrichtet hat, das so hoch (oder höher) ist, als der Sachbezugswert. Nachdem zu den Mahlzeiten oftmals Getränke vom Arbeitnehmer bestellt und gezahlt werden, stellt sich die Frage, ob diese Zahlungen auf den zu versteuernden Sachbezugswert angerechnet werden können. Hierzu enthalten die Lohnsteuer-Richtlinien (R 8.1 Abs. 8 Nr. 4 Satz 4 LStR) folgende Regelung:

Wird vom Arbeitgeber oder auf dessen Veranlassung von einem Dritten nur ein Essen, aber kein Getränk gewährt, ist das Entgelt, das der Arbeitnehmer für ein Getränk bei der Mahlzeit zahlt, nicht auf den Sachbezugswert für die Mahlzeit anzurechnen. Diese Regelung erlangt insbesondere bei einer unentgeltlichen Verpflegung anlässlich von Fortbildungsveranstaltungen Bedeutung, da die Arbeitnehmer bei diesen Veranstaltungen häufig die Getränke selbst bezahlen. Diese Zahlungen können nicht auf den steuerpflichtigen Sachbezugswert angerechnet werden (vgl. das Beispiel unter dem nachfolgenden Buchstaben f).

e) Bewirtung des Arbeitnehmers bei Auswärtstätigkeiten

Ein geldwerter Vorteil für die kostenlos gewährte Mahlzeit ist dann nicht anzusetzen, wenn der Arbeitnehmer die unentgeltliche Mahlzeit zwar im Rahmen des Dienstverhältnisses, jedoch nicht auf Veranlassung des Arbeitgebers erhalten hat (z. B. eine Bewirtung des Arbeitnehmers durch Geschäftspartner).

Bewirtet der Arbeitnehmer Geschäftsfreunde seines Arbeitgebers oder nimmt er an einer Bewirtung teil, die der Arbeitgeber für Geschäftsfreunde durchführt, so gehört der auf den Arbeitnehmer entfallende Teil der Bewirtungskosten nicht zum Arbeitslohn des Arbeitnehmers, weil in diesem Fall die Bewirtungskosten im überwiegenden betrieblichen Interesse des Arbeitgebers entstehen (R 8.1 Abs. 8 Nr. 1 LStR). Das bedeutet, dass die Pauschbeträge für Verpflegungsmehraufwand in voller Höhe steuerfrei gezahlt werden können und der Wert der Mahlzeiten nicht als Arbeitslohn versteuert werden muss.

Führt der Arbeitnehmer zusammen mit dem Arbeitgeber eine Auswärtstätigkeit durch, und zahlt der Arbeitgeber das (gemeinsame) Abendessen, so handelt es sich um eine Mahlzeit, die vom Arbeitgeber zur üblichen Beköstigung des Arbeitnehmers anlässlich oder während einer Auswärtstätigkeit abgegeben wird. Solche Mahlzeiten sind nach R 8.1 Abs. 8 Nr. 2 Satz 1 der Lohnsteuer-Richtlinien zu versteuern und hierfür mit dem amtlichen Sachbezugswert zu bewerten, wenn der Wert des Essens 40 € nicht übersteigt.

---

*) Eine Kürzung um 4,80 € kann nur dann unterbleiben, wenn die Hotelrechnung wie folgt lautet: „Übernachtung ohne Frühstück ... €". Aufgrund der Änderung in § 12 Abs. 2 Nr. 11 UStG muss das Hotel/Übernachtungsunternehmen eine Aufteilung der Leistungen in Beherbergung (Steuersatz 7 %) und übrige Leistungen (Steuersatz 19 %) vornehmen. Sofern keine weitere preismäßige Aufschlüsselung der übrigen Leistungen erfolgt, ist der „Frühstücksanteil" u. E. mit 4,80 € anzusetzen.

Reisekosten bei Auswärtstätigkeiten

Beispiel

Der Arbeitgeber gewährt dem Arbeitnehmer 2010 im Rahmen einer eintägigen Auswärtstätigkeit (über 14 Stunden) ein Abendessen im Wert von 40 €. Außerdem erstattet der Arbeitgeber dem Arbeitnehmer die Verpflegungsmehraufwendungen mit dem Pauschbetrag in Höhe von 12 €. Der Arbeitgeberersatz für Verpflegungsmehraufwand in Höhe von 12 € ist steuerfrei. Den Wert der kostenlosen Mahlzeit muss der Arbeitnehmer mit 2,80 € versteuern (dem Arbeitnehmer wird also **nicht** der tatsächliche Wert des Abendessens in Höhe von 40 € als geldwerter Vorteil zugerechnet). Beträgt der Wert des kostenlosen Abendessens (einschließlich Mehrwertsteuer) 41 €, ist der tatsächliche Wert des Abendessens in Höhe von 41 € als lohnsteuerpflichtiger geldwerter Vorteil zu versteuern. Ggf. kann die monatliche 44-Euro-Freigrenze für Sachbezüge in Anspruch genommen werden.

Auf die ausführlichen Erläuterungen beim Stichwort „Bewirtungskosten" wird hingewiesen.

Zum wahlweisen Ansatz der Mahlzeiten mit dem tatsächlichen Wert vgl. die Erläuterungen unter den nachfolgenden Buchstaben g.

f) Unentgeltliche Verpflegung bei Fortbildungsveranstaltungen

Der typische Anwendungsfall für den Ansatz der Sachbezugswerte sind Fortbildungsveranstaltungen, bei denen der Arbeitgeber oft mit der Anmeldung für den teilnehmenden Arbeitnehmer auch Unterkunft und Verpflegung bucht (R 8.1 Abs. 8 Nr. 2 Satz 6 LStR).

Beispiel A

Der Arbeitgeber führt eine eintägige Fortbildungsveranstaltung für seine Arbeitnehmer durch. Es liegt eine Auswärtstätigkeit vor, diese dauert mehr als 14 Stunden. Die Kosten für das Mittag- und Abendessen bei dieser Veranstaltung betragen durchschnittlich pro Arbeitnehmer 80 € (die Rechnung des Hotels geht direkt an den Arbeitgeber). Der Arbeitgeber erstattet den Arbeitnehmern außerdem die Verpflegungsmehraufwendungen mit dem Pauschbetrag für eine mindestens 14-stündige Abwesenheitsdauer in Höhe von 12 €. Diese Erstattung ist steuerfrei.

Gleichzeitig haben die Arbeitnehmer den Sachbezugswert für die unentgeltlich gewährte Verpflegung zu versteuern und zwar auch dann, wenn sie die Getränke selbst bezahlen (vgl. Buchstabe d):

– für das Mittagessen	2,80 €
– für das Abendessen	2,80 €
insgesamt	5,60 €

Der tatsächliche Wert des Mittag- und Abendessens in Höhe von 80 € ist den Arbeitnehmern nicht als geldwerter Vorteil zuzurechnen, da es sich um eine übliche Beköstigung im Rahmen einer Auswärtstätigkeit handelt. Muss der Arbeitnehmer die Getränke selbst bezahlen, so stellt diese Bezahlung kein Entgelt für die Mahlzeitengestellung dar und darf deshalb den steuer- und beitragspflichtigen Sachbezug in Höhe von 5,60 € nicht mindern (R 8.1 Abs. 8 Nr. 4 Satz 4 LStR). Übernimmt der Arbeitgeber auch die Getränke, erhöht sich dadurch der tatsächliche Wert des Essens. Beträgt der Wert für die Mittag- und Abendessen jeweils 35 €, inklusive Getränke aber z. B. jeweils 40,50 €, so ist der tatsächliche Wert der unentgeltlich gewährten Verpflegung in Höhe von 81 € als lohnsteuerpflichtiger geldwerter Vorteil zu versteuern.

Beispiel B

Der Arbeitgeber meldet einen Arbeitnehmer zu einem von einem Dritten durchgeführten Seminar an. Die Teilnahmegebühr beträgt inklusive umfangreicher Tagungsunterlagen und Mittagessen 295 €. Der Wert des Mittagessens übersteigt nicht 40 €.

Der teilnehmende Arbeitnehmer hat den Sachbezugswert in Höhe von 2,80 € für das unentgeltlich gewährte Mittagessen zu versteuern und zwar auch dann, wenn er etwaige Getränke selbst bezahlen muss. Die Abgabe der Mahlzeiten durch den Seminarveranstalter wird als vom Arbeitgeber veranlasst angesehen, weil dieser die Organisation der Auswärtstätigkeit einschließlich der Verpflegung durch die Anmeldung bei dem Seminarveranstalter in Auftrag gegeben hat (R 8.1 Abs. 8 Nr. 2 Satz 6 LStR).

g) Wahlweiser Ansatz der Mahlzeiten mit dem tatsächlichen Wert

Nach Auffassung des **Bundesfinanzhofs** sind die amtlichen Sachbezugswerte (vgl. die Erläuterungen unter den vorstehenden Buchstaben a bis f) nicht anzuwenden, wenn die Mahlzeiten nicht für eine gewisse Dauer als Teil des Arbeitslohns zur Verfügung gestellt, sondern – wie bei **Auswärtstätigkeiten** – aus einmaligem Anlass gewährt werden. Seiner Ansicht nach sind daher die anlässlich einer Auswärtstätigkeit zur Verfügung gestellten Mahlzeiten mit dem **tatsächlichen Wert** anzusetzen (BFH-Urteil vom 19.11.2008, BStBl. 2009 II S. 547). Allerdings liegen auch bei Mahlzeitengestellungen in Höhe der jeweils in Betracht kommenden Pauschbeträge für Verpflegungsmehraufwendungen (teilweise) **steuerfreie Reisekostenvergütungen** vor. Soweit die Pauschbeträge für Verpflegungsmehraufwendungen überschritten sind, kommt zudem die **44-Euro-Freigrenze** für Sachbezüge zur Anwendung, sofern diese nicht schon anderweitig ausgeschöpft ist (vgl. hierzu die Erläuterungen beim Stichwort „Sachbezüge" besonders unter Nr. 4).

Beispiel A

Anlässlich einer eintägigen Fortbildungsveranstaltung stellt der Arbeitgeber den teilnehmenden Arbeitnehmern ein Mittagessen zur Verfügung. Der Wert der gestellten Mahlzeit beträgt 14 €. Die Abwesenheitsdauer der Arbeitnehmer beträgt 10 Stunden.

a) Der Arbeitgeber stellt die Mahlzeit und leistet keinen Zuschuss

Der geldwerte Vorteil aus der gestellten Mahlzeit wird mit 14 € angesetzt. Hiervon sind 6 € als Reisekostenvergütung steuerfrei. Der den steuerfreien Teil übersteigende Betrag von 8 € ist in die Prüfung der 44-Euro-Freigrenze für Sachbezüge einzubeziehen.

Hinweis: Der Arbeitnehmer kann keine Verpflegungsmehraufwendungen als Werbungskosten bei seinen Einkünften aus nichtselbständiger Arbeit geltend machen, weil er einen steuerfreien Sachbezug in Höhe des Pauschbetrags für Verpflegungsmehraufwendungen hat.

b) Der Arbeitgeber stellt die Mahlzeit und leistet außerdem einen Zuschuss von 5 €.

Der geldwerte Vorteil aus der gestellten Mahlzeit wird mit 14 € angesetzt. Der Zuschuss von 5 € und 1 € vom Wert der Mahlzeit sind als Reisekostenvergütung steuerfrei. Der den steuerfreien Teil der Mahlzeit übersteigende Betrag von 13 € ist in die Prüfung der 44-Euro-Freigrenze für Sachbezüge einzubeziehen.

Hinweis: Der Arbeitnehmer kann keine Verpflegungsmehraufwendungen als Werbungskosten bei seinen Einkünften aus nicht selbständiger Arbeit geltend machen, weil er insgesamt steuerfreie Leistungen (einen Zuschuss von 5 € und einen Sachbezug von 1 €) in Höhe des Pauschbetrags für Verpflegungsmehraufwendungen erhalten hat.

Die **Finanzverwaltung** räumt dem Arbeitgeber ein **Wahlrecht** zwischen der Behandlung der Mahlzeit als Arbeitslohn sowie Bewertung mit dem **amtlichen Sachbezugswert** nach den Lohnsteuer-Richtlinien und der neuen BFH-Rechtsprechung zur Bewertung des Arbeitslohns mit dem **tatsächlichen Wert** und Behandlung als steuerfreien Reisekostenersatz in Höhe des Pauschbetrags für Verpflegungsmehraufwendungen sowie ggf. Ausnutzung der 44-€-Freigrenze für Sachbezüge ein. Das Wahlrecht ergibt sich aus der Formulierung in dem BMF-Schreiben vom 13.7.2009 (BStBl. I S. 771)*): „Es ist nicht zu beanstanden, wenn weiterhin nach den Regelungen in den Lohnsteuer-Richtlinien 2008 (R 8.1 Abs. 8 Nr. 2 LStR 2008) verfahren wird."

Ergänzend zu den vorstehenden Ausführungen hat sich die Finanzverwaltung auf Folgendes verständigt:

– Bei einer Anwendung der BFH-Rechtsprechung ist auf den tatsächlichen Wert der Mahlzeit – entgegen R 8.1 Abs. 2 Satz 9 LStR – **kein Abschlag von 4%** vorzunehmen.

– Gewährt der Arbeitgeber sowohl einen Barzuschuss als auch eine Mahlzeit, gilt die **Steuerfreiheit** in Höhe des Pauschbetrags für Verpflegungsmehraufwendungen **vorrangig** für den **Barzuschuss** und nicht für die Mahlzeit. Im BMF-Schreiben vom 13.7.2009 (BStBl. I S. 771)*) heißt es nämlich: „Der geldwerte Vorteil aus der gestellten Mahlzeit ist mit dem Wert nach § 8 Abs. 2 Satz 1 EStG zu bewerten und – **soweit durch den Zuschuss nicht ausgeschöpft** – im Rahmen des § 3 Nummer 13 oder 16 EStG steuerfrei." Hieraus ergeben sich auch Folgewirkungen für die Anwendung der 44-€-Freigrenze (vgl. auch das nachfolgende Beispiel B).

---

*) Das BMF-Schreiben vom 13.7.2009 (BStBl. I S. 771) ist als Anlage zu H 8.1 (8) LStR im **Steuerhandbuch für das Lohnbüro 2010** abgedruckt, das im selben Verlag erschienen ist. Das **PC-Lexikon** für das Lohnbüro 2010 enthält auch dieses Handbuch und hat außerdem den Vorteil, dass Sie **alle BFH-Urteile** sowie die aktuellen Rundschreiben und Niederschriften der Spitzenverbände der **Sozialversicherung** mit Mausklick **im Volltext** abrufen und ausdrucken können. Eine Bestellkarte finden Sie vorne im Lexikon.

Reisekosten bei Auswärtstätigkeiten

– Das **Wahlrecht** (Sachbezugswert/tatsächlicher Wert) gilt für den **einzelnen Arbeitnehmer.** Bei einer mehrtägigen Auswärtstätigkeit ist es für die **gesamte Auswärtstätigkeit,** aber für den einzelnen Arbeitnehmer getrennt ausübbar. Das gilt auch bei einer mehrtägigen Auswärtstätigkeit über den Monatswechsel.

Beispiel B
Wie Beispiel A. Der Wert der Mahlzeit beträgt 50 € und der Arbeitgeber leistet außerdem einen Zuschuss von 5 €. Der Barzuschuss in Höhe von 5 € ist vorrangig als Reisekostenvergütung steuerfrei, sodass von der Mahlzeit lediglich noch ein Betrag von 1 € steuerfrei bleibt. Der übersteigende Betrag der Mahlzeit von 49 € (50 € abzüglich 1 €) ist wegen Überschreitens der 44-€-Freigrenze für Sachbezüge voll steuerpflichtig.

U.E. sollte in der Praxis eine **Vorgehensweise** entsprechend der **BFH-Rechtsprechung** (vgl. Beispiel A) allenfalls dann in Erwägung gezogen werden, **wenn**

– der Arbeitgeber den **Pauschbetrag** für **Verpflegungsmehraufwendungen** nicht oder **nicht** in voller Höhe **steuerfrei auszahlt** und/oder
– die **44-€-Freigrenze** für Sachbezüge noch **nicht** anderweitig **ausgeschöpft** ist.

Vgl. im Übrigen auch die Erläuterungen beim Stichwort „Bewirtungskosten" unter Nr. 4.

11. Einzelnachweis der Verpflegungsmehraufwendungen bei Inlandsreisen

Bis 31.12.1995 konnten dem Arbeitnehmer anstelle der Pauschbeträge die im Einzelnen nachgewiesenen Verpflegungsmehraufwendungen bis zu bestimmten Höchstbeträgen steuerfrei ersetzt werden.

Mehraufwendungen für Verpflegung waren die nachgewiesenen Aufwendungen für Verpflegung einschließlich Frühstück nach Abzug einer Haushaltsersparnis von **20 %.**

Der Einzelnachweis von Verpflegungsmehraufwendungen ist mit Wirkung ab 1.1.1996 weggefallen und zwar sowohl beim steuerfreien Ersatz durch den Arbeitgeber als auch beim Werbungskostenabzug durch den Arbeitnehmer. Anzusetzen sind seit 1. 1. 1996 **ausschließlich** die unter Nr. 9 erläuterten **Pauschbeträge** für Verpflegungsmehraufwand. Diese Pauschbeträge haben seit 1. 1. 1996 Abgeltungscharakter. Allerdings besteht sowohl beim steuerfreien Arbeitgeberersatz als auch beim Werbungskostenabzug ein Rechtsanspruch auf den Ansatz der Pauschbeträge. Ob der Ansatz der Pauschbeträge zu einer unzutreffenden Besteuerung führt, ist ohne Bedeutung (BFH-Urteil vom 4. 4. 2006, BStBl. II S. 567).

12. Pauschalierung der Lohnsteuer mit 25 % bei steuerpflichtigen Verpflegungsmehraufwendungen

a) Allgemeines

Durch die Absenkung der Pauschbeträge für Verpflegungsmehraufwand sind Fälle aufgetreten, in denen ein Teil der Reisekostenvergütung versteuert werden muss, weil der Arbeitgeber aufgrund arbeitsvertraglicher oder tarifvertraglicher Vereinbarungen gezwungen ist, höhere Pauschalen für Verpflegungsmehraufwand zu zahlen, als dies nach den für die Steuerfreiheit seit 1. 1. 1996 geltenden Bestimmungen möglich ist. So ergeben sich z. B. für den Bereich des öffentlichen Dienstes steuerpflichtige Beträge, da die reisekostenrechtlichen Bestimmungen einiger Länder in bestimmten Fällen höhere Ersatzleistungen für Verpflegungsmehraufwand vorsehen, als sie nach den steuerlichen Bestimmungen steuerfrei gezahlt werden können (vgl. das Stichwort „Reisekostenvergütungen aus öffentlichen Kassen").

Für die Besteuerung der steuerpflichtigen Teile von Reisekostenvergütungen gilt Folgendes:

Werden aus irgendeinem Grund (z. B. wegen einer arbeitsvertraglichen Regelung, einer Betriebsvereinbarung, eines Tarifvertrags oder aufgrund gesetzlicher Reisekostenvorschriften der Länder) höhere Ersatzleistungen für Verpflegungsmehraufwand gezahlt, als diejenigen Beträge, die nach den Ausführungen unter der vorstehenden Nr. 9 steuerfrei sind (24 €, 12 € oder 6 €), so ist der **übersteigende Betrag steuerpflichtig.** Es ist zulässig, die Vergütungen für Verpflegungsmehraufwendungen mit Fahrtkostenvergütungen und Übernachtungskostenvergütungen zusammenzurechnen, wenn dort die steuerfreien Beträge noch nicht voll ausgeschöpft sind. In diesem Fall ist die Summe der Vergütungen steuerfrei, soweit sie die Summe der steuerfreien Einzelvergütungen nicht übersteigt (sog. Saldierung; R 3.16 Satz 1 LStR).

Beispiel A
Ein Arbeitnehmer führt von Montag bis Mittwoch eine Auswärtstätigkeit mit zwei Übernachtungen aus. Die Auswärtstätigkeit beginnt am Montag um 17 Uhr und endet am Mittwoch um 13 Uhr. Er fährt dabei 400 km mit dem eigenen Pkw. Nach der betriebsinternen Regelung zur Erstattung von Reisekosten erhält der Arbeitnehmer für die Benutzung des Pkws ein Kilometergeld von 0,24 €. Für die Übernachtung erhält er die Hotelkosten lt. Beleg. Die Verpflegungsmehraufwendungen werden mit höheren Beträgen als die steuerlich zulässigen Pauschalen ersetzt. Der Arbeitnehmer erhält im Kalenderjahr 2010 vom Arbeitgeber folgende Reisekostenerstattung:

– Kilometergeld (400 km × 0,24 €)	96,— €
– Hotelkosten incl. Frühstück (2 × 50 €)	100,— €
– für Verpflegungsmehraufwand	
= Montag	10,— €
= Dienstag	24,— €
= Mittwoch	18,— €
insgesamt	248,— €
davon sind steuerfrei	
– Fahrtkosten (400 km × 0,30 €)	120,— €
– Hotelkosten lt. Beleg ohne Frühstück (50 € – 4,80 € =) 45,20 € × 2	90,40 €
– Verpflegungsmehraufwand	
= Montag (Abwesenheit 7 Std.)	0,— €
= Dienstag (Abwesenheit 24 Std.)	24,— €
= Mittwoch (Abwesenheit 13 Std.)	6,— €
insgesamt	240,40 €
Spitzenbetrag (248 € – 240,40 €) =	7,60 €

Der Spitzenbetrag von 7,60 € gehört zum steuerpflichtigen Arbeitslohn. Wegen einer Pauschalierung mit 25 % vgl. nachfolgend unter dem Buchstaben b. Pauschaliert der Arbeitgeber die Lohnsteuer für den Spitzenbetrag von 7,60 € mit 25 %, so löst dies Beitragsfreiheit in der Sozialversicherung aus. Der Arbeitnehmer kann den pauschal versteuerten Betrag von 7,60 € nicht als Werbungskosten geltend machen.

Zu dieser Verrechnung von steuerpflichtigen Teilen der Reisekostenvergütungen mit nicht ausgeschöpften steuerfreien Beträgen ist festgelegt worden, dass **mehrere Auswärtstätigkeiten zusammengefasst** abgerechnet werden können, wenn die Auszahlung der betreffenden Reisekostenvergütungen in einem Betrag erfolgt (R 3.16 Satz 2 LStR). Durch das Zusammenfassen von Reisekostenabrechnungen und Auszahlung der Reisekostenvergütung in einem Betrag können somit die sich bei einer Auswärtstätigkeit ergebenden steuerpflichtigen Teile der Reisekostenvergütung mit nicht ausgeschöpften steuerfreien Beträgen einer **anderen** Auswärtstätigkeit verrechnet werden. **Nicht zulässig** wäre es, wenn man bei der Abrechnung einer Auswärtstätigkeit eine Art „**Guthabenkonto**" bilden und dieses Guthaben bei einer später abgerechneten Auswärtstätigkeit verrechnen würde. Die Verrechnungsmöglichkeit gilt zudem nur für Reisekostenvergütungen, nicht jedoch für die geldwerten Vorteile aus der unentgeltlichen oder verbilligten Mahlzeitengewährung durch den Arbeitgeber oder auf dessen Veranlassung durch einen Dritten.

Soweit trotz Verrechnung Steuerpflicht eintritt, gehören die steuerpflichtigen Teile der Reisekostenvergütungen zum Arbeitslohn und müssen zusammen mit diesem nach den Merkmalen der Lohnsteuerkarte versteuert

Reisekosten bei Auswärtstätigkeiten

werden, soweit nicht eine Pauschalierung mit 25 % in Betracht kommt (vgl. nachfolgend unter Buchstabe b). Sind die nicht pauschalierungsfähigen, steuerpflichtigen Teile der Reisekostenvergütungen monatlich nicht höher als **153 €***), so können sie in größeren Zeitabständen, längstens aber quartalsmäßig – also der nächsten Lohnzahlung nach Ablauf des jeweiligen Kalendervierteljahres – versteuert werden**). Diese Vereinfachungsregelung gilt auch für die Besteuerung der Sachbezugswerte für kostenlose Mahlzeiten, die dem Arbeitnehmer anlässlich von Auswärtstätigkeiten vom Arbeitgeber oder auf dessen Veranlassung von einem Dritten gewährt werden (vgl. hierzu die Erläuterungen unter der vorstehenden Nr. 10).

Beispiel B

Der steuerpflichtige Teil der Reisekostenvergütung beträgt
- im Januar 2010   100,— €
- im Februar 2010   140,— €
- im März 2010   150,— €

insgesamt somit   390,— €

Der Betrag von 390 € ist spätestens mit der Lohnabrechnung für April 2010 zu versteuern. Beträgt der steuerpflichtige Teil der Reisekostenvergütung z. B. im Februar 200 €, so ist dieser Betrag mit der Lohnabrechnung für Februar 2010 zu versteuern. Der Rest in Höhe von (100 € + 150 € =) 250 € kann mit der Lohnabrechnung für April versteuert werden.

b) Pauschalierung der Lohnsteuer mit 25 %

Früher war eine Pauschalierung der Lohnsteuer für die steuerpflichtigen Teile von Reisekostenvergütungen nur mit einem besonders ermittelten Pauschsteuersatz auf Antrag des Arbeitgebers möglich, wenn die für solche Pauschalierungen allgemein geltende 1000-Euro-Grenze im Kalenderjahr beachtet wurde. Dabei wurde unterstellt, dass die steuerpflichtigen Teile von Reisekostenvergütungen stets zu den pauschalierungsfähigen sonstigen Bezügen gehören***). Diese nach wie vor geltende Pauschalierung der Lohnsteuer mit einem besonders ermittelten Pauschsteuersatz auf Antrag des Arbeitgebers ist ausführlich unter dem Stichwort „Pauschalierung der Lohnsteuer" unter Nr. 2 erläutert. Da diese Pauschalierungsmöglichkeit für den Arbeitgeber sehr arbeitsaufwendig ist, wird sie für steuerpflichtige Teile von Reisekostenvergütungen in der Praxis nur in Ausnahmefällen in Anspruch genommen.

Zur Erleichterung des Verfahrens wurde deshalb ab 1. 1. 1997 eine Pauschalierungsvorschrift eingeführt, wonach die steuerpflichtigen Teile von Vergütungen für **Verpflegungsmehraufwand** pauschal mit **25 %** versteuert werden können, soweit die steuerfreien Verpflegungspauschalen (24 €, 12 € oder 6 €) nicht um mehr als 100 % überschritten werden (sog. **100 %-Grenze; § 40 Abs. 2 Satz 1 Nr. 4 EStG**). Pauschaliert der Arbeitgeber mit 25 %, so löst dies Beitragsfreiheit in der Sozialversicherung aus.

Beispiel A

Ein Arbeitnehmer führt 2010 eine eintägige Auswärtstätigkeit durch und ist dabei mehr als 12 Stunden vom Betrieb abwesend. Der Arbeitgeber zahlt für diese eintägige Auswärtstätigkeit nach der betriebsinternen Reisekostenregelung eine Vergütung für Verpflegungsmehraufwand in Höhe von 15 €. Da der Arbeitnehmer zwar mehr als 8 Stunden, aber nicht mindestens 14 Stunden vom Betrieb abwesend ist, beträgt die steuerfreie Pauschale für Verpflegungsmehraufwand lediglich 6 €. Vom Arbeitgeberersatz in Höhe von 15 € sind demnach 9 € steuerpflichtig. Von dem steuerpflichtigen Betrag in Höhe von 9 € können lediglich 6 € pauschal mit 25 % versteuert werden. Denn die Pauschalierung mit 25 % ist nur insoweit zulässig, als der Pauschbetrag von 6 € um nicht mehr als 100 % überschritten wird. Der die 100 %-Grenze übersteigende Teil des steuerpflichtigen Verpflegungsmehraufwands in Höhe von 3 € muss entweder individuell durch Zurechnung zum laufenden Arbeitslohn oder pauschal mit einem besonders ermittelten Pauschsteuersatz unter Beachtung der 1000-Euro-Grenze versteuert werden.

Zur Ermittlung des steuerfreien Vergütungsbetrags dürfen die einzelnen Aufwendungsarten zusammengefasst werden (sog. **Gesamtrechnung**). Aus Vereinfachungsgründen bestehen auch keine Bedenken, den Betrag, der den steuerfreien Vergütungsbetrag übersteigt, einheitlich als Vergütung für Verpflegungsmehraufwendungen zu behandeln, die mit 25 % pauschal versteuert werden kann, soweit die 100 %-Grenze nicht überschritten wird (R 40.2 Abs. 4 Satz 4 LStR).

Beispiel B

Gleicher Sachverhalt wie Beispiel A. Der Arbeitnehmer erhält außer der Verpflegungspauschale von 15 € ein Kilometergeld für die Benutzung seines Pkws in Höhe von 0,25 €. Er hat während der Auswärtstätigkeit 100 Kilometer mit seinem Pkw zurückgelegt. Es ergibt sich folgende Vergleichsberechnung für das Kalenderjahr 2010:

- Kilometergeld des Arbeitgebers
  (100 km × 0,25 €)   = 25,— €
- Vergütung für Verpflegungsmehraufwand   15,— €

insgesamt   40,— €

davon sind steuerfrei

- Fahrtkosten (100 km × 0,30 €)   = 30,— €
- Pauschale für Verpflegungsmehraufwand   6,— €

insgesamt   36,— €

Der Spitzenbetrag beträgt (40 € – 36 €)   =   4,— €

Der Spitzenbetrag von 4 € kann in voller Höhe pauschal mit 25 % versteuert werden, da er die steuerfreie Pauschale für Verpflegungsmehraufwand nicht um mehr als 100 % übersteigt. Für die Prüfung der Frage, inwieweit mit 25 % pauschal versteuert werden kann, ist der steuerpflichtige **Spitzenbetrag** mit der steuerfreien Erstattung für Verpflegungsmehraufwand zu vergleichen.

Wird bei einer Abwesenheitsdauer von **weniger** als 8 Stunden ein Arbeitgeberersatz für Verpflegungsmehraufwand gezahlt, kann dieser **nicht** mit 25 % pauschal versteuert werden.

Beispiel C

Der Arbeitnehmer führt eine eintägige Auswärtstätigkeit aus und ist dabei 7 Stunden vom Betrieb abwesend. Der Arbeitgeber zahlt nach der betriebsinternen Reisekostenregelung eine Vergütung für Verpflegungsmehraufwand in Höhe von 5 €. Dieser Betrag ist in voller Höhe steuerpflichtig. Eine Pauschalierung mit 25 % ist nicht möglich, da es keinen vergleichbaren steuerfreien Pauschbetrag gibt, „um den nicht mehr als 100 %" überschritten werden könnte. Oder mit anderen Worten: Da der steuerfreie Pauschbetrag 0 € beträgt, führt jede Zahlung des Arbeitgebers zu einem Überschreiten der 100 %-Grenze mit der Folge, dass eine Pauschalierung der Lohnsteuer mit 25 % entfällt. Der Betrag von 5 € unterliegt deshalb dem Lohnsteuerabzug nach den allgemeinen Vorschriften.

Die Lohnsteuerpauschalierung mit 25 % ist also auf das Doppelte der jeweils maßgebenden steuerfreien Pauschbeträge für Verpflegungsmehraufwand begrenzt (sog. **100 %-Grenze**). Diese Begrenzung soll folgende Übersicht verdeutlichen:

Abwesenheits-dauer	Steuerfreier Verpflegungs-pauschbetrag	Pauschalie-rungsfähig mit 25 % (sozialversiche-rungsfrei)	Ersatz für Verpflegungs-mehraufwand insgesamt
weniger als 8 Stunden	0,— €	0,— €	**0,— €**
8 Stunden und mehr, aber weniger als 14 Stunden	6,— €	6,— €	**12,— €**

---

*) Eine offizielle Umstellung des früher geltenden Betrags von 300 DM auf Euro ist bisher nicht erfolgt. Umrechnung deshalb mit dem Kurs von 1,95583 DM = 153,39 €, abgerundet 153 €.

) Bundeseinheitliche Regelung, z. B. Erlass des Bayer. Staatsministeriums der Finanzen vom 13. 12. 1996 Az.: 32 – S 2330 – 87/15 – 6315. Der Erlass ist als Anlage 1 zu H 9.6 LStR im **Steuerhandbuch für das Lohnbüro 2010 abgedruckt, das im selben Verlag erschienen ist. Das **PC-Lexikon** für das Lohnbüro 2010 enthält auch dieses Handbuch und hat außerdem den Vorteil, dass Sie **alle BFH-Urteile** sowie die aktuellen Rundschreiben und Niederschriften der Spitzenverbände der **Sozialversicherung** mit Mausklick **im Volltext** abrufen und ausdrucken können. Eine Bestellkarte finden Sie vorne im Lexikon.

***) Textziffer 8 des bundeseinheitlich geltenden Arbeitgebermerkblatts. Das Arbeitgebermerkblatt ist als Anhang 15 im **Steuerhandbuch für das Lohnbüro 2010** abgedruckt, das im selben Verlag erschienen ist. Das **PC-Lexikon** für das Lohnbüro 2010 enthält auch dieses Handbuch und hat außerdem den Vorteil, dass Sie **alle BFH-Urteile** sowie die aktuellen Rundschreiben und Niederschriften der Spitzenverbände der **Sozialversicherung** mit Mausklick **im Volltext** abrufen und ausdrucken können. Eine Bestellkarte finden Sie vorne im Lexikon.

Reisekosten bei Auswärtstätigkeiten

Abwesenheits-dauer	Steuerfreier Verpflegungs-pauschbetrag	Pauschalierungsfähig mit 25 % (sozialversicherungsfrei)	Ersatz für Verpflegungs-mehraufwand insgesamt
14 Stunden und mehr, aber weniger als 24 Stunden	12,— €	12,— €	**24,— €**
24 Stunden	24,— €	24,— €	**48,— €**

Durch die Inanspruchnahme der Lohnsteuerpauschalierung, mit der zugleich der Arbeitgeberanteil zur Sozialversicherung gespart wird, kann der Arbeitgeber den Ersatz von Verpflegungsmehraufwendungen insbesondere dann variabel gestalten, wenn die Reisekostenabrechnung und die Auszahlung der Reisekostenvergütung für einen längeren Zeitraum (z. B. einen Monat) zusammengefasst und dabei die steuerpflichtigen Teile der Reisekostenvergütung mit nicht ausgeschöpften steuerfreien Beträgen einer anderen Auswärtstätigkeit verrechnet werden.

Beispiel D

Ein Arbeitnehmer, der verschiedene Auswärtstätigkeiten mit unterschiedlicher Abwesenheitsdauer durchführt, erhält einheitlich für jeden Reisetag 14 € Ersatz für Verpflegungsmehraufwand. Nach Ablauf des Monats weist der Arbeitnehmer für 17 Reisetage folgende Abwesenheitszeiten nach:

	steuerfreier Pauschbetrag	pauschalierungs-fähig
– 2 Auswärtstätigkeiten mit weniger als 8 Stunden	0,— €	0,— €
– 11 Auswärtstätigkeiten mit mindestens 8, aber nicht mindestens 14 Stunden	66,— €	66,— €
– 3 Auswärtstätigkeiten mit mindestens 14, aber nicht 24 Stunden	36,— €	36,— €
– 1 Auswärtstätigkeit mit 24 Stunden	24,— €	24,— €
insgesamt	126,— €	126,— €
vom Arbeitgeber gezahlt (17 × 14 €) =	238,— €	
somit sind steuerpflichtig	112,— €	

Der Betrag von 112 € überschreitet die 100 %-Grenze (126 €) nicht. Er kann deshalb in voller Höhe mit 25 % pauschal versteuert werden

Lohnsteuer: 25 % von 112 €	=	28,— €
Solidaritätszuschlag: 5,5 % von 28 €	=	1,54 €
Kirchensteuer (z. B. in Bayern) 7 % von 28 €	=	1,96 €

Das Beispiel zeigt, dass durch die Verrechnung der steuerfreien mit steuerpflichtigen Teilen einer Reisekostenvergütung und der Abrechnung mehrerer Auswärtstätigkeiten für einen längeren Zeitraum (z. B. einen Monat) die Pauschalierungsgrenze optimal ausgenutzt werden kann. Dies ist so gewollt und ergibt sich aus R 40.2 Abs. 4 der Lohnsteuer-Richtlinien.

Die Pauschalversteuerung mit einem Pauschsteuersatz von 25 % ist also auf einen Vergütungsbetrag bis zur Summe der wegen der Auswärtstätigkeit anzusetzenden Verpflegungspauschalen begrenzt (sog. 100 %-Grenze). Für den darüber hinausgehenden Vergütungsbetrag kann – wie bisher – eine Pauschalversteuerung mit einem besonderen, individuell ermittelten Pauschsteuersatz auf Antrag des Arbeitgebers unter Beachtung der 1000-Euro-Grenze nach § 40 Abs. 1 Satz 1 Nr. 1 EStG durchgeführt werden (vgl. das Stichwort „Pauschalierung der Lohnsteuer" unter Nr. 2).

Die seit 1. 1. 1997 geltende Pauschalierungsvorschrift ist nur auf steuerpflichtigen Verpflegungsmehraufwand anzuwenden, der bei einer **Auswärtstätigkeit** entsteht, **nicht jedoch** bei einer **doppelten Haushaltsführung**. Werden vom Arbeitgeber Verpflegungsmehraufwendungen nach den für eine doppelte Haushaltsführung geltenden Grundsätzen gezahlt, so kann die Lohnsteuer für einen ggf. steuerpflichtigen Teil nicht mit 25 % pauschal versteuert werden (R 40.2 Abs. 1 Nr. 4 zweiter Halbsatz LStR).

Von der Pauschalierungsvorschrift werden nur steuerpflichtige „**Vergütungen für Verpflegungsmehraufwand**" erfasst. Eine Pauschalierung der steuerpflichtigen Sachbezugswerte für Mahlzeiten, die vom Arbeitgeber oder auf dessen Veranlassung von einem Dritten anlässlich von Auswärtstätigkeiten gewährt werden (vgl. die Erläuterungen unter der vorstehenden Nr. 10) mit einem Pauschsteuersatz von 25 % ist deshalb nicht möglich. Wird die Mahlzeit allerdings mit dem tatsächlichen Wert bewertet (vgl. die Erläuterungen unter der vorstehenden Nr. 10 Buchstabe g) müsste u.E. für den steuerpflichtigen Teil nach den vorstehenden Grundsätzen eine Pauschalierung mit 25 % möglich sein, da es sich nach Auffassung des Bundesfinanzhofs um eine Reisekostenvergütung handelt. Der für Kantinenmahlzeiten geltende Pauschsteuersatz von ebenfalls 25 % ist nicht anwendbar, da die bei Auswärtstätigkeiten gewährten Mahlzeiten nicht „im Betrieb" abgegeben werden (vgl. „Mahlzeiten").

c) **Sozialversicherungsrechtliche Behandlung von steuerpflichtigen Verpflegungsmehraufwendungen**

Nach einem Besprechungsergebnis der Spitzenverbände der Sozialversicherungsträger aus dem Jahre 1997 wurde die Auffassung vertreten, dass die für den Bereich des Steuerrechts praktizierte „**Gesamtrechnung**" auf das Beitragsrecht der Sozialversicherung **nicht** übertragen werden könne, weil andernfalls im Ergebnis Werbungskosten zu einer Minderung des beitragspflichtigen Arbeitsentgelts in der Sozialversicherung führen würden; dies könne sozialversicherungsrechtlich nicht hingenommen werden, denn Werbungskosten hätten für die Ermittlung des beitragspflichtigen Arbeitsentgelts in der Sozialversicherung keinerlei Bedeutung.

Bei einer erneuten Erörterung dieser Thematik haben die Spitzenverbände der Sozialversicherungsträger die in R 3.16 der Lohnsteuer-Richtlinien festgelegte **Gesamtrechnung** nunmehr ausdrücklich **auch für den Bereich der Sozialversicherung** zugelassen.

13. Nebenkosten bei Auswärtstätigkeiten

	Lohn-steuer-pflichtig	Sozial-versich.-pflichtig
Fallen bei einer Auswärtstätigkeit aus beruflichen Gründen Nebenkosten an, z. B. für Taxi- oder Mietwagenbenutzung, Beförderung und Aufbewahrung von Gepäck, Telekommunikationskosten (Telefon, Handy, FAX, Internet), Porto, Garage, Parkplatzgebühren, Straßenbenutzungsgebühren, Reparaturkosten am Pkw infolge eines Unfalls usw., so können sie dem Arbeitnehmer in der nachgewiesenen oder glaubhaft gemachten Höhe steuerfrei ersetzt werden. Entsprechendes gilt für die Kosten für erforderliche Reisepapiere (z. B. Visum). Die für die Erstattung erforderlichen Nachweise muss der Arbeitgeber als Belege zum Lohnkonto aufbewahren.	nein	nein
Verwarnungsgelder und Bußgelder, die im Zusammenhang mit Auswärtstätigkeiten verhängt und vom Arbeitgeber übernommen werden, sind steuerpflichtiger Arbeitslohn (vgl. „Geldstrafen").	ja	ja
Steuerfreie Reisenebenkosten sind auch die Ausgaben des Arbeitgebers für eine **Reiseunfallversicherung** des Arbeitnehmers, die ausschließlich Berufsunfälle außerhalb einer ortsgebundenen regelmäßigen Arbeitsstätte abdeckt, und zwar auch dann, wenn es sich um eine Dauerversicherung wegen häufiger Auswärtstätigkeiten des Arbeitnehmers handelt (vgl. das Stichwort „Unfallversicherung"). Auch bei Arbeitgeberbeiträgen zu Unfallversicherungen ist ein steuerfreier Reisenebenkostenanteil enthalten.	nein	nein
Prämien für eine zusätzliche **Krankenversicherung** (z. B. Auslandskrankenversicherung) gehören dagegen zum Arbeitslohn, selbst wenn der zusätzliche Krankenversicherungsschutz allein durch eine berufliche Auslandstätigkeit veranlasst ist (BFH-Urteil vom 16. 4. 1999, BStBl. 2000 II S. 408).	ja	ja

Reisekosten bei Auswärtstätigkeiten

	Lohn-steuer-pflichtig	Sozial-versich.-pflichtig

Die Übernahme von Kosten für erforderliche, nicht rein vorbeugende Impfungen durch den Arbeitgeber ist hingegen u. E. steuerfreier Reisekostenersatz. — nein — nein

Prämien für eine **Reisegepäckversicherung,** die der Arbeitgeber für seine Arbeitnehmer abgeschlossen hat, sind als Reisenebenkosten steuerfrei, wenn der Versicherungsschutz sich auf die beruflich bedingte Abwesenheit von einer ortsgebundenen regelmäßigen Arbeitsstätte beschränkt (vgl. hierzu das Stichwort „Reisegepäckversicherung"). — nein — nein

Für den Verlust persönlicher Gegenstände auf einer Auswärtstätigkeit gilt nach dem BFH-Urteil vom 30. 11. 1993 (BStBl. 1994 II S. 256) Folgendes:

Erleidet ein Arbeitnehmer auf einer Auswärtstätigkeit einen Schaden an solchen Gegenständen, die er mitgenommen hat, weil er sie auf der Auswärtstätigkeit verwenden musste, so ist der dafür vom Arbeitgeber geleistete Ersatz nur dann dem Grunde nach als steuerfreier Reisekostenersatz zu beurteilen, wenn der Schaden durch eine reisespezifische Gefährdung (z. B. Diebstahls-, Transport- oder Unfallschaden) entstanden und nicht nur **gelegentlich** der Reise eingetreten ist.

Danach ist ein Ersatzanspruch nur unter sehr engen Voraussetzungen möglich und jedenfalls bei Gegenständen des persönlichen Bedarfs (wie z. B. beim Verlust einer Geldbörse oder Schmuck) ausgeschlossen (BFH-Urteil vom 26. 1. 1968, BStBl. II S. 342). — nein — nein

Wird hingegen das **Fahrzeug** des Arbeitnehmers während einer Auswärtstätigkeit **gestohlen** (z. B. bei der während einer mehrtägigen Auswärtstätigkeit notwendigen Übernachtung), so sind Ersatzleistungen des Arbeitgebers steuerfrei, da das Parken des für die Auswärtstätigkeit verwendeten Fahrzeugs während der Nacht – wie die Übernachtung selbst – der beruflichen Sphäre zuzurechnen ist (BFH-Urteil vom 25. 5. 1992, BStBl. II 1993 S. 44). — nein — nein

Zur Behandlung von **Kreditkartengebühren** als Reisenebenkosten wird auf das Stichwort „Firmenkreditkarte" hingewiesen.

Wegen Erstattung von Bewirtungskosten im Zusammenhang mit Auswärtstätigkeiten vgl. „Bewirtungskosten".

14. Auslandsreisekosten

a) Fahrtkosten

Bei Auslandsreisen können die Fahrtkosten, Flugkosten und die Nebenkosten ebenso wie bei Inlandsreisen in der nachgewiesenen Höhe ersetzt werden. Wird ein eigenes Fahrzeug benutzt, gelten die gleichen Kilometersätze wie bei Inlandsreisen. Wird für die Auslandsreise ein Firmenwagen zur Verfügung gestellt, handelt es sich ebenfalls um steuerfreien Reisekostenersatz.

b) Verpflegungsmehraufwand

Bis 31. 12. 1995 konnte der Verpflegungsmehraufwand bei Auslandsreisen entweder in Form von Pauschbeträgen (= Auslandstagegelder) oder durch Einzelnachweis der entstandenen Verpflegungsmehraufwendungen steuerfrei ersetzt werden. Der bis 31. 12. 1995 mögliche Einzelnachweis von Verpflegungsmehraufwendungen ist bei In- und Auslandsreisen mit Wirkung ab 1. 1. 1996 weggefallen. Seit 1. 1. 1996 ist somit ein steuerfreier Ersatz der Verpflegungsmehraufwendungen bei Auslandsreisen nur noch in Form von **pauschalen Auslandstagegeldern** möglich (vgl. nachfolgend unter Nr. 15). Durch den Wegfall des Einzelnachweises für Verpflegungsmehraufwendungen und der Kürzung der Auslandstagegelder kann es zu einer Versteuerung von Arbeitgeberleistungen kommen, wenn der Arbeitgeber bei Reisen ins Ausland mehr als die steuerfreien Sätze erstattet. Durch das Jahressteuergesetz 1997 ist deshalb eine Pauschalierungsvorschrift eingeführt worden, wonach die steuerpflichtigen Teile von Vergütungen für Verpflegungsmehraufwand **pauschal mit 25% versteuert** werden können, soweit die steuerfreien Auslandstagegelder nicht um mehr als 100% überschritten werden. Diese Pauschalierungsmöglichkeit ist für Inlandsreisen unter der vorstehenden Nr. 12 Buchstabe b erläutert. Diese Erläuterungen gelten sinngemäß auch für Auslandsreisekosten, wobei sich die 100%-Grenze auf das maßgebende **Auslandstagegeld** bezieht.

Auch zum **1.1.2010** haben sich für einige Länder die **Pauschbeträge** für **Verpflegungsmehraufwendungen geändert.** Vgl. im Einzelnen die Länderübersicht über die Auslandsreisekosten 2010 in Anhang 4 auf Seite 846.

c) Übernachtungskosten

Die Übernachtungskosten können entweder in Form von Pauschbeträgen **(= Auslandsübernachtungsgelder) oder** durch **Einzelnachweis** der entstandenen Kosten steuerfrei ersetzt werden. Beim Einzelnachweis ist darauf zu achten, dass die Kosten für das Frühstück vom Rechnungspreis abgezogen werden müssen (vgl. nachfolgend unter Nr. 20). Die pauschalen Auslandsübernachtungsgelder können direkt aus der alphabetischen Länderübersicht in Anhang 4 auf Seite 846 abgelesen werden. Zu beachten ist, dass seit **1.1.2008** von Arbeitnehmer **nur noch** die **tatsächlichen Übernachtungskosten** und nicht mehr die pauschalen Auslandsübernachtungsgelder als **Werbungskosten** abgezogen werden können (R 9.7 Abs. 2 LStR). Dies gilt auch für den Betriebsausgabenabzug bei Selbständigen (R 4.12 Abs. 2 EStR).

15. Auslandstagegelder

Die Mehraufwendungen für Verpflegung werden nur in Form von pauschalen **Auslandstagegeldern** anerkannt. Der Einzelnachweis von Verpflegungsmehraufwendungen ist seit 1. 1. 1996 ausgeschlossen.

Die für die einzelnen Länder maßgebenden Auslandstagegelder, die vom Bundesministerium der Finanzen im Einvernehmen mit den obersten Finanzbehörden der Länder auf der Grundlage der höchsten Auslandstagegelder nach dem Bundesreisekostengesetz bekannt gemacht worden sind, können direkt aus der alphabetischen Länderübersicht in Anhang 4 auf Seite 846 abgelesen werden. Für die in der alphabetischen Länderübersicht nicht erfassten Länder ist der für Luxemburg geltende Pauschbetrag maßgebend; für die in der Bekanntmachung nicht erfassten Übersee- und Außengebiete eines Landes ist der für das Mutterland geltende Pauschbetrag maßgebend.

Der Pauschbetrag bestimmt sich nach dem Ort, den der Arbeitnehmer vor 24 Uhr Ortszeit zuletzt erreicht, oder, wenn dieser Ort im Inland liegt, nach dem letzten Tätigkeitsort im Ausland. Damit ist für eintägige Auswärtstätigkeiten ins Ausland und für Rückreisetage aus dem Ausland in das Inland der Pauschbetrag des **letzten Tätigkeitsorts im Ausland** maßgebend. Werden an einem Kalendertag eine Auslandsreise **und** eine Inlandsreise durchgeführt, ist auch dann das Auslandstagegeld maßgebend, wenn die überwiegende Zeit im Inland verbracht wird.

Die Auslandstagegelder sind – wie die Inlandstagegelder – nach der Abwesenheitsdauer von der Wohnung **und** der regelmäßigen Arbeitsstätte gestaffelt.

Bei einer Abwesenheit von weniger als 8 Stunden wird also – ebenso wie bei Inlandsreisen – ein steuerfreier Pauschbetrag für Verpflegungsmehraufwendungen nicht gewährt. Auch in diesen Fällen ist ein Einzelnachweis von Verpflegungsmehraufwendungen ausgeschlossen.

Auch die zeitlich gestaffelten Auslandstagegelder können direkt aus der alphabetischen Länderübersicht in Anhang 4 auf Seite 846 abgelesen werden. Die zeitliche

Reisekosten bei Auswärtstätigkeiten

Staffelung hat sowohl Auswirkungen auf eintägige Auslandsreisen als auch auf die An- und Rückreisetage bei mehrtägigen Auslandsreisen. Denn die Auslandstagegelder gelten sowohl für **mehrtägige** als auch für **eintägige Auslandsreisen**. Dabei bestimmt die Abwesenheitszeit am jeweiligen Kalendertag, ob für diesen Tag das volle Auslandstagegeld oder nur ein Teilbetrag anzusetzen ist. Die Unterscheidung zwischen mehrtägigen und eintägigen Auslandsreisen bleibt aber für die Frage bedeutsam, welches Auslandstagegeld maßgebend ist. Außerdem gelten Besonderheiten bei Flug- und Schiffsreisen. Diese Besonderheiten bei eintägigen und mehrtägigen Auslandsreisen sowie bei Flug- und Schiffsreisen sind unter den folgenden Nrn. 16 bis 19 anhand von Beispielen erläutert.

16. Eintägige Auslandsreisen

Bei eintägigen Auslandsreisen, das heißt bei Auslandsreisen, die am selben Kalendertag begonnen und beendet werden, richtet sich das Auslandstagegeld nach dem Land, in dem die Tätigkeit ausgeübt wird.

Die Auslandstagegelder sind nach der Abwesenheitsdauer gestaffelt. Maßgebend ist dabei – wie bei Inlandsreisen – die Dauer der Abwesenheit von der Wohnung **und** der regelmäßigen Arbeitsstätte an dem betreffenden Kalendertag.

Beispiel A
Der Arbeitnehmer verlässt um 7.00 Uhr seine Wohnung und fährt zu seiner regelmäßigen Arbeitsstätte in München. Von dort aus tritt er um 9.30 Uhr eine Auswärtstätigkeit nach Salzburg an, die er um 17:00 Uhr in seiner Wohnung beendet. Diesem Arbeitnehmer kann **kein Verpflegungsmehraufwand** steuerfrei ersetzt werden, da der Arbeitnehmer nicht mindestens 8 Stunden von seiner Wohnung und regelmäßigen Arbeitsstätte abwesend war. Würde er erst um 17:30 Uhr in seiner Wohnung zurückkehren, könnte ihm ein steuerfreier Pauschbetrag von 12 € (= mindestens acht Stunden Österreich) gezahlt werden.

Besucht der Arbeitnehmer bei eintägigen Auslandsreisen mehrere Länder, so richtet sich das Auslandstagegeld nach dem **letzten Tätigkeitsort im Ausland.**

Beispiel B
Ein Arbeitnehmer mit regelmäßiger Arbeitsstätte in Lindau besucht zuerst einen Kunden in Bregenz (Österreich), dann in Olten (Schweiz) und anschließend in Koblenz (Deutschland). Von Koblenz fährt er zurück nach Lindau. Er ist mehr als 14 Stunden von der Wohnung und der regelmäßigen Arbeitsstätte abwesend. Maßgebend für das Auslandstagegeld ist **der letzte Tätigkeitsort im Ausland.** Dies ist im Beispielsfall die Schweiz. Das Auslandstagegeld bei einer Abwesenheit von mindestens 14 Stunden beträgt 28 €. Würde der Arbeitnehmer die Auslandsreise in umgekehrter Reihenfolge machen, läge der letzte Tätigkeitsort in Österreich. Das Auslandstagegeld würde dann lediglich 24 € betragen.

Beispiel C
Ein Berufskraftfahrer, ohne regelmäßige Arbeitsstätte im Betrieb seines Arbeitgebers, fährt nach Zürich und am selben Tag wieder zurück. Er fährt dabei durch Österreich. Da der Arbeitnehmer seine Tätigkeit auf dem Fahrzeug ausübt, ist der „letzte Tätigkeitsort im Ausland" der ausländische Grenzort an der deutsch-österreichischen Grenze. Denn dort hat der Arbeitnehmer zuletzt seine Tätigkeit ausgeübt. Dem Arbeitnehmer kann somit lediglich das Auslandstagegeld für Österreich steuerfrei gezahlt werden, obwohl der Bestimmungsort seiner Lieferung in der Schweiz lag.

Wird eine Auslandsreise **nach 16 Uhr** begonnen und am nächsten Tag **vor 8 Uhr** beendet, ohne dass eine Übernachtung stattfindet, ist sie im Ergebnis ebenfalls als eintägige Auslandsreise zu behandeln. Die Auswärtstätigkeit ist mit der gesamten Abwesenheitsdauer dem Kalendertag der überwiegenden Abwesenheit zuzurechnen (sog. **Mitternachtsregelung**; vgl. die Erläuterungen unter der vorstehenden Nr. 9 Buchstabe b).

Die sog. Mitternachtsregelung stellt also eine Ausnahme von dem Grundsatz dar, dass für die Dauer der Abwesenheit von der Wohnung und der regelmäßigen Arbeitsstätte jeder Kalendertag für sich zu beurteilen ist. Die Ausnahmeregelung betrifft ausschließlich diejenigen Fälle, in denen sich eine Auswärtstätigkeit über Mitternacht hinaus in den nächsten Tag hinein erstreckt, ohne dass eine Übernachtung stattfindet.

Beispiel D
Ein Arbeitnehmer aus Lindau fährt am Dienstag um 16.30 zu einer Besprechung nach Zürich und kehrt am Mittwoch um 6.30 Uhr in seine Wohnung zurück. Die gesamte Abwesenheitsdauer von 14 Stunden ist dem Tag der überwiegenden Abwesenheit zuzurechnen. Dies ist der Dienstag. Für Dienstag kann dem Arbeitnehmer deshalb ein Auslandstagegeld in Höhe von 28 € gezahlt werden, da der letzte Tätigkeitsort in der Schweiz lag. Dass der Arbeitnehmer über Österreich nach Hause gefahren ist, spielt keine Rolle.

Beendet der Arbeitnehmer eine Auslandsreise durch Rückkehr in den Betrieb zu seiner regelmäßigen Arbeitsstätte und tritt er von dort aus am selben Tag eine Inlandsreise an, so gilt für diesen Tag ebenfalls das Auslandstagegeld des letzten Tätigkeitsorts im Ausland. Die Abwesenheitszeiten der Auslands- und Inlandsreisen sind dabei **stets** zusammenzurechnen und zwar auch dann, wenn die überwiegende Zeit im Inland verbracht wird (R 9.6 Abs. 3 Satz 3 LStR).

Beispiel E
Ein Arbeitnehmer fährt von seiner Wohnung aus um 7 Uhr in die Schweiz und beendet die Auslandsreise um 14 Uhr im Betrieb an seiner regelmäßigen Arbeitsstätte. Um 15 Uhr beginnt er eine Inlandsreise, die um 19 Uhr in der Wohnung endet. Würde man beide Reisen getrennt behandeln, könnte dem Arbeitnehmer weder ein Inlands- noch ein Auslandstagegeld steuerfrei ersetzt werden. Die Abwesenheitszeiten werden jedoch zusammengerechnet und der Auslandsreise zugeordnet. Für die gesamte Abwesenheitsdauer (11 Stunden) kann ein Auslandstagegeld für die Schweiz in Höhe von 14 € steuerfrei gezahlt werden.

Die Zusammenrechnung der Zeiten von Inlands- und Auslandsreise ist auch dann vorzunehmen, wenn die sog. **Mitternachtsregelung** anzuwenden ist.

Beispiel F
Ein Arbeitnehmer aus Lindau fährt am Dienstag von 10 Uhr bis 15 Uhr eine fünfstündige Inlandsreise aus. Um 17 Uhr fährt er zu einem Kunden nach Zürich und kehrt am Mittwoch um 2 Uhr in seine Wohnung zurück. Die Auslandsreise ist in Anwendung der sog. Mitternachtsregelung mit ihrer gesamten Abwesenheitsdauer von 9 Stunden dem Dienstag zuzurechnen. Außerdem sind die Abwesenheitszeiten der Inlandsreise und Auslandsreise am Dienstag zusammenzurechnen. Für die gesamte Abwesenheitsdauer (14 Stunden) erhält der Arbeitnehmer ein steuerfreies Auslandstagegeld für die Schweiz in Höhe von 28 €.

Fährt der Arbeitnehmer am Dienstag erst um 19 Uhr nach Zürich und kehrt er am Mittwoch um 6 Uhr in seine Wohnung zurück, so ist die Auslandsreise in Anwendung der sog. Mitternachtsregelung mit ihrer gesamten Abwesenheitsdauer von 11 Stunden dem Mittwoch zuzurechnen. Die Inlandsreise am Dienstag ist isoliert zu betrachten (unter 8 Stunden, kein Inlandstagegeld). Für Mittwoch kann dem Arbeitnehmer ein steuerfreies Auslandstagegeld für die Schweiz in Höhe von 14 € gezahlt werden (Abwesenheitsdauer 11 Stunden).

Beispiel G
Ein Arbeitnehmer aus Ulm fährt am Dienstag um 12 Uhr zu einem Kunden nach Lindau, und von dort weiter zu einem Kunden nach Zürich. Der Arbeitnehmer kehrt am Mittwoch um 2 Uhr in seine Wohnung zurück. Die sog. Mitternachtsregelung ist nicht anwendbar, da die Auswärtstätigkeit vor 16 Uhr angetreten wurde. Die Reisezeiten am Dienstag und Mittwoch sind getrennt zu betrachten. Für Dienstag kann bei einer Abwesenheitsdauer von 12 Stunden ein steuerfreies Auslandstagegeld für die Schweiz in Höhe von 14 € gezahlt werden.

17. Mehrtägige Auslandsreisen

Bei mehrtägigen Auslandsreisen werden die Auslandstagegelder für die An- und Rückreisetage entsprechend der Abwesenheitsdauer von der Wohnung und der regelmäßigen Arbeitsstätte gekürzt. Die gekürzten Beträge sind in der Länderübersicht in Anhang 4 auf Seite 846 ausgewiesen.

Ein volles Auslandstagegeld kann nur bei einer Abwesenheitsdauer von **mindestens 24 Stunden** gezahlt werden. Das bedeutet, dass ein volles Auslandstagegeld nur dann in Betracht kommt, wenn sich die **Auslandsreise mindestens über drei Kalendertage** erstreckt.

Beispiel A
Ein Arbeitnehmer unternimmt 2010 von München aus eine dreitägige Auslandsreise nach Zürich. Er fährt am Dienstag um 11 Uhr in München ab, übernachtet zweimal in Zürich und kommt am Donnerstag um 18 Uhr wieder an seiner regelmäßigen Arbeitsstätte in der Firma in München an. Der Arbeitgeber kann diesem Arbeitnehmer folgende Pauschbeträge für Verpflegungsmehraufwand steuerfrei ersetzen:

Reisekosten bei Auswärtstätigkeiten

	Lohn-steuer-pflichtig	Sozial-versich.-pflichtig

- für Dienstag ein gekürztes Auslandstagegeld für die Schweiz (vgl. Anhang 4 auf Seite 846) in Höhe von (Abwesenheit mindestens 8, aber weniger als 14 Stunden) — 14,— €
- für Mittwoch ein volles Auslandstagegeld für die Schweiz nach der in Anhang 4 auf Seite 846 abgedruckten Länderübersicht in Höhe von — 42,— €
- für Donnerstag ein gekürztes Auslandstagegeld für die Schweiz (vgl. Anhang 4 auf Seite 846) in Höhe von (Abwesenheit mindestens 14 Stunden) — 28,— €
- zwei Auslandsübernachtungsgelder für die Schweiz nach der in Anhang 4 auf Seite 846 abgedruckten Länderübersicht in Höhe von jeweils 110 €, insgesamt also — 220,— €
- oder die tatsächlich entstandenen und nachgewiesenen Übernachtungskosten abzüglich Frühstück.

Hinweis: Das Auslandsübernachtungsgeld kann zwar seit 2008 weiterhin vom Arbeitgeber steuerfrei ersetzt, vom Arbeitnehmer aber nicht mehr als Werbungskosten abgezogen werden. Vgl. die Erläuterungen unter der nachfolgenden Nr. 20.

Werden bei einer mehrtägigen Auslandsreise mehrere Länder besucht und stellt sich deshalb die Frage, welches Auslandstagegeld in Betracht kommt, so richtet sich dieses nach dem Land, das der Arbeitnehmer vor **24 Uhr** Ortszeit **zuletzt erreicht.** Gelten in einem Land verschiedene Auslandstagegelder, so ist für die Frage, welches Auslandstagegeld in Betracht kommt, der vor 24 Uhr zuletzt erreichte **Ort** maßgebend.

Für den **Rückreisetag** aus dem Ausland in das Inland ist das Auslandstagegeld für das Land maßgebend, in dem sich **der letzte Tätigkeitsort im Ausland** befindet.

Beispiel B

Eine Auswärtstätigkeit nach Norwegen wird am Dienstag, den 13.4.2010, um 11 Uhr in Hannover angetreten. Der Arbeitnehmer übernachtet in Schweden, fährt am Mittwoch nach Norwegen weiter, erledigt dort seine dienstliche Tätigkeit und tritt abends die Rückreise an. Um 22 Uhr erreicht er Dänemark und übernachtet dort. Am Donnerstag erledigt er in Dänemark einen geschäftlichen Auftrag und trifft um 13 Uhr wieder an seinem Arbeitsplatz in Hannover ein. Der Arbeitgeber kann diesem Arbeitnehmer folgende Pauschbeträge steuerfrei ersetzen:

- für Dienstag ein gekürztes Auslandstagegeld für Schweden (vor 24 Uhr zuletzt erreichtes Land) in Höhe von (Abwesenheit mindestens 8, aber weniger als 14 Stunden vgl. Länderübersicht in Anhang 4 auf Seite 846) — 20,— €
- Ein Auslandsübernachtungsgeld für Schweden nach der in Anhang 4 auf Seite 846 abgedruckten Länderübersicht in Höhe von — 160,— €
- für Mittwoch ein volles Auslandstagegeld für Dänemark (vor 24 Uhr zuletzt erreichtes Land) nach der in Anhang 4 auf Seite 846 abgedruckten Länderübersicht in Höhe von — 42,— €
- Ein Auslandsübernachtungsgeld für Dänemark nach der in Anhang 4 auf Seite 846 abgedruckten Länderübersicht in Höhe von — 70,— €
- für Donnerstag ein gekürztes Auslandstagegeld für Dänemark nach der in Anhang 4 auf Seite 846 abgedruckten Länderübersicht in Höhe von (Abwesenheit mindestens 8, aber weniger als 14 Stunden) — 14,— €

Wird in Dänemark kein geschäftlicher Auftrag erledigt (befindet sich der Arbeitnehmer also dort nur auf der Rückreise), ist für Donnerstag ein gekürztes Auslandstagegeld nach dem für **Norwegen** geltenden Satz in Höhe von 24 € steuerfrei, da für den Rückreisetag **der letzte Tätigkeitsort im Ausland** maßgebend ist. Dieser liegt in Norwegen, da die Rückreise und die Übernachtung in Dänemark nicht zur „Tätigkeit" des Arbeitnehmers gehören. Seit 2008 können die Auslandsübernachtungsgelder zwar weiterhin vom Arbeitgeber steuerfrei ersetzt, vom Arbeitnehmer aber nicht mehr als Werbungskosten abgezogen werden. Vgl. die Erläuterungen unter der nachstehenden Nr. 20.

Die gesetzliche Regelung für den Rückreisetag (§ 4 Abs. 5 Satz 1 Nr. 5 Satz 4 EStG) hat zur Folge, dass für den Rückreisetag **stets** das **Auslandstagegeld** maßgebend ist; die Inlandspauschalen gelten für den Rückreisetag nicht. Deshalb ist das Auslandstagegeld des letzten Tätigkeitsorts im Ausland nach der **gesamten Abwesenheitsdauer am Rückreisetag** auch dann anzusetzen, wenn die Auslandsreise als Inlandsreise fortgesetzt wird.

Beispiel C

Der Arbeitnehmer im Beispiel B fährt von Dänemark kommend zu einem Kunden in Bremen und anschließend zu seiner regelmäßigen Arbeitsstätte in den Betrieb. Die Abwesenheitszeiten werden zusammengerechnet. Für den Rückreisetag wird ausschließlich das Auslandstagegeld für Dänemark gewährt, das sich nach der gesamten Abwesenheitsdauer (im In- und Ausland) an diesem Kalendertag richtet.

Beendet der Arbeitnehmer seine **Auslandsreise** durch Rückkehr in die Wohnung oder zur regelmäßigen Arbeitsstätte und tritt er am **selben Tag** eine (völlig neue) **Inlandsreise** an, so gilt für diesen Tag (Rückreisetag) gleichwohl das Auslandstagegeld des letzten Tätigkeitsorts im Ausland. Dabei sind die Abwesenheitszeiten der Auslands- und Inlandsreise am Rückreisetag stets zusammenzurechnen (also auch dann, wenn die überwiegende Zeit im Inland verbracht wird).

Beispiel D

Ein Arbeitnehmer beendet eine mehrtägige Auslandsreise in die Schweiz um 6 Uhr in seiner Wohnung. Um 15 Uhr beginnt er eine Inlandsreise, die um 19 Uhr in der Wohnung endet. Würde man beide Reisen getrennt behandeln, könnte dem Arbeitnehmer weder ein Inlands- noch ein Auslandstagegeld steuerfrei ersetzt werden. Die Abwesenheitszeiten werden jedoch zusammengerechnet und der Auslandsreise zugeordnet. Für die gesamte Abwesenheitsdauer (10 Stunden) kann ein Auslandstagegeld für die Schweiz in Höhe von 14 € steuerfrei gezahlt werden.

18. Flugreisen

Auch bei Flugreisen gilt die Regelung, dass der Pauschbetrag für das Land maßgebend ist, das der Arbeitnehmer vor **24 Uhr** Ortszeit **zuletzt erreicht.**

Bei Flugreisen gilt ein Land in dem Zeitpunkt als erreicht, in dem das Flugzeug dort landet; Zwischenlandungen bleiben unberücksichtigt, es sei denn, dass durch sie Übernachtungen notwendig werden (R 9.6 Abs. 3 Satz 4 Nr. 1 Satz 1 LStR). Erstreckt sich eine Flugreise über mehr als zwei Kalendertage, so werden für die Tage, die zwischen dem Tag des Abflugs und dem Tag der Landung liegen, Auslandstagegelder in Höhe des für **Österreich** geltenden Betrags anerkannt (R 9.6 Abs. 3 Satz 4 Nr. 1 Satz 2 LStR). Ein Übernachtungsgeld kann für die Dauer der Flugreise nicht angesetzt werden (R 9.7 Abs. 3 Satz 7 LStR).

Beispiel A

Ein Arbeitnehmer unternimmt im Juli 2010 eine mehrwöchige Auswärtstätigkeit nach Japan. Er fliegt am Sonntag um 19.00 Uhr in Frankfurt ab und erreicht Tokio nach einer Zwischenlandung (ohne Übernachtung) am Dienstag um 9.00 Uhr. Der Arbeitgeber kann diesem Arbeitnehmer für die Anreisetage folgende Pauschbeträge steuerfrei ersetzen:

- für Sonntag einen Inlandspauschbetrag für Verpflegungsmehraufwand in Höhe von (Abwesenheit nicht mindestens 8 Stunden) — 0,— €
- für Montag ein volles Auslandstagegeld für Österreich nach der in Anhang 4 auf Seite 846 abgedruckten Länderübersicht in Höhe von — 36,— €
- für Dienstag ein volles Auslandstagegeld für Japan (Tokio) nach der in Anhang 4 auf Seite 846 abgedruckten Länderübersicht in Höhe von — 51,— €

Wird bei Flugreisen Bordverpflegung gewährt, so entsteht hierdurch für den Arbeitnehmer kein steuerpflichtiger geldwerter Vorteil in Höhe des Sachbezugswertes für Mahlzeiten, da die Verpflegung nicht „auf Veranlassung des Arbeitgebers durch einen Dritten" sondern – unabhängig vom Arbeitgeber – durch die Fluggesellschaft aus eigenen Stücken gewährt wird. R 8.1 Abs. 8 Nr. 2 Satz 1 der Lohnsteuer-Richtlinien ist deshalb in diesen Fällen nicht anwendbar.

Für den **Tag der Rückkehr** ist das Auslandstagegeld des letzten Tätigkeitsorts im Ausland maßgebend.

Reisekosten bei Auswärtstätigkeiten

	Lohn-steuer-pflichtig	Sozial-versich.-pflichtig

Beispiel B

Ein Arbeitnehmer fliegt von einer mehrtägigen Auswärtstätigkeit in New York nach München zurück. Er fliegt am Dienstagabend in New York ab und trifft am Mittwoch um 14.30 Uhr an seiner regelmäßigen Arbeitsstätte in München ein. Für Mittwoch kann ein gekürztes Auslandstagegeld für New York nach der in Anhang 4 auf Seite 846 abgedruckten Länderübersicht in Höhe von 32 € gezahlt werden (Dauer der Abwesenheit von der regelmäßigen Arbeitsstätte an diesem Kalendertag mindestens 14 Stunden. Die Ortszeit in New York hat für die Berechnung der Abwesenheitsdauer keine Bedeutung).

Die Regelung, dass bei Auswärtstätigkeiten, die nach 16 Uhr begonnen und am nächsten Tag vor 8 Uhr beendet werden, ohne dass eine Übernachtung stattfindet, mit der gesamten Abwesenheitsdauer dem Kalendertag der überwiegenden Abwesenheit zuzurechnen sind (sog. Mitternachtsregelung), **gilt auch für Flugreisen.** Der Aufenthalt im Flugzeug gilt dabei nicht als Übernachtung.

Beispiel C

Ein Arbeitnehmer aus München beginnt am Dienstag eine Auswärtstätigkeit nach Paris um 17 Uhr vom Betrieb aus und fliegt um 18 Uhr ab. Er fliegt am Mittwoch um 6 Uhr zurück (ohne dass eine Übernachtung in Paris stattfindet) und trifft um kurz vor 8 Uhr in seiner Wohnung in München ein. Die gesamte Abwesenheitsdauer von fast 15 Stunden entfällt überwiegend auf Mittwoch, sodass für diesen Tag ein Auslandstagegeld für Paris in Höhe von 32 € steuerfrei gezahlt werden kann.

Trifft der Arbeitnehmer um 10 Uhr in seiner Wohnung ein, ist die sog. Mitternachtsregelung nicht anwendbar mit der Folge, dass die Abwesenheitsdauer am Dienstag und am Mittwoch getrennt zu beurteilen ist. Für Dienstag kann kein Tagegeld steuerfrei gezahlt werden (Abwesenheitsdauer 7 Std.). Am Mittwoch beträgt die Abwesenheitsdauer 10 Stunden. Es kann deshalb für Mittwoch ein steuerfreies Auslandstagegeld für Paris in Höhe von 16 € gezahlt werden.

19. Schiffsreisen

Bei Schiffsreisen ist zusätzlich zum Fahrpreis das für Luxemburg geltende Auslandstagegeld steuerfrei; für die Tage der Einschiffung und Ausschiffung ist der für den Hafenort geltende Pauschbetrag maßgebend (R 9.6 Abs. 3 Nr. 2 LStR).

Die gewährte Bordverpflegung ist dem Arbeitnehmer nicht nach R 8.1 Abs. 8 Nr. 2 Satz 1 der Lohnsteuer-Richtlinien mit den für Mahlzeiten geltenden Sachbezugswerten zuzurechnen, da sie nicht „auf Veranlassung des Arbeitgebers von einem Dritten", sondern von der Reederei als Zusatzleistung zur Beförderung gewährt wird.

Ein Übernachtungsgeld kann nicht zusätzlich zu den Passagekosten steuerfrei ersetzt werden (R 9.7 Abs. 3 Satz 7 LStR). Ist allerdings die Übernachtung in einer anderen Unterkunft begonnen oder beendet worden, kann in diesem Fall das Übernachtungsgeld auch bei Benutzung einer Schiffskabine steuerfrei gezahlt werden (R 9.7 Abs. 3 Satz 8 LStR).

Beispiel

Ein Arbeitnehmer benützt 2010 für eine Auswärtstätigkeit von Hamburg nach New York ein Schiff. Passagekosten einschließlich Übernachtung und Verpflegung 1000 €. Einschiffung Hamburg, Montag um 11 Uhr. Ausschiffung New York, Donnerstag 16 Uhr.

Dem Arbeitnehmer können steuerfrei ersetzt werden:

Passagekosten lt. Beleg	1 000,— €
Pauschbetrag für Verpflegungsmehraufwand für den Tag der Einschiffung (Inlandstagegeld)	6,— €
Volles Auslandstagegeld für den Tag der Ausschiffung nach der Länderübersicht in Anhang 4 auf Seite 846 für New York	48,— €

für die Tage auf See (Dienstag und Mittwoch) können zusätzlich Verpflegungsmehraufwendungen in folgender Höhe steuerfrei ersetzt werden:

Zwei Auslandstagegelder für Luxemburg nach der in Anhang 4 auf Seite 846 abgedruckten Länderübersicht in Höhe von jeweils	39,— €

Zur Gewährung der Pauschbeträge für Verpflegungsmehraufwendungen für Seeleute der Handelsmarine vgl. die Erläuterungen beim Stichwort „Seeleute".

20. Auslandsübernachtungsgelder

Die Kosten für eine Übernachtung bei Auslandsreisen werden für den steuerfreien Arbeitgeberersatz **zeitlich unbegrenzt** in Höhe von **Auslandsübernachtungsgeldern** anerkannt, sofern die Übernachtung nicht in einer vom Arbeitgeber unentgeltlich oder verbilligt gestellten Unterkunft erfolgt.

Die für die einzelnen Länder maßgebenden Auslandsübernachtungsgelder können direkt aus der alphabetischen Länderübersicht in Anhang 4 auf Seite 846 abgelesen werden.

Zu beachten ist, dass seit **1.1.2008** vom Arbeitnehmer **nur noch** die **tatsächlichen Übernachtungskosten** und nicht mehr die pauschalen Übernachtungsgelder als **Werbungskosten** abgezogen werden können (R 9.7 Abs. 2 LStR). Dies gilt auch für den Betriebsausgabenabzug bei Selbständigen (R 4.12 Abs. 2 EStR).

Beispiel A

Ein Arbeitnehmer ist für seinen Arbeitgeber in 2010 vier Wochen (= 28 Übernachtungen) in Finnland tätig. Die Übernachtungskosten werden nicht einzeln nachgewiesen.

Möglicher steuerfreier Arbeitgeberersatz 28 Übernachtungen à 150 €	4 200 €
Möglicher Werbungskostenabzug bei fehlendem Arbeitgeberersatz	0 €

Ein Ansatz des Auslandsübernachtungsgeldes kommt aber bei Auslandsreisen nicht in Betracht, wenn die Übernachtung tatsächlich im Inland stattfindet.

Beispiel B

Ein Arbeitnehmer mit einer vorübergehenden Auswärtstätigkeit in den Niederlanden übernachtet aus Kostengründen stets im grenznahen Bereich im Inland. Die tatsächlichen Kosten für die Übernachtung werden vom Arbeitnehmer nicht nachgewiesen.

In diesem Fall kann der Arbeitgeber die Auslandspauschale Niederlande für Verpflegung und die Inlandspauschale von 20 € für die Übernachtung steuerfrei erstatten.

Anstelle der Auslandsübernachtungsgelder kann der Arbeitgeber auch zeitlich unbegrenzt die **im Einzelnen nachgewiesenen** Übernachtungskosten steuerfrei ersetzen. Die bei Inlandsreisen im Falle der Mitnahme des Ehegatten/der Familie zu beachtenden Besonderheiten (vgl. vorstehende Nr. 8 Buchstabe b) gelten auch bei Auslandsreisen. Wird in der Hotelrechnung ein Gesamtpreis für Übernachtung und Frühstück ausgewiesen, so sind die Kosten des **Frühstücks mit 20 %** desjenigen Auslandstagegeldes vom Rechnungspreis abzuziehen, das nach der im Anhang 4 auf Seite 846 abgedruckten Länderübersicht für das betreffende Land bei einer Abwesenheitsdauer von mindestens 24 Stunden maßgebend ist.

Beispiel C

Die Hotelrechnung für eine Übernachtung in der Schweiz lautet:

Übernachtung mit Frühstück	140,— €
Zur Ermittlung der Übernachtungskosten sind 20 % des Auslandstagegeldes für die Schweiz bei einer Abwesenheitsdauer von 24 Stunden abzuziehen. Die Kürzung beträgt also 20 % von 42 € (vgl. die alphabetische Länderübersicht im Anhang 4 auf Seite 846)	8,40 €
steuerfrei ersetzbare Kosten der Unterkunft	131,60 €

Die steuerfreie Erstattung des ungekürzten Gesamtpreises in Höhe von 140 € ist zusätzlich zum steuerfreien Auslandstagegeld nur dann möglich, wenn das Frühstück vom Arbeitgeber veranlasst ist; in diesem Fall ist aber ein **Sachbezugswert von 1,57 €** steuerpflichtig (vgl. die Erläuterungen unter der vorstehenden Nr. 10).

Hinweis für die Praxis:

Bei Auslandsübernachtungen ist in den vom Hotel berechneten Übernachtungskosten normalerweise das Frühstück nicht enthalten. Eine Bestätigung hierüber kann der Arbeitnehmer vom Hotel aber meist nicht erlangen. Die Finanzverwaltung sieht deshalb einen handschriftlichen Vermerk des Arbeitnehmers auf der Hotelrechnung, dass in den Übernachtungskosten kein Frühstück enthalten ist, für aus-

Reisekosten bei Auswärtstätigkeiten

reichend an. Die im obigen Beispiel erläuterte Kürzung um 20 % kann dann unterbleiben. Diese Vereinfachungsregelung gilt aber nur für Auslandsübernachtungen und nicht bei Inlandsübernachtungen.

Bei einer mehrtägigen Auswärtstätigkeit ist **ein Wechsel** zwischen Übernachtungspauschbetrag und tatsächlich nachgewiesenen Übernachtungskosten auch **innerhalb ein und derselben Auswärtstätigkeit möglich.**

Werden vom Arbeitgeber nicht die im Einzelnen nachgewiesenen höheren Übernachtungskosten, sondern nur die Auslandsübernachtungsgelder steuerfrei ersetzt, so kann der Arbeitnehmer ohne weiteres die Differenz als Werbungskosten geltend machen, wenn er seine Übernachtungskosten im Einzelnen nachweist.

Ist im Gesamtpreis für Übernachtung und Verpflegung ausnahmsweise auch ein Mittag- und/oder Abendessen enthalten (z. B. bei **Tagungspauschalen),** ist der Gesamtpreis zur Ermittlung der Übernachtungskosten – ggf. neben der vorstehend beschriebenen Kürzung für das Frühstück – um jeweils 40 % des für den Unterkunftsort maßgebenden Pauschbetrags für Verpflegungsmehraufwendungen mit einer Abwesenheitsdauer von 24 Stunden zu kürzen.

Beispiel D
Bei einer eintägigen Tagung in Zürich (Anreise 19.1.2010, Abreise 20.1.2010 nachmittags) ist in der Hoteltagungspauschale von 180 € das Frühstück und das Mittagessen am 20.1. enthalten.

Hoteltagungspauschale	180,00 €
Zur Ermittlung der Übernachtungskosten sind abzuziehen	
Für das Frühstück 20 % von 42 € =	8,40 €
Für das Mittagessen 40 % von 42 € =	16,80 €
Steuerfrei ersetzbare Kosten der Unterkunft	154,80 €

Davon zu unterscheiden ist der Fall, dass die **Mahlzeiten** vom Arbeitgeber oder auf dessen Veranlassung von einem Dritten **abgegeben** werden. In diesem Fall ist grundsätzlich der **Sachbezugswert zu versteuern** und die vorstehend dargestellte Kürzung unterbleibt (vgl. im Einzelnen die Erläuterungen unter der vorstehenden Nr. 10). Der wahlweise Ansatz der Mahlzeiten mit dem tatsächlichen Wert ist auch bei Auslandsreisen möglich (vgl. hierzu die Erläuterungen unter der vorstehenden Nr. 10 Buchstabe g).

21. Vorsteuerabzug bei einer unternehmerisch bedingten Auswärtstätigkeit des Arbeitnehmers

Mit Wirkung vom 1. April 1999 war der Vorsteuerabzug für Reisekosten fast vollständig abgeschafft worden. Von der Abschaffung waren insbesondere die Verpflegungs- und Übernachtungskosten betroffen.

Mit Urteil vom 23. 11. 2000 (BStBl. 2001 II S. 266) hat der Bundesfinanzhof entschieden, dass die Einschränkung des Vorsteuerabzugs für unternehmerisch veranlasste Übernachtungskosten gegen EU-Recht verstößt. Der Bundesfinanzhof räumt dem EU-Recht insoweit Vorrang vor dem deutschen Umsatzsteuerrecht ein. Die Finanzverwaltung hat auf dieses Urteil reagiert und im BMF-Schreiben vom 28.3.2001 (BStBl. I S. 251) den vom Gesetzgeber zum 1. 4. 1999 eingeschränkten Vorsteuerabzug aus Reisekosten zumindest teilweise wieder zugelassen. Dabei ist von besonderer Bedeutung, dass die im BMF-Schreiben vom 28. 3. 2001 (BStBl. I S. 251) festgelegte Neuregelung **in allen Fällen einer unternehmerisch bedingten Auswärtstätigkeit des Arbeitnehmers** unter den weiteren Voraussetzungen des § 15 UStG (insbesondere dem Vorliegen einer Rechnung mit gesondertem Umsatzsteuerausweis auf den Namen des Unternehmens) in Anspruch genommen werden kann. Die Regelung gilt also

– bei **Auswärtstätigkeiten** und
– **doppelter Haushaltsführung.**

Somit kann ein Vorsteuerabzug aus Hotelrechnungen usw. auch dann gewährt werden, wenn der Arbeitgeber (= Unternehmer) seine Bau- oder Montagearbeiter oder seine Berufskraftfahrer, Fernfahrer oder Auslieferungsfahrer **in einem Hotel oder einer Pension unterbringt.** Selbst in den Fällen, in denen die auswärtige Tätigkeit der Arbeitnehmer lohnsteuerrechtlich als **doppelte Haushaltsführung** zu beurteilen ist (vgl. das Stichwort „Doppelte Haushaltsführung") kann der Vorsteuerabzug aus den entsprechenden Hotelrechnungen usw. in Anspruch genommen werden. Durch das Steueränderungsgesetz 2003 ist das BMF-Schreiben vom 28. 3. 2001 auf eine gesetzliche Grundlage gestellt worden, denn § 15 Abs. 1a Nr. 2 UStG in der früheren Fassung wurde gestrichen. Durch diese Streichung wird der Vorsteuerabzug auch insoweit wieder zugelassen, als es sich um Fahrtkosten für Fahrzeuge des Personals handelt und soweit der Unternehmer Leistungsempfänger ist (vgl. die Erläuterungen unter der nachfolgenden Nr. 24).

Im Einzelnen gilt Folgendes:

22. Vorsteuerabzug aus Übernachtungskosten

Nach dem BFH-Urteil vom 23. 11. 2000 (BStBl. 2001 II S. 266) kann der Arbeitgeber (= Unternehmer) Vorsteuerbeträge aus Hotelrechnungen abziehen, wenn die in Rechnung gestellte Umsatzsteuer auf Übernachtungen anlässlich einer unternehmerisch bedingten Auswärtstätigkeit des Arbeitnehmers (einschließlich doppelter Haushaltsführung) entfällt. Allerdings hat der Bundesfinanzhof in diesem Urteil nochmals seine ständige Rechtsprechung bekräftigt, wonach **nur der Leistungsempfänger** zum Vorsteuerabzug berechtigt ist. Das bedeutet, dass der **Arbeitgeber** (= Unternehmer) aufgrund der Bestellung Empfänger der Übernachtungsleistung des Hotels sein muss, damit ihm der Vorsteuerabzug zusteht. Lautet die Rechnung des Hotels auf den Arbeitnehmer, liegen diese Voraussetzungen nicht vor. **Lautet die Hotelrechnung auf den Arbeitgeber** (= Unternehmer) ist der Vorsteuerabzug daraus möglich, auch wenn die Hotelrechnung zunächst vom Arbeitnehmer – mit seiner Kreditkarte oder in bar – bezahlt wird. Aus **Kleinbetragsrechnungen** bis 150 € kann der Vorsteuerabzug auch dann gewährt werden, wenn darin der Arbeitgeber nicht bezeichnet ist.

Erstattet der Arbeitgeber dem Arbeitnehmer die Übernachtungskosten nicht aufgrund von Hotelrechnungen, die auf den Namen des Arbeitgebers lauten, sondern ohne Einzelnachweis in Höhe der **Übernachtungspauschalen,** kann hieraus **ein Vorsteuerabzug nicht in Anspruch genommen werden.** Denn die für den pauschalen Vorsteuerabzug aus Übernachtungsgeldern bis zum 31. März 1999 maßgeblichen Rechtsgrundlagen, nämlich die §§ 36 bis 38 UStDV, sind ab 1. April 1999 ersatzlos gestrichen worden. Die Abschaffung des pauschalen Vorsteuerabzugs aus Reisekosten war auch **EU-rechtlich nicht bedenklich,** weil ein **pauschaler** Vorsteuerabzug aus Reisekosten nach der 6. EG-Umsatzsteuer-Richtlinie (jetzt Mehrwertsteuer-System-Richtlinie) nicht vorgesehen ist.

23. Vorsteuerabzug aus Verpflegungskosten

Im BMF-Schreiben vom 28. 3. 2001 (BStBl. I S. 251) ist unter Nr. 2 Buchstabe b festgelegt worden, dass der Arbeitgeber (= Unternehmer) den Vorsteuerabzug aus Verpflegungskosten seiner Arbeitnehmer dann in Anspruch nehmen kann, wenn die Verpflegungsleistungen anlässlich einer **unternehmerisch bedingten Auswärtstätigkeit des Arbeitnehmers** (einschließlich doppelter Haushaltsführung) entstehen **und** die Verpflegungsleistungen vom **Arbeitgeber** empfangen und **in voller Höhe** getragen werden.

Außerdem müssen die Verpflegungsaufwendungen durch **Rechnungen** mit gesondertem Umsatzsteuerausweis **auf den Namen des Arbeitgebers** (= Unternehmer) oder bei Beträgen bis 150 € durch **Kleinbetragsrechnungen** im Sinne des § 33 UStDV belegt sein. Das bedeutet, dass der Arbeitgeber (= Unternehmer) – und nicht der Arbeitnehmer – Leistungsempfänger der Verpflegungsleistungen der Restaurants sein muss.

Außer der Rechnung auf den Namen des Arbeitgebers (= Unternehmer) ist es bei Verpflegungsmehraufwendungen für den Vorsteuerabzug zusätzlich erforderlich, dass der Arbeitgeber (Unternehmer) die Aufwendungen für die Verpflegung der Arbeitnehmer **in voller Höhe** trägt. Wenn der Arbeitgeber (= Unternehmer) die Aufwendungen für die Verpflegung der Arbeitnehmer **nicht** in voller Höhe trägt, geht die Finanzverwaltung davon aus, dass die Verpflegung vom Arbeitnehmer – nicht jedoch vom Unternehmen – empfangen worden sind und lässt in diesen Fällen den **Vorsteuerabzug nicht zu.** Deshalb reicht es für die Inanspruchnahme des Vorsteuerabzugs nicht aus, dass eine Rechnung auf den Namen des Arbeitgebers (= Unternehmer) über die Verpflegungskosten vorliegt. Darüber hinaus müssen die in Rechnung gestellten Beträge in voller Höhe vom Arbeitgeber bezahlt worden sein. Wenn die vom Arbeitgeber gezahlten Beträge höher sind als die lohnsteuerfreien Tagessätze von 6 €, 12 € oder 24 €, muss der übersteigende Betrag als steuerpflichtiger Arbeitslohn der Lohnsteuer unterworfen werden. Allerdings wird es sich häufig um eine Mahlzeitengestellung auf Veranlassung des Arbeitgebers handeln, die grundsätzlich lediglich mit dem amtlichen Sachbezugswert steuerpflichtig ist (vgl. die Erläuterungen unter der vorstehenden Nr. 10). Zum lohnsteuerlich wahlweisen Ansatz der Mahlzeiten mit dem tatsächlichen Wert vgl. die Erläuterungen unter der vorstehenden Nr. 10 Buchstabe g.

Wenn der Arbeitnehmer Speisen und Getränke im Rahmen einer Auswärtstätigkeit **im eigenen Namen bestellt und bezahlt,** und diese Rechnungen nach dem Ende der Auswärtstätigkeit seinem Arbeitgeber zur Erstattung einreicht, ist ein Vorsteuerabzug – weil der Arbeitnehmer die Leistungen unmittelbar empfangen hat und deshalb keine Umsätze für das Unternehmen des Arbeitgebers vorliegen – **nicht zulässig.**

Wenn der Arbeitgeber dem Arbeitnehmer seine Mehraufwendungen für Verpflegung anlässlich von Auswärtstätigkeiten nicht aufgrund von Rechnungen erstattet, die auf den Namen des Arbeitgebers lauten, sondern in Höhe der Verpflegungspauschalen von 6 €, 12 € oder 24 € steuerfrei ersetzt, ist **kein Vorsteuerabzug möglich.** Denn seit 1. April 1999 ist für einen Vorsteuerabzug beim pauschalen Ersatz von Verpflegungsmehraufwendungen – wegen der Streichung der §§ 36 bis 38 UStDV – keine Rechtsgrundlage mehr vorhanden.

24. Vorsteuerabzug aus Fahrtkosten

a) Vorsteuerausschluss für Fahrtkosten bei arbeitnehmereigenen Fahrzeugen

Im BMF-Schreiben vom 28.3.2001 (BStBl. I S. 251) ist unter Nr. 3 festgelegt worden, dass Vorsteuerbeträge, die auf Fahrtkosten für arbeitnehmereigene Fahrzeuge entfallen, vom Vorsteuerabzug ausgeschlossen sind, und zwar ohne Rücksicht darauf, ob für derartige Aufwendungen Rechnungen vorliegen, die auf den Namen des Arbeitgebers (= Unternehmer) lauten. Durch das Steueränderungsgesetz 2003 ist § 15 Abs. 1 a Nr. 2 UStG in der früheren Fassung gestrichen worden. Das bedeutet, dass auch der Vorsteuerabzug, soweit es sich um Fahrtkosten für Fahrzeuge des Personals handelt, und soweit der Unternehmer Leistungsempfänger ist, unter den übrigen Voraussetzungen des § 15 UStG wieder zugelassen wird. Es ist also insbesondere erforderlich, dass der **Arbeitgeber** (= Unternehmer) und nicht der Arbeitnehmer Leistungsempfänger ist (Abschnitt 192 Abs. 16 UStR). Hierfür ist erforderlich, dass der Arbeitgeber Besteller der Leistung ist und die Rechnungen auf den Namen des Arbeitgebers lauten.

Ersetzt der Arbeitgeber dem Arbeitnehmer die Aufwendungen für das Fahrzeug mit den für Auswärtstätigkeiten geltenden Kilometersätzen (bei Benutzung eines Pkws 0,30 € je gefahrenen Kilometer), so kann aus diesen Zuwendungen kein Vorsteuerabzug geltend gemacht werden, weil durch die Streichung der §§ 36 bis 38 UStDV ab 1. April 1999 die Rechtsgrundlage für einen derartigen Vorsteuerabzug entfallen ist.

b) Vorsteuerabzug bei der Benutzung öffentlicher Verkehrsmittel

Aus **Rechnungen mit gesondertem Umsatzsteuerausweis** für unternehmerisch veranlasste Inlandsflugreisen, Bahnfahrten, Benutzung eines Mietwagens usw. kann der Vorsteuerabzug im Grundsatz in Anspruch genommen werden. Allerdings gelten hierfür – nach der Streichung der §§ 36 bis 38 UStDV seit 1. April 1999 – die allgemeinen Regelungen für den Vorsteuerabzug nach § 15 UStG. Hierzu gehört insbesondere, dass der **Arbeitgeber** (= Unternehmer) und nicht der die Auswärtstätigkeit antretende Arbeitnehmer als Leistungsempfänger des Beförderungsunternehmers anzusehen sein muss. Hierfür ist erforderlich, dass der Arbeitgeber als Unternehmer die Beförderungsleistung im eigenen Namen bestellt und die **Rechnung** des Beförderungsunternehmers **auf den Namen des Arbeitgebers lautet** (z. B. bei der Abrechnung über Inlandsflugtickets oder Fahrkarten). Bestellt hingegen der Arbeitnehmer, der eine Auswärtstätigkeit unternommen hat, Flugtickets oder Fahrkarten **im eigenen Namen** und ist die Rechnung dementsprechend auf den Arbeitnehmer ausgestellt, ist der **Vorsteuerabzug nicht zulässig.**

Beim Vorsteuerabzug auf sog. **Fahrausweisen** (Fahrkarten) für unternehmerisch veranlasste Fahrten (§§ 34 und 35 UStDV), braucht die Frage nach dem Leistungsempfänger aus Vereinfachungsgründen nicht geprüft zu werden, so dass der Vorsteuerabzug aus Fahrausweisen stets zulässig ist. Bei Fahrausweisen im Nahverkehr (innerhalb einer politischen Gemeinde oder im Umkreis von 50 km) beträgt der Umsatzsteuersatz 7 %, so dass der Vorsteuerbetrag mit $7/107$ aus dem Bruttobetrag herauszurechnen ist. Bei Bahnfahrten über 50 km beträgt der Umsatzsteuersatz 19 %. In diesem Fall ist die abziehbare Vorsteuer mit $19/119$ aus dem Bruttobetrag herauszurechnen. Dies gilt auch für Kleinbetragsrechnungen bis zu 150 € im Sinne des § 33 UStDV, in der kein Rechnungs- oder Leistungsempfänger angegeben ist.*)

25. Kein Vorsteuerabzug bei Auslandsreisen

Bei Auswärtstätigkeiten ins Ausland können nur die auf das Inland entfallenden Anteile an den Reisekosten zu abziehbaren Vorsteuern führen, soweit die Rechnung auf den Namen des Arbeitgebers als Leistungsempfänger lautet.

---

*) Bei Fahrausweisen für Fahrten zwischen **Wohnung** und **regelmäßiger Arbeitsstätte** sind die in Anspruch genommenen Beförderungsleistungen nicht als Umsätze für das Unternehmen anzusetzen. Ein **Vorsteuerabzug** ist daher **nicht möglich.**

Reisekostenvergütungen aus öffentlichen Kassen

1. Allgemeines

Bei den Reisekostenvergütungen aus öffentlichen Kassen wurde bis 31.12.1995 durch § 3 Nr. 13 EStG gewährleistet, dass diese Zahlungen stets in vollem Umfang steuerfrei waren.

Nach § 3 Nr. 13 EStG in der seit 1.1.1996 geltenden Fassung ist die Steuerfreiheit von Vergütungen für **Verpflegungsmehraufwand** auf die bei Auswärtstätigkeiten in der Privatwirtschaft maßgebenden Beträge begrenzt. Die in der Privatwirtschaft höchstzulässigen Pauschalen für Verpflegungsmehraufwand betragen

- bei einer Abwesenheit von **24** Stunden: **24,— €**,
- bei einer Abwesenheit von weniger als 24 Stunden, aber mindestens **14** Stunden: **12,— €**,
- bei einer Abwesenheit von weniger als 14 Stunden, aber mindestens **8** Stunden: **6,— €**.

Werden im öffentlichen Dienst – aus welchen Gründen auch immer – höhere Vergütungen bezahlt, so ist der **übersteigende Betrag lohnsteuerpflichtig**.

Seit 1.1.1997 ist das **Bundesreisekostengesetz** dahingehend geändert worden, dass die reisekostenrechtlichen Tagegelder für Verpflegungsmehraufwand den steuerlichen Regelungen angepasst wurden. Steuerpflichtige Teile von Reisekostenvergütungen für Verpflegungsmehraufwand gibt es deshalb **im Geltungsbereich des Bundesreisekostengesetzes** seit 1.1.1997 nicht mehr. Unabhängig von dieser Änderung ist weiterhin zu prüfen, ob bei Trennungsgeldern (vgl. das Stichwort „Trennungsentschädigungen") steuerpflichtiger Arbeitslohn entsteht.

2. Versteuerung von Reisekostenvergütungen

Die Übereinstimmung der reisekostenrechtlichen mit den steuerlichen Verpflegungspauschalen gilt nur für den Geltungsbereich des Bundesreisekostengesetzes (Bundesbeamte, Bundesrichter, Soldaten, sowie die im Bundesdienst stehenden Arbeitnehmer) und für diejenigen Länder, die vollinhaltlich die Regelungen des Bundesreisekostengesetzes übernommen haben. Sofern die Regelungen des Bundesreisekostengesetzes von einzelnen Ländern nicht übernommen wurden, müssen die steuerpflichtigen Beträge als Arbeitslohn versteuert werden. So gilt z. B. in Bayern im Wesentlichen immer noch die alte Reisekostenregelung, wonach das Tagegeld bei einer Abwesenheit über 12 Stunden bei eintägigen Dienstreisen*) 15 € und bei mehrtägigen Dienstreisen*) 21,50 € beträgt. Bei eintägigen Dienstreisen*) und für die Tage des Antritts bzw. der Rückkehr bei mehrtägigen Dienstreisen*) ermäßigt sich das volle Tagegeld gestaffelt nach folgender Abwesenheitsdauer:

	eintägige Dienstreisen*)	An- und Abreisetag bei mehrtägigen Dienstreisen*)
Abwesenheit von mehr als 6, höchstens aber 8 Stunden	4,50 €	6,50 €
Abwesenheit von mehr als 8, höchstens aber 12 Stunden	7,50 €	11,— €
von mehr als 12 Stunden	15,— €	21,50 €

Hiernach ergibt sich für Bayern folgende Übersicht:

	Tagegeld Euro	steuerfrei Euro	steuerpflichtig Euro
Eintägige Dienstreisen*)			
mehr als 6 bis weniger als 8 Stunden	4,50	0,—	4,50
8 Stunden	4,50	6,—	0,—
mehr als 8 bis 12 Stunden	7,50	6,—	1,50
mehr als 12 bis weniger als 14 Stunden	15,—	6,—	9,—
14 bis weniger als 24 Stunden	15,—	12,—	3,—
Mehrtägige Dienstreisen*)			
mehr als 6 bis weniger als 8 Stunden	6,50	0,—	6,50
8 Stunden	6,50	6,—	0,50
mehr als 8 Stunden bis 12 Stunden	11,—	6,—	5,—
mehr als 12 bis weniger als 14 Stunden	21,50	6,—	15,50
14 bis weniger als 24 Stunden	21,50	12,—	9,50
24 Stunden	21,50	24,—	0,—

Zur Ermittlung des steuerpflichtigen Betrages ist auf die Summe der für die gesamte Abwesenheitsdauer steuerfreien Pauschbeträge abzustellen. Bei mehrtägigen Reisen mindert deshalb die Differenz zwischen der Reisekostenvergütung von 21,50 € und dem steuerlichen Pauschbetrag von 24 € den evtl. für den Hin- und Rückreisetag steuerpflichtigen Betrag. Es ist auch zulässig, nicht ausgenutzte steuerfreie Beträge bei den Übernachtungskosten und den Fahrtkosten**) anzurechnen. Die Differenz zwischen dem steuerlich maßgebenden Kilometersatz für Auswärtstätigkeiten und der erstatteten Wegstreckenentschädigung mindert den evtl. steuerpflichtigen Teil aus der Erstattung von Verpflegungskosten; allerdings ist in einzelnen Bundesländern die sog. „große Wegstreckenentschädigung" ohnehin höher als der steuerlich maßgebende Kilometersatz (vgl. hierzu auch den letzten Absatz unter dieser Nr. 2). Außerdem können mehrere Reisen zusammengefasst abgerechnet werden, wenn die Auszahlung der betreffenden Reisekostenvergütungen in einem Betrag erfolgt (R 3.13 Abs. 1 Satz 2 2. Halbsatz i. V. m. R 3.16 Satz 2 LStR).

Sofern Tagegelder wegen unentgeltlicher Verpflegung gekürzt werden, tritt insoweit Steuerpflicht ein, als die gekürzten Tagegelder die steuerfreien Beträge übersteigen. Werden anlässlich von solchen Reisen Mahlzeiten vom Dienstherrn oder auf dessen Veranlassung von einem Dritten unentgeltlich gewährt, so hat der **prozentuale Einbehalt** vom Tagegeld im Falle unentgeltlicher Verpflegung zur Folge, dass der mit dem amtlichen Sachbezugswert anzusetzende Vorteil für Mahlzeiten, die durch den Dienstherrn oder auf dessen Veranlassung von einem Dritten überlassen werden, auf nicht ausgenutzte steuerfreie Beträge (Pauschbeträge für Verpflegungsmehraufwendungen, Fahrtkosten, Übernachtungskosten) angerechnet werden kann (Schreiben des Bayer. Staatsministeriums der Finanzen vom 2.3.2004 Az.: 24/34-P 1700-087-2291/04; FMBl. S. 42).

Bedienstete, die Reisen ausführen und denen dabei erfahrungsgemäß geringere Aufwendungen für Verpflegung und Unterkunft als allgemein entstehen, erhalten in der Regel eine sich an den notwendigen Mehrauslagen orientierende **Aufwandsvergütung** (z. B. für Bayern: Art. 18 Bayer. Reisekostengesetz). Außerdem können Bedienstete bei regelmäßigen oder gleichartigen Reisen individuell festgesetzte **Pauschvergütungen** erhalten (z. B. für Bayern: Art. 19 Bayer. Reisekostengesetz).

---

*) Es wird der reisekostenrechtliche Begriff „Dienstreise" verwendet. Steuerlich handelt es sich um „Auswärtstätigkeiten".

**) Der Begriff „Fahrtkosten" ist im steuerlichen Sinne zu verstehen. Er umfasst also sowohl die Wegstreckenentschädigung für das Benutzen von eigenen Kraftfahrzeugen als auch die Fahrtkosten für das Benutzen von regelmäßig verkehrenden Beförderungsmitteln.

Reisekostenvergütungen aus öffentlichen Kassen

Aufwands- und Pauschvergütungen sind nur insoweit steuerfrei, als die darin enthaltene Vergütung für Verpflegungsmehraufwendungen die steuerfreien Pauschbeträge nicht übersteigt. Dabei sind die **tatsächlich durchgeführten Reisen** in dem Zeitraum, für den die Vergütung gezahlt wird, zugrunde zu legen. Kann ein solcher Nachweis nicht geführt werden, ist die gesamte Aufwands- oder Pauschvergütung steuerpflichtig.

Werden bei **Abordnungen** im öffentlichen Dienst Vergütungen für Verpflegungsmehraufwand gezahlt (sog. Trennungsgelder), so gelten die dargestellten Regelungen entsprechend. Das bedeutet, dass der **steuerfreie** Ersatz auf die höchstzulässigen Beträge sowie auf den Dreimonatszeitraum begrenzt ist. Soweit im öffentlichen Dienst höhere Beträge als Trennungsgeld gezahlt werden, ist der **übersteigende Betrag steuerpflichtig** (vgl. das Stichwort „Trennungsentschädigungen").

Auch bei Umzugskostenvergütungen ist zu beachten, dass Tagegelder für Umzugsreisen als steuerpflichtiger Arbeitslohn zu erfassen sind, soweit im konkreten Einzelfall die steuerlichen Pauschbeträge für Verpflegungsmehraufwand überschritten werden (vgl. „Umzugskosten").

Der als Reisekostenvergütung gezahlte **Fahrtkostenersatz** ist auch insoweit nach § 3 Nr. 13 EStG steuerfrei, als er den steuerlich zulässigen Kilometersatz (0,30 € je gefahrenen Kilometer) übersteigt; dies ist insbesondere im Hinblick auf die Erhöhung der sog. „großen Wegstreckenentschädigung" auf 0,35 € in einzelnen Bundesländern von Bedeutung. Allerdings muss sich der Reise-/Fahrtkostenersatz – ohne eine kleinliche Betrachtung vorzunehmen – am tatsächlichen Aufwand orientieren (BFH-Urteil vom 8.10.2008, BStBl. 2009 II S. 405 zum steuerfreien Fahrtkostenersatz an politische Mandatsträger). Der steuerfreie Ersatz der Fahrtkosten nach § 3 Nr. 13 EStG gilt für alle Fahrtkosten, die reisekostenrechtlich als Dienstreisen behandelt werden, selbst wenn es sich steuerlich um Fahrten zwischen Wohnung und regelmäßiger Arbeitsstätte handeln sollte. Auch die reisekostenrechtliche Erstattung der **Übernachtungskosten ist in vollem Umfang steuerfrei,** da § 3 Nr. 13 EStG diesbezüglich keine Einschränkung enthält. Das gilt auch dann, wenn eine Kürzung um den inländischen Frühstücksanteil mit einem geringeren Betrag als 4,80 € (20 % von 24 €; vgl. das Stichwort „Reisekosten bei Auswärtstätigkeiten" unter Nr. 10 Buchstabe c) erfolgen sollte.

Beispiel

Aufgrund des Stammdienststellenprinzips im öffentlichen Dienst ist die Schule A für einen Lehrer die Stammdienststelle. Er ist jedoch dienstrechtlich mehreren Schulen zugeordnet.

In diesen Fällen sind die Fahrten von der Wohnung des Lehrers zu den anderen Schulen reisekostenrechtlich als Dienstreisen zu behandeln, auch wenn diese Schulen jeweils an mindestens 46 Tagen im Kalenderjahr aufgesucht werden. Steuerlich werden diese anderen Schulen dadurch zwar zu weiteren regelmäßigen Arbeitsstätten, sodass für die Fahrten von der Wohnung zu diesen Schulen nur die Entfernungspauschale angesetzt werden kann. Für die nach § 3 Nr. 13 EStG steuerfrei gezahlten Fahrtkostenerstattungen erfolgt jedoch keine Begrenzung der Höhe nach. Damit sind die Fahrtkosten, die als Reisekostenvergütung vom Dienstherrn steuerfrei gezahlt werden, in vollem Umfang steuerfrei. Es ist unbeachtlich, dass es sich bei den zugrunde liegenden Fahrten steuerrechtlich um Fahrten zwischen Wohnung und regelmäßiger Arbeitsstätte handelt. Ebenso ist keine Beschränkung auf die Höhe der als Werbungskosten abziehbaren Entfernungspauschale vorzunehmen. U.E. ist die steuerfreie Fahrtkostenerstattung jedoch auf die Entfernungspauschale anzurechnen (§ 3c Abs. 1 EStG).

3. Einwendungen gegen die Besteuerung

Die Besteuerung der steuerpflichtigen Teile von Vergütungen für Verpflegungsmehraufwand stößt bei den Betroffenen oft auf Unverständnis, zumal es sich meist um Kleinbeträge handelt. Eine Versteuerung ist jedoch aus Gründen der Gleichbehandlung unverzichtbar. Sie entfällt erst dann, wenn die landesrechtlichen Reisekostenregelungen in vollem Umfang den Vorschriften des Bundesreisekostengesetzes angepasst worden sind. Zu Einwendungen, die die Bediensteten gegen die Versteuerung vorbringen, ist Folgendes zu bemerken:

Die auszahlende öffentliche Kasse hat als Arbeitgeber (§ 38 Abs. 3 Satz 2 EStG) den Lohnsteuerabzug entsprechend den gesetzlichen Vorschriften durchzuführen. Dies gilt auch für die steuerpflichtigen Teile von Vergütungen für Verpflegungsmehraufwand. Die Abrechnungsstellen sind deshalb verpflichtet*), den zuständigen Bezügestellen die steuerpflichtigen Anteile an den Reisekosten und am Trennungsgeld bzw. an den Umzugskosten mitzuteilen, damit die Bezügestellen den Lohnsteuerabzug vornehmen können. Bei Einwendungen gegen den Lohnsteuerabzug von Reisekostenvergütungen, Trennungsgeld oder Umzugskosten ist zunächst von der die Mitversteuerung veranlassenden Dienststelle die Ermittlung des steuerpflichtigen Teils der Vergütung im Einzelfall zu überprüfen und sodann von der Bezügestelle die zutreffende Vornahme des Lohnsteuerabzugs festzustellen. Entspricht der Lohnsteuerabzug nach Auffassung der Dienststellen, ggf. nach Einholung einer Anrufungsauskunft des Betriebsstättenfinanzamts gemäß § 42 e EStG (vgl. das Stichwort „Auskunft"), der steuerlichen Rechtslage, ist dies dem Bediensteten mitzuteilen, damit dieser die Erfolgsaussichten eines weiteren Vorgehens gegen die steuerliche Sachbehandlung beim Finanzamt beurteilen kann. Denn die mitversteuerten Reisekostenvergütungen, Trennungsgelder oder Umzugskosten fließen in den von der Bezügestelle nach Ablauf des Kalenderjahres in der Lohnsteuerbescheinigung anzugebenden Bruttoarbeitslohn ein. Falls der Bedienstete die Auffassung der Dienststellen nicht teilt, kann er im Rahmen seiner Einkommensteuerveranlagung beim Finanzamt die Minderung des bescheinigten Bruttoarbeitslohns geltend machen und gegen den Einkommensteuerbescheid des Finanzamts ggf. Einspruch einlegen.

4. Nachprüfungsrecht der Finanzämter

Die Finanzämter prüfen im Rahmen der Lohnsteuer-Außenprüfung auch die zutreffende Besteuerung von steuerpflichtigen Reisekostenvergütungen, Trennungsgeldern und Umzugskosten. Der öffentliche Arbeitgeber haftet für die richtige Berechnung und Abführung der Steuerabzugsbeträge nach den allgemeinen Grundsätzen (vgl. das Stichwort „Haftung").

Außerdem ist Folgendes zu beachten:

Die Finanzämter konnten früher nach R 14 Abs. 2 Sätze 3 und 4 der Lohnsteuer-Richtlinien 1999 nur prüfen, ob die **reisekostenrechtlichen** Vorschriften zutreffend angewendet wurden. Durch die Lohnsteuer-Richtlinien in der seit 1.1.2000 geltenden Fassung wurden die Sätze 3 und 4**) in R 14 Abs. 2 ersatzlos gestrichen, da den Finanzämtern aufgrund der Rechtsprechung des Bundesverfassungsgerichts bei Aufwandsentschädigungen ein umfassendes Nachprüfungsrecht dahingehend zugestanden wird, ob die der Aufwandsentschädigung zugrunde liegenden Aufwendungen auch tatsächlich Werbungskosten im steuerlichen Sinne darstellen. Diese Grundsätze gelten auch bei Reise- und Umzugskosten. Das BFH-Urteil vom 27.5.1994 (BStBl. 1995 II S. 17), das früher aufgrund des Satzes 4**) in R 14 Abs. 2 der Lohnsteuer-Richtlinien 1999 nicht anzuwenden war, wurde deshalb

---

*) Für Bayern angeordnet mit Bekanntmachung des Bayer. Staatsministeriums der Finanzen vom 2.3.2004 Az.: 24/34-P 1700-087-2291/04 (FMBl. S. 42).

**) Die Sätze 3 und 4 von R 14 Abs. 2 in der früher geltenden Fassung hatten folgenden Wortlaut: Es ist in diesen Fällen nur zu prüfen, ob reisekostenrechtlichen Vorschriften zutreffend angewendet worden sind und die Begrenzung nach Absatz 1 Satz 3 beachtet worden ist; es ist nicht zu prüfen, ob eine erstatteten Reisekosten Werbungskosten darstellen. Soweit sich aus dem BFH-Urteil vom 27.5.1994 (BStBl. 1995 II S. 17) eine andere Rechtsauffassung ergibt, ist ihr nicht zu folgen; es ist abzuwarten, ob eine Entscheidung des Bundesverfassungsgerichts über die BFH-Vorlage vom 21.10.1994 (BStBl. 1995 II S. 142) für die Zukunft neue Verwaltungsanweisungen erforderlich macht.

Reiseleiter

ausdrücklich in die Hinweise zu den Lohnsteuer-Richtlinien aufgenommen. Das bedeutet, dass die Finanzämter auch bei Reisekostenvergütungen im öffentlichen Dienst die Steuerfreiheit dann versagen können, wenn festgestellt wird, dass die erstatteten Aufwendungen dem Grunde nach keine Werbungskosten sondern Aufwendungen für die private Lebensführung im Sinne des § 12 Nr. 1 EStG sind (z. B. wenn die Aufwendungen für die Mitnahme der Ehefrau auf eine Reise als Reisekostenvergütung steuerfrei erstattet wurden). Dies wurde auch im jetzigen R 3.13 Abs. 2 Satz 3 LStR ausdrücklich klargestellt. Der Bundesfinanzhof hat erneut bestätigt, dass ein steuerfreier Reisekostenersatz nur bei Aufwendungen möglich ist, die **vom Grundsatz her Werbungskosten** sind (BFH-Urteil vom 12.4.2007, BStBl. II S. 536). Dies ist z. B. bei einem Beitrag zum Beschaffen klimabedingter Kleidung und beim sog. Ausstattungsbeitrag nicht der Fall. Auch die Maklerkosten für die Anschaffung einer eigenen Wohnung bzw. eines eigenen Einfamilienhauses können im Rahmen des § 3 Nr. 13 EStG nicht mehr steuerfrei erstattet werden.

Reiseleiter

Ein Reiseleiter, der in den Organismus des Reisebüros nicht fest eingegliedert ist, ist selbständig tätig und damit kein Arbeitnehmer (z. B. ein Reiseleiter, der im Ausland selbständig für mehrere deutsche Reisebüros tätig ist, Urteil des Finanzgerichts Nürnberg vom 24.5.1962, EFG 1963 S. 63). — nein / nein

Ist dagegen der Reiseleiter in den Organismus des Reisebüros eingegliedert und weisungsgebunden in den betriebseigenen Bussen des Reisebüros mit einem fest vorgegebenen Rahmenprogramm tätig, so ist er als Arbeitnehmer anzusehen (Urteil des BSG vom 26. 5. 1982, Betriebsberater 1983 S. 1731). Vgl. hierzu auch die Begründung des BFH-Urteils vom 9. 7. 1986 (BStBl. II S. 851) sowie Urteil des Finanzgerichts Hamburg vom 29.9.1987 (EFG 1988 S. 120). — ja / ja

Reiseunfallversicherung

Siehe die Stichworte: Autoinsassen-Unfallversicherung, Kaskoversicherung, Rechtsschutzversicherung, Reisegepäckversicherung, Unfallversicherung.

Remunerationen

Als Remunerationen werden Vergütungen bezeichnet, die Vorstandsmitglieder von Sparkassen für die Vermittlung von Dienstleistungen der Bausparkassen und Versicherungen erhalten. Für die steuerliche Behandlung dieser Vergütungen gilt Folgendes:

Die Remunerationen, die die Sparkassenvorstände erhalten, sind Ausfluss ihres Arbeitsverhältnisses zur Sparkasse und gehören deshalb zu den Einkünften aus nichtselbständiger Arbeit. Derartige Vergütungen sind im Kooperationsfall üblich. Damit stellen diese Remunerationen Lohnzahlungen Dritter dar, die nach § 38 Abs. 1 Satz 3 EStG dem Lohnsteuerabzug unterliegen. Soweit die Sparkasse als Arbeitgeber diese Bezüge nicht selbst ermitteln kann, hat sie der Sparkassenvorstand für jeden Lohnzahlungszeitraum anzuzeigen. Von dieser Behandlung sind lediglich die Fälle ausgenommen, in denen der Lohnsteuerabzug durch die Bausparkasse oder Versicherung erfolgt, weil aufgrund besonderer Vereinbarungen ein Dienstverhältnis zwischen diesem Institut und dem Sparkassenvorstand besteht.

Rennpreise

siehe „Preise"

Renten

Wichtiges auf einen Blick:

Die seit 1.1.2005 geltende Besteuerung von Renten, z. B. aus der gesetzlichen Rentenversicherung ist nachfolgend erläutert.

Die bei der **Beschäftigung von Rentnern** zu beachtenden lohnsteuerlichen und sozialversicherungsrechtlichen Besonderheiten sowie die **Hinzuverdienstgrenzen** sind beim Stichwort „Rentner" gesondert abgehandelt.

Gliederung:

1. Allgemeines
2. Welche Renten sind von der Neuregelung der Rentenbesteuerung betroffen?
   a) Alle Renten aus der gesetzlichen Rentenversicherung.
   b) Renten aus den landwirtschaftlichen Alterskassen.
   c) Renten aus berufsständischen Versorgungseinrichtungen.
   d) Renten aus bestimmten Lebensversicherungen,
3. Überleitung auf die nachgelagerte Besteuerung seit 1.1.2005
   a) Allgemeines
   b) Bestandsrentner (Beginn der Rentenzahlungen vor dem 1.1.2005)
   c) Beginn der Rentenzahlung im Kalenderjahr 2005
   d) Beginn der Rentenzahlungen ab 2006
4. Besteuerung der übrigen Leibrenten
5. Abgekürzte Leibrenten
6. Renten aus einer betrieblichen Altersversorgung

1. Allgemeines

Durch das Alterseinkünftegesetz vom 5.7.2004 (BGBl. I S. 1427) ist die Besteuerung der Renten ab 1.1.2005 neu geregelt worden, und zwar insbesondere die Besteuerung der Renten aus der **gesetzlichen Rentenversicherung**. Dies sind z. B.

– alle Altersrenten (Vollrenten und Teilrenten) aus der gesetzlichen Renten- oder Knappschaftsversicherung;
– Berufsunfähigkeitsrenten;
– Erwerbsunfähigkeitsrenten;
– Erwerbsminderungsrenten;
– Altershilfe für Landwirte;
– Witwen- oder Witwerrenten;
– Waisenrenten.

Nach den früher geltenden Vorschriften war von den Renten aus der gesetzlichen Rentenversicherung nur der sog. **Ertragsanteil** (Zinsanteil) steuerpflichtig. Für die Höhe des Ertragsanteils war das Alter im Zeitpunkt des Rentenbeginns maßgebend. Der Ertragsanteil blieb dann bis zum Lebensende unverändert. Der bis zum Kalenderjahr 2004 für die Besteuerung von Renten aus der gesetzlichen Rentenversicherung geltende Ertragsanteil betrug z. B.

bei Beginn der Rentenzahlungen vollendetes Lebensjahr	Ertragsanteil
55	38 %
58	35 %
60	32 %
63	29 %
65	27 %

Diese relativ niedrige Besteuerung mit dem Ertragsanteil konnte nicht beibehalten werden, weil das Bundesverfassungsgericht bereits mehrfach, zuletzt mit Urteil vom 6. 3. 2002 (BStBl. II S. 618) entschieden hat, dass die unterschiedliche steuerliche Behandlung von Renten

Renten

einerseits und Pensionen (Beamtenpensionen, Werkspensionen) andererseits verfassungswidrig ist. Die Rentenbesteuerung geht deshalb ab 1.1.2005 auf das Prinzip der sog. nachgelagerten Besteuerung über, das bei der betrieblichen Altersversorgung im Grundsatz seit jeher gegolten hat (vgl. das Stichwort „Nachgelagerte Besteuerung").

Der Übergang zum Prinzip der nachgelagerten Besteuerung bei den Renten aus der gesetzlichen Rentenversicherung erfordert es, dass einerseits die Beiträge zur gesetzlichen Rentenversicherung in vollem Umfang (und nicht nur mit dem Arbeitgeberanteil) steuerfrei gestellt werden müssen, andererseits aber die Renten aus der gesetzlichen Rentenversicherung auch in vollem Umfang (also zu 100 %) besteuert werden. Da eine solche tief greifende Veränderung im Besteuerungssystem nicht von heute auf morgen möglich war, erfolgte eine stufenweise Umstellung verteilt auf einen Zeitraum von bis zu 35 Jahren. Dies hat zur Folge, dass

- die Beiträge zur gesetzlichen Rentenversicherung stufenweise auf die volle Steuerfreiheit (Arbeitnehmer- und Arbeitgeberanteil) übergeleitet werden (vgl. die Erläuterungen zum **Sonderausgabenabzug** in Anhang 8a),
- die Renten aus der gesetzlichen Rentenversicherung stufenweise auf die volle Steuerpflicht übergeleitet werden (nachfolgend erläutert),
- der bisher bei der Besteuerung von Beamtenpensionen und Werkspensionen geltende **Versorgungsfreibetrag** stufenweise auf 0 € abgebaut wird (vgl. das Stichwort „Versorgungsbezüge, Versorgungsfreibetrag"),
- der bisher bei der Besteuerung von Alterseinkünften anzusetzende **Altersentlastungsbetrag** stufenweise bis auf 0 € abgebaut wird (vgl. das Stichwort „Altersentlastungsbetrag").

Im Einzelnen gilt für die Neuregelung der Rentenbesteuerung Folgendes:

2. Welche Renten sind von der Neuregelung der Rentenbesteuerung betroffen?

Von der seit 1.1.2005 geltenden Neuregelung der Rentenbesteuerung sind nur diejenigen Renten betroffen, **die der sog. Basisversorgung im Alter dienen.** Welche Renten das sind, ist in § 22 Nr. 1 Satz 3 Buchstabe a Doppelbuchstabe aa EStG abschließend festgelegt:

a) Alle Renten aus der gesetzlichen Rentenversicherung.

Dies sind insbesondere

- alle Altersrenten (Vollrenten und Teilrenten) aus der gesetzlichen Renten- oder Knappschaftsversicherung;
- Berufsunfähigkeitsrenten;
- Erwerbsunfähigkeitsrenten;
- Erwerbsminderungsrenten;
- Altershilfe für Landwirte;
- Witwen- oder Witwerrenten;
- Waisenrenten.

b) Renten aus den landwirtschaftlichen Alterskassen.

c) Renten aus berufsständischen Versorgungseinrichtungen.

d) Renten aus bestimmten Lebensversicherungen,

und zwar Renten aus eigenen kapitalgedeckten Lebensversicherungsverträgen, die **nach dem 31.12.2004** abgeschlossen worden sind und die die Zahlung einer monatlichen auf das Leben des Mitglieds oder Versicherungsnehmers bezogenen **lebenslangen Leibrente** nicht vor Vollendung des 60. Lebensjahres des Berechtigten vorsehen (oder die ergänzende Absicherung des Eintritts der Berufsunfähigkeit, der verminderten Erwerbsfähigkeit oder der Hinterbliebenen).

Die sich ergebenden Versorgungsansprüche dürfen außerdem

- nicht vererblich,
- nicht übertragbar,
- nicht beleihbar,
- nicht veräußerbar und
- nicht kapitalisierbar sein,

und es darf über den Anspruch auf Leibrente hinaus kein Anspruch auf Zahlungen bestehen. Die volle Besteuerung einer solchen Rente (**sog. Rürup-Rente,** vgl. dieses Stichwort) steht im Zusammenhang mit dem Sonderausgabenabzug der Beiträge nach § 10 Abs. 1 Nr. 2 Buchstabe b EStG (vgl. die Erläuterungen in Anhang 8a).

Die Beschränkung der seit 1.1.2005 geltenden nachgelagerten Besteuerung auf ganz bestimmte Renten muss also stets im Zusammenhang mit dem Abzug der Beiträge als Sonderausgaben gesehen werden. Denn das Prinzip der nachgelagerten Besteuerung erfordert es zwingend, dass nur diejenigen Renten der vollen Besteuerung zugeführt werden dürfen, für die künftig auch ein Sonderausgabenabzug in voller Höhe gewährleistet ist. Oder um es umgekehrt am Beispiel der Lebensversicherung vereinfacht auszudrücken:

Wenn die Beiträge zu einer Lebensversicherung nicht als Sonderausgaben abgezogen werden können, werden die Rentenzahlungen aus einem solchen Versicherungsvertrag auch künftig nur mit dem sog. Ertragsanteil und nicht in voller Höhe versteuert. Deshalb wird für bestimmte Renten die bisher geltende Besteuerung mit dem sog. Ertragsanteil auch über den 1.1.2005 hinaus weitergeführt, wobei wesentlich geringere Ertragsanteile gelten als bisher. Betroffen hiervon sind beispielsweise die sog. VBL-Renten, das heißt die Renten aus der Zusatzversicherung bei der Versorgungsanstalt des Bundes und der Länder (vgl. die Erläuterungen unter der nachfolgenden Nr. 4).

Renten aus einer kapitalgedeckten **betrieblichen Altersversorgung** (Direktversicherung, Pensionskasse, Pensionsfonds) werden **nachgelagert versteuert, soweit die Beiträge steuerfrei** waren. Auch Renten aus Altersvorsorgeverträgen (sog. Riester-Rente, vgl. dieses Stichwort) werden nachgelagert besteuert, soweit die Beiträge steuerlich gefördert wurden (vgl. die Erläuterungen unter der nachfolgenden Nr. 6).

3. Überleitung auf die nachgelagerte Besteuerung seit 1.1.2005

a) Allgemeines

Für die unter der vorstehenden Nr. 2 erläuterten Renten, die der sog. Basisversorgung im Alter dienen, wird seit 1.1.2005 auf die nachgelagerte Besteuerung übergegangen. Dabei sind drei Fälle zu unterscheiden

- sog. Bestandrentner, das heißt Rentner die am 1.1.2005 bereits eine Rente z. B. aus der gesetzlichen Rentenversicherung erhalten,
- Rentner die ab dem Kalenderjahr 2005 erstmals eine Rente z. B. aus der gesetzlichen Rentenversicherung beziehen und
- Rentner die ab dem Jahre 2006 erstmals eine Rente z. B. aus der gesetzlichen Rentenversicherung beziehen.

Da die ersten beiden Fälle im Ergebnis gleich behandelt werden, ergibt sich folgende Übersicht:

Renten

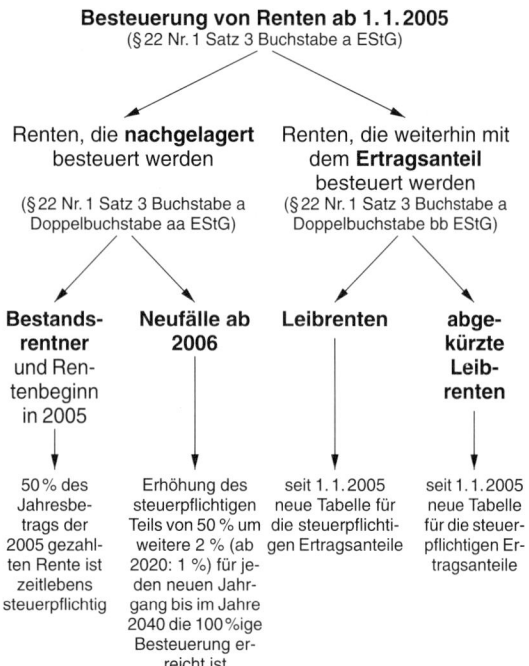

Im Einzelnen gilt für die seit 1.1.2005 geltende nachgelagerte Besteuerung Folgendes:

b) Bestandsrentner (Beginn der Rentenzahlungen vor dem 1.1.2005)

Für sog. Bestandsrentner, das heißt für Rentner, die am 1.1.2005 bereits eine Rente, z. B. aus der gesetzlichen Rentenversicherung beziehen, wird der steuerfreie Anteil der Rente mit **50 %** des derzeitigen Rentenbetrags **zeitlebens festgeschrieben.** Die Höhe des steuerpflichtigen Anteils von 50 % orientiert sich am Fall des typischen sozialversicherungspflichtigen Arbeitnehmers, das heißt bei einem solchen Arbeitnehmer waren zeitlebens 50 % der Beiträge zur Rentenversicherung als **Arbeitgeberanteil steuerfrei.** Dementsprechend werden ab 1.1.2005 50 % der Rente nachgelagert versteuert. Dabei wird die sich am 1.1.2005 ergebende Steuersituation zeitlebens festgeschrieben. Das bedeutet, dass der Jahresbetrag der für das Kalenderjahr 2005 gezahlten Rente errechnet und der sich hieraus ergebende steuerpflichtige Anteil in Höhe von 50 % **betragsmäßig** eingefroren wird (künftige Rentenerhöhungen werden also in voller Höhe dem steuerpflichtigen Teil zugerechnet).

Beispiel

Ein Altersrentner, der 2003 das 65. Lebensjahr vollendet hat, bezieht eine Rente aus der gesetzlichen Rentenversicherung in Höhe von 10 000 € jährlich. Bisher (also in den Jahren 2003 und 2004) war von dieser Rente lediglich ein sog. Ertragsanteil in Höhe von 27 % = 2700 € steuerpflichtig. Da dieser Betrag – bei weitem – unter dem sog. Grundfreibetrag*) lag, blieb die Rente im Ergebnis steuerfrei. Ab dem Kalenderjahr 2005 beträgt der steuerfreie Anteil 50 %, also 5000 €. Der steuerfreie Betrag von 5000 € wird zeitlebens festgeschrieben, auch wenn sich die Rente künftig durch Rentenanpassungen erhöht. Solange der ab dem Kalenderjahr 2005 steuerpflichtige Betrag unter dem jeweils geltenden Grundfreibetrag*) liegt, bleibt die Rente auch weiterhin steuerfrei.

Für Bestandsrenten lässt sich hiernach ganz allgemein sagen, dass Renten bis ca. 1600 € monatlich (19 200 € jährlich) bei Alleinstehenden auch künftig steuerfrei bleiben, **wenn keine anderen Einkünfte hinzukommen.** Andere Einkünfte können z. B. Einkünfte aus Kapitalvermögen, aus Vermietung und Verpachtung aber auch **Arbeitslohn** für eine Nebenbeschäftigung des Rentners sein, der **nach Lohnsteuerkarte besteuert** wird. Der Arbeitslohn für einen pauschal versteuerten 400-Euro-Job gehört nicht zu den „anderen Einkünften".

c) Beginn der Rentenzahlung im Kalenderjahr 2005

Für Rentner, die ihre Rente seit dem Kalenderjahr 2005 erhalten, richtet sich die nachgelagerte Besteuerung nach den gleichen Grundsätzen wie für die Bestandsrentner, das heißt, der steuerfreie Anteil der Rente beträgt **50 %** des Jahresbetrags der Rente. Dabei wird die sich 2005 ergebende Steuersituation **zeitlebens festgeschrieben.** Das bedeutet, dass der Jahresbetrag der für das Kalenderjahr 2005 gezahlten Rente errechnet und der sich hieraus ergebende steuerfreie Anteil in Höhe von 50 % **betragsmäßig eingefroren** wird, das heißt, dass künftige Rentenerhöhungen nicht in die 50 %ige Besteuerung einbezogen, sondern voll versteuert werden. Denn § 22 Nr. 1 Satz 3 Buchstabe a Doppelbuchstabe aa Satz 4 EStG lautet:

„Der Unterschiedsbetrag zwischen dem Jahresbetrag der Rente und dem der Besteuerung unterliegenden Teil der Rente ist der steuerfreie Teil der Rente."

Dieser **nicht der Besteuerung unterliegende Teil** wird für jede Rente auf die Dauer ihrer Laufzeit – also lebenslänglich – festgeschrieben (§ 22 Nr. 1 Satz 3 Buchstabe a Doppelbuchstabe aa Satz 5 EStG). Die Festschreibung erfolgt erstmals ab dem Jahr, das auf das Jahr des ersten Rentenbezugs folgt, das heißt für denjenigen, der 2005 in Rente gegangen ist, dass sich der Rentenfreibetrag auf der Basis des Besteuerungsanteils des Jahres 2005 (= 50 %) ermittelt und dieser Prozentsatz auf den **Jahresbetrag** der Rente **im folgenden Jahr** (= 2006) angewendet wird.

Der nicht der Besteuerung unterliegende Teil reduziert sich für jeden vollen Kalendermonat eines Jahres, für den keine Rente gezahlt wird, um ein Zwölftel. Diese Regelung wirkt sich insbesondere im Jahr des Rentenbeginns aus.

Das folgende Beispiel soll die Ermittlung des steuerpflichtigen und des steuerfreien Anteils im Jahr des Rentenbeginns und im Folgejahr sowie die Anwendung des dauerhaft steuerfreien Anteils verdeutlichen:

Beispiel

Ein Arbeitnehmer bezieht ab September 2005 eine Altersrente aus der gesetzlichen Rentenversicherung in Höhe von 1000 € monatlich. In den Folgejahren gibt es Erhöhungen ab 1. Juli um jeweils 100 €.

Für **2005** (Jahr des Rentenbeginns) ergibt sich ein Besteuerungsanteil von $4/12$ aus 50 %. Zu versteuern sind danach:

4 Monate × 1000 €	4 000,— €
Besteuerungsanteil 50 %	2 000,— €
nicht der Besteuerung unterliegender Teil der Rente	2 000,— €

Für **2006** (Folgejahr = Jahr, das dem Jahr des Rentenbeginns folgt) gilt Folgendes:

6 Monate × 1000 €	6 000,— €
6 Monate × 1100 €	6 600,— €
insgesamt	12 600,— €
steuerpflichtiger Teil der Rente 50 %	6 300,— €
nicht der Besteuerung unterliegender Teil der Rente	6 300,— €

Der steuerfreie Betrag von **6300 €** wird auf die gesamte Laufzeit der Rente (also **zeitlebens**) festgeschrieben.

Für **2007** ergibt sich Folgendes:

6 Monate × 1100 €	6 600,— €
6 Monate × 1200 €	7 200,— €
insgesamt	13 800,— €
abzüglich auf Dauer festgeschriebener Rentenfreibetrag	6 300,— €
zu versteuern sind 2007	7 500,— €

---

*) Der Grundfreibetrag beträgt
  – 2002: 7235 €
  – 2003: 7235 €
  – 2004: 7664 €
  – 2005: 7664 €
  – 2006: 7664 €
  – 2007: 7664 €
  – 2008: 7664 €
  – 2009: 7834 €
  – 2010: 8004 €

Renten

Für **2008** ergibt sich Folgendes:

	Lohnsteuerpflichtig	Sozialversich.-pflichtig
6 Monate × 1200 €	7 200,— €	
6 Monate × 1300 €	7 800,— €	
insgesamt	15 000,— €	
abzüglich auf Dauer festgeschriebener Rentenfreibetrag	6 300,— €	
zu versteuern sind 2008	8 700,— €	

Für **2009** ergibt sich Folgendes:

6 Monate × 1300 €	7 800,— €	
6 Monate × 1400 €	8 400,— €	
insgesamt	16 200,— €	
abzüglich auf Dauer festgeschriebener Rentenfreibetrag	6 300,— €	
zu versteuern sind 2009	9 900,— €	

Für **2010** ergibt sich Folgendes:

6 Monate × 1400 €	8 400,— €	
6 Monate × 1500 €	9 000,— €	
insgesamt	17 400,— €	
abzüglich auf Dauer festgeschriebener Rentenfreibetrag	6 300,— €	
zu versteuern sind 2010	11 100,— €	

d) Beginn der Rentenzahlungen ab 2006

Beginnen die Rentenzahlungen im Jahr 2006 und später, wird jahrgangsweise auf die volle nachgelagerte Besteuerung übergeleitet. Das bedeutet, dass für jeden neuen Rentenjahrgang (sog. **Kohorte**) der steuerfreie Teil der Rente auf Dauer festgeschrieben wird, und zwar betragsmäßig auf der Basis des **Jahresbetrags im ersten Jahr nach Beginn der Rentenzahlungen.** Der steuerpflichtige Teil der Rente wird dabei von 50 % im Kalenderjahr 2005 für jeden neu hinzukommenden Jahrgang stufenweise bis auf 100 % angehoben. Der Übergang auf die nachgelagerte Besteuerung wird damit erst im Kalenderjahr 2040 abgeschlossen sein. Für den stufenweisen Übergang auf die volle nachgelagerte Besteuerung enthält § 22 EStG folgende Tabelle:

Jahr des Rentenbeginns	Besteuerungsanteil
bis 2005	50 %
ab 2006	52 %
ab 2007	54 %
ab 2008	56 %
ab 2009	58 %
ab 2010	**60 %**
ab 2011	62 %
ab 2012	64 %
ab 2013	66 %
ab 2014	68 %
ab 2015	70 %
ab 2016	72 %
ab 2017	74 %
ab 2018	76 %
ab 2019	78 %
ab 2020	80 %
ab 2021	81 %
ab 2022	82 %
ab 2023	83 %
ab 2024	84 %
ab 2025	85 %
ab 2026	86 %
ab 2027	87 %
ab 2028	88 %
ab 2029	89 %
ab 2030	90 %
ab 2031	91 %
ab 2032	92 %
ab 2033	93 %
ab 2034	94 %
ab 2035	95 %
ab 2036	96 %
ab 2037	97 %
ab 2038	98 %
ab 2039	99 %
ab 2040	100 %

Derjenige Teil der Rente, der nicht der Besteuerung unterliegt, wird für jede Rente zeitlebens festgeschrieben (§ 22 Nr. 1 Satz 3 Buchstabe a Doppelbuchstabe aa Satz 5 EStG). Die Festschreibung erfolgt erstmals ab dem Jahr, das auf das Jahr des ersten Rentenbezugs erfolgt, das heißt für denjenigen, der 2009 in Rente gegangen ist, dass sich der Rentenfreibetrag auf der Basis des Besteuerungsanteils des Jahres 2009 (= 58 %) ermittelt und dieser Prozentsatz auf den **Jahresbetrag** der Rente **im folgenden Jahr** (= 2010) angewendet wird.

Der nicht der Besteuerung unterliegende Teil reduziert sich für jeden vollen Kalendermonat eines Jahres, für den keine Rente gezahlt wird, um ein Zwölftel. Diese Regelung wirkt sich insbesondere im Jahr des Rentenbeginns aus.

Das folgende Beispiel soll die Ermittlung des steuerpflichtigen und des steuerfreien Anteils im Jahr des Rentenbeginns und im Folgejahr sowie die Anwendung des dauerhaft steuerfreien Anteils verdeutlichen:

Beispiel

Ein Arbeitnehmer geht im Juli 2009 in Rente. Er erhält monatlich 1100 € Rente. Jeweils zum 1.7.2010 und zum 1.7.2011 soll die Rente um angenommen 50 € monatlich steigen.

Für **2009** ergibt sich Folgendes:

6 Monate × 1100 €	6 600,— €
Besteuerungsanteil 2009 58 % =	3 828,— €
nicht der Besteuerung unterliegender Teil der Rente	2 772,— €

Für **2010** ergibt sich Folgendes:

6 Monate × 1100 €	6 600,— €
6 Monate × 1150 €	6 900,— €
Summe	13 500,— €
Besteuerungsanteil 58 % =	7 830,— €
nicht der Besteuerung unterliegender Teil der Rente	5 670,— €

Der steuerfreie Betrag von **5670 €** wird auf die gesamte Laufzeit der Rente (also zeitlebens) festgeschrieben.

Für **2011** ergibt sich Folgendes:

6 Monate × 1150 €	6 900,— €
6 Monate × 1200 €	7 200,— €
Summe	14 100,— €
abzüglich auf Dauer festgeschriebener Rentenfreibetrag	5 670,— €
steuerpflichtiger Teil der Rente	8 430,— €

4. Besteuerung der übrigen Leibrenten

Wie vorstehend unter Nr. 3 erläutert werden sowohl lebenslängliche Renteneinkünfte, die der sog. Basisversorgung im Alter zuzurechnen sind als auch Renten, die auf geförderten Beiträgen (sog. Riester-Rente, vgl. dieses Stichwort) beruhen seit 1.1.2005 der vollen nachgelagerten Besteuerung zugeführt. Andere Leibrenten werden auch künftig nur mit einem **Ertragsanteil** besteuert. Hierzu gehören z. B.

– Renten aus umlagefinanzierten Zusatzversorgungseinrichtungen (z. B. VBL)

– Renten aus bereits bestehenden privaten Rentenversicherungsverträgen,

Renten

- Renten aus neu abgeschlossenen Rentenversicherungen (Lebensversicherungen), die die Voraussetzungen der sog. Basisversorgung nicht erfüllen (vgl. die Erläuterungen unter der vorstehenden Nr. 2 Buchstabe d),
- Renten aufgrund pauschal mit 20 % versteuerter Beiträge zu Direktversicherungen und Pensionskassen (vgl. das Stichwort „Zukunftsicherung"),
- Betriebsrenten, soweit sie aus **versteuertem** Einkommen aufgebaut wurden, z. B. weil die Einzahlungen den steuerfreien Höchstbetrag nach § 3 Nr. 63 EStG überschritten haben (vgl. das Stichwort „Zukunftsicherung"),
- lebenslange Renten aus der Veräußerung eines Grundstücks,
- lebenslange Renten aus der Veräußerung eines Betriebs.

Für diese Renten ist die Besteuerung mit dem Ertragsanteil beibehalten worden. Die seit 1. 1. 2005 geltenden Ertragsanteile wurden allerdings aufgrund des seit einigen Jahren sinkenden Zinsniveaus und besonders wegen der gestiegenen Lebenserwartung sowohl bei Frauen als auch bei Männern **deutlich abgesenkt.** Die seit 1. 1. 2005 geltenden Ertragsanteile ergeben sich aus der nachfolgenden Tabelle, die in § 22 EStG festgelegt ist.

Bei Beginn der Rente vollendetes Lebensjahr des Rentenberechtigten	Ertragsanteil in %	Bei Beginn der Rente vollendetes Lebensjahr des Rentenberechtigten	Ertragsanteil in %
0 bis 1	59	51 bis 52	29
2 bis 3	58	53	28
4 bis 5	57	54	27
6 bis 8	56	55 bis 56	26
9 bis 10	55	57	25
11 bis 12	54	58	24
13 bis 14	53	59	23
15 bis 16	52	60 bis 61	22
17 bis 18	51	62	21
19 bis 20	50	63	20
21 bis 22	49	64	19
23 bis 24	48	65 bis 66	18
25 bis 26	47	67	17
27	46	68	16
28 bis 29	45	69 bis 70	15
30 bis 31	44	71	14
32	43	72 bis 73	13
33 bis 34	42	74	12
35	41	75	11
36 bis 37	40	76 bis 77	10
38	39	78 bis 79	9
39 bis 40	38	80	8
41	37	81 bis 82	7
42	36	83 bis 84	6
43 bis 44	35	85 bis 87	5
45	34	88 bis 91	4
46 bis 47	33	92 bis 93	3
48	32	94 bis 96	2
49	31	ab 97	1
50	30		

Die unterschiedlichen Regelungen sollen an einem Beispiel verdeutlicht werden, in dem ein ehemaliger Arbeitnehmer neben einer Rente aus der gesetzlichen Rentenversicherung sowohl eine Betriebsrente von einem ehemaligen Arbeitgeber als auch eine Zusatzrente aus der Versorgungsanstalt des Bundes un der Länder (VBL) erhält.

Beispiel

Ein in der gesetzlichen Rentenversicherung versicherter Arbeitnehmer vollendet am 29.6.2009 das 65. Lebensjahr und tritt in den Ruhestand. Er war in der ersten Hälfte seines Arbeitslebens bei einem privaten Arbeitgeber beschäftigt und erhält von diesem ab 1. Juli 2009 eine Betriebsrente von monatlich 500 €. In der zweiten Hälfte seines Arbeitslebens war er als Angestellter im öffentlichen Dienst tätig. Deshalb erhält er von der Versorgungsanstalt des Bundes und der Länder (VBL) ab 1. Juli 2009 zusätzlich zu seiner Rente aus der gesetzlichen Rentenversicherung eine sog. VBL-Rente in Höhe von 400 € monatlich. Die Rente des Arbeitnehmers aus der gesetzlichen Rentenversicherung beträgt ab 1. Juli 2009 1500 € monatlich. Sie erhöht sich ab 1. Juli 2010 auf 1550 € und ab 1. Juli 2011 auf 1600 € monatlich. Für die Besteuerung der drei Renten, nämlich

- Betriebsrente,
- VBL-Rente und
- Rente aus der gesetzlichen Rentenversicherung

ergibt sich Folgendes:

Besteuerung der Betriebsrente:

Die Betriebsrente in Höhe von 500 € monatlich ist in vollem Umfang steuerpflichtig und unterliegt dem Lohnsteuerabzug. Der Arbeitnehmer muss dem ehemaligen Arbeitgeber deshalb eine Lohnsteuerkarte vorlegen, damit dieser den Lohnsteuerabzug durchführen kann. Bei der Besteuerung der Betriebsrente wird der Versorgungsfreibetrag und ein Zuschlag zum Versorgungsfreibetrag abgezogen (vgl. die Stichwörter „Betriebsrente" und „Versorgungsbezüge, Versorgungsfreibetrag"). Die Betriebsrente wird in die Veranlagung des Arbeitnehmers zur Einkommensteuer mit einbezogen und eine ggf. bezahlte Lohnsteuer wird auf die Einkommensteuerschuld angerechnet.

Besteuerung der VBL-Rente:

Die Rente aus der Versorgungsanstalt des Bundes und der Länder gehört als Rente aus einer umlagefinanzierten Zusatzversorgungseinrichtung nicht zur so genannten Basisversorgung (vgl. hierzu die Erläuterungen unter der vorstehenden Nr. 2). Die Rente ist deshalb lediglich mit dem Ertragsanteil nach der vorstehenden Tabelle steuerpflichtig:

Rentenzahlungen im Kalenderjahr 2009 (400 € × 6 Monate =) 2400 €

Ertragsanteil lt. Tabelle (bei Beginn der Rentenzahlungen ist das 65. Lebensjahr vollendet) 18 %

steuerpflichtiger Teil der Rente somit (18 % von 2400 € =) **432 €**.

Der steuerpflichtige Teil der VBL-Rente wird nach Abzug eines Werbungskosten-Pauschbetrags in Höhe von 102 € im Wege einer Veranlagung zur Einkommensteuer steuerlich erfasst.

Besteuerung der Rente aus der gesetzlichen Rentenversicherung:

Die Rente aus der gesetzlichen Rentenversicherung gehört zur sog. Basisversorgung im Alter. Es gelten deshalb die unter der vorstehenden Nr. 3 dargestellten Besteuerungsgrundsätze. Hiernach ergibt sich folgende Berechnung des steuerpflichtigen Teils der Rente:

Maßgebend für den zeitlebens geltenden Besteuerungsanteil ist das Jahr des Rentenbeginns (= 2009). Der Prozentsatz beträgt somit **58 %**.

Für **2009** (Jahr des Rentenbeginns) ergibt sich ein Besteuerungsanteil von 6/12 aus 58 %:

6 Monate × 1500 €	9 000,— €
Besteuerungsanteil 58 %	5 220,— €
nicht der Besteuerung unterliegender Teil der Rente	3 780,— €

Für **2010** (Folgejahr = Jahr, das dem Jahr des Rentenbeginns folgt) gilt Folgendes:

6 Monate × 1500 €	9 000,— €
6 Monate × 1550 €	9 300,— €
insgesamt	18 300,— €
Besteuerungsanteil 58 %	10 614,— €
nicht der Besteuerung unterliegender Teil der Rente	7 686,— €

Der steuerfreie Betrag von **7686 €** wird auf die gesamte Laufzeit der Rente (also zeitlebens) festgeschrieben.

Für **2011** ergibt sich Folgendes:

6 Monate × 1550 €	9 300,— €
6 Monate × 1600 €	9 600,— €
insgesamt	18 900,— €
abzüglich auf Dauer festgeschriebener steuerfreier Teil der Rente	7 686,— €
zu versteuern sind 2011	11 214,— €

Der steuerpflichtige Teil der Rente aus der gesetzlichen Rentenversicherung in Höhe von 11 214 € wird nach Abzug eines Werbungskosten-Pauschbetrags von 102 € im Wege einer Veranlagung zur Einkommensteuer steuerlich erfasst.

5. Abgekürzte Leibrenten

Auch für abgekürzte Leibrenten außerhalb der sog. Basisversorgung (vgl. vorstehend unter Nr. 2) bleibt die Besteuerung mit dem Ertragsanteil auch künftig erhalten. Allerdings sind auch hier die maßgebenden Ertragsanteile in § 55 Abs. 2 EStDV aufgrund der geänderten Rahmenbedingungen abgesenkt worden. Die seit 1. 1. 2005 geltenden neuen Ertragsanteile ergeben sich aus der nachfolgenden Tabelle:

Renten

"Beschränkung der Laufzeit der Rente auf … Jahre ab Beginn des Rentenbezugs (ab 1. Januar 1955, falls die Rente vor diesem Zeitpunkt zu laufen begonnen hat)	Der Ertragsanteil beträgt vorbehaltlich der Spalte 3 …%	Der Ertragsanteil ist der vorstehend unter **Nr. 4** abgedruckten Tabelle zu entnehmen, wenn der Rentenberechtigte zu Beginn des Rentenbezugs (vor dem 1. Januar 1955, falls die Rente vor diesem Zeitpunkt zu laufen begonnen hat) das …te Lebensjahr vollendet hatte
1	2	3
1	0	entfällt
2	1	entfällt
3	2	97
4	4	92
5	4	88
6	5	83
7	7	81
8	8	80
9	9	78
10	10	75
11	12	74
12	13	72
13	14	71
14 bis 15	15	69
16 bis 17	16	67
18	18	65
19	19	64
20	20	63
21	21	62
22	22	60
23	23	59
24	24	58
25	25	57
26	26	55
27	27	54
28	28	53
29 bis 30	29	51
31	30	50
32	31	49
33	32	48
34	33	46
35 bis 36	34	45
37	35	43
38	36	42
39	37	41
40 bis 41	38	39
42	39	38
43 bis 44	40	36
45	41	35
46 bis 47	42	33
48	43	32
49 bis 50	44	30
51 bis 52	45	28
53	46	27
54 bis 55	47	25
56 bis 57	48	23
58 bis 59	49	21
60 bis 61	50	19
62 bis 63	51	17
64 bis 65	52	15
66 bis 67	53	13
68 bis 69	54	11
70 bis 71	55	9
72 bis 74	56	6
75 bis 76	57	4
77 bis 79	58	2
ab 80	59	Der Ertragsanteil ist immer der vorstehend unter **Nr. 4 abgedruckten Tabelle** zu entnehmen.

Nach der bis 31.12.2004 geltenden Rechtslage wurden Erwerbsminderungsrenten als abgekürzte Leibrenten behandelt. Auch wenn der Gesetzestext in § 22 Nr. 1 Satz 3 Buchstabe a Doppelbuchstabe aa EStG dies nicht ausdrücklich erwähnt, wird durch den fehlenden Verweis auf § 55 Abs. 2 EStDV und die Gesetzesbegründung deutlich, dass die Neuregelung nach dem sog. Kohortenmodell auch für die Renten wegen verminderter Erwerbsfähigkeit gilt. Dies hat zu einem erheblich höheren steuerpflichtigen Anteil der entsprechenden Renten geführt.

Bei **Folgerenten** aus derselben Versicherung (z. B. auf eine Erwerbsminderungsrente folgt eine Altersvollrente) ist Folgendes zu beachten:

Folgen nach dem 31. Dezember 2004 Renten aus derselben Versicherung einander nach, wird bei der Ermittlung des Prozentsatzes nicht der tatsächliche Beginn der Folgerente herangezogen. Vielmehr wird ein fiktives Jahr des Rentenbeginns ermittelt, indem vom tatsächlichen Rentenbeginn der Folgerente die Laufzeiten vorhergender Renten abgezogen werden. Dabei darf der Prozentsatz von 50 % nicht unterschritten werden.

Beispiel

Ein Arbeitnehmer bezieht von Oktober 2003 bis Dezember 2006 (= 3 Jahre und 3 Monate) eine Erwerbsminderungsrente in Höhe von 1000 € monatlich. Anschließend ist er wieder erwerbstätig. Ab Februar 2013 erhält er seine Altersrente in Höhe von 2000 €.

In den Jahren 2003 und 2004 ist die Erwerbsminderungsrente gem. § 55 Abs. 2 EStDV mit einem Ertragsanteil von 4 % zu versteuern, in den Jahren 2005 und 2006 gem. § 22 Nr. 1 Satz 3 Buchstabe a Doppelbuchstabe aa EStG mit einem Besteuerungsanteil von **50 %**. Der der Besteuerung unterliegende Teil für die ab Februar 2013 gewährte Altersrente ermittelt sich wie folgt:

Rentenbeginn der Altersrente abzügl. der Laufzeit der Erwerbsminderungsrente (3 Jahre und 3 Monate)	Februar 2013
= fiktiver Rentenbeginn	November 2009
Besteuerungsanteil	**58 %**
Jahresbetrag der Rente in 2013: 11 × 2000 €	22 000,— €
steuerpflichtiger Teil der Rente 58 %	12 760,— €
nicht der Besteuerung unterliegender Teil der Rente im Jahr 2013	9 240,— €

Folgerenten werden **für die Berechnung des steuerfreien Teils der Rente** als eigenständige Renten behandelt. Für 2014 (= Folgejahr, das auf das Jahr des Rentenbeginns folgt) ergibt sich bei einer angenommenen Rentensteigerung zum 1. Juli um 50 € Folgendes:

6 Monate × 2000 €	12 000,— €
6 Monate × 2050 €	12 300,— €
insgesamt	24 300,— €
steuerpflichtiger Teil der Rente 58 %	14 094,— €
nicht der Besteuerung unterliegender Teil der Rente	10 206,— €

Der steuerfreie Betrag von **10 206 €** wird auf die gesamte Laufzeit der Rente (also zeitlebens) festgeschrieben.

6. Renten aus einer betrieblichen Altersversorgung

Renten aus einer kapitalgedeckten **betrieblichen Altersversorgung** (Direktversicherung, Pensionskasse, Pensionsfonds) werden **nachgelagert versteuert, soweit die Beiträge steuerfrei waren.** Auch Renten aus Altersvorsorgeverträgen (sog. Riester-Rente, vgl. dieses Stichwort) werden nachgelagert besteuert, soweit die Beiträge steuerlich gefördert wurden.

Der Umfang der Besteuerung der Renten richtet sich also danach, ob und inwieweit die Beiträge in der Ansparphase steuerfrei gestellt (§ 3 Nr. 56, 63 und 66 EStG) oder nach § 10 a oder Abschnitt XI EStG (Sonderausgabenabzug und Altersvorsorgezulage) gefördert wurden. Das bedeutet, dass die Leistungen in vollem Umfang besteuert werden, soweit sie auf Beiträgen beruhen,

– die nach § 3 Nr. 56, 63 und 66 EStG **steuerfrei** waren,

– für die der Arbeitnehmer **Altersvorsorgezulagen** nach Abschnitt XI des EStG (Grundzulage und Kinderzulagen) erhalten hat,

– für die anstelle der Altersvorsorgezulage ein besonderer **Sonderausgabenabzug** nach § 10 a EStG gewährt wurde.

Beispiel

Für einen Arbeitnehmer hat der Arbeitgeber stets Beiträge in einen Pensionsfonds in Höhe von 6 % der Beitragsbemessungsgrenze in der gesetzlichen Rentenversicherung eingezahlt. Diese Beiträge waren nur in Höhe von 4 % der Beitragsbemessungsgrenze in der gesetzlichen Rentenversicherung steuerfrei (also ⅓ steuerpflichtig und ⅔ steuerfrei).

Rentenversicherung

Die Versorgungsleistungen aus dem Pensionsfonds sollen 900 € monatlich betragen. Es ergibt sich folgende Besteuerung der Versorgungsleistungen:

– Da ²/₃ der Beiträge steuerfrei waren, sind ²/₃ von 900 € = 600 € monatlich **in voller Höhe als sonstige Einkünfte steuerpflichtig** (§ 22 Nr. 5 Satz 1 EStG).
– Da ¹/₃ der Beiträge steuerpflichtig war, sind ¹/₃ von 900 € = 300 € monatlich als lebenslängliche Rente (nur) mit dem Ertragsanteil zu versteuern (§ 22 Nr. 5 Satz 2 Buchstabe a in Verbindung mit § 22 Nr. 1 Satz 3 Buchstabe a Doppelbuchstabe bb EStG). Die Tabelle für den maßgebenden Ertragsanteil ist unter der vorstehenden Nr. 4 abgedruckt. Hat der Arbeitnehmer bei Beginn der Rentenzahlungen das 65. Lebensjahr vollendet beträgt der Ertragsanteil 18 %.

Auf die Gesamtdarstellung der betrieblichen Altersversorgung in **Anhang 6** zum Lexikon wird hingewiesen.

Rentenversicherung

siehe Teil B Nr. 2

Rentner

1. Allgemeines

Das Stichwort behandelt die bei der **Beschäftigung von Rentnern** zu beachtenden lohnsteuerlichen und beitragsrechtlichen Besonderheiten und die zum Hinzuverdienst geltenden Regelungen. Die Besteuerung von Renten als „sonstige Einkünfte" ist beim Stichwort „Renten" erläutert. Wird nicht ein Rentner beschäftigt, das heißt ein Rentner, der eine Altersrente aus der gesetzlichen Rentenversicherung bezieht, sondern ein pensionierter Berufssoldat oder Beamtenpensionär, vgl. das Stichwort „Pensionär". Im Einzelnen gilt bei der Beschäftigung von Personen, die bereits eine Rente aus der gesetzlichen Rentenversicherung beziehen, Folgendes:

2. Lohnsteuerliche Behandlung

Weiter beschäftigte Rentner unterliegen mit ihrem Arbeitslohn dem Lohnsteuerabzug, der nach den Besteuerungsmerkmalen (Steuerklasse, Kirchenzugehörigkeit) vorzunehmen ist, die auf der Lohnsteuerkarte des Rentners eingetragen sind. Der Rentner, der nebenher noch in einem Arbeitsverhältnis tätig ist, hat deshalb dem Arbeitgeber eine Lohnsteuerkarte vorzulegen, es sei denn, dass die Voraussetzungen für eine Pauschalierung der Lohnsteuer vorliegen. Der weiter beschäftigte Rentner wird also seinem Arbeitgeber im Regelfall eine Lohnsteuerkarte vorlegen. Denn bei Vorlage einer Lohnsteuerkarte fällt Lohnsteuer nur an, soweit die für die eingetragene Steuerklasse maßgebenden Freibeträge überschritten sind. Folgende Freibeträge sind für die einzelnen Steuerklassen in den bei weiter beschäftigten Rentnern anzuwendenden **besonderen Lohnsteuertarif 2010 mit der gekürzten Vorsorgepauschale** eingearbeitet (vgl. das Stichwort „Tarifaufbau"):

Steuerklasse	steuerfreier Monatslohn bei Anwendung der Besonderen Lohnsteuertabelle
I	849 €
II	973 €
III	1 608 €
IV	849 €
V	91 €

Übersteigt der Monatslohn des weiter beschäftigten Rentners die oben genannten Beträge, fällt Lohnsteuer an, die vom Arbeitslohn des Rentners einzubehalten ist. Hat der Rentner vor Beginn des Kalenderjahres das 64. Lebensjahr vollendet (für 2010: geboren vor dem 2. 1. 1946), so hat der Arbeitgeber beim Lohnsteuerabzug den **Altersentlastungsbetrag** zu berücksichtigen. Die Voraussetzungen für den Abzug des Altersentlastungsbetrags hat der Arbeitgeber in eigener Zuständigkeit zu prüfen, da der Altersentlastungsbetrag nicht als Freibetrag auf der Lohnsteuerkarte eingetragen wird (vgl. das Lohnabrechnungsbeispiel unter der folgenden Nr. 5).

Es kommt häufig vor, dass ein Rentner neben seiner Altersrente aus der gesetzlichen Rentenversicherung auch noch eine Betriebsrente von seinem früheren Arbeitgeber erhält. Für die Besteuerung dieser Betriebsrente muss der Rentner seinem früheren Arbeitgeber eine Lohnsteuerkarte vorlegen. Hat der Rentner eine Betriebsrente und nimmt er eine Beschäftigung als Arbeitnehmer auf, muss er sowohl für den Lohnsteuerabzug bei der Betriebsrente als auch für den Lohnsteuerabzug aus der Beschäftigung eine Lohnsteuerkarte vorlegen, also eine erste Lohnsteuerkarte mit der Steuerklasse I (oder III) und eine zweite Lohnsteuerkarte mit der Steuerklasse VI. Bei der Vorlage einer zweiten Lohnsteuerkarte mit der Steuerklasse VI **wird stets Lohnsteuer einbehalten,** die ggf. bei Rentnern nach Ablauf des Kalenderjahrs im Wege einer Veranlagung zur Einkommensteuer wieder erstattet werden muss. Der Rentner kann jedoch den Lohnsteuerabzug nach Steuerklasse VI vermeiden, wenn er sich einen **Freibetrag** auf der zweiten Lohnsteuerkarte und einen **Hinzurechnungsbetrag** auf der ersten Lohnsteuerkarte eintragen lässt. Dieses seit 1. 1. 2000 geltende Verfahren soll anhand eines Beispiels verdeutlicht werden:

Beispiel

Ein alleinstehender Rentner, der am 16. April 2005 das 65. Lebensjahr vollendet hat, erhält seit 1. Mai 2005 eine Altersrente in Höhe von 700 € monatlich. Der steuerpflichtige Ertragsanteil dieser Rente beträgt 50 % (vgl. die Erläuterungen beim Stichwort „Renten"). Von seinem früheren Arbeitgeber erhält der Rentner eine Betriebsrente in Höhe von 300 € monatlich. Außerdem übt er eine Beschäftigung aus, für die er von seinem Arbeitgeber 600 € monatlich erhält. Für den Lohnsteuerabzug legt er dem Arbeitgeber eine Lohnsteuerkarte mit der Steuerklasse I vor. Eine Lohnsteuer fällt nach Steuerklasse I für einen Monatslohn von 600 € nicht an. Zur Durchführung des Lohnsteuerabzugs für die Betriebsrente muss ebenfalls eine Lohnsteuerkarte vorgelegt werden (vgl. das Stichwort „Betriebsrente"). Der Arbeitnehmer hat seinem ehemaligen Arbeitgeber deshalb eine Lohnsteuerkarte mit der Steuerklasse VI vorgelegt. Bei der Durchführung des Lohnsteuerabzugs für die Betriebsrente nach Steuerklasse VI ergibt sich Folgendes:

Betriebsrente	300,— €	300,— €
abzüglich Versorgungsfreibetrag (40 % von 300 €)	120,— €	
verbleiben	180,— €	
Lohnsteuer (für 180 € nach Steuerklasse VI)	21,08 €	
Solidaritätszuschlag	0,— €	
Kirchensteuer (8 %)	1,68 €	22,76 €
Nettobetriebsrente		277,24 €

Die Steuerabzugsbeträge in Höhe von (12 × 22,76 € =) 273,12 € muss sich der Arbeitnehmer im Wege einer Veranlagung zur Einkommensteuer nach Ablauf des Kalenderjahrs vom Finanzamt wieder erstatten lassen. Dies kann der Arbeitnehmer vermeiden, wenn er sich auf der Lohnsteuerkarte mit der Steuerklasse VI von seinem Wohnsitzfinanzamt einen Freibetrag von 180 € eintragen lässt. Dementsprechend wird auf der ersten Lohnsteuerkarte mit der Steuerklasse I **ein Hinzurechnungsbetrag** von ebenfalls 180 € eingetragen. Dadurch ergibt sich bei der **Betriebsrente kein Lohnsteuerabzug.**

Das Verfahren zur Eintragung von Freibeträgen und Hinzurechnungsbeträgen und die dabei beim Lohnsteuerabzug durch den Arbeitgeber zu beachtenden Besonderheiten sind ausführlich beim Stichwort „Hinzurechnungsbetrag auf der Lohnsteuerkarte" erläutert.

3. Sozialversicherungsrechtliche Behandlung

Die beitragsrechtliche Behandlung weiter beschäftigter Altersrentner ist in den einzelnen Versicherungszweigen unterschiedlich wie folgt geregelt:

a) Geringfügige Beschäftigung

Für eine versicherungsfreie geringfügige Dauerbeschäftigung (sog. 400-Euro-Job) muss der Arbeitgeber einen pauschalen Arbeitgeberbeitrag von 15 % zur Renten- und

Rentner

| | Lohn-steuer-pflichtig | Sozial-versich.-pflichtig |

13% zur Krankenversicherung entrichten*). Dies gilt auch für weiter beschäftigte Altersrentner, und zwar unabhängig von der Art der Rente (vgl. das Stichwort „Geringfügige Beschäftigung"). Der dort erläuterte Pauschalbeitrag zur gesetzlichen Rentenversicherung ist selbst dann abzuführen, wenn ein beschäftigter Rentner beispielsweise wegen Bezug einer Altersvollrente nicht mehr rentenversicherungspflichtig ist.

b) Krankenversicherung

In der Krankenversicherung hat der Bezug einer Rente, gleichgültig von welcher Stelle sie gewährt wird, keinen Einfluss auf die Versicherungspflicht, die durch ein Beschäftigungsverhältnis begründet wird. Krankenversicherungspflicht tritt hiernach stets ein, wenn es sich um eine mehr als nur geringfügige Beschäftigung handelt. Allerdings haben Empfänger von Altersrenten und Altersruhegeld sowie die Empfänger von Renten wegen voller Erwerbsminderung bzw. Erwerbsunfähigkeitsrenten nur den ermäßigten Beitragssatz (Beitragsgruppe 3000, Beitragsgruppenschlüssel 3) zu entrichten. Für beschäftigte Bezieher einer Rente wegen teilweiser Erwerbsminderung bzw. einer Berufsunfähigkeitsrente gilt der allgemeine Beitragssatz (Beitragsgruppe 1000, Beitragsgruppenschlüssel 1). Bei einer versicherungsfreien geringfügigen Dauerbeschäftigung (sog. 400-Euro-Job) muss der Arbeitgeber einen pauschalen 13%igen** Arbeitgeberanteil zur Krankenversicherung entrichten (vgl. das Stichwort „Geringfügige Beschäftigung").

c) Pflegeversicherung

Ebenso wie in der Krankenversicherung wird auch in der sozialen Pflegeversicherung durch das Beschäftigungsverhältnis die Versicherungspflicht begründet, sofern es sich um eine mehr als nur geringfügige Beschäftigung (vgl. dieses Stichwort) handelt.

d) Arbeitslosenversicherung

In der Arbeitslosenversicherung gilt der allgemeine Grundsatz, dass nach Ablauf des Monats, in dem der Arbeitnehmer das **65. Lebensjahr** vollendet Beitragsfreiheit eintritt. Trotz der Versicherungsfreiheit des Arbeitnehmers bleibt der **Arbeitgeber** (ebenso wie bei der Rentenversicherung) für seinen **Beitragsanteil** weiterhin beitragspflichtig. Der Beitragsanteil des Arbeitgebers entfällt aber wenn der Arbeitnehmer noch aus einem weiteren Grund versicherungsfrei ist (z. B. weil es sich um eine geringfügige Beschäftigung handelt).

e) Rentenversicherung

In der Rentenversicherung gilt der Grundsatz, dass der Bezieher einer **Vollrente** wegen Alters versicherungsfrei ist. Hat der Rentner das 65. Lebensjahr noch nicht vollendet, müssen die **Hinzuverdienstgrenzen** beachtet werden (vgl. die Erläuterungen unter der folgenden Nr. 6), da bei einem schädlichen Hinzuverdienst die Vollrente entfällt und damit Rentenversicherungspflicht eintritt. Trotz der Versicherungsfreiheit des weiter beschäftigten Altersrentners (Vollrentners) bleibt der **Arbeitgeber** für seinen **Beitragsanteil** weiterhin beitragspflichtig. Der Beitragsanteil des Arbeitgebers entfällt aber, wenn der Arbeitnehmer noch aus einem weiteren Grund versicherungsfrei ist (z. B. weil es sich um eine geringfügige Beschäftigung handelt). Bei einer versicherungsfreien geringfügigen Dauerbeschäftigung (sog. 400-Euro-Job) muss der Arbeitgeber einen pauschalen 15%igen** Arbeitgeberanteil zur Rentenversicherung entrichten (vgl. das Stichwort „Geringfügige Beschäftigung").

4. Beurteilung der Versicherungspflicht nach Rentenarten

Meist stellt sich die Frage der Versicherungspflicht jedoch nach der Art der Rente, die der weiter beschäftigte Altersrentner bezieht. Deshalb soll im Folgenden – auch im Hinblick auf die Hinzuverdienstgrenzen – die Versicherungspflicht nach der Rentenart beurteilt werden:

a) Berufsunfähigkeitsrente

Für Beschäftigte, die eine (auslaufende) Berufsunfähigkeitsrente beziehen, besteht Versicherungspflicht in der Kranken-, Pflege-, Renten- und Arbeitslosenversicherung nach den allgemeinen Grundsätzen. Zum Hinzuverdienst vgl. die Erläuterungen unter der nachfolgenden Nr. 6.

b) Erwerbsminderungsrente/ Erwerbsunfähigkeitsrente

Für Beschäftigte, die eine Erwerbsminderungsrente oder eine auslaufende Erwerbsunfähigkeitsrente beziehen, besteht Versicherungspflicht in der Kranken-, Pflege- und Rentenversicherung nach den allgemeinen Grundsätzen. In der Arbeitslosenversicherung besteht Versicherungsfreiheit unabhängig vom Lebensalter beim Bezug einer Rente wegen **voller** Erwerbsminderung (§ 28 Abs. 1 Nr. 2 SGB III). Der Arbeitgeber muss in diesem Fall keinen Arbeitgeberbeitrag zur Arbeitslosenversicherung zahlen. Zum Hinzuverdienst vgl. die Erläuterungen unter der nachfolgenden Nr. 6.

c) Altersvollrente

Es besteht Versicherungspflicht in der Kranken- und Pflegeversicherung nach den allgemeinen Grundsätzen (aber ermäßigter Beitrag bei der Krankenversicherung). In der Arbeitslosenversicherung besteht Versicherungspflicht bis zur Vollendung des 65. Lebensjahres, danach ist nur noch der Arbeitgeberanteil zu entrichten.

In der Rentenversicherung sind die Bezieher einer Altersvollrente versicherungsfrei; der Arbeitgeber muss jedoch den Arbeitgeberanteil entrichten. Außerdem müssen die Hinzuverdienstgrenzen beachtet werden, da ansonsten die Vollrente entfällt und damit Rentenversicherungspflicht eintritt (vgl. Nr. 6).

d) Bezieher einer Teilrente

Altersrentner sind nur dann rentenversicherungsfrei, wenn sie eine Vollrente beziehen. Allerdings müssen bis zur Vollendung des 65. Lebensjahres die Hinzuverdienstgrenzen beachtet werden. Denn ein Überschreiten der Hinzuverdienstgrenzen kann zum Wegfall einer Vollrente führen.

Bezieher einer Teilrente sind stets rentenversicherungspflichtig. Außerdem besteht Versicherungspflicht in der Kranken- und Pflegeversicherung nach den allgemeinen Grundsätzen. In der Arbeitslosenversicherung besteht Versicherungspflicht bis zur Vollendung des 65. Lebensjahres.

e) Hinterbliebenenrente

Für Bezieher von Hinterbliebenenrenten (Witwen- oder Witwerrenten) richtet sich die Versicherungspflicht nach den allgemeinen Grundsätzen, das heißt, sie sind in allen Versicherungszweigen beitragspflichtig, wenn sie mehr als eine geringfügige Beschäftigung (sog. 400-Euro-Job) ausüben.

f) Geringfügige Beschäftigung

Für eine versicherungsfreie geringfügige Dauerbeschäftigung (sog. 400-Euro-Job) muss der Arbeitgeber bei Rentnern (ohne Rücksicht auf die Rentenart) einen pauschalen Arbeitgeberbeitrag von 15% zur Renten- und 13%*) zur Krankenversicherung entrichten (vgl. das Stichwort „Geringfügige Beschäftigung").

---

*) Bei einer Beschäftigung in einem privaten Haushalt beträgt der pauschale Arbeitgeberanteil 5% zur Renten- und 5% zur Krankenversicherung (vgl. das Stichwort „Hausgehilfin").

**) Bei einer Beschäftigung in einem Privathaushalt beträgt der pauschale Arbeitgeberanteil 5% (vgl. das Stichwort „Hausgehilfin").

Rentner

5. Lohnabrechnung für weiter beschäftigte Altersrentner

Bei der Lohnabrechnung für weiter beschäftigte Altersrentner sind der Abzug des Altersentlastungsbetrags und die Anwendung eines **besonderen Lohnsteuertarifs mit einer gekürzten Vorsorgepauschale** zu beachten. Bei der Berechnung der Sozialversicherungsbeiträge gilt ein ermäßigter Beitragssatz zur Krankenkasse. Die Berechnung ergibt sich aus nachfolgendem Beispiel.

Beispiel

Ein Altersvollrentner (geb. 29.6.1940), der das 65. Lebensjahr vollendet hat, wird ab Juli 2010 gegen einen Monatslohn von 1000,— € beim bisherigen Arbeitgeber weiterbeschäftigt. Er legt eine Lohnsteuerkarte vor, auf der die Steuerklasse I sowie als Religionszugehörigkeit rk eingetragen sind.

Monatslohn		1 000,— €
+ Vermögenswirksame Leistung des Arbeitgebers		40,— €
steuerpflichtig		1 040,— €
abzüglich:		
Lohnsteuer (I/0)	4,08 €	
Solidaritätszuschlag	0,— €	
Kirchensteuer (8 %)	0,32 €	
Krankenversicherung	79,04 €	
Pflegeversicherung	12,74 €	96,18 €
Nettolohn		943,82 €
vermögenswirksame Anlage		40,— €
auszuzahlender Betrag		903,82 €
Arbeitgeberanteil:		
Krankenversicherung	69,68 €	
Pflegeversicherung	10,14 €	
Rentenversicherung	103,48 €	
Arbeitslosenversicherung	14,56 €	
insgesamt		197,86 €

Seit 1.1.2009 muss der Arbeitgeber auch für weiterbeschäftigte Altersrentner die Insolvenzgeldumlage mit Beitragsnachweis an die Krankenkasse abführen. Die Insolvenzgeldumlage wurde ab 1.1.2010 von bisher 0,1 % auf 0,41 % erhöht. Die Insolvenzgeldumlage beträgt somit 0,41 % von 1040 € = 4,26 € (vgl. das Stichwort „Insolvenzgeldumlage").

Berechnung der Lohnsteuer:

Steuerpflichtiger Arbeitslohn		1 040,— €
abzüglich:		
Altersentlastungsbetrag (vgl. dieses Stichwort)		
40 % von 1040 € = 416 €		
zu berücksichtigen sind im Monat höchstens		159,— €
zu versteuern		881,— €
Lohnsteuer nach dem **besonderen** Lohnsteuertarif	4,08 €	
Solidaritätszuschlag	0,— €	
Kirchensteuer (z. B. 8 %)	0,32 €	

Bei Anwendung des allgemeinen Lohnsteuertarifs für sozialversicherungspflichtige Arbeitnehmer würde sich eine Lohnsteuer in Höhe von 0,00 € und eine Kirchensteuer von ebenfalls 0,00 € ergeben (vgl. die Erläuterungen beim Stichwort „Tarifaufbau").

Berechnung der Sozialversicherungsbeiträge:

Der Arbeitnehmer ist als Bezieher einer Altersvollrente rentenversicherungsfrei nach § 5 Abs. 4 Nr. 1 SGB VI. In der **Kranken- und Pflegeversicherung** besteht grundsätzlich Beitragspflicht*).

Ermäßigter Beitrag zur Krankenkasse 14,3 %

Arbeitnehmeranteil 7,6 % von 1040,— €	=	79,04 €
Arbeitgeberanteil 6,7 % von 1040,— €	=	69,68 €
Pflegeversicherung:		
Arbeitnehmeranteil 1,225 %**) von 1040,— €	=	12,74 €
Arbeitgeberanteil 0,975 %**) von 1040,— €	=	10,14 €

Der Arbeitnehmer ist als Bezieher einer Altersvollrente in der Rentenversicherung beitragsfrei; in der Arbeitslosenversicherung ist er wegen Vollendung des 65. Lebensjahres beitragsfrei. Ungeachtet dessen hat der Arbeitgeber jedoch den **Arbeitgeberanteil** zur Renten- und Arbeitslosenversicherung, der ihn bei dem gezahlten Arbeitsentgelt im Falle der Versicherungspflicht treffen würde, zu entrichten.

Beitrag zur Rentenversicherung 19,9 %

Arbeitgeberanteil ½ = 9,95 % von 1040,— €	=	103,48 €

Beitrag zur Arbeitslosenversicherung 2,8 %

Arbeitgeberanteil ½ = 1,4 % von 1040,— €	=	14,56 €

Besonderheiten ergeben sich bei der Bescheinigung des **Arbeitgeberanteils zur Rentenversicherung** in Höhe von 103,48 € in Zeile 22 der elektronischen Lohnsteuerbescheinigung 2010 und zwar aus folgenden Gründen:

Arbeitgeberanteile zur gesetzlichen Rentenversicherung sind im Normalfall in Zeile 22 der elektronischen Lohnsteuerbescheinigung zu bescheinigen, weil sie die abzugsfähigen Vorsorgeaufwendungen des Steuerpflichtigen mindern (vgl. die Erläuterungen in Anhang 8a). Die Minderung der abzugsfähigen Vorsorgeaufwendungen ist jedoch dann nicht gerechtfertigt, wenn die Arbeitgeberbeiträge keine Auswirkung auf die Höhe der dem Arbeitnehmer zustehenden Rente haben. Der bei über 65-jährigen Vollrentnern nach § 172 Abs. 1 Nr. 3 SGB VI zu entrichtende Arbeitgeberanteil zur Rentenversicherung (im Beispiel 103,48 €) darf deshalb **nicht** in die Zeile 22 der elektronischen Lohnsteuerbescheinigung 2010 übernommen werden. Dies wurde im sog. Ausschreibungserlass ausdrücklich klargestellt***).

6. Hinzuverdienst bei Rentenbezug

a) Allgemeines

Eine **Altersrente steht vor Vollendung des 65. Lebensjahrs** nur zu, wenn die jeweilige gesetzlich genau festgelegte Hinzuverdienstgrenze durch Arbeitsentgelt (aus einer Beschäftigung) oder Arbeitseinkommen (aus einer selbständigen Tätigkeit) nicht überschritten wird. Damit gehört die Einhaltung des maßgebenden Grenzbetrags zu den Anspruchsvoraussetzungen für eine vorgezogene Altersrente (§ 34 Abs. 2 SGB VI). Die Höhe der Hinzuverdienstgrenze ist davon abhängig, ob die Altersrente als Vollrente oder Teilrente in Anspruch genommen wird.

Überschreitet bei Rentnern der nebenher erzielte Arbeitsverdienst die maßgebende Hinzuverdienstgrenze, so kann dies – je nach Art der Rente – dazu führen, dass **die gesamte Rente wegfällt.** Diese sog. Hinzuverdienstgrenzen haben zwar für die Lohnabrechnung durch den Arbeitgeber keine unmittelbare Bedeutung. Der Arbeitgeber wird jedoch im Interesse des ihm beschäftigten Rentners die Hinzuverdienstgrenzen bei der Ausgestaltung des Arbeitsverhältnisses berücksichtigen.

Beim Hinzuverdienst für Altersrentner gelten folgende Grundsätze:

– Rentenempfänger, die bereits **65 Jahre** alt sind, dürfen unbeschränkt hinzuverdienen.

– Die Höhe des zulässigen Hinzuverdienstes hängt bei unter 65 Jahre alten Rentenempfängern davon ab, ob die Altersrente in voller Höhe gezahlt wird (sog. **Vollrente**), oder ob der Rentner von der Möglichkeit Gebrauch macht, seine Altersrente als **Teilrente** zu beziehen.

– Für Altersrenten, die als **Vollrente** an unter 65 Jahre alte Rentenempfänger gezahlt werden, beträgt die Hinzuverdienstgrenze 400 € monatlich.

---

*) Hierzu gibt es folgende Ausnahme: Personen, die nach Vollendung des 55. Lebensjahres versicherungspflichtig werden, sind versicherungsfrei, wenn sie **die letzten 5 Jahre vor Eintritt der Versicherungspflicht** nicht gesetzlich krankenversichert waren. Weitere Voraussetzung ist, dass diese Personen mindestens die Hälfte dieser Zeit versicherungsfrei, von der Versicherungspflicht befreit oder hauptberuflich selbständig erwerbstätig waren (§ 6 Abs. 3a SGB V).

) Nach dem Gesetz zur strukturellen Weiterentwicklung der Pflegeversicherung beträgt der Beitrag zur Pflegeversicherung seit 1.7.2008 1,95 %. Muss der Arbeitnehmer einen Beitragszuschlag für Kinderlose in Höhe von 0,25 % bezahlen, beträgt der Arbeitnehmeranteil zur Pflegeversicherung 1,225 % und der Arbeitgeberanteil 0,975 %. Weist der Rentner nach, dass er ein Kind hat (oder jemals gehabt hat) oder ist der Rentner **vor dem 1.1.1940 geboren, entfällt der Beitragszuschlag für Kinderlose (vgl. die Erläuterungen beim Stichwort „Beitragszuschlag zur sozialen Pflegeversicherung für Kinderlose").

***) Rz. 13 des BMF-Schreibens vom 26.8.2009 (BStBl. I S. 902). Das BMF-Schreiben ist als Anlage 1 zu H 41b LStR im **Steuerhandbuch für das Lohnbüro 2010** abgedruckt, das im selben Verlag erschienen ist. Das PC-Lexikon für das Lohnbüro 2010 enthält auch dieses Handbuch und hat außerdem den Vorteil, dass Sie **alle BFH-Urteile** sowie die aktuellen Rundschreiben und Niederschriften der Spitzenverbände der **Sozialversicherung** mit Mausklick **im Volltext** abrufen und ausdrucken können. Eine Bestellkarte finden Sie vorne im Lexikon.

Die maßgebende Hinzuverdienstgrenze darf im Laufe eines **Kalenderjahres** höchstens zweimal um jeweils einen Betrag bis zur Höhe der Hinzuverdienstgrenze überschritten werden. Das heißt, dass **in 2 Monaten** bis zum Doppelten des Grenzbetrags (2 × 400 € = 800 €) hinzuverdient werden kann (§ 34 Abs. 2 Satz 2 SGB VI).

Im Einzelnen gilt zum Hinzuverdienst bei Rentenbezug Folgendes:

b) Berufsunfähigkeitsrente*)

Für (auslaufende) Berufsunfähigkeitsrenten gibt es drei unterschiedliche Hinzuverdienstgrenzen. In Abhängigkeit von diesen drei Grenzen wird die Rente wegen Berufsunfähigkeit in voller Höhe, in Höhe von zwei Dritteln oder nur in Höhe von einem Drittel gewährt. Erst beim Überschreiten auch der dritten Hinzuverdienstgrenze wird eine Rente wegen Berufsunfähigkeit nicht mehr gezahlt. Es gilt also der Grundsatz, je höher der Hinzuverdienst, desto niedriger ist die Rente wegen Berufsunfähigkeit. Bezieher von Berufsunfähigkeitsrenten sollten deshalb vor Aufnahme einer Beschäftigung den Rentenversicherungsträger befragen.

c) Erwerbsminderungsrente/ Erwerbsunfähigkeitsrente*)

Bei einer Rente wegen voller Erwerbsminderung die nicht als Teilrente ausbezahlt wird, beträgt die Hinzuverdienstgrenze 400 € monatlich. Bei einer Rente wegen teilweiser Erwerbsminderung oder einer Rente wegen voller Erwerbsminderung, die als Teilrente ausbezahlt wird, gelten gestaffelte Hinzuverdienstgrenzen, die beim Rentenversicherungsträger erfragt werden können, wenn sie sich nicht bereits aus dem aktuellen Rentenbescheid ergeben.

d) Altersrenten, für Rentenempfänger, die das 65. Lebensjahr noch nicht vollendet haben

Vor dem 65. Lebensjahr können folgende Altersrenten bezogen werden:
– Altersrente für langjährig Versicherte nach Vollendung des 63. Lebensjahrs;
– Altersrente für Schwerbehinderte, Berufsunfähige oder Erwerbsunfähige nach Vollendung des 60. Lebensjahrs;
– Altersrente wegen Arbeitslosigkeit oder nach Altersteilzeit nach Vollendung des 60. Lebensjahrs;
– Altersrente für Frauen nach Vollendung des 60. Lebensjahrs.

Wird eine dieser Renten als **Vollrente** bezogen, beträgt die Hinzuverdienstgrenze 400 € monatlich. Die Hinzuverdienstgrenze darf im Laufe eines Kalenderjahrs in **zwei Monaten** maximal um das Doppelte überschritten werden.

Wird die zulässige Hinzuverdienstgrenze überschritten, so besteht zwar kein Anspruch auf Vollrente mehr, der Rentenversicherungsträger prüft jedoch, ob die Altersrente als **Teilrente** weitergezahlt werden kann. Da die Regelungen zum Hinzuverdienst bei Teilrenten kompliziert sind, empfiehlt es sich für den Arbeitgeber, den Bezieher einer Teilrente zur Beratung an den zuständigen Rentenversicherungsträger zu verweisen. Die Höhe des unschädlichen Hinzuverdienstes ergibt sich bei den Beziehern einer Teilrente im Regelfall aus dem aktuellen Rentenbescheid.

e) Hinterbliebenenrente

Bei Hinterbliebenenrenten (z. B. Witwenrente oder Witwerrente, Waisenrenten), die aufgrund eines Todesfalles gezahlt werden, der ab dem 1. 1. 1986 eingetreten ist, wird eigenes Einkommen auf die Hinterbliebenenrente angerechnet, soweit bestimmte Freibeträge überschritten sind (§ 97 SGB VI).

Im Grundsatz werden alle Einkommensarten angerechnet. Lediglich Einnahmen aus steuerlich geförderten Altersvorsorgeverträgen und die meisten steuerfreien Einnahmen sind von der Anrechnung ausgenommen.

Das anzurechnende Einkommen ist grundsätzlich aus dem Vorjahreseinkommen zu ermitteln. Dabei ist immer vom Nettoeinkommen auszugehen. Bei den meisten Einkommensarten wird zur Ermittlung der Nettobeträge ein pauschaliertes Verfahren angewendet, so dass für die Einkommensanrechnung letztendlich ein **Quasi-Nettoeinkommen** anzusetzen ist. Von dem ermittelten Nettobetrag wird ein Freibetrag abgezogen. 40 % des Rests werden auf die Rente angerechnet.

Der Freibetrag beträgt das 26,4-Fache des aktuellen Rentenwerts und erhöht sich für jedes waisenrentenberechtigte Kind um das 5,6-Fache des aktuellen Rentenwerts.

Auf die Hinterbliebenenrente angerechnet werden 40 % des Betrags, um den der Freibetrag überschritten wird. Dieser Betrag ergibt sich im Regelfall aus dem aktuellen Rentenbescheid.

Repräsentationskosten

siehe „Bewirtungskosten"

Restaurantscheck

siehe „Mahlzeiten"

Richtfest

siehe „Betriebsveranstaltungen"

Riester-Rente

Noch nie gab es so viele Finanzprodukte zur Altersvorsorge wie heute. Die Produktvielfalt der Anbieter geht jedoch zulasten der Transparenz für den Verbraucher. Wer seine Mitarbeiter richtig beraten will, muss die einzelnen Modelle genau auseinander halten können. Als Faustregel kann man sagen: Riester-Verträge sind in erster Linie für Arbeitnehmer gedacht und Rürup-Verträge für Selbständige (vgl. auch das Stichwort „Rürup-Rente").

Kennzeichen eines Vertrags zur Erlangung einer Riester-Rente ist, dass dieser Vertrag die Vorraussetzungen für die staatliche Förderung durch Grundzulagen und Kinderzulagen nach § 10a EStG erfüllt. Die staatliche Förderung beträgt:

	2006	2007	**2008 bis 2010**
Höhe der Grundzulage	114 €	114 €	154 €
Höhe der Kindergeldzulage je Kind	138 €	138 €	185 €/ 300 € (für ab 1.1.2008 geborene Kinder)

Seit 2008 erhalten alle Sparer, die zu Beginn des Beitragsjahres das **25. Lebensjahr** noch nicht vollendet haben, bei Abschluss eines Riester-Vertrages zusätzlich zur Grundzulage einen einmaligen **Berufseinsteiger-Bonus** von bis zu 200 €. Für 2010 sind das alle ab dem

---

*) Durch das Gesetz zur Reform der Renten wegen verminderter Erwerbsfähigkeit sind die Berufs- und Erwerbsunfähigkeitsrenten durch eine **volle oder halbe Erwerbsminderungsrente** ersetzt worden. Das neue Recht gilt für alle Renten, die ab 1. 1. 2001 beginnen, ansonsten gilt das alte Recht.

	Lohn-steuer-pflichtig	Sozial-versich.-pflichtig

2.1.1985 geborenen Zulageberechtigten, sofern sie den Bonus nicht bereits für 2008 oder 2009 erhalten haben.

Anstelle der Zulagen kann auch ein besonderer Sonderausgabenabzug in Anspruch genommen werden.

Die staatliche Förderung über Zulagen oder Sonderausgabenabzug setzt ein **begünstigtes Altersvorsorgeprodukt** voraus. Jeder Anbieter (z. B. Kreditinstitut, Versicherung, Investmentgesellschaft, Bausparkassen) muss durch die Bundesanstalt für Finanzdienstleistungsaufsicht prüfen lassen, ob sein Produkt die **steuerlichen** Kriterien für eine Förderung erfüllt. Sind die Kriterien erfüllt, erteilt die Bundesanstalt für Finanzdienstleistungsaufsicht ein **Zertifikat,** dass das Produkt steuerlich förderungsfähig ist.

Im Rahmen der Zertifizierung wird aber von der Bundesanstalt für Finanzdienstleistungsaufsicht nicht geprüft, ob das Produkt auch wirtschaftlich sinnvoll ist.

Auf die ausführlichen Erläuterungen zur „Riester-Rente" in Anhang 6a wird Bezug genommen.

Rohrgeld

Als Rohrgeld bezeichnet man Zuschüsse an Musiker für die Beschaffung von Ersatzteilen für bestimmte Musikinstrumente. Das Rohrgeld ist nach Auffassung der Finanzverwaltung*) kein steuer- und beitragsfreies Werkzeuggeld, da die hierfür erforderlichen Voraussetzungen nicht vorliegen. Musikinstrumente seien keine Werkzeuge (vgl. das Stichwort „Werkzeuggeld"). — ja ja

Das Rohrgeld ist jedoch in Anwendung des BFH-Urteils vom 21. 8. 1995 (BStBl. II S. 906) als **Auslagenersatz** nach § 3 Nr. 50 EStG steuerfrei, wenn es regelmäßig gezahlt wird und der Arbeitnehmer die entstandenen Aufwendungen für einen repräsentativen Zeitraum von **drei Monaten** im Einzelnen nachweist. Wird der Einzelnachweis für drei Monate erbracht, bleibt der pauschale Auslagenersatz so lange steuerfrei, bis sich die Verhältnisse wesentlich ändern (R 3.50 Abs. 2 Satz 2 LStR). — nein nein

Ebenfalls als Auslagenersatz steuerfrei ist das vom Arbeitgeber aufgrund tarifvertraglicher Verpflichtung gezahlte Rohrgeld für die nachgewiesenen Instandsetzungskosten (BFH-Urteil vom 28.3.2006, BStBl. II S. 473).

Siehe auch die Stichworte: Auslagenersatz, Blattgeld, Instrumentengeld, Saitengeld.

Rückdeckung

Der Begriff der „Rückdeckung" ist lohnsteuerlich dann von großer Bedeutung, wenn steuerpflichtige Zukunftsicherungsleistungen von steuerfreien Rückdeckungsleistungen abgegrenzt werden sollen. Für den Arbeitnehmer liegt nämlich bei Zukunftsicherungsleistungen des Arbeitgebers nach ständiger Rechtsprechung des Bundesfinanzhofs gegenwärtig zufließender Arbeitslohn vor, wenn die Sache sich – wirtschaftlich betrachtet – so darstellt, als ob der Arbeitgeber dem Arbeitnehmer Beiträge zur Verfügung gestellt und der Arbeitnehmer sie zum Erwerb einer Zukunftsicherung verwendet hätte (Einkommensverwendung durch den Arbeitnehmer). Kein gegenwärtig zufließender Arbeitslohn und damit auch keine Lohnsteuerpflicht liegt bei so genannten **„Rückdeckungen"** vor, d. h. bei Aufwendungen, die dem Arbeitgeber dadurch entstehen, dass er **sich selbst** die Mittel zur **späteren** Erfüllung einer gegebenen Versorgungszusage verschaffen will (vgl. das Abgrenzungsschema beim Stichwort „Zukunftsicherung" unter Nr. 1 auf Seite 795).

Für die Abgrenzung zwischen einer Direktversicherung des Arbeitnehmers und einer Rückdeckungsversicherung, die vom Arbeitgeber abgeschlossen wird und die nur dazu dient, dem Arbeitgeber die Mittel zur Leistung einer dem Arbeitnehmer zugesagten Versorgung zu verschaffen, sind nur die zwischen Arbeitgeber und Arbeitnehmer getroffenen Vereinbarungen **(Innenverhältnis)** maßgebend und nicht die Abreden zwischen Arbeitgeber und Versicherungsunternehmen (Außenverhältnis). Deshalb wird eine Rückdeckungsversicherung nach R 40b.1 Abs. 3 LStR nur anerkannt, wenn die nachstehenden drei Voraussetzungen erfüllt sind:

1. Der Arbeitgeber hat dem Arbeitnehmer eine Versorgung aus **eigenen Mitteln** zugesagt (z. B. eine Betriebsrente/Werkspension).

2. Zur Sicherung der Mittel für diese Versorgung hat der Arbeitgeber eine Versicherung abgeschlossen, zu der der Arbeitnehmer **keine eigenen Beiträge** leistet.

3. Nur der Arbeitgeber, nicht aber der Arbeitnehmer **erlangt Ansprüche gegen die Versicherung.** Dies ist das entscheidende Kriterium. Erlangt der Arbeitnehmer einen eigenen Rechtsanspruch gegen die Versicherung, handelt es sich nicht um eine steuerfreie Rückdeckung, sondern um eine steuerpflichtige Direktversicherung.

Unschädlich ist jedoch die Verpfändung der Ansprüche aus der Rückdeckungsversicherung an den Arbeitnehmer, weil dieser bei einer Verpfändung **gegenwärtig** keine Rechte erwirbt, die ihm einen Zugriff auf die Versicherung und die darin angesammelten Werte ermöglichen. Entsprechendes gilt für eine aufschiebend bedingte Abtretung des Rückdeckungsanspruchs, da die Abtretung rechtlich erst wirksam wird, wenn die Bedingung eintritt (§ 158 Abs. 1 BGB) und für die Abtretung des Rückdeckungsanspruchs zahlungshalber im Falle der Liquidation oder der Vollstreckung in die Versicherungsansprüche durch Dritte.

Wird ein Anspruch aus einer **Rückdeckungsversicherung** ohne Entgelt auf den Arbeitnehmer **übertragen** oder eine bestehende Rückdeckungsversicherung in eine Direktversicherung **umgewandelt,** fließt dem Arbeitnehmer im Zeitpunkt der Übertragung bzw. Umwandlung ein lohnsteuerpflichtiger **geldwerter Vorteil** zu, der grundsätzlich dem geschäftsplanmäßigen Deckungskapital zuzüglich einer bis zu diesem Zeitpunkt zugeteilten Überschussbeteiligung der Versicherung entspricht. Entsprechendes gilt, wenn eine aufschiebend bedingte Abtretung rechtswirksam wird. Die Übertragung oder Umwandlung einer Rückdeckungsversicherung ist nämlich – auch im Falle der Eröffnung eines Insolvenzverfahrens – nicht steuerfrei (R 3.65 Abs. 4 LStR zur Anwendbarkeit des § 3 Nr. 65 Buchstabe c EStG).

Die Entscheidung der Frage, ob Ausgaben des Arbeitgebers für die Zukunftsicherung gegenwärtig zufließender Arbeitslohn des Arbeitnehmers sind oder nicht, ist außerdem für die steuerliche Behandlung der späteren Leistungen aus dieser Zukunftsicherung von grundlegender Bedeutung. Sind die Ausgaben **für die** Zukunftsicherung gegenwärtig zufließender Arbeitslohn, so können die späteren Leistungen **aus** der Zukunftsicherung kein Arbeitslohn sein; sie beruhen, zumindest teilweise, auf eigenen Beitragsleistungen des Arbeitnehmers. Handelt es sich bei den Leistungen um Renten, so werden sie grundsätzlich lediglich mit dem sog. Ertragsanteil besteuert (vgl. das Stichwort „Renten"). Lösen die Ausgaben **für** die Zukunftsicherung dagegen keinen Zufluss von Arbeitslohn aus, so sind die späteren Leistungen **aus** der Zukunftsicherung Arbeitslohn, und zwar auch dann, wenn sie von einer selbständigen Versorgungseinrichtung erbracht werden.

---

*) Bundeseinheitliche Regelung. Für Bayern bekannt gemacht mit Schreiben des Bayer. Staatsministeriums der Finanzen vom 22.3.1991 Az.: 32 – S 2355 – 26/2 – 5320. Das Schreiben ist als Anlage 1 zu H 3.30 LStR im **Steuerhandbuch für das Lohnbüro 2010** abgedruckt, das im selben Verlag erschienen ist. Das **PC-Lexikon** für das Lohnbüro 2010 enthält auch dieses Handbuch und hat außerdem den Vorteil, dass Sie **alle BFH-Urteile** sowie die aktuellen Rundschreiben und Niederschriften der Spitzenverbände der **Sozialversicherung** mit Mausklick **im Volltext** abrufen und ausdrucken können. Eine Bestellkarte finden Sie vorne im Lexikon.

	Lohn-steuer-pflichtig	Sozial-versich.-pflichtig
Hat der Arbeitgeber dem Arbeitnehmer eine **Pensionszusage** gegeben und hierfür eine Rückdeckungsversicherung abgeschlossen, so fließt dem Arbeitnehmer durch die Zahlung der Versicherungsbeiträge kein steuerpflichtiger Arbeitslohn zu (= Rückdeckung).	nein	nein
Arbeitslohn sind dagegen die späteren Versorgungsleistungen (Betriebsrenten) des Arbeitgebers (vgl. die Stichworte „Betriebsrenten" und „Versorgungsbezüge, Versorgungsfreibetrag").	ja	nein*)

Siehe auch das Stichwort „Pensionszusage".

Rückenschule

siehe „FPZ-Rückenkonzept", „Gesundheitsförderung" und „Fitnessstudio"

Rückzahlung von Arbeitslohn

Gliederung:

1. Rückzahlung von steuerfreiem Arbeitslohn
2. Rückzahlung von versteuertem Arbeitslohn
3. Rückzahlung von Versorgungsbezügen
4. Sozialversicherung
5. Steuerliche Folgen aus der Rückzahlung von Sozialversicherungsbeiträgen
6. Rückzahlung von Nettolohn
7. Rückzahlung von Arbeitslohn an frühere Arbeitgeber
8. Rückzahlung von pauschal versteuertem Arbeitslohn
   a) Pauschalierung nach §§ 40 Abs. 2, 40a, 40b EStG
   b) Pauschalierung nach § 40 Abs. 1 EStG

1. Rückzahlung von steuerfreiem Arbeitslohn

Zahlt der Arbeitnehmer Arbeitslohn zurück, der im Zeitpunkt des Zuflusses **steuerfrei** war (z. B. steuerfreie Reisekostenentschädigungen, steuerfreie Aufstockungsbeträge nach dem Altersteilzeitgesetz), so ist diese Rückzahlung ein Vorgang außerhalb der Besteuerung, der sich auf den Lohnsteuerabzug nicht auswirkt. Der Arbeitnehmer kann wegen dieser Rückzahlung keine Werbungskosten oder negative Einnahmen bei seiner Veranlagung zur Einkommensteuer geltend machen. Die gleiche Auswirkung ergibt sich für den Fall, dass es sich bei dem Arbeitslohn, den der Arbeitnehmer zurückzahlen muss, zwar dem Grunde nach um steuerpflichtigen Arbeitslohn handelt, der Arbeitslohn aber im Zeitpunkt des Zuflusses zu Unrecht als steuerfrei behandelt worden ist.

Beispiel

Dem Arbeitnehmer ist ein bestimmter Betrag als Reisekostenersatz steuerfrei ausgezahlt worden. Es stellt sich später heraus, dass die Voraussetzungen einer Auswärtstätigkeit nicht gegeben waren. Der Arbeitgeber fordert den zu Unrecht gewährten Betrag zurück.

Sieht der Arbeitgeber in derartigen Fällen von einer Rückforderung des zu Unrecht als steuerfrei behandelten Arbeitslohns ab, muss dieser Arbeitslohn allerdings nachträglich versteuert werden.

Probleme können sich ergeben, wenn bei einer rückwirkenden Abwicklung von Altersteilzeitfällen steuerpflichtiger Arbeitslohn vom Arbeitnehmer zurückgezahlt werden muss und gleichzeitig steuerfreier Arbeitslohn vom Arbeitgeber nachgezahlt wird. Diese Fälle sind beim Stichwort „Altersteilzeit" unter Nr. 13 anhand eines Beispiels erläutert.

2. Rückzahlung von versteuertem Arbeitslohn

Zahlt ein Arbeitnehmer Arbeitslohn zurück, der dem Lohnsteuerabzug unterlegen hat, so bleibt der früher gezahlte Arbeitslohn zugeflossen. Die zurückgezahlten Beträge sind im Zeitpunkt der Rückzahlung als **negative Einnahmen** zu behandeln.

Hiernach ergibt sich folgendes Schema:

Nach bundeseinheitlichen Erlassen**) gilt bei der Rückzahlung von steuerpflichtigem Arbeitslohn im Einzelnen Folgendes:

Zahlt der Arbeitnehmer Arbeitslohn an den Arbeitgeber zurück, zu dem er im Zeitpunkt der Rückzahlung noch in einem Dienstverhältnis steht, so kann der Arbeitgeber die zurückgezahlten Beträge vom zu versteuernden laufenden Arbeitslohn kürzen; die Lohnsteuer wird in diesen Fällen nur von dem die zurückgezahlten Beträge übersteigenden Arbeitslohn berechnet (vgl. das Beispiel zur Rückzahlung einer Weihnachtsgratifikation unter der folgenden Nr. 4). Kann der zurückgezahlte Arbeitslohn nicht in voller Höhe vom laufenden Arbeitslohn eines Lohnzahlungszeitraumes gekürzt werden (bei der Zurückzahlung größerer Beträge), so kann der Arbeitgeber die Rückzahlung für Zwecke der Steuerberechnung auf mehrere künftige Lohnzahlungszeiträume verteilen oder ggf. auch die Lohnsteuerberechnung für bereits abgelaufene Lohnzahlungszeiträume des gleichen Kalenderjahres wieder aufrollen. Der Arbeitgeber kann die Rückzahlung auch bei einem Lohnsteuer-Jahresausgleich, den er für diesen Arbeitnehmer durchführt, vom steuerpflichtigen Jahresarbeitslohn absetzen. Bezieht sich die Rückzahlung auf frühere Kalenderjahre, so kann der Arbeitgeber ebenfalls den zurückgezahlten Arbeitslohn vom laufenden Arbeitslohn kürzen (vgl. das Beispiel unter der folgenden Nr. 4).

Die Berücksichtigung des zurückgezahlten Betrags durch den Arbeitgeber ist aber nur bis zur Ausstellung der elektronischen Lohnsteuerbescheinigung möglich (vgl. das Stichwort „Lohnsteuerbescheinigung"). Kann der Arbeitgeber zurückgezahlte Beträge des Arbeitnehmers nicht mehr berücksichtigen, weil der Arbeitgeber die elektronische Lohnsteuerbescheinigung bereits ausgestellt hat, oder macht er von seiner Berechtigung zur Verrechnung der Arbeitslohnrückzahlung keinen Gebrauch, kann der Arbeitnehmer die zurückgezahlten Beträge bei der Veranlagung zur Einkommensteuer als negative Einnahmen geltend machen (vgl. hierzu die Ausführungen unter der folgenden Nr. 7).

---

*) Zu einer evtl. Krankenversicherungspflicht der Versorgungsbezüge vgl. die Erläuterungen in Teil B Nr. 12 auf Seite 18.

) Der Erlass ist als Anlage zu § 11 EStG im **Steuerhandbuch für das Lohnbüro 2010 abgedruckt, das im selben Verlag erschienen ist. Das **PC-Lexikon** für das Lohnbüro 2010 enthält auch dieses Handbuch und hat außerdem den Vorteil, dass Sie **alle BFH-Urteile** sowie die aktuellen Rundschreiben und Niederschriften der Spitzenverbände der **Sozialversicherung** mit Mausklick **im Volltext** abrufen und ausdrucken können. Eine Bestellkarte finden Sie vorne im Lexikon.

Rückzahlung von Arbeitslohn

3. Rückzahlung von Versorgungsbezügen

Hat der Arbeitnehmer im Rahmen eines bestehenden Arbeitsverhältnisses Versorgungsbezüge (z. B. einen Teil der Betriebsrente) an den Arbeitgeber zurückzuzahlen, so ist Bemessungsgrundlage für den Versorgungsfreibetrag der um den zurückgezahlten Betrag gekürzte Versorgungsbezug.

Beispiel

Der Arbeitgeber zahlt an einen Arbeitnehmer monatlich einen Versorgungsbezug in Höhe von 1000 €. Vor der Lohnabrechnung für den Monat September 2010 stellt er fest, dass in den Monaten Januar bis August 2010 an diesen Arbeitnehmer jeweils um 100 € zu hohe Versorgungsbezüge gezahlt wurden, die nunmehr bei der Zahlung für den Lohnzahlungszeitraum September 2010 in Abzug gebracht werden. Der Versorgungsfreibetrag ist aus 1000 € − 800 € = 200 € zu berechnen. Der Versorgungsfreibetrag für September 2010 beträgt somit nicht 40 % von 1000 € = 400 € höchstens jedoch 250 € sondern lediglich 40 % von 200 € = 80 € (Versorgungsbeginn vor 2005).

Diese Verrechnung mit laufenden Versorgungsbezügen ist auch dann vorzunehmen, wenn vom Arbeitnehmer Versorgungsbezüge für ein bereits abgelaufenes Kalenderjahr zurückzuzahlen sind.

4. Sozialversicherung

Ist irrtümlich ein zu hohes Entgelt gezahlt und sind davon auch Beiträge zur Sozialversicherung entrichtet worden, muss eine Neuberechnung der in der Vergangenheit gezahlten Beiträge erfolgen, sobald sich der Fehler herausgestellt hat und der zu Unrecht gezahlte Betrag zurückgezahlt worden ist. Das ist auch dann der Fall, wenn Entgelt unter einer auflösenden Bedingung gezahlt worden ist und diese Bedingung später eintritt. Im Steuerrecht sind Rückzahlungen von Arbeitslohn als einkommensmindernd zu behandeln. In entsprechender Anwendung dieses Grundsatzes auf das Beitragsrecht der Sozialversicherung − dem Lohnsteuerrecht folgend − bedeutet das, dass der rechtliche Grund für die Beitragsleistung in bisheriger Höhe nachträglich entfallen ist und die Beiträge für diesen ohne Rechtsanspruch gezahlten Betrag zu Unrecht entrichtet worden sind. Arbeitgeber und Arbeitnehmer haben daher − jeder für sich − einen Rückforderungsanspruch für ihren Beitragsanteil. Hat der Arbeitgeber bereits eine Verrechnung vorgenommen, indem er den Arbeitnehmeranteil bereits ausgezahlt hat, kann er Arbeitgeber- und Arbeitnehmeranteil allein zurückfordern.

Für die Geltendmachung des Rückforderungsanspruchs gilt Folgendes:

Zu viel berechnete und entrichtete Beiträge zur Kranken-, Pflege-, Renten- und Arbeitslosenversicherung können ohne besonderen Antrag vom Arbeitgeber **mit den abzuführenden Beiträgen verrechnet** werden, wenn

a) der Beginn des Zeitraumes, für den die Beiträge zu viel berechnet wurden, nicht mehr als **6 Kalendermonate** zurückliegt und der Arbeitnehmer schriftlich erklärt, dass er Leistungen der Kranken-, Pflege-, Renten- und Arbeitslosenversicherung nicht erhalten hat und dass die entrichteten Rentenversicherungsbeiträge dem Rentenversicherungsträger nicht als freiwillige Beiträge verbleiben sollen bzw. der Arbeitnehmer für diese Zeit keine freiwilligen Beiträge nachentrichten will;

b) der Zeitraum, für den Beiträge zu viel berechnet wurden, nicht mehr als 24 Kalendermonate zurückliegt und nur **Teile** von Beiträgen zu verrechnen sind.

Auf die ausführlichen Erläuterungen beim Stichwort „Erstattung der Sozialversicherungsbeiträge" wird Bezug genommen.

Beispiel

Ein Arbeiter scheidet zum 28.2.2010 aus dem Arbeitsverhältnis aus. Im Dezember 2009 ist ihm eine Weihnachtsgratifikation in Höhe von 500 € gewährt worden unter der Bedingung, dass das Arbeitsverhältnis nicht vor dem 31.3. des nächsten Jahres aufgelöst wird. Auf der Lohnsteuerkarte des Arbeitnehmers für das Kalenderjahr 2009 war die Steuerklasse I/1,0, ev eingetragen. Da der Arbeitnehmer geheiratet hat, ist auf der Lohnsteuerkarte ab 1. Januar 2010 die Steuerklasse III/1,0 eingetragen. Der Monatslohn betrug im Dezember 2009 2500 €. Für Januar und Februar 2010 beträgt der Monatslohn ebenfalls jeweils 2500 €. Die Rückzahlung der Weihnachtsgratifikation erfolgt durch Verrechnung mit der Lohnzahlung für den Monat Februar.

Monatslohn Februar	2 500,— €
beitragspflichtiges Arbeitsentgelt in der Sozialversicherung	2 500,— €
Rückzahlung der Weihnachtsgratifikation	500,— €
steuerpflichtiger Arbeitslohn	2 000,— €
abzüglich:	
Lohnsteuer (Steuerklasse III/1,0)	41,16 €
Solidaritätszuschlag	0,— €
Kirchensteuer	3,29 €
Sozialversicherung (Arbeitnehmeranteil)	404,51 € 448,96 €
Nettolohn	1 551,04 €

Berechnung der Lohnsteuer:

Die Rückzahlung von versteuertem Arbeitslohn führt zu negativen Einnahmen des Arbeitnehmers. Erfolgt die Rückzahlung wie im Beispielsfall noch während des Bestehens des Dienstverhältnisses, kann der Arbeitgeber den Ausgleich durch eine entsprechende Kürzung des im Zeitpunkt der Rückzahlung zustehenden steuerpflichtigen Arbeitslohns vornehmen.

Laufender Arbeitslohn für Februar	2 500,— €
abzüglich Rückzahlung des Weihnachtsgeldes	500,— €
zu versteuern	2 000,— €

Für diesen Betrag ist die Lohn- und Kirchensteuer nach Steuerklasse III/0 aus der Allgemeinen Monatstabelle 2010 abzulesen. Dass das Weihnachtsgeld im Dezember 2009 nach der damals geltenden Steuerklasse I besteuert wurde, ist ohne Bedeutung. Dies ergibt sich aus dem steuerlich maßgebenden Zufluss- bzw. Abflussprinzip (§ 11 EStG).

Die Lohnsteuer beträgt hiernach (Steuerklasse III/0)	41,16 €
Solidaritätszuschlag	0,— €
die Kirchensteuer beträgt ebenfalls	3,29 €

Berechnung der Sozialversicherungsbeiträge:

Bei der Sozialversicherung führt die Arbeitslohnrückzahlung nicht wie bei der Berechnung der Lohnsteuer zu einer Minderung des laufenden Arbeitsentgelts für Februar 2010; für diesen Monat ist die Beitragsberechnung vielmehr von dem ungekürzten Arbeitsentgelt vorzunehmen. Zur **Verrechnung der Rückzahlung** ist die Beitragsberechnung für den Monat **Dezember 2009** zu berichtigen:

Laufender Arbeitslohn Dezember 2009	2 500,— €
+ Weihnachtsgratifikation	500,— €
bisheriges beitragspflichtiges Arbeitsentgelt	3 000,— €

Das bisherige Arbeitsentgelt Dezember 2009 überstieg nicht die Beitragsbemessungsgrenzen 2009.

Bisherige Beitragsberechnung für Dezember 2009 aus einem beitragspflichtigen Entgelt von 3000 €:

Krankenversicherung (7,9 %)	237,— €
Pflegeversicherung 0,975 %	29,25 €
Rentenversicherung 9,95 %	298,50 €
Arbeitslosenversicherung 1,4 %	42,— €
insgesamt (= Arbeitnehmeranteil)	606,75 €

Berichtigte Beitragsberechnung für Dezember 2009 aus einem beitragspflichtigen Entgelt von (3000 € − 500 € =) 2500 €:

Krankenversicherung (7,9 %)	197,50 €
Pflegeversicherung 0,975 %	24,38 €
Rentenversicherung 9,95 %	248,75 €
Arbeitslosenversicherung 1,4 %	35,— €
insgesamt (= Arbeitnehmeranteil)	505,63 €
Verrechnungsbetrag (606,75 € − 505,63 € =)	101,12 €

Beitragsberechnung für Februar 2010 aus einem beitragspflichtigen Entgelt von 2500 €:

Rückzahlung von Arbeitslohn

	Lohn-steuer-pflichtig	Sozial-versich.-pflichtig
Krankenversicherung 7,9 %		197,50 €
Pflegeversicherung 0,975 %		24,38 €
Rentenversicherung 9,95 %		248,75 €
Arbeitslosenversicherung 1,4 %		35,— €
insgesamt (= Arbeitnehmeranteil)		505,63 €
abzüglich Verrechnungsbetrag für Dezember 2009		101,12 €
für Februar 2010 einzubehaltender Sozialversicherungsbeitrag		404,51 €

Durch die Neuberechnung des Sozialversicherungsbeitrags für Dezember 2009 ist der Beitragsnachweis für Dezember 2009 und die Jahres-Entgeltbescheinigung (vgl. dieses Stichwort) zu berichtigen. Lohnsteuerlich bleibt der auf der Lohnsteuerbescheinigung 2009 bescheinigte Jahreslohn unverändert. Die Arbeitslohnrückzahlung für 2009 mindert vielmehr den auf der Lohnsteuerkarte 2010 zu bescheinigenden Arbeitslohn. Für die Bescheinigung der Sozialversicherungsbeiträge in der elektronischen Lohnsteuerbescheinigung für das Kalenderjahr 2010 ist zu beachten, dass sowohl bei den Eintragungen in den Zeilen 22 und 23 als auch in den Zeilen 25 bis 27 von den gekürzten Beträgen auszugehen ist, das heißt von den Beträgen, **die nach der Verrechnung noch verbleiben** (vgl. die Ausführungen unter der folgenden Nr. 5).

Für die Bescheinigung in Zeile 23 der elektronischen Lohnsteuerbescheinigung 2010 verbleibt somit ein Betrag von (248,75 € − 49,75 € =)		199,— €
Für die Bescheinigung in Zeile 25 verbleibt ein Betrag von (197,50 € − 39,50 € =)		158,— €
Für die Bescheinigung in Zeile 26 verbleibt ein Betrag von (24,38 € − 4,87 € =)		19,51 €
Für die Bescheinigung in Zeile 27 verbleibt ein Betrag von (35,— € − 7,— € =)		28,— €
im Februar einzubehaltender SV-Beitrag		404,51 €

5. Steuerliche Folgen aus der Rückzahlung von Sozialversicherungsbeiträgen

Wird bei der Rückzahlung von Arbeitslohn auch die sozialversicherungsrechtliche Behandlung rückgängig gemacht, ist Folgendes zu beachten:

Fordert der Arbeitgeber vom Arbeitnehmer den Bruttoarbeitslohn ohne Kürzung um den Arbeitnehmeranteil zur Sozialversicherung zurück und erstattet er dem Arbeitnehmer später diesen Anteil, weil er den Betrag von den für alle Arbeitnehmer des Betriebs abzuführenden Sozialversicherungsbeiträgen gekürzt oder vom Sozialversicherungsträger erstattet erhalten hat, so stellt die Vergütung keinen steuerpflichtigen Arbeitslohn dar. Fordert der Arbeitgeber dagegen vom Arbeitnehmer den Bruttoarbeitslohn zunächst gekürzt um den Arbeitnehmeranteil zur Sozialversicherung zurück und behält er die durch Verrechnung zurückerhaltenen Arbeitnehmeranteile zurück, stellen diese ebenfalls zurückgezahlten Arbeitslohn des Arbeitnehmers dar. Dies gilt unabhängig davon, ob die Sozialversicherungsbeiträge in demselben oder im nachfolgenden Kalenderjahr verrechnet werden.

Die zurückgezahlten Arbeitnehmeranteile zur Sozialversicherung mindern **im Rückzahlungsjahr** die als Vorsorgeaufwendungen abziehbaren Sozialversicherungsbeiträge. Der Arbeitgeber hat dies bei der Bescheinigung der einbehaltenen Sozialversicherungsbeiträge in Zeile 22, 23, 25, 26 und 27 der elektronischen Lohnsteuerbescheinigung 2010 zu berücksichtigen (vgl. das Beispiel unter der vorstehenden Nr. 4).

Die Erstattung des **Arbeitgeber**anteils zur gesetzlichen Sozialversicherung spielt sich nur im Verhältnis des Arbeitgebers zu den Sozialversicherungsträgern ab und hat keine Auswirkungen auf die Besteuerung des Arbeitslohns.

6. Rückzahlung von Nettolohn

Wird bei einer Nettolohnvereinbarung Arbeitslohn zurückgezahlt, so gelten die vorstehend erläuterten Grundsätze in gleicher Weise. Die negativen Einnahmen sind für die Berechnung der Steuerabzugsbeträge vom Nettolohn abzuziehen mit der Folge, dass sich die hochzurechnenden Steuerabzugsbeträge vermindern. Negative Einnahmen können nicht nur der vom Arbeitnehmer zurückgezahlte Nettolohn sein, sondern auch Steuererstattungsbeträge, die der Arbeitnehmer vom Finanzamt erhalten hat und die er aufgrund einer Abtretungserklärung an den Arbeitgeber weiterleiten muss.

7. Rückzahlung von Arbeitslohn an frühere Arbeitgeber

Hat der Arbeitnehmer an einen **früheren** Arbeitgeber versteuerten Arbeitslohn zurückzuzahlen und kann deshalb der zurückgezahlte Arbeitslohn vom jetzigen Arbeitgeber nicht mit steuerpflichtigem Arbeitslohn verrechnet werden, so wird der Ausgleich bei einer Veranlagung zur Einkommensteuer durch das zuständige Finanzamt vorgenommen. Der Arbeitnehmer kann dabei die Arbeitslohnrückzahlung als negative Einnahmen (wie Werbungskosten) – **ohne Anrechnung auf den Arbeitnehmer-Pauschbetrag von 920 €** – geltend machen. Erzielt der Arbeitnehmer durch die Arbeitslohnrückzahlung bei seinen Einkünften aus nichtselbständiger Arbeit einen Verlust, so kann dieser im Rahmen einer Veranlagung zur Einkommensteuer mit anderen positiven Einkünften des selben Kalenderjahrs ausgeglichen werden.

Beispiel A

Ein Arbeitnehmer hat einen Monatslohn von 3000 €. Der Arbeitnehmer scheidet zum 1.2.2010 aus dem Dienstverhältnis aus. Er muss deshalb das Weihnachtsgeld in Höhe von z. B. 5000 € an den Arbeitgeber zurückzahlen. Bezieht der Arbeitnehmer im Kalenderjahr 2010 keinen Arbeitslohn mehr, erzielt er bei den Einkünften aus nichtselbständiger Arbeit einen Verlust in Höhe von (5000 € − 3000 € =) 2000 €, der mit positiven Einkünften des Jahres 2010 ausgeglichen kann. Der Arbeitnehmer-Pauschbetrag von 920 € wird von dem Betrag von 2000 € nicht abgezogen.

Hat der Arbeitnehmer keine positiven Einkünfte mehr, mit denen er die Lohnrückzahlung ausgleichen kann, so kommt ein sog. **Verlustrücktrag** in Betracht. Nach § 10d EStG kann nämlich der in einem Kalenderjahr entstehende Verlust bei den Einkünften aus nichtselbständiger Arbeit, der im Kalenderjahr der Verlustentstehung mangels ausreichender anderer positiver Einkünfte nicht ausgeglichen werden kann, auf das **Vorjahr** zurückgetragen werden. Ist auch durch diesen sog. **Verlustrücktrag** ein voller Ausgleich des Verlustes mit positiven Einkünften des Vorjahres nicht möglich, kann der noch nicht verrechnete Verlust vom Gesamtbetrag der Einkünfte der auf das Jahr der Entstehung des Verlusts **folgenden** Kalenderjahre ausgeglichen werden (sog. **Verlustvortrag**). Will der Arbeitnehmer den Verlustrücktrag oder Verlustvortrag in Anspruch nehmen, so muss er eine Veranlagung zur Einkommensteuer beantragen, wenn er nicht bereits aus anderen Gründen zur Einkommensteuer zu veranlagen ist. Im Falle des Verlustrücktrages ist ein etwa für das vorangegangene Kalenderjahr bereits ergangener Steuerbescheid zu ändern (auch wenn der Bescheid bereits rechtskräftig sein sollte).

Beispiel B

Ein lediger Arbeitnehmer hat im Kalenderjahr 2009 Arbeitslohn in Höhe von 30 000 € bezogen. Für 2009 hat er eine Veranlagung zur Erstattung von Lohnsteuer beantragt, die auch bereits durchgeführt wurde. Der Arbeitnehmer ist zum 31.12.2009 aus dem Dienstverhältnis ausgeschieden und das ganze Kalenderjahr 2010 arbeitslos.

Am 15.12.2010 muss der Arbeitnehmer einen Teil der Weihnachtsgratifikation für das Kalenderjahr 2009 in Höhe von 1000 € an seinen früheren Arbeitgeber zurückzahlen. Da ohne Verlustrücktrag für den Arbeitnehmer keine Möglichkeit, den Betrag von 1000 € steuerlich berücksichtigen zu lassen. Im Wege des Verlustrücktrags kann jedoch der wegen der Rückzahlung des Arbeitslohns in Höhe von 1000 € im Kalenderjahr 2010 entstandene Verlust auf das Kalenderjahr 2009 zurückgetragen werden, soweit ein Ausgleich mit anderen steuerpflichtigen Einkünften des Kalenderjahres 2010 nicht möglich ist. Hierzu ist sowohl eine Veranlagung für das Kalenderjahr 2010 zu beantragen, bei der die Höhe des nicht ausgeglichenen Verlustes in Euro festgestellt wird, als auch eine Veranlagung für das Kalenderjahr 2009 zum Zwe-

	Lohn-steuer-pflichtig	Sozial-versich.-pflichtig

cke des Verlustrücktrags. Die für das Kalenderjahr 2009 bereits durchgeführte Veranlagung steht einer nachträglichen Veranlagung zum Zwecke des Verlustrücktrags nicht entgegen. Der Arbeitgeber kann nach § 10d EStG auch den Verlust**vortrag** auf das Kalenderjahr 2011 anstelle des Verlustrücktrags wählen, wenn dadurch eine höhere Steuerersparnis erzielt werden kann.

8. Rückzahlung von pauschal versteuertem Arbeitslohn

Die Rückzahlung von Arbeitslohn, der unter Übernahme der Lohnsteuer durch den Arbeitgeber nach §§ 40, 40a und 40b EStG*) pauschal versteuert worden ist, hat keine negativen Einnahmen beim Arbeit**nehmer** zur Folge. Die Rückzahlung führt vielmehr zu einem Erstattungsanspruch des Arbeit**gebers.** Für die Ermittlung eines evtl. Steuererstattungsanspruchs sind folgende Fälle zu unterscheiden:

a) Pauschalierung nach §§ 40 Abs. 2, 40a, 40b EStG

Bei einer Pauschalierung der Lohnsteuer nach einer der genannten Vorschriften handelt es sich um die Pauschalierung mit einem **festen** Pauschsteuersatz.

Der zurückgezahlte, pauschal versteuerte Arbeitslohn kann ohne Rücksicht auf den seinerzeit geltenden Pauschsteuersatz mit entsprechenden pauschal zu versteuernden Leistungen im gegenwärtigen Lohnzahlungszeitraum verrechnet werden.

Soweit eine Verrechnung des zurückgezahlten Arbeitslohns mit entsprechenden Zahlungen im gleichen Anmeldungszeitraum nicht möglich ist, ergibt sich für den Arbeitgeber ein Steuererstattungsanspruch. Für die Höhe dieses Erstattungsanspruchs ist der im Zeitpunkt der Rückzahlung geltende Pauschsteuersatz maßgebend. Wegen der Rückzahlung von Arbeitslohn, der nach § 40b EStG pauschal versteuert wurde, vgl. das Beispiel zur Lohnrückzahlung bei pauschal versteuerten Beiträgen zu einer Direktversicherung beim Stichwort „Zukunftsicherung" unter Nr. 17 Buchstabe a, Beispiel A auf Seite 813).

b) Pauschalierung nach § 40 Abs. 1 EStG

Bei einer Pauschalierung der Lohnsteuer nach § 40 Abs. 1 EStG handelt es sich um die Pauschalierung mit einem **besonders ermittelten** Pauschsteuersatz (für sonstige Bezüge bis zu 1000 € jährlich in einer größeren Zahl von Fällen). Der zurückgezahlte pauschal versteuerte Arbeitslohn darf in diesem Fall **nicht** mit entsprechenden positiven Zahlungen im gleichen Anmeldungszeitraum **verrechnet werden.** Die Rückzahlung führt deshalb stets zu einem Steuererstattungsanspruch des Arbeitgebers. Zu erstatten ist der Betrag, der seinerzeit als pauschale Lohnsteuer für die zurückgezahlten Beträge abgeführt worden ist.

Rufbereitschaft

siehe „Bereitschaftsdienstzulage"

Ruhegelder

Siehe die Stichworte: Betriebsrente, Pensionäre, Pensionszusage, Renten, Rentner, Versorgungsbezüge/Versorgungsfreibetrag.

Ruhestandsbeamte

siehe „Pensionäre"

Rundfunkgerät

Stellt der Arbeitgeber in den gemeinschaftlichen Aufenthaltsräumen des Betriebs ein Rundfunkgerät auf, so handelt es sich um eine steuerfreie Arbeitgeberleistung zur Verbesserung der Arbeitsbedingungen (Hinweise zu R 19.3 LStR). — nein / nein

Dagegen ist die unentgeltliche Überlassung eines Rundfunkgeräts durch den Arbeitgeber zum häuslichen Gebrauch steuerpflichtiger Arbeitslohn. Zur Bewertung des geldwerten Vorteils vgl. das Stichwort „Fernsehgerät". — ja / ja

Rundfunkmitarbeiter

siehe „Künstler"

Rürup-Rente

Noch nie gab es so viele Finanzprodukte zur Altersvorsorge wie heute. Die Produktvielfalt der Anbieter geht jedoch zulasten der Transparenz für den Verbraucher. Wer seine Mitarbeiter hier richtig beraten will, muss die einzelnen Modelle genau auseinander halten können. Denn neben der sog. Riester-Rente (vgl. dieses Stichwort) gibt es auch noch die „Rürup-Rente". Als Faustregel kann man sagen: Riester-Verträge sind in erster Linie für Arbeitnehmer gedacht und Rürup-Verträge für Selbständige.

Kennzeichen eines Vertrags zur Erlangung einer Rürup-Rente ist, dass dieser Vertrag die Voraussetzungen für den **besonderen Sonderausgabenabzug** nach § 10 Abs. 1 Nr. 2 Buchst. b EStG erfüllen muss. Beiträge zu einer Versicherung (z. B. Rentenversicherung) erfüllen diese Voraussetzungen nur dann, wenn die Versicherung die Zahlung einer monatlichen, auf das Leben des Steuerbürgers bezogenen **Leibrente nicht vor Vollendung des 60. Lebensjahres** vorsieht und die Ansprüche nicht vererblich, nicht übertragbar, nicht beleihbar, nicht veräußerbar und nicht kapitalisierbar sind (sog. **Altersbasisversorgung**). Die Produktvoraussetzungen orientieren sich also an der gesetzlichen Rentenversicherung. Ab dem 1.1.**2010** setzt der besondere Sonderausgabenabzug für einen Rürup-Vertrag (= sog. Basisrentenvertrag) voraus, dass auch dieser Vertrag **zertifiziert** worden ist (§ 10 Abs. 2 Satz 2 EStG i. V. m. § 5a Altersvorsorgeverträge-Zertifizierungsgesetz**)). Ein Rentenvertrag kann aber nicht zugleich ein „Riester-Vertrag" und ein „Rürup-Vertrag" sein, da bei einem „Riester-Vertrag" – im Gegensatz zu einem „Rürup-Vertrag" – eine Teilkapitalauszahlung bis zu 30 % des zu Beginn der Auszahlungsphase zur Verfügung stehenden Kapitals möglich ist (vgl. die Erläuterungen in Anhang 6a unter Nr. 3).

Die Voraussetzungen für den besonderen Sonderausgabenabzug und die rückwirkend zum 1.1.2006 eingetretene Verbesserung bei der sog. Günstigerrechnung durch das Jahressteuergesetz 2007 sind ausführlich in Anhang 8a erläutert.

Sabbatjahr

siehe „Arbeitszeitkonten"

Sachbezüge

Neues auf einen Blick:

Der Sachbezugswert für freie Unterkunft ist unverändert geblieben und beträgt auch ab 1.1.2010 wie bisher 204,– € monatlich. Der Sachbezugswert für Verpflegung

---

*) § 40 EStG vgl. „Pauschalierung der Lohnsteuer" unter Nr. 2 auf Seite 517; § 40a EStG vgl. „Pauschalierung der Lohnsteuer für Aushilfskräfte und Teilzeitbeschäftigte"; § 40b EStG vgl. „Zukunftsicherung".

) Das Altersvorsorgeverträge-Zertifizierungsgesetz ist als Anhang 13a im **Steuerhandbuch für das Lohnbüro 2010 abgedruckt, das im selben Verlag erschienen ist. Das **PC-Lexikon** für das Lohnbüro 2010 enthält auch dieses Handbuch und hat außerdem den Vorteil, dass Sie **alle BFH-Urteile** sowie die aktuellen Rundschreiben und Niederschriften der Spitzenverbände der **Sozialversicherung** mit Mausklick **im Volltext** abrufen und ausdrucken können. Eine Bestellkarte finden Sie vorne im Lexikon.

Sachbezüge

wurde ab 1.1.2010 von bisher 210 € monatlich auf **215 €** monatlich erhöht. Die Sachbezugswerte für Kantinenessen betragen ab 1.1.2010 **1,57 €** für ein Frühstück und **2,80 €** für ein Mittag- oder Abendessen. Auf die ausführlichen Erläuterungen bei den Stichwörtern „Freie Unterkunft und Verpflegung" und „Mahlzeiten" wird Bezug genommen.

Gliederung:

1. Allgemeines
2. Lohnabrechnung bei Sachbezügen
3. Bewertung von Sachbezügen
   a) Allgemeine Grundsätze
   b) Ortsüblicher Preis (96 %-Regelung)
   c) Amtliche Sachbezugswerte
4. Anwendung der monatlichen 44-Euro-Freigrenze
   a) Allgemeines
   b) Anwendung der 44-Euro-Freigrenze in Einzelfällen
   c) Abgrenzung Barlohn oder Sachbezug
   d) Tankkarten als Barlohn oder Sachbezug
   e) Einbeziehung anderer Sachbezüge in die Prüfung der 44-Euro-Freigrenze
5. Mehrfache Anwendung der 44-Euro-Freigrenze
6. Aufzeichnungspflichten bei Anwendung der 44-Euro-Freigrenze
7. Umsatzsteuerpflicht von Sachbezügen

1. Allgemeines

Arbeitslohn sind alle Einnahmen, die dem Arbeitnehmer aus dem Dienstverhältnis oder einem früheren Dienstverhältnis zufließen. Es ist unbeachtlich, unter welcher Bezeichnung oder in welcher Form die Einnahmen gewährt werden (§ 2 LStDV). Einnahmen sind alle Güter, die in Geld oder Geldeswert bestehen (sog. geldwerte Vorteile). Einnahmen, die nicht in Geld bestehen (Wohnung, Kost, Waren, Dienstleistungen und sonstige Sachbezüge), sind mit dem üblichen Endpreis am Abgabeort anzusetzen (§ 8 Abs. 2 Satz 1 EStG). Somit gehören auch Sachbezüge, wenn sie nicht ausdrücklich steuerfrei gestellt sind, wie Barzuwendungen zum steuerpflichtigen Arbeitslohn und zum beitragspflichtigen Arbeitsentgelt in der Sozialversicherung. | ja | ja

Werden Sachbezüge verbilligt gewährt, ist der **Unterschiedsbetrag** zwischen dem Wert der Sachbezüge und dem vom Arbeitnehmer entrichteten Entgelt steuer- und beitragspflichtig. | ja | ja

Das vom Arbeitnehmer entrichtete Entgelt darf den steuer- und beitragspflichtigen Barlohn nicht mindern (vgl. das unter Nr. 2 dargestellte Beispiel einer Lohnabrechnung mit Sachbezug). Sachbezüge werden im Rahmen des Dienstverhältnisses in den verschiedensten Formen gewährt; vgl. im Einzelnen die Stichworte

Aktienüberlassung
Annehmlichkeiten
Arbeitsessen
   (vgl. „Bewirtungskosten")
Aufmerksamkeiten
Autotelefon
   (vgl. „Telefonkosten" unter Nr. 5 und 6)
Bahncard
Belohnungsessen
   (vgl. „Bewirtungskosten" unter Nr. 7)
Berufskleidung
   (vgl. „Arbeitskleidung")
Betriebsveranstaltung
Bewirtungskosten
Computer
Deputate
Dienstwagen zur privaten Nutzung
Dienstwohnung
   (vgl. „Wohnungsüberlassung")
DVD-Player
Einrichtungsgegenstände
Eintrittskarten
Fernsehgerät
Firmenwagen zur privaten Nutzung
Fitnessraum
Freie Unterkunft
Freie Verpflegung
Freie Wohnung
Freifahrten
Freiflüge
Freitabak
Freitrunk
Genussmittel
Geschenke
Getränke
Grundstücke
Heizung
Holzabgabe an Forstbedienstete
Incentive-Reisen
Internetzugang
   (vgl. „Computer")
Job-Ticket
Kindergartenzuschüsse
Kohledeputate
   (vgl. „Heizung")
Kraftfahrzeuge
Kreditkarte
Kreislauftrainingskuren
Losgewinne
   (vgl. „Verlosungsgewinne")
Mahlzeiten
Mobiltelefon
   (vgl. „Telefonkosten" unter Nr. 6)
Parkplätze
Preise
Rabatte
Rundfunkgeräte
Sammelbeförderung
Sozialräume
Strom
Theaterkarten
Unterkunft
Verlosungsgewinne
Vermögensbeteiligungen
Verpflegungsmehraufwand
Videogerät
Vorsorgekuren
Vorsorgeuntersuchungen
Waren
Warengutscheine
Werkzeuggeld
Wohnungsüberlassung
Zinsersparnisse

2. Lohnabrechnung bei Sachbezügen

Zur Ermittlung des steuerpflichtigen Arbeitslohns und des beitragspflichtigen Arbeitsentgelts sind der Barlohn und der Vorteil aus der Sachbezugsgewährung im Abrechnungsmonat zusammenzurechnen. Wurde der Sachbezug verbilligt gewährt, ist der **Unterschied** zwischen dem Wert des Sachbezugs und dem Entgelt des Arbeitnehmers steuer- und beitragspflichtig. Das vom Arbeitnehmer gezahlte Entgelt darf den steuer- und beitragspflichtigen Barlohn nicht mindern.

Beispiel

Ein Arbeitnehmer erhält von seinem Arbeitgeber ein Firmenfahrzeug, das er auch privat benutzen darf (Listenpreis des Fahrzeugs 30 000 €). Der für die private Nutzung anzusetzende Sachbezugswert beträgt monatlich 1 % von 30 000 € = 300 € (vgl. das Stichwort „Firmenwagen zur privaten Nutzung"). Für die private Nutzung muss der Arbeitnehmer 100 € monatlich bezahlen. Bei einem Monatslohn von 2500 € und Anwendung der Steuerklasse III/0 ergibt sich folgende Lohnabrechnung:

Sachbezüge

	Lohnsteuerpflichtig	Sozialversich.pflichtig
monatlicher Barlohn		2 500,— €
Ermittlung der Bemessungsgrundlage für die Berechnung der Lohnabzüge:		
Barlohn		2 500,— €
zuzüglich steuer- und beitragspflichtiger Teil des Sachbezugs „Private Nutzung des Firmenwagens" (300 € – 100 €)		200,— €
steuer- und beitragspflichtiger Gesamtbetrag		2 700,— €
Abzüge (aus 2700 €):		
Lohnsteuer (Steuerklasse III/0)	177,16 €	
Solidaritätszuschlag (5,5 %)	3,03 €	
Kirchensteuer (z. B. 8 %)	14,17 €	
Sozialversicherungsbeiträge (z. B. 20,475 %)	552,83 €	747,19 €
Nettobarlohn		1 752,81 €
für die private Nutzung des Firmenwagens zu zahlendes Entgelt		100,— €
Auszahlungsbetrag		1 652,81 €

Es kommt vor, dass die auf den Sachbezug entfallenden Lohnabzüge vom Arbeitgeber übernommen werden und der Arbeitnehmer nur die auf den Barlohn entfallenden Abzüge tragen muss. Ein Berechnungsbeispiel für eine solche **Teilnettolohnberechnung** ist im Anhang 13 auf Seite 970 abgedruckt.

Im Hotel- und Gaststättengewerbe und in der Landwirtschaft werden häufig Sachbezüge in Form von Verpflegung und Unterkunft gewährt. Hierfür werden besondere amtliche Sachbezugswerte angesetzt. Eine vollständige Lohnabrechnung mit dem Ansatz dieser **amtlichen** Sachbezugswerte unter Abzug einer Zuzahlung des Arbeitnehmers ist beim Stichwort „Freie Unterkunft und Verpflegung" unter Nr. 11 auf Seite 318 abgedruckt.

3. Bewertung von Sachbezügen

a) Allgemeine Grundsätze

Bei der Bewertung von Sachbezügen stellt sich stets auch die Frage, ob der Rabattfreibetrag in Höhe von 1080 € jährlich anwendbar ist oder nicht. Denn die Anwendung des Rabattfreibetrags hat eine andere Bewertung des Sachbezugs zur Folge.

Weiterhin ist die **Freigrenze für Sachbezüge** von **monatlich 44 €** zu beachten, die nur für diejenigen Sachbezüge gilt, für die keine amtlichen Sachbezugswerte festgesetzt sind und für die der Rabattfreibetrag nicht anwendbar ist. Muss die steuerliche Behandlung von Sachbezügen beurteilt werden, erscheint es zweckmäßig, nach folgendem Schema vorzugehen:

1. Frage: Ist auf den vom Arbeitgeber unentgeltlich oder verbilligt gewährten Sachbezug der Rabattfreibetrag von 1080 € jährlich anwendbar? In diesem Fall gelten für die Bewertung des Sachbezugs ausschließlich die **besonderen** Bewertungsvorschriften des § 8 Abs. 3 EStG (keine amtlichen Sachbezugswerte, Preisabschlag 4 %, keine Anwendung der monatlichen 44-Euro-Freigrenze).

2. Frage: Handelt es sich bei dem Sachbezug zwar um Waren- oder Dienstleistungen, auf die der Rabattfreibetrag anwendbar wäre, wählt der Arbeitgeber aber die **Pauschalbesteuerung?** Diese Frage ist deshalb von Bedeutung, weil die Anwendung der Pauschalbesteuerung die gleichzeitige Gewährung des Rabattfreibetrags von 1080 € ausschließt. Bei Anwendung der Pauschalbesteuerung gelten für die Bewertung des Sachbezugs ausschließlich die **allgemeinen** Bewertungsvorschriften des § 8 Abs. 2 EStG (ortsüblicher Preis unter Anwendung der 96 %-Regelung oder amtliche Sachbezugswerte, soweit festgesetzt).

3. Frage: Ist auf den vom Arbeitgeber gewährten Sachbezug der Rabattfreibetrag nicht anwendbar? Ist diese Frage zu bejahen, kann also auf den gewährten Sachbezug der Rabattfreibetrag nicht angewendet werden, so gelten für die Bewertung des Sachbezugs ebenfalls nur die **allgemeinen** Bewertungsvorschriften des § 8 Abs. 2 EStG (ortsüblicher Preis unter Anwendung der 96 %-Regelung sowie Anwendung der monatlichen 44-Euro-Freigrenze oder amtlicher Sachbezugswert, soweit festgesetzt).

Aufgrund dieser Einordnung ergibt sich für die Bewertung von Sachbezügen folgendes Schema:

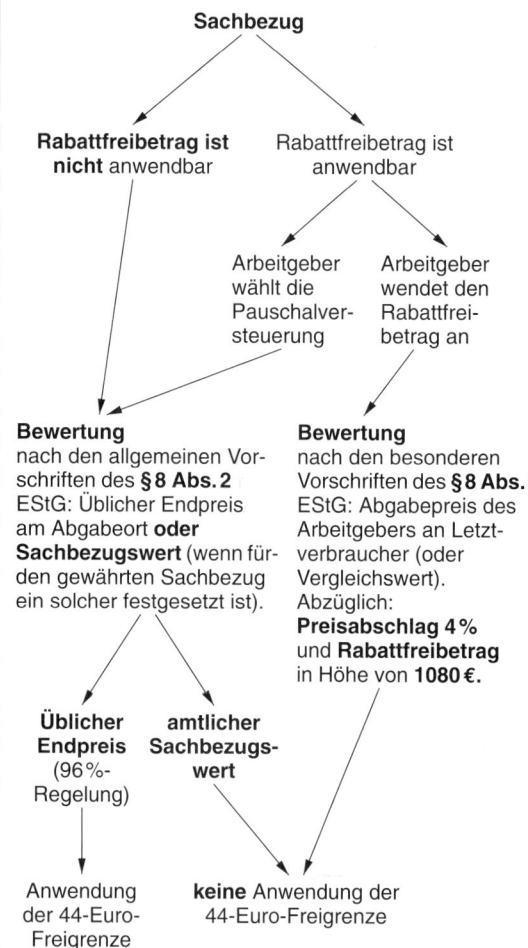

Die Frage, ob auf einen Sachbezug der Rabattfreibetrag von 1080 € jährlich anwendbar ist oder nicht, ist somit bereits für die **Bewertung** des Sachbezugs von entscheidender Bedeutung. Durch den Rabattfreibetrag begünstigt ist die unentgeltliche oder verbilligte Überlassung von **Waren** oder **Dienstleistungen,** die vom Arbeitgeber **nicht** überwiegend **für den Bedarf seiner Arbeitnehmer** hergestellt, vertrieben oder erbracht werden. Oder umgekehrt ausgedrückt: Der Rabattfreibetrag ist bei der Überlassung von Waren oder Dienstleistungen an den Arbeitnehmer nur dann anwendbar, wenn der Arbeitgeber mit diesen Waren oder Dienstleistungen Handel treibt also überwiegend fremde Dritte mit diesen Waren oder Dienstleistungen beliefert. Das Schema soll am Beispiel Unterkunft und Verpflegung verdeutlicht werden:

Bei der unentgeltlichen oder verbilligten Überlassung einer **Wohnung** oder einer **Unterkunft** (z. B. ein möbliertes Zimmer) handelt es sich um eine „Dienstleistung", die grundsätzlich durch den Rabattfreibetrag

Sachbezüge

begünstigt ist (vgl. die Hinweise zu R 8.2 LStR). Der Rabattfreibetrag ist somit anwendbar, wenn der Arbeitgeber Wohnungen oder Unterkünfte auch an fremde Dritte vermietet (z. B. ein Hotel oder eine Wohnbaugesellschaft). Ist dies nicht der Fall, das heißt, der Arbeitgeber überlässt die Wohnungen und Unterkünfte **nur seinen Arbeitnehmern** (z. B. bei sog. Personalunterkünften), ist der Rabattfreibetrag nicht anwendbar. Entsprechend dem obigen Schema erfolgt die Bewertung des Sachbezugs „Unterkunft" nach den allgemeinen Bewertungsvorschriften, das heißt es ist der amtliche Sachbezugswert für die Unterkunft maßgebend. Handelt es sich bei dem Sachbezug um eine „Wohnung", ist nach dem obigen Schema der übliche Endpreis, das heißt, die ortsübliche Miete maßgebend. Die monatliche 44-Euro-Freigrenze (erläutert nachfolgend unter Nr. 4) ist bei der Überlassung einer Wohnung anwendbar, nicht hingegen bei der Überlassung einer Unterkunft, da diese mit dem amtlichen Sachbezugswert bewertet wird. Denn die Anwendung der monatlichen 44-Euro-Grenze und die Bewertung eines Sachbezugs mit dem amtlichen Sachbezugswert schließen sich gegenseitig aus. Die Begriffe „Unterkunft" und „Wohnung" und die unterschiedlichen Bewertungsvorschriften sind bei den Stichworten „Freie Unterkunft und Verpflegung" und „Wohnungsüberlassung" ausführlich anhand von Beispielen erläutert.

Bei der unentgeltlichen oder verbilligten Überlassung von **Verpflegung** (z. B. einzelner **Mahlzeiten**) handelt es sich um eine „Ware", bei der sich die Frage stellt, ob sie der Arbeitgeber überwiegend für Fremde oder überwiegend für den Bedarf seiner Arbeitnehmer herstellt. Stellt der Arbeitgeber die Verpflegung überwiegend **nur für seine Arbeitnehmer** her (z. B. die Mahlzeiten in einer Kantine), so ist auf diese Sachbezüge der Rabattfreibetrag **nicht** anwendbar. Entsprechend dem obigen Schema erfolgt die Bewertung des Sachbezugs mit den für Mahlzeiten amtlich festgesetzten Sachbezugswerten. Handelt es sich um Arbeitnehmer im Hotel- und Gaststättengewerbe, so stellt sich die Frage, ob der Arbeitgeber ein sog. Personalessen besonders zubereitet. Da dieses Personalessen nur für den Bedarf der Arbeitnehmer hergestellt wird, ist eine Anwendung des Rabattfreibetrags nicht möglich; die Bewertung erfolgt mit den amtlichen Sachbezugswerten. Erhalten die Arbeitnehmer jedoch das gleiche Essen wie es lt. Speisekarte fremden Dritten angeboten wird, so ist der Rabattfreibetrag auf diese Sachbezüge anwendbar. Entsprechend dem obigen Schema erfolgt die Bewertung in diesem Fall mit dem auf der Speisekarte angegebenen Wert abzüglich 4 %. Die monatliche 44-Euro-Freigrenze ist in beiden Fällen nicht anwendbar, und zwar im ersten Fall, weil mit Sachbezugswerten bewertet wird, und im zweiten Fall, weil der Rabattfreibetrag anwendbar ist (vgl. nachfolgend unter Nr. 4).

Beispiel
Die Bedienung in einer Gaststätte erhält arbeitstäglich eine kostenlose Mahlzeit, die sie aus der Speisekarte wählen kann. Der Rabattfreibetrag ist anwendbar. Für die Bewertung der Mahlzeiten gelten nicht die amtlichen Sachbezugswerte sondern die besonderen Bewertungsvorschriften des § 8 Abs. 3 EStG. Anzusetzen ist hiernach für jede Mahlzeit der auf der Speisekarte ausgezeichnete Endpreis abzüglich 4 %. Geht man davon aus, dass die Bedienung jeden Tag ein Gericht im Wert von 4 € isst und 280 Tage im Kalenderjahr 2010 arbeitet, so ergibt sich Folgendes:

4 € × 280 =	1 120,— €
abzüglich 4 % =	44,80 €
geldwerter Vorteil im Kalenderjahr 2010	1 075,20 €

Dieser geldwerte Vorteil ist steuerfrei, da er den Rabattfreibetrag von 1 080 € nicht übersteigt. Wird der Rabattfreibetrag überschritten, ist eine Pauschalierung der Lohnsteuer und damit ein Übergang zur Bewertung der Mahlzeiten mit dem amtlichen Sachbezugswert möglich (vgl. Stichwort „Rabatte, Rabattfreibetrag" unter Nr. 5).

Diejenigen Sachbezüge, auf die der Rabattfreibetrag angewendet werden kann und die daraus resultierende besondere Bewertung des Sachbezugs, sind beim Stichwort „Rabatte, Rabattfreibetrag" im Einzelnen erläutert. Kann der Rabattfreibetrag **nicht** angewendet werden, so gelten für die Bewertung dieses Sachbezugs folgende, in § 8 Abs. 2 EStG festgelegten Bewertungsgrundsätze:

b) Ortsüblicher Preis (96 %-Regelung)

Sachbezüge, für die keine amtlichen Sachbezugswerte festgesetzt sind, sind nach § 8 Abs. 2 EStG mit dem üblichen **Endpreis am Abgabeort** anzusetzen. Der übliche Endpreis einer Ware oder Dienstleistung ist der Preis, der für diese Ware oder Dienstleistung im allgemeinen Geschäftsverkehr von Letztverbrauchern in der Mehrzahl der Verkaufsfälle am Abgabeort für gleichartige Waren oder Dienstleistungen tatsächlich gezahlt wird"). Er schließt also die **Umsatzsteuer** und sonstige Preisbestandteile ein. Andererseits bedeutet „üblicher Endpreis" aber auch, dass bei der Ermittlung dieses Preises die **üblichen Preisnachlässe** abgezogen werden (§ 8 Abs. 2 Satz 1 EStG). Der sich hiernach ergebende Endpreis ist ggf. nach objektiven Gesichtspunkten zu schätzen. Nach R 8.1 Abs. 2 Satz 9 der Lohnsteuer-Richtlinien kann aus **Vereinfachungsgründen** auf die Ermittlung des um übliche Preisnachlässe geminderten üblichen Endpreises verzichtet und der um **4 %** geminderte Angebotspreis angesetzt werden, mit dem die Ware oder Dienstleistung fremden Letztverbrauchern im allgemeinen Geschäftsverkehr angeboten wird (sog. **96 %-Regelung**).

Auf den nach diesen Grundsätzen ermittelten ortsüblichen Preis ist die 44-Euro-Grenze anzuwenden.

Hiernach ergibt sich für Sachbezüge, auf die der Rabattfreibetrag nicht anwendbar ist, folgendes Bewertungsschema:

Sachbezug

Bewertung nach den allgemeinen Vorschriften des § 8 Abs. 2 EStG: **Üblicher Endpreis** am Abgabeort **oder Sachbezugswert** (wenn für den gewährten Sachbezug ein solcher festgesetzt ist).

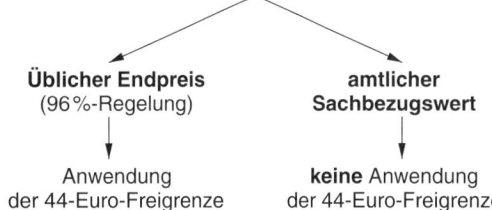

Üblicher Endpreis (96 %-Regelung)	**amtlicher Sachbezugswert**
Anwendung der 44-Euro-Freigrenze	**keine** Anwendung der 44-Euro-Freigrenze

Beispiel A
Ein Mechaniker in einer Autoreparaturwerkstatt erhält von seinem Arbeitgeber einen Jogging-Anzug, weil er den Pkw eines Kunden besonders gut repariert hat. Der Arbeitgeber hat den Jogging-Anzug für 45 € (inklusive Umsatzsteuer) gekauft. In Anwendung der 96 %-Regelung ergibt sich folgende Bewertung des dem Arbeitnehmer zugewendeten Sachbezugs:

Kaufpreis des Jogging-Anzugs	45,— €
abzüglich 4 % pauschaler Abschlag	1,80 €
verbleibender, steuerlich maßgebender Wert des Sachbezugs	43,20 €

Der Sachbezug im Wert von 43,20 € ist in Anwendung der monatlichen 44-Euro-Grenze (vgl. nachfolgend unter Nr. 4) steuer- und beitragsfrei.

Beispiel B
Ein Arbeitnehmer erhält in der Betriebskantine im Monat April 2010 5 kostenlose Mittagessen. Der Wert dieser Mittagessen ist zwingend mit dem Sachbezugswert von 2,80 € für ein Essen anzusetzen (2,80 € ×

---

*) Maßgebend ist der übliche Endpreis der **konkreten** Ware oder Dienstleistung. Ein geldwerter Vorteil ist auch dann gegeben, wenn der übliche Endpreis für **funktionsgleiche** und **qualitativ** gleichwerte Ware oder Dienstleistungen **anderer** Hersteller oder Dienstleister geringer ist als der der konkreten Ware oder Dienstleistung, die verbilligt überlassen wird (BFH-Urteil vom 30. 5. 2001, BStBl. 2002 II S. 230).

Sachbezüge

5 =) 14,— €. Ein Wahlrecht zwischen dem Ansatz der Sachbezugswerte und dem in Anwendung der 96 %-Regelung ermittelten Endpreis besteht nicht. Müsste ein fremder Dritter in der Kantine 5 € für ein Essen bezahlen, ergäbe sich bei einem Ansatz des üblichen Endpreises und Anwendung der 44-Euro-Freigrenze Folgendes:

Angebotspreis für die Essen (5 € × 5)	25,— €
in Anwendung der 96 %-Regelung ergäbe sich ein Wert des Sachbezugs in Höhe von	24,— €

Da der Wert des Sachbezugs die 44-Euro-Freigrenze nicht überschreitet, wäre er steuer- und beitragsfrei. Für Mahlzeiten ist jedoch ein amtlicher Sachbezugswert festgesetzt. Dieser ist bei der Bewertung zwingend anzusetzen. Die Anwendung der 96 %-Regelung und der 44-Euro-Freigrenze sind damit ausgeschlossen.

c) Amtliche Sachbezugswerte

Amtliche Sachbezugswerte werden für die Gewährung kostenloser **Verpflegung** und **Unterkunft** in der Sozialversicherungsentgeltverordnung festgesetzt. Außerdem können die obersten Finanzbehörden der Länder im Einvernehmen mit dem Bundesminister der Finanzen weitere Sachbezugswerte festsetzen. Dies ist für die Beköstigung im Bereich der Seeschifffahrt und Fischerei geschehen. Außerdem sind Sachbezugswerte für die Bewertung von Freiflügen bei Luftfahrtunternehmen festgesetzt worden (vgl. das Stichwort „Freiflüge").

Die amtlichen Sachbezugswerte sind ausschließlich für die Sachbezüge maßgebend, für die sie festgesetzt worden sind. Für diese Sachbezüge sind sie allerdings zwingend anzusetzen, und zwar auch dann, wenn der ortsübliche Preis geringer sein sollte (BFH-Urteil vom 23.8.2007, BStBl. II S. 948). Die Sachbezugswerte nach der Sozialversicherungsentgeltverordnung gelten auch für Arbeitnehmer, die nicht der gesetzlichen Rentenversicherung unterliegen. Die amtlichen Sachbezugswerte gelten auch dann, wenn in einem Tarifvertrag, einer Betriebsvereinbarung oder in einem Arbeitsvertrag für Sachbezüge höhere oder niedrigere Werte festgesetzt worden sind. Die Sachbezugswerte gelten nicht, wenn die vorgesehenen Sachbezüge durch Barzahlung abgegolten werden; in diesen Fällen sind grundsätzlich die Barzahlungen als Arbeitslohn zu versteuern. Werden die Barvergütungen nur gelegentlich oder vorübergehend gezahlt, z. B. bei tageweiser auswärtiger Beschäftigung, für die Dauer einer Krankheit oder eines Urlaubs, so sind die amtlichen Sachbezugswerte weiter anzuwenden, wenn mit der Barzahlung nicht mehr als der tatsächliche Wert der Sachbezüge abgegolten wird; geht die Barzahlung über den tatsächlichen Wert der Sachbezüge hinaus, so ist diese Barvergütung zu versteuern (R 8.1 Abs. 4 LStR).

Zur Anwendung der amtlichen Sachbezugswerte bei einer unentgeltlichen oder verbilligten Überlassung von Verpflegung, Unterkunft, Heizung und Beleuchtung vgl. das Stichwort „**Freie Unterkunft und Verpflegung**". Zur Anwendung der amtlichen Sachbezugswerte bei einer unentgeltlichen oder verbilligten Überlassung einzelner Mahlzeiten z. B. in der Betriebskantine vgl. das Stichwort „**Mahlzeiten**".

4. Anwendung der monatlichen 44-Euro-Freigrenze

a) Allgemeines

Für Sachbezüge gibt es eine Freigrenze von **44 € monatlich**. Diese Freigrenze gilt nur für Sachbezüge, die nach den allgemeinen Bewertungsvorschriften in § 8 Abs. 2 **Satz 1** EStG zu bewerten sind. Für Sachbezüge, die mit den amtlichen Sachbezugswerten nach § 8 Abs. 2 **Satz 6** EStG zu bewerten sind, gilt die Freigrenze ebenso wenig wie für Sachbezüge, auf die der Rabattfreibetrag anwendbar ist (und die deshalb nach der besonderen Bewertungsvorschrift in § 8 Abs. 3 EStG bewertet werden). Hiernach ergibt sich folgende Übersicht:

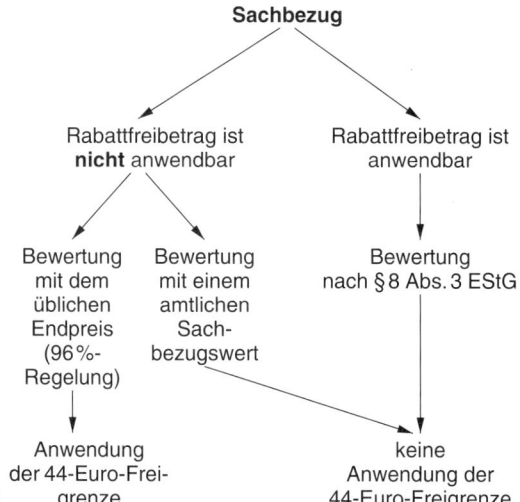

	Lohnsteuerpflichtig	Sozialversich.-pflichtig

Sind also Sachbezüge weder mit amtlichen Sachbezugswerten zu bewerten noch um den Rabattfreibetrag von jährlich 1080 € zu kürzen, so sind sie steuer- und beitragsfrei, wenn der Wert monatlich 44 € nicht übersteigt. — nein — nein

Der Betrag von 44 € monatlich ist eine Frei**grenze**; das bedeutet Folgendes:

Wird der Betrag von 44 € monatlich überschritten (und sei es auch nur um einen Cent), so ist der gesamte Wert des Sachbezugs steuer- und beitragspflichtig und nicht nur der über 44 € hinausgehende Betrag. — ja — ja

Weiterhin ist zu beachten, dass es sich um eine **monatliche** Freigrenze von 44 € handelt. Wird somit der Betrag von 44 € in einigen Monaten nicht ausgeschöpft, so kann der nicht beanspruchte Teil keinesfalls auf die folgenden Monate übertragen werden (der Monatsbetrag von 44 € kann also nicht auf einen Jahresbetrag von 528 € hochgerechnet werden).

Beispiel
Der Verkäufer eines Autohauses erhält von seinem Arbeitgeber, der einen gut sortierten Weinkeller besitzt, in Monaten mit besonders guten Verkaufserfolgen eine Kiste mit sechs Flaschen Wein im Wert von 44 €. Dieser Sachbezug ist steuer- und beitragsfrei. Erhält der Verkäufer nicht in jedem Monat, in dem er gut verkauft hat, eine Kiste Wein, sondern im Dezember z. B. für sechs erfolgreiche Monate sechs Kisten Wein im Wert von 264 €, so ist dieser Sachbezug in voller Höhe steuer- und beitragspflichtig, da die für Dezember geltende monatliche Freigrenze von 44 € überschritten ist.

b) Anwendung der 44-Euro-Freigrenze in Einzelfällen

Die der Vereinfachung dienende Freigrenze von monatlich 44 € ist ausnahmslos nur dann anwendbar, wenn der Wert des Sachbezugs nach § 8 Abs. 2 Satz 1 EStG mit dem Endpreis am Abgabeort zu bewerten ist. **Anwendbar** ist die monatliche Freigrenze von 44 € deshalb z. B.

– auf Mietvorteile bei der Überlassung von **Wohnungen** (vgl. „Wohnungsüberlassung" unter Nr. 10). Die Freigrenze von 44 € monatlich ist jedoch bei unentgeltlichen oder verbilligten Überlassung einer Wohnung dann nicht anwendbar, wenn bei der Bewertung des Mietvorteils nach der Sonderregelung in § 2 Abs. 4 Satz 2 der Sozialversicherungsentgeltverordnung ausnahmsweise die besonderen Quadratmeterpreise (2010: 3,55 € bzw. 2,88 €) zum Ansatz kommen. Denn bei diesen Quadratmeterpreisen handelt es sich um **amtliche Sachbezugswerte,** die die Anwendung der 44-Euro-Freigrenze ausschließen;

– bei einer **Rabattgewährung durch Dritte** (vgl. „Rabatte" unter Nr. 6);

– bei Waren, die der Arbeitgeber nur für den Bedarf seiner Arbeitnehmer herstellt und bei Dienstleistungen, die der Arbeitgeber nur für seine Arbeitnehmer erbringt (vgl. „Rabatte" unter Nr. 3);

Sachbezüge

| | Lohn-steuer-pflichtig | Sozial-versich.-pflichtig |

- bei der unentgeltlichen oder verbilligten Überlassung monatlicher **Job-Tickets** (vgl. „Fahrten zwischen Wohnung und regelmäßiger Arbeitsstätte" unter Nr. 6);
- bei **Zinsersparnissen** (vgl. „Zinsersparnisse und Zinszuschüsse"),
- bei der unentgeltlichen Überlassung von Telefonkarten (vgl. „Telefonkosten" unter Nr. 5);
- bei Mahlzeiten, die nicht mit dem amtlichen Sachbezugswert bewertet werden z. B. bei sog. **Belohnungsessen** (vgl. „Bewirtungskosten" unter Nr. 7) oder bei der Gewährung von Mahlzeiten durch den Arbeitgeber anlässlich einer beruflich veranlassten Auswärtstätigkeit, die **nicht** mit dem amtlichen Sachbezugswert bewertet werden (vgl. „Reisekosten bei Auswärtstätigkeiten" unter Nr. 10);
- wenn der Arbeitgeber seinen Arbeitnehmern angemietete Tennis- oder Squashplätze unentgeltlich überlässt (vgl. „Sportanlagen");
- bei **Sachgeschenken** aller Art (z. B. ein Geschenkkorb, 1 Flasche Champagner, Bücher, Schallplatten, CDs, Benzingutscheine, **Warengutscheine** vgl. dieses Stichwort);
- Übernahme der Kreditkartengebühr (vgl. „Firmenkreditkarte").

Keine Anwendung findet die monatliche 44-Euro-Freigrenze

- bei **Kantinenmahlzeiten** (Bewertung mit dem amtlichen Sachbezugswert, vgl. „Mahlzeiten");
- bei der Gewährung von Mahlzeiten durch den Arbeitgeber anlässlich einer beruflich veranlassten **Auswärtstätigkeit**, die mit dem amtlichen Sachbezugswert bewertet werden (vgl. „Reisekosten bei Auswärtstätigkeiten" unter Nr. 10);
- bei der Gewährung freier **Unterkunft und Verpflegung** (Bewertung mit dem amtlichen Sachbezugswert, vgl. „Freie Unterkunft und Verpflegung");
- bei der privaten Nutzung von **Firmenwagen** (besonderer in § 8 Abs. 2 Sätze 2 bis 5 EStG festgesetzter Sachbezugswert);
- bei **Belegschaftsrabatten** auf die der Rabattfreibetrag anwendbar ist (vgl. „Rabatte, Rabattfreibetrag").

Die monatliche 44-Euro-Freigrenze gilt also ausnahmslos nur dann, wenn eine Bewertung des Sachbezugs nach § 8 Abs. 2 Satz 1 EStG mit dem Endpreis am Abgabeort erfolgt (= Anwendung der 96%-Regelung). Die Anwendung der sog. **96%-Regelung** ist ausführlich anhand von Beispielen unter der vorstehenden Nr. 3 Buchstabe b erläutert. Bei allen Sachbezügen, die nach anderen Bewertungsvorschriften bewertet werden, ist die Freigrenze nicht anwendbar.

Außerdem ist die monatliche 44-Euro-Freigrenze dann nicht anwendbar, wenn **kein Sachbezug** vorliegt, z. B.

- bei einer Erstattung von Telefongebühren durch den Arbeitgeber, soweit die Erstattung nicht als Auslagenersatz steuerfrei ist (vgl. „Telefonkosten" unter Nr. 2);
- bei Barzuschüssen des Arbeitgebers zu Fahrten zwischen Wohnung und Arbeitsstätte (vgl. „Fahrten zwischen Wohnung und regelmäßiger Arbeitsstätte" unter Nr. 5);
- bei steuerpflichtigen Teilen von Beitragszuschüssen des Arbeitgebers zur Kranken- oder Pflegeversicherung seiner privat versicherten Arbeitnehmer;
- bei zweckgebundenen Geldleistungen des Arbeitgebers z. B. Zuschüsse des Arbeitgebers für Mitgliedsbeiträge des Arbeitnehmers an einen Sportverein oder Fitnessclub (BFH-Urteil vom 27. 10. 2004, BStBl. 2005 II S. 137, vgl. „Fitnessstudio");
- bei Beiträgen zu Versicherungen, die der Arbeitgeber für seine Arbeitnehmer abgeschlossen hat (z. B. Beiträge zu einer Gruppenunfallversicherung, Direktversicherung usw.). Dies ergibt sich aus R 8.1 Abs. 3 Satz 2 der Lohnsteuer-Richtlinien und dem BFH-Urteil vom 26. 11. 2002 (BStBl. 2003 II S. 492). Auf die ausführlichen Erläuterungen zur Anwendung der 44-Euro-Grenze auf Versicherungsbeiträge beim Stichwort „Unfallversicherung" wird Bezug genommen.

c) Abgrenzung Barlohn oder Sachbezug

Die Anwendung der Freigrenze für Sachbezüge von 44 € monatlich ist davon abhängig, ob es sich bei den vom Arbeitgeber zu Gunsten seiner Arbeitnehmer gewährten Vorteilen um Barlohn oder um einen Sachbezug handelt.

Bei Zahlungen eines Arbeitgebers an einen Dritten kann ein geldwerter Vorteil beim Arbeitnehmer in Form eines Sachbezugs nur vorliegen, wenn der Arbeitgeber Vertragspartner des Leistungserbringers ist; hierauf ist besonders bei den in der Praxis weit verbreiteten Benzingutscheinen zu achten. Hingegen ist von einer Barlohnzuwendung des Arbeitgebers im abgekürzten Zahlungsweg auszugehen, wenn das Vertragsverhältnis über die Leistung zwischen dem Dritten und dem Arbeitnehmer besteht.

d) Tankkarten als Barlohn oder Sachbezug

Bei den von den Arbeitgebern überlassenen Tankkarten handelt es sich nicht um Warengutscheine im herkömmlichen Sinne (vgl. das Stichwort „Warengutscheine"). Der wesentliche Unterschied besteht darin, dass der Arbeitgeber durch den Abschluss eines Tankkartenvertrags **alleiniger Vertragspartner** mit dem Tankstellenbetreiber wird. Der Arbeitgeber ist Schuldner des angefallenen Rechnungsbetrages; es liegt deshalb ein Sachbezug vor.

Barlohn und kein Sachbezug wird aber dann zugewendet, wenn der Arbeitgeber dem Arbeitnehmer den Bezug von Kraftstoff mittels Tankkarte ermöglicht und der die monatliche 44-Euro-Freigrenze übersteigende Betrag vom Arbeitnehmer (vor Ort) zugezahlt werden muss. Die Tankkarte hat dann nur die Funktion eines Zahlungsmittels über den Betrag von 44 €. Dies gilt auch dann, wenn die Tankstelle für Arbeitgeber und Arbeitnehmer getrennte Rechnungen erstellt.

Bei Überlassung einer Tankkarte des Arbeitgebers an den Arbeitnehmer, die die Funktion einer **Firmenkreditkarte** hat, handelt es sich nicht um einen Sachbezug, sondern um eine Zuwendung mit Bargeldcharakter. Denn der Arbeitgeber wird in diesem Fall nicht zum Vertragspartner des Tankstellenbetreibers.

Die einzelnen Fälle, in denen bei der Ausgabe von sog. Benzingutscheinen die monatliche 44-Euro-Freigrenze anwendbar ist, sind beim Stichwort „Warengutscheine" anhand von Beispielen erläutert.

e) Einbeziehung anderer Sachbezüge in die Prüfung der 44-Euro-Freigrenze

Die monatliche Freigrenze von 44 € kann nur für **alle** in einem Monat unentgeltlich oder verbilligt gewährten Sachbezüge, die nach § 8 Abs. 2 Satz 1 EStG zu bewerten sind, **insgesamt** in Anspruch genommen werden. Die monatliche 44-Euro-Freigrenze kann also für mehrere verschiedene Sachbezüge (z. B. verbilligte Wohnung und Job-Ticket) nicht mehrmals nebeneinander im selben Kalendermonat in Anspruch genommen werden.

Außerdem ist bei der Anwendung der monatlichen 44-Euro-Freigrenze zu beachten, dass auch andere **steuerpflichtige** Sachbezüge, die im selben Monat gewährt werden, **in die Prüfung der 44-Euro-Freigrenze mit einzubeziehen sind**, wenn sie nach § 8 Abs. 2 Satz 1 EStG bewertet werden (H 8.1 [1–4] der Lohnsteuer-Richtlinien, Stichwort „44-Euro-Freigrenze").

Beispiel A
Einem Arbeitnehmer wird vom Arbeitgeber verbilligt eine Mietwohnung überlassen. Der geldwerte Vorteil in Höhe von 100 € monatlich wird korrekt versteuert (vgl. „Wohnungsüberlassung").

Sachbezüge

Im Juni erhält der Arbeitnehmer von seinem Arbeitgeber wegen besonders guter Leistungen eine Kiste mit sechs Flaschen Wein im Wert von 44 €. Der geldwerte Vorteil in Höhe von 44 € ist **nicht** in Anwendung der monatlichen 44-Euro-Freigrenze lohnsteuer- und sozialversicherungsfrei, weil die **Summe** der nach § 8 Abs. 2 Satz 1 EStG zu bewertenden Vorteile, nämlich

- 100 € Mietnachlass bei der Wohnung und
- 44 € für die kostenlos überlassene Kiste Wein

die monatliche Freigrenze von 44 € übersteigt.

Beispiel B

Ein Arbeitnehmer nutzt seinen Firmenwagen (Bruttolistenpreis 30 000 €) auch privat. Der geldwerte Vorteil für die Privatnutzung beträgt monatlich 300 € und wird korrekt versteuert.

Im Juni erhält der Arbeitnehmer von seinem Arbeitgeber wegen besonders guter Leistungen eine Kiste mit sechs Flaschen Wein im Wert von 44 €. Der geldwerte Vorteil in Höhe von 44 € ist in Anwendung der monatlichen 44-Euro-Freigrenze lohnsteuer- und sozialversicherungsfrei. Denn der Sachbezug „Private Nutzung des Firmenwagens" ist bei der Prüfung der 44-Euro-Freigrenze nicht zu berücksichtigen, weil er nach § 8 Abs. 2 Sätze 2 bis 5 EStG zu bewerten ist (= besonderer Sachbezugswert).

Die nach § 8 Abs. 2 Satz 1 EStG zu bewertenden und bereits versteuerten Sachbezüge werden jedoch nur dann in die Prüfung der 44-Euro-Freigrenze einbezogen, wenn sie nach der Lohnsteuerkarte besteuert werden, das heißt, **pauschal besteuerte Sachbezüge** bleiben bei der Prüfung der 44-Euro-Freigrenze außer Betracht (R 8.1 Abs. 3 Satz 1 LStR). Durch eine Pauschalierung von Sachbezügen nach § 40 EStG oder § 37b EStG kann also die Anrechnung dieser Sachbezüge auf die 44-Euro-Freigrenze vermieden werden (vgl. die Erläuterungen bei den Stichworten „Pauschalierung der Lohnsteuer" und „Pauschalierung der Lohnsteuer für Belohnungsessen, Incentive-Reisen, VIP-Logen und ähnliche Sachbezüge").

Wie bereits ausgeführt werden nur diejenigen Sachbezüge in die Prüfung der 44-Euro-Freigrenze einbezogen, die nach § 8 Abs. 2 Satz 1 EStG zu bewerten sind. Dagegen bleiben die Vorteile, die nach § 8 Abs. 2 Satz 2 bis 8 EStG bewertet werden außer Betracht, z. B. die nach § 8 Abs. 2 Satz 2 bis 5 EStG zu bewertenden Vorteile aus der Überlassung eines Firmenwagens und die mit den amtlichen Sachbezugswerten zu bewertende Unterkunft und Verpflegung. Außer Betracht bleiben auch die Personalrabatte (§ 8 Abs. 3 EStG) und auch die verbilligte Überlassung von Vermögensbeteiligungen (vgl. dieses Stichwort).

Die Einbeziehung von versteuerten Sachbezügen in die Prüfung der 44-Euro-Grenze soll am Beispiel einer unentgeltlich oder verbilligt überlassenen **Wohnung** einerseits und einer **Unterkunft** andererseits verdeutlicht werden:

Beispiel A

Der Arbeitgeber überlässt dem Arbeitnehmer eine Wohnung (ortsübliche Miete 400 €) verbilligt um 356 € monatlich. Da die 44-Euro-Freigrenze nicht überschritten ist, bleibt der geldwerte Vorteil in Höhe von 44 € monatlich steuer- und beitragsfrei.

Beispiel B

Der Arbeitgeber überlässt dem Arbeitnehmer **unentgeltlich eine Wohnung**. Er setzt den ortsüblichen Mietpreis der Wohnung mit 270 € an und versteuert diesen Betrag als Sachbezug. Der Lohnsteuer-Außenprüfer ermittelt den ortsüblichen Mietpreis der Wohnung mit 300 €. Der Betrag von 30 € muss nachversteuert werden. Für eine Anwendung der 44-Euro-Grenze ist kein Raum, da in die Prüfung **sämtliche** (also auch die versteuerten) nach § 8 Abs. 2 Satz 1 EStG zu bewertenden Vorteile einzubeziehen sind, die in einem Kalendermonat zufließen. Dies sind 300 € monatlich; die monatliche 44-Euro-Freigrenze ist deshalb (bei weitem) überschritten.

Beispiel C

Der Arbeitgeber überlässt dem Arbeitnehmer unentgeltlich ein möbliertes Zimmer, das er für 250 € angemietet hat. Da es sich bei dem möblierten Zimmer um eine **Unterkunft** im lohnsteuerlichen Sinne handelt (und nicht um eine Wohnung), sind die amtlichen Sachbezugswerte anzusetzen; dies sind 204 € monatlich (vgl. das Stichwort „Freie Unterkunft und Verpflegung"). Da die Bewertung des Sachbezugs „Unterkunft" nicht nach § 8 Abs. 2 Satz 1 EStG erfolgt, sondern mit dem amtlichen Sachbezugswert nach § 8 Abs. 2 Satz 6 EStG, ist die monatliche 44-Euro-Grenze auf den Sachbezug „Unterkunft" nicht anwendbar und kann deshalb bei anderen Sachbezügen ausgeschöpft werden. Das bedeutet, dass der Arbeitgeber dem Arbeitnehmer zusätzlich zur steuerpflichtigen kostenlosen Unterkunft noch andere Sachbezüge, die nach § 8 Abs. 2 Satz 1 EStG bewertet werden, bis zum monatlichen Betrag von 44 € steuerfrei zuwenden kann.

5. Mehrfache Anwendung der 44-Euro-Freigrenze

Die monatliche Freigrenze von 44 € kann mehrfach in Anspruch genommen werden, wenn der Arbeitnehmer zu mehreren verschiedenen Arbeitgebern in einem Dienstverhältnis steht. Dies gilt auch dann, wenn der Arbeitnehmer bei mehreren Arbeitgebern auf 400-Euro-Basis beschäftigt wird.

6. Aufzeichnungspflichten bei Anwendung der 44-Euro-Freigrenze

Der Arbeitgeber muss sämtliche Sachbezüge im Lohnkonto eintragen und zwar auch dann, wenn sie in Anwendung der Freigrenze von monatlich 44 € steuerfrei bleiben. Zur Erleichterung dieser Aufzeichnungsverpflichtung ist in § 4 Abs. 3 Satz 2 der Lohnsteuer-Durchführungsverordnung zugelassen worden, dass Sachbezüge, die in Anwendung der monatlichen 44-Euro-Freigrenze steuerfrei bleiben, dann nicht im Lohnkonto aufgezeichnet werden müssen, wenn durch betriebliche Regelungen und entsprechende Überwachungsmaßnahmen gewährleistet ist, dass die Freigrenze von 44 € monatlich eingehalten wird. Diese Aufzeichnungserleichterung muss allerdings beim Betriebsstättenfinanzamt ausdrücklich **beantragt** werden.

Beispiel

Die Arbeitnehmer eines Papierherstellungskonzerns können in einer Buchhandlung, die zwar zum Konzern gehört, aber als selbständiges Unternehmen betrieben wird, Bücher mit einem Rabatt von 20 % einkaufen. Der Rabattfreibetrag ist wegen der sog. Konzernklausel **nicht** anwendbar (vgl. Stichwort „Rabatte/Rabattfreibetrag" unter Nr. 6 Buchstabe a auf Seite 570). Sofern die Rabatte im Monat die 44-Euro-Grenze übersteigen, sind sie in vollem Umfang steuerpflichtig (= Rabattgewährung durch Dritte). Es stellt sich die Frage, bis zu welchem Bruttobetrag die Arbeitnehmer des Papierherstellungskonzerns Bücher kaufen können, ohne dass die 44-Euro-Freigrenze überschritten wird. Der Betrag errechnet sich nach folgender Formel:

$$\frac{44 € \times 100}{20\% - 4\%} = \text{Bruttoverkaufspreis}$$

Im Beispielsfall ergibt sich hiernach ein Betrag von 4400 € : 16 = 275 €. Die Arbeitnehmer können also monatlich Bücher im Wert von 275 € mit 20 % Rabatt einkaufen, ohne dass die 44-Euro-Freigrenze überschritten ist:

Proberechnung:

Bruttoverkaufspreis	275,— €
abzüglich 4 % nach R 8.1 Abs. 2 Satz 9 der Lohnsteuer-Richtlinien (vgl. die vorstehenden Erläuterungen unter Nr. 3 Buchstabe b)	11,— €
Nach § 8 Abs. 2 Satz 1 EStG anzusetzender Wert	264,— €
vom Arbeitnehmer bezahlt (275 € abzüglich 20 % Rabatt =)	220,— €
verbleibender geldwerter Vorteil	44,— €

Da dieser Vorteil die 44-Euro-Freigrenze nicht übersteigt, bleibt er steuer- und beitragsfrei.

Das Betriebsstättenfinanzamt wird den Arbeitgeber auf Antrag von den Aufzeichnungsverpflichtungen befreien, wenn durch betriebliche Überwachungsmaßnahmen sichergestellt ist, dass die Arbeitnehmer des Papierherstellungskonzerns in der Buchhandlung für höchstens 275 € im Monat Bücher einkaufen können.

7. Umsatzsteuerpflicht von Sachbezügen

Bei der unentgeltlichen Abgabe von Sachbezügen stellt sich stets die Frage nach der **Umsatzsteuerpflicht** (z. B. Freie Unterkunft und Verpflegung, Mahlzeiten, Deputate, Freitrunk, Freiflüge usw.). Denn die **unentgeltliche** Gewährung solcher Sachbezüge durch den Arbeitgeber ist umsatzsteuerpflichtig; der Rabattfreibetrag von 1080 € und die 44-Euro-Freigrenze sind bei der Umsatzbesteuerung nicht anwendbar. Vgl. hierzu das Stichwort **„Umsatzsteuerpflicht bei Sachbezügen"**.

Saison-Kurzarbeitergeld

Gliederung:

1. Allgemeines
2. Lohnsteuerliche Behandlung
3. Beitragsrechtliche Behandlung
   a) Krankenversicherung
   b) Pflegeversicherung
   c) Rentenversicherung
   d) Arbeitslosenversicherung
   e) Verteilung der Beitragslast
4. Einmalige Zuwendungen und Saison-Kurzarbeitergeld
5. Zuschuss zum Saison-Kurzarbeitergeld
6. Beitragszuschuss zur Kranken- und Pflegeversicherung bei Beziehern von Saison-Kurzarbeitergeld
   a) Allgemeines
   b) Freiwillig in der gesetzlichen Krankenversicherung versicherte Bezieher von Saison-Kurzarbeitergeld
   c) Privat krankenversicherte Bezieher von Saison-Kurzarbeitergeld
7. Insolvenzgeldumlage

1. Allgemeines

Durch das Gesetz zur Förderung ganzjähriger Beschäftigung vom 24. 4. 2006 (BGBl. I S. 926) ist das bisherige Winterausfallgeld durch ein sog. Saison-Kurzarbeitergeld ersetzt worden. Das Saison-Kurzarbeitergeld gilt nicht nur für das Baugewerbe, sondern auch für andere Wirtschaftszweige mit saisonbedingten Arbeitsausfällen, die von Gesetzes wegen einbezogen worden sind (Dachdeckerhandwerk, Garten-, Landschafts- und Sportplatzbau sowie Gerüstbaugewerbe). Das Saison-Kurzarbeitergeld ist eine Sonderregelung des Kurzarbeitergeldes und wird ebenso berechnet wie dieses.

Das Saison-Kurzarbeitergeld wird grundsätzlich ab der ersten Ausfallstunde gewährt. Bei Betrieben die

- dem Bundesrahmentarifvertrag-Bau,
- dem Rahmentarifvertrag Dachdecker, oder
- dem Bundesrahmentarifvertrag Garten-, Landschafts- und Sportplatzbau

unterliegen, ist das zur Vermeidung des Saison-Kurzarbeitergeldes angesparte Arbeitszeitguthaben vorher zu berücksichtigen.

Nur für witterungsbedingte Arbeitsausfälle ist für den Tarifbereich des Gerüstbaugewerbes die tarifliche Ausgleichsleistung (früher: Winterausfallgeld-Vorausleistung) von 150 Ausfallstunden einzubringen, so dass das Saison-Kurzarbeitergeld dann erst ab der 151. Ausfallstunde gewährt werden kann.

Zur Bezugsdauer des Saison-Kurzarbeitergeldes gilt Folgendes:

In einem Betrieb, der

- dem Bundesrahmentarifvertrag-Bau,
- dem Rahmentarifvertrag Dachdecker, oder
- dem Bundesrahmentarifvertrag Garten-, Landschafts- und Sportplatzbau

unterliegt, kann das Saison-Kurzarbeitergeld längstens in der **Schlechtwetterzeit vom 1. Dezember bis 31. März** gewährt werden.

Für Betriebe des **Gerüstbaugewerbes** verbleibt es auch im Winter 2009/2010 bei der **Schlechtwetterzeit vom 1. November bis 31. März.** Eine gesetzliche Anpassung ist allerdings in Vorbereitung.

Arbeitnehmer, deren Arbeitsverhältnis in der Schlechtwetterzeit nicht aus witterungsbedingten Gründen gekündigt werden kann, haben in der Bauwirtschaft Anspruch auf umlagefinanziertes Wintergeld als **Zuschuss-Wintergeld** und **Mehraufwands-Wintergeld.**

Das **Zuschuss-Wintergeld** wird für jede in der Schlechtwetterzeit ausgefallene Arbeitsstunde gewährt, wenn durch die Auflösung von Arbeitszeitguthaben die Inanspruchnahme von Saison-Kurzarbeitergeld vermieden wird. Als Anreiz zur Flexibilisierung und zum Ansparen von Arbeitszeitguthaben für Arbeitsausfälle aus wirtschaftlichen oder witterungsbedingten Gründen ist in Betrieben des Baugewerbes, des Dachdeckerhandwerks und des Garten-, Landschafts- und Sportplatzbaus das Zuschuss-Wintergeld auf **2,50 €** für jede ausgefallene Arbeitsstunde angehoben worden.

In Betrieben des Gerüstbaus beträgt das Zuschuss-Wintergeld **1,03 €** je Stunde und wird ausschließlich zur Vermeidung witterungsbedingter Arbeitsausfälle gewährt.

Das **Mehraufwands-Wintergeld** wird in Höhe von **1,– €** für jede in der Zeit vom 15. Dezember bis zum letzten Kalendertag des Monats Februar geleistete berücksichtigungsfähige Arbeitsstunde (im Dezember bis zu 90, im Januar und Februar bis zu 180 Stunden) gezahlt.

Sowohl das Zuschuss-Wintergeld als auch das Mehraufwands-Wintergeld ist steuer- und beitragsfrei (vgl. das Stichwort „Wintergeld").

Arbeitgeber des Bauhauptgewerbes, des Dachdeckerhandwerks und des Garten-, Landschafts- und Sportplatzbaus haben Anspruch auf Erstattung der von ihnen allein zu tragenden Beiträge zur Sozialversicherung für in der gesetzlichen Sozialversicherung pflichtversicherte Bezieher von Saison-Kurzarbeitergeld (außer für Angestellte und Poliere). Der Berechnung der Sozialversicherungsbeiträge liegen 80 % des ausgefallenen Arbeitsentgeltes zugrunde.

Die Finanzierung der ergänzenden Leistung (Zuschuss-Wintergeld, Mehraufwands-Wintergeld, Erstattung der Sozialversicherungsbeiträge) erfolgt durch eine branchenspezifische Umlage, an der auch der Arbeitnehmer beteiligt ist (vgl. das Stichwort „Winterbeschäftigungs-Umlage in der Bauwirtschaft").

Die Berechnung und die Höhe des Saison-Kurzarbeitergeldes entspricht dem Kurzarbeitergeld. Somit beträgt das Saison-Kurzarbeitergeld

- **67 %** für Arbeitnehmer, die mindestens 1 Kind im Sinne des § 32 Abs. 1, Abs. 3 bis 5 EStG haben, unabhängig von der Haushaltszugehörigkeit oder vom in- oder ausländischen Wohnsitz des Kindes (das sind leibliche Kinder sowie Adoptiv- und Pflegekinder, vgl. Anhang 9)
- **60 %** für die übrigen Arbeitnehmer

der sog. **Nettoentgeltdifferenz** im Anspruchszeitraum (Kalendermonat). Für die Berechnung des Saison-Kurzarbeitergeldes gelten die Vorschriften für das Kurzarbeitergeld entsprechend (vgl. das Stichwort „Kurzarbeitergeld").

Beispiel

Arbeitnehmer (100 % Arbeitsausfall):
Lohnsteuerklasse III, Kinderfreibetrag 1,0

Sollentgelt im Kalendermonat	=	2 000,00 €
Rechnerischer Leistungssatz		1 032,47 €
Istentgelt im Kalendermonat	=	0,00 €
Rechnerischer Leistungssatz	=	0,00 €
Saison-Kurzarbeitergeld	=	1 032,47 €

Arbeitnehmer (50 % Arbeitsausfall):
Lohnsteuerklasse III, Kinderfreibetrag 1,0

Sollentgelt im Kalendermonat	=	2 000,00 €
Rechnerischer Leistungssatz		1 032,47 €
Istentgelt im Kalendermonat	=	1 000,00 €
Rechnerischer Leistungssatz		529,30 €
Saison-Kurzarbeitergeld	=	503,17 €

Saison-Kurzarbeitergeld

2. Lohnsteuerliche Behandlung

Das Saison-Kurzarbeitergeld ist als Lohnersatzleistung nach § 3 Nr. 2 EStG **steuerfrei**. Das Saison-Kurzarbeitergeld unterliegt jedoch dem sog. „Progressionsvorbehalt" (vgl. dieses Stichwort), der vom Finanzamt bei der Veranlagung zur Einkommensteuer berechnet wird. Das Saison-Kurzarbeitergeld muss deshalb in Zeile 15 der (elektronischen) Lohnsteuerbescheinigung 2010 eingetragen werden (vgl. das Stichwort „Lohnsteuerbescheinigung"). — Lohnsteuerpflichtig: **nein** — Sozialversich.-pflichtig: **nein**

Tarifvertragliche oder arbeitsvertragliche Winterausfallgeld-Vorausleistungen*) sind in vollem Umfang **lohnsteuerpflichtig** und damit im Rahmen der Beitragsbemessungsgrenzen auch beitragspflichtig (vgl. das Stichwort „Winterausfallgeld-Vorausleistung"). — Lohnsteuerpflichtig: **ja** — Sozialversich.-pflichtig: **ja**

Zahlt der Arbeitgeber einen **Zuschuss** zum Saison-Kurzarbeitergeld, so ist dieser Zuschuss steuerpflichtig aber beitragsfrei**), soweit er zusammen mit dem Saison-Kurzarbeitergeld 80 % des ausgefallenen Arbeitsentgelts nicht übersteigt. — Lohnsteuerpflichtig: **ja** — Sozialversich.-pflichtig: **nein**

3. Beitragsrechtliche Behandlung

Das versicherungspflichtige Beschäftigungsverhältnis besteht während der Zahlung von Saison-Kurzarbeitergeld fort. Der Arbeitgeber hat also die Sozialversicherungsbeiträge für die Zeit der Zahlung des Saison-Kurzarbeitergeldes weiterhin zu berechnen und abzuführen. Die Berechnung der Sozialversicherungsbeiträge für das Saison-Kurzarbeitergeld ist nach den gleichen Grundsätzen durchzuführen wie beim Kurzarbeitergeld. Im Einzelnen gilt für die beitragsrechtliche Behandlung des Saison-Kurzarbeitergeldes Folgendes:

a) Krankenversicherung

Die für die Berechnung der Krankenversicherungsbeiträge bei Beziehen von Saison-Kurzarbeitergeld maßgebende Bemessungsgrundlage wird durch Addition des tatsächlich erzielten Arbeitsentgelts (Istentgelt) und des gekürzten fiktiven Arbeitsentgelts ermittelt. Für das infolge schlechten Wetters ausgefallene Arbeitsentgelt ist nach § 232a Abs. 2 SGB V ein **fiktives Arbeitsentgelt** anzusetzen. Ausgangsbasis ist der (auf 80 % verminderte) Unterschiedsbetrag zwischen dem Bruttoarbeitsentgelt, das der Arbeitnehmer ohne den Arbeitsausfall im Anspruchszeitraum erzielt hätte (Sollentgelt), und dem Bruttoarbeitsentgelt, das er im Anspruchszeitraum tatsächlich erzielt hat (Istentgelt). Dabei sind das Sollentgelt und das Istentgelt – anders als in § 179 Abs. 1 Satz 5 SGB III für das Leistungsrecht der Arbeitslosenversicherung vorgeschrieben – nicht auf den nächsten durch zwanzig teilbaren Euro-Betrag zu runden; der auf 80 % verminderte Unterschiedsbetrag ist jedoch in der zweiten Dezimalstelle kaufmännisch zu runden. Übersteigt dieser Betrag die für den Entgeltabrechnungszeitraum maßgebende Beitragsbemessungsgrenze der Krankenversicherung, sind die Beiträge zunächst vom tatsächlich erzielten Arbeitsentgelt (Istentgelt) zu berechnen; das gekürzte fiktive Arbeitsentgelt wird nur noch insoweit für die Beitragsberechnung herangezogen, als die Beitragsbemessungsgrenze der Krankenversicherung noch nicht durch das tatsächlich erzielte Arbeitsentgelt ausgeschöpft ist.

b) Pflegeversicherung

Für die Beiträge zur Pflegeversicherung gilt dieselbe Beitragsbemessungsgrundlage (und Beitragsbemessungsgrenze) wie in der Krankenversicherung. Der Berechnung der Pflegeversicherungsbeiträge ist deshalb neben dem tatsächlich erzielten Arbeitsentgelt das gekürzte fiktive Arbeitsentgelt (vgl. Ausführungen unter dem vorstehenden Buchstaben a) zugrunde zu legen.

c) Rentenversicherung

Die für die Berechnung der Rentenversicherungsbeiträge bei Beziehern von Saison-Kurzarbeitergeld maßgebende Berechnungsgrundlage wird durch Addition des tatsächlich erzielten Arbeitsentgelts (Istentgelt) und des gekürzten fiktiven Arbeitsentgelts ermittelt. Für das infolge schlechten Wetters ausgefallene Arbeitsentgelt ist nach § 163 Abs. 6 SGB VI ebenfalls ein **fiktives Arbeitsentgelt** anzusetzen. Ausgangsbasis ist auch hier der (auf 80 % verminderte) Unterschiedsbetrag zwischen dem Bruttoarbeitsentgelt, das der Arbeitnehmer ohne den Arbeitsausfall im Anspruchszeitraum erzielt hätte (Sollentgelt), und dem Bruttoarbeitsentgelt, das er im Anspruchszeitraum tatsächlich erzielt hat (Istentgelt). Die Ermittlung der Beitragsbemessungsgrundlage in der Rentenversicherung erfolgt somit nach denselben Grundsätzen wie in der Kranken- und Pflegeversicherung, wobei allerdings die höhere Beitragsbemessungsgrenze der Rentenversicherung beachtet werden muss. Übersteigt das für die Berechnung der Rentenversicherungsbeiträge maßgebende Arbeitsentgelt diese Beitragsbemessungsgrenze, sind die Beiträge zunächst vom tatsächlich erzielten Arbeitsentgelt zu berechnen; das gekürzte fiktive Arbeitsentgelt wird nur noch insoweit für die Beitragsberechnung herangezogen, als die Beitragsbemessungsgrenze noch nicht durch das tatsächlich erzielte Arbeitsentgelt ausgeschöpft ist.

In die Versicherungsnachweise (Entgeltbescheinigung) muss das Arbeitsentgelt eingetragen werden, von dem die Rentenversicherungsbeiträge tatsächlich berechnet worden sind. Dieses Entgelt besteht aus der Summe

– des tatsächlich erzielten Arbeitsentgelts (sog. Kurzlohn),
– 80 % des Unterschiedsbetrages zwischen dem ungerundeten Sollentgelt und dem ungerundeten Istentgelt,
– ggf. Einmalzahlung.

d) Arbeitslosenversicherung

Beiträge zur Arbeitslosenversicherung sind für Bezieher von Saison-Kurzarbeitergeld lediglich aus dem tatsächlich erzielten Arbeitsentgelt (Istentgelt) zu berechnen. Die Berechnung eines fiktiven Arbeitsentgelts entfällt also für den Bereich der Arbeitslosenversicherung. Das Saison-Kurzarbeitergeld ist beitragsfrei.

e) Verteilung der Beitragslast

Für die Verteilung der Beitragslast auf Arbeitnehmer und Arbeitgeber gilt Folgendes:

Beim Bezug von Saison-Kurzarbeitergeld tragen Arbeitnehmer und Arbeitgeber die Beiträge zur Kranken-, Pflege-, Renten- und Arbeitslosenversicherung aus dem tatsächlich bezogenen Arbeitsentgelt nach den allgemeinen Regelungen. Den Beitragszuschlag zur Pflegeversicherung für Kinderlose (0,25 %) trägt der Arbeitnehmer allein.

Die auf das gekürzte fiktive Arbeitsentgelt entfallenden Kranken-, Pflege- und Rentenversicherungsbeiträge **muss der Arbeitgeber allein tragen.** Diese alleinige Beitragstragungspflicht umfasst den gesamten aus dem fiktiven Arbeitsentgelt ermittelten Beitrag zur Krankenversicherung. Der Beitragszuschlag für Kinderlose in der Pflegeversicherung wird von der Bundesagentur für Arbeit pauschal abgegolten.

Folgende Lohnabrechnung mit Saison-Kurzarbeitergeld soll die geltende Regelung verdeutlichen:

---

*) Seit 1. Juli 2006 wird für die sog. Winterausfallgeld-Vorausleistungen die gesetzliche Bezeichnung „Vertraglich vereinbarte Leistungen zur Vermeidung der Inanspruchnahme von Saison-Kurzarbeitergeld" verwendet (§ 131 Abs. 3 Nr. 1 SGB III).

**) § 1 Abs. 1 Nr. 8 Sozialversicherungsentgeltverordnung.

Saison-Kurzarbeitergeld

Beispiel

Bei einem Arbeitnehmer fallen im März 2010 witterungsbedingt 44 Arbeitsstunden aus. Der Arbeitnehmer erhält für den Arbeitsausfall Saison-Kurzarbeitergeld. Der Arbeitnehmer würde ohne Arbeitsausfall 2050 € im Monat erhalten. Wegen witterungsbedingter Arbeitsausfälle erhält er jedoch nur 1500 € (Istentgelt). Das nach den Leistungstabellen der Bundesagentur für Arbeit errechnete Saison-Kurzarbeitergeld soll (angenommen) 120 € betragen.

Auf der Lohnsteuerkarte des Arbeitnehmers sind die Steuerklasse I und das Kirchensteuermerkmal „rk" eingetragen.

Für den Abrechnungsmonat März 2010 ergibt sich folgende Ermittlung der beitragspflichtigen Einnahmen:

Soll-Stunden (die ohne den Arbeitsausfall zu leisten wären)	164 Stunden
Ist-Stunden (tatsächlich geleistete Arbeitszeit)	120 Stunden
Stundenlohn	12,50 €

Die beitragspflichtigen Einnahmen betragen:

Sollentgelt (12,50 € x 164 Stunden)	=	2 050,— €
Istentgelt (12,50 € x 120 Stunden)	=	1 500,— €
Unterschiedsbetrag zwischen Sollentgelt und Istentgelt	=	550,— €
80 % des Unterschiedsbetrags	=	440,— €

Für März 2010 ergibt sich folgende Lohnabrechnung:

Entsprechend der Ausfallzeit gekürzter Monatslohn		1 500,— €
Saison-Kurzarbeitergeld		120,— €
insgesamt		1 620,— €
abzüglich:		
Lohnsteuer (Steuerklasse I)	105,75 €	
Solidaritätszuschlag	4,95 €	
Kirchensteuer	8,46 €	
Sozialversicherungsbeiträge	307,13 €	426,29 €
auszuzahlender Betrag		1 193,71 €

Berechnung der Lohn- und Kirchensteuer sowie des Solidaritätszuschlags

Die Steuerabzugsbeträge sind aus dem tatsächlich gezahlten Arbeitslohn in Höhe von 1500 € zu berechnen. Das Saison-Kurzarbeitergeld ist steuerfrei. Es unterliegt jedoch dem sog. „Progressionsvorbehalt" (vgl. dieses Stichwort). Deshalb muss es auf der elektronischen Lohnsteuerbescheinigung gesondert bescheinigt werden.

Lohnsteuer (Steuerklasse I) für 1500 €	105,75 €
Solidaritätszuschlag	4,95 €
Kirchensteuer	8,46 €

Berechnung der Sozialversicherungsbeiträge

Zur **Arbeitslosenversicherung** wird nur das tatsächlich gezahlte Arbeitsentgelt (Istentgelt) herangezogen:

Betrag 2,8 % von 1500 €		42,— €
Arbeitnehmeranteil ½	=	21,— €
Arbeitgeberanteil ½	=	21,— €

In der **Kranken-, Pflege- und Rentenversicherung** werden die Beiträge für das tatsächlich gezahlte Arbeitsentgelt (Istentgelt) vom Arbeitnehmer und Arbeitgeber nach den allg. Regelungen getragen. Für das auf 80 % gekürzte ausgefallene Arbeitsentgelt (sog. Fiktivlohn) muss der Arbeitgeber den Beitrag allein tragen.

	Arbeitnehmeranteil	Arbeitgeberanteil
Kurzlohn: 1500 €		
Krankenversicherung (Beitragssatz 7,9 % bzw. 7,0 %)	118,50 €	105,— €
Pflegeversicherung (1,225 % und 0,975 %)	18,38 €	14,63 €
Rentenversicherung (2 x 9,95 %)	149,25 €	149,25 €
ausgefallenes Entgelt: 550,— € 80 % = 440,— €		
Krankenversicherung (14,9 %)		65,56 €
Pflegeversicherung (1,95 %)		8,58 €
Rentenversicherung (19,9 %)		87,56 €

Zusammengerechnet ergibt sich Folgendes:

	Arbeitnehmeranteil	Arbeitgeberanteil
Arbeitslosenversicherung	21,— €	21,— €
Krankenversicherung	118,50 €	170,56 €
Pflegeversicherung	18,38 €	23,21 €
Rentenversicherung	149,25 €	236,81 €
	307,13 €	451,58 €

Meldepflichtig in der Rentenversicherung ist das tatsächlich gezahlte Arbeitsentgelt (Istentgelt) zuzüglich 80 % des ausgefallenen Arbeitsentgelts insgesamt also (1500 € + 440 € =) 1940 €.

4. Einmalige Zuwendungen und Saison-Kurzarbeitergeld

Für die Prüfung, ob durch das einmalig gezahlte Entgelt die anteilige Beitragsbemessungsgrenze überschritten wird, sind bei Bezug von Saison-Kurzarbeitergeld vorrangig das tatsächliche und das fiktive Arbeitsentgelt heranzuziehen.

Für die Berechnung der Beiträge wird das einmalig gezahlte Arbeitsentgelt nur insoweit berücksichtigt, als die anteilige Jahresbeitragsbemessungsgrenze noch nicht durch tatsächliches und fiktives Arbeitsentgelt sowie durch die früheren Entgeltabrechnungszeiträume zur Beitragspflicht herangezogenes einmalig gezahltes Arbeitsentgelt ausgeschöpft ist. Dies bedeutet, dass auch für den Entgeltabrechnungszeitraum, dem das einmalig gezahlte Arbeitsentgelt zuzuordnen ist, neben dem laufenden Arbeitsentgelt vorrangig ein fiktives Arbeitsentgelt anzusetzen ist.

5. Zuschuss zum Saison-Kurzarbeitergeld

	Lohnsteuerpflichtig	Sozialversich.-pflichtig
Manche Arbeitgeber zahlen ihren Arbeitnehmern einen Zuschuss zum Saison-Kurzarbeitergeld. Dieser Zuschuss gehört nach § 1 Abs. 1 Nr. 8 der Sozialversicherungsentgeltverordnung nicht zum beitragspflichtigen Arbeitsentgelt, soweit er zusammen mit dem Saison-Kurzarbeitergeld **80 % des Unterschiedsbetrags von Sollentgelt und Istentgelt nicht übersteigt.** Das bedeutet, dass die Zuschüsse zum Saison-Kurzarbeitergeld im Normalfall bei der Berechnung der Sozialversicherungsbeiträge außer Betracht bleiben.	ja	nein
Soweit der Zuschuss 80 % des ausgefallenen Arbeitsentgelts übersteigt, ist er steuer- und beitragspflichtig (also nur der übersteigende Teil ist sowohl steuer- als auch beitragspflichtig).	ja	ja

6. Beitragszuschuss zur Kranken- und Pflegeversicherung bei Beziehern von Saison-Kurzarbeitergeld

a) Allgemeines

Soweit für krankenversicherungspflichtige Bezieher von **Saison-Kurzarbeitergeld** Beiträge zur Kranken- und Pflegeversicherung aus einem fiktiven Arbeitsentgelt zu zahlen sind, hat der Arbeitgeber diese Beiträge allein zu tragen; der Arbeitnehmer wird insoweit nicht mit Beiträgen belastet. Für die in der gesetzlichen Krankenversicherung freiwillig oder für die bei einem privaten Krankenversicherungsunternehmen versicherten Bezieher von Saison-Kurzarbeitergeld hat der Arbeitgeber hinsichtlich des fiktiven Arbeitsentgelts im Ergebnis den **vollen Beitrag** zur Kranken- und Pflegeversicherung als Zuschuss zu zahlen.

b) Freiwillig in der gesetzlichen Krankenversicherung versicherte Bezieher von Saison-Kurzarbeitergeld

Freiwillig in der gesetzlichen Krankenversicherung versicherte Arbeitnehmer erhalten von ihrem Arbeitgeber als Beitragszuschuss die Hälfte des Beitrags, der für einen krankenversicherungspflichtigen Arbeitnehmer bei der Krankenkasse, bei der die Mitgliedschaft besteht, zu zahlen wäre.

Zusätzlich zum regulär zu zahlenden Zuschussbetrag wird Beziehern von Saison-Kurzarbeitergeld ein Arbeitgeberzuschuss in Höhe der Hälfte des Betrags eingeräumt, den der Arbeitgeber bei krankenversicherungspflichtigen Arbeitnehmern als Beitrag allein zu tragen hat. Im Ergeb-

Saison-Kurzarbeitergeld

nis bedeutet dies, dass bezüglich des fiktiven Arbeitsentgelts vom Arbeitgeber ein Beitragszuschuss in Höhe des vollen Beitrags zu zahlen ist.

In Bezug auf das fiktive Arbeitsentgelt ergibt sich keine Änderung, das heißt, dass der Arbeitgeber – wie bisher – aus dem fiktiven Arbeitsentgelt einen Beitragszuschuss in Höhe des vollen Beitrags zu zahlen hat.

Beispiel

Monatslohn eines freiwillig in der gesetzlichen Krankenversicherung versicherten Arbeitnehmers (Sollentgelt)	5 000,— €
Beitragssatz der Krankenkasse 14,9 % monatlicher Beitragszuschuss (7,0 % von 3750 € =)	262,50 €
witterungsbedingt fällt im Februar 2010 die Hälfte der Arbeitszeit aus. Der Kurzlohn (Istentgelt) beträgt	2 500,— €
hierauf entfallender Beitragszuschuss (7,0 % von 2500 € =)	175,— €
Berechnung des fiktiven Arbeitsentgelts: 80 % des Unterschiedsbetrags zwischen Sollentgelt und Istentgelt (5000 € – 2500 €) 2500 € × 0,8 = 2000 €, höchstens jedoch bis zur Beitragsbemessungsgrenze (3750 € – 2500 € =)	1 250,— €
auf das fiktive Arbeitsentgelt entfallender Beitragszuschuss (7,0 % von 1250 €)	82,25 €
Zuzüglich eines Betrages in Höhe der Hälfte des bei Versicherungspflicht des Arbeitnehmers vom Arbeitgeber allein zu tragenden Beitrags	110,— €
Beitragszuschuss des Arbeitgebers insgesamt 175,– € + 82,25 € + 110,– €	**372,50 €**

c) Privat krankenversicherte Bezieher von Saison-Kurzarbeitergeld

Für die bei einem privaten Krankenversicherungsunternehmen versicherten Arbeitnehmer, die Saison-Kurzarbeitergeld beziehen, erhalten als Beitragszuschuss einen Betrag, der sich unter Anwendung des halben durchschnittlichen Beitragssatzes und des bei Krankenversicherungspflicht zugrunde zu legenden fiktiven Arbeitsentgelts ergibt. Der Zuschuss ist jedoch höchstens auf die Hälfte des Betrags begrenzt, den der Arbeitnehmer tatsächlich an das private Krankenversicherungsunternehmern zu zahlen ist.

Für die Berechnung des Beitragszuschusses aus dem Istentgelt ist der allgemeine Beitragssatz der gesetzlichen Krankenversicherung zu berücksichtigen.

In Bezug auf das fiktive Arbeitsentgelt ergibt sich keine Änderung, das heißt, dass der Beitragszuschuss des Arbeitgebers auch den zusätzlichen Anteil in Höhe von 0,9 % berücksichtigen muss. Die Berechnung des Beitragszuschusses aus dem fiktiven Arbeitsentgelt erfolgt in der Weise, dass zunächst der reguläre Beitragszuschuss auf der Grundlage des um 0,9 % verminderten allgemeinen Beitragssatzes der Krankenkassen erfolgt. Anschließend wird dann in einem zweiten Rechenschritt der Beitragszuschuss auf der Grundlage des zusätzlichen Anteils des Arbeitgebers von 0,9 % errechnet.

7. Insolvenzgeldumlage

Seit 1.1.2009 muss der Arbeitgeber die **Insolvenzgeldumlage** mit Beitragsnachweis an die Krankenkassen abführen. Die Insolvenzgeldumlage wurde ab 1.1.2010 von bisher 0,1 % auf **0,41 %** erhöht. Die Insolvenzgeldumlage bemisst sich nach dem Arbeitsentgelt, aus dem die Beiträge zur gesetzlichen Rentenversicherung berechnet werden (vgl. das Stichwort „Insolvenzgeldumlage"). Eine von der Bemessungsgrundlage für die Rentenversicherungsbeiträge abweichende Regelung git für Bezieher von Saison-Kurzarbeitergeld (§ 358 Abs. 2 Satz 2 SGB III). Während die Rentenversicherungsbeiträge für diese Personen aus dem tatsächlich erzielten Arbeitsentgelt zuzüglich 80 % des Unterschiedsbetrages zwischen dem Sollentgelt und dem Istentgelt berechnet werden, ist der Berechnung der Umlage nur das tatsächlich erzielte Arbeitsentgelt bis zur Beitragsbemessungsgrenze in der gesetzlichen Rentenversicherung zugrunde zu legen. Das fiktive Arbeitsentgelt wird für die Umlageberechnung nicht herangezogen.

Saitengeld

	Lohnsteuerpflichtig	Sozialversich.-pflichtig
Als Saitengeld werden Zuschüsse an Musiker für den Ersatz von Saiten verstanden. Das Saitengeld ist nach Auffassung der Finanzverwaltung*) kein steuer- und beitragsfreies Werkzeuggeld, da die hierfür erforderlichen Voraussetzungen nicht vorliegen. Musikinstrumente seien keine Werkzeuge (vgl. das Stichwort „Werkzeuggeld").	ja	ja
Das Saitengeld ist jedoch in Anwendung des BFH-Urteils vom 21.8.1995 (BStBl. II S. 906) als **Auslagenersatz** nach § 3 Nr. 50 EStG steuerfrei, wenn es regelmäßig gezahlt wird und der Arbeitnehmer die entstandenen Aufwendungen für einen repräsentativen Zeitraum von **drei Monaten** im Einzelnen nachweist. Wird der Einzelnachweis für drei Monate erbracht, bleibt der pauschale Auslagenersatz so lange steuerfrei, bis sich die Verhältnisse wesentlich ändern (R 3.50 Abs. 2 Satz 2 LStR).	nein	nein

Ebenfalls als Auslagenersatz steuerfrei ist das vom Arbeitgeber aufgrund tarifvertraglicher Verpflichtung gezahlte Saitengeld für die nachgewiesenen Instandsetzungskosten (BFH-Urteil vom 28.3.2006, BStBl. II S. 473).

Siehe auch die Stichworte: Auslagenersatz, Blattgeld, Instrumentengeld, Rohrgeld.

Sammelbeförderung

Neues auf einen Blick:

Für das Vorliegen einer Sammelbeförderung ist grundsätzlich eine **besondere Rechtsgrundlage erforderlich.** Dies kann ein **Tarifvertrag** oder eine **Betriebsvereinbarung** sein. Aus der gegenüber dem Arbeitgeber eingegangenen Verpflichtung eines Arbeitnehmers, mit dem überlassenen Firmenwagen weitere Arbeitnehmer zur regelmäßigen Arbeitsstätte mitzunehmen, lässt sich ein Rechtsanspruch dieser Personen auf regelmäßige Durchführung der Fahrten nicht begründen. Im Gegenteil: Befördert ein Arbeitnehmer auf seinem Weg zur regelmäßigen Arbeitsstätte noch weitere Kollegen dorthin, wird es dieser Arbeitnehmer selbst sein, der regelmäßig das Fahrzeug zur Verfügung stellen und den Transport organisieren wird (BFH-Urteil vom 29.1.2009, BFH/NV 2009 S. 917). Vgl. auch die Erläuterungen und das Beispiel unter der nachfolgenden Nr. 2.

Gliederung:

1. Allgemeines
2. Fahrten zwischen Wohnung und regelmäßiger Arbeitsstätte
3. Eintragungen in der Lohnsteuerbescheinigung
4. Umsatzsteuerpflicht der Sammelbeförderung

1. Allgemeines

Steuerfrei ist nach § 3 Nr. 32 EStG die unentgeltliche oder verbilligte Beförderung eines Arbeitnehmers zwischen Wohnung und regelmäßiger Arbeitsstätte oder Tätigkeitsstätte mit einem vom Arbeitgeber eingesetzten Beförde-

---

*) Bundeseinheitliche Regelung. Für Bayern bekannt gemacht mit Schreiben des Bayer. Staatsministerlums der Finanzen vom 22.3.1991 Az.: 32 – S 2355 – 26/2 – 5320. Das Schreiben ist als Anlage 1 zu H 3.30 LStR im **Steuerhandbuch für das Lohnbüro 2010** abgedruckt, das im selben Verlag erschienen ist. Das **PC-Lexikon** für das Lohnbüro 2010 enthält auch dieses Handbuch und hat außerdem den Vorteil, dass Sie **alle BFH-Urteile** sowie die aktuellen Rundschreiben und Niederschriften der Spitzenverbände der **Sozialversicherung** mit Mausklick **im Volltext** abrufen und ausdrucken können. Eine Bestellkarte finden Sie vorne im Lexikon.

Sammelbeförderung

rungsmittel z. B. Omnibus, Kleinbus oder für mehrere Personen zur Verfügung gestellten Personenkraftwagen. Das Gleiche gilt, wenn das Fahrzeug von einem Dritten **im Auftrag des Arbeitgebers** eingesetzt wird. — Lohnsteuerpflichtig: nein — Sozialversich.-pflichtig: nein

Voraussetzung für die Steuerfreiheit ist, dass die Sammelbeförderung **für den betrieblichen Einsatz** des Arbeitnehmers **notwendig** ist. Beim Einsatz von Werksbussen wird diese Voraussetzung stets vorliegen; ebenso bei Arbeitnehmern, die an ständig wechselnden Tätigkeitsstätten oder verschiedenen Stellen eines weiträumigen Arbeitsgeländes eingesetzt werden.

Beispiel
Ein Bauunternehmer befördert seine Arbeitnehmer unentgeltlich mit einem Kleinbus zu den einzelnen Baustellen.
Für die Arbeitnehmer entsteht kein steuerpflichtiger Vorteil. Auf die Entfernung von der Wohnung der Arbeitnehmer zu den Baustellen kommt es nicht an.

Fälle, in denen eine Sammelbeförderung für den betrieblichen Einsatz nicht notwendig ist, dürften sich auf seltene Ausnahmefälle beschränken. Soweit ein geldwerter Vorteil anzunehmen ist, ist bei jedem Arbeitnehmer der günstigste Fahrpreis für die Benutzung eines öffentlichen Verkehrsmittels anzusetzen.

2. Fahrten zwischen Wohnung und regelmäßiger Arbeitsstätte

Für das Vorliegen einer Sammelbeförderung ist grundsätzlich eine **besondere Rechtsgrundlage erforderlich**. Dies kann ein **Tarifvertrag** oder eine **Betriebsvereinbarung** sein. Aus der gegenüber dem Arbeitgeber eingegangenen Verpflichtung eines Arbeitnehmers, mit dem überlassenen Firmenwagen weitere Arbeitnehmer zur regelmäßigen Arbeitsstätte mitzunehmen, lässt sich ein Rechtsanspruch dieser Personen auf regelmäßige Durchführung der Fahrten nicht begründen. Im Gegenteil: Befördert ein Arbeitnehmer auf seinem Weg zur regelmäßigen Arbeitsstätte noch weitere Kollegen dorthin, wird es dieser Arbeitnehmer selbst sein, der regelmäßig das Fahrzeug zur Verfügung stellen und den Transport organisieren wird (BFH-Urteil vom 29.1.2009, BFH/NV 2009 S. 917).

Beispiel
Eine GmbH überlässt ihrem Gesellschafter-Geschäftsführer einen Firmenwagen zur uneingeschränkten Nutzung. Nach der getroffenen Vereinbarung ist der Gesellschafter-Geschäftsführer verpflichtet, weitere Arbeitnehmer der GmbH zur regelmäßigen Arbeitsstätte mitzunehmen, soweit dies für den betrieblichen Einsatz notwendig ist. Dies geschieht auch regelmäßig.
Für das Vorliegen einer Sammelbeförderung ist grundsätzlich eine besondere Rechtsgrundlage erforderlich. Dies kann ein Tarifvertrag oder eine Betriebsvereinbarung sein. Aus der gegenüber dem Arbeitgeber eingegangenen Verpflichtung eines Arbeitnehmers, mit dem überlassenen Firmenwagen weitere Arbeitnehmer zur regelmäßigen Arbeitsstätte mitzunehmen, lässt sich ein Rechtsanspruch dieser Personen auf regelmäßige Durchführung der Fahrten nicht begründen (BFH-Urteil vom 29.1.2009, BFH/NV 2009 S. 917). Es fehlt somit eine Vereinbarung zwischen Arbeitgeber und den weiteren Arbeitnehmern über den arbeitstäglichen Transport zur regelmäßigen Arbeitsstätte. Der Bundesfinanzhof konnte offenlassen, ob beim Nutzer des Firmenwagens (hier also beim Gesellschafter-Geschäftsführer) überhaupt eine steuerfreie Sammelbeförderung zwischen Wohnung und regelmäßiger Arbeitsstätte vorliegen kann. Im Urteilsfall waren daher beim Gesellschafter-Geschäftsführer – zusätzlich zur 1 %-Bruttolistenpreisregelung für die Privatfahrten – monatlich 0,03 % des Bruttolistenpreises für 80 Entfernungskilometer zwischen Wohnung und regelmäßiger Arbeitsstätte als geldwerter Vorteil anzusetzen.

Wegen weiterer Einzelheiten vgl. das Stichwort „Fahrten zwischen Wohnung und regelmäßiger Arbeitsstätte" unter Nr. 2 Buchstabe b.

3. Eintragungen in der Lohnsteuerbescheinigung

Nach § 41 b Abs. 1 Nr. 9 EStG muss der Arbeitgeber im Lohnkonto und auf der (elektronischen) Lohnsteuerbescheinigung den Buchstaben „**F**" (= Freifahrtberechtigung) vermerken, wenn er den Arbeitnehmer kostenlos oder verbilligt von der Wohnung zur regelmäßigen Arbeitsstätte befördert hat, weil die Entfernungspauschale für Strecken mit steuerfreier Sammelbeförderung nicht als Werbungskosten abgezogen werden kann. Hat der Arbeitnehmer für die Sammelbeförderung ein Entgelt zu bezahlen, sind die Aufwendungen des Arbeitnehmers als Werbungskosten abzugsfähig. Der Buchstabe „F" ist übrigens nicht zu bescheinigen, wenn die Sammelbeförderung im Rahmen einer beruflich veranlassten Auswärtstätigkeit erfolgt (vgl. das obige Beispiel unter Nr. 1), da es sich dann lohnsteuerlich um Reisekosten handelt.

4. Umsatzsteuerpflicht der Sammelbeförderung

Zur **Umsatzsteuerpflicht** der Sammelbeförderung vgl. die Erläuterungen beim Stichwort „Umsatzsteuerpflicht bei Sachbezügen" unter Nr. 10.

Sammellohnkonto

siehe „Lohnkonto"

Schadensersatz

1. Allgemeines

Schadensersatzleistungen des Arbeitgebers, zu denen er gesetzlich verpflichtet ist, sind kein steuerpflichtiger Arbeitslohn (Hinweise zu R 19.3 LStR). Dies gilt jedoch nur für den sog. „echten" Schadensersatz aus unerlaubten Handlungen (§§ 823 ff. BGB) oder Gefährdungshaftung (z. B. § 7 Straßenverkehrsgesetz). Dagegen ist **Schadensersatz für entgangenen oder entgehenden Arbeitslohn steuerpflichtig** und zwar auch dann, wenn die Entschädigung nicht vom Arbeitgeber, sondern von einem Dritten gezahlt wird (vgl. „Entschädigungen").

2. Echter Schadensersatz

Steuerfrei sind Schadensersatzleistungen

a) für Vermögensverluste (z. B. wenn Privateigentum des Arbeitnehmers im Betrieb beschädigt wird); — nein — nein

b) für besondere Aufwendungen (z. B. Arzt- und Krankenhauskosten), die durch den Schadenersatzverpflichteten verursacht worden sind; — nein — nein

c) für Schäden immaterieller Art (z. B. dauernde Gesundheitsschäden, Schmerzen); dies gilt auch für Entschädigungen, die ein Arbeitnehmer wegen **Verletzung** des **Benachteiligungsverbots** durch den Arbeitgeber für immaterielle Schäden (Diskriminierung wegen Geschlecht/Alter, Mobbing, sexuelle Belästigung) erhält (Fall des § 15 Abs. 2 AGG). Derartige Entschädigungen werden nicht „für eine Beschäftigung" gewährt; — nein — nein

d) soweit der Arbeitgeber einen zivilrechtlichen Schadensersatzanspruch des Arbeitnehmers wegen schuldhafter Verletzung arbeitsvertraglicher Fürsorgepflichten erfüllt (z. B. wenn der Arbeitgeber eine fehlerhafte Lohnsteuerbescheinigung übermittelt hat und der Arbeitnehmer deshalb eine zu hohe Einkommensteuer nachzahlen musste, BFH-Urteil vom 20.9.1996, BStBl. 1997 II S. 144). — nein — nein

Beispiel
Der Arbeitgeber hat dem Arbeitnehmer zunächst den beantragten Urlaub genehmigt und verhängt einige Zeit später für den infrage stehenden Zeitraum eine Urlaubssperre. Der Arbeitnehmer muss daher seinen aufgrund des vom Arbeitgeber genehmigten Antrags gebuchten Urlaub stornieren und an den Reiseveranstalter Stornokosten in Höhe von 1500 € zahlen. Diesen Betrag erhält er von seinem Arbeitgeber erstattet.
Bei der Zahlung des Arbeitgebers an den Arbeitnehmer handelt es sich um echten Schadensersatz aufgrund gesetzlicher Verpflichtung nach § 823 Abs. 1 BGB. Die Zahlung des Arbeitgebers ist daher steuer- und beitragsfrei. Bei solchen Zahlungen handelt es sich nicht um Einnahmen, die im weitesten Sinne Gegenleistung für das Zurverfügungstellen der Arbeitskraft des Arbeitnehmers sind.

Scheinselbständigkeit

	Lohn-steuer-pflichtig	Sozial-versich.-pflichtig

3. Schadensersatz für entgangenen oder entgehenden Arbeitslohn (unechter Schadensersatz)

a) Wenn eine solche Entschädigung vom Arbeitgeber gezahlt wird, handelt es sich um steuerpflichtigen Arbeitslohn (vgl. „Entschädigungen"). — ja — ja

b) Wird die Entschädigung dagegen von einem Dritten gezahlt, der vom Arbeitgeber unabhängig ist, so bleibt die Entschädigung zwar Arbeitslohn, jedoch ist häufig der Steuerabzug nicht durchführbar. Es erfolgt dann eine Veranlagung zur Einkommensteuer. Hierunter fallen z. B. die Versicherungsentschädigungen für Verdienstausfall bei Kfz-Unfällen*). Vgl. hierzu aber auch die Erläuterungen beim Stichwort „Lohnzahlung durch Dritte". — nein — nein

c) Wird die Entschädigung durch eine vom **Arbeitnehmer** abgeschlossene Unfallversicherung geleistet, so liegt kein Arbeitslohn vor (sondern eine Gegenleistung für die Versicherungsbeiträge). Wird eine Kapitalabfindung gezahlt, ist diese steuerfrei. Wird eine Rente gezahlt, ist diese regelmäßig mit dem sog. Ertragsanteil steuerpflichtig (vgl. „Renten"). Schadensersatzrenten zum Ausgleich vermehrter Bedürfnisse (§ 843 Abs. 1 2. Alternative BGB) sowie Schmerzensgeldrenten (§ 253 Abs. 2 BGB) sind weder Arbeitslohn noch sonstige Einkünfte. — nein — nein

d) Werden Tagegelder aufgrund einer vom **Arbeitgeber** abgeschlossenen Reiseunfallversicherung an den Arbeitnehmer gezahlt, handelt es sich dem Grunde nach um steuerpflichtigen Arbeitslohn (vgl. „Unfallversicherung"). — ja — ja

Siehe auch die Stichworte: Abfindungen nach dem Gleichbehandlungsgesetz, Autoinsassen-Unfallversicherung, Entschädigungen, Streikgelder und Unfallversicherung.

Scheinselbständigkeit

Gliederung:

1. Allgemeines
2. Versicherungsrecht
   a) Beschäftigung nach § 7 Abs. 1 SGB IV
   b) Amtsermittlungsgrundsatz
   c) Abgrenzung des Beschäftigungsverhältnisses vom Dienst-/Werkvertrag
3. Amtliche Eintragungen oder Genehmigungen als Hinweis auf eine selbständige Tätigkeit, Gesellschaftsform
4. Anfrageverfahren bei der Deutschen Rentenversicherung Bund
   a) Allgemeines
   b) Verwaltungsverfahren bei der Deutschen Rentenversicherung Bund
   c) Beginn der Versicherungspflicht bei einem rechtzeitigen Anfrageverfahren
   d) Fälligkeit des Gesamtsozialversicherungsbeitrags bei einem Anfrageverfahren
5. Rechtsmittel gegen Statusentscheidungen
6. Beginn der Versicherungspflicht bei Statusfeststellungen außerhalb eines (rechtzeitigen) Anfrageverfahrens
7. Pflichten des Auftraggebers
8. Melderecht
9. Führung von Entgeltunterlagen
10. Obligatorisches Anfrageverfahren nach § 7a Abs. 1 Satz 2 SGB IV
11. Rentenversicherungspflicht Selbständiger mit einem Auftraggeber

1. Allgemeines

Die verschärfte Wettbewerbs- und Arbeitsmarktsituation hat im Zuge einer Deregulierung der Beschäftigung in den letzten Jahren zu einem Anstieg der sog. Scheinselbständigkeit geführt. Diese Erscheinung erstreckt sich – mit gewissen Schwerpunkten – auf zahlreiche Bereiche des Wirtschaftslebens.

Durch das Gesetz zu Korrekturen in der Sozialversicherung und zur Sicherung der Arbeitnehmerrechte sollte den Sozialversicherungsträgern die Bekämpfung der Scheinselbständigkeit erleichtert werden. Scheinselbständige Arbeitnehmer sollten schneller und einfacher als bisher erkannt und in die Versicherungspflicht einbezogen werden. Dazu war in § 7 Abs. 4 SGB IV ein Kriterienkatalog eingestellt worden. Bei Vorliegen von mindestens zwei dieser Kriterien wurde hiernach das Bestehen einer Beschäftigung gegen Arbeitsentgelt vermutet. Die Spitzenorganisationen der Sozialversicherung hatten schon immer den Amtsermittlungsgrundsatz hervorgehoben und klargestellt, dass für die Anwendung der Vermutungsregelung nur in den Fällen Raum bleibe, in denen der konkrete Sachverhalt nicht vollständig aufgeklärt werden könne, insbesondere wenn die Erwerbsperson ihrer Mitwirkungspflicht nicht nachgekommen ist.

Durch das Gesetz zur Förderung der Selbständigkeit war der Kriterienkatalog des § 7 Abs. 4 SGB IV präzisiert und um ein neues Kriterium ergänzt worden. Hiernach wurde vermutet, dass bei Vorliegen von mindestens drei der genannten fünf Merkmale eine Beschäftigung vorliegt. Sollte gleichwohl eine selbständige Tätigkeit vorgelegen haben, konnte die gesetzliche Vermutung, die nur bei fehlender Mitwirkung der erwerbsmäßig tätigen Person eintrat, widerlegt werden. Die Vermutungsregelung hat in der Praxis aufgrund des zu beachtenden Amtsermittlungsgrundsatzes keine weitere Bedeutung erlangt und ist durch das Zweite Gesetz für moderne Dienstleistungen am Arbeitsmarkt mit Wirkung ab 1. 1. 2003 weggefallen, wodurch sich jedoch keine Auswirkungen auf die Abgrenzung einer Beschäftigung von einer selbständigen Tätigkeit ergeben. Vielmehr gilt unverändert der Beschäftigungsbegriff des § 7 Abs. 1 SGB IV und die von der Rechtsprechung hierzu entwickelten Abgrenzungskriterien.

Seit dem 1. 1. 2000 besteht ein Anfrageverfahren, wonach, abweichend von der Regelung des § 28h Abs. 2 SGB IV, nach der die Einzugsstelle über die Versicherungspflicht zur Kranken-, Pflege-, Renten- und Arbeitslosenversicherung entscheidet, die Beteiligten bei der Deutschen Rentenversicherung Bund eine Entscheidung über den Status der Erwerbstätigen beantragen können. Mit diesem Verfahren ist eine schnelle und unkomplizierte Möglichkeit zur Klärung der Statusfrage eröffnet. Divergierende Entscheidungen unterschiedlicher Versicherungsträger werden dadurch vermieden. Durch das Vierte Gesetz für moderne Dienstleistungen am Arbeitsmarkt vom 24. 12. 2003 (BGBl. I S. 2594) sowie das Gesetz zur Vereinfachung der Verwaltungsverfahren im Sozialrecht (Verwaltungsverfahrensgesetz) vom 21. 3. 2005 (BGBl. I S. 818) ist für beschäftigte Ehegatten und Lebenspartner (i. S. des Lebenspartnerschaftsgesetzes) sowie GmbH-Gesellschafter-Geschäftsführer zum 1. 1. 2005 die obligatorische Durchführung des Anfrageverfahrens in § 7a Abs. 1 Satz 2 SGB IV eingeführt worden. Arbeitgeber haben seit 1. 1. 2005 nach § 28a Abs. 3 Satz 2 Nr. 1 Buchstabe d und e SGB IV die Anmeldung der Beschäftigung von Ehegatten/Lebenspartnern bzw. GmbH-Gesellschafter-Geschäftsführern gesondert zu kennzeichnen. Seit 1.1.2008 ist diese Kennzeichnung auch für Kinder oder sonstige Abkömmlinge (z. B. Enkelkinder) des Arbeitgebers erforderlich. Bei einer entsprechenden Anmeldung durch den Arbeitgeber hat die Krankenkasse bei der Deutschen Rentenversicherung Bund ein Statusfeststellungsverfahren zu beantragen, an dessen Ergebnis die Bundesagentur für Arbeit leistungsrechtlich gebunden ist.

---

*) Bei einem Unfall leisten die Versicherungen oft Ersatz in einer Summe (Arzt- und Krankenhauskosten, Ersatz für Verdienstausfall, Schmerzensgeld). Arbeitslohn ist nur der Ersatz für Verdienstausfall. Die einheitlich gezahlte Summe ist im Wege der Schätzung aufzuteilen (BFH-Urteil vom 20. 10. 1959, BStBl. 1960 III S. 87).

Scheinselbständigkeit

Bei Feststellung eines die Sozialversicherungspflicht begründenden Beschäftigungsverhältnisses im Rahmen eines Statusfeststellungsverfahrens wird unter bestimmten Voraussetzungen der Beginn der Versicherungspflicht mit Zustimmung des zu Versichernden verschoben; Beitragsansprüche für zurückliegende Zeiten entstehen insoweit nicht. Zur Wahrung einer einheitlichen Rechtsanwendung gilt dies – unter Zurückstellung möglicher rechtlicher Bedenken – für alle Zweige der Sozialversicherung. Hierdurch wird die Position des gutgläubigen Arbeitgebers gestärkt. Verbunden damit ist ein vorläufiger Rechtsschutz gegen Beitragsbescheide, nach dem die Gesamtsozialversicherungsbeiträge erst zu dem Zeitpunkt fällig werden, zu dem die Entscheidung über das Vorliegen einer Beschäftigung unanfechtbar geworden ist. Widerspruch und Klage gegen eine derartige Entscheidung haben aufschiebende Wirkung. Diese Regelungen gelten nicht für die o. g. obligatorischen Anfrageverfahren nach § 7a Abs. 1 Satz 2 SGB IV.

Personen, die im Zusammenhang mit ihrer selbständigen Tätigkeit regelmäßig keinen versicherungspflichtigen Arbeitnehmer beschäftigen, dessen Arbeitsentgelt aus diesem Beschäftigungsverhältnis regelmäßig 400 Euro im Monat übersteigt und die auf Dauer und im Wesentlichen nur für einen Auftraggeber tätig sind, unterliegen grundsätzlich der Rentenversicherungspflicht nach § 2 Satz 1 Nr. 9 SGB VI. Für Selbständige, die am 31. 12. 1998 eine Tätigkeit ausgeübt haben, in der sie nicht rentenversicherungspflichtig waren und danach gemäß § 2 Satz 1 Nr. 9 SGB VI rentenversicherungspflichtig werden, ist als Übergangsregelung eine dauerhafte Befreiungsmöglichkeit (§ 231 Abs. 5 SGB VI) vorgesehen. Eine weitere dauerhafte Befreiungsmöglichkeit besteht für Personen, die nach Vollendung des 58. Lebensjahres erstmals aufgrund einer zuvor ausgeübten selbständigen Tätigkeit nach § 2 Satz 1 Nr. 9 SGB VI rentenversicherungspflichtig werden (§ 6 Abs. 1a Satz 1 Nr. 2 SGB VI). Ferner besteht unter bestimmten Umständen eine auf drei Jahre befristete Befreiungsmöglichkeit für den Personenkreis des § 2 Satz 1 Nr. 9 SGB VI (§ 6 Abs. 1a Satz 1 Nr. 1 SGB VI).

2. Versicherungsrecht

a) Beschäftigung nach § 7 Abs. 1 SGB IV

In der Kranken-, Pflege-, Renten- und Arbeitslosenversicherung sind Arbeitnehmer, die gegen Arbeitsentgelt beschäftigt werden, versicherungspflichtig. Da selbständig Tätige in der Kranken-, Pflege- und Arbeitslosenversicherung nicht zum versicherungspflichtigen Personenkreis zählen und in der Rentenversicherung nur ein kleiner Kreis selbständig tätiger Personen versicherungspflichtig ist, bedarf es zur Unterscheidung einer selbständigen Tätigkeit von einer Beschäftigung als Arbeitnehmer bestimmter Abgrenzungskriterien. Die Beschäftigung wird in § 7 Abs. 1 Satz 1 SGB IV als nichtselbständige Arbeit, insbesondere in einem Arbeitsverhältnis, definiert. Der Begriff des Beschäftigungsverhältnisses ist allerdings weitergehender als der Begriff des Arbeitsverhältnisses; er erfasst somit auch Fälle, in denen ein Arbeitsverhältnis nicht vorliegt (z. B. bei GmbH-Geschäftsführern). Als typische Merkmale einer Beschäftigung nennt § 7 Abs. 1 Satz 2 SGB IV die Weisungsgebundenheit der Erwerbsperson und ihre betriebliche Eingliederung. Diese Merkmale sind nicht zwingend kumulativ für das Bestehen eines Beschäftigungsverhältnisses erforderlich, sie sind lediglich als Anhaltspunkte erwähnt, ohne eine abschließende Bewertung vorzunehmen. So kann das Weisungsrecht – vornehmlich bei Diensten höherer Art – eingeschränkt und zur „funktionsgerecht dienenden Teilhabe am Arbeitsprozess verfeinert" sein. Der Auftraggeber hat – wie auch sonst jeder Arbeitgeber bei seinen Mitarbeitern – zu prüfen, ob ein Auftragnehmer bei ihm abhängig beschäftigt oder für ihn selbständig tätig ist. Ist ein Auftraggeber der Auffassung, dass im konkreten Einzelfall keine abhängige Beschäftigung vorliegt, ist zwar formal von ihm nichts zu veranlassen. Er geht jedoch – wie bisher schon – das Risiko ein, dass bei einer Prüfung durch einen Versicherungsträger und ggf. im weiteren Rechtsweg durch die Sozialgerichte der Sachverhalt anders bewertet und dadurch die Nachzahlung von Beiträgen erforderlich wird. In Zweifelsfällen wird deshalb empfohlen, das Anfrageverfahren zur Statusklärung bei der Deutschen Rentenversicherung Bund nach § 7a SGB IV einzuleiten.

b) Amtsermittlungsgrundsatz

Ist zu der versicherungsrechtlichen Beurteilung der Erwerbstätigkeit ein Verwaltungsverfahren eingeleitet, gilt der Amtsermittlungsgrundsatz (§ 20 SGB X). Der Sozialversicherungsträger hat von sich aus die Tatsachen zu ermitteln, die zur Beurteilung der Rechtsfrage, ob eine selbständige Tätigkeit oder eine abhängige Beschäftigung vorliegt, erforderlich sind. Für die Abgrenzung sind weiterhin die von der Rechtsprechung entwickelten Kriterien maßgeblich. Entscheidend bleibt die Gesamtwürdigung aller Umstände des Einzelfalls. Treffen Merkmale, die für die Beschäftigteneigenschaft sprechen, mit Merkmalen zusammen, die auf Selbständigkeit hindeuten, hat der Sozialversicherungsträger nach Aufklärung des Sachverhalts im Rahmen der Gesamtwürdigung zu prüfen, in welchem Bereich der Schwerpunkt der Tätigkeit liegt, und auf der Grundlage des § 7 Abs. 1 SGB IV zu entscheiden.

c) Abgrenzung des Beschäftigungsverhältnisses vom Dienst-/Werkvertrag

Das Beschäftigungsverhältnis unterscheidet sich vom Rechtsverhältnis eines freien Dienstnehmers oder Werkvertragnehmers durch den Grad der persönlichen Abhängigkeit bei der Erledigung der Dienst- oder Werkleistung. Arbeitnehmer ist, wer weisungsgebunden vertraglich geschuldete Leistungen im Rahmen einer von seinem Vertragspartner bestimmten Arbeitsorganisation erbringt. Der hinreichende Grad persönlicher Abhängigkeit zeigt sich nicht nur daran, dass der Beschäftigte einem Direktionsrecht seines Vertragspartners unterliegt, welches Inhalt, Durchführung, Zeit, Dauer, Ort oder sonstige Modalitäten der zu erbringenden Tätigkeit betreffen kann, sondern kann sich auch aus einer detaillierten und den Freiraum für die Erbringung der geschuldeten Leistung stark einschränkenden rechtlichen Vertragsgestaltung oder tatsächlichen Vertragsdurchführung ergeben. Der Grad der persönlichen Abhängigkeit wird auch von der Eigenart der jeweiligen Tätigkeit bestimmt. Insoweit lassen sich abstrakte, für alle Beschäftigungsverhältnisse geltende Kriterien nicht aufstellen. Manche Tätigkeiten können sowohl im Rahmen eines Beschäftigungsverhältnisses als auch im Rahmen freier Dienst- oder Werkverträge erbracht werden, andere regelmäßig nur im Rahmen eines Beschäftigungsverhältnisses. Aus Art und Organisation der Tätigkeit kann auf das Vorliegen eines Beschäftigungsverhältnisses zu schließen sein. Dabei sind für die Abgrenzung in erster Linie die tatsächlichen Umstände der Leistungserbringung von Bedeutung, nicht aber die Bezeichnung, die die Parteien ihrem Rechtsverhältnis gegeben haben oder gar die von ihnen gewünschte Rechtsfolge. Der jeweilige Vertragstyp ergibt sich aus dem wirklichen Geschäftsinhalt. Dieser wiederum folgt aus den getroffenen Vereinbarungen und der tatsächlichen Durchführung des Vertrages. Aus der praktischen Handhabung lassen sich Rückschlüsse darauf ziehen, von welchen Rechten und Pflichten die Parteien in Wirklichkeit ausgegangen sind.

Selbständig ist im Allgemeinen jemand, der unternehmerische Entscheidungsfreiheit genießt, ein unternehmerisches Risiko trägt sowie unternehmerische Chancen wahrnehmen und hierfür Eigenwerbung betreiben kann.

Scheinselbständigkeit

Zu typischen Merkmalen unternehmerischen Handelns gehört u. a., dass Leistungen im eigenen Namen und auf eigene Rechnung, statt im Namen und auf Rechnung des Auftraggebers erbracht werden, sowie die eigenständige Entscheidung über

– Einkaufs- und Verkaufspreise, Warenbezug,
– Einstellung von Personal,
– Einsatz von Kapital und Maschinen,
– die Zahlungsweise der Kunden (z. B. sofortige Barzahlung, Stundungsmöglichkeit, Einräumung von Rabatten),
– Art und Umfang der Kundenakquisition,
– Art und Umfang von Werbemaßnahmen für das eigene Unternehmen (z. B. Benutzung eigener Briefköpfe).

3. Amtliche Eintragungen oder Genehmigungen als Hinweis auf eine selbständige Tätigkeit, Gesellschaftsform

Aufgrund der Gesamtbetrachtung kann durchaus jemand auch selbständig tätig sein, der nur für einen Auftraggeber arbeitet und in seinem Unternehmen keine Mitarbeiter beschäftigt. Dies ist insbesondere der Fall, wenn er für seine Unternehmung bzw. selbständige Tätigkeit eine besondere amtliche Genehmigung oder Zulassung benötigt. Auch die Eintragung in die Handwerksrolle stützt die Annahme einer selbständigen Tätigkeit. Die Gewerbeanmeldung bzw. die Eintragung in das Gewerberegister oder in das Handelsregister reicht dagegen für sich alleine nicht aus. Ist der Auftragnehmer eine Gesellschaft (z. B. GmbH, KG oder OHG), schließt dies ein abhängiges Beschäftigungsverhältnis zum Auftraggeber aus. Der Ausschluss eines abhängigen Beschäftigungsverhältnisses wirkt jedoch nur auf die Beurteilung der Rechtsbeziehungen zwischen dem Auftraggeber und dem Auftragnehmer, nicht jedoch auf die Frage, ob die in der Gesellschaft Tätigen (z. B. Kommanditisten) Arbeitnehmer dieser Gesellschaft sein können.

Die gleiche Beurteilung gilt grundsätzlich auch, sofern es sich bei dem Auftragnehmer um eine Ein-Personen-GmbH bzw. eine Ein-Personen-Limited oder eine Partnerschaftsgesellschaft i. S. des Partnerschaftsgesellschaftsgesetzes handelt. Die Gründung einer Ein-Personen-GmbH oder Ein-Personen-Limited schließt das Vorliegen eines abhängigen Beschäftigungsverhältnisses zum Auftraggeber jedoch nicht von vornherein aus. Vielmehr ist in diesen Fällen im Einzelfall zu prüfen, ob die Merkmale einer abhängigen Beschäftigung mit entsprechender Weisungsgebundenheit oder die Merkmale einer selbständigen Tätigkeit mit entsprechendem eigenen Unternehmerrisiko vorliegen. Insbesondere bei typischen Beschäftigungsverhältnissen – wie beispielsweise bei den nicht programmgestaltenden Mitarbeitern in der Film- und Fernsehproduktion – kann die Gründung einer Ein-Personen-GmbH oder Ein-Personen-Limited nicht zur Umgehung eines sozialversicherungspflichtigen Beschäftigungsverhältnisses führen. Beurteilt nach den maßgebenden tatsächlichen Verhältnissen sind diese Personen vielmehr weisungsgebunden in die Arbeitsorganisation der Unternehmen eingegliedert. Ein Arbeitnehmer kann – anders als ein Arbeitgeber – nie eine juristische Person sein, so dass die Gründung einer Ein-Personen-GmbH oder Ein-Personen-Limited in diesen Fällen sozialversicherungsrechtlich ins Leere geht. Eine abhängige Beschäftigung des Auftragnehmers zum Auftraggeber ist jedoch nicht schon deshalb ausgeschlossen, weil der Auftragnehmer Gesellschafter einer Partnerschaftsgesellschaft ist. Handelt es sich bei der auftragnehmenden Gesellschaft um eine GbR, ist das Vorliegen einer abhängigen Beschäftigung oder einer selbständigen Tätigkeit ebenfalls im Einzelfall zu prüfen.

4. Anfrageverfahren bei der Deutschen Rentenversicherung Bund

a) Allgemeines

Die Vorschrift des § 7 a SGB IV bildet die Grundlage für das Anfrageverfahren zur Statusklärung. Hiernach können die Beteiligten bei der Deutschen Rentenversicherung Bund beantragen, den Status des Erwerbstätigen feststellen zu lassen. Die Zuständigkeit der Einzugsstelle (§ 28 h Abs. 2 SGB IV) ist insoweit eingeschränkt. Soweit ausschließlich die Frage zu klären ist, ob eine Beschäftigung im Sinne der Sozialversicherung vorliegt, für eine selbständige Tätigkeit also kein Raum besteht, verbleibt es bei der grundsätzlichen Zuständigkeit der Krankenversicherung nach § 28 h Abs. 2 SGB IV (z. B. bei Fremdgeschäftsführern einer GmbH, Praktikanten). In Anbetracht der nach § 28 a SGB IV grundsätzlich bestehenden Pflicht des Arbeitgebers, einen eingestellten Arbeitnehmer mit der ersten Lohn- oder Gehaltsabrechnung, spätestens innerhalb von sechs Wochen nach Beschäftigungsaufnahme bei der Einzugsstelle anzumelden, bleibt für das Anfrageverfahren nach § 7 a SGB IV nur in objektiven Zweifelsfällen Raum.

Mit dem Anfrageverfahren soll den Beteiligten in den objektiven Zweifelsfällen Rechtssicherheit darüber verschafft werden, ob sie selbständig tätig oder abhängig beschäftigt sind. Beteiligte, die eine Statusfeststellung beantragen können, sind die Vertragspartner (z. B. Auftragnehmer und Auftraggeber), nicht jedoch andere Versicherungsträger. Jeder Beteiligte ist berechtigt, das Anfrageverfahren bei der Deutschen Rentenversicherung Bund zu beantragen. Es ist nicht erforderlich, dass sich die Beteiligten für ein Anfrageverfahren einig sind. Aus Beweisgründen ist für das Anfrageverfahren bei der Deutschen Rentenversicherung Bund die Schriftform vorgeschrieben. Das Anfrageverfahren bei der Deutschen Rentenversicherung Bund entfällt, wenn bereits durch eine Einzugsstelle außerhalb eines Statusfeststellungsverfahrens nach § 7 a SGB IV (z. B. im Rahmen einer Entscheidung über eine freiwillige Versicherung, eine Familienversicherung – Prüfung nach § 28 h Abs. 2 SGB IV) oder einen Rentenversicherungsträger (im Rahmen des § 28 p Abs. 1 SGB IV) ein Verfahren zur Feststellung des Status der Erwerbsperson durchgeführt oder eingeleitet wurde, z. B. durch Übersendung eines Fragebogens oder durch Ankündigung einer Betriebsprüfung. Hiervon sind auch die Verfahren betroffen, die vor Verkündung des Gesetzes zur Förderung der Selbständigkeit wegen der grundsätzlichen Zuständigkeit der Einzugsstellen nach § 28 h Abs. 2 SGB IV von den Krankenkassen bereits entschieden wurden bzw. in denen das Verwaltungsverfahren eingeleitet worden ist (Bestandsfälle). Diese Stellen führen dann das Statusfeststellungsverfahren einschließlich evtl. anschließender Rechtsstreitverfahren in eigener Zuständigkeit durch. Für die im Rahmen eines Statusfeststellungsverfahrens nach § 7 a SGB IV erforderliche Prüfung, ob eine abhängige Beschäftigung nach § 7 Abs. 1 SGB IV vorliegt und deshalb Versicherungspflicht als Arbeitnehmer besteht, haben die Beteiligten einen Antrag auszufüllen. Dieser kann von der Homepage der Deutschen Rentenversicherung heruntergeladen oder dort angefordert werden. Die Verwendung des Antrags ist notwendig und geboten, damit das Gesamtbild der Tätigkeit ermittelt werden kann und weitgehend sichergestellt ist, dass die für die Entscheidung maßgeblichen Kriterien einheitlich erhoben werden.

Nach § 7 a Abs. 2 SGB IV hat die Deutsche Rentenversicherung Bund – wie die Einzugsstelle im Rahmen des § 28 h Abs. 2 SGB IV und der Rentenversicherungsträger im Rahmen einer Betriebsprüfung nach § 28 p Abs. 1 SGB IV – auf der Grundlage ihrer Amtsermittlung (§ 20 SGB X) nach den von der Rechtsprechung entwickelten Abgrenzungskriterien im Rahmen einer Gesamtwürdigung aller Umstände des Einzelfalles zu entscheiden, ob eine abhängige Beschäftigung oder eine selbständige Tätigkeit vorliegt.

Scheinselbständigkeit

b) Verwaltungsverfahren bei der Deutschen Rentenversicherung Bund

Die Angaben und Unterlagen, die die Deutsche Rentenversicherung Bund für ihre Entscheidung benötigt, hat sie nach § 7a Abs. 3 SGB IV schriftlich bei den Beteiligten (Auftragnehmer, Auftraggeber) unter Fristsetzung anzufordern. Die Frist, innerhalb der die erforderlichen Angaben zu machen und die Unterlagen vorzulegen sind, muss jeweils angemessen festgesetzt werden. Nach Abschluss der Ermittlungen hat die Deutsche Rentenversicherung Bund vor Erlass ihrer Entscheidung den Beteiligten Gelegenheit zu geben, sich zu der beabsichtigten Entscheidung zu äußern (Anhörung nach § 24 SGB X). Nach § 7a Abs. 4 SGB IV teilt sie deshalb den Beteiligten mit, welche Entscheidung sie zu treffen beabsichtigt und bezeichnet die Tatsachen, auf die sie ihre Entscheidung stützen will. Dies ermöglicht den Beteiligten, vor Erlass des Statusbescheides weitere Tatsachen und ergänzende rechtliche Gesichtspunkte vorzubringen. Einer Anhörung bedarf es nicht, soweit dem Antrag der Beteiligten entsprochen wird. Nach Abschluss des Anhörungsverfahrens erteilt die Deutsche Rentenversicherung Bund den Beteiligten (Auftragnehmer und Auftraggeber) einen rechtsbehelfsfähigen begründeten Bescheid über den Status der Erwerbsperson und deren versicherungsrechtliche Beurteilung. Die zuständige Einzugsstelle erhält eine Durchschrift des Bescheides, wenn ein versicherungspflichtiges Beschäftigungsverhältnis festgestellt wird. Außerdem wird sie unverzüglich informiert, wenn gegen den Bescheid der Deutschen Rentenversicherung Bund Widerspruch eingelegt worden ist; über das weitere Verfahren wird die zuständige Einzugsstelle regelmäßig unterrichtet. Zuständige Einzugsstelle ist die Krankenkasse, die die Krankenversicherung durchführt. Für Personen, die zum Zeitpunkt des Verfahrens bei keiner Krankenkasse versichert sind, ist die Krankenkasse zuständig, der sie zuletzt angehörten, sofern sie nicht eine andere Krankenkasse wählen. Entscheidet die Deutsche Rentenversicherung Bund im Einzelfall auf eine selbständige Tätigkeit, ist, sofern entsprechende Anhaltspunkte vorliegen, zu prüfen, ob Rentenversicherungspflicht z. B. nach § 2 SGB VI in Betracht kommt (z. B. bei Handwerkern Abgabe an den zuständigen Regionalträger der Deutschen Rentenversicherung, bei Künstlern und Publizisten Abgabe an die Künstlersozialkasse).

c) Beginn der Versicherungspflicht bei einem rechtzeitigen Anfrageverfahren

Die Versicherungspflicht in der Sozialversicherung aufgrund einer Beschäftigung beginnt grundsätzlich mit dem Tag des Eintritts in das Beschäftigungsverhältnis. Abweichend hiervon sieht § 7a Abs. 6 Satz 1 SGB IV vor, dass die Versicherungspflicht mit der Bekanntgabe der Entscheidung der Deutschen Rentenversicherung Bund über das Vorliegen eines versicherungspflichtigen Beschäftigungsverhältnisses eintritt, wenn

– der Antrag nach § 7a Abs. 1 SGB IV innerhalb eines Monats nach Aufnahme der Tätigkeit bei der Deutschen Rentenversicherung Bund gestellt wird,

– der Beschäftigte dem späteren Beginn der Sozialversicherungspflicht zustimmt und

– er für den Zeitraum zwischen Aufnahme der Beschäftigung und der Bekanntgabe der Entscheidung der Deutschen Rentenversicherung Bund eine Absicherung gegen das finanzielle Risiko von Krankheit und zur Altersvorsorge vorgenommen hat, die der Art nach den Leistungen der gesetzlichen Krankenversicherung und der gesetzlichen Rentenversicherung entspricht.

Nach § 26 Abs. 1 SGB X gelten für die Berechnung der Monatsfrist § 187 Abs. 2 Satz 1 und § 188 Abs. 2 und 3 BGB. Danach beginnt die Monatsfrist mit dem Tag, der auf den Tag der Aufnahme der Tätigkeit folgt. Sie endet mit Ablauf desjenigen Tags des nächsten Monats, welcher dem Tag vorhergeht, der durch seine Zahl dem Anfangstag der Frist entspricht. Fehlt dem nächsten Monat der für den Ablauf der Frist maßgebende Tag, endet die Frist mit Ablauf des letzten Tags dieses Monats. Die für die Zwischenzeit erforderliche anderweitige Absicherung, die bereits im Zeitpunkt des Beginns des Anfrageverfahrens bestehen muss, muss sowohl das finanzielle Risiko von Krankheit als auch die Altersvorsorge umfassen. Die Absicherung gegen das finanzielle Risiko von Krankheit kann durch eine freiwillige Versicherung in der gesetzlichen Krankenversicherung oder eine private Krankenversicherung erfolgen. Dabei muss eine private Krankenversicherung Leistungen vorsehen, die der Art nach den Leistungen der gesetzlichen Krankenversicherung entsprechen. Es ist von den Leistungen auszugehen, die im Falle von Krankenversicherungspflicht im Krankheitsfall beansprucht werden könnten. Der private Versicherungsvertrag muss also nicht nur die Gewährung von Krankenbehandlung (zumindest ärztliche Behandlung, zahnärztliche Behandlung einschließlich Versorgung mit Zahnersatz, Versorgung mit Arznei- und Heilmitteln, Krankenhausbehandlung), sondern auch einen Anspruch auf Krankengeld bzw. eine andere, dem Ersatz von Arbeitsentgelt dienende Leistung vorsehen. Außerdem muss sich die private Absicherung auf Angehörige erstrecken, die nach § 10 SGB V familienversichert wären.

Im Übrigen ist ein Leistungsvergleich nicht anzustellen; es ist daher unerheblich, ob die vertraglichen Leistungen auf die Erstattung bestimmter Teil- und Höchstbeträge beschränkt und bei bestimmten Krankheiten (z. B. Folgen einer Kriegsbeschädigung) ganz ausgeschlossen sind. Zusatz- oder Tagegeldversicherungen sind für sich allein jedoch nicht ausreichend. Nicht erforderlich ist, dass eine bestimmte Mindestprämie gezahlt wird. Aus einer freiwilligen oder privaten Krankenversicherung folgt im Übrigen die Versicherungspflicht in der Pflegeversicherung, auch wenn in der Vorschrift des § 7a Abs. 6 Satz 1 SGB IV eine Absicherung für das Risiko der Pflege nicht ausdrücklich genannt ist. Eine Absicherung gegen das finanzielle Risiko von Krankheit ist nicht erforderlich, wenn das Arbeitsentgelt des Versicherten die Jahresarbeitsentgeltgrenze überschreitet, und deshalb keine gesetzliche Krankenversicherungspflicht eintritt. Auch die geforderte Altersversorgung braucht nicht mit den Leistungen der gesetzlichen Rentenversicherung deckungsgleich zu sein; es genügt, dass das Risiko des Alters abgesichert ist. Eine Absicherung zur Altersvorsorge kann durch eine freiwillige Versicherung in der gesetzlichen Rentenversicherung oder durch eine private Lebens-/Rentenversicherung für den Fall des Erlebens des 60. oder eines höheren Lebensjahres erfolgen. Das Sicherungsniveau ist hierbei unbeachtlich. Von einem ausreichenden sozialen Schutz ist auszugehen, wenn für die private Versicherung Prämien aufgewendet werden, die der Höhe des jeweiligen freiwilligen Mindestbeitrags zur gesetzlichen Rentenversicherung entsprechen. Eine Absicherung für das Risiko Invalidität wird nicht gefordert, zumal auch durch freiwillige Beiträge zur gesetzlichen Rentenversicherung dieses Risiko grundsätzlich nicht abgedeckt werden kann. Eine Absicherung für die Hinterbliebenen ist gesetzlich nicht vorgesehen.

Die Bekanntgabe der Entscheidung der Deutschen Rentenversicherung Bund über das Vorliegen eines versicherungspflichtigen Beschäftigungsverhältnisses ist zwar in analoger Anwendung des § 33 Abs. 2 SGB X grundsätzlich in jeder Form (schriftlich, mündlich oder in anderer Weise) möglich, erfolgt im Rahmen des § 7a SGB IV jedoch ausschließlich in schriftlicher Form. Die Entscheidung der Deutschen Rentenversicherung Bund gilt nach § 37 Abs. 2 SGB X mit dem dritten Tag nach der Aufgabe zur Post als bekannt gegeben, außer wenn sie nicht oder zu einem späteren Zeitpunkt zugegangen ist. Im Zweifel hat die Deutsche Rentenversicherung Bund den Zugang der Entscheidung und den Zeitpunkt des Zugangs nach-

Scheinselbständigkeit

zuweisen. Ist der dritte Tag nach der Aufgabe zur Post ein Sonnabend, Sonntag oder gesetzlicher Feiertag, gilt die Entscheidung mit dem nächst folgenden Werktag als zugegangen (§ 26 Abs. 3 SGB X). Der Beschäftigte kann den Eintritt der Sozialversicherungspflicht auch von der Aufnahme der Beschäftigung an herbeiführen, wenn er seine Zustimmung zum späteren Eintritt der Sozialversicherungspflicht nicht erteilt. Nur hierdurch erhält er unter finanzieller Beteiligung seines Arbeitgebers Schutz in allen Zweigen der Sozialversicherung ab dem frühestmöglichen Zeitpunkt und vermeidet Lücken im Versicherungsschutz.

d) Fälligkeit des Gesamtsozialversicherungsbeitrags bei einem Anfrageverfahren

Nach § 23 Abs. 1 SGB IV werden Gesamtsozialversicherungsbeiträge in der voraussichtlichen Höhe der Beitragsschuld spätestens am drittletzten Bankarbeitstag des Monats fällig, in dem die Beschäftigung, mit der das Arbeitsentgelt erzielt wird, ausgeübt worden ist oder als ausgeübt gilt. Ein verbleibender Restbeitrag wird zum drittletzten Bankarbeitstag des Folgemonats fällig. In § 7 a Abs. 6 Satz 2 SGB IV wird von dieser Fälligkeitsregelung in erheblichem Maße abgewichen. Hiernach wird die Fälligkeit des Gesamtsozialversicherungsbeitrags in den Fällen eines Anfrageverfahrens nach § 7 a Abs. 1 SGB IV auf den Zeitpunkt hinausgeschoben, zu dem die Statusentscheidung unanfechtbar wird. Die Gesamtsozialversicherungsbeiträge für die Zeit ab Beginn der Sozialversicherungspflicht werden dann spätestens mit den Beiträgen der Entgeltabrechnung des Kalendermonats fällig, der auf den Monat folgt, in dem die Entscheidung unanfechtbar wurde. Da in diesen Fällen für die zurückliegende Zeit – wegen fehlender Fälligkeit – ein Lohnabzug nach § 28 g SGB IV nicht vorgenommen werden konnte und damit nicht „unterblieben ist", ist der Abzug des Arbeitnehmerbeitragsanteils nicht auf die letzten drei Monate begrenzt. Für die erst zu einem späteren Zeitpunkt fälligen Gesamtsozialversicherungsbeiträge sind für die Vergangenheit keine Säumniszuschläge zu erheben (§ 24 Abs. 2 SGB IV).

5. Rechtsmittel gegen Statusentscheidungen

Widerspruch und Klage eines Beteiligten gegen Entscheidungen der Sozialversicherungsträger, dass eine Beschäftigung vorliegt, haben nach § 7 a Abs. 7 Satz 1 SGB IV aufschiebende Wirkung. Diese Regelung gilt nicht nur für die Statusentscheidungen der Deutschen Rentenversicherung Bund im Rahmen eines Anfrageverfahrens nach § 7 a Abs. 1 SGB IV, sondern auch für die Statusentscheidungen der Krankenkassen im Rahmen des § 28 h Abs. 2 SGB IV und der Rentenversicherungsträger im Rahmen von Betriebsprüfungen nach § 28 p Abs. 1 Satz 5 SGB IV. Von den angefochtenen Entscheidungen der Sozialversicherungsträger gehen somit zunächst keine Rechtswirkungen aus. Das hat zur Folge, dass vom Auftraggeber zunächst

– keine Gesamtsozialversicherungsbeiträge zu zahlen und
– keine Meldungen zu erstatten
– und von den Sozialversicherungsträgern zunächst keine Leistungen zu erbringen

sind. Diese Rechtsfolgen treten auch dann ein, wenn nur der Auftraggeber gegen den Bescheid der Deutschen Rentenversicherung Bund, der Einzugsstelle oder eines Rentenversicherungsträgers Rechtsmittel einlegt, selbst dann, wenn der Auftragnehmer mit dem Eintritt der Versicherungspflicht einverstanden war. Zur Fälligkeit der Gesamtsozialversicherungsbeiträge wird auf die Ausführungen unter Buchstabe 4 d verwiesen.

Die Regelung in § 7 a Abs. 7 Satz 1 SGB IV trat ebenfalls rückwirkend zum 1. 1. 1999 in Kraft (Art. 3 Abs. 1 des Gesetzes vom 20. 12. 1999). Das hat zur Folge, dass sie auch auf Bescheide der Sozialversicherungsträger anzuwenden ist, die vor Verkündung des Gesetzes zur Förderung der Selbständigkeit bereits im Jahre 1999 erlassen und noch nicht bindend sind. Auf Bescheide der Sozialversicherungsträger, die vor dem 1. 1. 1999 erteilt wurden, findet die Regelung des § 7 a Abs. 7 Satz 1 SGB IV hingegen auch dann keine Anwendung, wenn sie noch nicht unanfechtbar geworden sind.

6. Beginn der Versicherungspflicht bei Statusfeststellungen außerhalb eines (rechtzeitigen) Anfrageverfahrens

In den Fällen, in denen eine Krankenkasse im Rahmen des § 28 h Abs. 2 SGB IV, ein Rentenversicherungsträger im Rahmen der Betriebsprüfung nach § 28 p Abs. 1 Satz 5 SGB IV oder die Deutsche Rentenversicherung Bund im Rahmen eines erst nach Ablauf eines Monats nach Aufnahme der Tätigkeit beantragten Anfrageverfahrens nach § 7 a Abs. 1 SGB IV feststellt, dass eine versicherungspflichtige Beschäftigung vorliegt, tritt Versicherungspflicht mit dem Beginn der Beschäftigung ein.

7. Pflichten des Auftraggebers

Der Auftraggeber hat zu prüfen, ob Versicherungspflicht als Arbeitnehmer vorliegt. Ist dies der Fall, hat er alle Pflichten, die sich für einen Arbeitgeber aus den Vorschriften des Sozialgesetzbuches ergeben, zu erfüllen. Hierzu gehören insbesondere

– die Ermittlung des beitragspflichtigen Arbeitsentgelts,
– die Berechnung und Zahlung des Gesamtsozialversicherungsbeitrags,
– die Erstattung von Meldungen nach der DEÜV und
– die Führung von Entgeltunterlagen.

Dies gilt auch, wenn ein Versicherungsträger (z. B. die Deutsche Rentenversicherung Bund in einem Anfrageverfahren nach § 7 a SGB IV) das Vorliegen einer Beschäftigung nach § 7 Abs. 1 SGB IV festgestellt hat.

Der Auftraggeber hat alle Unterlagen, die zur Klärung der Frage entscheidend sind, ob ein versicherungspflichtiges Beschäftigungsverhältnis vorliegt oder nicht, aufzubewahren.

8. Melderecht

Es gelten die Regelungen der DEÜV in Verb. mit den gemeinsamen Grundsätzen der Spitzenorganisationen der Sozialversicherung nach § 28 b Abs. 2 SGB IV. Anmeldungen sind grundsätzlich mit der ersten Entgeltabrechnung, spätestens innerhalb von sechs Wochen nach dem Beginn der Beschäftigung zu erstatten. Als Beginn der Beschäftigung ist der Zeitpunkt einzugeben, zu dem die Beschäftigung tatsächlich begonnen hat. Wird über die Versicherungspflicht im Rahmen eines Statusfeststellungsverfahrens entschieden und beginnt die Versicherungspflicht erst mit dem Zeitpunkt der Bekanntgabe der Statusentscheidung, ist dieser Zeitpunkt einzugeben. Der Tätigkeitsschlüssel richtet sich nach den für versicherungspflichtige Arbeitnehmer für die jeweilige Beschäftigung festgesetzten Tätigkeitsschlüsseln. Zudem ist der Personengruppenschlüssel 101/140 zu verwenden, sofern das Beschäftigungsverhältnis keine besonderen Merkmale hat, ansonsten einer der Schlüssel 102 ff./141 ff.

9. Führung von Entgeltunterlagen

Die Entgeltunterlagen sind nach den Bestimmungen der Beitragsverfahrensverordnung zu führen. Zu den Entgeltunterlagen sind auch zu nehmen:

– die Vereinbarung mit dem Arbeitnehmer
– der Antrag über die Einleitung eines Statusfeststellungsverfahrens

Scheinselbständigkeit

– der Bescheid eines Versicherungsträgers über ein Statusfeststellungsverfahren

– Mitteilungen über Rechtsmittel gegen Statusfeststellungen.

Entscheidungen von Versicherungsträgern über das Bestehen einer selbständigen Tätigkeit sollten aus Beweissicherungsgründen zu den Vertragsunterlagen genommen werden.

10. Obligatorisches Anfrageverfahren nach § 7a Abs. 1 Satz 2 SGB IV

Die Einzugsstelle hat bei der Deutschen Rentenversicherung Bund nach § 7a Abs. 1 Satz 2 SGB IV ein Statusfeststellungsverfahren zu beantragen, wenn der Arbeitgeber bei der Einzugsstelle die Beschäftigung eines Ehegatten/Lebenspartners oder GmbH-Gesellschafter-Geschäftsführers und ab 1.1.2008 eines seiner Kinder oder Enkelkinder anmeldet. Die Anmeldung dieser Personen ist daher gesondert zu kennzeichnen (§ 28a Abs. 3 Satz 2 Nr. 1 Buchst. d und e SGB IV). Die Spitzenorganisationen der Sozialversicherung haben die Auswirkungen dieses obligatorischen Anfrageverfahrens und deren konkrete Ausgestaltung in den Gemeinsamen Grundsätzen zur leistungsrechtlichen Bindung der Bundesagentur für Arbeit an Bescheide in Statusfeststellungsverfahren für Ehegatten/Lebenspartner und GmbH-Gesellschafter-Geschäftsführer (Bindungsregelung Arbeitslosenversicherung) vom 11.11.2004 beschrieben. Nach diesen Verfahrensvereinbarungen entscheidet die Einzugsstelle bei bestimmten Fallkonstellationen der beschäftigten Ehegatten und Lebenspartner über deren Status. In den übrigen Fällen und für GmbH-Gesellschafter-Geschäftsführer trifft die Deutsche Rentenversicherung Bund die Statusentscheidung. Aufgrund der Besonderheit des obligatorischen Anfrageverfahrens, das durch die Anmeldung der Beschäftigung der Betroffenen ausgelöst wird, besteht für die Anwendung der Regelungen über den Beginn der Versicherungspflicht und die Fälligkeit der Beiträge nach § 7a Abs. 6 SGB IV kein Raum. Dies gilt auch für die in § 7a Abs. 7 SGB IV vorgesehene aufschiebende Wirkung von Rechtsbehelfen gegen Statusentscheidungen über das Vorliegen einer Beschäftigung.

11. Rentenversicherungspflicht Selbständiger mit einem Auftraggeber

Nach § 2 Satz 1 Nr. 9 SGB VI sind selbständig tätige Personen, die im Zusammenhang mit ihrer selbständigen Tätigkeit regelmäßig keinen versicherungspflichtigen Arbeitnehmer beschäftigen, dessen Arbeitsentgelt aus diesem Beschäftigungsverhältnis regelmäßig 400 EUR (325 EUR bis 31.3.2003) im Monat übersteigt, und auf Dauer und im Wesentlichen nur für einen Auftraggeber tätig sind, rentenversicherungspflichtig. Rentenversicherungspflicht kann jedoch nur eintreten, wenn wegen derselben Tätigkeit nicht bereits die §§ 2 Satz 1 Nr. 1 bis 8, 10 und 229a Abs. 1 SGB VI Anwendung finden. Allerdings können unterschiedliche selbständige Tätigkeiten zu einer Mehrfachversicherung in der gesetzlichen Rentenversicherung führen (z. B. Handwerker und Versicherungsvertreter). Zu den die Rentenversicherungspflicht des Selbständigen ausschließenden versicherungspflichtigen Arbeitnehmern im Sinne des § 2 Satz 1 Nr. 9 SGB VI gehören – unter den im Gesetz genannten Entgeltvoraussetzungen – auch Personen, die berufliche Kenntnisse, Fertigkeiten oder Erfahrungen im Rahmen beruflicher Bildung erwerben (Auszubildende). Arbeitnehmer, die kraft Gesetzes versicherungsfrei oder von der Versicherungspflicht befreit sind stehen einem versicherungspflichtigen Arbeitnehmer gleich. Hierzu zählen jedoch nicht geringfügig Beschäftigte, selbst wenn sie in ihrer geringfügigen Beschäftigung versicherungspflichtig sind (bei Verzicht auf die Rentenversicherungsfreiheit oder bei Versicherungspflicht infolge Zusammenrechnung). Die Voraussetzung auf Dauer und im Wesentlichen nur für einen Auftraggeber tätig zu sein, bewirkt, dass durch eine Tätigkeit in nur unbedeutendem Umfang für andere Auftraggeber die Rentenversicherungspflicht des selbständig Tätigen nicht entfällt. Für die Prüfung dieser Voraussetzungen ist nicht allein auf die vertraglichen Ausgestaltungen und Unternehmenskonzepte abzustellen. Vielmehr kommt den tatsächlichen Verhältnissen ausschlaggebende Bedeutung zu.

Für Selbständige mit einem Auftraggeber, die aufgrund ihres Unternehmenskonzeptes beabsichtigen, zukünftig für mehrere Auftraggeber zu arbeiten und dann nicht mehr die Voraussetzungen für die Versicherungspflicht nach § 2 Nr. 9 SGB VI erfüllen, wurde die Befreiungsregelung des § 6 Abs. 1a SGB VI geschaffen. Von einer Dauerhaftigkeit der Tätigkeit für einen Auftraggeber ist auszugehen, wenn die Tätigkeit im Rahmen eines Dauerauftragsverhältnisses oder eines regelmäßig wiederkehrenden Auftragsverhältnisses erfolgt. Hierbei sind neben den zeitlichen auch wirtschaftliche Kriterien zu beachten und branchenspezifische Besonderheiten zu berücksichtigen. Bei einer im Voraus begrenzten, lediglich vorübergehenden Tätigkeit für einen Auftraggeber (insbesondere bei projektbezogenen Tätigkeiten) wird grundsätzlich keine Dauerhaftigkeit dieser Tätigkeit für nur einen Auftraggeber vorliegen, wenn die Begrenzung innerhalb eines Jahres liegt; im Einzelfall kann auch bei längeren Projektzeiten keine dauerhafte Tätigkeit nur für einen Auftraggeber vorliegen. Hierfür ist im Zeitpunkt der Aufnahme des Auftrages eine vorausschauende Betrachtung vorzunehmen. Die Voraussetzung, dass eine selbständige Tätigkeit im Wesentlichen nur für einen Auftraggeber ausgeübt wird, umfasst nicht nur den Fall, dass der Betreffende rechtlich (vertraglich) im Wesentlichen an einen Auftraggeber gebunden ist, sondern auch den Fall, dass der Betreffende tatsächlich (wirtschaftlich) im Wesentlichen von einem einzigen Auftraggeber abhängig ist. Durch die Bindung an einen Auftraggeber darf für den Betroffenen kein weiterer nennenswerter unternehmerischer Spielraum verbleiben. Die Bindung an einen Auftraggeber gilt stets in den Fällen einer vertraglichen Ausschließlichkeitsbindung, soweit sie eingehalten wird. Es genügt jedoch auch eine faktische Bindung an einen Auftraggeber (d. h., vertraglich besteht zwar die Möglichkeit für weitere Auftraggeber zu arbeiten, tatsächlich ist dies jedoch nicht der Fall). Ein Selbständiger ist dann im Wesentlichen von einem Auftraggeber abhängig, wenn er mindestens fünf Sechstel seiner gesamten Betriebseinnahmen aus den zu beurteilenden Tätigkeiten allein aus der Tätigkeit für einen Auftraggeber bezieht.

Hierfür ist eine wertende Betrachtung der Betriebseinnahmen für die Zukunft vorzunehmen. Grundsätzlicher Beurteilungszeitraum ist ein Kalenderjahr. In die wertende Betrachtung werden hinsichtlich der Prüfung die Betriebseinnahmen aus allen selbständigen Tätigkeiten – nicht jedoch Einkünfte aus abhängigen (Neben-)Beschäftigungen – einbezogen. Die Berücksichtigung der Betriebseinnahmen – nur für die „⅚-Prüfung" im Rahmen des § 2 Satz 1 Nr. 9 SGB VI – anstelle des Arbeitseinkommens (§ 15 SGB IV) ist realistischer, um die wirtschaftliche Abhängigkeit und insoweit die Bindung an einen Auftraggeber zu beurteilen. Das Arbeitseinkommen (der Gewinn) kann aufgrund von Betriebsausgaben, Abschreibungen u. Ä. im negativen Bereich liegen, wodurch eine objektive Beurteilung in der Regel nicht möglich ist. Ein Erwerbstätiger arbeitet auch dann „im Wesentlichen nur für einen Auftraggeber", wenn er zwar vertragliche Vereinbarungen mit mehreren Unternehmen getroffen hat, diese aber Konzernunternehmen i. S. des § 18 Aktiengesetz (AktG) oder verbundene Unternehmen i. S. d. § 319 AktG darstellen.

Für die Beurteilung der Versicherungspflicht nach § 2 Satz 1 Nr. 9 SGB VI ist jedoch nicht ausschließlich auf das Aktiengesetz abzustellen, sondern es werden die Grundsätze daraus abgeleitet. Daraus folgt, dass auch Unternehmen in anderer Rechtsform nach diesen Grundsätzen zu beurteilen sind. Gleiches gilt, wenn ein Selbständiger

Schenkung

	Lohnsteuerpflichtig	Sozialversich.-pflichtig

innerhalb des Vertrages mit einem Auftraggeber (wie z. B. einem Finanzdienstleister) zulässigerweise und gewünscht auch Produkte von Kooperationspartnern vermittelt. Der Erwerbstätige ist in derartigen Fällen nicht direkt für den Kooperationspartner, sondern für seinen Auftraggeber tätig (vgl. Urteil des LSG Hessen vom 22. 7. 2003 – L 2 RA 1213/02 –). Des Weiteren ist ein Selbständiger auch dann „nur für einen Auftraggeber" i. S. von § 2 Satz 1 Nr. 9 SGB VI tätig, wenn zwar mehrere rechtlich voneinander unabhängige Vertragsverhältnisse zu verschiedenen natürlichen oder juristischen Personen bestehen, diese Personenmehrheiten aber organisatorisch in einer Form miteinander verbunden sind, die zu einer tatsächlichen (wirtschaftlichen) Bindung des arbeitnehmerähnlichen Selbständigen führen. In diesen Fällen ist das Vorliegen einer Organisationsgemeinschaft i. S. von § 12a Abs. 2 TVG zu prüfen. Hiervon kann ausgegangen werden, wenn zwischen den Auftraggebern ein in Teilen gemeinsamer Geschäftsbetrieb besteht (z. B. Aufrechnung mit Ansprüchen sämtlicher Vertragsunternehmen, für die der Selbständige tätig wird, einheitliche Vergütungssätze etc.). Liegt eine vertragliche Ausschließlichkeitsbindung an einen Auftraggeber nicht vor und lässt sich auch eine wirtschaftliche Abhängigkeit von nur einem Auftraggeber im vorgenannten Sinne nicht feststellen, besteht aufgrund dieser Tätigkeit keine Versicherungspflicht nach § 2 Satz 1 Nr. 9 SGB VI.

Selbständige, die dem rentenversicherungspflichtigen Personenkreis des § 2 Satz 1 Nr. 9 SGB VI angehören, können unter bestimmten Voraussetzungen auf Antrag von der Rentenversicherungspflicht befreit werden. So werden nach § 6 Abs. 1a SGB VI Personen – in der Existenzgründungsphase – für einen Zeitraum von drei Jahren nach erstmaliger Aufnahme einer selbständigen Tätigkeit, die die Merkmale des § 2 Satz 1 Nr. 9 SGB VI erfüllen, von der Rentenversicherungspflicht befreit. Für eine zweite Existenzgründung kann der dreijährige Befreiungszeitraum erneut in Anspruch genommen werden. Eine zweite Existenzgründung liegt nicht vor, wenn eine bestehende selbständige Existenz lediglich umbenannt oder deren Geschäftszweck gegenüber der vorangegangenem nicht wesentlich verändert worden ist. Erfüllt eine selbständige Tätigkeit, für die bisher Versicherungspflicht nach § 2 Satz 1 Nr. 10 SGB VI aufgrund des Bezugs eines Existenzgründungszuschusses nach § 421 I SGB III bestanden hat, gleichzeitig die Merkmale des § 2 Satz 1 Nr. 9 SGB VI, ist die Zeit des versicherungspflichtigen Existenzgründungszuschussbezugs auf den Befreiungszeitraum nicht anzurechnen (§ 6 Abs. 1a Satz 3 SGB VI). Endgültig von der Rentenversicherungspflicht werden auf Antrag hingegen Personen befreit, die das 58. Lebensjahres vollendet haben und nach einer zuvor ausgeübten selbständigen Tätigkeit erstmals nach § 2 Satz 1 Nr. 9 SGB VI versicherungspflichtig werden.

Schenkung

siehe „Gelegenheitsgeschenke", „Rabatte, Rabattfreibetrag" und „Schulderlass"

Schichtlohnzuschläge

Schichtlohnzuschläge werden zur Abgeltung der mit dem Schichtdienst verbundenen Erschwernisse gezahlt; sie sind deshalb insgesamt steuer- und beitragspflichtig. Die Abspaltung eines steuerfreien Teils als „Zuschlag für Sonntags-, Feiertags- und Nachtarbeit" ist nicht zulässig (vgl. dieses Stichwort).	ja	ja
Dies gilt nicht für sog. Spätarbeitszuschläge, z. B. für die Arbeit von 14 Uhr bis 22 Uhr. Diese Zuschläge bleiben steuerfrei, soweit sie in die Nachtzeit fallen (von 20 Uhr bis 22 Uhr); vgl. das Stichwort „Zuschläge für Sonntags-, Feiertags- und Nachtarbeit".	nein	nein

Beispiel
Aufgrund tarifvertraglicher Vereinbarung erhält ein Arbeitnehmer für die Arbeit in der Zeit von 18 bis 22 Uhr einen Spätarbeitszuschlag.
Der für die Zeit von 20 bis 22 Uhr gezahlte Spätarbeitszuschlag ist ein nach § 3b EStG begünstigter Zuschlag für Nachtarbeit.

Schifffahrt

Seit 1999 können Arbeitgeber, die eigene oder gecharterte Handelsschiffe betreiben, vom Gesamtbetrag der anzumeldenden und abzuführenden Lohnsteuer einen Betrag von **40 % der Lohnsteuer abziehen** und einbehalten (§ 41a Abs. 4 EStG). Voraussetzung hierfür ist, dass

– das Besatzungsmitglied in einem zusammenhängenden Arbeitsverhältnis **von mehr als 183 Tagen beschäftigt** wird,
– die Handelsschiffe in einem **inländischen Seeschiffsregister eingetragen** sind (= „qualifiziertes" Schiff),
– die **deutsche Flagge** führen und
– zur Beförderung von Personen oder Gütern im Verkehr mit oder zwischen ausländischen Häfen, innerhalb eines ausländischen Hafens oder zwischen einem ausländischen Hafen und der Hohen See betrieben werden.

Der o. a. 183-Tage-Zeitraum bezieht sich nicht auf das Arbeitsverhältnis zum Arbeitgeber, sondern das Besatzungsmitglied muss an mehr als 183 Tage an Bord eines „qualifizierten" Schiffes tätig gewesen sein. Dabei muss es sich jedoch nicht um dasselbe Schiff, sondern lediglich um ein „qualifiziertes" Schiff handeln. Bei Besatzungsmitgliedern der begünstigten Hochseeschlepper sind auch Wartezeiten an Bord einzubeziehen.

Die 40 %ige Kürzung der Lohnsteuer gilt unter den oben genannten Voraussetzungen auch dann, wenn Seeschiffe im Wirtschaftsjahr überwiegend außerhalb der deutschen Hoheitsgewässer zum Schleppen, Bergen oder zur Aufsuchung von Bodenschätzen oder zur Vermessung von Energielagerstätten unter dem Meeresboden eingesetzt werden.

Beispiel A
Ein Reeder in Hamburg betreibt eigene Handelsschiffe, die die Voraussetzungen des § 41a Abs. 4 EStG erfüllen. Von den 30 Besatzungsmitgliedern (alle in Steuerklasse I bis IV) werden 15 Besatzungsmitglieder in einem zusammenhängenden Arbeitsverhältnis von mehr als 183 Tagen beschäftigt. Im August 2010 beträgt die gesamte Lohnsteuer für die 30 Besatzungsmitglieder 15 000 €, darauf entfallen auf die nach § 41a Abs. 4 EStG begünstigten Arbeitnehmer 10 000 €.
Der Reeder hat an das Finanzamt lediglich Lohnsteuer in Höhe von 11 000 € abzuführen, denn er kann 4000 € der einbehaltenen Lohnsteuer (40 % von 10 000 €) für seinen Betrieb einbehalten. Der Solidaritätszuschlag und die Kirchensteuer dürfen hingegen nicht gekürzt werden.

Der Lohnsteuereinbehalt durch den Reeder gilt **für den Kapitän und alle Besatzungsmitglieder** einschließlich des Service-Personals, die über ein Seefahrtsbuch verfügen und deren Arbeitgeber er ist (R 41a.1 Abs. 5 Satz 2 LStR).

Der Lohnsteuereinbehalt kann durch Korrespondent- oder Vertragsreeder nur vorgenommen werden, wenn diese mit der Bereederung des Schiffes in ihrer Eigenschaft als Mitgesellschafter an der Eigentümergesellschaft beauftragt sind. Bei Vertragsreedern ist dies regelmäßig **nicht** der Fall (R 41a.1 Abs. 5 Satz 4 LStR). Bei Korrespondentreedern ist der Lohnsteuereinbehalt nur für die Heuern der Seeleute zulässig, die auf den Schiffen tätig sind, bei denen der Korrespondentreeder auch Miteigentümer ist. Zu beachten ist, dass der Arbeitgeber und das schifffahrtbetreibende Unternehmen identisch sein müssen. U. E. muss Arbeitgeber i. S. d. § 41a EStG aber nicht zwingend derjenige sein, der mit den Arbeitnehmern Heuerverträge abgeschlossen hat.

Ist für den Lohnsteuerabzug die Lohnsteuer nach der Steuerklasse V oder VI zu ermitteln, so bemisst sich der 40 %ige Kürzungsbetrag nach der Lohnsteuer der **Steuerklasse I**. Der Kürzungsbetrag verringert sich also in diesen Fällen beträchtlich.

Schmerzensgeld

	Lohn-steuer-pflichtig	Sozial-versich.-pflichtig

Beispiel B

Sachverhalt wie Beispiel A, allerdings haben 3 nach § 41a Abs. 4 EStG begünstigte Besatzungsmitglieder die Steuerklasse V. Die auf sie entfallende Lohnsteuer beträgt 2000 €. Hätten sie die Steuerklasse I, würde die Lohnsteuer insgesamt nur 1000 € betragen.

Der Lohnsteuer-Einbehalt errechnet sich wie folgt:

Lohnsteuer für die Besatzungsmitglieder mit Steuerklasse I bis IV (10 000 € – 2000 € =)	8 000 €
zuzüglich fiktive Lohnsteuer nach der Steuerklasse I für die Besatzungsmitglieder mit Steuerklasse V oder VI	1 000 €
Insgesamt	9 000 €
davon 40 %	3 600 €

Der Reeder hat an das Finanzamt Lohnsteuer in Höhe von 11 400 € abzuführen, denn er kann 3600 € der einbehaltenen Lohnsteuer (40 % von 9000 €) für seinen Betrieb einbehalten. Der Solidaritätszuschlag und die Kirchensteuer dürfen hingegen nicht gekürzt werden.

Der Lohnsteuer-Einbehalt von 40 % gilt im Übrigen **auch bei der pauschalen Lohnsteuer.**

Der Kürzungsbetrag ist übrigens in Zeile 21 (Kennzahl 33) der Lohnsteuer-Anmeldung 2010 einzutragen.

siehe auch „Binnenschiffer" und „Seeleute"

Schmerzensgeld

siehe „Schadensersatz"

Schmiergelder

Schmiergelder, die dem Arbeitnehmer von einem Dritten gezahlt werden, sind kein Arbeitslohn und unterliegen deshalb auch nicht dem Lohnsteuerabzug. — nein — nein

Die Schmiergelder sind jedoch Einkünfte aus Leistungen im Sinne des § 22 Nr. 3 EStG (BFH-Urteil vom 26. 1. 2000, BStBl. II S. 396) Die Schmiergelder werden durch eine Veranlagung des Arbeitnehmers zur Einkommensteuer steuerlich erfasst.

Der Abzug von Schmiergeldern als Betriebsausgabe oder Werbungskosten ist seit 1. 1. 1999 generell ausgeschlossen, wenn die Zuwendung eine rechtswidrige Handlung darstellt, die den Tatbestand eines Strafgesetzes oder eines Gesetzes verwirklicht, das die Ahndung mit einer Geldbuße zulässt. Ein Verschulden des Zuwendenden oder die Stellung eines Strafantrags ist für das Abzugsverbot nicht erforderlich. Hierunter fällt z. B. die Bestechung im geschäftlichen Verkehr nach § 299 Abs. 2 des Strafgesetzbuches. Damit sind z. B. die Schmiergeldzahlungen deutscher Firmen an Arbeitnehmer inländischer oder ausländischer Geschäftspartner grundsätzlich strafbar und deshalb steuerlich nicht (mehr) absetzbar.

Schmutzzulagen

Schmutz- und Staubzulagen sind „Erschwerniszuschläge" und damit lohnsteuer- und beitragspflichtig. — ja — ja

Schneezulage

Schneezulagen sind „Erschwerniszuschläge" und damit lohnsteuer- und beitragspflichtig. — ja — ja

Schriftsteller

Schriftsteller sind in aller Regel selbständig tätig.

Ihre Einkünfte werden durch eine Veranlagung zur Einkommensteuer steuerlich erfasst. Zur Sozialversicherung selbständiger Schriftsteller in der Künstlersozialversicherung vgl. das Stichwort „Künstlersozialabgabe".

Schüler

1. Allgemeines

Für Schüler, die noch nicht 18 Jahre alt sind, ist das Jugendarbeitsschutzgesetz (JArbSchG) zu beachten. Hiernach wird zwischen Kindern und Jugendlichen unterschieden. Kind im Sinne des JArbSchG ist, wer noch nicht 15 Jahre alt ist, Jugendlicher dagegen, wer schon 15, aber noch nicht 18 Jahre alt ist. Jugendliche, die der Vollzeitschulpflicht unterliegen, gelten nach § 2 Abs. 3 JArbSchG als Kinder. Für Kinder ist die Beschäftigung neben dem Unterricht nach § 5 Abs. 1 JArbSchG im Grundsatz verboten. Für Kinder über 13 Jahre bestehen Ausnahmen, wenn die Sorgeberechtigten, also im Normalfall die Eltern, einwilligen (z. B. Austragen von Zeitungen, Zeitschriften, Anzeigeblättern und Werbeprospekten). Dabei ist die zulässige Arbeitszeit für Kinder auf maximal 2 Stunden am Tag und höchstens fünf Tage in der Woche begrenzt.

Zulässig ist außerdem nach § 5 Abs. 4 JArbSchG **die Beschäftigung von Jugendlichen über 15 Jahre während der Schulferien für höchstens vier Wochen** im Kalenderjahr. Insoweit sind die Schutzvorschriften nach §§ 8 bis 31 JArbSchG zu beachten.

Nach § 52 JArbSchG ist die Aufsichtsbehörde (in Bayern das örtlich zuständige Gewerbeaufsichtsamt) über die **Ausstellung von Lohnsteuerkarten an Kinder** im Sinne des Jugendarbeitsschutzgesetzes zu unterrichten, um möglichen Verstößen gegen das Jugendarbeitsschutzgesetz entgegenzuwirken.

2. Lohnsteuerliche Behandlung

Schüler, die nebenher oder in den großen Ferien arbeiten, sind Arbeitnehmer. Sie unterliegen mit ihrem Arbeitslohn dem Lohnsteuerabzug nach den allgemeinen Vorschriften. Die Schüler müssen deshalb – wie alle anderen Arbeitnehmer auch – ihrem Arbeitgeber zu Beginn der Beschäftigung eine Lohnsteuerkarte vorlegen. Eine Beschäftigung ohne Vorlage der Lohnsteuerkarte ist nur dann möglich, wenn es sich um eine Aushilfs- oder Teilzeitbeschäftigung handelt, für die eine **Pauschalierung** der Lohnsteuer in Betracht kommt (sog. 400-Euro-Jobs, vgl. das Stichwort „Pauschalierung der Lohnsteuer bei Aushilfskräften und Teilzeitbeschäftigten").

Die Vorlage einer Lohnsteuerkarte mit der **Steuerklasse I** ist bei der Beschäftigung von Schülern allerdings die Regel, und zwar aus folgenden Gründen:

Wird eine Lohnsteuerkarte mit der Steuerklasse I vorgelegt, so bleibt 2010 ein **Monatslohn** in Höhe von **849 €*)** **steuerfrei** (vgl. die Erläuterungen beim Stichwort „Tarifaufbau").

Aber auch bei höheren Monatslöhnen ist die Vorlage einer Lohnsteuerkarte für Schüler meist günstiger als eine Pauschalierung der Lohnsteuer, weil die einbehaltene Lohnsteuer nach Ablauf des Kalenderjahrs vom Finanzamt wieder erstattet wird, wenn die **Jahres**arbeitslohngrenze, bis zu der bei einer Veranlagung zur Einkommensteuer nach Ablauf des Kalenderjahrs **keine Einkommensteuer anfällt,** nicht überschritten wird. Die **Jahres**arbeitslohngrenze, bis zu der bei Schülern im Kalenderjahr 2010 keine Einkommensteuer anfällt errechnet sich wie folgt:

---

*) Es gelten die Besteuerungsgrenzen des besonderen Lohnsteuertarifs für nicht sozialversicherungspflichtige Arbeitnehmer (vgl. die Erläuterungen zur Zusammensetzung der Arbeitslohngrenzen beim Stichwort „Tarifaufbau" unter Nr. 7).

Schüler

	Lohn-steuer-pflichtig	Sozial-versich.-pflichtig
Grundfreibetrag	8 004,— €	
zuzüglich:		
Arbeitnehmer-Pauschbetrag	920 €	
Sonderausgaben-Pauschbetrag	36 €	
Vorsorgepauschale	0 €*)	956,— €
steuerfreier Jahresarbeitslohn		8 960,— €

Beispiel:

Ein 18-jähriger Schüler arbeitet im Juli und August des Kalenderjahres 2010 für einen Monatslohn von 2000 €. Er legt dem Arbeitgeber eine Lohnsteuerkarte mit der Steuerklasse I vor. Der Arbeitgeber hat nach der Monatstabelle an Lohn- und Kirchensteuer sowie Solidaritätszuschlag einzubehalten:

	Arbeitslohn	Lohnsteuer	Solidaritäts-zuschlag	Kirchen-steuer
Juli	2 000,— €	246,— €	13,53 €	19,68 €
August	2 000,— €	246,— €	13,53 €	19,68 €
insgesamt	4 000,— €	492,- €	27,06 €	39,36 €

Der für Schüler maßgebende **Jahres**arbeitslohn, bis zu dem bei einer Veranlagung zur Einkommensteuer nach Ablauf des Kalenderjahrs 2010 **keine Einkommensteuer** anfällt beträgt **8960 €**.

Da der von dem Schüler bezogene Jahresarbeitslohn den Betrag von 8960 € nicht übersteigt, wird ihm bei einer Antragsveranlagung durch das Finanzamt die Lohn- und Kirchensteuer sowie der Solidaritätszuschlag **in voller Höhe** erstattet. Der Schüler muss hierzu nach Ablauf des Kalenderjahres 2010 bei seinem zuständigen Wohnsitzfinanzamt einen entsprechenden Antrag stellen. Dem Antrag sollte eine Fotokopie der elektronischen Lohnsteuerbescheinigung 2010 beigefügt werden, die der Schüler von seinem Arbeitgeber erhalten hat. Der Arbeitgeber darf in keinem Fall einen Lohnsteuer-Jahresausgleich durchführen und die Lohnsteuer erstatten, und zwar auch dann nicht, wenn dem Arbeitgeber die Lohnsteuerkarte des Schülers am 31.12.2010 noch vorliegen sollte.

Bei der steuerlichen Beurteilung von Tätigkeiten, die ein Schüler ausübt, dürfen die Auswirkungen auf das Kindergeld bzw. den Kinderfreibetrag nicht außer acht gelassen werden. Denn die Eltern verlieren den Anspruch auf Kindergeld, wenn im Kalenderjahr **2010** die eigenen Einkünfte und Bezüge von Kindern über 18 Jahre **8004 €** im Kalenderjahr übersteigen. Dabei genügt es für den Wegfall des Kindergeldes von (184 € × 12 =) 2208 € jährlich, wenn die 8004-Euro-Grenze nur geringfügig, z. B. um 10 €, überschritten wird. Auf die ausführlichen Erläuterungen zur Berücksichtigung von eigenen Einkünften und Bezügen bei über 18 Jahre alten Kindern in Anhang 9 unter Nr. 9 auf Seite 949 wird hingewiesen.

3. Sozialversicherungsrechtliche Behandlung von Schülern

a) Kranken-, Pflege- und Rentenversicherung

Schüler, die während des Schulbesuches einer Beschäftigung nachgehen, sind in der Kranken-, Pflege- und Rentenversicherung nach den allgemeinen Grundsätzen für geringfügige Beschäftigungsverhältnisse zu beurteilen. In der Arbeitslosenversicherung gibt es besondere Vorschriften für Schüler an allgemein bildenden Schulen (vgl. nachfolgend unter b).

Eine geringfügige Beschäftigung als **Dauerbeschäftigung** liegt vor, wenn das regelmäßige Arbeitsentgelt im Monat **400 €** nicht übersteigt.

Für eine geringfügige versicherungsfreie **Dauerbeschäftigung** muss der Arbeitgeber einen besonderen pauschalen Arbeitgeberbeitrag von 15 % zur Renten- und ggf. 13 % zur Krankenversicherung entrichten (vgl. das Stichwort „Geringfügige Beschäftigung").

Im Gegensatz zu geringfügigen Dauerbeschäftigungen braucht der Arbeitgeber für eine geringfügige **kurzfristige** Beschäftigung keine Sozialversicherungsbeiträge zu entrichten.

Eine geringfügige Beschäftigung als kurzfristige Beschäftigung liegt vor, wenn diese im Laufe eines Kalenderjahrs auf längstens 2 Monate oder 50 Arbeitstage begrenzt ist.

Die Begrenzung muss entweder im Voraus vertraglich vereinbart werden oder aufgrund der Eigenart der Beschäftigung zweifelsfrei feststehen. Auf die Höhe des Arbeitsentgelts kommt es in diesem Fall grundsätzlich nicht an.

b) Arbeitslosenversicherung

In der Arbeitslosenversicherung sind Schüler allgemein bildender Schulen während einer daneben oder in den Ferien ausgeübten Beschäftigung generell versicherungsfrei (vgl. § 27 Abs. 4 Nr. 1 SGB III). Zu den allgemein bildenden Schulen gehören im Wesentlichen Grundschulen, Hauptschulen, Realschulen, Gymnasien sowie Aufbauschulen, die an die Hochschulreife heranführen sowie Aufbauzüge und Aufbauklassen an Hauptschulen.

Nicht zu den allgemein bildenden Schulen gehören Abendschulen, die im Allgemeinen von Arbeitnehmern außerhalb der üblichen Arbeitszeit besucht werden, um einen allgemeinen Schulabschluss (Hauptschulabschluss, mittlere Reife oder Abitur) nachzuholen. Diese Personen können auch in der Arbeitslosenversicherung nur im Rahmen der Geringfügigkeit versicherungsfrei sein.

c) Nachweis der Schülereigenschaft und Meldepflichten

Die Schülereigenschaft ist durch die Vorlage einer Schulbesuchsbescheinigung, die zu den Entgeltunterlagen zu nehmen ist, nachzuweisen.

Geringfügig beschäftigte Schüler müssen bei der Minijob-Zentrale der Deutschen Rentenversicherung Knappschaft-Bahn-See gemeldet werden. Zu den geltenden Meldevorschriften vgl. die ausführlichen Erläuterungen in **Anhang 15**.

Schulbeihilfen

	Lohn-steuer-pflichtig	Sozial-versich.-pflichtig
Schulbeihilfen, die in Besoldungsgesetzen, Tarifverträgen usw. vorgesehen sind, sind steuer- und beitragspflichtig.	ja	ja
Umschulungsbeihilfen nach einem beruflich veranlassten Umzug können als Umzugskosten steuerfrei sein (vgl. „Umzugskosten").	nein	nein

Siehe auch die Stichworte: Erziehungsbeihilfen, Beihilfen, Stipendien.

Schulderlass

siehe „Darlehen an Arbeitnehmer" und „Schenkung"

Schutzkleidung

siehe „Arbeitskleidung"

Schwerbehinderte

siehe „Behinderte"

Sechstagerennfahrer

	Lohn-steuer-pflichtig	Sozial-versich.-pflichtig
Sechstagerennfahrer sind nicht als Arbeitnehmer zu behandeln. Zum Steuerabzug bei beschränkt steuerpflichtigen, ausländischen Sechstagerennfahrern vgl. das Stichwort „Beschränkt steuerpflichtige Künstler, Berufssportler, Schriftsteller und Journalisten".	nein	nein

*) Eine Vorsorgepauschale ist zwar auch 2010 in den Lohnsteuertarif eingearbeitet worden. Bei einer Veranlagung zur Einkommensteuer wird jedoch ab 2010 keine Vorsorgepauschale mehr gewährt. Es können nur die tatsächlich entstandenen Vorsorgeaufwendungen steuerlich berücksichtigt werden (vgl. die Erläuterungen in Anhang 8 und 8a).

Seeleute

Seeleute haben nach dem BFH-Urteil vom 19.12.2005 (BStBl. 2006 II S. 378) auf dem Schiff keine (weitere) regelmäßige Arbeitsstätte, weil das Schiff **keine ortsfeste betriebliche Einrichtung des Arbeitgebers** dargestellt.

Da Seeleute keine regelmäßige Arbeitsstätte auf dem Schiff haben, liegt auch keine beruflich veranlasste doppelte Haushaltsführung vor. Die Zahlung steuerfreier Auslösungen richtet sich daher nach den beim Stichwort „Reisekosten bei Auswärtstätigkeiten" dargestellten Grundsätzen. Dabei ist bei der Zahlung steuerfreier Auslösungen für Verpflegungsmehraufwand die Dreimonatsfrist zu beachten (BFH-Urteil vom 16.11.2005, BStBl. 2006 II S. 267). **Läuft** das **Schiff** zu einem späteren Zeitpunkt nach der Rückkehr in den Heimathafen **erneut aus**, beginnt für die Pauschbeträge für Verpflegungsmehraufwendungen eine **neue Dreimonatsfrist**. Eine vierwöchige Unterbrechung ist nicht erforderlich, da es sich um eine **neue Fahrt** (neuer Auftrag) und mithin nicht mehr um „dieselbe" Auswärtstätigkeit handelt (BFH-Urteil vom 19.12.2005, BStBl. 2006 II S. 378 unter 3.).

Zur Höhe der Pauschbeträge für Verpflegungsmehraufwendungen gilt Folgendes*):

Seeleute auf **Handelsschiffen** unter **deutscher Flagge** erhalten

– für die Tage in deutschen Küstengewässern, für die Tage der Ein- und Ausschiffung sowie für Liegezeiten in deutschen Häfen die Inlandspauschalen,
– für die Tage auf hoher See die Inlandspauschale,
– für die Tage in ausländischen Küstengewässern die Auslandspauschale des jeweiligen Staates,
– für die Tage der Ein- und Ausschiffung und für Liegezeiten in ausländischen Häfen die für den ausländischen Hafenort maßgebenden Tagegelder.

Seeleute auf Handelsschiffen unter **fremder Flagge** erhalten

– für die Tage in deutschen Küstengewässern, für die Tage der Ein- und Ausschiffung sowie für Liegezeiten in deutschen Häfen die Inlandspauschalen,
– für die Tage auf hoher See das für Luxemburg geltende Tagegeld (R 9.6 Abs. 3 Satz 4 Nr. 2 LStR),
– für die Tage in ausländischen Küstengewässern das für Luxemburg geltende Tagegeld (R 9.6 Abs. 3 Satz 4 Nr. 2 LStR),
– für die Tage der Ein- und Ausschiffung und für Liegezeiten in ausländischen Häfen die für den ausländischen Hafenort maßgebenden Tagegelder.

Ein Schiff der **Bundesmarine** gehört zum Inland, so lange es sich in deutschen Küstengewässern, auf hoher See oder in ausländischen Küstengewässern befindet.

Folglich sind auch für die Tage in ausländischen Küstengewässern und auf hoher See die Inlandspauschalen anzusetzen.

Nur für die Tage der Ein- und Ausschiffung und für Liegezeiten in ausländischen Häfen sind bei Soldaten der Bundesmarine die für den ausländischen Hafenort maßgebenden Tagegelder zu berücksichtigen.

Seeschifffahrt

Seit 1.1.1999 gibt es für deutsche Reeder einen Kürzungsbetrag in Höhe von **40 % der Lohnsteuer,** die die Reeder von den Arbeitslöhnen ihrer Seeleute einbehalten können. Einzelheiten hierzu sind beim Stichwort „Schifffahrt" erläutert.

Seuchenentschädigungen

siehe „Infektionsschutzgesetz"

Servicekräfte

In einem Streitfall produzierte ein Unternehmen Reinigungsmittel für Endverbraucher, die über Warenhäuser vertrieben wurden. Auf Wunsch der Warenhäuser beauftragte das Unternehmen **Servicekräfte** mit der Regalpflege, die u. a. **Warenannahme** und **-auszeichnung** sowie die **Regalauffüllung** umfasste. Nach der getroffenen Vereinbarung sollten diese Servicekräfte als selbständiger Unternehmer Serviceleistungen vor Ort durch die Warenannahme und das sofortige Auszeichnen der Produkte sowie deren fachgerechte Präsentation in Verbindung mit einer verantwortungsvollen Regalpflege (Säubern und Auffüllen der Ausstellungsregale) erbringen. Für die genannten Arbeiten wurde eine **Vergütung** von 5 € **pro Stunde** bei einem Maximaleinsatz von **1 bis 3,5 Stunden pro Kalenderwoche** vereinbart. Für die Abrechnung zum Monatsende bestätigte der Leiter des Warenhauses der Servicekraft die Zahl ihrer Arbeitsstunden. Die Servicekräfte sollten als Kleinunternehmer keine Umsatzsteuer in Rechnung stellen.

Der Bundesfinanzhof hat diesbezüglich entschieden, dass es sich auch bei den vom Warenproduzenten im Rahmen des Vertriebs in Warenhäusern beschäftigten Servicekräften um **Arbeitnehmer** handelt. **Ausschlaggebend** hierfür war, dass die eingesetzten Servicekräfte **einfache Tätigkeiten** (Handarbeiten) ausübten, die rein mechanischer Natur waren, aufgrund vertraglicher Vorgaben eine **Weisungsgebundenheit** hinsichtlich Ort, Zeit und Inhalt der Tätigkeit bestand und die Servicekräfte mittelbar durch die Leitung der jeweiligen Warenhäuser (= Kunden des Unternehmens) **überwacht** wurden. Die vertraglich begrenzten Verdienstmöglichkeiten sprachen zudem gegen das Vorliegen eines Unternehmerrisikos. Durch diese Umstände konnte allein wegen der fehlenden Vereinbarung von Sozialleistungen keine selbständige Tätigkeit angenommen werden (BFH-Urteil vom 20.11.2008, BStBl. 2009 II S. 374). Ggf. liegen geringfügige Beschäftigungsverhältnisse vor (vgl. hierzu die Erläuterungen beim Stichwort „Geringfügige Beschäftigung").

Sicherheitseinrichtungen

1. Allgemeines

Es kommt immer häufiger vor, dass Arbeitgeber für Arbeitnehmer, die aufgrund ihrer beruflichen Position gefährdet sind (vor allem Führungskräfte der Wirtschaft, Vorstandsmitglieder von Banken, Minister usw.), Kosten für Sicherheitsmaßnahmen übernehmen. Es kann sich dabei um die Bereitstellung von Personenschutz, sog. „Body-Guards", oder den Einbau von Sicherheitseinrichtungen in der Wohnung oder im Fahrzeug des Arbeitnehmers handeln. Übernimmt der Arbeitgeber die Kosten nicht, kann sie der Arbeitnehmer ggf. als Werbungskosten geltend machen. Im Einzelnen gilt für die steuerliche Behandlung der Aufwendungen des Arbeitgebers für sicherheitsgefährdete Arbeitnehmer Folgendes:

2. Personenschutz

Aufwendungen des Arbeitgebers für das ausschließlich mit dem Personenschutz befasste Personal, sog. Body-Guards, führen nicht zu steuerpflichtigem Arbeitslohn der

---

*) Erlass des Finanzministeriums Schleswig-Holstein vom 4.9.2008 Az.: 315 – S 2380 – 183. Der Erlass ist als Anlage 2 zu H 9.6 LStR im **Steuerhandbuch für das Lohnbüro 2010** abgedruckt, das im selben Verlag erschienen ist. Das **PC-Lexikon** für das Lohnbüro 2010 enthält auch dieses Handbuch und hat außerdem den Vorteil, dass Sie **alle BFH-Urteile** sowie die aktuellen Rundschreiben und Niederschriften der Spitzenverbände der **Sozialversicherung** mit Mausklick **im Volltext** abrufen und ausdrucken können. Eine Bestellkarte finden Sie vorne im Lexikon.

Sicherheitseinrichtungen

| | Lohn-steuer-pflichtig | Sozial-versich.-pflichtig |

zu schützenden Person, weil diese Aufwendungen im ganz überwiegenden eigenbetrieblichen Interesse des Arbeitgebers liegen und der Arbeitnehmer durch diese „aufgedrängten" Leistungen nicht bereichert wird. nein nein

3. Einbau von Sicherheitseinrichtungen in der Wohnung des Arbeitnehmers

Der Bundesfinanzhof hat entschieden, dass die Aufwendungen des Arbeitgebers für Sicherheitsmaßnahmen im Wohnhaus des Arbeitnehmers (im Streitfall rund 17 330 €) zum steuerpflichtigen Arbeitslohn gehören, wenn beim Arbeitnehmer eine lediglich **„abstrakte** berufsbedingte Gefährdung von dessen Leben, Gesundheit und Vermögen" vorliegt (BFH-Urteil v. 5. 4. 2006, BStBl. II S. 541). ja ja

Weiter hat der Bundesfinanzhof entschieden, dass die von der Finanzverwaltung getroffene Regelung zur lohnsteuerlichen Behandlung von Aufwendungen des Arbeitgebers für Sicherheitsmaßnahmen seiner sicherheitsgefährdeten Arbeitnehmer (BMF-Schreiben vom 30. 6. 1997, BStBl. I S. 696)*) als Billigkeitsregelung einzuordnen und anzuwenden ist. Nach dieser bundeseinheitlichen Verwaltungsanweisung sind Sicherheitseinrichtungen (Grund- und Spezialschutz), die vom Arbeitgeber in der Wohnung (selbstgenutztes Wohneigentum oder Mietwohnung) eines sicherheitsgefährdeten Arbeitnehmers eingebaut werden, bei einer **konkreten** Gefährdung in den Sicherheitsstufen 1 und 2 unbegrenzt und in der Stufe 3 bis zu 15 339 €**) steuerfrei. Bei höheren Aufwendungen in der Stufe 3 als 15 339 € wird von einer Lohnversteuerung abgesehen, soweit die Aufwendungen Maßnahmen betreffen, die von der Sicherheitsbehörde empfohlen worden sind. nein nein

Auch bei einer nur **abstrakten** Gefährdung führt der Einbau von Sicherheitseinrichtungen zu keinem geldwerten Vorteil, soweit ein Betrag von 7670 €***) nicht überschritten wird. nein nein

Die oben genannten Höchstbeträge gelten auch dann, wenn die Aufwendungen je Objekt auf verschiedene Kalenderjahre verteilt werden. Die steuerfreien oder steuerpflichtigen Vorteile fließen dem Arbeitnehmer beim Einbau sofort als Arbeitslohn zu. Eine spätere Änderung der Gefährdungsstufe löst deshalb keine steuerlichen Konsequenzen aus (z. B. keine Erfassung eines geldwerten Vorteils nach einer Herabsetzung der Gefährdungsstufe, kein negativer Arbeitslohn bei Heraufsetzung der Gefährdungsstufe), es sei denn, sie erfolgt noch innerhalb desselben Kalenderjahres, in dem die Sicherheitseinrichtungen eingebaut worden sind. Die dem Arbeitgeber entstehenden **Betriebs- und Wartungskosten** teilen steuerlich das Schicksal der Einbaukosten, das heißt, sie sind gegebenenfalls nur anteilig nach dem Verhältnis des steuerfreien Anteils an den Gesamtkosten steuerfrei.

Ersetzt der Arbeitgeber dem Arbeitnehmer dessen eigene Aufwendungen für Sicherheitseinrichtungen oder mit diesen Einrichtungen verbundene laufende Betriebs- oder Wartungskosten, ist der Ersatz unter den oben genannten Voraussetzungen und bis zu den oben genannten Höchstbeträgen ebenfalls kein steuerpflichtiger Arbeitslohn. Dies gilt allerdings nur dann, wenn die Aufwendungen in zeitlichem Zusammenhang mit dem Einbau bzw. der Zahlung durch den Arbeitnehmer ersetzt werden; andernfalls ist der Aufwendungsersatz steuerpflichtiger Arbeitslohn.

Nicht vom Arbeitgeber ersetzte Aufwendungen des Arbeitnehmers für Sicherheitseinrichtungen gehören zu den Kosten der Lebensführung und dürfen aufgrund des Aufteilungs- und Abzugsverbots des § 12 Nr. 1 Satz 2 EStG vom Arbeitnehmer **nicht als Werbungskosten** bei seinen Einkünften aus nichtselbständiger Arbeit **abgezogen** werden. Werden Aufwendungen nur teilweise durch den Arbeitgeber steuerfrei ersetzt, gilt das Abzugsverbot für die vom Arbeitnehmer selbst getragenen Aufwendungen.

Sofortmeldung

| | Lohn-steuer-pflichtig | Sozial-versich.-pflichtig |

Sicherheitswettbewerb

Lohnsteuerpflichtig sind sog. **Sicherheitsprämien,** die der Arbeitgeber im Rahmen eines Sicherheitswettbewerbs zur Einschränkung betrieblicher Unfälle an seine Arbeitnehmer zahlt (BFH-Urteil vom 13. 3. 1988, BStBl. II S. 726). ja ja

Gewährt der Arbeitgeber für Leistungen in der Unfallverhütung und im Arbeitsschutz **Sachprämien** und werden diese pauschal versteuert (vgl. Stichwort „Pauschalierung der Lohnsteuer" unter Nr. 2 auf Seite 517), so kann bei der Beitragsberechnung in der Sozialversicherung der Durchschnittswert der pauschal versteuerten Sachzuwendungen angesetzt werden. Voraussetzung ist, dass der Wert der einzelnen Prämie 80 € nicht übersteigt und der Arbeitgeber den Arbeitnehmeranteil zur Sozialversicherung übernimmt (§ 3 Abs. 3 der Sozialversicherungsentgeltverordnung). Der Durchschnittsbetrag ist als einmalig gezahltes Arbeitsentgelt zu behandeln und aufgrund der Sonderregelung in § 3 Abs. 3 Satz 5 der Sozialversicherungsentgeltverordnung dem letzten Abrechnungszeitraum im Kalenderjahr zuzuordnen.

Steuerpflichtig sind auch Prämienrückvergütungen wegen geringer Unfallbelastung, die von Versicherungsunternehmen dem Arbeitgeber gewährt werden und die dieser an diejenigen Arbeitnehmer weitergibt, die innerhalb eines bestimmten Zeitraums weder einen Unfall verschuldet noch einen selbstverschuldeten Unfall erlitten haben. Steuerpflichtiger Arbeitslohn liegt auch in den Fällen vor, in denen solche Prämienrückvergütungen unter einer Vielzahl in Betracht kommender Arbeitnehmer verlost werden. ja ja

Siehe auch die Stichworte: Belohnungen, Preise, Verbesserungsvorschläge, Verlosungsgewinne.

Silberne Hochzeit

siehe „Gelegenheitsgeschenke"

Skilehrer

Skilehrer im Nebenberuf (ohne Arbeitsvertrag), die für Sporthäuser an Wochenenden oder für einzelne Wochenkurse tätig werden, sind insoweit selbständig (BFH-Urteil vom 24. 10. 1974, BStBl. 1975 II S. 407). nein nein

Zur Frage der „Scheinselbständigkeit" vgl. dieses Stichwort.

Sofortmeldung

Nach dem Zweiten Gesetz zur Änderung des SGB IV und anderer Gesetze müssen Arbeitgeber bestimmter Branchen seit 1. 1. 2009 zur Verbesserung der Bekämpfung der Schwarzarbeit und illegaler Beschäftigung den Tag des Beginns der Beschäftigung bereits bei dessen Aufnahme melden.

Die Sofortmeldung haben Arbeitgeber aus folgenden Wirtschaftszweigen abzugeben:

– Baugewerbe
– Gaststätten- und Beherbergungsgewerbe
– Personenbeförderungsgewerbe

---

*) BMF-Schreiben vom 30. 6. 1997 (BStBl. I S. 696). Das BMF-Schreiben ist als Anlage 3 zu H 8.1 (5–6) LStR im **Steuerhandbuch für das Lohnbüro 2010** abgedruckt, das im selben Verlag erschienen ist. Das **PC-Lexikon** für das Lohnbüro 2010 enthält auch dieses Handbuch und hat außerdem den Vorteil, dass Sie **alle BFH-Urteile** sowie die aktuellen Rundschreiben und Niederschriften der Spitzenverbände der **Sozialversicherung** mit Mausklick **im Volltext** abrufen und ausdrucken können. Eine Bestellkarte finden Sie vorne im Lexikon.

**) Eine offizielle Umstellung des bisher geltenden Betrags von 30 000 DM auf Euro ist noch nicht erfolgt. Umrechnung deshalb mit dem Kurs von 1,95583 DM = 15 338,76 €, aufgerundet 15 339 €.

***) Eine offizielle Umstellung des bisher geltenden Betrags von 15 000 DM auf Euro ist noch nicht erfolgt. Umrechnung deshalb mit dem Kurs von 1,95583 DM = 7669,38 €, aufgerundet 7670 €.

- Speditions-, Transport- und damit verbundene Logistikunternehmen
- Schaustellergewerbe
- Unternehmen der Forstwirtschaft
- Gebäudereinigergewerbe
- Messebauunternehmen
- Fleischwirtschaft.

Für die Sofortmeldungen gelten die Regelungen des maschinellen Meldeverfahrens, wobei die Meldung direkt an die Datenstelle der Rentenversicherung (DSRV), nicht an die Datenannahme- und Weiterleitungsstellen der Einzugsstellen, zu übersenden ist. Hierfür ist der Datenbaustein DBSO vorgesehen. Die Ausfüllhilfe sv.net wurde um die Sofortmeldung erweitert.

Die Sofortmeldung ist mit folgenden Daten zu übermitteln:
- Familien- und Vorname des Arbeitnehmers
- Versicherungsnummer (ggf. Vergabedaten-Geburtstag, Geburtsort, Anschrift etc.)
- Betriebsnummer des Arbeitgebers
- Tag der Beschäftigungsaufnahme.

Die Arbeitnehmer, für die eine Sofortmeldung zu erstellen ist, werden verpflichtet, ihren Personalausweis, Pass oder einen Pass- oder Ausweisersatz am Arbeitsplatz mitzuführen. Hierauf hat der Arbeitgeber die Arbeitnehmer schriftlich hinzuweisen und diesen Nachweis aufzubewahren. Im Gegenzug entfällt die Mitführungspflicht des Sozialversicherungsausweises.

Solidaritätszuschlag

Neues auf einen Blick:

Die zum **1.1.2010** erfolgte **Erhöhung** des halben **Kinderfreibetrags** von 1932 € jährlich auf 2184 € jährlich und des ganzen Kinderfreibetrags von 3864 € jährlich auf 4368 € jährlich sowie die **Erhöhung** des halben **Freibetrags für den Betreuungs- und Erziehungs- oder Ausbildungsbedarf** von 1080 € jährlich auf 1320 € jährlich und des ganzen Freibetrags für den Betreuungs- und Erziehungs- oder Ausbildungsbedarf von 2160 € jährlich auf 2640 € jährlich führt bei Arbeitnehmern mit Kindern dazu, dass sich der **Solidaritätszuschlag** ab Januar 2010 gegenüber 2009 **vermindert** (vgl. auch die Erläuterungen der nachfolgenden Nr. 3).

Wird die Lohnsteuer ab 2010 im sog. **Faktorverfahren** (vgl. die Erläuterungen bei diesem Stichwort) ermittelt, ist die sich hierbei ergebende Lohnsteuer zugleich auch Bemessungsgrundlage für den Solidaritätszuschlag.

Bei Arbeitnehmern mit Kindern ist bei Anwendung des Faktorverfahrens die sog. Maßstablohnsteuer für den laufenden Arbeitslohn zunächst unter Berücksichtigung des Kinderfreibetrags und des Freibetrags für den Betreuungs-, Erziehungs- und Ausbildungsbedarf zu ermitteln und anschließend ist der auf der Lohnsteuerkarte neben der Steuerklasse IV vom Finanzamt bescheinigte Faktor zu berücksichtigen. Ausgehend von dieser Bemessungsgrundlage ist dann der Solidaritätszuschlag mit 5,5 % zu berechnen (vgl. auch die Erläuterungen und das Beispiel unter Nr. 3).

Gliederung:

1. Allgemeines
2. Nullzone und Übergangsbereich (Milderungsregelung)
3. Berechnung des Solidaritätszuschlags bei Arbeitnehmern mit Kindern
4. Berechnung des Solidaritätszuschlags bei sonstigen Bezügen
5. Berechnung des Solidaritätszuschlags bei der Nachzahlung von Arbeitslohn
6. Solidaritätszuschlag bei Nettolohnvereinbarungen
7. Solidaritätszuschlag beim permanenten Lohnsteuer-Jahresausgleich
8. Solidaritätszuschlag bei einer Pauschalierung der Lohnsteuer
   a) Allgemeines
   b) Solidaritätszuschlag bei der Pauschalierung der Lohnsteuer für Teilzeitbeschäftigte (sog. 400-Euro-Jobs)
   c) Solidaritätszuschlag bei einer Pauschalierung der Lohnsteuer für Teilzeitbeschäftigte (sog. 400-Euro-Jobs) mit 20 %
   d) Solidaritätszuschlag bei einer Pauschalierung der Lohnsteuer für Aushilfskräfte mit 25 % oder 5 %
   e) Solidaritätszuschlag bei der Pauschalierung der Lohnsteuer mit festen Pauschsteuersätzen
   f) Solidaritätszuschlag bei pauschal besteuerten sonstigen Bezügen
9. Solidaritätszuschlag beim Lohnsteuer-Jahresausgleich durch den Arbeitgeber
10. Aufzeichnung, Anmeldung und Bescheinigung des Solidaritätszuschlags
11. Änderung des Lohnsteuerabzugs und des Solidaritätszuschlags, Arbeitgeberhaftung

1. Allgemeines

Beim Solidaritätszuschlag handelt es sich begrifflich um eine Ergänzungsabgabe, deren Aufkommen ausschließlich dem Bund zufließt und die bei Arbeitnehmern als prozentueller Zuschlag auf die Lohnsteuer erhoben wird. Die Erhebung des Solidaritätszuschlags als Ergänzungsabgabe zur Einkommensteuer ist **verfassungsgemäß** (BFH-Urteil vom 28.6.2006, BStBl. II S. 692). Das Bundesverfassungsgericht hat die hiergegen gerichtete Verfassungsbeschwerde nicht zur Entscheidung angenommen (Beschluss des Bundesverfassungsgerichts vom 11.2.2008 2 BvR 1708/06). Ein erneutes Verfahren beim Bundesverfassungsgericht ist allerdings anhängig. Die Finanzverwaltung führt daher die Festsetzung des Solidaritätszuschlags im Veranlagungsverfahren wieder vorläufig durch. Nachdem der Solidaritätszuschlag vorübergehend auch in den Jahren 1991 und 1992 erhoben wurde, ergibt sich folgende Übersicht:

Kalenderjahr	Erhebungszeitraum	Prozentsatz
1991	1.7. – 31.12.1991	7,5 %
1992	1.1. – 30.6.1992	7,5 %
1993	—	—
1994	—	—
1995	1.1. – 31.12.1995	7,5 %
1996	1.1. – 31.12.1996	7,5 %
1997	1.1. – 31.12.1997	7,5 %
1998	1.1. – 31.12.1998	5,5 %
1999	1.1. – 31.12.1999	5,5 %
2000	1.1. – 31.12.2000	5,5 %
2001	1.1. – 31.12.2001	5,5 %
2002	1.1. – 31.12.2002	5,5 %
2003	1.1. – 31.12.2003	5,5 %
2004	1.1. – 31.12.2004	5,5 %
2005	1.1. – 31.12.2005	5,5 %
2006	1.1. – 31.12.2006	5,5 %
2007	1.1. – 31.12.2007	5,5 %
2008	1.1. – 31.12.2008	5,5 %
2009	1.1. – 31.12.2009	5,5 %
2010	1.1. – 31.12.2010	**5,5 %**

Der Arbeitgeber ist verpflichtet, den Solidaritätszuschlag bei jeder laufenden Lohnzahlung und bei allen sonstigen Bezügen vom Arbeitslohn einzubehalten und an das Finanzamt abzuführen. Wird die Lohnsteuer pauschaliert, ist stets auch der Solidaritätszuschlag abzuführen und zwar in Höhe von 5,5 % der pauschalen Lohnsteuer. Abga-

Solidaritätszuschlag

bepflichtig sind **alle** Arbeitnehmer, also sowohl die unbeschränkt steuerpflichtigen Arbeitnehmer, die eine Lohnsteuerkarte vorgelegt haben, als auch die beschränkt steuerpflichtigen Arbeitnehmer (vgl. dieses Stichwort).

Bemessungsgrundlage für den Solidaritätszuschlag ist die **Lohnsteuer.** Dies gilt auch dann, wenn die Lohnsteuer im ab 2010 anzuwendenden Faktorverfahren ermittelt wurde (vgl. die Erläuterungen beim Stichwort „Faktorverfahren"). Der Solidaritätszuschlag errechnet sich deshalb im Normalfall durch die Anwendung eines bestimmten Prozentsatzes auf die einzubehaltende oder zu pauschalierende Lohnsteuer. Der maßgebende Prozentsatz beträgt für das Kalenderjahr **2010** wie bisher **5,5 %.** Von dem Grundsatz, dass sich der Solidaritätszuschlag durch die Anwendung des Prozentsatzes von 5,5 % auf die Lohnsteuer errechnet, gibt es **zwei Ausnahmen:**

- Arbeitnehmer mit **Kindern** (vgl. nachfolgend unter Nr. 3) sowie
- **Nullzone und Überleitungsregelung** für niedrige Lohnsteuerbeträge (vgl. nachfolgend unter Nr. 2).

Unter Berücksichtigung dieser beiden Besonderheiten beträgt also der Solidaritätszuschlag 5,5 % der Lohnsteuer. Bruchteile eines Cents bleiben dabei außer Ansatz (§ 4 Satz 3 des Solidaritätszuschlagsgesetzes)*).

2. Nullzone und Übergangsbereich (Milderungsregelung)

Ein Solidaritätszuschlag wird erst erhoben, wenn die Lohnsteuer einen bestimmten Betrag übersteigt. Durch diese sog. **Nullzone** werden Arbeitnehmer mit geringem Arbeitslohn vom Solidaritätszuschlag **völlig freigestellt.** In Anwendung der Nullzone bleiben also Arbeitslöhne vom Solidaritätszuschlag befreit, wenn die Lohnsteuer des Lohnzahlungszeitraums folgende Beträge nicht übersteigt, wobei bei Arbeitnehmern mit Kindern eine fiktive Lohnsteuer maßgebend ist (vgl. nachfolgend unter Nr. 3):

Lohn-zahlungs-zeitraum	**Nullzone** in Steuerklasse III bis zu einer Lohnsteuer von	**Nullzone** in den Steuerklassen I, II, IV, V und VI bis zu einer Lohnsteuer von
Monat	162,— €	81,— €
Woche	37,80 €	18,90 €
Tag	5,40 €	2,70 €

Beim Lohnsteuer-Jahresausgleich durch den Arbeitgeber gilt eine Nullzone bis zu einer Lohnsteuer von

1944,— € in Steuerklasse III

972,— € in den Steuerklassen I, II und IV.

Der Arbeitgeber darf keinen Lohnsteuer-Jahresausgleich durchführen, wenn der Arbeitnehmer für das ganze Kalenderjahr oder für einen Teil des Kalenderjahres nach der Steuerklasse V oder VI zu besteuern war. Entsprechendes gilt bei Anwendung des Faktorverfahrens (vgl. die Erläuterungen beim Stichwort „Lohnsteuer-Jahresausgleich durch den Arbeitgeber" unter Nr. 3).

Übersteigt die einzubehaltende oder bei der Berücksichtigung von Kinderfreibeträgen die fiktive Lohnsteuer die oben genannten Beträge, so wird der Solidaritätszuschlag nicht sofort in voller Höhe erhoben. Nach § 4 des Solidaritätszuschlagsgesetzes gilt vielmehr eine Gleitregelung, nach der im **Übergangsbereich** der Solidaritätszuschlag 20 % des Unterschiedsbetrages zwischen der einzubehaltenden Lohnsteuer und den freigestellten Beträgen nicht übersteigen darf. Die Berechnung des Solidaritätszuschlags im Übergangsbereich soll anhand eines Beispiels verdeutlicht werden:

Beispiel

Ein Arbeitnehmer mit der Steuerklasse III erhält 2010 einen Arbeitslohn von 2700 € monatlich. Die Lohnsteuer hierfür beträgt 177,16 €. Der einzubehaltende Solidaritätszuschlag errechnet sich wie folgt:

Lohnsteuer lt. Tabelle =	177,16 €
Solidaritätszuschlag 5,5 % von 177,16 € =	9,74 €
höchstens jedoch 20 % von (177,16 € − 162,— € =) 15,16 €; 20 % von 15,16 € =	3,03 €
anzusetzen ist der niedrigere Betrag; der Solidaritätszuschlag beträgt somit	3,03 €

Bruchteile eines Cents bleiben bei der Berechnung des Solidaritätszuschlags stets außer Ansatz (§ 4 Satz 3 Solidaritätszuschlagsgesetz).

Für die Einbehaltung des Solidaritätszuschlags beim laufenden Arbeitslohn ist also sowohl die **Nullzone** als auch der sog. **Übergangsbereich** zu beachten. Das bedeutet, dass bis zu einem bestimmten Arbeitslohn überhaupt kein Solidaritätszuschlag anfällt und danach die volle Belastung mit 5,5 % nicht sofort einsetzt.

Die im selben Verlag erschienenen **Lohnsteuertabellen 2010** sind so gestaltet, dass der Solidaritätszuschlag sowohl in der Nullzone als auch im Übergangsbereich alle zutreffenden Werte enthält, sodass die Lohnsteuer, der Solidaritätszuschlag und die Kirchensteuer ohne komplizierte Berechnungen in einem Arbeitsgang abgelesen werden können.

3. Berechnung des Solidaritätszuschlags bei Arbeitnehmern mit Kindern

Seit Inkrafttreten des Familienleistungsausgleichs ab 1.1.1996 werden bei der Berechnung der Lohnsteuer keine Kinderfreibeträge mehr berücksichtigt. Denn die lohnsteuerliche Entlastung für Kinder wird seither nur noch durch das Kindergeld gewährt (vgl. Anhang 9). **Dies gilt jedoch nicht für den Solidaritätszuschlag.** Bei der Berechnung der Bemessungsgrundlage für den Solidaritätszuschlag werden vielmehr auch weiterhin die Kinderfreibeträge berücksichtigt, wobei **seit 1.1.2002** auch der **Freibetrag für Betreuungs-, Erziehungs- oder Ausbildungsbedarf** in die Berechnung der Bemessungsgrundlage mit einbezogen wird. Die zum **1.1.2010** erfolgte **Erhöhung** des halben **Kinderfreibetrags** von 1932 € jährlich auf 2184 € jährlich und des ganzen Kinderfreibetrags von 3864 € jährlich auf 4368 € jährlich sowie die **Erhöhung** des halben **Freibetrags für den Betreuungs- und Erziehungs- oder Ausbildungsbedarf** von 1080 € jährlich auf 1320 € jährlich und des ganzen Freibetrags für den Betreuungs- und Erziehungs- oder Ausbildungsbedarf von 2160 € jährlich auf 2640 € jährlich führt dazu, dass sich der **Solidaritätszuschlag** ab Januar 2010 gegenüber 2009 **vermindert.** Wie dies geschieht, soll an einem Beispiel verdeutlicht werden:

Beispiel

Ein Arbeitnehmer hat auf seiner Lohnsteuerkarte folgende Eintragungen: Steuerklasse III; Zahl der Kinderfreibeträge 1,0. Sein Monatslohn beträgt 3000 €. Die Lohnsteuer und der Solidaritätszuschlag errechnen sich im Kalenderjahr 2010 wie folgt:

a) Berechnung der Lohnsteuer

Jahresarbeitslohn (3000 € × 12)	=	36 000,— €
abzüglich		
Arbeitnehmer-Pauschbetrag	920,— €	
Sonderausgaben-Pauschbetrag	36,— €**)	
Vorsorgepauschale (vgl. Anhang 8 Nr. 10)	4 520,— €	5 476,— €
zu versteuerndes Einkommen		30 524,— €

---

*) Das Solidaritätszuschlagsgesetz in der ab 1.1.2010 geltenden Fassung ist als Anhang 3 im **Steuerhandbuch für das Lohnbüro 2010** abgedruckt, das im selben Verlag erschienen ist. Das **PC-Lexikon** für das Lohnbüro 2010 enthält auch dieses Handbuch und hat außerdem den Vorteil, dass Sie **alle BFH-Urteile** sowie die aktuellen Rundschreiben und Niederschriften der Spitzenverbände der **Sozialversicherung** mit Mausklick **im Volltext** abrufen und ausdrucken können. Eine Bestellkarte finden Sie vorne im Lexikon.

**) Der Sonderausgaben-Pauschbetrag beträgt beim Lohnsteuerabzug ab 1.1.2010 auch bei der Steuerklasse III 36 € (statt bisher 72 €), weil der dem Ehegatten zustehende Sonderausgaben-Pauschbetrag von 36 € bei Anwendung der Steuerklasse V berücksichtigt wird (§ 39b Abs. 2 Satz 5 Nr. 2 EStG). Auf die Erläuterungen beim Stichwort „Tarifaufbau" unter Nr. 7 wird Bezug genommen.

Solidaritätszuschlag

	Lohn-steuer-pflichtig	Sozial-versich.-pflichtig
Steuer nach der Einkommensteuer-Splittingtabelle 2010 (= Jahreslohnsteuer)	2 950,— €	
die monatliche Lohnsteuer beträgt ¹/₁₂ =	245,83 €	

b) Berechnung des Solidaritätszuschlags

zu versteuerndes Einkommen (wie oben)	30 524,— €	
abzüglich ein Kinderfreibetrag	4 368,— €	
abzüglich ein Freibetrag für Betreuungs-, Erziehungs- oder Ausbildungsbedarf	2 640,— €	
verbleiben	23 516,— €	
Steuer lt. Splittingtabelle 2010	1 308,— €	
monatlich ¹/₁₂ (= Bemessungsgrundlage für den Solidaritätszuschlag)	109,— €	
Nullzone bei Steuerklasse III	162,— €	
der Solidaritätszuschlag beträgt somit =	0,— €	

Die Berücksichtigung des **Kinderfreibetrags** und des **Freibetrags für Betreuungs-, Erziehungs- oder Ausbildungsbedarf** bei der Bemessungsgrundlage für den Solidaritätszuschlag erfolgt **stets** mit dem **halben oder ganzen Jahresbetrag** und nicht nach dem Monatsprinzip (vgl. hierzu die Erläuterungen im Anhang 9 unter Nr. 6 und Nr. 7).

Die im selben Verlag erschienenen **Lohnsteuertabellen 2010** sind so gestaltet, dass die Lohnsteuer, der Solidaritätszuschlag und die Kirchensteuer ohne weiteres in einem Arbeitsgang aus der maßgebenden Kinderfreibetragsspalte abgelesen werden können.

Bei Anwendung des ab 2010 geltenden Faktorverfahrens (vgl. dieses Stichwort), ist auf die sog. Maßstablohnsteuer für den laufenden Arbeitslohn (= Lohnsteuer, die unter Berücksichtigung des Kinderfreibetrags und des Freibetrags für den Betreuungs-, Erziehungs- oder Ausbildungsbedarf ermittelt wurde) zunächst der auf der Lohnsteuerkarte neben der Steuerklasse IV bescheinigte Faktor und anschließend der für den Solidaritätszuschlag geltende Prozentsatz von 5,5 % anzuwenden.

Beispiel

Die unter Berücksichtigung des Kinderfreibetrags und des Freibetrags für Betreuungs-, Erziehungs- oder Ausbildungsbedarf ermittelte monatliche Lohnsteuer soll 250 € betragen. Auf der Lohnsteuerkarte des Arbeitnehmers ist neben der Steuerklasse IV der Faktor 0,9 bescheinigt.

Monatliche Lohnsteuerkarte unter Berücksichtigung der Freibeträge für Kinder	250,— €
Anwendung des Faktors 0,9 = Bemessungsgrundlage für den Solidaritätszuschlag	225,— €
Solidaritätszuschlag 5,5 % von 225,— €	12,37 €

Ohne Anwendung des Faktorverfahrens hätte der Solidaritätszuschlag 13,75 € (5,5 % von 250,— €) betragen.

4. Berechnung des Solidaritätszuschlags bei sonstigen Bezügen

Bei sonstigen Bezügen wird die Lohnsteuer stets durch Anwendung der Jahreslohnsteuertabelle errechnet. Die beim Stichwort „Sonstige Bezüge" für die Lohnsteuer dargestellte Berechnungsmethode unter Anwendung der Jahrestabelle **gilt nicht für den Solidaritätszuschlag*)**. Der Solidaritätszuschlag errechnet sich in diesen Fällen **ohne jede Ausnahme** stets mit **5,5 % derjenigen Lohnsteuer, die auf den sonstigen Bezug entfällt.** Der Solidaritätszuschlag darf also in diesen Fällen **nicht aus der Jahrestabelle abgelesen werden,** weil dies in der Nullzone, im Übergangsbereich (= Milderungsregelung) und bei Arbeitnehmern mit Kindern zu falschen Ergebnissen führen könnte (vgl. das nachfolgende Beispiel).

Beispiel

Ein Arbeitnehmer mit einem Monatslohn von 2600 € hat eine Lohnsteuerkarte 2010 mit folgenden Eintragungen vorgelegt: Steuerklasse III/1,0 Kinderfreibeträge, Kirchensteuermerkmal ev. Im Juni 2010 erhält der Arbeitnehmer ein Urlaubsgeld in Höhe von 200 €.

Für Juni 2010 ergibt sich folgende Lohnabrechnung:

lohnsteuerpflichtiger laufender Arbeitslohn	2 600,— €
Lohnsteuer lt. Monatstabelle (Steuerklasse III/1)	154,50 €
Solidaritätszuschlag	0,— €
Kirchensteuer (8 %)	4,17 €

Berechnung der Lohnsteuer und des Solidaritätszuschlags für das Urlaubsgeld.

Die Lohnsteuer für das Urlaubsgeld ist unter Anwendung der **Jahreslohnsteuertabelle** nach dem für sonstige Bezüge vorgeschriebenen Verfahren zu berechnen. Hierfür ist zuerst der voraussichtliche Jahresarbeitslohn zu ermitteln:

voraussichtlicher Jahresarbeitslohn (2600 € × 12)	31 200,— €

Die Lohnsteuer für den sonstigen Bezug ermittelt sich wie folgt:

– Lohnsteuer lt. Jahreslohnsteuertabelle für den voraussichtlichen Jahresarbeitslohn von 31 200 € (Steuerklasse III/1)	1 854,— €
– Lohnsteuer lt. Jahreslohnsteuertabelle für den voraussichtlichen Jahresarbeitslohn zuzüglich sonstiger Bezug (31 200 € + 200 €) = 31 400 €	1 898,— €
Differenz = Lohnsteuer für den sonstigen Bezug	44,— €
Der Solidaritätszuschlag beträgt 5,5 % der Lohnsteuer für den sonstigen Bezug (5,5 % von 44 €) =	2,42 €

Nicht zulässig wäre es, auch den Solidaritätszuschlag nach Steuerklasse III/1,0 Kinderfreibetrag aus der Jahrestabelle abzulesen und die Differenz zu bilden. Würde man so verfahren, ergäbe sich Folgendes:

– Solidaritätszuschlag lt. Jahrestabelle (31 200 € Jahresarbeitslohn)	0,— €
– Solidaritätszuschlag lt. Jahrestabelle (31 400 € Jahresarbeitslohn zuzüglich sonstiger Bezug)	0,— €
Differenz = Solidaritätszuschlag für den sonstigen Bezug	0,— €

Diese Berechnung ist nicht zulässig.

5. Berechnung des Solidaritätszuschlags bei der Nachzahlung von Arbeitslohn

Für die Berechnung des Solidaritätszuschlags bei der Nachzahlung von laufendem Arbeitslohn gilt Folgendes:

Nachzahlungen von Arbeitslohn gehören lohnsteuerlich zum **laufenden** Arbeitslohn, wenn sich der **Gesamtbetrag** einer Nachzahlung ausschließlich auf das **laufende Kalenderjahr** bezieht. Gehören Nachzahlungen von Arbeitslohn hiernach zum laufenden Arbeitslohn, so ist die Nachzahlung für die Berechnung der Lohnsteuer den Lohnzahlungszeiträumen zuzurechnen, für die die Nachzahlung geleistet wird (= Aufrollen der bereits abgerechneten Lohnzahlungszeiträume, vgl. das Stichwort „Nachzahlung von laufendem Arbeitslohn").

Nachzahlungen von Arbeitslohn gehören lohnsteuerlich stets zu den **sonstigen Bezügen,** wenn sich die Nachzahlung ausschließlich auf bereits abgelaufene Kalenderjahre bezieht. Nachzahlungen gehören auch dann in **voller Höhe zu den sonstigen Bezügen,** wenn sich die Nachzahlung zum Teil auf das laufende Kalenderjahr und **zum Teil auf Vorjahre** bezieht. Der **gesamte** Betrag, also auch der Teil der Nachzahlung, der auf das laufende Jahr entfällt, ist im Monat des Zuflusses als sonstiger Bezug zu besteuern. Eine Aufteilung des Gesamtbetrags in einen laufenden Bezug, der auf Zeiträume des laufenden Jahres entfällt und einen sonstigen Bezug für die bereits abgelaufenen Jahre, ist nicht zulässig.

Gehören Nachzahlungen von Arbeitslohn zu den sonstigen Bezügen, weil sie ganz oder teilweise ein anderes Kalenderjahr betreffen, so ist für die Bemessung des Soli-

---

*) Nach § 3 Abs. 4 Satz 1 des Solidaritätszuschlagsgesetzes gilt die Nullzone und damit auch der Übergangsbereich nur beim „Abzug" vom „laufenden" Arbeitslohn. Nullzone und Übergangsbereich sind bei einer Besteuerung sonstiger Bezüge nach der Jahreslohnsteuertabelle nicht anwendbar. Gleiches gilt nach § 3 Abs. 2a zweiter Halbsatz des Solidaritätszuschlagsgesetzes für den Kinderfreibetrag und den Freibetrag für Betreuungs-, Erziehungs- oder Ausbildungsbedarf.

Solidaritätszuschlag

daritätszuschlags die im Zeitpunkt des Zufließens geltende Rechtslage maßgebend.

Gehört die Nachzahlung zum laufenden Arbeitslohn, weil sie sich nur auf Lohnzahlungszeiträume des laufenden Kalenderjahres bezieht, so kann sie nach der Vereinfachungsregelung in R 39b.5 Abs. 4 Satz 2 der Lohnsteuer-Richtlinien trotzdem als sonstiger Bezug behandelt werden. In diesem Fall ist auch der Solidaritätszuschlag nach den für sonstige Bezüge geltenden Vorschriften zu ermitteln, das heißt er beträgt stets 5,5 % der auf den sonstigen Bezug entfallenden Lohnsteuer. Dies kann ungünstiger sein als ein Aufrollen der bereits abgerechneten Lohnzahlungszeiträume. Auf das Berechnungsbeispiel beim Stichwort „Sonstige Bezüge" unter Nr. 7 auf Seite 666 wird hingewiesen.

6. Solidaritätszuschlag bei Nettolohnvereinbarungen

Übernimmt der Arbeitgeber in den Fällen einer Nettolohnvereinbarung auch den Solidaritätszuschlag, so ist die Lohnsteuer aus dem Bruttoarbeitslohn zu berechnen, der nach Kürzung um die Lohnabzüge einschließlich des Solidaritätszuschlags den ausgezahlten Nettolohn ergibt (sog. Abtasten der Lohnsteuertabelle). Auf das Beispiel einer Nettolohnberechnung für **laufenden Arbeitslohn** mit Übernahme des Solidaritätszuschlags und aller anderen Lohnabzugsbeträge durch den Arbeitgeber in Anhang 13 auf Scite 970 wird hingewiesen. Eine Nettolohnberechnung für **sonstige Bezüge** unter Übernahme aller Abzugsbeträge (Lohnsteuer, Solidaritätszuschlag, Kirchensteuer und Sozialversicherungsbeiträge) ist in Anhang 12 auf Seite 968 abgedruckt. Eine Nettolohnberechnung unter Anwendung der sog. **Fünftelregelung** mit Übernahme aller Abzugsbeträge ist in Anhang 14 auf Seite 972 abgedruckt.

Übernimmt der Arbeitgeber zwar die Lohnsteuer (und ggf. auch die Kirchensteuer und den Arbeitnehmeranteil am Gesamtsozialversicherungsbeitrag), nicht aber den Solidaritätszuschlag, so bleibt dieser beim Abtasten der Lohnsteuertabelle zur Berechnung des Bruttoarbeitslohns außer Betracht. Der Solidaritätszuschlag errechnet sich mit 5,5 % aus der im Abtast-Verfahren ermittelten Lohnsteuer und mindert den Nettolohn entsprechend.

7. Solidaritätszuschlag beim permanenten Lohnsteuer-Jahresausgleich

Die Bezeichnung „Permanenter Lohnsteuer-Jahresausgleich" hat sich für ein besonderes Verfahren bei der Besteuerung des laufenden Arbeitslohns während des Kalenderjahres eingebürgert. Bei diesem Verfahren wird der **laufende** Lohnsteuerabzug nach dem voraussichtlichen Jahresarbeitslohn und unter Anwendung der **Jahreslohnsteuertabelle** vorgenommen. Hierdurch werden Überzahlungen an Lohnsteuer, die z. B. durch schwankende Arbeitslöhne entstehen können, ständig (permanent) ausgeglichen. Mit einem „Lohnsteuer-Jahresausgleich" im eigentlichen Sinne dieses Worts hat das Verfahren nichts zu tun.

Wird die Lohnsteuer für den laufenden Arbeitslohn nach dem voraussichtlichen Jahresarbeitslohn des Arbeitnehmers ermittelt, so ist die nach diesem Verfahren für den laufenden Arbeitslohn ermittelte Lohnsteuer Bemessungsgrundlage für den Solidaritätszuschlag. Der Solidaritätszuschlag kann deshalb **in diesem Ausnahmefall** – ebenso wie die Lohnsteuer – für den maßgebenden Bruttojahresarbeitslohn nach der auf der Lohnsteuerkarte eingetragenen Steuerklasse und Zahl der Kinderfreibeträge direkt **aus der Jahreslohnsteuertabelle 2010 abgelesen werden**. Auf die Rechenbeispiele beim Stichwort „Permanenter Lohnsteuer-Jahresausgleich" wird hingewiesen.

8. Solidaritätszuschlag bei einer Pauschalierung der Lohnsteuer

a) Allgemeines

Der Solidaritätszuschlag fällt auch dann an, wenn die Lohnsteuer pauschaliert wird. Der Solidaritätszuschlag beträgt in allen Pauschalierungsfällen – einzige Ausnahme vgl. nachfolgend unter Buchstabe b – **5,5 % der pauschalen Lohnsteuer**. Der Solidaritätszuschlag ist auf den Cent genau zu berechnen. Bruchteile eines Cents bleiben allerdings außer Betracht, das heißt, es wird stets auf Cent abgerundet (§ 4 Satz 3 des Solidaritätszuschlagsgesetzes). Die bei einer Besteuerung des laufenden Arbeitslohns nach der Lohnsteuertabelle geltende **Nullzone** sowie der sog. **Übergangsbereich** (vgl. vorstehend unter Nr. 2) sind bei einer Pauschalierung der Lohnsteuer **nicht** anwendbar*). Auch die Freibeträge für Kinder (vgl. vorstehend unter Nr. 3) wirken sich auf die Pauschalsteuern und damit auf die Höhe des Solidaritätszuschlags hierfür nicht aus. Der bei der Pauschalbesteuerung von Arbeitslöhnen anfallende Solidaritätszuschlag ist wie die pauschale Lohnsteuer vom Arbeitgeber zu übernehmen (zur Abwälzung der Pauschalsteuern auf den Arbeitnehmer vgl. dieses Stichwort).

Im Einzelnen gilt für die Erhebung des Solidaritätszuschlags in Pauschalierungsfällen Folgendes:

b) Solidaritätszuschlag bei der Pauschalierung der Lohnsteuer für Teilzeitbeschäftigte (sog. 400-Euro-Jobs)

Nach § 40 a Abs. 2 EStG kann der Arbeitgeber den Arbeitslohn für einen 400-Euro-Job unter Verzicht auf die Vorlage einer Lohnsteuerkarte pauschal mit **2 %** versteuern, wenn der Arbeitgeber für diese geringfügige Beschäftigung einen Pauschalbeitrag zur gesetzlichen Rentenversicherung in Höhe von 15 % für „normale" 400-Euro-Jobs oder in Höhe von 5 % für 400-Euro-Jobs in einem Privathaushalt entrichtet. **Diese 2 %ige Pauschalsteuer ist eine Abgeltungssteuer; sie gilt auch den Solidaritätszuschlag und die Kirchensteuer mit ab.** Die Pauschalsteuer von 2 % ist zusammen mit dem pauschalen Kranken- und Rentenversicherungsbeitrag mit Beitragsnachweis an die Bundesknappschaft abzuführen (vgl. die ausführlichen Erläuterungen beim Stichwort „Pauschalierung der Lohnsteuer bei Aushilfskräften und Teilzeitbeschäftigten" unter Nr. 2).

Die Pauschalierung der Lohnsteuer mit 2 % für 400-Euro-Jobs ist die **einzige Ausnahme** von dem Grundsatz, dass bei einer Pauschalierung der Lohnsteuer zusätzlich der Solidaritätszuschlag in Höhe von 5,5 % der pauschalen Lohnsteuer anfällt.

c) Solidaritätszuschlag bei einer Pauschalierung der Lohnsteuer für Teilzeitbeschäftigte (sog. 400-Euro-Jobs) mit 20 %

Liegen die Voraussetzungen für eine Pauschalierung der Lohnsteuer mit 2 % nicht vor, weil der Arbeitgeber für ein geringfügig entlohntes Beschäftigungsverhältnis keinen Pauschalbeitrag zur gesetzlichen Rentenversicherung von 15 % oder 5 % entrichtet, so kann die Lohnsteuer nach § 40 a Abs. 2 a EStG unter Verzicht auf die Vorlage einer Lohnsteuerkarte mit **20 %** pauschaliert werden, wenn das Arbeitsentgelt monatlich 400 € nicht übersteigt.

Im Gegensatz zur 2 %igen Pauschalsteuer ist bei der Pauschalierung der Lohnsteuer mit 20 % **der Solidaritätszuschlag nicht mit abgegolten**. Der Solidaritätszuschlag in Höhe von 5,5 % der pauschalen Lohnsteuer und die pau-

---

*) Nach § 3 Abs. 4 Satz 1 des Solidaritätszuschlagsgesetzes gilt die Nullzone und damit auch der Übergangsbereich nur beim „Abzug" vom „laufenden" Arbeitslohn. Nullzone und Übergangsbereich sind damit bei einer Pauschalierung der Lohnsteuer nicht anwendbar (BFH-Urteil vom 1.3.2002, BStBl. II S. 440).

Solidaritätszuschlag

schale Kirchensteuer fallen also zusätzlich zur 20 %igen pauschalen Lohnsteuer an. Die pauschale Lohnsteuer von 20 % sowie der Solidaritätszuschlag und die Kirchensteuer sind im Gegensatz zur 2 %igen Pauschalsteuer nicht an die Bundesknappschaft sondern mit Lohnsteuer-Anmeldung beim Betriebsstättenfinanzamt anzumelden und an das Finanzamt abzuführen.

Die Pauschalierung der Lohnsteuer für 400-Euro-Jobs mit 20 % (anstelle von 2 %) kommt aber nur in Ausnahmefällen zur Anwendung, und zwar dann, wenn für eine Beschäftigung, die für sich allein gesehen eine geringfügig entlohnte Beschäftigung ist, **keine Pauschalbeiträge von 15 % oder 5 % zur Rentenversicherung** zu zahlen sind, z. B. wegen der Zusammenrechnung von mehreren nebeneinander ausgeübten geringfügig entlohnten Beschäftigungen (vgl. die Erläuterungen beim Stichwort „Pauschalierung der Lohnsteuer bei Aushilfskräften und Teilzeitbeschäftigten" unter Nr. 3).

d) Solidaritätszuschlag bei einer Pauschalierung der Lohnsteuer für Aushilfskräfte mit 25 % oder 5 %

Eine pauschale Versteuerung des gesamten Arbeitslohns ohne Vorlage der Lohnsteuerkarte ist nach § 40 a EStG auch bei folgenden Aushilfskräften möglich:

- Bei **kurzfristig** beschäftigten Arbeitnehmern (Aushilfskräfte).
  Der Pauschsteuersatz beträgt **25 %**.
- Bei Aushilfskräften in der **Land- und Forstwirtschaft.**
  Der Pauschsteuersatz beträgt **5 %**.

In beiden Fällen ist zusätzlich zur pauschalen Lohnsteuer von 25 % oder 5 % ein Solidaritätszuschlag in Höhe von 5,5 % der Pauschalsteuer an das Finanzamt abzuführen (vgl. das Stichwort „Pauschalierung der Lohnsteuer bei Aushilfskräften und Teilzeitbeschäftigten" Nr. 4 und 5).

e) Solidaritätszuschlag bei der Pauschalierung der Lohnsteuer mit festen Pauschsteuersätzen

Der Arbeitgeber kann in folgenden Fällen die Lohnsteuer mit einem festen Pauschsteuersatz pauschalieren:

- bei Beiträgen zu einer **Direktversicherung, Pensionskasse** oder **Gruppenunfallversicherung** im Rahmen bestimmter Höchstbeträge mit **20 %**;
- bei der Pauschalierung der Lohnsteuer für **Zuschüsse des Arbeitgebers** zu den Aufwendungen des Arbeitnehmers für **Fahrten zwischen Wohnung und regelmäßiger Arbeitsstätte** in bestimmtem Umfang mit **15 %**;
- bei der Pauschalierung der Lohnsteuer für den geldwerten Vorteil aus der unentgeltlichen oder verbilligten Gewährung von **Mahlzeiten mit 25 %**;
- bei der Pauschalierung der Lohnsteuer für **Erholungsbeihilfen** in bestimmtem Umfang mit **25 %**;
- bei der Pauschalierung der Lohnsteuer für Zuwendungen des Arbeitgebers zu **Betriebsveranstaltungen mit 25 %**;
- bei einer **Computerübereignung** und bei Arbeitgeberzuschüssen zur **Internetnutzung** mit **25 %**;
- bei der Pauschalierung der Lohnsteuer für die steuerpflichtigen Verpflegungsmehraufwendungen bei **Reisekostenvergütungen** mit **25 %**;
- bei bestimmten **Sachzuwendungen** (z. B. Belohnungsessen, Incentive-Reisen, VIP-Logen) mit **30 %**.

Werden pauschal versteuerte Arbeitgeberleistungen als laufender Arbeitslohn (z. B. bei Beiträgen zu Direktversicherungen oder bei laufend gezahlten Fahrkostenzuschüssen zu den Aufwendungen des Arbeitnehmers für Fahrten zwischen Wohnung und regelmäßiger Arbeitsstätte) oder als sonstiger Bezug gezahlt, so hat der Arbeitgeber zusätzlich zur pauschalen Lohnsteuer von 15 %, 20 %, 25 % oder 30 % **in allen Fällen** einen Solidaritätszuschlag in Höhe von 5,5 % der Pauschalsteuer an das Finanzamt abzuführen. Der Solidaritätszuschlag ist centgenau zu berechnen. Bruchteile eines Cents bleiben außer Ansatz.

f) Solidaritätszuschlag bei pauschal besteuerten sonstigen Bezügen

Von **sonstigen Bezügen** kann die Lohnsteuer nach § 40 Abs. 1 Nr. 1 EStG mit Genehmigung des Finanzamts pauschal erhoben werden, wenn folgende drei Voraussetzungen erfüllt sind:

- größere Zahl von Fällen (mindestens 20 Arbeitnehmer)
- Übernahme der Lohnsteuer durch den Arbeitgeber (= Anwendung des Nettosteuersatzes) und
- Beachtung der 1000-Euro-Grenze.

Werden sonstige Bezüge pauschal besteuert, so hat der Arbeitgeber zusätzlich zur pauschalen Lohnsteuer einen Solidaritätszuschlag in Höhe von 5,5 % der Pauschalsteuer an das Finanzamt abzuführen.

Bei der Ermittlung des Pauschsteuersatzes wird der vom Arbeitgeber zu übernehmende Solidaritätszuschlag (ebenso wie die Kirchensteuer) dem pauschal zu versteuernden Betrag aus Vereinfachungsgründen **nicht hinzugerechnet** (vgl. hierzu die ausführlichen Erläuterungen beim Stichwort „Pauschalierung der Lohnsteuer" unter Nr. 2 Buchstabe d auf Seite 521).

Die vorstehenden Ausführungen gelten entsprechend bei einer **Pauschalierung** der Lohnsteuer **nach** einer **Lohnsteuer-Außenprüfung** (§ 40 Abs. 1 Nr. 2 EStG), vgl. hierzu auch die Erläuterungen beim Stichwort „Pauschalierung der Lohnsteuer" unter Nr. 3 Buchstabe b.

9. Solidaritätszuschlag beim Lohnsteuer-Jahresausgleich durch den Arbeitgeber

Zur Behandlung des Solidaritätszuschlags beim Lohnsteuer-Jahresausgleich durch den Arbeitgeber gilt folgender Grundsatz:

Führt der Arbeitgeber für den Arbeitnehmer einen Lohnsteuer-Jahresausgleich durch, so muss er auch für den Solidaritätszuschlag einen Jahresausgleich vornehmen. Hierbei sind sowohl die **Nullzone** als auch der sog. **Übergangsbereich** zu beachten. Das bedeutet, dass bis zu einem bestimmten Jahresarbeitslohn überhaupt kein Solidaritätszuschlag anfällt und danach die volle Belastung mit 5,5 % nicht sofort einsetzt.

Die im selben Verlag erschienenen **Jahreslohnsteuertabelle 2010** enthält alle Beiträge, die beim Jahresausgleich durch den Arbeitgeber maßgebend sind. Aus diesen Jahreslohnsteuertabellen können deshalb sowohl die Lohnsteuer als auch der Solidaritätszuschlag und die Kirchensteuer in einem Arbeitsgang abgelesen werden.

Übersteigt die Summe der in den maßgebenden Lohnzahlungszeiträumen einbehaltenen Solidaritätszuschläge den im Jahresausgleich errechneten Solidaritätszuschlag, so ist der Unterschiedsbetrag dem Arbeitnehmer vom Arbeitgeber zu erstatten. Übersteigt dagegen der im Jahresausgleich errechnete Solidaritätszuschlag die Summe der einbehaltenen Solidaritätszuschlagsbeträge, so hat der Arbeitgeber den Unterschiedsbetrag **nicht nachzufordern,** wenn der Solidaritätszuschlag im Laufe des Kalenderjahres zutreffend einbehalten wurde. Eine Nachforderung des Solidaritätszuschlags wird in diesem Fall vom Finanzamt im Rahmen einer Veranlagung zur Einkommensteuer durchgeführt.

Sonderausgaben

	Lohn-steuer-pflichtig	Sozial-versich.-pflichtig

10. Aufzeichnung, Anmeldung und Bescheinigung des Solidaritätszuschlags

Der Solidaritätszuschlag ist gesondert im Lohnkonto des Arbeitnehmers einzutragen und gesondert in der (elektronischen) Lohnsteuerbescheinigung zu bescheinigen.

Der Solidaritätszuschlag ist zusammen mit der Lohnsteuer beim Finanzamt anzumelden und zum gleichen Zeitpunkt wie die Lohnsteuer an das Finanzamt abzuführen. In der Lohnsteuer-Anmeldung ist der Solidaritätszuschlag gesondert neben der Lohnsteuer und der Kirchensteuer einzutragen.

11. Änderung des Lohnsteuerabzugs und des Solidaritätszuschlags, Arbeitgeberhaftung

Wird die Lohnsteuer infolge **rückwirkender Änderungen von Besteuerungsmerkmalen** (z. B. nachträgliche Berücksichtigung von Freibeträgen, die vom Finanzamt auf der Lohnsteuerkarte eingetragen wurden und die auf Zeiträume zurückwirken, für die die Lohnabrechnung vom Arbeitgeber bereits durchgeführt wurde) neu berechnet, so ist auch der Solidaritätszuschlag neu zu berechnen; in diesen Fällen ist der etwa zu viel einbehaltene Solidaritätszuschlag dem Arbeitnehmer zu erstatten; etwa zu wenig einbehaltener Solidaritätszuschlag ist nachzuerheben.

Die für eine Änderung des Lohnsteuerabzugs geltenden Verfahrensvorschriften sind sinngemäß auch auf den Solidaritätszuschlag anzuwenden. Daher kann eine Neuberechnung des Solidaritätszuschlags auch dann vorgenommen werden, wenn sich z. B. rückwirkend die Zahl der auf der Lohnsteuerkarte des Arbeitnehmers eingetragenen Kinderfreibeträge erhöht. In gleicher Weise gilt die Haftung des Arbeitgebers in vollem Umfang auch für die Einbehaltung und Abführung des Solidaritätszuschlags.

Sonderausgaben

Bestimmte Sonderausgaben können als Freibetrag auf der Lohnsteuerkarte eingetragen werden (vgl. Anhang 7). Zum Sonderausgabenabzug von Vorsorgeaufwendungen vgl. die Erläuterungen in Anhang 8.

Sonderentschädigung

Die Sonderentschädigung im graphischen Gewerbe, die für ungünstig gelegenen Arbeitsbeginn gezahlt wird, ist kein Nachtarbeitszuschlag, sondern ein steuer- und beitragspflichtiger „Erschwerniszuschlag". — ja   ja

Sonntagszuschläge

siehe „Zuschläge für Sonntags-, Feiertags- und Nachtarbeit"

Sonstige Bezüge

Neues auf einen Blick:

Bestimmte sonstige Bezüge können nach der sog. Fünftelregelung besteuert werden.

Hierunter fallen insbesondere

– **Abfindungen** wegen Entlassung aus dem Dienstverhältnis und

– Arbeitslohn, der **für mehrere Jahre** gezahlt wird.

Ab 1.1.2010 wurde die Berücksichtigung der Vorsorgepauschale bei Anwendung der Fünftelregelung neu geregelt (§ 39b Abs. 3 Satz 10 EStG). Hiernach ist die Vorsorgepauschale sowohl beim Jahresarbeitslohn ohne sonstigen Bezug als auch beim Jahresarbeitslohn mit sonstigem Bezug **in identischer Höhe anzusetzen,** und zwar unter Einbeziehung der Vergütung **für mehrere Jahre** in

Sonstige Bezüge

	Lohn-steuer-pflichtig	Sozial-versich.-pflichtig

die Bemessungsgrundlage für die Vorsorgepauschale. Diese Regelung wirkt sich nur bei der Besteuerung des Arbeitslohns für mehrere Jahre aus, weil für **Abfindungen** in § 39b Abs. 2 Satz 5 Nr. 3 zweiter Teilsatz EStG festgelegt worden ist, dass sie **ab 1.1.2010 nicht mehr zur Bemessungsgrundlage für die Vorsorgepauschale gehören,** und zwar ohne Rücksicht darauf, ob die Abfindung nach der Fünftelregelung ermäßigt besteuert wird oder nicht (vgl. die Erläuterungen unter der nachfolgenden Nr. 6 Buchstabe c).

Gliederung:

1. Begriff der sonstigen Bezüge
2. Zuflussprinzip
3. Anwendung der Jahreslohnsteuertabelle
4. Maßgebender Jahresarbeitslohn
   a) Allgemeines
   b) Ermittlung des bereits gezahlten laufenden Arbeitslohns
   c) Ermittlung des künftig noch zu zahlenden laufenden Arbeitslohns
   d) Berücksichtigung sonstiger Bezüge
5. Berechnungsschema
   a) Abzug von Freibeträgen
   b) Hinzurechnung von Hinzurechnungsbeträgen
   c) Berechnungsschema
6. Besteuerung sonstiger Bezüge nach der sog. Fünftelregelung
   a) Allgemeines
   b) Sonstige Bezüge, die eine Vergütung für eine mehrjährige Tätigkeit darstellen
   c) Entlassungsabfindungen als sonstige Bezüge
   d) Negativer maßgebender Jahresarbeitslohn und Anwendung der Fünftelregelung
7. Nachzahlung von laufendem Arbeitslohn als sonstiger Bezug
   a) Allgemeines
   b) Besteuerung als laufender Arbeitslohn oder sonstiger Bezug
   c) Anwendung der Fünftelregelung
8. Besteuerung sonstiger Bezüge bei Vorlage einer Lohnsteuerkarte mit der Steuerklasse V oder VI
9. Sonstige Bezüge, die an ausgeschiedene Arbeitnehmer gezahlt werden
   a) Allgemeines
   b) Vorlage der ersten Lohnsteuerkarte
   c) Vorlage einer zweiten Lohnsteuerkarte (Steuerklasse VI)
10. Versorgungsbezüge als sonstige Bezüge
11. Altersentlastungsbetrag und sonstige Bezüge
12. Solidaritätszuschlag und sonstige Bezüge
13. Nettobesteuerung sonstiger Bezüge

1. Begriff der sonstigen Bezüge

Der lohnsteuerliche Begriff „sonstige Bezüge" ist als Gegensatz zum laufenden Arbeitslohn zu verstehen. Er entspricht im Wesentlichen dem sozialversicherungsrechtlichen Begriff „einmalige Zuwendungen". Sowohl bei der Lohnsteuer als auch im Sozialversicherungsrecht werden einmalige Bezüge anders behandelt als laufender Arbeitslohn. Die nachfolgenden Ausführungen beinhalten **ausschließlich** die **lohnsteuerliche Behandlung** der sonstigen Bezüge. Die Berechnung der **Sozialversicherungsbeiträge** ist beim Stichwort „Einmalige Zuwendungen" erläutert. Ein zusammenfassendes Beispiel für eine praxisbezogene Lohnabrechnung bei sonstigen Bezügen (Berechnung der Lohnsteuer und Sozialversicherungsbeiträge) enthalten die Stichworte

– „Urlaubsentgelt, Urlaubsdauer" unter Nr. 4 auf Seite 660 und

– „Weihnachtsgeld" unter Nr. 3 auf Seite 773.

Sonstige Bezüge

Für die Abgrenzung der „sonstigen Bezüge" vom laufenden Arbeitslohn enthält R 39b.2 der Lohnsteuer-Richtlinien eine beispielhafte Aufzählung. Laufender Arbeitslohn sind hiernach die regelmäßigen Vergütungen für die Arbeitsleistung (gewöhnliche Arbeitszeit, Überstunden, Sonntagsarbeit usw.) während der üblichen Lohnzahlungszeiträume. Zum laufenden Arbeitslohn gehören auch solche Bezüge, deren Höhe schwankt (z. B. laufende Umsatzprovision). Sonstige Bezüge sind demgegenüber alle Vergütungen, die ihrem Wesen nach nicht zum laufenden Arbeitslohn gehören, insbesondere also solche, die als einmalige Zahlung aus besonderem Anlass oder zu einem bestimmten Zweck gewährt werden.

Die am häufigsten vorkommenden sonstigen Bezüge sind:
- Tantiemen, Gratifikationen, Prämien,
- Weihnachts- und Neujahrszuwendungen,
- das 13., 14. usw. Monatsgehalt,
- Urlaubsgelder, die nicht fortlaufend gezahlt werden,
- Entschädigungen zur Abgeltung nicht genommenen Urlaubs,
- Nachzahlungen und Vorauszahlungen von Arbeitslohn, wenn sich der Gesamtbetrag oder ein **Teilbetrag** auf ein bereits **abgelaufenes Kalenderjahr** bezieht,
- Nachzahlung von laufendem Arbeitslohn für Lohnzahlungszeiträume des bereits abgelaufenen Kalenderjahrs, die nicht innerhalb der **ersten drei Wochen** des nachfolgenden Kalenderjahres zufließen,
- Jubiläumszuwendungen,
- Erholungsbeihilfen,
- Heirats- und Geburtsbeihilfen,
- steuerpflichtige Sachzuwendungen aus besonderen Anlässen,
- Prämien für Verbesserungsvorschläge,
- Vergütungen für Arbeitnehmererfindungen,
- Entlassungsentschädigungen (steuerpflichtige Abfindungen),
- Einmalprämie für eine Direktversicherung des Arbeitnehmers, soweit sie nicht steuerfrei nach § 3 Nr. 63 EStG ist,
- Einmalprämie für eine Unfallversicherung des Arbeitnehmers,
- Abfindungen an ausscheidende Arbeitnehmer zur Abgeltung von Versorgungsansprüchen oder Versorgungsanwartschaften.

Einmalige Zuwendungen im Sinne der Sozialversicherung sind nach § 23a SGB IV diejenigen einmaligen Arbeitsentgeltzahlungen, die nicht für die Arbeit in einem einzelnen Entgeltabrechnungszeitraum gezahlt werden. Diese Definition deckt sich im Normalfall mit dem lohnsteuerlichen Begriff des sonstigen Bezugs. Ein Unterschied zwischen dem lohnsteuerlichen Begriff „sonstige Bezüge" einerseits und dem sozialversicherungsrechtlichen Begriff „einmalige Zuwendungen" andererseits besteht insbesondere bei der Nachzahlung von laufendem Arbeitslohn. Denn lohnsteuerlich handelt es sich ausnahmslos um einen sonstigen Bezug, wenn der Gesamtbetrag oder auch nur **ein Teilbetrag der Nachzahlung das abgelaufene Kalenderjahr** betrifft. Sozialversicherungsrechtlich gilt Folgendes:

Laufendes Arbeitsentgelt wird zeitlich dem Entgeltabrechnungszeitraum zugerechnet, in dem es verdient worden ist, das heißt maßgebend ist der Zeitpunkt der Arbeitsleistung (= Entstehung des Anspruchs auf Arbeitslohn). Bei monatlicher Lohn- oder Gehaltszahlung ist das Arbeitsentgelt dementsprechend dem Kalendermonat zuzuordnen, in dem der Arbeitnehmer das Arbeitsentgelt erzielt hat. Das gilt auch für die **nachträgliche Zahlung bereits geschuldeten Arbeitsentgelts.** Nachzahlungen des von Anfang an geschuldeten laufenden Arbeitsentgelts führen also nicht zu einer Veränderung der zeitlichen Zuordnung. Sie sind für die Berechnung der Beiträge auf die Entgeltabrechnungszeiträume zu verteilen, in denen sie erzielt wurden (sog. Aufrollen).

Nachzahlungen aufgrund **rückwirkender Lohn- oder Gehaltserhöhungen** sind auf die Lohnabrechnungszeiträume zu verteilen, für die sie bestimmt sind. Das bedeutet, dass jeder betroffene Abrechnungsmonat unter Beachtung der maßgebenden monatlichen Beitragsbemessungsgrenze **neu aufzurollen** ist. Aus Vereinfachungsgründen kann bei einer rückwirkenden Lohn- oder Gehaltserhöhung die Nachzahlung jedoch als einmalig gezahltes Entgelt behandelt werden. Dabei ist die anteilige Jahresbeitragsbemessungsgrenze für den Nachzahlungszeitraum zugrunde zu legen. Auf die Erläuterungen beim Stichwort „Nachzahlung von laufendem Arbeitslohn" wird Bezug genommen.

2. Zuflussprinzip

Von einem sonstigen Bezug ist die Lohnsteuer stets in dem Zeitpunkt einzubehalten, in dem er zufließt. Deshalb werden sonstige Bezüge auch nach denjenigen Besteuerungsmerkmalen besteuert, die **im Zeitpunkt der Zahlung** des sonstigen Bezugs gelten (Steuerklasse, auf der Lohnsteuerkarte eingetragener Freibetrag). Danach sind bei einer Änderung der Besteuerungsmerkmale während des Kalenderjahres auch bei der Ermittlung der Lohnsteuer für die sonstigen Bezüge ggf. verschiedene Besteuerungsmerkmale zugrunde zu legen.

Beispiel A

Der Arbeitnehmer hat am 15. Februar 2010 eine Abschlussprämie von 300 € und am 1. August 2010 eine Tantieme in Höhe von 500 € erhalten. Die auf der Lohnsteuerkarte bescheinigte Steuerklasse I ist am 25. Juni 2010 in die Steuerklasse III geändert worden. Die zur Besteuerung der sonstigen Bezüge jeweils aus der Jahreslohnsteuertabelle abzulesende Lohnsteuer ist für die Abschlussprämie nach der Steuerklasse I und für die Tantieme nach der Steuerklasse III abzulesen.

Außerdem ist das Zuflussprinzip beim Jahreswechsel zu beachten und kann erhebliche Zuordnungsprobleme auslösen, wenn sonstige Bezüge zusammen mit laufendem Arbeitslohn ausgezahlt werden.

Beispiel B

Lohnzahlungszeitraum für den laufenden Arbeitslohn ist der Kalendermonat. Der Monatslohn für Dezember 2010 wird zusammen mit dem Weihnachtsgeld (= sonstiger Bezug) am 4.1.2011 an den Arbeitnehmer ausgezahlt. Der laufende Arbeitslohn gehört zum maßgebenden Jahresarbeitslohn für das Kalenderjahr 2010. Auf den Zeitpunkt der Lohnzahlung kommt es beim laufenden Arbeitslohn nicht an; maßgebend ist vielmehr das Kalenderjahr, **in dem der Lohnzahlungszeitraum endet.** Das Weihnachtsgeld gehört dagegen zum Arbeitslohn des Jahres 2011, da es im Kalenderjahr 2011 zugeflossen ist.

Wichtig ist also in diesen Fällen, wann dem Arbeitnehmer der Arbeitslohn zufließt. Wird der Arbeitslohn, wie dies heute allgemein üblich ist, unbar bezahlt, so wird der Arbeitgeber von dem Tag ausgehen können, an dem er den Überweisungsauftrag erteilt. Wird also im Beispielsfall der Überweisungsauftrag noch im Dezember 2010 erteilt, so ist der sonstige Bezug im Dezember 2010 zugeflossen und kann mit den Dezemberbezügen abgerechnet werden.

Unabhängig von dem Grundsatz, dass laufender Arbeitslohn dem Kalenderjahr zuzuordnen ist, in dem der Lohnzahlungszeitraum endet, muss laufender Arbeitslohn, der nach Ablauf eines Kalenderjahres gezahlt wird, als **sonstiger Bezug** im Zuflussjahr versteuert werden, wenn der laufende Arbeitslohn nicht innerhalb der **ersten drei Wochen** des neuen Kalenderjahres ausgezahlt wird (R 39b.2 Abs. 2 Nr. 8 Satz 2 LStR).

Beispiel C

Der Monatslohn für Dezember 2009 wird am 15. Januar 2010 an den Arbeitnehmer ausgezahlt. Es handelt sich um laufenden Arbeitslohn, der abrechnungstechnisch als Monatslohn für Dezember 2009 abzurechnen ist. Wird der Monatslohn für Dezember 2009 nicht innerhalb der ersten drei Wochen des Kalenderjahrs 2010 (also nach dem 22. Januar 2010) ausgezahlt, so wird der Monatslohn für Dezember 2009 zu einem sonstigen Bezug, der dem Kalenderjahr 2010 zuzurechnen und nach der Jahreslohnsteuertabelle 2010 zu besteuern ist.

Sonstige Bezüge

3. Anwendung der Jahreslohnsteuertabelle

Während die Lohnsteuer für den laufenden Monatslohn ohne weiteres nach der Monatslohnsteuertabelle berechnet werden kann, würde dieses Verfahren bei sonstigen Bezügen zu einer überhöhten Lohnsteuer führen.

Bei der Ermittlung der auf die sonstigen Bezüge entfallenden Lohnsteuer wird deshalb vom voraussichtlichen Jahresarbeitslohn ausgegangen und unter **Anwendung der Jahreslohnsteuertabelle** die geschuldete Lohnsteuer errechnet.

Hierzu wird die Lohnsteuer ermittelt, die sich bei Anwendung der Lohnsteuer-**Jahrestabelle** auf den maßgebenden Jahresarbeitslohn ohne den sonstigen Bezug und auf den maßgebenden Jahresarbeitslohn einschließlich des sonstigen Bezugs ergibt. **Der Differenzbetrag ergibt die Lohnsteuer für den sonstigen Bezug** (vgl. das Berechnungsschema unter der nachfolgenden Nr. 5). Diese Berechnungsmethode vermeidet eine zu hohe progressive Besteuerung der Einmalzahlung, da diese durch die Anwendung der Jahreslohnsteuertabelle so besteuert wird, als wäre sie gleichmäßig mit je einem Zwölftel auf das ganze Kalenderjahr verteilt zugeflossen.

Diese Differenzrechnung gilt nur für die Ermittlung der auf den sonstigen Bezug entfallenden **Lohnsteuer.** Beim **Solidaritätszuschlag** und bei der **Kirchensteuer** dürfen die Beträge **nicht** aus der Jahrestabelle abgelesen und die Differenz gebildet werden. Der auf den sonstigen Bezug entfallende Solidaritätszuschlag errechnet sich vielmehr stets mit 5,5 % der Lohnsteuer, die auf den sonstigen Bezug entfällt. Die Kirchensteuer errechnet sich ebenfalls durch Anwendung des maßgebenden Kirchensteuersatzes von 8 % oder 9 % auf diejenige Lohnsteuer, die auf den sonstigen Bezug entfällt.

4. Maßgebender Jahresarbeitslohn

a) Allgemeines

Ziel der Besteuerung sonstiger Bezüge nach der Jahreslohnsteuertabelle ist es, für den sonstigen Bezug bereits im Zeitpunkt des Zufließens diejenige Lohnsteuer zu erheben, die – entsprechend dem Charakter der Lohnsteuer als Jahressteuer – auf den gesamten im Kalenderjahr bezogenen Arbeitslohn einschließlich des sonstigen Bezuges entfällt. Der Arbeitnehmer wird also so behandelt, als hätte er **in jedem Monat** des Kalenderjahres **ein Zwölftel** des sonstigen Bezugs erhalten. Dieses Verfahren vermeidet eine Verschärfung der Progression. Es wird bereits beim laufenden Lohnsteuerabzug die auf das Jahr gesehen richtige Steuer einbehalten. Dieses Ziel kann jedoch nur dann erreicht werden, wenn der voraussichtliche Jahresarbeitslohn dem endgültig zufließenden Jahresarbeitslohn sehr nahe kommt. Zur Ermittlung des voraussichtlichen Jahresarbeitslohnes müssen deshalb die im laufenden Kalenderjahr künftig noch zu erwartenden Bezüge möglichst genau ermittelt werden. Die Ermittlung des voraussichtlichen Jahresarbeitslohns erfolgt in drei Schritten:

1. Schritt:	Ermittlung des im Kalenderjahr bereits gezahlten **laufenden** Arbeitslohns.
2. Schritt:	Ermittlung des bis zum Ende des Kalenderjahres voraussichtlich noch zufließenden **laufenden** Arbeitslohns.
3. Schritt:	Ermittlung der im Kalenderjahr **bereits gezahlten sonstigen Bezüge.**

Im Einzelnen gilt für die drei Berechnungsschritte Folgendes:

b) Ermittlung des bereits gezahlten laufenden Arbeitslohns

Anzusetzen ist der für alle bereits abgelaufenen Lohnzahlungszeiträume des laufenden Kalenderjahres zugeflossene laufende **steuerpflichtige** Bruttoarbeitslohn einschließlich aller steuerpflichtigen Vergütungen, die zum laufenden Arbeitslohn gehören, wie z. B. Überstundenvergütungen, Erschwerniszuschläge, zusätzliche vermögenswirksame Leistungen.

Steuerfreie Bezüge (z. B. Auslösungen, Reisekosten, Zuschläge für Sonntags-, Feiertags- und Nachtarbeit usw.) **bleiben außer Ansatz.**

Im selben Kalenderjahr bereits bezogener Arbeitslohn aus früheren Arbeitsverhältnissen **bei anderen Arbeitgebern ist mitzuzählen.**

Dies war früher kein Problem, weil der Arbeitslohn aus einem früheren Dienstverhältnis stets auf der Rückseite der Lohnsteuerkarte bescheinigt war. Mit der Einführung der elektronischen Lohnsteuerbescheinigung (vgl. die Erläuterungen beim Stichwort „Lohnsteuerbescheinigung") ist die Bescheinigung des Arbeitslohns auf der Rückseite der Lohnsteuerkarte entfallen, weil diese Daten dem Finanzamt direkt übermittelt werden. Da in diesen Fällen die Rückseite der Lohnsteuerkarte keine Eintragungen zu den früheren Dienstverhältnissen enthält, kann der neue Arbeitgeber den Arbeitslohn aus früheren Dienstverhältnissen nur dann in die Berechnung des voraussichtlichen Jahresarbeitslohns mit einbeziehen, wenn ihm der Arbeitnehmer eine Fotokopie der elektronischen Lohnsteuerbescheinigung seines früheren Arbeitgebers aushändigt. Ist der Arbeitnehmer hierzu nicht bereit, darf der Arbeitgeber den beim früheren Arbeitgeber erzielten Arbeitslohn keinesfalls außer Betracht lassen. Der Arbeitnehmer muss vielmehr den ihm gezahlten Arbeitslohn auf einen Jahresbetrag hochrechnen und **in diese Hochrechnung auch die Zeiträume vor Beginn des Dienstverhältnisses mit einbeziehen** und zwar zurück bis zum Beginn des Kalenderjahres für alle Monate, für die der Arbeitnehmer keine elektronischen Lohnsteuerbescheinigungen von früheren Arbeitgebern vorgelegt hat. Maßgebend für diese Hochrechnung ist der laufende Arbeitslohn für den Monat in dem der sonstige Bezug gezahlt wird*).

In diesen Fällen kann also der voraussichtliche laufende Jahresarbeitslohn am einfachsten durch eine Hochrechnung des für **den laufenden Monat** gezahlten Arbeitslohns auf einen Jahresbetrag ermittelt werden (Monatslohn mal 12).

Der Arbeitgeber hat diese Fälle durch die Eintragung des Großbuchstabens „S" im Lohnkonto besonders kenntlich zu machen. Entsprechend den Eintragungen im Lohnkonto muss der Arbeitgeber den Großbuchstaben „S" in die elektronische Lohnsteuerbescheinigung eintragen, und zwar in **Zeile 2** der Lohnsteuerbescheinigung 2010 (vgl. das Stichwort „Lohnsteuerbescheinigung"). Durch die Eintragung des Großbuchstabens „S" kommt es für den Arbeitnehmer zu einer Pflichtveranlagung zur Einkommensteuer (§ 46 Abs. 2 Nr. 5 a EStG).

Beispiel A

Ein Arbeitnehmer ist seit 1.7.2010 beim jetzigen Arbeitgeber beschäftigt. Der Arbeitnehmer war vom 1.1. bis 30.3.2010 beim Arbeitgeber A (Monatslohn 2800 €) und vom 1.5. bis 30.6.2010 beim Arbeitgeber B (Monatslohn 2100 €) tätig. Dementsprechend ist auf der elektronischen Lohnsteuerbescheinigung der früheren Arbeitgeber folgender Arbeitslohn eingetragen

Dienstverhältnis beim Arbeitgeber A vom 1.1. bis 30.3.2010 (3 × 2800 €)	8 400,— €
Dienstverhältnis beim Arbeitgeber B vom 1.5. bis 30.6.2010 (2 × 2100 €)	4 200,— €

---

*) BMF-Schreiben vom 27.1.2004 (BStBl. I S. 173). Das BMF-Schreiben ist als Anlage 2 zu H 39b.6 LStR im **Steuerhandbuch für das Lohnbüro 2010** abgedruckt, das im selben Verlag erschienen ist. Das **PC-Lexikon** für das Lohnbüro 2010 enthält auch dieses Handbuch und hat außerdem den Vorteil, dass Sie **alle BFH-Urteile** sowie die aktuellen Rundschreiben und Niederschriften der Spitzenverbände der **Sozialversicherung** mit Mausklick **im Volltext** abrufen und ausdrucken können. Eine Bestellkarte finden Sie vorne im Lexikon.

Sonstige Bezüge

Im April 2010 war der Arbeitnehmer arbeitslos. Beim jetzigen Arbeitgeber hat der Arbeitnehmer in den Monaten Juli und August ein Monatsgehalt von 2400 € erhalten. Außerdem wurde ihm im August ein Urlaubsgeld in Höhe von 500 € gezahlt. Der Arbeitnehmer erhält ab 1. 9. 2010 einen Monatslohn von 2800 €. Im November erhält er ein Weihnachtsgeld in Höhe eines Monatsgehalts, also in Höhe von 2800 €. Der für die Versteuerung des Weihnachtsgeldes im November maßgebende voraussichtliche Jahresarbeitslohn errechnet sich wie folgt:

Arbeitslohn bei früheren Arbeitgebern (8400 € + 4200 € =)	12 600,— €
Arbeitslohn beim jetzigen Arbeitgeber (2400 € x 2 + 2800 € x 3 =)	13 200,— €
bisher zugeflossener laufender Arbeitslohn	25 800,— €
bis zum Ende des Kalenderjahres noch zufließender laufender Arbeitslohn (für Dezember)	2 800,— €
Im Kalenderjahr bereits gezahlte sonstige Bezüge (Urlaubsgeld im August)	500,— €
für die Besteuerung des Weihnachtsgeldes maßgebender voraussichtlicher Jahresarbeitslohn	29 100,— €

Beispiel B

Abwandlung des Beispiels A:
Der Arbeitnehmer legt keine elektronischen Lohnsteuerbescheinigungen für die Beschäftigungen bei den Arbeitgebern A und B vor. Allerdings weist er seinem jetzigen Arbeitgeber die Arbeitslosigkeit im April nach. Der jetzige Arbeitgeber hat deshalb den Arbeitslohn für die Beschäftigungszeiten bei früheren Arbeitgebern mit dem für den laufenden Abrechnungsmonat gezahlten Arbeitslohn (dies sind 2800 € für November 2010) anzusetzen.

Hiernach ergibt sich Folgendes:

Arbeitslohn bei früheren Arbeitgebern (2800 € x 5 =)	14 000,— €
Arbeitslohn beim jetzigen Arbeitgeber (2400 € x 2 + 2800 € x 3 =)	13 200,— €
bisher zugeflossener laufender Arbeitslohn	27 200,— €
bis zum Ende des Kalenderjahres noch zufließender laufender Arbeitslohn (für Dezember)	2 800,— €
Im Kalenderjahr bereits gezahlte sonstige Bezüge (Urlaubsgeld im August, vgl. die Erläuterungen unter dem nachfolgenden Buchstaben d)	500,— €
für die Besteuerung des Weihnachtsgeldes maßgebender voraussichtlicher Jahresarbeitslohn	30 500,— €

Der Arbeitgeber hat im Lohnkonto und auf der Lohnsteuerbescheinigung den Großbuchstaben „S" einzutragen (vgl. die Stichwörter „Lohnkonto" und „Lohnsteuerbescheinigung").

Beispiel C

Weitere Abwandlung des Beispiels A:
Der Arbeitnehmer legt keine elektronischen Lohnsteuerbescheinigungen für die Beschäftigungen bei den Arbeitgebern A und B vor. Außerdem weist er seine Arbeitslosigkeit im April nicht nach. Der jetzige Arbeitgeber hat deshalb den Arbeitslohn für die Beschäftigungszeiten bei früheren Arbeitgebern und für den Monat April mit dem für den laufenden Abrechnungsmonat gezahlten Arbeitslohn (dies sind 2800 € für November 2010) anzusetzen.

Hiernach ergibt sich Folgendes:

Arbeitslohn für Januar bis Juni 2010 (2800 € x 6 =)	16 800,— €
Arbeitslohn beim jetzigen Arbeitgeber (2400 € x 2 + 2800 € x 3 =)	13 200,— €
bisher zugeflossener laufender Arbeitslohn	30 000,— €
bis zum Ende des Kalenderjahres noch zufließender laufender Arbeitslohn (für Dezember)	2 800,— €
Im Kalenderjahr bereits gezahlte sonstige Bezüge (Urlaubsgeld im August)	500,— €
für die Besteuerung des Weihnachtsgeldes maßgebender voraussichtlicher Jahresarbeitslohn	33 300,— €

Der Arbeitgeber hat im Lohnkonto und auf der Lohnbescheinigung den Großbuchstaben „S" einzutragen (vgl. die Stichwörter „Lohnkonto" und „Lohnsteuerbescheinigung").

War der Arbeitnehmer im laufenden Kalenderjahr nachweislich bisher nicht beschäftigt (z. B. bei längerer Arbeitslosigkeit oder bei Berufsanfängern), kann der Arbeitgeber bei der Versteuerung von sonstigen Bezügen ausschließlich von dem von ihm gezahlten Jahresarbeitslohn ausgehen. Wenn dem Arbeitgeber bekannt ist, dass dem Arbeitnehmer im laufenden Kalenderjahr bisher kein Arbeitslohn zugeflossen ist, muss er diese Zeiträume auch nicht in die Hochrechnung des Arbeitslohns mit einbeziehen.

c) Ermittlung des künftig noch zu zahlenden laufenden Arbeitslohns

Der Ermittlung des künftig noch zu zahlenden laufenden Arbeitslohns kommt große Bedeutung zu. Denn je genauer der künftig noch zu zahlende laufende Arbeitslohn ermittelt wird, desto genauer entspricht die auf den sonstigen Bezug entfallende Lohnsteuer der endgültigen Steuerbelastung. Damit der Arbeitsaufwand des Arbeitgebers nicht so groß wird, kann er zwischen einer Vereinfachungsregelung und einer genauen Ermittlung des künftig noch zu zahlenden laufenden Arbeitslohns wählen. Denn in R 39b.6 Abs. 2 Satz 3 der Lohnsteuer-Richtlinien ist zugelassen, dass der voraussichtlich noch zufließende laufende Arbeitslohn durch Umrechnung des bisher zugeflossenen laufenden Arbeitslohns auf die Restzeit des Kalenderjahres ermittelt werden kann **(sog. Zwölftel-Methode)**.

Beispiel A

Ein Arbeitnehmer, der (bei monatlicher Lohnabrechnung) in den Monaten Januar bis Mai zusammen 15 000 € normalen Arbeitslohn und 350 € Vergütung für geleistete Überstunden bezogen hat, erhält am 9. Juni 2010 ein Urlaubsgeld in Höhe von 500 €. Der laufende Arbeitslohn für Juni beträgt 3000 € zuzüglich 30 € Überstundenvergütung. Im Dezember hat er als weiteren sonstigen Bezug eine Weihnachtsgratifikation von 2000 € zu erwarten. Auf seiner Lohnsteuerkarte ist die Steuerklasse III/0 eingetragen.

Steuerberechnung für das Urlaubsgeld in Höhe von 500 €:

Voraussichtlicher laufender Jahresarbeitslohn

Januar bis Juni: 15 000 € + 350 € + 3000 € + 30 €	=	18 380,— €
Umrechnung auf 12 Monate: (18 380 € x $^{12}/_{6}$)	=	36 760,— €
(Die im Dezember zu erwartende Weihnachtsgratifikation bleibt außer Ansatz, vgl. die Erläuterungen unter dem nachfolgenden Buchstaben d)		
maßgebender Jahresarbeitslohn		36 760,— €

Lohnsteuer nach Steuerklasse III der Jahreslohnsteuertabelle 2010

a) vom maßgebenden Jahresarbeitslohn (36 760 €)	3 092,— €
b) vom maßgebenden Jahresarbeitslohn zuzüglich Urlaubsgeld (36 760 € + 500 € =) 37 260 €	3 200,— €
Differenz = Lohnsteuer für das Urlaubsgeld	108,— €
Solidaritätszuschlag für das Urlaubsgeld (5,5 % von 108 €) =	5,94 €
Kirchensteuer (8 % aus 108 €) =	8,64 €

Beispiel B

Ein Arbeitnehmer hat zum 1. 3. 2010 den Arbeitgeber gewechselt. Für Januar und Februar 2010 hat der Arbeitnehmer keine elektronische Lohnsteuerbescheinigung des früheren Arbeitgebers vorgelegt. Ab 1. 3. 2010 erhält der Arbeitnehmer vom neuen Arbeitgeber einen Monatslohn in Höhe von 2300 €. Der Arbeitnehmer hat im laufenden Kalenderjahr eine Weihnachtsgratifikation von 2300 € zu erwarten. Auf der Lohnsteuerkarte ist die Steuerklasse I eingetragen.

Der Arbeitnehmer heiratet am 13. August 2010. Auf der Lohnsteuerkarte wird am 15. August 2010 mit Wirkung ab 13. August 2010 die Steuerklasse III/0 eingetragen. Der Arbeitnehmer erhält am 29. August 2010 eine Heiratsbeihilfe von 500 € und ab 1. September 2010 des Kalenderjahres eine Gehaltserhöhung von monatlich 100 €.

Für die Besteuerung des sonstigen Bezugs im August 2010 ist der voraussichtliche laufende Jahresarbeitslohn wie folgt zu ermitteln:

vom früheren Arbeitgeber gezahlter Arbeitslohn*)	0,— €
vom jetzigen Arbeitgeber im Kalenderjahr 2010 (März bis August) gezahlter Arbeitslohn (2300 € x 6 =)	13 800,— €
insgesamt	13 800,— €
Umrechnung auf 12 Monate: (13 800 x $^{12}/_{6}$ =)	27 600,— €

Die ab 1. September bereits feststehende Gehaltserhöhung von 100 € kann bei der Zahlung des sonstigen Bezugs außer Betracht bleiben

---

*) Beginnt das Arbeitsverhältnis im Laufe des Kalenderjahres 2010 und legt der Arbeitnehmer **keine** Bescheinigung über die Höhe des in vorangegangenen Arbeitsverhältnissen bezogenen Arbeitslohns vor, so ist die nicht mit Arbeitslohn belegte „Fehlzeit" in die Hochrechnung des beim jetzigen Arbeitgeber bezogenen Arbeitslohns auf einen Jahresbetrag mit einzubeziehen. Stand der Arbeitnehmer bisher nachweislich nicht in einem Arbeitsverhältnis, weil er Berufsanfänger ist oder arbeitslos war, ist nur der beim jetzigen Arbeitgeber voraussichtlich anfallende Jahresarbeitslohn anzusetzen (vgl. die Beispiele und Erläuterungen unter der vorstehenden Nr. 4 Buchstabe b).

Sonstige Bezüge

(R 39b.6 Abs. 2 Satz 3 LStR); sie kann aber auch in die Berechnung des voraussichtlichen Jahresarbeitslohns einbezogen werden*).

Die zu erwartende Weihnachtsgratifikation in Höhe von 2300 € bleibt auf jeden Fall außer Ansatz (vgl. die Erläuterungen unter dem nachfolgenden Buchstaben d)

maßgebender Jahresarbeitslohn somit	27 600,— €
Lohnsteuer nach Steuerklasse III/0 der Jahreslohnsteuertabelle 2010	
a) vom maßgebenden Jahresarbeitslohn (27 600 €)	1 108,— €
b) vom maßgebenden Jahresarbeitslohn zuzüglich steuerpflichtiger Heiratsbeihilfe (27 600 € + 500 € =) 28 100 €	1 206,— €
Differenz = Lohnsteuer für die Heiratsbeihilfe	98,— €
Solidaritätszuschlag (5,5 % aus 98 €)	5,39 €
Kirchensteuer (8 % aus 98 €)	7,84 €

Die **Kirchensteuer** für den sonstigen Bezug wird in **allen Fällen** durch die Anwendung des maßgebenden Kirchensteuersatzes von 8 % oder 9 % auf die sich für den sonstigen Bezug ergebende Lohnsteuer errechnet. Die um die Kinderfreibeträge und die Freibeträge für Betreuungs-, Erziehungs- und Ausbildungsbedarf gekürzte Bemessungsgrundlage für die Kirchensteuer gilt nicht bei der Besteuerung sonstiger Bezüge. Die Kirchensteuer für sonstige Bezüge darf deshalb bei Arbeitnehmern mit Kindern **nicht direkt nach der Jahrestabelle errechnet werden** (vgl. das Stichwort „Kirchensteuer" unter Nr. 8).

Diese Grundsätze gelten auch für die Erhebung des **Solidaritätszuschlags** bei sonstigen Bezügen, da die Nullzone und der Übergangsbereich bei der Besteuerung sonstiger Bezüge nicht zur Anwendung kommen (vgl. das Stichwort „Solidaritätszuschlag" unter Nr. 4). Der Solidaritätszuschlag ist bei sonstigen Bezügen deshalb stets mit 5,5 % derjenigen Lohnsteuer zu erheben, die auf den sonstigen Bezug entfällt. Nicht zulässig wäre es, den Solidaritätszuschlag – ebenso wie die Lohnsteuer – nach der Jahrestabelle zu errechnen und die Differenz zu bilden.

Würde man auch die Kirchensteuer und den Solidaritätszuschlag nach der Jahrestabelle errechnen, so ergäbe sich für das Beispiel B Folgendes:

– Solidaritätszuschlag lt. Jahrestabelle III/0 (27 600 € Jahresarbeitslohn)	0,— €
– Solidaritätszuschlag lt. Jahrestabelle III/0 (28 100 € Jahresarbeitslohn)	0,— €
Differenz = Solidaritätszuschlag für den sonstigen Bezug	0,— €
– Kirchensteuer (8 %) lt. Jahrestabelle III/0 (27 600 € Jahresarbeitslohn)	88,64 €
– Kirchensteuer (8 %) lt. Jahrestabelle III/0 (28 100 € Jahresarbeitslohn)	96,48 €
Differenz = Kirchensteuer für den sonstigen Bezug	7,84 €

Diese Berechnung ist nicht zulässig.

d) Berücksichtigung sonstiger Bezüge

Zum voraussichtlichen laufenden Jahresarbeitslohn sind die im selben Kalenderjahr bereits gewährten sonstigen Bezüge hinzuzurechnen, soweit sie steuerpflichtig waren (steuerfreie sonstige Bezüge bzw. steuerfreie Teile sonstiger Bezüge bleiben außer Betracht).

Ist ein früher gezahlter sonstiger Bezug für die Berechnung der Lohnsteuer mit einem Fünftel angesetzt worden, so ist er für die Berechnung des voraussichtlichen Jahresarbeitslohns ebenfalls nur mit einem Fünftel anzusetzen (vgl. nachfolgend unter Nr. 6). Wurde der bereits gewährte sonstige Bezug netto gezahlt, so ist der Bruttobetrag anzusetzen.

Künftige sonstige Bezüge bleiben stets unberücksichtigt, und zwar auch dann, wenn ihre Zahlung mit Sicherheit feststeht.

5. Berechnungsschema

a) Abzug von Freibeträgen

Um zu dem für die Besteuerung des sonstigen Bezugs maßgebenden Jahresarbeitslohn zu kommen, sind vom voraussichtlichen Jahresarbeitslohn (vgl. die Erläuterungen unter der vorstehenden Nr. 4) folgende Freibeträge abzuziehen:

– Der auf der Lohnsteuerkarte eingetragene **jährliche Steuerfreibetrag.** Der Abzug des Jahresfreibetrags kann auch zu einem **negativen** maßgebenden Jahresarbeitslohn führen (R 39b.6 Abs. 1 Satz 3 LStR, vgl. die Erläuterungen und Beispiele unter der nachfolgenden Nr. 6 Buchstabe d).

– Der **Altersentlastungsbetrag,** sofern der Arbeitnehmer zu Beginn des Kalenderjahres 2010 das 64. Lebensjahr vollendet hat (also vor dem 2. 1. 1946 geboren ist). Soweit der Altersentlastungsbetrag nicht bei der Feststellung des voraussichtlichen laufenden Jahresarbeitslohns verbraucht ist, kann er – mit Ausnahme der sonstigen Bezüge, auf die die Fünftelregelung anzuwenden ist – beim sonstigen Bezug berücksichtigt werden (vgl. nachfolgend unter Nr. 11).

– Der **Versorgungsfreibetrag** und der **Zuschlag zum Versorgungsfreibetrag,** sofern im Kalenderjahr auch begünstigte Versorgungsbezüge (z. B. Betriebsrenten oder Werkspensionen) gezahlt werden. Soweit der Versorgungsfreibetrag nicht bei der Feststellung des voraussichtlichen laufenden Jahresarbeitslohns verbraucht ist, kann er – mit Ausnahme der sonstigen Bezüge, auf die die Fünftelregelung anzuwenden ist – beim sonstigen Bezug berücksichtigt werden (vgl. nachfolgend unter Nr. 10).

b) Hinzurechnung von Hinzurechnungsbeträgen

Seit 1.1.2000 werden nicht nur Freibeträge sondern auch Hinzurechnungsbeträge auf der Lohnsteuerkarte eingetragen. Ist auf der Lohnsteuerkarte des Arbeitnehmers ein Hinzurechnungsbetrag eingetragen, so muss dieser Hinzurechnungsbetrag dem voraussichtlichen Jahresarbeitslohn hinzugerechnet werden, wenn der Arbeitnehmer einen sonstigen Bezug erhält, der im lohnsteuerpflichtigen Bereich der Jahrestabelle liegt, was allerdings eher selten vorkommen wird.

Die Eintragung von Hinzurechnungsbeträgen auf der Lohnsteuerkarte ist ausführlich anhand von Beispielen beim Stichwort „Hinzurechnungsbetrag auf der Lohnsteuerkarte" erläutert.

c) Berechnungsschema

Für die Besteuerung des sonstigen Bezugs ist zunächst die Jahreslohnsteuer für den maßgebenden Jahresarbeitslohn ohne den sonstigen Bezug und sodann die Jahreslohnsteuer für den maßgebenden Jahresarbeitslohn einschließlich des sonstigen Bezugs zu ermitteln. Die Differenz zwischen diesen beiden Jahreslohnsteuerbeträgen ist die für den sonstigen Bezug geschuldete Lohnsteuer.

Danach ergibt sich für die Ermittlung des maßgebenden Jahresarbeitslohns und der Besteuerung des sonstigen Bezugs das folgende Schema:

---

*) Künftige Lohnerhöhungen **können** nach der Vereinfachungsregelung in R 39b.2 Abs. 2 Satz 3 LStR außer Ansatz bleiben, auch wenn mit der Lohnerhöhung sicher zu rechnen ist. Will der Arbeitgeber künftige Lohnerhöhungen mit in den voraussichtlichen Jahresarbeitslohn einbeziehen, um die Jahreslohnsteuer möglichst genau zu treffen, so ist gegen ein solches Verfahren selbstverständlich nichts einzuwenden. Je genauer der voraussichtliche Jahresarbeitslohn ermittelt wird, umso genauer entspricht die Besteuerung des sonstigen Bezugs der endgültigen Steuerbelastung.

Sonstige Bezüge

	Lohn- steuer- pflichtig	Sozial- versich.- pflichtig

Berechnungsschema

Euro

Bei Beginn des Arbeitsverhältnisses im Laufe des Kalenderjahres: Von **früheren Arbeitgebern** bezogener Arbeitslohn*) _____

Vom (jetzigen) Arbeitgeber bereits gezahlter laufender Arbeitslohn _____

insgesamt _____

Umrechnung auf **12 Monate** _____

zuzüglich:

vom Arbeitgeber bereits gezahlte steuerpflichtige sonstige Bezüge _____

Hinzurechnungsbetrag lt. Lohnsteuerkarte _____

abzüglich:

Jahresfreibetrag lt. Lohnsteuerkarte _____

Altersentlastungsbetrag _____

Versorgungsfreibetrag und Zuschlag zum Versorgungsfreibetrag _____

= **maßgebender Jahresarbeitslohn** _____

Berechnung der Lohnsteuer:

Lohnsteuer nach der Jahreslohnsteuertabelle 2010

a) vom maßgebenden Jahresarbeitslohn _____

b) vom maßgebenden Jahresarbeitslohn zuzüglich sonstiger Bezug _____

Differenz = Lohnsteuer für den sonstigen Bezug _____

Solidaritätszuschlag:

5,5 % der Lohnsteuer für den sonstigen Bezug _____

Kirchensteuer:

8 % oder 9 % der Lohnsteuer für den sonstigen Bezug _____

6. Besteuerung sonstiger Bezüge nach der sog. Fünftelregelung

a) Allgemeines

Die Anwendung der sog. Fünftelregelung beim Lohnsteuerabzug durch den Arbeitgeber bedeutet, dass der sonstige Bezug zum Zwecke der Steuerberechnung mit einem Fünftel anzusetzen ist und die sich für dieses Fünftel nach der Jahrestabelle ergebende Steuer verfünffacht wird. Durch diese Regelung soll bei hohen sonstigen Bezügen der progressiv ansteigende Lohnsteuertarif abgemildert werden. Liegen die Voraussetzungen für die Anwendung der Fünftelregelung vor, hat der Arbeitgeber kein Wahlrecht, ob er die Fünftelregelung anwenden will oder nicht. Denn nach § 39 b Abs. 3 Satz 9 EStG **ist der Arbeitgeber verpflichtet,** auf sonstige Bezüge, die zu den begünstigten „außerordentlichen Einkünften" im Sinne des § 34 EStG gehören, **die Fünftelregelung anzuwenden.** Begünstigte „außerordentliche Einkünfte", für die eine Anwendung der Fünftelregelung beim Lohnsteuerabzug durch den Arbeitgeber in Betracht kommt, sind insbesondere

– steuerpflichtige **Entlassungsabfindungen** und
– Vergütungen für eine **mehrjährige Tätigkeit.**

Die Anwendung der Fünftelregelung bei steuerpflichtigen Entlassungsabfindungen und bei Vergütungen für eine mehrjährige Tätigkeit ist nachstehend anhand von Beispielen im Einzelnen erläutert.

Sozialversicherungsrechtlich ergeben sich Probleme, wenn sonstige Bezüge, auf die die Fünftelregelung anzuwenden ist, **netto** gezahlt werden. Denn die Sozialversicherung kennt keine Fünftelung. Deshalb ist ein Beispiel für eine komplette **Nettolohnberechnung** mit Übernahme sämtlicher Lohnabzugsbeträge (Steuern und Sozialversicherungsbeiträge) und Anwendung der Fünftelregelung in **Anhang 14** abgedruckt.

Die Anwendung der Fünftelregelung führt im Normalfall zu einer Steuerermäßigung. Es gibt jedoch auch Fälle, in denen die Anwendung der Fünftelregelung zu einer **höheren** Lohnsteuer führt als die Normalbesteuerung. Da die Lohnsteuer nach dem Wortlaut des Gesetzes zu **ermäßigen** ist, darf in diesen Fällen die Fünftelungsregelung nicht angewendet werden. Der Arbeitgeber hat deshalb eine Vergleichsrechnung durchzuführen **(Günstigerprüfung)** und die Fünftelungsregelung nur anzuwenden, wenn sie zu einer niedrigeren Lohnsteuer führt als die normale Besteuerung als sonstiger Bezug**). Die Normalbesteuerung nach den allgemein geltenden Grundsätzen hat allerdings zur Folge, dass Entschädigungen, auf die an sich die Fünftelregelung anzuwenden wäre, nicht gesondert in Zeile 10 der Lohnsteuerbescheinigung eingetragen werden dürfen. Denn die Eintragung in Zeile 10 der Lohnsteuerbescheinigung ist nur für **ermäßigt** besteuerte Entschädigungen zulässig (vgl. das Stichwort „Lohnsteuerbescheinigung"). Die Lohnsteuerbescheinigung enthält jedoch extra für diese Fälle eine besondere Zeile **(Zeile 19)**, in die der Arbeitgeber diese Vergütungen eintragen kann, damit der Arbeitnehmer nach Ablauf des Kalenderjahres die Vergünstigung der Fünftelregelung im Veranlagungsverfahren vom Finanzamt erhält.

b) Sonstige Bezüge, die eine Vergütung für eine mehrjährige Tätigkeit darstellen

Nach § 34 Abs. 2 Nr. 4 EStG ist eine Tätigkeit dann „mehrjährig", wenn sie sich über mindestens zwei Kalenderjahre erstreckt und einen Zeitraum von mehr als zwölf Monate umfasst. Auf die ausführlichen Erläuterungen beim Stichwort „Arbeitslohn für mehrere Jahre" wird Bezug genommen. Handelt es sich hiernach um eine Vergütung für eine mehrjährige Tätigkeit, ist bei der Anwendung der Fünftelregelung Folgendes zu beachten:

Die Fünftelregelung ist nur dann anwendbar, wenn es sich um „außerordentliche Einkünfte" handelt. Das bedeutet, dass für die Anwendung der Fünftelregelung im Grundsatz eine **Zusammenballung von Einkünften** vorliegen muss. Wird Arbeitslohn für mehrere Jahre zusätzlich zum normalen Arbeitslohn gezahlt, was im Regelfall zutreffen wird, so liegt stets eine Zusammenballung von Einkünften und damit die Voraussetzung für die Anwendung der Fünftelregelung vor. Dabei kann der Arbeitgeber von den im Zeitpunkt der Zahlung absehbaren Verhältnissen ausgehen, das heißt der Arbeitgeber kann die für eine Anwendung der Fünftelregelung erforderliche Zusammenballung von Einkünften ohne weiteres unterstellen, wenn der Arbeitslohn für eine mehrjährige Tätigkeit an einen Arbeitnehmer gezahlt wird, der **voraussichtlich** bis Ende des Kalenderjahres bei ihm beschäftigt sein wird**).

---

*) Beginnt das Arbeitsverhältnis im Laufe des Kalenderjahres 2010 und legt der Arbeitnehmer **keine** elektronische Lohnsteuerbescheinigung über die Höhe des in vorangegangenen Arbeitsverhältnissen bezogenen Arbeitslohns vor, so ist die nicht mit Arbeitslohn belegte „Fehlzeit" in die Hochrechnung des beim jetzigen Arbeitgeber bezogenen Arbeitslohns auf einen Jahresbetrag mit einzubeziehen. Stand der Arbeitnehmer bisher nachweislich nicht in einem Arbeitsverhältnis, weil er Berufsanfänger ist oder arbeitslos war, ist nur der beim jetzigen Arbeitgeber voraussichtlich anfallende Jahresarbeitslohn anzusetzen (vgl. die Beispiele und Erläuterungen unter der vorstehenden Nr. 4 Buchstabe b).

) BMF-Schreiben vom 10.1.2000 (BStBl. I S. 138). Das BMF-Schreiben ist als Anlage 1 zu H 39b.6 LStR im **Steuerhandbuch für das Lohnbüro 2010 abgedruckt, das im selben Verlag erschienen ist. Das PC-Lexikon für das Lohnbüro 2010 enthält auch dieses Handbuch und hat außerdem den Vorteil, dass Sie **alle BFH-Urteile** sowie die aktuellen Rundschreiben und Niederschriften der Spitzenverbände der **Sozialversicherung** mit Mausklick **im Volltext** abrufen und ausdrucken können. Eine Bestellkarte finden Sie vorne im Lexikon.

Sonstige Bezüge

Sollte ausnahmsweise die Zahlung von Arbeitslohn für mehrere Jahre nicht mit anderem laufenden Arbeitslohn zusammentreffen, muss die Frage der Zusammenballung von Einkünften nach den gleichen Grundsätzen geprüft werden, wie sie auch bei der Besteuerung von steuerpflichtigen Entlassungsabfindungen gelten. Die Erläuterungen zur Zusammenballung von Einkünften beim Stichwort „Abfindungen wegen Entlassung aus dem Dienstverhältnis" unter Nr. 9 auf Seite 26 gelten deshalb für die Anwendung der Fünftelregelung bei der Besteuerung des Arbeitslohns für mehrere Jahre entsprechend.

Die Anwendung der Fünftelregelung soll durch folgendes Beispiel verdeutlicht werden:

Beispiel

Ein Arbeitnehmer mit einem Monatslohn von 2350 € hat im Mai 2010 ein Urlaubsgeld in Höhe von 800 € erhalten. Im August 2010 erhält er eine Lohnnachzahlung für mehrere Kalenderjahre in Höhe von 2000 €. Auf der Lohnsteuerkarte ist die Steuerklasse III/0 bescheinigt; ein Freibetrag ist auf der Lohnsteuerkarte nicht eingetragen.

Die Lohnsteuer für die Lohnnachzahlung ist in Anwendung der sog. Fünftelregelung wie folgt zu berechnen:

Voraussichtlicher laufender Jahresarbeitslohn (12 × 2350 €)	=	28 200,— €
zuzüglich im Mai gezahlter sonstiger Bezug	=	800,— €
maßgebender Jahresarbeitslohn		29 000,— €
Lohnsteuer nach Steuerklasse III/0 der Jahreslohnsteuertabelle 2010		
a) vom maßgebenden Jahresarbeitslohn (29 000 €)		1 386,— €*)
b) vom maßgebenden Jahresarbeitslohn zuzüglich eines Fünftels der Lohnnachzahlung (29 000 € + 400 € =) 29 400 €		1 468,— €*)
Differenz		82,— €
Die Lohnsteuer für die Lohnnachzahlung beträgt (5 × 82 €)	=	410,— €
Der Solidaritätszuschlag beträgt 5,5 % von 410 €	=	22,55 €
Die Kirchensteuer beträgt 8 % von 410 €	=	32,80 €

Besteuert man im vorstehenden Beispiel den sonstigen Bezug nicht nach der Fünftelregelung, sondern nach dem allgemein für sonstige Bezüge geltenden Verfahren, so ergibt sich Folgendes:

Lohnsteuer nach Steuerklasse III/0 der Jahreslohnsteuertabelle 2010		
a) vom maßgebenden Jahresarbeitslohn (29 000 €)		1 386,— €
b) vom maßgebenden Jahresarbeitslohn zuzüglich Lohnnachzahlung (29 000 € + 2000 € =) 31 000 €		1 810,— €
Differenz = Lohnsteuer für die Lohnnachzahlung	=	424,— €

Die Anwendung der Fünftelregelung führt im Beispielsfall zu einer um 14 € niedrigeren Lohnsteuer als die Besteuerung der Lohnnachzahlung als „normaler" sonstiger Bezug. Der Arbeitgeber muss deshalb die Fünftelregelung anwenden. Der Betrag von 2000 € ist als Arbeitslohn für mehrere Jahre, der ermäßigt besteuert wurde, in Zeile 10 der Lohnsteuerbescheinigung (vgl. dieses Stichwort) zu bescheinigen.

Trifft ein normal zu versteuernder sonstiger Bezug mit einem sonstigen Bezug zusammen, der durch Anwendung der Fünftelregelung ermäßigt zu besteuern ist, so ist zunächst die Lohnsteuer für den normal zu versteuernden sonstigen Bezug und **danach** die Lohnsteuer für den ermäßigt zu besteuernden sonstigen Bezug zu ermitteln (R 39b.6 Abs. 4 LStR). Ein Beispiel für diesen Fall ist beim Stichwort „Abfindung wegen Entlassung aus dem Dienstverhältnis" unter Nr. 15 auf Seite 30 abgedruckt.

Bei Anwendung der Fünftelregelung darf der mit einem Fünftel angesetzte sonstige Bezug weder um den **Versorgungsfreibetrag/Zuschlag zum Versorgungsfreibetrag** noch um den **Altersentlastungsbetrag** gekürzt werden, auch wenn die Voraussetzungen für den Abzug dieser Beträge im Grundsatz erfüllt sind (§ 39b Abs. 3 Satz 5 EStG).

c) Entlassungsabfindungen als sonstige Bezüge

Früher waren Entlassungsabfindungen bis zu bestimmten Höchstbeträgen steuerfrei. Seit 1. 1. 2008 zufließende Entlassungsabfindungen sind ohne jede Ausnahme steuerpflichtig. Die Entlassungsabfindung ist jedoch als sonstiger Bezug unter Anwendung der **Fünftelregelung** zu versteuern, wenn die Zahlung der Entlassungsabfindung im Jahr des Zuflusses zu einer **Zusammenballung von Einkünften** führt. Die für eine Anwendung der Fünftelregelung erforderliche Zusammenballung von Einkünften ist beim Stichwort „Abfindungen wegen Entlassung aus dem Dienstverhältnis" unter Nr. 9 auf Seite 26 ausführlich anhand von Beispielen erläutert.

Ab 1.1.2010 ist bei der Berechnung der Lohnsteuer für Entlassungsabfindungen zu beachten, dass die Entlassungsabfindung **nicht mehr zur Bemessungsgrundlage für die Vorsorgepauschale gehört** (§ 39b Abs. 2 Satz 5 Nr. 3 zweiter Teilsatz EStG). Nach der neuen Regelung dürfen Entschädigungen im Sinne des § 24 Nr. 1 EStG ab 1.1.2010 nicht mehr bei der Berechnung der Vorsorgepauschale berücksichtigt werden, weil für diese Entschädigungen keine Sozialversicherungsbeiträge zu entrichten sind. Betroffen von dieser Änderung sind in erster Linie Abfindungen wegen Entlassung aus dem Dienstverhältnis. Dabei kommt es nicht darauf an, ob die Abfindung auch tatsächlich in Anwendung der Fünftelregelung ermäßigt besteuert wird, das heißt, dass eine Entlassungsabfindung auch dann nicht zur Bemessungsgrundlage für die Vorsorgepauschale gehört, wenn die Abfindung mangels Zusammenballung der Einkünfte normal zu versteuern ist. Ausschlaggebend ist allein, ob eine Entschädigung im Sinne des § 24 Nr. 1 EStG vorliegt oder nicht (vgl. hierzu die Erläuterungen beim Stichwort „Entschädigungen"). Auf die ausführlichen Erläuterungen zur Berechnung der ab 1.1.2010 geltenden Vorsorgepauschale in **Anhang 8 zum Lexikon** wird Bezug genommen. Die für Entlassungsabfindungen geltende Neuregelung soll anhand folgender Beispiele verdeutlicht werden:

Beispiel A

Ein Arbeitnehmer mit einem Monatslohn von 3000 € (Steuerklasse I/0) scheidet im Dezember 2010 aus dem Dienstverhältnis aus und erhält eine Entschädigung wegen Entlassung aus dem Dienstverhältnis auf Veranlassung des Arbeitgebers. Die Entlassungsabfindung beträgt 5000 €. Die Steuer für die Entlassungsabfindung errechnet sich in Anwendung der Fünftelregelung wie folgt:

Voraussichtlicher laufender Jahresarbeitslohn (12 × 3000 € =)	36 000,— €
Lohnsteuer nach Steuerklasse I/0 der Jahreslohnsteuertabelle 2010	
a) vom maßgebenden Jahresarbeitslohn (36 000 €)	5 762,— €
b) vom maßgebenden Jahresarbeitslohn zuzüglich eines Fünftels der Entlassungsentschädigung (36 000 € + 1000 € =) 37 000 €	6 082,— €
Differenz	320,— €
Die Lohnsteuer für die Entlassungsentschädigung beträgt (5 × 320 €) =	1 600,— €
Solidaritätszuschlag für den sonstigen Bezug (5,5 % von 1600 €)	88,— €
Kirchensteuer für den sonstigen Bezug (8 % aus 1600 €)	128,— €

Besteuert man im vorstehenden Beispiel den sonstigen Bezug nicht nach der Fünftelregelung, sondern nach dem allgemein für sonstige Bezüge geltenden Verfahren, so ergibt sich für die Abfindung von 5000 € eine Lohnsteuer in Höhe von 1644 € (anstelle von 1600 €). Auch bei dieser Berechnung scheidet die Entlassungsabfindung aus der Bemessungsgrundlage für die Vorsorgepauschale aus.

---

*) Im Beispielsfall wurden die Lohnsteuerbeträge aus der im selben Verlag erschienenen Jahreslohnsteuertabelle abgelesen. Im Gegensatz zum Ablesen der Lohnsteuer aus einer Tabelle kann im maschinellen Verfahren auch beim Anwenden der Fünftelregelung die Vorsorgepauschale zutreffend auf der Basis des steuerpflichtigen Gesamtlohns (29 000 € + 2000 € = 31 000 €) berechnet werden. Die Lohnsteuer für den sonstigen Bezug in Höhe von 2000 € beträgt bei maschineller Berechnung 412 € statt 410 €. Die im maschinellen Verfahren errechnete Lohnsteuer entspricht damit genauer der Einkommensteuer, die sich bei Anwendung der Fünftelregelung im Veranlagungsverfahren ergibt. Sowohl das Ablesen der Lohnsteuer aus einer gedruckten Lohnsteuertabelle als auch die maschinelle Berechnung nach dem amtlichen Programmablaufplan (sog. PAP) führt jedoch zu der nach den gesetzlichen Vorschriften einzubehaltenden Lohnsteuer (vgl. die Erläuterungen beim Stichwort „Lohnsteuertabellen" unter Nr. 1).

Sonstige Bezüge

	Lohn-steuer-pflichtig	Sozial-versich.-pflichtig
Bei einer Veranlagung zur Einkommensteuer ergibt sich Folgendes:		
Bruttojahresarbeitslohn einschließlich steuerpflichtige Entlassungsabfindung (36 000 € + 5 000 €)	41 000 €	
abzüglich: Arbeitnehmer-Pauschbetrag	920 €	
verbleiben	40 080 €	
abzüglich Sonderausgaben-Pauschbetrag	36 €	
verbleiben	40 044 €	
abzüglich Vorsorgeaufwendungen in tatsächlicher Höhe, denn eine Vorsorgepauschale gibt es ab 2010 im Veranlagungsverfahren nicht mehr (vgl. die Erläuterungen in **Anhang 8a zum Lexikon**). Aus Vereinfachungsgründen werden die abzugsfähigen Vorsorgeaufwendungen in Höhe der beim Lohnsteuerabzug berücksichtigten Vorsorgepauschale angesetzt. Dies sind 12,805 % des Arbeitslohns **ohne** Entlassungsabfindung (vgl. die Erläuterungen in **Anhang 8 zum Lexikon**) aufgerundet auf volle Euro.	4 610 €	
zu versteuerndes Einkommen	35 434 €	
abzüglich nach der Fünftelregelung zu besteuernde Entlassungsabfindung	5 000 €	
verbleiben	30 434 €	
Steuer hierauf lt. Grundtabelle 2010	**5 762 €**	
Für die Besteuerung der Entlassungsabfindung nach der Fünftelregelung ist das zu versteuernde Einkommen um ⅕ von 5000 € zu erhöhen: 30 434 € + 1000 € = 31 434 €		
Steuer hierauf lt. Grundtabelle 2010	6 082 €	
auf 1000 € entfallen demnach (6082 € − 5762 € =)	320 €	
320 € × 5 =	**1 600 €**	
die gesamte Einkommensteuer für das Kalenderjahr 2010 beträgt somit (5762 € + 1600 € =)	**7 362 €**	

Eine spürbare Steuerermäßigung ergibt sich durch die Anwendung der Fünftelregelung nur bei hohen Arbeitslöhnen oder bei hohen steuerpflichtigen Entlassungsabfindungen. Wird der Arbeitslohn allerdings mit dem Spitzensteuersatz besteuert (vgl. das Stichwort „Tarifaufbau"), sinkt die durch eine Anwendung der Fünftelregelung erzielbare Steuerermäßigung wieder auf 0 €.

Der größte steuerliche Vorteil lässt sich allerdings im Regelfall dann erzielen, wenn die Auszahlung der Entlassungsabfindung in ein Kalenderjahr verlagert werden kann, in dem der Arbeitnehmer keinerlei Einkünfte oder nur steuerfreie Einnahmen (z. B. Arbeitslosengeld) hat.

Beispiel B

Ein Arbeitnehmer mit einem Monatslohn von 2250 € (Steuerklasse I) scheidet im Dezember 2009 aus dem Dienstverhältnis aus und erhält im Januar 2010 eine Entschädigung wegen Entlassung aus dem Dienstverhältnis auf Veranlassung des Arbeitgebers. Die Entschädigung beträgt 30 000 €. Da der Arbeitnehmer das ganze Kalenderjahr 2010 Arbeitslosengeld erhält, ist der voraussichtliche Jahresarbeitslohn 0 €. Die Steuer für die Entschädigung errechnet der Arbeitgeber deshalb in Anwendung der Fünftelregelung*) wie folgt:

	Lohn-steuer-pflichtig	Sozial-versich.-pflichtig
Voraussichtlicher laufender Jahresarbeitslohn	0,— €	
Lohnsteuer nach Steuerklasse I der Jahreslohnsteuertabelle 2010		
a) vom maßgebenden Jahresarbeitslohn (0 €)	0,— €	
b) vom maßgebenden Jahresarbeitslohn zuzüglich eines Fünftels der Entlassungsentschädigung (0 € + 6 000 €) 6 000 €	0,— €	
Differenz		
Die Lohnsteuer für die Entlassungsentschädigung beträgt (5 × 0 € =)	0,— €	
Solidaritätszuschlag für den sonstigen Bezug	0,— €	
Kirchensteuer für den sonstigen Bezug	0,— €	

Da der Arbeitnehmer steuerfreies Arbeitslosengeld in Höhe von (angenommen) 15 000 € bezogen hat, das dem Progressionsvorbehalt unterliegt, wird er nach Ablauf des Kalenderjahres zur Einkommensteuer veranlagt. Durch die Anwendung des Progressionsvorbehalts auf die Entlassungsabfindung von 30 000 € ergibt sich folgende Einkommensteuernachzahlung:

	Lohn-steuer-pflichtig	Sozial-versich.-pflichtig
Bruttojahresarbeitslohn (= steuerpflichtige Entlassungsabfindung)	30 000,— €	
abzüglich Arbeitnehmer-Pauschbetrag	920,— €	
verbleiben	29 080,— €	
abzüglich: Sonderausgaben-Pauschbetrag	36,— €	
Vorsorgeaufwendungen 0 €, da für die Entlassungsabfindung keine Sozialversicherungsbeiträge entrichtet wurden	0,— €	36,— €
zu versteuerndes Einkommen	29 044,— €	
davon ein Fünftel	5 808,— €	
zuzüglich Arbeitslosengeld	15 000,— €	
insgesamt	20 808,— €	
Steuer hierauf lt. Grundtabelle 2010	2 920,— €	
Dies entspricht einer Steuerbelastung von	14,0330 %	

Damit ergibt sich folgende Berechnung der Einkommensteuerschuld:
Für ein Fünftel der Entlassungsabfindung ergibt sich folgende Einkommensteuer

14,0330 % von 5808 €	=	815,— €
das Fünffache dieses Betrags ergibt eine Steuerschuld von (815 € × 5 =)		4 075,— €

Auf die Entlassungsabfindung in Höhe von 30 000 € entfällt somit eine Steuer von 4075 €, also lediglich etwa 13,5 %. Diesen Betrag muss der Arbeitnehmer bei einer Veranlagung zur Einkommensteuer nachzahlen, da die einbehaltene Lohnsteuer 0 € beträgt. Wesentlich höher kann die Nachzahlung im Veranlagungsverfahren dann ausfallen, wenn es sich um einen verheirateten Arbeitnehmer handelt, der mit seiner Ehefrau zusammen veranlagt wird und die Ehefrau eigene steuerpflichtige Einkünfte hat (z. B. Arbeitslohn in Höhe von 25 000 €). Die dadurch eintretende Progressionsverschärfung kann der Arbeitnehmer, der die Entlassungsabfindung erhalten hat, nur durch eine **getrennte Veranlagung** verhindern.

Tritt ein normal zu versteuernder sonstiger Bezug mit einem sonstigen Bezug zusammen, der durch Anwendung der Fünftelregelung ermäßigt zu besteuern ist, so ist zunächst die Lohnsteuer für den normal zu versteuernden sonstigen Bezug und **danach** die Lohnsteuer für den ermäßigt zu besteuernden sonstigen Bezug zu ermitteln (R 39b.6 Abs. 4 LStR). Ein Beispiel für eine solche Lohnabrechnung, in der neben einer Urlaubsabgeltung auch eine durch die Fünftelregelung begünstigte Entlassungsabfindung gezahlt wird, ist beim Stichwort „Abfindung wegen Entlassung aus dem Dienstverhältnis" unter Nr. 15 auf Seite 30 abgedruckt.

d) Negativer maßgebender Jahresarbeitslohn und Anwendung der Fünftelregelung

Zur Ermittlung des maßgebenden Jahresarbeitslohns ist vom voraussichtlichen Jahresarbeitslohn der auf der Lohnsteuerkarte des Arbeitnehmers eingetragene jährliche Steuerfreibetrag abzuziehen. Der Abzug des Jahresfreibetrags kann nach R 39b.6 Abs. 1 Satz 3 der Lohnsteuer-Richtlinien auch zu einem **negativen** maßgebenden Jahresarbeitslohn führen. Nach § 39b Abs. 3 Satz 9 zweiter Halbsatz EStG i. V. m. § 34 Abs. 1 Satz 3 EStG ist in diesen Fällen der sonstige Bezug um den negativen maßgebenden Jahresarbeitslohn zu kürzen.**)

Beispiel

Ein Arbeitnehmer mit einem Arbeitslohn von monatlich 5000 € (Steuerklasse I) hat sich einen Jahresfreibetrag von 70 000 € (= Verlust aus Vermietung und Verpachtung) auf der Lohnsteuerkarte 2010 eintragen lassen. Er erhält im Dezember 2010 eine Abfindung in Höhe von 100 000 €, die unter Anwendung der Fünftelregelung zu besteuern ist. Die Lohnsteuer für die Abfindung errechnete sich wie folgt:

---

*) Die Voraussetzungen für die Anwendung der Fünftelregelung im Lohnsteuerabzugsverfahren liegen vor, da die beim Stichwort „Abfindung wegen Entlassung aus dem Dienstverhältnis" unter Nr. 9 auf Seite 26 erläuterte Vergleichsberechnung ergibt, dass die Abfindung in Höhe von 30 000 € den bei Fortsetzung des Arbeitsverhältnisses erzielbaren Jahresarbeitslohn (12 × 2250 € =) 27 000 € übersteigt und damit eine Zusammenballung von Einkünften vorliegt.

) Bei der Berechnung nach § 39b Abs. 3 Satz 9 EStG ist § 34 Abs. 1 Satz 3 EStG **sinngemäß anzuwenden. Das bedeutet Folgendes: Ist der maßgebende Jahresarbeitslohn ohne den tarifbegünstigten sonstigen Bezug negativ, so ist diesem der volle tarifbegünstigte sonstige Bezug hinzuzurechnen. Der so erhöhte positive Arbeitslohn wird durch fünf geteilt, die Lohnsteuer berechnet und mit fünf vervielfacht. Dieses Verfahren vermeidet Nachzahlungen, die in diesen Sonderfällen bei der Einkommensteuerveranlagung auftreten können.

Sonstige Bezüge

		Lohn-steuer-pflichtig	Sozial-versich.-pflichtig
Voraussichtlicher laufender Jahresarbeitslohn		60 000,— €	
abzüglich Jahresfreibetrag		70 000,— €	
maßgebender Jahresarbeitslohn	minus	10 000,— €	
zuzüglich Abfindung		100 000,— €	
verbleiben	plus	90 000,— €	
davon ⅕		18 000,— €	
Lohnsteuer nach Steuerklasse I der Jahreslohnsteuertabelle 2010			
a) vom maßgebenden Jahresarbeitslohn (= 0 €)		0,— €	
b) vom maßgebenden Jahresarbeitslohn zuzüglich eines Fünftels (= 18 000 €)		1 924,— €	
Differenz		1 924,— €	
Die Lohnsteuer für die Entlassungsabfindung beträgt (5 × 1924 €)		9 620,— €	
Bei einer Veranlagung des Arbeitnehmers zur Einkommensteuer nach Ablauf des Kalenderjahres ergibt sich Folgendes:			
Jahresarbeitslohn		60 000,— €	
zuzüglich Abfindung		100 000,— €	
insgesamt		160 000,— €	
abzüglich Arbeitnehmer-Pauschbetrag		920,— €	
verbleiben		159 080,— €	
abzüglich Verlust aus Vermietung und Verpachtung		70 000,— €	
Gesamtbetrag der Einkünfte		89 080,— €	
abzüglich Sonderausgaben-Pauschbetrag		36,— €	
verbleiben		89 044,— €	
abzüglich Vorsorgeaufwendungen (geschätzt)		3 000,— €	
zu versteuerndes Einkommen		86 044,— €	
abzüglich durch die Fünftelregelung begünstigte Einkünfte		86 044,— €	
verbleiben		0,— €	
zuzüglich ⅕ von 86 044 €		17 209,— €	
Steuer hierauf lt. Grundtabelle 2010		1 966,— €	
die Einkommensteuerschuld für das Kalenderjahr 2010 beträgt (5 × 1966 € =)		9 830,— €	

Bei der Veranlagung für das Kalenderjahr 2010 ergibt sich eine Nachzahlung von (9830 € − 9620 € =) 210 €.

7. Nachzahlung von laufendem Arbeitslohn als sonstiger Bezug

a) Allgemeines

Nachzahlungen von Arbeitslohn gehören zum laufenden Arbeitslohn, wenn sich der **Gesamtbetrag** einer Nachzahlung ausschließlich auf Lohnzahlungszeiträume bezieht, die im Kalenderjahr der Zahlung enden (z. B. Nachzahlung für Januar bis März 2010 im April 2010).

Nachzahlungen von Arbeitslohn gehören dagegen zu den sonstigen Bezügen, wenn sich der Gesamtbetrag oder auch nur ein **Teilbetrag** der Nachzahlung auf Lohnzahlungszeiträume bezieht, die in einem anderen Kalenderjahr als dem Jahr der Zahlung enden (z. B. Nachzahlung für Dezember 2009 bis März 2010 im April 2010). Gehört die Nachzahlung hiernach zu den sonstigen Bezügen, so ist der **gesamte** Betrag, also auch der Teil der Nachzahlung, der auf das laufende Jahr entfällt, im Monat des Zuflusses als sonstiger Bezug zu besteuern. Eine Aufteilung des Gesamtbetrags in einen laufenden Bezug, der auf Zeiträume des laufenden Jahres entfällt und einen sonstigen Bezug für die bereits abgelaufenen Jahre, ist nicht zulässig.

b) Besteuerung als laufender Arbeitslohn oder sonstiger Bezug

Gehören Nachzahlungen von Arbeitslohn zum **laufenden** Arbeitslohn, weil sich der Gesamtbetrag der Nachzahlung ausschließlich auf Lohnzahlungszeiträume des laufenden Kalenderjahres bezieht, so ist die Nachzahlung für die Berechnung der Lohnsteuer den Lohnzahlungszeiträumen zuzurechnen, für die die Nachzahlung geleistet wird (= rückwirkende Änderung der Lohnabrechnungen durch Aufrollen der betreffenden Monate). Dieses Verfahren ist beim Stichwort „Nachzahlung von laufendem Arbeitslohn" anhand von Beispielen dargestellt.

Aus Vereinfachungsgründen lässt es die Finanzverwaltung jedoch zu, dass auch Nachzahlungen, die nach den vorstehenden Ausführungen an sich zum laufenden Arbeitslohn gehören würden, **als sonstige Bezüge besteuert werden**. Voraussetzung hierfür ist, dass der Arbeitnehmer nicht ausdrücklich eine Besteuerung der Nachzahlung durch Verteilung auf diejenigen Nachzahlungszeiträume verlangt, für die die Nachzahlung geleistet wird. Die Nachzahlungen können nach dieser Vereinfachungsregelung zwar wie sonstige Bezüge unter Anwendung der Jahrestabelle besteuert werden, eine Pauschalierung der Lohnsteuer für solche Nachzahlungen in einer größeren Zahl von Fällen mit einem besonders ermittelten Pauschsteuersatz ist jedoch nicht zulässig, da es sich begrifflich nicht um sonstige Bezüge handelt (R 39b.5 Abs. 4 Satz 2 LStR).

Die Wechselwirkung zwischen einer Besteuerung als sonstiger Bezug einerseits oder einer Besteuerung als laufender Arbeitslohn durch Aufrollen der bereits abgerechneten Lohnzahlungszeiträume andererseits, soll anhand der folgenden Beispiele verdeutlicht werden:

Beispiel

Ein Arbeitnehmer (Steuerklasse III/1,0 Kinderfreibetrag) mit einem laufenden Bruttolohn von 2000 € monatlich, erhält ab September 2010 monatlich 100 € mehr und eine Nachzahlung von 800 € für die Monate Januar bis August 2010. Vom Monatslohn in Höhe von 2000 € ist die Lohnsteuer nach Steuerklasse III/1 bei Anwendung der Monatstabelle mit 41,16 € einbehalten worden. Wenn man den Monatslohn von 2000 € um die auf einen Monat entfallende anteilige Nachzahlung in Höhe von 100 € erhöht, ergibt sich nach der Monatstabelle eine Lohnsteuer von 56,16 €.

Auf die anteilige monatliche Nachzahlung von 100 € entfällt demnach eine Lohnsteuer von (56,16 € − 41,16 € =) 15,— €. Die auf die gesamte Nachzahlung entfallende Lohnsteuer beträgt somit 120 € (15,— € × 8 Monate). Vom Monatslohn für September zuzüglich der Nachzahlung (2100 € + 800 € = 2900 €) ist daher Lohnsteuer in Höhe von insgesamt (56,16 € + 120,— € =) 176,16 € einzubehalten.

Der Solidaritätszuschlag für die Nachzahlung ist ebenfalls durch eine rückwirkende Änderung der Lohnabrechnung für Januar bis August nach Steuerklasse III/1,0 Kinderfreibetrag zu ermitteln:

- auf den Monatslohn von 2000 €
  entfällt ein Solidaritätszuschlag von   0,— €
- auf den Monatslohn von 2100 €
  entfällt ein Solidaritätszuschlag von   0,— €

Differenz monatlich   0,— €

Der auf die gesamte Nachzahlung von 800 € entfallende Solidaritätszuschlag beträgt (0 € × 8) =   0,— €

In gleicher Weise ist die auf die Nachzahlung entfallende Kirchensteuer (8 %) zu ermitteln:

- auf den Monatslohn von 2000 €
  entfällt eine Kirchensteuer von   0,— €
- auf den Monatslohn von 2100 €
  entfällt eine Kirchensteuer von   0,— €

Differenz monatlich   0,— €

Die auf die gesamte Nachzahlung von 800 € entfallende Kirchensteuer beträgt (0 € × 8) =   0,— €

Da die im September 2010 gezahlte Nachzahlung in Höhe von 800 € für die Monate Januar bis August 2010 sich ausschließlich auf Lohnzahlungszeiträume bezieht, die im Kalenderjahr der Zahlung enden, handelt es sich bei der Nachzahlung begrifflich um laufenden Arbeitslohn. Trotzdem kann der Arbeitgeber diese Nachzahlung wie einen sonstigen Bezug besteuern, es sei denn, der Arbeitnehmer widerspricht dieser Besteuerungsform und verlangt eine Besteuerung der Nachzahlung als laufenden Arbeitslohn, also eine Verteilung der Nachzahlung auf die Lohnzahlungszeiträume, auf die sich die Nachzahlung bezieht.

Besteuert der Arbeitgeber die Nachzahlung wie einen sonstigen Bezug, ergibt sich folgende Steuerberechnung:

voraussichtlicher laufender Jahresarbeitslohn
(8 × 2000 € + 4 × 2100 €)   = 24 400,— €

Sonstige Bezüge

	Lohn-steuer-pflichtig	Sozial-versich.-pflichtig
Lohnsteuer nach Steuerklasse III/1 der Jahreslohnsteuertabelle 2010		
a) vom maßgebenden Jahresarbeitslohn (24 400 €)	552,— €	
b) vom maßgebenden Jahresarbeitslohn zuzüglich der Nachzahlung (24 400 € + 800 € =) 25 200 €	674,— €	
Differenz = Lohnsteuer für die Nachzahlung	122,— €	
Der Solidaritätszuschlag beträgt 5,5 % von 122 € =	6,71 €	
Die Kirchensteuer beträgt 8 % von 122 € =	9,76 €	

Die Versteuerung als sonstiger Bezug ist somit sowohl bei der Lohnsteuer als auch beim Solidaritätszuschlag und auch bei der Kirchensteuer **ungünstiger** als die Verteilung auf 8 Monate.

c) Anwendung der Fünftelregelung

Bei der Nachzahlung von laufendem Arbeitslohn kommt die sog. Fünftelregelung zur Anwendung, wenn es sich um Arbeitslohn für eine **mehrjährige Tätigkeit** handelt. Nach § 34 Abs. 2 Nr. 4 EStG ist eine Tätigkeit dann „mehrjährig", wenn sie sich über mindestens zwei Kalenderjahre erstreckt und einen Zeitraum von mehr als zwölf Monate umfasst.

Beispiel

Ein Arbeitnehmer (Steuerklasse III/0) mit einem laufenden Bruttolohn von 2000 € erhält ab März 2010 monatlich 100 € mehr und eine Nachzahlung von (13 × 100 € =) 1300 € für die Monate Februar 2009 bis Februar 2010. Da sich ein Teilbetrag der Nachzahlung auf Lohnzahlungszeiträume bezieht, die in einem anderen Kalenderjahr als dem der Zahlung enden, handelt es sich bei der Nachzahlung in Höhe von 1300 € begrifflich um einen sonstigen Bezug. Es gelten deshalb **ausschließlich** die für die Besteuerung sonstiger Bezüge maßgebenden Vorschriften. Außerdem bezieht sich die Nachzahlung auf eine Tätigkeit, die sich auf zwei Kalenderjahre erstreckt und einen Zeitraum von mehr als zwölf Monaten umfasst; es ist deshalb die **Fünftelregelung** (vgl. die Erläuterungen unter der vorstehenden Nr. 6) anzuwenden.

Steuerberechnung für den sonstigen Bezug nach der Fünftelregelung:		
voraussichtlicher laufender Jahresarbeitslohn (2 × 2000 € + 10 × 2100 €) =	25 000,— €	
Lohnsteuer nach Steuerklasse III/0 der Jahreslohnsteuertabelle 2010		
a) vom maßgebenden Jahresarbeitslohn (25 000 €)	640,— €	
b) vom maßgebenden Jahresarbeitslohn zuzüglich ein Fünftel der Nachzahlung (25 000 € + 260 € =) 25 260 €	684,— €	
Differenz	44,— €	
Die Lohnsteuer für die Nachzahlung beträgt (5 × 44 €) =	220,— €	
Der Solidaritätszuschlag beträgt 5,5 % von 220 € =	12,10 €	
Die Kirchensteuer beträgt 8 % von 220 € =	17,60 €	

Besteuert man im vorstehenden Beispiel den sonstigen Bezug nicht nach der Fünftelregelung, sondern nach dem allgemein für sonstige Bezüge geltenden Verfahren, so ergibt sich Folgendes:

Lohnsteuer nach Steuerklasse III der Jahreslohn-steuertabelle 2010		
a) vom maßgebenden Jahresarbeitslohn (25 000 €)	640,— €	
b) vom maßgebenden Jahresarbeitslohn zuzüglich Lohnnachzahlung (25 000 € + 1 300 € =) 26 300 €	866,— €	
Differenz = Lohnsteuer für die Lohnnachzahlung	226,— €	

Die Anwendung der Fünftelregelung führt im Beispielsfall zu einer um 6 € niedrigeren Lohnsteuer als die Besteuerung der Lohnnachzahlung als „normaler" sonstiger Bezug. Der Arbeitgeber muss deshalb die Fünftelregelung anwenden. Der Betrag von 1300 € ist als Arbeitslohn für mehrere Jahre, der ermäßigt besteuert wurde, in Zeile 10 der Lohnsteuerbescheinigung (vgl. dieses Stichwort) zu bescheinigen.

8. Besteuerung sonstiger Bezüge bei Vorlage einer Lohnsteuerkarte mit der Steuerklasse V oder VI

Wird von einem Arbeitnehmer eine Lohnsteuerkarte mit der Steuerklasse VI oder eine Lohnsteuerkarte mit der Steuerklasse V (wenn auch der Ehegatte des Arbeitnehmers in einem Dienstverhältnis steht und auf dessen Lohnsteuerkarte die Steuerklasse III bescheinigt ist) vorgelegt, so gelten für die Besteuerung der aus einem solchen Dienstverhältnis gezahlten sonstigen Bezüge **keine Besonderheiten**. Die sonstigen Bezüge sind auch in diesen Fällen unter Anwendung der Jahreslohnsteuertabelle zu besteuern, wobei sowohl beim Vorliegen einer Lohnsteuerkarte mit der Steuerklasse V als auch beim Vorliegen einer Lohnsteuerkarte mit der Steuerklasse VI (zweite oder weitere Lohnsteuerkarte) der **Versorgungsfreibetrag** und der **Altersentlastungsbetrag** zu berücksichtigen sind, wenn die für die Gewährung dieser Freibeträge geltenden Voraussetzungen erfüllt sind. Der **Zuschlag zum Versorgungsfreibetrag** darf aber **seit Januar 2008** in der **Steuerklasse VI nicht mehr** berücksichtigt werden (vgl. hierzu auch die Erläuterungen beim Stichwort „Versorgungsbezüge, Versorgungsfreibetrag" unter Nr. 4 Buchstabe d). Der Solidaritätszuschlag ist in gleicher Weise mit 5,5 % der auf den sonstigen Bezug entfallenden Lohnsteuer zu erheben wie bei Vorlage einer Lohnsteuerkarte mit den Steuerklassen I bis IV. Gleiches gilt für Kirchensteuer, das heißt, sie beträgt 8 % oder 9 % der auf den sonstigen Bezug entfallenden Lohnsteuer.

9. Sonstige Bezüge, die an ausgeschiedene Arbeitnehmer gezahlt werden

a) Allgemeines

Zahlt der Arbeitgeber einen sonstigen Bezug erst, nachdem der Arbeitnehmer bereits aus dem Dienstverhältnis ausgeschieden ist, so hat der Arbeitnehmer zur Besteuerung dieses sonstigen Bezugs stets eine Lohnsteuerkarte vorzulegen. Er wird die **erste Lohnsteuerkarte** vorlegen, wenn er im Zeitpunkt der Zahlung des sonstigen Bezugs in keinem anderen Dienstverhältnis steht (z. B. arbeitslos oder arbeitsunfähig ist, sich bereits im Ruhestand befindet und deshalb Altersruhegeld bezieht, das als Rente nicht dem Lohnsteuerabzug unterliegt, vgl. das Stichwort „Renten"). Steht der Arbeitnehmer im Zeitpunkt der Zahlung des sonstigen Bezuges in einem Arbeitsverhältnis bei einem anderen Arbeitgeber, so hat er für die Besteuerung des sonstigen Bezuges eine **zweite (weitere) Lohnsteuerkarte** mit der Steuerklasse VI vorzulegen.

Für die Besteuerung des sonstigen Bezugs gelten im Grundsatz die **allgemeinen Vorschriften** (vgl. Nrn. 1 bis 8).

Für die **Ermittlung des maßgebenden Jahresarbeitslohns** gilt Folgendes:

b) Vorlage der ersten Lohnsteuerkarte

Nach R 39b.6 Abs. 3 Satz 4 LStR ist der voraussichtliche Jahresarbeitslohn nach den Angaben des Arbeitnehmers zu ermitteln. Das bedeutet Folgendes:

War der Arbeitnehmer im laufenden Kalenderjahr nachweislich bisher nicht beschäftigt (z. B. bei längerer Arbeitslosigkeit) und erklärt der Arbeitnehmer, dass im Laufe des Kalenderjahres auch nicht mehr mit einer Beschäftigung zu rechnen sein wird, z. B. wegen Alters- oder Berufsunfähigkeit, so kann der (frühere) Arbeitgeber bei der Besteuerung des von ihm gezahlten sonstigen Bezugs den voraussichtlichen Jahresarbeitslohn mit 0 € ansetzen.

Beispiel A

Ein Arbeitnehmer ist am 31. Dezember 2009 aus dem Dienstverhältnis ausgeschieden. Er erhält am 15. Februar 2010 von seinem früheren Arbeitgeber eine Tantieme in Höhe von 5000 €. Für die Besteuerung der Tantieme ergibt sich Folgendes:

Ist der Arbeitnehmer wegen Krankheit aus dem Dienstverhältnis ausgeschieden und kann der Arbeitgeber davon ausgehen, dass der Arbeitnehmer im laufenden Kalenderjahr voraussichtlich nicht mehr arbeitsfähig wird, so kann er die Lohnsteuer für die Abfindung wie folgt berechnen:

Voraussichtlicher Jahresarbeitslohn	0,— €	
Lohnsteuer nach Steuerklasse III/0 der Jahreslohn-steuertabelle		
a) vom maßgebenden Jahresarbeitslohn (0,— €)	0,— €	
b) vom maßgebenden Jahresarbeitslohn zuzüglich Tantieme (0,— € + 5000 € =) 5000 €	0,— €	
Differenz	0,— €	

Sonstige Bezüge

	Lohn-steuer-pflichtig	Sozial-versich.-pflichtig
Lohnsteuer für die Tantieme		0,— €
Der Solidaritätszuschlag beträgt 5,5 % von 0,— €		0,— €
Die Kirchensteuer beträgt 8 % von 0,— €		0,— €

Kann der Arbeitgeber **nicht** davon ausgehen, dass der Arbeitnehmer im laufenden Kalenderjahr keinen Arbeitslohn bezieht, so bedeutet dies im Hinblick auf das Elster-Lohn-Verfahren, dass der Arbeitnehmer seine elektronischen Lohnsteuerbescheinigungen vorlegen muss, wenn er aus vorangegangenen Beschäftigungen Arbeitslohn bezogen hat. Macht der Arbeitnehmer keine Angaben, ist der beim bisherigen Arbeitgeber zugeflossene Arbeitslohn auf einen Jahresbetrag hochzurechnen. Eine Hochrechnung ist nicht erforderlich, wenn mit dem Zufließen von weiterem Arbeitslohn im Laufe des Kalenderjahres, z. B. wegen Alters oder Erwerbsunfähigkeit, nicht zu rechnen ist (R 39b.6 Abs. 3 Sätze 5 und 6 LStR).

Beispiel B

Der Arbeitgeber zahlt einem seit 1. Februar 2010 nicht mehr in seinen Diensten stehenden Arbeitnehmer aufgrund eines arbeitsgerichtlichen Urteils am 30. September 2010 eine einmalige Zuwendung in Höhe von 1000 € nach. Für Januar 2010 hat der Arbeitgeber diesem Arbeitnehmer einen Monatslohn in Höhe von 4000 € gezahlt. Der Arbeitnehmer legt dem Arbeitgeber eine elektronische Lohnsteuerbescheinigung vor, auf der von einem anderen Arbeitgeber für die Zeit vom 1. Februar bis zum 31. Mai 2010 Arbeitslohn in Höhe von 12 000 € (3000 € monatlich) bescheinigt ist (für die Zeit ab 1. Juni 2010 ist kein Arbeitslohn bescheinigt, weil der Arbeitnehmer seit diesem Zeitpunkt nachweislich arbeitslos ist). Auf der Lohnsteuerkarte, die der Arbeitnehmer für die Besteuerung der einmaligen Zuwendung von 1000 € vorlegt, ist die Steuerklasse III/0 bescheinigt; ein Freibetrag ist nicht eingetragen

Der für die Besteuerung des sonstigen Bezugs maßgebende voraussichtliche Jahresarbeitslohn ist wie folgt zu ermitteln:

Beim bisherigen Arbeitgeber im Januar 2010 zugeflossener Arbeitslohn	4 000,— €
Arbeitslohn lt. elektronischer Lohnsteuerbescheinigung von einem anderen Arbeitgeber für die Zeit vom 1. Februar bis zum 31. Mai 2010	12 000,— €
insgesamt	16 000,— €
umgerechnet auf einen Jahresarbeitslohn (ohne die Monate Juni, Juli, August und September in denen der Arbeitnehmer nachweislich arbeitslos war) $\frac{(16\,000\,€ \times 8)}{5}$ =	25 600,— €
Lohnsteuer nach Steuerklasse III/0 der Jahreslohnsteuertabelle 2010	
a) vom maßgebenden Jahresarbeitslohn (25 600 €)	742,— €
b) vom maßgebenden Jahresarbeitslohn zuzüglich der Nachzahlung (25 600 € + 1000 € =) 26 600 €	922,— €
Differenz = Lohnsteuer für die Nachzahlung	180,— €
Der Solidaritätszuschlag beträgt 5,5 % von 180 € =	9,90 €
Die Kirchensteuer beträgt 8 % von 180 € =	14,40 €

Kann der Arbeitgeber davon ausgehen, dass der Arbeitnehmer im Kalenderjahr 2010 auch weiterhin arbeitslos bleiben wird, kann er (4000 € + 12 000 € =) 16 000 € als voraussichtlichen Jahresarbeitslohn ansehen.

Legt der Arbeitnehmer keine elektronische Lohnsteuerbescheinigung für den vom 1. 2. bis 31. 5. 2010 bei einem anderen Arbeitgeber bezogenen Arbeitslohn vor, so ist nach R 39b.6 Abs. 3 Satz 5 LStR der beim bisherigen Arbeitgeber zugeflossene Arbeitslohn auf einen Jahresbetrag hochzurechnen. Der beim bisherigen Arbeitgeber zugeflossene Arbeitslohn für Januar 2010 beträgt 4000 €. Hochgerechnet sind dies (4000 € x 5 =) 20 000 €, wenn der Arbeitgeber davon ausgehen kann, dass der Arbeitnehmer bis Ende des Jahres arbeitslos bleiben wird. Kann er dies nicht, bleiben lediglich die Monate Juni, Juli, August und September bei der Hochrechnung außer Betracht, so dass sich ein hochgerechneter Jahresarbeitslohn von (4000 € x 8 =) 32 000 € ergibt.

Hinsichtlich der Angaben in der **elektronischen Lohnsteuerbescheinigung** (vgl. das Stichwort „Lohnsteuerbescheinigung") gilt Folgendes:

Sonstige Bezüge, die nach Beendigung des Arbeitsverhältnisses oder in folgenden Kalenderjahren gezahlt werden, **sind gesondert zu bescheinigen.** Als Dauer des Arbeitsverhältnisses ist in diesem Fall der Kalendermonat der Zahlung in der Lohnsteuerbescheinigung anzugeben*).

c) Vorlage einer zweiten Lohnsteuerkarte (Steuerklasse VI)

Legt der Arbeitnehmer eine **zweite Lohnsteuerkarte** vor, so ist die Lohnsteuer nach der Steuerklasse VI zu berechnen. Dabei ist **der sonstige Bezug als Jahresarbeitslohn anzusetzen**, wenn der ausgeschiedene Arbeitnehmer von seinem früheren Arbeitgeber im Jahr der Zahlung des sonstigen Bezugs keinen Arbeitslohn mehr erhalten hat. Hiervon ist ein evtl. auf der Lohnsteuerkarte eingetragener Freibetrag abzuziehen. Von dem sich danach ergebenden Betrag ist die Lohnsteuer aus der Jahreslohnsteuertabelle abzulesen und als Lohnsteuer für den sonstigen Bezug zu erheben.

Beispiel

Der Arbeitgeber zahlt einem früheren Arbeitnehmer am 1. Oktober 2010 eine Tantieme in Höhe von 5000 €. Vom Arbeitnehmer wird eine zweite Lohnsteuerkarte vorgelegt. Von seinem früheren Arbeitgeber hat der Arbeitnehmer im Kalenderjahr 2010 keinen Arbeitslohn mehr erhalten. Ein Freibetrag ist auf der Lohnsteuerkarte nicht eingetragen. Die Lohnsteuer für die Abfindung wird wie folgt berechnet:

Tantieme = voraussichtlicher Jahresarbeitslohn	5 000,— €
Steuer nach Steuerklasse VI der Jahreslohnsteuertabelle für 5000 €	588,— €
Der Solidaritätszuschlag beträgt 5,5 % von 588 €	32,34 €
Die Kirchensteuer beträgt 8 % von 588 €	47,04 €

Legt der Arbeitnehmer keine Lohnsteuerkarte vor, so muss der Arbeitgeber der Lohnsteuerberechnung die Steuerklasse VI zugrunde legen und die Lohnabrechnung wie im Beispiel durchführen. Der Arbeitgeber ist verpflichtet, bei Arbeitnehmern, die keine Lohnsteuerkarte vorlegen, eine Besondere Lohnsteuerbescheinigung auszuschreiben (vgl. dieses Stichwort) und diese in elektronischer Form an das Betriebsstättenfinanzamt einzusenden.

10. Versorgungsbezüge als sonstige Bezüge

Besteht der Arbeitslohn ganz oder teilweise aus steuerbegünstigten Versorgungsbezügen (z. B. wenn der Arbeitnehmer in den Ruhestand tritt und vom Arbeitgeber eine Betriebsrente erhält), so steht dem Arbeitnehmer ein Versorgungsfreibetrag und ein Zuschlag zum Versorgungsfreibetrag zu (vgl. „Versorgungsbezüge, Versorgungsfreibetrag"). Die Höhe des Versorgungsfreibetrags und des Zuschlags zum Versorgungsfreibetrag richten sich nach dem **Jahr des Versorgungsbeginns**. Für das Kalenderjahr 2010 gelten deshalb unterschiedliche Beträge je nachdem seit wann dem Arbeitnehmer die Versorgungsbezüge gewährt werden:

Jahr des Versorgungs-beginns	Versorgungsfreibetrag			Zuschlag zum Versorgungsfreibetrag	
	in % der Versorgungs-bezüge	Höchstbetrag			
		jährlich	monat-lich	jährlich	monat-lich
2005 oder früher	40 %	3000 €	250 €	900 €	75 €
2006	38,4 %	2880 €	240 €	864 €	72 €
2007	36,8 %	2760 €	230 €	828 €	69 €
2008	35,2 %	2640 €	220 €	792 €	66 €
2009	33,6 %	2520 €	210 €	756 €	63 €
2010	32,0 %	2400 €	200 €	720 €	60 €

Die vollen Jahresbeträge stehen dem Arbeitnehmer nur dann zu, wenn ihm in allen Monaten des Kalenderjahres 2010 Versorgungsbezüge zugeflossen sind. Denn nach § 19 Abs. 2 Satz 12 EStG ermäßigen sich die Jahresbeträ-

---

*) BMF-Schreiben vom 26.8.2009 (BStBl. I S. 902). Das BMF-Schreiben ist als Anlage 1 zu H 41b LStR im **Steuerhandbuch für das Lohnbüro 2010** abgedruckt, das im selben Verlag erschienen ist. Das **PC-Lexikon** für das Lohnbüro 2010 enthält auch dieses Handbuch und hat außerdem den Vorteil, dass Sie **alle BFH-Urteile** sowie die aktuellen Rundschreiben und Niederschriften der Spitzenverbände der **Sozialversicherung** mit Mausklick **im Volltext** abrufen und ausdrucken können. Eine Bestellkarte finden Sie vorne im Lexikon.

Sonstige Bezüge

ge für jeden vollen Kalendermonat, für den keine Versorgungsbezüge gezahlt werden, um ein Zwölftel.

Werden Versorgungsbezüge laufend gezahlt, so ist der Versorgungsfreibetrag und der Zuschlag zum Versorgungsfreibetrag nur mit dem auf den Lohnzahlungszeitraum entfallenden anteiligen Jahresbetrag zu berücksichtigen. Bei monatlicher Lohnzahlung sind also die Jahresbeträge mit einem Zwölftel anzusetzen. Der **Versorgungsfreibetrag** ist auch beim Lohnsteuerabzug nach der **Steuerklasse VI** zu berücksichtigen. Der **Zuschlag zum Versorgungsfreibetrag** wird hingegen **seit 1. Januar 2008** in der **Steuerklasse VI nicht mehr** berücksichtigt (vgl. hierzu die Erläuterungen beim Stichwort „Versorgungsbezüge, Versorgungsfreibetrag" unter Nr. 4 Buchstabe d).

Der Abzug des Versorgungsfreibetrags und des Zuschlags zum Versorgungsfreibetrag kann sowohl bei der **Feststellung des maßgebenden Jahresarbeitslohns** als auch bei der **Besteuerung des sonstigen Bezugs** in Betracht kommen. Dabei ist folgender Grundsatz zu beachten:

Der **Versorgungsfreibetrag** und der **Zuschlag zum Versorgungsfreibetrag** sind bei der Besteuerung eines **sonstigen Bezugs** nur insoweit zu berücksichtigen, soweit sie sich bei der Feststellung des maßgebenden Jahresarbeitslohns nicht ausgewirkt haben und soweit sie nicht bereits bei der Besteuerung eines früher im Kalenderjahr gezahlten sonstigen Bezugs berücksichtigt worden sind (R 39b.3 Abs. 2 LStR).

Von sonstigen Bezügen, auf die die **Fünftelregelung** anzuwenden ist, darf weder ein Versorgungsfreibetrag noch ein Zuschlag zum Versorgungsfreibetrag abgezogen werden (vgl. vorstehend unter Nr. 6), und zwar auch dann nicht, wenn der Versorgungsfreibetrag oder der Zuschlag zum Versorgungsfreibetrag bei der Feststellung des maßgebenden Jahresarbeitslohns noch nicht voll ausgeschöpft sein sollte (§ 39b Abs. 3 Satz 6 EStG).

Beispiel A

Eine Arbeitnehmerin mit der Steuerklasse V erhält für die Monate Januar bis März des Kalenderjahres 2010 laufenden Arbeitslohn in Höhe von 1800 € monatlich. Ab 1. April 2010 erhält sie laufende Versorgungsbezüge (Betriebsrente) in Höhe von 700 € monatlich. Am 17. November 2010 werden Versorgungsbezüge, die als sonstiger Bezug zu besteuern sind, in Höhe von 1500 € gezahlt. Es ergibt sich folgende Berechnung der Lohnsteuer für den sonstigen Bezug:

voraussichtlicher laufender Jahresarbeitslohn (1800 € × 3 + 700 € × 9) =	11 700,— €
abzüglich zeitanteiliger Versorgungsfreibetrag*) 32 % der Betriebsrente in Höhe von 700 € für 9 Monate, also 32 % von 700 € = 224 € × 9 Monate = 2016 €, höchstens jedoch 200 € × 9 Monate =	1 800,— €
verbleiben	9 900,— €
abzüglich zeitanteiliger Zuschlag zum Versorgungsfreibetrag 60 € × 9 Monate =	540,— €
maßgebender Jahresarbeitslohn	9 360,— €
Lohnsteuer nach Steuerklasse V	
a) vom maßgebenden Jahresarbeitslohn (9360 €)	967,— €
b) vom maßgebenden Jahresarbeitslohn zuzüglich sonstiger Bezug (9360 € + 1500 € =) 10 860 €	1 143,— €
Differenz = Lohnsteuer für den sonstigen Bezug	176,— €
Der Solidaritätszuschlag beträgt 5,5 % von 176 € =	9,68 €
Die Kirchensteuer beträgt 8 % von 176 € =	14,08 €

Von den als sonstige Bezüge gezahlten Versorgungsbezügen in Höhe von 1500 € errechnet sich der Versorgungsfreibetrag wie folgt: 32 % von 1500 € = 480 €. Der zeitanteilige Versorgungsfreibetrag von 1800 € ist bereits bei der Feststellung des maßgebenden Jahresarbeitslohns verbraucht, sodass für den sonstigen Bezug nichts mehr verbleibt. Gleiches gilt für den zeitanteiligen Zuschlag zum Versorgungsfreibetrag. Der sonstige Versorgungsbezug unterliegt somit in voller Höhe dem Lohnsteuerabzug.

Werden in einem Kalenderjahr **Versorgungsbezüge wiederholt als sonstige Bezüge** gezahlt, so dürfen die (ggf. zeitanteiligen) Freibeträge für Versorgungsbezüge nur dann steuerfrei belassen werden, wenn diese Beträge nicht bereits bei der Feststellung des maßgebenden Jahresarbeitslohns oder bei der Besteuerung des im Kalenderjahr früher gezahlten sonstigen Bezugs berücksichtigt worden sind.

Beispiel B

Wenn der Arbeitnehmer im Beispiel A im Dezember 2010 nochmals Versorgungsbezüge in Höhe von 500 € erhält, die als sonstige Bezüge zu behandeln sind, so kann hierfür weder ein Versorgungsfreibetrag noch ein Zuschlag zum Versorgungsfreibetrag berücksichtigt werden, da die zeitanteiligen Jahreshöchstbeträge bereits bei den laufenden Versorgungsbezügen berücksichtigt wurden. Die Lohnsteuer für den sonstigen Versorgungsbezug von 500 € ist somit ohne die Berücksichtigung des Versorgungsfreibetrags und des Zuschlags zum Versorgungsfreibetrag zu errechnen.

Werden laufende Versorgungsbezüge im Kalenderjahr erstmals gezahlt, nachdem im gleichen Kalenderjahr sonstige Bezüge gezahlt worden sind, so darf der Arbeitgeber die (ggf. zeitanteiligen) Freibeträge für Versorgungsbezüge bei den laufenden Bezügen nur insoweit berücksichtigen, als sie sich bei den sonstigen Bezügen nicht ausgewirkt haben.

Zur Frage, wann bei Versorgungsbezügen die Allgemeine Lohnsteuertabelle (z. B. bei Werkspensionären) und wann die Besondere Lohnsteuertabelle (z. B. bei pensionierten Beamten) anzuwenden ist, vgl. das Stichwort „Lohnsteuertabellen".

11. Altersentlastungsbetrag und sonstige Bezüge

Arbeitnehmer, die vor Beginn des Kalenderjahres 2010 das **64. Lebensjahr vollendet** haben, also vor dem 2. 1. 1946 geboren sind, erhalten einen **Altersentlastungsbetrag.** Der Altersentlastungsbetrag errechnet sich mit einem bestimmten Prozentsatz des Arbeitslohns, soweit es sich nicht um steuerbegünstigte Versorgungsbezüge handelt (vgl. „Versorgungsbezüge, Versorgungsfreibetrag"). Außerdem ist der Altersentlastungsbetrag auf einen Höchstbetrag im Kalenderjahr begrenzt. Sowohl der Prozentsatz als auch der Höchstbetrag werden seit dem Kalenderjahr 2005 stufenweise abgebaut (vgl. die Erläuterungen beim Stichwort „Altersentlastungsbetrag"). Die Höhe des Altersentlastungsbetrags ist deshalb je nachdem, welches Kalenderjahr auf die Vollendung des 64. Lebensjahres folgt, unterschiedlich hoch, das heißt für das Kalenderjahr 2010 gelten folgende unterschiedliche Altersentlastungsbeträge:

Arbeitnehmer, die das 64. Lebensjahr vollendet haben	Altersentlastungsbetrag		
	Prozentsatz	Höchstbetrag	
		jährlich	monatlich
vor dem 1. 1. 2005 (Geburtsdatum: vor dem 2. 1. 1941)	40 %	1 900 €	159 €
vor dem 1. 1. 2006, aber nach dem 31. 12. 2004 (Geburtsdatum: 2. 1. 1941 bis 1. 1. 1942)	38,4 %	1 824 €	152 €
vor dem 1. 1. 2007, aber nach dem 31. 12. 2005 (Geburtsdatum: 2. 1. 1942 bis 1. 1. 1943)	36,8 %	1 748 €	146 €

---

*) Der Teil des zeitanteiligen Versorgungsfreibetrags und des zeitanteiligen Zuschlags zum Versorgungsfreibetrag, der bei der Feststellung des maßgebenden Jahresarbeitslohns verbraucht ist, muss rein schematisch durch Anwendung des 32 % oder des Höchstbetrages von 2400 € bzw. 720 € auf die beim maßgebenden Jahresarbeitslohn enthaltenen Versorgungsbezüge errechnet werden. Ob sich der so errechnete Versorgungsfreibetrag in dieser Höhe beim Lohnsteuerabzug auch tatsächlich steuerlich so ausgewirkt hat, ist unbeachtlich (vgl. das Beispiel B in den Hinweisen zu R 39b.6 LStR). Im Beispielsfall wirkt sich der Versorgungsfreibetrag beim laufenden Arbeitslohn mit dem monatlichen Höchstbetrag von 200 € aus, also mit 200 € × 9 = 1800 €. Im Beispielsfall deckt sich somit der beim laufenden Lohnsteuerabzug angesetzte Versorgungsfreibetrag mit dem bei der Ermittlung des voraussichtlichen Jahresarbeitslohns anzusetzenden zeitanteiligen Versorgungsfreibetrag. Gleiches gilt für den Zuschlag zum Versorgungsfreibetrag (vgl. auch das Berechnungsbeispiel unter der folgenden Nr. 11).

Sonstige Bezüge

Arbeitnehmer, die das 64. Lebensjahr vollendet haben	Altersentlastungsbetrag		
	Prozentsatz	Höchstbetrag jährlich	Höchstbetrag monatlich
vor dem 1.1.2008, aber nach dem 31.12.2006 (Geburtsdatum: 2.1.1943 bis 1.1.1944)	35,2 %	1 672 €	140 €
vor dem 1.1.2009, aber nach dem 31.12.2007 (Geburtsdatum: 2.1.1944 bis 1.1.1945)	33,6 %	1 596 €	133 €
vor dem 1.1.2010, aber nach dem 31.12.2008 (Geburtsdatum: 2.1.1945 bis 1.1.1946)	32,0 %	1 520 €	127 €

Der Altersentlastungsbetrag ist auch beim Lohnsteuerabzug nach der **Steuerklasse VI** zu berücksichtigen.

Der Abzug des Altersentlastungsbetrags kann sowohl bei der Feststellung des maßgebenden Jahresarbeitslohns als auch bei der Besteuerung des sonstigen Bezugs in Betracht kommen. Dabei ist folgender Grundsatz zu beachten:

Der **Altersentlastungsbetrag** ist bei der Besteuerung eines **sonstigen Bezugs** zu berücksichtigen, soweit er sich bei der Feststellung des maßgebenden Jahresarbeitslohns nicht ausgewirkt hat und soweit er nicht bereits bei der Besteuerung eines früher im Kalenderjahr gezahlten sonstigen Bezugs berücksichtigt worden ist.

Beispiel

Eine Arbeitnehmerin mit der Steuerklasse V, die am 2.2.1945 geboren ist, erhält im Kalenderjahr 2010 für die Monate Januar bis Februar laufenden Arbeitslohn in Höhe von 2000 € monatlich. Ab 1. März erhält sie laufende Versorgungsbezüge (Betriebsrente) in Höhe von 900 € monatlich. Am 20.5.2010 zahlt der Arbeitgeber einen sonstigen Betrag (Tantieme für das Geschäftsjahr 2009) in Höhe von 2000 €.

Die Lohnsteuer für den sonstigen Bezug errechnet sich wie folgt:

Voraussichtlicher Jahresarbeitslohn (2000 € × 2 + 900 € × 10)	=	13 000,— €
abzüglich **Altersentlastungsbetrag** (32 %, höchstens 1520 €) 32 % von (2 × 2000 € =) 4000 €	=	1 280,— €*)
verbleiben		11 720,— €
abzüglich **zeitanteiliger Versorgungsfreibetrag** 32 % der Betriebsrente in Höhe von 900 € für 10 Monate, also 32 % von 9000 € = 2880 €, höchstens jedoch 200 € × 10 Monate	=	2 000,— €
verbleiben		9 720,— €
abzüglich **zeitanteiliger Zuschlag zum Versorgungsfreibetrag** 60 € × 10 Monate	=	600,— €
maßgebender Jahresarbeitslohn		9 120,— €
Lohnsteuer nach Steuerklasse V der Allgemeinen Jahreslohnsteuertabelle 2010		
a) vom maßgebenden Jahresarbeitslohn (9120 €)		938,— €
b) vom maßgebenden Jahresarbeitslohn zuzüglich des steuerpflichtigen Teils des sonstigen Bezugs (9120 € + 1760 € =) 10 880 €		1 145,— €
Differenz = Lohnsteuer für die Tantieme		207,— €
Der Solidaritätszuschlag beträgt 5,5 % von 207 €	=	11,38 €
Die Kirchensteuer beträgt 8 % von 207 €	=	16,56 €

Der beim sonstigen Bezug zu berücksichtigende Altersentlastungsbetrag errechnet sich wie folgt: 32 % von 2000 € = 640 €. Vom Höchstbetrag von 1520 € im Kalenderjahr sind jedoch 1280 € bereits bei der Feststellung des maßgeblichen Jahresarbeitslohns verbraucht, sodass für den sonstigen Bezug nur noch (1520 − 1280 € =) 240 € verbleiben. Der steuerpflichtige Teil des sonstigen Bezugs beträgt demnach 2000 € − 240 € = 1760 €.

Von sonstigen Bezügen, auf die die Fünftelregelung anzuwenden ist, darf ein Altersentlastungsbetrag nicht abgezogen werden. Wird also z. B. Arbeitslohn nachgezahlt, der sich auf zwei Kalenderjahre erstreckt, und wurde diese Nachzahlung unter Anwendung der Fünftelregelung besteuert (vgl. vorstehend unter Nr. 6), so darf hierbei ein Altersentlastungsbetrag auch dann nicht gekürzt werden, wenn der Altersentlastungsbetrag bei der Feststellung des maßgebenden Jahresarbeitslohns noch nicht voll ausgeschöpft sein sollte (§ 39 b Abs. 3 Satz 6 EStG).

Die Berücksichtigung des Altersentlastungsbetrags bei der Beschäftigung von Rentnern und der dabei anzuwendenden Lohnsteuertabelle ist anhand eines Beispiels beim Stichwort „Rentner" unter Nr. 5 auf Seite 624 dargestellt.

12. Solidaritätszuschlag und sonstige Bezüge

Bei sonstigen Bezügen hat der Arbeitgeber zusätzlich zur Lohnsteuer den Solidaritätszuschlag einzubehalten. Bei sonstigen Bezügen ist zwar die Lohnsteuer, nicht aber der Solidaritätszuschlag nach der Jahrestabelle zu berechnen. Der Solidaritätszuschlag errechnet sich vielmehr **stets mit 5,5 %** derjenigen Lohnsteuer, die auf den sonstigen Bezug entfällt. Die Ermittlung des Solidaritätszuschlags bei sonstigen Bezügen ist ausführlich anhand von Beispielen beim Stichwort „Solidaritätszuschlag" unter Nr. 4 auf Seite 655 dargestellt.

13. Nettobesteuerung sonstiger Bezüge

Übernimmt der Arbeitgeber bei der Zahlung eines sonstigen Bezugs die darauf entfallenden Steuerabzugsbeträge oder alle gesetzlichen Lohnabzugsbeträge (Lohnsteuer, Solidaritätszuschlag, Kirchensteuer, Arbeitnehmeranteile an den Sozialversicherungsbeiträgen), so stellen die an sich vom Arbeitnehmer zu tragenden, aber vom Arbeitgeber übernommenen Lohnabzugsbeträge zusätzlich Arbeitslohn dar, der wiederum der Lohnsteuer unterliegt. Die Lohnsteuer ist deshalb durch **Abtasten der Jahreslohnsteuertabelle** zu ermitteln. Ein Berechnungsbeispiel für das Abtasten der **Jahrestabelle** ist im **Anhang 12** auf Seite 968 abgedruckt.

Durch das sog. Abtasten der Jahrestabelle ist der Bruttobetrag festzustellen, der nach Abzug der Lohnsteuer den ausgezahlten Nettobetrag ergibt. Bei der Ermittlung des maßgebenden Jahresarbeitslohns, auf den die Jahreslohnsteuertabelle anzuwenden ist, sind der voraussichtliche laufende Jahresarbeitslohn und frühere, netto gezahlte sonstige Bezüge mit den entsprechenden Bruttobeträgen anzusetzen. Werden neben der Lohnsteuer auch andere gesetzliche Lohnabzugsbeträge (Kirchensteuer, Solidaritätszuschlag und Arbeitnehmeranteile zur Sozialversicherung) übernommen, so sind auch diese Lohnabzüge in das Abtastverfahren mit einzubeziehen. Bei den Sozialversicherungsbeiträgen sind hierbei die **anteiligen Jahresbeitragsbemessungsgrenzen** zu beachten. Ein zusammengefasstes Beispiel für die Übernahme der Steuerabzugsbeträge **und der Sozialversicherungsbeiträge** unter Berücksichtigung der anteiligen Jahresbeitragsbemessungsgrenze bei der Nettozahlung eines sonstigen Bezugs ist im **Anhang 12** auf Seite 968 abgedruckt.

Werden sonstige Bezüge, die für eine mehrjährige Tätigkeit gewährt werden (z. B. **Jubiläumszuwendungen**), netto ausgezahlt, so ist bei der Berechnung der Lohnsteuer die sog. **Fünftelregelung** anzuwenden (vgl. vorstehend unter Nr. 6). Bei der Sozialversicherung bereitet die Anwendung dieser Regelung bei Nettolohnberechnungen Probleme. Denn es gibt in der Sozialversicherung keine „Fünftelung" des Einmalbezugs. Die Sozial-

---

*) Der Teil des Altersentlastungsbetrags, der bei der Feststellung des maßgebenden Jahresarbeitslohns verbraucht ist, muss (ebenso wie beim Versorgungsfreibetrag) rein schematisch durch Anwendung des Prozentsatzes oder des Höchstbetrags auf den im maßgebenden Jahresarbeitslohn enthaltenen Betrag errechnet werden. Ob sich der so errechnete Altersentlastungsbetrag bei der Besteuerung des laufenden Arbeitslohns in dieser Höhe auch tatsächlich steuerlich ausgewirkt hat, ist unbeachtlich (vgl. das Beispiel B in den Hinweisen zu R 39b.6 LStR). Im Beispielsfall hat sich der bei der Feststellung des maßgebenden Jahresarbeitslohns mit 1280 € gekürzte Altersentlastungsbetrag tatsächlich nur mit 2 × 127 € = 254 € (= 2 Monatshöchstbeträge) ausgewirkt. Ein Ausgleich kann erst bei einem Lohnsteuer-Jahresausgleich durch den Arbeitgeber erfolgen. Da im Beispielsfall die Steuerklasse V anzuwenden ist, ist ein Lohnsteuer-Jahresausgleich durch den Arbeitgeber nicht möglich.

	Lohn-steuer-pflichtig	Sozial-versich.-pflichtig

versicherungsbeiträge sind also – im Gegensatz zum Steuerrecht – von dem tatsächlich gezahlten Nettobezug zu berechnen, wobei allerdings die anteiligen Jahresbeitragsbemessungsgrenzen zu beachten sind. Eine vollständige **Nettolohnberechnung mit** Anwendung der **Fünftelregelung**, Übernahme der Sozialversicherungsbeiträge durch den Arbeitgeber und Beachtung der anteiligen Jahresbeitragsbemessungsgrenze ist im **Anhang 14** auf Seite 972 abgedruckt.

Weiterhin ist bei der Nettozahlung einmaliger Zuwendungen die ggf. unterschiedliche Zuordnung bei der Sozialversicherung zu beachten. Das bedeutet, dass für eine Netto-Einmalzahlung, die aufgrund der sog. **März-Klausel** dem Vorjahr zuzurechnen ist, zwar der Steuertarif des laufenden Kalenderjahres für die Hochrechnung maßgebend ist, die Hochrechnung der Sozialversicherungsbeiträge aber gleichwohl nach den Beitragssätzen und Beitragsbemessungsgrenzen des Vorjahres erfolgt.

Manuelle Nettolohnberechnungen sind kompliziert und zeitaufwendig. Sie haben im EDV-Zeitalter kaum noch praktische Bedeutung. Die abgedruckten Beispiele sollen jedoch das Hintergrundwissen liefern und damit zum Verständnis der EDV-Ergebnisse beitragen.

Soziale Leistungen

Darunter versteht man alle Leistungen des Arbeitgebers, bei denen der Gedanke der Betriebsgemeinschaft und der Fürsorgepflicht im Vordergrund steht. Sie können als Leistung im überwiegenden betrieblichen Interesse steuerfrei sein (vgl. „Annehmlichkeiten").   nein   nein

Siehe die Stichworte: Annehmlichkeiten, Betriebsveranstaltungen, Darlehen an Arbeitnehmer, Eintrittskarten, Erholungsbeihilfen, Fitnessraum, Fortbildungskosten, FPZ-Rückenkonzept, Freifahrten, Freiflüge, Freimilch, Freitabak, Geburtsbeihilfen, Gelegenheitsgeschenke, Gesundheitsförderung, Getränke, Haustrunk, Heiratsbeihilfen, Krankenbezüge, Kurzarbeitergeld, Mahlzeiten, Rabatte, Sozialräume, Sterbegeld, Urlaubsgeld, Weihnachtsgeld, Winterausfallgeld, Wintergeld, Zinsersparnisse und Zinszuschüsse, Zukunftsicherung.

Sozialer Tag

Verschiedene Hilfsorganisationen in Deutschland führen einmal im Jahr einen sog. sozialen Tag durch. An diesem Tag suchen sich die teilnehmenden **Schüler** eine bezahlte Tätigkeit. Den erarbeiteten **Lohn spenden** die Schüler **für** ein bestimmtes **Hilfsprojekt**.

Bei Zugrundelegung der allgemeinen Grundsätze sind die Tätigkeiten der Schüler Arbeitsverhältnisse zu beurteilen. Die vom Arbeitgeber gezahlten Beträge sind somit Betriebsausgaben und Arbeitslohn, die dem Lohnsteuerabzug unterliegen.

Wegen der Besonderheiten der Projekte und vor dem Hintergrund, dass steuerliche Auswirkungen nicht zu erwarten sind, wird es von der Finanzverwaltung nicht beanstandet, wenn von einem **Lohnsteuerabzug** auf die im Rahmen der Aktionstage von den Schülern erarbeiteten Vergütungen **abgesehen** wird. Der Nachweis über die Zahlung der erarbeiteten Vergütung auf das Spendenkonto ist allerdings vom Arbeitgeber zum Lohnkonto zu nehmen. Bei Privatpersonen wird auf das Führen eines Lohnkontos für die Schüler verzichtet. Sozialversicherungsrechtlich handelt es sich in aller Regel um eine **sozialversicherungsfreie kurzfristige Beschäftigung** (vgl. die Erläuterungen beim Stichwort „Geringfügige Beschäftigung" unter Nr. 14).

Spenden-/Zuwendungsbestätigungen über die gezahlten Beträge dürfen nicht ausgestellt werden.

Sozialhilfe

Leistungen der Sozialhilfe sind steuerfrei (§ 3 Nr. 11 EStG).   nein   nein

Sozialräume

Die Bereitstellung von sog. Sozialräumen im Betrieb (Aufenthalts- und Erholungsräume, Raucherzimmer, Fitnessräume, Dusch- und Badeanlagen) dient der Verbesserung der Arbeitsbedingungen. Solche Leistungen gehören nach den Hinweisen zu R 19.3 der Lohnsteuer-Richtlinien begrifflich nicht zum Arbeitslohn; sie sind steuer- und beitragsfrei (vgl. hierzu die grundsätzlichen Ausführungen beim Stichwort „Annehmlichkeiten").   nein   nein

Sozialversicherung

„Sozialversicherung" ist der Sammelbegriff für die gesetzliche Renten-, Knappschafts-, Kranken-, Pflege- und Unfallversicherung sowie für die Arbeitslosenversicherung und die Altershilfe für Landwirte.

Auf die grundsätzlichen Erläuterungen zur Sozialversicherung im Teil B auf Seite 10 wird Bezug genommen.

Siehe auch die Stichworte: Abführung der Sozialversicherungsbeiträge, Änderung der Beitragsberechnung, Arbeitgeberzuschuss zur Krankenversicherung, Arbeitgeberzuschuss zur Pflegeversicherung, Arbeitsentgelt, Arbeitslosenversicherung, Beitragszuschlag zur sozialen Pflegeversicherung für Kinderlose, Berechnung der Lohnsteuer und der Sozialversicherungsbeiträge, Einmalige Zuwendungen, ELENA-Verfahren, Erstattung von Sozialversicherungsbeiträgen, Geringfügige Beschäftigung, Jahresarbeitsentgeltgrenze, Krankenversicherung, Pflegeversicherung, Scheinselbständigkeit, Sozialversicherungsausweis.

Sozialversicherungsausweis

Jeder Beschäftigte erhält von der Datenstelle der Träger der Rentenversicherung einen Sozialversicherungs-Ausweis. Die Ausstellung erfolgt entweder auf Antrag oder bei Vergabe einer Versicherungsnummer.

Der **Arbeitgeber** ist gesetzlich verpflichtet, sich bei Beginn der Beschäftigung den Sozialversicherungs-Ausweis **vorlegen** zu lassen.

Vgl. auch die Erläuterungen zum Sozialversicherungsausweis im Teil B unter Nr. 11 auf Seite 18.

Sparprämien

Sparprämien, die ein am Belegschaftssparen beteiligter Arbeitnehmer vom Arbeitgeber erhält, sind steuerpflichtiger Arbeitslohn.   ja   ja

Sparzulage

Eine Sparzulage steht dem Arbeitnehmer für die nach dem 5. Vermögensbildungsgesetz angelegten vermögenswirksamen Leistungen zu. **Die Arbeitnehmer-Sparzulage wird seit 1990 nicht mehr vom Arbeitgeber ausgezahlt.** Der Arbeitnehmer muss die Sparzulage vielmehr beim Finanzamt beantragen. Die Zulage wird entweder im Rahmen einer Veranlagung zur Einkommensteuer oder in einem besonderen Verfahren gewährt. Die Sparzulage ist steuer- und beitragsfrei.   nein   nein

Siehe auch das Stichwort „Vermögensbildung der Arbeitnehmer".

Spenden der Belegschaft

	Lohn-steuer-pflichtig	Sozial-versich.-pflichtig

Spenden der Belegschaft

Von den Arbeitnehmern gespendete Teile des Arbeitslohns werden nach bundeseinheitlicher Auffassung der Finanzverwaltung**) aus Billigkeitsgründen nicht als zugeflossener Arbeitslohn angesehen, wenn der Arbeitgeber die Spenden unmittelbar abführt (z. B. an ein Spendenkonto zugunsten der durch Naturkatastrophen Geschädigten). Diese Spenden sind steuer- und beitragsfrei.   nein   nein*)

Der Arbeitgeber muss die Verwendung der Spenden dokumentieren, das heißt die außer Ansatz bleibenden Lohnteile sind im Lohnkonto aufzuzeichnen. Auf die Aufzeichnungen kann verzichtet werden, wenn stattdessen der Arbeitnehmer seinen Verzicht schriftlich erklärt hat und diese Erklärung zum Lohnkonto genommen worden ist.

Soweit kein Zufluss von Arbeitslohn gegeben ist, kommt eine Geltendmachung der Spende durch den einzelnen Arbeitnehmer in seiner Einkommensteuererklärung nicht in Betracht.

Vgl. auch die Erläuterungen beim Stichwort „Sozialer Tag".

Spesenersatz

siehe „Auslagenersatz", „Auslösungen", „Bewirtungskosten", „Doppelte Haushaltsführung", „Einsatzwechseltätigkeit", „Fahrtätigkeit", „Reisekosten bei Auswärtstätigkeiten", „Verpflegungsmehraufwand", „Zehrgelder".

Sportanlagen

Stellt der Arbeitgeber seinen Arbeitnehmern unentgeltlich Sportanlagen zur Verfügung (z. B. einen **Fitnessraum,** eine Betriebssportanlage mit **Fußballplatz,** ein **Schwimmbad**) so handelt es sich um eine steuer- und beitragsfreie Leistung im ganz überwiegenden eigenbetrieblichen Interesse des Arbeitgebers (vgl. „Annehmlichkeiten").   nein   nein

Die Bereitstellung von **Tennisplätzen, Squashplätzen,** eines **Reitpferds,** einer **Segeljacht** oder einer **Golfanlage** ist dagegen steuer- und beitragspflichtig, weil insoweit ein individuell messbarer auf den einzelnen Arbeitnehmer entfallender Vorteil feststellbar ist. Dies hat der Bundesfinanzhof für die kostenlose Überlassung von angemieteten Tennis- und Squashplätzen an Arbeitnehmer entschieden (BFH-Urteil vom 27.9.1996, BStBl. 1997 II S. 146). Die Finanzverwaltung hat dieses Urteil in die Hinweise zu R 19.3 der Lohnsteuer-Richtlinien übernommen.   ja   ja

Entsteht hiernach ein steuerpflichtiger geldwerter Vorteil, ist zu prüfen, ob dieser in Anwendung der für Sachbezüge geltenden Freigrenze von 44 € monatlich steuer- und beitragsfrei bleiben kann. Dies ist dann möglich, wenn der geldwerte Vorteil monatlich 44 € nicht übersteigt und die 44-Euro-Freigrenze noch nicht durch andere geldwerte Vorteile ausgeschöpft worden ist (vgl. die Erläuterungen beim Stichwort Sachbezüge unter Nr. 4 auf Seite 634).

Siehe auch die Stichwörter „Fitnessraum", „Fitnessstudio" und „Gesundheitsförderung".

Sportinvaliditätsversicherung

Es häufen sich Fälle, in denen Sportvereine Sportinvaliditätsversicherungen für einzelne Sportler (= Arbeitnehmer) abschließen. Bei dauernder oder vorübergehender Sportinvalidität wird die Versicherungsleistung ausgezahlt. Für die versicherungssteuerrechtliche und ertragsteuerliche Behandlung der vom Verein zu zahlenden Versicherungsprämien gilt Folgendes:

Stellenzulagen

	Lohn-steuer-pflichtig	Sozial-versich.-pflichtig

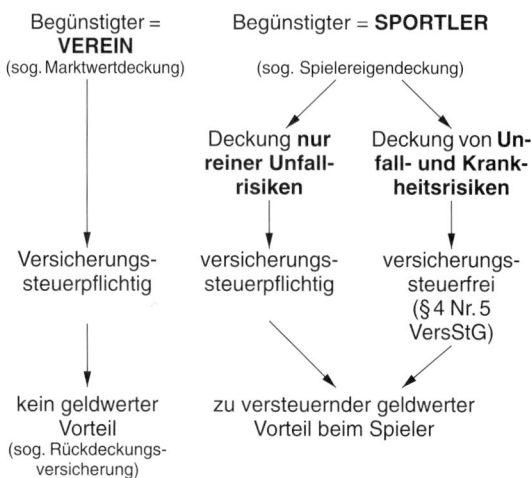

Vgl. auch das Stichwort „Unfallversicherung".

Sportler

Siehe die Stichworte: Amateursportler, Berufssportler, Fußballspieler.

Sprachkurse

siehe „Fortbildungskosten"

Squash-Plätze

siehe „Sportanlagen"

Ständig wechselnde Einsatzstellen

siehe „Einsatzwechseltätigkeit"

Standesbeamte

Nebenamtliche Standesbeamte sind in dieser Eigenschaft Arbeitnehmer. Ihre Vergütungen sind steuerpflichtiger Arbeitslohn.   ja   ja***)

Statusfeststellung

siehe „Scheinselbständigkeit"

Stellenzulagen

Stellenzulagen, die an Arbeitnehmer in besonders verantwortungsvollen Dienststellungen gezahlt werden, sind – wie andere Zulagen auch – steuer- und beitragspflichtig (vgl. „Zulagen").   ja   ja

---

*) § 1 Abs. 1 Nr. 11 der Sozialversicherungsentgeltverordnung lautet: „11. steuerlich nicht belastete Zuwendungen des Beschäftigten zugunsten von durch Naturkatastrophen im Inland Geschädigten aus Arbeitsentgelt einschließlich Wertguthaben."

) BMF-Schreiben vom 6.9.2005 (BStBl. I S. 860). Das BMF-Schreiben ist als Anlage 8 zu H 19.3 LStR im **Steuerhandbuch für das Lohnbüro 2010 abgedruckt, das im selben Verlag erschienen ist. Das **PC-Lexikon** für das Lohnbüro 2010 enthält auch dieses Handbuch und hat außerdem den Vorteil, dass Sie **alle BFH-Urteile** sowie die aktuellen Rundschreiben und Niederschriften der Spitzenverbände der **Sozialversicherung** mit Mausklick **im Volltext** abrufen und ausdrucken können. Eine Bestellkarte finden Sie vorne im Lexikon.

***) Sofern nicht versicherungsfrei als Beamte.

Sterbegeld

Gliederung:
1. Allgemeines
2. Sterbegeld im öffentlichen Dienst
3. Das Sterbegeld ist ein steuerbegünstigter Versorgungsbezug
4. Sterbegeld im privaten Dienst aufgrund von Tarif- oder Arbeitsverträgen
5. Besteuerung des Sterbegeldes bei mehreren berechtigten Personen
6. Sozialversicherungsrechtliche Behandlung des Sterbegeldes
7. Steuerfreies Sterbegeld

1. Allgemeines

Stirbt der Arbeitnehmer im Laufe des Monats, so hat er bis zum Todestag Anspruch auf Arbeitslohn. Vielfach ist in Einzelarbeitsverträgen oder in Tarifverträgen vorgesehen, dass der Arbeitgeber noch das restliche Gehalt für den Sterbemonat und ggf. auch noch den Arbeitslohn für weitere zwei oder drei Monate an die Hinterbliebenen zu zahlen hat. Diese Zahlungen des Arbeitgebers werden Sterbegeld genannt (vgl. das Beispiel einer Lohnabrechnung für den Sterbemonat beim Stichwort „Rechtsnachfolger" unter Nr. 1 Buchstabe d auf Seite 581). Sterbegeld ist jedoch auch eine Leistung aus der Kranken- und Unfallversicherung (vgl. hierzu nachstehende Nr. 7). Für den Lohnsteuerabzug ist aber nur das vom Arbeitgeber gezahlte Sterbegeld von Bedeutung. Im Einzelnen gilt Folgendes:

2. Sterbegeld im öffentlichen Dienst

Nach § 18 Abs. 1, Abs. 2 Nr. 1 und Abs. 3 des Beamtenversorgungsgesetzes haben der überlebende Ehegatte und die übrigen dort bezeichneten Personen (z. B. Kinder) nach dem Tode eines Beamten Anspruch auf Sterbegeld (= volle Bezüge für zwei weitere Monate). Das nach diesen Vorschriften gezahlte Sterbegeld kann nicht als steuerfreie Notstandsbeihilfe im Sinne des § 3 Nr. 11 EStG angesehen werden. Das Sterbegeld stellt **steuerpflichtigen Arbeitslohn beim Empfänger** des Sterbegeldes dar und ist als sonstiger Bezug der Lohnsteuer zu unterwerfen. Da das Sterbegeld als Arbeitslohn des Empfängers anzusehen ist, ist es nach den für ihn geltenden Besteuerungsmerkmalen (Steuerklasse, Zahl der Kinderfreibeträge) zu besteuern und nicht etwa nach der für den Verstorbenen geltenden Steuerklasse. Gegebenenfalls hat der Sterbegeldempfänger eine zweite Lohnsteuerkarte mit der Steuerklasse VI vorzulegen (vgl. „Rechtsnachfolger" und das dort aufgeführte Beispiel zur Berechnung der Lohnsteuer unter Nr. 1 Buchstabe d auf Seite 581). ja nein

3. Das Sterbegeld ist ein steuerbegünstigter Versorgungsbezug

Das Sterbegeld **im öffentlichen Dienst** sowie entsprechende Bezüge **im privaten Dienst** sind – unabhängig vom Alter des Empfängers – den steuerbegünstigten Versorgungsbezügen zuzurechnen (vgl. „Versorgungsbezüge, Versorgungsfreibetrag"). Entsprechende Bezüge im privaten Dienst sind Zahlungen aufgrund von Sterbegeldregelungen in Tarifverträgen, Betriebsvereinbarungen oder Einzelarbeitsverträgen, die Hinterbliebene für den Sterbemonat und die folgenden zwei Monate, **höchstens** also für **drei Monate,** erhalten. Besonderheit bei der Ermittlung des Versorgungsfreibetrags und des Zuschlags zum Versorgungsfreibetrag ist, dass das **Sterbegeld** als eigenständiger – zusätzlicher – Versorgungsbezug zu behandeln ist. Die **Freibeträge für Versorgungsbezüge** sind daher **nicht** zu **zwölfteln** (vgl. hierzu die Erläuterungen beim Stichwort „Versorgungsbezüge, Versorgungsfreibetrag" unter Nr. 7 Buchstabe a)!

4. Sterbegeld im privaten Dienst aufgrund von Tarif- oder Arbeitsverträgen

Viele Tarifverträge und auch Einzelarbeitsverträge enthalten Regelungen zur Zahlung eines Sterbegeldes. Diese tarif- oder arbeitsvertraglichen Sterbegelder stellen einen steuerbegünstigten Versorgungsbezug dar (vgl. auch die vorstehende Nr. 3). Das Sterbegeld ist als **sonstiger Bezug** nach dem unter diesem Stichwort dargestellten Verfahren zu besteuern. Dies gilt auch für den Fall, dass als Sterbegeld mehrere Monatsgehälter gezahlt werden, da dies als ratenweise Zahlung eines Einmalbetrags anzusehen ist. Zu beachten ist jedoch, dass das Sterbegeld als **Arbeitslohn des Empfängers** (= Hinterbliebene) gilt, d. h. dass die Steuerklasse des Empfängers maßgebend ist und der Empfänger des Sterbegeldes für die Besteuerung eine eigene Lohnsteuerkarte (ggf. mit der Steuerklasse VI) vorlegen muss (vgl. „Rechtsnachfolger" und das dort aufgeführte Beispiel zur Berechnung der Lohnsteuer bei der Zahlung von Sterbegeld unter Nr. 1 Buchstabe d).

Bei Sterbegeldregelungen im privaten Dienst ist die steuerliche Frage, ob Versorgungsbezüge vorliegen oder nicht, nach den arbeitsvertraglichen Abmachungen zu beurteilen. Nicht zu den steuerbegünstigten Versorgungsbezügen gehören Bezüge, die für den Sterbemonat aufgrund des Arbeitsvertrages als Arbeitsentgelt gezahlt werden; besondere Leistungen an Hinterbliebene, die über das bis zum Erlöschen des Dienstverhältnisses geschuldete Arbeitsentgelt hinaus gewährt werden, sind dagegen Versorgungsbezüge. Danach sind nach bundeseinheitlicher Verwaltungsanweisung*) folgende Fälle zu unterscheiden:

Beispiel A

Der Arbeitnehmer A hatte arbeitsvertraglich Anspruch auf seine Bezüge nur bis zum Todestag. Werden diese für den Sterbemonat an die Hinterbliebenen gezahlt, so liegen noch keine steuerbegünstigten Versorgungsbezüge vor. Erhalten die Hinterbliebenen nach dem Arbeitsvertrag weitere Leistungen, so sind diese als Versorgungsbezüge anzuerkennen. Wird der Arbeitslohn bis zum Todestag und die weiteren Leistungen in einer Summe gezahlt, so dürfen die Versorgungsfreibeträge nur von dem Teilbetrag der weiteren Leistungen berechnet werden.

Beispiel B

Hatte A arbeitsvertraglich Anspruch auf die vollen Bezüge des Sterbemonats, so ist eine teilweise Anerkennung als begünstigte Versorgungsbezüge nicht möglich.

Beispiel C

Ist vereinbart, dass im Sterbemonat des A kein Arbeitslohn mehr, sondern nur Hinterbliebenenbezüge gezahlt werden, so können dennoch auf den Teil der Bezüge, der auf die Zeit bis zum Todestag des A entfällt, die Versorgungsfreibeträge nicht angewendet werden.

Beispiel D

Bestehen keine vertraglichen Abmachungen über die Zahlung der Bezüge für den Sterbemonat und wird dennoch Arbeitslohn für einen vollen Kalendermonat gezahlt, so ist der bis zum Todestag zu zahlende Arbeitslohn kein Versorgungsbezug. Der auf die Zeit vom Todestag bis zum Ende des Sterbemonats entfallende Betrag ist dagegen ein Versorgungsbezug.

Bei der Ermittlung des Versorgungsfreibetrags und des Zuschlags zum Versorgungsfreibetrag ist zu beachten, dass das **Sterbegeld** als eigenständiger – zusätzlicher – Versorgungsbetrag zu behandeln ist. Die **Freibeträge für Versorgungsbezüge** sind daher **nicht** zu **zwölfteln** (vgl. hierzu die Erläuterungen beim Stichwort „Versorgungsbezüge, Versorgungsfreibetrag" unter Nr. 7 Buchstabe a)!

---
*) Für Bayern bekannt gegeben mit Schreiben vom 30.12.1975 Az.: 32 – S 2343 – 1/69 – 68 062/75. Das Schreiben ist als Anlage zu H 19.9 LStR im **Steuerhandbuch für das Lohnbüro 2010** abgedruckt, das im selben Verlag erschienen ist. Das **PC-Lexikon** für das Lohnbüro 2010 enthält auch dieses Handbuch und hat außerdem den Vorteil, dass Sie **alle BFH-Urteile** sowie die aktuellen Rundschreiben und Niederschriften der Spitzenverbände der **Sozialversicherung** mit Mausklick **im Volltext** abrufen und ausdrucken können. Eine Bestellkarte finden Sie vorne im Lexikon.

Sterbegeld

5. Besteuerung des Sterbegeldes bei mehreren berechtigten Personen

Sind mehrere sterbegeldberechtigte Personen vorhanden, so wird das Sterbegeld an **einen** Sterbegeldberechtigten gezahlt, der sich ggf. mit den anderen Personen auseinandersetzen muss. In diesen Fällen wird das gesamte Sterbegeld beim Empfänger nach den für diese Person geltenden Besteuerungsmerkmalen zur Lohnsteuer herangezogen (vgl. das Stichwort „Rechtsnachfolger" und das dort aufgeführte Beispiel zur Berechnung der Lohnsteuer unter Nr. 1 Buchstaben d und e). Beim Empfänger des Sterbegeldes stellen die an die übrigen Anspruchsberechtigten weitergegebenen Beträge im Kalenderjahr der **Weitergabe negative Einnahmen** dar. Der Empfänger des Sterbegeldes kann die weitergegebenen Teile des Sterbegeldes wie Werbungskosten neben dem Arbeitnehmer-Pauschbetrag geltend machen und die Eintragung eines entsprechenden steuerfreien Betrages auf der Lohnsteuerkarte beantragen. Bei den Empfängern der Auseinandersetzungszahlungen (das sind die von dem Sterbegeldempfänger weitergegebenen Teile des Sterbegeldes) werden die Beträge ebenfalls als Arbeitslohn besteuert und im Rahmen einer Veranlagung zur Einkommensteuer (vermindert um die Freibeträge für Versorgungsbezüge) steuerlich erfasst.

Wird beim Lohnsteuerabzug vom Sterbegeld der Versorgungsfreibetrag und der Zuschlag zum Versorgungsfreibetrag berücksichtigt, so ist für die Berechnung der negativen Einnahmen beim Empfänger des Sterbegeldes wie folgt vorzugehen:

Beispiel

Ein Arbeitnehmer stirbt im Kalenderjahr 2010 und hinterlässt eine Witwe mit drei Kindern, die ein Sterbegeld in Höhe von 6000 € erhält. Der Arbeitgeber zahlt das Sterbegeld an die Witwe aus und versteuert es nach der Lohnsteuerkarte, die die Witwe vorlegt. Dabei werden der Versorgungsfreibetrag und der Zuschlag zum Versorgungsfreibetrag berücksichtigt (vgl. das Beispiel zur Lohnabrechnung im Sterbemonat beim Stichwort „Rechtsnachfolger" unter Nr. 1 Buchstabe d). Die Witwe muss jeweils ein Viertel (= 1500 €) an die Kinder weitergeben. Die Witwe zahlt den Betrag von (3 × 1500 € =) 4500 € im Kalenderjahr 2011 an die Kinder aus. Es ergibt sich folgende Berechnung der negativen Einnahmen aus nichtselbständiger Tätigkeit:

Die lohnsteuerpflichtigen Versorgungsbezüge im Jahr 2010 betragen	
Sterbegeld	6 000,— €
abzüglich Versorgungsfreibetrag (32,0 %) (der Höchstbetrag von 2 400 € ist nicht überschritten)	1 920,— €
abzüglich Zuschlag zum Versorgungsfreibetrag	720,— €
steuerpflichtiger Versorgungsbezug	3 360,— €
Durch die Weitergabe im Jahr 2011 verbleibt der Witwe ein Anteil an den Versorgungsbezügen in Höhe von	1 500,— €
abzüglich hierauf entfallender Versorgungsfreibetrag (32,0 %)	480,— €
abzüglich Zuschlag zum Versorgungsfreibetrag	720,— €
verbleibender steuerpflichtiger Versorgungsbezug	300,— €

Bei der Witwe sind somit im Jahre 2011 negative Einnahmen in Höhe von (3360 € − 300 € =) 3060 € anzusetzen.

6. Sozialversicherungsrechtliche Behandlung des Sterbegeldes

Das Sterbegeld, das jemand als Rechtsnachfolger eines Arbeitnehmers bezieht, gehört zwar nach der Sonderregelung des § 1 Abs. 1 Satz 2 Lohnsteuer-Durchführungsverordnung zum steuerpflichtigen Arbeitslohn, aber nicht zum sozialversicherungspflichtigen Arbeitsentgelt, da es nicht für eine vom Empfänger der Zahlungen selbst ausgeübte Beschäftigung gezahlt wird (vgl. „Rechtsnachfolger"). | ja | nein

Ob das Sterbegeld ggf. als Versorgungsbezug (vgl. hierzu „Teil B, Grundsätzliches zur Kranken-, Pflege-, Renten- und Arbeitslosenversicherung, Nr. 12 auf Seite 18") Kranken- und Pflegeversicherungspflichtig ist, hängt im Einzelfall davon ab, ob Hinterbliebenenleistungen (Witwen- oder Waisenpension) gewährt werden, in welcher Form und ab wann diese gezahlt werden. Es empfiehlt sich, dies im Einzelfall von der zuständigen Krankenkasse prüfen zu lassen.

7. Steuerfreies Sterbegeld

Wird Sterbegeld an Personen bis zur Höhe ihrer Aufwendungen wegen Krankheit und/oder für die Bestattung des Verstorbenen aufgrund des § 18 Abs. 2 Nr. 2 Beamtenversorgungsgesetz gezahlt, so kann stets das Vorliegen eines Notfalls im Sinne von R 3.11 der Lohnsteuer-Richtlinien unterstellt werden, sodass das gezahlte Sterbegeld ohne weitere Prüfung als Notstandsbeihilfe steuerfrei bleibt (siehe „Unterstützungen"). | nein | nein

Das Sterbegeld der Krankenkassen oder der gesetzlichen Unfallversicherung ist nach § 3 Nr. 1 a EStG steuerfrei. | nein | nein

Steuerabzug bei Bauleistungen

Ab 1.1.2002 wurde zur Sicherung von Steueransprüchen bei Bauleistungen ein besonderer Steuerabzug eingeführt. Danach haben bestimmte **Auftraggeber von Bauleistungen im Inland** einen Steuerabzug in Höhe von **15 %** der Gegenleistung für Rechnung des die Bauleistung erbringenden Unternehmens vorzunehmen, wenn ihnen nicht eine vom zuständigen Finanzamt ausgestellte **Freistellungsbescheinigung** vorliegt oder die Gegenleistung einen bestimmten Betrag nicht überschreitet (§ 48 EStG).

Hierdurch ergeben sich auch Auswirkungen auf die **Arbeitnehmerüberlassung,** wenn die überlassene Person im Baugewerbe tätig ist. Denn dadurch, dass der Auftraggeber (Leistungsempfänger) seiner Verpflichtung zur Anmeldung und Abführung des Steuerabzugsbetrags nachkommt, kann er hierdurch sowohl die Anwendung des § 160 AO (Versagung des Betriebsausgabenabzugs) als auch seine Inanspruchnahme als Entleiher nach § 42 d Abs. 6 und 8 EStG ausschließen (vgl. das Stichwort „Arbeitnehmerüberlassung" unter Nr. 13 Buchstabe c auf Seite 85).

Im Zusammenhang mit der Einführung des Steuerabzugs wurde außerdem für **Unternehmen des Baugewerbes,** die ihren Sitz oder ihre Geschäftsleitung **im Ausland** haben, eine zentrale örtliche Zuständigkeit von Finanzämtern im Bundesgebiet geschaffen. Diese umfasst auch das Lohnsteuerabzugsverfahren sowie die Einkommensbesteuerung der von diesen Unternehmen beschäftigten Arbeitnehmer mit Wohnsitz im Ausland (§ 20 a Abs. 2 AO).

Nach dem § 20 a Abs. 2 AO ist deshalb für **ausländische Verleiher** das für die Umsatzbesteuerung nach § 21 AO zuständige Finanzamt nunmehr auch für die Verwaltung der Lohnsteuer in den Fällen der Arbeitnehmerüberlassung zuständig, wenn die überlassene Person im Baugewerbe eingesetzt ist. Insoweit bestehen im Bundesgebiet, abhängig vom Herkunftsland des ausländischen Verleihers, abweichende Sonderzuständigkeiten der Finanzämter.

Für Unternehmen des Baugewerbes mit Sitz oder Geschäftsleitung im Ausland ist die Zuständigkeit der Finanzämter besonders geregelt (vgl. die Erläuterungen beim Stichwort „Arbeitnehmerüberlassung" unter Nr. 12 Buchstabe g).

Steuerfreier Betrag

siehe „Freibeträge"

Steuerklassen

Neues auf einen Blick:

Ab 2010 kommt beim Lohnsteuerabzug von **Ehegatten** – alternativ zu den bisherigen Steuerklassenkombinationen III/V und IV/IV das sog. **Faktorverfahren** hinzu. Es wird auf Antrag beider Ehegatten angewendet. Beim Faktorverfahren ermittelt das Finanzamt die sich für beide Ehegatten nach der Splittingtabelle ergebende Einkommensteuer. Diese Einkommensteuer wird ins Verhältnis zu der Lohnsteuer gesetzt, die sich als Summe der Lohnsteuer bei jeweiliger Anwendung der Steuerklasse IV bei den Ehegatten ergibt. Daraus wird ein Faktor ermittelt, der stets kleiner als eins ist. Anschließend ermittelt der jeweilige **Arbeitgeber** des Ehegatten die **Lohnsteuer** nach der **Steuerklasse IV und** wendet anschließend darauf den **Faktor** an. Die sich nach Anwendung des Faktorverfahrens ergebende Lohnsteuer ist grundsätzlich auch Bemessungsgrundlage für die Ermittlung der Zuschlagsteuern (Solidaritätszuschlag, Kirchensteuer). Vgl. die Erläuterungen unter der nachfolgenden Nr. 6 und ausführlich beim Stichwort „Faktorverfahren".

Gliederung:

1. Allgemeines
2. Maßgebende Steuerklassen
3. Steuerklassenwahl bei Ehegatten
4. Wechsel der Steuerklassen bei Ehegatten nur einmal im Jahr möglich
5. Steuerklasse VI
6. Faktorverfahren bei Ehegatten ab 2010

1. Allgemeines

Für den Lohnsteuerabzug werden Arbeitnehmer in verschiedene Steuerklassen eingereiht. Durch die Einordnung in Steuerklassen wird erreicht, dass die unterschiedlichen Einkommenstarife der Grund- und Splittingtabelle sowie die verschiedenen Frei- und Pauschbeträge in die Lohnsteuertabelle bereits eingearbeitet werden können, was den Lohnsteuerabzug durch den Arbeitgeber wesentlich erleichtert (vgl. „Tarifaufbau" und „Lohnsteuertabellen"). Der Arbeitgeber ist an die auf der Lohnsteuerkarte eingetragene Steuerklasse gebunden, selbst wenn sie falsch sein sollte. Er muss den Arbeitnehmer zur Änderung der Steuerklasse an die Gemeinde verweisen (vgl. das Stichwort „Lohnsteuerkarte").

Die unbeschränkt*) steuerpflichtigen Arbeitnehmer, d. h. die Arbeitnehmer, die eine **Lohnsteuerkarte erhalten,** werden in folgende Steuerklassen eingereiht:

2. Maßgebende Steuerklassen

Steuerklasse I

Darunter fallen im Kalenderjahr 2010 Arbeitnehmer

- die **ledig** oder **geschieden** sind;
- die zwar verheiratet sind, aber von ihrem Ehegatten dauernd getrennt leben oder deren Ehegatte im Ausland**) lebt;
- die verwitwet sind und der Ehegatte vor dem 1. 1. 2009 verstorben ist.

Steuerklasse II

Diese Steuerklasse gilt für die zu Steuerklasse I genannten Arbeitnehmer, wenn ihnen der **Entlastungsbetrag für Alleinerziehende** zusteht. Die Steuerklasse I unterscheidet sich von der Steuerklasse II nur dadurch, dass in der Steuerklasse II der Entlastungsbetrag für Alleinerziehende in Höhe von **1308 €** jährlich eingearbeitet ist. Arbeitnehmer erhalten den Entlastungsbetrag für Alleinerziehende, wenn der alleinstehende Arbeitnehmer mit seinem Kind eine Haushaltsgemeinschaft in einer gemeinsamen Wohnung hat (vgl. die Erläuterungen im Anhang 9 unter Nr. 15 auf Seite 960).

Die Steuerklasse II kommt bei beschränkt steuerpflichtigen Arbeitnehmern (vgl. dieses Stichwort) nicht in Betracht.

Steuerklasse III

Darunter fallen folgende Arbeitnehmer:

- **Verheiratete** Arbeitnehmer, die von ihrem Ehegatten **nicht dauernd getrennt** leben, wenn der Ehegatte im Inland lebt (also unbeschränkt steuerpflichtig ist). Weitere Voraussetzung für die Einordnung in Steuerklasse III ist, dass für den Ehegatten **keine Lohnsteuerkarte** oder nur eine Lohnsteuerkarte mit der Steuerklasse V ausgeschrieben wurde.
- **Verwitwete** Arbeitnehmer, wenn der Ehegatte nach dem 31. 12. 2008 verstorben ist und wenn beide Ehegatten im Zeitpunkt des Todes im Inland gewohnt und nicht dauernd getrennt gelebt haben. Verwitwete erhalten also für das Jahr in dem der Ehegatte stirbt **und für das folgende Jahr** noch die Steuerklasse III.

Zur Bescheinigung der Steuerklasse III bei einem unbeschränkt steuerpflichtigen (meist ausländischen) Arbeitnehmer, dessen Ehegatte im Ausland lebt, vgl. die Erläuterungen beim Stichwort „Gastarbeiter".

Steuerklasse IV

Diese Steuerklasse gilt für die zur Steuerklasse III genannten verheiratete Arbeitnehmer, wenn beide Ehegatten Arbeitslohn beziehen. Diese Ehegatten können wählen, ob sie beide die Steuerklasse IV haben wollen, oder die Steuerklassenkombination III/V.

Zum ab 2010 neu hinzukommenden Faktorverfahren vgl. die Erläuterungen bei diesem Stichwort und unter der nachfolgenden Nr. 6.

Steuerklasse V

Diese Steuerklasse tritt für einen Ehegatten an die Stelle der Steuerklasse IV, wenn der andere Ehegatte in die Steuerklasse III eingereiht wird.

Wegen Einzelheiten zur Wahl der Steuerklasse IV für beide Ehegatten oder der Steuerklasse III für den einen und der Steuerklasse V für den anderen Ehegatten vgl. nachfolgend unter Nr. 3.

Steuerklasse VI

Steht ein Arbeitnehmer gleichzeitig in **mehreren Dienstverhältnissen,** so hat er dem ersten Arbeitgeber (dies ist der Arbeitgeber, von dem der Arbeitnehmer den höheren Lohn erhält) eine Lohnsteuerkarte mit den Angaben und der Steuerklasse vorzulegen, der seinem steuerlichen Familienstand entspricht. Dem zweiten und jedem weiteren Arbeitgeber hat er eine Lohnsteuerkarte vorzulegen, auf der die **Steuerklasse VI** bescheinigt ist.

3. Steuerklassenwahl bei Ehegatten

Eine Tabelle zur Steuerklassenwahl bei Ehegatten für das Kalenderjahr 2010 ist als **Anhang 11** abgedruckt. Im Einzelnen gilt zur Wahl der Steuerklasse Folgendes:

Für die Wahl der Steuerklasse IV auf den Lohnsteuerkarten beider Arbeitnehmerehegatten oder der Steuerklasse III auf der Lohnsteuerkarte des einen und der Steuerklasse V auf der Lohnsteuerkarte des anderen Ehegatten ist das Folgende zu beachten:

---

*) Wegen der maßgebenden Steuerklasse bei beschränkter Steuerpflicht vgl. das Stichwort „Beschränkt steuerpflichtige Arbeitnehmer".

**) Zur Bescheinigung der Steuerklasse III bei einem unbeschränkt steuerpflichtigen (meist ausländischen) Arbeitnehmer, dessen Ehegatte im Ausland lebt, vgl. die Erläuterungen beim Stichwort „Gastarbeiter".

Steuerklassen

Ehegatten, die die Voraussetzungen für die Steuerklasse IV erfüllen, können statt der Eintragung der Steuerklasse IV auf der Lohnsteuerkarte beider Ehegatten die Eintragung der Steuerklasse III auf der Lohnsteuerkarte des einen und der Steuerklasse V auf der Lohnsteuerkarte des anderen Ehegatten beantragen.

Nach dem für die **Steuerklasse V** entwickelten Tarif wird als Lohnsteuer grundsätzlich der Betrag erhoben, der sich ergibt, wenn von der für den gemeinsamen Arbeitslohn beider Ehegatten geschuldeten Lohnsteuer die vom Ehegatten mit der Steuerklasse III entrichtete Lohnsteuer abgezogen wird. Da den Arbeitgebern der Ehegatten dabei jeweils nur der von ihnen selbst ausgezahlte Arbeitslohn, nicht aber der gemeinsame Arbeitslohn beider Ehegatten bekannt ist, wird der Steuerermittlung eine gesetzliche Fiktion in der Weise zugrunde gelegt, dass bei dem Ehegatten, der in die Steuerklasse V einzureihen ist, unterstellt wird, dass sein Arbeitslohn **40 % des Arbeitslohnes beider Ehegatten** betrage. Trifft dieses Verhältnis der Arbeitslöhne zueinander zu, so wird die Lohnsteuer zutreffend erhoben. Beträgt der Arbeitslohn des geringer verdienenden Ehegatten weniger als 40 % des gemeinsamen Arbeitslohns beider Ehegatten, so wird eine zu geringe Lohnsteuer erhoben. Die während des Kalenderjahres zu wenig einbehaltene Lohnsteuer wird für diese Arbeitnehmer im Wege der Veranlagung zur Einkommensteuer nacherhoben. Ehegatten, die nur Einkünfte aus nichtselbständiger Arbeit beziehen und auf einer Lohnsteuerkarte die Steuerklasse V bescheinigt haben, werden deshalb stets zur Einkommensteuer veranlagt.

Ist auf den Lohnsteuerkarten beider Ehegatten die **Steuerklasse IV** eingetragen, so wird bereits während des Kalenderjahres im Steuerabzugsverfahren die zutreffende Lohnsteuer erhoben, wenn beide Ehegatten Arbeitslohn in der gleichen Höhe beziehen. Weichen die von den Ehegatten bezogenen Arbeitslöhne voneinander ab, so wird während des Kalenderjahres im Steuerabzugsverfahren in der Regel eine zu hohe Lohnsteuer einbehalten, die im Rahmen einer **Antragsveranlagung** zur Einkommensteuer erstattet wird. Eine **Pflichtveranlagung** zur Einkommensteuer wird für Ehegatten, die ausschließlich Einkünfte aus nichtselbständiger Arbeit beziehen und auf deren Lohnsteuerkarte für das ganze Kalenderjahr die Steuerklasse IV bescheinigt ist, nicht durchgeführt.

Danach ist es für **verheiratete Arbeitnehmer,** deren Ehegatte ebenfalls Arbeitslohn bezieht, **zweckmäßig,** die Eintragung der **Steuerklasse IV** auf den Lohnsteuerkarten beider Ehegatten zu beantragen, wenn **beide Ehegatten Arbeitslohn** in etwa gleicher Höhe **beziehen.**

Weicht der von den Ehegatten bezogene **Arbeitslohn** erheblich voneinander ab, d. h. der geringer verdienende Ehegatte verdient weniger als 40 % des gemeinsamen Bruttoeinkommens, so empfiehlt es sich, bei der Gemeinde die Eintragung der **Steuerklasse III** auf der Lohnsteuerkarte des mehr verdienenden Ehegatten und der **Steuerklasse V** auf der Lohnsteuerkarte des geringer verdienenden Ehegatten zu beantragen. Hierbei kann es aber im Rahmen der Pflichtveranlagung zur Einkommensteuer zu Nachzahlungen und dadurch auch zur Festsetzung von Einkommensteuer-Vorauszahlungen kommen.

Die **Steuerklasse V** kann nicht nur von Ehefrauen, sondern **auch von Ehemännern** in Anspruch genommen werden; in diesen Fällen erhält die Ehefrau die Steuerklasse III.

Zum ab 2010 neu hinzukommenden Faktorverfahren vgl. die Erläuterungen unter der nachfolgenden Nr. 6.

4. Wechsel der Steuerklassen bei Ehegatten nur einmal im Jahr möglich

Ehegatten erhalten regelmäßig im Oktober des laufenden Jahres die Lohnsteuerkarte für das kommende Jahr von der Gemeinde zugesandt. Ehegatten, denen für das Kalenderjahr 2009 bei der allgemeinen Ausschreibung der Lohnsteuerkarten 2009 die Lohnsteuerkombination III/V bescheinigt wurde, erhalten von der Gemeindebehörde auch für das Kalenderjahr 2010 Lohnsteuerkarten mit der Steuerklassenkombination III/V. Ehegatten, denen für das Kalenderjahr 2009 eine Lohnsteuerkarte mit der Steuerklasse IV ausgeschrieben worden ist, erhalten auch für das Kalenderjahr 2010 eine Lohnsteuerkarte mit der Steuerklasse IV. Die Ehegatten können bis zum Beginn des neuen Jahres, also **bis zum 31. Dezember 2009** die auf der Lohnsteuerkarte 2010 eingetragene Steuerklasse IV von der Gemeinde in die Steuerklasse V beim einen und in die Steuerklasse III beim anderen Ehegatten oder umgekehrt, die Steuerklasse III und V in die Steuerklasse IV auf beiden Lohnsteuerkarten ändern lassen*). Nach Beginn des neuen Kalenderjahres, also **ab 1. Januar 2010** kann eine solche Änderung der Lohnsteuerkarte 2010 nur noch **einmal,** und zwar wiederum von der Gemeinde bis spätestens 30. November 2010 vorgenommen werden. Eine Ausnahme von der Vorschrift, dass die Änderung der Steuerklassen nur einmal im Kalenderjahr möglich ist, besteht dann, wenn die Änderung der Steuerklassen deshalb beantragt wird, weil ein Ehegatte keinen Arbeitslohn mehr bezieht oder verstorben ist. Eine weitere Änderung der Steuerklassen ist auch zulässig, wenn sich die Ehegatten auf Dauer getrennt haben oder wenn nach einer Arbeitslosigkeit*) ein Arbeitsverhältnis wieder aufgenommen wird.

Beispiel A

Die Gemeinde hat bei der Ausstellung der Lohnsteuerkarten für das Kalenderjahr 2010 dem Ehemann Steuerklasse III und der Ehefrau Steuerklasse V eingetragen. Ab Februar verdienen beide Ehegatten etwa gleich viel; sie lassen sich im Januar mit Wirkung vom 1. Februar 2010 auf den Lohnsteuerkarten beider Ehegatten die Steuerklasse IV eintragen. Im Juni wird die Ehefrau arbeitslos*). Die Ehegatten können sich die Steuerklassen ab 1. Juli 2010 beim Ehemann auf III und bei der Ehefrau auf V erneut ändern lassen.

Beispiel B

Die Gemeinde hat bei der Ausstellung der Lohnsteuerkarten für das Kalenderjahr 2010 für beide Ehegatten die Steuerklassen IV eingetragen. Im Januar wird der Ehemann arbeitslos*). Die Ehegatten lassen sich die Steuerklassen mit Wirkung ab 1. Februar 2010 beim Ehemann in V und bei der Ehefrau in III ändern. Ab 1. Juli 2010 erhält der Ehemann wieder Arbeit. Die Ehegatten können erneut auf den Lohnsteuerkarten beider Ehegatten die Steuerklasse IV eintragen lassen.

Eine Änderung der Steuerklassenkombination im Laufe des Kalenderjahrs 2010 wird mit Wirkung **vom Beginn des auf die Antragstellung folgenden Kalendermonats** eingetragen (§ 39 Abs. 5 Satz 4 EStG). Eine rückwirkende Änderung der Steuerklassenkombination ist **nicht** möglich.

---

*) Bei der Wahl der Steuerklassenkombination sollten die Ehegatten auch daran denken, dass die Steuerklassenkombination auch die Höhe der Lohnersatzleistungen, wie **Arbeitslosengeld,** Unterhaltsgeld, Krankengeld, Versorgungskrankengeld, Verletztengeld, Übergangsgeld, **Elterngeld** und **Mutterschaftsgeld** beeinflussen kann. Eine vor Jahresbeginn getroffene Steuerklassenwahl wird bei der Gewährung von Lohnersatzleistungen von der Agentur für Arbeit grundsätzlich anerkannt. Wechseln Ehegatten im Laufe des Kalenderjahres die Steuerklassen, können sich bei der Zahlung von Lohnersatzleistungen, z. B. wegen Arbeitslosigkeit eines Ehegatten, unerwartete Auswirkungen ergeben. Deshalb sollten Arbeitnehmer, die damit rechnen, in absehbarer Zeit eine Lohnersatzleistung für sich in Anspruch nehmen zu müssen oder diese bereits beziehen, vor der Neuwahl der Steuerklassenkombination zu deren Auswirkung auf die Höhe der Lohnersatzleistung den zuständigen Sozialleistungsträger befragen. Das Bundessozialgericht hat diesbezüglich in zwei Fällen entschieden, dass der von den verheirateten Klägerinnen während ihrer jeweiligen Schwangerschaft veranlasste Steuerklassenwechsel bei der Berechnung des Elterngeldes zu berücksichtigen ist. In dem einen Fall war die Steuerklasse von IV auf III, in dem anderen von V auf III geändert worden. Das führte zu geringeren monatlichen Steuerabzugsbeträgen vom Arbeitslohn der Klägerinnen. Gleichzeitig stiegen allerdings die von ihren Ehegatten (nunmehr nach der Steuerklasse V berechneten) zu zahlenden Lohnsteuerbeträge stark an, sodass auch die monatlichen Steuerzahlungen der Eheleute insgesamt deutlich erhöhten. Dieser Effekt wird bei der späteren Einkommensteuerveranlagung wieder ausgeglichen. Nach Meinung des Bundessozialgerichts ist das Verhalten der Klägerinnen hinsichtlich des Steuerklassenwechsels nicht als rechtsmissbräuchlich anzusehen. Der jeweilige Steuerklassenwechsel war nach dem Einkommensteuergesetz zulässig. Seine Berücksichtigung ist durch Vorschriften des Bundeselterngeld- und Erziehungszeitengesetzes weder ausgeschlossen noch sonst wie beschränkt (Urteile vom Bundessozialgericht vom 25.6.2009 B 10 EG 3/08 R und B 10 EG 4/08 R).

Steuerklassen

| | Lohn-steuer-pflichtig | Sozial-versich.-pflichtig |

Beispiel C
Die Gemeinde hat bei der Ausstellung der Lohnsteuerkarten für das Kalenderjahr 2010 für beide Ehegatten die Steuerklasse IV eingetragen. Ab 1. Februar 2010 ist die Ehefrau nicht mehr berufstätig. Die Ehegatten beantragen deshalb im Februar einen Wechsel der Steuerklassenkombination von bisher IV/IV in III/V, das heißt in die Steuerklasse III für den Ehemann und die Steuerklasse V für die nicht mehr berufstätige Ehefrau. Die Änderung der Steuerklassen kann nicht mit Wirkung vom 1. Februar 2010 vorgenommen werden, sondern erst vom Beginn des auf die Antragstellung folgenden Monats. Dies ist der 1. März 2010 (§ 39 Abs. 5 Satz 4 EStG).

Wird erstmals während des Kalenderjahrs für beide Ehegatten die Ausschreibung von Lohnsteuerkarten beantragt, so können sie wählen, ob sie auf beiden Lohnsteuerkarten die Steuerklasse IV oder auf einer Lohnsteuerkarte die Steuerklasse III und auf der anderen Lohnsteuerkarte die Steuerklasse V eingetragen haben wollen.

Zur Änderung der Steuerklasse bei Ehegatten vgl. im Übrigen auch die Erläuterungen beim Stichwort „Lohnsteuerkarte" unter Nr. 7.

5. Steuerklasse VI

Der für die **Steuerklasse VI** entwickelte Tarif baut auf der Grundtabelle auf. Auch dieser Steuerklasse liegt eine gesetzliche Fiktion zugrunde, wonach unterstellt wird, dass der Arbeitnehmer aus dem Dienstverhältnis, für das eine Lohnsteuerkarte mit der Steuerklasse VI vorgelegt wird, 40 % des insgesamt aus allen Dienstverhältnissen bezogenen Arbeitslohns bezieht. Die Ausführungen unter der vorstehenden Nr. 3 gelten deshalb insoweit sinngemäß. Arbeitnehmer, die eine Lohnsteuerkarte mit der Steuerklasse VI haben, werden stets zur Einkommensteuer veranlagt. Häufig kommt es auch hier zu Steuernachzahlungen.

6. Faktorverfahren bei Ehegatten ab 2010

Wie vorstehend unter Nr. 3 erläutert können **Ehegatten** für das Lohnsteuerabzugsverfahren zwischen den **Steuerklassenkombinationen III/V und IV/IV wählen.** Da der **Lohnsteuerabzug** in der **Steuerklasse V** oftmals als zu **hoch** empfunden wird und bei der alternativ in Betracht kommen Steuerklassenkombination IV/IV das Familiennettoeinkommen wegen der unterschiedlichen Höhe der Arbeitslöhne sinkt, ist mit Wirkung ab 2010 ein neues Verfahren eingeführt worden, mit dem letztlich die von beiden Ehegatten insgesamt zu zahlende Lohnsteuer gerechter verteilt werden soll.

Dieses sog. „**Faktorverfahren**" tritt **ab 2010 alternativ** zu den bisherigen Steuerklassenkombinationen III/V und IV/IV hinzu. Es wird auf Antrag beider Ehegatten angewendet. Beim Faktorverfahren ermittelt das Finanzamt unter Berücksichtigung der im Einzelfall in Betracht kommenden Steuerermäßigungen die Einkommensteuer, die sich für die Ehegatten nach der Splittingtabelle ergeben würde. Diese Einkommensteuer wird ins Verhältnis zur Lohnsteuer gesetzt, die sich als Summe der Lohnsteuer bei jeweiliger Anwendung der Steuerklasse IV bei den Ehegatten ergibt. Daraus wird ein Faktor ermittelt, der stets kleiner als eins ist.

Der jeweilige Arbeitgeber ermittelt für den jeweiligen Ehegatten die Lohnsteuer nach der Steuerklasse IV und wendet anschließend darauf den Faktor („kleiner eins") an. Dadurch ergibt sich als „Lohnsteuersumme" bei beiden Ehegatten im Ergebnis die vom Finanzamt errechnete und den Verhältnisrechnungen zugrunde gelegte voraussichtliche Einkommensteuer. Die sich beim laufenden Arbeitslohn nach Anwendung des Faktorverfahrens ergebende Lohnsteuer ist – vorbehaltlich noch zu berücksichtigender Freibeträge für Kinder – auch Bemessungsgrundlage für die Ermittlung der Zuschlagsteuern (Solidaritätszuschlag, Kirchensteuer).

Stipendien

| | Lohn-steuer-pflichtig | Sozial-versich.-pflichtig |

Wegen der Einzelheiten vgl. die Erläuterungen und Beispiele beim Stichwort „Faktorverfahren".

Steuerpflicht
siehe „Beschränkt steuerpflichtige Arbeitnehmer" und „Unbeschränkte Steuerpflicht"

Steuerprogression
siehe „Tarifaufbau"

Steuertarif
siehe „Tarifaufbau"

Stipendien

Gliederung:
1. Allgemeines
2. Öffentliche Mittel (öffentliche Stiftung)
3. Steuerfreiheit nach § 3 Nr. 11 EStG
4. Steuerfreiheit nach § 3 Nr. 44 EStG
5. Stipendien aus privaten Mitteln

1. Allgemeines

Stipendien aus **öffentlichen Mitteln** für Zwecke der Erziehung, Ausbildung, Forschung, Wissenschaft oder Kunst können entweder nach § 3 Nr. 11 oder nach § 3 Nr. 44 EStG **steuerfrei** sein. In beiden Fällen ist es für die Inanspruchnahme der Steuerfreiheit **schädlich,** wenn der Empfänger der Bezüge zu einer bestimmten wissenschaftlichen oder künstlerischen **Gegenleistung** oder **zu einer bestimmten Arbeitnehmertätigkeit verpflichtet** ist. Im Einzelnen gilt für Stipendien aus öffentlichen Mitteln Folgendes:

2. Öffentliche Mittel (öffentliche Stiftung)

Die Steuerfreiheit setzt in jedem Fall öffentliche Mittel oder Mittel aus einer öffentlichen Stiftung voraus. Öffentliche Mittel sind Mittel des Bundes, der Länder, der Gemeinden und Gemeindeverbände und der als juristische Personen des öffentlichen Rechts anerkannten Religionsgemeinschaften. Eine öffentliche Stiftung liegt vor, wenn

– die Stiftung selbst eine juristische Person des öffentlichen Rechts ist oder
– das Stiftungsvermögen im Eigentum einer juristischen Person des öffentlichen Rechts steht oder
– die Stiftung von einer juristischen Person des öffentlichen Rechts verwaltet wird.

Im Übrigen richtet sich der Begriff „öffentliche Stiftung" nach Landesrecht.

Studienbeihilfen und Stipendien **privater** Arbeitgeber sind **steuerpflichtiger Arbeitslohn;** sie sind aber beitragsfrei, es sei denn, sie werden aufgrund eines Beschäftigungsverhältnisses gezahlt.   ja   nein

3. Steuerfreiheit nach § 3 Nr. 11 EStG

Hierunter fallen Stipendien aus öffentlichen Mitteln und aus Mitteln einer öffentlichen Stiftung, die die **Ausbildung** oder **Erziehung,** die **Wissenschaft** oder **Kunst** unmittelbar fördern. Zu den steuerfreien Erziehungs- und Ausbildungsbeihilfen gehören unter anderem die Leistungen nach dem Bundesausbildungsförderungsgesetz sowie die Ausbildungszuschüsse nach § 5 Abs. 4 des Soldatenversorgungsgesetzes. Zu den steuerfreien Erziehungs- und Ausbildungsbeihilfen gehören hingegen **nicht** die Unterhaltszuschüsse an Beamte im Vorbereitungsdienst

Stipendien

	Lohn-steuer-pflichtig	Sozial-versich.-pflichtig

– Beamtenanwärter – (BFH-Urteil vom 12.8.1983, BStBl. II S. 718), die zur Sicherstellung von Nachwuchskräften gezahlten Studienbeihilfen und auch nicht die für die Fertigung einer Habilitationsschrift gewährten Beihilfen (BFH-Urteil vom 4.5.1972, BStBl. II S. 566).

Voraussetzung für die Steuerfreiheit ist zudem, dass der Empfänger der Stipendien **nicht** zu einer bestimmten wissenschaftlichen oder künstlerischen **Gegenleistung** oder zu einer bestimmten Arbeitnehmertätigkeit **verpflichtet** wird.

4. Steuerfreiheit nach § 3 Nr. 44 EStG

Stipendien, die unmittelbar aus öffentlichen Mitteln oder von zwischenstaatlichen oder überstaatlichen Einrichtungen, denen die Bundesrepublik Deutschland als Mitglied angehört, zur Förderung der **Forschung** oder zur Förderung der **wissenschaftlichen** oder **künstlerischen Ausbildung** oder **Fortbildung** gewährt werden, sind steuerfrei. Das gilt auch, wenn solche Stipendien von einer Einrichtung, die von einer Körperschaft des öffentlichen Rechts errichtet ist oder verwaltet wird oder von einer Körperschaft, Personenvereinigung oder Vermögensmasse im Sinn des § 5 Abs. 1 Nr. 9 des Körperschaftssteuergesetzes gegeben werden. Voraussetzung für die Steuerfreiheit ist, dass

– die Stipendien einen für die Erfüllung der Forschungsaufgabe oder für die Bestreitung des Lebensunterhalts und die Deckung des Ausbildungsbedarfs erforderlichen Betrag nicht überschreiten und nach den vom Geber erlassenen Richtlinien vergeben werden und

– der Empfänger im Zusammenhang mit dem Stipendium **nicht** zu einer bestimmten wissenschaftlichen oder künstlerischen Gegenleistung oder **zu einer bestimmten Arbeitnehmertätigkeit verpflichtet** ist.   nein   nein

Bei der Prüfung der Frage, ob das Stipendium den für die Bestreitung des Lebensunterhalts und die Deckung des Ausbildungsbedarfs erforderlichen Betrag übersteigt, kommt es auf die Höhe der eigenen Einkünfte und/oder des eigenen Vermögens des Stipendiaten nicht an. Die Steuerbefreiung von **Forschungsstipendien** gilt sowohl für Zuwendungen zur Erfüllung der Forschungsaufgaben als auch für Zuwendungen die der Bestreitung des Lebensunterhalts dienen (BFH-Urteil vom 20.3.2003, BStBl. 2004 II S. 190).   nein   nein

Stipendien zur Förderung der **wissenschaftlichen** oder **künstlerischen Ausbildung** oder **Fortbildung** sind steuerfrei. Auch hier kommt es nicht darauf an, ob sie zur Bestreitung des erforderlichen Lebensunterhalts des Empfängers oder für den durch die Ausbildung oder Fortbildung verursachten und erforderlichen Aufwand bestimmt sind. Voraussetzung ist jedoch, dass ein solches Stipendium uneigennützig gegeben wird, der Empfänger sich also **nicht zu einer bestimmten Arbeitnehmertätigkeit** bzw. anderen Gegenleistung **verpflichten muss.** Seit 2007 kommt es für die Steuerfreiheit von Stipendien zur Förderung der wissenschaftlichen oder künstlerischen Fortbildung **nicht mehr** darauf an, dass im Zeitpunkt der erstmaligen Gewährung eines solchen Stipendiums der Abschluss der Berufsausbildung des Empfängers nicht länger als zehn Jahre zurückliegt. Im Hinblick auf die tief greifenden Veränderungen im Berufsleben, Bildungswesen und auf dem Arbeitsmarkt, die ein lebenslanges Lernen immer häufiger fordern, hielt der Gesetzgeber die „Zehnjahresfrist" nicht mehr für zeitgemäß.   nein   nein

Die Prüfung, ob die gesetzlichen Voraussetzungen für die Steuerfreiheit der Stipendien vorliegen, hat das Finanzamt vorzunehmen, das für die Veranlagung des Stipendiengebers zur Körperschaftsteuer zuständig ist oder zuständig sein würde, wenn der Geber steuerpflichtig wäre. Dieses Finanzamt hat auf Anforderung des Stipendienempfängers oder des für ihn zuständigen Finanzamts eine **Bescheinigung** über die Voraussetzungen der Steuerfreiheit zu erteilen.

Die sog. **EXIST-Gründerstipendien** dienen in erster Linie dazu, Existenzgründer auf dem Weg in die Selbständigkeit zu unterstützen. Sie bezwecken gerade nicht, Forschung oder wissenschaftliche Ausbildung zu fördern, sondern sind darauf gerichtet, den Übergang von der wissenschaftlichen Ausbildung in den Markt zu ermöglichen. Sie sind daher **nicht steuerfrei.***)

5. Stipendien aus privaten Mitteln

Da eine vergleichbare Befreiungsvorschrift für aus **privaten Mitteln** stammende Studienbeihilfen nicht besteht, liegt insoweit Steuerpflicht vor. Von **privaten Arbeitgebern** gewährte Stipendien und Beihilfen stellen, sofern diese begrifflich Arbeitslohn sind, grundsätzlich auch steuerpflichtigen Arbeitslohn dar. Stipendien, die jedoch im Übrigen den Voraussetzungen des § 3 Nr. 44 EStG entsprechen, sind jedoch sozialversicherungsfrei.   ja   nein

Stock-Options
siehe „Aktienoptionen"

Stornoreserve
siehe „Provisionen"

Strafverteidigungskosten
siehe „Prozesskosten"

Streik

Während die Versicherungspflicht in der Renten- und Arbeitslosenversicherung bei Arbeitskampfmaßnahmen – ungeachtet der Tatsache, ob die Maßnahmen rechtmäßig oder rechtswidrig sind – längstens für einen Monat fortbesteht (§ 7 Abs. 3 SGB IV), bleibt die Mitgliedschaft in der Krankenversicherung nach § 192 Abs. 1 Nr. 1 SGB V und in der Pflegeversicherung nach § 49 Abs. 2 SGB XI i. V. m. § 192 Abs. 1 Nr. 1 SGB V im Falle eines rechtmäßigen Arbeitskampfes bis zu dessen Beendigung erhalten (vgl. die ausführlichen Erläuterungen beim Stichwort „Arbeitsunterbrechung"). Die Lohnabrechnung ist wie beim unbezahlten Urlaub (vgl. dieses Stichwort) vorzunehmen.

Streikgelder

Streik- oder Aussperrungsunterstützungen sind kein steuerpflichtiger Arbeitslohn. Auch sonstige steuerpflichtige Einnahmen liegen nicht vor (BFH-Urteil vom 24.10.1990, BStBl. 1991 II S. 337).   nein   nein

Strom

Die unentgeltliche oder verbilligte Abgabe von Strom durch den Arbeitgeber ist bei Arbeitnehmern von Energieversorgungsunternehmen bis zum **Rabattfreibetrag** in Höhe von **1080 € jährlich** steuer- und beitragsfrei.   nein   nein

Besondere Fallgestaltungen sind:

– **Durchleitungsfall**
  Im Durchleitungsfall gestattet das Energieversorgungsunternehmen, in dem der Kunde wohnt, dem fremden Energieversorgungsunternehmen, mit dem der Kunde

---

*) Vfg. des Bayerischen Landesamtes für Steuern vom 20.5.2008 S 2342 – 15 St 32/St 33. Die bundeseinheitliche Regelung als Anlage zu § 3 Nr. 44 EStG im **Steuerhandbuch für das Lohnbüro 2010** abgedruckt, das im selben Verlag erschienen ist. Das **PC-Lexikon** für das Lohnbüro 2010 enthält auch dieses Handbuch und hat außerdem den Vorteil, dass Sie **alle BFH-Urteile** sowie die aktuellen Rundschreiben und Niederschriften der Spitzenverbände der **Sozialversicherung** mit Mausklick **im Volltext** abrufen und ausdrucken können. Eine Bestellkarte finden Sie vorne im Lexikon.

Strom

Lohnsteuerpflichtig / Sozialversich.-pflichtig

den Vertrag über die Stromlieferung abgeschlossen hat, die Durchleitung des Stroms an den Kunden.

- **Netzzugangsalternative**
Bei der Netzzugangsalternative bekommt der Kunde den Strom weiterhin vom Energieversorgungsunternehmen seines Wohnsitzes. Das Energieversorgungsunternehmen ist aber verpflichtet, vom fremden Energieversorgungsunternehmen, mit dem der Kunde den Vertrag über die Stromlieferung abgeschlossen hat, so viel Strom zu beziehen, wie der Kunde von seinem Vertragspartner bezieht.

Die Finanzverwaltung vertritt zu diesen Fällen folgende Auffassung*):

Die Vorschrift des § 8 Abs. 3 EStG und damit der Rabattfreibetrag in Höhe von 1080 € jährlich kann bei der verbilligten Überlassung von Energie (Strom oder Gas) nur angewandt werden, wenn genau dieselbe Ware, die der Arbeitnehmer von einem Dritten erhält, vom Arbeitgeber zuvor hergestellt oder vertrieben worden ist **(Nämlichkeit)**. Dabei ist unter „Vertreiben" nicht eine bloße Vermittlungsleistung zu verstehen, der Arbeitgeber muss die Dienstleistung vielmehr als eigene erbringen (BFH-Urteil vom 7.2.1997, BStBl. II S. 363). Die Voraussetzung der Nämlichkeit ist erfüllt, wenn das Versorgungsunternehmen, das den Arbeitnehmer beliefert, diese Energie zuvor von dem Versorgungsunternehmen, bei dem der Arbeitnehmer beschäftigt ist, erhalten hat. Erhält jedoch das Versorgungsunternehmen, das den Arbeitnehmer mit Energie beliefert, seine Energieleistungen nicht unmittelbar durch das Versorgungsunternehmen, bei dem der Arbeitnehmer beschäftigt ist, ist der geldwerte Vorteil aus der verbilligten Energielieferung nach § 8 Abs. 2 EStG zu versteuern (BFH-Urteil vom 15.1.1993, BStBl. II S. 356).

In den Fällen der sog. **Durchleitung** muss das örtliche Versorgungsunternehmen, in dessen Bereich der Arbeitnehmer wohnt, sein Versorgungsnetz dem anderen Versorgungsunternehmen – gegen Gebühr – zur Durchleitung von Strom zur Verfügung stellen. Ist dieses andere Versorgungsunternehmen der Arbeitgeber, ist die **Voraussetzung des § 8 Abs. 3 EStG erfüllt,** weil der Arbeitnehmer Strom erhält, der vom Arbeitgeber hergestellt oder vertrieben worden ist und von diesem unmittelbar an seinen Arbeitnehmer unter Zuhilfenahme des örtlichen Versorgungsunternehmens geliefert wird.

In den Fällen der sog. **Netzzugangsalternative** ist das Versorgungsunternehmen, in dessen Bereich der Arbeitnehmer wohnt, verpflichtet, den Strom abzunehmen, den dieser Arbeitnehmer bei einem anderen Versorgungsunternehmen gekauft hat. Anschließend liefert das örtliche Versorgungsunternehmen diesen Strom an den Arbeitnehmer weiter. Auch bei dieser Alternative erhält das örtliche Versorgungsunternehmen tatsächlich den Strom des anderen Versorgungsunternehmens. Ist dieses andere Versorgungsunternehmen der Arbeitgeber, ist auch in dem Fall der Netzzugangsalternative die Voraussetzung der Nämlichkeit und damit die **Voraussetzung des § 8 Abs. 3 EStG erfüllt.**

Diese Grundsätze gelten gleichermaßen für Arbeitgeber, die als Versorgungsunternehmen den Strom lediglich verteilen oder aber auch selbst Strom erzeugen. Sie sind hingegen **nicht anzuwenden,** wenn die entsprechende Energie tatsächlich nicht zwischen den Versorgungsunternehmen **vertrieben,** sondern **nur als Rechnungsposten** gehandelt wird.

Zur steuerlichen Auswirkung der Verbändevereinbarung II und II plus gilt Folgendes**):

Bei der sog. Verbändevereinbarung (VV II) wurde bei den Leistungen auf dem Energiemarkt strikt zwischen der Netznutzung und der Stromlieferung getrennt. Der Kunde hatte danach grundsätzlich **zwei Verträge** abzuschließen – einen Stromlieferungsvertrag mit dem **Energielieferanten/Händler** und einen Netzzugangsvertrag mit dem **Netzbetreiber.** Als Folge dieser Verträge handelte es sich bei dem Strom, den der Kunde an seiner Zählerklemme abnahm, um solchen des Energielieferanten, den dieser im eigenen Namen und auf eigene Rechnung an den Kunden veräußerte. Der Netzbetreiber (z. B. das örtliche Versorgungsunternehmen) stellte lediglich die Netznutzung sicher. Das vom Kunden zu zahlende Gesamtentgelt setzte sich nach dieser Vereinbarung aus einem Entgelt für die Stromlieferung sowie dem Entgelt für die Netznutzung zusammen.

Bei einer entsprechenden Umsetzung dieses Verfahrens sind die **zwei Leistungen** (Stromlieferung und Netznutzung) lohnsteuerlich gesondert zu beurteilen:

Stromlieferung

Steht der Strom, der auf Grund des Stromlieferungsvertrags an der Zählerklemme des Arbeitnehmers abgenommen wird, im Eigentum des stromliefernden Arbeitgebers und wird daher von diesem im eigenen Namen und auf eigene Rechnung veräußert, erfolgt eine unmittelbare Stromlieferung. Die entscheidende Voraussetzung für die Anwendung des **§ 8 Abs. 3 EStG** ist damit bei der verbilligten Überlassung von Energie **erfüllt,** denn der Arbeitnehmer erhält den Strom unmittelbar von seinem Arbeitgeber.

Netznutzung

Für die Anwendung des § 8 Abs. 3 EStG auf die gesonderte Leistung in Form der Netznutzung ist Voraussetzung, dass der örtliche Netzbetreiber Arbeitgeber des Kunden ist. Nur in diesem Fall erhält der Arbeitnehmer die Dienstleistung unmittelbar von seinem Arbeitgeber. Ist der örtliche Netzbetreiber jedoch nicht Arbeitgeber des Kunden, kann § 8 Abs. 3 EStG für die Leistung „Netznutzung" nicht in Betracht kommen. Dies gilt auch dann, wenn der Stromlieferant das vom Arbeitnehmer hierfür zu erbringende Netzentgelt im Namen und für Rechnung des Netzbetreibers vereinnahmen sollte.

„All-inclusive-Verträge"

Die in der VV II festgelegte Trennung hat sich jedoch in der Praxis nicht durchgesetzt. Vielmehr haben Stromhändler schon bald auch außerhalb des eigenen Netzgebietes sog. „All-inclusive-Verträge" einschließlich Netznutzung angeboten. Ein anderes Modell – das sog. „Doppelvertragsmodell" – sah vor, dass sich der Stromlieferant vom Netzbetreiber in einem Händler-Rahmenvertrag den Netzzugang einräumen lässt und die Netznutzung dem Kunden (auch dem eigenen Arbeitnehmer) als eigene Leistung verkauft. Diese Entwicklung ist in der Verbändevereinbarung vom 13.12.2001 (VV II plus) umgesetzt worden; sie hat die VV II seit dem 1.1.2002 abgelöst.

Danach hat der Stromlieferant bei Vorlage eines „**All-inclusive-Vertrags**" zur Stromversorgung eines Einzelkunden in einem anderen Netzgebiet Anspruch auf den zeitnahen Abschluss eines Netznutzungsvertrages mit dem örtlichen Netzbetreiber, d. h., zwischen Netzbetreiber und Kunden bestehen keine vertraglichen Beziehungen. Beim „All-inclusive-Vertrag" enthält der Stromlieferungs-

---

*) Erlass des Finanzministeriums Niedersachsen vom 13.12.1999 Az.: S 2334 – 96 – 35. Der Erlass ist als Anlage 14 zu H 8.2 LStR im **Steuerhandbuch für das Lohnbüro 2010** abgedruckt, das im selben Verlag erschienen ist. Das **PC-Lexikon** für das Lohnbüro 2010 enthält auch dieses Handbuch und hat außerdem den Vorteil, dass Sie **alle BFH-Urteile** sowie die aktuellen Rundschreiben und Niederschriften der Spitzenverbände der **Sozialversicherung** mit Mausklick **im Volltext** abrufen und ausdrucken können. Eine Bestellkarte finden Sie vorne im Lexikon.

) Verfügung der Oberfinanzdirektionen Düsseldorf und Münster vom 26.2.2004. Die Verfügung ist als Anlage 15 zu H 8.2 LStR im **Steuerhandbuch für das Lohnbüro 2010 abgedruckt, das im selben Verlag erschienen ist. Das **PC-Lexikon** für das Lohnbüro 2010 enthält auch dieses Handbuch und hat außerdem den Vorteil, dass Sie **alle BFH-Urteile** sowie die aktuellen Rundschreiben und Niederschriften der Spitzenverbände der **Sozialversicherung** mit Mausklick **im Volltext** abrufen und ausdrucken können. Eine Bestellkarte finden Sie vorne im Lexikon.

	Lohn-steuer-pflichtig	Sozial-versich.-pflichtig

vertrag des Energieversorgungsunternehmens (EVU) mit seinem Endkunden (auch Arbeitnehmer) bereits die Netznutzung auch für den Fall, dass der Endkunde (oder der Arbeitnehmer) in einem anderen Netzgebiet wohnt. Damit kommt für den Arbeitnehmer eines EVU als Endkunde der Rabattfreibetrag nach **§ 8 Abs. 3 EStG für alle Leistungen** in Betracht, auch wenn er außerhalb des Netzgebiets seines Arbeitgebers wohnt oder dessen Arbeitgeber als reiner Stromhändler kein eigenes Versorgungsnetz betreibt.

Stromableser

Sie sind Arbeitnehmer, wenn sie vom Energieunternehmen **fest angestellt** sind.   ja   ja

Die Energieunternehmen beschäftigen jedoch auch **nebenberufliche** Stromableser. Ob diese ebenfalls als Arbeitnehmer angesehen werden können, muss nach dem Gesamtbild der Verhältnisse entschieden werden. Können sich diese Stromableser von Dritten bei der Erledigung ihrer Arbeiten vertreten lassen und tragen sie das Inkassorisiko, spricht dies für eine selbständige Tätigkeit. Der Bundesfinanzhof hat allerdings in Urteil vom 24. 7. 1992 (BStBl. 1993 II S. 155) entschieden, dass Stromableser auch dann Arbeitnehmer sind, wenn „Freie Mitarbeit" vereinbart wurde und das Ablesen in Ausnahmefällen auch durch einen Vertreter erfolgen kann. Zur Scheinselbständigkeit im Sozialversicherungsrecht vgl. dieses Stichwort.

Studenten

1. Allgemeines

Die Regelungen für geringfügig entlohnte (Dauer)Beschäftigungsverhältnisse gelten auch für Studenten. Das bedeutet, dass der Arbeitgeber für einen Studenten, der einen sog. 400-Euro-Job ausübt, einen pauschalen Arbeitgeberbeitrag zur Rentenversicherung in Höhe von 15 % und einen pauschalen Arbeitgeberbeitrag zur Krankenversicherung in Höhe von 13 % zahlen muss. Der pauschale Beitrag zur Krankenversicherung in Höhe von 13 % entfällt nur dann, wenn der Student nicht in einer gesetzlichen Krankenversicherung (mit)versichert ist.

Wird ein Student im Rahmen der sog. 20-Stunden-Grenze gegen ein Arbeitsentgelt von **mehr** als 400 € monatlich beschäftigt, so ist der Student in der Kranken-, Pflege- und Arbeitslosenversicherung versicherungsfrei, wohingegen in der Rentenversicherung die Versicherungspflicht eintritt, das heißt, Arbeitgeber und Arbeitnehmer tragen den Beitrag zur Rentenversicherung grundsätzlich je zur Hälfte. Gleiches gilt, wenn der Student mehrere 400-Euro-Jobs nebeneinander ausübt und deshalb die 400-Euro-Grenze überschreitet. Die Regelungen für die Beitragsaufteilung in der Gleitzone gelten auch für die rentenversicherungspflichtigen Studenten (vgl. das Stichwort „Gleitzone im Niedriglohnbereich").

2. Lohnsteuerliche Behandlung

Studenten, die neben ihrem Studium arbeiten (sog. Werkstudenten), sind Arbeitnehmer. Sie unterliegen mit ihrem Arbeitslohn dem Lohnsteuerabzug nach den allgemeinen Vorschriften. Die Studenten müssen deshalb – wie alle anderen Arbeitnehmer auch – ihrem Arbeitgeber zu Beginn der Beschäftigung eine Lohnsteuerkarte vorlegen. Eine Beschäftigung ohne Vorlage der Lohnsteuerkarte ist nur dann möglich, wenn es sich um eine Aushilfs- oder Teilzeitbeschäftigung handelt, für die eine **Pauschalierung** der Lohnsteuer mit 2 %, 5 %, 20 % oder 25 % in Betracht kommt (vgl. das Stichwort „Pauschalierung der Lohnsteuer bei Aushilfskräften und Teilzeitbeschäftigten").

Die Vorlage einer Lohnsteuerkarte mit der **Steuerklasse I** ist bei der Beschäftigung von Studenten allerdings die Regel, und zwar aus folgenden Gründen:

Wird eine Lohnsteuerkarte mit der Steuerklasse I vorgelegt, so bleibt 2010 ein **Monatslohn** in Höhe von **889 €*) steuerfrei**.

Aber auch bei höheren Monatslöhnen ist die Vorlage einer Lohnsteuerkarte für Studenten meist günstiger als eine Pauschalierung der Lohnsteuer, weil die einbehaltene Lohnsteuer nach Ablauf des Kalenderjahrs vom Finanzamt wieder erstattet wird, wenn die **Jahres**arbeitslohngrenze, bis zu der bei einer Veranlagung zur Einkommensteuer nach Ablauf des Kalenderjahrs **keine Einkommensteuer** anfällt, nicht überschritten wird. Die **Jahres**arbeitslohngrenze, bis zu der bei Studenten im Kalenderjahr 2010 keine Einkommensteuer anfällt errechnet sich wie folgt:

Grundfreibetrag		8 004,— €
zuzüglich:		
Arbeitnehmer-Pauschbetrag	920 €	
Sonderausgaben-Pauschbetrag	36 €	
Vorsorgepauschale	0 €**	956,— €
steuerfreier Jahresarbeitslohn		**8 960,— €**

Beispiel

Ein Student arbeitet im Juni, Juli, August und September des Kalenderjahres 2010 für einen Monatslohn von 2000 €. Er legt dem Arbeitgeber eine Lohnsteuerkarte mit der Steuerklasse I vor. Der Arbeitgeber hat nach der Monatstabelle an Lohn- und Kirchensteuer sowie Solidaritätszuschlag einzubehalten:

	Arbeitslohn	Lohnsteuer	Solidaritäts-zuschlag	Kirchen-steuer
Juni	2 000,— €	229,25 €	12,60 €	18,34 €
Juli	2 000,— €	229,25 €	12,60 €	18,34 €
August	2 000,— €	229,25 €	12,60 €	18,34 €
September	2 000,— €	229,25 €	12,60 €	18,34 €
insgesamt	8 000,— €	917,— €	50,40 €	73,36 €

Der für Studenten maßgebende **Jahres**arbeitslohn, bis zu dem bei einer Veranlagung zur Einkommensteuer nach Ablauf des Kalenderjahrs 2010 **keine Einkommensteuer** anfällt beträgt 8960 €.

Da der vom Studenten bezogene **Jahres**arbeitslohn den Betrag von 8960 € nicht übersteigt, wird ihm bei einer Antragsveranlagung durch das Finanzamt die Lohn- und Kirchensteuer sowie der Solidaritätszuschlag **in voller Höhe** erstattet. Der Student muss hierzu nach Ablauf des Kalenderjahres 2010 bei seinem zuständigen Wohnsitzfinanzamt einen entsprechenden Antrag stellen. Dem Antrag sollte eine Fotokopie der elektronischen Lohnsteuerbescheinigung 2010 beigefügt werden, die der Student von seinem Arbeitgeber erhalten hat. Der Arbeitgeber darf in keinem Fall einen Lohnsteuer-Jahresausgleich durchführen und die Lohnsteuer erstatten und zwar auch dann nicht, wenn dem Arbeitgeber die Lohnsteuerkarte des Studenten am 31. 12. 2010 noch vorliegen sollte.

Bei der steuerlichen Beurteilung von Tätigkeiten, die ein Student ausübt, dürfen die Auswirkungen auf das Kindergeld bzw. den Kinderfreibetrag nicht außer Acht gelassen werden. Denn die Eltern verlieren den Anspruch auf Kindergeld, wenn im Kalenderjahr **2010** die eigenen Einkünfte und Bezüge von Kindern über 18 Jahre **8004 €** im Kalenderjahr übersteigen. Dabei genügt es für den Wegfall des Kindergeldes von (184 € × 12 =) 2208 € jährlich, wenn die 8004-Euro-Grenze nur geringfügig, z. B. um 10 €, überschritten wird. Auf die ausführlichen Erläuterungen zur Berücksichtigung von eigenen Einkünften und Bezügen bei über 18 Jahre alten Kindern in **Anhang 9 unter Nr. 9 auf Seite 949** wird hingewiesen.

---

*) Es gelten die Besteuerungsgrenzen des allgemeinen Lohnsteuertarifs für sozialversicherungspflichtige Arbeitnehmer, wenn der Student rentenversicherungspflichtig ist, was bei höheren Monatslöhnen als 400 € in der Regel der Fall sein wird (vgl. die Erläuterungen zur Zusammensetzung der Arbeitslohngrenzen beim Stichwort „Tarifaufbau" unter Nr. 7).

**) Eine Vorsorgepauschale ist zwar auch 2010 in den Lohnsteuertarif eingearbeitet worden. Bei einer Veranlagung zur Einkommensteuer wird jedoch ab 2010 keine Vorsorgepauschale mehr gewährt. Es können nur die tatsächlich entstandenen Vorsorgeaufwendungen steuerlich berücksichtigt werden (vgl. die Erläuterungen in Anhang 8 und 8a).

Studenten

3. Sozialversicherungsrechtliche Behandlung von Studenten in der Kranken-, Pflege- und Arbeitslosenversicherung

Vom Grundsatz, dass Beschäftigungen gegen Entgelt der Sozialversicherungspflicht unterliegen, werden Studenten unter bestimmten Voraussetzungen ausgenommen. Hierbei bestehen in den einzelnen Versicherungszweigen teilweise unterschiedliche Regelungen, und zwar für die Kranken-, Pflege- und Arbeitslosenversicherung einerseits und die Rentenversicherung andererseits. Die Rentenversicherungspflicht von Studenten ist unter der nachfolgenden Nr. 5 erläutert. Für die Kranken-, Pflege- und Arbeitslosenversicherung gilt Folgendes:

a) Personenkreis

Grundsätzliche Voraussetzung für die Versicherungsfreiheit ist zunächst die Zugehörigkeit zum Personenkreis der Studenten. Die Rechtsprechung hat hierfür den Begriff des sog. „ordentlichen Studierenden" geprägt. Hierunter fallen diejenigen Studenten, die an einer Hochschule oder einer der fachlichen Ausbildung dienenden Schule immatrikuliert sind und deren Zeit und Arbeitskraft überwiegend durch das Studium in Anspruch genommen wird. Die Zugehörigkeit zu diesem Personenkreis endet nach der Rechtsprechung des Bundessozialgerichtes mit dem im jeweiligen Studiengang erstmöglichen Abschluss. Dies ist z. B. das Staatsexamen, der Magister oder das Diplom. Dauert die Einschreibung dennoch darüber hinaus an, bewirkt dies jedoch nicht mehr die Zugehörigkeit zu den ordentlichen Studierenden im sozialversicherungsrechtlichen Sinne. Auch für Studenten, die nur noch eingeschrieben sind, um im Anschluss an das abgeschlossene Studium zu promovieren (sog. Promotionsstudium), können die Versicherungsfreiheitsregelungen für Studenten nicht mehr in Anspruch nehmen. Bei Studenten mit einer ungewöhnlich langen Studiendauer (sog. Langzeitstudenten) gehen die Spitzenverbände der Sozialversicherungsträger nur bis zu einer Studienzeit von bis zu 25 Fachsemestern davon aus, dass das Studium im Vordergrund steht und damit die Zugehörigkeit zum Personenkreis gewährleistet ist. Versicherungsfreiheit kommt danach (ab dem 26. Fachsemester) grundsätzlich nicht mehr in Frage.

b) Hochschule

Wie oben bereits erwähnt führt u. a. nur die Immatrikulation an einer Hochschule oder der fachlichen Ausbildung dienenden Schule zur Versicherungsfreiheit in der Kranken-, Pflege- und Arbeitslosenversicherung. Zu den Hochschulen zählen z. B. Universitäten, Fachhochschulen und Technische Hochschulen.

Die Zugehörigkeit zum Personenkreis sowie das Studium an einer entsprechenden Hochschule ist vom Studenten beim Arbeitgeber durch die Vorlage einer Immatrikulationsbescheinigung nachzuweisen, die zu den Entgeltunterlagen zu nehmen ist.

c) Versicherungsrechtliche Beurteilung

Der Wortlaut des Gesetzes geht in der Kranken-, Pflege- und Arbeitslosenversicherung dahingehend, dass Personen, die während der Dauer ihres Studiums gegen Arbeitsentgelt beschäftigt sind, generell versicherungsfrei sind (§ 6 Abs. 1 Nr. 3 SGB V, § 27 Abs. 4 Nr. 2 SGB III). Das Bundessozialgericht hat diese generelle Versicherungsfreiheit in ständiger Rechtsprechung allerdings eingeschränkt und festgestellt, dass Versicherungsfreiheit nur dann besteht, wenn das Studium die überwiegende Zeit und Arbeitskraft des Studenten in Anspruch nimmt.

d) 20-Stunden-Grenze

Das Bundessozialgericht hat in seiner Rechtsprechung die sog. 20-Stunden-Grenze festgelegt. In mehreren Urteilen wurde festgestellt, dass Personen, die neben ihrem Studium eine Beschäftigung von mehr als 20 Stunden wöchentlich ausüben, ihrem Erscheinungsbild nach grundsätzlich bereits als Arbeitnehmer anzusehen sind und demzufolge der Versicherungspflicht in den oben genannten Versicherungszweigen unterliegen. Dies bedeutet, dass Studenten, deren wöchentliche Arbeitszeit nicht mehr als 20 Stunden beträgt, generell versicherungsfrei sind. Die Höhe des Arbeitsentgelts ist dabei unbeachtlich.

In den Fällen, in denen ein **bisher versicherungspflichtiger Arbeitnehmer ein Studium aufnimmt** und ab diesem Zeitpunkt seine Arbeitszeit den Erfordernissen des Studiums unterordnet, das heißt auf z. B. 20 Stunden wöchentlich reduziert, hat das Bundessozialgericht in einem Einzelfall die Auffassung vertreten, dass solche Personen weiterhin als Arbeitnehmer gelten und trotz Reduzierung der Arbeitszeit der Versicherungspflicht unterliegen. Die Spitzenverbände der Sozialversicherungsträger hatten sich darauf geeinigt, diese Rechtsprechung einheitlich ab 1. April 2000 anzuwenden. Zwischenzeitlich hat das Bundessozialgericht in mehreren Urteilen entschieden, dass die Auffassung der Spitzenverbände nicht weiter haltbar ist. Das bedeutet, dass Arbeitnehmer, die ein Studium aufnehmen und die Arbeitszeit den Erfordernissen des Studiums unterordnen (Arbeitszeit maximal 20 Stunden wöchentlich) im Rahmen des sog. „Werkstudentenprivilegs" versicherungsfrei in der Kranken-, Pflege- und Arbeitslosenversicherung sind. In der Rentenversicherung besteht Versicherungsfreiheit nur im Rahmen der Geringfügigkeitsregelung (400 €).

4. Besonderheiten bei Anwendung der 20-Stunden-Grenze

Vom Grundsatz der 20-Stunden-Grenze hat das Bundessozialgericht eine Reihe von Ausnahmen zugelassen:

a) Beschäftigung in den Abend- und Nachtstunden oder am Wochenende

Wird die Beschäftigung an mehr als 20 Stunden wöchentlich ausgeübt und ist diese Überschreitung durch vornehmliche Beschäftigungszeiten in den Abend- und Nachtstunden oder am Wochenende begründet, kann in Einzelfällen Versicherungsfreiheit dennoch bestehen, wenn die Zeit und Arbeitskraft des Studenten dennoch überwiegend durch das Studium in Anspruch genommen wird. Den Nachweis hierüber hat der Student anhand geeigneter Unterlagen (z. B. Vorlesungsverzeichnis, Studienbuch o. Ä. zu erbringen).

Beispiel

Ein Student arbeitet als Türsteher in einer Diskothek. Seine wöchentliche Arbeitszeit beträgt 22 Stunden. Die Beschäftigung wird am Wochenende bzw. an zwei Abenden in der Woche ausgeübt. Für sein Studium wendet er im Durchschnitt 28 Stunden wöchentlich (Vorlesungen, Seminare, Selbststudium) auf. Das Entgelt beträgt mehr als 400 € monatlich.

Versicherungsfreiheit in der Kranken-, Pflege- und Arbeitslosenversicherung besteht, obwohl die 20-Stunden-Grenze überschritten wird, da das Studium weiterhin im Vordergrund steht. In der Rentenversicherung besteht Versicherungspflicht, da die Beschäftigung mehr als geringfügig ausgeübt wird.

Die oben genannte Ausnahmeregelung ist jedoch nur in Einzelfällen zulässig. Je weiter die Beschäftigung von der Arbeitszeit her über die 20-Stunden-Grenze hinausreicht, desto schwieriger wird der Nachweis sein, dass das Studium noch im Vordergrund steht. Nähert sich die Arbeitszeit (trotz Beschäftigung in den Abend- und Nachtstunden) einer Vollbeschäftigung, ist Versicherungsfreiheit generell ausgeschlossen.

b) Überschreitung der 20-Stunden-Grenze ausschließlich während der Semesterferien

Wird eine **Dauerbeschäftigung** mit einer wöchentlichen Arbeitszeit von nicht mehr als 20 Stunden lediglich in der vorlesungsfreien Zeit (Semesterferien) auf mehr als 20 Stunden **ausgedehnt** und danach wieder auf 20 Stun-

Studenten

den **zurückgefahren,** besteht auch während der Zeit der Semesterferien Versicherungsfreiheit.

Beispiel

Ein Student übt eine unbefristete Beschäftigung mit einer wöchentlichen Arbeitszeit von 20 Stunden aus. Ausschließlich während der Semesterferien, z. B. vom 28. Februar bis 1. Mai, arbeitet er 40 Stunden. Das Entgelt beträgt mehr als 400 € monatlich.

Versicherungsfreiheit in der Kranken-, Pflege- und Arbeitslosenversicherung besteht sowohl während der Zeit, in der die Arbeitszeit nicht mehr als 20 Stunden beträgt, als auch während der Semesterferien, da die erhöhte Arbeitszeit nur auf diesen Zeitraum beschränkt ist. In der Rentenversicherung besteht allerdings für die gesamte Dauer Versicherungspflicht, da die Beschäftigung durchgehend mehr als geringfügig ist.

c) Befristete Beschäftigungen

Versicherungsfreiheit besteht auch dann, wenn ein Student **während der Vorlesungszeit** zwar an mehr als 20 Stunden beschäftigt ist, die Beschäftigung an sich aber auf längstens 2 Monate befristet ist. Auch bei diesen Beschäftigungen ist die Höhe des Arbeitsentgelts für die Versicherungspflicht nicht von Bedeutung. Stellt sich allerdings im Laufe der Beschäftigung heraus, dass diese länger als 2 Monate dauern wird, tritt ab dem Bekanntwerden Versicherungspflicht ein.

Beispiel

Ein Student übt eine vom 1. 12. bis 31. 1. befristete Beschäftigung mit einer wöchentlichen Arbeitszeit von 23 Stunden aus (Semesterferien vom 1. 7. bis 15. 10. und 15. 2. bis 10. 4.).

Es besteht Versicherungsfreiheit in der Kranken-, Pflege- und Arbeitslosenversicherung, da die Beschäftigung während der Vorlesungszeit auf nicht mehr als 2 Monate befristet ist. In der Rentenversicherung besteht ebenfalls Versicherungsfreiheit, da die Beschäftigung kurzfristig (= nicht mehr als 2 Monate oder 50 Arbeitstage) dauern wird.

Bei einer auf **mehr als zwei Monate befristete Beschäftigung,** die an weniger als fünf Arbeitstagen in der Woche, aber an **insgesamt nicht mehr als 50 Arbeitstagen** im Jahr ausgeübt wird, bestünde bei strenger Anwendung der o. g. Grundsätze Versicherungspflicht in der Kranken-, Pflege- und Arbeitslosenversicherung, jedoch wegen Kurzfristigkeit der Beschäftigung Versicherungsfreiheit in der Rentenversicherung.

Diese Ungleichbehandlung in der Kranken-, Pflege- und Arbeitslosenversicherung einerseits und in der Rentenversicherung andererseits erscheint nach Ansicht der Spitzenverbände der Sozialversicherungsträger nicht gerechtfertigt. Sie vertreten daher die Auffassung, dass Studenten, die außerhalb der Semesterferien eine Beschäftigung von mehr als 20 Stunden in der Woche und an weniger als fünf Arbeitstagen in der Woche ausüben, in der Krankenversicherung und damit auch in der Pflegeversicherung sowie in der Arbeitslosenversicherung versicherungsfrei sind, **wenn die Beschäftigung von vornherein auf 50 Arbeitstage befristet ist.**

Allerdings sind diese Beschäftigungszeiten, wenn der Student im Laufe des Jahres mehrmals befristete Beschäftigungen ausübt, bei dem Zeitraum von 26 Wochen (182 Kalendertage) mitzurechnen.

Beispiel

Ein Student übt eine vom 1. 12. bis 25. 2. (38 Arbeitstage, 3-Tage-Woche, Mo. bis Mi., wöchentliche Arbeitszeit 25 Stunden) befristete Beschäftigung aus.

Es besteht Versicherungsfreiheit in der Kranken-, Pflege- und Arbeitslosenversicherung, da die Beschäftigung zwar auf mehr als zwei Monate, aber weniger als 50 Arbeitstage befristet ist. In der Rentenversicherung besteht Versicherungsfreiheit, da es sich um eine kurzfristige Beschäftigung handelt.

Bei Beschäftigungen, die ausschließlich während der **vorlesungsfreien Zeit (Semesterferien)** ausgeübt werden, ist davon auszugehen, dass Zeit und Arbeitskraft überwiegend durch das Studium in Anspruch genommen werden. Unabhängig von der wöchentlichen Arbeitszeit und der Höhe des Arbeitsentgelts besteht daher Versicherungsfreiheit in der Kranken-, Pflege- und Arbeitslosenversicherung, wenn eine Beschäftigung **ausschließlich** auf die Semesterferien befristet ist.

d) 26-Wochen-Grenze

Die Versicherungsfreiheitsregelungen für Studenten sind von dem Grundsatz beherrscht, dass die überwiegende Zeit und Arbeitskraft des Studenten von seinem Studium in Anspruch genommen wird, der Student seinem Erscheinungsbild nach also tatsächlich Student bleibt und nicht bereits zum Personenkreis der Arbeitnehmer gehört. Diese Voraussetzung ist auch zu prüfen, wenn ein Student innerhalb eines Jahres mehrere befristete Beschäftigungsverhältnisse mit einer wöchentlichen Arbeitszeit von mehr als 20 Stunden ausübt oder im Rahmen eines Dauerarbeitsverhältnisses mit einer wöchentlichen Arbeitszeit von ansonsten bis zu 20 Stunden, in den Semesterferien mehr als 20 Stunden beschäftigt ist. Von der Zugehörigkeit zu den Arbeitnehmern ist dann auszugehen, wenn der Betreffende innerhalb eines Jahres (= nicht Kalenderjahr, sondern Zeitjahr, vom Ende der zu beurteilenden Beschäftigung zurückgerechnet) mehr als 26 Wochen (182 Kalendertage) beschäftigt war. Angerechnet werden jedoch nur solche Beschäftigungsverhältnisse, bei denen die wöchentliche Arbeitszeit mehr als 20 Stunden betragen hat. Wie die anrechenbaren Beschäftigungsverhältnisse zur Zeit der Ausübung versicherungsrechtlich beurteilt wurden, spielt keine Rolle. Ergibt die Zusammenrechnung, dass innerhalb des Jahreszeitraums Beschäftigungszeiten von mehr als 26 Wochen vorliegen, besteht für die zu beurteilende Beschäftigung von Anfang an Versicherungspflicht in der Kranken-, Pflege- und Arbeitslosenversicherung.

Beispiel A

Ein Student übt eine vom 1. 12. bis 31. 1. befristete Beschäftigung mit einer wöchentlichen Arbeitszeit von 23 Stunden aus. In der Vergangenheit hat er verschiedene andere ebenfalls befristete Beschäftigungen ausgeübt:

1. 2. bis 31. 3 (wöchentliche Arbeitszeit 23 Stunden), 1. 7. bis 25. 8. (wöchentliche Arbeitszeit 25 Stunden), 1. 9. bis 30. 9. (wöchentliche Arbeitszeit 25 Stunden). Das Entgelt in allen Beschäftigungen betrug mehr als 400 € monatlich.

Die vom 1. 12. an ausgeübte Beschäftigung ist für sich betrachtet auf nicht mehr als 2 Monate befristet. Versicherungsfreiheit besteht jedoch nicht, weil bereits bei Beginn dieser Beschäftigung feststeht, dass die Beschäftigungsdauer innerhalb des Jahreszeitraumes (1. 2. des Vorjahres bis 31. 1.) durch Zusammenrechnung mehr als 26 Wochen beträgt. In der Rentenversicherung besteht ebenfalls Versicherungspflicht, da die Beschäftigung mehr als kurzfristig (= durch Zusammenrechnung innerhalb eines Jahres mehr als 2 Monate oder 50 Arbeitstage/60 Kalendertage) ist.

Beispiel B

Dauer und Arbeitszeit der zu beurteilenden Beschäftigung wie bei Beispiel A.

Befristete Vorbeschäftigungen:

1. 2. bis 31. 3. (wöchentliche Arbeitszeit 25 Stunden), 1. 7. bis 15. 9. (wöchentliche Arbeitszeit 18 Stunden).

Es besteht Versicherungsfreiheit in der Kranken-, Pflege- und Arbeitslosenversicherung, da die Beschäftigungsdauer innerhalb des Jahreszeitraumes (1. 2. des Vorjahres bis 31. 1.) nicht mehr als 26 Wochen beträgt. Die Beschäftigung vom 1. 7. bis 15. 9. wird hierbei nicht eingerechnet, da deren wöchentliche Arbeitszeit weniger als 20 Stunden beträgt. In der Rentenversicherung besteht dagegen Versicherungspflicht, da die Beschäftigung mehr als kurzfristig (= durch Zusammenrechnung innerhalb eines Jahres mehr als 2 Monate oder 50 Arbeitstage/60 Kalendertage) ist.

Über die geschilderten Ausnahmeregelungen hinaus gibt es noch Einzelfälle, in denen je nach Gestaltung der Beschäftigung bzw. aufgrund studienrechtlicher Besonderheiten (z. B. Urlaubssemester, Studienaufnahme während einer Beschäftigung etc.) eine einzelfallbezogene Beurteilung vorzunehmen ist. Hierbei sind die Krankenkassen als Einzugsstellen behilflich.

Die Voraussetzungen für die Versicherungsfreiheit und die Grundlagen für die versicherungsrechtliche Beurteilung sind anhand entsprechender Unterlagen und durch die Vorlage von Nachweisen zu dokumentieren und zu den Lohnunterlagen zu nehmen.

	Lohn-steuer-pflichtig	Sozial-versich.-pflichtig

5. Rentenversicherungsrechtliche Beurteilung von Studenten

Anders als in der Kranken- und Pflegeversicherung unterliegen Studenten, wenn sie eine mehr als geringfügige Beschäftigung aufnehmen, der Versicherungspflicht in der Rentenversicherung. Ob die Beschäftigung während der vorlesungsfreien Zeit oder während der Semesterferien ausgeübt wird, spielt dabei keine Rolle. Die Versicherungsfreiheit wird in der Rentenversicherung ausschließlich nach den Regelungen über die versicherungsrechtliche Beurteilung von geringfügig entlohnten oder kurzfristigen Beschäftigungen beurteilt (vgl. das Stichwort „Geringfügige Beschäftigung").

Beispiel A

Ein Student ist im Kalenderjahr 2010 in den Semesterferien drei Monate für einen Monatslohn von 2000 € tätig. Der Student ist rentenversicherungspflichtig. In der Kranken-, Pflege- und Arbeitslosenversicherung ist er versicherungsfrei, weil die Beschäftigung ausschließlich in den Semesterferien ausgeübt wird.

Der Arbeitgeber muss den Studenten bei der zuständigen Einzugsstelle (Krankenkasse) anmelden und die Beiträge zur Rentenversicherung auf Beitragsnachweis abführen. Die Rentenversicherungsbeiträge werden vom Studenten und seinem Arbeitgeber je zur Hälfte getragen. Legt der Student eine Lohnsteuerkarte mit der Steuerklasse I vor, ergibt sich folgende monatliche Lohnabrechnung:

Arbeitslohn		2 000,— €
Abzüge:		
Lohnsteuer lt. Steuerklasse I	229,25 €	
Solidaritätszuschlag 5,5 %	12,60 €	
Kirchensteuer (z. B. 8 %)	18,34 €	
Rentenversicherung 9,95 %	199,— €	459,19 €
Nettolohn		1 540,81 €
Arbeitgeberanteil zur Rentenversicherung (9,95 % von 2000,— €)		199,— €

Wenn der Student keine weiteren Tätigkeiten im Kalenderjahr ausübt, erhält er die Lohn- und Kirchensteuer sowie den Solidaritätszuschlag bei einer Veranlagung zur Einkommensteuer nach Ablauf des Kalenderjahrs wieder erstattet (vgl. die Erläuterungen unter der vorstehenden Nr. 2).

Beispiel B

Ein Student fährt das ganze Jahr über neben seinem Studium Taxi. Die wöchentliche Arbeitszeit beträgt 20 Stunden. Das monatliche Arbeitsentgelt beträgt 1000 €. Der Student ist rentenversicherungspflichtig. In der Kranken-, Pflege- und Arbeitslosenversicherung ist er versicherungsfrei, weil die wöchentliche Arbeitszeit die 20-Stunden-Grenze nicht überschreitet.

Nachdem Studenten in der Rentenversicherung nur noch im Rahmen der Geringfügigkeit versicherungsfrei beschäftigt sein können, gelten für sie ebenfalls die gesetzlichen Meldepflichten nach der DEÜV bzw. Meldungen für geringfügig Beschäftigte. Auf die ausführlichen Erläuterungen zu den Meldepflichten des Arbeitgebers wird auf **Anhang 15** des Lexikons hingewiesen.

Studiengebühren

1. Lohnsteuerliche Behandlung

Studienbeihilfen privater Arbeitgeber, die im Hinblick auf ein künftiges Dienstverhältnis gezahlt werden, sind steuerpflichtiger Arbeitslohn. Die dem Arbeitnehmer (= Studierender) in diesen Fällen entstehenden Aufwendungen für das Studium sind dann allerdings als Werbungskosten abzugsfähig.

Ausnahme:

Übernehmen private Arbeitgeber im Rahmen eines **Ausbildungsdienstverhältnisses** die vom studierenden Arbeitnehmer geschuldeten Studiengebühren, ist nach Auffassung der Finanzverwaltung aufgrund des ganz überwiegenden betrieblichen Interesses des Arbeitgebers kein Vorteil mit Arbeitslohncharakter anzunehmen, wenn sich der **Arbeitgeber arbeitsvertraglich zur Übernahme der Studiengebühren verpflichtet** hat. Das ganz überwiegende betriebliche Interesse muss dokumentiert sein durch eine **Rückzahlungsverpflichtung**

des Studierenden, wenn er das ausbildende Unternehmen auf eigenen Wunsch **innerhalb von zwei Jahren** nach Studienabschluss verlässt (Verfügung der OFD Hannover vom 1.4.2008 Az.: S 2332-235-StO 212)*).

In der Praxis ist dabei zu beachten, dass ein **Ausbildungsdienstverhältnis nur dann** vorliegt, wenn die **erstmalige Berufsausbildung** oder das **Erststudium Gegenstand** des Dienstverhältnisses **ist.** Ein solches Ausbildungsdienstverhältnis liegt daher **nicht** vor, **wenn Teilzeitbeschäftigte** an einer **Hochschule** z. B. für Bankwirtschaft (sog. Bankakademie) **studieren** mit der Folge, dass in solch einem Fall vom Arbeitgeber übernommenen Studiengebühren **steuer-** und **beitragspflichtig** sind.

Zur Steuerfreiheit von Ausbildungsbeihilfen aus öffentlichen Kassen vgl. das Stichwort „Stipendien".

Im Übrigen wird auf die ausführlichen Erläuterungen beim Stichwort „Fortbildungskosten" hingewiesen.

2. Sozialversicherungsrechtliche Behandlung

Nach § 1 Abs. 1 Satz 1 Nr. 15 der Sozialversicherungsentgeltverordnung (SvEV) sind die vom Arbeitgeber getragenen oder übernommenen Studiengebühren kein Arbeitsentgelt im Sinne der Sozialversicherung, soweit sie steuerrechtlich keinen Arbeitslohn darstellen. Dies gilt sowohl für Studiengebühren, die der Arbeitgeber direkt an die Bildungseinrichtung entrichtet, sofern diese zusätzlich zum laufenden Arbeitslohn gewährt werden, als auch in den Fällen, in denen sich der Arbeitgeber gegenüber dem Arbeitnehmer arbeitsvertraglich verpflichtet, die Studiengebühren zu übernehmen.

Die Freistellung von der Beitragspflicht ist also von der steuerrechtlichen Entscheidung abhängig. Aus diesem Grund ist die Entscheidung der Finanzbehörden, dass die Studiengebühren kein steuerpflichtiger Arbeitslohn sind als Nachweis zu den Entgeltunterlagen zu nehmen (§ 8 Abs. 2 Nr. 10 Beitragsverfahrensverordnung – BVV).

Das Besprechungsergebnis der Spitzenverbände der Sozialversicherung vom 7./8. Mai 2008, das bisher von einer Entgelteigenschaft bei der Übernahme von Studiengebühren ausgegangen ist, ist damit hinfällig.

Studienreisen

Für Zuschüsse des Arbeitgebers zu einer Studienreise des Arbeitnehmers gelten die beim Stichwort „Fortbildungskosten" dargestellten Grundsätze. Die Leistungen des Arbeitgebers sind danach steuer- und beitragsfrei, wenn der Arbeitnehmer die Studienreise im **ganz überwiegenden betrieblichen Interesse** des Arbeitgebers unternimmt. — nein   nein

Zur Aufteilung von Aufwendungen für Studienreisen, Tagungen und Kongresse, die teils berufliche teils private Veranstaltungsteile beinhalten vgl. die Erläuterungen beim Stichwort „Reisekosten bei Auswärtstätigkeiten" unter Nr. 2 Buchstabe d.

Vgl. auch die Erläuterungen beim Stichwort „Incentive-Reisen".

Stundenbuchhalter

Die sog. Stundenbuchhalter werden in der Regel für verschiedene Unternehmen tätig. Je nach Ausgestaltung kann die Beschäftigung bei einem Auftraggeber selbstän-

---

*) Die OFD-Verfügung ist als Anlage 4 zu H 19.7 LStR im **Steuerhandbuch für das Lohnbüro 2010** abgedruckt, das im selben Verlag erschienen ist. Das **PC-Lexikon** für das Lohnbüro 2010 enthält auch dieses Handbuch und hat außerdem den Vorteil, dass Sie **alle BFH-Urteile** sowie die aktuellen Rundschreiben und Niederschriften der Spitzenverbände der **Sozialversicherung** mit Mausklick **im Volltext** abrufen und ausdrucken können. Eine Bestellkarte finden Sie vorne im Lexikon.

dig ausgeübt werden, bei einem anderen Unternehmen aber eine Arbeitnehmertätigkeit vorliegen. Bei der Ausgestaltung des Beschäftigungsverhältnisses sind die Urteile des Bundessozialgerichts vom 22. 6. 1966 – 3 RK 103/83 und vom 1. 4. 1971 – 2 RU 48/68 zu beachten. In diesen Urteilen hat das Bundessozialgericht entschieden, dass ein für mehrere Firmen tätiger Stundenbuchhalter, der über Arbeitszeit und Arbeitsdauer frei bestimmen kann, ein fest umgrenztes Arbeitsgebiet hat, bei Ausübung seiner Tätigkeit nicht an Weisungen des Betriebsinhabers gebunden ist und im Falle der Krankheit und des Urlaubs keine Vergütung erhält, nicht in einem Verhältnis persönlicher Abhängigkeit zu seinen Auftraggebern steht und daher nicht der Sozialversicherungspflicht unterliegt.

Wird die Tätigkeit eines Stundenbuchhalters nicht in einem Dienstverhältnis sondern selbständig ausgeübt, so sind die Vorschriften über die Hilfeleistung in Steuersachen nach dem Steuerberatungsgesetz zu beachten (§ 6 Nr. 4 StBerG). Hiernach sind Personen mit einer kaufmännischen Gehilfenprüfung und ausreichender Berufserfahrung (drei Jahre) befugt, im Rahmen einer selbständigen Tätigkeit

– laufende Geschäftsvorfälle zu verbuchen und die zugrunde liegenden Belege mit dem Buchungssatz zu versehen (kontieren) und
– die laufende Lohnbuchhaltung zu übernehmen.

Zur Erledigung der laufenden Lohnbuchhaltung gehört auch das Fertigen der Lohnsteuer-Anmeldungen. Dagegen sind Buchführungshelfer (Kontierer) nicht befugt, die Umsatzsteuer-Voranmeldung zu erstellen.

Wird der Buchhalter im Rahmen eines Dienstverhältnisses tätig, bestehen hinsichtlich der Hilfeleistung in Steuersachen keinerlei Einschränkungen. Er darf alle in der Firma des Arbeitgebers anfallenden Steuerangelegenheiten erledigen.

Stundung der Lohnsteuer

Eine Stundung der Lohnsteuer ist in Ausnahmefällen möglich, wenn pauschalierte Lohnsteuer durch einen Nachforderungsbescheid vom Arbeitgeber nachgefordert wird, da die pauschalierte Lohnsteuer eine Arbeitgebersteuer (Betriebssteuer eigener Art) ist, auf die § 222 AO Anwendung findet.

Eine Stundung der Lohnsteuer in dem Sinne, dass der Lohnsteuerabzug vom Arbeitslohn unterlassen (ausgesetzt) wird ist nicht möglich (§ 222 Sätze 3 und 4 der Abgabenordnung). Da der Arbeitgeber im Lohnsteuerabzugsverfahren gewissermaßen nur Treuhänder des Arbeitnehmers ist, haben Zahlungsschwierigkeiten des Arbeitgebers auf dieses Treuhandverhältnis keinen Einfluss. Kann der Arbeitgeber den Arbeitslohn und die davon einbehaltenen Abzugsbeträge nicht in voller Höhe bezahlen, so muss er einen geringeren Arbeitslohn auszahlen und die hierauf entfallenden (geringeren) Abzugsbeträge einbehalten. Reicht der Barlohn zur Zahlung der Lohn- und Kirchensteuer nicht aus (z. B. bei Sachbezügen) und stellt der Arbeitnehmer den Fehlbetrag nicht zur Verfügung, so muss der Arbeitgeber dem Betriebsstättenfinanzamt Anzeige auf amtlichem Vordruck erstatten (vgl. „Anzeigepflichten des Arbeitgebers").

Summenbescheid

siehe „Haftung des Arbeitgebers"

Synchronsprecher

siehe „Künstler"

Tabakwaren

siehe „Freitabak"

Tagegelder

siehe „Auslösungen", „Doppelte Haushaltsführung" und „Reisekosten bei Auswärtstätigkeiten"

Tagesmütter

Tagesmütter sind keine Arbeitnehmer. Die Betreuung der Kinder in der eigenen Wohnung ist eine selbständige Tätigkeit. Bei der Ermittlung der Einkünfte aus selbständiger Arbeit wird aus Vereinfachungsgründen zugelassen, dass anstelle der tatsächlichen Betriebsausgaben von den erzielten Einnahmen 300 € je Kind und Monat pauschal als Betriebsausgaben abgezogen werden (BMF-Schreiben vom 17. 12. 2007, BStBl. 2008 I S. 17).

Die vom Träger der Jugendhilfe geleisteten Erstattungen zur Unfallversicherung und Altersvorsorge nach § 39 Abs. 4 Satz 2 SGB VIII (Bereitschaftspflege) und die Erstattungen für Beiträge zu einer Unfallversicherung sowie die hälftigen Erstattungen zur Alterssicherung und zu einer angemessenen Kranken- und Pflegeversicherung nach § 23 Abs. 2 Satz 1 Nr. 3 und 4 SGB VIII (Kindertagespflege) sind nach § 3 Nr. 9 EStG in der Fassung des Kinderförderungsgesetzes vom 10.12.2008 (BGBl. I S. 2403) steuerfrei.

Beispiel

Eine ledige Kindertagespflegeperson betreut ganztags drei Kinder und erhält pro Kind 480 €.

Ermittlung des zu versteuernden Einkommens:

Geldleistung: 480 € × 3 = 1440 €

Erstattung Unfallversicherungsbeitrag = steuerfrei

Erstattung Rentenversicherungsbeitrag = steuerfrei

Erstattung Kranken- und Pflgeversicherung = steuerfrei

steuerpflichtige Einnahmen somit monatlich	1 440 €
abzüglich Betriebsausgabenpauschale (3 × 300 € =)	900 €
verbleiben	540 €
jährlich (540 € × 12 =)	6 480 €

Der Betrag von 6480 € jährlich liegt unter dem steuerlichen Grundfreibetrag von 8004 €. Hat die Tagesmutter keine weiteren steuerpflichtigen Einkünfte, bleibt der Betrag von 6480 € steuerfrei.

Die Tagesmutter ist rentenversicherungspflichtig und gesetzlich unfallversichert. Das Jugendamt übernimmt den Beitrag zur Unfallversicherung und erstattet die Hälfte der angemessenen Beiträge zu Kranken-, Pflege- und Rentenversicherung.

Tageszeitungen

siehe „Zeitungen"

Tantiemen

Tantiemen sind Vergütungen, die sich nach der Höhe des Umsatzes oder des Gewinnes eines Unternehmens richten. Werden sie an Arbeitnehmer gezahlt, so sind sie Arbeitslohn. ja ja

Tantiemen an Arbeitnehmer, die laufend gezahlt werden (z. B. eine monatlich zahlbare Umsatzbeteiligung) gehören zum laufenden Arbeitslohn und sind wie dieser unter Anwendung der monatlichen Lohnsteuertabelle zu besteuern. Beitragsrechtlich gehören sie zum laufenden Entgelt (vgl. „Provisionen"). Einmalige Tantiemen (z. B. eine jährlich nach Aufstellung der Bilanz zahlbare Gewinnbeteiligung) sind als sonstige Bezüge (vgl. dieses Stichwort) zu versteuern; beitragsrechtlich sind solche Tantiemen als einmalig gezahltes Arbeitsentgelt beitragspflichtig (vgl. „Einmalige Zuwendungen").

Tarifaufbau

Neues auf einen Blick:

Ab 1.1.2010 ändert sich die in § 32a Abs. 1 EStG festgelegte Tarifformel des Einkommensteuertarifs durch die Anhebung des Grundfreibetrags auf 8004 € und die Erhöhung der Tarifeckwerte um 330 €. Hierdurch **ändert sich ab 1.1.2010 die Lohnsteuer** und als Folge hiervon auch der **Solidaritätszuschlag** und die **Kirchensteuer**. Außerdem ändern sich die Vorschriften zur Berechnung der in den Lohnsteuertarif eingearbeiteten **Vorsorgepauschale** (vgl. die Erläuterungen in **Anhang 8 zum Lexikon**).

Gliederung:

1. Allgemeines
2. Wodurch unterscheidet sich die Lohnsteuertabelle mit der vollen Vorsorgepauschale von der Lohnsteuertabelle mit der gekürzten Vorsorgepauschale?
3. Anwendung der Grund- und Splittingtabelle
4. Berechnung der Lohnsteuer in den Steuerklassen V und VI
5. Progressiver Steuertarif
6. Spitzensteuersatz, Grenzsteuersatz und Durchschnittssteuersatz
7. Besteuerungsgrenzen in den einzelnen Steuerklassen
   a) Allgemeines
   b) Für 2009 geltende Besteuerungsgrenzen
   c) Ab 1.1.2010 geltende Besteuerungsgrenzen

1. Allgemeines

Die Lohnsteuer ist keine eigene Steuerart, sondern nur eine besondere Erhebungsform der Einkommensteuer für die „Einkünfte aus nichtselbständiger Arbeit" (= Arbeitslohn).

Deshalb leitet sich der Lohnsteuertarif direkt aus dem Einkommensteuertarif ab, dessen Berechnungsformel in § 32a Abs. 1 EStG festgelegt ist. Um den Lohnsteuerabzug für den Arbeitgeber zu erleichtern, sind verschiedene **Steuerklassen** geschaffen worden, damit der dem Arbeitnehmer zustehende Grundfreibetrag, der Pauschbetrag für Werbungskosten, der Pauschbetrag für Sonderausgaben, die Vorsorgepauschale und der Entlastungsbetrag für Alleinerziehende in den Lohnsteuertarif direkt eingearbeitet werden können (vgl. die Übersicht zum Aufbau der Steuerklassen I bis VI unter der nachfolgenden Nr. 7).

Der Arbeitgeber kann für die Berechnung der Lohn- und Kirchensteuer sowie des Solidaritätszuschlags entweder die im Buchhandel erhältlichen gedruckten Lohnsteuertabellen oder die stufenlose Formel des Einkommensteuertarifs nach § 32a Abs. 1 EStG verwenden. Die nach der stufenlosen Formel des Einkommensteuertarifs **maschinell ermittelte Lohnsteuer** kann geringfügig von der aus einer im Handel erhältlichen Tabelle abgelesenen Lohnsteuer abweichen, weil gedruckte Lohnsteuertabellen auf Tabellensprüngen von 36 € aufbauen, die der Gesetzgeber vorgegeben hat (§ 51 Abs. 4 Nr. 1a EStG). Diese Abweichungen wurden vom Gesetzgeber bewusst in Kauf genommen. Sowohl bei der maschinell errechneten Lohnsteuer als auch bei der aus einer gedruckten Tabelle abgelesenen Lohnsteuer handelt es sich um den zutreffenden **gesetzlich vorgeschriebenen Lohnsteuerabzug,** der am Stufenendbetrag übereinstimmt. Folgende Übersicht für das Kalenderjahr 2010 soll dies verdeutlichen (Steuerklasse III):

monatlicher Arbeitslohn	Lohnsteuer bei maschineller Lohnabrechnung	Lohnsteuer beim Ablesen aus einer gedruckten Lohnsteuertabelle
	Lohnsteuerpflichtig	Sozialversich.-pflichtig
2500,00 €	132,83 €	133,16 €
2501,00 €	133,00 €	133,16 €
2501,99 €	133,16 €	133,16 €

Da bei der Berechnung der Lohnsteuer die Tarifformel des Einkommensteuertarifs zur Anwendung kommt, ergibt sich nach dem Lohnsteuertarif im Endergebnis die gleiche Steuerbelastung wie nach dem Einkommensteuertarif. Die direkte Ableitung des Lohnsteuertarifs aus dem Einkommensteuertarif soll für einen verheirateten Arbeitnehmer mit der Steuerklasse III anhand eines Beispiels dargestellt werden:

Beispiel

Der Monatslohn eines sozialversicherungspflichtigen Arbeitnehmers mit der Steuerklasse III/2 Kinderfreibeträge beträgt 2500 €. Die monatliche Lohnsteuer errechnet sich im Kalenderjahr 2010 wie folgt:

	Lohnsteuerpflichtig	Sozialversich.-pflichtig
Jahresarbeitslohn (2500 € × 12)		30 000,— €
abzüglich Arbeitnehmer-Pauschbetrag	920,— €	
Sonderausgaben-Pauschbetrag	36,— €*)	
Vorsorgepauschale (vgl. die in Anhang 8 unter Nr. 10 abgedruckte Tabelle)	4 194,— €	5 150,— €
zu versteuerndes Einkommen		24 850,— €
Steuer nach der Einkommensteuer-Splittingtabelle 2010 (= Jahreslohnsteuer)		1 594,— €
die monatliche Lohnsteuer beträgt $^{1}/_{12}$		132,83 €

Das Beispiel zeigt, dass die Ableitung des Lohnsteuertarifs aus dem Einkommensteuertarif lediglich in der Berücksichtigung der dem Arbeitnehmer zustehenden gesetzlichen Freibeträge besteht. In welcher Höhe die einzelnen Freibeträge in die verschiedenen Steuerklassen eingearbeitet sind, ist unter der nachfolgenden Nr. 7 dargestellt. Weiterhin zeigt das Beispiel, dass sich die auf der Lohnsteuerkarte eingetragene Zahl der Kinder auf die Höhe der Lohnsteuer nicht auswirkt**). Hierzu ist Folgendes zu bemerken:

Bis 31.12.1995 waren auch die Kinderfreibeträge in das Zahlenwerk des Lohnsteuertarifs eingearbeitet. Da seit 1.1.1996 die Berücksichtigung von Kinderfreibeträgen bei der Lohnsteuer weggefallen und durch die Auszahlung des Kindergelds ersetzt worden ist (vgl. Anhang 9), ist die Lohnsteuer für einen bestimmten Arbeitslohn ohne Rücksicht darauf, wie viele Kinderfreibetrags-Zähler auf der Lohnsteuerkarte des Arbeitnehmers eingetragen sind, immer gleich hoch.

Obwohl die Kinderfreibeträge und auch der seit 1.1.2002 geltende Freibetrag für Betreuungs-, Erziehungs- oder Ausbildungsbedarf für die Berechnung der Lohnsteuer keine Rolle spielen, werden die Kinderfreibetrags-Zähler wie bisher auf der Lohnsteuerkarte bescheinigt. Denn die Kinderfreibeträge und auch der seit 1.1.2002 geltende Freibetrag für Betreuungs-, Erziehungs- oder Ausbildungsbedarf werden zwar nicht mehr bei der Berechnung der **Lohnsteuer** berücksichtigt; sie wirken sich jedoch beim **Solidaritätszuschlag** steuermindernd aus, weil sie für die Berechnung des Solidaritätszuschlags bei der

---

*) Der Sonderausgaben-Pauschbetrag beträgt beim Lohnsteuerabzug ab 1.1.2010 auch bei der Steuerklasse III 36 € (statt bisher 72 €), weil der dem Ehegatten zustehende Sonderausgaben-Pauschbetrag von 36 € bei Anwendung der Steuerklasse V berücksichtigt wird (§ 39b Abs. 2 Satz 5 Nr. 2 EStG). Auf die Erläuterungen unter der nachfolgenden Nr. 7 wird Bezug genommen.

) Eine Auswirkung der auf der Lohnsteuerkarte eingetragenen Zahl der Kinder auf die Berechnung der Lohnsteuer kann sich allerdings ab 1.1.2010 indirekt über die Höhe der Vorsorgepauschale ergeben, weil der in der Vorsorgepauschale enthaltene Anteil für die Pflegeversicherung bei entsprechender Höhe des Arbeitslohns durch den **Kinderzuschlag zur Pflegeversicherung für Kinderlose beeinflusst wird (vgl. hierzu die ausführlichen Erläuterungen in **Anhang 8 zum Lexikon**).

Tarifaufbau

	Lohn-steuer-pflichtig	Sozial-versich.-pflichtig

Ermittlung der maßgebenden Bemessungsgrundlage abgezogen werden. Gleiches gilt für die **Kirchensteuer**. Dementsprechend weisen gedruckte Lohnsteuertabellen in den Kinderfreibetragsspalten nur den Solidaritätszuschlag und die Kirchensteuer, nicht aber einen Lohnsteuerbetrag aus. Die Berechnung des Solidaritätszuschlags und der Kirchensteuer unter Berücksichtigung von Kinderfreibeträgen und den Freibeträgen für Betreuungs-, Erziehungs- oder Ausbildungsbedarf ist sowohl beim Stichwort „Solidaritätszuschlag" als auch beim Stichwort „Kirchensteuer" anhand von Beispielen dargestellt.

2. Wodurch unterscheidet sich die Lohnsteuertabelle mit der vollen Vorsorgepauschale von der Lohnsteuertabelle mit der gekürzten Vorsorgepauschale?

Für den Lohnsteuerabzug durch den Arbeitgeber ist die auf der Lohnsteuerkarte des Arbeitnehmers eingetragene Steuerklasse maßgebend. Entsprechend den unterschiedlichen Steuerklassen werden die verschiedenen Pauschbeträge berücksichtigt, die dem Arbeitnehmer beim Lohnsteuerabzug zustehen. Dies gilt auch für die in den Lohnsteuertarif eingearbeitete Vorsorgepauschale. Bisher gab es lediglich zwei Vorsorgepauschalen je nachdem, ob der Arbeitnehmer rentenversicherungspflichtig war oder nicht. Dementsprechend gab es bisher auch zwei unterschiedliche Lohnsteuertabellen, und zwar

– die Allgemeine Lohnsteuertabelle mit der ungekürzten Vorsorgepauschale für rentenversicherungspflichtige Arbeitnehmer und

– die Besondere Lohnsteuertabelle mit der gekürzten Vorsorgepauschale für **nicht** rentenversicherungspflichtige Arbeitnehmer.

Im Grundsatz ist diese Zweiteilung (sog. A- und B-Tabelle) beibehalten worden, denn auch ab 1.1.2010 gibt es

– eine **Lohnsteuertabelle mit der ungekürzten Vorsorgepauschale** für Arbeitnehmer, die rentenversicherungspflichtig und in der gesetzlichen Krankenversicherung freiwillig oder privat versichert sind und

– eine **Lohnsteuertabelle mit einer gekürzten Vorsorgepauschale,** für nicht sozialversicherungspflichtige Arbeitnehmer.

Allerdings gibt es ab 1.1.2010 eine Reihe von **Mischformen** bei der Berechnung der Vorsorgepauschale, wobei jeder Sozialversicherungszweig (Renten-, Kranken- und Pflegeversicherung) gesondert geprüft werden muss. Bei der Kranken- und Pflegeversicherung wird außerdem unterschieden zwischen Arbeitnehmern, die in der gesetzlichen Krankenversicherung (GKV) pflicht- oder privat versichert sind und Arbeitnehmern, die in einer privaten Krankenkasse versichert sind (PKV). Eine Mischform tritt aber auch dann ein, wenn ein Arbeitnehmer zwar rentenversicherungspflichtig, aber nicht kranken- und pflegeversicherungspflichtig ist (Werkstudent) oder umgekehrt, wenn ein Arbeitnehmer zwar kranken- und pflegeversicherungspflichtig aber nicht rentenversicherungspflichtig ist (weiterbeschäftigter Altersvollrentner).

Alle Möglichkeiten zur Berechnung der ab 1.1.2010 geltenden Vorsorgepauschale sind anhand von Beispielen in **Anhang 8 zum Lexikon** ausführlich erläutert. Außerdem sind dort zwei Vorsorgepauschale-Tabellen abgedruckt und zwar eine Tabelle mit der ungekürzten Vorsorgepauschale für sozialversicherungspflichtige Arbeitnehmer (GKV versichert) und eine Tabelle mit der gekürzten Vorsorgepauschale für nicht sozialversicherungspflichtige Arbeitnehmer (vgl. die Nummern 10 und 11 in **Anhang 8 zum Lexikon**).

Arbeitgeber mit maschineller Lohnabrechnung können alle ab 1.1.2010 möglichen Mischformen der Vorsorgepauschale durch entsprechende Änderungen des Rechenprogramms berücksichtigen.

Der Arbeitgeber kann aber auch weiterhin die im Handel angebotenen gedruckten Lohnsteuertabellen verwenden. Auf die im selben Verlag erschienenen Allgemeinen und Besonderen Lohnsteuertabellen für Tag, Woche, Monat, Jahr wird besonders hingewiesen.

3. Anwendung der Grund- und Splittingtabelle

Wie bereits ausgeführt, baut der Lohnsteuertarif auf dem Einkommensteuertarif auf. Die Unterteilung des Einkommensteuertarifs in einen Grundtarif und einen Splittingtarif wirkt sich deshalb auch auf den Lohnsteuertarif aus. Hierzu ist Folgendes zu bemerken:

Der Splittingtarif ist kein eigener Steuertarif sondern leitet sich aus dem Grundtarif ab. Beiden Tarifen liegt deshalb dieselbe Tarifformel zugrunde, die in § 32a Abs. 1 EStG enthalten ist. Der Tarifverlauf und die dadurch entstehende Steuerprogression sind unter der nachfolgenden Nr. 5 erläutert.

Der Splittingtarif wurde geschaffen, um Ehegatten durch die Zusammenrechnung ihrer Einkünfte und den progressiven Steuertarif nicht höher zu besteuern als unverheiratete Arbeitnehmer, die gleich hohe Einkünfte beziehen. Hierzu wird das zusammengerechnete Einkommen beider Ehegatten zunächst halbiert, auch wenn nur ein Ehegatte Einkünfte erzielt hat, und die sich **für das halbierte (= gesplittete) Einkommen ergebende Einkommensteuer** nach der Einkommensteuer-Grundtabelle **verdoppelt** (§ 32a Abs. 5 EStG). Diese Regelung gewährleistet, dass berufstätige Ehegatten nach ihrer Eheschließung grundsätzlich insgesamt keine höhere Einkommensteuer zu zahlen haben als vor ihrer Eheschließung. In den Fällen, in denen die Einkünfte der Ehegatten unterschiedlich hoch sind, tritt durch die Eheschließung regelmäßig eine Steuerentlastung ein.

Das **Splittingverfahren** liegt den in der **Steuerklasse III** ausgewiesenen Steuerbeträgen zugrunde.

Der **Grundtarif** liegt den in den **Steuerklassen I, II und IV** ausgewiesenen Steuerbeträgen zugrunde.

Die in den **Steuerklassen V und VI** ausgewiesenen Steuerbeträge sind aus dem Grundtarif unter Zugrundelegung einer gesetzlichen Fiktion zu einem besonderen Tarif gestaltet worden (vgl. die nachfolgende Nr. 4).

Der geltende Einkommensteuertarif wurde früher in Form einer Grund- und Splittingtabelle mit 36-Euro-Stufen konkretisiert und als Anlage zum Einkommensteuergesetz veröffentlicht.

Seit 1.1.2004 ist der sog. Stufentarif weggefallen. Denn die **Einkommensteuer** wird seit 2004 für jeden vollen Euro-Betrag des zu versteuernden Einkommens nach der stufenlosen Tarifformel berechnet und auf den nächsten vollen Euro-Betrag abgerundet. Für den **Lohnsteuerabzug** gibt es auch weiterhin (also auch für das Kalenderjahr 2010) gedruckte Lohnsteuertabellen mit gesetzlich vorgegebenen **Tarifstufen von 36 €** (§ 51 Abs. 4 Nr. 1a EStG). Auf die im selben Verlag erschienenen **Allgemeinen und Besonderen Lohnsteuertabellen 2010** für Jahr, Monat, Woche, Tag wird besonders hingewiesen.

4. Berechnung der Lohnsteuer in den Steuerklassen V und VI

In der Steuerklasse V wird als Lohnsteuer grundsätzlich der Betrag erhoben, der sich ergibt, wenn von der für den gemeinsamen Arbeitslohn beider Ehegatten geschuldeten Lohnsteuer die vom Ehegatten mit der Steuerklasse III entrichtete Lohnsteuer abgezogen wird. Da den Arbeitgebern der Ehegatten jeweils nur der von ihnen selbst ausgezahlte Arbeitslohn, nicht aber der gemeinsame Arbeitslohn beider Ehegatten bekannt ist, wird der Steuerermittlung eine **gesetzliche Fiktion** in der Weise zugrunde gelegt, dass bei dem Ehegatten, der in die Steuerklasse V einzureihen

Tarifaufbau

ist, unterstellt wird, dass sein Arbeitslohn 40 % des gesamten Arbeitslohnes beider Ehegatten betrage. Dabei wird die in der Steuerklasse V ausgewiesene Lohnsteuer in der Weise ermittelt, dass vom Arbeitslohn der jeweiligen Lohnstufe, der auf den Lohnzahlungszeitraum entfallende Teil des Arbeitnehmer-Pauschalbetrags (920 € jährlich) abgezogen und vom übersteigenden Betrag die Lohnsteuer nach einem besonderen, von der Grundtabelle abgeleiteten Tarif, mindestens aber mit 15 % und höchstens mit 45 % berechnet wird. Die beiden Ehegatten zustehenden Grundfreibeträge werden in voller Höhe bei dem Ehegatten berücksichtigt, der die Steuerklasse III auf der Lohnsteuerkarte bescheinigt hat (vgl. die unter der nachfolgenden Nr. 7 abgedruckte Übersicht).

Die Berechnung der Lohnsteuer in der Steuerklasse VI erfolgt nach den gleichen Grundsätzen, wobei unterstellt wird, dass beim zweiten Arbeitgeber 40 % des insgesamt bezogenen Arbeitslohns erzielt werden.

5. Progressiver Steuertarif

Der in § 32a Abs. 1 EStG geregelte Einkommensteuertarif umfasst mehrere verschiedene Tarifzonen. In der ersten Tarifzone wird ein Teil des Einkommens durch den so genannten Grundfreibetrag in Höhe von 8004 € jährlich steuerfrei gestellt **(Nullzone)**. An die Nullzone schließt sich die **Progressionszone** an, in der der Steuersatz vom Eingangssteuersatz in Höhe von 14 % bis zum ersten Spitzensteuersatz von 42 % stetig ansteigt. Der Anstieg ist dabei nicht gleichmäßig, sondern verteilt sich auf zwei geradlinig (linear) verlaufende Teilbereiche. Als erster Teilbereich schließt sich die sog. **Steilzone** an den Grundfreibetrag an. In dieser Steilzone von 8004 € bis 13 469 € steigt der Steuersatz sehr schnell an, wohingegen der Steuersatz im zweiten Teilbereich der Progressionszone von 13 470 € bis 52 881 € gleichmäßig bis zum ersten Spitzensteuersatz von 42 % ansteigt. Ab einem zu versteuernden Einkommen von 52 882 € beträgt der Steuersatz gleichbleibend 42 % (sog. **erste Proportionalzone**). Ab einem zu versteuernden Einkommen von 250 731 € beträgt der Steuersatz gleichbleibend 45 % (sog. **zweite Proportionalzone**). Bei Anwendung des Splittingverfahrens verdoppeln sich die vorstehend genannten Grenzbeträge.

Hiernach ergibt sich folgende Übersicht:

	2002	2003	2004
Grundfreibetrag	7 235 €	7 235 €	7 664 €
Eingangssteuersatz	19,9 %	19,9 %	16 %
Spitzensteuersatz	48,5 %	48,5 %	45 %
ab einem zu versteuernden Einkommen			
– bei Alleinstehenden	55 008 €	55 008 €	52 152 €
– bei Verheirateten	110 016 €	110 016 €	104 304 €

	2005	2006	2007
Grundfreibetrag	7 664 €	7 664 €	7 664 €
Eingangssteuersatz	15 %	15 %	15 %
1. Spitzensteuersatz	42 %	42 %	42 %
ab einem zu versteuernden Einkommen			
– bei Alleinstehenden	52 152 €	52 152 €	52 152 €
– bei Verheirateten	104 304 €	104 304 €	104 304 €
2. Spitzensteuersatz			45 %
ab einem zu versteuernden Einkommen			
– bei Alleinstehenden			250 001 €
– bei Verheirateten			500 002 €

	2008	2009	2010
Grundfreibetrag	7 664 €	7 834 €	8 004 €
Eingangssteuersatz	15 %	14 %	14 %
1. Spitzensteuersatz	42 %	42 %	42 %
ab einem zu versteuernden Einkommen			
– bei Alleinstehenden	52 152 €	52 552 €	52 882 €
– bei Verheirateten	104 304 €	105 104 €	105 764 €

	Lohnsteuerpflichtig	Sozialversich.-pflichtig

	2008	2009	2010
2. Spitzensteuersatz	45 %	45 %	45 %
ab einem zu versteuernden Einkommen			
– bei Alleinstehenden	250 001 €	250 401 €	250 731 €
– bei Verheirateten	500 002 €	500 802 €	501 462 €

Beim Lohnsteuerabzug ist zu berücksichtigen, dass sich sämtliche oben angegebene Grenzen auf das **zu versteuernde Einkommen** beziehen. Das bedeutet, dass beim Lohnsteuerabzug zu diesen Beträgen die in den einzelnen Steuerklassen eingearbeiteten Freibeträge hinzukommen. Deshalb erweitert sich der Grundfreibetrag um diese zusätzlichen Freibeträge. Die beim Lohnsteuerabzug geltenden Besteuerungsgrenzen sind für die einzelnen Steuerklassen unter der nachfolgenden Nr. 7 erläutert. Erst beim Überschreiten dieser sog. **Besteuerungsgrenzen** setzt die Lohnsteuer mit 14 % ein und steigt – wie oben erläutert – in zwei Teilbereichen bis zum Spitzensteuersatz von 42 % bzw. 45 % an. Auf die unter der nachfolgenden Nr. 6 abgedruckte Übersicht, in der dieser Anstieg für die einzelnen Steuerklassen dargestellt ist, wird hingewiesen.

Zu den Begriffen „Spitzensteuersatz", „Grenzsteuersatz" und „Durchschnittssteuersatz" vgl. die Erläuterungen unter der nachfolgenden Nr. 6.

6. Spitzensteuersatz, Grenzsteuersatz und Durchschnittssteuersatz

Der **Spitzensteuersatz** ist der höchstmögliche Steuersatz des geltenden Einkommensteuer- bzw. Lohnsteuertarifs. Für das Kalenderjahr 2010 beträgt der Spitzensteuersatz entweder 42 % oder 45 %.

Der **Grenzsteuersatz** ist der Prozentsatz, mit dem eine Lohnerhöhung von z. B. 100 € besteuert wird. Der höchstmögliche Grenzsteuersatz ist mit dem Spitzensteuersatz identisch und beträgt im Kalenderjahr 2010 entweder 42 % oder 45 %. Eine Lohnerhöhung von 100 € wird also in diesem Bereich mit 42 € bzw. 45 € besteuert. Rechnet man 5,5 % Solidaritätszuschlag und 9 % Kirchensteuer dazu, beträgt die Steuerbelastung 48,1 % bzw. 51,5 %. Zwischen dem Eingangssteuersatz von 14 % und dem ersten Spitzensteuersatz von 42 % steigt der Grenzsteuersatz kontinuierlich an (vgl. nachfolgende Tabelle).

Der **Durchschnittssteuersatz** drückt das Verhältnis der festgesetzten Einkommensteuer zum Bruttoarbeitslohn aus.

Jahresbruttoarbeitslohn in Euro	Steuerklasse I und IV		Steuerklasse II	
	Grenzsteuersatz	Durchschnittssteuersatz	Grenzsteuersatz	Durchschnittssteuersatz
10 000	0,0 %	0,0 %	0,0 %	0,0 %
11 000	14,0 %	3,3 %	0,0 %	0,0 %
12 000	15,0 %	4,4 %	0,0 %	0,0 %
13 000	16,3 %	5,3 %	14,3 %	3,3 %
14 000	18,2 %	6,4 %	16,1 %	4,4 %
15 000	20,7 %	7,5 %	18,6 %	5,4 %
16 000	22,8 %	8,5 %	21,0 %	6,5 %
17 000	23,5 %	9,4 %	22,4 %	7,5 %
18 000	23,9 %	10,2 %	23,3 %	8,4 %
19 000	24,3 %	11,0 %	23,7 %	9,2 %
20 000	24,5 %	11,6 %	23,9 %	9,9 %
21 000	24,0 %	12,2 %	23,4 %	10,5 %
22 000	23,4 %	12,7 %	22,9 %	11,1 %
23 000	23,6 %	13,2 %	23,1 %	11,6 %
24 000	24,0 %	13,6 %	23,4 %	12,1 %
25 000	24,3 %	14,1 %	23,8 %	12,6 %
26 000	24,7 %	14,5 %	24,1 %	13,1 %
27 000	25,0 %	14,9 %	24,5 %	13,5 %
28 000	25,4 %	15,3 %	24,9 %	13,9 %
29 000	25,7 %	15,6 %	25,2 %	14,3 %
30 000	26,0 %	16,0 %	25,5 %	14,7 %
31 000	26,4 %	16,3 %	25,9 %	15,1 %
32 000	26,7 %	16,7 %	26,2 %	15,4 %
33 000	27,1 %	17,0 %	26,6 %	15,8 %
34 000	27,5 %	17,3 %	26,9 %	16,1 %
35 000	27,8 %	17,6 %	27,3 %	16,4 %

Tarifaufbau

Jahresbrutto-arbeitslohn in Euro	Steuerklasse I und IV Grenzsteuersatz	Durchschnittssteuersatz (Lohnsteuerpflichtig)	Steuerklasse II Grenzsteuersatz	Durchschnittssteuersatz (Sozialversich.-pflichtig)
36 000	28,2%	17,9%	27,6%	16,7%
37 000	28,5%	18,2%	28,0%	17,0%
38 000	28,8%	18,5%	28,3%	17,4%
39 000	29,2%	18,8%	28,7%	17,6%
40 000	29,6%	19,1%	29,0%	17,9%
41 000	29,9%	19,3%	29,4%	18,2%
42 000	30,2%	19,6%	29,7%	18,5%
43 000	31,1%	19,9%	30,6%	18,8%
44 000	32,8%	20,2%	32,2%	19,1%
45 000	34,4%	20,5%	33,9%	19,5%
46 000	34,8%	20,8%	34,3%	19,8%
47 000	35,2%	21,2%	34,7%	20,1%
48 000	35,7%	21,5%	35,1%	20,4%
49 000	36,1%	21,8%	35,5%	20,8%
50 000	36,5%	22,1%	36,0%	21,1%
51 000	37,0%	22,4%	36,4%	21,4%
52 000	37,4%	22,7%	36,8%	21,7%
53 000	37,8%	23,0%	37,2%	22,0%
54 000	38,2%	23,2%	37,7%	22,3%
55 000	38,7%	23,5%	38,1%	22,6%
56 000	39,1%	23,8%	38,5%	22,9%
57 000	39,5%	24,1%	38,9%	23,1%
58 000	39,9%	24,4%	39,4%	23,4%
59 000	40,2%	24,6%	39,7%	23,7%
60 000	40,3%	24,9%	40,1%	24,0%
61 000	40,3%	25,2%	40,2%	24,3%
62 000	40,3%	25,4%	40,3%	24,5%
63 000	40,3%	25,6%	40,3%	24,8%
64 000	40,6%	25,9%	40,6%	25,0%
65 000	41,2%	26,1%	41,3%	25,3%
66 000	42,0%	26,4%	42,0%	25,5%
67 000	42,0%	26,6%	42,0%	25,8%
68 000	42,0%	26,8%	42,0%	26,0%
69 000	42,0%	27,0%	42,0%	26,2%
70 000	42,0%	27,3%	42,0%	26,5%
250 730	42,0%		42,0%	
ab 250 731	45,0%		45,0%	

Jahresbrutto-arbeitslohn in Euro	Steuerklasse III Grenzsteuersatz	Durchschnittssteuersatz	Jahresbrutto-arbeitslohn in Euro	Steuerklasse III Grenzsteuersatz	Durchschnittssteuersatz
15 000	0,0%	0,0%	57 000	28,3%	15,5%
16 000	0,0%	0,0%	58 000	28,5%	15,7%
17 000	0,0%	0,0%	59 000	28,7%	16,0%
18 000	0,0%	0,0%	60 000	28,9%	16,2%
19 000	0,0%	0,0%	61 000	29,1%	16,4%
20 000	0,0%	0,0%	62 000	29,4%	16,6%
21 000	14,0%	1,9%	63 000	29,5%	16,8%
22 000	14,0%	2,5%	64 000	30,0%	17,0%
23 000	14,7%	3,0%	65 000	30,6%	17,2%
24 000	16,2%	3,6%	66 000	31,5%	17,5%
25 000	17,9%	4,2%	67 000	31,7%	17,7%
26 000	18,7%	4,8%	68 000	31,9%	17,9%
27 000	19,6%	5,4%	69 000	32,1%	18,1%
28 000	20,5%	5,9%	70 000	32,4%	18,3%
29 000	21,3%	6,5%	71 000	32,6%	18,5%
30 000	22,1%	7,0%	72 000	32,8%	18,7%
31 000	22,8%	7,6%	73 000	33,0%	18,9%
32 000	23,2%	8,1%	74 000	33,2%	19,1%
33 000	23,0%	8,5%	75 000	33,5%	19,3%
34 000	22,4%	8,9%	76 000	33,7%	19,5%
35 000	21,7%	9,2%	77 000	34,0%	19,7%
36 000	21,8%	9,6%	78 000	34,2%	19,9%
37 000	22,0%	9,9%	79 000	34,4%	20,0%
38 000	22,2%	10,3%	80 000	34,6%	20,2%
39 000	22,4%	10,6%	81 000	34,9%	20,4%
40 000	22,5%	10,9%	82 000	35,0%	20,6%
41 000	22,8%	11,2%	83 000	35,4%	20,8%
42 000	22,9%	11,5%	84 000	35,6%	21,0%
43 000	23,5%	11,8%	85 000	35,7%	21,1%
44 000	24,5%	12,1%	86 000	36,0%	21,3%
45 000	25,7%	12,4%	87 000	36,3%	21,5%
46 000	26,0%	12,7%	88 000	36,5%	21,6%
47 000	26,1%	13,0%	89 000	36,7%	21,8%
48 000	26,4%	13,2%	90 000	36,9%	22,0%
49 000	26,5%	13,5%	91 000	37,1%	22,2%
50 000	26,8%	13,8%	92 000	37,4%	22,3%
51 000	27,0%	14,0%	93 000	37,6%	22,5%
52 000	27,2%	14,3%	94 000	37,8%	22,7%
53 000	27,5%	14,6%	95 000	38,1%	22,8%
54 000	27,6%	14,8%	96 000	38,3%	23,0%
55 000	27,9%	15,0%	97 000	38,5%	23,1%
56 000	28,0%	15,3%	98 000	38,7%	23,3%

Jahresbrutto-arbeitslohn in Euro	Steuerklasse III Grenzsteuersatz	Durchschnittssteuersatz	Jahresbrutto-arbeitslohn in Euro	Steuerklasse III Grenzsteuersatz	Durchschnittssteuersatz
99 000	39,0%	23,5%	111 000	41,7%	25,3%
100 000	39,2%	23,6%	112 000	41,9%	25,5%
101 000	39,5%	23,8%	113 000	42,0%	25,6%
102 000	39,6%	23,9%	114 000	42,0%	25,8%
103 000	40,0%	24,1%	115 000	42,0%	25,9%
104 000	40,1%	24,2%	116 000	42,0%	26,0%
105 000	40,4%	24,4%	117 000	42,0%	26,2%
106 000	40,6%	24,6%	118 000	42,0%	26,3%
107 000	40,8%	24,7%	119 000	42,0%	26,4%
108 000	41,0%	24,9%	120 000	42,0%	26,6%
109 000	41,3%	25,0%	501 460	42,0%	
110 000	41,5%	25,2%	ab 501 462	45,0%	

7. Besteuerungsgrenzen in den einzelnen Steuerklassen

a) Allgemeines

Die Besteuerungsgrenze, d. h. die Höhe des Bruttoarbeitslohns, bis zu dem bei Anwendung der Lohnsteuertabelle eine Lohnsteuer noch nicht anfällt, hängt von der Höhe der im Einzelfall zu gewährenden Freibeträge (Pauschbetrag für Sonderausgaben, Arbeitnehmerpauschbetrag, Haushaltsfreibetrag und insbesondere von der Höhe der ungekürzten oder gekürzten **Vorsorgepauschale** ab. Zur Abgrenzung der **Allgemeinen Lohnsteuertabelle** mit der ungekürzten Vorsorgepauschale von der **Besonderen Lohnsteuertabelle** mit der gekürzten Vorsorgepauschale wird auf die Erläuterungen beim Stichwort Lohnsteuertabellen hingewiesen.

Um in den Genuss der einzelnen Freibeträge zu kommen, muss der Arbeitnehmer dem Arbeitgeber seine Lohnsteuerkarte vorlegen. Andernfalls muss der Arbeitgeber eine höhere Lohnsteuer nach der Steuerklasse VI einbehalten (vgl. „Nichtvorlage der Lohnsteuerkarte").

Grundfreibeträge, Arbeitnehmer- und Sonderausgabenpauschbeträge oder eine Vorsorgepauschale gibt es im Sozialversicherungsrecht nicht. Die nachstehend aufgeführten Freibeträge dürfen somit bei der Berechnung der Sozialversicherungsbeiträge nicht abgezogen werden.

Um die im Lohnsteuertarif eingetretenen Änderungen deutlich zu machen, sind die für 2009 geltenden Besteuerungsgrenzen (vgl. nachfolgend unter Buchstabe b) den **ab 1.1.2010** geltenden Besteuerungsgrenzen (vgl. nachfolgend unter Buchstabe c) gegenübergestellt.

b) Für 2009 geltende Besteuerungsgrenzen

Allgemeine Lohnsteuertabelle:

anzusetzende Freibeträge in Euro	Steuerklasse		
	I	II	III
a) Allgemeiner Freibetrag (Grundfreibetrag)	7 834,99	7 834,99	15 669,99
b) Arbeitnehmerpauschbetrag	920,—*)	920,—*)	920,—*)
c) Sonderausgabenpauschbetrag	36,—	36,—	72,—
d) Entlastungsbetrag für Alleinerziehende	—,—	1 308,—	—,—
e) Vorsorgepauschale	2 197,—	2 452,—	4 166,—
Jahresarbeitslohn, bis zu dem keine Lohnsteuer anfällt	10 987,99	12 550,99	20 827,99
Jahresarbeitslohn, bis zu dem unter Berücksichtigung maschineller Rundungsdifferenzen keine Lohnsteuer anfällt	10 996,99	12 557,99	20 843,99

*) Bei Versorgungsbezügen (vgl. dieses Stichwort) beträgt der Pauschbetrag 102 €.

Tarifaufbau

	Lohn-steuer-pflichtig	Sozial-versich.-pflichtig

anzusetzende Freibeträge in Euro	Steuerklasse		
	IV	V	VI
a) Allgemeiner Freibetrag (Grundfreibetrag)	7 834,99	—,—	—,—
b) Arbeitnehmerpauschbetrag	920,—*)	920,—*)	—,—
c) Sonderausgabenpauschbetrag	36,—	—,—	—,—
d) Entlastungsbetrag für Alleinerziehende	—,—	—,—	—,—
e) Vorsorgepauschale	2 197,—	—,—	—,—
Jahresarbeitslohn, bis zu dem keine Lohnsteuer anfällt	10 987,99	920,—	—,—
Jahresarbeitslohn, bis zu dem unter Berücksichtigung maschineller Rundungsdifferenzen keine Lohnsteuer anfällt	10 996,99	927,99	7,99

Besondere Lohnsteuertabelle:

anzusetzende Freibeträge in Euro	Steuerklasse		
	I	II	III
a) Allgemeiner Freibetrag (Grundfreibetrag)	7 834,99	7 834,99	15 669,99
b) Arbeitnehmerpauschbetrag	920,—*)	920,—*)	920,—*)
c) Sonderausgabenpauschbetrag	36,—	36,—	72,—
d) Entlastungsbetrag für Alleinerziehende	—,—	1 308,—	—,—
e) Vorsorgepauschale	1 134,—	1 249,—	2 268,—
Jahresarbeitslohn, bis zu dem keine Lohnsteuer anfällt	9 924,99	11 347,99	18 929,99
Jahresarbeitslohn, bis zu dem unter Berücksichtigung maschineller Rundungsdifferenzen keine Lohnsteuer anfällt	9 931,99	11 355,99	18 943,99

anzusetzende Freibeträge in Euro	Steuerklasse		
	IV	V	VI
a) Allgemeiner Freibetrag (Grundfreibetrag)	7 834,99	—,—	—,—
b) Arbeitnehmerpauschbetrag	920,—*)	920,—*)	—,—
c) Sonderausgabenpauschbetrag	36,—	—,—	—,—
d) Entlastungsbetrag für Alleinerziehende	—,—	—,—	—,—
e) Vorsorgepauschale	1 134,—	—,—	—,—
Jahresarbeitslohn, bis zu dem keine Lohnsteuer anfällt	9 924,99	920,—	—,—
Jahresarbeitslohn, bis zu dem unter Berücksichtigung maschineller Rundungsdifferenzen keine Lohnsteuer anfällt	9 931,99	927,99	7,99

c) Ab 1.1.2010 geltende Besteuerungsgrenzen

Allgemeine Lohnsteuertabelle für sozialversicherungspflichtige Arbeitnehmer:

anzusetzende Freibeträge in Euro	Steuerklasse		
	I	II	III
a) Allgemeiner Freibetrag Grundfreibetrag	8 004,99	8 004,99	16 009,99
b) Arbeitnehmerpauschbetrag	920,—*)	920,—*)	920,—*)
c) Sonderausgabenpauschbetrag	36,—	36,—	36,—
d) Entlastungsbetrag für Alleinerziehende	—,—	1 308,—	—,—
e) Vorsorgepauschale (Anhang 8)	1 705,—	1 954,—	3 227,—
Jahresarbeitslohn, bis zu dem keine Lohnsteuer anfällt	10 665,99	12 222,99	20 192,99
Jahresarbeitslohn, bis zu dem unter Berücksichtigung maschineller Rundungsdifferenzen keine Lohnsteuer anfällt	10 673,99	12 230,99	20 209,99
monatlich 1/12	889,50	1 019,25	1 684,17

anzusetzende Freibeträge in Euro	Steuerklasse		
	IV	V	VI
a) Allgemeiner Freibetrag Grundfreibetrag	8 004,99	—,—	—,—
b) Arbeitnehmerpauschbetrag	920,—*)	920,—*)	—,—
c) Sonderausgabenpauschbetrag	36,—	36,—	—,—
d) Entlastungsbetrag für Alleinerziehende	—,—	—,—	—,—
e) Vorsorgepauschale (Anhang 8)	1 705,—	182,—	—,—**)
Jahresarbeitslohn, bis zu dem keine Lohnsteuer anfällt	10 665,99	1 138,—	—,—
Jahresarbeitslohn, bis zu dem unter Berücksichtigung maschineller Rundungsdifferenzen keine Lohnsteuer anfällt	10 673,99	1 147,99	6,99
monatlich 1/12	889,50	95,67	5,83

Besondere Lohnsteuertabelle für nicht sozialversicherungspflichtige Arbeinehmer:

anzusetzende Freibeträge in Euro	Steuerklasse		
	I	II	III
a) Allgemeiner Freibetrag Grundfreibetrag	8 004,99	8 004,99	16 009,99
b) Arbeitnehmerpauschbetrag	920,—*)	920,—*)	920,—*)
c) Sonderausgabenpauschbetrag	36,—	36,—	36,—
d) Entlastungsbetrag für Alleinerziehende	—,—	1 308,—	—,—
e) Vorsorgepauschale (Anhang 8)	1 222,—	1 401,—	2 314,—
Jahresarbeitslohn, bis zu dem keine Lohnsteuer anfällt	10 182,99	11 669,99	19 279,99
Jahresarbeitslohn, bis zu dem unter Berücksichtigung maschineller Rundungsdifferenzen keine Lohnsteuer anfällt	10 191,99	11 676,99	19 295,99
monatlich 1/12	849,33	973,08	1 608,00

anzusetzende Freibeträge in Euro	Steuerklasse		
	IV	V	VI
a) Allgemeiner Freibetrag Grundfreibetrag	8 004,99	—,—	—,—
b) Rundungsfreibetrag			
c) Arbeitnehmerpauschbetrag	920,—*)	920,—*)	—,—
d) Sonderausgabenpauschbetrag	36,—	36,—	—,—
e) Entlastungsbetrag für Alleinerziehende	—,—	—,—	—,—
f) Vorsorgepauschale (Anhang 8)	1 222,—	131,—	—,—**)
Jahresarbeitslohn, bis zu dem keine Lohnsteuer anfällt	10 182,99	1 087,—	—,—
Jahresarbeitslohn, bis zu dem unter Berücksichtigung maschineller Rundungsdifferenzen keine Lohnsteuer anfällt	10 191,99	1 096,99	6,99
monatlich 1/12	849,33	91,42	5,83

Die Gegenüberstellung der Besteuerungsgrenzen der Allgemeinen Lohnsteuertabelle für sozialversicherungspflichtige Arbeitnehmer einerseits und der Besonderen Lohnsteuertabelle für nicht sozialversicherungspflichtige Arbeitnehmer andererseits zeigt deutlich, dass der Unterschied **nur in Höhe der Vorsorgepauschale** liegt. So beträgt z. B. in der Steuerklasse I

– die Vorsorgepauschale in der A-Tabelle **1 705,00 €**
– die Vorsorgepauschale in der B-Tabelle lediglich **1 222,00 €**

Bei den Besteuerungsgrenzen, das heißt bei den Eingangsbeträgen der verschiedenen Steuerklassen ist der Grund für die Differenz ausschließlich der **Beitragsanteil der Vorsor-**

---

*) Bei Versorgungsbezügen (vgl. dieses Stichwort) beträgt der Pauschbetrag 102 €.

**) Ab 1.1.2010 wird auch in der Steuerklasse VI mit steigendem Arbeitslohn eine Vorsorgepauchale berücksichtigt, vgl. Anhang 8.

gepauschale für die gesetzliche Rentenversicherung. Denn der Beitragsanteil der Vorsorgepauschale für die Kranken- und Pflegeversicherung liegt sowohl bei der A-Tabelle als auch bei der B-Tabelle im Bereich der **Mindestvorsorgepauschale,** die in diesem Bereich 12 % des Arbeitslohns beträgt. Dies soll die Berechnung der oben genannten Beträge von 1705 € bzw. 1222 € verdeutlichen.

Die Vorsorgepauschale in Höhe von 1705 € für sozialversicherungspflichtige Arbeitnehmer setzt sich aus folgenden Teilbeträgen zusammen:

- Teilbetrag für die gesetzliche Rentenversicherung (9,95 % des Arbeitslohns in Höhe von 10 665,99 € = 1061,27 €, davon 40 % =)   424,51 €
- Teilbetrag für die Mindestvorsorgepauschale bei der Kranken- und Pflegeversicherung (12 % des Arbeitslohns in Höhe von 10 665,99 € =)   1 279,92 €

insgesamt   1 704,43 €
aufgerundet auf volle Euro   **1 705,00 €**

Die Vorsorgepauschale in Höhe von 1222 € für nicht sozialversicherungspflichtige Arbeitnehmer setzt sich aus folgenden Teilbeträgen zusammen:

- Teilbetrag für die gesetzliche Rentenversicherung   0,00 €
- Teilbetrag für die Mindestvorsorgepauschale bei der Kranken- und Pflegeversicherung (12 % des Arbeitslohns in Höhe von 10 182,99 € =)   1 221,96 €

insgesamt   1 221,96 €
aufgerundet auf volle Euro   **1 222,00 €**

Die Mindestvorsorgepauschale für die Beiträge zur Kranken- und Pflegeversicherung, die in die B-Tabelle für nicht sozialversicherungspflichtige Arbeitnehmer eingearbeitet ist, erhält der Arbeitnehmer auch dann, wenn er in dem betreffenden Beschäftigungsverhältnis nicht kranken- und pflegeversicherungspflichtig ist und deshalb keinen eigenen Arbeitnehmeranteil zur Kranken- und Pflegeversicherung zahlt (z. B. Schüler, Studenten, Praktikanten). Auf die ausführlichen Erläuterungen zur Berechnung der ab 1.1.2010 geltenden Vorsorgepauschale in **Anhang 8 zum Lexikon** wird Bezug genommen.

Taucherzulagen

Taucherzulagen sind als „Erschwerniszuschläge" steuer- und beitragspflichtig.   ja   ja

Technische Zulage

Eine technische Zulage oder Technikerzulage ist als „Erschwerniszulage" steuer- und beitragspflichtig.   ja   ja

Teillohnzahlungszeitraum

1. Allgemeines

Ein Teillohnzahlungszeitraum entsteht bei einem monatlich entlohnten Arbeitnehmer dann, wenn der Anspruch auf Arbeitslohn – aus welchen Gründen auch immer – nicht für einen vollen Monat besteht. Bei Teillohnzahlungszeiträumen stellt sich deshalb zum einen die Frage nach der Höhe des Teilentgelts und zum anderen nach dessen lohnsteuerlicher und beitragsrechtlicher Behandlung. Im Einzelnen gilt Folgendes:

2. Berechnung des Teilmonatsentgelts

Bei Zahlung eines **Stundenlohns** werden zur Ermittlung des Teilmonatsentgelts die tatsächlich geleisteten Arbeitsstunden erfasst und mit dem festgelegten Stundensatz vergütet.

Ist ein **fester Monatslohn** vereinbart, stellt sich die Frage, wie sowohl bei einem Ein- oder Austritt im Laufe des Kalendermonats als auch bei sonstigen Arbeitsausfällen für einen Teil des Monats (Krankheit, unbezahlter Urlaub usw.) das Teilmonatsentgelt zu berechnen ist. In der Praxis haben sich hierfür verschiedene Methoden herausgebildet:

a) Kalendertägliche Berechnungsmethode

Für jeden Kalendertag wird der entsprechende Bruchteil des Monatslohns gezahlt.

Beispiel
Der Arbeitnehmer wird am 15. Februar 2010 eingestellt. Monatslohn 3000 €. Das Teilmonatsentgelt für 14 Kalendertage beträgt $^{14}/_{28}$ von 3000 € = 1500 €.

b) Dreißigstel-Berechnungsmethode

Der feste Monatslohn wird stets durch 30 Tage geteilt, und zwar ohne Rücksicht darauf, wie viele Tage der betreffende Monat hat.

Beispiel
Der Arbeitnehmer wird am 15. Februar 2010 eingestellt. Monatslohn 3000 €. Das Teilmonatsentgelt für 14 Kalendertage beträgt: $^{14}/_{30}$ von 3000 € = 1400 €.

c) Arbeitstägliche Berechnungsmethode

Der feste Monatslohn wird durch die Zahl der Arbeitstage – einschließlich gesetzliche Wochenfeiertage – des jeweiligen Kalendermonats geteilt und der so ermittelte Betrag mit der Anzahl der tatsächlichen Arbeitstage vervielfacht.

Beispiel
Der Arbeitnehmer wird am 15. Februar 2010 eingestellt. Monatslohn 3000 €. Die Arbeitstage im Februar betragen insgesamt 20. In die Zeit vom 15.2.–28.2.2010 fallen 10 Arbeitstage. Das Teilmonatsentgelt für 10 Arbeitstage beträgt: $^{10}/_{20}$ von 3000 € = 1500 €.

d) Stundenweise Berechnungsmethode

Diese Methode entspricht der arbeitstäglichen Berechnungsmethode; an die Stelle der möglichen Arbeitstage des betreffenden Kalendermonats treten jedoch die möglichen Arbeitsstunden (sog. **Soll-Arbeitsstunden**). Der feste Monatslohn wird also durch die Soll-Arbeitsstunden des jeweiligen Kalendermonats geteilt und das Ergebnis mit der Zahl der tatsächlichen Arbeitsstunden vervielfacht.

Beispiel
Der Arbeitnehmer wird am 15. Februar 2010 eingestellt. Monatslohn 3000 €. Wochenarbeitszeit 40 Stunden. In der Woche, in der der Arbeitnehmer eingestellt wird (8. Woche des Jahres), arbeitet er 40 Stunden; in der 9. Woche arbeitet er ebenfalls 40 Stunden. Die Soll-Arbeitsstunden betragen im Februar 2010 insgesamt (20 Tage zu jeweils 8 Stunden =) 160 Stunden. Der Arbeitnehmer hat tatsächlich 80 Stunden gearbeitet. Das Teilmonatsentgelt hierfür beträgt: $^{80}/_{160}$ von 3000 € = 1500 €.

e) Berechnungsmethode nach festen Soll-Arbeitsstunden

Die Soll-Arbeitsstunden je Monat sind fest vorgegeben, und zwar ohne Rücksicht darauf, wie hoch die Zahl der möglichen Arbeitsstunden des betreffenden Monats ist. Der feste Monatslohn wird durch die Zahl der festen Soll-Arbeitsstunden geteilt und das Ergebnis mit der Zahl der tatsächlichen Arbeitsstunden vervielfacht.

Die Errechnung des Teilers ist Gegenstand der Lohnvereinbarung; in den meisten Tarifverträgen ist er deshalb bereits festgelegt, z. B.

	Teiler für den Monatslohn
Wochenarbeitszeit 37,5 Stunden × 52 geteilt durch 12 =	**162,5**
oder	
Wochenarbeitszeit $\frac{37,5 \text{ Stunden} \times 365}{7 \times 12}$ = 162,9 aufgerundet	**163**
oder	
Wochenarbeitszeit 37, 5 Stunden × 4,35 = 163,1 abgerundet	**163**

Teillohnzahlungszeitraum

Beispiel

Der Arbeitnehmer wird am 15. Februar 2010 eingestellt. Monatslohn 3000 €. Wochenarbeitszeit 37,5 Stunden. In der Woche, in der der Arbeitnehmer eingestellt wird (8. Woche des Jahres) arbeitet er 37,5 Stunden; in der 9. Woche arbeitet er ebenfalls 37,5 Stunden.

Für die Berechnung von Teilmonatsentgelten ist eine feste Zahl von monatlichen Soll-Arbeitsstunden, z.B. 163 festgelegt worden. Das Teilmonatsentgelt für Februar beträgt $^{75}/_{163}$ von 3000 € = 1380 €.

Die Beispiele zeigen, dass sich je nach Berechnungsmethode erhebliche Unterschiede ergeben. In der Praxis werden alle aufgeführten Berechnungsmethoden angewandt. Liegt keine Regelung durch Tarifvertrag, Betriebsvereinbarung, betriebliche Übung oder Einzelarbeitsvertrag vor, ist nach der Rechtsprechung des Bundesarbeitsgerichts*) die **konkrete arbeitstägliche** Berechnungsmethode durchzuführen. Dies sind die unter den Buchstaben **c)** und **d)** dargestellten Berechnungsmethoden. Hiernach ergeben sich für die Berechnung des Teilmonatsentgelts folgende Formeln

$$\frac{\text{fester Monatslohn} \times \text{Anzahl der tatsächlichen Arbeitstage}}{\text{Anzahl der möglichen Arbeitstage des betreffenden Monats (z.B. 20, 21, 22 oder 23)}}$$

oder:

$$\frac{\text{fester Monatslohn} \times \text{Anzahl der tatsächlichen Arbeitsstunden}}{\text{Anzahl der möglichen Arbeitsstunden des betreffenden Monats}}$$

3. Berechnung der Lohnsteuer bei Teillohnzahlungszeiträumen

a) Teilmonatsbeträge

Besteht ein Arbeitsverhältnis nicht während eines vollen Monats, sondern beginnt oder endet es während des Monats, so ist der während dieser Zeit bezogene Arbeitslohn auf die einzelnen **Kalendertage** umzurechnen. Die Lohnsteuer ergibt sich aus dem mit der Zahl der Kalendertage vervielfachten Betrag der Lohnsteuer-**Tagestabelle**.

Beispiel

Ein Arbeitnehmer mit einem Monatsgehalt von 3100 € (Steuerklasse III/0, Kirchensteuermerkmal rk) nimmt am 19. Januar 2010 eine Tätigkeit in München auf. Für Januar ergibt sich folgende Lohnabrechnung:

Lohn vom 19.1.–31.1.2010:

10 Arbeitstage bei 21 möglichen Arbeitstagen – einschließlich gesetzlicher Wochenfeiertage – ergeben

$$\frac{3100\,€ \times 10}{21} = 1\,476,19\,€$$

abzüglich:

Lohnsteuer	144,43 €	
Solidaritätszuschlag	7,93 €	
Kirchensteuer	11,44 €	
Sozialversicherung	302,25 €	466,05 €
Nettolohn		1 010,14 €

Berechnung der Lohnsteuer:

Im Januar entsteht lohnsteuerlich ein Teillohnzahlungszeitraum, für den die Lohnsteuer nach der **Tageslohnsteuertabelle** abzurechnen ist. Der vom 19.1.–31.1.2010 bezogene Arbeitslohn ist auf die einzelnen **Kalendertage** umzurechnen. Auf die Zeit vom 19.1.–31.1.2010 entfallen 13 Kalendertage. Der Tagesarbeitslohn beträgt somit:

1476,19 € : 13	=	113,55 €
Lohnsteuer (Steuerklasse III/0) nach der Tagestabelle 11,11 € × 13	=	144,43 €
Solidaritätszuschlag nach der Tagestabelle 0,61 € × 13	=	7,93 €
Kirchensteuer (z.B. 8%) nach der Tagestabelle 0,88 € × 13	=	11,44 €

Berechnung der Sozialversicherungsbeiträge:

Auch sozialversicherungsrechtlich entsteht im Januar 2010 ein Teillohnzahlungszeitraum vom 19.1.–31.1.2010 = 13 Kalendertage. Der vom 19.1. bis 31.1.2010 gezahlte Arbeitslohn von 1476,13 € liegt unter der für 13 Kalendertage geltenden anteiligen monatlichen Beitragsbemessungsgrenze in der Kranken- und Pflegeversicherung (vgl. die Tabelle unter der nachfolgenden Nr. 4). Die Beiträge für die Kranken- und Pflegeversicherung sind deshalb nicht aus der anteiligen Beitragsbemessungsgrenze für 13 Tage (= 1625,– €) sondern aus dem niedrigerem tatsächlichen Arbeitslohn in Höhe von 1476,19 € zu berechnen. In der Renten- und Arbeitslosenversicherung ist die anteilige Beitragsbemessungsgrenze für 13 Tage (= 2383,34 €) ebenfalls nicht überschritten. Die Beiträge für die Renten- und Arbeitslosenversicherung errechnen sich deshalb aus dem tatsächlichen Entgelt in Höhe von 1476,19 €. Hiernach ergibt sich folgende Berechnung der Sozialversicherungsbeiträge:

Krankenversicherung:

Krankenversicherung 7,9% von 1476,19	=	116,62 €
Pflegeversicherung 1,225% von 1476,19 €	=	18,08 €
Rentenversicherung 9,95% von 1476,19 €	=	146,88 €
Arbeitslosenversicherung 1,4% von 1476,19 €	=	20,67 €
Arbeitnehmeranteil insgesamt		302,22 €

Der Arbeitgeber hat den Arbeitnehmer mit der ersten Lohn- oder Gehaltsabrechnung, spätestens innerhalb von sechs Wochen nach Beginn der Beschäftigung bei der Krankenkasse anzumelden. Als Schlüsselzahl ist „10" einzugeben. Auf die ausführlichen Erläuterungen zu den Meldepflichten des Arbeitgebers in **Anhang 15** des Lexikons wird hingewiesen.

Steht aber ein Arbeitnehmer während eines Lohnzahlungszeitraums dauernd im Dienst eines Arbeitgebers (liegt also seine Lohnsteuerkarte dem Arbeitgeber während des Lohnzahlungszeitraums ununterbrochen vor), so wird der Lohnzahlungszeitraum durch ausfallende (unbezahlte) Arbeitstage (z.B. wegen Krankheit, Mutterschutz oder unbezahltem Urlaub) nicht unterbrochen (im Gegensatz zur Berechnung der Sozialversicherungsbeiträge, vgl. nachfolgend unter Nr. 4). Dies ergibt sich aus R 39b.5 Abs. 2 Satz 3 LStR. Ein Teillohnzahlungszeitraum entsteht also bei der Lohnsteuer stets bei **Beginn** oder **Beendigung** des Beschäftigungsverhältnisses während des Monats, das heißt

– der Arbeitnehmer wird während des Monats **eingestellt** oder

– der Arbeitnehmer wird während des Monats **ausgestellt**.

Außerdem entsteht ein Teillohnzahlungszeitraum im lohnsteuerlichen Sinne bei Beginn oder Beendigung des Wehr- oder Zivildienstes im Laufe eines Monats, wenn dem Arbeitnehmer die Lohnsteuerkarte für die Zeit des Wehr- oder Zivildienstes zurückgegeben und das Ende des Beschäftigungsverhältnisses in die Lohnsteuerbescheinigung eingetragen wird. Verbleibt die Lohnsteuerkarte beim Arbeitgeber, so entsteht kein Teillohnzahlungszeitraum. In diesem Fall ist die Zeit des Wehr- und Zivildienstes bei der Bescheinigung auf der Lohnsteuerkarte mit einzubeziehen und die Eintragung des Buchstabens **U** im Lohnkonto und auf der Lohnsteuerkarte zu vermerken. Das Gleiche gilt für die Elternzeit und die Pflegezeit (vgl. die Erläuterungen zum Stichwort „Lohnkonto" unter Nr. 9 auf Seite 449).

Im Gegensatz zur Sozialversicherung entsteht **bei der Lohnsteuer** in folgenden Fällen **kein** Teillohnzahlungszeitraum:

– Tod des Arbeitnehmers im Laufe des Monats.

– Ausfall von Arbeitstagen wegen Gewährung von

  – Krankengeld,

  – Mutterschaftsgeld,

  – Elterngeld,

  – Verletztengeld,

  – Übergangsgeld.

– Beginn der Elternzeit im Laufe des Monats, wenn die Lohnsteuerkarte beim Arbeitgeber verbleibt,

– Beginn des Wehr- oder Zivildienstes im Laufe des Monats, wenn die Lohnsteuerkarte beim Arbeitgeber verbleibt.

– Teilnahme an einer Wehrübung.

– Pflege des Kindes (§ 45 SGB V) ohne Anspruch auf Arbeitsentgelt.

– Pflegezeit nach dem Pflegezeitgesetz.

---

*) Urteil des Bundesarbeitsgerichts vom 14.8.1985 (DB 1986 S. 130).

Teillohnzahlungszeitraum

	Lohn-steuer-pflichtig	Sozial-versich.-pflichtig

Außerdem entsteht lohnsteuerlich kein Teillohnzahlungszeitraum, wenn der Arbeitnehmer für seinen Arbeitgeber eine Auslandstätigkeit, die nach einem Doppelbesteuerungsabkommen oder nach dem Auslandstätigkeitserlass steuerfrei ist, während des Monats aufnimmt oder beendet.

In den genannten Fällen besteht das lohnsteuerliche Arbeitsverhältnis fort, so lange dem Arbeitgeber die Lohnsteuerkarte des Arbeitnehmers vorliegt (R 39b.5 Abs. 2 Satz 3 LStR). Der Arbeitgeber kann also in diesen Fällen die Monatstabelle auch dann anwenden, wenn der Arbeitnehmer in diesem Monat nur einige Tage tatsächlich gearbeitet hat (vgl. das Berechnungsbeispiel unter der folgenden Nr. 4).

Es gibt jedoch auch Arbeitsunterbrechungen, die sowohl lohnsteuerlich als auch sozialversicherungsrechtlich keinen Teillohnzahlungszeitraum auslösen:
- unbezahlter Urlaub, unrechtmäßiger Streik (vgl. das Lohnabrechnungsbeispiel beim Stichwort „Unbezahlter Urlaub"),
- rechtmäßiger Streik,
- Kurzarbeit (Arbeitsausfall an vollen Tagen).

b) Teilwochenbeträge

Besteht ein Beschäftigungsverhältnis nicht während einer vollen Arbeitswoche, sondern beginnt oder endet es während der Woche, so ist die Lohnsteuer unter Verwendung der Tagestabelle nach den einzelnen Kalendertagen zu berechnen.

Beispiel

Ein Arbeitnehmer hat einen Wochenlohn von 500 €. Er beginnt das Beschäftigungsverhältnis am Mittwoch der laufenden Woche und erhält für diese Woche entsprechend der geleisteten Arbeit z. B. $^3/_5$ von 500 € = 300 €. Durchschnittlicher Arbeitslohn für die **Kalendertage** dieser Woche, an der das Arbeitsverhältnis bestand (Mittwoch bis Sonntag) $^1/_5$ von 300 € = 60 €. Die Lohnsteuer für einen Tageslohn von 60 € ist aus der Tagestabelle abzulesen und mit 5 zu vervielfachen.

4. Beitragsberechnung der Sozialversicherungsbeiträge bei Teillohnzahlungszeiträumen

Sind bei der Berechnung der Beiträge zur Kranken-, Pflege-, Renten- oder Arbeitslosenversicherung Beiträge für Teillohnzahlungszeiträume zu entrichten, weil das Arbeitsverhältnis im Laufe der Beitragsperiode begonnen oder geendet hat, oder weil wegen Arbeitsunfähigkeit oder Schwangerschaft nur ein Teilentgelt gezahlt wird, so dürfen die Beiträge nur für die anteiligen Sozialversicherungstage berechnet werden.

In folgenden Fällen entsteht ein **Teillohnzahlungszeitraum** im Sinne der Sozialversicherung:
- Beginn oder Beendigung des Beschäftigungsverhältnisses im Laufe des Monats,
- Beginn oder Ende der Beitragsfreiheit wegen des Bezugs von Geldleistungen wie
  - Krankengeld, auch bei der Pflege eines erkrankten Kindes (§ 45 SGB V),
  - Mutterschaftsgeld,
  - Elterngeld,
  - Verletztengeld,
  - Übergangsgeld,
- Beginn oder Ende der Elternzeit im Laufe des Monats,
- Beginn oder Ende einer Pflegezeit mit vollständiger Freistellung von der Arbeit im Laufe des Monats (zu den SV-Tagen bei kurzfristiger Arbeitsverhinderung vgl. das Stichwort „Pflegezeit"),
- Beginn oder Ende des Wehr- oder Zivildienstes im Laufe des Monats,
- Teilnahme an einer Wehrübung.

	Lohn-steuer-pflichtig	Sozial-versich.-pflichtig

Bei der Beitragsberechnung ist in diesen Fällen zu beachten, dass zur Ermittlung der Beiträge für Teillohnzahlungszeiträume die Beiträge höchstens bis zur Beitragsbemessungsgrenze des Teillohnzahlungszeitraumes zu erheben sind. Liegt das erzielte Arbeitsentgelt unter dieser Beitragsbemessungsgrenze, so ist das tatsächlich erzielte Arbeitsentgelt maßgebend; liegt es jedoch über der anteiligen Beitragsbemessungsgrenze für den Teillohnzahlungszeitraum, so ist für die Ermittlung des Beitrages die **anteilige Beitragsbemessungsgrenze** maßgebend.

Dabei ist die für Teillohnzahlungszeiträume maßgebende Beitragsbemessungsgrenze nach **Kalendertagen** zu errechnen. Die für **Teillohnzahlungszeiträume** maßgebende Beitragsbemessungsgrenze für **2010** ergibt sich aus folgender Tabelle:

Kalendertage	Kranken- und Pflegeversicherung	Renten- und Arbeitslosenversicherung	
	neue und alte Bundesländer	neue Bundesländer	alte Bundesländer
1	125 €	155 €	183,33 €
2	250 €	310 €	366,67 €
3	375 €	465 €	550,00 €
4	500 €	620 €	733,33 €
5	625 €	775 €	916,67 €
6	750 €	930 €	1 100,00 €
7	875 €	1 085 €	1 283,33 €
8	1 000 €	1 240 €	1 466,67 €
9	1 125 €	1 395 €	1 650,00 €
10	1 250 €	1 550 €	1 833,33 €
11	1 375 €	1 705 €	2 016,67 €
12	1 500 €	1 860 €	2 200,00 €
13	1 625 €	2 015 €	2 383,33 €
14	1 750 €	2 170 €	2 566,67 €
15	1 875 €	2 325 €	2 750,00 €
16	2 000 €	2 480 €	2 933,33 €
17	2 125 €	2 635 €	3 116,67 €
18	2 250 €	2 790 €	3 300,00 €
19	2 375 €	2 945 €	3 483,33 €
20	2 500 €	3 100 €	3 666,67 €
21	2 625 €	3 255 €	3 850,00 €
22	2 750 €	3 410 €	4 033,33 €
23	2 875 €	3 565 €	4 216,67 €
24	3 000 €	3 720 €	4 400,00 €
25	3 125 €	3 875 €	4 583,33 €
26	3 250 €	4 030 €	4 766,67 €
27	3 375 €	4 185 €	4 950,00 €
28	3 500 €	4 340 €	5 133,33 €
29	3 750 €	4 495 €	5 316,67 €
30		4 650 €	5 500,00 €

Beispiel

Ein Arbeitnehmer mit einem Monatslohn von 3300 € zuzüglich vermögenswirksame Leistung in Höhe von 40 € hat vom Arbeitgeber Lohnfortzahlung im Krankheitsfall bis 11. Februar 2010 erhalten. Ab 12. 2. 2010 bezieht der Arbeiter von der Krankenkasse Krankengeld. Auf der Lohnsteuerkarte sind die Steuerklasse III/1, Religionszugehörigkeit rk eingetragen.

Lohnfortzahlung vom 1. 2. bis 11. 2. 2010:

9 Arbeitstage bei 20 möglichen Arbeitstagen

ergeben $\dfrac{3340\,€ \times 9}{20}$ = 1 503,— €

abzüglich:

Lohnsteuer	0,— €	
Solidaritätszuschlag	0,— €	
Kirchensteuer	0,— €	
Sozialversicherung (Arbeitnehmeranteil)	292,63 €	292,63 €
Nettolohn		1 210,37 €
abzüglich vermögenswirksame Anlage		40,— €
auszuzahlender Betrag		1 170,37 €
Arbeitgeberanteil zur Sozialversicherung		280,25 €

Teillohnzahlungszeitraum

Berechnung der Lohnsteuer:

Das Arbeitsverhältnis besteht auch während des Bezugs von Krankengeld fort. Die Lohnsteuerkarte verbleibt deshalb während dieser Zeit beim Arbeitgeber. In steuerlicher Hinsicht entsteht somit kein Teillohnzahlungszeitraum, der eine Berechnung der Lohnsteuer und Kirchensteuer nach Tagen erfordern würde. Auf den steuerpflichtigen Arbeitslohn ist die Lohnsteuer-Monatstabelle anzuwenden.

Arbeitslohn	1 503,— €
Lohnsteuer nach der Allgemeinen Lohnsteuertabelle, Steuerklasse III/1	0,— €
Solidaritätszuschlag	0,— €
Kirchensteuer (z. B. 8 %)	0,— €

Berechnung der Sozialversicherungsbeiträge:

Bei der Berechnung der Sozialversicherungsbeiträge ist zu beachten, dass für Zeiten, in denen wegen der Gewährung von Krankengeld kein Entgelt gezahlt wird, keine Beiträge anfallen. Im Beispielsfall entsteht somit ein Teillohnzahlungszeitraum vom 1. bis 12. des Monats = 11 Kalendertage.

Die Beitragsbemessungsgrenze beträgt für 11 Kalendertage in der Kranken- und Pflegeversicherung lt. Tabelle	=	1 375,— €
in der Renten- und Arbeitslosenversicherung lt. Tabelle	=	2 016,67 €

Da die anteilige Beitragsbemessungsgrenze in der Kranken- und Pflegeversicherung in Höhe von 1375 € niedriger ist als das Arbeitsentgelt, sind die Beiträge aus 1375 € zu berechnen. In der Renten- und Arbeitslosenversicherung ist die anteilige Beitragsbemessungsgrenze höher als das Arbeitsentgelt. Die Beiträge sind deshalb aus 1503 € zu berechnen.

Arbeitnehmeranteil:

Krankenversicherung 7,9 % von 1375 €	=	108,63 €
Pflegeversicherung 0,975 % von 1375 €	=	13,41 €
Rentenversicherung 9,95 % von 1503 €	=	149,55 €
Arbeitslosenversicherung: 1,4 % von 1503 €	=	21,04 €
Arbeitnehmeranteil insgesamt		292,63 €

Arbeitgeberanteil:

Krankenversicherung 7,0 % von 1375 €	=	96,25 €
Pflegeversicherung 0,975 % von 1375 €	=	13,41 €
Rentenversicherung 9,95 % von 1503 €	=	149,55 €
Arbeitslosenversicherung 1,4 % von 1503 €	=	21,04 €
Arbeitgeberanteil insgesamt		280,25 €

Wird während des Bezugs von Krankengeld eine **einmalige Zuwendung** gezahlt, so ist diese steuer- und beitragspflichtig.

Bei Teillohnzahlungszeiträumen ist zu beachten, dass eine **Unterbrechungsmeldung** zu erstatten ist, wenn für einen vollen Kalendermonat kein Entgelt gezahlt wird und die Mitgliedschaft weiter besteht. Auf die ausführlichen Erläuterungen zu den Meldepflichten des Arbeitgebers in **Anhang 15** des Lexikons wird Bezug genommen.

Bei Teillohnzahlungszeiträumen, die wegen einer Unterbrechung der versicherungspflichtigen Beschäftigung entstehen, ist zu beachten, dass im Lohnkonto der Buchstabe „U" zu vermerken ist, wenn der Anspruch auf Arbeitslohn für **mindestens 5 Arbeitstage** wegfällt, (vgl. hierzu die ausführlichen Erläuterungen zum Stichwort „Lohnkonto" unter Nr. 9 auf Seite 449).

Kein Teillohnzahlungszeitraum entsteht bei der Sozialversicherung in folgenden Fällen:

- **unbezahlter Urlaub,** unrechtmäßiger Streik, Arbeitsbummelei, Aussperrung,
- rechtmäßiger Streik,
- Kurzarbeit (Arbeitsausfall an vollen Tagen).

Bei einem unbezahlten Urlaub, Streik, Aussperrung oder Arbeitsbummelei **bis zu einem Monat** wird das Versicherungsverhältnis nicht unterbrochen (§ 7 Abs. 3 Satz 1 SGB IV). Für die Berechnung der Sozialversicherungsbeiträge liegt deshalb in diesen Fällen bei Unterbrechungen bis zu einem Monat **kein** Teillohnzahlungszeitraum vor (vgl. das Lohnabrechnungsbeispiel beim Stichwort „Unbezahlter Urlaub").

Bei einer Arbeitsunterbrechung von mehr als einem Monat (Zeitmonat) endet die Mitgliedschaft in der Krankenversicherung mit dem Ablauf eines Monats. Zu diesem Tag ist eine Abmeldung bei der Krankenkasse vorzunehmen. Die Meldepflichten des Arbeitgebers sind ausführlich in **Anhang 15** des Lexikons erläutert.

Teilzeitbeschäftigte

Siehe Pauschalierung der Lohnsteuer für Aushilfskräfte und Teilzeitbeschäftigte. Zur Sozialversicherung siehe das Stichwort: Geringfügige Beschäftigung.

Telearbeitsplatz

Gliederung:

1. Allgemeines
2. Kosten der Einrichtung und Ausstattung des Arbeitsplatzes
   a) PC, Drucker, Fax, Software, Zubehör
   b) Internetanschluss
   c) Einrichtungsgegenstände und Möbel
3. Betriebskosten für die eingesetzten Arbeitsmittel
4. Telefonkosten
5. Aufwendungen für das häusliche Arbeitszimmer

1. Allgemeines

Immer mehr Arbeitgeber entsprechen dem Wunsch von Arbeitnehmern, bestimmte Aufgaben nicht mehr im Betrieb, sondern unter Einsatz moderner Kommunikationsmittel nach Einrichtung eines Telearbeitsplatzes zu Hause zu erledigen. Für den Arbeitgeber stellt sich dabei die Frage, in welchem Umfang er dem Arbeitnehmer Aufwendungen steuerfrei ersetzen kann. Hierzu gilt im Einzelnen Folgendes:

2. Kosten der Einrichtung und Ausstattung des Arbeitsplatzes

a) PC, Drucker, Fax, Software, Zubehör

	Lohn-steuer-pflichtig	Sozial-versich.-pflichtig
Trägt der Arbeitgeber die Kosten für die Beschaffung dieser EDV-Geräte und bleiben diese **im Eigentum des Arbeitgebers,** führt die Gestellung für den Arbeitnehmer nicht zu einem steuerpflichtigen Vorteil und zwar auch dann nicht, wenn die Geräte privat genutzt werden (§ 3 Nr. 45 EStG).	nein	nein
Übereignet der Arbeitgeber Computer-Hardware einschließlich technischem Zubehör und Software als Erstausstattung oder als Ergänzung, Aktualisierung und Austausch vorhandener Bestandteile, so gehört der Wert dieser Sachbezüge zum steuerpflichtigen Arbeitslohn. Die Lohnsteuer kann jedoch mit **25 % pauschaliert** werden (§ 40 Abs. 2 Nr. 5 EStG). Diese Pauschalierung mit 25 % löst Beitragsfreiheit in der Sozialversicherung aus.	ja	nein
Die Pauschalierung mit 25 % ist auch möglich, wenn der Arbeitgeber ausschließlich technisches Zubehör oder Software übereignet (R 40.2 Abs. 5 Satz 3 LStR).	ja	nein
Steht der PC **im Eigentum des Arbeitnehmers** und zahlt der Arbeitgeber für die betriebliche Verwendung eine pauschale Vergütung, gehört diese zum steuer- und beitragspflichtigen Entgelt.	ja	ja

Seine beruflich veranlassten Aufwendungen für den Computer kann der Arbeitnehmer als Werbungskosten bei seiner Einkommensteuerveranlagung geltend machen (vgl. das Stichwort „Computer" besonders unter Nr. 5).

b) Internetanschluss

Die Steuerbefreiungsvorschrift des § 3 Nr. 45 EStG gilt auch für die private Nutzung des Internetanschlusses von Laptops sowie von Computern **in der Wohnung des**

Telearbeitsplatz

Arbeitnehmer, wenn die Geräte **im Eigentum des Arbeitgebers bleiben.** Der Umfang der privaten Nutzung spielt keine Rolle. — Lohnsteuerpflichtig: nein / Sozialversicherungspflichtig: nein

Barzuschüsse des Arbeitgebers zu den Aufwendungen des Arbeitnehmers für dessen privaten Internetanschluss sind zwar steuerpflichtiger Arbeitslohn, die Lohnsteuer kann jedoch mit 25 % pauschaliert werden (§ 40 Abs. 2 Nr. 5 Satz 2 EStG). Diese Pauschalierung mit 25 % löst Beitragsfreiheit in der Sozialversicherung aus. — Lohnsteuerpflichtig: ja / Sozialversicherungspflichtig: nein

Für die Pauschalierung von Arbeitgeberzuschüssen zu den Aufwendungen des Arbeitnehmers für die Internetnutzung gilt Folgendes: Zu den pauschalierbaren Aufwendungen für die Internetnutzung gehören sowohl die laufenden Kosten (z. B. die Grundgebühr für den Internetzugang, laufende Gebühren für die Internetnutzung, Flatrate), als auch die Kosten der Einrichtung des Internetzugangs (z. B. ISDN-Anschluss, Modem, Anschaffungskosten des PC). Aus Vereinfachungsgründen kann der Arbeitgeber den vom Arbeitnehmer angegebenen Betrag für die laufende Internetnutzung ohne weitere Prüfung pauschalieren, soweit dieser **50 € monatlich** nicht übersteigt. Voraussetzung ist allerdings, dass der Arbeitnehmer eine Erklärung unterschreibt, dass ihm Aufwendungen für die laufende Internetnutzung in Höhe des Betrages entstehen, den der Arbeitgeber steuerfrei ersetzt. Der Arbeitgeber hat diese Erklärung als Beleg zum Lohnkonto aufzubewahren (R 40.2 Abs. 5 Sätze 7 und 8 LStR). Das Muster einer solchen Erklärung ist beim Stichwort „Computer" unter Nr. 2 Buchstabe b auf Seite 184 abgedruckt.

Will der Arbeitgeber mehr als 50 € monatlich erstatten und pauschalieren, muss der Arbeitnehmer für einen repräsentativen Zeitraum von **drei Monaten** die entstandenen Aufwendungen im Einzelnen nachweisen. Der sich danach ergebene monatliche Durchschnittsbetrag darf der Pauschalierung für die Zukunft solange zugrunde gelegt werden, bis sich die Verhältnisse wesentlich ändern. Eine solche Änderung kann sich insbesondere im Zusammenhang mit einer Änderung der Berufstätigkeit ergeben.

Soweit die pauschal besteuerten Zuschüsse auf Werbungskosten entfallen, ist ein Werbungskostenabzug durch den Arbeitnehmer ausgeschlossen. Die Verwaltung lässt allerdings zugunsten des Arbeitnehmers zu, dass die pauschal besteuerten Zuschüsse zunächst auf die privat veranlassten Internetkosten angerechnet werden. Darüber hinaus wird bei Zuschüssen bis zu 50 € monatlich von einer Anrechnung der pauschal besteuerten Zuschüsse auf die Werbungskosten des Arbeitnehmers generell abgesehen (R 40.2 Abs. 5 Sätze 11 und 12 LStR).

c) Einrichtungsgegenstände und Möbel

Trägt der Arbeitgeber auch die Kosten für die Beschaffung von beruflich genutzten Einrichtungsgegenständen und Möbeln und bleiben diese **im Eigentum des Arbeitgebers,** führt die Gestellung für den Arbeitnehmer nicht zu einem steuerpflichtigen Vorteil, wenn die Nutzung zu privaten Zwecken untersagt ist und dieses Verbot überwacht wird. — Lohnsteuerpflichtig: nein / Sozialversicherungspflichtig: nein

Stehen die Arbeitsmittel dagegen **im Eigentum des Arbeitnehmers** und zahlt der Arbeitgeber für die betriebliche Verwendung eine Vergütung, gehört diese zum steuer- und beitragspflichtigen Entgelt. — Lohnsteuerpflichtig: ja / Sozialversicherungspflichtig: ja

Seine Aufwendungen für die Arbeitsmittel kann der Arbeitnehmer als Werbungskosten bei seiner Einkommensteuerveranlagung geltend machen.

3. Betriebskosten für die eingesetzten Arbeitsmittel

Hierbei handelt es sich vor allem um die Stromkosten für den Betrieb der Arbeitsmittel. Die tatsächlich anfallenden Kosten (z. B. durch Abrechnung mit einem gesonderten Stromzähler) kann der Arbeitgeber steuer- und beitragsfrei ersetzen. — Lohnsteuerpflichtig: nein / Sozialversicherungspflichtig: nein

Ein **pauschaler** Auslagenersatz, z. B. monatlich 100 €, ist dagegen in der Regel steuer- und beitragspflichtig. — Lohnsteuerpflichtig: ja / Sozialversicherungspflichtig: ja

Allerdings kann vom Betriebsstättenfinanzamt aufgrund eines Nachweises der anfallenden Kosten für einen repräsentativen Zeitraum von drei Monaten ein steuerfreier pauschaler Erstattungsbetrag festgelegt werden (vgl. auch die Erläuterungen beim Stichwort „Auslagenersatz" unter Nr. 3).

4. Telefonkosten

In der Regel wird bei einem Telearbeitsplatz der Telefonanschluss, der die Verbindung zum Datennetz des Unternehmens ermöglicht, vom Arbeitgeber eingerichtet werden und auf den Namen des Unternehmens lauten. Die Übernahme der Kosten hierfür und auch der laufenden Gebühren durch den Arbeitgeber führen beim Arbeitnehmer nicht zu einem steuer- und beitragspflichtigen Vorteil (§ 3 Nr. 45 EStG). — Lohnsteuerpflichtig: nein / Sozialversicherungspflichtig: nein

Lautet der Anschluss auf den Namen des Arbeitnehmers, gilt die allgemeine Telefonkostenregelung (vgl. das Stichwort „Telefonkosten").

5. Aufwendungen für das häusliche Arbeitszimmer

Die dem Arbeitnehmer entstehenden Aufwendungen für Heizung, Beleuchtung und Reinigung eines häuslichen Arbeitszimmers kann der Arbeitgeber nicht steuer- und beitragsfrei ersetzen. Wird hierfür eine Vergütung gezahlt, gehört diese als Werbungskostenersatz zum steuer- und beitragspflichtigen **Arbeitslohn.** — Lohnsteuerpflichtig: ja / Sozialversicherungspflichtig: ja

Seine Aufwendungen kann der Arbeitnehmer als **Werbungskosten** bei seiner Einkommensteuerveranlagung geltend machen, wenn das häusliche Arbeitszimmer den Mittelpunkt seiner gesamten betrieblichen und beruflichen Tätigkeit darstellt (vgl. das Stichwort „Arbeitszimmer").

Zum Abschluss eines Mietvertrags zwischen Arbeitnehmer und Arbeitgeber über die Vermietung des häuslichen Arbeitszimmers vgl. die Erläuterungen beim Stichwort „Arbeitszimmer" unter 3.

Telefaxgerät

siehe „Telefonkosten"

Telefoninterviewer

Sie sind **Arbeitnehmer,** wenn sie keine einem Selbständigen vergleichbare Initiative entfalten können und insbesondere hinsichtlich Ort und Inhalt ihrer Tätigkeit weisungsgebunden sowie organisatorisch in den Betrieb des Auftraggebers eingebunden sind (BFH-Urteil vom 29. 5. 2008, BStBl. II S. 933).

Telefonkarte

siehe „Telefonkosten"

Telefonkosten

Gliederung:

1. Private Nutzung betrieblicher Telekommunikationsgeräte
2. Privater Telefonanschluss des Arbeitnehmers
   a) Allgemeines
   b) Auslagenersatz aufgrund Einzelnachweis der beruflichen Kosten
   c) Vereinfachte Nachweisführung
   d) Kleinbetragsregelung

Telefonkosten

	Lohn-steuer-pflichtig	Sozial-versich.-pflichtig

3. Autotelefon
   a) Autotelefon des Arbeitgebers
   b) Autotelefon des Arbeitnehmers
4. Gehaltsumwandlung
5. Telefonkarten
6. Werbungskostenabzug bei Telefonkosten
   a) Einzelnachweis der beruflich veranlassten Aufwendungen
   b) Schätzung der beruflich veranlassten Aufwendungen
   c) Kürzung des Werbungskostenabzugs um steuerfreie Arbeitgeberleistungen
7. Umsatzsteuerpflicht
   a) Überlassung gegen Entgelt
   b) Überlassung ohne Entgelt
   c) Nutzung gegen den Willen des Arbeitgebers

1. Private Nutzung betrieblicher Telekommunikationsgeräte

Nach § 3 Nr. 45 EStG wird die private Nutzung von **betrieblichen** Telekommunikationsgeräten (Telefon, Handy, Faxgeräte) steuerfrei gestellt. Die Steuerfreiheit gilt nicht nur für die private Nutzung des Telefons am Arbeitsplatz im Betrieb, sondern auch dann, wenn der Arbeitgeber dem Arbeitnehmer z. B. ein Mobiltelefon zur ständigen privaten Nutzung überlässt oder dem Arbeitnehmer in dessen Privatwohnung einen betrieblichen Telefonanschluss einrichtet, den der Arbeitnehmer ohne jede Einschränkung privat nutzen kann. Entscheidend ist, dass es sich um einen **betrieblichen** Telefonanschluss handelt, das heißt das Telefon, Handy oder Faxgerät muss Eigentum des Arbeitgebers bleiben. Ist dies der Fall, so ist es für die Steuerfreiheit der Privatnutzung unerheblich, in welchem Verhältnis die berufliche Nutzung zur privaten Mitbenutzung steht. Das bedeutet, dass auch dann kein steuerpflichtiger geldwerter Vorteil entsteht, wenn der Arbeitnehmer z. B. das Mobiltelefon des Arbeitgebers **ausschließlich privat nutzt** und der Arbeitgeber die Gesprächsgebühren zahlt.   nein   nein

Die entscheidende Frage für die Anwendung des § 3 Nr. 45 EStG ist hiernach, wie der Begriff „**betriebliches Telekommunikationsgerät**" auszulegen ist. Hierzu hat die Finanzverwaltung in R 3.45 Satz 5 der Lohnsteuer-Richtlinien eine großzügige Regelung getroffen, nach der bei einer Überlassung betrieblicher Geräte auch die vom Arbeitgeber getragenen Verbindungsentgelte (Grundgebühr und sonstige laufende Kosten) steuerfrei sind und zwar **unabhängig davon, ob der Arbeitgeber Vertragspartner des Telekommunikationsanbieters ist** oder nicht*). Für einen Vorsteuerabzug ist es allerdings erforderlich, dass der Arbeitgeber als Vertragspartner des Telekommunikationsunternehmens eine auf seinen Namen lautende Rechnung erhält.

Beispiel A
Der Arbeitgeber überlässt dem Arbeitnehmer ein betriebliches Handy (auch) zur privaten Nutzung. Der Arbeitnehmer meldet das Gerät auf seinen eigenen Namen beim Telekommunikationsanbieter an. Die Firma übernimmt die monatlichen Gebühren. Obwohl der Arbeitnehmer Vertragspartner des Telekommunikationsanbieters ist, ist die Kostenübernahme durch den Arbeitgeber steuer- und sozialversicherungsfrei, weil das Handy dem Arbeitgeber gehört.

Die Steuerfreiheit nach § 3 Nr. 45 EStG gilt nur bei einer **Überlassung** von Telekommunikationsgeräten entweder durch den Arbeitgeber selbst oder aufgrund des Dienstverhältnisses durch einen Dritten (R 3.45 Satz 4 LStR). Die Steuerfreiheit tritt also nicht ein, wenn der Arbeitgeber dem Arbeitnehmer das Telefongerät (Handy) schenkt oder verbilligt übereignet. Liegt eine **Überlassung** durch den Arbeitgeber vor, ist die Steuerfreiheit des geldwerten Vorteils der Höhe nach nicht begrenzt und zwar auch dann nicht, wenn die überlassenen Geräte durch den Arbeitnehmer oder andere Personen (z. B. Freundin, Familie) **ausschließlich privat** genutzt werden.

Beispiel B
Der Arbeitgeber überlässt dem Arbeitnehmer drei Handys zur privaten Nutzung durch den Arbeitnehmer, dessen Ehefrau und die Tochter. Der Arbeitnehmer nutzt sein Handy zu 80 % beruflich, die Ehefrau und die Tochter ausschließlich privat. Im Durchschnitt entstehen der Firma hierdurch monatliche Kosten von 200 €. Dieser Betrag ist in voller Höhe steuerfrei nach § 3 Nr. 45 EStG und damit auch beitragsfrei in der Sozialversicherung.

Für die Steuerfreiheit kommt es nicht darauf an, ob die Vorteile zusätzlich zum ohnehin geschuldeten Arbeitslohn gewährt oder aufgrund einer Vereinbarung mit dem Arbeitgeber über eine Gehaltsumwandlung finanziert werden (vgl. die ausführlichen Erläuterungen unter der nachfolgenden Nr. 4).

Beispiel C
Der Arbeitgeber überlässt dem Arbeitnehmer drei Handys zur privaten Nutzung, ist jedoch nicht bereit, die damit verbundenen Kosten von monatlich 200 € zu tragen. Durch eine Änderung des Arbeitsvertrags werden die Aufwendungen über eine Herabsetzung des Barlohns des Arbeitnehmers von 4000 € auf 3800 € finanziert. Diese Gehaltsumwandlung wird steuerlich anerkannt, so dass der Arbeitnehmer künftig nur noch 3800 € versteuern muss. Vgl. aber – besonders zur Sozialversicherung – die ausführlichen Erläuterungen unter der nachfolgenden Nr. 4.

Diese großzügige Regelung eröffnet für Arbeitgeber und Arbeitnehmer eine Fülle von Gestaltungsmöglichkeiten. Die Finanzverwaltung vertritt deshalb die Auffassung**), dass ein „betriebliches Telekommunikationsgerät" dann nicht mehr vorliegt, wenn der Arbeitnehmer **wirtschaftliches Eigentum** an dem Telekommunikationsgerät erlangt. Die Finanzverwaltung unterscheidet dazu bei der Überlassung eines **Festnetztelefons,** bei dem der Arbeitnehmer Vertragspartner des Telekommunikationsanbieters ist, folgende drei Fälle:

1. Fall

Der Arbeitgeber beauftragt ein Telekommunikationsunternehmen, seinem Arbeitnehmer ein Telefon zur Verfügung zu stellen. Die monatlichen Kosten übernimmt der Arbeitgeber. Die Voraussetzungen für eine Steuerbefreiung nach § 3 Nr. 45 EStG sind erfüllt, da es sich um die Zurverfügungstellung eines betrieblichen – wenn auch vom Arbeitgeber gemieteten – Telekommunikationsgeräts handelt.

2. Fall

Der Arbeitnehmer kauft ein Telefon bzw. hat ein Telefon vor längerer Zeit erworben und vermietet dieses Gerät an den Arbeitgeber. Dieser überlässt das Gerät wiederum an den Arbeitnehmer. Der Arbeitnehmer ist zivilrechtlicher und auch wirtschaftlicher Eigentümer des Telekommunikationsgeräts. Es handelt sich – trotz Anmietung des Geräts durch den Arbeitgeber – nicht um die Zurverfügungstellung eines betrieblichen Telekommunikationsgeräts im Sinne der Steuerbefreiungsvorschrift des § 3 Nr. 45

---

*) R 3.45 Satz 5 LStR lautet: „In diesen Fällen sind auch die vom Arbeitgeber getragenen Verbindungsentgelte (Grundgebühr und sonstige laufende Kosten) steuerfrei". Der seinerzeitige Entwurf dieses Satzes lautete: „In diesen Fällen sind auch die vom Arbeitgeber getragenen Verbindungsentgelte (Grundgebühr und sonstige laufende Kosten) steuerfrei, **wenn der Arbeitgeber Vertragspartner des Telekommunikationsanbieters ist**". Dieser Zusatz wurde bei der Erörterung des Richtlinien-Entwurfs durch die obersten Finanzbehörden des Bundes und der Länder wieder gestrichen, sodass Steuerfreiheit für die vom Arbeitgeber getragenen Verbindungsentgelte auch dann eintritt, wenn der Arbeitgeber nicht Vertragspartner des Telekommunikationsanbieters ist. Denn die steuerliche Beurteilung der vom Arbeitgeber – als Schuldner oder im Wege des Barzuschusses – getragenen Verbindungsentgelte folgt in diesen Fällen der Behandlung der Gerätestellung selbst (= steuerfrei nach § 3 Nr. 45 EStG), weil wirtschaftlich ein einheitlich zu beurteilender Sachverhalt vorliegt.

) Erlass des Finanzministeriums Nordrhein-Westfalen vom 22.10.2002 Az.: S 2342 – 40 – V B 3. Der Erlass ist als Anlage 1 zu R 3.45 LStR im **Steuerhandbuch für das Lohnbüro 2010 abgedruckt, das im selben Verlag erschienen ist. Das **PC-Lexikon** für das Lohnbüro 2010 enthält auch dieses Handbuch und hat außerdem den Vorteil, dass Sie **alle BFH-Urteile** sowie die aktuellen Rundschreiben und Niederschriften der Spitzenverbände der **Sozialversicherung** mit Mausklick **im Volltext** abrufen und ausdrucken können. Eine Bestellkarte finden Sie vorne im Lexikon.

Telefonkosten

EStG (analoge Anwendung des BFH-Urteils vom 6.11.2001, BStBl. 2002 II S. 164, wonach bei Arbeitgebererstattung der Kosten für einen Pkw des Arbeitnehmers Barlohn und kein Nutzungsvorteil vorliegt).

3. Fall

Der Arbeitgeber kauft ein Telefon und stellt es dem Arbeitnehmer (zeitlich unbegrenzt) zur Verfügung. Die Steuerbefreiungsvorschrift ist ausgeschlossen, wenn der Arbeitnehmer als **wirtschaftlicher Eigentümer** des Telekommunikationsgeräts anzusehen ist. In diesem Fall handelt es sich nicht mehr um eine Nutzungsüberlassung, sondern um die Übertragung des Telekommunikationsgeräts. Nach Auffassung der Finanzverwaltung gilt zum wirtschaftlichen Eigentum Folgendes:

- Im Grundsatz liegt auch bei einer unbefristeten Überlassung des Telekommunikationsgeräts kein wirtschaftliches Eigentum vor.
- Ist jedoch die Überlassung (auch bilanzsteuerrechtlich) so ausgestaltet worden, dass wirtschaftliches Eigentum vorliegt (z. B. Einräumung einer Kaufoption in Höhe von 1 €), so handelt es sich nicht um die Zurverfügungstellung eines betrieblichen Telekommunikationsgeräts im Sinne der Steuerbefreiungsvorschrift des § 3 Nr. 45 EStG. In diesen Fällen gelten deshalb die unter der nachfolgenden Nr. 2 dargestellten Regelungen. Diesen Fall kann man sich allerdings in der Praxis kaum vorstellen.

Trotz der vorstehend beschriebenen Steuerbefreiungsvorschrift müssen selbständig tätige Unternehmer ihren Gewinn um die anteiligen Aufwendungen für ihre private Nutzung einer betrieblichen Telekommunikationsanlage erhöhen. Die auf Arbeitnehmer beschränkte Steuerfreiheit aus der privaten Nutzung von betrieblichen Personalcomputern und Telekommunikationsgeräten verletzt nicht den Gleichheitssatz (BFH-Urteil vom 21.6.2006, BStBl. II S. 715).

2. Privater Telefonanschluss des Arbeitnehmers

a) Allgemeines

Bei arbeitnehmereigenen Telefonanschlüssen kann – anders als bei betrieblichen Telekommunikationsgeräten – durch die Privatnutzung des Arbeitnehmers kein geldwerter Vorteil entstehen. Aus lohnsteuerlicher Sicht stellt sich vielmehr umgekehrt die Frage, in welchem Umfang der Arbeitgeber für die vom häuslichen Telefon des Arbeitnehmers geführten **beruflich** veranlassten Gespräche **steuerfreien Auslagenersatz** nach § 3 Nr. 50 EStG gewähren kann. Hierunter fallen neben der beruflichen Nutzung des häuslichen Telefonanschlusses des Arbeitnehmers auch die berufliche Verwendung des privaten Internetanschlusses in der Wohnung des Arbeitnehmers sowie die berufliche Verwendung des arbeitnehmereigenen Mobiltelefons oder Autotelefons. Im Einzelnen gilt für den steuerfreien Auslagenersatz durch den Arbeitgeber Folgendes:

b) Auslagenersatz aufgrund Einzelnachweis der beruflichen Kosten

Ersetzt der Arbeitgeber dem Arbeitnehmer die Kosten für **berufliche** Gespräche vom **Privatanschluss** des Arbeitnehmers, ist dieser Arbeitgeberersatz als Auslagenersatz steuerfrei, wenn die Aufwendungen für die beruflichen Gespräche im Einzelnen nachgewiesen werden (§ 3 Nr. 50 EStG). | nein | nein

Der steuerfreie Auslagenersatz umfasst dabei neben den beruflich veranlassten laufenden Verbindungsentgelten (Telefon und Internet) auch die **anteiligen Grundkosten** (Nutzungsentgelt für die Telefonanlage sowie Grundpreis für die Anschlüsse). Die monatlichen Rechnungen des Telekommunikationsanbieters sind als Belege zum Lohnkonto zu nehmen.

Beispiel

Beruflich veranlasste Verbindungsentgelte lt. Einzelverbindungsnachweis	100,— €
private Verbindungsentgelte	50,— €
insgesamt	150,— €
Miete für die Anlage und Grundpreis	60,— €
Gesamtrechnungsbetrag	210,— €

Von den gesamten Verbindungsentgelten (150 €) entfallen 100 € = zwei Drittel auf berufliche Gespräche; somit können auch die Miete und der Grundpreis mit einem Anteil von zwei Dritteln = 40 € steuerfrei ersetzt werden; (insgesamt sind damit (100 € + 40 € =) 140 € steuerfrei.

Auch bei einem Pauschaltarif ohne Einzelverbindungsnachweis **(Flatrate)** muss anhand geeigneter, ggf. selbst gefertigter Aufzeichnungen der berufliche und private Nutzungsumfang nachgewiesen werden.

c) Vereinfachte Nachweisführung

Anstelle des monatlichen Einzelnachweises ist es auch zulässig, dass der Arbeitgeber den beruflichen Anteil für die Nutzung privater Telekommunikationsgeräte des Arbeitnehmers für einen repräsentativen Zeitraum von **drei Monaten** im Einzelnen nachweist; dies gilt auch bei einer Flatrate (vgl. die Ausführungen am Ende des vorstehenden Buchstabens b). In der Folgezeit kann **das sich ergebende Nutzungsverhältnis** der beruflichen Verbindungsentgelte zu den gesamten Verbindungsentgelten für den Umfang des steuerfreien Auslagenersatzes so lange zugrunde gelegt werden, bis sich die Verhältnisse wesentlich ändern. Die monatlichen Rechnungen des Telekommunikationsanbieters sind als Belege zum Lohnkonto zu nehmen.

Beispiel A

Arbeitnehmer A weist für einen Zeitraum von drei Monaten einen beruflichen Nutzungsanteil seiner privaten Telekommunikationsgeräte von 50 % nach. In der Folgezeit kann der Arbeitgeber 50 % des Gesamtrechnungsbetrags als Auslagenersatz steuerfrei erstatten.

Zulässig ist es auch, dass der Arbeitgeber für die berufliche Nutzung privater Telekommunikationsgeräte seinem Arbeitnehmer steuerfreien Auslagenersatz in Höhe eines **Durchschnittsbetrags** gewährt. Voraussetzung für die Steuerfreiheit des pauschalen Auslagenersatzes ist auch hier, dass der Arbeitnehmer anhand der Rechnungsbeträge für einen repräsentativen Zeitraum von drei Monaten eine entsprechende Nachweisführung vornimmt. Der sich hierbei für die berufliche Nutzung ergebende monatliche Durchschnittsbetrag kann für die Folgezeit als steuerfreier Auslagenersatz fortgeführt werden. Der pauschale Auslagenersatz nach Maßgabe des ermittelten Durchschnittsbetrags bleibt so lange steuerfrei, bis sich die Verhältnisse wesentlich ändern. Die Rechnungsbelege des Dreimonatszeitraums sind als Belege zum Lohnkonto aufzubewahren.

Beispiel B

Der Arbeitnehmer weist seinem Arbeitgeber für drei Monate beruflich veranlasste Telekommunikationsaufwendungen in Höhe von 40 € (April 2010), 50 € (Mai 2010) und 60 € (Juni 2010) nach.

Der monatliche Durchschnittsbetrag für den Zeitraum April bis Juni 2010 beträgt 50 € (40 € + 50 € + 60 € = 150 € : 3). Der Arbeitgeber kann auch in den folgenden Monaten beruflich veranlasste Telekommunikationsaufwendungen in Höhe von 50 € monatlich als Auslagenersatz steuerfrei erstatten, wenn sich die Verhältnisse nicht wesentlich ändern. Die Vorlage von Telefonrechnungen und die Aufbewahrung zum Lohnkonto sind für die folgenden Kalendermonate (ab Juli 2010) nicht erforderlich.

d) Kleinbetragsregelung

Ergänzend zur vereinfachten Nachweisführung für einen Dreimonatszeitraum (vgl. die Erläuterungen unter dem vorstehenden Buchstaben c) gilt eine Kleinbetragsregelung, die den steuerfreien pauschalen Auslagenersatz bei privaten Telekommunikationsgeräten unabhängig vom Umfang der beruflichen Nutzung zulässt. Danach kann der Arbeitgeber ohne weitere Prüfung 20 % des vom Arbeitnehmer vorgelegten Rechnungsbetrags, höchstens jedoch **20 €**

Telefonkosten

monatlich steuerfrei ersetzen, wenn dem jeweiligen Arbeitnehmer erfahrungsgemäß beruflich veranlasste Telekommunikationsaufwendungen entstehen (R 3.50 Abs. 2 Satz 4 LStR). Die monatlichen Rechnungen des Telekommunikationsanbieters sind als Belege zum Lohnkonto zu nehmen. Der monatliche Durchschnittsbetrag, der sich aufgrund dieser Kleinbetragsregelung für einen repräsentativen Dreimonatszeitraum ergibt, kann wie bei der vereinfachten Nachweisführung (vgl. Buchstabe c) als pauschaler Auslagenersatz so lange steuerfrei fortgeführt werden, bis sich die Verhältnisse wesentlich ändern. Die Rechnungsbelege des Dreimonatszeitraums sind als Belege zum Lohnkonto zu nehmen.

Beispiel A
Ein Vertreter wickelt einen Großteil seiner beruflichen Telefongespräche vom häuslichen Privatanschluss aus ab. Seine Telefonrechnung (einschließlich Grundgebühr) beträgt im März 2010 90 € und im April 2010 170 €. Der Arbeitgeber kann dem Arbeitnehmer für die beiden Monate folgende Beträge steuerfrei ersetzen:

März 2010
Telefonrechnung (einschließlich Grundgebühr)	90,— €
steuerfrei 20 % =	18,— €

April 2010
Telefonrechnung (einschließlich Grundgebühr)	170,— €
steuerfrei 20 % = 34 €, höchstens jedoch	20,— €

Auch hier kann der monatlich steuerfreie Durchschnittsbetrag für einen repräsentativen Zeitraum von drei Monaten ermittelt und dann fortgeführt werden, bis sich die Verhältnisse z. B. aufgrund geänderter Berufstätigkeit wesentlich ändern.

Beispiel B
Ein Vertreter wickelt einen Großteil seiner beruflichen Telefongespräche vom häuslichen Privatanschluss aus ab. Seine Telefonrechnung (einschließlich Grundgebühr) beträgt für Januar 2010 180 €, für Februar 2010 150 € und für März 2010 200 €. Der Arbeitgeber kann dem Arbeitnehmer für das Kalenderjahr 2010 folgende Beträge steuerfrei ersetzen.

Januar 2010
Telefonrechnung (einschließlich Grundgebühr)	180,— €
steuerfrei 20 % = 36 €, höchstens jedoch	20,— €

Februar 2010
Telefonrechnung (einschließlich Grundgebühr)	150,— €
steuerfrei 20 % = 30 €, höchstens jedoch	20,— €

März 2010
Telefonrechnung (einschließlich Grundgebühr)	200,— €
steuerfrei 20 % = 40 €, höchstens jedoch	20,— €

Der Arbeitgeber kann den für einen repräsentativen Zeitraum von drei Monaten ermittelten Betrag von 20 € auch für die restlichen Monate des Kalenderjahres 2010 und darüber hinaus auch für die folgenden Jahre steuerfrei ersetzen, wenn sich die Verhältnisse nicht wesentlich ändern. Ab April 2010 entfällt damit die Vorlage von Telefonrechnungen und deren Aufbewahrung beim Lohnkonto.

Die vorstehend beschriebene Kleinbetragsregelung (20 % des Rechnungsbetrages, höchstens 20 € monatlich) ist auch dann anzuwenden, wenn bei einer **Flatrate** keine aussagekräftigen Aufzeichnungen über den beruflichen und privaten Nutzungsumfang vorhanden sind.

Beispiel C
Ein Vertreter wickelt einen Großteil seiner beruflichen Telefongespräche vom häuslichen Privatanschluss aus ab. Die Kosten der Flatrate betragen 40 € monatlich.

Flatrate	40,— €
steuerfrei 20 % =	8,— €

3. Autotelefon

a) Autotelefon des Arbeitgebers

Ist ein Firmenwagen, der dem Arbeitnehmer zur beruflichen und privaten Nutzung überlassen wird, mit einem Autotelefon ausgestattet, so gilt Folgendes:

Der geldwerte Vorteil für die Nutzung des Firmenwagens zu Privatfahrten kann entweder durch die individuelle Methode oder die sog. 1 %-Methode ermittelt werden. Bei der 1 %-Methode beträgt der geldwerte Vorteil monatlich 1 % des Bruttolistenpreises. Bei der Ermittlung des maßgebenden Bruttolistenpreises bleiben die Aufwendungen für ein Autotelefon einschließlich Freisprechanlage außer Ansatz (R 8.1 Abs. 9 Nr. 1 Satz 6 LStR). Auf die ausführlichen Erläuterungen beim Stichwort „Firmenwagen zur privaten Nutzung" wird Bezug genommen.

Führt der Arbeitnehmer vom Autotelefon des Firmenwagens aus Privatgespräche, so ist dieser geldwerte Vorteil nach § 3 Nr. 45 EStG steuer- und beitragsfrei. nein   nein

Dabei ist es ohne Bedeutung, in welchem Umfang der Arbeitnehmer das Autotelefon im Geschäftswagen privat nutzt. Selbst bei einer 100 %igen privaten Nutzung entsteht kein steuerpflichtiger geldwerter Vorteil. nein   nein

b) Autotelefon des Arbeitnehmers

Bei arbeitnehmereigenen Telefonanschlüssen entsteht, anders als bei betrieblichen Telekommunikationsgeräten, durch die Privatnutzung des Arbeitnehmers kein geldwerter Vorteil. Aus lohnsteuerlicher Sicht stellt sich vielmehr umgekehrt die Frage, in welchem Umfang der Arbeitgeber für die vom Autotelefon des Arbeitnehmers geführten **beruflich** veranlassten Gespräche **steuerfreien Auslagenersatz** nach § 3 Nr. 50 EStG gewähren kann. Hierfür gilt folgender Grundsatz:

Ersetzt der Arbeitgeber dem Arbeitnehmer die Kosten für **berufliche** Gespräche vom **Autotelefon** des Arbeitnehmers, ist dieser Arbeitgeberersatz als Auslagenersatz steuerfrei, wenn die Aufwendungen für die beruflichen Gespräche im Einzelnen nachgewiesen werden (§ 3 Nr. 50 EStG). nein   nein

Der Arbeitnehmer kann den Einzelnachweis für einen repräsentativen Zeitraum von drei Monaten führen oder die sog. Kleinbetragsregelung in Anspruch nehmen. Die Kleinbetragsregelung besagt, dass der Arbeitgeber 20 % der vom Arbeitnehmer vorgelegten Telefonrechnung, höchstens jedoch 20 € monatlich, als Auslagenersatz steuerfrei sind, wenn dem betreffenden Arbeitnehmer erfahrungsgemäß beruflich veranlasste Telefonkosten entstehen (z. B. als Vertreter). Auf die ausführlichen Erläuterungen zur vereinfachten Nachweisführung und zur Kleinbetragsregelung unter der vorstehenden Nr. 2 wird Bezug genommen.

4. Gehaltsumwandlung

Nachdem die Steuerfreiheit nach § 3 Nr. 45 EStG bei einem betrieblichen Telekommunikationsgerät (Telefon, Handy, Faxgerät) unabhängig davon möglich ist, wie hoch die private Nutzung ist (also auch eine 100 %ige Privatnutzung steuerfrei bleibt) und außerdem die Anzahl und der Wert der überlassenen Geräte keine Rolle spielt, stellt sich die Frage, ob eine Umwandlung von Barlohn in solche steuerfreien Sachbezüge möglich ist. Die Vorschrift des § 3 Nr. 45 EStG enthält dazu – im Gegensatz zu anderen Steuerbefreiungsvorschriften – **keine Einschränkungen.** Es ist also nicht so, dass die Sachbezüge im Sinne des § 3 Nr. 45 EStG nur dann steuerfrei sind, wenn sie **zusätzlich zum ohnehin geschuldeten Arbeitslohn** gezahlt werden. Dies eröffnet die Möglichkeiten der Gehaltsumwandlung. Denn der Bundesfinanzhof hat mit Beschluss vom 20. 8. 1997 (BStBl. II S. 667) die Umwandlung von Barlohn in einen Sachbezug ausdrücklich zugelassen. Die Finanzverwaltung hat diese Rechtsprechung übernommen und z. B. die Umwandlung von Barlohn in Essensmarken oder Restaurantschecks dann akzeptiert, wenn der Austausch von Barlohn durch Essensmarken **ausdrücklich durch eine Änderung des Arbeitsvertrags** vereinbart wird. Diese Grundsätze gelten auch für die Fälle, in denen Arbeitgeber und Arbeitnehmer im gegenseitigen Einvernehmen Barlohn durch einen steuerfreien Sachbezug im Sinne des § 3 Nr. 45 EStG ersetzen. Dies wurde in den Lohnsteuer-Richtlinien ausdrücklich

Telefonkosten

	Lohn-steuer-pflichtig	Sozial-versich.-pflichtig

klargestellt, denn R 3.45 Satz 6 der Lohnsteuer-Richtlinien lautet: Für die Steuerfreiheit kommt es nicht darauf an, ob die Vorteile zusätzlich zum ohnehin geschuldeten Arbeitslohn oder aufgrund einer Vereinbarung mit dem Arbeitgeber über die Herabsetzung von Arbeitslohn erbracht werden.

In der **Sozialversicherung** wird auch bei einer Änderung des Arbeitsvertrags die Barlohnminderung nicht anerkannt, wenn der Arbeitnehmer ein Wahlrecht zwischen Barlohn und Sachbezug hat. Bei der Sozialversicherung wird man auf die Grundsätze zurückgreifen können, die von den Spitzenverbänden der Sozialversicherung zur Umwandlung von Barlohn in einen durch den Rabattfreibetrag begünstigten Sachbezug aufgestellt wurden (vgl. die Erläuterungen beim Stichwort „Rabatte, Rabattfreibetrag" unter Nr. 13 Buchstabe b auf Seite 578). Vgl. im Übrigen auch die Erläuterungen beim Stichwort „Gehaltsumwandlung" besonders unter Nr. 2 Buchstabe b.

5. Telefonkarten

Stellt der Arbeitgeber dem Arbeitnehmer kostenlos Telefonkarten für private und berufliche Gespräche zur Verfügung, so gehört der Wert der Telefonkarte zum steuer- und beitragspflichtigen Arbeitslohn. — ja — ja

Der Wert der Telefonkarte bleibt jedoch in Anwendung der monatlichen 44-Euro-Freigrenze steuer- und beitragsfrei, da es sich um eine Sachleistung im Sinne des § 8 Abs. 2 Satz 1 EStG und nicht um einen Warengutschein handelt. Voraussetzung für die Anwendung der 44-Euro-Freigrenze ist allerdings, dass die Freigrenze nicht bereits durch andere Sachbezüge ausgeschöpft worden ist. — nein — nein

Wird im Einzelnen nachgewiesen, dass die Telefonkarte ausschließlich für berufliche Gespräche benutzt wurde, bleibt der Wert der Telefonkarte steuer- und beitragsfrei. — nein — nein

Auf die ausführlichen Erläuterungen zur 44-Euro-Freigrenze beim Stichwort „Sachbezüge" besonders unter Nr. 4 wird hingewiesen.

6. Werbungskostenabzug bei Telefonkosten

a) Einzelnachweis der beruflich veranlassten Aufwendungen

Telekommunikationsaufwendungen sind Werbungskosten, soweit sie beruflich veranlasst sind. Als Werbungskosten abzugsfähig sind nicht nur die laufenden beruflichen Kosten für Telefon, Internet usw. (Verbindungsentgelte), sondern auch die anteiligen festen Kosten für die entsprechenden Anschlüsse sowie die anteiligen monatlichen Grundgebühren, z. B. für Telefon und Internet. Der berufliche Anteil der festen Kosten kann nach dem Verhältnis der Zahl der beruflich zu den privat geführten Gespräche ermittelt werden (R 9.1 Abs. 5 Satz 3 LStR). Auch bei einem Pauschaltarif ohne Einzelverbindungsnachweis (Flatrate) muss anhand geeigneter, ggf. selbst gefertigter Aufzeichnungen der berufliche und private Nutzungsumfang nachgewiesen werden.

Abzugsfähig sind außerdem die Anschaffungskosten der Geräte, soweit sie beruflich genutzt werden. Dabei müssen Anschaffungskosten über 487,90 € (410 € zuzüglich 19 % Mehrwertsteuer ergeben 487,90 €) für ein einzelnes Wirtschaftsgut auf die Nutzungsdauer verteilt werden (§ 9 Abs. 1 Satz 3 Nr. 7 EStG, R 9.12 LStR). Die Nutzungsdauer beträgt für Telekommunikationsgeräte nach der amtlichen AfA-Tabelle **5 Jahre.**

Die früher geltende sog. Halbjahresregelung (volle Jahres-AfA bei Anschaffung in der ersten Jahreshälfte, halbe Jahres-AfA bei Anschaffung in der zweiten Jahreshälfte) ist ab dem Kalenderjahr 2004 weggefallen. Seit 1.1.2004 ist also die AfA immer **monatsweise** zu berechnen. Bei dieser sog. Zwölftel-Methode gelten angefangene Monate als volle Monate.

Beispiel

Ein Arbeitnehmer hat im Kalenderjahr 2010 folgende Aufwendungen (inklusive Mehrwertsteuer), von denen 50 % beruflich veranlasst sind:

a) Telefon
- Anschaffung eines Handys am 14.1.2010 — 600,— €
- Anschlusskosten — 30,— €
- mtl. Grundgebühr 12 € × 12 — 144,— €
- Telefongebühren lt. Einzelverbindungsnachweis — 1 000,— €

b) Internet
- Anschaffung eines Modems für den Anschluss des Computers an das Internet — 100,— €
- mtl. Kosten für Provider 20 € × 12 — 240,— €
- Telefonkosten für Internet lt. Rechnung Telekom — 500,— €

Der Arbeitnehmer kann folgende Aufwendungen als Werbungskosten geltend machen:

a) Telefon
- die beruflich veranlassten Gesprächsgebühren (50 %) — 500,— €
- 50 % der Grundgebühr — 72,— €
- 50 % der Anschlusskosten — 15,— €
- jährliche Abschreibung für das Handy: Nutzungsdauer 5 Jahre, ergibt jährlich 120 €, davon 50 % berufliche Nutzung — 60,— €

zusammen — 647,— €

Da das Gerät im Januar 2010 angeschafft worden ist, kann der Arbeitnehmer für das Jahr 2010 die volle Jahres-AfA = 120 € geltend machen.

b) Internet
- die beruflichen Telefonkosten 50 % — 250,— €
- die anteiligen Providerkosten 50 % — 120,— €
- die anteiligen Kosten des Modems 50 % — 50,— €

zusammen — 420,— €

Der Arbeitnehmer kann insgesamt Werbungskosten in Höhe von (647 € + 420 € =) 1067 € bei seiner Veranlagung zur Einkommensteuer für das Kalenderjahr 2010 geltend machen.

Weist der Arbeitnehmer den Anteil der beruflich veranlassten Aufwendungen an den Gesamtaufwendungen für einen repräsentativen Zeitraum von **drei Monaten** im Einzelnen nach, so kann dieser berufliche Anteil für das gesamte Jahr zugrunde gelegt werden; dies gilt auch bei einer Flatrate. Dabei können auch die Aufwendungen für das Nutzungsentgelt der Telefonanlage sowie für den Grundpreis der Anschlüsse entsprechend dem beruflichen Anteil der Verbindungsentgelte an den gesamten Verbindungsentgelten (Telefon und Internet) abgezogen werden (R 9.1 Abs. 5 Sätze 2 und 3 LStR).

b) Schätzung der beruflich veranlassten Aufwendungen

Fallen erfahrungsgemäß beruflich veranlasste Telekommunikationsaufwendungen an (z. B. bei Handelsvertretern, Kundendienstmonteuren, Geschäftsführern), können ohne Einzelnachweis des beruflich veranlassten Anteils bis zu 20 % des Rechnungsbetrags, höchstens jedoch **20 € monatlich,** als Werbungskosten anerkannt werden. Zur weiteren Vereinfachung kann der monatliche Durchschnittsbetrag, der sich aus den Rechnungsbeträgen für einen repräsentativen Zeitraum von drei Monaten ergibt, für das gesamte Kalenderjahr zugrunde gelegt werden (R 9.1 Abs. 5 Sätze 4 und 5 LStR).

Beispiel A

Ein Vertreter wickelt einen Großteil seiner beruflichen Telefongespräche vom häuslichen Privatanschluss aus ab. Seine Telefonrechnung (einschließlich Grundgebühr) beträgt für Januar 2010 180 €, für Februar 2010 150 € und für März 2010 200 €. Der Durchschnittsbetrag für die drei Monate errechnet sich wie folgt:

Januar 2010
Telefonrechnung (einschließlich Grundgebühr) — 180,— €
Werbungskosten 20 % = 36 €, höchstens jedoch — 20,— €

Februar 2010
Telefonrechnung (einschließlich Grundgebühr) — 150,— €
Werbungskosten 20 % = 30 €, höchstens jedoch — 20,— €

	Lohn-steuer-pflichtig	Sozial-versich.-pflichtig

März 2010
Telefonrechnung (einschließlich Grundgebühr) 200,— €
Werbungskosten 20 % = 40 €, höchstens jedoch 20,— €

Der Durchschnittsbetrag für den repräsentativen Zeitraum von drei Monaten beträgt somit (20 € + 20 € + 20 € =) 60 €, davon ein Drittel = 20 €. Der Arbeitnehmer kann für das Kalenderjahr 2010 20 € × 12 = 240 € als Werbungskosten abziehen. Ab April 2010 entfällt die Vorlage der Telefonrechnungen.

Die vorstehende Schätzungsregelung für den Werbungskostenabzug (20 % des Rechnungsbetrages, höchstens 20 € monatlich) ist auch dann anzuwenden, wenn bei einer **Flatrate** keine aussagekräftigen Aufzeichnungen über den beruflichen und privaten Nutzungsumfang vorhanden sind.

Beispiel B
Ein Vertreter wickelt den Großteil seiner beruflichen Telefongespräche vom häuslichen Privatanschluss aus ab. Die Kosten der Flatrate betragen 35 € monatlich.
Flatrate 35,— €
Werbungskosten 20 % = 7,— €

c) Kürzung des Werbungskostenabzugs um steuerfreie Arbeitgeberleistungen

Hat der Arbeitgeber Telefonkosten als Auslagenersatz steuerfrei ersetzt, so mindert dies den Werbungskostenabzug (R 9.1 Abs. 5 Satz 6 LStR). Abzuziehen sind im Grundsatz auch pauschal versteuerte Arbeitgeberzuschüsse zu den Internetkosten (vgl. hierzu die Erläuterungen beim Stichwort „Computer", besonders unter Nr. 2 Buchstabe b). Dabei sind zu Gunsten des Arbeitnehmers zwei wichtige Vereinfachungsregelungen zu beachten:

- Die pauschal besteuerten Arbeitgeberzuschüsse zu den Internetkosten sind zunächst auf den **privat** veranlassten Teil der Aufwendungen anzurechnen (R 40.2 Abs. 5 Satz 11 LStR).
- Bei Zuschüssen bis zu 50 € im Monat wird aus Vereinfachungsgründen von einer Anrechnung auf Werbungskosten **völlig abgesehen** (R 40.2 Abs. 5 Satz 12 LStR).

Beispiel
Der Arbeitgeber zahlt zu den Aufwendungen des Arbeitnehmers für das Internet in Höhe von 1000 € einen monatlichen Zuschuss von 50 €, den er pauschal mit 25 % versteuert (vgl. das Stichwort „Computer"). Gleichwohl kann der Arbeitnehmer den beruflichen Anteil an den Internetkosten von z. B. 50 % = 500 € als Werbungskosten abziehen, weil pauschal versteuerten Arbeitgeberzuschüsse zur Internetnutzung die monatliche 50-Euro-Grenze nicht übersteigen (R 40.2 Abs. 5 Satz 12 LStR). Eine Anrechnung des pauschal versteuerten Betrags auf die Werbungskosten erfolgt nicht.

7. Umsatzsteuerpflicht

Übernimmt der Arbeitgeber die Kosten für die Einrichtung und den Betrieb eines privaten Telefonanschlusses in der Wohnung des Arbeitnehmers als **Auslagenersatz,** so liegt umsatzsteuerlich keine Sachzuwendung, sondern eine nicht steuerbare Geldleistung vor. Gleiches gilt für die Kostenübernahme für das Autotelefon im privaten Pkw des Arbeitnehmers.

Für die umsatzsteuerliche Behandlung **kostenloser Privatgespräche am Arbeitsplatz** oder vom **betrieblichen** Telefonanschluss in der Wohnung des Arbeitnehmers oder auch vom **betrieblichen Mobiltelefon** oder **Autotelefon** gilt Folgendes:

Werden Telekommunikationsgeräte des Arbeitgebers den Arbeitnehmern kostenlos für ihre Privatzwecke zur Verfügung gestellt, erbringt der Arbeitgeber gegenüber dem Arbeitnehmer steuerbare und im Grundsatz auch steuerpflichtige Wertabgaben (§ 3 Abs. 9a UStG). Wenn die Nutzung betrieblicher Einrichtungen in solchen Fällen zwar auch die Befriedigung eines privaten Bedarfs der Arbeitnehmer zur Folge hat, diese Folge aber durch die mit der Nutzung angestrebten betrieblichen Zwecke überlagert wird, liegen nach Abschnitt 12 Abs. 4 UStR nicht steuerbare Leistungen vor, die überwiegend durch das betriebliche Interesse des Arbeitgebers veranlasst sind. Eine Umsatzsteuerbelastung tritt daher in derartigen Fällen in aller Regel nicht ein. Da eine Übernahme der in § 3 Nr. 45 EStG geregelten Steuerfreiheit für umsatzsteuerliche Sachverhalte wegen EU-rechtlicher Vorgaben nicht möglich ist, unterscheidet die Finanzverwaltung bei der Umsatzsteuer drei Fälle*):

a) Überlassung gegen Entgelt

Stellt der Arbeitgeber dem Arbeitnehmer die Geräte entgeltlich zur Privatnutzung zur Verfügung, liegt eine entgeltliche und damit umsatzsteuerpflichtige Leistung vor.

b) Überlassung ohne Entgelt

Wenn Arbeitnehmer betriebliche Telekommunikationseinrichtungen kostenlos für Privatzwecke nutzen dürfen, fällt zwar im Grundsatz ebenfalls Umsatzsteuer an, da es sich um unentgeltliche Wertabgaben im Sinne des § 3 Abs. 9a UStG handelt. Die Finanzverwaltung sieht jedoch dann von einer Besteuerung ab, wenn die Nutzungsüberlassung überwiegend durch das betriebliche Interesse des Arbeitgebers veranlasst ist, mit anderen Worten, wenn die Nutzung betrieblicher Einrichtungen zwar auch die Befriedigung eines privaten Bedarfs der Arbeitnehmer zur Folge haben, diese Folge aber – wie es in Abschnitt 12 Abs. 4 Satz 1**) UStR heißt – „durch die mit der Nutzung angestrebten betrieblichen Zwecke überlagert wird".

Aufmerksamkeiten, die bereits von vornherein den Tatbestand der unentgeltlichen Wertabgabe nicht erfüllen, liegen allerdings in diesen Fällen nicht vor.

c) Nutzung gegen den Willen des Arbeitgebers

Wenn der Arbeitnehmer die betriebliche Telekommunikationseinrichtungen gegen den Willen des Arbeitgebers privat nutzt, fehlt es an einer willentlichen Wertabgabe des Unternehmers, was eine Umsatzbesteuerung ausschließt. Was der Arbeitnehmer für diesen Fall zu erwarten hat, sind allerdings arbeitsrechtliche Konsequenzen, die sogar zu einer Entlassung aus dem Arbeitsverhältnis führen können.

Tennisplätze

siehe „Sportanlagen"

Teuerungszulagen

Teuerungszulagen gehören grundsätzlich wie andere Zulagen (vgl. dieses Stichwort) zum steuer- und beitragspflichtigen Arbeitslohn. ja ja
siehe aber auch „Kaufkraftausgleich"

Theaterbetriebszuschläge

Die Theaterbetriebszuschläge, die Bühnenangehörigen gezahlt werden, sind steuer- und beitragspflichtig. Sie können auch nicht teilweise als Sonntags-, Feiertags- oder Nachtarbeitszuschläge steuerfrei belassen werden. ja ja

---

*) BMF-Schreiben vom 11.4.2001 Az.: IV B 7 – S 7107 – 14/01. Das nicht im Bundessteuerblatt veröffentlichte BMF-Schreiben ist als Anlage 2 zu R 3.45 LStR im **Steuerhandbuch für das Lohnbüro 2010** abgedruckt, das im selben Verlag erschienen ist. Das **PC-Lexikon** für das Lohnbüro 2010 enthält auch dieses Handbuch und hat außerdem den Vorteil, dass Sie **alle BFH-Urteile** sowie die aktuellen Rundschreiben und Niederschriften der Spitzenverbände der **Sozialversicherung** mit Mausklick **im Volltext** abrufen und ausdrucken können. Eine Bestellkarte finden Sie vorne im Lexikon.

) Abschnitt 12 der Umsatzsteuer-Richtlinien 2008 ist als Anhang 14 im **Steuerhandbuch für das Lohnbüro 2010 abgedruckt, das im selben Verlag erschienen ist. Das **PC-Lexikon** für das Lohnbüro 2010 enthält auch dieses Handbuch und hat außerdem den Vorteil, dass Sie **alle BFH-Urteile** sowie die aktuellen Rundschreiben und Niederschriften der Spitzenverbände der **Sozialversicherung** mit Mausklick **im Volltext** abrufen und ausdrucken können. Eine Bestellkarte finden Sie vorne im Lexikon.

Theaterkarten

siehe „Eintrittskarten"

Tod des Arbeitnehmers

Stirbt ein Arbeitnehmer, so sind bei der Lohnabrechnung für den Sterbemonat Besonderheiten zu beachten (vgl. das Stichwort „Rechtsnachfolger" unter Nr. 1 Buchstabe d). Zur steuer- und beitragsrechtlichen Behandlung des Sterbegeldes vgl. dieses Stichwort.

Tombola

siehe „Verlosungsgewinne"

Trainer

	Lohn-steuer-pflichtig	Sozial-versich.-pflichtig
Hauptberufliche Trainer einer Sportmannschaft sind in aller Regel Arbeitnehmer, da sie in den Organismus des Arbeitgebers (Verein) eingegliedert und weisungsgebunden sind (vgl. auch das Stichwort „Übungsleiter").	ja	ja

Transportentschädigung

	Lohn-steuer-pflichtig	Sozial-versich.-pflichtig
Die pauschale Transportentschädigung nach §33a Abs. 1 des Manteltarifvertrags für Waldarbeiter (MTW) ist nach bundeseinheitlicher Verwaltungsanweisung*) steuer- und damit auch beitragspflichtig.	ja	ja
Bei den pauschalen Entschädigungen nach §33a Abs. 2 und 3 MTW für die Benutzung eines betriebseigenen oder waldarbeitereigenen Kraftfahrzeuganhängers und für das Umsetzen eines Waldarbeiterschutzwagens handelt es sich um steuerfreien Reisekostenersatz, soweit sie zusammen mit der Fahrentschädigung den maßgebenden Kilometersatz nicht übersteigen.	nein	nein

Trennungsentschädigungen

Gliederung:

1. Trennungsgelder aus öffentlichen Kassen
   a) Allgemeines
   b) Vorübergehende Abordnung
   c) Versetzung oder Abordnung mit dem Ziel der Versetzung
   d) Beurlaubung
2. Trennungsentschädigungen an private Arbeitnehmer

1. Trennungsgelder aus öffentlichen Kassen

a) Allgemeines

Bei den Trennungsgeldern aus öffentlichen Kassen wurde bis 31.12.1995 durch § 3 Nr. 13 EStG gewährleistet, dass diese Zahlungen stets in vollem Umfang steuerfrei waren. Seit 1.1.1996 sind Trennungsentschädigungen im öffentlichen Dienst nur insoweit steuerfrei, als ein steuerfreier Ersatz im Rahmen einer vorübergehenden beruflich veranlassten **Auswärtstätigkeit** oder einer **beruflich veranlassten doppelten Haushaltsführung** im lohnsteuerlichen Sinne in Betracht kommt. Eine Auswärtstätigkeit in diesem Sinne liegt bei befristeten Abordnungen vor. Eine doppelte Haushaltsführung im steuerlichen Sinn liegt vor, wenn der Arbeitnehmer aufgrund einer Versetzung außerhalb des Ortes, in dem er einen **eigenen Hausstand** unterhält, beschäftigt ist und auch am Beschäftigungsort wohnt. Die für Arbeitnehmer in der Privatwirtschaft beim Stichwort „Doppelte Haushaltsführung" dargestellten Grundsätze gelten sinngemäß auch für den öffentlichen Dienst. Das bedeutet, dass die im öffentlichen Dienst gezahlten Trennungsgelder für Verpflegungsmehraufwand steuerpflichtig sind, wenn die **Dreimonatsfrist** abgelaufen ist. Außerdem ist ein Ersatz von **Verpflegungsmehraufwendungen** auch innerhalb der hierfür weiterhin geltenden Dreimonatsfrist dann steuerpflichtig, wenn die hierbei zu beachtenden steuerlichen Höchstbeträge überschritten sind.

Die zu beachtenden Höchstbeträge für Verpflegungsmehraufwand betragen:

– bei einer Abwesenheit von **24** Stunden: 24,— €
– bei einer Abwesenheit von weniger als 24 Stunden, aber mindestens **14** Stunden: 12,— €
– bei einer Abwesenheit von weniger als 14 Stunden, aber mindestens **8** Stunden: 6,— €

Die für die Pauschbeträge maßgebende Abwesenheitsdauer von der (Familien-)Wohnung oder des Orts, an dem sich der eigene Hausstand befindet, bezieht sich auf den jeweiligen Kalendertag (auch für die Tage der Familienheimfahrt).

Bei der Prüfung, ob ein Teil des Trennungsgeldes steuerpflichtig ist oder nicht, ist zwischen vorübergehenden Abordnungen einerseits und Versetzungen oder Abordnungen mit dem Ziel der Versetzung andererseits zu unterscheiden.

b) Vorübergehende Abordnung

Vorübergehende Abordnungen (ohne Versetzungsabsicht) und vergleichbare Maßnahmen werden steuerrechtlich für den **gesamten Zeitraum** wie beruflich veranlasste **Auswärtstätigkeiten** behandelt, da sie von vorübergehender Natur sind (R 9.4 Abs. 2 LStR). Das gilt auch bei täglicher Rückkehr an den Wohnort.

Da die **Dreimonatsfrist** für den steuerfreien Ersatz von Fahrtkosten bei einer vorübergehenden beruflich veranlassten Auswärtstätigkeit **seit 1.1.2008** sowohl im öffentlichen Dienst als auch in der Privatwirtschaft nicht mehr anzuwenden ist, ist der Ersatz von **Fahrtkosten** unabhängig vom benutzten Verkehrsmittel **auf Dauer steuerfrei**. Dies gilt unabhängig davon, ob der Bedienstete täglich an seinen Wohnort zurückkehrt oder am auswärtigen Tätigkeitsort verbleibt.

Aufgrund des Wegfalls der Dreimonatsfrist geht die vorübergehende Auswärtstätigkeit auch nicht mehr ab dem vierten Monat in eine **doppelte Haushaltsführung** über. Eine doppelte Haushaltsführung **liegt** nämlich gerade **nicht vor,** solange die auswärtige Beschäftigung noch als vorübergehende Auswärtstätigkeit anzuerkennen ist (R 9.11 Abs. 1 Satz 2 LStR).

Beispiel

Die Bediensteten der Spielbankaufsicht werden jeweils befristet für ein Jahr an eine bestimmte Spielbank abgeordnet.

Es handelt sich jeweils für ein Jahr um eine vorübergehende beruflich veranlasste Auswärtstätigkeit. Die Übernachtungs- und Fahrtkosten sind für das jeweilige Jahr der Abordnung (bei längeren Abordnungszeiträumen auch darüber hinaus) steuerfrei erstattungsfähig bzw. als Werbungskosten abziehbar. Die Pauschbeträge für Verpflegungsmehraufwendungen können nur für die ersten drei Monate der Auswärtstätigkeit geltend gemacht werden. Beim Wechsel der Spielbank beginnt für die Pauschbeträge für Verpflegungsmehraufwendungen jeweils eine neue Dreimonatsfrist.

Wegen der Höhe des in diesen Fällen möglichen steuerfreien Arbeitgeberersatzes vgl. die Erläuterungen beim Stichwort „Reisekostenvergütungen aus öffentlichen Kassen".

---

*) Bundeseinheitliche Regelung, z. B. Schreiben des Bayer. Staatsministeriums der Finanzen vom 9.2.1995 Az.: 32 – S 2332 – 49/24 – 40 727. Das Schreiben ist als Anlage 3 zu H 3.30 LStR im **Steuerhandbuch für das Lohnbüro 2010** abgedruckt, das im selben Verlag erschienen ist. Das **PC-Lexikon** für das Lohnbüro 2010 enthält auch dieses Handbuch und hat außerdem den Vorteil, dass Sie **alle BFH-Urteile** sowie die aktuellen Rundschreiben und Niederschriften der Spitzenverbände der **Sozialversicherung** mit Mausklick **im Volltext** abrufen und ausdrucken können. Eine Bestellkarte finden Sie vorne im Lexikon.

Trennungsentschädigungen

Trotz des im öffentlichen Dienst geltenden Stammdienststellenprinzips können auch bei Bediensteten des öffentlichen Dienstes aus lohnsteuerlicher Sicht weiterhin gleichzeitig mehrere regelmäßige Arbeitsstätten vorliegen. Dies ist z. B. bei Lehrern der Fall, die auf Dauer an mehreren Schulen gleichzeitig unterrichten. Zum Fahrtkostenersatz in diesen Fällen vgl. das Beispiel unter der Nr. 2 beim Stichwort „Reisekostenvergütungen aus öffentlichen Kassen".

c) Versetzung oder Abordnung mit dem Ziel der Versetzung

Bei einer Versetzung oder Abordnung mit dem Ziel der Versetzung handelt es sich nicht um eine vorübergehende Auswärtstätigkeit, da der Arbeitnehmer voraussichtlich **nicht zurückkehren** wird.

Bei einer **täglichen Rückkehr** an den Wohnort richtet sich die steuerliche Behandlung nach den beim Stichwort „Fahrten zwischen Wohnung und regelmäßiger Arbeitsstätte" dargestellten Grundsätzen, das heißt, das Trennungsgeld ist unabhängig vom benutzten Verkehrsmittel steuerpflichtig.

Beim **Verbleiben am auswärtigen Dienstort** liegt eine steuerlich anzuerkennende **doppelte Haushaltsführung** vor. Für die ersten drei Monate ist der Ersatz von Verpflegungskosten wie bei **Auswärtstätigkeiten** steuerfrei.

In den ersten drei Monaten ist das Trennungsgeld in Höhe des steuerlich zulässigen Pauschbetrags von 20 € je **Übernachtung** steuerfrei. Nach Ablauf von drei Monaten ist das Trennungsgeld in Höhe des steuerlich zulässigen Pauschbetrages von 5 € je Übernachtung steuerfrei. Auch ein steuerfreier Ersatz der tatsächlichen Übernachtungskosten (ohne Frühstück) ist möglich.

In die Ermittlung des steuerpflichtigen Teils des Trennungsgelds sind auch die **Fahrtkosten** für Heimfahrten einzubeziehen. Steuerlich ist der Ersatz für eine Heimfahrt wöchentlich in Höhe der Entfernungspauschale (vgl. dieses Stichwort) steuerfrei. Hierzu müssen die Bediensteten Angaben über jede wöchentlich durchgeführte Familienheimfahrt und über die kürzeste Straßenverbindung machen. Anstelle der Entfernungspauschale können auch wieder die tatsächlichen Aufwendungen für die Benutzung öffentlicher Verkehrsmittel angesetzt werden, soweit sie den als Entfernungspauschale abziehbaren Betrag übersteigen (§ 9 Abs. 2 Satz 2 EStG).

Die zeitliche Begrenzung für die Berücksichtigung von Mehraufwendungen anlässlich einer beruflich veranlassten doppelten Haushaltsführung auf zwei Jahre ist 2003 weggefallen. Der steuerfreie Ersatz von Übernachtungskosten und der Aufwendungen für eine Familienheimfahrt wöchentlich ist nunmehr bei einer aus beruflichen Gründen begründeten doppelten Haushaltsführung zeitlich unbefristet zulässig. Auf die Gründe für die Beibehaltung der doppelten Haushaltsführung kommt es nicht an (vgl. das Stichwort „Doppelte Haushaltsführung").

d) Beurlaubung

Wird ein Arbeitnehmer für eine Tätigkeit bei einem anderen Arbeitgeber oder einer anderen Behörde beurlaubt, hat er regelmäßig an seinem neuen **Tätigkeitsort** seine **regelmäßige Arbeitsstätte**. Bei Trennungsgeldern aus öffentlichen Kassen gelten die unter dem vorstehenden Buchstaben c dargestellten Grundsätze entsprechend. Bei einer Tätigkeit in der Privatwirtschaft vgl. die Stichworte „Doppelte Haushaltsführung" und „Fahrten zwischen Wohnung und regelmäßiger Arbeitsstätte".

2. Trennungsentschädigungen an private Arbeitnehmer

Privaten Arbeitnehmern werden Trennungsentschädigungen zumeist unter der Bezeichnung „Auslösungen" gewährt (vgl. dieses Stichwort).

Trinkgelder

Treppengeld

	Lohnsteuerpflichtig	Sozialversich.-pflichtig
Das Treppengeld im Brennstoffhandel ist steuerpflichtig.	ja	ja

Treueprämien

	Lohnsteuerpflichtig	Sozialversich.-pflichtig
Treueprämien, die in manchen Betrieben an Arbeitnehmer nach jeweils 5 Jahren oder anderen gleich bleibenden Zeiträumen der Betriebszugehörigkeit gezahlt werden, sind grundsätzlich steuerpflichtig.	ja	ja

Die Besteuerung erfolgt als „sonstiger Bezug" nach den beim Stichwort „Arbeitslohn für mehrere Jahre" dargestellten Grundsätzen.

Trinkgelder

Trinkgelder sind eine dem Arbeitnehmer vom Kunden oder Gast gewährte **zusätzliche Vergütung,** die als freiwillige und typischerweise persönliche Zuwendung eine Art honorierende Anerkennung darstellt. Der Trinkgeldempfänger steht in einer doppelten Leistungsbeziehung und erhält korrespondierend dazu doppeltes Entgelt, nämlich den Arbeitslohn für die dem Arbeitgeber gegenüber erbrachte Arbeitsleistung und das Trinkgeld als Entgelt für eine anlässlich dieser Arbeit zusätzlich erbrachten und vom Kunden honorierten (Dienst-)Leistung.

	Lohnsteuerpflichtig	Sozialversich.-pflichtig
Trinkgelder, auf die **ein Rechtsanspruch besteht,** z. B. die Bedienungsgelder im Hotel- und Gaststättengewerbe oder die tariflichen Metergelder im Möbeltransportgewerbe sind in voller Höhe steuer- und beitragspflichtig.	ja	ja
Freiwillige Trinkgelder (z. B. die Trinkgelder im Friseurgewerbe, im Hotel- und Gaststättengewerbe, im Möbeltransportgewerbe) sind seit 2002 in voller Höhe steuer- und beitragsfrei. Der Bundesfinanzhof hält die unbegrenzte Steuerfreistellung von Trinkgeldern für verfassungsrechtlich bedenklich (BFH-Urteil vom 18.12.2008, BStBl. 2009 II S. 820).	nein	nein

Bei den Bezügen, die dem spieltechnischen Personal einer **Spielbank** aus dem so genannten **Tronc** bezahlt werden, handelt es sich nicht um Trinkgelder im Sinne des § 3 Nr. 51 EStG, sondern um einen Teil des laufenden Arbeitslohnes; sie unterliegen deshalb in voller Höhe der Lohnsteuer (BFH-Urteile vom 18.12.2008, BStBl. 2009 II S. 820 und BFH/NV 2009 S. 382). Eine Steuerfreiheit scheidet in diesen Fällen aus, da der Arbeitnehmer die aus dem Spielbanktronc finanzierten Zahlungen tatsächlich und rechtlich nicht von einem Dritten, sondern von seinem Arbeitgeber erhält. Zudem ist zweifelhaft, ob in diesen Fällen der Trinkgeldbegriff („Dienstleistung gegenüber dem Kunden") erfüllt ist.

	Lohnsteuerpflichtig	Sozialversich.-pflichtig
Auch eine **Sonderzahlung** in Höhe von zwei Monatsgehältern, die eine Konzernmutter nach der Veräußerung ihrer Tochtergesellschaft an die Arbeitnehmer der Tochtergesellschaft geleistet hat, ist **kein** steuerfreies **Trinkgeld** nach § 3 Nr. 51 EStG (BFH-Urteil vom 3.5.2007, BStBl. II S. 712). Im Streitfall bestand zwischen der Konzernmuttergesellschaft und den Arbeitnehmern der Tochtergesellschaft kein gast- oder kundenähnliches Rechtsverhältnis, bei dem die Arbeitnehmer der Tochtergesellschaft gegenüber der Konzernmuttergesellschaft zugleich in einer Weise tätig geworden sind, die deren Sonderzahlung zu einer Art honorierender Anerkennung machen könnte.	ja	ja

Trinkgelder, auf die der Arbeitnehmer einen tarifvertraglichen oder arbeitsvertraglichen **Rechtsanspruch** hat, sind dem Arbeitgeber aus seinen Rechnungsunterlagen ohne weiteres bekannt. Sie sind mit den übrigen steuerpflichtigen Bezügen (Barlohn, freie Unterkunft und Verpflegung usw.) zusammenzurechnen und dem Steuerabzug zu unterwerfen. Falls der Arbeitgeber selbst keine Barbezüge an den Arbeitnehmer auszahlt, muss ihm dieser die zur Abführung der Steuerabzugsbeträge erforderlichen Geldmittel zur Verfügung stellen (§ 38 Abs. 4 EStG).

Überbrückungsgeld

Das auf der Rechtsgrundlage des früheren § 57 SGB III gezahlte Überbrückungsgeld war steuerfrei und unterlag auch nicht dem sog. Progressionsvorbehalt (vgl. dieses Stichwort). Das Überbrückungsgeld ist zum 1. 8. 2006 durch den Gründungszuschuss abgelöst worden. Der Gründungszuschuss ist ebenfalls steuerfrei und unterliegt nicht dem Progressionsvorbehalt (vgl. das Stichwort „Gründungszuschuss").

Übergangsgelder, Übergangsbeihilfen

1. Allgemeines

Bei der Beantwortung der Frage, ob Übergangsgelder oder Übergangsbeihilfen zum steuerpflichtigen Arbeitslohn und zum beitragspflichtigen Arbeitsentgelt gehören, ist zu unterscheiden, ob diese **Zahlungen vom Arbeitgeber** gezahlt werden (vgl. nachfolgend unter Nr. 3), **oder** ob es sich um **Sozialleistungen** (Lohnersatzleistungen) der Deutschen Rentenversicherung, der Bundesagentur für Arbeit, der Träger der gesetzlichen Unfallversicherung oder der Kriegsopferfürsorge handelt (vgl. nachfolgend unter Nr. 2).

2. Steuerbefreiung nach § 3 Nrn. 1, 2 oder 6 EStG für Sozialleistungen (Lohnersatzleistungen)

Leistungen, die nach dem **Dritten Buch Sozialgesetzbuch** von der Agentur für Arbeit oder nach dem **Sechsten Buch Sozialgesetzbuch** von der Deutschen Rentenversicherung gezahlt werden, sind nach § 3 Nrn. 1 und 2 EStG steuerfrei.

Steuerfrei sind auch das **Übergangsgeld** und der **Gründungszuschuss,** das behinderten oder von einer Behinderung bedrohten Menschen nach den §§ 45 bis 52 SGB IX bzw. § 33 Abs. 3 Nr. 5 SGB IX gewährt wird, weil es sich um Leistungen im Sinne des SGB III, SGB VI oder des Bundesversorgungsgesetzes handelt (R 3.2 Abs. 5 LStR).

Ebenfalls steuerfrei ist das Übergangsgeld aus der **gesetzlichen Unfallversicherung** (§ 3 Nr. 1 Buchst. a EStG).

Steuerfrei sind nach § 3 Nr. 6 EStG auch Übergangsgelder, die nach dem **Bundesversorgungsgesetz** gezahlt werden. Das erhöhte Unfallruhegehalt nach § 37 Beamtenversorgungsgesetz ist ein aufgrund der Dienstzeit gewährter Bezug, der daher nicht hiernach steuerbefreit ist (BFH-Urteil vom 29. 5. 2008, BStBl. 2009 II S. 150). Es handelt sich allerdings um begünstigte Versorgungsbezüge.

Die genannten Sozialleistungen bzw. Lohnersatzleistungen sind zwar steuerfrei, sie unterliegen jedoch ggf. dem **Progressionsvorbehalt** und müssen in diesem Falle in der Steuererklärung angegeben werden (vgl. das Stichwort „Progressionsvorbehalt").

Für den Arbeitgeber ist in diesem Zusammenhang die Vorschrift des § 23 c SGB IV von Bedeutung. Denn hiernach gehören **Zuschüsse des Arbeitgebers** zum Krankengeld, Verletztengeld, **Übergangsgeld** oder Krankentagegeld und sonstige Einnahmen aus einer Beschäftigung, die für die Zeit des Bezugs von Krankengeld, Krankentagegeld, Versorgungskrankengeld, Verletztengeld, Übergangsgeld, Mutterschaftsgeld oder Elterngeld weiter erzielt werden, **nicht zum beitragspflichtigen Arbeitsentgelt,** wenn die Einnahmen zusammen mit den genannten Sozialleistungen das Nettoarbeitsentgelt nicht um mehr als 50 € übersteigen.

Die Auswirkung dieser Vorschrift auf die Lohnabrechnung des Arbeitgebers ist beim Stichwort „Arbeitsentgelt" unter Nr. 2 erläutert.

3. Vom Arbeitgeber gezahlte Übergangsgelder und Übergangsbeihilfen

Nachfolgend wird unterschieden, ob die vom Arbeitgeber gezahlten Übergangsgelder und Übergangsbeihilfen aufgrund einer **gesetzlichen** Vorschrift gezahlt werden (vgl. nachfolgend unter Buchst. a) oder ob den Zahlungen lediglich **tarif- oder arbeitsvertragliche** Regelungen zugrunde liegen (nachfolgend erläutert unter Buchst. b).

a) Übergangsgelder und Übergangsbeihilfen aufgrund gesetzlicher Vorschriften

Für **gesetzlich** geregelte Übergangsgelder und Übergangsbeihilfen gab es früher in § 3 Nr. 10 EStG einen steuerfreien Höchstbetrag von **10 800 €.** Hierunter fielen z. B.:

- das Übergangsgeld nach § 47 des Beamtenversorgungsgesetzes in Verbindung mit § 67 Abs. 4 Beamtenversorgungsgesetz und entsprechende Leistungen aufgrund der Beamtengesetze der Länder, wenn die Leistungen nicht wegen einer planmäßigen Beendigung eines befristeten Dienstverhältnisses gezahlt wurden;
- die Übergangsbeihilfe nach §§ 12 und 13 und das Übergangsgeld nach § 37 des Soldatenversorgungsgesetzes; nicht jedoch die Übergangsgebührnisse nach § 11 des Soldatenversorgungsgesetzes (BFH-Urteil vom 1. 3. 1974, BStBl. II S. 490) sowie die Ausgleichsbezüge nach § 11 a des Soldatenversorgungsgesetzes;
- das Entlassungsgeld nach §§ 52 c, 54 Abs. 4, 54 b, 55, 70 Abs. 5 und 71 des Gesetzes zu Art. 131 in der geltenden Fassung.

Steuerpflichtig ist dagegen das Übergangsgeld nach § 14 des Bundesministergesetzes und entsprechende Leistungen aufgrund der Gesetze der Länder.

Entsprechend der Abschaffung von Steuerfreibeträgen für Abfindungen in der Privatwirtschaft ist auch der **Freibetrag** für Übergangsgelder im öffentlichen Dienst in Höhe von 10 800 € **ab 1. 1. 2006 weggefallen,** denn § 3 Nr. 10 EStG in der früheren Fassung wurde gestrichen. Ebenso wie bei der Steuerfreiheit von Abfindungen gibt es auch für den Freibetrag von 10 800 € folgende **Übergangsregelung** in § 52 Abs. 4 a EStG:

§ 3 Nr. 10 EStG in der früher geltenden Fassung ist für Entlassungen vor dem 1. Januar 2006 weiter anzuwenden, soweit die Übergangsgelder und Übergangsbeihilfen **vor dem 1. Januar 2008 zugeflossen** sind. Für Soldatinnen auf Zeit und **Soldaten auf Zeit** ist die früher geltende Fassung des § 3 Nr. 10 EStG weiter anzuwenden, wenn das Dienstverhältnis vor dem 1. Januar 2006 begründet wurde. Die ursprünglich vorgesehene zusätzliche Voraussetzung, dass die Übergangsbeihilfe an den Zeitsoldaten vor dem 1. Januar 2009 ausgezahlt werden musste, ist durch das Jahressteuergesetz 2009 gestrichen worden.

b) Sonstige Übergangsgelder und Übergangsbeihilfen

Sonstige Übergangsgelder und Übergangsbeihilfen, die der Arbeitgeber seinen Arbeitnehmern zahlt, gehören zum **steuerpflichtigen Arbeitslohn,** soweit sie nicht ausnahmsweise als „Beihilfe" steuerfrei gelassen werden können. Die Voraussetzungen für die Zahlung einer steuerfreien „Beihilfe" durch den Arbeitgeber sind beim Stichwort „Unterstützungen" erläutert.

Übergangsgeld, das nach dem BAT, diesen ergänzenden, ändernden oder ersetzenden Tarifverträgen oder nach § 47 Nr. 3 des Tarifvertrags für den öffentlichen Dienst der Länder gewährt wird, ist ein steuerbegünstigter **Versorgungsbezug,** wenn es wegen Berufsunfähigkeit oder Erwerbsminderung gezahlt wird. Bei einem Übergangsgeld, das wegen Erreichens einer Altersgrenze gezahlt wird, ist es für die Zuordnung zu den steuer-

	Lohn-steuer-pflichtig	Sozial-versich.-pflichtig

begünstigten Versorgungsbezügen Voraussetzung, dass der Angestellte (oder die Angestellte) im Zeitpunkt seines Ausscheidens das 63. Lebensjahr (bei Schwerbehinderten mindestens das 60. Lebensjahr) vollendet hat. Das bedeutet für Frauen, die bereits nach Vollendung des 60. Lebensjahres unter bestimmten Voraussetzungen eine vorgezogene Altersrente bekommen können (vgl. „Rentner"), dass das hierbei gewährte Übergangsgeld kein steuerbegünstigter Versorgungsbezug ist, da die hierfür gesetzlich vorgesehene Altersgrenze in § 19 Abs. 2 Nr. 2 EStG von 63 Jahren nicht erfüllt ist. Bei einem Übergangsgeld, das wegen **Berufsunfähigkeit oder Erwerbsminderung** gezahlt wird, ist es für die Zuordnung zu den Versorgungsbezügen dagegen nicht Voraussetzung, dass der Arbeitnehmer das 63. bzw. bei einer schweren Behinderung das 60. Lebensjahr vollendet hat.

Das Übergangsgeld ist bei der Auszahlung als laufender Arbeitslohn zu besteuern; der Versorgungsfreibetrag und – außer bei Steuerklasse VI – der Zuschlag zum Versorgungsfreibetrag sind vor der Berechnung der Lohnsteuer abzuziehen, wenn die altersmäßigen Voraussetzungen hierfür vorliegen. Bei Zahlung des Übergangsgelds in einer Summe ist u. E. die sog. Fünftelregelung anzuwenden, da das Übergangsgeld eine Entschädigung darstellt, die ermäßigt zu besteuern ist, wenn eine Zusammenballung von Einnahmen vorliegt (vgl. das Stichwort „Entschädigungen"). Wird das Übergangsgeld allerdings in mehreren Veranlagungszeiträumen (Kalenderjahren) ausgezahlt, scheidet eine ermäßigte Besteuerung wegen der fehlenden Zusammenballung von Einnahmen aus.

Übernachtungsgelder

Siehe die Stichworte: Auslösungen, Doppelte Haushaltsführung und Reisekosten bei Auswärtstätigkeiten.

Überstundenvergütungen

Die Überstundenbezahlung setzt sich aus dem Grundlohn für die jeweilige Überstunde und dem tariflich oder arbeitsvertraglich vereinbarten Überstundenzuschlag zusammen. Beide Teile gehören zum **laufenden Arbeitslohn** und sind, wie andere Erschwerniszulagen auch, steuer- und beitragspflichtig (wegen Einzelheiten bei der Beitragsberechnung siehe „Mehrarbeitslohn/Mehrarbeitslohnzuschläge"). — ja | ja

Übertragung lohnsteuerlicher Pflichten auf Dritte

siehe „Lohnsteuerabzug durch einen Dritten"

Überversicherung

Beiträge des Arbeitgebers zur Überversicherung des Arbeitnehmers siehe „Zukunftssicherung".

Übungsleiter

Die für Sportvereine **nebenberuflich** tätigen Übungsleiter sind in der Regel **steuerlich** Arbeitnehmer, wenn sie mehr als 6 Stunden wöchentlich für den Verein tätig sind. Sind sie bis zu 6 Stunden in der Woche für den Verein tätig, ist steuerlich in aller Regel Selbständigkeit anzunehmen. Die Vergütungen werden in diesen Fällen im Rahmen einer Veranlagung zur Einkommensteuer erfasst.

Sozialversicherungsrechtlich beurteilt sich die Frage, ob Übungsleiter selbständig tätig oder abhängig beschäftigt sind, nach den Umständen des Einzelfalls. Ausführliche Erläuterungen finden Sie beim Stichwort „Nebentätig-

keit für gemeinnützige Organisationen" unter der Nummer 6 Buchst. b auf Seite 505.

Sowohl selbständig als auch nichtselbständig tätige, nebenberufliche Übungsleiter erhalten einen **Steuerfreibetrag** von 175 € monatlich oder **2100 € jährlich** (vgl. die Erläuterungen beim Stichwort „Nebentätigkeit für gemeinnützige Organisationen"). Dieser Freibetrag von 2100 € jährlich ist auch beitragsfrei in der Sozialversicherung. — nein | nein

Umlageverfahren (U1/U2)

Die Lohnfortzahlungsversicherung für Kleinbetriebe (Umlage U1/U2) ist ausführlich anhand von Beispielen in Teil B Nr. 10 auf Seite 16 erläutert.

Umsatzbeteiligung

Umsatzbeteiligungen, die aufgrund eines Arbeitsverhältnisses gewährt werden, sind steuer- und beitragspflichtiger Arbeitslohn. — ja | ja

siehe „Gewinnbeteiligung" und „Provisionen"

Umsatzsteuerpflicht bei Sachbezügen

Gliederung:

1. Allgemeines
   a) Umsatzsteuerliche Behandlung unentgeltlicher Sachzuwendungen und sonstiger Leistungen an Arbeitnehmer
   b) Aufmerksamkeiten und Leistungen im überwiegenden betrieblichen Interesse
   c) Ermittlung der Bemessungsgrundlage
2. Mahlzeiten
   a) Abgabe von Mahlzeiten in unternehmenseigenen Kantinen
   b) Abgabe von Mahlzeiten in fremdbewirtschafteten Kantinen
   c) Weiterlieferung von erworbenen Mahlzeiten an die Arbeitnehmer
   d) Abgabe von Mahlzeiten nach Art eines Reihengeschäfts
   e) Abgabe von Mahlzeiten in Gaststätten mit Arbeitgeberzuschuss
   f) Abgabe von Mahlzeiten anlässlich von beruflich veranlassten Auswärtstätigkeiten
3. Freie Unterkunft und Verpflegung
4. Pkw-Gestellung für Privatfahrten, Fahrten zwischen Wohnung und Arbeitsstätte und für Familienheimfahrten
5. Unentgeltliche oder verbilligte Überlassung von Job-Tickets
6. Freifahrten für Arbeitnehmer von Verkehrsbetrieben
7. Sachzuwendungen bei einem Arbeitnehmer- oder Firmenjubiläum
8. Sachzuwendungen bei Betriebsveranstaltungen
9. Haustrunk, Deputate, Freizigaretten, Freiflüge, Jahreswagen und andere unentgeltliche oder verbilligte Warenlieferungen
10. Sammelbeförderung von der Wohnung zur Arbeitsstätte
11. Ersatz von Telefonkosten
12. Gewährung zinsloser oder verbilligter Darlehen
13. Erholungsurlaub in betrieblichen Erholungsheimen
14. Incentive-Reisen

Umsatzsteuerpflicht bei Sachbezügen

	Lohn-steuer-pflichtig	Sozial-versich.-pflichtig

15. Warengutscheine
    a) Gutscheine für Waren des eigenen Unternehmens
    b) Gutscheine für Waren fremder Unternehmen – Benzingutscheine
16. Aufwendungen des Arbeitgebers für die Gesundheitsförderung seiner Arbeitnehmer

1. Allgemeines

a) Umsatzsteuerliche Behandlung unentgeltlicher Sachzuwendungen und sonstiger Leistungen an Arbeitnehmer

Nach § 3 Abs. 1 b Nr. 2 Umsatzsteuergesetz (UStG) **gelten** unentgeltliche Sachzuwendungen an Arbeitnehmer als **Lieferung gegen Entgelt.** Aufmerksamkeiten sind von der Besteuerung ausgenommen. Die unentgeltlichen Sachzuwendungen an das Personal für dessen privaten Bedarf werden nur besteuert, wenn die Anschaffungs- oder Herstellungskosten des abgegebenen Gegenstandes oder seine Bestandteile mit Umsatzsteuer belastet waren und der Unternehmer hinsichtlich dieser Steuer entweder zum vollen oder zumindest teilweisen Vorsteuerabzug berechtigt war.

Nach § 3 Abs. 9a **Nr. 1** UStG werden unentgeltliche sonstige Leistungen an Arbeitnehmer den **sonstigen Leistungen gegen Entgelt gleichgestellt.** Aufmerksamkeiten sind von der Besteuerung ausgenommen.

Bei sonstigen Leistungen an Arbeitnehmer, für die der Arbeitnehmer kein besonders berechnetes Entgelt aufwendet (insbesondere bei der sog. Firmenwagenüberlassung), muss jedoch zunächst geprüft werden, ob es sich nicht bereits nach § 3 Abs. 1 UStG um eine entgeltliche Leistung (tauschähnlicher Umsatz nach § 3 Abs. 12 UStG) handelt. Besteuert wird lediglich die Verwendung solcher Gegenstände, deren Anschaffungs- oder Herstellungskosten mit Umsatzsteuer belastet waren und bei denen der Unternehmer hinsichtlich dieser Steuer entweder zum vollen oder zumindest teilweisen Vorsteuerabzug berechtigt war. Zur Bemessungsgrundlage für die sonstigen Leistungen im Sinne des § 3 Abs. 9a Nr. 1 UStG gehören nur solche Kosten, die den Unternehmer zum vollen oder zumindest teilweisen Vorsteuerabzug berechtigt haben (§ 10 Abs. 4 Nr. 2 UStG).

Nach § 3 Abs. 9a **Nr. 2** UStG unterliegen alle anderen – nicht bereits unter § 3 Abs. 9a Nr. 1 UStG fallenden – unentgeltlichen Dienstleistungen für den privaten Bedarf des Personals, ausgenommen Aufmerksamkeiten, der Umsatzsteuer. Zu den sonstigen Leistungen für nicht unternehmerische Zwecke gehören einerseits die Erbringung reiner Dienstleistungen, andererseits aber auch die Verwendung unternehmerischer Gegenstände für nicht unternehmerische Zwecke, wenn hierbei ein nicht unwesentlicher Dienstleistungsanteil hinzukommt (z. B. die Überlassung eines Firmenwagens mit Fahrer an das Personal für Privatfahrten). Im Gegensatz zu den sonstigen Leistungen nach dem § 3 Abs. 9a Nr. 1 UStG gehören sämtliche bei der Ausführung dieser Umsätze entstandenen Kosten zur Bemessungsgrundlage (§ 10 Abs. 4 Nr. 3 UStG), auch wenn diese Kosten nicht mit Umsatzsteuer belastet waren.

Die Ermittlung der umsatzsteuerlichen Bemessungsgrundlage richtet sich nach § 10 Abs. 4 Nr. 1 UStG, das heißt die Bemessungsgrundlage für die in § 3 Abs. 1 b Nr. 2 UStG geregelten Sachzuwendungen an Arbeitnehmer ist der Einkaufspreis zuzüglich der Nebenkosten für den Gegenstand oder einen gleichartigen Gegenstand. Liegt ein Einkaufspreis nicht vor (z. B. bei im Unternehmen selbst produzierten Gegenständen), werden die **Selbstkosten** als Bemessungsgrundlage angesetzt. Die Selbstkosten umfassen alle durch den betrieblichen Leistungsprozess entstehenden Ausgaben; hierzu gehören auch die anteiligen Gemeinkosten. Maßgebend sind jeweils die Werte zum Zeitpunkt des Umsatzes, die bei angeschafften Gegenständen in der Regel den Wiederbeschaffungskosten entsprechen.

Zur Bemessungsgrundlage für die sonstigen Leistungen im Sinne des § 3 Abs. 9a **Nr. 1** UStG gehören die bei der Ausführung dieser Umsätze entstandenen Kosten, jedoch nur insoweit, als sie den Unternehmer zum vollen oder zumindest teilweisen Vorsteuerabzug berechtigt haben.

Zur Bemessungsgrundlage der sonstigen Leistungen im Sinne des § 3 Abs. 9a **Nr. 2** UStG gehören – im Gegensatz zu den sonstigen Leistungen nach § 3 Abs. 9a Nr. 1 UStG – sämtliche bei der Ausführung dieser Umsätze entstandenen Kosten, auch wenn diese Kosten nicht mit Umsatzsteuer belastet waren.

b) Aufmerksamkeiten und Leistungen im überwiegenden betrieblichen Interesse

Wie vorstehend unter Buchstabe a ausgeführt, sind bloße Aufmerksamkeiten nicht umsatzsteuerbar. Keine steuerbaren Umsätze sind außerdem Leistungen, die überwiegend durch das betriebliche Interesse des Arbeitgebers veranlasst sind. Hiernach ergibt sich folgende Übersicht:

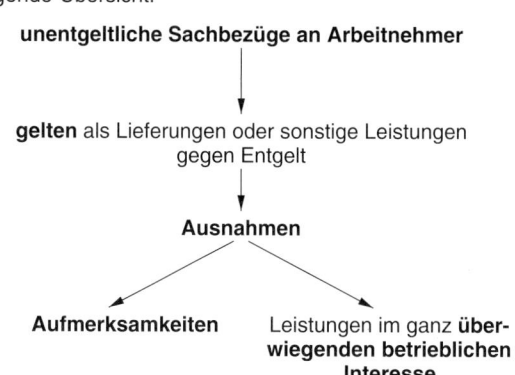

Keine steuerbaren Umsätze sind also Aufmerksamkeiten und Zuwendungen im ganz überwiegenden betrieblichen Interesse des Arbeitgebers; nach Abschnitt 12 Absätze 3 und 4 der Umsatzsteuer-Richtlinien 2008*) sind dies insbesondere:

– Leistungen zur Verbesserung der Arbeitsbedingungen z. B. die Bereitstellung von Aufenthalts- und Erholungsräumen, von betriebseigenen Dusch-, Bade- und Sportanlagen sowie von Betriebskindergärten;

– die vom Arbeitgeber übernommenen Kosten einer Vorsorgeuntersuchung des Arbeitnehmers;

– betriebliche Fortbildungsleistungen;

– Schaffung und Förderung der Rahmenbedingungen für die Teilnahme an einem Verkaufswettbewerb;

– die zur Verfügungstellung von Parkplätzen auf dem Betriebsgelände;

– die Überlassung von Arbeitsmitteln zur beruflichen Nutzung einschließlich der Arbeitskleidung, wenn es sich um typische Berufskleidung, insbesondere um Arbeitsschutzkleidung handelt;

– Aufmerksamkeiten (Sachgeschenke) bis zu einem Wert von **40 €,** die dem Arbeitnehmer oder seinen Angehörigen auf Anlass eines besonderen persönlichen Ereignisses zugewendet werden;

---

*) Der vollständige Wortlaut des Abschnitts 12 der Umsatzsteuer-Richtlinien 2008 ist als Anhang 14 im **Steuerhandbuch für das Lohnbüro 2010** abgedruckt, das im selben Verlag erschienen ist. Das **PC-Lexikon** für das Lohnbüro 2010 enthält auch dieses Handbuch und hat außerdem den Vorteil, dass Sie **alle BFH-Urteile** sowie die aktuellen Rundschreiben und Niederschriften der Spitzenverbände der **Sozialversicherung** mit Mausklick **im Volltext** abrufen und ausdrucken können. Eine Bestellkarte finden Sie vorne im Lexikon.

Umsatzsteuerpflicht bei Sachbezügen

	Lohn-steuer-pflichtig	Sozial-versich.-pflichtig

- Getränke und Genussmittel, die der Arbeitgeber den Arbeitnehmern zum Verzehr **im Betrieb** unentgeltlich überlässt;
- Speisen, die der Arbeitgeber den Arbeitnehmern anlässlich und während eines außergewöhnlichen Arbeitseinsatzes, z. B. während einer außergewöhnlichen betrieblichen Besprechung oder Sitzung, im ganz überwiegenden betrieblichen Interesse an einer günstigen Gestaltung des Arbeitsablaufs unentgeltlich überlässt und deren Wert 40 € nicht überschreitet;
- Zuwendungen im Rahmen von üblichen Betriebsveranstaltungen bis zur Freigrenze von 110 € je Arbeitnehmer und Betriebsveranstaltung;
- Gestellung von Übernachtungsmöglichkeiten in gemieteten Zimmern, wenn der Arbeitnehmer an weit von seinem Heimatort entfernten Tätigkeitsstellen eingesetzt wird;
- die Sammelbeförderung von Arbeitnehmern, wenn sie im überwiegenden betrieblichen Interesse erfolgt (vgl. die Erläuterungen unter der nachfolgenden Nr. 10).

Die umsatzsteuerliche Behandlung von Aufmerksamkeiten und Zuwendungen im ganz überwiegenden betrieblichen Interesse des Arbeitgebers lehnt sich weitgehend an die entsprechende lohnsteuerliche Beurteilung an. Auf die Erläuterungen bei den betreffenden Stichwörtern wird deshalb Bezug genommen.

c) Ermittlung der Bemessungsgrundlage

Andere unentgeltliche Sachbezüge oder sonstige Leistungen sind umsatzsteuerbar und auch umsatzsteuerpflichtig, **wenn nicht eine besondere Steuerbefreiung in Betracht kommt.** Folgende Steuerbefreiungen nach § 4 UStG kommen Betracht:

- § 4 Nr. 8a UStG bei der Gewährung von Darlehen,
- § 4 Nr. 8e UStG bei Wertpapierübertragungen (BMF-Schreiben vom 30. 11. 2006, BStBl. I S. 793),
- § 4 Nr. 10b UStG bei der Gewährung von Versicherungsschutz,
- § 4 Nr. 12a UStG bei der Überlassung von Wohnraum (Ausnahme: bei kurzfristiger Vermietung steuerpflichtig),
- § 4 Nr. 18, 23, 24 oder 25 UStG für Beherbergung und Beköstigung bei bestimmten Unternehmern (z. B. Verbände der Wohlfahrtspflege, Jugendherbergen), wenn es sich insoweit um Vergütungen für geleistete Dienste handelt.

Bei der Ermittlung der umsatzsteuerlichen Bemessungsgrundlage ist zu beachten, dass der **sog. Rabattfreibetrag** in Höhe von **1080 €** bei der Umsatzbesteuerung unentgeltlicher Sachbezüge und sonstiger Leistungen **nicht anwendbar** ist. Gleiches gilt für andere lohnsteuerliche Befreiungsvorschriften (z. B. die **44-Euro-Freigrenze** für Sachbezüge mit geringem Wert). Folgende Beispiele sollen dies verdeutlichen:

- Sachleistungen wie z. B. der sog. Haustrunk der Brauereien oder die sog. Freizeitungen der Zeitungsverlage führen aufgrund des Rabattfreibetrages lohnsteuerlich regelmäßig nicht zu einer Besteuerung; gleichwohl sind auch diese Sachbezüge umsatzsteuerlich zu erfassen.
- Familienheimfahrten mit dem Firmenwagen sind lohnsteuerlich unbeachtlich, wenn sie einmal wöchentlich im Rahmen einer beruflich veranlassten doppelten Haushaltsführung durchgeführt werden. Umsatzsteuerlich liegt jedoch eine steuerpflichtige Sachzuwendung vor.
- Lohnsteuerlich befreite Sammelbeförderung und die Gewährung von Freifahrten durch Verkehrsbetriebe sind für Umsatzsteuerzwecke ebenso zu erfassen wie Freiflüge, die dem Personal von Luftverkehrsgesellschaften gewährt werden.

Für die Ermittlung der **umsatzsteuerlichen Bemessungsgrundlage** gilt Folgendes:

Liegt umsatzsteuerlich ein Leistungsaustausch vor, ist die Bemessungsgrundlage das gezahlte Entgelt bzw. der Wert der Gegenleistung. Zahlt der Arbeitnehmer mindestens die Selbstkosten, liegen dabei die Voraussetzungen für die Anwendung der Mindestbemessungsgrundlage des § 10 Abs. 5 UStG regelmäßig nicht vor. Zur Ermittlung der Bemessungsgrundlage für Leistungen an Arbeitnehmer, die ohne besonders berechnetes Entgelt ausgeführt werden, gilt nach § 10 Abs. 4 UStG Folgendes:

Anzusetzen ist

- für **Lieferungen** der **Einkaufspreis zuzüglich Nebenkosten** für den Gegenstand oder für einen gleichartigen Gegenstand (Wiederbeschaffungskosten) oder mangels eines Einkaufspreises die **Selbstkosten,**
- für **sonstige Leistungen** stets die bei ihrer Ausführung entstandenen **Ausgaben.** Hierzu gehören auch die anteiligen Gemeinkosten; nicht dagegen ein anteiliger Unternehmerlohn*).

Bemessungsgrundlage für die Umsatzsteuer sind also bei unentgeltlich gewährten Sachbezügen im Regelfall die dem Arbeitgeber entstandenen Selbstkosten (ohne Mehrwertsteuer). **Aus Vereinfachungsgründen** können in vielen Fällen als umsatzsteuerliche Bemessungsgrundlage **die lohnsteuerlichen Werte** angesetzt werden (Abschnitt 12 Abs. 8 Satz 2 der Umsatzsteuer-Richtlinien 2008**)). Die lohnsteuerlichen Werte sind allerdings **Bruttowerte**, aus denen zur Ermittlung der Bemessungsgrundlage die Umsatzsteuer herauszurechnen ist. Hierbei gelten folgende Prozentsätze:

- bei einem Mehrwertsteuersatz von **19 %** mit $^{19}/_{119}$
- bei einem Mehrwertsteuersatz von **16 %** mit $^{16}/_{116}$
- bei einem Mehrwertsteuersatz von **7 %** mit $^{7}/_{107}$

Der Umsatzsteuerpflicht unterliegen nach Abschnitt 12 der Umsatzsteuer-Richtlinien 2008**) insbesondere folgende, unentgeltlich oder unter den Selbstkosten abgegebenen Sachbezüge:

2. Mahlzeiten

a) Abgabe von Mahlzeiten in unternehmenseigenen Kantinen

Als Bemessungsgrundlage für die Bewertung der Mahlzeiten, die in einer vom Arbeitgeber selbst betriebenen Kantine abgegeben werden, können aus Vereinfachungsgründen die amtlichen Sachbezugswerte für Mahlzeiten herangezogen werden (vgl. das Stichwort „Mahlzeiten"). Zahlt der Arbeitnehmer zum Essen ein Entgelt dazu, das unter den amtlichen Sachbezugswerten liegt, so ist die Differenz zu den amtlichen Sachbezugswerten der Zahlung des Arbeitnehmers hinzuzurechnen.

Beispiel A

Ein Arbeitnehmer erhält in der Betriebskantine ein kostenloses Mittagessen.

---

*) Aus der Bemessungsgrundlage sind solche Kosten auszuscheiden, bei denen kein Vorsteuerabzug möglich ist (z. B. Kfz-Steuer oder -Versicherung bei der Überlassung eines Firmenwagens). Dies gilt nicht für die unentgeltliche Erbringung einer „anderen" sonstigen Leistung im Sinne des § 3 Abs. 9a **Nr. 2** UStG (vgl. die Erläuterungen unter Nr. 1 Buchstabe a).

) Der vollständige Wortlaut des Abschnitts 12 der Umsatzsteuer-Richtlinien 2008 ist als Anhang 14 im **Steuerhandbuch für das Lohnbüro 2010 abgedruckt, das im selben Verlag erschienen ist. Das **PC-Lexikon** für das Lohnbüro 2010 enthält auch dieses Handbuch und hat außerdem den Vorteil, dass Sie **alle BFH-Urteile** sowie die aktuellen Rundschreiben und Niederschriften der Spitzenverbände der **Sozialversicherung** mit Mausklick **im Volltext** abrufen und ausdrucken können. Eine Bestellkarte finden Sie vorne im Lexikon.

Umsatzsteuerpflicht bei Sachbezügen

	Lohn-steuer-pflichtig	Sozial-versich.-pflichtig
Amtlicher Sachbezugswert für eine Mahlzeit 2010	2,80 €	
Dieser Betrag ist als Bemessungsgrundlage für die Berechnung der Umsatzsteuer maßgebend. Allerdings handelt es sich um einen Bruttowert; die darin enthaltene Umsatzsteuer ist bei einem Steuersatz von 19 % mit $^{19}/_{119}$ herauszurechnen.		
$^{19}/_{119}$ von 2,80 € =	0,45 €	
als umsatzsteuerliche Bemessungsgrundlage verbleiben je Mahlzeit	2,35 €	

Beispiel B

Ein Arbeitnehmer erhält in der Betriebskantine ein Mittagessen für das er 1,20 € bezahlen muss.		
Amtlicher Sachbezugswert für eine Mahlzeit 2010	2,80 €	
der Arbeitnehmer zahlt für das Essen	1,20 €	
Differenz (= lohnsteuerlicher geldwerter Vorteil)	1,60 €	
Die Bemessungsgrundlage für die Berechnung der Umsatzsteuer setzt sich zusammen aus der Zahlung des Arbeitnehmers und der Differenz zum amtlichen Sachbezugswert. Die umsatzsteuerliche Bemessungsgrundlage beträgt also	2,80 €	
Dieser Wert ist ein Bruttowert; die darin enthaltene Umsatzsteuer ist bei einem Steuersatz von 19 % mit $^{19}/_{119}$ herauszurechnen ($^{19}/_{119}$ von 2,80 €) =	0,45 €	
als umsatzsteuerliche Bemessungsgrundlage verbleiben je Mahlzeit	2,35 €	

Beispiel C

Ein Arbeitnehmer erhält in der Betriebskantine ein Mittagessen für das er 3 € bezahlen muss.		
Amtlicher Sachbezugswert für eine Mahlzeit 2010	2,80 €	
der Arbeitnehmer zahlt für das Essen	3,— €	
Obwohl lohnsteuerlich kein geldwerter Vorteil entsteht, ist der Wert des Mittagessens umsatzsteuerpflichtig.		
Bemessungsgrundlage für die Umsatzsteuer ist der vom Arbeitnehmer tatsächlich gezahlte Betrag von 3,— €. Dieser Wert ist ein Bruttowert; die darin enthaltene Umsatzsteuer ist bei einem Steuersatz von 19 % mit $^{19}/_{119}$ herauszurechnen ($^{19}/_{119}$ von 3,— €) =	0,48 €	
als umsatzsteuerliche Bemessungsgrundlage verbleiben je Mahlzeit	2,52 €	

Soweit unterschiedliche Mahlzeiten zu unterschiedlichen Preisen verbilligt an Arbeitnehmer abgegeben werden, kann bei der umsatzsteuerlichen Bemessungsgrundlage von dem für lohnsteuerliche Zwecke gebildeten **Durchschnittswert** ausgegangen werden (vgl. hierzu das Stichwort „Mahlzeiten").

b) Abgabe von Mahlzeiten in fremdbewirtschafteten Kantinen

Eine fremdbewirtschaftete Kantine kann für die Ermittlung der Bemessungsgrundlage ihrer Essenslieferung an die Arbeitnehmer nicht von den amtlichen Sachbezugswerten ausgehen. Sie hat deshalb die tatsächlichen Zahlungen der Arbeitnehmer zuzüglich der vom Arbeitgeber geleisteten Zuschüsse (= Entgelt von dritter Seite) zu versteuern.

Bei einer fremdbewirtschafteten Kantine kann der Arbeitgeber einem selbständigen Kantinenbetreiber (z. B. einem Cateringunternehmer) Küchen- und Kantinenräume, Einrichtungs- und Ausstattungsgegenstände, Koch- und Küchengeräte oder auch Wasser und elektrischen Strom usw. unentgeltlich zur Verfügung stellen. Nach Abschnitt 12 Abs. 10 Satz 4 der Umsatzsteuer-Richtlinien 2008*) ist der Wert dieser Gebrauchsüberlassung bei der Ermittlung der Bemessungsgrundlage für die Lieferung der Mahlzeiten nicht zu berücksichtigen. Dagegen gehört eine **Geldzahlung** des Arbeitgebers an den selbständigen Kantinenbetreiber bei diesem als zusätzliches Entgelt eines Dritten zur Bemessungsgrundlage für die Lieferung der Mahlzeiten. Es wird somit in vielen Fällen für den Arbeitgeber günstiger sein, wenn er – unter Inanspruchnahme des Vorsteuerabzugs – Einrichtungs- und Ausstattungsgegenstände für Küche und Kantine im eigenen Namen einkauft und diese dem Kantinenbetreiber unentgeltlich überlässt, als sie vom Kantinenbetreiber einkaufen zu lassen und diesem dann eine entsprechend höhere Geldzahlung zu geben.

c) Weiterlieferung von erworbenen Mahlzeiten an die Arbeitnehmer

Stellt der Arbeitgeber mangels eigener Kantine die Essen nicht selbst her, sondern bezieht er sie von einer Großküche (z. B. in Warmhaltepackungen), so liegt zunächst eine Lieferung der Großküche an den Arbeitgeber und danach eine weitere Lieferung des Arbeitgebers an seine Arbeitnehmer vor. Ein Ansatz der Sachbezugswerte als umsatzsteuerliche Bemessungsgrundlage ist nicht zulässig. Bemessungsgrundlage für die Lieferung des Arbeitgebers an seine Arbeitnehmer ist die tatsächliche Zahlung der Arbeitnehmer abzüglich Umsatzsteuer, mindestens jedoch der Nettoeinkaufspreis der Mahlzeiten.

Beispiel

Der Arbeitgeber bezieht von einer Großküche 100 fertige Mittagessen zum Preis von (100 × 4 € =) 400 € zuzüglich 7 % Umsatzsteuer. Der Arbeitgeber überlässt seinen Arbeitnehmern die Essen zu einem Preis von 2,80 €. Ein lohnsteuerlicher geldwerter Vorteil entsteht dadurch nicht.

Umsatzsteuerlich gilt Folgendes: Da die Zuzahlung der Arbeitnehmer den Nettoeinkaufspreis der Mahlzeiten nicht erreicht, ist dieser die maßgebliche umsatzsteuerliche Bemessungsgrundlage. Die Umsatzsteuer beträgt somit 19 % von 400 € = 76 €. Der Arbeitgeber kann die von der Großküche in Rechnung gestellte Umsatzsteuer in Höhe von (7 % von 400 € =) 28 € als Vorsteuer abziehen.

d) Abgabe von Mahlzeiten nach Art eines Reihengeschäfts

Für die **lohnsteuerliche** Bewertung der Mahlzeit mit dem amtlichen Sachbezugswert ist es bei der Abgabe von Mahlzeiten außerhalb des Betriebs **nicht** erforderlich, dass die Abgabe der Mahlzeiten als Reihengeschäft erfolgt. Für lohnsteuerliche Zwecke genügt es, wenn lediglich eine Vereinbarung über die Inzahlungnahme von Essensmarken vorliegt (vgl. „Mahlzeiten"). Für **umsatzsteuerliche** Zwecke gilt bei einer unentgeltlichen oder verbilligten Abgabe von Mahlzeiten durch eine vom Arbeitgeber nicht selbst betriebene Kantine oder Gaststätte Folgendes:

Vereinbart der Arbeitgeber mit dem Kantinenbetreiber bzw. Gastwirt die Zubereitung und die Abgabe von Essen an die Arbeitnehmer zum Verzehr an Ort und Stelle und hat der Kantinenbetreiber bzw. Gastwirt einen Zahlungsanspruch gegen den Arbeitgeber, so liegt einerseits ein Leistungsaustausch zwischen Kantinenbetreiber bzw. Gastwirt und Arbeitgeber und andererseits ein Leistungsaustausch des Arbeitgebers gegenüber dem Arbeitnehmer vor. Der Arbeitgeber bedient sich in diesen Fällen des Kantinenbetreibers bzw. Gastwirts zur Beköstigung seiner Arbeitnehmer. Sowohl in dem Verhältnis Kantinenbetreiber bzw. Gastwirt – Arbeitgeber als auch im Verhältnis Arbeitgeber – Arbeitnehmer liegt eine sonstige Leistung vor.

Beispiel A

Der Arbeitgeber vereinbart mit einem Gaststätteninhaber die Abgabe von Mahlzeiten an seine Arbeitnehmer zum Preis von 3 € je Essen. Der Gaststättenunternehmer rechnet über die ausgegebenen Essen mit dem Arbeitgeber auf der Grundlage dieses Preises ab. Die Arbeitnehmer haben einen Eigenanteil von 1,20 € je Essen; den Eigenanteil behält der Arbeitgeber vom Arbeitslohn des Arbeitnehmers ein. Lohnsteuerpflichtig ist ein Betrag von 1,60 € (amtlicher Sachbezugswert von 2,80 € abzüglich Zuzahlung des Arbeitnehmers). Umsatzsteuerlich gilt Folgendes: Nach § 3 Abs. 9 UStG erbringen der Gastwirt an den Arbeitgeber und der Arbeitgeber an den Arbeitnehmer jeweils eine sonstige Leistung. Der Einkaufspreis je Mahlzeit beträgt für den Arbeitgeber 3 €.

---

*) Der vollständige Wortlaut des Abschnitts 12 der Umsatzsteuer-Richtlinien 2008 ist als Anhang 14 im **Steuerhandbuch für das Lohnbüro 2010** abgedruckt, das im selben Verlag erschienen ist. Das **PC-Lexikon** für das Lohnbüro 2010 enthält auch dieses Handbuch und hat außerdem den Vorteil, dass Sie **alle BFH-Urteile** sowie die aktuellen Rundschreiben und Niederschriften der Spitzenverbände der **Sozialversicherung** mit Mausklick **im Volltext** abrufen und ausdrucken können. Eine Bestellkarte finden Sie vorne im Lexikon.

Umsatzsteuerpflicht bei Sachbezügen

Dies ist die Bemessungsgrundlage für die Umsatzsteuer. Aus dem Bruttowert von 3 € ist die Umsatzsteuer mit $^{19}/_{119}$ herauszurechnen ($^{19}/_{119}$ von 3,— € = 0,48 €). Als umsatzsteuerliche Bemessungsgrundlage verbleiben (3,— € − 0,48 €) 2,52 €. Der Arbeitgeber kann die ihm vom Gastwirt für die Beköstigungsleistungen gesondert in Rechnung gestellte Umsatzsteuer als Vorsteuer abziehen.

Für die umsatzsteuerliche Beurteilung dieser Vorgänge ist die Abwicklung der Zahlungsmodalitäten nicht ausschlaggebend. Entscheidend ist vielmehr, dass die Mahlzeiten aufgrund konkreter Vereinbarungen zwischen Arbeitgeber und Gastwirt an die Arbeitnehmer abgegeben werden, der Gastwirt einen Zahlungsanspruch also nur gegen den Arbeitgeber hat.

Beispiel B

Sachverhalt wie in Beispiel A, jedoch vereinbart der Arbeitgeber mit dem Gastwirt und den Arbeitnehmern, dass diese ihren Anteil von 1,20 € am Essenspreis unmittelbar an den Gastwirt entrichten. Der Gastwirt hat jedoch – ebenso wie im Beispiel A – einen vertraglichen Zahlungsanspruch ausschließlich gegen den Arbeitgeber; gleichzeitig übernimmt er die Verpflichtung zur Abgabe der vereinbarten Essen an die Arbeitnehmer. Den Nachweis über die Anzahl der ausgegebenen Essen kann der Gastwirt z. B. mit Hilfe der von den Arbeitnehmern abgelieferten Essenmarken des Arbeitgebers führen, die zur Einnahme des verbilligten Essens berechtigen. Die umsatzsteuerliche Bemessungsgrundlage ist die gleiche wie im Beispiel A (2,52 € je Essen).

Die gleiche umsatzsteuerliche Beurteilung ergibt sich, wenn der Arbeitgeber mit dem Pächter einer nach dem sog. Cafeteria-System betriebenen Kantine vertraglich vereinbart, dass für den Arbeitnehmer verschiedene Essen zur Auswahl bereitgestellt werden und die Arbeitnehmer die Speisenzusammenstellung selbst wählen können. Der Arbeitgeber vereinbart in diesem Falle mit dem Kantinenpächter die Bereitstellung von Speisen zu bestimmten Preisen bzw. innerhalb bestimmter Preisgrenzen. Anspruch auf Entgelt besteht gemäß betrieblicher Regelung ausschließlich gegenüber dem Arbeitgeber. Soweit die Arbeitnehmer Zuzahlungen leisten, sind diese Entgelt von dritter Seite für die Essenslieferung des Kantinenpächters an den Arbeitgeber.

In den vorstehend geschilderten Fällen kann der Arbeitgeber die ihm vom Gaststättenunternehmer für die Essenslieferungen gesondert in Rechnung gestellte Umsatzsteuer als **Vorsteuer abziehen.**

e) Abgabe von Mahlzeiten in Gaststätten mit Arbeitgeberzuschuss

Bestellt der Arbeitnehmer in einer Gaststätte selbst sein gewünschtes Essen nach der Speisekarte und bezahlt dem Gastwirt den – ggf. um einen Arbeitgeberzuschuss geminderten – Essenspreis, liegt eine sonstige Leistung des Gastwirts an den Arbeitnehmer vor. Ein Umsatzgeschäft zwischen Arbeitgeber und Gastwirt besteht nicht. Im Verhältnis des Arbeitgebers zum Arbeitnehmer ist die Zahlung des Essenszuschusses ein nicht umsatzsteuerbarer Vorgang. Bemessungsgrundlage der sonstigen Leistung des Gastwirts an den Arbeitnehmer ist der von dem Arbeitnehmer an den Gastwirt gezahlte Essenspreis zuzüglich des ggf. gezahlten Arbeitgeberzuschusses (Entgelt von dritter Seite).

Beispiel

Der Arbeitnehmer kauft in einer Gaststätte ein Mittagessen für 3 €. Er gibt dabei eine Essensmarke seines Arbeitgebers im Wert von 1,20 € in Zahlung und zahlt die Differenz von 1,80 € dazu. Der Gastwirt lässt sich den Wert der Essensmarken wöchentlich vom Arbeitgeber erstatten. Lohnsteuerpflichtig ist in diesem Fall ein Betrag von 1,60 € (amtlicher Sachbezugswert von 2,80 € abzüglich Zuzahlung des Arbeitnehmers). Der Vorgang ist beim Arbeitgeber nicht umsatzsteuerbar (die Erstattung des Werts der Essensmarken an den Gastwirt ist keine umsatzsteuerbare Sachzuwendung an den Arbeitnehmer). Der Arbeitgeber kann aus der Abrechnung des Gastwirts keinen Vorsteuerabzug geltend machen.

f) Abgabe von Mahlzeiten anlässlich von beruflich veranlassten Auswärtstätigkeiten

Seit 1. 1. 1996 kann der Arbeitgeber bei der Abgabe von Mahlzeiten bei beruflich veranlassten Auswärtstätigkeiten zwar einerseits die Pauschbeträge für Verpflegungsmehraufwand in voller Höhe steuerfrei ersetzen, er muss jedoch andererseits den Wert der kostenlosen oder verbilligten Mahlzeit als Arbeitslohn versteuern, wobei im Normalfall nach R 8.1 Abs. 8 Nr. 2 LStR die amtlichen Sachbezugswerte maßgebend sind (vgl. das Stichwort „Mahlzeiten").

Beispiel A

Im Rahmen einer achtstündigen Auswärtstätigkeit zu einer Zweigniederlassung wird dem Arbeitnehmer 2010 ein unentgeltliches Mittagessen in der dortigen Kantine gewährt. Dem Arbeitnehmer kann der Pauschbetrag für Verpflegungsmehraufwand wegen mindestens achtstündiger Abwesenheit in Höhe von 6 € ohne jede Kürzung steuerfrei gezahlt werden. Gleichzeitig ist das unentgeltlich gewährte Mittagessen mit dem amtlichen Sachbezugswert in Höhe von 2,80 € als Arbeitslohn zu versteuern. Der Wert des Mittagessens in Höhe von 2,80 € ist keine umsatzsteuerliche Sachzuwendung.

Umsatzsteuerlich liegt bei der Abgabe von Mahlzeiten, die während einer beruflich veranlassten Auswärtstätigkeit auf Veranlassung des Arbeitgebers von einem Dritten unentgeltlich abgegeben werden, keine einer entgeltlichen Leistung gleichgestellte unentgeltliche Wertabgabe vor. Dies gilt auch für die Abgabe von Mahlzeiten während einer beruflichen Bildungsmaßnahme.

Beispiel B

Der Arbeitgeber führt im Kalenderjahr 2010 eine eintägige Fortbildungsveranstaltung für seine Arbeitnehmer durch. Es liegt eine Auswärtstätigkeit vor, diese dauert mehr als 14 Stunden. Die Kosten für das Mittag- und Abendessen bei dieser Veranstaltung betragen durchschnittlich pro Arbeitnehmer 80 € (die Rechnung des Hotels geht direkt an den Arbeitgeber). Der Arbeitgeber erstattet den Arbeitnehmern außerdem die Verpflegungsmehraufwendungen mit dem Pauschbetrag für eine mindestens 14-stündige Abwesenheitsdauer in Höhe von 12 €. Diese Erstattung ist steuerfrei.

Gleichzeitig haben die Arbeitnehmer den Sachbezugswert für das unentgeltlich gewährte Mittag- und Abendessen als Arbeitslohn zu versteuern und zwar in folgender Höhe:

– für das Mittagessen 2,80 €
– für das Abendessen 2,80 €
insgesamt 5,60 €

Der tatsächliche Wert der Verpflegung in Höhe von 80 € ist den Arbeitnehmern nicht als lohnsteuerpflichtiger geldwerter Vorteil zuzurechnen, da es sich um eine übliche Beköstigung im Rahmen einer Auswärtstätigkeit bzw. im Rahmen einer Fortbildungsveranstaltung im Sinne von R 19.7 Abs. 1 der Lohnsteuer-Richtlinien handelt. Der Wert der Verpflegung in Höhe von 5,60 € ist keine umsatzsteuerliche Sachzuwendung.

3. Freie Unterkunft und Verpflegung

Die Gewährung von freier Unterkunft und freier Wohnung (einschließlich Heizung und Beleuchtung) ist umsatzsteuerbar aber umsatzsteuerfrei nach § 4 Nr. 12a Umsatzsteuergesetz. Die Gewährung der freien Verpflegung ist umsatzsteuerbar und auch umsatzsteuerpflichtig. Als Bemessungsgrundlage kann von den amtlichen Sachbezugswerten ausgegangen werden (vgl. „Freie Unterkunft und Verpflegung").

Beispiel

Amtlicher Sachbezugswert 2010
für freie Unterkunft und Verpflegung
in den alten Bundesländern monatlich 419,– €
davon ab: umsatzsteuerfreie Unterkunft 204,– €
verbleiben für die Verpflegung 215,– €

Dieser Betrag ist ein Bruttobetrag. Aus ihm muss die Umsatzsteuer bei einem Steuersatz von 19 % mit $^{19}/_{119}$ herausgerechnet werden.

$^{19}/_{119}$ von 215 € = 34,33 €

als umsatzsteuerliche Bemessungsgrundlage
verbleiben monatlich 180,67 €

Freie Unterkunft und Verpflegung wird häufig Auszubildenden gewährt. Auch unentgeltliche Sachzuwendungen an Auszubildende unterliegen der Umsatzsteuer.

Umsatzsteuerfrei nach § 4 Nr. 12 Satz 1 UStG ist jedoch nur eine **dauerhafte** Überlassung von Wohnraum bzw. Unterkünften durch den Arbeitgeber an seine Arbeitnehmer. Umsatzsteuerpflichtig ist hingegen die **kurzfristige** Überlassung von Wohn- und Schlafräumen.

Umsatzsteuerpflicht bei Sachbezügen

Überlässt ein Arbeitgeber in seinem Hotel oder seiner Pension auch Räume an eigene Arbeitnehmer, so ist diese Leistung nach § 4 Nr. 12 Satz 2 UStG steuerpflichtig, wenn diese Räume **wahlweise** zur vorübergehenden Beherbergung von Gästen einerseits und zur Unterbringung des eigenen Personals andererseits bereitgehalten werden (Abschnitt 12 Abs. 5 Satz 3 der Umsatzsteuer-Richtlinien 2008).

4. Pkw-Gestellung für Privatfahrten, Fahrten zwischen Wohnung und Arbeitsstätte und für Familienheimfahrten

Die umsatzsteuerlichen Auswirkungen der unentgeltlichen oder verbilligten Überlassung eines Firmenwagens zu Privatfahrten, zu Fahrten zwischen Wohnung und Arbeitsstätte und zu Familienheimfahrten sind ausführlich anhand von Beispielen beim Stichwort „Firmenwagen zur privaten Nutzung" unter Nr. 20 auf Seite 306 erläutert.

5. Unentgeltliche oder verbilligte Überlassung von Job-Tickets

Bei der unentgeltlichen oder verbilligten Überlassung sog. Job-Tickets durch den Arbeitgeber kann kein Vorsteuerabzug in Anspruch genommen werden, da die Beförderungsleistung vom Verkehrsunternehmen direkt an den Arbeitnehmer erbracht wird (vgl. die Erläuterungen beim Stichwort „Fahrten zwischen Wohnung und regelmäßiger Arbeitsstätte" unter Nr. 11 auf Seite 269). Dementsprechend kann auch keine umsatzsteuerbare Sachzuwendung des Arbeitgebers an den Arbeitnehmer vorliegen.

6. Freifahrten für Arbeitnehmer von Verkehrsbetrieben

Gewähren Verkehrsbetriebe ihren Arbeitnehmern und deren Angehörigen unentgeltliche oder verbilligte Privatfahrten mit den vom Arbeitgeber betriebenen Verkehrsmitteln, so ist der hierdurch entstehende geldwerte Vorteil bis zum Rabattfreibetrag von 1080 € jährlich lohnsteuerfrei.

Die geldwerten Vorteile, die den Angehörigen aufgrund der unentgeltlichen oder verbilligten Privatfahrten zufließen, sind dem Arbeitnehmer zuzurechnen, das heißt, der begünstigte Angehörige hat selbst keinen Anspruch auf einen eigenen Rabattfreibetrag (vgl. „Rabatte").

Die dem Arbeitnehmer und seinen Angehörigen gewährten Freifahrten sind umsatzsteuerbar. Die als Bemessungsgrundlage anzusetzenden Ausgaben sind anhand der lohnsteuerlich als geldwerter Vorteil zu behandelnden Beträge zu ermitteln. Soweit lohnsteuerlich auf die Feststellung eines geldwerten Vorteils verzichtet wird, können die Kosten nach den jeweiligen örtlichen Verhältnissen ermittelt und im Allgemeinen mit 25 % des normalen Preises für den überlassenen Fahrausweis oder eines der Fahrberechtigung entsprechenden Fahrausweises angenommen werden (Abschnitt 12 Abs. 17 der Umsatzsteuer-Richtlinien 2008). Die Umsatzsteuer ist herauszurechnen. Der Rabattfreibetrag ist bei der Umsatzsteuer nicht anwendbar.

7. Sachzuwendungen bei einem Arbeitnehmer- oder Firmenjubiläum

Sachgeschenke anlässlich eines Arbeitnehmerjubiläums oder eines Firmenjubiläums sind umsatzsteuerpflichtig. Bemessungsgrundlage sind die Selbstkosten des Arbeitgebers (ohne Umsatzsteuer).

8. Sachzuwendungen bei Betriebsveranstaltungen

Zuwendungen im Rahmen von Betriebsveranstaltungen sind weder lohn- noch umsatzsteuerpflichtig, soweit sie sich im „üblichen" Rahmen halten (vgl. das Stichwort „Betriebsveranstaltungen"). Zuwendungen bei unüblichen Betriebsveranstaltungen oder „unübliche Sachgeschenke" im Rahmen einer ansonsten üblichen Betriebsveranstaltung sind lohn- und umsatzsteuerpflichtig. Umsatzsteuerliche Bemessungsgrundlage sind die Selbstkosten des Arbeitgebers ohne Umsatzsteuer; lohnsteuerliche Bemessungsgrundlage sind die Selbstkosten des Arbeitgebers inklusive Umsatzsteuer.

9. Haustrunk, Deputate, Freizigaretten, Freiflüge, Jahreswagen und andere unentgeltliche oder verbilligte Warenlieferungen

Bei Warenlieferungen an den Arbeitnehmer ist zu unterscheiden, ob sie **unentgeltlich** oder mit Belegschaftsrabatt (also lediglich verbilligt) erfolgen. Denn die Gewährung von Personalrabatt durch den Arbeitgeber beim Einkauf von Waren durch seine Mitarbeiter ist keine Leistung gegen Entgelt, sondern ein Preisnachlass (BFH-Beschluss vom 17. 9. 1981, BStBl. II S. 775). Bei einer Abgabe von Waren mit Belegschaftsrabatt ist Bemessungsgrundlage im Sinne der Umsatzsteuer der vom Arbeitnehmer tatsächlich gezahlte Betrag abzüglich Umsatzsteuer.

Beispiel

Der Arbeitnehmer eines Automobilwerks kauft im Kalenderjahr 2010 einen sog. Jahreswagen (Listenpreis 20 000 €) unter Inanspruchnahme des Belegschaftsrabatts von 20 % um 16 000 €. Bemessungsgrundlage für die Umsatzsteuer sind 16 000 €. Aus diesem Betrag ist die Umsatzsteuer herauszurechnen (bei einem Steuersatz von 19 % mit $^{19}/_{119}$). Als Bemessungsgrundlage verbleiben somit (16 000 € abzüglich $^{19}/_{119}$ = 2555 € =) 13 445 €.

Bei der **unentgeltlichen** Abgabe von Deputaten, Getränken und Genussmitteln zum häuslichen Verzehr (z. B. Haustrunk der Brauereien), Freitabakwaren, Freiflügen usw. liegen umsatzsteuerpflichtige Sachzuwendungen vor. Der lohnsteuerliche **Rabattfreibetrag** in Höhe von **1080 €** jährlich ist bei der Umsatzbesteuerung **nicht anwendbar**. Bemessungsgrundlage für die Umsatzsteuer sind die **Selbstkosten** des Arbeitgebers. Aus Vereinfachungsgründen kann von den für lohnsteuerliche Zwecke ermittelten Werten ausgegangen werden. Diese Werte sind Bruttowerte, aus denen die Umsatzsteuer herauszurechnen ist.

Zahlt der Arbeitnehmer für die Waren einen verbilligten Preis und liegt dieser **unter den Selbstkosten** des Arbeitgebers, so sind die Vorschriften über die Mindestbemessungsgrundlage (§ 10 Abs. 5 Nr. 2 UStG) zu beachten. Danach ist als Bemessungsgrundlage mindestens der in § 10 Abs. 4 UStG bezeichnete Wert (Einkaufspreis, Selbstkosten, Ausgaben) abzüglich Umsatzsteuer anzusetzen, wenn dieser Wert den vom Arbeitnehmer tatsächlich gezahlten Betrag (abzüglich Umsatzsteuer) übersteigt. Die Selbstkosten des Arbeitgebers umfassen alle durch den betrieblichen Produktionsprozess entstehenden Kosten, also auch die anteiligen Gemeinkosten.

10. Sammelbeförderung von der Wohnung zur Arbeitsstätte

Die kostenlose Beförderung der Arbeitnehmer von ihrem Wohnsitz, gewöhnlichen Aufenthaltsort oder von einer Sammelhaltestelle (z. B. einem Bahnhof) zum Arbeitsplatz durch betriebseigene Kraftfahrzeuge oder durch vom Arbeitgeber beauftragte Beförderungsunternehmer ist grundsätzlich umsatzsteuerbar. Die für lohnsteuerliche Zwecke eingeführte Steuerbefreiung der Sammelbeförderung (vgl. dieses Stichwort) gilt **nicht** für die Umsatzsteuer.

Kein umsatzsteuerbarer Vorgang liegt nur dann vor, wenn die Beförderung **im überwiegenden betrieblichen Interesse** erfolgt. Nicht steuerbare Leistungen im überwiegend betrieblichen Interesse sind nach Abschnitt 12

Umsatzsteuerpflicht bei Sachbezügen

Abs. 15 Satz 2 der Umsatzsteuer-Richtlinien 2008 in den Fällen anzunehmen, in denen

- die Beförderung mit öffentlichen Verkehrsmitteln nicht oder nur mit unverhältnismäßig hohem Zeitaufwand durchgeführt werden könnte,
- die Arbeitnehmer an ständig wechselnden Tätigkeitsstätten oder verschiedenen Stellen eines weiträumigen Arbeitsgebiets eingesetzt werden oder
- im Einzelfall die Beförderungsleistungen wegen eines außergewöhnlichen Arbeitseinsatzes erforderlich werden oder wenn sie hauptsächlich dem Materialtransport an die Arbeitsstelle dienen und der Arbeitgeber dabei einige Arbeitnehmer unentgeltlich mitnimmt.

Der Bundesfinanzhof bejaht im Urteil vom 15. 11. 2007 (Az.: V R 15/06) das überwiegende betriebliche Interesse an der Sammelbeförderung, wenn keine zumutbare Möglichkeit besteht, den Arbeitsort mit öffentlichen Verkehrsmitteln zum **Arbeitsbeginn um 6:00 Uhr** zu erreichen. Entscheidend ist das Gesamtbild im Einzelfall (BFH-Urteil vom 11. 5. 2000, BStBl. II S. 505). Die Entfernung zwischen Wohnung und Arbeitsstätte ist nur **ein** Gesichtspunkt, der neben anderen in die tatsächliche Würdigung der Gesamtumstände einfließt.

Die Bemessungsgrundlage für die unentgeltlichen Beförderungsleistungen des Arbeitgebers richtet sich nach den bei der Ausführung des Umsatzes entstandenen **Ausgaben** des Arbeitgebers. Bei der Ermittlung der Ausgaben wird es von der Finanzverwaltung nicht beanstandet (Abschnitt 12 Abs. 16 der Umsatzsteuer-Richtlinien 2008), wenn der Arbeitgeber die entstandenen Kosten schätzt, soweit er die Beförderung mit betriebseigenen Fahrzeugen durchführt. Die Bemessungsgrundlage für die Beförderungsleistungen eines Monats kann z. B. pauschal aus der Zahl der durchschnittlich beförderten Arbeitnehmer und aus dem Preis für eine Monatskarte für die kürzeste und weiteste gefahrene Wegstrecke (Durchschnitt) abgeleitet werden.

Beispiel
Ein Unternehmer hat in einem Monat durchschnittlich sechs Arbeitnehmer mit einem betriebseigenen Fahrzeug unentgeltlich von ihrer Wohnung zur Arbeitsstätte befördert. Die kürzeste Strecke von der Wohnung eines Arbeitnehmers zur Arbeitsstätte beträgt 10 km, die weiteste 30 km (Durchschnitt 20 km).
Die Bemessungsgrundlage für die Beförderungsleistungen in diesem Monat berechnet sich wie folgt:
sechs Arbeitnehmer × 76,— € (Monatskarte für 20 km) = 456,— € abzüglich 29,83 € Umsatzsteuer (herausgerechnet mit $^7/_{107}$ bei einem Steuersatz von 7 %) = 426,17 €.

Die Beförderungsleistung mit **betriebseigenen** Fahrzeugen des Unternehmers zu einer festen Arbeitsstätte unterliegt als genehmigter oder genehmigungsfreier Linienverkehr dem ermäßigten Steuersatz von 7 % (Abschnitt 175 in Verbindung mit Abschnitt 173 Absätze 5 und 6 der Umsatzsteuer-Richtlinien 2008).

Lässt der Arbeitgeber seine Arbeitnehmer von einem selbständigen Beförderungsunternehmer (z. B. einem ortsansässigen Omnibusunternehmen) zur Arbeitsstelle befördern, so handelt es sich um eine sonstige Leistung des Omnibusunternehmers an den Arbeitgeber und eine weitere sonstige Leistung von diesem an seine Arbeitnehmer. Bemessungsgrundlage für den Umsatz des Arbeitgebers an seine Arbeitnehmer sind die vom Omnibusunternehmer **in Rechnung gestellten Kosten** (ohne Umsatzsteuer). Der ermäßigte Steuersatz ist nicht anwendbar. Die Umsatzsteuer beträgt somit 19 %.

Der Arbeitgeber kann aus den Rechnungen des Omnibusunternehmers den **Vorsteuerabzug** in Anspruch nehmen.

11. Ersatz von Telefonkosten

Übernimmt der Arbeitgeber die Kosten für die Einrichtung und den Betrieb (Grundgebühr, Gesprächskosten) eines **privaten** Telefons in der Wohnung des Arbeitnehmers, so liegt umsatzsteuerlich keine Sachzuwendung, sondern eine nicht steuerbare Geldleistung vor. Gleiches gilt, wenn der Arbeitgeber die Kosten für die Einrichtung und den Betrieb eines Autotelefons im privaten Pkw des Arbeitnehmers übernimmt.

Zur umsatzsteuerlichen Behandlung des Werts kostenloser **privater Gespräche,** die der Arbeitnehmer **am Arbeitsplatz** oder vom **betrieblichen** Telefonanschluss in seiner Wohnung führt, sowie kostenloser Privatgespräche vom Autotelefon des Geschäftswagens vgl. das Stichwort „Telefonkosten" unter Nr. 7 auf Seite 699.

12. Gewährung zinsloser oder verbilligter Darlehen

Die Gewährung eines (zinslosen oder verbilligten) Darlehens ist nach § 4 Nr. 8 Umsatzsteuergesetz steuerfrei, und zwar auch dann, wenn das Darlehen aufgrund des Dienstverhältnisses gewährt wird. Der bei zinslosen oder niedrig verzinslichen Darlehen lohnsteuerpflichtige geldwerte Vorteil (vgl. das Stichwort „Zinsersparnisse und Zinszuschüsse") ist somit nicht umsatzsteuerpflichtig.

13. Erholungsurlaub in betrieblichen Erholungsheimen

Zur Lohnsteuerpflicht vgl. das Stichwort „Erholungsbeihilfen". Der vom Arbeitgeber kostenlos oder verbilligt gewährte Erholungsurlaub in einem betrieblichen Erholungsheim ist als sonstige Leistung umsatzsteuerpflichtig. Bemessungsgrundlage sind die Ausgaben des Arbeitgebers (ohne Umsatzsteuer). Aus Vereinfachungsgründen können die für lohnsteuerliche Zwecke ermittelten Werte auch bei der Umsatzsteuer angesetzt werden.

14. Incentive-Reisen

Gelegentlich werden von Arbeitgebern im Rahmen von Verkaufswettbewerben für besonders erfolgreiche Arbeitnehmer Reisen ausgeschrieben (sog. Incentive-Reisen). Der Wert der Reise gehört zum steuer- und beitragspflichtigen Arbeitslohn.

Eine unentgeltliche Wertabgabe (§ 3 Abs. 9 a Nr. 2 UStG) unterliegt im Grundsatz der Umsatzsteuer. Sie stellt umsatzsteuerlich eine „Reiseleistung" des Arbeitgebers dar, die nach § 25 UStG der sog. **Margenbesteuerung** unterliegt. Umsatzsteuer ergibt sich jedoch regelmäßig nicht, da sich die Kosten des Arbeitgebers (§ 10 Abs. 4 Nr. 3 UStG) mit den Aufwendungen für die Reise decken, eine sog. Marge also gar nicht entsteht (Abschnitt 274 Abs. 5 Nr. 1 der Umsatzsteuer-Richtlinien 2008).

Eine Incentive-Reise gehört auch dann zum steuer- und beitragspflichtigen Arbeitslohn, wenn die Zuwendung durch einen Dritten erfolgt, z. B. wenn ein Automobilhersteller dem Autoverkäufer eines Autohauses als Belohnung für Vertragsabschlüsse eine solche Reise finanziert. Es handelt sich dann um eine **Lohnzahlung durch einen Dritten;** das Autohaus muss als Arbeitgeber den Wert der Reise dem Lohnsteuerabzug unterwerfen.

Die Zuwendung an den Arbeitnehmer ist bei einer von einem Dritten ausgeschriebenen Incentive-Reise dann als unentgeltlicher Sachbezug umsatzsteuerbar, wenn der Arbeitgeber die Reise aus eigenem Recht – ähnlich wie bei einem Reihengeschäft – an den Arbeitnehmer weitergibt. Wendet also ein Autohersteller eine bei einem Verkaufswettbewerb ausgelobte Reiseleistung seinem Vertragshändler mit der Auflage zu, die Reise einem bestimmten Arbeitnehmer zu gewähren, so erbringt der Händler eine umsatzsteuerbare Reiseleistung an seinen Arbeitnehmer (BFH-Urteil vom 16. 3. 1995, BStBl. II S. 651).

Ist dagegen der Arbeitgeber in die Leistungskette nicht eingeschaltet, erbringt er auch keine umsatzsteuerbare Leistung an den Arbeitnehmer. Dies ist z. B. dann der Fall, wenn der Automobilhersteller die Reisen **unmittelbar** an die Arbeitnehmer der Vertragshändler zuwendet. In die-

Umzugskosten

sem Fall erbringt der Vertragshändler (Arbeitgeber) keine umsatzsteuerbare Leistung an seine Arbeitnehmer. Dass der Arbeitgeber gleichwohl den Lohnsteuerabzug durchführen muss (Lohnzahlung durch Dritte) hat hierauf keinen Einfluss.

15. Warengutscheine

a) Gutscheine für Waren des eigenen Unternehmens

Gibt der Arbeitgeber an seine Arbeitnehmer Warengutscheine aus, die für eigene Produkte des Arbeitgebers gelten (z. B. Gutscheine an Mitarbeiter von Warenhäusern) liegen regelmäßig umsatzsteuerpflichtige Sachzuwendungen vor. Der lohnsteuerliche Rabattfreibetrag in Höhe von 1080 € jährlich ist bei der Umsatzbesteuerung nicht anwendbar. Bemessungsgrundlage für die Umsatzsteuer sind die Selbstkosten (Einkaufspreise) des Arbeitgebers für die durch Einlösung des Gutscheins zugewendeten Produkte.

b) Gutscheine für Waren fremder Unternehmen – Benzingutscheine

Gibt der Arbeitgeber monatlich Benzingutscheine aus, auf denen der jeweilige Verwendungszweck genau bezeichnet ist, z. B. für den Bezug von 30 Litern Super-Benzin (vgl. das Stichwort „Warengutscheine") und rechnet der Arbeitgeber mit der Tankstelle die eingereichten Gutscheine ab, so steht ihm der Vorsteuerabzug nach § 15 Abs. 1 Nr. 1 UStG zu, da er der Besteller der konkreten Benzinlieferung ist. Die unentgeltliche Wertabgabe an das Personal ist ein Sachbezug, der mit den Kosten zu besteuern ist. Die lohnsteuerlich geltende monatliche 44-Euro-Freigrenze ist bei der Umsatzbesteuerung nicht anwendbar.

16. Aufwendungen des Arbeitgebers für die Gesundheitsförderung seiner Arbeitnehmer

Zusätzlich zum ohnehin geschuldeten Arbeitslohn erbrachte Leistungen des Arbeitgebers zur Verbesserung des allgemeinen Gesundheitszustands und der betrieblichen **Gesundheitsförderung** sind **steuerfrei,** soweit sie je Arbeitnehmer **500 € jährlich** nicht übersteigen (§ 3 Nr. 34 EStG). Häufig werden die Aufwendungen des Arbeitgebers von der Krankenkasse bezuschusst. Dabei stellt sich die Frage, wie dieser Zuschuss umsatzsteuerlich zu behandeln ist. Auf die Erläuterungen zur umsatzsteuerlichen Behandlung von Aufwendungen des Arbeitgebers für die Gesundheitsförderung seiner Arbeitnehmer beim Stichwort „Gesundheitsförderung" wird Bezug genommen.

Umzugskosten

Neues auf einen Blick:

Liegt ein **beruflich veranlasster Umzug** vor, kann der Arbeitgeber dem Arbeitnehmer **Umzugskosten** in Höhe des Betrags **steuerfrei** ersetzen, der nach dem **Bundesumzugskostenrecht** als höchstmögliche Umzugskostenvergütung gezahlt werden könnte. Ein beruflich veranlasster Umzug liegt aber nicht vor, wenn der **Familienhausstand** vom Arbeitsort **wegverlegt** wird. Das gilt **selbst dann,** wenn eine solche Wegverlegung zur Begründung einer beruflich veranlassten **doppelten Haushaltsführung** führt (vgl. die Erläuterungen am Ende der nachfolgenden Nr. 2).

Aufgrund der Besoldungsanpassung im öffentlichen Dienst beträgt der maßgebende **Höchstbetrag** für einen **umzugsbedingten** zusätzlichen **Unterricht** des **Kindes** seit dem 1.7.2009 **1584 €** (vgl. die Erläuterungen unter der nachfolgenden Nr. 3 Buchstabe f).

Die höchstmögliche **Pauschvergütung** für **sonstige Umzugsauslagen** beträgt seit 1.7.2009 für **Ledige 628 €** und für **Verheiratete 1256 €**. Für Kinder und andere Personen, die zur häuslichen Gemeinschaft gehören, beträgt der **Erhöhungsbetrag** seit 1.7.2009 **277 € je Person.** Auf die Erläuterungen unter der nachfolgenden Nr. 4 wird hingewiesen.

Bei Auslandsumzügen außerhalb der Europäischen Union beträgt die Pauschale für sonstige Umzugsauslagen das Zweifache der Pauschvergütung für Inlandsumzüge. Die **Erhöhung** der **Pauschvergütung** für **sonstige Umzugsauslagen** für Inlandsumzüge führt daher **auch** zu einer Erhöhung der Pauschvergütung bei **Auslandsumzügen außerhalb der Europäischen Union.** Die höchstmögliche **Pauschvergütung** für **sonstige Umzugsauslagen** bei Auslandsumzügen außerhalb der Europäischen Union beträgt seit 1.7.2009 für **Ledige 1256 €** und für **Verheiratete 2512 €**. Der **Erhöhungsbetrag** für Kinder und andere Personen, die zur häuslichen Gemeinschaft gehören, beträgt seit 1.7.2009 **je Person 554 €**. Auf die Erläuterungen unter der nachfolgenden Nr. 6 wird hingewiesen.

Gliederung:

1. Allgemeines
2. Berufliche Veranlassung
3. Umfang des steuerfreien Umzugskostenersatzes
   a) Beförderungsauslagen
   b) Reisekosten
   c) Mietentschädigung
   d) Vermittlungsgebühren
   e) Kochherd und Öfen
   f) Unterricht für die Kinder
4. Pauschvergütung für sonstige Umzugsauslagen
5. Einzelnachweis der sonstigen Umzugsauslagen
6. Auslandsumzüge
7. Vorsteuerabzug bei Umzugskosten

1. Allgemeines

Umzugskosten, die ein Arbeitgeber seinem Arbeitnehmer ersetzt, sind steuerfrei,

– wenn der Umzug **beruflich veranlasst** ist **und**
– die durch den Umzug entstandenen Aufwendungen nicht überschritten werden (§ 3 Nr. 16 EStG). Die steuerfrei erstattungsfähigen Aufwendungen sind auf den Betrag begrenzt, den ein Bundesbeamter nach dem Bundesumzugskostengesetz als höchstmögliche Umzugskostenvergütung erhalten könnte (R 9.9 Abs. 3 Satz 1 i. V. m. Abs. 2 LStR). — nein | nein

Leistet der Arbeitgeber keinen steuerfreien Ersatz, kann der Arbeitnehmer seine Aufwendungen als Werbungskosten geltend machen.

2. Berufliche Veranlassung

Beruflich veranlasst ist der Umzug dann, wenn das Arbeitsverhältnis für den Umzug maßgebend war, d. h. der Arbeitgeber den Arbeitnehmer z. B. durch eine **Versetzung** zum Umzug veranlasst hat. Ein beruflicher Anlass ist auch der **erstmalige Antritt einer Stellung oder ein Wechsel des Arbeitgebers.** Diese Fälle bereiten keine Schwierigkeiten, da bei einer vom Arbeitgeber veranlassten Versetzung, der Arbeitnehmer bereits arbeitsrechtlich einen Anspruch auf Erstattung der Umzugskosten hat[*]. Bei einem Wechsel des Arbeitgebers oder beim erstmaligen Antritt einer Stellung wird – vor allem bei Führungskräften – die Erstattung der Umzugskosten vielfach vertraglich zugesichert, um den Arbeitnehmer für die Firma zu gewinnen. In all diesen Fällen ist die berufliche Veranlassung stets gegeben.

---
[*] BAG-Urteil vom 21.3.1973 (veröffentlicht in der Zeitschrift „Betriebs-Berater" 1973 S. 983).

Umzugskosten

	Lohn-steuer-pflichtig	Sozial-versich.-pflichtig

Aus steuerlicher Sicht ist jedoch ein Umzug auch dann beruflich veranlasst,

- wenn durch ihn die Entfernung zwischen Wohnung und regelmäßiger Arbeitsstätte **erheblich verkürzt** wird und die verbleibende Wegezeit im Berufsverkehr als normal angesehen werden kann (BFH-Urteil vom 6.11.1986, BStBl. 1987 II S. 81),
- wenn der Umzug **im ganz überwiegenden betrieblichen Interesse** des Arbeitgebers durchgeführt wird, insbesondere beim Beziehen oder Räumen einer Dienstwohnung, die aus betrieblichen Gründen bestimmten Arbeitnehmern vorbehalten ist, um z. B. deren jederzeitige Einsatzmöglichkeit zu gewährleisten (vgl. BFH-Urteil vom 28.4.1988, BStBl. II S. 777), oder
- wenn der Umzug das Beziehen oder die Aufgabe der Zweitwohnung bei einer beruflich veranlassten **doppelten Haushaltsführung** betrifft.

Eine **erhebliche Verkürzung** der Entfernung zwischen Wohnung und regelmäßiger Arbeitsstätte ist anzunehmen, wenn sich die Dauer der täglichen Hin- und Rückfahrt **um mindestens eine Stunde** verkürzt (BFH-Urteil vom 16.10.1992, BStBl. 1993 II S. 610). Verkürzt sich die arbeitstägliche Fahrzeit um mindestens eine Stunde, sind private Gründe (z. B. eine größere Wohnung ist erforderlich wegen Eheschließung oder Geburt eines Kindes) unbeachtlich (BFH-Urteil vom 23.3.2001, BStBl. 2002 II S. 56). Es ist in diesen Fällen auch nicht erforderlich, dass der Wohnungswechsel mit einem Ortswechsel oder mit einem Arbeitsplatzwechsel verbunden ist.

Beispiel

Der Arbeitnehmer zieht mit seinem Ehegatten aus einer Mietwohnung in eine eigene Doppelhaushälfte. Der Umzug, der nicht mit einem Arbeitsplatzwechsel verbunden ist, führt zu einer Fahrzeitersparnis von 75 Minuten täglich.

Es handelt sich um einen beruflich veranlassten Umzug, da sich die Fahrzeit für die Hin- und Rückfahrt um mindestens eine Stunde täglich verkürzt. Unmaßgeblich ist, dass für den Umzug (auch) private Gründe (Umzug in eine eigene Doppelhaushälfte) maßgeblich sind.

Erfolgt ein Umzug aus Anlass einer Eheschließung von getrennten Familienwohnorten in eine gemeinsame Familienwohnung, ist die **berufliche Veranlassung** des Umzugs für **jeden Ehegatten gesondert** zu prüfen (BFH-Urteil vom 23.3.2001, BStBl. II S. 585). Fahrzeitersparnisse beiderseits berufstätiger Ehegatten sind nicht zusammenzurechnen (BFH-Urteil vom 27.7.1995, BStBl. II S. 728). Es erfolgt aber auch **keine Saldierung**/Verrechnung. Der BFH hat daher bei der Ehefrau einen beruflichen Umzug anerkannt (Verringerung der Entfernung um 35 km = Fahrzeitersparnis um mindestens eine Stunde) obwohl sich beim Ehemann die Entfernung von 4 km auf 33 km und damit zwangsläufig auch die Fahrzeit erhöhte (BFH-Urteil vom 21.2.2006, BStBl. II S. 598).

Wird die ursprünglich vorhandene Umzugsabsicht aufgegeben, gilt Folgendes:

Wird vom Arbeitgeber eine vorgesehene Versetzung rückgängig gemacht, sind die dem Arbeitnehmer durch die **Aufgabe der Umzugsabsicht** ernstandenen vergeblichen Aufwendungen als Werbungskosten abziehbar (BFH-Urteil vom 24.5.2000, BStBl. II S. 584).

Eine berufliche Veranlassung der Umzugskosten scheidet aber aus, wenn der Familienhausstand vom Arbeitsort wegverlegt wird (BFH-Beschluss vom 9.1.2008, BFH/NV 2008 S. 566). Das gilt **selbst dann,** wenn eine solche Wegverlegung zur Begründung einer beruflich veranlassten **doppelten Haushaltsführung** führt (vgl. die Erläuterungen beim Stichwort „Doppelte Haushaltsführung" unter Nr. 1 Buchstabe a).

Beispiel A

Eine Arbeitnehmerin verlegt ihren Lebensmittelpunkt aus privaten Gründen von Frankfurt nach München. Ihre bisherige Wohnung in Frankfurt hält sie als Zweitwohnung bei, da sie von dort aus wochentags weiterhin ihre regelmäßige Arbeitsstätte aufsucht.

Bei der Wegverlegung des Lebensmittelpunkts von Frankfurt nach München handelt es sich nicht um einen beruflich veranlassten, sondern um einen privat veranlassten Umzug. Unerheblich ist, dass die Wegverlegung des Lebensmittelpunkts aus privaten Gründen zu einer beruflich veranlassten doppelten Haushaltsführung führt.

Wird aber nach Wegverlegung des Lebensmittelpunktes vom Beschäftigungsort eine **andere** als die bisherige Wohnung am Beschäftigungsort ausschließlich aus beruflichen Gründen als **Zweitwohnung** genutzt, sind die Aufwendungen für den **Umzug** in diese Zweitwohnung **beruflich veranlasst.**

Beispiel B

Wie Beispiel A. Die Arbeitnehmerin verlegt ihren Lebensmittelpunkt nach München und zieht innerhalb von Frankfurt in eine kleinere Wohnung um.

Die Aufwendungen für den Umzug innerhalb von Frankfurt in eine andere Zweitwohnung sind beruflich veranlasst.

3. Umfang des steuerfreien Umzugskostenersatzes

	Lohn-steuer-pflichtig	Sozial-versich.-pflichtig
Liegt ein beruflich veranlasster Umzug vor, so kann der Arbeitgeber dem Arbeitnehmer Umzugskosten in Höhe des Betrags steuerfrei ersetzen, der nach dem Bundesumzugskostenrecht als **höchstmögliche Umzugskostenvergütung** gezahlt werden könnte.	nein	nein

Dies klingt einfach, zwingt jedoch den Arbeitgeber dazu, sich im Detail mit den Bestimmungen des Bundesumzugskostengesetzes zu befassen. Die geltende Fassung des Bundesumzugskostengesetzes ist als **Anhang 7** im **Steuerhandbuch für das Lohnbüro 2010** abgedruckt, das im selben Verlag erschienen ist. Eine Bestellkarte finden Sie vorne im Lexikon.

Im Einzelnen umfasst die den Bundesbeamten zustehende Umzugskostenvergütung folgende Ersatzleistungen:

a) Beförderungsauslagen

Der Arbeitgeber kann dem Arbeitnehmer die durch den Umzug notwendigen Auslagen für die Beförderung des Umzugsguts von der bisherigen Wohnung zur neuen Wohnung steuerfrei erstatten. Im Regelfall wird es sich hierbei um die steuerfreie Erstattung der **Speditionskosten** handeln.	nein	nein

b) Reisekosten

Der Arbeitgeber kann die Reisekosten für den Arbeitnehmer und dessen Familie (Ehefrau, Lebenspartner, Kinder) steuerfrei erstatten. Zu den erstattungsfähigen Reisekosten gehören die **Fahrtkosten** sowie **Tage-** und **Übernachtungsgelder.** Bei den Tagegeldern ist zu beachten, dass eine steuerfreie Erstattung des Verpflegungsmehraufwands nur in Höhe der allgemein für Auswärtstätigkeiten geltenden Sätze (6 €, 12 € oder 24 €) entsprechend der maßgebenden Abwesenheitsdauer möglich ist. Dies gilt auch für Reisekosten, die im Zusammenhang mit einem Umzug entstehen (R 9.9 Abs. 2 Satz 1 zweiter Halbsatz LStR). Die Anwendung dieser Regelung ist im Beispiel unter der folgenden Nr. 4 dargestellt.	nein	nein

Nach § 7 Abs. 2 des Bundesumzugskostengesetzes sind darüber hinaus erstattungsfähig:

- zwei Reisen einer Person oder
- eine Reise von zwei Personen

zum **Suchen oder Besichtigen einer Wohnung** (Tage- und Übernachtungsgeld aber je Reise für höchstens zwei Reisetage und zwei Aufenthaltstage).

c) Mietentschädigung

Die Miete für die **alte** Wohnung (einschließlich Garage) kann solange steuerfrei erstattet werden, so lange die Miete wegen bestehender Kündigungsfristen neben der Miete für die neue Wohnung gezahlt werden muss, **höchstens für die Dauer von sechs Monaten.**	nein	nein

Umzugskosten

	Lohn-steuer-pflichtig	Sozial-versich.-pflichtig

Die Miete für die **neue Wohnung** (einschließlich Garage) kann dann steuerfrei gezahlt werden, wenn Miete für die alte Wohnung gezahlt wird, weil die neue Wohnung noch nicht genutzt werden kann, **höchstens** jedoch für **drei Monate**. — nein — nein

d) Vermittlungsgebühren

Die notwendigen Maklergebühren für die Vermittlung einer Mietwohnung*) und einer Garage können steuerfrei erstattet werden. Ebenso Aufwendungen für Inserate, Telefonate usw. — nein — nein

e) Kochherd und Öfen

Steuerfrei können erstattet werden die Aufwendungen für einen Kochherd bis zu 230 € und die Auslagen für Öfen bis zu einem Betrag von 164 € für jedes Zimmer, wenn die Ausstattung der neuen Wohnung mit diesen Geräten notwendig ist, weil sie z. B. nicht vom Vermieter gestellt werden. — nein — nein

f) Unterricht für die Kinder

Steuerfrei können erstattet werden die Auslagen für einen **umzugsbedingten zusätzlichen Unterricht der Kinder** bis zu 40 % des Endgrundgehalts der Besoldungsgruppe A 12 des Bundesbesoldungsgesetzes für jedes Kind. Die hiernach maßgebenden Höchstbeträge betragen für jedes Kind**): — nein — nein

vom 1.7.2003 bis 31.3.2004	1 381,— €
vom 1.4.2004 bis 31.7.2004	1 395,— €
vom 1.8.2004 bis 31.12.2007	1 409,— €
vom 1.1.2008 bis 31.12.2008	1 473,— €
vom 1.1.2009 bis 30.6.2009	1 514,— €
ab 1.7.2009	**1 584,— €**

Bis zu 50 % des Höchstbetrags sind die umzugsbedingten zusätzlichen Unterrichtskosten für das Kind voll erstattungsfähig. Soweit die Unterrichtskosten 50 % des Höchstbetrags übersteigen, sind sie (bis zum Höchstbetrag) zu ¾ erstattungsfähig.

Beispiel

Die umzugsbedingten zusätzlichen Unterrichtskosten (z. B. Nachhilfeunterricht) für ein Kind betragen im April 2010 — 1 000,— €
voll abzugsfähig: 50 % von 1 584 € = 792,— €
übersteigender Betrag 208,— €
vom übersteigenden Betrag ¾ = 156,— €
insgesamt steuerfrei ersetzbar (792,— € + 156,— €) = 948,— €

4. Pauschvergütung für sonstige Umzugsauslagen

Für **sonstige Umzugsauslagen** wird eine Pauschvergütung gewährt, die in § 10 des Bundesumzugskostengesetzes (BUKG) geregelt ist. Diese Pauschvergütung ist an das Endgrundgehalt der Besoldungsgruppe A 13 nach dem Bundesbesoldungsgesetz gebunden und erhöht sich deshalb bei jeder Besoldungserhöhung für Bundesbeamte entsprechend. Voraussetzung für die Gewährung dieser Pauschvergütung für sonstige Umzugsauslagen ist, dass vor dem Umzug eine Wohnung im Sinne des Umzugskostengesetzes vorhanden war und auch nach dem Umzug wieder eingerichtet wird. Ein einzelner Raum ist nach den Vorschriften des Umzugskostengesetzes keine „Wohnung", auch wenn er mit einer Kochgelegenheit und der zur Führung eines Haushalts notwendigen Einrichtung ausgestattet ist. Den Wohnungsbegriff erfüllt dagegen ein Einzimmerappartement mit Kochgelegenheit und Toilette (bei Altbauwohnungen können sanitäre Einrichtungen auch außerhalb der Wohnung sein).

Die höchstmögliche Pauschvergütung für sonstige Umzugsauslagen nach § 10 des Bundesumzugskostengesetzes beträgt für Verheiratete und in einer eingetragenen Lebenspartnerschaft lebende Angehörige 28,6 % des Endgrundgehalts der Besoldungsgruppe A 13 nach Anlage IV des Bundesbesoldungsgesetzes. Ledige erhalten 50 % des für Verheiratete geltenden Betrags. Die hiernach maßgebende Pauschale für sonstige Umzugsauslagen beträgt somit**)

	Ledige	Verheiratete***)
vom 1.7.2003 bis 31.3.2004	550,— €	1 099,— €
vom 1.4.2004 bis 31.7.2004	555,— €	1 110,— €
vom 1.8.2004 bis 31.12.2007	561,— €	1 121,— €
vom 1.1.2008 bis 31.12.2008	585,— €	1 171,— €
ab 1.1.2009 bis 30.6.2009	602,— €	1 204,— €
ab 1.7.2009	**628,— €**	**1 256,— €**

Die Pauschale für sonstige Umzugsauslagen erhöht sich für Kinder und andere Personen, die zur häuslichen Gemeinschaft gehören. Zu den „anderen" Personen in diesem Sinne gehören Verwandte, Verschwägerte, Pflegekinder, Hausangestellte, **nicht aber der Ehegatte**. Der Erhöhungsbetrag für Kinder und andere zur häuslichen Gemeinschaft gehörenden Personen beträgt 6,3 % des Endgrundgehalts der Besoldungsgruppe A 13 nach Anlage IV des Bundesbesoldungsgesetzes. Der Erhöhungsbetrag **je Person** beträgt demnach**)

vom 1.7.2003 bis 31.3.2004	242,— €
vom 1.4.2004 bis 31.7.2004	245,— €
vom 1.8.2004 bis 31.12.2007	247,— €
vom 1.1.2008 bis 31.12.2008	258,— €
ab 1.1.2009 bis 30.6.2009	265,— €
ab 1.7.2009	**277,— €**

Beispiel

Ein Arbeitnehmer zieht anlässlich eines Arbeitgeberwechsels von Hamburg nach München um. Mit dem Umzug wurde eine Spedition beauftragt, die 3570 € (3000 € zuzüglich 19 % Mehrwertsteuer) in Rechnung stellt. Der Arbeitnehmer fährt am 30.1.2010 mit seiner Ehefrau und seinen 2 Kindern mit dem eigenen Pkw von Hamburg nach München (Entfernung 900 km). Für die neue Wohnung in München muss eine Maklergebühr in Höhe von zwei Monatsmieten (2 × 1000 € = 2000 € zuzüglich 19 % Mehrwertsteuer) gezahlt werden. Für die alte Wohnung in Hamburg muss – gleichzeitig neben der Miete für die neue Wohnung in München – zur Einhaltung der Kündigungsfrist die Miete für drei Monate weiter gezahlt werden (3 × 750 € = 2250 €). Der Arbeitgeber kann dem Arbeitnehmer eine Umzugskostenvergütung in folgender Höhe steuerfrei zahlen:

Beförderungsauslagen in Höhe der Speditionsrechnung — 3 570,— €
Reisekosten:
Fahrt mit dem eigenen Pkw (0,30 € + 0,06 € für drei Mitfahrer = 0,36 € × 900 km) = 324,— €

---

*) Die Maklergebühren für den Erwerb eines Einfamilienhauses oder einer Eigentumswohnung können nicht steuerfrei erstattet werden, und zwar auch insoweit nicht, als sie bei der Vermittlung einer vergleichbaren Mietwohnung angefallen wären (R 9.9 Abs. 2 Satz 1 LStR). Dies gilt auch bei Reisekostenvergütungen aus öffentlichen Kassen (vgl. dieses Stichwort unter Nr. 4).

) BMF-Schreiben vom 16.12.2008, BStBl. I S. 1076. Das BMF-Schreiben ist als Anlage 2 zu H 9.9 LStR im **Steuerhandbuch für das Lohnbüro 2010 abgedruckt, das im selben Verlag erschienen ist. Das **PC-Lexikon** für das Lohnbüro 2010 enthält auch dieses Handbuch und hat außerdem den Vorteil, dass Sie **alle BFH-Urteile** sowie die aktuellen Rundschreiben und Niederschriften der Spitzenverbände der **Sozialversicherung** mit Mausklick **im Volltext** abrufen und ausdrucken können. Eine Bestellkarte finden Sie vorne im Lexikon.

***) Der Begriff „Verheiratete" im Sinne des Bundesumzugskostengesetzes ist weit gefasst. Denn einem verheirateten Arbeitnehmer werden gleichgestellt **verwitwete** oder **geschiedene** Arbeitnehmer sowie Arbeitnehmer, deren Ehe aufgehoben oder für nichtig erklärt wurde. Die Pauschbeträge für Verheiratete können auch **Ledige** beanspruchen, wenn sie auch in der neuen Wohnung Verwandten bis zum vierten Grad, Verschwägerten bis zum zweiten Grad, Pflegekindern oder Pflegeeltern aus gesetzlicher oder sittlicher Verpflichtung nicht nur vorübergehend Unterkunft und Unterhalt gewähren. Das Gleiche gilt, wenn Ledige auch in der neuen Wohnung Personen aufgenommen haben, deren Hilfe sie aus gesundheitlichen oder beruflichen Gründen nicht entbehren können. Einer Lebenspartnerschaft gleichgestellt ist derjenige, der seinen Lebenspartner überlebt hat und derjenige, dessen Lebenspartnerschaft aufgehoben wurde (§ 10 Abs. 2 BUKG).

Umzugskosten

	Lohn-steuer-pflichtig	Sozial-versich.-pflichtig
Vier Pauschbeträge für Verpflegungsmehraufwand für eine Auswärtstätigkeit von weniger als 24 Stunden aber mehr als 14 Stunden: 12 €*) × 4 Personen =	48,— €	
Maklergebühr für die Wohnung in München	2 380,— €	
Miete für die Wohnung in Hamburg	2 250,— €	
Pauschvergütung für sonstige Umzugsauslagen:		
Pauschbetrag für Verheiratete	1 256,— €	
Pauschbetrag für zwei Kinder (2 × 277 €) =	554,— €	
insgesamt kann der Arbeitgeber steuerfrei zahlen	10 382,— €	

In folgenden Ausnahmefällen kommt eine Minderung oder Erhöhung der Pauschvergütung für sonstige Umzugsauslagen in Betracht:

Hatte der umziehende Arbeitnehmer am bisherigen Wohnort **keine eigene Wohnung,** wird aber am neuen Wohnort eine solche eingerichtet, so kann nach § 10 Abs. 4 BUKG der in Frage kommende Pauschbetrag für sonstige Umzugsauslagen nur in Höhe von 30 % bei Verheirateten und 20 % bei Ledigen in Anspruch genommen werden. Das gilt auch, wenn am alten Wohnsitz eine Wohnung vorhanden war und am neuen eine solche nicht wieder eingerichtet wird.

Beispiel
Eine Arbeitnehmerin hat bisher im Einfamilienhaus ihrer Eltern gewohnt und wird von ihrem Arbeitgeber nach Beendigung der Lehre an eine auswärtige Zweigstelle versetzt. Sie richtet am neuen Arbeitsort erstmals eine eigene Wohnung ein.

Die Räumlichkeiten im elterlichen Einfamilienhaus stellen keine Wohnung dar. Der Arbeitgeber darf daher der Arbeitnehmerin für ihre sonstigen Umzugsauslagen nur die gekürzte Pauschale von 125,60 € (20 % von 628 €) steuerfrei erstatten.

Die Pauschvergütung für sonstige Umzugsauslagen erhöht sich um 50 %, wenn dem Wohnungswechsel **innerhalb von fünf Jahren** ein beruflich bedingter Umzug vorausgegangen ist (sog. Häufigkeitszuschlag). Voraussetzung ist, dass auch bei dem früheren Umzug in der alten und in der neuen Wohnung ein Hausstand vorhanden war, das heißt, es müssen die Voraussetzungen für den Ansatz der vollen Pauschale vorgelegen haben (§ 10 Abs. 6 BUKG).

5. Einzelnachweis der sonstigen Umzugsauslagen

Nach dem Bundesumzugskostengesetz gibt es für sonstige Umzugsauslagen nur eine Pauschvergütung. Der Einzelnachweis von sonstigen Umzugsauslagen ist nach dem Bundesumzugskostengesetz ausgeschlossen. Diese Einschränkung ist jedoch für den steuerfreien Arbeitgeberersatz und den Werbungskostenabzug beim Arbeitnehmer **nicht** übernommen worden. Denn in R 9.9 Abs. 3 i. V. m. Abs. 2 Satz 4 der Lohnsteuer-Richtlinien ist zugelassen worden, dass der Arbeitgeber sonstige Umzugsauslagen, die **im Einzelnen nachgewiesen** werden, auch dann steuerfrei ersetzen kann, wenn diese nachgewiesenen sonstigen Umzugsauslagen insgesamt höher sind als die im Bundesumzugskostengesetz vorgesehene Pauschvergütung.

Außerdem ist der Einzelnachweis in den Fällen erforderlich, in denen die Pauschalierung von vorneherein nicht gilt, weil sie nur für die Fälle der Verlegung des Wohnsitzes der Familie gedacht ist. Nach R 9.11 Abs. 9 der Lohnsteuer-Richtlinien ist dies der Fall bei

- einem Umzug anlässlich der Begründung, Beendigung oder des Wechsels einer **doppelten Haushaltsführung** oder
- der Beendigung einer doppelten Haushaltsführung durch den **Rückumzug eines Arbeitnehmers in das Ausland** (vgl. die Erläuterungen unter der nachfolgenden Nr. 6).

Zu beachten ist hierbei, dass es sich bei der Wegverlegung des Familienhausstands selbst dann nicht um einen beruflich veranlassten Umzug handelt, wenn eine solche Wegverlegung zur Begründung einer beruflich veranlass-

ten doppelten Haushaltsführung führt (vgl. auch die Erläuterungen und das Beispiel am Ende der vorstehenden Nr. 2).

Voraussetzung für den steuerfreien Arbeitgeberersatz der im Einzelnen nachgewiesenen sonstigen Umzugsauslagen ist außerdem stets, dass es sich bei den Aufwendungen **begrifflich um Werbungskosten** handelt, die der Arbeitnehmer geltend machen könnte, wenn ihm der Arbeitgeber die Ausgaben nicht steuerfrei ersetzen würde.

Beim Einzelnachweis muss deshalb geprüft werden, ob die entstandenen Aufwendungen beruflich veranlasst sind, oder ob die Aufwendungen nicht abzugsfähige **Kosten der Lebensführung** (§ 12 Nr. 1 Satz 2 EStG) darstellen, wie z. B. Aufwendungen für die Neuanschaffung von Einrichtungsgegenständen (R 9.9 Abs. 2 Satz 3 LStR). Auch die Aufwendungen für die Einlagerung von Möbeln für die Zeit vom Bezug einer Wohnung am Arbeitsort bis zur Fertigstellung des Wohnhauses (sog. **Zwischenumzug**) sind keine Werbungskosten (BFH-Urteil vom 21.9.2000, BStBl. 2001 II S. 70).

Zur Abgrenzung, was als Werbungskosten angesehen werden kann, wird man auf die früher geltenden Vorschriften der Verordnung über die Erstattung der nachgewiesenen sonstigen Umzugsauslagen vom 22.1.1974 (BGBl. I Seite 103) zurückgreifen können. Nach dieser Verordnung waren früher (und sind damit auch weiterhin) folgende Aufwendungen begrifflich als **Werbungskosten** anzusehen:

- Aufwendungen für neue Vorhänge, soweit sie nicht über die früheren beamtenrechtlichen Pauschbeträge hinausgehen (Urteil des Finanzgerichts Hamburg vom 2.12.1994, EFG 1995 S. 518);
- Geschirrspülmaschinen: Abbau und Neuanschluss; Aufwendungen für nunmehr erforderlichen Wasserenthärter;
- Ausgaben für den Abbau, das Anschließen, Abnehmen und Anbringen von Herden, Öfen und anderen Heizgeräten, Beleuchtungskörpern usw.;
- Ausgaben für das Ändern und Erweitern von Elektro-, Gas- oder Wasserleitungen, soweit diese zum Anschluss der schon in der alten Wohnung benutzten Geräte erforderlich sind;
- Ausgaben für notwendige Änderungen oder Umbauten an elektrischen Geräten, Gasgeräten, Beleuchtungskörpern usw.;
- Ausgaben für Ersatz oder Ändern von Rundfunk- und Fernsehantennen;
- Ausgaben für Stilllegung und Wiedereinrichten eines bereits in der alten Wohnung vorhandenen Telefon- bzw. Fax-Anschlusses;
- Ausgaben für das Umschreiben von Kraftfahrzeugen und die Anschaffung und Anbringung der neuen Kennzeichen;
- Ausgaben für Schönheitsreparaturen in der **alten** Wohnung, wenn diese nach dem Mietvertrag beim Auszug durchgeführt werden mussten;
- Trinkgelder für das Umzugspersonal.

Die sonstigen Umzugsauslagen müssen vom Arbeitnehmer im Einzelnen nachgewiesen werden, damit sie vom Arbeitgeber steuerfrei ersetzt werden können. Der Arbeitgeber muss den **Nachweis** als **Beleg** zum **Lohnkonto** nehmen (R 9.9 Abs. 3 Satz 3 LStR).

Die Aufwendungen für einen beruflich veranlassten Umzug sind auch dann als Werbungskosten abziehbar, wenn sie **vom Ehegatten** des Arbeitnehmers **bezahlt**

---
*) Seit 1996 ist die Begrenzung auf die steuerlichen Pauschbeträge für Verpflegungsmehraufwand zu beachten (R 9.9 Abs. 2 Satz 1 zweiter Halbsatz LStR). Maßgebend ist die Abwesenheit von der Wohnung. Die Zeiten für das Einladen und Ausladen des Umzugsguts zählen nicht zur Abwesenheitszeit.

Umzugskosten

werden, der damit eine gemeinsame Verbindlichkeit erfüllt (BFH-Urteil vom 23. 5. 2006, BFH/NV 2006 S. 1650).

Keine beruflich veranlassten Umzugskosten sind dagegen

– Aufwendungen für die **Ausstattung der neuen Wohnung** (z. B. Renovierungsmaterial, Gardinen, Rollos, Lampen, Telefonanschluss, Anschluss und Installation eines Wasserboilers; BFH-Urteil vom 17. 12. 2002, BStBl. 2003 II S. 314);

– **Verluste** beim Verkauf eines Einfamilienhauses am früheren Arbeitsort einschließlich zwischenzeitlich angefallener Finanzierungskosten (BFH-Urteil vom 24. 5. 2000, BStBl. II S. 474);

– eine sog. **Vorfälligkeitsentschädigung**, das heißt eine Zahlung für die Ablösung eines Hypothekendarlehens im Zusammenhang mit dem Verkauf eines Hauses aufgrund einer beruflichen Versetzung (BFH-Urteil vom 24. 5. 2000, BStBl. II S. 476);

– **Maklergebühren** für die Vermittlung eines **Einfamilienhauses** oder einer **Eigentumswohnung** am neuen Wohnort; ein Abzug dieser Kosten ist auch insoweit nicht möglich, als sie bei Vermittlung einer vergleichbaren Mietwohnung angefallen wären (BFH-Urteil vom 24. 8. 1995, BStBl. II S. 895 und BFH-Urteil vom 24. 5. 2000, BStBl. II S. 586); dies gilt seit 1.1.2009 auch bei Reisekostenvergütungen aus öffentlichen Kassen; Maklergebühren für die Vermittlung einer **Mietwohnung** fallen dagegen unter § 9 BUKG und können daher steuerfrei ersetzt werden (vgl. die Erläuterungen unter der vorstehenden Nr. 3 Buchstabe d);

– **Renovierungskosten der neuen Wohnung** sowie **Abstandszahlungen** an den bisherigen Mieter der neuen Wohnung für übernommene Gegenstände (BFH-Urteil vom 2. 8. 1963, BStBl. III S. 482, BFH-Urteil vom 17. 12. 2002, BStBl. 2003 II S. 314, Urteil des Finanzgerichts Hamburg vom 7. 5. 1998, EFG S. 1386 rkr.).

6. Auslandsumzüge

Bei **Auslandsumzügen** kann der Arbeitgeber dem Arbeitnehmer – ebenso wie bei Inlandsumzügen – die Umzugskosten bei einem beruflich veranlassten Umzug in Höhe des Betrags steuerfrei ersetzen, der nach der Auslandsumzugskostenverordnung als **höchstmögliche Auslandsumzugskostenvergütung** gezahlt werden könnte. Der Begriff „Auslandsumzug" umfasst nach § 13 Bundesumzugskostengesetz die Umzüge zwischen Inland und Ausland sowie die Umzüge im Ausland. Keine Auslandsumzüge im Sinne des Bundesumzugskostengesetzes sind Umzüge aus Anlass einer **Einstellung**, Versetzung oder Abordnung **im Inland** einschließlich ihrer Aufhebung, wenn die bisherige oder die neue Wohnung im Ausland liegt*). Wird folglich ein ausländischer Staatsangehöriger bei einer deutschen Firma eingestellt und zieht er aus diesem Grund vom Ausland in das Inland um, so handelt es sich zwar um einen beruflich veranlassten Umzug, aber **nicht um einen Auslandsumzug** im Sinne des Bundesumzugskostenrechts. Es gelten daher die unter den Nummern 3 bis 5 dargestellten Grundsätze bei einem Inlandsumzug.

Für einen **Rückumzug** vom Inland ins Ausland gilt Folgendes:

Beruflich veranlasst ist ein Rückumzug ins Ausland nur dann, wenn ein ausländischer Arbeitnehmer für eine von vornherein **befristete Tätigkeit** nach Deutschland kommt (BFH-Urteil vom 4. 12. 1992, BStBl. 1993 II S. 722). Wird hingegen ein ausländischer Arbeitnehmer unbefristet in das Inland versetzt, und zieht er deshalb mit seiner Familie nach Deutschland um, um erst nach vielen Jahren bei **Erreichen** der **Altersgrenze** wieder in sein Heimatland zurückzukehren, so ist dieser Rückumzug nicht beruflich veranlasst (BFH-Urteil vom 8. 11. 1996, BStBl. 1997 II S. 207).

Maßgebend für die Höhe der Umzugskostenvergütung bei Auslandsumzügen ist die Auslandsumzugskostenverordnung (AUV). Die Auslandsumzugskostenverordnung in der geltenden Fassung ist im **Steuerhandbuch für das Lohnbüro 2010** als Anhang 9 abgedruckt, das im selben Verlag erschienen ist. Eine Bestellkarte finden Sie vorne im Lexikon. Nach der Auslandsumzugskostenverordnung können insbesondere die entstehenden **Beförderungsauslagen** für das Umzugsgut (ggf. auch Einlagerungskosten), die **Auslagen** für die **Umzugsreise** des Umziehenden und der zur häuslichen Gemeinschaft gehörenden Personen sowie **Wohnungsvermittlungs-** und **Wohnungsvertragsabschlussgebühren** (ggf. auch Mietentschädigungen, wenn Mieten für die alte und neue Wohnung für einen Übergangszeitraum nebeneinander zu zahlen sind) steuerfrei erstattet werden. **Für sonstige Umzugsauslagen** kann eine **Pauschvergütung** steuerfrei ersetzt werden. Bei Auslandsumzügen **innerhalb der Europäischen Union** erhöht sich die für **Inlandsumzüge geltende Pauschale** für sonstige Umzugsauslagen um folgende Beträge (§ 10 Abs. 1 Satz 2 AUV):

– für Ledige um 380 €,
– für Verheiratete**) um 760 €,
– für jedes berücksichtigungsfähige Kind um 100 €.

Für **Auslandsumzüge außerhalb der Europäischen Union** beträgt die Pauschale für sonstige Umzugsauslagen das **Zweifache** der Pauschvergütung für Inlandsumzüge (§ 10 Abs. 1 Satz 3 AUV). Die Pauschvergütung beträgt demnach***)

	Ledige	Verheiratete
vom 1. 7. 2003 bis 31. 3. 2004	1 100,— €	2 198,— €
vom 1. 4. 2004 bis 31. 7. 2004	1 110,— €	2 220,— €
vom 1. 8. 2004 bis 31. 12. 2007	1 122,— €	2 242,— €
vom 1. 1. 2008 bis 31. 12. 2008	1 170,— €	2 342,— €
ab 1. 1. 2009 bis 30. 6. 2009	1 204,— €	2 408,— €
ab 1. 7. 2009	**1 256,— €**	**2 512,— €**

Diese Beträge erhöhen sich für **jedes Kind** und für jede weitere zur häuslichen Gemeinschaft gehörende Person (mit Ausnahme des Ehegatten) um folgende Beträge

vom 1. 7. 2003 bis 31. 3. 2004	484,— €
vom 1. 4. 2004 bis 31. 7. 2004	490,— €
vom 1. 8. 2004 bis 31. 12. 2007	494,— €
vom 1. 1. 2008 bis 31. 12. 2008	516,— €
ab 1. 1. 2009 bis 30. 6. 2009	530,— €
ab 1. 7. 2009	**554,— €**

Bei einem Umzug vom Ausland in das Inland (Rückumzug) beträgt die Pauschvergütung 80 % der vollen Beträge (§ 10 Abs. 4 AUV).

Steht von vornherein fest, dass ein Arbeitnehmer für **weniger als zwei Jahre** im Ausland tätig ist, so ermäßigt

---

*) § 13 Abs. 2 Nr. 4 Bundesumzugskostengesetz.

) Der Begriff „Verheiratete" im Sinne des Bundesumzugskostengesetzes ist weit gefasst. Denn einem verheirateten Arbeitnehmer werden gleichgestellt **verwitwete oder **geschiedene** Arbeitnehmer sowie Arbeitnehmer, deren Ehe aufgehoben oder für nichtig erklärt wurde. Die Pauschbeträge für Verheiratete können auch **Ledige** beanspruchen, wenn sie in der neuen Wohnung Verwandten bis zum vierten Grad, Verschwägerten bis zum zweiten Grad, Pflegekindern oder Pflegeeltern aus gesetzlicher oder sittlicher Verpflichtung nicht nur vorübergehend Unterkunft und Unterhalt gewähren. Das Gleiche gilt, wenn Ledige auch in der neuen Wohnung Personen aufgenommen haben, deren Hilfe sie aus gesundheitlichen oder beruflichen Gründen nicht entbehren können (§ 10 Abs. 2 BUKG). Entsprechendes gilt u. E. für in einer eingetragenen Lebenspartnerschaft lebende Angehörige, den „überlebenden" Lebenspartner und denjenigen, dessen Lebenspartnerschaft aufgehoben wurde.

***) BMF-Schreiben vom 16. 12. 2008, BStBl. I S. 1076. Das BMF-Schreiben ist als Anlage 2 zu H 9.9 LStR im **Steuerhandbuch für das Lohnbüro 2010** abgedruckt, das im selben Verlag erschienen ist. Das **PC-Lexikon** für das Lohnbüro 2010 enthält zu diesem Handbuch und hat außerdem den Vorteil, dass Sie **alle BFH-Urteile** sowie die aktuellen Rundschreiben und Niederschriften der Spitzenverbände der **Sozialversicherung** mit Mausklick **im Volltext** abrufen und ausdrucken können. Eine Bestellkarte finden Sie vorne im Lexikon.

sich die Pauschvergütung für den Hin- und Rückumzug nach § 17 der Auslandsumzugskostenverordnung wie folgt:
- bei einem Auslandsaufenthalt bis zu 8 Monaten auf 20 %;
- bei einem Auslandsaufenthalt von mehr als 8 Monaten aber weniger als 2 Jahren auf 40 %.

Steuerfrei erstattet werden können auch die Auslagen für einen umzugsbedingten zusätzlichen Unterricht der Kinder bis zu 80 % des Endgruppengehalts der Besoldungsgruppe A 12 des Bundesbesoldungsgesetzes für jedes Kind (§ 8 der Auslandsumzugskostenverordnung). Die hiernach maßgebenden Höchstbeträge betragen für jedes Kind

vom 1.7.2003 bis 31.3.2004	2 762,— €
vom 1.4.2004 bis 31.7.2004	2 790,— €
vom 1.8.2004 bis 31.12.2007	2 818,— €
vom 1.1.2008 bis 31.12.2008	2 946,— €
vom 1.1.2009 bis 30.6.2009	3 028,— €
ab 1.7.2009	**3 168,— €**

Bis zu 50 % des Höchstbetrags sind die umzugsbedingten zusätzlichen Unterrichtskosten für das Kind voll abziehbar. Soweit die Unterrichtskosten 50 % des Höchstbetrags übersteigen, sind sie (bis zum Höchstbetrag) zu ¾ erstattungsfähig.

Beispiel

Die umzugsbedingten zusätzlichen Unterrichtskosten (z. B. Fremdsprachen- und Nachhilfeunterricht) für ein Kind betragen im April 2010		2 000,— €
voll abzugsfähig: 50 % von 3 168 €	=	1 584,— €
übersteigender Betrag		416,— €
vom übersteigenden Betrag ¾	=	312,— €
insgesamt steuerfrei ersetzbar (1 584,— € + 312,— €)	=	1 896,— €

Außerdem konnten dem Arbeitnehmer und seinem Ehegatten früher bei einem Umzug vom Inland in das Ausland auch ein sog. **Ausstattungsbeitrag** und ein **Beitrag zum Beschaffen klimabedingter Bekleidung** steuerfrei ersetzt werden. Denn nach R 41 Abs. 3 Satz 2 der Lohnsteuer-Richtlinien 1999 war sowohl der Ausstattungsbeitrag als auch der Beitrag zum Beschaffen klimabedingter Kleidung als Arbeitgeberersatz steuerfrei, wenn es sich um einen Umzug vom Inland in das Ausland handelte. Dieser Satz 2 in R 41 Abs. 3 der früher geltenden Lohnsteuer-Richtlinien 1999 ist in die seit 2000 geltende Fassung der Lohnsteuer-Richtlinien nicht übernommen worden. Das bedeutet, dass sowohl der sog. **Ausstattungsbeitrag** (§ 12 der Auslandsumzugskostenverordnung) als auch der **Beitrag zum Beschaffen klimabedingter Kleidung** (§ 11 der Auslandsumzugskostenverordnung) vom Arbeitgeber seit 2000 **nicht mehr steuerfrei ersetzt** werden können. Dies wurde in R 41 Abs. 2 Satz 1 (jetzt R 9.9 Abs. 2 Satz 1) der seit 2000 geltenden Fassung der Lohnsteuer-Richtlinien ausdrücklich klargestellt. Klargestellt wurde außerdem, dass dies **sowohl im privaten als auch im öffentlichen Dienst** gilt, denn in R 41 Abs. 3 Satz 1 (jetzt R 9.9 Abs. 3 Satz 1) der seit 2000 geltenden Fassung der Lohnsteuer-Richtlinien wurde die Verweisung auf § 3 Nr. 16 EStG gestrichen, so dass die Ausführungen des ersten Satzes nicht nur für § 3 Nr. 16 EStG (= privater Dienst), sondern auch für § 3 Nr. 13 EStG (= öffentlicher Dienst) gelten. In einer neueren Entscheidung hat der Bundesfinanzhof bestätigt, dass der Beitrag zum Beschaffen klimabedingter Kleidung (§ 11 Auslandsumzugskostenverordnung) und der Ausstattungsbeitrag (§ 12 Auslandsumzugskostenverordnung) nicht steuerfrei ersetzt werden können (BFH-Urteil vom 12.4.2007, BStBl. II S. 536). Sie sind auch nicht als Werbungskosten abziehbar.

7. Vorsteuerabzug bei Umzugskosten

Das durch das Steuerentlastungsgesetz 1999/2000/2002 in § 15 Abs. 1a Nr. 3 UStG eingeführte Verbot des Vorsteuerabzugs aus Umzugskosten ist im Hinblick auf die für den Unternehmer günstigere Regelung der 6. EG-Richtlinie (= Mehrwertsteuer-System-Richtlinie) wieder aufgehoben worden. Soweit der Unternehmer eine Lieferung oder sonstige Leistung für sein Unternehmen bezieht, ist er unter den allgemeinen Voraussetzungen des § 15 UStG zum Vorsteuerabzug berechtigt. Dies gilt auch bei beruflich veranlassten Umzugskosten von Arbeitnehmern. Der **Arbeitgeber** muss aber **Leistungs- und Rechnungsempfänger** sein. Die früher in § 15 Abs. 1a Nr. 3 UStG enthaltene Einschränkung des Vorsteuerabzugs für Umzugskosten stellte einen Verstoß gegen die 6. EG-Richtlinie (= Mehrwertsteuer-System-Richtlinie) dar. Ein Vorsteuerabzug scheidet aber aus, wenn Rechnungen auf die Namen der Arbeitnehmer lauten. Vgl. im Übrigen auch das Stichwort „Umsatzsteuerpflicht bei Sachbezügen".

Unbeschränkte Steuerpflicht

Unbeschränkt steuerpflichtig sind Personen, die im Inland einen Wohnsitz oder ihren gewöhnlichen Aufenthalt haben. Einen Wohnsitz hat jemand dort, wo er **auf Dauer** eine Wohnung innehat, die er auch tatsächlich benutzt. Gewöhnlicher Aufenthalt wird angenommen, wenn sich ein Arbeitnehmer während eines zusammenhängenden Zeitraums von **mehr als sechs Monaten im Inland** aufhält. Die Begriffe „Wohnsitz" und „gewöhnlicher Aufenthalt" sind ausführlich anhand von Urteilen im sog. Einführungserlass zur Abgabenordnung erläutert. Dieser Einführungserlass ist als Anlage 2 zu § 1 EStG im **Steuerhandbuch für das Lohnbüro 2010** abgedruckt, das im selben Verlag erschienen ist. Eine Bestellkarte finden Sie vorne im Lexikon.

Ausländische Arbeitnehmer begründen im Inland meist keinen Wohnsitz, wenn sie sich nur vorübergehend hier aufhalten. Sie haben jedoch im Inland ihren „gewöhnlichen Aufenthalt" und werden dadurch unbeschränkt steuerpflichtig, wenn sie sich länger als 6 Monate im Bundesgebiet aufhalten. Ist dies der Fall, so erstreckt sich die unbeschränkte Steuerpflicht auf den gesamten Inlandsaufenthalt (also auch auf die ersten 6 Monate). Der Gegensatz zur unbeschränkten Steuerpflicht ist die beschränkte Steuerpflicht. Arbeitnehmer sind beschränkt steuerpflichtig, wenn sie in Deutschland arbeiten, ohne hier einen Wohnsitz oder gewöhnlichen Aufenthalt zu begründen. Arbeitnehmer, die täglich zu ihrem ausländischen Wohnort zurückkehren, begründen in der Bundesrepublik Deutschland keinen gewöhnlichen Aufenthalt, da sie hier nicht die Nächte verbringen. Ein gewöhnlicher Aufenthalt liegt hingegen bei Arbeitnehmern vor, die über einen Zeitraum von mehr als 6 Monaten nur zum Wochenende ins Ausland heimfahren.

Eine **Lohnsteuerkarte** wird nur für unbeschränkt steuerpflichtige Arbeitnehmer ausgestellt. Beschränkt steuerpflichtige Arbeitnehmer erhalten vom Betriebsstättenfinanzamt ersatzweise eine besondere amtliche **Bescheinigung für beschränkt steuerpflichtige Arbeitnehmer,** die dem Arbeitgeber vorgelegt werden muss und die die Funktion der Lohnsteuerkarte erfüllt. Wegen weiterer Einzelheiten vgl. die Stichworte „Beschränkt steuerpflichtige Arbeitnehmer" und „Lohnsteuerabzugsbescheinigung".

Arbeitnehmer, die weder einen Wohnsitz noch einen gewöhnlichen Aufenthalt im Inland haben, aber deutsche Staatsangehörige sind und Arbeitslohn aus einer inländischen **öffentlichen Kasse** beziehen (z. B. Arbeitnehmer im auswärtigen diplomatischen oder konsularischen Dienst), unterliegen unter bestimmten Voraussetzungen ebenfalls der unbeschränkten Steuerpflicht (so genannte **erweiterte unbeschränkte Steuerpflicht**). Lohnsteuerkarten werden für diesen Personenkreis nicht ausgeschrieben. Der Arbeitgeber hat die Steuerabzugsbeträge aufgrund einer besonderen Bescheinigung einzubehalten (vgl. „Erweiterte unbeschränkte Steuerpflicht").

Unbezahlter Urlaub

Gliederung:

1. Lohnsteuerliche Behandlung
2. Sozialversicherung
   a) Allgemeines
   b) Berechnung der Monatsfrist
   c) Kumulierung unterschiedlicher Unterbrechungstatbestände
3. Berechnung der Lohnsteuer und Sozialversicherungsbeiträge
4. Aufzeichnungs- und Meldepflichten des Arbeitgebers
   a) Lohnsteuer
   b) Sozialversicherung

1. Lohnsteuerliche Behandlung

Lohnsteuerlich ergeben sich bei der Gewährung unbezahlten Urlaubs keine Probleme. Denn solange das Dienstverhältnis fortbesteht und dem Arbeitgeber die Lohnsteuerkarte vorliegt, sind auch solche in den Lohnzahlungszeitraum fallenden Arbeitstage mitzuzählen, für die der Arbeitnehmer keinen Lohn bezogen hat (R 39b.5 Abs. 2 Satz 3 LStR). Es entsteht insbesondere **kein Teillohnzahlungszeitraum** mit der Folge, dass die Lohnsteuer nach der Tageslohnsteuertabelle ermittelt werden müsste (vgl. das Beispiel einer vollständigen Lohnabrechnung bei unbezahltem Urlaub unter der nachfolgenden Nr. 3).

2. Sozialversicherung

a) Allgemeines

Nach § 7 Abs. 3 SGB IV gilt eine Beschäftigung gegen Arbeitsentgelt generell für einen Monat als fortbestehend, sofern das Beschäftigungsverhältnis ohne Anspruch auf Arbeitsentgelt fortdauert und keine Entgeltersatzleistung bezogen oder Elternzeit in Anspruch genommen wird. Damit wird einheitlich für die Kranken-, Pflege-, Renten- und Arbeitslosenversicherung bei Arbeitsunterbrechungen ohne Fortzahlung von Arbeitsentgelt das Fortbestehen der Versicherungs- und Beitragspflicht für längstens einen Monat unterstellt.

b) Berechnung der Monatsfrist

Nach § 26 Abs. 1 SGB X gelten für die Berechnung der Monatsfrist § 187 Abs. 2 Satz 1 und § 188 Abs. 2 und 3 des Bürgerlichen Gesetzbuches. Danach beginnt die Monatsfrist mit dem ersten Tag der Arbeitsunterbrechung. Sie endet mit dem Ablauf desjenigen Tags des nächsten Monats, welcher dem Tag vorhergeht, der durch seine Zahl dem Anfangstag der Frist entspricht. Fehlt dem nächsten Monat der für den Ablauf der Frist maßgebende Tag, dann endet die Frist mit Ablauf des letzten Tags dieses Monats. Die Berechnung der Monatsfrist soll an folgenden Beispielen verdeutlicht werden:

letzter Tag des entgeltlichen Beschäftigungsverhältnisses	Beginn der Monatsfrist	Ende der Monatsfrist
15.1.	16.1.	15.2.
31.1.	1.2.	28.2. oder 29.2.
28.2.	29.2. (Schaltjahr)	28.3.
29.2. (Schaltjahr)	1.3.	31.3.
31.3.	1.4.	30.4.
30.4.	1.5.	31.5.

c) Kumulierung unterschiedlicher Unterbrechungstatbestände

Sofern mehrere Unterbrechungstatbestände unterschiedlicher Art aufeinander treffen (z. B. unbezahlter Urlaub oder rechtmäßiger Arbeitskampf im Anschluss an den Bezug von Krankengeld, Mutterschaftsgeld, Elterngeld sowie Elternzeit), sind die Zeiten der einzelnen Arbeitsunterbrechungen nicht zusammenzurechnen. Etwas anderes gilt nur dann, wenn Unterbrechungstatbestände im Sinne von § 7 Abs. 3 Satz 1 SGB IV aufeinander treffen (z. B. unbezahlter Urlaub oder Streik).

In diesen Fällen kommt für den Bereich der Renten- und Arbeitslosenversicherung ein Fortbestand des Beschäftigungsverhältnisses für längstens einen Monat in Betracht. Für den Bereich der Kranken- und Pflegeversicherung besteht das Beschäftigungsverhältnis bei einem rechtmäßigen Arbeitskampf sogar über einen Monat hinaus weiter. SV-Tage sind allerdings in allen Versicherungszweigen nur bis zu einem Monat zu berücksichtigen (Empfehlung der Spitzenverbände der SV-Träger; vgl. Rundschreiben vom 28.10.2004).

In den Fällen, in denen im unmittelbaren Anschluss an einen rechtmäßigen Arbeitskampf ein unbezahlter Urlaub oder eine Arbeitsbummelei folgt, ist die Zeit des rechtmäßigen Arbeitskampfs auf die Monatsfrist des § 7 Abs. 3 Satz 1 SGB IV anzurechnen.

3. Berechnung der Lohnsteuer und Sozialversicherungsbeiträge

Die Vorschrift des § 7 Abs. 3 Satz 1 SGB IV hat unmittelbar Auswirkungen auf die Beitragsberechnung und gegebenenfalls auf die Höhe der zu zahlenden Beiträge, denn die Zeiten der Arbeitsunterbrechung ohne Anspruch auf Arbeitsentgelt sind keine beitragsfreien, sondern dem Grunde nach beitragspflichtige Zeiten. Dies bedeutet, dass für Zeiträume von Arbeitsunterbrechungen im Sinne des § 7 Abs. 3 Satz 1 SGB IV Sozialversicherungstage (SV-Tage) anzusetzen sind. Deshalb sind diese Zeiträume auch bei der Ermittlung der anteiligen Jahresbeitragsbemessungsgrenzen zu berücksichtigen. Eine während des unbezahlten Urlaubs zufließende einmalige Zuwendung unterliegt der Beitragspflicht nach den allgemeinen Bestimmungen.

Bei der Berechnung der Lohnsteuer wird der Lohnzahlungszeitraum (z. B. Monat) durch unbezahlten Urlaub dann nicht unterbrochen, wenn während des unbezahlten Urlaubs das Beschäftigungsverhältnis bestehen bleibt, das heißt, die Lohnsteuerkarte des Arbeitnehmers muss beim Arbeitgeber bleiben und der Arbeitgeber muss bei der (elektronischen) Lohnsteuerbescheinigung die Zeit des unbezahlten Urlaubs in die bescheinigte Beschäftigungszeit mit einbeziehen. Steuerlich ist also die Monatsfrist ohne Bedeutung. Solange die Lohnsteuerkarte beim Arbeitgeber verbleibt, besteht steuerlich das Beschäftigungsverhältnis fort; ein Teillohnzahlungszeitraum entsteht damit lohnsteuerlich weder bei einem unbezahlten Urlaub von weniger als einem Monat noch bei einem unbezahlten Urlaub von mehr als einem Monat.

Beispiel

Ein Arbeitnehmer, Monatsgehalt 2087,50 €, nimmt im Juni 2010 zwei Wochen unbezahlten Urlaub. Auf seiner Lohnsteuerkarte ist die Steuerklasse III/0 Kinderfreibetrag, rk bescheinigt. Die wöchentliche Arbeitszeit beträgt 38½ Stunden (5 Arbeitstage); der Arbeitslohn wird vereinbarungsgemäß um 1/167 je Arbeitsstunde gekürzt.

Es ergibt sich für Juni folgende Lohnabrechnung:

Arbeitslohn	2 087,50 €
abzüglich Lohnausfall	962,50 €
verbleiben	1 125,— €
+ vermögenswirksame Leistung des Arbeitgebers	40,— €
steuer- und beitragspflichtiger Arbeitslohn	1 165,— €

Unbezahlter Urlaub

	Lohn-steuer-pflichtig	Sozial-versich.-pflichtig
Abzüge:		
Lohnsteuer	0,— €	
Solidaritätszuschlag	0,— €	
Kirchensteuer	0,— €	
Sozialversicherung (Arbeitnehmer-anteil)	238,54 €	238,54 €
Nettolohn		926,46 €
abzüglich vermögenswirksame Anlage		40,— €
auszuzahlender Betrag		886,46 €
Arbeitgeberanteil am Gesamtsozialversicherungs-beitrag		225,14 €

Berechnung des Lohnausfalls:

Arbeitsentgelt für 1 Arbeitsstunde 2087,50 € : 167 = 12,50 €
unbezahlter Urlaub 10 Arbeitstage = 77 Stunden
(77 × 12,50 €) = ausfallender Verdienst 962,50 €

Während des unbezahlten Urlaubs ruht das Arbeitsverhältnis. Deshalb besteht für einen in diese Zeit fallenden gesetzlichen Feiertag kein Anspruch auf Arbeitsentgelt.

Berechnung der Lohn- und Kirchensteuer sowie des Solidaritätszuschlags:

Bei einem unbezahlten Urlaub entsteht kein Teillohnzahlungszeitraum (vgl. dieses Stichwort). Bei Anwendung der Monatstabelle auf den steuerpflichtigen Arbeitslohn in Höhe von 1165 € ergeben sich folgende Steuerabzugsbeträge:

Lohnsteuer (Steuerklasse III)	0,— €
Solidaritätszuschlag	0,— €
Kirchensteuer	0,— €

Berechnung der Sozialversicherungsbeiträge:

Der unbezahlte Urlaub überschreitet einen Monat nicht; das Beschäftigungsverhältnis gilt als fortbestehend. Die Beitragsberechnung erfolgt auf Monatsbasis; d. h. es entsteht kein Teillohnzahlungszeitraum (vgl. dieses Stichwort). Die Sozialversicherungsbeiträge sind deshalb aus dem tatsächlichen Arbeitsentgelt zu berechnen.

Beitragsberechnung (aus 1165 €):

	Arbeitneh-meranteil	Arbeitgeber-anteil
Krankenversicherung 7,9 % bzw. 7,0 %	92,04 €	81,55 €
Pflegeversicherung 1,225 % und 0,975 %	14,27 €	11,36 €
Rentenversicherung 2 × 9,95 %	115,92 €	115,92 €
Arbeitslosenversicherung 2 × 1,4 %	16,31 €	16,31 €
insgesamt	238,54 €	225,14 €
Gesamtsozialversicherungsbeitrag		463,68 €

Die zusätzliche vermögenswirksame Leistung in Höhe von 40 € gehört auch insoweit zum steuer- und beitragspflichtigen Arbeitsentgelt als sie auf die Zeit des unbezahlten Urlaubs entfällt.

4. Aufzeichnungs- und Meldepflichten des Arbeitgebers

a) Lohnsteuer

Wird die Zahlung von Arbeitslohn durch einen unbezahlten Urlaub unterbrochen, der sich über einen Zeitraum von mindestens fünf zusammenhängenden Arbeitstagen erstreckt, so ist dies durch die Eintragung des Buchstabens „U" im Lohnkonto und auf der Lohnsteuerkarte 2010 gesondert zu vermerken (vgl. „Lohnkonto" unter Nr. 9 auf Seite 449).

b) Sozialversicherung

In den Fällen der Arbeitsunterbrechung ohne Anspruch auf Arbeitsentgelt nach § 7 Abs. 3 Satz 1 SGB IV (z. B. unbezahlter Urlaub) fallen **keine Meldungen** an, wenn die Arbeitsunterbrechung **einen** Kalendermonat nicht überschreitet. Bei längeren Arbeitsunterbrechungen endet die entgeltliche Beschäftigung nach einem Monat, sodass mit der nächsten Lohn- oder Gehaltsabrechnung, spätestens innerhalb von sechs Wochen nach ihrem Ende eine Abmeldung nach § 8 Abs. 1 DEÜV zu erstatten ist; in dieser Meldung ist das im gesamten Meldezeitraum erzielte Arbeitsentgelt zu bescheinigen.

Beispiel A

Ein Arbeitnehmer nimmt unbezahlten Urlaub vom 30. 1. 2010 bis 29. 2. 2010. Da der Monatszeitraum nicht überschritten ist (zur Berechnung vgl. die Erläuterungen unter der vorstehenden Nr. 2), ist **keine Meldung** erforderlich. Da im Februar 2010 kein Arbeitslohn gezahlt wird, fallen weder Lohnsteuer noch Sozialversicherungsbeiträge an.

Beispiel B

Ein Arbeitnehmer nimmt unbezahlten Urlaub vom 31. 1. 2010 bis zum 1. 3. 2010. Da die Monatsfrist überschritten ist (vgl. vorstehend unter Nr. 2) ist eine Abmeldung zum 28. 2. 2010 und eine Anmeldung zum 2. 3. 2010 erforderlich. Bei der Abmeldung ist als Beschäftigungszeit der Zeitraum vom 1. 1. 2010 bis 28. 2. 2010 und das in diesem Zeitraum erzielte Arbeitsentgelt einzugeben. Bei der Abmeldung ist die Schlüsselzahl 34 und bei der Anmeldung die Schlüsselzahl 13 einzugeben.

Auf die ausführlichen Erläuterungen zu den Meldepflichten des Arbeitgebers in **Anhang 15** des Lexikons wird hingewiesen.

Unentschuldigtes Fernbleiben

Ein unentschuldigtes Fernbleiben bis zu **einem Monat** unterbricht das Versicherungsverhältnis nicht. Wird kein Entgelt gezahlt, so fällt auch kein Beitrag an. Die Lohnabrechnung erfolgt wie beim unbezahlten Urlaub. Auf die Berechnungsbeispiele bei diesem Stichwort wird hingewiesen.

Unfallkosten

	Lohn-steuer-pflichtig	Sozial-versich.-pflichtig
Der Arbeitgeber kann die Kosten, die dem Arbeitnehmer zur Beseitigung eines Unfallschadens an seinem privaten Kraftfahrzeug entstehen, steuer- und beitragsfrei ersetzen, wenn die Unfallkosten begrifflich den **Reisekosten** im lohnsteuerlichen Sinne zugerechnet werden können; das heißt, dass die Unfallkosten anlässlich einer vorübergehenden beruflich veranlassten Auswärtstätigkeit entstanden sind.	nein	nein
Zu den Unfallkosten gehören die Reparaturaufwendungen sowie die Nebenkosten des Unfalls (z. B. Prozesskosten, Schadensersatzleistungen an Dritte). Zu den Unfallkosten gehören auch Schadensersatzleistungen, die der Arbeitnehmer unter Verzicht auf die Inanspruchnahme seiner gesetzlichen Haftpflichtversicherung selbst getragen hat (z. B. Reparaturkosten am gegnerischen Fahrzeug). Ebenso gehört hierzu eine Wertminderung, wenn der Arbeitnehmer sein unfallbeschädigtes Fahrzeug nicht reparieren lässt. Im Falle einer Reparatur werden aber nur die tatsächlichen Reparaturkosten berücksichtigt. Zu den Unfallkosten gehören auch die Kosten für einen Leihwagen, den der Arbeitnehmer während der Reparaturzeit benutzt. Es kommt nicht darauf an, ob der Unfall durch einen bewussten oder leichtfertigen Verstoß gegen Verkehrsvorschriften durch den Arbeitnehmer verursacht worden ist. Ausnahme: Für den Eintritt des Unfalls sind – trotz beruflich veranlasster Fahrt – ausnahmsweise private Gründe maßgebend (z. B. der Arbeitnehmer verursacht den Unfall unter **Alkoholeinfluss**). Die Unfallkosten können vom Arbeitgeber neben dem bei den Reisekosten geltenden pauschalen Kilometersatz von 0,30 € je gefahrenen Kilometer steuer- und beitragsfrei ersetzt werden.	nein	nein
Die Kosten eines Unfalls anlässlich einer **Fahrt zwischen Wohnung und Arbeitsstätte** kann der Arbeitgeber dagegen nicht steuerfrei ersetzen.	ja	ja

Die Unfallkosten werden wie der Ersatz der Fahrtkosten behandelt. Dieser gehört zum **steuerpflichtigen Arbeitslohn.** Da Unfallkosten auf dem Weg zwischen Wohnung und regelmäßiger Arbeitsstätte neben der Entfernungspauschale nach § 9 Abs. 1 Satz 1 EStG als Werbungskosten berücksichtigt werden, kommt eine **Pauschalierung** der Lohnsteuer mit **15 %** für eine etwaige Erstattung des Arbeitgebers **nicht** in Betracht. Die Pauschalversteuerung ist nämlich nur für Beträge zulässig, die der Arbeitnehmer nach § 9 Abs. 1 Satz 3 Nr. 4 EStG oder nach § 9

Unfallverhütungsprämien

	Lohn-steuer-pflichtig	Sozial-versich.-pflichtig

Abs. 2 EStG als Werbungskosten geltend machen könnte. Die Übernahme der Unfallkosten durch den Arbeitgeber ist daher auch beitragspflichtig in der Sozialversicherung. Lediglich bei bestimmten behinderten Arbeitnehmern kann die Lohnsteuer für die Übernahme der Unfallkosten durch den Arbeitgeber noch mit 15 % pauschaliert werden und ist daher beitragsfrei (vgl. die Erläuterungen und Beispiele beim Stichwort „Fahrten zwischen Wohnung und regelmäßiger Arbeitsstätte" unter Nr. 7).

Steuer- und beitragspflichtig ist auch der Ersatz von Unfallkosten, die bei **Familienheimfahrten** im Rahmen einer beruflich veranlassten doppelten Haushaltsführung entstehen (vgl. das Stichwort „Familienheimfahrten" unter Nr. 5). Der Arbeitnehmer kann die Unfallkosten auch in diesem Fall als Werbungskosten nach § 9 Abs. 1 Satz 1 EStG geltend machen. **ja ja**

Steuerfrei ist dagegen der Ersatz von Unfallkosten bei Fahrten, die im Rahmen eines beruflich veranlassten **Umzugs** erfolgen. Da der Arbeitgeber in diesen Fällen die Fahrtkosten nach § 3 Nr. 16 EStG steuerfrei ersetzen kann, ist auch der Ersatz etwaiger Unfallkosten steuerfrei. **nein nein**

Verzichtet der Arbeitgeber gegenüber dem Arbeitnehmer auf **Schadenersatz** nach einem **alkoholbedingt** entstandenen **Schaden** am überlassenen **Firmenwagen** führt dies – neben dem Ansatz des geldwerten Vorteils aus der Firmenwagengestellung – zu einem **zusätzlichen geldwerten Vorteil** (BFH-Urteil vom 24.5.2007 BStBl. II S. 766; vgl. hierzu auch die Erläuterungen beim Stichwort „Firmenwagen zur privaten Nutzung" unter Nr. 16). Unerheblich ist, ob der alkoholbedingte Schaden anlässlich einer privaten oder beruflichen Fahrt entstanden ist. **ja ja**

Unfallverhütungsprämien

Unfallverhütungsprämien sind steuer- und beitragspflichtig ohne Rücksicht darauf, ob es sich um Bar- oder Sachzuwendungen handelt. **ja ja**

Lohnsteuerpflichtig sind auch sog. **Sicherheitsprämien,** die der Arbeitgeber im Rahmen eines Sicherheitswettbewerbs zur Einschränkung betrieblicher Unfälle an seine Arbeitnehmer zahlt (BFH-Urteil vom 11.3.1988, BStBl. II S. 726). **ja ja**

Gewährt der Arbeitgeber für Leistungen in der Unfallverhütung und im Arbeitsschutz **Sachprämien** und werden diese nach § 40 Abs. 1 Nr. 1 EStG pauschal versteuert (vgl. Stichwort „Pauschalierung der Lohnsteuer" unter Nr. 2 auf Seite 517), so kann für die Beitragsberechnung in der Sozialversicherung der Durchschnittswert der pauschal versteuerten Sachzuwendungen angesetzt werden. Voraussetzung ist, dass der Wert der einzelnen Prämie 80 € nicht übersteigt und der Arbeitgeber den Arbeitnehmeranteil zur Sozialversicherung übernimmt (§ 3 Abs. 3 Sozialversicherungsentgeltverordnung). Der Durchschnittsbetrag ist als einmalig gezahltes Arbeitsentgelt zu behandeln und aufgrund der Sonderregelung in § 3 Abs. 3 Satz 5 Sozialversicherungsentgeltverordnung dem letzten Abrechnungszeitraum im Kalenderjahr zuzuordnen.

Belohnungen, die eine Berufsgenossenschaft an Arbeitnehmer ihrer Mitglieder auf deren Vorschlag für besondere Verdienste bei der Verhütung von Unfällen zuwendet, gehören dagegen regelmäßig nicht zum steuerpflichtigen Arbeitslohn (vgl. BFH-Urteil vom 22.2.1963, BStBl. III Seite 306). **nein nein**

Unfallversicherung

Neues auf einen Blick:

Nach der **bisherigen Auffassung** der **Finanzverwaltung** gehörte die im Versicherungsfall vom Arbeitgeber an den Arbeitnehmer ausgekehrte **Versicherungsleistung** grundsätzlich in voller Höhe zum steuerpflichtigen **Arbeitslohn** und unterlag dem Lohnsteuerabzug, wenn die Versicherungsbeiträge des Arbeitgebers steuerfrei waren, weil der **Arbeitnehmer keine** eigenen **Ansprüche gegen** das Versicherungsunternehmen hatte. Dem ist der **Bundesfinanzhof nicht gefolgt.**

Erhält der Arbeitnehmer Leistungen aus einer Unfallversicherung – ohne dass ein eigener Rechtsanspruch des Arbeitnehmers besteht – so führen die bis dahin entrichteten, **auf seinen Versicherungsschutz entfallenden Beiträge** im Zeitpunkt der Auszahlung oder Weiterleitung der Leistung an den Arbeitnehmer zu Arbeitslohn in Form von Barlohn, **begrenzt** auf die dem Arbeitnehmer ausgezahlte **Versicherungsleistung** (BFH-Urteil vom 11.12.2008, BStBl. 2009 II S. 385). Die **Finanzverwaltung folgt** dieser **Rechtsprechung.*)** Die **Höhe** des steuerpflichtigen **Arbeitslohns** ist also nicht von der Höhe der Versicherungsleistung, sondern von der **Dauer** des Versicherungsschutzes abhängig. Hat der Versicherungsschutz des „begünstigten" Arbeitnehmers bis zur Auszahlung der Versicherungsleistung länger als ein Jahr bestanden, handelt es sich bei den zu versteuernden Beiträgen um eine Vergütung für eine mehrjährige Tätigkeit, für die die **Fünftelregelung** anzuwenden ist.

Der auf das **berufliche Risiko** entfallende Beitragsanteil ist zum Zeitpunkt der Zahlung der Versicherungsleistung steuerfreier Reisekostenersatz oder steuerpflichtiger Werbungskostenersatz des Arbeitgebers. Dem steuerpflichtiger Werbungskostenersatz des Arbeitgebers stehen bei der Einkommensteuerveranlagung des Arbeitnehmers Werbungskosten in gleicher Höhe gegenüber. Eine Saldierung von steuerpflichtigen Arbeitslohn und abziehbaren Werbungskosten im Lohnsteuerabzugsverfahren durch den Arbeitgeber ist nicht zulässig. Der auf das **private Risiko** entfallende Beitragsanteil ist zum Zeitpunkt der Zahlung der Versicherungsleistung steuerpflichtiger Sonderausgabenersatz des Arbeitgebers. Zur **Aufteilung der Leistung** auf die beruflichen und privaten Risiken vgl. das Schaubild unter der nachfolgenden Nr. 4, das für die Versteuerung im Leistungsfalle entsprechend anzuwenden ist.

Sind die Versicherungsleistungen ausnahmsweise **Entschädigungen** für entgangene oder entgehende Einnahmen, liegt insoweit **steuerpflichtiger Arbeitslohn** vor. Dies ist z. B. bei Leistungen wegen einer Körperverletzung der Fall, soweit sie den **Verdienstausfall ersetzen.**

Wegen der Einzelheiten vgl. die ausführlichen Erläuterungen und Beispiele unter der nachfolgenden Nr. 8 Buchstabe b.

Gliederung:

1. Gesetzliche Unfallversicherung
2. Reiseunfallversicherung
3. Abgrenzung der Steuerpflicht bei Arbeitgeberbeiträgen zu Unfallversicherungen
   a) Allgemeines
   b) Kein unmittelbarer Rechtsanspruch des Arbeitnehmers auf die Versicherungsleistung
   c) Unmittelbarer Rechtsanspruch des Arbeitnehmers auf die Versicherungsleistung
4. Aufteilung der Beiträge bei steuerpflichtigen Gesamtunfallversicherungen
5. Pauschalierung der Lohnsteuer mit 20 %
6. Anwendung der 44-Euro-Grenze auf steuerpflichtige Beiträge zu Unfallversicherungen

---

*) BMF-Schreiben vom 28.10.2009 (BStBl. I S. 1275). Das BMF-Schreiben ist als Anlage zu H 40b.2 LStR im **Steuerhandbuch für das Lohnbüro 2010** abgedruckt, das im selben Verlag erschienen ist. Das **PC-Lexikon für das Lohnbüro 2010** enthält auch dieses Handbuch und hat außerdem den Vorteil, dass Sie **alle BFH-Urteile** sowie die aktuellen Rundschreiben und Niederschriften der Spitzenverbände der **Sozialversicherung** mit Mausklick **im Volltext** abrufen und ausdrucken können. Eine Bestellkarte finden Sie vorne im Lexikon.

Unfallversicherung

	Lohn-steuer-pflichtig	Sozial-versich.-pflichtig

7. Werbungskosten und Sonderausgabenabzug bei steuerpflichtigen Beiträgen zu Unfallversicherungen
8. Leistungen aus Unfallversicherungen
   a) Allgemeines
   b) Leistungen aus Unfallversicherungen bei denen die Beiträge steuerfrei sind
   c) Leistungen aus Unfallversicherungen bei denen die Beiträge steuerpflichtig sind

1. Gesetzliche Unfallversicherung

Die Beiträge des Arbeitgebers zur **gesetzlichen** Unfallversicherung sind nach § 3 Nr. 62 EStG steuerfrei und damit auch beitragsfrei in der Sozialversicherung. — nein   nein

Die Leistungen aus der gesetzlichen Unfallversicherung (z. B. gesetzlicher Schadensersatzanspruch des Arbeitnehmers aus unfallbedingten Personenschäden im beruflichen Bereich) sind nach § 3 Nr. 1 Buchstabe a EStG steuerfrei. — nein   nein

2. Reiseunfallversicherung

Ausgaben des Arbeitgebers für eine **Reiseunfallversicherung** des Arbeitnehmers gehören zu den steuerfreien Reisenebenkosten, wenn sie ausschließlich das Unfallrisiko bei einer beruflichen Auswärtstätigkeit außerhalb einer ortsgebundenen regelmäßigen Arbeitsstätte abdecken. Das gilt sowohl für eine Einzelversicherung oder für eine Sammelversicherung für eine einmalige Reise eines Arbeitnehmers oder mehrerer Arbeitnehmer als auch bei Dauerunfallversicherungen wegen häufiger Auswärtstätigkeiten des Arbeitnehmers. — nein   nein

Tagegelder, die aufgrund einer solchen Versicherung an den Arbeitgeber geleistet und von diesem an die Arbeitnehmer weitergeleitet werden, sind steuerpflichtiger Arbeitslohn, soweit sie nicht als Ersatz für steuerfreie Entschädigungen geleistet werden (z. B. als Ersatz für Schmerzensgeld, als Ersatz für vom Arbeitnehmer selbst bezahlte Krankheitskosten; BFH-Urteil vom 13. 4. 1976, BStBl. II S. 694). Siehe auch das Stichwort „Schadensersatz". — ja   ja

Vgl. auch die Erläuterungen beim Stichwort „Versicherungsschutz".

3. Abgrenzung der Steuerpflicht bei Arbeitgeberbeiträgen zu Unfallversicherungen

a) Allgemeines

Zahlt der Arbeitgeber Prämien für seine Arbeitnehmer zu einer **Gesamtunfallversicherung,** durch die auch das Risiko nicht beruflicher Unfälle abgedeckt wird, so stellt sich die Frage, ob und ggf. inwieweit steuerpflichtige Zukunftsicherungsleistungen vorliegen. Hierfür ist zuerst zu klären, wer die Rechte aus dem Versicherungsvertrag ausüben kann. Denn der Bundesfinanzhof hat mit Urteilen vom 16. 4. 1999 (BStBl. 2000 II S. 406 und S. 408) entschieden, dass in der Beitragsleistung des Arbeitgebers dann **kein steuerpflichtiger Arbeitslohn** anzunehmen ist, wenn bei einer Unfallversicherung die Ausübung der Rechte aus dem Versicherungsvertrag ausschließlich dem **Arbeitgeber** zustehen, das heißt der **Arbeitnehmer keinen unmittelbaren Rechtsanspruch** auf die Versicherungsleistung hat.

Dagegen gehören die Beiträge als Zukunftsicherungsleistungen in Form von Barlohn im Zeitpunkt der Zahlung zum Arbeitslohn, wenn der Arbeitnehmer selbst den Versicherungsanspruch unmittelbar gegenüber dem Versicherungsunternehmen geltend machen kann. Von einem unmittelbaren Anspruch des Arbeitnehmers ist auch auszugehen, wenn zwar der Anspruch durch den Arbeitgeber als Versicherungsnehmer geltend gemacht werden kann, nach den vertraglichen Unfallversicherungsbedingungen jedoch vorgesehen ist, dass der Versicherer (das Versicherungsunternehmen) die Versicherungsleistung in jedem Fall an den Arbeitnehmer als versicherte Person auszahlt. Hingegen steht die Ausübung der Rechte aus dem Versicherungsvertrag nicht unmittelbar dem Arbeitnehmer zu mit der Folge, dass die Beiträge kein Arbeitslohn sind, wenn die Versicherungsleistung vom Versicherer mit befreiender Wirkung auch an den Arbeitgeber gezahlt werden kann. In diesem Fall kann der Arbeitnehmer lediglich im Innenverhältnis die Auskehrung der Versicherungsleistung vom Arbeitgeber verlangen.

Das gilt unabhängig davon, ob es sich um eine Einzelunfallversicherung oder eine Gruppenunfallversicherung handelt; Beiträge zu Gruppenunfallversicherungen sind ggf. nach der Zahl der versicherten Arbeitnehmer auf diese aufzuteilen. Steuerfrei sind allerdings Beiträge oder Beitragsteile, die das Unfallrisiko bei einer beruflichen Auswärtstätigkeit außerhalb einer ortsgebundenen regelmäßigen Arbeitsstätte abdecken und die deshalb zu den steuerfreien Reisenebenkosten gehören.

In Anwendung dieser Grundsätze ergibt sich für die steuerliche Behandlung von Beiträgen des Arbeitgebers zu einer Unfallversicherung Folgendes*):

b) Kein unmittelbarer Rechtsanspruch des Arbeitnehmers auf die Versicherungsleistung

Hat der Arbeitnehmer nach den Ausführungen unter dem vorstehenden Buchstaben a keinen unmittelbaren Rechtsanspruch auf die Versicherungsleistung, so stellen die Beiträge des Arbeitgebers zu einer Unfallversicherung keinen Arbeitslohn dar. — nein   nein

Dies gilt unabhängig davon, ob es sich um eine Einzelunfallversicherung oder eine Gruppenunfallversicherung handelt. Die Beitragsleistungen des Arbeitgebers gehören also dann nicht zum steuerpflichtigen Arbeitslohn, wenn die vom Arbeitgeber abgeschlossene Unfallversicherung eine Versicherung für fremde Rechnung ist (§ 179 Abs. 1 Satz 2 i. V. m. §§ 43 bis 48 Versicherungsvertragsgesetz), bei der zwischen dem Arbeitgeber als Versicherungsnehmer und dem Arbeitnehmer als Versichertem ein gesetzliches Treuhandverhältnis begründet wird. Dem Arbeitgeber wird aufgrund dieses Treuhandverhältnisses die Stellung einer „Durchgangsperson" mit der Folge eingeräumt, dass der Arbeitgeber verpflichtet ist, die Versicherungsleistung an den Arbeitnehmer weiterzugeben (sog. Auskehrung der Versicherungsleistung). In diesem Fall kann der Arbeitnehmer Rechtsansprüche gegenüber dem Versicherungsunternehmen nur mittelbar – über den Arbeitgeber als Versicherungsnehmer – geltend machen. Dieser mittelbare Rechtsanspruch begründet hinsichtlich der Beitragszahlungen noch keinen Zufluss von Arbeitslohn.

Arbeitslohn liegt in diesen Fällen erst zum Zeitpunkt der Leistungsgewährung in Höhe der auf den Versicherungsschutz entfallenden Beiträge vor (vgl. die Erläuterungen unter der nachfolgenden Nr. 8).

c) Unmittelbarer Rechtsanspruch des Arbeitnehmers auf die Versicherungsleistung

Steht dem Arbeitnehmer nach den vertraglichen Beziehungen ein **unmittelbarer Rechtsanspruch auf Auskehrung der Versicherungsleistung** im Versicherungsfall gegenüber dem Versicherungsunternehmen zu, gehören die Beitragszahlungen des Arbeitgebers als Zukunftsicherungs-

---

*) BMF-Schreiben vom 28.10.2009 (BStBl. I S. 1275). Das BMF-Schreiben ist als Anlage zu H 40b.2 LStR im **Steuerhandbuch für das Lohnbüro 2010** abgedruckt, das im selben Verlag erschienen ist. Das **PC-Lexikon** für das Lohnbüro 2010 enthält auch dieses Handbuch und hat außerdem den Vorteil, dass Sie **alle BFH-Urteile** sowie die aktuellen Rundschreiben und Niederschriften der Spitzenverbände der **Sozialversicherung** mit Mausklick **im Volltext** abrufen und ausdrucken können. Eine Bestellkarte finden Sie vorne im Lexikon.

Unfallversicherung

	Lohnsteuerpflichtig	Sozialversich.pflichtig

leistung in Form von Barlohn zum steuerpflichtigen Arbeitslohn (vgl. auch die Ausführungen unter dem vorstehenden Buchstaben a). — ja — ja

Das gilt unabhängig davon, ob es sich um eine Einzelunfallversicherung oder eine Gruppenunfallversicherung handelt; Beiträge zu Gruppenunfallversicherungen sind ggf. nach der Zahl der versicherten Arbeitnehmer auf diese aufzuteilen. Umfasst der Versicherungsschutz auch das Unfallrisiko bei einer beruflichen Auswärtstätigkeit außerhalb einer ortsgebundenen regelmäßigen Arbeitsstätte ist dieser Teil des Beitrags als Reisenebenkosten steuerfrei. Die Aufteilung des Gesamtversicherungsbeitrags richtet sich in diesen Fällen nach den unter der folgenden Nr. 4 dargestellten Grundsätzen.

Beispiel

Der Arbeitgeber schließt für seine Arbeitnehmer eine Gruppenunfallversicherung ab. Zwar kann die Versicherungsleistung nur vom Arbeitgeber als Versicherungsnehmer geltend gemacht werden, nach den vertraglichen Unfallversicherungsbedingungen ist jedoch vorgesehen, dass der Versicherer (das Versicherungsunternehmen) die Versicherungsleistung in jedem Fall an den Arbeitnehmer als versicherte Person auszahlt.

Die Beiträge des Arbeitgebers gehören in Form von Barlohn zum steuerpflichtigen Arbeitslohn, da auch in diesem Fall von einem unmittelbaren Rechtsanspruch des Arbeitnehmers auf die Versicherungsleistung auszugehen ist (vgl. auch die Ausführungen unter dem vorstehenden Buchstaben a).

Im Hinblick auf den Umfang der späteren Versteuerung der Versicherungsleistung, wenn der Arbeitnehmer keinen Rechtsanspruch auf die Versicherungsleistung hat (vgl. die Ausführungen unter der nachfolgenden Nr. 8) erscheint es u. E. **nicht mehr ratsam**, den Arbeitnehmern einen unmittelbaren Rechtsanspruch auf die Versicherungsleistung einzuräumen. **Die Umstellung bestehender Verträge** mit einem unmittelbaren Rechtsanspruch der Arbeitnehmer sollte geprüft werden.

4. Aufteilung der Beiträge bei steuerpflichtigen Gesamtunfallversicherungen

Zur Erleichterung der Aufteilung ist eine bundeseinheitliche Verwaltungsanweisung ergangen*), nach der eine **Aufteilung im Schätzungswege** zugelassen wird. Für diese schätzungsweise Aufteilung gilt Folgendes:

Stellen die Beiträge des Arbeitgebers zu einer Gesamtunfallversicherung nach den unter der vorstehenden Nr. 3 geschilderten Abgrenzungskriterien im Grundsatz gegenwärtig zufließenden Arbeitslohn dar und deckt der Beitrag das Unfallrisiko sowohl im **beruflichen** als auch im **privaten Bereich** ab, so ist der Beitrag zunächst auf beide Risiken aufzuteilen. Für die Aufteilung sind die Angaben des Versicherungsunternehmens darüber maßgebend, welcher Anteil des Gesamtbeitrags das berufliche Unfallrisiko abdeckt. Fehlen derartige Angaben, kann der Gesamtbeitrag mit jeweils 50% auf den beruflichen und privaten Bereich aufgeteilt werden.

Der auf den **beruflichen Bereich** entfallende 50%ige Beitragsanteil ist dann **nochmals aufzuteilen,** und zwar mit 40% als Versicherungsbeitrag für Unfälle auf vorübergehende Auswärtstätigkeiten und mit 60% als Versicherungsbeitrag für andere Berufsunfälle*). Im Ergebnis bedeutet dies, dass der volle Beitrag für eine Gesamtunfallversicherung zu 80% lohnsteuerpflichtig ist, weil von dem Gesamtbeitrag 20% auf steuerfreien Reisekostenersatz, 30% auf steuerpflichtigen Werbungskostenersatz und 50% auf steuerpflichtigen Sonderausgabenersatz entfallen. Eine Saldierung von steuerpflichtigen Arbeitslohn und abziehbaren Werbungskosten im Lohnsteuerabzugsverfahren durch den Arbeitgeber ist nicht zulässig.

Hiernach ergibt sich für die Beiträge zu einer Gesamtunfallversicherung folgendes Beurteilungsschema:

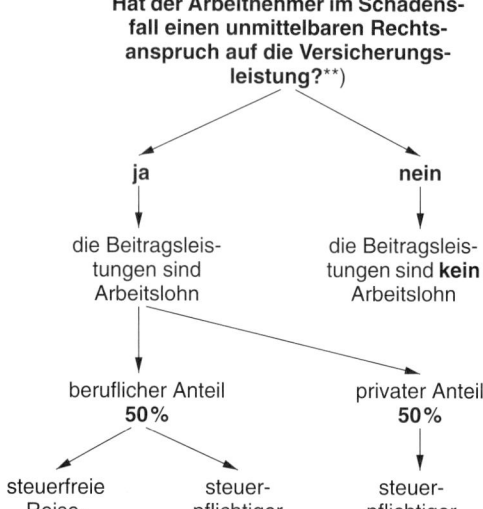

Beispiel

Die Beiträge zu einer Gruppenunfallversicherung sind nach den unter der vorstehenden Nr. 3 dargestellten Abgrenzungskriterien gegenwärtig zufließender Arbeitslohn.

Der Gesamtbeitrag für die Gruppenunfallversicherung, die sowohl das Risiko für berufliche als auch für private Unfälle abdeckt, beträgt jährlich 500 € für 10 Arbeitnehmer. Vom Gesamtbeitrag sind 20% steuerfrei, weil hiermit das Risiko für Unfälle auf vorübergehende Auswärtstätigkeiten abgedeckt wird. 80% von 500 € = 400 € gehören als Ausgaben des Arbeitgebers für die Zukunftsicherung seiner Arbeitnehmer zum steuerpflichtigen Arbeitslohn. Auf jeden Arbeitnehmer entfällt somit ein steuerpflichtiger Beitragsanteil von 40 €. Zur Pauschalierung der Lohnsteuer mit 20% vgl. nachfolgende Nr. 5.

5. Pauschalierung der Lohnsteuer mit 20%

Sind die Beiträge zu einer Gruppenunfallversicherung nach den unter der vorstehenden Nrn. 3 und 4 dargestellten Abgrenzungskriterien gegenwärtig zufließender steuerpflichtiger Arbeitslohn, kann die Lohnsteuer pauschal mit 20% erhoben werden, wenn folgende Voraussetzungen erfüllt sind:

- Es muss sich um eine **Gruppenunfallversicherung** handeln, d. h., mehrere Arbeitnehmer müssen in einem Unfallversicherungsvertrag versichert sein.
- Der **Teil der Gesamtprämie** (ohne Versicherungssteuer), der auf **einen Arbeitnehmer** entfällt, darf **62 €** im Kalenderjahr **nicht übersteigen.** Ergibt sich ein höherer Durchschnittsbetrag, ist keine Pauschalierung der Lohn-

---

*) BMF-Schreiben vom 28.10.2009 (BStBl. I S. 1275). Das BMF-Schreiben ist als Anlage zu H 40b.2 LStR im **Steuerhandbuch für das Lohnbüro 2010** abgedruckt, das im selben Verlag erschienen ist. Das **PC-Lexikon** für das Lohnbüro 2010 enthält auch dieses Handbuch und hat außerdem den Vorteil, dass Sie **alle BFH-Urteile** sowie die aktuellen Rundschreiben und Niederschriften der Spitzenverbände der **Sozialversicherung** mit Mausklick **im Volltext** abrufen und ausdrucken können. Eine Bestellkarte finden Sie vorne im Lexikon.

) Die Aufteilungsgrundsätze des Schaubilds sind entsprechend anzuwenden, wenn der Arbeitgeber Beiträge zu einer Versicherung des Arbeitnehmers übernimmt, die das Unfallrisiko im beruflichen und außerberuflichen Bereich abdeckt (vgl. Tz. 1 des BMF-Schreibens vom 28.10.2009, BStBl. I S. 1275). Das BMF-Schreiben ist als Anlage zu H 40b.2 LStR im **Steuerhandbuch für das Lohnbüro 2010 abgedruckt, das im selben Verlag erschienen ist. Das **PC-Lexikon** für das Lohnbüro 2010 enthält auch dieses Handbuch und hat außerdem den Vorteil, dass Sie **alle BFH-Urteile** sowie die aktuellen Rundschreiben und Niederschriften der Spitzenverbände der **Sozialversicherung** mit Mausklick **im Volltext** abrufen und ausdrucken können. Eine Bestellkarte finden Sie vorne im Lexikon.

Unfallversicherung

	Lohn-steuer-pflichtig	Sozial-versich.-pflichtig

steuer mit 20 % möglich; der auf den Arbeitnehmer entfallende Betrag ist als sonstiger Bezug nach dem hierfür geltenden besonderen Verfahren zu besteuern.

Bei einer Pauschalierung der Lohnsteuer mit 20 % sind die Beiträge zu einer Gruppenunfallversicherung sozialversicherungsfrei.   ja   nein

Handelt es sich bei einer Gruppenunfallversicherung um eine Gesamtunfallversicherung, die sowohl das Unfallrisiko im beruflichen als auch im privaten Bereich abdeckt, ist vor der Durchführung der Lohnsteuerpauschalierung mit 20 % der steuerfreie Anteil am Gesamtversicherungsbeitrag **auszuscheiden,** der auf den **steuerfreien Reisekostenersatz** entfällt (vgl. das Aufteilungsschema unter der vorstehenden Nr. 4). Außerdem ist zu beachten, dass die **Versicherungssteuer** bei der Prüfung der 62-Euro-Grenze für den steuerpflichtigen Beitragsanteil **außer Betracht** bleibt.

Beispiel

Der Gesamtbeitrag zu einer Gruppenunfallversicherung beträgt für 10 Arbeitnehmer 775 € zuzüglich 19 % Versicherungssteuer. Für die Pauschalierung der Lohnsteuer mit 20 % ergibt sich Folgendes:

	Versicherungs-beitrag	Versicherungs-steuer (19 %)
	775,— €	147,25 €
abzüglich steuerfreier Reisekosten-ersatz 20 %	155,— €	29,45 €
verbleiben	620,— €	117,80 €

Für die Prüfung der 62-Euro-Grenze ist der **steuerpflichtige** Pro-Kopf-Anteil **ohne** Versicherungssteuer maßgebend. Der steuerpflichtige Pro-Kopf-Anteil beträgt bei 10 versicherten Arbeitnehmern (620 € : 10 =) 62 €. Da die 62-Euro-Grenze nicht überschritten wird, kann die Lohnsteuer mit 20 % pauschaliert werden. Die pauschale Lohnsteuer errechnet sich aus dem steuerpflichtigen Anteil am Gesamtversicherungsbeitrag **zuzüglich** Versicherungssteuer:

Steuerpflichtiger Anteil am Gesamtversicherungs-beitrag	620,— €
zuzüglich Versicherungssteuer (19 %)	117,80 €
insgesamt	737,80 €
pauschale Lohnsteuer 20 %	147,56 €
Solidaritätszuschlag (5,5 % von 147,56 €)	8,11 €
Kirchensteuer (z. B. in Bayern) 7 % von 147,56 €	10,32 €
Belastung mit Pauschalsteuern insgesamt	165,99 €

Im Falle einer Pauschalierung der Lohnsteuer ist der gesamte – steuerpflichtige und steuerfreie – Versicherungsbeitrag in Höhe von (775 € + 147,25 € =) 922,25 € auch beitragsfrei in der Sozialversicherung. Voraussetzung für die **Beitragsfreiheit** (nicht jedoch für die Pauschalierung) ist, dass der Arbeitgeber die Prämien zusätzlich zum ohnehin vereinbarten Arbeitslohn zahlt, also keine Umwandlung von **laufendem** Barlohn vorliegt.

Wegen weiterer Einzelheiten zur Pauschalierung der Lohnsteuer für Beiträge des Arbeitgebers zu einer Gruppenunfallversicherung wird auf die Erläuterungen beim Stichwort „Zukunftsicherung" unter Nr. 7 auf Seite 802 hingewiesen. Der sich aus einer Gruppenversicherung gegnüber den Einzelversicherungen ergebende Prämienvorteil beruht übrigens auf Versicherungsrecht und ist daher nicht als Arbeitslohn anzusetzen. Maßgebend sind die Ausgaben des Arbeitgebers (§ 2 Abs. 2 Nr. 3 LStDV).

6. Anwendung der 44-Euro-Grenze auf steuer-pflichtige Beiträge zu Unfallversicherungen

Für Sachbezüge gibt es eine Freigrenze von **44 € monat-lich**. Freigrenze bedeutet, dass beim Überschreiten dieser Grenze der gesamte Sachbezug steuerpflichtig wird. In die Prüfung der 44-Euro-Freigrenze sind auch die für den betreffenden Monat bereits versteuerten Sachbezüge mit einzubeziehen. Auf die ausführlichen Erläuterungen zur Anwendung der 44-Euro-Freigrenze beim Stichwort „Sachbezüge" wird unter Nr. 4 auf Seite 634 hingewiesen.

Zur Anwendung der 44-Euro-Freigrenze auf steuerpflichtige Beiträge zu einer Versicherung (z. B. Gruppenunfallversicherung) gilt Folgendes:

Die Gewährung von Versicherungsschutz ist eine Dienstleistung im Sinne des § 8 Abs. 3 EStG. Für den Arbeitnehmer handelt es sich um einen Sachbezug, wenn der Arbeitgeber **als Versicherer** den Versicherungsschutz gewährt. Anders ist es, wenn der Arbeitgeber als Versicherungsnehmer dem Arbeitnehmer Versicherungsschutz verschafft. Dieser Fall wird von der Finanzverwaltung so beurteilt, als ob der Arbeitgeber dem Arbeitnehmer die Barmittel zur Verfügung stellt und dieser sie zum Erwerb des Versicherungsschutzes verwendet habe. Diese Betrachtungsweise schließt die Einbeziehung von Zukunftsicherungsleistungen in die 44-Euro-Freigrenze aus. Die 44-Euro-Freigrenze ist deshalb auf Beiträge des Arbeitgebers zu einer Gruppenunfallversicherung seiner Arbeitnehmer nicht anwendbar (R 8.1 Abs. 3 Satz 2 LStR, BFH-Urteil vom 26.11.2002, BStBl. 2003 II S. 492).

Vgl. auch die Erläuterungen beim Stichwort „Versicherungsschutz".

7. Werbungskosten und Sonderausgabenabzug bei steuerpflichtigen Beiträgen zu Unfallversicherungen

Der Arbeitnehmer kann die individuell nach Lohnsteuerkarte versteuerten Versicherungsbeiträge in seiner Einkommensteuererklärung entweder als Werbungskosten oder Sonderausgaben geltend machen (vgl. die ausführlichen Erläuterungen in **Anhang 7** des Lexikons).

Eine Saldierung von steuerpflichtigen Arbeitslohn und abziehbaren Werbungskosten im Lohnsteuerabzugsverfahren durch den Arbeitgeber ist nicht zulässig.

8. Leistungen aus Unfallversicherungen

a) Allgemeines

Die Entscheidung der Frage, ob Ausgaben des Arbeitgebers für die Zukunftsicherung gegenwärtig zufließender Arbeitslohn des Arbeitnehmers sind oder nicht, ist für die steuerliche Behandlung der späteren Leistungen aus dieser Zukunftsicherung von grundlegender Bedeutung. Sind die Ausgaben **für** die Zukunftsicherung Arbeitslohn, so können die späteren Leistungen **aus** der Zukunftsicherung kein Arbeitslohn sein, denn sie beruhen auf eigenen Beitragsleistungen des Arbeitnehmers. Sind die Ausgaben **für** die Zukunftsicherung dagegen nicht als lohnsteuerpflichtiger Arbeitslohn behandelt worden, so sind die späteren Leistungen **aus** der Zukunftsicherung im Grundsatz Arbeitslohn, und zwar auch dann, wenn sie von einem selbständigen Versicherungsunternehmen erbracht werden.

Bei Leistungen aus einer **Unfallversicherung** des Arbeitgebers an den Arbeitnehmer sind allerdings die nachstehend aufgeführten **Besonderheiten** zur **Höhe des Arbeitslohns** zu beachten.

b) Leistungen aus Unfallversicherungen bei denen die Beiträge steuerfrei sind

Nach der **bisherigen Auffassung** der **Finanzverwaltung** gehörte die im Versicherungsfall vom Arbeitgeber an den Arbeitnehmer ausgekehrte **Versicherungsleistung** grundsätzlich in voller Höhe zum steuerpflichtigen **Arbeitslohn** und unterlag dem Lohnsteuerabzug, wenn die Versicherungsbeiträge des Arbeitgebers steuerfrei waren, weil der **Arbeitnehmer keine** eigenen **Ansprüche gegen** das Versicherungsunternehmen hatte. Dem ist der **Bundesfinanzhof nicht gefolgt**.

Erhält der Arbeitnehmer Leistungen aus einer Unfallversicherung – ohne dass ein eigener Rechtsanspruch des Arbeitnehmers besteht (vgl. die Erläuterungen unter der vorstehenden Nr. 3) – so führen die bis dahin entrichteten, **auf seinen Versicherungsschutz entfallenden Beiträge** im Zeitpunkt der Auszahlung oder Weiterleitung der

Unfallversicherung

Leistung an den Arbeitnehmer zu Arbeitslohn in Form von Barlohn, **begrenzt** auf die dem Arbeitnehmer ausgezahlte **Versicherungsleistung** (BFH-Urteil vom 11.12.2008, BStBl. 2009 II S. 385). Das gilt unabhängig davon, ob der Unfall im beruflichen oder privaten Bereich eingetreten ist und ob es sich um eine Einzel- oder eine Gruppenunfallversicherung handelt. Bei einer Gruppenunfallversicherung ist der auf den einzelnen Arbeitnehmer entfallende Teil der Beiträge ggf. zu schätzen (BFH-Urteil vom 11.12.2008, BFH/NV 2009 S. 905). Die **Finanzverwaltung folgt** dieser **Rechtsprechung.***) Hat der Versicherungsschutz des „begünstigten" Arbeitnehmers bis zur Auszahlung der Versicherungsleistung länger als ein Jahr bestanden, handelt es sich bei den zu versteuernden Beiträgen um eine Vergütung für eine mehrjährige Tätigkeit, für die die **Fünftelregelung** anzuwenden ist (§ 34 Abs. 2 Nr. 4 i. V. m. Abs. 1 EStG; vgl. hierzu die Erläuterungen beim Stichwort „Fünftelregelung").

Beispiel A
Der Arbeitgeber hat für seine Arbeitnehmer vor fünf Jahren eine Unfallversicherung für Unfälle im privaten Bereich abgeschlossen. Die Beiträge sind nicht als Arbeitslohn versteuert worden, da die Arbeitnehmer keinen eigenen Rechtsanspruch gegenüber dem Versicherer haben. Im Jahr 2010 erhält ein Arbeitnehmer aufgrund eines Unfalls im privaten Bereich eine Versicherungsleistung von 10 000 €. Die für diesen Arbeitnehmer auf den Versicherungsschutz der letzten fünf Jahre entfallenden Beiträge betragen 500 €.

Der Arbeitnehmer hat die auf seinen Versicherungsschutz der letzten fünf Jahre entfallenden Beiträge von 500 € als Arbeitslohn zu versteuern. Die Tarifermäßigung in Form der „Fünftelregelung" ist anzuwenden, da der Versicherungsschutz bis zur Auszahlung der Versicherungsleistung länger als ein Jahr bestanden hat.

Beispiel B
Wie Beispiel A. Die Unfallversicherung soll für den „begünstigten" Arbeitnehmer bereits seit 25 Jahren bestehen und die auf diesen Versicherungsschutz entfallenden Beiträge betragen 12 000 €.

Arbeitslohn liegt in Höhe der Beiträge (12 000 €), begrenzt auf die an den Arbeitnehmer ausgezahlte Versicherungsleistung (10 000 €) vor. Die Tarifermäßigung in Form der „Fünftelregelung" ist auf den als Arbeitslohn anzusetzenden Betrag von 10 000 € anzuwenden, da der Versicherungsschutz bis zur Auszahlung der Versicherungsleistung länger als ein Jahr bestanden hat.

Eine Pauschalversteuerung des zu versteuernden Betrags mit 20 % scheidet regelmäßig aus, da die **62-Euro-Grenze nicht** entsprechend der Dauer des Dienstverhältnisses **vervielfältigt** wird. Auch eine Pauschalversteuerung nach § 37b EStG mit 30 % kommt nicht in Betracht, da die Finanzverwaltung in diesen Fällen **Barlohn** und nicht Sachlohn annimmt.

Die **Höhe** des steuerpflichtigen **Arbeitslohns** ist also nicht von der Höhe der Versicherungsleistung, sondern von der **Dauer** des Versicherungsschutzes abhängig. Der Bundesfinanzhof geht davon aus, dass der Arbeitgeber – auch bei einer Unfallversicherung ohne eigenen Rechtsanspruch der Arbeitnehmer – mit der Finanzierung des Versicherungsschutzes die entsprechenden Beiträge und nicht die bei Eintritt des Versicherungsfalles zu gewährenden Versicherungsleistungen zuwendet. Über den durch die Beitragsleistung erlangten Vorteil könne der Arbeitnehmer aber erst bei Eintritt des Versicherungsfalles und Erlangung der Versicherungsleistung verfügen. Dies sei daher der Zuflusszeitpunkt.

Der auf das berufliche Risiko entfallende Beitragsanteil ist zum Zeitpunkt der Zahlung der Versicherungsleistung steuerfreier Reisekostenersatz oder steuerpflichtiger Werbungskostenersatz des Arbeitgebers. Dem steuerpflichtiger Werbungskostenersatz des Arbeitgebers stehen bei der Einkommensteuerveranlagung des Arbeitnehmers Werbungskosten in gleicher Höhe gegenüber. Eine Saldierung von steuerpflichtigen Arbeitslohn und abziehbaren Werbungskosten im Lohnsteuerabzugsverfahren durch den Arbeitgeber ist nicht zulässig. Zur **Aufteilung** der Leistung auf die **beruflichen** und **privaten** Risiken vgl. das Schaubild unter der vorstehenden Nr. 4, das für die Versteuerung im Leistungsfalle entsprechend anzuwenden ist.

Beispiel C
Der Arbeitgeber hat für seinen auch im Außendienst beschäftigten Arbeitnehmer eine freiwillige Unfallversicherung (24-Stunden-Schutz) abgeschlossen. Die Rechte aus dem Versicherungsvertrag stehen ausschließlich dem Arbeitgeber zu. Aufgrund eines Unfalls im privaten Bereich erhält der Arbeitnehmer eine Versicherungsleistung von 20 000 € ausgezahlt. Seit Beginn des Arbeitsverhältnisses hat der Arbeitgeber für den Versicherungsschutz dieses Arbeitnehmers über mehrere Jahre 3000 € Beiträge gezahlt.

Zum Arbeitslohn gehören die auf den Versicherungsschutz entfallenden Beiträge (3000 €) und nicht die Versicherungsleistung (20 000 €). Der Arbeitslohn ist in Höhe von 600 € (20 % des Gesamtbeitrags) steuerfreier Reisekostenersatz und in Höhe von 2400 € steuerpflichtiger Werbungskosten- bzw. Sonderausgabenersatz, der als Arbeitslohn für mehrere Jahre nach der sog. Fünftelregelung ermäßigt besteuert werden kann. Bei seiner Einkommensteuerveranlagung kann der Arbeitnehmer einen Betrag von 900 € (30 % des Gesamtbeitrags) als Werbungskosten bei den Einkünften aus nichtselbständiger Arbeit geltend machen. Eine Saldierung von Arbeitslohn (hier: 2400 €) und Werbungskosten (hier: 900 €) im Lohnsteuerabzugsverfahren durch den Arbeitgeber ist nicht zulässig.

Da sich der Vorteil der Beitragsgewährung nicht auf den konkreten Versicherungsfall, sondern ganz allgemein auf das Bestehen von Versicherungsschutz des Arbeitnehmers bezieht, sind zur Ermittlung des Arbeitslohns **alle seit Begründung des Arbeitsverhältnisses entrichteten Beiträge** zu berücksichtigen, unabhängig davon, ob es sich um einen oder mehrere Versicherungsverträge handelt. Das gilt auch dann, wenn

– die Versicherungsverträge zeitlich befristet abgeschlossen wurden,

– das Versicherungsunternehmen gewechselt wurde oder

– der Versicherungsschutz für einen bestimmten Zeitraum des Dienstverhältnisses nicht bestanden hat (zeitliche Unterbrechung des Versicherungsschutzes).

Aus **Vereinfachungsgründen** können die auf den Versicherungsschutz des Arbeitnehmers entfallenden Beiträge unter Berücksichtigung der Beschäftigungsdauer auf Basis des **zuletzt** vor Eintritt des Versicherungsfalles **geleisteten Versicherungsbeitrags hochgerechnet** werden.

Beispiel D
Wie Beispiel C. Der Unfallversicherungsvertrag für den im Außendienst beschäftigten Arbeitnehmer wurde vom Arbeitgeber jeweils befristet für ein Jahr abgeschlossen. Bis zum Eintritt des Versicherungsfalles hat in zwei Jahren kein Versicherungsschutz bestanden, da es der Arbeitgeber unterlassen hat, den Vertrag zu verlängern. Außerdem hat der Arbeitgeber zweimal die Versicherungsgesellschaft gewechselt.

Obwohl der Unfallversicherungsvertrag jeweils zeitlich befristet abgeschlossen wurde, das Versicherungsunternehmen während des Arbeitsverhältnisses des „begünstigten" Arbeitnehmers zweimal gewechselt wurde und der Versicherungsschutz für einen bestimmten Zeitraum nicht bestanden hat, ergibt sich keine Änderung der Lösung gegenüber dem Beispiel C.

Bei einem **Arbeitgeberwechsel** sind ausschließlich die **seit Begründung des neuen Arbeitsverhältnisses** entrichteten Beiträge zu berücksichtigen, auch wenn der bisherige Versicherungsvertrag vom Arbeitgeber fortgeführt wird. Das gilt auch dann, wenn ein Wechsel des Arbeitgebers innerhalb eines Konzernverbundes mit einem Arbeitgeberwechsel verbunden ist. Bei einem Betriebsübergang (§ 613a BGB) liegt aber kein neues Arbeitsverhältnis vor.

Beispiel E
Für den Arbeitnehmer ist eine freiwillige Unfallversicherung (24-Stunden-Schutz) abgeschlossen worden. Die Rechte aus dem Versicherungsvertrag stehen ausschließlich dem jeweiligen Arbeitgeber zu. Aufgrund eines Unfalls im beruflichen Bereich erhält der Arbeitnehmer im Jahr 2010 eine Versicherungsleistung von 10 000 € ausgezahlt. Seit Beginn seiner beruflichen Tätigkeit haben sein früherer Arbeitgeber A bzw. sein heutiger Arbeitgeber B 3000 € (A) bzw. 4000 € (B) für den Versicherungsschutz dieses Arbeitnehmers gezahlt.

---

*) BMF-Schreiben vom 28.10.2009 (BStBl. I S. 1275). Das BMF-Schreiben ist als Anlage zu H 40b.2 LStR im **Steuerhandbuch für das Lohnbüro 2010** abgedruckt, das im selben Verlag erschienen ist. Das **PC-Lexikon** für das Lohnbüro 2010 enthält auch dieses Handbuch und hat außerdem den Vorteil, dass Sie **alle BFH-Urteile** sowie die aktuellen Rundschreiben und Niederschriften der Spitzenverbände der **Sozialversicherung** mit Mausklick **im Volltext** abrufen und ausdrucken können. Eine Bestellkarte finden Sie vorne im Lexikon.

Unfallversicherung

Zum Arbeitslohn gehören die seit Beginn des Arbeitsverhältnisses zum heutigen Arbeitgeber B auf den Versicherungsschutz entfallenden Beiträge (4000 €) und nicht die Versicherungsleistung (20 000 €). Der Arbeitslohn ist in Höhe von 800 € (20 % des Gesamtbeitrags) steuerfreier Reisekostenersatz und in Höhe von 3200 € steuerpflichtiger Werbungskosten- bzw. Sonderausgabenersatz, der als Arbeitslohn für mehrere Jahre nach der sog. Fünftelregelung ermäßigt besteuert werden kann. Bei seiner Einkommensteuerveranlagung kann der Arbeitnehmer einen Betrag von 1200 € (30 % des Gesamtbeitrags) als Werbungskosten bei den Einkünften aus nichtselbständiger Arbeit geltend machen. Eine Saldierung von Arbeitslohn (hier: 3200 €) und Werbungskosten (hier: 1200 €) im Lohnsteuerabzugsverfahren durch den Arbeitgeber ist nicht zulässig.

Beiträge, die individuell oder pauschal besteuert wurden, sind im Leistungsfalle nicht erneut als Arbeitslohn zu erfassen. In der Praxis ist dies von Bedeutung, wenn der Vertrag zeitweise einen unmittelbaren Rechtsanspruch des Arbeitnehmers vorsah (Beiträge = Arbeitslohn) und der Vertrag dann auf „Rechtsanspruch nur für den Arbeitgeber" umgestellt wurde.

Bei **mehreren Versicherungsleistungen** sind die bei einer früheren Versicherungsleistung als Arbeitslohn berücksichtigten Beiträge bei einer späteren Versicherungsleistung nicht erneut als Arbeitslohn zu erfassen. Bei der späteren Versicherungsleistung sind aber zumindest die seit der vorangegangenen Auszahlung einer Versicherungsleistung entrichteten Beiträge zu berücksichtigen, allerdings auch in diesem Fall begrenzt auf die ausgezahlte Versicherungsleistung (BFH-Urteil vom 11.12.2008, BFH/NV 2009 S. 907). Dem Arbeitnehmer steht bei mehreren Versicherungsleistungen (mehr als ein Versicherungsfall oder ein Versicherungsfall mit Auszahlung in mehreren Veranlagungszeiträumen) in verschiedenen Veranlagungszeiträumen **kein Wahlrecht** zu, inwieweit die vom Arbeitgeber erbrachten Beiträge jeweils als Arbeitslohn erfasst werden sollen. Im jeweiligen Veranlagungszeitraum ist für den als Arbeitslohn angesetzten Betrag zu prüfen, ob die Tarifermäßigung in Form der „Fünftelregelung" (vgl. dieses Stichwort sowie das Stichwort „Arbeitslohn für mehrere Jahre") angewendet werden kann.

Beispiel F
Für den Arbeitnehmer ist eine freiwillige Unfallversicherung (24-Stunden-Schutz) abgeschlossen worden. Die Rechte aus dem Versicherungsvertrag stehen ausschließlich dem jeweiligen Arbeitgeber zu. Aufgrund von zwei Unfällen in den Jahren 2010 und 2011 erhält der Arbeitnehmer im Jahr 2010 eine Versicherungsleistung von 10 000 € und im Jahr 2011 eine Versicherungsleistung von 4000 € ausgezahlt. Seit Beginn des Arbeitsverhältnisses bis zur Auszahlung der Versicherungsleistung im Jahr 2010 hat der Arbeitgeber für diesen Arbeitnehmer 12 000 € an Beiträgen zu dieser Unfallversicherung gezahlt. Im Jahr 2011 betragen die für diesen Arbeitnehmer entrichteten Beiträge 500 €.

2010:
Als Arbeitslohn anzusetzen sind die bis zum Zeitpunkt der Auszahlung der Versicherungsleistung entrichteten Beiträge von 12 000 €, allerdings begrenzt auf die dem Arbeitnehmer tatsächlich ausgezahlte Versicherungsleistung in Höhe von 10 000 € (BFH-Urteil vom 11.12.2008, BStBl. 2009 II S. 385). Von dem Betrag von 10 000 € sind allerdings nach den unter der vorstehenden Nr. 4 beschriebenen Grundsätzen 2000 € als steuerfreier Reisekostenersatz (= 20 % vom Gesamtbeitrag) und lediglich 8000 € als steuerpflichtiger Arbeitslohn (= 80 % vom Gesamtbeitrag) anzusetzen. Für den Betrag von 8000 € ist die „Fünftelregelung" anzuwenden, da es sich um eine Vergütung für eine mehrjährige Tätigkeit handelt. Der Arbeitnehmer kann bei seiner Einkommensteuerveranlagung 3000 € (= 30 % vom Gesamtbeitrag; = 60 % des beruflichen Anteils vom hälftigen – 50 %igen – Gesamtbeitrag) als Werbungskosten abziehen. Eine Saldierung von steuerpflichtigen Arbeitslohn und abziehbaren Werbungskosten ist im Lohnsteuerabzugsverfahren durch den Arbeitgeber nicht zulässig.

2011:
Als Arbeitslohn anzusetzen sind die bis zum Zeitpunkt der Auszahlung der Versicherungsleistung entrichteten Beiträge von 500 €; da die Versicherungsleistung die Höhe dieser Beiträge übersteigt, stellt sich die Frage der Begrenzung des Arbeitslohns nicht (BFH-Urteil vom 11.12.2008, BStBl. 2009 II S. 385). Die im Jahr 2010 als Arbeitslohn erfassten Beiträge sind nicht erneut zu erfassen. Von dem Betrag von 500 € sind allerdings nach den unter der vorstehenden Nr. 4 beschriebenen Grundsätzen 100 € als steuerfreier Reisekostenersatz (= 20 % vom Gesamtbeitrag) und lediglich 400 € als steuerpflichtiger Arbeitslohn (= 80 % vom Gesamtbeitrag) anzusetzen. Für den Betrag von 400 € ist u.E. die „Fünftelregelung" nicht anzuwenden, da es sich um den Versicherungsbeitrag eines Jahres und damit nicht um eine Vergütung für eine mehrjährige Tätigkeit handelt. Der Arbeitnehmer kann bei seiner Einkommensteuerveranlagung 150 € (= 30 % vom Gesamtbeitrag; = 60 % des beruflichen Anteils vom hälftigen – 50 %igen – Gesamtbeitrag) als Werbungskosten abziehen. Eine Saldierung von steuerpflichtigen Arbeitslohn und abziehbaren Werbungskosten ist im Lohnsteuerabzugsverfahren durch den Arbeitgeber nicht zulässig.

Erhält der Arbeitnehmer die **Versicherungsleistungen** in **Teilbeträgen** oder **Raten,** fließt ihm so lange Arbeitslohn in Form von Barlohn zu, bis die Versicherungsleistungen die Summe der auf den Versicherungsschutz des Arbeitnehmers entfallenden Beiträge erreicht haben. Wird die Versicherungsleistung als **Leibrente** gezahlt, fließt dem Arbeitnehmer so lange Arbeitslohn in Form von Barlohn zu, bis der nicht als Ertragsanteil anzusetzende Teil der Versicherungsleistungen, die Summe der auf den Versicherungsschutz des Arbeitnehmers entfallenden Beiträge erreicht hat.

Beispiel G
Nach einem Unfall wird ab dem Jahr 2010 eine Versicherungsleistung als Leibrente in Höhe von 1000 € jährlich ausgezahlt. Der Ertragsanteil beträgt 25 %. An Beiträge wurden für den Arbeitnehmer in der Vergangenheit insgesamt 2500 € gezahlt.

Ab dem Jahre 2010 sind 250 € jährlich (1000 € × 25 %) als sonstige Einkünfte steuerpflichtig. Darüber hinaus ist in den Jahren 2010 bis 2012 ein Betrag von 750 € jährlich und im Jahr 2013 ein Betrag von 250 € als Arbeitslohn anzusetzen (750 € × 3 = 2250 € + 250 € = 2500 €). Ab dem Jahre 2014 fließt kein weiterer Arbeitslohn mehr zu. Steuerpflichtig ist ab 2014 lediglich die Leibrente als sonstige Einkünfte in Höhe von 250 € (1000 € × 25 %). Hinweis: Auch in diesem Fall ist der Arbeitslohn in den Jahren 2010 bis 2013 ggf. in steuerfreien Reisekostenersatz und steuerpflichtigen Werbungskosten- und Sonderausgabenersatz nach den Grundsätzen unter der vorstehenden Nr. 4 aufzuteilen.

Sind die Versicherungsleistungen ausnahmsweise **Entschädigungen** für entgangene oder entgehende Einnahmen liegt insoweit **steuerpflichtiger Arbeitslohn** vor. Dies ist z. B. bei Leistungen wegen einer Körperverletzung der Fall, soweit sie den **Verdienstausfall ersetzen.** Wickelt das Versicherungsunternehmen die Auszahlung der Versicherungsleistung unmittelbar mit dem Arbeitnehmer ab, hat der Arbeitgeber die Lohnsteuer einzubehalten, wenn er weiß oder erkennen kann, dass derartige Zahlungen erbracht wurden (vgl. die Erläuterungen beim Stichwort „Lohnzahlung durch Dritte").

Beispiel H
Der Arbeitgeber hat für seinen Arbeitnehmer eine Unfallversicherung mit 24-Stunden-Schutz für alle Unfälle im beruflichen (einschließlich Auswärtstätigkeiten) und privaten Bereich abgeschlossen. Der Arbeitnehmer hat keinen unmittelbaren Rechtsanspruch auf eine etwaige Versicherungsleistung gegenüber dem Versicherungsunternehmen. Nach einem Unfall wird dem Arbeitnehmer eine Versicherungsleistung in Höhe von 10 000 € ausgezahlt. Hiervon sind 8000 € eine Entschädigung für entgangene oder entgehende Einnahmen (= Ersatz für Verdienstausfall).

Die Entschädigung für entgangene oder entgehende Einnahmen in Höhe von 8000 € ist als Arbeitslohn zu erfassen (§ 24 Nr. 1a EStG i. V. m. § 19 Abs. 1 Satz 1 Nr. 1 EStG). Für den Betrag von 8000 € ist die „Fünftelregelung" anzuwenden (§ 34 Abs. 2 Nr. 2 i. V. m. Abs. 1 EStG). Weiterhin sind Beiträge in Höhe von 2500 € (2500 € − [2500 € × 8000 € : 10 000 €]) entsprechend dem Schaubild unter Nr. 4 in steuerfreien Reisenebenkostenersatz sowie steuerpflichtigen Werbungskostenersatz und steuerpflichtigen Sonderausgabenersatz aufzuteilen. Von dem Betrag von 500 € sind daher 100 € als steuerfreier Reisekostenersatz (= 20 % vom Gesamtbeitrag) und 400 € als steuerpflichtiger Arbeitslohn (= 80 % vom Gesamtbeitrag) anzusetzen. Für den Betrag von 400 € ist die „Fünftelregelung" anzuwenden, da es sich um eine Vergütung für eine mehrjährige Tätigkeit handelt. Der Arbeitnehmer kann bei seiner Einkommensteuerveranlagung 150 € (= 30 % vom Gesamtbeitrag; = 60 % des beruflichen Anteils vom hälftigen – 50 %igen – Gesamtbeitrag) als Werbungskosten abziehen. Eine Saldierung von steuerpflichtigen Arbeitslohn und abziehbaren Werbungskosten ist im Lohnsteuerabzugsverfahren durch den Arbeitgeber nicht zulässig.

Bei einem im beruflichen Bereich eingetretenen Unfall gehört die Auskehrung des Arbeitgebers **nicht** zum **Arbeitslohn,** soweit der Arbeitgeber gesetzlich zur **Schadenersatzleistung** verpflichtet ist oder einen zivilrechtlichen Schadenersatzanspruch des Arbeitnehmers wegen schuldhafter Verletzung arbeitsvertraglicher Fürsorgepflichten erfüllt (BFH-Urteil vom 20.9.1996, BStBl. 1997 II S. 144). Nicht steuerpflichtig sind z. B.

Unständig Beschäftigte

	Lohn-steuer-pflichtig	Sozial-versich.-pflichtig

- Schmerzensgeldrenten nach § 253 Abs. 2 BGB,
- Unterhaltsrenten nach § 844 Abs. 2 BGB und
- Ersatzansprüche wegen entgangener Dienste nach § 845 BGB.

c) Leistungen aus Unfallversicherungen bei denen die Beiträge steuerpflichtig sind

Tagegelder und andere Leistungen, die aufgrund **versteuerter** Versicherungsbeiträge von der Versicherung an den Arbeitnehmer ausgezahlt werden, stellen keinen steuerpflichtigen Arbeitslohn dar. — nein nein

Von diesem Grundsatz gibt es eine Ausnahme:

Ausnahmsweise handelt es sich bei Versicherungsleistungen, die aufgrund **versteuerter** Versicherungsbeiträge an den Arbeitnehmer ausgezahlt werden, um steuerpflichtigen Arbeitslohn, wenn

- es sich um Entschädigungen für **entgangene oder entgehende Einnahmen** handelt,
- der Unfall im **beruflichen** Bereich eingetreten ist **und**
- die Beiträge ganz oder teilweise **Werbungskosten** oder **steuerfreie Vergütungen für Reisenebenkosten** waren.

Die in diesem Ausnahmefall von Versicherungsunternehmen als steuerpflichtiger Arbeitslohn erbrachte Versicherungsleistung unterliegt als Lohnzahlung durch einen Dritten (= Versicherungsunternehmen) dem Lohnsteuerabzug durch den Arbeitgeber, da dieser weiß oder erkennen kann, dass derartige Vergütungen erbracht werden (§ 38 Abs. 1 Satz 3 EStG). Vgl. auch das Stichwort „Lohnzahlung durch Dritte".

Beispiel

Die vom Arbeitgeber gezahlten Beiträge zu einer Unfallversicherung sind in Anwendung der unter Nr. 4 dargestellten Regelung in Höhe von 80 % als Arbeitslohn versteuert worden. Soweit die Beiträge auf den beruflichen Bereich entfallen, sind sie zum Teil (20 %) als Reisenebenkosten steuerfrei belassen oder vom Arbeitnehmer als Werbungskosten abgezogen worden. Der Arbeitnehmer hat einen Unfall auf einer beruflichen Fahrt und ist unter Fortzahlung des Arbeitslohns vier Wochen krank. Von der Unfallversicherung erhält er eine Verdienstausfallentschädigung in Höhe von 5000 € ausgezahlt. Es handelt sich um steuerpflichtigen Arbeitslohn, der nach der sog. Fünftelregelung ermäßigt zu besteuern ist (§ 34 Abs. 2 Nr. 2 i. V. m. Abs. 1 EStG). Obwohl durch der Fortzahlung des Arbeitslohns keine Einnahmen aus nichtselbständiger Tätigkeit weggefallen sind, handelt es sich bei der Versicherungsleistung begrifflich um eine Entschädigung für entgangene oder entgehende Einnahmen im Sinne des § 24 Nr. 1 Buchstabe a EStG. Denn der Arbeitnehmer war gegen den Verdienstausfall doppelt abgesichert. Der Arbeitgeber ist wegen der Lohnzahlung durch einen Dritten zum Lohnsteuerabzug verpflichtet.

Wiederkehrende Leistungen aus einer Unfallversicherung, bei denen die Beiträge als Arbeitslohn steuerpflichtig waren, sind bei der Einkommensteuerveranlagung des Arbeitnehmers als **sonstige Einkünfte** mit dem **Ertragsanteil** steuerpflichtig, wenn es sich um lebenslange Rentenzahlungen handelt.

Unständig Beschäftigte

Auf die Erläuterungen beim Stichwort „Künstler" unter Nr. 10 wird hingewiesen.

Unterbrechung der Lohnzahlung

Fällt die Zahlung von Arbeitslohn für mindestens **fünf** aufeinander folgende **Arbeitstage** weg, ist im Lohnkonto der Buchstabe **U** einzutragen (U steht für Unterbrechung). Auf die ausführlichen Erläuterungen beim Stichwort „Lohnkonto" unter Nr. 9 auf Seite 449 wird Bezug genommen.

Zur sozialversicherungsrechtlichen Behandlung von Unterbrechungen der Lohnzahlung wird auf die Erläuterungen beim Stichwort „Unbezahlter Urlaub" hingewiesen.

Unterstützungen

	Lohn-steuer-pflichtig	Sozial-versich.-pflichtig

Unterhaltsfreibetrag

Unterstützt der Arbeitnehmer bedürftige Angehörige, so kann er sich einen Freibetrag auf der Lohnsteuerkarte eintragen lassen (vgl. Anhang 7 Abschnitt D Nr. 3 auf Seite 905).

Unterhaltszuschüsse

Unterhaltszuschüsse an Beamtenanwärter und Referendare (Beamte auf Widerruf) sind keine Beihilfen aus öffentlichen Mitteln wegen Hilfsbedürftigkeit oder zur Förderung der Ausbildung, sondern Arbeitslohn (BFH-Urteil v. 1. 7. 1954, BStBl. 1955 III S. 14). — ja nein

Werden die Unterhaltszuschüsse an nichtbeamtete Anwärter gezahlt, sind sie nicht nur lohnsteuer-, sondern auch beitragspflichtig. — ja ja

Unterkunft

siehe „Freie Unterkunft und Verpflegung"

Unterstützungen

Wichtiges auf einen Blick:

Beihilfen und Unterstützungen, die private Arbeitgeber gewähren, sind unter bestimmten Voraussetzungen bis zu 600 € jährlich steuerfrei. Solche steuerfreie Unterstützungen rechtfertigende Anlässe sind z. B. Krankheits- und Unglücksfälle, Tod naher Angehöriger, Vermögensverluste durch höhere Gewalt.

Eine steuerfreie Unterstützungszahlung durch einen privaten Arbeitgeber setzt allerdings voraus, dass – ein außerhalb des Arbeitsverhältnisses liegendes – **Ereignis im persönlichen Bereich** des Arbeitnehmers eingetreten ist. Eingetretene oder drohende **Arbeitslosigkeit** ist daher seit 2008 generell **kein Grund** für eine steuerfreie Unterstützungsleistung (vgl. die Erläuterungen unter der nachstehenden Nr. 3).

1. Allgemeines

Unterstützungen werden vom Arbeitgeber auf die verschiedenste Art (einmalige oder laufende Bar- und Sachbezüge) und unter den verschiedensten Bezeichnungen gewährt. Meist wird die Bezeichnung Beihilfe, Notstandsbeihilfe oder Unterstützung verwendet. Es ist zu unterscheiden, ob Beihilfen und Unterstützungen aus öffentlichen Mitteln gewährt werden oder ob die Beihilfen und Unterstützungen von privaten Arbeitgebern gezahlt werden. Beihilfen und Unterstützungen aus **öffentlichen Mitteln,** die nach den Beihilfevorschriften des Bundes und der Länder gewährt werden, sind ohne betragsmäßige Begrenzung steuerfrei (§ 3 Nr. 11 EStG). Bei Beihilfen und Unterstützungen, die **private Arbeitgeber** gewähren, ist die Steuerfreiheit auf **600 € jährlich** begrenzt. Höhere Beihilfen und Unterstützungen privater Arbeitgeber sind nur dann steuerfrei, wenn ein besonderer Notfall vorliegt (vgl. nachfolgend unter Nr. 3). Im Einzelnen gilt Folgendes:

2. Beihilfen und Unterstützungen aus öffentlichen Mitteln

Ohne betragsmäßige Begrenzung sind Beihilfen **aus öffentlichen Mitteln** steuerfrei (R 3.11 Abs. 1 LStR). Hierunter fallen:

a) Beihilfen und Unterstützungen aus **öffentlichen Kassen,** die in Krankheits-, Geburts- oder Todesfällen sowie in besonderen Notfällen gezahlt werden, sind steuerfrei. Zum Begriff der öffentlichen Kasse vgl. dieses Stichwort. Zum Abschluss einer Beihilfeversicherung vgl. dieses Stichwort. — nein nein

Unterstützungen

b) Beihilfen und Unterstützungen an Arbeitnehmer von Körperschaften, Anstalten oder Stiftungen des öffentlichen Rechts auf Grund von Beihilfe-/Unterstützungsvorschriften des Bundes oder der Länder. — **nein / nein**

c) Beihilfen und Unterstützungen von Verwaltungen, Unternehmen oder Betrieben, die sich **überwiegend** in **öffentlicher Hand** befinden (= private Beteiligung weniger als 50 %), sind steuerfrei, — **nein / nein**
- wenn bei der Entlohnung sowie der Gewährung von Beihilfen und Unterstützungen bei den betroffenen Arbeitnehmern **ausschließlich** nach den Regelungen verfahren wird, die für Arbeitnehmer des öffentlichen Dienstes gelten und
- die Verwaltungen, Unternehmen und Betriebe einer staatlichen oder kommunalen Aufsicht und Prüfung bezüglich der **Entlohnung und der Gewährung der Beihilfen** unterliegen.

d) Beihilfen und Unterstützungen von Unternehmen die sich **nicht überwiegend** in **öffentlicher Hand** befinden (z. B. staatlich anerkannte Privatschulen) sind steuerfrei, wenn die folgenden Voraussetzungen erfüllt sind: — **nein / nein**
- Hinsichtlich der Entlohnung, der Reisekostenvergütungen sowie der Gewährung von Beihilfen und Unterstützungen muss nach den Regelungen verfahren werden, die für den öffentlichen Dienst gelten,
- die für die Bundesverwaltung oder eine Landesverwaltung maßgeblichen Vorschriften über die Haushalts-, Kassen- und Rechnungsführung und über die Rechnungsprüfung müssen beachtet werden und
- das Unternehmen muss der Prüfung durch den Bundesrechnungshof oder einem Landesrechnungshof unterliegen.

e) Die von **öffentlich-rechtlichen Religionsgesellschaften** unmittelbar gewährten Beihilfen und Unterstützungen gehören nicht zum steuerpflichtigen Arbeitslohn. Die von einer **rechtlich selbständigen Einrichtung** einer öffentlich-rechtlichen Religionsgesellschaft gewährten Beihilfen und Unterstützungen gehören ebenfalls nicht zum steuerpflichtigen Arbeitslohn, wenn die folgenden Voraussetzungen erfüllt sind: — **nein / nein**
- Hinsichtlich der Besoldung, der Reisekostenvergütungen und der Gewährung von Beihilfen und Unterstützungen muss nach denselben Grundsätzen verfahren werden, die auch für die Bediensteten der öffentlich-rechtlichen Religionsgesellschaft gelten,
- die öffentlich-rechtliche Religionsgesellschaft muss wesentlichen Einfluss auf den Haushaltsplan und die Rechnungsführung der Einrichtung ausüben und
- die Einrichtung muss der Rechts- und Fachaufsicht der öffentlich-rechtlichen Religionsgesellschaft unterstehen.

3. Beihilfen und Unterstützungen privater Arbeitgeber

Von **privaten** Arbeitgebern gewährte Beihilfen und Unterstützungen sind je Arbeitnehmer bis zu **600 €** im Kalenderjahr lohnsteuerfrei,
- wenn sie entweder von einer mit eigenen Mitteln des Arbeitgebers geschaffenen, aber von diesem unabhängigen und mit ausreichender Selbständigkeit ausgestatteten Einrichtung gezahlt werden oder
- wenn sie vom Betriebsrat oder einer sonstigen Arbeitnehmervertretung ohne maßgebenden Einfluss des Arbeitgebers aus Mitteln gezahlt werden, die vom Arbeitgeber zur Verfügung gestellt wurden oder
- wenn sie der Arbeitgeber selbst nach Anhörung des Betriebsrats oder sonstiger Vertreter der Arbeitnehmer zahlt oder
- wenn sie der Arbeitgeber selbst nach einheitlichen Grundsätzen zahlt, denen der Betriebsrat oder der sonstige Vertreter der Arbeitnehmer zugestimmt hat.

Die vorstehend aufgezählten Voraussetzungen brauchen nicht vorliegen, wenn der Betrieb weniger als 5 Arbeitnehmer beschäftigt (vgl. R 3.11 Abs. 2 Satz 3 LStR) und der Anlass für die Unterstützung hinreichend glaubhaft gemacht wird.

Unterstützungen, die **private** Arbeitgeber ihren Arbeitnehmern gewähren, sind demnach steuerfrei, soweit sie im Kalenderjahr **600 €** nicht überschreiten. Die Unterstützungen müssen dem Anlass nach gerechtfertigt sein. Eine wirtschaftliche Notlage der Arbeitnehmer ist bei Unterstützungen bis zu 600 € jährlich nicht erforderlich. — **nein / nein**

Unterstützungen **rechtfertigende Anlässe** sind z. B. **Krankheits- und Unglücksfälle, Tod naher Angehöriger, Vermögensverluste durch höhere Gewalt** (Hochwasser, Hagel, Feuer, Diebstahl), Inanspruchnahme aus privaten Bürgschaften und ggf. Haftung.

Beispiel A
Der Arbeitgeber zahlt der Arbeitnehmerin anlässlich des Todes ihres Ehemannes einmalig einen Betrag von 250 €.
Es handelt sich um eine steuerfreie Unterstützungsleistung.

Krankheitskosten, für die der Arbeitgeber eine steuerfreie Beihilfe bis zu 600 € jährlich zahlen kann, liegen auch dann vor, wenn der Arbeitnehmer aufgrund einer in der **privaten Krankenversicherung** vereinbarten **Selbstbeteiligung** Krankheitskosten selbst zu tragen hat. Die Ursache der Unterstützung muss nicht in der Person des Arbeitnehmers liegen. Es genügt die wirtschaftliche Belastung des Arbeitnehmers durch nahe Angehörige. — **nein / nein**

Beispiel B
Der Arbeitgeber erstattet dem Arbeitnehmer die getragene Selbstbeteiligung der privaten Krankenversicherung von 400 €.
Es handelt sich um eine steuerfreie Unterstützungsleistung.

Eine steuerfreie Unterstützungszahlung durch einen privaten Arbeitgeber setzt allerdings voraus, dass – ein außerhalb des Arbeitsverhältnisses liegendes – **Ereignis im persönlichen Bereich** des Arbeitnehmers eingetreten ist. Eingetretene oder drohende **Arbeitslosigkeit** ist daher seit 2008 generell **kein Grund** für eine steuerfreie Unterstützungsleistung.

Beispiel C
Eine Firma baut mehrere hundert Arbeitsplätze ab und zahlt den betroffenen Arbeitnehmern unter Berücksichtigung bestimmter sozialer Kriterien eine „Unterstützungsleistung" zwischen 1000 € und 5000 €.
Die „Unterstützungsleistung" gehört in vollem Umfang zum steuerpflichtigen Arbeitslohn. Eine Steuerfreistellung von bis zu 600 € (oder gar darüber hinaus wegen eines besonderen Notfalls) kommt nicht in Betracht, da das die Zahlung auslösende Ereignis nicht im privaten Bereich des Arbeitnehmers eingetreten ist. Es wird jedoch regelmäßig um Arbeitslohn für mehrere Jahre handeln, der nach der sog. Fünftelregelung ermäßigt besteuert werden kann (vgl. die Erläuterungen beim Stichwort „Arbeitslohn für mehrere Jahre").

Laufende Zahlungen sind keine Unterstützungen in bestimmten Notfällen, sondern steuerpflichtiger Arbeitslohn, da sie als Beitrag zum Bestreiten des Lebensunterhalts anzusehen sind. — **ja / ja**

Werden Unterstützungen von **mehr als 600 €** gewährt, so bleiben sie steuerfrei, wenn sie aus Anlass eines **besonderen Notfalles** gewährt werden. Bei der Beurteilung, ob ein solcher Notfall vorliegt, sind auch die Einkommensverhältnisse und der Familienstand des Arbeitnehmers zu berücksichtigen. Drohende oder bereits eingetretene **Arbeitslosigkeit** ist aus den vorstehenden Gründen **kein besonderer Notfall** in diesem Sinne. — **nein / nein**

Werden von einem privaten Arbeitgeber in anderen als den vorstehend genannten Fällen Unterstützungen gewährt, sind sie Teil des steuerpflichtigen Arbeitslohnes und als sonstige Bezüge zu versteuern. — **ja / ja**

Laufende Unterstützungen aus selbständigen Unterstützungskassen sind gemäß BFH-Urteil vom 28. 3. 1958, BStBl. III S. 268 steuerpflichtiger Arbeitslohn (vgl. das Stichwort „Unterstützungskasse"). — **ja / nein***

---

*) Wegen einer möglichen Krankenversicherungspflicht von Versorgungsbezügen vgl. Teil B Nr. 12 auf Seite 18.

Unterstützungskasse

Siehe auch die Stichworte: Beerdigungszuschüsse, Beihilfen, Erholungsbeihilfen, Erziehungsbeihilfen, Geburtsbeihilfen, Heiratsbeihilfen, Mobilitätshilfen, Schulbeihilfen, Stipendien, Vorsorgekuren, Vorsorgeuntersuchungen, Wirtschaftsbeihilfen.

Unterstützungskasse

Gliederung:

1. Allgemeines
2. Behandlung in der Ansparphase
3. Behandlung der Leistungen in der Auszahlungsphase
4. Krankenkassenbeiträge für Leistungen aus einer Unterstützungskasse

1. Allgemeines

Im Gegensatz zum Begriff der Pensionskasse (vgl. dieses Stichwort) fehlte es früher an einer eindeutigen Umschreibung des Begriffs der Unterstützungskasse. Das ist daraus zu erklären, dass Unterstützungskassen in den verschiedensten Formen und zu den verschiedensten Zwecken ins Leben gerufen wurden. Rechtsfähige Unterstützungskassen werden meist als Verein oder als GmbH, seltener in der Form der Stiftung errichtet. Nicht rechtsfähige Unterstützungskassen sind meist nicht rechtsfähige Vereine, haben aber nicht selten eine noch losere Form. Ein Interesse an der Rechtsfähigkeit der Unterstützungskassen besteht für die Arbeitgeber deshalb, weil Zuwendungen an rechtsfähige Unterstützungskassen in größerem Umfang als Betriebsausgaben abzugsfähig sind (vgl. § 4d EStG). Für die **lohnsteuerliche Behandlung** ist die Frage der **Rechtsfähigkeit** jedoch **ohne Bedeutung.** Hinsichtlich des Zwecks und der Art der Leistungen ist zu unterscheiden zwischen Unterstützungskassen mit Leistungen von Fall zu Fall (z. B. Unterstützungen und Beihilfen bei Krankheiten oder Unfällen, Erholungsbeihilfen) und Unterstützungskassen mit laufenden Leistungen. Manche Unterstützungskassen sehen beide Arten von Leistungen vor.

Durch das Altersvermögensgesetz ist die Durchführung der betrieblichen Altersversorgung über eine Unterstützungskasse gesetzlich geregelt worden (§ 1b Abs. 4 BetrAVG). Die Durchführung der betrieblichen Altersversorgung über eine Unterstützungskasse ist der Durchführung über Pensionskassen insoweit ähnlich, als auch hier der Arbeitgeber einen rechtlich selbständigen Versorgungsträger zur Durchführung der betrieblichen Altersversorgung einrichtet. Die Besonderheit besteht jedoch darin, dass bei der Unterstützungskasse während der Aufbauphase der Betriebsausgabenabzug (§ 4d EStG) auf Höchstbeträge begrenzt ist, die im Regelfall unterhalb des „Kapitalstockbetrages" liegen, der versicherungsmathematisch notwendig wäre, um aus ihm die zugesagten Leistungen bestreiten zu können. Der Arbeitgeber muss der Unterstützungskasse daher im Regelfall auch noch Mittel während der Leistungsphase zuwenden; diese sind dann voll als Betriebsausgaben absetzbar.

Ferner weist die Unterstützungskasse die Besonderheit auf, dass sie **nicht der Versicherungsaufsicht** unterliegt. Die Unterstützungskasse kann daher die ihr – beschränkt – zuwendbaren Mittel frei anlegen, insbesondere als Darlehen an das Trägerunternehmen zurückgeben – was vielfach üblich ist.

Eine besondere Stellung nimmt die sog. „**rückgedeckte**" **Unterstützungskasse** ein. Dort wird für die vom Arbeitgeber zugesagten Leistungen eine Rückdeckungsversicherung abgeschlossen, die der Arbeitgeber finanziert und bei der er nicht nur Versicherungsnehmer, sondern – im Unterschied zur Direktversicherung – auch Bezugsberechtigter ist. Im Unterschied zur normalen Unterstützungskasse können der rückgedeckten Unterstützungskasse alle für die Rückdeckungsversicherung erforderlichen Beiträge zugewendet werden (alle Beiträge können also als Betriebsausgaben geltend gemacht werden), sie ist im Unterschied zur nicht rückgedeckten Unterstützungskasse daher voll ausfinanzierbar. Auch bei einer rückgedeckten Unterstützungskasse handelt es sich aber um eine Form der betrieblichen Altersversorgung.

2. Behandlung in der Ansparphase

Das für die lohnsteuerliche Behandlung wesentliche Merkmal ist jedoch, dass eine Unterstützungskasse den Arbeitnehmern, für die sie geschaffen ist, **keinen Rechtsanspruch** auf Leistungen einräumt (aus diesem Grunde werden Unterstützungskassen praktisch auch immer allein durch Zuwendungen des Arbeitgebers unterhalten). Dieses Fehlen eines eindeutigen Rechtsanspruches auf Versorgung hat zur Folge, dass die Zuwendungen des Arbeitgebers an die Unterstützungskasse nicht zum gegenwärtig zufließenden Arbeitslohn der begünstigten Arbeitnehmer gehören, und zwar ohne Rücksicht darauf, ob die Leistungen laufend oder nur von Fall zu Fall gewährt werden (BFH-Urteil vom 27.5.1993, BStBl. 1994 II S. 246). nein nein

Die Tatsache, dass die Zuwendungen des Arbeitgebers an die Unterstützungskasse keinen Zufluss von Arbeitslohn auslösen, hat Auswirkungen auf die steuerliche Behandlung der späteren Leistungen aus der Unterstützungskasse und zwar aus folgenden Gründen:

Aus lohnsteuerlicher Sicht ist zu unterscheiden zwischen den Formen der betrieblichen Altersversorgung, die **sofort zufließenden Arbeitslohn** darstellen und denjenigen Formen der betrieblichen Altersversorgung, bei denen erst die künftig zufließenden Versorgungsleistungen als Arbeitslohn besteuert werden (sog. **nachgelagerte Besteuerung**, vgl. dieses Stichwort). Denn die Entscheidung der Frage, ob Aufwendungen für eine betriebliche Altersversorgung gegenwärtig zufließender Arbeitslohn des Arbeitnehmers sind oder nicht, ist für die steuerliche Behandlung der späteren Leistungen aus dieser betrieblichen Altersversorgung von entscheidender Bedeutung. Sind die Ausgaben für die betriebliche Altersversorgung gegenwärtig zufließender Arbeitslohn, so können die späteren Leistungen **aus** der betrieblichen Alterversorgung kein Arbeitslohn sein; denn sie beruhen, zumindest teilweise, auf eigenen Beitragsleistungen. Sind hingegen die Ausgaben **für** die betriebliche Altersversorgung kein gegenwärtig zufließender Arbeitslohn, sind die späteren Leistungen **aus** der betrieblichen Altersversorgung Arbeitslohn (vgl. hierzu auch das Schaubild beim Stichwort „Zukunftssicherung" unter Nr. 1 und die tabellarischen Übersichten am Ende des Anhangs 6).

Werden Versorgungsanwartschaften aus Unterstützungskassen auf einen **Pensionsfonds** übertragen, ist diese Übertragung unter bestimmten Voraussetzungen nach § 3 Nr. 66 EStG (vgl. Anhang 6 Nr. 12 auf Seite 866) steuer- und beitragsfrei.

3. Behandlung der Leistungen in der Auszahlungsphase

Lösen die Aufwendungen des Arbeitgebers **für** die betriebliche Altersversorgung keinen Zufluss von Arbeitslohn aus, so gehören die späteren Leistungen **aus** der betrieblichen Altersversorgung zum steuerpflichtigen Arbeitslohn, und zwar auch dann, wenn sie von einer selbständigen Versorgungseinrichtung, nämlich der Unterstützungskasse erbracht werden. Dem Arbeitgeber, der die Unterstützungskasse mit den Geldmitteln ausstattet, obliegen deshalb bei der Auszahlung der Unterstützungsleistungen an die Arbeitnehmer die steuerlichen Arbeitgeberpflichten, sofern nicht die Unterstützungskasse selbst den Lohnsteuerabzug vornimmt (ggf. nach den Merkmalen einer zweiten Lohnsteuerkarte). ja nein*)

---

*) Wegen einer möglichen Krankenversicherungspflicht von Versorgungsbezügen vgl. Teil B Nr. 12 auf Seite 18.

	Lohn-steuer-pflichtig	Sozial-versich.-pflichtig

Steuerfreiheit für Leistungen aus Unterstützungskassen besteht nur dann, wenn die bei den Stichworten „Beihilfen" oder „Unterstützungen" dargestellten Voraussetzungen vorliegen. — nein — nein

Diese Voraussetzungen sind nur bei Beihilfen und Unterstützungen gegeben, die von Fall zu Fall gewährt werden. Laufende Unterstützungen sind dagegen stets steuerpflichtiger Arbeitslohn (BFH-Urteil vom 28. 3. 1958, BStBl. III S. 268). Werden laufende Leistungen wegen Berufs- oder Erwerbsunfähigkeit, wegen Erreichens des 63. Lebensjahres (bei Schwerbehinderten des 60. Lebensjahres) oder als Hinterbliebenenbezüge gezahlt, so handelt es sich um **Versorgungsbezüge** für die der Abzug des Versorgungsfreibetrags und auch der Abzug des Zuschlags zum Versorgungsfreibetrag in Betracht kommt (vgl. das Stichwort „Versorgungsbezüge, Versorgungsfreibetrag").

4. Krankenkassenbeiträge für Leistungen aus einer Unterstützungskasse

Versorgungsleistungen aus einer Unterstützungskasse sind bei gesetzlich Krankenversicherten als Versorgungsbezüge (§ 229 SGB V) krankenversicherungspflichtig (vgl. die Erläuterungen in Teil B Nr. 12 auf Seite 18).

Urlaubsabgeltung

Der Urlaub muss grundsätzlich im laufenden Kalenderjahr gewährt und genommen werden. Eine Übertragung auf das nächste Jahr ist nur aus dringenden betrieblichen oder in der Person des Arbeitnehmers liegenden Gründen zulässig. Im Fall der Übertragung muss der Urlaub in den ersten drei Monaten des nächsten Jahres genommen werden.

Kann der Urlaub als Freizeit wegen **Beendigung des Arbeitsverhältnisses** nicht mehr gewährt werden, so ist der Anspruch abzugelten. Diese Zahlung wird als Urlaubsabgeltung bezeichnet und wie das Urlaubsentgelt berechnet.

Der Abgeltungsbetrag ist steuerpflichtig. Er wird steuerlich als sonstiger Bezug behandelt (vgl. dieses Stichwort).

Beitragsrechtlich ist die Urlaubsabgeltung wie einmalig gezahltes Arbeitsentgelt zu behandeln. Die Beitragsberechnung richtet sich nach dem beim Stichwort „Einmalige Zuwendungen" dargestellten Verfahren. — ja — ja

Auf das Beispiel einer vollständigen Lohnabrechnung mit Berechnung einer Urlaubsabgeltung (und Entlassungsabfindung) beim Stichwort „Abfindung wegen Entlassung aus dem Dienstverhältnis" unter Nr. 15 auf Seite 30 wird Bezug genommen.

Urlaubsentgelt, Urlaubsdauer

1. Allgemeines

Urlaub ist die bezahlte Freistellung von der Arbeit. Der Arbeitnehmer hat Anspruch auf die Fortzahlung des Arbeitsentgelts während des Urlaubs. Dieser fortgezahlte Arbeitslohn wird als **Urlaubsentgelt** bezeichnet (im Gegensatz zum zusätzlichen gezahlten **Urlaubsgeld**, vgl. dieses Stichwort). Zur Lohnabrechnung bei **unbezahltem Urlaub** vgl. dieses Stichwort.

2. Urlaubsdauer

Nach § 3 Bundesurlaubsgesetz beträgt der Urlaub jährlich **mindestens 24 Werktage** (einschließlich der Samstage). Bei einer Fünftagewoche ergibt sich also ein Mindesturlaubsanspruch von 20 Arbeitstagen. Durch Tarifvertrag, Arbeitsvereinbarung oder Einzelarbeitsvertrag kann zugunsten des Arbeitnehmers vom gesetzlichen Mindesturlaub abgewichen werden.

Sondervorschriften bestehen für
- jugendliche Arbeitnehmer (Jugendarbeitsschutzgesetz),
- schwerbehinderte Arbeitnehmer (SGB IX; früher Schwerbehindertengesetz),
- Seeleute (Seemannsgesetz).

Der gesetzliche **Mindesturlaub** beträgt **für einen Jugendlichen,** wenn dieser zu Beginn des Kalenderjahrs
- noch nicht 16 Jahre alt ist, mindestens 30 Werktage;
- noch nicht 17 Jahre alt ist, mindestens 27 Werktage;
- noch nicht 18 Jahre alt ist, mindestens 25 Werktage.

Schwerbehinderte Arbeitnehmer – das sind Personen, deren Grad der Behinderung mindestens 50 % beträgt – erhalten zusätzlich 5 Arbeitstage bei fünftägiger Arbeitswoche.

Der volle Urlaubsanspruch nach dem Bundesurlaubsgesetz wird erstmalig nach einer **Wartezeit von 6 Monaten** erworben. Anspruch auf **Teilurlaub** ($^{1}/_{12}$ des Jahresurlaubs für jeden vollen Monat des Bestehens des Arbeitsverhältnisses) hat der Arbeitnehmer
- für Zeiten eines Kalenderjahres, für die er wegen Nichterfüllung der (sechsmonatigen) Wartezeit in diesem Kalenderjahr keinen vollen Urlaubsanspruch erwirbt (hierunter fallen also im Normalfall alle Arbeitnehmer, die ihr Arbeitsverhältnis nach dem 1. 7. beginnen);
- wenn er vor erfüllter Wartezeit aus dem Arbeitsverhältnis ausscheidet;
- wenn er nach erfüllter Wartezeit in der ersten Hälfte eines Kalenderjahres (spätestens also zum 30.6.) aus dem Arbeitsverhältnis ausscheidet.

Bei einem **Wechsel des Arbeitgebers** muss sich der Arbeitnehmer den von einem früheren Arbeitgeber im laufenden Kalenderjahr gewährten Urlaub anrechnen lassen. Der Arbeitgeber ist zu diesem Zweck verpflichtet, bei Beendigung des Arbeitsverhältnisses eine **Bescheinigung** über den im laufenden Kalenderjahr gewährten oder abgegoltenen Urlaub auszuhändigen.

Auch **Teilzeitbeschäftigte** erwerben nach dem Bundesurlaubsgesetz einen Urlaubsanspruch, wenn das Arbeitsverhältnis von vornherein auf eine gewisse Dauer angelegt ist. Der gesetzliche **Mindesturlaub** beträgt wie bei Vollbeschäftigten jährlich 24 Werktage (einschließlich der Samstage). Die aufgrund der Teilzeitbeschäftigung arbeitsfreien Tage muss sich der Arbeitnehmer jedoch anrechnen lassen. Auch für die Berechnung des **Urlaubsentgelts** ist nach den für eine Vollbeschäftigung geltenden Grundsätzen zu verfahren.

Beispiel A
Eine teilzeitbeschäftigte Arbeitnehmerin ist an drei Tagen in der Woche tätig. Die betriebliche Arbeitszeit beträgt 5 Tage in der Woche, der tarifliche Urlaubsanspruch bei Vollbeschäftigung 28 Arbeitstage.
Berechnung des Anspruchs an bezahlten Urlaubstagen:
Vollbeschäftigung (5-Tage-Woche) = 28 Arbeitstage; Teilzeitbeschäftigung (3-Tage-Woche) = $^{3}/_{5}$ von 28 Tagen = 16,8 Tage, aufgerundet 17 Tage.
Von den 17 Tagen werden im August 9 Tage beansprucht. Das Urlaubsentgelt errechnet sich wie folgt:

Arbeitsverdienst im	Mai	800,— €
	Juni	800,— €
	Juli	800,— €
	insgesamt	2 400,— €

Urlaubsentgelt: $\dfrac{2400\,€ \times 9\ \text{Urlaubstage}}{39\ \text{Arbeitstage}\ (= 13\ \text{Wochen} \times 3)} = 553{,}85\,€$

Bei einer **unregelmäßigen Zahl von Arbeitstagen** pro Woche muss zur Ermittlung des Urlaubsanspruchs die **Anzahl der Jahresarbeitstage** ermittelt und ins Verhältnis zu den Jahresarbeitstagen der Vollzeitbeschäftigten

Urlaubsentgelt, Urlaubsdauer

gesetzt werden. Auf die Anzahl der an den einzelnen Arbeitstagen geleisteten Arbeitsstunden kommt es dabei nicht an.

Beispiel B

Eine teilzeitbeschäftigte Arbeitnehmerin ist 18 Wochen im Jahr an drei Tagen in der Woche und die restlichen 34 Wochen an vier Tagen in der Woche tätig. Die normale betriebliche Arbeitszeit beträgt fünf Tage in der Woche, der tarifvertragliche Urlaubsanspruch bei Vollbeschäftigung 30 Arbeitstage.

Berechnung des Anspruchs an bezahlten Urlaubstagen:
Vollbeschäftigung (5-Tage-Woche) ergibt (52×5=) 260 Jahresarbeitstage
Teilzeitbeschäftigung:

18 Wochen zu jeweils drei Arbeitstagen ergibt (18 × 3 =)	54 Arbeitstage
34 Wochen zu jeweils vier Arbeitstagen ergibt (34 × 4 =)	136 Arbeitstage
insgesamt	190 Jahresarbeitstage

Urlaubsanspruch: $\frac{190}{260} \times 30 = 21{,}9$ aufgerundet 22 bezahlte Urlaubstage.

Auch bei einer unregelmäßigen Zahl von Arbeitstagen pro Woche erfolgt die Berechnung des Urlaubsentgelts nach den für eine Vollbeschäftigung maßgebenden Grundsätzen, das heißt, das Urlaubsentgelt bemisst sich für jeden Urlaubstag nach dem durchschnittlichen Arbeitsverdienst, den der Arbeitnehmer in den letzten 13 Wochen vor Beginn des Urlaubs erhalten hat (§ 11 Abs. 1 des Bundesurlaubsgesetzes). Eine andere Berechnungsmethode gilt nur dann, wenn diese durch Tarifvertrag, Betriebsvereinbarung oder Einzelarbeitsvertrag gesondert vereinbart worden ist (vgl. die Erläuterungen unter der nachfolgenden Nr. 3).

3. Berechnung des Urlaubsentgelts

Das Urlaubsentgelt bemisst sich für jeden Urlaubstag nach dem **durchschnittlichen Arbeitsverdienst,** den der Arbeitnehmer in den letzten 13 Wochen vor Beginn des Urlaubs erhalten hat. Bei einem festen Lohn oder Gehalt bereitet die Berechnung des Urlaubsentgelts keine Schwierigkeiten, da das Gehalt oder der Lohn unverändert weitergezahlt wird. Eine besondere Berechnung ist dagegen bei **variablem Lohn** erforderlich. Zum Arbeitsverdienst der letzten 13 Wochen gehören bzw. gehören nicht:

Arbeitsverdienst im Sinne des Urlaubsgesetzes	**nicht** zum Arbeitsverdienst gehören
– Grundlohn	– einmalige Zuwendungen (Weihnachtsgeld, Urlaubsgeld, Jahresabschlussgratifikationen)
– Ausbildungsvergütung	
– Erschwernis- und Leistungszuschläge aller Art	
– Zuschläge für Sonntags-, Feiertags- und Nachtarbeit	– Reisekostenersatz
– Provisionen	– Auslösungen
– Sachbezüge	

Der für **Überstunden** zusätzlich gezahlte Arbeitslohn gehört – wenn das Urlaubsentgelt nach den gesetzlichen Regeln berechnet wird – **nicht zur Berechnungsgrundlage.** Auszuscheiden ist somit sowohl der für Überstunden bezahlte Grundlohn als auch ein etwaiger Überstundenzuschlag.

Beispiel

Ein Arbeitnehmer erhält im August 15 Arbeitstage Urlaub, seine regelmäßige Arbeitszeit beträgt 5 Tage in der Woche.

Berechnungszeitraum für das Urlaubsgeld wären an sich die 13 vorangegangenen Wochen. Aus Praktikabilitätsgründen ist in den Tarifverträgen jedoch meist als Berechnungszeitraum eine entsprechende Lohnabrechnungsperiode (3 Monate) vorgesehen. Im Beispielsfall ist danach der Arbeitsverdienst der Monate Mai bis Juli heranzuziehen.

	Mai	Juni	Juli
Grundlohn	3 120 €	3 080 €	3 210 €
Erschwerniszulage	100 €	100 €	100 €
Überstundenbezahlung	—	—	—
Nachtarbeitszuschläge	110 €	90 €	130 €
	3 330 €	3 270 €	3 440 €

zusammen 10 040 €

Urlaubsentgelt: $\dfrac{10\,040 \times 15 \text{ Urlaubstage}}{5 \text{ Arbeitstage} \times 13} = 2316{,}92\,€$

4. Steuerliche und beitragsmäßige Behandlung des Urlaubsentgelts

Das Urlaubsentgelt ist als laufender Arbeitslohn steuer- und beitragspflichtig. ja ja

Zur Berechnung der Lohnsteuer und der Sozialversicherungsbeiträge ist das Urlaubsentgelt dem laufenden Arbeitslohn des Lohnzahlungszeitraums zuzurechnen, in dem es gezahlt wird. Das Urlaubsentgelt ist auch insoweit steuer- und beitragspflichtig, als zu seiner Berechnung steuerfreie Zuschläge für Sonntags-, Feiertags- oder Nachtarbeit herangezogen wurden, weil diese Zuschläge nicht für tatsächlich geleistete Sonntags-, Feiertags- und Nachtarbeit gezahlt werden und § 3 b EStG somit keine Anwendung findet (vgl. das Stichwort „Zuschläge für Sonntags-, Feiertags- oder Nachtarbeit"). Im Gegensatz zum Urlaubsentgelt ist das zusätzlich gezahlte **Urlaubsgeld** (vgl. dieses Stichwort) lohnsteuerlich ein sonstiger Bezug, der unter Anwendung der Jahreslohnsteuertabelle zu versteuern ist. Beitragsrechtlich ist das Urlaubsgeld eine einmalige Zuwendung, für die die Beiträge unter Anwendung eines besonderen Verfahrens zu ermitteln sind (vgl. „Einmalige Zuwendungen").

Die steuer- und beitragsrechtliche Behandlung des Urlaubsentgelts und des gesondert gezahlten Urlaubsgeldes soll anhand eines Beispiels verdeutlicht werden:

Beispiel

Ein Arbeitnehmer (Steuerklasse III/0, Kirchensteuermerkmal ev) nimmt im April 2010 10 Tage Urlaub. Er arbeitet regelmäßig 5 Tage in der Woche. Der Arbeitnehmer erhält ein Urlaubsgeld in Höhe von 30 % des Urlaubsentgelts.

Berechnungszeitraum für das Urlaubsentgelt wären an sich die 13 vorangegangenen Wochen. Aus Praktikabilitätsgründen ist in den meisten Tarifverträgen jedoch als Berechnungszeitraum eine entsprechende Lohnabrechnungsperiode (3 Monate) vorgesehen. Im Beispielsfall ist danach der Arbeitsverdienst der Monate Januar bis März heranzuziehen.

	Januar	Februar	März
Grundlohn	2 320 €	2 280 €	2 410 €
Erschwerniszulage	80 €	80 €	80 €
Überstundenvergütung und -zuschläge	—	—	—
Nachtarbeitszuschläge (steuerfrei)	130 €	60 €	150 €
	2 530 €	2 420 €	2 640 €

zusammen 7590 €

Urlaubsentgelt: $\dfrac{7590\,€ \times 10 \text{ Arbeitstage}}{5 \text{ Arbeitstage} \times 13} = 1167{,}70\,€$

Urlaubsgeld: 30 % von 1167,70 € = 350,31 €

Der laufende Arbeitslohn des Arbeitnehmers im April beträgt 1330 € (Grundlohn 1200 €, Erschwerniszulage 40 €, Überstundenbezahlung 60 €, steuerfreie Nachtarbeitszuschläge 30 €).

Für April 2010 ergibt sich folgende Lohnabrechnung:

laufender Arbeitslohn für April	1 330,— €
+ vermögenswirksame Leistung des Arbeitgebers	26,59 €
+ Urlaubsentgelt	1 167,70 €
+ Urlaubsgeld	350,31 €
insgesamt	2 874,60 €
abzüglich:	
Lohnsteuer für den laufenden Arbeitslohn	131,50 €
Solidaritätszuschlag für den laufenden Arbeitslohn	0,— €
Kirchensteuer (z. B. 8 %) für den laufenden Arbeitslohn	10,52 €
Lohnsteuer für das Urlaubsgeld	74,— €
Solidaritätszuschlag für das Urlaubsgeld	4,07 €
Kirchensteuer (z. B. 8 %) für das Urlaubsgeld	5,92 €
Sozialversicherung	582,43 € 808,44 €
Nettolohn	2 066,16 €
abzüglich vermögenswirksame Anlage	26,59 €
Auszahlungsbetrag	2 039,57 €

Urlaubsentgelt, Urlaubsdauer

Berechnung der Lohnsteuer

laufender Arbeitslohn	1 330,— €
+ vermögenswirksame Leistung des Arbeitgebers	26,59 €
+ Urlaubsentgelt	1 167,70 €
	2 524,29 €
abzüglich:	
steuerfreie Nachtarbeitszuschläge im April	30,— €
steuerpflichtiger laufender Arbeitslohn im April	2 494,29 €
Lohnsteuer lt. Monatstabelle (Steuerklasse III/0)	131,50 €
Solidaritätszuschlag	0,— €
Kirchensteuer (z. B. 8 %)	10,52 €

Das Urlaubsgeld in Höhe von 350,31 € ist ein sonstiger Bezug. Für sonstige Bezüge ist die Lohnsteuerberechnung nach der Jahreslohnsteuertabelle gesetzlich vorgeschrieben (vgl. „Sonstige Bezüge"). Hierfür ist zuerst der **voraussichtliche laufende Arbeitslohn** zu berechnen. Der voraussichtliche laufende Jahresarbeitslohn ist durch Umrechnung des bisher zugeflossenen steuerpflichtigen Arbeitslohns auf einen Jahresbetrag zu ermitteln (vgl. das Berechnungsschema beim Stichwort „Sonstige Bezüge" unter Nr. 5 auf Seite 662).

Bisher zugeflossener steuerpflichtiger Arbeitslohn (Arbeitslohn für Januar bis März ohne steuerfreie Nachtarbeitszuschläge aber mit zusätzlicher vermögenswirksamer Leistung des Arbeitgebers):

	Januar	Februar	März
Arbeitslohn (siehe oben)	2 530,— €	2 420,— €	2 640,— €
abzüglich steuerfreie Nachtarbeitszuschläge	130,— €	60,— €	150,— €
verbleiben	2 400,— €	2 360,— €	2 490,— €
zuzüglich vermögenswirksame Leistung des Arbeitgebers	26,59 €	26,59 €	26,59 €
zusammen	2 426,59 €	2 386,59 €	2 516,59 €

Bemessungsgrundlage Januar bis März (2426,59 € + 2386,59 € + 2516,59 €)	=	7 329,77 €
+ laufender Lohn für April (ohne steuerfreie Nachtarbeitszuschläge)		1 300,— €
+ vermögenswirksame Leistung des Arbeitgebers für April		26,59 €
+ Urlaubsentgelt		1 167,70 €
laufender Arbeitslohn für Januar bis April insgesamt		9 824,06 €
umgerechnet auf einen voraussichtlichen Jahresarbeitslohn (¹²/₄)		29 472,18 €
Lohnsteuer nach Steuerklasse III/0 der Jahreslohnsteuertabelle 2010		
a) vom voraussichtlichen Jahresarbeitslohn (29 472,18 €)		1 482,— €
b) vom voraussichtlichen Jahresarbeitslohn einschließlich Urlaubsgeld (29 472,18 € + 350,31 €) = 29 822,49 €		1 556,— €
Differenz = Lohnsteuer für den sonstigen Bezug		74,— €
Solidaritätszuschlag (5,5 % von 74 €)	=	4,07 €
Kirchensteuer (8 % von 74 €)	=	5,92 €

Berechnung der Sozialversicherungsbeiträge:

Zur Berechnung der Sozialversicherungsbeiträge bei einmaligen Zuwendungen vgl. dieses Stichwort.

Im vorliegenden Fall überschreitet die einmalige Zuwendung (Urlaubsgeld) zusammen mit dem übrigen beitragspflichtigen Arbeitsentgelt im April die monatliche Beitragsbemessungsgrenze (alte und neue Länder) in keinem Versicherungszweig. Die Sozialversicherungsbeiträge sind deshalb aus dem gesamten beitragspflichtigen Arbeitsentgelt des Monats April (laufendes Entgelt und einmalige Zuwendung) zu berechnen. Es ergibt sich Folgendes:

laufender Arbeitslohn	1 330,— €
+ vermögenswirksame Leistungen des Arbeitgebers	26,59 €
+ Urlaubsentgelt	1 167,70 €
+ Urlaubsgeld	350,31 €
insgesamt	2 874,60 €
abzüglich:	
steuer- und beitragsfreie Nachtarbeitszuschläge	30,— €
als beitragspflichtiges Entgelt verbleiben	2 844,60 €

Urlaubsgeld

			Lohn-steuer-pflichtig	Sozial-versich.-pflichtig
Krankenversicherung	7,90 % =	224,72 €		
Pflegeversicherung	1,225 % =	34,85 €		
Rentenversicherung	9,95 % =	283,04 €		
Arbeitslosenversicherung	1,40 % =	39,82 €		
Arbeitnehmeranteil		**582,43 €**		
Arbeitgeberanteil:				
Krankenversicherung	7,00 %	199,12 €		
Pflegeversicherung	0,995 %	28,30 €		
Rentenversicherung	9,95 %	283,04 €		
Arbeitslosenversicherung	1,40 %	39,82 €		
Arbeitgeberanteil insgesamt		550,28 €		

Urlaubsgeld

Als Urlaubsgeld wird eine Gratifikation bezeichnet, die anlässlich des jährlichen Erholungsurlaubs **zusätzlich** zum Urlaubsentgelt gezahlt wird. Über die Zahlung eines zusätzlichen Urlaubsgeldes gibt es keine gesetzlichen Vorschriften. Diese Leistung wird aufgrund tarifvertraglicher, betrieblicher oder einzelvertraglicher Regelung aber auch als freiwillige Leistung des Arbeitgebers gewährt (rund 95 % der von Tarifverträgen erfassten Arbeitnehmer erhalten ein zusätzliches Urlaubsgeld nach unterschiedlichen Berechnungsmethoden). Das zusätzlich gezahlte Urlaubsgeld ist ein **sonstiger Bezug.** Die Lohnsteuer ist deshalb unter Anwendung der Jahreslohnsteuertabelle nach dem für sonstige Bezüge geltenden besonderen Verfahren zu berechnen (vgl. das Berechnungsbeispiel beim Stichwort „Urlaubsentgelt" unter Nr. 4).

Sozialversicherungsrechtlich sind Urlaubsgelder als einmalig gezahltes Arbeitsentgelt zu behandeln, und zwar auch dann, wenn sie als prozentualer Zuschlag zum Urlaubsentgelt gezahlt werden (vgl. das Berechnungsbeispiel beim Stichwort „Urlaubsentgelt" unter Nr. 4). Die Beitragsberechnung richtet sich nach dem beim Stichwort „Einmalige Zuwendungen" dargestellten Verfahren*). ja ja

Verschiedene Arbeitgeber gewähren ihren Arbeitnehmern aus Gründen der Steuerersparnis kein Urlaubsgeld in bar, sondern in Form von Sachbezügen. Erhalten z. B. Arbeitnehmer eines Kaufhauses anstelle des Urlaubsgeldes einen Warengutschein im Wert von 1080 €, der zum Bezug der im Kaufhaus angebotenen Waren berechtigt, so ist dieser Betrag **steuerfrei.** Unter Berücksichtigung des 4 %igen Preisabschlags können exakt Waren im Bruttoverkaufswert von 1125 € steuer- und beitragsfrei überlassen werden. Die Umwandlung von steuerpflichtigem Barlohn in einen steuerfreien Sachbezug ist nach der Rechtsprechung des Bundesfinanzhofs nur dann zuläs-

---

*) Nach dem Besprechungsergebnis der Spitzenverbände der Sozialversicherung in der Sitzung am 26./27.5.2004 TOP 6 wurde zur Frage, ob das Urlaubsgeld in jedem Kalendermonat mit einem Zwölftel ausgezahlt und dann als laufendes Arbeitsentgelt angesehen werden kann, Folgendes beschlossen:
Einmalig gezahltes Arbeitsentgelt sind nach § 23a Abs. 1 Satz 1 SGB IV Zuwendungen, die dem Arbeitsentgelt zuzurechnen sind und nicht für die Arbeit in einem einzelnen Entgeltabrechnungszeitraum gezahlt werden. Aus dieser Legaldefinition kann im Umkehrschluss gefolgert werden, dass es sich um laufendes Arbeitsentgelt handelt, wenn die Zuwendungen für die Arbeit in einem einzelnen Entgeltabrechnungszeitraum gewährt werden. Die Besprechungsteilnehmer vertreten deshalb den Standpunkt, dass Einmalzahlungen, die – ungeachtet der arbeitsrechtlichen Zulässigkeit – in jedem Kalendermonat zu einem Zwölftel zur Auszahlung gelangen, ihren Charakter als einmalig gezahltes Arbeitsentgelt im Sinne des § 23a SGB IV verlieren und damit als laufendes Arbeitsentgelt zu qualifizieren sind. Dies hat z. B. Auswirkungen auf die Beitragsrechtliche Behandlung von Beiträgen zur Direktversicherung, die nach § 40b EStG pauschal versteuert werden, denn die pauschal versteuerten Direktversicherungsbeiträge sind nach § 2 Abs. 1 Satz 1 Nr. 3 ArEV nur dann nicht dem Arbeitsentgelt zuzuordnen, wenn es sich hierbei um zusätzliche Leistungen des Arbeitgebers handelt, die neben dem laufenden Arbeitsentgelt gewährt werden, oder wenn sie aus Einmalzahlungen finanziert werden. Sofern für die Direktversicherungsbeiträge laufendes Arbeitsentgelt verwendet wird, was im Falle einer Umstellung des Urlaubsgeldes von Einmalzahlung auf monatliche Zahlungen der Fall wäre, führt dies nicht zu einer Minderung des beitragspflichtigen Arbeitsentgelts, das heißt, die aus dem laufenden Arbeitsentgelt finanzierten Direktversicherungsbeiträge unterliegen auch bei einer Pauschalbesteuerung mit 20 % nach § 40b EStG der Beitragspflicht.

Urlaubsgelder im Baugewerbe

	Lohn-steuer-pflichtig	Sozial-versich.-pflichtig

sig, wenn der **Arbeitsvertrag** entsprechend **geändert** wird (BFH-Urteil vom 6. 3. 2008, BStBl. II S. 530). Der Rabattfreibetrag kann also nicht in Anspruch genommen werden, wenn der Arbeitnehmer ein Wahlrecht zwischen Bargeld oder einem Sachbezug hat.

Bei der **Sozialversicherung** ist zu beachten, dass diese Gestaltungsmöglichkeit nur akzeptiert wird, wenn es sich bei den anstelle des Weihnachtsgeldes gewährten Warengutscheinen und Sachbezügen um freiwillige Leistungen des Arbeitgebers handelt, die über den Tarif- oder Arbeitsvertrag hinaus erfolgen. Nicht akzeptiert wird diese Gestaltungsmöglichkeit, wenn die Warengutscheine oder Sachzuwendungen **anstelle von vertraglich vereinbartem Arbeitsentgelt** gewährt werden (vgl. die Erläuterungen beim Stichwort „Rabatte/Rabattfreibetrag" unter Nr. 13 Buchstabe b auf Seite 578).

Urlaubsgelder im Baugewerbe

Im Baugewerbe zahlt der Arbeitgeber einen im Tarifvertrag für das Baugewerbe festgelegten Vomhundertsatz der Bruttolohnsumme als Beitrag an die Urlaubskasse. Der Arbeitgeber zahlt in der Urlaubszeit das Urlaubsentgelt und das zusätzliche Urlaubsgeld unmittelbar an seine Arbeitnehmer aus, und rechnet dann das von ihm verauslagte Urlaubsentgelt und das zusätzliche Urlaubsgeld mit der Urlaubskasse ab.

Die Abführung der Beiträge an die Urlaubskasse wird nicht als steuerpflichtiger Arbeitslohn angesehen. — nein / nein

Bei der Auszahlung durch den Arbeitgeber gehört das an die Stelle des Arbeitslohns tretende Urlaubsentgelt zum laufenden steuer- und beitragspflichtigen Arbeitslohn. Es wird ohne Besonderheiten mit dem übrigen Entgelt des Lohnabrechnungszeitraums zusammengerechnet. — ja / ja

Das **zusätzliche** Urlaubsgeld ist dagegen steuerlich als sonstiger Bezug und für die Berechnung der Sozialversicherungsbeiträge als einmalig gezahltes Arbeitsentgelt zu behandeln (vgl. das Berechnungsbeispiel beim Stichwort „Urlaubsentgelt, Urlaubsdauer" unter Nr. 4). — ja / ja

In bestimmten Fällen sind die Arbeitgeber zur Abgeltung des Urlaubsanspruchs durch Auszahlung des Urlaubsentgelts und des zusätzlichen Urlaubsgeldes verpflichtet. Werden die Abgeltungsbeträge vom Arbeitgeber ausgezahlt, so sind sie als sonstiger Bezug bzw. einmalig gezahltes Arbeitsentgelt steuer- und beitragspflichtig. — ja / ja

Steht der Arbeitnehmer allerdings im Zeitpunkt der Zahlung in **keinem Arbeitsverhältnis**, so werden die Abgeltungsbeträge von der Urlaubs- und Lohnausgleichskasse der Bauwirtschaft ausgezahlt. Hierbei handelt es sich um Lohnzahlungen eines Dritten. Eine Pauschalbesteuerung durch die Urlaubs- und Lohnausgleichskasse war früher nicht zulässig. Da der Empfänger im Zeitpunkt der Zahlung in keinem Dienstverhältnis steht, konnte früher auch kein Arbeitgeber den Lohnsteuerabzug durchführen. Die Urlaubsabgeltung war jedoch im Rahmen einer Einkommensteuer-Veranlagung zu erfassen. Dazu hatte die Urlaubs- und Lohnausgleichskasse eine Bescheinigung über die Höhe der Urlaubsabgeltung auszustellen, in der auch ein Hinweis darauf enthalten sein musste, dass der Betrag in der Einkommensteuererklärung anzugeben ist.

Seit 1. 1. 2004 ist die Urlaubs- und Lohnausgleichskasse als Dritte zum Lohnsteuerabzug gesetzlich verpflichtet (§ 38 Abs. 3a Satz 1 EStG). Um das Verfahren zu erleichtern wurde in § 39 c EStG ab 1. 1. 2004 folgender neuer Absatz 5 eingefügt:

In den Fällen des § 38 Abs. 3 a **Satz 1** EStG*) kann der Dritte die Lohnsteuer für einen sonstigen Bezug mit 20 % unabhängig von einer Lohnsteuerkarte ermitteln, wenn der maßgebende Jahresarbeitslohn zuzüglich des sonstigen Bezugs 10 000 € nicht übersteigt; bei der Feststellung des maßgebenden Jahresarbeitslohns sind nur die Lohnzahlungen des Dritten zu berücksichtigen.

Veranlagung von Arbeitnehmern

	Lohn-steuer-pflichtig	Sozial-versich.-pflichtig

Die Vorschrift ermöglicht es dem gesetzlich zum Lohnsteuerabzug verpflichteten Dritten, innerhalb einer Jahresarbeitslohngrenze von 10 000 € die Lohnsteuer für sonstige Bezüge mit einem **festen Steuersatz von 20 %** zu erheben (zuzüglich Solidaritätszuschlag und Kirchensteuer). Die Vorlage einer Lohnsteuerkarte ist nicht erforderlich. **Schuldner** der pauschalen Lohnsteuer von 20 % (zuzüglich Solidaritätszuschlag und Kirchensteuer) **bleibt** allerdings **der Arbeitnehmer** (im Gegensatz zu den „normalen" Lohnsteuerpauschalierungen nach den §§ 40, 40a und 40 b EStG vgl. das Stichwort „Pauschalierung der Lohnsteuer"). Der pauschal mit 20 % versteuerte Arbeitslohn muss deshalb in der Einkommensteuererklärung angegeben werden. Die pauschale Lohnsteuer wird auf die Einkommensteuerschuld angerechnet. Deshalb hat die Urlaubs- und Lohnausgleichskasse dem Arbeitnehmer eine Besondere Lohnsteuerbescheinigung auszustellen und dort den Arbeitslohn und die einbehaltene pauschale Lohnsteuer anzugeben (vgl. das Stichwort „Besondere Lohnsteuerbescheinigung"). Im Übrigen gilt die Pauschalierung der Lohnsteuer mit 20 % nach § 39c Abs. 5 EStG auch für **beschränkt** steuerpflichtige Arbeitnehmer (§ 39 d Abs. 3 Satz 4 EStG).

Auf die ausführlichen Erläuterungen beim Stichwort „Lohnsteuerabzug durch einen Dritten" wird Bezug genommen.

Veranlagung von Arbeitnehmern

Neues und Wichtiges auf einen Blick:

Durch das Jahressteuergesetz 2008 ist die **Zweijahresfrist** zur Abgabe einer Einkommensteuererklärung bei sog. **Antragsveranlagungen abgeschafft** worden. Arbeitnehmer, die nicht zur Abgabe einer Einkommensteuererklärung verpflichtet sind, haben ab dem Kalenderjahr 2005 **vier Jahre** Zeit, eine Einkommensteuererklärung abzugeben (§ 46 Abs. 2 Nr. 8 i.V.m. § 52 Abs. 55j EStG). Die Frist zur Abgabe der Einkommensteuererklärung 2006 endet also erst am 31. 12. 2010.

Ab 2010 sind Ehegatten auch dann zur **Abgabe** einer **Einkommensteuererklärung** gesetzlich **verpflichtet,** wenn neben der Steuerklasse IV ein **Faktor** auf der Lohnsteuerkarte eingetragen worden ist (vgl. die Erläuterungen unter der nachfolgenden Nr. 2 und beim Stichwort „Faktorverfahren").

Gliederung:

1. Allgemeines
2. Pflichtveranlagung
3. Härteausgleich
4. Veranlagungsgrenze für Einkünfte, die dem Progressionsvorbehalt unterliegen

1. Allgemeines

Bei der Veranlagung von Arbeitnehmern zur Einkommensteuer wird unterschieden zwischen einer sog. **Pflichtveranlagung** und einer sog. **Antragsveranlagung.** Die Antragsveranlagung ist an die Stelle des früher geltenden Lohnsteuer-Jahresausgleichs durch das Finanzamt getreten. Die Frist für die Antragsveranlagung beträgt vier Jahre nach Ablauf des Kalenderjahres. Die Frist zur Abgabe der Einkommensteuererklärung 2006 endet also erst am 31. 12. 2010. Das gilt auch für die Beantragung der Arbeitnehmersparzulage.

---

*) § 38 Abs. 3 a **Satz 1** EStG enthält eine gesetzliche Verpflichtung zur Durchführung des Lohnsteuerabzugs durch einen Dritten für den Ausnahmefall, dass sich tarifvertragliche Ansprüche des Arbeitnehmers auf eine Geldzahlung nicht gegen den Arbeitgeber, sondern unmittelbar gegen den Dritten richten (vgl. das Stichwort „Lohnsteuerabzug durch einen Dritten").

Veranlagung von Arbeitnehmern

2. Pflichtveranlagung

Wird nach § 46 EStG eine Pflichtveranlagung durchgeführt, das heißt der Arbeitnehmer ist gesetzlich verpflichtet, eine Einkommensteuererklärung abzugeben, so muss dies nicht immer zu einer Steuernachzahlung führen. Eine Nachzahlung (oder eine Minderung des Erstattungsbetrags) kann sich jedoch insbesondere dann ergeben,

- wenn **Nebeneinkünfte** (z. B. aus Vermietung und Verpachtung) vorhanden sind;
- wenn Lohnersatzleistungen (z. B. Elterngeld, Arbeitslosengeld) bezogen wurden, die dem sog. **Progressionsvorbehalt** unterliegen (vgl. dieses Stichwort);
- wenn Arbeitslohn aus **mehreren Beschäftigungsverhältnissen** bezogen wurde und diese Arbeitslöhne bei der Veranlagung zur Einkommensteuer zusammengerechnet werden;
- wenn Ehegatten, die beide Arbeitslohn beziehen, die **Steuerklassenkombination III/V** auf ihren Lohnsteuerkarten eingetragen haben. Eine Nachzahlung kann es bei der Steuerklassenkombination III/V insbesondere dann geben, wenn die Arbeitslöhne der Ehegatten sehr stark voneinander abweichen (der Ehemann verdient z. B. sehr gut, die Ehefrau sehr wenig); durch die Steuerklassenkombination III/V wird in diesem Fall im Laufe des Kalenderjahres zu wenig Lohnsteuer einbehalten, die bei der Veranlagung zur Einkommensteuer nacherhoben wird. Bei der Steuerklassenkombination IV/IV (ohne zusätzliche Eintragung eines Faktors) kann es in keinem Fall zu einer Nachzahlung von Lohnsteuer im Veranlagungsverfahren kommen (außer es liegen Nebeneinkünfte vor, oder der Progressionsvorbehalt ist anzuwenden). Zur richtigen Steuerklassenwahl bei Arbeitnehmer-Ehegatten vgl. Anhang 11;
- wenn bei Ehegatten neben der Steuerklasse IV ein **Faktor** auf der Lohnsteuerkarte eingetragen worden ist (vgl. die Erläuterungen beim Stichwort „Faktorverfahren").

Außerdem wird jeder Arbeitnehmer zwangsweise veranlagt (sog. Pflichtveranlagung), wenn er sich einen **Freibetrag auf der Lohnsteuerkarte eintragen lässt** (vgl. Anhang 7). Der Arbeitnehmer muss also in diesem Fall nach Ablauf des Kalenderjahres stets eine Einkommensteuererklärung abgeben. Hat der Arbeitnehmer Nebeneinkünfte, so führt dies für sich allein nur dann zu einer Pflichtveranlagung, wenn die positiven **Nebeneinkünfte** 410 € im Kalenderjahr übersteigen.

3. Härteausgleich

Bei einem Überschreiten der Veranlagungsgrenze von 410 € für Nebeneinkünfte wird stufenweise auf die normale Besteuerung übergeleitet (sog. **Härteausgleich**). Der Härteausgleich ist wie folgt geregelt:

Liegt die Summe der Einkünfte, von denen der Steuerabzug vom Arbeitslohn nicht vorgenommen worden ist, zwischen 410 € und 820 €, so ist vom Einkommen der Betrag abzuziehen, um den die Summe dieser Einkünfte niedriger ist als 820 €.

Beispiel

Die Einkünfte, von denen der Steuerabzug vom Arbeitslohn nicht vorgenommen worden ist, betragen 700 €. Es ist also vom Einkommen ein Betrag von (820 € – 700 € =) 120 € abzuziehen. Von den bezeichneten Einkünften von 700 € werden somit nur (700 € – 120 € =) 580 € zur Einkommensteuer herangezogen.

Der Härteausgleich ist um einen ggf. auf die betreffenden Nebeneinkünfte entfallenden Altersentlastungsbetrag zu kürzen (vgl. dieses Stichwort).

4. Veranlagungsgrenze für Einkünfte, die dem Progressionsvorbehalt unterliegen

Neben der Veranlagungsgrenze von 410 € für positive Nebeneinkünfte gilt eine zusätzliche Veranlagungsgrenze von ebenfalls 410 € für Einkünfte, die dem **Progressionsvorbehalt** unterliegen. Eine Veranlagung zur Anwendung des Progressionsvorbehalts erfolgt nur dann, wenn diese Einkünfte 410 € übersteigen. Sämtliche Tatbestände, die zu einer Pflichtveranlagung führen, sind in § 46 EStG im Einzelnen aufgezählt*).

Verbesserungsvorschläge

Seit 1989 gehören Prämien für Verbesserungsvorschläge in vollem Umfang zum steuer- und beitragspflichtigen Arbeitslohn. — ja ja

Die Besteuerung ist nach den für sonstige Bezüge geltenden Grundsätzen durchzuführen (vgl. dieses Stichwort). Hat die Erarbeitung des Verbesserungsvorschlags mehrere Jahre in Anspruch genommen, so ist die Prämie nach der sog. **Fünftelregelung** zu besteuern, die für sonstige Bezüge gilt, da die Prämie in diesem Fall eine Entlohnung für eine mehrjährige Tätigkeit darstellt (vgl. Stichwort „Sonstige Bezüge" unter Nr. 6 auf Seite 663). Eine **Nettolohnberechnung** unter Anwendung der sog. Fünftelregelung ist als **Anhang 14** abgedruckt. Beitragsrechtlich gehört die Prämie zum einmalig gezahlten Arbeitsentgelt. Die Sozialversicherungsbeiträge sind nach dem beim Stichwort „Einmalige Zuwendungen" dargestellten Verfahren zu berechnen.

Eine ermäßigte Besteuerung unter Anwendung der sog. Fünftelregelung ist jedoch dann nicht möglich, wenn sich die vom Arbeitgeber gewährte Prämie für den Verbesserungsvorschlag ausschließlich nach der in **künftigen** Zeiträumen erzielbaren Kostenersparnis richtet und nicht den bei der Erarbeitung des Verbesserungsvorschlags über mehrere Jahre entstandenen Zeitaufwand abgilt (BFH-Urteil vom 16. 12. 1996, BStBl. 1997 II S. 222).

Wird unter den Einsendern von Verbesserungsvorschlägen ein Preis verlost, so ist der dem Gewinner zufließende geldwerte Vorteil steuer- und beitragspflichtig (vgl. „Verlosungsgewinne"). Für die steuer- und beitragsrechtliche Behandlung solcher Sachprämien gilt folgende Sonderregelung:

Gewährt der Arbeitgeber für Verbesserungsvorschläge Sachprämien und werden diese nach § 40 Abs. 1 Nr. 1 EStG pauschal versteuert (vgl. Stichwort „Pauschalierung der Lohnsteuer" unter Nr. 2 auf Seite 517), so kann für die Beitragsberechnung in der Sozialversicherung der Durchschnittswert der pauschal versteuerten Sachzuwendungen angesetzt werden. Voraussetzung ist, dass der Wert der einzelnen Prämie 80 € nicht übersteigt und der Arbeitgeber den Arbeitnehmeranteil zur Sozialversicherung übernimmt. Der Durchschnittsbetrag ist als einmalig gezahltes Arbeitsentgelt zu behandeln und dem letzten Abrechnungszeitraum im Kalenderjahr zuzuordnen (§ 3 Abs. 3 Satz 5 Sozialversicherungsentgeltverordnung).

Verbilligungen

siehe „Rabatte, Rabattfreibetrag"

Verdienstausfallentschädigungen

Dem Arbeitnehmer zufließender Ersatz für entgangenen oder entgehenden Arbeitslohn gehört zu den Einkünften aus nichtselbständiger Arbeit, und zwar auch dann, wenn der Ersatz von einem Dritten (z. B. einer Versicherung) gezahlt wird (§ 2 Abs. 2 Nr. 4 LStDV). ja ja

---

*) § 46 EStG in der ab 1.1.2010 geltenden Fassung ist im **Steuerhandbuch für das Lohnbüro 2010** abgedruckt, das im selben Verlag erschienen ist. Das **PC-Lexikon** für das Lohnbüro 2010 enthält auch dieses Handbuch und hat außerdem den Vorteil, dass Sie **alle BFH-Urteile** sowie die aktuellen Rundschreiben und Niederschriften der Spitzenverbände der **Sozialversicherung** mit Mausklick **im Volltext** abrufen und ausdrucken können. Eine Bestellkarte finden Sie vorne im Lexikon.

Wird der Ersatz des Arbeitslohns von dem Dritten an den Arbeitgeber weitergeleitet und zahlt deshalb der Arbeitgeber den Verdienstausfall an den Arbeitnehmer, so hat der Arbeitgeber den Steuerabzug vorzunehmen. Zahlt ein vom Arbeitgeber unabhängiger Dritter den Verdienstausfall direkt an den Arbeitnehmer aus, ist der Arbeitgeber nur dann zum Lohnsteuerabzug verpflichtet, wenn er weiß oder erkennen kann, dass derartige Vergütungen erbracht werden (§ 38 Abs. 1 Satz 3 EStG). Anderenfalls ist der Verdienstausfall bei der Veranlagung zur Einkommensteuer als Arbeitslohn zu erfassen. Vgl. die Erläuterungen beim Stichwort „Lohnzahlung durch Dritte".

Die Verdienstausfallentschädigung, die bei privaten Arbeitgebern beschäftigte Wehrpflichtige bei **Wehrübungen** erhalten, ist nach § 3 Nr. 48 EStG steuerfrei. Sie unterliegt jedoch dem Progressionsvorbehalt (vgl. „Wehrübung").

Siehe auch die Stichworte: Entschädigungen, Infektionsschutzgesetz, Schadensersatz, Streikgelder, Unfallversicherung.

Vereinsbeiträge

	Lohn-steuer-pflichtig	Sozial-versich.-pflichtig
Übernimmt der Arbeitgeber Vereinsbeiträge des Arbeitnehmers (z. B. für den Rotary Club oder für einen Golf- oder Tennisclub), so liegt ein lohnsteuerpflichtiger geldwerter Vorteil vor. Auf zweckgebundene Geldleistungen (z. B. Zuschüsse des Arbeitgebers für Beiträge der Arbeitnehmer an einem **Sportverein** oder Fitnessclub) kann die 44-Euro-Freigrenze für Sachbezüge (vgl. dieses Stichwort unter Nr. 4) nicht in Anspruch genommen werden (BFH-Urteil vom 27.10.2004, BStBl. II 2005 S. 137). Die Übernahme oder Bezuschussung von Mitgliedsbeiträgen an einen Sportverein oder Fitnessclub fällt auch **nicht** unter die neue **Steuerbefreiungsvorschrift** für Arbeitgeberleistungen zur **Gesundheitsförderung** (vgl. dieses Stichwort).	ja	ja
Übernimmt der Arbeitgeber Beiträge eines leitenden Angestellten zu einem **Industrieclub,** so sind dies Aufwendungen des Arbeitgebers im ganz **überwiegenden betrieblichen Interesse,** wenn es dem Arbeitgeber darum geht, durch seinen Angestellten in dem Club vertreten zu sein. In diesem Fall liegt kein steuerpflichtiger Arbeitslohn vor.	nein	nein

Vgl. auch die Erläuterungen beim Stichwort „Berufsverband".

Vereinsvorsitzender

	Lohn-steuer-pflichtig	Sozial-versich.-pflichtig
Der Vorsitzende eines Vereins (z. B. Sportverein) ist kein Arbeitnehmer des Vereins, wenn er nur ehrenamtlich tätig ist, also nur seine nachgewiesenen Auslagen ersetzt bekommt.	nein	nein
Erhält der Vereinsvorsitzende allerdings eine feste monatliche Vergütung (z. B. 200 €), so liegt regelmäßig ein Arbeitsverhältnis vor.	ja	ja

Der steuerfreie Betrag nach § 3 Nr. 26 EStG in Höhe von 2100 € jährlich (sog. Übungsleiterpauschale) können Vereinsvorsitzende nicht erhalten, da sie keine begünstigte Tätigkeit ausüben (vgl. die Ausführungen beim Stichwort „Nebentätigkeit für gemeinnützige Organisationen" unter Nr. 2 auf Seite 503).

Durch das Gesetz zur Förderung des bürgerschaftlichen Engagements ist allerdings mit Wirkung ab 1.1.2007 für alle Personen, die sich nebenberuflich im mildtätigen, im gemeinnützigen oder im kirchlichen Bereich engagieren, ein steuer- und auch sozialversicherungsrechtlich zu beachtender **Freibetrag** von **500 €** im Jahr eingeführt worden (§ 3 Nr. 26a EStG). Mit diesem Freibetrag wird pauschal der Aufwand abgegolten, der den nebenberuflich tätigen Personen durch ihre Beschäftigung entsteht. Dieser steuer- und sozialversicherungsrechtlich zu beachtende Freibetrag gilt auch **für Aufwandsentschädigungen** an Vereinsvorsitzende. Allerdings muss die Zahlung an den Vereinsvorsitzenden aus körperschaftsteuerlicher Sicht durch bzw. aufgrund einer Satzungsregelung ausdrücklich zugelassen sein. Der Freibetrag von 500 € kann nicht in Anspruch genommen werden, wenn die Vorstandstätigkeit unentgeltlich ausgeübt wird.

Beispiel A
Der Vorsitzende eines Kleingartenvereins erhält im Jahre 2010 eine Aufwandsentschädigung von 500 €.
Die Aufwandsentschädigung ist in voller Höhe von 500 € steuer- und sozialversicherungsfrei (§ 3 Nr. 26a EStG).

Wenn die als Betriebsausgaben oder Werbungskosten abziehbaren Aufwendungen höher sind als der Freibetrag, sind die gesamten Aufwendungen nachzuweisen oder glaubhaft zu machen.

Der Freibetrag wird – bezogen auf die gesamten Einnahmen aus der jeweiligen nebenberuflichen Tätigkeit – jedoch nicht zusätzlich zur Übungsleiterpauschale bzw. zur Steuerbefreiung für Aufwandsentschädigungen aus öffentlichen Kassen gewährt. Bei Ausübung **mehrerer ehrenamtlicher Tätigkeiten** kann jedoch im Einzelfall durchaus ein Zusammentreffen beider Vergünstigungen bei einem Steuerpflichtigen vorkommen.

Beispiel B
T ist Jugendtrainer eines Fußballvereins. Für seine nebenberufliche Trainertätigkeit bekommt er eine monatliche Aufwandsentschädigung von 175 € monatlich. Wegen seines herausragenden Engagements wird T Ende 2009 zum Vorsitzenden seines Fußballvereins ernannt. Anfang 2010 beschließt der Verein eine Satzungsänderung, nach der alle Vorstandsmitglieder des Vereins für ihre Tätigkeiten eine Aufwandsentschädigung von jährlich 500 € erhalten.
Die Aufwandsentschädigung für die Trainertätigkeit ist im Jahr 2010 in voller Höhe von 2100 € steuerfrei (§ 3 Nr. 26 EStG). Auch die Aufwandsentschädigung für die Vorstandstätigkeit ist in voller Höhe von 500 € steuerfrei, weil für diese Tätigkeit die Steuerbefreiung nach § 3 Nr. 26a EStG anwendbar ist. Die Inanspruchnahme dieser Steuerbefreiung ist nicht durch die gleichzeitige Anwendung der steuerfreien Übungsleiterpauschale ausgeschlossen, weil es sich bei der Trainertätigkeit und Vorstandsarbeit um zwei unterschiedliche Tätigkeiten handelt.

Eine **Rückspende** des steuerfrei gezahlten Betrags vom Empfänger an den Verein ist übrigens zulässig. Sie führt beim Spender zum Sonderausgabenabzug (vgl. Anhang 7 Abschnitt C Nr. 8 auf Seite 901). § 10 Abs. 2 Nr. 1 EStG steht dem nicht entgegen, da die Spende nicht in einem unmittelbaren wirtschaftlichen Zusammenhang mit steuerfreien Einnahmen steht.

Verjährung

Neues auf einen Blick:

Seit Jahren galt der Grundsatz, dass der Erlass eines Lohnsteuer-Haftungsbescheides gegen den Arbeitgeber nicht mehr zulässig ist, wenn beim Arbeitnehmer hinsichtlich der Einkommensteuer Festsetzungsverjährung eingetreten ist. Hieran hält die Finanzverwaltung nach dem BFH-Urteil vom 6.3.2008 (BStBl. II S. 597) nicht mehr fest. Der BFH hat in diesem Urteil entschieden, dass es bei der Prüfung der Verjährungsfristen für einen Lohnsteuerhaftungsbescheid nur auf die Lohnsteuer-Anmeldung und nicht auf die Einkommensteuererklärung der betroffenen Arbeitnehmer ankommt. Nach Ansicht des BFH müsse zwischen Lohnsteuer- und Einkommensteuerschuld unterschieden werden; diese entstehen und verjähren nicht gleichzeitig. Der Beginn der Festsetzungsfrist für einen Lohnsteuer-Haftungsbescheid richtet sich danach, wann der Arbeitgeber die Lohnsteuer-Anmeldung beim Finanzamt eingereicht hat (§ 170 Abs. 2 Satz 1 Nr. 1 AO). Die Finanzverwaltung schließt nunmehr daraus, dass ein Haftungsbescheid wegen Lohnsteuer auch dann noch ergehen kann, wenn beim Arbeitnehmer hinsichtlich der Einkommensteuer bereits Festsetzungsverjährung eingetreten ist (vgl. das Beispiel unter Nr. 5). Diese Entscheidung ist u.E. folgerichtig, auch wenn dadurch das Verhält-

Verjährung

nis zwischen Lohn- und Einkommensteuer nicht abschließend geklärt ist. Die Konsequenzen aus dem Urteil will die Finanzverwaltung daher noch auf Bundesebene erörtern. Es bleibt abzuwarten, ob sich daraus für das Lohnsteuerabzugsverfahren und die Arbeitgeberhaftung grundlegende Verfahrensänderungen ergeben.

Gliederung:

1. Verjährung von Steueransprüchen
2. Verjährung der Lohnsteuer
3. Auswirkungen auf die Lohnsteuer-Anmeldung
4. Wegfall des Vorbehalts der Nachprüfung
5. Verjährung des Haftungsanspruchs
6. Beginn der Festsetzungsfrist
7. Ablauf der Festsetzungsfrist
   a) Ablaufhemmung durch Lohnsteuer-Außenprüfung
   b) Wirkung der Ablaufhemmung
   c) Besonderheiten bei Haftungsbescheiden
   d) Umfang der Ablaufhemmung
   e) Ablaufhemmung durch sonstige Ermittlungen
   f) Auswirkungen beim Arbeitnehmer
   g) Erlass von Teilbescheiden
8. Verjährung bei der Sozialversicherung
   a) Allgemeines
   b) Verjährungshemmung bei Betriebsprüfungen
   c) Beitragsbescheid

1. Verjährung von Steueransprüchen

Nach **Ablauf** der **Festsetzungsfrist** können Steuern sowie Erstattungs- oder Vergütungsansprüche **nicht** mehr festgesetzt werden. Es dürfen auch keine Änderungen, Aufhebungen oder Berichtigungen wegen offenbarer Unrichtigkeit, gleichgültig, ob zu Gunsten oder zu Ungunsten des Arbeitgebers oder Arbeitnehmers, erfolgen. Sowohl die Ansprüche des Steuergläubigers als auch die des Erstattungsberechtigten sind mit Ablauf der Festsetzungsfrist erloschen.

Zur Wahrung der Festsetzungsfrist kommt es auf den Zeitpunkt der Bekanntgabe des Steuerbescheids nicht an. Nach § 169 Abs. 1 Satz 3 Nr. 1 AO genügt es, dass der Steuerbescheid vor Ablauf der Frist den Bereich der zuständigen Finanzbehörde verlassen hat (BFH-Urteile vom 31. 10. 1989, BStBl. II 1990 S. 518 und vom 19. 3. 1998, BStBl. II S. 557). Die Festsetzungsfrist ist jedoch nicht gewahrt, wenn der Steuerbescheid zwar vor Ablauf der Festsetzungsfrist den Bereich der für die Steuerfestsetzung zuständigen Finanzbehörde verlassen hat, dem Empfänger aber tatsächlich nicht zugeht (BFH-Beschluss vom 25. 11. 2002, GrS 2/01; BStBl. II 2003 S. 548).

2. Verjährung der Lohnsteuer

Der Anspruch des Staates auf die Lohnsteuer verjährt grundsätzlich nach Ablauf von **vier Jahren.** Bei hinterzogener Lohnsteuer beträgt die Verjährungsfrist **zehn Jahre,** bei leichtfertiger Steuerverkürzung **fünf Jahre.** Die Verjährungsfrist beginnt mit Ablauf des Kalenderjahres, in dem der Steueranspruch entstanden ist. Bei der Lohnsteuer kommt es nach § 38 Abs. 2 Satz 2 EStG dabei auf den Zufluss des Arbeitslohns beim Arbeitnehmer an (vgl. das Stichwort „Zufluss von Arbeitslohn"). Ist vom Arbeitgeber eine Lohnsteuer-Anmeldung eingereicht worden, beginnt die Festsetzungsfrist für die Lohnsteuer mit Ablauf des Kalenderjahres, in dem die Steueranmeldung eingereicht wurde. Werden die Lohnsteuer-Anmeldungen entsprechend § 41a Abs. 1 Satz 1 EStG am 10. Tag des Folgemonats fristgemäß abgegeben, beginnt hinsichtlich der Lohnsteuer die Festsetzungsfrist für Lohnzuflüsse der Monate Januar bis November mit Ablauf des **Zuflussjahres** und für Dezember mit Ablauf des **Folgejahres.**

Beispiel

Im Laufe des Kalenderjahrs 2010 soll eine Lohnsteuer-Außenprüfung bei der Firma A durchgeführt werden, die zuletzt im Kalenderjahr 2004 geprüft worden ist. Die Lohnsteuer-Anmeldungen wurden fristgerecht abgegeben.

Die Festsetzungsfrist beginnt mit Ablauf des Kalenderjahrs, in dem die Lohnsteuer-Anmeldung eingereicht wurde (§ 170 Abs. 2 Nr. 1 AO). Mithin beginnt die Festsetzungsfrist für die Lohnsteuer, die mit der Lohnsteuer-Anmeldung für November 2005 (einzureichen bis zum 10. Dezember 2005) angemeldet werden musste, mit Ablauf des 31. Dezember 2005. Die Festsetzungsfrist beträgt 4 Jahre, sie endet mit Ablauf des 31. Dezember 2009. Im Kalenderjahr 2010 kann daher im Normalfall für die Lohnsteuer-Anmeldungszeiträume November 2005 und früher aufgrund der Lohnsteuer-Außenprüfung kein Lohnsteuer-Haftungsbescheid mehr erlassen werden. Soweit beim Arbeitnehmer noch keine Festsetzungsverjährung eingetreten ist (vgl. unter Nr. 7 Buchstabe f), kann die Prüfung jedoch noch frühere Zeiträume umfassen.

Die Lohnsteuer-Anmeldung für Dezember 2005 wurde am 10. Januar 2006 rechtzeitig eingereicht. Für die damit anzumeldenden Steuerabzugsbeträge beginnt die Festsetzungsfrist mit Ablauf des 31. Dezember 2006, sie endet mit Ablauf des 31. Dezember 2010. Im Kalenderjahr 2010 kann daher der Anmeldungszeitraum Dezember 2005 noch Gegenstand eines Lohnsteuer-Haftungsbescheides sein.

3. Auswirkungen auf die Lohnsteuer-Anmeldung

Besondere Bedeutung hat der Ablauf der Festsetzungsfrist bei der Steuerfestsetzung unter **Vorbehalt der Nachprüfung** (§ 164 AO). Die Lohnsteuer-Anmeldung steht stets unter dem Vorbehalt der Nachprüfung (§ 168 AO). Bei der Vorbehaltsfestsetzung bleibt der gesamte Steuerfall „offen", solange der Vorbehalt wirksam ist. Auch nach Ablauf der Rechtsbehelfsfrist kann eine Vorbehaltsfestsetzung jederzeit und dem Umfang nach uneingeschränkt von Amts wegen oder auf Antrag des Betroffenen aufgehoben oder geändert werden. Stellt der Steuerpflichtige einen Antrag auf Aufhebung oder Änderung der Steuerfestsetzung, so kann die Entscheidung hierüber gemäß § 164 Abs. 2 Satz 3 AO bis zur abschließenden Prüfung des Steuerfalles hinausgeschoben werden. Diese Prüfung ist innerhalb einer angemessenen Frist vorzunehmen.

4. Wegfall des Vorbehalts der Nachprüfung

Führt eine abschließende Lohnsteuer-Außenprüfung nicht zu einer Änderung der angemeldeten Steuer, ist der **Vorbehalt der Nachprüfung** gemäß § 164 Abs. 3 Satz 3 AO **aufzuheben.** Ergeben sich aufgrund der Prüfung gegenüber der angemeldeten Lohnsteuer Änderungen, so ist der Vorbehalt der Nachprüfung ebenfalls aufzuheben. Außerdem ist ein Haftungsbescheid oder in den Fällen der Lohnsteuerpauschalierung nach den §§ 40, 40 a und 40 b EStG ein Nachforderungsbescheid zu erlassen, es sei denn, der Arbeitgeber erkennt seine Zahlungsverpflichtung gemäß § 42 d Abs. 4 EStG an (vgl. das Stichwort „Haftung des Arbeitgebers" unter Nr. 12). Das Anerkenntnis nach § 42 d Abs. 4 EStG steht einer Steueranmeldung gleich (§ 167 Abs. 1 Satz 3 AO) und damit ebenfalls unter dem Vorbehalt der Nachprüfung. Die Aufhebung des Vorbehalts der Nachprüfung nach einer Lohnsteuer-Außenprüfung umfasst deshalb auch gleichzeitig die Aufhebung des Vorbehalts der Nachprüfung hinsichtlich des erklärten Anerkenntnisses.

Die Wirkung des Vorbehalts wird jedoch durch die Festsetzungsfrist eingeschränkt. Mit Ablauf der allgemeinen Festsetzungsfrist (§ 169 Abs. 2 Satz 1 AO) **entfällt** der Vorbehalt automatisch, wenn er in der Zwischenzeit nicht aufgehoben wurde. Zu beachten ist also, dass die Wirksamkeit des Vorbehalts nicht verlängert wird, wenn Lohnsteuer-Abzugsbeträge hinterzogen oder leichtfertig verkürzt worden sind, denn die in diesen Fällen eintretende Erweiterung der Festsetzungsfrist auf 10 bzw. 5 Jahre (§ 169 Abs. 2 Satz 2 AO) gilt hinsichtlich des Vorbehalts nicht (§ 164 Abs. 4 Satz 2 AO). Es ergeben sich aber Auswirkungen auf die Ablaufhemmung nach § 171 Abs. 7 AO. Bei Steuerhinterziehung oder leichtfertiger Steuerverkür-

Verjährung

zung endet hiernach die Festsetzungsfrist nicht, bevor die Verfolgung der Steuerstraftat oder der Steuerordnungswidrigkeit verjährt ist.

5. Verjährung des Haftungsanspruchs

Wer kraft Gesetzes für eine Steuerschuld haftet, kann durch Haftungsbescheid in Anspruch genommen werden (§ 191 Abs. 1 Satz 1 AO). Die Vorschriften über die Festsetzungsfrist sind auf den Erlass von Haftungsbescheiden entsprechend anzuwenden (§ 191 Abs. 3 Satz 1 AO). Die Festsetzungsfrist für Haftungsbescheide beträgt grundsätzlich ebenfalls vier Jahre; die Frist beginnt mit Ablauf des Kalenderjahrs, in dem der Tatbestand verwirklicht worden ist, an den das Gesetz die Haftungsfolge knüpft (§ 191 Abs. 3 Satz 3 AO). Insoweit ist auf die Verwirklichung der Tatbestandsvoraussetzungen einer Haftungsnorm sowie die Entstehung der Steuerschuld abzustellen. Gemäß § 42d Abs. 1 Nr. 1 EStG haftet der Arbeitgeber für die Lohnsteuer, die er einzubehalten und abzuführen hat (vgl. das Stichwort „Haftung des Arbeitgebers"). Deshalb ist für die haftungsbegründende Pflichtverletzung in einem Lohnsteuer-Haftungsbescheid an die Nichtabgabe oder fehlerhafte Abgabe der Lohnsteuer-Anmeldungen (§ 41a Abs. 1 Satz 1 Nr. 1 EStG) und die Nichteinbehaltung (§ 38 Abs. 3 Satz 1 EStG) und Nichtabführung (§ 41a Abs. 1 Satz 1 Nr. 2 EStG) der sich insoweit ergebenden Lohnsteuer anzuknüpfen.

Die Festsetzungsfrist für einen Lohnsteuer-Haftungsbescheid endet nicht vor Ablauf der Festsetzungsfrist für die Lohnsteuer (§ 191 Abs. 3 Satz 4 1. Halbsatz AO).

Ist für die einzelne Lohnsteuer-Anmeldung aber Festsetzungsverjährung eingetreten, schließt dies eine Arbeitgeberhaftung für diesen Anmeldungszeitraum aus (§ 191 Abs. 5 Satz 1 Nr. 1 AO). Die Möglichkeit, den Arbeitnehmer z. B. durch einen geänderten Einkommensteuerbescheid in Anspruch zu nehmen, wenn der Steueranspruch ihm gegenüber noch nicht verjährt ist, bleibt davon unberührt. Umgekehrt hindert der Eintritt der Festsetzungsverjährung beim Arbeitnehmer nicht den Erlass eines Lohnsteuer-Haftungsbescheides gegen den Arbeitgeber, wenn die Festsetzungsfrist für die Lohnsteuer-Anmeldung noch nicht abgelaufen ist. Die Finanzverwaltung folgert dies – unter Aufgabe der bisher vertretenen Rechtsauffassung – aus dem BFH-Urteil vom 6.3.2008 (BStBl. II S. 597), nachdem für den Beginn der Festsetzungsfrist für einen Lohnsteuer-Haftungsbescheid allein die Lohnsteuer-Anmeldung und nicht die Einkommensteuererklärung der betroffenen Arbeitnehmer maßgebend ist.

Beispiel

Bei einer im Jahr 2009 begonnenen und erst im Jahr 2010 beendeten Lohnsteuer-Außenprüfung wird festgestellt, dass der Arbeitgeber B die im Jahr 2005 an seine beschränkt steuerpflichtigen Arbeitnehmer gezahlten Arbeitslöhne nicht dem Lohnsteuerabzug unterworfen hat. Die einbehaltene Lohnsteuer für seine übrigen Arbeitnehmer hat B immer rechtzeitig am 10. Tag nach Ablauf eines jeden Lohnsteuer-Anmeldungszeitraums angemeldet.

Die Festsetzungsfrist für die Einkommensteuerschuld der beschränkt steuerpflichtigen Arbeitnehmer, die grundsätzlich nicht zur Abgabe einer Einkommensteuererklärung verpflichtet sind, beginnt mit Ablauf des 31.12.2005 und endet nach Ablauf von 4 Jahren mit dem 31.12.2009. Gegenüber den betroffenen Arbeitnehmern ist daher im Jahr 2010 bereits Festsetzungsverjährung für die Einkommensteuer eingetreten. Gleichwohl kann B für die nicht einbehaltene Lohnsteuer aus dem Jahr 2005 durch Haftungsbescheid in Anspruch genommen werden, da der Lohnsteueranspruch im Jahr 2010 noch nicht verjährt ist. Dafür ist maßgebend, wann B die Lohnsteuer-Anmeldungen für den Nachforderungszeitraum beim Finanzamt eingereicht hat. Da B die Lohnsteuer-Anmeldungen immer pünktlich abgegeben hat, beginnt die Festsetzungsfrist für die Anmeldungszeiträume 01 bis 11//2005 mit Ablauf des 31.12.2005, für den Anmeldungszeitraum 12/2005 mit dem 31.12.2006. Für die Anmeldungszeiträume 01 bis 11/2005 würde die Festsetzungsfrist zwar zum 31.12.2009 ablaufen. Der Beginn der Lohnsteuer-Außenprüfung löst jedoch eine Ablaufhemmung aus, so dass die Festsetzungsfrist für die Lohnsteuer bis zur Unanfechtbarkeit des Haftungsbescheides nicht abläuft (§ 171 Abs. 4 AO). Für den Anmeldungszeitraum 12/2005 ist im Jahr 2010 die reguläre Festsetzungsfrist von 4 Jahren noch nicht abgelaufen.

6. Beginn der Festsetzungsfrist

Die Festsetzungsfrist für einen **Lohnsteuer-Haftungsbescheid** endet nicht vor Ablauf der Festsetzungsfrist für die **Lohnsteuer** (§ 191 Abs. 3 Satz 4 1. Halbsatz AO). Die Frage der Verjährung von Lohnsteuer-Haftungsansprüchen hängt hiernach entscheidend davon ab, ob die Festsetzungsfrist für die Lohnsteuer abgelaufen ist. Der Beginn der Festsetzungsfrist für die Lohnsteuer richtet sich nach § 170 Abs. 2 Satz 1 Nr. 1 AO. Dabei ist ausschließlich auf die Lohnsteuer-Anmeldung abzustellen; die Einkommensteuererklärung der betroffenen Arbeitnehmer ist insoweit nicht maßgebend (BFH-Urteil vom 6.3.2008, BStBl. II S. 597).

Ist vom Arbeitgeber eine Lohnsteuer-Anmeldung eingereicht worden, beginnt die Festsetzungsfrist für die Lohnsteuer mit Ablauf des Kalenderjahres, in dem die Steueranmeldung eingereicht wurde (vgl. das Beispiel unter Nr. 2). Werden von einem Arbeitgeber keine Steueranmeldungen abgegeben, so beginnt die steuerliche Festsetzungsfrist nach § 170 Abs. 2 Satz 1 Nr. 1 AO spätestens mit Ablauf des **dritten Kalenderjahrs,** das auf das Kalenderjahr folgt, in dem die Lohnsteuer entstanden ist (sog. **Anlaufhemmung**), dass heißt, der Arbeitslohn zugeflossen ist.

Beispiel A

Bei der Firma B wird im Laufe des Jahres 2010 eine Lohnsteuer-Außenprüfung durchgeführt. Der Prüfer stellt fest, dass für das Kalenderjahr 2003 keine Lohnsteuer-Anmeldungen eingereicht wurden, obwohl die Firma in diesem Jahr lohnsteuerpflichtige Arbeitnehmer beschäftigt hatte. Das Finanzamt will Lohnsteuer bei B durch Haftungsbescheid nachfordern.

Die Festsetzungsfrist für die Lohnsteuer beginnt bei der Nichtabgabe von Lohnsteuer-Anmeldungen erst mit Ablauf des dritten Kalenderjahrs nach dem Kalenderjahr, in dem die Lohnsteuer entstanden ist (§ 170 Abs. 2 Satz 1 Nr. 1 AO). Für die Lohnsteuer-Anmeldungszeiträume Januar bis Dezember 2002 beginnt demnach die Festsetzungsfrist erst mit Ablauf des 31.12.2006. Sie endet nach 4 Jahren mit Ablauf des 31.12.2010, so dass im Kalenderjahr 2010 die Festsetzungsverjährung dem Erlass eines Lohnsteuer-Haftungsbescheides für das Jahr 2002 nicht entgegensteht. Bei der Nichtabgabe von Lohnsteuer-Anmeldungen dürfte zudem im Regelfall eine leichtfertige Steuerverkürzung oder sogar eine Steuerhinterziehung vorliegen, für die der verlängerten Festsetzungsfristen von fünf bzw. zehn Jahren gelten.

Hat ein Arbeitgeber die Lohnsteuer-Anmeldungen fristgemäß abgegeben, aber für einen Teil seiner Arbeitnehmer keine Lohnsteuer einbehalten und angemeldet, liegt indes kein Fall der Anlaufhemmung vor.

Beispiel B

Die Firma C hat die Lohnsteuer-Anmeldungen für die Monate Januar bis November 2005 fristgemäß abgegeben. Für einen Teil der Arbeitnehmer wurde jedoch in diesem Zeitraum keine Lohnsteuer einbehalten und abgeführt. Im Jahr 2010 will das Finanzamt nach einer Lohnsteuer-Außenprüfung die Firma C für diese nicht angemeldete Lohnsteuer durch Haftungsbescheid in Anspruch nehmen.

Für die Lohnsteuer der Monate Januar bis November 2005 ist mit Ablauf des 31.12.2009 Festsetzungsverjährung eingetreten (vgl. das Beispiel unter Nr. 2). Da die Lohnsteuer-Anmeldungen fristgemäß abgegeben wurden, liegt hier kein Fall der Anlaufhemmung vor. Der Eintritt der Festsetzungsverjährung bei der Lohnsteuer steht der Inanspruchnahme des Arbeitgebers durch Haftungsbescheid entgegen, sofern kein Fall der leichtfertigen Steuerverkürzung oder Steuerhinterziehung mit den verlängerten Verjährungsfristen von fünf bzw. zehn Jahren vorliegt.

Die Abgabe einer Anzeige (z. B. über nicht durchgeführten Lohnsteuerabzug nach § 41c Abs. 4 EStG) löst ebenfalls den Lauf der Festsetzungsfrist aus, weil das Finanzamt erst durch die Anzeige von der Entstehung des Steueranspruchs Kenntnis erlangt (§ 170 Abs. 2 Satz 1 Nr. 1 AO).

7. Ablauf der Festsetzungsfrist

In einer Vielzahl von Tatbeständen hat der Gesetzgeber in § 171 AO Bestimmungen darüber getroffen, wann der Ablauf der Festsetzungsfrist gehemmt ist. Die **Ablaufhemmung** schiebt das Ende der Festsetzungsfrist hinaus. Die Festsetzungsfrist endet in diesen Fällen meist nicht – wie im Normalfall – am Ende, sondern im Laufe eines Kalenderjahrs.

Verjährung

a) Ablaufhemmung durch Lohnsteuer-Außenprüfung

Wird vor Ablauf der Festsetzungsfrist mit einer **Lohnsteuer-Außenprüfung** begonnen, oder wird deren Beginn auf Antrag des Arbeitgebers hinausgeschoben, so läuft die Festsetzungsfrist nicht ab, bevor die aufgrund der Lohnsteuer-Außenprüfung zu erlassenden Bescheide unanfechtbar geworden sind (§ 171 Abs. 4 AO); vgl. das nachstehende Beispiel zu a). Der Antrag auf Verschiebung des Prüfungsbeginns hat diese Wirkung jedoch nur dann, wenn dem Arbeitgeber vorher eine wirksame Prüfungsanordnung bekannt gegeben worden ist. Ist die einer Lohnsteuer-Außenprüfung zugrunde liegende Prüfungsanordnung unwirksam, tritt die Ablaufhemmung nicht ein (BFH-Urteile vom 10. 4. 1987, BStBl. II 1988 S. 165 und vom 17. 9. 1992, BFH/NV 1993 S. 279). Die Ablaufhemmung greift nicht bereits bei einer mündlichen Terminabsprache, sondern erst bei Maßnahmen des Finanzamts, die für den Steuerpflichtigen als Prüfungshandlungen erkennbar sind (BFH-Urteil vom 24. 4. 2003, BStBl. II S. 739). Zur Wirkung der Ablaufhemmung vgl. die Ausführungen unter Nr. 7 Buchstabe b.

Führt die Lohnsteuer-Außenprüfung zu keiner Änderung, hat eine entsprechende Mitteilung nach § 202 Abs. 1 Satz 3 AO zu erfolgen, nach deren Bekanntgabe die Verjährungsfrist für 3 Monate gehemmt ist (§ 171 Abs. 4 Satz 1 AO); vgl. das nachstehende Beispiel zu b). Hierdurch wird dem Steuerpflichtigen Gelegenheit gegeben, ggf. noch innerhalb der Festsetzungsfrist einen Antrag auf Änderung der Steuerfestsetzung zu seinen Gunsten zu stellen.

Beispiel
Bei der Firma B soll im November 2009 eine Lohnsteuer-Außenprüfung durchgeführt werden. Die Prüfung soll sich auf die Zeiträume ab Mai 2005 erstrecken (Anschlussprüfung). Auf Antrag des Arbeitgebers vom 4. Dezember 2009 wird der Beginn der Prüfung auf März 2010 verschoben. Die Prüfung wird durchgeführt. Sie führt:
a) zu einem Ergebnis. Der Haftungsbescheid wird am 25. Juni 2010 unanfechtbar.
b) zu keinem Ergebnis. Die entsprechende Mitteilung (§ 202 Abs. 1 Satz 3 AO) wird dem Arbeitgeber am 12. Mai 2010 bekannt gegeben (§ 122 Abs. 2 Nr. 1 AO).

Die Festsetzungsfrist für die Zeiträume Mai 2005 bis November 2005 ist grundsätzlich mit Ablauf des 31. Dezember 2009 abgelaufen (vgl. das Beispiel unter Nr. 2). Da der Beginn der Prüfung aufgrund eines vor Ablauf der Festsetzungsfrist eingegangenen Antrags des Arbeitgebers verschoben worden ist, endet die Festsetzungsfrist

im Fall a) mit Unanfechtbarkeit des Haftungsbescheides, also mit Ablauf des 25. Juni 2010 (§ 171 Abs. 4 Satz 1 AO);

im Fall b) nach Ablauf von 3 Monaten seit Bekanntgabe der Mitteilung nach § 202 Abs. 1 Satz 3 AO, also mit Ablauf des 12. August 2010 (§ 171 Abs. 4 Satz 1 AO).

Der Ablauf der Festsetzungsfrist bleibt wegen des Beginns einer Außenprüfung auch dann gehemmt, wenn das Finanzamt während der Prüfung einen geänderten Bescheid aufgrund eines Teilprüfungsberichts erlässt, die Prüfung sodann aber fortführt oder wieder aufnimmt, bevor die reguläre Festsetzungsfrist abgelaufen ist. Die fortgeführte oder wieder aufgenommene Prüfung bedarf keiner erneuten Prüfungsanordnung (BFH-Urteil vom 20. 8. 2003, BFH/NV 2004 S. 7).

Ist der Verwaltungsakt, mit dem der Beginn einer Außenprüfung festgesetzt wurde, rechtswidrig und hat der Steuerpflichtige ihn oder die Prüfungsanordnung angefochten, so beinhaltet ein Antrag auf Aussetzung der Vollziehung der Prüfungsanordnung nicht auch einen Antrag auf Verschiebung des Beginns der Prüfung. Der Lauf der Festsetzungsfrist wird in einem solchen Fall nicht gehemmt (BFH-Urteil vom 10. 4. 2003, BStBl. II S. 827).

Der Fristablauf wird nicht gehemmt, wenn das Finanzamt unmittelbar nach dem Beginn einer Prüfung für mehr als 6 Monate aus von ihm zu vertretenden Gründen die Prüfung unterbricht (§ 171 Abs. 4 Satz 2 AO). Entsprechendes gilt, wenn das Finanzamt tatsächlich keine Außenprüfung durchführt (BFH-Urteil vom 17. 6. 1998, BStBl. II 1999 S. 4). Eine Außenprüfung ist dann nicht mehr unmittelbar nach ihrem Beginn unterbrochen, wenn die Prüfungshandlungen nach Umfang und Zeitaufwand, gemessen an dem gesamten Prüfungsstoff, erhebliches Gewicht erreicht oder sich erste verwertbare Prüfungsergebnisse ergeben haben, an die bei Fortsetzung der Prüfung angeknüpft werden kann (Urteil des FG Rheinland-Pfalz vom 30. 9. 2004, EFG 2006 S. 78). Die Wiederaufnahme einer unterbrochenen Außenprüfung erfordert nach außen dokumentierte oder zumindest anhand der Prüfungsakten nachvollziehbare Maßnahmen, die der Steuerpflichtige als eine Fortsetzung der Prüfung erkennen kann (BFH-Urteil vom 24. 4. 2003, BStBl. II S. 739). Das Finanzamt kann allerdings, wenn es eine Außenprüfung nach ihrem Beginn sofort wieder für einen längeren Zeitraum als sechs Monate unterbrochen hat, innerhalb der Festsetzungsfrist mit einer neuen Prüfung beginnen und dadurch die zunächst nicht eingetretene Ablaufhemmung herbeiführen. Die Verjährung ist auch dann gehemmt, wenn bei dieser Prüfung keine neue Prüfungsanordnung erlassen wurde (BFH-Urteil vom 13. 2. 2003, BStBl. II S. 552).

Die Prüfungsanordnung ist zwar Voraussetzung dafür, dass mit der Prüfung ablaufhemmend begonnen werden kann (BFH-Urteil vom 21. 4. 1993, BStBl. II S. 649). Maßgebend für den zeitlichen Beginn der Ablaufhemmung ist jedoch allein der (nachhaltige) Beginn der Prüfungshandlungen. Hat das Finanzamt eine Prüfungsanordnung vor Ablauf der Festsetzungsfrist ergänzt, bleibt der Ablauf der Festsetzungsfrist auch dann gehemmt, wenn der Prüfer Prüfungshandlungen für den betroffenen Zeitraum bereits vor dem Erlass der erweiterten Prüfungsanordnung durchgeführt hat (BFH-Urteil vom 29. 6. 2004, BFH/NV 2004 S. 1510).

b) Wirkung der Ablaufhemmung

Bei der Lohnsteuer-Außenprüfung tritt die Ablaufhemmung nur gegenüber dem Arbeitgeber ein. Beim Arbeitnehmer wird der Ablauf der Verjährungsfrist dagegen nicht gehemmt; vgl. die Ausführungen unter Nr. 7 f. Ist die Einkommensteuerschuld gegenüber den Arbeitnehmern verjährt, kann gleichwohl gegen den Arbeitgeber noch ein Lohnsteuer-Haftungsbescheid erlassen werden, wenn der Lohnsteueranspruch noch nicht verjährt ist (vgl. die Erläuterungen unter Nr. 5). § 191 Abs. 5 Satz 1 Nr. 1 AO gilt insoweit nicht. Dies gilt auch für die mit **Nachforderungsbescheid** festzusetzenden **Pauschalsteuern** nach den §§ 40, 40a und 40b EStG (BFH-Urteile vom 28. 11. 1990, BStBl. II S. 488 und vom 6. 5. 1994, BStBl. II S. 715).

c) Besonderheiten bei Haftungsbescheiden

Macht das Finanzamt im Anschluss an eine Lohnsteuer-Außenprüfung gegenüber dem Arbeitgeber **pauschale Lohnsteuer** in einem (formell inkorrekten) Haftungsbescheid geltend, so tritt mit der Aufhebung des angefochtenen Haftungsbescheids durch das Finanzamt eine **Unanfechtbarkeit** i. S. d. § 171 Abs. 4 Satz 1 AO ein. Der Ablauf der Festsetzungsfrist ist damit nicht mehr gehemmt (BFH-Urteil vom 6. 5. 1994, BStBl. II S. 715). Das Finanzamt kann in einem solchen Fall den Eintritt der Festsetzungsverjährung vor Geltendmachung des Steueranspruchs nur dadurch vermeiden, dass es den Haftungsbescheid erst aufhebt, nachdem es zuvor den (formell korrekten) Pauschalierungsbescheid (= Nachforderungsbescheid) erlassen hat.

Das Finanzamt kann im finanzgerichtlichen Verfahren einen angefochtenen Haftungsbescheid, der in formeller Hinsicht fehlerhaft ist, durch den gleichzeitigen Erlass eines neuen Haftungsbescheides aufheben. Nach Ansicht des BFH ist in einem solchen Fall der gerichtlichen Kassation der neue Haftungsbescheid noch innerhalb der nach § 171 Abs. 3a Satz 1 AO gehemmten Festsetzungsfrist ergangen und damit wirksam (BFH-Urteil vom 5. 10. 2004, BStBl. 2005 II S. 323). Eine analoge Anwendung dieser Vorschrift auf den Fall der Aufhebung

Verjährung

des Bescheides durch die Finanzbehörde kommt demgegenüber nicht in Betracht (BFH-Urteil vom 5. 10. 2004, BStBl. II 2005 S. 122).

d) Umfang der Ablaufhemmung

Der Ablauf der Festsetzungsfrist wird durch die Lohnsteuer-Außenprüfung nur für solche Steuern gehemmt, die in der Prüfungsanordnung als **Prüfungsgegenstand** genannt sind (BFH-Urteil vom 18. 7. 1991, BStBl. II S. 824). Wird die Prüfungsanordnung auf bisher nicht einbezogene Steuern bzw. Prüfungsjahre erweitert, ist die Ablaufhemmung nur wirksam, soweit hinsichtlich der Erweiterung noch keine Festsetzungsverjährung eingetreten ist. Zu beachten ist die Frist für die Auswertung der Prüfungsfeststellungen (§ 171 Abs. 4 Satz 3 AO).

e) Ablaufhemmung durch sonstige Ermittlungen

Ist bei Steuerpflichtigen eine Lohnsteuer-Außenprüfung im Geltungsbereich der AO nicht durchführbar, führen auch **Ermittlungen** i. S. d. § 92 AO zu einer Ablaufhemmung, die solange andauert, bis die entsprechenden Bescheide unanfechtbar geworden sind (§ 171 Abs. 6 AO).

Dazu gehören:
- Einholung von Auskünften jeder Art von den Beteiligten und anderen Personen,
- Hinzuziehung von Sachverständigen,
- Beiziehung von Urkunden und Akten,
- Einnahme des Augenscheins.

Zu beachten ist jedoch, dass der Steuerpflichtige vor Ablauf der Festsetzungsfrist auf den Beginn der genannten Ermittlungen hingewiesen werden muss. In diesen Fällen ist die Frist gewahrt, wenn die Mitteilung an den Steuerpflichtigen vor Ablauf der Festsetzungsfrist den Bereich der für die Steuerfestsetzung zuständigen Finanzbehörde verlassen hat. Wird dies übersehen, wird der Ablauf der Frist nicht gehemmt.

f) Auswirkungen beim Arbeitnehmer

Bisher bestand die gefestigte Rechtsauffassung, dass der Erlass eines Haftungsbescheides wegen Lohnsteuer nicht mehr zulässig ist, wenn beim Arbeitnehmer hinsichtlich der Einkommensteuer Festsetzungsverjährung eingetreten ist. Hieran hält die Finanzverwaltung nach dem BFH-Urteil vom 6.3.2008 (BStBl. II S. 597) nicht mehr fest. Die Einkommensteuerschuld des Arbeitnehmers verjährt hiernach unabhängig von der anzumeldenden Lohnsteuer, so dass ein Lohnsteuer-Haftungsbescheid gegen den Arbeitgeber auch noch nach Eintritt der Festsetzungsverjährung für die Einkommensteuer des Arbeitnehmers erlassen werden kann. Zu beachten ist weiter, dass durch eine beim Arbeitgeber durchgeführte Lohnsteuer-Außenprüfung der Ablauf der Festsetzungsfrist gegenüber dem Arbeitnehmer nicht gehemmt wird (BFH-Urteile vom 15. 12. 1989, BStBl. II 1990 S. 526 und vom 9. 3. 1990, BStBl. II S. 608).

Beispiel

Bei einer im Kalenderjahr 2009 begonnen und im Kalenderjahr 2010 abgeschlossenen Lohnsteuer-Außenprüfung wird festgestellt, dass der Arbeitgeber einem Angestellten im Dezember 2004 einen geldwerten Vorteil zugewandt hat, von dem aus Unkenntnis keine Steuerabzugsbeträge einbehalten worden sind. Der Arbeitnehmer wird zur Einkommensteuer veranlagt (§ 46 Abs. 2 EStG). Er hat seine Steuererklärung für 2004 dem Finanzamt in 2005 eingereicht.

Bei der Prüfung des Eintritts der Verjährung beim Arbeitnehmer ist auf die mit Ablauf des Veranlagungszeitraums 2004 entstehende Einkommensteuer abzustellen. Die Festsetzungsfrist beginnt durch die Abgabe der Steuererklärung in 2005 erst mit Ablauf des Kalenderjahrs 2005 (§ 170 Abs. 2 Satz 1 Nr. 1 AO). Die 4-jährige Festsetzungsfrist endet mit Ablauf des Kalenderjahrs 2009, so dass im Kalenderjahr 2010 eine Nachforderung beim Arbeitnehmer durch Änderung des Einkommensteuerbescheides nicht mehr in Betracht kommt. Durch die bereits im Kalenderjahr 2009 begonnene Lohnsteuer-Außenprüfung wird der Ablauf der Festsetzungsfrist gegenüber dem Arbeitnehmer nicht gehemmt.

Zu prüfen bleibt aber, ob für die Lohnsteuer-Anmeldung 12/2004 bereits Festsetzungsverjährung eingetreten ist und deshalb eine Lohnsteuerhaftung noch in Betracht kommt. Hat der Arbeitgeber die Lohnsteuer-Anmeldung für 12/2004 fristgemäß im Januar 2005 abgegeben, beginnt die Festsetzungsfrist für die Lohnsteuer mit Ablauf des 31.12.2005 und endet regulär mit dem 31.12.2009. Der Erlass eines Haftungsbescheides im Jahr 2010 ist daher noch möglich, weil aufgrund der im Jahr 2009 begonnenen Lohnsteuer-Außenprüfung die Festsetzungsfrist erst mit Unanfechtbarkeit der aufgrund der Prüfung zu erlassenden Bescheide abläuft.

g) Erlass von Teilbescheiden

Soweit im Rahmen von Lohnsteuer-Außenprüfung erkennbar ist, dass mit Ablauf des Prüfungsjahres für die Lohnsteuer Festsetzungsverjährung eintreten kann, wird das Finanzamt versuchen, Haftungs- und Nachforderungsbescheide dem Arbeitgeber noch im laufenden Prüfungsjahr bekannt zu geben. Kann eine Lohnsteuer-Außenprüfung nicht bis zum Auflauf des Prüfungsjahres abgeschlossen werden, wird das Finanzamt rechtzeitig **(Teil-)Haftungs-** oder **(Teil-)Nachforderungsbescheide** über die möglicherweise verjährenden Sachverhalte erlassen. Zur Zulässigkeit vgl. BFH-Urteile vom 4. 7. 1986 (BStBl. II S. 921) und vom 30. 8. 1988 (BStBl. II S. 193).

8. Verjährung bei der Sozialversicherung

a) Allgemeines

In der Sozialversicherung verjähren die Ansprüche auf die Gesamtsozialversicherungsbeiträge in vier Jahren nach Ablauf des Kalenderjahrs, in dem sie fällig geworden sind (§ 25 Abs. 1 Satz 1 SGB IV). Beiträge, die im Kalenderjahr 2010 fällig werden, verjähren somit bereits mit Ablauf des Kalenderjahrs 2014. Die vierjährige Verjährungsfrist gilt auch bei einer fahrlässigen Nichtabführung von Sozialversicherungsbeiträgen.

Ansprüche auf vorsätzlich vorenthaltene Beiträge verjähren erst in 30 Jahren nach Ablauf des Kalenderjahrs, in dem sie fällig geworden sind (§ 25 Abs. 1 Satz 2 SGB IV). Die Beweislast für eine vorsätzliche Beitragsverkürzung obliegt allerdings dem Sozialversicherungsträger (Urteil des Landessozialgerichts Nordrhein-Westfalen vom 9.10.2003, Az. L 16 KR 223/02). Für die Hemmung, Unterbrechung und die Wirkung der Verjährung gelten nach § 25 Abs. 2 Satz 1 SGB IV die Vorschriften des Bürgerlichen Gesetzbuches (insbesondere die §§ 203 bis 217 BGB) sinngemäß.

b) Verjährungshemmung bei Betriebsprüfungen

Die Verjährung ist für die Dauer einer **Betriebsprüfung** durch die **Rentenversicherungsträger** (Bundes- oder Landesversicherungsanstalt) beim Arbeitgeber gehemmt (§ 25 Abs. 2 Satz 2 SGB IV). Die Hemmung der Verjährung bei einer Betriebsprüfung gilt auch gegenüber den aufgrund eines Werkvertrages für den Arbeitgeber tätigen Nachunternehmern und deren weiteren Nachunternehmern.

Eine Hemmung der Verjährung tritt **nicht** ein, wenn die Prüfung unmittelbar nach ihrem Beginn für die Dauer von mehr als **sechs Monaten** aus Gründen unterbrochen wird, die die **prüfende Stelle** zu vertreten hat (§ 25 Abs. 2 Satz 3 SGB IV). Die Hemmung beginnt mit dem Tag des Beginns der Prüfung beim Arbeitgeber oder bei der vom Arbeitgeber mit der Lohn- und Gehaltsabrechnung beauftragten Stelle und endet mit der Bekanntgabe des Beitragsbescheides, spätestens mit Ablauf von sechs Kalendermonaten nach Abschluss der Prüfung. Kommt es aus Gründen, die die prüfende Stelle nicht zu vertreten hat, zu einem späteren Beginn der Prüfung, beginnt die Hemmung mit dem von dem Versicherungsträger in seiner Prüfungsankündigung ursprünglich bestimmten Tag.

c) Beitragsbescheid

Ein Beitragsbescheid über Sozialversicherungsbeiträge unterbricht die Verjährung des Anspruchs bis zur Unan-

	Lohn-steuer-pflichtig	Sozial-versich.-pflichtig

fechtbarkeit des Bescheids (§ 52 Abs. 1 SGB X). Sind die Gesamtsozialversicherungsbeiträge durch einen unanfechtbaren Beitragsbescheid festgesetzt worden, beträgt die Verjährungsfrist 30 Jahre (§ 52 Abs. 2 SGB X).

Verletztengeld

Verletztengeld, das die gesetzliche Unfallversicherung bei Arbeitsunfähigkeit wegen Arbeitsunfall oder Berufskrankheit zahlt, ist nach § 3 Nr. 1a EStG steuerfrei; es unterliegt jedoch dem Progressionsvorbehalt (vgl. dieses Stichwort). — nein — nein*)

Nach § 23c SGB IV gelten Zuschüsse des Arbeitgebers zum Verletztengeld nicht als beitragspflichtiges Arbeitsentgelt, wenn die Einnahmen zusammen mit dem Verletztengeld das Nettoarbeitsentgelt im Sinne des § 47 Abs. 1 SGB V nicht um mehr als 50 € übersteigen. Diese Zuschüsse des Arbeitgebers sind zwar beitragsfrei aber lohnsteuerpflichtig. — ja — nein

Auf die ausführlichen Erläuterungen beim Stichwort „Arbeitsentgelt" unter Nr. 2 wird hingewiesen.

Verlosungsgewinne

Nach dem BFH-Urteil vom 25. 11. 1993 (BStBl. 1994 II S. 254) ist der Gewinn aus einer betriebsintern veranstalteten Verlosung ein geldwerter Vorteil und damit – vom Ausnahmefall des ganz überwiegenden eigenbetrieblichen Interesses des Arbeitgebers abgesehen – steuerpflichtiger Arbeitslohn. Der Bundesfinanzhof vertritt die Auffassung, dass auch der „per Zufall" erzielte Gewinn der beruflichen Sphäre zuzurechnen sei, wenn berufliche Umstände zur Teilnahmeberechtigung an der Verlosung geführt haben.

Hiernach sind Verlosungsgewinne steuer- und beitragspflichtig, wenn die Teilnahmeberechtigung durch ein bestimmtes berufliches Verhalten ausgelöst wird. Dies ist z. B. dann der Fall, wenn an einer Verlosung nur diejenigen Arbeitnehmer teilnahmeberechtigt sind,

– die in bestimmten Zeiträumen nicht wegen Krankheit gefehlt haben oder — ja — ja
– die einen Verbesserungsvorschlag eingereicht haben. — ja — ja

Der berufliche Zusammenhang solcher Verlosungsgewinne wird auch nicht dadurch beseitigt, dass die Verlosung anlässlich einer Betriebsveranstaltung stattfindet.

Kein Arbeitslohn ist ein Verlosungsgewinn nur dann, wenn eine Verlosung im ganz überwiegenden eigenbetrieblichen Interesse des Arbeitgebers stattfindet. Dies ist der Fall, wenn bei einer Betriebsveranstaltung Gewinne von geringem Wert (Sachwerte bis **40 €**) unter **allen** an der Betriebsveranstaltung teilnehmenden Arbeitnehmern verlost, (z. B. anlässlich einer Tombola vgl. das Stichwort „Betriebsveranstaltungen"). — nein — nein

Verlosungsgewinne sind also steuer- und beitragspflichtig, wenn die Teilnahmeberechtigung durch ein bestimmtes berufliches Verhalten ausgelöst wird.

Der Bundesfinanzhof musste in zwei Streitfällen (BFH-Urteile vom 2.9.2008 X R 8/06 und X R 25/07) entscheiden, ob bei einem **entgeltlichen** Loserwerb die Verknüpfung mit der beruflichen Tätigkeit gelöst wird und der Losgewinn dadurch auf der nicht steuerbaren Vermögensebene erzielt wird.

Im ersten Streitfall führte eine Bausparkasse eine „Wettbewerbsauslosung für Außendienstmitarbeiter" durch. Nach den Spielregeln wurde für jeden vermittelten Bausparvertrag 50 Cent für die Auslosung einbehalten. Der Kläger gewann bei der Auslosung ein Kfz, das er noch im selben Jahr für 25 500 € veräußerte. Während das Finanzamt und das Finanzgericht den Betrag von 25 500 € als steuerpflichtige Einnahme erfassen wollten,

gab der Bundesfinanzhof dem Kläger recht. Werden bereits – wie hier – erwirtschaftete Einnahmen (quasi im Nachhinein) bei einer betrieblichen Losveranstaltung verwendet, führt ein Losgewinn nicht zu steuerpflichtigen Einnahmen. Ausschlaggebend war für den Bundesfinanzhof, dass der Kläger das **Los aus versteuerten Einnahmen** quasi **gekauft** hatte. Er war auch **nicht gezwungen**, an der Verlosung **teilzunehmen.**

Im zweiten Streitfall waren bei einer Verlosung eines Kosmetikherstellers alle Vertriebsmitarbeiter mit höchstens 8 Losen teilnahmeberechtigt, die in den beiden Monaten Januar und Februar einen **Mindestumsatz** in Höhe von jeweils 125 € erzielt hatten. Die Klägerin gewann das als Hauptgewinn ausgelobte „Traumhaus" im Wert von 250 000 €. Der Bundesfinanzhof hat die Auffassung des Finanzamts bestätigt, dass die Gewinnauszahlungen zu steuerpflichtigen Einnahmen führe. Es handele sich bei dem Losgewinn um eine **zusätzliche Vergütung**. Anders als im vorhergehenden Fall wurden die Lose hier bei Erreichen eines bestimmten Mindestumsatzes „unentgeltlich" zugeteilt.

In den beiden Streitfällen waren allerdings die Vertriebsmitarbeiter steuerlich selbstständig tätig. Die vom Bundesfinanzhof aufgestellten Grundsätze gelten jedoch auch für Losgewinne angestellter Vertriebsmitarbeiter.

Vermittlungsprovisionen

siehe „Provisionen"

Vermögensbeteiligungen

Neues und Wichtiges auf einen Blick:

Das sog. **Mitarbeiterkapitalbeteiligungsgesetz** ist am **1.4.2009 in Kraft getreten.** Die sich durch dieses Gesetz ergebenden Änderungen im Bereich der Vermögensbildung der Arbeitnehmer sind unter diesem Stichwort bereits im Lexikon für das Lohnbüro, Ausgabe 2009, Seite 696 ff. eingearbeitet.

Die Finanzverwaltung hat Anfang Dezember 2009 ihr **Anwendungsschreiben** bekanntgegeben.**) Folgende Punkte sind von besonderer praktischer Bedeutung:

Der steuer- und sozialversicherungsfreie Höchstbetrag von bis zu 360 € gilt für unbeschränkt und beschränkt steuerpflichtige Arbeitnehmer die in einem **gegenwärtigen Dienstverhältnis** stehen. Das sind auch Arbeitnehmer, deren Dienstverhältnis ruht (z. B. während der Mutterschutzfristen, der Elternzeit, Zeiten der Ableistung von Wehr- und Zivildienst) oder die sich in der Freistellungsphase einer Altersteilzeitvereinbarung befinden. Arbeitnehmer, die ausschließlich Versorgungsbezüge beziehen, stehen nicht mehr in einem gegenwärtigen Dienstverhältnis. Vgl. die Erläuterungen unter der nachfolgenden Nr. 2 Buchstabe c.

Die Beteiligung muss mindestens **allen Arbeitnehmern offenstehen,** die im Zeitpunkt der Bekanntgabe des Angebots ein Jahr oder länger ununterbrochen in einem gegenwärtigen Dienstverhältnis zum Arbeitgeber stehen. Es wird von der Finanzverwaltung nicht beanstandet, wenn ins Ausland entsandte Arbeitnehmer, Vorstandsmitglieder und Arbeitnehmer, die zwischen dem Zeitpunkt des Angebots und dem Zeitpunkt der Überlassung aus-

---

*) Zur Beitragspflicht des Verletztengeldes wird auf die Erläuterungen beim Stichwort „Lohnersatzleistungen" Bezug genommen.

) BMF-Schreiben vom 8.12.2009 IV C 5 – S 2347/09/10002. Das BMF-Schreiben ist als Anlage zu H 3.39 LStR im **Steuerhandbuch für das Lohnbüro 2010 abgedruckt, das im selben Verlag erschienen ist. Das **PC-Lexikon** für das Lohnbüro 2010 enthält auch dieses Handbuch und hat außerdem den Vorteil, dass Sie **alle BFH-Urteile** sowie die aktuellen Rundschreiben und Niederschriften der Spitzenverbände der **Sozialversicherung** mit Mausklick **im Volltext** abrufen und ausdrucken können. Eine Bestellkarte finden Sie vorne im Lexikon.

Vermögensbeteiligungen

	Lohn-steuer-pflichtig	Sozial-versich.-pflichtig

scheiden, nicht einbezogen werden. Vgl. die Erläuterungen unter der nachfolgenden Nr. 2 Buchstabe c.

Der **geldwerte Vorteil** ergibt sich aus dem **Unterschied** zwischen dem **Wert** der **Vermögensbeteiligung** bei Überlassung (in der Regel Kurswert) und dem **Preis,** zu dem die Vermögensbeteiligung dem **Arbeitnehmer** überlassen wird. Aus Vereinfachungsgründen kann bei der Wertermittlung vom Tag der Ausbuchung der Vermögensbeteiligung beim Arbeitgeber ausgegangen werden. Auch die Bildung eines Durchschnittswerts ist unter bestimmten Voraussetzungen zulässig. Vgl. die Erläuterungen und die Beispiele unter der nachfolgenden Nr. 2 Buchstabe c sowie unter Nr. 5 Buchstabe b.

Die **Steuerbefreiung** gilt **nur für** den geldwerten Vorteil, den der Arbeitnehmer durch die unentgeltliche oder verbilligte Überlassung der Vermögensbeteiligung erhält **(= Sachbezug). Geldleistungen** des Arbeitgebers an den Arbeitnehmer sind auch dann **nicht begünstigt,** wenn sie zum Erwerb einer Vermögensbeteiligung bestimmt sind (vgl. die Erläuterungen unter der nachfolgenden Nr. 3).

Inländische und ausländische **Investmentanteile** können **nicht steuerbegünstigt** überlassen werden. Das gilt auch dann, wenn das Sondervermögen oder der ausländische Investmentfonds Aktien des Arbeitgebers beinhaltet. **Begünstigt** ist aber die Überlassung von Anteilen an einem **Mitarbeiterbeteiligungs-Sondervermögen** im Sinne des § 90l Investmentgesetzes. Vgl. die Erläuterungen unter der nachfolgenden Nr. 4 Buchstabe b.

Durch das Gesetz zur Umsetzung steuerrechtlicher EU-Vorgaben sowie weiterer steuerrechtlicher Regelungen soll die Voraussetzung, dass die Vermögensbeteiligung als freiwillige Leistung zusätzlich zum ohnehin geschuldeten Arbeitslohn überlassen wird, rückwirkend ab April 2009 gestrichen werden. Das Gesetzgebungsverfahren wird jedoch erst im Frühjahr 2010 abgeschlossen beinhalten. Wir werden Sie über unseren **Online-Aktualisierungsservice** auf dem Laufenden halten.

Gliederung:

1. Allgemeines
2. Steuerfreistellung der Vermögensbeteiligung
   a) Allgemeines
   b) Anwendung der 135-Euro-Grenze (§ 19a EStG)
   c) Anwendung des steuer- und sozialversicherungsfreien Höchstbetrags von 360 € (§ 3 Nr. 39 EStG)
3. Vermögensbeteiligung als Sachbezug
4. Begünstigte Vermögensbeteiligungen
   a) Anwendung der 135-Euro-Grenze (§ 19a EStG)
   b) Anwendung des steuer- und sozialversicherungsfreien Höchstbetrags von 360 € (§ 3 Nr. 39 EStG)
5. Bewertung der Vermögensbeteiligungen
   a) Anwendung der 135-Euro-Grenze (§ 19a EStG)
   b) Anwendung des steuer- und sozialversicherungsfreien Höchstbetrags von 360 € (§ 3 Nr. 39 EStG)
   c) Sonstiges
6. Sperrfrist
7. Aufzeichnungspflichten des Arbeitgebers
8. Sozialversicherungsrechtliche Behandlung

1. Allgemeines

Die unentgeltliche oder verbilligte Überlassung von Vermögensbeteiligungen an den Arbeitnehmer wird steuerlich gefördert. Soweit der eingeräumte Vorteil steuerfrei ist, gehört er regelmäßig auch nicht zum Arbeitsentgelt in der Sozialversicherung (vgl. die Erläuterungen unter der nachfolgenden Nr. 8). — nein — nein

Der Vorteil muss jedoch im Rahmen eines **gegenwärtigen** Dienstverhältnisses gewährt werden. An ausgeschiedene Arbeitnehmer (Betriebsrentner, Werkspensionäre) kann deshalb keine steuerfreie Vermögensbeteiligung gewährt werden. Erhält also ein Arbeitnehmer, der in einem gegenwärtigen Dienstverhältnis steht, von seinem Arbeitgeber unentgeltlich oder verbilligt Vermögensbeteiligungen (z. B. Aktien), so ist dieser geldwerte Vorteil unter den Voraussetzungen der nachfolgenden Nr. 2 steuerfrei.

Der Arbeitgeber wird im Regelfall Vermögensbeteiligungen begünstigt überlassen, die in seinem Eigentum stehen. Dies ist aber nicht zwingend Voraussetzung für die Steuerbegünstigung. Die Steuerfreiheit der geldwerten Vorteile tritt deshalb auch dann ein, wenn der Arbeitnehmer die **Vermögensbeteiligung von Dritten** erhält. Aus diesem Grunde liegt eine steuerbegünstigte Überlassung von Vermögensbeteiligungen z. B. auch dann vor, wenn der Arbeitgeber ein Kreditinstitut beauftragt, Wertpapiere zu erwerben und den Arbeitnehmern zu einem Vorzugskurs zu verkaufen, wobei der Arbeitgeber dem Kreditinstitut die Kursdifferenz ersetzt. Der Arbeitgeber muss folglich nicht in die Überlassung der Vermögensbeteiligung eingeschaltet sein. Zu den begünstigten Vermögensbeteiligungen im Einzelnen vgl. die Erläuterungen unter der nachfolgenden Nr. 4 Buchstabe a und b. Zu beachten ist, dass die begünstigten Vermögensbeteiligungen hinsichtlich der Anwendung der 135-Euro-Grenze (§ 19a EStG) und des steuer- und sozialversicherungsfreien Höchstbetrags von 360 € (§ 3 Nr. 39 EStG) nicht identisch sind (vgl. auch das Schaubild unter der nachfolgenden Nr. 2 Buchstabe a).

Steuerlich gefördert wird aber nur die verbilligte oder kostenlose Überlassung einer **Vermögensbeteiligung in Form eines Sachbezugs** (vgl. die Beispiele unter der folgenden Nr. 3).

2. Steuerfreistellung der Vermögensbeteiligung

a) Allgemeines

Ziel des sog. Mitarbeiterkapitalbeteiligungsgesetzes ist es die **betriebliche Mitarbeiterkapitalbeteiligung** durch eine neue Steuerbefreiungsvorschrift (§ 3 Nr. 39 EStG) zu **stärken.** Dies soll durch eine Anhebung des **steuer-** und **sozialversicherungsfreien Höchstbetrags** für die Überlassung von Mitarbeiterkapitalbeteiligungen am **arbeitgebenden Unternehmen** auf **360 €** jährlich bei Wegfall der Begrenzung auf den halben Wert der Vermögensbeteiligung umgesetzt werden (vgl. die Erläuterungen unter dem nachfolgenden Buchstaben c).

Der bisherige **Bewertungsfreibetrag** von **135 €** ist für bestimmte Beteiligungen bei Überlassung bis Ende 2015 **beibehalten** werden. Hierdurch wird für eine längere Übergangszeit **Bestandsschutz** besonders für außerbetriebliche Beteiligungen gewährt (vgl. die Erläuterungen unter dem nachfolgenden Buchstaben b).

Die für Vermögensbeteiligungen geltenden unterschiedlichen Steuerbefreiungen sollen durch das nachfolgende Schaubild verdeutlicht werden:

	§ 19a	§ 3 Nr. 39
steuerliche Förderung	Höchstbetrag 135 €, begrenzt auf die Hälfte der Vermögensbeteiligung	Anhebung des Höchstbetrags auf 360 €, Wegfall der Begrenzung auf die Hälfte der Vermögensbeteiligung
steuer- und abgabenfrei	ja, vgl. zur Sozialversicherung aber auch die Erläuterungen beim Stichwort „Gehaltsumwandlung" unter Nr. 2 Buchstabe a am Ende	ja

Vermögensbeteiligungen

	§ 19a	§ 3 Nr. 39
Einkommensgrenze	keine	keine
Sperrfrist	keine	keine
besondere Voraussetzungen		– direkte Beteiligungen am arbeitgebenden Unternehmen und über spezielle Fonds – für alle Mitarbeiter

b) Anwendung der 135-Euro-Grenze (§ 19a EStG)

Durch das Gesetz zur steuerlichen Förderung der Mitarbeiterkapitalbeteiligung ist die Vorschrift des § 19a EStG – und damit die **Anwendung der 135-Euro-Grenze** – aufgehoben worden. Allerdings ist die Vorschrift auch nach ihrer Aufhebung weiter anzuwenden, wenn

– die Vermögensbeteiligung **vor dem 1.4.2009 überlassen** wurde oder
– aufgrund einer am **31.3.2009 bestehenden Vereinbarung** ein Anspruch auf die unentgeltliche oder verbilligte Überlassung einer Vermögensbeteiligung besteht und die Vermögensbeteiligung **vor dem 1.1.2016** überlassen wird. Das gilt auch dann, wenn bei einer vor dem 1.4.2009 getroffenen Vereinbarung die Höhe des geldwerten Vorteils noch ungewiss war; z. B., weil die Höhe der Vermögensbeteiligung vom Betriebsergebnis abhängig ist.

Die vorstehende Übergangsregelung ist betriebsbezogen und nicht personenbezogen. Sie kann daher auch dann zur Anwendung kommen, wenn das Dienstverhältnis des Arbeitnehmers nach dem 31.3.2009 begründet worden ist.

Aufgrund dieses Bestandsschutzes sind daher die nachfolgenden Ausführungen noch für einen längeren Übergangszeitraum von praktischer Bedeutung; dies gilt besonders bei der Anlage in außerbetriebliche Beteiligungen und bei Gehaltsumwandlungen (vgl. die Erläuterungen unter den nachfolgenden Nrn. 3 und 4). Allerdings darf der Arbeitgeber bei **demselben Arbeitnehmer im Kalenderjahr** der Überlassung der Vermögensbeteiligung **nicht** den **steuer- und sozialversicherungsfreien Höchstbetrag** von **360 €** jährlich anwenden, wenn er von der Bestandsschutzregelung für die 135-Euro-Grenze (§ 19a EStG) Gebrauch machen will.

Beispiel A
Der Arbeitgeber überlässt dem Arbeitnehmer am 1.2.2010 aufgrund einer bereits im Februar 2009 getroffenen Vereinbarung eine Vermögensbeteiligung im Wert von 300 € und wendet hierfür die neue Steuerbefreiungsvorschrift des § 3 Nr. 39 EStG an.

Durch die Anwendung der neuen Steuerbefreiungsvorschrift des § 3 Nr. 39 EStG ist trotz der Erfüllung der zeitlichen Voraussetzungen (Vereinbarung bis zum 31.3.2009, Überlassung vor dem 1.1.2016) die Anwendung der 135-Euro-Grenze ausgeschlossen.

Hat der Arbeitgeber für eine in 2010 überlassene Vermögensbeteiligung die 135-Euro-Grenze (§ 19a EStG) angewendet und überlässt er in 2010 eine weitere Vermögensbeteiligung, für die er den „günstigeren" steuer- und sozialversicherungsfreien Höchstbetrag von 360 € anwendet, so hat er die Anwendung der 135-Euro-Grenze bei der zuerst überlassenen Vermögensbeteiligung zu korrigieren (vgl. die Erläuterungen beim Stichwort „Änderung des Lohnsteuerabzugs").

Der Steuervorteil des § 19a EStG besteht darin, dass bei der unentgeltlichen oder verbilligten Überlassung von Vermögensbeteiligungen durch den Arbeitgeber der Vorteil steuerfrei ist, der

– den **halben Wert** der Vermögensbeteiligung
– und insgesamt **135 €** im Kalenderjahr

nicht übersteigt. Als Wert der Vermögensbeteiligung ist der gemeine Wert bzw. der Kurswert anzusetzen (vgl. die Erläuterungen unter der folgenden Nr. 5).

Beispiel B
Der Arbeitgeber überlässt dem Arbeitnehmer eine Aktie mit einem Börsenkurs von 250 € zu einem Preis von 90 €.

Die Verbilligung beträgt (250 € – 90 €)	=	160,— €
Steuerfrei ist der halbe Wert der Aktie	=	125,— €
steuerpflichtig sind		35,— €

Beispiel C
Der Arbeitgeber überlässt dem Arbeitnehmer zwei Aktien mit einem Börsenkurs von 250 € zu einem Preis von 90 €. Es ergibt sich folgende Berechnung:

Börsenkurs	500,— €
gezahlter Preis	180,— €
geldwerter Vorteil	320,— €
steuerfrei ist der halbe Wert der Aktien (= 250 €), höchstens jedoch	135,— €
steuerpflichtig sind	185,— €

Die Steuerfreiheit des geldwerten Vorteils ist also der Höhe nach doppelt begrenzt, und zwar auf den halben Wert der Vermögensbeteiligung, höchstens aber auf 135 € jährlich. Daraus folgt, dass der geldwerte Vorteil nur insoweit zum steuerpflichtigen Arbeitslohn gehört, als er die Hälfte des Werts der Vermögensbeteiligung übersteigt.

Ist der geldwerte Vorteil höher als 135 € im Kalenderjahr, so gehört der 135 € übersteigende Teil des geldwerten Vorteils auch dann zum steuerpflichtigen Arbeitslohn, wenn die Hälfte des Werts der Vermögensbeteiligung nicht überschritten ist.

Beispiel D
Kostenlose Überlassung:

Wert der Beteiligung	steuerfrei	steuerpflichtig
200,— €	100,— €	100,— €
270,— €	135,— €	135,— €
500,— €	135,— €	365,— €

Beispiel E
Verbilligte Überlassung:

Wert der Beteiligung	Zahlung des Arbeitnehmers	Vorteil	steuerfrei	steuerpflichtig
300,— €	200,— €	100,— €	100,— €	0,— €
300,— €	100,— €	200,— €	135,— €	65,— €
250,— €	50,— €	200,— €	125,— €	75,— €
300,— €	150,— €	150,— €	135,— €	15,— €
400,— €	200,— €	200,— €	135,— €	65,— €
500,— €	250,— €	250,— €	135,— €	115,— €
550,— €	275,— €	275,— €	135,— €	140,— €
550,— €	400,— €	150,— €	135,— €	15,— €

Der steuerpflichtige geldwerte Vorteil aus der Überlassung einer Vermögensbeteiligung kann **nicht** nach **§ 37b Abs. 2 EStG** mit **30 % pauschal versteuert** werden (vgl. § 37b Abs. 2 Satz 2 EStG; siehe auch die Erläuterungen beim Stichwort „Pauschalierung der Lohnsteuer für Belohnungsessen, Incentive-Reisen, VIP-Logen und ähnliche Sachbezüge" unter Nr. 2).

Die Übernahme von **Nebenkosten** für die Begründung oder den Erwerb von Vermögensbeteiligungen durch den Arbeitgeber (z. B. Notarsgebühren, Kosten für Registereintragungen) gehört nicht zum Arbeitslohn. Ebenfalls kein Arbeitslohn sind Barzuschüsse des Arbeitgebers an den Arbeitnehmer zu **Depotgebühren**, die dem Arbeitnehmer durch die Festlegung der Wertpapiere für die Dauer einer vertraglich vereinbarten Sperrfrist entstehen. In die Berechnung des steuerfreien Höchstbetrags sind deshalb diese ersparten Aufwendungen nicht einzubeziehen. Dies gilt entsprechend bei einer kostenlosen Depotführung durch den Arbeitgeber selbst.

Vermögensbeteiligungen

c) Anwendung des steuer- und sozialversicherungsfreien Höchstbetrags von 360 € (§ 3 Nr. 39 EStG)

Durch das Gesetz zur steuerlichen Förderung der Mitarbeiterkapitalbeteiligung ist für Vermögensbeteiligungen ein neuer **steuer-** und **sozialversicherungsfreier Höchstbetrag** von **360 €** jährlich eingeführt worden. Der steuer- und sozialversicherungsfreie Höchstbetrag ist **nicht auf** den **halben Wert** der Vermögensbeteiligung **begrenzt** (vgl. hierzu die Erläuterungen unter dem vorstehenden Buchstaben b). Steuer- und sozialversicherungsfrei sind Vermögensbeteiligungen am Unternehmen des Arbeitgebers (= direkte Beteiligung) – wobei jedes konzernzugehörige Unternehmen als Unternehmen des Arbeitgebers gilt – und die Beteiligung an einem Mitarbeiterbeteiligungs-Sondervermögen (vgl. hierzu auch die Erläuterungen unter der nachstehenden Nr. 4 Buchstabe b). Bei direkten Beteiligungen werden sämtliche Rahmenbedingungen von der Höhe der Beteiligung, der Gewinn- und Verlustbeteiligung, Laufzeit/Sperrfristen, Kündigungsbedingungen, Informations- und Kontrollrechte, Verwaltung der Beteiligungen usw. zwischen Arbeitgeber und Arbeitnehmer frei verhandelt und vertraglich festgelegt.

Der steuer- und sozialversicherungsfreie Höchstbetrag von bis zu 360 € gilt für unbeschränkt und beschränkt steuerpflichtige Arbeitnehmer, die in einem **gegenwärtigen Dienstverhältnis** zum Arbeitgeber stehen. Das sind auch Arbeitnehmer, deren **Dienstverhältnis ruht** (z. B. während der Mutterschutzfristen, der Elternzeit, Zeiten der Ableistung von Wehr- und Zivildienst) oder die sich in der **Freistellungsphase** einer **Altersteilzeitvereinbarung** befinden. Die Überlassung von Vermögensbeteiligungen an frühere Arbeitnehmer des Arbeitgebers ist nur begünstigt, soweit sie im Rahmen der Abwicklung des früheren Dienstverhältnisses noch als Arbeitslohn für die tatsächliche Arbeitsleistung überlassen werden. Arbeitnehmer, die ausschließlich Versorgungsbezüge beziehen, stehen nicht mehr in einem gegenwärtigen Dienstverhältnis.

Unabhängig von der arbeitsrechtlichen Verpflichtung zur Gleichbehandlung setzt die Steuerfreiheit bis 360 € voraus, dass die Beteiligung mindestens **allen Arbeitnehmern offensteht,** die im Zeitpunkt der Bekanntgabe des Angebots **ein Jahr oder länger** ununterbrochen in einem gegenwärtigen **Dienstverhältnis** zum Arbeitgeber stehen. Einzubeziehen sind z. B. auch geringfügig Beschäftigte, Teilzeitkräfte, Auszubildende und weiterbeschäftigte Rentner. Arbeitnehmer, die kürzer als ein Jahr in einem Dienstverhältnis stehen, können einbezogen werden. Bei einem Konzernunternehmen müssen die Beschäftigten der übrigen Konzernunternehmen nicht einbezogen werden. Hinsichtlich der **Konditionen** (Höhe der Beteiligungswerte und/oder der Zuzahlungen, zu denen die Vermögensbeteiligungen überlassen werden, kann übrigens bei den einzelnen Arbeitnehmern **differenziert** werden. Dies bedarf allerdings aus arbeitsrechtlicher Sicht eines sachlichen Grunds.

Es wird nicht beanstandet (= Wahlrecht des Arbeitgebers), wenn ins Ausland entsandte Arbeitnehmer (sog. **Expatriats**), Organe (z. B. **Vorstandsmitglieder**) und **Arbeitnehmer, die** zwischen dem Zeitpunkt des Angebots und dem Zeitpunkt der Überlassung **ausscheiden** (Auslaufen des Arbeitsvertrags, Kündigung), **nicht einbezogen** werden.

Der **geldwerte Vorteil** ergibt sich aus dem **Unterschiedsbetrag** zwischen dem **Wert der Vermögensbeteiligung** bei Überlassung (vgl. nachfolgende Nr. 5 Buchstabe b) und der **Zuzahlung** des Arbeitnehmers. Bei einer Verbilligung ist es unerheblich, ob der Arbeitgeber einen prozentualen Abschlag auf den Wert der Vermögensbeteiligung oder einen Preisvorteil in Form eines Festbetrags gewährt.

Beispiel A
Der Arbeitgeber überlässt seinem Arbeitnehmer am 1.12.2010 sieben Aktien des Unternehmens mit einem Börsenkurs von jeweils 50 €.
Der geldwerte Vorteil durch die kostenlose Verbilligung der Vermögensbeteiligung beträgt 350 € und ist in voller Höhe steuer- und sozialversicherungsfrei.

Beispiel B
Der Arbeitgeber überlässt seinem Arbeitnehmer am 1.10.2010 zehn Aktien des Unternehmens mit einem Börsenkurs von jeweils 100 € zu einem Preis von 60 €.

Börsenkurs	1 000 €
gezahlter Preis	600 €
geldwerter Vorteil	400 €
steuerfrei (= Höchstbetrag)	360 €
steuerpflichtig sind	40 €

Der steuerpflichtige geldwerte Vorteil aus der Überlassung einer Vermögensbeteiligung kann **nicht** nach **§ 37b Abs. 2 EStG** mit **30 % pauschal versteuert** werden (vgl. § 37b Abs. 2 Satz 2 EStG; siehe auch die Erläuterungen beim Stichwort „Pauschalierung der Lohnsteuer für Belohnungsessen, Incentive-Reisen. VIP-Logen und ähnliche Sachbezüge" unter Nr. 2). Dies gilt auch für den geldweiten Vorteil aus der Überlassung von Vermögensbeteiligungen, für die der steuer- und sozialversicherungsfreie Höchstbetrag von 360 € dem Grunde nach nicht greift, weil es sich um die Überlassung einer für die Inanspruchnahme der Steuerbefreiungsvorschrift nicht begünstigten Vermögensbeteiligung handelt (vgl. die Erläuterungen unter der nachfolgenden Nr. 4 Buchstabe b).

Der steuer- und sozialversicherungsfreie Höchstbetrag von 360 € jährlich bezieht sich auf das einzelne Dienstverhältnis. Steht der Arbeitnehmer im Kalenderjahr 2010 nacheinander (bei einem unterjährigen Arbeitgeberwechsel) oder nebeneinander in mehreren Dienstverhältnissen, kann der steuer- und sozialversicherungsfreie Höchstbetrag **in jedem Dienstverhältnis** in Anspruch genommen werden.

Beispiel C
Ein Arbeitnehmer mit zwei Dienstverhältnissen (Steuerklassen I und VI) erhält am 1.7.2010 von seinem Arbeitgeber A (erstes Dienstverhältnis) eine Vermögensbeteiligung im Wert von 300 € und am 1.10.2010 von seinem Arbeitgeber B (zweites Dienstverhältnis) eine Vermögensbeteiligung im Wert von 250 €.
Bei mehreren Dienstverhältnissen kann der steuer- und sozialversicherungsfreie Höchstbetrag in jedem Dienstverhältnis in Anspruch genommen werden. Beide Vermögensbeteiligungen überschreiten jeweils nicht den steuer- und sozialversicherungsfreien Höchstbetrag von 360 € und sind daher jeweils steuer- und sozialversicherungsfrei.

Die **Übernahme** der mit der Überlassung von Vermögensbeteiligungen verbundenen **Nebenkosten** (z. B. Notariatsgebühren, Kosten für Registereintragungen) durch den Arbeitgeber sind kein Arbeitslohn. Ebenfalls **kein Arbeitslohn** sind vom Arbeitgeber übernommene **Depotgebühren**, die durch die Festlegung der Wertpapiere für die Dauer einer vertraglich vereinbarten Sperrfrist entstehen; dies gilt entsprechend bei einer kostenlosen Depotführung durch den Arbeitgeber.

3. Vermögensbeteiligung als Sachbezug

Steuerlich gefördert wird sowohl über den Bewertungsfreibetrag nach § 19a EStG als auch über die Steuerbefreiungsvorschrift des § 3 Nr. 39 EStG nur die verbilligte oder unentgeltliche Überlassung einer Vermögensbeteiligung in Form eines **Sachbezugs**. Die Annahme eines Sachbezugs erfordert, dass die Gegenleistung für die geleistete Arbeit nicht in Geld, sondern in einem geldwerten Vorteil besteht. Bloße Geldleistungen (Zuschüsse) des Arbeitgebers an den Arbeitnehmer zum Erwerb einer Vermögensbeteiligung sind nicht begünstigt.

Für die Inanspruchnahme des **Bewertungsfreibetrags** von **135 €** nach § 19a EStG kommt es nicht darauf an, ob die Vermögensbeteiligungen zusätzlich zum ohnehin geschuldeten Arbeitslohn oder durch Umwandlung von

Vermögensbeteiligungen

geschuldetem Barlohn in eine Vermögensbeteiligung überlassen werden. Eine solche **Gehaltsumwandlung** ist ebenfalls **zulässig** (R 19a Abs. 4 LStR).

Beispiel A

Der Arbeitnehmer hat mit seinem Arbeitgeber im Januar 2009 vereinbart, dass er auf die Auszahlung des arbeitsvertraglich zustehenden 13. Monatsgehalts in Höhe von 480 € verzichtet und dafür vom Arbeitgeber eine stille Beteiligung am Unternehmen des Arbeitgebers mit gleichem Wert erhält.

Es liegt ein begünstigter Sachbezug vor, da es nicht darauf ankommt, ob die Vermögensbeteiligung zusätzlich zum ohnehin geschuldeten Arbeitslohn oder aufgrund einer Vereinbarung mit dem Arbeitnehmer über die Herabsetzung des individuell zu versteuernden Arbeitslohns überlassen wird (R 19a Abs. 4 LStR).

Beispiel B

Der Arbeitnehmer hat arbeitsvertraglich einen Anspruch auf vermögenswirksame Leistungen in Höhe von 480 €. Er entscheidet sich dafür, diesen Betrag als stille Beteiligung bei einem fremden Unternehmen zu verwenden (außerbetriebliche stille Beteiligung).

Die vom Arbeitgeber erbrachte vermögenswirksame Leistung ist in vollem Umfang steuerpflichtig. Die Steuervergünstigung kann aber nur deshalb nicht in Anspruch genommen werden, weil außerbetriebliche stille Beteiligungen nicht begünstigt sind.

Für die Inanspruchnahme des **steuer- und sozialversicherungsfreien Höchstbetrags** von **360 €** jährlich muss die Vermögensbeteiligung **zusätzlich zum ohnehin geschuldeten Arbeitslohn** aus freiwilligen Leistungen des Arbeitgebers, auf die kein Rechtsanspruch besteht, gewährt werden. Die Freiwilligkeit der Gewährung der Vermögensbeteiligung kann der Arbeitgeber z. B. durch einen Freiwilligkeitsvorbehalt sicherstellen. Die Vermögensbeteiligung darf also – anders als beim Bewertungsfreibetrag von 135 € – **nicht durch Entgeltumwandlung** finanziert werden. Sie darf daher nicht auf bestehende oder künftige Lohnansprüche angerechnet werden.*)

Die Steuervergünstigungen in Form des Bewertungsfreibetrags von 135 € jährlich oder des steuer- und sozialversicherungsfreien Höchstbetrags von 360 € jährlich stehen einem Arbeitnehmer auch dann zu, wenn die Vermögensbeteiligung **durch einen Dritten** überlassen wird. Voraussetzung ist aber, dass die Überlassung durch das Dienstverhältnis veranlasst ist. Dies ist z. B. gegeben, wenn eine Konzernobergesellschaft Aktien an die Arbeitnehmer einer Tochtergesellschaft überlässt.

4. Begünstigte Vermögensbeteiligungen

a) Anwendung der 135-Euro-Grenze (§ 19a EStG)

Die Vermögensbeteiligungen, die bis zum Höchstbetrag von 135 € jährlich begünstigt sind, sind mit denjenigen Vermögensbeteiligungen identisch, für die eine Sparzulage nach dem 5. Vermögensbildungsgesetz in Betracht kommt. Diese Vermögensbeteiligungen sind in § 2 Abs. 1 Nr. 1 und Abs. 2 bis 5 des Fünften Vermögensbildungsgesetzes abschließend aufgezählt und in Abschnitt 4 des BMF-Schreibens vom 9. 8. 2004 (BStBl. I S. 717) unter Berücksichtigung der Änderungen durch das BMF-Schreiben vom 16.3.2009 (BStBl. I S. 501)**) erläutert. Folgende Vermögensbeteiligungen sind hiernach bis zum Höchstbetrag von 135 € jährlich begünstigt:

- **Aktien** und zwar inländische oder ausländische Belegschaftsaktien (betriebliche Beteiligungen) oder andere Aktien, wenn sie an einer deutschen Börse zum regulierten oder geregelten Markt zugelassen oder in den Freiverkehr einbezogen sind (außerbetriebliche Beteiligungen; die Anlage in Aktien, die weder an einer deutschen Börse zugelassen noch in den Freiverkehr einbezogen sind, ist nicht möglich).
- **Wandelschuldverschreibungen,** die **vom Arbeitgeber** ausgegeben werden (betriebliche Beteiligungen) oder an einer deutschen Börse zum regulierten oder geregelten Markt zugelassen oder in den Freiverkehr einbezogen sind (außerbetriebliche Beteiligungen; die Anlage in Wandelschuldverschreibungen, die weder an einer deutschen Börse zugelassen noch in den Freiverkehr einbezogen sind, ist nicht möglich).
- **Gewinnschuldverschreibungen,** die **vom** (inländischen oder ausländischen) **Arbeitgeber** oder von einem Unternehmen ausgegeben werden, das als herrschendes Unternehmen mit dem Unternehmen des Arbeitgebers verbunden ist. Die Anlage in Gewinnschuldverschreibungen eines Kreditinstituts ist nur dann möglich, wenn das Kreditinstitut der Arbeitgeber ist oder wenn das Kreditinstitut als herrschendes Unternehmen mit dem Unternehmen des Arbeitgebers verbunden ist.
- **Namensschuldverschreibungen des Arbeitgebers,** die durch Bankbürgschaft bzw. durch ein Versicherungsunternehmen privatrechtlich gesichert sind. Die Sicherung ist nicht erforderlich, wenn der Arbeitgeber ein inländisches Kreditinstitut ist.
- Anteile **(Fondsanteile)** an Sondervermögen nach §§ 46 bis 65 und 83 bis 86 des Investmentgesetzes sowie von ausländischen Investmentanteilen, die nach dem Investmentgesetz öffentlich vertrieben werden dürfen. Voraussetzung für die Förderung ist, dass der Wert der Aktien, die der Fonds enthält, mindestens **60 %** des Werts des Fondsvermögens beträgt.
- **Genussscheine,** die vom (inländischen oder ausländischen) **Arbeitgeber** oder von einem inländischen Unternehmen, das kein Kreditinstitut ist, als Wertpapiere ausgegeben werden und an einer deutschen Börse zum regulierten Markt zugelassen oder in den Freiverkehr einbezogen sind. Die Genussscheine, mit denen das Recht am Gewinn des Unternehmens verbunden ist, dürfen beim Arbeitnehmer als Inhaber des Wertpapiers aber keine Mitunternehmerschaft begründen. Die Anlage in Genussscheinen, die von Kreditinstituten ausgegeben werden, ist nur dann möglich, wenn das Kreditinstitut der Arbeitgeber ist oder wenn das Kreditinstitut als herrschendes Unternehmen mit dem Unternehmen des Arbeitgebers verbunden ist.
- **Genossenschaftsanteile** und zwar Geschäftsguthaben bei einer inländischen Genossenschaft, die der inländische Arbeitgeber oder ein inländisches Unternehmen ist, das als herrschendes Unternehmen mit dem inländischen Unternehmen des Arbeitgebers verbunden ist. Die außerbetriebliche Beteiligung ist begünstigt, wenn die Genossenschaft ein inländisches Kreditinstitut oder ein Post-, Spar- oder Darlehensverein ist oder wenn es sich bei der Genossenschaft um eine seit mindestens drei Jahren bestehende Bau- oder Wohnungsgenossenschaft handelt.
- **GmbH-Anteile** unter der Voraussetzung, dass die GmbH der inländische **Arbeitgeber** oder ein inländisches Unternehmen ist, das als herrschendes Unternehmen mit dem inländischen Unternehmen des Arbeitgebers verbunden ist. Die Anlage in außerbetrieblichen GmbH-Anteilen ist ausgeschlossen.
- **Stille Beteiligungen,** die keine Mitunternehmerschaft begründen, unter der Voraussetzung, dass die stille Beteiligung beim inländischen **Arbeitgeber** oder an einem inländischen Unternehmen begründet wird, das

---

*) Durch das Gesetz zur Umsetzung steuerrechtlicher EU-Vorgaben sowie weiterer steuerrechtlicher Regelungen soll die Voraussetzung, dass die Vermögensbeteiligung als freiwillige Leistung zusätzlich zum ohnehin geschuldeten Arbeitslohn überlassen wird, rückwirkend ab April 2009 gestrichen werden. Das Gesetzgebungsverfahren wird jedoch erst im Frühjahr 2010 abgeschlossen werden. Wir werden Sie über unseren **Online-Aktualisierungsservice** auf dem Laufenden halten.

) Das BMF-Schreiben vom 9. 8. 2004 (BStBl. I S. 717) unter Berücksichtigung der Änderungen durch das BMF-Schreiben vom 16.3.2009 (BStBl. I S. 501) ist als Anhang 6 im **Steuerhandbuch für das Lohnbüro 2010 abgedruckt, das im selben Verlag erschienen ist. Das **PC-Lexikon** für das Lohnbüro 2010 enthält auch dieses Handbuch und hat außerdem den Vorteil, dass Sie **alle BFH-Urteile** sowie die aktuellen Rundschreiben und Niederschriften der Spitzenverbände der **Sozialversicherung** mit Mausklick **im Volltext** abrufen und ausdrucken können. Eine Bestellkarte finden Sie vorne im Lexikon.

Vermögensbeteiligungen

als herrschendes Unternehmen mit dem inländischen Unternehmen des Arbeitgebers verbunden ist. Zulässig sind auch stille Beteiligungen an einem inländischen Unternehmen, das aufgrund eines Vertrags mit dem Arbeitgeber an dessen inländischen Unternehmen gesellschaftsrechtlich beteiligt ist (indirekte betriebliche stille Beteiligung über eine so genannte Mitarbeiterbeteiligungsgesellschaft). Andere außerbetriebliche stille Beteiligungen sind nicht begünstigt.

- **Darlehensforderungen gegen den Arbeitgeber,** die durch Bankbürgschaft oder durch ein Versicherungsunternehmen privatrechtlich gesichert sind. Die Darlehensforderungen können verzinslich oder unverzinslich eingeräumt sein. Darlehensforderungen gegen den Arbeitgeber liegen auch dann vor, wenn Arbeitnehmer einer inländischen Konzernuntergesellschaft Darlehensforderungen gegen ein inländisches Unternehmen erwerben, das als herrschendes Unternehmen mit dem Unternehmen des Arbeitgebers verbunden ist.
- **Genussrechte,** die ein inländischer **Arbeitgeber** den Arbeitnehmern an seinem Unternehmen einräumt. Hierzu gehören auch Genussscheine, die keine Wertpapiere sind, z. B. Genussscheine nach Art eines Schuldscheins. Voraussetzung ist, dass mit den Genussrechten das Recht am Gewinn des Unternehmens begründet wird und der Arbeitnehmer nicht als Mitunternehmer anzusehen ist. Eine Absicherung durch Bankbürgschaft oder privatrechtliche Versicherung ist nicht erforderlich. Genussrechte des inländischen Arbeitgebers liegen auch dann vor, wenn Arbeitnehmer einer inländischen Konzernuntergesellschaft Genussrechte an einem inländischen Unternehmen erwerben, das als herrschendes Unternehmen mit dem Unternehmen des Arbeitgebers verbunden ist.

Aktienoptionen sind übrigens **keine** begünstigten **Vermögensbeteiligungen.**

b) Anwendung des steuer- und sozialversicherungsfreien Höchstbetrags von 360 € (§ 3 Nr. 39 EStG)

Die unter dem vorstehenden Buchstaben a) beschriebenen Vermögensbeteiligungen sind grundsätzlich auch bezüglich der Anwendung des steuer- und sozialversicherungsfreien Höchstbetrags von 360 € jährlich begünstigt. **Wichtig** ist aber, dass nicht mehr jede vom Arbeitgeber gewährte **Vermögensbeteiligung** begünstigt ist, sondern nur noch die Beteiligung des Arbeitnehmers **am eigenen Unternehmen des Arbeitgebers.** Dabei gilt als **Unternehmen** des Arbeitgebers auch ein Unternehmen **des** zugehörigen **Konzerns** (§ 18 Aktiengesetz). Durch diese Begrenzung soll eine verstärkte Bindung des Arbeitnehmers an das Unternehmen des Arbeitgebers erreicht werden. **Außerbetriebliche Beteiligungen** sind bezüglich der Anwendung des steuer- und sozialversicherungsfreien Höchstbetrags von 360 € (§ 3 Nr. 39 EStG) **nicht begünstigt.**

Beispiel
Der Arbeitgeber überlässt seinen Arbeitnehmern am 1.3.2010 Aktien eines fremden, nicht konzernzugehörigen Unternehmens. Die Vereinbarung wurde im Januar 2009 abgeschlossen.
Der Bewertungsfreibetrag von höchstens 135 € (§ 19a EStG) kann in Anspruch genommen werden, nicht jedoch der steuer- und sozialversicherungsfreie Höchstbetrag von 360 € (§ 3 Nr. 39 EStG), da es sich nicht um Vermögensbeteiligungen am Unternehmen des Arbeitgebers handelt.

Zusätzlich zur direkten Beteiligung kann der steuer- und sozialversicherungsfreie Höchstbetrag von 360 € jährlich für Beteiligungen an einem speziellen Fonds – z. B. für einzelne Branchen – in Anspruch genommen werden (sog. **Mitarbeiterbeteiligungsfonds** nach §§ 90l ff. des Investmentgesetzes). Hierdurch soll insbesondere Arbeitnehmern von kleineren und mittleren Unternehmen die Möglichkeit eröffnet werden, den steuer- und sozialversicherungsfreien Höchstbetrag von 360 € jährlich zu nutzen. Bei diesem Fonds muss ein Rückfluss in die beteiligten Unternehmen in Höhe von 60 % garantiert werden; eine Investition des Fonds in das Unternehmen des einzelnen Arbeitgebers ist aber nicht erforderlich. Dies soll die Eigenkapitalausstattung der Unternehmen stärken. Die Beteiligung des Fonds an den Unternehmen erfolgt z. B. durch Erwerb von unverbrieften Darlehensforderungen wie Schuldscheinen und von nicht börsennotierten Unternehmensbeteiligungen und Wertpapieren. 40 % des Fonds können in Liquidität und fungiblen Vermögensgegenständen investiert werden, wie z. B. börsennotierte Aktien und Schuldverschreibungen sowie Geldmarktinstrumente. Die Arbeitnehmer haben als Anleger die Möglichkeit, ihre Anteile an die Kapitalanlagegesellschaft zum Rücknahmepreis zurückzugeben. Die Anteile werden aber vom Arbeitgeber für den Arbeitnehmer erworben, da es sich um einen Sachbezug (vgl. vorstehende Nr. 3) handeln muss. Neben der Steuerfreistellung können Anteile an dem Mitarbeiterbeteiligungsfonds auch über vermögenswirksame Leistungen (vgl. die Erläuterungen beim Stichwort „Vermögensbildung") erworben werden.

Andere inländische und ausländische **Investmentanteile** können **nicht steuerbegünstigt** überlassen werden. Das gilt auch dann, wenn das Vermögen des Fonds Vermögenswerte des Arbeitgebers (z. B. Aktien) beinhaltet.

Begünstigt ist übrigens auch der **Erwerb** von Vermögensbeteiligungen am Arbeitgeber-Unternehmen durch eine **Bruchteilsgemeinschaft** sowie der Erwerb durch eine **Gesamthandsgemeinschaft,** der ausschließlich Arbeitnehmer angehören. Hierdurch soll der in der Praxis gängigen und weit verbreiteten Variante Rechnung getragen werden, dass die Vermögensbeteiligung nicht von den Mitarbeitern direkt, sondern indirekt bzw. mittelbar über eine vermögensverwaltende Mitarbeiterbeteiligungsgesellschaft – wie z.B. eine Gesellschaft bürgerlichen Rechts – gehalten wird. Die Steuerbefreiung kann hingegen bei Zwischenschaltung einer Kapitalgesellschaft nicht in Anspruch genommen werden, weil insoweit keine den Arbeitnehmern zuzurechnende Beteiligung am Arbeitgeber-Unternehmen vorliegt.

5. Bewertung der Vermögensbeteiligungen

a) Anwendung der 135-Euro-Grenze (§ 19a EStG)

Als Wert der Vermögensbeteiligungen ist der **Börsenkurswert** anzusetzen; ist ein Börsenkurswert nicht vorhanden, ist der **gemeine Wert** anzusetzen. Veräußerungssperren mindern diesen Wert nicht (BFH-Urteil vom 30.9.2008, BStBl. 2009 II S. 282).

Besteht die Vermögensbeteiligung in Wertpapieren (Aktien, Wandel- und Gewinnschuldverschreibungen, Genussscheine mit Wertpapiercharakter), die am **Tag der Beschlussfassung** über die Überlassung an einer deutschen Börse zum regulierten Markt zugelassen sind*), so werden diese Wertpapiere mit dem niedrigsten an diesem Tag für sie im regulierten Markt notierten Kurs angesetzt, wenn am Tag der **Überlassung** nicht mehr als **9 Monate** seit dem Tag der Beschlussfassung über die Überlassung vergangen sind. Liegt am Tag der Beschlussfassung über die Überlassung eine Notierung nicht vor, so werden diese Vermögensbeteiligungen mit dem letzten innerhalb von 30 Tagen vor diesem Tag im regulierten Markt notierten Kurs angesetzt. Wird die 9-Monats-Frist überschritten, ist der Börsenkurs am Tag der Überlassung maßgebend. Als Tag der Überlassung kann vom Tag der Ausbuchung beim Überlassenden ausgegangen werden (= Vereinfa-

---
*) Die Bewertungsvorschriften gelten auch für Aktien, Wandel- und Gewinnschuldverschreibungen, Genussscheine mit Wertpapiercharakter, die im Inland zum geregelten/regulierten Markt zugelassen oder in den Freiverkehr einbezogen sind oder in einem anderen Staat des Europäischen Wirtschaftsraums zum Handel an einem geregelten/regulierten Markt im Sinne des Artikels 1 Nr. 13 der Richtlinie 93/22/EWG des Rates vom 10. Mai 1993 über Wertpapierdienstleistungen (Abl. EG Nr. L 141 S. 27) zugelassen sind.

Vermögensbeteiligungen

chungsregelung; R 19a Abs. 8 LStR). Zuflusszeitpunkt der Vermögensbeteiligung beim Arbeitnehmer ist aber eigentlich der Tag der Erfüllung des Anspruchs auf Verschaffung der wirtschaftlichen Verfügungsmacht über die Vermögensbeteiligung (BFH-Urteil vom 23.6.2005, BStBl. II S. 770). Der Arbeitnehmer kann daher in seiner Einkommensteuerveranlagung einen niedrigeren geldwerten Vorteil geltend machen.

Liegt bei erstmaliger Börseneinführung von Aktien weder am Beschlusstag noch am Überlassungstag ein Börsenkurs vor, ist der gemeine Wert der **neu eingeführten Aktien** mit dem für Privatanleger maßgebenden Ausgabekurs anzusetzen, wenn dieser zeitnah mit dem Beschluss- oder Überlassungstag feststeht.

Für die Bewertung von Genossenschaftsanteilen, stillen Beteiligungen, Darlehensforderungen und Genussrechten ist der Nennbetrag maßgebend, wenn nicht besondere Umstände einen höheren oder niedrigeren Wert begründen. Ein besonderer Umstand, der zu einem niedrigeren Wertansatz führt, ist z. B. die Zinslosigkeit eines Darlehens. Zinslose Arbeitnehmer-Darlehen sind deshalb mit dem nach Bewertungsgrundsätzen abgezinsten Betrag anzusetzen. In Höhe der Differenz zwischen dem Darlehensbetrag und dem abgezinsten Betrag entsteht dem Arbeitnehmer kein geldwerter Vorteil.

Kann der Wert von unentgeltlich oder verbilligt abgegebenen **GmbH-Anteilen** nicht aus tatsächlichen **Anteilsverkäufen** abgeleitet werden, ist er unter Beachtung des von der **Finanzverwaltung** herausgegebenen **Leitfadens** zur Bewertung von Anteilen an Kapitalgesellschaften zu ermitteln. Der Leitfaden ist im Internet unter http://www.ofd-muenster.de/die_ofd_ms/Arbeitshilfen_Leitfaden_Praxishilfen/05_leitfaden_kapital.php abrufbar.

b) Anwendung des steuer- und sozialversicherungsfreien Höchstbetrags von 360 € (§ 3 Nr. 39 EStG)

Als Wert der Vermögensbeteiligung – auch wenn die Steuerbefreiung nicht zur Anwendung kommt (vgl. vorstehende Nr. 4 Buchstabe b) – ist der **gemeine Wert** anzusetzen (§ 3 Nr. 39 Satz 4 EStG). Ein Abschlag von 4 % (R 8.1 Abs. 2 Satz 9 LStR) ist nicht vorzunehmen. Auch die 44-Euro-Freigrenze für Sachbezüge ist nicht anwendbar. Veräußerungssperren mindern diesen Wert nicht (BFH-Urteil vom 30.9.2008, BStBl. 2009 II S. 282).

Der **Zufluss** des Arbeitslohns ist zu dem Zeitpunkt gegeben, zu dem der Arbeitnehmer über die Vermögensbeteiligung wirtschaftlich verfügen kann (BFH-Urteil vom 23.6.2005, BStBl. II S. 770). Bei **Aktien** ist dies der Zeitpunkt der **Einbuchung** der Aktien in das **Depot** des Arbeitnehmers (BFH-Urteil vom 20.11.2008, BStBl. 2009 II S. 382). Zu diesem Zeitpunkt ist auch die Bewertung der Höhe des Arbeitslohns nach den vorstehenden Grundsätzen vorzunehmen.

Aus **Vereinfachungsgründen** kann die Ermittlung des Wertes der Vermögensbeteiligung beim einzelnen Arbeitnehmer am **Tag der Ausbuchung** beim Überlassenden oder dessen Erfüllungsgehilfen vorgenommen werden; es kann auch auf den Vortag der Ausbuchung abgestellt werden. Ebenso ist es aus Vereinfachungsgründen zulässig, bei allen begünstigten Arbeitnehmern den **durchschnittlichen Wert** der Vermögensbeteiligung anzusetzen, wenn das Zeitfenster der Überlassung nicht mehr als einen Monat beträgt. Beide Vereinfachungsregelungen gelten jeweils sowohl im Lohnsteuerabzugs- als auch im Veranlagungsverfahren.

Beispiel A

Arbeitnehmer A erhält von seinem Arbeitgeber zehn sog. Belegschaftsaktien. Am Tag der Ausbuchung der Belegschaftsaktien beim Arbeitgeber beträgt der Schlusskurs der Aktie im XETRA-Handel 60 €. Der Arbeitgeber berücksichtigt im Lohnsteuerabzugsverfahren einen geldwerten Vorteil von 240 € (10 Aktien á 60 € = 600 € abzüglich 360 € Freibetrag).

Am Tag der Einbuchung der Aktie in das Depot des Arbeitnehmers beträgt der Schlusskurs der Aktie im XETRA-Handel
a) 58 €
b) 62 €.

Im Fall a) kann der Arbeitnehmer im Rahmen seiner Einkommensteuerveranlagung den niedrigeren geldwerten Vorteil in Höhe von 220 € (10 Aktien á 58 € abzüglich 360 € Freibetrag) geltend machen und seinen Bruttoarbeitslohn um 20 € (240 € abzüglich 220 €) mindern.

Im Fall b) wird der Arbeitnehmer auch im Rahmen seiner Einkommensteuerveranlagung die o. a. Vereinfachungsregelung anwenden. Er muss keinen gegenüber dem Lohnsteuerabzugsverfahren um 20 € höheren geldwerten Vorteil (10 Aktien á 62 € = 620 € abzüglich 360 € Freibetrag = 260 €) versteuern.

Muss der Arbeitnehmer aufgrund der getroffenen Vereinbarung einen höheren Kaufpreis zahlen als z. B. den Kurswert der Vermögensbeteiligung, betrifft dies die private Vermögenssphäre des Arbeitnehmers und führt nicht zu negativen Arbeitslohn; auch Werbungskosten liegen nicht vor. Entsprechendes gilt für Kursrückgänge nach dem Zuflusszeitpunkt. Steuerliche Auswirkungen können sich daher lediglich im Bereich der Einkünfte aus Kapitalvermögen ergeben.

Beispiel B

Eigenleistung des Mitarbeiters	Wert der Beteiligung	Geldwerter Vorteil insgesamt	Steuerfrei	Steuerpflichtig
0 €	50 €	50 €	50 €	0 €
0 €	500 €	500 €	360 €	140 €
200 €	400 €	200 €	200 €	0 €
50 €	250 €	200 €	200 €	0 €
135 €	270 €	135 €	135 €	0 €
150 €	300 €	150 €	150 €	0 €
250 €	500 €	250 €	250 €	0 €
250 €	700 €	450 €	360 €	90 €
1 000 €	500 €	0 €	0 €	0 €*)

c) Sonstiges

Werden die Aktien mit der Maßgabe überlassen, dass der Arbeitgeber unter bestimmten Voraussetzungen die überlassenen **Aktien** vom Arbeitnehmer **zurückfordern** kann (z. B. bei vorzeitigem Ausscheiden aus dem Unternehmen), und kommt es aufgrund dessen tatsächlich zu einer Rückforderung, liegt bei **Rückgabe** der überlassenen Aktien **negativer Arbeitslohn** in Höhe des Börsenkurses zum Zeitpunkt der Rückgabe vor, höchstens jedoch in Höhe des Betrags, der bei der Überlassung als Arbeitslohn versteuert wurde (vgl. auch die Erläuterungen beim Stichwort „Rückzahlung von Arbeitslohn"). Zwischenzeitlich eingetretene Wertsteigerungen der Aktien sind für die Höhe des negativen Arbeitslohns unbeachtlich (BFH-Urteil vom 17.9.2009 VI R 17/08).

Ein Veräußerungsgewinn aus einer Kapitalbeteiligung am Arbeitgeber-Unternehmen führt nicht allein deshalb zu Arbeitslohn, weil die Kapitalbeteiligung nur Arbeitnehmern angeboten worden war (BFH-Urteil vom 17.6.2009 VI R 69/06).

Der Bundesfinanzhof nimmt einen Sachbezug an, wenn der Arbeitgeber im Rahmen eines ausgelagerten Optionsmodells zur Vermögensbeteiligung der Arbeitnehmer Zuschüsse an einen Dritten als Entgelt für die Übernahme von Kursrisiken zahlt und die Risikoübernahme durch den Dritten auf einer vertraglichen Vereinbarung mit dem Arbeitgeber beruht. Die 44-€-Freigrenze kam im Streitfall zur Anwendung, da der Zuschuss von rund 120 € je Arbeitnehmer jeweils anteilig über 60 Monate (= 2 € monatlich) an das das Kursrisiko übernehmende Kreditinstitut gezahlt wurde (BFH-Urteil vom 13.9.2007, BStBl. 2008 II S. 204).

---

*) Der Arbeitnehmer kann den „Verlust" von 500 € nicht als negativen Arbeitslohn geltend machen, da der Verlust seine private Vermögenssphäre betrifft.

Vermögensbildung der Arbeitnehmer

Lohnsteuerpflichtig Sozialversich.-pflichtig

6. Sperrfrist

Die früher geltende **6-jährige Sperrfrist** für Vermögensbeteiligungen ist aus Gründen der Verwaltungsvereinfachung **seit 1.1.2002 abgeschafft** worden. Hierzu ist Folgendes zu bemerken:

Früher setzte die steuerbegünstigte Überlassung von Vermögensbeteiligungen durch den Arbeitgeber an den Arbeitnehmer die Vereinbarung und Einhaltung einer 6-jährigen Sperrfrist voraus. Eine schädliche Verfügung über die Vermögensbeteiligungen im Laufe der Sperrfrist führte zur Nachversteuerung des steuerfreien geldwerten Vorteils. Die Nachversteuerung wurde durch Festlegungs-, Aufzeichnungs- und Anzeigepflichten sowie durch Verfahrens- und Haftungsvorschriften sichergestellt. Diese 6-jährige Sperrfrist ist ab 1.1.2002 gestrichen worden. Dabei wurde davon ausgegangen, dass der Arbeitnehmer schon aus eigenem Interesse die Vermögensbeteiligung so lange behält, wie dies wirtschaftlich sinnvoll ist.

Auch bezüglich des neuen steuer- und sozialversicherungsfreien Höchstbetrags von **360 €** jährlich ist **keine Sperrfrist** eingeführt worden.

Die nach dem Fünften Vermögensbildungsgesetz als Voraussetzung **für die Gewährung einer Sparzulage zu beachtenden Sperrfristen gelten unverändert weiter** und zwar auch dann, wenn die vermögenswirksame Anlage Vermögensbeteiligungen betrifft (vgl. die Erläuterungen beim Stichwort „Vermögensbildung" unter Nr. 14).

7. Aufzeichnungspflichten des Arbeitgebers

Die steuerbegünstigte Überlassung von Vermögensbeteiligungen muss der Arbeitgeber im Lohnkonto des Arbeitnehmers, in einem Sammellohnkonto oder in sonstigen Aufzeichnungen vermerken. Dies gilt auch für die erforderlichen Angaben zur Bewertung der Vermögensbeteiligung (vgl. die Erläuterungen unter der vorstehenden Nr. 5).

8. Sozialversicherungsrechtliche Behandlung

Sozialversicherungsrechtlich gehört der geldwerte Vorteil aus der unentgeltlichen oder verbilligten Überlassung von Vermögensbeteiligungen durch den Arbeitgeber grundsätzlich nicht zum Arbeitsentgelt im Sinne der Sozialversicherung, soweit der geldwerte Vorteil steuerfrei ist (vgl. aber auch die Erläuterungen beim Stichwort „Gehaltsumwandlung" unter Nr. 2 Buchstabe a am Ende).

Vermögensbildung der Arbeitnehmer

Neues auf einen Blick:

Durch das sog. Mitarbeiterkapitalbeteiligungsgesetz vom 7.3.2009 (BGBl. I S. 451, BStBl. I S. 436) ist es ab 2009 im Bereich der Vermögensbildung zu folgenden Änderungen gekommen:

- Der **Sparzulagensatz** für **Vermögensbeteiligungen** ist mit Wirkung ab 2009 bei einem unveränderten Höchstbetrag von 400 € von 18 % auf 20 % erhöht worden. Für **Bausparbeiträge** und **Anlagen zum Wohnungsbau** sind der Höchstbetrag (470 €) und der Sparzulagensatz (9 %) **unverändert** geblieben. Vgl. auch die Erläuterungen unter der nachfolgenden Nr. 7.
- Zu den begünstigten **Vermögensbeteiligungen** gehören auch **Fondsanteile** an einem **Mitarbeiterbeteiligungs-Sondervermögen** nach § 90l bis 90r des Investmentgesetzes. Vgl. die Erläuterungen unter der nachfolgenden Nr. 8.
- Die **Einkommensgrenze** für die Gewährung der Arbeitnehmer-Sparzulage ist mit Wirkung ab 2009 bei einer Anlage in **Vermögensbeteiligungen** für **Ledige** auf 20 000 € und für **Verheiratete** auf 40 000 € erhöht worden. Bei **Bausparbeiträgen** und bei **Anlagen zum Wohnungsbau** beträgt die Einkommensgrenze hingegen **unverändert** für Ledige 17 900 € und für Verheiratete 35 800 €. Vgl. die Erläuterungen unter der nachfolgenden Nr. 13.

Da sich die vorstehenden Änderungen bereits aus dem Ende 2008 vorliegenden Gesetzesentwurf ergaben, sind sie bereits beim Stichwort „Vermögensbildung der Arbeitnehmer" im Lexikon für das Lohnbüro, Ausgabe 2009, eingearbeitet worden.

Außerdem ist seit 2009 eine **vorzeitige Verfügung** über die vermögenswirksamen Leistungen vor Ablauf der Sperrfrist **unschädlich,** wenn der Arbeitnehmer den Erlös für **berufliche Weiterbildungsmaßnahmen** verwendet, die über arbeitsplatzbezogene Anpassungsfortbildungen hinausgehen. Vgl. die Erläuterungen unter der nachfolgenden Nr. 14.

Gliederung:

1. Allgemeines
2. Begünstigter Personenkreis
3. Vereinbarung der vermögenswirksamen Leistungen
   a) Begriff der vermögenswirksamen Leistungen
   b) Wahlfreiheit
4. Vermögenswirksame Anlage von steuerfreiem oder pauschal versteuertem Arbeitslohn
5. Überweisung der vermögenswirksamen Leistungen
6. Sonstige Arbeitgeberpflichten
   a) Aufzeichnung im Lohnkonto und Angabe in der Lohnsteuerbescheinigung
   b) Bescheinigungspflichten bei betrieblichen Anlageformen
   c) Insolvenzversicherung
   d) Anzeigepflichten des Arbeitgebers
7. Anlagearten und Sparzulagensätze
8. Anlage in Vermögensbeteiligungen
   a) Sparverträge über Wertpapiere oder andere Vermögensbeteiligungen
   b) Wertpapier-Kaufverträge
   c) Beteiligungs-Verträge und Beteiligungs-Kaufverträge mit dem Arbeitgeber
   d) Beteiligungs-Verträge und Beteiligungs-Kaufverträge mit fremden Unternehmen
9. Anlage zum Wohnungsbau
   a) Bausparverträge
   b) Anlagen zum Wohnungsbau
10. Geldsparverträge
11. Lebensversicherungsverträge
12. Nullförderungs-Verträge
13. Auszahlung der Sparzulage durch das Finanzamt und Einkommensgrenzen
14. Einhaltung der Sperrfrist
15. Anzeigepflichten des Arbeitgebers bei betrieblichen Beteiligungen

1. Allgemeines

Die Vermögensbildung des Arbeitnehmers wird zurzeit auf zwei Wegen staatlich gefördert. Zum einen wird für sog. vermögenswirksame Leistungen eine **Arbeitnehmer-Sparzulage** gewährt, wenn das Einkommen des Arbeitnehmers bestimmte Grenzen nicht überschreitet, zum anderen gibt es einen **Steuerfreibetrag,** wenn der Arbeitgeber seinen Arbeitnehmern sog. Vermögensbeteiligungen unentgeltlich oder verbilligt überlässt. Die steuerlichen Vergünstigungen bei der unentgeltlichen oder verbilligten Überlassung von Vermögensbeteiligungen durch den Arbeitgeber sind beim Stichwort „Vermögensbeteiligungen" eingehend anhand von Beispielen dargestellt. Für die

Vermögensbildung der Arbeitnehmer

staatliche Förderung vermögenswirksamer Leistungen durch die sog. Arbeitnehmer-Sparzulage gilt Folgendes:

Eine Arbeitnehmer-Sparzulage wird Arbeitnehmern gewährt, deren zu versteuerndes Einkommen einen bestimmten Betrag nicht übersteigt. Bei einer Anlage **in Vermögensbeteiligungen** beträgt die **Einkommensgrenze** seit 2009 für Ledige **20 000 €** und für **Verheiratete 40 000 €**. Bei **Bausparbeiträgen** und bei **Anlagen zum Wohnungsbau** beträgt die Einkommensgrenze hingegen **unverändert** für Ledige **17 900 €** und für Verheiratete **35 800 €** (vgl. die Erläuterungen unter der nachfolgenden Nr. 13). Die Arbeitnehmer-Sparzulage wird nach Ablauf des Kalenderjahres **auf Antrag vom Finanzamt** festgesetzt. Voraussetzung für die Gewährung der Arbeitnehmer-Sparzulage ist die Anlage vermögenswirksamer Leistungen **durch den Arbeitgeber.** Dabei kann der Arbeitgeber entweder vermögenswirksame Leistungen zusätzlich zum normalen Lohn gewähren oder der Arbeitnehmer kann vom Arbeitgeber verlangen, dass Teile seines (Netto-)Arbeitslohns vermögenswirksam angelegt werden. Da eine staatliche Förderung durch die Arbeitnehmer-Sparzulage nur dann gewährt wird, wenn die vorstehenden Einkommensgrenzen nicht überschritten werden, könnte man der Meinung sein, dass vermögenswirksame Leistungen für besser verdienende Arbeitnehmer keine Rolle spielen. Dem ist aber nicht so und zwar aus folgenden Gründen: Die Zahlung zusätzlicher vermögenswirksamer Leistungen durch den Arbeitgeber ist heute in Deutschland praktisch in allen Tarifverträgen enthalten. Es wird angenommen, dass rund 90 % aller Arbeitnehmer in den alten Bundesländern einen tarif- oder zumindest arbeitsvertraglichen Anspruch auf **zusätzliche** vermögenswirksame Leistungen durch den Arbeitgeber haben. Diese zusätzlichen Arbeitgeberleistungen erhalten jedoch nur diejenigen Arbeitnehmer, die einen entsprechenden Vertrag im Sinne des 5. Vermögensbildungsgesetzes abgeschlossen haben. Ohne einen solchen Vertrag gibt es keine zusätzlichen Arbeitgeberleistungen. Die Arbeitnehmer sind also bereits aus diesem Grunde gezwungen einen vermögenswirksamen Vertrag abzuschließen. Erst in zweiter Linie stellt sich dann die Frage, ob auch noch eine Arbeitnehmer-Sparzulage durch das Finanzamt gewährt wird. Ist ein Arbeitnehmer bei einem Arbeitgeber beschäftigt, der keine zusätzlichen vermögenswirksamen Leistungen zahlt oder (was häufig vorkommt) zahlt der Arbeitgeber nicht den höchstmöglichen Betrag, so muss der Arbeitnehmer aus seinem normalen Arbeitslohn vermögenswirksam einen Teil zuschießen, um – sofern er die o. a. Einkommensgrenzen nicht überschreitet – in den Genuss der vollen Arbeitnehmer-Sparzulage zu kommen.

Für den Arbeitnehmer stellt sich die Frage, welchen vermögenswirksamen Vertrag er abschließen soll. Diese Entscheidung kann ihm der Arbeitgeber nicht abnehmen. Der Arbeitnehmer hat derzeit nur die Wahl entweder einen risikolosen Bausparvertrag abzuschließen oder eine oft ziemlich risikoreiche sog. Vermögensbeteiligung zu erwerben. Die Anlage vermögenswirksamer Leistungen in Vermögensbeteiligungen wird allerdings verstärkt gefördert und zwar durch einen gesonderten (zusätzlichen) Höchstbetrag mit höherer Sparzulage sowie die gegenüber Bausparbeiträgen und Anlagen zum Wohnungsbau höhere Einkommensgrenze. Hiernach wird z. B. der Erwerb von Aktien, Wandelschuldverschreibungen, Anteilscheinen an Aktienfonds, Beteiligungen am arbeitgebenden Unternehmen bis zu einem Höchstbetrag von **400 €** jährlich mit einem Zulagensatz von **20 %** gefördert. Für Anlagen zum Wohnungsbau beträgt der Förderhöchstbetrag **470 €** und der Sparzulagensatz **9 %**. Die vorstehenden Ausführungen gelten auch für Arbeitnehmer mit Wohnsitz in den **neuen Bundesländern** oder im ehemaligen Ostteil von Berlin.

Die beiden Förderhöchstbeträge können nebeneinander in Anspruch genommen werden, sodass vermögenswirksame Leistungen bis zu (470 € + 400 € =) **870 €** jährlich mit Arbeitnehmer-Sparzulagen begünstigt sind. Hierfür wird eine Sparzulage von 123 € (400 € × 20 % = 80 € + 470 € × 9 % = gerundet 43 €) jährlich gewährt. Obwohl seit 1. 1. 1999 eine Insolvenzsicherung für vermögenswirksame Anlagen im Unternehmen des Arbeitgebers eingeführt worden ist, bleibt bei einer Anlage in Vermögensbeteiligungen immer ein gewisses Restrisiko. Der Arbeitgeber sollte seine Arbeitnehmer deshalb über die Risiken der verschiedenen Anlageformen aufklären. Vermögenswirksame Verträge werden im Regelfall sechs Jahre lang angespart. Nach Ablauf von sieben Jahren (sog. Sperrfrist) kann der Arbeitnehmer frei über den Bausparvertrag, die Wertpapiere oder die sonstigen Beteiligungen verfügen.

Weiterhin ist die Tatsache von großer Bedeutung, dass nach dem Vermögensbildungsgesetz nach wie vor sog. **Nullförderungs-Verträge** zugelassen sind (vgl. die Erläuterungen unter der folgenden Nr. 12). Bei diesen Verträgen handelt es sich um vermögensbildende **Lebensversicherungsverträge** oder um **Sparverträge über vermögenswirksame Leistungen.** Sind solche Verträge nach dem 1. 1. 1989 abgeschlossen worden, so gibt es hierfür **keine Sparzulage.** Gleichwohl ist die Anlage auf einen solchen Vertrag eine „vermögenswirksame Leistung". Schlecht informierte Arbeitnehmer merken meist zu spät, dass sie einen sog. Nullförderungs-Vertrag abgeschlossen haben und deshalb keine Sparzulage erhalten. Hierauf sollte sie der Arbeitgeber hinweisen, solange der Arbeitnehmer noch keinen Vertrag über vermögenswirksame Leistungen abgeschlossen hat. Sofern allerdings aufgrund der Einkommensgrenze (vgl. nachfolgende Nr. 13) ohnehin kein Anspruch auf Arbeitnehmer-Sparzulage besteht, entstehen durch den Abschluss eines Nullförderungs-Vertrags keine Nachteile für den Arbeitnehmer.

2. Begünstigter Personenkreis

Vermögenswirksame Leistungen nach dem 5. VermBG können von allen Arbeitnehmern **im Sinne des Arbeitsrechts** erbracht werden. Es ist dabei gleichgültig, ob die Arbeitnehmer beschränkt oder unbeschränkt steuerpflichtig sind. Unter den Arbeitnehmerbegriff im Sinne des Arbeitsrechts fallen insbesondere Arbeiter, Angestellte, Auszubildende, Heimarbeiter sowie ausländische Arbeitnehmer, deren Arbeitsverhältnis dem deutschen Arbeitsrecht unterliegt (z. B. Grenzgänger). Für Beamte, Richter, Berufssoldaten und Soldaten auf Zeit gelten die Vorschriften des 5. VermBG ebenfalls. Arbeitnehmer, die bereits aus dem aktiven Berufsleben ausgeschieden sind (Rentner, Pensionisten, Empfänger von Vorruhestandsgeld usw.) bleiben von den Vergünstigungen des 5. VermBG ausgeschlossen, weil diese Personen nach den arbeitsrechtlichen Vorschriften nicht als Arbeitnehmer anzusehen sind. Eine vermögenswirksame Leistung ist jedoch bei Altersrentnern und Beamtenpensionären dann möglich, wenn sie weiter beschäftigt werden, also in einem gegenwärtigen (aktiven) Dienstverhältnis stehen; entsprechendes gilt für Empfänger von Vorruhestandsgeldern. Vermögenswirksame Leistungen von mithelfenden Familienangehörigen werden nach den Vorschriften des 5. VermBG begünstigt, wenn das zwischen den Familienangehörigen (Ehegatten, Eltern und Kindern) bestehende Dienstverhältnis steuerlich anerkannt wird.

Von den Begünstigungen des 5. VermBG ausdrücklich ausgeschlossen sind die **Vorstandsmitglieder** von Aktiengesellschaften, rechtsfähigen oder nicht rechtsfähigen Vereinen, Stiftungen, Versicherungsvereinen auf Gegenseitigkeit und Genossenschaften sowie die **Geschäftsführer** von Gesellschaften mit beschränkter Haftung (GmbH). **Gesellschafter von Personengesellschaften** (z. B. Kommanditisten) haben unabhängig von der steuerlichen Behandlung ihrer Tätigkeitsvergütungen als Einkünfte aus Gewerbebetrieb Anspruch auf vermögenswirksame Leistungen, wenn Sozialversicherungspflicht besteht.

Vermögensbildung der Arbeitnehmer

Auch **Aushilfskräfte und Teilzeitbeschäftigte** können zusätzliche vermögenswirksame Leistungen vom Arbeitgeber erhalten oder Teile ihres Arbeitslohns vermögenswirksam anlegen, und zwar **auch dann, wenn die Lohnsteuer pauschaliert wird** (vgl. „Pauschalierung der Lohnsteuer bei Aushilfskräften und Teilzeitbeschäftigten" unter Nr. 13).

3. Vereinbarung der vermögenswirksamen Leistungen

a) Begriff der vermögenswirksamen Leistungen

Vermögenswirksame Leistungen im Sinne des 5. VermBG sind **Geldleistungen, die der Arbeitgeber für den Arbeitnehmer** in einer der im Vermögensbildungsgesetz genannten Anlageformen (vgl. Nrn. 8 bis 11) anlegt. Begünstigt sind sowohl Leistungen, die der Arbeitgeber **zusätzlich zum** ohnehin geschuldeten **Arbeitslohn erbringt,** als auch die Anlagen, die der Arbeitnehmer **aus seinem (Netto-)Arbeitslohn abzweigt.** Die Frage einer Gehaltsumwandlung stellt sich hier nicht, da die Anlage der vermögenswirksamen Leistungen eine Gehaltsverwendung darstellt. Zur **Gehaltsumwandlung** im Einzelnen vgl. dieses Stichwort. **Geldwerte Vorteile** aus der verbilligten Überlassung von Vermögensbeteiligungen sind **keine vermögenswirksamen Leistungen.**

Die zusätzlichen Arbeitgeberleistungen können entweder in Einzelverträgen mit den Arbeitnehmern, in Betriebsvereinbarungen oder auch in Tarifverträgen festgelegt sein. Kommen solche zusätzlichen Leistungen nicht in Betracht, ist der **Arbeitgeber** gleichwohl **gesetzlich verpflichtet,** auf schriftliches Verlangen des Arbeitnehmers einen Vertrag über die vermögenswirksame Anlage von Teilen des Arbeitslohns abzuschließen. Erwirbt der Arbeitnehmer mit vermögenswirksamen Leistungen Wertpapiere vom Arbeitgeber oder werden vermögenswirksame Leistungen im Unternehmen des Arbeitgebers angelegt (als Genossenschaftsanteile, GmbH-Anteile, stille Beteiligungen, Darlehensforderungen oder Genussrechte), kann der Arbeitgeber die vermögenswirksamen Leistungen mit den Beträgen verrechnen, die der Arbeitnehmer aufgrund des mit dem Arbeitgeber geschlossenen Vertrags (z. B. Wertpapier-Kaufvertrag oder Beteiligungs-Vertrag) schuldet. In den Fällen der Anlage vermögenswirksamer Leistungen zum Wohnungsbau bzw. zur Entschuldung des Wohnungsbaus ist auch eine unmittelbare Zahlung an den Arbeitnehmer zur vermögenswirksamen Anlage zulässig. Im Übrigen sind vermögenswirksame Leistungen nicht auf den zulagefähigen Höchstbetrag von 870 € (400 € + 470 €) beschränkt; vermögenswirksame Leistungen liegen deshalb auch insoweit vor, als der begünstigte Höchstbetrag überschritten wird oder Anspruch auf Arbeitnehmer-Sparzulage nicht besteht, weil das Einkommen des Arbeitnehmers die maßgebende Einkommensgrenze übersteigt. Vermögenswirksame Leistungen zählen nicht zu den begünstigten Altersvorsorgebeiträgen im Rahmen der „Riester-Förderung" (§ 82 Abs. 4 Nr. 1 EStG; zur „Riester-Förderung" vgl. Anhang 6a). Auf eine Förderung mittels Arbeitnehmersparzulage kommt es nicht an.

b) Wahlfreiheit

Vermögenswirksame Leistungen werden nur begünstigt, wenn der Arbeitnehmer sowohl die Anlageart als auch das Unternehmen, das Institut oder den Gläubiger, bei dem die vermögenswirksame Anlage erfolgen soll, frei wählen kann (§ 12 Satz 1 des 5. VermBG). Eine Ausnahme besteht für Anlagen im Unternehmen des Arbeitgebers, z. B. Geschäftsguthaben bei einer inländischen Genossenschaft, GmbH-Anteile, stille Beteiligungen, Darlehensforderungen und Genussrechte (vgl. Nr. 8). Diese Anlagearten sind nur mit Zustimmung des Arbeitgebers zulässig (§ 12 Satz 3 des 5. VermBG). Deshalb kann ein Arbeitgeber im Rahmen seines Angebots über die Gewährung vermögenswirksamer Leistungen von vornherein bestimmten Arbeitnehmern oder Arbeitnehmergruppen die Möglichkeit einräumen, z. B. eine Beteiligung als stiller Gesellschafter in seinem Unternehmen zu erwerben oder Darlehensforderungen gegen sich zu begründen.

Für vermögenswirksame Leistungen, die seit 1. 1. 1999 angelegt werden, ist diese Wahlfreiheit des Arbeitnehmers zwischen sämtlichen Anlagearten eingeschränkt worden (§ 12 Satz 2 des 5. VermBG). Nach der geltenden Regelung bleibt die staatliche Förderung auch dann bestehen, wenn durch Tarifvertrag die Anlage auf Beteiligungen und auf den Wohnungsbau (z. B. Bausparen, Entschuldung von Wohneigentum) beschränkt wird. Dies bedeutet, dass zwar die Anlage der vermögenswirksamen Leistungen auf nicht zulagebegünstigte Geldsparverträge (vgl. Nr. 10) und ab 1989 abgeschlossene Lebensversicherungsverträge (vgl. Nr. 11) ausgeschlossen werden kann, die Wahlfreiheit zwischen sämtlichen **zulagebegünstigten** Anlagearten aber erhalten bleibt.

4. Vermögenswirksame Anlage von steuerfreiem oder pauschal versteuertem Arbeitslohn

Erhält der Arbeitnehmer vom Arbeitgeber die vermögenswirksamen Leistungen **zusätzlich** zum ohnehin geschuldeten Arbeitslohn, so gehören diese Leistungen zum steuer- und beitragspflichtigen Arbeitsentgelt.   ja   ja

Beitragspflicht besteht allerdings dann nicht, wenn die vermögenswirksamen Leistungen für Zeiten des Bezugs von Kranken-, Eltern- oder Mutterschaftsgeld weitergezahlt werden.   ja   nein

Zweigt der Arbeitnehmer selbst die vermögenswirksamen Leistungen aus seinem **versteuerten** Arbeitslohn ab, so ergeben sich keine Besonderheiten, das heißt, die abgezweigten Beträge sind steuer- und beitragspflichtig. Auf Grund dieser Gehaltsverwendung stellt sich hier die Frage einer Gehaltsumwandlung (vgl. dieses Stichwort) nicht. Will der Arbeitnehmer **steuerfreien** Arbeitslohn vermögenswirksam anlegen, so gilt Folgendes:

Für die vermögenswirksame Anlage des Arbeitslohns ist es im Grundsatz ohne Bedeutung, ob der Arbeitslohn steuerpflichtig oder steuerfrei ist. Auch pauschal besteuerter Arbeitslohn kann vermögenswirksam angelegt werden.

Handelt es sich bei dem steuerfreien Arbeitslohn um den **Ersatz von Aufwendungen** des Arbeitnehmers, z. B. Reisekosten, oder um **steuerfreie Lohnersatzleistungen,** z. B. Kurzarbeitergeld, Wintergeld, Mehraufwands-Wintergeld, Zuschuss-Wintergeld, Mutterschaftsgeld, Insolvenzgeld, so ist eine **vermögenswirksame Anlage nicht möglich.**

Die Anlage vermögenswirksamer Leistungen ist aber nicht nur von den üblichen Lohnzahlungen möglich. Vermögenswirksam können auch z. B. angelegt werden:

– pauschal versteuerter Arbeitslohn für Aushilfskräfte und Teilzeitbeschäftigte;
– pauschal versteuerte sonstige Bezüge;
– steuerfreie Zuschüsse des Arbeitgebers zum Mutterschaftsgeld (vgl. „Mutterschaftsgeld");
– Zuschüsse des Arbeitgebers zum Krankengeld (vgl. „Krankengeldzuschüsse").

5. Überweisung der vermögenswirksamen Leistungen

Damit der Arbeitgeber die vermögenswirksame Anlage durchführen kann, muss der Arbeitnehmer Folgendes angeben:

– die Höhe des einmaligen Betrags oder der laufenden Beträge, die vom Arbeitgeber vermögenswirksam angelegt werden sollen;
– die Art der vermögenswirksamen Anlage (z. B. Sparvertrag, Bausparvertrag, Lebensversicherungsvertrag,

Vermögensbildung der Arbeitnehmer

Sparvertrag über Wertpapiere oder andere Vermögensbeteiligungen);

- das Unternehmen oder Institut, bei dem die Anlage erfolgen soll, einschließlich Konto- oder Vertragsnummer;
- den Zeitpunkt, zu dem ein einmaliger Betrag gezahlt werden soll oder den Zeitpunkt, ab dem die laufende Anlage erfolgen soll.

Zusätzlich hat der Arbeitgeber bei Überweisung vermögenswirksamer Leistungen im Dezember und Januar eines Kalenderjahres dem Anlageinstitut das Kalenderjahr mitzuteilen, dem die vermögenswirksamen Leistungen zuzuordnen sind (§ 2 Abs. 1 VermBDV).

Die Banken, Bausparkassen usw. stellen entsprechende Antragsformulare zur Verfügung.

Der Arbeitnehmer kann vermögenswirksame Leistungen auch auf Verträge anlegen lassen, die von seinem **Ehegatten** abgeschlossen wurden. Dies gilt auch für Verträge von **Kindern** des Arbeitnehmers, solange die Kinder zu Beginn des Kalenderjahres in dem die vermögenswirksame Leistung erbracht wird, das **17. Lebensjahr** noch nicht vollendet haben. Der Arbeitgeber darf also in den genannten Fällen die vermögenswirksamen Leistungen seines Arbeitnehmers auch auf Verträge überweisen, die auf den Namen des Ehegatten oder eines Kindes lauten.

Bei der Überweisung der anzulegenden Beträge an das Unternehmen oder Institut muss der Arbeitgeber unter Angabe der Kontonummer oder Vertragsnummer des Arbeitnehmers die Beträge **als vermögenswirksame Leistung besonders kenntlich machen**.

Geht bei dem Unternehmen oder Institut ein vom Arbeitgeber als vermögenswirksame Leistung gekennzeichneter Betrag ein und kann dieser nicht nach den Vorschriften des 5. VermBG angelegt werden (z. B. weil ein Vertrag im Sinne des 5. VermBG mit dem Unternehmen nicht zustande gekommen ist oder nicht besteht, weil die Einzahlungen auf einen Vertrag vorzeitig zurückgezahlt worden sind oder weil bei einem Bausparvertrag die Bausparsumme ausgezahlt worden ist), so ist das Unternehmen oder Institut verpflichtet, dies dem Arbeitgeber unverzüglich schriftlich mitzuteilen (sog. **Negativbescheinigung**). Nach Eingang einer solchen Mitteilung ist der Arbeitgeber nicht mehr berechtigt, für den Arbeitnehmer vermögenswirksame Leistungen an das Unternehmen oder Institut zu überweisen.

6. Sonstige Arbeitgeberpflichten

a) Aufzeichnung im Lohnkonto und Angabe in der Lohnsteuerbescheinigung

Da seit 1.1.1994 die Sparzulagen vom Finanzamt nicht mehr aufgrund der Eintragungen auf der Lohnsteuerkarte sondern aufgrund von Bescheinigungen der Anlageinstitute (= Anlage VL) gewährt werden, sind für den Arbeitgeber seit 1994 die Aufzeichnungen im Lohnkonto und die Bescheinigung der vermögenswirksamen Leistungen in der Lohnsteuerbescheinigung weggefallen. Aufzuzeichnen ist lediglich (unter arbeitsrechtlichen Gesichtspunkten), dass überhaupt vermögenswirksame Leistungen überwiesen wurden.

Mit dem Wegfall der Verpflichtung, die vermögenswirksamen Leistungen in der Lohnsteuerbescheinigung zu bescheinigen, ist auch die Haftung des Arbeitgebers für falsche Eintragungen weggefallen. Der Arbeitgeber haftet also insoweit nicht mehr für die zu Unrecht gewährten Sparzulagen. Eine Haftung des Arbeitgebers für zu Unrecht gezahlte Arbeitnehmer-Sparzulagen kann sich jedoch dann ergeben, wenn eine Anzeigeverpflichtung nicht erfüllt wurde (vgl. die Erläuterungen unter der nachfolgenden Nr. 15).

b) Bescheinigungspflichten bei betrieblichen Anlageformen

Eine Bescheinigungspflicht des Arbeitgebers besteht jedoch dann, wenn vermögenswirksame Leistungen aufgrund von Wertpapier-Kaufverträgen, Beteiligungs-Verträgen oder Beteiligungs-Kaufverträgen **beim Arbeitgeber** angelegt werden (vgl. nachfolgend unter Nr. 8). In diesen Fällen ist der Arbeitgeber sozusagen als „Anlageinstitut" verpflichtet, auf Anforderung des Arbeitnehmers eine Bescheinigung über die angelegten vermögenswirksamen Leistungen zu erteilen (§ 5 VermBDV). In der Bescheinigung muss die Art der Anlage der Institutsschlüssel des Arbeitgebers, die Vertragsnummer des Arbeitnehmers (ohne Sonderzeichen), der Betrag der vermögenswirksamen Leistungen und das Ende der Sperrfrist angegeben werden.

Die Bescheinigung ist auf amtlich vorgeschriebenem Vordruck auszustellen; das für die Bescheinigung vermögenswirksamer Leistungen 2009 geltende Vordruckmuster ist im **Steuerhandbuch für das Lohnbüro 2010** am Ende des Anhang 5 abgedruckt, das im selben Verlag erschienen ist. Eine Bestellkarte finden Sie vorne im Lexikon. Der Vordruck ist bei den Finanzämtern kostenlos erhältlich. Die Verwendung des amtlichen Musters ist zwingend vorgeschrieben (§ 5 Abs. 1 Satz 2 VermBDV).

Der in der Bescheinigung anzugebende „Institutsschlüssel für Sparzulage" ist bei der Zentralstelle der Länder (Technisches Finanzamt Berlin – ZPSZANS –, Klosterstr. 59, 10179 Berlin) anzufordern. Dabei ist die Bankverbindung für die Überweisung der Sparzulage anzugeben.

c) Insolvenzversicherung

Der Arbeitgeber hat vor der Anlage vermögenswirksamer Leistungen im eigenen Unternehmen in Zusammenarbeit mit dem Arbeitnehmer Vorkehrungen zu treffen, die der Absicherung der angelegten vermögenswirksamen Leistungen bei einer während der Dauer der Sperrfrist eintretenden Zahlungsunfähigkeit des Arbeitgebers dienen (Insolvenzschutz). Vorkehrungen des Arbeitgebers gegen Insolvenz sind aber **nicht** Voraussetzung für den Anspruch des Arbeitnehmers auf Arbeitnehmer-Sparzulage (Abschnitt 8 des BMF-Schreibens vom 9.8.2004, BStBl. I S. 717)*).

d) Anzeigepflichten des Arbeitgebers

Zu den Anzeigepflichten des Arbeitgebers wird auf die Erläuterungen unter der nachfolgenden Nr. 15 verwiesen.

7. Anlagearten und Sparzulagensätze

Da der Arbeitgeber die Arbeitnehmer-Sparzulage seit 1994 nicht mehr auszahlen und in der Lohnsteuerbescheinigung bescheinigen muss, könnte er an sich auf die Kenntnis der verschiedenen Anlagearten und Sparzulagensätze verzichten. Viele Arbeitgeber informieren und beraten ihre Arbeitnehmer jedoch bei der Anlage von vermögenswirksamen Leistungen. Für diese Arbeitgeber sind Grundkenntnisse über die verschiedenen Anlagearten und Sparzulagensätze unerlässlich. Im Einzelnen gilt Folgendes:

Für Anlagen zum Wohnungsbau (z. B. Einzahlungen auf Bausparverträge und Entschuldung von Wohnungseigentum) gilt ein Sparzulagensatz von **9 %** bei einem Förderhöchstbetrag von jährlich **470 €**. Für die Anlage vermö-

---

*) Das BMF-Schreiben vom 9.8.2004 (BStBl. I S. 717) unter Berücksichtigung der Änderungen durch das BMF-Schreiben vom 16.3.2009 (BStBl. I S. 501) ist als Anhang 6 im **Steuerhandbuch für das Lohnbüro 2010** abgedruckt, das im selben Verlag erschienen ist. Das **PC-Lexikon** für das Lohnbüro 2010 enthält auch dieses Handbuch und hat außerdem den Vorteil, dass Sie **alle BFH-Urteile** sowie die aktuellen Rundschreiben und Niederschriften der Spitzenverbände der **Sozialversicherung** mit Mausklick **im Volltext** abrufen und ausdrucken können. Eine Bestellkarte finden Sie vorne im Lexikon.

Vermögensbildung der Arbeitnehmer

genswirksamer Leistungen in sog. **Vermögensbeteiligungen** gilt ein gesonderter (zusätzlicher) Höchstbetrag von **400 €** jährlich mit einem erhöhten Zulagensatz von **20 %.** Der Zulagensatz für Vermögensbeteiligungen ist durch das sog. Mitarbeiterkapitalbeteiligungsgesetz vom 7.3.2009 (BGBl. I S. 451, BStBl. I S. 436) mit Wirkung ab 2009 von 18 % auf 20 % erhöht worden.

Die Förderungen für Anlagen zum Wohnungsbau einerseits und für sog. Vermögensbeteiligungen andererseits, können nebeneinander bis zu den Höchstbeträgen von 470 € bzw. 400 € in Anspruch genommen werden, sodass vermögenswirksame Leistungen bis zu (470 € + 400 € =) **870 €** jährlich mit folgenden Arbeitnehmer-Sparzulagen begünstigt sind:

	alte Bundesländer	neue Bundesländer
– Anlagen zum Wohnungsbau (9 % von 470 €)	42,30 €	42,30 €
– Vermögensbeteiligungen (20 % von 400 €)	80,— €	80,— €
Arbeitnehmer-Sparzulage insgesamt	122,30 €	122,30 €
aufgerundet auf volle Euro	**123,— €**	**123,— €**

Vermögenswirksame Leistungen, die auf einen Geldsparvertrag oder auf einen Lebensversicherungsvertrag angelegt werden, sind (wie bisher) nicht zulagebegünstigt. Für Lebensversicherungsverträge, die spätestens in 1988 abgeschlossen wurden, gab es eine Übergangsregelung. Diese Übergangsregelung ist jedoch ausgelaufen.

Die im Vermögensbildungsgesetz abschließend aufgezählten Anlagearten, auf die vermögenswirksame Leistungen angelegt werden müssen, sind unter den nachfolgenden Nummern 8 bis 11 erläutert. Die verschiedenen Höchstbeträge und Sparzulagensätze soll nachfolgende Übersicht für das Kalenderjahr 2010 verdeutlichen:

Anlageart	Sparzulagensatz	begünstigter Höchstbetrag
Vermögensbeteiligungen		
– alte Bundesländer	20 %	400,— €
– neue Bundesländer	20 %	400,— €
(nachfolgend erläutert unter Nr. 8)		
Bausparvertrag	9 %	470,— €
nachfolgend erläutert unter Nr. 9 a		
Wohnungsbau	9 %	470,— €
Aufwendungen des Arbeitnehmers zum Wohnungsbau; nachfolgend erläutert unter Nr. 9 Buchst. b		
Geldsparvertrag	0 %	0,— €
nachfolgend erläutert unter Nr. 10		
Lebensversicherungsvertrag	0 %	0,— €
nach dem 31.12.1988 abgeschlossen; nachfolgend erläutert unter Nr. 11		

8. Anlage in Vermögensbeteiligungen

Unter die sog. Vermögensbeteiligungen fallen folgende Anlagearten:
- Sparverträge über Wertpapiere oder andere Vermögensbeteiligungen,
- Wertpapier-Kaufverträge,
- Beteiligungs-Verträge und Beteiligungs-Kaufverträge mit dem Arbeitgeber,
- Beteiligungs-Verträge und Beteiligungs-Kaufverträge mit fremden Unternehmen.

a) Sparverträge über Wertpapiere oder andere Vermögensbeteiligungen

Dieser Sparvertrag ist vom Arbeitnehmer mit einem inländischen Kreditinstitut oder einer Kapitalanlagegesellschaft abzuschließen (§ 4 des 5. VermBG). Der Arbeitnehmer verpflichtet sich darin, vom Arbeitgeber vermögenswirksame Leistungen einzahlen zu lassen, mit denen folgende verbriefte oder nicht verbriefte Vermögensbeteiligungen erworben werden sollen:

- **Aktien,** und zwar inländische oder ausländische Belegschaftsaktien (betriebliche Beteiligungen) oder andere Aktien, wenn sie an einer deutschen Börse zum regulierten oder geregelten Markt zugelassen oder in den Freiverkehr einbezogen sind (außerbetriebliche Beteiligungen; die Anlage in Aktien, die weder an einer deutschen Börse zugelassen noch in den Freiverkehr einbezogen sind, ist nicht möglich);

- **Wandelschuldverschreibungen,** die vom Arbeitgeber ausgegeben werden (betriebliche Beteiligungen) oder an einer deutschen Börse zum regulierten Markt zugelassen oder in den Freiverkehr einbezogen sind (außerbetriebliche Beteiligungen; die Anlage in Wandelschuldverschreibungen, die weder an einer deutschen Börse zugelassen noch in den Freiverkehr einbezogen sind, ist nicht möglich);

- **Gewinnschuldverschreibungen,** die vom (inländischen oder ausländischen) **Arbeitgeber** oder von einem Unternehmen ausgegeben werden, das als herrschendes Unternehmen mit dem Unternehmen des Arbeitgebers verbunden ist. Die Anlage in Gewinnschuldverschreibungen eines Kreditinstituts ist nur dann möglich, wenn das Kreditinstitut der Arbeitgeber ist oder wenn das Kreditinstitut als herrschendes Unternehmen mit dem Unternehmen des Arbeitgebers verbunden ist;

- **Namensschuldverschreibungen des Arbeitgebers,** die durch Bankbürgschaft bzw. durch ein Versicherungsunternehmen privatrechtlich gesichert sind. Die Sicherung ist nicht erforderlich, wenn der Arbeitgeber ein inländisches Kreditinstitut ist;

- Anteile **(Fondsanteile)** an Sondervermögen nach §§ 46 bis 65 und 83 bis 86 des Investmentgesetzes sowie von ausländischen Investmentanteilen, die nach dem Investmentgesetz öffentlich vertrieben werden dürfen. Voraussetzung für die Förderung ist, dass der Wert der Aktien, die der Fonds enthält, mindestens **60 %** des Werts des Fondsvermögens beträgt.

- Anteile **(Fondsanteile)** an einem Mitarbeiterbeteiligungs-Sondervermögen nach §§ 90l bis 90r des Investmentgesetzes.

- **Genussscheine,** die vom (inländischen oder ausländischen) **Arbeitgeber** oder von einem inländischen Unternehmen, das kein Kreditinstitut ist, als Wertpapiere ausgegeben werden und an einer deutschen Börse zum regulierten Markt zugelassen oder in den Freiverkehr einbezogen sind. Die Genussscheine, mit denen das Recht am Gewinn des Unternehmens verbunden ist, dürfen beim Arbeitnehmer als Inhaber des Wertpapiers aber keine Mitunternehmerschaft begründen. Die Anlage in Genussscheinen, die von Kreditinstituten ausgegeben werden, ist nur dann möglich, wenn das Kreditinstitut der Arbeitgeber ist oder wenn das Kreditinstitut als herrschendes Unternehmen mit dem Unternehmen des Arbeitgebers verbunden ist;

- **Genossenschaftsanteile,** und zwar Geschäftsguthaben bei einer inländischen Genossenschaft, die der inländische Arbeitgeber oder ein inländisches Unternehmen ist, das als herrschendes Unternehmen mit dem inländischen Unternehmen des Arbeitgebers verbunden ist. Die außerbetriebliche Beteiligung ist begünstigt, wenn die Genossenschaft ein inländisches

Vermögensbildung der Arbeitnehmer

Kreditinstitut oder ein Post-, Spar- oder Darlehensverein ist oder wenn es sich bei der Genossenschaft um eine seit mindestens drei Jahren bestehende Bau- oder Wohnungsgenossenschaft handelt;

- **GmbH-Anteile** unter der Voraussetzung, dass die GmbH der inländische **Arbeitgeber** oder ein inländisches Unternehmen ist, das als herrschendes Unternehmen mit dem inländischen Unternehmen des Arbeitgebers verbunden ist. Die Anlage in außerbetrieblichen GmbH-Anteilen ist ausgeschlossen;
- **Stille Beteiligungen,** die keine Mitunternehmerschaft begründen, unter der Voraussetzung, dass die stille Beteiligung beim inländischen **Arbeitgeber** oder an einem inländischen Unternehmen begründet wird, das als herrschendes Unternehmen mit dem inländischen Unternehmen des Arbeitgebers verbunden ist. Zulässig sind auch stille Beteiligungen an einem inländischen Unternehmen, das aufgrund eines Vertrags mit dem Arbeitgeber an dessen inländischen Unternehmen gesellschaftlich beteiligt ist (indirekte betriebliche stille Beteiligung über eine so genannte Mitarbeiterbeteiligungsgesellschaft). Andere außerbetriebliche stille Beteiligungen sind nicht zugelassen;
- **Darlehensforderungen gegen den Arbeitgeber,** die durch Bankbürgschaft oder durch ein Versicherungsunternehmen privatrechtlich gesichert sind. Die Darlehensforderungen können verzinslich oder unverzinslich eingeräumt sein. Darlehensforderungen gegen den Arbeitgeber liegen auch dann vor, wenn Arbeitnehmer einer inländischen Konzernuntergesellschaft Darlehensforderungen gegen ein inländisches Unternehmen erwerben, das als herrschendes Unternehmen mit dem Unternehmen des Arbeitgebers verbunden ist;
- **Genussrechte,** die ein inländischer **Arbeitgeber** den Arbeitnehmern an seinem Unternehmen einräumt. Hierzu gehören auch Genussscheine, die keine Wertpapiere sind, z. B. Genussscheine nach Art eines Schuldscheins. Voraussetzung ist, dass mit den Genussrechten das Recht am Gewinn des Unternehmens begründet wird und der Arbeitnehmer nicht als Mitunternehmer anzusehen ist. Eine Absicherung durch Bankbürgschaft oder privatrechtliche Versicherung ist nicht erforderlich. Genussrechte des inländischen Arbeitgebers liegen auch dann vor, wenn Arbeitnehmer einer inländischen Konzernuntergesellschaft Genussrechte an einem inländischen Unternehmen erwerben, das als herrschendes Unternehmen mit dem Unternehmen des Arbeitgebers verbunden ist.

Voraussetzung für die Begünstigung ist, dass mit den in einem Kalenderjahr eingezahlten vermögenswirksamen Leistungen die vorgenannten Vermögensbeteiligungen spätestens bis zum Ablauf des folgenden Kalenderjahres erworben werden. Außerdem muss eine **Sperrfrist von 7 Jahren** eingehalten werden (§ 4 Abs. 2 Nr. 2 des Fünften Vermögensbildungsgesetzes). Die Sperrfrist beginnt am 1. Januar des Kalenderjahres, in dem die vermögenswirksame Leistung, bei Verträgen über laufende Einzahlungen die erste vermögenswirksame Leistung, beim Kreditinstitut oder der Kapitalanlagegesellschaft eingeht.

b) Wertpapier-Kaufverträge

Wertpapier-Kaufverträge werden zwischen dem Arbeitnehmer und dem inländischen Arbeitgeber abgeschlossen (§ 5 des 5. VermBG).

Aufgrund dieses Kaufvertrags erwirbt der Arbeitnehmer von **seinem Arbeitgeber** mit vermögenswirksamen Leistungen Wertpapiere, und zwar sowohl Wertpapiere, die vom Arbeitgeber ausgegeben werden, z. B. Belegschaftsaktien als auch Wertpapiere fremder Unternehmen. Die vermögenswirksamen Leistungen sind vom Arbeitgeber mit dem Kaufpreis der Wertpapiere zu verrechnen. Ist der Kaufpreis durch einmalige Verrechnung vorausgezahlt oder durch laufende Verrechnung angezahlt worden, werden die verrechneten vermögenswirksamen Leistungen nur gefördert, wenn der Arbeitnehmer das Wertpapier spätestens bis zum Ablauf des auf die Verrechnung folgenden Kalenderjahres erhält. Für Wertpapier-Kaufverträge gilt eine **Sperrfrist von 6 Jahren** (§ 5 Abs. 2 Nr. 2 des Fünften Vermögensbildungsgesetzes). Die Sperrfrist beginnt am 1. Januar des Kalenderjahres, in dem der Arbeitnehmer die Wertpapiere erhält. Das gilt auch in den Fällen, in denen die vermögenswirksamen Leistungen als Anzahlungen verrechnet worden sind und die Wertpapiere dem Arbeitnehmer erst im nächsten Kalenderjahr übergeben werden. Die Sperrfrist beginnt in diesen Fällen erst am 1. 1. des Kalenderjahres der Übergabe.

Die aufgrund eines Wertpapier-Kaufvertrags erworbenen Wertpapiere müssen für die Dauer der Sperrfrist entweder vom Arbeitgeber bzw. einem von ihm beauftragten Dritten oder von einem Kreditinstitut verwahrt werden, das der Arbeitnehmer dem Arbeitgeber benennt.

c) Beteiligungs-Verträge und Beteiligungs-Kaufverträge mit dem Arbeitgeber

Hierbei handelt es sich um Anlageformen, die die Begründung oder den Erwerb nicht verbriefter Vermögensbeteiligungen (Genossenschaftsanteile, GmbH-Geschäftsanteile, stille Beteiligungen, Arbeitnehmer-Darlehen und Genussrechte) mit vermögenswirksamen Leistungen auch ohne Vertrag mit einem Kreditinstitut ermöglichen. Dabei unterscheiden sich die Beteiligungs-Verträge (§ 6 Abs. 1 des 5. VermBG) von Beteiligungs-Kaufverträgen (§ 7 Abs. 1 des 5. VermBG) insbesondere dadurch, dass Beteiligungs-Verträge nicht verbriefte Vermögensbeteiligungen **erstmals** begründen, während aufgrund von Beteiligungs-Kaufverträgen **bereits bestehende** nicht verbriefte Vermögensbeteiligungen erworben werden. Die Verträge sind vom Arbeitnehmer mit dem inländischen **Arbeitgeber** abzuschließen. Die vermögenswirksamen Leistungen sind wie beim Wertpapier-Kaufvertrag zu verrechnen. Auch bei einem Beteiligungs-Vertrag und einem Beteiligungs-Kaufvertrag mit dem Arbeitgeber werden die als Anzahlungen oder Vorauszahlungen verrechneten vermögenswirksamen Leistungen nur gefördert, wenn der Arbeitnehmer die Vermögensbeteiligung spätestens bis zum Ablauf des auf die Leistung folgenden Kalenderjahres erhält.

Sowohl bei Beteiligungs-Verträgen als auch bei Beteiligungs-Kaufverträgen gilt eine **Sperrfrist von 6 Jahren,** die am 1. Januar des Kalenderjahres beginnt, in dem der Arbeitnehmer die nicht verbriefte Beteiligung erhält.

d) Beteiligungs-Verträge und Beteiligungs-Kaufverträge mit fremden Unternehmen

Mit einem Beteiligungs-Vertrag und einem Beteiligungs-Kaufvertrag zwischen dem Arbeitnehmer **und einem Dritten** können außerbetriebliche Genossenschaftsanteile, außerbetriebliche GmbH-Geschäftsanteile oder stille Beteiligungen an verbundenen Unternehmen oder an sogenannten Mitarbeiterbeteiligungsgesellschaften erworben werden (§ 6 Abs. 2, § 7 Abs. 2 des 5. VermBG). Die vermögenswirksamen Leistungen sind vom Arbeitgeber zu überweisen. Die einmalige Überweisung als Vorauszahlung oder nachträgliche Zahlung sowie laufende Überweisungen als Anzahlungen oder Abzahlungen sind zulässig. Die als Anzahlungen oder Vorauszahlungen geleisteten vermögenswirksamen Leistungen werden nur gefördert, wenn der Arbeitnehmer die Beteiligung spätestens bis zum Ablauf des auf die Leistung folgenden Kalenderjahres erhält. Wegen der Unterschiede zwischen einem Beteiligungs-Vertrag und einem Beteiligungs-Kaufvertrag wird auf die Erläuterungen unter dem vorstehenden Buchstaben c hingewiesen.

Sowohl bei Beteiligungs-Verträgen als auch bei Beteiligungs-Kaufverträgen ist eine **Sperrfrist von 6 Jahren** zu beachten, die am 1. Januar des Kalenderjahres beginnt, in dem der Arbeitnehmer die Beteiligung erhält.

Vermögensbildung der Arbeitnehmer

9. Anlage zum Wohnungsbau

Hierunter fallen folgende Anlagearten:

a) Bausparverträge

Hierunter fallen alle Verträge, die nach den Vorschriften des Wohnungsbau-Prämiengesetzes abgeschlossen worden sind (Bausparverträge). Es ist ohne Bedeutung, ob die Aufwendungen auf einen neuen oder einen bereits laufenden Bausparvertrag eingezahlt werden und ob der Arbeitnehmer eine Wohnungsbauprämie erhält oder nicht. Für Bausparkassenbeiträge gilt eine **Sperrfrist** von **7 Jahren** unabhängig davon, ob der Vertrag vor dem 1.1.2009 oder nach dem 31.12.2008 abgeschlossen worden ist (§ 14 Abs. 4 Satz 4 Buchstabe b 5. VermBG).

b) Anlagen zum Wohnungsbau

Hierunter fällt die **unmittelbare Verwendung** der vermögenswirksamen Leistungen **zum Wohnungsbau,** das heißt zum Erwerb von Bauland, eigentumsähnlichen Dauerwohnrechten, eines Wohngebäudes oder einer Eigentumswohnung sowie zum Bau oder zur Erweiterung von Wohngebäuden. Auch die Rückzahlung von Darlehen (Entschuldung) wegen der vorgenannten Vorhaben mit vermögenswirksamen Leistungen ist möglich. Die vermögenswirksamen Leistungen sind vom Arbeitgeber entweder an den Gläubiger zu überweisen oder auf Verlangen des Arbeitnehmers an ihn auszuzahlen. Die Auszahlung der vermögenswirksamen Leistungen an den Arbeitnehmer setzt die Vorlage einer schriftlichen Bestätigung des Gläubigers voraus, dass z. B. der Kaufpreis für Bauland, ein Wohngebäude usw. zu begleichen ist oder dass ein Baudarlehen für ein Wohngebäude zurückgezahlt werden muss, dessen Eigentümer der Arbeitnehmer ist. Die zweckentsprechende Verwendung der vermögenswirksamen Leistungen braucht der Arbeitnehmer dem Arbeitgeber nicht nachzuweisen (§ 3 Abs. 3 des Fünften Vermögensbildungsgesetzes).

10. Geldsparverträge

Beim Sparvertrag (§ 8 des 5. VermBG) handelt es sich um eine typische Geldsparform. Auf den Sparvertrag, der nur mit einem inländischen Kreditinstitut abgeschlossen werden kann, können sowohl vermögenswirksame Leistungen angelegt als auch andere Beträge vom Arbeitnehmer selbst eingezahlt werden. Dabei sind die vermögenswirksamen Leistungen vom Arbeitgeber unmittelbar an das Kreditinstitut zu überweisen, mit dem der Arbeitnehmer den Sparvertrag abgeschlossen hat.

Für vermögenswirksamen Leistungen, die auf Geldsparverträge angelegt werden, wird keine Arbeitnehmer-Sparzulage gewährt. Die für die Zulagenbegünstigung von Altverträgen geltende Übergangsregelung ist 1995 ausgelaufen. Auf die Erläuterungen dieser sog. Nullförderung unter der nachfolgenden Nr. 12 wird hingewiesen. Die Anlageform wird häufig von Arbeitnehmern gewählt, die wegen Überschreitung der Einkommensgrenze keinen Anspruch auf Arbeitnehmer-Sparzulage haben (vgl. die Erläuterungen unter der nachfolgenden Nr. 13).

11. Lebensversicherungsverträge

Zu den Anlageformen vermögenswirksamer Leistungen gehört auch eine Kapitalversicherung gegen laufenden Beitrag auf den Lebens- oder Todesfall (Lebens- und Aussteuerversicherungen nach § 9 des 5. VermBG). Voraussetzung ist die Vereinbarung einer **zwölfjährigen** Mindestvertragsdauer **(Sperrfrist).** Dagegen ist nicht erforderlich, dass zu der Versicherung während der gesamten Mindestvertragsdauer von 12 Jahren Beiträge gezahlt werden oder dass die gezahlten Beträge ausschließlich vermögenswirksame Leistungen sind. Auch nach Ablauf der Sperrfrist können noch vermögenswirksame Leistungen auf einen Lebensversicherungsvertrag angelegt werden, der eine längere Vertragsdauer als 12 Jahre hat, z. B. 20 oder 30 Jahre.

Für vermögenswirksame Leistungen, die in eine Lebensversicherung eingezahlt werden, wird keine Arbeitnehmer-Sparzulage gewährt, **wenn der Vertrag nach dem 31.12.1988 abgeschlossen wurde.** Anlagen auf Altverträge, die vor dem 1.1.1989 abgeschlossen wurden, wurden bis zum Auslaufen der zwölfjährigen Sperrfrist weiterhin gefördert. Der Sparzulagesatz betrug hierfür 10 %; der Förderhöchstbetrag betrug 624 DM. Nachdem die zwölfjährige Sperrfrist für die bis 31.12.1988 abgeschlossenen Lebensversicherungsverträge zum 31.12.2000 endgültig abgelaufen ist, gibt es für vermögenswirksame Leistungen bei dieser Anlageform keine Sparzulage mehr. Lebensversicherungsverträge gehören deshalb ausnahmslos zu den sog. Nullförderungs-Verträgen (vgl. nachfolgend unter Nr. 12).

12. Nullförderungs-Verträge

Nach den Vorschriften des 5. Vermögensbildungsgesetzes fallen unter die vermögenswirksamen Leistungen auch die Einzahlungen auf einen **Sparvertrag** über vermögenswirksame Leistungen (vgl. Nr. 10) und die Einzahlungen auf einen vermögensbildenden **Lebensversicherungsvertrag** (vgl. Nr. 11). Die Anlage vermögenswirksamer Leistungen in Sparverträgen und Lebensversicherungsverträgen war früher ebenfalls durch eine Sparzulage begünstigt. Für Einzahlungen auf Sparverträge und Lebensversicherungsverträge, die **nach dem 31.12.1988** abgeschlossen wurden, gibt es jedoch **keine Sparzulage** mehr. Gleichwohl sind diese Anlageformen auch weiterhin im Katalog der vermögenswirksamen Leistungen belassen worden (deshalb auch die Bezeichnung „Nullförderungs-Vertrag"). Diese Rechtslage hat zu vielen Missverständnissen geführt, weil Kreditinstitute und Lebensversicherungsunternehmen beim Abschluss solcher Verträge vielfach nicht darauf hinweisen, dass für diese vermögenswirksamen Leistungen keine Arbeitnehmer-Sparzulage gewährt wird. Der Arbeitgeber sollte deshalb seine Arbeitnehmer hierauf aufmerksam machen, um sie vor unliebsamen Überraschungen zu bewahren. Unabhängig hiervon werden die Nullförderungs-Verträge häufig von Arbeitnehmern abgeschlossen, die zwar vermögenswirksame Leistungen, aber aufgrund der Höhe ihres zu versteuernden Einkommens keine Arbeitnehmer-Sparzulage erhalten (vgl. die Erläuterungen unter der nachfolgenden Nr. 13).

13. Auszahlung der Sparzulage durch das Finanzamt und Einkommensgrenzen

Die Höhe der Sparzulage ist für die einzelnen Anlageformen unter der vorstehenden Nr. 7 erläutert.

Früher wurde die Sparzulage auf Antrag des Arbeitnehmers nach Ablauf des Kalenderjahres vom Finanzamt ausgezahlt. Seit dem 1.1.1995 ist der Fälligkeitszeitpunkt bis zum Ablauf der Sperrfrist hinausgeschoben worden. Das bedeutet, dass der Arbeitnehmer die Gewährung der Sparzulage zwar wie bisher jährlich im Rahmen seiner Einkommensteuererklärung beantragen muss, die Sparzulage wird ihm jedoch erst nach Ablauf der Sperrfrist in einer Summe ausgezahlt. Wurden die vermögenswirksamen Leistungen auf einen Bausparvertrag eingezahlt und wird dieser zugeteilt, so wird auch die Sparzulage bei Zuteilung des Bausparvertrags ausgezahlt.

Die früher für die Beantragung der Arbeitnehmer-Sparzulage geltende Zweijahresfrist ist übrigens ab 2007 weggefallen (§ 14 Abs. 4 Satz 2 i. V. m. § 17 Abs. 10 VermBG). Somit gilt die allgemeine Festsetzungsfrist von vier Jahren.

Die Gewährung der Sparzulage ist an **Einkommensgrenzen** gebunden. Die Sparzulage wird deshalb vom Finanzamt nur dann gewährt, wenn das Einkommen des

Vermögensbildung der Arbeitnehmer

Arbeitnehmers bestimmte Höchstgrenzen nicht überschreitet. Entscheidend ist hierbei **das zu versteuernde Einkommen** im Kalenderjahr der Anlage der vermögenswirksamen Leistungen, nicht etwa der (höhere) Bruttoarbeitslohn.

Seit 2009 gibt es **unterschiedliche Einkommensgrenzen** für **Vermögensbeteiligungen** einerseits und **Bausparbeiträge** sowie Anlagen zum **Wohnungsbau** anderseits. Folgende Grenzen des zu versteuernden Einkommens sind maßgebend.

	Vermögensbeteiligungen	Bausparbeiträge/Anlagen zum Wohnungsbau
Ledige	20 000 €	17 900 €
Verheiratete	40 000 €	35 800 €

In den Jahren 2001 bis 2008 betrug die Einkommensgrenze sowohl für Vermögensbeteiligungen als auch für Bausparbeiträge und Anlagen zum Wohnungsbau einheitlich 17 900 € für Ledige und 35 800 € für Verheiratete.

Werden die vorstehenden Grenzen überschritten, erhält der Arbeitnehmer keine Sparzulage.

Zur Ermittlung des **zu versteuernden Einkommens, das für die Gewährung der Sparzulage maßgebend ist**, werden jedoch die (halben oder ganzen) **Kinderfreibeträge abgezogen.** Dies gilt auch für den Freibetrag für Betreuungs-, Erziehungs- und Ausbildungsbedarf (§ 2 Abs. 5 Satz 2 EStG).

Beispiel

Bei einem Ehepaar mit einem Kind beträgt das zu versteuernde Einkommen im Kalenderjahr 2010 40 000 €. Ein Kinderfreibetrag wurde bei der Ermittlung des zu versteuernden Einkommens nicht abgezogen, da durch das Kindergeld in Höhe von (12 × 184 € =) 2208 € die verfassungsrechtlich gebotene steuerliche Freistellung eines Einkommensbetrags in Höhe des Existenzminimums eines Kindes bereits in vollem Umfang erreicht wird. Das bedeutet, dass der Abzug des Kinderfreibetrags nicht zu einer höheren steuerlichen Entlastung führen würde, als das Kindergeld in Höhe von 2208 € (vgl. die Erläuterungen in Anhang 9). Für die Prüfung der Frage, ob für 2010 für die Bausparbeiträge eine Sparzulage zu gewähren ist, wird jedoch sowohl der Kinderfreibetrag in Höhe von 4368 € als auch der Freibetrag für Betreuungs-, Erziehungs- und Ausbildungsbedarf in Höhe von 2640 € abgezogen:

Zu versteuerndes Einkommen	40 000,— €
abzüglich Kinderfreibetrag	4 368,— €
abzüglich Freibetrag für Betreuungs-, Erziehungs- und Ausbildungsbedarf	2 640,— €
für die Gewährung der Sparzulage maßgebendes zu versteuerndes Einkommen	32 992,— €

Da die für Verheiratete im Kalenderjahr 2010 für Bausparbeiträge geltende Grenze von 35 800 € nicht überschritten wird, kann für 2010 eine Sparzulage gewährt werden (das Finanzamt setzt die Sparzulage fest und schreibt sie dem Anlagekonto gut).

14. Einhaltung der Sperrfrist

Voraussetzung für die Gewährung einer Sparzulage ist die Einhaltung einer **Sperrfrist** von **6** bzw. **7 Jahren.** Innerhalb der Sperrfrist darf über die vermögenswirksame Anlage nicht durch Rückzahlung, Abtretung, Beleihung oder in anderer Weise verfügt werden.

Eine **vorzeitige Verfügung** ist jedoch in folgenden Fällen **unschädlich:**

– bei **Tod oder völliger Erwerbsunfähigkeit** (Behinderungsgrad mindestens 95) des Arbeitnehmers oder seines Ehegatten;
– wenn der Arbeitnehmer **arbeitslos** ist und bereits mindestens ein Jahr ununterbrochen arbeitslos war;
– wenn der Arbeitnehmer **heiratet** und seit der Anlage mindestens zwei Jahre vergangen sind;
– wenn der Arbeitnehmer den Erlös – ggf. mit Zustimmung des Arbeitgebers – für **berufliche Weiterbildungsmaßnahmen** verwendet, die über arbeitsplatzbezogene Anpassungsfortbildungen hinausgehen;
– wenn der Arbeitnehmer sich selbständig macht;
– wenn festgelegte Wertpapiere veräußert werden und der Erlös bis zum Ablauf des Kalendermonats, der dem Kalendermonat der Veräußerung folgt, wieder zum Erwerb von begünstigten Wertpapieren verwendet wird;
– wenn der Arbeitnehmer während der Sperrfrist das Umtausch- oder Abfindungsangebot des Wertpapier-Emittenten annimmt;
– wenn dem Wertpapier-Aussteller die Wertpapiere nach Auslosung oder Kündigung durch den Aussteller vor Ablauf der Sperrfrist zur Einlösung vorgelegt wurden;
– wenn die Sperrfrist nicht eingehalten wurde, weil die Wertpapiere ohne Mitwirkung des Arbeitnehmers wertlos geworden ist. Die Finanzverwaltung nimmt Wertlosigkeit dann an, wenn der Arbeitnehmer höchstens 33 % der angelegten vermögenswirksamen Leistungen zurückerhält (Abschnitt 18 des BMF-Schreibens vom 9.8.2004, BStBl. I S. 717)*).

15. Anzeigepflichten des Arbeitgebers bei betrieblichen Beteiligungen

Bei schädlichen vorzeitigen Verfügungen über vermögenswirksame Leistungen wird die Auszahlung der gespeicherten Sparzulagen gesperrt. Bei unschädlichen vorzeitigen Verfügungen wird die vorzeitige Auszahlung der Sparzulage an das Kreditinstitut oder das Versicherungsunternehmen zur Weiterleitung an die Arbeitnehmer veranlasst. Wird über vermögenswirksame Leistungen, die in betrieblichen Beteiligungen **beim Arbeitgeber** angelegt sind, **unschädlich** vorzeitig verfügt, wird die Sparzulage nicht an den Arbeitgeber zur Weiterleitung an den Arbeitnehmer, sondern unmittelbar an den Arbeitnehmer ausgezahlt. Damit das Finanzamt bei vorzeitiger unschädlicher Verfügung die Arbeitnehmer-Sparzulage an den Arbeitnehmer auszahlen kann, hat der Arbeitgeber bestimmte **Anzeigepflichten** zu erfüllen. Im Einzelnen gilt Folgendes:

Der Arbeitgeber, bei dem die vermögenswirksamen Leistungen aufgrund von Wertpapier-Kaufverträgen, Beteiligungs-Verträgen oder Beteiligungs-Kaufverträgen angelegt sind, hat anzuzeigen, dass

– vor Ablauf der Sperrfrist über Wertpapiere, die der Arbeitgeber verwahrt oder von einem Dritten verwahren lässt oder die das vom Arbeitnehmer benannte Kreditinstitut verwahrt, durch Veräußerung, Abtretung oder Beleihung verfügt worden ist oder dass die Wertpapiere endgültig aus der Verwahrung genommen worden sind. Das verwahrende Kreditinstitut hat den Arbeitgeber entsprechend zu unterrichten (§ 2 Abs. 4 VermBDV);
– der Arbeitnehmer dem Arbeitgeber die Bescheinigung des Kreditinstituts über die Verwahrung von Wertpapieren nicht innerhalb von drei Monaten nach dem Erwerb der Wertpapiere vorgelegt hat (§ 4 Abs. 4 VermBDV);
– der Arbeitnehmer für die aufgrund eines Wertpapier-Kaufvertrags, Beteiligungs-Vertrags oder Beteiligungs-Kaufvertrags angezahlten (vorausgezahlten) Beträge bis zum Ablauf des die Zahlung folgenden Kalenderjahres keine Wertpapiere oder nicht verbriefte betrieblichen Beteiligungen erhalten hat (§ 8 Abs. 1 Nr. 6 VermBDV);
– vor Ablauf der Sperrfrist über nicht verbriefte betriebliche Beteiligungen verfügt worden ist (§ 8 Abs. 1 Nr. 5 VermBDV).

---

*) Das BMF-Schreiben vom 9.8.2004 (BStBl. I S. 717) unter Berücksichtigung der Änderungen durch das BMF-Schreiben vom 16.3.2009 (BStBl. I S. 501) ist als Anhang 6 im **Steuerhandbuch für das Lohnbüro 2010** abgedruckt, das im selben Verlag erschienen ist. Das **PC-Lexikon** für das Lohnbüro 2010 enthält auch dieses Handbuch und hat außerdem den Vorteil, dass Sie **alle BFH-Urteile** sowie die aktuellen Rundschreiben und Niederschriften der Spitzenverbände der **Sozialversicherung** mit Mausklick **im Volltext** abrufen und ausdrucken können. Eine Bestellkarte finden Sie vorne im Lexikon.

Verpflegung

Unternehmen, an denen aufgrund von Beteiligungs-Verträgen oder Beteiligungs-Kaufverträgen mit vermögenswirksamen Leistungen nicht verbriefte Beteiligungen (Genossenschaftsanteile, GmbH-Geschäftsanteile, stille Beteiligungen) erworben werden sollen oder erworben worden sind, haben anzuzeigen, dass der Arbeitnehmer für die angezahlten (vorausgezahlten) Beträge bis zum Ablauf des auf die Zahlungen folgenden Kalenderjahres keine Beteiligungen erhalten hat. Nach Begründung oder Erwerb der Beteiligung ist jede Verfügung vor Ablauf der Sperrfrist anzuzeigen.

Die Anzeigen sind an die Zentralstelle der Länder beim Technischen Finanzamt Berlin – ZPSZANS – (Klosterstr. 59, 10179 Berlin) zu richten. Sie sind nach amtlich vorgeschriebenem Vordruck ohne Rücksicht darauf zu erstatten, ob schädliche oder unschädliche Verfügungen vorliegen. Denn die Schädlichkeit oder Unschädlichkeit einer vorzeitigen Verfügung wird ausschließlich vom Finanzamt geprüft (§ 8 Abs. 2 VermBDV).

Verpflegung

Zur Gewährung unentgeltlicher oder verbilligter Verpflegung vgl. die Stichworte „Freie Unterkunft und Verpflegung" und „Mahlzeiten".

Verpflegungsmehraufwand

Ein **Mehraufwand** für Verpflegung kann vom Arbeitgeber nur dann steuer- und beitragsfrei ersetzt werden, wenn
– eine beruflich veranlasste Auswärtstätigkeit oder
– eine beruflich veranlasste doppelte Haushaltsführung

vorliegt (vgl. die Stichworte „Auslösungen", „Doppelte Haushaltsführung" und „Reisekosten bei Auswärtstätigkeiten"). In allen anderen Fällen ist der Ersatz von Verpflegungsmehraufwendungen durch den Arbeitgeber steuer- und beitragspflichtiger Arbeitslohn.

Verrechnung von Sozialversicherungsbeiträgen

siehe „Erstattung von Sozialversicherungsbeiträgen"

Versicherungsprovisionen

siehe „Provisionen"

Versicherungsschutz

Neues auf einen Blick:

Kann der Arbeitnehmer die Rechte aus einem Versicherungsvertrag selbst geltend machen und ist der Arbeitgeber nicht ausnahmsweise selbst der Versicherer, liegt bezüglich der **Beiträge** des Arbeitgebers eine **Geldleistung** und kein Sachbezug vor mit der Folge, dass die 44-€-Freigrenze für Sachbezüge nicht anwendbar ist. Dies gilt unabhängig davon, um welche Art von Versicherung es sich handelt. Ein **Sachbezug** in Form von **Prämienvorteilen** liegt aber vor, wenn ein Arbeitgeber z. B. einen Rahmenvertrag mit einer Versicherungsgesellschaft abschließt, nach dem seine Arbeitnehmer bei diesem Versicherer Einzelversicherungen zu vergünstigten Tarifen erhalten, wenn eine bestimmte Anzahl von Mitarbeitern eine Versicherung abschließt (z. B. ein Rahmenabkommen zur Anwendung von Gruppentarifen auf Einzelversicherungen; vgl. die Erläuterungen und die Beispiele am Ende der nachfolgenden Nr. 1).

Die (Mit-)Versicherung eines **angestellten Steuerberaters** in der **Berufshaftpflichtversicherung** des Praxisinhabers führt bei ihm nicht zu einem steuerpflichtigen geldwerten Vorteil, da der angestellte Steuerberater nicht selbst versicherungspflichtig ist. Vielmehr umfasst die Berufshaftpflichtversicherung, zu deren Abschluss der ihn beschäftigende Steuerberater verpflichtet ist, auch die sich aus der Berufstätigkeit seiner Angestellten ergebenden Haftpflichtgefahren. Dies gilt auch dann, wenn der angestellte Steuerberater nebenberuflich im eigenen Namen tätig wird. Er muss dann nämlich eine zusätzliche eigene Berufshaftpflichtversicherung abschließen. Vgl. zur Berufshaftpflichtversicherung im Einzelnen die Erläuterungen unter der nachfolgenden Nr. 3.

1. Allgemeines

Gewährt der Arbeitgeber dem Arbeitnehmer Versicherungsschutz ist zuerst zu prüfen, ob Zufluss von Arbeitslohn vorliegt, und wenn dies zu bejahen ist, ob der zugeflossene Arbeitslohn steuerfrei ist. Da es sich bei der Gewährung von Versicherungsschutz um Zukunftsicherungsleistungen im weiteren Sinne handelt, wird auf die Begriffsbestimmung und das Abgrenzungsschema beim Stichwort „Zukunftsicherung" unter Nr. 1 verwiesen.

Für die Beantwortung der Frage, ob vom Arbeitgeber aufgebrachte Beiträge für den Versicherungsschutz seiner Arbeitnehmer gegenwärtig zufließenden Arbeitslohn darstellen, ist – wie beim Stichwort „Unfallversicherungen" ausführlich erläutert – auf die vom Bundesfinanzhof im BFH-Urteil vom 16. 4. 1999 (BStBl. 2000 II S. 406) aufgestellten und von der Finanzverwaltung übernommenen Grundsätze zurückzugreifen. Danach gehören die Beiträge des Arbeitgebers nicht zum gegenwärtig zufließenden Arbeitslohn, wenn zwar der Arbeitnehmer versichert ist, aber **ausschließlich der Arbeitgeber** die **Rechte** aus dem Versicherungsvertrag **geltend machen kann**. — nein | nein

Die Beiträge stellen dagegen Arbeitslohn dar, wenn der versicherte **Arbeitnehmer** die **Rechte** aus dem Versicherungsvertrag **selbst geltend machen kann**. — ja | ja

Gehören die Versicherungsbeiträge des Arbeitgebers zum gegenwärtig zufließenden **Arbeitslohn**, stellt sich die Frage, ob eine **Steuerbefreiungsvorschrift** greift, wie dies z. B. bei einer Reisegepäckversicherung der Fall ist, soweit ausschließlich der Verlust von Gepäck anlässlich einer beruflichen Auswärtstätigkeit versichert ist. In diesem Fall sind die Aufwendungen des Arbeitgebers für die Reisegepäckversicherung als Reisenebenkosten nach R 9.8 der Lohnsteuer-Richtlinien steuerfrei (vgl. das Stichwort „Reisegepäckversicherung"). — nein | nein

Weiterhin stellt sich die Frage, ob die Aufwendungen des Arbeitgebers in Anwendung der 44-Euro-Grenze für Sachbezüge steuerfrei bleiben können. Hierfür ist ausschlaggebend, ob Geldleistungen oder Sachbezüge vorliegen. Die Verschaffung von Versicherungsschutz stellt nur dann einen Sachbezug dar, wenn der Arbeitgeber gleichzeitig Versicherer ist; sonst (Arbeitgeber ist Versicherungsnehmer) liegt eine **Geldleistung** vor, weil sich der Sachverhalt wirtschaftlich so darstellt, als ob der Arbeitgeber dem Arbeitnehmer einen Geldbetrag zuwende und der Arbeitnehmer diesen nachfolgend an die Versicherung zahle (R 8.1 Abs. 3 Satz 2 LStR und BFH-Urteil vom 26. 11. 2002, BStBl. 2003 S. 492). Dies gilt unabhängig davon, um welche Art von Versicherung es sich handelt.

Ein **Sachbezug** in Form von **Prämienvorteilen** liegt aber vor, wenn ein Arbeitgeber z. B. einen Rahmenvertrag mit einer Versicherungsgesellschaft abschließt, nach dem seine Arbeitnehmer bei diesem Versicherer Einzelversicherungen zu vergünstigten Tarifen erhalten, wenn eine bestimmte Anzahl von Mitarbeitern eine Versicherung abschließt (z. B. ein Rahmenabkommen zur Anwendung von Gruppentarifen auf Einzelversicherungen).

Beispiel A

Eine Versicherung gewährt den Arbeitnehmern des Arbeitgebers A aufgrund eines Rahmenvertrags mit dem Arbeitgeber einen Gruppentarif auf die bei ihr abgeschlossenen Einzelversicherungen, da sich eine

Gruppe von 30 Arbeitnehmern des A zum Abschluss von Versicherungen entschlossen hat. Gegenüber dem Einzeltarif ergibt sich für die Arbeitnehmer ein Preisvorteil von 50 €.

Die Prämienvorteile sind überwiegend durch das Arbeitsverhältnis veranlasst und führen daher zu Arbeitslohn. Der geldwerte Vorteil in Form eines Sachbezugs beträgt monatlich 50 € und ist aufgrund des Überschreitens der 44-€-Freigrenze für Sachbezüge steuer- und beitragspflichtig.

Beispiel B
Wie Beispiel A. Die Versicherungsgesellschaft gewährt Gruppentarife für Einzelversicherungen nicht nur Arbeitnehmern von Arbeitgebern, die mit ihr einen Rahmenvertrag abgeschlossen haben, sondern auch Mitgliedern von Vereinen, sofern eine Mindestzahl von 30 Verträgen abgeschlossen wird. Beim Sportclub S kommt eine ausreichende Zahl von Vertragsabschlüssen zustande. Gegenüber dem Einzeltarif ergibt sich für die Mitglieder des Sportclubs jedoch nur ein Preisvorteil von monatlich 15 €.

Die Prämienvorteile für die Arbeitnehmer des Arbeitgebers A sind nur noch durch das Arbeitsverhältnis veranlasst, soweit sie die Prämienvorteile aus dem Gruppentarif für Vereine übersteigen. Der zu Arbeitslohn führende geldwerte Vorteil beträgt monatlich 35 € (50 € abzüglich 15 €) und bleibt aufgrund der Anwendung der 44-€-Freigrenze für Sachbezüge steuerfrei, sofern diese noch nicht anderweitig ausgeschöpft ist.

2. Directors and Officers Versicherungen

Directors and Officers-Versicherungen (sog. D & O-Versicherungen) werden zur Abdeckung von Schäden abgeschlossen, die Dritten durch das Handeln von Organen (Vorstände, Aufsichtsratsmitglieder) von Kapitalgesellschaften oder leitenden Angestellten entstehen. Solche Versicherungen, die in den USA schon seit längerem üblich sind, haben in Deutschland durch die Verschärfung der Haftungsbestimmungen im Aktienrecht an Bedeutung gewonnen.

Die Finanzverwaltung vertritt hierzu die Auffassung*), dass der durch die D&O-Versicherung gewährte Versicherungsschutz nur dann im ganz überwiegend eigenbetrieblichen Interesse des Arbeitgebers gewährt wird, mit der Folge, dass die Zahlung der Versicherungsprämie keinen Zufluss von Arbeitslohn beim Arbeitnehmer auslöst, wenn   nein   nein

– es sich bei der D&O-Versicherung um eine Vermögensschaden-Haftpflichtversicherung handelt, die in erster Linie der **Absicherung des Unternehmens** oder des Unternehmenswertes gegen Schadensersatzforderungen Dritter gegenüber dem Unternehmen dient, die ihren Grund in dem Tätigwerden oder Untätigbleiben der für das Unternehmen verantwortlich handelnden und entscheidenden Organe und Leitungsverantwortlichen haben,

– die D&O-Verträge besondere Klauseln zur Firmenhaftung oder sog. Company Reimbursement enthalten, die im Ergebnis dazu führen, dass der Versicherungsanspruch aus der **Versicherungsleistung dem Unternehmen** als Versicherungsnehmer **zusteht**,

– durch die D&O-Versicherung regelmäßig **das Management als Ganzes versichert ist** und Versicherungsschutz für einzelne Personen nicht in Betracht kommt, und

– Basis für die **Prämienkalkulation** nicht individuelle Merkmale der versicherten Organmitglieder sind, sondern **Betriebsdaten des Unternehmens** und dabei die Versicherungssummen deutlich höher sind als typischerweise das Privatvermögen der handelnden Personen.

Auch bei einer **Industrie-Strafrechtsschutzversicherung** besteht ein ganz überwiegendes eigenbetriebliches Interesse des Arbeitgebers. Mithin liegt kein steuer- und beitragspflichtiger Arbeitslohn vor.   nein   nein

3. Berufshaftpflichtversicherung

Ein überwiegend eigenbetriebliches Interesse des Arbeitgebers ist nach Auffassung der Finanzverwaltung zu verneinen, wenn Risiken versichert werden, die üblicherweise durch eine individuelle **Berufshaftpflichtversicherung** abgedeckt werden. In diesem Fall ist die vom Arbeitgeber gezahlte Versicherungsprämie steuer- und beitragspflichtiger Arbeitslohn der versicherten Arbeitnehmer.   ja   ja

Die Arbeitnehmer können die versteuerten Beträge als Werbungskosten bei der Veranlagung zur Einkommensteuer abziehen. Eine Saldierung von Arbeitslohn und Werbungskosten im Lohnsteuerabzugsverfahren durch den Arbeitgeber ist nicht zulässig.

Auch nach Ansicht des Bundesfinanzhofs führt die Übernahme der Beiträge zur Berufshaftpflichtversicherung einer angestellten **Rechtsanwältin** durch den Arbeitgeber zu Arbeitslohn, weil diese zum Abschluss der Versicherung verpflichtet ist und deshalb ein überwiegend eigenbetriebliches Interesse des Arbeitgebers ausscheidet (BFH-Urteil vom 26. 7. 2007, BStBl. II S. 892). Das gilt auch dann, wenn die Versicherungssumme die Mindestdeckungssumme übersteigt.

Hingegen führt die (Mit-)Versicherung eines **angestellten Steuerberaters** in der Berufshaftpflichtversicherung des Praxisinhabers bei ihm nicht zu einem steuerpflichtigen geldwerten Vorteil. Der angestellte Steuerberater ist nicht selbst versicherungspflichtig. Vielmehr umfasst die Berufshaftpflichtversicherung, zu deren Abschluss der ihn beschäftigende Steuerberater verpflichtet ist, auch die sich aus der Berufstätigkeit seiner Angestellten ergebenden Haftpflichtgefahren. Dies gilt auch dann, wenn der angestellte Steuerberater nebenberuflich im eigenen Namen tätig wird. Er muss dann nämlich eine zusätzliche eigene Berufshaftpflichtversicherung abschließen.

4. Vorteile aufgrund des Versicherungsrechts

Die sich zwischen Einzelversicherungen und einer Gruppenversicherung ergebenden Prämienunterschiede beruhen auf dem Versicherungsrecht und stellen daher keinen geldwerten Vorteil dar.

Versicherungsvertreter

siehe „Vertreter"

Versorgungsbezüge, Versorgungsfreibetrag

Wichtiges und Neues auf einen Blick:

Langfristig sollen Bezieher einer Rente (z. B. aus der gesetzlichen Rentenversicherung) und Versorgungsempfänger (Beamtenpensionäre, Werkspensionäre) gleich besteuert werden. Auf die ausführlichen Erläuterungen bei Stichwort „Renten" wird Bezug genommen. Da die Renten nach Ablauf der Übergangsregelung im Jahre 2040 zu 100 % besteuert werden, muss gleichzeitig der **Versorgungsfreibetrag stufenweise** bis auf 0 € **abgebaut** werden. Um den stufenweisen Abbau leichter vornehmen zu können, wurde der Versorgungsfreibetrag für 2005 auf 3000 € abgerundet. Beginnend ab 2006 wird dann der Versorgungsfreibetrag stufenweise bis auf 0 € abgebaut, und zwar wie folgt:

Bei Versorgungsempfängern, die zwischen 2006 und 2020 erstmals Versorgungsbezüge beziehen, wird der Prozentsatz jährlich um 1,6 % und der Höchstbetrag

---

*) BMF-Schreiben vom 24. 1. 2002 – IV C 5 – S 2332 – 8/02. Das BMF-Schreiben, das nicht im Bundessteuerblatt veröffentlicht worden ist, ist als Anlage 7 zu H 19.3 LStR im **Steuerhandbuch für das Lohnbüro 2010** abgedruckt, das im selben Verlag erschienen ist. Das **PC-Lexikon** für das Lohnbüro 2010 enthält auch dieses Handbuch und hat außerdem den Vorteil, dass Sie **alle BFH-Urteile** sowie die aktuellen Rundschreiben und Niederschriften der Spitzenverbände der **Sozialversicherung** mit Mausklick **im Volltext** abrufen und ausdrucken können. Eine Bestellkarte finden Sie vorne im Lexikon.

Versorgungsbezüge, Versorgungsfreibetrag

um 120 € verringert. Von 2021 bis 2040 verringert sich der Prozentsatz jährlich um 0,8 % und der Höchstbetrag um 60 €.

Bei einem **Versorgungsbeginn** in **2010** beträgt der Vomhundertsatz für den Versorgungsfreibetrag **32,0 %** der Versorgungsbezüge und der Höchstbetrag **2400 €**.

Außerdem erhalten Versorgungsempfänger seit 2005 – ebenso wie Rentner – nur noch einen Werbungskosten-Pauschbetrag von 102 €. Erzielt der Pensionär neben seiner Pension noch Arbeitslohn (z. B. in dem Jahr, in dem er in Pension geht oder auf Grund eines Hinzuverdiensts) steht ihm für diese Einkünfte zusätzlich der volle (ungekürzte) Arbeitnehmer-Pauschbetrag von 920 € zur Verfügung. Als Ausgleich für den Wegfall des bisher geltenden Arbeitnehmer-Pauschbetrags in Höhe von 920 € wird allerdings seit 2005 ein **Zuschlag zum Versorgungsfreibetrag** von anfänglich 900 € gewährt, der dann in der Übergangsphase wieder auf 0 € abgebaut wird. Bei Versorgungsempfängern, die zwischen 2006 und 2020 erstmals Versorgungsbezüge beziehen, vermindert sich der Zuschlag zum Versorgungsfreibetrag um 36 € jährlich. Bei einem Versorgungsbeginn in **2010** beträgt der Zuschlag zum Versorgungsfreibetrag somit **720 €**. Bei erstmaligem Versorgungsbezug zwischen 2021 und 2040 werden es jährlich 18 € weniger (vgl. die Tabelle unter der nachfolgenden Nr. 11). **Seit Januar 2008** wird der **Zuschlag zum Versorgungsfreibetrag** im Lohnsteuerabzugsverfahren bei Anwendung der **Steuerklasse VI nicht mehr** berücksichtigt. Ab **Januar 2010** sinkt allerdings die Steuerbelastung, da bei gesetzlich Kranken- und Pflegeversicherten erstmals auch in der **Steuerklasse VI** eine **Vorsorgepauschale** zu berücksichtigen ist (vgl. auch die Erläuterungen unter der nachstehenden Nr. 4 Buchstabe d).

Sowohl beim Versorgungsfreibetrag als auch beim Zuschlag zum Versorgungsfreibetrag wird für den einzelnen Bezieher von Versorgungsbezügen seine Besteuerungssituation jeweils in dem Zustand „eingefroren", der im **Jahr des Versorgungsbeginns** bzw. am 1. 1. 2005 vorgelegen hat. Der bei Beginn des Versorgungsbezugs ermittelte Versorgungsfreibetrag und der Zuschlag zum Versorgungsfreibetrag bleiben also im Grundsatz zeitlebens unverändert (§ 19 Abs. 2 Satz 8 EStG). Es gibt immer wieder Überlegungen, auf diese „Festschreibung" zu verzichten. Der Gesetzgeber hat sich jedoch dazu entschlossen, vorerst weiter daran festzuhalten.

Bei einer **Kapitalisierung von Versorgungsbezügen** handelt es sich um Arbeitslohn für mehrere Jahre, der bei Zusammenballung nach der **Fünftelregelung** ermäßigt zu besteuern ist (vgl. die Erläuterungen unter der nachfolgenden Nr. 7 Buchstabe b).

Gliederung:

1. Allgemeines
2. Versorgungsbezüge im öffentlichen Dienst, für die der Versorgungsfreibetrag zuzüglich Zuschlag zum Versorgungsfreibetrag gewährt wird
3. Versorgungsbezüge im privaten Dienst, für die der Versorgungsfreibetrag zuzüglich Zuschlag zum Versorgungsfreibetrag gewährt wird
4. Berücksichtigung des Versorgungsfreibetrags und des Zuschlags zum Versorgungsfreibetrag durch den Arbeitgeber
    a) Allgemeines
    b) Abzug des Versorgungsfreibetrags und des Zuschlags zum Versorgungsfreibetrag beim laufenden Lohnsteuerabzug
    c) Berücksichtigung des Versorgungsfreibetrags bei der Zahlung sonstiger Bezüge
    d) Auswirkung des Versorgungsfreibetrags und des Zuschlags zum Versorgungsfreibetrag bei kleinen Betriebsrenten
5. Ermittlung der Bemessungsgrundlage für den zeitlebens geltenden Versorgungsfreibetrag und Zuschlag zum Versorgungsfreibetrag
6. Zeitanteilige Gewährung des Versorgungsfreibetrags und des Zuschlags zum Versorgungsfreibetrag
7. Ausnahmen von der Zwölftelung
    a) Sterbegeld
    b) Berechnung des Versorgungsfreibetrags im Falle einer Kapitalauszahlung/Abfindung
8. Sonderfälle
    a) Mehrere Versorgungsbezüge
    b) Hinterbliebenenbezüge
9. Besondere Aufzeichnungs- und Bescheinigungspflichten
10. Berücksichtigung des Versorgungsfreibetrags und des Zuschlags zum Versorgungsfreibetrag im Veranlagungsverfahren
11. Stufenweiser Abbau des Versorgungsfreibetrags und des Zuschlags zum Versorgungsfreibetrag
12. Kranken- und pflegeversicherungspflichtige Versorgungsbezüge

1. Allgemeines

Der Begriff „Versorgungsbezüge" wird im **Lohnsteuerrecht** als Gegensatz zum Begriff „Renten" gebraucht. **Versorgungsbezüge unterliegen** nämlich **dem Lohnsteuerabzug,** Renten dagegen nicht (die Renten werden mit einem bestimmten steuerpflichtigen Anteil im Wege einer Veranlagung zur Einkommensteuer erfasst, vgl. „Renten"). Zur Abgrenzung der lohnsteuerpflichtigen Versorgungsbezüge von den (nicht dem Lohnsteuerabzug unterliegenden) Renten lässt sich folgender Grundsatz aufstellen:

Versorgungsbezüge sind Bezüge, die aufgrund eines früheren Dienstverhältnisses als Entgelt für die frühere Dienstleistung gewährt werden und zwar **ohne eigene Beitragsleistung** des Arbeitnehmers. Diese Voraussetzungen liegen regelmäßig vor, wenn die betriebliche Altersversorgung über die Durchführungswege „Direktzusage" oder „Unterstützungskasse" durchgeführt wurde (vgl. im Einzelnen zur betrieblichen Altersversorgung die Erläuterungen im Anhang 6).

Bezüge, die **ganz oder teilweise** auf eigenen, das heißt versteuerten Beitragsleistungen des Arbeitnehmers beruhen, **gehören nicht zum Arbeitslohn** (einzige Ausnahme: Die Beitragsleistungen waren seinerzeit Werbungskosten). Bei einer **Gehaltsumwandlung** zu Gunsten von Leistungen zur betrieblichen Altersversorgung (z. B. einer Direktzusage) liegen aber **keine eigenen** (versteuerten) **Beitragsleistungen** des Arbeitnehmers vor. Die späteren Versorgungsleistungen aufgrund der Direktzusage gehören daher zu den Versorgungsbezügen.

Wendet man diese Abgrenzungskriterien z. B. auf die Altersrenten aus der Sozialversicherung an, so ergibt sich, dass diese aufgrund des Arbeitnehmeranteils zur gesetzlichen Rentenversicherung **zumindest teilweise** auf eigenen (versteuerten) Beitragsleistungen der Arbeitnehmer beruhen. Die Altersrenten aus der Sozialversicherung gehören damit nicht zum Arbeitslohn. Sie werden allerdings als sonstige Einkünfte mit einem bestimmten steuerpflichtigen Anteil im Wege der Veranlagung zur Einkommensteuer erfasst (z. B. alle Renten aus der gesetzlichen Renten- oder Knappschaftsversicherung und der Altershilfe für Landwirte; Entsprechendes gilt für Renten aus der Zusatzversorgung der Arbeiter und Angestellten im öffentlichen Dienst – sog. VBL-Renten).

Versorgungsbezüge und damit lohnsteuerpflichtig sind dagegen die sog. **Betriebsrenten** der Werkspensionäre und die Ruhegehälter der Beamtenpensionäre, da diese Bezüge nicht auf eigenen Beitragsleistungen des Arbeitnehmers, sondern auf einer **Versorgungszusage des Arbeitgebers** beruhen.

Versorgungsbezüge, Versorgungsfreibetrag

Der Begriff „Versorgungsbezug" spielt jedoch nicht nur im Lohnsteuerrecht eine Rolle; er ist auch beitragsrechtlich von großer Bedeutung, da Betriebsrenten und andere Versorgungsbezüge der **Krankenversicherungspflicht** unterliegen, wenn der Bezieher der Versorgungsbezüge als Rentner oder aktiv Beschäftigter krankenversicherungspflichtig ist. Allerdings deckt sich der Begriff „Versorgungsbezüge" in § 229 SGB V nicht mit den lohnsteuerlichen Vorschriften über die Versorgungsbezüge in § 19 EStG. Die Berechnung der Beiträge zur Kranken- und Pflegeversicherung bei Versorgungsbezügen im Sinne des § 229 SGB V ist ausführlich in Teil B Nr. 12 auf Seite 18 dargestellt.

Bei der **lohnsteuerlichen** Behandlung von Versorgungsbezügen stellt sich als Erstes die Frage, ob der sog. **Versorgungsfreibetrag** und der **Zuschlag zum Versorgungsfreibetrag** gewährt werden können. Die Voraussetzungen für die Gewährung des Versorgungsfreibetrags bzw. Zuschlag zum Versorgungsfreibetrag sind für den **öffentlichen** und **privaten** Dienst **unterschiedlich** in § 19 Abs. 2 EStG **geregelt**. Hiernach gilt Folgendes:

2. Versorgungsbezüge im öffentlichen Dienst, für die der Versorgungsfreibetrag zuzüglich Zuschlag zum Versorgungsfreibetrag gewährt wird

Für folgende Versorgungsbezüge im öffentlichen Dienst wird der Versorgungsfreibetrag zuzüglich Zuschlag gewährt:

Ruhegehalt, Witwen- oder **Waisengeld,** Unterhaltsbeitrag oder ein gleichartiger Bezug, wenn sie

- aufgrund beamtenrechtlicher oder entsprechender **gesetzlicher** Vorschriften oder
- nach beamtenrechtlichen Grundsätzen von Körperschaften, Anstalten oder Stiftungen des öffentlichen Rechts oder öffentlich-rechtlichen Verbänden von Körperschaften gewährt werden.

Für Versorgungsbezüge aufgrund **gesetzlicher** Vorschriften im öffentlichen Dienst ist es im Gegensatz zum privaten Dienst (vgl. nachfolgend unter Nr. 3) für die Gewährung des Versorgungsfreibetrags und des Zuschlags zum Versorgungsfreibetrag **nicht Voraussetzung,** dass eine **bestimmte Altersgrenze** erreicht ist. So sind auch die Versorgungsbezüge solcher Ruhestandsbeamten durch den Versorgungsfreibetrag und den Zuschlag zum Versorgungsfreibetrag begünstigt, die aufgrund von ausdrücklichen **gesetzlichen Sonderregelungen***) vor dem 63. Lebensjahr in den Ruhestand treten können (z. B. bestimmte Gruppen von Berufssoldaten, Fluglotsen, Polizei- oder Feuerwehrvollzugsbeamte bzw. besondere Regelungen zur Frühpensionierung von Beamten). Daher sind auch Bezüge nach unwiderruflicher Freistellung vom Dienst bis zur Versetzung in den Ruhestand Versorgungsbezüge (BFH-Urteil vom 12.2.2009, BStBl II S. 460 zur sog. 58er-Regelung in Nordrhein-Westfalen). Eine umfangreiche Aufzählung der begünstigten Versorgungsbezüge aufgrund **gesetzlicher** Vorschriften im öffentlichen Dienst enthält R 19.8 der Lohnsteuer-Richtlinien, abgedruckt im **Steuerhandbuch für das Lohnbüro 2010**, das im selben Verlag erschienen ist. Eine Bestellkarte finden Sie vorne im Lexikon.

Eine generelle Steuerbefreiung von versorgungshalber gezahlten Bezügen (hier § 3 Nr. 6 EStG) scheidet aus, wenn die Bezüge aufgrund der Dienstzeit gewährt werden; dies ist stets der Fall, wenn sich die Dienstzeit bei der Errechnung der Bezüge ausgewirkt hat (BFH-Urteil vom 29.5.2008, BStBl. 2009 II S. 150).

3. Versorgungsbezüge im privaten Dienst, für die der Versorgungsfreibetrag zuzüglich Zuschlag zum Versorgungsfreibetrag gewährt wird

Im **privaten Dienst** wird der Versorgungsfreibetrag für folgende Versorgungsbezüge gewährt:

- Versorgungsbezüge, die wegen Erreichens einer **Altersgrenze** gezahlt werden. Die Inanspruchnahme des Versorgungsfreibetrags ist in diesen Fällen erst nach Erreichen des **63. Lebensjahres** (bei schwer behinderten Menschen nach Erreichen des 60. Lebensjahres) möglich.
- Versorgungsbezüge, die wegen **verminderter Erwerbsfähigkeit** gezahlt werden.
- Versorgungsbezüge, die **als Hinterbliebenenbezüge** gezahlt werden.

Bezüge wegen **verminderter Erwerbsfähigkeit** oder **Hinterbliebenenbezüge** sind also unabhängig von einer Altersgrenze begünstigt. Der Begriff „verminderte Erwerbsfähigkeit" bestimmt sich nach den Grundsätzen des Sozialversicherungsrechts.

Beispiel A
Ein Arbeitnehmer ist im 54. Lebensjahr nach einem Berufsunfall und einer darauf beruhenden Erwerbsunfähigkeit aus dem aktiven Dienstverhältnis ausgeschieden. Aus der Unterstützungskasse erhält der Arbeitnehmer monatlich eine sog. Betriebsrente. Hierbei handelt es sich um einen lohnsteuerpflichtigen Versorgungsbezug, bei dessen Besteuerung der Versorgungsfreibetrag und der Zuschlag zum Versorgungsfreibetrag abzuziehen sind.

Beispiel B
Nach dem Tode des Ehemannes erhält die 45-jährige Witwe von dem früheren Arbeitgeber ihres verstorbenen Ehemannes monatlich eine Betriebsrente. Hierbei handelt es sich um einen lohnsteuerpflichtigen Versorgungsbezug, bei dessen Besteuerung der Versorgungsfreibetrag und der Zuschlag zum Versorgungsfreibetrag abzuziehen sind.

Werden die Versorgungsbezüge nicht wegen verminderter Erwerbsfähigkeit oder als Hinterbliebenenbezüge gewährt, so ist die Altersgrenze von 63 Jahren (bei schwer behinderten Menschen 60 Jahre) zu beachten.

Beispiel C
Ein Arbeitnehmer hat 2007 ein Abfindungsangebot seines Arbeitgebers angenommen und ist mit 60 Jahren aus dem Erwerbsleben ausgeschieden. Seit 2007 erhält er eine Betriebsrente von 500 € monatlich. Der Abzug des Versorgungsfreibetrags und des Zuschlags zum Versorgungsfreibetrag ist erst ab dem Monat möglich, in dem der Arbeitnehmer das 63. Lebensjahr vollendet. Wird das 63. Lebensjahr z. B. am 5. September 2010 vollendet, so kann der Arbeitgeber ab September von der Betriebsrente in Höhe von 500 € monatlich einen Versorgungsfreibetrag von 32,0 % = 160 € und einen Zuschlag zum Versorgungsfreibetrag in Höhe von einem Zwölftel von 720 € = 60 € vor Anwendung der Lohnsteuertabelle abziehen (vgl. nachfolgend unter Nr. 4). Maßgebend für die Höhe des zeitlebens geltenden Versorgungsfreibetrags und des Zuschlags zum Versorgungsfreibetrag ist der Monat, in dem das 63. Lebensjahr vollendet wird (vgl. die Erläuterungen unter der nachfolgenden Nr. 5).

Die Beachtung der Altersgrenze von 63 Jahren für die Gewährung des Versorgungsfreibetrags und des Zuschlags zum Versorgungsfreibetrag ist vor allem bei Frauen von Bedeutung, die bereits ab dem 60. Lebensjahr eine Altersrente beziehen können (und ggf. daneben eine Betriebsrente erhalten); diese Altersrentenart soll übrigens ab 2012 abgeschafft werden. Bei der Besteuerung der Betriebsrente darf auch hier bis zur Vollendung des 63. Lebensjahres kein Versorgungsfreibetrag und Zuschlag zum Versorgungsfreibetrag abgezogen werden.

Beispiel D
Eine Arbeitnehmerin (geb. 3.9.1947) bezieht nach Vollendung des 60. Lebensjahres ab 1. Oktober 2007 eine **vorgezogene Altersrente für Frauen**. Von ihrem früheren Arbeitgeber erhält sie eine monatliche Betriebsrente in Höhe von 200 €. Der Abzug des Versorgungsfreibetrags und des Zuschlags zum Versorgungsfreibetrag ist erst ab dem Monat möglich, in dem die Arbeitnehmerin das 63. Lebensjahr vollendet. Dies ist der Monat September 2010. Maßgebend für die Höhe des zeitlebens geltenden Versorgungsfreibetrags und des Zuschlags zum Versorgungsfreibetrag ist der Monat, in dem das 63. Lebensjahr vollendet wird (vgl. die Erläuterungen unter der nachfolgenden Nr. 5).

---

*) Eine altersmäßige Begrenzung war für die aufgrund gesetzlicher Vorschriften im öffentlichen Dienst gezahlten Versorgungsbezüge nicht erforderlich, weil die Voraussetzungen für die aus Altersgründen gezahlten Bezüge hier vom Gesetzgeber festgelegt sind, während der Beginn einer Versorgungsleistung aus Altersgründen im privaten Dienst zum Gegenstand einer freien Vertragsgestaltung unterliegenden Vereinbarung gemacht werden kann.

Versorgungsbezüge, Versorgungsfreibetrag

Lohnsteuerpflichtig / Sozialversich.-pflichtig

Diese Grundsätze gelten auch für sog. Übergangsgelder, z. B. das Übergangsgeld nach dem Bundes-Angestelltentarifvertrag (BAT) oder diesen ergänzenden, ändernden oder ersetzenden Tarifverträgen sowie Übergangszahlungen aufgrund des Tarifvertrags für den öffentlichen Dienst der Länder (§ 47 Nr. 3 TV-L). Auf die Erläuterungen beim Stichwort „Übergangsgelder, Übergangsbeihilfen" unter Nr. 3 Buchstabe b wird Bezug genommen.

Zu den **Versorgungsbezügen** gehören auch die Leistungen des Arbeitgebers aufgrund der **Anpassungspflicht** nach dem **Betriebsrentengesetz** (§ 16 Abs. 1 BetrAVG), mit der die Leistungen einer Versorgungseinrichtung ergänzt werden. Als Versorgungsbeginn gilt der Beginn der Zahlung durch den Arbeitgeber. Zu den Auswirkungen bei einer Änderung der Arbeitgeberzahlung vgl. die Erläuterungen unter der nachfolgenden Nr. 5.

Nicht um Versorgungsbezüge handelt es sich bei dem Arbeitslohn, auf den der Arbeitnehmer im Zeitpunkt des Ausscheidens aus einem aktiven Dienstverhältnis bereits einen Rechtsanspruch aufgrund der früheren Dienstleistung erlangt hat. Gratifikationen, Ergebnisbeteiligungen oder ähnliche Leistungen, die neben einer Betriebsrente für einen Zeitraum **vor** dem altersbedingten **Ausscheiden** gezahlt werden (z. B. eine Tantieme für das Vorjahr), sind deshalb **nicht** durch die Versorgungsfreibeträge **begünstigt**. Beim Stichwort „Sonstige Bezüge" ist unter Nr. 11 auf Seite 669 eine Lohnabrechnung für den Fall durchgeführt, dass neben Versorgungsbezügen eine Tantieme gezahlt wird und der Arbeitnehmer auch die Voraussetzungen für den Abzug des Altersentlastungsbetrags erfüllt. Zur Anwendung des Versorgungsfreibetrags und des Zuschlags zum Versorgungsfreibetrag auf den Arbeitslohn im **Sterbemonat** beim Tod des Arbeitnehmers vgl. das Stichwort „Rechtsnachfolger" und die Erläuterungen unter der nachfolgenden Nr. 7 Buchstabe a.

Nachzahlungen von Versorgungsbezügen, die an einen nicht selbst versorgungsberechtigten **Erben** gezahlt werden, sind **nicht** durch die Versorgungsfreibeträge begünstigt (R 19.8 Abs. 3 Satz 2 LStR).

Der Versorgungsfreibetrag und der Zuschlag zum Versorgungsfreibetrag kann unter den vorstehenden Voraussetzungen auch bei Zahlung von Versorgungsbezügen eines **ausländischen Arbeitgebers** in Anspruch genommen werden. Dies geschieht – mangels Lohnsteuerabzug – im Rahmen der Einkommensteuerveranlagung des Arbeitnehmers, wobei nach dem jeweiligen Doppelbesteuerungsabkommen zu prüfen ist, ob Deutschland für die Versorgungsbezüge das Besteuerungsrecht hat (vgl. die Erläuterungen beim Stichwort „Doppelbesteuerungsabkommen" unter Nr. 13 Buchstabe a). Steht dem ausländischen Staat das Besteuerungsrecht zu, sind die Versorgungsbezüge im Rahmen des Progressionsvorbehalts (vgl. dieses Stichwort) zu berücksichtigen. Da die Einkünfte im Rahmen des Progressionsvorbehalts nach deutschem Recht ermittelt werden, ist auch hier der Versorgungsfreibetrag und der Zuschlag zum Versorgungsfreibetrag abzuziehen. Liegen sowohl inländische als auch ausländische, lediglich dem Progressionsvorbehalt unterliegende Versorgungsbezüge vor (vgl. hierzu auch die Erläuterungen unter der nachfolgenden Nr. 8 Buchstabe a), ist der Versorgungsfreibetrag und der Zuschlag zum Versorgungsfreibetrag (ausgehend vom jeweiligen Versorgungsbeginn) vorrangig bei den inländischen Versorgungsbezügen zu berücksichtigen. Lediglich ein danach noch verbleibender Versorgungsfreibetrag oder Zuschlag zum Versorgungsfreibetrag ist bei den ausländischen Versorgungsbezügen abzuziehen (sog. Prinzip der Meistbegünstigung vgl. auch R 32b Abs. 2 Satz 3 EStR zur Vorgehensweise beim Arbeitnehmer-Pauschbetrag). Eine quotale Aufteilung des Versorgungsfreibetrags und des Zuschlags zum Versorgungsfreibetrag im Verhältnis der inländischen und ausländischen Versorgungsbezüge ist nicht vorzunehmen.

4. Berücksichtigung des Versorgungsfreibetrags und des Zuschlags zum Versorgungsfreibetrag durch den Arbeitgeber

a) Allgemeines

Versorgungsempfänger im öffentlichen oder privaten Dienst (Beamtenpensionäre oder Werkspensionäre) haben dem (ehemaligen) Arbeitgeber zur Durchführung des Lohnsteuerabzugs **eine Lohnsteuerkarte** vorzulegen. Ohne Vorlage einer Lohnsteuerkarte ist die Werkspension (Betriebsrente) nach der **Steuerklasse VI** zu besteuern. **Seit Januar 2008** wird der **Zuschlag zum Versorgungsfreibetrag** im Lohnsteuerabzugsverfahren bei Anwendung der **Steuerklasse VI nicht mehr** berücksichtigt (vgl. auch die Erläuterungen unter dem nachstehenden Buchstaben d).

Liegen begünstigte Versorgungsbezüge vor, so hat der Arbeitgeber vor Anwendung der Lohnsteuertabelle den Versorgungsfreibetrag und den Zuschlag zum Versorgungsfreibetrag (den Zuschlag zum Versorgungsfreibetrag aber **nicht** bei Steuerklasse VI) abzuziehen. Sowohl der Versorgungsfreibetrag als auch der Zuschlag zum Versorgungsfreibetrag werden **nicht** vom Finanzamt **auf der Lohnsteuerkarte eingetragen** (der Arbeitgeber hat also selbständig zu prüfen, ob die Voraussetzungen vorliegen). Von Versorgungsbezügen, die pauschal versteuert werden, darf weder ein Versorgungsfreibetrag noch ein Zuschlag zum Versorgungsfreibetrag abgezogen werden. Dies gilt ohne Ausnahme für alle Pauschalierungsfälle (R 39b.3 Abs. 2 Satz 4 LStR, vgl. die Stichworte „Pauschalierung der Lohnsteuer" und „Pauschalierung der Lohnsteuer bei Aushilfskräften und Teilzeitbeschäftigten").

b) Abzug des Versorgungsfreibetrags und des Zuschlags zum Versorgungsfreibetrag beim laufenden Lohnsteuerabzug

Die Höhe des Versorgungsfreibetrags und des Zuschlags zum Versorgungsfreibetrag richten sich nach dem **Jahr des Versorgungsbeginns**. Für das Kalenderjahr 2010 gelten deshalb unterschiedliche Beträge je nachdem, seit wann dem Arbeitnehmer die Versorgungsbezüge gewährt werden:

Jahr des Versorgungsbeginns	Versorgungsfreibetrag			Zuschlag zum Versorgungsfreibetrag	
	in % der Versorgungsbezüge	Höchstbetrag			
		jährlich	monatlich	jährlich	monatlich
2005 oder früher	40 %	3000 €	250 €	900 €	75 €
2006	38,4 %	2880 €	240 €	864 €	72 €
2007	36,8 %	2760 €	230 €	828 €	69 €
2008	35,2 %	2640 €	220 €	792 €	66 €
2009	33,6 %	2520 €	210 €	756 €	63 €
2010	32,0 %	2400 €	200 €	720 €	60 €

Werden Versorgungsbezüge im privaten Dienst wegen Erreichens einer Altersgrenze gezahlt, ist der Monat maßgebend, in dem der Steuerpflichtige das **63. Lebensjahr** oder, wenn er **schwerbehindert** ist, das **60. Lebensjahr** vollendet hat, da die Bezüge **erst mit Erreichen dieser Altersgrenzen als steuerbegünstigte Versorgungsbezüge** gelten.

Die **vollen** Jahresbeträge stehen dem Arbeitnehmer nur dann zu, wenn ihm in allen Monaten des Kalenderjahrs 2010 Versorgungsbezüge zugeflossen sind. Denn nach § 19 Abs. 2 Satz 12 EStG ermäßigt sich der Versorgungsfreibetrag und der Zuschlag zum Versorgungsfreibetrag für jeden vollen Kalendermonat, für den keine Versorgungsbezüge gezahlt werden, um **ein Zwölftel** (vgl. die Erläuterungen unter der nachfolgenden Nr. 6).

Versorgungsbezüge, Versorgungsfreibetrag

Werden Versorgungsbezüge laufend gezahlt, so dürfen der Versorgungsfreibetrag und der Zuschlag zum Versorgungsfreibetrag nur mit dem anteilig auf den Lohnzahlungszeitraum (z. B. Monat) entfallenden Betrag berücksichtigt werden. Der sich ergebende Anteil wird nach R 39b.3 Abs. 1 Satz 2 LStR wie folgt ermittelt:

Bei monatlicher Lohnzahlung sind die Jahresbeträge mit einem Zwölftel, bei wöchentlicher Lohnzahlung die Monatsbeträge mit $7/30$ und bei täglicher Lohnzahlung die Monatsbeträge mit $1/30$ anzusetzen. Dabei darf der sich hiernach **insgesamt** ergebende Monatsbetrag auf den nächsten vollen Euro-Betrag, der Wochenbetrag auf den nächsten duch 10 teilbaren Centbetrag und der Tagesbetrag auf den nächsten durch 5 teilbaren Centbetrag aufgerundet werden.

Beispiel

Eine Firma zahlt ihrem ehemaligen Arbeitnehmer seit sieben Jahren eine Betriebsrente. Die Betriebsrente beträgt monatlich 132,80 €. Es ergibt sich im Januar 2010 in der Steuerklasse I bis V folgende Berechnung des steuerpflichtigen Monatsbetrags:

	Lohn-steuer-pflichtig	Sozialversich.-pflichtig
Versorgungsfreibetrag 40% von 132,80 € =	53,12 €	
Zuschlag zum Versorgungsfreibetrag $1/12$ von 900 € =	75,— €	
insgesamt	128,12 €	
aufgerundet auf volle Euro	129,— €	
der steuerpflichtige Monatsbetrag der Betriebsrente beträgt somit (132,80 € – 129,— €) =	3,80 €	

Hinweis:

In der **Steuerklasse VI** darf **kein Zuschlag** zum Versorgungsfreibetrag abgezogen werden. Der auf volle Euro aufgerundete Versorgungsfreibetrag beträgt 54 €. Somit ergibt sich in der Steuerklasse VI ein steuerpflichtiger Monatsbetrag der Betriebsrente in Höhe von 78,80 € (132,80 € – 54 €).

Nach R 39b.3 Abs. 1 Sätze 4 bis 6 LStR darf der dem Lohnzahlungszeitraum entsprechende anteilige Höchstbetrag auch dann nicht überschritten werden, wenn in früheren Lohnzahlungszeiträumen desselben Kalenderjahres wegen der damaligen Höhe der Versorgungsbezüge ein niedrigerer Betrag als der Höchstbetrag berücksichtigt worden ist. Eine Verrechnung des in einem Monat nicht ausgeschöpften Höchstbetrags mit den den Höchstbetrag übersteigenden Beträgen eines anderen Monats ist nicht zulässig. Einzige Ausnahme: Permanenter Lohnsteuerjahresausgleich (vgl. dieses Stichwort).

c) Berücksichtigung des Versorgungsfreibetrags bei der Zahlung sonstiger Bezüge

Werden Versorgungsbezüge als sonstige Bezüge gezahlt, gilt nach § 39b Abs. 3 EStG Folgendes:

Der Versorgungsfreibetrag und der Zuschlag zum Versorgungsfreibetrag sind bei der Besteuerung eines sonstigen Bezugs nur insoweit zu berücksichtigen, als sie sich bei der Feststellung des maßgeblichen Jahresarbeitslohns noch nicht ausgewirkt haben (im maßgeblichen Jahresarbeitslohn sind auch die früher im Kalenderjahr gezahlten sonstigen Bezüge enthalten; R 39b.3 Abs. 2 Satz 2 LStR).

Beispiel

Eine Arbeitnehmerin mit der Steuerklasse V bezieht seit über sieben Jahren eine Betriebsrente in Höhe von 500 € monatlich. Am 15. Dezember 2010 erhält sie einen einmaligen Versorgungsbezug in Höhe von 1000 €. Es ergibt sich folgende Berechnung der Lohnsteuer für den sonstigen Versorgungsbezug:

Voraussichtlicher Jahresarbeitslohn (500 € x 12)	6 000,— €	
abzüglich Versorgungsfreibetrag 40 %	2 400,— €	
abzüglich Zuschlag zum Versorgungsfreibetrag	900,— €	
für die Besteuerung des sonstigen Bezugs maßgebender Jahresarbeitslohn	2 700,— €	

	Lohn-steuer-pflichtig	Sozialversich.-pflichtig
Lohnsteuer nach Steuerklasse V der Jahreslohnsteuertabelle 2010		
a) vom maßgebenden Jahresarbeitslohn (2700 €)	183,— €	
b) vom maßgebenden Jahresarbeitslohn einschließlich des steuerpflichtigen Teils des sonstigen Versorgungsbezugs (2700 € + 600 € =) 3300 €	254,— €	
Differenz = Lohnsteuer für den sonstigen Versorgungsbezug	71,— €	
Solidaritätszuschlag 5,5 % von 71 €	3,90 €	
Kirchensteuer 8 % von 71 €	5,68 €	

Von dem sonstigen Versorgungsbezug in Höhe von 1000 € errechnet sich der Versorgungsfreibetrag wie folgt: 40% von 1000 € = 400 €. Vom Jahreshöchstbetrag von 3000 € sind bei der Feststellung des maßgeblichen Jahresarbeitslohns bereits 2400 € verbraucht, sodass für den sonstigen Versorgungsbezug nur noch (3000 € – 2400 € =) 600 € verbleiben. Der Zuschlag zum Versorgungsfreibetrag in Höhe von 900 € jährlich wurde bereits vollständig bei der Feststellung des maßgebenden Jahresarbeitslohns verbraucht. Der steuerpflichtige Teil des sonstigen Versorgungsbezugs beträgt somit (1000 € – 400 € =) 600 €.

Werden laufende Versorgungsbezüge erstmals gezahlt, nachdem im selben Kalenderjahr bereits sonstige (einmalige) Versorgungsbezüge gezahlt worden sind, so darf der Arbeitgeber den Versorgungsfreibetrag und den Zuschlag zum Versorgungsfreibetrag bei den laufenden Bezügen nur berücksichtigen, soweit sie sich bei der Besteuerung der früher gezahlten sonstigen Versorgungsbezüge nicht ausgewirkt haben. Von Versorgungsbezügen, die pauschal versteuert werden, darf in keinem Fall ein Versorgungsfreibetrag oder ein Zuschlag zum Versorgungsfreibetrag abgezogen werden (R 39b.3 Abs. 2 Sätze 3 und 4 LStR).

Beim Übergang vom Berufsleben in den Ruhestand kann es vorkommen, dass der Abzug eines Altersentlastungsbetrags vom Arbeitslohn für die aktive Tätigkeit einerseits und der Abzug des Versorgungsfreibetrags zuzüglich Zuschlag für die anschließend gezahlte Betriebsrente andererseits in Betracht kommt. Ein solcher Fall ist beim Stichwort „Sonstige Bezüge" unter Nr. 11 auf Seite 669 erläutert.

Ab dem Jahre 2008 wird bei der Berechnung der Lohnsteuer für einen sonstigen Bezug der Zuschlag zum Versorgungsfreibetrag bei Anwendung der Steuerklasse VI nicht mehr berücksichtigt (vgl. auch die Erläuterungen unter dem folgenden Buchstaben d).

d) Auswirkung des Versorgungsfreibetrags und des Zuschlags zum Versorgungsfreibetrag bei kleinen Betriebsrenten

Vor 2005 fiel auch bei kleinen Betriebsrenten Lohnsteuer an, wenn – was häufig der Fall ist – eine Lohnsteuerkarte mit der Steuerklasse VI vorgelegt wurde. Dies hatte sich für die Jahre 2005 bis 2007 aufgrund der Auswirkungen des seit 1.1.2005 geltenden Zuschlags zum Versorgungsfreibetrag geändert (vgl. hierzu die Beispiele beim Stichwort „Versorgungsbezüge, Versorgungsfreibetrag" im „Lexikon für das Lohnbüro", Ausgabe 2007, unter Nr. 4 Buchstabe d auf S. 663).

Seit Januar 2008 wird der **Zuschlag zum Versorgungsfreibetrag** im Lohnsteuerabzugsverfahren bei Anwendung der **Steuerklasse VI nicht mehr** berücksichtigt (§ 39b Abs. 2 Satz 5 Nr. 1 EStG, wonach der Jahresarbeitslohn nur noch in den Steuerklassen I bis V um den Zuschlag vom Versorgungsfreibetrag gemindert wird). Begründet wird die Gesetzesänderung damit, dass der Zuschlag zum Versorgungsfreibetrag den Arbeitnehmer-Pauschbetrag ersetzen soll und der Arbeitnehmer-Pauschbetrag in der Steuerklasse VI auch nicht berücksichtigt wird. Der Versorgungsfreibetrag selbst wird aber auch ab Januar 2008 weiterhin in der Steuerklasse VI abgezogen. Soweit in R 39b.3 Abs. 1 Satz 7 LStR 2008 ausgeführt wird: „Die Freibeträge für Versorgungsbezüge sind auch beim Lohnsteuerabzug nach der Steuerklasse VI zu berücksichtigen" gilt dies aufgrund der erst nach den Lohnsteuer-Richtlinien verabschiedeten Gesetzes-

Versorgungsbezüge, Versorgungsfreibetrag

änderung durch das Jahressteuergesetz 2008 nicht mehr für den Zuschlag zum Versorgungsfreibetrag. Die praktische Auswirkung der Gesetzesänderung soll an einem Beispiel verdeutlicht werden.

Beispiel

Ein Arbeitnehmer erhält seit über sieben Jahren eine Betriebsrente von 125 € monatlich.

Ermittlung des lohnsteuerpflichtigen Versorgungsbezugs im **Dezember 2007**

monatliche Betriebsrente	125,00 €
abzüglich Versorgungsfreibetrag (40 %)	50,00 €
abzüglich Zuschlag zum Versorgungsfreibetrag	75,00 €
lohnsteuerpflichtiger Versorgungsbezug	0,00 €

Ermittlung des lohnsteuerpflichtigen Versorgungsbezugs seit **Januar 2008**

monatliche Betriebsrente	125,00 €
abzüglich Versorgungsfreibetrag (40 %)	50,00 €
abzüglich Zuschlag zum Versorgungsfreibetrag	0,00 €
lohnsteuerpflichtiger Versorgungsbezug	75,00 €

Ab Januar 2010 sinkt allerdings die Steuerbelastung, da bei gesetzlich Kranken- und Pflegeversicherten erstmals auch in der **Steuerklasse VI** eine **Vorsorgepauschale** zu berücksichtigen ist.

5. Ermittlung der Bemessungsgrundlage für den zeitlebens geltenden Versorgungsfreibetrag und Zuschlag zum Versorgungsfreibetrag

Sowohl beim Versorgungsfreibetrag als auch beim Zuschlag zum Versorgungsfreibetrag wird für den einzelnen Bezieher von Versorgungsbezügen seine Besteuerungssituation jeweils in dem Zustand „eingefroren", der im Jahr des Versorgungsbeginns vorgelegen hat (sog. Kohortenprinzip). Der bei Beginn des Versorgungsbezugs ermittelte Versorgungsfreibetrag und der Zuschlag zum Versorgungsfreibetrag bleiben also im Grundsatz **zeitlebens** unverändert (§ 19 Abs. 2 Satz 8 EStG). Der Ermittlung der Bemessungsgrundlage im Zeitpunkt des Versorgungsbeginns für die Berechnung des Versorgungsfreibetrages kommt deshalb große Bedeutung zu. Im Einzelnen gilt Folgendes:

Bemessungsgrundlage für den Versorgungsfreibetrag ist

– bei Versorgungsbeginn vor 2005 das **Zwölffache** des Versorgungsbezugs für **Januar 2005**,

– bei Versorgungsbeginn ab 2005 das **Zwölffache** des Versorgungsbezugs für den **ersten vollen Monat**.

Wird der Versorgungsbezug bei Beginn nicht für einen vollen Monat gezahlt (z. B. wegen Todes des Versorgungsempfängers), ist der Bezug des Teilmonats auf einen Monatsbetrag hochzurechnen. Bei einer nachträglichen Festsetzung von Versorgungsbezügen ist der Monat maßgebend, für den die Versorgungsbezüge erstmals festgesetzt werden; auf den Zahlungstermin kommt es nicht an. Bei Versorgungsbezügen, die wegen Erreichens einer Altersgrenze gezahlt werden, ist der Monat maßgebend, in dem der Steuerpflichtige das **63.** Lebensjahr oder, wenn er schwerbehindert ist, das **60.** Lebensjahr vollendet hat, da die Bezüge erst mit Erreichen dieser Altersgrenzen als steuerbegünstigte Versorgungsbezüge gelten. Der maßgebende Monatsbetrag ist jeweils mit zwölf zu vervielfältigen und um **Sonderzahlungen** zu erhöhen, auf die zu diesem Zeitpunkt (erster voller Monat bzw. Januar 2005) ein **Rechtsanspruch besteht** (§ 19 Abs. 2 Satz 4 EStG). Die Sonderzahlungen (z. B. Urlaubs- oder Weihnachtsgeld) sind mit dem Betrag anzusetzen, auf den bei einem Bezug von Versorgungsbezügen für das ganze Jahr des Versorgungsbeginns ein Rechtsanspruch besteht. Bei Versorgungsempfängern, die schon vor dem 1. Januar 2005 in Ruhestand gegangen sind, können aus Vereinfachungsgründen die Sonderzahlungen 2004 berücksichtigt werden.

Um den zeitlebens festgeschriebenen Freibetrag genau zu ermitteln muss also nicht nur der monatliche Versorgungsbezug auf einen Jahresbetrag hochgerechnet werden (monatlicher Versorgungsbezug mal zwölf), sondern es müssen auch voraussichtliche Sonderzahlungen miteinbezogen werden, auf die im Kalenderjahr der erstmaligen Berechnung ein Rechtsanspruch besteht (§ 19 Abs. 2 Satz 4 EStG).

Beispiel

Ein Arbeitnehmer tritt am 1.10.2010 in den Ruhestand. Er erhält von seinem Arbeitgeber eine monatliche Betriebsrente in Höhe von 500 €. Er hat Anspruch auf eine jährliche Sonderzahlung in Höhe eines zweifachen Monatsbetrags der Betriebsrente. Die Sonderzahlung erfolgt jeweils am 15. Dezember. Der Versorgungsfreibetrag und der Zuschlag zum Versorgungsfreibetrag errechnen sich wie folgt:

Betriebsrente im ersten vollen Monat: 500 € x 12	=	6 000,— €
Sonderzahlung auf die ein Rechtsanspruch besteht	=	1 000,— €
Hochgerechneter Jahresbetrag insgesamt	=	7 000,— €
Versorgungsfreibetrag: 32,0 % von 7000 € (der Höchstbetrag von 2400 € wird nicht erreicht)	=	2 240,— €
Zuschlag zum Versorgungsfreibetrag	=	720,— €
Summe der Versorgungsfreibeträge		2 960,— €

Die Summe der Freibeträge von (2240 € + 720 € =) 2960 € wird für den Arbeitnehmer ab 2010 (zeitlebens) festgeschrieben.

Da der Arbeitnehmer erst ab 1. Oktober 2010 eine Betriebsrente erhält, werden die Freibeträge im Kalenderjahr 2010 nur zeitanteilig gewährt (vgl. die Erläuterungen unter der nachfolgenden Nr. 6). Die Freibeträge betragen im Kalenderjahr 2010 3/12 von 2960 € = 740 €.

Dieses Ergebnis ergibt sich auch beim Lohnsteuerabzug durch den Arbeitgeber, weil beim laufenden Versorgungsbezug nur die auf den Lohnzahlungszeitraum (= Monat) entfallenden Anteile der Versorgungsfreibeträge abgezogen werden dürfen und bei der Besteuerung des sonstigen Bezugs im Dezember 2010 nur noch die **zeitanteiligen** Jahresbeträge, die bei der Ermittlung des voraussichtlichen Jahresarbeitslohns noch nicht verbraucht sind (vgl. die Erläuterungen unter der vorstehenden Nr. 4 Buchst. c).

Die **Berechnung des Versorgungsfreibetrags** und des **Zuschlags** zum Versorgungsfreibetrag erfolgt also nur **einmal** und zwar im Zeitpunkt der **erstmaligen Zahlung** des Versorgungsbezugs. Dabei werden jahrgangsweise der Prozentsatz und die Höchstbeträge reduziert (sog. Kohortenprinzip vgl. nachfolgend unter Nr. 11). Betragen die auf einen **Jahresbetrag** hochgerechneten Versorgungsbezüge mindestens **7500 €**, ergibt sich stets ein Versorgungsfreibetrag in Höhe des für das Jahr des Versorgungsbeginns geltenden **Höchstbetrag** (2010: 32,0 % von 7500 € = 2400 €).

Regelmäßige Anpassungen des Versorgungsbezugs (laufender Bezug und Sonderzahlungen) **führen nicht zu einer Neuberechnung** (§ 19 Abs. 2 Satz 9 EStG). Zu einer Neuberechnung führen nur Änderungen des Versorgungsbezugs, die ihre Ursache in der Anwendung von Anrechnungs-, Ruhens-, Erhöhungs- oder Kürzungsregelungen haben (§ 19 Abs. 2 Satz 10 EStG), z. B. Wegfall, Hinzutreten oder betragsmäßige Änderungen. Dies ist insbesondere der Fall, wenn der Versorgungsempfänger neben seinen Versorgungsbezügen

– Erwerbs- oder Erwerbsersatzeinkommen (§ 53 BeamtVG),

– andere Versorgungsbezüge (§ 54 BeamtVG),

– Renten (§ 55 BeamtVG) oder

– Versorgungsbezüge aus zwischenstaatlicher und überstaatlicher Verwendung (§ 56 BeamtVG)

erzielt.

Zu den **Versorgungsbezügen** gehören auch die Leistungen des Arbeitgebers aufgrund der **Anpassungspflicht** nach dem **Betriebsrentengesetz** (§ 16 Abs. 1 BetrAVG), mit der die Leistungen einer Versorgungseinrichtung ergänzt werden. Als Versorgungsbeginn gilt der Beginn der Zahlung durch den Arbeitgeber. **Erhöhen sich die Zahlungen** des Arbeitgebers infolge der Anpassungsprüfungspflicht, liegt eine **regelmäßige Anpassung** vor, die nicht zu einer Neuberechnung des Versorgungsfreibetrags und des Zuschlags zum Versorgungsfreibetrag führen. **Übernimmt** hingegen die **Versorgungseinrichtung** die Arbeitgeberzahlung **teilweise,** ist dies als Anrech-

Versorgungsbezüge, Versorgungsfreibetrag

nungs-/Ruhensregelung anzusehen (§ 19 Abs. 2 Satz 10 EStG) mit der Folge, dass eine **Neuberechnung** vorzunehmen ist. Entsprechendes gilt, wenn die Versorgungseinrichtung die Zahlung nicht mehr erbringen kann und sich die Arbeitgeberzahlung wieder erhöht. Kann die **Versorgungseinrichtung** die Arbeitgeberzahlungen **zunächst vollständig** übernehmen und **stellt** sie diese Zahlungen **später** wieder **ein** (z. B. bei Liquiditätsproblemen), so dass der **Arbeitgeber** die Zahlungsverpflichtung **wieder** vollständig **erfüllen** muss, lebt der (alte) Anspruch wieder auf. Dieser Sachverhalt führt nicht zu einem neuen Versorgungsbeginn, so dass für die (Neu-)Berechnung des Versorgungsfreibetrags und des Zuschlags zum Versorgungsfreibetrag der frühere Versorgungsbeginn (**„alte Kohorte"**) maßgebend bleibt.

6. Zeitanteilige Gewährung des Versorgungsfreibetrags und des Zuschlags zum Versorgungsfreibetrag

Unabhängig von der zeitlebens geltenden Fortschreibung eines Jahresbetrags (vgl. die Erläuterungen unter der vorstehenden Nr. 5) muss in jedem einzelnen Jahr die Vorschrift des § 19 Abs. 2 Satz 12 EStG beachtet werden, wonach sich der Versorgungsfreibetrag und der Zuschlag zum Versorgungsfreibetrag für jeden vollen Kalendermonat, für den keine Versorgungsbezüge gezahlt werden, um **ein Zwölftel** ermäßigt. Dies wirkt sich insbesondere im Jahr des Versorgungsbeginns aus.

Beispiel

Ein Arbeitnehmer tritt am 1.10.2010 in den Ruhestand. Er erhält von seinem Arbeitgeber eine monatliche Betriebsrente in Höhe von 500 €. Der Versorgungsfreibetrag und der Zuschlag zum Versorgungsfreibetrag errechnen sich wie folgt:

Betriebsrente im ersten vollen Monat: 500 € × 12	=	6 000,— €
Versorgungsfreibetrag: 32,0 % von 6000 € (der Höchstbetrag von 2400 € wird nicht erreicht)	=	1 920,— €
Zuschlag zum Versorgungsfreibetrag	=	720,— €
Summe der Versorgungsfreibeträge		2 640,— €

Die Summe der Freibeträge von (1920 € + 720 € =) 2640 € wird für den Arbeitnehmer ab 2011 (zeitlebens) festgeschrieben.

Da der Arbeitnehmer erst ab 1. Oktober 2010 eine Betriebsrente erhält, beträgt der Freibetrag im Kalenderjahr 2010 ³/₁₂ von 2640 € = 660 €.

Dieses Ergebnis ergibt sich auch beim Lohnsteuerabzug durch den Arbeitgeber, weil nur die auf den Lohnzahlungszeitraum (= Monat) entfallenden Anteile am Versorgungsfreibetrag und am Zuschlag zum Versorgungsfreibetrag abgezogen werden dürfen:

monatliche Betriebsrente		500,— €
abzüglich:		
Versorgungsfreibetrag: 32,0 % von 500 € (der Höchstbetrag von 200 € ist nicht überschritten)		160,— €
Zuschlag zum Versorgungsfreibetrag (¹/₁₂ von 720 €)	60,— €	220,— €
verbleibender lohnsteuerpflichtiger Versorgungsbezug		280,— €

In den Monaten Oktober, November und Dezember 2010 werden nur die anteiligen Freibeträge in Höhe von (220 € × 3 =) 660 € berücksichtigt, was automatisch zum richtigen Ergebnis führt.

7. Ausnahmen von der Zwölftelung

a) Sterbegeld

Das Sterbegeld ist im Grundsatz ein Versorgungsbezug (R 19.8 Abs. 1 Nr. 1 LStR). Auf die Erläuterungen beim Stichwort „Sterbegeld" wird Bezug genommen. Zur Lohnabrechnung mit Zahlung eines Sterbegeldes vgl. das Stichwort „Rechtsnachfolger".

Für das Sterbegeld gelten der Prozentsatz, der Höchstbetrag und der Zuschlag zum Versorgungsfreibetrag **des Verstorbenen.** Das Sterbegeld darf als Leistung aus Anlass des Todes die Berechnung des Versorgungsfreibetrags für etwaige sonstige Hinterbliebenenbezüge nicht beeinflussen und ist daher nicht in deren Berechnungsgrundlage einzubeziehen. Das Sterbegeld ist vielmehr als eigenständiger – zusätzlicher – Versorgungsbezug zu behandeln. **Die Zwölftelungsregelung ist für das Sterbegeld nicht anzuwenden.** Als Bemessungsgrundlage für die Freibeträge für Versorgungsbezüge ist die Höhe des Sterbegeldes im Kalenderjahr anzusetzen, unabhängig von der Zahlungsweise und Berechnungsart.

Beispiel

Im April 2010 verstirbt ein Ehegatte, der zuvor seit 2004 Versorgungsbezüge in Höhe von 1500 € monatlich erhalten hat. Der überlebende Ehegatte erhält ab Mai 2010 laufende Hinterbliebenenbezüge von 1200 € monatlich. Daneben wird ihm einmalig Sterbegeld in Höhe von zwei Monatsbezügen des verstorbenen Ehegatten, also 3000 € gezahlt.

Laufender Hinterbliebenenbezug:

Monatsbetrag 1200 × 12 = 14 400 €. Auf den hochgerechneten Jahresbetrag werden der für den Verstorbenen maßgebende Prozentsatz und Höchstbetrag des Versorgungsfreibetrags (2005), zuzüglich des Zuschlags von 900 € angewandt (vgl. hierzu die Erläuterungen unter der nachfolgenden Nr. 8 Buchstabe b). Das bedeutet im vorliegenden Fall 14 400 € × 40 % = 5760 €, höchstens 3000 €. Da der laufende Hinterbliebenenbezug nur für 8 Monate gezahlt wurde, erhält der überlebende Ehegatte acht Zwölftel dieses Versorgungsfreibetrags, 3000 € : 12 = 250 € × 8 = 2000 €. Der Versorgungsfreibetrag für den laufenden Hinterbliebenenbezug beträgt somit 2000 €, der Zuschlag zum Versorgungsfreibetrag 600 € (acht Zwölftel von 900 €).

Sterbegeld:

Gesamtbetrag des Sterbegelds (2 × 1500 € = 3000 €). Auf diesen Gesamtbetrag von 3000 € werden ebenfalls der für den Verstorbenen maßgebende Prozentsatz und Höchstbetrag des Versorgungsfreibetrags (2005), zuzüglich des Zuschlags von 900 € angewandt, 3000 € × 40 % = 1200 €. Der Versorgungsfreibetrag für das Sterbegeld beträgt 1200 €, der Zuschlag zum Versorgungsfreibetrag 900 €.

Beide Versorgungsfreibeträge ergeben zusammen einen Betrag von 3200 € (2000 € + 1200 €), auf den der insgesamt berücksichtigungsfähige Höchstbetrag nach dem maßgebenden Jahr 2005 anzuwenden ist. Der Versorgungsfreibetrag für den laufenden Hinterbliebenenbezug und das Sterbegeld zusammen beträgt damit 3000 €. Dazu kommt der Zuschlag zum Versorgungsfreibetrag von insgesamt 900 €.

b) Berechnung des Versorgungsfreibetrags im Falle einer Kapitalauszahlung/Abfindung

Wird anstelle eines monatlichen Versorgungsbezugs eine Kapitalauszahlung/Abfindung an den Versorgungsempfänger gezahlt, so handelt es sich um einen sonstigen Bezug. Für die Ermittlung der Freibeträge für Versorgungsbezüge ist das Jahr des Versorgungsbeginns zugrunde zu legen, **die Zwölftelungsregelung ist für diesen sonstigen Bezug nicht anzuwenden.** Bemessungsgrundlage ist der Betrag der Kapitalauszahlung/Abfindung im Kalenderjahr.

Beispiel

Dem Versorgungsempfänger wird im Jahr 2010 (= Jahr des Versorgungsbeginns) anstelle von monatlichen Zahlungen eine Abfindung in Höhe von 10 000 € gezahlt. Der Versorgungsfreibetrag beträgt (32,0 % von 10 000 € =) 3200 €, höchstens) 2400 €; der Zuschlag zum Versorgungsfreibetrag beträgt 720 €.

Bei Zusammentreffen mit laufenden Bezügen darf der Höchstbetrag, der sich nach dem Jahr des Versorgungsbeginns bestimmt, nicht überschritten werden (vgl. hierzu auch das Beispiel unter dem vorstehenden Buchstaben a). Die gleichen Grundsätze gelten auch, wenn Versorgungsbezüge in einem späteren Kalenderjahr nachgezahlt oder berichtigt werden.

Werden übrigens Versorgungsbezüge nicht fortlaufend, sondern in einer Summe gezahlt, handelt es sich um **Arbeitslohn für mehrere Jahre** (vgl. dieses Stichwort), der bei Zusammenballung nach der sog. **Fünftelregelung** ermäßigt zu besteuern ist (BFH-Urteil vom 12. 4. 2007, BStBl. II S. 581). Die Gründe für die **Kapitalisierung** der **Versorgungsbezüge** sind unerheblich. Bei Teilkapitalauszahlung kommt hingegen die Fünftelregelung nicht in Betracht.

Beim Zusammentreffen von **laufenden und tarifbegünstigten** Versorgungsbezügen gilt für die Zuordnung des Versorgungsfreibetrags und des Zuschlags zum Versorgungsfreibetrag Folgendes:

Versorgungsbezüge, Versorgungsfreibetrag

Beispiel

Der Arbeitnehmer hat im Jahr 2010 laufende Versorgungsbezüge nach § 19 Abs. 2 EStG in Höhe von 4548 Euro (= Bemessungsgrundlage für den Versorgungsfreibetrag; Versorgungsbeginn im Jahr 2005). Daneben erhält er noch nach § 34 EStG tarifbegünstigte Versorgungsbezüge in Höhe von 86 202 Euro.

Man ermittelt den insgesamt höchstens abziehbaren Versorgungsfreibetrag nach § 19 Abs. 2 Satz 6 EStG und verteilt ihn auf den laufenden und den ermäßigt zu besteuernden Versorgungsbezug. Dabei werden der vorrangig bei den laufenden Bezügen zu berücksichtigende Versorgungsfreibetrag und der Zuschlag zum Versorgungsfreibetrag auf den Betrag begrenzt, der sich nach § 19 Abs. 2 Satz 3 EStG für die im Jahr 2005 begonnenen laufenden Versorgungsbezüge ergibt. Der danach ggf. noch verbleibende Versorgungsfreibetrag wird von den ermäßigt zu besteuernden Versorgungsbezügen abgezogen.

Laufende Versorgungsbezüge	4 548 Euro
abzüglich Versorgungsfreibetrag 4 548 Euro × 40 %	1 820 Euro
abzüglich Zuschlag zum Versorgungsfreibetrag	900 Euro
abzüglich WK-Pauschbetrag	102 Euro
Endgültige laufende Versorgungsbezüge	1 726 Euro
Tarifbegünstigte Versorgungsbezüge	86 202 Euro
abzüglich verbleibender Versorgungsfreibetrag 3 000 Euro − 1 820 Euro	1 180 Euro
Zuschlag zum Versorgungsfreibetrag in voller Höhe bei den laufenden Versorgungsbezügen berücksichtigt	
Endgültige tarifbegünstigte Versorgungsbezüge	85 022 Euro

8. Sonderfälle

a) Mehrere Versorgungsbezüge

Bei mehreren Versorgungsbezügen mit unterschiedlichem Bezugsbeginn bestimmen sich der maßgebende Prozentsatz für den steuerfreien Teil der Versorgungsbezüge und der Höchstbetrag des Versorgungsfreibetrags sowie der Zuschlag zum Versorgungsfreibetrag nach dem Beginn des jeweiligen Versorgungsbezugs. Die Summe aus den jeweiligen Freibeträgen für Versorgungsbezüge wird nach § 19 Abs. 2 Satz 6 EStG auf den Höchstbetrag des Versorgungsfreibetrags und den Zuschlag zum Versorgungsfreibetrag nach dem Beginn des ersten Versorgungsbezugs begrenzt. Fällt der maßgebende Beginn mehrerer laufender Versorgungsbezüge in dasselbe Kalenderjahr, können die Bemessungsgrundlagen aller Versorgungsbezüge zusammengerechnet werden, da in diesen Fällen für sie jeweils dieselben Höchstbeträge gelten. Für jeden vollen Kalendermonat, für den keiner der mehreren Versorgungsbezüge gezahlt worden ist, vermindern sich der Versorgungsfreibetrag und der Zuschlag zum Versorgungsfreibetrag in diesem Kalenderjahr um je ein Zwölftel (§ 19 Abs. 2 Satz 12 EStG).

Werden mehrere Versorgungsbezüge **von unterschiedlichen Arbeitgebern gezahlt, ist die Begrenzung der Freibeträge für Versorgungsbezüge im Lohnsteuerabzugsverfahren nicht anzuwenden;** die Gesamtbetrachtung und gegebenenfalls die Begrenzung erfolgt im Veranlagungsverfahren (vgl. die Erläuterungen unter der nachfolgenden Nr. 10). Zu beachten ist allerdings, dass **seit Januar 2008 der Zuschlag zum Versorgungsfreibetrag** im Lohnsteuerabzugsverfahren bei Anwendung der **Steuerklasse VI nicht** mehr berücksichtigt wird (vgl. auch die Erläuterungen unter der vorstehenden Nr. 4 Buchstabe d). Treffen mehrere Versorgungsbezüge bei demselben Arbeitgeber zusammen, ist die Begrenzung auch im Lohnsteuerabzugsverfahren zu beachten.

Beispiel

Zwei Ehegatten erhalten jeweils eigene Versorgungsbezüge. Der Versorgungsbeginn des einen Ehegatten liegt im Jahr 2005, der des anderen im Jahr 2006. Im Jahr 2010 verstirbt der Ehegatte, der bereits seit 2005 Versorgungsbezüge erhalten hatte. Dem überlebenden Ehegatten werden ab 2010 zusätzlich zu seinen eigenen Versorgungsbezügen von monatlich 400 € Hinterbliebenenbezüge von monatlich 250 € gezahlt.

Für die eigenen Versorgungsbezüge des überlebenden Ehegatten berechnen sich die Freibeträge für Versorgungsbezüge nach dem Jahr des Versorgungsbeginns 2006. Der Versorgungsfreibetrag beträgt demnach 38,4 % von 4800 € (= 400 € Monatsbezug × 12) = 1844 € (aufgerundet); der Zuschlag zum Versorgungsfreibetrag beträgt 864 €.

Für den Hinterbliebenenbezug sind mit Versorgungsbeginn im Jahr 2010 die Freibeträge für Versorgungsbezüge nach § 19 Abs. 2 Satz 7 EStG unter Zugrundelegung des maßgeblichen Prozentsatzes, des Höchstbetrags und des Zuschlags zum Versorgungsfreibetrag des verstorbenen Ehegatten zu ermitteln. Für die Berechnung sind also die Beträge des maßgebenden Jahres 2005 zugrunde zu legen. Der Versorgungsfreibetrag für die Hinterbliebenenbezüge beträgt demnach 40 % von 3000 € (= 250 € Monatsbezug × 12) = 1200 €; der Zuschlag zum Versorgungsfreibetrag beträgt 900 €.

Die Summe der Versorgungsfreibeträge ab 2010 beträgt (1844 € zuzüglich 1200 € =) 3044 €. Der insgesamt berücksichtigungsfähige Höchstbetrag bestimmt sich nach dem Jahr des Beginns des ersten Versorgungsbezugs (2005: 3000 €). Da der Höchstbetrag überschritten ist, ist der Versorgungsfreibetrag auf insgesamt 3000 € zu begrenzen. Auch die Summe der Zuschläge zum Versorgungsfreibetrag (864 € zuzüglich 900 € =) 1764 € ist nach dem maßgebenden Jahr des Versorgungsbeginns (2005) auf insgesamt 900 € zu begrenzen.

Werden zunächst Versorgungsbezüge wegen verminderter Erwerbstätigkeit und unmittelbar daran anschließend wegen Erreichens einer Altersgrenze gezahlt, bleibt der ursprüngliche Versorgungsbeginn maßgebend; da es sich nicht um eine regelmäßige Anpassung handelt, ist eine Neuberechnung des Versorgungsfreibetrags erforderlich. Wird hingegen der Versorgungsbezug wegen verminderter Erwerbstätigkeit vor dem Beginn der Versorgungsbezüge wegen Erreichens einer Altersgrenze z. B. aufgrund der Verbesserung des Gesundheitszustands eingestellt, ist der jeweilige Versorgungsbeginn jeweils einzeln zu bestimmen.

b) Hinterbliebenenbezüge

Folgt ein Hinterbliebenenbezug einem Versorgungsbezug, bestimmen sich der Prozentsatz, der Höchstbetrag des Versorgungsfreibetrags und der Zuschlag zum Versorgungsfreibetrag für den Hinterbliebenenbezug nach dem Jahr des Beginns des Versorgungsbezugs beim Verstorbenen (§ 19 Abs. 2 Satz 7 EStG). Beim Bezug von Witwen- oder Waisengeld ist also für die Berechnung der Freibeträge für Versorgungsbezüge **das Jahr des Versorgungsbeginns beim Verstorbenen maßgebend,** der diesen Versorgungsanspruch zuvor begründete.

Beispiel

Im Oktober 2010 verstirbt ein 69-jähriger Ehegatte, der seit dem 63. Lebensjahr Versorgungsbezüge erhalten hat. Der überlebende Ehegatte erhält ab November 2010 Hinterbliebenenbezüge.

Für den verstorbenen Ehegatten sind die Freibeträge für Versorgungsbezüge bereits mit der Pensionsabrechnung für Januar 2005 (40 % der voraussichtlichen Versorgungsbezüge 2005, maximal 3000 € zuzüglich 900 € Zuschlag) festgeschrieben worden. Im Jahr 2010 sind die Freibeträge für Versorgungsbezüge des verstorbenen Ehegatten mit zehn Zwölfteln zu berücksichtigen. Für den überlebenden Ehegatten sind mit der Pensionsabrechnung für November 2010 eigene Freibeträge für Versorgungsbezüge zu ermitteln. Zugrunde gelegt werden dabei die hochgerechneten Hinterbliebenenbezüge (einschließlich Sonderzahlungen). Darauf sind nach § 19 Abs. 2 Satz 7 EStG der maßgebliche Prozentsatz, der Höchstbetrag und der Zuschlag zum Versorgungsfreibetrag des verstorbenen Ehegatten (40 % maximal 3000 € zuzüglich 900 € Zuschlag) anzuwenden. Im Jahr 2010 sind die Freibeträge für Versorgungsbezüge des überlebenden Ehegatten mit zwei Zwölfteln zu berücksichtigen.

9. Besondere Aufzeichnungs- und Bescheinigungspflichten

Nach § 4 Abs. 1 Nr. 4 der Lohnsteuer-Durchführungsverordnung muss der Arbeitgeber „die für die zutreffende Berechnung des Versorgungsfreibetrags und des Zuschlags zum Versorgungsfreibetrag erforderlichen Angaben" im Lohnkonto aufzeichnen (vgl. die Erläuterungen beim Stichwort „Lohnkonto" unter Nr. 8).

Entsprechend den Aufzeichnungen im Lohnkonto und dem Muster der **elektronischen Lohnsteuerbescheinigung***) gilt für das Kalenderjahr 2010 Folgendes:

---

*) BMF-Schreiben vom 26.8.2009 (BStBl. I S. 902). Das BMF-Schreiben ist als Anlage 1 zu R 41b LStR im **Steuerhandbuch für das Lohnbüro 2010** abgedruckt, das im selben Verlag erschienen ist. Das **PC-Lexikon** für das Lohnbüro 2010 enthält auch dieses Handbuch und hat außerdem den Vorteil, dass Sie **alle BFH-Urteile** sowie die aktuellen Rundschreiben und Niederschriften der Spitzenverbände der **Sozialversicherung** mit Mausklick **im Volltext** abrufen und ausdrucken können. Eine Bestellkarte finden Sie vorne im Lexikon.

Versorgungsbezüge, Versorgungsfreibetrag

Für die Ermittlung des bei Versorgungsbezügen zu berücksichtigenden Versorgungsfreibetrags sowie des Zuschlags zum Versorgungsfreibetrag sind die **Bemessungsgrundlage** des Versorgungsfreibetrags, das **Jahr des Versorgungsbeginns** und – bei unterjähriger Zahlung – die **Anzahl der Monate**, für die Versorgungsbezüge gezahlt werden, maßgebend.

Sterbegelder und **Kapitalauszahlungen/Abfindungen** von Versorgungsbezügen sowie **Nachzahlungen** von Versorgungsbezügen, die sich ganz oder teilweise auf vorangegangene Kalenderjahre beziehen, sind als **eigenständige** zusätzliche **Versorgungsbezüge** zu behandeln. Für diese Bezüge sind die Höhe des gezahlten **Bruttobetrags** im Kalenderjahr und das maßgebende **Kalenderjahr** des Versorgungsbeginns anzugeben. In diesen Fällen sind die Freibeträge für Versorgungsbezüge in voller Höhe und **nicht zeitanteilig** zu berücksichtigen.

Der Arbeitgeber ist verpflichtet, die im Lohnkonto aufgezeichneten Angaben in der **elektronischen Lohnsteuerbescheinigung** wie folgt anzugeben:

- in **Zeile 29** ist die **Bemessungsgrundlage** für den Versorgungsfreibetrag (das Zwölffache des Versorgungsbezugs für den ersten vollen Monat zuzüglich voraussichtlicher Sonderzahlungen) einzutragen. Fällt der maßgebende Beginn mehrerer laufender Bezüge in dasselbe Kalenderjahr, kann der Arbeitgeber die zusammengerechneten Bemessungsgrundlagen dieser Versorgungsbezüge in einem Betrag bescheinigen. In diesem Fall sind in Zeile 8 auch die steuerbegünstigten Versorgungsbezüge zusammenzufassen.

- in **Zeile 30** ist das maßgebende **Kalenderjahr des Versorgungsbeginns vierstellig** zu bescheinigen.

- in **Zeile 31** ist bei laufenden Versorgungsbezügen, die nicht während des ganzen Kalenderjahrs zufließen, der **erste** und **letzte Monat** einzutragen, für den Versorgungsbezüge gezahlt wurden (zweistellig mit Bindestrich; z. B. 04-12 oder 01-06); dies gilt auch bei erstmaliger Zahlung eines Hinterbliebenenbezugs sowie bei einem unterjährigen Wechsel des Versorgungsträgers.

Soweit bei mehreren Versorgungsbezügen die maßgebenden Versorgungsbeginne in unterschiedliche Kalenderjahre fallen sind die Angaben für jeden Versorgungsbezug getrennt zu bescheinigen.

- in **Zeile 32** sind einmalige Versorgungsbezüge wie **Sterbegeld, Kapitalauszahlungen/Abfindungen** sowie die als sonstige Bezüge zu behandelnden **Nachzahlungen** von Versorgungsbezügen **gesondert zu bescheinigen**; sie müssen zudem in Zeile 3 und Zeile 8 enthalten sein. Ermäßigt zu besteuernde Versorgungsbezüge für mehrere Jahre (vgl. auch die Erläuterungen unter der vorstehenden Nr. 7 Buchstabe b) sind in Zeile 9 der elektronischen Lohnsteuerbescheinigung zu bescheinigen. Zusätzlich ist in der Zeile 30 das Jahr des Versorgungsbeginns anzugeben.

- Bei **mehreren** als **sonstige Bezüge** gezahlten Versorgungsbezügen mit maßgebendem Versorgungsbeginn in **demselben Kalenderjahr** können die Zeilen 8 und/oder 9 sowie 30 und 32 zusammengefasst werden. Gleiches gilt, wenn der Versorgungsbeginn laufender Versorgungsbezüge und als sonstige Bezüge gezahlter Versorgungsbezüge in dasselbe Kalenderjahr fällt.
Bei mehreren laufenden Versorgungsbezügen und als sonstige Bezüge gezahlten Versorgungsbezügen mit **unterschiedlichen Versorgungsbeginnen** sind die Angaben zu den Zeilen 8 und/oder 9 sowie 29 bis 32 jeweils **getrennt** zu bescheinigen.

Auf die Erläuterungen beim Stichwort „Lohnsteuerbescheinigung" wird Bezug genommen.

10. Berücksichtigung des Versorgungsfreibetrags und des Zuschlags zum Versorgungsfreibetrag im Veranlagungsverfahren

Beim Lohnsteuerabzug durch den Arbeitgeber ist der Versorgungsfreibetrag und der Zuschlag zum Versorgungsfreibetrag nach den vorstehend erläuterten Regelungen zum laufenden Arbeitslohn und zu den sonstigen Bezügen zu berücksichtigen. Beim laufenden Arbeitslohn also mit dem anteilig auf den Lohnzahlungszeitraum (Monat) entfallenden Betrag. Durch die beim Lohnsteuerabzug durch den Arbeitgeber anzuwendenden Regelungen wird die Behandlung der Versorgungsbezüge bei einer Veranlagung zur Einkommensteuer nicht berührt (R 39b.3 Abs. 3 LStR); Entsprechendes gilt für den Lohnsteuer-Jahresausgleich durch den Arbeitgeber. Ein vom Arbeitgeber zu hoch oder auch zu niedrig (vgl. folgenden Absatz) angesetzter Versorgungsfreibetrag zuzüglich Zuschlag kann bei der Veranlagung zur Einkommensteuer vom Finanzamt ohne weiteres korrigiert werden. Insbesondere in den Fällen, in denen der Arbeitnehmer mehrere Versorgungsbezüge gleichzeitig von verschiedenen Arbeitgebern bezieht und für den Lohnsteuerabzug mehrere (zweite) Lohnsteuerkarten mit der Steuerklasse VI vorgelegt hat, wird der Versorgungsfreibetrag ggf. mehrfach oder zu hoch oder auch zu niedrig (vgl. folgenden Absatz) berücksichtigt. Ein Ausgleich kann in diesen Fällen erst bei einer Veranlagung zur Einkommensteuer erfolgen. Hierfür ist vom Gesetzgeber ausdrücklich eine Pflichtveranlagung vorgeschrieben worden (§ 46 Abs. 2 Nr. 2 EStG).

Seit **Januar 2008** wird der **Zuschlag** zum Versorgungsfreibetrag im Lohnsteuerabzugsverfahren bei Anwendung der **Steuerklasse VI nicht mehr** berücksichtigt (vgl. die Erläuterungen unter der vorstehenden Nr. 4 Buchstabe d). Werden im ersten Dienstverhältnis Einnahmen aus einer aktiven Beschäftigung (also keine Versorgungsbezüge) erzielt, wird der Zuschlag zum Versorgungsfreibetrag im **Veranlagungsverfahren** gewährt.

11. Stufenweiser Abbau des Versorgungsfreibetrags und des Zuschlags zum Versorgungsfreibetrag

Durch das Alterseinkünftegesetz vom 5. 7. 2004 (BGBl. I S. 1427) werden **Bezieher einer Rente** (z. B. aus der gesetzlichen Rentenversicherung) und **Versorgungsempfänger** (Beamtenpensionäre, Werkspensionäre) **auf lange Sicht gleich besteuert.** Auf die ausführlichen Erläuterungen beim Stichwort „Renten" wird Bezug genommen. Da die Renten nach Ablauf der Übergangsregelung im Jahre 2040 zu 100 % besteuert werden, muss gleichzeitig der **Versorgungsfreibetrag** stufenweise bis auf **0 €** **abgebaut** werden, und zwar wie folgt:

Bei Versorgungsempfängern, die zwischen 2006 und 2020 erstmals Versorgungsbezüge beziehen, wird der Prozentsatz jährlich um 1,6 % und der Höchstbetrag um 120 € verringert. Von 2021 bis 2040 verringert sich der Prozentsatz jährlich um 0,8 % und der Höchstbetrag um 60 € (vgl. die nachfolgende Übersicht).

Außerdem erhalten **Versorgungsempfänger** seit dem Kalenderjahr 2005 – ebenso wie Rentner – nur noch einen **Werbungskosten-Pauschbetrag von 102 €.** Als Ausgleich für den Wegfall des Arbeitnehmer-Pauschbetrags wird allerdings ein **Zuschlag zum Versorgungsfreibetrag** von 900 € gewährt, der dann in der Übergangsphase wieder auf 0 € **abgebaut** wird. Bei Versorgungsempfängern, die zwischen 2006 und 2020 erstmals Versorgungsbezüge beziehen, vermindert sich der Zuschlag zum Versorgungsfreibetrag um 36 € jährlich. Bei erstmaligem Versorgungsbezug zwischen 2021 und 2040 werden es jährlich 18 € weniger (vgl. die nachfolgende Übersicht).

Sowohl beim Versorgungsfreibetrag als auch beim Zuschlag zum Versorgungsfreibetrag wird für den einzelnen Bezieher von Versorgungsbezügen seine **Besteue-**

Versorgungsbezüge, Versorgungsfreibetrag

rungssituation jeweils in dem Zustand „eingefroren", der im Jahr des Versorgungsbeginns vorgelegen hat (sog. Kohortenprinzip). Der bei Beginn des Versorgungsbezugs ermittelte Versorgungsfreibetrag und der Zuschlag zum Versorgungsfreibetrag bleiben also im Grundsatz **zeitlebens** unverändert (§ 19 Abs. 2 Satz 8 EStG). Es gibt immer wieder Überlegungen, auf diese „Festschreibung" zu verzichten. Der Gesetzgeber hat sich jedoch dazu entschlossen, vorerst weiter daran festzuhalten. Für den stufenweisen Abbau sind in § 19 Abs. 2 EStG folgende Prozentsätze und Höchstbeträge festgelegt worden:

Jahr des Versorgungsbeginns	Versorgungsfreibetrag in % der Versorgungsbezüge	Höchstbetrag	Zuschlag zum Versorgungsfreibetrag
bis 2005	40,0%	3 000 €	900 €
ab 2006	38,4%	2 880 €	864 €
2007	36,8%	2 760 €	828 €
2008	35,2%	2 640 €	792 €
2009	33,6%	2 520 €	756 €
2010	32,0%	2 400 €	720 €
2011	30,4%	2 280 €	684 €
2012	28,8%	2 160 €	648 €
2013	27,2%	2 040 €	612 €
2014	25,6%	1 920 €	576 €
2015	24,0%	1 800 €	540 €
2016	22,4%	1 680 €	504 €
2017	20,8%	1 560 €	468 €
2018	19,2%	1 440 €	432 €
2019	17,6%	1 320 €	396 €
2020	16,0%	1 200 €	360 €
2021	15,2%	1 140 €	342 €
2022	14,4%	1 080 €	324 €
2023	13,6%	1 020 €	306 €
2024	12,8%	960 €	288 €
2025	12,0%	900 €	270 €
2026	11,2%	840 €	252 €
2027	10,4%	780 €	234 €
2028	9,6%	720 €	216 €
2029	8,8%	660 €	198 €
2030	8,0%	600 €	180 €
2031	7,2%	540 €	162 €
2032	6,4%	480 €	144 €
2033	5,6%	420 €	126 €
2034	4,8%	360 €	108 €
2035	4,0%	300 €	90 €
2036	3,2%	240 €	72 €
2037	2,4%	180 €	54 €
2038	1,6%	120 €	36 €
2039	0,8%	60 €	18 €
2040	0,0%	0 €	0 €

Die Berechnung des Versorgungsfreibetrags zuzüglich Zuschlag erfolgt also nur einmal, und zwar im Zeitpunkt der erstmaligen Zahlung von Versorgungsbezügen, bzw. bei Arbeitnehmern, die am 1.1.2005 bereits im Ruhestand gewesen sind, einmal in 2005. Der so ermittelte Betrag muss dann vom Arbeitgeber festgehalten werden und ist bei allen weiteren Zahlungen von Versorgungsbezügen zugrunde zu legen. Auf die Erläuterungen zu den Aufzeichnungs- und Bescheinigungspflichten des Arbeitgebers unter der vorstehenden Nr. 9 wird Bezug genommen.

12. Kranken- und pflegeversicherungspflichtige Versorgungsbezüge

Insbesondere **krankenversicherungspflichtige Rentner** (§ 237 SGB V) aber auch versicherungspflichtige Beschäftigte (§ 226 SGB V) und sonstige versicherungspflichtige Personen haben für Betriebsrenten und sonstige vergleichbare Versorgungsbezüge Beiträge zur Krankenkasse zu entrichten. Die Beitragspflicht erstreckt sich auch auf die Pflegeversicherung. Die Beiträge sind von den so genannten **Zahlstellen** der Betriebsrenten – das sind im Allgemeinen **die ehemaligen Arbeitgeber** der Rentner bzw. deren **Versorgungskassen** – an die Krankenkasse abzuführen. Für die in einer **privaten** Krankenversicherung versicherten Empfänger von Betriebsrenten und Versorgungsbezügen sind keine Beiträge zu entrichten.

Damit die Krankenkassen die auf Betriebsrenten und sonstige vergleichbare Versorgungsbezüge (§ 229 SGB V) zu entrichtenden Beiträge ordnungsgemäß erheben können, sind den Versorgungsempfängern und Zahlstellen Melde- und Mitteilungspflichten auferlegt worden. Diese Melde- und Mitteilungspflichten sowie die Berechnung der Beiträge zur Kranken- und Pflegeversicherung sind ausführlich in Teil B Nr. 12 auf Seite 18 dargestellt.

Der **Versorgungsfreibetrag** und der **Zuschlag** zum Versorgungsfreibetrag dürfen bei der **Berechnung** des **Beitrags** zur **Krankenversicherung nicht abgezogen** werden.

Siehe auch die Stichworte: Pensionäre, Rechtsnachfolger, Rentner, Sterbegeld, Übergangsgelder/Übergangsbeihilfen, Waisengelder, Witwengelder.

Versorgungszusage

siehe „Arbeitnehmerfinanzierte Pensionszusage", „Pensionszusage" und „Rückdeckung"

Vertragsstrafen

siehe „Geldstrafen"

Vertrauensleute

	Lohnsteuerpflichtig	Sozialversich.-pflichtig
Nebenberufliche Vertrauensleute einer Buchgemeinschaft sind keine Arbeitnehmer des Buchclubs (vgl. BFH-Urteil vom 11.3.1960, BStBl. III S. 215).	nein	nein

Zur Scheinselbständigkeit vgl. dieses Stichwort.

Vertreter

Vertreter (Reisevertreter, Handelsvertreter, Agenten) können ihre Tätigkeit steuerlich sowohl selbständig als auch innerhalb eines Dienstverhältnisses ausüben. Zu der Behandlung als Scheinselbständiger oder arbeitnehmerähnlicher Selbständiger im Sozialversicherungsrecht wird auf das Stichwort „Scheinselbständigkeit" Bezug genommen.

Die Abgrenzung für Zwecke der **steuerlichen** Behandlung ist nach den allgemeinen Grundsätzen (Abgrenzungsmerkmalen) zu beurteilen; vgl. Teil A Nr. 3 auf Seite 6. Auf die Bezeichnung in den das Rechtsverhältnis begründenden Verträgen kommt es nicht entscheidend an. Es steht der Annahme von Unselbständigkeit nicht ohne weiteres entgegen, wenn die Entlohnung nach dem Erfolg der Tätigkeit vorgenommen und dem Reisevertreter eine gewisse Bewegungsfreiheit eingeräumt wird, die nicht Ausfluss seiner eigenen Machtvollkommenheit ist. Andererseits wurde von der Rechtsprechung der Umstand, dass sich die Vergütung des Vertreters (Provision) nach dem Erfolg seiner Tätigkeit (eigenes Risiko) richtet und er in seiner Zeiteinteilung und Gestaltung seiner geschäftlichen Betätigung weitgehend frei (selbständig) ist, derart in den Vordergrund der Abwägungen gestellt, dass demgegenüber die für Unselbständigkeit sprechenden Gründe (ausschließliche Tätigkeit für einen Auftraggeber, Ersatz von Reisekosten und Portoauslagen, Teilnahme an den sozialen Einrichtungen des Auftraggebers, betriebliche Urlaubsregelungen) nicht ins Gewicht fielen und deshalb auch steuerlich Selbständigkeit angenommen wurde. Bei der Entscheidung der Frage, ob ein Versicherungsvertreter selbständig oder

	Lohn-steuer-pflichtig	Sozial-versich.-pflichtig

unselbständig tätig ist, kommt es im Rahmen des Gesamtbildes seiner Stellung wesentlich darauf an, ob er ein ins Gewicht fallendes **Unternehmerrisiko** trägt. Die Art der Tätigkeit (eine vorwiegend werbende oder verwaltende) ist in der Regel nicht von entscheidender Bedeutung (BFH-Urteil vom 10.9.1959, BStBl. III S. 437 und vom 3.10.1961, BStBl. III S. 567).

Verzugszinsen

Verzugszinsen wegen verspäteter Lohnzahlung gehören nicht zum Arbeitslohn, sondern zu den Einnahmen aus Kapitalvermögen. — nein nein

Videogerät

Die unentgeltliche oder verbilligte Überlassung eines Videogeräts oder DVD-Players durch den Arbeitgeber ist steuer- und beitragspflichtig. Zur Ermittlung des geldwerten Vorteils vgl. „Fernsehgerät". — ja ja

VIP-Logen

siehe „Pauschalierung der Lohnsteuer für Belohnungsessen, Incentive-Reisen, VIP-Logen und ähnliche Sachbezüge"

Vorarbeiterzulage

Bei der Vorarbeiterzulage handelt es sich um eine Funktionszulage, die zum steuer- und beitragspflichtigen Arbeitslohn gehört. — ja ja

Vorauszahlungen von Arbeitslohn

Regelmäßige Vorauszahlungen für den laufenden Lohnzahlungszeitraum liegen vor, wenn der Arbeitslohn aufgrund gesetzlicher, tariflicher oder arbeitsvertraglicher Bestimmungen jeweils **zu Beginn** des Lohnzahlungszeitraums gezahlt wird (z. B. die Gehälter der Beamten). Die Lohnsteuer ist nach den auf der Lohnsteuerkarte eingetragenen Merkmalen zu ermitteln, die für den Tag gelten, **an dem der Lohnzahlungszeitraum endet.** Werden die Eintragungen auf der Lohnsteuerkarte nachträglich mit Wirkung von einem innerhalb des Lohnzahlungszeitraums liegenden Tag ab geändert, so wirkt sich diese Änderung ggf. auf die zu Beginn des Lohnzahlungszeitraums berechnete Lohnsteuer aus. Der Lohnsteuerabzug ist ggf. zu berichtigen (vgl. „Änderung des Lohnsteuerabzugs").

Vorauszahlungen von später fälligem Arbeitslohn können sich entweder auf im laufenden Lohnzahlungszeitraum bereits erdienten Arbeitslohn (Abschlagszahlungen) oder auf Arbeitslohn für in künftigen Lohnzahlungszeiträumen noch zu leistende Arbeit (Vorschüsse) beziehen. Abschlagszahlungen werden im Allgemeinen regelmäßig, Vorschüsse nur ausnahmsweise geleistet. Zu „Abschlagszahlungen" und „Vorschüsse" vgl. diese Stichworte.

Vorruhestand

Gliederung:
1. Allgemeines
2. Steuer- und beitragsrechtliche Behandlung des Vorruhestandsgeldes
3. Arbeitgeberzuschuss zur Kranken- und Pflegeversicherung
4. Geringfügige Beschäftigung neben dem Bezug von Vorruhestandsgeld
   a) Geringfügig entlohnte Beschäftigung (sog. 400-Euro-Job)
   b) Kurzfristige Beschäftigung

	Lohn-steuer-pflichtig	Sozial-versich.-pflichtig

5. Durchführung des Lohnsteuerabzugs beim Vorruhestandsgeld
6. Keine vermögenswirksamen Leistungen für Arbeitnehmer im Vorruhestand
7. Vorruhestandsgeld als steuerfreie Abfindung

1. Allgemeines

Der Vorruhestand ist ein Instrument zum Personalabbau. Dabei werden ältere Arbeitnehmer bereits vor Erreichen der Altersgrenze, ab der ein Anspruch auf Altersrente besteht, zur Auflösung des Dienstverhältnisses veranlasst. Je nach betrieblichen Gegebenheiten wird dem Arbeitnehmer im Rahmen eines Sozialplans oder auch nach einzelvertraglicher Vereinbarung vom Arbeitgeber ein bestimmtes Nettoeinkommen im Vorruhestand (z. B. 90 % der Nettobezüge bei aktiver Beschäftigung) garantiert. Staatlicherseits wurden solche Leistungen früher durch das Vorruhestandsgesetz gefördert.

Das Vorruhestandsgesetz war seinerzeit von vornherein **bis 31.12.1988 befristet** und ist nicht verlängert worden; es gilt deshalb nicht mehr für Arbeitnehmer, die erst später in den Vorruhestand getreten sind. An die Stelle des Vorruhestandsgesetzes trat ab 1.1.1989 das (alte) Altersteilzeitgesetz, das **ab dem 1.8.1996** durch **das neue Altersteilzeitgesetz** ersetzt worden ist (vgl. – zu den derzeit geltenden Regelungen bei der Altersteilzeit – das Stichwort „Altersteilzeit").

Das Vorruhestandsgesetz ist zwar mit dem 31.12.1988 ausgelaufen, gleichwohl werden immer noch Vorruhestandsregelungen (auch in Tarifverträgen) getroffen um den Arbeitnehmern den Übergang in den Ruhestand zu erleichtern. Da es sich in diesen Fällen um die **Auflösung des Dienstverhältnisses** auf Veranlassung des Arbeitgebers handelt, konnte bis 31.12.2007 der Steuerfreibetrag für Entlassungsentschädigungen ausgeschöpft werden, wenn der Vertrag über die Auflösung des Dienstverhältnisses vor dem 1.1.2006 abgeschlossen worden war. Ein Zuschuss des Arbeitsamts kam allerdings für solche Vorruhestandsregelungen nicht mehr in Betracht (vgl. die Erläuterungen unter der nachfolgenden Nr. 7).

2. Steuer- und beitragsrechtliche Behandlung des Vorruhestandsgeldes

Das Vorruhestandsgeld, das nach dem am 31.12.1988 ausgelaufenen Vorruhestandsgesetz oder in Anlehnung an dieses Gesetz gezahlt wird, ist **im Grundsatz lohnsteuerpflichtig.** Außerdem müssen weiterhin Beiträge zur **Renten-, Kranken- und Pflegeversicherung** entrichtet werden. Beiträge zur Arbeitslosenversicherung fallen dagegen nicht an. Diese beitragsrechtliche Behandlung der Vorruhestandsleistungen gilt auch für die Fälle, in denen der Vorruhestand erst nach Auslauf des Vorruhestandsgesetzes am 31.12.1988 eingetreten ist.

Sowohl die Steuerabzugsbeträge (Lohn- und Kirchensteuer sowie Solidaritätszuschlag) als auch die Beiträge zur Renten-, Pflege- und Krankenversicherung werden von der Stelle einbehalten, die das Vorruhestandsgeld an den Arbeitnehmer auszahlt (dies ist in der Regel der bisherige Arbeitgeber). Die Beiträge werden nach der Höhe des **tatsächlichen** Vorruhestandsgeldes bemessen.

3. Arbeitgeberzuschuss zur Kranken- und Pflegeversicherung

Arbeitnehmer, die vor Eintritt in den Ruhestand nicht Pflichtmitglied in der gesetzlichen Renten- und Krankenversicherung gewesen sind, werden auch nicht durch den Bezug von Vorruhestandsgeld versicherungspflichtig. Sie müssen ihren freiwilligen Versicherungsschutz wie bisher weiterführen und erhalten hierzu einen Beitragszuschuss des Arbeitgebers.

Vorruhestand

Der Berechnung des Beitragszuschusses für **privat** krankenversicherte Bezieher von Vorruhestandsgeld werden als Beitragssatz **neun Zehntel** des durch Rechtsverordnung festgestellten allgemeinen Beitragssatzes zugrunde gelegt (§ 257 Abs. 4 Satz 2 SGB V).

Der Beitragszuschuss beträgt sodann die Hälfte des Betrags, der sich bei Multiplikation des um 0,9 Beitragssatzpunkte verminderten Beitragssatzes mit dem Zahlbetrag des Vorruhestandsgelds ergibt, wobei das monatliche Vorruhestandsgeld bis zur jeweiligen Beitragsbemessungsgrenze zu berücksichtigen ist. Hiernach ergibt sich **ab 1.1.2010** ein Höchstbeitragszuschuss zur Krankenversicherung für privat versicherte Bezieher von Vorruhestandsgeld sowohl in den alten als auch in den neuen Bundesländern von 3750 € × 6,25 % = **234,38 €.**

Der Beitragszuschuss zur Krankenversicherung beträgt jedoch höchstens die Hälfte des Betrags, den der Bezieher von Vorruhestandsgeld für seine private Krankenversicherung tatsächlich zu zahlen hat.

Für einen Beitragszuschuss zur Pflegeversicherung gilt Folgendes:

Bezieher von Vorruhestandsgeld haben nach § 61 Abs. 4 Satz 1 SGB XI gegen den zur Zahlung des Vorruhestandsgeldes Verpflichteten Anspruch auf einen Zuschuss zu den Pflegeversicherungsbeiträgen, wenn ein solcher Anspruch bereits unmittelbar vor Beginn der Vorruhestandsleistungen bestanden hat. Der Anspruch auf den Beitragszuschuss besteht auch in den Fällen, in denen zum Zeitpunkt des Inkrafttretens des Pflege-Versicherungsgesetzes bereits Vorruhestandsleistungen bezogen werden, sofern der Leistungsbezieher bei Beginn dieser Leistungen den Anspruch auf den Zuschuss hätte geltend machen können, wenn die Pflegeversicherung zu diesem Zeitpunkt bereits bestanden hätte.

Als Zuschuss ist der Betrag zu zahlen, den der Bezieher von Vorruhestandsgeld oder ähnlichen Leistungen als versicherungspflichtiges Mitglied nach § 20 Abs. 2 SGB XI zu tragen hätte, höchstens jedoch die Hälfte des Beitrags, den er für seine Pflegeversicherung tatsächlich aufwendet (vgl. die Erläuterungen beim Stichwort „Arbeitgeberzuschuss zur Pflegeversicherung").

4. Geringfügige Beschäftigung neben dem Bezug von Vorruhestandsgeld

a) Geringfügig entlohnte Beschäftigung (sog. 400-Euro-Job)

Übt ein nach § 5 Abs. 3 SGB V, § 20 Abs. 2 SGB XI und § 3 Satz 1 Nr. 4 SGB VI in der Kranken-, Pflege- und Rentenversicherung versicherungspflichtiger Bezieher von Vorruhestandsgeld eine geringfügig entlohnte Beschäftigung aus, findet keine Zusammenrechnung mit dem Vorruhestandsgeld statt, so dass die geringfügig entlohnte Beschäftigung in der Kranken-, Pflege- und Rentenversicherung versicherungsfrei bleibt. Werden hingegen neben dem Bezug von Vorruhestandsgeld mehrere geringfügig entlohnte Beschäftigungen ausgeübt, dann scheidet nur für **eine** geringfügig entlohnte Beschäftigung die Zusammenrechnung mit dem Vorruhestandsgeld aus. Ausgenommen von der Zusammenrechnung wird dabei diejenige geringfügig entlohnte Beschäftigung, die zeitlich zuerst aufgenommen worden ist, so dass diese Beschäftigung versicherungsfrei bleibt. Die weiteren geringfügig entlohnten Beschäftigungen sind nach § 8 Abs. 2 Satz 1 SGB IV in Verb. mit § 7 Abs. 1 Satz 2 SGB V bzw. § 5 Abs. 2 Satz 1 zweiter Halbsatz SGB VI mit dem Vorruhestandsgeld zusammenzurechnen. Dem steht nicht entgegen, dass für Bezieher von Vorruhestandsgeld nur für den Bereich der Kranken- und Pflegeversicherung der Rechtsstatus des „Beschäftigten" fingiert wird, während die Bezieher von Vorruhestandsgeld für den Bereich der Rentenversicherung den sonstigen Versicherten zugerechnet werden. Die Gleichbehandlung von Arbeitnehmern und Beziehern von Vorruhestandsgeld im Beitrags- und Melderecht der Kranken-, Pflege- und Rentenversicherung sowie die Gleichstellung der Pflichtbeiträge für Bezieher von Vorruhestandsgeld mit Pflichtbeiträgen für eine versicherungspflichtige Beschäftigung im Rentenrecht (§ 55 Abs. 2 SGB VI) gebieten es jedoch, die Bezieher von Vorruhestandsgeld im Zusammenhang mit § 8 Abs. 2 Satz 1 SGB VI einheitlich als Beschäftigte zu werten mit der Folge, dass die in dieser Vorschrift vorgeschriebene Zusammenrechnung einer geringfügig entlohnten Beschäftigung mit einer nicht geringfügigen Beschäftigung für Bezieher von Vorruhestandsgeld entsprechend gilt. Dies bedeutet, dass versicherungspflichtige Bezieher von Vorruhestandsgeld in einer daneben ausgeübten zweiten sowie weiteren geringfügig entlohnten Beschäftigung der Versicherungspflicht in der Kranken-, Pflege- und Rentenversicherung unterliegen.

b) Kurzfristige Beschäftigung

Eine versicherungsfreie kurzfristige Beschäftigung liegt nach § 8 Abs. 1 Nr. 2 SGB IV vor, wenn die Beschäftigung für eine Zeitdauer ausgeübt wird, die im Laufe eines Kalenderjahres seit ihrem Beginn auf nicht mehr als

– zwei Monate
  oder
– insgesamt 50 Arbeitstage

nach ihrer Eigenart begrenzt zu sein pflegt oder im Voraus vertraglich begrenzt ist.

Eine kurzfristige Beschäftigung erfüllt dann nicht mehr die Voraussetzungen einer geringfügigen Beschäftigung, wenn die Beschäftigung **berufsmäßig** ausgeübt wird und ihr Entgelt 400 € monatlich übersteigt.

Berufsmäßig wird eine Beschäftigung dann ausgeübt, wenn sie für die in Betracht kommende Person nicht von untergeordneter wirtschaftlicher Bedeutung ist. Beschäftigungen, die nur gelegentlich ausgeübt werden, sind grundsätzlich von untergeordneter wirtschaftlicher Bedeutung und daher als nicht berufsmäßig anzusehen. Dies gilt sinngemäß auch für kurzfristige Beschäftigungen, die neben einer Beschäftigung mit einem Entgelt von mehr als 400 € (Hauptbeschäftigung) ausgeübt werden, sowie **für kurzfristige Beschäftigungen neben dem Bezug von Vorruhestandsgeld.**

5. Durchführung des Lohnsteuerabzugs beim Vorruhestandsgeld

Für den Lohnsteuerabzug hat der in den Vorruhestand getretene Arbeitnehmer dem Arbeitgeber eine Lohnsteuerkarte vorzulegen. Der Arbeitgeber hat ein Lohnkonto zu führen und ggf. den Lohnsteuer-Jahresausgleich vorzunehmen. Wird Vorruhestandsgeld nicht von dem früheren Arbeitgeber, sondern von einer gemeinsamen Einrichtung oder einer überbetrieblichen Ausgleichskasse gezahlt, so gelten diese Institute für den Lohnsteuerabzug als Arbeitgeber. Bei der Berechnung der Lohnsteuer ist die ungekürzte Vorsorgepauschale für sozialversicherungspflichtige Arbeitnehmer anzusetzen. Vor Berechnung der Lohnsteuer vom Vorruhestandsgeld kann der Versorgungsfreibetrag und der Zuschlag zum Versorgungsfreibetrag abgezogen werden, wenn der frühere Arbeitnehmer in dem betreffenden Lohnzahlungszeitraum das 63. Lebensjahr oder als Schwerbehinderter das 60. Lebensjahr vollendet hat (vgl. „Versorgungsbezüge, Versorgungsfreibetrag").

Arbeitet ein Bezieher von Vorruhestandsgeld noch nebenher auf 400-Euro-Basis, so richtet sich die steuerliche Behandlung nach den beim Stichwort „Pauschalierung der Lohnsteuer bei Aushilfskräften und Teilzeitbeschäftigten" dargestellten Grundsätzen. Da für **einen** neben dem

Vorruhestand

Bezug von Vorruhestandsgeld ausgeübten 400-Euro-Job Versicherungsfreiheit besteht (vgl. die Erläuterungen unter der vorstehenden Nr. 4 Buchstabe a), ist im Normalfall ein pauschaler Arbeitgeberbeitrag zur Rentenversicherung in Höhe von 15 %, zur Krankenversicherung von 13 % und eine Pauschalsteuer von 2 % zu zahlen.

Es hat sich die Frage gestellt, ob für Arbeitnehmer im Vorruhestand steuerfreie Beiträge zur betrieblichen Altersversorgung nach § 3 Nr. 63 EStG erbracht werden können, z. B. Beiträge zu einer Pensionskasse. Die Finanzverwaltung vertritt hierzu folgende Auffassung (BMF-Schreiben vom 17.4.2003 Az.: IV C 5 – S 2333 – 34/03):

Mit Bezug des Vorruhestandsgeldes endet die Arbeitnehmereigenschaft im Sinne des Gesetzes zur Verbesserung der betrieblichen Altersversorgung. Da die Steuerfreiheit nach § 3 Nr. 63 EStG aber nur dann beansprucht werden kann, wenn es sich um eine Beitragsleistung des Arbeitgebers im Rahmen der betrieblichen Altersversorgung handelt, fallen Beiträge, die zu Gunsten eines Beziehers von Vorruhestandsleistungen z. B. an eine Pensionskasse gezahlt werden, nicht unter diese Regelung.

Allerdings ist eine Pauschalierung der Lohnsteuer mit 20 % nach § 40 b EStG möglich, wenn es sich bei den Beiträgen zur Pensionskasse um die Fortführung einer betrieblichen Altersversorgung aus der aktiven Beschäftigung handelt.

6. Keine vermögenswirksamen Leistungen für Arbeitnehmer im Vorruhestand

Zum persönlichen Geltungsbereich des Vermögensbildungsgesetzes gehören nur Arbeitnehmer, die in einem aktiven Dienstverhältnis stehen. Aus diesem Grunde können für Arbeitnehmer nach Eintritt in den Vorruhestand **keine vermögenswirksamen Leistungen** mehr erbracht werden. Etwas anderes gilt, wenn der im Vorruhestand lebende Arbeitnehmer, **daneben** noch eine Arbeitnehmertätigkeit ausübt; in diesem aktiven Dienstverhältnis kann der Arbeitnehmer vermögenswirksame Leistungen erhalten.

7. Vorruhestandsgeld als steuerfreie Abfindung

Das Vorruhestandsgesetz geht zwar von der Steuerpflicht des Vorruhestandsgelds aus. Die Steuerfreiheit von Entlassungsentschädigungen galt jedoch im Grundsatz auch für laufend gezahlte Vorruhestandsgelder, da diese nach der Rechtsprechung des Bundesfinanzhofs begrifflich Abfindungen darstellten, die wegen einer vom Arbeitgeber veranlassten Auflösung des Dienstverhältnisses gewährt werden.

Das Vorruhestandsgeld konnte also so lange steuerfrei gezahlt werden, bis die für die Entlassungsentschädigungen geltenden Freibeträge ausgeschöpft waren. Die steuerfreien Beträge für Abfindungen wegen Entlassung aus dem Dienstverhältnis in Höhe von 7200 €, 9000 € oder 11 000 € konnten nur noch bis 31.12.2007 in Anspruch genommen werden, wenn der Aufhebungsvertrag vor dem 1.1.2006 abgeschlossen worden war. Seit 1.1.2008 ist die Zahlung steuerfreier Abfindungen nicht mehr möglich (vgl. die ausführlichen Erläuterungen beim Stichwort „Abfindung wegen Entlassung aus dem Dienstverhältnis").

Die Lohnabrechnung für einen Bezieher von Vorruhestandsgeld soll an einem Beispiel verdeutlicht werden:

Beispiel

Ein lediger Arbeitnehmer ist 57 Jahre alt (Betriebszugehörigkeit mehr als 20 Jahre). Der Arbeitgeber bietet eine Vorruhestandsregelung an, nach der 75 % des durchschnittlichen Bruttoarbeitsentgelts der letzten 12 Monate als Vorruhestandsgeld gezahlt werden. Der Arbeitnehmer nimmt das Vorruhestandsangebot an und scheidet zum 31.5.2010 im Einvernehmen mit dem Arbeitgeber aus dem Dienstverhältnis aus. Ab 1.6.2010 ergibt sich folgende Lohnabrechnung:

Vorruhestandsgeld monatlich		1 200,— €
abzüglich:		
Lohnsteuer	44,08 €	
Solidaritätszuschlag	0,— €	
Kirchensteuer	3,52 €	
Sozialversicherung (Arbeitnehmeranteil)	225,30,— €	272,90 €
auszuzahlender Betrag		927,10 €

Berechnung der Lohnsteuer:

Das Vorruhestandsgeld beträgt 75 % des durchschnittlichen Bruttoarbeitsentgelts der letzten 12 Monate. Dieses beträgt z. B.		19 200,— €
durchschnittlich somit 1/12	=	1 600,— €
Vorruhestandsgeld 75 %	=	1 200,— €
Lohnsteuer für 1200 € nach Steuerklasse I		44,08 €
Solidaritätszuschlag	=	0,— €
Kirchensteuer (z. B. 8 %)	=	3,52 €

Berechnung der Sozialversicherungsbeiträge:

Das Vorruhestandsgeld in Höhe von 1200 € unterliegt der Beitragspflicht in der gesetzlichen Kranken-, Pflege- und Rentenversicherung.

Berechnung des Arbeitnehmeranteils:

Krankenversicherung (ermäßigter Beitragssatz, 6,7 % + 0,9 %)	7,6 % =	91,20 €
Pflegeversicherung mit Beitragszuschlag für Kinderlose (0,975 % + 0,25 %)	1,225 % =	14,70 €
Rentenversicherung	9,95 % =	119,40 €
Arbeitnehmeranteil		225,30 €

Berechnung des Arbeitgeberanteils:

Krankenversicherung (ermäßigter Beitragssatz)	6,7 % =	80,40 €
Pflegeversicherung	0,975 % =	11,70 €
Rentenversicherung	9,95 % =	119,40 €
Arbeitgeberanteil		211,50 €
Gesamtsozialversicherungsbeitrag		436,80 €

Zuschuss des Arbeitsamts:

Da der Arbeitnehmer nach dem Auslaufen des Vorruhestandsgesetzes in den Vorruhestand getreten ist, zahlt das Arbeitsamt **keinen Zuschuss** (außerdem hätte der Arbeitnehmer die altersmäßigen Voraussetzungen des ausgelaufenen Vorruhestandsgesetzes nicht erfüllt, das einen Eintritt in den Vorruhestand erst ab dem 58. Lebensjahr vorsah).

Vorschüsse

Vorschüsse sind Vorauszahlungen auf einen Arbeitslohn, der künftig erst noch verdient werden muss. Die Lohnsteuer ist bei jeder Zahlung von Arbeitslohn einzubehalten, also auch bei der Zahlung von Vorschüssen. Da Vorschüsse lohnsteuerpflichtig sind, sind sie auch beitragspflichtig bei der Sozialversicherung. Eine Ausnahme besteht nur dann, wenn es sich um ein echtes Arbeitgeberdarlehen handelt (vgl. „Darlehen an Arbeitnehmer" sowie „Zinsersparnisse und Zinszuschüsse").   ja   ja

Handelt es sich um Vorschüsse auf künftigen Arbeitslohn des laufenden Kalenderjahres, dann ist die Lohnsteuer für den Monat der Zahlung des Vorschusses so zu berechnen, als wären die Vorschüsse in den einzelnen Lohnzahlungszeiträumen, in denen sie durch Verrechnung getilgt werden, zugeflossen (R 39b.5 Abs. 4 Satz 1 LStR). In den Monaten der Tilgung des Vorschusses ist der Bruttoarbeitslohn für die Berechnung der Lohnsteuer dieses Monats um den Tilgungsbetrag zu mindern.

Beispiel A

Ein Arbeitnehmer (Steuerklasse III/0, kein Kirchensteuermerkmal) mit einem Monatslohn von 2500 € erhält im Juli 2010 einen Gehaltsvorschuss von 600 €, der mit Teilbeträgen von jeweils 200 € von den Arbeitslöhnen der Monate August, September und Oktober einbehalten wird.

Bei einer Erhöhung des Arbeitslohns um 200 € in den Monaten August, September und Oktober fällt Lohnsteuer in folgender Höhe an:

Vorschüsse

	Lohnsteuer	Solidaritäts-zuschlag
Arbeitslohn ohne Vorschuss (2500 €)	132,83 €	0,— €
Arbeitslohn mit Vorschuss (2700 €)	177,16 €	3,03 €
auf die Erhöhung um 200 € entfallen	44,33 €	3,03 €
Auf den Vorschuss entfallende Lohnsteuer: 44,33 € × 3 =		132,99 €
Lohnsteuer für den laufenden Monatslohn		132,83 €
Lohnsteuer für Juli 2010 insgesamt		265,82 €
Der auf den Vorschuss entfallende Solidaritätszuschlag beträgt 3,03 € × 3 =		9,09 €
Solidaritätszuschlag für den laufenden Monatslohn		0,— €
Solidaritätszuschlag für Juli 2010 insgesamt		9,09 €
Für die Monate August, September und Oktober ist die Lohnsteuer und der Solidaritätszuschlag aus (2500 € – 200 €) = 2300 € zu errechnen:		
Die Lohnsteuer beträgt jeweils		92,33 €
Der Solidaritätszuschlag beträgt jeweils		0,— €

Auch wenn sich der Gesamtbetrag des Vorschusses auf das laufende Kalenderjahr bezieht, kann der Vorschuss nach der Vereinfachungsregelung in R 39b.5 Abs. 4 Satz 2 der Lohnsteuer-Richtlinien wie ein sonstiger Bezug versteuert werden.

Gehaltsvorschüsse, deren Verrechnung sich ganz oder teilweise über das laufende Kalenderjahr hinaus in das nachfolgende Jahr hinein erstreckt, sind stets nach den Vorschriften über **sonstige Bezüge** zu versteuern (vgl. dieses Stichwort).

Von der Zahlung von Vorschüssen ist die Zahlung von **Abschlägen** zu unterscheiden. Der Arbeitnehmer enthält entsprechend seiner Arbeitsleistung eine Abschlagszahlung; die genaue Lohnabrechnung wird erst später vorgenommen. Werden Abschlagszahlungen geleistet, ist die Lohnsteuer erst bei der endgültigen Lohnabrechnung einzubehalten, wenn der Lohnabrechnungszeitraum nicht länger ist als 5 Wochen und die Lohnabrechnung spätestens 3 Wochen nach Ablauf des Lohnabrechnungszeitraums erfolgt (vgl. „Abschlagszahlungen").

Oft werden Vorschüsse vom Arbeitgeber ohne Lohnsteuerabzug ausgezahlt und ohne förmlichen Darlehensvertrag wie ein **zinsloses Darlehen** behandelt, d. h. der Vorschuss wird ungekürzt ausgezahlt, die spätere Verrechnung mit fälligem (Netto-)Arbeitslohn mindert nicht den für die Lohnsteuerberechnung maßgebenden Lohnbetrag. Ein solches Verfahren wird das Finanzamt meist nicht beanstanden, zumal es für den Arbeitnehmer ungünstiger sein kann (vgl. das folgende Beispiel B).

Beispiel B

Ein Arbeitnehmer erhält im Kalenderjahr 2010 einen Vorschuss, der wie ein zinsloses Darlehen behandelt wird, in Höhe von 3000 €.

Der marktübliche Zinssatz – anhand der Statistik der Deutschen Bundesbank ermittelt – für ein solches „Darlehen" soll bei Gewährung 5,95 % betragen.

Marktüblicher Zinssatz	5,95 %
Abschlag von 4 % (R 8.1 Abs. 2 Satz 9 LStR)	0,24 %
Maßstabszinssatz = Zinsverbilligung	5,71 %

Somit ergibt sich ein monatlicher Zinsvorteil in Höhe von (5,71 % von 3000 € = 171,30 € × $^{1}/_{12}$) 14,27 €. Der Zinsvorteil ist bei Anwendung der 44-Euro-Freigrenze lohnsteuer- und beitragsfrei, sofern diese nicht bereits anderweitig ausgeschöpft wurde.

Zu beachten ist, dass Zinsvorteile von vornherein nicht als Sachbezüge zu versteuern sind, wenn die Summe der noch nicht getilgten Darlehen am Ende des Lohnzahlungszeitraums (regelmäßig der Kalendermonat) 2600 € nicht übersteigt **(Freigrenze für Arbeitgeberdarlehen von 2600 €).**

Auf die ausführlichen Erläuterungen beim Stichwort „Zinsersparnisse und Zinszuschüsse" wird hingewiesen.

Vorsorgekuren, Vorsorgeuntersuchungen

	Lohn-steuer-pflichtig	Sozial-versich.-pflichtig

Vorsorgeaufwendungen

Auf die ausführlichen Erläuterungen zum Abzug der Vorsorgeaufwendungen in Anhang 8a zum Lexikon unter wird hingewiesen.

Vorsorgekuren, Vorsorgeuntersuchungen

Beihilfen des Arbeitgebers für **Vorsorgekuren** seiner Arbeitnehmer sind unter den beim Stichwort „Unterstützungen" dargestellten Voraussetzungen steuer- und beitragsfrei bis zu **600 €** je Arbeitnehmer jährlich (z. B. Beteiligung des Betriebsrats usw.). — nein / nein

Die Vorsorgekur muss jedoch durch einen Amtsarzt, Knappschaftsarzt oder durch einen vom staatlichen Gewerbearzt besonders ermächtigten Werksarzt **verordnet** und unter **ärztlicher Aufsicht** und Anleitung durchgeführt werden. Aus der Bescheinigung des anordnenden Arztes muss ersichtlich sein, dass durch die Vorsorgekur die Gefahr einer Erkrankung abgewendet werden soll. Der Arbeitgeberersatz muss sich außerdem auf die unmittelbaren Kurkosten beschränken. Ein Ersatz von Aufwendungen, die nicht unmittelbar durch die Kur veranlasst sind, wie z. B. für Kleidung, ist steuer- und beitragspflichtig. — ja / ja

Bei Zuschüssen des Arbeitgebers zu einer **Aktivwoche für Schichtmitarbeiter** handelt es sich aus folgenden Gründen um steuerpflichtige Zuschüsse für einen Kururlaub:

– Der Arbeitgeber macht seinen Schichtmitarbeitern lediglich ein Angebot zur Teilnahme zu der in Abstimmung mit der Krankenkasse durchgeführten Maßnahme. Die Teilnahme erfolgt freiwillig und wird nicht vom Arbeitgeber angeordnet. Die Nicht-Teilnahme ist für den Arbeitnehmer nicht erkennbar mit beruflichen Nachteilen verbunden.

– Die Aktivwoche wird ohne Anrechnung auf die Arbeitszeit in der Freizeit der Schichtarbeiter durchgeführt.

– An der Aktivwoche können Familienangehörige und/oder in der Haushaltsgemeinschaft lebende Lebenspartner teilnehmen.

Für einzelne Maßnahmen in dieser Aktivwoche kann allerdings die Steuerbefreiungsvorschrift des § 3 Nr. 34 EStG für zusätzliche Leistungen des Arbeitgebers zur betrieblichen Gesundheitsförderung (vgl. dieses Stichwort) in Betracht kommen.

Aufwendungen des Arbeitgebers für **Vorsorgeuntersuchungen** seiner Arbeitnehmer sind steuer- und beitragsfrei, wenn die Vorsorgeuntersuchungen vom Arbeitgeber ganz überwiegend aus betrieblichem Interesse veranlasst sind (BFH-Urteil vom 17. 9. 1982, BStBl. 1983 II S. 39). Davon ist z. B. auszugehen, wenn der Arbeitgeber bei einer Vorsorgeuntersuchung für einen bestimmten Kreis von Arbeitnehmern (z. B. leitenden Angestellten) einen gewissen Zwang ausübt, an der Vorsorgeuntersuchung teilzunehmen. Die unter dem Stichwort „Unterstützungen" dargestellten Voraussetzungen brauchen nicht vorzuliegen, d. h. eine Begrenzung auf 600 € je Arbeitnehmer und die Einschaltung des Betriebsrats ist nicht erforderlich. Steuerpflichtiger Arbeitslohn liegt u. E. auch nicht vor, wenn eine allgemeine Vorsorgeuntersuchung (z. B. Zuckertest, Schilddrüsenuntersuchung, Schlaganfallrisiko) allen Arbeitnehmern des Betriebs angeboten wird. — nein / nein

Bei **Schutzimpfungen** (z. B. gegen Grippe) handelt es sich um Maßnahmen zur Verhütung einer bestimmten Krankheit. Die Aufwendungen des Arbeitgebers für solche Schutzimpfungen fallen als Leistungen zur Primärprävention (= Risikoschutz) unter die Steuerbefreiungsvorschrift des § 3 Nr. 34 EStG (vgl. das Stichwort „Gesundheitsförderung"). — nein / nein

Siehe auch die Stichwörter „Bildschirmarbeit", „FPZ-Rückenkonzept", „Gesundheitsförderung" und „Raucherentwöhnung".

Vorsorgepauschale

In die Lohnsteuertabelle ist eine sog. Vorsorgepauschale eingearbeitet (vgl. das Stichwort „Tarifaufbau"). Die Vorsorgepauschale soll bestimmte Vorsorgeaufwendungen des Arbeitnehmers pauschal abgelten, damit er sich insoweit die Eintragung eines Freibetrags auf der Lohnsteuerkarte ersparen kann.

Vorsorgeaufwendungen sind insbesondere die Arbeitnehmerbeiträge zur gesetzlichen Sozialversicherung, die Beiträge zu privaten Kranken-, Pflege-, Unfall und Haftpflichtversicherungen sowie Beiträge zu bestimmten Lebens- oder Todesfallversicherungen und auch Beiträge zu privaten Rentenversicherungen.

Ab dem Jahre 2010 wird eine Vorsorgepauschale jedoch nur noch für bestimmte Vorsorgeaufwendungen gewährt.

Ab dem **Kalenderjahr 2010** setzt sich die **Vorsorgepauschale** zusammen aus
- einem Teilbetrag **Rentenversicherung,**
- einem Teilbetrag **Krankenversicherung** und
- einem Teilbetrag **Pflegeversicherung.**

Ein Teilbetrag Arbeitslosenversicherung wird trotz der ggf. bestehenden Pflichtversicherung des Arbeitnehmers bei der Ermittlung der Vorsorgepauschale nicht berücksichtigt. Die **Teilbeträge** für die Renten-, Kranken- und Pflegeversicherung sind jeweils **gesondert** zu **berechnen und** anschließend zu **addieren.**

Ist ein Arbeitnehmer weder in der gesetzlichen Rentenversicherung pflichtversichert noch wegen der Versicherung in einer berufsständischen Versorgungseinrichtung von der gesetzlichen Rentenversicherung befreit, ist bei der Vorsorgepauschale **kein Teilbetrag Rentenversicherung** anzusetzen **(z. B. Gesellschafter-Geschäftsführer einer GmbH, Beamte).** Die **Teilbeträge Kranken- und Pflegeversicherung** werden hingegen sowohl bei **gesetzlich Versicherten** als auch bei **privat Versicherten** berücksichtigt. Für die Teilbeträge Kranken- und Pflegeversicherung ist zudem der Ansatz der **Mindestvorsorgepauschale** zu prüfen, die auch dann greift, wenn keine (weder gesetzlich noch privat) Kranken- und Pflegeversicherung besteht.

Alle mit der Vorsorgepauschale zusammenhängenden Fragen sind in **Anhang 8** ausführlich anhand von Beispielen erläutert. In Anhang 8 ist auch eine **Tabelle für die ungekürzte und die gekürzte Vorsorgepauschale 2010** abgedruckt.

In Anhang 8a ist der Abzug der tatsächlichen Vorsorgeaufwendungen erläutert, den der Arbeitnehmer anstelle der Vorsorgepauschale bei einer Veranlagung zur Einkommensteuer nach Ablauf des Kalenderjahres beantragen kann. Die Vorsorgepauschale selbst wird ab 2010 bei einer Veranlagung zur Einkommensteuer nicht mehr berücksichtigt. Sie wird nur noch im Lohnsteuer-Abzugsverfahren gewährt.

Vorstandsvorsitzende und Vorstandsmitglieder

Vorstandsvorsitzende und Mitglieder des Vorstandes von **Kapitalgesellschaften,** Genossenschaften und Selbstverwaltungskörperschaften sind **Arbeitnehmer** im lohnsteuerlichen Sinne, weil sie in den Organismus des Unternehmens eingegliedert sind (BFH-Urteile vom 2. 10. 1968, BStBl. 1969 II S. 185 und vom 31. 1. 1975, BStBl. II S 358).

Arbeitszeitkonten (Zeitwertkonten) werden bei Organen von Kapitalgesellschaften steuerlich nicht anerkannt mit der Folge, dass etwaige Zuführungen zum Lohnzufluss führen (vgl. auch die Erläuterungen beim Stichwort „Arbeitszeitkonten" unter Nr. 4 Buchstabe c).

Mitglieder des Vorstandes einer Aktiengesellschaft sind von der Renten- und von der Arbeitslosenversicherung nicht erfasst (§ 1 Satz 4 SGB VI, § 27 Abs. 1 Nr. 5 SGB III).

Darüber hinaus gehen die Spitzenverbände der Sozialversicherung aber davon aus, dass die Vorstandsmitglieder von Aktiengesellschaften abhängig Beschäftigte i. S. des § 7 SGB IV sind, da es auf Grund der Kontrolle durch Aufsichtsräte an einem echten unternehmerischen Risiko fehlt. Etwas anderes gilt nur dann, wenn das Vorstandsmitglied selbst eine Mehrheitsbeteiligung an der Aktiengesellschaft hält. Dies hat steuerlich zur Folge, dass Vorstandsmitglieder von Aktiengesellschaften die als abhängig Beschäftigte anzusehen sind, **steuerfreie Zuschüsse** zur **Kranken- und Pflegeversicherung** (§ 3 Nr. 62 EStG) erhalten können. In Zweifelsfällen folgt die Finanzverwaltung der vom Sozialversicherungsträger getroffenen Entscheidung.

Mit der versicherungsrechtlichen Beurteilung in Deutschland beschäftigter Mitglieder von Organen einer ausländischen Kapitalgesellschaft hat sich das Bundessozialgericht in seinem Urteil vom 27.2.2008 – B 12 KR 23/06 R – (USK 2008-28) befasst. Dabei ging es konkret um die versicherungsrechtliche Beurteilung eines Mitglieds des Board of Directors (BoD) einer irischen Kapitalgesellschaft in Form einer private limited company in seiner Beschäftigung für die Gesellschaft in Deutschland. Hierzu hat das Bundessozialgericht entschieden, dass in Deutschland beschäftigte Mitglieder des Board of Directors einer private limited company irischen Rechts auch unter Berücksichtigung des Rechts der Europäischen Gemeinschaft nicht wie Mitglieder des Vorstandes einer deutschen Aktiengesellschaft von der Versicherungspflicht in der gesetzlichen Renten- und Arbeitslosenversicherung ausgenommen sind.

Die Spitzenverbände der Sozialversicherungsträger vertreten die Auffassung, dass dem Urteil des Bundessozialgerichts vom 27.2.2008 über den entschiedenen Einzelfall hinaus grundsätzliche Bedeutung beizumessen und den aufgestellten Grundsätzen für Kapitalgesellschaftsformen der EU-Mitgliedstaaten hinsichtlich ihrer Vergleichbarkeit mit einer Aktiengesellschaft nach deutschem Recht bzw. ihrer Vergleichbarkeit mit einer GmbH nach deutschem Recht zu folgen ist (vgl. BE vom 30./ 31.3.2009). Beschäftigte Organmitglieder dieser Gesellschaftsformen werden daher – unabhängig von der Bezeichnung ihrer jeweiligen Organfunktion – statusrechtlich dem Vorstand einer deutschen Aktiengesellschaft bzw. der Geschäftsführung einer deutschen GmbH gleichgestellt. Eine Übersicht der Kapitalgesellschaften in den einzelnen Mitgliedstaaten der Europäischen Union die als Parallelformen der deutschen Aktiengesellschaft betrachtet werden und der Gesellschaftsformen die als der deutschen GmbH vergleichbar behandelt werden, ist beim Stichwort „Gesellschafter-Geschäftsführer" unter Nr. 8 abgedruckt.

Siehe auch die Stichwörter: „Gesellschafter-Geschäftsführer" und „Vereinsvorsitzender".

Vorsteuerabzug

Zum Vorsteuerabzug wird auf die Erläuterungen bei den Stichwörtern „Reisekosten bei Auswärtstätigkeiten" unter Nr. 21 bis 25 und „Umzugskosten" unter Nr. 7 Bezug genommen.

Vorzugsaktien

siehe „Aktienüberlassung zu einem Vorzugskurs"

Wachhund

siehe „Hundegeld"

	Lohnsteuerpflichtig	Sozialversich.pflichtig

Waisengelder

Waisengelder aus einem früheren Dienstverhältnis des Verstorbenen (z. B. eines Beamten) sind als Versorgungsbezüge (vgl. dieses Stichwort) steuerpflichtiger Arbeitslohn. — ja — nein*)

Erhalten die Witwe eines Arbeitnehmers Witwengeld und seine Kinder Waisengeld vom Arbeitgeber, so ist Grundlage für die Zahlungen das frühere Dienstverhältnis des Erblassers (vgl. „Rechtsnachfolger"). Es ist unerheblich, ob die Rechtsnachfolger in einem Dienstverhältnis standen oder stehen. Bei **Witwen- und Waisengeld** handelt es sich um **getrennte** Bezüge, auch wenn der ganze Betrag an die Witwe (Mutter) ausgezahlt wird. Die Mutter ist hinsichtlich des Witwengeldes und die Kinder sind hinsichtlich des Waisengeldes steuerlich Arbeitnehmer, sodass die Steuerberechnung für das Waisengeld nach den Steuermerkmalen des Kindes vorzunehmen ist. Das Kind hat hierfür eine eigene Lohnsteuerkarte vorzulegen. Das Waisengeld ist im Normalfall ein lohnsteuerpflichtiger Versorgungsbezug. Deshalb kann der Versorgungsfreibetrag und der Zuschlag zum Versorgungsfreibetrag abgezogen werden, bevor nach den Merkmalen der vorgelegten Lohnsteuerkarte die Lohnsteuer berechnet wird (vgl. „Versorgungsbezüge, Versorgungsfreibetrag").

Wandelschuldverschreibungen und Wandeldarlehensverträge

Der Erwerb langjährig festverzinslicher **Wandelschuldverschreibungen** oder Wandelobligationen mit dem Recht auf vorzeitigen Umtausch in verbilligte Aktien zum Differenzpreis zwischen dem Nennbetrag der Schuldverschreibungen und dem Emissionspreis der Aktien kann beim Arbeitnehmer im Zeitpunkt der Wandlung zu einem geldwerten Vorteil führen. Dieser besteht im Unterschied zwischen dem tatsächlichen Wert der Aktien (= Börsenpreis) im Zeitpunkt des Erwerbs (= Verschaffung wirtschaftlichen Eigentums an den Aktien) und dem Erwerbspreis der Wandelschuldverschreibungen und ggf. der Aktien (BFH-Urteil vom 23.6.2005, BStBl. II S. 766).

Die vorstehenden Ausführungen gelten **auch dann,** wenn der Arbeitnehmer die Aktien aufgrund einer **Sperrfrist** nicht veräußern kann oder zur **Rückübertragung** verpflichtet ist, wenn das Arbeitsverhältnis während der Sperrfrist beendet oder aufgelöst wird.

Beispiel
Der Arbeitnehmer nahm an einem Mitarbeiterbeteiligungsprogramm teil und erhielt vom Arbeitgeber eine bestimmte Anzahl von Wandelschuldverschreibungen, die ihn zum verbilligten Erwerb von Aktien berechtigten. Aufgrund einer Verfallklausel war der Arbeitnehmer für den Fall der Auflösung des Arbeitsverhältnisses zur Rückübertragung bereits umgewandelter Aktien verpflichtet. Das Arbeitsverhältnis des Klägers wurde aufgelöst. Der Arbeitgeber verzichtete aber zugunsten des Arbeitnehmers auf die Rückübertragung eines Teils der Aktien. Das Finanzamt nahm den Zufluss eines weiteren geldwerten Vorteils in dem Zeitpunkt an, in dem der Arbeitgeber auf die Rückübertragung der Aktien verzichtete. Die Höhe des geldwerten Vorteils berechnete es in Höhe des Unterschiedsbetrags des Kurswertes der Aktien im Zeitpunkt des Verzichts und im Zeitpunkt der Umwandlung. Dagegen bestand der Arbeitnehmer ausschließlich auf einer Besteuerung in dem früheren Zeitpunkt der Wandlung der Anleihen in Aktien zu dem weitaus geringeren Kurswert.

Der Bundesfinanzhof hat nunmehr auch für diesen Fall bestätigt, dass ein geldwerter Vorteil nur im Zeitpunkt der Umwandlung der Anleihen in Aktien zufließt. Ein nachfolgender Verzicht auf die Rückübertragung der Aktien wirke sich nicht einkommenserhöhend aus (BFH-Urteil vom 30.9.2008, BStBl. 2009 II S. 282).

Hinweis: Muss ein Arbeitnehmer den in einem Kalenderjahr zugeflossenen Arbeitslohn ganz oder zum Teil in einem anderen Kalenderjahr zurückzahlen, so sind die Beträge im Jahr der Rückzahlung als negative Einnahmen zu berücksichtigen (vgl. die Erläuterungen beim Stichwort „Rückzahlung von Arbeitslohn"). Kommt es zur Rückübertragung von Vermögensbeteiligungen, kann die negative Einnahme u. E. nicht höher sein als der zuvor versteuerte Arbeitslohn. Die in solchen Fällen zwischenzeitlich eingetretene Kurssteigerung betrifft den lohnsteuerlich irrelevanten Bereich der privaten Vermögenssphäre des Arbeitnehmers (vgl. auch BFH-Urteil vom 17.9.2009 VI R 17/08).

	Lohnsteuerpflichtig	Sozialversich.pflichtig

Für **Wandeldarlehensverträge** gilt nach dem BFH-Urteil vom 23.6.2005 (BStBl. II S. 770) Folgendes:

– Gewährt ein Arbeitnehmer dem Arbeitgeber ein Darlehen, das mit einem Wandlungsrecht zum Bezug von Aktien ausgestattet ist, wird ein Zufluss von Arbeitslohn nicht bereits durch die Hingabe des Darlehens begründet.

– Im Falle der **Ausübung des Wandlungsrechts** durch den Arbeitnehmer fließt diesem ein geldwerter Vorteil aus dem Bezug von Aktien zu einem unter dem Kurswert liegenden Übernahmepreis grundsätzlich erst dann zu, wenn der Arbeitnehmer durch Erfüllung des Anspruchs das wirtschaftliche Eigentum an den Aktien verschafft wird. Der geldwerte Vorteil bemisst sich aus der Differenz zwischen dem Börsenpreis der Aktien und den Erwerbsaufwendungen.

– **Überträgt** der Arbeitnehmer das Darlehen nebst Wandlungsrecht **gegen Entgelt** auf einen Dritten, fließt dem Arbeitnehmer ein geldwerter Vorteil in Höhe der Differenz zwischen Verkaufserlös und Erwerbsaufwand im Zeitpunkt der Übertragung zu.

Siehe auch das Stichwort „Aktienoptionen".

Waren

Überlässt der Arbeitgeber dem Arbeitnehmer irgendwelche Waren unentgeltlich oder verbilligt, so ist der hierdurch entstehende geldwerte Vorteil steuer- und beitragspflichtig, wenn die für Sachbezüge geltende monatliche Freigrenze von 44 € überschritten ist. Als Wert der Waren ist der ortsübliche Preis (inklusive Mehrwertsteuer) anzusetzen; keinesfalls der Buchwert oder Teilwert. — ja — ja

Treibt der Arbeitgeber mit den unentgeltlich oder verbilligt an den Arbeitnehmer überlassenen Waren Handel mit Dritten, so kommt im Regelfall der Rabattfreibetrag von 1080 € jährlich zur Anwendung, das heißt, der geldwerte Vorteil bleibt bis zu einem Betrag von 1080 € im Kalenderjahr steuer- und beitragsfrei. — nein — nein

Siehe auch die Stichworte: Einrichtungsgegenstände, Grundstücke, Kraftfahrzeuge, Rabatte/Rabattfreibetrag, Sachbezüge.

Warengutscheine

Wichtiges auf einen Blick:

In der Praxis geben viele Arbeitgeber ihren Arbeitnehmer Warengutscheine (insbesondere Benzingutscheine), um so die monatliche 44-€-Freigrenze für Sachbezüge (vgl. hierzu das Stichwort „Sachbezüge" unter Nr. 4) zu nutzen. Dabei ist Folgendes zu beachten:

Ein bei einem Dritten einzulösender **Warengutschein** ist nur dann ein **Sachbezug,** wenn die Ware oder Dienstleistung der **Art** und **Menge** nach **konkret bezeichnet** ist. Es darf **weder** ein anzurechnender **Betrag noch** ein **Höchstbetrag** angegeben werden. Vgl. auch die Erläuterungen unter der nachfolgenden Nr. 1.

Ein bei einem Dritten einzulösender Gutschein ist zudem nur dann ein Sachbezug, wenn der **Arbeitgeber Vertragspartner des** aus dem Gutschein verpflichteten **Dritten** ist. **Anderenfalls** handelt es sich um eine **Geldzahlung,** für die die 44-€-Freigrenze für Sachbezüge nicht angewendet werden kann. Vgl. die Erläuterungen unter der nachfolgenden Nr. 2.

Tankkarten haben in der Regel **Bargeldfunktion** und wirken wie eine Firmenkreditkarte. Überlässt der Arbeitgeber dem Arbeitnehmer neben einem Warengutschein eine Tankkarte, handelt es sich um eine Geldzuwendung, für die die **44-€-Freigrenze** für Sachbezüge **nicht anwendbar** ist. Vgl. die Erläuterungen unter der nachfolgenden Nr. 3.

*) Zur evtl. Krankenversicherungspflicht von Versorgungsbezügen vgl. die Erläuterungen in Teil B Nr. 12 auf Seite 18.

Warengutscheine

| | Lohn-steuer-pflichtig | Sozial-versich.-pflichtig |

Gliederung:

1. Allgemeines
2. Arbeitgeber ist Vertragspartner des verpflichteten Dritten
3. Verwendung von Tankkarten
4. Zuflusszeitpunkt bei Gutscheinen
5. Muster für einen Benzingutschein
6. Gehaltsumwandlung

1. Allgemeines

Verschiedene Arbeitgeber gewähren ihren Arbeitnehmern aus Gründen der Steuerersparnis Arbeitslohn in Form von Sachbezügen. Erhalten Arbeitnehmer eines Kaufhauses z. B. anstelle des freiwilligen Weihnachtsgeldes einen Warengutschein im Wert von 1080 €, der zum Bezug der im Kaufhaus angebotenen Waren berechtigt, so ist dieser Betrag **steuerfrei**. Unter Berücksichtigung des 4%igen Preisabschlags können exakt Waren im Bruttoverkaufswert von 1125 € steuer- und beitragsfrei überlassen werden (vgl. das Stichwort „Rabatte, Rabattfreibetrag"). Wichtig ist hierbei, dass die Steuerfreiheit in Anwendung des Rabattfreibetrags in Höhe von 1080 € jährlich nur beim Bezug solcher Waren eintritt, mit denen **der Arbeitgeber Handel treibt.**

Diese Möglichkeit Steuern zu sparen, hat auch andere Arbeitgeber bewogen, anstelle von Barlohn Warengutscheine auszugeben. Denn auf Warengutscheine findet die monatliche 44-Euro-Freigrenze bzw. bei Waren und Dienstleistungen aus dem Sortiment des Arbeitgebers der jährliche Rabattfreibetrag von 1080 € Anwendung. Voraussetzung ist allerdings, dass der **Gutschein als Sachbezug** und nicht als Barlohn zu behandeln ist. Die Finanzverwaltung*) hat zur Abgrenzung des Barlohns von einem Sachbezug folgende bundeseinheitliche Kriterien aufgestellt:

– Warengutscheine, **die beim Arbeitgeber einzulösen sind,** stellen einen Sachbezug dar, auch wenn der Gutschein auf einen Euro-Betrag lautet.

– Gibt der Arbeitgeber Warengutscheine aus, die **bei einem Dritten** einzulösen sind, liegt kein Sachbezug vor, wenn auf dem Warengutschein neben der Bezeichnung der Ware ein **anzurechnender Betrag oder Höchstbetrag** angegeben ist. Denn die Finanzverwaltung geht in diesen Fällen davon aus, dass kein Sachbezug vorliegt, weil der Gutschein Bargeldcharakter hat.

– Nur wenn der Arbeitgeber seinem Arbeitnehmer einen bei einem Dritten einzulösenden Warengutschein gibt, der zum Bezug einer bestimmten, der Art und Menge nach **konkret bezeichneten Ware** oder Dienstleistung berechtigt, handelt es sich um einen Sachbezug. Bei den weit verbreiteten **Benzingutscheinen** sind also Angaben wie **30 Liter Superbenzin, 30 Liter Normalbenzin** oder **30 Liter Diesel** – **ohne** (weiterer) **Betragsangaben** – erforderlich.

Beispiel

Der Arbeitgeber händigt seinem Arbeitnehmer einen von der Tankstelle erstellten Blanko-Tankgutschein aus. Die Treibstoffart und die Literzahl wird von der Tankstelle erst bei Einlösung des Gutscheins eingetragen. Der Arbeitgeber erhält von der Tankstelle eine Rechnung über den Gutscheinwert.

Tankt der Arbeitnehmer z. B. 50 l Diesel zum Preis von 1,40 € (entspricht 70 €), werden 31,43 l (entspricht 44 €) durch den Gutschein angerechnet. Den Restbetrag (26 €) zahlt der Arbeitnehmer selbst. Ein Warengutschein ist nur dann ein Sachbezug, wenn er zum Bezug einer bestimmten, der Art und Menge nach konkret bezeichneten Ware oder Dienstleistung berechtigt. Auf den hier vom Arbeitgeber ausgegebenen Gutscheinen ist weder die Art noch die Menge der Ware konkret bezeichnet. Darüber hinaus soll der Gutschein offenbar durch die Art und Weise der Abrechnung auf einen Höchstbetrag von 44 € begrenzt werden. Der Gutschein hat somit die Funktion eines Zahlungsmittels. Der Arbeitgeber wendet Barlohn zu. Die 44-€-Freigrenze für Sachbezüge ist nicht anwendbar.

2. Arbeitgeber ist Vertragspartner des verpflichteten Dritten

Ein bei einem Dritten einzulösender Gutschein ist nur dann ein Sachbezug, wenn der **Arbeitgeber Vertragspartner des** aus dem Gutschein verpflichteten **Dritten** ist. Anderenfalls handelt es sich um eine Geldzahlung des Arbeitgebers, für die die 44-€-Freigrenze für Sachbezüge nicht angewendet werden kann.

Beispiel A

Der Arbeitgeber stellt seinen Arbeitnehmern Gutscheine über 30 l Superbenzin zur Verfügung. Der Arbeitnehmer erhält einen Gutschein und löst diesen bei einer Tankstelle (seiner Wahl) ein. Der Mitarbeiter bezahlt im Wege des abgekürzten Zahlungswegs die Tankrechnung namens und im Auftrag des Arbeitgebers und lässt sich den eingelösten Tankgutschein vom Tankwart bestätigen. Nach Einreichung des unterzeichneten Gutscheins und der Quittung beim Arbeitgeber erhält der Arbeitnehmer den ausgelegten Betrag zurück.

Ein Sachbezug ist eine Sach- oder Dienstleistung, die der Arbeitgeber an den Arbeitnehmer erbringt. Bezahlt der Arbeitnehmer zunächst den vollen Preis für eine Ware bzw. Dienstleistung und erhält aufgrund des Gutscheins vom Arbeitgeber später eine Gutschrift des ausgelegten Betrags, handelt es sich um eine Geldleistung des Arbeitgebers, auf die die 44-€-Freigrenze für Sachbezüge nicht angewendet werden kann.

Beispiel B

Der Arbeitgeber erstellt Tankgutscheine mit einer konkret bezeichneten Art und Menge des Kraftstoffs ohne einen anzurechnenden Betrag oder Höchstbetrag und verteilt sie an seine Arbeitnehmer. In einer Mitarbeiterinformation heißt es:

„Sie erhalten von Ihrem Arbeitgeber die Möglichkeit einen Sachwert in Höhe des Geldeswertes von maximal 40 € einzulösen. Bitte akzeptieren Sie auch zu Ihrem Vorteil, dass auf dem monatlichen Gutschein eine Menge an Kraftstoff steht, die bedingt durch die Tagespreise den Gesamtwert von 40 € pro Monat übersteigen kann. Tanken Sie nur die Menge, die zum Geldwert von 40 € führt."

Die Gutscheine werden nicht bei der Tankstelle eingereicht. Der Arbeitnehmer tankt dagegen mit einer Tankkarte des Arbeitgebers, die er nur nach Ausgabe des Gutscheins verwenden darf. Die Rechnungslegung erfolgt an den Arbeitgeber. Tanken darf der Arbeitnehmer mit dieser Tankkarte nur, wenn er infolge besonderer Leistungen einen Gutschein vom Arbeitgeber erhalten hat. Der Kartenzahlungsbeleg wird mit der monatlichen Gehaltsabrechnung aufbewahrt.

Mit der Rechnungslegung an den Arbeitgeber aufgrund der Vorlage der Tankkarte des Arbeitgebers durch den Arbeitnehmer bei der Tankstelle tilgt der Arbeitgeber eine vom Arbeitnehmer in dessen eigenen Namen begründete Verbindlichkeit. Der Arbeitgeber ist nicht Vertragspartner der Tankstelle. Es liegt eine Barlohnzahlung vor, auf die die 44-€-Freigrenze für Sachbezüge nicht anzuwenden ist (BFH-Urteil vom 27. 10. 2004, BStBl 2005 II S. 137). Zur Verwendung von Tankkarten vgl. auch die nachfolgende Nr. 3.

3. Verwendung von Tankkarten

Tankkarten haben in der Regel **Bargeldfunktion** und wirken wie eine **Firmenkreditkarte**. Überlässt der Arbeitgeber dem Arbeitnehmer neben einem Warengutschein eine Tankkarte, handelt es sich um eine Geldzuwendung, für die die 44-€-Freigrenze für Sachbezüge nicht anwendbar ist.*)

Beispiel A

Der Arbeitgeber ermöglicht seinen Arbeitnehmern monatlich aufgrund einer Vereinbarung eine bestimmte Menge an Kraftstoff mittels Tankkarten, die auf den Arbeitgeber lauten, im Namen und auf Rechnung des Arbeitgebers zu tanken. Neben der Tankkarte erhalten die Mitarbeiter eine Bescheinigung, mit welcher sie den Nachweis erbringen, dass im Namen und für Rechnung des Arbeitgebers getankt wird. Der Arbeitnehmer ist angewiesen neben der Tankkarte die Bescheinigung vorzulegen. Dies wird auf der Bescheinigung von der Tankstelle bestätigt. Die Handhabung wird zusätzlich schriftlich zwischen dem Arbeitgeber und den Arbeitnehmern vereinbart. Der Kraftstoff wird durch den Verkäufer direkt mit dem Arbeitgeber abgerechnet.

Da die Tankkarte auch hier die Funktion einer Firmenkreditkarte hat, hat die Zuwendung Bargeldcharakter mit der Folge, dass kein Sachbezug vorliegt und somit die 44-€-Freigrenze nicht anzuwenden ist. Die bei der Tankstelle vom Arbeitnehmer vorzulegende Bescheinigung

---

*) Vfg. der OFD Hannover vom 24. 4. 2008 – S 2334 – 281 – StO 212. Die Regelung ist als Anlage 1 zu H 8.2 LStR im **Steuerhandbuch für das Lohnbüro 2010** abgedruckt, das im selben Verlag erschienen ist. Das **PC-Lexikon** für das Lohnbüro 2010 enthält auch dieses Handbuch und hat außerdem den Vorteil, dass Sie **alle BFH-Urteile** sowie die aktuellen Rundschreiben und Niederschriften der Spitzenverbände der **Sozialversicherung** mit Mausklick **im Volltext** abrufen und ausdrucken können. Eine Bestellkarte finden Sie vorne im Lexikon.

Warengutscheine

	Lohn-steuer-pflichtig	Sozial-versich.-pflichtig

führt zu keiner anderen Beurteilung. Erhielte der Arbeitnehmer nämlich vom Arbeitgeber Bargeld und eine Bescheinigung, dass er im Namen und für Rechnung des Arbeitgebers tankt, wäre auch kein Sachbezug anzunehmen.

Bei einer Verwendung von Tankkarten ist allenfalls dann von einem **Sachbezug** auszugehen, wenn **Benzingutscheine** über eine Kundenkarte **(Tankkarte)** des **Arbeitgebers abgerechnet** werden, die bei der **Tankstelle verbleibt**. Es ist allerdings geäußert worden, dass dieser Weg in der Praxis nur sehr schwer zu praktizieren wäre.

Beispiel B
Der Arbeitnehmer erhält einen durch den Arbeitgeber selbst ausgestellten Warengutschein über Benzin für den privaten Gebrauch; Treibstoffart und Literzahl sind genau angegeben. Aufgrund einer zwischen dem Arbeitgeber und der Tankstelle getroffenen Vereinbarung wird über eine Kundenkarte des Arbeitgebers abgerechnet, die bei der Tankstelle verbleibt. Der Arbeitnehmer bekommt keine Tankkarte ausgehändigt.

In diesem Fall liegt ein Sachbezug vor, auf den die 44-€-Freigrenze angewendet werden kann. Da die Tankkarte des Arbeitgebers bei der Tankstelle verbleibt hat sie keine Zahlfunktion für den Arbeitnehmer.

4. Zuflusszeitpunkt bei Gutscheinen

Zum Zuflusszeitpunkt des Arbeitslohns bei der Ausgabe von Warengutscheinen ist in den Lohnsteuer-Richtlinien festgelegt worden, dass bei einem Warengutschein, der bei Vorliegen der Voraussetzungen unter 2. **bei einem Dritten einzulösen** ist, der Zufluss des Arbeitslohns mit der Hingabe des Gutscheins an den Arbeitnehmer erfolgt, weil der Arbeitnehmer zu diesem Zeitpunkt einen Rechtsanspruch gegenüber dem Dritten erhält. Zu diesem Zeitpunkt hat auch die Bewertung des Arbeitslohns zu erfolgen; spätere Preisveränderungen bleiben unberücksichtigt.

Beispiel A
Gutschein z. B. über 35 Liter Superbenzin. Benzinpreis im Zeitpunkt der Hingabe des Gutscheins z. B. 1,30 €:

1,30 € × 35 Liter =	45,50 €
hiervon 96 % = Wert des Sachbezugs	**43,68 €**

Da die monatliche 44-Euro-Freigrenze nicht überschritten ist, ist der Wert des Benzingutscheins in Höhe von 43,68 € steuer- und beitragsfrei.

Ist der Warengutschein hingegen nicht bei einem Dritten, sondern **beim Arbeitgeber selbst einzulösen,** fließt der Arbeitslohn dem Arbeitnehmer erst bei Einlösung des Gutscheins zu (R 38.2 Abs. 3 LStR).

Diese Regelung soll durch folgende Beispiele verdeutlicht werden:

Beispiel B
Das Feinkostgeschäft Dallmayr in München gibt seinen Mitarbeitern jeden Monat einen Warengutschein im Wert von 44 €, der zum Bezug von Waren im Hause Dallmayr berechtigt. Der Wert dieser Sachbezüge ist in Anwendung des Rabattfreibetrags in Höhe von 1080 € jährlich steuerfrei. Die Anwendung der 44-Euro-Freigrenze kommt nur für Sachbezüge in Betracht, auf die der Rabattfreibetrag nicht anzuwenden ist (vgl. die Erläuterungen beim Stichwort „Rabatte, Rabattfreibetrag" unter Nr. 2 Buchstabe b).

Beispiel C
Die Arbeitnehmer eines Steuerberaters in München erhalten jeden Monat einen Benzingutschein im Wert von 44 €, der bei einer bestimmten Tankstelle einzulösen ist. Dieser Warengutschein ist bereits wegen der Betragsangabe steuer- und beitragspflichtig, weil der Gutschein Bargeldcharakter hat.

Beispiel D
Die Arbeitnehmer im Beispiel B erhalten jeden Monat einen Benzingutschein entweder für 35 Liter Normalbenzin oder für 35 Liter Superbenzin (ohne betragsmäßige Wertangabe). Der Warengutschein ist ein Sachbezug, auf den die 44-Euro-Freigrenze anzuwenden ist. Solange der Preis für 35 Liter Normal- oder Superbenzin unter Berücksichtigung der sog. 96%-Regelung die 44-Euro-Grenze nicht übersteigt, ist der Wert des Warengutscheins steuer- und beitragsfrei, sofern die 44-Euro-Freigrenze noch nicht bei anderen Sachbezügen ausgeschöpft wurde. Zur Anwendung der sog. 96%-Regelung vgl. die Erläuterungen beim Stichwort „Sachbezüge" unter Nr. 4. Die Höhe des geldwerten Vorteils zur Überprüfung der 44-Euro-Freigrenze hat zum Zeitpunkt der Hingabe des Gutscheins an den Arbeitnehmer zu erfolgen; spätere Preisveränderungen bleiben unberücksichtigt.

Waschgeld

	Lohn-steuer-pflichtig	Sozial-versich.-pflichtig

5. Muster für einen Benzingutschein

Als Muster für einen Benzingutschein könnte folgender Text verwendet werden:

Benzingutschein für den Monat _____

für 30 Liter

☐ Superbenzin
☐ Normalbenzin
☐ Diesel

Arbeitgeber:

Name der Firma _____

Anschrift _____

Arbeitnehmer:

Name, Vorname _____

Anschrift _____

Zeitpunkt der Hingabe des Gutscheins: _____

_____   _____
Ort, Datum   Unterschrift des Arbeitgebers
                                    und Firmenstempel

Bei Vorliegen der übrigen Voraussetzungen spielt es übrigens keine Rolle, ob der Benzingutschein von einer Tankstelle oder dem Arbeitgeber hergestellt worden ist.

6. Gehaltsumwandlung

Aus Gründen der Steuerersparnis wird häufig erwogen, Barlohn in einen steuerfreien Sachbezug umzuwandeln. Dies ist möglich, wenn der Arbeitnehmer unter **Änderung** seines **Anstellungsvertrags** auf einen Teil seines Barlohns verzichtet und ihm der Arbeitgeber stattdessen Sachlohn gewährt. Es darf kein Wahlrecht des Arbeitnehmers zwischen Geld und einer Sachleistung bestehen (BFH-Urteil vom 6. 3. 2008, BStBl. II S. 530). Auf die Erläuterungen beim Stichwort „Gehaltsumwandlung" unter Nr. 2 wird hingewiesen. Die 44-Euro-Freigrenze für Sachbezüge ist stets auch sozialversicherungsrechtlich zu beachten (§ 3 Satz 4 SvEV). Die bei der Umwandlung von Barlohn in einen durch den Rabattfreibetrag begünstigten Sachbezug sozialversicherungsrechtlich zu beachtenden Besonderheiten sind beim Stichwort „Rabatte, Rabattfreibetrag" unter Nr. 13 Buchstabe b auf Seite 578 erläutert.

Wäschegeld

Ein Wäschegeld ist als **Auslagenersatz** steuerfrei und beitragsfrei, soweit es für die Reinigung der **vom Arbeitgeber gestellten Arbeitskleidung** ausgegeben wird.   nein   nein

Wäschegeld zur Abgeltung der Aufwendungen für die Reinigung der **eigenen Berufskleidung** des Arbeitnehmers stellt Werbungskostenersatz dar und ist deshalb steuer- und beitragspflichtig.   ja   ja

Zur Abgrenzung des steuerfreien Auslagenersatzes vom steuerpflichtigen Werbungskostenersatz vgl. die Ausführungen beim Stichwort „Auslagenersatz".

Waschgeld

Das tarifliche Waschgeld der Kaminfegergesellen war bis 31. 12. 1989 steuerfrei. Seit 1. 1. 1990 ist das Waschgeld

	Lohn-steuer-pflichtig	Sozial-versich.-pflichtig

nach Auffassung der Finanzverwaltung*) **steuer- und beitragspflichtig.** | ja | ja

Der Bundesfinanzhof hat aber einen steuerfreien Auslagenersatz auch dann anerkannt, wenn eine Zahlung des Arbeitgebers auf einer tarifvertraglichen Regelung beruht (BFH-Urteil vom 28. 3. 2006, BStBl. II S. 473; vgl. auch die Erläuterungen beim Stichwort „Auslagenersatz"). Die Verwaltung hält aber dennoch weiter an ihrer Auffassung fest, **weil** es sich bei den an die Kaminfegergesellen gezahlten Waschgelder um **pauschale Zahlungen** handelt.

Das den Kaminfegergesellen gezahlte Kleidergeld ist dagegen steuer- und beitragsfrei (vgl. „Kleidergeld"). | nein | nein

Wasserzuschläge

Wasserzuschläge sind als „Erschwerniszuschläge" steuer- und beitragspflichtig. | ja | ja

Wechselnde Einsatzstellen

siehe „Einsatzwechseltätigkeit" und „Reisekosten bei Auswärtstätigkeiten".

Wechselschichtzulage

Wechselschichtzulagen sind Lohnzuschläge für unregelmäßige Arbeitszeit; sie sind lohnsteuer- und sozialversicherungspflichtig. Die Abspaltung eines steuerfreien Teils als Zuschlag für Sonntags-, Feiertags- und Nachtarbeit ist nicht zulässig (BFH-Urteil vom 7. 7. 2005, BStBl. II S. 888). | ja | ja

Beispiel A
Ein Arbeitnehmer im Bankgewerbe erhält für ständige Wechselschichtarbeit einen monatlichen Zuschlag von 300 €. In der dritten Schicht wird regelmäßig Nachtarbeit geleistet. Der Wechselschichtzuschlag ist in voller Höhe steuer- und beitragspflichtig. Die Abspaltung eines steuerpflichtigen Teils für Nachtarbeit (z. B. $^1/_3$ von 300 € = 100 € als steuerfreier Nachtarbeitszuschlag) ist nicht zulässig.

Wird unter der Bezeichnung „Wechselschichtzuschlag" ein echter stundenweise zuzuordnender Nachtarbeitszuschlag für tatsächlich geleistete Nachtarbeit gezahlt, so ist dieser Zuschlag nach § 3 b EStG bis zu den dort genannten Zuschlagssätzen steuerfrei. Dass der Zuschlag ggf. nicht als „Nachtarbeitszuschlag", sondern als „Wechselschichtzuschlag" bezeichnet wird, hat auf die Steuerfreiheit nach § 3 b EStG dann keinen Einfluss, wenn die übrigen Voraussetzungen des § 3 b EStG erfüllt sind (vgl. „Zuschläge für Sonntags-, Feiertags- und Nachtarbeit").

Beispiel B
Ein Arbeitnehmer erhält einen 10%igen Wechselschichtzuschlag, der zum steuerpflichtigen Arbeitslohn gehört. In diesen Fällen ist ein 25%iger Nachtzuschlag für die Zeit von 20 Uhr bis 6 Uhr nur in Höhe von 15% steuerfrei, da es sich in Höhe von 10% um die Fortzahlung eines steuerpflichtigen Wechselschichtzuschlags handelt.

Siehe auch das Stichwort „Schichtlohnzuschläge".

Wegegelder

Wegegelder als Ersatz der Fahrtkosten sind ohne Rücksicht auf das benutzte Verkehrsmittel steuerfrei, wenn die der Zahlung zugrunde liegende Fahrt als **Auswärtstätigkeit** anzusehen ist. | nein | nein

Erfüllen die zugrunde liegenden Fahrten diese Voraussetzungen nicht, handelt es sich um Fahrten zwischen Wohnung und regelmäßiger Arbeitsstätte. Für diese Fahrten gilt Folgendes:

Die Wegegelder sind steuerpflichtig, auch wenn der Arbeitnehmer öffentliche Verkehrsmittel benutzt. Zur Gewährung eines Job-Tickets vgl. die Erläuterungen beim Stichwort „Fahrten zwischen Wohnung und regelmäßiger Arbeitsstätte" unter Nr. 4. | ja | ja**)

Die Wegegelder sind auch dann steuerpflichtig, wenn der Arbeitnehmer keine öffentlichen Verkehrsmittel sondern andere Fahrzeuge (z. B. seinen Pkw) benutzt. Auf die ausführlichen Erläuterungen beim Stichwort „Fahrten zwischen Wohnung und regelmäßiger Arbeitsstätte" wird Bezug genommen. | ja | ja**)

Wegegelder als **Ersatz für den Zeitaufwand** sind stets steuerpflichtig (siehe „Wegezeitentschädigungen"). | ja | ja

Wegezeitentschädigungen

Wegezeitentschädigungen (teilweise „Wegegelder" genannt), die in manchen Wirtschaftszweigen bei besonders langen Anmarschwegen für die über normale Wegezeit hinausgehenden Wegezeiten gewährt werden (insbesondere an Waldarbeiter), sind ihrer Natur nach „Entschädigungen für Zeitverlust und Verdienstausfall" und als solche steuerpflichtiger Arbeitslohn. | ja | ja

Steuerfreiheit ist nur dann gegeben, wenn die Voraussetzungen für steuerfreie Reisekosten bei Auswärtstätigkeit gegeben sind und die dort genannten Beträge nicht überschritten werden (vgl. das Stichwort „Reisekosten bei Auswärtstätigkeiten"). Ggf. können auch steuerfreie Auslösungen bei doppelter Haushaltsführung (vgl. dieses Stichwort) vorliegen.

Wege zwischen Wohnung und Arbeitsstätte

siehe „Entfernungspauschale" und „Fahrten zwischen Wohnung und regelmäßiger Arbeitsstätte"

Wehrdienst

Zur Unterbrechung des Arbeitsverhältnisses bei der Ableistung des Wehrdienstes wird auf die Erläuterungen beim Stichwort „Arbeitsunterbrechung" Bezug genommen.

Wird neben dem gesetzlichen Wehrdienst eine geringfügig entlohnte Beschäftigung (sog. 400-Euro-Job) ausgeübt, gilt Folgendes:

Eine neben gesetzlicher Dienstpflicht (Wehr- oder Zivildienst) ausgeübte geringfügig entlohnte Beschäftigung ist versicherungsfrei; dabei spielt es keine Rolle, ob die geringfügig entlohnte Beschäftigung beim bisherigen Arbeitgeber oder bei einem anderen Arbeitgeber ausgeübt wird. Der Arbeitgeber hat deshalb im Normalfall eine Pauschalabgabe von (15 % + 13 % + 2 % =) 30 % an die Minijob-Zentrale bei der Deutschen Rentenversicherung Knappschaft-Bahn-See zu entrichten.

Arbeitnehmer, deren Beschäftigungsverhältnis durch den Wehr- oder Zivildienst unterbrochen wird und die während der gesetzlichen Dienstpflicht eine auf zwei Monate bzw. 50 Arbeitstage befristete Beschäftigung ausüben und mehr als 400 € im Monat verdienen, üben diese Beschäftigung **berufsmäßig** aus. Dabei spielt es keine Rolle, ob

---

*) Bundeseinheitliche Regelung. In Bayern veröffentlicht mit Schreiben des Bayer. Staatsministeriums der Finanzen vom 21. 3. 1991 Az.: 32–S 2332–117/2–14 472. Das Schreiben ist als Anlage 2 zu H 3.50 LStR im **Steuerhandbuch für das Lohnbüro 2010** abgedruckt, das im selben Verlag erschienen ist. Das **PC-Lexikon** für das Lohnbüro 2010 enthält auch dieses Handbuch und hat außerdem den Vorteil, dass Sie **alle BFH-Urteile** sowie die aktuellen Rundschreiben und Niederschriften der Spitzenverbände der **Sozialversicherung** mit Mausklick **im Volltext** abrufen und ausdrucken können. Eine Bestellkarte finden Sie vorne im Lexikon.

**) Ein Arbeitgeberersatz für Fahrten zwischen Wohnung und regelmäßiger Arbeitsstätte ist zwar steuer- und beitragspflichtiges Arbeitsentgelt; der Arbeitgeber hat jedoch in bestimmtem Umfang die Möglichkeit der Lohnsteuerpauschalierung nach § 40 Abs. 2 EStG mit 15 %. Dies löst Beitragsfreiheit in der Sozialversicherung aus (§ 1 Abs. 1 Nr. 3 Sozialversicherungsentgeltverordnung). Vgl. die Ausführungen beim Stichwort „Fahrten zwischen Wohnung und regelmäßiger Arbeitsstätte" unter Nr. 5.

	Lohn-steuer-pflichtig	Sozial-versich.-pflichtig

die befristete Beschäftigung beim bisherigen Arbeitgeber oder bei einem anderen Arbeitgeber ausgeübt wird. Da die kurzfristig ausgeübte Beschäftigung berufsmäßig ausgeübt wird, ist sie nicht versicherungsfrei, sondern versicherungspflichtig (vgl. die Erläuterungen beim Stichwort „Geringfügige Beschäftigung" unter Nr. 14 Buchstabe e).

Wehrsold
siehe „Bundeswehr"

Wehrübung

Während einer Einberufung zur Wehrübung ruht das Arbeitsverhältnis nach § 1 Abs. 1 des Arbeitsplatzschutzgesetzes. Auf die Dauer der Wehrübung kommt es nicht mehr an.

Während einer Wehrübung muss der Arbeitgeber den Arbeitslohn nicht weiterzahlen. Der Arbeitnehmer erhält eine **steuerfreie Verdienstausfallentschädigung** nach den Vorschriften des Unterhaltssicherungsgesetzes, die dem **Progressionsvorbehalt** unterliegt. Damit der Arbeitnehmer diese Verdienstausfallentschädigung bekommt, muss der Arbeitgeber eine Bescheinigung über den Netto-Verdienstausfall ausstellen.

Bei der Berechnung der Sozialversicherungsbeiträge ist zu beachten, dass bei einer Wehrübung (ohne Lohnfortzahlung) ein **Teillohnzahlungszeitraum** entsteht. Die Berechnung der Beiträge richtet sich nach dem beim Stichwort „Teillohnzahlungszeitraum" unter Nr. 4 auf Seite 692 dargestellten Verfahren unter Beachtung der anteiligen Monatsbeitragsbemessungsgrenze.

Lohnsteuerlich entsteht **kein** Teillohnzahlungszeitraum. Auf den Monatslohn, der nach Abzug des Lohnausfalls für die Tage der Wehrübung verbleibt, kann deshalb ohne weiteres die Monatslohnsteuertabelle angewandt werden.

Wird ein Arbeitnehmer zu einer Wehrübung von **mindestens fünf Arbeitstagen** herangezogen, so ist im Lohnkonto und in der Lohnsteuerkarte ein „U" zu bescheinigen (vgl. „Lohnkonto" unter Nr. 9 auf Seite 449).

Weihnachtsfeiern

Sachleistungen im üblichen Rahmen sind steuerfrei, wenn es sich um eine herkömmliche Veranstaltung handelt (vgl. „Betriebsveranstaltungen"). nein nein

Weihnachtsgeld

1. Allgemeines

Das Weihnachtsgeld ist
– steuerlich als **sonstiger Bezug** und
– sozialversicherungsrechtlich als **einmalige Zuwendung***)

zu behandeln. ja ja

Einzelheiten ergeben sich aus dem folgenden Beispiel einer Lohnabrechnung mit Weihnachtsgeld. Insbesondere die Gewährung von Weihnachtsgeld wird oft an die Bedingung geknüpft, dass das Arbeitsverhältnis im darauf folgenden Jahr noch eine bestimmte Zeit besteht. Wird das Arbeitsverhältnis aus Gründen aufgelöst, die der Arbeitnehmer zu vertreten hat, muss er auch das **Weihnachtsgeld zurückzahlen**. Wie die Rückzahlung des Weihnachtsgeldes steuer- und beitragsrechtlich zu behandeln ist, ist anhand eines Beispiels beim Stichwort „Rückzahlung von Arbeitslohn" unter Nr. 4 auf Seite 628 dargestellt.

Wenn das Weihnachtsgeld zusammen mit den Dezemberbezügen erst im Januar des folgenden Kalenderjahres an den Arbeitnehmer ausgezahlt wird, stellt sich die Frage, ob es sich um Arbeitslohn des abgelaufenen oder des neuen Kalenderjahrs handelt. Maßgebend hierfür ist allein der Zuflusszeitpunkt.

Beispiel
Lohnzahlungszeitraum ist der Kalendermonat. Der Monatslohn für Dezember 2010 wird zusammen mit einer Weihnachtsgratifikation am 2.1.2011 ausgezahlt. Der laufende Arbeitslohn gilt im Kalenderjahr 2010 als zugeflossen und ist in die Lohnabrechnung für Dezember 2010 mit einzubeziehen. Der sonstige Bezug ist im Kalenderjahr 2011 zugeflossen und in die Lohnabrechnung für Januar 2011 einzubeziehen. Eine einheitliche Abrechnung mit den Dezemberbezügen ist in diesen Fällen nicht zulässig.

Wichtig ist also in diesen Fällen, wann dem Arbeitnehmer der Arbeitslohn zufließt. Wird der Arbeitslohn, wie dies heute allgemein üblich ist, unbar gezahlt, so wird der Arbeitgeber von dem Tag ausgehen können, an dem er den Überweisungsauftrag erteilt. Wird also im Beispielsfall der Überweisungsauftrag noch im Dezember 2010 erteilt, so ist der sonstige Bezug im Dezember 2010 zugeflossen und kann mit den Dezemberbezügen abgerechnet werden.

2. Gestaltungsmöglichkeiten aus Gründen der Steuerersparnis

Aus Gründen der Steuerersparnis wird häufig erwogen, das **Weihnachtsgeld** zum Teil in pauschal mit 20 % versteuerte Beiträge **in eine Direktversicherung umzuwandeln***). Diese Möglichkeit ist für sog. Altfälle nach wie vor zulässig und anhand eines Beispiels beim Stichwort „Zukunftsicherung" unter Nr. 16 Buchstabe a auf Seite 811, erläutert.

Verschiedene Arbeitgeber gewähren ihren Arbeitnehmern aus Gründen der Steuerersparnis kein Weihnachtsgeld in bar, sondern in Form von Sachbezügen. Erhalten z. B. Arbeitnehmer eines Kaufhauses anstelle des Weihnachtsgeldes einen Warengutschein im Wert von 1080 €, der zum Bezug der im Kaufhaus angebotenen Waren berechtigt, so ist dieser Betrag **steuerfrei**. Unter Berücksichtigung des 4 %igen Preisabschlags können exakt Waren im Bruttoverkaufswert von 1125 € steuer- und beitragsfrei überlassen werden. Die Umwandlung von steuerpflichtigem Barlohn in einen steuerfreien Sachbezug ist nach der Rechtsprechung des Bundesfinanzhofs nur dann zulässig, wenn der Arbeitsvertrag entsprechend geändert wird (BFH-Urteil vom 6.3.2008, BStBl. II S. 530). Der Rabattfreibetrag kann also nicht in Anspruch genommen werden, wenn der Arbeitnehmer ein Wahlrecht zwischen Bargeld oder einem Sachbezug hat.

Bei der **Sozialversicherung** ist zu beachten, dass diese Gestaltungsmöglichkeit nur akzeptiert wird, wenn es sich bei den anstelle des Weihnachtsgeldes gewährten Warengutscheinen und Sachbezügen um freiwillige Leis-

---

*) Nach dem Besprechungsergebnis der Spitzenverbände der Sozialversicherung in der Sitzung am 26./27.5.2004 TOP 6 wurde zur Frage, ob das Weihnachtsgeld in jedem Kalendermonat mit einem Zwölftel ausgezahlt und dann als laufendes Arbeitsentgelt angesehen werden kann, Folgendes beschlossen:
Einmalig gezahltes Arbeitsentgelt sind nach § 23a Abs. 1 Satz 1 SGB IV Zuwendungen, die dem Arbeitsentgelt zuzurechnen sind und nicht für die Arbeit in einem einzelnen Entgeltabrechnungszeitraum gezahlt werden. Aus dieser Legaldefinition kann im Umkehrschluss gefolgert werden, dass es sich um laufendes Arbeitsentgelt handelt, wenn die Zuwendungen für die Arbeit in einem einzelnen Entgeltabrechnungszeitraum gewährt werden. Die Besprechungsteilnehmer vertreten deshalb den Standpunkt, dass Einmalzahlungen, die – ungeachtet der arbeitsrechtlichen Zulässigkeit – in jedem Kalendermonat zu einem Zwölftel zur Auszahlung gelangen, den Charakter als einmalig gezahltes Arbeitsentgelt im Sinne des § 23a SGB IV verlieren und damit als laufendes Arbeitsentgelt zu qualifizieren sind. Dies hat z. B. Auswirkungen auf die beitragsrechtliche Behandlung von Beiträgen zur Direktversicherung, die nach § 40b EStG pauschal versteuert werden, denn die pauschal versteuerten Direktversicherungsbeiträge sind nach § 2 Abs. 1 Satz 1 Nr. 3 ArEV nur dann nicht dem Arbeitsentgelt zuzuordnen, wenn es sich hierbei um zusätzliche Leistungen des Arbeitgebers handelt, die neben dem laufenden Arbeitsentgelt gezahlt oder aus Einmalzahlungen finanziert werden. Sofern für die Direktversicherungsbeiträge laufendes Arbeitsentgelt verwendet wird, was im Falle einer Umstellung des Weihnachtsgeldes von Einmalzahlung auf monatliche Zahlungen der Fall wäre, führt dies nicht zu einer Minderung des beitragspflichtigen Arbeitsentgelts, das heißt, die aus dem laufenden Arbeitsentgelt finanzierten Direktversicherungsbeiträge unterliegen auch bei einer Pauschalbesteuerung mit 20 % nach § 40b EStG der Beitragspflicht.

Weihnachtsgeld

tungen des Arbeitgebers handelt, die über den Tarif- oder Arbeitsvertrag hinaus erfolgen. Nicht akzeptiert wird diese Gestaltungsmöglichkeit, wenn die Warengutscheine oder Sachzuwendungen **anstelle von vertraglich vereinbartem Arbeitsentgelt** gewährt werden (vgl. die Erläuterungen beim Stichwort „Rabatte/Rabattfreibetrag" unter Nr. 13 Buchstabe b auf Seite 578). Dabei werden folgende Fälle unterschieden:

– Geldwerte Vorteile aus Warengutscheinen und Sachleistungen, die der Arbeitgeber als freiwillige Leistung **zusätzlich** zum Arbeitsentgelt gewährt, fallen unter § 8 Abs. 3 EStG und gehören – soweit sie hiernach steuerfrei sind – nicht zum Arbeitsentgelt im Sinne der Sozialversicherung.

– Geldwerte Vorteile aus Warengutscheinen und Sachleistungen, die anstelle von in den Vorjahren außervertraglich **(freiwillig)** gezahltem Arbeitsentgelt gewährt werden, fallen unter § 8 Abs. 3 EStG und gehören – soweit sie hiernach steuerfrei sind – nicht zum Arbeitsentgelt im Sinne der Sozialversicherung.

– Geldwerte Vorteile aus Warengutscheinen und Sachleistungen, die **anstelle von vertraglich vereinbartem Arbeitsentgelt** gewährt werden, fallen nicht unter § 8 Abs. 3 EStG und gehören somit in voller Höhe zum beitragspflichtigen Arbeitsentgelt im Sinne der Sozialversicherung.

3. Lohnabrechnung mit Weihnachtsgeld

Die Lohnabrechnung für das Weihnachtsgeld (laufender Arbeitslohn zuzüglich sonstiger Bezug) soll anhand eines zusammenfassenden Beispiels (Berechnung der Steuerabzugsbeträge und der Sozialversicherungsbeiträge) erläutert werden.

Beispiel

Ein Arbeitnehmer (Steuerklasse III/0) erhält im Kalenderjahr 2010 ein Monatsgehalt in Höhe von 3500 €. Auf seiner Lohnsteuerkarte 2010 ist als Kirchensteuermerkmal „rk" bescheinigt. Als besondere Weihnachtszuwendung wird im Dezember 2010 ein volles Monatsgehalt gezahlt.

Für Dezember 2010 ergibt sich folgende Lohnabrechnung:

laufender Arbeitslohn	3 500,— €	
Weihnachtsgeld	3 500,— €	
insgesamt	7 000,— €	
abzüglich:		
Lohnsteuer für den laufenden Arbeitslohn	354,50 €	
Solidaritätszuschlag für den laufenden Arbeitslohn	19,49 €	
Kirchensteuer für den laufenden Lohn	28,36 €	
Lohnsteuer für das Weihnachtsgeld	814,— €	
Solidaritätszuschlag für das Weihnachtsgeld	44,77 €	
Kirchensteuer für das Weihnachtsgeld	65,12 €	
Sozialversicherungsbeiträge:		
– für den Monatslohn Dezember 2010	716,63 €	
– für das Weihnachtsgeld	671,— €	2 713,87 €
Nettolohn im Dezember		4 286,13 €

1. Berechnung der Lohnsteuer

Monatslohn für Dezember 2010	3 500,— €
Lohnsteuer lt. Monatstabelle (Steuerklasse III/0)	354,50 €
Solidaritätszuschlag	19,49 €
Kirchensteuer (8 %)	28,36 €
Besteuerung des Weihnachtsgelds als sonstiger Bezug:	
voraussichtlicher laufender Jahresarbeitslohn (12 × 3500 €) =	42 000,— €

Lohnsteuer nach Steuerklasse III/0 der Jahreslohnsteuertabelle 2010

a) vom maßgebenden Jahresarbeitslohn (42 000 €)	4 254,— €
b) vom maßgebenden Jahresarbeitslohn einschließlich der Weihnachtsgratifikation (42 000 € + 3500 €) = 45 500 €	5 068,— €
Differenz = Lohnsteuer für das Weihnachtsgeld	814,— €
Solidaritätszuschlag beträgt 5,5 % von 814 € =	44,77 €
Die Kirchensteuer beträgt 8 % von 814 € =	65,12 €

2. Berechnung der Sozialversicherungsbeiträge

Die Berechnung der Sozialversicherungsbeiträge ist nach dem beim Stichwort „Einmalige Zuwendungen" unter Nr. 2 auf Seite 216 dargestellten Verfahren durchzuführen. Hiernach ergibt sich folgende Berechnung der Arbeitgeber- und Arbeitnehmeranteile ausgehend von folgenden Beitragssätzen: Krankenversicherung (7,9 % und 7,0 %); Pflegeversicherung (1,225 % und 0,975 %); Rentenversicherung (2 × 9,95 %); Arbeitslosenversicherung (2 × 1,4 %). Es gelten die Beitragsbemessungsgrenzen in den alten Bundesländern.

a) Monatslohn Dezember 2010

	Arbeitnehmeranteil	Arbeitgeberanteil
Krankenversicherung (7,9 % und 7,0 %) aus 3500 €	276,50 €	245,— €
Pflegeversicherung (1,225 % und 0,975 %) aus 3500 €	42,88 €	34,13 €
Rentenversicherung 2 × 9,95 % aus 3500 €	348,25 €	348,25 €
Arbeitslosenversicherung 2 × 1,4 % aus 3500 €	49,— €	49,— €
insgesamt	716,63 €	676,38 €

b) Weihnachtsgeld in Höhe von 3500 €

Jahresbeitragsbemessungsgrenze 2009	Kranken- und Pflegeversicherung	Renten- und Arbeitslosenversicherung
12 × 3750,— €	45 000,— €	
12 × 5500,— €		66 000,— €
Beitragspflichtiges Arbeitsentgelt von Januar–Dezember (3500 € × 12)	42 000,— €	42 000,— €
noch nicht verbrauchte Beitragsbemessungsgrenze	3 000,— €	24 000,— €

Das Weihnachtsgeld in Höhe von 3500,– € unterliegt somit in Höhe von 3000,– € der Beitragspflicht in der Kranken- und Pflegeversicherung und in voller Höhe der Beitragspflicht in der Renten- und Arbeitslosenversicherung.

	Arbeitnehmeranteil	Arbeitgeberanteil
Krankenversicherung (7,9 % und 7,0 %) aus 3000 €	237,— €	210,— €
Pflegeversicherung (1,225 % und 0,975 %) aus 3000 €	36,75 €	29,25 €
Rentenversicherung 2 × 9,95 % aus 3500 €	348,25 €	348,25 €
Arbeitslosenversicherung 2 × 1,4 % aus 3500 €	49,— €	49,— €
insgesamt	671,— €	636,50 €

Nach R 42b Abs. 3 der Lohnsteuer-Richtlinien darf der Arbeitgeber bei denjenigen Arbeitnehmern, bei denen er zur Durchführung des Lohnsteuer-Jahresausgleichs berechtigt ist, die Lohnabrechnung für Dezember mit der Durchführung des Jahresausgleichs zusammenfassen und beides in einem Arbeitsgang durchrechnen. Dabei kann er auch eine im Dezember gezahlte Weihnachtszuwendung mit einbeziehen (vgl. das Stichwort „Lohnsteuer-Jahresausgleich durch den Arbeitgeber" unter Nr. 8 auf Seite 470).

Weiträumiges Arbeitsgebiet

Der Begriff „weiträumiges Arbeitsgebiet" spielt eine Rolle für die Beantwortung der Frage, ob ein Arbeitnehmer eine regelmäßige Arbeitsstätte hat. Dies ist wiederum von Bedeutung für die Beurteilung einer Tätigkeit als Aus-

	Lohn-steuer-pflichtig	Sozial-versich.-pflichtig

wärtstätigkeit. Auf die ausführlichen Erläuterungen beim Stichwort „Reisekosten bei Auswärtstätigkeiten" wird Bezug genommen.

Werbedamen

Ob Werbedamen mit jeweils kurzfristigem Arbeitseinsatz nichtselbständig oder selbständig tätig sind, muss nach dem Gesamtbild der tatsächlichen Verhältnisse beurteilt werden. Werbedamen, die von verschiedenen Auftraggebern nur von Fall zu Fall für jeweils kurzfristige Werbeaktionen (z. B. in Kaufhäusern oder Supermärkten) beschäftigt werden und hierfür ein festes Tageshonorar erhalten, jedoch keinen Anspruch auf Urlaubsgeld, Weihnachtsgeld sowie auf Fortzahlung der Bezüge im Krankheitsfall haben, sind grundsätzlich selbständig tätig und keine Arbeitnehmer (BFH-Urteil vom 14. 6. 1985, BStBl. II S. 661). Die Vergütungen unterliegen nicht dem Lohnsteuerabzug; sie sind vielmehr im Wege der Veranlagung zur Einkommensteuer steuerlich zu erfassen. nein nein

Werbegeschenke

Kauft der Arbeitnehmer im Auftrag des Arbeitgebers ein Geschenk für einen Kunden und erhält er den Betrag vom Arbeitgeber wieder ersetzt, so handelt es sich nicht um steuerpflichtigen Arbeitslohn, sondern um steuerfreien Auslagenersatz (vgl. dieses Stichwort). nein nein

Der Arbeitgeber kann den Auslagenersatz nur dann als Betriebsausgabe abziehen, wenn der Wert des einzelnen Geschenks die Freigrenze von **35 €** nicht übersteigt.

Werbeprämien

siehe „Prämien" und „Preise"

Werbezettelausträger

Werbezettelausträger sind in der Regel Arbeitnehmer. Die Vergütungen, die sie für ihre Tätigkeit erhalten, sind damit steuerpflichtiger Arbeitslohn und auch beitragspflichtiges Arbeitsentgelt. ja ja

Werbungskosten

Werbungskosten können als Freibetrag auf der Lohnsteuerkarte eingetragen werden (vgl. die alphabetische Übersicht im Anhang 7 Abschnitt B unter Nr. 2 auf Seite 892).

Werbungskostenersatz durch den Arbeitgeber

Leistungen des Arbeitgebers, mit denen er Werbungskosten des Arbeitnehmers ersetzt, sind steuer- und beitragspflichtig, soweit nicht durch eine ausdrückliche gesetzliche Regelung Steuerfreiheit angeordnet ist (R 19.3 Abs. 3 Satz 1 LStR). ja ja

Auf die ausführlichen Erläuterungen beim Stichwort „Auslagenersatz" wird Bezug genommen.

Werkspension

siehe „Betriebsrente"

Werkspensionäre

siehe „Betriebsrente"

Werkstudenten

siehe „Studenten"

Werkswohnung

siehe „Wohnungsüberlassung"

Werkzeuggeld

1. Allgemeines

Werkzeuggeld ist nach § 3 Nr. 30 EStG steuerfrei. nein nein

Die Steuerbefreiung nach § 3 Nr. 30 EStG beschränkt sich auf die Erstattung der Aufwendungen, die dem Arbeitnehmer durch die betriebliche Benutzung **eigener** Werkzeuge entstehen. Eine betriebliche Benutzung der Werkzeuge liegt auch dann vor, wenn die Werkzeuge im Rahmen des Arbeitsverhältnisses außerhalb einer Betriebsstätte des Arbeitgebers eingesetzt werden, z. B. auf einer Baustelle. nein nein

Ohne Einzelnachweis der tatsächlichen Aufwendungen sind **pauschale Entschädigungen** steuerfrei, soweit sie folgendes abgelten:

– die regelmäßigen Absetzungen für Abnutzung der Werkzeuge, nein nein
– die üblichen Betriebs-, Instandhaltungs- und Instandsetzungskosten der Werkzeuge sowie nein nein
– die Kosten der Beförderung der Werkzeuge zwischen Wohnung und Einsatzstelle. nein nein

Entschädigungen für Zeitaufwand des Arbeitnehmers (z. B. Wartung und Reinigung der Werkzeuge) sind steuer- und beitragspflichtig. ja ja

2. Werkzeuge im steuerlichen Sinne

Zum Begriff „Werkzeug" wird von der Finanzverwaltung ein sehr einschränkender Standpunkt eingenommen. Es wird davon ausgegangen, dass ein Werkzeug „eine Sache ist, mit der eine andere Sache bearbeitet wird". Kein Werkzeug in diesem Sinne sind deshalb Personalcomputer, Schreibmaschinen und Musikinstrumente. Das den Musikern gezahlte Instrumentengeld ist deshalb steuer- und beitragspflichtig. Zur Steuerfreiheit der Reparaturkostenerstattung des Arbeitgebers für Musikinstrumente vgl. die Erläuterungen beim Stichwort „Auslagenersatz". ja ja

Ebenfalls **keine „Werkzeuge"** sind

– der Fotoapparat eines Journalisten,
– das eigene Fotokopier- oder Fax-Gerät des Arbeitnehmers,
– der eigene Computer des Arbeitnehmers.

Eine etwaige Zahlung des Arbeitgebers für die beruflich bedingte Abnutzung dieser Gegenstände kann daher nicht als Werkzeuggeld steuerfrei bleiben. ja ja

Gewährt der Arbeitgeber zur Beschaffung eines Gegenstandes, der kein „Werkzeug" im oben genannten Sinne ist, einen Zuschuss, so liegt ebenfalls kein steuerfreies Werkzeuggeld vor. ja ja

Beispiel
Der Arbeitnehmer kauft sich für 2000 € einen Computer, den er in seinem häuslichen Arbeitszimmer ausschließlich für berufliche Zwecke nutzt. Der Arbeitgeber gewährt einen Zuschuss von 1000 € zum Kauf des Computers. Der Zuschuss ist steuer- und beitragspflichtiger Arbeitslohn. Der Arbeitnehmer kann den Kaufpreis von 2000 € – verteilt auf die Nutzungsdauer des Computers – als Werbungskosten bei seiner Veranlagung zur Einkommensteuer geltend machen. Vgl. aber auch den auf dieses Beispiel folgenden Absatz zur Pauschalierung der Lohnsteuer mit 25 % und die sich für den Werbungskostenabzug ergebenden Folgerungen.

Gewährt der Arbeitgeber nicht nur einen Zuschuss, sondern erstattet er dem Arbeitnehmer die vollen Ausgaben für den Computer (weil der Arbeitgeber die Anschaffung für die berufliche Tätigkeit des Arbeitnehmers für zwingend erforderlich hält), so tritt hierdurch in der lohnsteuerlichen Beurteilung keine Änderung ein, d. h., der Arbeitgeberersatz ist steuer- und beitragspflichtig (der Arbeitnehmer kann jedoch Werbungskosten geltend machen). Vgl. aber auch den auf dieses Beispiel folgenden Absatz zur Pauschalierung der Lohnsteuer mit 25 % und die sich für den Werbungskostenabzug ergebenden Folgerungen.

Kauft der Arbeitgeber selbst den Computer und stellt er diesen dem Arbeitnehmer leihweise zur ausschließlichen beruflichen Nutzung zur Verfügung, so handelt es sich hierbei nicht um einen lohnsteuerlich relevanten Vorgang. Der Arbeitgeber hat die Anschaffungskosten zu aktivieren und entsprechend der Nutzungsdauer abzuschreiben. Beim Arbeitnehmer liegt kein Zufluss von Arbeitslohn vor. Diese Beurteilung gilt für alle vergleichbaren Fälle, in denen ausschließlich beruflich genutzte Gegenstände dem Arbeitnehmer lediglich leihweise zur Verfügung gestellt werden.

Zur **privaten** Nutzung von Computern mit Internetanschluss, die der Arbeitgeber dem Arbeitnehmer leihweise zur Verfügung stellt, wird auf die ausführlichen Erläuterungen beim Stichwort „Computer" verwiesen. Zur Möglichkeit der Pauschalierung der Lohnsteuer mit 25 % bei Barzuschüssen des Arbeitgebers für die Internetnutzung vgl. die Erläuterungen beim Stichwort „Computer" unter Nr. 2 Buchstabe b. Die dort beschriebene Möglichkeit der Pauschalierung der Lohnsteuer mit 25 % gilt auch für Zuschüsse zu den Anschaffungskosten des Computers (R 40.2 Abs. 5 Satz 6 LStR). Durch diese Pauschalierung verliert der Arbeitnehmer den Werbungskostenabzug (§ 40 Abs. 3 EStG).

Der Bundesfinanzhof hat die einschränkende Auffassung der Finanzverwaltung zum Begriff „Werkzeug" mit Urteil vom 21. 8. 1995 (BStBl. II S. 906) in vollem Umfang bestätigt und darüber hinaus ausgeführt, dass der Begriff „Werkzeug" im Sinne des § 3 Nr. 30 EStG auf Handwerkszeug, die zur leichteren Handhabung, Herstellung oder Bearbeitung eines Gegenstands verwendet werden, beschränkt werden müsse, deren Anschaffungskosten unter 410 € liegt. Das heißt umgekehrt, dass bei Anschaffungskosten von über 410 € der Begriff „Werkzeug" nicht mehr erfüllt ist.

Ausgehend von diesen Grundsätzen ergibt sich hiernach für den Begriff „Werkzeug" Folgendes:
– Der Begriff „Werkzeug" ist wesentlich enger auszulegen, als der für den Werbungskostenabzug geltende Begriff des Arbeitsmittels.
– Ein „Werkzeug" kann nur ein geringwertiges Wirtschaftsgut sein, das heißt, die Anschaffungskosten (ohne Mehrwertsteuer) dürfen nicht höher sein als 410 €.
– Da die im Kalenderjahr entstandenen Kosten maßgebend sind, können nur solche Wirtschaftsgüter „Werkzeuge" im Sinne des § 3 Nr. 30 EStG sein, deren steuerlich maßgebende Nutzungsdauer ein Jahr nicht übersteigt.

3. Auslagenersatz statt Werkzeuggeld

Im oben genannten Urteil vom 21. 8. 1995 hat der Bundesfinanzhof zwar zum Werkzeuggeld einen sehr einschränkenden Standpunkt vertreten. Gleichzeitig hat er jedoch zum steuerfreien Auslagenersatz – über die früher geltende Auffassung der Finanzverwaltung hinaus – entschieden, dass ein **pauschaler** Auslagenersatz bis zu einem Betrag von etwa **50 € monatlich** steuerfrei bleiben könne, wenn die pauschale Abgeltung im Großen und Ganzen den tatsächlichen Aufwendungen entspricht. Sind die Voraussetzungen für die Steuerfreiheit als Werkzeuggeld nicht erfüllt, so ist demnach stets zu prüfen, ob die gezahlten Beträge ggf. **als Auslagenersatz steuerfrei** bleiben können. Die Finanzverwaltung hat in R 3.50 Abs. 2 der Lohnsteuer-Richtlinien die Voraussetzungen festgelegt, unter denen ein pauschaler Auslagenersatz steuerfrei gezahlt werden kann. Voraussetzung für die Steuerfreiheit ist hiernach, dass die Aufwendungen für einen repräsentativen Zeitraum von **drei Monaten** im Einzelnen nachgewiesen werden. Der pauschale Auslagenersatz kann dann so lange steuerfrei gezahlt werden, bis sich die Verhältnisse wesentlich ändern (vgl. das Stichwort „Auslagenersatz").

siehe auch die Stichworte „Blattgeld", „Hundegeld", „Instrumentengeld", „Motorsägegeld", „Rohrgeld" und „Saitengeld"

Wettbewerbsverbot

Verpflichtet sich ein Arbeitnehmer **während** der Dauer des Arbeitsverhältnisses eine bestimmte Tätigkeit nicht auszuüben oder zu unterlassen (Wettbewerbsverbot), so gehört eine hierfür gezahlte Entschädigung stets zum steuerpflichtigen Arbeitslohn. Ist für die Zeit **nach** Beendigung des Arbeitsverhältnisses ein Konkurrenzverbot vereinbart, siehe die Ausführungen beim Stichwort „Konkurrenzverbot".

Die Entschädigung für das Wettbewerbsverbot ist im Zeitpunkt des Zufließens zu versteuern. Handelt es sich um eine Einmalzahlung, ist die Entschädigung unter Anwendung der sog. Fünftelregelung als sonstiger Bezug zu versteuern, wenn eine Zusammenballung von Einnahmen vorliegt (vgl. das Stichwort „Entschädigungen").

	Lohn-steuer-pflichtig	Sozial-versich.-pflichtig
Sozialversicherungsrechtlich sind Zahlungen aufgrund eines Wettbewerbsverbots dann beitragspflichtiges Entgelt, wenn sie während des Beschäftigungsverhältnisses gezahlt werden.	ja	ja
In der Regel werden solche Entschädigungen jedoch erst nach dem Ende des Arbeitsverhältnisses gezahlt. Laufend ausgezahlt bleiben sie beitragsfrei. In Form einer einmaligen Abfindung wurden sie früher wie Entlassungsabfindungen als Einmalzahlung zur Beitragsberechnung herangezogen. Im Hinblick auf das Urteil des Bundessozialgerichts zu den Abfindungen (vgl. Stichwort „Abfindungen wegen Entlassung aus dem Dienstverhältnis" unter Nr. 13 auf Seite 29) werden einmalige Wettbewerbsentschädigungen als beitragsfrei angesehen.	ja	nein

Winterausfallgeld

siehe „Saison-Kurzarbeitergeld"

Winterausfallgeld-Vorausleistung

Das früher geltende Winterausfallgeld ist durch das Gesetz zur Förderung ganzjähriger Beschäftigung vom 24. 4. 2006 (BGBl. I S. 926) durch das sog. Saison-Kurzarbeitergeld ersetzt worden (vgl. das Stichwort „Saison-Kurzarbeitergeld").

Für die sog. Winterausfallgeld-Vorausleistung wird seit 1. Juli 2006 die gesetzliche Bezeichnung **„Vertraglich vereinbarte Leistungen zur Vermeidung der Inanspruchnahme von Saison-Kurzarbeitergeld" verwendet** (§ 131 Abs. 3 Nr. 1 SGB III).

Für einen Anspruch auf das früher geltende Winterausfallgeld war es Voraussetzung, dass zunächst der Anspruch des Arbeitnehmers auf eine sog. **Winterausfallgeld-Vorausleistung** ausgeschöpft wurde. Bei sog. Winterausfallgeld-Vorausleistungen handelt es sich um Zahlungen des Arbeitgebers, die in einem Tarifvertrag, einer Arbeitsvereinbarung, oder in einem Einzelarbeitsvertrag geregelt sein können (z. B. Überbrückungsgeld, Schlechtwetterlohn). Eine sog. Winterausfallgeld-Vorausleistung liegt auch dann vor, wenn im Rahmen eines Arbeitszeitguthabens die witterungsbedingten Ausfallstunden mit Arbeitsentgelt belegt werden. Diese früher geltende Regelung (§ 214 Abs. 1 Satz 1 Nr. 2 SGB III) ist zwar nicht ausdrücklich in die neuen Vorschriften zum Saison-Kurzarbeitergeld übernommen worden. Aus der amtlichen Begründung zum neuen Gesetz (BT-Drucks. 16/429 S. 14) ergibt sich aber, dass die fehlende Übernahme lediglich damit zusammenhängt, dass der Gesetzgeber das vorherige „Aufbrauchen" der Winterausfallgeld-

	Lohn-steuer-pflichtig	Sozial-versich.-pflichtig

Vorausleistung als **selbstverständliche Voraussetzung** für das Einsetzen eines Anspruchs auf Saison-Kurzarbeitergeld ansieht.

Alle sog. Winterausfallgeld-Vorausleistungen sind steuer- und beitragspflichtig, da es sich um vom Arbeitgeber gewährten Arbeitslohn handelt. — ja — ja

Das als Zuschuss zur sog. Winterausfallgeld-Vorausleistung gezahlte Wintergeld ist dagegen steuer- und beitragsfrei (vgl. das Stichwort „Wintergeld").

Winterbeschäftigungs-Umlage in der Bauwirtschaft

Seit dem 1.5.2006 hat die Winterbeschäftigungs-Umlage die bisherige Winterbauumlage im Bauhauptgewerbe abgelöst. Die Arbeitnehmer, die im Bauhauptgewerbe tätig sind, werden seitdem mit 0,8 % des Bruttoarbeitslohns an der Finanzierung beteiligt. Diese Beteiligung wird aus versteuertem Einkommen finanziert. Sie dient dazu, Arbeitsplätze in der Schlechtwetterzeit zu erhalten. Die Finanzverwaltung erkennt den Finanzierungsbeitrag des Arbeitnehmers als **Werbungskosten** an. Arbeitgeber können diese Umlage in einer freien Zeile der Lohnsteuerbescheinigung als freiwillige Angabe ausweisen (vgl. das Stichwort „Lohnsteuerbescheinigung"). Die späteren Leistungen (Wintergeld als Zuschuss-Wintergeld und Mehraufwands-Wintergeld) sind steuerfrei und unterliegen nicht dem Progressionsvorbehalt.

Aufgrund der zum 1.11.2006 bzw. zum 1.4.2007 geänderten Winterbeschäftigungs-Verordnung werden auch Arbeitnehmer im Baunebengewerbe zur Umlage herangezogen. Arbeitnehmer im Dachdeckerhandwerk müssen ab 1.11.2006 0,8 % des Bruttoarbeitslohns als Umlage zahlen. Im Garten- und Landschaftsbau wird bei den Arbeitnehmern ab 1.4.2007 ebenfalls eine Umlage von 0,8 % erhoben. Der Arbeitnehmeranteil ist auch bei Arbeitnehmern dieser Branchen als Werbungskosten abziehbar. Im Gerüstbauerhandwerk wird weiterhin nur der Arbeitgeber zu der Umlage herangezogen, so dass insoweit kein Werbungskostenabzug möglich ist.

Bei der **Übernahme** der Arbeitnehmeranteile der Umlage durch den Arbeitgeber handelt es sich um zusätzlichen **steuer- und beitragspflichtigen Arbeitslohn.** — ja — ja

Wintergeld

1. Allgemeines

Das Wintergeld, das Bauarbeitern auf witterungsabhängigen Arbeitsplätzen nach den Vorschriften zur Förderung der ganzjährigen Beschäftigung in der Bauwirtschaft als ergänzende Leistung zum Saison-Kurzarbeitergeld nach § 175 a SGB III gezahlt wird (2,50 €, 1,03 € oder 1,00 € je Arbeitsstunde), ist steuer- und beitragsfrei. — nein — nein

Es unterliegt **nicht** dem Progressionsvorbehalt, da es in § 32 b Abs. 1 Nr. 1 a EStG nicht genannt ist. Das Wintergeld wird in zweierlei Form gewährt:

2. Zuschuss-Wintergeld

Arbeitnehmer, deren Arbeitsverhältnis in der Schlechtwetterzeit nicht aus witterungsbedingten Gründen gekündigt werden kann, haben in der Bauwirtschaft Anspruch auf ein umlagefinanziertes Wintergeld als Zuschuss-Wintergeld und Mehraufwands-Wintergeld (§ 175 a SGB III).

Das Zuschuss-Wintergeld wird für jede in der Schlechtwetterzeit ausgefallene Arbeitsstunde gewährt, wenn durch die Auflösung von Arbeitszeitguthaben die Inanspruchnahme von Saison-Kurzarbeitergeld vermieden wird. Als Anreiz zur Flexibilisierung und zum Ansparen von Arbeitszeitguthaben für Arbeitsausfälle aus wirtschaftli-

Wohnungsüberlassung

	Lohn-steuer-pflichtig	Sozial-versich.-pflichtig

chen oder witterungsbedingten Gründen ist das Zuschuss-Wintergeld in Betrieben des Baugewerbes, des Dachdecker-Handwerks und des Garten-, Landschafts- und Sportplatzbaus auf **2,50 €** für jede ausgefallene Arbeitsstunde angehoben worden.

In Betrieben des Gerüstbaus beträgt das Zuschuss-Wintergeld **1,03 €** je Stunde und wird ausschließlich zur Vermeidung witterungsbedingter Arbeitsausfälle gewährt.

Das Zuschuss-Wintergeld ist steuerfrei (R 3.2 Abs. 3 LStR) und gehört nicht zum Arbeitsentgelt in der Sozialversicherung. — nein — nein

Das Zuschuss-Wintergeld unterliegt auch **nicht** dem Progressionsvorbehalt. Es muss deshalb nicht in Zeile 15 der elektronischen Lohnsteuerbescheinigung 2010 als Lohnersatzleistung eingetragen werden.

3. Mehraufwands-Wintergeld

Das Mehraufwands-Wintergeld wird nach § 175 a Abs. 3 SGB III in Höhe von **1,00 €** für jede in der Zeit vom 15. Dezember bis zum letzten Kalendertag des Monats Februar geleistete berücksichtigungsfähige Arbeitsstunde (im Dezember bis zu 90, im Januar und Februar bis zu 180 Stunden) gezahlt.

Das Mehraufwands-Wintergeld ist steuerfrei (R 3.2 Abs. 3 LStR) und gehört nicht zum Arbeitsentgelt in der Sozialversicherung. — nein — nein

Es unterliegt **nicht** dem Progressionsvorbehalt. Das Mehraufwands-Wintergeld muss deshalb nicht in Zeile 15 der elektronischen Lohnsteuerbescheinigung 2010 bescheinigt werden.

Wirtschaftsbeihilfen

Wirtschaftsbeihilfen zur Unterstützung an Arbeitnehmer, die nicht unter den Begriff der „Notstandsbeihilfen" fallen (vgl. „Unterstützungen") sind steuer- und beitragspflichtig. — ja — ja

Witwengelder

Pensionszahlungen an die Witwe aus dem früheren Dienstverhältnis des verstorbenen Ehemannes (Witwenpension) sind als Versorgungsbezüge steuerpflichtiger Arbeitslohn (vgl. „Versorgungsbezüge, Versorgungsfreibetrag"). — ja — nein*)

Witwenrenten oder Witwerrenten aus der gesetzlichen Rentenversicherung sind kein Arbeitslohn. Allerdings ist ein bestimmter Anteil einkommensteuerpflichtig, wenn die persönlichen Freibeträge überschritten sind (siehe „Renten"). — nein — nein

Witwenrenten an Kriegerwitwen nach dem Bundesversorgungsgesetz sind nach § 3 Nr. 6 EStG steuerfrei. — nein — nein

Wochenendheimfahrten

siehe „Auslösungen" und „Doppelte Haushaltsführung"

Wohnungsüberlassung

Neues auf einen Blick:

Nach § 2 Abs. 4 Satz 2 der Sozialversicherungsentgeltverordnung gelten einheitlich in allen Bundesländern feste Quadratmeterpreise für die Fälle, in denen der ortsübliche Mietpreis nur unter außergewöhnlichen Schwierigkeiten ermittelt werden kann. Diese Quadratmeterpreise wurden ab 1.1.2010 nicht erhöht. Es gelten deshalb weiterhin die bisherigen Werte, und zwar **3,55 €** bzw. **2,88 €** monatlich je Quadratmeter (vgl. nachfolgend unter Nr. 7).

---

*) Zur evtl. Krankenversicherungspflicht von Versorgungsbezügen vgl. die Erläuterungen in Teil B Nr. 12 auf Seite 18.

Wohnungsüberlassung

	Lohn-steuer-pflichtig	Sozial-versich.-pflichtig

Gliederung:

1. Allgemeines
2. Anwendung der Sachbezugswerte
   a) Allgemeines
   b) Bewertung einer „Wohnung" mit dem Sachbezugswert für Unterkunft
   c) Bewertung einer „Unterkunft" mit dem ortsüblichen Mietpreis
3. Bewertung mit dem ortsüblichen Mietpreis
4. Ermittlung des ortsüblichen Mietpreises
   a) Allgemeines
   b) Mietspiegel
   c) Besondere Quadratmeterpreise in Ausnahmefällen
5. Beschränkung der Miete durch mietpreisrechtliche Vorschriften
6. Beschränkung der Miete bei öffentlich geförderten und gleichgestellten Wohnungen
7. Bewertung einer Wohnung, wenn die ortsübliche Miete nur unter außergewöhnlichen Schwierigkeiten ermittelt werden kann
8. Bewertung der Nebenkosten
   a) Wert der unentgeltlichen oder verbilligten Heizung
   b) Unentgeltliche oder verbilligte Beleuchtung
   c) Schönheitsreparaturen
9. Anwendung des Rabattfreibetrags bei der Überlassung einer Wohnung
10. Monatliche Freigrenze von 44 €
11. Steuerfreiheit bei der unentgeltlichen oder verbilligten Überlassung von Wohnungen
12. Wohnrecht
13. Sonstige Aufwendungen des Arbeitgebers zur Wohnungsbeschaffung
    a) Verlorener Zuschuss für Eigenheime
    b) Verkauf von Bauland
    c) Verlorener Zuschuss zur Miete
    d) Zinsverbilligte Darlehen
    e) Übernahme von Zinsen
    f) Zuschüsse zur Miete als Mietvorauszahlung
    g) Zuschüsse zur Miete mit Rückzahlungsverpflichtung beim Ausscheiden aus dem Dienstverhältnis
    h) Vorzeitige Rückzahlung zinsverbilligter Darlehen
14. Wohnheime und Personalunterkünfte
15. Sonderregelung für im Ausland überlassene Wohnungen

1. Allgemeines

Bei der Gewährung geldwerter Vorteile durch den Arbeitgeber nimmt der Wohnungsbereich einen breiten Raum ein. Zum Teil werden Mietnachlässe oder sonstige Verbilligungen bereits in den Arbeitsverträgen oder in Betriebsvereinbarungen festgelegt. Auch eine unentgeltliche oder verbilligte Überlassung von Grundstücken zum Wohnungsbau kommt hin und wieder vor, vgl. das Stichwort „Grundstück". | ja | ja

Der geldwerte Vorteil aus der unentgeltlichen oder verbilligten Überlassung von Wohnräumen gehört als Sachbezug zum steuer- und beitragspflichtigen Arbeitslohn.

Es ist gleichgültig, ob die unentgeltlich oder verbilligt überlassene Wohnung
- dem Arbeitgeber gehört;
- vom Arbeitgeber gemietet und an den Arbeitnehmer verbilligt weitervermietet wird;
- von einem Dritten an den Arbeitnehmer vermietet wird und der Arbeitgeber einen Ausgleich für die Verbilligung der Miete an den Dritten gewährt (z. B. ein zinsloses Darlehen).

Die Bewertung des geldwerten Vorteils erfolgt im Grundsatz mit dem **ortsüblichen Mietpreis.** Eine Anwendung des sog. Rabattfreibetrags von 1080 € jährlich ist dann möglich, wenn Arbeitgeber, z. B. Wohnbauunternehmen, Wohnungen an fremde Dritte vermieten und auch ihren eigenen Arbeitnehmern kostenlos oder verbilligt eine Wohnung überlassen (vgl. Nr. 9).

In Ausnahmefällen (z. B. bei mietpreisrechtlichen Beschränkungen) kann ein niedrigerer Wert als der ortsübliche Mietpreis zum Ansatz kommen (vgl. Nrn. 5 und 6). Außerdem ist die der Vereinfachung dienende monatliche Freigrenze für Sachbezüge in Höhe von 44 € zu beachten, die geringe Verbilligungen steuerfrei stellt (vgl. Nr. 10). Wird nicht eine abgeschlossene Wohnung, sondern lediglich eine **Unterkunft** unentgeltlich oder verbilligt überlassen, so ist dieser geldwerte Vorteil mit dem amtlichen **Sachbezugswert** zu bewerten (vgl. Nr. 2). Im Einzelnen gilt bei der unentgeltlichen oder verbilligten Überlassung von Wohnraum Folgendes:

2. Anwendung der Sachbezugswerte

a) Allgemeines

Seit 1. 1. 1995 wird zwischen den Begriffen „**Unterkunft**" und „**Wohnung**" unterschieden. Denn nur für eine Unterkunft gilt der amtliche Sachbezugswert. Handelt es sich dagegen um eine Wohnung, ist der Wert einer unentgeltlichen oder verbilligten Überlassung stets nach dem **ortsüblichen Mietpreis** zu bemessen. Der Begriff „Wohnung" (im Gegensatz zur „Unterkunft") ist in R 8.1 Abs. 6 der Lohnsteuer-Richtlinien wie folgt definiert:

„Eine Wohnung ist eine in sich geschlossene Einheit von Räumen, in denen ein selbständiger Haushalt geführt werden kann. Wesentlich ist, dass eine Wasserversorgung und -entsorgung, zumindest eine einer Küche vergleichbare Kochgelegenheit sowie eine Toilette vorhanden sind. Danach stellt ein Einzimmerappartement mit Küchenzeile und WC als Nebenraum eine Wohnung dar, dagegen ist ein Wohnraum bei Mitbenutzung von Bad, Toilette und Küche eine Unterkunft."

Alles was den so definierten Begriff der Wohnung nicht erfüllt, ist eine Unterkunft. Immer dann also, wenn der Arbeitnehmer etwas „mitbenutzen" muss (sei es eine Gemeinschaftsküche, eine Gemeinschaftsdusche, eine Gemeinschaftstoilette), handelt es sich um eine Unterkunft mit der Folge, dass hierfür der amtliche Sachbezugswert angesetzt werden muss.

Hiernach ergibt sich folgende Übersicht:

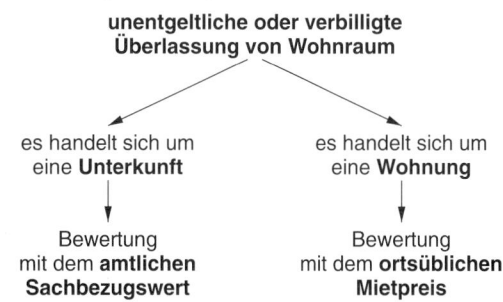

Die Bewertungsvorschrift ist zwingend (es besteht also kein Wahlrecht zwischen Sachbezugswert und ortsüblichem Mietpreis). Der amtliche Sachbezugswert ist deshalb auch dann anzusetzen, wenn der Arbeitgeber die Unterkunft zu einem höheren Preis angemietet und zusätzlich mit Einrichtungsgegenständen ausgestattet hat. Die Regelung soll an zwei Beispielen verdeutlicht werden:

Beispiel A

Der Arbeitnehmer erhält freie Unterkunft. Der Arbeitgeber hat als Unterkunft ein möbliertes Zimmer für 250 € monatlich angemietet. Der Arbeitgeber übernimmt auch die Kosten für Heizung (monatlich 30 €) und Beleuchtung (monatlich 10 €). Wird die freie Unterkunft in den alten Bundesländern gewährt, ergibt sich Folgendes:

Wohnungsüberlassung

| | Lohn-steuer-pflichtig | Sozial-versich.-pflichtig |

Bei dem möblierten Zimmer handelt es sich um eine „Unterkunft" im Sinne der Sozialversicherungsentgeltverordnung, die stets mit dem amtlichen Sachbezugswert zu bewerten ist. Ob der Arbeitgeber die Unterkunft zu einem höheren Preis angemietet hat, ist ohne Bedeutung. Der amtliche Sachbezugswert für Unterkunft beträgt 2010 monatlich 204 €. Die Heizung und Beleuchtung sind mit dem Ansatz dieses Betrags abgegolten (vgl. das Stichwort „Freie Unterkunft und Verpflegung").

Beispiel B
Der Arbeitnehmer erhält freie Unterkunft. Der Arbeitgeber hat als Unterkunft eine Einzimmerwohnung für 300 € monatlich angemietet. Der Arbeitgeber trägt außerdem die Kosten für die Heizung (ortsüblicher Wert 45 € monatlich) und Beleuchtung (ortsüblicher Wert 10 € monatlich). Es ergibt sich Folgendes:
Da es sich bei der „Unterkunft" um eine abgeschlossene Wohnung handelt, ist eine Bewertung mit dem amtlichen Sachbezugswert **nicht** zulässig. Anzusetzen ist vielmehr der ortsübliche Preis (auch für Heizung und Beleuchtung)

Mietwert monatlich	300,— €
Wert der Heizung monatlich	45,— €
Wert der Beleuchtung monatlich	10,— €
Wert der freien Unterkunft monatlich insgesamt	355,— €

b) Bewertung einer „Wohnung" mit dem Sachbezugswert für Unterkunft

Wie unter dem vorstehenden Buchstaben a erläutert, ist für **Wohnungen** stets der ortsübliche Mietpreis anzusetzen. Von diesem Grundsatz gibt es folgende Ausnahme:

Eine „Unterkunft" liegt auch in den Fällen vor, in denen der Arbeitgeber mehreren Arbeitnehmern eine **Wohnung zur gemeinsamen Nutzung überlässt** (Wohnungsgemeinschaft). Denn die Mitglieder der Wohngemeinschaft benutzen gemeinsam die vorhandenen Einrichtungen.

Beispiel
Ist ein beim selben Arbeitgeber beschäftigtes Ehepaar gemeinsam in einer Einzimmer-Wohnung untergebracht, so handelt es sich nicht um die Überlassung einer „Wohnung" sondern um eine „Unterkunft", deren Wert mit dem Sachbezugswert unter Berücksichtigung eines Abschlags von 40 % wegen Mehrfachbelegung anzusetzen ist (vgl. das Stichwort „Freie Unterkunft und Verpflegung" unter Nr. 7). Ist das Ehepaar nicht bei demselben Arbeitgeber beschäftigt, ist die Wohnung mit dem ortsüblichen Wert anzusetzen.

c) Bewertung einer „Unterkunft" mit dem ortsüblichen Mietpreis

Stellt der Arbeitgeber seinen Arbeitnehmern Wohnraum in **Personalunterkünften** oder **Wohnheimen** unentgeltlich zur Verfügung, wird es sich im Normalfall um eine Unterkunft handeln, die mit dem amtlichen Sachbezugswert zu bewerten ist. Der geldwerte Vorteil ist nur dann mit dem ortsüblichen Mietpreis zu bewerten, wenn es sich um eine (abgeschlossene) Wohnung handelt (vgl. nachfolgend unter Nr. 14).

Für eine „Unterkunft" war früher ausnahmslos der Sachbezugswert anzusetzen (ggf. gekürzt wegen Mehrfachbelegung). Dies wurde durch den Bundesfinanzhof ausdrücklich bestätigt (BFH-Urteil vom 23. 8. 2007, BStBl. II S 948). Da der Ansatz des Sachbezugswerts insbesondere bei wesentlichen Abweichungen vom Durchschnittsstandard als unbillig empfunden wurde, gibt es seit 1. 1. 2004 eine Ausnahmeregelung, wonach **eine Unterkunft mit dem ortsüblichen Mietpreis** bewertet werden kann, wenn **nach Lage des einzelnen Falles** der Ansatz des Sachbezugswerts unbillig wäre*). Die Besonderen Quadratmeterpreise, die in § 2 Abs. 4 Satz 2 der Sozialversicherungsentgeltverordnung für Fälle festgesetzt sind, in denen der ortsübliche Mietpreis nur mit außergewöhnlichen Schwierigkeiten ermittelt werden kann (vgl. nachfolgend unter Nr. 7) sind auch in dem geschilderten Ausnahmefall anwendbar (§ 2 Abs. 3 Satz 3 der Sozialversicherungsentgeltverordnung).**)

3. Bewertung mit dem ortsüblichen Mietpreis

Maßgebend ist die Miete, die für eine nach Baujahr, Lage, Beschaffenheit, Größe und Ausstattung vergleichbare Wohnung üblich ist (sog. Vergleichsmiete). Anzusetzen ist stets der **objektive** Mietwert; persönliche Bedürfnisse des Arbeitnehmers, z. B. hinsichtlich der Größe oder der Lage der Wohnung bleiben außer Betracht (BFH-Urteile vom 8. 3. 1968, BStBl. II S. 435 und vom 2. 10. 1968, BStBl. 1969 II S. 73). Eine geringere, den Bedürfnissen des Arbeitnehmers entsprechende Wohnfläche kann nur zugrunde gelegt werden, wenn der Arbeitnehmer einen Teil der Wohnung tatsächlich **nicht nutzt** (auch nicht als Abstellraum). Außer Ansatz bleiben Räume, die der Arbeitgeber dem Arbeitnehmer im ganz überwiegend betrieblichen Interesse z. B. als beruflichen Lagerraum überlässt.

Auch für eine **Hausmeister- oder Hauswartwohnung** ist der ortsübliche Mietwert nach den vorstehenden Grundsätzen festzustellen. Allerdings können sich hier aus den dienstlichen Aufgaben Beeinträchtigungen des Wohnwerts ergeben (z. B. Installation von betrieblichen Einrichtungen in der Wohnung, Lagerung von Material und Werkzeug); sie sind durch einen entsprechenden Abschlag, der im Einzelfall im Schätzungswege ermittelt werden muss, zu berücksichtigen (BFH-Urteile vom 3. 10. 1974, BStBl. 1975 II S. 81 und vom 16. 2. 2005, BStBl. II S. 529). Handelt es sich um eine Hausmeisterwohnung in der Wohnanlage einer Wohnbaugesellschaft, ist der Rabattfreibetrag von 1080 € jährlich anwendbar. In diesem Fall ist der Mietwert nach § 8 Abs. 3 EStG zu ermitteln (BFH-Urteil vom 16. 2. 2005, BStBl. II S. 529, vgl. die Erläuterungen unter der nachfolgenden Nr. 9).

4. Ermittlung des ortsüblichen Mietpreises

a) Allgemeines

Überlässt der Arbeitgeber seinen Arbeitnehmern Wohnungen unentgeltlich oder verbilligt, die er von einem fremden Dritten angemietet hat, so ist für die Berechnung eines etwaigen geldwerten Vorteils grundsätzlich davon auszugehen, dass die vom Arbeitgeber gezahlte Miete der ortsüblichen Miete entspricht (BFH-Urteile vom 3.3.1972, BStBl. II S. 490, vom 3.10.1974, BStBl. 1975 II S. 81 und vom 23.5.1975, BStBl. II S. 715).

Hat der Arbeitgeber also die Wohnung am freien Wohnungsmarkt von einem fremden Dritten gemietet und überlässt er sie unentgeltlich oder verbilligt seinem Arbeitnehmer, so bedarf es keiner Ermittlung des ortsüblichen Mietpreises. Die Differenz zwischen der Miete, die der Arbeitgeber zahlt und die er von seinem Arbeitnehmer verlangt, ist steuer- und beitragspflichtig.   ja   ja

Ist der Arbeitgeber der Eigentümer der Wohnung, muss der ortsübliche Mietpreis durch Ermittlung einer **Vergleichsmiete** festgestellt werden. Überlässt der Arbeitgeber seine Wohnungen nicht nur seinen Arbeitnehmern, sondern auch betriebsfremden Personen, so können die mit den Nichtarbeitnehmern vereinbarten Mieten als Vergleichsmieten herangezogen werden. Soweit von den Arbeitnehmern gleich hohe Mieten gefordert werden, liegt ein geldwerter Vorteil nicht vor.   nein   nein

Diese in R 8.1 Abs. 6 Satz 6 der Lohnsteuer-Richtlinien festgelegte Regelung gilt jedoch nur dann, wenn die Fremdvermietung einen „nicht unerheblichen Umfang" hat. Soweit die Finanzämter in der Praxis von einem an

---

*) Die amtliche Begründung zu der seit 1.1.2004 geltenden Änderung lautet:
Um auch bei Unterkünften – wie bei Wohnungen – den in Einzelfällen sehr unterschiedlichen Ausstattungsqualitäten Rechnung tragen zu können, soll wesentlichen Abweichungen vom Durchschnittsstandard einer Unterkunft durch Rückgriff auf den ortsüblichen Mietpreis entsprochen werden können.

) Die Sozialversicherungsentgeltverordnung 2010 ist als Anhang 2 im **Steuerhandbuch für das Lohnbüro 2010 abgedruckt, das im selben Verlag erschienen ist. Das **PC-Lexikon** für das Lohnbüro 2010 enthält auch dieses Handbuch und hat außerdem den Vorteil, dass Sie **alle BFH-Urteile** sowie die aktuellen Rundschreiben und Niederschriften der Spitzenverbände der **Sozialversicherung** mit Mausklick **im Volltext** abrufen und ausdrucken können. Eine Bestellkarte finden Sie vorne im Lexikon.

Wohnungsüberlassung

betriebsfremde Personen vermieteten Anteil von ca. 25 % des Wohnungsbestands ausgehen, wird dies eine zutreffende Auslegung der Richtlinienregelung sein.

b) Mietspiegel

Vermietet der Arbeitgeber seine Wohnungen nicht oder nur in geringem Umfang an betriebsfremde Personen, so ist im Normalfall die Vergleichsmiete anhand des örtlichen **Mietspiegels** zu ermitteln. Ist für die betreffende Gemeinde (noch) kein Mietspiegel aufgestellt worden, so kann die ortsübliche Miete anhand des Mietspiegels einer vergleichbaren Gemeinde ermittelt werden. Vergleichbare Gemeinde ist dabei allerdings nicht immer mit der Nachbargemeinde gleichzusetzen.

Überlässt der Arbeitgeber seinem Arbeitnehmer eine Wohnung zu einem Mietpreis, der **innerhalb der Mietpreisspanne des Mietspiegels** der Gemeinde liegt, scheidet nach Auffassung des Bundesfinanzhofs regelmäßig die Annahme eines geldwerten Vorteils durch verbilligte Wohnraumüberlassung aus. Im Streitfall setzte der Arbeitgeber die Miete entsprechend dem **untersten Betrag des Mietpreisspiegels** an. Auch in diesem Fall liegt nach Auffassung des Bundesfinanzhofs (BFH) keine verbilligte Wohnungsüberlassung vor. Die Auffassung, dass bei einer vorhandenen Spannbreite der Mittelwert anzusetzen sei, hat der BFH ausdrücklich abgelehnt (BFH-Urteil vom 17.8.2005, BStBl. 2006 II S. 71). Auf den so errechneten Wert ist allerdings die 96 %-Regelung nach R 8.1 Abs. 2 Satz 9 LStR nicht anwendbar, weil R 8.1 Abs. 6 LStR als Spezialregelung der 96 %-Regelung vorgeht.

Besonderheiten der Wohnung, die sich nicht bereits im Mietspiegel ausgewirkt haben (z. B. für einen Ortsteil unüblich lauter Lärm durch Nachtbars und Gaststätten) sind durch einen Abschlag vom unteren Wert des örtlichen Mietspielgels zu berücksichtigen.

Nebenleistungen sind in den Mietspiegeln regelmäßig nicht berücksichtigt. Bei der Ermittlung der ortsüblichen Miete müssen diese dann ggf. gesondert ermittelt werden (vgl. die Erläuterungen unter der nachfolgenden Nr. 8)

c) Besondere Quadratmeterpreise in Ausnahmefällen

Wenn ein örtlicher oder vergleichbarer Mietspiegel nicht zur Verfügung steht, kann die Vergleichsmiete anhand entsprechender Mieten für drei vergleichbare Wohnungen Dritter ermittelt werden. Darüber hinaus besteht die Möglichkeit, ein Gutachten eines öffentlich bestellten oder vereidigten Sachverständigen für Mietfragen einzuholen. Ist die Feststellung des ortsüblichen Mietpreises mit außerordentlichen Schwierigkeiten verbunden, gelten besondere Quadratmeterpreise (vgl. die Erläuterungen unter der nachfolgenden Nr. 7).

5. Beschränkung der Miete durch mietpreisrechtliche Vorschriften

Bei der Ermittlung des steuerlich maßgebenden Mietwerts darf keine höhere Miete zugrunde gelegt werden, als der Arbeitgeber nach mietpreisrechtlichen Vorschriften vom Arbeitnehmer verlangen könnte. Stehen solche Vorschriften einem Mieterhöhungsverlangen entgegen, gilt dies nach R 8.1 Abs. 6 Satz 9 der Lohnsteuer-Richtlinien jedoch nur, soweit die maßgebende Ausgangsmiete den ortsüblichen Mietwert oder die gesetzlich zulässige Höchstmiete nicht unterschritten hat. Mietpreisrechtliche Einschränkungen ergeben sich insbesondere aus § 558 BGB. Hiernach kann eine Mieterhöhung nur verlangt werden, wenn

– der Mietzins in dem Zeitpunkt, zu dem die Erhöhung eintreten soll, seit 15 Monaten unverändert ist,

– der verlangte Mietzins die ortsübliche Vergleichsmiete nicht überschreitet und

– der Mietzins sich innerhalb von drei Jahren nicht um mehr als 20 % erhöht (**Kappungsgrenze**).

Diese Grenzen sind auch steuerlich zu beachten. Allerdings ist von dem zuletzt steuerlich maßgeblichen (vom Finanzamt akzeptierten) Wert auszugehen.

Beispiel

2007 wurden vom Finanzamt für eine Wohnung (40 qm) als ortsübliche Miete angesetzt	400,— €
vom Arbeitnehmer entrichtete Miete	– 200,— €
als geldwerter Vorteil wurden versteuert	200,— €
2010 beträgt die ortsübliche Miete	600,— €
der Arbeitnehmer entrichtet weiterhin die bisherige Miete von 200 €	200,— €

Der steuerpflichtige Vorteil ist im Kalenderjahr 2010 wie folgt zu berechnen:

Bisherige ortsübliche Miete	400,— €
Erhöhung um höchstens 20 %	80,— €
steuerlich maßgebender neuer Mietwert	480,— €
vom Arbeitnehmer entrichtete Miete	– 200,— €
als geldwerter Vorteil zu versteuern	280,— €

6. Beschränkung der Miete bei öffentlich geförderten und gleichgestellten Wohnungen

Wird dem Arbeitnehmer eine Wohnung überlassen, die nach dem Zweiten Wohnungsbaugesetz, dem Wohnungsbaugesetz für das Saarland oder nach dem Wohnraumförderungsgesetz öffentlich gefördert wurde, so stellt die durch die öffentliche Förderung eintretende Mietverbilligung nach § 3 Nr. 59 EStG keinen geldwerten Vorteil dar.

Zu beachten sind hiernach **gesetzliche** Mietpreisbeschränkungen und – für die nach den jeweiligen Förderrichtlinien des Landes für den maßgebenden Förderjahrgang übliche Dauer – auch **vertragliche** Mietpreisbeschränkungen im sozialen Wohnungsbau einschließlich der mit Wohnungsfürsorgemitteln aus öffentlichen Haushalten geförderten Wohnungen. Das gilt aber nur, soweit die Ausgangsmiete im Hinblick auf das Dienstverhältnis die Mietobergrenze nach den jeweiligen Förderrichtlinien des Landes für den maßgebenden Förderjahrgang nicht unterschritten hat. Soweit später zulässige Mietpreiserhöhungen z. B. nach Ablauf des Förderzeitraums im Hinblick auf das Dienstverhältnis unterlassen worden sind, sind sie nach R 3.59 Satz 12 der Lohnsteuer-Richtlinien in den Mietwert einzubeziehen*). Eine Prüfung, ob der Arbeitnehmer nach seinen Einkommens- und Familienverhältnissen als Mieter einer Sozialwohnung in Betracht kommt, ist nicht vorzunehmen.

Ergibt sich also wegen der steuerlich zu beachtenden mietpreisrechtlichen Beschränkungen ein Mietwert, der unter der ortsüblichen Vergleichsmiete liegt, so entsteht hierdurch kein steuerpflichtiger geldwerter Vorteil.

Beispiel A

Der Arbeitgeber errichtet für einen Arbeitnehmer unter Inanspruchnahme öffentlicher Mittel eine Wohnung mit 70 Quadratmeter.

Die ortsübliche Vergleichsmiete für diese Wohnung beträgt 10,— € je Quadratmeter	=	700,— €
Um die öffentlichen Mittel zu erhalten, hat sich der Arbeitgeber gegenüber dem Zuschussgeber verpflichtet, höchstens eine Miete von 7,— € je Quadratmeter zu verlangen	=	490,— €
Differenz		210,— €

Die Differenz zur ortsüblichen Vergleichsmiete in Höhe von 210,— € gehört nicht zum steuerpflichtigen Arbeitslohn und dementsprechend auch nicht zum beitragspflichtigen Arbeitsentgelt in der Sozialversicherung.

---

*) Dieser Regelung liegt die Überlegung zugrunde, dass der Arbeitgeber sich zu Unrecht auf Mietpreisbeschränkungen bei der Anpassung der Mieten beruft, wenn er zuvor durch zu niedrigen Ansatz der Basismiete oder Verzicht auf eine Aktualisierung der Wirtschaftlichkeitsberechnung nach der II. Berechnungsverordnung die im Rahmen der Mietpreisbeschränkung liegenden Möglichkeiten zur Anhebung der Miete nicht wie ein fremder Vermieter ausgeschöpft hat.

Wohnungsüberlassung

Nach dem zeitlich befristeten Auslaufen der Sozialbindung gelten für die öffentlich geförderten Wohnungen die allgemeinen mietrechtlichen Regelungen. In den Grenzen des § 558 BGB (vgl. Nr. 5) ist deshalb eine Anhebung der Miete bis zur ortsüblichen Vergleichsmiete zulässig.

Neben dieser Regelung, die nur **öffentlich geförderte** Wohnungen betrifft, bestanden früher Mietpreisbeschränkungen aufgrund bundeseinheitlicher Erlasse in folgenden Fällen (sog. **gleichgestellte Wohnungen**):
– Der Arbeitgeber gewährt einem Bauherrn einen verlorenen Zuschuss oder ein zinsloses oder zinsbegünstigtes Darlehen unter der Auflage, dass ihm ein Recht für die Belegung der Wohnungen mit Arbeitnehmern seines Betriebes eingeräumt wird.
– Der Arbeitgeber gewährt einem Bauherrn einen Zuschuss oder ein Darlehen zur Finanzierung einer Wohnung, die er als Hauptmieter mietet und seinem Arbeitnehmer untervermietet.

Handelte es sich in den beiden Fällen um eine Wohnung, die nach Art und Ausstattung den im sozialen Wohnungsbau erstellten Wohnungen entsprach, so war für die Ermittlung der ortsüblichen Miete von der Miete auszugehen, die für eine nach Baujahr, Ausstattung und Lage vergleichbare, im sozialen Wohnungsbau erstellte Wohnung zu zahlen gewesen wäre. Dabei war nicht zu prüfen, ob der Arbeitnehmer nach seinen Einkommensverhältnissen als Mieter für eine Sozialwohnung in Betracht kam.

Diese Regelung ist in R 3.59 der Lohnsteuer-Richtlinien fortgeführt worden, das heißt, dass bei einer Wohnung, die ohne Inanspruchnahme öffentlicher Mittel errichtet worden ist, geprüft werden muss, ob diese Wohnung im Zeitpunkt des Bezugs durch den Arbeitnehmer für eine Förderung mit öffentlichen Mitteln in Betracht gekommen **wäre.** Hierfür ist zuerst zu klären, ob auf die Wohnung die Vorschriften des Zweiten Wohnungsbaugesetzes, des Wohnungsbaugesetzes für das Saarland oder des Wohnraumförderungsgesetzes im Grundsatz anzuwenden sind.

Die Befreiungsvorschrift des § 3 Nr. 59 EStG nimmt ausdrücklich auf das **Zweite** Wohnungsbaugesetz, das Wohnungsbaugesetz für das Saarland und das Wohnraumförderungsgesetz Bezug. Das „Erste" Wohnungsbaugesetz ist nicht angesprochen. § 3 Nr. 59 EStG ist deshalb nur auf Wohnungen anwendbar, die im Geltungszeitraum des Zweiten Wohnungsbaugesetzes, des Wohnungsbaugesetzes für das Saarland oder des Wohnraumförderungsgesetzes errichtet worden sind. Das bedeutet, dass Wohnungen, die vor 1957 errichtet worden sind, von der Regelung nicht erfasst werden. Dies gilt erst recht für Wohnungen im sog. „Altbestand", das heißt für Wohnungen, die vor 1950 errichtet worden sind.

Die Steuerfreiheit von Mietvorteilen ist also bei gleichgestellten Wohnungen auf die Fälle beschränkt, in denen die Baumaßnahme den Förderbedingungen des Zweiten Wohnungsbaugesetzes, des Wohnungsbaugesetzes für das Saarland oder des Wohnraumförderungsgesetzes angepasst ist. Hier sind vor allem die Wohnungsgröße und der Baustandard zu nennen. Eine Prüfung, ob der Arbeitnehmer nach seinen Einkommensverhältnissen als Mieter einer geförderten Wohnung in Betracht kommt, ist nicht anzustellen (R 3.59 Satz 6 LStR). Bei Einhaltung der übrigen Förderbedingungen (Wohnungsgröße, Baustandard) kommt die Steuerfreiheit auch dann in Betracht, wenn der Arbeitgeber die Wohnungen ohne jede Inanspruchnahme von öffentlichen Fördermitteln nach den Wohnungsbaugesetzen ausschließlich mit Eigenmitteln oder „normalen" Bankkrediten errichtet. Entscheidend ist nach Auffassung der Finanzverwaltung allein die Tatsache, ob die Wohnung **im Zeitpunkt ihres Bezugs** durch den Arbeitnehmer für eine Förderung mit öffentlichen Mitteln in Betracht gekommen **wäre*).** Auf den „Zeitpunkt des Bezugs durch den Arbeitnehmer" wird deshalb abgestellt, weil ansonsten eine erst Jahre nach Errichtung des Gebäudes aufgelegte Fördermaßnahme – die zufälligerweise auf das Objekt „passt" – zur Steuerfreiheit der gewährten Mietvorteile führen könnte.

Auch für die Festlegung des Umfangs der Steuerfreiheit ist auf die Höhe der Vergleichsmiete **im Zeitpunkt des Bezugs** der Wohnung durch den Arbeitnehmer abzustellen. Nach R 3.59 Sätze 7 bis 12 der Lohnsteuer-Richtlinien gilt deshalb für den Umfang der Steuerfreiheit Folgendes:

Der Höhe nach ist die Steuerbefreiung auf die Mietvorteile begrenzt, die sich aus der Förderung nach dem Zweiten Wohnungsbaugesetz, dem Wohnungsbaugesetz für das Saarland oder dem Wohnraumförderungsgesetz ergeben würden. Die Vorschrift ist deshalb auf Wohnungen, für die der Förderzeitraum nach den genannten Wohnungsbaugesetzen bereits abgelaufen ist, nicht anwendbar. Wenn der Förderzeitraum **im Zeitpunkt des Bezugs** der Wohnung durch den Arbeitnehmer noch nicht abgelaufen ist, ist ein Mietvorteil bis zur Höhe des Teilbetrags steuerfrei, auf den der Arbeitgeber gegenüber der Vergleichsmiete verzichten müsste, wenn die Errichtung der Wohnung nach den Wohnungsbaugesetzen gefördert worden wäre. Der steuerfreie Teilbetrag verringert sich in dem Maße, in dem der Arbeitgeber nach den Förderregelungen eine höhere Miete verlangen könnte. Mit Ablauf der Mietbindungsfrist läuft auch die Steuerbefreiung aus. Soweit später zulässige Mieterhöhungen z. B. nach Ablauf des Förderzeitraums im Hinblick auf das Dienstverhältnis unterblieben sind, sind sie in den steuerpflichtigen Mietvorteil einzubeziehen.

Der Ansatz der vergleichbaren Sozialmiete für nicht öffentlich geförderte Wohnungen soll mit folgendem Beispiel veranschaulicht werden:

Beispiel B

Der Arbeitgeber hat im Jahr 2010 ohne Einsatz öffentlicher Mittel Wohnungen für seine Arbeitnehmer errichtet. Die Wohnungen sind nach Art und Ausstattung Sozialwohnungen vergleichbar, das heißt, dass für diese Wohnungen eine Förderung mit öffentlichen Mitteln im Grundsatz möglich gewesen wäre, wenn der Bauherr einen entsprechenden Antrag gestellt hätte. Der ortsübliche Mietwert für eine solche Wohnung (z. B. nach dem Mietspiegel) beträgt im Jahr 2010 7,50 € je Quadratmeter. Im sozialen Wohnungsbau beträgt die Sozialmiete für eine 2010 errichtete, vergleichbare Wohnung 5 €. Dieser Quadratmeterpreis ist für die Ermittlung des geldwerten Vorteils maßgebend, das heißt, dass ein geldwerter Vorteil nur dann entsteht, wenn der Arbeitnehmer für die Wohnung weniger als 5 € bezahlen muss.

7. Bewertung einer Wohnung, wenn die ortsübliche Miete nur unter außergewöhnlichen Schwierigkeiten ermittelt werden kann

Kann im Einzelfall der ortsübliche Mietwert nur unter **außergewöhnlichen** Schwierigkeiten ermittelt werden, sind für solche Wohnungen in der Sozialversicherungsentgeltverordnung feste Quadratmeterpreise festgelegt

---

*) Hierzu hat der Bundesfinanzhof mit Urteil vom 16. 2. 2005 (BStBl. II S. 750) entschieden, dass eine Steuerbefreiung von Mietvorteilen nach § 3 Nr. 59 EStG nur dann in Betracht kommt, wenn die Vorteile auf einer tatsächlichen Förderung nach dem Zweiten Wohnungsbaugesetz beruhen und zudem der Förderzeitraum noch nicht abgelaufen ist. Der Bundesfinanzhof hat in dem Urteil Zweifel geäußert, ob die Regelung der Finanzverwaltung in den Lohnsteuer-Richtlinien eine zutreffende Auslegung des § 3 Nr. 59 EStG darstellt.
Die Regelung in den Lohnsteuer-Richtlinien ist für den Arbeitnehmer günstiger und besagt, dass bei einer Wohnung, die ohne Inanspruchnahme öffentlicher Mittel errichtet worden ist, (nur) geprüft werden muss, ob diese Wohnung im Zeitpunkt ihres Bezugs durch den Arbeitnehmer für eine Förderung mit öffentlichen Mitteln nach dem Zweiten Wohnungsbaugesetz, dem Wohnungsbaugesetz für das Saarland und das Wohnraumförderungsgesetz in Betracht gekommen wäre.
Die Finanzverwaltung wendet das BFH-Urteil vom 16. 2. 2005 (BStBl. II S. 750) zwar an, hält aber gleichwohl daran fest, dass die Sätze 2 bis 4 in R 3.59 der Lohnsteuer-Richtlinien eine zutreffende Auslegung des § 3 Nr. 59 EStG darstellen. Da der Bundesfinanzhof diese Frage letztlich nicht entschieden hat, ist es sachgerecht, die für den Arbeitnehmer günstigeren Regelungen unverändert beizubehalten und die Sätze 2 bis 4 in R 3.59 der Lohnsteuer-Richtlinien weiter anzuwenden (BMF-Schreiben vom 10. 10. 2005, BStBl. I S. 959).

Wohnungsüberlassung

	Lohn-steuer-pflichtig	Sozial-versich.-pflichtig

worden. Unter der Voraussetzung, dass die Feststellung des ortsüblichen Mietpreises mit **außergewöhnlichen** Schwierigkeiten verbunden ist, gelten für die Sonderregelung folgende Quadratmeterpreise:

alte Bundesländer (mit Westberlin)	**2010**	**3,55 €** je Quadratmeter
	2009	3,55 € je Quadratmeter
	2008	3,45 € je Quadratmeter
	2007	3,45 € je Quadratmeter
	2006	3,40 € je Quadratmeter
	2005	3,35 € je Quadratmeter
	2004	3,25 € je Quadratmeter
	2003	3,15 € je Quadratmeter
	2002	3,05 € je Quadratmeter
neue Bundesländer (mit Ostberlin)	**2010**	**3,55 €** je Quadratmeter
	2009	3,55 € je Quadratmeter
	2008	3,45 € je Quadratmeter
	2007	3,35 € je Quadratmeter
	2006	3,15 € je Quadratmeter
	2005	3,05 € je Quadratmeter
	2004	2,90 € je Quadratmeter
	2003	2,75 € je Quadratmeter
	2002	2,65 € je Quadratmeter

Wohnungen **einfachster Art** (ohne Sammelheizung oder ohne Bad bzw. Dusche):

alte Bundesländer (mit Westberlin)	**2010**	**2,88 €** je Quadratmeter
	2009	2,88 € je Quadratmeter
	2008	2,80 € je Quadratmeter
	2007	2,80 € je Quadratmeter
	2006	2,75 € je Quadratmeter
	2005	2,70 € je Quadratmeter
	2004	2,65 € je Quadratmeter
	2003	2,60 € je Quadratmeter
	2002	2,55 € je Quadratmeter
neue Bundesländer (mit Ostberlin)	**2010**	**2,88 €** je Quadratmeter
	2009	2,88 € je Quadratmeter
	2008	2,80 € je Quadratmeter
	2007	2,72 € je Quadratmeter
	2006	2,65 € je Quadratmeter
	2005	2,55 € je Quadratmeter
	2004	2,45 € je Quadratmeter
	2003	2,35 € je Quadratmeter
	2002	2,30 € je Quadratmeter

Die Freigrenze von 44 € monatlich (vgl. nachfolgend unter Nr. 10) ist nicht anwendbar, wenn nach der Sonderregelung in § 2 Abs. 4 Satz 2 der Sozialversicherungsentgeltverordnung die besonderen Quadratmeterpreise von 3,55 € bzw. 2,88 € zum Ansatz kommen. Denn bei diesen Quadratmeterpreisen handelt es sich um amtliche Sachbezugswerte, die eine Anwendung der 44-Euro-Freigrenze ausschließen.

8. Bewertung der Nebenkosten

Die Mietverträge enthalten im Allgemeinen neben den Vereinbarungen über die Grundmiete (Kaltmiete) Vereinbarungen über die Kosten für Heizung, Warmwasser und Schönheitsreparaturen. Vereinbarungen über die Kosten von Strom und Gas enthalten die Mietverträge in der Regel nicht. Trägt der Arbeitgeber auch diese Aufwendungen, so gehört die Übernahme dieser Kosten zum steuer- und beitragspflichtigen Arbeitslohn.   ja   ja

Im Einzelnen gilt Folgendes:

a) Wert der unentgeltlichen oder verbilligten Heizung

Ist als Wert für die kostenlose oder verbilligte Überlassung der Unterkunft der amtliche Sachbezugswert anzusetzen (vgl. vorstehende Nr. 2), so ist die unentgeltliche oder verbilligte Heizung **mit dem Ansatz des amtlichen Sachbezugswerts abgegolten** (vgl. die ausführlichen Erläuterungen beim Stichwort „Freie Unterkunft und Verpflegung" unter Nr. 5.

Ist dagegen die Wohnung mit der ortsüblichen Miete zu bewerten, muss als Wert der Heizung der übliche Endpreis am Abgabeort angesetzt werden.

Zum Ansatz des Rabattfreibetrags von 1080 € jährlich bei der unentgeltlichen oder verbilligten Abgabe von Heizmaterial an Arbeitnehmer vgl. das Stichwort „Heizung".

Die Ermittlung des üblichen Endpreises am Abgabeort für den Sachbezug „Heizung" ist oft schwierig, z. B. wenn für eine im Betriebsgebäude befindliche Wohnung keine gesonderte Abrechnung erfolgt. In solchen Fällen gilt Folgendes:

Kann der übliche Endpreis am Abgabeort bei der Gewährung unentgeltlicher oder verbilligter Heizung als Sachbezug nicht individuell ermittelt werden (z. B. anhand einer Heizkostenabrechnung für die Wohnung), so bestehen seitens der Finanzverwaltung keine Bedenken, wenn als ortsüblicher Endpreis die vom Bundesfinanzministerium jährlich nach Ablauf des Abrechnungszeitraums (1. 7. bis 30. 6.) als Entgelt für Heizkosten und Warmwasserversorgung nach der Verordnung für Dienstwohnungen (DWVO) festgelegten Beträge angesetzt werden. Die Werte für die Heizkosten werden jährlich für die Zeit vom 1. 7. bis zum 30. 6. bekannt gemacht und beziffern den **Jahresbetrag je Quadratmeter Wohnfläche** für den jeweiligen Brennstoff.

Seit dem Zeitraum 1. Juli 2005 bis 30. Juni 2006 wird nur noch zwischen fossilen Brennstoffen einerseits und Fernwärme/übrige Heizungsarten andererseits unterschieden, das heißt, für Heizöl und Gas wird ein einheitlicher Wert festgesetzt. Als Jahresbetrag pro Quadratmeter Wohnfläche wurden festgesetzt:

Zeitraum	Heizöl, Abwärme	Gas	Fernheizung, schweres Heizöl, feste Brennstoffe
1.7.2001–30.6.2002	7,86 €	8,02 €	9,— €
1.7.2002–30.6.2003	7,43 €	7,71 €	8,70 €
1.7.2003–30.6.2004	7,38 €	8,02 €	8,52 €
1.7.2004–30.6.2005	8,13 €	8,72 €	8,82 €
1.7.2005–30.6.2006	10,26 €	10,26 €	10,56 €
1.7.2006–30.6.2007	10,59 €	10,59 €	12,73 €
1.7.2007–30.6.2008	11,59 €	11,59 €	12,52 €
1.7.2008–30.6.2009	…*)	…*)	…*)

Da die neuen Werte im Nachhinein festgesetzt werden, können die genannten Beträge so lange angesetzt werden, bis die neuen Werte für den Zeitraum vom 1. 7. 2008 bis 30. 6. 2009 festgesetzt worden sind.

Für die Warmwasserversorgung (Erwärmung des Wassers) über die Sammelheizung ist neben dem Heizkostenbetrag für jeden vollen Kalendermonat ein Betrag von 1,83 % des jährlichen Wertes der Heizungskosten anzusetzen (§ 14 Abs. 1 DWVO).

Beispiel
Für eine 90-qm-Wohnung ist der geldwerte Vorteil für die unentgeltliche Heizung (Ölheizung und Warmwasseraufbereitung) wie folgt zu ermitteln:

Heizung:		
90 qm × 11,59 €	=	1 043,10 € jährlich
monatlich 1/12	=	86,93 €
Warmwasserzuschlag monatlich 1,83 % vom Jahresbetrag der Heizung (1,83 % von 1043,10 € =)	=	19,09 €
geldwerter Vorteil monatlich insgesamt		106,02 €

Soweit ausnahmsweise der Arbeitgeber auch die Kosten für entnommenes **Kaltwasser** trägt, ist der Betrag als Vorteil anzusetzen, den der Arbeitnehmer selbst hätte aufwenden müssen. Dabei kann von einem durchschnitt-

---

*) Im Zeitpunkt der Drucklegung noch nicht veröffentlicht. Sobald die neuen Werte vorliegen, werden sie im kostenlosen Online-Aktualisierungsservice bekannt gegeben. Die Anmeldung ist vorne im Lexikon erläutert.

Wohnungsüberlassung

	Lohn-steuer-pflichtig	Sozial-versich.-pflichtig

lichen Wasserverbrauch von 4 cbm monatlich pro Person ausgegangen werden, falls die tatsächlichen Aufwendungen nicht zu ermitteln sind.

b) Unentgeltliche oder verbilligte Beleuchtung

Bei der unentgeltlichen oder verbilligten Überlassung einer „Unterkunft" ist die unentgeltliche oder verbilligte Beleuchtung **mit dem Ansatz des amtlichen Sachbezugswerts abgegolten** (vgl. die ausführlichen Erläuterungen beim Stichwort „Freie Unterkunft und Verpflegung" unter Nr. 5 auf Seite 316).

Bei der unentgeltlichen oder verbilligten Überlassung einer „Wohnung" ist der geldwerte Vorteil einer unentgeltlich oder verbilligt überlassenen Beleuchtung stets **zusätzlich** zum Mietwert der Wohnung anzusetzen. Hierzu gehört der notwendige Haushaltsstrom einschließlich der Energie für den Betrieb einer Sauna oder eines zum Haus gehörenden Schwimmbads. Maßgebend für den Wert der Beleuchtung ist der ortsübliche Preis; dieser ist ggf. zu schätzen.

Zum Ansatz des Rabattfreibetrags von 1080 € jährlich bei der unentgeltlichen oder verbilligten Abgabe von Strom an Arbeitnehmer von Elektrizitätswerken vgl. das Stichwort „Strom".

c) Schönheitsreparaturen

Trägt der Arbeitgeber auch die Kosten für die laufenden Schönheitsreparaturen in den Wohnungen, die er den Arbeitnehmern zur Verfügung gestellt hat, so liegt darin ebenfalls ein steuerpflichtiger geldwerter Vorteil (BFH-Urteil vom 17.8.1973, BStBl. 1974 II S. 8). Dabei ist es gleichgültig, ob die Übernahme der Kosten für Schönheitsreparaturen durch den Arbeitgeber freiwillig erfolgt oder auf einer mietvertraglichen Vereinbarung beruht. ja ja

Der Zuschlag für die Übernahme der Kosten für Schönheitsreparaturen ist grundsätzlich auf der Basis der **tatsächlichen Aufwendungen** für Schönheitsreparaturen festzulegen. Ist dies nicht möglich, kann der Zuschlag in Anlehnung an den Wert nach § 28 Abs. 4 II. BV (BGBl. 1990 Teil I S. 2178) vorgenommen werden. Dieser Wert beträgt seit 1.1.2002 jährlich 8,50 € je qm Wohnfläche.

Einheitliche Sätze für Schönheitsreparaturen bei aufwendigen Wohnungen oder aufwendigen Einfamilienhäusern lassen sich nicht festsetzen. Hier ist der zutreffende Wert nach den örtlichen Gegebenheiten zu schätzen oder der tatsächlich aufgewandte Betrag anzusetzen.

Bei Einfamilienhäusern, insbesondere bei aufwendigen Einfamilienhäusern, übernimmt der Arbeitgeber vielfach die **Kosten für die Gartenpflege.** Diese Kosten sind mit dem üblichen Endpreis des Abgabeorts nach § 8 Abs. 2 Satz 1 EStG bzw. mit den tatsächlich anfallenden Kosten zu erfassen. ja ja

9. Anwendung des Rabattfreibetrags bei der Überlassung einer Wohnung

Bei der unentgeltlichen oder verbilligten Überlassung einer Wohnung an Arbeitnehmer ist der Rabattfreibetrag in Höhe von 1080 € jährlich dann anwendbar, wenn der Arbeitgeber mit der „Wohnungsvermietung" selbst Handel treibt, also z. B. bei Wohnbauunternehmen. Denn in den Hinweisen zu R 8.2 der Lohnsteuer-Richtlinien ist ausdrücklich klargestellt, dass die Überlassung einer Wohnung zu den durch den Rabattfreibetrag begünstigten „Dienstleistungen" gehört. Ist auch die darüber hinaus erforderliche Voraussetzung gegeben, nämlich dass der Arbeitgeber mit der „Wohnraumvermietung" selbst Handel betreibt, also Wohnungen an fremde Dritte vermietet, ist der Rabattfreibetrag anwendbar (BFH-Urteil vom 16.2.2005, BStBl. II S. 529).

Beispiel A

Ein Wohnbauunternehmen vermietet die selbst gebauten Wohnungen nicht nur an fremde Dritte, sondern auch an die eigenen Arbeitnehmer. Die Arbeitnehmer zahlen einen ermäßigten Mietpreis. Auf den dadurch entstehenden geldwerten Vorteil ist der Rabattfreibetrag anwendbar. Vermietet das Wohnbauunternehmen an fremde Dritte eine vergleichbare Wohnung z. B. um 10 € je Quadratmeter und verlangt von seinem Arbeitnehmer hierfür lediglich 7,50 €, so ergibt sich für eine 100 Quadratmeter große Wohnung Folgendes:

10 € × 100 m²	=	1 000,— €
abzüglich Preisabschlag nach § 8 Abs. 3 EStG 4 %		40,— €
verbleiben		960,— €
vom Arbeitnehmer gezahlte Miete 7,50 € × 100 m²	=	750,— €
geldwerter Vorteil monatlich		210,— €
geldwerter Vorteil jährlich 210 € × 12	=	2 520,— €
abzüglich Rabattfreibetrag		1 080,— €
verbleibender steuer- und beitragspflichtiger geldwerter Vorteil		1 440,— €

Die Anwendung des Rabattfreibetrags hat die zwingend vorgeschriebene Bewertung der Wohnung nach § 8 Abs. 3 EStG zur Folge, das heißt, dass für die Bewertung der unentgeltlichen oder verbilligten Überlassung der Wohnung nicht mehr der ortsübliche Mietpreis im Sinne des § 8 Abs. 2 Satz 1 EStG maßgebend ist, sondern der Preis, den der **Arbeitgeber** für eine vergleichbare Wohnung von fremden Dritten fordert. Von diesem Preis ist ein Abschlag von 4 % vorzunehmen. Die Anwendung dieser besonderen, in § 8 Abs. 3 EStG festgelegten Bewertungsvorschriften ist ausführlich beim Stichwort „Rabatte" erläutert. Außerdem hat die Anwendung dieser besonderen Bewertungsvorschriften zur Folge, dass die monatliche 44-Euro-Freigrenze **nicht** anwendbar ist (vgl. die Erläuterungen unter der nachfolgenden Nr. 10).

Der Rabattfreibetrag ist jedoch nicht nur dann anwendbar, wenn der Arbeitgeber mit der Wohnungsvermietung selbst Handel treibt, sondern auch dann, wenn der Arbeitgeber die Dienstleistung „nicht überwiegend für den Bedarf seines Arbeitnehmers erbringt" (§ 8 Abs. 3 Satz 1 EStG).

Beispiel B

Der Arbeitgeber (z. B. ein Chemiekonzern) errichtet ein Wohngebäude und vermietet die Wohnungen überwiegend an fremde Dritte zu einem Quadratmeterpreis von z. B. 7,50 €. Einige Wohnungen vermietet der Arbeitgeber auch an seine Arbeitnehmer zu einem Quadratmeterpreis von 6 €. Da die Vermietung der Wohnungen **nicht überwiegend für die eigenen Arbeitnehmer** durchgeführt wird, ist der Rabattfreibetrag anwendbar. Für eine 70 Quadratmeter große Wohnung ergibt sich Folgendes:

von fremden Dritten gezahlte Miete 7,50 € × 70 m²	=	525,— €
abzüglich Preisabschlag von 4 % (§ 8 Abs. 3 EStG)		21,— €
verbleiben		504,— €
vom Arbeitnehmer gezahlte Miete 6 € × 70 m²	=	420,— €
geldwerter Vorteil monatlich		84,— €
geldwerter Vorteil jährlich 84 € × 12	=	1 008,— €

Dieser Betrag ist steuer- und beitragsfrei, da er den Rabattfreibetrag von jährlich 1080 € nicht übersteigt.

10. Monatliche Freigrenze von 44 €

Für Sachbezüge gibt es eine Freigrenze von **44 € monatlich.** Die 44-Euro-Freigrenze gilt nur für Sachbezüge, die nach § 8 Abs. 2 **Satz 1** EStG zu bewerten sind. Für Sachbezüge, die mit den amtlichen Sachbezugswerten nach § 8 Abs. 2 **Satz 6** EStG zu bewerten sind, gilt deshalb die monatliche Freigrenze ebenso wenig wie für Sachbezüge, auf die der Rabattfreibetrag anwendbar ist (und die deshalb nach § 8 Abs. 3 EStG bewertet werden). Für die Anwendung der 44-Euro-Freigrenze bei der unentgeltlichen oder verbilligten Überlassung von Wohnraum ergibt sich hiernach folgende Übersicht:

Wohnungsüberlassung

	Lohn-steuer-pflichtig	Sozial-versich.-pflichtig

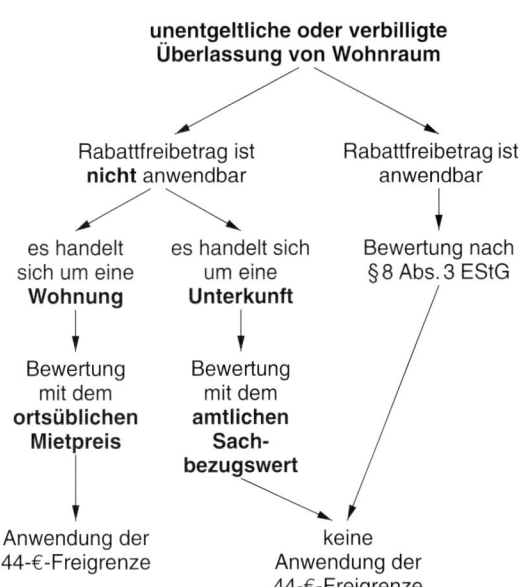

Der Betrag von 44 € monatlich ist eine **Freigrenze**; das bedeutet Folgendes:

Wird der Betrag von 44 € monatlich überschritten, ist der gesamte geldwerte Vorteil steuerpflichtig und nicht nur der über 44 € hinausgehende Betrag.

Beispiel A

Vom Finanzamt anhand von Vergleichswohnungen ermittelter ortsüblicher Mietpreis für eine dem Arbeitnehmer verbilligt überlassene Wohnung

monatlich	300,— €
vom Arbeitnehmer zu entrichtende Miete monatlich	256,— €
Unterschiedsbetrag	44,— €

Der Unterschiedsbetrag ist in Anwendung der monatlichen 44-Euro-Freigrenze steuer- und beitragsfrei.

Beispiel B

Vom Finanzamt anhand von Vergleichswohnungen ermittelter ortsüblicher Mietpreis monatlich	300,— €
vom Arbeitnehmer zu zahlende Miete monatlich	252,— €
Unterschiedsbetrag	48,— €

Die Freigrenze von monatlich 44 € ist überschritten; der Betrag von 48 € ist in voller Höhe steuer- und beitragspflichtig.

Mietet der Arbeitgeber einzelne Wohnungen an und vermietet sie verbilligt an seine Arbeitnehmer weiter, so steht der geldwerte Vorteil von vornherein fest. Gleichwohl ist die 44-Euro-Grenze anwendbar.

Beispiel C

Der Arbeitgeber mietet eine Wohnung um monatlich	300,— €
er vermietet sie an den Arbeitnehmer weiter um	256,— €
Unterschiedsbetrag	44,— €

Der Unterschiedsbetrag ist steuer- und beitragsfrei.

Bei der Anwendung der monatlichen 44-Euro-Freigrenze ist zu beachten, dass auch **steuerpflichtige,** das heißt bereits versteuerte Sachbezüge, **in die Prüfung der 44-Euro-Freigrenze mit einzubeziehen sind.** Dies ergibt sich aus H 8.1 (1–4) der Lohnsteuer-Richtlinien.

Beispiel D

Der Arbeitgeber überlässt dem Arbeitnehmer **unentgeltlich** eine Wohnung. Er setzt den ortsüblichen Mietpreis der Wohnung mit 256 € an und versteuert diesen Betrag als Sachbezug. Der Lohnsteuer-Außenprüfer ermittelt den ortsüblichen Mietpreis der Wohnung mit 300 €. Der Betrag von 44 € muss nachversteuert werden. Für eine Anwendung der 44-Euro-Grenze ist kein Raum, da in die Prüfung **sämtliche** (also auch die versteuerten) nach § 8 Abs. 2 **Satz 1** EStG zu bewertenden Vorteile einzubeziehen sind, die in einem Kalendermonat zufließen. Dies sind 300 € monatlich. Die monatliche 44-Euro-Grenze ist deshalb (bei weitem) überschritten.

11. Steuerfreiheit bei der unentgeltlichen oder verbilligten Überlassung von Wohnungen

Die unentgeltliche oder verbilligte Überlassung von Wohnraum durch den Arbeitgeber ist im Grundsatz stets steuerpflichtiger Arbeitslohn. — ja — ja

Benutzt jedoch ein Arbeitnehmer im Rahmen einer Auswärtstätigkeit oder einer doppelten Haushaltsführung am auswärtigen Tätigkeitsort unentgeltlich oder verbilligt eine vom Arbeitgeber zur Verfügung gestellte Wohnung, so ist der geldwerte Vorteil als Auslösung steuerfrei. — nein — nein

Beispiel

Eine ledige Hotelfachfrau aus München arbeitet ein halbes Jahr in einem Hotel in Hamburg. Sie behält während dieser Zeit ihren eigenen Hausstand in München bei (sie hat in München eine Wohnung gemietet und fährt einmal im Monat heim). Sie erhält in Hamburg zusätzlich zum Barlohn als Auslösung freie Wohnung. Der ortsübliche Mietpreis hierfür beträgt 400 € monatlich. Die unentgeltlich gewährte Wohnung ist **steuer- und beitragsfrei,** da eine doppelte Haushaltsführung für ledige Arbeitnehmer vorliegt (vgl. das Stichwort „Doppelte Haushaltsführung").

12. Wohnrecht

Überlässt der Arbeitgeber dem Arbeitnehmer lebenslänglich ein Wohnrecht (z. B. die unentgeltliche Nutzung eines Einfamilienhauses) im Hinblick auf das bestehende Dienstverhältnis, so fließt dem Arbeitnehmer aufgrund dieses Wohnrechts monatlich ein geldwerter Vorteil in Höhe der ersparten ortsüblichen Miete zu. Vereinbaren Arbeitgeber und Arbeitnehmer die Übertragung des betroffenen Grundstücks an den Arbeitnehmer zu einem wegen des Wohnrechts geminderten Kaufpreis, so fließt hiermit der zu diesem Zeitpunkt bestehende Kapitalwert des obligatorischen Wohnrechts dem Arbeitnehmer als geldwerter Vorteil zu.

Erfolgt eine solche Vereinbarung im Zusammenhang mit einer vom Arbeitgeber ausgesprochenen Kündigung des Dienstverhältnisses, so kann in diesem Zufluss eine steuerbegünstigte Entschädigung liegen (BFH-Urteil vom 22.1.1988, BStBl. II S. 525), vgl. das Stichwort „Entschädigungen".

13. Sonstige Aufwendungen des Arbeitgebers zur Wohnungsbeschaffung

Für die steuerliche Behandlung von sonstigen Aufwendungen des Arbeitgebers zur Beschaffung von Wohnungen für seine Arbeitnehmer gilt Folgendes:

a) Verlorener Zuschuss für Eigenheime

Vom Arbeitgeber ohne jede Auflage gewährte **verlorene Zuschüsse** zum Bau oder Erwerb eines Eigenheims (einer Eigentumswohnung) sind **steuerpflichtiger Arbeitslohn.** Die Zuschüsse sind im Kalenderjahr des Zuflusses zu versteuern. — ja — ja

b) Verkauf von Bauland

Veräußert der Arbeitgeber an den Arbeitnehmer **Bauland** unter dem ortsüblichen Quadratmeterpreis, so stellt der Unterschiedsbetrag **steuerpflichtigen Arbeitslohn** dar (vgl. das Stichwort „Grundstücke"). — ja — ja

c) Verlorener Zuschuss zur Miete

Gewährt der Arbeitgeber dem Arbeitnehmer ohne jede Auflage einen **verlorenen Zuschuss zur Miete** einer Wohnung, so ist dieser Zuschuss **steuerpflichtiger Arbeitslohn.** Der Zuschuss ist im Kalenderjahr des Zuflusses zu versteuern. Eine Verteilung auf mehrere Kalenderjahre ist nicht möglich. Eine Pauschalierung der Steuer kommt nur in Betracht, wenn die Zuschüsse in einer Vielzahl von Fällen gewährt werden (vgl. „Pauschalierung der Lohnsteuer" unter Nr. 2 auf Seite 517). — ja — ja

Wohnungsüberlassung

	Lohn-steuer-pflichtig	Sozial-versich.-pflichtig

d) Zinsverbilligte Darlehen

Gewährt der Arbeitgeber dem Arbeitnehmer zum Bau eines Einfamilienhauses (einer Eigentumswohnung) ein zinsloses oder zinsverbilligtes **Darlehen,** so richtet sich die steuerliche Behandlung der Zinsersparnisse nach den beim Stichwort „Zinsersparnisse und Zinszuschüsse" dargestellten Grundsätzen.

e) Übernahme von Zinsen

Erstattet der **Arbeitgeber** dem Arbeitnehmer die **Zinsen für einen Kredit,** den der Arbeitnehmer von einem Dritten (z. B. einer Bank) zum Bau oder Erwerb eines Eigenheims (einer Eigentumswohnung) aufgenommen hat, so liegt stets steuerpflichtiger Arbeitslohn vor.   ja   ja

f) Zuschüsse zur Miete als Mietvorauszahlung

Gewährt der Arbeitgeber dem Arbeitnehmer einen Zuschuss zur Miete einer Wohnung in der Form, dass der Arbeitnehmer den **Mietzuschuss als Vorauszahlung** an den Vermieter weiterleitet und die dadurch erlangte Mietminderung an den Arbeitgeber zurückzahlt, so kommt dem Zuschuss nur der Charakter eines Darlehens zu; **steuerpflichtiger Arbeitslohn** liegt deshalb **nicht** vor.   nein   nein

g) Zuschüsse zur Miete mit Rückzahlungsverpflichtung beim Ausscheiden aus dem Dienstverhältnis

Gewährt der Arbeitgeber seinem Arbeitnehmer einen **Zuschuss** im Sinne des Buchstabens f **ohne** dass der Wert der **Mietminderung** an den Arbeitgeber zurückzuzahlen ist, so handelt es sich um **steuerpflichtigen Arbeitslohn.** Muss in einem solchen Fall der Arbeitnehmer den Zuschuss im Falle des Ausscheidens aus dem Dienstverhältnis ganz oder teilweise zurückzahlen, so mindern die Rückzahlungen im Kalenderjahr der Rückzahlung den steuerpflichtigen Arbeitslohn (vgl. „Rückzahlung von Arbeitslohn").   ja   ja

h) Vorzeitige Rückzahlung zinsverbilligter Darlehen

Hat ein Arbeitgeber einem Arbeitnehmer ein zinsloses oder niedrig verzinsliches Darlehen zum Bau eines Eigenheims (oder einer Eigentumswohnung) gewährt (vgl. Buchstaben d) und erlässt der Arbeitgeber bei **vorzeitiger Rückzahlung** eines solchen Darlehens einen Teil der Beitragsschuld, so liegt in diesem Verzicht ein steuer- und beitragspflichtiger geldwerter Vorteil.   ja   ja

Besteht in solchen Fällen ein Belegungsrecht des Arbeitgebers für die betreffende Wohnung für mindestens 3 Jahre fort, so ist der geldwerte Vorteil mit 0 € zu bewerten.   nein   nein

14. Wohnheime und Personalunterkünfte

Stellt der Arbeitgeber seinen Arbeitnehmern Wohnraum in Personalunterkünften oder Wohnheimen unentgeltlich oder verbilligt zur Verfügung, so handelt es sich um steuerpflichtigen Arbeitslohn, es sei denn, die Arbeitnehmer führen einen doppelten Haushalt oder üben eine Auswärtstätigkeit aus (vgl. Nr. 11). Soweit es sich nicht um Unterkünfte handelt, für die die Sachbezugswerte anzusetzen sind (vgl. Nr. 2) ist der geldwerte Vorteil mit dem ortsüblichen Mietpreis zu bewerten. Dabei sind die sich durch die Lage der Wohnung zum Betrieb (ggf. verbunden mit einer Mehrfachbelegung) ergebenden Beeinträchtigungen durch entsprechende Abschläge zu berücksichtigen. Die in der Sozialversicherungsentgeltverordnung enthaltenen Prozentsätze können hierfür ein Anhaltspunkt sein. Der sich hiernach ergebende Wert ist auch dann anzusetzen, wenn er niedriger sein sollte als der anteilige Sachbezugswert. Als Vergleichsmiete können die in Studentenwohnheimen gezahlten Mieten herangezogen werden.

Handelt es sich bei dem zur Verfügung gestellten Wohnraum um eine „Unterkunft" im Sinne der Sozialversicherungsentgeltverordnung, war früher stets der amtliche Sachbezugswert anzusetzen (ggf. gemindert um einen Abschlag wegen Mehrfachbelegung). Da der Ansatz des Sachbezugswerts insbesondere bei wesentlichen Abweichungen vom Durchschnittsstandard als unbillig empfunden wurde, enthält die Sozialversicherungsentgeltverordnung eine Regelung, wonach **eine Unterkunft mit dem ortsüblichen Mietpreis** bewertet werden kann, wenn **nach Lage des einzelnen Falles** der Ansatz des Sachbezugswerts unbillig wäre*). Die besonderen Quadratmeterpreise, die in § 2 Abs. 4 Satz 2 der Sozialversicherungsentgeltverordnung für Fälle festgesetzt sind, in denen der ortsübliche Mietpreis nur mit außergewöhnlichen Schwierigkeiten ermittelt werden kann (vgl. vorstehend unter Nr. 7) sind auch in dem geschilderten Ausnahmefall anwendbar (§ 2 Abs. 3 Satz 3 Sozialversicherungsentgeltverordnung)**).

15. Sonderregelung für im Ausland überlassene Wohnungen

Nach R 8.1 Abs. 6 Satz 10 der Lohnsteuer-Richtlinien ist bei einer unentgeltlichen oder verbilligten Überlassung von Wohnungen im Ausland Folgendes zu beachten: Übersteigt bei einer unentgeltlichen oder verbilligten Überlassung einer Wohnung im Ausland der ortsübliche Mietpreis 18 % des Arbeitslohns ohne Kaufkraftausgleich, so sind als Sachbezugswert diese 18 % zuzüglich 10 % des Mehrbetrags anzusetzen.

Beispiel A

Arbeitslohn für eine Tätigkeit im Ausland monatlich	2 000,— €
Mietwert der unentgeltlich im Ausland überlassenen Wohnung monatlich	300,— €

Der Mietwert von 300 € ist in voller Höhe als geldwerter Vorteil anzusetzen, da er 18 % des Arbeitslohns nicht übersteigt.

Beispiel B

Arbeitslohn (ohne Kaufkraftausgleich) für eine Tätigkeit im Ausland monatlich	5 000,— €
Mietwert der unentgeltlich im Ausland vom Arbeitgeber zur Verfügung gestellten Wohnung	1 500,— €
Als Sachbezugswert sind in diesem Fall anzusetzen:	
18 % des Arbeitslohns =	900,— €
zuzüglich 10 % des Mehrbetrags in Höhe von (1500 € ./. 900 € =) 600 €) =	60,— €
insgesamt	960,— €

Steuerpflichtig sind somit der Barlohn von 5000 € und der Sachbezugswert in Höhe von 960 €, insgesamt 5960 €.

Diese Regelung ist im Zusammenhang mit der Steuerfreiheit eines Mietzuschusses bei einer Tätigkeit im Ausland zu sehen (vgl. „Kaufkraftausgleich" unter Nr. 5 auf Seite 420). Als steuerpflichtiger Sachbezugswert wird die ortsübliche Miete der unentgeltlich überlassenen Wohnung nur insoweit angesetzt, als sie nicht nach § 3 Nr. 64 EStG als Mietzuschuss steuerfrei belassen werden kann. Die dargestellte Regelung ist jedoch nur in den Ausnahmefällen von Bedeutung, in denen der Arbeitslohn bei einer Tätigkeit im Ausland auch tatsächlich steuerpflichtig ist. Meist wird eine Befreiung der gesamten Bezüge des Arbeitnehmers nach dem Auslandstätigkeitserlass oder nach einem Doppelbesteuerungsabkommen in Betracht kommen (vgl. diese Stichworte).

---

*) Die amtliche Begründung zu der seit 1.1.2004 geltenden Änderung lautet:
Um auch bei Unterkünften – wie bei Wohnungen – den in Einzelfällen sehr unterschiedlichen Ausstattungsqualitäten Rechnung tragen zu können, soll wesentlichen Abweichungen vom Durchschnittsstandard einer Unterkunft durch Rückgriff auf den ortsüblichen Mietpreis entsprochen werden können.

) Die Sozialversicherungsentgeltverordnung 2010 ist als Anhang 2 im **Steuerhandbuch für das Lohnbüro 2010 abgedruckt, das im selben Verlag erschienen ist. Das **PC-Lexikon** für das Lohnbüro 2010 enthält auch dieses Handbuch und hat außerdem den Vorteil, dass Sie **alle BFH-Urteile** sowie die aktuellen Rundschreiben und Niederschriften der Spitzenverbände der **Sozialversicherung** mit Mausklick **im Volltext** abrufen und ausdrucken können. Eine Bestellkarte finden Sie vorne im Lexikon.

	Lohn-steuer-pflichtig	Sozial-versich.-pflichtig

Zählgelder

siehe „Fehlgeldentschädigungen"

Zehrgelder

Vergütungen von Arbeitgebern, die ohne Einzelnachweis pauschal unter der Bezeichnung „Zehrgeld" gezahlt werden, gehören zum steuerpflichtigen Arbeitslohn. — ja — ja

Steuerfreiheit kann nur dann eintreten, wenn die Zahlungen des Arbeitgebers unter den Begriff der Reisekostenentschädigung oder der doppelten Haushaltsführung fallen (§ 3 Nr. 16 EStG). Zehrgelder, die bei einer Abwesenheit von weniger als 8 Stunden gezahlt werden, gehören deshalb stets zum steuerpflichtigen Arbeitslohn.

Siehe die Stichworte: Auslösungen, Doppelte Haushaltsführung, Einsatzwechseltätigkeit, Fahrtätigkeit, Reisekosten bei Auswärtstätigkeiten.

Zeitungen

Ersetzt der Arbeitgeber dem Arbeitnehmer die Aufwendungen für Fachzeitschriften, gehört der Arbeitgeberersatz auch dann zum steuerpflichtigen Arbeitslohn, wenn es sich bei den Zeitschriften um Arbeitsmittel des Arbeitnehmers handelt. Denn ein Werbungskostenersatz durch den Arbeitgeber ist – ohne ausdrückliche gesetzliche Steuerbefreiungsvorschrift – steuer- und beitragspflichtig. — ja — ja

Der Arbeitnehmer muss den Ersatz des Arbeitgebers zwar einerseits versteuern, er kann jedoch seine Aufwendungen für Fachzeitschriften in entsprechender Höhe Werbungskosten geltend machen (vgl. hierzu die grundsätzlichen Ausführungen beim Stichwort „Auslagenersatz").

Erhält ein Arbeitnehmer, der bei einem Zeitungsverlag beschäftigt ist, kostenlos oder verbilligt Tageszeitungen und/oder Zeitschriften, so ist dieser geldwerte Vorteil im Grundsatz steuerpflichtig. Es handelt sich nicht um eine steuerfreie Annehmlichkeit (BMF-Schreiben vom 18.3.1999 Az.: IV C 5 – S 2334 – 26/99).

Der geldwerte Vorteil ist jedoch in Anwendung des Rabattfreibetrags (vgl. das Stichwort „Rabatte, Rabattfreibetrag") steuer- und beitragsfrei, soweit er 1125 € im Kalenderjahr nicht übersteigt (1080 € Rabattfreibetrag zuzüglich 4 % Abschlag vom Endpreis). — nein — nein

Beispiel
Ein Arbeitnehmer ist bei einem Zeitungsverlag beschäftigt. Der Arbeitnehmer erhält kostenlos Tageszeitungen und Zeitschriften im Wert von 1125 € jährlich.
Der geldwerte Vorteil ist steuer- und beitragsfrei, da der Rabattfreibetrag von 1080 € nicht überschritten wird:

Wert der kostenlosen Tageszeitungen	1 125,— €
4 % Abschlag vom Endpreis	45,— €
verbleibender geldwerter Vorteil	1 080,— €

Dieser Betrag ist steuer- und beitragsfrei, da der Rabattfreibetrag von jährlich 1080 € nicht überschritten wird.

Ist der Rabattfreibetrag von 1080 € nicht anzuwenden, weil der Vorteil nicht vom Arbeitgeber selbst, sondern von einem mit dem Arbeitgeber verbundenen Unternehmen (Konzerngesellschaft) gewährt wird, bleibt der geldwerte Vorteil nur dann steuer- und beitragsfrei, wenn die Freigrenze von 44 € im Kalendermonat nicht überschritten wird und noch nicht durch andere Sachbezüge ausgeschöpft worden ist (vgl. das Stichwort „Rabatte, Rabattfreibetrag" unter Nr. 6 auf Seite 570). Zur Anwendung der 44-€-Freigrenze siehe auch das Stichwort „Sachbezüge" unter Nr. 4 auf Seite 634.

Zeitungsausträger

Zur steuerlichen Behandlung der Zeitungsträger hat der BFH im Urteil vom 2.10.1968 (BStBl. 1969 II S. 103) grundsätzliche Ausführungen gemacht und im entschiedenen Fall die Zeitungsausträger als Arbeitnehmer angesehen. — ja — ja

Für die Annahme eines abhängigen Dienstverhältnisses bei Zeitungsausträgern sprechen nach Auffassung des Bundesfinanzhofs folgende Merkmale:
– Die Tätigkeit ist regelmäßig und zu festen Zeiten zu erbringen.
– Die Ausübung ist an einen bestimmten Ort (Zustellbezirk) gebunden.
– Der Arbeitnehmer unterliegt hinsichtlich des Ortes, der Zeit und des Inhalts seiner Tätigkeit den Weisungen des Arbeitgebers.
– Sie können hinsichtlich des Umfangs ihrer Tätigkeit als Zeitungsausträger keine eigene unternehmerische Initiative entfalten und tragen kein Unternehmerrisiko.

Für die Entscheidung kommt es jeweils auf das Gesamtbild der Verhältnisse und die tatsächliche Gestaltung des Rechtsverhältnisses zwischen den Beteiligten an; den vertraglichen Vereinbarungen zwischen den Beteiligten (ob sie ein Dienstverhältnis oder eine selbständig ausgeübte Tätigkeit vereinbart haben) fällt dagegen ein geringeres Gewicht zu.

Soweit Zeitungsträger neben ihrer eigenen Tätigkeit auch **Abonnenten werben** und dafür vom Verlag besondere Vergütungen erhalten, gilt Folgendes:

Prämien, die ein Verlagsunternehmen seinen Zeitungsausträgern für die Werbung neuer Abonnenten gewährt, sind dann kein Arbeitslohn, wenn die Zeitungsausträger zur Anwerbung neuer Abonnenten nicht verpflichtet sind. Dies gilt auch dann, wenn die Werbung neuer Abonnenten ausschließlich innerhalb des eigenen Zustellungsbezirks der Zeitungsausträger erfolgt und die Belieferung der neuen Abonnenten in der Folgezeit zu einer Erhöhung der Einnahmen aus der nichtselbständig ausgeübten Tätigkeit als Zeitungsausträger führt (BFH-Urteil vom 22.11.1996 BStBl. 1997 II S. 254).

Das Bundessozialgericht hat demgegenüber im Urteil vom 15.2.1989 (Die Beiträge 1989 S. 165) entschieden, dass die neben dem Trägerlohn bezogenen zusätzlichen Vergütungen (Prämien, Provisionen) für die Werbung neuer Abonnenten zum beitragspflichtigen Entgelt gehören.

Zeitwertkonten

siehe „Arbeitszeitkonten"

Zeugengebühren

Zeugengebühren, die als Ersatz für Verdienstausfall gezahlt werden, sind zwar Arbeitslohn, jedoch ist der Steuerabzug regelmäßig nicht durchführbar, da sie nicht vom Arbeitgeber ausgezahlt werden; ggf. sind sie im Rahmen einer Veranlagung zur Einkommensteuer steuerlich zu erfassen (vgl. „Verdienstausfall"). Der Arbeitgeber ist nur dann zum Lohnsteuerabzug verpflichtet, wenn er weiß oder erkennen kann, dass derartige Vergütungen erbracht werden (§ 38 Abs. 1 Satz 3 EStG). — nein — nein

Zinsen

siehe „Verzugszinsen"

Zinsersparnisse und Zinszuschüsse

Lohnsteuerpflichtig / Sozialversich.-pflichtig

Zinsersparnisse und Zinszuschüsse

Wichtiges auf einen Blick:

Entgegen ihrer ursprünglichen Auffassung hat die **Finanzverwaltung** im Oktober 2008 bei zinslosen und zinsverbilligten **Arbeitgeberdarlehen rückwirkend** zum **1.1.2008** wieder eine **Freigrenze** eingeführt. Danach sind Zinsvorteile nicht als Sachbezüge zu versteuern, wenn die Summe der noch nicht getilgten Darlehen am Ende des Lohnzahlungszeitraums **2600 €** nicht übersteigt (vgl. die Erläuterungen unter der nachfolgenden Nr. 2).

Übersteigt das noch nicht getilgte **Darlehen** am Ende des Lohnzahlungszeitraums den Betrag von **2600 €**, bemisst sich der geldwerte Vorteil nach dem Unterschiedsbetrag zwischen dem marktüblichen Zinssatz für vergleichbare Darlehen am Abgabeort und dem Zinssatz der im konkreten Einzelfall vereinbart ist. Der **marktübliche Zinssatz** ist der günstigste nachgewiesene Zinssatz für Darlehen mit vergleichbaren Bedingungen unter Berücksichtigung allgemein zugänglicher **Internetangebote** (z. B. von Direktbanken). Aus Vereinfachungsgründen kann auch der bei Vertragsabschluss von der **Deutschen Bundesbank** für Neugeschäfte zuletzt veröffentlichte Effektivzinssatz herangezogen werden. Dabei darf von dem Effektivzinssatz der Deutschen Bundesbank (nicht aber von dem über das Internet ermittelten Zinssatz!) ein **Abschlag** von **4 %** vorgenommen werden. Für die Ermittlung des marktüblichen Zinssatzes muss zwischen den einzelnen Arten von Krediten (Konsumentenkredit, Überziehungskredit, Wohnungsbaukredit) unterschieden werden. Maßgebend für die **Kreditart** ist aber allein der **tatsächliche Verwendungszweck** und nicht z. B. die Art der Besicherung des Kredits (vgl. die Erläuterungen unter der nachfolgenden Nr. 2). Auf den sich ergebenden geldwerten Vorteil in Höhe der Zinsersparnis ist die **44-Euro-Freigrenze** für Sachbezüge anwendbar (vgl. die Erläuterungen unter den nachfolgenden Nrn. 2 und 4).

Gliederung:

1. Allgemeines
2. Bewertung der Zinsersparnisse
3. Verwendung des Darlehens
4. Anwendung der 44-Euro-Freigrenze
5. Zinsverbilligte Darlehen auf der Basis von Bausparverträgen
6. Wohnungsfürsorgedarlehen an Beschäftigte im öffentlichen Dienst
7. Anwendung des Rabattfreibetrages bei zinslosen und zinsverbilligten Darlehen

1. Allgemeines

Zinsersparnisse und Zinszuschüsse, die der Arbeitnehmer aufgrund seines Arbeitsverhältnisses erhält, gehören zum steuerpflichtigen Arbeitslohn. **Zinsersparnisse** liegen vor, wenn der Arbeitnehmer vom Arbeitgeber ein Darlehen zu günstigeren als den marktüblichen Bedingungen erhält. **Zinszuschüsse** liegen hingegen vor, wenn der Arbeitnehmer ein Darlehen zu marktüblichen Konditionen aufnimmt und der Arbeitgeber dem Arbeitnehmer die Zinsen ganz oder teilweise erstattet.

Beispiel A
Der Arbeitgeber gewährt seinem Arbeitnehmer ein Darlehen zu einem Zinssatz von 1 %. Der übliche Zinssatz für solche Darlehen beträgt 6 %.
Der Arbeitnehmer erhält ein zinsverbilligtes Arbeitgeberdarlehen; es liegen Zinsersparnisse beim Arbeitnehmer vor.

Beispiel B
Der Arbeitnehmer nimmt ein Darlehen bei einer Bank mit einem Zinssatz von 6 % auf. Der Arbeitgeber übernimmt die Zinsen, soweit sie mehr als 1 % betragen.

Der Arbeitnehmer hat ein normalverzinsliches Darlehen aufgenommen und erhält vom Arbeitgeber Zinszuschüsse.

Verpflichtet sich der Arbeitgeber zugunsten des Arbeitnehmers gegenüber dem Darlehensgeber (der Bank) zur Zahlung von Zinszuschüssen (sog. Zinsausgleichszahlungen), liegt ebenfalls steuerpflichtiger Arbeitslohn vor (BFH-Urteil vom 4.5.2006 BStBl. II S. 914).

Beispiel C
Eine Bank gewährt dem Arbeitnehmer zum Kauf einer Eigentumswohnung ein Darlehen. Der jährliche Zinssatz beläuft sich auf 5,85 %. Der Arbeitnehmer zahlt an die Bank 5 % Zinsen. Wegen der Differenz schließt der Arbeitgeber mit der Bank eine Zinsübernahmevereinbarung. Darin verpflichtet er sich gegenüber der Bank zur Zahlung von 0,85 % Zinsen auf das Darlehen. Die Zahlungen des Arbeitgebers gehören zum steuerpflichtigen Arbeitslohn des Arbeitnehmers. Es liegt kein zinsverbilligtes Darlehen – vom Arbeitgeber oder von einem Dritten – an den Arbeitnehmer vor, da die Bank im Ergebnis den marktüblichen Zinssatz von 5,85 % (5 % vom Arbeitnehmer und 0,85 % vom Arbeitgeber) erhält.

Die Unterscheidung zwischen Zinsersparnissen und Zinszuschüssen ist u. a. wegen der unterschiedlichen Bewertung (**Zinsersparnis = Sachbezug;** Zinszuschuss = Geldleistung) und den sich daraus ergebenden Folgerungen für die Anwendung der **44-Euro-Freigrenze** entscheidend (vgl. auch nachfolgende Nr. 4). Außerdem gibt es auch nur für **Zinsersparnisse** bei Arbeitgeberdarlehen eine **Freigrenze** (vgl. auch nachfolgende Nr. 2).

Es ist auch denkbar, dass bei einer Darlehensgewährung sowohl eine Zinsersparnis als auch ein Zinszuschuss vorliegt.

Beispiel D
Der Arbeitnehmer erhält aufgrund des Arbeitsverhältnisses von einem mit seinem Arbeitgeber verbundenen Unternehmen einen Kontokorrentkredit, für den er 7 % Zinsen zahlen muss. Sein Arbeitgeber zahlt an das verbundene Unternehmen 3 %. Der übliche Zinssatz beträgt 12 %.
In Höhe von 2 % (12 % abzüglich 7 % abzüglich 3 %) liegt eine Zinsersparnis (= Sachbezug) vor. Bei der 3 %-igen Zahlung des Arbeitgebers handelt es sich um einen Zinszuschuss (= Geldleistung).

Die **Abgrenzung** zwischen einem **Vorschuss** (vgl. das Stichwort „Vorschüsse") und einem echten Arbeitgeberdarlehen ist danach vorzunehmen, ob der Arbeitgeber bei der Zahlung Lohnsteuer einbehalten hat (= Vorschuss) oder nicht **(= Darlehen)**. Bei sog. **Abschlagszahlungen** (vgl. dieses Stichwort) handelt es sich nicht um ein Arbeitgeberdarlehen. Entsprechendes gilt für einen angemessenen **Reisekostenvorschuss** für beruflich veranlasste Auswärtstätigkeiten sowie vorschüssig gezahlten Auslagenersatz. Bei Gehaltsvorschüssen im öffentlichen Dienst handelt es sich hingegen um Arbeitgeberdarlehen.

Beispiel E
Da dem Arbeitnehmer anlässlich seiner beruflich veranlassten Auswärtstätigkeiten hohe Flugkosten entstehen, zahlt der Arbeitgeber ihm einen angemessenen Reisekostenvorschuss von 5000 €. Bei dem angemessenen Reisekostenvorschuss handelt es sich nicht um ein Arbeitgeberdarlehen. Der Arbeitnehmer hat daher keinen geldwerten Vorteil für eine etwaige Zinsersparnis zu versteuern.

2. Bewertung der Zinsersparnisse

Wie unter Nr. 1 bereits ausgeführt sind sog. **Zinszuschüsse** des Arbeitgebers als Geldleistung steuer- und beitragspflichtig. — ja ja

Für **Zinsersparnisse** hat der Bundesfinanzhof mit Urteil vom 4.5.2006 (BStBl. II S. 781) entschieden, dass der Arbeitnehmer **keinen** lohnsteuerlich zu erfassenden **geldwerten Vorteil** erlangt, wenn der Arbeitgeber ihm Darlehen zu einem **marktüblichen Zinssatz** gewährt. Aus der (früheren) Richtlinienregelung in R 31 Abs. 11 Satz 3 LStR 2005, wonach Zinsvorteile angenommen wurden, soweit der Effektivzins für ein Darlehen 5 % unterschreitet, lasse sich kein geldwerter Vorteil begründen.

Die Finanzverwaltung wendet die Rechtsprechung des Bundesfinanzhofs ab Januar 2008 in allen Fällen an. Die früher in R 31 Abs. 11 Satz 3 LStR 2005 enthaltene Rege-

Zinsersparnisse und Zinszuschüsse

	Lohn-steuer-pflichtig	Sozial-versich.-pflichtig

lung, wonach Zinsvorteile nur anzunehmen sind, soweit der Effektivzins für ein Darlehen 5 % unterschreitet, ist ab Januar 2008 nicht mehr anzuwenden. Bis einschließlich Dezember 2007 konnte nach dem Prinzip der Meistbegünstigung wahlweise nach der früheren Richtlinienregelung oder nach der neuen BFH-Rechtsprechung verfahren werden (Wahlrecht). Zur Rechtslage bis einschließlich 2007 vgl. auch die Erläuterungen beim Stichwort „Zinsersparnisse und Zinszuschüsse" im Lexikon für das Lohnbüro, Ausgabe 2007, auf Seite 687 ff.

Entgegen ihrer ursprünglichen Auffassung hat die **Finanzverwaltung** im Oktober 2008 bei zinslosen und zinsverbilligten **Arbeitgeberdarlehen rückwirkend** zum **1. 1. 2008** wieder eine **Freigrenze** eingeführt.*) Danach sind Zinsvorteile nicht als Sachbezüge zu versteuern, wenn die Summe der noch nicht getilgten Darlehen am Ende des Lohnzahlungszeitraums **2600 €** nicht übersteigt.

Beispiel A

Arbeitgeber A zahlt seinem Arbeitnehmer B im Januar 2010 einen „Gehaltsvorschuss" von 2500 €, der nicht als Arbeitslohn versteuert worden ist.

Ungeachtet der Bezeichnung „Gehaltsvorschuss" handelt es sich um ein Arbeitgeberdarlehen. Dennoch sind keine Zinsvorteile als Arbeitslohn zu versteuern, da die Summe der noch nicht getilgten Darlehen am Ende des Lohnzahlungszeitraums 2600 € nicht übersteigt.

Hat der Arbeitgeber **mehrere Darlehen** zinslos oder zinsverbilligt gewährt, sind die Darlehenssummen bzw. die Summen der Restdarlehen für die Feststellung der **2600-Euro-Freigrenze zusammenzurechnen.**

Beispiel B

Ein Arbeitgeber hat seinem Arbeitnehmer zwei zinslose Darlehen für den Erwerb von Eigentumswohnungen gewährt. Der Arbeitnehmer schuldet dem Arbeitgeber am Ende des Lohnzahlungszeitraums aus dem ersten Darlehen noch 2600 € und aus dem zweiten Darlehen 50 000 €.

Die Zinsersparnis aus beiden Darlehen gehört zum steuerpflichtigen Arbeitslohn. Erst sobald beide Darlehen zusammen auf mindestens 2600 € getilgt sind, ist die 2600-€-Freigrenze für Arbeitgeberdarlehen anzuwenden.

Übersteigen die unentgeltlichen oder verbilligten Arbeitgeberdarlehen am Ende des Lohnzahlungszeitraums den Betrag von 2600 €, bemisst sich der **geldwerte Vorteil** nach dem **Unterschiedsbetrag** zwischen dem **marktüblichen Zins** und dem **Zins,** den der **Arbeitnehmer** im konkreten Einzelfall **zahlt.** Dabei ist für die gesamte Vertragslaufzeit der bei **Vertragsabschluss maßgebliche Zinssatz** zugrunde zu legen. Werden nach Ablauf der Zinsfestlegung die Zinskonditionen desselben Darlehensvertrags neu vereinbart, ist der Zinsvorteil zum Zeitpunkt dieser **Prolongationsvereinbarung** neu zu ermitteln. Bei Arbeitgeberdarlehen mit **variablen Zinssatz** ist jeweils im Zeitpunkt der vertraglichen Zinsanpassung der neu vereinbarte Zinssatz mit dem jeweils aktuellen marktüblichen Zinssatz zu vergleichen. Bei mehreren Darlehen ist der geldwerte Vorteil für jedes Darlehen getrennt zu ermitteln, auch wenn die Darlehen dieselbe Laufzeit haben oder z. B. der Finanzierung eines Objekts dienen. Die Grundlagen für die Ermittlung des Zinsvorteils sind vom Arbeitgeber als Belege zum Lohnkonto aufzubewahren. Zur Anwendung des Rabattfreibetrags von 1080 € bei einem zinslosen oder zinsverbilligten Darlehen vgl. die Erläuterungen unter der nachfolgenden Nr. 7.

Der **marktübliche Zinssatz** ist der **günstigste nachgewiesene Zinssatz** für Darlehen mit vergleichbaren Bedingungen unter Berücksichtigung allgemein zugänglicher **Internetangebote** (z. B. von Direktbanken). Vergleichbar ist ein Darlehen, das dem Arbeitgeberdarlehen insbesondere hinsichtlich der Kreditart (Konsumentenkredit, Überziehungskredit, Wohnungsbaukredit), der Laufzeit des Darlehens und der Dauer der Zinsfestlegung im Wesentlichen entspricht. Maßgebend für die Kreditart ist allein der tatsächliche Verwendungszweck des Darlehens und nicht z. B. die Art der Besicherung des Kredits. Von dem ermittelten Zinssatz darf **kein Abschlag** von 4 % vorgenommen werden.

Aus **Vereinfachungsgründen** wird es nicht beanstandet, wenn für die Feststellung des marktüblichen Zinssatzes die bei Vertragsabschluss zuletzt von der **Deutschen Bundesbank** zuletzt **veröffentlichten Effektivzinssätze** herangezogen werden (http://www.bundesbank.de/statistik/statistik_zinsen_tabellen.php unter der Rubrik „EWU-Zinsstatistik, Bestände, Neugeschäft")**). Es sind die Effektivzinssätze unter „Neugeschäft" maßgeblich. Dabei sind mehrere vom Arbeitgeber dem Arbeitnehmer gewährte Darlehen gesondert zu betrachten, und zwar auch dann, wenn sie denselben Finanzierungszweck haben. Von dem sich danach ergebenden Effektivzinssatz kann ein **Abschlag** von 4 % vorgenommen werden. Aus der **Differenz** zwischen diesem **Maßstabszinssatz** und dem vom Arbeitnehmer zu zahlenden **Effektivzinssatz** des Arbeitgeberdarlehens (ein bei der Auszahlung vom Arbeitgeber einbehaltenes Damnum/Disagio ist bei der Zinssatzermittlung zu berücksichtigen) sind die Zinsverbilligung und der **geldwerte Vorteil** zu berechnen, wobei die Zahlungsweise der Zinsen (z. B. monatlich, halbjährlich, jährlich) auf die Höhe des geldwerten Vorteils keinen Einfluss hat. Sie ist aber für die Anwendung der monatlichen 44-Euro-Freigrenze für Sachbezüge von Bedeutung. Zwischen den einzelnen **Arten von Krediten** (Konsumentenkredit, Überziehungskredit oder Wohnungsbaukredit) **muss** bei der Zinssatzermittlung **unterschieden werden.** Ein Wohnungsbaukredit kann aber auch dann vorliegen, wenn Sicherheiten – wie ansonsten in der Kreditwirtschaft üblich – nicht vereinbart wurden. **Maßgebend** für die Kreditart ist somit allein der tatsächliche **Verwendungszweck.**

Beispiel C

Der Arbeitnehmer hat von seinem Arbeitgeber einen unbesicherten Wohnungsbaukredit über 200 000 € zu einem Effektivzinssatz von 2,5 % mit einer Zinsbindung von 10 Jahren erhalten. Der Arbeitnehmer verwendet das Darlehen für den Erwerb einer Doppelhaushälfte. Der von der Deutschen Bundesbank bei Vertragsabschluss für Konsumentenkredite mit anfänglicher Zinsbindung von über 5 Jahren veröffentlichte Effektivzinssatz soll 8,63 % und der für Wohnungsbaukredite 5,06 % betragen.

Bei der Zinssatzermittlung muss zwischen den einzelnen Arten der Kredite unterschieden werden. Maßgebend für die Kreditart ist allerdings allein der tatsächliche Verwendungszweck und nicht die Art der Besicherung. Somit ist hier der Zinssatz für Wohnungsbaukredite maßgebend. Der geldwerte Vorteil ermittelt sich wie folgt:

Marktüblicher Zinssatz	5,06 %
Abschlag von 4 %	0,21 %
Maßstabszinssatz	4,85 %
vom Arbeitnehmer zu zahlender Effektivzinssatz	2,50 %
Zinsverbilligung	2,35 %

Danach ergibt sich ein monatlicher steuer- und sozialversicherungspflichtiger geldwerter Vorteil von 391,66 € (2,35 % von 200 000 € × $^1/_{12}$).

Auf den sich ergebenden geldwerten Vorteil eines zinslosen oder zinsverbilligten Arbeitgeberdarlehens ist die **44-€-Freigrenze** für Sachbezüge anwendbar (vgl. nachfolgende Nr. 4).

---

*) BMF-Schreiben vom 1. 10. 2008 (BStBl. I S. 892). Das BMF-Schreiben ist als Anlage 17 zu H 8.2 LStR im **Steuerhandbuch für das Lohnbüro 2010** abgedruckt, das im selben Verlag erschienen ist. Das PC-Lexikon für das Lohnbüro 2010 enthält auch dieses Handbuch und hat außerdem den Vorteil, dass Sie **alle BFH-Urteile** sowie die aktuellen Rundschreiben und Niederschriften der Spitzenverbände der **Sozialversicherung** mit Mausklick **im Volltext** abrufen und ausdrucken können. Eine Bestellkarte finden Sie vorne im Lexikon.

**) Da die EWU-Zinsstatistik nur bis in das Jahr 2003 zurückreicht, kann für alle noch laufenden Arbeitnehmerdarlehen die vor dem Jahr 2003 abgeschlossen wurden, auf die frühere Bundesbank-Zinsstatistik zurückgegriffen werden, die bis in das Jahr 1967 zurückgeht (http://www.bundesbank.de/statistik/statistik_zeitreihen.php unter der Rubrik „Zinsen, Renditen". Zur Bestimmung des üblichen Endpreises am Abgabeort kann hier die Untergrenze der Streubreite der statistisch erhobenen Zinssätze zugrunde gelegt werden. Von dem sich danach ergebenden Zinssatz darf jedoch kein Abschlag von 4 % vorgenommen werden. Zwischen den einzelnen Arten von Krediten (Konsumentenkredit, Überziehungskredit, Wohnungsbaukredit) ist zu unterscheiden. Zur Ermittlung des Maßstabszinssatzes sind unter EWU-zinsstatistik@bundesbank.de auch Einzelanfragen möglich.

Zinsersparnisse und Zinszuschüsse

Beispiel D

Ein Arbeitnehmer erhält im Dezember 2010 ein Arbeitgeberdarlehen von 20 000 € zu einem Effektivzinssatz von 2 % jährlich (Laufzeit 4 Jahre mit monatlicher Tilgung und monatlicher Fälligkeit der Zinsen). Der sich aus dem Internet ergebende günstigste Zinssatz von Direktbanken für ein solches Darlehen beträgt 5 %.

Ein Abschlag von 4 % auf den anhand der Internetangebote der Direktbanken ermittelten marktüblichen Zinssatz ist nicht möglich. Die Zinsverbilligung beträgt daher 3 % (5 % abzüglich 2 %). Danach ergibt sich im Dezember 2010 ein steuer- und sozialversicherungspflichtiger Vorteil von monatlich 50 € (3 % von 20 000 € × $^1/_{12}$). Die 44-Euro-Freigrenze ist überschritten. Der geldwerte Vorteil ist lohnsteuer- und beitragspflichtig.

Beispiel E

Wie Beispiel D. Der von der Deutschen Bundesbank bei Vertragsabschluss für Konsumentenkredite mit anfänglicher Zinsbindung von über 1 Jahr bis 5 Jahre veröffentlichte Effektivzinssatz soll 5,68 % betragen.

Marktüblicher Zinssatz	5,68 %
Abschlag von 4 %	0,23 %
Maßstabszinssatz	5,45 %
vom Arbeitnehmer zu zahlender Effektivzinssatz	2,00 %
Zinsverbilligung	3,45 %

Danach ergibt sich ein monatlicher steuer- und sozialversicherungspflichtiger Vorteil von 57,50 € (3,45 % von 20 000 € × $^1/_{12}$). Die 44-Euro-Freigrenze ist überschritten. Der geldwerte Vorteil ist lohnsteuer- und beitragspflichtig.

Beispiel F

Der Arbeitnehmer erhält von seinem Arbeitgeber im Mai 2010 ein Arbeitgeberdarlehen von 10 000 € zu einem monatlich zu entrichtenden Effektivzins von 2,5 %. Der bei Vertragsabschluss im Mai 2010 von der Deutschen Bundesbank für Konsumentenkredite mit anfänglicher Zinsbindung von über 1 Jahr bis 5 Jahre veröffentliche Effektivzinssatz soll 5,95 % betragen.

Marktüblicher Zinssatz	5,95 %
Abschlag von 4 %	0,24 %
Maßstabszinssatz	5,71 %
vom Arbeitnehmer zu zahlender Effektivzinssatz	2,50 %
Zinsverbilligung	3,21 %

Danach ergibt sich ein monatlicher Zinsvorteil in Höhe von (3,21 % von 10 000 € = 321 € × $^1/_{12}$ =) 26,75 €. Er ist bei Anwendung der 44-Euro-Freigrenze lohnsteuer- und beitragsfrei, sofern diese nicht bereits anderweitig ausgeschöpft wurde.

Beispiel G

Wie Beispiel F. Es wurde allerdings ein variabler Zinssatz vereinbart, der alle drei Monate anzupassen ist. Im Mai 2010 soll der von der Bundesbank veröffentlichte Effektivzinssatz 6,45 und im Juni 2010 6,50 % betragen.

Mai bis Juli 2010:

Marktüblicher Zinssatz	6,45 %
Abschlag von 4 %	0,26 %
Maßstabszinssatz	6,19 %
vom Arbeitnehmer zu zahlender Effektivzinssatz	2,50 %
Zinsverbilligung	3,69 %

Danach ergibt sich ein monatlicher Zinsvorteil in Höhe von (3,69 % von 10 000 € = 369 € = $^1/_{12}$ =) 30,75 €. Er ist bei Anwendung der 44-Euro-Freigrenze lohnsteuer- und beitragsfrei, sofern diese nicht bereits anderweitig ausgeschöpft wurde. Im August 2010 ist der geldwerte Vorteil im Hinblick auf die variable Zinsfestsetzung mit der damit verbundenen Zinsanpassung neu zu ermitteln.

Beispiel H

Der Arbeitnehmer erhält von seinem Arbeitgeber im September 2010 einen Wohnungsbaukredit von 100 000 € zu einem monatlich zu entrichtenden Effektivzins von 4,0 %. Die bei Vertragsabschluss im September 2010 günstigste Marktkondition für Darlehen mit vergleichbaren Bedingungen unter Einbeziehung allgemein zugänglicher Internetangebote von Direktbanken beträgt 5,18 %.

Marktüblicher Zinssatz	5,18 %
vom Arbeitnehmer zu zahlender Effektivzinssatz	4,00 %
Zinsverbilligung	1,18 %

Danach ergibt sich ein monatlicher Zinsvorteil in Höhe von (1,18 % von 100 000 € = 1180 € × $^1/_{12}$ =) 98,33 €. Die 44-Euro-Freigrenze für Sachbezüge ist überschritten. Der geldwerte Vorteil ist lohnsteuer- und beitragspflichtig. Da es sich beim marktüblichen Zinssatz von 5,18 % bereits um die günstigste Marktkondition handelt, darf hierauf kein Abschlag von 4 % vorgenommen werden.

Der Sachbezug infolge einer Zinsersparnis fließt bei Fälligkeit der Zinszahlungen des Arbeitnehmers zu. Sind die Zinsen nach den vertraglichen Vereinbarungen z. B. vierteljährlich fällig, ist jeweils vierteljährlich der Zinsvorteil in Höhe der Zinsverbilligung zu versteuern. Bei einer monatlichen Zinsfälligkeit muss der geldwerte Vorteil auch monatlich abgerechnet werden. Nur bei einer Zinsfälligkeit zum 31. 12. jeden Jahres besteht die Möglichkeit, den Sachbezug als sonstigen Bezug einmal jährlich zu besteuern. Bei einer unentgeltlichen Gewährung eines Arbeitgeberdarlehens ist aus Vereinfachungsgründen davon auszugehen, dass die Zinsersparnis für den Zeitraum der Tilgung (z. B. monatlich, vierteljährlich, halbjährlich, jährlich) im Zeitpunkt der Zahlung der Tilgungsrate zufließt. Die Frage des Zuflusszeitpunkts ist für die Anwendung der 44-Euro-Freigrenze für Sachbezüge von Bedeutung.

Beispiel I

Der Arbeitnehmer hat von seinem Arbeitgeber ein zinsverbilligtes Arbeitgeberdarlehen erhalten. Die vom Arbeitnehmer zu zahlenden Zinsen sind monatlich fällig. Der monatliche geldwerte Vorteil beträgt 20 €.

Der geldwerte Vorteil ist bei Anwendung der 44-Euro-Freigrenze lohnsteuer- und beitragsfrei, sofern diese nicht bereits anderweitig ausgeschöpft wurde.

Beispiel K

Wie Beispiel I. Die vom Arbeitnehmer zu zahlenden Zinsen sind vierteljährlich fällig. Der vierteljährliche geldwerte Vorteil beträgt 60 €.

Die 44-Euro-Freigrenze für Sachbezüge ist überschritten. Der geldwerte Vorteil ist lohnsteuer- und beitragspflichtig.

Wenn der Arbeitgeber für den geldwerten Vorteil des Arbeitnehmers aus einem zinslosen oder zinsverbilligten Arbeitgeberdarlehen **keinen Lohnsteuerabzug** vornehmen kann (z. B., weil der Arbeitnehmer wegen Elternzeit keinen laufenden Arbeitslohn erhält oder aus der Firma ausgeschieden ist), ist der Arbeitgeber zur **Anzeige** an das Betriebsstättenfinanzamt **verpflichtet** (vgl. die Erläuterungen beim Stichwort „Anzeigepflichten des Arbeitgebers im Lohnsteuerverfahren").

3. Verwendung des Darlehens

Die unter 2. dargestellten Grundsätze sind unabhängig vom Verwendungszweck des Darlehens anzuwenden. Sie sind daher auch dann anzuwenden, wenn der Arbeitnehmer das Darlehen zur **Beschaffung von Arbeitsmitteln** (z. B. eines beruflich genutzten Pkws, Einrichtung für ein häusliches Arbeitszimmer) verwendet. Werden hiernach Zinsersparnisse besteuert, die mit steuerpflichtigen Einkünften in Zusammenhang stehen, so sind die Zinsersparnisse zwar einerseits steuer- und beitragspflichtiger Arbeitslohn, sie können aber andererseits als **Werbungskosten** oder **Betriebsausgaben** bei den Einkünften abgesetzt werden, mit denen die Darlehensaufnahme in Zusammenhang steht (R 9.1 Abs. 4 Satz 2 zweiter Halbsatz der Lohnsteuer-Richtlinien). Eine **Saldierung** der Zinsersparnisse (= Arbeitslohn) mit Werbungskosten/Betriebsausgaben im Lohnsteuerabzugsverfahren durch den Arbeitgeber ist **nicht zulässig**.

Beispiel A

Der Arbeitgeber gewährt einem Arbeitnehmer (z. B. einem Vertreter) am 1. 1. 2010 ein zinsloses Darlehen in Höhe von 10 000 € zum Kauf eines Pkws. Der Vertreter verwendet den Pkw nahezu ausschließlich beruflich; er erhält vom Arbeitgeber für jeden dienstlich gefahrenen Kilometer ein Kilometergeld in Höhe des für Auswärtstätigkeiten geltenden Kilometersatzes (0,30 € je km). Der geldwerte Vorteil in Höhe der sich nach den unter 2. dargestellten Grundsätzen ergebenden Zinsersparnis in Höhe von (angenommen) 600 € jährlich ist steuer- und beitragspflichtiger Arbeitslohn. Der Arbeitnehmer könnte an sich die 600 € als Werbungskosten geltend machen (R 9.1 Abs. 4 Satz 2 LStR). Da jedoch die Abrechnung der Fahrkosten auf der Grundlage des für Auswärtstätigkeiten geltenden Kilometersatzes durchgeführt wird, ist der versteuerte Zinsvorteil mit dem Ansatz des pauschalen Kilometergeldes abgegolten. Der versteuerte Zinsvorteil von 600 € kann daher nicht neben dem Kilometersatz zusätzlich als Werbungskosten abgezogen werden.

Beispiel B

Der Arbeitgeber gewährt einem Arbeitnehmer am 1. 1. 2010 ein zinsloses Darlehen in Höhe von 11 700 €, damit sich der Arbeitnehmer sein häusliches Arbeitszimmer neu einrichten kann. Der Arbeitnehmer kauft einen Schreibtisch für 3900 € und Aktenschränke für 7800 €. Die Zinsersparnis in Höhe von (angenommen) 52,65 € monatlich ($^1/_{12}$ von 11 700 €) ist lohnsteuer- und sozialversicherungspflichtig. Der Arbeitnehmer kann die versteuerten 632 € (52,65 € × 12) jedoch als Werbungskosten bei den Einkünften aus nichtselbständiger Arbeit gel-

Zinsersparnisse und Zinszuschüsse

tend machen. Die Nutzungsdauer für Büromöbel beträgt nach der seit 1.1.2001 geltenden amtlichen AfA-Tabelle (BMF-Schreiben vom 15.12.2000, BStBl. I S. 1531) **13 Jahre.** Der Arbeitnehmer kann folgende Beträge jährlich als Werbungskosten*) abziehen:

Zinsen für das Darlehen zur Beschaffung der Einrichtung	632,— €
Abschreibung Schreibtisch	300,— €
Abschreibung Aktenschränke	600,— €

4. Anwendung der 44-Euro-Freigrenze

Die **Freigrenze** für Sachbezüge von **44 €** monatlich ist auch **auf Zinsersparnisse anwendbar.** Zu prüfen ist allerdings, ob die 44-Euro-Freigrenze nicht bereits durch andere Sachbezüge (z. B. Benzingutschein, Fahrausweis für öffentliche Verkehrsmittel) ausgeschöpft worden ist. Die monatliche 44-Euro-Freigrenze gilt allerdings nicht für **Zinszuschüsse** des Arbeitgebers, da es sich hierbei nicht um einen Sachbezug sondern um Barlohn handelt.

Beispiel A

Der Arbeitnehmer erhält im Mai 2010 einen Benzingutschein über 30 l Diesel (geldwerter Vorteil 36 €). Außerdem führt ein unentgeltliches Arbeitgeberdarlehen hinsichtlich der Zinsersparnis zu einem geldwerten Vorteil von 20 €. Die 44 €-Freigrenze für Sachbezüge ist damit überschritten. Beide Sachbezüge sind steuer- und beitragspflichtig.

Der Arbeitgeber kann aber den geldwerten Vorteil in Höhe der Zinsersparnis aus dem Arbeitgeberdarlehen in Höhe von 20 € nach § 37b Abs. 2 EStG mit 30 % pauschal versteuern; diese Pauschalierung ist sozialversicherungspflichtig. Der geldwerte Vorteil aus dem Benzingutschein von 36 € bleibt dann aufgrund der Anwendung der 44-Euro-Freigrenze für Sachbezüge steuer- und beitragsfrei. Vgl. auch die Erläuterungen beim Stichwort „Pauschalierung der Lohnsteuer für Belohnungsessen, Incentive-Reisen, VIP-Logen und ähnliche Sachbezüge" unter Nr. 2 Beispiel C.

Zu beachten ist, dass sich aufgrund der unter der vorstehenden Nr. 2 beschriebenen **Freigrenze** für Darlehen **bis zur Höhe von 2600 € kein geldwerter Vorteil** ergibt, so dass die 44-Euro-**Freigrenze** für solche Darlehen auch **nicht** teilweise **benötigt** wird.

Beispiel B

Der Arbeitgeber gewährt dem Arbeitnehmer Anfang Januar 2010 ein zinsloses Darlehen in Höhe von 2750 €. Das Darlehen wird ab Mitte Februar mit monatlich 250 € getilgt. Über das Internet hat der Arbeitgeber einen marktüblichen Zinssatz von 5,5 % ermittelt.

Geldwerter Vorteil Januar 2010:

Der Zinsvorteil ist grundsätzlich als Sachbezug zu versteuern, da das Darlehen Ende Januar 2600 € übersteigt. Da der Zinsvorteil allerdings lediglich 12,60 € (5,5 % von 2750 € × 1/12) beträgt, übersteigt er nicht die auch für Zinsvorteile geltende 44-Euro-Freigrenze für Sachbezüge und bleibt damit im Ergebnis steuerfrei. Das gilt aber nur dann, wenn die 44-Euro-Freigrenze nicht bereits anderweitig (z. B. durch einen Benzingutschein) ausgeschöpft worden ist.

Geldwerter Vorteil Februar 2010:

Ein als Sachbezug zu versteuernder Zinsvorteil ergibt sich Ende Februar nicht mehr, da das nicht getilgte Darlehen 2500 € (2750 € abzüglich 250 €) beträgt und damit den Betrag von 2600 € nicht übersteigt.

Zuflusszeitpunkt des geldwerten Vorteils aus der zinsverbilligten Gewährung eines Arbeitgeberdarlehens ist der Zeitpunkt der **Fälligkeit** der **Zinsen.** Bei zinslosen Arbeitgeberdarlehen kann auf den **Tilgungszeitpunkt** abgestellt werden. Für den sich hiernach ergebenden Zeitraum (monatlich, vierteljährlich, halbjährlich oder jährlich) ist die Anwendung der vorstehenden 44-Euro-Freigrenze zu prüfen. Vgl. auch die Erläuterungen unter der vorstehenden Nr. 2.

5. Zinsverbilligte Darlehen auf der Basis von Bausparverträgen

Im Zusammenhang mit Arbeitgeberdarlehen ist folgende Fallgestaltung bekannt geworden:

Der **Arbeitgeber** schließt mit einer Bausparkasse einen Bausparvertrag ab und zahlt die Mindestansparsumme ein. Bei Zuteilung fließt das Sparguthaben an den Arbeitgeber zurück; das **Bauspardarlehen** erhält ein vom Arbeitgeber benannter Arbeitnehmer. Der vom Arbeitnehmer zu zahlende Effektivzinssatz soll den marktüblichen Zinssatz (vgl. vorstehende Nr. 2) nicht unterschreiten. Bei dieser Vertragsgestaltung entsteht steuerlich kein geldwerter Vorteil. Der Abschluss eines Bausparvertrags und die Ansparphase bis zur Gewährung des Bauspardarlehens stellen **einen** Finanzierungsvorgang dar, durch den dem Arbeitnehmer ein Darlehen zu günstigen Konditionen verschafft wird. Ob steuerlich relevante Vorteile bei der Darlehensgewährung – auch soweit sie dem Arbeitnehmer von dritter Seite gewährt werden – entstehen, ist nach den allgemeinen Grundsätzen für unentgeltliche oder verbilligte Arbeitgeberdarlehen (vgl. vorstehende Nr. 2) zu entscheiden.

Die Auswirkungen dieser bundeseinheitlichen Verwaltungsauffassung sollen an einem Beispiel verdeutlicht werden:

Beispiel

Der Arbeitgeber schließt bei einer Bausparkasse einen Bausparvertrag in Höhe von 1 Million Euro ab und zahlt die Mindestansparsumme in Höhe von 500 000 € ein. Wird der Bausparvertrag zuteilungsreif, benennt der Arbeitgeber der Bausparkasse diejenigen Arbeitnehmer, die ein Bauspardarlehen erhalten sollen. Das Bauspardarlehen wird dann – nach positivem Ergebnis einer Bonitäts- und Beleihungsprüfung durch die Bausparkasse – auf die benannten Arbeitnehmer übertragen.

Die Übertragung des Bauspardarlehens an die Arbeitnehmer wird auf der Grundlage eines Darlehensvertrages zwischen der Bausparkasse und dem jeweiligen Arbeitnehmer vorgenommen. Vertragspartner der Bausparkasse ist somit nach Übertragung des Bauspardarlehens nicht mehr der Arbeitgeber, sondern allein der betreffende Arbeitnehmer. Dieser erbringt auch allein die Zins- und Tilgungsleistungen.

Entspricht bei einer solchen Vertragsgestaltung der vom Arbeitnehmer zu zahlende Effektivzinssatz dem marktüblichen Zinssatz (vgl. vorstehende Nr. 2), so entsteht für den Arbeitnehmer kein geldwerter Vorteil. Beim Arbeitgeber gehört das Bausparguthaben zum Betriebsvermögen und die Guthabenzinsen zu den Betriebseinnahmen.

6. Wohnungsfürsorgedarlehen an Beschäftigte im öffentlichen Dienst

Nach § 3 Nr. 58 EStG sind Zinsvorteile bei Darlehen steuerfrei, die aus öffentlichen Haushalten (Bund, Länder, Gemeinden, Gemeindeverbände, kommunale Zweckverbände und Sozialversicherungsträger) für eine eigengenutzte Wohnung (Eigentumswohnung oder Familienheim) gewährt werden, soweit die Zinsvorteile diejenigen Vorteile nicht übersteigen, die bei einer entsprechenden Förderung mit öffentlichen Mitteln nach dem Zweiten Wohnungsbaugesetz, dem Wohnraumförderungsgesetz oder einem Landesgesetz zur Wohnraumförderung gewährt werden. Gleiches gilt für Zinszuschüsse.

Die bei zinslosen oder zinsverbilligten Wohnungsfürsorgedarlehen an Beschäftigte der genannten (Gebiets-)Körperschaften anfallenden Zinsersparnisse sind somit steuerfrei.   nein   nein

Öffentliche Mittel in diesem Sinne sind ausschließlich Mittel des Bundes, der Länder, der Gemeinden und Gemeindeverbände, die von diesen zur Förderung des Baus von Wohnungen für die breiten Schichten des Volkes bestimmt sind. Weitere Voraussetzung für die Steuerfreiheit der Zinsvorteile ist nach § 3 Nr. 58 EStG, dass die Darlehen **aus öffentlichen Haushalten** gewährt werden. Öffentliche Haushalte in diesem Sinne sind neben dem Haushalt des Bundes, der Länder und der Gemeinden, die Haushalte der Gemeindeverbände, der kommunalen Zweckverbände und der Sozialversicherungsträger (R 3.58 LStR). Nach Auffassung der obersten Finanzbehörden des Bundes und der Länder sind öffentliche Haushalte auch bei den Trägern der Sozialversicherung gegeben. Die aus deren Haushalten gewährten Wohnungsfürsorgemittel sind deshalb im Rahmen von § 3 Nr. 58 EStG steuerfrei. Dies gilt jedoch nur, wenn nicht durch den Einsatz der Wohnungsfürsorgemittel und der Inanspruchnahme der Förderung mit öffentlichen Mitteln i. S. des Zweiten Wohnungsbaugesetzes eine Mehrfachförderung erfolgt.

---

*) R 9.1 Abs. 4 Satz 2 der Lohnsteuer-Richtlinien. Die Einschränkung des Werbungskostenabzugs bei häuslichen Arbeitszimmern gilt nicht für Arbeitsmittel (vgl. die Erläuterungen beim Stichwort „Arbeitszimmer" unter Nr. 2 Buchstabe d).

Zufluss von Arbeitslohn

	Lohn-steuer-pflichtig	Sozial-versich.-pflichtig

Dies gilt nach bundeseinheitlichem Erlass*) für **alle** im öffentlichen Dienst beschäftigte Personen, z. B. Arbeitnehmer von öffentlich-rechtlichen Religionsgemeinschaften, Ortskrankenkassen, Sparkassen, öffentlich-rechtlichen Rundfunkanstalten. Wird der Vorteil aus der Förderung durch eine Gegenleistung ausgeglichen, ist der geldwerte Vorteil ohnehin mit 0 € anzusetzen. Aufwendungszuschüsse und Zinsvorteile sind dann von vornherein nicht als Arbeitslohn zu erfassen. Bei Arbeitnehmern in der Privatwirtschaft kann in vergleichbaren Fällen des Erlasses entsprechend verfahren werden.   nein   nein

7. Anwendung des Rabattfreibetrages bei zinslosen und zinsverbilligten Darlehen

Nach dem BFH-Urteil vom 4. 11. 1994 (BStBl. 1995 II S. 338) fällt die Gewährung von Darlehen unter den Begriff der „Dienstleistungen" im Sinne von R 8.2 Abs. 1 Nr. 2 Satz 3 der Lohnsteuer-Richtlinien. Der Rabattfreibetrag von 1080 € jährlich ist deshalb bei einer zinslosen oder verbilligten Darlehensgewährung anwendbar, wenn der Arbeitgeber mit Darlehensgewährungen Handel treibt, wie dies im **Bankgewerbe** der Fall ist (vgl. das Stichwort „Rabatte, Rabattfreibetrag" unter Nr. 10 auf Seite 574). Die **Freigrenze** von 2600 € bei Arbeitgeberdarlehen ist auch in diesen Fällen **anzuwenden.**

Es sind Fälle denkbar, in denen eine Bank ihren Mitarbeitern zinsverbilligte Darlehen gewährt, die die Voraussetzungen für die Anwendung des § 8 Abs. 3 EStG erfüllen, und daneben Darlehen, die diese Voraussetzungen nicht erfüllen. Dies ist möglich, weil es sich um eine andere Darlehensart handelt oder weil die Darlehenskonditionen des zweiten Darlehens von denen abweichen, die der Arbeitgeber bei solchen Darlehen fremden Letztverbrauchern anbietet (z. B. ist ein Darlehen zur Immobilienfinanzierung gesichert, das andere jedoch nicht). Ein Nebeneinander der Bewertungsvorschrift des § 8 Abs. 3 EStG für das eine Darlehen und der vorstehend unter Nr. 2 dargestellten Bewertungsgrundsätze für die Zinsersparnisse aus dem anderen Darlehen ist daher möglich. Für die Prüfung der 2600-Euro-Freigrenze sind allerdings die Darlehenssummen bzw. die Summen der Restdarlehen zusammenzurechnen (vgl. auch die Erläuterungen unter der vorstehenden Nr. 2).

Zufluss von Arbeitslohn

Gliederung:

1. Lohnsteuer
2. Sozialversicherung
   a) Zuflussprinzip bei einmalig gezahltem Arbeitsentgelt
   b) Entstehungsprinzip bei laufend gezahltem Arbeitsentgelt
   c) Tarifvertragliche Entgeltansprüche
   d) Entgeltansprüche aufgrund von Einzelarbeitsverträgen
   e) Nachträgliche Minderung des Arbeitsentgeltanspruchs
   f) Arbeitsentgelt im Rechtsstreit
   g) Unter auflösender Bedingung gezahltes Arbeitsentgelt
   h) Verzicht auf laufendes Arbeitsentgelt

1. Lohnsteuer

Die Lohnsteuerschuld entsteht in dem Zeitpunkt, in der Arbeitslohn **zufließt** (§ 38 Abs. 2 EStG), das ist der Zeitpunkt, zu dem der Arbeitgeber den Arbeitslohn an den Arbeitnehmer auszahlt. Im Lohnsteuerrecht gilt also ohne Einschränkung das **Zuflussprinzip.** Ergänzend hierzu ist in § 38a Abs. 1 EStG festgelegt, dass laufender Arbeitslohn in dem Kalenderjahr als bezogen gilt, in dem der Lohnzahlungszeitraum endet. Sonstige Bezüge (einmalige Zuwendungen) werden hingegen in dem Kalenderjahr bezogen, in dem sie dem Arbeitnehmer zufließen. Der Zeitpunkt, wann der Arbeitslohn als bezogen gilt, ist dafür maßgebend, welche Besteuerungsmerkmale (nach den Eintragungen auf der Lohnsteuerkarte) und in welcher Fassung die steuerlichen Vorschriften bei der Besteuerung des Arbeitslohns anzuwenden sind. Das kann bei der Änderung steuerlicher Vorschriften, insbesondere des Tarifs, ggf. auch bei der Änderung der persönlichen steuerlichen Verhältnisse (Steuerklasse, Freibeträge usw.) bedeutsam sein.

Dem Zufluss des Arbeitslohns kommt somit insbesondere bei sonstigen Bezügen eine wesentliche Bedeutung zu. Denn der Arbeitnehmer hat hier insbesondere zum Jahresende **Gestaltungsmöglichkeiten,** wenn im Einvernehmen mit dem Arbeitgeber sonstige Bezüge (z. B. Tantiemen, Entlassungsentschädigungen und ähnliche Sonderzahlungen) erst im nächsten Jahr ausgezahlt werden.

Eine Einnahme ist dem Arbeitnehmer zugeflossen, wenn er darüber wirtschaftlich verfügen kann. Wird der Arbeitslohn auf ein Konto des Arbeitnehmers überwiesen, so ist er mit der Gutschrift auf dem Konto zugeflossen. Zweifel können dagegen entstehen, wenn der Arbeitgeber den Arbeitnehmern das Gehalt lediglich in seinen Geschäftsbüchern gutschreibt oder auf ein besonderes Bankkonto überweist, das allein seiner Verfügungsmacht unterliegt. Erfolgt diese Gutschrift oder Überweisung im Interesse des Arbeitnehmers (z. B. weil er aus eigenem Willen Kapital ansammeln will), so hat er mit der von ihm erteilten Weisung oder Zustimmung zu dieser Behandlung bereits über seinen Arbeitslohn verfügt; er ist dann mit der **Gutschrift** zugeflossen. Dient aber eine solche Gutschrift insbesondere den Interessen des Arbeitgebers (z. B. weil er zur Zeit nicht zahlungsfähig ist), so stellt sie steuerlich noch keinen Zufluss dar. Der Arbeitslohn ist in diesen Fällen erst dann zugeflossen, wenn der Arbeitnehmer über die gutgeschriebenen Beträge wirtschaftlich verfügen kann (BFH-Urteil vom 14. 5. 1982, BStBl. II S. 469). Der Zeitpunkt der Fälligkeit des Arbeitslohns ist lohnsteuerlich ohne Bedeutung (zur Sozialversicherung vgl. Nr. 2). So sind bereits früher fällig gewesene Lohnzahlungen (Nachzahlungen) ebenso wie erst später fällig werdende Lohnzahlungen (Vorschüsse) stets im Zeitpunkt der tatsächlichen Zahlung als zugeflossen zu behandeln (vgl. die Stichworte „Nachzahlung von laufendem Arbeitslohn" und „Vorschüsse").

Wegen Behandlung von Darlehen vgl. dieses Stichwort sowie das Stichwort „Zinsersparnisse und Zinszuschüsse". Werden bestehende Verpflichtungen des Arbeitnehmers gegen den Arbeitgeber dadurch getilgt, dass dieser einen Teil des Arbeitslohns einbehält, oder überweist der Arbeitgeber einen Teil des Arbeitslohns aufgrund einer entsprechenden **Abtretungserklärung, Pfändungsverfügung** usw. an einen Dritten, so gelten auch diese Lohnteile als zugeflossen (die Zahlungen erfolgen im Interesse des Arbeitnehmers). Siehe auch die Stichworte „Abtretung von Forderungen als Arbeitslohn" und „Gutschrift von Arbeitslohn". Arbeitslohn, der vertragsmäßig vom Arbeitgeber zurückbehalten und zur Sicherheitsleistung verwendet wird (z. B. Kaution bei Bankbeamten) gilt als zugeflossen, ebenso die Überweisung auf ein Sperrkonto. Die Bildung einer **Rückstellung** in der Bilanz des Arbeitgebers (z. B. für eine Umsatzprovision des Arbeitnehmers) bedeutet noch keinen Zufluss von Arbeitslohn.

---

*) **Bundeseinheitliche Regelung,** z. B. Erlass des Bayer. Staatsministeriums der Finanzen vom 16.2.2001 Az.: 34 – S 2332 – 107/129 –7111. Der Erlass ist als Anlage 3 zu H 8.1 (1–4) LStR im **Steuerhandbuch für das Lohnbüro 2010** abgedruckt, das im selben Verlag erschienen ist. Das **PC-Lexikon** für das Lohnbüro 2010 enthält auch dieses Handbuch und hat außerdem den Vorteil, dass Sie **alle BFH-Urteile** sowie die aktuellen Rundschreiben und Niederschriften der Spitzenverbände der **Sozialversicherung** mit Mausklick **im Volltext** abrufen und ausdrucken können. Eine Bestellkarte finden Sie vorne im Lexikon.

Zufluss von Arbeitslohn

Bei wirtschaftlicher Verfügungsmacht des Arbeitnehmers gilt der Arbeitslohn auch dann zugeflossen, wenn es sich um **Zahlungen** des Arbeitgebers **ohne Rechtsgrund** (BFH-Urteil vom 4.5.2006, BStBl. II S. 832) oder **versehentliche Überweisungen** handelt, die der Arbeitgeber zurückfordern kann (BFH-Urteil vom 4.5.2006, BStBl. II S. 830; vgl. auch das Stichwort „Rückzahlung von Arbeitslohn").

Bei **Vermögensbeteiligungen** (z. B. im Rahmen von sog. Mitarbeiterbeteiligungsprogrammen) ist der Übergang des Kursrisikos auf den Arbeitnehmer und/oder ein Dividendenanspruch des Arbeitnehmers Indiz für einen Lohnzufluss. Zum Lohnzufluss bei Aktien oder Aktienoptionen vgl. auch die Stichworte „Aktienoptionen", „Mitarbeiterbeteiligungsprogramm nach französischem Recht" und „Wandelschuldverschreibungen und Wandeldarlehensverträge".

Bei Überlassung einer **Jahresnetzkarte** mit uneingeschränktem Nutzungsrecht fließt der Arbeitslohn in voller Höhe – und nicht anteilig – im Zeitpunkt der Überlassung zu (BFH-Urteil vom 12.4.2007, BStBl. II S. 719).

Werden **Arbeitgeberbeiträge** zur Renten-, Kranken- und Pflegeversicherung in freiwillige Beiträge **umgewandelt**, liegt ein steuerpflichtiger **Lohnzufluss insgesamt** im **Jahr der Umwandlung** vor (vgl. die Erläuterungen beim Stichwort „Zukunftssicherung" unter Nr. 5 Buchstabe c). Regelmäßig wird es sich um Arbeitslohn für mehrere Jahre (vgl. dieses Stichwort) handeln.

Zum Zufluss von Arbeitslohn im Rahmen der **betrieblichen Altersversorgung** vgl. das Stichwort „Arbeitnehmerfinanzierte Pensionszusage" und die Erläuterungen in Anhang 6 unter Nr. 2.

Zum Zufluss des Arbeitslohns bei der Gutschrift auf einem **Arbeitszeitkonto** vgl. das Stichwort „Arbeitszeitkonten".

2. Sozialversicherung

a) Zuflussprinzip bei einmalig gezahltem Arbeitsentgelt

Im Lohnsteuerrecht führt nicht die Entstehung des Anspruchs gegen den Arbeitgeber zum Zufluss von Arbeitslohn, sondern erst dessen Erfüllung (BFH-Urteile vom 24.1.2001, BStBl. II S. 509 und vom 23.6.2005, BStBl. II S. 766). Im Recht der Sozialversicherung gilt hingegen das Entstehungsprinzip. Das bedeutet, dass die Beitragsansprüche der Versicherungsträger dann entstehen, wenn der Anspruch des Arbeitnehmers auf das Arbeitsentgelt entstanden ist. Dies ergibt sich unmittelbar aus § 22 Abs. 1 SGB IV und galt bis zum 31.12.2002 sowohl für laufendes als auch für einmalig gezahltes Arbeitsentgelt.

Durch Artikel 2 Nr. 6 des Zweiten Gesetzes für moderne Dienstleistungen am Arbeitsmarkt wurde § 22 Abs. 1 SGB IV ab 1.1.2003 geändert. Danach entstehen die Beitragsansprüche der Sozialversicherungsträger bei einmalig gezahltem Arbeitsentgelt, sobald dieses ausgezahlt ist. Damit ist für einmalig gezahltes Arbeitsentgelt das Zuflussprinzip eingeführt worden. Maßgebend für die Beitragspflicht von einmalig gezahltem Arbeitsentgelt ist demnach, ob und wann die Einmalzahlung zugeflossen ist. Beiträge können also nicht erhoben werden, wenn das einmalig gezahlte Arbeitsentgelt tatsächlich nicht gezahlt worden ist.

Obwohl das Zuflussprinzip für einmalig gezahltes Arbeitsentgelt auf einer Vorschrift basiert, die beitragsrechtliche Grundsätze regelt, ist es nach der gesetzgeberischen Intention auch bei der versicherungsrechtlichen Beurteilung zu berücksichtigen. Demnach findet das Zuflussprinzip auch Anwendung

– bei der Ermittlung des regelmäßigen Jahresarbeitsentgelts in der Krankenversicherung (vgl. das Stichwort „Jahresarbeitsentgeltgrenze");
– bei der Prüfung, ob das regelmäßige Arbeitsentgelt die Geringfügigkeitsgrenze von 400 € monatlich überschreitet (vgl. das Stichwort „Geringfügige Beschäftigung");
– bei der Prüfung, ob das regelmäßige Arbeitsentgelt die Gleitzonengrenze von 800 € monatlich überschreitet (vgl. das Stichwort „Gleitzone im Niedriglohnbereich").

Einmalzahlungen, deren Gewährung mit hinreichender Sicherheit mindestens einmal jährlich zu erwarten ist (z. B. aufgrund eines für allgemein verbindlich erklärten Tarifvertrages oder aufgrund von Gewohnheitsrecht wegen betrieblicher Übung) sind bei Ermittlung des Arbeitsentgelts zu berücksichtigen. Hat der Arbeitnehmer auf die Zahlung des einmalig gezahlten Arbeitsentgelts im Voraus schriftlich verzichtet, kann es – ungeachtet der arbeitsrechtlichen Zulässigkeit einer solchen Vereinbarung – bei der Ermittlung des regelmäßigen (Jahres-)Arbeitsentgelts nicht berücksichtigt werden. Es verbleibt jedoch bei der zu Beginn der Beschäftigung oder zu Beginn eines Kalenderjahres getroffenen Beurteilung, wenn die Einmalzahlung zunächst in die versicherungsrechtliche Betrachtung einbezogen wurde, sie aber tatsächlich nicht ausgezahlt worden ist. Ggf. ist ab dem Zeitpunkt, von dem an feststeht, dass die Einmalzahlung nicht zur Auszahlung gelangt, eine neue Beurteilung des Versicherungsverhältnisses notwendig.

b) Entstehungsprinzip bei laufend gezahltem Arbeitsentgelt

Bei laufend gezahltem Arbeitsentgelt gilt nach wie vor das **Entstehungsprinzip**. Dies bedeutet, dass Beiträge dann fällig werden, wenn der Anspruch des Arbeitnehmers auf das Arbeitsentgelt entstanden ist (§ 22 Abs. 1 SGB IV). Das Bundessozialgericht hat sich am 14. Juli 2004 in mehreren Revisionsverfahren (Az.: B 12 KR 1/04 R, B 12 KR 10/03 R, B 12 KR 7/03 R, B 12 KR 7/04 und B 1 KR 34/03 R) mit der Frage befasst, ob sich Versicherungspflicht und Beitragsforderung nach dem geschuldeten Arbeitsentgelt (Entstehungsprinzip) oder nach dem tatsächlich gezahlten Arbeitsentgelt (Zuflussprinzip) richten. In allen Fällen lag der gleiche Sachverhalt zugrunde. Der Arbeitgeber beschäftigte Aushilfskräfte mit einem tatsächlichen Entgelt unterhalb der Geringfügigkeitsgrenze von monatlich 400 €. Im Rahmen einer Betriebsprüfung stellte der Rentenversicherungsträger fest, dass die Beschäftigten nach Tarifverträgen, die für allgemeinverbindlich erklärt waren, Anspruch auf ein höheres Arbeitsentgelt und auf Sonderzuwendungen hatten. Deshalb wurde, auch wenn das höhere Arbeitsentgelt und die Sonderzuwendung tatsächlich nicht zur Auszahlung kamen, die Geringfügigkeitsgrenze überschritten. In allen Verfahren ist die Revision ohne Erfolg geblieben. Das Bundessozialgericht hat die angefochtenen Bescheide zur Versicherungs- und Beitragspflicht und somit die Anwendung des Entstehungsprinzips für den laufenden Arbeitslohn im Beitragsrecht der Sozialversicherung nachdrücklich bestätigt. Beiträge sind daher auch für geschuldetes, bei Fälligkeit aber noch nicht gezahltes laufendes Arbeitsentgelt zu zahlen. Damit unterscheidet sich das Beitragsrecht der Sozialversicherung grundlegend vom Steuerrecht.

Aufgrund des Entstehungsprinzips ergibt sich das für die Sozialversicherung maßgebliche laufende Arbeitsentgelt aus dem für den Arbeitnehmer geltenden Arbeitsvertrag oder Tarifvertrag. Das Arbeitsvertragsrecht hat somit entscheidende Bedeutung für das Beitragsrecht der Sozialversicherung. Im Einzelnen gilt Folgendes:

c) Tarifvertragliche Entgeltansprüche

Nach § 4 Abs. 1 Satz 1 des Tarifvertragsgesetzes (TVG) gelten Rechtsnormen eines Tarifvertrages unmittelbar und zwingend lediglich zwischen den Arbeitgebern und Gewerkschaftsangehörigen, die unter den Geltungsbereich des Tarifvertrags fallen. Danach unterliegt regelmä-

Zufluss von Arbeitslohn

ßig nur der in der betreffenden Gewerkschaft organisierte Arbeitnehmer der Bindung eines Tarifvertrages. Dies bedeutet, dass die Tarifbestimmungen den Inhalt der Arbeitsverhältnisse gestalten, ohne dass es auf die Kenntnis von Arbeitnehmer und Arbeitgeber über den Arbeitsentgeltanspruch ankommt. Erst recht bedarf es keiner Anerkennung, Unterwerfung oder Übernahme des Tarifvertrages durch die Parteien eines Einzelarbeitsvertrages. Die Regelungen des Tarifvertrages gelten selbst dann, wenn die Arbeitsvertragsparteien ausdrücklich gegenteilige oder auch andere Bedingungen vereinbart haben. Auch neu geschlossene tarifwidrige Arbeitsverträge sind hinsichtlich des tarifwidrigen Teils unwirksam. Ebenfalls sind Vertragsabsprachen, die den durch Tarifvertrag gestalteten Arbeitsvertrag auf Zeit einschränken oder suspendieren wollen, unwirksam. Abweichende Abmachungen sind nur zulässig, soweit sie durch den Tarifvertrag gestattet sind oder eine Änderung zu Gunsten des Arbeitnehmers enthalten (§ 4 Abs. 3 TVG).

Eine besondere Stellung nehmen die **für allgemein verbindlich erklärte Tarifverträge** ein. Nach § 5 Abs. 1 TVG kann der Bundesminister für Arbeit und Sozialordnung im Einvernehmen mit dem Tarifausschuss, der sich aus jeweils drei Vertretern der Spitzenorganisationen der Arbeitgeber und der Arbeitnehmer zusammensetzt, einen Tarifvertrag auf Antrag einer Tarifvertragspartei für allgemein verbindlich erklären. Mit einer derartigen Erklärung erfassen die Rechtsnormen des Tarifvertrags in seinem Geltungsbereich auch die bisher nicht tarifgebundenen Arbeitgeber und Arbeitnehmer (§ 5 Abs. 4 TVG). Ein Arbeitsentgeltanspruch mindestens in Höhe des in einem allgemein verbindlichen Tarifvertrag festgesetzten Lohns bzw. Gehalts kann demnach von den Parteien eines Arbeitsvertrags, die der Geltung dieses Tarifvertrags unterliegen, nicht rechtswirksam unterschritten werden. Das Bundesministerium für Arbeit und Sozialordnung gibt zu Beginn eines jeden Quartals im Bundesarbeitsblatt ein Verzeichnis der für allgemein verbindlich erklärten Tarifverträge heraus. Das Verzeichnis der für allgemein verbindlich erklärten Tarifverträge kann im Internet unter *http://www.bmas.de* eingesehen werden. Es stellt allerdings lediglich eine Momentaufnahme dar. In einem besonderen Teil wird zwar auf die Tarifverträge hingewiesen, deren Allgemeinverbindlichkeit im abgelaufenen Quartal endete; darüber hinaus gibt es aber keine Historie.

Der Tarifvertrag kann bestimmen, dass bestimmte Regelungen nicht für alle Tarifparteien gelten bzw. nicht für allgemein verbindlich erklärt werden **(Öffnungsklausel)**. Aufgrund einer Öffnungsklausel nicht gezahltes laufendes Arbeitsentgelt wird – wie im Steuerrecht – auch in der Sozialversicherung nicht berücksichtigt.

d) Entgeltansprüche aufgrund von Einzelarbeitsverträgen

Unterliegt der Arbeitnehmer nicht der Bindungswirkung eines Tarifvertrags, ist für die Sozialversicherung der Einzelarbeitsvertrag maßgebend. Nach § 2 des Nachweisgesetzes (NachwG) sind die wesentlichen Vertragsbedingungen vom Arbeitgeber **schriftlich** niederzulegen, wenn sie nicht bereits in einem schriftlichen Arbeitsvertrag enthalten sind. Die Niederschrift ist zu unterschreiben und dem Arbeitnehmer auszuhändigen. Dies gilt nicht, wenn der Arbeitnehmer nur zur Aushilfe von höchstens einem Monat eingestellt ist. Der Einzelarbeitsvertrag ist auch bei bindendem Tarifvertrag insoweit zu beachten, als er für den Arbeitnehmer günstigere Regelungen (z. B. höheres Arbeitsentgelt) vorsieht als der verbindliche Tarifvertrag.

e) Nachträgliche Minderung des Arbeitsentgeltanspruchs

Nach dem Urteil des Bundessozialgerichts vom 21. 5. 1996 – 12 RK 64/94 mindert eine **Vertragsstrafe,** die nach dem Entstehen der Beitragsforderung zu einer Lohnkürzung führt, nachträglich nicht den bereits entstandenen Beitragsanspruch. Dies gilt auch für Schadensersatzansprüche des Arbeitgebers, die nachträglich den Arbeitsentgeltanspruch mindern. Ein Beitragserstattungsanspruch aufgrund einer solchen Lohnminderung besteht somit nicht.

f) Arbeitsentgelt im Rechtsstreit

Nach dem Urteil des Bundessozialgerichts vom 18. 11. 1980 – 12 RH 47/79 sind Ansprüche, die in einem gerichtlichen Vergleich derart geregelt werden, dass sie nicht mehr geltend gemacht werden können, so anzusehen, als ob sie von Anfang an nicht bestanden hätten. Gleiches nimmt das Bundessozialgericht bei einem Erlass von Ansprüchen im Wege des Vergleichs an. Etwas anderes gilt dann, wenn die streitige Arbeitsentgeltforderung sehr wohl als bestehend anerkannt worden ist, aber nur deshalb nicht im Vergleich erscheint, weil gegen eine andere Forderung des Arbeitgebers aufgerechnet oder diese wegen einer sonstigen Gegenleistung nicht mehr geltend gemacht worden ist. In diesen Fällen ist die Forderung auf Arbeitsentgelt nicht entfallen, sondern anderweitig erfüllt worden. Ein Beitragsanspruch besteht in diesem Fall auch aus dem anderweitig erfüllten Arbeitsentgeltanspruch.

Wird in einem Kündigungsschutzprozess der Arbeitgeber neben der Feststellung, dass die Kündigung unwirksam war, auch zur Zahlung des Arbeitsentgelts verurteilt, entsteht der Beitragsanspruch nach dem Urteil des Bundessozialgerichts vom 25. 9. 1981 – 12 RK 58/80 nur aus diesem Arbeitsentgelt, und die Beitragsforderung wird regelmäßig erst nach der rechtskräftigen Beendigung des Rechtsstreits fällig. Mit seiner Entscheidung hat das Bundessozialgericht aber klargestellt, dass der Beitragsanspruch auch in einem Kündigungsschutzprozess bereits mit der Fälligkeit des Arbeitsentgeltanspruchs entsteht und die hinausgeschobene Fälligkeit nur den Beitragsanspruch berührt, der auf der streitbefangenen Arbeitsentgeltforderung beruht. Ausnahmsweise kann die Einzugsstelle aber auch vor der Beendigung des Kündigungsschutzprozesses berechtigt sein, den Beitrag zu fordern. Dies wird man dann annehmen können, wenn die Kündigung sich bei objektiver Betrachtung als offensichtlich unberechtigt erweist.

g) Unter auflösender Bedingung gezahltes Arbeitsentgelt

Nach den Urteilen des Bundessozialgerichts vom 28. 2. 1967 – 3 RK 72/64 und 3 RK 73/64 verliert fälliges und gezahltes Arbeitsentgelt (z. B. Weihnachtsgeld) nachträglich seine Eigenschaft als Arbeitsentgelt, wenn es unter Vorbehalt gewährt und aufgrund einer Rückzahlungsklausel zurückgezahlt wird, so dass der darauf gezahlte Beitrag nach Maßgabe des § 26 Abs. 2 SGB IV als zu Unrecht gezahlt zu erstatten ist.

h) Verzicht auf laufendes Arbeitsentgelt

Der Verzicht auf Teile des laufenden Arbeitsentgelts muss kumulativ folgende drei Kriterien erfüllen, um beitragsrechtlich berücksichtigt zu werden:

– Der Verzicht muss **arbeitsrechtlich zulässig** sein.
– Der Verzicht muss **schriftlich** niedergelegt sein.
– Der Verzicht darf nur auf **künftig** fällig werdende Arbeitsentgeltbestandteile gerichtet sein.

Im Einzelnen gilt zu diesen drei Voraussetzungen Folgendes:

Bei einem bindenden Tarifvertrag ist der Gehaltsverzicht nur zulässig, soweit eine Öffnungsklausel besteht. Im Fall eines Gehaltsverzichts einer Teilzeitkraft (insbesondere auf Einmalzahlungen) ist außerdem zu prüfen, ob der Verzicht gegen das Teilzeit- und Befristungsgesetz (TzBfG) vom 28. 12. 2000 (BGBl. I S. 1966) verstößt.

Zukunftsicherung

Nach § 2 Abs. 1 Satz 2 Nr. 6 des Nachweisgesetzes müssen die Zusammensetzung und die Höhe des Arbeitsentgelts einschließlich Zuschläge, Zulagen, Prämien und Sonderzuwendungen sowie anderer Bestandteile des Arbeitsentgelts und dessen Fälligkeit schriftlich niedergelegt sein. Ein Gehaltsverzicht gehört auch zu den schriftlich niederzulegenden Arbeitsvertragsinhalten. Ausgenommen von der Nachweispflicht sind die in § 1 NachwG genannten Personen (Arbeitnehmer, die nur zu vorübergehenden Aushilfe von höchstens einem Monat eingestellt werden).

Der Verzicht auf laufendes Arbeitsentgelt darf nur auf künftig fällig werdende Arbeitsentgeltansprüche gerichtet sein. Ein **rückwirkender Verzicht** der Arbeitnehmer auf Arbeitsentgeltanspruch führt deshalb nicht zu einer Reduzierung der Beitragsforderung. Der Beitragsanspruch ist bereits entstanden und wird durch den Verzicht auf das Arbeitsentgelt nicht mehr beseitigt (bestätigt durch Urteil des Landessozialgerichts Nordrhein-Westfalen vom 31.10.2000 – L 5 KR 27/00).

Erfüllt der Verzicht auch nur eines der oben genannten drei Kriterien nicht, ist er beitragsrechtlich nicht zu beachten. Für die Prüfung der Versicherungspflicht und die Beitragsberechnung ist dann das laufende Arbeitsentgelt ohne Verzicht maßgebend.

Zukunftsicherung

Neues und Wichtiges auf einen Blick:

Der nach § 3 Nr. 63 Satz 1 EStG steuer- und damit auch sozialversicherungsfreie Höchstbetrag für Beiträge des Arbeitgebers an einen **Pensionsfonds**, eine **Pensionskasse** oder für eine **Direktversicherung** beträgt 2010 bundesweit aufgrund der Erhöhung der Beitragsbemessungsgrenze in der allgemeinen Rentenversicherung (West) **2640 €** (= 4 % von 66 000 €). Für die nach § 3 Nr. 63 Satz 1 EStG steuer- und beitragsfreien Höchstbeträge ergibt sich damit seit 1.1.2002 folgende Entwicklung:

Steuerfreie Beträge zu **Pensionskassen** und **Pensionsfonds**:

	Lohnsteuerpflichtig	Sozialversich.-pflichtig
2002: 4 % von 54 000 € = jährlich **2160 €**	nein	nein
2003: 4 % von 61 200 € = jährlich **2448 €**	nein	nein
2004: 4 % von 61 800 € = jährlich **2472 €**	nein	nein

Steuerfreie Beträge zu Pensionskassen, Pensionsfonds und **Direktversicherungen**:

	Lohnsteuerpflichtig	Sozialversich.-pflichtig
2005: 4 % von 62 400 € = jährlich **2496 €**	nein	nein
2006: 4 % von 63 000 € = jährlich **2520 €**	nein	nein
2007: 4 % von 63 000 € = jährlich **2520 €**	nein	nein
2008: 4 % von 63 600 € = jährlich **2544 €**	nein	nein
2009: 4 % von 64 800 € = jährlich **2592 €**	nein	nein
2010: 4 % von 66 000 € = jährlich **2640 €**	nein	nein

Der **zusätzliche steuerfreie Höchstbetrag** nach § 3 Nr. 63 Satz 3 EStG für **Neuzusagen** (= Versorgungszusagen, die nach dem 31.12.2004 erteilt worden sind) beträgt unverändert **1800 €**. Er ist nach wie vor sozialversicherungspflichtig. Vgl. im Einzelnen die Erläuterungen in Anhang 6 unter Nr. 7.

	Lohnsteuerpflichtig	Sozialversich.-pflichtig
	nein	ja

Seit 2008 werden auch **Zuwendungen** des Arbeitgebers an **umlagefinanzierte Pensionskassen** bis zu 1 % der Beitragsbemessungsgrenze in der allgemeinen Rentenversicherung (West) **steuerfrei** gestellt (§ 3 Nr. 56 EStG). Der steuerfreie **Höchstbetrag** beträgt bundesweit

2008: 1 % von 63 600 € = jährlich **636 €**

2009: 1 % von 64 800 € = jährlich **648 €**

2010: 1 % von 66 000 € = jährlich **660 €**

Steuerfreie Beiträge des Arbeitgebers an eine kapitalgedeckte Versorgungseinrichtung (§ 3 Nr. 63 EStG) werden allerdings auf dieses nach § 3 Nr. 56 EStG steuerfreie Volumen angerechnet, vgl. im Einzelnen die Erläuterungen unter der nachfolgenden Nr. 23 und in Anhang 6 unter Nr. 5 Buchstabe d auf Seite 856.

Durch das Jahressteuergesetz 2009 ist gesetzlich festgelegt worden, dass die **Steuerbefreiungsvorschriften** für **betriebliche Altersversorgung** (§§ 3 Nr. 56, 63 EStG) der **Steuerbefreiungsvorschrift** für **Zukunftssicherungsleistungen** aufgrund **gesetzlicher Verpflichtungen** (§ 3 Nr. 62 EStG) **vorgehen** (vgl. die Erläuterungen unter der nachstehenden Nr. 5 Buchstabe d).

Die Steuerbefreiung nach § 3 Nr. 62 EStG gilt auch für solche Beitragsanteile, die aufgrund einer nach ausländischen Gesetzen bestehenden Verpflichtung an **ausländische Sozialversicherungsträger** geleistet werden, die den inländischen Sozialleistungsträgern vergleichbar sind. Arbeitgeberanteile zur ausländischen Sozialversicherung und Zahlungen an ausländische Versicherungsunternehmen sind aber nicht steuerfrei, wenn sie auf vertraglicher Grundlage und damit freiwillig erbracht werden. Vgl. die Erläuterungen unter der nachfolgenden Nr. 5 Buchstabe a.

Abweichend von ihrer Auffassung im Lohnsteuer-Handbuch 2009 hält die Finanzverwaltung für die Frage der **Pauschalierung** der Beiträge zu einer Direktversicherung mit 20 % nun doch wieder an der **Mindestlaufzeit** von **fünf Jahren** bei **Kapitalversicherungen** fest. Vgl. im Einzelnen die Ausführungen unter der nachfolgenden Nr. 10 Buchstabe d.

Arbeitslohnrückzahlungen aus pauschal versteuerten Beitragsleistungen mindern nur noch die im **selben Kalenderjahr** anfallenden pauschal besteuerten Beitragsleistungen des Arbeitgebers **bis** zur Höhe von **Null**. Eine darüber hinausgehende Erstattung pauschaler Lohnsteuer oder eine Minderung der Beitragsleistungen des Arbeitgebers in den Vorjahren ist seit 2008 nicht mehr zulässig. Vgl. im Einzelnen die Erläuterungen unter der nachstehenden Nr. 17 Buchstabe a.

Bei einem **Ehegatten-Arbeitsverhältnis,** das dem Grunde und der Höhe nach anzuerkennen ist, sind die Beiträge zu einer Direktversicherung betrieblich veranlasst und damit Betriebsausgaben, wenn sie aus einer Gehaltsumwandlung stammen. Die sog. **Überversorgung** ist nach der Rechtsprechung des Bundesfinanzhofs nur noch dann zu prüfen, wenn die Beiträge zur betrieblichen Altersversorgung zusätzlich zum ohnehin geschuldeten Arbeitslohn erbracht werden oder eine anstehende Gehaltserhöhung umgewandelt wird (BFH-Urteil vom 10.6.2008, BStBl. II S. 973). Vgl. die Erläuterungen unter der nachfolgenden Nr. 18.

Bei **Mitnahme einer Direktversicherung bei einem Arbeitgeberwechsel** lässt es die Finanzverwaltung sowohl bei einer Schuldübernahme, bei Anwendung des Rahmenabkommens in der Versicherungswirtschaft zur Übertragung von Direktversicherungen als auch bei zwischenzeitlich privat weitergeführten Direktversicherungen (z. B. bei Arbeitslosigkeit) zu (= Wahlrecht) von einer **Altzusage** auszugehen mit der Folge, dass (auch) der neue Arbeitgeber die Beiträge für die Direktversicherung **weiterhin mit 20 % pauschal versteuern kann**, wenn die Versorgungszusage vom ehemaligen Arbeitgeber vor dem 1.1.2005 erteilt wurde (vgl. die Erläuterungen in Anhang 6 unter Nr. 15 auf Seite 869). Da es im Hinblick auf die spätere Versteuerung der Versorgungsleistungen im Regelfall günstiger sein wird, das Wahlrecht zugunsten einer Altzusage auszuüben, kommt der Pauschalierung der Lohnsteuer für Beiträge zu einer Direktversicherung auch weiterhin große Bedeutung zu. Hinzu kommt, dass die vorstehenden Ausführungen auch für die Übertragung von Versicherungen in einer Pensionskasse gelten.

Zukunftsicherung

Die fortgeltenden Regelungen für die Pauschalierung der Lohnsteuer mit 20 % sind nachfolgend im Einzelnen dargestellt. Die seit 1.1.2005 geltende Steuerbefreiungsvorschrift für Direktversicherungsbeiträge ist ebenfalls schwerpunktmäßig erläutert, soweit dies für das Verständnis der Zusammenhänge notwendig ist. Eine **Gesamtdarstellung** der steuer- und sozialversicherungsrechtlichen Behandlung **aller fünf Durchführungswege der betrieblichen Altersversorgung** ist aus Gründen der Übersichtlichkeit in **Anhang 6** zum Lexikon enthalten. Dort ist auch die steuerliche Förderung der Altersvorsorgeleistungen in Form der sog. Riester-Rente durch die **Altersvorsorgezulage** und ggf. einen zusätzlichen Sonderausgabenabzug erläutert.

Gliederung:

1. Abgrenzung der Steuerpflicht
2. Zukunftsicherungsleistungen, die keinen Zufluss von Arbeitslohn auslösen
   a) Zuwendungen an eine Unterstützungskasse
   b) Gewährung einer Pensionszusage
   c) Arbeitnehmerfinanzierte Pensionszusage
   d) Rückdeckung
3. Steuerfreie Zukunftsicherungsleistungen für eine betriebliche Altersversorgung
   a) Beiträge zu einer Direktversicherung (§ 3 Nr. 63 EStG)
   b) Zuwendungen an Pensionskassen (§ 3 Nr. 63 EStG)
   c) Zuwendungen an Pensionsfonds (§ 3 Nr. 63 EStG)
   d) Übertragung bestehender Versorgungszusagen auf einen Pensionsfonds
   e) Nachgelagerte Besteuerung bei Inanspruchnahme der Steuerfreiheit nach § 3 Nr. 63 oder Nr. 66 EStG
4. Anspruch auf Entgeltumwandlung in Beiträge zu Pensionskassen, Pensionsfonds oder Direktversicherungen
5. Steuerfreie Zukunftsicherungsleistungen aufgrund gesetzlicher Verpflichtungen (§ 3 Nr. 62 EStG)
   a) Zukunftsicherungsleistungen, die der Arbeitgeber aufgrund einer eigenen gesetzlichen Verpflichtung erbringt
   b) Gleichgestellte Aufwendungen
   c) Besonderheiten bei Gesellschafter-Geschäftsführern einer GmbH
   d) Vorrang der Steuerbefreiungsvorschriften für betriebliche Altersversorgung
6. Steuerpflichtige Zukunftsicherungsleistungen
7. Pauschalierung der Lohnsteuer für Beiträge zu Gruppenunfallversicherungen mit 20 %
8. Steuerfreiheit nach § 3 Nr. 63 EStG oder Pauschalierung der Lohnsteuer für Beiträge zu einer Pensionskasse mit 20 %
9. Steuerfreiheit nach § 3 Nr. 63 EStG oder Pauschalierung der Lohnsteuer für Beiträge zu einer Direktversicherung
   a) Allgemeines
   b) Zahlung einer lebenslangen Rente als Voraussetzung für die Steuerfreiheit nach § 3 Nr. 63 EStG
   c) Abgrenzung Altzusagen – Neuzusagen
   d) Verzicht auf die Steuerfreiheit nach § 3 Nr. 63 EStG für Altzusagen
10. Pauschalierung der Lohnsteuer für Beiträge zu einer Direktversicherung mit 20 % in Altfällen
    a) Allgemeines
    b) Begriff der Direktversicherung im Sinne des § 40 b EStG alter Fassung
    c) Keine Mindestlaufzeit von 12 Jahren erforderlich
    d) Mindestlaufzeit von 5 Jahren bei Kapitalversicherungen
    e) Altersgrenze
    f) Ausschluss der vorzeitigen Kündigung und Beachtung des Abtretungs- und Beleihungsverbots
    g) Unfallversicherungen als Direktversicherung im Sinne des § 40 b EStG
11. Allgemeine Pauschalierungsvoraussetzungen und Bemessungsgrundlage (Altfälle)
12. Pauschalierungsgrenze in Höhe von 1752 € (Altfälle)
13. Durchschnittsberechnung und 2148-Euro-Grenze (Altfälle)
14. Besonderheiten bei der Pauschalierung laufender Zukunftsicherungsleistungen (Altfälle)
15. Vervielfältigungsregelung bei Beendigung des Dienstverhältnisses
    a) Allgemeines
    b) Vervielfältigung der Pauschalierungsgrenze in Altfällen
    c) Vervielfältigung der Pauschalierungsgrenze bei Gehaltsumwandlungen in Altfällen
    d) Anwendung der Vervielfältigung der Pauschalierungsgrenze im zeitlichen Zusammenhang mit der Beendigung des Dienstverhältnisses in Altfällen
16. Umwandlung von Barlohn in pauschal mit 20 % besteuerte Beiträge zu einer Direktversicherung oder Pensionskasse in Altfällen
    a) Lohnsteuerliche Behandlung einer Umwandlung von Barlohn in pauschal mit 20 % besteuerte Direktversicherungsbeiträge in Altfällen
    b) Gehaltsumwandlung bei zeitanteilig zugesicherten (sog. ratierlichen) Sonderzuwendungen
    c) Umwandlung von Barlohn in eine arbeitnehmerfinanzierte Pensionszusage
    d) Umwandlung von Barlohn in Beiträge zu einer Pensionskasse
17. Rückzahlung pauschal versteuerter Zukunftsicherungsleistungen
    a) Ersatzloser Wegfall des Bezugsrechts (= verfallbare Anwartschaft)
    b) Verlust eines unverfallbaren oder unwiderruflichen Bezugsrechts
    c) Arbeitslohnrückzahlung bei individuell und pauschal versteuerten Beiträgen
18. Direktversicherung bei Ehegatten-Arbeitsverhältnissen
19. Direktversicherung für den Gesellschafter-Geschäftsführer einer GmbH
    a) Steuerfreiheit für Beiträge zu einer Direktversicherung nach § 3 Nr. 63 EStG
    b) Pauschalierung der Lohnsteuer mit 20 % in Altfällen
20. Solidaritätszuschlag bei Zukunftsicherungsleistungen
21. Berechnung der pauschalierten Kirchensteuer
22. Sozialversicherungsrechtliche Behandlung von Zukunftsicherungsleistungen
    a) Allgemeines
    b) Sozialversicherungsfreiheit durch die Pauschalierung der Lohnsteuer mit 20 % bei Beiträgen zu Direktversicherungen und Pensionskassen in sog. Altfällen
    c) Behandlung von Beiträgen zu einer Gruppenversicherung in sog. Altfällen
23. Ausnahmeregelung für Beiträge zu Zusatzversorgungskassen
    a) Steuerliche Ausnahmeregelung
    b) Sozialversicherungsrechtliche Ausnahmeregelung
    c) Berechnungsbeispiele
    d) Nachträgliche Änderung des nach § 3 Nr. 56 EStG steuerfreien Anteils der Arbeitgeberumlage

Zukunftsicherung

1. Abgrenzung der Steuerpflicht

Die Definition des Begriffs „Zukunftsicherung" im weitesten Sinne ergibt sich aus § 2 Abs. 2 Nr. 3 LStDV. Hiernach versteht man unter „Zukunftsicherung" im lohnsteuerlichen Sinne ganz allgemein Aufwendungen des Arbeitgebers, durch die die wirtschaftliche Existenz des Arbeitnehmers oder seiner Angehörigen für den Fall der Krankheit, des Unfalls, der vorzeitigen Arbeitsunfähigkeit (= Invalidität), des Alters oder des Todes gesichert werden soll. Es kann sich dabei sowohl um freiwillige Leistungen des Arbeitgebers handeln, als auch um Leistungen, auf die der Arbeitnehmer einen Rechtsanspruch hat. Für Beiträge und Zuwendungen des Arbeitgebers an einen Pensionsfonds, eine Pensionskasse oder für eine Direktversicherung wurde zusätzlich gesetzlich klargestellt, dass es sich hierbei um Arbeitslohn des Arbeitnehmers handelt (§ 19 Abs. 1 Nr. 3 Satz 1 EStG).

Für den Arbeitnehmer liegt bei Zukunftsicherungsleistungen des Arbeitgebers gegenwärtig zufließender Arbeitslohn vor, wenn die Sache sich – wirtschaftlich betrachtet – so darstellt, als ob der Arbeitgeber dem Arbeitnehmer Beiträge zur Verfügung gestellt und der Arbeitnehmer diese zum Erwerb einer Zukunftsicherung verwendet hätte (Einkommensverwendung durch den Arbeitnehmer); daher ist auf Zukunftssicherungsleistungen die 44-Euro-Freigrenze für Sachbezüge nicht anwendbar (vgl. auch die Erläuterungen beim Stichwort „Versicherungsschutz"). Die Beiträge des Arbeitgebers werden also so behandelt, als ob sie der Arbeitnehmer geleistet und der Arbeitgeber einen entsprechend höheren Barlohn gezahlt hätte. Diese Betrachtungsweise setzt voraus, dass der Arbeitnehmer einen unentziehbaren **Rechtsanspruch** gegen einen Dritten auf die Leistungen aus der Zukunftsicherung hat. Ausgehend von diesem Grundsatz rechnet der Bundesfinanzhof den Arbeitnehmeranteil am Gesamtsozialversicherungsbeitrag zum steuerpflichtigen Arbeitslohn, weil der Arbeitnehmer einen eigenen Anspruch gegen einen Dritten erzielt (BFH-Urteil vom 16.1.2007, BStBl. II S. 579).

Hat der Arbeitnehmer keinen eigenen Rechtsanspruch gegen einen Dritten, liegt auch kein gegenwärtiger Zufluss von Arbeitslohn vor. Aufgrund dieser Betrachtungsweise führen Zuwendungen an eine **Unterstützungskasse,** die keinen Rechtsanspruch auf Leistungen gewährt, ebenso wenig zum Zufluss von Arbeitslohn wie die Gewährung einer **Pensionszusage** oder der Abschluss einer sog. **Rückdeckung,** letzteres sind Aufwendungen, die dem Arbeitgeber dadurch entstehen, dass er sich selbst die Mittel zur späteren Erfüllung einer gegebenen Pensionszusage verschafft (vgl. die Erläuterungen unter der nachfolgenden Nr. 2).

Der Zufluss von Arbeitslohn setzt also einen unentziehbaren **Rechtsanspruch** des Arbeitnehmers gegen einen Dritten auf die Leistungen aus der Zukunftsicherung voraus. Aber nicht alle Aufwendungen des Arbeitgebers für die Zukunftsicherung seiner Arbeitnehmer, die zu einem unentziehbaren Rechtsanspruch auf Leistungen gegenüber einem Dritten führen, sind auch steuerpflichtiger Arbeitslohn. Denn der Gesetzgeber hat bestimmte Zukunftsicherungsleistungen, die zum Zufluss von Arbeitslohn führen, ausdrücklich steuerfrei gestellt:

Steuerfrei sind nach § 3 Nr. 62 EStG Zukunftsicherungsleistungen, die der **Arbeitgeber** aufgrund einer **eigenen** gesetzlichen Verpflichtung leistet (z. B. den Arbeitgeberanteil am Gesamtsozialversicherungsbeitrag) und die diesen Ausgaben gleichgestellten Leistungen (vgl. die Erläuterungen unter der nachfolgenden Nr. 5).

Seit 1. 1. 2002 sind auch Beiträge des Arbeitgebers an eine **Pensionskasse** oder einen **Pensionsfonds** nach § 3 Nr. 63 Satz 1 EStG steuerfrei, soweit sie 4 % der Beitragsbemessungsgrenze in der allgemeinen Rentenversicherung (West) nicht übersteigen. In die Steuerfreiheit nach § 3 Nr. 63 EStG sind **seit 1. 1. 2005** auch Beiträge zu einer **Direktversicherung** einbezogen worden. Zudem wird seit 2005 ein zusätzlicher steuerfreier Höchstbetrag für Neuzusagen (= Versorgungszusagen, die nach dem 31.12.2004 erteilt worden sind) von 1800 € gewährt. Außerdem ist seit 1. 1. 2002 die **Übertragung von Versorgungsanwartschaften** auf einen **Pensionsfonds** nach § 3 Nr. 66 EStG steuerfrei (vgl. die Erläuterungen unter der nachfolgenden Nr. 3).

Seit 1.1.2008 werden auch Zuwendungen des Arbeitgebers an umlagefinanzierte Pensionskassen bis zu 1 % der Beitragsbemessungsgrenze in der allgemeinen Rentenversicherung (West) steuerfrei gestellt (vgl. die Erläuterungen in Anhang 6 unter Nr. 5 Buchstabe d).

Hiernach ergibt sich für Zukunftsicherungsleistungen folgende Übersicht:

Aufwendungen für die Zukunftsicherung

kein Zufluss von Arbeitslohn
– bei **Pensionszusagen** (lohnsteuerpflichtig sind in diesem Fall die späteren Versorgungsleistungen in Form einer Betriebsrente oder Beamtenpension)
– bei Aufwendungen für eine **Rückdeckung**
– bei Zuwendungen an eine **Unterstützungskasse** (lohnsteuerpflichtig sind in diesem Fall die späteren Versorgungsleistungen in Form einer Betriebsrente oder Beamtenpension)

Zufluss von Arbeitslohn

Steuerfreiheit
– für Beiträge, die der Arbeitgeber aufgrund einer **eigenen** gesetzlichen Verpflichtung zahlen muss und für gleichgestellte Aufwendungen (§ 3 Nr. 62 EStG)
– für Beiträge zu **Pensionskassen, Pensionsfonds** oder **Direktversicherungen** (§ 3 Nr. 63 EStG)
– Übertragung von Versorgungsanwartschaften auf Pensionsfonds (§ 3 Nr. 66 EStG)
– Zuwendungen für eine nicht kapitalgedeckte (= **umlagefinanzierte) Pensionskasse** (§ 3 Nr. 56 EStG)

Steuerpflicht

Lohnsteuerabzug nach den allgemein geltenden Vorschriften

Pauschalierung mit **20 %** für Aufwendungen zu einer
- **Direktversicherung,** wenn die Versorgungszusage bis zum 31.12.2004 erteilt wurde
- **kapitalgedeckten Pensionskasse,** wenn die Versorgungszusage bis zum 31. 12. 2004 erteilt wurde
- **nicht kapitalgedeckten Pensionskasse** (soweit nicht steuerfrei)
- **Gruppenunfallversicherung**

Zu der durch das Jahressteuergesetz 2007 eingeführten Pauschalierungsmöglichkeit mit 15 % für bestimmte **Sonderzahlungen** an umlagefinanzierte Versorgungseinrichtungen vgl. Anhang 6 Nr. 5 Buchstabe d.

2. Zukunftsicherungsleistungen, die keinen Zufluss von Arbeitslohn auslösen

a) Zuwendungen an eine Unterstützungskasse

Zuwendungen des Arbeitgebers an eine Unterstützungskasse, die dem Arbeitnehmer **keinen eigenen Rechtsanspruch** auf die Leistungen einräumt, das heißt, über deren Versorgungsleistungen der Arbeitgeber beim Eintritt des Versorgungsfalles **selbst** bestimmt (vgl. BFH-Urteil vom 28. 3. 1958, BStBl. III S. 268) führen nicht zum

Zukunftsicherung

| | Lohn-steuer-pflichtig | Sozial-versich.-pflichtig |

Zufluss von Arbeitslohn (vgl. die ausführlichen Erläuterungen beim Stichwort „Unterstützungskasse"). — **nein | nein**

Da der Arbeitnehmer keinen Rechtsanspruch auf die Leistungen gegenüber der Unterstützungskasse hat, fließt bei den Zuwendungen an die Unterstützungskasse Arbeitslohn noch nicht zu. Dagegen gehören die späteren Leistungen aus den Unterstützungskassen zum steuerpflichtigen Arbeitslohn, soweit sie nicht aus anderen Gründen steuerfrei belassen werden können (vgl. die Stichworte „Beihilfen" und „Unterstützungen"). Häufig wird es sich um begünstigte Versorgungsbezüge (vgl. das Stichwort „Versorgungsbezüge, Versorgungsfreibetrag") handeln.

b) Gewährung einer Pensionszusage

Die Gewährung einer Pensionszusage und die damit verbundene Bildung einer Pensionsrückstellung in der Bilanz des Unternehmens lösen keine Lohnsteuerpflicht beim Arbeitnehmer aus. — **nein | nein**

Arbeitslohn fließt auch nicht zu bei Einbehalt eines Betrages vom Lohn durch den Arbeitgeber und Zuführung zu einer Versorgungsrückstellung (BFH-Urteil vom 20.7.2005, BStBl. II S. 890).

Ob und ggf. in welcher Höhe eine solche Rückstellung nach einkommensteuerrechtlichen Grundsätzen gewinnmindernd anerkannt werden kann, ist für die Lohnsteuer ohne Bedeutung. Die Bildung einer Pensionsrückstellung stellt für den Arbeitnehmer in keinem Fall Zufluss von Arbeitslohn dar, da die Mittel bis zum Eintritt des Versorgungsfalls im Unternehmen verbleiben. Steuerpflichtig sind in diesen Fällen die späteren Versorgungsleistungen des Arbeitgebers (vgl. die ausführlichen Erläuterungen beim Stichwort „Pensionszusage"). Auch in diesem Fall liegen häufig begünstigte Versorgungsbezüge (vgl. das Stichwort „Versorgungsbezüge, Versorgungsfreibetrag") vor.

Die Ablösung einer Pensionszusage führt jedoch zum Zufluss von Arbeitslohn und zwar auch dann, wenn der **Ablösungsbetrag** auf Verlangen des Arbeitnehmers zur Übernahme der Pensionsverpflichtung an einen Dritten gezahlt wird (BFH-Urteil vom 12.4.2007, BStBl. II S. 581). Zur Steuerfreiheit bei Übertragung auf einen Pensionsfonds vgl. die Erläuterungen in Anhang 6 Nr. 12. Zur ermäßigten Besteuerung nach der Fünftelregelung vgl. die Stichworte „Arbeitslohn für mehrere Jahre", „Entschädigungen" und „Pensionszusage".

c) Arbeitnehmerfinanzierte Pensionszusage

Da die Gewährung einer Pensionszusage und die damit verbundene Bildung einer Pensionsrückstellung in der Bilanz des Unternehmens keine Lohnsteuerpflicht beim Arbeitnehmer auslösen, stellt sich aus Gründen der Steuerersparnis die Frage, ob es lohnsteuerlich zulässig ist, auf Teile des Gehalts zugunsten einer Versorgungszusage zu verzichten.

Beispiel
Der Arbeitnehmer vereinbart mit seinem Arbeitgeber, dass das monatliche Gehalt von 8000 € auf 7000 € herabgesetzt und dafür eine entsprechende **Pensionszusage** gewährt wird. Der Arbeitnehmer entzieht damit 1000 € der progressiven Besteuerung (vgl. die Tabelle zu den Grenzsteuersätzen beim Stichwort „Tarifaufbau" unter Nr. 6 auf Seite 687) und erhält hierfür eine Altersversorgung, die erst bei der Auszahlung – mit dem dann meist erheblich geringeren Steuersatz – versteuert werden muss. Beim Arbeitgeber führt dieses Modell zu einer erheblichen Liquiditätsverbesserung, wobei die Bildung der gewinnmindernden Rückstellung nach § 6a EStG unverändert erhalten bleibt.

Die Finanzverwaltung erkennt die Minderung des künftig zufließenden steuerpflichtigen Arbeitslohns unter der Voraussetzung an, dass eine Pensionszusage vereinbart wird, die einer betrieblichen Altersversorgung im Sinne des Gesetzes zur Verbesserung der betrieblichen Altersversorgung (BetrAVG) entspricht. — **nein | nein**

Die Einzelheiten zur Umwandlung von künftig zufließendem Arbeitslohn in eine Pensionszusage sind beim Stichwort „Arbeitnehmerfinanzierte Pensionszusage" im Einzelnen erläutert.

d) Rückdeckung

Prämien für einen auf die Person des Arbeitnehmers abgeschlossenen Versicherungsvertrag, bei dem jedoch nicht der Arbeitnehmer sondern der **Arbeitgeber** Anspruch auf die Versicherungsleistung hat, stellen eine steuerfreie Rückdeckung dar (vgl. die ausführlichen Erläuterungen beim Stichwort „Rückdeckung"). — **nein | nein**

Beispiel
Der Arbeitgeber gibt dem Arbeitnehmer eine Pensionszusage. Dieser Vorgang löst keine Lohnsteuerpflicht beim Arbeitnehmer aus (vgl. die Erläuterungen unter dem vorstehenden Buchstaben b). Zur Sicherung der Mittel für diese Versorgung schließt der Arbeitgeber eine Versicherung ab und zahlt hierfür die Beiträge. Der Arbeitnehmer hat keinen eigenen Anspruch gegen die Versicherung. Diese Versicherung ist eine sog. Rückdeckungsversicherung; die Zahlung der Beiträge durch den Arbeitgeber führt beim Arbeitnehmer nicht zum Zufluss von Arbeitslohn.

Unter den Begriff „steuerfreie Rückdeckung" fallen z. B. auch die Beiträge des Arbeitgebers zu einer **Beihilfeversicherung**, wenn der Arbeitnehmer **keinen eigenen Rechtsanspruch** auf Beihilfeleistungen gegenüber der Versicherung erwirbt (vgl. das Stichwort „Beihilfeversicherung").

Wird aber z. B. im Fall der Insolvenz die **Rückdeckungsversicherung** auf den Arbeitnehmer **übertragen** oder z. B. in eine Direktversicherung **umgewandelt** führt dies in Höhe des geschäftsplanmäßigen Deckungskapitals zuzüglich einer bis zu diesem Zeitpunkt zugeteilten Überschussbeteiligung zum **Zufluss** von Arbeitslohn (R 3.65 Abs. 4, R 40b.1 Abs. 3 Satz 3 LStR). Entsprechendes gilt, wenn eine aufschiebend bedingte Abtretung rechtswirksam wird.

3. Steuerfreie Zukunftsicherungsleistungen für eine betriebliche Altersversorgung

a) Beiträge zu einer Direktversicherung (§ 3 Nr. 63 EStG)

Seit 1.1.2005 sind auch die Beiträge zu einer Direktversicherung in die Steuerbefreiungsvorschrift des § 3 Nr. 63 EStG mit einbezogen worden. Damit sind die Beiträge zu einer Direktversicherung ebenso wie die Beiträge zu einer Pensionskasse oder einem Pensionsfonds insgesamt bis zu 4 % der Beitragsbemessungsgrenze in der allgemeinen Rentenversicherung (West) steuerfrei und damit auch beitragsfrei in der Sozialversicherung (§ 3 Nr. 63 Satz 1 EStG). Für das Kalenderjahr 2010 sind hiernach 4 % von 66 000 € = **2640 €** jährlich oder 220 € monatlich steuerfrei. Für Neuverträge, die ab 1.1.2005 abgeschlossen worden sind, erhöht sich der steuerfreie Betrag von 2640 € um weitere **1800 €** jährlich (§ 3 Nr. 63 Satz 3 EStG). Diese Steuerfreiheit löst keine Beitragsfreiheit in der Sozialversicherung aus, das heißt, der seit 1.1.2005 geltende zusätzliche Steuerfreibetrag von 1800 € jährlich ist beitragspflichtig in der Sozialversicherung*).

Die seit 1.1.2005 geltende Steuerbefreiung für Beiträge zu einer Direktversicherung bis zu 4 % der Beitragsbemessungsgrenze in der allgemeinen Rentenversicherung (West) ist ebenso wie der Erhöhungsbetrag von 1800 € jährlich auf Versorgungszusagen beschränkt, die eine Auszahlung der gesamten Alters-, Invaliditäts- oder Hinterbliebenenversorgung **in Form einer lebenslänglichen Rente** oder eines entsprechenden Auszahlungsplans vorsehen. Auf die ausführlichen Erläuterungen der Voraussetzungen für die Steuerfreiheit nach § 3 Nr. 63 EStG in **Anhang 6** unter Nr. 5 des Lexikons wird Bezug genommen.

---
*) Dies ergibt sich aus § 1 Abs. 1 Nr. 9 der Sozialversicherungsentgeltverordnung, da dort lediglich auf steuerfreie Beträge nach § 3 Nr. 63 **Satz 1 und 2** EStG Bezug genommen ist, wohingegen der steuerfreie Betrag von 1800 € in § 3 Nr. 63 **Satz 3** EStG geregelt ist.

Zukunftsicherung

	Lohn-steuer-pflichtig	Sozial-versich.-pflichtig

Für Direktversicherungen bedeutet dies, dass nur ein Teil der am 31.12.2004 bestehenden Direktversicherungsverträge die Voraussetzungen für die Steuerbefreiung in Höhe von 4 % der Beitragsbemessungsgrenze in der allgemeinen Rentenversicherung (West) erfüllt. Für bereits am 31.12.2004 bestehende Direktversicherungsverträge (sog. Altzusagen), die die Kriterien der Steuerbefreiungsvorschrift nicht erfüllen, ist deshalb aus Gründen des Vertrauensschutzes die früher geltende und in § 40 b EStG geregelte Möglichkeit der Lohnsteuerpauschalierung mit 20 % in vollem Umfang erhalten geblieben (vgl. die Erläuterungen unter der nachfolgenden Nr. 9).

Die Steuerfreiheit der Beiträge des Arbeitgebers für eine Direktversicherung setzt ein bestehendes **erstes Dienstverhältnis** voraus. Unter einem ersten Dienstverhältnis sind alle Beschäftigungen zu verstehen, für die die Lohnsteuer nicht nach der Steuerklasse VI zu erheben ist. Ein erstes Dienstverhältnis kann auch vorliegen, wenn ein 400-Euro-Job ausgeübt wird und der Arbeitslohn pauschal mit 2 %, 5 %, 20 % oder 25 % besteuert wird.

Durch die Steuerfreistellung der Beiträge des Arbeitgebers zu einer Direktversicherung kommt es zur nachgelagerten Besteuerung, das heißt Versorgungsleistungen aus einer Direktversicherung werden im Zeitpunkt der Auszahlung **in vollem Umfang** (nicht nur mit dem Besteuerungsanteil oder Ertragsanteil) als sonstige Einkünfte besteuert, **soweit sie auf steuerfreien Beitragsleistungen des Arbeitgebers beruhen** (§ 22 Nr. 5 Sätze 1 und 2 EStG, vgl. die Erläuterungen unter dem nachfolgenden Buchstaben e).

b) Zuwendungen an Pensionskassen (§ 3 Nr. 63 EStG)

Bei einer Pensionskasse handelt es sich um eine rechtsfähige Versorgungseinrichtung, die dem begünstigten Arbeitnehmer bzw. seinen Hinterbliebenen einen **Rechtsanspruch** auf betriebliche Versorgungsleistungen gewährt. Wegen dieses Rechtsanspruchs gehören die Beiträge/Zuwendungen des Arbeitgebers an die Pensionskasse zum gegenwärtig zufließenden Arbeitslohn des Arbeitnehmers.

Dieser Arbeitslohn wird jedoch ausdrücklich steuerfrei gestellt (§ 3 Nr. 63 Satz 1 EStG), und zwar in Höhe von 4 % der Beitragsbemessungsgrenze in der allgemeinen Rentenversicherung (West). Für 2010 sind dies 4 % von 66 000 € = **2640 € jährlich** oder 220 € monatlich. Die Steuerfreiheit löst Beitragsfreiheit in der Sozialversicherung aus (§ 1 Abs. 1 Nr. 9 der Sozialversicherungsentgeltverordnung).   nein   nein

Für Neuzusagen (= Versorgungszusagen, die nach dem 31.12.2004 erteilt worden sind) erhöht sich der steuerfreie Betrag von 2640 € um weitere 1800 € jährlich (§ 3 Nr. 63 Satz 3 EStG). Dieser zusätzliche Steuerfreibetrag von 1800 € jährlich ist jedoch beitragspflichtig in der Sozialversicherung. Altzusagen (= Versorgungszusagen, die vor dem 1.1.2005 erteilt worden sind) können oberhalb des Steuerfreibetrags von 2640 € bis zum Höchstbetrag von 1752 € mit 20 % pauschal besteuert werden (§ 40b EStG in der am 31.12.2004 geltenden Fassung).

Beispiel

Ein Arbeitgeber zahlt für seinen Arbeitnehmer seit 10 Jahren Beiträge an eine Pensionskasse. Im Kalenderjahr 2010 zahlt der Arbeitgeber Beiträge in Höhe von 6000 € an die Pensionskasse. Die Beiträge sind in Höhe von 2640 € steuer- und sozialversicherungsfrei. Weitere 1752 € können mit 20 % pauschal besteuert werden (vgl. nachfolgend unter Nr. 8). Der verbleibende Betrag von 1608 € ist individuell über die Lohnsteuerkarte des Arbeitnehmers zu versteuern und sozialversicherungspflichtig. Der Arbeitnehmer kann hierfür allerdings die steuerliche Förderung über Zulage oder Sonderausgabenabzug in Anspruch nehmen (vgl. Anhang 6a).

Die Steuerfreiheit von Beiträgen des Arbeitgebers an eine Pensionskasse setzt ein bestehendes **erstes Dienstverhältnis** voraus. Unter einem ersten Dienstverhältnis sind alle Beschäftigungen zu verstehen, für die die Lohnsteuer nicht nach der Steuerklasse VI zu erheben ist. Ein erstes Dienstverhältnis kann auch vorliegen, wenn ein 400-Euro-Job ausgeübt wird und der Arbeitslohn pauschal mit 2 %, 5 %, 20 % oder 25 % besteuert wird.

Bis einschließlich 2004 war die Zahlungsweise der späteren Versorgungsleistungen (lebenslange Rentenzahlung, befristete Zahlung, Kapitalauszahlung) für die Steuerfreiheit der Beiträge an eine Pensionskasse ohne Bedeutung.

Seit 2005 ist die Steuerfreiheit von Beiträgen des Arbeitgebers zugunsten einer betrieblichen Altersversorgung in allen drei Durchführungswegen (Pensionsfonds, Pensionskasse, Direktversicherung) auf solche Versorgungszusagen beschränkt worden, die eine Auszahlung der zugesagten Alters-, Invaliditäts- oder Hinterbliebenenversorgungen **in Form einer lebenslangen Rente** oder eines entsprechenden Auszahlungsplans vorsehen. Die Steuerfreiheit der Beiträge an eine Pensionskasse besteht also seit 1.1.2005 dann nicht (mehr), wenn die späteren Versorgungsleistungen als einmalige Kapitalauszahlung erbracht werden sollen. Diese Einschränkung gilt auch für sog. Altzusagen, das heißt für Versorgungszusagen, die vor dem 1.1.2005 erteilt worden sind (vgl. Anhang 6 Nr. 5).

Durch die Steuerfreistellung der Beiträge des Arbeitgebers zu einer Pensionskasse kommt es zur nachgelagerten Besteuerung, das heißt Versorgungsleistungen aus Pensionskassen werden im Zeitpunkt der Auszahlung **in vollem Umfang** (nicht nur mit dem Ertragsanteil) als sonstige Einkünfte besteuert, **soweit sie auf steuerfreien Beitragsleistungen des Arbeitgebers beruhen** (§ 22 Nr. 5 Sätze 1 und 2 EStG, vgl. die Erläuterungen unter dem nachfolgenden Buchstaben e).

Zur Steuerfreistellung der Beiträge an umlagefinanzierte Pensionskassen vgl. im Einzelnen die Erläuterungen unter der nachfolgenden Nr. 23 und in Anhang 6 unter Nr. 5 Buchstabe d.

c) Zuwendungen an Pensionsfonds (§ 3 Nr. 63 EStG)

Seit 1.1.2002 ist neben den vier seit jeher bestehenden Durchführungswegen der betrieblichen Altersversorgung (Direktversicherungen, Pensionskassen, Direktzusagen, Unterstützungskassen) der Pensionsfonds als fünfter Durchführungsweg eingeführt worden (§ 1 b Abs. 3 BetrAVG). Ein Pensionsfonds ist eine **selbständige Versorgungseinrichtung,** die dem Arbeitnehmer oder seinen Hinterbliebenen **Rechtsansprüche** auf künftige Leistungen einräumt. Der Pensionsfonds zahlt grundsätzlich lebenslange Altersrenten mit der Möglichkeit der Abdeckung des Invaliditäts- und Hinterbliebenenrisikos. Beitragszahler bei Pensionsfonds können Arbeitgeber und Arbeitnehmer sein.

Da dem Arbeitnehmer ein Rechtsanspruch auf die künftigen Versorgungsleistungen eingeräumt wird, gehören die Beiträge zum Pensionsfonds zum gegenwärtig zufließenden Arbeitslohn des Arbeitnehmers. Dieser Arbeitslohn wird jedoch ausdrücklich steuerfrei gestellt (§ 3 Nr. 63 Satz 1 EStG), und zwar in Höhe von 4 % der Beitragsbemessungsgrenze in der allgemeinen Rentenversicherung (West). Für 2010 sind dies 4 % von 66 000 € = **2640 € jährlich** oder 220 € monatlich. Die Steuerfreiheit löst Beitragsfreiheit in der Sozialversicherung aus (§ 1 Abs. 1 Nr. 9 der Sozialversicherungsentgeltverordnung).   nein   nein

Für Neuzusagen (= Versorgungszusagen, die nach dem 31.12.2004 erteilt worden sind) erhöht sich der steuerfreie Betrag von 2640 € um weitere 1800 € jährlich (§ 3 Nr. 63 Satz 3 EStG). Dieser zusätzliche Steuerfreibetrag von 1800 € jährlich ist jedoch beitragspflichtig in der Sozialversicherung. Beiträge zu einem Pensionsfonds können nicht pauschal besteuert werden. Das gilt auch dann, wenn sie aufgrund einer Altzusage (= Versorgungszusage, die vor dem 1.1.2005 erteilt wurde) geleistet werden.

Zukunftsicherung

| | Lohn-steuer-pflichtig | Sozial-versich.-pflichtig | | Lohn-steuer-pflichtig | Sozial-versich.-pflichtig |

Beispiel A

Ein Arbeitgeber zahlt im Kalenderjahr 2010 aufgrund einer im Jahre 2003 erteilten Versorgungszusage (= Altzusage) zu Gunsten seiner Arbeitnehmer einen Beitrag in Höhe von 2400 € jährlich je Arbeitnehmer in einen Pensionsfonds. Der Beitrag des Arbeitgebers ist steuer- und sozialversicherungsfrei.

Beispiel B

Wie Beispiel A. Der Arbeitgeber zahlt einen Beitrag in Höhe von 3000 € jährlich je Arbeitnehmer in den Pensionsfonds. Die Steuerfreiheit ist auf 4 % der Beitragsbemessungsgrenze in der allgemeinen Rentenversicherung (= 2640 €) begrenzt. Der übersteigende Betrag von 360 € ist steuer- und sozialversicherungspflichtig; eine Pauschalierung der Lohnsteuer mit 20 % (§ 40b EStG) ist bei Beiträgen des Arbeitgebers an einen Pensionsfonds nicht möglich. Das gilt auch dann, wenn die Beiträge aufgrund einer Altzusage (= Versorgungszusage, die vor dem 1.1.2005 erteilt wurde) geleistet werden. Für diesen individuell über die Lohnsteuerkarte versteuerten Beitragsanteil kann der Arbeitnehmer jedoch die steuerliche Förderung über Zulage oder Sonderausgabenabzug in Anspruch nehmen (vgl. Anhang 6a).

Die Steuerfreiheit von Beiträgen des Arbeitgebers an einen Pensionsfonds setzt ein bestehendes **erstes Dienstverhältnis** voraus. Unter einem ersten Dienstverhältnis sind alle Beschäftigungen zu verstehen, für die die Lohnsteuer nicht nach der Steuerklasse VI zu erheben ist. Ein erstes Dienstverhältnis kann auch vorliegen, wenn ein 400-Euro-Job pauschal mit 2 %, 5 %, 20 % oder 25 % besteuert wird.

Durch die Steuerfreistellung der Beiträge des Arbeitgebers zu einem Pensionsfonds kommt es zur nachgelagerten Besteuerung, das heißt Versorgungsleistungen aus Pensionsfonds werden im Zeitpunkt der Auszahlung in vollem Umfang (nicht nur mit dem Besteuerungsanteil oder Ertragsanteil) als sonstige Einkünfte besteuert, **soweit sie auf steuerfreien Beitragsleistungen des Arbeitgebers beruhen** (§ 22 Nr. 5 Sätze 1 und 2 EStG, vgl. die Erläuterungen unter dem nachfolgenden Buchstaben e).

d) Übertragung bestehender Versorgungszusagen auf einen Pensionsfonds

Die Übertragung von bestehenden Versorgungsverpflichtungen oder Versorgungsanwartschaften aus Direktzusagen des Arbeitgebers oder aus Unterstützungskassen auf einen Pensionsfonds würde zumindest teilweise zu steuerpflichtigem Arbeitslohn führen, weil der Arbeitnehmer im Zeitpunkt der Übertragung einen unentziehbaren Rechtsanspruch gegenüber dem Pensionsfonds auf die spätere Versorgungsleistung erwirbt und die für die Übertragung zu zahlenden Beiträge regelmäßig mehr als 4 % der Beitragsbemessungsgrenze in der allgemeinen Rentenversicherung betragen.

Aus diesem Grund wurde eine Steuerbefreiungsvorschrift geschaffen (§ 3 Nr. 66 EStG), nach der Leistungen eines Arbeitgebers oder einer Unterstützungskasse an einen Pensionsfonds zur Übernahme bestehender Versorgungsverpflichtungen oder Versorgungsanwartschaften durch den Pensionsfonds **steuerfrei** sind, wenn die beim Arbeitgeber durch die Übertragung entstehenden **zusätzlichen Betriebsausgaben** auf die der Übertragung folgenden **zehn Wirtschaftsjahre gleichmäßig verteilt** werden (§ 3 Nr. 66 i. V. m. § 4d Abs. 3 und § 4e Abs. 3 EStG). Diese Steuerfreiheit löst Beitragsfreiheit in der Sozialversicherung aus (§ 1 Abs. 1 Nr. 10 der Sozialversicherungsentgeltverordnung). **nein nein**

Die Steuerbefreiungsvorschrift ist in **Anhang 6** Nr. 12 ausführlich erläutert.

e) Nachgelagerte Besteuerung bei Inanspruchnahme der Steuerfreiheit nach § 3 Nr. 63 oder Nr. 66 EStG

Durch die Steuerfreistellung der Beiträge des Arbeitgebers zu einer Pensionskasse, einem Pensionsfonds oder für eine Direktversicherung kommt es zu einem Übergang von der vorgelagerten zur nachgelagerten Besteuerung, das heißt Versorgungsleistungen aus Pensionskassen, Pensionsfonds oder aus Direktversicherungen werden im Zeitpunkt der Auszahlung **in vollem Umfang** (nicht nur mit dem Besteuerungsanteil oder Ertragsanteil) als sonstige Einkünfte besteuert, **soweit sie auf steuerfreien Beitragsleistungen des Arbeitgebers beruhen** (§ 22 Nr. 5 Sätze 1 und 2 EStG).

Die Besteuerung als sonstige Einkünfte hat für den Arbeitnehmer zur Folge, dass die Einkünfte – im Gegensatz zu den als (nachträglicher) Arbeitslohn steuerpflichtigen Betriebsrenten oder Werkspensionen – nicht um den Arbeitnehmer-Pauschbetrag und die Versorgungsfreibeträge gemindert werden können. Der Arbeitnehmer erhält im Rahmen seiner Veranlagung zur Einkommensteuer lediglich einen Werbungskosten-Pauschbetrag von 102 €. Allerdings braucht der Arbeitnehmer für die Auszahlung der Versorgungsleistungen **keine Lohnsteuerkarte** vorzulegen.

Beruhen die späteren Versorgungsleistungen sowohl auf steuerfreien als auch auf steuerpflichtigen Beitragsleistungen, müssen die Versorgungsleistungen in einen voll steuerpflichtigen und einen regelmäßig lediglich mit dem Ertragsanteil zu besteuernden Anteil **aufgeteilt** werden (§ 22 Nr. 5 Satz 2 EStG). Die Aufteilung der Versorgungsleistungen ist durch die auszahlende Pensionskasse, den auszahlenden Pensionsfonds oder das auszahlende Lebensversicherungsunternehmen vorzunehmen, so dass Arbeitgeber und Arbeitnehmer hiervon nicht unmittelbar betroffen sind. Allerdings muss der Pensionskasse, dem Pensionsfonds oder dem auszahlenden Lebensversicherungsunternehmen die jeweilige steuerliche Behandlung der Beitragsleistungen bekannt sein. Hieraus ergeben sich besondere Mitteilungspflichten des Arbeitgebers (vgl. die Erläuterungen in Anhang 6 Nr. 10).

Die nachgelagerte Besteuerung von Versorgungsleistungen aus Pensionsfonds, Pensionskassen und Direktversicherungen ist in **Anhang 6** Nr. 11 ausführlich anhand von Beispielen erläutert.

4. Anspruch auf Entgeltumwandlung in Beiträge zu Pensionskassen, Pensionsfonds oder Direktversicherungen

Bis zum 31.12.2001 bestand kein individuell-rechtlicher Anspruch auf Entgeltumwandlung zu Gunsten betrieblicher Altersversorgung. Der Arbeitgeber konnte grundsätzlich frei darüber entscheiden, ob und in welcher Form er in seinem Betrieb für alle Arbeitnehmer oder nur für bestimmte Arbeitnehmer (z. B. leitende Angestellte) betriebliche Altersversorgung einführt. Lediglich tarifgebundene Arbeitgeber waren verpflichtet, betriebliche Altersversorgung anzubieten, wenn der für sie maßgebende Tarifvertrag eine solche Verpflichtung vorsah.

Seit 1.1.2002 kann der Arbeitnehmer von seinem Arbeitgeber einseitig verlangen, dass von seinen künftigen Entgeltansprüchen bis zu 4 % der Beitragsbemessungsgrenze in der allgemeinen Rentenversicherung (West) durch Entgeltumwandlung für seine betriebliche Altersversorgung eingesetzt werden (§ 1a des Gesetzes zur Verbesserung der betrieblichen Altersversorgung – BetrAVG*)). Der **Rechtsanspruch** auf Entgeltumwandlung gilt aber nur für **Arbeitnehmer,** die aufgrund der Beschäftigung oder Tätigkeit bei dem Arbeitgeber in der gesetzlichen Rentenversicherung **pflichtversichert** sind. Beschäftigte, die in der gesetzlichen Rentenversicherung nicht

---

*) Das Gesetz zur Verbesserung der betrieblichen Altersversorgung ist als Anhang 13 im **Steuerhandbuch für das Lohnbüro 2010** abgedruckt, das im selben Verlag erschienen ist. Das **PC-Lexikon** für das Lohnbüro 2010 enthält auch dieses Handbuch und hat außerdem den Vorteil, dass Sie **alle BFH-Urteile** sowie die aktuellen Rundschreiben und Niederschriften der Spitzenverbände der **Sozialversicherung** mit Mausklick **im Volltext** abrufen und ausdrucken können. Eine Bestellkarte finden Sie vorne im Lexikon.

Zukunftsicherung

	Lohn-steuer-pflichtig	Sozial-versich.-pflichtig

pflichtversichert sind, haben folglich auch keinen Anspruch auf Entgeltumwandlung (§ 17 Abs. 1 Satz 3 BetrAVG*)).

Hat der Arbeitnehmer einen Rechtsanspruch auf Entgeltumwandlung, ist durch Vereinbarung zwischen Arbeitgeber und Arbeitnehmer festzulegen, in welcher Form die betriebliche Altersversorgung abgewickelt werden soll (§ 1 a Abs. 1 Satz 2 BetrAVG). Ist der Arbeitgeber zu einer Durchführung über einen **Pensionsfonds** oder eine **Pensionskasse** bereit, ist die betriebliche Altersversorgung dort durchzuführen. Andernfalls kann der Arbeitnehmer verlangen, dass der Arbeitgeber für ihn eine **Direktversicherung** abschließt (§ 1 a Abs. 1 Satz 3 BetrAVG*)). Die Wahl des konkreten Versicherungsunternehmens obliegt aber dem Arbeitgeber, da ihm nicht zugemutet werden kann, mit einer Vielzahl von Versicherungsnehmern Geschäftsbeziehungen aufzunehmen (vgl. Anhang 6 Nr. 13 auf Seite 868).

Soweit der Arbeitnehmer einen Rechtsanspruch auf Entgeltumwandlung für betriebliche Altersversorgung hat und diese über einen Pensionsfonds, eine Pensionskasse oder eine Direktversicherung durchgeführt wird, kann er verlangen, dass die Voraussetzungen für eine staatliche Förderung über Zulagen und ggf. zusätzlichen Sonderausgabenabzug („Riester-Rente") erfüllt werden (§ 1 a Abs. 3 BetrAVG*)). Dies setzt voraus, dass die Zahlung der Beiträge in einen Pensionsfonds, eine Pensionskasse oder eine Direktversicherung aus **individuell über die Lohnsteuerkarte versteuerten Arbeitslohn** des Arbeitnehmers stammen und die in Betracht kommende Versorgungseinrichtung dem Arbeitnehmer eine lebenslange Altersversorgung gewährleistet (§ 82 Abs. 2 EStG).

5. Steuerfreie Zukunftsicherungsleistungen aufgrund gesetzlicher Verpflichtungen (§ 3 Nr. 62 EStG)

a) Zukunftsicherungsleistungen, die der Arbeitgeber aufgrund einer eigenen gesetzlichen Verpflichtung erbringt

Nach § 3 Nr. 62 EStG sind Aufwendungen des Arbeitgebers für die Zukunftsicherung seiner Arbeitnehmer steuerfrei, soweit sie der Arbeitgeber aufgrund einer **eigenen** gesetzlichen Verpflichtung erbringen muss.

Dies trifft insbesondere auf den Arbeit**geber**anteil am Gesamtsozialversicherungsbeitrag zu. Der Arbeit**geber**anteil zur gesetzlichen Kranken-, Pflege-, Renten- und Arbeitslosenversicherung gehört deshalb nach § 3 Nr. 62 EStG nicht zum steuerpflichtigen Arbeitslohn. — nein / nein

Übernimmt der Arbeitgeber auch den Arbeit**nehmer**anteil am Gesamtsozialversicherungsbeitrag, so fließt dem Arbeitnehmer hierdurch steuerpflichtiger Arbeitslohn zu. Entsprechendes gilt für vom Arbeitgeber übernommene Beiträge zur freiwilligen Rentenversicherung, und zwar auch dann, wenn die späteren Leistungen aus der gesetzlichen Rentenversicherung auf die zugesagten Versorgungsbezüge des Arbeitgebers aus einer Direktzusage/Pensionszusage angerechnet werden sollen.**) — ja / ja

Die Steuerbefreiung nach § 3 Nr. 62 EStG gilt auch für solche Beitragsanteile, die aufgrund einer nach ausländischen Gesetzen bestehenden Verpflichtung an **ausländische Sozialversicherungsträger** geleistet werden, die den inländischen Sozialleistungsträgern vergleichbar sind. — nein / nein

Arbeitgeberanteile zur ausländischen Sozialversicherung sind aber nicht steuerfrei, wenn sie auf vertraglicher Grundlage und damit freiwillig erbracht werden (BFH-Urteil vom 18.5.2004, BStBl. II S. 1014). Entsprechendes gilt für Zahlungen an ausländische Versicherungsunternehmen auf vertraglicher Grundlage auch dann, wenn zur Vermeidung von Versorgungslücken für ins Ausland entsandte Arbeitnehmer besondere Pensionspläne aufgelegt werden und die Höhe der Beitragszahlungen darauf gerichtet ist, z. B. die Differenz zwischen der Versorgung nach dem deutschen Sozialversicherungsrecht und der ausländischen Zusage zur betrieblichen Altersversorgung auszugleichen (BFH-Urteil vom 28.5.2009, BStBl. II S. 857). — ja / ja

Der seit 1. Juli 2005 anfallende zusätzliche Arbeitnehmerbeitrag zur Krankenversicherung in Höhe von **0,9 %** ist vom Arbeitnehmer allein zu tragen. Übernimmt der Arbeitgeber diesen zusätzlichen Arbeitnehmerbeitrag, so fließt dem Arbeitnehmer hierdurch steuerpflichtiger Arbeitslohn zu. — ja / ja

Der Beitragszuschlag für Kinderlose in der sozialen Pflegeversicherung in Höhe von **0,25 %** ist vom Arbeitnehmer allein zu tragen. Übernimmt der Arbeitgeber diesen Beitragszuschlag, so fließt dem Arbeitnehmer hierdurch steuerpflichtiger Arbeitslohn zu. — ja / ja

Bei sog. Geringverdienern, das heißt bei Arbeitnehmern, deren Arbeitslohn 325 €***) monatlich nicht übersteigt, muss der Arbeitgeber nach § 20 Abs. 3 Satz 1 Nr. 1 SGB IV den Gesamtsozialversicherungsbeitrag allein tragen (vgl. das Stichwort „Geringverdienergrenze"). In diesem Fall übernimmt der Arbeitgeber auch den Arbeit**nehmer**anteil aufgrund einer **eigenen** gesetzlichen Verpflichtung. Diese Übernahme ist nach § 3 Nr. 62 EStG steuerfrei. — nein / nein

Beitragszuschüsse des Arbeitgebers zur freiwilligen Krankenversicherung eines Arbeitnehmers sind insoweit steuerfrei, soweit der Arbeitgeber zur Zuschussleistung gesetzlich verpflichtet ist (nach § 257 SGB V). — nein / nein

Zahlt der Arbeitgeber einen höheren Zuschuss zur freiwilligen Krankenversicherung als § 257 SGB V dies vorschreibt, so ist der Mehrbetrag steuer- und beitragspflichtig. — ja / ja

Die Steuerfreiheit von Beitragszuschüssen des Arbeitgebers zur freiwilligen Krankenversicherung ist ausführlich anhand von Beispielen beim Stichwort „Arbeitgeberzuschuss zur Krankenversicherung" erläutert.

Der Arbeitgeberanteil zur gesetzlichen Pflegeversicherung ist nach § 3 Nr. 62 EStG steuerfrei. — nein / nein

Ebenso sind Beitragszuschüsse des Arbeitgebers zu Pflegeversicherungsbeiträgen bei freiwilligen Mitgliedern der gesetzlichen Krankenversicherung und bei Privatversicherten insoweit steuerfrei, soweit der Arbeitgeber nach § 61 SGB XI zur Zuschussleistung gesetzlich verpflichtet ist. — nein / nein

Zahlt der Arbeitgeber einen höheren Zuschuss zur freiwilligen Pflegeversicherung als § 61 SGB XI dies vorschreibt, so ist der Mehrbetrag steuer- und beitragspflichtig. — ja / ja

Die Steuerfreiheit von Beitragszuschüssen des Arbeitgebers zur Pflegeversicherung ist ausführlich anhand von Beispielen beim Stichwort „Arbeitgeberzuschuss zur Pflegeversicherung" erläutert.

Das Erfordernis der „gesetzlichen Verpflichtung" ist auch dann erfüllt, wenn dem Arbeitgeber die Zahlung der Zukunftsicherungsleistungen nicht durch Gesetz sondern durch eine Rechts**verordnung** auferlegt worden ist. Die

---

*) Das Gesetz zur Verbesserung der betrieblichen Altersversorgung ist als Anhang 13 im **Steuerhandbuch für das Lohnbüro 2010** abgedruckt, das im selben Verlag erschienen ist. Das **PC-Lexikon für das Lohnbüro 2010** enthält auch dieses Handbuch und hat außerdem den Vorteil, dass Sie **alle BFH-Urteile** sowie die aktuellen Rundschreiben und Niederschriften der Spitzenverbände der **Sozialversicherung** mit Mausklick **im Volltext** abrufen und ausdrucken können. Eine Bestellkarte finden Sie vorne im Lexikon.

) BMF-Schreiben vom 13.2.2007 (BStBl. I S. 270). Das BMF-Schreiben ist als Anlage 3 zu H 19.3 im **Steuerhandbuch für das Lohnbüro 2010 abgedruckt, das im selben Verlag erschienen ist. Das **PC-Lexikon für das Lohnbüro 2010** enthält auch dieses Handbuch und hat außerdem den Vorteil, dass Sie **alle BFH-Urteile** sowie die aktuellen Rundschreiben und Niederschriften der Spitzenverbände der **Sozialversicherung** mit Mausklick **im Volltext** abrufen und ausdrucken können. Eine Bestellkarte finden Sie vorne im Lexikon.

***) Die sog. Geringverdienergrenze gilt nur für Auszubildende und Praktikanten. Sie beträgt seit 1.8.2003 monatlich 325 € (vgl. das Stichwort „Geringverdienergrenze").

Zukunftsicherung

	Lohn-steuer-pflichtig	Sozial-versich.-pflichtig

Übernahme des Arbeitnehmeranteils am Gesamtsozialversicherungsbeitrag durch den Arbeitgeber nach § 3 Abs. 3 Satz 3 der Sozialversicherungsentgeltverordnung ist deshalb steuerfrei (vgl. das Stichwort „Rabatte, Rabattfreibetrag" unter Nr. 13 Buchstabe a). — nein / nein

Zukunftsicherungsleistungen, die aufgrund einer **tarifvertraglichen** Verpflichtung geleistet werden (z. B. Beiträge zur Versorgungsanstalt des Bundes und der Länder – VBL –), sind dagegen nicht nach § 3 Nr. 62 EStG steuerfrei. Zur teilweisen Steuerfreiheit dieser Beiträge ab 2008 nach § 3 Nr. 56 EStG vgl. die Erläuterungen unter der nachfolgenden Nr. 23 und im Anhang 6 Nr. 5 Buchstabe d. Siehe hierzu auch die Erläuterungen unter dem nachstehenden Buchstaben d. — ja / ja

Ebenfalls nicht nach § 3 Nr. 62 EStG steuerfrei sind Zukunftsicherungsleistungen aufgrund arbeitsvertraglicher Verpflichtung, kraft Satzung oder aufgrund der Geschäftsbedingungen der Versorgungseinrichtung. Derartige Beiträge sind jedoch ggf. im Rahmen des § 3 Nr. 56 bzw. § 3 Nr. 63 EStG steuerfrei. Siehe hierzu die Erläuterungen unter der vorstehenden Nr. 3 und der nachfolgenden Nr. 23.

Zahlt der Arbeitgeber (z. B. im Anschluss an eine Betriebsprüfung durch den Rentenversicherungsträger) Arbeit**nehmer**beiträge zur gesetzlichen Rentenversicherung für die Vergangenheit nach, so stellt sich die Frage, ob und ggf. inwieweit steuerpflichtiger Arbeitslohn vorliegt. Früher vertrat die Finanzverwaltung die Auffassung, dass die Vorschrift des § 28 g SGB IV, die den Arbeitnehmer in bestimmten Fällen von seinem Anteil am Gesamtsozialversicherungsbeitrag befreit, keine „eigene" gesetzliche Verpflichtung des Arbeitgebers im Sinne des § 3 Nr. 62 EStG sei mit der Folge, dass die (zwangsläufig) übernommenen Arbeit**nehmer**anteile als steuerpflichtiger Arbeitslohn angesehen wurden. Dieser Auffassung hat sich der Bundesfinanzhof im Urteil vom 29. 10. 1993 (BStBl. 1994 II S. 194) nicht angeschlossen und entschieden, dass in solchen Fällen steuerpflichtiger Arbeitslohn nur dann vorliegt, wenn Arbeitgeber und Arbeitnehmer eine Nettolohnvereinbarung getroffen haben oder der Arbeitgeber zwecks Steuer- und Beitragshinterziehung die Unmöglichkeit einer späteren Rückbelastung beim Arbeitnehmer bewusst in Kauf genommen hat (vgl. hierzu die Ausführungen beim Stichwort „Haftung des Arbeitgebers" unter Nr. 9 auf Seite 382). Diese Rechtsprechung hat der Bundesfinanzhof bestätigt (BFH-Urteil vom 13.9.2007, BStBl. 2008 II S. 58). — ja / nein

In den übrigen Fällen, in denen der Arbeitgeber wegen gesetzlicher Beitragslastverschiebung Arbeitnehmeranteile am Gesamtsozialversicherungsbeitrag nachzuentrichten und zu übernehmen hat, sind diese nach § 3 Nr. 62 EStG steuerfrei. — nein / nein

b) Gleichgestellte Aufwendungen

Nach § 3 Nr. 62 Satz 2 EStG sind den Ausgaben des Arbeitgebers für die Zukunftsicherung des Arbeitnehmers, die aufgrund gesetzlicher Verpflichtung geleistet werden, folgende Zuschüsse des Arbeitgebers gleichgestellt und damit steuerfrei:

- Zuschüsse des Arbeitgebers zu den Beiträgen des Arbeitnehmers für eine **Lebensversicherung** (auch für die mit einer betrieblichen Pensionskasse abgeschlossene Lebensversicherung; vgl. „Befreiende Lebensversicherung");
- Zuschüsse des Arbeitgebers für die **freiwillige Versicherung** in der **gesetzlichen Rentenversicherung** und
- Zuschüsse des Arbeitgebers für eine öffentlich-rechtliche Versicherungs- oder **Versorgungseinrichtung der Berufsgruppe.**

Voraussetzung für die Steuerfreiheit ist stets, dass der Arbeitnehmer von der Versicherungspflicht **in der gesetzlichen Rentenversicherung** befreit worden ist. Gemeint sind somit nicht die ohnehin versicherungsfreien Arbeitsverhältnisse sondern die Fälle der Befreiung auf Antrag (vgl. z. B. § 6 Abs. 1 und Abs. 3 SGB VI). Dabei ist nicht entscheidend, ob der Arbeitnehmer auf eigenen Antrag oder auf Antrag des Arbeitgebers von der Versicherungspflicht befreit wurde (BFH-Urteil vom 20. 5. 1983 – BStBl. II S. 712 und R 3.62 Abs. 3 LStR).

Keine Zuschüsse des Arbeitgebers im Sinne des § 3 Nr. 62 Satz 2 EStG liegen demnach vor, wenn der Arbeitnehmer **nicht auf Antrag sondern kraft Gesetzes** in der gesetzlichen Rentenversicherung **versicherungsfrei** ist oder nicht der Rentenversicherungspflicht unterliegt (z. B. der Gesellschafter-Geschäftsführer einer GmbH, vgl. die Ausführungen unter dem folgenden Buchstaben c). Die Finanzverwaltung behandelt in diesem Fall die vom Arbeitgeber übernommenen Beiträge zur freiwilligen Rentenversicherung auch dann als steuerpflichtigen Arbeitslohn, wenn die späteren Leistungen aus der gesetzlichen Rentenversicherung auf die zugesagten Versorgungsbezüge des Arbeitgebers aus einer Direktzusage/Pensionszusage angerechnet werden sollen*). Maßgebend für die Steuerfreiheit der Arbeitgeberzuschüsse ist übrigens stets der gegenwärtige Versicherungsstatus des Arbeitnehmers. Die Zuschüsse sind deshalb nicht steuerfrei, wenn der Arbeitnehmer als nunmehr beherrschender Gesellschafter-Geschäftsführer kraft Gesetzes rentenversicherungsfrei geworden ist, auch wenn er sich ursprünglich auf eigenen Antrag von der Rentenversicherungspflicht hatte befreien lassen (BFH-Urteil vom 10.10.2002, BStBl. II S. 886).

Die Steuerfreiheit der Zuschüsse beschränkt sich auf den Betrag, den der Arbeitgeber als **Arbeitgeberanteil zur gesetzlichen Rentenversicherung** aufwenden hätte, wenn der Arbeitnehmer nicht von der gesetzlichen Versicherungspflicht befreit worden wäre (vgl. hierzu das Beispiel beim Stichwort „Befreiende Lebensversicherung"). Soweit der Arbeitgeber die steuerfreien Zuschüsse unmittelbar an den Arbeitnehmer auszahlt, hat dieser die zweckentsprechende Verwendung durch eine entsprechende Bescheinigung des Versicherungsunternehmens bis zum 30. April des folgenden Kalenderjahres nachzuweisen. Die Bescheinigung des Versicherungsunternehmens ist als Unterlage zum Lohnkonto aufzubewahren (ebenso wie der stets erforderliche Nachweis, dass der Arbeitnehmer auf Antrag von der Versicherungspflicht befreit wurde).

c) Besonderheiten bei Gesellschafter-Geschäftsführern einer GmbH

Gesellschafter-Geschäftsführer einer GmbH werden oft auch dann als sozialversicherungspflichtige Arbeitnehmer behandelt, wenn sie zu mehr als 50 % an der GmbH beteiligt sind. Ein versicherungspflichtiges Beschäftigungsverhältnis liegt in diesen Fällen jedoch nicht vor (vgl. das Stichwort „Gesellschafter-Geschäftsführer"). Die für einen solchen Gesellschafter-Geschäftsführer gezahlten Arbeitgeberanteile zur Sozialversicherung (dies sind Beitragszuschüsse zur Kranken- und Pflegeversicherung sowie Arbeitgeberanteile zur Arbeitslosen- und Rentenversicherung) können deshalb nicht nach § 3 Nr. 62 EStG steuerfrei gelassen werden, da sie nicht aufgrund einer gesetzlichen Verpflichtung gezahlt wurden. Gleichgestellte Aufwendungen liegen ebenfalls nicht vor. Erhält der Versicherungsträger Kenntnis davon, dass Gesellschaf-

---

*) BMF-Schreiben vom 13.2.2007 (BStBl. I S. 270). Das BMF-Schreiben ist als Anlage 3 zu H 19.3 im **Steuerhandbuch für das Lohnbüro 2010** abgedruckt, das im selben Verlag erschienen ist. Das **PC-Lexikon** für das Lohnbüro 2010 enthält auch dieses Handbuch und hat außerdem den Vorteil, dass Sie **alle BFH-Urteile** sowie die aktuellen Rundschreiben und Niederschriften der Spitzenverbände der **Sozialversicherung** mit Mausklick **im Volltext** abrufen und ausdrucken können. Eine Bestellkarte finden Sie vorne im Lexikon.

Zukunftsicherung

ter-Geschäftsführer zu Unrecht der Versicherungspflicht unterworfen und Versicherungsbeiträge für sie abgeführt worden sind, so werden die geleisteten Beiträge zurückerstattet. Die von den Sozialversicherungsträgern hierzu getroffenen Entscheidungen sind von der Finanzverwaltung grundsätzlich zu beachten (BFH-Urteil vom 6.6.2002, BStBl. 2003 II S. 34).

Beispiel

Der Gesellschafter-Geschäftsführer einer GmbH ist (zu Unrecht) als sozialversicherungspflichtiger Arbeitnehmer behandelt worden. Deshalb wurde für ihn ein Gesamtsozialversicherungsbeitrag an die Krankenkasse abgeführt und der Arbeitgeberanteil am Gesamtsozialversicherungsbeitrag nach § 3 Nr. 62 EStG steuerfrei gelassen. Nachdem die Krankenkasse Kenntnis von dieser Behandlung erhalten hat, verneint sie die Versicherungspflicht und erstattet die Beiträge zur Renten- und Arbeitslosenversicherung (Kranken- und Pflegeversicherungsbeiträge werden regelmäßig im Gegensatz zu Renten- und Arbeitslosenversicherungsbeiträgen nicht erstattet). Die Erstattung der bereits versteuerten **Arbeitnehmer**anteile ist lohnsteuerlich ohne Bedeutung (allerdings sind gleichartige Sonderausgaben, die der Arbeitnehmer im Kalenderjahr der Erstattung entrichtet und in seiner Steuererklärung geltend macht, um die erstatteten Beträge zu kürzen, vgl. Anhang 8a). Hinsichtlich des **Arbeitgeber**anteils fließt steuerfrei gezahlter Arbeitslohn an den Arbeitgeber zurück; auch dieser Vorgang bleibt ohne lohnsteuerliche Auswirkung. Werden die dem Arbeitgeber erstatteten **Arbeitgeber**anteile von diesem an den Arbeitnehmer weitergegeben, so wird es sich im Regelfall um eine verdeckte Gewinnausschüttung handeln*).

Wird auf die Rückzahlung der Arbeit**geber**beiträge zur gesetzlichen Rentenversicherung verzichtet und werden diese Beiträge für eine freiwillige Versicherung des Arbeitnehmers in der gesetzlichen Rentenversicherung verwendet (Umwandlung), ist zu entscheiden, ob es sich um eine verdeckte Gewinnausschüttung oder um steuerpflichtigen Arbeitslohn handelt. Ist steuerpflichtiger Arbeitslohn gegeben, liegt Zufluss von steuerpflichtigem Arbeitslohn in vollem Umfang erst im Jahr der Umwandlung vor (Urteil des Finanzgerichts Rheinland-Pfalz vom 13.9.2007 1 K 2180/06). Die Finanzverwaltung folgt dieser Rechtsprechung und hat ihre frühere gegenteilige Auffassung aufgegeben**). Regelmäßig wird es sich um Arbeitslohn für mehrere Jahre handeln, für den die Besteuerung nach der sog. Fünftelregelung (vgl. dieses Stichwort) in Betracht kommt.

Auf das Beispiel einer vollständigen Lohnabrechnung bei einem Gesellschafter-Geschäftsführer einer GmbH beim Stichwort „Gesellschafter-Geschäftsführer" unter Nr. 7 auf Seite 362 wird Bezug genommen.

d) Vorrang der Steuerbefreiungsvorschriften für betriebliche Altersversorgung

Es sind bei sog. Zusatzversorgungen Fallgestaltungen aufgetreten, wo für Beiträge des Arbeitgebers zur Zukunftssicherung seiner Arbeitnehmer **sowohl** die Steuerbefreiung für betriebliche Altersversorgung (**§ 3 Nr. 63 EStG**) **als auch** aufgrund gesetzlicher Verpflichtung (**§ 3 Nr. 62 EStG**) in Betracht kommt (vgl. z. B. BFH-Urteil vom 13.9.2007, BStBl. 2008 II S. 394 zu einem für allgemeinverbindlich erklärten Tarifvertrag). Im Hinblick auf die unterschiedliche Besteuerung der späteren Versorgungsleistungen ist durch das Jahressteuergesetz 2009 folgende Rangfolge festgelegt worden:

Bei der sog. **Basisversorgung** (insbesondere Beiträge des Arbeitgebers zur gesetzlichen Rentenversicherung) erfolgt eine Steuerfreistellung der Beiträge aufgrund einer gesetzlichen Verpflichtung nach **§ 3 Nr. 62 EStG**. Die späteren **Versorgungsleistungen** unterliegen der Besteuerung mit dem sog. **Besteuerungsanteil** (vgl. auch die Erläuterungen beim Stichwort „Renten").

Der Aufbau einer **Zusatzversorgung** in Form der betrieblichen Altersversorgung wird dagegen durch eine Steuerfreistellung nach **§ 3 Nr. 63 EStG** staatlich gefördert. Die späteren **Versorgungsleistungen** sind insoweit **in voller Höhe steuerpflichtig**.

Die Steuerbefreiungsvorschrift für betriebliche Altersversorgung nach **§ 3 Nr. 63 EStG** – Entsprechendes gilt für die neue Steuerbefreiungsvorschrift für umlagefinanzierte Versorgungseinrichtungen nach § 3 Nr. 56 EStG – **geht** daher dem Grunde nach der Steuerbefreiungsvorschrift für Zukunftssicherungsleistungen aufgrund gesetzlicher Verpflichtungen nach **§ 3 Nr. 62 EStG vor**. Die Inanspruchnahme der Steuerbefreiungsvorschrift für Zukunftssicherungsleistungen aufgrund gesetzlicher Verpflichtung nach § 3 Nr. 62 EStG ist bei Vorliegen entsprechender Fallgestaltungen selbst dann ausgeschlossen, wenn die steuerfreien Höchstbeträge für eine betriebliche Altersversorgung nach §§ 3 Nr. 56, 63 EStG anderweitig ausgeschöpft sind.

6. Steuerpflichtige Zukunftsicherungsleistungen

Zukunftsicherungsleistungen, die die Voraussetzungen für eine Steuerfreiheit nach § 3 Nr. 56, 62, 63 oder 66 EStG (vgl. die Erläuterungen unter den vorstehenden Nrn. 3 und 5) nicht erfüllen, gehören zum steuerpflichtigen Arbeitslohn. In bestimmten Fällen ist eine Pauschalierung der Lohnsteuer mit 20 % möglich. Hiernach ergibt sich für die Berechnung der Lohnsteuer bei steuerpflichtigen Zukunftssicherungsleistungen folgendes Schema:

Steuerpflicht

Lohnsteuerabzug
nach den allgemein geltenden Vorschriften

Pauschalierung
mit **20 %** für Aufwendungen zu einer
- **Direktversicherung**, wenn die Versorgungszusage bis zum 31.12.2004 erteilt wurde,
- **kapitalgedeckten Pensionskasse,** wenn die Versorgungszusage bis zum 31.12.2004 erteilt wurde
- **nicht kapitalgedeckten Pensionskasse** (soweit nicht steuerfrei)
- **Gruppenunfallversicherung**

Eine Pauschalierung der Lohnsteuer mit 20 % löst unter bestimmten Voraussetzungen Beitragsfreiheit in der Sozialversicherung aus. Als steuerpflichtige Zukunftsicherungsleistungen kommen insbesondere in Betracht:

	Lohnsteuer-pflichtig	Sozialversich.-pflichtig
– Übernahme der Arbeit**nehmer**anteile am Gesamtsozialversicherungsbeitrag.	ja	ja
– Arbeitgeberzuschüsse zur freiwilligen Krankenversicherung und zur Pflegeversicherung, soweit die Zuschüsse **über** die **gesetzliche Verpflichtung** zur Zuschussleistung **hinausgehen.**	ja	ja
– Beiträge zu Direktversicherungen, soweit sie **4 %** der Beitragsbemessungsgrenze in der allgemeinen Rentenversicherung (West) **übersteigen.**	ja	ja***

---

*) Verfügung der OFD Magdeburg vom 1.8.2001. Die Verfügung ist als Anlage 1 zu H 3.62 LStR im **Steuerhandbuch für das Lohnbüro 2010** abgedruckt, das im selben Verlag erschienen ist. Das **PC-Lexikon** für das Lohnbüro 2010 enthält auch dieses Handbuch und hat außerdem den Vorteil, dass Sie **alle BFH-Urteile** sowie die aktuellen Rundschreiben und Niederschriften der Spitzenverbände der **Sozialversicherung** mit Mausklick **im Volltext** abrufen und ausdrucken können. Eine Bestellkarte finden Sie vorne im Lexikon.

) Verfügung der OFD Karlsruhe vom 19.12.2008. Die Verfügung ist als Anlage 2 zu H 3.62 LStR im **Steuerhandbuch für das Lohnbüro 2010 abgedruckt, das im selben Verlag erschienen ist. Das **PC-Lexikon** für das Lohnbüro 2010 enthält auch dieses Handbuch und hat außerdem den Vorteil, dass Sie **alle BFH-Urteile** sowie die aktuellen Rundschreiben und Niederschriften der Spitzenverbände der **Sozialversicherung** mit Mausklick **im Volltext** abrufen und ausdrucken können. Eine Bestellkarte finden Sie vorne im Lexikon.

***) Diese Beiträge zu Pensionskassen oder Direktversicherungen sind zwar steuer- und damit auch beitragspflichtiges Arbeitsentgelt; der Arbeitgeber hat jedoch bei Altzusagen, das heißt bei Zusagen, die bis zum 31.12.2004 erteilt wurden, die Möglichkeit der Lohnsteuerpauschalierung nach § 40b EStG alter Fassung. Pauschaliert der Arbeitgeber die Lohnsteuer mit 20 %, so löst dies Beitragsfreiheit in der Sozialversicherung aus, wenn die Zukunftssicherungsleistungen zusätzlich zum laufenden Arbeitslohn erbracht oder soweit sie aus Einmalzahlungen finanziert werden (vgl. nachfolgend unter Nr. 22).

Zukunftsicherung

	Lohn-steuer-pflichtig	Sozial-versich.-pflichtig
– Beiträge zu kapitalgedeckten Pensionskassen, soweit sie 4 % der Beitragsbemessungsgrenze in der allgemeinen Rentenversicherung (West) übersteigen.	ja	ja*)
– Beiträge zu Pensionsfonds, soweit sie 4 % der Beitragsbemessungsgrenze in der allgemeinen Rentenversicherung (West) übersteigen.	ja	ja
– Beiträge zu Unfallversicherungen.	ja	ja**)

Steuerpflichtige Aufwendungen des Arbeitgebers für die Zukunftsicherung seiner Arbeitnehmer sind also unter Anwendung der für andere Lohnzahlungen geltenden allgemeinen Grundsätze entweder als **laufender Arbeitslohn** oder als sonstiger Bezug zu besteuern, soweit nicht eine Pauschalierung der Lohnsteuer mit 20 % nach den folgenden Ausführungen in Betracht kommt. Als laufende Bezüge sind sie mit dem Arbeitslohn für den jeweiligen Lohnzahlungszeitraum zusammenzurechnen. Werden sie als **sonstige Bezüge** behandelt, so ist die Besteuerung nach dem unter dem Stichwort „Sonstige Bezüge" dargestellten Verfahren unter Anwendung der Jahreslohnsteuertabelle durchzuführen.

Die als laufender Arbeitslohn oder als sonstiger Bezug versteuerten Zukunftsicherungsleistungen kann der Arbeitnehmer als **Sonderausgaben** in seiner Steuererklärung geltend machen, wenn die Beitragsleistungen eine der in § 10 Abs. 1 Nr. 2 und Nr. 3 Buchstabe a EStG aufgeführten Versicherungen betreffen (= z. B. Beiträge zur Sozialversicherung, Unfall- und Haftpflichtversicherungen, bestimmte Lebensversicherungen usw.). Der Sonderausgabenabzug von Versicherungsbeiträgen ist ausführlich in Anhang 8a erläutert. Werden die Zukunftsicherungsleistungen dagegen **pauschal** mit 20 % versteuert, ist ein **Sonderausgabenabzug nicht möglich**.

7. Pauschalierung der Lohnsteuer für Beiträge zu Gruppenunfallversicherungen mit 20 %

Handelt es sich bei vom Arbeitgeber abgeschlossenen Unfallversicherungen seiner Arbeitnehmer um Versicherungen für fremde Rechnung (§ 179 Abs. 1 i.V.m. §§ 43 bis 48 Versicherungsvertragsgesetz), bei denen die Ausübung der **Rechte** aus dem Versicherungsvertrag **ausschließlich** dem **Arbeitgeber** zusteht, so stellen die Beiträge im Zeitpunkt der Zahlung durch den Arbeitgeber **keinen Arbeitslohn** dar. | nein | nein

Dagegen gehören die Beiträge als Zukunftsicherungsleistungen zum **Arbeitslohn, wenn der Arbeitnehmer den Versicherungsanspruch unmittelbar gegenüber dem Versicherungsunternehmen geltend machen kann.** Davon ist auch auszugehen, wenn zwar der Anspruch durch den Arbeitgeber geltend gemacht werden kann, vertraglich nach den Unfallversicherungsbedingungen jedoch vorgesehen ist, dass der Versicherer die Versicherungsleistung in jedem Fall an den Arbeitnehmer auszahlt. Das gilt unabhängig davon, ob es sich um eine Einzelunfallversicherung oder eine Gruppenunfallversicherung handelt; Beiträge zu Gruppenunfallversicherungen sind ggf. nach der Zahl der versicherten Arbeitnehmer auf diese aufzuteilen. Steuerfrei sind Beiträge oder Beitragsteile, die das Unfallrisiko bei einer beruflichen Tätigkeit außerhalb einer ortsgebundenen regelmäßigen Arbeitsstätte abdecken (= vorübergehende Auswärtstätigkeit) und die deshalb zu den steuerfreien Reisekostenvergütungen gehören. Zur Aufteilung des Beitrags in einen steuerfreien und einen steuerpflichtigen Anteil bei Gruppenunfallversicherungen, die sowohl das berufliche als auch das private Risiko abdecken, vgl. das Stichwort „Unfallversicherung".

Sind die Beiträge zu einer Unfallversicherung steuerpflichtiger Arbeitslohn, so unterliegen sie dem Lohnsteuerabzug nach den allgemeinen Grundsätzen, wenn nicht eine Pauschalierung der Lohnsteuer mit 20 % in Betracht kommt. Nach § 40 b Abs. 3 EStG ist eine Pauschalierung der Lohnsteuer mit **20 %** nur dann möglich, wenn **mehrere Arbeitnehmer gemeinsam** in einem Unfallversicherungsvertrag versichert sind (zwei Arbeitnehmer sind bereits „mehrere" Arbeitnehmer im Sinne dieser Vorschrift). Ein gemeinsamer Unfallversicherungsvertrag liegt neben einer Gruppenversicherung auch vor, wenn in einem **Rahmenvertrag** mit einem oder mehreren Versicherern sowohl die versicherten Personen als auch die versicherten Wagnisse bezeichnet werden und die Einzelheiten in Zusatzvereinbarungen geregelt werden. Ein Rahmenvertrag der aber z. B. nur den Beitragseinzug und die Beitragsabrechnung regelt, stellt keine gemeinsame Unfallversicherung dar.

Zusätzlich zur pauschalen Lohnsteuer muss der Arbeitgeber den **Solidaritätszuschlag** an das Finanzamt abführen. Der Solidaritätszuschlag beträgt **5,5 %** der pauschalen Lohnsteuer. Außerdem fällt **pauschale Kirchensteuer** an.

Die Pauschalierungsmöglichkeit ist auf einen Höchstbetrag von **62 € jährlich** je Arbeitnehmer begrenzt. Der auf den einzelnen Arbeitnehmer entfallende Anteil am Gesamtbeitrag ist durch Aufteilung des Gesamtbeitrags nach der Zahl der begünstigten Arbeitnehmer zu ermitteln (= Aufteilung nach Köpfen). Bei der Berechnung dieses Durchschnittsbetrags bleibt **die Versicherungssteuer außer Betracht** (dies gilt nur für die Berechnung des Durchschnittsbetrags; die pauschale Lohnsteuer errechnet sich stets aus dem vollen Beitragsaufwand, also einschließlich der Versicherungssteuer). Wenn die 62-Euro-Grenze überschritten ist, entfällt die Pauschalierungsmöglichkeit völlig **(Freigrenze!)**. Der Arbeitgeber muss in diesem Fall den auf jeden einzelnen begünstigten Arbeitnehmer entfallenden Anteil bei diesem Arbeitnehmer individuell als sonstiger Bezug unter Anwendung der Jahrestabelle besteuern. Eine Pauschalierung mit einem besonders ermittelten Pauschsteuersatz nach § 40 Abs. 1 Nr. 1 EStG ist **nicht** möglich***).

Beispiel A

Der Beitrag für zwei gemeinsam in einem Gruppenunfallversicherungsvertrag versicherte Arbeitnehmer beträgt jährlich 147,56 € (124,— € + 19 % Versicherungssteuer = 23,56 €). Nachdem auf einen Arbeitnehmer ein Teilbetrag von 62 € (ohne Versicherungssteuer!) entfällt, ist der gesamte Beitrag pauschalierungsfähig.

pauschale Lohnsteuer (20 % von 147,56 €)	=	29,51 €
Solidaritätszuschlag (5,5 % von 29,51 €)	=	1,62 €
pauschale Kirchensteuer (z. B. 7 % von 29,51 €)	=	2,06 €
insgesamt		33,19 €

Im Falle einer Pauschalierung der Lohnsteuer ist der Betrag von 147,56 € auch beitragsfrei in der Sozialversicherung (§ 1 Abs. 1 Nr. 4 Sozialversicherungsentgeltverordnung). Die **Beitragsfreiheit** (nicht jedoch die Pauschalierung) setzt voraus, dass der Arbeitgeber die Prämien zusätzlich zum ohnehin vereinbarten Arbeitslohn zahlt. § 1 Abs. 1 Nr. 4 SvEV i. V. m. § 1 Abs. 2 Nr. 3 BetrAVG steht dem nicht entgegen, da es hier nicht um eine Entgeltumwandlung zugunsten von Versorgungsleistungen geht.

Beispiel B

Der Beitrag im Beispiel A beträgt nicht 124 € sondern 125 € (zuzüglich 19 % Versicherungssteuer). Nachdem auf einen Arbeitnehmer ein Teilbetrag von 62,50 € entfällt, ist eine Pauschalierung der Lohnsteuer durch den Arbeitgeber **nicht** möglich. Der auf den einzelnen begünstigten Arbeitnehmer entfallende Teilbetrag von 62,50 € zuzüglich 19 % Versicherungssteuer (62,50 € + 11,87 € = 74,37 €) ist als sonstiger Bezug nach der Jahrestabelle zu versteuern. Außerdem ist der auf den einzelnen Arbeitnehmer entfallende Teilbetrag von 74,37 € beitragspflichtig in der Sozialversicherung.

---

*) Diese Beiträge zu Pensionskassen oder Direktversicherungen sind zwar steuer- und damit nicht beitragspflichtiges Arbeitsentgelt; der Arbeitgeber hat jedoch bei Altzusagen, das heißt bei Zusagen, die bis zum 31.12.2004 erteilt wurden, die Möglichkeit der Lohnsteuerpauschalierung nach § 40 b EStG alter Fassung. Pauschaliert der Arbeitgeber die Lohnsteuer mit 20 %, so löst dies Beitragsfreiheit in der Sozialversicherung aus, wenn die Zukunftsicherungsleistungen zusätzlich zum laufenden Arbeitslohn erbracht oder soweit sie aus Einmalzahlungen finanziert werden (vgl. nachfolgend unter Nr. 22).

**) Die Beiträge zu einer Unfallversicherung sind zwar steuer- und damit auch beitragspflichtiges Arbeitsentgelt; der Arbeitgeber hat jedoch die Möglichkeit der Lohnsteuerpauschalierung nach § 40 b Abs. 3 EStG. Pauschaliert der Arbeitgeber die Lohnsteuer mit 20 %, so löst dies Beitragsfreiheit in der Sozialversicherung aus, wenn die Zukunftsicherungsleistungen zusätzlich zum laufenden Arbeitslohn erbracht werden.

***) § 40 b Abs. 5 Satz 2 EStG.

Zukunftsicherung

Hat ein Arbeitgeber für seine Arbeitnehmer eine Gruppenunfallversicherung abgeschlossen, wobei ein Teil der Arbeitnehmer ohne Namensnennung und der andere Teil der Arbeitnehmer mit Namen aufgeführt ist, so schließt dies die Pauschalierung der Lohnsteuer dann nicht aus, wenn sichergestellt ist, dass die Gruppe von Arbeitnehmern, deren Namen im Versicherungsvertrag nicht genannt sind, tatsächlich unter diesen Gruppenunfallschutz fallen und der Pro-Kopf-Anteil die Freigrenze von 62 € nicht übersteigt.

Sind in einem Gruppenunfallversicherungsvertrag mehrere Arbeitnehmer gemeinsam mit unterschiedlich hohen Unfallrisiken und damit unterschiedlich hohen Beiträgen versichert, so ist es nicht zulässig, die Beiträge für diejenigen Arbeitnehmer, für die aufgrund des höheren Unfallrisikos höhere Beiträge geleistet werden, aus dem gesamten Beitrag herauszunehmen, um zu erreichen, dass sich bei der Verteilung des restlichen Beitrags kein Teilbetrag ergibt, der die 62-Euro-Freigrenze im Kalenderjahr überschreitet. Will der Arbeitgeber mehrere Arbeitnehmer in einer Gruppenunfallversicherung gemeinsam versichern und sind die Unfallrisiken der einzelnen begünstigten Arbeitnehmer und damit die einzelnen Beiträge unterschiedlich hoch, dann sollte der Arbeitgeber zwei **getrennte Gruppenunfallversicherungen** abschließen, damit nicht die Einbeziehung anderer Arbeitnehmer, für die erheblich höhere Beiträge zu entrichten sind, dazu führt, dass die Freigrenze von 62 € überschritten wird und demzufolge die Pauschalierung der Lohnsteuer insgesamt nicht möglich ist.

Bei konzernumfassenden Gruppenunfallversicherungen gilt Folgendes: Hat eine Konzernobergesellschaft eine konzernübergreifende Gruppenunfallversicherung abgeschlossen, muss gleichwohl **die einzelne Konzerngesellschaft** als Arbeitgeber gesondert die Durchschnittsberechnung durchführen, das heißt, jede einzelne Konzerngesellschaft muss durch Aufteilung ihres Beitrags auf die Zahl ihrer begünstigten Arbeitnehmer einen eigenen Durchschnittsbeitrag ermitteln. Es ist nicht zulässig, den auf die einzelnen Arbeitnehmer entfallenden Beitrag durch Aufteilung des Konzernbeitrags auf alle Arbeitnehmer des Konzerns zu ermitteln (R 40b.2 Satz 2 LStR).

8. Steuerfreiheit nach § 3 Nr. 63 EStG oder Pauschalierung der Lohnsteuer für Beiträge zu einer Pensionskasse mit 20 %

Der Begriff der Pensionskasse ist in § 1b Abs. 3 Satz 1 des Betriebsrentengesetzes*) definiert. Hiernach ist eine Pensionskasse eine **rechtsfähige** Versorgungseinrichtung, die den Leistungsberechtigten oder dem Hinterbliebenen auf ihre Versorgungsleistungen einen **Rechtsanspruch** gewährt. Wegen dieses Rechtsanspruchs gehören die Zuwendungen an die Pensionskasse zum gegenwärtig zufließenden Arbeitslohn des Arbeitnehmers. Dieser Arbeitslohn ist nach § 3 Nr. 63 EStG bis zu 4 % der Beitragsbemessungsgrenze in der allgemeinen Rentenversicherung (West) steuerfrei. Im Kalenderjahr 2010 sind hiernach 4 % von 66 000 € = **2640 €** jährlich oder 220 € monatlich steuerfrei. Diese Steuerfreiheit löst auch Sozialversicherungsfreiheit aus.

Für Neuzusagen ab 1.1.2005 erhöht sich der steuerfreie Betrag von 2640 € um weitere **1800 €** jährlich. Dieser Erhöhungsbetrag ist allerdings sozialversicherungspflichtig. In der Auszahlungsphase sind die Zahlungen aus der Pensionskasse, soweit sie auf steuerfreien Beitragsleistungen beruhen, **in voller Höhe** (nicht nur mit dem Ertragsanteil) als sonstige Einkünfte steuerpflichtig (nachgelagerte Besteuerung nach § 22 Nr. 5 Satz 1 EStG). Die Steuerfreiheit der Beiträge zu einer Pensionskasse nach § 3 Nr. 63 EStG ist ausführlich in Anhang 6 unter Nr. 5 erläutert.

Die früher bestehende Möglichkeit der **Lohnsteuerpauschalierung mit 20 %** für Beiträge des Arbeitgebers zu einer Pensionskasse bleibt auch weiterhin bestehen, und zwar zum einen für die durch eine Umlage finanzierten Beiträge zu einer Pensionskasse (sog. nicht kapitalgedeckte Pensionskasse) und zum anderen für sog. **Altfälle,** das heißt für Beiträge die der Arbeitgeber an die Pensionskasse aufgrund einer Versorgungszusage leistet, die vor dem 1.1.2005 erteilt wurde.

Werden die Beiträge zu einer Pensionskasse in der Ansparphase pauschal mit 20 % versteuert, sind die Zahlungen aus der Pensionskasse in der Auszahlungsphase insoweit beim Arbeitnehmer lediglich mit einem sehr geringen Ertragsanteil als sonstige Einkünfte nach § 22 Nr. 5 Satz 2 Buchstabe a i. V. m. Nr. 1 Satz 3 Buchst. a EStG steuerpflichtig (vgl. die Erläuterungen beim Stichwort „Renten"). Die weitergeltende Möglichkeit der Lohnsteuerpauschalierung mit 20 % ist unter den nachfolgenden Nummern 10 bis 21 ausführlich erläutert. Diese Erläuterungen gelten auch für Beiträge zu Pensionskassen, wenn es sich um sog. Altfälle handelt.

Werden Beiträge zu einer Pensionskasse in der Ansparphase individuell nach Lohnsteuerkarte versteuert, nimmt der Arbeitnehmer insoweit an der Förderung der privaten Altersvorsorge durch die sog. Altersvorsorgezulage oder den zusätzlichen Sonderausgabenabzug („Riester-Rente") teil. In diesem Fall sind die Zahlungen aus der Pensionskasse in der Auszahlungsphase insoweit in voller Höhe (nicht nur mit dem Ertragsanteil) als sonstige Einkünfte steuerpflichtig (§ 22 Nr. 5 Satz 1 EStG). Die Förderung der privaten Altersvorsorge durch eine Altersvorsorgezulage oder den Sonderausgabenabzug ist in Anhang 6a erläutert.

9. Steuerfreiheit nach § 3 Nr. 63 EStG oder Pauschalierung der Lohnsteuer für Beiträge zu einer Direktversicherung

a) Allgemeines

Bei einer Direktversicherung schließt der Arbeitgeber zugunsten des Arbeitnehmers bei einem Versicherungsunternehmen eine Lebensversicherung auf das Leben des begünstigten Arbeitnehmers ab. Der Begünstigte oder seine Hinterbliebenen sind aus dieser Lebensversicherung ganz oder teilweise bezugsberechtigt.

Die Versicherungsbeiträge des Arbeitgebers stellen gegenwärtig zufließenden **Arbeitslohn** des Arbeitnehmers dar, weil dieser bzw. seine Hinterbliebenen einen **Rechtsanspruch** gegenüber der Versicherung auf die Versicherungsleistungen haben. Beiträge zu einer Direktversicherung waren früher dadurch steuerlich begünstigt, dass der Arbeitgeber die Lohnsteuer für Direktversicherungsbeiträge bis zu 1752 € jährlich (in Ausnahmefällen bis zu 2148 € jährlich) mit einem Steuersatz von 20 % pauschal versteuern konnte (§ 40 b EStG in der am 31.12.2004 geltenden Fassung).

Seit 1.1.2005 sind die Beiträge zu einer Direktversicherung in die Steuerbefreiungsvorschrift des § 3 Nr. 63 EStG mit einbezogen worden. Damit sind die Beiträge zu einer Direktversicherung ebenso wie die Beiträge zu einer Pensionskasse oder einem Pensionsfonds seit 1.1.2005 bis zu 4 % der Beitragsbemessungsgrenze in der allgemeinen Rentenversicherung (West) steuerfrei und damit auch beitragsfrei in der Sozialversicherung. Im Kalenderjahr 2010 sind hiernach 4 % von 66 000 € = **2640 €** jährlich oder 220 € monatlich steuer- und beitragsfrei. — nein nein

---

*) Das Betriebsrentengesetz ist als Anhang 13 im **Steuerhandbuch für das Lohnbüro 2010** abgedruckt, das im selben Verlag erschienen ist. Das **PC-Lexikon** für das Lohnbüro 2010 enthält auch dieses Handbuch und hat außerdem den Vorteil, dass Sie **alle BFH-Urteile** sowie die aktuellen Rundschreiben und Niederschriften der Spitzenverbände der **Sozialversicherung** mit Mausklick **im Volltext** abrufen und ausdrucken können. Eine Bestellkarte finden Sie vorne im Lexikon.

Zukunftsicherung

	Lohn-steuer-pflichtig	Sozial-versich.-pflichtig

Gleichzeitig wurde die Pauschalierung der Lohnsteuer mit 20 % für alle nach dem 31. 12. 2004 abgeschlossenen Direktversicherungsverträge aufgrund von nach diesem Zeitpunkt erteilter Versorgungszusagen abgeschafft. Zum Ausgleich für den Wegfall der Pauschalierungsmöglichkeit mit 20 % ist für Neuverträge, die ab 1. 1. 2005 abgeschlossen werden, der steuerfreie Betrag von 4 % der Beitragsbemessungsgrenze in der allgemeinen Rentenversicherung um weitere **1800 €** jährlich aufgestockt worden. Diese Steuerfreiheit löst allerdings keine Beitragsfreiheit in der Sozialversicherung aus, das heißt, der seit 1. 1. 2005 geltende Steuerfreibetrag von 1800 € jährlich ist beitragspflichtig in der Sozialversicherung.   nein   ja

Ebenfalls seit 1. 1. 2005 wurden die Voraussetzungen für die Steuerfreiheit nach § 3 Nr. 63 EStG geändert. Denn um die Voraussetzung für die seit 1. 1. 2005 geltende Steuerfreiheit für Direktversicherungsbeiträge zu erfüllen, muss die Lebensversicherung Leistungen für die Alters-, Invaliditäts- oder Hinterbliebenenversorgung **in Form einer lebenslänglichen Rente** oder Ratenzahlungen im Rahmen eines Auszahlungsplans mit anschließender Teilkapitalverrentung ab dem 85. Lebensjahr vorsehen. Beiträge zu Direktversicherungen, die nur eine einmalige Kapitalauszahlung vorsehen sind seit 1. 1. 2005 voll steuerpflichtig. Die Lohnsteuer kann für Neuverträge nicht mehr mit 20 % pauschal versteuert werden.

Für Direktversicherungen bedeutet dies, dass nur ein Teil der am 31. 12. 2004 bestehenden Direktversicherungsverträge die Voraussetzungen für die neue Steuerbefreiung in Höhe von 4 % der Beitragsbemessungsgrenze in der allgemeinen Rentenversicherung (West) erfüllte. Für am 31.12.2004 bereits bestehende Direktversicherungsverträge (sog. Altfälle), die die Kriterien der neuen Steuerbefreiungsvorschrift nicht erfüllen, ist deshalb aus Gründen des Vertrauensschutzes die bisher geltende und in § 40 b EStG geregelte Möglichkeit der **Lohnsteuerpauschalierung mit 20 % in vollem Umfang erhalten geblieben.**

Aber auch für am 31.12.2004 bereits bestehende Direktversicherungsverträge, die die Kriterien der neuen Steuerbefreiungsvorschrift erfüllen, ist die bisher geltende Möglichkeit der Lohnsteuerpauschalierung mit 20 % in vollem Umfang erhalten geblieben, und zwar dann, wenn der Arbeitnehmer gegenüber dem Arbeitgeber den **Verzicht auf die Steuerfreiheit** nach § 3 Nr. 63 EStG erklärt hat. Der Verzicht auf die Steuerfreiheit hat zur Folge, dass die Beiträge zu der Direktversicherung zwar wie bisher mit 20 % pauschal versteuert werden, die Rentenzahlungen aus der Versicherung später aber nur mit einem sehr geringen Ertragsanteil als steuerpflichtige Einnahmen gelten und Kapitalauszahlungen ggf. ganz steuerfrei bleiben. Wird hingegen die Steuerfreiheit für die Direktversicherungsbeiträge nach § 3 Nr. 63 EStG in Anspruch genommen, so hat dies insoweit automatisch eine Versteuerung der späteren Versicherungsleistungen **in voller Höhe** zur Folge, und zwar ohne Rücksicht darauf, ob es sich um laufende Rentenzahlungen oder Kapitalauszahlungen handelt.

Beiträge zu einer vor dem 1. 1. 2005 abgeschlossenen Direktversicherung (sog. Altfälle) können also wie bisher pauschal mit 20 % versteuert werden, und zwar entweder weil die Voraussetzungen für die neue Steuerbefreiungsvorschrift nicht vorliegen (einmalige Kapitalauszahlung), oder weil weiterhin die Pauschalierung mit 20 % gewählt wurde, um der vollen nachgelagerten Besteuerung der späteren Auszahlungen zu entgehen. Die Pauschalierung der Lohnsteuer mit 20 % wird deshalb auch weiterhin bei Direktversicherungen zur Anwendung kommen. Die weitergeltenden Regelungen sind unter den nachfolgenden Nummern 10 bis 21 im Einzelnen erläutert.

b) Zahlung einer lebenslangen Rente als Voraussetzung für die Steuerfreiheit nach § 3 Nr. 63 EStG

Wichtigste Voraussetzung für die Inanspruchnahme der seit 1. 1. 2005 geltenden Steuerbefreiung nach § 3 Nr. 63 EStG für Beiträge zu einer Direktversicherung ist also, dass die Auszahlung der späteren Versicherungsleistung in Form einer laufenden **lebenslangen Altersrente** (oder in Form von Ratenzahlungen im Rahmen eines sog. Auszahlungsplans mit anschließender Teilkapitalverrentung ab dem 85. Lebensjahr nach § 1 Abs. 1 Nr. 4 Altersvorsorgeverträge-Zertifizierungsgesetz*)) erfolgen muss. Die Voraussetzungen für die Steuerfreiheit der Beiträge für eine Direktversicherung liegen demnach nicht vor, wenn die Versorgungsleistungen als einmalige Kapitalzahlung erbracht werden. Allerdings ist zu beachten, dass die Steuerfreiheit der Beiträge nicht schon deshalb ausgeschlossen ist, weil nach den vertraglichen Vereinbarungen die Möglichkeit besteht, anstelle lebenslanger Versorgungsleistungen eine Kapitalauszahlung zu wählen. Ein **Wahlrecht** zwischen Rentenzahlung und Kapitalauszahlung ist also für die Steuerfreistellung der Beiträge **unschädlich.**

Für die ab 1. 1. 2005 geltende steuerliche Behandlung der am 31. 12. 2004 (unter Umständen bereits seit Jahren bestehende) Direktversicherungen sind hiernach folgende drei Fälle zu unterscheiden:

1. Fall

Eine am 31. 12. 2004 bestehende Direktversicherung, sieht **nur eine Kapitalauszahlung** vor.

Die Beiträge können – wie früher – auch weiterhin bis zu 1752 € mit 20 % pauschal versteuert werden. Die Voraussetzungen für eine Steuerfreiheit der Beiträge nach § 3 Nr. 63 EStG sind nicht erfüllt, da keine lebenslange Versorgung gewährleistet ist. Die Kapitalauszahlung ist in vollem Umfang steuerfrei, wenn die Auszahlung nach Ablauf von zwölf Jahren seit dem Vertragsabschluss erfolgt, weil in diesem Fall auch die in der Kapitalauszahlung enthaltenen Zinsen steuerfrei sind. Anderenfalls, das heißt bei einer Laufzeit von weniger als 12 Jahren, gehören die (außer-)rechnungsmäßigen Zinsen zu den Einnahmen bei den sonstigen Einkünften (§ 22 Nr. 5 Satz 2 Buchstabe b EStG). Die Zinsen unterliegen nicht der Abgeltungsteuer, da es sich um sonstige Einkünfte handelt.

2. Fall

Eine am 31. 12. 2004 bestehende Direktversicherung sieht **nur eine Rentenzahlung** vor.

Die Beiträge für eine solche Direktversicherung sind seit 1. 1. 2005 nach § 3 Nr. 63 EStG bis zu 4 % der Beitragsbemessungsgrenze in der allgemeinen Rentenversicherung (West) steuerfrei. Die späteren Auszahlungen führen – soweit sie auf den steuerfreien Beitragszahlungen beruhen – zu voll steuerpflichtigen sonstigen Einkünften (§ 22 Nr. 5 Sätze 1 und 2 EStG). Da die Rentenzahlungen zum Teil auf pauschal mit 20 % versteuerten und zum Teil auf steuerfreien Beiträgen beruhen, muss das Versicherungsunternehmen eine Aufteilung der späteren Auszahlungen (volle Steuerpflicht bzw. Steuerpflicht nur mit dem Ertragsanteil) vornehmen (§ 22 Nr. 5 Satz 7 EStG).

Der Arbeitnehmer konnte gegenüber seinem Arbeitgeber auf die Steuerfreiheit der Beiträge **ausdrücklich verzichten.** Die Beiträge werden dann – wie bisher – bis zu

---

*) Das Altersvorsorgeverträge-Zertifizierungsgesetz ist als Anhang 13a im **Steuerhandbuch für das Lohnbüro 2010** abgedruckt, das im selben Verlag erschienen ist. Das **PC-Lexikon** für das Lohnbüro 2010 enthält auch dieses Handbuch und hat außerdem den Vorteil, dass Sie **alle BFH-Urteile** sowie die aktuellen Rundschreiben und Niederschriften der Spitzenverbände der **Sozialversicherung** mit Mausklick **im Volltext** abrufen und ausdrucken können. Eine Bestellkarte finden Sie vorne im Lexikon.

Zukunftsicherung

1752 € mit 20 % pauschal versteuert. Die späteren Rentenzahlungen sind dann insgesamt nur mit einem geringen Ertragsanteil steuerpflichtig (§ 22 Nr. 5 Satz 2 Buchstabe a EStG).

3. Fall

Eine am 31. 12. 2004 bestehende Direktversicherung sieht ein **Wahlrecht** zwischen einer Renten- oder Kapitalauszahlung vor.

Die Beiträge für eine solche Direktversicherung sind seit 1. 1. 2005 nach § 3 Nr. 63 EStG bis zu 4 % der Beitragsbemessungsgrenze in der allgemeinen Rentenversicherung (West) steuerfrei. Die **Möglichkeit** anstelle einer lebenslangen Rente eine Kapitalauszahlung zu wählen, steht der Steuerfreiheit der Beiträge nicht entgegen. Die späteren Auszahlungen (auch eine evtl. Kapitalauszahlung bei Ausübung des Wahlrechts) führen – soweit sie auf den steuerfreien Beitragszahlungen beruhen – zu voll steuerpflichtigen sonstigen Einkünften (§ 22 Nr. 5 Sätze 1 und 2 EStG). Das Versicherungsunternehmen muss eine Aufteilung der späteren Auszahlungen vornehmen (volle Steuerpflicht, soweit die Auszahlungen auf steuerfreien Beiträgen beruhen bzw. Steuerpflicht nur mit dem Ertragsanteil, soweit die Rentenauszahlungen auf pauschal mit 20 % versteuerten Beiträgen beruhen). Der Arbeitnehmer konnte gegenüber seinem Arbeitgeber auf die Steuerfreiheit der Beiträge zu einer Direktversicherung **ausdrücklich verzichten**. Die Beiträge werden dann – wie bisher – bis zu 1752 € mit 20 % pauschal versteuert. Alle späteren Rentenzahlungen sind dann nur mit einem geringen Ertragsanteil steuerpflichtig. Erfolgt in diesem Fall später (bei Ausübung des Wahlrechts) eine Kapitalauszahlung, so ist diese in vollem Umfang steuerfrei, wenn die Auszahlung nach Ablauf von zwölf Jahren seit dem Vertragsabschluss erfolgt, weil in diesem Fall auch die in der Kapitalauszahlung enthaltenen Zinsen steuerfrei sind. Anderenfalls, das heißt bei einer Laufzeit von weniger als 12 Jahren, gehören die (außer-)rechnungsmäßigen Zinsen zu den Einnahmen bei den sonstigen Einkünften (§ 22 Nr. 5 Satz 2 Buchstabe b EStG). Die Zinsen unterliegen nicht der Abgeltungsteuer, da es sich um sonstige Einkünfte handelt.

c) Abgrenzung Altzusagen – Neuzusagen

Aus Vertrauensschutzgründen ist die bisherige Pauschalversteuerung von Beiträgen für eine Direktversicherung bis zu 1752 € mit 20 % weiter anzuwenden, wenn sie auf Grund einer „Versorgungszusage" geleistet werden, die vor dem 1. 1. 2005 erteilt wurde (§ 52 Abs. 6 i. V. m. Abs. 52 b Satz 1 EStG). Diese **sog. Altzusagen** werden nachfolgend der Einfachheit halber als Altfälle bezeichnet. Für die Frage, zu welchem Zeitpunkt beim Abschluss eines Direktversicherungsvertrags „eine Versorgungszusage" erteilt wurde, ist die zu einem Rechtsanspruch führende arbeitsrechtliche Verpflichtungserklärung des Arbeitgebers maßgebend (z. B. Einzelvertrag, Betriebsvereinbarung oder Tarifvertrag). Bei Altfällen, das heißt bei Direktversicherungsverträgen, die bereits seit Jahren bestehen ist deshalb die Abgrenzung problemlos möglich, da der Abschluss des Direktversicherungsvertrags Jahre zurückliegt. Zweifel können auftreten, wenn die Direktversicherung bei einem Arbeitgeberwechsel „mitgenommen" wird. Diese Fälle sind in Anhang 6 Nr. 15 erläutert.

d) Verzicht auf die Steuerfreiheit nach § 3 Nr. 63 EStG für Altzusagen

Sofern Beiträge für eine Direktversicherung die Voraussetzungen für die Steuerfreiheit nach § 3 Nr. 63 EStG erfüllen, kann die Pauschalversteuerung der Beiträge bis zu 1752 € mit 20 % nur dann weiter angewendet werden, wenn der Arbeitnehmer gegenüber dem Arbeitgeber für diese Beiträge **auf die Anwendung der Steuerfreiheit verzichtet hat.** Die Entscheidung für die Pauschalierung der Lohnsteuer mit 20 % gilt für die Dauer des Arbeitsverhältnisses.

Bei einem **Arbeitgeberwechsel** lebt das Wahlrecht zwischen Steuerfreiheit und Pauchalversteuerung wieder auf, sofern es sich um eine sog. Altzusage (= Versorgungszusage, die vor dem 1. 1. 2005 erteilt wurde) handelt. In diesem Fall ist die Weiteranwendung der Pauschalversteuerung der Beiträge mit 20 % möglich, wenn der Arbeitnehmer dem Angebot des **neuen Arbeitgebers,** die Beiträge pauschal zu versteuern, spätestens bis zur ersten Beitragszahlung zustimmt.

Beispiel

Der Arbeitgeber A hat im Jahre 2001 für seinen Arbeitnehmer B eine Direktversicherung abgeschlossen, die bei Vertragsablauf ein Wahlrecht zwischen einer Renten- oder Kapitalauszahlung vorsieht. Die Beiträge für die Direktversicherung und die Pauschalsteuer werden aus einer Entgeltumwandlung finanziert. Die Beiträge können weiter mit 20 % pauschal versteuert werden, wenn B dem Angebot des A, die Beiträge weiterhin pauschal zu versteuern, spätestens bis zum 30. 6. 2005 zugestimmt hat. Zum 1. 7. 2010 wechselt B vom Arbeitgeber A zum Arbeitgeber C und nimmt seine Direktversicherung mit.

Die Beiträge können auch nach dem 1. 7. 2010 weiter mit 20 % pauschal versteuert werden, wenn B dem Angebot des C, die Beiträge pauschal zu versteuern, spätestens bis zur ersten Beitragszahlung zustimmt.

Die Weiteranwendung der Pauschalversteuerung mit 20 % bei einem Arbeitgeberwechsel unter Mitnahme der betrieblichen Altersversorgung ist in Anhang 6 unter Nr. 15 ausführlich anhand von Beispielen erläutert.

10. Pauschalierung der Lohnsteuer für Beiträge zu einer Direktversicherung mit 20 % in Altfällen

a) Allgemeines

Eine Pauschalierung der Lohnsteuer mit 20 % ist seit 1. 1. 2005 für Beiträge zu einer Direktversicherung nur noch in sog. Altfällen möglich (§ 52 Abs. 6 i. V. m. Abs. 52 b EStG). Für diese Altfälle ist allerdings § 40 b EStG in der bis zum 31. 12. 2004 geltenden Fassung ohne Einschränkung auch weiterhin anwendbar (vgl. die Erläuterungen unter der vorstehenden Nr. 9). Im Einzelnen gilt für Altfälle Folgendes:

Die steuerliche Behandlung der Direktversicherungen in § 40 b EStG alter Fassung knüpft an die arbeitsrechtliche Definition der Direktversicherung in § 1b Abs. 2 Satz 1 des Betriebsrentengesetzes[*]) an. Dies ergibt sich aus R 40b.1 Abs. 1 Satz 1 LStR. Damit beinhaltet der Begriff „Direktversicherung" folgende Kriterien:

– **Lebensversicherung** bei einem inländischen oder ausländischen Versicherungsunternehmen;
– Arbeit**nehmer** als versicherte Person;
– Arbeit**geber** als Versicherungsnehmer;
– Arbeitnehmer oder dessen Hinterbliebene als Bezugsberechtigte.

Der Arbeitgeber[**]) ist also Versicherungsnehmer, der Arbeitnehmer ist der Bezugsberechtigte. Die Lohnsteuer für die Beiträge des Arbeitgebers zu einer solchen Direktversicherung kann nach § 40 b EStG alter Fassung mit 20 % pauschaliert werden, wenn

---

[*]) Das Betriebsrentengesetz ist als Anhang 13 im **Steuerhandbuch für das Lohnbüro 2010** abgedruckt,, das im selben Verlag erschienen ist. Das **PC-Lexikon** für das Lohnbüro 2010 enthält auch dieses Handbuch und hat außerdem den Vorteil, dass Sie **alle BFH-Urteile** sowie die aktuellen Rundschreiben und Niederschriften der Spitzenverbände der **Sozialversicherung** mit Mausklick **im Volltext** abrufen und ausdrucken können. Eine Bestellkarte finden Sie vorne im Lexikon.

[**]) Arbeitgeber im Sinne dieser Regelung ist diejenige natürliche oder juristische Person, zu der die arbeitsvertraglichen Beziehungen bestehen. Nach R 40b.1 Satz 3 LStR ist jedoch auch der Abschluss einer Lebensversicherung durch eine mit dem Arbeitgeber verbundene **Konzerngesellschaft** als durch den „Arbeitgeber" abgeschlossen anzusehen, wenn der Anspruch auf die Versicherungsleistungen durch das Dienstverhältnis veranlasst ist und der Arbeitgeber die Beitragslast trägt.

Zukunftsicherung

- die Direktversicherung im **Erlebensfall** nicht vor dem 59. Geburtstag ausbezahlt wird,
- die Abtretung oder Beleihung eines dem Arbeitnehmer eingeräumten **unwiderruflichen** Bezugsrechts im Versicherungsvertrag ausgeschlossen und
- eine vorzeitige Kündigung des Versicherungsvertrags durch den Arbeit**nehmer** nicht möglich ist. Eine vorzeitige Kündigung durch den Arbeitgeber (= Versicherungsnehmer) ist lohnsteuerlich unbeachtlich. Sie führt nicht zu einer Rückgängigmachung der in der Vergangenheit erfolgten Pauschalierung. Das gilt auch dann, wenn der Arbeitgeber den Betrag an den Arbeitnehmer weiterleitet. Vgl. im Einzelnen die Erläuterungen unter Nr. 17 Buchstabe b.

b) Begriff der Direktversicherung im Sinne des § 40b EStG alter Fassung

Eine Direktversicherung ist eine **Lebensversicherung** auf das Leben des Arbeitnehmers, die durch den Arbeitgeber abgeschlossen worden ist und bei der der Arbeitnehmer oder seine Hinterbliebenen hinsichtlich der Versorgungsleistungen des Versicherers ganz oder teilweise bezugsberechtigt sind. Entsprechendes gilt, wenn eine Lebensversicherung auf das Leben des Arbeitnehmers nach Abschluss durch den Arbeitnehmer vom Arbeitgeber übernommen wird. Eine „Lebensversicherung" liegt begrifflich dann nicht mehr vor, wenn bei einer Versicherung das typische Todesfallwagnis und – bereits bei Vertragsabschluss – das Rentenwagnis ausgeschlossen worden ist (BFH-Urteil vom 9.11.1990, BStBl. 1991 II S. 189). Zum Ausschluss des typischen Todesfallwagnisses ist Folgendes zu beachten:

Nach R 40b.1 Abs. 2 Satz 4 LStR ist für alle **nach dem 31.12.1996 abgeschlossenen Direktversicherungen** eine Pauschalierung der Lohnsteuer mit 20 % nur dann möglich, wenn der Todesfallschutz (= Todesfallleistung) während der gesamten Laufzeit des Versicherungsvertrags **mindestens 60 %** der Summe der nach dem Versicherungsvertrag für die gesamte Vertragsdauer zu zahlenden Beiträge beträgt*). Sind weitere Risiken mitversichert, bleiben nur die Beitragsanteile für Berufsunfähigkeit und Pflege außer Betracht. Der Nachweis, dass die ab 1.1.1997 abgeschlossenen Direktversicherungsverträge den erforderlichen Mindesttodesfallschutz von 60 % enthalten, ist durch eine Bescheinigung der Versicherung zu erbringen, die der Arbeitgeber zum Lohnkonto nehmen muss.

Als Versorgungsleistungen können Leistungen der Alters-, Invaliditäts- oder Hinterbliebenenversorgung in Betracht kommen. Der Lebensversicherungsvertrag kann sowohl bei einem inländischen als auch bei einem **ausländischen** Versicherungsunternehmen abgeschlossen werden.

Bei der Direktversicherung kann es sich um eine Versicherung gegen **laufende Prämienzahlungen oder** gegen **Einmalprämie** handeln. Für die Pauschalierung der Lohnsteuer ist es nicht Voraussetzung, dass es sich bei den Beiträgen begrifflich um Sonderausgaben handelt. Als Lebensversicherungen im Sinne des § 40b EStG alter Fassung kommen daher ohne Rücksicht auf ihre Laufzeit auch in Betracht:

- Risikoversicherungen, die nur für den Todesfall eine Leistung vorsehen,
- Rentenversicherungen mit und ohne Kapitalwahlrecht gegen einmalige oder laufende Beitragsleistung,
- Kapitalversicherungen gegen einmalige oder laufende Beitragsleistung,
- fondsgebundene Lebensversicherungen,
- Unfallzusatzversicherungen und Berufsunfähigkeitszusatzversicherungen, die **im Zusammenhang** mit Lebensversicherungen abgeschlossen worden sind,
- selbständige Berufsunfähigkeitsversicherungen,
- Unfallversicherungen mit Prämienrückgewähr, bei denen der Arbeitnehmer einen Anspruch auf die Prämienrückgewähr hat.

Zur Frage, ob eine Unfallversicherung begrifflich eine Direktversicherung sein kann, vgl. die Erläuterungen unter dem nachfolgenden Buchstaben g.

c) Keine Mindestlaufzeit von 12 Jahren erforderlich

Wie bereits ausgeführt, ist es für eine Pauschalierung der Lohnsteuer mit 20 % nicht erforderlich, dass die Beiträge zu der Lebensversicherung als Sonderausgaben abzugsfähig wären, wenn sie nicht pauschal versteuert würden. Die für den Sonderausgabenabzug bei „alten" Lebensversicherungen erforderliche Mindestlaufzeit von 12 Jahren gilt also nicht bei einer Pauschalierung der Lohnsteuer mit 20 %. Denn § 40b EStG alter Fassung enthält bezüglich der Laufzeit keine Einschränkung.

Für **die Steuerfreiheit der** in den **Versicherungsleistungen** enthaltenen **Erträge** ist jedoch eine Laufzeit von mindestens 12 Jahren erforderlich. Denn die in den Versicherungsleistungen im Regelfall enthaltenen **Zinsen** sind nur dann steuerfrei, wenn die „alte" Lebensversicherung eine Mindestlaufzeit von 12 Jahren hat.

d) Mindestlaufzeit von 5 Jahren bei Kapitalversicherungen

Wird eine Direktversicherung unmittelbar vor Eintritt des Versicherungsfalles abgeschlossen, so ist zu unterscheiden, ob die Direktversicherung als reine Rentenversicherung (ohne Kapitalwahlrecht) oder als Kapitalversicherung abgeschlossen wird. Bei Vereinbarung einer Rentenversicherung (ohne Kapitalwahlrecht), deren Laufzeit von der Lebensdauer des Bezugsberechtigten abhängt, ist eine Pauschalversteuerung der entsprechenden Versicherungsbeiträge ohne weiteres möglich. Bei Vereinbarung einer **Kapitalversicherung** ist nach den Lohnsteuer-Richtlinien eine **Mindestlaufzeit von fünf Jahren** zu beachten (R 40b.1 Abs. 2 Satz 5 LStR). Beiträge zu einer Kapitalversicherung in der Form einer Direktversicherung mit einer Laufzeit von weniger als fünf Jahren können demnach nicht pauschal versteuert werden. Eine Ausnahme gilt nur für Fälle, in denen im Rahmen einer Gruppenversicherung unter dem arbeitsrechtlichen Grundsatz der Gleichbehandlung auch ältere Arbeitnehmer einzubeziehen waren und deshalb solche kurzfristigen Kapitalversicherungen abgeschlossen werden mussten. Dasselbe gilt für Rentenversicherungen mit Kapitalwahlrecht, bei denen das Wahlrecht innerhalb von 5 Jahren nach Vertragsabschluss wirksam werden kann sowie für Beitragserhöhungen bei bereits bestehenden Kapitalversicherungen mit einer Restlaufzeit von weniger als 5 Jahren (R 40b.1 Abs. 2 Satz 6 LStR).

Das Finanzgericht Baden-Württemberg hat allerdings entschieden, dass es für die vorstehende Fünfjahresfrist keine gesetzliche Grundlage gibt (Urteil vom 11.12.2002 7 K 175/99). Der Bundesfinanzhof hat die Revision der Finanzverwaltung als unbegründet zurückgewiesen (BFH-Beschluss vom 7.9.2007 VI R 9/03).

Die Finanzverwaltung ist dieser Rechtsprechung zunächst gefolgt. Sie hatte in H 40b.1 Stichwort „Mindestvertragsdauer" des Lohnsteuer-Handbuchs 2009 folgenden Hinweis aufgenommen:

---

*) Diese Regelung gilt für alle nach dem 31.12.1996 abgeschlossenen Versicherungsverträge. Für die vor dem 1.8.1994 abgeschlossenen Versicherungsverträge gilt Folgendes: Kapitallebensversicherungen mit steigender Todesfallleistung sind als Direktversicherung anzuerkennen, wenn zu Beginn der Versicherung eine Todesfallleistung von mindestens 10 % der Kapitalleistung im Erlebensfall vereinbart worden ist. Für eine nach dem 31.7.1994 und vor dem 1.1.1997 abgeschlossene Kapitallebensversicherung liegt eine Direktversicherung nur dann vor, wenn die Todesfallleistung während der gesamten Versicherungsdauer mindestens 50 % der für den Erlebensfall vereinbarten Kapitalleistung beträgt (R 40b.1 Abs. 2 Sätze 2 und 3 LStR).

Zukunftsicherung

„Auch Kapitalversicherungen mit einer Vertragsdauer von weniger als fünf Jahren können im Rahmen des § 40b EStG pauschaliert werden (BFH vom 7.9.2007 VI R 9/03)."

Dieser Hinweis und die entsprechende Fußnote zu R 40b.1 Abs. 2 Satz 5 LStR ist im Lohnsteuer-Handbuch 2010 überraschenderweise wieder gestrichen worden. Damit hält die Finanzverwaltung für die Frage der Pauschalierung weiterhin an der Mindestlaufzeit von fünf Jahren bei Kapitalversicherungen fest. Bemerkenswert ist allerdings die Aussage des Finanzgerichts Baden-Württemberg in dem o.a. Urteil, dass es für die Fünfjahresfrist keine gesetzliche Grundlage gibt.

e) Altersgrenze

Der Versicherungsvertrag darf keine Regelung enthalten, nach der die Versicherungsleistung für den Erlebensfall vor Ablauf des 59. Lebensjahres fällig werden könnte, d. h. die Versicherungsleistung darf dem Arbeitnehmer **frühestens an seinem 59. Geburtstag***) ausgezahlt werden. Lässt der Versicherungsvertrag z. B. die Möglichkeit zu, Gewinnanteile zur Abkürzung der Versicherungsdauer zu verwenden, so muss die Laufzeitverkürzung bis zur Vollendung des 59. Lebensjahres begrenzt sein. Die **Altersgrenze gilt nicht bei Risikoversicherungen,** die nur bei Tod, Invalidität bzw. Berufsunfähigkeit eine Leistung vorsehen.

f) Ausschluss der vorzeitigen Kündigung und Beachtung des Abtretungs- und Beleihungsverbots

Voraussetzung für eine Pauschalierung der Lohnsteuer ist bei Direktversicherungen neben der Beachtung der Altersgrenze der Ausschluss einer vorzeitigen Kündigung durch den Arbeitnehmer und die Beachtung des Abtretungs- und Beleihungsverbots.

Der Ausschluss einer vorzeitigen Kündigung des Versicherungsvertrags ist nach R 40b.1 Abs. 6 LStR anzunehmen, wenn in dem Versicherungsvertrag zwischen dem Arbeitgeber als Versicherungsnehmer und dem Versicherer folgende Vereinbarung getroffen worden ist:

„Es wird unwiderruflich vereinbart, dass während der Dauer des Dienstverhältnisses eine Übertragung der Versicherungsnehmer-Eigenschaft und eine Abtretung von Rechten aus diesem Vertrag auf den versicherten Arbeitnehmer bis zu dem Zeitpunkt, in dem der versicherte Arbeitnehmer sein 59. Lebensjahr vollendet, insoweit ausgeschlossen ist, als die Beiträge vom Versicherungsnehmer (Arbeitgeber) entrichtet worden sind."

Die Bezugsberechtigung des Arbeitnehmers oder seiner Hinterbliebenen muss vom Versicherungsnehmer (Arbeitgeber) der Versicherungsgesellschaft gegenüber erklärt werden. Die Bezugsberechtigung kann widerruflich oder unwiderruflich sein; bei widerruflicher Bezugsberechtigung sind die Bedingungen des Widerrufs für die steuerliche Behandlung der Beiträge unbeachtlich (da der Arbeitnehmer bei einem widerruflichen Bezugsrecht noch keinen Anspruch erworben hat über den er steuerschädlich verfügen könnte). Ist das Bezugsrecht des Arbeitnehmers dagegen **unwiderruflich,** so muss im Versicherungsvertrag die **Abtretung oder Beleihung** dieses unwiderruflichen Bezugsrechts **ausgeschlossen** sein. Der Ausschluss der Abtretung oder Beleihung eines unwiderruflichen Bezugsrechts muss in allen Versicherungsverträgen enthalten sein, die nach dem 31.12.1979 abgeschlossen worden sind. Für früher abgeschlossene Verträge gilt eine Sonderregelung**).

Eine vorzeitige Kündigung durch den Arbeitgeber (= Versicherungsnehmer) ist lohnsteuerlich unbeachtlich. Sie führt nicht zur Rückgängigmachung der in der Vergangenheit erfolgten Pauschalierung. Das gilt auch dann, wenn der Arbeitgeber den Betrag an den Arbeitnehmer weiterleitet. Vgl. im Einzelnen die Erläuterungen unter Nr. 17 Buchstabe b.

g) Unfallversicherungen als Direktversicherung im Sinne des § 40 b EStG

Unfallversicherungen sind **keine** Lebensversicherungen, auch wenn bei Unfall mit Todesfolge eine Leistung vorgesehen ist. Eine Pauschalierung der Beiträge für eine Unfallversicherung kommt deshalb im Grundsatz nicht in Betracht. Wegen der **Ausnahmeregelung** für **Gruppenunfallversicherungen** vgl. die Erläuterungen unter der vorstehenden Nr. 7. Umfasst die vom Arbeitgeber abgeschlossene Unfallversicherung nur Unfälle, die mit Auswärtstätigkeiten des Arbeitnehmers im Zusammenhang stehen, so gehören die Beiträge als Reisenebenkosten **nicht zum steuerpflichtigen Arbeitslohn** vgl. „Unfallversicherung".

Dagegen gehören Unfallzusatzversicherungen und Berufsunfähigkeitszusatzversicherungen, die **im Zusammenhang** mit Lebensversicherungen abgeschlossen werden, sowie selbständige Berufsunfähigkeitsversicherungen und Unfallversicherungen mit **Prämienrückgewähr,** bei denen der Arbeitnehmer Anspruch auf die Prämienrückgewähr hat, zu den Direktversicherungen (R 40b.1 Abs. 2 Satz 8 LStR). Die Begünstigung der **Beiträge zu einer Unfallversicherung mit Prämienrückgewähr** ist darin begründet, dass es sich bei dieser Versicherung um die Kombination einer Unfallversicherung mit einer Lebensversicherung handelt, bei der jedoch die Merkmale einer Lebensversicherung überwiegen. Dagegen handelt es sich bei einer **Unfallversicherung,** bei der der Arbeitnehmer keinen Anspruch auf Prämienrückgewähr hat, nicht um eine Lebensversicherung im vorstehenden Sinne, und zwar auch dann nicht, wenn bei einem Unfall mit Todesfolge eine Leistung vorgesehen ist. Für solche Unfallversicherungen gilt allerdings unter Umständen eine besondere Pauschalierungsvorschrift, die unter der vorstehenden Nr. 7 erläutert ist.

11. Allgemeine Pauschalierungsvoraussetzungen und Bemessungsgrundlage (Altfälle)

Die Pauschalierung der Lohnsteuer mit 20 % nach § 40b EStG alter Fassung liegt im Ermessen des Arbeitgebers; eine Genehmigung des Finanzamts ist nicht erforderlich. Ob die Pauschalierung nur für einen Arbeitnehmer oder für mehrere durchgeführt wird, ist ohne Bedeutung. Wird für mehrere Arbeitnehmer gemeinsam eine pauschale Leistung erbracht, bei der der Teil, der auf den einzelnen Arbeitnehmer entfällt, nicht festgestellt werden kann, so ist dem einzelnen Arbeitnehmer der Teil der Leistung zuzurechnen, der sich bei einer Aufteilung der Leistung nach der Zahl der begünstigten Arbeitnehmer ergibt (sog. Aufteilung nach Köpfen, § 2 Abs. 2 Nr. 3 LStDV). Der Arbeitgeber hat die pauschale Lohnsteuer zu übernehmen (zur Umwandlung von Barlohn in die auf die Direktversicherung entfallende Pauschalsteuer vgl. die Ausführungen unter der folgenden Nr. 16). Die pauschal besteuerten Ausgaben des Arbeitgebers für die Zukunftsicherung und die darauf entfallenden Steuerabzugsbeträge bleiben beim Lohnsteuer-Jahresausgleich durch den Arbeitgeber und einer etwaigen Veranlagung des Arbeitnehmers zur Einkommensteuer außer Betracht. Ein Sonderausgabenabzug der pauschal versteuerten Direktversicherungsbeiträge ist somit nicht zulässig. Weder der pauschal versteuerte Arbeitslohn noch die Pauschalsteuer dürfen deshalb in der (elektronischen) Lohnsteuerbescheinigung mit erfasst werden.

---

*) Nach § 187 Abs. 2 Satz 2 in Verbindung mit § 188 Abs. 2 BGB wird das 59. Lebensjahr mit Ablauf des Tages vollendet, der dem 59. Geburtstag vorangeht. Die Versicherungsleistung darf dem Arbeitnehmer somit frühestens an seinem 59. Geburtstag ausgezahlt werden.

) BMF-Schreiben vom 6.6.1980 (BStBl. I S. 728). Das BMF-Schreiben ist als Anlage 2 zu H 40b.1 LStR im **Steuerhandbuch für das Lohnbüro 2010 abgedruckt, das im selben Verlag erschienen ist. Das **PC-Lexikon** für das Lohnbüro 2010 enthält auch dieses Handbuch und hat außerdem den Vorteil, dass Sie **alle BFH-Urteile** sowie die aktuellen Rundschreiben und Niederschriften der Spitzenverbände der **Sozialversicherung** mit Mausklick **im Volltext** abrufen und ausdrucken können. Eine Bestellkarte finden Sie vorne im Lexikon.

Zukunftsicherung

Die Pauschalierung der Lohnsteuer ist aber nur für Zukunftsicherungsleistungen möglich, die der Arbeitnehmer aus seinem **ersten Dienstverhältnis** bezieht; sie ist demnach bei Arbeitnehmern mit der Steuerklasse VI **nicht** anwendbar (BFH-Urteil vom 12. 8. 1996, BStBl. 1997 II S. 143). Für **teilzeitbeschäftigte Arbeitnehmer,** deren Barlohn unter Verzicht auf die Vorlage von Lohnsteuerkarten pauschal mit 25 %, 20 %, 5 % oder 2 % versteuert wird, können Beiträge zu Pensionskassen oder Direktversicherungen in Altfällen ebenfalls pauschal mit 20 % nach § 40 b EStG versteuert werden, wenn feststeht, dass es sich bei der Teilzeitbeschäftigung um das erste Dienstverhältnis handelt (der Arbeitgeber muss sich dies vom Arbeitnehmer ggf. schriftlich versichern lassen).

12. Pauschalierungsgrenze in Höhe von 1752 € (Altfälle)

Die Lohnsteuerpauschalierung mit 20 % für Beiträge zu einer Direktversicherung und für Zuwendungen zu einer Pensionskasse nach § 40 b EStG alter Fassung ist auf Zukunftsicherungsleistungen in Höhe von **1752 € jährlich je Arbeitnehmer begrenzt.**

Hat ein Arbeitnehmer im gleichen Kalenderjahr bereits aus einem **vorangegangenen** Dienstverhältnis bei einem anderen Arbeitgeber pauschal versteuerte Zukunftsicherungsleistungen erhalten, so kann die Pauschalierungsgrenze **nochmals voll ausgeschöpft werden.** Die Pauschalierungsgrenze ist also nicht auf den Arbeitnehmer bezogen, sondern auf das Arbeitsverhältnis. Allerdings ist hierbei zu beachten, dass eine Pauschalierung von Zukunftsicherungsleistungen nach § 40b Abs. 2 Satz 1 EStG alter Fassung nur dann möglich ist, wenn die Zukunftsicherungsleistungen aus dem **ersten Dienstverhältnis** zufließen, das heißt, dass bei Vorlage einer Lohnsteuerkarte mit der Steuerklasse VI die Pauschalierung der Lohnsteuer mit 20 % nicht möglich ist.

Die auf das Arbeitsverhältnis abgestellte Pauschalierungsgrenze von 1752 € ist jahresbezogen, das heißt, sie vervielfältigt sich nicht, wenn der Arbeitgeber – aus welchem Grund auch immer – für bereits abgelaufene Kalenderjahre Beiträge nachentrichten muss. Die beim Ausscheiden aus dem Dienstverhältnis geltende Vervielfältigungsregelung (vgl. die Erläuterungen unter der folgenden Nr. 15) kann nicht analog auf die Nachentrichtung von Beiträgen angewendet werden. Allerdings ist es zulässig, die Zahlung von Beiträgen zu einer Direktversicherung (z. B. einen Einmalbeitrag in Höhe von 3000 €) allein deshalb auf zwei Kalenderjahre zu verteilen, damit die Pauschalierungsgrenze von 1752 € jährlich nicht überschritten wird.

13. Durchschnittsberechnung und 2148-Euro-Grenze (Altfälle)

Sind mehrere Arbeitnehmer gemeinsam in einem Direktversicherungsvertrag oder in einer Pensionskasse versichert, so ist eine **Durchschnittsberechnung** anzustellen. Bei dieser Durchschnittsberechnung bleiben steuerfreie Beiträge (§ 3 Nr. 63 EStG) sowie wegen der Wahlrechtsausübung nach § 3 Nr. 63 Satz 2 EStG individuell über Lohnsteuerkarte besteuerte Beiträge unberücksichtigt. Der Durchschnittsbetrag kann nur dann pauschal versteuert werden, wenn er **1752 €** im Kalenderjahr nicht übersteigt.

Beispiel A

In einem gemeinsamen Versicherungsvertrag werden 10 Arbeitnehmer versichert.

Gesamtprämie	17 500,— €
auf einen Arbeitnehmer entfallen	1 750,— €

Die Pauschalierungsgrenze von 1752 € ist nicht überschritten. Die Gesamtprämie kann pauschal mit 20 % versteuert werden. Von der Pauschalierungsgrenze wird für jeden Arbeitnehmer 1750 € verbraucht und zwar unabhängig davon, wie hoch der für den Arbeitnehmer im Einzelnen gezahlte Beitrag tatsächlich ist.

Beispiel B

Der Arbeitgeber zahlt monatlich an eine Pensionskasse; insgesamt für 45 Arbeitnehmer 81 000 € im Jahr.

Auf einen Arbeitnehmer entfallen 1800 €.

Die Pauschalierungsgrenze von 1752 € ist überschritten. Die Zuwendung an die Pensionskasse kann deshalb nicht in voller Höhe pauschal versteuert werden. Falls die Zuwendung nicht auf die einzelnen Arbeitnehmer aufteilbar ist, können für jeden Arbeitnehmer 1752 € pauschal mit 20 % versteuert werden; 48 € sind bei jedem Arbeitnehmer zusammen mit dem übrigen laufenden Arbeitslohn dem Lohnsteuerabzug nach der Monatstabelle zu unterwerfen. Will der Arbeitgeber die Steuerabzugsbeträge und die Sozialversicherungsbeiträge für den übersteigenden Betrag von 48 € übernehmen, so muss er eine **Teilnettolohnberechnung** nach der Monatstabelle durchführen. Ein Berechnungsbeispiel für eine solche Teilnettolohnberechnung ist im **Anhang 13 auf Seite 970** abgedruckt.

Bei der Durchschnittsberechnung ist die 2148-Euro-Grenze zu beachten:

In die Durchschnittsberechnung dürfen keine Arbeitnehmer einbezogen werden, für die der Arbeitgeber im Kalenderjahr insgesamt mehr als **2148 €** an Direktversicherungsbeiträgen und Pensionskassen-Zuwendungen aufbringt.

Beispiel C

Der Arbeitgeber leistet für die Arbeitnehmer A, B, C, D und E Beiträge für eine Gruppen-Direktversicherung, und zwar entfallen auf

Arbeitnehmer A	2 150,— €
Arbeitnehmer B	2 148,— €
Arbeitnehmer C	2 000,— €
Arbeitnehmer D	1 250,— €
Arbeitnehmer E	1 100,— €

Die Leistung für den Arbeitnehmer A von 2150 € ist in die Durchschnittsberechnung nicht einzubeziehen, da sie die Grenze von 2148 € übersteigt. Von der Leistung von 2150 € kann ein Teilbetrag von 1752 € pauschaliert werden. Der übersteigende Betrag von (2150 € − 1752 € =) 398 € unterliegt dem Steuerabzug nach den allgemeinen Grundsätzen. Für die Arbeitnehmer B, C, D und E ist eine Durchschnittsberechnung durchzuführen. Es ergibt sich also ein Durchschnittsbetrag von (2148 € + 2000 € + 1250 € + 1100 € =) 6498 € : 4 = 1624,50 €. Da die Pauschalierungsgrenze von 1752 € nicht überschritten wird, ist – unabhängig vom tatsächlich gezahlten Beitrag – jedem Arbeitnehmer eine Leistung von 1624,50 € zuzurechnen, d. h. der Betrag von 6498 € ist mit 20 % zu pauschalieren.

„**Eigenbeiträge**" der Arbeitnehmer (das sind Prämienanteile, die **aus** bereits **versteuertem Einkommen** – also „aus dem Netto" – stammen), sind in die Durchschnittsberechnung **nicht** mit **einzubeziehen** (BFH-Urteil vom 12.4.2007, BStBl. II S. 619). Das gilt auch dann, wenn der Arbeitgeber als Versicherungsnehmer und Beitragsschuldner im Außenverhältnis gegenüber der Versicherung zur Zahlung des Gesamtbeitrags (inklusive der Eigenbeiträge der Arbeitnehmer) verpflichtet ist.

Beispiel D

Bei dem vom Arbeitgeber zu zahlenden Versicherungsbeitrag wird zwischen einem Arbeitgeberanteil (je nach Arbeitnehmer bis zu 2148 €) und einem aus versteuertem Einkommen zu erbringenden Arbeitnehmeranteil (je nach Arbeitnehmer bis zu 430 €) unterschieden.

Der von den Arbeitnehmern zu erbringende „Eigenbeitrag" ist in die Durchschnittsberechnung nicht einzubeziehen.

In die Berechnung der 2148-Euro-Grenze sind auch pauschalierungsfähige Leistungen einzubeziehen, die an einzelne Arbeitnehmer **außerhalb des gemeinsamen Vertrags** erbracht werden. Bestehen z. B. mehrere Direktversicherungsverträge und übersteigen die Beitragsanteile für den einzelnen Arbeitnehmer insgesamt 2148 €, so scheidet der Anteil dieses Arbeitnehmers aus der Durchschnittsberechnung aus. Die Lohnsteuer von den aus der Durchschnittsberechnung ausgeschiedenen Leistungen kann unter Beachtung der Pauschalierungsgrenze pauschal erhoben werden, d. h., die auf die einzelnen Arbeitnehmer entfallenden Leistungen können bis zu 1752 € pauschal besteuert werden, der übersteigende Teil ist dem normalen Lohnsteuerabzug (laufender Arbeitslohn oder sonstige Bezüge) zu unterwerfen.

Übersteigt der Durchschnittsbetrag 1752 €, so kommt er als Bemessungsgrundlage für die **Pauschalbesteue-**

Zukunftsicherung

rung nicht in Betracht. Der Pauschalbesteuerung sind die **tatsächlichen** Leistungen zugrunde zu legen, soweit sie für den einzelnen Arbeitnehmer 1752 € nicht übersteigen. Die übersteigenden Zukunftsicherungsleistungen unterliegen dem normalen Lohnsteuerabzug (als laufender Arbeitslohn oder sonstige Bezüge).

Beispiel E

Der Arbeitgeber leistet für die Arbeitnehmer A, B, C, D und E Beiträge für eine Direktversicherung, und zwar entfallen auf den

Arbeitnehmer A	2 300,— €
Arbeitnehmer B	2 148,— €
Arbeitnehmer C	2 052,— €
Arbeitnehmer D	1 600,— €
Arbeitnehmer E	1 400,— €

Die Leistung für den Arbeitnehmer A von 2300 € ist in die Durchschnittsberechnung nicht einzubeziehen, da sie die Grenze von 2148 € übersteigt. Von der Leistung von 2300 € kann ein Teilbetrag von 1752 € pauschaliert werden. Der übersteigende Betrag von (2300 € – 1752 € =) 548 € unterliegt dem Steuerabzug nach den allgemeinen Grundsätzen. Für die Arbeitnehmer B, C, D und E ist eine Durchschnittsberechnung durchzuführen. Es ergibt sich also ein Durchschnittsbetrag von (2148 € + 2052 € + 1600 € + 1400 € =) 7200 € : 4 = 1800 €. Da die Pauschalierungsgrenze von 1752 € überschritten wird, ist es nicht möglich, den Durchschnittsbetrag von 1800 € oder den Pauschalierungshöchstbetrag von 1752 € einer Pauschalierung zugrunde zu legen. Es sind vielmehr die auf den einzelnen Arbeitnehmer entfallenden Leistungen anzusetzen, sodass sich folgende Berechnung ergibt:

Arbeitnehmer	Gesamtbeitrag	pauschalierungsfähig	dem allgemeinen Steuerabzug unterliegen
B	2 148,— €	1 752,— €	396,— €
C	2 052,— €	1 752,— €	300,— €
D	1 600,— €	1 600,— €	—
E	1 400,— €	1 400,— €	—

Mit der Durchschnittsberechnung unter Beachtung der 2148-Euro-Grenze kann also der pauschalierungsfähige Betrag von 1752 € jährlich **ganz gezielt ausgeschöpft** werden. Dieses Ergebnis ist vom Gesetzgeber beabsichtigt; es können dadurch für ältere Arbeitnehmer höhere Leistungen als 1752 € erbracht werden, ohne dass deshalb diese älteren Arbeitnehmer steuerlich zusätzlich belastet werden. Dadurch ist eine für alle Arbeitnehmer gleichwertige Altersversorgung möglich.

Die Anwendung der Durchschnittsberechnung auf Direktversicherungsbeiträge hat zur Voraussetzung, dass mehrere Arbeitnehmer (mindestens zwei) **gemeinsam** in einem Direktversicherungsvertrag versichert sind. Ein gemeinsamer Direktversicherungsvertrag liegt außer bei einer Gruppenversicherung auch dann vor, wenn in einem Rahmenvertrag (entweder mit einem Versicherer oder auch mit mehreren Versicherern) sowohl die versicherten Personen als auch die versicherten Wagnisse bezeichnet werden und die Einzelheiten in Zusatzvereinbarungen geregelt sind. Ein Rahmenvertrag, der z. B. nur den Beitragseinzug und die Beitragsabrechnung regelt, stellt keinen gemeinsamen Direktversicherungsvertrag dar. Ist ein Arbeitnehmer

a) in mehreren Direktversicherungsverträgen gemeinsam mit anderen Arbeitnehmern,

b) in mehreren Pensionskassen oder

c) in Direktversicherungsverträgen gemeinsam mit anderen Arbeitnehmern **und** in einer Pensionskasse

versichert, so ist jeweils der Durchschnittsbetrag für diese Arbeitnehmer aus der Summe der Beiträge für mehrere Direktversicherungen, aus der Summe der Zuwendungen an mehrere Pensionskassen oder aus der Summe der Beiträge zu einer Direktversicherung und der Zuwendungen an eine Pensionskasse zu ermitteln (= einheitliche Durchschnittsbildung). In diese gemeinsame Durchschnittsbildung dürfen jedoch solche Verträge nicht einbezogen werden, bei denen wegen der 2148-Euro-Grenze nur noch ein Versicherungsnehmer übrig bleibt. Bleibt nur noch ein Arbeitnehmer übrig, so liegt eine gemeinsame Versicherung, die in die Durchschnittsberechnung einzubeziehen ist, nicht mehr vor. Daraus ergibt sich zugleich, dass Beiträge zu **Einzelversicherungen nicht** an der **Durchschnittsberechnung** teilnehmen. Dies gilt auch dann, wenn nach einem Arbeitgeberwechsel wegen der Beteiligung unterschiedlicher Versicherungsunternehmen ein Eintritt in die Gruppenversicherung nicht ohne Weiteres möglich und/oder wirtschaftlich nicht sinnvoll ist. Allerdings sind die Einzelversicherungen bei der Prüfung der 2148-Euro-Grenze für den jeweiligen Arbeitnehmer zu berücksichtigen.

Bei konzernumfassenden Direktversicherungsverträgen gilt Folgendes: Hat eine Konzernobergesellschaft eine **konzernübergreifende Gruppenversicherung** abgeschlossen, muss gleichwohl die einzelne Konzerngesellschaft als Arbeitgeber gesondert die Durchschnittsberechnung durchführen, das heißt, jede einzelne Konzerngesellschaft muss durch Aufteilung ihres anteiligen Beitrags auf die Zahl ihrer begünstigten Arbeitnehmer einen eigenen Durchschnittsbeitrag ermitteln. Es ist nicht zulässig, den Durchschnittsbeitrag durch Aufteilung des Konzernbeitrags auf alle begünstigten Arbeitnehmer des Konzerns zu ermitteln*).

14. Besonderheiten bei der Pauschalierung laufender Zukunftsicherungsleistungen (Altfälle)

Die Pauschalierungsgrenze von 1752 € und der Grenzbetrag von 2148 € sind Jahresbeträge. Eine zeitanteilige Berücksichtigung (z. B. monatlich 146 € bzw. 179 €) wird von der Finanzverwaltung nicht gefordert. Durch die **laufende** Zahlung von Zukunftsicherungsleistungen ergeben sich jedoch einige Besonderheiten.

Werden die pauschalbesteuerungsfähigen Leistungen nicht in einem Jahresbetrag erbracht, so gilt Folgendes:

Die Einbeziehung der auf den einzelnen Arbeitnehmer entfallenden Leistungen in die unter der vorstehenden Nr. 13 geschilderte **Durchschnittsberechnung** entfällt von dem Zeitpunkt an, in dem sich ergibt, dass die Leistungen für diesen Arbeitnehmer **voraussichtlich** insgesamt 2148 € im Kalenderjahr übersteigen werden (R 40b.1 Abs. 10 Nr. 1 LStR).

Die **Lohnsteuerpauschalierung** auf der Grundlage des Durchschnittsbetrags entfällt von dem Zeitpunkt an, in dem sich ergibt, dass der Durchschnittsbetrag **voraussichtlich** 1752 € im Kalenderjahr übersteigen wird (R 40b.1 Abs. 10 Nr. 2 LStR).

Die Pauschalierungsgrenze von 1752 € ist jeweils insoweit zu vermindern, als sie bei der Pauschalbesteuerung von früheren Leistungen im selben Kalenderjahr bereits ausgeschöpft worden ist. Werden die Leistungen laufend erbracht, so bestehen jedoch keine Bedenken, wenn die Pauschalierungsgrenze mit dem auf den jeweiligen Lohnzahlungszeitraum entfallenden Anteil berücksichtigt wird (z. B. monatlich 146 €; R 40b.1 Abs. 10 Nr. 3 LStR).

Beispiel

Es werden ganzjährig laufend monatliche Zuwendungen an eine Pensionskasse geleistet

a) für 2 Arbeitnehmer je 250 €	=	500,— €
b) für 20 Arbeitnehmer je 175 €	=	3 500,— €
c) für 20 Arbeitnehmer je 125 €	=	2 500,— €
insgesamt		6 500,— €

Die Leistungen für die Arbeitnehmer zu a) betragen jeweils mehr als 2148 € jährlich; sie sind daher in eine Durchschnittsberechnung nicht einzubeziehen. Die Leistungen für die Arbeitnehmer zu b) und c) übersteigen jährlich jeweils den Betrag von 2148 € nicht; es ist daher der Durchschnittsbetrag festzustellen. Der Durchschnittsbetrag beträgt (6000 € : 40 =) 150 € monatlich; er übersteigt hiernach 1752 € jährlich und kommt deshalb als Bemessungsgrundlage nicht in Betracht. Der Pauschalbesteuerung sind also in allen Fällen die tatsächlichen Leistungen zugrunde zu legen. Der Arbeitgeber kann dabei

---

*) R 40b.1 Abs. 9 Nr. 2 Satz 2 LStR

Zukunftsicherung

in den Fällen zu a)
im 1. bis 7. Monat je 250 € und im 8. Monat noch 2 € oder monatlich jeweils 146 €,

in den Fällen zu b)
im 1. bis 10. Monat je 175 € und im 11. Monat noch 2 € oder monatlich jeweils 146 €,

in den Fällen zu c)
monatlich jeweils 125 €
pauschal versteuern.

Im Übrigen bleibt für die abgelaufenen Lohnzahlungszeiträume des Kalenderjahres die Lohnsteuerpauschalierung auf der Grundlage einer Durchschnittsberechnung auch dann bestehen, wenn der Arbeitgeber bei diesem Verfahren **voraussichtlich** davon ausgehen konnte, dass die Pauschalierungsgrenze von 1752 € bzw. der Grenzbetrag von 2148 € nicht überschritten werden und sich erst **im Laufe des Jahres** herausstellt, dass die pauschalbesteuerungsfähigen Leistungen – z. B. wegen Beitragserhöhungen – doch die genannten Beträge überschreiten.

15. Vervielfältigungsregelung bei Beendigung des Dienstverhältnisses

a) Allgemeines

Beiträge für die betriebliche Altersversorgung, die aus Anlass der Beendigung des Dienstverhältnisses nach dem 31.12.2004 geleistet werden, können unter Anwendung einer sog. Vervielfältigungsregelung entweder **steuerfrei** belassen (§ 3 Nr. 63 Satz 4 EStG) oder **mit 20 % pauschal versteuert** werden (§ 40 b Abs. 2 Sätze 3 und 4 EStG alter Fassung).

Ein Dienstverhältnis kann auch dann beendet sein, wenn der Arbeitnehmer und sein bisheriger Arbeitgeber im Anschluss an das bisherige Dienstverhältnis ein neues Dienstverhältnis vereinbaren. Von einer Fortsetzung und nicht von einer Beendigung des bisherigen Dienstverhältnisses ist aber auszugehen, wenn das „neue" Dienstverhältnis in Bezug auf den Arbeitsbereich, die Entlohnung und die sozialen Besitzstände im Wesentlichen dem bisherigen Dienstverhältnis entspricht (BFH-Urteil vom 30.10.2008, BStBl. 2009 II S. 162). Die Vervielfältigungsregelung kann dann nicht in Anspruch genommen werden.

Für die **Steuerfreiheit** bei Anwendung der Vervielfältigungsregelung gilt nach § 3 Nr. 63 Satz 4 EStG Folgendes:

Werden aus Anlass der Beendigung des Dienstverhältnisses Beiträge an einen Pensionsfonds, eine Pensionskasse oder für eine Direktversicherung zur Erlangung **lebenslanger Versorgungsleistungen geleistet** (vgl. hierzu die Erläuterungen unter der vorstehenden Nr. 9 Buchstabe b), vervielfältigt sich der seit 1.1.2005 geltende zusätzliche steuerfreie Betrag von **1800 €** mit der Anzahl der Kalenderjahre, in denen das Dienstverhältnis des Arbeitnehmers zu dem Arbeitgeber bestanden hat. Dieser vervielfältigte Betrag vermindert sich um die steuerfreien Beiträge, die der Arbeitgeber in dem Kalenderjahr, in dem das Dienstverhältnis beendet worden ist und in den sechs vorangegangenen Kalenderjahren erbracht hat (§ 3 Nr. 63 Satz 4 EStG). Für die Anwendung der steuerfreien Vervielfältigungsregelung kommt es nicht darauf an, ob die Versorgungszusage vom Arbeitgeber vor oder nach dem 1.1.2005 erteilt worden ist. Sowohl bei der Ermittlung der zu vervielfältigenden als auch der zu kürzenden Jahre sind aber **nur die Kalenderjahre ab 2005 zu berücksichtigen.**

Beispiel

Anlässlich des Ausscheidens eines Arbeitnehmers im Jahre 2010 nach 15-jähriger Betriebszugehörigkeit zahlt der Arbeitgeber neben einer Abfindung erstmals 50 000 € Beiträge an eine Direktversicherung. Der Arbeitnehmer hat im Leistungszeitpunkt ein Wahlrecht zwischen einer lebenslangen Rente und einer Kapitalauszahlung. Die Einzahlung ist in Höhe von 10 800 € steuerfrei (6 Jahre zu 1800 €) und in Höhe von 39 200 € steuerpflichtig (§ 3 Nr. 63 Satz 4 EStG). Die Möglichkeit anstelle einer lebenslangen Altersversorgung eine Kapitalauszahlung zu wählen, steht der Steuerfreiheit nicht entgegen (vgl. die Erläuterungen unter der vorstehenden Nr. 9 Buchstabe b). Bei der steuerfreien Vervielfältigungsregelung werden nur die Kalenderjahre ab 2005 berücksichtigt. Die Dauer der Betriebszugehörigkeit bis einschließlich 2004 ist ohne Bedeutung.

Das Beispiel zeigt, dass die Anwendung der **steuerfreien** Vervielfältigungsregelung erst im Laufe der Zeit an Bedeutung gewinnen wird. Insbesondere in den Fällen, in denen beim Ausscheiden aus dem Dienstverhältnis im Kalenderjahr 2010 hohe Beiträge zu einer Direktversicherung gezahlt werden, erscheint auch im Hinblick auf die nachgelagerte Besteuerung eine Anwendung der **lohnsteuerpflichtigen** Vervielfältigungsregelung nach § 40 b Abs. 2 Sätze 3 und 4 EStG alter Fassung mit 20 % Pauschalsteuer der sinnvollere Weg.

Die Anwendung der **steuerfreien Vervielfältigungsregelung** ist dann ausgeschlossen, wenn gleichzeitig auf die Beiträge, die der Arbeitgeber aus Anlass der Beendigung des Dienstverhältnisses leistet, die pauschal mit 20 % **lohnsteuerpflichtige Vervielfältigungsregelung** angewendet wird. Eine Anwendung der steuerfreien Vervielfältigungsregelung ist außerdem nicht möglich, wenn der Arbeitnehmer bei Beiträgen für eine Direktversicherung auf die **Steuerfreiheit** zugunsten der Weiteranwendung der Pauschalversteuerung mit 20 % **verzichtet hat** (zum Wahlrecht des Arbeitnehmers zwischen Steuerfreiheit und Pauschalbesteuerung der Beiträge zu einer Direktversicherung vgl. die Erläuterungen unter der vorstehenden Nr. 9). Die Anwendung der sog. lohnsteuerpflichtigen Vervielfältigungsregelung nach § 40 b Abs. 2 Sätze 3 und 4 EStG alter Fassung ist unter den nachfolgenden Buchstaben b, c und d erläutert.

Sozialversicherungsrechtlich gilt Folgendes:

Der nach den oben dargestellten Regelungen ermittelte vervielfältigte **steuerfreie** Betrag ist auch sozialversicherungsfrei, wenn er sozialversicherungsrechtlich als Abfindung anzusehen ist (vgl. hierzu die Erläuterungen beim Stichwort „Abfindung wegen Entlassung aus dem Dienstverhältnis").

b) Vervielfältigung der Pauschalierungsgrenze in Altfällen

Zahlt der Arbeitgeber bei Beendigung des Dienstverhältnisses für den Arbeitnehmer Beiträge zu einer Direktversicherung oder Zuwendungen zu einer Pensionskasse, so kann er in sog. Altfällen die Vorschriften in § 40 b Abs. 2 Sätze 3 und 4 EStG in der bis 31.12.2004 geltenden Fassung auch über den 1.1.2005 hinaus weiter anwenden und die Lohnsteuer mit 20 % pauschalieren. Da nämlich allein die Erhöhung der Beiträge und/oder der Leistungen bei einer ansonsten unveränderten Versorgungszusage noch nicht zu einer (hier schädlichen) Neuzusage führt, kann die steuerpflichtige Vervielfältigungsregelung auch dann genutzt werden, wenn der Arbeitnehmer erst nach dem 31.12.2004 aus dem Dienstverhältnis ausscheidet. Dabei vervielfältigt sich der Betrag von 1752 € mit der Anzahl der Kalenderjahre, in denen das Dienstverhältnis bestanden hat. Hier können **angefangene Kalenderjahre voll gerechnet werden.** Diese vervielfältigte Pauschalierungsgrenze vermindert sich um die pauschal versteuerten Beiträge und Zuwendungen, die der Arbeitgeber im Jahr der Beendigung des Dienstverhältnisses und in den vorangegangenen **6 Jahren** erbracht hat.

Beispiel

Ein Arbeitgeber hat für seinen Arbeitnehmer, der seit 1998 bei ihm beschäftigt ist, im Jahre 2000 eine Direktversicherung abgeschlossen, die auch ab 2005 bis zum Höchstbetrag von 1752 € mit 20 % pauschal versteuert worden ist. 2010 scheidet der Arbeitnehmer B aus dem Unternehmen aus und A zahlt anlässlich des Ausscheidens neben dem Betrag von 1752 € zusätzlich einen Einmalbetrag von 10 000 € an die Direktversicherung.

Zukunftsicherung

Eine teilweise Steuerfreiheit der Einmalzahlung scheidet aus, da die Direktversicherung auch ab dem Jahre 2005 pauschal versteuert worden ist (§ 52 Abs. 6 Satz 3 EStG). Der Direktversicherungsbeitrag von 10 000 € kann aber in voller Höhe mit 20 % pauschal versteuert werden, da der höchstmögliche Pauschalierungsbetrag (13 Beschäftigungsjahre zu 1752 € = 22 776 € abzüglich 7 Beschäftigungsjahre zu 1752 € = 12 264 € = 10 512 €) nicht überschritten ist (§ 40 b Abs. 2 Sätze 3 und 4 EStG alter Fassung).

Für die Anwendung der Vervielfältigungsregel kommt es nicht auf den Grund der Beendigung des Dienstverhältnisses an. Sie kann deshalb bei einer Kündigung durch den Arbeitnehmer, bei einer vom Arbeitgeber veranlassten Auflösung des Dienstverhältnisses und auch bei einer Beendigung wegen Erreichens der **Altersgrenze von 65 Jahren** genutzt werden. Voraussetzung ist, dass die Leistung des Arbeitgebers mit der Beendigung des Dienstverhältnisses in Zusammenhang steht (vgl. die Erläuterungen unter dem nachfolgenden Buchstaben d).

c) Vervielfältigung der Pauschalierungsgrenze bei Gehaltsumwandlungen in Altfällen

Die Vervielfältigung der Pauschalierungsgrenze ermöglicht es dem Arbeitgeber, im Zeitpunkt der Beendigung des Dienstverhältnisses für den Arbeitnehmer die Basis für eine erstmalige oder eine Erhöhung der bereits vorhandenen Zukunftsicherung z. B. in Form einer Altersversorgung zu schaffen. Das Lebensalter des Arbeitnehmers bei Beendigung des Dienstverhältnisses ist ebenso ohne Bedeutung wie der Grund für die Beendigung.

Die Vervielfältigungsregelung beim Ausscheiden aus dem Dienstverhältnis findet auch dann Anwendung, wenn der Direktversicherungsbeitrag durch eine Gehaltsumwandlung erbracht wird (zur Gehaltsumwandlung vgl. die Ausführungen unter der folgenden Nr. 16). Eine Gehaltsumwandlung bei Beendigung des Dienstverhältnisses wird nicht anders beurteilt, als im Normalfall. Das bedeutet, dass bei Beendigung des Dienstverhältnisses entsprechend der höheren Pauschalierungsgrenze auch die Umwandlung eines höheren Betrags als 1752 € jährlich zulässig ist.

Wie bereits ausgeführt, vermindert sich der vervielfältigte Betrag um die im Kalenderjahr des Ausscheidens und in den **sechs** vorangegangenen Jahren erbrachten und pauschal mit 20 % besteuerten Beiträge und Zuwendungen. Bei dieser Anrechnung ist Folgendes zu beachten:

Sind vom Arbeitgeber in den sechs vorangegangenen Kalenderjahren für den ausscheidenden Arbeitnehmer Beiträge und Zuwendungen erbracht worden, die in eine **Durchschnittsberechnung** einbezogen worden sind, so ist auf den vervielfältigten Betrag nicht der in der Vergangenheit jeweils **pauschal besteuerte Durchschnittsbetrag** anzurechnen. Anzurechnen sind vielmehr die für diesen Arbeitnehmer tatsächlich geleisteten individuellen Beiträge und Zuwendungen, also auch Beiträge und Zuwendungen, die über den Betrag von 1752 € hinausgegangen sind. Nur wenn es sich um **Pauschalzuweisungen** für eine Lebensversicherung oder an eine Pensionskasse handelte und deshalb der auf den Arbeitnehmer entfallende individuelle Beitrag nicht festgestellt werden kann, ist als tatsächlicher Beitrag der Durchschnittsbetrag aus der Pauschalzuweisung anzurechnen*).

d) Anwendung der Vervielfältigung der Pauschalierungsgrenze im zeitlichen Zusammenhang mit der Beendigung des Dienstverhältnisses in Altfällen

Voraussetzung für die Vervielfältigung der Pauschalierungsgrenze in Altfällen ist, dass die Leistung des Arbeitgebers **aus Anlass der Beendigung** des Dienstverhältnisses erbracht wird, das heißt in einem sachlichen Zusammenhang mit der Auflösung des Dienstverhältnisses steht. Der **zeitliche** Zusammenhang spielt dabei insofern eine Rolle, weil ein enger zeitlicher Zusammenhang eine starke Indizwirkung für den sachlichen Zusammenhang hat.

Die Vervielfältigung der Pauschalierungsgrenze im Zusammenhang mit der Beendigung des Dienstverhältnisses konnte deshalb nach früher geltender Verwaltungsregelung nur für solche Beiträge in Anspruch genommen werden, die frühestens drei Monate vor diesem Zeitpunkt auf einen Direktversicherungsvertrag eingezahlt wurden. Diese starre Dreimonatsgrenze wurde aufgegeben, denn nach R 40b.1 Abs. 11 Satz 1 LStR kommt der Dreimonatsfrist nur noch in den Fällen Bedeutung zu, in denen der sachliche Zusammenhang der Direktversicherungsbeiträge mit der Beendigung des Dienstverhältnisses nicht bereits in anderer Weise dokumentiert werden kann, etwa durch eine schriftliche Vereinbarung mit dem Arbeitgeber oder durch entsprechende Regelungen in Aufhebungsverträgen. Die Vervielfältigungsregelung kann deshalb in diesen Fällen ohne zeitliche Begrenzung angewendet werden.

Die Vervielfältigungsregelung gilt auch bei einer **Umwandlung** von Arbeitslohn (= Gehaltsumwandlung). Nach Auflösung des Dienstverhältnisses (= **Ausscheiden** des Arbeitnehmers) kann sie ohne zeitliche Beschränkung angewendet werden, wenn **die Umwandlung spätestens bis zum Zeitpunkt der Auflösung des Dienstverhältnisses vereinbart wurde.**

16. Umwandlung von Barlohn in pauschal mit 20 % besteuerte Beiträge zu einer Direktversicherung oder Pensionskasse in Altfällen

a) Lohnsteuerliche Behandlung einer Umwandlung von Barlohn in pauschal mit 20 % besteuerte Direktversicherungsbeiträge in Altfällen

Für die Pauschalierung der Lohnsteuer mit 20 % in Altfällen kommt es nicht darauf an, ob die Beiträge zu einer Direktversicherung zusätzlich zu dem ohnehin geschuldeten Arbeitslohn oder aufgrund von Vereinbarungen mit den Arbeitnehmern **anstelle** von künftigem Arbeitslohn erbracht werden (R 40b.1 Abs. 5 LStR). Dies gilt selbst dann, wenn der Arbeitslohn soweit herabgesetzt wird, dass mit der Lohnkürzung nicht nur der Direktversicherungsbeitrag, sondern zugleich die pauschale Lohn- und Kirchensteuer sowie der Solidaritätszuschlag finanziert wird (sog. Abwälzung der Pauschalsteuer auf den Arbeitnehmer; vgl. hierzu die Erläuterungen bei diesem Stichwort). Hierbei ist jedoch zu beachten, dass zwar die Abwälzung der Pauschalsteuer auf den Arbeitnehmer aus steuerlicher Sicht ohne weiteres möglich ist soweit arbeitsrechtliche Vorschriften nicht entgegenstehen, die auf den Arbeitnehmer abgewälzte pauschale Lohnsteuer aber **als zugeflossener Arbeitslohn gilt und die Bemessungsgrundlage für die Steuerberechnung nicht mindern darf.**

Die Gehaltsumwandlung kann entweder beim laufenden Arbeitslohn oder bei einer einmaligen Zuwendung erfolgen. Meistens werden jedoch einmalige Zuwendungen umgewandelt, da sozialversicherungsrechtlich die Umwandlung von **laufendem** Arbeitslohn **nicht** zulässig ist. Die Umwandlung von laufendem Arbeitslohn kommt deshalb nur bei Arbeitnehmern in Betracht, deren Arbeitslohn auch **nach der Lohnumwandlung noch über der Beitragsbemessungsgrenze** liegt (vgl. die Ausführungen unter der folgenden Nr. 22 Buchstabe b). Die Umwandlung einer Weihnachtszuwendung in einen Direktversicherungsbeitrag soll folgende Lohnabrechnung verdeutlichen:

Beispiel

Ein Arbeitnehmer mit einem Monatslohn von 4000 € hat Anspruch auf ein Weihnachtsgeld in Höhe eines Monatsgehalts. Das Weihnachtsgeld wird im Dezember 2010 ausgezahlt. Der Arbeitnehmer vereinbart mit dem Arbeitgeber, dass dieser vom Weihnachtsgeld 1752 € auf einen „alten" (vor 2005 abgeschlossenen) Direktversicherungsvertrag einzahlt und außerdem die pauschale Lohn- und Kirchensteuer sowie

---

*) R 40b.1 Abs. 11 Sätze 5 bis 7 LStR.

Zukunftsicherung

den Solidaritätszuschlag durch eine Lohnkürzung finanziert. Für die Besteuerung des Weihnachtsgeldes im Dezember 2010 ergibt sich folgende Berechnung:

	Lohnsteuerpflichtig	Sozialversich.pflichtig
Weihnachtsgeld	4 000,— €	
abzüglich Gehaltsumwandlung:		
Versicherungsprämie	1 752,— €	
Dem normalen Lohnsteuerabzug unterliegt das Weihnachtsgeld nur noch in Höhe von	2 248,— €	

Ausgehend von der Steuerklasse I ergibt sich für den Arbeitnehmer durch diese Vereinbarung folgende Steuerermäßigung:
Besteuerung des Weihnachtsgelds in Höhe von 4000 € als sonstiger Bezug (vgl. „Sonstige Bezüge")

maßgebender Jahresarbeitslohn	48 000,— €	
Lohnsteuer nach Steuerklasse I der Jahreslohnsteuertabelle		
a) vom maßgebenden Jahresarbeitslohn (48 000 €)	9 430,— €	
b) vom maßgebenden Jahresarbeitslohn einschließlich Weihnachtsgeld (48 000 € + 4000 €) = 52 000 €	10 871,— €	
Lohnsteuer für das Weihnachtsgeld	1 441,— €	
Solidaritätszuschlag (5,5 % aus 1441 €)	79,25 €	
Kirchensteuer (8 % aus 1441 €)	115,28 €	

Besteuerung des um die Gehaltsumwandlung (= 1752 €) verminderten Weihnachtsgelds in Höhe von 2248 € als sonstiger Bezug

maßgebender Jahresarbeitslohn	48 000,— €	
Lohnsteuer nach Steuerklasse I der Jahreslohnsteuertabelle		
a) vom maßgebenden Jahresarbeitslohn (48 000 €)	9 430,— €	
b) vom maßgebenden Jahresarbeitslohn einschließlich Rest des Weihnachtsgelds (48 000 € + 2248 € =) 50 248 €	10 231,— €	
Lohnsteuer für das Weihnachtsgeld	801,— €	
Solidaritätszuschlag (5,5 % aus 801 €)	44,05 €	
Kirchensteuer (8 % aus 801 €)	64,08 €	

Die Steuerersparnis durch die Gehaltsumwandlung beträgt:

Steuerbelastung für das Weihnachtsgeld ohne Gehaltsumwandlung (1441 € + 79,25 € + 115,28 €) =		1 635,53 €
Steuerbelastung bei Gehaltsumwandlung:		
Lohnsteuer für das Weihnachtsgeld	801,— €	
Solidaritätszuschlag für das Weihnachtsgeld	44,05 €	
Kirchensteuer für das Weihnachtsgeld	64,08 €	
pauschale Lohnsteuer (20 % aus 1752 €)	350,40 €	
Solidaritätszuschlag (5,5 % aus 350,40 €)	19,27 €	
pauschale Kirchensteuer (7 % aus 350,40 €)	24,52 €	1 303,32 €
Steuerersparnis durch Gehaltsumwandlung		332,21 €

Außerdem werden die Sozialversicherungsbeiträge gespart, die auf dem Einmalbeitrag zur Direktversicherung entfallen. Dies sind der Arbeitgeber- und Arbeitnehmeranteil zur Renten- und Arbeitslosenversicherung in Höhe von (19,9 % + 2,8 % =) 22,7 % von 1752 € = 397,70 € (Arbeitnehmeranteil 50 % = 198,85 €).

Die Umwandlung von Barlohn in Beiträge für eine Direktversicherung kann in Altfällen auch angewendet werden, wenn ein **gemeinsamer Direktversicherungsvertrag** vorliegt und deshalb eine **Durchschnittsberechnung** durchzuführen ist (vgl. Nr. 13). Dabei ist der Barlohn aber um die **tatsächlich** für den einzelnen Arbeitnehmer **erbrachten Beiträge** zu der gemeinsamen Direktversicherung **zu kürzen** und nicht um den Durchschnittsbetrag, der für die Lohnsteuerpauschalierung maßgebend ist.

Beim **Ausscheiden aus dem Dienstverhältnis** stellt sich die Frage, ob im Hinblick auf die Vervielfältigung der Pauschalierungsgrenze in Altfällen (vgl. unter Nr. 15) auch eine entsprechend hohe Barlohnumwandlung möglich ist. Eine Barlohnumwandlung bei Beendigung des Dienstver-

hältnisses wird nicht anders beurteilt, als im Normalfall. Das bedeutet, dass bei Beendigung des Dienstverhältnisses entsprechend der höheren Pauschalierungsgrenze auch die Umwandlung eines höheren Barlohns als 1752 € jährlich zulässig ist. Auf die Erläuterungen unter der vorstehenden Nr. 15 wird Bezug genommen.

b) Gehaltsumwandlung bei zeitanteilig zugesicherten (sog. ratierlichen) Sonderzuwendungen

Für die Pauschalierung der Lohnsteuer mit 20 % ist es nach R 40b.1 Abs. 5 LStR unerheblich, ob die Beiträge zusätzlich oder anstelle des ohnehin geschuldeten Barlohns erbracht werden. Im Fall einer Finanzierung der Beiträge durch Barlohnkürzung unterliegt nur der gekürzte Barlohn dem individuellen Lohnsteuerabzug nach der Lohnsteuertabelle.

Die früher geltende Einschränkung, dass nur **künftiger,** also rechtlich dem Grunde nach noch nicht entstandener Arbeitslohn in pauschal zu besteuernde Beiträge an eine Direktversicherung umgewandelt werden kann, wurde wieder aufgegeben. Nach R 40b.1 Abs. 5 LStR kann jeder (laufender Arbeitslohn oder Einmalzahlung) **noch nicht fällige Arbeitslohn** in pauschal zu besteuernde Beiträge zu einer Direktversicherung umgewandelt werden. Dies wurde in den Hinweisen zu den Lohnsteuer-Richtlinien durch folgendes Beispiel ausdrücklich klargestellt:

Beispiel
Der Anspruch auf das 13. Monatsgehalt entsteht gemäß Tarifvertrag zeitanteilig nach den vollen Monaten der Beschäftigung im Kalenderjahr und ist am 1. 12. fällig. Die Barlohnkürzung vom 13. Monatsgehalt zu Gunsten eines Direktversicherungsbeitrags wird im November des laufenden Kalenderjahres vereinbart.
Der Barlohn kann vor Fälligkeit, also bis spätestens 30. 11., auch um den Teil des 13. Monatsgehalts, der auf bereits abgelaufene Monate entfällt, steuerlich wirksam gekürzt werden. Auf den Zeitpunkt der Entstehung kommt es nicht an.

Diese großzügige Regelung gilt im Übrigen für alle fünf Durchführungswege der betrieblichen Altersversorgung*), also nicht nur für Beiträge zu einer Direktversicherung, sondern auch für

– Beiträge zu Pensionskassen,

– Beiträge zu Pensionsfonds,

– Beiträge zu Unterstützungskassen und

– Pensionszusagen (sog. Direktzusagen).

Auf die Erläuterungen zur sog. arbeitnehmerfinanzierten Pensionszusage unter dem nachfolgenden Buchstaben c wird hingewiesen.

c) Umwandlung von Barlohn in eine arbeitnehmerfinanzierte Pensionszusage

Die Gewährung einer Pensionszusage und die damit verbundene Bildung einer Pensionsrückstellung in der Bilanz des Unternehmens lösen keine Lohnsteuerpflicht beim Arbeitnehmer aus. Ob und ggf. in welcher Höhe eine solche Rückstellung nach einkommensteuerrechtlichen Grundsätzen gewinnmindernd anerkannt werden kann, ist für die Lohnsteuer ohne Bedeutung. Die Bildung einer Pensionsrückstellung stellt für den Arbeitnehmer in keinem Fall Zufluss von Arbeitslohn dar, da die Mittel bis zum Eintritt des Versorgungsfalls im Unternehmen verbleiben. Steuerpflichtig sind in diesen Fällen die späteren Versorgungsleistungen des Arbeitgebers.

Aus Gründen der Steuerersparnis stellt sich deshalb die Frage, ob es lohnsteuerlich zulässig ist, auf Teile des Gehalts zugunsten einer Versorgungszusage zu verzichten.

---

*) BMF-Schreiben vom 20.1.2009 (BStBl. I S. 273, 304, Rz. 190–193). Das BMF-Schreiben ist als Anhang 13c im **Steuerhandbuch für das Lohnbüro 2010** abgedruckt, das im selben Verlag erschienen ist. Das **PC-Lexikon** für das Lohnbüro 2010 enthält auch dieses Handbuch und hat außerdem den Vorteil, dass Sie **alle BFH-Urteile** sowie die aktuellen Rundschreiben und Niederschriften der Spitzenverbände der **Sozialversicherung** mit Mausklick **im Volltext** abrufen und ausdrucken können. Eine Bestellkarte finden Sie vorne im Lexikon.

Zukunftsicherung

Beispiel

Der Arbeitnehmer vereinbart mit seinem Arbeitgeber, dass das monatliche Gehalt von 6000 € auf 5000 € herabgesetzt und dafür eine entsprechende **Pensionszusage** gewährt wird. Der Arbeitnehmer entzieht damit 1000 € der progressiven Besteuerung (vgl. die Tabelle zu den Grenzsteuersätzen beim Stichwort „Tarifaufbau" unter Nr. 6 auf Seite 687) und erhält hierfür eine Altersversorgung, die erst bei der Auszahlung – mit dem dann meist erheblich geringeren Steuersatz – versteuert werden muss. Beim Arbeitgeber führt dieses Modell zu einer erheblichen Liquiditätsverbesserung, wobei die Bildung der gewinnmindernden Rückstellung nach § 6a EStG unverändert erhalten bleibt.

Die Finanzverwaltung erkennt die Minderung des künftig zufließenden steuerpflichtigen Arbeitslohns unter der Voraussetzung an, dass der **Arbeitslohn noch nicht fällig** ist und eine Pensionszusage vereinbart wird, die einer betrieblichen Altersversorgung im Sinne des Betriebsrentengesetzes (BetrAVG) entspricht. Auch der Bundesfinanzhof sieht in der Einbehaltung eines Betrags vom Arbeitslohn durch den Arbeitgeber und der Zuführung zu einer Versorgungsrückstellung keinen Zufluss von Arbeitslohn (BFH-Urteil vom 20.7.2005, BStBl. II S. 890). Die Einzelheiten zur Umwandlung von künftig zufließendem Arbeitslohn in eine Pensionszusage sind beim Stichwort „Arbeitnehmerfinanzierte Pensionszusage" ausführlich erläutert.

d) Umwandlung von Barlohn in Beiträge zu einer Pensionskasse

Bei der Umwandlung von Barlohn in Beiträge zu einer Pensionskasse gelten die gleichen Regelungen wie bei der Umwandlung von Barlohn in Beiträge zu einer Direktversicherung. Dabei spielt es keine Rolle, ob eine Pauschalierung der Lohnsteuer mit 20 % oder die seit 1.1.2002 geltende Steuerfreiheit nach § 3 Nr. 63 EStG angestrebt wird. Zu der seit 1.1.2002 geltenden Steuerbefreiung für Beiträge zu Pensionskassen und der Wechselwirkung zwischen einer Steuerbefreiung nach § 3 Nr. 63 EStG und einer Pauschalierung der Lohnsteuer mit 20 % nach § 40b EStG vgl. die ausführlichen Erläuterungen in Anhang 6 Nr. 6 auf Seite 859.

17. Rückzahlung pauschal versteuerter Zukunftsicherungsleistungen

a) Ersatzloser Wegfall des Bezugsrechts (= verfallbare Anwartschaft)

Insbesondere bei pauschal versteuerten Beiträgen zu einer Direktversicherung stellt sich öfters die Frage, welche steuerlichen Folgen eintreten, wenn der Arbeitnehmer sein Bezugsrecht aus einer Direktversicherung **ersatzlos verliert** (z. B. weil er aus dem Dienstverhältnis ausscheidet), bevor seine Versorgungsanwartschaft nach § 1b des Betriebsrentengesetzes (BetrAVG)*) unverfallbar geworden ist. Im Schrifttum wird hierzu zum Teil die Auffassung vertreten, dass der Verlust des Bezugsrechts der Vermögenssphäre zuzuordnen sei und deshalb keine Rückzahlung von Arbeitslohn vorliege, die dem Arbeitgeber einen Anspruch auf Erstattung der pauschalen Lohnsteuer verschafft (so z. B. Schmidt/Drenseck – Kommentar zum Einkommensteuergesetz, 28. Auflage, § 40b EStG, Anmerkung 6).

In den Lohnsteuer-Richtlinien (R 40b.1 Abs. 13 Satz 1 LStR) ist jedoch die seit jeher von der Finanzverwaltung vertretene Auffassung festgelegt worden, dass der ersatzlose Verlust des Bezugsrechts aus einer Direktversicherung eine **Rückzahlung von Arbeitslohn** darstellt. Der Zeitpunkt dieser Arbeitslohnrückzahlung ist der Zeitpunkt, in dem die den Verlust des Bezugsrechts begründende Willenserklärung (z. B. Kündigung oder Widerruf) wirksam geworden ist. Die Höhe der Arbeitslohnrückzahlung richtet sich nach dem geschäftsplanmäßigen **Deckungskapital.** Dies gilt auch dann, wenn die Versicherungsgesellschaft nur den Rückkaufswert an den Arbeitgeber auszahlt. Wurden die Beiträge zu einer Direktversicherung **pauschal versteuert,** so berührt die Arbeitslohnrückzahlung den Arbeitnehmer nicht. Der **Arbeitnehmer** kann also negative Einnahmen aus pauschal versteuerten Beitragsleistungen **nicht** geltend machen. Zahlungen des Arbeitnehmers zum Wiedererwerb des verlorenen Bezugsrechts sind der Vermögenssphäre zuzuordnen.

Der Bundesfinanzhof hat zwar in zwei Urteilen – betreffend eine umlagefinanzierte Pensionskasse – entschieden, dass negativer Arbeitslohn allenfalls dann vorliegen kann, wenn Gelder – entweder von der betrieblichen Versorgungseinrichtung oder vom Arbeitnehmer – an den Arbeitgeber zurückfließen (BFH-Urteile vom 7.5.2009 VI R 5/08 und VI R 37/08). Obwohl bei ersatzlosem Wegfall eines Bezugsrechts einer noch verfallbaren Anwartschaft nicht gegeben ist, hält die Finanzverwaltung an der vorstehenden Richtlinienregelung weiter fest.

Die **Arbeitslohnrückzahlungen** aus **pauschal versteuerten Beitragsleistungen mindern** die im **selben Kalenderjahr** anfallenden pauschal besteuerten Beitragsleistungen des Arbeitgebers. **Übersteigen** in einem Kalenderjahr die **Arbeitslohnrückzahlungen** betragsmäßig die **Beitragsleistungen** des Arbeitgebers, ist eine Minderung der Beitragsleistungen im selben Kalenderjahr nur **bis** auf **Null** möglich. Eine darüber hinausgehende Erstattung der pauschalen Lohnsteuer oder eine Minderung der Beitragsleistungen des Arbeitgebers in den Vorjahren ist seit 2008 nicht mehr zulässig (R 40b.1 Abs. 14 Sätze 2 und 3 LStR).

Beispiel A

Wegen Auflösung seines Arbeitsverhältnisses verliert ein Arbeitnehmer im Kalenderjahr 2008 sein (noch verfallbares) Bezugsrecht aus einer Direktversicherung, für die sein Arbeitgeber folgende Beiträge geleistet hat:

2008	1 752,— €
2007	1 752,— €
2006	1 752,— €
2005	1 752,— €
insgesamt	7 008,— €

In Höhe des geschäftsplanmäßigen Deckungskapitals (angenommen mit 6000 €) liegt eine Rückzahlung von Arbeitslohn vor.

Die Arbeitslohnrückzahlung aus pauschal versteuerten Beträgen mindern die im Kalenderjahr 2008 angefallenen pauschal besteuerten Beitragsleistungen des Arbeitgebers in Höhe von 1752 € bis zur Höhe von Null, so dass der Arbeitgeber die für den Beitrag des Kalenderjahres 2008 entrichteten Pauschalsteuern zuzüglich pauschaler Solidaritätszuschlag und pauschale Kirchensteuer zurückerstattet erhält. Eine darüber hinausgehende Erstattung ist seit 2008 nicht mehr zulässig.

Wird das freigewordene Deckungskapital zur Erhöhung von Direktversicherungen anderer Arbeitnehmer verwendet, so handelt es sich einerseits um die Rückzahlung von Arbeitslohn und andererseits um zusätzliche Beitragsleistungen des Arbeitgebers für die Direktversicherungen dieser Arbeitnehmer, die innerhalb der Pauschalierungsgrenzen von 1752 € bzw. 2148 € pauschal versteuert werden können. Gleiches gilt, wenn das auf den Arbeitgeber übergegangene Bezugsrecht aus der Direktversicherung vom Arbeitgeber auf einen anderen Arbeitnehmer übertragen wird. Eine Saldierung der Arbeitslohnrückzahlung mit der zusätzlichen Beitragsleistung ist u. E. zulässig (siehe auch das folgende Beispiel).

Hinweis: Das Jahr 2008 wurde im Hinblick auf die Fünfjahresfrist in § 1b Abs. 1 BetrAVG gewählt, damit es sich noch um eine verfallbare Anwartschaft handelt.

Aufgrund der Formulierung in den Lohnsteuer-Richtlinien („Arbeitslohnrückzahlungen mindern die im selben Kalenderjahr pauschalbesteuerungsfähigen Beitragsleistungen des Arbeitgebers bis auf Null") ist u.E. bei **mehreren Verträgen** eine **Saldierung** möglich, da der Richtlinienwortlaut nicht auf den einzelnen Vertrag abstellt.

---

*) Das Betriebsrentengesetz ist als Anhang 13 im **Steuerhandbuch für das Lohnbüro 2010** abgedruckt, das im selben Verlag erschienen ist. Das **PC-Lexikon** für das Lohnbüro 2010 enthält auch dieses Handbuch und hat außerdem den Vorteil, dass Sie **alle BFH-Urteile** sowie die aktuellen Rundschreiben und Niederschriften der Spitzenverbände der **Sozialversicherung** mit Mausklick **im Volltext** abrufen und ausdrucken können. Eine Bestellkarte finden Sie vorne im Lexikon.

Zukunftsicherung

Lohn-steuer-pflichtig | Sozial-versich.-pflichtig

Beispiel B

Der Arbeitgeber erhält aus dem Direktversicherungsvertrag I eine Arbeitslohnrückzahlung von 5000 €. Die Beiträge für den Direktversicherungsvertrag II belaufen sich auf 7000 €.

Die Arbeitslohnrückzahlung aus dem Direktversicherungsvertrag I mindert in voller Höhe die Beitragsleistungen für den Direktversicherungsvertrag II. Der Arbeitgeber hat folglich lediglich Beiträge in Höhe von 2000 € (7000 € abzüglich 5000 €) pauschal zu besteuern.

Bei einem ersatzlosen Wegfall des Bezugsrechts aus einer Direktversicherung ist der Arbeitnehmer häufig daran interessiert, **den Anspruch durch eigene Zahlungen wieder zu erwerben.** Für diese Fälle gilt Folgendes:

Zahlungen des Arbeitnehmers zum Wiedererwerb des verlorenen Bezugsrechts sind der Vermögenssphäre des Arbeitnehmers zuzuordnen; sie stellen **keine Arbeitslohnrückzahlung** des Arbeitnehmers dar. Auch ein Abzug als Werbungskosten kommt nicht in Betracht.

Beispiel C

Der Arbeitnehmer des Beispiels A zahlt an die Versicherungsgesellschaft mit der der Arbeitgeber die Direktversicherung abgeschlossen hatte, einen Einmalbeitrag in Höhe von z. B. 7200 € um sich den Versicherungsanspruch weiterhin zu sichern. Diese Zahlung des Arbeitnehmers fällt in seine Vermögenssphäre; sie stellt keine Arbeitslohnrückzahlung dar. Auch ein Abzug als Werbungskosten kommt nicht in Betracht.

Es gibt jedoch auch Fälle, in denen der Arbeitgeber für ein widerrufliches Bezugsrecht, das der Arbeitnehmer beim Ausscheiden aus dem Dienstverhältnis verliert, dem Arbeitnehmer freiwillig einen Abfindungsbetrag zahlt. Für den Arbeitgeber liegt eine Rückzahlung von Arbeitslohn in Höhe des geschäftsplanmäßigen Deckungskapitals vor. Beim Arbeitnehmer liegt in Höhe des erhaltenen Betrags (z. B. Rückkaufswert) regelmäßig eine Abfindung wegen Entlassung aus dem Dienstverhältnis vor, die nach dem beim Stichwort „Abfindungen wegen Entlassung aus dem Dienstverhältnis" dargestellten Grundsätzen zu besteuern ist. Auch der Bundesfinanzhof hat entschieden, dass **Surrogatleistungen** für den Wegfall bzw. die Verringerung von Ansprüchen auf betriebliche Altersversorgung zu Arbeitslohn führen (BFH-Urteil vom 7.5.2009 VI R 16/07).

Die vorstehend erläuterte und in den Beispielen A bis C dargestellte Abwicklung beim Verlust des Bezugsrechts aus einer Direktversicherung stellt auf die Fälle ab, in denen es sich um eine noch **verfallbare Anwartschaft** handelt, denn nur dann kann der Arbeitgeber den Versicherungsvertrag auflösen, ohne dem Arbeitnehmer einen entsprechenden Ersatz zu gewähren. Daher führt auch der Verlust des durch eine Direktversicherung eingeräumten Bezugsrechts bei **Insolvenz** des Arbeitgebers bei Vorliegen einer **unverfallbaren** Versorgungsanwartschaft wegen des **Ersatzanspruchs** gegen den Pensionssicherungsverein **nicht** zu einer Arbeitslohnrückzahlung (BFH-Urteil v. 5.7.2007, BStBl. II S. 774).

b) Verlust eines unverfallbaren oder unwiderruflichen Bezugsrechts

Im Zusammenhang mit Anwartschaften auf Leistungen aus der betrieblichen Altersversorgung bedeutet Unverfallbarkeit, dass eine Anwartschaft trotz Ausscheiden aus dem Unternehmen vor Eintritt des Versorgungsfalles erhalten bleibt. Die früher geltenden Unverfallbarkeitsfristen wurden durch das Gesetz zur Förderung der betrieblichen Altersversorgung weiter verkürzt. Hiernach bleibt einem Arbeitnehmer die Anwartschaft auf Leistungen aus der betrieblichen Altersversorgung erhalten, wenn das Arbeitsverhältnis vor Eintritt des Versorgungsfalles, jedoch nach **Vollendung des 25. Lebensjahres** endet und die **Versorgungszusage** zu diesem Zeitpunkt **mindestens fünf Jahre** bestanden hat (= unverfallbare Anwartschaft; § 1b Abs. 1 BetrAVG)*). Diese Verkürzung auf 25 Jahre gilt grundsätzlich nur für Anwartschaften, die auf nach dem 31.12.2008 erteilten Zusagen beruhen. Um eine Benachteiligung derjenigen Arbeitnehmer zu verhindert, denen bereits **vor dem 1.1.2009** und nach dem 31.12.2000 eine Versorgungszusage erteilt wurde, bleibt eine solche Altzusage bei Beendigung des Arbeitsverhältnisses allerdings auch dann erhalten, wenn die Altzusage, vom 1.1.2009 an gerechnet, fünf Jahre bestanden und der Arbeitnehmer bei Beendigung des Arbeitsverhältnisses das 25. Lebensjahr vollendet hat (§ 30 f Abs. 2 BetrAVG)*).

Versorgungsanwartschaften aus Entgeltumwandlung sind **sofort** gesetzlich unverfallbar (§ 1 b Abs. 5 BetrAVG).

Abfindungen zur Ablösung einer Direktversicherung, die beim Ausscheiden aus dem Dienstverhältnis nach § 3 Abs. 1 des Betriebsrentengesetzes gezahlt werden, weil der Anspruch bereits unverfallbar ist, sind steuer- und beitragsfrei, weil sich der Abfindungsanspruch **gegen das Versicherungsunternehmen** richtet**).

Es gibt jedoch Fälle, in denen Arbeitnehmer ein **unverfallbares/unwiderrufliches** Bezugsrecht entweder aufgrund vertraglicher Vereinbarung oder aufgrund der Tatsache haben, dass Beiträge zu der Direktversicherung aus einer Barlohnumwandlung stammen. Bei der Abfindung solcher unverfallbaren/unwiderruflichen Bezugsrechte sind folgende Fälle aufgetreten:

1. Fall

Die eingezahlten Beiträge zu der Direktversicherung stammen aus einer Gehaltsumwandlung (vgl. Nr. 16). **Beim Ausscheiden aus dem Dienstverhältnis überträgt der Arbeitgeber deshalb die Versicherungsnehmereigenschaft auf den Arbeitnehmer.** Dieser kann die Versicherung beitragspflichtig oder beitragsfrei weiterführen. Der Arbeitnehmer kann aber auch die Versicherungsnehmereigenschaft auf einen neuen Arbeitgeber übertragen, der die Versicherung weiterführt. Diese Vorgänge haben **keine lohnsteuerlichen Auswirkungen.** Die Vorgänge führen also weder beim Arbeitnehmer zum Zufluss von steuerpflichtigem Arbeitslohn, noch beim Arbeitgeber zu einem Anspruch auf Erstattung der Pauschalsteuer. Unschädlich wäre es auch, wenn der Arbeitnehmer den Versicherungsvertrag nach Übertragung der Versicherungsnehmerschaft kündigt (R 40b.1 Abs. 6 Sätze 5 und 6 LStR).

2. Fall

Ein Arbeitnehmer mit einem unverfallbaren/unwiderruflichen Bezugsrecht scheidet aus dem Dienstverhältnis aus. Der **Arbeitgeber kündigt den Direktversicherungsvertrag** und zahlt den Rückkaufswert im Hinblick auf das unverfallbare/unwiderrufliche Bezugsrecht an den Arbeitnehmer aus. Auch in diesem Fall ergeben sich **keine lohnsteuerlichen Auswirkungen.** Die Vorgänge führen – ebenso wie im 1. Fall – weder beim Arbeitnehmer zum Zufluss von steuerpflichtigem Arbeitslohn, noch beim Arbeitgeber zu einem Anspruch auf Erstattung der Pauschalsteuer.

3. Fall

Es sind jedoch auch Fälle denkbar, in denen der Arbeitgeber **bei fortbestehendem Dienstverhältnis** den Direktversicherungsvertrag kündigt und den Rückkaufs-

---

*) Das Betriebsrentengesetz ist als Anhang 13 im **Steuerhandbuch für das Lohnbüro 2010** abgedruckt, das im selben Verlag erschienen ist. Das **PC-Lexikon** für das Lohnbüro 2010 enthält auch dieses Handbuch und hat außerdem den Vorteil, dass Sie **alle BFH-Urteile** sowie die aktuellen Rundschreiben und Niederschriften der Spitzenverbände der **Sozialversicherung** mit Mausklick **im Volltext** abrufen und ausdrucken können. Eine Bestellkarte finden Sie vorne im Lexikon.

) Bundeseinheitliche Regelung für Bayern bekannt gegeben durch Erlass vom 27.8.1976 32 – S 2373 – 5/6 – 46937. Der Erlass ist als Anlage 1 zu H 40b.1 LStR im **Steuerhandbuch für das Lohnbüro 2010 abgedruckt, das im selben Verlag erschienen ist. Das **PC-Lexikon** für das Lohnbüro 2010 enthält auch dieses Handbuch und hat außerdem den Vorteil, dass Sie **alle BFH-Urteile** sowie die aktuellen Rundschreiben und Niederschriften der Spitzenverbände der **Sozialversicherung** mit Mausklick **im Volltext** abrufen und ausdrucken können. Eine Bestellkarte finden Sie vorne im Lexikon.

Zukunftsicherung

wert an den Arbeitnehmer auszahlt. Für diesen Fall gilt Folgendes:

Kündigt der Arbeitgeber bei **fortbestehendem Dienstverhältnis** eine Direktversicherung, bei der der Arbeitnehmer ein unverfallbares/unwiderrufliches Bezugsrecht hat, und zahlt der Arbeitgeber den Rückkaufswert an den Arbeitnehmer aus, so kann dieser Fall dann nicht anders beurteilt werden wie beim Ausscheiden des Arbeitnehmers aus dem Dienstverhältnis, wenn für die Kündigung der Direktversicherung **betriebliche Gründe** maßgebend waren. Auch in einem solchen Fall ergeben sich keine lohnsteuerlichen Auswirkungen.

Zu einer anderen Beurteilung könnte man kommen, wenn der Arbeitnehmer ein unverfallbares/unwiderrufliches Bezugsrecht hat (z. B. weil die Beiträge – und ggf. auch die pauschale Lohnsteuer – aus einer Gehaltsumwandlung stammen) und der Arbeitgeber bei fortbestehendem Dienstverhältnis **auf Wunsch des Arbeitnehmers** die Direktversicherung kündigt. In diesem Fall könnte eine Kündigung des Arbeitgebers „auf Wunsch des Arbeitnehmers" so gesehen werden, als hätte der Arbeitnehmer selbst gekündigt. Damit wäre jedoch eine der Voraussetzungen für die Pauschalierung der Lohnsteuer hinfällig geworden (nämlich die Voraussetzung, dass eine vorzeitige Kündigung des Versicherungsvertrags durch den Arbeitnehmer ausgeschlossen sein muss – vgl. die Erläuterungen unter Nr. 10).

Eine **Kündigung des Arbeitgebers** bleibt jedoch auch dann eine Kündigung aus eigenem Recht, wenn sie auf Wunsch des Arbeitnehmers erfolgt. Die Barlohnumwandlung betrifft nur das Innenverhältnis zwischen Arbeitnehmer und Arbeitgeber. Sie kann deshalb nicht dazu führen, dass eine Kündigung des Arbeitgebers in eine Kündigung des Arbeitnehmers umgedeutet wird. Da somit eine Kündigung durch den **Arbeitgeber** vorliegt, ist der Vorgang ohne lohnsteuerliche Auswirkung. Die Pauschalversteuerung der Beitragszahlungen ist nicht rückgängig zu machen und eine individuelle Versteuerung der Beitragszahlung erfolgt nicht. Der Zufluss der Leistung beim Arbeitnehmer ist kein Arbeitslohn.

Die Sozialversicherungsträger vertreten zur vorzeitigen Auflösung eines Direktversicherungsvertrags folgende Auffassung:

Bei einer nicht dem Gesetzeszweck folgenden Verwendung erworbener Anwartschaften oder einer Leistung, die im Betriebsrentengesetz nicht als Leistung der betrieblichen Altersversorgung vorgesehen ist, wird der in der Sozialversicherung für Entgeltumwandlungen zur betrieblichen Altersversorgung geregelten Beitragsfreiheit die Grundlage entzogen. Da jedoch aufgrund des Versicherungsprinzips in der Sozialversicherung in abgewickelte Versicherungsverhältnisse nicht mehr eingegriffen werden kann, verbleibt es bei der Beitragsfreiheit der Aufwendungen zu betrieblichen Altersversorgung.

Bei dem vom Arbeitgeber (bzw. von der Versorgungseinrichtung) gezahlten Abfindungsbetrag in Höhe des Rückkaufswerts handelt es sich um einen geldwerten Vorteil für den Arbeitnehmer, der als **einmalig gezahltes Arbeitsentgelt** im Sinne der Sozialversicherung anzusehen und entsprechend zu verbeitragen ist.

c) Arbeitslohnrückzahlung bei individuell und pauschal versteuerten Beiträgen

Soweit Arbeitslohnrückzahlungen aus **teilweise individuell** und **teilweise pauschal** versteuerten Beitragsleistungen herrühren, sind sie entsprechend aufzuteilen. Dabei kann aus Vereinfachungsgründen das Verhältnis zugrunde gelegt werden, das sich nach den Beitragsleistungen der vorangegangenen fünf Kalenderjahre ergibt (R 40b.1 Abs. 15 Satz 2 LStR). Maßgebend sind die tatsächlichen Beitragsleistungen, das heißt, die unter der vorstehenden Nr. 13 dargestellte Durchschnittsberech-

nung ist nicht anzuwenden. Nach Aufteilung der Arbeitslohnrückzahlung ergibt sich Folgendes:

– Beim **Arbeitnehmer** ist der bisher individuell versteuerte Teilbetrag des Deckungskapitals als Arbeitslohnrückzahlung (ohne Anrechnung auf den Arbeitnehmer-Pauschbetrag von 920 €) zu berücksichtigen. Auf die ausführlichen Erläuterungen beim Stichwort „Rückzahlung von Arbeitslohn" wird Bezug genommen. Die Arbeitslohnrückzahlung berührt den Sonderausgabenabzug des Arbeitnehmers nicht. Hat der Arbeitnehmer also die individuell versteuerten Beiträge seinerzeit als Sonderausgaben geltend gemacht, so ändert die Arbeitslohnrückzahlung in Höhe des anteiligen Deckungskapitals an diesem Vorgang nichts (die Arbeitslohnrückzahlung mindert auch nicht die ggf. im Kalenderjahr der Rückzahlung als Sonderausgaben abziehbaren Beitragsleistungen des Arbeitnehmers).

– Beim **Arbeitgeber** mindert der bisher pauschal versteuerte Teilbetrag des Deckungskapitals die pauschalierungsfähigen Beitragsleistungen im selben Kalenderjahr bis auf Null. Eine Minderung der Beitragsleistungen aus Vorjahren mit der Folge, dass sich für den Arbeitgeber ein Erstattungsanspruch ergeben würde, ist seit 2008 nicht möglich.

Beispiel

Wegen Auflösung seines Arbeitsverhältnisses am 29.10.2009 verliert ein Arbeitnehmer sein Bezugsrecht aus einer Direktversicherung, die noch keine fünf Jahre bestand. In die Direktversicherung wurden jährlich 2500 € eingezahlt und die Lohnsteuer für den höchstmöglichen Betrag mit 20 % pauschaliert. Das Deckungskapital beträgt am 29.10.2009 **11 000 €**. Es ist im Verhältnis der in den vorangegangenen 5 Kalenderjahren individuell und pauschal versteuerten Beitragsleistungen aufzuteilen:

	individuell versteuert	pauschal versteuert
2004	748,— €	1 752,— €
2005	748,— €	1 752,— €
2006	748,— €	1 752,— €
2007	748,— €	1 752,— €
2008	748,— €	1 752,— €
	3 740,— €	8 760,— €

prozentuales Verhältnis: 29,92 % zu 70,08 %

Der Arbeitnehmer kann 29,92 % von 11 000 € = 3292 € als negative Einnahme (ohne Anrechnung auf den Arbeitnehmer-Pauschbetrag von 920 €) in seiner Einkommensteuererklärung für das Kalenderjahr 2009 geltend machen.

Der Arbeitgeber kann 70,08 % von 11 000 € = 7709 € mit pauschalierungsfähigen Beitragsleistungen des Kalenderjahrs 2009 bis zur Höhe von Null verrechnen. Einen Erstattungsanspruch für pauschale Lohnsteuer kann er weder für 2009 noch für die Vorjahre geltend machen (R 40b.1 Abs. 14 LStR).

18. Direktversicherung bei Ehegatten-Arbeitsverhältnissen

Die Finanzverwaltung hat die Voraussetzungen zur Anerkennung von Direktversicherungsbeiträgen im Rahmen eines Ehegatten-Arbeitsverhältnisses in den BMF-Schreiben vom 4. 9. 1984 (BStBl. I S. 495) und vom 9. 1. 1986 (BStBl. I S. 7) zusammengefasst. Zu berücksichtigen ist außerdem die neuere Rechtsprechung des Bundesfinanzhofs (BFH-Urteil vom 10. 6. 2008, BStBl. II S. 973) und der Wegfall der sog. 30 %-Grenze[*]. Im Einzelnen gilt Folgendes:

Die Ernsthaftigkeit der Versorgungsleistungen des Arbeitgeber-Ehegatten braucht bei Aufwendungen zu einer Direktversicherung nicht geprüft zu werden, da hier – anders als bei einer Pensionszusage – ein Versicherungsunternehmen eingeschaltet wird und die Leistungen

---

[*] Erlass des Finanzministeriums Saarland vom 7. 3. 2005, abgedruckt als Anlage 7 zu H 40b.1 LStR im **Steuerhandbuch für das Lohnbüro 2010**, das im selben Verlag erschienen ist. Das **PC-Lexikon** für das Lohnbüro 2010 enthält auch dieses Handbuch und hat außerdem den Vorteil, dass Sie **alle BFH-Urteile** sowie die aktuellen Rundschreiben und Niederschriften der Spitzenverbände der **Sozialversicherung** mit Mausklick **im Volltext** abrufen und ausdrucken können. Eine Bestellkarte finden Sie vorne im Lexikon.

Zukunftsicherung

des Arbeitgeber-Ehegatten sofort erfolgen. Geprüft werden muss jedoch die **betriebliche Veranlassung**, wenn der Arbeitgeber-Ehegatte die Beiträge zur Direktversicherung zusätzlich zum geschuldeten Arbeitslohn erbringt. Eine betriebliche Veranlassung ist gegeben, wenn für familien**fremde** Arbeitnehmer, die eine gleiche oder ähnliche oder geringerwertige Tätigkeit wie der Ehegatte ausüben und die auch hinsichtlich der Betriebszugehörigkeit dem Ehegatten vergleichbar sind, ebenfalls eine Direktversicherung abgeschlossen wurde oder ihnen zumindest ernsthaft angeboten worden ist. Für den Vergleich dürfen keine Arbeitnehmer herangezogen werden, bei denen die Versicherungsbeiträge aus einer Gehaltsumwandlung (vgl. Nr. 16) bestritten werden. Dieser Vergleich mit familienfremden Arbeitnehmern wird als sog. **interner Betriebsvergleich** bezeichnet.

Ist ein interner Betriebsvergleich nicht möglich, weil vergleichbare familienfremde Arbeitnehmer nicht beschäftigt werden, wird die Direktversicherung steuerlich nur anerkannt, wenn

– der gezahlte Arbeitslohn (= laufender Arbeitslohn, zuzüglich Beiträge zur Direktversicherung) insgesamt noch **angemessen ist und**

– durch den Abschluss der Direktversicherung **keine Überversorgung** des mitarbeitenden Ehegatten eintritt (BFH-Urteil vom 8. 10. 1986, BStBl. 1987 II S. 205).

Ist das Ehegatten-Arbeitsverhältnis dem Grunde nach und das vereinbarte Entgelt der Höhe nach anzuerkennen, so ist auch die betriebliche Veranlassung für Beiträge zu einer Direktversicherung gegeben, die aus einer Gehaltsumwandlung stammen. Die sog. Überversorgung ist in diesem Fall nicht zu prüfen (BFH-Urteil vom 10. 6. 2008, BStBl. II S. 973). Gegen die zusätzliche Prüfung einer Überversorgung spricht, dass die betriebliche Altersversorgung durch die Gehaltsumwandlung aus eigenen Gehaltsanteilen des Arbeitnehmer-Ehegatten gespeist und aufgebaut wurde. Da vor der Gehaltsumwandlung ein Anspruch auf den infrage stehenden Gehaltsanteil bestand, kommt die Zahlung an die Versicherung einer Einkommensverwendung auf abgekürztem Wege zumindest nahe. An seiner früheren Rechtsprechung (BFH-Urteil vom 16. 5. 1995, BStBl. II S. 873) hält der Bundesfinanzhof ausdrücklich nicht mehr fest.

Die sog. **Überversorgung** (vgl. nachfolgenden Absatz) ist aber nach wie vor zu prüfen, wenn

– die Beiträge zur betrieblichen Altersversorgung **zusätzlich** zum ohnehin geschuldeten Arbeitslohn erbracht werden **oder**

– eine **anstehende Gehaltserhöhung** zugunsten von Beiträgen zur betrieblichen Altersversorgung **umgewandelt** wird.

Eine Überversorgung des mitarbeitenden Ehegatten liegt vor, wenn seine Altersversorgung (z. B. seine zu erwartende Rente aus der gesetzlichen Rentenversicherung zuzüglich der Leistungen aus der Direktversicherung) 75 % der letzten Aktivbezüge übersteigt. Die Durchführung dieser Prüfung beim Abschluss der Direktversicherung ist schwierig. Aus Vereinfachungsgründen konnte früher auf eine genaue Ermittlung der künftigen Altersversorgung verzichtet werden, wenn sämtliche Versorgungsleistungen 30 % des steuerpflichtigen Arbeitslohns nicht überstiegen (sog. 30 %Grenze). Die 30 %-Grenze hat die Finanzverwaltung sowohl für den Betriebsausgabenabzug als auch für die lohnsteuerliche Behandlung ab 1. 1. 2005 aufgegeben (BMF-Schreiben vom 3. 11. 2004, BStBl. I S. 1045). Hiernach gilt seit 1. 1. 2005 Folgendes:

Werden bei einem steuerlich anzuerkennenden Ehegatten-Arbeitsverhältnis Beiträge an eine Direktversicherung, Pensionskasse oder Pensionsfonds geleistet und stellen diese beim Arbeitgeber Betriebsausgaben dar, sind die Regelungen in § 3 Nr. 63 EStG und § 40 b EStG uneingeschränkt bis zu den jeweiligen Höchstbeträgen anwendbar. Dies gilt sowohl für rein arbeitgeberfinanzierte Beiträge als auch für Beiträge des Arbeitgebers, die durch Entgeltumwandlung finanziert werden.

Liegt keine Überversorgung vor, sind die Beiträge für eine Direktversicherung beim Arbeitgeber-Ehegatten als Betriebsausgabe abzugsfähig. Andererseits stellen die Beiträge jedoch **Zukunftsicherungsleistungen** für den Arbeitnehmer-Ehegatten dar, für die die Steuerfreiheit nach § 3 Nr. 63 EStG in Anspruch genommen oder in Altfällen die Lohnsteuer mit 20 % pauschaliert werden kann (bis zu einem Betrag von 1752 € jährlich).

Beispiel

Die Ehefrau des Unternehmers ist 2010 im Betrieb als Buchhalterin beschäftigt. Aufgrund des schriftlich abgeschlossenen Arbeitsvertrags erhält sie ein monatliches Gehalt von 2500 € sowie eine vermögenswirksame Leistung von 40,— € (Sparvertrag zum Erwerb von Wertpapieren). Außerdem ist seit Beginn des Ehegattenarbeitsverhältnisses im Jahr 2000 schriftlich vereinbart, dass der Arbeitgeber-Ehegatte zusätzlich Beiträge für eine Direktversicherung entrichtet, die eine Kapitalauszahlung vorsieht, und die die Beiträge in Höhe von monatlich 146,— € und die darauf entfallende Lohn- und Kirchensteuer sowie den Solidaritätszuschlag übernimmt. Auf der für die Ehefrau ausgestellten Lohnsteuerkarte ist die Steuerklasse III/0, ev, eingetragen.

Monatslohn im Januar 2010		2 500,— €
Vermögenswirksame Leistung		40,— €
lohnsteuer- und beitragspflichtig		2 540,— €
Lohnsteuer (nach Steuerklasse III/0)	141,33 €	
Solidaritätszuschlag	0,— €	
Kirchensteuer (8 %)	11,30 €	
Rentenversicherung (9,95 %)	252,73 €	
Arbeitslosenversicherung (1,4 %)	35,56 €	
Pflegeversicherung (1,225 %)	31,12 €	
Krankenversicherung (7,9 %)	200,66 €	672,70 €
Nettolohn		1 867,30 €
abzüglich: Vermögenswirksame Anlage		40,— €
auszuzahlender Betrag		1 827,30 €

Der Arbeitgeberanteil zur Sozialversicherung beträgt 490,85 €.

Neben dieser Lohnabrechnung hat der Arbeitgeber die **Pauschalversteuerung der Zukunftsicherungsleistung** vorzunehmen:

Direktversicherungsprämie	146,— €
Lohnsteuer 20 %	29,20 €
Solidaritätszuschlag (5,5 % von 29,20 €)	1,60 €
Kirchensteuer (angenommen) (7 % von 29,20 €)	2,04 €

Die pauschalbesteuerten Zukunftsicherungsleistungen gehören nicht zum beitragspflichtigen Arbeitsentgelt im Sinne der Sozialversicherung, wenn sie – wie im Beispiel – zusätzlich zu dem ohnehin geschuldeten Gehalt erbracht werden (vgl. unter Nr. 22 insbesondere Buchstabe b).

Wird bei einem teilzeitbeschäftigten Arbeitnehmer-Ehegatten die Lohnsteuer für das steuerlich anerkannte Ehegattenarbeitsverhältnis zulässigerweise mit 2 % pauschaliert (vgl. das Stichwort „Ehegattenarbeitsverhältnis"), ist daneben die Inanspruchnahme der Steuerfreiheit nach § 3 Nr. 63 EStG oder in Altfällen die Pauschalierung der Lohnsteuer mit 20 % für die Beiträge zu einer Direktversicherung möglich. Die Beiträge zur Direktversicherung werden auf die für die Pauschalierung der Lohnsteuer bei Teilzeitbeschäftigten geltende Pauschalierungsgrenze von 400 € monatlich **nicht** angerechnet, wenn die Steuerfreiheit nach § 3 Nr. 63 EStG bzw. die Pauschalierung der Lohnsteuer mit 20 % Beitragsfreiheit in der Sozialversicherung auslöst (vgl. das Stichwort „Geringfügige Beschäftigung" unter Nr. 4 Buchstabe c und d).

19. Direktversicherung für den Gesellschafter-Geschäftsführer einer GmbH

a) Steuerfreiheit für Beiträge zu einer Direktversicherung nach § 3 Nr. 63 EStG

Die Steuerfreiheit nach § 3 Nr. 63 EStG gilt im Grundsatz auch für beherrschende Gesellschafter-Geschäftsführer einer GmbH, wobei allerdings die allgemein geltenden Grundsätze zur Abgrenzung zwischen verdeckter Gewinnausschüttung und Arbeitslohn zu beachten sind.

Zukunftsicherung

	Lohn-steuer-pflichtig	Sozial-versich.-pflichtig

b) Pauschalierung der Lohnsteuer mit 20% in Altfällen

Gegen die Pauschalierung der Lohnsteuer mit 20% in Altfällen bei Direktversicherungsbeiträgen zugunsten von Gesellschafter-Geschäftsführern bestehen keine Bedenken, wenn es sich um pauschalierungsfähige Aufwendungen der Gesellschaft handelt und die Bezüge des Gesellschafter-Geschäftsführers einschließlich der Zukunftsicherungsleistung insgesamt angemessen sind (bei Unangemessenheit ggf. verdeckte Gewinnausschüttung). Der steuerlichen Anerkennung steht auch nicht entgegen, wenn für die in der Gesellschaft tätigen anderen Arbeitnehmer der Abschluss von Direktversicherungen nicht vorgesehen ist. Die einkommensteuerlichen Grundsätze zur Direktversicherung für den im Betrieb mitarbeitenden Ehegatten (vgl. Nr. 18) sind auf den beherrschenden Gesellschafter-Geschäftsführer einer Kapitalgesellschaft nicht anwendbar. Auch die von der Rechtsprechung entwickelten Grundsätze zur Frage der Ernsthaftigkeit der Belastung bei Pensionszusagen an Gesellschafter-Geschäftsführer werden bei Direktversicherungen nicht angewendet. Bei Direktversicherungen ist vielmehr bereits deshalb von der Ernsthaftigkeit auszugehen, weil der Versicherer die Versicherungsleistung unabhängig von der tatsächlichen Pensionierung des Geschäftsführers zu erbringen hat*).

Auf das Beispiel einer Lohnabrechnung für den Gesellschafter-Geschäftsführer einer GmbH mit pauschal besteuerten Beiträgen zu einer Direktversicherung beim Stichwort „Gesellschafter-Geschäftsführer" unter Nr. 6 auf Seite 360 wird Bezug genommen.

20. Solidaritätszuschlag bei Zukunftsicherungsleistungen

Seit 1.1.1995 wird ein Solidaritätszuschlag erhoben und zwar unabhängig davon, ob der Arbeitslohn normal besteuert oder die Lohnsteuer pauschal erhoben wird (vgl. die ausführlichen Erläuterungen beim Stichwort „Solidaritätszuschlag").

Versteuert der Arbeitgeber Beiträge zu einer Direktversicherung, Pensionskasse oder Gruppenunfallversicherung pauschal mit 20%, so muss er zusätzlich zur pauschalen Lohnsteuer den **Solidaritätszuschlag** an das Finanzamt abführen. Der Solidaritätszuschlag beträgt **5,5%** der pauschalen Lohnsteuer.

21. Berechnung der pauschalierten Kirchensteuer

Bei einer Pauschalierung der Lohnsteuer ist stets auch die Kirchensteuer zu pauschalieren. Die bei einer Kirchensteuerpauschalierung maßgebenden Sätze sind in den einzelnen Bundesländern unterschiedlich hoch; sie ergeben sich aus der Übersicht beim Stichwort „Kirchensteuer" unter Nr. 10 Buchstabe b auf Seite 431.

22. Sozialversicherungsrechtliche Behandlung von Zukunftsicherungsleistungen

a) Allgemeines

Durch das Altersvermögensgesetz ist sowohl die betriebliche als auch die private Altersvorsorge ab 1.1.2002 neu geregelt worden. Ab 1.1.2005 sind die Vorschriften zur betrieblichen und privaten Altersvorsorge durch das Alterseinkünftegesetz erneut geändert worden. Aus Gründen der Übersichtlichkeit ist in Anhang 6 zum Lexikon eine **Gesamtdarstellung** der betrieblichen Altersversorgung und in Anhang 6a der privaten Altersvorsorge (Rechtsstand 1.1.2010) abgedruckt. Nachfolgend ist die sozialversicherungsrechtliche Behandlung von Zukunftsicherungsleistungen im Allgemeinen und Leistungen zur betrieblichen Altersversorgung im Besonderen erläutert. Im Einzelnen gilt sozialversicherungsrechtlich Folgendes:

Neben den bereits früher vorhandenen vier Durchführungswegen für die betriebliche Altersversorgung, nämlich den Direktversicherungen, Pensionskassen, Direktzusagen und Unterstützungskassen ist seit 1.1.2002 als **fünfter** Durchführungsweg der betrieblichen Altersversorgung der **Pensionsfonds** eingeführt worden.

Steuer- und damit auch beitragsfrei waren früher nur die Beiträge zu **Pensionsfonds** und **Pensionskassen**. Durch das Alterseinkünftegesetz ist die Steuerfreiheit nach § 3 Nr. 63 EStG seit 1.1.2005 auch auf Beiträge zu einer **Direktversicherung** ausgedehnt worden. Die Pauschalierung der Lohnsteuer mit 20% ist allerdings für **sog. Altzusagen** erhalten geblieben (vgl. die Erläuterungen unter der vorstehenden Nr. 9 und in Anhang 6 zum Lexikon).

	Lohn-steuer-pflichtig	Sozial-versich.-pflichtig
Beiträge zu Direktversicherungen können also bei **sog. Altzusagen** nach wie vor in bestimmtem Umfang pauschal mit 20% besteuert werden. Dies löst Beitragsfreiheit in der Sozialversicherung aus, wenn der Arbeitgeber die Direktversicherungsbeiträge zusätzlich zum laufenden Arbeitsentgelt zahlt oder die Direktversicherungsbeiträge ausschließlich aus Einmalzahlungen finanziert werden.	ja	nein

Auf die Erläuterungen unter den nachfolgenden Buchstaben b bis f wird Bezug genommen.

Durch eine weitere, seit 1.1.2002 geltende Befreiungsvorschrift werden Leistungen eines Arbeitgebers oder einer Unterstützungskasse zu Übernahme bestehender Versorgungsverpflichtungen oder -anwartschaften durch einen Pensionsfonds ausdrücklich steuerfrei gestellt (§ 3 Nr. 66 EStG). Die Steuerfreiheit nach § 3 Nr. 66 EStG löst Beitragsfreiheit in der Sozialversicherung aus (§ 1 Abs. 1 Nr. 10 der Sozialversicherungsentgeltverordnung – SvEV).	nein	nein

Eine weitere wesentliche Neuerung bei der betrieblichen Altersvorsorge ist, dass der Arbeitnehmer seit 1.1.2002 einen gesetzlichen Anspruch auf betriebliche Altersvorsorge durch **Entgeltumwandlung** bis zu 4% der Beitragsbemessungsgrenze in der gesetzlichen Rentenversicherung (alte Bundesländer) hat. Die Durchführung dieses Anspruchs wird durch Vereinbarung zwischen Arbeitgeber und Arbeitnehmer geregelt. Ist der Arbeitgeber zu einer Durchführung über einen Pensionsfonds oder eine Pensionskasse bereit, ist die betriebliche Altersversorgung dort durchzuführen. Andernfalls kann der Arbeitnehmer verlangen, dass der Arbeitgeber für ihn eine Direktversicherung abschließt (§ 1a Abs. 1 des Gesetzes zur Verbesserung der betrieblichen Altersversorgung – BetrAVG)**). Der ab 1.1.2002 geltende Rechtsanspruch auf Entgeltumwandlung ist in Anhang 6 Nr. 13 auf Seite 868 ausführlich erläutert.

Hiernach ergibt sich für die fünf Durchführungswege der betrieblichen Altersversorgung folgende **beitragsrechtliche Behandlung:**

Pensionskasse

Steuerfreie Zuwendungen sind unabhängig davon, ob sie durch eine Entgeltumwandlung finanziert wurden oder

---

*) Bundeseinheitliche Verwaltungsauffassung (vgl. z. B. Erlass des Bayerischen Staatsministeriums der Finanzen vom 18.5.1981 Az.: 33 – S 2373 H – 23221). Der Erlass ist als Anlage 3 zu H 40b.1 LStR im **Steuerhandbuch für das Lohnbüro 2010** abgedruckt, das im selben Verlag erschienen ist. Das **PC-Lexikon** für das Lohnbüro 2010 enthält auch dieses Handbuch und hat außerdem den Vorteil, dass Sie **alle BFH-Urteile** sowie die aktuellen Rundschreiben und Niederschriften der Spitzenverbände der **Sozialversicherung** mit Mausklick **im Volltext** abrufen und ausdrucken können. Eine Bestellkarte finden Sie vorne im Lexikon.

) Das Gesetz zur Verbesserung der betrieblichen Altersversorgung ist als Anhang 13 im **Steuerhandbuch für das Lohnbüro 2010 abgedruckt, das im selben Verlag erschienen ist. Das **PC-Lexikon** für das Lohnbüro 2010 enthält auch dieses Handbuch und hat außerdem den Vorteil, dass Sie **alle BFH-Urteile** sowie die aktuellen Rundschreiben und Niederschriften der Spitzenverbände der **Sozialversicherung** mit Mausklick **im Volltext** abrufen und ausdrucken können. Eine Bestellkarte finden Sie vorne im Lexikon.

Zukunftsicherung

	Lohn-steuer-pflichtig	Sozial-versich.-pflichtig

nicht, bis zu 4 % der Beitragsbemessungsgrenze in der gesetzlichen Rentenversicherung (alte Bundesländer) beitragsfrei nach § 3 Nr. 63 EStG i. V. m. § 1 Abs. 1 Nr. 9 SvEV. — nein — nein

Pauschal besteuerte Beiträge an Pensionskassen sind bis zur steuerlichen Pauschalierungsgrenze beitragsfrei; bei einer Finanzierung der Beiträge über eine Entgeltumwandlung, darf sich die Entgeltumwandlung aber nicht auf das regelmäßige Entgelt beziehen (§ 1 Abs. 1 Nr. 4 SvEV i. V. m. § 40b EStG). — ja — nein

Pensionsfonds

Steuerfreie Zuwendungen sind unabhängig davon, ob sie durch eine Entgeltumwandlung finanziert wurden oder nicht, bis zu 4 % der Beitragsbemessungsgrenze in der gesetzlichen Rentenversicherung (alte Bundesländer) beitragsfrei nach § 3 Nr. 63 EStG i. V. m. § 1 Abs. 1 Nr. 9 SvEV. — nein — nein

Steuerfreie Leistungen eines Arbeitgebers oder einer Unterstützungskasse an einen Pensionsfonds zur Übernahme bestehender Versorgungsverpflichtungen oder -anwartschaften sind in vollem Umfang beitragsfrei (§ 3 Nr. 66 EStG i. V. m. § 1 Abs. 1 Nr. 10 SvEV). — nein — nein

Direktversicherung

Beiträge zu einer Direktversicherung, die nach § 3 Nr. 63 Sätze 1 und 2 EStG steuerfrei sind, bleiben unabhängig davon, ob sie durch eine Entgeltumwandlung finanziert werden oder nicht, bis zu 4 % der Beitragsbemessungsgrenze in der gesetzlichen Rentenversicherung (alte Bundesländer) beitragsfrei nach § 3 Nr. 63 Sätze 1 und 2 EStG i. V. m. § 1 Abs. 1 Nr. 9 SvEV. — nein — nein

Beiträge zu einer Direktversicherung, die nach § 3 Nr. 63 Satz 3 EStG bis zu dem zusätzlichen Höchstbetrag von 1800 € jährlich steuerfrei sind, unterliegen der Sozialversicherungspflicht (zur Vervielfältigungsregelung vgl. vorstehende Nr. 15 und Anhang 6 Nr. 9). — nein — ja

Für pauschal mit 20 % versteuerte Beiträge zu Direktversicherungen (Altfälle) gilt Folgendes:

Pauschal besteuerte Beiträge an Direktversicherungen sind bis zu steuerlichen Pauschalierungsgrenze beitragsfrei; bei einer Finanzierung der Beiträge über eine Entgeltumwandlung, darf sich die Entgeltumwandlung aber nicht auf das regelmäßige Entgelt beziehen (§ 1 Abs. 1 Nr. 4 SvEV i. V. m. § 40b EStG alter Fassung). — ja — nein

Handelt es sich um zusätzlich zum Arbeitslohn geleistete Beiträge des Arbeitgebers besteht Beitragsfreiheit. — ja — nein

Pensionszusage (Direktzusage)

Aufwand des Arbeitgebers, der **nicht** aus einer Entgeltumwandlung stammt, ist in vollem Umfang beitragsfrei. — nein — nein

Aufwand, der aus einer Entgeltumwandlung stammt, ist bis zu 4 % der Beitragsbemessungsgrenze in der gesetzlichen Rentenversicherung (alte Bundesländer) beitragsfrei; bis 31. 12. 2001 bestand auch bei Entgeltumwandlungen Beitragsfreiheit in vollem Umfang (vgl. das Stichwort „Arbeitnehmerfinanzierte Pensionszusage").

Unterstützungskasse

Aufwand des Arbeitgebers, der **nicht** aus einer Entgeltumwandlung stammt, ist in vollem Umfang beitragsfrei. — nein — nein

Aufwand, der aus einer Entgeltumwandlung stammt, ist bis zu 4 % der Beitragsbemessungsgrenze in der gesetzlichen Rentenversicherung (alte Bundesländer) beitragsfrei; bis 31. 12. 2001 bestand auch bei Entgeltumwandlungen Beitragsfreiheit in vollem Umfang.

Auf die Erläuterungen bei den einzelnen Stichwörtern (Arbeitnehmerfinanzierte Pensionszusage, Nachgelagerte Besteuerung, Pensionsfonds, Pensionskasse, Pensionszusage und Unterstützungskasse) sowie auf die Gesamtdarstellung in **Anhang 6** des Lexikons wird hingewiesen.

b) Sozialversicherungsfreiheit durch die Pauschalierung der Lohnsteuer mit 20 % bei Beiträgen zu Direktversicherungen und Pensionskassen in sog. Altfällen

Nach § 1 Abs. 1 Nr. 4 der Sozialversicherungsentgeltverordnung sind Zukunftsicherungsleistungen des Arbeitgebers, die nach § 40b EStG alter Fassung pauschal mit 20 % versteuert werden, dann kein Arbeitsentgelt in der Kranken-, Pflege-, Renten- und Arbeitslosenversicherung, wenn sie **zusätzlich** zum Lohn oder Gehalt gewährt werden. Die Pauschalierung der Lohnsteuer mit 20 % ist bei Beiträgen zu einer Direktversicherung oder Pensionskasse auf 1752 € jährlich oder 146 € monatlich begrenzt. In besonderen Fällen ist eine Durchschnittsberechnung möglich (vgl. nachfolgend unter Buchstabe c).

Pauschal versteuerte Zukunftsicherungsleistungen sind **jedoch nur dann sozialversicherungsfrei,** soweit

– der Arbeitgeber die Direktversicherungsbeiträge **zusätzlich** zum (laufenden) Arbeitsentgelt zahlt **oder**

– die Direktversicherungsbeiträge **aus Einmalzahlungen finanziert** werden.

Umwandlungen des **laufenden** Barlohns in Beiträge zu einer Direktversicherung werden somit bei der Sozialversicherung **nicht anerkannt.** Sie kommen deshalb nur für Arbeitnehmer in Betracht, deren Monatslohn über der monatlichen Beitragsbemessungsgrenze (ab 1. 1. 2010 5500 € in den alten Bundesländern und 4650 € in den neuen Bundesländern) liegt. Bei vor dem 1. 1. 1981 abgeschlossenen Direktversicherungsverträgen war seinerzeit auch eine Umwandlung von laufendem Barlohn möglich. Für diese Verträge gilt eine Sonderregelung zur Besitzstandswahrung bis heute*).

Beispiel A

Das laufende Gehalt eines Arbeitnehmers (Steuerklasse I) beträgt monatlich 3000 €. Der Arbeitnehmer verzichtet ab Mai 2010 zugunsten einer vom Arbeitgeber abgeschlossenen Direktversicherung auf einen Teil seines Gehalts. Außerdem übernimmt der Arbeitnehmer die auf die Beiträge zur Direktversicherung entfallende pauschale Lohn- und Kirchensteuer sowie den Solidaritätszuschlag.

Monatslohn vor der Gehaltsumwandlung	3 000,— €
gekürzt werden:	
Direktversicherungsbeitrag monatlich	146,— €
hierauf entfallende pauschale Lohnsteuer 20 %	29,20 €
Solidaritätszuschlag (5,5 % von 29,20 €)	1,60 €
pauschale Kirchensteuer (7 % von 29,20 €)	2,04 € 178,84 €
An den Arbeitnehmer werden ausgezahlt	2 821,16 €

Dem Lohnsteuerabzug nach Steuerklasse I der Monatstabelle unterliegen im Mai 2010 (3000 € – 146 € =) 2854 €.

Das beitragspflichtige Arbeitsentgelt beträgt **unverändert** 3000 €, da der Verzicht auf **laufende** Bezüge zugunsten einer Direktversicherung sozialversicherungsrechtlich unbeachtlich ist.

---

*) Für Direktversicherungsverträge, die vor dem 1. 1. 1981 abgeschlossen wurden, gelten die Einschränkungen hinsichtlich der laufenden Barlohnkürzung nicht. Aufgrund von solchen Verträgen pauschal versteuerte Zukunftsicherungsleistungen bleiben bis zu 200 DM (bis 1989 geltende Pauschalierungsgrenze; ab 1. 1. 2002 = 102,26 €) monatlich auch dann beitragsfrei, wenn sie auf einer Umwandlung von **laufendem** Arbeitslohn beruhen. Wurde bei einem vor dem 1. 1. 1981 abgeschlossenen Direktversicherungsvertrag anlässlich der Erhöhung der Pauschalierungsgrenze von 200 DM auf 250 DM monatlich ab 1. 1. 1990 der bisherige Beitrag zur Direktversicherung von 200 DM auf 250 DM erhöht, so ist der **gesamte** Beitrag von 250 DM beitragspflichtig. Die für Altfälle geltende Besitzstandsregelung stellt auf dem 1. 1. 1981 geltenden Vertragsverhältnisse ab. Sie gilt deshalb nicht mehr, wenn sich die seinerzeitigen Vertragsverhältnisse ändern. Um diese Folgen zu vermeiden, müssen Arbeitnehmer, die von der Besitzstandsregelung betroffen sind, bei jeder Erhöhung der Pauschalierungsgrenze einen neuen Direktversicherungsvertrag abschließen (z. B. ab 1. 1. 1996 einen neuen Direktversicherungsvertrag über monatlich 34 DM).

Zukunftsicherung

Beispiel B

Sachverhalt wie Beispiel A. Der Arbeitnehmer verzichtet jedoch nicht auf einen Teil seines Gehalts, sondern der Arbeitgeber gewährt die Direktversicherung zusätzlich zum normalen laufenden Arbeitslohn und übernimmt auch die anfallenden Pauschalsteuern. Es ergibt sich Folgendes:

	Lohn-steuer-pflichtig	Sozial-versich.-pflichtig
Monatliches Bruttogehalt	3 000,— €	
Zusätzliche Leistungen des Arbeitgebers zur Direktversicherung (pauschalversteuert mit 20%)	146,— €	
Gesamtbruttoentgelt	3 146,— €	
beitragspflichtiges Arbeitsentgelt		**3 000,— €**

Bei der Umwandlung von Barlohn in pauschal mit 20% besteuerte Beiträge zu einer Direktversicherung tritt also die Sozialversicherungsfreiheit nur dann ein, soweit **Einmalzahlungen** in Direktversicherungsbeiträge umgewandelt werden oder die Direktversicherungsbeiträge **zusätzlich zum laufenden Arbeitsentgelt** gezahlt werden. Werden mehrmals im Jahr einmalige Zuwendungen gezahlt (z. B. Urlaubsgeld und Weihnachtszuwendung), so kann sich der Arbeitnehmer aussuchen, welche einmalige Zuwendung er für die Umwandlung in Beiträge zu einer Direktversicherung verwenden will. Der Arbeitnehmer kann auch den in Beiträge zu einer Direktversicherung umzuwandelnden Höchstbetrag von 1752 € beliebig auf Urlaubsgeld und Weihnachtszuwendung verteilen. Wird der Direktversicherungsbeitrag zum Teil aus laufendem Arbeitsentgelt und zum Teil aus einmaligen Zuwendungen finanziert, ist nur der aus einmaligen Zuwendungen finanzierte **Anteil** beitragsfrei.

c) Behandlung von Beiträgen zu einer Gruppenversicherung in sog. Altfällen

Unter der Voraussetzung, dass sie zusätzlich zum Arbeitsentgelt gezahlt oder ausschließlich aus Einmalzahlungen finanziert werden, bleiben auch pauschal besteuerte Direktversicherungsbeiträge im Rahmen von **Gruppenversicherungen** beitragsfrei. Voraussetzung ist aber stets, dass es sich um eine zulässige Pauschalbesteuerung handelt, die Beiträge zur Direktversicherung also 1752 € jährlich nicht übersteigen. Bei Gruppenversicherungen darf der aus den Beiträgen bis 2148 € ermittelte Durchschnittsbetrag 1752 € nicht übersteigen; die Höhe der monatlichen Direktversicherungsbeiträge spielt dabei keine Rolle. Sind mehrere Arbeitnehmer gemeinsam in einer Gruppenversicherung oder in einer Pensionskasse versichert, ist somit für die Feststellung der Pauschalierungsgrenze (1752 € jährlich) eine Durchschnittsberechnung anzustellen. Arbeitnehmer, deren Beiträge 2148 € übersteigen, scheiden bei dieser Berechnung aus.

Die Aufwendungen für Arbeitnehmer, deren Beiträge im Einzelnen 2148 € nicht übersteigen, sind zusammenzurechnen und durch die Zahl der Arbeitnehmer zu teilen, für die sie erbracht worden sind. Übersteigt der so ermittelte Durchschnittsbetrag 1752 € nicht, so ist für jeden Arbeitnehmer der ermittelte Durchschnittsbetrag der Pauschalbesteuerung zugrunde zu legen.

Beispiel

Von den aus einer Einmalzahlung abgezweigten Beiträgen zu einer Gruppenversicherung entfallen auf die Arbeitnehmer A = 2500 €, B = 2000 €, C = 1500 €.

A scheidet aus der Durchschnittsberechnung aus, weil für ihn mehr als 2148 € entrichtet werden. Beitragspflichtig sind (2500 € − 1752 € =) 748 €.

Durchschnittsberechnung für B und C (2000 € + 1500 € =) 3500 € : 2 = 1750 €. Der Durchschnittsbetrag übersteigt die 1752-Euro-Pauschalierungsgrenze nicht. Für B und C sind deshalb jeweils 1750 € nach § 40b Abs. 2 Satz 2 EStG alte Fassung pauschal mit 20% zu versteuern.

Damit sind die für B und C gezahlten Beträge von 2000 € bzw. 1500 € beitragsfrei, da sie zulässigerweise pauschal versteuert worden sind.

23. Ausnahmeregelung für Beiträge zu Zusatzversorgungskassen

a) Steuerliche Ausnahmeregelung

Eine **Steuerfreiheit** der Aufwendungen kam bei **Zusatzversorgungskassen** bis einschließlich 2007 nur dann in Betracht, wenn die Beiträge zum Aufbau einer betrieblichen Altersversorgung im **Kapitaldeckungsverfahren** erhoben werden. Für **Umlagen,** die vom Arbeitgeber an eine Versorgungseinrichtung entrichtet werden, war eine Steuerfreiheit bis einschließlich 2007 nicht möglich. Hiervon betroffen sind in erster Linie die Beiträge zugunsten der Arbeiter und Angestellten im öffentlichen Dienst zu einer Pflichtversicherung bei der Versorgungsanstalt des Bundes und der Länder (**VBL**) oder einer kommunalen Zusatzversorgungskasse (**ZVK**). Die unter Aufsicht der Bundesanstalt für Finanzdienstleistungsaufsicht stehenden Pensionskassen arbeiten weit überwiegend im **Kapitaldeckungsverfahren** (u. a. auch die **Zusatzversorgungskasse** im **Baugewerbe**). Zuwendungen an umlagefinanzierte Pensionskassen sind zwar bis einschließlich 2007 steuerpflichtig, sie können aber auch ab 2005 bis zu 1752 € mit 20% pauschal versteuert werden (§ 40b Abs. 1 und 2 EStG). Dies gilt auch für etwaige Neuzusagen (= Versorgungszusagen, die nach dem 31. 12. 2004 erteilt worden sind). Zu den Unterschieden zwischen dem Kapitaldeckungs- und dem Umlageverfahren vgl. auch die Erläuterungen beim Stichwort „Pensionskasse" unter Nr. 1 am Ende.

Beispiel A

Eine Gemeinde zahlt **2007** zu Gunsten ihrer Arbeiter und Angestellten einen Betrag von 600 € jährlich je Arbeitnehmer in den umlagefinanzierten Teil der ZVK ein.

Eine Steuer- und Sozialversicherungsfreiheit der Beiträge kommt nicht in Betracht. Sie können allerdings mit 20% pauschal versteuert werden (§ 40b Abs. 1 und 2 EStG).

Seit 1. 1. 2008 sind Ausgaben des Arbeitgebers an eine **umlagefinanzierte Versorgungskasse in begrenztem Umfang steuerfrei** (§ 3 Nr. 56 EStG). Die Steuerfreiheit setzt die Zahlung der Beiträge im Rahmen eines **ersten Dienstverhältnisses** und die Auszahlung der zugesagten **Versorgung** (Alters-, Invaliditäts-, Hinterbliebenenversorgung) in Form einer **Rente** oder eines **Auszahlungsplans** mit anschließender lebenslanger Teilkapitalverrentung voraus. Die Steuerfreiheit der Ausgaben ist ab 1. 1. 2008 **zunächst** begrenzt auf **1%** der **Beitragsbemessungsgrenze** in der allgemeinen **Rentenversicherung** (West).

Für **2010** sind dies 1% von 66 000 € = **660 € jährlich** oder 55 € monatlich. Die Steuerfreiheit steigt 2014 auf 2%, ab 2020 auf 3% und ab 2025 auf 4%. Steuerfreie Beiträge des Arbeitgebers an eine kapitalgedeckte Versorgungseinrichtung (§ 3 Nr. 63 EStG) werden auf das steuerfreie Volumen angerechnet. Steuerlich ist es unerheblich, ob der Arbeitgeber vom sog. Aufzehrmodell (Anrechnung der Beiträge auf den steuerfreien Jahresbetrag von 660 €) oder vom sog. Verteilermodell (Anwendung eines monatlichen Freibetrags von 55 €) Gebrauch macht.

Beispiel B

Eine Gemeinde zahlt **2010** zu Gunsten ihrer Arbeiter und Angestellten einen Betrag von 600 € jährlich je Arbeitnehmer in den umlagefinanzierten Teil der ZVK ein (vgl. Beispiel A).

Der Betrag von 600 € jährlich (50 € monatlich) ist in vollem Umfang steuerfrei nach § 3 Nr. 56 EStG.

Die **späteren Versorgungsleistungen sind voll steuerpflichtig,** soweit sie auf **Ansprüchen** beruhen, die **durch steuerfreie** Ausgaben nach § 3 Nr. 56 EStG **erworben** wurden (§ 22 Nr. 5 Satz 1 EStG). Die Versorgungsleistungen, die auf pauschal oder individuell besteuerten Beiträgen basieren, sind mit dem niedrigeren Ertragsanteil (§ 22 Nr. 5 Satz 2 Buchstabe a i.V.m. Nr. 1 Satz 3 Buchstabe a Doppelbuchstabe bb EStG) zu besteuern (vgl. das Stichwort „Renten").

Zukunftsicherung

b) Sozialversicherungsrechtliche Ausnahmeregelung

Bisher waren die nach § 40 b Abs. 1 EStG pauschalbesteuerten Beiträge und Zuwendungen an **Zusatzversorgungskassen** in Höhe von 2,5 % des für ihre Bemessung maßgebenden Entgelts dem Arbeitsentgelt zuzurechnen, wenn die Versorgungsregelung ausdrücklich eine allgemein erreichbare Gesamtversorgung von mindestens 75 % des gesamtversorgungsfähigen Arbeitsentgelts sowie eine Dynamisierung der Versorgungsbezüge entsprechend der Entwicklung der Arbeitsentgelte vorsah; die dem Arbeitsentgelt zuzurechnenden Beiträge und Zuwendungen verminderten sich um monatlich 13,30 €. Sowohl der beitragspflichtige Hinzurechnungsbetrag als auch der **monatliche Freibetrag von 13,30 €** blieben über den 1. 1. 2008 hinaus erhalten, wurden aber um neue Regelungen ergänzt.

Für die beitragsrechtliche Behandlung des geldwerten Vorteils aus der Arbeitgeberumlage gelten seit 1. 1. 2008 folgende Regelungen:

- Nach § 1 Abs. 1 Satz 1 Nr. 4a SvEV*) sind die Arbeitgeberumlagen soweit sie nach § 3 Nr. 56 EStG steuerfrei sind oder nach § 40b EStG pauschal besteuert werden, dem beitragspflichtigen Arbeitsentgelt **nicht** hinzuzurechnen, wenn sie zusätzlich zu Löhnen und Gehältern gewährt werden. Diese Beitragsfreiheit wird allerdings durch § 1 Abs. 1 Sätze 3 und 4 SvEV eingeschränkt bzw. aufgehoben.

- Die Summe des nach § 3 Nr. 56 EStG steuerfreien Anteils der Arbeitgeberumlage und des nach § 40b EStG pauschal besteuerten Anteils der Arbeitgeberumlage, höchstens jedoch **monatlich 100 €** sind bis zur Höhe von **2,5 %** des für ihre Bemessung maßgebenden Entgelts dem Arbeitsentgelt zuzurechnen; von diesem Wert ist ein Betrag von **13,30 €** abzuziehen (§ 1 Abs. 1 Satz 3 SvEV). Soweit der Umlagesatz den Betrag von 2,5 % nicht erreicht, tritt bei der Ermittlung des Hinzurechnungsbetrags dieser Umlagesatz an die Stelle des Faktors von 2,5 %.

- Die Bestimmung des § 1 Abs. 1 Satz 3 SvEV ist mit der Maßgabe anzuwenden, dass die Zuwendungen nach § 3 Nr. 56 und § 40b EStG dem Arbeitsentgelt insoweit zugerechnet werden, als sie in der Summe monatlich 100 € **übersteigen** (§ 1 Abs. 1 Satz 4 SvEV).

Aus diesen Vorgaben ergibt sich seit 1. 1. 2008 folgende Beurteilung für den geldwerten Vorteil der Arbeitgeberumlage:

- Zunächst ist zu berücksichtigen, dass für Teile der Umlage, die die Summe des steuerfreien Anteils und des höchstmöglichen pauschal besteuerbaren Betrages übersteigen von vornherein bereits **individuell steuer- und beitragspflichtig** sind.

- Der steuerfreie und der pauschal besteuerbare Anteil der Arbeitgeberumlage sind zu addieren.

- Aus dieser Summe ist bis zum Betrag von 100 € ein Hinzurechnungsbetrag gem. § 1 Abs. 1 Satz 3 SvEV zu bilden.

- Übersteigt die Summe aus steuerfreier und pauschalbesteuerbarer Umlage den Betrag von 100 €, ist der über 100 € hinausgehende Betrag in vollem Umfang beitragspflichtig.

Die sich hieraus ergebenden Konstellationen sind in einer Übersicht im Anhang 19 auf Seite 1001 aufgeführt. Auf die Berechnungsbeispiele unter dem nachfolgenden Buchstaben c wird Bezug genommen.

c) Berechnungsbeispiele

Beispiel A

	Lohnsteuerpflichtig	Sozialversich.-pflichtig
Zusatzversorgungspflichtiges Entgelt		2 000,— €
vom Arbeitgeber zu tragende Umlage 1 %	20,— €	
abzüglich Freibetrag	13,30 €	6,70 €
Beitragspflichtiges Arbeitsentgelt		2 006,70 €
Steuerpflichtiger Arbeitslohn	2 000,— €	

Beispiel B

Für einen Angestellten im öffentlichen Dienst werden im Kalenderjahr **2010** Beiträge zur Zusatzversorgungskasse des Bundes und der Länder gezahlt. Es ergibt sich folgende Lohnabrechnung:

	Lohnsteuerpflichtig	Sozialversich.-pflichtig
Zusatzversorgungspflichtiger Lohn 2010		1 200,— €
VBL-Zusatzversorgungsbeitrag 6,45 % von 1200 € = 77,40 €. Von diesem Betrag sind 55 € steuerfrei nach § 3 Nr. 56 EStG. Der Rest wird pauschal mit 20 % versteuert.		
Beitragspflichtiger Hinzurechnungsbetrag (2,5 % von 1200 €) =	30,— €	
abzüglich Freibetrag	13,30 €	16,70 €
Beitragspflichtiges Arbeitsentgelt		1 216,70 €
Steuerpflichtiger Arbeitslohn	1 200,— €	

Eine Auswirkung der neuen **Begrenzung auf 100 € monatlich** ergibt sich dann, wenn der steuerfreie Betrag zusammen mit dem pauschalversteuerten Betrag die Grenze von 100 € erreicht. Dies ist bei einem Monatslohn von 1550,39 € der Fall (6,45 % von 1550,39 € = 100 €).

Beispiel C

Für einen Angestellten im öffentlichen Dienst werden im Kalenderjahr **2010** Beiträge zur Zusatzversorgungskasse des Bundes und der Länder gezahlt. Es ergibt sich folgende Lohnabrechnung:

	Lohnsteuerpflichtig	Sozialversich.-pflichtig
Zusatzversorgungspflichtiger Lohn		2 000,— €
VBL-Zusatzversorgungsbeitrag 6,45 % von 2000 € = 129 €. Von diesem Betrag sind 55 € steuerfrei, der Rest wird pauschal mit 20 % versteuert.		
Es ergibt sich eine beitragspflichtige Einnahme nach § 1 Abs. 1 Satz 4 SvEV in Höhe von (129 € – 100 € =)		29,— €
Beitragspflichtiger Hinzurechnungsbetrag (2,5 % von 1550,39 €) =	38,76 €	
abzüglich Freibetrag	13,30 €	25,46 €
Beitragspflichtiges Arbeitsentgelt		2 054,46 €
Steuerpflichtiger Arbeitslohn	2 000,— €	

Nach den Versorgungstarifverträgen im öffentlichen Dienst wird die Umlage nur bis zu einem tarifvertraglich festgesetzten monatlichen (Höchst-)Betrag von 92,03 € bzw. 89,48 €**) pauschal mit 20 % versteuert; der übersteigende Betrag der Umlage ist vom Arbeitnehmer **individuell** zu versteuern. Der vom Arbeitnehmer individuell zu versteuernde Teil der Umlage gehört im Rahmen der Beitragsbemessungsgrenzen auch zum beitragspflichtigen Entgelt in der Sozialversicherung.

Die Grenze zur individuellen Steuerpflicht liegt dort, wo sowohl der steuerfreie Betrag von 55 € als auch der pauschal versteuerte Betrag von 92,03 € ausgeschöpft sind.

---

*) Die ab 1.1.2010 geltende Fassung der Sozialversicherungsentgeltverordnung ist als Anhang 2 im **Steuerhandbuch für das Lohnbüro 2010** abgedruckt, das im selben Verlag erschienen ist. Das **PC-Lexikon** für das Lohnbüro 2010 enthält auch dieses Handbuch und hat außerdem den Vorteil, dass Sie **alle BFH-Urteile** sowie die aktuellen Rundschreiben und Niederschriften der Spitzenverbände der **Sozialversicherung** mit Mausklick **im Volltext** abrufen und ausdrucken können. Eine Bestellkarte finden Sie vorne im Lexikon.

**) Von dem vom Arbeitgeber zu tragenden Teil der Umlage werden 92,03 € pauschal versteuert (§ 37 Abs. 2 Tarifvertrag Altersversorgung – ATV für die Beschäftigten des Tarifgebiets West bei Zugehörigkeit zur VBL). Ansonsten liegt der Grenzbetrag bei 89,49 € (§ 16 Abs. 2 ATV). Soweit Arbeitgeber des öffentlichen Dienstes (z. B. Sparkassen) den vollen Pauschalierungsbetrag des § 40b EStG in Höhe von 146 € bzw. 179 € monatlich ausschöpfen, ist dieser Betrag anstelle von 92,03 € oder 89,48 € anzusetzen.

	Lohn-steuer-pflichtig	Sozial-versich.-pflichtig

Dies ist bei einem zusatzversorgungspflichtigen Monatslohn von 2279,54 € der Fall (55 € + 92,03 € = 147,03 €; 6,45 % von 2279,54 € = 147,03 €).

Beispiel D

Zusatzversorgungspflichtiger Lohn 2010	2 500,— €	
VBL-Zusatzversorgungsbeitrag des Arbeitgebers 6,45 % von 2500 € = 161,25 €. Hiervon sind 55 € steuerfrei nach § 3 Nr. 56 EStG. Vom Restbetrag (161,25 € – 55 € =) 107,25 € werden 92,03 € pauschal mit 20 % versteuert.		
Der Restbetrag der Umlage in Höhe von (161,25 € – 55 € – 92,03 € =) 14,22 € ist individuell zu versteuern:		14,22 €
Außerdem ergibt sich eine beitragspflichtige Einnahme nach § 1 Abs. 1 Satz 4 SvEV, soweit der Betrag von 100 € überschritten ist:		
55 € + 92,03 € =	147,03 €	
abzüglich	100,— €	
		47,03 €
Beitragspflichtiger Hinzurechnungsbetrag (2,5 % von 1550,39 €) =	38,76 €	
abzüglich Freibetrag	13,30 €	25,46 €
Beitragspflichtiges Arbeitsentgelt		2 586,71 €
Steuerpflichtiger Arbeitslohn (2500,— € + 14,22 € =)		2 514,22 €

d) Nachträgliche Änderung des nach § 3 Nr. 56 EStG steuerfreien Anteils der Arbeitgeberumlage

Werden sowohl Umlagen für eine Pensionskasse als auch Aufwendungen für eine kapitalgedeckte betriebliche Altersversorgung erbracht, ist zu berücksichtigen, dass die Steuerfreiheit nach § 3 Nr. 63 EStG der Steuerfreiheit nach § 3 Nr. 56 EStG vorgeht. Dies ergibt sich aus § 3 Nr. 56 Satz 3 EStG. Das bedeutet, dass die Steuerfreiheit nach § 3 Nr. 56 EStG nur noch dann bei der Umlage berücksichtigt werden kann, soweit der Betrag von 1 % der Beitragsbemessungsgrenze in der allgemeinen Rentenversicherung nicht bereits durch steuer- und beitragsfreie Aufwendungen für eine kapitalgedeckte betriebliche Altersversorgung i. S. von § 3 Nr. 63 EStG i. V. m. § 1 Abs. 1 Satz 1 Nr. 9 SvEV verbraucht ist. Wird die Steuerfreiheit von Aufwendungen für eine kapitalgedeckte betriebliche Altersversorgung nach § 3 Nr. 63 EStG durch den Arbeitgeber erst im Nachhinein im Zuge einer Einmalzahlung in Anspruch genommen und wurden die Arbeitgeberumlagen monatlich nach § 3 Nr. 56 EStG steuerfrei gestellt, wird zwar die Steuerfreiheit der Umlagen – ggf. vollständig – rückgängig gemacht. Der bisherigen Berechnung des beitragspflichtigen Anteils der Arbeitgeberumlage wird damit jedoch nicht die Grundlage entzogen, das heißt eine Rückwirkung ist in der Sozialversicherung ausgeschlossen, da nach der Rechtsprechung des Bundessozialgerichts in abgewickelte Versicherungsverhältnisse nicht eingegriffen werden darf (vgl. hierzu Urteile des Bundessozialgerichts vom 7.12.1989 – 12 RK 19/87 –, USK 89115, und vom 8. 12. 1999 – B 12 KR 12/99 R –, USK 9957, jeweils mit weiteren Rechtsprechungshinweisen). Demnach verbleibt es bei der im Rahmen des § 1 Abs. 1 Satz 3 und/oder Satz 4 i. V. m. Satz 1 Nr. 4a SvEV festgestellten Beitragspflicht der zunächst nach § 3 Nr. 56 EStG steuerfrei geleisteten Umlagen. Dies gilt selbst dann, wenn zu Beginn des Kalenderjahrs von vornherein feststeht, dass der Arbeitnehmer bei Gewährung einer Einmalzahlung von der Entgeltumwandlung Gebrauch machen und somit die steuerrechtliche Rückabwicklung erfolgen wird.

Zulagen

Zulagen sind Zahlungen des Arbeitgebers, die zusätzlich zum vereinbarten Lohn aufgrund einer tarifvertraglichen Regelung, einer Betriebsvereinbarung oder aufgrund des Einzelarbeitsvertrags gezahlt werden. Gebräuchlich sind folgende Zulagen:

- **Erschwerniszulagen** (zum Ausgleich für besondere Belastungen, z. B. Bauzulage, Gefahrenzulage, Schmutzzulage, Hitzezulage, vgl. das Stichwort „Erschwerniszuschläge");
- **Funktionszulagen** (wegen der Übernahme zusätzlicher Verantwortung z. B. Aufsichts- oder Koordinierungsarbeiten);
- **Leistungszulagen** (nach Bewertung der Arbeitsleistung);
- **Persönliche Zulagen;**
- **Sozialzulagen** (z. B. Familien-, Kinder- und Ortszuschläge).

Alle diese Zulagen sind steuer- und beitragspflichtiger Arbeitslohn. Ausnahmeregelungen bestehen nicht.   ja   ja

Siehe auch das Stichwort „Zuschläge".

Zusammenballung von Einkünften

Die Zusammenballung von Einkünften ist Voraussetzung für eine ermäßigte Besteuerung nach der sog. Fünftel-Methode. Eine Zusammenballung von Einkünften ist insbesondere anzunehmen bei Vergütung für mehrjährige Tätigkeiten (z. B. Jubiläumszuwendungen) und Abfindungen. Bei Jubiläumszuwendungen ist eine Zusammenballung von Einkünften und damit eine ermäßigte Besteuerung nach der sog. Fünftel-Methode immer dann gegeben, wenn das Arbeitsverhältnis fortbesteht (vgl. „Jubiläumszuwendungen").

Bei Entlassungsabfindungen liegt eine Zusammenballung von Einkünften immer dann vor, wenn eine Abfindung höher ist als der Arbeitslohn, den der Arbeitnehmer bei Fortsetzung des Dienstverhältnisses bis zum Ende des Kalenderjahrs noch bezogen hätte. Eine Überschreitung des wegfallenden Arbeitslohns um 1 Euro reicht aus (vgl. „Abfindung wegen Entlassung aus dem Dienstverhältnis").

Beispiel

Das Dienstverhältnis eines Arbeitnehmers mit einem Arbeitslohn von 4000 Euro monatlich wird auf Veranlassung des Arbeitgebers am 31. 7. 2010 aufgelöst. Der Arbeitnehmer erhält eine Abfindung von 25 000 Euro. Da die Abfindung den wegfallenden Arbeitslohn von August bis Dezember in Höhe von (5 × 4000 Euro) 20 000 Euro übersteigt, liegt eine Zusammenballung von Einkünften vor und der steuerpflichtige Teil der Abfindung kann nach der Fünftel-Methode ermäßigt besteuert werden.

Zusätzlichkeitsvoraussetzung

Bestimmte Leistungen oder geldwerte Vorteile, die der Arbeitgeber dem Arbeitnehmer gewährt, können nur dann steuerfrei gezahlt oder mit einem festen Pauschsteuersatz pauschal versteuert werden, wenn der Arbeitgeber diese Leistungen dem Arbeitnehmer **zusätzlich zum ohnehin geschuldeten Arbeitslohn** zuwendet. Diese „Zusätzlichkeitsvoraussetzung" wird in R 3.33 LStR definiert.

Die Zusätzlichkeitsvoraussetzung besagt, dass eine zweckbestimmte Arbeitgeberleistung (z. B. Beihilfen, Zuschüsse, bestimmte Sachbezüge) zu dem Arbeitslohn hinzukommen muss, den der Arbeitgeber schuldet, wenn die maßgebende Zweckbestimmung nicht getroffen wird. Eine zweckgebundene Leistung wird nur dann zusätzlich zu dem ohnehin geschuldeten Arbeitslohn erbracht, wenn der Arbeitnehmer die Leistung ohne Zweckbindung nicht erhalten würde. Entscheidend ist also, dass nur derjenige Arbeitnehmer die Leistung erhalten kann, der sie zu dem begünstigten Zweck verwendet. Wird eine zweckbestimmte Leistung unter Anrechnung auf den vereinbarten Arbeitslohn oder durch Umwandlung (Umwidmung) des vereinbarten Arbeitslohns gewährt, liegt keine zusätzliche Leistung

Zusatzverpflegung

| | Lohn-steuer-pflichtig | Sozial-versich.-pflichtig |

vor, der vereinbarte Arbeitslohn bleibt unverändert. Dies gilt selbst dann, wenn die Umwandlung auf Grund einer tarifvertraglichen Öffnungsklausel erfolgt. Eine zusätzliche Leistung liegt auch dann nicht vor, wenn die Leistung unter Anrechnung auf eine freiwillige Sonderzahlung, z. B. Weihnachtsgeld, erbracht wird. Es ist unerheblich, ob die zusätzliche Leistung ihrerseits vom Arbeitgeber geschuldet oder freiwillig gewährt wird. Ebenso ist es unschädlich, wenn der Arbeitgeber verschiedene zweckgebundene Leistungen zur Auswahl anbietet.

Die Zusätzlichkeitsvoraussetzung muss erfüllt sein, wenn der Arbeitgeber für die folgenden Leistungen die Lohnsteuer mit einem Pauschsteuersatz berechnen will:

– Unentgeltliche oder verbilligte Übereignung von Personalcomputer und Barzuschüsse zur Internetnutzung, die mit 25% pauschal versteuert werden;

– Zuschüsse zu den Aufwendungen eines Arbeitnehmers für Fahrten zwischen Wohnung und Arbeitsstätte, die mit 15% pauschal versteuert werden.

Außerdem muss die Zusätzlichkeitsvoraussetzung bei der Zahlung von steuerfreien Kindergartenzuschüssen und bei der Inanspruchnahme des ab 1.1.2009 geltenden Freibetrags für die Gesundheitsförderung in Höhe von 500 € jährlich erfüllt sein.

Auf die ausführlichen Erläuterungen zur sog. Zusätzlichkeitsvoraussetzung beim Stichwort „Gehaltsumwandlung" wird Bezug genommen.

Zusatzverpflegung

Die Zusatzverpflegung für Arbeitnehmer, die mit gesundheitsgefährdenden Arbeiten betraut sind, ist kein steuerpflichtiger Arbeitslohn, wenn die Zusatzverpflegung zur Abwehr von Berufskrankheiten dient.   nein   nein

Siehe auch „Genussmittel" und „Getränke"

Zusatzversorgungskassen

Eine Steuerfreiheit nach § 3 Nr. 63 EStG kommt für Beiträge zu einer Zusatzversorgungseinrichtung nur dann in Betracht, wenn die Beiträge nicht im Umlageverfahren, sondern im **Kapitaldeckungsverfahren** erhoben werden. Denn die aus der Steuerfreiheit nach § 3 Nr. 63 EStG resultierende nachgelagerte Besteuerung ist nur dann möglich, wenn der Beitrag dem einzelnen Arbeitnehmer zugeordnet werden kann.

Seit 1.1.2008 werden auch **Zuwendungen** des Arbeitgebers an **umlagefinanzierte Pensionskassen** bis zu 1% der Beitragsbemessungsgrenze in der allgemeinen Rentenversicherung (alte Bundesländer) **steuerfrei** gestellt (§ 3 Nr. 56 EStG). Der steuer- und beitragsfreie **Höchstbetrag** für 2010 beträgt **660 €** (1% von 66 000 €). Steuerfreie Beiträge des Arbeitgebers an eine kapitalgedeckte Versorgungseinrichtung (§ 3 Nr. 63 EStG) werden allerdings auf dieses steuerfreie Volumen angerechnet.

Auf die ausführlichen Erläuterungen beim Stichwort „Zukunftssicherung" unter Nr. 23 wird Bezug genommen.

Zusatzversorgungskasse im Baugewerbe

Auf die ausführlichen Erläuterungen beim Stichwort „Zukunftssicherung" unter Nr. 23 wird Bezug genommen.

Zuschläge für Sonntags-, Feiertags- und Nachtarbeit

| | Lohn-steuer-pflichtig | Sozial-versich.-pflichtig |

Zuschlag zum Versorgungsfreibetrag

siehe „Versorgungsbezüge, Versorgungsfreibetrag"

Zuschläge

Zuschläge werden insbesondere gezahlt für

– Mehrarbeit,
– Überstunden,
– Sonntags-, Feiertags- und Nachtarbeit.

Zuschläge für Mehrarbeit und Überstunden sind stets steuer- und beitragspflichtig.   ja   ja

Wegen der Behandlung von einheitlichen Zuschlägen, die die Mehrarbeit zur Nachtzeit und an Sonn- und Feiertagen abgelten sollen, vgl. die Erläuterungen beim Stichwort „Zuschläge für Sonntags-, Feiertags- und Nachtarbeit" unter Nr. 7 auf Seite 830.

Zuschläge für Sonntags-, Feiertags- und Nachtarbeit

Neues auf einen Blick:

Zuschläge für Sonntags-, Feiertags- und Nachtarbeit können nur für **tatsächlich geleistete** Sonntags-, Feiertags- und Nacht**arbeit** gezahlt werden. In einem vom Bundesfinanzhof zu entscheidenden Streitfall wurde eine Flugbegleiterin nach Mitteilung ihrer **Schwangerschaft** beim Bodenpersonal eingesetzt, weil ihr nach dem Mutterschutzgesetz Sonntags-, Feiertags- und Mehrarbeit **verboten** war. Die **Zahlung** einer entsprechenden **Schichtzulage** erfolgte wie bisher. Die Flugbegleiterin machte geltend, dass trotz des Beschäftigungsverbots die Schichtzulage wie bisher als Zuschlag für Sonntags-, Feiertags- und Nachtarbeit steuerfrei bleiben müsse. Dem ist der **Bundesfinanzhof** nicht gefolgt. Die **Steuerbefreiung** der Zuschläge für Sonntags-, Feiertags- und Nachtarbeit könne sachlich **nur** mit einem Ausgleich für **tatsächlich geleistete Arbeiten** zu besonders **ungünstigen Zeiten** gerechtfertigt werden. Es liege auch **keine Diskriminierung von Frauen** vor, da die Steuerbegünstigung nicht nur werdenden Müttern, sondern allen Arbeitnehmern versagt werde, die aus unterschiedlichsten, in ihrer Person oder in der Sphäre des Arbeitgebers liegenden Gründen keine Arbeiten zu ungünstigen Zeiten leisten könnten oder dürften. Die Versagung der Steuerfreiheit betreffe keine besonders „frauenspezifischen" Arbeitsbereiche oder Tätigkeiten (BFH-Beschluss vom 27.5.2009, BStBl. II S. 730).

Die Steuerfreiheit nach § 3b EStG setzt voraus, dass die Zuschläge für tatsächlich geleistete Sonntags-, Feiertags- und Nachtarbeit neben dem Grundlohn gezahlt werden. Bei **Nettolohnvereinbarungen** ist es deshalb für die Steuerfreiheit erforderlich, dass die Zuschläge für Sonntags-, Feiertags- und Nachtarbeit **neben dem vereinbarten Nettolohn gezahlt werden**. Hierzu hat das Finanzgericht Baden-Württemberg mit Urteil vom 21.9.2009 (Az.: 9 K 260/06) Folgendes entschieden:

Steht den Arbeitnehmern eine stets gleich bleibende Stundenvergütung zu, ohne Rücksicht darauf, ob sonntags, feiertags oder nachts gearbeitet wird, sind die Voraussetzungen für die Steuerfreiheit der Sonn-, Feiertags- und Nachtzuschläge nach § 3b EStG nicht gegeben.

Gegen das Urteil des Finanzgerichts wurde die Revision zum Bundesfinanzhof wegen grundsätzlicher Bedeutung der Sache zugelassen. Bundesweit gibt es eine Vielzahl gleichartiger Fälle, in denen das von der Klägerin verwendete Lohnfindungssystem angewendet wurde (vgl. die Erläuterungen unter nachfolgender Nr. 2 Buchstabe d).

Zuschläge für Sonntags-, Feiertags- und Nachtarbeit

Gliederung:
1. Allgemeines
2. Zuschlagssätze, begünstigter Personenkreis, Zuschlag zum Grundlohn, Steuerfreiheit nur für tatsächlich geleistete Sonntags-, Feiertags- und Nachtarbeit
   a) Höhe der Zuschlagssätze
   b) Begünstigter Personenkreis
   c) Zuschlag zum Grundlohn
   d) Zuschlag zum Grundlohn bei Nettolohnvereinbarungen
   e) Bereitschaftsdienstzulagen
   f) Barabgeltung eines Freizeitanspruchs
   g) Steuerfreie Zuschläge nur für tatsächlich geleistete Arbeit an Sonn- und Feiertagen und zur Nachtzeit
3. Sonn- und Feiertagszuschläge
4. Nachtarbeitszuschläge
5. Ermittlung des Grundlohns
   a) Allgemeines
   b) Was gehört zum Grundlohn?
   c) Was gehört nicht zum Grundlohn?
   d) Ermittlung des Basisgrundlohns
   e) Ermittlung von Grundlohnzusätzen
   f) Umrechnung des Grundlohns in einen Stundenlohn
   g) Ermittlung des Grundlohns bei SFN-Arbeit von weniger als einer Stunde
   h) Ermittlung des Grundlohns bei Altersteilzeit
6. Vereinfachungsvorschlag für die Praxis
7. Mehrarbeit und steuerfreie Zuschläge
8. Nachweis der begünstigten Arbeitszeit
9. Pauschalierung ohne Einzelnachweis
10. Abschlagszahlungen mit nachträglichem Einzelnachweis
11. Sozialversicherungspflicht für SFN-Zuschläge, soweit der Stundenlohn 25 € übersteigt
    a) Allgemeines
    b) Berechnung der sozialversicherungsfreien SFN-Zuschläge

1. Allgemeines

Der Arbeitgeber darf an Sonntagen und gesetzlichen Feiertagen im Grundsatz keine Arbeitnehmer beschäftigen. Von diesem Grundsatz sind im Arbeitszeitgesetz eine Vielzahl von Ausnahmen zugelassen worden (für das Hotel- und Gaststättengewerbe, das Speditionsgewerbe, für durchgehend arbeitende Betriebe z. B. in der Eisen- und Stahlindustrie und in der Papierindustrie). Wenn der Arbeitnehmer an einem Sonn- oder Feiertag arbeiten muss, so hat er zunächst Anspruch auf das normale Arbeitsentgelt. Ob er darüber hinaus Anspruch auf Zuschläge für Sonntags-, Feiertags- oder Nachtarbeit hat, ergibt sich im Normalfall aus einem Tarifvertrag, einer Betriebsvereinbarung oder einer einzelvertraglichen Vereinbarung.

Durch das Arbeitszeitgesetz ist als Nachtarbeit die Zeit von 23 bis 6 Uhr (= 7 Stunden) festgelegt worden (§ 2 Abs. 3 ArbZG). Für die Zahlung steuerfreier Nachtarbeitszuschläge gilt jedoch die steuerrechtliche Regelung in § 3 b EStG, wonach Nachtarbeitszuschläge für eine Arbeitsleistung in der Zeit von **20 Uhr** bis 6 Uhr unter bestimmten Voraussetzungen steuerfrei sein können.

Auch die Arbeit an Sonn- und Feiertagen ist durch das Arbeitszeitgesetz im Einzelnen geregelt worden:

– Mindestens 15 Sonntage im Jahr müssen beschäftigungsfrei bleiben.
– Die Arbeitszeit an Sonn- und Feiertagen darf grundsätzlich acht Stunden nicht überschreiten. Sie kann auf zehn Stunden verlängert werden, wenn diese Verlängerung innerhalb von sechs Monaten ausgeglichen wird (§ 11 Abs. 2 ArbZG).

Die Regelung der Arbeitszeit an Sonn- und Feiertagen durch das Arbeitszeitgesetz wirkt sich jedoch nur indirekt auf die Steuerfreiheit der Zuschläge aus, und zwar aus folgenden Gründen:

Arbeitet der Arbeitnehmer nämlich **unzulässigerweise** an Sonn- und Feiertagen (sei es in Unkenntnis oder in Missachtung der gesetzlichen Vorschriften) und zahlt der Arbeitgeber Zuschläge für diese Sonn- und Feiertagsarbeit, so sind diese Zuschläge im Rahmen des § 3 b EStG steuerfrei. Denn die Steuerfreiheit der Sonntags-, Feiertags- oder Nachtarbeitszuschläge nach § 3 b EStG hängt nicht davon ab, ob die den Zuschlägen zugrunde liegende Tätigkeit gegen ein gesetzliches Gebot oder Verbot verstößt (§ 40 AO). Für die steuerliche Beurteilung ist allein maßgebend, ob die Beteiligten den wirtschaftlichen Erfolg eintreten lassen, das heißt, maßgebend ist ausschließlich die Tatsache, ob der Arbeitgeber Zuschläge für Sonntags-, Feiertags- oder Nachtarbeit gezahlt hat oder nicht. Ob die Tätigkeit, die zur Zahlung der Zuschläge führt, gegen die Vorschriften des Arbeitszeitgesetzes verstößt und ggf. mit einem Bußgeld geahndet wird, ist für die steuerliche Behandlung ohne Bedeutung. Auch die Vorschrift des § 134 BGB, wonach Vereinbarungen, die gegen Vorschriften des Arbeitszeitgesetzes verstoßen, unwirksam sind, kann an dieser steuerlichen Beurteilung nichts ändern.

2. Zuschlagssätze, begünstigter Personenkreis, Zuschlag zum Grundlohn, Steuerfreiheit nur für tatsächlich geleistete Sonntags-, Feiertags- und Nachtarbeit

a) Höhe der Zuschlagssätze

Bei der Höhe der steuerfreien Zuschlagssätze wird seit 1. 1. 1990 nicht mehr danach unterschieden, ob diese Zuschläge in einem Tarifvertrag festgelegt oder nur durch Arbeitsvertrag oder Betriebsvereinbarung geregelt sind; es gelten für **alle Arbeitnehmer** die gleichen steuerfreien Zuschlagssätze.

	Lohnsteuerpflichtig	Sozialversich.-pflichtig
Soweit der für die Berechnung der steuerfreien Zuschläge maßgebende Stundengrundlohn **25 € nicht übersteigt**, sind die Zuschläge für Sonntags-, Feiertags- und Nachtarbeit steuer- und beitragsfrei.	nein	nein
Soweit für die Berechnung der steuerfreien Zuschläge maßgebende Stundengrundlohn zwar **25 €**, nicht aber **50 €** übersteigt, sind die Zuschläge für Sonntags-, Feiertags- und Nachtarbeit zwar lohnsteuerfrei aber beitragspflichtig.	nein	ja
Soweit der für die Berechnung der steuerfreien Zuschläge maßgebende Stundenlohn **50 € übersteigt**, sind die Zuschläge für Sonntags-, Feiertags- und Nachtarbeit steuer- und beitragspflichtig.	ja	ja

Eine Sonderregelung gilt für die gesetzliche Unfallversicherung und für die Seefahrt:

In der gesetzlichen Unfallversicherung und in der Seefahrt gehören auch lohnsteuerfreie Zuschläge für Sonntags-, Feiertags- und Nachtarbeit zum beitragspflichtigen Entgelt (§ 1 Abs. 2 der Sozialversicherungsentgeltverordnung).

Zuschläge, die für **tatsächlich geleistete** Sonntags-, Feiertags- und Nachtarbeit **neben dem Grundlohn** gezahlt werden, sind nach § 3 b EStG in folgender Höhe steuerfrei:

Nachtarbeit
– für Nachtarbeit von 20 Uhr bis 6 Uhr   25 % des Grundlohns
– für Nachtarbeit von 0 Uhr bis 4 Uhr, wenn die Nachtarbeit vor 0 Uhr aufgenommen wurde   40 % des Grundlohns

Zuschläge für Sonntags-, Feiertags- und Nachtarbeit

	Lohnsteuerpflichtig	Sozialversich.pflichtig

Sonntagsarbeit
- für Sonntagsarbeit von 0 Uhr bis 24 Uhr. Als Sonntagsarbeit gilt auch die Arbeit am Montag von 0 Uhr bis 4 Uhr, wenn die Nachtarbeit vor 0 Uhr aufgenommen wurde — 50 % des Grundlohns

Arbeit an gesetzlichen Feiertagen
- für Arbeit an gesetzlichen Feiertagen von 0 Uhr bis 24 Uhr. Als Feiertagsarbeit gilt auch die Arbeit des auf den Feiertag folgenden Tages von 0 Uhr bis 4 Uhr, wenn die Nachtarbeit vor 0 Uhr aufgenommen wurde — 125 % des Grundlohns

Sonderfälle
- für die Arbeit an **Silvester** von 14 Uhr bis 24 Uhr — 125 % des Grundlohns
- für die Arbeit an den **Weihnachtsfeiertagen** von 0 Uhr bis 24 Uhr — 150 % des Grundlohns
  Als Feiertagsarbeit gilt auch die Arbeit des auf den Feiertag folgenden Tages von 0 Uhr bis 4 Uhr, wenn die Nachtarbeit vor 0 Uhr aufgenommen wurde
- für die Arbeit an **Heiligabend** von 14 Uhr bis 24 Uhr — 150 % des Grundlohns
- für die Arbeit am **1. Mai** von 0 Uhr bis 24 Uhr — 150 % des Grundlohns
  Als Feiertagsarbeit gilt auch die Arbeit des auf den Feiertag folgenden Tages von 0 Uhr bis 4 Uhr, wenn die Nachtarbeit vor 0 Uhr aufgenommen wurde

b) Begünstigter Personenkreis

Die Steuerfreiheit der Zuschläge für Sonntags-, Feiertags- und Nachtarbeit gilt nur für Arbeitnehmer im lohnsteuerlichen Sinne, das heißt **bei Einkünften aus nichtselbständiger Arbeit.** Selbständig Tätige sind also von der Vergünstigung des § 3b EStG bewusst ausgeschlossen worden. Steuerfreie Zuschläge für Sonntags-, Feiertags- und Nachtarbeit können auch Arbeitnehmer erhalten, deren Arbeitslohn nach § 40 a EStG pauschal versteuert wird. Dies sind

- Geringfügig entlohnte Beschäftigungsverhältnisse (sog. 400-Euro-Jobs) für die der Arbeitgeber eine 2 %ige Pauschalsteuer zahlt (vgl. das Stichwort „Geringfügige Beschäftigung" unter Nr. 4 Buchstabe a Beispiel B auf Seite 341).
- Geringfügig entlohnte Beschäftigungsverhältnisse (sog. 400-Euro-Jobs) für die der Arbeitgeber eine 20 %ige Pauschalsteuer zahlt (vgl. das Stichwort „Pauschalierung der Lohnsteuer bei Aushilfskräften und Teilzeitbeschäftigten" unter Nr. 3).
- Aushilfskräfte, die mit 25 % pauschal besteuert werden (vgl. des Stichwort „Pauschalierung der Lohnsteuer bei Aushilfskräften und Teilzeitbeschäftigten" unter Nr. 4).
- Aushilfskräften in der Land- und Forstwirtschaft, die mit 5 % pauschal besteuert werden (vgl. das Stichwort „Pauschalierung der Lohnsteuer bei Aushilfskräften und Teilzeitbeschäftigten" unter Nr. 5).

Voraussetzung ist in allen Fällen, dass ein Zuschlag zum Stundengrundlohn gezahlt wird (vgl. die Erläuterungen unter dem nachfolgenden Buchstaben c). Unter dieser Voraussetzung können steuerfreie Zuschläge für Sonntags-, Feiertags- und Nachtarbeit auch an den **Arbeitnehmer-Ehegatten** im Rahmen eines steuerlich anerkannten Arbeitsverhältnisses gezahlt werden.

Zur Zahlung von steuerfreien Zuschlägen an **Gesellschafter-Geschäftsführer** einer GmbH vgl. das Stichwort „Gesellschafter-Geschäftsführer".

c) Zuschlag zum Grundlohn

Die Steuerfreiheit nach § 3b EStG setzt voraus, dass
- **neben dem Grundlohn**
- **ein Zuschlag**
- **für tatsächlich geleistete** Sonntags-, Feiertags- und Nachtarbeit (sog. SFN-Arbeit) gezahlt wird.

Die begünstigten Zuschläge müssen zwar nicht ausdrücklich als Zuschläge für Sonntags-, Feiertags- und Nachtarbeit bezeichnet sein; es muss sich jedoch eindeutig um einen **Zeitzuschlag,** d. h. einen Zuschlag für die begünstigten Zeiten handeln. **Nicht begünstigt** sind deshalb Erschwerniszuschläge, sonstige Arbeitslohnzuschläge, die wegen der Besonderheit der Arbeit gewährt werden und Mehrarbeitszuschläge.

Beispiel A
Der Arbeitnehmer erhält für die Arbeit in der Zeit von 18 bis 22 Uhr einen **Spätarbeitszuschlag.**
Der Zuschlag wird für die Arbeit zu einer bestimmten Zeit gezahlt. Soweit er auf die Zeit von 20 bis 22 Uhr entfällt, liegt somit ein steuerfreier **Nachtarbeitszuschlag** vor.

Beispiel B
Der Arbeitnehmer erhält für die Arbeit von 19 bis 21 Uhr eine **Gefahrenzulage.**
Die Gefahrenzulage wird wegen der Art der Tätigkeit und nicht für die Arbeit zu einer bestimmen Zeit gezahlt. Die Zulage stellt deshalb, auch soweit sie auf die Zeit von 20 bis 21 Uhr entfällt, keinen Nachtarbeitszuschlag dar.

Wechselschichtzuschläge, die ein Arbeitnehmer regelmäßig jeden Monat für seine Wechselschichttätigkeit fortlaufend bezieht, sind auch insoweit steuerpflichtig, als sie auf die in § 3 b EStG begünstigte Nachtarbeit entfallen (BFH-Urteil vom 7. 7. 2005, BStBl. II S. 888).

Beispiel C
Ein Arbeitnehmer im Bankgewerbe erhält für ständige Wechselschichtarbeit eine monatliche **Wechselschichtzulage** in Höhe von 300 €. In der dritten Schicht wird regelmäßig Nachtarbeit geleistet. Die Wechselschichtzulage ist in voller Höhe steuer- und beitragspflichtig. Die Abspaltung eines steuerpflichtigen Teils für Nachtarbeit (z. B. 1/3 von 300 € = 100 € als steuerfreier Nachtarbeitszuschlag) ist nicht zulässig.

Ein Zuschlag wird **nicht neben dem Grundlohn** gezahlt, wenn er aus dem arbeitsrechtlich geschuldeten Arbeitslohn **herausgerechnet** wird. Dies gilt auch dann, wenn im Hinblick auf eine ungünstig liegende Arbeitszeit ein höherer Arbeitslohn gezahlt werden sollte.

Beispiel D
Eine Bedienung im Hotel- und Gaststättengewerbe arbeitet abends und an Sonn- und Feiertagen. Sie erhält neben einem festen Arbeitslohn ein Bedienungsgeld in Höhe von 15 % des Umsatzes. Weder aus dem Festlohn noch aus dem Prozentlohn kann ein „steuerfreier Zuschlag" herausgerechnet werden, obwohl feststeht, dass während der begünstigten Zeit tatsächlich gearbeitet wurde.

Beispiel E
Der Geschäftsführer einer GmbH bezieht ein Monatsgehalt von 10 000 €. Eine Arbeitszeitregelung besteht nicht. Für die Sonntags-, Feiertags- oder Nachtarbeit des Geschäftsführers kann kein steuerfreier Teil aus dem Monatsgehalt herausgerechnet werden, selbst wenn die tatsächlich geleistete Sonntags-, Feiertags- und Nachtarbeit im Einzelnen aufgezeichnet worden ist.

d) Zuschlag zum Grundlohn bei Nettolohnvereinbarungen

Da der Zuschlag neben dem Grundlohn gezahlt werden muss, damit Steuerfreiheit eintritt, ist es bei einer **Nettolohnvereinbarung** erforderlich, dass der Zuschlag für Sonntags-, Feiertags- und Nachtarbeit **neben** dem vereinbarten Nettolohn gezahlt wird (R 3b Abs. 1 Satz 3 LStR). Liegt eine Nettolohnvereinbarung vor und wird lediglich für Zwecke der Berechnung eines darin enthaltenen Zuschlags ein Bruttolohn zuzüglich evtl. Ergänzungslöhne vereinbart, liegt keine Zahlung neben dem vereinbarten Nettolohn vor. Es ist deshalb entscheidend, ob der arbeitsvertraglich garantierte Nettolohn tatsächlich auch die steuerfreien Zuschläge für Sonntags-, Feiertags- und Nachtarbeit enthält. Ist arbeitsvertraglich ein fester (Netto-)Betrag vereinbart und wird dieser Betrag unabhängig davon geschuldet, ob und in welcher Höhe in dem betreffenden Lohnzahlungszeitraum (steuerfreie) Zuschläge für Sonntags-, Feiertags- und Nachtarbeit tatsächlich angefallen sind, liegen die Voraussetzungen für die Steuerfreiheit nach § 3b EStG nicht vor, weil die SFN-Zuschläge **nicht neben dem vereinbarten Nettolohn** gezahlt werden.

Zuschläge für Sonntags-, Feiertags- und Nachtarbeit

Hierzu hat das Finanzgericht Baden-Württemberg mit Urteil vom 21.9.2009 (Az.: 9 K 260/06) Folgendes entschieden:

Steht den Arbeitnehmern eine stets gleich bleibende Stundenvergütung zu, ohne Rücksicht darauf, ob sonntags, feiertags oder nachts gearbeitet wird, sind die Voraussetzungen für die Steuerfreiheit der Sonn-, Feiertags- und Nachtzuschläge nach § 3b EStG nicht gegeben.

Dem Urteil lag folgender Sachverhalt zugrunde:

Die betroffenen Arbeitnehmer waren in einem Gastronomiebetrieb in wechselnden Schichten rund um die Uhr tätig. Nach den insoweit gleich gestalteten Arbeitsverträgen sollten die Arbeitnehmer neben einem Basisgrundlohn „die aus ihrer Arbeitszeit resultierenden möglichen Sonn-, Feiertags- und Nachtzuschläge (SFN-Zuschläge) nach § 3b EStG als Teillohn des vereinbarten durchschnittlichen Effektivlohns pro Stunde für tatsächlich geleistete Arbeitsstunden" erhalten. Unter dem „durchschnittlichen Effektivlohn" verstanden die Vertragsparteien den Auszahlungsbetrag, der sich nach Abzug der steuerrechtlichen Abzüge und der Sozialabgaben vom Bruttolohn ergab. Der Auszahlungsbetrag, der auch „alle einzelrelevanten Löhne, wie etwa Urlaubs- und Weihnachtsgeld" enthalten sollte, wurde in fester Höhe vereinbart. Für den Fall, dass sich aufgrund der Arbeitszeitplanung ein geringerer durchschnittlicher Auszahlungsbetrag als der vereinbarte ergäbe, sollte für den betreffenden Abrechnungsmonat der Basisgrundlohn um eine sog. „Grundlohnergänzung" so erhöht werden, dass sich hieraus der vereinbarte durchschnittliche Auszahlungsbetrag pro tatsächlich geleisteter Arbeitsstunde errechnete. Wurde mit der Summe aus Basisgrundlohn, Urlaubs-, Weihnachtsgeld, dem Arbeitgeberzuschuss zu den vermögenswirksamen Leistungen und „SFN-Zuschlägen" der durchschnittliche Auszahlungsbetrag bereits erreicht, war eine Grundlohnergänzung nicht zu gewähren. Ziel der getroffenen Vergütungsvereinbarungen war es, den in fester Höhe vereinbarten durchschnittlichen Auszahlungsbetrag zu erreichen.

In der Urteilsbegründung führt das Finanzgericht aus, dass die mit den Arbeitnehmern getroffenen Vereinbarungen zwar formal dem Wortlaut des § 3b EStG Rechnung tragen, indem ausgehend vom vereinbarten „durchschnittlichen Effektivlohn" (Auszahlungsbetrag) auf einen Grundlohn heruntergerechnet wird. Die Verträge sind indes mit dem Zweck des § 3b EStG nicht zu vereinbaren. § 3b EStG liegt der Gedanke zugrunde, dass der Arbeitnehmer von der Steuerbefreiung nach dem Maß der von ihm geleisteten Sonntags-, Feiertags- und Nachtarbeit profitieren soll: Wer mehr Sonntags-, Feiertags- und Nachtarbeit leistet, erhält mehr Zuschläge, spart damit in der Summe mehr Lohnsteuer, Kirchensteuer und Solidaritätszuschläge und empfängt somit einen höheren Nettolohn. Der Steuerbefreiung nach § 3b EStG steht es entgegen, wenn die Höhe des Grundlohns davon abhängig gemacht wird, ob in einem Monat vom Arbeitnehmer viel oder wenig zuschlagbegünstigte Arbeit geleistet worden ist. Bei einer Nettolohnvereinbarung sind Sonn-, Feiertags- und Nachtzuschläge nicht nach § 3b EStG steuerfrei, wenn durch deren Gewährung nicht der Arbeitnehmer, sondern aufgrund der Deckelung des „durchschnittlichen Effektivlohns" der Arbeitgeber begünstigt wird, der bei zunehmendem Umfang geleisteter Sonntags-, Feiertags- und Nachtarbeit weniger Ergänzungslohn und damit insgesamt weniger Lohn aufwenden muss.

Gegen das Urteil des Finanzgerichts Baden-Württemberg wurde die Revision zum Bundesfinanzhof wegen grundsätzlicher Bedeutung der Sache zugelassen. Bundesweit gibt es eine Vielzahl gleichartiger Fälle, in denen das von der Klägerin verwendete Lohnfindungssystem angewendet wurde.

e) Bereitschaftsdienstzulagen

Die Steuerfreiheit der Zuschläge für Sonntags-, Feiertags- und Nachtarbeit nach § 3b EStG setzt voraus, dass es sich eindeutig um einen **Zeitzuschlag**, d. h. einen Zuschlag zum Grundlohn handelt, der für die begünstigten Zeiten gezahlt wird. **Nicht begünstigt** sind deshalb Zulagen für **Bereitschaftsdienst, Schicht- und Wechselschichtzulagen**, die keinen Zuschlag zu einer Grundvergütung vorsehen.

Beispiel A
Ein Arbeitnehmer erhält während der nächtlichen Bereitschaft von 20 Uhr bis 6 Uhr eine Vergütung von 15 % des Grundlohns und für die Bereitschaft an Sonn- und Feiertagen eine Vergütung von 25 % des Grundlohns. Die Vergütung für die Bereitschaftszeit ist steuerpflichtiger Arbeitslohn (BFH-Urteil vom 24.11.1989, BStBl. II S. 315).

Hierzu hat der Bundesfinanzhof entschieden, dass **Zuschläge zu einer Rufbereitschaftsentschädigung** als Zuschläge für Sonntags-, Feiertags- und Nachtarbeit **steuerfrei** sind, soweit sie die in § 3b EStG vorgesehenen Prozentsätze – gemessen an der Rufbereitschaftsentschädigung – nicht übersteigen (BFH-Urteil vom 27.8.2002, BStBl. II S. 883).

Beispiel B
Ein Arbeitnehmer erhält für die Rufbereitschaft an Sonn- und Feiertagen eine Entschädigung von 2 € je angefangene Stunde, für die Rufbereitschaft angeordnet ist. Auf diese Vergütung für die Rufbereitschaft wird bei einem Bereitschaftsdienst an Sonntagen ein Zuschlag von 30 % und bei einem Bereitschaftsdienst an Feiertagen ein Zuschlag von 100 % gezahlt. Diese Zuschläge sind nach § 3b EStG steuerfrei, da die in § 3b EStG festgelegten Zuschlagssätze (50 % des Grundlohns für Sonntagsarbeit und 125 % des Grundlohns für Feiertagsarbeit) nicht überschritten sind.

Obwohl der Arbeitnehmer bei der Rufbereitschaft nicht arbeitet, kam der Bundesfinanzhof zu diesem Ergebnis, weil er „das Bereithalten" im weitesten Sinne als „tatsächlich geleistete Sonn- und Feiertagsarbeit" im Sinne des § 3b EStG angesehen hat. Das Urteil des Bundesfinanzhofs gilt sowohl für den Bereitschaftsdienst als auch für die Rufbereitschaft. Der Unterschied ist Folgender:

Beim Bereitschaftsdienst ist der Arbeitnehmer verpflichtet, sich an einem **vom Arbeitgeber bestimmten Ort** innerhalb oder außerhalb des Betriebs aufzuhalten, damit er bei Bedarf seine Arbeit unverzüglich aufnehmen kann. Die ihm zur Verfügung stehende Zeit während des Bereitschaftsdienstes kann der Arbeitnehmer beliebig nutzen. Er muss jedoch sein Verhalten auf einen möglichen Arbeitseinsatz ausrichten.

Vom Bereitschaftsdienst ist die Rufbereitschaft zu unterscheiden. Von ihr spricht man, wenn der Arbeitnehmer verpflichtet ist, sich einem **von ihm selbst bestimmten,** dem Arbeitgeber aber anzugebenden Ort (z. B. die Privatwohnung) auf Abruf zur Arbeit bereitzuhalten.

Diese arbeitsrechtliche Unterscheidung hat nach dem Urteil des Bundesfinanzhofs für die steuerliche Beurteilung der Sonntags-, Feiertags- und Nachtarbeitszuschläge keine Bedeutung.

f) Barabgeltung eines Freizeitanspruchs

Die Steuerfreiheit nach § 3b EStG setzt voraus, dass der Zuschlag für **tatsächlich geleistete** Sonntags-, Feiertags- oder Nachtarbeit gezahlt wird. Die **Barabgeltung eines Freizeitanspruchs** oder Freizeitüberhangs ist also **steuerpflichtig** (R 3b Abs. 1 Satz 6 LStR).

Dies führt dazu, dass z. B. die Zeitzuschläge im öffentlichen Dienst für Arbeit an den Tagen vor dem ersten Weihnachtsfeiertag und Neujahrstag sowie für Arbeit an Wochenfeiertagen, auch wenn diese auf einen Sonntag fallen, sowie am Ostersonntag und am Pfingstsonntag nicht steuerfrei nach § 3b EStG sind, soweit sie einen Ausgleich für einen nicht gewährten Freizeitausgleich darstellen. Diese seit 1.1.1999 geltende Einschränkung soll an einem Beispiel näher erläutert werden:

Zuschläge für Sonntags-, Feiertags- und Nachtarbeit

Nach tarifvertraglichen Regelungen werden Zeitzuschläge für Arbeit an Feiertagen in unterschiedlicher Höhe gezahlt, je nachdem ob Freizeitausgleich gewährt wird oder nicht (z. B. 35 % Zeitzuschlag bei Freizeitausgleich oder 135 % Zeitzuschlag ohne Freizeitausgleich). Diese Zuschläge können nicht steuerfrei nach § 3b EStG gezahlt werden, soweit sie einen Ausgleich für den nicht gewährten Freizeitausgleich darstellen. Soweit nur in Fällen ohne Freizeitausgleich ein Zuschlag gezahlt wird, wird mit dem Zuschlag auch die „Mehrarbeit" vergütet, sodass z. B. der ohne Freizeitausgleich gezahlte Zeitzuschlag in Höhe von 135 % entsprechend aufzuteilen ist (100 % steuerpflichtig und nur noch 35 % steuerfrei).

Beispiel

Ein Krankenpfleger wird nach tarifvertraglichen Regelungen bezahlt. Er arbeitet am Ostersonntag und erhält hierfür einen Zuschlag in Höhe von 135 %. Würde er für die Arbeit am Ostersonntag den Freizeitausgleich wählen, wäre nur ein Zuschlag von 35 % zu zahlen. Von dem gezahlten Zuschlag in Höhe von 135 % sind deshalb 100 % als Barabgeltung eines Freizeitanspruchs steuerpflichtig.

g) Steuerfreie Zuschläge nur für tatsächlich geleistete Arbeit an Sonn- und Feiertagen und zur Nachtzeit

Die Zahlung eines Zuschlags **neben dem Grundlohn** setzt klare Vereinbarungen in einem Tarifvertrag, einer Betriebsvereinbarung oder zumindest in dem Einzelarbeitsvertrag voraus. Denn das gesetzliche Erfordernis, dass Zuschläge nur für **tatsächlich** geleistete Sonntags-, Feiertags- oder Nachtarbeit steuerfrei gezahlt werden können, erfordert zwingend **die Einzelaufzeichnung** der begünstigten Zeiten **durch den Arbeitgeber** (z. B. durch Stundenzettel, Stempelkarten, Schichtpläne mit ergänzenden Eintragungen). Der fehlende Nachweis tatsächlich erbrachter Arbeitsleistung an Sonn- und Feiertagen oder zur Nachtzeit kann nicht durch eine vergleichende Modellrechnung erbracht werden (BFH-Urteil vom 25.5.2005, BStBl. II S. 725).

Außerdem ergibt sich aus dem Erfordernis der **tatsächlich** geleisteten Sonntags-, Feiertags- und Nachtarbeit, dass Zuschläge für Sonntags-, Feiertags- und Nachtarbeit (SFN-Zuschläge), die im Rahmen einer Verdienstausfallvergütung gezahlt werden, nicht steuerfrei sind. Steuerpflichtig sind also hiernach

- die im Rahmen von Feiertagslohn ggf. fortgezahlten SFN-Zuschläge (vgl. „Feiertagslohn");
- die im Rahmen der Lohnfortzahlung im Krankheitsfall ggf. gezahlten SFN-Zuschläge (vgl. „Entgeltfortzahlung");
- die im Urlaubsentgelt ggf. enthaltenen SFN-Zuschläge (vgl. „Urlaubsentgelt");
- die im Zuschuss des Arbeitgebers zum Mutterschaftsgeld ggf. indirekt enthaltenen SFN-Zuschläge (vgl. „Mutterschaftsgeld").

Zum Nachweis der begünstigten Arbeitszeit wird auf die ausführlichen Erläuterungen unter den nachfolgenden Nrn. 8, 9 und 10 verwiesen.

3. Sonn- und Feiertagszuschläge

Sonn- und Feiertagsarbeit ist die Arbeit in der Zeit von **0 bis 24 Uhr** des jeweiligen Sonn- oder Feiertags. Als Sonn- und Feiertagsarbeit **gilt** auch die Arbeit in der Zeit von **0 bis 4 Uhr** des auf den Sonn- oder Feiertag folgenden Tages, **wenn die Arbeit vor 0 Uhr aufgenommen worden ist.** Welche Tage gesetzliche Feiertage sind, bestimmt sich nach den am Ort der Arbeitsleistung geltenden Vorschriften (also nach den Feiertagsgesetzen der Länder oder bei einer Tätigkeit im Ausland nach den dort geltenden Feiertagsgesetzen). Die in den einzelnen Bundesländern geltenden Feiertage sind beim Stichwort „Feiertagslohn" aufgeführt.

Bei einer nur vorübergehenden kurzfristigen Abwesenheit von der regelmäßigen Arbeitsstätte im Rahmen einer Reisetätigkeit sind die Verhältnisse an der regelmäßigen Arbeitsstätte maßgebend.

Beispiel

Ein Arbeitnehmer ist für seinen Arbeitgeber in Karlsruhe tätig. Am 3.10.2010 muss er in der Schweiz einen Kundentermin wahrnehmen. Der 3.10.2010 (Tag der Deutschen Einheit) ist am Sitz des Arbeitgebers ein Feiertag, jedoch nicht am Arbeitsort in der Schweiz.

Für die steuerfreien Zuschläge nach § 3b EStG ist maßgebend, dass am Ort der regelmäßigen Arbeitsstätte (Karlsruhe) ein gesetzlicher Feiertag ist.

Bei einer längerfristigen Abwesenheit können je nach den Umständen des Einzelfalls die Verhältnisse am Ort der neuen Tätigkeitsstätte maßgebend sein. In Zweifelsfällen kann den besonderen tarifvertraglichen Regelungen über die Gewährung von Feiertagszuschlägen gefolgt werden*).

Ist ein Sonntag zugleich Feiertag, kann ein Zuschlag nur bis zur Höhe des jeweils in Betracht kommenden Feiertagszuschlags steuerfrei gezahlt werden; Sonntagszuschläge und Feiertagszuschläge sind also – im Gegensatz zu den Nachtarbeitszuschlägen – **nicht kumulativ** anzuwenden.

Beispiel

Ein Arbeitnehmer arbeitet am Pfingstsonntag. Er erhält einen Sonntagszuschlag von 50 % und einen Feiertagszuschlag von 125 %. Insgesamt also 175 %. Hiervon kann nur ein Zuschlag von 125 % steuerfrei bleiben.

Zu den gesetzlichen Feiertagen im Sinne des § 3b EStG gehören nach R 3b Abs. 3 Satz 3 LStR auch der **Ostersonntag** und der **Pfingstsonntag** und zwar auch dann, wenn sie in den am Ort der Arbeitsstätte geltenden Vorschriften nicht ausdrücklich als Feiertage genannt werden.

Wenn für die einem Sonn- oder Feiertag folgende oder vorausgehende Nachtarbeit ein Zuschlag für Sonntags- oder Feiertagsarbeit gezahlt wird, ist dieser als Zuschlag für Nachtarbeit zu behandeln (vgl. Nr. 4).

4. Nachtarbeitszuschläge

Der normale Nachtarbeitszuschlag beträgt 25 %. **Nachtarbeit ist die Arbeit in der Zeit von 20 Uhr bis 6 Uhr.** Für Nachtarbeit in der Zeit von 0 Uhr bis 4 Uhr gilt der erhöhte Nachtarbeitszuschlag von **40 %, wenn die Nachtarbeit vor 0 Uhr aufgenommen wurde.**

Wird an Sonn- und Feiertagen zusätzlich Nachtarbeit geleistet, kann neben dem Zuschlag für Sonn- und Feiertagsarbeit auch ein Nachtarbeitszuschlag steuerfrei gezahlt werden. Beide Zuschlagssätze können für die Berechnung des steuerfreien Betrags auch dann zusammengerechnet werden, wenn nur eine Zuschlagsart gezahlt wird. Der Nachtarbeitszuschlag ist also **kumulativ** anzuwenden.

Beispiel A

Ein Arbeitnehmer beginnt seine Nachtarbeit am 1. Mai 2010 um 23.30 Uhr und beendet sie am 2. Mai 2010 um 8 Uhr.

Für diesen Arbeitnehmer sind Zuschläge zum Grundlohn bis zu folgenden Sätzen steuerfrei:

- 175 % für die Arbeit am 1. Mai in der Zeit von 23.30 Uhr bis 24 Uhr (25 % für Nachtarbeit und 150 % für Feiertagsarbeit);
- 190 % für die Arbeit am 2. Mai in der Zeit von 0 Uhr bis 4 Uhr (40 % für Nachtarbeit und 150 % für Feiertagsarbeit, weil mit der Nachtarbeit vor 0 Uhr begonnen wurde). Denn als Feiertagsarbeit gilt auch die Arbeit des auf den Feiertag folgenden Tages von 0 Uhr bis 4 Uhr, wenn die Nachtarbeit vor 0 Uhr aufgenommen wurde;
- 75 % für die Arbeit am 2. Mai von 4 Uhr bis 6 Uhr (25 % für Nachtarbeit und 50 % für Sonntagsarbeit).

---

*) BMF-Schreiben vom 1.3.2004 Az.: IV C 5 – S 2353 – 26/04. Das nicht im Bundessteuerblatt veröffentlichte BMF-Schreiben ist als Anlage 8 zu H 3b LStR im **Steuerhandbuch für das Lohnbüro 2010** abgedruckt, das im selben Verlag erschienen ist. Das **PC-Lexikon** für das Lohnbüro 2010 enthält auch dieses Handbuch und hat außerdem den Vorteil, dass Sie **alle BFH-Urteile** sowie die aktuellen Rundschreiben und Niederschriften der Spitzenverbände der **Sozialversicherung** mit Mausklick **im Volltext** abrufen und ausdrucken können. Eine Bestellkarte finden Sie vorne im Lexikon.

Zuschläge für Sonntags-, Feiertags- und Nachtarbeit

Beispiel B

Für die Arbeit an einem Sonntag zahlt der Arbeitgeber den tariflich festgelegten Sonntagszuschlag in Höhe von 70 %.

Steuerfrei sind für die Arbeit von
- 0 Uhr bis 4 Uhr (Nachtarbeit vor 0 Uhr aufgenommen)   50 % + 40 % = 90 %, höchstens 70 %
- 4 Uhr bis 6 Uhr   50 % + 25 % = 75 %, höchstens 70 %
- 6 Uhr bis 20 Uhr   50 %
- 20 Uhr bis 24 Uhr   50 % + 25 % = 75 %, höchstens 70 %
- 0 Uhr bis 4 Uhr des folgenden Tages (Nachtarbeit vor 0 Uhr aufgenommen)   50 % + 40 % = 90 %, höchstens 70 %

Die während der Nachtarbeit nicht voll ausgeschöpfte Steuerfreiheit kann nicht auf die normale Sonntagsarbeit von 6 Uhr bis 20 Uhr übertragen werden. Von dem für die Zeit von 6 Uhr bis 20 Uhr gezahlten Sonntagszuschlag in Höhe von 70 % sind also 20 % steuerpflichtig.

Durch die kumulative Anwendung des Nachtarbeitszuschlags ergeben sich folgende Kombinationsmöglichkeiten:

Nachtarbeit am Sonntag	Steuerfreier Zuschlag
– von 0 Uhr bis 4 Uhr, wenn die Nachtarbeit vor 0 Uhr aufgenommen wurde	50 % + 40 % = 90 %
– von 20 Uhr bis 24 Uhr	50 % + 25 % = 75 %
– von 0 Uhr bis 4 Uhr des dem Sonntag folgenden Tages, wenn die Nachtarbeit vor 0 Uhr aufgenommen wurde	50 % + 40 % = 90 %
Nachtarbeit am Feiertag	
– von 0 Uhr bis 4 Uhr, wenn die Nachtarbeit vor 0 Uhr aufgenommen wurde	125 % + 40 % = 165 %
– von 20 Uhr bis 24 Uhr	125 % + 25 % = 150 %
– von 0 Uhr bis 4 Uhr des dem Feiertag folgenden Tages, wenn die Nachtarbeit vor 0 Uhr aufgenommen wurde	125 % + 40 % = 165 %
Nachtarbeit an den Weihnachtsfeiertagen und am 1. Mai	
– von 0 Uhr bis 4 Uhr, wenn die Nachtarbeit vor 0 Uhr aufgenommen wurde	150 % + 40 % = 190 %
– von 20 Uhr bis 24 Uhr	150 % + 25 % = 175 %
– von 0 Uhr bis 4 Uhr des folgenden Tages, wenn die Nachtarbeit vor 0 Uhr aufgenommen wurde	150 % + 40 % = 190 %

Die kumulative Anwendung des Nachtarbeitszuschlags bezieht sich auf den maßgebenden Grundlohn der **einzelnen** begünstigten Arbeitsstunde. Es ist deshalb nicht zulässig, die für den gesamten Lohnzahlungszeitraum (z. B. für einen Monat) nach dem Tarif- oder Arbeitsvertrag zu zahlenden Zuschläge für Sonntags-, Feiertags- und Nachtarbeit in einer Summe den nach den Vorschriften des § 3b EStG errechneten steuerfreien Zuschläge gegenüberzustellen und die Differenz der beiden Beträge steuerfrei zu lassen. Die Ermittlung des Grundlohns und des steuerfreien Zuschlags ist vielmehr **stundenbezogen** nach den unter Nr. 5 dargestellten Grundsätzen zu errechnen. Auf das als Anhang 1 zum Lexikon abgedruckte Abrechnungsbeispiel wird hingewiesen.

Zur Kombination von **Mehrarbeitszuschlägen** mit steuerfreien Zuschlägen für Sonntags-, Feiertags- und Nachtarbeit vgl. die Ausführungen unter der folgenden Nr. 7.

5. Ermittlung des Grundlohns

a) Allgemeines

Grundlohn ist der auf **eine Arbeitsstunde** entfallende
- **laufende** Arbeitslohn, den der Arbeitnehmer
- **für den** jeweiligen **Lohnzahlungszeitraum**
- aufgrund seiner **regelmäßigen** Arbeitszeit erwirbt,

höchstens jedoch **50 €** (§ 3b Abs. 2 Satz 1 EStG). Zu der seit 1. Juli 2006 geltenden Begrenzung des Stundengrundlohns auf **25 €** für die Sozialversicherungsfreiheit vgl. die Erläuterungen unter der nachfolgenden Nr. 11.

b) Was gehört zum Grundlohn?

Zum Grundlohn gehören
- der **laufende** Arbeitslohn;
- vermögenswirksame Leistungen;
- **laufende** Zuschläge und Zulagen, die wegen der Besonderheit der Arbeit während der regelmäßigen Arbeitszeit gezahlt werden (z. B. Erschwerniszuschläge oder Schichtzuschläge). Lohnzuschläge für Zeiten, die nicht steuerbegünstigt sind, gehören unabhängig von ihrer Bezeichnung zum Grundlohn.

Beispiel A

Für die Zeit von 18 bis 6 Uhr ist ein Nachtarbeitszuschlag vereinbart.
Der für die nicht begünstigte Zeit von 18 bis 20 Uhr gezahlte Zuschlag gehört zum Grundlohn.

Beispiel B

Für die Zeit von 18 bis 22 Uhr ist ein Spätschichtzuschlag vereinbart und für die Zeit von 22 bis 6 Uhr ein Nachtarbeitszuschlag. Der für die nicht begünstigte Zeit von 18 bis 20 Uhr gezahlte Spätschichtzuschlag gehört zum Grundlohn (vgl. auch das Beispiel C unter dem folgenden Buchstaben b).

- **laufend** gewährte Sachbezüge, soweit sie steuerpflichtig sind (z. B. unentgeltliche oder verbilligte Wohnung, Firmenwagen zur privaten Nutzung);
- steuerpflichtige Fahrkostenzuschüsse, die **nicht** pauschal mit 15 % besteuert werden;
- **laufende** Beiträge zu Pensionskassen und Direktversicherungen, auch wenn sie pauschal mit 20 % versteuert werden;
- Beiträge zu Direktversicherungen, Pensionskassen und Pensionsfonds, die zum **laufenden** Arbeitslohn gehören, und zwar auch insoweit, als sie steuerfrei nach § 3 Nr. 63 EStG sind (R 3b Abs. 2 Nr. 1 Buchstabe c LStR);
- Beiträge zu umlagefinanzierten Pensionskassen, die zum laufenden Arbeitslohn gehören, und zwar auch insoweit, als sie seit 1.1.2008 steuerfrei nach § 3 Nr. 56 EStG sind (R 3b Abs. 2 Nr. 1 Buchstabe c LStR);
- Nachzahlungen von Arbeitslohn, die zum **laufenden** Arbeitslohn gehören (dies ist der Fall, wenn die Nachzahlung des Arbeitslohns nicht bis ins Vorjahr zurückgeht; vgl. „Nachzahlung von laufendem Arbeitslohn"), erhöhen den Grundlohn der Lohnzahlungszeiträume, für die sie nachgezahlt werden. Die Lohnabrechnung ist deshalb für diese Lohnzahlungszeiträume neu durchzuführen, dabei sind auch die Zuschläge für Sonntags-, Feiertags- und Nachtarbeit neu zu berechnen. Wird die Nachzahlung von Arbeitslohn nach der Vereinfachungsregelung von R 39b.5 Abs. 4 Satz 2 LStR als sonstiger Bezug behandelt, bleibt sie auch bei der Ermittlung des Grundlohns außer Betracht.

c) Was gehört nicht zum Grundlohn?

Nicht zum Grundlohn gehören:

- **Sonstige Bezüge** (einmalige Zuwendungen). Der Begriff der „sonstigen Bezüge" ist beim Stichwort „Sonstige Bezüge" unter Nr. 1 auf Seite 658 erläutert.
- Vergütungen für Mehrarbeit und Überstunden (Mehrarbeitslohn und Mehrarbeitszuschläge).
- Nachzahlung von laufendem Arbeitslohn, wenn die Nachzahlung als sonstiger Bezug zu behandeln ist (vgl. hierzu das Stichwort „Nachzahlung von laufendem Arbeitslohn").
- Der **steuerfreie Arbeitslohn gehört in keinem Fall zum Grundlohn** (z. B. steuerfreie Sachbezüge, steuerfreie Reisekostenvergütungen, Umzugskostenvergütungen, Mehraufwendungen wegen doppelter Haushaltsführung, Kurzarbeitergeld, Saison-Kurzarbeitergeld). Eine Ausnahme von dem Grundsatz, dass steuerfreier Arbeitslohn nicht zum Grundlohn gehört, wurde für die nach § 3 Nr. 63 EStG steuerfreien Beträge zu Direktversicherungen, Pensionskassen und Pensionsfonds gemacht, allerdings nur soweit es sich um **laufenden** Arbeitslohn handelt. Gleiches gilt für laufend gezahlte Beiträge zu umlagefinanzierten Pensionskassen, die seit 1.1.2008 steuerfrei nach § 3 Nr. 56 EStG sind (R 3b Abs. 2 Nr. 1 Buchstabe c LStR).

Zuschläge für Sonntags-, Feiertags- und Nachtarbeit

Beispiel C

Ein Arbeitgeber zahlt seinen Schichtarbeitern im Kalenderjahr 2010 steuerfreie Zuschläge für Nachtarbeit in Höhe von 25 % des Grundlohns. Außerdem zahlt er für steuerfreie Beiträge an eine Pensionskasse in Höhe von 220 € monatlich. Die nach § 3 Nr. 63 EStG steuerfreien Beiträge an die Pensionskasse werden bei der Ermittlung des für die Höhe des steuerfreien Zuschlags maßgebenden Grundlohns mit berücksichtigt, da es sich auf Grund der monatlichen Zahlungsweise um laufenden Arbeitslohn handelt.

Beispiel D

Ein Arbeitgeber zahlt für jeden Schichtarbeiter im Dezember 2010 einen steuerfreien Beitrag an die Pensionskasse in Höhe von 2640 €. Die nach § 3 Nr. 63 steuerfreien Beiträge an die Pensionskasse werden bei der Ermittlung des für die Höhe der steuerfreien Zuschläge maßgebenden Grundlohns nicht berücksichtigt, da es sich um einen sonstigen Bezug handelt.

- Pauschal nach § 40 EStG versteuerte Bezüge. Nicht zum Grundlohn gehören hiernach Fahrkostenzuschüsse, Kantinenmahlzeiten, Zuwendungen bei Betriebsveranstaltungen, Erholungsbeihilfen, steuerpflichtige Teile von Reisekostenvergütungen, Übereignung von Personalcomputern und Zuschüsse für die Internet-Nutzung, soweit diese Bezüge pauschal versteuert wurden.
- Die Zuschläge für Sonntags-, Feiertags- und Nachtarbeit gehören nicht zum Grundlohn und zwar auch dann nicht, wenn sie zwar in der nach § 3 b EStG begünstigten Zeit geleistet werden, aber wegen Überschreitens der gesetzlich festgelegten Zuschlagssätze steuerpflichtig sind.

Beispiel E

Ein Arbeitnehmer erhält für Nachtarbeit in der Zeit von 20 bis 6 Uhr einen Nachtarbeitszuschlag in Höhe von 50 %. Der Nachtarbeitszuschlag ist wegen Überschreitens der unter Nr. 2 Buchstabe a genannten Zuschlagssätze nur zum Teil steuerfrei. Gleichwohl bleibt der Nachtarbeitszuschlag **in voller Höhe** bei der Grundlohnermittlung unberücksichtigt.

Lohnzuschläge für Zeiten, die nicht nach § 3 b EStG begünstigt sind, gehören unabhängig von ihrer Bezeichnung zum Grundlohn (z. B. die im Rahmen von Verdienstausfallvergütungen fortgezahlten und damit steuerpflichtigen SFN-Zuschläge).

Der Grundlohn ist der auf **eine Arbeitsstunde** entfallende laufende Arbeitslohn für die regelmäßige Arbeitszeit.

Regelmäßige Arbeitszeit ist die für das jeweilige Dienstverhältnis **vereinbarte Normalarbeitszeit.** Die vereinbarte regelmäßige Arbeitszeit gilt auch dann, wenn der Arbeitnehmer tatsächlich mehr oder weniger gearbeitet hat (z. B. weil er im Laufe des Monats ein- oder ausgestellt worden ist). Aufgrund dieser Regelung ist sichergestellt, dass der steuerfreie Anteil der Zuschläge nicht von der Zahl der Arbeitstage eines Kalendermonats und auch nicht davon abhängt, ob Arbeitszeitausfälle z. B. durch Urlaub oder Krankheit eingetreten sind. Ist keine regelmäßige Arbeitszeit vereinbart, sind die im Lohnzahlungszeitraum tatsächlich geleisteten Arbeitsstunden zugrunde zu legen.

Zur Ermittlung des auf eine Arbeitsstunde entfallenden Grundlohns ist in drei Schritten vorzugehen:
- Ermittlung des Basisgrundlohns,
- Ermittlung von Grundlohnzusätzen,
- Umrechnung des Grundlohns in einen Stundenlohn.

d) Ermittlung des Basisgrundlohns

Zuerst ist der für den jeweiligen Lohnzahlungszeitraum **vereinbarte** Grundlohn (= normaler laufender Arbeitslohn, der im Voraus feststeht) als sog. Basisgrundlohn zu errechnen. Arbeitsausfälle, z. B. durch Urlaub oder Krankheit bleiben also außer Betracht.

Werden die für den Lohnzahlungszeitraum zu zahlenden Lohnzuschläge nach den Verhältnissen eines früheren Lohnzahlungszeitraums bemessen, so ist im Grundsatz auch der Ermittlung des Basisgrundlohns der frühere Lohnzahlungszeitraum zugrunde zu legen. Aus Vereinfachungsgründen kann jedoch auch der Grundlohn des Lohnzahlungszeitraums angesetzt werden, mit dem die Zuschläge gezahlt werden (R 3b Abs. 2 Nr. 2 Buchstabe a Satz 3 LStR).

Beispiel

Die Zuschläge für die im März 2010 geleistete Nachtarbeit werden mit der Lohnabrechnung für April 2010 gezahlt. Aus Vereinfachungsgründen können die steuerfreien Zuschläge nach dem für den Monat April 2010 maßgebenden Grundlohn errechnet werden.

e) Ermittlung von Grundlohnzusätzen

Zusätzliche Teile des laufenden Arbeitslohns, deren Höhe **nicht** von **im Voraus bestimmbaren** Verhältnissen abhängt (z. B. der nur für einzelne Arbeitsstunden bestehende Anspruch auf Erschwerniszulagen oder Spätschichtzuschläge) sind gesondert zu ermitteln und anzusetzen. Dabei sind diese Grundlohnzusätze mit den Beträgen anzusetzen, die dem Arbeitnehmer für den jeweiligen Lohnzahlungszeitraum tatsächlich zustehen.

f) Umrechnung des Grundlohns in einen Stundenlohn

Der Basisgrundlohn und die Grundlohnzusätze sind zusammenzurechnen und durch die Zahl der Stunden der regelmäßigen Arbeitszeit im jeweiligen Lohnzahlungszeitraum zu teilen. Bei einem monatlichen Lohnzahlungszeitraum ist der Divisor mit dem **4,35fachen der wöchentlichen Arbeitszeit** anzusetzen. Das Ergebnis ist der Grundlohn. Er ist für die Berechnung des steuerfreien Anteils nur insoweit maßgebend als er **50 € in der Stunde** nicht übersteigt*).

Für die Berechnung des sozialversicherungsfreien Anteils ist der Grundlohn auf **25 €** in der Stunde begrenzt (vgl. die Erläuterungen unter der nachfolgenden Nr. 11).

Beispiel A

Für den Arbeitnehmer ermittelter monatlicher Basisgrundlohn	2 000,— €
Grundlohnzusätze	100,— €
Grundlohn	2 100,— €
regelmäßige wöchentliche Arbeitszeit 38½ Stunden. Arbeitszeit monatlich somit 38,5 × 4,35 = 167,5 Stunden.	
Stundengrundlohn (2100 € geteilt durch 167,5 Stunden) =	12,54 €

Die tarifliche oder arbeitsvertragliche Bemessungsgrundlage für die Bezahlung der Sonntags-, Feiertags- und Nachtarbeitszuschläge ist für die steuerliche Behandlung nur insoweit von Bedeutung, als kein höherer Betrag steuerfrei bleiben kann, als tatsächlich an Zuschlägen gezahlt wird.

Beispiel B

Laut Tarifvertrag sind die Zuschläge für Sonntags-, Feiertags- und Nachtarbeit aus dem tariflichen Ecklohn von 10,— € zu berechnen. Der Nachtarbeitszuschlag beträgt 30 %.

Der Arbeitnehmer erhält für 2 Stunden Nachtarbeit in der Zeit von 20 Uhr bis 22 Uhr folgenden Nachtarbeitszuschlag:

30 % von 10,— € = 3,— € × 2 Stunden =	6,— €
Der steuerlich maßgebende Grundlohn des Arbeitnehmers beträgt im Abrechnungsmonat 11,— €.	
Somit sind steuerfrei:	
25 % von 11,— € = 2,75 € × 2 Stunden =	5,50 €
Die Differenz ist steuer- und beitragspflichtiger Arbeitslohn.	0,50 €

Ist keine regelmäßige Arbeitszeit vereinbart, sind der Ermittlung des Grundlohns die im Lohnzahlungszeitraum tatsächlich geleisteten Arbeitsstunden zugrunde zu legen.

---

*) Ab 1.1.2004 wurde der für die Berechnung der steuerfreien Zuschläge für Sonntags-, Feiertags- und Nachtarbeit maßgebende Grundlohn auf einen **Stundenlohn** von 50 € begrenzt, weil z. B. Profifußballer vom früher geltenden Recht überproportional begünstigt wurden (§ 3 b Abs. 2 Satz 1 EStG in der ab 1.1.2004 geltenden Fassung). Betroffen von dieser Änderung sind lediglich Arbeitnehmer mit einem Monatslohn von etwa 8000 € bzw. einem Jahreslohn von etwa 100 000 €.

Zuschläge für Sonntags-, Feiertags- und Nachtarbeit

Bei Stücklohnempfängern kann die Umrechnung des Stücklohns auf einen Stundenlohn unterbleiben (R 3b Abs. 2 Nr. 3 LStR).

Die stundenlohnbezogene Zuschlagsberechnung ist kompliziert. Die folgenden Beispiele sollen die Arbeit mit dieser Materie erleichtern. Außerdem enthält das Lexikon als **Anhang 1 auf Seite 835** ein zusammenfassendes Beispiel.

Beispiel C

Ein Arbeitnehmer (Steuerklasse III/0) hat eine vereinbarte regelmäßige Arbeitszeit von 40 Stunden und einen Stundenlohn von 10 €. Lohnzahlungszeitraum ist der Monat. Der Arbeitnehmer hat im April 2010 lt. Tarifvertrag folgenden Arbeitslohn erhalten:

– Normallohn für 176 Stunden Stundenlohn 10 € × 176			1 760,— €
– einen steuerpflichtigen Fahrkostenzuschuss von monatlich (nicht pauschal versteuert)			50,— €
– Vermögenswirksame Leistung			40,— €
– Vergütung für 10 Überstunden:			
Mehrarbeitslohn 10 € × 10	100,— €		
Zuschlag 30 %	30,— €	= 130,— €	
– Spätschichtzuschlag für die Arbeit von 14 Uhr bis 22 Uhr für 40 Stunden:			
Normallohn 10 € × 40	400,— €		
Zuschlag 20 %		80,— €	
– Nachtarbeitszuschlag für die Arbeit von 22 Uhr bis 6 Uhr für 40 Stunden:			
Normallohn 10 € × 40	400,— €		
Zuschlag 50 %		200,— €	
Bruttoarbeitslohn im April 2010			2 260,— €

Berechnung der steuerfreien Nachtarbeitszuschläge:

Im Beispielsfall sieht der Tarifvertrag die Berechnung der Zuschläge vom Normallohn vor. Dieser ist nicht mit dem steuerlich maßgebenden „Grundlohn" identisch.

Grundlohnberechnung:

a) Basisgrundlohn

– Normallohn 10 € × 40 Stunden × 4,35	=	1 740,— €
– Vermögenswirksame Leistung		40,— €
Basisgrundlohn		1 780,— €

b) Grundlohnzusätze

– steuerpflichtiger Fahrkostenzuschuss		50,— €
– Spätschichtzuschlag für die nicht begünstigte Zeit von 14 Uhr bis 20 Uhr (Normallohn 10,— € × 30 Stunden, Zuschlag 20 %)	=	60,— €
Steuerlich maßgebender Grundlohn monatlich		1 890,— €
Umrechnung auf einen Stunden-Grundlohn 1890,— € : 174 Stunden (40 × 4,35)	=	10,86 €

Steuerfreie Nachtarbeitszuschläge:

Der **Spätschichtzuschlag** ist nur insoweit ein Nachtarbeitszuschlag im steuerlichen Sinn, soweit er auf die Zeit zwischen 20 Uhr und 22 Uhr entfällt. Von den 40 Stunden mit Spätschichtzuschlag entfallen 10 Stunden auf die Arbeit von 20 Uhr bis 22 Uhr.

10 Stunden × 10,86 €	108,60 €
steuerfrei nach § 3b EStG sind höchstens 25 %	27,15 €
tatsächlich wurden gezahlt 20 % Zuschlag auf 10 € Stundenlohn = 2 € für 10 Stunden	20,— €
steuerfrei ist nur der tatsächlich gezahlte Zuschlag	20,— €

Der steuerfreie **Nachtarbeitszuschlag** beträgt 25 %; für die Zeit von 0 Uhr bis 4 Uhr beträgt er 40 %, da mit der Nachtarbeit vor 0 Uhr begonnen wurde.

Es ergibt sich folgende Berechnung:

– von 22 Uhr bis 24 Uhr 10 Stunden × 10,86 € steuerfrei nach § 3b EStG 25 % von	108,60 € =	27,15 €
– von 0 Uhr bis 4 Uhr 20 Stunden × 10,86 € steuerfrei nach § 3b EStG 40 % von	217,20 € =	86,88 €
– von 4 Uhr bis 6 Uhr 10 Stunden × 10,86 € steuerfrei nach § 3b EStG 25 % von	108,60 € =	27,15 €
Steuerfreie Nachtarbeitszuschläge insgesamt		141,18 €
tatsächlich wurden gezahlt		200,— €
steuer- und beitragspflichtig sind demnach		58,82 €

Der beim Spätschichtzuschlag nicht ausgeschöpfte steuerfreie Betrag von 7,15 € (27,15 € – 20,— €) kann nicht mit dem steuerpflichtigen Teil des Nachtarbeitszuschlags verrechnet werden.

Es ergibt sich folgende Lohnabrechnung:

Bruttoarbeitslohn		2 260,— €
abzüglich:		
Lohnsteuer (Steuerklasse III/0)	55,83 €	
Solidaritätszuschlag (5,5 %)	0,— €	
Kirchensteuer (z. B. 8 %)	4,46 €	
Sozialversicherung (Arbeitnehmeranteil)	429,73 €	490,02 €
Nettolohn		1 769,98 €
vermögenswirksame Anlage		40,— €
auszuzahlender Betrag		1 729,98 €

Berechnung der Lohnsteuer:

Bruttolohn	2 260,— €
abzüglich steuerfreie Nachtarbeitszuschläge (20,— € + 141,18 € =)	161,18 €
steuer- und beitragspflichtiger Arbeitslohn	2 098,82 €
Lohnsteuer nach der Monatstabelle (Steuerklasse III/0)	55,83 €
Solidaritätszuschlag (5,5 %)	0,— €
Kirchensteuer 8 %	4,46 €

Sozialversicherungsbeiträge:

Beitragsberechnung (aus 2098,82 €)

Krankenversicherung	7,9 % =	165,81 €
Pflegeversicherung	1,225 % =	25,71 €
Rentenversicherung	9,95 % =	208,83 €
Arbeitslosenversicherung	1,4 % =	29,38 €
Arbeitnehmeranteil		429,73 €
Arbeitgeberanteil:		
Krankenversicherung	7,0 % =	146,92 €
Pflegeversicherung	0,975 % =	20,46 €
Rentenversicherung	9,95 % =	208,83 €
Arbeitslosenversicherung	1,4 % =	29,38 €
Arbeitgeberanteil		405,59 €

Beispiel D

Ein Arbeitnehmer in einem Drei-Schicht-Betrieb hat eine tarifvertraglich geregelte Arbeitszeit von 38 Stunden wöchentlich und einen monatlichen Lohnzahlungszeitraum. Er hat Anspruch auf folgenden laufenden Arbeitslohn (ohne Sonntags-, Feiertags- oder Nachtarbeitszuschläge)

– Normallohn in Höhe von 8,50 € für jede im Lohnzahlungszeitraum geleistete Arbeitsstunde;
– Schichtzuschlag in Höhe von 0,25 € je Arbeitsstunde;
– Zuschlag für Samstagsarbeit in Höhe von 0,50 € für jede Samstagsarbeitsstunde;
– Spätarbeitszuschlag in Höhe von 0,85 € für jede Arbeitsstunde zwischen 18.00 Uhr und 20.00 Uhr;
– Überstundenzuschlag in Höhe von 2,50 € je Überstunde;
– Gefahrenzulage für unregelmäßig anfallende gefährliche Arbeiten in Höhe von 1,50 € je Stunde;
– steuerpflichtiger Fahrkostenzuschuss in Höhe von 3,— € je Arbeitstag, der nicht pauschal versteuert wird;
– vermögenswirksame Leistung in Höhe von 40,— € monatlich;
– Beiträge des Arbeitgebers zu einer Direktversicherung in Höhe von 50,— € monatlich.

Im Juni 2010 hat der Arbeitnehmer infolge Urlaubs nur an 10 Tagen insgesamt 80 Stunden gearbeitet. In diesen 80 Stunden sind enthalten:

– Regelmäßige Arbeitsstunden	76
– Überstunden insgesamt	4
– Samstagsstunden insgesamt	12
– Überstunden an Samstagen	2
– Spätarbeitsstunden insgesamt	16
– Überstunden mit Spätarbeit	2
– Stunden mit gefährlichen Arbeiten insgesamt	5
– Überstunden mit gefährlichen Arbeiten	1

Zuschläge für Sonntags-, Feiertags- und Nachtarbeit

	Lohn-steuer-pflichtig	Sozial-versich.-pflichtig

Hiernach betragen

a) der Basisgrundlohn

8,50 € Stundenlohn × 38 Stunden × 4,35	=	1 405,05 €
0,25 € Schichtzuschlag × 38 Stunden × 4,35	=	41,33 €
Vermögenswirksame Leistungen		40,— €
Beiträge zur Direktversicherung		50,— €
insgesamt		1 536,38 €

b) die Grundlohnzusätze

0,50 € Samstagsarbeitszuschlag × 10 Stunden	=	5,— €
0,85 € Spätarbeitszuschlag × 14 Stunden	=	11,90 €
1,50 € Gefahrenzulage × 4 Stunden	=	6,— €
3,— € Fahrkostenzuschuss × 10 Arbeitstage	=	30,— €
insgesamt		52,90 €
Grundlohn monatlich		**1 589,28 €**

c) Umrechnung auf einen Stundengrundlohn

$$\frac{1589{,}28\,\text{€}}{38\,\text{Stunden} \times 4{,}35} = 9{,}61\,\text{€}$$

g) Ermittlung des Grundlohns bei SFN-Arbeit von weniger als einer Stunde

Wird ein Zuschlag für Sonntags-, Feiertags- oder Nachtarbeit von weniger als einer Stunde gezahlt, so ist bei der Ermittlung des steuerfreien Zuschlags für diesen Zeitraum der Grundlohn entsprechend zu kürzen (R 3b Abs. 2 Nr. 4 LStR).

h) Ermittlung des Grundlohns bei Altersteilzeit

Bei einer Beschäftigung nach dem **Altersteilzeitgesetz** ist der Grundlohn so zu berechnen, als habe eine Vollzeitbeschäftigung bestanden (R 3b Abs. 2 Nr. 5 LStR).

6. Vereinfachungsvorschlag für die Praxis

Arbeitgeber, die bei der Zahlung von Zuschlägen für Sonntags-, Feiertags- und Nachtarbeit nicht an einen Tarifvertrag gebunden sind, können die umfangreiche Grundlohnberechnung dadurch vermeiden, dass sie Zuschläge für Sonntags-, Feiertags- oder Nachtarbeit vereinbaren, die sich ausschließlich an den in § 3b EStG festgelegten Prozentsätzen und begünstigten Arbeitszeiten orientieren und als Bemessungsgrundlage den arbeitsrechtlich vereinbarten Stundenlohn haben. Da dieser in keinem Fall den steuerlich maßgebenden Grundlohn übersteigen kann, liegen die nach einer solchen Vereinbarung gezahlten Zuschläge stets in den Grenzen des § 3b EStG und sind damit – ohne weitere Berechnung – in Höhe des gezahlten Betrages in vollem Umfang steuerfrei, wenn die lohnsteuerliche bzw. beitragsrechtliche Stundenlohngrenze von 50 € bzw. 25 € nicht überschritten wird. Dies gilt auch für tarifliche Bestimmungen, die die in § 3b EStG festgelegten Prozentsätze und begünstigten Arbeitszeiten der tariflichen Zuschlagsregelung zugrunde legen.

7. Mehrarbeit und steuerfreie Zuschläge

In Tarifverträgen ist häufig neben der Zahlung von Zuschlägen für Sonntags-, Feiertags- und Nachtarbeit die Zahlung von Mehrarbeitszuschlägen vorgesehen. Für die Steuerfreiheit der Zuschläge für Sonntags-, Feiertags- und Nachtarbeit, die als Mehrarbeit geleistet wird, ist die tarifliche oder arbeitsvertragliche Regelung über die Zahlung der jeweiligen Zuschlagsart maßgebend. Wird für diese Mehrarbeit ein einheitlicher Zuschlag (Mischzuschlag) gezahlt, dessen auf Sonntags-, Feiertags- oder Nachtarbeit entfallender Anteil betragsmäßig nicht festgelegt ist, so ist der **Mischzuschlag** nach dem BFH-Urteil vom 13.10.1989 (BStBl. 1991 II S. 8) im Verhältnis der in Betracht kommenden Einzelzuschläge in einen nach § 3b EStG begünstigten und einen nicht begünstigten Anteil aufzuteilen. Zu berücksichtigen ist dabei, dass die Einzelzuschläge möglicherweise eine unterschiedliche Bemessungsgrundlage haben. Tarifvertraglich oder arbeitsvertraglich kann auch eine vom Verhältnis der in Betracht kommenden Einzelzuschläge abweichende Aufteilung des Mischzuschlags vereinbart werden. Die Finanzverwaltung folgt einer solchen abweichenden Aufteilung durch die Vertragsparteien dann, wenn keine rechtsmissbräuchliche Gestaltung vorliegt.

Hiernach kommen bei Mehrarbeit, die gleichzeitig begünstigte Sonntags-, Feiertags- oder Nachtarbeit ist, folgende Fälle in Betracht:

a) Es werden beide Zuschlagsarten nebeneinander gezahlt.

Beispiel A

Nach einem Tarif- oder Arbeitsvertrag sind vereinbart:

Zuschlag für Nachtarbeit	20%
Zuschlag für Mehrarbeit	30%

Der Arbeitgeber zahlt beim Zusammentreffen von Nachtarbeit und Mehrarbeit 50%. Steuerfrei ist der Zuschlag für Nachtarbeit in Höhe von 20%.

b) Es wird nur der in Betracht kommende Zuschlag für Sonntags-, Feiertags- oder Nachtarbeit gezahlt, weil er ebenso hoch oder höher ist als der Zuschlag für Mehrarbeit.

Beispiel B

Nach einem Tarif- oder Arbeitsvertrag sind vereinbart:

Zuschlag für Nachtarbeit	25%
Zuschlag für Mehrarbeit	20%

Der Arbeitgeber zahlt beim Zusammentreffen von Nachtarbeit und Mehrarbeit nur den Nachtarbeitszuschlag von 25%. Der Zuschlag von 25% ist steuerfrei, auch wenn damit der Mehrarbeitszuschlag abgegolten ist.

c) Es wird nur der Zuschlag für Mehrarbeit gezahlt, weil er höher ist als der Zuschlag für Nachtarbeit.

Beispiel C

Nach einem Tarif- oder Arbeitsvertrag sind vereinbart:

Zuschlag für Nachtarbeit	25%
Zuschlag für Mehrarbeit	30%

Der Arbeitgeber zahlt beim Zusammentreffen von Nachtarbeit und Mehrarbeit nur den Mehrarbeitszuschlag von 30%. Der Zuschlag ist in voller Höhe steuerpflichtig.

d) Es wird ein Mischzuschlag gezahlt, der höher ist als die jeweils in Betracht kommenden Zuschläge, aber niedriger als ihre Summe.

Beispiel D

Nach einem Tarif- oder Arbeitsvertrag sind vereinbart:

Zuschlag für Nachtarbeit	20%
Zuschlag für Mehrarbeit	30%
Mischzuschlag	40%

Der Mischzuschlag ist im Verhältnis der Einzelzuschläge aufzuteilen. Steuerfrei als Nachtarbeitszuschlag sind somit $2/5$ von 40% = 16%. Haben die Vertragsparteien eine andere Aufteilung vereinbart, so ist diese maßgebend.

e) Es wird ein Mischzuschlag gezahlt, der höher ist als die Summe der jeweils in Betracht kommenden Zuschläge.

Beispiel E

Nach einem Tarif- oder Arbeitsvertrag sind vereinbart:

Zuschlag für Nachtarbeit	20%
Zuschlag für Mehrarbeit	30%
Mischzuschlag	70%

Der Mischzuschlag ist im Verhältnis der Einzelzuschläge aufzuteilen. Steuerfrei als Nachtarbeitszuschlag sind somit $2/5$ von 70% = 28%, für die Zeit von 20 bis 24 Uhr jedoch höchstens 25% (= gesetzliche Obergrenze).

Haben die Vertragsparteien eine andere Aufteilung vereinbart, so ist diese maßgebend.

f) Es wird ein Mischzuschlag gezahlt, der gleich hoch ist wie der Mehrarbeitszuschlag (zur Abgrenzung vom Beispiel C muss die Zahlung eines „Mischzuschlags" klar und eindeutig vereinbart sein).

Zuschläge für Sonntags-, Feiertags- und Nachtarbeit

	Lohn-steuer-pflichtig	Sozial-versich.-pflichtig

Beispiel F

Nach einem Tarif- oder Arbeitsvertrag sind vereinbart:

Zuschlag für Nachtarbeit	30 %
Zuschlag für Mehrarbeit	50 %
Mischzuschlag	50 %

Der Mischzuschlag ist im Verhältnis der Einzelzuschläge aufzuteilen. Steuerfrei als Nachtarbeitszuschlag sind somit ³/₈ von 50 % = 18,75 %.

g) Es wird ein Mischzuschlag gezahlt; die Einzelzuschläge haben unterschiedliche Bemessungsgrundlagen.

Beispiel G

Nach einem Tarif- oder Arbeitsvertrag sind vereinbart:

Zuschlag für Nachtarbeit 25 % des Tariflohns von 10 €	=	2,50 €
Zuschlag für Mehrarbeit 25 % des Effektivlohns von 12 €	=	3,— €
Mischzuschlag 50 % des Effektivlohns von 12 €	=	6,— €
Der Mischzuschlag ist im Verhältnis der Einzelzuschläge aufzuteilen. Steuerfrei als Nachtarbeitszuschlag sind somit 45,45 % von 6,— €	=	2,73 €

Haben die Vertragsparteien eine andere Aufteilung vereinbart, so ist diese maßgebend.

h) In bestimmten Fällen ist ein Zuschlag für Sonntags-, Feiertags- oder Nachtarbeit nicht vorgesehen, z. B. weil solche Arbeiten regelmäßig zu verrichten sind, wie bei Pförtnern, Nachtwächtern usw. Ein für diese Arbeiten gezahlter Mehrarbeitszuschlag kann nicht als Zuschlag für Sonntags-, Feiertags- oder Nachtarbeit steuerfrei bleiben.

Beispiel H

Nach einem Tarif- oder Arbeitsvertrag sind vereinbart:

Zuschlag für Nachtarbeit (z. B. Pförtner)	0 %
Zuschlag für Mehrarbeit	25 %
steuerfrei sind	0 %

8. Nachweis der begünstigten Arbeitszeit

Steuerfrei sind nur Zuschläge, die für **tatsächlich** geleistete Sonntags-, Feiertags- oder Nachtarbeit gezahlt werden. Soweit Zuschläge gezahlt werden, ohne dass der Arbeitnehmer in der begünstigten Zeit gearbeitet hat, z. B. bei Lohnfortzahlung an Feiertagen, im Krankheits- oder Urlaubsfall oder bei Lohnfortzahlung an von der betrieblichen Tätigkeit freigestellte Betriebsratsmitglieder, sind sie steuerpflichtig. Als Arbeitszeit im Sinne des § 3 b EStG gelten auch Waschzeiten, Pausen und Schichtübergabezeiten, soweit sie in den begünstigten Zeitraum fallen.

Die tatsächlich geleistete Sonntags-, Feiertags- oder Nachtarbeit ist stets durch Einzelaufzeichnung nachzuweisen (z. B. durch Stundenzettel, Stempelkarten u. Ä.). Wird eine **einheitliche Vergütung** für den Grundlohn und die Zuschläge für Sonntags-, Feiertags- oder Nachtarbeit, gegebenenfalls unter Einbeziehung von Mehrarbeit gezahlt, weil Sonntags-, Feiertags- oder Nachtarbeit üblicherweise verrichtet wird, und werden deshalb die sonntags, feiertags oder nachts tatsächlich geleisteten Arbeitsstunden nicht aufgezeichnet, so können die in der einheitlichen Vergütung enthaltenen Zuschläge für Sonntags-, Feiertags- oder Nachtarbeiten **nicht herausgerechnet** und nach § 3 b EStG steuerfrei gelassen werden.

9. Pauschalierung ohne Einzelnachweis

Ist die Einzelanschreibung und die Einzelbezahlung der geleisteten Sonntags-, Feiertags- oder Nachtarbeit wegen der Besonderheiten der Arbeit und der Lohnzahlungen **nicht möglich,** so kann das Betriebsstättenfinanzamt den Teil der Vergütung, der als steuerfreier Zuschlag für Sonntags-, Feiertags- oder Nachtarbeit anzuerkennen ist, von Fall zu Fall feststellen. Im Interesse einer einheitlichen Behandlung der Arbeitnehmer desselben Berufszweigs kann das Betriebsstättenfinanzamt die Feststellung nur auf Weisung der Oberfinanzdirektion treffen. Die Weisung ist der obersten Landesfinanzbehörde vorbehalten, wenn die für den in Betracht kommenden Berufszweig maßgebende Regelung nicht nur im Bezirk der für das Betriebsstättenfinanzamt zuständigen Oberfinanzdirektion gilt. Die bei dieser Sonderregelung von der Finanzverwaltung angelegten Maßstäbe sind sehr streng. Schwierigkeiten und erhöhter Arbeitsaufwand bei der Aufzeichnung der tatsächlich geleisteten Sonntags-, Feiertags- und Nachtarbeit genügen nicht. Die Steuerfreiheit pauschaler Zuschläge wurde deshalb bisher nur in wenigen Fällen zugelassen (z. B. in der Seeschifffahrt und für fliegendes Personal, wegen der dort eintretenden Zeitverschiebungen).

10. Abschlagszahlungen mit nachträglichem Einzelnachweis

Vielfach werden Zuschläge für Sonntags-, Feiertags- oder Nachtarbeit als laufende Pauschale (z. B. Monatspauschale) gezahlt. Diese laufenden Abschlagszahlungen werden dann später mit den steuerfreien Zuschlägen verrechnet, die für die einzelnen nachgewiesenen Zeiten für Sonntags-, Feiertags- oder Nachtarbeit aufgrund von Einzelberechnungen ermittelt werden. Derartige laufende Pauschalen (Abschlagszahlungen) können unter folgenden **Voraussetzungen** steuerfrei bleiben:

a) Der steuerfreie Betrag darf nicht nach höheren als den für die jeweilige Sonntags-, Feiertags- oder Nachtarbeit in Betracht kommenden Prozentsätze berechnet werden.

b) Der steuerfreie Betrag ist nach dem durchschnittlichen Grundlohn und der durchschnittlichen im Zeitraum des Kalenderjahrs tatsächlich anfallenden Sonntags-, Feiertags- oder Nachtarbeit zu bemessen.

c) Die Verrechnung mit den einzeln ermittelten Zuschlägen muss jeweils vor dem Ausstellen der elektronischen Lohnsteuerbescheinigung und somit regelmäßig spätestens zum Ende des Kalenderjahrs oder beim Ausscheiden des Arbeitnehmers aus dem Dienstverhältnis erfolgen. Für die Ermittlung der im Einzelnen nachzuweisenden Zuschläge ist auf den jeweiligen Lohnzahlungszeitraum abzustellen. Dabei ist auch der steuerfreie Teil der einzeln ermittelten Zuschläge festzustellen und die infolge der Pauschalierung zu wenig oder zu viel einbehaltene Lohnsteuer auszugleichen.

d) Bei der Pauschalzahlung muss erkennbar sein, welche Zuschläge im Einzelnen – jeweils getrennt nach Zuschlägen für Sonntags-, Feiertags- oder Nachtarbeit – abgegolten sein sollen und nach welchen Prozentsätzen des Grundlohns die Zuschläge bemessen worden sind.

e) Die Pauschalzahlung muss tatsächlich ein Zuschlag sein, der neben dem Grundlohn gezahlt wird; eine aus dem Arbeitslohn rechnerisch ermittelte Pauschalzahlung ist kein Zuschlag.

Ergibt die **Einzelfeststellung,** dass der dem Arbeitnehmer aufgrund der tatsächlich geleisteten Sonntags-, Feiertags- oder Nachtarbeit zustehende Zuschlag höher ist als die Pauschalzahlung, so bleibt ein höherer Betrag nur dann steuerfrei, wenn und soweit der Zuschlag **auch tatsächlich zusätzlich gezahlt wird;** eine bloße Kürzung des steuerpflichtigen Arbeitslohns um den übersteigenden Steuerfreibetrag ist nicht zulässig.

Beispiel A

Die monatliche Pauschale zur Abgeltung der Zuschläge für Sonntags-, Feiertags- und Nachtarbeit beträgt monatlich 250 € (jährlich 3000 €). Folgende Zuschläge sind vereinbart:

Nachtarbeitszuschlag	20 %
Zuschlag für Sonntagsarbeit	50 %
Zuschlag für Feiertagsarbeit	125 %
Der Stundenlohn beträgt	12,— €

Zuschläge für Sonntags-, Feiertags- und Nachtarbeit

Im Kalenderjahr wurde tatsächlich folgende Sonntags-, Feiertags- und Nachtarbeit geleistet:

800 Stunden Nachtarbeit	
12 € × 800 = 9 600 € davon 20 % =	1 920,— €
100 Stunden Sonntagsarbeit	
12 € × 100 = 1200 € davon 50 % =	600,— €
20 Stunden Feiertagsarbeit	
12 € × 20 = 240 € davon 125 % =	300,— €
insgesamt	2 820,— €

Die im Kalenderjahr gezahlten Pauschalen übersteigen die im Einzelnen abgerechneten Zuschläge um (3000 € − 2820 €) = 120 €. Der Betrag von 120 € ist steuer- und beitragspflichtig.

Beispiel B

Monatliche steuerfreie Pauschale 200 €, jährlich =	2 400,— €
Einzelabrechnung wie im Beispiel A =	2 820,— €
übersteigender Betrag	420,— €

Dieser Betrag muss **zusätzlich** gezahlt werden; er ist dann steuer- und beitragsfrei.

Durch das BFH-Urteil vom 23. 10. 1992 (BStBl. 1993 II S. 314) wurde ausdrücklich bestätigt, dass pauschale Sonntags-, Feiertags- und Nachtarbeitszuschläge **nur bei einer späteren Verrechnung mit der tatsächlichen Arbeitszeit** nach § 3 b EStG steuerfrei sein können. Bei einem erneuten Verfahren hat der Bundesfinanzhof nochmals bestätigt, dass pauschale Zuschläge für Sonntags-, Feiertags- und Nachtarbeit nur dann steuerfrei sind, wenn sie als **Vorschüsse oder Abschlagszahlungen** für tatsächlich geleistete Arbeit zu begünstigten Zeiten geleistet werden. Das setzt zwingend voraus, dass eine Verrechnung der Zuschläge mit den tatsächlich geleisteten Arbeitsstunden erfolgt (regelmäßig zum Ende des Kalenderjahres). Die bloße Aufzeichnung der tatsächlich erbrachten Arbeitsstunden kann eine solche Verrechnung nicht ersetzen (BFH-Urteil vom 25. 5. 2005; BStBl. II S. 725).

11. Sozialversicherungspflicht für SFN-Zuschläge, soweit der Stundenlohn 25 € übersteigt

a) Allgemeines

Nach § 1 Abs. 1 Nr. 1 der Sozialversicherungsentgeltverordnung (SvEV) sind steuerfreie Sonntags-, Feiertags- und Nachtarbeitszuschläge beitragspflichtig, **soweit** das Entgelt, auf das sie berechnet werden, mehr als 25 € für jede Stunde beträgt.

Beispiel

Ein Arbeitnehmer mit einem Stundenlohn von 60 € arbeitet am Sonntag. Der arbeitsvertraglich vereinbarte Zuschlag für Sonntagsarbeit beträgt 50 % = 30 €. Von diesem Zuschlag für Sonntagsarbeit in Höhe von 30 € je Stunde sind 50 % von maximal 50 € = 25 € steuerfrei, wohingegen bei der Sozialversicherung nur 50 % von maximal 25 € = 12,50 € steuerfrei sind.

b) Berechnung der sozialversicherungsfreien SFN-Zuschläge

Aus der Formulierung in der Sozialversicherungsentgeltverordnung „Dies gilt nicht für **steuerfreie** Sonn-, Feiertags- und Nachtarbeitszuschläge, **soweit** das Entgelt, auf dem sie berechnet werden, mehr als 25 € für jede Stunde beträgt" ergibt sich, dass für die Beitragsfreiheit in der Sozialversicherung alle für die Steuerfreiheit geltenden Voraussetzungen erfüllt sein müssen (Zahlung zusätzlich zum Grundlohn für tatsächlich geleistete Sonntags-, Feiertags- und Nachtarbeit). Für die Höhe der Zuschlagssätze und die Berechnung des Grundlohns gelten ebenfalls die lohnsteuerlichen Vorschriften (§ 3 b EStG und R 3b und H 3b der Lohnsteuer-Richtlinien). Hiernach sind der Basisgrundlohn und die Grundlohnzusätze zusammenzurechnen und durch die Zahl der Stunden der regelmäßigen Arbeitszeit im jeweiligen Lohnzahlungszeitraum zu teilen. Wird ein Monatslohn gezahlt, ist der Divisor mit dem 4,35 fachen der wöchentlichen Arbeitszeit des Arbeitnehmers anzusetzen.

Beispiel A

Der Arbeitslohn eines Arbeitnehmers beträgt im Kalenderjahr 2010 monatlich 4000 €. Er hat einen Firmenwagen (Bruttolistenpreis 30 000 €), den er auch privat nutzen darf. Der Arbeitgeber zahlt für den Arbeitnehmer einen monatlichen Beitrag in Höhe von 220 € in eine Pensionskasse. Dieser Beitrag ist steuerfrei nach § 3 Nr. 63 Satz 1 EStG. Der Arbeitgeber zahlt für tatsächlich geleistete Sonntagsarbeit einen Zuschlag von 15 € in der Stunde. Der Arbeitnehmer hat im Juli 2010 insgesamt 10 Stunden Sonntagsarbeit geleistet. Die regelmäßige wöchentliche Arbeitszeit beträgt 38 Stunden. Es ergibt sich folgende Berechnung der steuer- und sozialversicherungsfreien Zuschläge für Sonntagsarbeit:

Basisgrundlohn	4 000,— €
Grundlohnzusätze:	
geldwerter Vorteil für die Benutzung des Firmenwagens (1 % von 30 000 € =)	300,— €
steuerfreier laufender Beitrag zur Pensionskasse	220,— €
Grundlohn insgesamt	4 520,— €
Divisor: 38 × 4,35 = 165,3	
umgerechneter Stundenlohn (4520 € : 165,3 =)	27,34 €
lohnsteuerfrei 50 % von 27,34 € =	13,67 €
sozialversicherungsfrei sind 50 % von 25,— € =	12,50 €
Berechnung des steuer- und beitragspflichtigen Arbeitslohns:	
Gehalt	4 000,— €
geldwerter Vorteil Firmenwagen	300,— €
Zuschläge für Sonntagsarbeit (10 × 15,— € =)	150,— €
davon lohnsteuerpflichtig (15,— € − 13,67 € =) 1,33 € × 10 =	13,30 €
sozialversicherungspflichtig (15,— € − 12,50 €) 2,50 € × 10 =	25,— €
lohnsteuerpflichtig insgesamt (4000,— € + 300,— € + 13,30 € =)	4 313,30 €
sozialversicherungspflichtig insgesamt:	
Kranken- und Pflegeversicherung bis zur Beitragsbemessungsgrenze	3 750,00 €
Renten- und Arbeitslosenversicherung:	
4000,— € + 300,— € + 25,— € =	4 325,— €

Es kommt in der Praxis häufig vor, dass die tarif- oder arbeitsvertraglich vereinbarten Zuschläge für Sonntags- Feiertags- und Nachtarbeit nicht mit den prozentualen Zuschlagssätzen übereinstimmen, die nach § 3b EStG steuerfrei sind, z. B. tariflich vereinbarter Nachtarbeitszuschlag **15 %**, steuerfreier Nachtarbeitszuschlag nach § 3b EStG **25 %**.

Hierzu ist im **Anhang 1** zum Lexikon ein umfangreiches Rechenbeispiel aus der Praxis mit unterschiedlichen Prozentsätzen in einem Tarifvertrag einerseits und in § 3b EStG andererseits abgedruckt. Das Beispiel zeigt, dass der nach tarifvertraglichen Vorschriften errechnete Zuschlag mit dem nach den Grundsätzen des § 3b EStG errechneten Zuschlag zu vergleichen ist. Ist der auf tarifvertraglicher Basis errechnete Zuschlag niedriger als der Zuschlag, der nach § 3b EStG steuerfrei wäre, **bleibt der tatsächlich gezahlte Zuschlag steuer- und beitragsfrei**. Bei der Berechnung des Betrags, der nach § 3b EStG steuerfrei wäre, ist der höchstmögliche Stundengrundlohn zu beachten, der bei der Lohnsteuer **50 €** und bei der Sozialversicherung **25 €** beträgt.

Beispiel B

Ein Arbeitnehmer hat einen Stundenlohn von 30 € (= steuerlich maßgebender Stundengrundlohn). Er erhält einen tarifvertraglichen Nachtarbeitszuschlag von 15 %. Für jede Stunde Nachtarbeit sind dies (15 % von 30 € =) 4,50 €. Für 10 Stunden Nachtarbeit errechnet sich für diesen Arbeitnehmer ein tarifvertraglicher Nachtarbeitszuschlag von (10 × 4,50 € =) 45 €.

Dieser Nachtarbeitszuschlag ist steuerfrei, weil der nach den Grundsätzen des § 3b EStG errechnete Nachtarbeitszuschlag höher wäre. Der nach den Grundsätzen des § 3b EStG steuerfreie Nachtarbeitszuschlag errechnet sich wie folgt:

25 % von 30 € = 7,50 €. Für 10 Stunden Nachtarbeit wären dies: (10 × 7,50 € =) 75 €. Da der tatsächlich gezahlte Nachtarbeitszuschlag lediglich 45 € beträgt, bleibt nur dieser Betrag lohnsteuerfrei.

Zuschuss-Wintergeld

Für die Berechnung des sozialversicherungsfreien Nachtarbeitszuschlags ist die Begrenzung auf einen Stundengrundlohn von 25 € zu beachten, ansonsten sind die lohnsteuerlichen Berechnungsgrundsätze maßgebend. Hiernach ergibt sich folgende Berechnung:

25 % von 25 € = 6,25 €. Für 10 Stunden Nachtarbeit wären dies (10 × 6,25 € =) 65 €.

Da der tatsächlich gezahlte Nachtarbeitszuschlag niedriger ist, als der nach den Grundsätzen des § 3b EStG errechnete höchstmögliche steuerfreie Nachtarbeitszuschlag, **bleibt der nach tarifvertraglichen Grundsätzen errechnete Nachtarbeitszuschlag in Höhe von 45 € in vollem Umfang beitragsfrei.** Denn nach § 3b EStG sind Zuschläge für Nachtarbeit steuerfrei, **soweit sie 25 % des** (ggf. begrenzten) **Grundlohns** nicht übersteigen. Dabei ist lohnsteuerlich eine Begrenzung des Grundlohns auf 50 € und sozialversicherungsrechtlich eine Begrenzung auf 25 € maßgebend.

Hiernach ergibt sich folgende Übersicht:

Zuschläge für Nachtarbeit, steuerfrei in Höhe von 25 % (§ 3b Abs. 1 Nr. 1 EStG)					
Grund-lohn	tatsächlicher Zuschlag in Prozent	tatsächlicher Zuschlag in Euro	steuerlicher Höchstzuschlag in Prozent	steuerfrei in Euro	beitragsfrei in Euro
20 €	20 %	4,00 €	25 %	4,00 €	4,00 €
25 €	20 %	5,00 €	25 %	5,00 €	5,00 €
30 €	20 %	6,00 €	25 %	6,00 €	6,00 €
35 €	20 %	6,50 €	25 %	6,50 €	6,25 €
40 €	20 %	8,00 €	25 %	8,00 €	6,25 €
45 €	20 %	9,50 €	25 %	9,50 €	6,25 €
50 €	20 %	10,00 €	25 %	10,00 €	6,25 €
55 €	20 %	11,00 €	25 %	11,00 €	6,25 €
60 €	20 %	12,00 €	25 %	12,00 €	6,25 €
65 €	20 %	13,00 €	25 %*)	12,50 €	6,25 €
70 €	20 %	14,00 €	25 %*)	12,50 €	6,25 €

Wird ein höherer Prozentsatz als 25 % für Nachtarbeit gezahlt, ist der steuer- bzw. beitragsfreie Zuschlag nach dem in § 3b EStG gesetzlich vorgeschriebenen Prozentsatz zu berechnen, und zwar auch dann, wenn der Grundlohn weniger als 50 € bzw. 25 € beträgt.

Zuschuss-Wintergeld

siehe „Wintergeld"

Zuschuss zum Kinder-Krankengeld

Arbeitgeberzuschüsse zum sog. Kinder-Krankengeld sind steuerpflichtig. Es besteht Beitragsfreiheit, wenn der Zuschuss zusammen mit dem Kinder-Krankengeld das Nettoentgelt nicht um mehr als 50 € übersteigt. Ausführliche Erläuterungen enthält das Stichwort „Arbeitsentgelt" unter Nr. 2 auf Seite 86.   ja   nein

Zuschuss zum Krankengeld

Arbeitgeberzuschüsse zum Krankengeld sind steuerpflichtig (vgl. „Krankengeldzuschüsse"). Es besteht Beitragsfreiheit, wenn der Zuschuss zusammen mit dem Krankengeld das Nettoentgelt nicht um mehr als 50 € übersteigt. Ausführliche Erläuterungen enthält das Stichwort „Arbeitsentgelt" unter Nr. 2 auf Seite 86.   ja   nein

Zuschuss zum Krankenkassenbeitrag

siehe „Arbeitgeberzuschuss zur Krankenversicherung"

Zuschuss zum Kurzarbeitergeld

Arbeitgeberzuschüsse zum Kurzarbeitergeld sind steuerpflichtig (vgl. „Kurzarbeitergeld"). Es besteht Beitragsfreiheit, soweit der Zuschuss zusammen mit dem Kurzarbeitergeld 80 % des Unterschiedsbetrages zwischen dem Soll- und dem Ist-Entgelt nach § 179 SGB III nicht übersteigt (vgl. § 1 Abs. 1 Nr. 8 SvEV).   ja   nein

Zuschuss zum Saison-Kurzarbeitergeld

Arbeitgeberzuschüsse zum Saison-Kurzarbeitergeld sind steuerpflichtig (vgl. „Saison-Kurzarbeitergeld"). Es besteht Beitragsfreiheit, soweit der Zuschuss zusammen mit dem Saison-Kurzarbeitergeld 80 % des Unterschiedsbetrages zwischen dem Soll- und dem Ist-Entgelt nach § 179 SGB III nicht übersteigt (vgl. § 1 Abs. 1 Nr. 8 SvEV).   ja   nein

Zuschuss zum Mutterschaftsgeld

Arbeitgeberzuschüsse zum Mutterschaftsgeld sind steuerfrei (vgl. „Mutterschaftsgeld"). Es besteht Beitragsfreiheit, wenn der Zuschuss zusammen mit dem Mutterschaftsgeld das Nettoentgelt nicht um mehr als 50 € übersteigt. Ausführliche Erläuterungen enthält das Stichwort „Arbeitsentgelt" unter Nr. 2 auf Seite 86.   nein   nein

Zuschuss zur Pflegeversicherung

siehe „Arbeitgeberzuschuss zur Pflegeversicherung"

Zuschuss zum Übergangsgeld

Arbeitgeberzuschüsse zum Übergangsgeld sind steuerpflichtig (vgl. „Übergangsgelder, Übergangsbeihilfen"). Es besteht Beitragsfreiheit, wenn der Zuschuss zusammen mit dem Übergangsgeld das Nettoentgelt nicht um mehr als 50 € übersteigt. Ausführliche Erläuterungen enthält das Stichwort „Arbeitsentgelt" unter Nr. 2 auf Seite 86.   ja   nein

Zuschuss zum Verletztengeld

Arbeitgeberzuschüsse zum Verletztengeld sind steuerpflichtig (vgl. „Verletztengeld"). Es besteht Beitragsfreiheit, wenn der Zuschuss zusammen mit dem Verletztengeld das Nettoentgelt nicht um mehr als 50 € übersteigt. Ausführliche Erläuterungen enthält das Stichwort „Arbeitsentgelt" unter Nr. 2 auf Seite 86.   ja   nein

Zusteller

siehe „Zeitungsausträger"

Zweite Lohnsteuerkarte

siehe „Lohnsteuerkarte"

Zwischenheimfahrten

siehe „Familienheimfahrten"

---

*) Höchstens 25 % aus 50 € = 12,50 €.

Anhang 1

Berechnung der Zuschläge für Sonntags-, Feiertags- und Nachtarbeit
Zusammenfassendes Beispiel für 2010

Für einen übertariflich entlohnten Arbeitnehmer in der Papierindustrie ist eine regelmäßige Arbeitszeit von 39 Stunden in der Woche vereinbart. Lohnzahlungszeitraum ist der Kalendermonat. Der Arbeitnehmer erhält im Juli 2010 folgenden Arbeitslohn:

Stundengrundlohn	15,13 €
zuzüglich übertarifliche Zahlungen je Std. von	2,35 €
insgesamt Stundenlohn von	17,48 €

(= Grundlohn lt. Tarifvertrag)

An Zuschlägen werden gezahlt für:

Nachtarbeit	25 % für die Zeit von 22.00 Uhr – 6.00 Uhr
Sonntagsarbeit	100 % für die Zeit von So. 6.00 Uhr – Mo. 6.00 Uhr
Mehrarbeit	25 % je Stunde
Durchfahrzulage	5 % je Stunde
Spätschicht	5 % von 15,13 € für die Zeit von 14 Uhr – 22 Uhr

Essenszuschüsse, Fahrvergütung, Schmutzzulage werden nach dem tatsächlichen Anfall vergütet und nicht pauschal versteuert.

Folgende Arbeitszeiten wurden im Lohnzahlungszeitraum geleistet:

6 Frühschichten	6.00 Uhr – 14.00 Uhr je 8 Std. =	48 Std.
5 Nachtschichten	22.00 Uhr – 6.00 Uhr je 8 Std. =	40 Std.
Spätschichten:		
5 Normalspätschichten	14.00 Uhr – 22.00 Uhr je 8 Std. =	40 Std.
1 Mehrarbeitsspätschicht	14.00 Uhr – 22.00 Uhr =	8 Std.
1 Samstagsnachtschicht	Sa. 22.00 Uhr – So. 6.00 Uhr =	8 Std.
1 Sonntagsnachtschicht	So. 18.00 Uhr – Mo. 6.00 Uhr =	12 Std.
1 Sonntags-Ausfallbezahlung ohne Sonntagszuschlag (= Gesamtlohn lt. Tarifvertrag + Durchfahrzulage + Spätschichtzuschlag)	=	12 Std.
Gesamtstunden:	=	168 Std.

Ermittlung des Grundlohns nach § 3b EStG

Art der Leistung	Zahlung des Arbeitgebers Euro	Basisgrundlohn Euro	Grundlohn Zusätze Euro
a) Normalarbeit			
160 Std. à 17,48 €	2 796,80		
17,48 € × 39 Std. × 4,35		2 965,48	–
160 Std. Durchfahrzulage à 5 % von 17,48 €	139,84		
5 % von 17,48 € × 39 Std. × 4,35		148,27	–
Zusätzliche vermögenswirksame Leistung des Arbeitgebers	40,–	40,–	–
Zuschüsse nach tatsächlichem Anfall	162,–	–	162,–
Spätschichtzulage 5 % von 15,13 €			
30 Std. 14.00 – 20.00	22,70	–	22,70
10 Std. 20.00 – 22.00	7,57	–	Behandlung als Nachtzuschlag
aus 5 Spätschichten werktags			
2 Std. 18.00 – 20.00	1,51	–	1,51
2 Std. 20.00 – 22.00	1,51	–	Behandlung als Nachtzuschlag
aus Sonntags-Nachtschicht			
4 Std. Sonntags-Ausfallbezahlung	3,03	–	3,03 auch für 20.00 – 22.00, weil nicht für tatsächlich geleistete Sonntagsarbeit gezahlt
b) Mehrarbeit			
8 Std. à 17,48 €	139,84	–	–
8 Std. Mehrarbeitszuschlag à 25 % von 17,48 €	34,96	–	–
8 Std. Durchfahrzulage 5 % von 17,48 €	6,99	–	–
Spätschichtzuschlag 5 % von 15,13 €			
6 Std. 14.00 – 20.00	4,54	–	–
2 Std. 20.00 – 22.00	1,51	–	Behandlung als Nachtzuschlag
Zuschüsse nach tatsächlichem Anfall	21,–	–	–
Summe:	3 383,80	3 153,75	189,24

$$\text{Grundlohn nach § 3b EStG} = \frac{3153,75 € + 189,24 €}{39,0 \text{ Std.} \times 4,35} = \underline{19,71 €} \text{ je Std.}$$

Ermittlung der steuerfreien Zuschläge

Sachverhalt/ Stunden gleicher Art	Tarif	§ 3b EStG
6 Spätschichten Mo. – Sa. 14.00 – 22.00	5 % von 15,13 € = 0,76 € × 12 Std.	25 % von 19,71 € = 4,93 € × 12 Std. = 59,16 € höchstens
davon Nachtarbeit: 12 Std.	= 9,12 €	9,12 €
5 Nachtschichten Mo. – Fr. 22.00 – 6.00 = 40 Std.		
a) 0.00 – 4.00 = 20 Std.	25 % von 17,48 € = 4,37 € × 20 Std. = 87,40 €	40 % von 19,71 € = 7,88 € × 20 Std. = 157,60 €, höchstens 87,40 €
b) 22.00 – 0.00 und 4.00 – 6.00 = 20 Std.	25 % von 17,48 € = 4,37 € × 20 Std. = 87,40 €	25 % von 19,71 € = 4,93 € × 20 Std. = 98,60 €, höchstens 87,40 €
1 Samstags-Nachtschicht Sa. 22.00 – So. 6.00 = 8 Std.		
a) 22.00 – 0.00 = 2 Std.	25 % von 17,48 € = 4,37 € × 2 Std. = 8,74 €	25 % von 19,71 € = 4,93 € × 2 Std. = 9,86 €, höchstens 8,74 €
b) So. 0.00 – 4.00 = 4 Std.	25 % von 17,48 € = 4,37 € × 4 Std. = 17,48 €	40 % + 50 % = 90 % von 19,71 € = 17,74 € × 4 Std. = 70,96 €, höchstens 17,48 €
c) So. 4.00 – 6.00 = 2 Std.	25 % von 17,48 € = 4,37 € × 2 Std. = 8,74 €	25 % + 50 % = 75 % von 19,71 € = 14,78 € × 2 Std. = 29,56 €, höchstens 8,74 €
1 Sonntags-Nachtschicht So. 18.00 – Mo. 6.00 = 12 Std.		
a) So. 18.00 – 20.00 = 2 Std.	100 % von 17,48 € = 17,48 € × 2 Std. = 34,96 €	50 % von 19,71 € = 9,86 € × 2 Std. = 19,72 €
b) So. 20.00 – 22.00 = 2 Std.	100 % von 17,48 € = 17,48 € + 5 % von 15,13 € = 0,76 € = 18,24 x 2 Std. = 36,48 €	25 % + 50 % = 75 % von 19,71 € = 14,78 € x 2 Std. = 29,56 €
c) So. 22.00 – 24.00 = 2 Std.	25 % + 100 % = 125 % von 17,48 € = 21,85 € x 2 Std. = 43,70 €	25 % + 50 % = 75 % von 19,71 € = 14,78 € x 2 Std. = 29,56 €
d) Mo. 0.00 – 4.00 = 4 Std.	25 % + 100 % = 125 % von 17,48 € = 21,85 € x 4 Std. = 87,40 €	40 % + 50 % = 90 % von 19,71 € = 17,74 € x 4 Std. = 70,96 €
e) Mo. 4.00 – 6.00 = 2 Std.	25 % + 100 % = 125 % von 17,48 € = 21,85 € x 2 Std. = 43,70 €	25 % von 19,71 € = 4,93 € x 2 Std. = 9,86 €
Summen	465,12 €	378,54 €

Die tarifvertraglich vereinbarten und für Juli 2010 gezahlten Zuschläge für Sonntags- und Nachtarbeit in Höhe von 465,12 € sind nur in Höhe von 378,54 € steuer- und beitragsfrei.

Anhang 2

Übersicht
über die wichtigsten Höchstbeträge, Freigrenzen, Freibeträge und Pauschbeträge

	2007 Euro	2008 Euro	2009 Euro	2010 Euro	Rechtsgrundlage
Abfindungen siehe „Entlassungsabfindungen"					
Altersentlastungsbetrag Die Höhe des Altersentlastungsbetrags ist je nachdem, welches Kalenderjahr auf die Vollendung des 64. Lebensjahres folgt, unterschiedlich hoch. Für die Kalenderjahre 2007 bis 2010 gelten deshalb folgende unterschiedliche Altersentlastungsbeträge:					§ 24a EStG R 39b.4 LStR
– Vollendung des 64. Lebensjahres vor dem 1.1.2005: **40%** des Arbeitslohns, höchstens	1 900,—	1 900,—	1 900,—	1 900,—	
– Vollendung des 64. Lebensjahres vor dem 1.1.2006, aber nach dem 31.12.2004: **38,4%**, höchstens	1 824,—	1 824,—	1 824,—	1 824,—	
– Vollendung des 64. Lebensjahres vor dem 1.1.2007, aber nach dem 31.12.2005: **36,8%**, höchstens	1 748,—	1 748,—	1 748,—	1 748,—	
– Vollendung des 64. Lebensjahres vor dem 1.1.2008, aber nach dem 31.12.2006: **35,2%**, höchstens		1 672,—	1 672,—	1 672,—	
– Vollendung des 64. Lebensjahres vor dem 1.1.2009, aber nach dem 31.12.2007: **33,6%**, höchstens			1 596,—	1 596,—	
– Vollendung des 64. Lebensjahres vor dem 1.1.2010, aber nach dem 31.12.2008: **32,0%**, höchstens				1 520,—	
Altersvorsorgeaufwendungen siehe „Freibetrag für Altersvorsorgeaufwendungen"					
Antragsgrenze für die Eintragung von Freibeträgen auf der Lohnsteuerkarte im Lohnsteuerermäßigungsverfahren	600,—	600,—	600,—	600,—	§ 39a Abs. 2 EStG
Arbeitgeberdarlehen siehe „Zinsersparnisse"					
Arbeitnehmer-Pauschbetrag					
– bei Arbeitslohn für ein aktives Beschäftigungsverhältnis	920,—	920,—	920,—	920,—	§ 9a Nr. 1 EStG
– bei Versorgungsbezügen	102,—	102,—	102,—	102,—	
Arbeitsessen siehe „Aufmerksamkeiten"					
Arbeitsmittel, Anschaffungskosten sofort voll als Werbungskosten abzugsfähig bei einem Kaufpreis ohne Mehrwertsteuer bis	410,—	410,—	410,—	410,—	§ 9 Abs. 1 Nr. 7 EStG i. V. m. § 6 Abs. 2 Satz 1 bis 3 EStG
Arbeitszimmer, Beschränkung des Werbungskostenabzugs jährlich*)	0,—	0,—	0,—	0,—	§ 9 Abs. 5 i. V. m. § 4 Abs. 5 Nr. 6b EStG
Aufmerksamkeiten, Freigrenze je Sachbezug	40,—	40,—	40,—	40,—	R 19.6 LStR
Aufwandsentschädigung, siehe „Übungsleiterfreibetrag"					
Ausbildungsfreibetrag je Kind					
– ab 18 Jahren bei auswärtiger Unterbringung	924,—	924,—	924,—	924,—	§ 33a Abs. 2 EStG
– abzüglich Einkünfte und Bezüge des Kindes über	1 848,—	1 848,—	1 848,—	1 848,—	
– Kostenpauschale für Bezüge	180,—	180,—	180,—	180,—	R 32.10 Abs. 4 EStR
Auswärtstätigkeit siehe „Reisekosten bei Auswärtstätigkeiten"					
Behindertenpauschbeträge siehe „Pauschbeträge für Behinderte"					
Beihilfen siehe „Unterstützungen"					
Berufsausbildungskosten als Sonderausgaben jährlich	4 000,—	4 000,—	4 000,—	4 000,—	§ 10 Abs. 1 Nr. 7 EStG
Beschränkt steuerpflichtige Arbeitnehmer (Grenze für nicht der deutschen Einkommensteuer unterliegende Einkünfte jährlich)					
– Ledige	6 136,—	7 664,—	7 834,—	8 004,—	§ 1 Abs. 3 EStG
– Ehegatten	12 272,—	15 328,—	15 668,—	16 008,—	§ 1a Abs. 1 Nr. 2 EStG
Betreuungsfreibetrag siehe „Kinderbetreuungsfreibetrag"					
Betriebsveranstaltungen, Freigrenze je Veranstaltung und Arbeitnehmer einschließlich Mehrwertsteuer	110,—	110,—	110,—	110,—	R 19.5 Abs. 4 LStR
Dienstreise siehe „Reisekosten bei Auswärtstätigkeiten"					
Doppelte Haushaltsführung					
– Fahrkosten (Pkw)					
– erste und letzte Fahrt je gefahrenen Kilometer	0,30	0,30	0,30	0,30	R 9.11 Abs. 6 LStR
– eine Familienheimfahrt wöchentlich je Entfernungskilometer (Entfernungspauschale)	0,30	0,30	0,30	0,30	§ 9 Abs. 1 Nr. 5 EStG

*) Vollabzug der Aufwendungen, wenn das häusliche Arbeitszimmer den Mittelpunkt der gesamten betrieblichen und beruflichen Betätigung bildet.

noch Anhang 2

	2007 Euro	2008 Euro	2009 Euro	2010 Euro	Rechtsgrundlage
– Verpflegungsmehraufwand für die ersten drei Monate					
– bei einer Abwesenheit von 24 Stunden	24,—	24,—	24,—	24,—	
– bei einer Abwesenheit von mindestens 14 Stunden	12,—	12,—	12,—	12,—	
– bei einer Abwesenheit von mindestens 8 Stunden	6,—	6,—	6,—	6,—	
– Übernachtungskosten					
– Pauschale für die ersten drei Monate (nur Arbeitgeberersatz)	20,—	20,—	20,—	20,—	R 9.11 Abs. 10 Nr. 3 LStR
– Pauschale ab dem vierten Monat (nur Arbeitgeberersatz)	5,—	5,—	5,—	5,—	
Ehrenamtliche Tätigkeit (sofern nicht Übungsleiterfreibetrag)	500,—	500,—	500,—	500,—	§ 3 Nr. 26a EStG
Einkommensteuertarif siehe „Tarifaufbau"					
Einsatzwechseltätigkeit*) Verpflegungspauschale innerhalb des Dreimonatszeitraums bei einer Abwesenheit von der Wohnung					§ 9 Abs. 5 i. V. m. § 4 Abs. 5 Nr. 5 EStG
– von weniger als 8 Stunden	0,—				
– von mindestens 8 Stunden	6,—				
– von mindestens 14 Stunden	12,—				
– von 24 Stunden	24,—				
Entfernungspauschale für Fahrten zwischen Wohnung und regelmäßiger Arbeitsstätte					
– ab dem 1. Entfernungskilometer	0,30	0,30	0,30	0,30	§ 9 Abs. 1 Nr. 4 EStG
– Höchstbetrag	4 500,—	4 500,—	4 500,—	4 500,—	
Entlassungsabfindungen, Freibetrag					
– allgemein, höchstens	0,—	0,—	0,—	0,—	§ 3 Nr. 9 EStG a. F.
– bei 50 Jahren und 15 Jahren Betriebszugehörigkeit, höchstens	0,—	0,—	0,—	0,—	
– bei 55 Jahren und 20 Jahren Betriebszugehörigkeit, höchstens	0,—	0,—	0,—	0,—	
Entlastungsbetrag für Alleinerziehende	1 308,—	1 308,—	1 308,—	1 308,—	§ 24b EStG
Fahrtätigkeit*) Verpflegungspauschale innerhalb des Dreimonatszeitraums bei einer Abwesenheit von der Wohnung					§ 9 Abs. 5 i. V. m. § 4 Abs. 5 Nr. 5 EStG
– von weniger als 8 Stunden	0,—				
– von mindestens 8 Stunden	6,—				
– von mindestens 14 Stunden	12,—				
– von 24 Stunden	24,—				
Fahrten zwischen Wohnung und regelmäßiger Arbeitsstätte siehe „Entfernungspauschale"					
Familienheimfahrten siehe „Doppelte Haushaltsführung"					
Fehlgeld, Freibetrag monatlich	16,—	16,—	16,—	16,—	R 19.3 Abs. 1 Nr. 4 LStR
Freibetrag auf der Lohnsteuerkarte siehe „Antragsgrenze"					
Freibetrag für Altersvorsorgeaufwendungen					
– bei Kapitaldeckung: Beiträge zu Direktversicherungen, Pensionskassen und Pensionsfonds bis zu 4 % der Beitragsbemessungsgrenze (West)	2 520,—	2 544,—	2 592,—	2 640,—	§ 3 Nr. 63 EStG
– bei Kapitaldeckung: Erhöhungsbetrag bei Versorgungszusagen nach dem 31.12.2004	1 800,—	1 800,—	1 800,—	1 800,—	
Bei Umlagefinanzierung: Beiträge zu Pensionskassen bis zu 1 % der Beitragsbemessungsgrenze (West)		636,—	648,—	660,—	§ 3 Nr. 56 EStG
Freibetrag für Betreuungs-, Erziehungs- oder Ausbildungsbedarf siehe „Kinderbetreuungsfreibetrag"					
Freigrenze für Sachbezüge siehe „Sachbezüge"					
Geburtsbeihilfen vom Arbeitgeber steuerfrei je Kind	0,—	0,—	0,—	0,—	§ 3 Nr. 15 EStG a. F.
Geringwertige Wirtschaftsgüter siehe „Arbeitsmittel"					
Geschenke siehe „Aufmerksamkeiten" und „Werbegeschenke"					
Gesundheitsförderung (Steuerfreibetrag)		500,–	500,–	500,–	§ 3 Nr. 34 EStG
Grenzpendler siehe „Beschränkt steuerpflichtige Arbeitnehmer"					
Grundfreibetrag siehe „Tarifaufbau"					

*) Ab 2008 siehe „Reisekosten bei Auswärtstätigkeiten".

noch Anhang 2

	2007 Euro	2008 Euro	2009 Euro	2010 Euro	Rechtsgrundlage
Handwerkerleistungen					
– Abzugsbetrag von der Steuerschuld in % der Aufwendungen	20%	20%	20%	20%	§ 35a Abs. 2 EStG bzw. § 35a Abs. 3 EStG
– Höchstbetrag jährlich	600,—	600,—	1 200,—	1 200,—	
Haushaltsnahe Dienstleistungen, kein Arbeitsverhältnis					
– Abzugsbetrag von der Steuerschuld in % der Aufwendungen	20%	20%	20%	20%	§ 35a Abs. 2 EStG
– Höchstbetrag jährlich*)	600,—	600,—	4 000,—	4 000,—	
Hausgehilfin, versicherungsfrei auf 400-Euro-Basis					
– Abzugsbetrag von der Steuerschuld in % der Aufwendungen	10%	10%	20%	20%	§ 35a Abs. 1 EStG
– Höchstbetrag jährlich	510,—	510,—	510,—	510,—	
Hausgehilfin, sozialversicherungspflichtig					
– Abzugsbetrag von der Steuerschuld in % der Aufwendungen	12%	12%	20%	20%	§ 35a Abs. 1 bzw. Abs. 2 EStG
– Höchstbetrag jährlich**)	2 400,—	2 400,—	4 000,—	4 000,—	
Hausgehilfin/Haushaltshilfe					
– jährlicher Freibetrag allgemein	624,—***)	624,—***)	0,—	0,—	§ 33a Abs. 3 EStG
– jährlicher Freibetrag bei Schwerbehinderung	924,—***)	924,—***)	0,—	0,—	
Heimunterbringung					
– ohne Pflegebedürftigkeit jährlich	624,—	624,—	0,—	0,—	§ 33a Abs. 3 EStG
– mit Pflegebedürftigkeit jährlich	924,—	924,—	0,—	0,—	
Heiratsbeihilfen vom Arbeitgeber steuerfrei bis	0,—	0,—	0,—	0,—	§ 3 Nr. 15 EStG a. F.
Hinterbliebenen-Pauschbetrag jährlich	370,—	370,—	370,—	370,—	§ 33b Abs. 4 EStG
Kilometersätze bei Auswärtstätigkeiten (1.1.2008)/Dienstreisen (bis 31.12.2007) je gefahrenen Kilometer					R 9.5 Abs. 1 LStR und BMF-Schreiben vom 20.8.2001 (BStBl. I S. 541)
– mit Pkw	0,30	0,30	0,30	0,30	
– mit Motorrad/Motorroller	0,13	0,13	0,13	0,13	
– mit Moped/Mofa	0,08	0,08	0,08	0,08	
– mit Fahrrad	0,05	0,05	0,05	0,05	
Mitnahmeentschädigung je Person					
– bei einem Pkw	0,02	0,02	0,02	0,02	
– bei einem Motorrad oder Motorroller	0,01	0,01	0,01	0,01	
Kinderbetreuungsfreibetrag					
– für alle Kinder, für die ein Kinderfreibetrag zusteht	1 080,—	1 080,—	1 080,—	1 320,—	§ 32 Abs. 6 EStG
– doppelter Freibetrag für die zusammen veranlagten Eltern des Kindes, für Verwitwete und Gleichgestellte (z. B. ein Elternteil im Ausland)	2 160,—	2 160,—	2 160,—	2 640,—	
Kinderbetreuungskosten wie Werbungskosten oder Betriebsausgaben zwei Drittel der Aufwendungen, höchstens jährlich	4 000,—	4 000,—	4 000,—	4 000,—	§ 9 Abs. 5 i. V. m. § 9c Abs. 1 EStG
Kinderbetreuungskosten als Sonderausgaben zwei Drittel der Aufwendungen, höchstens jährlich	4 000,—	4 000,—	4 000,—	4 000,—	§ 9c Abs. 2 EStG
Kinderfreibetrag je Kind jährlich	1 824,—	1 824,—	1 932,—	2 184,—	§ 32 Abs. 6 EStG
Doppelter Kinderfreibetrag für die zusammen veranlagten Eltern des Kindes, für Verwitwete und Gleichgestellte (z. B. ein Elternteil im Ausland)	3 648,—	3 648,—	3 864,—	4 368,—	
Anrechnungsgrenze für eigene Einkünfte und Bezüge bei Kindern über 18 Jahre	7 680,—	7 680,—	7 680,—	8 004,—	
Unkostenpauschale bei einer Ermittlung der Bezüge	180,—	180,—	180,—	180,—	R 32.10 Abs. 4 EStR
Kindergeld monatlich					
– für das erste und zweite jeweils	154,—	154,—	164,—	184,—	§ 66 EStG
– für das dritte Kind	154,—	154,—	170,—	190,—	
– für das vierte und jedes weitere Kind	179,—	179,—	195,—	215,—	
– Einmalbetrag	0,—	0,—	100,—	0,—	
Kontoführungsgebühren als Werbungskosten abziehbarer Jahresbetrag	16,—	16,—	16,—	16,—	bundeseinheitlicher Erlass
Kundenbindungsprogramm siehe „Sachprämien bei Kundenbindungsprogrammen"					
Lohnsteuer-Anmeldungszeitraum					
– monatlich, wenn die abzuführende Lohnsteuer für das vorangegangene Kalenderjahr höher war als	3 000,—	3 000,—	4 000,—	4 000,—	§ 41a Abs. 2 EStG
– vierteljährlich, wenn die abzuführende Lohnsteuer für das vorangegangene Kalenderjahr höher war als	800,—	800,—	1 000,—	1 000,—	

*) Ab 2009 gemeinsamer Höchstbetrag mit sozialversicherungspflichtigen Beschäftigungsverhältnissen.
**) Ab 2009 gemeinsamer Höchstbetrag mit haushaltsnahen Dienstleistungen.
***) Die Inanspruchnahme des Freibetrags und der Abzugsbetrag von der Steuerschuld für eine Hausgehilfin schließen sich insoweit gegenseitig aus.

noch Anhang 2

	2007 Euro	2008 Euro	2009 Euro	2010 Euro	Rechtsgrundlage
Mahlzeiten, amtlicher Sachbezugswert					Sozialversicherungsentgelt VO
– für ein Frühstück	1,50	1,50	1,53	1,57	
– für ein Mittag- oder Abendessen	2,67	2,67	2,73	2,80	
Mankogeld siehe „Fehlgeld"					
Nebentätigkeit für gemeinnützige Organisationen siehe „Ehrenamtliche Tätigkeit" und „Übungsleiterfreibetrag"					
Notstandsbeihilfen siehe „Unterstützungen"					
Pauschalierung der Lohnsteuer siehe Anhang 2a					
Pauschbeträge für Behinderte jährlich bei einem Grad der Behinderung					§ 33b Abs. 3 EStG
von 25 und 30	310,—	310,—	310,—	310,—	
von 35 und 40	430,—	430,—	430,—	430,—	
von 45 und 50	570,—	570,—	570,—	570,—	
von 55 und 60	720,—	720,—	720,—	720,—	
von 65 und 70	890,—	890,—	890,—	890,—	
von 75 und 80	1 060,—	1 060,—	1 060,—	1 060,—	
von 85 und 90	1 230,—	1 230,—	1 230,—	1 230,—	
von 95 und 100	1 420,—	1 420,—	1 420,—	1 420,—	
Blinde und Pflegebedürftige	3 700,—	3 700,—	3 700,—	3 700,—	
Pflegepauschbetrag jährlich	924,—	924,—	924,—	924,—	§ 33b Abs. 6 EStG
Rabattfreibetrag jährlich	1 080,—	1 080,—	1 080,—	1 080,—	§ 8 Abs. 3 EStG
Realsplitting siehe „Unterhalt an den geschiedenen Ehegatten"					
Reisekosten bei Auswärtstätigkeiten					
– Fahrtkosten siehe „Kilometersätze"					
– Verpflegungsmehraufwendungen siehe „Verpflegungspauschalen"					
– Übernachtungskosten siehe „Übernachtungspauschalen"					
Sachbezugswerte, amtliche siehe Anhang 3, einzelne Mahlzeiten siehe „Mahlzeiten"					
Sachbezüge Freigrenze monatlich	44,—	44,—	44,—	44,—	§ 8 Abs. 2 Satz 9 EStG
Sachprämien bei Kundenbindungsprogrammen Freibetrag jährlich	1 080,—	1 080,—	1 080,—	1 080,—	§ 3 Nr. 38 EStG
Sonderausgaben-Pauschbetrag jährlich					
– für Alleinstehende	36,—	36,—	36,—	36,—	§ 10c Abs. 1 EStG
– für zusammen veranlagte Ehegatten	72,—	72,—	72,—	72,—	
Sonstige Bezüge Pauschalierung möglich je Kalenderjahr bis	1 000,—	1 000,—	1 000,—	1 000,—	§ 40 Abs. 1 EStG
Sparer-Freibetrag/Sparer-Pauschbetrag jährlich					§ 20 Abs. 9 EStG, § 20 Abs. 4 EStG a. F.
– für Alleinstehende	750,—	750,—	801,—	801,—	
– für zusammen veranlagte Ehegatten	1 500,—	1 500,—	1 602,—	1 602,—	
Spenden					
– Prozentsatz vom Gesamtbetrag der Einkünfte*)	20 %	20 %	20 %	20 %	§ 10b Abs. 1 EStG
– Promillesatz der Umsätze, Löhne und Gehälter*)	4 ‰	4 ‰	4 ‰	4 ‰	
Spenden an politische Parteien					
– abziehbar mit 50 % von der Einkommensteuer (Höchstbetrag)	825,—**)	825,—**)	825,—**)	825,—**)	§ 34g EStG
– zusätzlich abziehbar als Sonderausgaben	1 650,—**)	1 650,—**)	1 650,—**)	1 650,—**)	§ 10b EStG
Spenden an Wählergemeinschaften (abziehbar mit 50 % von der Einkommensteuer; Höchstbetrag)	825,—**)	825,—**)	825,—**)	825,—**)	§ 34g EStG
Tarifaufbau Grundfreibetrag					§ 32a EStG
– bei Alleinstehenden	7 664,—	7 664,—	7 834,—	8 004,—	
– bei zusammen veranlagten Ehegatten	15 328,—	15 328,—	15 668,—	16 008,—	
1. Progressionszone (Steilstufe) bis					
– bei Alleinstehenden	12 739,—	12 739,—	13 139,—	13 469,—	
– bei zusammen veranlagten Ehegatten	25 478,—	25 478,—	26 278,—	26 938,—	
2. Progressionszone bis					
– bei Alleinstehenden	52 151,—	52 151,—	52 551,—	52 881,—	
– bei zusammen veranlagten Ehegatten	104 302,—	104 302,—	105 102,—	105 762,—	
Anfangssteuersatz	15 %	15 %	14 %	14 %	
Grenzsteuersatz am Ende der 2. Progressionszone	42 %	42 %	42 %	42 %	

*) Ab 2007 werden nicht als Sonderausgaben abgezogene Spenden vorgetragen. Spenden an Stiftungen können bis zu 1 000 000 € als Sonderausgaben abgezogen werden.
**) Doppelter Betrag für zusammen veranlagte Ehegatten.

noch Anhang 2

	2007 Euro	2008 Euro	2009 Euro	2010 Euro	Rechtsgrundlage
Spitzensteuersatz	45%	45%	45%	45%	
– bei Alleinstehenden ab	250 001,—	250 001,—	250 401,—	250 731,—	
– bei zusammen veranlagten Ehegatten ab	500 002,—	500 002,—	500 802,—	501 462,—	
Übernachtungspauschalen (nur für Arbeitgeberersatz)					
– bei Auswärtstätigkeiten (ab 1.1.2008; bis 31.12.2007 Dienstreisen und Einsatzwechseltätigkeit)	20,—	20,—	20,—	20,—	R 9.7 Abs. 3 LStR
– bei doppelter Haushaltsführung					R 9.11 Abs. 10 Nr. 3 LStR
– für die ersten drei Monate	20,—	20,—	20,—	20,—	
– ab dem vierten Monat	5,—	5,—	5,—	5,—	
– Kürzungsbetrag für das Frühstück beim Einzelnachweis der Übernachtungskosten im Inland	4,50	4,80	4,80	4,80	R 9.7 Abs. 1 Nr. 1 LStR
Übungsleiterfreibetrag jährlich	2 100,—	2 100,—	2 100,—	2 100,—	§ 3 Nr. 26 EStG
Umzugskosten (vgl. dieses Stichwort im Hauptteil des Lexikons)					
Unterhalt an gesetzlich unterhaltsberechtigte Personen					
– Höchstbetrag jährlich	7 680,—	7 680,—	7 680,—	8 004,—*)	§ 33a Abs. 1 EStG
– abzüglich eigene Einkünfte und Bezüge der unterhaltenen Person jährlich über	624,—	624,—	624,—	624,—	
– Unkostenpauschale bei der Ermittlung der Bezüge jährlich	180,—	180,—	180,—	180,—	R 32.10 Abs. 4 EStR
Unterhalt an den geschiedenen Ehegatten (Realsplitting) abzugsfähig als Sonderausgaben jährlich bis	13 805,—	13 805,—	13 805,—	13 805,—*)	§ 10 Abs. 1 Nr. 1 EStG
Unterstützungen (Notstandsbeihilfen) Freibetrag jährlich	600,—	600,—	600,—	600,—	R 3.11 Abs. 2 LStR
Vermögensbeteiligungen**)					
– Freibetrag jährlich			360,—	360,—	§ 3 Nr. 39 EStG
– Bewertungsfreibetrag jährlich	135,—	135,—	135,—	135,—	§ 19a EStG
Vermögensbildung Mindestanlagebetrag					
– monatlich	13,—	13,—	13,—	13,—	§ 11 VermBG
– vierteljährlich	39,—	39,—	39,—	39,—	
Bemessungsgrundlage höchstens (Förderhöchstbetrag)					
– Vermögensbeteiligungen (zusätzliche Bemessungsgrundlage)	400,—	400,—	400,—	400,—	§ 13 VermBG
– Bausparbeiträge, Aufwendungen zum Wohnungsbau	470,—	470,—	470,—	470,—	
Höhe der Sparzulage (in % der Bemessungsgrundlage)					
– Vermögensbeteiligungen					
– Hauptwohnsitz alte Bundesländer	18%	18%	20%	20%	
– Hauptwohnsitz neue Bundesländer	18%	18%	20%	20%	
– Bausparbeiträge, Aufwendungen zum Wohnungsbau	9%	9%	9%	9%	
Einkommensgrenze (zu versteuerndes Einkommen nach Abzug der Kinderfreibeträge und der Freibeträge für Betreuungs-, Erziehungs- oder Ausbildungsbedarf)					
Vermögensbeteiligungen					
– für Alleinstehende	17 900,—	17 900,—	20 000,—	20 000,—	§ 13 VermBG
– für zusammen veranlagte Ehegatten	35 800,—	35 800,—	40 000,—	40 000,—	
Bausparbeiträge, Aufwendungen zum Wohnungsbau					
– für Alleinstehende	17 900,—	17 900,—	17 900,—	17 900,—	
– für zusammen veranlagte Ehegatten	35 800,—	35 800,—	35 800,—	35 800,—	
Verpflegungspauschalen Bei Auswärtstätigkeiten (ab 1.1.2008; bis 31.12.2007 Dienstreisen, Einsatzwechseltätigkeit, Fahrtätigkeit) und doppelter Haushaltsführung innerhalb des Dreimonatszeitraums					
– bei einer Abwesenheit von 24 Stunden	24,—	24,—	24,—	24,—	§ 9 Abs. 5 i. V. m. § 4 Abs. 5 Nr. 5 EStG
– bei einer Abwesenheit von mindestens 14 Stunden	12,—	12,—	12,—	12,—	
– bei einer Abwesenheit von mindestens 8 Stunden	6,—	6,—	6,—	6,—	
Versorgungsfreibeträge					§ 19 Abs. 2 EStG
Die Höhe des Versorgungsfreibetrags und des Zuschlags zum Versorgungsfreibetrag richtet sich nach dem Jahr des Versorgungsbeginns. Für die Kalenderjahre 2007 bis 2010 gelten deshalb unterschiedliche Beträge:					
– Versorgungsbeginn im Kalenderjahr 2005 oder früher					
– Versorgungsfreibetrag: 40% höchstens	3 000,—	3 000,—	3 000,—	3 000,—	
– Zuschlag zum Versorgungsfreibetrag	900,—	900,—	900,—	900,—	

---

*) Ab 2010 zuzüglich Aufwendungen für „Basis-Krankenversicherung" und gesetzliche Pflegeversicherung.
**) Bei Inanspruchnahme des Freibetrags von 360 € ist die Inanspruchnahme des Freibetrags von 135 € nicht möglich. Vgl. die Erläuterungen beim Stichwort „Vermögensbeteiligungen".

noch Anhang 2

	2007 Euro	2008 Euro	2009 Euro	2010 Euro	Rechtsgrundlage
– Versorgungsbeginn im Kalenderjahr 2006					
– Versorgungsfreibetrag: 38,4 % höchstens	2 880,—	2 880,—	2 880,—	2 880,—	
– Zuschlag zum Versorgungsfreibetrag	864,—	864,—	864,—	864,—	
– Versorgungsbeginn im Kalenderjahr 2007					
– Versorgungsfreibetrag: 36,8 % höchstens	2 760,—	2 760,—	2 760,—	2 760,—	
– Zuschlag zum Versorgungsfreibetrag	828,—	828,—	828,—	828,—	
– Versorgungsbeginn im Kalenderjahr 2008					
– Versorgungsfreibetrag: 35,2 % höchstens		2 640,—	2 640,—	2 640,—	
– Zuschlag zum Versorgungsfreibetrag		792,—	792,—	792,—	
– Versorgungsbeginn im Kalenderjahr 2009					
– Versorgungsfreibetrag: 33,6 % höchstens			2 520,—	2 520,—	
– Zuschlag zum Versorgungsfreibetrag			756,—	756,—	
– **Versorgungsbeginn im Kalenderjahr 2010**					
– Versorgungsfreibetrag: 32,0 % höchstens				2 400,—	
– Zuschlag zum Versorgungsfreibetrag				720,—	
Vorsorgeaufwendungen					
Höchstbetrag für Altersvorsorgeaufwendungen jährlich					
– für Alleinstehende	20 000,—*)	20 000,—*)	20 000,—*)	20 000,—*)	§ 10 Abs. 3 EStG
– für zusammen veranlagte Ehegatten	40 000,—*)	40 000,—*)	40 000,—*)	40 000,—*)	
Beiträge bis zum Höchstbetrag werden berücksichtigt mit einem Prozentsatz von	64 %	66 %	68 %	70 %	
Höchstbetrag für sonstige Vorsorgeaufwendungen bei Arbeitnehmern jährlich					
– für Alleinstehende	1 500,—	1 500,—	1 500,—	1 900,—**)	§ 10 Abs. 4 EStG
– für zusammen veranlagte Ehegatten	3 000,—	3 000,—	3 000,—	3 800,—**)	
Höchstbetrag für sonstige Vorsorgeaufwendungen bei Selbständigen jährlich					
– für Alleinstehende	2 400,—	2 400,—	2 400,—	2 800,—**)	
– für zusammen veranlagte Ehegatten	4 800,—	4 800,—	4 800,—	5 600,—**)	
Grundzulage Riester-Rente	114,—	154,—	154,—	154,—	
Berufseinsteiger-Bonus Riester-Rente (einmalig)		200,—	200,—	200,—	
Kinderzulage Riester-Rente (geboren bis 31.12.2007)	138,—	185,—	185,—	185,—	
Kinderzulage Riester-Rente (geboren ab 1.1.2008)		300,—	300,—	300,—	
Zusätzlicher Sonderausgaben-Höchstbetrag für die Altersvorsorge (Riester-Rente) im Rahmen der Günstigerprüfung (vgl. Anhang 6a)	1 575,—	2 100,—	2 100,—	2 100,—	§ 10a Abs. 1 EStG
Vorsorgepauschale siehe Anhang 8					
Werbegeschenke, Freigrenze	35,—	35,—	35,—	35,—	§ 9 Abs. 5 i. V. m. § 4 Abs. 5 Nr. 1 EStG
Werbungskosten-Pauschbeträge					
– bei Einkünften aus Kapitalvermögen	51,—	51,—	0,—	0,—	§ 9a EStG
– bei Arbeitnehmern siehe „Arbeitnehmer-Pauschbetrag"					
– bei wiederkehrenden Bezügen (Renten)	102,—	102,—	102,—	102,—	
Zinsersparnisse bei Arbeitgeberdarlehen					R 31 Abs. 11 LStR 2005 und BMF-Schreiben vom 1.10.2008 (BStBl. I S. 892)
– Darlehenshöchstbetrag (Freigrenze)	2 600,—	2 600,—	2 600,—	2 600,—	
– Zinsvorteil nur bei einem Zinssatz von weniger als	5 %	***)	***)	***)	

*) Übergangsregelung beachten! Vgl. Erläuterungen in Anhang 8a.
**) Ab 2010 mindestens abziehbar Aufwendungen für „Basis-Krankenversicherung" und gesetzliche Pflegeversicherung.
***) Marktüblicher Zinssatz. Vgl. die Erläuterungen beim Stichwort „Zinsersparnisse und Zinszuschüsse".

Anhang 2a

Übersicht
über die Pauschalierungsvorschriften und Pauschsteuersätze

	2007	2008	2009	2010	Rechtsgrundlage
1. Pauschalierung von **sonstigen Bezügen** mit einem besonderen Pauschsteuersatz in einer größeren Zahl von Fällen bis zum Höchstbetrag je Arbeitnehmer von	1 000 €	1 000 €	1 000 €	1 000 €	§ 40 Abs. 1 EStG
2. Abgabe von **Mahlzeiten** im Betrieb					
– Sachbezugswert des Frühstücks	1,50 €	1,50 €	1,53 €	1,57 €	§ 40 Abs. 2 Nr. 1 EStG
– Sachbezugswert des Mittag- oder Abendessens	2,67 €	2,67 €	2,73 €	2,80 €	
– pauschaler Lohnsteuersatz	25 %	25 %	25 %	25 %	
3. Zuwendungen bei **Betriebsveranstaltungen**					
– Freigrenze (beim Überschreiten volle Steuerpflicht)	110 €	110 €	110 €	110 €	§ 40 Abs. 2 Nr. 2 EStG
– pauschaler Lohnsteuersatz	25 %	25 %	25 %	25 %	
4. Gewährung von **Erholungsbeihilfen**					
– Höchstbetrag für den Arbeitnehmer	156 €	156 €	156 €	156 €	§ 40 Abs. 2 Nr. 3 EStG
– Höchstbetrag für den Ehegatten	104 €	104 €	104 €	104 €	
– Höchstbetrag für jedes Kind	52 €	52 €	52 €	52 €	
– pauschaler Lohnsteuersatz	25 %	25 %	25 %	25 %	
5. Steuerpflichtiger **Verpflegungskostenersatz bei Auswärtstätigkeit**					
– pauschaler Lohnsteuersatz	25 %	25 %	25 %	25 %	§ 40 Abs. 2 Nr. 4 EStG
6. Pauschalierung bei **Computerübereignung** und **Barzuschüssen zur Internetnutzung**					
– pauschaler Lohnsteuersatz	25 %	25 %	25 %	25 %	§ 40 Abs. 2 Nr. 5 EStG
– ohne Einzelnachweis pauschalierungsfähiger Monatsbetrag für Barzuschüsse zur Internetnutzung	50 €	50 €	50 €	50 €	R 40.2 Abs. 5 LStR
7. **Fahrkostenzuschüsse** für Fahrten zwischen Wohnung und Arbeitsstätte*)					
– pauschalierungsfähiger Kilometersatz ab dem **1. Kilometer** der einfachen Entfernung	0,30 €	0,30 €	0,30 €	0,30 €	§ 40 Abs. 2 Satz 2 EStG
– pauschaler Lohnsteuersatz	15 %	15 %	15 %	15 %	
8. **Firmenwagengestellung** für Fahrten zwischen Wohnung und Arbeitsstätte*)					
– pauschalierungsfähiger Kilometersatz ab dem **1. Kilometer** der einfachen Entfernung	0,30 €	0,30 €	0,30 €	0,30 €	§ 40 Abs. 2 Satz 2 EStG
– pauschaler Lohnsteuersatz	15 %	15 %	15 %	15 %	
9. Beiträge zur **betrieblichen Altersversorgung**					
– Steuerfreiheit bei Kapitaldeckung	2 520 €	2 544 €	2 592 €	2 640 €	§ 3 Nr. 63 EStG
– Steuerfreiheit bei Umlagefinanzierung		636 €	648 €	660 €	§ 3 Nr. 56 EStG
– allgemeiner Höchstbetrag für die Pauschalierung (Altfälle und Umlagefinanzierung)	1 752 €	1 752 €	1 752 €	1 752 €	§ 40b Abs. 1 und 2 EStG
– Höchstbetrag bei Durchschnittsberechnung	2 148 €	2 148 €	2 148 €	2 148 €	
– pauschaler Lohnsteuersatz	20 %	20 %	20 %	20 %	
10. Bestimmte **Sonderzahlungen** des Arbeitgebers **an umlagefinanzierte Zusatzversorgungskassen,** pauschaler Lohnsteuersatz	15 %	15 %	15 %	15 %	§ 40b Abs. 4 EStG
11. Beiträge zu einer **Gruppenunfallversicherung**					
– Pauschalierungsgrenze je Arbeitnehmer ohne Versicherungssteuer	62 €	62 €	62 €	62 €	§ 40b Abs. 3 EStG
– pauschaler Lohnsteuersatz	20 %	20 %	20 %	20 %	
12. Beschäftigung von **Aushilfskräften** (bis zu 18 Arbeitstagen)					
– Höchstlohn je Arbeitstag	62 €	62 €	62 €	62 €	§ 40a Abs. 1 EStG
– Höchstlohn je Arbeitsstunde	12 €	12 €	12 €	12 €	
– pauschaler Lohnsteuersatz	25 %	25 %	25 %	25 %	
13. Beschäftigung von Aushilfskräften in der **Land- und Forstwirtschaft** (bis zu 180 Tagen im Jahr)					
– Höchstlohn je Arbeitsstunde	12 €	12 €	12 €	12 €	§ 40a Abs. 3 EStG
– pauschaler Lohnsteuersatz	5 %	5 %	5 %	5 %	

*) Nach dem Gesetz zur Fortführung der Gesetzeslage 2006 bei der Entfernungspauschale vom 20.4.2009 können Arbeitnehmer rückwirkend ab 2007 wieder Werbungskosten für Fahrten zwischen Wohnung und regelmäßiger Arbeitsstätte in Höhe von 0,30 € ab dem 1. Entfernungskilometer je Arbeitstag geltend machen. Sofern die Lohnsteuer-Anmeldung noch unter dem Vorbehalt der Nachprüfung steht, kann der Arbeitgeber die Fahrkostenzuschüsse in diesem Umfang pauschalieren. Vgl. zur rückwirkenden Änderung der Lohnsteuerpauschalierung auch die Erläuterungen beim Stichwort „Fahrten zwischen Wohnung und regelmäßiger Arbeitsstätte" unter Nr. 12.

noch Anhang 2a

	2007	2008	2009	2010	Rechtsgrundlage
14. Beschäftigung von **Teilzeitkräften**					
– Monatslohngrenze	400 €	400 €	400 €	400 €	§ 8 Abs. 1 Nr. 1 SGB IV
– Pauschsteuersatz für Teilzeitkräfte auf 400-Euro-Basis für die ein pauschaler Beitrag zur Rentenversicherung in Höhe von **15 %** oder **5 %** entrichtet wird.	2 %	2 %	2 %	2 %	§ 40a Abs. 2 EStG
– Pauschsteuersatz für Teilzeitkräfte auf 400-Euro-Basis für die **kein** pauschaler Beitrag zur Rentenversicherung entrichtet wird	20 %	20 %	20 %	20 %	§ 40a Abs. 2a EStG
15. Gewährung von Sachprämien im Rahmen sog. **Kundenbindungsprogramme** (z. B. Miles & More)					
– Freibetrag jährlich	1 080 €	1 080 €	1 080 €	1 080 €	§§ 3 Nr. 38, 37a EStG
– pauschaler Lohnsteuersatz	2,25 %	2,25 %	2,25 %	2,25 %	
16. Pauschalierung von **Incentiv-Reisen, VIP-Logen, Belohnungsessen und ähnliche Sachbezüge**					
– pauschalierungsfähiger Höchstbetrag	10 000 €	10 000 €	10 000 €	10 000 €	§ 37b EStG
– pauschaler Lohnsteuersatz	30 %	30 %	30 %	30 %	

Anhang 3

Sachbezugswerte 2010
vgl. die Erläuterungen auf Seite 314

Tabelle 1
Sachbezugswerte für freie Verpflegung 2010
(neue und alte Bundesländer)

Personenkreis		Frühstück Euro	Mittagessen Euro	Abendessen Euro	Verpflegung insgesamt Euro
Arbeitnehmer einschließlich Jugendliche und Auszubildende	monatlich kalendertäglich	47,00 1,57	84,00 2,80	84,00 2,80	215,00 7,17
volljährige Familienangehörige	monatlich kalendertäglich	47,00 1,57	84,00 2,80	84,00 2,80	215,00 7,17
Familienangehörige vor Vollendung des 18. Lebensjahres	monatlich kalendertäglich	37,60 1,26	67,20 2,24	67,20 2,24	172,00 5,74
Familienangehörige vor Vollendung des 14. Lebensjahres	monatlich kalendertäglich	18,80 0,63	33,60 1,12	33,60 1,12	86,00 2,87
Familienangehörige vor Vollendung des 7. Lebensjahres	monatlich kalendertäglich	14,10 0,47	25,20 0,84	25,20 0,84	64,50 2,15

Tabelle 2
Volljährige Arbeitnehmer
Sachbezugswerte für freie Unterkunft 2010
(neue und alte Bundesländer)

Unterkunft belegt mit		Unterkunft Euro	Aufnahme im Arbeitgeberhaushalt/ Gemeinschaftsunterkunft Euro
1 Beschäftigtem	monatlich kalendertäglich	204,00 6,80	173,40 5,78
2 Beschäftigten	monatlich kalendertäglich	122,40 4,08	91,80 3,06
3 Beschäftigten	monatlich kalendertäglich	102,00 3,40	71,40 2,38
mehr als 3 Beschäftigten	monatlich kalendertäglich	81,60 2,72	51,00 1,70

Tabelle 3
Jugendliche und Auszubildende
Sachbezugswerte für freie Unterkunft 2010
(neue und alte Bundesländer)

Unterkunft belegt mit		Unterkunft Euro	Aufnahme im Arbeitgeberhaushalt/ Gemeinschaftsunterkunft Euro
1 Beschäftigte	monatlich kalendertäglich	173,40 5,78	142,80 4,76
2 Beschäftigten	monatlich kalendertäglich	91,80 3,06	61,20 2,04
3 Beschäftigten	monatlich kalendertäglich	71,40 2,38	40,80 1,36
mehr als 3 Beschäftigten	monatlich kalendertäglich	51,00 1,70	20,40 0,68

Entwicklung der Sachbezugswerte von 2002 bis 2010

Freie Verpflegung (alte und neue Bundesländer)

	Freie Verpflegung **monatlich**								
	2002	2003	2004	2005	2006	2007	2008	2009	2010
Frühstück	42,10 €	42,80 €	43,25 €	43,80 €	44,30 €	45,00 €	45,00 €	46,00 €	47,00 €
Mittagessen	75,25 €	76,50 €	77,25 €	78,25 €	79,20 €	80,00 €	80,00 €	82,00 €	84,00 €
Abendessen	75,25 €	76,50 €	77,25 €	78,25 €	79,20 €	80,00 €	80,00 €	82,00 €	84,00 €
monatlich insgesamt	192,60 €	195,80 €	197,75 €	200,30 €	202,70 €	205,00 €	205,00 €	210,00 €	215,00 €

noch Anhang 3

Einzelne Mahlzeiten (alte und neue Bundesländer)

	Einzelne Mahlzeiten **täglich**								
	2002	2003	2004	2005	2006	2007	2008	2009	2010
Frühstück	1,40 €	1,43 €	1,44 €	1,46 €	1,48 €	1,50 €	1,50 €	1,53 €	1,57 €
Mittagessen	2,51 €	2,55 €	2,58 €	2,61 €	2,64 €	2,67 €	2,67 €	2,73 €	2,80 €
Abendessen	2,51 €	2,55 €	2,58 €	2,61 €	2,64 €	2,67 €	2,67 €	2,73 €	2,80 €

Freie Unterkunft monatlich – alte Bundesländer (mit West-Berlin)

	2002	2003	2004	2005	2006	2007	2008	2009	2010
volljährige Arbeitnehmer	186,65 €	189,80 €	191,70 €	194,20 €	196,50 €	198,00 €	198,00 €	204,00 €	204,00 €
Jugendliche und Auszubildende	151,19 €	157,53 €	162,94 €	165,07 €	167,02 €	168,30 €	168,30 €	173,40 €	173,40 €

Freie Unterkunft monatlich – neue Bundesländer (mit Ost-Berlin)

	2002	2003	2004	2005	2006	2007	2008	2009	2010
volljährige Arbeitnehmer	164,00 €	170,00 €	174,00 €	178,00 €	182,00 €	192,06 €	198,00 €	204,00 €	204,00 €
Jugendliche und Auszubildende	132,84 €	141,10 €	147,90 €	151,30 €	154,60 €	163,25 €	168,30 €	173,40 €	173,40 €

Anhang 4

Länderübersicht über die Auslandsreisekosten 2010

Land	Pauschbeträge*) für Verpflegungsmehraufwendungen bei einer Abwesenheitsdauer je Kalendertag von			Pauschbetrag*) für Übernachtungskosten
	mindestens 24 Stunden Euro	weniger als 24 Stunden, aber mindestens 14 Stunden Euro	weniger als 14 Stunden, aber mindestens 8 Stunden Euro	Euro
Afghanistan	30	20	10	95
Ägypten	30	20	10	50
Äthiopien	30	20	10	175
Albanien	23	16	8	110
Algerien	48	32	16	80
Andorra	32	21	11	82
Angola	71	48	24	190
Antigua und Barbuda	42	28	14	85
Argentinien	36	24	12	125
Armenien	24	16	8	90
Aserbaidschan	36	24	12	135
Australien	42	28	14	100
– Melbourne	42	28	14	105
– Sydney	42	28	14	115
Bahrain	36	24	12	70
Bangladesch	30	20	10	75
Barbados	42	28	14	110
Belgien	42	28	14	100
Benin	33	22	11	75
Bolivien	24	16	8	65
Bosnien-Herzegowina	24	16	8	70
Botsuana	33	22	11	105
Brasilien	36	24	12	100
– Brasilia	38	25	13	130
– Rio de Janeiro	41	28	14	140
– Sao Paulo	38	25	13	95
Brunei	36	24	12	85
Bulgarien	22	15	8	72
Burkina Faso	30	20	10	70
Burundi	35	24	12	75
Chile	38	25	13	80
China	33	22	11	80
– Chengdu	32	21	11	85
– Hongkong	72	48	24	150
– Peking	39	26	13	115
– Shanghai	42	28	14	140
Costa Rica	32	21	11	60
Côte d'Ivoire (Elfenbeinküste)	36	24	12	90
Dänemark	42	28	14	70
– Kopenhagen	42	28	14	140
Dominica	36	24	12	80
Dominikanische Republik	30	20	10	100
Dschibuti	39	26	13	120
Ecuador	39	26	13	70
El Salvador	36	24	12	65
Eritrea	30	20	10	110
Estland	27	18	9	85
Fidschi	32	21	11	57
Finnland	45	30	15	150
Frankreich	39	26	13	100
– Paris (einschließlich der Departements 92, 93, 94)**)	48	32	16	100
– Straßburg	39	26	13	75
Gabun	48	32	16	100
Gambia	18	12	6	70
Georgien	30	20	10	140
Ghana	30	20	10	105
Grenada	36	24	12	105
Griechenland	36	24	12	120
– Athen	42	28	14	135
Guatemala	33	22	11	90
Guinea	36	24	12	70
Guinea-Bissau	30	20	10	60
Guyana	36	24	12	90
Haiti	48	32	16	105
Honduras	30	20	10	100
Indien	30	20	10	120
– Chennai	30	20	10	135
– Kalkutta	33	22	11	120
– Mumbai	35	24	12	150
– Neu Delhi	35	24	12	130
Indonesien	39	26	13	110
Iran	30	20	10	120
Irland	42	28	14	130
Island	77	52	26	165
Israel	33	22	11	75
– Tel Aviv	45	30	15	110
Italien	36	24	12	100
– Mailand	36	24	12	140
– Rom	36	24	12	108
Jamaika	48	32	16	110
Japan	51	34	17	90
– Tokio	51	34	17	130
Jemen	24	16	8	95
Jordanien	36	24	12	85
Kambodscha	36	24	12	85
Kamerun	41	28	14	90
– Jaunde	41	28	14	115
Kanada	36	24	12	100
– Ottawa	36	24	12	105
– Toronto	41	28	14	135
– Vancouver	36	24	12	125
Kap Verde	30	20	10	55
Kasachstan	30	20	10	110
Katar	45	30	15	100
Kenia	36	24	12	120
Kirgisistan	18	12	6	70
Kolumbien	24	16	8	55
Kongo Republik	57	38	19	113
Kongo, Demokratische Republik	60	40	20	155
Korea, Demokratische Volksrepublik (Nordkorea)	42	28	14	90
Korea, Republik (Südkorea)	66	44	22	180
Kroatien	29	20	10	57
Kuba	42	28	14	80
Kuwait	42	28	14	130
Laos	27	18	9	60
Lesotho	24	16	8	70
Lettland	18	12	6	80
Libanon	40	27	14	80
Libyen	45	30	15	100
Liechtenstein	47	32	16	82
Litauen	27	18	9	100
Luxemburg	39	26	13	87
Madagaskar	35	24	12	120
Malawi	30	20	10	80
– Blantyre	30	20	10	100
Malaysia	27	18	9	55
Malediven	38	25	13	93
Mali	39	26	13	80
Malta	30	20	10	90
Marokko	42	28	14	90
Mauretanien	36	24	12	85
Mauritius	48	32	16	140
Mazedonien	24	16	8	95
Mexiko	36	24	12	110
Moldau, Republik	18	12	6	90
Monaco	41	28	14	52
Mongolei	27	18	9	55
Montenegro	29	20	10	95
Mosambik	30	20	10	80
Myanmar	39	26	13	75
Namibia	29	20	10	85
Nepal	32	21	11	72
Neuseeland	36	24	12	95
Nicaragua	30	20	10	100
Niederlande	39	26	13	100
Niger	30	20	10	55
Nigeria	42	28	14	100
Lagos	42	28	14	180

*) Seit 1.1.2010 geltende Werte (BMF-Schreiben vom 17.12.2009).
Seit **1.1.2008** kann der Arbeitnehmer bei vorübergehenden Auswärtstätigkeiten im Ausland **nur noch die tatsächlichen Übernachtungskosten** und nicht mehr den Pauschbetrag für Übernachtungskosten als **Werbungskosten** abziehen. Der **Pauschbetrag** für Übernachtungskosten kann jedoch weiterhin vom **Arbeitgeber steuerfrei ersetzt** werden.

**) 92: Hauts-de-Seine; 93: Seine-Saint-Denis; 94: Val-de-Marne

noch Anhang 4

Land	Pauschbeträge*) für Verpflegungsmehraufwendungen bei einer Abwesenheitsdauer je Kalendertag von			Pauschbetrag*) für Übernachtungskosten	Land	Pauschbeträge*) für Verpflegungsmehraufwendungen bei einer Abwesenheitsdauer je Kalendertag von			Pauschbetrag*) für Übernachtungskosten
	mindestens 24 Stunden Euro	weniger als 24 Stunden, aber mindestens 14 Stunden Euro	weniger als 14 Stunden, aber mindestens 8 Stunden Euro	Euro		mindestens 24 Stunden Euro	weniger als 24 Stunden, aber mindestens 14 Stunden Euro	weniger als 14 Stunden, aber mindestens 8 Stunden Euro	Euro
Norwegen	72	48	24	170	Sri Lanka	24	16	8	60
Österreich	36	24	12	70	St. Kitts und Nevis	36	24	12	100
– Wien	36	24	12	93	St. Lucia	45	30	15	105
Oman	48	32	16	120	St. Vincent und die Grenadinen	36	24	12	110
Pakistan	24	16	8	70	Sudan	32	21	11	120
– Islamabad	24	16	8	150	Südafrika	30	20	10	80
Panama	45	30	15	110	– Kapstadt	30	20	10	90
Papua-Neuguinea	36	24	12	90	Suriname	30	20	10	75
Paraguay	24	16	8	50	Syrien	27	18	9	100
Peru	36	24	12	90					
Philippinen	30	20	10	90	Tadschikistan	24	16	8	50
Polen	24	16	8	70	Taiwan	39	26	13	110
– Warschau, Krakau	30	20	10	90	Tansania	33	22	11	90
Portugal	33	22	11	95	Thailand	32	21	11	120
– Lissabon	36	24	12	95	Togo	33	22	11	80
					Tonga	32	21	11	36
Ruanda	27	18	9	70	Trinidad und Tobago	36	24	12	100
Rumänien	27	18	9	80	Tschad	48	32	16	140
– Bukarest	26	17	9	100	Tschechische Republik	24	16	8	97
Russische Föderation	36	24	12	80	Türkei	42	28	14	70
– Moskau (außer Gästewohnungen der Deutschen Botschaft)	48	32	16	135	– Izmir, Istanbul	41	28	14	100
					Tunesien	33	22	11	70
– Moskau (Gästewohnungen der Deutschen Botschaft)	33	22	11	0**)	Turkmenistan	28	19	10	60
					Uganda	33	22	11	130
					Ukraine	36	24	12	85
– St. Petersburg	36	24	12	110	Ungarn	30	20	10	75
Sambia	36	24	12	95	Uruguay	36	24	12	70
Samoa	29	20	10	57	Usbekistan	30	20	10	60
San Marino	41	28	14	77	Vatikanstadt	36	24	12	108
São Tomé und Principe	42	28	14	75	Venezuela	46	31	16	150
Saudi-Arabien	47	32	16	80	Vereinigte Arabische Emirate	42	28	14	145
– Djidda	48	32	16	80	Vereinigte Staaten von Amerika	36	24	12	110
– Riad	48	32	16	95	– Boston, Washington	54	36	18	120
Schweden	60	40	20	160	– Houston, Miami	48	32	16	110
Schweiz	42	28	14	110	– San Francisco	36	24	12	120
– Bern	42	28	14	115	– New York Staat, Los Angeles	48	32	16	150
– Genf	51	34	17	110	Vereinigtes Königreich von Großbritannien und Nordirland	42	28	14	110
Senegal	42	28	14	90					
Serbien	30	20	10	90					
Sierra Leone	36	24	12	90					
Simbabwe	24	16	8	130	– London	60	40	20	152
Singapur	48	32	16	120	– Edinburgh	42	28	14	170
Slowakische Republik	24	16	8	130	Vietnam	36	24	12	125
Slowenien	30	20	10	95					
Spanien	36	24	12	105	Weißrussland	24	16	8	100
– Barcelona, Madrid	36	24	12	150					
– Kanarische Inseln	36	24	12	90	Zentralafrikanische Republik	29	20	10	52
– Palma de Mallorca	36	24	12	125	Zypern	36	24	12	110

Für Länder, die in der Übersicht nicht aufgeführt sind, gelten die für **Luxemburg** ausgewiesenen Beträge.

*) Seit 1.1.2010 geltende Werte (BMF-Schreiben vom 17.12.2009).
Seit **1.1.2008** kann der Arbeitnehmer bei vorübergehenden Auswärtstätigkeiten im Ausland **nur noch** die **tatsächlichen Übernachtungskosten** und nicht mehr den Pauschbetrag für Übernachtungskosten als **Werbungskosten** abziehen. Der **Pauschbetrag** für Übernachtungskosten kann jedoch weiterhin vom **Arbeitgeber steuerfrei ersetzt** werden.

**) Soweit diese Wohnungen ausnahmsweise gegen Entgelt angemietet werden, können 135 EUR angesetzt werden.

Anhang 5

Auslandsauslösungen 2010
Für eine doppelte Haushaltsführung im Ausland gelten folgende Auslandsauslösungen (vgl. Erläuterungen auf Seite 210):

Land	Pauschbeträge*) für Verpflegungsmehraufwendungen für die ersten **drei Monate** einer doppelten Haushaltsführung im Ausland bei einer Abwesenheitsdauer je Kalendertag von mindestens 24 Stunden (Euro)	weniger als 24 Stunden, aber mindestens 14 Stunden (Euro)	weniger als 14 Stunden, aber mindestens 8 Stunden (Euro)	Pauschbetrag*) für Übernachtungskosten für die ersten **drei Monate** (Euro)	für die folgenden Monate (40%) (Euro)	Land	Pauschbeträge*) für Verpflegungsmehraufwendungen für die ersten **drei Monate** einer doppelten Haushaltsführung im Ausland bei einer Abwesenheitsdauer je Kalendertag von mindestens 24 Stunden (Euro)	weniger als 24 Stunden, aber mindestens 14 Stunden (Euro)	weniger als 14 Stunden, aber mindestens 8 Stunden (Euro)	Pauschbetrag*) für Übernachtungskosten für die ersten **drei Monate** (Euro)	für die folgenden Monate (40%) (Euro)
Afghanistan	30	20	10	95	38,—	Haiti	48	32	16	105	42,—
Ägypten	30	20	10	50	20,—	Honduras	30	20	10	100	40,—
Äthiopien	30	20	10	175	70,—	Indien	30	20	10	120	48,—
Albanien	23	16	8	110	44,—	– Chennai	30	20	10	135	54,—
Algerien	48	32	16	80	32,—	– Kalkutta	33	22	11	120	48,—
Andorra	32	21	11	82	32,80	– Mumbai	35	24	12	150	60,—
Angola	71	48	24	190	76,—	– Neu Delhi	35	24	12	130	52,—
Antigua und Barbuda	42	28	14	85	34,—	Indonesien	39	26	13	110	44,—
Argentinien	36	24	12	125	50,—	Iran	30	20	10	120	48,—
Armenien	24	16	8	90	36,—	Irland	42	28	14	130	52,—
Aserbaidschan	36	24	12	135	54,—	Island	77	52	26	165	66,—
Australien	42	28	14	100	40,—	Israel	33	22	11	75	30,—
– Melbourne	42	28	14	105	42,—	– Tel Aviv	45	30	15	110	44,—
– Sydney	42	28	14	115	46,—	Italien	36	24	12	100	40,—
Bahrain	36	24	12	70	28,—	– Mailand	36	24	12	140	56,—
Bangladesch	30	20	10	75	30,—	– Rom	36	24	12	108	43,20
Barbados	42	28	14	110	44,—	Jamaika	48	32	16	110	44,—
Belgien	42	28	14	100	40,—	Japan	51	34	17	90	36,—
Benin	33	22	11	75	30,—	– Tokio	51	34	17	130	52,—
Bolivien	24	16	8	65	26,—	Jemen	24	16	8	95	38,—
Bosnien-Herzegowina	24	16	8	70	28,—	Jordanien	36	24	12	85	34,—
Botsuana	33	22	11	105	42,—	Kambodscha	36	24	12	85	34,—
Brasilien	36	24	12	100	40,—	Kamerun	41	28	14	90	36,—
– Brasilia	38	25	13	130	52,—	– Jaunde	41	28	14	115	46,—
– Rio de Janeiro	41	28	14	140	56,—	Kanada	36	24	12	100	40,—
– Sao Paulo	38	25	13	95	38,—	– Ottawa	36	24	12	105	42,—
Brunei	36	24	12	85	34,—	– Toronto	41	28	14	135	54,—
Bulgarien	22	15	8	72	28,80	– Vancouver	36	24	12	125	50,—
Burkina Faso	30	20	10	70	28,—	Kap Verde	30	20	10	55	22,—
Burundi	35	24	12	75	30,-	Kasachstan	30	20	10	110	44,—
Chile	38	25	13	80	32,—	Katar	45	30	15	100	40,—
China	33	22	11	80	32,—	Kenia	36	24	12	120	48,—
– Chengdu	32	21	11	85	34,—	Kirgisistan	18	12	6	70	28,—
– Hongkong	72	48	24	150	60,—	Kolumbien	24	16	8	55	22,—
– Peking	39	26	13	115	46,—	Kongo Republik	57	38	19	113	45,20
– Shanghai	42	28	14	140	56,—	Kongo, Demokratische Republik	60	40	20	155	62,—
Costa Rica	32	21	11	60	24,—	Korea, Demokratische Volksrepublik (Nordkorea)	42	28	14	90	36,—
Côte d'Ivoire (Elfenbeinküste)	36	24	12	90	36,—	Korea, Republik (Südkorea)	66	44	22	180	72,—
Dänemark	42	28	14	70	28,—	Kroatien	29	20	10	57	22,80
– Kopenhagen	42	28	14	140	56,—	Kuba	42	28	14	80	32,—
Dominica	36	24	12	80	32,—	Kuwait	42	28	14	130	52,—
Dominikanische Republik	30	20	10	100	40,—	Laos	27	18	9	60	24,—
Dschibuti	39	26	13	120	48,—	Lesotho	24	16	8	70	28,—
Ecuador	39	26	13	70	28,—	Lettland	18	12	6	80	32,—
El Salvador	36	24	12	65	26,—	Libanon	40	27	14	80	32,—
Eritrea	30	20	10	110	44,—	Libyen	45	30	15	100	40,—
Estland	27	18	9	85	34,—	Liechtenstein	47	32	16	82	32,80
Fidschi	32	21	11	57	22,80	Litauen	27	18	9	100	40,—
Finnland	45	30	15	150	60,—	Luxemburg	39	26	13	87	34,80
Frankreich	39	26	13	100	40,—	Madagaskar	35	24	12	120	48,—
– Paris (einschließlich der Departements 92, 93, 94**))	48	32	16	100	40,—	Malawi	30	20	10	80	32,—
– Straßburg	39	26	13	75	30,—	– Blantyre	30	20	10	100	40,—
Gabun	48	32	16	100	40,—	Malaysia	27	18	9	55	22,—
Gambia	18	12	6	70	28,—	Malediven	38	25	13	93	37,20
Georgien	30	20	10	140	56,—	Mali	39	26	13	80	32,—
Ghana	30	20	10	105	42,—	Malta	30	20	10	90	36,—
Grenada	36	24	12	105	42,—	Marokko	42	28	14	90	36,—
Griechenland	36	24	12	120	48,—	Mauretanien	36	24	12	85	34,—
– Athen	42	28	14	135	54,—	Mauritius	48	32	16	140	56,—
Guatemala	33	22	11	90	36,—	Mazedonien	24	16	8	95	38,—
Guinea	36	24	12	70	28,—	Mexiko	36	24	12	110	44,—
Guinea-Bissau	30	20	10	60	24,—	Moldau, Republik	18	12	6	90	36,—
Guyana	36	24	12	90	36,—	Monaco	41	28	14	52	20,80

---

*) Seit 1.1.2010 geltende Werte (BMF-Schreiben vom 17.12.2009).
Ab **1.1.2008** kann der Arbeitnehmer bei einer doppelten Haushaltsführung im Ausland nur noch die **notwendigen tatsächlichen Übernachtungskosten** und nicht mehr den Pauschbetrag für Übernachtungskosten als Werbungskosten abziehen. Der **Pauschbetrag** für Übernachtungskosten kann jedoch weiterhin vom Arbeitgeber **steuerfrei ersetzt** werden.
**) 92: Hauts-de-Seine; 93: Seine-Saint-Denis; 94: Val-de-Marne

noch Anhang 5

Land	Pauschbeträge*) für Verpflegungsmehraufwendungen für die ersten **drei Monate** einer doppelten Haushaltsführung im Ausland bei einer Abwesenheitsdauer je Kalendertag von			Pauschbetrag*) für Übernachtungskosten	
	mindestens 24 Stunden	weniger als 24 Stunden, aber mindestens 14 Stunden	weniger als 14 Stunden, aber mindestens 8 Stunden	für die ersten **drei Monate**	für die folgenden Monate (40%)
	Euro	Euro	Euro	Euro	Euro
Mongolei	27	18	9	55	22,—
Montenegro	29	20	10	95	38,—
Mosambik	30	20	10	80	32,—
Myanmar	39	26	13	75	30,—
Namibia	29	20	10	85	34,—
Nepal	32	21	11	72	28,80
Neuseeland	36	24	12	95	38,—
Nicaragua	30	20	10	100	40,—
Niederlande	39	26	13	100	40,—
Niger	30	20	10	55	22,—
Nigeria	42	28	14	100	40,—
– Lagos	42	28	14	180	72,—
Norwegen	72	48	24	170	68,—
Österreich	36	24	12	70	28,—
– Wien	36	24	12	93	37,20
Oman	48	32	16	120	48,—
Pakistan	24	16	8	70	28,—
– Islamabad	24	16	8	150	60,—
Panama	45	30	15	110	44,—
Papua-Neuguinea	36	24	12	90	36,—
Paraguay	24	16	8	50	20,—
Peru	36	24	12	90	36,—
Philippinen	30	20	10	90	36,—
Polen	24	16	8	70	28,—
– Warschau, Krakau	30	20	10	90	36,—
Portugal	33	22	11	95	38,—
– Lissabon	36	24	12	95	38,—
Ruanda	27	18	9	70	28,—
Rumänien	27	18	9	80	32,—
– Bukarest	26	17	9	100	40,—
Russische Föderation	36	24	12	80	32,—
– Moskau (außer Gästewohnungen der Deutschen Botschaft)	48	32	16	135	54,—
– Moskau (Gästewohnungen der Deutschen Botschaft)**	33	22	11	0	0,—
– St. Petersburg	36	24	12	110	44,—
Sambia	36	24	12	95	38,—
Samoa	29	20	10	57	22,80
San Marino	41	28	14	77	30,80
São Tomé und Principe	42	28	14	75	30,—
Saudi-Arabien	47	32	16	80	32,—
– Djidda	48	32	16	80	32,—
– Riad	48	32	16	95	38,—
Schweden	60	40	20	160	64,—
Schweiz	42	28	14	110	44,—
– Bern	42	28	14	115	46,—
– Genf	51	34	17	110	44,—
Senegal	42	28	14	90	36,—
Serbien	30	20	10	90	36,—
Sierra Leone	36	24	12	90	36,—
Simbabwe	24	16	8	130	52,—
Singapur	48	32	16	120	48,—
Slowakische Republik	24	16	8	130	52,—
Slowenien	30	20	10	95	38,—
Spanien	36	24	12	105	42,—
– Barcelona, Madrid	36	24	12	150	60,—
– Kanarische Inseln	36	24	12	90	36,—
– Palma de Mallorca	36	24	12	125	50,—
Sri Lanka	24	16	8	60	24,—
St. Kitts und Nevis	36	24	12	100	40,—
St. Lucia	45	30	15	105	42,—
St. Vincent und die Grenadinen	36	24	12	110	44,—
Sudan	32	21	11	120	48,—
Südafrika	30	20	10	80	32,—
– Kapstadt	30	20	10	90	36,—
Suriname	30	20	10	75	30,—
Syrien	27	18	9	100	40,—
Tadschikistan	24	16	8	50	20,—
Taiwan	39	26	13	110	44,—
Tansania	33	22	11	90	36,—
Thailand	32	21	11	120	48,—
Togo	33	22	11	80	32,—
Tonga	32	21	11	36	14,40
Trinidad und Tobago	36	24	12	100	40,—
Tschechische Republik	24	16	8	97	38,80
Tschad	48	32	16	140	56,—
Türkei	42	28	14	70	28,—
– Izmir, Istanbul	41	28	14	100	40,—
Tunesien	33	22	11	70	28,—
Turkmenistan	28	19	10	60	24,—
Uganda	33	22	11	130	52,—
Ukraine	36	24	12	85	34,—
Ungarn	30	20	10	75	30,—
Uruguay	36	24	12	70	28,—
Usbekistan	30	20	10	60	24,—
Vatikanstadt	36	24	12	108	43,20
Venezuela	46	31	16	150	60,—
Vereinigte Arabische Emirate	42	28	14	145	58,—
Vereinigte Staaten von Amerika	36	24	12	110	44,—
– Boston, Washington	54	36	18	120	48,—
– Houston, Miami	48	32	16	110	44,—
– San Francisco	36	24	12	120	48,—
– New York Staat, Los Angeles	48	32	16	150	60,—
Vereinigtes Königreich von Großbritannien und Nordirland	42	28	14	110	44,—
– London	60	40	20	152	60,80
– Edinburgh	42	28	14	170	68,—
Vietnam	36	24	12	125	50,—
Weißrussland	24	16	8	100	40,—
Zentralafrikanische Republik	29	20	10	52	20,80
Zypern	36	24	12	110	44,—

Für Länder, die in der Übersicht nicht aufgeführt sind, gelten die für **Luxemburg** ausgewiesenen Beträge.

---

*) Seit 1.1.2010 geltende Werte (BMF-Schreiben vom 17.12.2009).
Ab **1.1.2008** kann der Arbeitnehmer bei einer doppelten Haushaltsführung im Ausland nur noch die **notwendigen tatsächlichen Übernachtungskosten** und nicht mehr den Pauschbetrag für Übernachtungskosten als Werbungskosten abziehen. Der **Pauschbetrag** für Übernachtungskosten kann jedoch weiterhin vom Arbeitgeber **steuerfrei ersetzt** werden.

**) Soweit diese Wohnungen ausnahmsweise gegen Entgelt angemietet werden, können 135 EUR angesetzt werden.

Anhang 6

Betriebliche Altersversorgung

Neues und Wichtiges auf einen Blick:

Der **steuer-** und **sozialversicherungsfreie** Höchstbetrag für **Beiträge** des **Arbeitgebers** an einen kapitalgedeckten **Pensionsfonds**, eine kapitalgedeckte **Pensionskasse** oder für eine kapitalgedeckte **Direktversicherung** beträgt **2010** aufgrund der Erhöhung der Beitragsbemessungsgrenze in der allgemeinen Rentenversicherung – West – **2640 €** (= 4% von 66 000 €). Die **Steuer-** und **Beitragsfreiheit** der Beiträge bis zu 4% der Beitragsbemessungsgrenze in der allgemeinen Rentenversicherung – West – ist **zeitlich nicht befristet**. Die in den Fällen der Finanzierung der Beiträge durch eine **Gehaltsumwandlung vorgesehene Befristung** der **Beitragsfreiheit** in der Sozialversicherung **bis zum 31.12.2008** ist durch Änderungen der Sozialversicherungsengeltverordnung auf **unbestimmte Zeit verlängert** worden (vgl. im Einzelnen die Erläuterungen unter Nr. 5). Die Steuerbefreiung kann auch für bestimmte **amerikanische Pensionspläne** in Anspruch genommen werden (vgl. die Erläuterungen unter Nr. 5 Buchstabe f am Ende).

Seit Januar 2008 werden laufende **Zuwendungen** des Arbeitgebers an eine **umlagefinanzierte Pensionskasse** (VBL, ZVK) bis zu 1% der Beitragsbemessungsgrenze in der allgemeinen Rentenversicherung – West – **steuerfrei** gestellt. Der steuerfreie **Höchstbetrag** beträgt 2010 somit **660 €** (= 1% von 66 000 €). Außerdem geht der Bundesfinanzhof bei einem **Ausscheiden** des Arbeitgebers aus einer umlagefinanzierten Versorgungseinrichtung nur dann von einer **Arbeitslohnrückzahlung** aus, wenn tatsächlich Gelder von der Versorgungseinrichtung oder vom Arbeitnehmer an den Arbeitgeber zurückfließen (vgl. im Einzelnen die Erläuterungen unter Nr. 5 Buchstabe d).

Durch die Änderung der Beitragsbemessungsgrenze in der allgemeinen Rentenversicherung steigt der **Rechtsanspruch des Arbeitnehmers** auf betriebliche Altersversorgung durch **Entgeltumwandlung** für 2010 auf **2640 €**. Die Einzelheiten zum Rechtsanspruch auf Entgeltumwandlung sind unter Nr. 13 dargestellt.

Die **Mitnahme** der **betrieblichen Altersversorgung** bei einem **Arbeitgeberwechsel** kann auch dann steuerbefreit sein, wenn zu dem „neuen" Arbeitgeber auch bisher schon ein (geringfügiges) Dienstverhältnis bestanden hat. Vgl. die Erläuterungen und das Beispiel H unter der nachfolgenden Nr. 15.

Durch das Gesetz zur Strukturreform des Versorgungsausgleichs vom 3.4.2009 (BGBl. I S. 709) wurde zum 1.9.2009 für den Fall der **Ehescheidung** das materielle Recht und das Verfahrensrecht des Versorgungsausgleichs grundlegend neu geregelt; am Grundsatz der **Teilung** der in der Ehe erworbenen **Versorgungen** hat sich jedoch nichts geändert. Das Gesetz enthält auch steuerliche, das Versorgungsrecht flankierende Regelungen. Diese steuerlichen Regelungen stellen **grundsätzlich** sicher, dass sich durch einen Versorgungsausgleich für die betroffenen Personen **keine belastenden steuerlichen Konsequenzen** ergeben. Vgl. im Einzelnen die Erläuterungen und die Beispiele unter der nachfolgenden Nr. 16.

Gliederung:

1. Allgemeines
2. Durchführungswege der betrieblichen Altersversorgung
3. Gehaltsumwandlung zugunsten betrieblicher Altersversorgung
4. Pensionsfonds als fünfter Durchführungsweg der betrieblichen Altersversorgung
5. Steuer- und Sozialversicherungsfreiheit von Beiträgen an einen Pensionsfonds, eine Pensionskasse oder für eine Direktversicherung nach § 3 Nr. 63 EStG (Ansparphase)
    a) Allgemeines
    b) Begünstigte Auszahlungsformen für die Steuerfreiheit
    c) 4%-Grenze
    d) Umlagefinanzierte Versorgungseinrichtungen
    e) Keine Steuerfreiheit bei Durchschnittsfinanzierung
    f) Ausländische Pensionsfonds, ausländische Pensionskassen und – bei Direktversicherungen – ausländische Versicherungsunternehmen
    g) Verwaltungskosten des Arbeitgebers
6. Beibehaltung der Pauschalierungsmöglichkeit für vor 2005 abgeschlossene Direktversicherungsverträge (= Altzusagen)
7. Zusätzlicher steuerfreier Höchstbetrag von 1800 € für neue Versorgungszusagen ab 2005
8. Abwahl der Steuerfreiheit zugunsten der „Riester-Rente"
9. Vervielfältigungsregelung bei Ausscheiden aus dem Dienstverhältnis
10. Aufzeichnungs-, Mitteilungs- und Aufbewahrungspflichten des Arbeitgebers
    a) Allgemeines
    b) Aufzeichnungs- und Aufbewahrungspflichten des Arbeitgebers
    c) Mitteilungspflichten des Arbeitgebers bei betrieblicher Altersversorgung
    d) Mitteilungspflichten des Arbeitgebers bei Inanspruchnahme der „Riester-Förderung" in Zusammenhang mit betrieblicher Altersversorgung
11. Auszahlungen von Pensionskassen, Pensionsfonds und Direktversicherungen (Leistungsphase)
12. Übertragung von Versorgungszusagen auf Pensionsfonds
13. Rechtsanspruch auf Entgeltumwandlung
14. Abfindung von Versorgungsanwartschaften
15. Mitnahme der betrieblichen Altersversorgung bei Arbeitgeberwechsel
16. Versorgungsausgleich für Betriebsrenten

Steuerliche Behandlung der betrieblichen, kapitalgedeckten Altersversorgung 2010

Sozialversicherungsrechtliche Behandlung des Aufwands für betriebliche, kapitalgedeckte Altersversorgung 2010

1. Allgemeines

Die Grundsätze zur steuerlichen Anerkennung einer **betrieblichen Altersversorgung** gelten bei einer **arbeitgeberfinanzierten**, sowie einer durch **Entgeltumwandlung** oder durch **Eigenbeiträge** des Arbeitnehmers finanzierten betrieblichen Altersversorgung. Betriebliche Altersversorgung liegt vor, wenn dem Arbeitnehmer anlässlich seines Arbeitsverhältnisses vom Arbeitgeber Leistungen zur **Absicherung** mindestens eines **biometrischen Risikos** (Alter, Tod, Invalidität) zugesagt werden und Ansprüche auf diese Leistungen erst mit dem **Eintritt** des **biologischen Ereignisses fällig** werden.

Ein sog. **Übergangsgeld** (auch Überbrückungshilfe oder Übergangsleistung genannt), das bereits vor dem 60. Lebensjahr gezahlt wird (vgl. folgenden Absatz), ist für die Anerkennung einer betrieblichen Altersversorgung **unschädlich,** wenn eine Trennung der Leistungen „Übergangsgeld" und betriebliche Altersversorgung möglich ist. Anhaltspunkt hierfür ist die Tatsache, dass sich die altersbedingte Versorgungsleistung nur durch das vorgezogene Ausscheiden, nicht aber durch die gezahlten Übergangsgelder verringert.

Biologisches Ereignis ist bei

– der **Altersversorgung** das altersbedingte Ausscheiden aus dem Erwerbsleben. Als Untergrenze für betriebliche Altersversorgungsleistungen gilt im Regelfall das **60. Lebensjahr**. Ausnahmen sind nur denkbar, wenn Versorgungsleistungen auf Grund **berufsspezifischer Ausnahmefälle** üblich vor dem 60. Lebensjahr gezahlt werden (z. B. bei Piloten). Ob solche **Ausnahmefälle** vorliegen ergibt sich aus einem **Gesetz,** einem **Tarifvertrag** oder einer **Betriebsvereinbarung** (= abschließende Aufzählung). Bei (einzelvertraglichen) Vereinbarungen, die eine Auszahlung vor dem 60. Lebensjahr vorsehen, handelt es sich folglich nicht um betriebliche Altersversorgung. **Unschädlich** ist in der Regel, wenn der Arbeitnehmer im Zeitpunkt der Auszahlung der Versorgungsleistungen das 60. Lebensjahr erreicht, seine **berufliche Tätigkeit** aber noch **nicht beendet** hat; entsprechend den zivilrechtlichen Regelungen zur Lebensalterberechnung dürfen die Versorgungsleistungen dem Arbeitnehmer somit frühestens ab seinem 59. Geburtstag ausgezahlt werden. Außerdem ist zu beachten, dass die **Untergrenze** für das **altersbedingte Ausscheiden** aus dem Erwerbsleben von 60 Lebensjahren im Fall einer **arbeitgeberfinanzierten** betrieblichen Altersversorgung nur für solche **Versorgungsordnungen** gilt, die **nach dem 16.9.2002** in Kraft getreten sind. Für **Versorgungszusagen,** die **nach dem 31.12.2011** erteilt werden, tritt an die Stelle des 60. Lebensjahres regelmäßig das **62. Lebensjahr.**

– der **Hinterbliebenenversorgung** der **Tod** des Arbeitnehmers. Die Hinterbliebenenversorgung umfasst Leistungen an die (früheren) **Ehegatten** des verstorbenen Arbeitnehmers, die **Kinder** und an den **Lebensgefährten** des Arbeitnehmers. Bei den **Kindern** ist zu beachten, dass neben den leiblichen Kindern und Adoptivkindern auch in den Haushalt aufgenommene und in der Versorgungsvereinbarung namentlich

noch Anhang 6

genannte Pflegekinder, Stiefkinder und faktische Stiefkinder sowie in den Haushalt aufgenommene Enkelkinder zu berücksichtigen sind. Das gilt auch dann, wenn ein Obhuts- und Pflegeverhältnis zu den leiblichen Eltern (dem Elternteil) noch besteht. Bei der Hinterbliebenenversorgung im Bereich der betrieblichen Altersversorgung ist die **Altersgrenze** zur steuerlichen Berücksichtigung von Kindern zu beachten. Bei Versorgungszusagen, die vor dem 1.1.2007 erteilt wurden, gilt für das Vorliegen einer begünstigten Hinterbliebenenversorgung zugunsten von Kindern eine Altersgrenze von 27 Jahren, bei Versorgungszusagen, die nach dem 31.12.2006 erteilt werden eine Altersgrenze von 25 Jahren. Dabei verlängert sich die Altersgrenze über das 25. bzw. 27. Lebensjahr hinaus um die Zeit des gesetzlichen Grundwehr- bzw. Zivildienstes (sog. Verlängerungstatbestand; vgl. hierzu die Erläuterungen im Anhang 9 unter der Nr. 8 Buchstabe i). In der Praxis muss dies in den Satzungen, Allgemeinen Versicherungsbedingungen und sonstigen Versorgungsregelungen für Zusagen, die nach dem 31.12.2006 erteilt werden, beachtet werden. Auf die Höhe der eigenen Einkünfte und Bezüge des Kindes kommt es aber nicht an. Bei Partnern einer **eingetragenen Lebenspartnerschaft** besteht die Besonderheit, dass sie einander gesetzlich zum Unterhalt verpflichtet sind (§ 5 Lebenspartnerschaftsgesetz). Insoweit liegt eine mit der zivilrechtlichen Ehe vergleichbare Partnerschaft vor. Weiterer Voraussetzungen zur Anerkennung als begünstigte Hinterbliebenenversorgung bedarf es daher nicht. Handelt es sich um eine **andere Form der** nicht ehelichen **Lebensgemeinschaft**, reicht es zur Anerkennung als begünstigte Hinterbliebenenversorgung regelmäßig aus, wenn dem Arbeitgeber **spätestens zu Beginn** der **Auszahlungsphase** der Hinterbliebenenleistung eine **schriftliche Versicherung** des Arbeitnehmers vorliegt, in der neben der **namentlichen Benennung** des Lebensgefährten bestätigt wird, dass eine **gemeinsame Haushaltsführung** besteht. Die vorstehende Einschränkung des Personenkreises bei der **Hinterbliebenenversorgung** gilt aber nicht für die Pauschalbesteuerung von Beiträgen an **Direktversicherungen** im Rahmen des § 40 b EStG. Hier kann eine beliebige Person als Bezugsberechtigte für den Fall des Todes des Arbeitnehmers benannt werden. Dies kann sich insbesondere bei ledigen Arbeitnehmern ohne Partner und ohne Kinder als vorteilhaft erweisen. Für den **Prüfungszeitpunkt** einer steuerlich **begünstigten Hinterbliebenenversorgung** gilt Folgendes: Die Versorgungsregelung (Satzung, allgemeine Versicherungsbedingungen o. Ä.) muss bei Erteilung oder Änderung der Versorgungszusage allgemein vorsehen, dass eine Hinterbliebenenleistung nur an den (früheren) Ehegatten, die Kinder oder Lebensgefährten im vorstehend beschriebenen Sinne möglich ist. Ob die Voraussetzungen zumindest eines begünstigten Hinterbliebenen im Einzelfall erfüllt sind, ist dann im Zeitpunkt der tatsächlichen Auszahlung der Hinterbliebenenleistung vom Arbeitgeber bzw. vom Versorgungsträger Hinterbliebenenleistung zu prüfen.

Beispiel A
Der Arbeitgeber führt seit 2002 die betriebliche Altersversorgung seiner Arbeitnehmer über eine Pensionskasse durch. In der Satzung der Pensionskasse sind Rentenzahlungen ab dem 60. Lebensjahr und Hinterbliebenenleistungen an den Ehegatten und die steuerlich zu berücksichtigenden Kinder bis zu einem Alter von 27 Jahren vorgesehen.
Es liegt betriebliche Altersversorgung vor, da bei der Altersversorgung die Altersgrenze und bei der Hinterbliebenenversorgung der begünstigte Personenkreis beachtet worden ist. Bei der Zusage der Hinterbliebenenversorgung an Kinder gilt noch die Altersgrenze von 27 Jahren, da die Versorgungszusage vor dem 1.1.2007 erteilt wurde.

Beispiel B
Der Arbeitgeber hat für einen ledigen Arbeitnehmer 2004 eine Direktversicherung abgeschlossen, die auf Dauer pauschal versteuert werden soll. Im Fall des Todes des Arbeitnehmers sind die Eltern als begünstigte Hinterbliebene bestimmt worden.
Es liegt betriebliche Altersversorgung vor, sodass der Arbeitgeber den Direktversicherungsbeitrag bis zu 1752 € jährlich mit 20 % pauschal besteuern kann. Bei pauschal besteuerten Beiträgen zur Direktversicherung ist der Personenkreis bei der Hinterbliebenenversorgung nicht eingeschränkt. Eine Pauschalversteuerung der Beiträge zur Direktversicherung ist zulässig, da es sich um eine Altzusage (Versorgungszusage, die vor dem 1.1.2005 erteilt wurde) handelt.

– der **Invaliditätsversorgung** der **Invaliditätseintritt**. Die Finanzverwaltung hat sich bisher noch nicht zum Invaliditätsgrad geäußert. Nach allgemein üblichen Versicherungsbedingungen zu privaten Unfallversicherungen kann eine Invaliditätsrente ab einem Grad der Behinderung von 25 vereinbart werden.

Die **Vereinbarung** über eine **betriebliche Altersversorgung** ist mit ihren einzelnen Komponenten aus steuerlicher Sicht grundsätzlich als **Einheit** anzusehen.

Werden **mehrere** der vorstehenden biometrischen **Risiken** (Alter, Tod, Invalidität) **abgesichert**, ist die **gesamte Vereinbarung nicht** mehr als betriebliche Altersversorgung **anzuerkennen**, wenn für **eines dieser Risiken** die jeweiligen **Vorgaben nicht beachtet** werden.

Beispiel C
A erhält von seinem Arbeitgeber eine Direktzusage ab dem 62. Lebensjahr einschließlich einer Hinterbliebenenversorgung zu Gunsten seiner Eltern. Bei der gesamten Vereinbarung handelt es sich nicht um betriebliche Altersversorgung, da bezüglich der Hinterbliebenenversorgung die Eltern nicht zum begünstigten Personenkreis gehören.

Eine **getrennte Beurteilung** der **einzelnen abgesicherten Risiken** kommt allenfalls in Betracht, wenn es sich nicht um eine einheitliche, sondern um **mehrere Teil-Versorgungszusagen** handelt. Anhaltspunkt hierfür ist die Absicherung der einzelnen biometrischen Risiken **in verschiedenen Durchführungswegen** (z. B. Alter über Direktversicherung und Tod über Pensionskasse).

Keine betriebliche Altersversorgung liegt vor, wenn über die vorstehenden Regelungen zur Hinterbliebenenversorgung hinaus zwischen Arbeitnehmer und Arbeitgeber ohne Eintritt eines weiteren biometrischen Risikos die **Vererblichkeit von Anwartschaften** vereinbart ist (an beliebige Dritte wie z. B. den Erben). Dies gilt für alle Auszahlungsformen (z. B. lebenslange Rente, Auszahlungsplan mit Restkapitalverrentung, Einmalkapitalauszahlung und ratenweise Auszahlung), und zwar auch dann, wenn bei einer vereinbarten **Rentengarantiezeit** die Auszahlung an Personen, die nicht zum Kreis der Begünstigten bei der Hinterbliebenenversorgung gehören, vorgesehen ist. Lediglich die Möglichkeit ein einmaliges angemessenes **Sterbegeld** (zurzeit rund 8000 €) an eine beliebige Person zu zahlen, führt nicht zur Versagung der Anerkennung der betrieblichen Altersversorgung; das Sterbegeld ist als steuerpflichtiger Arbeitslohn oder als steuerpflichtige sonstige Einkünfte zu erfassen. Eine vereinbarte **Rentengarantiezeit** ist also ausnahmsweise **unschädlich**, wenn die Auszahlung der garantierten Leistungen nach dem Tod des Berechtigten ausschließlich an begünstigte Hinterbliebene im Sinne der betrieblichen Altersversorgung (vgl. oben unter Hinterbliebenenversorgung) vorgesehen ist. Ein Wahlrecht zur Einmal- oder Teilkapitalauszahlung ist in diesem Fall aber nicht zulässig. Voraussetzung für die steuerliche Anerkennung ist vielmehr, dass die garantierte Rente in unveränderter Höhe (einschließlich Dynamisierungen) an den versorgungsberechtigten Hinterbliebenen im Sinne der betrieblichen Altersversorgung gezahlt wird. Die Zahlungen werden also einerseits durch die garantierte Zeit und andererseits durch das Vorhandensein von entsprechenden „begünstigten" Hinterbliebenen begrenzt. Die Zusammenfassung von bis zu zwölf Monatsleistungen zu einer Auszahlung sowie die gesonderte Auszahlung der in der Auszahlungsphase anfallenden Zinsen und Erträge ist aber möglich (vgl. hierzu auch die nachstehende Nr. 5 unter dem Buchstaben b). Bei der Witwe/dem Witwer oder der Lebensgefährtin/dem Lebensgefährten des Arbeitnehmers wird es nicht beanstandet, wenn anstelle der Zahlung der garantierten Rentenleistung in unveränderter Höhe das im Zeitpunkt des Todes des Berechtigten vorhandene „Restkapital" lebenslang verrentet wird. Ist das **biometrische Risiko** (z. B. Alter) beim verstorbenen Arbeitnehmer aber bereits **eingetreten** und kommt es auf die Zahlungsweise der Altersversorgungsleistungen wie bei den Durchführungswegen Direktzusage und Unterstützungskasse nicht an, kann eine Auszahlung etwaiger Raten auch an den (nicht im vorstehenden Sinne „begünstigten") Erben erfolgen (vgl. hierzu das Stichwort „Arbeitnehmerfinanzierte Pensionszusage" besonders unter Nr. 4 Buchstaben b und c).

Auch Vereinbarungen, nach denen Arbeitslohn gutgeschrieben und **ohne Abdeckung** eines **biometrischen Risikos** zu einem späteren Zeitpunkt (z. B. bei Ausscheiden aus dem Arbeitsverhältnis) ggf. mit Wertsteigerung ausgezahlt werden soll, sind nicht dem Bereich der betrieblichen Altersversorgung zuzuordnen. Entsprechendes gilt, wenn von vornherein eine **Abfindung** der **Versorgungsanwartschaft** zu einem bestimmten Zeitpunkt oder bei Vorliegen bestimmter Voraussetzungen (z. B. im Fall der Insolvenz des Arbeitgebers außerhalb des § 3 Betriebsrentengesetzes) vereinbart ist, und dadurch nicht mehr von der Absicherung eines biometrischen Risikos ausgegangen werden kann. Allein die Möglichkeit einer **Beitragserstattung** einschließlich der gutgeschriebenen Erträge bzw. einer entsprechenden Abfindung für den Fall des **Ausscheidens** aus dem Arbeitsverhältnis vor Erreichen der gesetzlichen Unverfallbarkeit und/oder für den Fall des **Todes** vor Ablauf einer arbeitsrechtlich vereinbarten Wartezeit sowie der **Abfindung** einer Witwen**rente**/Witwerrente für den Fall der **Wiederheirat** führen noch nicht zur Versagung der Anerkennung der betrieblichen Altersversorgung. Derartige Vereinbarungen sind also unschädlich. Ebenfalls unschädlich ist die Abfindung vertraglich unverfallbarer Anwartschaften; dies gilt sowohl bei Beendigung als auch während des bestehenden Arbeitsverhältnisses.

Beispiel D
Arbeitgeber A sagt dem 27-jährigen Arbeitnehmer B im Februar 2010 zu, anstelle einer Gehaltserhöhung ab März 2010 die nächsten 15 Jahre monatlich 250 € in einen Investmentfonds einzuzahlen. Anschließend soll das Kapital an B ausgezahlt werden. B hat vorher keinerlei Ansprüche gegenüber dem Investmentfonds.

Es handelt sich nicht um betriebliche Altersversorgung, da kein biometrisches Risiko des B abgesichert wird. Es liegt aber dennoch kein steuerpflichtiger Arbeitslohn vor, da B ausschließlich einen Anspruch gegen den Arbeitgeber A auf Auszahlung eines zudem der Höhe nach unbestimmten Geldbetrags und nicht gegenüber dem Fonds erwirbt. Anders wäre es, wenn B eigene Ansprüche gegen den Investmentfonds hätte, die er abtreten oder beleihen könnte.

Beispiel E

Wie Beispiel D. Allerdings vereinbaren A und B ab März 2010 eine „Gehaltsumwandlung" in Höhe von 250 € monatlich zugunsten der Beitragseinzahlung in den Investmentfonds.

Mangels Absicherung eines biometrischen Risikos handelt es sich nicht um eine Gehaltsumwandlung zu Gunsten einer betrieblichen Altersversorgung. Es handelt sich um eine steuerpflichtige Lohnverwendungsabrede mit freiwilliger Verfügungsbeschränkung des B, der schließlich die Auszahlung des ungeminderten Arbeitslohns hätte verlangen können. Das bei Investmentanteilen bestehende Risiko von Kursverlusten oder Kursgewinnen betrifft den lohnsteuerlich unbeachtlichen Bereich der privaten Vermögensebene des B.

Außerdem handelt es sich **nicht** (mehr) um **betriebliche Altersversorgung,** wenn z. B. mit Bezug des **Vorruhestandsgeldes** die Arbeitnehmereigenschaft endet; allerdings kann die Pauschalversteuerung nach § 40b EStG in der Zeit des Vorruhestands weiter angewendet werden, wenn es sich um die Fortführung einer betrieblichen Altersversorgung aus der aktiven Beschäftigungszeit handelt (BFH-Urteil vom 7.7.1972, BStBl. II S. 890). Ebenso liegt keine betriebliche Altersversorgung vor, wenn der **Arbeitgeber** oder eine Versorgungseinrichtung einem nicht bei ihm beschäftigten **Ehegatten des Arbeitnehmers** eigene **Versorgungsleistungen** zur Absicherung seiner biometrischen Risiken (Alter, Tod, Invalidität) **verspricht.** Es liegt keine Versorgungszusage aus Anlass eines Arbeitsverhältnisses zwischen dem Arbeitgeber und dem Ehegatten vor.

Bei sog. **Altzusagen** (= Versorgungszusagen, die **vor** dem 1.1.**2005** erteilt wurden), wird es von der Finanzverwaltung nicht beanstandet, wenn in den Versorgungsordnungen – abweichend von den vorstehenden Grundsätzen – die Möglichkeit einer Elternrente oder der Beitragserstattung einschließlich der gutgeschriebenen Erträge im Fall des **Versterbens vor Erreichen der Altersgrenze** an den überlebenden (früheren) Ehegatten, die steuerlich zu berücksichtigenden Kinder oder den Lebensgefährten des Arbeitnehmers (= begünstigter Hinterbliebenenkreis) vorgesehen ist.

2. Durchführungswege der betrieblichen Altersversorgung

Als Durchführungswege der betrieblichen Altersversorgung kommen die **Direktzusage,** die **Unterstützungskasse,** die **Direktversicherung** (dies kann auch eine selbständige Berufsunfähigkeitsversicherung sein), die **Pensionskasse** und der **Pensionsfonds** in Betracht. Für die Frage des Zuflusses von Arbeitslohn kommt es übrigens nicht darauf an, ob es sich um eine **arbeitgeberfinanzierte** oder um eine durch **Entgeltumwandlung** – und damit wirtschaftlich betrachtet um eine vom Arbeitnehmer – **finanzierte** betriebliche Altersversorgung handelt (vgl. auch die Erläuterungen unter der nachfolgenden Nr. 3).

Bei den Durchführungswegen **Direktversicherung, Pensionskasse** oder **Pensionsfonds** liegt Zufluss von **Arbeitslohn** im Zeitpunkt der **Beitragszahlung** des Arbeitgebers an die entsprechende Versorgungseinrichtung vor; maßgebend ist der Zeitpunkt zu dem der Arbeitgeber seiner Bank einen Überweisungsauftrag erteilt, sofern das Bankkonto eine ausreichende Deckung aufweist (BFH-Urteil vom 7.7.2005, BStBl. II S. 726). Zur **Steuerfreiheit** der **Beiträge** vgl. die Erläuterungen unter der nachfolgenden Nr. 5. Erfolgt die Beitragszahlung in diesen Fällen durch den Arbeitgeber vor Versicherungsbeginn, liegt ein Zufluss von Arbeitslohn erst im Zeitpunkt des Versicherungsbeginns vor. Bei den Durchführungswegen **Direktzusage** oder **Unterstützungskasse** liegt **Zufluss** von Arbeitslohn hingegen erst im Zeitpunkt der **Zahlung** der **Altersversorgungsleistungen** an den Arbeitnehmer vor. Wegen der steuerlichen und sozialversicherungsrechtlichen Behandlung im Einzelnen vgl. auch die **tabellarischen Übersichten** am Ende dieses Anhangs.

Vgl. im Übrigen auch die Stichworte „Arbeitnehmerfinanzierte Pensionszusage", „Direktversicherung", „Pensionsfonds", „Pensionskasse", „Pensionszusage", „Rückdeckung", „Unterstützungskasse" und „Zukunftsicherung".

3. Gehaltsumwandlung zugunsten betrieblicher Altersversorgung

Eine durch Gehaltsumwandlung (auch Entgeltumwandlung genannt) finanzierte betriebliche Altersversorgung liegt nach dem BetrAVG vor, wenn Arbeitgeber und Arbeitnehmer vereinbaren, **künftige Arbeitslohnansprüche** des Arbeitnehmers in eine wertgleiche Anwartschaft auf Versorgungsleistungen **herabzusetzen.** Dabei ist es steuerlich zulässig, die erforderliche Wertgleichheit außerhalb versicherungsmathematischer Grundsätze zu berechnen und festzustellen. Zwingende Voraussetzung zur steuerlichen Anerkennung der Gehaltumwandlung zugunsten betrieblicher Altersversorgung ist allerdings, dass die Versorgungsleistungen zur Absicherung mindestens eines biometrischen Risikos (Alter, Tod, Invalidität) zugesagt und erst bei Eintritt des biologischen Ereignisses fällig werden (vgl. hierzu die Erläuterungen unter der vorstehenden Nr. 1). Von der Gehaltsumwandlung zu unterscheiden sind die sog. **Eigenbeiträge des Arbeitnehmers** (§ 1 Abs. 2 Nr. 4 BetrAVG), bei denen der Arbeitnehmer aus seinem bereits zugeflossenen und versteuerten Arbeitsentgelt Beiträge zur Finanzierung der betrieblichen Altersversorgung leistet (die Finanzierung der Beiträge der betrieblichen Altersversorgung erfolgt in diesem Fall also aus dem **Nettoeinkommen** des Arbeitnehmers). Die Unterscheidung ist dann von Bedeutung, wenn es steuerlich darauf ankommt, ob „Beiträge des Arbeitgebers" vorliegen (z. B. bei der Steuerfreiheit von Beiträgen an einen Pensionsfonds, eine Pensionskasse oder eine Direktversicherung). „Beiträge des Arbeitgebers" im steuerlichen Sinne liegen nur vor, wenn die Beiträge zur betrieblichen Altersversorgung arbeitgeberfinanziert oder über eine Gehaltsumwandlung/Entgeltumwandlung finanziert worden sind. „**Eigenbeiträge des Arbeitnehmers**" sind keine „Beiträge des Arbeitgebers" im steuerlichen Sinne.

Steuerlich wird eine **Gehaltsumwandlung** von Arbeitslohn (laufender Arbeitslohn, Einmal- und Sonderzahlungen) **zugunsten** betrieblicher **Altersversorgung** aus Vereinfachungsgründen auch dann **anerkannt,** wenn durch die Gehaltsänderungsvereinbarung **bereits erdiente, aber noch nicht fällig gewordene** Anteile des Arbeitslohns **umgewandelt werden.** Dies gilt auch dann, wenn eine Einmal- oder Sonderzahlung einen Zeitraum von mehr als einem Jahr betrifft.

Beispiel A

Gehaltsumwandlung einer Tantieme, die für die Tätigkeit und auf der Grundlage des Gewinns des Wirtschaftsjahres 2009 gewährt und im Mai 2010 fällig wird. Die Gehaltsumwandlung zugunsten betrieblicher Altersversorgung wird im März 2010 zwischen Arbeitgeber und Arbeitnehmer vereinbart.

Die Gehaltsumwandlung ist steuerlich anzuerkennen, da sie vor Fälligkeit der Tantieme vereinbart worden ist. Unmaßgeblich ist, dass der Arbeitnehmer die Tantieme 2009 im Zeitpunkt der Vereinbarung der Gehaltsumwandlung (März 2010) in vollem Umfang „erdient" hatte.

Beispiel B

Wie Beispiel A. Die Gehaltsumwandlung wird erst im Juni 2010 – also nach Fälligkeit der Tantieme – vereinbart.

Die Gehaltsumwandlung ist steuerlich nicht anzuerkennen, da bereits fällig gewordener Arbeitslohn umgewandelt wird. Es handelt sich daher – unabhängig vom Verwendungszweck – um eine steuerpflichtige Lohnverwendungsabrede. Dies gilt auch dann, wenn die Gehaltsumwandlung zugunsten einer Direktzusage erfolgen soll.

Beispiel C

Gehaltsumwandlung von Boni, die für die Tätigkeit und auf der Grundlage der Gewinne der Wirtschaftsjahre 2009 und 2010 gewährt und im Februar 2011 fällig werden. Die Gehaltsumwandlung zugunsten betrieblicher Altersversorgung wird im Januar 2011 zwischen Arbeitgeber und Arbeitnehmer vereinbart.

Die Gehaltsumwandlung ist steuerlich anzuerkennen, da sie vor Fälligkeit der Boni vereinbart worden ist. Unmaßgeblich ist, dass die Zahlung der Boni einen Zeitraum von mehr als einem Jahr betrifft.

Bei einer **Gehaltsumwandlung** von laufendem Arbeitslohn zugunsten einer betrieblichen Altersversorgung ist es **unschädlich,** wenn der bisherige **ungekürzte Arbeitslohn** weiterhin **Bemessungsgrundlage** für künftige **Lohnerhöhungen** oder **andere Arbeitgeberleistungen** (z. B. Weihnachtsgeld, Tantieme, Boni, Jubiläumszuwendungen; = sog. „Schattengehalt") bleibt oder die **Gehaltsminderung zeitlich begrenzt** wird. Entsprechendes gilt, wenn Arbeitnehmer oder Arbeitgeber die **Vereinbarung** für künftigen Arbeitslohn einseitig **ändern** können.

Beispiel D

A hat ein laufendes Jahresgehalt von 70 000 €. Er vereinbart mit seinem Arbeitgeber vor Fälligkeit, dass hiervon ein Betrag von 5000 € zugunsten von betrieblicher Altersversorgung verwendet wird. Für die A zustehende Tantieme, die prozentual vom Jahresgehalt berechnet wird, soll allerdings weiterhin von einem Jahresgehalt von 70 000 € ausgegangen werden. Zudem ist die Gehaltsumwandlung zunächst einmal auf einen Zeitraum von drei Jahren befristet.

Trotz der Vereinbarung eines sog. Schattengehalts und einer zeitlichen Begrenzung der Gehaltsminderung ist die Gehaltsumwandlung zugunsten einer betrieblichen Altersversorgung steuerlich anzuerkennen.

Steuerlich spricht man von einer **schädlichen Überversorgung,** wenn die insgesamt zugesagten Leistungen aus sämtlichen Durchführungswegen der betrieblichen Altersversorgung (Direktzusage, Unterstützungskasse, Pensionskasse, Pensionsfonds, Direktversicherung) zusammen mit der Rentenanwartschaft aus der gesetzlichen Rentenversicherung 75 % der Aktivbezüge übersteigen. Dies kann zu einer **Kürzung** des **Betriebsausgabenabzugs** bzw. zu einer teilweisen **gewinnerhöhenden Auflösung** der **Pensionsrückstellung** führen.

noch Anhang 6

Soweit die Versorgungsleistungen auf Entgeltumwandlungen beruhen, bleiben die umgewandelten Entgelte und die diesen entsprechenden Versorgungsleistungen bei der Berechnung der 75 %-Grenze außen vor. Fazit: **Entgeltumwandlungen** zugunsten betrieblicher Altersversorgung können **nicht** zu einer steuerschädlichen **Überversorgung** führen (BMF-Schreiben v. 3.11.2004, BStBl. I S. 1045). Zur Entgeltumwandlung von Arbeitslohn zugunsten einer Direktversicherung bei Ehegatten-Arbeitsverhältnissen vgl. auch die Erläuterungen beim Stichwort „Zukunftssicherung" unter Nr. 18.

Zur Entgeltumwandlung von Arbeitslohn zugunsten einer Gutschrift auf einem Zeitwertkonto vgl. die Ausführungen beim Stichwort „Arbeitszeitkonto" unter Nr. 3.

4. Pensionsfonds als fünfter Durchführungsweg der betrieblichen Altersversorgung

Seit dem 1.1.2002 ist neben den vier seit langer Zeit bestehenden Durchführungswegen der betrieblichen Altersversorgung (Direktversicherungen, Pensionskassen, Direktzusagen, Unterstützungskassen) der **Pensionsfonds** als neuer, fünfter Durchführungsweg eingeführt worden (§ 1 b Abs. 3 BetrAVG; § 112 ff. VAG)*). Dies trägt zur Stärkung der betrieblichen Altersversorgung bei. Im Vergleich zu den bereits früher bestehenden Durchführungswegen **ähnelt** der Pensionsfonds am ehesten der **Pensionskasse**. Ein Pensionsfonds ist eine selbständige Versorgungseinrichtung, die dem Arbeitnehmer oder seinen Hinterbliebenen Rechtsansprüche auf künftige Leistungen einräumt. Er zahlt grundsätzlich lebenslange Altersrenten mit der Möglichkeit der Abdeckung des Invaliditäts- und Hinterbliebenenrisikos. Beitragszahler bei Pensionsfonds können Arbeitgeber und Arbeitnehmer sein.

Im Unterschied zu Pensionskassen und Direktversicherungen werden Pensionsfonds häufig eine **risikobehaftetere Kapitalanlagepolitik** betreiben (z. B. über einen höheren Anteil an Aktien), was zu höheren Erträgen aber auch zu (Kapital-)Verlusten führen kann. Anders als Pensionskassen sind Pensionsfonds selbst auch nicht körperschaftsteuer- und gewerbesteuerbefreit, was sie insoweit mit Lebensversicherungsunternehmen (Direktversicherungen) verbindet. Aufsichtsrechtlich unterliegen die Pensionsfonds – wie Pensionskassen und Direktversicherungen – der Versicherungsaufsicht durch die Bundesanstalt für Finanzdienstleistungsaufsicht.

Für **Arbeitnehmer** ist mit der Einrichtung des Pensionsfonds der Vorteil verbunden, dass sie einen **Rechtsanspruch gegenüber dem Pensionsfonds** als externen Träger der betrieblichen Altersversorgung erhalten und ihre Ansprüche bei einem Wechsel des Arbeitgebers unter weiteren Voraussetzungen mitnehmen können. Ein Rechtsanspruch besteht also nicht nur gegen den Arbeitgeber.

Den **Arbeitgebern** bietet ein Pensionsfonds (aber auch eine Direktversicherung und eine Pensionskasse) den Vorteil, die betriebliche Altersversorgung durch **Beitragszusage** mit einer Mindestgarantie der eingezahlten Beiträge (§ 1 Abs. 2 Nr. 2 BetrAVG) besser kalkulieren zu können und nicht mehr allein mit höheren Risiken verbundene langfristige Verpflichtungen aus beitragsorientierten **Leistungszusagen** (§ 1 Abs. 2 Nr. 1 BetrAVG) eingehen zu müssen. Auf Grund der risikobehafteteren Kapitalanlagepolitik des Pensionsfonds hat der Arbeitgeber allerdings – im Gegensatz zu den Durchführungswegen Pensionskasse und Direktversicherung – Beiträge an den Pensionssicherungsverein zu leisten. Die **Beiträge** des Arbeitgebers an den Pensionsfonds sind **Betriebsausgaben**, soweit sie auf einer festgelegten Verpflichtung beruhen oder der Abdeckung von Fehlbeträgen bei dem Fonds dienen und betrieblich veranlasst sind (§ 4e Abs. 1 und 2 EStG). Auch die **Beiträge** des Arbeitgebers an den **Pensionssicherungsverein** sind als **Betriebsausgaben** abziehbar. Beitragszahlungen des Arbeitgebers an einen Pensionsfonds während der Rentenbezugszeit des Arbeitnehmers (Fälle des § 112 Abs. 1 a VAG) gehören übrigens nicht zum Arbeitslohn.

Vgl. im Übrigen auch die Erläuterungen beim Stichwort „Pensionsfonds".

5. Steuer- und Sozialversicherungsfreiheit von Beiträgen an einen Pensionsfonds, eine Pensionskasse oder für eine Direktversicherung nach § 3 Nr. 63 EStG (Ansparphase)

a) Allgemeines

Seit dem 1.1.2005 sind Beiträge des Arbeitgebers aus dem ersten Arbeitsverhältnis an einen **kapitalgedeckten Pensionsfonds**, eine kapitalgedeckte **Pensionskasse** oder für eine kapitalgedeckte **Direkt-versicherung steuer-** und **sozialversicherungsfrei**, soweit sie **4 %** der **Beitragsbemessungsgrenze** in der allgemeinen **Rentenversicherung – West –** nicht übersteigen (§ 3 Nr. 63 EStG). Anders als bis einschließlich 2004 werden also Beiträge für eine Direktversicherung seit 2005 in die Steuerbefreiungsvorschrift mit einbezogen. Für **vor 2005** abgeschlossene **Direktversicherungsverträge** besteht ggf. ein **Wahlrecht** zwischen der Steuerfreiheit und der bisherigen 20%igen Pauschalversteuerung der Direktversicherungsbeiträge. **Beiträge zu ab 2005 abgeschlossenen Direktversicherungen können nicht mehr pauschal besteuert werden.**

Aufgrund der Erhöhung der Beitragsbemessungsgrenze in der allgemeinen Rentenversicherung – West – auf 66 000 € jährlich (5500 € monatlich) ergibt sich für **2010 bundesweit** ein **steuer-** und **sozialversicherungsfreier Höchstbetrag** von **2640 €** (= 4 % von 66 000 € [Beitragsbemessungsgrenze]). Es kommt für die Höhe des steuer- und sozialversicherungsfreien Höchstbetrags nicht darauf an, ob der Arbeitnehmer seinen Wohnsitz in den alten oder in den neuen Bundesländern hat. Auch der Ort an dem der Arbeitnehmer tätig wird, ist unmaßgeblich.

Beiträge des Arbeitgebers – für die der steuerfreie Höchstbetrag in Anspruch genommen werden kann – liegen vor, wenn sie von ihm zusätzlich zum ohnehin geschuldeten Arbeitslohn erbracht werden **(rein arbeitgeberfinanzierte Beiträge)** oder im Innenverhältnis vom Arbeitnehmer aufgrund einer Entgeltumwandlung/**Gehaltsumwandlung** finanziert werden. Bei einer Finanzierung der Beiträge durch eine Entgeltumwandlung ist die Beachtung des Mindestbetrags nach § 1a BetrAVG (= $^1/_{160}$ der Bezugsgröße nach § 18 Abs. 1 SGB IV) für die Inanspruchnahme der Steuerfreiheit nicht erforderlich. Für sog. **Eigenbeiträge des Arbeitnehmers** (§ 1 Abs. 2 Nr. 4 BetrAVG) kann die **Steuerbefreiung nicht** in Anspruch genommen werden, da es sich nicht um Beiträge des Arbeitgebers im steuerlichen Sinne handelt. Das gilt auch dann, wenn sie vom Arbeitgeber an die Versorgungseinrichtung abgeführt werden.

Die **Steuer- und Beitragsfreiheit** der Beiträge bis zu 4 % der Beitragsbemessungsgrenze in der allgemeinen Rentenversicherung – West – (2010 = 2640 €) ist zeitlich **nicht befristet**. Die in den Fällen der Finanzierung der Beiträge durch eine Entgeltumwandlung/**Gehaltsumwandlung** vorgesehene Befristung der Beitragsfreiheit in der Sozialversicherung **bis 31.12.2008** ist durch Änderungen der Sozialversicherungsentgeltverordnung **abgeschafft worden**.

Die **Steuerbefreiung** gilt nicht nur für Beiträge zu Gunsten von rentenversicherungspflichtigen Arbeitnehmern, sondern grundsätzlich bei allen Arbeitnehmern im steuerlichen Sinne. Sie kann also auch bei Beiträgen zu Gunsten von **geringfügig Beschäftigten**, des **beherrschenden Gesellschafter-Geschäftsführers** einer GmbH oder eines im Betrieb mitarbeitenden Ehegatten – sofern das **Ehegatten-Arbeitsverhältnis** auch in diesem Punkt steuerlich anzuerkennen ist – in Anspruch genommen werden. Entsprechendes gilt für die in einem berufsständischen **Versorgungswerk** Versicherten. Die Steuerbefreiung kommt allerdings nicht für arbeitnehmerähnliche Selbständige (§ 2 Nr. 9 SGB VI) und in einer Personengesellschaft mitarbeitende Gesellschafter (§ 15 Abs. 1 Satz 1 Nr. 2 EStG) in Betracht, weil es sich steuerlich nicht um Arbeitnehmer handelt und folglich kein erstes Dienstverhältnis vorliegen kann. Bei Gesellschafter-Geschäftsführern sind zudem die allgemeinen Grundsätze zur **Abgrenzung** zwischen **verdeckter Gewinnausschüttung** und **Arbeitslohn** zu beachten.

Zum Vorrang der Steuerbefreiungsvorschrift für Beiträge zur betrieblichen Altersversorgung nach § 3 Nr. 63 EStG oder § 3 Nr. 56 EStG gegenüber der Steuerbefreiungsvorschrift für Beiträge aufgrund gesetzlicher Verpflichtung vgl. die Erläuterungen beim Stichwort „Zukunftssicherung" unter Nr. 5 Buchstabe d.

b) Begünstigte Auszahlungsformen für die Steuerfreiheit

Bis einschließlich 2004 war die Zahlungsweise der späteren Versorgungsleistungen (lebenslange Rentenzahlung, befristete Zahlung, Kapitalauszahlung) für die Steuerfreiheit der Beiträge an eine Pensionskasse oder einen Pensionsfonds ohne Bedeutung.

Seit 2005 ist die **Steuerfreiheit** von Beiträgen des Arbeitgebers zugunsten von betrieblicher Altersversorgung in allen drei Durchführungswegen (Pensionsfonds, Pensionskasse, Direktversicherung) **auf** solche **Versorgungszusagen beschränkt** worden, die eine Auszahlung der zugesag-

---

*) Das Betriebsrentengesetz (BetrAVG) und das Versicherungsaufsichtsgesetz (VAG) sind als Anhang 13 bzw. 13b im **Steuerhandbuch für das Lohnbüro 2010** das im selben Verlag erschienen ist. Das **PC-Lexikon** für das Lohnbüro 2010 enthält auch dieses Handbuch und hat außerdem den Vorteil, dass Sie **alle BFH-Urteile** sowie die aktuellen Rundschreiben und Niederschriften der Spitzenverbände der **Sozialversicherung** mit Mausklick **im Volltext** abrufen und ausdrucken können. Eine Bestellkarte finden Sie vorne im Lexikon.

ten Alters-, Invaliditäts- oder Hinterbliebenenversorgungen in Form einer lebenslangen Rente oder eines Auszahlungsplans mit anschließender lebenslanger Teilkapitalverrentung (§ 1 Abs. 1 Nr. 4 Altersvorsorgeverträge-Zertifizierungsgesetzes) vorsehen (= **lebenslange Altersversorgung**). Die **Steuerfreiheit** der Beiträge an einen Pensionsfonds, eine Pensionskasse oder an eine Direktversicherung besteht also von vornherein **nicht,** wenn die **späteren Versorgungsleistungen** als **einmalige Kapitalleistungen** erbracht werden sollen. Im Hinblick auf die entfallende Versorgungsbedürftigkeit (z. B. Vollendung des 27. Lebensjahres der Kinder – bei Versorgungszusagen nach dem 31. 12. 2006 Vollendung des 25. Lebensjahres der Kinder –, Wiederheirat der Witwe/des Witwers, Ende der Erwerbsminderung wegen Verbesserung der Gesundheitssituation oder Erreichen der Altersgrenze) ist die zeitliche Befristung einer Rente oder eines Auszahlungsplans steuerlich unschädlich; daher sind auch selbständige Berufsunfähigkeits-Direktversicherungen begünstigt (Bundestagsdrucksache 15/5635 S. 5 und 6). Von einer für die **Steuerbefreiung** erforderlichen lebenslangen Versorgung ist aber auch dann noch auszugehen, wenn bis zu **30 % des** zu Beginn der Auszahlungsphase zur Verfügung stehenden **Kapitals** außerhalb der monatlichen Leistungen an den Arbeitnehmer **ausgezahlt** werden; die diesbezügliche Entscheidung darf erst zu Beginn der Auszahlungsphase getroffen werden und führt zur Steuerpflicht des entnommenen Teilbetrags als sonstige Einkünfte. Auch allein die Möglichkeit, anstelle lebenslanger Versorgungsleistungen eine Kapitalauszahlung (= 100 % des zu Beginn der Auszahlungsphase zur Verfügung stehenden Kapitals) zu wählen, steht der Steuerfreiheit der Beitragszahlungen nicht entgegen (= **Wahlrecht zwischen Rentenzahlung und Kapitalauszahlung ist für die Steuerfreiheit der Beitragszahlungen unschädlich**). Die Möglichkeit anstelle einer lebenslangen Altersversorgung eine Einmalkapitalauszahlung zu wählen, ist nicht nur bei Altersversorgungsleistungen zulässig, sondern auch bei Invaliditäts- oder Hinterbliebenenversorgungsleistungen. Entscheidet sich der Arbeitnehmer zugunsten einer Einmalkapitalauszahlung, sind von diesem Zeitpunkt an die Voraussetzungen für die Steuerfreiheit der Beiträge nicht mehr erfüllt und die Beitragsleistungen zu besteuern. Nur wenn die **Ausübung des Wahlrechts** innerhalb des **letzten Jahres vor dem** altersbedingten **Ausscheiden** aus dem Arbeitsverhältnis erfolgt, können die Beiträge weiterhin steuerfrei belassen werden. Für die Berechnung der Jahresfrist ist auf das im Zeitpunkt der Ausübung des Wahlrechts vertraglich vorgesehene Ausscheiden aus dem Erwerbsleben (= Beginn der Altersversorgungsleistung) abzustellen. Bei **Hinterbliebenenversorgungsleistungen** kann das **Wahlrecht** zwischen der Rentenzahlung und der Kapitalauszahlung im zeitlichen Zusammenhang mit dem Tod des ursprünglich Berechtigten ausgeübt werden. Im Übrigen müssen die Versorgungsleistungen – vorbehaltlich der vorstehenden Angaben – während der gesamten Auszahlungsphase gleich bleiben oder steigen, wobei eine Auszahlung von bis zu zwölf Monatsbeträgen in einer Summe zulässig ist. Auch eine **gesonderte Auszahlung** der in der Auszahlungsphase anfallenden **Zinsen und Erträge** ist möglich. Bei Berufsunfähigkeitsversicherungen als Direktversicherungen ist eine laufende Verrechnung von Überschussanteilen mit Beiträgen ebenso zulässig wie die Auszahlung der verzinslich angesammelten Überschüsse am Ende der Laufzeit oder nach Eintritt des Versicherungsfalls als einmalige Kapitalsumme.

Die vorstehenden Grundsätze gelten auch für sog. **Altzusagen** (= **Versorgungszusagen, die vor dem 1. 1. 2005** erteilt worden sind). Unschädlich ist allerdings bei Altzusagen, wenn lediglich für die zugesagte Altersversorgung, nicht aber für die Hinterbliebenen- oder Invaliditätsversorgung die Auszahlung in Form einer Rente oder eines Auszahlungsplans vorgesehen ist.

Zur steuerlichen Behandlung der Auszahlungen vgl. die Erläuterungen unter der nachfolgenden Nr. 11.

Tabellarische Übersicht zur Behandlung der Beiträge zur betrieblichen Altersversorgung in Abhängigkeit von den Auszahlungsformen bei Versorgungsleistungen aus einem Pensionsfonds, einer Pensionskasse und einer Direktversicherung

Auszahlungsform der Versorgungsleistung	Steuerfreiheit der Beiträge
(reine) Kapitalauszahlung	Nein
(reine) Rentenzahlung	Ja
Rentenzahlung mit Kapitalwahlrecht	Ja
Kapitalauszahlung mit Möglichkeit der Verrentung	Nein

Beispiel A

Arbeitgeber A schließt am 1. 2. 2010 für Arbeitnehmer B eine Direktversicherung ab und zahlt 2000 € Beiträge. Nach den vertraglichen Bedingungen hat B bei Vertragsablauf ein Wahlrecht zwischen einer lebenslangen Rente und einer Kapitalauszahlung.

Die in 2010 geleisteten Beiträge sind steuer- und sozialversicherungsfrei. Das Wahlrecht zwischen lebenslanger Rente und Kapitalauszahlung steht der Steuerfreiheit nicht entgegen.

Beispiel B

Wie Beispiel A. Nach den vertraglichen Bedingungen erhält B bei Vertragsablauf eine Kapitalauszahlung.

Die in 2010 geleisteten Beiträge sind über die Lohnsteuerkarte des B zu versteuern und sozialversicherungspflichtig, da die Voraussetzungen für eine Steuerfreiheit der Beiträge mangels lebenslanger Versorgung nicht gegeben sind. Die Pauschalbesteuerung der Direktversicherungsbeiträge mit 20 % kann für Neuzusagen (= Versorgungungszusagen, die nach dem 31. 12. 2004 erteilt werden) nicht mehr in Anspruch genommen werden.

Beispiel C

Arbeitgeber A zahlt für seinen Arbeitnehmer B seit 2002 1500 € jährlich steuer- und sozialversicherungsfrei in eine Pensionskasse ein. Nach den getroffenen Vereinbarungen erhält B als Altersversorgung eine einmalige Kapitalauszahlung.

Seit 2005 sind die Beiträge nicht mehr steuerfrei, da keine Auszahlung der Versorgungsleistungen in Form einer lebenslangen Rente bzw. eines Auszahlungsplans mit anschließender Restverrentung vorgesehen ist.

Beispiel D

Arbeitgeber A hat für seinen Arbeitnehmer B in 2005 eine Direktversicherung abgeschlossen und zahlt 1500 € Beiträge. Nach den vertraglichen Bedingungen hat B ein Wahlrecht zwischen einer lebenslangen Rente und einer Kapitalauszahlung. Er wird voraussichtlich im Jahre 2015 altersbedingt aus dem Unternehmen ausscheiden. Im Januar 2010 entscheidet er sich gegenüber dem Versicherungsunternehmen für die Kapitalauszahlung bei Vertragsablauf im Jahre 2015.

Die ab 2010 geleisteten Beiträge sind nicht mehr steuer- und sozialversicherungsfrei, da keine lebenslange Altersversorgung des B gewährleistet ist. Lediglich eine Ausübung des Kapitalwahlrechts im letzten Jahr vor dem altersbedingten Ausscheiden ist für die Steuerfreiheit der gesamten Beiträge unschädlich.

c) 4 %-Grenze

Durch die Begrenzung der Steuerfreiheit auf 4 % der Beitragsbemessungsgrenze in der allgemeinen Rentenversicherung – West – (für 2010 4 % von 66 000 € = 2640 €) braucht der Arbeitgeber für die Prüfung der Steuer- und Sozialversicherungsfreiheit der Beitragszahlungen keine zusätzlichen Ermittlungen durchzuführen, da er nach sozialversicherungsrechtlichen Vorschriften die Beitragsbemessungsgrenze bei jeder Lohnzahlung ohnehin zu prüfen und ggf. zu berücksichtigen hat.

Beispiel A

Ein Arbeitgeber zahlt in 2010 zu Gunsten seiner Arbeitnehmer einen Beitrag in Höhe von 2640 € je Arbeitnehmer in einen Pensionsfonds, der lebenslange Altersversorgungsleistungen zugesagt hat.

Der Beitrag des Arbeitgebers ist steuer- und sozialversicherungsfrei.

Beispiel B

Wie Beispiel A. Der Arbeitgeber zahlt einen Beitrag in Höhe von 2880 € jährlich je Arbeitnehmer in den Pensionsfonds.

Die Steuerfreiheit ist auf 4 % der Beitragsbemessungsgrenze in der allgemeinen Rentenversicherung (= 2640 €) begrenzt. Der übersteigende Betrag von 240 € ist steuer- und sozialversicherungspflichtig; eine Pauschalierung der Lohnsteuer mit 20 % (§ 40b EStG) ist bei Beiträgen des Arbeitgebers an einen Pensionsfonds nicht möglich. Für diesen individuell über die Lohnsteuerkarte versteuerten Beitragsanteil kann der Arbeitnehmer jedoch ggf. die steuerliche Förderung über Zulage und Sonderausgabenabzug (sog. „Riester-Rente") in Anspruch nehmen.

Beispiel C

Arbeitgeber A zahlt für seinen Arbeitnehmer B seit rund zehn Jahren Beiträge an eine Pensionskasse, die dem Arbeitnehmer lebenslange Altersversorgungsleistungen zugesagt hat. 2010 betragen die Beiträge 4800 €.

Die Beiträge sind in Höhe von 2640 € steuer- und sozialversicherungsfrei. Weitere 1752 € können mit 20 % pauschal besteuert werden (§ 52 Abs. 52b Satz 1 EStG). Der verbleibende Betrag von 408 € ist individuell über die Lohnsteuerkarte des B zu versteuern und sozialversicherungspflichtig. B kann hierfür allerdings ggf. die steuerliche Förderung über Zulage und Sonderausgabenabzug (sog. „Riester-Rente") in Anspruch nehmen.

Bei dem **steuerfreien Höchstbetrag** von 4 % der Beitragsbemessungsgrenze in der allgemeinen Rentenversicherung – West – (2010 = 2640 €) handelt es sich um einen **Jahresbetrag.** Eine **zeitanteilige Kürzung** des Höchstbetrags ist daher **nicht** vorzunehmen, wenn das Arbeitsverhältnis nicht während des ganzen Jahres bestanden hat oder nicht für das ganze Jahr Beiträge gezahlt werden.

Beispiel D

Arbeitgeber A stellt den zuvor arbeitslosen Arbeitnehmer B am 1. 9. 2010 ein. Im Dezember 2010 zahlt er für diesen Arbeitnehmer einen Beitrag in Höhe von 2640 € in einen Pensionsfonds, der Versorgungsleistungen in Form monatlicher Rentenzahlungen vorsieht.

Der Beitrag des Arbeitgebers ist in vollem Umfang steuer- und sozialversicherungsfrei. Eine zeitanteilige Kürzung des Höchstbetrags von 2640 € (hier um 8 Monate wegen der vorherigen Arbeitslosigkeit des B) ist nicht vorzunehmen.

Seit 2005 gilt der **steuerfreie Höchstbetrag** von 4 % der Beitragsbemessungsgrenze in der allgemeinen Rentenversicherung nicht mehr – wie zuvor – je Kalenderjahr, sondern je Arbeitgeber. Bei einem **Arbeit-**

noch Anhang 6

geberwechsel im Laufe des Kalenderjahres 2010 kann der steuerfreie Höchstbetrag – bei entsprechenden Beitragsleistungen beider Arbeitgeber – **erneut** in Anspruch genommen werden. Dies dürfte in erster Linie bei Arbeitgeberwechseln zwischen verbundenen Unternehmen von Bedeutung sein. Eine erneute Inanspruchnahme des steuerfreien Höchstbetrags scheidet aber in den Fällen der Gesamtrechtsnachfolge und des Betriebsübergangs nach § 613a BGB aus. Diese vorteilhafte Regelung gilt übrigens auch bei der Sozialversicherung, das heißt die mögliche Mehrfachgewährung der Steuerfreiheit bei einem Arbeitgeberwechsel ist für die Frage der Beitragsfreiheit auch **sozialversicherungsrechtlich übernommen** worden (Tz. 7.8 – S 32 – des Rundschreibens der Spitzenverbände der Sozialversicherung vom 21.12.2004).

Beispiel E
Arbeitnehmer A wechselt am 31.7.2010 innerhalb des Konzerns von der Tochterfirma B zur Tochterfirma C. Tochterfirma B entrichtet 2000 €, Tochterfirma C 1000 € an einen Pensionsfonds, der Versorgungsleistungen in Form monatlicher Rentenzahlungen vorsieht.
Die Beiträge der Tochterfirmen B und C sind steuerfrei, da sie jeweils 4 % der Beitragsbemessungsgrenze in der allgemeinen Rentenversicherung (= 2640 €) nicht übersteigen. Dass sie in der Summe mehr als 4 % der Beitragsbemessungsgrenze betragen, steht der Steuerfreiheit nicht entgegen. Beitragsfreiheit in der Sozialversicherung besteht ebenfalls, da die Möglichkeit einer Mehrfachgewährung des steuerfreien Betrags von 2640 € bei einem Arbeitgeberwechsel auch sozialversicherungsrechtlich übernommen wurde.

Die Steuerfreiheit von Beiträgen des Arbeitgebers an einen Pensionsfonds, eine Pensionskasse oder für eine Direktversicherung setzt ein **bestehendes erstes Dienstverhältnis** voraus. Hat ein Arbeitnehmer nebeneinander mehrere Dienstverhältnisse, kommt die Steuerfreistellung nur für Beitragszahlungen des Arbeitgebers aus dem ersten Dienstverhältnis in Betracht. Unter einem ersten Dienstverhältnis sind alle Beschäftigungen zu verstehen, für die die Lohnsteuer nicht nach der Steuerklasse VI zu erheben ist. Ein erstes Dienstverhältnis kann auch vorliegen, wenn eine geringfügige oder kurzfristige Beschäftigung ausgeübt wird und der Arbeitslohn pauschal mit 2 %, 5 %, 20 % oder 25 % besteuert wird (vgl. hierzu das Stichwort „Pauschalierung der Lohnsteuer bei Aushilfskräften und Teilzeitbeschäftigten" im Hauptteil des Lexikons).

Beispiel F
A arbeitet an den Wochenenden und nachts im Sicherheitsdienst eines großen Konzernunternehmens und hat hierfür eine Lohnsteuerkarte mit der Steuerklasse VI vorgelegt. Der Arbeitgeber zahlt für A 300 € jährlich in den betrieblichen Pensionsfonds ein.
Eine Steuer- und Sozialversicherungsfreiheit kommt für die Pensionsfondsbeiträge nicht in Betracht, da es sich nicht um das erste Dienstverhältnis des A handelt. Die Pensionsfondsbeiträge sind individuell über die Lohnsteuerkarte mit der Steuerklasse VI zu versteuern und sozialversicherungspflichtig.

Bei monatlicher Zahlung der Beiträge bestehen keine Bedenken, wenn der **steuerfreie Höchstbetrag von 2640 € jährlich** in gleichmäßige **monatliche Teilbeträge** (= 220 €) aufgeteilt wird.

Beispiel G
Ein Arbeitgeber zahlt zu Gunsten seiner Arbeitnehmer ab Januar 2010 einen monatlichen Beitrag in Höhe von 250 € je Arbeitnehmer in einen Pensionsfonds, der Versorgungsleistungen in Form monatlicher Rentenzahlungen vorsieht.
Der Beitrag des Arbeitgebers je Arbeitnehmer ist in Höhe von 220 € monatlich steuer- und sozialversicherungsfrei und in Höhe von 30 € monatlich steuer- und sozialversicherungspflichtig.

Stellt der Arbeitgeber vor Ablauf des Kalenderjahres fest (z. B. bei Beendigung des Dienstverhältnisses), dass die **Steuerfreiheit** der Beiträge durch die monatlichen Teilbeträge **nicht** in vollem Umfang **ausgeschöpft** worden ist bzw. werden kann, muss eine ggf. vorgenommene **Besteuerung** der Beiträge **rückgängig** gemacht werden. Spätester Zeitpunkt hierfür ist die Übermittlung/Erteilung der Lohnsteuerbescheinigung. Es ist auch zulässig, den monatlichen Teilbetrag für die Zukunft so zu ändern, dass der steuerfreie Höchstbetrag ausgeschöpft wird.

Beispiel H
Wie Beispiel G. Ein Arbeitnehmer scheidet zum 31.7.2010 aus der Firma aus.
Der Arbeitgeber hat für diesen Arbeitnehmer in 2010 insgesamt (7 Monate à 250 €) 1750 € in einen Pensionsfonds eingezahlt. Der Beitrag des Arbeitgebers ist in voller Höhe steuer- und sozialversicherungsfrei. Die bisher vorgenommene Besteuerung der Beiträge an den Pensionsfonds von 210 € (7 Monate à 30 €) ist spätestens bis zur Übermittlung/ Erteilung der Lohnsteuerbescheinigung 2010 für diesen Arbeitnehmer rückgängig zu machen. Wegen der Sozialversicherung vgl. die Stichworte „Änderung der Beitragsberechnung" und „Erstattung von Sozialversicherungsbeiträgen" im Hauptteil des Lexikons.

Bei einer **Beitragszahlung** durch den Arbeitgeber **vor Versicherungsbeginn**, liegt ein **Zufluss** von **Arbeitslohn** erst in dem Zeitpunkt vor, in dem der Arbeitnehmer den unmittelbaren Rechtsanspruch gegen die Versorgungseinrichtung erwirbt. Dieser Zeitpunkt ist der **Versicherungsbeginn**. Zum Zuflusszeitpunkt von Arbeitslohn in den übrigen Fällen vgl. die Ausführungen unter der vorstehenden Nr. 2.

Beispiel I
Der Arbeitgeber sagt seinem Arbeitnehmer ab dem 1.1.2010 (Versicherungsbeginn) eine betriebliche Altersversorgung über eine Pensionskasse zu. Er zahlt den Beitrag für 2010 bereits am 15.12.2009.

Ein Zufluss von Arbeitslohn liegt erst zum 1.1.2010 vor. Der Arbeitgeber hat die Beitragszahlung – in erster Linie zur Prüfung der Einhaltung des steuerfreien Höchstbetrags – dem Jahr 2010 zuzuordnen.

Für die Steuer- und Sozialversicherungsfreiheit kommt es nicht darauf an, wer mit den Beitragszahlungen wirtschaftlich belastet ist. Von der Steuer- und Sozialversicherungsfreiheit umfasst werden daher neben den **rein arbeitgeberfinanzierten Beitragszahlungen** (= Zahlungen des Arbeitgebers zusätzlich zum ohnehin geschuldeten Arbeitslohn) auch diejenigen Zahlungen des Arbeitgebers, für die der Arbeitnehmer auf Entgeltansprüche „verzichtet" hat (**sog. Entgeltumwandlung**). Für **Eigenbeiträge** des Arbeitnehmers (i. S. d. § 1 Abs. 2 Nr. 4 BetrAVG) kann die **Steuerbefreiung** aber **nicht** in Anspruch genommen werden, da es sich steuerlich nicht um Beiträge des Arbeitgebers handelt. Das gilt auch dann, wenn sie vom Arbeitgeber an die Versorgungseinrichtung abgeführt werden.

Beispiel K
Ein Arbeitgeber zahlt zu Gunsten seiner Arbeitnehmer einen Beitrag in Höhe von 1000 € jährlich je Arbeitnehmer für eine Direktversicherung. Die Arbeitnehmer haben bei Vertragsablauf ein Wahlrecht zwischen einer lebenslangen Rente und einer Kapitalauszahlung. Der Beitrag wird finanziert, indem die Arbeitnehmer insoweit auf Entgeltansprüche (sog. Entgeltumwandlung) verzichten.
Der Beitrag ist steuer- und sozialversicherungsfrei, da es sich trotz der Entgeltumwandlung um Beiträge des Arbeitgebers i. S. d. § 3 Nr. 63 EStG handelt.

Der steuerfreie Höchstbetrag von 4 % der Beitragsbemessungsgrenze in der allgemeinen Rentenversicherung (2010 = 2640 €) wird zunächst auf die rein arbeitgeberfinanzierten Beiträge angewendet. Nur wenn er hierdurch nicht ausgeschöpft worden ist, sind hierfür die auf Entgeltumwandlung des Arbeitnehmers beruhenden Beiträge zu berücksichtigen.

Beispiel L
Arbeitgeber A zahlt für den Arbeitnehmer B seit vielen Jahren in eine Pensionskasse ein, die Versorgungsleistungen in Form von Rentenzahlungen vorsieht. 2010 betragen die Beiträge insgesamt 3000 €. Davon sind 1800 € rein arbeitgeberfinanzierte Beiträge und 1200 € auf einer Gehaltsumwandlung des B beruhende Beiträge.

Höchstbetrag der Steuer- und Sozialversicherungsfreiheit 2010	2 640 €
davon rein arbeitgeberfinanzierte Beiträge	1 800 €
verbleiben für auf Gehaltsumwandlung des B beruhende Beiträge	840 €

Die übrigen auf Gehaltsumwandlung des B beruhenden Beiträge von 360 € (1200 € abzüglich 840 €) können mit 20 % pauschal versteuert werden (§ 40b Abs. 1 a. F. i. V. m. § 52 Abs. 52b Satz 1 EStG).

Steuerfreie Beiträge an einen Pensionsfonds, eine Pensionskasse oder für eine Direktversicherung bis zu 2640 € jährlich gehören zum **Grundlohn** für die Berechnung der **Zuschläge** für **Sonntags-, Feiertags-** oder **Nachtarbeit** (vgl. dieses Stichwort im Hauptteil des Lexikons), soweit es sich um laufenden Arbeitslohn handelt (R 3b Abs. 2 Nr. 1c Satz 3 LStR).

Entsprechendes gilt für die steuerfreien Zuwendungen nach § 3 Nr. 56 EStG an umlagefinanzierte Versorgungseinrichtungen.

Beispiel M
Arbeitgeber A zahlt seinen Schichtarbeitern steuerfreie Zuschläge für Nachtarbeit in Höhe von 25 % des Grundlohns. Außerdem zahlt er für sie steuerfreie Beiträge an eine Pensionskasse in Höhe von 200 € monatlich (= 2400 € jährlich).
Die steuerfreien Beiträge an die Pensionskasse werden bei der Ermittlung des für die Höhe des steuerfreien Zuschlags wegen Nachtarbeit maßgebenden Grundlohns mit berücksichtigt, da es sich auf Grund der monatlichen Zahlungsweise um laufenden Arbeitslohn handelt.

Beispiel N
Der Arbeitgeber zahlt für jeden Schichtarbeiter im Dezember 2010 einen steuerfreien Beitrag an die Pensionskasse in Höhe von 2400 €.
Die steuerfreien Beiträge an die Pensionskasse werden bei der Ermittlung der Höhe der steuerfreien Zuschläge maßgebenden Grundlohns wegen Nachtarbeit **nicht** berücksichtigt, da es sich um sonstige Bezüge handelt (vgl. § 3b Abs. 2 S. 1 EStG).

d) Umlagefinanzierte Versorgungseinrichtungen

Der Bundesfinanzhof hat kürzlich bestätigt, dass **Zuwendungen** des Arbeitgebers an **umlagefinanzierte Versorgungseinrichtungen**, die dem Arbeitnehmer einen unmittelbaren und unentziehbaren Rechtsanspruch auf eine Zusatzversorgung verschaffen, im Zeitpunkt ihrer Zahlung zu **Arbeitslohn** führen (BFH-Urteil vom 7.5.2009 VI R 8/07; siehe auch § 19 Abs. 1 Satz 1 Nr. 3 Satz 1 EStG). Der Arbeitgeber hatte gegen eine Versteuerung der Beitragszahlungen eingewandt, dass die Werthaltigkeit der Versorgungsanwartschaft zum Zeitpunkt der Umlagezahlungen unbestimmt sei, die Zahlungen keinen Einfluss auf die Höhe der Leistungszusage hätten und sie allein dazu dienten, die Auszahlungen an die gegenwärtigen Versorgungsempfänger zu finanzieren. Nach Auffassung des Bundesfinanzhofs kommt es jedoch für den Arbeitslohncharakter von Zukunftssicherungsleistungen grundsätzlich nicht darauf an, ob der Versicherungsfall bei dem begünstigten Arbeitnehmer überhaupt eintritt und welche Leistungen dieser letztlich erhält. Für die Annahme von Arbeitslohn genüge es, dass eine zunächst als Anwartschaftsrecht ausgestaltete Rechtsposition des Arbeitnehmers jedenfalls bei einem **planmäßigen Versicherungsverlauf** zu einem **Anspruch** auf **Versorgung** führe. Unerheblich sei, dass die Auszahlung der Versorgungsleistungen regelmäßig von der Einhaltung von Wartezeiten und einem bestimmten Lebensalter abhängig ist. Gegen das Urteil wurde allerdings Verfassungsbeschwerde beim Bundesverfassungsgericht eingelegt.

Eine **Steuerfreiheit** der Aufwendungen an einen Pensionsfonds, eine Pensionskasse oder für eine Direktversicherung kam bis einschließlich 2007 nur in Betracht, wenn die Beiträge zum Aufbau einer betrieblichen Altersversorgung im **Kapitaldeckungsverfahren** erhoben wurden. Für **Umlagen**, die vom Arbeitgeber an eine Versorgungseinrichtung entrichtet wurden, war eine Steuerfreiheit bis einschließlich Dezember 2007 **nicht** möglich. Hiervon betroffen waren in erster Linie die Beiträge zu Gunsten der Arbeiter und Angestellten im öffentlichen Dienst zu einer Pflichtversicherung bei der Versorgungsanstalt des Bundes und der Länder **(VBL)** oder einer kommunalen Zusatzversorgungskasse **(ZVK)**. Die unter Aufsicht der Bundesanstalt für Finanzdienstleistungsaufsicht stehenden Pensionskassen arbeiten hingegen weit überwiegend im **Kapitaldeckungsverfahren** (u. a. auch die **Zusatzversorgungskasse im Baugewerbe**). Zuwendungen an umlagefinanzierte Pensionskassen können aber auch ab 2005 bis zu 1752 € mit 20 % pauschal versteuert werden (§ 40b Abs. 1 und 2 EStG). Dies gilt auch für etwaige Neuzusagen (= Versorgungszusagen, die nach dem 31.12.2004 erteilt worden sind).

Werden **sowohl Umlagen als auch** Beiträge im **Kapitaldeckungsverfahren** erhoben, sind die im Kapitaldeckungsverfahren erhobenen Beiträge bis zum Höchstbetrag von 2640 € (= 4 % von 66 000 €) steuerfrei, wenn eine getrennte Verwaltung und Abrechnung beider Vermögensmassen erfolgt (sog. **Trennungsprinzip).**

Seit Januar 2008 werden **laufende** Zuwendungen (hierzu gehören auch etwaige Zuschläge zur Umlage z. B. bei Insolvenzrisiko des Arbeitgebers) des Arbeitgebers an eine **umlagefinanzierte Pensionskasse** in **begrenztem Umfang steuerfrei** gestellt (§ 3 Nr. 56 EStG). Die Steuerfreiheit setzt die Zahlung der Beiträge im Rahmen eines **ersten Dienstverhältnisses** und die Auszahlung der zugesagten **Versorgung** (Alters-, Invaliditäts-, Hinterbliebenenversorgung) in Form einer **Rente** oder eines **Auszahlungsplans** mit anschließender lebenslanger Teilkapitalverrentung voraus (vgl. die Erläuterungen in vorstehenden Buchstaben b). Die Steuerfreiheit der laufenden Zuwendungen ist **zunächst** begrenzt auf **1%** der **Beitragsbemessungsgrenze** in der allgemeinen **Rentenversicherung** – West. Somit ergibt sich für **2010** ein steuerfreier Höchstbetrag von **660 €** (1 % von 66 000 €). Der Prozentsatz erhöht sich ab 2014 auf 2 %, 2020 auf 3 % und ab 2025 auf 4 % der Beitragsbemessungsgrenze in der allgemeinen Rentenversicherung – West –. Die Steuerfreiheit gilt nicht für den Arbeitnehmereigenanteil an einer Umlage. Bei einem Arbeitgeberwechsel kann der steuerfreie Höchstbetrag nach § 3 Nr. 56 EStG mehrfach in Anspruch genommen werden; dies gilt aber nicht bei mehreren Dienstverhältnissen im Kalenderjahr zu ein und demselben Arbeitgeber. Steuerfreie Beiträge des Arbeitgebers an eine kapitalgedeckte Versorgungseinrichtung (§ 3 Nr. 63 EStG) werden innerhalb desselben Dienstverhältnisses auf das steuerfreie Volumen angerechnet. Soweit die laufenden Zuwendungen nicht nach § 3 Nr. 56 EStG steuerfrei bleiben können, ist eine individuelle Besteuerung des steuerpflichtigen Teils über die Lohnsteuerkarte oder in bestimmtem Umfang eine Pauschalversteuerung mit 20 % möglich (§ 40b Abs. 1 und 2 EStG).

Beispiel A
Arbeitgeber A zahlt in 2010 an eine Zusatzversorgungskasse einen Beitrag je Arbeitnehmer in Höhe von 240 € (12 × 20 €) zugunsten einer getrennt verwalteten und abgerechneten kapitalgedeckten betrieblichen Altersversorgung und 1680 € (12 × 140 €) zugunsten einer umlagefinanzierten betrieblichen Altersversorgung.

Der Beitrag im Kapitaldeckungsverfahren in Höhe von 240 € ist steuerfrei gemäß § 3 Nr. 63 EStG, denn der entsprechende Höchstbetrag wird bei weitem nicht überschritten. Von der Umlage sind 420 € steuerfrei (1 % der Beitragsbemessungsgrenze in der allgemeinen Rentenversicherung = 660 € abzüglich 240 € steuerfreie Beiträge nach § 3 Nr. 63 EStG). Die verbleibende Umlage in Höhe von 1260 € (1680 € abzüglich 420 €) ist individuell über die Lohnsteuerkarte des Arbeitnehmers oder mit 20 % pauschal zu besteuern (§ 40b Abs. 1 und 2 EStG).

Die späteren **Versorgungsleistungen** sind voll **steuerpflichtig**, soweit sie auf **Ansprüchen** beruhen, die **durch steuerfreie** Ausgaben nach § 3 Nr. 56 EStG **erworben** wurden (§ 22 Nr. 5 Satz 1 EStG). Die Versorgungsleistungen, die auf pauschal oder individuell besteuerten Beiträgen basieren, sind mit dem niedrigeren Ertragsanteil (§ 22 Nr. 5 Satz 2 i. V. m. Nr. 1 Satz 3 Buchstabe a Doppelbuchstabe bb EStG) zu besteuern.

Der Bundesfinanzhof hat mit Urteilen v. 14.9.2005 sowie vom 15.2.2006 (BStBl. 2006 II S. 500, 532 und 528) entschieden, dass **Sonderzahlungen** eines **Arbeitgebers an Zusatzversorgungskassen** die anlässlich

- der Systemumstellung auf das Kapitaldeckungsverfahren,
- der Überführung einer Mitarbeiterversorgung an eine andere Zusatzversorgungskasse oder
- anlässlich des Ausscheidens aus der Versorgungsanstalt des Bundes und der Länder geleistet werden,

nicht zu Arbeitslohn bei den aktiven Arbeitnehmern führen.

Aufgrund dieser BFH-Rechtsprechung wurde in § 19 Abs. 1 Satz 1 EStG eine neue Nr. 3 (und hier den Satz 2) eingeführt, wonach zum **steuerpflichtigen Arbeitslohn** auch Sonderzahlungen gehören, die der Arbeitgeber neben den laufenden Beiträgen und Zuwendungen an eine Versorgungseinrichtung zur Finanzierung des nicht kapitalgedeckten Versorgungssystems leistet; **ausgenommen** von der Steuerpflicht sind Zahlungen des Arbeitgebers zur Erfüllung der Solvabilitätsvorschriften, Zahlungen des Arbeitgebers in der Rentenbezugszeit (§ 112 Abs. 1a VAG) und **Sanierungsgelder**. Sanierungsgelder, die der Arbeitgeber zur Deckung eines finanziellen Fehlbetrags an umlagefinanzierte Versorgungseinrichtungen zahlt, sind auch sozialversicherungsfrei (§ 1 Abs. 1 Nr. 12 SvEV). Sonderzahlungen des Arbeitgebers sind insbesondere Zahlungen an eine Pensionskasse anlässlich

a) seines Ausscheidens aus einer nicht im Wege der Kapitaldeckung finanzierten betrieblichen Altersversorgung (z. B. Gegenwertzahlung beim Ausscheiden aus der Versorgungsanstalt des Bundes und der Länder),

b) des Wechsels von einer nicht im Wege der Kapitaldeckung zu einer anderen nicht im Wege der Kapitaldeckung finanzierten betrieblichen Altersversorgung (z. B. Wechsel von einer umlagefinanzierten Zusatzversorgungskasse zu einer anderen umlagefinanzierten Zusatzversorgungskasse); Entsprechendes gilt bei der Zusammenlegung zweier nicht kapitalgedeckter Versorgungssysteme.

In den Fällen des Buchstabens b) ist bei laufenden und wiederkehrenden Zahlungen entsprechend dem periodischen Bedarf nur von Sonderzahlungen auszugehen, soweit die Bemessung der Zahlungsverpflichtungen des Arbeitgebers in das Versorgungssystem nach der Umstellung die Bemessung der Zahlungsverpflichtung zum Zeitpunkt des Wechsels übersteigt.

Beispiel B
Die ZVK A wird auf die ZVK B überführt. Der Umlagesatz der ZVK A betrug bis zur Überführung 6 % vom zusatzversorgungspflichtigen Entgelt. Die ZVK B erhebt nur 4 % vom zusatzversorgungspflichtigen Entgelt. Der Arbeitgeber zahlt nach der Überführung auf die ZVK B für seine Arbeitnehmer zusätzlich zu den 4 % Umlage einen einmalig festgelegten Betrag, durch den die Differenz bei der Umlagehöhe (6 % zu 4 % vom zusatzversorgungspflichtigen Entgelt) ausgeglichen wird.

Bei dem Differenzbetrag, den der Arbeitgeber nach der Überführung auf die ZVK B zusätzlich leisten muss, handelt es sich um eine steuerpflichtige Sonderzahlung, die mit 15 % pauschal zu besteuern ist (§ 40b Abs. 4 EStG). Eine teilweise Steuerfreiheit nach § 3 Nr. 56 EStG kommt für die Sonderzahlung bereits deshalb nicht in Betracht, weil es sich nicht um eine laufende Zuwendung handelt.

Zu den **nicht steuerpflichtigen Sanierungsgeldern** gehören die Sonderzahlungen des Arbeitgebers, die er anlässlich der Umstellung der Finanzierung des Versorgungssystems von der Umlagefinanzierung auf die Kapitaldeckung für die bis zur Umstellung bereits entstandenen Versorgungsverpflichtungen oder -anwartschaften noch zu leisten hat. Entsprechendes gilt für die Zahlungen, die der Arbeitgeber im Fall der Umstellung auf der Leistungsseite für diese vor Umstellung bereits entstandenen Versorgungsverpflichtungen und -anwartschaften in das Versorgungssystem leistet. Davon ist z.B. auszugehen, wenn

- eine deutliche Trennung zwischen bereits entstandenen und neu entstehenden Versorgungsverpflichtungen sowie -anwartschaften sichtbar wird,
- der finanzielle Fehlbedarf zum Zeitpunkt der Umstellung hinsichtlich der bereits entstandenen Versorgungsverpflichtungen sowie -anwartschaften ermittelt wird und
- dieser Betrag ausschließlich vom Arbeitgeber als Zuschuss geleistet wird.

Bei laufenden und wiederkehrenden Zahlungen entsprechend dem periodischen Bedarf ist zudem von einem nicht steuerpflichtigen **Sanierungsgeld** nur auszugehen, soweit die Bemessung der Zahlungsverpflichtungen des Arbeitgebers in das Versorgungssystem nach der Systemumstellung die Bemessung der Zahlungsverpflichtung zum Zeitpunkt der Systemumstellung übersteigt (§ 19 Abs. 1 Satz 1 Nr. 3 Satz 4 EStG). Ein nicht steuerpflichtiges Sanierungsgeld kann also bei laufenden Zahlungen entsprechend dem periodischen Bedarf nur vorliegen, soweit der **bisherige Umlagesatz überstiegen** wird. Von laufenden und wiederkehrenden Zahlungen entsprechend dem periodischen Bedarf ist aber nicht auszugehen, wenn sich die Zahlungen nicht am aktuellen Bedarf des geschlossenen Umlagesystems orientieren, sondern das zu

noch Anhang 6

erbringende Sanierungsgeld als Gesamtfehlbetrag feststeht und lediglich ratierlich getilgt wird (= kein steuerpflichtiger Arbeitslohn).

Beispiel C

Die ZVK A stellt ihre betriebliche Altersversorgung auf der Finanzierungs- und Leistungsseite um. Bis zur Systemumstellung betrug die Umlage 6,2 %. Nach der Systemumstellung beträgt die Zahlung insgesamt 7,7 %. Davon werden 4 % zugunsten der nun im Kapitaldeckungsverfahren finanzierten Neuanwartschaften und 3,7 % für die weiterhin im Umlageverfahren finanzierten Anwartschaften einschließlich eines Sanierungsgeldes geleistet.

Ermittlung des nicht steuerpflichtigen Sanierungsgeldes

Zahlungen nach der Systemumstellung insgesamt	7,7 %
Zahlungen vor der Systemumstellung	6,2 %
Nicht zu besteuerndes Sanierungsgeld	1,5 %

Ermittlung der weiterhin zu besteuernden Umlagezahlung

Zahlungen nach der Systemumstellung für das Umlageverfahren	3,7 %
Nicht zu besteuerndes Sanierungsgeld	1,5 %
Steuerpflichtige Umlagezahlungen	2,2 %

Aufgrund der im Beispielsfall steuerfreien Einzahlungen in das Kapitaldeckungsverfahren (§ 3 Nr. 63 EStG) scheidet eine teilweise Steuerfreiheit der Umlagezahlung nach § 3 Nr. 56 EStG aus.

Im Zusammenhang mit dem vorstehenden Beispiel ist noch zu beachten, dass sich ein nicht zu besteuerndes Sanierungsgeld weder ganz noch teilweise aufgrund von Beitragserhöhungen im Kapitaldeckungsverfahren ergeben kann.

Der Arbeitgeber hat die Lohnsteuer mit einem **Pauschsteuersatz** in Höhe von **15 %** der steuerpflichtigen Sonderzahlungen zu erheben (§ 40b Abs. 4 EStG). Die **Neuregelung**, durch die die Rechtsprechung des Bundesfinanzhofs teilweise überholt ist, gilt erstmals für Sonderzahlungen, die **ab dem 24. 8. 2006** gezahlt werden. Die Pauschalierung der steuerpflichtigen Sonderzahlungen mit 15 % ist auch dann zulässig, wenn an die Versorgungseinrichtung keine weiteren laufenden Beiträge oder Zuwendungen geleistet werden.

Vgl. im Übrigen auch die Erläuterungen beim Stichwort „Zukunftssicherung" unter Nr. 23.

In den letzten Jahren stellte sich immer häufiger die Frage, welche steuerlichen Folgen beim Arbeitnehmer das **Ausscheiden** seines **Arbeitgebers** aus einer umlagefinanzierten Versorgungseinrichtung hat. Im ersten Streitfall war ein Arbeitnehmer nach dem Ausscheiden des Arbeitgebers aus der VBL dort beitragsfrei weiter versichert und erhielt **statt** einer **Versorgungsrente** eine **niedrigere Versicherungsrente**. **Daneben** bildete der Arbeitgeber aufgrund einer Direktzusage ein Versorgungsguthaben für die Sicherung der zugesagten Gesamtversorgung, das er an den in Ruhestand getretenen Arbeitnehmer als Einmalbetrag auszahlte (sog. **Surrogatleistung**). Der Bundesfinanzhof behandelte – neben den zuvor versteuerten Umlagezahlungen – auch die **Einmalzahlung** aufgrund der **Direktzusage** als **Arbeitslohn**, der allerdings nach der sog. **Fünftelregelung** ermäßigt zu besteuern war (BFH-Urteil vom 7.5.2009 VI R 16/07). Bei einem außerplanmäßigen Wechsel des Durchführungswegs der Altersversorgung komme die Verrechnung von bereits als Arbeitslohn versteuerten Umlagezahlungen mit vom Arbeitnehmer später erlangten (neuen) Vorteilen nicht in Betracht. Da dem Kläger zum Zeitpunkt des Ausscheidens des Arbeitgebers aus der VBL noch kein gesicherter Anspruch auf die Versorgungsrente zustand, konnte die Einmalzahlung aufgrund der Direktzusage nicht lediglich als finanzielle Kompensation für eine bereits erlangte, infolge des Ausscheidens des Arbeitgebers aus der VBL verloren gegangene Rechtsposition angesehen werden. Der Bundesfinanzhof stellte dar, dass – über den Streitfall hinaus – auch Nachzahlungen zur Sicherung eines arbeits- oder tarifvertraglich zugesicherten Versorgungsniveaus nicht mit früheren Zukunftssicherungsleistungen zu saldieren sind, die abweichend vom planmäßigen Versicherungsverlauf ganz oder teilweise nicht zu der angestrebten Versorgung geführt haben; auch solche Sonderzahlungen führen zu Arbeitslohn.

In zwei weiteren Verfahren hatte der Bundesfinanzhof darüber zu entscheiden, ob nach dem Ausscheiden des Arbeitgebers aus der VBL eine Rückzahlung von Arbeitslohn vorliegt, wenn der Arbeitnehmer wegen **Nichterfüllung der Wartezeit** einen Versorgungsanspruch gegenüber der VBL nicht mehr erdienen kann und der zukünftig beitragsfrei versicherte Arbeitnehmer von einem Anspruch auf Versorgungsrente auf einen **niedrigeren Anspruch** auf **Versicherungsrente** zurückfällt. Obwohl sich in beiden Fällen die Beiträge zur Finanzierung des Versicherungsschutzes des Arbeitnehmers nach Abweichungen vom planmäßigen Versicherungsverlauf nachträglich ganz oder teilweise nicht mehr als werthaltig erweisen, führt dies **nicht** zu **negativen Einnahmen oder** zu **Erwerbsaufwendungen** (Werbungskosten) des versicherten Arbeitnehmers (BFH-Urteile vom 7.5.2009 VI R 5/08 und VI R 37/08).

Entscheidend war für den Bundesfinanzhof u. a., dass im Fall der Nichterfüllung der Wartezeit keine Gelder an den Arbeitgeber zurückgeflossen sind, und zwar weder von der VBL noch vom Arbeitnehmer selbst. Der angebliche „Wertverlust" vollzog sich innerhalb des Versicherungsverhältnisses und nicht – wie es für die Annahme einer Arbeitslohnrückzahlung erforderlich wäre – innerhalb des Arbeitsverhältnisses. Fällt der zukünftig beitragsfrei versicherte Arbeitnehmer infolge des Ausscheidens des Arbeitgebers aus der VBL von einem Anspruch auf Versorgungsrente auf einen niedrigeren Anspruch auf Versicherungsrente zurück, fehlt es bereits an der Vermögensminderung. Ohne weitere, zukünftige Umlagezahlungen bestand nämlich ohnehin kein Anspruch auf Versorgungsrente.

Ungeachtet der vorstehenden Rechtsprechung hält die Finanzverwaltung aber an ihrer Auffassung fest, dass beim ersatzlosen Wegfall des Bezugsrechts aus einer Direktversicherung eine Arbeitslohnrückzahlung vorliegt (vgl. die Erläuterungen beim Stichwort „Zukunftssicherung" unter Nr. 17 Buchstabe a).

e) Keine Steuerfreiheit bei Durchschnittsfinanzierung

Die **Steuerfreiheit** kann nur in Anspruch genommen werden, wenn der vom Arbeitgeber zur Finanzierung der zugesagten Versorgungsleistung an einen kapitalgedeckten Pensionsfonds, eine kapitalgedeckte Pensionskasse oder für eine kapitalgedeckte Direktversicherung gezahlte **Beitrag** nach bestimmten **individuellen Kriterien** dem einzelnen Arbeitnehmer **zugeordnet** wird. Die Verteilung eines vom Arbeitgeber gezahlten Gesamtbeitrags nach der Anzahl der begünstigten Arbeitnehmer (**Pro-Kopf-Aufteilung**) **genügt nicht**. Allerdings setzt die Steuerfreiheit nicht voraus, dass sich die Höhe der zugesagten Versorgungsleistung an der Höhe der eingezahlten Beiträge orientiert, da der Arbeitgeber nach dem Betriebsrentengesetz (BetrAVG) nicht nur eine Beitragszusage mit Mindestleistung oder eine beitragsorientierte Leistungszusage, sondern auch eine Leistungszusage erteilen kann.

Beispiel

Der Beitrag zu einer Pensionskasse beträgt laut Satzung monatlich 1,65 % der Bruttolohnsumme. Für 50 Arbeitnehmer ergibt sich im Abrechnungsmonat eine Bruttolohnsumme von 125 000 €. Der Beitrag an die Pensionskasse beträgt monatlich 2062,50 €. Bei einer Pro-Kopf Aufteilung ergibt sich je Arbeitnehmer ein Beitrag von monatlich 41,25 € (= 495 € jährlich).
Eine Steuerfreiheit des Beitrags an die Pensionskasse kommt nicht in Betracht, da eine Pro-Kopf-Aufteilung und keine individuelle Zuordnung des Beitrags zum einzelnen Arbeitnehmer vorgenommen worden ist.

Bei der **Zusatzversorgungskasse im Baugewerbe** („Soka-Bau") werden die Beiträge anhand eines festgelegten **Prozentsatzes** vom **individuellen Bruttolohn** des einzelnen Arbeitnehmers oder in Form eines festen Euro-Betrags erhoben. Es handelt sich daher **nicht** um eine **Durchschnittsfinanzierung** mit der Folge, dass die Voraussetzungen für die Steuerfreiheit vorliegen (Verfügung der Oberfinanzdirektion München v. 5.6.2003, S 2333 – 41/St 41).

f) Ausländische Pensionsfonds, ausländische Pensionskassen und – bei Direktversicherungen – ausländische Versicherungsunternehmen

Für Beiträge an Pensionsfonds, Pensionskassen und – bei Direktversicherungen – an Versicherungsunternehmen in der Europäischen Union sowie in Drittstaaten, mit denen besondere Abkommen abgeschlossen worden sind, liegen die Voraussetzungen für eine Steuerfreiheit nur dann vor, wenn der ausländische Pensionsfonds, die ausländische Pensionskasse oder das ausländische Versicherungsunternehmen **versicherungsaufsichtsrechtlich zur Ausübung ihrer Tätigkeit** zugunsten von Arbeitnehmern in deutschen Betriebsstätten **befugt** sind. Der einschränkende Zusatz bezüglich der „versicherungsaufsichtsrechtlichen Bestimmungen" greift jedoch nur bei **inländischen Arbeitgebern**, nicht bei ausländischen Arbeitgebern für deren Arbeitnehmer in ausländischen Betriebsstätten.

Beispiel A

Ein Arbeitgeber in München beabsichtigt die betriebliche Altersversorgung in seinem Unternehmen über die österreichische Pensionskasse in Wien durchzuführen.
Die Beiträge sind nur dann steuerfrei, wenn die österreichische Pensionskasse versicherungsaufsichtsrechtlich zur Ausübung ihrer Tätigkeit zugunsten von Arbeitnehmern in inländischen Betriebsstätten befugt ist.

Die **ausländischen Versorgungseinrichtungen** müssen die **gleichen Voraussetzungen wie** die **inländischen Versorgungseinrichtungen** erfüllen, damit die Beiträge steuerfrei belassen werden können. Die wesentlichen Kriterien sind insbesondere keine Vererblichkeit der Altersversorgungsleistung, enger Hinterbliebenenbegriff bei der Hinterbliebenenversorgung und begünstigte Auszahlungsform der Versorgungsleistung. Vgl. wegen der Einzelheiten auch die vorstehenden Nr. 1 und Nr. 5 Buchst. b.

Schweizerische Pensionskassen, die bei Grenzgängern (vgl. dieses Stichwort) von Bedeutung sein können, werden für Zwecke der einkommensteuerlichen Behandlung der an sie geleisteten Beiträge und der an ihre Versicherten erbrachten Leistungen der **deutschen gesetzlichen Rentenversicherung gleichgestellt.** Es handelt sich daher nicht um einen Durchführungsweg der betrieblichen Altersversorgung. Die Arbeitnehmerbeiträge an schweizerischen Pensionskassen werden als Sonderausgaben im Rahmen der Basisversorgung berücksichtigt (§ 10 Abs. 1 Nr. 2 Buchstabe a EStG), die Arbeitgeberbeiträge sind steuerfrei (§ 3 Nr. 62 EStG); vgl. hierzu die ausführlichen Erläuterungen im Anhang 8. Die Leistungen aus den schweizerischen Pensionskassen werden in Höhe des sog. Besteuerungsanteils als sonstige Einkünfte erfasst (§ 22 Nr. 1 Satz 3 Buchstabe a Doppelbuchstabe aa EStG; vgl. hierzu das Stichwort „Renten" im Hauptteil des Lexikons). Ausschlaggebend für diese steuerliche Beurteilung ist, dass die schweizerischen Pensionskassen Träger eines Altersicherungssystems sind, das ebenso wie die deutsche gesetzliche Rentenversicherung durch Gesetz als Pflichtsystem ausgestaltet ist. Sie erbringen ebenso wie die deutsche gesetzliche Rentenversicherung Alters-, Invaliditäts- und Hinterbliebenenleistungen. Lediglich die Rentenzahlungen aus den 1984 geschlossenen Schweizerischen Pensionskassen werden mit dem Ertragsanteil besteuert (§ 22 Nr. 1 Satz 3 Buchstabe a Doppelbuchstabe bb EStG).

Die Steuerbefreiung nach § 3 Nr. 63 EStG kann auch für bestimmte **amerikanische Pensionspläne** in Anspruch genommen werden (z. B. sog. 401 [k]-Pensionsplan; vgl. Nr. 16 des Protokolls zum DBA USA). Zur Fundstelle des DBA mit den USA vgl. das Stichwort „Doppelbesteuerungsabkommen" unter Nr. 1 Buchstabe b.

g) Verwaltungskosten des Arbeitgebers

Immer mehr Arbeitgeber entscheiden sich dazu, die in ihrem Unternehmen angebotene **betriebliche Altersversorgung** von einer sog. **Clearing-Stelle** verwalten zu lassen. Vertragliche Beziehungen bestehen in solch einem Fall ausschließlich zwischen dem Arbeitgeber und der Clearing-Stelle. Die **Verwaltungskosten** belaufen sich auf bis zu 2,50 € pro Vertrag und Monat und werden nicht selten wirtschaftlich vom **Arbeitnehmer getragen**.

Die Finanzverwaltung hat diesbezüglich entschieden, dass die Zahlung von Verwaltungskosten durch den Arbeitgeber an eine sog. Clearing-Stelle **lohnsteuerlich irrelevant ist**. **Trägt der Arbeitgeber** die Verwaltungskosten liegt beim Arbeitnehmer **kein** Zufluss von **Arbeitslohn** vor. Werden die Aufwendungen dem Arbeitgeber vom **Arbeitnehmer** erstattet, handelt es sich nicht um eine Entgeltumwandlung zugunsten von betrieblicher Altersversorgung, sondern um eine Einkommensverwendung (= Zahlung des Arbeitnehmers aus seinem „Netto"). Beim **Arbeitnehmer** liegen **keine** Aufwendungen zur Sicherung oder Erzielung von Einkünften vor. Folglich können die Arbeitnehmer die Beträge weder bei ihren Einkünften aus nichtselbständiger Arbeit noch bei ihren sonstigen Einkünften als **Werbungskosten** geltend machen.*)

6. Beibehaltung der Pauschalierungsmöglichkeit für vor 2005 abgeschlossene Direktversicherungsverträge (= Altzusagen)

Aus **Vertrauensschutzgründen** ist die frühere **Pauschalversteuerung** von Beiträgen für eine Direktversicherung und Zuwendungen an eine Pensionskasse bis zu 1752 € mit **20%** weiter anzuwenden, wenn sie auf Grund einer **Versorgungszusage** geleistet werden, die **vor dem 1.1.2005** erteilt wurde (§ 52 Abs. 6 i. V. m. Abs. 52b Satz 1 EStG; sog. **Altzusage**). Für die Frage, zu welchem Zeitpunkt eine Versorgungszusage erteilt wurde, ist die zu einem Rechtsanspruch führende arbeitsrechtliche Verpflichtungserklärung des Arbeitgebers maßgebend (z. B. Einzelvertrag, Betriebsvereinbarung oder Tarifvertrag). Zur Abgrenzung von Altzusagen und Neuzusagen (= Versorgungszusagen, die nach dem 31.12.2004 erteilt wird) vgl. im Einzelnen auch die Erläuterungen unter der nachfolgenden Nr. 7.

Bei Beiträgen für eine Direktversicherung und Zuwendungen an eine Pensionskasse auf Grund einer Altzusage (= Versorgungszusage, die vor dem 1.1.2005 erteilt wurde) ist es für die **Beibehaltung der Pauschalierung unerheblich**, in welcher **Auszahlungsform** die spätere **Versorgungsleistung** erbracht wird.

Tabellarische Übersicht zur Beibehaltung der Pauschalierung bei sog. Altzusagen (= Versorgungszusagen, die vor dem 1.1.2005 erteilt worden sind)

Auszahlungsform der Versorgungsleistung	Pauschalierung der Beiträge bis zu 1752 € mit 20%
(reine) Kapitalauszahlung	Ja
(reine) Rentenzahlung	Ja (Verzicht auf Steuerfreiheit der Beiträge erforderlich)
Rentenzahlung mit Kapitalwahlrecht	Ja (Verzicht auf Steuerfreiheit der Beiträge erforderlich)
Kapitalauszahlung mit Möglichkeit der Verrentung	Ja

Beiträge für eine Direktversicherung, die die Voraussetzungen für die unter der vorstehenden Nr. 5 beschriebene Steuerfreiheit nicht erfüllt (z. B. **Direktversicherung** mit **Kapitalauszahlung**), können **weiterhin** vom Arbeitgeber mit **20%** pauschal versteuert werden, ohne dass es hierfür einer Verzichtserklärung des Arbeitnehmers bedarf.

Sofern **Beiträge** für eine **Direktversicherung** die **Voraussetzungen** für die unter der vorstehenden Nr. 5 beschriebenen **Steuerfreiheit** erfüllen, kann die **Pauschalversteuerung** der Beiträge bis zu 1752 € mit 20% nur dann **weiter** angewendet werden, wenn der **Arbeitnehmer** gegenüber dem Arbeitgeber für diese Beiträge auf die Anwendung der **Steuerfreiheit verzichtet** hat. Das gilt selbst dann, wenn der steuerfreie Höchstbetrag von 2640 € bereits durch anderweitige steuerfreie Beitragsleistungen (z. B. an einen Pensionsfonds) vollständig ausgenutzt wird. Handelt es sich um **rein arbeitgeberfinanzierte Beiträge** und wird die **Pauschalsteuer** nicht auf den Arbeitnehmer **abgewälzt**, kann von einer solchen **Verzichtserklärung** bereits dann ausgegangen werden, **wenn der Arbeitnehmer** der Weiteranwendung der **Pauschalversteuerung** der Beiträge mit 20% bis zum Zeitpunkt der ersten Beitragsleistung in 2005 **nicht** ausdrücklich **widersprochen** hat.

Beispiel A

Arbeitgeber A hat im Jahre 2000 für seinen Arbeitnehmer B eine Direktversicherung abgeschlossen, die bei Vertragsablauf ein Wahlrecht zwischen einer Renten- oder Kapitalauszahlung vorsieht. Die Beiträge von 1500 € werden arbeitgeberfinanziert und die Pauschalsteuer wird nicht auf den Arbeitnehmer abgewälzt.

Die Beiträge können weiter mit 20% pauschal versteuert werden, wenn B bis zum Zeitpunkt der ersten Beitragsleistung in 2005 dieser Pauschalversteuerung nicht ausdrücklich widersprochen hat. Dies dürfte wegen der niedrigeren Besteuerung der späteren Versorgungsleistungen gegenüber der Steuerfreiheit der Beiträge in den meisten Fällen für die Arbeitnehmer günstiger sein (vgl. auch die weiter unten folgende Übersicht über die steuerliche Behandlung am 31.12.2004 bestehender Direktversicherungen).

In allen **anderen Fällen** (z. B. **Finanzierung** der Beiträge aus einer **Entgeltumwandlung**/Gehaltsumwandlung oder **Abwälzung** der **Pauschalsteuer** auf den Arbeitnehmer) ist eine **Weiteranwendung** der **Pauschalversteuerung** der Beiträge für eine Direktversicherung mit 20% möglich, wenn der **Arbeitnehmer** dem **Angebot** des **Arbeitgebers**, die Beiträge weiterhin pauschal zu versteuern, spätestens **bis zum 30.6.2005 zugestimmt hat**.

Beispiel B

Wie Beispiel A. Die Beiträge für die Direktversicherung und die Pauschalsteuer werden aus einer Entgeltumwandlung finanziert und damit wirtschaftlich vom Arbeitnehmer B getragen.

Die Beiträge können weiter mit 20% pauschal versteuert werden, wenn B dem Angebot des A, die Beiträge weiterhin pauschal zu versteuern, spätestens bis zum 30.6.2005 zugestimmt hat.

Die Entscheidung zur Weiteranwendung der Pauschalversteuerung gilt für die Dauer des Arbeitsverhältnisses. Bei einem **Arbeitgeberwechsel** lebt das Wahlrecht für die Beiträge für eine Direktversicherung zwischen Steuerfreiheit und Pauschalversteuerung wieder auf, sofern es sich um eine sog. Altzusage (= Versorgungszusage, die vor dem 1.1.2005 erteilt wurde) handelt. In diesem Fall ist die Weiteranwendung der Pauschalversteuerung der Beiträge mit 20% möglich, wenn der Arbeitnehmer dem **Angebot** des **neuen Arbeitgebers**, die **Beiträge pauschal** zu versteuern, spätestens bis zur **ersten Beitragszahlung zustimmt**. Zur Weiteranwendung der Pauschalversteuerung bei Mitnahme der betrieb-

---

*) BMF-Schreiben vom 24.6.2008 IV C 5 – S 2333/07/0016. Das nicht im Bundessteuerblatt veröffentlichte BMF-Schreiben ist als Anlage zu H 3.63 LStR im **Steuerhandbuch für das Lohnbüro 2010** abgedruckt, das im selben Verlag erschienen ist. Das **PC-Lexikon** für das Lohnbüro 2010 enthält auch dieses Handbuch und hat außerdem den Vorteil, dass Sie **alle BFH-Urteile** sowie die aktuellen Rundschreiben und Niederschriften der Spitzenverbände der **Sozialversicherung** mit Mausklick **im Volltext** abrufen und ausdrucken können. Eine Bestellkarte finden Sie vorne im Lexikon.

noch Anhang 6

lichen Altersversorgung anlässlich eines Arbeitgeberwechsels vgl. die ausführlichen Erläuterungen und Beispielsfälle unter der nachfolgenden Nr. 15.

Beispiel C

Wie Beispiel A. Zum 1.7.2010 wechselt B vom Arbeitgeber A zum Arbeitgeber C und nimmt seine Direktversicherung mit.

Die Beiträge können auch nach dem 1.7.2010 weiter mit 20% pauschal versteuert werden, wenn B dem Angebot des C, die Beiträge pauschal zu versteuern, spätestens bis zur ersten Beitragszahlung zustimmt.

Übersicht über die steuerliche Behandlung für am 31.12.2004 (unter Umständen bereits seit Jahren bestehende) Direktversicherungen ab 2005 (Altzusage)

Ende 2004 bestehende Direktversicherung, die eine Kapitalauszahlung vorsieht

Die Beiträge sind auch ab 2005 und in den folgenden Jahren bis zu 1752 € mit 20% pauschal zu versteuern. Die Voraussetzungen für eine Steuerfreiheit der Beiträge sind nicht erfüllt, da keine lebenslange Versorgung des Arbeitnehmers gewährleistet ist. Der Arbeitnehmer braucht daher nicht gesondert auf die Steuerfreiheit der Beiträge zu verzichten. Die in der späteren Kapitalauszahlung enthaltenen Zinsen sind grundsätzlich steuerfrei, wenn die Auszahlung nach Ablauf von zwölf Jahren seit dem Vertragsabschluss erfolgt. Anderenfalls sind die (außer-)rechnungsmäßigen Zinsen als sonstige Einkünfte steuerpflichtig.

Ende 2004 bestehende Direktversicherung, die eine Rentenzahlung vorsieht

Die Beiträge für eine solche Direktversicherung sind seit 2005 erstmals bis zu 4% der Beitragsbemessungsgrenze in der allgemeinen Rentenversicherung steuerfrei (§ 3 Nr. 63 Satz 1 EStG). Die späteren Auszahlungen führen dann aber zu voll steuerpflichtigen sonstigen Einkünften, soweit sie auf steuerfreien Beitragseinzahlungen beruhen (§ 22 Nr. 5 Satz 1 EStG). Das Versicherungsunternehmen muss eine Aufteilung der späteren Auszahlungen (volle Steuerpflicht/Steuerpflicht mit dem Ertragsanteil) vornehmen. Der Arbeitnehmer konnte in 2005 gegenüber seinem Arbeitgeber nach den vorstehenden Grundsätzen auf die Steuerfreiheit der Beiträge verzichten. Die Beiträge werden dann auch ab 2005 und in den folgenden Jahren bis zu 1752 € mit 20% pauschal versteuert. Die spätere Rentenzahlung ist dann mit dem Ertragsanteil als sonstige Einkünfte steuerpflichtig.

Ende 2004 bestehende Direktversicherung, die ein Wahlrecht zwischen einer Renten- oder Kapitalauszahlung vorsieht

Die Beiträge für eine solche Direktversicherung sind seit 2005 erstmals bis zu 4% der Beitragsbemessungsgrenze in der allgemeinen Rentenversicherung steuerfrei (§ 3 Nr. 63 Satz 1 EStG); die Möglichkeit anstelle einer lebenslangen Rente eine Kapitalauszahlung zu wählen, steht der Steuerfreiheit der Beiträge nicht entgegen. Die späteren Auszahlungen (auch Kapitalauszahlungen) führen aber zu voll steuerpflichtigen sonstigen Einkünften, soweit sie auf steuerfreien Beitragszahlungen beruhen (§ 22 Nr. 5 Satz 1 EStG).

Der Arbeitnehmer konnte in 2005 gegenüber seinem Arbeitgeber nach den vorstehenden Grundsätzen auf die Steuerfreiheit der Beiträge verzichten. Die Beiträge werden dann auch ab 2005 und in den folgenden Jahren bis zu 1752 € mit 20% pauschal versteuert. Spätere Rentenzahlungen sind mit dem Ertragsanteil als sonstige Einkünfte steuerpflichtig. Die in einer späteren Kapitalauszahlung enthaltenen Zinsen sind grundsätzlich steuerfrei, wenn die Auszahlung nach Ablauf von zwölf Jahren seit dem Vertragsabschluss erfolgt. Anderenfalls sind die (außer)rechnungsmäßigen Zinsen als sonstige Einkünfte steuerpflichtig.

Beiträge an **Pensionskassen** auf Grund von Altzusagen (= **Versorgungszusagen, die vor dem 1.1.2005** erteilt wurden; zur Abgrenzung von Alt- und Neuzusagen vgl. auch die nachstehende Nr. 7) können auch in den Jahren nach 2004 **weiterhin** bis zu 1752 € mit 20% **pauschal** versteuert werden, **wenn** die Summe der steuerfreien Beiträge und der Beiträge, die wegen Abwahl der Steuerfreiheit zugunsten der Zulagenförderung („Riester-Rente") individuell versteuert wurden (vgl. hierzu die nachfolgende Nr. 8), den **steuerfreien Höchstbetrag** von 2640 € (= 4% der Beitragsbemessungsgrenze in der allgemeinen Rentenversicherung – West –) **übersteigt** (§ 52 Abs. 52b Satz 1 EStG). Anders als bei den Beiträgen für eine Direktversicherung muss also bei Beiträgen an Pensionskassen das **steuerfreie Volumen** vorrangig **ausgeschöpft** werden.

Beispiel D

Arbeitgeber A zahlt für seinen Arbeitnehmer B seit 2003 Beiträge an eine Pensionskasse in Höhe von 3000 € ein, die Versorgungsleistungen in Form von Rentenzahlungen vorsieht.

Die Beiträge sind 2010 in Höhe von 2640 € steuer- und sozialversicherungsfrei. Der übersteigende Beitrag von 360 € (3000 € abzüglich 2640 €) kann mit 20% pauschal besteuert werden.

Wurde bei **Beiträgen** an eine **Pensionskasse** im Fall einer sog. **Altzusage** (= Versorgungszusage, die vor dem 1.1.2005 erteilt wurde; zur Abgrenzung von Alt- und Neuzusagen vgl. auch die nachfolgende Nr. 7) in den Jahren vor 2005 lediglich die Steuerfreiheit angewendet und wird der **steuerfreie Höchstbetrag** erst durch eine **Beitragserhöhung** in einem Jahr nach **2004 überschritten,** ist eine **Pauschalversteuerung** des übersteigenden Beitrags bis zu 1752 € mit 20% **möglich.**

Beispiel E

Wie Beispiel D. Der Beitrag an die Pensionskasse betrug 2004 2200 € sowie 2005 bis 2009 2400 €. Im Jahre 2010 steigt er auf 2700 €. Die Beiträge sind 2010 in Höhe von 2640 € steuer- und sozialversicherungsfrei. Der übersteigende Beitrag von 60 € (2700 € abzüglich 2640 €) kann mit 20% pauschal besteuert werden. Da es sich um eine Altzusage (= Versorgungszusage, die vor dem 1.1.2005 erteilt wurde) handelt, ist es unerheblich, dass der steuerfreie Höchstbetrag erstmals in einem Jahr nach 2004 überschritten und vor 2005 keine Pauschalversteuerung mit 20% vorgenommen wurde.

Leistet der Arbeitgeber **Beiträge,** für die die Steuerfreiheit in Betracht kommt, an **verschiedene Versorgungseinrichtungen,** kann er die bisherige **Pauschalversteuerung** mit **20%** bis zum Höchstbetrag von 1752 € für Beiträge an eine Pensionskasse unabhängig von der zeitlichen Reihenfolge der Beitragszahlung **anwenden,** wenn die Voraussetzungen für die weitere Pauschalversteuerung dem Grunde nach vorliegen. Allerdings muss zum Zeitpunkt der Pauschalversteuerung bereits **feststehen** oder **konkret beabsichtigt** sein, steuerfreie Beiträge in Höhe des **steuerfreien Höchstbetrags** von 2640 € (= 4% der Beitragsbemessungsgrenze in der allgemeinen Rentenversicherung – West –) **zu zahlen.**

Beispiel F

Arbeitgeber A führt die betriebliche Altersversorgung in seinem Unternehmen bereits seit 2002 über eine Pensionskasse (Beitragszahlung 1752 € im Juni) und über einen Pensionsfonds (Beitragszahlung im Dezember 4% der Beitragsbemessungsgrenze in der allgemeinen Rentenversicherung) durch. Beide Versorgungseinrichtungen erbringen Versorgungsleistungen in Form von Rentenzahlungen.

Die Beiträge an die Pensionskasse können auch im Juni 2010 mit 20% pauschal versteuert werden, da zu diesem Zeitpunkt bereits feststeht, dass steuerfreie Beiträge in Höhe von 2640 € (= 4% der Beitragsbemessungsgrenze in der allgemeinen Rentenversicherung) im Dezember 2010 an einen Pensionsfonds gezahlt werden. Die Voraussetzungen für die Pauschalversteuerung liegen bei der Pensionskasse dem Grunde nach vor, da es sich um eine Altzusage (= Versorgungszusage, die vor dem 1.1.2005 erteilt wurde) handelt.

Stellt der Arbeitgeber **im Nachhinein** fest, dass die **Steuerfreiheit** noch **nicht** oder nicht in vollem Umfang **ausgeschöpft** worden ist oder werden kann, muss die **Pauschalversteuerung** für Beiträge an eine Pensionskasse (ggf. teilweise) **rückgängig** gemacht werden. Spätester Zeitpunkt hierfür ist die Übermittlung/Erteilung der Lohnsteuerbescheinigung.

Beispiel G

Der Arbeitgeber hat die bereits seit 2002 zu zahlenden Beiträge an eine Pensionskasse im Juni 2010 pauschal versteuert, da der steuerfreie Höchstbetrag durch die Beitragszahlung in einem noch im Jahr 2010 zu errichtenden Pensionsfonds ausgeschöpft werden soll. Die Errichtung des Pensionsfonds verzögert sich aber bis Februar 2011.

Die Pauschalversteuerung der Beiträge an die Pensionskasse im Juni 2010 ist rückgängig zu machen. Die Beiträge sind bis zu 4% der Beitragsbemessungsgrenze in der allgemeinen Rentenversicherung (für das Jahr 2010 = 2640 €) steuer- und sozialversicherungsfrei.

Im Jahr der **Errichtung** eines **neuen Durchführungswegs** für die betriebliche Altersversorgung kann der Arbeitgeber die **Steuerfreiheit** in Anspruch nehmen, wenn er für den **bestehenden Durchführungsweg** bereits in Anspruch genommene **Steuerfreiheit rückgängig** gemacht und die Beiträge bis zum Höchstbetrag von 1752 € mit 20% pauschal versteuert hat.

Beispiel H

Arbeitgeber A führt die betriebliche Altersversorgung in seinem Unternehmen seit 2002 über eine Pensionskasse durch (Beitragszahlung im Juni). Die Beiträge sind auch im Juni 2010 zunächst zutreffender Weise steuerfrei behandelt worden. Im Dezember 2010 werden erstmals auch Beiträge an einen Pensionsfonds in Höhe von 2640 € eingezahlt. Bei beiden Versorgungseinrichtungen sind Versorgungsleistungen in Form von Rentenzahlungen vorgesehen.

A kann die Steuerfreiheit im Dezember 2010 für die Beiträge an den Pensionsfonds in Höhe von 2640 € in Anspruch nehmen. Die bisherige Steuerfreiheit der Beiträge an die Pensionskasse im Juni 2010 ist rückgängig zu machen. Diese Beiträge können bis zum Höchstbetrag von 1752 € mit 20% pauschal versteuert werden, da es sich um eine Altzusage (= Versorgungszusage, die vor dem 1.1.2005 erteilt wurde) handelt. Die Beiträge an die Pensionskasse in den Jahren 2002 bis 2009 bleiben steuerfrei.

7. Zusätzlicher steuerfreier Höchstbetrag von 1800 € für neue Versorgungszusagen ab 2005

Seit 2005 sind Beiträge des Arbeitgebers an einen Pensionsfonds, eine Pensionskasse oder für eine Direktversicherung zum Aufbau einer kapitalgedeckten betrieblichen Altersversorgung bis zu 4 % der Beitragsbemessungsgrenze in der allgemeinen Rentenversicherung steuer- und sozialversicherungsfrei, wenn eine lebenslange Versorgung gewährleistet ist; zu den begünstigten Auszahlungsformen für die Steuerfreiheit der Beiträge für die betriebliche Altersversorgung vgl. die vorstehende Nr. 5 Buchstabe b. Die bisherige **Pauschalierungsmöglichkeit** insbesondere für **Direktversicherungsbeiträge** mit 20 % (§ 40 b EStG) ist **für Neuzusagen** (= Versorgungszusagen, die **nach dem 31. 12. 2004** erteilt wurden) **weggefallen**. Zur Beibehaltung der Pauschalierungsmöglichkeit z. B. für vor 2005 abgeschlossene Direktversicherungsverträge vgl. die vorstehende Nr. 6. Zur steuerlichen Behandlung der Beiträge an umlagefinanzierte Versorgungseinrichtungen vgl. die vorstehende Nr. 5 Buchstabe d.

Als **Ausgleich** für den **Wegfall** der bisherigen **Pauschalierungsmöglichkeit** erhöht sich das **steuerfreie Volumen** von **4 %** der **Beitragsbemessungsgrenze** in der allgemeinen **Rentenversicherung** um einen festen Betrag von **1800 €**, wenn die Beiträge aufgrund einer **nach dem 31. 12. 2004 erteilten Versorgungszusage** geleistet werden (= Neuzusage; § 3 Nr. 63 Satz 3 EStG). Somit besteht 2010 bei Neuzusagen die Möglichkeit einen Betrag von 4440 € (4 % der Beitragsbemessungsgrenze in der allgemeinen Rentenversicherung = 2640 € zuzüglich 1800 €) steuerfrei für den Aufbau einer kapitalgedeckten betrieblichen Altersversorgung zu verwenden. Für den zusätzlichen Steuerfreibetrag von **1800 €** besteht allerdings **keine Beitragsfreiheit** in der **Sozialversicherung**. Besonders **Gesellschafter-Geschäftsführer** einer GmbH, **Vorstandsmitglieder** von Aktiengesellschaften und **Arbeitnehmer**, deren Gehalt oberhalb der **Beitragsbemessungsgrenze** in der allgemeinen Rentenversicherung liegt, nutzen in der Praxis den zusätzlichen Steuerfreibetrag von 1800 € für den Aufbau einer kapitalgedeckten betrieblichen Altersversorgung, da sie von der Beitragspflicht des zusätzlichen Steuerfreibetrags in der Sozialversicherung nicht betroffen sind. Die für den **zusätzlichen Steuerfreibetrag entstehenden Sozialversicherungsbeiträge** können übrigens **nicht** als **Sonderausgaben** abgezogen werden, da sie in unmittelbarem wirtschaftlichen Zusammenhang mit steuerfreien Einnahmen stehen (§ 10 Abs. 2 Nr. 1 EStG i. V. m. Rz. 25 des BMF-Schreibens v. 30. 1. 2008, BStBl. I S. 390).

Für die Frage, zu welchem **Zeitpunkt** eine **Versorgungszusage** erstmalig erteilt wurde, ist grundsätzlich die zu einem Rechtsanspruch führende **arbeitsrechtliche** bzw. **betriebsrentenrechtliche Verpflichtungserklärung** des Arbeitgebers maßgebend (z. B. Einzelvertrag, Betriebsvereinbarung oder Tarifvertrag). Entscheidend ist daher nicht, wann Mittel an die Versorgungseinrichtung fließen. Bei **kollektiven, rein arbeitgeberfinanzierten Versorgungsregelungen** ist die Zusage daher regelmäßig mit **Abschluss der Versorgungsregelung** bzw. mit dem **Beginn** des **Dienstverhältnisses** des Arbeitnehmers erteilt. Ist die erste Dotierung durch den Arbeitgeber erst nach Ablauf einer von vornherein arbeitsrechtlich festgelegten **Wartezeit** vorgesehen, so wird der **Zusagezeitpunkt** dadurch **nicht verändert**.

Beispiel A

Arbeitgeber A hat den Arbeitnehmer B im Juni 2004 neu eingestellt. Er hat B zu diesem Zeitpunkt verbindlich zugesagt, ihn nach 1½ Jahren Wartezeit (= Dezember 2005) in den rein arbeitgeberfinanzierten Gruppendirektversicherungsvertrag aufzunehmen, der als Versorgungsleistungen lebenslange Rentenzahlungen vorsieht. A leistet im Dezember 2005 für B 1440 € Beiträge an das Versicherungsunternehmen und ist auch bereit, eine etwaige Pauschalsteuer zu tragen.

Die im Dezember 2005 geleisteten Beiträge in Höhe von 1440 € können mit 20 % pauschal versteuert werden, da es sich um eine sog. Altzusage handelt. Von einem Verzicht des B auf eine mögliche Steuerfreistellung der Beiträge (lebenslange Altersversorgung auf Grund der Rentenzahlung gewährleistet) kann ausgegangen werden, da es sich hier um rein arbeitgeberfinanzierte Beiträge ohne Abwälzung der Pauschalsteuer auf den Arbeitnehmer handelt und B einer Anwendung der Pauschalierung bis zum Zeitpunkt der ersten Beitragsleistung nicht ausdrücklich widersprochen hat (§ 52 Abs. 52b EStG i. V. m. Rz. 246 des BMF-Schreibens v. 20.1.2009, BStBl. Teil I S. 273, 310).

Im Fall der ganz oder teilweise durch **Entgeltumwandlung** finanzierten Zusage gilt diese regelmäßig mit Abschluss der erstmaligen **Gehaltsänderungsvereinbarung** als erteilt. Liegen zwischen der Gehaltsänderungsvereinbarung und der **erstmaligen Herabsetzung** des Arbeitslohns aber **mehr als 12 Monate**, gilt die Versorgungszusage erst im **Zeitpunkt** der erstmaligen **Herabsetzung** als erteilt.

Beispiel B

Wie Beispiel A. Der Beitrag und eine etwaige Pauschalsteuer sollen durch eine Entgelt-/Gehaltsumwandlung finanziert werden. Die Gehaltsänderung ab Dezember 2005 wird bereits im Zeitpunkt der Einstellung im Juni 2004 vereinbart. Das Gehalt des B wird erstmals im Dezember 2005 um den Beitrag zur Gruppendirektversicherung in Höhe von 1440 € herabgesetzt.

Da zwischen der Gehaltsänderungsvereinbarung und der erstmaligen Herabsetzung des Arbeitslohns mehr als 12 Monate liegen, gilt die Versorgungszusage erst im Zeitpunkt der erstmaligen Herabsetzung (= Dezember 2005) als erteilt. Es handelt sich somit um eine Neuzusage, mit der Folge dass der Beitrag im Dezember 2005 nicht mehr pauschal versteuert werden kann (§ 52 Abs. 52b Satz 1 EStG). Da aufgrund der als Versorgungsleistung vorgesehenen Rentenzahlungen eine lebenslange Altersversorgung gewährleistet ist, ist der Beitrag in Höhe von 1440 € in voller Höhe steuerfrei (§ 3 Nr. 63 Satz 1 EStG).

Die **Änderung** einer **erteilten Versorgungszusage** stellt aus steuerlicher Sicht wegen des betriebsrentenrechtlichen Grundsatzes der Einheit der Versorgung insbesondere dann **keine Neuzusage** dar, wenn **bei** ansonsten **unveränderter Versorgungszusage**

– die **Beiträge** und/oder die **Leistungen erhöht** oder vermindert werden,

– die **Finanzierungsform ersetzt** oder **ergänzt** wird (rein arbeitgeberfinanziert/Entgeltumwandlung),

– der **Versorgungsträger/Durchführungsweg gewechselt** wird (vgl. hierzu auch die Erläuterungen unter der nachfolgenden Nr. 9),

– die zu Grunde liegende **Rechtsgrundlage gewechselt** wird (z. B. bisher tarifvertraglich, jetzt einzelvertraglich),

– eine befristete **Entgeltumwandlung** erneut befristet oder unbefristet **fortgesetzt** wird.

Keine Neuzusage liegt auch im Fall der Übernahme der Zusage bei einem **Arbeitgeberwechsel (Schuldübernahme** nach § 4 Abs. 2 Nr. 1 BetrAVG*); vgl. hierzu die Erläuterungen und die Beispiele unter der nachfolgenden Nr. 15) und bei einem **Betriebsübergang** nach § 613a BGB vor. Entsprechendes (= Altzusage) gilt bei einem (entgeltlichen) **Schuldbeitritt**.

Um eine **Neuzusage** handelt es sich hingegen **insbesondere,**

– soweit die bereits **erteilte Versorgungszusage** um **zusätzliche** biometrische **Risiken erweitert** wird und dies mit einer **Beitragserhöhung** verbunden ist; von einer **Altzusage** ist hingegen auszugehen, wenn einzelne Leistungskomponenten **ohne Beitragsanpassung** auf Grund einer Wahloption verringert, erhöht oder erstmals aufgenommen werden (z. B. Hinterbliebenenabsicherung nach Heirat),

– im Fall der Übertragung der Zusage bei einem **Arbeitgeberwechsel** nach **§ 4 Abs. 2 Nr. 2 und Abs. 3 BetrAVG.***)

Von einer Neuzusage ist auch auszugehen, wenn zusätzlich zu einer bereits **bestehenden Versorgungszusage** eine **weitere Versorgungszusage** über einen **anderen Durchführungsweg** erteilt wird (z. B. neben der Beitragsentrichtung an eine Pensionskasse wird eine neue Direktversicherung abgeschlossen). Bei mehreren Versorgungszusagen nebeneinander kann also neben einer Altzusage auch eine Neuzusage vorliegen.

Beispiel C

Arbeitgeber A stellt zum 15. 3. 2010 einen neuen Arbeitnehmer ein und entrichtet aufgrund einer im März 2010 erteilten Versorgungszusage 4000 € Beiträge an eine Pensionskasse, die Versorgungsleistungen in Form von monatlichen Rentenzahlungen vorsieht.

Die gesamten Beiträge sind steuerfrei, da sie 4% der Beitragsbemessungsgrenze in der allgemeinen Rentenversicherung (2640 €) zuzüglich 1800 € (= 4440 €) nicht übersteigen (§ 3 Nr. 63 Sätze 1 und 3 EStG). Der zusätzliche Steuerfreibetrag von 1800 € ist anzuwenden, da die Versorgungszusage anlässlich einer Neueinstellung nach dem 31. 12. 2004 erteilt wurde. Sozialversicherungsrechtlich sind die Beiträge nur bis zu 4 % der Beitragsbemessungsgrenze in der allgemeinen Rentenversicherung beitragsfrei. Für den zusätzlichen Steuerfreibetrag von 1800 € besteht keine Beitragsfreiheit in der Sozialversicherung. Beitragspflichtig sind somit (4000 € abzüglich 2640 €) 1360 €. Sozialversicherungsbeiträge fallen allerdings maximal bis zur Beitragsbemessungsgrenze an.

Beispiel D

Arbeitgeber D zahlt seit 2002 für seinen Arbeitnehmer E 4 % der Beitragsbemessungsgrenze in der allgemeinen Rentenversicherung steuer- und sozialversicherungsfrei in einen Pensionsfonds ein. Im Juni 2010 erteilt D dem E eine weitere Versorgungszusage und zahlt für die zu diesem Zeitpunkt zusätzlich abgeschlossene Direktversicherung 1800 € Beiträge.

E hat Anspruch auf den zusätzlichen Steuerfreibetrag von 1800 €, da aufgrund der Wahl eines anderen Durchführungswegs von einer nach dem 31. 12. 2004 erteilten Versorgungszusage (= Neuzusage) auszugehen ist. Der Direktversicherungsbeitrag von 1800 € ist allerdings sozialversicherungspflichtig. Sozialversicherungsbeiträge fallen allerdings maximal bis zur Beitragsbemessungsgrenze an.

Beiträge an **Pensionskassen** auf Grund von Altzusagen (= Versorgungszusagen, die vor dem 1. 1. 2005 erteilt wurden) können auch nach 2004 weiterhin bis zu 1752 € mit 20 % **pauschal versteuert** werden, wenn die Beiträge den **steuerfreien Höchstbetrag** von 2640 € **übersteigen**. Dabei ist zu beachten, dass auch dann von einer Altzusage

---

*) Das Betriebsrentengesetz (BetrAVG) ist als Anhang 13 im **Steuerhandbuch für das Lohnbüro 2010** abgedruckt, das im selben Verlag erschienen ist. Das **PC-Lexikon** für das Lohnbüro 2010 enthält auch dieses Handbuch und hat außerdem den Vorteil, dass Sie **alle BFH-Urteile** sowie alle vollen Rundschreiben und Niederschriften der Spitzenverbände der **Sozialversicherung** mit Mausklick **im Volltext** abrufen und ausdrucken können. Eine Bestellkarte finden Sie vorne im Lexikon.

noch Anhang 6

auszugehen ist, wenn bei einer ansonsten unveränderten Versorgungszusage die Beiträge und/oder die Leistungen erhöht oder vermindert werden. Eine Pauschalierung ist **selbst dann** möglich, wenn der steuerfreie Höchstbetrag erst aufgrund einer **nach** dem 31.12.**2004** erfolgten **Beitragserhöhung** überschritten wird. Die Inanspruchnahme des zusätzlichen Steuerfreibetrags von 1800 € kommt hingegen nicht in Betracht, da es sich ja gerade nicht um eine Neuzusage handelt.

Beispiel E
Arbeitgeber A zahlt für seinen Arbeitnehmer B seit 2002 steuerfreie Beiträge an eine Pensionskasse, die Versorgungsleistungen in Form von Rentenzahlungen vorsieht. Der Beitrag steigt zum 1.11.2010 von 2400 € auf 2700 € je Arbeitnehmer.
Der ab 1.11.2010 zu zahlende Beitrag ist in Höhe von 2640 € steuerfrei. Der übersteigende Beitrag von 60 € (2700 € abzüglich 2640 €) kann mit 20% pauschal versteuert werden. Da es sich um eine Altzusage (= Versorgungszusage, die vor dem 1.1.2005 erteilt wurde) handelt, ist es unerheblich, dass der steuerfreie Höchstbetrag erstmals 2010 überschritten wird und zuvor keine Pauschalversteuerung mit 20% vorgenommen wurde.

Der **zusätzliche Steuerfreibetrag** von **1800 €** – der ja ein Ausgleich für den Wegfall der bisherigen Pauschalierungsmöglichkeit nach § 40b EStG sein soll – kann **nicht** in Anspruch genommen werden, **wenn** für den Arbeitnehmer im Kalenderjahr **2010** noch **Beiträge** an eine Direktversicherung oder eine Pensionskasse **pauschal** mit 20% **versteuert werden** (§ 52 Abs. 6 Satz 3 EStG). Dies gilt **unabhängig von** der **Höhe der** pauschal besteuerten **Beiträge**. Es ist allerdings zulässig, diese Beiträge individuell über die Lohnsteuerkarte zu versteuern und damit quasi auf die Pauschalversteuerung mit 20% zu verzichten, um den zusätzlichen Steuerfreibetrag von 1800 € in Anspruch nehmen zu können.

Beispiel F
Arbeitnehmer A ist seit Jahren bei Arbeitgeber B beschäftigt. B hat für ihn vor rund 15 Jahren eine Direktversicherung abgeschlossen, die auch im Jahre 2010 pauschal versteuert wird. Außerdem zahlt B für A seit 2002 4% der Beitragsbemessungsgrenze in der allgemeinen Rentenversicherung steuer- und sozialversicherungsfrei in eine Pensionskasse ein. Im April 2010 erwägt er A eine weitere Versorgungszusage zu erteilen und den zusätzlichen Steuerfreibetrag von 1800 € in einen Pensionsfonds einzuzahlen.
A kann den zusätzlichen Steuerfreibetrag von 1800 € nicht in Anspruch nehmen, da seine Direktversicherung in 2010 noch mit 20% (nach § 40b EStG) pauschal versteuert wird.

Werden von einer Pensionskasse sowohl Umlagen als auch Beiträge im Kapitaldeckungsverfahren erhoben, wird die Inanspruchnahme des zusätzlichen steuerfreien Höchstbetrags von **1800 €** für die getrennt im Kapitaldeckungsverfahren erhobenen Beiträge **nicht durch pauschal besteuerte Zuwendungen** zugunsten der **umlagefinanzierten** betrieblichen Altersversorgung (§ 40b EStG neue Fassung ab 1.1.2005) **ausgeschlossen**.

8. Abwahl der Steuerfreiheit zugunsten der „Riester-Rente"

Sofern der Arbeitnehmer einen Anspruch auf **Entgeltumwandlung** hat, kann er verlangen, dass die Voraussetzungen für eine steuerliche Förderung über Zulage und ggf. Sonderausgabenabzug (= „Riester-Rente") erfüllt sind, wenn die betriebliche Altersversorgung über einen Pensionsfonds, eine Pensionskasse oder eine Direktversicherung durchgeführt wird (§ 1a Abs. 3 BetrAVG*); vgl. im Einzelnen die Erläuterungen unter der nachfolgenden Nr. 13). Die Voraussetzungen für eine steuerliche Förderung über Zulage und Sonderausgabenabzug sind aber nur dann erfüllt, wenn die entsprechenden Beiträge individuell über die Lohnsteuerkarte des jeweiligen Arbeitnehmers versteuert worden sind und die Versorgungseinrichtung eine lebenslange Altersversorgung des Arbeitnehmers gewährleistet (§ 82 Abs. 2 Satz 1 Buchstabe a EStG; zu den begünstigten Auszahlungsformen – die dort aufgestellten Grundsätze gelten auch im Bereich der „Riester-Rente" – vgl. die vorstehende Nr. 5 Buchstabe b. Aufgrund dieses Zusammenhangs besteht die Möglichkeit, dass der Arbeitnehmer die **Steuerfreiheit** von Beiträgen an einen Pensionsfonds, eine Pensionskasse oder für eine Direktversicherung ganz oder teilweise **„abwählt"** und die individuelle Versteuerung über seine Lohnsteuerkarte verlangt (§ 3 Nr. 63 Satz 2 EStG). Auf die Steuerfreiheit können grundsätzlich nur Arbeitnehmer verzichten, die in der gesetzlichen **Rentenversicherung pflichtversichert** sind. Alle anderen Arbeitnehmer können von dieser Möglichkeit nur Gebrauch machen, wenn der Arbeitgeber zustimmt.

Beispiel A
Der Arbeitgeber A zahlt im Jahre 2010 für seinen Arbeitnehmer B Beiträge in einen Pensionsfonds in Höhe von 1000 €. B, der verheiratet ist und vier, vor 2008 geborene Kinder hat, hat in diesem Umfang auf Entgeltansprüche verzichtet.
Da die Höhe seines zu versteuernden Einkommens nur zu einer geringen Einkommensteuer führt, verzichtet B auf die Steuerfreiheit der Beiträge an den Pensionsfonds ab und nimmt die steuerliche Förderung über Zulage (Grundzulage 154 € zuzüglich Kinderzulage 4 × 185 € = 740 € insgesamt = 894 €) in Anspruch.

Soweit der **Arbeitnehmer** einen **Rechtsanspruch** auf **Entgeltumwandlung** (Gehaltsumwandlung) hat (§ 1a BetrAVG*)), **müssen** die **Beiträge** an einen Pensionsfonds, eine Pensionskasse oder für eine Direktversicherung **auf Verlangen** des Arbeitnehmers individuell über seine **Lohnsteuerkarte versteuert** werden.

Beispiel B
Arbeitnehmer A ist in der gesetzlichen Rentenversicherung pflichtversichert. Er verzichtet für die Beitragszahlungen seines Arbeitgebers in einen Pensionsfonds in Höhe von 1200 € auf Entgeltansprüche und verlangt eine individuelle Besteuerung dieser Beiträge über seine Lohnsteuerkarte.
Die Beiträge an den Pensionsfonds müssen individuell über die Lohnsteuerkarte des A versteuert werden.

Hat der Arbeitnehmer **keinen Rechtsanspruch** auf **Entgeltumwandlung**, ist in den anderen Fällen der Gehaltsumwandlung (z.B. Entgeltumwandlungen vor dem Jahr 2002, keine Pflichtversicherung des Arbeitnehmers in der gesetzlichen Rentenversicherung) ein Verzicht auf die Steuerfreiheit nur bei **einvernehmlicher Vereinbarung** zwischen **Arbeitgeber** und **Arbeitnehmer** möglich.

Beispiel C
Arbeitnehmer B ist in einer berufsständischen Versorgungseinrichtung pflichtversichert und von der gesetzlichen Rentenversicherung befreit worden. Er verzichtet für die Beiträge des Arbeitgebers an eine Direktversicherung in Höhe von 1500 € auf Entgeltansprüche und verlangt eine Versteuerung dieser Beiträge über seine Lohnsteuerkarte.
Ein Verzicht auf die Steuerfreiheit ist nur bei einvernehmlicher Vereinbarung zwischen Arbeitgeber und Arbeitnehmer möglich.

Bei **rein arbeitgeberfinanzierten Beiträgen** kann auf die **Steuerfreiheit nicht verzichtet** werden.

Beispiel D
Arbeitgeber A zahlt für jeden seiner 50 Arbeitnehmer zusätzlich zum ohnehin geschuldeten Arbeitslohn 2400 € steuer- und sozialversicherungsfrei in einen Pensionsfonds ein. Fünf Arbeitnehmer verlangen eine individuelle Besteuerung der Beiträge über ihre Lohnsteuerkarte, um die staatliche Förderung über Zulage und ggf. Sonderausgabenabzug in Anspruch nehmen zu können. Arbeitgeber A wäre hierzu bereit.
Da es sich um rein arbeitgeberfinanzierte Beiträge handelt, kann auf die Steuerfreiheit nicht verzichtet werden.

Der **Verzicht** auf die **Steuerfreiheit** kann zudem nur bis zu dem Zeitpunkt erfolgen, bis zu dem eine **Gehaltsumwandlung steuerlich anerkannt** wird. Maßgebend ist folglich die Fälligkeit des umzuwandelnden Arbeitslohns. Vgl. hierzu auch die Erläuterungen zu der vorstehenden Nr. 3. Eine **nachträgliche Änderung** der steuerlichen Behandlung der durch Entgeltumwandlung finanzierten Beiträge ist übrigens **nicht zulässig**.

Beispiel E
Arbeitgeber A hat am 15.11. für seinen Arbeitnehmer B 2400 € steuer- und sozialversicherungsfrei in einen Pensionsfonds eingezahlt. Die Beiträge sind durch Entgeltumwandlung einer Einmalzahlung (fällig 10.11.) finanziert worden. Anfang Dezember verlangt B eine individuelle Versteuerung der Beiträge über die Lohnsteuerkarte, um die steuerliche Förderung über Zulagen und Sonderausgabenabzug in Anspruch zu nehmen.
Eine nachträgliche Änderung der steuerlichen Behandlung der durch Entgeltumwandlung finanzierten Beiträge ist nicht zulässig.

Der **Arbeitgeber** hat den Betrag, für den der Arbeitnehmer auf die **Steuerfreiheit** des Arbeitslohns **verzichtet,** und den Zeitpunkt der Ausübung dieses Wahlrechts **aufzuzeichnen**.

9. Vervielfältigungsregelung bei Ausscheiden aus dem Dienstverhältnis

Beiträge für eine betriebliche Altersversorgung, die aus Anlass der Beendigung des Dienstverhältnisses nach dem 31.12.2004 geleistet werden, können unter Anwendung einer sog. **Vervielfältigungsregelung steuerfrei** belassen (§ 3 Nr. 63 Satz 4 EStG) **oder** mit 20% **pauschal versteuert** werden (§ 40b Abs. 2 Sätze 3 und 4 EStG i.d.F. für 2004).

Ein Dienstverhältnis kann auch dann beendet sein, wenn der Arbeitnehmer und sein bisheriger Arbeitgeber im Anschluss an das bisherige Dienstverhältnis ein neues Dienstverhältnis vereinbaren. Von einer Fortsetzung und nicht von einer Beendigung des bisherigen Dienstverhältnisses ist aber auszugehen, wenn das „neue" Dienstverhältnis in Bezug auf den Arbeitsbereich, die Entlohnung und die sozialen Besitzstände im Wesentlichen dem bisherigen Dienstverhältnis entspricht (BFH-Urteil vom 30.10.2008, BStBl. 2009 II S. 162). Die Vervielfältigungsregelung kann dann nicht in Anspruch genommen werden.

---

*) Das Betriebsrentengesetz (BetrAVG) ist als Anhang 13 im **Steuerhandbuch für das Lohnbüro 2010** abgedruckt, das im selben Verlag erschienen ist. Das **PC-Lexikon** für das Lohnbüro 2010 enthält auch dieses Handbuch und hat außerdem den Vorteil, dass Sie **alle BFH-Urteile** sowie die aktuellen Rundschreiben und Niederschriften der Spitzenverbände der **Sozialversicherung** mit Mausklick **im Volltext** abrufen und ausdrucken können. Die Bestellkarte finden Sie vorne im Lexikon.

Tabellarische Übersicht zum Wahlrecht zwischen steuerfreier und pauschalierungsfähiger Vervielfältigungsregelung

	Steuerfreie Vervielfältigung	**Steuerpflichtige** Vervielfältigung
Volumen	1800 € pro Jahr der Betriebszugehörigkeit ab 2005 abzüglich der letzten 7 Jahre mit steuerfreien Beiträgen	1752 € für jedes Jahr der Betriebszugehörigkeit abzüglich der letzten 7 Jahre mit pauschal besteuerten Beiträgen
Auszahlungsform der Versorgungsleistung	Lebenslange Altersversorgung	ohne Bedeutung (bei Kapitalversicherungen und Rentenversicherungen mit Kapitalwahlrecht Mindestvertragsdauer von fünf Jahren; R 40b.1 Abs. 2 Sätze 5 und 6 LStR)
Alt- oder Neuzusage	Alt- und Neuzusage	Nur bei Altzusage

Die mit 20 % **lohnsteuerpflichtige Vervielfältigungsregelung** kann also nur in Anspruch genommen werden, wenn es sich um eine **Altzusage** handelt (= Versorgungszusage, die vor dem 1.1.2005 erteilt wurde). Ihre Inanspruchnahme ist aber auch dann möglich, wenn der Arbeitnehmer erst nach dem 1.1.2005 aus dem Dienstverhältnis ausscheidet, da es sich bei einer Erhöhung der Beiträge und/oder der Leistungen bei einer ansonsten unveränderten Versorgungszusage um eine Altzusage handelt (vgl. hierzu die Erläuterungen unter der vorstehenden Nr. 7). Trotz der steuerlichen Belastung besteht der große **Vorteil** der lohnsteuerpflichtigen Vervielfältigungsregelung darin, dass bei der Ermittlung des pauschalierungsfähigen Volumens **alle Jahre der Betriebszugehörigkeit** des Arbeitnehmers (also auch die Jahre vor 2005) berücksichtigt werden, während bei der Ermittlung des steuerfreien Volumens nur die Kalenderjahre ab 2005 zählen mit der Folge, dass das steuerpflichtige pauschalierungsfähige Volumen (unter Umständen sehr viel) höher ist.

Werden aus **Anlass der Beendigung** des Dienstverhältnisses **Beiträge** an einen Pensionsfonds, eine Pensionskasse oder für eine Direktversicherung zur Erlangung lebenslanger Versorgungsleistungen **geleistet** (zu den begünstigten Auszahlungsformen bei Beiträgen für die betriebliche Altersversorgung vgl. die Erläuterungen unter der vorstehenden Nr. 5 Buchstabe b), **vervielfältigt** sich der **steuerfreie Betrag von 1800 €** mit der **Anzahl der Kalenderjahre**, in denen das **Dienstverhältnis** des Arbeitnehmers zu dem Arbeitgeber **bestanden** hat. Dieser vervielfältigte Betrag **vermindert** sich um die **steuerfreien Beträge**, die der Arbeitgeber in dem **Kalenderjahr**, in dem das Dienstverhältnis **beendet** worden ist und in den **sechs vorangegangenen Kalenderjahren** erbracht hat (§ 3 Nr. 63 Satz 4 EStG). Für die Anwendung der steuerfreien Vervielfältigungsregelung kommt es nicht darauf an, ob die Versorgungszusage vom Arbeitgeber vor oder nach dem 1.1.2005 erteilt worden ist; die steuerfreie Vervielfältigungsregelung ist sowohl bei **Neu-** als auch bei **Altzusagen** möglich. Sowohl bei der Ermittlung der zu vervielfältigenden als auch der zu kürzenden Jahre sind aber **nur** die **Kalenderjahre ab 2005** zu berücksichtigen. Es kommt also nicht darauf an, wie lange das Dienstverhältnis zu dem Arbeitgeber tatsächlich bestanden hat. Die Vervielfältigungsregelung steht jedem Arbeitnehmer aus demselben Dienstverhältnis insgesamt nur einmal zu.

Sozialversicherungsrechtlich gilt Folgendes:

Für den zusätzlichen Steuerfreibetrag von 1800 € und dessen Vervielfältigung bei Beendigung des Dienstverhältnisses ist sozialversicherungsrechtlich zu beachten, dass sich die Beitragsfreiheit ab 1.1.2005 nur auf Beiträge zu Pensionsfonds, Pensionskassen und Direktversicherungen nach § 3 Nr. 63 **Sätze 1 und 2** EStG bezieht. Die Erhöhung des steuerfreien Höchstbetrages (§ 3 Nr. 63 Sätze 3 und 4 EStG) für Neufälle um 1800 € sowie die Möglichkeit des steuerfreien Aufbaus einer kapitalgedeckten betrieblichen Altersversorgung bei Ausscheiden aus dem Dienstverhältnis **wirken sich beitragsrechtlich** somit **nicht aus,** das heißt, dass diese steuerfreien Beträge im Grundsatz beitragspflichtig sind. Der nach den vorstehenden Regelungen ermittelte **vervielfältigte steuerfreie Betrag** ist jedoch **sozialversicherungsfrei, wenn** er **sozialversicherungsrechtlich** als **Abfindung** für den Verlust des Arbeitsplatzes anzusehen ist. Diese Voraussetzung müsste in der Regel erfüllt sein.

Beispiel A

Anlässlich des Ausscheidens eines Arbeitnehmers im Jahre 2010 nach 15-jähriger Betriebszugehörigkeit zahlt der Arbeitgeber **erstmals** 15 000 € Beiträge an eine kapitalgedeckte Direktversicherung. Der Arbeitnehmer hat im Leistungszeitpunkt ein Wahlrecht zwischen einer lebenslangen Rente und einer Kapitalauszahlung.

Die Einzahlung ist in Höhe von 10 800 € steuerfrei (6 Jahre à 1800 €) und in Höhe von 4200 € pauschalsteuerpflichtig (§ 3 Nr. 63 Satz 4 EStG). Die Möglichkeit anstelle einer lebenslangen Altersversorgung eine Kapitalauszahlung zu wählen, steht der Steuerfreiheit nicht entgegen. Bei der steuerfreien Vervielfältigungsregelung werden erst die Kalenderjahre ab 2005 berücksichtigt. Die Dauer der Betriebszugehörigkeit bis einschließlich 2004 ist ohne Bedeutung. Die steuerpflichtige Vervielfältigungsregelung kann nicht in Anspruch genommen werden, da es sich um eine Neuzusage handelt.

Beispiel B

Anlässlich des Ausscheidens eines Arbeitnehmers im Jahre 2014 nach 15-jähriger Betriebszugehörigkeit wandelt der Arbeitnehmer einen Teil seiner Abfindung in Beiträge für betriebliche Altersversorgung um und der Arbeitgeber zahlt 11 000 € Beiträge an eine kapitalgedeckte Pensionskasse, die später Versorgungsleistungen in Form einer lebenslangen Rente erbringt. Im Jahr des Ausscheidens und in den vorangegangenen sechs Jahren hat der Arbeitgeber für den Arbeitnehmer insgesamt bereits 7000 € steuerfrei in die Pensionskasse eingezahlt.

Die Einzahlung von 11 000 € ist in voller Höhe steuerfrei (10 Beschäftigungsjahre von 2005 bis 2014 à 1800 € = 18 000 € abzüglich 7000 € steuerfreie Beiträge im Jahr des Ausscheidens und in den sechs vorangegangenen Jahren; § 3 Nr. 63 Satz 4 EStG). Die späteren Auszahlungen aufgrund dieser steuerfreien Einzahlungen sind in voller Höhe steuerpflichtig (§ 22 Nr. 5 Satz 1 EStG).

Leistet der Arbeitgeber die Beiträge nicht als Einmalbetrag sondern in Teilbeiträgen, sind diese Teilbeiträge so lange steuerfrei, bis der für den Arbeitnehmer maßgebende Höchstbetrag ausgeschöpft ist.

Die Anwendung der vorstehend beschriebenen **steuerfreien Vervielfältigungsregelung** ist übrigens **ausgeschlossen,** wenn **gleichzeitig** auf die **Beiträge,** die der Arbeitgeber aus Anlass der Beendigung des Dienstverhältnisses leistet, die pauschal mit 20 % **lohnsteuerpflichtige Vervielfältigungsregelung angewendet** wird (§ 52 Abs. 6 Satz 3 EStG). Eine Anwendung der **steuerfreien Vervielfältigungsregelung** ist auch **nicht möglich,** wenn der Arbeitnehmer bei **Beiträgen** für eine **Direktversicherung** auf die Steuerfreiheit zugunsten der Weiteranwendung der **Pauschalversteuerung** mit 20 % verzichtet hat (§ 52 Abs. 6 Satz 1 EStG); zum Wahlrecht des Arbeitnehmers zwischen Steuerfreiheit und Pauschalbesteuerung der Beiträge zu einer Direktversicherung vgl. die Erläuterungen unter der vorstehenden Nr. 6. Bei einer **Pensionskasse** steht die **Pauschalbesteuerung der laufenden Beiträge** mit 20 % der Inanspruchnahme der **steuerfreien Vervielfältigungsregelung** anlässlich des Ausscheidens aus dem Dienstverhältnis **nicht entgegen.** Die Anwendung der **steuerpflichtigen Vervielfältigungsregelung** setzt allerdings voraus, dass es sich um eine **Altzusage** (= Versorgungszusage, die vor dem 1.1.2005 erteilt worden ist) handelt.

Beispiel C

Arbeitgeber A hat für den Arbeitnehmer B, der seit 1998 bei ihm beschäftigt ist, im Jahre 2000 eine Direktversicherung abgeschlossen, die auch ab 2005 bis zum Höchstbetrag von 1752 € mit 20 % pauschal versteuert wurde. 2010 scheidet der Arbeitnehmer B aus dem Unternehmen aus und A zahlt anlässlich des Ausscheidens neben dem Betrag von 1752 € letztmalig einen Einmalbetrag von 10 000 € an die Direktversicherung.

Eine Steuerfreiheit der Einmalzahlung scheidet aus, da die Direktversicherung auch ab dem Jahre 2005 pauschal versteuert worden ist (§ 52 Abs. 6 Satz 1 EStG). Der Direktversicherungsbeitrag von 10 000 € kann aber in voller Höhe mit 20 % pauschal versteuert werden, da der höchstmögliche Pauschalierungsbetrag (13 Beschäftigungsjahre von 1998 bis 2010 á 1752 € = 22 776 € abzüglich 7 Beschäftigungsjahre á 1752 € = 12 264 € = 10 512 €) nicht überschritten ist (§ 40 Abs. 2 Sätze 3 und 4 EStG i. d. F. für 2004).

Interessante **Gestaltungsmöglichkeiten** ergeben sich dadurch, dass bei einer ansonsten unveränderten Versorgungszusage von einer (pauschalierungsfähigen) Altzusage auszugehen ist, wenn lediglich der Versorgungsträger oder **Durchführungsweg gewechselt** wird (vgl. hierzu die Erläuterungen unter der vorstehenden Nr. 7).

Beispiel D

A ist seit 1994 bei B angestellt und hat im Jahre 2000 eine Direktzusage erhalten. Im Jahre 2010 scheidet er aus der Firma aus. Anstelle der Direktzusage vereinbaren A und B einvernehmlich den Abschluss einer Direktversicherung mit sofort beginnender Rentenzahlung, für deren Finanzierung in größtmöglichem Umfang die vorgesehene Abfindung von 50 000 € genutzt werden soll.

Die mit 20 % lohnsteuerpflichtige Vervielfältigungsregelung ist anwendbar, da es sich beim Wechsel des Durchführungswegs von der Direktzusage zur Direktversicherung um eine Altzusage handelt. Es ergibt sich daher folgendes Pauschalierungsvolumen:

Jahre der Betriebszugehörigkeit (1994–2010 =) 17 Jahre á 1752 € =	29 784 €
abzüglich pauschalierte Beiträge im Jahr des Ausscheidens und den sechs vorangegangen Jahren	0 €
Pauschalierungsfähiges Volumen	29 784 €

Hinweis: Für die steuerfreie Vervielfältigungsregelung hätte sich nur ein Volumen von 10 800 € ergeben (6 Jahre – 2005 bis 2010 - á 1800 €).

10. Aufzeichnungs-, Mitteilungs- und Aufbewahrungspflichten des Arbeitgebers

a) Allgemeines

Nach der steuerlichen Behandlung der Beiträge zur betrieblichen Altersversorgung in der Ansparphase richtet sich die Besteuerung der Versorgungsleistungen in der späteren Leistungsphase. Die **betriebliche Versorgungseinrichtung** hat dem **Arbeitnehmer** die **steuerliche Behandlung** der Versorgungsleistungen nach amtlich vorgeschriebenen

noch Anhang 6

Vordruck **mitzuteilen** (§ 22 Nr. 5 Satz 7 EStG). Die sich aus dem Vordruck ergebenden Angaben können in die Anlage R zur Einkommensteuererklärung übernommen werden. Außerdem kann ggf. auch für Beiträge an eine Pensionskasse, einen Pensionsfonds oder eine Direktversicherung die Förderung über Zulagen und Sonderausgaben („Riester-Rente") in Anspruch genommen werden. In diesem Fall hat die betriebliche Versorgungseinrichtung Aufzeichnungs-, Übermittlungs- und Bescheinigungspflichten zu erfüllen (§§ 89 Abs. 2, 92 EStG).

Die **Aufzeichnungs-, Mitteilungs-** und **Aufbewahrungspflichten** des **Arbeitgebers** sind im Hinblick auf die zutreffende steuerliche Behandlung der Beiträge und der späteren Versorgungsleistungen bei Durchführung der betrieblichen Altersversorgung über einen Pensionsfonds, eine Pensionskasse oder eine Direktversicherung ab 2007 neu geregelt worden.

b) Aufzeichnungs- und Aufbewahrungspflichten des Arbeitgebers

Wie bereits mehrfach erwähnt ist es von Bedeutung, ob die Beiträge zur betrieblichen Altersversorgung aufgrund einer Versorgungszusage geleistet werden, die vor dem 1. 1. 2005 (= **Altzusage**; Beibehaltung der alten Pauschalierung nach § 40 b EStG) oder nach dem 31. 12. 2004 erteilt wurde (= **Neuzusage**; Erhöhungsbetrag bei Steuerfreiheit der Beiträge nach § 3 Nr. 63 EStG von 1800 € zu den 4% der Beitragsbemessungsgrenze in der allgemeinen Rentenversicherung).

Der Arbeitgeber ist daher verpflichtet gesondert **je Versorgungszusage** und Arbeitnehmer den **Zeitpunkt** der Erteilung der Zusage aufzuzeichnen, wenn der zusätzliche Steuerfreibetrag von **1800 €** nach § 3 Nr. 63 Satz 3 EStG in Anspruch genommen wird (§ 5 Abs. 1 Nr. 1 LStDV).

Beispiel A

Arbeitgeber A hat dem Arbeitnehmer B am 31. 10. 2006 eine betriebliche Altersversorgung in Form einer Direktversicherung zugesagt. Er zahlt seit 2006 jährlich einen Beitrag in Höhe von 4% der Beitragsbemessungsgrenze in der allgemeinen Rentenversicherung (2010 = 4% von 66 000 € = 2640 €) zuzüglich 1800 € steuerfrei an ein Versicherungsunternehmen.

Der Arbeitgeber hat den Zeitpunkt der Erteilung der Versorgungszusage (31. 10. 2006) aufzuzeichnen.

Des weiteren hat der Arbeitgeber je Versorgungszusage und Arbeitnehmer bei einer Änderung einer vor dem 1. 1. 2005 erteilten Versorgungszusage (= Altzusage) alle **Änderungen nach dem 31. 12. 2004** aufzuzeichnen (§ 5 Abs. 1 Nr. 1 LStDV).

Beispiel B

Arbeitgeber C führt die betriebliche Altersversorgung für seine Arbeitnehmer seit 2002 (= Altzusage) über eine Pensionskasse durch. Zum 1. 4. 2010 erhöht sich der für den einzelnen Arbeitnehmer zu zahlende Beitrag von 2200 € auf 2400 €.

C hat die zum 1. 4. 2010 eingetretene Beitragsänderung aufzuzeichnen.

Bei **Beibehaltung** der **Pauschalierungsmöglichkeit** für **Altzusagen** („§ 40b EStG a. F.") hat der Arbeitgeber je Versorgungszusage und Arbeitnehmer den **Inhalt** der am **31. 12. 2004 bestehenden Versorgungszusage** aufzuzeichnen (§ 5 Abs. 1 Nr. 2 LStDV). Ebenfalls aufzuzeichnen ist eine erforderliche **Verzichtserklärung** des **Arbeitnehmers** betreffend die Steuerfreiheit der Beiträge.

Beispiel C

Arbeitgeber D führt die betriebliche Altersversorgung für seinen Arbeitnehmer E seit über zehn Jahren über eine Direktversicherung durch. Als Versorgungsleistung ist eine einmalige Kapitalauszahlung vorgesehen. Der jährliche Beitrag beträgt seit Jahren konstant 1440 €.

D hat den vorstehend beschriebenen Inhalt der am 31. 12. 2004 bestehenden Versorgungszusage aufzuzeichnen. Eine Verzichtserklärung des Arbeitnehmers ist nicht erforderlich, da die Voraussetzungen für eine Steuerfreistellung der Beiträge mangels lebenslanger Altersversorgung nicht erfüllt sind.

Kommt es zu einer **Übertragung** der **betrieblichen Altersversorgung** nach dem „Abkommen zur Übertragung von Direktversicherungen oder Versicherungen in eine Pensionskasse bei **Arbeitgeberwechsel**" oder nach vergleichbaren Regelungen zur Übertragung von Versicherungen in Pensionskassen oder Pensionsfonds ist der **Zeitpunkt der Übertragung** aufzuzeichnen (§ 5 Abs. 1 Nrn. 1 und 2 LStDV; vgl. hierzu auch die Erläuterungen unter der nachfolgenden Nr. 15). Bei weiterer Anwendung der **Pauschalierungsmöglichkeit** für **Altzusagen** ist auch die **Erklärung des ehemaligen Arbeitgebers aufzuzeichnen**, dass es sich bei der Versorgungszusage um eine Altzusage handelt (= Versorgungszusage, die vor dem 1. 1. 2005 erteilt wurde), die auch als solche behandelt worden ist (§ 5 Abs. 1 Nr. 2 LStDV). Entsprechende Aufzeichnungen sind zu führen, wenn die Zusage vom neuen Arbeitgeber übernommen wird (z. B. Schuldnerwechsel durch Umschreiben der Police für die Direktversicherung; § 4 Abs. 2 Nr. 1 BetrAVG).*)

Für die Aufzeichnungen des Arbeitgebers gilt die allgemeine Aufbewahrungsfrist von sechs Jahren (§ 41 Abs. 1 Satz 10 EStG).

c) Mitteilungspflichten des Arbeitgebers bei betrieblicher Altersversorgung

Damit die betriebliche Versorgungseinrichtung ihren gesetzlichen Verpflichtungen nachkommen kann, hat der Arbeitgeber **bestimmte Mitteilungspflichten**. Der Arbeitgeber hat der betrieblichen **Versorgungseinrichtung** (Pensionsfonds, Pensionskasse, Direktversicherung) spätestens **zwei Monate nach Ablauf des Kalenderjahres** bzw. Beendigung des Arbeitsverhältnisses im Laufe des Kalenderjahres gesondert **je Versorgungszusage** die für den einzelnen Arbeitnehmer geleisteten Beiträge mitzuteilen, die

1. steuerfrei belassen wurden (§ 3 Nr. 63 EStG; Entsprechendes gilt für nach § 3 Nr. 56 EStG und § 3 Nr. 66 steuerfrei belassene Leistungen),
2. pauschal besteuert wurden (§ 40b EStG i. d. F. am 31. 12. 2004) oder
3. individuell besteuert wurden (vgl. § 5 Abs. 2 LStDV).

Die Mitteilungspflicht kann auch durch einen beauftragten Dritten (z. B. **Steuerberater**) erfüllt werden. Eine besondere Form für die Erfüllung der Mitteilungspflicht ist übrigens nicht vorgeschrieben.

Beispiel A

Arbeitgeber A zahlt im Jahre 2009 und 2010 je Arbeitnehmer 1800 € steuer- und sozialversicherungsfrei in einen Pensionsfonds ein. Der Arbeitgeber hat dem Pensionsfonds bis zum 28. 2. 2010 bzw. 28. 2. 2011 den steuerfreien Betrag von 1800 € gesondert je Arbeitnehmer mitzuteilen.

Die vorstehend beschriebene **Mitteilung** kann **unterbleiben,** wenn die **Versorgungseinrichtung** die **steuerliche Behandlung** der für den einzelnen Arbeitnehmer im Kalenderjahr geleisteten **Beiträge** bereits **kennt oder** aus den bei ihr vorhandenen Daten **feststellen kann** und dies ihrerseits dem **Arbeitgeber mitgeteilt** hat.

Beispiel B

Arbeitgeber A zahlt je Arbeitnehmer jährlich den Höchstbetrag von 4% der Beitragsbemessungsgrenze in der allgemeinen Rentenversicherung steuer- und sozialversicherungsfrei in einen Pensionsfonds ein. Nach der Satzung des Pensionsfonds sind für den einzelnen Arbeitnehmer nur steuerfreie Beitragszahlungen im Sinne des § 3 Nr. 63 EStG zulässig. Dies hat der Pensionsfonds dem Arbeitgeber auch mitgeteilt.

Eine Mitteilung des Arbeitgebers kann unterbleiben, da der Pensionsfonds die steuerliche Behandlung der Beiträge kennt.

Unterbleibt eine **Mitteilung** des **Arbeitgebers,** ohne dass ihm eine entsprechende Mitteilung der **Versorgungseinrichtung** vorliegt, dass sie die steuerliche Behandlung der Beiträge kennt, geht diese bis zum Höchstbetrag von **steuerfreien Beiträgen** aus mit der Folge, dass die späteren **Versorgungsleistungen** insoweit voll **steuerpflichtig** sind (§ 5 Abs. 3 Satz 2 LStDV).

Beispiel C

Arbeitgeber B zahlt je Arbeitnehmer aufgrund einer Altzusage (= Versorgungszusage, die vor dem 1. 1. 2005 erteilt wurde) einen Beitrag in Höhe von 1752 € in eine Direktversicherung ein. Der Beitrag wird auch 2010 weiterhin mit 20% pauschal besteuert. Dies ist dem Versicherungsunternehmen nicht bekannt.

Unterbleibt von B eine Mitteilung über die Pauschalbesteuerung der Beiträge an das Versicherungsunternehmen, geht dieses von steuerfreien Beiträgen aus mit der Folge, dass die spätere Versorgungsleistung insoweit voll steuerpflichtig ist.

d) Mitteilungspflichten des Arbeitgebers bei Inanspruchnahme der „Riester-Förderung" in Zusammenhang mit betrieblicher Altersversorgung

Die steuerliche Förderung über Zulage und ggf. zusätzlichen Sonderausgabenabzug (sog. „**Riester-Rente**") kann unter weiteren Voraussetzungen auch für Beiträge aus individuell versteuertem Arbeitslohn zur **betrieblichen Altersversorgung** in Anspruch genommen werden (§ 82 Abs. 2 EStG; vgl. auch die vorstehende Nr. 8).

Der **Arbeitgeber** oder sein Auftragnehmer (z. B. Steuerberater) hat daher der für die betriebliche Altersversorgung zuständigen Versorgungseinrichtung (Pensionsfonds, Pensionskasse, Direktversicherung) **spätestens zwei Monate nach Ablauf des Kalenderjahres** oder nach Beendigung des Arbeitsverhältnisses im Laufe des Kalenderjahres gesondert je Versorgungszusage **mitzuteilen,** in welcher Höhe die für den einzelnen Arbeitnehmer geleisteten Beiträge **individuell besteuert** wurden (§ 6 Abs. 1 AltvDV). Dies ist erforderlich, damit die **Versorgungseinrichtung ihrerseits** ihren **Bescheinigungspflichten** nachkommen und die Finanzverwaltung prüfen kann, ob die Voraussetzungen für die Zulagengewährung und den Sonderausgabenabzug („Riester-Rente") vorliegen.

---

*) Das Betriebsrentengesetz (BetrAVG) ist als Anhang 13 im **Steuerhandbuch für das Lohnbüro 2010** abgedruckt, das im selben Verlag erschienen ist. Das **PC-Lexikon für das Lohnbüro 2010** enthält auch dieses Handbuch und hat außerdem den Vorteil, dass Sie **alle BFH-Urteile** sowie die aktuellen Rundschreiben und Niederschriften der Spitzenverbände der **Sozialversicherung** mit Mausklick **im Volltext** abrufen und ausdrucken können. Eine Bestellkarte finden Sie vorne im Lexikon.

Die **Mitteilung** kann **unterbleiben,** wenn die **Versorgungseinrichtung** dem Arbeitgeber **mitgeteilt** hat, dass
- sie die Höhe der **individuell versteuerten Beiträge** bereits **kennt** oder aus den bei ihr vorhandenen Daten feststellen kann oder
- eine „**Riester-Förderung" nicht möglich** ist (§ 6 Abs. 2 AltvDV).

Beispiel

Arbeitgeber A zahlt für seinen Arbeitnehmer B einen Beitrag in Höhe von 1752 € in eine Direktversicherung ein. Der Beitrag ist individuell über die Lohnsteuerkarte des C versteuert worden. Mit Vollendung des 60. Lebensjahres erhält C eine Kapitalauszahlung.

Es besteht keine Mitteilungspflicht des Arbeitgebers gegenüber dem Versicherungsunternehmen, da eine Förderung der Beiträge über Zulagen und ggf. zusätzlichem Sonderausgabenabzug wegen der fehlenden lebenslangen Altersversorgung nicht möglich ist (vgl. § 82 Abs. 2 EStG).

11. Auszahlungen von Pensionskassen, Pensionsfonds und Direktversicherungen (Leistungsphase)

Durch die Steuerfreistellung der Beiträge des Arbeitgebers an einen Pensionsfonds, eine Pensionskasse oder für eine Direktversicherung kommt es zu einem Übergang von der vorgelagerten zur **nachgelagerten Besteuerung.** Die späteren Versorgungsleistungen werden im Zeitpunkt der Auszahlung **in vollem Umfang als sonstige Einkünfte besteuert, soweit** sie auf **steuerfreien Beitragsleistungen** des Arbeitgebers beruhen (§ 22 Nr. 5 Satz 1 EStG); dies gilt auch dann, wenn der Empfänger seinen Wohnsitz oder gewöhnlichen Aufenthalt im Ausland hat und daher nur beschränkt steuerpflichtig ist (§ 49 Abs. 1 Nr. 10 EStG). Es ist allerdings nach dem jeweils in Betracht kommenden Doppelbesteuerungsabkommen zu prüfen, ob Deutschland für diese Einkünfte das Besteuerungsrecht hat. Sofern die Beiträge an eine Berufsunfähigkeitsversicherung steuerfrei waren (§ 3 Nr. 63 EStG), führt auch die **Auszahlung** der **verzinslich angesammelten Überschüsse** am Ende der Laufzeit der Versicherung oder nach Eintritt des Versicherungsfalls als einmalige Kapitalsumme zu steuerpflichtigen sonstigen Einkünften. Die vorstehenden und nachfolgenden Grundsätze gelten nicht nur für **Altersversorgungsleistungen** sondern auch für **Leistungen** aus einer ergänzenden Absicherung von **Hinterbliebenen** oder der **Invalidität.** Sie sind auch anzuwenden bei Leistungen umlagefinanzierter Pensionskassen, die auf steuerfreien Zuwendungen (§ 3 Nr. 56 EStG) beruhen. Im Übrigen gelten sie auch, wenn ein Direktversicherungsvertrag ganz oder teilweise privat fortgeführt wird.

Die Besteuerung als sonstige Einkünfte hat für den Arbeitnehmer zur Folge, dass die Einkünfte nicht um den Arbeitnehmer-Pauschbetrag und die Freibeträge für Versorgungsbezüge gemindert werden können. Der Arbeitnehmer erhält im Rahmen seiner Veranlagung zur Einkommensteuer lediglich einen Werbungskosten-Pauschbetrag von 102 €. Allerdings braucht der Arbeitnehmer dem Pensionsfonds, der Pensionskasse oder – bei Direktversicherungen – dem Versicherungsunternehmen für die Auszahlung der Versorgungsleistungen **keine Lohnsteuerkarte** vorzulegen.

Beispiel A

Arbeitgeber A zahlt für seinen Arbeitnehmer B einen Beitrag in Höhe von 2200 € jährlich steuer- und sozialversicherungsfrei in einen Pensionsfonds ein.

Die späteren Versorgungsleistungen aus dem Pensionsfonds werden im Zeitpunkt der Auszahlung in voller Höhe als sonstige Einkünfte besteuert, da sie auf steuerfreien Beitragsleistungen beruhen.

Beispiel B

Arbeitgeber A zahlt für seinen Arbeitnehmer C einen Beitrag in Höhe von 2400 € jährlich steuer- und sozialversicherungsfrei in eine 2010 abgeschlossene Direktversicherung ein. C hat ein Wahlrecht zwischen einer Rente und einer Kapitalauszahlung. Das Wahlrecht übt er im Zeitpunkt des altersbedingten Ausscheidens zugunsten der Kapitalauszahlung aus.

Die Kapitalauszahlung aus der Direktversicherung wird im Zeitpunkt der Auszahlung in voller Höhe als sonstige Einkünfte besteuert, da sie auf steuerfreien Beitragsleistungen beruht (§ 22 Nr. 5 Satz 1 EStG). Da es sich weder um eine Entschädigung (§ 24 Nr. 1 EStG) noch um eine Vergütung für eine mehrjährige Tätigkeit handelt, kommt die Anwendung einer ermäßigten Besteuerung (hier: Fünftelungsregelung nach § 34 Abs. 1 EStG) nicht in Betracht.

Beruhen die späteren Versorgungsleistungen sowohl auf **steuerfreien** als auch auf **steuerpflichtigen** Beitragsleistungen (ohne steuerliche Förderung über Zulagen und Sonderausgabenabzug), müssen die **Versorgungsleistungen aufgeteilt** werden (§ 22 Nr. 5 Satz 2 EStG). Eine solche Aufteilung ist z. B. auch erforderlich, wenn in der Ansparphase auch pauschal besteuerte Beiträge an eine Direktversicherung oder Pensionskasse erbracht werden. Die Leistungen sind voll steuerpflichtig, soweit sie auf steuerfreien Beitragsleistungen beruhen. Das gilt unabhängig davon, ob sie als Rente oder Kapitalauszahlung ausgezahlt werden (vgl. auch das vorstehende Beispiel B). Die **Aufteilung** der Versorgungsleistungen ist durch die auszahlende **betriebliche Versor-**

noch Anhang 6

gungseinrichtung (Pensionsfonds, Pensionskasse, Lebensversicherungsunternehmen) vorzunehmen, so dass Arbeitgeber und Arbeitnehmer hiervon nicht unmittelbar betroffen sind. Sonderzahlungen des Arbeitgebers (§ 19 Abs. 1 Satz 1 Nr. 3 EStG; vgl. vorstehende Nr. 5 Buchstabe d) sind dabei nicht zu berücksichtigen. Zu den Mitteilungspflichten des Arbeitgebers gegenüber der betrieblichen Versorgungseinrichtung vgl. die vorstehende Nr. 10 unter dem Buchstaben c.

Beispiel C

Die ab 2002 für einen Arbeitnehmer in einen Pensionsfonds eingezahlten Arbeitgeberbeiträge betragen durchgängig 6 % der Beitragsbemessungsgrenze in der gesetzlichen Rentenversicherung. Sie waren – unter Beachtung der 4%-Grenze – zu zwei Dritteln steuerfrei und zu einem Drittel steuerpflichtig. Die späteren monatlichen Versorgungsleistungen sollen 600 € betragen.

Die Versorgungsleistungen sind in Höhe von 400 € ($^2/_3$) voll zu versteuern (§ 22 Nr. 5 Satz 1 EStG).

Bei **Versorgungsleistungen,** die auf **nicht geförderten Beiträgen beruhen** (keine steuerfreien Beiträge, keine Beiträge die über Zulagen und Sonderausgaben gefördert worden sind), ist zu **unterscheiden,** ob es sich um Leistungen auf Grund von **Altzusagen** (Versorgungszusagen, die vor dem 1. 1. 2005 erteilt wurden) oder um **Neuzusagen** (Versorgungszusagen, die nach dem 31. 12. 2004 erteilt wurden) handelt. Zur Abgrenzung von Altzusagen und Neuzusagen vgl. auch die Erläuterungen unter der vorstehenden Nr. 7.

Versorgungsleistungen, die auf **nicht geförderten Beiträgen** (keine steuerfreien Beiträge, keine Beiträge die über Zulagen und Sonderausgaben gefördert worden sind) auf Grund von **Altzusagen** (= Versorgungszusagen, die **vor** dem 1. 1. **2005** erteilt wurden) **beruhen,** sind als sonstige Einkünfte mit dem **Ertragsanteil** steuerpflichtig, **wenn** es sich um lebenslange **Rentenzahlungen** oder um eine Berufsunfähigkeits-, Erwerbsminderungs- oder Hinterbliebenenrente handelt (§ 22 Nr. 5 Satz 2 Buchstabe a EStG). Die in den **Kapitalauszahlungen** enthaltenen Erträge (= Zinsen) sind bei Altzusagen grundsätzlich **steuerfrei, wenn** sie frühestens nach **Ablauf von zwölf Jahren** seit dem Vertragsabschluss **ausgezahlt** werden (§ 22 Nr. 5 Satz 2 Buchstabe b EStG). Beruhen die Versorgungsleistungen auf geförderten und nicht geförderten Beiträgen, ist eine **Aufteilung** der Versorgungsleistungen vorzunehmen.

Fortsetzung der Lösung des Beispiels C:

Das verbleibende Drittel der monatlichen Versorgungsleistungen ($^1/_3$ von 600 € = 200 €) ist als lebenslange Rente mit dem Ertragsanteil bei den sonstigen Einkünften steuerpflichtig (§ 22 Nr. 5 Satz 2 Buchstabe a i. V. m. Nr. 1 Satz 3 Buchstabe a Doppelbuchstabe bb EStG).

Beispiel D

Ein Arbeitgeber hat für einen Arbeitnehmer bereits vor dem 1. 1. 2002 (ab 2002 sind Beiträge zu Pensionskassen bis zu 4 % der Beitragsbemessungsgrenze in der allgemeinen Rentenversicherung erstmals steuerfrei) 16 Jahre lang in identischer Höhe Beiträge in eine Pensionskasse eingezahlt und als steuerpflichtigen Arbeitslohn behandelt. In den Jahren 2002 bis 2009 (8 Jahre) waren die Beiträge steuer- und sozialversicherungsfrei. Ab 2010 werden von der Pensionskasse Versorgungsleistungen an den Arbeitnehmer ausgezahlt.

Die Versorgungsleistungen sind von der Pensionskasse nach dem Verhältnis der versicherungsmathematisch ermittelten Barwerte in voll steuerpflichtige und mit dem Ertragsanteil zu besteuernde sonstige Einkünfte aufzuteilen (vereinfachte Aufteilung losgelöst vom Verhältnis der versicherungsmathematisch ermittelten Barwerte: $^1/_3$ – acht von 24 Jahren – voll steuerpflichtig; $^2/_3$ – sechzehn von 24 Jahren – steuerpflichtig mit dem Ertragsanteil). Die Versorgungsleistungen auf Grund der bis einschließlich 2001 steuerlich nicht geförderten Beiträge sind lediglich mit dem Ertragsanteil steuerpflichtig, da es sich um eine Altzusage (= Versorgungszusage, die vor dem 1. 1. 2005 erteilt wurde) handelt (§ 22 Nr. 5 Satz 2 Buchstabe a i. V. m. Nr. 1 Satz 3 Buchstabe a Doppelbuchstabe bb EStG). Ebenso ist zu verfahren, wenn bei einer umlagefinanzierten Pensionskasse bis einschließlich 2007 pauschal besteuerte und ab 2008 steuerfreie Zuwendungen vorliegen.

Beispiel E

Arbeitgeber A hat für Arbeitnehmer B 1995 eine Direktversicherung abgeschlossen, die ein Wahlrecht zwischen einer Rente und einer Kapitalauszahlung vorsieht. Die Beiträge zur Direktversicherung sind von 1995 bis 2004 (zehn Jahre) pauschal versteuert und von 2005 bis 2009 (fünf Jahre) steuerfrei eingezahlt worden. Anfang 2010 erhält B eine Kapitalauszahlung von 37 500 €. Die Kapitalauszahlung und die darin enthaltenen Erträge sind in Höhe von $^2/_3$ (10 von 15 Jahren) = 25 000 € steuerfrei, da es sich um eine Versorgungsleistung aus nicht geförderten Beiträgen aufgrund einer Altzusage (Versorgungszusage, die vor dem 1. 1. 2005 erteilt wurde) handelt, die nach Ablauf von zwölf Jahren seit Vertragsabschluss ausgezahlt wird (§ 22 Nr. 5 Satz 2 Buchstabe b EStG). In Höhe von $^1/_3$ (5 von 15 Jahren) = 12 500 € gehört die Kapitalauszahlung zu den voll steuerpflichtigen sonstigen Einkünften, da sie insoweit auf steuerfreien Beiträgen beruht (§ 22 Nr. 5 Satz 1 EStG). Eine Tarifermäßigung (sog. Fünftelregelung) kann hierfür aber nicht gewährt werden.

Versorgungsleistungen, die auf **nicht geförderten Beiträgen** (keine steuerfreien Beiträge, keine Beiträge die über Zulagen und Sonderausgaben gefördert worden sind) aufgrund von **Neuzusagen** (= Versorgungszusagen, die nach dem **31. 12. 2004** erteilt wurden) **beruhen,** sind mit dem neuen (hohen) **Besteuerungsanteil** (§ 22 Nr. 5 Satz 2 Buchstabe a i. V. m. Nr. 1 Satz 3 Buchstabe a Doppelbuchstabe aa EStG) steuerpflichtig, **wenn** die Voraussetzungen für die sog. **Basisversorgung** erfüllt sind (§ 10 Abs. 1 Nr. 2 b EStG; keine Rente vor 60, Ansprüche nicht

noch Anhang 6

vererblich, nicht übertragbar, nicht beleihbar, nicht veräußerbar und nicht kapitalisierbar, vgl. die Erläuterungen in Anhang 8 Nr. 4). Liegen die **Voraussetzungen** für die **Basisversorgung nicht vor** (z. B. bei einem bestehenden Kapitalwahlrecht) und wird die spätere **Versorgungsleistung** in Form einer lebenslangen **Rente** erbracht, ist sie lediglich mit dem **Ertragsanteil** steuerpflichtig.

Beispiel F
Arbeitgeber A erteilt dem Arbeitnehmer B im Juni 2010 eine Versorgungszusage über eine Pensionskasse, die ab 2020 Versorgungsleistungen in Form von Rentenzahlungen vorsieht. Die Voraussetzungen für die vorstehend beschriebene Basisversorgung sind erfüllt. Die Beiträge an die Pensionskasse betragen 5000 € jährlich.

Die Beiträge an die Pensionskasse sind 2010 in Höhe von 4 % der Beitragsbemessungsgrenze in der allgemeinen Rentenversicherung (= 2640 €) zuzüglich 1800 € (Summe = 4440 €) steuerfrei und in Höhe von 560 € (5000 € abzüglich 4440 €) steuerpflichtig. Der Betrag von 560 € ist individuell über die Lohnsteuerkarte des B zu versteuern.

Die späteren Versorgungsleistungen gehören in voller Höhe zu den sonstigen Einkünften (§ 22 Nr. 5 Satz 1 EStG), soweit sie auf steuerfreien Beiträgen beruhen. Soweit die späteren Versorgungsleistungen in diesem Beispiel auf dem steuerpflichtigen Beitrag des Jahres 2010 von 560 € beruhen, sind sie mit dem neuen Besteuerungsanteil (2020 = 80 %) bei den sonstigen Einkünften zu erfassen, da es sich um nicht geförderte Beiträge aufgrund einer Neuzusage handelt, die die Voraussetzungen für die Basisversorgung erfüllen (§ 22 Nr. 5 Satz 2 Buchstabe a i. V. m. Nr. 1 Satz 3 Buchstabe a Doppelbuchstabe aa EStG). Die Pensionskasse muss eine Aufteilung der Versorgungsleistungen vornehmen (§ 22 Nr. 5 Satz 7 EStG).

Versorgungsleistungen in Form von **Kapitalauszahlungen**, die auf **nicht geförderten Beiträgen** (keine steuerfreien Beiträge, keine Beiträge die über Zulagen und Sonderausgaben gefördert worden sind) aufgrund von **Neuzusagen** (= Versorgungszusagen, die **nach dem 31. 12. 2004** erteilt wurden) **beruhen**, gehören in Höhe des **Unterschiedsbetrags** zwischen der **Versicherungsleistung** und der Summe der auf sie entrichteten **Beiträge** zu den steuerpflichtigen **sonstigen Einkünften**. Erfolgt die **Auszahlung nach** der Vollendung des **60. Lebensjahres** des Arbeitnehmers und einer **Vertragslaufzeit** von **mindestens 12 Jahren** im Zeitpunkt der Auszahlung, ist nur die **Hälfte des Unterschiedsbetrags** zwischen Versicherungsleistung und der Summe der auf sie entrichteten Beiträge steuerpflichtig (§ 22 Nr. 5 Satz 2 Buchstabe b EStG). Wegen der durchaus überraschenden Zuordnung zu den sonstigen Einkünften – statt zu den Einkünften aus Kapitalvermögen – ist weder ein Sparer-Pauschbetrag abzuziehen noch die Abgeltungsteuer anzuwenden. Bei Auszahlung ist zudem seitens des Versicherungsunternehmens kein Kapitalertragsteuerabzug vorzunehmen.

Beispiel G
Arbeitgeber A schließt im März 2010 für B (50 Jahre alt) eine Direktversicherung ab, die als Versorgungsleistung bei Ablauf des Vertrags im Jahre 2025 eine einmalige Kapitalauszahlung von 40 000 € vorsieht. Die Summe der eingezahlten Beiträge beträgt bis 2025 27 000 €.

Die Beiträge für die Direktversicherung sind nicht steuerfrei, da keine lebenslange Versorgung des B gewährleistet ist. Eine Pauschalbesteuerung nach § 40 b EStG mit 20 % ist nicht möglich, da es sich um eine Neuzusage (= Versorgungszusage, die nach dem 31.12.2004 erteilt wurde) handelt. Sie sind somit ab 2010 individuell über die Lohnsteuerkarte des B zu versteuern und sozialversicherungspflichtig.

Die Versorgungsleistung in Form der Kapitalauszahlung gehört in Höhe des Unterschiedsbetrags zwischen Versicherungsleistung (40 000 €) und der Summe der auf sie entrichteten Beiträge (27 000 €) zu den sonstigen Einkünften. Da die Auszahlung nach der Vollendung des 60. Lebensjahres des B und einer Vertragslaufzeit von mindestens 12 Jahren erfolgt, ist nur die Hälfte des Unterschiedsbetrags steuerpflichtig. Die Einnahmen bei den sonstigen Einkünften betragen somit im Jahre 2025 6500 € (½ von 13 000 €).

Eine Steuerpflicht der Erträge bei Kapitalauszahlungen nach den vorstehenden Grundsätzen tritt auch dann ein, wenn es sich zwar (lohnsteuerlich) um eine **pauschalierungsfähige Altzusage** handelt, der (Direkt-)Versicherungsvertrag aber erst nach dem 31. 12. 2004 abgeschlossen worden ist. Für die Ermittlung der **Erträge** (Sonstige Einkünfte) wird nämlich dann von einem **steuerpflichtigen Neuvertrag** ausgegangen (§ 22 Nr. 5 Satz 2 Buchstabe b i. V. m. § 20 Abs. 1 Nr. 6 EStG).

Beispiel H
Arbeitgeber A hat den Arbeitnehmer B (49 Jahre alt) im November 2004 neu eingestellt. Er hat B zu diesem Zeitpunkt verbindlich zugesagt, für ihn nach einem Jahr Wartezeit (= November 2005) eine Direktversicherung abzuschließen. Ab November 2005 leistet A eine jährliche Beitragszahlung von 1 500 €. Bei Fälligkeit der Versicherung im November 2020 erhält B – wie von vornherein vereinbart – als Versicherungsleistung eine einmalige Kapitalauszahlung in Höhe von 35 500 €.

Die ab November 2005 geleisteten Beiträge in Höhe von 1500 € können mit 20 % pauschal versteuert werden, da es sich um eine sog. Altzusage (= Versorgungszusage, die vor dem 1. 1. 2005 erteilt ist) handelt. Der durch die einjährige Wartezeit erst im November 2005 erfolgte Vertragsabschluss steht dem nicht entgegen; vgl. hierzu die Erläuterungen unter der vorstehenden Nr. 7.

Da der Direktversicherungsvertrag aber erst nach dem 31.12.2004 abgeschlossen worden ist (Vertragsabschluss ist grundsätzlich das Datum der Ausstellung des Versicherungsscheins), gehört der Unterschiedsbetrag zwischen der Versicherungsleistung (35 500 €) und der Summe der hierfür entrichteten Beiträge (= 22 500 €) zu den sonstigen Einkünften. Da die Kapitalauszahlung im Jahre 2020 nach Vollendung des 60. Lebensjahres des Arbeitnehmers und nach Ablauf von zwölf Jahren ausgezahlt wird, wird nur die Hälfte des Unterschiedsbetrags (½ von 13 000 € = 6500 €) als Einnahme bei den sonstigen Einkünften angesetzt.

Vorsicht ist auch geboten bei **Vertragsänderungen** von **Direktversicherungen**, deren Beiträge auf eine **Altzusage** (= Versorgungszusage, die vor dem 1. 1. 2005 erteilt wurde) zurückgehen. Bei der nachträglich vereinbarten Änderung eines oder mehrerer wesentlicher Bestandteile eines Versicherungsvertrags (z. B. **Verlängerung** der **Laufzeit** oder **Verlängerung** der **Beitragszahlungsdauer**, höhere Beitragszahlungen oder höhere Versicherungssumme) wird für die Ermittlung der Einkünfte vom Fortbestand des „alten Vertrags" und nur hinsichtlich der Änderung (also insoweit) von einem „neuen Vertrag" ausgegangen. Erfolgt die **nachträgliche Vertragsänderung nach** dem **31. 12. 2004**, gehören die Erträge aus dem **(anteiligen) „neuen Vertrag"** zu den steuerpflichtigen sonstigen Einkünften (Unterschiedsbetrag zwischen der anteiligen Versicherungsleistung und den anteiligen Beitragszahlungen). Die Anwendung des „Halbeinkünfteverfahrens" setzt für den (anteiligen) „Neuvertrag" eine Vertragslaufzeit von zwölf Jahren voraus (BFH-Urteil vom 6. 7. 2005, BStBl. II S. 726).

Beispiel I
Die Anfang 1991 abgeschlossene Direktversicherung hat eine Laufzeit von 20 Jahren bei einem Beitrag von 50 € monatlich. Am 1. 12. 2010 wird die Laufzeit dieses Vertrages nachträglich um drei Jahre auf insgesamt 23 Jahre verlängert. Die Höhe der Beitragsleistung bleibt unverändert.

Die Verlängerung des wesentlichen Vertragsbestandteils „Laufzeit" um drei Jahre führt insoweit zu einem neuen Vertrag, der nach dem 31. 12. 2004 abgeschlossen worden ist. Der hierauf entfallende Unterschiedsbetrag zwischen der (anteiligen) Versicherungsleistung und (anteiligen) Beiträgen gehört zu den steuerpflichtigen Einnahmen bei den sonstigen Einkünften (§ 22 Nr. 5 Satz 2 Buchstabe b EStG). Der Ansatz lediglich der Hälfte des Unterschiedsbetrags kommt nicht in Betracht, da die Laufzeit des anteiligen Neuvertrags lediglich drei Jahre und damit weniger als zwölf Jahre beträgt. Die auf den Altvertrag aus 1991 (Laufzeit 20 Jahre) entfallenden Zinsen sind steuerfrei, da sie erst nach Ablauf von zwölf Jahren ausgezahlt worden sind.

Die Beiträge für die Direktversicherung können übrigens auch in dem Zeitraum der dreijährigen Vertragsverlängerung pauschal versteuert werden, da es sich nach wie vor um eine Altzusage (= Versorgungszusage, die vor dem 1. 1. 2005 erteilt wurde) handelt. Die Verlängerung der Beitragszahlungsdauer führt letztlich lediglich zu einer Erhöhung der Leistung. Zur Abgrenzung zwischen Alt- und Neuzusage vgl. die Erläuterungen unter der vorstehenden Nr. 7.

Bei Zahlungen aus **ausländischen Altersvorsorgeplänen** ist u. E. aus deutscher steuerlicher Sicht die Einkunftsart zu bestimmen und anhand des maßgebenden Doppelbesteuerungsabkommens zu entscheiden, ob Deutschland für diese Einkünfte das Besteuerungsrecht hat oder die Einkünfte lediglich im Rahmen des Progressionsvorbehalts anzusetzen sind. Vgl. auch die Erläuterungen unter der vorstehenden Nr. 5 Buchstabe f.

12. Übertragung von Versorgungszusagen auf Pensionsfonds

Durch die Übertragung von Versorgungszusagen auf Pensionsfonds besteht die Möglichkeit der Ausbuchung von Rückstellungen aus den Bilanzen. Dies verbessert die Chancen auf dem Kapitalmarkt bei der Fremdmittelbeschaffung und ist auch bei einer beabsichtigten Veräußerung des Unternehmens oder von GmbH-Anteilen vorteilhaft.

Die **Übertragung** von **bestehenden Versorgungsverpflichtungen** oder **Versorgungsanwartschaften** aus **Direktzusagen** des Arbeitgebers oder aus **Unterstützungskassen** auf die ab 1. 1. 2002 eingeführten Pensionsfonds würde zumindest teilweise zu steuerpflichtigem Arbeitslohn führen, weil der Arbeitnehmer im Zeitpunkt der Übertragung einen unentziehbaren Rechtsanspruch gegenüber dem Pensionsfonds auf die spätere Versorgungsleistung erwirbt und die für die Übertragung zu zahlenden Beiträge regelmäßig deutlich mehr als 4 % der Beitragsbemessungsgrenze in der allgemeinen Rentenversicherung (2010 = 4 % von 66 000 € = 2640 €) – ggf. zuzüglich des neuen zusätzlichen Steuerfreibetrags von 1800 € für Neuzusagen (= Versorgungszusagen, die nach dem 31. 12. 2004 erteilt wurden) – betragen werden.

Die **Übertragung der Versorgungszusagen auf Pensionsfonds führt** jedoch **nicht zu steuer- und sozialversicherungspflichtigem Arbeitslohn**, wenn die beim Arbeitgeber durch die Übertragung entstehenden zusätzlichen Betriebsausgaben auf der die Übertragung folgenden zehn Wirtschaftsjahre gleichmäßig verteilt werden (§ 3 Nr. 66 EStG i. V. m. § 4 d Abs. 3 und § 4 e Abs. 3 EStG). Dies gilt auch für die Übertragung von Versorgungszusagen eines **Gesellschafter-Geschäftsführers** und von Arbeitnehmern, die bereits Versorgungsleistungen erhalten („**Bestandsrentner**"). Der Antrag des Arbeitgebers auf **Verteilung der zusätzlichen Betriebsausgaben auf zehn Jahre** ist unwiderruflich; der jeweilige Rechtsnachfolger ist an den Antrag gebunden. Die zusätzlichen Betriebsausgaben fallen dadurch an, dass der Arbeitgeber bei Direktzusagen in seiner Bilanz eine Pensionsrückstellung bildet, wobei ein (Abzinsungs-)Zinssatz von 6 % zugrunde gelegt wird. Bei Pensionsfonds ist hingegen aus versicherungsaufsichtsrechtlichen Gründen ein deutlich niedrigerer Zinssatz anzusetzen. Der Arbeitgeber muss somit bei der Übertragung der Versorgungsverpflichtung auf den Pensionsfonds regelmäßig einen Betrag zahlen, der deutlich höher als die bilanzielle Rückstellung ist. Dies führt im Ergebnis zu einem bilanziellen Verlust in Höhe der Differenz zwischen dem für die Übertragung zu zahlenden Betrag und der aufzulösenden Pensionsrückstellung. Die Steuerfreiheit kann aber auch dann in Anspruch genommen werden, wenn beim Arbeitgeber im Zusammenhang mit der Übertragung der Versorgungsverpflichtung an den Pensionsfonds ausnahmsweise keine zusätzlichen Betriebsausgaben anfallen.

Beispiel A

Arbeitgeber A überträgt bestehende Versorgungsverpflichtungen aus den seinen Arbeitnehmer erteilten Direktzusagen auf einen Pensionsfonds, der für die Übernahme 250 000 € verlangt. In der Bilanz des Arbeitgebers ist eine Pensionsrückstellung von 110 000 € gebildet worden. A stellt beim Finanzamt den unwiderruflichen Antrag, im Jahr der Übertragung der Versorgungsverpflichtung Betriebsausgaben nur in Höhe der aufgelösten Rückstellung geltend zu machen (= 110 000 €) und den durch die Übertragung entstehenden Mehraufwand von 140 000 € (250 000 € abzüglich 110 000 €) gleichmäßig auf die nächsten zehn Wirtschaftsjahre zu verteilen.

Im Jahr der Übertragung der Versorgungsverpflichtung steht der Gewinnerhöhung durch Auflösung der Pensionsrückstellung ein gleich hoher Aufwand durch die Zahlungen an den Pensionsfonds gegenüber. In den nächsten zehn Wirtschaftsjahren ergibt sich ein zusätzlicher Betriebsausgabenabzug von jährlich 14 000 € (140 000 € : 10 Jahre). Für die Arbeitnehmer ist die Übertragung steuer- und sozialversicherungsfrei.

Die zuvor beschriebenen Grundsätze (Steuerfreiheit der Beiträge, Verteilung zusätzlicher Betriebsausgaben auf zehn Jahre) gelten entsprechend, wenn es anlässlich der **Übertragung von Versorgungsverpflichtungen einer Unterstützungskasse auf einen Pensionsfonds** zu Zuwendungen des Arbeitgebers an die Unterstützungskasse kommt (§ 4d Abs. 3 EStG).

Stellt der Arbeitgeber **keinen Antrag** auf **Verteilung der zusätzlichen Betriebsausgaben** auf zehn Jahre, wären die Beiträge im Jahr der Übertragung in vollem Umfang als Betriebsausgaben abziehbar und die **Lohnsteuerfreiheit** wäre **nicht gegeben**.

Zu beachten ist noch, dass die Zahlungen an einen Pensionsfonds zur **Übernahme bestehender** Versorgungsverpflichtungen gegenüber bereits Versorgungsberechtigten (also laufende Rentenzahlungen) und unverfallbaren Versorgungsanwartschaften ausgeschiedener Versorgungsberechtigter **insgesamt** nach § 3 Nr. 66 **steuerfrei** sind, wenn der Arbeitgeber den Antrag auf **Verteilung** der zusätzlichen **Betriebsausgaben** auf zehn Jahre stellt. Hingegen kommt die Steuerfreiheit nach § 3 Nr. 66 EStG bei einer entgeltlichen Übertragung von Versorgungsanwartschaften aktiver Beschäftigter nur für Zahlungen in Betracht, die für die bis zum Zeitpunkt der Übertragung bereits erdienten Versorgungsanwartschaften geleistet werden (sog. „Past-Service"). **Zahlungen** an einen Pensionsfonds für **zukünftig** noch zu **erdienende Anwartschaften** (sog. „Future-Service") sind lediglich in dem **begrenzten Rahmen** des § 3 Nr. 63 EStG (also maximal bis zu 4440 € bei Neuzusagen = Versorgungszusagen, die nach dem 31.12.2004 erteilt wurden) **steuerfrei**.*)

Im Übrigen kann der Antrag auf Verteilung der zusätzlichen Betriebsausgaben auf zehn Jahre nur einheitlich gestellt werden. Wurden daher die erstmaligen Aufwendungen im vollen Umfang gewinnmindernd geltend gemacht, ist auch eine Verteilung eventueller **Nachschusszahlungen** nicht möglich.

Beispiel B

Arbeitgeber A passiviert in der steuerlichen Gewinnermittlung zum 31.12.2009 aufgrund einer Direktzusage zulässigerweise eine Pensionsrückstellung nach § 6a EStG in Höhe von 100 000 €. In 2010 wird die Versorgungsanwartschaft von einem Pensionsfonds übernommen. A zahlt hierfür 150 000 € und stellt einen Antrag nach § 4e Abs. 3 EStG auf Verteilung der Betriebsausgaben. Im Jahr 2013 leistet A aufgrund einer Deckungslücke einen weiteren unter § 3 Nr. 66 EStG fallenden Einmalbetrag von 30 000 €.

In 2010 ist die Rückstellung nach § 6a EStG Gewinn erhöhend aufzulösen. Da A einen Antrag auf Verteilung der dem Grunde nach sofort abzugsfähigen Betriebsausgaben gestellt hat, mindern in 2010 im Ergebnis nur 100 000 € (= Höhe der aufzulösenden Pensionsrückstellung, § 4e Abs. 3 Satz 3 EStG) den Gewinn. Der verbleibende Betrag von 50 000 € (150 000 € − 100 000 €) ist dem Gewinn 2010 außerbilanziell wieder hinzuzurechnen. In den Jahren 2011 bis 2020 ist der Gewinn um jeweils 1/10 × 50 000 € = 5000 € außerbilanziell zu vermindern.

Auch die in 2013 geleistete Nachschusszahlung von 30 000 € ist aufgrund des für alle Leistungen im Zusammenhang mit der Übertragung bindenden Antrages nach § 4e Abs. 3 EStG zu verteilen. Demnach erhöht der Betrag von 30 000 € außerbilanziell den Gewinn in 2013. In den Jahren 2014 bis 2023 mindert sich der Gewinn außerbilanziell jährlich um je 1/10 × 30 000 € = 3000 €. Hätte A die ursprüngliche Zahlung von 150 000 € vollumfänglich in 2010 als Betriebsausgabe geltend gemacht, hätte auch die in 2013 geleistete Nachschusszahlung nicht verteilt werden können.

Sind Versorgungsverpflichtungen oder Versorgungsanwartschaften steuer- und sozialversicherungsfrei auf einen Pensionsfonds übertragen worden (§ 3 Nr. 66 EStG), sind die **Versorgungsleistungen des Pensionsfonds** im Zeitpunkt der Auszahlung **in vollem Umfang als sonstige Einkünfte steuerpflichtig** (§ 22 Nr. 5 Satz 1 EStG). Die Arbeitnehmer verlieren durch die Übertragung von Versorgungszusagen auf Pensionsfonds ihren Anspruch auf den Arbeitnehmer-Pauschbetrag und die Freibeträge für Versorgungsbezüge. Der Werbungskosten-Pauschbetrag für die sonstigen Einkünfte beträgt 102 €. Die Arbeitnehmer müssen dem Pensionsfonds **keine Lohnsteuerkarte** vorlegen.

Beispiel C

Arbeitgeber A hat bestehende Versorgungsverpflichtungen gegenüber seinen Arbeitnehmern auf einen Pensionsfonds übertragen und beantragt, die sich hierdurch ergebenden zusätzlichen Betriebsausgaben auf die nächsten zehn Wirtschaftsjahre gleichmäßig zu verteilen. Der Pensionsfonds zahlt den Arbeitnehmern später Versorgungsleistungen von 500 € monatlich.

Die Zahlungen des Arbeitgebers an den Pensionsfonds anlässlich der Übertragung der Versorgungsverpflichtungen sind steuer- und sozialversicherungsfrei. Die späteren Versorgungsleistungen des Pensionsfonds von 500 € monatlich führen allerdings in voller Höhe zu sonstigen Einkünften.

Auch bei Arbeitnehmern, die bereits Versorgungsbezüge erhalten (sog. **„Bestandsrentner"**), können die Versorgungsverpflichtungen des Arbeitgebers wie bereits erwähnt unter den zuvor beschriebenen Voraussetzungen steuerfrei auf einen Pensionsfonds übertragen werden. Die Auszahlungen des Pensionsfonds führen auch in diesem Fall zu voll steuerpflichtigen sonstigen Einkünften (§ 22 Nr. 5 Satz 1 EStG). Wurde mit der **Auszahlung** der auf einer Direktzusage beruhenden oder von einer Unterstützungskasse zu erbringenden laufenden **Versorgungsleistungen** durch einen Arbeitgeber oder eine Unterstützungskasse vor der Übertragung der Versorgungsverpflichtung auf den Pensionsfonds begonnen gilt Folgendes (§ 52 Abs. 34c Satz 1 EStG):

Obwohl es sich bei den Leistungen des Pensionsfonds um sonstige Einkünfte (§ 22 Nr. 5 Satz 1 EStG) handelt, sind der **Arbeitnehmer-Pauschbetrag** bzw. der Werbungskosten-Pauschbetrag bei Versorgungsempfängern (nicht der Werbungskosten-Pauschbetrag für sonstige Einkünfte) und die **Freibeträge für Versorgungsbezüge** zu berücksichtigen.

Beispiel D

Arbeitgeber A hat bestehende Versorgungsverpflichtungen auf Grund von Direktzusagen – auch von „Bestandsrentnern" – steuer- und sozialversicherungsfrei auf einen Pensionsfonds übertragen. Der Pensionsfonds zahlt dem Arbeitnehmer B, der bei Beginn der Zahlung der Versorgungsleistungen im Jahr 2004 65 Jahre alt war, Versorgungsleistungen von 400 € monatlich.

Ermittlung der sonstigen Einkünfte des B in 2010:

Einnahmen	4 800 €
Versorgungs-Freibetrag 40 % von 4800 € höchstens 3000 € (Jahr des Versorgungsbeginns 2004)	1 920 €
Zuschlag zum Versorgungsfreibetrag	900 €
Werbungskosten-Pauschbetrag	102 €
Sonstige Einkünfte nach § 22 Nr. 5 EStG	1 878 €

Handelte es sich beim **erstmaligen Bezug** von Versorgungsleistungen **nicht** um Versorgungsbezüge, z. B. weil keine der Altersgrenzen erreicht war, ist lediglich der **Arbeitnehmer-Pauschbetrag** von **920 €** (§ 9 Satz 1 Nr. 1 Buchstabe a EStG) abzuziehen. Wird die **Altersgrenze** zu einem **späteren Zeitpunkt** erreicht, ist **ab diesem Zeitpunkt** der **Werbungskosten-Pauschbetrag** von **102 €** (§ 9a Satz 1 Nr. 1 Buchstabe b EStG) und der **für dieses Jahr maßgebende Versorgungsfreibetrag** und der **Zuschlag zum Versorgungsfreibetrag** abzuziehen (§ 19 Abs. 2 EStG).

Beispiel E

Wie Beispiel D. Arbeitnehmer C war bei Beginn der Zahlung der Versorgungsleistungen 2005 erst 58 Jahre alt. Da er nicht schwerbehindert ist, liegen bei ihm im Januar 2010 erstmals die altersmäßigen Voraussetzungen für Versorgungsbezüge vor.

Ermittlung der sonstigen Einkünfte des C in 2009:

Einnahmen	4 800 €
Arbeitnehmer-Pauschbetrag	920 €
Versorgungsfreibetrag	0 €
Zuschlag zum Versorgungsfreibetrag	0 €
Sonstige Einkünfte nach § 22 Nr. 5 EStG	3 880 €

Ermittlung der sonstigen Einkünfte des C in 2010:

Einnahmen	4 800 €
Versorgungs-Freibetrag 32,0 % von 4800 € höchstens 2400 €	1 536 €
Zuschlag zum Versorgungsfreibetrag	720 €
Arbeitnehmer-Pauschbetrag	102 €
Sonstige Einkünfte	2 442 €

---

*) BMF-Schreiben vom 26.10.2006 (BStBl. I S. 709). Das BMF-Schreiben ist als Anlage zu H 3.66 LStR im **Steuerhandbuch für das Lohnbüro 2010** abgedruckt, das im selben Verlag erschienen ist. Das **PC-Lexikon für das Lohnbüro 2010** enthält auch dieses Handbuch und hat außerdem den Vorteil, dass Sie **alle BFH-Urteile** sowie die aktuellen Rundschreiben und Niederschriften der Spitzenverbände der **Sozialversicherung** mit Mausklick **im Volltext** abrufen und ausdrucken können. Eine Bestellkarte finden Sie vorne im Lexikon.

noch Anhang 6

Die vorstehenden Grundsätze sind übrigens auch dann anzuwenden, wenn der Zeitpunkt des erstmaligen Leistungsbezugs und der Zeitpunkt der Übertragung der Versorgungsverpflichtung auf den Pensionsfonds in ein und demselben Monat liegen.

13. Rechtsanspruch auf Entgeltumwandlung

Bis zum 31.12.2001 bestand kein individuellrechtlicher Anspruch auf Entgeltumwandlung zu Gunsten betrieblicher Altersversorgung. Der Arbeitgeber konnte grundsätzlich frei darüber entscheiden, ob und in welcher Form er in seinem Betrieb für alle Arbeitnehmer oder nur für bestimmte Arbeitnehmer (z. B. leitende Angestellte) betriebliche Altersversorgung einführen wollte. Lediglich tarifgebundene Arbeitgeber waren verpflichtet, betriebliche Altersversorgung anzubieten, wenn der für sie maßgebende Tarifvertrag eine solche Verpflichtung vorsah.

Seit dem 1.1.2002 kann der Arbeitnehmer von seinem Arbeitgeber einseitig verlangen, dass von seinen **künftigen** Entgeltansprüchen bis zu 4 % der Beitragsbemessungsgrenze in der allgemeinen Rentenversicherung – West – durch Entgeltumwandlung für seine betriebliche Altersversorgung eingesetzt werden (§ 1 a BetrAVG; = **Rechtsanspruch auf Entgeltumwandlung**).*) Der Höchstbetrag gilt gleichermaßen in den alten und in den neuen Bundesländern. Der Rechtsanspruch des Arbeitnehmers auf Entgeltumwandlung beträgt:

Höhe des Rechtsanspruchs auf Entgeltumwandlung	2006/2007	2008	2009	**2010**
	2 520 €	2 544 €	2 592 €	**2 640 €**

Durch die prozentuale Anbindung an die Beitragsbemessungsgrenze in der allgemeinen Rentenversicherung ist der Anspruch auf Entgeltumwandlung unabhängig vom individuellen Gehalt des Arbeitnehmers.

Beispiel A

A hat einen monatlichen Bruttoarbeitslohn von 600 € und einen Anspruch auf Weihnachtsgeld in Höhe eines Monatsgehalts.

Obwohl der Jahresarbeitslohn lediglich 7800 € (13 Monate à 600 €) beträgt, hat A 2010 einen Rechtsanspruch auf Entgeltumwandlung in Höhe von 2640 € jährlich.

Macht der Arbeitnehmer seinen Rechtsanspruch auf Entgeltumwandlung geltend, muss der Arbeitnehmer **mindestens** einen Betrag in Höhe von **191,62 € jährlich** (= ¹/₁₆₀ der Bezugsgröße nach § 18 Abs. 1 SGB IV) für betriebliche Altersversorgung verwenden. Will der Arbeitnehmer zudem nicht nur einmal im Jahr einen bestimmten Betrag für die Entgeltumwandlung zur Verfügung stellen, sondern Teile seines regelmäßigen monatlichen Entgelts umwandeln, kann der Arbeitgeber während des laufenden Kalenderjahres die Verwendung gleich bleibender monatlicher Beträge verlangen, um den Verwaltungsaufwand in Grenzen zu halten. Die **Beachtung** des **Mindestbetrags** ist aber **nicht Voraussetzung** für die **Steuerfreiheit** der Beiträge an die betriebliche Versorgungseinrichtung (vgl. auch die Erläuterungen unter der vorstehenden Nr. 5 Buchstabe a).

Von einer Entgeltumwandlung im Zusammenhang mit betrieblicher Altersversorgung ist immer dann auszugehen, wenn vereinbarte Entgelte nicht als „Barlohn" an den Arbeitnehmer ausgezahlt oder überwiesen, sondern für den Aufbau von Anwartschaften auf betriebliche Altersversorgung verwendet werden. Der Rechtsanspruch auf Entgeltumwandlung gilt aber nur für Arbeitnehmer, die aufgrund der Beschäftigung oder Tätigkeit bei dem Arbeitgeber **in der allgemeinen Rentenversicherung pflichtversichert** sind. Beschäftigte, die in der gesetzlichen Rentenversicherung nicht pflichtversichert sind, haben folglich auch keinen Anspruch auf Entgeltumwandlung (§ 17 Abs. 1 Satz 3 BetrAVG).

Beispiel B

Geringfügig Beschäftigte sind in der gesetzlichen Rentenversicherung versicherungsfrei. Haben sie durch schriftliche Erklärung gegenüber ihrem Arbeitgeber auf die Versicherungsfreiheit verzichtet, sind sie in der gesetzlichen Rentenversicherung pflichtversichert und ihnen steht ein Rechtsanspruch auf Entgeltumwandlung bis zu 2640 € jährlich zu.

Der Rechtsanspruch auf Entgeltumwandlung ist ausgeschlossen, soweit bereits eine durch Entgeltumwandlung finanzierte betriebliche Altersversorgung besteht (§ 1 a Abs. 2 BetrAVG). Dies ist aber nicht bereits dann der Fall, wenn die betriebliche Altersversorgung durch den Arbeitgeber – also ohne Entgeltumwandlung seitens des Arbeitnehmers – finanziert worden ist. Von einer Entgeltumwandlung kann nämlich nur ausgegangen werden, wenn bereits vereinbartes Entgelt für künftige Arbeitsleistung zum Erwerb von Anwartschaften auf betriebliche Altersversorgung umgewandelt wird.

Beispiel C

Der Arbeitgeber hat für A einen Direktversicherungsvertrag abgeschlossen und zahlt seit Jahren zusätzlich zum ohnehin geschuldeten Arbeitslohn die Direktversicherungsbeiträge in Höhe von 1200 €.

A hat 2010 einen Rechtsanspruch auf Entgeltumwandlung in Höhe 2640 €, da keine durch Entgeltumwandlung finanzierte betriebliche Altersversorgung besteht.

Beispiel D

Wie Beispiel C. Der Direktversicherungsbeitrag in Höhe von 1200 € wurde im Dezember 2009 vereinbarungsgemäß durch Entgeltumwandlung aus der Sonderzuwendung Weihnachtsgeld finanziert. Es ist vereinbart, für 2010 genauso zu verfahren.

Der Rechtsanspruch des Arbeitnehmers auf Entgeltumwandlung ist ausgeschlossen, soweit bereits eine durch Entgeltumwandlung finanzierte betriebliche Altersversorgung besteht.

Höchstbetrag für Rechtsanspruch auf Entgeltumwandlung 2010	2 640 €
abzüglich bereits vereinbarte Entgeltumwandlung	1 200 €
(Verbleibender) Rechtsanspruch auf Entgeltumwandlung 2010	1 440 €

Für Entgeltansprüche, die auf einem Tarifvertrag beruhen (also tarifvertraglich vereinbart sind), kann eine Entgeltumwandlung nur vorgenommen werden, soweit dies durch Tarifvertrag vorgesehen oder zugelassen ist (§ 17 Abs. 5 BetrAVG). Die Regelung gilt für Entgeltumwandlungen, die auf Zusagen beruhen, die nach dem 29.6.2001 erteilt werden (§ 30 h BetrAVG). Der **Rechtsanspruch** des Arbeitnehmers auf **Entgeltumwandlung** steht also unter einem sog. **Tarifvorbehalt**. Durch „Tarifvertrag vorgesehen" bedeutet in diesem Zusammenhang, dass der Tarifvertrag selbst die Entgeltumwandlung zulassen muss. Durch „Tarifvertrag zugelassen" heißt, dass der Tarifvertrag zumindest eine Öffnungsklausel enthalten muss, nach der durch Betriebsvereinbarungen oder Einzelverträge eine Entgeltumwandlung möglich ist. Das Entgelt beruht zudem nur dann auf tarifvertraglicher Grundlage, wenn sowohl der Arbeitgeber (z. B. als Mitglied des vertragsschließenden Arbeitgeberverbandes) als auch der Arbeitnehmer (als Gewerkschaftsmitglied) **tarifgebunden** sind. Dies hat die ungewöhnliche Folge, dass bei einem nach Tarifvertrag zahlenden Arbeitgeber, die nicht gewerkschaftlich organisierten Arbeitnehmer immer einen Anspruch auf Entgeltumwandlung geltend machen können, nicht aber zwingend auch die gewerkschaftlich organisierten Arbeitnehmer. Allerdings beruht das Entgelt bei einem allgemein verbindlich erklärten Tarifvertrag stets auf tarifvertraglicher Grundlage, unabhängig davon, ob der Arbeitgeber Mitglied im Arbeitgeberverband ist oder der jeweilige Arbeitnehmer Gewerkschaftsmitglied ist. Im Übrigen ist zu beachten, dass freiwillige übertarifliche Zahlungen (Sonderzahlung, Gratifikationen) nicht auf Tarifvertrag beruhen und insoweit stets ein Rechtsanspruch auf Entgeltumwandlung besteht. Außerdem ist von Bedeutung, dass durch **Tarifvertrag** der **Entgeltumwandlungsanspruch** gänzlich **ausgeschlossen** oder der Höhe nach anders geregelt werden kann (§ 17 Abs. 3 Satz 1 BetrAVG; sog. Tarifdispositivität). Eine abweichend getroffene Regelung gilt auch zwischen nicht tarifgebundenen Arbeitgebern und Arbeitnehmern, wenn diese die Anwendung der einschlägigen tariflichen Regelung vereinbart haben. Werden für bestimmte Berufsgruppen überhaupt keine Tarifverträge geschlossen (z. B. Arbeitnehmer bei Freiberuflern), steht selbstverständlich der Tarifvorbehalt dem Entgeltumwandlungsanspruch des Arbeitnehmers nicht entgegen.

Hat der Arbeitnehmer einen Rechtsanspruch auf Entgeltumwandlung, ist durch **Vereinbarung zwischen Arbeitgeber und Arbeitnehmer** festzulegen, in welcher **Form** die **betriebliche Altersversorgung** abgewickelt werden soll (§ 1 a Abs. 1 Satz 2 BetrAVG). Ist der Arbeitgeber zu einer Durchführung über einen **Pensionsfonds** oder eine **Pensionskasse** bereit, ist die betriebliche Altersversorgung dort durchzuführen. Andernfalls kann der Arbeitnehmer verlangen, dass der Arbeitgeber für ihn eine **Direktversicherung** abschließt (§ 1 a Abs. 1 Satz 3 BetrAVG). Die Wahl des konkreten Versicherungsunternehmens obliegt aber auch dann dem Arbeitgeber, da ihm nicht zugemutet werden kann, mit einer Vielzahl von Versicherungsunternehmen Geschäftsbeziehungen aufzunehmen.

Beispiel E

A hat einen Rechtsanspruch auf Entgeltumwandlung. B ist als Arbeitgeber zu einer Durchführung über einen Pensionsfonds bereit.

Die betriebliche Altersversorgung ist beim Pensionsfonds durchzuführen.

Beispiel F

A hat einen Rechtsanspruch auf Entgeltumwandlung. Arbeitgeber B ist nicht bereit, die betriebliche Altersversorgung über einen Pensionsfonds oder eine Pensionskasse durchzuführen.

A kann verlangen, dass B für ihn eine Direktversicherung abschließt.

---

*) Das Betriebsrentengesetz (BetrAVG) ist als Anhang 13 im **Steuerhandbuch für das Lohnbüro 2010** abgedruckt, das im selben Verlag erschienen ist. Das **PC-Lexikon** für das Lohnbüro 2010 enthält auch dieses Handbuch und hat außerdem den Vorteil, dass Sie **alle BFH-Urteile** sowie die aktuellen Rundschreiben und Niederschriften der Spitzenverbände der **Sozialversicherung** mit Mausklick **im Volltext** abrufen und ausdrucken können. Eine Bestellkarte finden Sie vorne im Lexikon.

Soweit der Arbeitnehmer einen **Rechtsanspruch auf Entgeltumwandlung** für betriebliche Altersversorgung hat und diese über einen Pensionsfonds, eine Pensionskasse oder eine Direktversicherung durchgeführt wird, kann er verlangen, dass die Voraussetzungen für eine staatliche Förderung über Zulagen und ggf. zusätzlichen Sonderausgabenabzug (= „Riester-Rente") erfüllt werden (§ 1 a Abs. 3 BetrAVG). Dies setzt voraus, dass die Zahlung der Beiträge in einen Pensionsfonds, eine Pensionskasse oder eine Direktversicherung aus **individuell über die Lohnsteuerkarte versteuerten Arbeitslohn** des Arbeitnehmers stammen und die in Betracht kommende Versorgungseinrichtung dem Arbeitnehmer eine lebenslange Altersversorgung gewährleistet (§ 82 Abs. 2 Satz 1 Buchstabe a EStG). Vgl. hierzu auch die Erläuterungen unter der vorstehenden Nr. 8 und zu den begünstigten Auszahlungsformen für eine lebenslange Altersversorgung die Erläuterungen unter der vorstehenden Nr. 5 Buchstabe b.

Beispiel G

A hat einen Rechtsanspruch auf Entgeltumwandlung und mit dem Arbeitgeber den Abschluss einer Direktversicherung vereinbart. Eine lebenslange Altersversorgung ist gewährleistet.

Da er für die Beiträge an die Direktversicherung die steuerliche Förderung über Zulagen und zusätzlichen Sonderausgabenabzug („Riester-Rente") in Anspruch nehmen will, kann er anstelle der Steuerfreiheit der Beiträge die individuelle Versteuerung über die Lohnsteuerkarte verlangen.

Falls der **Arbeitnehmer bei fortbestehendem Arbeitsverhältnis kein Entgelt** erhält, hat der das **Recht**, die Direktversicherung bzw. Versorgung mit **eigenen Beiträgen fortzusetzen.** Der Arbeitgeber steht auch für die Leistungen aus diesen Beiträgen ein (§ 1 a Abs. 4 BetrAVG). Die Regelungen über Entgeltumwandlung gelten entsprechend. Für diese Eigenbeiträge kann der Arbeitnehmer die staatliche Förderung über Zulagen und ggf. zusätzlichen Sonderausgabenabzug in Anspruch nehmen (= „**Riester-Rente**"; § 82 Abs. 2 Satz 1 Buchstabe b EStG).

Anwartschaften auf betriebliche Altersversorgung, die mittels Entgeltumwandlung finanziert werden, sind sofort gesetzlich **unverfallbar** (§ 1 b Abs. 5 BetrAVG). Dies bedeutet, dass bei einem Ausscheiden des Arbeitnehmers aus dem Arbeitsverhältnis vor Eintritt des Versorgungsfalles die bis zum Ausscheiden erworbene (Teil-)Anwartschaft in jedem Fall erhalten bleibt. Der Vorteil ist, dass gesetzlich unverfallbare Anwartschaften gegenüber den vertraglich unverfallbaren Anwartschaften sofort insolvenzgeschützt und damit über den Pensions-Sicherungs-Verein in bestimmtem Umfang abgesichert sind. Außerdem muss dem Arbeitnehmer in den Fällen der Entgeltumwandlung für den Fall des Ausscheidens das Recht zur Fortsetzung der Versicherung oder Versorgung mit eigenen Beiträgen eingeräumt werden (§ 1 b Abs. 5 Nr. 2 BetrAVG).

14. Abfindung von Versorgungsanwartschaften

Die Leistungen aus der betrieblichen Altersversorgung werden grundsätzlich mit dem Eintritt des abgesicherten biometrischen Risikos (Alter, Tod oder Invalidität) fällig. Bei der Altersversorgung ist dies das altersbedingte Ausscheiden aus dem Erwerbsleben (Lebensaltersuntergrenze im Regelfall das 60. Lebensjahr), bei der Hinterbliebenenversorgung der Tod, und bei der Invaliditätsversorgung der Invaliditätseintritt des Arbeitnehmers. Vgl. hierzu auch die Erläuterungen unter der vorstehenden Nr. 1.

Bei Abfindung einer gesetzlich bzw. vertraglich unverfallbaren oder noch verfallbaren Versorgungsanwartschaft, die zuvor über **Zulagen** und ggf. einen zusätzlichen **Sonderausgabenabzug** staatlich **gefördert** worden ist, kann es zu einer sog. **schädlichen Verwendung** (vgl. im Einzelnen Anhang 6a Nr. 7) kommen. Dies hat u. a. die Rückzahlung der steuerlichen Förderung zur Folge.

Für **gesetzlich unverfallbare Versorgungsanwartschaften** besteht grundsätzlich ein **Abfindungsverbot** (§ 3 BetrAVG). Hierzu gehören auch alle Versorgungszusagen, die durch Entgeltumwandlung mit sofortiger gesetzlicher Unverfallbarkeit erworben wurden (vgl. vorstehende Nr. 13). Eine gesetzlich unverfallbare Versorgungsanwartschaft kann aber ohne Zustimmung des Arbeitnehmers u. a. dann abgefunden werden, wenn ihr Wert bestimmte Grenzen nicht überschreitet. Die Abfindung ist in diesem Fall **keine schädliche Verwendung,** soweit das über Zulagen und ggf. zusätzlichen Sonderausgabenabzug geförderte Altersvorsorgevermögen zugunsten eines auf den Namen des Zulageberechtigten zertifizierten privaten Altersvorsorgevertrags geleistet wird (§ 93 Abs. 2 Satz 3 EStG). Die Verwaltung wendet diesen Grundsatz erfreulicherweise auch in anderen Abfindungsfällen als denen des § 3 BetrAVG an.*)

Beispiel A

A erhält eine Abfindung für eine gesetzlich unverfallbare Versorgungsanwartschaft, die über Zulagen und den zusätzlichen Sonderausgabenabzug staatlich gefördert worden ist.

Um eine schädliche Verwendung zu vermeiden, muss er den Abfindungsbetrag zugunsten eines auf seinen Namen lautenden zertifizierten privaten Altersvorsorgevertrags verwenden.

Wird eine **Anwartschaft** der betrieblichen Altersversorgung **abgefunden,** deren Beiträge ganz oder teilweise **steuerfrei** waren oder die **ausschließlich** auf **nicht** durch Zulagen und ggf. zusätzlichem Sonderausgabenabzug **geförderten** Beiträgen beruht, gilt Folgendes: Der **Abfindungsbetrag** ist **nicht steuerpflichtig,** wenn er zugunsten eines auf den Namen des Arbeitnehmers lautenden zertifizierten Altersvorsorgevertrags geleistet wird. Anderenfalls erfolgt eine Besteuerung des Abfindungsbetrags nach den unter der vorstehenden Nr. 11 dargestellten Grundsätzen.

Sofern es bei der Abfindung von Versorgungsanwartschaften zu einer **schädlichen Verwendung** kommt, sind die hierauf entfallenden Zulagen und ggf. zusätzliche **Steuervorteile** durch den Sonderausgabenabzug **zurückzuzahlen.** Der Rückzahlungsbetrag wird von der entsprechenden Versorgungseinrichtung vom Abfindungsbetrag einbehalten und an die Zentralstelle für Altersvorsorgevermögen abgeführt. Außerdem sind die ausgezahlten Leistungen abzüglich der Eigenbeiträge und Zulagen in **voller Höhe als sonstige Einkünfte zu versteuern.** Eine Tarifermäßigung kommt nicht in Betracht. Wegen weiterer Einzelheiten vgl. die nachfolgenden Erläuterungen in Anhang 6a Nr. 7.

Hat der Arbeitnehmer für **arbeitgeberfinanzierte Beiträge** an eine **Direktversicherung,** eine **Pensionskasse** oder einen **Pensionsfonds** die staatliche **Förderung** durch Zulage und Sonderausgabenabzug **erhalten** und **verliert** er vor Eintritt der Unverfallbarkeit sein **Bezugsrecht** durch einen entschädigungslosen Widerruf des Arbeitgebers, handelt es sich ebenfalls um eine **schädliche Verwendung.** Maßgeblicher Zeitpunkt hierfür ist die Wirksamkeit der den Verlust des Bezugsrechts begründeten Willenserklärungen (z. B. Kündigung oder Widerruf). Auch in diesem Fall sind die Zulagen und ggf. zusätzliche **Steuervorteile** durch Sonderausgabenabzug **zurückzuzahlen.** Eine nachträgliche Besteuerung der Erträge aus der Ansparphase kommt allerdings nicht in Betracht, da diese Beträge nicht dem Arbeitnehmer zufließen, sondern beim Arbeitgeber verbleiben. Vielmehr handelt es sich regelmäßig um Arbeitslohnrückzahlungen (= negative Einnahmen), für die sich Lohnsteuer-Erstattungsansprüche ergeben können (vgl. auch die Erläuterungen beim Stichwort „Zukunftsicherung" unter Nr. 17 Buchstabe a).

Die Zahlungen, die der Arbeitgeber in diesem Fall vom Versicherungsunternehmen, der Pensionskasse oder dem Pensionsfonds erhält, stellen bei ihm Betriebseinnahmen dar, von denen grundsätzlich ein Kapitalertragsteuerabzug vorgenommen worden ist.

15. Mitnahme der betrieblichen Altersversorgung bei Arbeitgeberwechsel

Arbeitsrechtlich sind im Betriebsrentengesetz (BetrAVG)**) die Mitnahmemöglichkeiten erworbener Betriebsrentenanwartschaften bei einem Arbeitgeberwechsel (sog. Portabilität) in den letzten Jahren sehr verbessert worden. **Nach Beendigung des Arbeitsverhältnisses** kann im **Einvernehmen** des **ehemaligen** mit dem **neuen Arbeitgeber** sowie dem **Arbeitnehmer**

– die **Zusage** vom **neuen Arbeitgeber übernommen** werden (§ 4 Abs. 2 Nr. 1 BetrAVG). Auch aus der Sicht des neuen Arbeitgebers handelt es sich ggf. nach wie vor um eine **Altzusage** (= Versorgungszusage, die vom ehemaligen Arbeitgeber vor dem 1. 1. 2005 erteilt wurde) oder

– der Wert der vom Arbeitnehmer erworbenen unverfallbaren Anwartschaft auf betriebliche Altersversorgung (= **Übertragungswert**) auf den **neuen Arbeitgeber übertragen** werden, wenn dieser eine wertgleiche Zusage erteilt (§ 4 Abs. 2 Nr. 2 BetrAVG). Für die neue Anwart-

---

*) Rz. 288 des BMF-Schreibens vom 20.1.2009 (BStBl. I S. 273). Das BMF-Schreiben ist als Anhang 13c im **Steuerhandbuch für das Lohnbüro 2010** abgedruckt, das im selben Verlag erschienen ist. Das **PC-Lexikon** für das Lohnbüro 2010 enthält auch dieses Handbuch und hat außerdem den Vorteil, dass Sie **alle BFH-Urteile** sowie die aktuellen Rundschreiben und Niederschriften der Spitzenverbände der **Sozialversicherung** mit Mausklick **im Volltext** abrufen und ausdrucken können. Eine Bestellkarte finden Sie vorne im Lexikon.

) Das Betriebsrentengesetz (BetrAVG) ist als Anhang 13 im **Steuerhandbuch für das Lohnbüro 2010 abgedruckt, das im selben Verlag erschienen ist. Das **PC-Lexikon** für das Lohnbüro 2010 enthält auch dieses Handbuch und hat außerdem den Vorteil, dass Sie **alle BFH-Urteile** sowie die aktuellen Rundschreiben und Niederschriften der Spitzenverbände der **Sozialversicherung** mit Mausklick **im Volltext** abrufen und ausdrucken können. Eine Bestellkarte finden Sie vorne im Lexikon.

noch Anhang 6

schaft gelten die Regelungen für die Entgeltumwandlung, das bedeutet, sie ist sofort unverfallbar und damit insolvenzgeschützt. Mit der vollständigen Übertragung erlischt die Zusage des ehemaligen Arbeitgebers (§ 4 Abs. 6 BetrAVG). Es handelt sich um eine **Neuzusage** (= Versorgungszusage, die nach dem 31.12.2004 erteilt wurde). Zur Abgrenzung zwischen Altzusage und Neuzusage vgl. auch die Erläuterungen unter der vorstehenden Nr. 7.

Darüber hinaus hat der **Arbeitnehmer** bei einem Arbeitgeberwechsel in bestimmten Fällen ein **Recht auf Mitnahme** seiner erworbenen Betriebsrentenanwartschaften (§ 4 Abs. 3 BetrAVG). Er kann **innerhalb eines Jahres nach Beendigung** des Arbeitsverhältnisses von seinem ehemaligen Arbeitgeber **verlangen,** dass der **Übertragungswert auf den neuen Arbeitgeber übertragen wird,** wenn
– die **betriebliche Altersversorgung** über einen externen Versorgungsträger **(Pensionsfonds, Pensionskasse** oder **Direktversicherung) durchgeführt worden ist** und
– der **Übertragungswert** die **Beitragsbemessungsgrenze** in der allgemeinen **Rentenversicherung** (2010 = 66 000 €) **nicht übersteigt.** Überschreitet der Übertragungswert die Beitragsbemessungsgrenze, besteht kein Recht auf anteilige Mitnahme.

Der **neue Arbeitgeber** ist **verpflichtet,** eine dem Übertragungswert **wertgleiche Zusage** zu erteilen und die **betriebliche Altersversorgung** wiederum über einen externen Versorgungsträger **(Pensionsfonds, Pensionskasse** oder **Direktversicherung) durchzuführen.** Für die neue Anwartschaft gelten die Regelungen für die Entgeltumwandlung, das bedeutet, sie ist sofort unverfallbar und damit insolvenzgeschützt. Mit der vollständigen Übertragung erlischt die Zusage des ehemaligen Arbeitgebers (§ 4 Abs. 6 BetrAVG). Das vorstehend beschriebene **Recht auf Mitnahme** erworbener Betriebsrentenanwartschaften (= Fall des § 4 Abs. 3 BetrAVG) gilt **nur für Zusagen, die nach dem 31.12.2004 erteilt wurden** (§ 30b BetrAVG) mit der Folge, dass es sich steuerlich stets um **Neuzusagen** (= Versorgungszusagen, die nach dem 31.12.2004 erteilt wurden) handelt. Das **Recht** des Arbeitnehmers **auf Mitnahme** erworbener Betriebsrentenanwartschaften besteht zudem **nicht,** wenn die betriebliche Altersversorgung beim bisherigen Arbeitgeber über eine **Direktzusage** oder eine **Unterstützungskasse** durchgeführt wurde.

Der **Arbeitnehmer** hat in den vorstehend beschriebenen Fällen der sog. **Portabilität** einen **Auskunftsanspruch** (§ 4a BetrAVG). Der **bisherige Arbeitgeber** bzw. der Versorgungsträger hat dem Arbeitnehmer bei einem berechtigten Interesse auf dessen Verlangen schriftlich mitzuteilen,
1. in welcher Höhe aus der bisher erworbenen unverfallbaren Anwartschaft bei Erreichen der in der Versorgungsregelung vorgesehenen Altersgrenze ein **Anspruch** auf **Altersversorgung** besteht und
2. wie hoch bei einer Übertragung der Anwartschaft der **Übertragungswert** wäre.

Der **neue Arbeitgeber** bzw. der Versorgungsträger hat dem Arbeitnehmer auf dessen Verlangen schriftlich mitzuteilen, in **welcher Höhe aus dem Übertragungswert** ein Anspruch auf **Altersversorgung** und ob eine **Invaliditäts-** oder **Hinterbliebenenversorgung** bestehen würde. Dieser Auskunftsanspruch soll dem Arbeitnehmer eine Entscheidungshilfe sein, ob er von seinem Recht auf Mitnahme der Betriebsrentenanwartschaften Gebrauch macht oder nicht.

Wird die betriebliche Altersversorgung sowohl beim **alten** als auch beim **neuen Arbeitgeber** über einen **Pensionsfonds,** eine **Pensionskasse** oder eine **Direktversicherung** abgewickelt, liegt bei der **Übernahme der Versorgungszusage** (Fall des **§ 4 Abs. 2 Nr. 1 BetrAVG**) lediglich ein **Schuldnerwechsel** und damit **kein lohnsteuerlich relevanter Vorgang** vor. Wird ein **Direktversicherungsvertrag** unmittelbar vom **neuen Arbeitgeber fortgeführt,** geht die Finanzverwaltung von einer **Altzusage** aus, wenn der bisherige Arbeitgeber die Versorgungszusage vor dem 1.1.2005 erteilt hat. Auch der **neue Arbeitgeber** kann daher die Beiträge für die Direktversicherung bis zu 1752 € mit 20 % **pauschal versteuern.** Liegen auf Grund der Auszahlungsform der Versorgungsleistung aus der Direktversicherung auch die Voraussetzungen für die Steuerfreiheit der Beiträge vor (vgl. die Erläuterungen unter der vorstehenden Nr. 5 Buchstabe b und unter Nr. 6), ist eine Weiteranwendung der Pauschalversteuerung zulässig, wenn der Arbeitnehmer dem Angebot des neuen Arbeitgebers die Beiträge pauschal zu versteuern bis zur ersten Beitragszahlung zustimmt (§ 52 Abs. 6 Satz 2 EStG).

Beispiel A

Arbeitgeber A hat seinem Arbeitnehmer B im Jahr 2000 eine Versorgungszusage erteilt und eine Direktversicherung abgeschlossen. Am 1.1.2010 scheidet B aus dem Unternehmen des A aus und wechselt zum Arbeitgeber C. Im Einvernehmen mit A und B wird die Versorgungszusage von C übernommen und die Police der Direktversicherung umgeschrieben.

Es liegt eine Übernahme der Versorgungszusage mit Schuldnerwechsel vor (§ 4 Abs. 2 Nr. 1 BetrAVG). Der Vorgang ist lohnsteuerlich nicht relevant. Eine Pauschalversteuerung der Beiträge des C ab 2010 für die Direktversicherung bis zu 1752 € mit 20 % ist möglich, da die Beiträge aufgrund einer vor dem 1.1.2005 erteilten Versorgungszusage geleistet werden. Erfüllen die Beiträge an die Direktversicherung auch die Voraussetzungen für die Steuerfreiheit, ist eine Pauschalierung der Beiträge bis zu 1752 € mit 20 % nur möglich, wenn B dem Angebot des neuen Arbeitgebers C zur Pauschalversteuerung spätestens bis zur ersten Beitragszahlung zustimmt.

Kein lohnsteuerlich relevanter Vorgang ist auch die **Übernahme** der **Versorgungszusage** (Fall des § 4 Abs. 2 Nr. 1 BetrAVG), wenn die betriebliche Altersversorgung sowohl beim **alten** als auch beim **neuen Arbeitgeber** über eine **Direktzusage** oder **Unterstützungskasse** durchgeführt wird. Zur Ablösung einer solchen Zusage vgl. das Stichwort „Pensionszusage" unter 3.

Beispiel B

Die D-GmbH hat ihrem Arbeitnehmer E im Jahre 2000 eine Direktzusage erteilt. Am 1.10.2010 wechselt E zur konzernverbundenen F-GmbH, die die Versorgungszusage im Einvernehmen aller Beteiligten übernimmt. Die D-GmbH leistet hierfür keine Zahlungen an die F-GmbH.

Es liegt eine Übernahme der Versorgungszusage mit Schuldnerwechsel vor (§ 4 Abs. 2 Nr. 1 BetrAVG). Der Vorgang ist lohnsteuerlich nicht relevant.

Die Verwaltung nimmt auch dann keinen lohnsteuerlich relevanten Vorgang an, wenn es bei einer Direktzusage – zumeist bei verbundenen Unternehmen – zu einem entgeltlichen **Schuldbeitritt** eines Dritten mit im Innenverhältnis vereinbarter Erfüllungsübernahme gegenüber aktiven Arbeitnehmern und/oder zur **Ausgliederung** von Pensionsverpflichtungen gegenüber ehemaligen Arbeitnehmern kommt. Es handelt sich weiterhin um eine Direktzusage des Arbeitgebers mit der Folge, dass erst bei Auszahlung der Versorgungsleistungen durch den Arbeitgeber oder Dritten Arbeitslohn vorliegt.*) Zur Vornahme des **Lohnsteuerabzugs durch einen Dritten** vgl. dieses Stichwort.

Hat der bisherige Arbeitgeber für seinen Arbeitnehmer eine Direktversicherung bei einem Versicherungsunternehmen (z. B. A-Gesellschaft) abgeschlossen und wechselt der Arbeitnehmer zu einem Arbeitgeber, der regelmäßig mit anderen Versicherungsunternehmen (z. B. B-Gesellschaft) Direktversicherungen abschließt, haben sich zahlreiche Versicherungsunternehmen nach dem „**Abkommen zur Übertragung von Direktversicherungen oder Versicherungen in eine Pensionskasse bei Arbeitgeberwechsel**" verpflichtet, dem neuen Arbeitgeber die Fortsetzung der bisherigen Versicherung zu ermöglichen. Dies setzt voraus, dass die Übertragung mit Zustimmung aller Beteiligten (neuer Arbeitgeber, alter Arbeitgeber und Arbeitnehmer) bei einem der beteiligten Versicherer **innerhalb von 15 Monaten nach dem Ausscheiden** des Arbeitnehmers aus dem bisherigen Arbeitsverhältnis beantragt wird und das bisherige Versicherungsunternehmen den Barwert ohne Abzüge an das neue Versicherungsunternehmen überweist. Die vorstehenden Ausführungen gelten auch bei sog. Kollektiv(Rahmen-)verträgen. Die Finanzverwaltung beanstandet es nicht, wenn auch in diesen Fällen von einer sog. Altzusage ausgegangen wird, wenn die Versorgungszusage vom bisherigen (alten) Arbeitgeber vor dem 1.1.2005 erteilt worden ist.**) Hierfür spricht, dass keine erneuten Abschlusskosten anfallen und keine Gesundheitsprüfung durchgeführt wird. Das gilt auch dann, wenn sich dabei die bisher abgesicherten biometrischen Risiken ändern, ohne dass damit eine Beitragsänderung verbunden ist. Die Höhe des Rechnungszinses ist lohnsteuerlich ohne Bedeutung. Der neue Arbeitgeber kann (= Wahlrecht) daher die Beiträge für eine solche Direktversicherung weiter bis zu 1752 € mit 20 % pauschal versteuern. Darüber hinausgehend handelt es sich – wie in den Fällen des vorstehenden Beispiels A – nicht um einen lohnsteuerlich relevanten Vorgang. Aus diesem Grund sind auch die bis zur Übertragung angefallenen Zinsen nicht zu versteuern. Die vorstehenden Ausführungen gelten entsprechend für vergleichbare Regelungen zur Übertragung von Versicherungen in Pensionskassen oder Pensionsfonds. Unter Berücksichtigung der späteren Versteuerung der Leistungen ist es regelmäßig vorteilhafter, wegen der Pauschalversteuerungsmöglichkeit für die Beiträge von einer Altzusage auszugehen.

---

*) Tz. 227 des BMF-Schreibens vom 20.1.2009 (BStBl. I S. 273, 308). Das BMF-Schreiben ist als Anhang 13c im **Steuerhandbuch für das Lohnbüro 2010** abgedruckt, das im selben Verlag erschienen ist. Das **PC-Lexikon** für das Lohnbüro 2010 enthält auch dieses Handbuch und hat außerdem den Vorteil, dass Sie **alle BFH-Urteile** sowie die aktuellen Rundschreiben und Niederschriften der Spitzenverbände der **Sozialversicherung** mit Mausklick **im Volltext** abrufen und ausdrucken können. Eine Bestellkarte finden Sie vorne im Lexikon.

) Tz. 252 des BMF-Schreibens vom 20.1.2009 (BStBl. I S. 273, 310). Das BMF-Schreiben ist als Anhang 13c im **Steuerhandbuch für das Lohnbüro 2010 abgedruckt, das im selben Verlag erschienen ist. Das **PC-Lexikon** für das Lohnbüro 2010 enthält auch dieses Handbuch und hat außerdem den Vorteil, dass Sie **alle BFH-Urteile** sowie die aktuellen Rundschreiben und Niederschriften der Spitzenverbände der **Sozialversicherung** mit Mausklick **im Volltext** abrufen und ausdrucken können. Eine Bestellkarte finden Sie vorne im Lexikon.

noch Anhang 6

Beispiel C

Arbeitgeber D hat für den Arbeitnehmer E im Jahre 2002 eine Direktversicherung abgeschlossen. E wechselt zum 1.4.2010 vom Arbeitgeber D zum Arbeitgeber F. Da D und F ihre Direktversicherungen bei unterschiedlichen Versicherungsgesellschaften abschließen, wird der Barwert aufgrund des Abkommens zur Übertragung von Direktversicherungen oder Versicherungen in eine Pensionskasse bei Arbeitgeberwechsel innerhalb von 15 Monaten nach dem Ausscheiden des E aus dem Arbeitsverhältnis vom bisherigen Versicherungsunternehmen K an das neue Versicherungsunternehmen L überwiesen.

Eine Pauschalversteuerung der von F ab 1.4.2010 gezahlten Beiträge für die Direktversicherung bis zu 1752 € mit 20 % ist möglich, da die Beiträge aufgrund einer vor dem 1.1.2005 von D erteilten Versorgungszusage geleistet werden. Erfüllen die Beiträge für die Direktversicherung auch die Voraussetzungen für die Steuerfreiheit, ist eine Pauschalierung der Beiträge bis zu 1752 € mit 20 % nur möglich, wenn der Arbeitnehmer E dem Angebot des neuen Arbeitgebers F zur Pauschalversteuerung spätestens bis zur ersten Beitragszahlung zustimmt.

Der Wechsel des Versicherungsunternehmens **außerhalb** des „Abkommens zur Übertragung von Direktversicherungen oder Versicherungen in eine Pensionskasse bei Arbeitgeberwechsel" führt zur Beendigung des ursprünglichen Vertrags (= steuerlicher Zufluss) und zum Abschluss eines neuen Versicherungsvertrags (= Neuzusage). Damit sind Überlegungen in der Praxis betreffend einen Wechsel des Versicherungsunternehmens ohne Arbeitgeberwechsel wohl hinfällig.

Beispiel D

Arbeitgeber A hat für seinen Arbeitnehmer B am 1.4.2005 einen Direktversicherungsvertrag beim Versicherungsunternehmen C abgeschlossen und die Beiträge seitdem steuerfrei eingezahlt. Zum 31.5.2010 wird der Direktversicherungsvertrag gekündigt, die Leistung von dem Versicherungsunternehmen an den Arbeitnehmer B ausbezahlt und zum 1.6.2010 von Arbeitgeber A für Arbeitnehmer B ein neuer Direktversicherungsvertrag beim Versicherungsunternehmen D abgeschlossen.

Da die betriebliche Altersversorgung **mit Wirkung für die Zukunft** beendet wird, handelt es sich bei der Zahlung des Versicherungsunternehmens an den Arbeitnehmer B um voll steuerpflichtige Einkünfte nach § 22 Nr. 5 Satz 1 EStG.

Hinweis: Im Fall einer kompletten **Rückabwicklung** des Vertragsverhältnisses **mit Wirkung für die Vergangenheit** würde es sich bei der Zahlung der Versorgungseinrichtung an den Arbeitnehmer um eine Arbeitslohnzahlung handeln, die – als Arbeitslohnzahlung für mehrere Jahre – regelmäßig nach der Fünftelregelung ermäßigt zu besteuern ist. Dieser Fall wird aber in der Praxis nur selten vorkommen.

Die Finanzverwaltung hat erfreulicherweise auch dann keine Bedenken von einer weiter pauschalierungsfähigen **Altzusage** auszugehen, wenn eine **Direktversicherung** (Versorgungszusage wurde **vor** dem **1.1.2005** erteilt) **infolge** der **Beendigung** des Arbeitsverhältnisses auf den **Arbeitnehmer übertragen** (= versicherungsvertragliche Lösung), dann von diesem zwischenzeitlich **privat (z. B.** während der Zeit einer **Arbeitslosigkeit)** und **später** von einem **neuen Arbeitgeber** wieder als Direktversicherung **fortgeführt** wird.*)

Der **Zeitraum** der privaten Fortführung des Versicherungsvertrags ist **ohne Bedeutung.** Es ist auch unerheblich, ob während der Zeit der privaten Fortführung Beiträge geleistet wurden oder der Vertrag beitragsfrei gestellt wurde. Die vorstehenden Ausführungen gelten entsprechend bei Übertragung von Versicherungen in Pensionskassen auf den Arbeitnehmer und späterer Übernahme durch den neuen Arbeitgeber.

Beispiel E

Arbeitgeber N hat für den Arbeitnehmer O im Jahre 1997 eine Direktversicherung abgeschlossen. O ist seit dem 1.6.2008 arbeitslos. Anlässlich des Verlusts seines Arbeitsplatzes ist die Versicherungspolice von N auf O umgeschrieben worden. Zum 1.1.2010 erhält O eine Stelle bei P, der bereit ist, die „alte" Direktversicherung zu übernehmen. Die Versicherungspolice wird daher zum 1.1.2010 von O auf P umgeschrieben.

Eine Pauschalversteuerung der von P ab 1.1.2010 gezahlten Beiträge für die Direktversicherung bis zu 1752 € mit 20 % ist möglich, da es sich um eine Altzusage handelt. Erfüllen die Beiträge für die Direktversicherung auch die Voraussetzungen für die Steuerfreiheit, ist eine Pauschalierung der Beiträge bis zu 1752 € mit 20 % nur möglich, wenn der Arbeitnehmer O dem Angebot des neuen Arbeitgebers P zur Pauschalversteuerung spätestens bis zur ersten Beitragszahlung zustimmt.

Der bei einem **Arbeitgeberwechsel** nach den Regelungen des Betriebsrentenrechts ggf. vom bisherigen Arbeitgeber des Arbeitnehmers oder dessen externer Versorgungseinrichtung an den neuen Arbeitgeber oder dessen externer Versorgungseinrichtung zu leistende **Übertragungswert** (vgl. § 4 Abs. 5 BetrAVG) ist **steuerfrei,** wenn die betriebliche Altersversorgung sowohl beim **alten** als auch beim **neuen Arbeitgeber** über einen **externen Versorgungsträger** (Pensionsfonds, Pensionskasse, Direktversicherung) durchgeführt wird (§ 3 Nr. 55 Satz 1 EStG). Es ist für die Steuerfreiheit nicht Voraussetzung, dass beide Arbeitgeber den gleichen Durchführungsweg gewählt haben. Die bei der Übertragung später **Versorgungsleistungen** gehören **zu den Einkünften,** zu denen die Leistungen gehören würden, wenn die **Übertragung nicht stattgefunden** hätte (§ 3 Nr. 55 Satz 3 EStG).

Beispiel F

Arbeitgeber A hat für seinen Arbeitnehmer C die betriebliche Altersversorgung in der Vergangenheit mit steuerfreien Beiträgen über eine Pensionskasse durchgeführt. Anlässlich der Beendigung des Arbeitsverhältnisses überträgt die Pensionskasse den Übertragungswert von 15 000 € im Einvernehmen mit A, dem Arbeitnehmer C und dem neuen Arbeitgeber B auf einen Pensionsfonds, über den B die betriebliche Altersversorgung seiner Arbeitnehmer durchführt (§ 4 Abs. 2 Nr. 2 BetrAVG).

Die Übertragung des Betrags von 15 000 € ist steuerfrei (§ 3 Nr. 55 Satz 1 EStG). Die späteren Versorgungsleistungen des Pensionsfonds sind als sonstige Einkünfte zu versteuern (§ 22 Nr. 5 Satz 1 EStG), soweit sie auf steuerfreien Beiträgen beruhen. Dies gilt auch, soweit die Versorgungsleistungen auf steuerfreien Beiträgen des A an die Pensionskasse beruhen (§ 3 Nr. 55 Satz 3 EStG).

Die **Steuerfreiheit** ist **auch dann** gegeben, wenn der **Übertragungswert** vom **ehemaligen Arbeitgeber** oder von einer **Unterstützungskasse an** den **neuen Arbeitgeber** oder eine **andere Unterstützungskasse** geleistet wird (§ 3 Nr. 55 Satz 2 EStG).

Beispiel G

Arbeitgeber F hat für seinen Arbeitnehmer G die betriebliche Altersversorgung in der Vergangenheit über die Unterstützungskasse A durchgeführt. Anlässlich der Beendigung des Arbeitsverhältnisses überträgt die Unterstützungskasse A den Übertragungswert von 20 000 € im Einvernehmen mit F, dem Arbeitnehmer G und dem neuen Arbeitgeber H auf die Unterstützungskasse B, über die H die betriebliche Altersversorgung seiner Arbeitnehmer durchführt (§ 4 Abs. 2 Nr. 2 BetrAVG).

Die Übertragung des Betrags von 20 000 € ist steuerfrei (§ 3 Nr. 55 Satz 2 EStG). Sämtliche späteren Versorgungsleistungen der Unterstützungskasse B sind als Arbeitslohn zu versteuern (§ 3 Nr. 55 Satz 3 EStG).

Die in den vorstehenden Beispielen erwähnte **Steuerbefreiungsvorschrift** des § 3 Nr. 55 EStG gilt auch für Arbeitnehmer, die nicht in der gesetzlichen Rentenversicherung pflichtversichert sind (z. B. **beherrschende Gesellschafter-Geschäftsführer** oder geringfügig Beschäftigte).

Die Anwendung der Steuerbefreiungsvorschrift des § 3 Nr. 55 EStG setzt aufgrund des Verweises auf die Vorschriften des Betriebsrentengesetzes die **Beendigung** des **bisherigen Dienstverhältnisses** und den **Abschluss** eines **neuen Dienstverhältnisses** voraus. Die Übernahme der Versorgungszusage durch einen Arbeitgeber, bei dem der Arbeitnehmer bereits beschäftigt ist, ist betriebsrentenrechtlich unschädlich und steht daher der Anwendung der Steuerbefreiungsvorschrift nicht entgegen.

Beispiel H

Der Gesellschafter-Geschäftsführer der A-GmbH (Bruttoarbeitslohn jährlich 120 000 €), dem im Rahmen dieses Dienstverhältnisses eine Direktzusage erteilt wurde, war im Unternehmensverbund bisher auch für die B-GmbH auf 400-€-Basis tätig. Aufgrund von Umstrukturierungsmaßnahmen übt er zukünftig die Geschäftsführertätigkeit nur noch für die B-GmbH aus (Bruttoarbeitslohn jährlich 150 000 €) und das Dienstverhältnis zur A-GmbH wird beendet. Der Übertragungswert für die Direktzusage wird von der A-GmbH an die B-GmbH geleistet.

Der von der A-GmbH an die B-GmbH geleistete Übertragungswert ist nach § 3 Nr. 55 Satz 2 EStG steuerfrei.

Die **Steuerfreiheit** für einen **Übertragungswert** kann aber **nicht** in Anspruch genommen werden, wenn der **bisherige Arbeitgeber** als betriebliche Altersversorgung eine **Direktzusage** erteilt oder diese über eine **Unterstützungskasse** durchgeführt hat und sie beim **neuen Arbeitgeber** über einen externen Versorgungsträger **(Pensionsfonds, Pensionskasse** oder **Direktversicherung)** durchgeführt wird. Die Zahlungen des bisherigen Arbeitgebers bzw. der Unterstützungskasse an den externen Versorgungsträger sind grundsätzlich **steuerpflichtiger Arbeitslohn.** Es ist allerdings zu prüfen, inwieweit die steuerfreie oder pauschal steuerpflichtige **Vervielfältigungsregelung** in Anspruch genommen werden kann (vgl. hierzu die Erläuterungen unter der vorstehenden Nr. 9). Zur Übertragung von Versorgungszusagen auf einen Pensionsfonds vgl. die Ausführungen unter der vorstehenden Nr. 12.

Eine **Steuerfreiheit** des **Übertragungswerts** kommt ebenfalls **nicht** in Betracht, wenn die betriebliche Altersversorgung beim **alten Arbeitgeber** über einen externen Versorgungsträger **(Pensionsfonds, Pensionskasse** oder **Direktversicherung)** durchgeführt wurde und der **neue Arbeitgeber** eine **Direktzusage** erteilt oder die betriebliche Altersversorgung über eine **Unterstützungskasse** durchführt. Beim Arbeitnehmer liegen in solch einem Fall regelmäßig sonstige Einkünfte vor (§ 22 Nr. 5 EStG) oder es kann sich um eine schädliche Verwendung i. S. d. § 93 EStG handeln (siehe auch weiter unten). Da der Arbeitnehmer allerdings in diesen Fällen einen eigenen Rechtsanspruch gegen einen fremden Dritten (den externen Versorgungsträger des bisherigen Arbeitgebers) ohne adäquaten Ersatz aufgibt, dürfte diese Fallkonstellation in der **Praxis** äußerst **selten** sein.

---

*) Tz. 254 des BMF-Schreibens vom 20.1.2009 (BStBl. I S. 273, 311). Das BMF-Schreiben ist als Anhang 13c im **Steuerhandbuch für das Lohnbüro 2010** abgedruckt, das im selben Verlag erschienen ist. Das **PC-Lexikon** für das Lohnbüro 2010 enthält auch dieses Handbuch und hat außerdem den Vorteil, dass Sie **alle BFH-Urteile** sowie die aktuellen Rundschreiben und Niederschriften der Spitzenverbände der **Sozialversicherung** mit Mausklick **im Volltext** abrufen und ausdrucken können. Eine Bestellkarte finden Sie vorne im Lexikon.

noch Anhang 6

Außerdem kommt die vorstehend beschriebene **Steuerfreiheit** des § 3 Nr. 55 EStG **nicht** bei einem **Betriebsübergang** nach § 613a BGB in Betracht, da in solch einem Fall die Regelungen des § 4 BetrAVG wegen der fehlenden Beendigung des Arbeitsverhältnisses nicht anzuwenden sind.

Sind die **Beiträge** für den Aufbau der **betrieblichen Altersversorgung** beim **alten Arbeitgeber individuell** über die Lohnsteuerkarte des Arbeitnehmers **versteuert** und über **Zulagen** und ggf. zusätzlichen Sonderausgabenabzug („Rieser-Rente") **gefördert** worden, ist die **Übertragung** des Werts vom **alten** auf den **neuen Arbeitgeber** dann **keine schädliche Verwendung,** wenn auch **nach** der **Übertragung** eine **lebenslange Altersversorgung** des Arbeitnehmers **gewährleistet** ist (§ 93 Abs. 2 Satz 2 EStG i. V. m. § 4 Abs. 2 und 3 BetrAVG). Zur schädlichen Verwendung von Altersvorsorgevermögen vgl. die nachfolgenden Erläuterungen im Anhang 6a unter Nr. 7.

Beispiel I
Arbeitgeber A hat für seinen Arbeitnehmer B seit 2002 Beiträge in eine Pensionskasse eingezahlt. B hat auf die Steuer- und Sozialversicherungsfreiheit der Beiträge verzichtet, um die staatliche Förderung über Zulagen und ggf. zusätzlichen Sonderausgabenabzug in Anspruch nehmen zu können. Zum 1. 10. 2010 wird das bisherige Arbeitsverhältnis beendet und B wechselt zum Arbeitgeber C, der die betriebliche Altersversorgung über einen Pensionsfonds durchführt, der genauso wie bisher die Pensionskasse lebenslange Altersversorgungsleistungen gewährleistet. Im Einvernehmen zwischen A, B und C wird der ermittelte Übertragungswert von 25 000 € von der Pensionskasse auf den Pensionsfonds übertragen.

Obwohl B für die Beiträge an die Pensionskasse die staatliche Förderung über Zulagen und ggf. zusätzlichem Sonderausgabenabzug in Anspruch genommen hat, handelt es sich nicht um eine schädliche Verwendung (§ 93 Abs. 2 Satz 2 EStG).

16. Versorgungsausgleich für Betriebsrenten

Durch das Gesetz zur Strukturreform des Versorgungsausgleichs vom 3.4.2009 (BGBl. I S. 709) wurde zum 1.9.2009 für den Fall der **Ehescheidung** das materielle Recht und das Verfahrensrecht des Versorgungsausgleichs grundlegend neu geregelt; am Grundsatz der **Teilung** der in der Ehe erworbenen **Versorgungen** hat sich jedoch nichts geändert. Daher sollen alle Anrechte aus der betrieblichen Altersversorgung – unabhängig vom Durchführungsweg – zwischen den Ehegatten geteilt werden und zwar sowohl diejenigen beim Arbeitgeber als auch die Anrechte bei externen Versorgungsträgern. Lediglich in bestimmten Fällen wird zivilrechtlich von einem Versorgungsausgleich abgesehen (z. B. kurze Ehezeit, geringfügiger Wertunterschied = Verzicht auf sog. Bagatellausgleich).

Das Gesetz enthält auch steuerliche, das Versorgungsrecht flankierende Regelungen. Diese steuerlichen Regelungen stellen **grundsätzlich** sicher, dass sich durch einen Versorgungsausgleich für die betroffenen Personen **keine belastenden steuerlichen Konsequenzen** ergeben.

Der Grundsatz ist die „interne Teilung". Interne Teilung bedeutet Teilung jedes Anrechts innerhalb des Versorgungssystems. Der jeweils **ausgleichsberechtigte Ehegatte** erhält einen **eigenen Anspruch auf** eine **Versorgung** bei dem Versorgungsträger des jeweils **ausgleichspflichtigen Ehegatten.** Die ausgleichsberechtigten Personen erhalten für intern geteilte Anrechte die versorgungsrechtliche Stellung eines ausgeschiedenen Arbeitnehmers. Zudem nimmt die ausgleichsberechtigte Person an den Chancen und Risiken des Versorgungssystems der ausgleichspflichtigen Person teil. Die **Übertragung von Anrechten** im Rahmen der **internen Teilung** ist **steuerfrei** (§ 3 Nr. 55a EStG); dies gilt sowohl für die ausgleichspflichtige als auch für die ausgleichsberechtigte Person. Die **Leistungen** aus diesen Anrechten gehören bei der ausgleichsberechtigten Person zu den **Einkünften,** zu denen die Leistungen bei der ausgleichspflichtigen Person gehören würden, **wenn** die interne **Teilung nicht stattgefunden** hätte. Die ausgleichspflichtige Person versteuert später die zufließenden reduzierten und die ausgleichsberechtigte Person die zufließenden Leistungen.

Beispiel A
Anlässlich der Ehescheidung wird der Kapitalwert der Betriebsrente des Ehemannes aus einer Direktzusage zur Hälfte auf ihn und seine Ehefrau aufgeteilt.
Der Übergang des hälftigen Kapitalwerts der Betriebsrente auf die Ehefrau ist steuerfrei (§ 3 Nr. 55a Satz 1 EStG). Auch bei der Ehefrau führen die späteren Zahlungen aus der Direktzusage zu steuerpflichtigem Arbeitslohn (§ 3 Nr. 55a Satz 2 EStG), für die ggf. die Freibeträge für Versorgungsbezüge (vgl. die Erläuterungen beim Stichwort „Versorgungsbezüge, Versorgungsfreibetrag") in Anspruch genommen werden können.

Beispiel B
Anlässlich der Ehescheidung wird der steuerfrei aufgebaute Kapitalwert einer Versorgungsanwartschaft des Ehemannes aus einer Pensionskasse zur Hälfte auf ihn und seine Ehefrau aufgeteilt.
Der Übergang des hälftigen Kapitalwerts der Versorgungsanwartschaft auf die Ehefrau ist steuerfrei (§ 3 Nr. 55a Satz 1 EStG). Bei der Ehefrau führen die späteren Zahlungen aus der Pensionskasse zu steuerpflichtigem sonstigen Einkünften (§ 22 Nr. 5 Satz 1 EStG); die Freibeträge für Versorgungsbezüge können hierfür nicht in Anspruch genommen werden.

Wird das Anrecht aus einem **Direktversicherungsvertrag intern geteilt** und somit ein eigenes Anrecht zugunsten der ausgleichsberechtigten Person begründet, gilt der „Vertrag" der ausgleichsberechtigten Person insoweit zu dem gleichen Zeitpunkt als abgeschlossen wie derjenige der ausgleichspflichtigen Person (§ 52 Abs. 36 Satz 12 EStG). Durch diese Fiktion soll eine Gleichbehandlung der Besteuerung der Erträge aus dem Versicherungsvertrag bei beiden Ehegatten gewährleistet werden. Ohne diese Fiktion könnte die ausgleichsberechtigte Person die Steuerbefreiung für Kapitalauszahlungen bei einer Mindestlaufzeit von 12 Jahren bei Altzusagen (= Versorgungszusagen, die vor dem 1.1.2005 erteilt worden sind) nicht in Anspruch nehmen.

Beispiel C
Anlässlich der Scheidung der Eheleute A und B im Oktober 2010 wird das Anrecht aus dem Direktversicherungsvertrag des A auf A und B aufgeteilt. A hat den Direktversicherungsvertrag im November 1995 abgeschlossen. Im Frühjahr 2015 erhält B aus dem Direktversicherungsvertrag eine Kapitalauszahlung.
Die Kapitalauszahlung an B aufgrund der Altzusage ist steuerfrei, da die Mindestlaufzeit von 12 Jahren überschritten ist (§ 52 Abs. 36 Satz 12 i. V. m. Satz 5 EStG).

Eine **externe Teilung** – also die Begründung eines Anrechts bei einem anderen Versorgungsträger – findet statt, wenn der **ausgleichsberechtigte Ehegatte** und der **Versorgungsträger** des ausgleichspflichtigen Ehegatten dies **vereinbaren.** Diese Vereinbarung ist unabhängig von der Höhe des Ausgleichswerts möglich. Außerdem ist eine externe Teilung auch dann zulässig, wenn der Versorgungsträger des ausgleichspflichtigen Ehegatten eine externe Teilung wünscht.

In den Fällen der **externen Teilung** ist der geleistete **Ausgleichswert** grundsätzlich **steuerfrei** (§ 3 Nr. 55b Satz 1 EStG). Eine Steuerfreiheit des Ausgleichswerts kommt aber **nicht** in Betracht, soweit die auf dem begründeten Anrecht beruhenden Leistungen bei der ausgleichsberechtigten Person zu Einkünften aus **Kapitalvermögen** (§ 20 Abs. 1 Nr. 6 EStG) oder zu mit den **Ertragsanteil** steuerpflichtigen sonstigen Einkünften führen würden (§ 22 Nr. 1 Satz 3 Doppelbuchstabe bb EStG; vgl. § 3 Nr. 55b Satz 2 EStG).

Beispiel D
Wie Beispiel A. Der Arbeitgeber des Ehemannes zahlt im Einverständnis mit der Ehefrau für den hälftigen Kapitalwert der Betriebsrente eine Abfindung

a) an die Unterstützungskasse des Arbeitgebers der Ehefrau um dort den Kapitalwert der Betriebsrente aufzustocken;
b) in einen Riester-Vertrag der Ehefrau ein;
c) in einen privaten Rentenversicherungsvertrag mit Kapitalwahlrecht der Ehefrau ein.

Im Fall a) ist die Zahlung des Arbeitgebers des Ehemannes an die Unterstützungskasse des Arbeitgebers der Ehefrau steuerfrei (§ 3 Nr. 55b Satz 1 EStG). Die späteren Zahlungen der Unterstützungskasse führen – auch soweit die Versorgungsleistungen auf die Einmalzahlung des Arbeitgebers des Ehemannes zurückzuführen sind – zu steuerpflichtigem Arbeitslohn, für den ggf. die Freibeträge für Versorgungsbezüge (vgl. die Erläuterungen beim Stichwort „Versorgungsbezüge, Versorgungsfreibetrag") in Anspruch genommen werden können.

Im Fall b) ist die Zahlung des Arbeitgebers des Ehemannes in den „Riester-Vertrag" der Ehefrau steuerfrei (§ 3 Nr. 55b Satz 1 EStG). Die späteren Leistungen aus dem „Riester-Vertrag" führen – auch soweit sie auf die Einmalzahlung des Arbeitgebers des Ehemannes zurückzuführen sind – zu sonstigen Einkünften (§ 22 Nr. 5 Sätze 1 und 2 EStG).

Im Fall c) ist die Zahlung des Arbeitgebers des Ehemannes in den privaten Rentenversicherungsvertrag der Ehefrau mit Kapitalwahlrecht steuerpflichtig, da Leistungen aus dem Rentenversicherungsvertrag zu lediglich mit dem Ertragsanteil steuerpflichtigen sonstigen Einkünften führen (§ 3 Nr. 55b Satz 2 EStG). U. E. handelt es sich bei der Zahlung des Arbeitgebers des Ehemannes in den privaten Rentenversicherungsvertrag der Ehefrau um steuerpflichtigen Arbeitslohn des Ehemannes. Aus diesem Grund muss der Ehemann der gewählten Zielversorgung zustimmen (vgl. §§ 14 Abs. 4 i. V. m. 15 Abs. 3 Versorgungsausgleichsgesetz). Daher werden diese Fallgestaltungen in der Praxis nur selten anzutreffen sein.

Das Versorgungskapital muss übrigens vom ausgleichsberechtigten Ehegatten für die Altersversorgung verwendet werden. Eine Auszahlung an den ausgleichsberechtigten Ehegatten – mit der Möglichkeit der „freien Verwendung" – kommt nicht in Betracht.

noch Anhang 6

Steuerliche Behandlung der betrieblichen, kapitalgedeckten Altersversorgung 2010

Durch-führungs-weg	Beitragsphase (Ansparphase)	Leistungsphase (Auszahlungsphase)
Pensions-kasse	Beiträge des Arbeitgebers sind bis zu 4 % der Beitragsbemessungsgrenze in der Rentenversicherung (2010: 2640 €) steuerfrei (§ 3 Nr. 63 EStG); für Neuzusagen (= Versorgungszusagen, die nach dem 31.12.2004 erteilt wurden) erhöht sich das steuerfreie Volumen um 1800 €	Zahlungen der Pensionskasse sind beim Arbeitnehmer als sonstige Einkünfte voll steuerpflichtig (§ 22 Nr. 5 Satz 1 EStG)
	Beiträge des Arbeitgebers aufgrund von Altzusagen (= Versorgungszusagen, die vor dem 1.1.2005 erteilt wurden) werden mit 20 % pauschal besteuert (§ 40b Abs. 1 EStG)	Zahlungen der Pensionskasse sind beim Arbeitnehmer als sonstige Einkünfte mit dem Ertragsanteil steuerpflichtig (§ 22 Nr. 5 Satz 2 i. V. m. Nr. 1 Satz 3 Buchst. a Doppelbuchstabe bb EStG)
	Beiträge des Arbeitgebers werden individuell über die Lohnsteuerkarte besteuert und der Arbeitnehmer nimmt hierfür die Förderung für die „Riester-Rente" in Anspruch (Altersvorsorgezulage, Sonderausgabenabzug)	Zahlungen der Pensionskasse sind beim Arbeitnehmer als sonstige Einkünfte voll steuerpflichtig (§ 22 Nr. 5 Satz 1 EStG)
Pensions-fonds	Beiträge des Arbeitgebers sind bis zu 4 % der Beitragsbemessungsgrenze in der Rentenversicherung (2010: 2640 €) steuerfrei (§ 3 Nr. 63 EStG); für Neuzusagen ab 2005 erhöht sich das steuerfreie Volumen um 1800 €	Zahlungen des Pensionsfonds sind beim Arbeitnehmer als sonstige Einkünfte voll steuerpflichtig (§ 22 Nr. 5 Satz 1 EStG)
	Keine Pauschalierung der Beiträge möglich (§ 40b EStG)	–
	Beiträge des Arbeitgebers werden individuell über die Lohnsteuerkarte besteuert und der Arbeitnehmer nimmt hierfür die Förderung für die „Riester-Rente" in Anspruch (Altersvorsorgezulage, Sonderausgabenabzug)	Zahlungen des Pensionsfonds sind beim Arbeitnehmer als sonstige Einkünfte voll steuerpflichtig (§ 22 Nr. 5 Satz 1 EStG)
	Leistungen des Arbeitgebers oder einer Unterstützungskasse an einen Pensionsfonds zur Übernahme bestehender Versorgungsverpflichtungen oder -anwartschaften sind steuerfrei, wenn die hierdurch entstehenden zusätzlichen Betriebsausgaben gleichmäßig auf die zehn folgenden Wirtschaftsjahre verteilt werden (§ 3 Nr. 66 EStG)	Zahlungen des Pensionsfonds sind beim Arbeitnehmer als sonstige Einkünfte voll steuerpflichtig (§ 22 Nr. 5 Satz 1 EStG)
Direktversi-cherung	Beiträge des Arbeitgebers sind bis zu 4 % der Beitragsbemessungsgrenze in der Rentenversicherung (2010: 2640 €) steuerfrei (§ 3 Nr. 63 EStG); für Neuzusagen (= Versorgungszusagen, die nach dem 31.12.2004 erteilt wurden) erhöht sich das steuerfreie Volumen um 1800 €	Zahlungen der Direktversicherung sind beim Arbeitnehmer als sonstige Einkünfte voll steuerpflichtig (§ 22 Nr. 5 Satz 1 EStG).
	Beiträge des Arbeitgebers aufgrund von Altzusagen (= Versorgungszusagen, die vor dem 1.1.2005 erteilt wurden) werden mit 20 % pauschal besteuert (§ 40b Abs. 1 EStG). Zum Wahlrecht zur Beibehaltung der Pauschalversteuerung bei Altzusagen vgl. auch die Ausführungen unter Nr. 6.	Laufende Zahlungen der Direktversicherung sind beim Arbeitnehmer als sonstige Einkünfte mit dem Ertragsanteil steuerpflichtig (§ 22 Nr. 5 Satz 2 i. V. m. Nr. 1 Satz 3 Buchst. a Doppelbuchstabe bb EStG). Kapitalzahlungen sind grundsätzlich nicht steuerpflichtig; die Mindestlaufzeit von 12 Jahren für die Steuerfreiheit der (außer-)rechnungsmäßigen Zinsen ist jedoch zu beachten.
	Beiträge des Arbeitgebers werden individuell über die Lohnsteuerkarte besteuert und der Arbeitnehmer nimmt hierfür die Förderung für die „Riester-Rente" in Anspruch (Altersvorsorgezulage, Sonderausgabenabzug)	Zahlungen der Direktversicherung sind beim Arbeitnehmer als sonstige Einkünfte voll steuerpflichtig (§ 22 Nr. 5 Satz 1 EStG)
Direkt-zusage	Kein Zufluss beim Arbeitnehmer in Höhe der Beiträge des Arbeitgebers; dies gilt auch bei einer Entgeltumwandlung des Arbeitnehmers	Zahlungen sind beim Arbeitnehmer als Einkünfte aus nichtselbständiger Arbeit – ggf. Inanspruchnahme der Versorgungsfreibeträge – voll steuerpflichtig (§ 19 Abs. 1 Satz 1 Nr. 2 EStG)
Unter-stützungs-kasse	Kein Zufluss beim Arbeitnehmer in Höhe der Beiträge des Arbeitgebers; dies gilt auch bei einer Entgeltumwandlung des Arbeitnehmers	Zahlungen sind beim Arbeitnehmer als Einkünfte aus nichtselbständiger Arbeit – ggf. Inanspruchnahme der Versorgungsfreibeträge – voll steuerpflichtig (§ 19 Abs. 1 Satz 1 Nr. 2 EStG)

noch Anhang 6

Sozialversicherungsrechtliche Behandlung des Aufwands für betriebliche, kapitalgedeckte Altersversorgung 2010

Durchführungsweg	Sozialversicherungsrechtliche Behandlung
Pensionskasse	Steuerfreie Zuwendungen sind unabhängig davon, ob sie durch eine Entgeltumwandlung finanziert wurden oder nicht, bis zu 4 % der Beitragsbemessungsgrenze in der Rentenversicherung (2010: 2640 €) beitragsfrei (§ 1 Abs. 1 Nr. 9 SvEV). Pauschal besteuerte Beiträge an Pensionskassen sind bis zur steuerlichen Pauschalierungsgrenze beitragsfrei; bei einer Finanzierung der Beiträge über eine Entgeltumwandlung, darf sich die Entgeltumwandlung aber nicht auf das regelmäßige Entgelt beziehen (§ 1 Abs. 1 Nr. 4 SvEV i. V. m. § 40 b EStG).
Pensionsfonds	Steuerfreie Zuwendungen sind unabhängig davon, ob sie durch eine Entgeltumwandlung finanziert wurden oder nicht, bis zu 4 % der Beitragsbemessungsgrenze in der Rentenversicherung (2010: 2640 €) beitragsfrei (§ 1 Abs. 1 Nr. 9 SvEV). Steuerfreie Leistungen eines Arbeitgebers oder einer Unterstützungskasse an einen Pensionsfonds zur Übernahme bestehender Versorgungsverpflichtungen oder -anwartschaften sind in vollem Umfang beitragsfrei (§ 3 Nr. 66 EStG i. V. m. § 1 Abs. 1 Nr. 10 SvEV).
Direktversicherung	Steuerfreie Zuwendungen sind unabhängig davon, ob sie durch Entgeltumwandlung finanziert wurden oder nicht, bis zu 4 % der Beitragsbemessungsgrenze in der Rentenversicherung (2010: 2640 €) beitragsfrei (§ 1 Abs. 1 Nr. 9 SvEV). Pauschal besteuerte Beiträge an Direktversicherungen sind bis zur steuerlichen Pauschalierungsgrenze beitragsfrei; bei einer Finanzierung der Beiträge über eine Entgeltumwandlung, darf sich die Entgeltumwandlung aber nicht auf das regelmäßige Entgelt beziehen (§ 1 Abs. 1 Nr. 4 SvEV i. V. m. § 40 b EStG).
Direktzusage	Aufwand des Arbeitgebers, der nicht aus einer Entgeltumwandlung stammt, ist in vollem Umfang beitragsfrei. Aufwand, der aus einer Entgeltumwandlung stammt, ist bis zu 4 % der Beitragsbemessungsgrenze in der Rentenversicherung (2010: 2640 €) beitragsfrei (§ 14 Abs. 1 Satz 2 SGB IV).
Unterstützungskasse	Aufwand des Arbeitgebers, der nicht aus einer Entgeltumwandlung stammt, ist in vollem Umfang beitragsfrei. Aufwand, der aus einer Entgeltumwandlung stammt, ist bis zu 4 % der Beitragsbemessungsgrenze in der Rentenversicherung (2010: 2640 €) beitragsfrei (§ 14 Abs. 1 Satz 2 SGB IV).

„Riester-Rente"

Anhang 6a

Neues und Wichtiges auf einen Blick:

Der **Europäische Gerichtshof** ist nun in einem von der Europäischen Kommission betriebenen Verfahren zu dem Ergebnis gelangt, dass die „Riester-Förderung" wegen Verstoßes gegen das Recht auf freie Wohnortwahl (= Freizügigkeit) und gegen die Gleichbehandlung von Deutschen und Ausländern **eu-rechtswidrig** ist, soweit

- sog. **Grenzpendlern** (= Arbeitnehmer, die in Deutschland arbeiten und im Ausland wohnen) die **Zulageberechtigung verweigert** wird, wenn diese in Deutschland nicht unbeschränkt einkommensteuerpflichtig sind,
- die Riester-Förderung bei **Beendigung** der **unbeschränkten Steuerpflicht** infolge Wohnsitzverlegung in das Ausland wegen schädlicher Verwendung **zurückzuzahlen** ist,
- das geförderte Riester-**Kapital nicht** für eine zu eigenen Wohnzwecken genutzte **Wohnung** im **EU-Ausland** verwendet werden darf (EuGH-Urteil vom 10.9.2009 Rs 269/07).

Der **Gesetzgeber** wird die **beanstandeten Regelungen** in einem Gesetzgebungsverfahren Anfang 2010 **nachbessern.** Vgl. im Einzelnen auch die Erläuterungen unter den Nrn. 2, 7 und 8.

Bei „Riester-Verträgen" beträgt 2010 die **Grundzulage unverändert 154 €** jährlich und die **Kinderzulage** unverändert **185 €** je Kind **bzw. 300 €** je Kind jährlich, für alle **ab 1.1.2008 geborenen Kinder.** Außerdem erhalten seit 2008 alle **Zulageberechtigten**, die zu Beginn des Beitragsjahres das **25. Lebensjahr** noch **nicht vollendet** haben, zusätzlich zur Grundzulage einen **einmaligen Berufseinsteiger-Bonus** von bis zu **200 €.** Für 2010, sind das alle ab dem 2.1.1985 geborenen Zulageberechtigten, sofern sie den Bonus nicht bereits für 2008 oder 2009 erhalten haben. Der **Mindesteigenbeitrag**, um die volle Zulage – einschließlich Berufseinsteiger-Bonus – zu erhalten, beträgt **4 %** der beitragspflichtigen **Vorjahreseinnahmen** bzw. der Besoldung, **maximal 2100 €**, abzüglich der **Zulagen**. Zu beachten ist, dass der Berufseinsteiger-Bonus nicht der tariflichen Einkommensteuer hinzugerechnet wird, wenn im Rahmen der Günstigerprüfung der Sonderausgabenabzug zu einer höheren Steuerermäßigung führt als die Zulage. Der Berufseinsteiger-Bonus ist selbst – anders als die Zulage – auch nicht als Sonderausgaben abziehbar. Auf die Erläuterungen unter Nr. 4 wird hingewiesen.

Der **Höchstbetrag** für den ggf. **zusätzlichen Sonderausgabenabzug** bei „Riester-Verträgen" beträgt unverändert **2100 €.** Ab dem **Kalenderjahr 2010** setzt der Sonderausgabenabzug voraus, dass der **Anspruchsberechtigte** spätestens bis zum Ablauf des zweiten auf das Beitragsjahr folgenden Kalenderjahres gegenüber dem Anbieter schriftlich **eingewilligt** hat, dass dieser die im jeweiligen Beitragsjahr zu berücksichtigenden Altersvorsorgebeiträge unter Angabe der Identifikationsnummer an die Zentrale Stelle für Altersvorsorgevermögen (ZfA) **elektronisch übermittelt.** Vgl. im Einzelnen die Erläuterungen unter Nr. 5.

Durch das sog. **Eigenheimrentengesetz** ist die **Riester-Förderung** für das **selbstgenutzte Wohneigentum grundlegend neu geregelt** worden. In Riester-Verträgen angespartes **Kapital** kann seit 2008 **bis zu 100 %** steuerunschädlich für angeschafftes oder hergestelltes selbstgenutztes Wohneigentum – einschließlich Genossenschaftswohnungen – **entnommen** werden; eine Rückzahlung ist nicht mehr erforderlich (sog. **erweitertes Entnahmemodell**). Die entnommenen **Beträge** und die Tilgungsleistungen für zertifizierte Darlehens- und Bausparverträge werden auf einem **Wohnförderkonto festgehalten,** um jährlich 2 % erhöht und in einer **(fiktiven) Auszahlungsphase** versteuert. Diese Versteuerung geschieht wahlweise entweder sofort mit einem **Abschlag** von **30 %** auf den zu versteuernden Betrag **oder** – ohne Abschlag – **sukzessive** über einen **Zeitraum** von **17 bis 25 Jahren** zwischen dem vollendeten 60. und dem vollendeten 85. Lebensjahr. Auf die ausführlichen Erläuterungen unter Nr. 8 wird hingewiesen.

Gliederung:

1. Einleitung
2. Begünstigter Personenkreis
3. Begünstigte Altersvorsorgeprodukte
4. Altersvorsorgezulage (Grundzulage und Kinderzulage)
5. Sonderausgabenabzug
6. Nachgelagerte Besteuerung (Leistungsphase)
7. Schädliche Verwendung von Altersvorsorgevermögen
8. Einbeziehung von selbstgenutztem Wohneigentum

1. Einleitung

Im Jahre 2002 begann die staatliche Förderung für den Aufbau eines kapitalgedeckten (privaten) Altersvorsorgevermögens. Damit wurde neben der gesetzlichen Sozialversicherungsrente und der betrieblichen Altersversorgung eine dritte Säule der Altersvorsorge eingeführt. Ziel ist es, die Alterssicherung auf eine breitere finanzielle Grundlage zu stellen, die es ermöglicht, die Sicherung des im Erwerbsleben erreichten Lebensstandards trotz der Absenkung des Rentenniveaus bei der gesetzlichen Sozialversicherungsrente im Alter zu gewährleisten. Niemand ist allerdings verpflichtet, einen privaten Altersvorsorgevertrag abzuschließen. **Dies geschieht immer noch auf rein freiwilliger Basis.** Die Zahl der abgeschlossenen „Riester-Verträge" hat sich jedoch in den letzten Jahren deutlich erhöht und liegt mittlerweile bei rund 12 Millionen Verträgen. Erwähnenswert ist auch, dass der Staat bei „Hartz IV-Empfängern" nicht auf das Vermögen eines „Riester-Vertrags" zugreift.

Das Gesamtkonzept der staatlichen Förderung (sog. „Riester-Rente") sieht im Wesentlichen folgende Maßnahmen vor: Für Aufwendungen für einen begünstigten privaten Altersvorsorgevertrag (sog. Altersvorsorgebeiträge) wird seit dem Jahre 2002 eine **Grundzulage** gezahlt, die sich alle zwei Jahre erhöhte, bis im Jahre 2008 die maximale steuerliche Förderung erreicht wurde. Außerdem wird seit 2008 in bestimmten Fällen zusätzlich einmalig ein sog. Berufseinsteiger-Bonus gezahlt. Für jedes Kind, für das Kindergeld ausgezahlt wird, bekommt der Berechtigte eine **Kinderzulage**, die sich ebenfalls bis einschließlich 2008 alle zwei Jahre erhöhte. Für ab 2008 geborene Kinder wird eine höhere Kinderzulage gewährt. Bei der Einkommensteuerveranlagung prüft das Finanzamt vom Amts wegen, ob der Abzug der Altersvorsorgebeiträge als Sonderausgaben zu einer höheren steuerlichen Entlastung führt als die Zulagen. Der **Sonderausgabenabzug** ist bis zu einem **Höchstbetrag** möglich, der sich ebenfalls bis einschließlich 2008 alle zwei Jahre erhöhte, und wird neben dem Sonderausgabenabzug für Vorsorgeaufwendungen (insbesondere Beiträge zur Sozialversicherung und bestimmte Versicherungsbeiträge) gewährt; zur Entwicklung der Höhe der Grund- und Kinderzulage sowie des Sonderausgaben-Höchstbetrags im Einzelnen vgl. die nachstehenden Nrn. 4 und 5. Führt die Vergleichsrechnung (**„Günstigerprüfung"**) zwischen Sonderausgabenabzug und Zulage zu einer höheren Steuerentlastung, wird der Anspruch auf Zulage der tariflichen Einkommensteuer hinzugerechnet und der über die Zulagen hinausgehende Steuervorteil mit der Steuererstattung ausgezahlt oder mit einer Steuernachzahlung verrechnet (§ 2 Abs. 6 Satz 2 und § 10a Abs. 2 EStG). Führt die „Günstigerprüfung" zwischen Sonderausgabenabzug und Zulage nicht zu einer höheren Steuerentlastung, bleibt es bei der Zulage und ein zusätzlicher Sonderausgabenabzug scheidet aus. Das System mit der Vergleichsrechnung zwischen Sonderausgabenabzug und Zulage entspricht damit der seit 1996 beim Familienleistungsausgleich durchzuführenden Vergleichsrechnung zwischen Kindergeld und Freibeträgen für Kinder (vgl. Anhang 9). Die staatliche Förderung der privaten Altersvorsorgebeiträge über Zulagen und ggf. Sonderausgabenabzug in der Ansparphase hat allerdings auch zur Folge, dass die **späteren** regelmäßigen **Rentenzahlungen** in der Leistungsphase – anders als die Renten aus der gesetzlichen Sozialversicherung – nicht nur mit dem Besteuerungsanteil der Besteuerung unterliegen, sondern als sonstige Einkünfte **in voller Höhe steuerpflichtig** sind. Der Gesetzgeber geht davon aus, dass die Beiträge für die private Altersvorsorge über Zulagen oder Sonderausgabenabzug in der Ansparphase steuerfrei gestellt worden sind, was automatisch die volle **nachgelagerte Besteuerung** in der Leistungsphase zur Folge hat.

2. Begünstigter Personenkreis

Die staatliche Förderung über **Zulagen** und **Sonderausgabenabzug** kommt nur für **unbeschränkt steuerpflichtige Personen** in Betracht (vgl. auch die Stichworte „Beschränkt steuerpflichtige Arbeitnehmer" und „Unbeschränkte Steuerpflicht" im Hauptteil des Lexikons). Die Voraussetzungen der unbeschränkten Steuerpflicht müssen zumindest für einen Teil des Kalenderjahres (= Veranlagungszeitraum) vorgelegen haben. Nicht (mehr) begünstigt sind auch Altersvorsorgebeiträge zugunsten eines Vertrags, die nach Beginn der Auszahlung von Versorgungsleistungen geleistet werden.

Der **Europäische Gerichtshof** ist nun in einem von der Europäischen Kommission betriebenen Verfahren zu dem Ergebnis gelangt, dass die „Riester-Förderung" wegen Verstoßes gegen das Recht auf freie Wohnortwahl (= Freizügigkeit) und gegen die Gleichbehandlung von Deut-

noch Anhang 6a

schen und Ausländern u. a. **eu-rechtswidrig** ist, soweit sog. **Grenzpendlern** (= Arbeitnehmer, die in Deutschland arbeiten und im Ausland wohnen) die **Zulageberechtigung verweigert** wird, wenn diese in Deutschland nicht unbeschränkt einkommensteuerpflichtig sind (EuGH-Urteil vom 10.9.2009 Rs 269/07). Der **Gesetzgeber** wird wohl in einem Gesetzgebungsverfahren, das erst im Jahre 2010 abgeschlossen wird, die erforderliche **Nachbesserung** vornehmen und voraussichtlich auf die Zugehörigkeit zur inländischen gesetzlichen Rentenversicherung abstellen, wodurch Grenzpendler begünstigt sind.

Die staatliche Förderung über Zulagen und Sonderausgabenabzug („Riester-Rente") kann **jede einzelne Person** in Anspruch nehmen, die von der Absenkung des Rentenniveaus der gesetzlichen Sozialversicherungsrente betroffen ist; es kommt nicht zu einer automatischen Verdoppelung der staatlichen Förderung bei Ehegatten, wie es sonst im Steuerrecht allgemein üblich ist. Zum begünstigten Personenkreis gehören grundsätzlich **alle in der gesetzlichen Rentenversicherung Pflichtversicherten**, die unbeschränkt steuerpflichtig sind (§ 10 a Abs. 1 Satz 1 i. V. m. § 50 Abs. 1 Satz 3 EStG für den Sonderausgabenabzug und § 79 Satz 1 EStG für die Zulagen; zur eu-Rechtswidrigkeit vgl. vorstehenden Absatz). Eine Sonderregelung gilt jedoch für den **nicht pflichtversicherten Ehegatten** eines Pflichtversicherten, der einen eigenen Anspruch auf Zulagen, aber nicht auf den Sonderausgabenabzug hat, weil er durch Minderung der ihm zustehenden Witwenrente auch von der Absenkung des Rentenniveaus betroffen ist (§ 79 Satz 2 EStG; sog. **abgeleiteter Zulageanspruch**). Aufgrund der Absenkung des Versorgungsniveaus im öffentlichen Dienst gehören auch **Beamte, Richter, Soldaten** usw. zum begünstigten Personenkreis (§ 10 a Abs. 1 Satz 1 2. Halbsatz Nr. 1 – 5 EStG).

Es reicht für die volle steuerliche Förderung eines Kalenderjahres über Zulagen und Sonderausgabenabzug übrigens aus, wenn der Berechtigte einen Teil des Kalenderjahres zum begünstigten Personenkreis gehört.

Beispiel A
A ist bis Ende März 2010 als Arbeitnehmer pflichtversichert in der gesetzlichen Rentenversicherung und macht sich zum 1. 4. 2010 mit einer eigenen Firma selbständig.
Für 2010 steht ihm die volle staatliche Förderung über Zulagen und ggf. Sonderausgabenabzug zu. Sofern er seine selbständige Tätigkeit beibehält hat er allerdings ab 2011 keinen Anspruch mehr auf staatliche Förderung.

Zu den in der gesetzlichen Rentenversicherung Pflichtversicherten und damit **zum begünstigten Personenkreis gehören** insbesondere:

– **Arbeitnehmer,** Auszubildende, Behinderte in anerkannten Werkstätten, Studenten mit Ausnahme der vorgeschriebenen Zwischenpraktika (§ 1 SGB VI);
– **bestimmte selbständig Tätige** (§ 2 SGB VI). Hierzu gehören selbständige Lehrer, Erzieher und Pflegepersonen, die im Zusammenhang mit ihrer selbständigen Tätigkeit keine versicherungspflichtigen Arbeitnehmer beschäftigen, Hebammen und Entbindungshelfer, Seelotsen, Künstler und Publizisten, die der Künstlersozialversicherung unterliegen, Hausgewerbetreibende, bestimmte Küstenschiffer und Küstenfischer, in die Handwerksrolle eingetragene, nicht befreite Handwerker/Gewerbetreibende, arbeitnehmerähnliche Selbständige und Existenzgründer;
– Kindererziehende in den ersten drei Lebensjahren des Kindes (§ 3 Nr. 1 SGB VI);
– nicht erwerbsmäßige Pflegepersonen (§ 3 Nr. 1 a SGB VI);
– **Wehr- oder Zivildienstleistende** (§ 3 Nr. 2 SGB VI);
– **Lohnersatzleistungsbezieher** (§ 3 Nr. 3 SGB VI und § 4 Abs. 3 SGB VI); Arbeit suchende Personen stehen einem Pflichtversicherten gleich, wenn sie wegen des zu berücksichtigenden Einkommens oder Vermögens keine Leistung erhalten (§ 10 a Abs. 1 Satz 3 EStG); wird eine Leistung nicht gezahlt, weil sich der Arbeitslose nicht bei einer Agentur für Arbeit als Arbeitsuchender gemeldet hat, besteht keine Förderberechtigung;
– **Bezieher von Arbeitslosengeld II;** bei sog. „Hartz-IV-Empfängern" ist das Vermögen eines Riester-Vertrags vor dem Zugriff des Staates geschützt;
– Bezieher von Vorruhestandsgeld (§ 3 Nr. 4 SGB VI);
– **geringfügig Beschäftigte,** die auf die Sozialversicherungsfreiheit verzichtet haben und den **pauschalen Arbeitgeberbeitrag** zur gesetzlichen Rentenversicherung auf den vollen Beitragsatz **aufstocken** (§ 5 Abs. 2 SGB VI); wird allerdings vom Arbeitgeber lediglich der Pauschalbeitrag zur Rentenversicherung in Höhe von 15 % oder 5 % des Arbeitsentgelts entrichtet, bleibt der geringfügig beschäftigte Arbeitnehmer sozialversicherungsfrei und erhält keine staatliche Förderung über Zulagen und Sonderausgabenabzug zum Aufbau einer privaten Altersvorsorge;

– Versicherungspflichtige nach dem Gesetz über die Alterssicherung der Landwirte (§ 10 a Abs. 1 Satz 3 EStG);
– bis zur Vollendung des 67. Lebensjahrs Bezieher einer **Rente** oder Versorgung wegen **Erwerbs- oder Dienstunfähigkeit,** wenn sie zuvor pflichtversichert waren oder Besoldung erhalten haben (§ 10 a Abs. 1 Satz 4 EStG).

Aufgrund der Absenkung des Versorgungsniveaus im öffentlichen Dienst gehören zum **begünstigten Personenkreis** (§ 10 a Abs. 1 Satz 1 Halbsatz 2 EStG) u. a. auch:

– **Empfänger** von **Besoldung** nach dem **Bundesbesoldungsgesetz** oder einem entsprechenden Landesbesoldungsgesetz (§ 10 a Abs. 1 Satz 1 Halbsatz 2 Nr. 1 EStG); dies sind u. a. **Beamte, Richter, Berufssoldaten** und Soldaten auf Zeit,
– Empfänger von **Amtsbezügen** aus einem Amtsverhältnis, deren **Versorgung** die entsprechende Anwendung des **Beamtenversorgungsgesetzes vorsieht** (§ 10 a Abs. 1 Satz 1 Halbsatz 2 Nr. 2 EStG); dies sind z. B. die **Mitglieder** der **Regierung** des Bundes oder eines Landes sowie die **Parlamentarischen Staatssekretäre** auf Bundes- und Landesebene, nicht aber Abgeordnete,
– **Versicherungsfrei** und von der Versicherungspflicht befreite **Beschäftigte,** deren **Versorgung** die entsprechende Anwendung des **Beamtenversorgungsgesetzes** vorsieht (§ 10 a Abs. 1 Satz 1 Halbsatz 2 Nr. 3 EStG); dies sind z. B. rentenversicherungsfreie **Kirchenbeamte** und **Geistliche** in einem öffentlich-rechtlichen Dienstverhältnis sowie Lehrer und Erzieher, die an nicht öffentlichen Schulen oder Anstalten beschäftigt sind,
– **Beamte, Richter, Berufssoldaten** und **Soldaten** auf Zeit, die ohne Besoldung für die Zeit einer Beschäftigung **beurlaubt** sind und die Gewährleistung einer **Versorgungsanwartschaft** sich auch **auf diese Beschäftigung** erstreckt (§ 10 a Abs. 1 Satz 1 Halbsatz 2 Nr. 4 EStG) und
– Personen, die **beurlaubt** sind und deshalb **keine Besoldung,** Amtsbezüge oder Entgelt erhalten, sofern sie eine Anrechnung von Kindererziehungszeiten in Anspruch nehmen könnten, wenn die Versicherungsfreiheit in der gesetzlichen Rentenversicherung nicht bestehen würde. Der formale Grund für die Beurlaubung ist insoweit ohne Bedeutung (§ 10 a Abs. 1 Satz 1 Halbsatz 2 Nr. 5 EStG).

Für den vorstehenden Personenkreis des öffentlichen Dienstes setzt die steuerliche Förderung außerdem die schriftliche Einwilligung **(Einverständniserklärung)** zur Weitergabe der für einen maschinellen Datenabgleich notwendigen Daten von der zuständigen lohnzahlenden Stelle (§ 81 EStG) an die Zentrale Zulagestelle für Altersvorsorgevermögen (ZfA) voraus. Die Einwilligung ist **spätestens bis** zum **Ablauf des zweiten Kalenderjahres,** das auf das Beitragsjahr folgt, gegenüber der zuständigen lohnzahlenden Stelle zu erteilen; für **2009** also bis zum **31. 12. 2011** bzw. für **2010** bis zum **31. 12. 2012** (§ 10 a Abs. 1 Satz 1 letzter Halbsatz EStG). Die Einverständniserklärung gilt grundsätzlich auf Dauer. Sie kann vor Beginn des Jahres, für das sie erstmals nicht mehr gelten soll, gegenüber der zuständigen lohnzahlenden Stelle widerrufen werden (§ 10 a Abs. 1 Satz 2 EStG). Auch der Gesamtrechtsnachfolger (z. B. Witwe, Witwer) kann die Einverständniserklärung innerhalb der Frist für den Verstorbenen nachholen. Hat ein Angehöriger des vorstehend beschriebenen Personenkreises **keine Sozialversicherungsnummer, muss** außerdem über die zuständige lohnzahlende Stelle eine **Zulagenummer** bei der ZfA **beantragt werden** (§ 10 a Abs. 1 a EStG).

Außerdem gehören zum begünstigten Personenkreis unbeschränkt steuerpflichtige Arbeitnehmer, die einer **ausländischen gesetzlichen Rentenversicherungspflicht** unterliegen, soweit die Mitgliedschaft in der deutschen gesetzlichen Rentenversicherungspflicht vergleichbar ist. Das gilt auch für den Fall der Arbeitslosigkeit, wenn die Pflichtversicherung in der ausländischen Rentenversicherung fortbesteht. Die Regelung gilt für sog. **„Grenzgänger"** (vgl. auch dieses Stichwort im Hauptteil des Lexikons), die die Arbeitnehmertätigkeit im Gebiet eines Staates ausüben und im Gebiet eines anderen Staates wohnen, in das sie regelmäßig täglich, mindestens einmal wöchentlich zurückkehren. Die Voraussetzungen sind – über den „Grenzgängerbegriff" im Hauptteil des Lexikons hinaus – im Verhältnis zu sämtlichen Anrainerstaaten der Bundesrepublik Deutschland erfüllt.

Auch bei Beamten und sonstigen **Bediensteten der Europäischen Gemeinschaften** ist davon auszugehen, dass sie zum begünstigten Personenkreis gehören, sofern eine unbeschränkte Steuerpflicht vorliegt; sie sind wie Pflichtversicherte einer ausländischen gesetzlichen Rentenversicherung zu behandeln. Entsprechendes gilt insbesondere für Beschäftigte folgender Organisationen: Europäische Patentorganisation (EPO), ESA (= Europäische Weltraumorganisation), Europarat,

noch Anhang 6a

NATO, OECD, Westeuropäische Union und Europäisches Zentrum für mittelfristige Wettervorhersage (EZMW).

Nicht zum begünstigten Personenkreis gehören u. a.:
- **geringfügig Beschäftigte,** die nicht auf die Versicherungsfreiheit verzichtet haben (§ 5 Abs. 2 SGB VI);
- nicht pflichtversicherte **Selbständige;**
- Angestellte und Selbständige, die in einer **berufsständischen Versorgungseinrichtung** (z. B. Ärzte, Rechtsanwälte, Steuerberater) **pflichtversichert** sind, sofern sie von der Versicherungspflicht in der gesetzlichen Rentenversicherung befreit sind (§ 6 Abs. 1 Nr. 1 SGB VI);
- **freiwillig** in der gesetzlichen Rentenversicherung **Versicherte** (§ 7 SGB VI);
- Bezieher einer Vollrente wegen Alters (§ 5 Abs. 4 Nr. 1 SGB VI);
- **Vorstandsmitglieder** von Aktiengesellschaften;
- **Mitglieder** des Deutschen **Bundestags,** der **Landtage** sowie des Europäischen Parlaments.

Die staatliche Förderung der privaten Altersvorsorge über **Zulagen und Sonderausgabenabzug ("Riester-Rente") wird jedem Steuerpflichtigen einzeln** gewährt, der die persönlichen Voraussetzungen (vgl. die vorstehenden Absätze) erfüllt. Sind beide Ehegatten z. B. pflichtversichert, haben **beide Ehegatten** einen Anspruch auf die staatliche Förderung über Zulagen und Sonderausgabenabzug. Gehört hingegen nur **ein Ehegatte** zum begünstigten Personenkreis, ist der andere Ehegatte zulageberechtigt, wenn er einen auf seinen Namen lautenden begünstigten eigenen Altersvorsorgevertrag abgeschlossen hat (§ 79 Satz 2 EStG). Das Bestehen einer betrieblichen Altersversorgung beim mittelbar zulageberechtigten Ehegatten reicht – anders als beim unmittelbar zulageberechtigten Ehegatten – nicht aus (BFH-Urteil vom 21.7.2009 X R 33/07). Allerdings muss auch der unmittelbar zulageberechtigte Ehegatte einen auf seinen Namen lautenden begünstigten eigenen Altersvorsorgevertrag abgeschlossen haben oder über eine förderbare Versorgung bei einem Pensionsfonds, einer Pensionskasse oder über eine Direktversicherung verfügen (§ 82 Abs. 2 EStG). Grund für diesen **sog. abgeleiteten Zulageanspruch** ist, dass der eigentlich nicht begünstigte Ehegatte aufgrund der Minderung der ihm zustehenden Witwenrente von der Absenkung des Rentenniveaus betroffen ist.

Beispiel B
Unternehmer A beschäftigt seine Ehefrau im Rahmen einer geringfügigen Beschäftigung und entrichtet 15 % pauschalen Arbeitgeberbeitrag zur Rentenversicherung.
Beide Ehegatten gehören nicht zum begünstigten Personenkreis und haben daher beide keinen Anspruch auf die staatliche Förderung über Zulagen oder Sonderausgabenabzug für die private Altersvorsorge.

Beispiel C
Wie Beispiel B. Die Ehefrau hat auf die Versicherungsfreiheit verzichtet.
Die Ehefrau gehört zum begünstigten Personenkreis und hat Anspruch auf die staatliche Förderung über Zulagen und Sonderausgabenabzug für einen eigenen privaten Altersvorsorgevertrag. Unternehmer A hat einen eigenen abgeleiteten Zulageanspruch, wenn auch er einen auf seinen Namen lautenden Altersvorsorgevertrag abschließt. Ein Anspruch auf einen eigenen Sonderausgaben-Höchstbetrag für die private Altersvorsorge besteht für A aber nicht.

Der **abgeleitete Zulageanspruch** für den mittelbar begünstigten Ehegatten **entfällt,** wenn die Voraussetzungen für eine Zusammenveranlagung nicht mehr erfüllt sind (z. B. dauerndes Getrenntleben der Ehegatten) oder der bisher unmittelbar begünstigte Ehegatte nicht mehr zum begünstigten Personenkreis gehört (z. B. Beendigung der Berufsausübung, Wechsel zur Selbständigkeit).

Beispiel D
Wie Beispiel C. Die Eheleute leben ab November 2010 dauernd getrennt.
Der abgeleitete Zulageanspruch des A besteht nur für das Jahr 2010, weil die Eheleute ab dem Jahre 2011 die Voraussetzungen für eine Zusammenveranlagung nicht mehr erfüllen.

Bei **eingetragenen Lebenspartnerschaften** kommt eine **mittelbare Zulageberechtigung** (sog. abgeleiteter Zulageanspruch) **nicht** in Betracht.

3. Begünstigte Altersvorsorgeprodukte

Die staatliche Förderung über Zulagen und Sonderausgabenabzug ("Riester-Rente") setzt ein begünstigtes Altersvorsorgeprodukt voraus. Jeder Anbieter (u. a. Kreditinstitut, Versicherung, Investmentgesellschaft, Bausparkasse) muss durch das Bundeszentralamt für Steuern prüfen lassen, ob sein Produkt die maßgebenden Kriterien für eine steuerliche Förderung erfüllt. Sofern die Kriterien erfüllt sind, erteilt das Bundeszentralamt für Steuern ein **Zertifikat,** dass das Produkt steuerlich förderungsfähig ist. Die Beurteilung wird also weder vom Finanzamt, noch vom Anbieter oder gar Anleger vorgenommen. Das vom Bundeszentralamt für Steuern ausgestellte Zertifikat ist **Grundlagenbescheid für die steuerliche Förderung** und daher für die Finanzverwaltung bindend (§ 82 Abs. 1 Satz 2 EStG). Im Rahmen der Zertifizierung wird aber vom Bundeszentralamt für Steuern nicht geprüft, ob das Produkt auch wirtschaftlich sinnvoll ist.

Neben den **Rentenversicherungen** und dem **Fondssparen** sind aufgrund der Änderungen durch das sog. Eigenheimrentengesetz (vgl. die Erläuterungen unter der nachfolgenden Nr. 8) folgende Anlageprodukte im Rahmen der Riester-Förderung **zertifizierungsfähig:**
- **Darlehensverträge** (reiner Darlehensvertrag, Kombination Sparvertrag mit Darlehensoption, Vorfinanzierungsdarlehen) für die Bildung selbstgenutzten Wohneigentums,
- **Bausparverträge** und
- der Erwerb weiterer, über die Pflichtanteile hinausgehende **Geschäftsanteile** an einer in das Genossenschaftsregister eingetragenen **Genossenschaft** für eine vom Förderberechtigten selbstgenutzten Genossenschaftswohnung.

Die Zertifizierung dieser Produkte erfolgt seit dem 1. 11. 2008.

Zu den **begünstigten Altersvorsorgebeiträgen** gehören auch **individuell** über die Lohnsteuerkarte des Arbeitnehmers **versteuerte Zahlungen** in einen **Pensionsfonds**, eine **Pensionskasse** oder eine **Direktversicherung**, sofern eine **lebenslange Versorgung gewährleistet** ist, einschließlich der Eigenbeiträge des Arbeitnehmers (§ 1 Abs. 2 Nr. 4 BetrAVG; § 82 Abs. 2 EStG; zu den begünstigten Auszahlungsformen bei der betrieblichen Altersversorgung vgl. die Erläuterungen im Anhang 6 Nr. 5 Buchstabe b). Für die Förderung der **betrieblichen Altersversorgung** hat der Gesetzgeber allerdings **auf eine Zertifizierung verzichtet**. Begünstigte Altersvorsorgebeiträge können auch vorliegen, wenn ein Arbeitnehmer bei fortbestehendem Arbeitsverhältnis kein Entgelt erhält und die Versorgung bzw. Versicherung mit eigenen Beiträgen fortsetzt. Entsprechendes gilt, wenn ein ausgeschiedener Arbeitnehmer die Versorgung bzw. Versicherung mit eigenen Beiträgen fortsetzt (§ 82 Abs. 2 Satz 1 Buchstabe b EStG i. V. m. § 1a Abs. 4 BetrAVG und § 1b Abs. 5 Satz 1 Nr. 2 BetrAVG).

Die Kriterien für das Erhalten eines Zertifikats sind[*]:
- **Beginn der Auszahlungsphase** ab Vollendung des 60. Lebensjahres oder dem früheren Bezug einer Altersrente aus der gesetzlichen Rentenversicherung
  Der Anleger hat allerdings die Möglichkeit, sich zusätzlich gegen den Eintritt der verminderten Erwerbsfähigkeit/Dienstunfähigkeit abzusichern. Auch die zusätzliche Absicherung von Hinterbliebenen (Ehegatte und steuerlich zu berücksichtigende Kinder) kann vereinbart werden. Seit 2006 abgeschlossene Versicherungsverträge müssen zudem einheitliche Tarife für Männer und Frauen vorsehen (sog. „Unisex-Tarife"). Dies bedeutet, dass die sich aus dem Beitrag ergebende Leistung unabhängig vom Geschlecht zu berechnen ist. Für bereits vor 2006 abgeschlossene Verträge kann es bei der früheren Regelung mit unterschiedlichen Tarifen für Männer und Frauen bleiben.
- **Nominalwerterhaltung**
  Der Anbieter muss sich verpflichten, die in der Ansparphase eingezahlten Beiträge (Eigenbeiträge des Anlegers und Zulagen) zu Beginn der Auszahlungsphase zur Verfügung zu stellen. Die auf die eingezahlten Beiträge bezogene Nominalwertzusage kann um bis zu 15 % vermindert werden, wenn Beitragsanteile für die Absicherung einer verminderten Erwerbsfähigkeit/Dienstunfähigkeit oder zur Hinterbliebenenabsicherung eingesetzt worden sind.
- **Begünstigte Auszahlungsformen**
  Die Auszahlungen aus einem Altersvorsorgevertrag müssen an den Vertragspartner in Form einer **lebenslangen monatlichen Rente** oder durch Ratenzahlungen eines **Auszahlungsplans** mit anschließender **lebenslanger Teilkapitalverrentung** ab dem 85. Lebensjahr erfolgen. Die Leistungen müssen während der gesamten Auszahlungsphase gleich bleiben oder steigen. Anbieter und Vertragspartner können vereinbaren, dass bis zu zwölf Monatsleistungen in einer Auszahlung zusammengefasst werden oder eine Kleinbetragsrente (= monatliche Rentenhöhe bis 25,55 €; § 93 Abs. 3 EStG) abgefunden wird. Außerhalb der monatlichen Zahlungen kann eine **Teilkapital-**

---
[*] Das Altersvorsorgeverträge-Zertifizierungsgesetz, in dem diese Kriterien festgelegt sind, ist als Anhang 13a im **Steuerhandbuch für das Lohnbüro 2010** abgedruckt, das im selben Verlag erschienen ist. Das **PC-Lexikon** für das Lohnbüro 2010 enthält auch dieses Handbuch und hat außerdem den Vorteil, dass Sie **alle BFH-Urteile** sowie die aktuellen Rundschreiben und Niederschriften der Spitzenverbände der **Sozialversicherung** mit Mausklick **im Volltext** abrufen und ausdrucken können. Eine Bestellkarte finden Sie vorne im Lexikon.

noch Anhang 6a

auszahlung bis zu 30% des zu Beginn der **Auszahlungsphase** zur **Verfügung stehenden Kapitals** an den Vertragspartner ausgezahlt werden. Darüber hinausgehende Einmalauszahlungen sind schädlich und führen rückwirkend zum Verlust der steuerlichen Förderung über Zulagen und Sonderausgabenabzug (vgl. zu den Folgerungen einer schädlichen Verwendung von Altersvorsorgevermögen auch die Erläuterungen unter der nachfolgenden Nr. 7). Allerdings ist die **gesonderte Auszahlung** der in der Auszahlungsphase anfallenden **Zinsen und Erträge** zulässig.

Alternativ zu den vorstehenden Ausführungen kann der Altersvorsorgevertrag eine lebenslange Verminderung des monatlichen Nutzungsentgelts für eine vom Vertragspartner selbst genutzte **Genossenschaftswohnung** vorsehen.

– **Kostenverteilung**
Verteilung der Abschluss- und Vertriebskosten gleichmäßig über die ersten fünf Vertragsjahre, soweit sie nicht als Prozentsatz von den Altersvorsorgebeiträgen abgezogen werden (wie z. B. bei Investmentfondsanteilen).

– **Ruhens-, Wechsel- und Auszahlungsmöglichkeiten in der Ansparphase**
Während der Ansparphase hat der Anleger jederzeit das Recht, den Altersvorsorgevertrag ruhen zu lassen. Das Ruhenlassen sollte einer Kündigung des Vertrags vorgezogen werden, da die durch die Kündigung erfolgte Auszahlung des Kapitals zu einer schädlichen Verwendung (vgl. nachfolgende Nr. 7) führt.
Der Anleger kann den Vertrag in der Ansparphase mit einer Frist von drei Monaten zum Quartalsende kündigen und das gebildete Kapital auf einen anderen auf seinen Namen lautenden Altersvorsorgevertrag desselben oder eines anderen Anbieters übertragen. Hierdurch wird der Wettbewerbsdruck zwischen den Anbietern erhöht, weil das Abwerben eines Anlegers erheblich einfacher geworden ist.
Der Anleger kann während der Ansparphase mit einer Frist von drei Monaten zum Quartalsende förderunschädlich die Auszahlung des gebildeten Kapitals verlangen, um es für die Anschaffung oder Herstellung einer selbstgenutzten Wohnung zu verwenden (vgl. nachstehende Nr. 8).

Anbieter von steuerlich geförderten Altersvorsorgeverträgen können inländische und ausländische Unternehmen sein, die einer besonderen staatlichen Aufsicht unterliegen.

Über die vorstehenden Ausführungen hinaus hat der **Anbieter** auch bestimmte **vorvertragliche Informationspflichten** (vgl. hierzu im Einzelnen § 7 AltZertG).

4. Altersvorsorgezulage (Grundzulage und Kinderzulage)

Die steuerliche Förderung der privaten Altersvorsorge („Riester-Rente") besteht aus den beiden Komponenten (progressionsunabhängige) Altersvorsorgezulage und Sonderausgabenabzug. Zu **den steuerlich begünstigten Altersvorsorgebeiträgen** gehören zum einen Spar-**Beiträge,** die der Anleger auf einen zertifizierten Altersvorsorgevertrag **einzahlt** (§ 82 Abs. 1 EStG). Dabei sind **auch** Beiträge **begünstigt,** die im Wege des abgekürzten Zahlungswegs durch Dritte zugunsten eines auf den Namen des Zulageberechtigten lautenden Altersvorsorgevertrags eingezahlt werden. Es handelt sich nämlich auch bei den **Zahlungen eines Dritten** um Beiträge des Zulagenberechtigten, da mit der Zahlung eine Verpflichtung des Zulageberechtigten beglichen wird. Folglich ist ihm die Zahlung des Dritten als eigene zuzurechnen (ggf. handelt es sich jedoch bei der Zahlung des Dritten zugunsten des Zulageberechtigten um eine steuerlich relevante Schenkung). Die dem Vertrag **gutgeschriebenen Zulagen** sind **keine begünstigten** Altersvorsorge**beiträge;** etwas anderes gilt beim Sonderausgabenabzug (vgl. die Erläuterungen unter der folgenden Nr. 5).

Beiträge zugunsten von Verträgen, bei denen **mehere Personen Vertragspartner** sind, sind **nicht begünstigt.** Dies gilt auch für Verträge, die von Ehegatten gemeinsam abgeschlossen werden.

Als Folge der Erweiterung des Kreises der begünstigten Anlageprodukte (vgl. auch die Erläuterungen unter der vorstehenden Nr. 3 und der nachfolgenden Nr. 8) gehören zu den steuerlich **begünstigten Altersvorsorgebeiträgen** nunmehr auch **Darlehenstilgungen (nicht Darlehenszinsen!)** zugunsten eines zertifizierten Altersvorsorgevertrags. Dies setzt allerdings voraus, dass das **Darlehen nach dem 31. 12. 2007** für begünstigte wohnungswirtschaftliche Zwecke verwendet worden ist und der Zulageberechtigte – wie immer – zum begünstigten Personenkreis (vgl. vorstehende Nr. 2) gehört. Nicht begünstigt ist die Finanzierung von Immobilien, die vor dem 1. 1. 2008 angeschafft oder hergestellt wurden.

Sind die Tilgungsleistungen begünstigt wird die Altersvorsorgezulage von der Zulagestelle an den Anbieter überwiesen, der die **Zulage** dem **Darlehensvertrag gutzuschreiben** hat. Da sich hierdurch die Darlehensschuld des Zulageberechtigten reduziert, hat die Zulage die Wirkung einer **Sondertilgung.**

Beispiel A
Arbeitnehmer A erbringt im Jahre 2010 Tilgungsleistungen von über 2000 € zugunsten eines zertifizierten Darlehensvertrags. Das Darlehen hat er im Jahre 2009 zur Anschaffung einer Wohnung verwendet.
A hat Anspruch auf die Zulage und den zusätzlichen Sonderausgabenabzug (vgl. nachfolgende Nr. 5).

Außerdem gehört zu den steuerlich begünstigten Altersvorsorgebeiträgen der **individuell über** die **Lohnsteuerkarte** des Arbeitnehmers **versteuerte** Arbeitslohn betreffend **Zahlungen** an einen **kapitalgedeckten Pensionsfonds,** eine kapitalgedeckte **Pensionskasse** oder eine kapitalgedeckte **Direktversicherung,** sofern die entsprechende Einrichtung **lebenslange Altersversorgungsleistungen** gewährleistet (§ 82 Abs. 2 Satz 1 Buchstabe a EStG). Dies gilt auch für sog. **Eigenbeiträge des Arbeitnehmers** (vgl. § 1 Abs. 2 Nr. 4 BetrAVG), wenn die Zusage des Arbeitgebers auch die Leistungen aus diesen Beiträgen umfasst. Allein die Möglichkeit, anstelle lebenslanger Altersversorgungsleistungen eine **Kapitalauszahlung** zu wählen, steht der Förderung über Zulagen und ggf. zusätzlichem Sonderausgabenabzug aber nicht entgegen (vgl. hierzu auch die nachfolgenden Beispiele E und F). Zu den begünstigten Auszahlungsformen für die Steuerfreiheit der Beiträge zur betrieblichen Altersversorgung – die gleichen Grundsätze gelten für die Inanspruchnahme der staatlichen Förderung durch Zulagen und Sonderausgabenabzug – vgl. die Erläuterungen im Anhang 6 unter Nr. 5 Buchstabe b. Wird das Wahlrecht zwischen Rente und Einmalkapitalauszahlung zugunsten einer Kapitalauszahlung ausgeübt, handelt es sich allerdings um eine **schädliche Verwendung** (vgl. hierzu auch die Erläuterungen unter der nachfolgenden Nr. 7). Begünstigte Zahlungen sind im Übrigen in dem Kalenderjahr als Altersvorsorgebeiträge zu berücksichtigen, in dem sie als Arbeitslohn versteuert worden sind.

Beispiel B
Arbeitgeber A zahlt für seinen Arbeitnehmer B im Jahr 2010 einen Betrag von 2640 € (= 4% der Beitragsbemessungsgrenze in der allgemeinen Rentenversicherung) in einen Pensionsfonds.
Die Zahlung ist steuer- und sozialversicherungsfrei (§ 3 Nr. 63 EStG). Ein Anspruch auf Altersvorsorgezulage und zusätzlichem Sonderausgabenabzug besteht nicht, weil der Arbeitslohn für diese Zahlung nicht individuell über die Lohnsteuerkarte des B versteuert worden ist.

Beispiel C
Wie Beispiel B. Der Betrag für die Einzahlung in den Pensionsfonds stammt aus einer Entgeltumwandlung und B hat zulässiger Weise auf die Steuer- und Sozialversicherungsfreiheit verzichtet. Der Betrag von 2640 € ist daher individuell über die Lohnsteuerkarte des B versteuert worden.
B hat für die Zahlung in den Pensionsfonds Anspruch auf Zulage und zusätzlichem Sonderausgabenabzug.

Beispiel D
Arbeitgeber A zahlt für Arbeitnehmer B im Jahre 2010 einen Betrag von 1752 € in eine Direktversicherung ein. Der Beitrag wird mit 20% pauschal versteuert.
Ein Anspruch auf Zulage und zusätzlichem Sonderausgabenabzug besteht nicht, weil der Arbeitslohn für diese Zahlung nicht individuell über die Lohnsteuerkarte des B versteuert worden ist.

Beispiel E
Wie Beispiel D. Der Direktversicherungsbeitrag ist individuell über die Lohnsteuerkarte des B versteuert worden. B erhält im Alter von 60 Jahren von der Direktversicherung eine einmalige Kapitalzahlung.
B hat keinen Anspruch auf Zulage und zusätzlichem Sonderausgabenabzug, weil die Direktversicherung keine lebenslange Altersversorgung gewährleistet.

Beispiel F
Wie Beispiel D. Der Direktversicherungsbeitrag ist individuell über die Lohnsteuerkarte des B versteuert worden. B erhält ab einem Alter von 60 Jahren von der Direktversicherung lebenslange Altersversorgungsleistungen. Es besteht allerdings die Möglichkeit, anstatt einer Rente eine Kapitalauszahlung zu wählen.
B hat Anspruch auf Zulage und ggf. zusätzlichem Sonderausgabenabzug, weil der Direktversicherungsbeitrag über seine Lohnsteuerkarte individuell versteuert worden ist und die Direktversicherung eine lebenslange Altersversorgung gewährleistet. Sollte das bestehende Wahlrecht allerdings zugunsten der Kapitalauszahlung ausgeübt werden, handelt es sich um eine schädliche Verwendung. Vgl. hierzu im Einzelnen auch die Erläuterungen unter der nachfolgenden Nr. 7.

Für **Umlagezahlungen,** die an eine betriebliche Versorgungseinrichtung gezahlt werden, kann die **Förderung** über Zulagen und Sonderausgabenabzug **nicht** in Anspruch genommen werden, da es sich nicht um den Aufbau einer kapitalgedeckten betrieblichen Altersversorgung handelt. Vgl. hierzu auch die Erläuterungen im Anhang 6 unter Nr. 5 Buchstabe d. Werden sowohl Umlagen als auch Beiträge im Kapitaldeckungsverfahren erhoben, gehören die im Kapitaldeckungsverfahren erhobenen Beiträge zu den begünstigten Aufwendungen, wenn eine

noch Anhang 6a

getrennte Verwaltung und Abrechnung beider Vermögensmassen erfolgt (sog. **Trennungsprinzip**).

Steuerlich gefördert durch Zulagen und Sonderausgabenabzug werden auch **Beiträge ehemaliger Arbeitnehmer**, die diese bei einer zunächst ganz oder teilweise durch Entgeltumwandlung finanzierten und geförderten (Steuerfreiheit oder Zulage/Sonderausgabenabzug) betrieblichen Altersversorgung nach der Beendigung des Arbeitsverhältnisses selbst erbringen (§ 1 b Abs. 5 Nr. 2 BetrAVG i. V. m. § 82 Abs. 2 Satz 1 Buchstabe b EStG). Dabei muss es sich nicht um Zahlungen aus individuell versteuertem Arbeitslohn handeln (z. B. Finanzierung aus steuerfreiem Arbeitslosengeld). Entsprechendes gilt, wenn der Arbeitnehmer trotz eines **weiterbestehenden Arbeitsverhältnisses keinen Anspruch auf Arbeitslohn** mehr hat und anstelle der Beiträge aus einer Entgeltumwandlung die Beiträge selbst erbringt (z. B. während des Mutterschutzes, der Elternzeit oder des Bezugs von Krankengeld; § 1 a Abs. 4 BetrAVG i. V. m. § 82 Abs. 2 Satz 1 Buchstabe b EStG).

Für Aufwendungen, die **vermögenswirksame Leistungen** darstellen oder die prämienbegünstigte Aufwendungen nach dem **Wohnungsbau-Prämiengesetz** sind oder für die der „normale" **Sonderausgabenabzug** für Vorsorgeaufwendungen geltend gemacht wird, besteht **kein Anspruch** auf Zulage oder zusätzlichem Sonderausgabenabzug (§ 82 Abs. 4 Nrn. 1 bis 3 EStG). Hierdurch wird eine Doppelförderung ausgeschlossen. Außerdem kommt eine steuerliche Förderung über Zulagen und ggf. Sonderausgabenabzug nicht mehr in Betracht, wenn Beiträge zugunsten eines Vertrages geleistet werden, aus dem bereits Versorgungsleistungen fließen.

Um die Zulage zu erhalten, hat der Zulageberechtigte grundsätzlich den **Zulageantrag** nach amtlich vorgeschriebenem Vordruck bis zum **Ablauf des zweiten Kalenderjahres, das auf das Beitragsjahr folgt,** bei dem **Anbieter** seines Vertrags **einzureichen** (§ 89 Abs. 1 Satz 1 EStG). Der **Zulageberechtigte** kann den **Anbieter** seines Vertrags bis auf Widerruf aber auch **schriftlich bevollmächtigen**, die Zulage für jedes Beitragsjahr zu beantragen (sog. **Dauerzulageantrag**; § 89 Abs. 1 a EStG). Die Bevollmächtigung kann bereits bei Vertragsabschluss oder im Laufe des Jahres erteilt werden. Der Zulageberechtigte ist verpflichtet, dem Anbieter unverzüglich eine Änderung der Verhältnisse mitzuteilen, die zu einer Minderung oder zum Wegfall des Zulageanspruchs führen (§ 89 Abs. 1 Satz 5 i. V. m. Abs. 1 a Satz 2 EStG). Änderungen der persönlichen Verhältnisse zu seinen Gunsten (z. B. Geburt eines Kindes) sollte er aus eigenem Interesse mitteilen. Der Anbieter ist verpflichtet, die Vertragsdaten, die Sozialversicherungsnummer/Zulagenummer des Zulageberechtigten und die des Ehegatten, den Mindesteigenbeitrag, die für die Gewährung der Kinderzulage erforderlichen Daten, die Höhe der geleisteten Altersvorsorgebeiträge und die erteilte Vollmacht für den Dauerzulageantrag zu erfassen und an die Zentrale Zulagestelle für Altersvorsorgevermögen (ZfA) zu übermitteln. Die ZfA prüft, ob und in welcher Höhe ein Zulageanspruch tatsächlich besteht und veranlasst anschließend die Auszahlung der Zulagen an den Anbieter. Dieser hat die **Zulage** unverzüglich dem begünstigten **Altersvorsorgevertrag gutzuschreiben**. Die Zulage wird also **nicht an den Anleger ausgezahlt**. Ein gesonderter Zulagenbescheid erfolgt nur auf besonderen Antrag des Zulageberechtigten. Um zu verhindern, dass die staatliche Förderung zu Unrecht in Anspruch genommen wird, findet ein umfangreicher Datenabgleich zwischen der ZfA und den Rentenversicherungsträgern, der Bundesagentur für Arbeit, den Familienkassen, den Meldebehörden und den Finanzämtern statt. Stellt sich dabei heraus, dass Zulagen zu Unrecht ausgezahlt worden sind, werden diese von der ZfA beim Anbieter zurückgefordert. Der Anbieter wiederum belastet das Vertragsguthaben des Zulageberechtigten.

Die Altersvorsorgezulage setzt sich aus einer **Grundzulage** (§ 84 EStG) und einer **Kinderzulage** (§ 85 EStG) zusammen. Die **Grundzulage** steht **jedem Anleger,** der zum begünstigten Personenkreis gehört, **einzeln** zu. Bei Ehegatten wird die Grundzulage **jedem Ehegatten** gesondert gewährt, wenn beide Ehegatten eigenständige begünstigte Altersversorgungsansprüche erwerben. Zum sog. abgeleiteten Zulageanspruch bei Ehegatten vgl. die vorstehenden Erläuterungen unter der vorstehenden Nr. 2 am Ende.

	2002/2003	2004/2005	2006/2007	**2008 bis 2010**
Höhe der Grundzulage	38 €	76 €	114 €	**154 €**

Seit 2008 erhalten alle **Zulageberechtigten**, die zu Beginn des Beitragsjahres das **25. Lebensjahr** noch **nicht vollendet** haben, zusätzlich zur Grundlage einen **einmaligen Berufseinsteiger-Bonus** von bis zu **200 €**. Für 2010, das sind alle ab dem 2. 1. 1985 geborenen Zulageberechtigten, sofern sie den Bonus nicht bereits für 2008 oder 2009 erhalten haben. Ein besonderer Antrag ist nicht erforderlich, da der Bonus automatisch bei der Beantragung der Altersvorsorgezulage gewährt wird.

Neben der Grundzulage wird dem Zulageberechtigten für jedes Kind eine **Kinderzulage** gewährt, für das ihm für mindestens einen Monat des Beitragsjahres (ggf. rückwirkend) **Kindergeld oder vergleichbare Leistungen** (vgl. § 65 Abs. 1 Satz 1 EStG) ausgezahlt wird; dies kann auch ein Stiefelternteil/Großelternteil sein. Auf den Zeitpunkt der Auszahlung kommt es nicht an.

	2002/2003	2004/2005	2006/2007	**2008 bis 2010**
Höhe der Kinderzulage je Kind	46 €	92 €	138 €	**185 €**

Für alle **ab dem 1.1.2008 geborene Kinder** erhöht sich die **Kinderzulage auf 300 €** jährlich (§ 85 Abs. 1 Satz 2 EStG). Hierdurch soll die Attraktivität der steuerlich geförderten Altersvorsorge insbesondere bei Gering- und Durchschnittsverdienern mit Kindern weiter gesteigert werden.

Wird das Kindergeld für den gesamten Veranlagungszeitraum zurückgefordert, entfällt der Anspruch auf Kinderzulage (§ 85 Abs. 1 Satz 3 EStG).

Beispiel G

A hat für ihre in Berufsausbildung befindliche 19-jährige Tochter in 2010 Kindergeld bekommen und auf ihren begünstigten Altersvorsorgevertrag ist für 2010 auch die Kinderzulage gutgeschrieben worden. Bei einer Überprüfung durch die Familienkasse im Laufe des Jahres 2011 stellt sich heraus, dass die eigenen Einkünfte und Bezüge der Tochter im Kalenderjahr 2010 den Grenzbetrag in § 32 Abs. 4 Satz 2 EStG übersteigen mit der Folge, dass das Kindergeld für 2010 zurückgefordert wird.

Der Anspruch auf Kinderzulage entfällt ebenfalls rückwirkend für das Jahr 2010.

Ein Anspruch auf Kinderzulage besteht nicht, wenn der Anspruchsberechtigte keinen Kindergeldantrag stellt. Dies gilt selbst dann, wenn im Rahmen der Einkommensteuerveranlagung Freibeträge für Kinder abgezogen werden und damit die Voraussetzungen für den Kindergeldanspruch eigentlich vorliegen.

Bei **Eltern, die zusammen zur Einkommensteuer veranlagt** werden können, wird die **Kinderzulage der Mutter zugeordnet,** auf Antrag beider Eltern dem Vater. Dabei kommt es nicht darauf an, welchem Elternteil das Kindergeld ausgezahlt wurde. Die Übertragung muss auch dann beantragt werden, wenn die Mutter gar keinen Anspruch auf Altersvorsorgezulage hat, z. B. weil sie keinen „Riester-Vertrag" abgeschlossen hat. Der Antrag gilt auf Dauer und kann für ein abgelaufenes Beitragsjahr nicht zurückgenommen werden (§ 85 Abs. 2 EStG). Dies ist vor allem im Hinblick auf den Dauerzulagenantrag eine Verfahrensvereinfachung. Der Antrag kann allerdings für jedes einzelne Kind gestellt werden.

Beispiel H

Die zusammen zur Einkommensteuer zu veranlagenden A und B sind Eltern einer dreijährigen Tochter. A ist rentenversicherungspflichtiger Arbeitnehmer mit einem begünstigten Altersvorsorgevertrag. B ist Hausfrau und hat keinen Altersvorsorgevertrag abgeschlossen.

Auf Antrag von A und B erhält A die Kinderzulage, die andernfalls – mangels eigenen Altersvorsorgevertrag von B – verloren gehen würde.

Sind nicht beide Ehegatten Eltern des Kindes, scheidet eine Übertragung der Kinderzulage aus.

Erfüllen die **Eltern** des Kindes **nicht** die Voraussetzungen für eine **Zusammenveranlagung** zur **Einkommensteuer**, erhält derjenige Elternteil die Kinderzulage, dem das **Kindergeld** für das Kind **ausgezahlt** wird. Eine **Übertragung** der Kinderzulage ist in diesen Fällen **nicht möglich**. Das gilt auch dann, wenn derjenige Elternteil, dem das Kindergeld ausgezahlt wird, z. B. mangels Abschluss eines „Riester-Vertrags" keine Grundzulage erhält.

Beispiel I

Die nicht verheirateten A (Arbeitnehmer) und B (Unternehmerin) sind Eltern einer dreijährigen Tochter; das Kindergeld wird B ausgezahlt. A hat einen „Riester-Vertrag" abgeschlossen.

A erhält keine Kinderzulage, da das Kindergeld an B ausgezahlt wird und eine Übertragung der Kinderzulage bei nicht verheirateten Eltern nicht möglich ist. Das gilt auch dann, wenn – wie hier B – der Elternteil, der das Kindergeld erhält, nicht zum zulageberechtigten Personenkreis gehört.

Für den Fall, dass innerhalb eines Jahres **nacheinander mehrere Zulageberechtigte** für dasselbe Kind **Kindergeld** erhalten, steht die Kinderzulage demjenigen zu, dem für den ersten Anspruchszeitraum im Kalenderjahr Kindergeld gezahlt worden ist (§ 85 Abs. 1 Satz 4 EStG).

noch Anhang 6a

Da der Gesetzgeber die private Altersvorsorge lediglich fördern und keine staatlich finanzierte Grundrente einrichten wollte, muss der Anleger einen **Mindesteigenbeitrag** erbringen, um die volle Zulage zu erhalten. Tut er dies nicht, wird die Zulage im entsprechenden Umfang gekürzt (§ 86 Abs. 1 EStG). Das gilt auch für den Berufseinsteiger-Bonus. Der Mindesteigenbeitrag beträgt im Jahr 2010 wie im Jahr 2009 **4 % der beitragspflichtigen Einnahmen** des vorangegangenen Kalenderjahres, **maximal 2100 €** abzüglich der **Altersvorsorgezulage** (Grundzulage – einschließlich Berufseinsteiger-Bonus – plus Kinderzulage). Um bei einer hohen Anzahl von zu berücksichtigenden Kindern oder sehr geringen beitragspflichtigen Einnahmen zu vermeiden, dass die vollständige Sparleistung durch die staatliche Altersvorsorgezulage erbracht wird, hat der Gesetzgeber den **Sockelbetrag** eingeführt, den der Zulageberechtigte **in jedem Fall erbringen muss**. Seit 2005 ist die Höhe des **Sockelbetrags** – anders als von 2002 bis 2004 – **nicht** mehr von der **Anzahl der Kinderzulagen abhängig**. Der Sockelbetrag beträgt **jährlich**:

	bei Zulageberechtigten, denen **keine** Kinderzulage zusteht	bei Zulageberechtigten, denen **eine** Kinderzulage zusteht	bei Zulageberechtigten, denen **zwei oder mehr Kinderzulagen** zustehen
2002 bis 2004	45 €	38 €	30 €
2005 bis 2010	**60 €**	**60 €**	**60 €**

Beispiel K
Zulageberechtigter im Jahre 2010 ohne zu berücksichtigende Kinder

Bruttogehalt (Vorjahr)		40 000 €
Mindesteigenbeitrag		
4 % von 40 000 € (= 1600 €) maximal 2100 €	1 600 €	
abzüglich Grundzulage	154 €	
verbleiben	1 446 €	1 446 €
Sockelbetrag		60 €

Der Mindesteigenbeitrag übersteigt den Sockelbetrag. Der Zulageberechtigte muss 1446 € als Eigenbeitrag auf seinen Altersvorsorgevertrag einzahlen, um die volle Zulage zu erhalten. Leistet der Zulageberechtigte beispielsweise nur einen Eigenbeitrag von 900 € wird die Zulage wie folgt gekürzt: Zulage 154 € × Eigenbeitrag 900 € : Mindesteigenbeitrag 1446 € = 95,85 €.

Beispiel L
Zulageberechtigter im Jahre 2010 mit zwei zu berücksichtigenden Kindern (2006 und 2008 geboren)

Bruttogehalt (Vorjahr)		40 000 €
Mindesteigenbeitrag		
4 % von 40 000 € (= 1600 €) maximal 2100 €	1 600 €	
abzüglich Grundzulage und zwei Kinderzulagen		
(154 € + 185 € + 300 €)	639 €	
verbleiben	961 €	961 €
Sockelbetrag		60 €

Der Mindesteigenbeitrag übersteigt den Sockelbetrag. Der Zulageberechtigte muss 961 € als Eigenbeitrag auf seinen Altersvorsorgevertrag einzahlen, um die volle Zulage zu erhalten. Leistet der Zulageberechtigte beispielsweise nur einen Eigenbeitrag von 600 € wird die Zulage wie folgt gekürzt: Zulage 639 € × Eigenbeitrag 600 € : Mindesteigenbeitrag 961 € = 398,96 €.

Beispiel M
Zulageberechtigter im Jahre 2010 mit zwei zu berücksichtigenden Kindern (beide Kinder vor 2008 geboren)

Bruttogehalt (Vorjahr)		10 000 €
Mindesteigenbeitrag		
4 % von 10 000 € (= 400 €) maximal 2100 €	400 €	
abzüglich Grundzulage und zwei Kinderzulagen		
(154 € zuzüglich 2 × 185 €)	524 €	
verbleiben (nicht negativ)	0 €	0 €
Sockelbetrag		60 €

Da der Mindesteigenbeitrag geringer ist als der Sockelbetrag, muss der Zulageberechtigte den Sockelbetrag von 60 € auf seinen Altersvorsorgevertrag einzahlen, um die volle Zulage zu erhalten.

Für die Berechnung des Mindesteigenbeitrags wird auf die **beitragspflichtigen Einnahmen** in der allgemeinen Rentenversicherung **in dem dem Sparjahr vorangegangenen Kalenderjahr** abgestellt, wobei alle in dem betreffenden Jahr erzielten Einnahmen – z. B. bei Ausübung mehrerer beitragspflichtiger Tätigkeiten – bis zur Beitragsbemessungsgrenze zusammengerechnet werden. Die Zulageberechtigten erfahren die Höhe der beitragspflichtigen Einnahmen des Vorjahres in der Regel in den ersten vier Monaten des laufenden Sparjahres, da der **Arbeitgeber** seinen Beschäftigten die beitragspflichtigen Einnahmen **bis zum 30. 4. des Folgejahres** mittels einer maschinell erstellten Bescheinigung (= Durchschrift der „Meldung zur Sozialversicherung nach der DEÜV") **mitzuteilen** hat. Die versicherungspflichtigen Selbständigen erhalten bis zum 28. 2. des Folgejahres eine entsprechende Bescheinigung von ihrem Rentenversicherungsträger. Die beitragspflichtigen Einnahmen des Vorjahres bleiben übrigens für die Berechnung des Mindesteigenbeitrags **selbst dann** maßgebend, wenn sich die **Verhältnisse** im Sparjahr (z. B. durch Arbeitslosigkeit des Anlegers) **wesentlich geändert** haben. Bei **Altersteilzeit** ist das aufgrund der abgesenkten Arbeitszeit erzielte Arbeitsentgelt – ohne Aufstockungsbetrag – maßgebend. Bei **Beamten, Richtern, Soldaten** usw. kommt es für die Berechnung des Mindesteigenbeitrags auf die **Höhe der Besoldung** bzw. der **bezogenen Amtsbezüge** an. Bei versicherungsfrei Beschäftigten und von der Versicherungspflicht befreiten Beschäftigten, deren Versorgungsrecht die entsprechende Anwendung des Beamtenversorgungsgesetzes vorsieht, sowie bei beurlaubten und insichbeurlaubten Beamten, Richtern und Soldaten sind für die Ermittlung des Mindesteigenbeitrags die Summe der in dem dem Sparjahr vorangegangenen Kalenderjahr erzielten Einnahmen maßgebend, die beitragspflichtig wären, wenn die Versicherungsfreiheit in der gesetzlichen Rentenversicherung nicht bestehen würde (§ 86 Abs. 1 Nr. 3 i. V. m. § 10 a Abs. 1 Nrn. 3 und 4 EStG). In den Fällen der Erwerbsunfähigkeit/Dienstunfähigkeit ist die bezogene Rente bzw. der Versorgungsbezug maßgebend (§ 86 Abs. 1 Nr. 4 EStG).

Bei bestimmten, in der gesetzlichen Rentenversicherung pflichtversicherten Personengruppen, werden für die Beitragsbemessung aus sozialpolitischen Gründen **beitragspflichtige Einnahmen** zugrunde gelegt, die **vom tatsächlichen erzielten Entgelt abweichen.** Dieses im Bereich der Rentenversicherung vorteilhafte Verfahren hätte bei der Berechnung des Mindesteigenbeitrags den Nachteil, dass ein hoher, eigener Sparanteil aufgebracht werden müsste, obwohl die Betroffenen nicht über entsprechende finanzielle Mittel verfügen. Aus diesem Grund wird für die **Berechnung des Mindesteigenbeitrags** in diesen Fällen auf das **tatsächlich erzielte Entgelt** oder die **Lohnersatzleistung des Vorjahres** abgestellt (§ 86 Abs. 2 Satz 2 EStG). Diese **Sonderregelung** gilt u. a. für **behinderte Menschen,** die in anerkannten Werkstätten tätig sind, **Bezieher von Lohnersatzleistungen, Wehr- und Zivildienstleistende** und **Bezieher** von **Arbeitslosengeld II.** Für Versicherungspflichtige nach dem Gesetz über die Alterssicherung der **Landwirte** sind für die Berechnung des Mindesteigenbeitrags die steuerlichen Einkünfte aus Land- und Forstwirtschaft des zweiten dem Beitragsjahr vorangegangen Kalenderjahres maßgebend (§ 86 Abs. 3 EStG). Ist der Land- und Forstwirt auch noch als Arbeitnehmer tätig und in der gesetzlichen Rentenversicherung pflichtversichert, sind die beitragspflichtigen Einnahmen des Vorjahres und die positiven Einkünfte aus Land- und Forstwirtschaft des zweiten dem Beitragsjahr vorangegangenen Veranlagungszeitraums zusammenzurechnen. Eine Saldierung mit negativen Einkünften aus Land- und Forstwirtschaft erfolgt nicht. **Elterngeld** wird übrigens bei der Berechnung des Mindesteigenbeitrags **nicht angesetzt.**

Für die Berechnung des **Mindesteigenbeitrags bei Ehegatten** ist zunächst entscheidend, ob beide Ehegatten originär anspruchsberechtigt sind oder ob nur einer diese Ehegatten diese Voraussetzung erfüllt und der andere lediglich einen abgeleiteten Zulageanspruch hat. Sind **beide Ehegatten anspruchsberechtigt,** ist die Mindesteigenbeitragsberechnung für beide Ehegatten getrennt durchzuführen. Die Kinderzulage wird bei der Mutter berücksichtigt, es sei denn, beide Elternteile haben die Übertragung auf den Vater beantragt. Ist hingegen nur ein Ehegatte anspruchsberechtigt, hat der Ehegatte mit dem lediglich **abgeleiteten Zulageanspruch** bereits dann Anspruch auf die ungekürzte Zulage, wenn der anspruchsberechtigte Ehegatte seinen Mindesteigenbeitrag unter Berücksichtigung der den Ehegatten insgesamt zustehenden Zulagen erbracht hat (§ 86 Abs. 2 Satz 1 EStG). Es ist nicht erforderlich, dass der Ehegatte mit dem abgeleiteten Zulageanspruch eigene Beiträge zugunsten seines Altersvorsorgevertrags leistet.

Beispiel N
A ist in der gesetzlichen Rentenversicherung pflichtversichert und hat im Jahre 2010 einen Betrag von 1800 € auf seinen Altersvorsorgevertrag überwiesen. Er ist mit B (Hausfrau) verheiratet, die, um den abgeleiteten Zulageanspruch zu erhalten, einen eigenen Altersvorsorgevertrag abgeschlossen hat. Die Eheleute haben ein fünfjähriges Kind, das für die Zulagengewährung B zugerechnet werden soll.

Zulagenermittlung für A

Bruttogehalt (Vorjahr)		50 000 €
Mindesteigenbeitrag		
4 % von 50 000 € (= 2000 €) maximal 2100 €	2 000 €	
abzüglich zwei Grundzulagen und eine Kinderzulage		
(2 × 154 € zuzüglich 185 €)	493 €	
verbleiben	1 507 €	1 507 €
Sockelbetrag		60 €

Der Mindesteigenbeitrag übersteigt den Sockelbetrag. A muss 1507 € als Eigenbeitrag auf seinen Altersvorsorgevertrag einzahlen, um die volle Zulage zu erhalten. Dem ist er nachgekommen, da er insgesamt 1800 € auf den Vertrag eingezahlt hat. A erhält somit die ihm zustehende Grundzulage von 154 €.

Zulagenermittlung für B:
Da B in der gesetzlichen Rentenversicherung nicht pflichtversichert ist und lediglich einen abgeleiteten Zulageanspruch hat, wird von ihr nicht verlangt, dass sie einen gesonderten Mindesteigenbetrag leistet. Sie erhält die ihr maximal zustehende Zulage von 339 € (Grundzulage 154 € und Kinderzulage 185 €), da A den erforderlichen Mindesteigenbeitrag erbracht hat.

Beispiel O
Wie Beispiel N. A hat auf seinen Altersvorsorgevertrag lediglich 1200 € überwiesen.
Da A nicht den erforderlichen Mindesteigenbeitrag von 1507 € geleistet hat, werden die A und B zustehenden Zulagen gekürzt.

Zulagenermittlung für A:
Grundzulage 154 € × Eigenbeitrag 1200 € : Mindesteigenbeitrag 1507 € = 122,63 € Grundzulage.

Zulagenermittlung für B:
Grund- und Kinderzulage 339 € × Eigenbeitrag des A 1200 € : Mindesteigenbeitrag des A 1507 € = 269,94 € Zulagen. Eigene Beiträge der B auf ihren Altersvorsorgevertrag hätten keine Auswirkung auf die Höhe ihrer Zulage.

Wird nach Ablauf des Beitragsjahres festgestellt, dass die **Voraussetzungen** für die Gewährung der **Kinderzulage nicht vorgelegen** haben (z. B. weil die eigenen Einkünfte und Bezüge des volljährigen Kindes die unschädliche Einkommensgrenze für das Kindergeld in § 32 Abs. 4 Satz 2 EStG überschritten haben), ändert sich die Berechnung des Mindesteigenbetrags für dieses Beitragsjahr nicht (§ 86 Abs. 4 EStG). Hierdurch wird vermieden, dass es nachträglich zu einer Grundzulagenkürzung kommt, wenn sich der Anleger bei der Beitragsleistung genau an den Mindestbeiträgen unter Berücksichtigung der Kinderzulage orientiert hat. Die Kinderzulage selbst erhält der Zulageberechtigte für dieses Beitragsjahr aber nicht (§ 85 Abs. 1 Satz 3 EStG).

Altersvorsorgebeiträge können vom Zulageberechtigten auch auf **mehrere Verträge** erbracht werden. Die **Altersvorsorgezulage** kann allerdings im Beitragsjahr nur auf **zwei Verträge** verteilt werden (§ 87 Abs. 1 EStG). Um eine Kürzung der Zulage zu vermeiden, muss der Mindesteigenbeitrag zu Gunsten dieser Verträge geleistet worden sein. Die Zulage wird entsprechend dem Verhältnis der geleisteten Beiträge auf die beiden Verträge verteilt. Der Zulageberechtigte bestimmt bei Abschluss mehrere Verträge im Zulageantrag, auf welche Verträge die Zulage überwiesen werden soll. Das Wahlrecht kann für jedes Beitragsjahr neu ausgeübt werden. Wird die Zulage für mehr als zwei Verträge beantragt oder erfolgt keine Bestimmung seitens des Zulageberechtigten, wird die Zulage für die beiden Verträge mit den höchsten Altersvorsorgebeiträgen im Beitragsjahr gewährt.

Beispiel P
Ein Zulageberechtigter zahlt im Jahre 2010 insgesamt 1500 € Beiträge mit 600 €, 600 € und 300 € auf drei verschiedene Altersvorsorgeverträge ein. Sein Mindesteigenbeitrag beträgt 1048 €.
Die Grundzulage kann nur mit jeweils 77 € den beiden Verträgen gutgeschrieben werden, auf die jeweils 600 € Beiträge eingezahlt worden sind, weil nur diese beiden Verträge zusammen den Mindesteigenbeitrag von 1048 € erreichen. Soll die Grundzulage auf einen Vertrag mit 600 € und den mit 300 € gutgeschrieben werden, hat dies eine Kürzung der Zulage zur Folge, da nicht der gesamte erforderliche Mindesteigenbeitrag zugunsten dieser Verträge geleistet wurde.

Bei einem **abgeleiteten Zulageanspruch** kann die Altersvorsorgezulage nicht auf mehrere Verträge verteilt werden. Es ist nur der Vertrag begünstigt, für den zuerst die Zulage beantragt wird (§ 87 Abs. 2 EStG).

5. Sonderausgabenabzug

Für die **Altersvorsorgebeiträge** (einschließlich begünstigte Darlehenstilgungen) **und** die für diesen Veranlagungszeitraum **zustehende Zulage** (Grund- und Kinderzulage; ohne Berufseinsteiger-Bonus) kommt ein **Sonderausgabenabzug** in Betracht (§ 10a Abs. 1 EStG). Dabei kommt es nicht darauf an, wann die Zulage dem Vertrag gutgeschrieben wird. Abweichend vom sonst im Steuerrecht geltenden Abflussprinzip ist der für das Beitragsjahr (= Kalenderjahr) entstandene Anspruch auf Zulage maßgebend.

Ab dem **Kalenderjahr 2010** setzt der Sonderausgabenabzug voraus, dass der **Anspruchsberechtigte** spätestens bis zum Ablauf des zweiten auf das Beitragsjahr folgenden Kalenderjahres gegenüber dem Anbieter schriftlich **eingewilligt** hat, dass dieser die im jeweiligen Beitragsjahr zu berücksichtigenden Altersvorsorgebeiträge unter Angabe der Identifikationsnummer an die Zentrale Stelle für Altersvorsorgevermögen (ZfA) **elektronisch übermittelt**. Die Einwilligung gilt auch für folgende Beitragsjahre, es sei denn, der Anspruchsberechtigte **widerruft** die Einwilligungserklärung schriftlich gegenüber dem Anbieter. Bei Ehegatten ist die Einwilligung von jedem Ehegatten zu erteilen. Bei einem

noch Anhang 6a

Dauerzulageantrag gilt die Einwilligung als erteilt. Der Anbieter hat den Anspruchsberechtigten über die erfolgte Datenübermittlung zu informieren.

Ein Sonderausgabenabzug bis zu einem bestimmten Höchstbetrag wird nur gewährt, wenn dieser günstiger als die Zulage ist (§ 10a Abs. 2 EStG). Ist hingegen die Zulage höher als der sich durch den Sonderausgabenabzug ergebende Steuervorteil, verbleibt es bei der Zulage und der Sonderausgabenabzug scheidet aus. Diese **Günstigerprüfung** wird **vom Finanzamt automatisch** bei der Einkommensteuerveranlagung durchgeführt. Führt der Sonderausgabenabzug zu einer höheren Steuerermäßigung als die Zulage, wird der **Anspruch auf Zulage** der tariflichen **Einkommensteuer hinzugerechnet**; dies gilt aber nicht für den einmaligen Berufseinsteiger-Bonus von bis zu 200 €. Durch den Sonderausgabenabzug erfolgt also keine doppelte, sondern eine zusätzliche Förderung der Altersvorsorgebeiträge über die Zulage hinaus. Diese Vorgehensweise entspricht im Ergebnis der seit 1996 durchzuführenden Vergleichsrechnung zwischen Kindergeld und den Freibeträgen für Kinder (vgl. Anhang 9). Da man bei der Günstigerprüfung für die Berechnung des zusätzlichen Steuervorteils alleine auf den Zulageanspruch des Berechtigten und nicht auf die tatsächlich geleistete Zulage abstellt, wird vermieden, dass das Finanzamt die Durchführung der Einkommensteuerveranlagung bis zur Zulageberechnung durch die ZfA zurückstellen muss. Dies bedeutet zugleich, dass die **Zulage stets** zu **beantragen** ist, um keine steuerliche Förderung zu verschenken. Zum „Dauerzulageantrag" vgl. die Erläuterungen unter der vorstehenden Nr. 4.

Der Sonderausgabenabzug für Altersvorsorgebeiträge wird bei jedem Steuerpflichtigen, der unmittelbar zum begünstigten Personenkreis gehört (vgl. vorstehende Nr. 2), bis zu einem bestimmten Höchstbetrag berücksichtigt. Der **Höchstbetrag** für den **Sonderausgabenabzug** beträgt:

	2002/2003	2004/2005	2006/2007	**2008 bis 2010**
Sonderausgaben-Höchstbetrag für Altersvorsorgebeiträge	525 €	1 050 €	1 575 €	**2 100 €**

Der Sonderausgabenabzug für Altersvorsorgebeiträge (einschließlich begünstigte Darlehenstilgungen) bis zu dem vorstehenden Höchstbetrag wird **neben dem Sonderausgabenabzug für Vorsorgeaufwendungen** (u. a. Arbeitnehmeranteil am Gesamtsozialversicherungsbeitrag, begünstigte Versicherungsbeiträge) gewährt. Auf die tatsächliche Höhe der vom Steuerpflichtigen erzielten beitragspflichtigen Einnahmen kommt es beim Sonderausgabenabzug nicht an. Für den **Sonderausgabenabzug** muss auch **kein Mindesteigenbeitrag** erbracht werden, so dass eine Kürzung des Sonderausgaben-Höchstbetrags auch bei geringen Beiträgen nicht vorgenommen wird.

Beispiel A
Der ledige A, unter 25 Jahre, ist in der gesetzlichen Rentenversicherung pflichtversichert und hat im Jahre 2010 erstmals 1900 € auf seinen Altersvorsorgevertrag überwiesen.

Bruttogehalt (Vorjahr)	50 000 €
Mindesteigenbeitrag	
4 % von 50 000 € (= 2000 €) maximal 2100 €	2 000 €
abzüglich Grundzulage (154 €) und Berufseinsteiger-Bonus (200 €)	354 €
verbleiben	1 646 € 1 646 €
Sockelbetrag	60 €

Der Mindesteigenbeitrag übersteigt den Sockelbetrag, so dass A mindestens 1646 € auf seinen Altersvorsorgevertrag einzahlen muss, um die volle Zulage von 354 € zu erhalten. Dieser Verpflichtung ist er mit der Zahlung von 1900 € nachgekommen.

Für den Sonderausgabenabzug werden berücksichtigt:

Altersvorsorgebeiträge	1900 €
Grundzulage (ohne Berufseinsteiger-Bonus)	154 €
Summe (höchstens 2100 €)	2 054 €
Steuerermäßigung hierauf angenommen 35 % (= Grenzsteuersatz)	719 €
abzüglich Zulage, die der Einkommensteuer hinzugerechnet wird (ohne Berufseinsteiger-Bonus)	154 €
Zusätzlicher Steuervorteil nach Günstigerprüfung durch Sonderausgabenabzug	565 €
Steuerliche Förderung insgesamt (Sonderausgabenabzug 565 € + Zulage 154 € + einmaligen Berufseinsteiger-Bonus von 200 €)	919 €

Beispiel B
Die ledige A ist in der gesetzlichen Rentenversicherung pflichtversichert und hat im Jahre 2010 720 € Tilgungsleistungen auf ihren zertifizierten Darlehensvertrag (= Altersvorsorgevertrag) überwiesen. Sie hat zwei minderjährige Kinder (2004 und 2006 geboren).

noch Anhang 6a

Bruttogehalt (Vorjahr)		30 000 €
Mindesteigenbeitrag		
4 % von 30 000 € (= 1200 €) maximal 2100 €	1 200 €	
abzüglich Grundzulage (154 €) und zwei Kinderzulagen (2 × 185 € = 370 €)	524 €	
verbleiben	676 €	676 €
Sockelbetrag		60 €

Der Mindesteigenbeitrag übersteigt den Sockelbetrag, so dass A mindestens 676 € auf ihren Altersvorsorgevertrag einzahlen muss, um die volle Grundzulage von 524 € zu erhalten. Dieser Verpflichtung ist sie mit der Zahlung von 720 € nachgekommen.

Für den Sonderausgabenabzug werden berücksichtigt:

Altersvorsorgebeiträge	720 €
Grundzulage und Kinderzulagen	524 €
Summe (höchstens 2100 €)	1 244 €
Steuerermäßigung hierauf angenommen 30 %	374 €
Grundzulage und Kinderzulagen	524 €

Da der Anspruch auf Zulage höher ist, als sich der durch den Sonderausgabenabzug ergebende Steuervorteil, ist die steuerliche Förderung mit der Zulage abgegolten und durch den Sonderausgabenabzug ergibt sich keine zusätzliche Steuerermäßigung. Die gesamte steuerliche Förderung der Altersvorsorge in Form der Tilgungsleistungen auf den zertifizierten Darlehensvertrag beträgt 524 €.

Ehegatten werden bei einer **Zusammenveranlagung** zur Einkommensteuer ab der Summe der Einkünfte grundsätzlich als ein Steuerpflichtiger behandelt. Dies gilt auch für den Bereich der Sonderausgaben. Für den Sonderausgabenabzug für private Altersvorsorgebeiträge gelten allerdings Besonderheiten. Gehören **beide Ehegatten** zum **begünstigten Personenkreis** (vgl. vorstehende Nr. 2), steht **jedem Ehegatten** in 2010 für seine Altersvorsorgebeiträge ein Sonderausgabenabzug bis zum **Höchstbetrag 2100 €** zu. Nicht ausgeschöpfte Beträge des einen Ehegatten können nicht, auch nicht teilweise auf den anderen Ehegatten übertragen werden. Daher muss jeder Ehegatte einen eigenen auf seinen Namen lautenden Altersvorsorgevertrag abschließen und genügend Beiträge einzahlen, um den höchstmöglichen Sonderausgabenabzug in Anspruch nehmen zu können (§ 10 a Abs. 3 Satz 1 EStG). Für die **Günstigerprüfung** werden die **Ehegatten** allerdings wieder **als Einheit** betrachtet. Das bedeutet, dass sich der aus den Sonderausgabenabzugsbeträgen beider Ehegatten ergebende Steuervorteil mit dem beiden Ehegatten zustehenden Anspruch auf Zulage verglichen wird. Das gilt auch dann, wenn ein Ehegatte – trotz der bestehenden Möglichkeit – auf die Inanspruchnahme des Sonderausgabenabzugs für seine Altersvorsorgebeiträge verzichtet. Auch in diesem Fall werden also für die Günstigerprüfung bei einer Zusammenveranlagung die beiden Ehegatten zustehenden Ansprüche auf Zulage angesetzt.

Beispiel C

Die Ehegatten A und B, beide in der gesetzlichen Rentenversicherung pflichtversichert und Eltern zweier minderjähriger Kinder (vor 2008 geboren), haben eigenständige Altersvorsorgeverträge abgeschlossen. Altersvorsorgebeiträge wurden geleistet in Höhe von (2 × 1200 € =) 2400 €, die Grundzulage beträgt (2 × 154 € =) 308 € und die Kinderzulage (2 × 185 € =) 370 €.

Für den Sonderausgabenabzug werden berücksichtigt:

Altersvorsorgebeiträge	2 400 €
Grundzulagen	308 €
Kinderzulagen	370 €
Summe (der Höchstbetrag von 2100 € ist bei keinem Ehegatten überschritten)	3 078 €
Steuerermäßigung hierauf angenommen 30 %	924 €
abzüglich Zulagen, die der Einkommensteuer hinzugerechnet werden	678 €
Zusätzlicher Steuervorteil nach Günstigerprüfung durch Sonderausgabenabzug	246 €
Steuerliche Förderung insgesamt (Sonderausgabenabzug 246 € + Zulage 678 €)	924 €

Gehört hingegen nur ein Ehegatte zum begünstigten Personenkreis (vgl. vorstehende Nr. 2) und hat der andere Ehegatte aufgrund seines **abgeleiteten Zulageanspruchs** einen eigenen begünstigten Altersvorsorgevertrag abgeschlossen, steht dem nicht begünstigten Ehegatten **kein eigener Sonderausgabenabzug** zu. Bei dem **begünstigten Ehegatten** sind allerdings die **von beiden** Ehegatten **geleisteten Altersvorsorgebeiträge und die Zulagen** bis zum Sonderausgaben-Höchstbetrag von 2100 € berücksichtigungsfähig (§ 10 a Abs. 3 Satz 2 EStG). Der **Sonderausgaben-Höchstbetrag verdoppelt sich** in diesem Fall aber **nicht!** Bei der Günstigerprüfung ist in diesen Fällen der sich aus dem Sonderausgabenabzug ergebende Steuervorteil mit dem beiden Ehegatten zustehenden Anspruch auf Zulage zu vergleichen. Dies gilt sowohl bei einer Zusammenveranlagung als auch bei einer getrennten Veranlagung der Ehegatten.

Beispiel D

Die Ehegatten A und B sind Eltern zweier minderjähriger Kinder (vor 2008 geboren). A ist in der gesetzlichen Rentenversicherung pflichtversichert, B hat als Hausfrau einen abgeleiteten Zulageanspruch und beide haben eigenständige Altersvorsorgeverträge abgeschlossen. Altersvorsorgebeiträge wurden geleistet in Höhe von (2 × 1200 € =) 2400 €, die Grundzulage beträgt (2 × 154 € =) 308 € und die Kinderzulage (2 × 185 € =) 370 €.

Für den Sonderausgabenabzug werden berücksichtigt:

Altersvorsorgebeiträge	2 400 €
Grundzulagen	308 €
Kinderzulagen	370 €
Summe	3 078 €
Sonderausgaben-Höchstbetrag	2 100 €
(B hat lediglich einen abgeleiteten Zulageanspruch und erhält keinen eigenen Sonderausgaben-Höchstbetrag)	
Steuerermäßigung auf 2100 € angenommen 30 %	630 €
Grundzulagen und Kinderzulagen	678 €

Da der Anspruch auf Zulage höher ist, als sich der durch den Sonderausgabenabzug ergebende Steuervorteil, ist die steuerliche Förderung mit der Zulage abgegolten und durch den Sonderausgabenabzug ergibt sich keine zusätzliche Steuerermäßigung. Die gesamte steuerliche Förderung der Altersvorsorge beträgt 678 €.

Ist der Sonderausgabenabzug günstiger als die Zulage, stellt das Finanzamt den über die Zulage hinausgehenden Steuervorteil gesondert fest und teilt ihn der ZfA unter Angabe der Vertrags- und Steuernummer sowie der Zulage- oder Versicherungsnummer mit (§ 10 a Abs. 4 EStG). Bei Ehegatten erfolgt die Zurechnung des auf jeden Ehegatten entfallenden Teils der Steuerermäßigung im Verhältnis der als Sonderausgaben berücksichtigten Altersvorsorgebeiträge; dies gilt auch dann, wenn ein Ehegatte lediglich einen abgeleiteten Zulagenanspruch hat. Die Höhe des sich durch den Sonderausgabenabzug ergebenden zusätzlichen Steuervorteils ist nämlich im Falle einer **schädlichen Verwendung** von Bedeutung (vgl. hierzu im Einzelnen nachstehende Nr. 7). Hat der Zulageberechtigte mehrere begünstigte Altersvorsorgebeiträge abgeschlossen, wird der sich aus dem Sonderausgabenabzug ergebende zusätzliche Steuervorteil auf alle begünstigten Verträge im Verhältnis der als Sonderausgaben berücksichtigten Altersvorsorgebeiträge verteilt. Eine Begrenzung auf zwei Verträge, wie bei der Zulage, ist für den Sonderausgabenabzug nicht vorgesehen.

6. Nachgelagerte Besteuerung (Leistungsphase)

Durch die staatliche Förderung der privaten Altersvorsorgebeiträge durch Zulagen und ggf. zusätzlichen Sonderausgabenabzug („Riester-Rente") geht der Gesetzgeber davon aus, dass diese zusätzliche Eigenvorsorge in der **Ansparphase steuerfrei** gestellt worden ist. Korrespondierend hierzu werden die aus einem begünstigten Altersvorsorgevertrag und aufgrund von steuerlich gefördertem Kapital **später zufließenden Leistungen in vollem Umfang** (nicht nur in Höhe des Besteuerungs-/ oder Ertragsanteils!) **als sonstige Einkünfte besteuert** (§ 22 Nr. 5 Satz 1 EStG). Durch die Zuordnung zu den sonstigen Einkünften unterliegen diese dem **persönlichen Einkommensteuersatz** und **nicht** der 25 %-igen **Abgeltungsteuer** für Kapitaleinkünfte. Mit der Steuerfreistellung der Beiträge in der Ansparphase und der vollen Besteuerung der Auszahlungen in der Leistungsphase erfolgt der Übergang zur **nachgelagerten Besteuerung**. Da das zu versteuernde Einkommen im Alter häufig niedriger ist als im aktiven Erwerbsleben, ist diese Umstellung für die meisten Steuerpflichtigen vorteilhaft. Zur nachgelagerten Besteuerung in den Fällen der betrieblichen Altersvorsorge vgl. auch die Erläuterungen im Anhang 6 unter Nr. 11.

Der Übergang zur nachgelagerten Besteuerung hat zur Folge, dass in der **Ansparphase** die bei einem begünstigten Altersvorsorgevertrag anfallenden **Erträge** und **Wertsteigerungen** steuerlich **nicht erfasst** werden. Dies gilt z. B. auch für Erträge bei thesaurierenden begünstigten Investmentfonds. Der **gesetzlich geregelte Vorrang der nachgelagerten Besteuerung** verdrängt z. B. die Erfassung der jährlich anfallenden Erträge als Einnahmen aus Kapitalvermögen. Die volle nachgelagerte Besteuerung gilt für alle Leistungen aus einem begünstigten Altersvorsorgevertrag, sofern die Auszahlungen auf Kapital beruhen, das steuerlich über Zulagen und ggf. zusätzlichen Sonderausgabenabzug gefördert wurde. Wie sich die später ausgezahlten Leistungen konkret zusammensetzen ist unerheblich. Es kommt nicht darauf an, in welchem Umfang in den Leistungen Erträge und Wertsteigerungen enthalten sind.

Beispiel A

A hat 30 Jahre lang einschließlich der Zulagen immer den jeweiligen steuerlichen Höchstbetrag in einen begünstigten privaten Rentenversicherungsvertrag eingezahlt und den Sonderausgabenabzug geltend gemacht. Er erhält ab Vollendung des 65. Lebensjahres eine monatliche Rente in Höhe von 500 €, die ausschließlich auf geförderten Beiträgen beruht.

Die Rentenzahlung ist bei der Einkommensteuerveranlagung in voller Höhe von (12 Monate à 500 €) 6000 € abzüglich des Werbungskosten-Pauschbetrags von 102 € (= 5898 €) als sonstige Einkünfte steuerpflichtig. Die Einkünfte unterliegen dem persönlichen Einkommensteuersatz und nicht der 25%-igen Abgeltungsteuer für Kapitaleinkünfte.

Sind in der Ansparphase **sowohl geförderte als auch nicht geförderte Beiträge** geleistet worden, sind die späteren **Leistungen** in der Auszahlungsphase **aufzuteilen**. Ein Aufteilungsfall liegt insbesondere vor, wenn in einem Kalenderjahr höhere Beiträge geleistet werden, als über den Sonderausgabenabzug begünstigt sind oder der Steuerpflichtige nicht während der gesamten Vertragslaufzeit zum begünstigten Personenkreis gehört. Soweit die Leistungen auf **geförderten Beiträgen** beruhen, sind sie in **voller Höhe** als **sonstige Einkünfte** steuerpflichtig (§ 22 Nr. 5 Satz 1 EStG). Lebenslange **Rentenzahlungen** aus Renten-/Lebens**versicherungen,** Direktversicherungen, **Pensionsfonds** und **Pensionskassen,** die auf **nicht geförderten Beiträgen** beruhen, sind regelmäßig lediglich mit dem **Ertragsanteil** steuerpflichtig (§ 22 Nr. 5 Satz 2 i. V. m. Nr. 1 Satz 3 Buchstabe a Doppelbuchstabe bb EStG). Ein Ansatz des Besteuerungsanteils kommt nur in Betracht, wenn es sich um eine sog. Basisversorgung (z. B. Rürup-Rentenvertrag) handelt. Die vorstehenden Ausführungen gelten entsprechend für eine Berufsunfähigkeits-, Erwerbsminderungs- und/oder Hinterbliebenenrente. **Kapitalauszahlungen,** die auf **nicht geförderten Beiträgen** beruhen, werden **wie die** Erträge **aus Kapitallebensversicherungen** besteuert. Erfolgt z. B. bei einem vor dem 1.1.2005 abgeschlossenen Versicherungsvertrag die Kapitalauszahlung nach Ablauf von zwölf Jahren, unterliegt die Kapitalauszahlung nicht der Besteuerung. Bei einer Kapitalauszahlung aus einem nach dem 31.12.2004 abgeschlossenen Versicherungsvertrag ist grundsätzlich der Unterschiedsbetrag zwischen der Versicherungsleistung und den eingezahlten Beiträgen (ggf. nur zur Hälfte) steuerpflichtig. Die Versteuerung erfolgt allerdings als sonstige Einkünfte (§ 22 Nr. 5 Satz 2 Buchstabe b EStG) mit dem persönlichen Einkommensteuersatz und nicht mit der 25%-igen Abgeltungsteuer. Bei allen anderen Altersvorsorgeverträgen (z. B. **Bank-** und **Investmentsparplänen**) werden die **Erträge auch insoweit** in **vollem Umfang** als **sonstige Einkünfte** mit dem persönlichen Einkommensteuersatz besteuert, soweit sie auf **nicht gefördertem Kapital** beruhen. Dabei kann allerdings das sog. Halbeinkünfteverfahren anzuwenden sein (§ 22 Nr. 5 Satz 2 Buchstabe c EStG).

Beispiel B

A zahlt in 2010 insgesamt 6300 € einschließlich der Grundzulage auf einen begünstigten Altersvorsorgevertrag (Rentenversicherung; aber keine „Basisrente") ein.

Über Grundzulage und ggf. zusätzlichen Sonderausgabenabzug sind die Beiträge in 2010 in Höhe von 2100 € (= Sonderausgaben-Höchstbetrag 2010 für Altersvorsorgebeiträge; entspricht ⅓ der gesamten Beiträge des A) steuerlich gefördert worden. Die auf diesen Beitragsanteil zuzüglich der hierauf entfallenden Erträge später zufließenden Leistungen sind in vollem Umfang steuerpflichtig. Die auf den restlichen Beitragsanteil (4200 €) zuzüglich der hierauf entfallenden Erträge später zufließenden Leistungen sind lediglich mit dem Ertragsanteil steuerpflichtig. Die spätere Aufteilung ist vom Anbieter nach versicherungsmathematischen Grundsätzen vorzunehmen.

Viele Anbieter von „Riester-Verträgen" vermeiden die vorstehende Aufteilungsproblematik, da sie begünstigte Einzahlungen nur bis zum Sonderausgaben-Höchstbetrag (2010 = 2100 €) zulassen. Die Aufteilungsproblematik ergibt sich aber auch, wenn der Steuerpflichtige nicht während der gesamten Vertragslaufzeit zum begünstigten Personenkreis gehört.

Voll steuerpflichtige Einkünfte (§ 22 Nr. 5 Satz 1 EStG) liegen übrigens auch dann vor, wenn dem Steuerpflichtigen – z. B. vom Vermittler – **Abschluss- und Vertriebskosten** eines „Riester-Vertrags" **erstattet** werden (§ 22 Nr. 5 Satz 9 EStG).

Der **Anbieter hat dem Steuerpflichtigen** beim erstmaligen Bezug von Leistungen sowie bei Änderung der im Kalenderjahr auszuzahlenden Leistungen nach amtlich vorgeschriebenem Vordruck die **steuerliche Behandlung der Leistungen mitzuteilen** (§ 22 Nr. 5 Satz 7 EStG).

7. Schädliche Verwendung von Altersvorsorgevermögen

Das durch einen begünstigten Altersvorsorgevertrag mit staatlicher Förderung (Zulagen und ggf. zusätzlicher Sonderausgabenabzug) angesparte Kapital soll dem Steuerpflichtigen im Alter als zusätzliche Versorgung neben der gesetzlichen Sozialversicherungsrente oder der Beamtenversorgung zur Verfügung stehen. Wird das staatlich geförderte Altersvorsorgevermögen **nicht als begünstigte Auszahlungsform** (vgl. vorstehende Nr. 3 sowie Anhang 6 Nr. 5 Buchstabe b) oder als **begünstigte Entnahme** (vgl. nachfolgende Nr. 8) ausgezahlt, liegt grundsätzlich eine sog. schädliche Verwendung vor (§ 93 Abs. 1 EStG). Der typische Fall der schädlichen Verwendung ist eine vollständige oder teilweise **Auszahlung des Kapitals** des Altersvorsorgevermögens. Eine **Teilkapitalauszahlung** von bis zu **30%** des zu Beginn der Auszahlungsphase zur Verfügung stehenden **Kapitals** ist jedoch zulässig und somit keine schädliche Verwendung. Eine Verteilung der Teilkapitalauszahlung über mehrere Auszahlungszeitpunkte ist aber nicht möglich. Entsprechendes gilt für eine Teilkapitalauszahlung aus einem mit Zulagen und ggf. zusätzlichen Sonderausgabenabzug geförderten Produkt der betrieblichen Altersversorgung. Eine schädliche Verwendung kann während der Ansparphase, aber auch nach Beginn der Auszahlungsphase und sogar im Fall des Todes des Zulageberechtigten vorliegen (§ 93 Abs. 1 Satz 2 EStG). Die Auszahlung von **nicht** über Zulagen und Sonderausgaben **gefördertem Vermögen** ist aber **keine schädliche Verwendung**.

Beispiel A

A erhält vereinbarungsgemäß zu Beginn der Auszahlungsphase seines privaten Rentenversicherungsvertrages eine Auszahlung in Höhe von 30% des angesparten Kapitals und anschließend laufende Rentenzahlungen vom Restbetrag.

Es handelt sich um eine zulässige Teilkapitalauszahlung und nicht um eine schädliche Verwendung (vgl. § 1 Abs. 1 Nr. 4 AltZertG).

Eine (Einmal-)**Abfindung** einer **Kleinbetragsrente** zu Beginn der Auszahlungsphase ist **keine schädliche Verwendung** (§ 93 Abs. 3 Satz 1 EStG). Eine **Kleinbetragsrente** liegt vor, wenn bei gleichmäßiger Verteilung des zu Beginn der Auszahlungsphase zur Verfügung stehenden geförderten Kapitals – einschließlich einer eventuellen Teilkapitalauszahlung – der Wert von 1% der monatlichen Bezugsgröße (West) nach § 18 SGB IV **(2010 = 25,55 €) nicht überschritten** wird. Für diese Berechnung ist das geförderte Altersvorsorgevermögen von sämtlichen Verträgen bei einem Anbieter zusammenzufassen.

Bei einer schädlichen Verwendung sind die auf das schädlich ausgezahlte Kapital entfallenden **Zulagen** und der ggf. auf einen zusätzlichen **Sonderausgabenabzug** entfallende **Steuervorteil zurückzuzahlen**. Die staatliche Förderung über Zulagen und ggf. zusätzlichen Sonderausgabenabzug wird damit im Ergebnis wieder rückgängig gemacht. Außerdem sind die im ausgezahlten Kapital enthaltenen **Erträge** und **Wertsteigerungen** im Jahr der Fehlverwendung in **voller Höhe als sonstige Einkünfte** zu erfassen (§ 22 Nr. 5 Satz 3 i. V. m. Satz 2 Buchstabe c EStG; ggf. ist aber das „Halbeinkünfteverfahren" anzuwenden – 60. Lebensjahr vollendet; Laufzeit 12 Jahre). Eine Tarifermäßigung („Fünftelungsregelung") ist nicht vorgesehen, so dass es aufgrund der zusammengeballten Realisierung der Erträge und Wertsteigerungen zu einer erheblichen Steuerbelastung im Jahr der Fehlverwendung kommen kann.

Beispiel B

A, 50 Jahre alt, hat im Jahre 2002 einen Altersvorsorgevertrag abgeschlossen, regelmäßig Beiträge eingezahlt und die steuerliche Förderung in Anspruch genommen. Im Jahre 2010 entscheidet er sich kurz vor Beginn der Auszahlungsphase, den Vertrag zu kündigen. Das zu diesem Zeitpunkt vorhandene Altersvorsorgevermögen beträgt 30 000 €, die auf den Vertrag überwiesenen Zulagen 1500 € und die Eigenbeiträge 15 000 €.

Außerdem hat A aufgrund des zusätzlichen Sonderausgabenabzugs für die Altersvorsorgebeiträge einen jährlich gesondert festgestellten zusätzlichen Steuervorteil in Höhe von insgesamt 3000 € erhalten.

Die Vertragskündigung ist eine schädliche Verwendung mit der Folge, dass die gesamte steuerliche Förderung zurückzuzahlen ist.

Zulagen	1 500 €
zusätzlicher Steuervorteil Sonderausgabenabzug	3 000 €
Rückzahlungsbetrag insgesamt	4 500 €

Außerdem sind die in dem ausgezahlten Kapital enthaltenen Wertsteigerungen und Erträge in voller Höhe als sonstige Einkünfte zu versteuern (§ 22 Nr. 5 Satz 3 i. V. m. Satz 2 EStG). Eine Tarifermäßigung („Fünftelungsregelung") ist nicht vorgesehen.

Auszahlungsbetrag	30 000 €
abzüglich Zulagen	1 500 €
abzüglich Eigenbeiträge	15 000 €
Sonstige Einkünfte	13 500 €

Beispiel C

Wie Beispiel B. Die Kündigung des Altersvorsorgevertrages erfolgt aber erst acht Jahre nach Beginn der Auszahlungsphase. Zu Beginn der Auszahlungsphase betrug das Kapital 30 000 €, bei Vertragskündigung 21 000 €. Der Anteil des ausgezahlten Kapitals am Gesamtkapital beträgt somit 70% (21 000 € zu 30 000 €).

Die Vertragskündigung während der Auszahlungsphase ist eine schädliche Verwendung mit der Folge, dass die steuerliche Förderung anteilig zurückzuzahlen ist.

Zulagen	1 500 €
zusätzlicher Steuervorteil Sonderausgabenabzug	3 000 €
Gesamte steuerliche Förderung	4 500 €
Rückzahlungsbetrag 70%	3 150 €

Außerdem sind die in dem ausgezahlten Kapital enthaltenen Wertsteigerungen und Erträge anteilig in voller Höhe als sonstige Einkünfte zu versteuern (§ 22 Nr. 5 Satz 3 i. V. m. Satz 2 EStG). Eine Tarifermäßigung („Fünftelungsregelung") ist nicht vorgesehen.

noch Anhang 6a

Auszahlungsbetrag	30 000 €
abzüglich Zulagen	1 500 €
abzüglich Eigenbeiträge	15 000 €
Zwischensumme	13 500 €
Sonstige Einkünfte 70 %	9 450 €
davon die Hälfte steuerpflichtige Einkünfte	4 725 €

Anders als im Beispiel B ist hier das Halbeinkünfteverfahren anwendbar, da A im Jahr 2018 (= Jahr der schädlichen Verwendung) das 60. Lebensjahr vollendet hat und die Vertragslaufzeit mehr als 12 Jahre beträgt.

Eine **schädliche Verwendung** liegt außerdem vor, wenn der Zulageberechtigte verstirbt und das (noch) vorhandene Altersvorsorgekapital an seine Erben ausgezahlt wird (§ 93 Abs. 1 Satz 2 EStG). Beim **Tod des Zulageberechtigten** wird nur dann nicht von einer schädlichen Verwendung ausgegangen, wenn das **angesparte Altersvorsorgevermögen** auf einen auf den Namen des **Ehegatten** des Verstorbenen lautenden Altersvorsorgevertrag **übertragen** wird (z. B. durch Abtretung des Auszahlungsanspruchs) und bei den Ehegatten im Zeitpunkt des Todes des Zulageberechtigten die Voraussetzungen für die Ehegattenbesteuerung bei der Einkommensteuer (Wahlrecht zwischen Zusammenveranlagung und getrennter Veranlagung) vorgelegen haben (§ 93 Abs. 1 Satz 3 Buchstabe c EStG). Unerheblich ist, ob der Vertrag des überlebenden Ehegatten bereits bestand oder im Zuge der Kapitalübertragung neu abgeschlossen wird oder ob der überlebende Ehegatte selbst zum begünstigten Personenkreis gehört oder nicht. Der überlebende Ehegatte hat somit die Möglichkeit, die vom Verstorbenen in Anspruch genommene steuerliche Förderung für die eigene Altersvorsorge zu nutzen. Diese Übertragungsmöglichkeit gilt aber nur für den überlebenden Ehegatten, nicht für andere Erben. Bei einer **Erbengemeinschaft** (überlebender Ehegatte und Kinder) ist es allerdings unschädlich, wenn das gesamte geförderte Altersvorsorgevermögen zugunsten eines auf den Namen des überlebenden Ehegatten lautenden zertifizierten Altersvorsorgevertrags übertragen wird und die Kinder (übrige Erben) für den über die Erbquote des überlebenden Ehegatten hinausgehenden Kapitalanteil einen Ausgleich erhalten. Die Verwendung des geförderten geerbten Vermögens zur **Begleichung** der durch den Erbfall entstandenen **Erbschaftsteuer** ist aber auch aus der Sicht des überlebenden Ehegatten eine **schädliche Verwendung**.

Eine **schädliche Verwendung** liegt auch **nicht** vor, soweit das angesparte Altersvorsorgevermögen in Form einer **Hinterbliebenenrente** an den Ehegatten und die steuerlich zu berücksichtigenden Kinder ausgezahlt wird (§ 93 Abs. 1 Satz 3 Buchstabe a EStG).

Beispiel D
A und B erfüllen die Voraussetzungen für eine Zusammenveranlagung zur Einkommensteuer. Das staatlich geförderte Altersvorsorgevermögen beträgt beim Tod des Zulageberechtigten A 35 000 €; darin enthalten sind 2000 € auf den Vertrag überwiesene Zulagen.
Eine schädliche Verwendung liegt nicht vor, wenn das von A bis zu seinem Tode angesparte Altersvorsorgevermögen auf einen auf B lautenden Altersvorsorgevertrag übertragen wird. Es kommt weder zur Rückforderung der gewährten staatlichen Förderungen (Zulagen und ggf. zusätzlicher Steuervorteil über Sonderausgabenabzug) noch zur Nachversteuerung der bisherigen Erträge und Wertsteigerungen. Die später B zufließenden Rentenzahlungen unterliegen allerdings in voller Höhe der Besteuerung als sonstige Einkünfte (§ 22 Nr. 5 Satz 1 EStG).

Bei einer schädlichen Verwendung besteht **keine Rückzahlungsverpflichtung** für den Teil der Zulagen und der ggf. anteiligen Steuervorteile für den Sonderausgabenabzug, der den Beitragsanteilen zuzuordnen ist, die für die zusätzliche **Absicherung** der verminderten **Erwerbsfähigkeit** und eine zusätzliche **Hinterbliebenenabsicherung** ohne Kapitalbildung **verwendet** worden sind (§ 93 Abs. 1 Satz 3 Buchstabe b EStG).

Eine **schädliche Verwendung** liegt auch **nicht** vor, wenn ein begünstigter Altersvorsorgevertrag fristgerecht gekündigt wird, um das vorhandene **Kapital** auf einen **anderen** auf den Namen des Anlegers lautenden begünstigten **Altersvorsorgevertrag** desselben oder eines anderen Anbieters **übertragen** zu lassen (§ 93 Abs. 2 Satz 1 EStG).

Eine **Rückzahlungsverpflichtung** der Zulagen und der ggf. zusätzlichen Steuervorteile über den Sonderausgabenabzug **entfällt** ebenfalls, soweit bei einer **Ehescheidung** im Rahmen des **Versorgungsausgleichs** aufgrund einer internen Teilung eine **Übertragung** oder Abtretung des geförderten Vermögens auf einen Altersvorsorgevertrag des ausgleichsberechtigten Ehegatten erfolgt oder im Rahmen einer externen Teilung eine unmittelbare **Einzahlung** (= direkte Überweisung durch bisherigen Anbieter) auf einen solchen Vertrag vorgenommen wird (§ 93 Abs. 1a EStG). Mit der Übertragung wird auch die auf den übertragenden Anteil des Altersvorsorgevermögens entfallende, der ausgleichspflichtigen Person gewährte steuerliche Förderung der ausgleichsberechtigten Person zugeordnet und geht damit auf diese über. Im Fall einer späteren schädlichen Verwendung tritt die Rückzahlungsverpflichtung bei demjenigen Ehegatten ein, dem das ihm zugeordnete geförderte Vermögen steuerschädlich ausgezahlt wird. Zum Versorgungsausgleich bei Betriebsrenten vgl. auch die Erläuterungen im Anhang 6 unter Nr. 16.

Wurden die **Beiträge** zur **betrieblichen Altersversorgung** individuell über die Lohnsteuerkarte des Arbeitnehmers versteuert, um die steuerliche Förderung über die „**Riester-Rente**" (Zulagen und ggf. zusätzlichen Sonderausgabenabzug) in Anspruch zu nehmen, liegt eine **schädliche Verwendung** insbesondere vor, wenn der Arbeitnehmer im Versorgungsfall ein bestehendes **Wahlrecht** auf **Einmalkapitalauszahlung** ausübt.

Beispiel E
Arbeitgeber A hat für Arbeitnehmer B eine Direktversicherung abgeschlossen. B hat im Versorgungsfall das Wahlrecht, anstelle einer lebenslangen Rente eine Einmalkapitalauszahlung zu wählen.
Der Beitrag ist individuell über die Lohnsteuerkarte des B versteuert worden, damit er die Altersvorsorgezulage und den zusätzlichen Sonderausgabenabzug in Anspruch nehmen kann (§ 82 Abs. 2 Satz 1 Buchstabe a EStG).
Sollte B im Versorgungsfall das bestehende Wahlrecht zugunsten einer Kapitalauszahlung ausüben, handelt es sich um eine schädliche Verwendung mit der Folge, dass die Zulagen und die zusätzlichen Steuervorteile über den Sonderausgabenabzug zurückzuzahlen sind.

Eine **schädliche Verwendung** liegt aber **nicht** vor, wenn über Zulagen und ggf. zusätzlichem Sonderausgabenabzug gefördertes Altersvorsorgevermögen im Zusammenhang mit einem Arbeitgeberwechsel auf einen Pensionsfonds, eine Pensionskasse oder eine Direktversicherung zum Aufbau einer kapitalgedeckten lebenslangen Altersversorgung übertragen wird und auch nach der Übertragung eine lebenslange Altersversorgung des Arbeitnehmers vorgesehen ist (§ 93 Abs. 2 Satz 2 EStG i. V. m. § 4 Abs. 2 und 3 BetrAVG). Vgl. im Übrigen zur **Mitnahme** der **betrieblichen Altersversorgung** bei **Arbeitgeberwechsel** auch die Ausführungen im Anhang 6 unter Nr. 15.

Auch bei einer **Beendigung der unbeschränkten Steuerpflicht** (z. B. durch Wegzug ins Ausland) liegt eine **schädliche Verwendung** vor, so dass die steuerliche Förderung über Zulagen und ggf. des zusätzlichen Steuervorteils über Sonderausgabenabzug zurückgefordert wird (§ 95 Abs. 1 EStG). Da der Wegfall der unbeschränkten Steuerpflicht aber nicht automatisch die Auszahlung des angesparten Altersvorsorgevermögens zur Folge hat, kann der **Rückzahlungsbetrag** auf Antrag des Anlegers bis zum Beginn der Auszahlung **gestundet** werden. Die Stundung wird bis zur vollständigen Tilgung verlängert, wenn mindestens 15 % der dann zufließenden Rentenzahlungen zur Tilgung des Rückforderungsbetrags verwendet werden. Stundungszinsen werden nicht erhoben. Wird der Anleger zu einem späteren Zeitpunkt erneut unbeschränkt steuerpflichtig, ist der gestundete Rückzahlungsbetrag zu erlassen. Bei einer Kapitalauszahlung aus dem Altersvorsorgevertrag endet allerdings die Stundung und der gesamte Rückzahlungsbetrag wird fällig. Bei Auszahlung des Altersvorsorgevermögens gehört zudem die Leistung abzüglich der Zulagen und der Eigenbeiträge zu den sonstigen Einkünften (§ 22 Nr. 5 Satz 3 i. V. m. Satz 2 EStG). Ggf. ist anhand des in Betracht kommenden Doppelbesteuerungsabkommens zu prüfen, ob Deutschland für diese Einkünfte das Besteuerungsrecht hat.

Der **Europäische Gerichtshof** ist in einem vor der Europäischen Kommission betriebenen Verfahren u. a. zu dem Ergebnis gelangt, dass die gesetzlichen Regelungen zur schädlichen Verwendung wegen Verstoßes gegen das Recht auf freie Wohnortwahl (= Freizügigkeit) und gegen die Gleichbehandlung von Deutschen und Ausländern u. a. **eu-rechtswidrig** sind, soweit die „Riester-Förderung" bei **Beendigung** der **unbeschränkten Steuerpflicht** infolge Wohnsitzverlegung in das Ausland wegen schädlicher Verwendung **zurückzuzahlen** ist (EuGH-Urteil vom 10.9.2009 Rs 269/07). Der **Gesetzgeber** wird wohl in einem Gesetzgebungsverfahren, das erst im Jahre 2010 abgeschlossen wird, die erforderliche **Nachbesserung** (keine schädliche Verwendung bei Wohnsitznahme im EU-/EWR-Raum) vornehmen.

Eine **Entsendung** im sozialversicherungsrechtlichen Sinne liegt vor, wenn ein Arbeitnehmer bei einer Beschäftigung im Ausland weiterhin in der Bundesrepublik Deutschland sozialversicherungspflichtig ist (§ 4 SGB IV).

Liegen bei einem Arbeitnehmer die Voraussetzungen einer **Entsendung** im Sinne des Sozialversicherungsrechts oder nach über- oder zwischenstaatlichem Recht oder nach einer Zuweisung im Sinne des Beamtenrechtsrahmengesetzes vor und **bleibt** die **unbeschränkte Steuerpflicht** während dieser Zeit **bestehen, ändert sich** an der steuerlichen Förderung der privaten Altersvorsorge **nichts.**

Endet hingegen **bei einer Entsendung** die **unbeschränkte Steuerpflicht** – z. B. durch Aufgabe des Wohnsitzes in Deutschland – muss der Arbeitnehmer zur Vermeidung von Rückforderungsansprüchen hinsichtlich der Zulagen und ggf. des zusätzlichen Steuervorteils über Sonderausgabenabzug für den Zeitraum des Auslandsaufenthalts einen **Antrag** auf **Stundung** für die bereits gewährte Förderung stellen (vgl. auch die vorstehenden Absätze zur Beendigung der unbeschränkten Steuerpflicht). Bei einer **erneuten Begründung** der **unbeschränkten Steuerpflicht** (durch Rückkehr aus dem Ausland) **entfallen** die **Rückforderungsansprüche**. Außerdem kann die **Zulage** – bei Vorlage der übrigen Voraussetzungen – für die Kalenderjahre der Entsendung **nachträglich** gewährt werden. Der diesbezügliche **Antrag** ist **bis** zum **Ablauf** des **zweiten Kalenderjahres** zu stellen, das **auf** das **Kalenderjahr folgt**, in dem letztmals keine unbeschränkte Steuerpflicht bestand (§ 95 Abs. 3 EStG).

Beispiel G

A wird für die Zeit 1.12.2006 bis 31.12.2008 entsandt. Während des Entsendezeitraums besteht keine unbeschränkte Steuerpflicht, da A seinen inländischen Wohnsitz aufgibt. Nach Beendigung der Entsendezeit kehrt A im Januar 2009 ins Inland zurück.

Die Zulage kann für die Kalenderjahre der Entsendung (2007 und 2008) nachträglich gewährt werden, falls A entsprechende Altersvorsorgebeiträge geleistet und die Zulage für 2007 und 2008 bis zum 31.12.2010 beantragt, da im Jahr 2008 letztmals keine unbeschränkte Steuerpflicht bestand.

Der Anbieter hat der ZfA (Zentrale Zulagestelle für Altersvermögen) vor der Auszahlung des Altersvorsorgevermögens die schädliche Verwendung **anzuzeigen** (§ 94 Abs. 1 EStG). Die ZfA ermittelt den Rückforderungsbetrag (bestehend aus Zulagen und ggf. zusätzlichem Steuervorteil aus Sonderausgabenabzug, der vom Finanzamt jährlich gesondert festgestellt und der ZfA gemeldet wird) und teilt diesen dem **Anbieter** mit. Der Anbieter darf nur das um den Rückforderungsbetrag verminderte Kapital an den Anleger auszahlen und hat den Rückzahlungsbetrag an die ZfA abzuführen. Eine förmliche Festsetzung des Rückzahlungsbetrags erfolgt nur auf besonderen Antrag des Zulageberechtigten oder sofern die Rückzahlung über den Anbieter ganz oder teilweise nicht möglich bzw. nicht erfolgt ist.

8. Einbeziehung von selbstgenutztem Wohneigentum

Durch das **Eigenheimrentengesetz** ist die **Riester-Förderung** für **selbstgenutztes Wohneigentum ab 2008 grundlegend geändert** worden.

Nunmehr können **bis zu 75% oder 100%** des in einem Altersvorsorgevertrag (= „Riester-Vertrag") gebildeten und steuerlich geförderten **Kapitals** als sog. Altersvorsorge-Eigenheimbetrag **entnommen** und wie folgt verwendet werden (§ 92a Abs. 1 Satz 1 EStG):

- in der Ansparphase unmittelbar für die **Anschaffung** oder **Herstellung** einer **Wohnung** (im eigenen Haus oder Eigentumswohnung),
- zu **Beginn** der **Auszahlungsphase** zur **Entschuldung** einer Wohnung oder
- für den Erwerb von **Geschäftsanteilen** an einer eingetragenen Genossenschaft für die Selbstnutzung einer **Genossenschaftswohnung**.

Das vorstehende **Objekt** muss den **Lebensmittelpunkt** bilden, im **Inland** belegen sein und vom Zulageberechtigten zu eigenen Wohnzwecken als **Hauptwohnsitz** oder Lebensmittelpunkt genutzt werden.

Die **Umschuldung** eines Altobjekts in der Ansparphase ist ebenso wenig begünstigt wie die Anschaffung oder Herstellung eines **Zweitwohnsitzes**, eines **Alterswohnsitzes** im Ausland oder eines **Ferien- oder Gartenhauses**. Auch **Modernisierungen**, altersgerechte **Umbauten** oder Maßnahmen zur **Energieeinsparung**, selbst wenn diese nach der Energieeinsparverordnung vorgeschrieben sind, werden **nicht gefördert**.

Der **Europäische Gerichtshof** ist in einem von der Europäischen Kommission betriebenen Verfahren u. a. zu dem Ergebnis gelangt, dass die gesetzlichen Regelungen zur Einbeziehung von selbstgenutztem Wohneigentum in die „Riester-Förderung" wegen Verstoßes gegen das Recht auf freie Wohnortwahl (= Freizügigkeit) und gegen die Gleichbehandlung von Deutschen und Ausländern u. a. **eu-rechtswidrig** sind, soweit das geförderte **Riester-Kapital** nicht zu eigenen Wohnzwecken genutzte **Wohnung** im **EU-Ausland** verwendet werden darf (EuGH-Urteil vom 10.9.2009 Rs 269/07). Der **Gesetzgeber** wird wohl in einem Gesetzgebungsverfahren, das erst im Jahre 2010 abgeschlossen wird, die erforderliche **Nachbesserung** (Einbeziehung von im EU- und EWR-Ausland belegenen selbst genutzten Wohnimmobilien) vornehmen.

Der **Zulageberechtigte** muss die **Entnahme** bei der Zentralstelle für Altersvorsorgevermögen **(ZfA) beantragen** und dabei die notwendigen Nachweise erbringen. Die ZfA teilt dem Zulageberechtigten und dem Anbieter mit, welche Beträge förderunschädlich entnommen werden dürfen (§ 92b Abs. 1 EStG).

Eine zwingende **Rückzahlung** des entnommenen Betrags noch in der Ansparphase ist im Unterschied zur früheren Regelung **nicht mehr** vorgesehen. Stattdessen wird eine **nachgelagerte Besteuerung** in der Auszahlungsphase oder bei schädlicher Verwendung der Wohnimmobilie durchgeführt. Um diese sicherzustellen werden

- der **entnommene Betrag** (sog. Altersvorsorge-Eigenheimbetrag),
- die **Tilgungsleistungen** für Darlehens- und Bausparverträge und
- die hierfür gewährten **Zulagen**

vom Anbieter gesondert in einem **Wohnförderkonto** erfasst (§ 92a Abs. 2 Satz 1 EStG). Der sich am Ende eines Beitragsjahres aus dem Wohnförderkonto ergebende Gesamtbetrag wird **jährlich** als Verzinsung pauschal um **2% erhöht**; dies geschieht letztmals für das Beitragsjahr des Beginns der Auszahlungsphase.

Das **Wohnförderkonto vermindert** sich um

- die in der **Auszahlungsphase** zu **versteuernden Beträge** (sog. Verminderungsbetrag) und
- Zahlungen des Zulageberechtigten auf einen auf seinen Namen lautenden zertifizierten Altersvorsorgevertrag zur Minderung der in das Wohnförderkonto eingestellten Beträge (allerdings unterliegen auch diese Beträge wiederum einer nachgelagerten Besteuerung).

Der sich auf dem **Wohnförderkonto** ergebende Betrag wird in einer **(fiktiven) „Auszahlungsphase"** nachgelagert besteuert. Der Beginn der „Auszahlungsphase" wird zwischen dem Anbieter und dem Zulageberechtigten **vereinbart** und muss **zwischen** der Vollendung des **60. und 68. Lebensjahr** des Zulageberechtigten liegen. Ohne Vereinbarung gilt die Vollendung des 67. Lebensjahres als Beginn der Auszahlungsphase. Zur Feststellung des jährlich zu versteuernden Betrags wird der sich aus dem Wohnförderkonto ergebende Betrag durch die Anzahl der **Jahre bis** zum vollendeten **85. Lebensjahr** dividiert; je nach Beginn der „Auszahlungsphase" ergeben sich also **17 bis 25 Jahre**. Der jährlich zu versteuernde Betrag mindert zugleich das Wohnförderkonto (= Verminderungsbetrag; § 22 Nr. 5 Satz 4 i. V. m. § 92a Abs. 2 Satz 5 EStG). **Alternativ** kann der Zulageberechtigte zu Beginn der Auszahlungsphase von seinem Anbieter die **Auflösung** des Wohnförderkontos verlangen. In diesem Fall werden in diesem Jahr 70% des sich aus dem **Wohnförderkonto** ergebenden Betrags **versteuert** (§ 22 Nr. 5 Satz 5 i. V. m. § 92a Abs. 2 Satz 6 EStG).

Beispiel

A entnimmt mit 40 Jahren 42 000 € zur Finanzierung seiner selbstgenutzten Wohnung aus einem zertifizierten Riester-Sparvertrag. Anschließend erbringt er über 20 Jahre geförderte Tilgungsleistungen i. H. v. 2100 € jährlich (einschließlich Altersvorsorgezulage) auf einen zertifizierten Darlehensvertrag. Mit dem Vertragsanbieter vereinbart er, dass die fiktive Auszahlungsphase mit Vollendung des 68. Lebensjahres beginnen soll.

Stand des Wohnförderkontos bei Vollendung des 68. Lebensjahres:

Altersvorsorge-Eigenheimbetrag	42 000 €
Tilgungsleistungen	42 000 €
fiktive Verzinsung	30 454 €
Summe	114 454 €
jährlich steuerpflichtiger Betrag: 114 454 € : 17	6 732 €

Bei einem individuellen Steuersatz von 20% bedeutet dies eine jährliche steuerliche Belastung von 1346 € – über 17 Jahre folglich in der Summe 22 882 €.

Alternativ kann das Wohnförderkonto zu einem Termin zwischen Vollendung des 60. und des 68. Lebensjahres auch „auf einen Schlag" versteuert werden. In diesem Fall muss A zwar nur 70% des Betrags auf dem Wohnförderkonto versteuern – im Beispielsfall also „nur" 80 117 €. Zu bedenken ist allerdings, dass man mit diesem Einkommen in dieser Höhe – zumindest als Lediger – im Spitzensteuersatz bewegt mit der Folge, dass auf diesen Betrag 42% Einkommensteuer fällig werden. Dies wären im Beispielsfall 33 649 €. Und: Man bekommt das Geld aus dem Wohnförderkonto ja nicht ausbezahlt! Es handelt sich um ein fiktives Einkommen und somit auch um fiktive Einnahmen, die der Besteuerung unterliegen. Man muss also die fälligen Steuern aus anderem Einkommen decken.

Bei einer steuerlich „**schädlichen Verwendung**" der Wohnimmobilie (z. B. keine Selbstnutzung mehr, Verkauf der Immobilie, Verlegung des Lebensmittelpunktes) gilt Folgendes:

Bei einer schädlichen Verwendung der Wohnimmobilie in der **Ansparphase** ist das **Wohnförderkonto** aufzulösen und in einem Betrag zu **versteuern**. Im Todesfall in der letzten Einkommensteuerveranlagung des Steuerpflichtigen (§ 22 Nr. 5 Satz 4 2. Alt. i. V. m. § 92a Abs. 3 Sätze 5 und 6 EStG).

Wurde bei einer schädlichen Verwendung in der „**Auszahlungsphase**" das Wohnförderkonto bisher sukzessive über 17 bis 25 Jahre versteuert, ist der **Restbetrag** im Jahr des Beginns der schädlichen Verwendung zu **versteuern**. Im Todesfall in der letzten Einkommensteuerveranlagung des Steuerpflichtigen (§ 22 Nr. 5 Satz 4 2. Alt. i. V. m. § 92a Abs. 3 Sätze 5 und 6 EStG). Hat der Steuerpflichtige zu Beginn der Auszahlungsphase 70% des sich aus dem **Wohnförderkontos** ergebenden Betrag **versteuert** sind bei **schädlicher Verwendung**

noch Anhang 6a

- innerhalb der **ersten zehn Jahre** nach dem Beginn der Auszahlungsphase die **restlichen 30%** mit dem **Eineinhalbfachen** und
- bei schädlicher Verwendung zwischen dem **elften und dem 20. Jahr** nach dem Beginn der Auszahlungsphase die restlichen 30% mit dem **Einfachen** zu erfassen (§ 22 Nr. 5 Satz 6 EStG).

Es gibt also eine **zwanzigjährige Haltefrist.** Bei Tod des Steuerpflichtigen erfolgt aber keine Nachversteuerung des 30%igen Restbetrags.

Keine steuerlich **schädliche Verwendung** liegt vor (§ 92a Abs. 3 Satz 9 ff.), wenn

- der Zulageberechtigte innerhalb eines Zeitraums von einem Jahr vor und vier Jahren nach Ablauf des Veranlagungszeitraums, in dem er die Wohnung letztmals zu eigenen Wohnzwecken nutzt, einen Betrag in Höhe des im Wohnförderkonto noch stehenden Betrags für eine weitere selbstgenutzte Wohnung verwendet **(Objektwechsel);**
- der Zulageberechtigte einen **Betrag** in Höhe des im **Wohnförderkonto** noch stehenden Betrags innerhalb eines Jahres nach Ablauf des Veranlagungszeitraums, in dem er die Wohnung letztmals zu eigenen Wohnzwecken nutzt, auf einen anderen zertifizierten **Altersvorsorgevertrag** (= „Riester-Vertrag") **einzahlt;**
- bei **Tod** des Zulageberechtigten der **überlebende Ehegatte** innerhalb eines Jahres Eigentümer der **Wohnung** wird, diese zu eigenen Wohnzwecken **nutzt** und die Eheleute im Zeitpunkt des Todes die Voraussetzungen für eine Zusammenveranlagung erfüllen. Der überlebende Ehegatte führt in diesen Fällen das Wohnförderkonto des verstorbenen Ehegatten fort;
- die **Ehewohnung** bei **Getrenntleben** oder bei **Scheidung** aufgrund einer richterlichen Entscheidung dem anderen **Ehegatten zugewiesen** wird;
- der Zulageberechtigte die Wohnung **krankheits- oder pflegebedingt** nicht mehr bewohnt, sofern er Eigentümer bleibt und sie ihm zur Selbstnutzung zur Verfügung steht.

In den vorstehenden Fällen findet also **keine Versteuerung** des **Wohnförderkontos** statt.

Auf **besonderen Antrag** ist **keine schädliche Verwendung** anzunehmen, wenn der Steuerpflichtige die selbstgenutzte Wohnung aufgrund eines **beruflich bedingten Umzugs** für die Dauer der beruflich bedingten Abwesenheit nicht selbst nutzt. **Voraussetzung** ist, dass der Steuerpflichtige beabsichtigt, die **Selbstnutzung** wieder aufzunehmen und diese Aufnahme der Selbstnutzung **spätestens** mit der **Vollendung seines 67. Lebensjahres** erfolgt (§ 92a Abs. 4 EStG). Geschieht dies nicht, liegt eine schädliche Verwendung vor. Wird während der beruflich bedingten Abwesenheit die Wohnung einer anderen Person entgeltlich oder unentgeltlich zur Nutzung überlassen, ist die Vereinbarung von vornherein entsprechend zu befristen.

Eintragung von Freibeträgen auf der Lohnsteuerkarte 2010

Neues auf einen Blick:

1. Neue Vorsorgepauschale

Ab dem Kalenderjahr 2010 setzt sich die Vorsorgepauschale zusammen aus

- einem Teilbetrag **Rentenversicherung,**
- einem Teilbetrag **Krankenversicherung** und
- einem Teilbetrag **Pflegeversicherung.**

Ein Teilbetrag Arbeitslosenversicherung wird trotz der ggf. bestehenden Pflichtversicherung des Arbeitnehmers bei der Ermittlung der Vorsorgepauschale nicht berücksichtigt. Die Teilbeträge für die Renten-, Kranken- und Pflegeversicherung sind jeweils gesondert zu berechnen und anschließend zu addieren.

Ist ein Arbeitnehmer weder in der gesetzlichen Rentenversicherung pflichtversichert noch wegen der Versicherung in einer berufsständischen Versorgungseinrichtung von der gesetzlichen Rentenversicherung befreit, ist bei der Vorsorgepauschale kein Teilbetrag für die Rentenversicherung anzusetzen (z. B. Gesellschafter-Geschäftsführer einer GmbH, Beamte, Beamtenpensionäre, weiterbeschäftigte Altersvollrentner).

Die Teilbeträge Kranken- und Pflegeversicherung werden hingegen sowohl bei gesetzlich Versicherten (GKV) als auch bei privat Versicherten (PKV) berücksichtigt. Für die Teilbeträge Kranken- und Pflegeversicherung ist zudem der Ansatz der Mindestvorsorgepauschale vorgesehen (1900 € bzw. 3000 €), die auch dann greift, wenn keine (weder gesetzlich noch privat) Kranken- und Pflegeversicherung besteht.

Bei Arbeitnehmern, die in der gesetzlichen Krankenversicherung (GKV) pflichtversichert oder freiwillig versichert sind, kann der Arbeitgeber die Vorsorgepauschale ohne Weiteres anhand der Beitragssätze berechnen.

Da dem Arbeitgeber bei einer privaten Kranken- und Pflegeversicherung die Höhe der Beiträge nicht bekannt ist, muss der Arbeitnehmer diese Beiträge dem Arbeitgeber mitteilen, und zwar **belegt durch eine Bescheinigung seiner privaten Krankenkasse.** Die private Krankenkasse darf nur den Teil der Beiträge bescheinigen, der auf die sog. **Basisabsicherung** entfällt. Ab 1.1.2010 werden also die Beiträge zu einer privaten Kranken- und Pflegeversicherung vom Arbeitgeber beim Lohnsteuerabzug berücksichtigt, wenn der Arbeitnehmer eine Bescheinigung seiner privaten Krankenkasse vorlegt. **Die Vorlage einer solchen Bescheinigung hat also die gleiche Wirkung, wie die Eintragung eines Freibetrags auf der Lohnsteuerkarte des Arbeitnehmers.** Die von der privaten Krankenkasse bescheinigten Beträge müssen allerdings vom Arbeitgeber um den steuerfreien Beitragszuschuss zur privaten Kranken- und Pflegeversicherung gekürzt werden. Der Arbeitgeber muss zwar die vom Arbeitnehmer vorgelegten Bescheinigungen bei der Lohnabrechnung berücksichtigen. Er muss aber diese Bescheinigungen nicht ausdrücklich verlangen. Der Arbeitgeber sollte den Arbeitnehmer aber darauf hinweisen, das es diese Möglichkeit zur Ermäßigung der Lohnsteuer gibt.

Legt der Arbeitnehmer keine Bescheinigung seiner privaten Krankenkasse vor, setzt der Arbeitgeber die Mindestvorsorgepauschale in Höhe von 12 % des Arbeitslohns, höchstens jedoch mit 1900 € bzw. 3000 € an.

Im Hinblick auf die immer anzusetzende Mindestvorsorgepauschale für die Kranken- und Pflegeversicherung ist die Vorlage einer Bescheinigung nur dann erforderlich, wenn

- der Höchstbetrag der Mindestvorsorgepauschale (**1900 €** in den Steuerklassen I, II, IV, V, VI bzw. **3000 €** in Steuerklasse III) überschritten wird **oder**
- der Jahresarbeitslohn **15 834 €** in den Steuerklassen I, II, IV, V, VI bzw. **25 000 €** in Steuerklasse III unterschreitet und die Aufwendungen höher sind als **12 %** des Jahresarbeitslohns.

Die Vorsorgepauschale wird ab 2010 nur noch beim Lohnsteuerabzug durch den Arbeitgeber berücksichtigt. Bei einer Veranlagung zur Einkommensteuer können ab 2010 nur die tatsächlich angefallenen Vorsorgeaufwendungen als Sonderausgaben berücksichtigt werden. Auf die ausführlichen Erläuterungen zur Vorsorgepauschale in **Anhang 8** und die Erläuterungen zum Sonderausgabenabzug in **Anhang 8a** wird Bezug genommen.

2. Häusliches Arbeitszimmer

Seit 1.1.2007 sind Aufwendungen für ein beruflich genutztes häusliches Arbeitszimmer nur noch dann steuerlich abzugsfähig, wenn das Arbeitszimmer den Mittelpunkt der gesamten beruflichen Betätigung des Arbeitnehmers darstellt. Arbeitszimmerkosten von Lehrern, deren Tätigkeitsmittelpunkt der Bundesfinanzhof in ständiger Rechtsprechung in der Schule sieht, aber auch anderer Berufsgruppen, insbesondere im Außendienst tätige Arbeitnehmer, bei denen der Mittelpunkt der beruflichen Tätigkeit ebenfalls in der Regel nicht im häuslichen Arbeitszimmer angesiedelt ist, sind nach dieser Regelung im Normalfall nicht mehr als Werbungskosten abzugsfähig.

Gleichwohl hat der Bundesfinanzhof mit Beschluss v. 25.8.2009 – VI B 69/09 entschieden, dass bei einem Lehrer, dem kein anderer Arbeitsplatz zur Verfügung steht, Aufwendungen für ein häusliches Arbeitszimmer als Werbungskosten im Lohnsteuerermäßigungsverfahren zu berücksichtigen sind. Hierzu sah sich das Gericht wegen ernstlicher Zweifel an der Verfassungsmäßigkeit der Neuregelung veranlasst.

Das Bundesfinanzministerium hat hierzu im BMF-Schreiben vom 6.10.2009 (BStBl. I S. 1148) angeordnet, dass im Lohnsteuerermäßigungsverfahren die Aufwendungen für ein häusliches Arbeitszimmer (wieder) als Werbungskosten geltend gemacht werden können, wenn

- die berufliche Nutzung des Arbeitszimmers **mehr als 50 %** der gesamten beruflichen Tätigkeit beträgt **oder**
- für die berufliche Tätigkeit **kein anderer Arbeitsplatz** zur Verfügung steht.

Die Aufwendungen für das Arbeitszimmer werden zwar bis zum Höchstbetrag von 1250 € jährlich als Freibetrag auf der Lohnsteuerkarte 2010 eingetragen, der Arbeitnehmer muss aber die auf diesen Betrag entfallende Lohnsteuer zurückzahlen, wenn das Bundesverfassungsgericht das seit 1.1.2007 geltende Abzugsverbot für verfassungsgemäß hält.

3. Entfernungspauschale

Durch das Gesetz zur Fortführung der Gesetzeslage bei der Entfernungspauschale vom 20.4.2009 (BGBl. I S. 774) wird die alte Gesetzeslage zur Entfernungspauschale 2006 rückwirkend ab 1.1.2007 fortgeführt, das heißt die Entfernungspauschale wird wieder ab dem 1. Entfernungskilometer gewährt. Die Fortführung der Gesetzeslage des Kalenderjahres 2006 bei der Entfernungspauschale führt dazu, dass

- **Aufwendungen für die Benutzung öffentlicher Verkehrsmittel** als Werbungskosten angesetzt werden können, soweit sie den als Entfernungspauschale abziehbaren Betrag übersteigen und
- **Unfallkosten** wieder als außergewöhnliche Aufwendungen neben der Entfernungspauschale berücksichtigungsfähig sind. Die Berücksichtigung der Unfallkosten als allgemeine Werbungskosten nach § 9 Abs. 1 Satz 1 EStG hat aber zur Folge, dass die Lohnsteuer bei einem etwaigen Arbeitgeberersatz nicht mit 15 % pauschal versteuert werden kann (für bestimmte behinderte Arbeitnehmer gelten Besonderheiten).

Wird für eine Teilstrecke zwischen Wohnung und regelmäßiger Arbeitsstätte eine **Fähre** benutzt, ist die Fahrtstrecke der Fähre nicht Teil der maßgebenden Entfernung. Für diese Teilstrecke werden die tatsächlichen Fährkosten angesetzt.

In den **Park-and-ride**-Fällen sind die tatsächlichen Aufwendungen für öffentliche Verkehrsmittel auch dann anzusetzen, wenn sie die sich für diese Teilstrecke ergebenden Entfernungspauschale übersteigen. Für die Teilstrecke Pkw bleibt es hingegen beim Ansatz der Entfernungspauschale.

Auf die ausführlichen Erläuterungen beim Stichwort „Entfernungspauschale" im Hauptteil des Lexikons wird Bezug genommen.

4. Doppelte Haushaltsführung

Bisher wurde die berufliche Veranlassung einer doppelten Haushaltsführung verneint, wenn der Arbeitnehmer seine Familienwohnung aus privaten Gründen vom Beschäftigungsort wegverlegt hatte und anschließend von einer Zweitwohnung am Beschäftigungsort seiner bisherigen Tätigkeit weiter nachging. An dieser Rechtsprechung hält der Bundesfinanzhof nicht mehr weiter fest. Nach seiner neuen Auffassung setzt eine doppelte Haushaltsführung voraus, dass **aus beruflicher Veranlassung** am Beschäftigungsort **ein zweiter** (= doppelter) **Haushalt** zum Hausstand des Arbeitnehmers **hinzutritt**. Beruflich veranlasst ist der

noch Anhang 7

Haushalt auch dann, wenn ihn der Arbeitnehmer nutzt, um seinen Arbeitsplatz von dort aus erreichen zu können. Wird ein solcher beruflich veranlasster Zweithaushalt am Beschäftigungsort eingerichtet, so wird damit auch die doppelte Haushaltsführung selbst aus beruflichem Anlass begründet. Dies gilt selbst dann, wenn der **Haupthausstand aus privaten Gründen** vom Beschäftigungsort **wegverlegt** und dann die bereits vorhandene oder eine neu eingerichtete Wohnung am Beschäftigungsort aus beruflichen Gründen als Zweithaushalt genutzt wird. Denn der (beibehaltene) Haushalt am Beschäftigungsort wird nun aus beruflichen Motiven unterhalten. Dies gilt sowohl bei verheirateten als auch bei ledigen Arbeitnehmern (BFH-Urteile vom 5.3.2009 VI R 23/07 und VI R 58/06). Die Finanzverwaltung wendet die neue Rechtsprechung des Bundesfinanzhofs aber nur dann an, **wenn die Wegverlegung des Lebensmittelpunktes voraussichtlich auf Dauer erfolgt.**

Eine beruflich veranlasste doppelte Haushaltsführung ist wie bisher auch weiterhin gegeben, wenn der Familienwohnsitz an den Beschäftigungsort des anderen Ehegatten unter Beibehaltung der ursprünglichen Familienwohnung als Erwerbswohnung verlegt wird (BFH-Urteil vom 30.10.2008, BStBl. 2009 II S. 153).

Auf die ausführlichen Erläuterungen beim Stichwort „Doppelte Haushaltsführung" im Hauptteil des Lexikons wird Bezug genommen.

5. Erhöhung des Kindergelds und der Kinderfreibeträge ab 1.1.2010

Das Kindergeld ist ab 1.1.2010 für jedes Kind um 20 € erhöht worden. Hiernach ergibt sich folgende Übersicht:

Kindergeld monatlich	1. Kind	2. Kind	3. Kind	ab dem 4. Kind
2010	**184 €**	**184 €**	**190 €**	**215 €**
2009	164 €	164 €	170 €	195 €

Gleichzeitig sind die Kinderfreibeträge erhöht worden, so dass sich folgende Übersicht ergibt:

Freibetrag jährlich	Kinderfreibetrag je Kind		Betreuungsfreibetrag je Kind		Kinder- und Betreuungsfreibetrag insgesamt	
	Alleinstehende	Ehegatten	Alleinstehende	Ehegatten	Alleinstehende	Ehegatten
2010	**2184 €**	**4368 €**	**1320 €**	**2640 €**	**3504 €**	**7008 €**
2009	1932 €	3864 €	1080 €	2160 €	3012 €	6024 €

6. Erhöhung des Grenzbetrags für die Berücksichtigung eigener Einkünfte und Bezüge eines volljährigen Kindes ab 1.1.2010

Kinder über 18 Jahre werden steuerlich nur dann berücksichtigt, wenn die **eigenen Einkünfte und Bezüge** des Kindes einen gesetzlich festgelegten Betrag nicht übersteigen.

Dieser Grenzbetrag für die Berücksichtigung eigener Einkünfte und Bezüge eines volljährigen Kindes wurde ab 1.1.2010 von bisher 7680 € auf **8004 €** jährlich erhöht. Zu den eigenen Einkünften des Kindes gehören auch Kapitalerträge, die seit 1.1.2009 der Abgeltungssteuer unterliegen und deshalb im Grundsatz in der Einkommensteuererklärung des Kindes nicht erscheinen.

Der Sparer-Pauschbetrag ist von diesen Kapitalerträgen abzuziehen. Der Sparer-Pauschbetrag gehört nicht zu den „eigenen Bezügen" des Kindes. Auf die ausführlichen Erläuterungen in Anhang 9 Nr. 9 wird Bezug genommen.

7. Neuer Tatbestand zur Berücksichtigung volljähriger Kinder

Die Tatbestände, die zur Berücksichtigung von Kindern über 18 Jahre führen, sind in Anhang 9 Nr. 8 Buchstabe f im Einzelnen erläutert. Durch das sog. Bürgerentlastungsgesetz-Krankenversicherung wurde ein neuer Berücksichtigungstatbestand eingeführt. Hiernach wird ein Kind, das das 18. aber noch nicht das 25. Lebensjahr vollendet hat, berücksichtigt, wenn es einen **Freiwilligendienst aller Generationen** im Sinne von § 2 Abs. 1a SGB VII leistet. Die Regelung ist bereits ab 1.1.2009 anzuwenden (§ 52 Abs. 40 Satz 6 EStG). Nach § 2 Abs. 1a SGB VII sind Personen in der gesetzlichen Unfallversicherung kraft Gesetzes versichert, die nach Erfüllung der Schulpflicht aufgrund einer schriftlichen Vereinbarung mit einer inländischen juristischen Person des öffentlichen Rechts oder einer Körperschaft, Personenvereinigung bzw. Vermögensmasse, die unmittelbar gemeinnützigen, mildtätigen oder kirchlichen Zwecken dient, für die Dauer von mindestens sechs Monaten durchschnittlich mindestens acht Wochenstunden einen **Freiwilligendienst aller Generationen** unentgeltlich leisten.

8. Erhöhung des Höchstbetrags für abzugsfähige Unterhaltsleistungen an Angehörige ab 1.1.2010

Der Höchstbetrag der abzugsfähigen Unterhaltsleistungen an gesetzlich unterhaltsberechtigte und ihnen gleichgestellte Personen nach § 33a Abs. 1 EStG wurde ab 1.1.2010 von bisher 7680 € auf **8004 €** erhöht. Außerdem erhöht sich der neue Höchstbetrag von 8004 € jährlich um die **Beiträge zur Kranken- und Pflegeversicherung,** die der Steuerpflichtige für die gesetzlich unterhaltsberechtigte oder gleichgestellte Person aufwendet (§ 33a Abs. 1 Satz 2 EStG).

Das Bundesfinanzministerium wird in Kürze zwei BMF-Schreiben herausgeben, die allgemeine Hinweise zur Berücksichtigung von Unterhaltsaufwendungen nach § 33a Abs. 1 EStG als außergewöhnliche Belastung enthalten, und zwar sowohl für den Unterhalt von Personen im Inland als auch für den Unterhalt von Personen im Ausland. Kernstück der neuen Erlasse sind die Regelungen zur Anwendung der **sog. Opfergrenze.** Die Änderungen sind in den nachfolgenden Erläuterungen bereits enthalten und zwar für den Unterhalt von Personen im **Inland** in Teil D Nr. 3 und für den Unterhalt von Personen im **Ausland** in Teil D Nr. 4.

9. Unterhaltsleistungen an den geschiedenen oder dauernd getrennt lebenden Ehegatten (sog. Realsplitting)

Unterhaltsleistungen an den geschiedenen oder dauernd getrennt lebenden Ehegatten sind bis zum Höchstbetrag von **13 805 € jährlich als Sonderausgaben** abziehbar, wenn der Geber dies mit Zustimmung des Empfängers beantragt (sog. **Realsplitting**). Die als Sonderausgaben abgezogenen Unterhaltsleistungen sind beim Empfänger (dies ist in der Regel die geschiedene Ehefrau) **als sonstige Einkünfte steuerpflichtig.** Für den Antrag und die Zustimmung gibt es einen amtlichen Vordruck **(Anlage U).** Auf die Erläuterungen in Anhang 7 Teil C Nr. 2 wird Bezug genommen.

Nach dem sog. Bürgerentlastungsgesetz erhöht sich ab 1.1.2010 der mit Zustimmung des Unterhaltsempfängers als Sonderausgabe abzugsfähige Höchstbetrag von 13 805 € für Unterhaltsleistungen an den geschiedenen oder dauernd getrennt lebenden Ehegatten um die vom Geber-Ehegatten tatsächlich geleisteten **Beiträge für die Kranken- und Pflegeversicherung** des Empfängers, soweit sie für die Erlangung eines sozialhilfegleichen Versorgungsniveaus erforderlich sind **(Basiskrankenversicherung).** Unmaßgeblich ist, ob der Steuerpflichtige die Beiträge als Versicherungsnehmer leistet oder für eine vom geschiedenen/dauernd getrennt lebenden Ehegatten abgeschlossene Versicherung trägt. Als Beiträge für eine Basiskrankenversicherung können berücksichtigt werden:

- bei Beiträgen zur **gesetzlichen** Krankenversicherung die tatsächlich gezahlten Beiträge. Besteht ein Anspruch auf Krankengeld, sind die Beiträge um 4 % zu kürzen.

- Bei Beiträgen zu einer **privaten** Krankenversicherung die vom Versicherungsunternehmen bescheinigten Beiträge zur Basiskrankenversicherung. Hat das Versicherungsunternehmen noch keine entsprechende Bescheinigung ausgestellt, können 80 % der für 2009 zu leistenden Beträge berücksichtigt werden (= sinngemäße Anwendung der für Vorauszahlungszwecke in § 52 Abs. 50f EStG getroffenen Regelung).

10. Antrag auf (erweiterte) unbeschränkte Steuerpflicht

Bei sogenannten Grenzpendlern ist es für den Antrag auf unbeschränkte Einkommensteuerpflicht Voraussetzung, dass 90 % der Einkünfte der deutschen Einkommensteuer unterliegen oder die nicht der deutschen Einkommensteuer unterliegenden Einkünfte den Betrag von 7834 € nicht übersteigen. Der für den Antrag auf unbeschränkte Einkommensteuerpflicht unschädliche Betrag der nicht der deutschen Einkommensteuer unterliegenden Einkünfte ist von bisher 7834 € ab 1.1.2010 auf **8004 €** für Ledige (16 008 € für Verheiratete) angehoben worden (§ 1 Abs. 3 Satz 2 EStG). Um die Vergünstigungen für Grenzpendler zu erlangen, muss dem Antrag auf Lohnsteuer-Ermäßigung 2010 entweder die Anlage „Grenzpendler EU/EWR" oder die Anlage „Grenzpendler **außerhalb** EU/EWR" beigefügt werden. Auf die ausführlichen Erläuterungen beim Stichwort „Beschränkt steuerpflichtige Arbeitnehmer" im Hauptteil des Lexikons wird Bezug genommen.

11. Neues Faktorverfahren ab 2010

Erstmals ab dem Kalenderjahr 2010 können Ehegatten, die beide berufstätig sind, anstelle der Steuerklassenkombination III/V die Eintragung der Steuerklassenkombination IV/IV **plus Faktor** beantragen. Durch dieses sog. Faktorverfahren soll erreicht werden, dass die steuermindernde Wirkung des Splittingverfahrens bereits beim Lohnsteuerab-

noch Anhang 7

zug anteilmäßig bei beiden Ehegatten berücksichtigt wird und nicht nur wie bisher allein bei demjenigen Ehegatten, der bei der Steuerklassenkombination III/V die Steuerklasse III erhalten hat (= im Regelfall der Ehemann). Neben einer gerechteren Aufteilung der Splittingvergünstigung auf Ehemann und Ehefrau sollen auch Nachzahlungen im Veranlagungsverfahren vermieden werden, die sich bei der Steuerklassenkombination III/V häufig ergeben können.

Der Antrag auf Anwendung des Faktorverfahrens muss beim Finanzamt und nicht bei der Gemeinde gestellt werden. Der amtliche Vordruck „Antrag auf Lohnsteuer-Ermäßigung 2010" enthält hierfür einen neuen **Abschnitt F** in dem die für eine zutreffende Berechnung des Faktors erforderlichen Angaben gemacht werden können. Außerdem sind die voraussichtlichen Arbeitslöhne beider Ehegatten anzugeben.

Ein etwaiger **Freibetrag** (z. B. wegen Werbungskosten, Sonderausgaben oder außergewöhnlicher Belastungen) **kann nicht zusätzlich zum Faktor auf der Lohnsteuerkarte eingetragen werden,** da er bereits bei der Berechnung der voraussichtlichen Einkommensteuer im Splittingverfahren berücksichtigt wird. Er hat sich damit bereits auf die Höhe des Faktors ausgewirkt und würde daher im Fall der (zusätzlichen) Eintragung auf der Lohnsteuerkarte doppelt berücksichtigt werden.

Beispiel zur Ermittlung des Faktors:
Der Arbeitslohn des Ehemannes beträgt monatlich 3000 €; der Arbeitslohn der Ehefrau 1700 € monatlich. Die jährliche Lohnsteuer bei der Steuerklassenkombination IV/IV errechnet sich wie folgt:
Arbeitnehmer-Ehegatte A: für monatlich 3000 € (12 × 482,58 €) = 5790,96 €
Arbeitnehmer-Ehegatte B: für monatlich 1700 € (12 × 153,66 €) = 1843,92 €
Die Summe der Lohnsteuer bei Steuerklassenkombination IV/IV **(entspricht „X")** beträgt 7634,88 €.
Die voraussichtliche Einkommensteuer im Splittingverfahren **(entspricht „Y")** beträgt 7418,00 €.
Der Faktor ist Y geteilt durch X, also 7418,00 € : 7634,88 € = **0,971** (Der Faktor wird mit drei Nachkommastellen berechnet und nur eingetragen, wenn er kleiner als 1 ist).
Die jährliche Lohnsteuer bei Anwendung der Steuerklassenkombination IV/IV mit Faktor 0,971 beträgt:
Arbeitnehmer-Ehegatte A: für monatlich 3000 € (482,58 € × 0,971) 468,59 € × 12 = 5623,08 €
Arbeitnehmer-Ehegatte B: für monatlich 1700 € (153,66 € × 0,971) 149,20 € × 12 = 1790,40 €
Summe der Lohnsteuer bei Steuerklassenkombination IV/IV mit Faktor 0,971 = 7413,48 €.

Wie bei der Wahl der Steuerklassenkombination III/V sind die Arbeitnehmer-Ehegatten auch bei der Wahl des Faktorverfahrens verpflichtet, eine Einkommensteuererklärung beim Finanzamt einzureichen. Im Beispielsfall führt die Einkommensteuerveranlagung zu folgenden Nachzahlungen bzw. Erstattung:

- Die **Steuerklassenkombination III/V** führt zu einer **Nachzahlung in Höhe von 218,12 €** (voraussichtliche Einkommensteuer im Splittingverfahren 7418,00 € – Summe Lohnsteuer bei Steuerklassenkombination III/V 7199,88 € [12 × 245,83 € = 2949,96 zuzüglich 12 × 354,16 € = 4249,92 €]).
- Die **Steuerklassenkombination IV/IV** führt zu einer **Erstattung in Höhe von 216,88 €** (voraussichtliche Einkommensteuer im Splittingverfahren 7418,00 € – Summe Lohnsteuer bei Steuerklassenkombination IV/IV 7634,88 €).
- Die **Steuerklassenkombination IV/IV mit Faktor** führt **weder zu einer Nachzahlung noch zu einer Erstattung** abgesehen von einer geringfügigen Rundungsdifferenz (voraussichtliche Einkommensteuer Splittingverfahren 7418,00 € – Summe der Lohnsteuer bei Steuerklassenkombination IV/IV mit Faktor 7413,58 €; aufgerundet 7414 €.

Was geschieht, wenn sich das Verhältnis der Arbeitslöhne im Laufe des Kalenderjahrs ändert?

Wie beim Verfahren zum Steuerklassenwechsel gilt auch beim Faktorverfahren: Den einmal eingetragenen Faktor können Arbeitnehmer-Ehegatten nur einmal ändern lassen, spätestens bis zum 30. November 2010. Sollen erstmals Freibeträge berücksichtigt werden, ist der entsprechende Antrag bis zum 30. November 2010 zu stellen. Der Faktor muss dann entsprechend neu ermittelt werden.

12. Neue Ländergruppeneinteilung für ausländische Verhältnisse

Ab 1.1.2010 gilt eine neue Ländergruppeneinteilung für ausländische Verhältnisse (z. B. bei Unterhaltsfreibeträgen für Personen die im Ausland leben). Die ab 1.1.2010 geltende neue Ländergruppeneinteilung ist als Anhang 10 zum Lexikon abgedruckt.

13. Neue Pausch- und Höchstbeträge für Umzugskosten seit 1. Juli 2009

Seit 1. Juli 2009 gelten neue Pauschbeträge
- für sonstige Umzugsauslagen bei Ledigen in Höhe von **628 €**;
- für sonstige Umzugsauslagen bei Verheirateten in Höhe von **1256 €**;
- der Erhöhungsbetrag für Kinder beträgt **277 €**;
- der maßgebende Höchstbetrag für umzugsbedingte zusätzliche Unterrichtskosten des Kindes beträgt **1584 €**.

Bei Auslandsumzügen außerhalb der Europäischen Union beträgt die Pauschale für sonstige Umzugsauslagen das Zweifache der Pauschvergütung für Inlandsumzüge. Die Erhöhung der Pauschvergütung für sonstige Umzugsauslagen für Inlandsumzüge führt daher auch zu einer Erhöhung der Pauschvergütung bei **Auslandsumzügen außerhalb der Europäischen Union.** Die höchstmögliche Pauschvergütung für sonstige Umzugsauslagen bei Auslandsumzügen außerhalb der Europäischen Union beträgt seit 1. Juli 2009 für **Ledige 1256 €** und für **Verheiratete 2512 €**. Der Erhöhungsbetrag für Kinder und andere Personen, die zur häuslichen Gemeinschaft gehören, beträgt seit 1. Juli 2009 je Person **554 €**.

Auf die ausführlichen Erläuterungen beim Stichwort „Umzugskosten" im Hauptteil des Lexikons wird Bezug genommen.

14. Eingeschränkte Berücksichtigung von Verlusten aus Kapitalvermögen

Einkünfte aus Kapitalvermögen werden seit 2009 grundsätzlich nur noch mit 25 % zuzüglich Solidaritätszuschlag und Kirchensteuer versteuert (§ 32d Abs. 1 EStG). Der Abgeltungssteuersatz von 25 % ist nicht anzuwenden, wenn die Voraussetzungen des § 32d Abs. 2 EStG vorliegen (z. B. Darlehen an nahe Angehörige oder bestimmte Beteiligungserträge). Verluste aus Kapitalvermögen, für die dem Grunde nach der Abgeltungssteuersatz von 25 % gilt, können seit 2009 nur noch mit Überschüssen aus Kapitalvermögen verrechnet werden; ein Ausgleich mit anderen Einkünften ist nicht zulässig (§ 20 Abs. 6 Satz 2 ff. EStG). Entsprechende Verluste aus Kapitalvermögen dürfen daher im Rahmen des Lohnsteuer-Ermäßigungsverfahrens nicht berücksichtigt werden.

Gliederung:

A. Eintragungsverfahren (sog. Lohnsteuer-Ermäßigungsverfahren)
   1. Allgemeines
   2. Antragsgrenze in Höhe von 600 € für die Eintragung von Freibeträgen
   3. Verfahren bei der Eintragung eines Freibetrags auf der Lohnsteuerkarte 2010
   4. Verrechnung von Freibeträgen und Hinzurechnungsbeträgen
   5. Erhöhung oder Minderung des auf der Lohnsteuerkarte eingetragenen Freibetrags bzw. Hinzurechnungsbetrags
   6. Keine rückwirkende Eintragung von Freibeträgen oder Hinzurechnungsbeträgen
   7. Freibeträge bei Ehegatten
   8. Neues Faktorverfahren ab 1.1.2010 für Arbeitnehmer-Ehegatten

B. Werbungskosten
   1. Allgemeines
   2. ABC der Werbungskosten (Checkliste)

C. Sonderausgaben
   1. Allgemeines
   2. Unterhaltsleistungen an den geschiedenen oder dauernd getrennt lebenden Ehegatten
   3. Renten und dauernde Lasten
   4. Kirchensteuer
   5. Kinderbetreuungskosten als Sonderausgaben
      a) Wegen Ausbildung, Behinderung oder Krankheit des Arbeitnehmers
      b) Für Kinder zwischen drei und sechs Jahren
   6. Ausbildungskosten
   7. Schulgeld für eine Privatschule
   8. Spenden und Beiträge (Zuwendungen) für gemeinnützige Zwecke
   9. Spenden und Beiträge an politische Parteien und unabhängige Wählervereinigungen

D. Außergewöhnliche Belastungen
   1. Außergewöhnliche Belastungen allgemeiner Art
   2. ABC der außergewöhnlichen Belastungen (Checkliste)
   3. Unterhalt bedürftiger Angehöriger im Inland
      a) Allgemeines
      b) Eigene Einkünfte und Bezüge der unterhaltenen Person
      c) Eigenes Vermögen der unterhaltenen Person
      d) Gleichgestellte Personen
      e) Zeitanteilige Kürzung des Unterhaltshöchstbetrags
   4. Unterhalt bedürftiger Angehöriger im Ausland
   5. Ausbildungsfreibeträge
      a) Allgemeines
      b) Auswärtige Unterbringung
      c) Anrechnung eigener Einkünfte und Bezüge

noch Anhang 7

  d) Zeitanteilige Kürzung des Ausbildungsfreibetrags
  e) Besonderheiten bei Zuschüssen
  f) Aufteilung des Ausbildungsfreibetrags
 6. Ausbildungsfreibeträge für Kinder, die im Ausland wohnen
 7. Freibetrag für eine Haushaltshilfe bzw. für eine Heim- oder Pflegeunterbringung
 8. Pauschbeträge für Behinderte
  a) Höhe der Pauschbeträge
  b) Abgeltungswirkung der Pauschbeträge
  c) Nachweis der Behinderteneigenschaft
  d) Pauschbeträge für behinderte Kinder
 9. Hinterbliebenen-Pauschbetrag
 10. Pflege-Pauschbetrag
 11. Unterbringung in einem Pflegeheim
  a) Der Steuerpflichtige bzw. sein Ehegatte ist im Pflegeheim untergebracht
  b) Der Steuerpflichtige übernimmt die Kosten für die Unterbringung eines Angehörigen im Pflegeheim
E. Steuerermäßigung für haushaltsnahe Beschäftigungsverhältnisse, haushaltsnahe Dienstleistungen und Handwerkerrechnungen
 1. Höhe der Steuerermäßigung
 2. Freibetrag auf der Lohnsteuerkarte
F. Freibetrag auf der Lohnsteuerkarte für Auslandskinder
G. Entlastungsbetrag für Alleinerziehende bei verwitweten Arbeitnehmern
H. Freibetrag wegen der Eintragung von Verlusten oder Verlustvorträgen

A. Eintragungsverfahren (sog. Lohnsteuer-Ermäßigungsverfahren)

1. Allgemeines

Steuerlich abziehbare Aufwendungen kann sich der Arbeitnehmer vom Finanzamt als Freibetrag auf der Lohnsteuerkarte eintragen lassen. Folgende Aufwendungen kommen hierfür in Betracht:

- **Werbungskosten,** vgl. Abschnitt B auf Seite 892
- **Sonderausgaben** (ohne Vorsorgeaufwendungen), vgl. Abschnitt C auf Seite 899
- **Außergewöhnliche Belastungen,** vgl. Abschnitt D auf Seite 902
- Freibeträge für Beschäftigungsverhältnisse in privaten Haushalten, für die Inanspruchnahme haushaltsnaher Dienstleistungen und für Handwerkerleistungen vgl. Abschnitt E auf Seite 914
- Kinderfreibeträge und Freibeträge für Betreuungs-, Erziehungs- oder Ausbildungsbedarf für Kinder, für die **kein** Anspruch auf Kindergeld oder vergleichbare Leistungen besteht (sog. Auslandskinder, vgl. Abschnitt F auf Seite 915)
- Entlastungsbetrag für Alleinerziehende bei verwitweten Arbeitnehmern im Todesjahr des Ehegatten und im Folgejahr vgl. Abschnitt G auf Seite 915
- Verluste aus anderen Einkunftsarten, vgl. Abschnitt H auf Seite 915.

Seit 1.1.2000 gibt es nicht nur Freibeträge, die auf der Lohnsteuerkarte eingetragen werden, sondern auch **Hinzurechnungsbeträge** (vgl. „Hinzurechnungsbetrag auf der Lohnsteuerkarte" im Hauptteil des Lexikons).

Bei der Eintragung von Freibeträgen und Hinzurechnungsbeträgen auf der Lohnsteuerkarte ist folgende **Vereinfachungsregelung** von Bedeutung:

Wenn ein Arbeitnehmer den gleichen Freibetrag oder Hinzurechnungsbetrag haben will, den er bereits im Vorjahr auf seiner Lohnsteuerkarte hatte, so kann er hierfür einen **vereinfachten Vordruck** verwenden, in dem er nur das entsprechende Kästchen ankreuzen muss. Voraussetzung hierfür ist allerdings, dass sich die Verhältnisse gegenüber dem Vorjahr **nicht wesentlich geändert** haben.

Wichtig ist in diesem Zusammenhang jedoch, dass die Eintragung eines Freibetrags oder Hinzurechnungsbetrags auf der Lohnsteuerkarte **stets** dazu führt, dass der Arbeitnehmer für das betreffende Kalenderjahr **eine Steuererklärung abgeben muss** und zur Einkommensteuer veranlagt wird (vgl. das Stichwort „Veranlagung von Arbeitnehmern" im Hauptteil des Lexikons).

Anträge auf Eintragung eines Freibetrags oder Hinzurechnungsbetrags für das Kalenderjahr 2010 können vom Zeitpunkt der Zustellung der Lohnsteuerkarte durch die Gemeindebehörde bis zum 30. November 2010 unter Vorlage der Lohnsteuerkarte und ggf. der entsprechenden Nachweise bei dem für den Wohnsitz des Arbeitnehmers zuständigen Finanzamt gestellt werden. Der Arbeitgeber sollte den Arbeitnehmer jedoch bitten, sich den Freibetrag oder Hinzurechnungsbetrag möglichst **vor Beginn** des neuen Kalenderjahres eintragen zu lassen. Er hat dann bereits ab 1.1.2010 eine Lohnsteuerkarte mit den zutreffenden Besteuerungsmerkmalen.

2. Antragsgrenze in Höhe von 600 € für die Eintragung von Freibeträgen

Ein Freibetrag wird – mit Ausnahme der unter dem folgenden Buchstaben f genannten Fälle – nur dann auf der Lohnsteuerkarte eingetragen, wenn die sog. **600-Euro-Grenze** überschritten wird. Übersteigen Werbungskosten, Sonderausgaben und außergewöhnliche Belastungen die Antragsgrenze von 600 € nicht, so ist der Antrag auf Eintragung eines Freibetrags unzulässig. Die Aufwendungen können dann erst nach Ablauf des Kalenderjahrs bei einer Veranlagung zur Einkommensteuer geltend gemacht werden.

Für die Feststellung, ob die Antragsgrenze überschritten wird, gilt Folgendes:

a) **Werbungskosten** zählen nur mit, soweit sie den Arbeitnehmerpauschbetrag von 920 € übersteigen. Ausgenommen von dieser Einschränkung sind die als Werbungskosten abzugsfähigen Kinderbetreuungskosten (vgl. die Erläuterungen im nachfolgenden Abschnitt B Nr. 2 Stichwort „Kinderbetreuungskosten").

b) **Sonderausgaben** werden mit den tatsächlich anfallenden Beträgen angesetzt. Bei den Unterhaltsleistungen für den geschiedenen Ehegatten (sog. Realsplitting), den Berufsausbildungskosten und dem Schulgeld sind höchstens die berücksichtigungsfähigen Aufwendungen anzusetzen.
Vorsorgeaufwendungen (z. B. die Arbeitnehmeranteile zur Sozialversicherung) gehören zwar begrifflich ebenfalls zu den Sonderausgaben, ein Freibetrag wird für diese Sonderausgaben allerdings nicht auf der Lohnsteuerkarte eingetragen (vgl. die Erläuterungen in Anhang 8).

c) Die Aufwendungen für **außergewöhnliche Belastungen allgemeiner Art** sind für die Berechnung der Antragsgrenze mit den tatsächlich anfallenden Beträgen anzusetzen.

d) Beim **Unterhalt** von bedürftigen Personen, beim **Ausbildungsfreibetrag**, beim Freibetrag für eine **Hilfe im Haushalt** bzw. für **Heimunterbringung,** und beim **Pflegepauschbetrag** sind für die Berechnung der Antragsgrenze die zu gewährenden Freibeträge anzusetzen.

e) Für die Berechnung der Antragsgrenze ist der Entlastungsbetrag für Alleinerziehende im Todesjahr des Ehegatten und im Folgejahr mit dem zu gewährenden Freibetrag anzusetzen.

f) Folgende Freibeträge werden ohne Rücksicht auf die 600-Euro-Grenze auf der Lohnsteuerkarte eingetragen:
 - **Freibetrag für Behinderte**
 - **Freibetrag für Hinterbliebene**
 - Freibeträge für Beschäftigungsverhältnisse in privaten Haushalten, für die Inanspruchnahme haushaltsnaher Dienstleistungen und für Handwerkerrechnungen (vgl. nachfolgenden Abschnitt E)
 - Verluste aus anderen Einkunftsarten
 - Kinderfreibeträge und Freibeträge für Betreuungs-, Erziehungs- oder Ausbildungsbedarf für Kinder, für die der Arbeitnehmer **keinen Anspruch auf Kindergeld** oder vergleichbare Leistungen hat (sog. Auslandskinder, vgl. Anhang 9 Nr. 12).

Ist die Summe der unter den Buchstaben a bis e genannten Aufwendungen und Beträge höher als 600 €, wird ein Freibetrag (nach gesonderter Berechnung) auf der Lohnsteuerkarte eingetragen. Ist die Summe 600 € oder niedriger, so kann eine Steuerermäßigung erst bei einer Veranlagung zur Einkommensteuer beantragt werden. Die Berechnung der Antragsgrenze soll an einem Beispiel verdeutlicht werden.

Beispiel A

Ein Arbeitnehmer (Steuerklasse I) fährt 2010 mit seinem Pkw zur Arbeitsstätte. Er möchte sich die Entfernungspauschale in Höhe von (0,30 € × 20 km × 200 Arbeitstage =) 1200 € als Freibetrag auf der Lohnsteuerkarte 2010 eintragen lassen. Es ergibt sich folgende Berechnung:

Entfernungspauschale	1 200,— €
abzüglich Arbeitnehmerpauschbetrag	920,— €
verbleibende Werbungskosten	280,— €

Die Antragsgrenze von 600 € ist nicht überschritten. Ein Freibetrag kann auf der Lohnsteuerkarte 2010 nicht eingetragen werden. Macht der Arbeitnehmer glaubhaft, dass er 2010 voraussichtlich 321 € Kirchensteuer zu zahlen hat, so ergibt sich Folgendes:

Werbungskosten, soweit sie den Arbeitnehmerpauschbetrag von 920 € übersteigen	280,— €
tatsächlich anfallende Sonderausgaben (Kirchensteuer)	321,— €
	601,— €

Die Antragsgrenze von 600 € ist überschritten. Es wird folgender Freibetrag auf der Lohnsteuerkarte 2010 eingetragen:

Werbungskosten, soweit sie den Arbeitnehmerpauschbetrag von 920 € übersteigen	280,— €
Sonderausgaben abzüglich Sonderausgabenpauschbetrag (321 € abzüglich 36 €)	285,— €
Freibetrag 2010 jährlich	565,— €
monatlich ¹/₁₂ =	47,08 €
aufgerundet auf volle Euro	48,— €

Beispiel B

Ein Arbeitnehmer (Steuerklasse I) mit einem voraussichtlichen Jahresarbeitslohn von 30 000 € fährt täglich mit den öffentlichen Verkehrsmitteln zur Arbeitsstätte. Er möchte sich die Entfernungspauschale in Höhe von (0,30 € × 20 km × 200 Arbeitstage =) 1200 € als Freibetrag auf der Lohnsteuerkarte 2010 eintragen lassen. An Kirchensteuer zahlt der Arbeitnehmer 120 € jährlich. Außerdem hat er für zahnärztliche Behandlung 400 € zu leisten, für die er von keiner Seite Ersatz bekommt.

Die Berechnung der 600-Euro-Grenze ergibt Folgendes:

Entfernungspauschale	1 200,— €
abzüglich Arbeitnehmerpauschbetrag	920,— €
verbleibende Werbungskosten	280,— €
tatsächlich anfallende Sonderausgaben (Kirchensteuer)	120,— €
Außergewöhnliche Belastung allgemeiner Art (ohne Berücksichtigung der zumutbaren Belastung)	400,— €
Insgesamt	800,— €

Der Arbeitnehmer kann bei seinem zuständigen Wohnsitz-Finanzamt die Eintragung eines Freibetrags auf der Lohnsteuerkarte beantragen, da die 600-Euro-Grenze überschritten ist. Der Freibetrag errechnet sich wie folgt:

Entfernungspauschale	1 200,— €
abzüglich Arbeitnehmerpauschbetrag	920,— €
Freibetrag für Werbungskosten	280,— €
Sonderausgaben (Kirchensteuer)	120,— €
abzüglich Sonderausgabenpauschbetrag	36,— €
Freibetrag für Sonderausgaben	84,— €
Außergewöhnliche Belastung	400,— €
abzüglich zumutbare Belastung*)	1 726,— €
Freibetrag für außergewöhnliche Belastung	0,— €
Auf der Lohnsteuerkarte 2010 einzutragender Jahresfreibetrag	364,— €
monatlich ¹/₁₂, aufgerundet auf volle Euro =	31,— €

3. Verfahren bei der Eintragung eines Freibetrags auf der Lohnsteuerkarte 2010

Wenn ein Arbeitnehmer für 2010 den gleichen Freibetrag will, den er bereits für 2009 auf seiner Lohnsteuerkarte hatte, so kann er hierfür einen vereinfachten Vordruck verwenden, in dem er nur das entsprechende Kästchen ankreuzen muss. Voraussetzung hierfür ist allerdings, dass sich die Verhältnisse gegenüber 2009 nicht wesentlich geändert haben. Kann dieses vereinfachte Verfahren nicht angewendet werden, weil sich der Arbeitnehmer einen höheren Freibetrag als im Vorjahr eintragen lassen will oder weil sich die Verhältnisse geändert haben, so muss der Arbeitnehmer den allgemeinen (sechsseitigen) Ermäßigungsvordruck ausfüllen. Die Antragsvordrucke sind bei den Finanzämtern kostenlos erhältlich. Sie stehen auch auf der Internetseite des Bundesministeriums der Finanzen (www.bundesfinanzministerium.de) zum Download bereit. Zuständig für die Eintragung eines Freibetrags auf der Lohnsteuerkarte ist das **Wohnsitzfinanzamt.** Der Arbeitnehmer kann den Antrag per Post einsenden oder persönlich beim Wohnsitzfinanzamt übergeben. Wichtig ist, dass dem Antrag die Lohnsteuerkarte beigefügt ist, da anderenfalls der Freibetrag nicht sofort eingetragen werden kann.

Wenn die Voraussetzungen für die Eintragung eines steuerfreien Betrages auf der Lohnsteuerkarte erfüllt sind, stellt das Finanzamt den Gesamtjahresbetrag fest und verteilt ihn gleichmäßig auf die der Antragstellung folgenden Monate (z. B. bei Antragstellung im Juni des Kalenderjahres mit jeweils ⅙ auf die Monate Juli bis Dezember). Für Anträge, die im Laufe des Monats Januar gestellt werden, wird die Eintragung rückwirkend vom 1. Januar an vorgenommen. Der Tagesbetrag beträgt jeweils ¹/₃₀ und der Wochenbetrag ⁷/₃₀ des Monatsbetrages. Der Tagesbetrag wird auf 5 Cent, der Wochenbetrag auf 10 Cent und der Monatsbetrag auf volle Euro aufgerundet. Bei einem Arbeitnehmer mit mehreren Dienstverhältnissen, für den mehrere Lohnsteuerkarten ausgestellt worden sind, muss der einzutragende Freibetrag nicht ausschließlich auf der Lohnsteuerkarte für das erste Dienstverhältnis eingetragen werden. Der Freibetrag kann auf

noch Anhang 7

Antrag des Arbeitnehmers auch auf einer Lohnsteuerkarte mit der Steuerklasse VI eingetragen oder auf sämtliche Lohnsteuerkarten des Arbeitnehmers verteilt werden. Dies gilt auch für den Pauschbetrag für Behinderte und Hinterbliebene. Wird ein Antrag des Arbeitnehmers, einen Freibetrag auf der Lohnsteuerkarte einzutragen, abgelehnt oder wird dem Antrag nicht voll entsprochen, so hat das Finanzamt einen schriftlichen Bescheid unter Angabe der Ablehnungsgründe zu erteilen.

4. Verrechnung von Freibeträgen und Hinzurechnungsbeträgen

Seit 1.1.2000 werden nicht nur Freibeträge, sondern auch Hinzurechnungsbeträge auf der Lohnsteuerkarte eingetragen. Dieses Verfahren ist ausführlich anhand von Beispielen beim Stichwort „Hinzurechnungsbetrag auf der Lohnsteuerkarte" erläutert. Trifft die Eintragung eines Hinzurechnungsbetrags mit einem auf der Lohnsteuerkarte bereits eingetragenen oder noch einzutragenden Freibetrag zusammen, so wird nur der verbleibende **Differenzbetrag** entweder als Freibetrag oder Hinzurechnungsbetrag auf der Lohnsteuerkarte eingetragen.

5. Erhöhung oder Minderung des auf der Lohnsteuerkarte eingetragenen Freibetrags bzw. Hinzurechnungsbetrags

Ist auf der Lohnsteuerkarte des Arbeitnehmers bereits ein steuerfreier Betrag eingetragen und beantragt der Arbeitnehmer für zusätzliche Aufwendungen oder aus sonstigen Gründen einen weiteren Freibetrag, so wird als Jahresfreibetrag die Summe des bisherigen und des zusätzlichen Betrags eingetragen. Als Monatsbetrag wird der Teilbetrag für die restlichen Monate aus dieser Summe nach Abzug der in den vergangenen Monaten bereits steuerlich berücksichtigten Beträge ermittelt. **Für die Erhöhung des bereits auf der Lohnsteuerkarte eingetragenen Freibetrags gilt die 600-Euro-Grenze nicht.** Eine **rückwirkende** Erhöhung des auf der Lohnsteuerkarte eingetragenen Freibetrags ist **nicht** möglich (vgl. nachfolgend unter Nr. 6).

Die Berechnung des neuen Monatsfreibetrags soll am **Beispiel A** für die **Erhöhung** des auf der Lohnsteuerkarte bereits eingetragenen Freibetrags und am **Beispiel B** für die **Minderung** des auf der Lohnsteuerkarte bereits eingetragenen Freibetrags verdeutlicht werden:

Beispiel A

Ein monatlich entlohnter Arbeitnehmer, auf dessen Lohnsteuerkarte mit Wirkung vom 1. Januar 2010 an ein Freibetrag von 2400 € jährlich (monatlich 200 €) eingetragen ist, macht am 10. März 2010 weitere berücksichtigungsfähige Aufwendungen von 963 € für das Kalenderjahr 2010 geltend. Es ergibt sich ein neuer Jahresfreibetrag von (2400 € + 963 € =) 3363 €, der auf der Lohnsteuerkarte zu bescheinigen ist. Für die Berechnung des neuen Monatsfreibetrags ist der Jahresfreibetrag um die bei der Lohnsteuerberechnung bisher bereits berücksichtigten Monatsfreibeträge von (3 × 200 € =) 600 € zu kürzen. Der verbleibende Betrag von (3363 € ./. 600 € =) 2763 € ist auf die Monate April bis Dezember 2010 zu verteilen, so dass ab 1. April 2010 ein Monatsfreibetrag von 307 € auf der Lohnsteuerkarte einzutragen ist. Für die abgelaufenen Lohnzahlungszeiträume Januar bis März 2010 bleibt der Monatsfreibetrag von 200 € unverändert.

Beispiel B

Ein monatlich entlohnter Arbeitnehmer, auf dessen Lohnsteuerkarte mit Wirkung vom 1. Januar 2010 an ein Freibetrag von 4800 € jährlich (monatlich 400 €) eingetragen ist, teilt dem Finanzamt am 10. März 2010 mit, dass sich die berücksichtigungsfähigen Aufwendungen um 975 € für das Kalenderjahr 2010 vermindern. Es ergibt sich ein neuer Jahresfreibetrag von (4800 € ./. 975 € =) 3825 €, der auf der Lohnsteuerkarte zu bescheinigen ist. Für die Berechnung des neuen Monatsfreibetrags ist der Jahresfreibetrag um die bei der Lohnsteuerberechnung bisher bereits berücksichtigten Monatsfreibeträge von (3 × 400 € =) 1200 € zu kürzen. Der verbleibende Betrag von (3825 € ./. 1200 € =) 2625 € ist auf die Monate April bis Dezember 2010 zu verteilen, so dass ab 1. April 2010 ein Monatsfreibetrag von 292 € auf der Lohnsteuerkarte einzutragen ist. Für die abgelaufenen Lohnzahlungszeiträume Januar bis März 2010 bleibt der Monatsfreibetrag von 400 € unverändert.

Diese Grundsätze gelten auch für Hinzurechnungsbeträge.

6. Keine rückwirkende Eintragung von Freibeträgen oder Hinzurechnungsbeträgen

In § 39a Abs. 4 EStG ist klargestellt, dass die Eintragung eines Freibetrags auf der Lohnsteuerkarte verfahrensrechtlich die gesonderte Feststellung von Besteuerungsgrundlagen darstellt, die **jederzeit auch rückwirkend geändert** werden kann. Eine vorläufige Eintragung des Freibetrags oder die Eintragung „auf Widerruf" ist hierzu nicht erforderlich. Diese Verfahrensvorschrift ermöglicht es dem **Finanzamt** einen falschen Freibetrag rückwirkend aufzuheben oder zu ändern und die zu wenig gezahlte Lohnsteuer vom **Arbeitnehmer** nachzufordern. Diese Verfahrensvorschrift führt jedoch nicht dazu, dass dem Arbeitnehmer der Freibetrag **rückwirkend** auf der Lohnsteuerkarte eingetragen wird, wenn er für bereits entstandene Aufwendungen im Laufe des Kalenderjahrs die erstmalige Eintragung eines Freibetrags oder die Erhöhung eines bereits eingetragenen Freibetrags beantragt. Beantragt ein Arbeitnehmer im Laufe des Kalenderjahrs die erstmalige Eintragung eines

---

*) Zur Berechnung der sog. zumutbaren Belastungen vgl. die Erläuterungen und das Beispiel im nachfolgenden Abschnitt D Nr. 1.

noch Anhang 7

Freibetrags oder die Erhöhung eines bereits eingetragenen Freibetrags, so darf das Finanzamt den Freibetrag **erst ab Beginn** des auf die Antragstellung **folgenden Monats** auf der Lohnsteuerkarte eintragen. Eine **rückwirkende Eintragung** des Freibetrags oder eine rückwirkende Änderung eines auf der Lohnsteuerkarte bereits eingetragenen Freibetrags ist **nicht zulässig** (§ 39a Abs. 2 Satz 6 EStG). Diese Regelung soll verhindern, dass der Arbeitgeber in diesen Fällen die bereits durchgeführten Lohnabrechnungen wieder aufrollen muss.

Beispiel

Ein Arbeitnehmer, dem bereits seit 1. Januar 2010 Werbungskosten für Fahrten zwischen Wohnung und Arbeitsstätte in Höhe einer Entfernungspauschale von 250 € monatlich entstehen, beantragt erst im November die Eintragung eines Freibetrags auf der Lohnsteuerkarte. Das Finanzamt kann deshalb den Freibetrag erst mit Wirkung vom 1. Dezember 2010 auf der Lohnsteuerkarte eintragen. Eine rückwirkende Eintragung des Freibetrags mit Wirkung vom 1. Januar 2010 ist nicht zulässig. Der ab 1. Dezember 2010 einzutragende Freibetrag errechnet sich wie folgt:

Entfernungspauschale (12 × 250 € =)	3 000,— €
abzüglich Arbeitnehmer-Pauschbetrag	920,— €
Jahresfreibetrag	2 080,— €
Monatsfreibetrag ab Dezember 2010	2 080,— €

Wenn sich der Monatsfreibetrag von 2080 € beim Lohnsteuerabzug für den Monat Dezember 2010 nicht voll auswirkt, ist ein Ausgleich der zu viel gezahlten Lohnsteuer erst bei einem Lohnsteuerjahresausgleich durch den Arbeitgeber möglich (vgl. dieses Stichwort im Hauptteil des Lexikons). Darf der Arbeitgeber den Lohnsteuerjahresausgleich nicht durchführen, kann ein Ausgleich der zu viel gezahlten Lohnsteuer nur im Rahmen einer Veranlagung zur Einkommensteuer nach Ablauf des Kalenderjahrs erreicht werden.

Das Verbot der rückwirkenden Eintragung gilt auch für Hinzurechnungsbeträge. Außerdem gilt das Verbot der rückwirkenden Eintragung auch für einen Wechsel der Steuerklasse (§ 39 Abs. 5 Satz 4 EStG).

7. Freibeträge bei Ehegatten

Beantragen Ehegatten, die beide im Inland wohnen und nicht dauernd getrennt leben, die Eintragung eines Freibetrags auf der Lohnsteuerkarte für Aufwendungen, die unter die 600-Euro-Grenze fallen, so ist für die Frage, ob diese Grenze überschritten ist, von der **Summe** der für beide Ehegatten in Betracht kommenden Aufwendungen und abziehbaren Beträge auszugehen. Die 600-Euro-Grenze gilt also für die gesamten zusammengerechneten Aufwendungen und abziehbaren Beträge der Ehegatten **nur einmal**. Sie verdoppelt sich auch dann nicht, wenn beide Ehegatten Arbeitslohn beziehen und ein Freibetrag auf den Lohnsteuerkarten beider Ehegatten eingetragen werden soll.

Ehegatten können die Eintragung eines Freibetrags gemeinsam beantragen und für die Sonderausgaben und außergewöhnlichen Belastungen beliebig entscheiden, auf wessen Lohnsteuerkarte der Freibetrag eingetragen werden soll oder wie der Freibetrag auf die Lohnsteuerkarten beider Ehegatten verteilt werden soll. Soweit es sich jedoch um **Werbungskosten** handelt, kann jeder Ehegatte die ihm entstehenden Werbungskosten **nur auf seiner eigenen Lohnsteuerkarte** eintragen lassen. Die Eintragung von Werbungskosten auf der Lohnsteuerkarte des anderen Ehegatten ist ausgeschlossen.

Ausgeschlossen ist auch die Übertragung von korrespondierenden Freibeträgen und **Hinzurechnungsbeträgen** von einem Ehegatten auf den anderen. Oder anders ausgedrückt: Es ist nicht möglich, dass sich der **Ehemann** einen Hinzurechnungsbetrag auf seiner ersten Lohnsteuerkarte mit der Steuerklasse III eintragen lässt, damit die **Ehefrau** auf ihrer Lohnsteuerkarte mit der Steuerklasse V einen Freibetrag erhält.

Die **Sonderausgaben** von Ehegatten, die im Inland wohnen und nicht dauernd getrennt leben, sind stets **einheitlich** festzustellen (Vorsorgeaufwendungen bleiben dabei außer Ansatz, da für Vorsorgeaufwendungen kein Freibetrag auf der Lohnsteuerkarte eingetragen wird). Es kommt nicht darauf an, welcher Ehegatte die Sonderausgaben (z. B. Kirchensteuer oder Spenden) tatsächlich bezahlt hat. Die Eintragung eines steuerfreien Betrags wegen erhöhter Sonderausgaben auf der Lohnsteuerkarte eines Ehegatten kommt nur in Betracht, soweit die Sonderausgaben den für Ehegatten geltenden gemeinsamen Sonderausgabenpauschbetrag von 72 € übersteigen.

Für die steuerliche Berücksichtigung von **außergewöhnlichen Belastungen** sowie der **Pauschbeträge für Behinderte und Hinterbliebene** genügt es, wenn die Voraussetzungen dafür entweder beim Arbeitnehmer selbst oder seinem Ehegatten vorliegen. Auch in diesen Fällen kommt es nicht darauf an, welcher Ehegatte die Aufwendungen gehabt hat.

Haben Ehegatten ein behindertes Kind, so kann der dem Kind zustehende Behinderten-Pauschbetrag auf einen oder beide Elternteile übertragen werden (vgl. die Erläuterungen im nachfolgenden Abschnitt D Nr. 8).

8. Neues Faktorverfahren ab 1.1.2010 für Arbeitnehmer-Ehegatten

Sind beide Ehegatten berufstätig, so können sie sich auf ihren Lohnsteuerkarten folgende Steuerklassen eintragen lassen

– entweder für **beide** Ehegatten die Steuerklasse IV

– **oder** für einen Ehegatten die Steuerklasse III und für den anderen Ehegatten die Steuerklasse V.

Die zutreffende Wahl der Steuerklassen für Ehegatten ist beim Stichwort „Steuerklassen" im Hauptteil des Lexikons ausführlich erläutert. Außerdem ist in **Anhang 11 zum Lexikon** eine Tabelle zur Steuerklassenwahl abgedruckt, die die Wahl bei unterschiedlich hohen Arbeitslöhnen der Ehegatten erleichtern soll.

Erstmals ab dem Kalenderjahr 2010 können Ehegatten, die beide berufstätig sind, anstelle der Steuerklassenkombination III/V die Eintragung der Steuerklassenkombination IV/IV **plus Faktor** beantragen. Durch dieses sog. Faktorverfahren soll erreicht werden, dass die steuermindernde Wirkung des Splittingverfahrens bereits beim Lohnsteuerabzug anteilmäßig bei beiden Ehegatten berücksichtigt wird und nicht nur wie bisher allein bei demjenigen Ehegatten, der bei der Steuerklassenkombination III/V die Steuerklasse III erhalten hat (= im Regelfall der Ehemann). Neben einer gerechten Aufteilung der Splittingvergünstigung auf Ehemann und Ehefrau sollen auch Nachzahlungen im Veranlagungsverfahren vermieden werden, die sich bei der Steuerklassenkombination III/V häufig ergeben können.

Der **Antrag** auf Anwendung des Faktorverfahrens muss beim **Finanzamt** und nicht bei der Gemeinde gestellt werden. Der amtliche Vordruck „Antrag auf Lohnsteuer-Ermäßigung 2010" enthält hierfür einen neuen **Abschnitt F** in dem die für eine zutreffende Berechnung des Faktors erforderlichen Angaben gemacht werden können. Außerdem sind die voraussichtlichen Arbeitslöhne beider Ehegatten anzugeben.

Ein etwaiger **Freibetrag** (z. B. wegen Werbungskosten, Sonderausgaben oder außergewöhnlicher Belastungen) **kann nicht zusätzlich zum Faktor auf der Lohnsteuerkarte eingetragen werden,** da er bereits bei der Berechnung der voraussichtlichen Einkommensteuer im Splittingverfahren berücksichtigt wird. Er hat sich damit bereits auf die Höhe des Faktors ausgewirkt und würde daher im Fall der (zusätzlichen) Eintragung auf der Lohnsteuerkarte doppelt berücksichtigt werden.

Beispiel

Arbeitnehmer-Ehegatten haben beide die Steuerklasse IV. Sie beantragen beim Finanzamt die Steuerklassenkombination IV/IV plus Faktor und geben in dem amtlichen Vordruck auf Eintragung eines Freibetrags auf der Lohnsteuerkarte außerdem Werbungskosten des Ehemannes in Höhe von 1720 € an.

Die den Arbeitnehmer-Pauschbetrag übersteigenden Werbungskosten des Ehemannes von 800 € (1720 € abzüglich 920 €) werden vom Finanzamt nicht zusätzlich zum Faktor als Freibetrag auf der Lohnsteuerkarte eingetragen, sondern bei der Ermittlung des Faktors berücksichtigt. Sie sind also im Faktor bereits enthalten.

Das neue Faktorverfahren und die Berechnung des Faktors sind beim Stichwort „Faktorverfahren" im Hauptteil des Lexikons ausführlich erläutert.

B. Werbungskosten

1. Allgemeines

Werbungskosten des Arbeitnehmers sind die Aufwendungen zur Erwerbung, Sicherung und Erhaltung des Arbeitslohns. Werbungskosten sind alle Aufwendungen, die **durch den Beruf veranlasst** sind. Keine Werbungskosten sind die Aufwendungen für die Lebensführung, die die wirtschaftliche oder gesellschaftliche Stellung des Arbeitnehmers mit sich bringt, auch wenn die Aufwendungen zur Förderung der Tätigkeit des Arbeitnehmers geeignet sind. Ob die beruflich veranlassten Aufwendungen notwendig oder sinnvoll sind, hat das Finanzamt nicht zu prüfen. Es bleibt dem Arbeitnehmer überlassen, in welcher Höhe er Aufwendungen für seinen Beruf tätigt.

Für Werbungskosten wird jedem Arbeitnehmer ein sog. Arbeitnehmerpauschbetrag in Höhe von 920 € jährlich gewährt, der bei den Steuerklassen I bis V in das Zahlenwerk der Lohnsteuertabellen eingearbeitet ist. In der Steuerklasse VI ist kein Arbeitnehmerpauschbetrag enthalten, da unterstellt wird, dass der Arbeitnehmerpauschbetrag bereits beim ersten Dienstverhältnis ausgeschöpft wird.

2. ABC der Werbungskosten (Checkliste)

Das Gesetz (§ 9 EStG) führt nur Beispiele für Werbungskosten an. Eine erschöpfende Aufzählung der außerordentlich vielfältigen Aufwendungen, die als Werbungskosten in Betracht kommen können, ist nicht möglich. Im Folgenden werden die häufigsten Arten von Werbungskosten in alphabetischer Reihenfolge stichwortartig erläutert:

Abendkurs

Wenn der Abendkurs nahezu ausschließlich mit der beruflichen Tätigkeit zusammenhängt, sind die Aufwendungen Fortbildungskosten und damit als Werbungskosten abzugsfähig (vgl. nachfolgend unter „Fortbildungskosten"). Dient der Abendkurs der Vorbereitung auf einen Berufswechsel, sind die Aufwendungen ebenfalls als Werbungskosten abzugsfähig. Aufwendungen für die **erstmalige** Berufsausbildung und für ein **Erst**studium sind dagegen nur als Sonderausgaben abzugsfähig (vgl. nachfolgend in Abschnitt C Nr. 6 auf Seite 900).

ADAC-Beitrag

Keine Werbungskosten; die Aufwendungen sind mit der für Fahrten zwischen Wohnung und Arbeitsstätte geltenden Entfernungspauschale (vgl. nachfolgend unter „Fahrten zwischen Wohnung und Arbeitsstätte") abgegolten.

Aktenschrank

Als Werbungskosten abzugsfähig, selbst wenn der – eindeutig beruflichen Zwecken dienende – Schrank im Wohnzimmer steht (BFH-Urteil vom 18. 2. 1977, BStBl. II S. 464).

Aktentasche

Die Aufwendungen für eine nahezu ausschließlich beruflich genutzte Aktentasche sind Werbungskosten (FG Berlin, Urteil vom 2. 6. 1978, EFG 1979 S. 225).

Anzeigen

Anzeigen und sonstige Aufwendungen bei der Stellungssuche sind Werbungskosten, auch wenn die Suche vergeblich war.

Arbeitsgemeinschaft

Fahrtkosten usw. sind als Werbungskosten abzugsfähig, wenn die „private" Arbeitsgemeinschaft eindeutig berufliche Themen zum Gegenstand hat, z. B. die Vorbereitung auf eine Meisterprüfung, und dies nachgewiesen oder zumindest glaubhaft gemacht werden kann.

Arbeitskleidung

Aufwendungen für typische Arbeitskleidung und deren Reinigung sind Werbungskosten. Ohne Belege erkennt das Finanzamt zusammen mit Fachbüchern und Fachzeitschriften (vgl. dieses Stichwort) im Regelfall etwa 100 € jährlich an.

Arbeitsmittel

Die Aufwendungen für Arbeitsmittel sind als Werbungskosten abzugsfähig, wenn die Gegenstände **nahezu ausschließlich** (private Nutzung maximal 10 %) beruflich genutzt werden. Zu den Arbeitsmitteln gehört die typische Berufskleidung, Fachbücher, Fachzeitschriften, Werkzeuge, Computer, Notebook. Aber auch Einrichtungsgegenstände eines häuslichen Arbeitszimmers gehören zu den Arbeitsmitteln, wenn sie nahezu ausschließlich beruflich genutzt werden. Dies gilt auch dann, wenn die übrigen Aufwendungen für das Arbeitszimmer (anteilige Miete, Strom, Heizung usw.) nicht zum Werbungskostenabzug zugelassen werden. Unter diese Abzugsmöglichkeit fallen insbesondere Aufwendungen für einen Schreibtisch, für Bücherschränke, Bürostühle, Schreibtischlampen usw.. Der Begriff „Arbeitsmittel" ist also wesentlich weiter gefasst als der Begriff „Werkzeug" im Sinne des steuerfreien Arbeitgeberersatzes beim Werkzeuggeld (vgl. dieses Stichwort im Hauptteil des Lexikons).

Sind die Anschaffungskosten eines Arbeitsmittels höher als **410 €** (**ohne** Mehrwertsteuer) und wird es erfahrungsgemäß länger als ein Jahr genutzt, müssen die Anschaffungskosten auf die voraussichtliche Nutzungsdauer verteilt werden. Dabei konnte früher im Jahr der Anschaffung der volle Jahresbetrag abgezogen werden, wenn die Anschaffung im ersten Halbjahr erfolgte; wurde das Arbeitsmittel im zweiten Halbjahr angeschafft, konnte der halbe Jahresbetrag abgesetzt werden. Seit 1.1.2004 kann nur noch der **zeitanteilige**, ab dem Monat der Anschaffung durch die sog. Zwölftel-Methode ermittelte Abschreibungsbetrag (Abschreibung pro rata temporis) als Werbungskosten abgezogen werden. Eine außergewöhnliche technische Abnutzung (z. B. bei einem Computer) ist als Werbungskosten zu berücksichtigen, und zwar auch dann, wenn wirtschaftlich kein Wertverzehr eintritt. Wird ein als Arbeitsmittel genutztes (und abgeschriebenes) Wirtschaftsgut veräußert, bleibt der Veräußerungserlös außer Betracht. Wird ein bisher privat genutztes Wirtschaftsgut als Arbeitsmittel eingesetzt, ist von der voraussichtlichen Gesamtnutzungsdauer auszugehen. Die „privat verbrauchte" Abschreibung gilt als abgesetzt.

Arbeitszimmer

Kosten für ein häusliches Arbeitszimmer, also die Aufwendungen für Einrichtung (ohne Kunstgegenstände), Renovierung, Miete, Heizung, Beleuchtung, Reinigung usw. sind nur dann als Werbungskosten abziehbar, wenn das Zimmer **so gut wie ausschließlich beruflich genutzt** wird. Für die steuerliche Anerkennung ist es nicht Voraussetzung, dass Art und Umfang der Tätigkeit des Arbeitnehmers einen besonderen häuslichen Arbeitsraum erfordern. Die Anerkennung wird jedoch versagt, wenn für das normale Wohnbedürfnis kein hinreichender Raum zur Verfügung steht oder wenn das Arbeitszimmer ständig durchquert werden muss, um andere privat genutzte Räume zu erreichen. Die Aufwendungen für ein häusliches Arbeitszimmer können jedoch nur dann als Werbungskosten abgezogen werden, wenn das häusliche Arbeitszimmer den **Mittelpunkt der gesamten beruflichen und betrieblichen Betätigung** des Arbeitnehmers bildet (§ 4 Abs. 5 Nr. 6b EStG in der seit 1. 1. 2007 geltenden Fassung).*)

Bei Lehrern befindet sich der Mittelpunkt der betrieblichen und beruflichen Betätigung regelmäßig nicht im häuslichen Arbeitszimmer, weil die berufsprägenden Merkmale eines Lehrers im Unterrichten bestehen und diese Leistungen in der Schule erbracht werden (BFH-Urteil vom 26.2.2003, BStBl. 2004 II S. 72). Deshalb sind die Aufwendungen für das häusliche Arbeitszimmer auch dann nicht abziehbar, wenn die überwiegende Arbeitszeit auf die Vor- und Nachbereitung des Unterrichts verwendet und diese Tätigkeit im häuslichen Arbeitszimmer ausgeübt wird.**)

Der Werbungskostenabzug für ein häusliches Arbeitszimmer ist beim Stichwort „Arbeitszimmer" im Hauptteil des Lexikons ausführlich erläutert. Dort ist auch erläutert, wie eine Vermietung des Arbeitszimmers an den Arbeitgeber steuerlich zu beurteilen ist.

Ausbildungskosten

Aufwendungen für die **erstmalige** Berufsausbildung und für ein **Erst**studium sind keine Werbungskosten, sondern bis höchstens 4000 € jährlich als Sonderausgaben abzugsfähig (vgl. nachfolgend in Abschnitt C Nr. 6 auf Seite 900).

Auswärtstätigkeit

Vgl. nachfolgend unter „Einsatzwechseltätigkeit", „Fahrtätigkeit" und „Reisekosten bei Auswärtstätigkeiten".

Autotelefon

Vgl. nachfolgend unter „Telefonkosten".

Bauarbeiter

Vgl. nachfolgend unter „Einsatzwechseltätigkeit".

Berufsausbildung

Vgl. „Ausbildungskosten".

Berufskleidung

Vgl. „Arbeitskleidung".

Berufskraftfahrer

Vgl. nachfolgend unter „Fahrtätigkeit".

Berufskrankheiten

Krankheitskosten zählen in aller Regel zu den außergewöhnlichen Belastungen (vgl. nachfolgend in Abschnitt D Nr. 1); nur **in Ausnahmefällen** können sie im Zusammenhang mit **typischen Berufskrankheiten** als Werbungskosten abgezogen werden, z. B. bei einer berufsbedingten Bleivergiftung oder bei Folgekosten aus einem Arbeitsunfall. In aller Regel wird das Finanzamt hierzu ein amtsärztliches Attest verlangen. Auf die Erläuterungen beim Stichwort „Berufskrankheiten" im Hauptteil des Lexikons wird hingewiesen.

---

*) Zur Verfassungswidrigkeit vgl. die Erläuterungen unter „Neues auf einen Blick" am Anfang des Anhangs 7.

) BMF-Schreiben vom 3.4.2007 (BStBl. I S. 442). Das BMF-Schreiben ist als Anlage 1 zu H 9.14 LStR im **Steuerhandbuch für das Lohnbüro 2010 abgedruckt, das im selben Verlag erschienen ist. Das **PC-Lexikon** für das Lohnbüro 2010 enthält auch dieses Handbuch und hat außerdem den Vorteil, dass Sie **alle BFH-Urteile** sowie die aktuellen Rundschreiben und Niederschriften der Spitzenverbände der **Sozialversicherung** mit Mausklick **im Volltext** abrufen und ausdrucken können. Eine Bestellkarte finden Sie vorne im Lexikon.

noch Anhang 7

Berufsverband

Beiträge hierzu sind Werbungskosten.

Bestechungsgelder

Vgl. nachfolgend unter „Schmiergelder".

Betriebsausflug

Aufwendungen des Arbeitnehmers für einen Betriebsausflug sind keine Werbungskosten. Der Arbeitgeber kann jedoch für den Betriebsausflug steuerfreie Zuwendungen leisten (vgl. das Stichwort „Betriebsveranstaltungen" im Hauptteil des Lexikons).

Betriebssport

Aufwendungen hierfür sind keine Werbungskosten sondern nicht abzugsfähige Kosten der privaten Lebensführung.

Bewerbungskosten

Als Bewerbungskosten können geltend gemacht werden: z. B. Inseratkosten, Telefonkosten, Porto, Kosten für Bewerbungsfotos, Fotokopien von Zeugnissen sowie Reisekosten anlässlich einer Vorstellung. Es kommt nicht darauf an, ob die Bewerbung Erfolg hatte.

Bewirtung

Aufwendungen für Bewirtung, die der Arbeitnehmer im Auftrag des Arbeitgebers leistet, werden regelmäßig vom Arbeitgeber steuerfrei ersetzt. Ersetzt der Arbeitgeber die Aufwendungen für die Bewirtung nicht, spricht dies für eine private Veranlassung der Bewirtung. Ein Werbungskostenabzug ist deshalb nur dann möglich, wenn die berufliche Veranlassung nachgewiesen werden kann (z. B. von Arbeitnehmern mit erfolgsabhängigem Arbeitslohn). Aufwendungen für die Bewirtung von Kollegen und Mitarbeitern anlässlich von Beförderungen, Jubiläen, Geburtstagen usw. sind nicht als Werbungskosten abzugsfähig (vgl. das Stichwort „Geburtstagsfeier" im Hauptteil des Lexikons). Ausnahmen sind nur bei Arbeitnehmern mit erfolgsabhängigem Arbeitslohn möglich (BFH-Urteil vom 1.2.2007, BStBl. II S. 459). Sind Bewirtungskosten dem Grundsatz nach als Werbungskosten abzugsfähig, z. B. bei Arbeitnehmern mit erfolgsabhängigem Arbeitslohn, ist der Werbungskostenabzug auf **70 % der Bewirtungsaufwendungen** beschränkt.

Der Bundesfinanzhof hat allerdings einen **vollen Abzug** der beruflich veranlassten **Bewirtungskosten** für den Fall zugelassen, dass ein **leitender Arbeitnehmer** mit variablen Bezügen seine **Arbeitskollegen** (z. B. ihm unterstellte Mitarbeiter) **bewirtet**. Für eine berufliche Veranlassung hat es der Bundesfinanzhof als ausreichend angesehen, dass der bewirtende Arbeitnehmer den wirtschaftlichen Erfolg der von ihm geleiteten Abteilung sichern und dadurch jedenfalls mittelbar seine variablen Bezüge steigern oder zumindest erhalten wollte (BFH-Urteil vom 19.6.2008, BStBl. 2009 II S. 11).

Außerdem hat der Bundesfinanzhof klargestellt, dass die Abzugsbeschränkung auf 70 % der Bewirtungskosten dann nicht gilt, wenn nicht der Arbeitnehmer selbst sondern der **Arbeitgeber als Bewirtender auftritt** (BFH-Urteil vom 19.6.2008, BStBl. 2009 II S. 870). Die Abzugsbeschränkung auf 70 % der Bewirtungsaufwendungen setzt also voraus, dass der Arbeitnehmer Bewirtender ist.

Auf die ausführlichen Erläuterungen beim Stichwort „Bewirtungskosten" im Hauptteil des Lexikons wird hingewiesen.

Brille

Keine Werbungskosten, allenfalls spezielle Schutzbrillen. Dies gilt auch für eine sog. Bildschirm-Arbeitsbrille, die der Korrektur einer Sehschwäche dient, selbst wenn sie nur am Arbeitsplatz getragen wird. Ausnahme: Die Sehbeschwerden können auf die Tätigkeit am Bildschirm zurückgeführt werden oder sind Folge einer typischen Berufskrankheit (BFH, Urteil vom 20.7.2005, BFH/NV 2005 S. 2185). Nicht abzugsfähig sind auch **Kontaktlinsen**, selbst wenn sie ein Sportlehrer ausschließlich für die Berufstätigkeit verwendet und sie unstreitig eine Schutzfunktion erfüllen.

Erstattet der **Arbeitgeber** die Aufwendungen für eine Bildschirm-Arbeitsbrille, so ist diese Erstattung steuerfrei, wenn sich aufgrund einer Augenuntersuchung herausstellt, dass nur durch eine solche Brille eine ausreichende Sehfähigkeit in den Entfernungsbereichen des Bildschirmarbeitsplatzes gewährleistet werden kann (vgl. das Stichwort „Bildschirmarbeit" im Hauptteil des Lexikons).

Bücher

Vgl. nachfolgend unter Fachbücher.

Bürgschaft

Die Inanspruchnahme des Arbeitnehmers aus einer Bürgschaft für den Arbeitgeber ist als Werbungskosten abziehbar, wenn die Bürgschaft Voraussetzung für den Abschluss des Arbeitsvertrags war oder die Bürgschaft zur Sicherung des Arbeitsplatzes notwendig wurde.

Computer

Vgl. das Stichwort „Computer" im Hauptteil des Lexikons.

Darlehen

Der Verlust einer Darlehensforderung gegenüber dem Arbeitgeber ist als Werbungskosten abzugsfähig, wenn das Darlehen zur Arbeitsplatzsicherung hingegeben wurde (vgl. nachfolgend unter „Kaution").

Diebstahlverluste

Diebstahlverluste können als Werbungskosten berücksichtigt werden, wenn sie **beruflich veranlasst** sind und der Arbeitnehmer alle erforderlichen **Sicherheitsvorkehrungen getroffen** hatte (BFH, Urteile vom 30.6.1995, BStBl. II 1995 S. 744, zum Diebstahl eines Mantels aus dem Auto während einer Dienstreise und zuletzt vom 18.4.2007, BStBl. II 2007 S. 762, zum Diebstahl des Pkws während einer beruflichen Fahrt mit „privatem Abstecher" – Abzug abgelehnt!). Der Verlust von **Geld oder Schmuck** auf einer Dienstreise kann nicht als Werbungskosten berücksichtigt werden (FG München, Urteil vom 7.7.1999, EFG 1999 S. 1216).

Wird dem Arbeitnehmer jedoch Geld gestohlen, das er im Auftrag der Firma vereinnahmt hat (z. B. einer Bedienung wird die Geldtasche mit den Tageseinnahmen gestohlen), so ist der dem Arbeitgeber zu leistende Ersatz als Werbungskosten abzugsfähig.

Diktiergerät

Aufwendungen für ein Diktiergerät sind Werbungskosten.

Doktortitel

Aufwendungen für die Promotion können nur dann als Werbungskosten abgezogen werden, wenn sie beruflich veranlasst sind. Dies ist nur in Ausnahmefällen denkbar. Bei Promotionskosten, die im Zusammenhang mit einem Erststudium stehen kommt ggf. ein Abzug als Sonderausgaben (Ausbildungskosten) in Betracht.

Doppelte Haushaltsführung

Auf die ausführlichen Erläuterungen beim Stichwort „Doppelte Haushaltsführung" im Hauptteil des Lexikons wird hingewiesen.

Einsatzwechseltätigkeit

Durch die neuen Lohnsteuer-Richtlinien 2008 ist der bisherige Begriff „Reisekosten bei Dienstreisen" zum neuen Begriff „Reisekosten bei Auswärtstätigkeiten" umgestaltet worden, wobei zur Auswärtstätigkeit auch die **Einsatzwechseltätigkeit** und die Fahrtätigkeit gehören (vgl. die ausführlichen Erläuterungen beim Stichwort „Reisekosten bei Auswärtstätigkeiten" im Hauptteil des Lexikons.

Beim Vorliegen einer Einsatzwechseltätigkeit können folgende Werbungskosten geltend gemacht werden:

a) Bei **täglicher Rückkehr** von der wechselnden Einsatzstelle zur Wohnung

– **Fahrkosten** in tatsächlicher Höhe, d. h. **0,30 €** je gefahrenen km bei Benutzung eines Pkws. Früher galt dies nur, wenn die Einsatzstelle **mehr als 30 km** von der Wohnung entfernt war. Diese sog. 30-km-Grenze ist ab 1.1.2008 weggefallen. Hat der Arbeitnehmer allerdings eine **regelmäßige Arbeitsstätte**, von der aus die Einsatzwechseltätigkeit angetreten und an der sie wieder beendet wird, so können für die Fahrten zur regelmäßigen Arbeitsstätte Werbungskosten nur in Höhe der Entfernungspauschale geltend gemacht werden (vgl. das Stichwort „Entfernungspauschale" unter Nr. 11 auf Seite 236 im Hauptteil des Lexikons).

– **Verpflegungsmehraufwendungen** für die ersten **drei Monate** einer Einsatzwechseltätigkeit am selben Beschäftigungsort bei einer Abwesenheit von der Wohnung*)

---

*) Hat der Arbeitnehmer (auch) eine regelmäßige Arbeitsstätte, muss er sowohl von der Wohnung als auch von der regelmäßigen Arbeitsstätte 8 bzw. 14 Stunden abwesend sein.

von mindestens 8 Stunden	6 €
von mindestens 14 Stunden	12 €
von mindestens 24 Stunden	24 €

b) Bei **auswärtiger Übernachtung** an der Einsatzstelle:

Wenn der Arbeitnehmer **nicht** täglich von der Einsatzstelle zu seiner Wohnung zurückkehrt, waren früher Werbungskosten nach den für eine doppelte Haushaltsführung geltenden Grundsätzen abzugsfähig. Hierzu hat der Bundesfinanzhof entschieden, dass ein Arbeitnehmer der typischerweise an ständig wechselnden Tätigkeitsstätten beruflich tätig ist und dabei am Ort einer solchen auswärtigen Tätigkeitsstätte vorübergehend eine Unterkunft bezieht, **keine doppelte Haushaltsführung** begründet. Hieraus folgt, dass ein Arbeitnehmer mit ständig wechselnden Tätigkeitsstätten, der am auswärtigen Tätigkeitsort übernachtet, die **Übernachtungs- und Fahrkosten in vollem Umfang und zeitlich unbegrenzt** als Werbungskosten abziehen kann.

Für die **Fahrkosten** bedeutet dies, dass für die Fahrten zwischen Wohnung und dem Tätigkeitsort sowie für Fahrten zwischen auswärtiger Unterkunft und Tätigkeitsstätte ein Werbungskostenabzug entweder in Höhe der tatsächlich entstandenen Kosten oder mit den für Dienstreisen geltenden pauschalen Kilometersätzen (bei Benutzung eines Pkws 0,30 € je gefahrenen Kilometer) zulässig ist. Voraussetzung hierfür ist allerdings, dass der Arbeitnehmer im Betrieb oder einer anderen ortsfesten Einrichtung des Arbeitgebers keine regelmäßige Arbeitsstätte hat. Denn für Fahrten zwischen Wohnung und regelmäßiger Arbeitsstätte können Werbungskosten nur in Höhe der Entfernungspauschale geltend gemacht werden.

Bei Arbeitnehmern mit ständig wechselnden Tätigkeitsstätten und auswärtiger Unterkunft ist für die Höhe der **Verpflegungsmehraufwendungen** (6 €, 12 €, 24 €) auf die Abwesenheitszeit von der Heimatwohnung abzustellen. Der Werbungskostenabzug ist bei Verpflegungsmehraufwendungen auf die ersten **drei Monate** der Tätigkeit an derselben auswärtigen Tätigkeitsstätte beschränkt. Bei jedem Wechsel der Einsatzstelle beginnt eine neue Dreimonatsfrist.

Entfernungspauschale

Der Werbungskostenabzug des Arbeitnehmers für Fahrten zwischen Wohnung und regelmäßiger Arbeitsstätte ist beim Stichwort „Entfernungspauschale" im Hauptteil des Lexikons ausführlich anhand von Beispielen erläutert.

Fachbücher, Fachzeitschriften

Aufwendungen hierfür sind Werbungskosten. Die entstandenen Kosten müssen durch Belege nachgewiesen werden, wobei die Bezeichnung „Fachbuch" nach Auffassung der Finanzverwaltung nicht ausreichend ist. Die Rechnung muss vielmehr den genauen Titel des Buches enthalten. Ohne Belege erkennt das Finanzamt zusammen mit der Arbeitskleidung (vgl. dieses Stichwort) im Regelfall etwa 100 € jährlich an.

Fachkongress

Aufwendungen eines Arbeitnehmers für die Teilnahme an einem Fachkongress (z. B. Ärztekongress im Ausland) sind als Werbungskosten abziehbar, wenn ein konkreter Zusammenhang mit der Berufstätigkeit besteht (BFH-Urteil v. 11.1.2007, BStBl. 2007 II S. 457). Hiervon ist regelmäßig auszugehen, wenn die Teilnahme beruflich veranlasst, der Teilnehmerkreis der Veranstaltung homogen (= gleiche berufliche Ausrichtung der Teilnehmer) und der Kongress lehrgangsmäßig straff organisiert war. Ein Indiz dafür, ob die Reise im weitaus überwiegenden beruflichen oder betrieblichen Interesse übernommen wird, kann die Veranlassung durch den Arbeitgeber (z. B. Beurlaubung, Dienstbefreiung usw.) sein. Liegen diese Voraussetzungen vor, so kann der Arbeitgeber die Kosten der Reise nach den für Auswärtstätigkeiten maßgebenden Grundsätzen als Werbungskosten geltend machen (vgl. nachfolgend unter „Reisekosten bei Auswärtstätigkeiten").

Fahrtätigkeit

Durch die neuen Lohnsteuer-Richtlinien 2008 ist der bisherige Begriff „Reisekosten bei Dienstreisen" zum neuen Begriff „Reisekosten bei Auswärtstätigkeiten" umgestaltet worden, wobei zur Auswärtstätigkeit auch die Einsatzwechseltätigkeit und die **Fahrtätigkeit** gehören (vgl. die ausführlichen Erläuterungen beim Stichwort „Reisekosten bei Auswärtstätigkeiten" im Hauptteil des Lexikons. Hiernach können Berufskraftfahrer (z. B. Brummi-Fahrer, Beifahrer, Taxifahrer, Linienbusfahrer, Straßenbahnführer, Müllfahrzeugführer, Beton- und Kiesfahrer, Lokführer und Zugbegleitpersonal) in folgender Höhe **Pauschbeträge für Verpflegungsmehraufwand** als Werbungskosten absetzen:

bei einer Abwesenheit von der Wohnung*) von mindestens 8 Stunden	6,— €,
bei einer Abwesenheit von der Wohnung*) von mindestens 14 Stunden	12,— €,
bei einer Abwesenheit von der Wohnung*) von mindestens 24 Stunden	24,— €.

Eine Tätigkeit, die nach 16 Uhr begonnen und vor 8 Uhr des nachfolgenden Kalendertags beendet wird, ohne dass eine Übernachtung stattfindet, ist mit der gesamten Abwesenheitsdauer dem Kalendertag der überwiegenden Abwesenheit zuzurechnen.

Bei derselben Auswärtstätigkeit ist ein Werbungskostenabzug der Pauschbeträge nur für die ersten **drei** Monate zulässig. Bei einer Fahrtätigkeit kommt die Dreimonatsfrist in der Praxis allerdings kaum zur Anwendung, weil jede Lkw-, Bus-, Straßenbahn-, Taxi- oder Schiffsfahrt ein neuer Auftrag ist mit der Folge, dass auch eine neue Dreimonatsfrist für den Verpflegungsmehraufwand beginnt. Denn ein neuer Auftrag hat zur Folge, dass es sich nicht mehr um „dieselbe" Auswärtstätigkeit handelt (R 9.6 Abs. 4 Satz 1 LStR).

Beim Werbungskostenabzug der **Fahrtkosten** ist bei einer Fahrtätigkeit Folgendes zu beachten:

Fährt der Arbeitnehmer von der Wohnung zum Betrieb oder Zweigbetrieb (der Arbeitnehmer übernimmt also sein Fahrzeug immer an der gleichen Stelle, z. B. Betrieb, Zweigbetrieb oder Fahrzeugdepot), so handelt es sich um Fahrten zwischen Wohnung und **regelmäßiger** Arbeitsstätte. Ein Werbungskostenabzug für diese Fahrten ist nur in Höhe der Entfernungspauschale möglich (vgl. das Stichwort „Entfernungspauschale" im Hauptteil des Lexikons).

Eine **regelmäßige Arbeitsstätte** ist insbesondere jede ortsfeste dauerhafte betriebliche Einrichtung des Arbeitgebers, der der Arbeitnehmer zugeordnet ist und die er mit einer gewissen Nachhaltigkeit immer wieder aufsucht. Nicht maßgebend sind Art, zeitlicher Umfang und Inhalt der Tätigkeit. Die Finanzverwaltung geht von einer regelmäßigen Arbeitsstätte aus, wenn die betriebliche Einrichtung des Arbeitgebers vom Arbeitnehmer durchschnittlich im Kalenderjahr an einem Arbeitstag in der Woche aufgesucht wird. Als betriebliche Einrichtungen in diesem Sinne und damit als regelmäßige Arbeitsstätten gelten beispielsweise auch Bus-/Straßenbahndepots oder Verkaufsstellen für Fahrkarten. Hingegen sind öffentliche Haltestellen keine regelmäßigen Arbeitsstätten.

Bei der Prüfung, ob eine regelmäßige Arbeitsstätte vorliegt ist zu beachten, dass dies nicht nur für die Fahrten eines Arbeitnehmers von der Wohnung zu **einer** immer gleichbleibenden betrieblichen Stelle (Betrieb, Zweigbetrieb oder sonstigen ortsfesten Einrichtung des Arbeitgebers) gilt von wo aus die Fahrtätigkeit angetreten wird, sondern auch dann, wenn diese Stellen ständig wechseln. Auch in diesen Fällen ist ein Werbungskostenabzug in Höhe der tatsächlichen Kosten (bei Benutzung eines Pkws 0,30 € je gefahrenen Kilometer) nicht möglich, weil es sich um Fahrten zwischen Wohnung und (mehreren verschiedenen) regelmäßigen Arbeitsstätten handelt. Der Bundesfinanzhof hat dies für Fahrten entschieden, die ein Linienbusfahrer zwischen seiner Wohnung und (sechs) unterschiedlichen Busdepots ausgeführt hat, um an dem jeweiligen Busdepot seinen Linienbus für die anschließende Fahrtätigkeit zu übernehmen (BFH-Urteil vom 11.5.2005, BStBl. II S. 788). Ein Werbungskostenabzug für diese Fahrten ist nur in Höhe der Entfernungspauschale möglich.

Fahrten zwischen Wohnung und regelmäßiger Arbeitsstätte

Der Werbungskostenabzug des Arbeitnehmers für Fahrten zwischen Wohnung und Arbeitsstätte ist beim Stichwort „Entfernungspauschale" im Hauptteil des Lexikons ausführlich anhand von Beispielen erläutert.

Fehlgelder

Muss der Arbeitnehmer für Kassenfehlbestände aufkommen, so kann er diese Aufwendungen als Werbungskosten abziehen (vgl. auch vorstehend unter „Diebstahl").

Fernsprechgebühren

Vgl. nachfolgend unter „Telefonkosten".

---

*) Hat der Arbeitnehmer (auch) eine regelmäßige Arbeitsstätte, muss er sowohl von der Wohnung als auch von der regelmäßigen Arbeitsstätte 8 Stunden (bzw. 14 oder 24 Stunden) abwesend sein.

noch Anhang 7

Fortbildungskosten

Steuerlich ist zwischen Ausbildungskosten und Fortbildungskosten zu unterscheiden. Ausbildungskosten sind Kosten der privaten Lebensführung, die nur eingeschränkt als Sonderausgaben abzugsfähig sind, wohingegen **Fortbildungskosten in voller Höhe als Werbungskosten** abgezogen werden können.

Durch eine Änderung des § 12 EStG hat der Gesetzgeber nur noch die Aufwendungen für eine **erstmalige Berufsausbildung** und für ein **Erststudium** dem Sonderausgabenbereich zugerechnet und den Abzug dieser Sonderausgaben auf einen Betrag von 4000 € jährlich begrenzt (vgl. nachfolgend in Abschnitt C Nr. 6 auf Seite 900).

Aufwendungen für den Besuch allgemein bildender Schulen einschließlich Ersatz- und Ergänzungsschulen rechnen zur **erstmaligen Berufsausbildung** und können daher nur als Sonderausgaben angesetzt werden. Dies gilt auch für den Besuch eines Berufskollegs zum Erwerb der Fachhochschulreife sowie für das Nachholen des Abiturs nach Abschluss einer Berufsausbildung.

Ein **Studium** ist dann als **erstmalig** anzusehen, wenn ihm kein anderes durch einen berufsqualifizierenden Abschluss beendetes Studium vorangegangen ist. Dabei kommt es nicht darauf an, dass der Arbeitnehmer vor Beginn des Erststudiums eine berufliche Qualifikation erlangt hat. Demnach liegt nach Auffassung der Finanzverwaltung auch dann ein **Erststudium** vor, wenn diesem Studium eine abgeschlossene Berufsausbildung vorangegangen ist.

Voll abziehbare Werbungskosten liegen vor, wenn die erstmalige Berufsausbildung oder das Erststudium Gegenstand eines (Ausbildungs-)Arbeitsverhältnisses ist.

Außerdem lässt der Bundesfinanzhof die Aufwendungen für ein Erststudium nach abgeschlossener Berufsausbildung zum Werbungskostenabzug zu (BFH-Urteil vom 18.6.2009 VI R 14/07).

Außerdem können unabhängig von einem Arbeitsverhältnis die Aufwendungen für die Fortbildung in einem bereits erlernten Beruf, für Umschulungsmaßnahmen und für ein weiteres Studium **(Zweitstudium)** als Werbungskosten abgezogen werden, wenn sie in einem konkreten, objektiv feststellbaren Zusammenhang mit späteren steuerpflichtigen Einnahmen aus der angestrebten beruflichen Tätigkeit stehen. In diesem Fall können auch Kosten für den Erwerb eines Doktortitels (Promotion) als Werbungskosten abgezogen werden, wenn die berufliche Veranlassung nachgewiesen wird*).

Neben den Aufwendungen, die sich direkt auf die Fortbildung beziehen, wie z. B. Prüfungsgebühren, Fachliteratur, Schreibmaterial usw., können auch die durch die Fortbildung veranlassten Fahrkosten und Verpflegungsmehraufwendungen wie Reisekosten bei Auswärtstätigkeiten geltend gemacht werden (die Fahrkosten bei Benutzung eines Pkws also mit 0,30 € je gefahrenen Kilometer), wenn der Arbeitnehmer im Rahmen seines Ausbildungsdienstverhältnisses oder als Ausfluss seines Dienstverhältnisses zu Fortbildungszwecken **vorübergehend** eine außerhalb seiner regelmäßigen Arbeitsstätte gelegene Ausbildungs- oder Fortbildungsstätte aufsucht. Nach Wegfall der bisher für Dienstreisen geltenden Dreimonatsfrist kann eine vorübergehende Teilnahme an einer Fortbildungsveranstaltung nicht mehr zur Annahme einer (weiteren) regelmäßigen Arbeitsstätte führen (vgl. die Erläuterungen beim Stichwort „Berufsschule" und „Reisekosten bei Auswärtstätigkeiten" im Hauptteil des Lexikons).

Führerschein

Die Aufwendungen hierfür sind keine Werbungskosten. Eine Ausnahme besteht nur dann, wenn der Erwerb des Führerscheins unmittelbare Voraussetzung für die Ausübung des Berufs ist (z. B. Führerschein der Klasse II für Lkw-Fahrer).

Geldstrafen

Geldbußen und Geldstrafen sind keine Werbungskosten (auch nicht bei beruflichen Fahrten).

Getränke

Aufwendungen für Getränke sind keine Werbungskosten, und zwar auch dann nicht, wenn durch Hitze oder Staub im Betrieb ein erhöhtes Trinkbedürfnis besteht (BFH-Urteil vom 17.7.1959, BStBl. III S. 412). Der Arbeitgeber kann jedoch steuerfreien Ersatz leisten (vgl. das Stichwort „Getränke" im Hauptteil des Lexikons). Wegen der Berücksichtigung von Aufwendungen für Getränke im Rahmen von steuerlich berücksichtigungsfähigem Verpflegungsmehraufwand vgl. nachfolgend unter „Verpflegungsmehraufwendungen".

Gewerkschaftsbeiträge

Beiträge zu Gewerkschaften sind Werbungskosten.

Häusliches Arbeitszimmer

Vgl. „Arbeitszimmer"

Heimarbeiter

Heimarbeitern entstehen durch die Heimarbeit **Mehraufwendungen,** z. B. Miete und Kosten für Heizung und Beleuchtung von Arbeitsräumen sowie für Arbeitsgerät und Zutaten. Diese Mehraufwendungen stellen Werbungskosten dar. Vom Arbeitgeber steuerfrei gezahlte Heimarbeiterzuschläge (vgl. dieses Stichwort im Hauptteil des Lexikons) sind auf die Werbungskosten anzurechnen.

Kaskoversicherung

Die Beiträge zu einer Kaskoversicherung sind keine Werbungskosten; diese Aufwendungen sind bei Auswärtstätigkeiten mit dem Kilometersatz von 0,30 € und bei Fahrten zwischen Wohnung und regelmäßiger Arbeitsstätte mit der Entfernungspauschale abgegolten. Die Beiträge zu einer Kaskoversicherung sind auch nicht als Sonderausgaben abzugsfähig.

Kaution

Der Verlust einer Kaution, die Voraussetzung für den Abschluss des Arbeitsvertrags war, ist als Werbungskosten abzugsfähig.

Kfz-Steuer

Die Kfz-Steuer ist bei Auswärtstätigkeiten mit dem Kilometersatz von 0,30 € und bei Fahrten zwischen Wohnung und regelmäßiger Arbeitsstätte mit der Entfernungspauschale abgegolten.

Kfz-Versicherung

Keine Werbungskosten, sondern Sonderausgaben (vgl. Anhang 8).

Kinderbetreuungskosten

Seit 1.1.2006 können **erwerbsbedingte** Kinderbetreuungskosten für Kinder unter 14 Jahren in Höhe von **zwei Drittel** der Aufwendungen bis zu einem Höchstbetrag **von 4000 € je Kind** jährlich als Werbungskosten steuerlich berücksichtigt werden (§ 9c Abs. 1 EStG). Voraussetzung für den Abzug als Werbungskosten ist, dass die Kinderbetreuungskosten wegen einer Erwerbstätigkeit des Arbeitnehmers anfallen. Bei Ehepaaren müssen **beide** Ehegatten erwerbstätig sein**). Ehepaare, bei denen nicht beide Ehegatten berufstätig sind, können für haushaltszugehörige Kinder, die **das 3. Lebensjahr, aber noch nicht das 6. Lebensjahr** vollendet haben, zwei Drittel ihrer Kinderbetreuungskosten, höchstens 4000 € je Kind, als **Sonderausgaben** vom Gesamtbetrag der Einkünfte abziehen (vgl. die Erläuterungen im nachfolgenden Abschnitt C Nr. 5).

Auf die ausführlichen Erläuterungen beim Stichwort „Kinderbetreuungskosten" im Hauptteil des Lexikons wird Bezug genommen.

Kleidung

Vgl. vorstehend unter „Arbeitskleidung".

Koffer

Vgl. vorstehend unter „Aktentasche".

Kommunikationskurse

Der Bundesfinanzhof lässt die Aufwendungen für die Teilnahme an Kursen zum „Neuro-Linguistischen-Programmieren" (NLP-Kurse) und an Supervisionskursen als Werbungskosten zu, wenn die Teilnahme beruflich veranlasst ist. Hierfür spricht, dass die Kurse von einem berufsmäßi-

---

*) BMF-Schreiben vom 4.11.2005 (BStBl. I S. 955). Das BMF-Schreiben ist als Anlage zu H 9.2 im **Steuerhandbuch für das Lohnbüro 2010** abgedruckt, das im selben Verlag erschienen ist. Das **PC-Lexikon** für das Lohnbüro 2010 enthält auch dieses Handbuch und hat außerdem den Vorteil, dass Sie **alle BFH-Urteile** sowie die aktuellen Rundschreiben und Niederschriften der Spitzenverbände der **Sozialversicherung** mit Mausklick **Im Volltext** abrufen und ausdrucken können. Eine Bestellkarte finden Sie vorne im Lexikon.

) BMF-Schreiben vom 19.1.2007 (BStBl. I S. 184). Das BMF-Schreiben ist als Anlage 3 zu H 9.1 LStR im **Steuerhandbuch für das Lohnbüro 2010 abgedruckt, das im selben Verlag erschienen ist. Das **PC-Lexikon** für das Lohnbüro 2010 enthält auch dieses Handbuch und hat außerdem den Vorteil, dass Sie **alle BFH-Urteile** sowie die aktuellen Rundschreiben und Niederschriften der Spitzenverbände der **Sozialversicherung** mit Mausklick **im Volltext** abrufen und ausdrucken können. Eine Bestellkarte finden Sie vorne im Lexikon.

gen Veranstalter durchgeführt werden, ein homogener Teilnehmerkreis vorliegt und der Erwerb der Kenntnisse und Fähigkeiten auf eine anschließende Verwendung in der beruflichen Tätigkeit angelegt ist. Private Anwendungsmöglichkeiten der vermittelten Lerninhalte sind unbeachtlich, wenn sie sich als bloße Folge zwangsläufig und untrennbar aus den im beruflichen Interesse gewonnenen Kenntnissen und Fähigkeiten ergeben (BFH-Urteil vom 28.8.2008, BStBl. 2009 II S. 106 und 108). Ein homogener Teilnehmerkreis liegt übrigens auch dann vor, wenn die Teilnehmer zwar unterschiedlichen Berufsgruppen angehören, aber aufgrund ihrer beruflichen Tätigkeit (z.B. Führungsposition) gleichgerichtete Interessen haben.

Kontoführungsgebühren

Kontoführungsgebühren sind Werbungskosten, soweit sie auf die Gutschrift von Arbeitslohn und auf beruflich veranlasste Überweisungen entfallen. Ohne Einzelnachweis erkennt das Finanzamt pauschal **16 € jährlich** als Werbungskosten an.

Künstler

Vgl. nachfolgend unter „Werbungskosten-Pauschsätze".

Lohnsteuerhilfevereine

Vgl. nachstehend unter „Steuerberatungskosten".

Mankogelder

Vgl. vorstehend unter „Fehlgelder".

Meisterprüfung

Die Aufwendungen hierfür sind im Regelfall Fortbildungskosten und damit als Werbungskosten abzugsfähig.

Mitgliedsbeiträge

Mitgliedsbeiträge zu Vereinen sind keine Werbungskosten. Ausnahmen: Mitgliedsbeiträge zu Industrie- und Marketingclubs.

Mobiltelefon

Vgl. nachstehend unter „Telefonkosten".

Montagearbeiter

Vgl. vorstehend unter „Einsatzwechseltätigkeit".

NLP-Kurse

Vgl. vorstehend unter „Kommunikationskurse".

Parkgebühren

Parkgebühren, die in Zusammenhang mit Fahrten zwischen Wohnung und Arbeitsstätte stehen, sind nicht als Werbungskosten abzugsfähig, da sie mit der Entfernungspauschale abgegolten sind. Bei Geschäftsreisen sind Parkgebühren dagegen als Werbungskosten abzugsfähig.

Prozesskosten

Kosten für einen Prozess sind nur dann Werbungskosten, wenn der Prozess ausschließlich mit der beruflichen Tätigkeit zusammenhängt (z. B. Aufwendungen eines Arbeitnehmers für einen **Arbeitsgerichtsprozess**).

Ist in einem Strafprozess der strafrechtliche Schuldvorwurf durch die berufliche Tätigkeit veranlasst, können die Prozesskosten Werbungskosten sein (BFH-Urteil vom 19.2.1982, BStBl. II S. 467). Dabei kommt es nicht darauf an, ob er vorsätzlich oder nur fahrlässig gehandelt hat. Unerheblich ist auch, ob der Vorwurf zu Recht erhoben wurde. Betrifft der Tatvorwurf dagegen Verstöße, durch die der Arbeitgeber geschädigt wurde (Unterschlagung, Diebstahl), ist ein Werbungskostenabzug ausgeschlossen (BFH-Urteil vom 30.6.2004, BFH/NV 2004, S. 1639).

Aufwendungen eines Beamten in einem Dienststrafverfahren sind Werbungskosten.

Rechtsschutzversicherung

Beiträge zu einer Kfz-Rechtsschutzversicherung sind keine Werbungskosten; sie sind bei Auswärtstätigkeiten mit dem Kilometersatz von 0,30 € und bei Fahrten zwischen Wohnung und regelmäßiger Arbeitsstätte mit der Entfernungspauschale abgegolten. Auch ein Abzug als Sonderausgaben ist nicht möglich.

Reinigung der Arbeitskleidung

Vgl. „Arbeitskleidung"

Reisekosten bei Auswärtstätigkeiten

Arbeitnehmer, die Auswärtstätigkeiten ausführen, können die hierdurch entstehenden Aufwendungen als Werbungskosten geltend machen, soweit ihnen der Arbeitgeber hierfür keinen steuerfreien Ersatz gewährt. Zum Begriff der Auswärtstätigkeit, zu der auch die Einsatzwechseltätigkeit und die Fahrtätigkeit gehört, und zur Höhe der Pauschsätze wird auf die Ausführungen beim Stichwort „Reisekosten bei Auswärtstätigkeiten" im Hauptteil des Lexikons hingewiesen. Der Arbeitnehmer kann grundsätzlich in der Höhe Werbungskosten für Auswärtstätigkeiten geltend machen, in der ihm sein Arbeitgeber steuerfreien Ersatz gewähren könnte. Hat der Arbeitgeber nur teilweise steuerfreien Ersatz geleistet, kann der Arbeitnehmer die Differenzbeträge als Werbungskosten geltend machen. Lediglich bei den Übernachtungskosten gibt es eine **Ausnahme:** Der Arbeitgeber kann Übernachtungskosten mit Pauschbeträgen steuerfrei ersetzen (20 € je Übernachtung im Inland ohne Frühstück). Macht der Arbeitnehmer **Übernachtungskosten** bei Auswärtstätigkeiten als Werbungskosten geltend, so muss er stets die entstanden Aufwendungen **im Einzelnen nachweisen.** Dies gilt seit 1.1.2008 auch bei Auswärtstätigkeiten im **Ausland.**

Repräsentationskosten

Vgl. vorstehend unter „Bewirtungskosten".

Rückzahlung von Arbeitslohn

Hierbei handelt es sich nicht um Werbungskosten, sondern um negative Einnahmen. Das bedeutet, dass keine Kürzung um den Arbeitnehmer-Pauschbetrag erfolgt (vgl. das Stichwort „Rückzahlung von Arbeitslohn" im Hauptteil des Lexikons).

Schadensersatz

Ist die Schadensersatzpflicht durch das Arbeitsverhältnis veranlasst, sind die Leistungen als Werbungskosten abzugsfähig (z. B. Kunstfehler eines Arztes, Zerstörung einer Maschine, Ersatz der Reparaturkosten beim Firmenwagen).

Keine Werbungskosten liegen vor, wenn die Verfehlungen privat veranlasst sind (z. B. Unterschlagung, Betrug, Diebstahl).

Schmiergelder

Der Abzug von sog. Schmiergeldern ist ausgeschlossen, wenn die Zuwendung eine rechtswidrige Handlung darstellt, die den Tatbestand eines Strafgesetzes oder eines Gesetzes verwirklicht, das die Ahndung mit einer Geldbuße zulässt. Ein Verschulden des Zuwendenden oder die Stellung eines Strafantrags ist für das Abzugsverbot nicht erforderlich. Hierunter fällt z. B. die Bestechung im geschäftlichen Verkehr nach §§ 299 bis 302 des Strafgesetzbuches. Damit sind seit 1. 1. 1999 Schmiergelder generell nicht mehr als Werbungskosten abzugsfähig (§ 4 Abs. 5 Nr. 10 EStG in Verbindung mit § 9 Abs. 5 EStG).

Schreibmaschine

Aufwendungen für eine Schreibmaschine sind Werbungskosten, wenn sie nahezu ausschließlich beruflichen Zwecken dient. Eine gelegentliche private Nutzung (höchstens 10 %) ist unschädlich.

Schreibtisch

Aufwendungen für einen beruflich genutzten Schreibtisch sind Werbungskosten, und zwar auch dann, wenn der Schreibtisch in einem häuslichen Arbeitszimmer steht und der Arbeitnehmer die Aufwendungen für die übrige Ausstattung des Arbeitszimmers nicht als Werbungskosten abziehen kann, weil das Arbeitszimmer nicht den Mittelpunkt seiner gesamten betrieblichen und beruflichen Betätigung darstellt. Gleiches gilt für die Aufwendungen für einen Papierkorb, eine Schreibtischlampe, einen Aktenschrank, einen Computer (vgl. vorstehend unter „Arbeitsmittel" und „Arbeitszimmer").

Schuldzinsen

Schuldzinsen sind Werbungskosten, soweit sie mit Arbeitslohn in wirtschaftlichem Zusammenhang stehen. Entscheidend ist die Verwendung des Darlehensbetrags. Zinsen für ein Darlehen, mit dem Arbeitsmittel beschafft wurden (z. B. ein ausschließlich beruflich genutzter Schreibtisch) sind deshalb als Werbungskosten abziehbar. Gleiches gilt bei Zinsen für ein Darlehen, mit dem eine Berufsfortbildung finanziert wurde.

noch Anhang 7

Schuldzinsen für die Anschaffung eines Pkws sind nicht abzugsfähig, da sie bei Auswärtstätigkeiten mit dem Kilometersatz von 0,30 € und bei Fahrten zwischen Wohnung und regelmäßiger Arbeitsstätte mit der Entfernungspauschale abgegolten sind.

Sprachkurs

Aufwendungen hierfür können Fortbildungskosten und damit Werbungskosten sein, wenn ein unmittelbarer und konkreter beruflicher Zusammenhang nachgewiesen oder glaubhaft gemacht werden kann (z. B. durch eine entsprechende Bescheinigung des Arbeitgebers).

Nicht als Werbungskosten abzugsfähig sind grundsätzlich Aufwendungen eines ausländischen Arbeitnehmers für einen **Deutschsprachkurs**, selbst wenn ausreichende Deutschkenntnisse für einen angestrebten Ausbildungsplatz förderlich sind (BFH-Urteil vom 15.3.2007, BStBl. II S. 814).

Steuerberatungskosten

Steuerberatungskosten gehören bei Arbeitnehmern nur insoweit zu den Werbungskosten, soweit sie die Ermittlung der Einkünfte aus nichtselbständiger Arbeit betreffen (= Ausfüllen der Anlage N). Der früher geltende Sonderausgabenabzug ist seit 1.1.2006 weggefallen.

Nach dem BMF-Schreiben vom 21.12.2007 (BStBl. 2008 I S. 256)*) gilt für Beiträge zu Lohnsteuerhilfevereine und Aufwendungen für steuerliche Fachliteratur Folgendes:

Bei Beiträgen an Lohnsteuerhilfevereine, Aufwendungen für steuerliche Fachliteratur und Software wird es nicht beanstandet, wenn diese Aufwendungen i. H. v. 50% den Werbungskosten zugeordnet weren. Dessen ungeachtet ist aus Vereinfachungsgründen der Zuordnung des Steuerpflichtigen bei Aufwendungen für gemischte Steuerberatungskosten bis zu einem Betrag von 100 € im Kalenderjahr zu folgen.

Beispiel

Der Steuerpflichtige zahlt einen Beitrag an einen Lohnsteuerhilfeverein in Höhe von 120 €. Davon ordnet er 100 € den Werbungskosten zu; diese Zuordnung ist nicht zu beanstanden.

Strafen

Vgl. vorstehend unter „Geldstrafen".

Strafverteidigungskosten

Vgl. vorstehend unter „Prozesskosten".

Studienkosten

Kosten für ein **Erststudium** gehören zu den Ausbildungskosten. Sie sind damit keine Werbungskosten, sondern im Rahmen bestimmter Höchstbeträge als Sonderausgaben abzugsfähig (vgl. nachfolgend in Abschnitt C Nr. 6 auf Seite 900). Allerdings lässt der Bundesfinanzhof die Aufwendungen für ein Erststudium nach abgeschlossener Berufsausbildung zum Werbungskostenabzug zu (BFH-Urteil vom 18.6.2009 VI R 14/07). Aufwendungen für ein **Zweitstudium** können hingegen Fortbildungskosten sein und als Werbungskosten abgezogen werden (vgl. vorstehend unter „Fortbildungskosten").

Studienreisen

Vgl. vorstehend unter „Fachkongress".

Supervisionskurse

Vgl. vorstehend unter „Kommunikationskurse".

Tageszeitung

Aufwendungen für Tageszeitungen sind in keinem Fall als Werbungskosten abzugsfähig (auch dann nicht, wenn nur der Wirtschaftsteil gelesen wird). Gleiches gilt für Zeitschriften mit allgemein bildendem Inhalt. Aufwendungen für Fachzeitschriften sind dagegen Werbungskosten.

Taschenrechner

Aufwendungen für einen beruflich genutzten Taschenrechner sind Werbungskosten.

Taxikosten

Aufwendungen für die Benutzung eines Taxis sind bei Fahrten zwischen Wohnung und regelmäßiger Arbeitsstätte nur in Höhe der Entfernungspauschale, bei Auswärtstätigkeiten dagegen in voller Höhe als Werbungskosten abzugsfähig.

Telefonkosten

Der Arbeitnehmer kann Ausgaben für die berufliche Nutzung seines privaten Telefons als Werbungskosten geltend machen, soweit sie der Arbeitgeber nicht steuerfrei ersetzt. Beim Stichwort „Telefonkosten" im Hauptteil des Lexikons sind auch die für den Werbungskostenabzug durch den Arbeitnehmer geltenden Grundsätze erläutert.

Umzugskosten

Aufwendungen für beruflich veranlasste Umzüge sind als Werbungskosten abzugsfähig und zwar in gleicher Höhe, in der der Arbeitgeber steuerfreien Ersatz leisten könnte. Die Erläuterungen beim Stichwort „Umzugskosten" im Hauptteil des Lexikons gelten deshalb für den Werbungskostenabzug entsprechend.

Unfallkosten

Unfallkosten sind Werbungskosten, wenn sich der Unfall bei einer Auswärtstätigkeit (Dienstreise, Einsatzwechseltätigkeit, Fahrtätigkeit) ereignet. Ereignet sich der Unfall auf einer Fahrt zwischen Wohnung und regelmäßiger Arbeitsstätte sind die Unfallkosten als außergewöhnliche Aufwendungen neben der Entfernungspauschale berücksichtigungsfähig (vgl. das Stichwort „Entfernungspauschale" im Hauptteil des Lexikons).

Veräußerungsverluste

Ein Veräußerungsverlust aus einer Kapitalbeteiligung am Arbeitgeber-Unternehmen führt nicht allein deshalb zu Werbungskosten des Arbeitnehmers oder zu negativen Einnahmen aus nichtselbständiger Arbeit, weil die Beteiligung wegen der Beendigung des Arbeitsverhältnisses veräußert wird (BFH-Urteil vom 17.9.2009 VI R 24/08). Im Streitfall erfüllte der Kläger eine gesellschaftsrechtliche Verpflichtung, die eine preisgebundene Rückveräußerung von mit versteuertem Arbeitslohn erworbenen Aktien vorsah. Einen für den Werbungskostenabzug erforderlichen Veranlassungszusammenhang mit oder durch das Arbeitsverhältnis war im Streitfall nicht ersichtlich.

Verpflegungsmehraufwendungen

Aufwendungen für Verpflegung gehören grundsätzlich zu den nicht abzugsfähigen Kosten der privaten Lebensführung. Eine Ausnahme besteht nur dann, wenn eine

– Auswärtstätigkeit,
– Einsatzwechseltätigkeit,
– Fahrtätigkeit oder
– doppelte Haushaltsführung

vorliegt. In diesen Fällen sind Pauschbeträge für Verpflegungs**mehr**aufwendungen zum Werbungskostenabzug zugelassen worden und zwar in folgender Höhe:

– bei einer Abwesenheit von mindestens 8 Stunden **6 €**
– bei einer Abwesenheit von mindestens 14 Stunden **12 €**
– bei einer Abwesenheit von mindestens 24 Stunden **24 €**.

Bei einer Einsatzwechseltätigkeit, Fahrtätigkeit, bei Auswärtstätigkeiten sowie bei einer doppelten Haushaltsführung können diese Verpflegungspauschbeträge nur für höchstens 3 Monate als Werbungskosten abgezogen werden (vgl. die einzelnen Stichworte).

Vertragsstrafen

Vertragsstrafen können Werbungskosten sein, wenn sie beruflich veranlasst sind (z. B. Vertragsstrafen aus der Verletzung eines Konkurrenzverbots). Zu Vertragsstrafen im Zusammenhang mit dem Ausscheiden aus einem Ausbildungsverhältnis vgl. BFH-Urteil vom 22.6.2006 (BStBl. 2007 II S. 4), das eine Vertragsstrafe betrifft, die wegen Aufnahme einer selbständigen Tätigkeit vor Ablauf einer 10-jährigen Verpflichtungszeit als Arbeitnehmer gezahlt werden mußte.

Videorekorder

Bei nahezu ausschließlicher beruflicher Nutzung (mindestens 90%) sind die Aufwendungen Werbungskosten (Verteilung auf die Nutzungsdauer von 3 bis 5 Jahren). Bei Gegenständen der Unterhaltungselektronik gilt im Allgemeinen der Erfahrungssatz, dass sie auch privat verwendet wer-

---

*) Das BMF-Schreiben ist als Anlage 4 zu H 9.1 LStR im **Steuerhandbuch für das Lohnbüro 2010** abgedruckt, das im selben Verlag erschienen ist. Das **PC-Lexikon** für das Lohnbüro 2010 enthält auch dieses Handbuch und hat außerdem den Vorteil, dass Sie die **BFH-Urteile** sowie die aktuellen Rundschreiben und Niederschriften der Spitzenverbände der **Sozialversicherung** mit Mausklick **im Volltext** abrufen und ausdrucken können. Eine Bestellkarte finden Sie vorne im Lexikon.

den können. Damit ist ein Abzug als Werbungskosten nach dem sog. Aufteilungs- und Abzugsverbot des § 12 Nr. 1 Satz 2 EStG im Regelfall ausgeschlossen (BFH-Urteil vom 21. 6. 1994, BFH/NV 1995 S. 216 betreffend einen Camcorder).

Vollkaskoversicherung

Vgl. vorstehend unter „Kaskoversicherung".

Wachhund

Die Aufwendungen für einen Wachhund (Kosten für Futter und Pflege) sind Werbungskosten, wenn der Wachhund ein Arbeitsmittel ist (z. B. bei einem Hundeführer im Bewachungsgewerbe). Auf die Ausführungen beim Stichwort „Hundegeld" im Hauptteil des Lexikons wird Bezug genommen.

Werbegeschenke

Gibt ein Arbeitnehmer auf eigene Kosten den Kunden des Arbeitgebers Werbegeschenke, so ist ein Werbungskostenabzug möglich, wenn die berufliche Veranlassung nachgewiesen werden kann (z. B. von Arbeitnehmern mit erfolgsabhängiger Entlohnung). Die Abzugsfähigkeit ist seit 1.1.2004 auf Geschenke im Wert von höchstens 35 € begrenzt (Freigrenze).

Werbungskosten-Pauschsätze

Für bestimmte Berufsgruppen (Artisten, Künstler, Journalisten) gab es früher besondere Werbungskosten-Pauschbeträge.

Diese Werbungskosten-Pauschbeträge sind **seit 1.1.2000 weggefallen.**

Werkzeuge

Vgl. vorstehend unter „Arbeitsmittel".

Zeitungen, Zeitschriften

Vgl. vorstehend unter „Fachzeitschriften".

Zinsen

Vgl. vorstehend unter „Schuldzinsen".

C. Sonderausgaben

1. Allgemeines

Sonderausgaben werden eingeteilt in **Vorsorgeaufwendungen** und **übrige** Sonderausgaben. Nur die „übrigen Sonderausgaben" können als Freibetrag auf der Lohnsteuerkarte eingetragen werden. **Für Vorsorgeaufwendungen wird kein Freibetrag auf der Lohnsteuerkarte eingetragen,** da in die Lohnsteuertabellen eine Vorsorgepauschale eingearbeitet ist, mit der beim laufenden Lohnsteuerabzug die Vorsorgeaufwendungen abgegolten sind (vgl. die ausführlichen Erläuterungen zur Vorsorgepauschale in Anhang 8).

Ab 1.1.2010 werden bei einer Veranlagung zur Einkommensteuer nur noch die im Einzelnen nachgewiesenen Vorsorgeaufwendungen im Rahmen bestimmter Höchstbeträge steuerlich berücksichtigt. Der Ansatz einer Vorsorgepauschale im Veranlagungsverfahren ist ab 1.1.2010 weggefallen (vgl. hierzu die ausführlichen Erläuterungen in **Anhang 8a).**

Die **„übrigen"** Sonderausgaben, das heißt diejenigen Sonderausgaben, die nicht zu den Vorsorgeaufwendungen gehören, können dagegen als Freibetrag auf der Lohnsteuerkarte eingetragen werden, soweit sie den Sonderausgabenpauschbetrag übersteigen. **Übrige** Sonderausgaben, für die ein Freibetrag auf der Lohnsteuerkarte eingetragen wird, sind

– **Unterhaltsleistungen** an den geschiedenen oder dauernd getrennt lebenden Ehegatten (vgl. nachfolgend unter Nr. 2);
– bestimmte **Renten** und **dauernde Lasten** (Nr. 3);
– **Kirchensteuer** (Nr. 4);
– **Kinderbetreuungskosten** (Nr. 5);
– Aufwendungen für die eigene **Berufsausbildung** (Nr. 6);
– **Schulgeld für eine Privatschule** (Nr. 7);
– **Spenden** und Beiträge für wissenschaftliche, kulturelle, mildtätige, kirchliche und sonstige gemeinnützige Zwecke (Nr. 8);
– **Spenden** und Beiträge an politische Parteien (Nr. 9).

Die übrigen Sonderausgaben können als Freibetrag auf der Lohnsteuerkarte eingetragen werden, soweit sie den Sonderausgabenpauschbetrag von 36 € für Ledige bzw. 72 € für zusammen veranlagte Ehegatten übersteigen; Voraussetzung hierfür ist, dass die für die Eintragung eines Freibetrags auf der Lohnsteuerkarte allgemein geltende 600-Euro-Grenze überschritten ist.

2. Unterhaltsleistungen an den geschiedenen oder dauernd getrennt lebenden Ehegatten

Unterhaltsleistungen an den geschiedenen oder dauernd getrennt lebenden Ehegatten sind bis zum Höchstbetrag von **13 805 € jährlich als Sonderausgaben** abziehbar, wenn der Geber dies mit Zustimmung des Empfängers beantragt (sog. **Realsplitting**). Die als Sonderausgaben abgezogenen Unterhaltsleistungen sind beim Empfänger (dies ist in der Regel die geschiedene Ehefrau) als sonstige Einkünfte **steuerpflichtig.** Für den Antrag und die Zustimmung gibt es einen amtlichen Vordruck **(Anlage U).** Der Vordruck ist vom Arbeitnehmer, der Unterhalt leistet und vom Unterhaltsempfänger zu unterschreiben. **Der Antrag** ist nur für das Kalenderjahr bindend, für das der Sonderausgabenabzug beantragt wird, und muss für jedes Kalenderjahr neu gestellt werden. **Die Zustimmung** des Empfängers auf der Anlage U ist hingegen bis auf Widerruf wirksam und kann nur vor Beginn des Kalenderjahres, für das sie erstmals nicht mehr gelten soll, gegenüber dem Finanzamt widerrufen werden. Wird der Sonderausgabenabzug nicht beantragt oder fehlt hierzu die Zustimmung des Empfängers der Unterhaltsleistungen, so können diese als **außergewöhnliche Belastungen** (vgl. nachfolgend in Abschnitt D Nr. 3 auf Seite 905) geltend gemacht werden. Die Unterhaltsleistungen können nur insgesamt entweder als Sonderausgaben oder als außergewöhnliche Belastung berücksichtigt werden.

Nach dem sog. Bürgerentlastungsgesetz erhöht sich ab 1.1.2010 der mit Zustimmung des Unterhaltsempfängers als Sonderausgabe abzugsfähige Höchstbetrag von 13 805 € für Unterhaltsleistungen an den geschiedenen oder dauernd getrennt lebenden Ehegatten um die vom Geber-Ehegatten tatsächlich geleisteten **Beiträge für die Kranken- und Pflegeversicherung** des Empfängers, soweit sie für die Erlangung eines sozialhilfegleichen Versorgungsniveaus erforderlich sind **(Basiskrankenversicherung).** Unmaßgeblich ist, ob der Steuerpflichtige die Beiträge als Versicherungsnehmer leistet oder für eine vom geschiedenen/dauernd getrennt lebenden Ehegatten abgeschlossene Versicherung trägt. Als Beiträge für eine Basiskrankenversicherung können berücksichtigt werden:

– Bei Beiträgen zur **gesetzlichen** Krankenversicherung die tatsächlich gezahlten Beiträge. Besteht ein Anspruch auf Krankengeld, sind die Beiträge um 4 % zu kürzen.
– Bei Beiträgen zu einer **privaten** Krankenversicherung die vom Versicherungsunternehmen bescheinigten Beiträge zur Basiskrankenversicherung.

Der auf 13 805 € begrenzte Sonderausgabenabzug von Unterhaltsleistungen an den geschiedenen oder dauernd getrennt lebenden Ehegatten ist davon abhängig, dass der Empfänger **im Inland lebt,** das heißt unbeschränkt einkommensteuerpflichtig ist. In bestimmten Fällen kann jedoch der Sonderausgabenabzug nicht nur dann in Anspruch genommen werden, wenn der Steuerpflichtige im Inland lebt, das heißt nach § 1 Abs. 1 EStG unbeschränkt steuerpflichtig ist, sondern auch dann, wenn er **auf Antrag** nach § 1 Abs. 3 EStG wie ein unbeschränkt Steuerpflichtiger behandelt wird. Voraussetzung für die Anwendung dieser Sonderregelung ist allerdings, dass **der Empfänger** der Unterhaltsleistungen (in der Regel also die geschiedene Ehefrau) **in einem EU/EWR Mitgliedstaat*)** ansässig ist und die Besteuerung der empfangenen Unterhaltszahlungen durch eine Bescheinigung der zuständigen ausländischen Steuerbehörde nachgewiesen wird (vgl. die Erläuterungen beim Stichwort „Beschränkt steuerpflichtige Arbeitnehmer" unter Nr. 6 Buchstabe b auf Seite 157).

3. Renten und dauernde Lasten

Durch das Jahressteuergesetz 2008 sind die Regelungen für den Sonderausgabenabzug von Renten und dauernden Lasten völlig neu gefasst worden. Nach § 10 Abs. 1 **Nr. 1a** EStG können Versorgungsleistungen aufgrund von **Vermögensübergaben im Rahmen der vorweggenommenen Erbfolge** nach dem 31. 12. 2007 als Sonderausgaben

---

*) **EU-Länder** sind die folgenden Mitgliedsländer der Europäischen Union: Belgien, Bulgarien, Dänemark, Estland, Finnland, Frankreich, Griechenland, Irland, Italien, Lettland, Litauen, Luxemburg, Malta, Niederlande, Österreich, Polen, Portugal, Rumänien, Schweden, Slowakei, Slowenien, Spanien, Tschechische Republik, Ungarn, Vereinigtes Königreich Großbritannien und Zypern.
EWR-Mitgliedstaaten, das heißt Staaten, auf die das Abkommen über den Europäischen Wirtschaftsraum Anwendung findet, sind: Island, Norwegen und Liechtenstein.

noch Anhang 7

berücksichtigt werden, wenn sie im Zusammenhang mit der Übertragung eines Mitunternehmeranteils, eines Betriebs oder Teilbetriebs oder eines mindestens 50%igen GmbH-Anteils stehen. Die Neuregelung gilt für alle Versorgungsleistungen, die auf einer Vermögensübertragung beruhen, die ab 1.1.2008 vereinbart wird.

Versorgungsleistungen aufgrund von Übertragungen vor dem 1.1.2008 sind wie bisher abzugsfähig.

Keine Sonderausgaben sind Renten und dauernde Lasten, die freiwillig oder aufgrund einer freiwillig begründeten Verpflichtung geleistet werden. Dasselbe gilt für Zuwendungen an Personen, die gegenüber dem Arbeitnehmer oder seinem Ehegatten gesetzlich unterhaltsberechtigt sind oder an deren Ehegatten. Unterhaltszahlungen an Eltern oder Kinder können hiernach nicht als Sonderausgaben geltend machen. Zum Abzug von Unterhaltsleistungen an gesetzliche unterhaltsberechtigte Personen als **außergewöhnliche Belastung** wird auf die Erläuterungen im nachfolgenden Abschnitt D Nr. 3 verwiesen. Zum Abzug von Unterhaltsleistung an den geschiedenen Ehegatten vgl. die Erläuterungen unter der vorstehenden Nr. 1 (sog. **Realsplitting**).

Um auch weiterhin den Sonderausgabenabzug aufgrund eines **schuldrechtlichen Versorgungsausgleichs** zu ermöglichen, wurde hierfür mit § 10 Abs. 1 **Nr. 1b** EStG eine eigenständige Regelung geschaffen, die berücksichtigt, in welchem Umfang die der Leistung zugrunde liegenden Einnahmen (z. B. Leibrente nach § 22 EStG oder Einkünfte aus nichtselbständiger Arbeit nach § 19 EStG) der Besteuerung unterliegen.

Liegt der Leistung eine nur mit dem Ertragsanteil steuerbare **Leibrente** des Ausgleichsverpflichteten zugrunde, sind die Zahlungen des Verpflichteten nur mit dem Etragsanteil als Sonderausgaben abzugsfähig und der Ausgleichsberechtigte hat die Leistung auch nur mit dem Ertragsanteil zu versteuern.

Soweit die Leistung hingegen auf Versorgungsbezügen beruht, die beim Ausgleichsverpflichteten als Einkünfte aus nichtselbständiger Arbeit in voller Höhe der Besteuerung unterliegen, kommt der Abzug als Sonderausgabe nach § 10 Abs. 1 Nr. 1b EStG als **dauernde Last** in voller Höhe in Betracht.

4. Kirchensteuer

Als Sonderausgaben abzugsfähig ist die im Kalenderjahr 2010 tatsächlich gezahlte Kirchensteuer. Kirchensteuer, die im Kalenderjahr 2010 erstattet wird ist gegenzurechnen, auch wenn sich die Erstattung auf frühere Kalenderjahre bezieht. Ist im Jahr der Erstattung der Sonderausgaben an den Steuerpflichtigen ein Ausgleich mit gleichartigen Aufwendungen nicht oder nicht in voller Höhe möglich, so ist der Sonderausgabenabzug des Jahres der Verausgabung insoweit um die nachträgliche Erstattung zu mindern; ein bereits bestandskräftiger Bescheid ist nach § 175 Abs. 1 Satz 1 Nr. 2 AO zu ändern.

5. Kinderbetreuungskosten als Sonderausgaben

a) Wegen Ausbildung, Behinderung oder Krankheit des Arbeitnehmers

Nach § 9c Abs. 2 EStG können **zwei Drittel** der Aufwendungen für die Betreuung eines haushaltszugehörigen Kindes, höchstens **4000 €** je Kind, als Sonderausgaben abgezogen werden, wenn der Arbeitnehmer – nicht das Kind – sich in Ausbildung befindet, körperlich, geistig oder seelisch behindert oder krank ist. Entstehen die Aufwendungen wegen Krankheit des Arbeitnehmers, muss die Krankheit innerhalb eines zusammenhängenden Zeitraums von mindestens drei Monaten bestanden haben, es sei denn, der Krankheitsfall tritt unmittelbar im Anschluss an eine Erwerbstätigkeit oder Ausbildung ein. Voraussetzung ist außerdem, dass das Kind das **14. Lebensjahr** noch nicht vollendet hat oder wegen einer vor Vollendung des 25. Lebensjahres eingetretenen körperlichen, geistigen oder seelischen Behinderung außerstande ist, sich selbst finanziell zu unterhalten.

Bei zusammenlebenden Eltern kommt ein Sonderausgabenabzug nur in Betracht, wenn bei **beiden** Elternteilen das Tatbestandsmerkmal Ausbildung, Behinderung oder Krankheit vorliegt oder ein Elternteil erwerbstätig ist und der andere Elternteil sich in Ausbildung befindet, körperlich, geistig oder seelisch behindert oder krank ist.

Lebt das zu betreuende Kind im Ausland, ist der Höchstbetrag zu kürzen, soweit es nach den Verhältnissen im Wohnsitzstaat des Kindes notwendig und angemessen ist (vgl. die Ländergruppeneinteilung in Anhang 10).

b) Für Kinder zwischen drei und sechs Jahren

Sofern die unter dem vorstehenden Buchstaben a beschriebene Regelung nicht zur Anwendung kommt, können alle Eltern mit haushaltszugehörigen Kindern, die das **3. Lebensjahr, aber noch nicht das 6. Lebensjahr** vollendet haben, zwei Drittel ihrer Kinderbetreuungskosten, höchstens 4000 € je Kind, nach § 9c Abs. 2 EStG als Sonderausgaben abziehen.

Diese Regelung kommt insbesondere bei Ehepaaren zur Anwendung, bei denen nur ein Ehegatte berufstätig ist und die deshalb die Kinderbetreuungskosten nicht wie Werbungskosten abziehen können.

Beim Stichwort „Kinderbetreuungskosten" im Hauptteil des Lexikons sind alle mit der Steuerfreiheit sowie dem Werbungskosten- oder Sonderausgabenabzug zusammenhängenden Fragen anhand von Beispielen erläutert.

6. Ausbildungskosten

Seit 1.1.2004 gehören Aufwendungen für die **erste Berufsausbildung** und für ein (berufsbegleitendes) **Erst**studium an einer Universität, einer Hochschule oder Fachhochschule zu den Kosten der privaten Lebensführung (§ 12 Nr. 5 EStG). Diese Aufwendungen können bis zu **4000 €** im Kalenderjahr als Sonderausgaben abgezogen werden. Sie wirken sich somit bis zu diesem Höchstbetrag dann steuermindernd aus, wenn die betreffende Person über steuerpflichtige Einkünfte verfügt. Bei Ehegatten gilt der Betrag von 4000 € für jeden Ehegatten gesondert (§ 10 Abs. 1 Nr. 7 EStG).

Beispiel A

A studiert Maschinenbau (Erststudium), um Maschinenbauingenieur zu werden. Die Aufwendungen betragen insgesamt 5000 €. A kann die Aufwendungen bis zu 4000 € jährlich als Sonderausgaben abziehen. Sie wirken sich allerdings bei ihm nur dann steuermindernd aus, wenn er über steuerpflichtige Einkünfte verfügt. Arbeitet A z. B. in den Semesterferien auf Lohnsteuerkarte, so kann er sich den Betrag von 4000 € als Freibetrag auf der Lohnsteuerkarte eintragen lassen.

Voll abziehbare Werbungskosten liegen vor, wenn die erstmalige Berufsausbildung oder das Erststudium Gegenstand eines (Ausbildungs-)Arbeitsverhältnisses ist.

Beispiel B

A ist vom Land Bayern eingestellt worden und macht dort eine Ausbildung zum Diplom-Finanzwirt (FH). A kann die ihm entstandenen Aufwendungen in voller Höhe als Werbungskosten bei den Einkünften aus nichtselbständiger Arbeit abziehen, da das Erststudium Gegenstand eines Ausbildungs-Arbeitsverhältnisses ist.

Des Weiteren lässt der Bundesfinanzhof die Aufwendungen für ein Erststudium nach abgeschlossener Berufsausbildung zum Werbungskostenabzug zu (BFH-Urteil vom 18.6.2009 VI R 14/07).

Außerdem können unabhängig von einem Arbeitsverhältnis die Aufwendungen für die Fortbildung in einem bereits erlernten Beruf, für Umschulungsmaßnahmen und für ein **weiteres Studium** (Zweitstudium) als Werbungskosten abgezogen werden, wenn sie in einem konkreten, objektiv feststellbaren Zusammenhang mit späteren steuerpflichtigen Einnahmen aus der angestrebten beruflichen Tätigkeit stehen. In diesem Fall können auch die Kosten für den Erwerb eines Doktortitels (Promotion) als Werbungskosten abgezogen werden, wenn die berufliche Veranlassung nachgewiesen wird*).

Beispiel C

Ein Arbeitnehmer absolviert ein Zweitstudium, um die in seinem ausgeübten Beruf bestehenden Aufstiegsmöglichkeiten besser wahrnehmen zu können. Die Aufwendungen stehen in einem konkreten Zusammenhang mit späteren steuerpflichtigen Einnahmen aus der angestrebten beruflichen Tätigkeit; sie sind deshalb nicht als Sonderausgaben, sondern in voller Höhe als Werbungskosten abziehbar (vgl. die Erläuterungen im vorstehenden Abschnitt B Stichwort „Fortbildungskosten").

7. Schulgeld für eine Privatschule

Besucht ein Kind, für das der Steuerpflichtige Anspruch auf Kindergeld oder auf einen Kinderfreibetrag hat, im Inland oder in einem EU-/EWR-Staat**) eine Privatschule, die zu einem allgemein bildenden Schulabschluss führt, sind **30% des Schulgeldes** bis zu einem Höchstbetrag von **5000 €** als Sonderausgaben abziehbar.

---

*) BMF-Schreiben vom 4.11.2005 (BStBl. I S. 955). Das BMF-Schreiben ist als Anlage zu H 9.2 im **Steuerhandbuch für das Lohnbüro 2010** abgedruckt, das im selben Verlag erschienen ist. Das **PC-Lexikon** für das Lohnbüro 2010 enthält auch dieses Handbuch und hat außerdem den Vorteil, dass Sie **alle BFH-Urteile** sowie die aktuellen Rundschreiben und Niederschriften der Spitzenverbände der **Sozialversicherung** mit Mausklick **im Volltext** abrufen und ausdrucken können. Eine Bestellkarte finden Sie vorne im Lexikon.

) **EU-Länder sind die folgenden Mitgliedsländer der Europäischen Union: Belgien, Bulgarien, Dänemark, Estland, Finnland, Frankreich, Griechenland, Irland, Italien, Lettland, Litauen, Luxemburg, Malta, Niederlande, Österreich, Portugal, Rumänien, Schweden, Slowakei, Slowenien, Spanien, Tschechische Republik, Ungarn, Vereinigtes Königreich Großbritannien und Zypern.
EWR-Mitgliedstaaten, das heißt Staaten, auf die das Abkommen über den Europäischen Wirtschaftsraum Anwendung findet, sind: Island, Norwegen und Liechtenstein.

noch Anhang 7

Ab dem Veranlagungszeitraum 2008 ist die Klassifizierung der Schule (z. B. als Ersatz- oder Ergänzungsschule) für die Berücksichtigung von Schulgeldzahlungen nicht mehr von Bedeutung. Vielmehr kommt es künftig – auch für Schulgeldzahlungen an inländische Schulen – allein auf den erreichten oder beabsichtigten Abschluss an. Führt eine im EU-/EWR-Raum*) belegene Privatschule oder eine Deutsche Schule im Ausland zu einem anerkannten allgemein bildenden oder berufsbildenden Schul-, Jahrgangs- oder Berufsabschluss oder bereitet hierauf vor, kommt ein Sonderausgabenabzug der Schulgeldzahlungen in Betracht. Daher sind inländische Ergänzungsschulen, die auf einen Beruf vorbereiten, nunmehr grundsätzlich einbezogen (z. B. Ergänzungsschulen im Gesundheitswesen). Die Prüfung und Feststellung der genannten schulrechtlichen Kriterien obliegt dem zuständigen inländischen Landesministerium (z. B. dem Schul- oder Kultusministerium), der Kultusministerkonferenz der Länder oder der zuständigen inländischen Zeugnisanerkennungsstelle. Die Finanzverwaltung ist an deren Entscheidung gebunden.

Zu den Einrichtungen, die auf einen Schul-, Jahrgangs- oder Berufsabschluss ordnungsgemäß vorbereiten, gehören nur solche, die nach einem staatlich vorgegebenen, genehmigten oder beaufsichtigten Lehrplan ausbilden. Daher sind Besuche von Nachhilfeeinrichtungen, Musikschulen, Sportvereinen, Ferienkursen (z. B. Feriensprachkursen) und Ähnlichem nicht einbezogen. Hochschulen einschließlich der Fachhochschulen und der ihnen im EU/EWR-Ausland gleichstehenden Einrichtungen sind keine Schulen im Sinne des § 10 Abs. 1 Nr. 9 EStG, so dass Gebühren für den Besuch dieser Einrichtungen von einer Berücksichtigung ausgeschlossen sind (z. B. Studiengebühren).

Ob die Voraussetzungen für den Sonderausgabenabzug des Schulgeldes vorliegen, ergibt sich im Normalfall aus einer Bescheinigung der Schule, die auch die Höhe des im Kalenderjahr gezahlten Schulgeldes enthält. Entgeltanteile für die **Beherbergung, Betreuung** und **Verpflegung** des Kindes sind von der Vergünstigung ausgeschlossen. Voraussetzung für die Inanspruchnahme des Sonderausgabenabzugs ist es, dass der Arbeitnehmer für das betreffende Kind Kindergeld oder einen Kinderfreibetrag erhält. Für den Sonderausgabenabzug kommt nur der Aufwand des Arbeitnehmers in Betracht, der nach Abzug von Leistungen Dritter (z. B. eine Schulgelderstattung von dritter Seite) als Belastung für den Arbeitnehmer verbleibt.

Der Arbeitnehmer kann sich das als Sonderausgaben abzugsfähige Schulgeld als Freibetrag auf der Lohnsteuerkarte eintragen lassen, wenn die für die Eintragung eines Freibetrags auf der Lohnsteuerkarte allgemein geltende 600-Euro-Grenze überschritten ist.

Beispiel

Ein Arbeitnehmer hat einen über 18 Jahre alten Sohn, für den er Kindergeld erhält. Der Sohn bereitet sich in einem inländischen Internat auf das Abitur vor. Die Internatskosten betragen monatlich 1300 €, davon entfallen auf Unterkunft, Verpflegung und Betreuung außerhalb des Unterrichts 800 €. Der Arbeitnehmer erhält für den Sohn Kindergeld und einen Ausbildungsfreibetrag wegen auswärtiger Unterbringung in Höhe von 924 €. Außerdem kann er 30% der Internatskosten (soweit sie nicht auf Unterkunft, Verpflegung und Betreuung entfallen) als Sonderausgaben abziehen. Dies sind 30% von 500 € = 150 € × 12 = 1800 €.

Der Arbeitnehmer kann sich den Ausbildungsfreibetrag in Höhe von 924 € und den Betrag von 1800 € als Freibetrag auf seiner Lohnsteuerkarte 2010 eintragen lassen.

8. Spenden und Beiträge (Zuwendungen) für gemeinnützige Zwecke

Spenden und Beiträge (Zuwendungen) zur Förderung mildtätiger, kirchlicher, religiöser, wissenschaftlicher, kultureller und gemeinnütziger Zwecke sind Sonderausgaben; sie werden aber nur mit höchstens jährlich 20% des Gesamtbetrags der Einkünfte berücksichtigt.

Spenden, die den abzugsfähigen Höchstbetrag von 20% des Gesamtbetrags der Einkünfte übersteigen, können **zeitlich unbegrenzt** in den folgenden Kalenderjahren berücksichtigt werden (sog. Spendenvortrag).

Spenden müssen durch eine sog. Zuwendungsbestätigung **nach amtlichem Muster** nachgewiesen werden.

Für Spenden (Zuwendungen) bis zu einem Betrag von **200 €** wird es jedoch aus Vereinfachungsgründen zugelassen, dass anstelle einer von der Körperschaft ausgestellten Zuwendungsbestätigung der Bareinzahlungsbeleg oder die Buchungsbestätigung (z. B. Kontoauszug) eines Kreditinstitut vorgelegt werden kann. Dieses Verfahren ist anwendbar, wenn

a) der Empfänger der Zuwendung eine inländische juristische Person des öffentlichen Rechts (z. B. eine Gemeinde) oder eine inländische öffentliche Dienststelle ist **oder**

b) der Empfänger eine nach § 5 Abs. 1 Nr. 9 des Körperschaftsteuergesetzes steuerbegünstigte Körperschaft ist (z. B. ein gemeinnütziger Verein oder eine Stiftung) ist, die steuerlich wirksame Zuwendungsbestätigungen ausstellen darf. Weitere Voraussetzung ist, dass der steuerbegünstigte Zweck, für den die Zuwendung verwendet wird und die Angaben über die Freistellung des Empfängers von der Körperschaftsteuer (= „Anerkennung" als gemeinnützige Körperschaft) auf einem **vom Empfänger hergestellten** Beleg aufgedruckt sind. Zusätzlich muss auf dem Beleg angegeben werden, ob es sich um eine Spende oder einen Mitgliedsbeitrag handelt.

Spenden (Zuwendungen) sind nicht nur Leistungen in Geld, sondern auch **Sachspenden**. Ausdrücklich ausgenommen vom Spendenabzug sind jedoch **Nutzungen** und **Leistungen** (z. B. unentgeltliche Arbeitsleistung). Die Sachspenden sind mit dem gemeinen Wert als Spenden berücksichtigungsfähig (bei diesen Sachspenden muss aus der Zuwendungsbestätigung der Wert und die genaue Bezeichnung der gespendeten Sache ersichtlich sein).

Keine Sachspende sondern eine Geldspende liegt vor, wenn wirksam auf einen Anspruch in Geld verzichtet wird.

Beispiel

Ein Vereinskassierer hat einen arbeitsvertraglichen Anspruch auf einen Monatslohn von 300 €. Er verzichtet auf diesen Lohn zugunsten des Vereins. Der Verzicht auf den Geldanspruch in Höhe von 3600 € jährlich ist bei Vorliegen der übrigen Voraussetzungen als Spende abzugsfähig.

Spenden in den Vermögensstock einer **Stiftung** können im Jahr der Zuwendung und in den folgenden neun Jahren bis zu einem Gesamtbetrag von **1 Million Euro** zusätzlich zum „normalen" Spendenabzug (= 20% des Gesamtbetrags der Einkünfte) als Sonderausgaben abgezogen werden.

9. Spenden und Beiträge an politische Parteien und unabhängige Wählervereinigungen

Für Zuwendungen (Mitgliedsbeiträge und Spenden) an **politische Parteien** ermäßigt sich die Einkommensteuer um 50% der Ausgaben, höchstens um 825 €, im Fall der Zusammenveranlagung von Ehegatten höchstens um 1650 € (§ 34g EStG). Soweit die Ausgaben 1650 € bzw. bei zusammen veranlagten Ehegatten 3300 € übersteigen werden sie bis zu 1650 € (im Fall der Zusammenveranlagung von Ehegatten bis zu 3300 €) als **Sonderausgaben** berücksichtigt.

Für Zuwendungen (Beiträge und Spenden) an **unabhängige Wählervereinigungen** ermäßigt sich die Einkommensteuer um 50% der Ausgaben, höchstens um 825 €, im Fall der Zusammenveranlagung von Ehegatten höchstens um 1650 € (§ 34g EStG). Begünstigt sind nur Beiträge und Spenden an unabhängige Wählervereinigungen, die die Rechtsform eines eingetragenen oder eines nicht rechtsfähigen Vereins haben und deren Zweck ausschließlich darauf gerichtet ist, durch Teilnahme mit eigenen Wahlvorschlägen an Wahlen auf Bundes-, Landes- oder Kommunalebene mitzuwirken. Einen zusätzlichen Sonderausgabenabzug wie für Zuwendungen an politische Parteien gibt es für unabhängige Wählervereinigungen nicht.

Will sich der Arbeitnehmer Beiträge und Spenden an politische Parteien oder unabhängige Wählervereinigungen **als Freibetrag auf der Lohnsteuerkarte 2010** eintragen lassen, gilt Folgendes:

Bei der Eintragung eines Freibetrags auf der Lohnsteuerkarte sind für die Berechnung der Antragsgrenze von 600 € und für die Berechnung des Freibetrags die Mitgliedsbeiträge und Spenden **an politische Parteien** als Sonderausgaben auch insoweit zu berücksichtigen, als eine 50%ige Steuerermäßigung nach § 34g EStG in Betracht kommt. Mitgliedsbeiträge und Spenden an politische Parteien können also bis zu **3300 € bei Alleinstehenden** bzw. **6600 € bei Verheirateten** als Freibetrag auf der Lohnsteuerkarte eingetragen werden.

Mitgliedsbeiträge und Spenden an **unabhängige Wählervereinigungen** können dagegen weder bei der Antragsgrenze von 600 € berücksichtigt noch als Freibetrag auf der Lohnsteuerkarte eingetragen werden (R 39a.1 Abs. 6 Satz 4 LStR). Eine Berücksichtigung der Mitgliedsbeiträge und Spenden an unabhängige Wählervereinigungen ist deshalb nur im Veranlagungsverfahren nach Ablauf des Kalenderjahrs möglich.

---

*) **EU-Länder** sind die folgenden Mitgliedsländer der Europäischen Union: Belgien, Bulgarien, Dänemark, Estland, Finnland, Frankreich, Griechenland, Irland, Italien, Lettland, Litauen, Luxemburg, Malta, Niederlande, Österreich, Portugal, Rumänien, Schweden, Slowakei, Slowenien, Spanien, Tschechische Republik, Ungarn, Vereinigtes Königreich Großbritannien und Zypern.
EWR-Mitgliedstaaten, das heißt Staaten, auf die das Abkommen über den Europäischen Wirtschaftsraum Anwendung findet, sind: Island, Norwegen und Liechtenstein.

noch Anhang 7

D. Außergewöhnliche Belastungen

1. Außergewöhnliche Belastungen allgemeiner Art

Außergewöhnliche Belastungen eines Arbeitnehmers führen auf Antrag zu einer Ermäßigung der Lohnsteuer (entweder durch die Eintragung eines Freibetrags auf der Lohnsteuerkarte oder durch den Abzug bei einer Veranlagung zur Einkommensteuer). Eine außergewöhnliche Belastung liegt vor, soweit einem Arbeitnehmer **zwangsläufig außergewöhnliche** Aufwendungen erwachsen, das heißt, größere Aufwendungen als der Mehrzahl der Arbeitnehmer mit gleichen Einkommens- und Familienverhältnissen. Die außergewöhnliche Belastung erwächst dem Arbeitnehmer **zwangsläufig**, wenn er sich ihr aus rechtlichen, tatsächlichen oder sittlichen Gründen nicht entziehen kann (z. B. Krankheitskosten) und soweit die Aufwendungen den Umständen nach notwendig sind und einen angemessenen Betrag nicht übersteigen.

Dem Abzug von außergewöhnlichen Belastungen sind jedoch durch das Einkommensteuergesetz Grenzen gesetzt worden. Für bestimmte außergewöhnliche Belastungen hat der Gesetzgeber den Abzug durch Höchst- oder Pauschbeträge begrenzt. Diese außergewöhnlichen Belastungen **besonderer** Art sind nachfolgend im Einzelnen dargestellt (Nrn. 3 bis 11). Für die übrigen außergewöhnlichen Belastungen (dies sind die sog. außergewöhnlichen Belastungen **allgemeiner** Art) ist zwar der Abzug nicht durch Höchstbeträge eingeschränkt, der Gesetzgeber mutet aber jedem Steuerzahler eine sog. „zumutbare Belastung" zu, das heißt, ein bestimmter – nach dem Einkommen gestaffelter – Betrag scheidet bei der steuerlichen Berücksichtigung aus. Außergewöhnliche Belastungen allgemeiner Art wirken sich also nur insoweit steuerlich aus, als sie diese sog. zumutbare Belastung übersteigen. Die Höhe der zumutbaren Belastung beträgt:

Bei einem Gesamtbetrag der Einkünfte von	bis zu 15 340 €	über 15 340 € bis 51 130 €	über 51 130 €
bei Arbeitnehmern mit der Steuerklasse I ohne Kinderfreibeträge	5 %	6 %	7 %
bei Arbeitnehmern mit den Steuerklassen III und IV ohne Kinderfreibeträge	4 %	5 %	6 %
ohne Rücksicht auf die Steuerklasse bei Arbeitnehmern mit 1 oder 2 Kindern	2 %	3 %	4 %
bei Arbeitnehmern mit 3 oder mehr Kindern	1 %	1 %	2 %
	\multicolumn{3}{c}{des Gesamtbetrags der Einkünfte}

Beispiel A

Ein lediger Arbeitnehmer ohne Kinder bezieht einen Jahresarbeitslohn von 30 000 €. Anlässlich des Todes seiner Mutter sind ihm an Beerdigungs- und Krankheitskosten 2500 € entstanden. Davon werden 500 € von der Krankenkasse bzw. Sterbekasse gezahlt. Der auf Antrag als außergewöhnliche Belastung anzuerkennende Betrag errechnet sich wie folgt:

Arbeitslohn	30 000,— €
abzüglich Arbeitnehmer-Pauschbetrag	920,— €
Gesamtbetrag der Einkünfte	29 080,— €

Die zumutbare Belastung beträgt 6 % von 29 080 €, das sind 1745 €. Für die Beerdigungs- und Krankheitskosten seiner Mutter, von denen er (2500 €−500 € =) 2000 € selbst getragen hat, wird dem Arbeitnehmer ein steuerfreier Betrag in Höhe von (2000 €−1745 € =) 255 € gewährt.

Als Kinder des Arbeitnehmers zählen diejenigen Kinder, für die er einen (halben oder vollen) Kinderfreibetrag erhält (vgl. Anhang 9 Nr. 6 auf Seite 941). Bei Arbeitnehmern mit einer Lohnsteuerkarte, auf der die Steuerklasse V bescheinigt ist, richtet sich der Vomhundertsatz für die Berechnung der zumutbaren Belastung nach der Steuerklasse und der Zahl der Kinderfreibeträge, die auf der Lohnsteuerkarte des Ehegatten eingetragen sind; bei Arbeitnehmern mit einer Lohnsteuerkarte, auf der die Steuerklasse VI bescheinigt ist, richtet sich der Vomhundertsatz nach der Steuerklasse und der Zahl der Kinderfreibeträge, die auf der Lohnsteuerkarte für das erste Dienstverhältnis eingetragen sind. Sind im Kalenderjahr verschiedene Steuerklassen oder eine unterschiedliche Zahl von Kinderfreibeträgen zu berücksichtigen, so ist von der günstigeren Steuerklasse oder der höheren Zahl der Kinderfreibeträge auszugehen.

Aus der Zahl der auf der Lohnsteuerkarte eingetragenen Kinderfreibeträge errechnet sich nur die Höhe des insgesamt zu berücksichtigenden Kinderfreibetrages. Die tatsächliche Zahl der Kinder, für die dem Arbeitnehmer ein Kinderfreibetrag gewährt wird, und damit die für die Ermittlung des Vomhundertsatzes der zumutbaren Belastung maßgebende Kinderzahl muss deshalb besonders ermittelt werden.

Beispiel B

Auf der Lohnsteuerkarte 2010 des Arbeitnehmers ist die Steuerklasse III und 1,5 Kinderfreibeträge eingetragen. Aus den Angaben des Arbeitnehmers in seinem Antrag auf Lohnsteuerermäßigung ergibt sich, dass der Arbeitnehmer für ein eheliches Kind aus der bestehenden Ehe einen vollen Kinderfreibetrag und für ein nichteheliches Kind einen halben Kinderfreibetrag erhält. Die zumutbare Belastung ist deshalb für 2 Kinder zu berechnen.

Beispiel C

Ergibt sich aus den Angaben des Arbeitnehmers in Beispiel A, dass er für 3 nichteheliche Kinder drei halbe Kinderfreibeträge erhält, so ist die zumutbare Belastung für 3 Kinder zu berechnen.

Als Gesamtbetrag der Einkünfte ist der steuerpflichtige Bruttoarbeitslohn aus allen Dienstverhältnissen (Bar- und Sachbezüge) anzusetzen, den der Arbeitnehmer und sein Ehegatte voraussichtlich im Kalenderjahr 2010 beziehen werden. Der sich danach ergebende Betrag ist dazu um die voraussichtlichen Werbungskosten, mindestens um den Arbeitnehmer-Pauschbetrag von 920 €, den Versorgungsfreibetrag, den Zuschlag zum Versorgungsfreibetrag und den Altersentlastungsbetrag. Steuerfreie Einnahmen sowie alle Bezüge, für die die Lohnsteuer mit einem Pauschsteuersatz erhoben wird, und etwaige weitere Einkünfte (z. B. aus Kapitalvermögen oder Vermietung und Verpachtung) des Arbeitnehmers und seines Ehegatten bleiben außer Betracht (R 39a.1 Abs. 7 Satz 1 LStR).

2. ABC der außergewöhnlichen Belastungen (Checkliste)

Adoption

Aufwendungen für eine Adoption sind keine außergewöhnlichen Belastungen.

Altersheim

vgl. „Pflegekosten"

Angehörige

Unterhaltsleistungen für Angehörige sind bis zu bestimmten Höchstbeträgen als außergewöhnliche Belastung abzugsfähig (vgl. die Erläuterungen unter den nachfolgenden Nrn. 3 und 4).

Ausbildung

vgl. „Berufsausbildung"

Aussiedlung

Bei Übersiedlung aus der ehemaligen DDR und Berlin (Ost) bzw. Spätaussiedlung aus den übrigen Ostblockstaaten wurde bis zum 31.12.1989 ein unabwendbares Ereignis unterstellt. Bei Übersiedlung bzw. Aussiedlung nach diesem Zeitpunkt können die Aufwendungen für die Wiederbeschaffung von Hausrat und Kleidung nicht mehr als außergewöhnliche Belastung anerkannt werden, es sei denn, es wird im Einzelfall ein unabwendbares Ereignis glaubhaft gemacht.

Aussteuer

Aufwendungen für die Aussteuer sind keine außergewöhnlichen Belastungen.

Auswanderung

Aufwendungen für die Auswanderung sind keine außergewöhnlichen Belastungen.

Auswärtige Unterbringung

Aufwendungen für die auswärtige Unterbringung eines Kindes zur Berufsausbildung sind unter bestimmten Voraussetzungen als außergewöhnliche Belastung abzugsfähig (vgl. die Erläuterungen unter der nachfolgenden Nr. 5).

Aufwendungen für die auswärtige Unterbringung eines Kindes sind außergewöhnliche Belastungen, wenn ein an Asthma erkranktes Kind in einem Schulinternat untergebracht ist, der Aufenthalt aus klimatischen Gründen zur Heilung oder Linderung der Krankheit nachweislich unabdingbar notwendig ist und der Schulbesuch nur anlässlich dieser Heilbehandlung gleichsam nebenbei und nachrangig erfolgt (BFH-Urteil vom 26.6.1992 – BStBl. 1993 II S. 212).

Vgl. auch „Legasthenie".

Ayurveda-Behandlung

Aufwendungen für eine Ayurveda-Behandlung können nur dann als außergewöhnliche Belastung berücksichtigt werden, wenn die medizinische Notwendigkeit dieser Behandlung durch ein vor ihrem Beginn erstelltes amtsärztliches Attest nachgewiesen ist (BFH vom 1.2.2001 – BStBl. II S. 543).

Badekuren

vgl. „Kurkosten"

Beerdigungskosten

Aufwendungen für die Beerdigung von Angehörigen gehören zur außergewöhnlichen Belastung, soweit sie den Wert des Nachlasses, das Sterbegeld der Krankenkassen und andere Versicherungsleistungen übersteigen (z. B. Leistungen aus einer Lebensversicherung). Es können aber nur Kosten berücksichtigt werden, die mit der Beerdigung unmittelbar zusammenhängen (z. B. für Grabstätte, Sarg, Überführungskosten, Blumen, Kränze, Todesanzeigen usw.). Die Kosten für die Trauerkleidung und die Bewirtung der Trauergäste werden nicht als außergewöhnliche Belastung anerkannt. Auch Reisekosten zur Teilnahme an der Beerdigung eines nahen Angehörigen sind keine außergewöhnliche Belastung (vgl. auch die nachfolgenden Erläuterungen unter „Grabpflegekosten").

Begleitperson

Mehraufwendungen, die einem körperbehinderten Stpfl., der auf ständige Begleitung angewiesen ist, anlässlich einer Urlaubsreise durch Kosten für Fahrten, Unterbringung und Verpflegung der Begleitperson entstehen, können in angemessener Höhe neben dem Pauschbetrag für behinderte Menschen berücksichtigt werden. Die Notwendigkeit einer Begleitperson kann sich aus einem amtsärztlichen Gutachten oder aus den Feststellungen in dem Ausweis nach dem SGB IX, z. B. dem Vermerk „Die Notwendigkeit ständiger Begleitung ist nachgewiesen", ergeben (BFH-Urteil vom 4.7.2002 – BStBl. II S. 765).

Behinderte Menschen

vgl. „Kraftfahrzeugkosten" und die Erläuterungen unter der nachfolgenden Nr. 8.

Behindertengerechte Ausstattung

Mehraufwendungen wegen der behindertengerechten Gestaltung einer Wohnung sind im Regelfall keine außergewöhnliche Belastung, da den Aufwendungen ein Gegenwert gegenübersteht. Der Einbau eines Treppenlifts kann eine außergewöhnliche Belastung darstellen (BFH-Urteil vom 6.2.1997 – BStBl. II S. 607).

Berufsausbildung

Aufwendungen für die eigene Berufsausbildung sind bis zu bestimmten Höchstbeträgen als Sonderausgaben abzugsfähig (vgl. die Erläuterungen in Abschnitt C Nr. 6). Aufwendungen für die Berufsausbildung eines Kindes sind nur bei einer auswärtigen Unterbringung des Kindes als außergewöhnliche Belastung abzugsfähig (vgl. nachfolgend unter Nr. 5).

Besuchsfahrten

Besuchsfahrten der Eltern zu einem kranken Kind sind als außergewöhnliche Belastung abzugsfähig, wenn durch eine Bescheinigung des behandelnden Arztes nachgewiesen wird, dass der Besuch der Eltern für die Genesung des Kindes therapeutisch notwendig ist.

Aufwendungen des nicht sorgeberechtigten Elternteils zur Kontaktpflege mit dem Kind sind nicht außergewöhnlich (BFH-Urteil vom 28.3.1996 – BStBl. 1997 II S. 54).

Bürgschaftskosten

Aufwendungen aus der Inanspruchnahme einer Bürgschaft sind keine außergewöhnlichen Belastungen.

Darlehen

Wenn Ausgaben, die als außergewöhnliche Belastung abzugsfähig sind, über ein Darlehen finanziert werden, tritt die Belastung im Zeitpunkt der Verausgabung ein (BFH-Urteil vom 10.6.1988, BStBl. II S. 814). Die Zinsen für ein derartiges Darlehen zählen ebenfalls zu den außergewöhnlichen Belastungen; sie sind im Jahr der Verausgabung abziehbar.

Diätverpflegung

Aufwendungen für eine Diätverpflegung sind auch dann keine außergewöhnlichen Belastungen, wenn die Diätverpflegung ärztlich verordnet worden ist.

Diebstahl

Der Diebstahl von einzelnen Gegenständen oder von Bargeld führt nicht zu einer außergewöhnlichen Belastung (vgl. jedoch nachfolgend unter „Wiederbeschaffungskosten für Hausrat und Kleidung").

Ehescheidungskosten

Aufwendungen für die Ehescheidung gehören zur außergewöhnlichen Belastung. Hierzu gehören Gerichts- und Anwaltskosten, nicht jedoch Unterhaltszahlungen und der Vermögensausgleich (zum Abzug der Unterhaltszahlungen vgl. vorstehend in Abschnitt C Nr. 2 auf Seite 899).

Fahrtkosten

vgl. „Besuchsfahrten" und „Kraftfahrzeugkosten"

Geburtskosten

Aufwendungen für die ärztliche Versorgung bei einer Geburt gehören zur außergewöhnlichen Belastung wie Krankheitskosten. Keine Belastung ist die Erstlingsausstattung.

Geldstrafen und Geldbußen

Geldstrafen und Geldbußen sind keine außergewöhnliche Belastung.

Grabpflegekosten

Aufwendungen für die Grabpflege sind keine außergewöhnlichen Belastungen, und zwar auch dann nicht, wenn es sich um eine Erneuerung des Grabmals oder um Umbettungskosten handelt.

Hausgehilfin/Haushaltshilfe

vgl. die Erläuterungen unter der nachfolgenden Nr. 7

Haushaltsnahe Beschäftigungsverhältnisse

vgl. die Erläuterungen im nachfolgenden Abschnitt E

Haushaltsnahe Dienstleistungen

vgl. die Erläuterungen im nachfolgenden Abschnitt E

Haushaltsgeräte

Aufwendungen für die Anschaffung von Haushaltsgeräten, z. B. einer Waschmaschine, sind selbst dann keine außergewöhnlichen Belastungen, wenn die Anschaffung des Geräts wegen Krankheit notwendig ist.

Hausrat

vgl. „Wiederbeschaffungskosten für Hausrat und Kleidung" auf Seite 905.

Heilkuren

vgl. „Kurkosten"

Heimunterbringung

vgl. „Pflegekosten"

Hinterbliebene

vgl. die Erläuterungen unter der nachfolgenden Nr. 9

Hochwasser

vgl. „Wiederbeschaffungskosten für Hausrat und Kleidung"

Hochzeit

Aufwendungen für die Hochzeit sind keine außergewöhnlichen Belastungen.

Insolvenzverfahren

Kosten für ein Insolvenzverfahren sind keine außergewöhnlichen Belastungen.

noch Anhang 7

Internat
vgl. die Erläuterungen unter der nachfolgenden Nr. 5

Kinderbetreuungskosten
vgl. das Stichwort „Kinderbetreuungskosten" im Hauptteil des Lexikons

Kleidung
vgl. „Wiederbeschaffungskosten für Hausrat und Kleidung"

Körpergröße
Durch ungewöhnliche Körpergröße verursachte Kosten sind keine außergewöhnlichen Belastungen.

Kraftfahrzeugkosten
Aufwendungen für Privatfahrten mit einem Pkw gehören bei Behinderten zur außergewöhnlichen Belastung, wenn der Grad der Behinderung mindestens 80 beträgt oder wenn der Grad der Behinderung mindestens 70 beträgt und der Behinderte zugleich geh- und stehbehindert ist (Merkzeichen „G" im Schwerbehindertenausweis).

Als außergewöhnliche Belastung wird ein Kilometersatz von 0,30 € und eine private Fahrleistung von 3000 km jährlich anerkannt. Dies ergibt einen Betrag von 900 €. Eine höhere Fahrleistung für Privatfahrten kann nur berücksichtigt werden, wenn nachgewiesen wird, dass die Fahrten durch die Behinderung verursacht sind. Bei außergewöhnlich Gehbehinderten (Merkzeichen aG im Schwerbehindertenausweis), Blinden (Merkzeichen Bl) und Hilflosen (Merkzeichen H, oder Pflegestufe III) werden Privatfahrten bis zu 15 000 km jährlich als außergewöhnliche Belastung anerkannt (0,30 € × 15 000 km = 4500 € im Kalenderjahr). Ein Einzelnachweis höherer Kfz-Kosten als 0,30 € je Kilometer ist nicht möglich.

Krankenhauskosten
Krankenhauskosten sind ohne Kürzung um eine Haushaltsersparnis als außergewöhnliche Belastung abzugsfähig.

Krankheitskosten
Krankheitskosten sind eine außergewöhnliche Belastung, soweit sie nicht von dritter Seite, z. B. einer Krankenkasse ersetzt worden sind oder noch ersetzt werden. Aufwendungen für Medikamente, Stärkungsmittel und ähnliche Präparate werden nur anerkannt, wenn sie durch einen Arzt oder Heilpraktiker verordnet wurden.

Kurkosten
Kurkosten gehören zur außergewöhnlichen Belastung, wenn die Notwendigkeit der Kur durch Vorlage eines amtsärztlichen Zeugnisses nachgewiesen wird. Die amtsärztliche Bescheinigung muss **vor** Kurbeginn ausgestellt worden sein. Von dem Erfordernis eines vor Kurantritt ausgestellten amtsärztlichen Zeugnisses kann ausnahmsweise abgesehen werden, wenn feststeht, dass eine gesetzliche Krankenkasse die Notwendigkeitsprüfung vorgenommen und positiv beschieden hat. Davon kann in der Regel ausgegangen werden, wenn die Krankenkasse einen Zuschuss zu den Kurkosten **für Unterkunft und Verpflegung** gewährt hat (BFH-Urteil vom 30.6.1995 – BStBl. II S. 614). Der Zuschuss einer Krankenversicherung zu Arzt-, Arznei- und Kurmittelkosten ersetzt den Nachweis der Kurbedürftigkeit nicht. Kosten für Kuren im Ausland sind in der Regel nur bis zur Höhe der Aufwendung anzuerkennen, die in einem dem Heilzweck entsprechenden inländischen Kurort entstehen würden. Verpflegungsmehraufwendungen anlässlich einer Kur können nur in tatsächlicher Höhe nach Abzug einer Haushaltsersparnis von 20% der Aufwendungen berücksichtigt werden (R 33.4 Abs. 3 EStR).

Trinkgelder, die in Zusammenhang mit einer Kur gegeben werden, sind keine außergewöhnliche Belastung.

Legasthenie
Aufwendungen für die Behandlung der Legasthenie können dann als außergewöhnliche Belastung wie Krankheitskosten abzugsfähig sein, wenn die Lese- und Rechtschreibschwäche krankheitsbedingt ist und die Aufwendungen zum Zwecke der Heilung oder Linderung getätigt werden. Vor der Behandlung muss ein amtsärztliches Attest ausgestellt werden. Bei einer auswärtigen Unterbringung muss das Attest auch die Freistellung enthalten, dass die auswärtige Unterbringung für eine medizinische Behandlung erforderlich ist (BFH-Urteil vom 26.6.1992 – BStBl. 1993 II S. 278).

Lösegeld
Zahlungen von Lösegeld sind weder Betriebsausgaben noch Werbungskosten, wohl aber eine außergewöhnliche Belastung.

Medizinische Fachliteratur
Aufwendungen eines Steuerpflichtigen für medizinische Fachliteratur sind auch dann nicht als außergewöhnliche Belastungen zu berücksichtigen, wenn die Literatur dazu dient, die Entscheidung für eine bestimmte Therapie oder für die Behandlung durch einen bestimmten Arzt zu treffen (BFH-Urteil vom 24.10.1995 – BStBl. 1996 II S. 88).

Mittagsheimfahrt
Aufwendungen für Mittagsheimfahrten stellen keine außergewöhnliche Belastung dar, auch wenn die Fahrten wegen des Gesundheitszustands oder einer Behinderung des Steuerpflichtigen angebracht oder erforderlich sind (BFH-Urteil vom 4.7.1975 – BStBl. II S. 738).

Pflegekosten
Pflegekosten, die dem Arbeitnehmer für die Beschäftigung einer ambulanten Pflegekraft oder für die Pflege in einem Pflegeheim in der Pflegestation eines Altenheims oder in einem Altenpflegeheim erwachsen, sind eine außergewöhnliche Belastung. Sie können wie Kosten einer Unterbringung in einem Krankenhaus berücksichtigt werden, sofern die Kosten nicht bereits durch die Inanspruchnahme des erhöhten Pauschbetrags für Behinderte von 3700 € (vgl. nachfolgend unter Nr. 8) und ggf. des Freibetrags wegen Heim- und Pflegeunterbringung in Höhe von 924 € (vgl. nachfolgend unter Nr. 7) abgegolten sind. Ist der Arbeitnehmer in einem Pflegeheim untergebracht oder trägt er die Kosten eines Pflegeheims für eine von ihm unterhaltene Person (z. B. für seinen Vater oder seine Mutter), sind verschiedene Besonderheiten zu beachten. Diese sind ausführlich anhand von Beispielen unter der nachfolgenden Nr. 11 dargestellt. Pflegt der Steuerpflichtige selbst eine Person, erhält er unter bestimmten Voraussetzungen einen Pflegepauschbetrag in Höhe von 924 € (vgl. nachfolgend unter Nr. 10).

Privatschulbesuch
Aufwendungen für den Privatschulbesuch eines Kindes sind grundsätzlich auch dann nicht außergewöhnlich, wenn das Kind infolge Krankheit lernbehindert ist; die Aufwendungen werden durch den Kinderfreibetrag, den Freibetrag für Betreuungs-, Erziehungs- und Ausbildungsbedarf und das Kindergeld abgegolten. Ein Abzug als außergewöhnliche Belastung ist nur dann möglich, wenn es sich bei den Aufwendungen um unmittelbare Krankheitskosten handelt (BFH-Urteil vom 17.4.1997 – BStBl. II S. 752).

Prozesskosten
Kosten für einen **Arbeitsgerichtsprozess** sind als **Werbungskosten** abzugsfähig (vgl. die Erläuterungen im vorstehenden Abschnitt B Nr. 2). Prozesskosten für einen **Strafprozess** können Werbungskosten sein, wenn der strafrechtliche Schuldvorwurf durch die berufliche Tätigkeit veranlasst ist (BFH-Urteil vom 19.2.1982, BStBl. II S. 467). Dabei kommt es nicht darauf an, ob vorsätzlich oder nur fahrlässig gehandelt wurde. Unerheblich ist auch, ob der Vorwurf zu Recht erhoben wurde. Betrifft der Tatvorwurf dagegen Verstöße, durch die der Arbeitgeber geschädigt wurde (Unterschlagung, Betrug, Diebstahl), ist ein Werbungskostenabzug ausgeschlossen (BFH-Urteil vom 30.6.2004, BFH/NV 2004, S. 1639). Ein Abzug als außergewöhnliche Belastung kommt ebenfalls nicht in Betracht.

Im Übrigen sind Prozesskosten grundsätzlich nicht als außergewöhnliche Belastungen zu berücksichtigen. Ein Abzug kommt ausnahmsweise in Betracht, wenn der Steuerpflichtige ohne den Rechtsstreit Gefahr liefe, seine Existenzgrundlage zu verlieren und seine lebensnotwendigen Bedürfnisse in dem üblichen Rahmen nicht mehr befriedigen zu können (BFH-Urteil vom 20.4.2006 – BStBl. 2007 II S. 41).

Die Übernahme eines Prozesskostenrisikos kann unter engen Voraussetzungen als zwangsläufig anzusehen sein, wenn ein Rechtsstreit einen für den Steuerpflichtigen existenziell wichtigen Bereich berührt (BFH-Urteil vom 9.5.1996 – BStBl. II S. 596), beispielsweise bei Streitigkeiten über das Umgangsrecht der Eltern mit ihren Kindern (BFH-Urteil vom 4.12.2001 – BStBl. 2002 II S. 382).

Kosten für einen **Ehescheidungsprozess** sind als außergewöhnliche Belastung abzugsfähig, vgl. „Ehescheidungskosten".

Vgl. auch „Strafverteidigungskosten", „Vaterschaftsfeststellungsprozess" und „Zivilprozess".

Schadenersatzleistungen

Schadenersatzleistungen eines Arbeitnehmers können Werbungskosten sein, wenn die Pflicht zum Schadenersatz durch das Arbeitsverhältnis veranlasst ist, z. B. Schadenersatz bei Beschädigung des Firmenwagens.

Im Übrigen können Schadenersatzleistungen zwangsläufig und damit als außergewöhnliche Belastung abzugsfähig sein, wenn sich der Arbeitnehmer bei der Schädigung nicht vorsätzlich oder grob fahrlässig gehandelt hat (BFH-Urteil vom 3. 6. 1982 – BStBl. II S. 749).

Schallschutzmaßnahmen

Aufwendungen für Schallschutzmaßnahmen wegen Lärmbelästigung erkennt die Finanzverwaltung nicht als außergewöhnliche Belastung an (Verfügung der OFD-Frankfurt vom 31. 10. 2001 Aktenzeichen S 2284 A – 12 - St II 25).

Scheidungskosten

vgl. „Ehescheidungskosten"

Schuldentilgung

vgl. „Darlehen"

Sport

Aufwendungen für die Ausübung eines Sports sind keine außergewöhnlichen Belastungen, es sei denn, er wird nach genauer Einzelverordnung und unter ärztlicher Verantwortung oder einer entsprechend zugelassenen Person zur Heilung oder Linderung einer Krankheit oder eines Gebrechens ausgeübt; die Erforderlichkeit ist durch eine im Vorhinein ausgestellte amts- oder vertrauensärztliche Bescheinigung nachzuweisen (BFH-Urteil vom 14.8.1997 – BStBl. II S. 732).

Strafverteidigungskosten

Strafverteidigungskosten bei Einstellung des Strafverfahrens nach § 153a StPO sind keine außergewöhnlichen Belastungen (BFH-Urteil vom 19.12.1995 – BStBl. 1996 II S. 197).

Studienplatz

Prozesskosten der Eltern zur Erlangung eines Studienplatzes für ihr Kind in einem Numerus-clausus-Fach sind nicht nach § 33 EStG abziehbar, sie stellen vielmehr Berufsausbildungskosten im Sinne des § 33a Abs. 2 EStG dar, für die bei einer auswärtigen Unterbringung des Kindes zur Berufsausbildung ggf. ein Ausbildungsfreibetrag gewährt wird (vgl. nachfolgend unter Nr. 5).

Treppenlift

vgl. „Behindertengerechte Ausstattung"

Trinkgelder

Trinkgelder, die im Zusammenhang mit einer ärztlich angeordneten Behandlung (z. B. Kur) gegeben werden, sind keine außergewöhnliche Belastung (BFH-Urteil vom 30.10.2003, BStBl. 2004 II S. 270).

Überschwemmung

vgl. „Wiederbeschaffungskosten für Hausrat und Kleidung"

Umzugskosten

Umzugskosten sind keine außergewöhnlichen Belastungen; sie können jedoch Werbungskosten sein, wenn der Umzug beruflich veranlasst ist (vgl. die Erläuterungen beim Stichwort „Umzugskosten" im Hauptteil des Lexikons).

Unterhalt von Angehörigen

vgl. die Erläuterungen unter den nachfolgenden Nrn. 3 und 4

Vaterschaftsfeststellungsprozess

Wird ein Stpfl. auf Feststellung der Vaterschaft und Zahlung des Regelunterhaltes verklagt, sind die ihm auferlegten Prozesskosten zwangsläufig, wenn er ernsthafte Zweifel an seiner Vaterschaft substantiiert dargelegt sowie schlüssige Beweise angeboten hat und wenn sein Verteidigungsvorbringen bei objektiver Betrachtung Erfolg versprechend schien. Ist der Nachweis der Vaterschaft im Verlauf eines Vaterschaftsfeststellungsprozesses mit hinreichender Wahrscheinlichkeit – etwa durch ein Sachverständigengutachten – geführt, sind Prozesskosten, die auf einer Fortsetzung des Prozesses beruhen, nicht mehr zwangsläufig (BFH-Urteil vom 18.3.2004, BStBl. II S. 726).

Wiederbeschaffungskosten für Hausrat und Kleidung

Wiederbeschaffungskosten für Hausrat und Kleidung, die durch ein unabwendbares Ereignis wie z. B. Brand, Unwetter, Hochwasser, Diebstahl, Vertreibung oder durch Spätaussiedlung verloren wurden, können im Rahmen des Notwendigen und Angemessenen unter folgenden Voraussetzungen als außergewöhnliche Belastung berücksichtigt werden:

- Sie müssen einen existentiell notwendigen Gegenstand betreffen – dies sind Wohnung, Hausrat und Kleidung, nicht aber z. B. ein Pkw, eine Garage oder Außenanlagen.
- Der Verlust oder die Beschädigung muss durch ein unabwendbares Ereignis wie Brand, Hochwasser, Kriegseinwirkung, Vertreibung, politische Verfolgung verursacht sein.
- Dem Steuerpflichtigen müssen tatsächlich finanzielle Aufwendungen entstanden sein; ein bloßer Schadenseintritt reicht zur Annahme von Aufwendungen nicht aus.
- Die Aufwendungen müssen ihrer Höhe nach notwendig und angemessen sein und werden nur berücksichtigt, soweit sie den Wert des Gegenstandes im Vergleich zu vorher nicht übersteigen.
- Nur der endgültig verlorene Aufwand kann berücksichtigt werden, d. h. die Aufwendungen sind um einen nach Schadenseintritt noch vorhandenen Restwert zu kürzen.
- Der Steuerpflichtige muss glaubhaft darlegen, dass er den Schaden nicht verschuldet hat und dass realisierbare Ersatzansprüche gegen Dritte nicht bestehen.
- Ein Abzug scheidet aus, sofern der Steuerpflichtige zumutbare Schutzmaßnahmen unterlassen oder eine allgemein zugängliche und übliche Versicherungsmöglichkeit nicht wahrgenommen hat.
- Das schädigende Ereignis darf nicht länger als drei Jahre zurückliegen, bei Baumaßnahmen muss mit der Wiederherstellung oder Schadensbeseitigung innerhalb von drei Jahren nach dem schädigenden Ereignis begonnen worden sein.

Aufwendungen für die Wiederbeschaffung von Kleidungsstücken, die dem Steuerpflichtigen auf einer Urlaubsreise entwendet wurden, können regelmäßig nicht als außergewöhnliche Belastung angesehen werden, weil üblicherweise ein notwendiger Mindestbestand an Kleidung noch vorhanden ist (BFH-Urteil vom 3. 9. 1976 – BStBl. II S. 712).

Zinsen

Schuldzinsen gehören zur außergewöhnlichen Belastung, wenn die Schuldaufnahme zwangsläufig war (vgl. vorstehend unter „Darlehen").

Zivilprozess

Kosten anderer Zivilprozesse als Scheidungsprozesse erwachsen regelmäßig nicht zwangsläufig, unabhängig davon, ob der Steuerpflichtige Kläger oder Beklagter ist. Die Übernahme eines Prozesskostenrisikos kann unter engen Voraussetzungen als zwangsläufig anzusehen sein, wenn ein Rechtsstreit einen für den Steuerpflichtigen existenziell wichtigen Bereich berührt (BFH-Urteil vom 9.5.1996 – BStBl. II S. 596). Vgl. „Vaterschaftsfeststellungsprozess".

3. Unterhalt bedürftiger Angehöriger im Inland

a) Allgemeines

Erwachsen einem Arbeitnehmer Aufwendungen für den Unterhalt von Personen, die gegenüber dem Arbeitnehmer oder seinem Ehegatten **gesetzlich unterhaltsberechtigt** sind, so können diese Aufwendungen im Kalenderjahr 2010 bis zum Höchstbetrag von **8004 €** jährlich als außergewöhnliche Belastung abgezogen werden. Der Höchstbetrag von 8004 € jährlich erhöht sich um die **Beiträge zur Kranken- und Pflegeversicherung,** die der Arbeitnehmer für die gesetzlich unterhaltsberechtigte Person aufgewendet hat.

Diese Regelung gilt nicht nur für gesetzlich unterhaltsberechtigte Personen sondern auch für den Unterhalt von Personen, die einer gesetzlichen unterhaltsberechtigten Person **gleichgestellt** sind (vgl. nachfolgend unter Buchstabe d).

Voraussetzung ist, dass weder der Arbeitnehmer noch eine andere Person Anspruch auf Kindergeld oder einen Kinderfreibetrag für die unterhaltene Person hat und die unterhaltene Person kein oder nur ein geringes Vermögen besitzt (vgl. nachfolgend unter Buchstabe c). Die eigenen

noch Anhang 7

Einkünfte und Bezüge der unterhaltenen Person dürfen bestimmte Grenzen nicht überschreiten (vgl. nachfolgend unter Buchstabe b).

Die Unterhaltsaufwendungen sind nachzuweisen oder zumindest glaubhaft zu machen. Gehört die unterhaltsberechtigte Person zum Haushalt des Arbeitnehmers, so kann regelmäßig davon ausgegangen werden, dass ihm dafür Unterhaltsaufwendungen in Höhe des maßgeblichen Höchstbetrags erwachsen (R 33a.1 Abs. 1 EStR).

Gesetzlich unterhaltsberechtigt sind nur Verwandte in gerader Linie (Kinder, Enkel, Urenkel, Eltern, Großeltern, Urgroßeltern §§ 1601, 1606, 1608 BGB), nicht dagegen Verwandte in der Seitenlinie. Für Geschwister, Onkel, Tante, Neffen, Nichten usw. ist deshalb die Gewährung eines Unterhaltsfreibetrags nicht möglich. Gesetzlich unterhaltsberechtigt sind auch die Partner einer eingetragenen Lebensgemeinschaft. Die Tatsache, dass jemand nur nachrangig zu einer Unterhaltsleistung verpflichtet ist, steht dem Abzug tatsächlich geleisteter Unterhaltsaufwendungen nicht entgegen. Denn für den Abzug reicht es aus, dass die unterhaltsberechtigte Person **dem Grunde nach** gesetzlich unterhaltsberechtigt (z. B. verwandt in gerader Linie) und bedürftig ist. Eine Prüfung, ob im Einzelfall tatsächlich ein Unterhaltsanspruch besteht, ist nicht erforderlich. Eine gesetzliche Unterhaltspflicht kann sich auch aus den Folgen einer Trennung oder Scheidung von Ehegatten ergeben (zum Abzug der Unterhaltsleistungen als Sonderausgaben vgl. die Erläuterungen in Abschnitt C Nr. 2 auf Seite 899). Gesetzlich unterhaltsverpflichtet ist auch der Vater eines nichtehelichen Kindes gegenüber dessen Mutter. Auch der Vater eines nichtehelichen Kindes kann einen entsprechenden Unterhaltsanspruch gegen die Mutter haben, wenn er das Kind betreut.

Der Freibetrag für den Unterhalt bedürftiger Angehöriger kommt z. B. in Betracht, wenn mittellose Eltern unterhalten werden (vgl. Beispiel A unter dem nachfolgenden Buchstaben b) oder bei Unterhaltszahlungen an die geschiedene Ehefrau (wenn für diese Zahlungen nicht der Sonderausgabenabzug beantragt wird (vgl. vorstehend in Abschnitt C Nr. 2 auf Seite 899). Der Unterhaltsfreibetrag kommt auch für Kinder in Betracht, für die weder Kinderfreibetrag noch Kindergeld oder vergleichbare Leistungen in Betracht kommen (vgl. Beispiele B, C und D unter dem nachfolgenden Buchstaben b). Zum Unterhalt von Eltern, die im **Pflegeheim** untergebracht sind, vgl. die Beispiele B und C unter der nachfolgenden Nr. 11.

b) Eigene Einkünfte und Bezüge der unterhaltenen Person

Der Höchstbetrag von 8004 € vermindert sich um die eigenen Einkünfte und Bezüge der unterhaltenen Person, soweit diese Einkünfte und Bezüge den Betrag von jährlich **624 €** übersteigen. Angerechnet werden jedoch nur die eigenen Einkünfte und Bezüge der unterhaltenen Person, die im **Unterstützungszeitraum** anfallen. Der Höchstbetrag von 8004 € sowie der anrechnungsfreie Betrag von 624 € ermäßigen sich für jeden vollen Kalendermonat, in dem die Voraussetzungen nicht vorliegen, um je ein Zwölftel. Oder umgekehrt ausgedrückt: Liegen die Voraussetzungen an mindestens einem Tag im Monat vor, so ist dieser (ganze) Monat in die Berechnung des Unterhaltshöchstbetrags mit einzubeziehen. Ausbildungshilfen aus öffentlichen Mitteln werden in voller Höhe angerechnet (vgl. die Erläuterungen und Beispiele zur zeitanteiligen Kürzung des Unterhaltshöchstbetrags unter dem nachfolgenden Buchstaben e).

Zu den anrechenbaren Einkünften gehören auch solche aus nichtselbständiger Arbeit. Außerdem Einkünfte aus Kapitalvermögen, Vermietung und Verpachtung und sonstige Einkünfte (z. B. Renten). Soweit die unterhaltene Person Arbeitslohn bezogen hat, wird vom Arbeitslohn der Arbeitnehmer-Pauschbetrag von 920 € abgezogen; hat die unterhaltene Person über diesen Betrag hinausgehende Werbungskosten, werden diese abgezogen. Steuerfreier oder pauschal versteuerter Arbeitslohn für einen sog. 400-Euro-Job gehört zu den anzurechnenden Bezügen. Zu den anrechenbaren Bezügen gehören außerdem alle Einnahmen, die zur Bestreitung des Lebensunterhalts bestimmt oder geeignet sind. Solche Beträge sind z. B. die in Anwendung des Versorgungsfreibetrags und des Zuschlags zum Versorgungsfreibetrag steuerfrei bleibenden Versorgungsbezüge. Zur Ermittlung der anrechenbaren Bezüge werden von den Einnahmen die damit zusammenhängenden Aufwendungen, mindestens aber ein Pauschbetrag von 180 € jährlich, abgezogen. Für die Ermittlung der anrechenbaren Einkünfte und Bezüge gelten die gleichen Grundsätze, die auch beim Kindergeld bzw. Kinderfreibetrag für über 18 Jahre alte Kinder zu berücksichtigen sind. Auf die Erläuterungen in Anhang 9 Nr. 9 auf Seite 949 wird deshalb Bezug genommen.

Beispiel A

Ein Arbeitnehmer unterhält im Kalenderjahr 2010 seinen Vater. Dieser bezieht eine Altersrente aus der gesetzlichen Sozialversicherung von jährlich 3000 €, deren steuerlich zu erfassender Anteil 50 % beträgt. Außerdem bezieht er im Kalenderjahr 2010 ein steuerfreies Wohngeld von 700 €.

Ungekürzter Höchstbetrag		8 004,— €
Einkünfte des Vaters		
Leibrente	3 000,— €	
steuerpflichtiger Anteil 50 %	1 500,— €	
Werbungskosten-Pauschbetrag	− 102,— €	
anzurechnende Einkünfte		1 398,— €
Bezüge des Vaters		
Steuerlich nicht erfasster Teil der Rente (3000 € − 1500 € =)	1 500,— €	
Steuerfreies Wohngeld	700,— €	
insgesamt	2 200,— €	
abzüglich Unkosten-Pauschbetrag	− 180,— €	
anzurechnende Bezüge		2 020,— €
Summe der Einkünfte und Bezüge des Vaters		3 418,— €
anrechnungsfreier Betrag		− 624,— €
anzurechnende Einkünfte und Bezüge		2 794,— €
Der als Freibetrag auf der Lohnsteuerkarte 2010 einzutragende Unterhaltsfreibetrag beträgt somit		5 210,— €

Beispiel B

Ein Arbeitnehmer wohnt in Starnberg und hat einen Sohn (geb. am 20.10.1979), der in München studiert. Der Sohn hat im Kalenderjahr 2010 keine eigenen Einkünfte oder Bezüge. Der Arbeitnehmer erhält

einen Unterhaltsfreibetrag in Höhe von	8 004,— €

Ein Ausbildungsfreibetrag wegen auswärtiger Unterbringung (vgl. nachfolgend unter Nr. 3) kann nicht gewährt werden, da der Arbeitnehmer weder Anspruch auf den Kinderfreibetrag noch auf das Kindergeld hat.

Beispiel C

Ein Arbeitnehmer hat ein über 18 Jahre altes Kind, das sich in Berufsausbildung befindet. Die eigenen Einkünfte und Bezüge des Kindes überschreiten die 8004-Euro-Grenze, sodass weder Kindergeld noch ein Kinderfreibetrag gewährt wird. Es ist jedoch zu prüfen, ob ein Unterhaltsfreibetrag nach § 33a Abs. 1 EStG in Betracht kommt. Beträgt z. B. die Ausbildungsvergütung, die das Kind erhält, monatlich 750 €, so ergibt sich folgende Berechnung:

Ausbildungsvergütung (750 € × 12 =)	9 000,— €
abzüglich Arbeitnehmer-Pauschbetrag	920,— €
Einkünfte aus nichtselbständiger Arbeit	8 080,— €

Da die eigenen Einkünfte des Kindes die 8004-Euro-Grenze übersteigen, besteht weder ein Anspruch auf Kindergeld noch auf einen Kinderfreibetrag (vgl. die Erläuterungen in Anhang 9 Nr. 9 auf Seite 949). Es ergibt sich jedoch ein Unterhaltsfreibetrag, der sich wie folgt errechnet:

Eigene Einkünfte der unterhaltenen Person	8 080,— €
anrechnungsfreier Betrag	624,— €
anzurechnende eigene Einkünfte	7 456,— €

Nach Kürzung des Unterhaltshöchstbetrags von 8004 € um die anzurechnenden eigenen Einkünfte in Höhe von 7456 € verbleibt ein Unterhaltsfreibetrag in Höhe von (8004 € − 7456 € =) **548 €**.

Beispiel D

Der Arbeitnehmer hat ein über 18 Jahre altes Kind, das den gesetzlichen Grundwehrdienst ableistet. Da bei Ableistung des Grundwehr- oder Zivildienstes oder eines davon befreienden Dienstes kein Anspruch auf Kindergeld oder Kinderfreibetrag besteht (vgl. die Erläuterungen in Anhang 9 Nr. 7), ist zu prüfen, ob nicht ein Unterhaltsfreibetrag in Betracht kommt. Die Voraussetzungen hierfür sind im Grundsatz erfüllt. Die eigenen Einkünfte und Bezüge des Kindes sind auf den Höchstbetrag von 8004 € anzurechnen, soweit sie den anrechnungsfreien Betrag von 624 € übersteigen. Zu den eigenen Bezügen des Kindes gehören auch der Wehrsold, die freie Unterkunft und Verpflegung (zur Bewertung dieser Sachbezüge vgl. Anhang 3) und das Weihnachtsgeld der Wehrpflichtigen.

Unterstützt der Arbeitnehmer **mehrere Personen**, die einen gemeinsamen Haushalt führen (z. B. Geschwister, geschiedene Ehefrau und Kind) so ist der steuerfrei bleibende Betrag für jede unterhaltene Person getrennt zu ermitteln, wenn es sich bei den unterhaltenen Personen nicht um Ehegatten handelt. Werden vom Arbeitnehmer in einem gemeinsamen Haushalt lebende Ehegatten (z. B. die Eltern oder die Großeltern) unterstützt, so sind zunächst die Einkünfte und Bezüge jedes Ehegatten gesondert zu ermitteln und sodann zusammenzurechnen. Von den zusammengerechneten Einkünften und Bezügen werden 1248 € (für jeden Ehegatten 624 €) gekürzt, und zwar auch dann, wenn nur ein Ehegatte eigene Bezüge hat. Bei der Besteuerung des Arbeitnehmer wird der Betrag als außergewöhnliche Belastung angesetzt, um den seine Aufwendungen, höchstens jedoch (2 × 8004 € =) 16 008 €, die anzurechnenden Einkünfte der unterhaltenen Ehegatten übersteigen.

Werden die Unterhaltsaufwendungen von **mehreren** Steuerpflichtigen getragen, so wird bei jedem nur der Teil des insgesamt höchstens als außergewöhnliche Belastung zu berücksichtigenden Betrags anerkannt, der dem Anteil seiner Leistungen entspricht.

c) Eigenes Vermögen der unterhaltenen Person

Hat die unterhaltene Person eigenes Vermögen, so kann ein Unterhaltsfreibetrag nur dann gewährt werden, wenn dieses Vermögen geringfügig ist. Geringfügig ist ein Vermögen nach R 33a.1 Abs. 2 EStR bis zu einem gemeinen Wert (Verkehrswert) von 15 500 €. Dabei bleiben außer Betracht:

– Hausrat;
– Vermögensgegenstände, die für den Besitzer einen besonderen persönlichen Wert (Erinnerungswert) besitzen oder deren Veräußerung offensichtlich eine Verschleuderung von Besitz bedeuten würde;
– ein angemessenes Hausgrundstück, insbesondere ein Familienheim, wenn der Unterhaltsempfänger das Hausgrundstück allein oder zusammen mit Angehörigen, denen es nach seinem Tode weiter als Wohnung dienen soll, ganz oder teilweise bewohnt. Was ein „angemessenes" Hausgrundstück ist, ist in § 90 Abs. 2 Nr. 8 SGB XII geregelt.

d) Gleichgestellte Personen

Einen Unterhaltsfreibetrag können nicht nur diejenigen Personen erhalten, die zum Unterhalt gesetzlich verpflichtet sind, sondern auch sog. „gleichgestellte Personen". Den gesetzlich unterhaltsberechtigten Personen stehen Personen gleich, bei denen der Staat seine Leistungen (z. B. Arbeitslosengeld II im Hinblick auf Unterhaltsleistungen des Arbeitnehmers gekürzt hat, etwa bei eheähnlichen Gemeinschaften. Auf die Höhe des Kürzungsbetrags kommt es nicht an.

Ist ein Antrag auf Leistungen des Staates nicht gestellt worden, wird darauf abgestellt, ob im Hinblick auf Unterhaltsleistungen des Arbeitnehmers die Leistungen des Staates (z. B. Arbeitslosengeld II) ganz oder teilweise nicht gewährt würden, wenn ein Antrag gestellt worden wäre. Nach bundeseinheitlicher Verwaltungsanweisung gilt in diesen Fällen Folgendes:

Kann ein Kürzungs- oder Ablehnungsbescheid nicht vorgelegt werden, ist Voraussetzung für eine steuermindernde Berücksichtigung der Unterhaltsleistungen eine schriftliche Versicherung der unterstützten Person, in der sie darlegt,

– dass sie für den jeweiligen Veranlagungszeitraum keine zum Unterhalt bestimmten Mittel aus inländischen öffentlichen Kassen erhalten und auch keinen entsprechenden Antrag gestellt hat,
– dass im jeweiligen Veranlagungszeitraum eine sozialrechtliche Bedarfsgemeinschaft (§§ 7 Absatz 3 Nummer 3c i.V.m. Absatz 3a, 9 Absatz 2 SGB II) mit dem Steuerpflichtigen bestanden hat (z. B. eine nicht eheliche Lebensgemeinschaft) und
– über welche anderen zum Unterhalt bestimmten Einkünfte und Bezüge sowie über welches Vermögen sie verfügt.

Soweit **keine Haushaltsgemeinschaft** mit der unterhaltenen Person besteht, sind Aufwendungen für den Unterhalt im Allgemeinen höchstens insoweit als außergewöhnliche Belastung anzuerkennen, als sie einen bestimmten Prozentsatz des verfügbaren Nettoeinkommens nicht übersteigen (sog. Opfergrenze). Dieser Prozentsatz beträgt 1 % je volle 500 € des verfügbaren Nettoeinkommens, höchstens 50 %, und ist um je 5 % für den (ggf. auch geschiedenen) Ehegatten und für jedes Kind, für das der Steuerpflichtige Freibeträge für Kinder, Kindergeld oder eine andere Leistung für Kinder erhält, zu kürzen, höchstens um 25 %.

Die **Opfergrenze gilt nicht** bei Aufwendungen **für den Unterhalt des Ehegatten**. Denn bei einer bestehenden Haushaltsgemeinschaft mit der unterhaltenen Person (sog. sozialrechtliche Bedarfsgemeinschaft) ist die Opfergrenze nicht mehr anzuwenden (BFH-Urteil vom 29.5.2008, BStBl. 2009 II S. 363). Bei der Ermittlung der maximal abziehbaren Unterhaltsaufwendungen ist jedoch das verfügbare **Nettoeinkommen** des Unterhaltsleistenden **nach Köpfen auf die zur Haushaltsgemeinschaft gehörenden Mitglieder** zu verteilen. Soweit bei einer nicht ehelichen oder gleichgeschlechtlichen Lebensgemeinschaft zu der Haushaltsgemeinschaft auch Kinder des Lebensgefährten bzw. der Lebensgefährtin gehören, die zum Steuerpflichtigen in keinem Kindschaftsverhältnis stehen und denen gegenüber der Steuerpflichtige nicht unterhaltsverpflichtet ist, ist aus Vereinfachungsgründen typisierend zu unterstellen, dass deren Unterhaltsbedarf in vollem Umfang durch das Kindergeld und die Unterhaltszahlungen des anderen Elternteils abgedeckt wird und sie damit nicht der sozialrechtlichen Bedarfsgemeinschaft angehören. Dies hat zur Folge, dass diese Kinder bei der Verteilung des verfügbaren Nettoeinkommens nicht berücksichtigt werden.

Beispiel

A und B leben zusammen mit dem leiblichen Kind von B in eheähnlicher Gemeinschaft und bilden eine Haushaltsgemeinschaft. A ist nicht der leibliche Vater des Kindes.

Im Kalenderjahr 2010 erzielt A Einnahmen aus nichtselbständiger Arbeit in Höhe von 30 000 €. Hierauf entfallen Steuern in Höhe von 5000 Euro und Sozialversicherungsbeiträge in Höhe von 6200 Euro. Des Weiteren erhält A im April 2010 eine Einkommensteuererstattung für den Veranlagungszeitraum 2008 in Höhe von 1000 Euro. B hat keine eigenen Einkünfte und Bezüge.

Es ergibt sich folgende Berechnung des Unterhaltshöchstbetrags:

ungekürzter Höchstbetrag		8 004,— €
Berechnung des Nettoeinkommens von A:		
Arbeitslohn	30 000,— €	
abzüglich Arbeitnehmer-Pauschbetrag	920,— €	
verbleiben	29 080,— €	
zuzüglich Einkommensteuererstattung	1 000,— €	
verbleiben	28 080,— €	
abzüglich Lohnsteuer und Sozialversicherung (5 000 € + 6 200 € =)	11 200,— €	
verbleiben	16 880,— €	
Aufteilung nach Köpfen (16 880 € : 2 =)		8 440,— €

Da der maximal als Unterhaltsleistung zur Verfügung stehende Betrag von 8440 € den Unterhaltshöchstbetrag von 8004 € übersteigt, kann höchstens der Betrag von 8004 € als außergewöhnliche Belastung geltend gemacht werden. Bei der Verteilung des verfügbaren Nettoeinkommens nach Köpfen ist das Kind von B nicht zu berücksichtigen.

e) Zeitanteilige Kürzung des Unterhaltshöchstbetrags

Der Unterhaltshöchstbetrag und der anrechnungsfreie Betrag für die eigenen Einkünfte und Bezüge der unterhaltenen Person ermäßigen sich für jeden **vollen** Kalendermonat, in dem die Voraussetzungen **nicht** vorgelegen haben, um je **ein Zwölftel**.

Eigene Einkünfte und Bezüge der unterhaltenen Personen sind nur anzurechnen, **soweit sie auf den Unterhaltszeitraum entfallen.**

Einkünfte und Bezüge, die in einem Jahresbetrag zufließen, sind auf Zeiten innerhalb und außerhalb des Unterstützungszeitraums aufzuteilen, wenn die unterstützungsbedürftige Person nur während eines Teils des Kalenderjahrs unterstützt wird. Dabei gelten folgende Grundsätze:

– Einkünfte aus nichtselbständiger Arbeit (= Arbeitslohn), sonstige Einkünfte im Sinne des § 22 EStG (z. B. die steuerpflichtigen Teile von Renten) sowie „Bezüge" sind nach dem **Verhältnis der** in den jeweiligen Zeiträumen zugeflossenen **Einnahmen** aufzuteilen; dabei sind der Arbeitnehmer-Pauschbetrag von 920 €, der Werbungskosten-Pauschbetrag bei steuerpflichtigen Teilen von Renten sowie die sog. Kostenpauschale in Höhe von 180 € jeweils zeitanteilig (also **für jeden Monat mit einem Zwölftel**) zu berücksichtigen;
– **andere Einkünfte** sind auf **jeden Monat** des Kalenderjahrs **mit einem Zwölftel** aufzuteilen.

Der Steuerpflichtige kann jedoch nachweisen, dass eine andere Aufteilung wirtschaftlich gerechtfertigt ist, wie es z. B. der Fall ist, wenn bei Einkünften aus selbständiger Arbeit die Tätigkeit erst im Laufe des Jahres aufgenommen wird oder wenn bei Einkünften aus nichtselbständiger Arbeit im Unterhaltszeitraum höhere Werbungskosten angefallen sind als bei verhältnismäßiger Aufteilung darauf entfallen würden (R 33a.4 Abs. 2 EStR).

Beispiel

Der Arbeitnehmer unterhält seine allein stehende, im Inland lebende Mutter vom 15. April bis 31. Dezember 2010 (Unterhaltszeitraum) mit insgesamt 2000 €. Die Mutter bezieht eine monatliche Rente von 200 €, die ab 1. Juli 2010 auf 250 € erhöht wird. Die Einnahmen aus der Rente betragen somit insgesamt 2700 € im Kalenderjahr. Davon entfallen 2100 € auf den Unterhaltszeitraum (steuerpflichtiger Teil der Rente 50 %). Außerdem fließen der Mutter im Dezember Einnahmen aus Kapitalvermögen in Höhe von 3700 € zu.

Höchstbetrag für das Kalenderjahr		8 004,— €
anteiliger Höchstbetrag für April bis Dezember (9/12 von 8004 €)		= 6 003,— €
Eigene **Einkünfte** der Mutter im Unterhaltszeitraum		
Einkünfte aus Leibrenten		
steuerpflichtiger Teil 50 % von 2700 € =	1 350,— €	
Werbungskosten-Pauschbetrag	– 102,— €	
	1 248,— €	
auf den Unterhaltszeitraum entfallen		
2100/2700 von 1350 €	1 050,— €	
abzüglich 9/12 von 102 €	76,50 €	973,50 €

noch Anhang 7

Einkünfte aus Kapitalvermögen		
Einnahmen	3 700,— €	
Sparer-Pauschbetrag	− 801,— €	
	2 899,— €	
auf den Unterhaltszeitraum entfallen $^{9}/_{12}$		2 174,25 €
Summe der **Einkünfte** im Unterhaltszeitraum		3 147,75 €
Eigene **Bezüge** der Mutter im Unterhaltszeitraum		
steuerlich nicht erfasster Teil der Rente (2700 € − 1350 €) =	1 350,— €	
Unkosten-Pauschbetrag	− 180,— €	
	1 170,— €	
auf den Unterhaltszeitraum entfallen		
$^{2100}/_{2700}$ von 1350 € =	1 050,— €	
abzüglich $^{9}/_{12}$ von 180 €	135,— €	915,— €
Summe der eigenen Einkünfte und Bezüge im Unterhaltszeitraum		4 062,75 €
abzüglich anteiliger anrechnungsfreier Betrag ($^{9}/_{12}$ von 624 € =)		− 468,— €
anzurechnende **Einkünfte und Bezüge**	3 594,75 €	− 3 594,75 €
abzuziehender Unterhaltshöchstbetrag		2 408,25 €
Der als Freibetrag auf der Lohnsteuerkarte 2010 einzutragende Unterhaltshöchstbetrag beträgt somit (aufgerundet auf volle Euro)		2 409,— €

Höchstbetrag für Unterhaltsleistungen	Anrechnungsfreier Betrag	Land
8 004 €	624 €	**Ländergruppe 1** z. B. Australien, Belgien, Dänemark, England, Finnland, Frankreich, Griechenland, Irland, Island, Italien, Japan, Kanada, Liechtenstein, Luxemburg, Monaco, Neuseeland, Niederlande, Norwegen, Österreich, Schweden, Schweiz, Spanien, Vereinigte Staaten von Amerika, Zypern
6 003 €	468 €	**Ländergruppe 2** (Kürzung um 25 %) z. B. Estland, Israel, Korea (Republik), Malta, Portugal, Slowakische Republik, Slowenien, Tschechische Republik
4 002 €	312 €	**Ländergruppe 3** (Kürzung um 50 %) z. B. Argentinien, Brasilien, Bulgarien, Chile, Kasachstan, Kroatien, Lettland, Litauen, Mexiko, Montenegro, Polen, Rumänien, Russische Föderation, Serbien, Südafrika, Türkei, Ungarn, Weißrussland/Belarus
2 001 €	156 €	**Ländergruppe 4** (Kürzung um 75 %) z. B. Afghanistan, Ägypten, Albanien, Algerien, Armenien, Aserbaidschan, Bosnien-Herzegowina, China (VR), Georgien, Indien, Indonesien, Kirgisistan, Marokko, Mazedonien, Moldau, Tadschikistan, Thailand, Tunesien, Turkmenistan, Ukraine, Usbekistan

4. Unterhalt bedürftiger Angehöriger im Ausland

Ausländische Arbeitnehmer können einen Freibetrag wegen Unterstützung bedürftiger Personen nur für folgende Angehörige erhalten:

– Kinder, für die weder Kindergeld noch ein Kinderfreibetrag gewährt wird und

– andere gesetzlich unterhaltsberechtigte Angehörige als Kinder (z. B. die im Ausland lebende Ehefrau, Eltern, Großeltern usw.).

Ob jemand zu den **gesetzlich unterhaltsberechtigten** Angehörigen gehört, beurteilt sich nach inländischem Recht. Es genügt, wenn die gesetzliche Unterhaltsberechtigung gegenüber dem im Ausland lebenden Ehegatten des Arbeitnehmers besteht. Es ist nicht erforderlich, dass auch der Ehegatte unbeschränkt steuerpflichtig ist, das heißt im Inland wohnt (vgl. die Unterstützung der Ehefrau und der Schwiegereltern im Ausland im nachfolgenden Beispiel).

Bei der Berücksichtigung von Unterhaltsleistungen für Angehörige im Ausland ist zwischen unbeschränkt und beschränkt steuerpflichtigen Arbeitnehmern zu unterscheiden, da nur der **unbeschränkt steuerpflichtige** ausländische Arbeitnehmer alle Unterhaltsfreibeträge ohne jede Einschränkung erhält. Unbeschränkt steuerpflichtig ist ein ausländischer Arbeitnehmer dann, wenn er eine Lohnsteuerkarte erhält. Ist der ausländische Arbeitnehmer **beschränkt** steuerpflichtig, so erhält er Unterhaltsfreibeträge für die Unterstützung seiner im Heimatland lebenden Angehörigen nur dann, wenn er **auf Antrag** wie ein unbeschränkt Steuerpflichtiger behandelt wird (vgl. die Erläuterungen beim Stichwort „Beschränkt steuerpflichtige Arbeitnehmer" im Hauptteil des Lexikons).

Für die **im Ausland lebende Ehefrau** kommt der Abzug eines Unterhaltsfreibetrags nur dann in Betracht, wenn der im Inland tätige verheiratete Arbeitnehmer in die Steuerklasse I einzuordnen ist. Wird der im Inland tätige Arbeitnehmer in die Steuerklasse III eingeordnet, weil seine Ehefrau in einem EU/EWR-Mitgliedstaat*) lebt, so ist ein Abzug des Unterhaltsfreibetrags nicht möglich. Denn die Gewährung des Splittingvorteils (= Steuerklasse III) und der Ansatz des Unterhaltsfreibetrags schließen sich gegenseitig aus (vgl. die Erläuterungen beim Stichwort „Gastarbeiter" im Hauptteil des Lexikons).

Der für die Berücksichtigung von Unterhaltsaufwendungen geltende Höchstbetrag von **8004 €** jährlich und der anrechnungsfreie Betrag für die eigenen Einkünfte und Bezüge der unterhaltenen Person von **624 €** jährlich wird nicht in allen Fällen in voller Höhe gewährt. Lebt die unterhaltene Person in einem sog. Niedriglohnland, so werden die Beträge von 8004 € und 624 € um ein Viertel, die Hälfte oder um drei Viertel gekürzt. Die für diese Kürzung geltende **Länderübersicht** ist als **Anhang 10** abgedruckt. Hiernach ergeben sich folgende gekürzte Beträge:

Voraussetzung für den Abzug eines Unterhaltsfreibetrags ist, dass der Arbeitnehmer die **Unterhaltsbedürftigkeit** der im Ausland unterhaltenen Person nachweist. Hierzu sind folgende Angaben des Steuerpflichtigen und der unterhaltenen Person erforderlich:

– das Verwandtschaftsverhältnis der unterhaltenen Person zum Steuerpflichtigen oder seinem Ehegatten,

– Name, Geburtsdatum und -ort, berufliche Tätigkeit, Anschrift, Familienstand der unterhaltenen Person sowie eine Aussage, ob zu ihrem Haushalt noch weitere Personen gehören; diese Angaben sind durch eine Bestätigung der Heimatbehörde (Gemeinde-/Meldebehörde) der unterhaltenen Person nachzuweisen,

– Angaben über Art und Umfang der eigenen Einnahmen (einschließlich Unterhaltsleistungen von dritter Seite) und des eigenen Vermögens der unterhaltenen Person im Kalenderjahr der Unterhaltsleistung sowie eine Aussage darüber, ob die unterhaltene Person nicht, gelegentlich oder regelmäßig beruflich tätig war und ob Unterstützungsleistungen aus öffentlichen Mitteln erbracht worden sind. Bei erstmaliger Antragstellung sind außerdem detaillierte Angaben darüber zu machen, wie der Unterhalt bisher bestritten worden ist, welche jährlichen Einnahmen vor der Unterstützung bezogen worden sind, ob eigenes Vermögen vorhanden war und welcher Wert davon auf Hausbesitz entfällt. Die Einnahmen sind durch Vorlage geeigneter Unterlagen (z. B. Steuerbescheide, Rentenbescheide, Verdienstbescheinigungen, Bescheide der ausländischen Arbeits- oder Sozialverwaltung) zu belegen,

– Angaben darüber, ob noch andere Personen zum Unterhalt beigetragen haben, welche Unterhaltsbeiträge sie geleistet haben und ab wann und aus welchen Gründen die unterhaltene Person nicht selbst für ihren Lebensunterhalt aufkommen konnte.

Alle diese Angaben sind in einer zweisprachigen **Unterhaltserklärung** enthalten, die von der Finanzverwaltung in den gängigen Sprachen aufgelegt worden ist und die auf den Internetseiten des Bundesministeriums der Finanzen (www.bundesfinanzministerium.de) zum Download bereitsteht. Die Richtigkeit der darin zu den persönlichen und wirtschaftlichen Verhältnissen geforderten detaillierten Angaben ist durch Unterschrift der unterhaltenen Person zu bestätigen und durch Vorlage geeigneter Unterlagen (z. B. Familienstandsbescheinigung, Steuerbescheide, Rentenbescheide, Verdienstbescheinigungen, Bescheide der Arbeits-

---

*) **EU-Länder** sind die folgenden Mitgliedsländer der Europäischen Union: Belgien, Bulgarien, Dänemark, Estland, Finnland, Frankreich, Griechenland, Irland, Italien, Lettland, Litauen, Luxemburg, Malta, Niederlande, Österreich, Portugal, Rumänien, Schweden, Slowakei, Slowenien, Spanien, Tschechische Republik, Ungarn, Vereinigtes Königreich Großbritannien und Zypern.
EWR-Mitgliedstaaten, das heißt Staaten, auf die das Abkommen über den Europäischen Wirtschaftsraum Anwendung findet, sind: Island, Norwegen und Liechtenstein.

oder Sozialverwaltung) zu belegen. Für jede unterhaltene Person ist eine eigene Unterhaltserklärung einzureichen.

Weiterhin sind die **Unterhaltszahlungen** im Einzelnen nachzuweisen, und zwar durch Post- oder Bankbelege, die **die unterhaltene Person als Empfänger** ausweisen. Nach § 90 Abs. 2 AO und der Rechtsprechung des Bundesfinanzhofs besteht bei Auslandssachverhalten eine erhöhte Mitwirkungspflicht des Arbeitnehmers. Da der Steuerpflichtige für Steuerermäßigungen die objektive Beweislast (Feststellungslast) trägt, geht es zu seinen Lasten, wenn das Vorliegen der gesetzlichen Voraussetzungen nicht im gebotenen Umfang nachgewiesen oder zumindest glaubhaft gemacht wird. Aus § 90 Abs. 2 AO ist ferner abzuleiten, dass den Steuerpflichtigen bei der Gestaltung der tatsächlichen Verhältnisse eine Pflicht zur **Beweisvorsorge** trifft. Deshalb sind insbesondere Eigenerklärungen oder eidesstattliche Versicherungen allein keine ausreichenden Mittel zur Glaubhaftmachung. Wie der Nachweis oder die Glaubhaftmachung im Einzelnen durchzuführen ist, wenn keine auf die unterhaltene Person laufenden Überweisungsbelege vorgelegt werden können, ist im BMF-Schreiben vom 9.2.2006 (BStBl. I S. 217) geregelt.

Werden mehrere Personen gemeinsam unterhalten, so gilt für die **Verteilung der einheitlichen Unterhaltszahlungen** Folgendes:

Werden Unterhaltszahlungen für mehrere Personen, die in einem gemeinsamen Haushalt oder am selben Ort leben, geltend gemacht, so sind die insgesamt nachgewiesenen und glaubhaft gemachten Unterhaltszahlungen **nach Köpfen aufzuteilen,** und zwar auch, soweit unterhaltene Personen nicht unterhaltsberechtigt sind (vgl. BFH-Urteil vom 12.11.1993, BStBl. 1994 II S. 731). Werden neben Personen, für deren Unterhalt ein Unterhaltsfreibetrag gewährt werden kann, auch eigene Kinder unterhalten, für die Anspruch auf Kinderfreibetrag, Kindergeld oder eine andere Leistung für Kinder besteht, so sind diese Kinder bei der Aufteilung nach Köpfen ebenfalls zu berücksichtigen.

Außerdem ist beim Unterhalt von Personen, die im Ausland leben, die sog. **Opfergrenze** zu prüfen. Denn die Unterhaltsaufwendungen des Arbeitnehmers müssen in einem vernünftigen Verhältnis zu seinen Einkünften stehen. Außerdem müssen ihm nach Abzug der Unterhaltsaufwendungen genügend Mittel zur Bestreitung des Lebensbedarfs für sich und ggf. für seinen Ehegatten und seine Kinder verbleiben (BFH-Urteil vom 27.9.1991 – BStBl. 1992 II S. 35). In Anlehnung an diese Grundsätze sind Unterhaltsaufwendungen höchstens insoweit als außergewöhnliche Belastung anzuerkennen, als sie einen bestimmten Vomhundertsatz des Nettoeinkommens nicht übersteigen (sog. Opfergrenze). Dieser Satz beträgt 1 % je volle 500 € des Nettoeinkommens, höchstens 50 %. Der Vomhundertsatz ist um je 5 % für den Ehegatten und für jedes Kind, für das der Arbeitnehmer einen Kinderfreibetrag, Kindergeld oder eine andere Leistung für Kinder erhält, zu kürzen, höchstens um 25 %. Die Opfergrenze ist bei Unterhaltsaufwendungen für den im Ausland lebenden Ehegatten **nicht** anzuwenden.

Bei der Ermittlung des **Nettoeinkommens** sind alle steuerpflichtigen und steuerfreien Einnahmen (z. B. Kindergeld) sowie etwaige Steuererstattungen anzusetzen. Davon abzuziehen sind die gesetzlichen Lohnabzüge (Lohn- und Kirchensteuern, Solidaritätszuschlag, Sozialabgaben) sowie die Werbungskosten (einschließlich etwaiger steuerlich anzuerkennender Mehraufwendungen für doppelte Haushaltsführung). Macht der Arbeitnehmer keine erhöhten Werbungskosten geltend, ist der Arbeitnehmer-Pauschbetrag abzuziehen. Die Aufteilung der Unterhaltsleistungen nach Köpfen und die Anwendung der Opfergrenze soll durch das nachfolgende Beispiel verdeutlicht werden:

Beispiel

Ein unbeschränkt steuerpflichtiger ausländischer Arbeitnehmer unterhält im Kalenderjahr 2010 seine im Heimatland in einem gemeinsamen Haushalt lebenden Angehörigen, und zwar seine Ehefrau, sein minderjähriges Kind (Kindergeld wird gewährt) und seine Schwiegereltern. Das Heimatland gehört zur Ländergruppe 1. Der Arbeitnehmer hat im Kalenderjahr 2010 Aufwendungen für den Unterhalt in Höhe von 8400 € nachgewiesen. Die Unterhaltsbedürftigkeit der unterhaltenen Personen ist nachgewiesen. Alle Personen erzielen kein eigenes Einkommen.

Der Bruttolohn des Arbeitnehmers beträgt 2200 € monatlich. Dem Arbeitnehmer sind Aufwendungen für doppelte Haushaltsführung in Höhe von 4250 € entstanden, die in dieser Höhe als Werbungskosten abgezogen werden können. Der Unterhaltshöchstbetrag für die vom Arbeitnehmer unterhaltenen Personen errechnet sich wie folgt:

Da mehrere Personen unterhalten werden, sind zuerst die geleisteten Zahlungen auf die unterhaltenen Personen nach Köpfen aufzuteilen. In diese Aufteilung ist auch das Kind des Arbeitnehmers einzubeziehen:

Aufteilung der Unterhaltszahlungen 8400,— € : 4 = 2100,— €

Berechnung des Unterhaltshöchstbetrags für die Ehefrau, das Kind und die Schwiegereltern:

– Für das **Kind** kommt ein Abzug der Unterhaltsaufwendungen nicht in Betracht, da Kindergeld gewährt wird.
– Für die Unterhaltsleistungen für die **Ehefrau** gilt die Opfergrenze nicht; die Unterhaltsleistungen sind deshalb mit dem vollen Betrag von 2100 € zu berücksichtigen.
– Bei den Unterhaltsleistungen für die **Schwiegereltern** (4200 €) kann eine Begrenzung durch die Opfergrenze in Betracht kommen.

Ermittlung der Opfergrenze

Bruttoarbeitslohn zuzüglich Steuererstattungen und Kindergeld z. B.	30 000,— €
abzüglich:	
Lohn- und Kirchensteuer sowie Solidaritätszuschlag z. B.	– 4 195,— €
Arbeitnehmerbeiträge zur Sozialversicherung z. B.	– 5 855,— €
Werbungskosten wegen doppelter Haushaltsführung	– 4 250,— €
Nettoeinkommen für die Ermittlung der Opfergrenze =	15 700,— €
Die Opfergrenze errechnet sich mit 1 % je volle 500 € des Nettoeinkommens =	31 %
abzüglich:	
jeweils 5 % für die Ehefrau und das Kind =	10 %
verbleiben	21 %
Die Opfergrenze beträgt somit 21 % von 15 700 € =	3 297,— €

Hiernach ergeben sich folgende abziehbaren Unterhaltsleistungen

– für die Ehefrau (ohne Opfergrenze)	2 100,— €
– für die Schwiegereltern sind die anzusetzenden Unterhaltsleistungen (2 × 2100 € =) 4200 € bis zur Opfergrenze abzugsfähig. Da die anzusetzenden Unterhaltsleistungen in Höhe von 4200 € die Opfergrenze übersteigen, ist nur diese abzuziehen	3 297,— €
Der als Freibetrag auf der Lohnsteuerkarte 2010 einzutragende Unterhaltshöchstbetrag beträgt somit insgesamt	5 397,— €

5. Ausbildungsfreibeträge

a) Allgemeines

Seit 1.1.2002 sind die früher geltenden Ausbildungsfreibeträge abgeschafft worden, weil für Kinder ein neuer Freibetrag eingeführt wurde, der auch den normalen Ausbildungsbedarf abdeckt. Der seit 1.1.2002 geltende neue Freibetrag für Betreuungs-, Erziehungs- oder Ausbildungsbedarf ist in Anhang 9 Nr. 7 erläutert.

Bei **volljährigen** Kindern, die sich in Berufsausbildung befinden und **auswärtig untergebracht** sind, wird allerdings zur Abgeltung des hierdurch entstehenden Sonderbedarfs auch weiterhin ein Ausbildungsfreibetrag in Höhe von **924 €** jährlich gewährt.

Voraussetzung ist, dass der Arbeitnehmer für das Kind **Kindergeld oder einen Kinderfreibetrag** erhält (vgl. Anhang 9). Der Ausbildungsfreibetrag kann deshalb auch von Stiefeltern oder Großeltern in Anspruch genommen werden, wenn diese das Kindergeld erhalten.

Für die Gewährung des Ausbildungsfreibetrages wegen auswärtiger Unterbringung kommt es auf die tatsächliche Höhe der dem Arbeitnehmer entstehenden Aufwendungen für die auswärtige Unterbringung zur Berufsausbildung nicht an; es genügt, dass dem Arbeitnehmer überhaupt solche Aufwendungen entstanden sind. Ein Ausbildungsfreibetrag kommt nur für Zeiten in Betracht, in denen das Kind tatsächlich auswärtig untergebracht ist und sich in Berufsausbildung befindet. Mitzurechnen sind Übergangszeiten zwischen zwei Ausbildungsabschnitten von höchstens vier Monaten sowie Zeiten, in denen die Berufsausbildung vorübergehend nicht möglich ist, z. B. wegen Erkrankung des Kindes, solange das Ausbildungsverhältnis dadurch nicht unterbrochen wird. Der Ausbildungsfreibetrag wird also **zeitanteilig** nur für diejenigen Monate gewährt, für die der Steuerpflichtige Kindergeld oder einen Kinderfreibetrag erhält.

b) Auswärtige Unterbringung

Eine auswärtige Unterbringung liegt nur vor, wenn ein Kind sowohl räumlich als auch hauswirtschaftlich aus dem Haushalt der Eltern ausgegliedert ist, sodass es nicht mehr am häuslichen Leben der Eltern teilnimmt. Auf die Gründe für die auswärtige Unterbringung kommt es nicht an. Eine auswärtige Unterbringung liegt deshalb auch vor, wenn ein verheiratetes Kind mit seinem Ehegatten eine eigene Wohnung bezogen hat. Kommt ein Ausbildungsfreibetrag für ein Elternpaar mit getrennten Haushalten in Betracht (vgl. die Erläuterungen unter dem folgenden Buchstaben e), so ist eine auswärtige Unterbringung nur anzuerkennen, wenn das Kind aus den Haushalten beider Elternteile ausgegliedert ist.

c) Anrechnung eigener Einkünfte und Bezüge

Der Ausbildungsfreibetrag wegen auswärtiger Unterbringung ist um die **eigenen Einkünfte und Bezüge** des Kindes zu kürzen, die zur Bestreitung des Unterhalts oder seiner Berufsausbildung bestimmt oder geeignet sind, soweit diese **1848 €** im Kalenderjahr übersteigen; die vom Kind als Ausbildungsbeihilfe aus öffentlichen Mitteln oder von Fördereinrichtungen, die hierfür öffentliche Mittel erhalten, bezogenen **Zuschüsse** sind **in vollem Umfang** vom in Betracht kommenden Ausbildungsfreibe-

noch Anhang 7

trag **zu kürzen** (z. B. BAföG-Zuschüsse). Darlehensweise gewährte Leistungen werden nicht angerechnet. Zu diesen voll zu kürzenden Zuschüssen gehören z. B. auch steuerfreie Stipendien sowie nach dem SGB III gewährte Berufsausbildungsbeihilfen und Ausbildungsgelder. Bei der Anrechnung sind auch solche Bezüge zu berücksichtigen, die zwar schon für das betreffende Kalenderjahr bewilligt worden sind, aber erst später gezahlt werden. Unterhaltsleistungen der Eltern sind keine anrechenbaren Bezüge des Kindes.

Für die Ermittlung der anrechenbaren eigenen Einkünfte und Bezüge gelten die gleichen Grundsätze, die auch beim Kindergeld bzw. Kinderfreibetrag für über 18 Jahre alte Kinder zu berücksichtigen sind. Auf die Erläuterungen in Anhang 9 Nr. 9 auf Seite 949 wird deshalb Bezug genommen.

d) Zeitanteilige Kürzung des Ausbildungsfreibetrags

Liegen die **Voraussetzungen** für die Gewährung eines Ausbildungsfreibetrages wegen auswärtiger Unterbringung **nicht während des ganzen Kalenderjahres vor,** so werden der jeweils in Betracht kommende Ausbildungsfreibetrag und die anzurechnenden eigenen Einkünfte und Bezüge für jeden vollen Kalendermonat, in dem die Voraussetzungen nicht vorgelegen haben, **um ein Zwölftel gekürzt.** Vollendet das Kind im Lauf des Kalenderjahres sein 18. Lebensjahr, so wird der Freibetrag zeitanteilig berücksichtigt; dabei wird der Freibetrag von dem Monat an gewährt, in dem das Kind das 18. Lebensjahr vollendet hat.

Beispiel A

Ein in Ausbildung befindliches Kind (geboren am 15.3.1992), für das der Arbeitnehmer Kindergeld bzw. einen Kinderfreibetrag erhält, ist auswärts untergebracht. Das Kind hat in den Sommerferien gearbeitet und einen Arbeitslohn von 3000 € erhalten. Da das Kind am 15.3.2010 18 Jahre alt wird, beträgt der Ausbildungsfreibetrag für 2010:

$^{10}/_{12}$ von 924 €	=	770,— €

Die eigenen Einkünfte des Kindes sind vom Ausbildungsfreibetrag zu kürzen, soweit sie den anrechnungsfreien Betrag von 1848 € übersteigen:

Arbeitslohn	3 000,— €	
abzüglich Arbeitnehmer-Pauschbetrag	920,— €	
verbleiben	2 080,— €	
anrechnungsfreier Betrag: $^{10}/_{12}$ von 1848 €	1 540,— €	
zur Anrechnung verbleiben	540,— €	540,— €
Der als Freibetrag auf der Lohnsteuerkarte 2010 einzutragende Ausbildungsfreibetrag beträgt somit		230,— €

Eigene Einkünfte und Bezüge von über 18 Jahre alten Kindern sind nur anzurechnen, soweit sie auf den Zeitraum entfallen, in dem die Voraussetzungen für die Gewährung des Ausbildungsfreibetrags vorliegen. Oder umgekehrt ausgedrückt:

Eigene Einkünfte und Bezüge, die das Kind in Kalendermonaten bezogen hat, in denen die Voraussetzungen für die Gewährung des Ausbildungsfreibetrages nicht vorgelegen haben, **vermindern** den zu berücksichtigenden Ausbildungsfreibetrag **nicht.**

War das Kind nicht das ganze Kalenderjahr zur Ausbildung auswärts untergebracht und sind eigene Einkünfte und Bezüge des Kindes während des ganzen Kalenderjahres zugeflossen, so ist der Jahresbetrag der eigenen Einkünfte und Bezüge nach R 33a.4 Abs. 2 EStR wie folgt auf die Zeiten innerhalb und außerhalb des Ausbildungszeitraums aufzuteilen:

– Einkünfte aus nichtselbständiger Arbeit (= Arbeitslohn), sonstige Einkünfte im Sinne des § 22 EStG (z. B. steuerpflichtige Teile von Waisenrenten) sowie „Bezüge" sind **nach dem Verhältnis der** im Ausbildungszeitraum und der außerhalb des Ausbildungszeitraums zugeflossenen **Einnahmen** aufzuteilen. Dabei sind der Arbeitnehmer-Pauschbetrag von 920 €, der Werbungskosten-Pauschbetrag von 102 € bei steuerpflichtigen Teilen von Renten sowie die sog. Kostenpauschale in Höhe von 180 € jährlich jeweils zeitanteilig (also **für jeden Monat mit einem Zwölftel**) zu berücksichtigen (vgl. das nachfolgende Beispiel B);

– **andere Einkünfte** sind auf **jeden Monat** des Kalenderjahres **mit einem Zwölftel** aufzuteilen.

Beispiel B

Ein Arbeitnehmer hat ein über 18 Jahre altes Kind, für das er Kindergeld bzw. einen Kinderfreibetrag erhält. Das Kind befindet sich bis zum 30.9.2010 in Berufsausbildung und ist auswärts untergebracht. Dem Kind fließt im Kalenderjahr 2010 Arbeitslohn in Höhe von 5000 € zu, davon 2000 € in den Ausbildungsmonaten. Die anfallenden Werbungskosten übersteigen nicht den Arbeitnehmer-Pauschbetrag. Außerdem bezieht das Kind für den Ausbildungszeitraum als Ausbildungshilfe einen Zuschuss aus öffentlichen Mitteln von 500 €.

Ausbildungsfreibetrag für das Kalenderjahr		924,— €
anteiliger Ausbildungsfreibetrag für Januar bis September ($^{9}/_{12}$ von 924 €)	=	693,— €
Arbeitslohn des Kindes im Ausbildungszeitraum	2 000,— €	
abzüglich auf den Ausbildungszeitraum entfallender Anteil des Arbeitnehmer-Pauschbetrags ($^{9}/_{12}$ von 920 €)	690,— €	
Einkünfte aus nichtselbständiger Arbeit im Ausbildungszeitraum	1 310,— €	
abzüglich anrechnungsfreier Betrag ($^{9}/_{12}$ von 1848 € =)	– 1 386,— €	
anzurechnende Einkünfte	0,— €	
Ausbildungszuschuss des Kindes für Januar bis September	500,— €	
abzüglich Kostenpauschale	– 180,— €	
anzurechnende Bezüge	320,— €	+ 320,— €
anzurechnende Einkünfte und Bezüge	320,— €	– 320,— €
Der als Freibetrag auf der Lohnsteuerkarte 2010 einzutragende Ausbildungsfreibetrag beträgt somit		373,— €

e) Besonderheiten bei Zuschüssen

Als Ausbildungshilfe bezogene Zuschüsse jeglicher Art, z. B. Stipendien für ein Auslandsstudium aus öffentlichen oder aus privaten Mitteln gehören zu den eigenen Einkünften und Bezügen des Kindes; sie mindern jedoch die zeitanteiligen Höchstbeträge und Freibeträge nur derjenigen Kalendermonate, **für die die Zuschüsse bestimmt sind** (§ 33a Abs. 4 Satz 3 EStG). Liegen bei dem in Berufsausbildung befindlichen Kind sowohl eigene Einkünfte und Bezüge als auch Zuschüsse vor, die als Ausbildungshilfe nur für einen Teil des Ausbildungszeitraums bestimmt sind, dann sind zunächst die eigenen Einkünfte und Bezüge anzurechnen und sodann die Zuschüsse anteilig entsprechend ihrer Zweckbestimmung.

Beispiel

Das über 18 Jahre alte Kind des Arbeitnehmers befindet sich während des ganzen Kalenderjahrs 2010 in Berufsausbildung und ist auswärts untergebracht. Ihm fließt in den Monaten Januar bis Juni 2010 Arbeitslohn von 3000 € zu, die Werbungskosten übersteigen nicht den Arbeitnehmer-Pauschbetrag. Für die Monate Juli bis Dezember 2010 bezieht es ein Auslandsstipendium aus öffentlichen Mitteln von 2000 €.

Ausbildungsfreibetrag für das Kalenderjahr		924,— €
Arbeitslohn	3 000,— €	
abzüglich Arbeitnehmer-Pauschbetrag	– 920,— €	
Einkünfte aus nichtselbständiger Arbeit	2 080,— €	
anrechnungsfreier Betrag	– 1 848,— €	
anzurechnende Einkünfte	232,— €	– 232,— €
verminderter Ausbildungsfreibetrag		692,— €
anteiliger verminderter Ausbildungsfreibetrag für Januar bis Juni		346,— €
für Juli bis Dezember verbleiben		346,— €
Auslandsstipendium	2 000,— €	
abzüglich Kostenpauschale	– 180,— €	
anzurechnende Bezüge	1820,— €	– 1 820,— €
verbleibender Ausbildungsfreibetrag		0,— €
Der als Freibetrag auf der Lohnsteuerkarte 2010 einzutragende Ausbildungsfreibetrag beträgt somit		346,— €

f) Aufteilung des Ausbildungsfreibetrags

Eine **Aufteilung eines Ausbildungsfreibetrags** kommt in Betracht, wenn mehrere Arbeitnehmer sämtliche Voraussetzungen für seine Inanspruchnahme erfüllen (z. B. geschiedene Eltern erhalten für das Kind jeweils einen halben Kinderfreibetrag; das Kind ist von beiden Elternteilen aus gesehen auswärts untergebracht). So erhalten dauernd getrennt lebende oder geschiedene Ehegatten oder Eltern eines nichtehelichen Kindes jeweils nur die Hälfte des Ausbildungsfreibetrags. Wird jedoch ein Kinderfreibetrag auf den anderen Elternteil übertragen (vgl. die Erläuterungen in Anhang 9 Nr. 10 auf Seite 953), so kann dieser auch den Ausbildungsfreibetrag in vollem Umfang in Anspruch nehmen. Auf **gemeinsamen Antrag** der Eltern ist auch eine andere Aufteilung möglich.

6. Ausbildungsfreibeträge für Kinder, die im Ausland wohnen

Der Ausbildungsfreibetrag wird unabhängig davon gewährt, wo das Kind wohnt. Liegen die übrigen Voraussetzungen für die Gewährung des Ausbildungsfreibetrags vor, so erhält der Arbeitnehmer deshalb auch einen Ausbildungsfreibetrag für Kinder, die sich während des ganzen Kalenderjahrs im Ausland aufhalten (z. B. in einem ausländischen Internat). Allerdings ist bei der Gewährung von Ausbildungsfreibeträgen für sog. Auslandskinder zwischen unbeschränkt und beschränkt steuerpflichtigen Arbeitnehmern zu unterscheiden, da nur der **unbeschränkt steuerpflichtige** ausländische Arbeitnehmer alle Ausbildungsfreibeträge ohne jede Einschränkung erhält. Unbeschränkt steuerpflichtig ist ein ausländischer Arbeitnehmer dann, wenn er eine Lohnsteuerkarte erhält. Ist der ausländische Arbeitnehmer **beschränkt** steuerpflichtig, so erhält er einen Ausbildungsfreibetrag nur dann, wenn er **auf Antrag** wie ein unbeschränkt Steuerpflichtiger behandelt wird (vgl. die Erläuterungen beim Stichwort „Beschränkt steuerpflichtiger Arbeitnehmer" im Hauptteil des Lexikons).

Leben die Kinder eines ausländischen Arbeitnehmers bei der Mutter im Ausland, so sind sie nicht **zur Berufsausbildung** auswärts untergebracht. Für Auslandskinder kann deshalb in diesem Fall kein Ausbildungsfreibetrag gewährt werden.

Eigene Einkünfte und Bezüge des Kindes werden bei Auslandskindern – ebenso wie bei Kindern, die im Inland leben – auf den Ausbildungsfreibetrag angerechnet, soweit sie den anrechnungsfreien Betrag von 1848 € jährlich übersteigen. Der Ausbildungsfreibetrag in Höhe von 924 € wird ebenso wie die Höchstbeträge für Unterhaltsleistungen je nach Wohnsitzstaat des Kindes um ein Viertel, die Hälfte oder um drei Viertel gekürzt. Gleiches gilt für den anrechnungsfreien Betrag von 1848 €. Dabei gilt die gleiche Länderübersicht wie bei der Kürzung der Unterhaltsfreibeträge (vgl. Anhang 10). Hiernach ergeben sich folgende gekürzte Beträge:

Ausbildungs-freibetrag	Anrech-nungsfreier Betrag	Land
924 €	1 848 €	**Ländergruppe 1** z. B. Australien, Belgien, Dänemark, England, Finnland, Frankreich, Griechenland, Irland, Island, Italien, Japan, Kanada, Liechtenstein, Luxemburg, Monaco, Neuseeland, Niederlande, Norwegen, Österreich, Schweden, Schweiz, Spanien, Vereinigte Staaten von Amerika, Zypern
693 €	1 386 €	**Ländergruppe 2** (Kürzung um 25 %) z. B. Estland, Israel, Korea (Republik), Malta, Portugal, Slowakische Republik, Slowenien, Tschechische Republik
462 €	924 €	**Ländergruppe 3** (Kürzung um 50 %) z. B. Argentinien, Brasilien, Bulgarien, Chile, Kasachstan, Kroatien, Lettland, Litauen, Mexiko, Montenegro, Polen, Rumänien, Russische Föderation, Serbien, Südafrika, Türkei, Ungarn, Weißrussland/Belarus
231 €	462 €	**Ländergruppe 4** (Kürzung um 75 %) z. B. Afghanistan, Ägypten, Albanien, Algerien, Armenien, Aserbaidschan, Bosnien-Herzegowina, China (VR), Georgien, Indien, Indonesien, Kirgisistan, Marokko, Mazedonien, Moldau, Tadschikistan, Thailand, Tunesien, Turkmenistan, Ukraine, Usbekistan

7. Freibetrag für eine Haushaltshilfe bzw. für eine Heim- oder Pflegeunterbringung

Durch das Familienleistungsgesetz ist § 33a Abs. 3 EStG in dem der Freibetrag für eine Haushaltshilfe und der Freibetrag für eine Heim- oder Pflegeunterbringung geregelt waren, mit Wirkung vom **1.1.2009 weggefallen**. Durch die Streichung des § 33a Abs. 3 EStG werden Pflege- und Betreuungsleistungen ab 1.1.2009 nur noch nach § 35a EStG gefördert, allerdings mit deutlich angehobenen Höchstbeträgen. Die Förderung nach § 35a EStG ist im nachfolgenden Teil E und im Hauptteil des Lexikons beim Stichwort „Hausgehilfin" unter Nr. 9 auf Seite 396 ausführlich erläutert.

8. Pauschbeträge für Behinderte

a) Höhe der Pauschbeträge

Behinderte Personen erhalten Pauschbeträge nach § 33b EStG, ohne dass Aufwendungen nachgewiesen werden müssen. Die Pauschbeträge sind Jahresbeträge, d. h. sie werden nicht gekürzt, wenn die Voraussetzungen nur einen Teil des Kalenderjahres vorgelegen haben.

Der Pauschbetrag ist nach dem Grad der Behinderung gestaffelt. Er beträgt bei einem Grad der Behinderung von

noch Anhang 7

25 und 30	310 €	65 und 70	890 €
35 und 40	430 €	75 und 80	1 060 €
45 und 50	570 €	85 und 90	1 230 €
55 und 60	720 €	95 und 100	1 420 €

Blinde sowie dauernd pflegebedürftige Behinderte (Hilflose) erhalten einen Pauschbetrag von 3700 € jährlich.

Bei Beginn, Änderung oder Wegfall der Behinderung im Laufe eines Kalenderjahres ist stets der Pauschbetrag nach dem höchsten Grad zu gewähren, der im Kalenderjahr festgestellt war. Es ist stets der volle Pauschbetrag zu gewähren. Eine Zwölftelung ist nicht vorzunehmen.

Beispiel A
Ein Behinderter hat bisher einen Grad der Behinderung von 40. Ab 1.7.2010 wird ein Grad der Behinderung von 50 festgestellt. Der Behinderte erhält für das Kalenderjahr 2010 einen Behinderten-Pauschbetrag in Höhe von 570 €. Wann der Bescheid des Versorgungsamtes ergeht, spielt keine Rolle. Maßgebend ist der Zeitpunkt der Antragstellung beim Versorgungsamt. Bereits rechtskräftige Steuerbescheide werden rückwirkend berichtigt.

Beispiel B
Für einen Behinderten wird der Grad der Behinderung mit Wirkung vom 1.12.2010 auf 30 festgestellt. Der Behinderte erhält für das Kalenderjahr 2010 einen Behindertenpauschbetrag in Höhe von 310 €.

b) Abgeltungswirkung der Pauschbeträge

Nach § 33b Abs. 1 EStG hat der Steuerpflichtige ein **Wahlrecht:**

Er kann entweder seine Aufwendungen im Einzelnen nachweisen und unter Abzug der zumutbaren Belastung als außergewöhnliche Belastung allgemeiner Art geltend machen oder ohne Einzelnachweis den Behinderten-Pauschbetrag in Anspruch zu nehmen.

Durch den Behinderten-Pauschbetrag werden die Aufwendungen für die Hilfe bei den gewöhnlichen und regelmäßig wiederkehrenden Verrichtungen des täglichen Lebens erfasst. Der Behinderten-Pauschbetrag soll also nur laufende und typische, unmittelbar mit der Behinderung zusammenhängende Kosten abgelten. Typischerweise werden von § 33b Abs. 1 EStG beispielsweise **Pflege- und Heimkosten** sowie Aufwendungen für einen erhöhten Wäschebedarf erfasst. Daneben können mit der Körperbehinderung zusammenhängende, sich aber infolge ihrer Einmaligkeit einer Typisierung entziehende Kosten sowie zusätzliche Krankheitskosten als außergewöhnliche Aufwendungen allgemeiner Art nach § 33 EStG geltend gemacht werden. Hierzu zählen z. B. Aufwendungen für Heilbehandlungen, Kuren, Arzneimittel und bestimmte Kfz-Kosten, z. B. Aufwendungen für einen behindertengerechten Umbau des Pkws.

Der Pflege-Pauschbetrag (vgl. die Erläuterungen unter der nachfolgenden Nr. 10) kann neben dem Behinderten-Pauschbetrag in Anspruch genommen werden.

Wie bereits erläutert hat der Steuerpflichtige nach § 33a Abs. 1 EStG die Möglichkeit, auf die Inanspruchnahme des Behinderten-Pauschbetrags zu verzichten und statt dessen alle Aufwendungen im Rahmen des § 33 EStG als außergewöhnliche Belastung allgemeiner Art unter Anrechnung der zumutbaren Belastung geltend zu machen. Ein solcher Verzicht bezieht sich jedoch stets auf die gesamten, vom Pauschbetrag für behinderte Menschen erfassten Aufwendungen; ein **Teilverzicht** – beispielsweise **nur für Pflegekosten,** die nach § 33 EStG geltend gemacht werden sollen, aber nicht für den erhöhten Wäschebedarf, für den der Pauschbetrag in Anspruch genommen werden soll – **ist nicht möglich.**

c) Nachweis der Behinderteneigenschaft

Die steuerfreien Pauschbeträge nach § 33b EStG werden folgenden behinderten Personen gewährt:

a) Behinderten, deren Grad der Behinderung auf **mindestens 50** festgestellt ist;

b) Behinderten, deren Grad der Behinderung auf **weniger als 50,** aber mindestens 25 festgestellt ist,

– wenn dem Behinderten wegen seiner Behinderung nach den gesetzlichen Vorschriften Renten oder andere laufende Bezüge zustehen (Versorgungsrenten, Unfallrenten; nicht dagegen Renten aus der gesetzlichen Rentenversicherung). Es ist dabei gleichgültig, ob der Arbeitnehmer solche Leistungen tatsächlich erhält oder ob das Recht auf die Bezüge ruht oder ob der Anspruch durch eine Kapitalzahlung abgefunden worden ist, **oder**

– wenn die Körperbehinderung zu einer dauernden Einbuße der körperlichen Beweglichkeit geführt hat oder auf einer typischen Berufskrankheit beruht.

noch Anhang 7

Hinsichtlich des Grades, des Beginns und der Beendigung der Erwerbsminderung sind die Finanzbehörden an die Feststellungen der Versorgungsbehörden gebunden. Bei Behinderten mit einem Grad der Behinderung von **mindestens 50** sind die Voraussetzungen durch den Schwerbehinderten-Ausweis nachzuweisen.

Die gesundheitlichen Merkmale „**blind**" und „**hilflos**" hat der Steuerpflichtige durch einen Ausweis nach dem Neunten Buch Sozialgesetzbuch, der mit den Merkzeichen „Bl" oder „H" gekennzeichnet ist, oder durch einen Bescheid der für die Durchführung des Neunten Buchs Sozialgesetzbuch Teil 2 (Schwerbehindertenrecht) zuständigen Behörde, der die entsprechenden Feststellungen enthält, nachzuweisen. Dem Merkzeichen „H" steht die Einstufung als Schwerstpflegebedürftiger in Pflegestufe III nach dem Elften Buch Sozialgesetzbuch, dem Zwölften Buch Sozialgesetzbuch oder entsprechenden gesetzlichen Bestimmungen gleich; dies ist durch Vorlage des entsprechenden Bescheides nachzuweisen.

d) Pauschbeträge für behinderte Kinder

Ein behindertes Kind kann einen ihm zustehenden Pauschbetrag für Behinderte selbst in Anspruch nehmen, wenn es eigene Einkünfte hat, bei deren Besteuerung sich der Abzug des Pauschbetrags auswirkt. Der Pauschbetrag, der einem behinderten Kind zusteht, kann jedoch auf Antrag **auf die Eltern übertragen werden,** wenn das Kind den Pauschbetrag in Anspruch nimmt, weil sich der Pauschbetrag beim Kind nicht auswirkt oder weil das Kind den Pauschbetrag nicht in Anspruch nehmen will, um die Eltern in den Genuss des Steuervorteils zu bringen. Der Behinderten-Pauschbetrag für ein Kind kann nur auf denjenigen Steuerpflichtigen übertragen werden, **der entweder das Kindergeld oder den Kinderfreibetrag erhält.** Eine Übertragung auf Großeltern ist deshalb möglich, wenn die Großeltern das Kindergeld oder einen Kinderfreibetrag erhalten.

Erhalten geschiedene oder dauernd getrennt lebende Eltern, die beide unbeschränkt einkommensteuerpflichtig sind, für ein Kind jeweils einen halben Kinderfreibetrag, so wird auch der auf die Eltern übertragene Behinderten-Pauschbetrag des Kindes je zur Hälfte auf beide Elternteile verteilt. Auf **gemeinsamen Antrag** der Eltern ist eine andere Aufteilung möglich.

Die Übertragung des Behinderten-Pauschbetrages **eines nicht unbeschränkt steuerpflichtigen Kindes** ist nur zulässig, wenn der **unbeschränkt** steuerpflichtige Arbeitnehmer Staatsangehöriger eines EU/EWR-Mitgliedstaates*) ist, die nicht der deutschen Einkommensteuer unterliegenden Einkünfte des Kindes nicht mehr als 7664 € im Kalenderjahr betragen und das Kind seinen Wohnsitz oder gewöhnlichen Aufenthalt in einem EU/EWR-Mitgliedstaat*) hat (zur Übertragung des Behinderten-Pauschbetrags eines Kindes auf einen **beschränkt** steuerpflichtigen Arbeitnehmer vgl. die Erläuterungen beim Stichwort „Beschränkt steuerpflichtige Arbeitnehmer" im Hauptteil des Lexikons).

9. Hinterbliebenen-Pauschbetrag

Personen, denen laufende Hinterbliebenenbezüge bewilligt worden sind, erhalten einen **Hinterbliebenen-Pauschbetrag** in Höhe von **370 €.** Die Hinterbliebenenbezüge müssen geleistet werden

– nach dem Bundesversorgungsgesetz oder
– nach den Vorschriften über die gesetzliche Unfallversicherung oder
– nach den beamtenrechtlichen Vorschriften an Hinterbliebene eines an den Folgen eines Dienstunfalls verstorbenen Beamten oder
– nach den Vorschriften des Bundesentschädigungsgesetzes über die Entschädigung für Schaden an Leben, Körper oder Gesundheit oder
– nach einem Gesetz, das das Bundesversorgungsgesetz für entsprechend anwendbar erklärt.

Der Rentenbescheid eines Trägers der gesetzlichen Rentenversicherung genügt nicht als Nachweis.

Der Pauschbetrag für Hinterbliebene wird auch gewährt, wenn das Recht auf die Bezüge ruht oder der Anspruch auf die Bezüge durch Zahlung eines Kapitals abgefunden worden ist.

Steht der Hinterbliebenen-Pauschbetrag einem **Kind** zu, das den Pauschbetrag nicht in Anspruch nehmen will, so kann der Pauschbetrag auf Antrag auf die Eltern übertragen werden, wenn es sich um ein unbeschränkt einkommensteuerpflichtiges Kind handelt (d. h. das Kind muss im Inland leben) und die Eltern für das Kind entweder Kindergeld oder einen Kinderfreibetrag erhalten.

10. Pflege-Pauschbetrag

Ein Pflege-Pauschbetrag in Höhe von **924 €** jährlich wird gewährt, wenn jemand eine ständig hilflose Person persönlich pflegt. Voraussetzung ist, dass die hilflose Person **im Inland** gepflegt wird und zwar entweder in der Wohnung des Behinderten selbst oder aber in der Wohnung des Pflegers. Hilflos sind Personen, wenn sie für eine Reihe von häufig und regelmäßig wiederkehrenden Verrichtungen zur Sicherung ihrer persönlichen Existenz im Ablauf eines jeden Tages fremder Hilfe dauernd bedürfen. Die Hilflosigkeit einer Person kann durch einen Schwerbehindertenausweis mit dem Merkzeichen „H" oder durch einen Bescheid der für die Durchführung des Bundesversorgungsgesetzes zuständigen Behörde (z. B. Versorgungsamt) oder durch einen Bescheid über die Einstufung als Schwerstpflegebedürftiger – Pflegestufe III – nachgewiesen werden.

Nach § 33b Abs. 6 EStG wird einem Steuerpflichtigen der Pflegepauschbetrag in Höhe von 924 € jährlich nur dann gewährt, „wenn er dafür keine Einnahmen erhält". Die Pflege muss also **unentgeltlich** erfolgen. Da die gepflegte Person im Normalfall Pflegegeld erhält, hängt die Gewährung des Pflegepauschbetrags davon ab, ob das Pflegegeld an die pflegende Person weitergeleitet wird. Wird das Pflegegeld während des gesamten Kalenderjahrs an die pflegende Person weitergeleitet, so führt dies zum Verlust des Pflegepauschbetrags. Bei der Pflege eines behinderten Kindes gibt es allerdings eine Ausnahme. Denn nach § 33b Abs. 6 Satz 2 EStG zählt das von den Eltern eines behinderten Kindes für dieses Kind empfangene Pflegegeld – unabhängig von der Verwendung – nicht zu den Einnahmen für die Pflegetätigkeit.

Unentgeltliche Pflege wird auch dann erbracht, wenn der Steuerpflichtige **neben** einer von der gepflegten Person angestellten Pflegekraft unentgeltlich pflegt.

Für die Gewährung des Pflege-Pauschbetrages ist es erforderlich, dass die Pflege der hilflosen Person **zwangsläufig** erfolgt. Bei Angehörigen ist die erforderliche Zwangsläufigkeit stets zu bejahen (in Fällen der Nachbarschaftshilfe durch Nichtangehörige nur in Ausnahmefällen). Das Gesetz verlangt keine bestimmte Pflegedauer. Auch eine kurzfristige unentgeltliche Pflegetätigkeit berechtigt zur Geltendmachung des gesamten Pauschbetrages (eine Zwölftelung der 924 € findet also nicht statt). Der Nachweis von Aufwendungen für die Pflege der hilflosen Person ist ebenfalls nicht erforderlich. Wenn aber anstelle des Pflege-Pauschbetrags von der pflegenden Person die entstehenden Aufwendungen nach § 33 EStG als außergewöhnliche Belastung allgemeiner Art geltend gemacht werden (was ohne weiteres möglich ist), müssen diese Aufwendungen auch im Einzelnen nachgewiesen werden. Pflegt der Steuerpflichtige einen hilflosen Angehörigen nicht selbst, trägt er aber die Kosten für seine Unterbringung im Pflegeheim, so kann er diese Aufwendungen als außergewöhnliche Belastung allgemeiner Art nach § 33 EStG geltend machen (vgl. die Erläuterungen unter der nachfolgenden Nr. 11).

Der Pflegepauschbetrag wird auch einem **Ehegatten** gewährt, der den anderen (hilflosen) Ehegatten im gemeinsamen Haushalt pflegt.

Der Pflege-Pauschbetrag wird auch dann gewährt, wenn ein Kind gepflegt wird, für das der Behinderten-Pauschbetrag auf den Steuerpflichtigen übertragen wurde (vgl. Nr. 8).

Beispiel A

Ein Arbeitnehmer hat ein behindertes (hilfloses) Kind, das er in seiner Wohnung pflegt. Er kann im Kalenderjahr 2010 sowohl die Übertragung des Behinderten-Pauschbetrags für Hilflose in Höhe von 3700 € als auch den Pflege-Pauschbetrag von 924 €, insgesamt also 4624 €, in Anspruch nehmen.

Der Pflegepauschbetrag ist ein Jahresbetrag, d. h. er wird auch dann in voller Höhe gewährt, wenn die Voraussetzungen nicht während des ganzen Kalenderjahrs vorliegen.

Beispiel B

Die gepflegte Person stirbt am 6. Januar 2010. Gleichwohl wird für 2010 ein Pflegepauschbetrag von 924 € gewährt.

Bei einer Pflege durch mehrere Personen (nebeneinander oder nacheinander) ist der Pauschbetrag nach dem Verhältnis der jeweiligen Pflegeleistung aufzuteilen. Dadurch ist sichergestellt, dass bei einer Pflege durch mehrere Personen kurz hintereinander, der Pflegepauschbetrag im Kalenderjahr gleichwohl nur einmal in Anspruch genommen werden kann. Pflegt eine Person mehrere Pflegebedürftige, so steht ihr der Pauschbetrag mehrfach zu.

---

*) **EU-Länder** sind die folgenden Mitgliedsländer der Europäischen Union: Belgien, Bulgarien, Dänemark, Estland, Finnland, Frankreich, Griechenland, Irland, Italien, Lettland, Litauen, Luxemburg, Malta, Niederlande, Österreich, Portugal, Rumänien, Schweden, Slowakei, Slowenien, Spanien, Tschechische Republik, Ungarn, Vereinigtes Königreich Großbritannien und Zypern.
EWR-Mitgliedstaaten, das heißt Staaten, auf die das Abkommen über den Europäischen Wirtschaftsraum Anwendung findet, sind: Island, Norwegen und Liechtenstein.

11. Unterbringung in einem Pflegeheim

Bei der steuerlichen Berücksichtigung von Kosten für die Unterbringung in einem Pflegeheim ist zu unterscheiden zwischen den Kosten für die eigene Unterbringung des Steuerpflichtigen (oder seines Ehegatten) im Pflegeheim und den Fällen, in denen der Steuerpflichtige die Kosten der Pflegeheimunterbringung für eine von ihm unterhaltene Person trägt.

a) Der Steuerpflichtige bzw. sein Ehegatte ist im Pflegeheim untergebracht

Kosten, die dem Steuerpflichtigen für seine Unterbringung bzw. die Unterbringung seiner Ehefrau in einem Pflegeheim, in der Pflegestation eines Altenheims oder in einem Altenpflegeheim erwachsen, können entweder durch Inanspruchnahme der hierfür vorgesehenen **Pauschbeträge oder durch Berücksichtigung der tatsächlich anfallenden Ausgaben** als außergewöhnliche Belastung allgemeiner Art abgezogen werden. Hierbei ist zu beachten, dass für die Inanspruchnahme des Behinderten-Pauschbetrags und der Berücksichtigung der tatsächlichen Kosten nach § 33 EStG ein **Wahlrecht** besteht (vgl. die Erläuterungen unter der vorstehenden Nr. 8 Buchstabe b). Die Inanspruchnahme des Pauschbetrags für Behinderte in Höhe von 3700 € schließt also die Berücksichtigung pflegebedingter Aufwendungen als außergewöhnliche Belastung allgemeiner Art aus. Dies gilt auch dann, wenn es sich um das pflegebedürftige Kind eines Steuerpflichtigen handelt und der Steuerpflichtige den Pauschbetrag auf sich hat übertragen lassen. Werden die tatsächlich entstandenen Pflegekosten als außergewöhnliche Belastung allgemeiner Art berücksichtigt, sind sie um die zumutbare Belastung zu kürzen. Außerdem sind folgende Besonderheiten zu beachten:

Wird bei einer Heimunterbringung wegen Pflegebedürftigkeit der private Haushalt aufgelöst, können nur die über die üblichen Kosten der Unterhaltung eines Haushalts hinausgehenden Aufwendungen als außergewöhnliche Belastung berücksichtigt werden. Die sich durch die Auflösung des privaten Haushalts ergebende Einsparung ist mit dem Unterhaltshöchstbetrag nach § 33a Abs. 1 Satz 1 EStG anzusetzen; dies sind im Kalenderjahr 2010 8004 € jährlich oder 667 € monatlich bzw. 22,23 € täglich.

Außerdem müssen aus den Gesamtkosten für die Unterbringung im Pflegeheim die darin enthaltenen Aufwendungen für die hauswirtschaftlichen Dienstleistungen herausgerechnet werden. Aus Vereinfachungsgründen kann dieser Anteil bis 31. 12. 2008 mit dem Betrag angesetzt werden, der gemäß § 33a Abs. 3 EStG für die Beschäftigung einer Hausgehilfin oder Haushaltshilfe bzw. wegen Heimunterbringung wieder abzugsfähig ist. Dies sind 624 € oder 924 € (vgl. vorstehend unter Nr. 7).

Beispiel

Ein allein stehender pflegebedürftiger Steuerpflichtiger ist 2009 in einem Pflegeheim untergebracht. Die Kosten betragen hierfür im Jahr 18 604,— €
abzüglich Ersparnis wegen Auflösung des privaten Haushalts: 8 004,— €
verbleibender Betrag 10 600,— €
abzüglich zumutbare Belastung
6 % vom Gesamtbetrag der Einkünfte
(angenommen) 50 000 € = 3 000,— €*)
abzugsfähig als außergewöhnliche Belastung 7 600,— €

Will der Steuerpflichtige die tatsächlich entstandenen Aufwendungen wegen Pflegebedürftigkeit als außergewöhnliche Belastung allgemeiner Art geltend machen, so stellt sich die Frage, in welcher Form die Pflegebedürftigkeit nachgewiesen werden muss. Hat der Steuerpflichtige einen Schwerbehindertenausweis mit dem Eintrag „H" oder „Bl", ergeben sich keine Probleme. Anstelle dieses Nachweises genügt es jedoch, wenn der Steuerpflichtige in **eine der drei Pflegestufen** eingeordnet worden ist. Im Gegensatz zur Inanspruchnahme des erhöhten Behinderten-Pauschbetrags von 3700 €, der nur bei einer Einordnung in die Pflegestufe III gewährt wird, genügt es also für die Berücksichtigung von Pflegeaufwendungen als außergewöhnliche Belastung allgemeiner Art, wenn der Steuerpflichtige in eine der drei Pflegestufen eingestuft worden ist (R 33.3 Abs. 1 Satz 1 EStR). Aber auch wenn die Pflegestufen I bis III nicht festgestellt wurden, können bei einer Heimunterbringung gesondert in Rechnung gestellte Pflegekosten als außergewöhnliche Belastung berücksichtigt werden, wenn das Heim diese Kosten mit dem Sozialhilfeträger für Pflege unterhalb der Pflegestufe I (sog. Pflegestufe 0) vereinbart hat (BFH-Urteil vom 10. 5. 2007, BStBl. II S. 764).

b) Der Steuerpflichtige übernimmt die Kosten für die Unterbringung eines Angehörigen im Pflegeheim

Ein Abzug der Pflegekosten als außergewöhnliche Belastung allgemeiner Art ist auch für Aufwendungen möglich, die wegen der Pflegebedürftigkeit eines nahen Angehörigen (z. B. der Eltern) zwangsläufig erwachsen und der Pflegepauschbetrag (vgl. vorstehend unter Nr. 10) nicht in Anspruch genommen wird.

Ein Abzug der Pflegeaufwendungen als außergewöhnliche Belastung allgemeiner Art kommt nur dann in Betracht, wenn die eigenen Einkünfte und Bezüge der im Pflegeheim untergebrachten Person zur Deckung des Unterhalts und der Pflegeleistungen nicht ausreichen.

Beispiel A

Ein verheirateter Arbeitnehmer unterhält 2010 seine pflegebedürftige Mutter, die in einem Pflegeheim untergebracht ist. Die Kosten für das Pflegeheim betragen monatlich 1500 €. Die Mutter hat keine eigenen Einkünfte, sodass der Arbeitnehmer monatlich 1500 € (jährlich 18 000 €) für seine Mutter bezahlen muss. Der Arbeitnehmer kann seine jährliche Zahlung in Höhe von 18 000 € wie folgt geltend machen: Einen Unterhaltsfreibetrag in Höhe von 8004 €. Den Restbetrag (18 000 € – 8004 €) in Höhe von 9 996 € als außergewöhnliche Belastung allgemeiner Art. Beträgt sein Gesamtbetrag der Einkünfte z. B. 50 000 €, so ergibt sich nach Abzug einer zumutbaren Belastung von 6 % ein abzugsfähiger Betrag in folgender Höhe:

Restbetrag (18 000 € – 8004 €) = 9 996,— €
abzüglich 6 % von 50 000 € 3 000,— €
steuerlich abzugsfähig 6 996,— €
zuzüglich Unterhaltsfreibetrag 8 004,— €
Auf der Lohnsteuerkarte 2010 einzutragender Freibetrag insgesamt 15 000,— €

Hat die unterhaltene und im Pflegeheim untergebrachte Person keine eigenen Einkünfte, ist die Beurteilung also relativ einfach. Im Normalfall werden jedoch eigene Einkünfte und Bezüge der im Pflegeheim untergebrachten Person vorhanden sein. In diesen Fällen gilt Folgendes:

Erwachsen einem Steuerpflichtigen **zwangsläufig** Aufwendungen für die krankheits- oder behinderungsbedingte Unterbringung einer anderen Person in einem Pflegeheim, gehören zu den Aufwendungen, die als außergewöhnliche Belastung allgemeiner Art unter Anrechnung der zumutbaren Belastung zu berücksichtigen sind, **die gesamten vom Heim in Rechnung gestellten Unterbringungskosten einschließlich der Kosten für die ärztliche Betreuung und Pflege,** gemindert um die Haushaltsersparnis. Die Haushaltsersparnis beträgt **8004 € jährlich** (667 € monatlich bzw. 22,23 € täglich).

Die Übernahme der Kosten einer Heimunterbringung für eine andere Person ist nur dann **zwangsläufig,** wenn die untergebrachte Person kein oder nur ein geringes Vermögen besitzt und wenn die eigenen Einkünfte und Bezüge der im Pflegeheim untergebrachten Person zur Deckung des Unterhalts und der Pflegeleistungen nicht ausreichen. Bei der Beurteilung, ob sie nicht ausreichen, ist ein angemessener Betrag für **zusätzlichen persönlichen Bedarf** zu berücksichtigen. Als angemessen kann der für den zusätzlichen persönlichen Bedarf erklärte Betrag anerkannt werden, wenn er **1550 €** jährlich nicht übersteigt.

Eine krankheits- oder behinderungsbedingte Unterbringung liegt nur dann vor, wenn eine der drei Pflegestufen nach dem Elften Buch Sozialgesetzbuch festgestellt worden ist. Der Nachweis ist durch eine Bescheinigung der sozialen Pflegekasse oder des privaten Versicherungsunternehmens, das die private Pflegepflichtversicherung durchführt, oder durch die Vorlage eines Schwerbehindertenausweises mit dem Eintrag „H" oder „Bl" zu erbringen. Dies gilt auch dann, wenn die andere Person bereits seit einem früheren Zeitpunkt aus anderen Gründen (z. B. wegen Alters) im Heim untergebracht ist. Aber auch wenn die Pflegestufen I bis III nicht festgestellt wurden, können bei einer Heimunterbringung gesondert in Rechnung gestellte Pflegekosten als außergewöhnliche Belastung berücksichtigt werden, wenn das Heim diese Kosten mit dem Sozialhilfeträger für Pflege unterhalb der Pflegestufe I (sog. Pflegestufe 0) vereinbart hat (BFH-Urteil vom 10. 5. 2007, BStBl. II S. 764).

Die Aufwendungen in Höhe der **Haushaltsersparnis (8004 € jährlich)** können zusammen mit den vom Steuerpflichtigen ggf. zusätzlich getragenen Kosten für die normale Lebensführung (z. B. Kleidung, Versiche-

---

*) Die Steuerermäßigung nach § 35a für sog. haushaltsnahe Dienstleistungen kann auch für Pflege- und Betreuungsleistungen sowie für Aufwendungen wegen Unterbringung in einem Pflegeheim in Anspruch genommen werden, soweit darin Kosten für Dienstleistungen enthalten sind, die mit denen einer Hilfe im Haushalt vergleichbar sind. Dabei ist zu beachten, dass eine Steuerermäßigung nach § 35a EStG nicht in Betracht kommt, soweit die Aufwendungen als außergewöhnliche Belastung berücksichtigt werden. Für den Teil der Aufwendungen, der als zumutbare Eigenbelastung nicht als außergewöhnliche Belastung berücksichtigt wird, kann jedoch die Steuerermäßigung nach § 35a EStG als haushaltsnahe Dienstleistung in Anspruch genommen werden (vgl. die Erläuterungen beim Stichwort „Hausgehilfin" unter Nr. 9 Buchstabe d im Hauptteil des Lexikons).

noch Anhang 7

rung) als Unterhaltsaufwendungen bis zum Unterhaltshöchstbetrag in Höhe von 8004 € jährlich (vgl. vorstehend unter Nr. 3) berücksichtigt werden. Folgende zwei Fallgestaltungen sind zu unterscheiden:

Beispiel B

Der pflegebedürftige (Pflegestufe II) vermögenslose Vater hat seinen eigenen Haushalt aufgelöst und ist während des gesamten Kalenderjahrs 2010 in einem Pflegeheim untergebracht.

Für die Heimunterbringung werden insgesamt 33 000 € in Rechnung gestellt. Die Pflegeversicherung übernimmt davon 15 000 €. Der Vater zahlt aus seinen anrechenbaren Einkünften und Bezügen in Höhe von 4500 € auf die Heimkosten 3300 € dazu und behält 1200 € für zusätzlichen persönlichen Bedarf zurück. Die restlichen Heimkosten von (33 000 € − 15 000 € − 3300 € =) 14 700 € trägt der Sohn.

Die Abzugsbeträge für den Sohn berechnen sich wie folgt:

- **Unterhaltshöchstbetrag (§ 33a Abs. 1 EStG)**

Anteil für den typischen Unterhalt in Höhe der **Haushaltsersparnis**		8 004,— €
anrechenbare Einkünfte und Bezüge des Vaters	4 500,— €	
anrechnungsfreier Betrag	− 624,— €	
anzurechnende Einkünfte und Bezüge des Vaters	3 876,— €	− 3876,— €
abzuziehender Unterhaltshöchstbetrag		4 128,— €

- **nach § 33 EStG**

Heimkosten		33 000,— €
davon ab: Pflegeversicherungsleistungen		− 15 000,— €
verbleiben		18 000 — €
Anteil des Vaters aufgrund seiner eigenen Einkünfte und Bezüge, mindestens aber die Haushaltsersparnis:		
eigene Einkünfte und Bezüge des Vaters	4 500,— €	
gemindert um einen angemessenen Betrag für den zusätzlichen persönlichen Bedarf (pauschal)	− 1 550,— €	
verbleibender Betrag	2 950,— €	
da der Betrag von 2950 € niedriger ist als die **Haushaltsersparnis**, ist diese abzuziehen		− 8 004,— €
Höchstbetrag der beim Sohn zu berücksichtigenden Heimkosten somit		9 996,— €

Der Höchstbetrag der beim Sohn zu berücksichtigenden Heimkosten ist zu vergleichen mit den Aufwendungen des Sohnes für die Heimunterbringung des Vaters, abzüglich des Unterhaltshöchstbetrags:

vom Sohn getragene Heimkosten	14 700,— €
Unterhaltshöchstbetrag lt. obiger Berechnung	4 128,— €
verbleibende Heimkosten	10 572,— €

Da die verbleibenden Heimkosten in Höhe von 10 572 € höher sind, als der Höchstbetrag der beim Sohn zu berücksichtigenden Heimkosten in Höhe von 9 996 €, kann der Höchstbetrag von 9 996 € nach Kürzung der zumutbaren Belastung als Freibetrag auf der Lohnsteuerkarte 2010 eingetragen werden. Beträgt die zumutbare Belastung z. B. 3000 €, so ergibt sich folgender Freibetrag:

Höchstbetrag der zu berücksichtigenden Heimkosten	9 996,— €
abzüglich: zumutbare Belastung	3 000,— €
verbleiben	6 996,— €
zuzüglich: Unterhaltshöchstbetrag	4 128,— €
auf der Lohnsteuerkarte 2010 einzutragender Freibetrag insgesamt	11 124,— €

Beispiel C

Sachverhalt wie im Beispiel B, jedoch hat der Vater anrechenbare Einkünfte und Bezüge von 18 000 €. Er zahlt daraus auf die Gesamtkosten 15 000 € und behält 3000 € für zusätzlichen persönlichen Bedarf zurück. Die restlichen Heimkosten von (33 000 € − 15 000 € − 15 000 € =) 3000 € trägt der Sohn.

Da die anrechenbaren Einkünfte und Bezüge des Vaters höher sind als die Summe aus Höchstbetrag und anrechnungsfreiem Betrag von (8004 € + 624 € =) 8628 €, scheidet der Abzug eines Unterhaltsfreibetrags aus. Daher kommt für den Sohn nur ein Abzug nach § 33 EStG in Betracht. Dieser berechnet sich wie folgt:

Heimkosten		33 000,— €
davon ab: Pflegeversicherungsleistungen		− 15 000,— €
verbleiben		18 000,— €
Einkünfte und Bezüge des Vaters	18 000,— €	
abzüglich:		
angemessener Betrag für zusätzlichen persönlichen Bedarf	− 1 550,— €	
verbleibender Betrag (mindestens Haushaltsersparnis)	16 450,— €	− 16 450,— €
Höchstbetrag der beim Sohn zu berücksichtigenden Heimkosten		1 550,— €

Der verbleibende Betrag von 1550 € kommt in vollem Umfang für den Abzug im Rahmen des § 33 EStG in Betracht, da er niedriger ist als die insgesamt vom Sohn getragenen Aufwendungen in Höhe von 3000 €.

Der Betrag von 1550 € kann nach Minderung um die zumutbare Belastung als Freibetrag auf der Lohnsteuerkarte 2010 eingetragen werden.

Hat der pflegebedürftige Dritte im Hinblick auf sein Alter oder seine Pflegebedürftigkeit dem Steuerpflichtigen Vermögenswerte zugewendet, z. B. ein Hausgrundstück, so kommt ein Abzug der Pflegeaufwendungen nur in der Höhe in Betracht, in der die Aufwendungen den Wert des hingegebenen Vermögens übersteigen (R 33.3 Abs. 5 EStR).

E. Steuerermäßigung für haushaltsnahe Beschäftigungsverhältnisse, haushaltsnahe Dienstleistungen und Handwerkerrechnungen

1. Höhe der Steuerermäßigung

Die Einkommensteuerermäßigung für haushaltsnahe Beschäftigungsverhältnisse, haushaltsnahe Dienstleistungen und Handwerkerrechnungen ist in § 35a EStG geregelt. Die Besonderheit der Regelung liegt darin, dass nicht ein Freibetrag bei der Ermittlung des zu versteuernden Einkommens abgezogen wird, sondern ein Betrag errechnet wird, der direkt **von der Einkommensteuerschuld abgesetzt** werden kann. Gleichwohl kann für die betreffenden Aufwendungen ein Freibetrag auf der Lohnsteuerkarte eingetragen werden (vgl. nachfolgend unter Nr. 2).

Leben zwei Alleinstehende das ganze Kalenderjahr über in einem Haushalt zusammen, können sie die Höchstbeträge für haushaltsnahe Beschäftigungsverhältnisse und haushaltsnahe Dienstleistungen insgesamt jeweils nur **einmal** in Anspruch nehmen.

Für Aufwendungen, die in einem Haushalt im Inland oder in einem EU-/EWR-Staat*) anfallen können folgende Beträge von der Einkommensteuerschuld abgezogen werden:

Für geringfügige haushaltsnahe Beschäftigungsverhältnisse, sog. Minijobs (einschließlich Pflege und Betreuung)	20% der Aufwendungen, höchstens **510 €**
Für sozialversicherungspflichtige Beschäftigungsverhältnisse im Haushalt und für sonstige haushaltsnahe Dienstleistungen (einschließlich Pflege und Betreuung)	20% der Aufwendungen, höchstens **4000 €**
für die Inanspruchnahme von **Handwerkerleistungen** für Renovierungs-, Erhaltungs- und Modernisierungsmaßnahmen	20% der Aufwendungen, höchstens **1200 €**

Sowohl bei Aufwendungen im Rahmen einer haushaltsnahen Dienstleistung als auch bei Handwerker- oder Pflege- und Betreuungsleistungen ist die Steuerermäßigung davon abhängig, dass für die Aufwendungen eine Rechnung ausgestellt wurde und die Zahlung auf ein Konto des Erbringers der Leistung erfolgt ist. **Für Barzahlungen und Barschecks wird keine Steuerermäßigung gewährt.**

Alle Einzelheiten für die Inanspruchnahme der Steuerermäßigung sind anhand von Beispielen beim Stichwort „Hausgehilfin" unter Nr. 9 auf Seite 396 ausführlich erläutert.

2. Freibetrag auf der Lohnsteuerkarte

Obwohl die Steuerermäßigung für haushaltsnahe Beschäftigungsverhältnisse und haushaltsnahe Dienstleistungen als Abzugsbetrag von der Einkommensteuerschuld vorgesehen ist, besteht auch die Möglichkeit, sich die Steuerermäßigung sofort im Laufe des Kalenderjahrs als Freibetrag auf der Lohnsteuerkarte eintragen zu lassen. Für die Eintragung in Form eines Freibetrags auf der Lohnsteuerkarte wird die Steuerermäßigung **durch Vervierfachung in einen Freibetrag umgerechnet.** Die höchstmöglichen Freibeträge, die auf der Lohnsteuerkarte 2010 eingetragen werden können, betragen somit

- 510 € × 4 = 2040 €;
- 4000 € × 4 = 16 000 €;
- 1200 € × 4 = 4800 €.

Die normalerweise für die Eintragung eines Freibetrags auf der Lohnsteuerkarte geltende 600-Euro-Grenze (vgl. die Erläuterungen im vorstehenden Abschnitt A Nr. 2) ist in den Fällen der haushaltsnahen Beschäftigungsverhältnisse und haushaltsnahe Dienstleistungen sowie der Handwerkerleistungen **nicht** anzuwenden.

---

*) **EU-Länder** sind die folgenden Mitgliedsländer der Europäischen Union: Belgien, Bulgarien, Dänemark, Estland, Finnland, Frankreich, Griechenland, Irland, Italien, Lettland, Litauen, Luxemburg, Malta, Niederlande, Österreich, Polen, Portugal, Rumänien, Schweden, Slowakei, Slowenien, Spanien, Tschechische Republik, Ungarn, Vereinigtes Königreich Großbritannien und Zypern.
EWR-Mitgliedstaaten, das heißt Staaten, auf das Abkommen über den Europäischen Wirtschaftsraum Anwendung findet, sind: Island, Norwegen und Liechtenstein.

F. Freibetrag auf der Lohnsteuerkarte für Auslandskinder

Arbeitnehmer, die für ihre im Ausland lebenden Kinder weder Kindergeld noch eine dem Kindergeld vergleichbare Leistung im Ausland erhalten, was insbesondere bei Arbeitnehmern aus Ländern, die **nicht** zu den EU/EWR-Staaten*) gehören, der Fall sein kann, können sich den Kinderfreibetrag und den Freibetrag für Betreuungs-, Erziehungs- oder Ausbildungsbedarf als **Freibetrag** vom Finanzamt **auf der Lohnsteuerkarte 2010 eintragen lassen**. Dabei ist zu beachten, dass sowohl der Kinderfreibetrag als auch der Freibetrag für Betreuungs-, Erziehungs- oder Ausbildungsbedarf bei Kindern, die in bestimmten Niedriglohnländern wohnen um ein Viertel, die Hälfte oder um drei Viertel gekürzt wird. Auf die ausführlichen Erläuterungen zu den sog. Auslandskindern in **Anhang 9** unter Nr. 12 auf Seite 956 wird hingewiesen.

G. Entlastungsbetrag für Alleinerziehende bei verwitweten Arbeitnehmern

Der Entlastungsbetrag für Alleinerziehende nach § 24b EStG kann bereits ab dem Monat des Todes des Ehegatten auch Verwitweten mit Kindern gewährt werden (vgl. die Erläuterungen in Anhang 9 Nr. 15 auf Seite 960). Da diese für das Todesjahr und das Folgejahr noch die Steuerklasse III erhalten und im Zahlenwerk der Steuerklasse III der Entlastungsbetrag nicht eingearbeitet ist, kann er nur über die Eintragung eines Freibetrags auf der Lohnsteuerkarte berücksichtigt werden (§ 39a Abs. 1 Nr. 8 EStG). Für diese Eintragung gilt nach § 39a Abs. 2 Satz 4 EStG die **Antragsgrenze von 600 €** (vgl. die Erläuterungen im vorstehenden Abschnitt A Nr. 2).

H. Freibetrag wegen der Eintragung von Verlusten oder Verlustvorträgen

Nach § 39a Abs. 1 Nr. 5 EStG können **alle Verluste** aus sämtlichen Einkunftsarten als Freibetrag auf der Lohnsteuerkarte eingetragen werden, also auch Verlustvorträge.

In die Ermittlung eines Freibetrags wegen negativer Einkünfte sind sämtliche Einkünfte aus Land- und Forstwirtschaft, Gewerbebetrieb, selbständiger Arbeit, Vermietung und Verpachtung, die sonstigen Einkünfte sowie negative Einkünfte aus Kapitalvermögen einzubeziehen, die der Arbeitnehmer und sein Ehegatte voraussichtlich erzielen werden. Das bedeutet, dass sich der Betrag der negativen Einkünfte des Arbeitnehmers z. B. um die positiven Einkünfte des Ehegatten vermindert. Außer Betracht bleiben stets die Einkünfte aus nichtselbständiger Arbeit und positive Einkünfte aus Kapitalvermögen. Die positiven Einkünfte aus Kapitalvermögen bleiben außer Betracht, weil sie in aller Regel der Abgeltungsteuer unterliegen.

Ein Verlust aus Vermietung und Verpachtung eines Gebäudes kann grundsätzlich erstmals für das Kalenderjahr berücksichtigt werden, das auf das Kalenderjahr der Fertigstellung oder der Anschaffung des Gebäudes folgt (§ 39a Abs. 1 Nr. 5 in Verbindung mit § 37 Abs. 3 Satz 6 und 7 EStG). Das Objekt ist angeschafft, wenn der Kaufvertrag abgeschlossen worden ist und Besitz, Nutzungen, Lasten und Gefahr auf den Erwerber übergegangen sind. Das Objekt ist fertiggestellt, wenn es nach Abschluss der wesentlichen Bauarbeiten bewohnbar ist; die Bauabnahme ist nicht erforderlich. Wird ein Objekt vor der Fertigstellung angeschafft, ist der Zeitpunkt der Fertigstellung maßgebend.

Für die Eintragung von Verlusten aus anderen Einkunftsarten auf der Lohnsteuerkarte 2010 ist der allgemeine sechsseitige Vordruck „Antrag auf Lohnsteuer-Ermäßigung 2010" zu verwenden, der beim Finanzamt kostenlos erhältlich ist. Die Eintragung ist in Abschnitt C II des Vordrucks vorzunehmen.

---

*) **EU-Länder** sind die folgenden Mitgliedsländer der Europäischen Union: Belgien, Bulgarien, Dänemark, Estland, Finnland, Frankreich, Griechenland, Irland, Italien, Lettland, Litauen, Luxemburg, Malta, Niederlande, Österreich, Polen, Portugal, Rumänien, Schweden, Slowakei, Slowenien, Spanien, Tschechische Republik, Ungarn, Vereinigtes Königreich Großbritannien und Zypern.
EWR-Mitgliedstaaten, das heißt Staaten, auf die das Abkommen über den Europäischen Wirtschaftsraum Anwendung findet, sind: Island, Norwegen und Liechtenstein.

Berechnung der Vorsorgepauschale 2010, Tabellen zur Vorsorgepauschale 2010

Anhang 8

Neues auf einen Blick:

Ab 1.1.2010 gilt eine völlig **neue Berechnungsformel für die Vorsorgepauschale.** Künftig setzt sich die beim Lohnsteuerabzug zu berücksichtigende Vorsorgepauschale aus **einzelnen Teilbeträgen** zusammen und zwar

- einem Teilbetrag für die **Rentenversicherung,**
- einem Teilbetrag für die **Krankenversicherung** und
- einem Teilbetrag für die **Pflegeversicherung.**

Ein Teilbetrag für die **Arbeitslosenversicherung** ist bei der Berechnung der Vorsorgepauschale **nicht** vorgesehen. Der Lohnsteuertarif ändert sich dadurch grundlegend, das heißt ab 1.1.2010 gelten sowohl völlig neue Lohnsteuerabzugsbeträge als auch neue Solidaritäts- und Kirchensteuerabzüge. Neu ist auch, dass ab 1.1.2010 erstmals eine Vorsorgepauschale bei den **Steuerklassen V und VI** in den Lohnsteuertarif eingearbeitet worden ist. Dies führt in den Steuerklassen V und VI zu einer deutlichen Steuerentlastung. Auch in den anderen Steuerklassen kommt es durch die neue Vorsorgepauschale vor allem in den oberen Lohnbereichen zu erheblichen Steuerminderungen. Allerdings bringt die neue Vorsorgepauschale nicht nur Entlastungen, denn in den unteren und mittleren Lohnbereichen wurden ab 1.1.2010 auch Kürzungen vorgenommen. Um dies deutlich zu machen, ist unter den nachfolgenden Nummern 10 und 11 sowohl eine Tabelle für die Vorsorgepauschale eines sozialversicherungspflichtigen Arbeitnehmers (GKV-krankenversichert) als auch eine Tabelle für die Vorsorgepauschale eines nicht sozialversicherungspflichtigen Arbeitnehmers abgedruckt, wobei die ab 1.1.2010 geltenden neuen Beträge den für 2009 anzusetzenden Werten gegenübergestellt sind. Beim Vergleich der Jahre 2009 und 2010 ist zu berücksichtigen, dass 2009 in die Steuerklassen V und VI keine Vorsorgepauschale eingearbeitet war.

Die bisher geltende Zweiteilung der Vorsorgepauschale in ein Zahlenwerk für sozialversicherungspflichtige Arbeitnehmer einerseits und in ein Zahlenwerk für nicht sozialversicherungspflichtige Arbeitnehmer andererseits (sog. A- und B-Tabelle) ist zwar grundsätzlich beibehalten worden. Ab 1.1.2010 gibt es jedoch zusätzlich eine Reihe von **Mischformen** bei der Berechnung der Vorsorgepauschale, wobei jeder Sozialversicherungszweig (Renten-, Kranken- und Pflegeversicherung) gesondert geprüft werden muss. Ein Mischform kann z. B. eintreten, wenn ein Arbeitnehmer zwar rentenversicherungspflichtig, aber nicht kranken- und pflegeversicherungspflichtig ist (z. B. ein Werkstudent) oder umgekehrt, wenn ein Arbeitnehmer zwar kranken- und pflegeversicherungspflichtig aber nicht rentenversicherungspflichtig ist (z. B. ein weiterbeschäftigter Altersvollrentner). Um dies zu verdeutlichen sind unter der nachfolgenden Nr. 9 Rechenbeispiele zu den wichtigsten Fallkombinationen abgedruckt.

Bisher wurde auch bei einer Veranlagung zur Einkommensteuer eine Vorsorgepauschale gewährt. **Ab 1.1.2010 entfällt der Ansatz einer Vorsorgepauschale im Veranlagungsverfahren.** Bei einer Veranlagung zur Einkommensteuer können ab 1.1.2010 Vorsorgeaufwendungen nur noch dann abgezogen werden, wenn sie im Einzelnen geltend gemacht werden. Die beim Sonderausgabenabzug im Veranlagungsverfahren ab 1.1.2010 anzuwendenden Neuregelungen sind im **Anhang 8a zum Lexikon** ausführlich anhand von Beispielen dargestellt.

Gliederung:

1. Allgemeines
2. Bemessungsgrundlage für die Berechnung der Vorsorgepauschale
   a) Allgemeines
   b) Berechnungsschema zur Ermittlung der Bemessungsgrundlage
3. Berechnung der Vorsorgepauschale im Einzelnen
4. Teilbetrag für die Rentenversicherung
   a) Berechnung des Teilbetrags für die Rentenversicherung
   b) Wer bekommt den Teilbetrag für die Rentenversicherung
5. Teilbetrag für die gesetzliche Basiskrankenversicherung
6. Teilbetrag für die soziale Pflegeversicherung
7. Teilbetrag für die private Basiskranken- und Pflegeversicherung
   a) Allgemeines
8. Mindestvorsorgepauschale für die Beiträge zur Kranken- und Pflegeversicherung
9. Beispiele zur Berechnung der verschiedenen Vorsorgepauschalen ab 1.1.2010
10. Tabelle zur ungekürzten Vorsorgepauschale 2010
    a) Steuerklasse I, II, IV, V und VI für einen kinderlosen Arbeitnehmer, der rentenversicherungspflichtig und in der gesetzlichen Krankenversicherung (GVK) versichert ist
    b) Steuerklasse III für einen Arbeitnehmer mit Kind, der rentenversicherungspflichtig und in der gesetzlichen Krankenversicherung (GKV) versichert ist
11. Tabelle zur gekürzten Vorsorgepauschale 2010
    a) Steuerklasse I, II, IV, V und VI für Arbeitnehmer, die weder in der gesetzlichen Rentenversicherung noch in der gesetzlichen Krankenversicherung versichert sind
    b) Steuerklasse III für Arbeitnehmer, die weder in der gesetzlichen Rentenversicherung noch in der gesetzlichen Krankenversicherung versichert sind

1. Allgemeines

Vorsorgeaufwendungen gehören begrifflich zu den steuerlich abzugsfähigen Sonderausgaben. Die Sonderausgaben werden eingeteilt in Vorsorgeaufwendungen einerseits und „übrige" Sonderausgaben andererseits. Für den Arbeitnehmer ist es dabei wichtig zu wissen, dass nur die „übrigen" Sonderausgaben als Freibetrag auf die Lohnsteuerkarte eingetragen werden (vgl. hierzu die Erläuterungen zum Lohnsteuer-Ermäßigungsverfahren in **Anhang 7 zum Lexikon**). Hiernach ergibt sich folgende Übersicht:

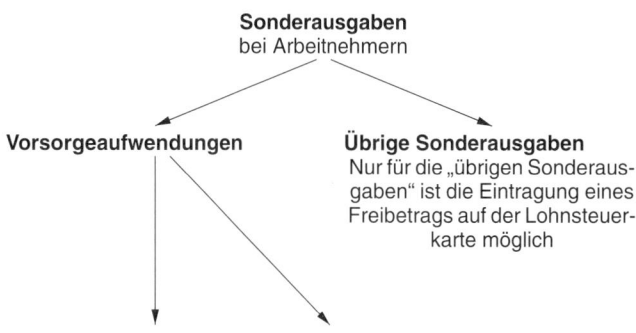

Für Vorsorgeaufwendungen wird kein Freibetrag auf die Lohnsteuerkarte eingetragen weil die Vorsorgeaufwendungen bei allen Arbeitnehmern im Sinne des Lohnsteuerrechts (also auch die Empfänger von Versorgungsbezügen) eine **Vorsorgepauschale** erhalten, die bereits in das Zahlenwerk des Lohnsteuertarifs eingearbeitet ist und den Arbeitnehmeranteil am Gesamtsozialversicherungsbeitrag in pauschaler Form steuerfrei stellen soll. Dadurch dass die Vorsorgepauschale in das Zahlenwerk des Lohnsteuertarifs eingearbeitet ist, wird bei allen Arbeitnehmern der Arbeitnehmeranteil am Gesamtsozialversicherungsbeitrag im Rahmen der steuerlichen Höchstbeträge automatisch beim Lohnsteuerabzug berücksichtigt, sodass sich die Eintragung eines Freibetrags auf der Lohnsteuerkarte für Vorsorgeaufwendungen erübrigt (vgl. hierzu auch die Erläuterungen beim Stichwort „Tarifaufbau" im Hauptteil des Lexikons). Welche Versicherungen im Einzelnen unter den Begriff der Vorsorgeaufwendungen fallen, ist in **Anhang 8a zum Lexikon** erläutert. Hat der Arbeitnehmer höhere Vorsorgeaufwendungen als die Vorsorgepauschale, so ist eine Berücksichtigung der tatsächlichen Vorsorgeaufwendung als Sonderausgaben erst **nach Ablauf des Kalenderjahrs** im

noch Anhang 8

Rahmen einer Veranlagung zur Einkommensteuer möglich. Während des Kalenderjahrs werden die Vorsorgeaufwendungen **von Arbeitnehmern** ohne Rücksicht auf die tatsächliche Höhe **stets** mit der in die Lohnsteuertabellen eingearbeiteten **Vorsorgepauschale** abgegolten.

Bis 31.12.2009 war die Vorsorgepauschale eine echte „Pauschale", das heißt die Beiträge zur Renten-, Kranken-, Pflege- und Arbeitslosenversicherung wurden nur aufgrund einer groben Schätzung in pauschaler Form berücksichtigt. Dadurch wurde bisher im Lohnsteuerabzugsverfahren vielfach eine zu hohe Lohnsteuer einbehalten. Der Arbeitnehmer musste nach Ablauf des Kalenderjahrs eine Veranlagung zur Einkommensteuer beantragen um sich die ggf. zuviel gezahlte Lohnsteuer erstatten zu lassen.

Das **Bundesverfassungsgericht** (Beschluss vom 13.2.2008 2 BvL 1/06) hat hierzu entschieden, dass die derzeitigen steuerlichen Regelungen verfassungswidrig sind, da die Beiträge zur **Kranken- und Pflegeversicherung** nicht in einem Umfang berücksichtigt werden, der erforderlich ist, um dem Steuerzahler und seiner Familie (einschließlich der Kinder) eine sozialhilfegleiche Kranken- und Pflegeversicherung zu gewährleisten. Der Gesetzgeber wurde deshalb zum **1.1.2010** verpflichtet, eine **verfassungskonforme Neuregelung** in Kraft zu setzen. Entsprechend dieser Vorgabe des Bundesverfassungsgerichts sind zum 1.1.2010 sowohl die Vorschriften zur Ermittlung der Vorsorgepauschale bei Lohnsteuerabzug durch den Arbeitgeber als auch der Sonderausgabenabzug von Vorsorgeaufwendungen im Veranlagungsverfahren durch das sog. Bürgerentlastungsgesetz grundlegend geändert worden. Maßgebend sind künftig die tatsächlich anfallenden Beiträge für die (Basis)-Kranken- und Pflegeversicherung des Arbeitnehmers.

Dies ist für den Arbeitnehmer zwar günstiger, macht aber auch die Ermittlung der zutreffenden Vorsorgepauschale wesentlich komplizierter, weil der Arbeitgeber die sozialversicherungsrechtliche Situation jedes einzelnen Arbeitnehmers prüfen muss, um die beim Lohnsteuerabzug anzuwendende Vorsorgepauschale richtig berechnen zu können. Denn entsprechend der unterschiedlichen sozialversicherungsrechtlichen Beurteilung ist dann auch die Vorsorgepauschale unterschiedlich hoch (z. B. bei Schülern, Studenten, Praktikanten, weiterbeschäftigten Altersrentnern, Beamten, Beamtenpensionären, Werkspensionären, Gesellschafter-Geschäftsführern usw.). Bei privat krankenversicherten Arbeitnehmern muss sich der Arbeitgeber die Beiträge zur Kranken- und Pflegeversicherung aus einer bundeseinheitlichen Datenbank heraussuchen oder vom Arbeitnehmer durch eine Bescheinigung seiner privaten Krankenkasse nachweisen lassen (vgl. die Erläuterungen unter der nachfolgenden Nr. 7).

Durch diese ab 1.1.2010 geltenden Differenzierungen kann die bisherige Einteilung in eine ungekürzte Vorsorgepauschale einerseits (sog. A-Tabelle) und in eine gekürzte Vorsorgepauschale andererseits (sog. B-Tabelle) nur noch als grober Anhaltspunkt dienen.

Darüber hinaus gibt es im Veranlagungsverfahren ab 1.1.2010 überhaupt keine Vorsorgepauschale mehr, das heißt berücksichtigt werden nur noch die tatsächlich angefallenen Vorsorgeaufwendungen. Dies kann dazu führen, dass einem Arbeitnehmer die im Lohnsteuerabzugsverfahren durch den Arbeitgeber gewährte (Mindest-)Vorsorgepauschale im nachhinein wieder genommen wird. Hierfür wurde ein eigener Veranlagungstatbestand geschaffen (vgl. die Erläuterungen in Anhang 8a).

Gegenüber der bisher geltenden Rechtslage ergeben sich bei der Vorsorgepauschale ab 1.1.2010 im Wesentlichen folgende Änderungen:

- Ermittlung der Vorsorgepauschale nach der sozialversicherungsrechtlichen Situation des einzelnen Arbeitnehmers.
- Einführung einer arbeitslohnabhängigen Mindestvorsorgepauschale von 12 % höchstens 1900 € bzw. 3000 € für die Beiträge zur gesetzlichen Kranken- und Pflegeversicherung (GKV) oder zur privaten Kranken- und Pflegeversicherung (PKV).
- Keine Mindestvorsorgepauschale für die Beiträge zur gesetzlichen Rentenversicherung.
- Die Vorsorgepauschale wird ab 1.1.2010 auch in den Steuerklassen V und VI gewährt. Dies führt bei den betroffenen Arbeitnehmerinnen und Arbeitnehmern zu einer deutlichen Steuerentlastung.
- Abschaffung der bisher geltenden Günstigerprüfung bei der Berechnung der Vorsorgepauschale aus Vereinfachungsgründen. Im Veranlagungsverfahren wird die Günstigerprüfung hingegen beibehalten.
- Änderung der Bemessungsgrundlage für die Berechnung der Vorsorgepauschale. Bemessungsgrundlage ist der steuerpflichtige Arbeitslohn; die bisherige Kürzung des Arbeitslohns um den Altersentlastungsbetrag oder den Versorgungsfreibetrag entfällt. Entschädigungen im Sinne des § 24 Nr. 1 EStG (z. B. Entlassungsabfindungen, Karenzentschädigung) gehören ab 1.1.2010 nicht mehr zur Bemessungsgrundlage.
- Berücksichtigung der tatsächlichen Kranken- und Pflegeversicherungsbeiträge bei privat versicherten Arbeitnehmern bereits im Lohnsteuerabzugsverfahren.
- Abschaffung der Vorsorgepauchale im Veranlagungsverfahren (abzugsfähig sind nur die tatsächlich entstandenen und nachgewiesenen Aufwendungen);
- Geänderte Aufzeichnungs- und Bescheinigungspflichten für den Arbeitgeber.
- Einführung eines neuen Pflichtveranlagungstatbestands.

2. Bemessungsgrundlage für die Berechnung der Vorsorgepauschale

a) Allgemeines

Bemessungsgrundlage für die Berechnung der Vorsorgepauschale ist der **steuerpflichtige Arbeitslohn** des Arbeitnehmers. Die bisher geltende Regelung, wonach der Arbeitslohn für die Berechnung der Vorsorgepauschale um den Versorgungsfreibetrag und den Altersentlastungsbetrag zu kürzen war, ist ab 1.1.2010 weggefallen. Eine Vorsorgepauschale wird nur dann gewährt, wenn steuerpflichtiger Arbeitslohn bezogen wurde. Steuerfreier Arbeitslohn gehört nicht zur Bemessungsgrundlage für die Vorsorgepauschale, und zwar auch dann nicht, wenn für den Arbeitslohn Sozialversicherungsbeiträge entrichtet wurden, wie dies z. B. bei einer Steuerfreistellung nach einem Doppelbesteuerungsabkommen oder dem Auslandstätigkeitserlass der Fall sein kann. Eine Ausnahme gilt ab 1.1.2010 für Entschädigungen im Sinne des § 24 Nr. 1 EStG. Dies sind insbesondere Abfindungen wegen Entlassung aus dem Dienstverhältnis und Karenzentschädigungen. Die **Entlassungsabfindungen** und Karenzentschädigungen wurden durch ausdrückliche gesetzliche Regelung (§ 39b Abs. 2 Satz 5 Nr. 3 Satz 2 EStG) ab 1.1.2010 aus der Bemessungsgrundlage für die Vorsorgepauschale herausgenommen, weil für sie keine entsprechenden Sozialversicherungsbeiträge anfallen (vgl. die Stichworte „Abfindungen wegen Entlassung aus dem Dienstverhältnis", „Entschädigungen" und „Karenzentschädigung").

Der Begriff „Arbeitslohn" ist im lohnsteuerlichen Sinne zu verstehen (nicht im sozialversicherungsrechtlichen). Eine Vorsorgepauschale erhalten deshalb nicht nur Arbeitnehmer, die in einem aktiven Dienstverhältnis stehen, sondern auch solche Personen, die Arbeitslohn aufgrund früherer Dienstleistungen erhalten (Beamtenpensionäre, Werkspensionäre).

b) Berechnungsschema zur Ermittlung der Bemessungsgrundlage

Die Bemessungsgrundlage, das heißt der steuerpflichtige Arbeitslohn zum Berechnen der Vorsorgepauschale oder zum Ablesen der Vorsorgepauschale aus den unter den folgenden Nrn. 10 und 11 abgedruckten Tabellen ermittelt sich wie folgt:

Ermittlung der Bemessungsgrundlage	
steuerpflichtiger Arbeitslohn	
abzüglich Entschädigungen i. S. des § 24 Nr. 1 EStG (z. B. Entlassungsabfindungen und Karenzentschädigungen)	
Bemessungsgrundlage	

Die **Gleitzone** in der Sozialversicherung ist für die Ermittlung der Bemessungsgrundlage zur Berechnung der Vorsorgepauschale **nicht** maßgebend.

Die Bemessungsgrundlage ist auf die sozialversicherungsrechtlichen Beitragsbemessungsgrenzen begrenzt:

Dies sind im Kalenderjahr 2010 in der Kranken- und Pflegeversicherung jährlich **45 000 €** (monatlich 3750 €), in allen Bundesländern. In der gesetzlichen Rentenversicherung beträgt die Beitragsbemessungsgrenze

- jährlich **66 000 €** (monatlich 5500 €) in den alten Bundesländern und
- jährlich **55 800 €** (monatlich 4650 €) in den neuen Bundesländern.

Die bisher geltende Vereinfachungsregelung wonach einheitlich die Beitragsbemessungsgrenze West anzuwenden war, ist weggefallen.

noch Anhang 8

Die Beitragsbemessungsgrenze von 66 000 € oder 55 800 € gilt auch bei einer Versicherung in der knappschaftlichen Rentenversicherung. Die besondere Beitragsbemessungsgrenze für die knappschaftliche Rentenversicherung ist für die Berechnung der Vorsorgepauschale **nicht** maßgebend. Weiterhin sind die sozialversicherungsrechtlichen Sonderbestimmungen bei einer Mehrfachbeschäftigung (vgl. dieses Stichwort) für die Berechnung der Vorsorgepauschale **nicht** maßgebend.

3. Berechnung der Vorsorgepauschale im Einzelnen

Ab 1.1.2010 setzt sich die beim Lohnsteuerabzug zu berücksichtigende Vorsorgepauschale aus **einzelnen Teilbeträgen** zusammen (§ 39b Abs. 2 Satz 5 Nr. 3 EStG) und zwar

– einem Teilbetrag für die **Rentenversicherung,**
– einem Teilbetrag für die **Krankenversicherung** und
– einem Teilbetrag für die **Pflegeversicherung.**

Ein Teilbetrag für die **Arbeitslosenversicherung** ist bei der Berechnung der Vorsorgepauchale **nicht** vorgesehen. Der Arbeitnehmer muss deshalb seine Beiträge zur Arbeitslosenversicherung bei seiner Veranlagung zur Einkommensteuer nach Ablauf des Kalenderjahrs im Einzelnen als Sonderausgaben geltend machen.

Ob die Voraussetzungen für den Ansatz der einzelnen Teilbeträge vorliegen, ist für **jeden Versicherungszweig gesondert zu prüfen.** Die Summe aller Teilbeträge ergibt die anzusetzende Vorsorgepauschale.

Beispiel
Bei einem kinderlosen, sozialversicherungspflichten Arbeitnehmer mit einem Jahresarbeitslohn von 30 000 € (Steuerklasse I) ergeben sich ab 1.1.2010 folgende Teilbeträge für die Berechnung der Vorsorgepauchale:

– Teilbetrag für die Rentenversicherung
(9,95 % von 30 000 € = 2 985 €; davon 40 % lt. Übergangsregelung,
vgl. nachfolgend unter Nr. 4) 1 194,– €
– Teilbetrag für die Krankenversicherung
(7,6 % von 30 000 €; maßgebend ist der ermäßigte Beitragssatz,
vgl. nachfolgend unter Nr. 5) 2 280,– €
– Teilbetrag für die Pflegeversicherung
(1,225 % von 30 000 € für einen kinderlosen Arbeitnehmer, vgl.
nachfolgend unter Nr. 6) 367,50 €
Vorsorgepauschale insgesamt 3 841,50 €
aufgerundet auf volle Euro **3 842,– €**
bisherige Vorsorgepauschale für 2009 2 575,– €

Unter der nachfolgenden Nr. 10 ist eine Tabelle abgedruckt, aus der die Vorsorgepauschale für den maßgebenden Bruttoarbeitslohn direkt abgelesen und mit dem Betrag für 2009 verglichen werden kann.

4. Teilbetrag für die Rentenversicherung

a) Berechnung des Teilbetrags für die Rentenversicherung

Als Teilbetrag der Vorsorgepauschale für die Rentenversicherung wird auf der Grundlage des steuerpflichtigen Arbeitslohns – losgelöst von der Berechnung der tatsächlich abzuführenden Rentenversicherungsbeiträge – typisierend ein **fingierter Arbeitnehmeranteil für die Rentenversicherung** eines pflichtversicherten Arbeitnehmers berechnet. Dies ist deshalb notwendig, weil die durch das Alterseinkünftegesetz ab 2005 eingeführte Übergangsregelung Anwendung findet, nach der bis zum Kalenderjahr 2025 stufenweise auf die volle Abziehbarkeit der Beiträge zur Rentenversicherung übergeleitet wird (§ 39b Abs. 4 EStG).

Hiernach wird zuerst der Arbeitnehmeranteil am Rentenversicherungsbetrag errechnet und zwar durch Anwendung des halben Beitragssatzes (zurzeit 50 % von 19,9 % = 9,95 %) auf den steuerpflichtigen Bruttoarbeitslohn. Dieser Betrag wird jedoch aufgrund der Übergangsregelung in § 39b Abs. 4 EStG nur mit folgenden Prozentsätzen angesetzt:

– im Kalenderjahr 2010 mit 40 %
– im Kalenderjahr 2011 mit 44 %
– im Kalenderjahr 2012 mit 48 %
– im Kalenderjahr 2013 mit 52 %
– im Kalenderjahr 2014 mit 56 %

Dieser Prozentsatz erhöht sich jährlich um 4 %, sodass im Jahr 2025 der volle 50 %ige Arbeitnehmeranteil erreicht ist.

Beispiel
Der Arbeitslohn eines ledigen rentenversicherungspflichtigen Arbeitnehmers (Steuerklasse I) beträgt 30 000 € im Kalenderjahr. Der Teilbetrag der Vorsorgepauschale für das Kalenderjahr 2010 errechnet sich wie folgt:

9,95 % von 30 000 € 2 985,– €
davon 40 % 1 194,– €
vereinfacht kann man auch rechnen:
40 % von 9,95 % = **3,98 %**
3,98 % von 30 000 € = 1 194,– €

Nach oben ist der Teilbetrag für die Rentenversicherung durch die Beitragsbemessungsgrenze begrenzt. Für 2010 beträgt der höchstmögliche Teilbetrag für die Rentenversicherung somit

– in den alten Bundesländern 3,98 % von 66 000 € = **2 626,80 €**;
– in den neuen Bundesländern 3,98 % von 55 800 € = **2 220,84 €**.

Eine Aufrundung auf volle Euro erfolgt erst, wenn die Summe der drei Teilbeträge der Vorsorgepauschale ermittelt ist (vgl. die Berechnungsbeispiele unter der nachfolgenden Nr. 9).

b) Wer bekommt den Teilbetrag für die Rentenversicherung

Der Teilbetrag für die Rentenversicherung (§ 39b Abs. 2 Satz 5 Nr. 3 Buchst. a EStG) wird nur bei Arbeitnehmern angesetzt, die

– in der **gesetzlichen Rentenversicherung pflichtversichert** sind

oder

– wegen der Versicherung in einer berufsständischen Versorgungseinrichtung von der gesetzlichen Rentenversicherung befreit sind (§ 6 Abs. 1 Nr. 1 SGB VI).

Es werden somit im Rahmen der Vorsorgepauschale nur noch dann Rentenversicherungsbeiträge berücksichtigt, wenn davon auszugehen ist, dass diese auch tatsächlich vom Arbeitnehmer gezahlt werden. Das Steuerrecht folgt insoweit der sozialversicherungsrechtlichen Beurteilung, sodass der Arbeitgeber hinsichtlich der maßgeblichen Vorsorgepauschale keinen zusätzlichen Ermittlungsaufwand anstellen muss, sondern auf die ihm insoweit bekannten Tatsachen bei der Abführung der Rentenversicherungsbeiträge bezogen auf das jeweilige Dienstverhältnis zurückgreifen kann. Das bedeutet aber auch, dass der Teilbetrag der Vorsorgepauschale für die Rentenversicherung nur dann angesetzt werden darf, wenn der Arbeitnehmer auch tatsächlich einen Beitragsanteil zahlt. Der Teilbetrag der Vorsorgepauschale für die Rentenversicherung ist demnach z. B. **nicht** zu berücksichtigen

– für **Beamte,** Richter, Berufssoldaten und Soldaten auf Zeit;
– für **beherrschende Gesellschafter-Geschäftsführer** einer GmbH (vgl. die Beispiele U und V unter der nachfolgenden Nr. 9);
– für **Vorstandsmitglieder** von Aktiengesellschaften (§ 1 Satz 4 SGB VI);
– für **weiterbeschäftigte Altersvollrentner** oder vergleichbaren Pensionsempfängern, selbst wenn gemäß § 172 Absatz 1 SGB VI ein Arbeitgeberanteil zur gesetzlichen Rentenversicherung zu entrichten ist;
– für **Auszubildende,** deren Ausbildungsvergütung 325 € im Monat nicht übersteigt, weil in diesem Fall der Arbeitgeber auch den Arbeitnehmeranteil am Rentenversicherungsbeitrag trägt;
– für Arbeitnehmer, die wegen **kurzfristiger** (bis zu 50 Tagen oder 2 Monaten im Kalenderjahr) Beschäftigung keinen Beitragsanteil zur gesetzlichen Rentenversicherung entrichten (vgl. „Geringfügige Beschäftigung");
– für geringfügig beschäftigte Arbeitnehmer (sog. 400-Euro-Jobs), bei denen die Lohnsteuer nach den Merkmalen einer vorgelegten **Lohnsteuerkarte** erhoben wird und für die nur der pauschale Arbeitgeberbeitrag zur gesetzlichen Rentenversicherung entrichtet wird. Hat der Arbeitnehmer durch Aufstockung des pauschalen Arbeitgeberbeitrags zur gesetzlichen Rentenversicherung optiert, so ist der Teilbetrag für die Rentenversicherung anzusetzen.
– für andere Arbeitnehmer, wenn sie zum Beispiel als **Schüler** oder **Praktikant** oder aus anderen Gründen entsprechend den sozialversicherungsrechtlichen Bestimmungen nicht in der gesetzlichen Rentenversicherung pflichtversichert sind und deshalb auch keinen Beitrag zur gesetzlichen Rentenversicherungs zu leisten haben;
– für **Beamtenpensionäre** und Pensionäre mit vergleichbarem Status;
– für **weiterbeschäftigte** Beamtenpensionäre und Pensionäre mit vergleichbarem Status;
– für Empfänger einer **Betriebsrente** (sog. Werkspension).

Es ist also stets im Einzelfall zu prüfen, ob der Arbeitnehmer in der gesetzlichen Rentenversicherung pflichtversichert ist oder nicht.

Beispiel A
Es wird ein **Werkstudent** beschäftigt, der mehr verdient als 400 € monatlich. Der Student ist pflichtversichert in der gesetzlichen Rentenversicherung; er bekommt deshalb eine Vorsorgepauschale mit dem Teilbetrag für die Rentenversicherung (vgl. die Beispiele L und M unter der nachfolgenden Nr. 9).

noch Anhang 8

Beispiel B
Es wird ein **Schüler** in den Ferien beschäftigt, der mehr verdient als 400 € monatlich. Der Schüler ist nicht pflichtversichert in der gesetzlichen Rentenversicherung; er bekommt deshalb nur eine Vorsorgepauschale ohne Teilbetrag für die Rentenversicherung (vgl. das Beispiel O unter der nachfolgenden Nr. 9).

Beispiel C
Ein Schüler oder Student wird auf 400-€-Basis beschäftigt. Er legt eine Lohnsteuerkarte vor, wodurch die pauschale 2%ige Lohnsteuer entfällt. Beim Lohnsteuerabzug nach der Lohnsteuerkarte darf deshalb nur eine Vorsorgepauschale ohne Teilbetrag für die Rentenversicherung angesetzt werden (vgl. das Beispiel P unter der nachfolgenden Nr. 9).

Beispiel D
Bei einem **Auszubildenden** trägt der Arbeitgeber den Gesamtsozialversicherungsbeitrag. Obwohl der Auszubildende pflichtversichert in der gesetzlichen Rentenversicherung ist (§ 1 Nr. 1 SGB VI), bekommt er keinen Teilbetrag für die Rentenversicherung (vgl. das Beispiel K unter der nachfolgenden Nr. 9).

5. Teilbetrag für die gesetzliche Basiskrankenversicherung

Der Teilbetrag für die gesetzliche Krankenversicherung (§ 39b Abs. 2 Satz 5 Nr. 3 Buchst. b EStG) wird bei Arbeitnehmern angesetzt, die in der **gesetzlichen** Krankenversicherung (GKV) versichert sind; dies gilt sowohl für pflichtversicherte als auch für freiwillig in der GKV versicherte Arbeitnehmer (z. B. höher verdienende Arbeitnehmer und freiwillig in der GKV versicherte Beamte).

Auch für diesen Teilbetrag der Vorsorgepauschale wird auf Grundlage des steuerpflichtigen Arbeitslohns – außerhalb der Berechnung der tatsächlich abzuführenden Krankenversicherungsbeiträge – typisierend der Arbeitnehmeranteil für die Krankenversicherung eines pflichtversicherten Arbeitnehmers berechnet.

Bei der Berechnung des Teilbetrags der Vorsorgepauschale für die Krankenversicherung ist der **ermäßigte** Beitragssatz (§ 243 SGB V) maßgebend, das heißt der Beitragssatz ohne Anspruch auf Krankengeld (ermäßigter Beitragssatz seit 1.7.2009 = 14,3%). Da der Arbeitgeberanteil um 0,9% niedriger ist, errechnet sich der Arbeitnehmeranteil wie folgt:

14,3% – 0,9% = 13,4%. Davon die Hälfte = 6,7% zuzüglich 0,9% ergibt einen Arbeitnehmeranteil von **7,6%**. Hierdurch wird bereits bei der Vorsorgepauschale dem Umstand Rechnung getragen, dass Beitragsteile, die auf das Krankengeld entfallen, nicht als Sonderausgaben abziehbar sind (§ 10 Abs. 1 Nr. 3 Buchst. a EStG).

Beispiel
Ein Arbeitgeber beschäftigt 2010 einen Arbeitnehmer, der in allen Zweigen der Sozialversicherung versicherungspflichtig ist. Der Arbeitnehmer hat die Steuerklasse I und erhält einen Monatslohn von 3100 € (Jahresarbeitslohn 37 200 €). Der Teilbetrag seiner Vorsorgepauschale für die gesetzliche Krankenversicherung errechnet sich wie folgt:
7,6% von 37 200 € = **2827,20 €**.
Eine Aufrundung auf volle Euro erfolgt erst, wenn die Summe der drei Teilbeträge der Vorsorgepauschale ermittelt ist (vgl. die Berechnungsbeispiele unter der nachfolgenden Nr. 9).

Nach oben ist der Teilbetrag für die Krankenversicherung durch die Beitragsbemessungsgrenze begrenzt. Für 2010 beträgt der höchstmögliche Teilbetrag für die gesetzliche Krankenversicherung somit in den alten und neuen Bundesländern einheitlich 7,6% von 45 000 € = **3420,00 €**.

Nach unten wird der Teilbetrag für die Krankenversicherung durch die **Mindestvorsorgepauschale** abgedeckt (vgl. die Erläuterungen unter der nachfolgenden Nr. 8).

Bei der Beurteilung, welcher Arbeitnehmer den Teilbetrag für die gesetzliche Krankenversicherung erhält, folgt das Steuerrecht der sozialversicherungsrechtlichen Beurteilung, so dass der Arbeitgeber hinsichtlich der maßgeblichen Vorsorgepauschale keinen zusätzlichen Ermittlungsaufwand anstellen muss, sondern auf die ihm insoweit bekannten Tatsachen bei der Abführung der Krankenversicherungsbeiträge – bezogen auf das jeweilige Dienstverhältnis – zurückgreifen kann. Das bedeutet aber auch, dass der Teilbetrag der Vorsorgepauschale für die Krankenversicherungsbeiträge nur dann angesetzt werden darf, wenn der Arbeitnehmer auch tatsächlich einen Beitragsanteil zahlt. Zahlt der Arbeitnehmer keinen eigenen Beitragsanteil, kommt die Mindestvorsorgepauschale zum Ansatz (vgl. die Erläuterungen unter der nachfolgenden Nr. 8). Ein Teilbetrag der Vorsorgepauschale für die Krankenversicherung in Höhe von 7,6% des Arbeitslohns ist demnach z. B. **nicht** zu berücksichtigen

- bei **Schülern, Studenten, Praktikanten** (vgl. die Beispiele L, M, N, O unter der nachfolgenden Nr. 9);
- bei **Auszubildenden,** deren Ausbildungsvergütung 325 € im Monat nicht übersteigt, weil in diesem Fall der Arbeitgeber auch den Arbeitnehmeranteil am Krankenversicherungsbeitrag trägt (vgl. das Beispiel K unter der nachfolgenden Nr. 9);
- bei geringfügig beschäftigten Arbeitnehmern (geringfügig entlohnte Beschäftigung sowie kurzfristige Beschäftigung), bei denen die Lohnsteuer nach den Merkmalen einer vorgelegten **Lohnsteuerkarte** erhoben wird, ist kein Teilbetrag für die gesetzliche Krankenversicherung anzusetzen, wenn kein Arbeitnehmeranteil für die Krankenversicherung zu entrichten ist (vgl. das Beispiel P unter der nachfolgenden Nr. 9);
- bei **weiterbeschäftigten Beamtenpensionären** und Pensionären mit vergleichbarem Status (vgl. das Beispiel S unter der nachfolgenden Nr. 9);
- bei **nebenher tätigen Beamten** (vgl. das Beispiel R unter der nachfolgenden Nr. 9).

6. Teilbetrag für die soziale Pflegeversicherung

Der Teilbetrag für die soziale Pflegeversicherung (§ 39b Abs. 2 Satz 5 Nr. 3 Buchst. c EStG) wird bei Arbeitnehmern angesetzt, die in der sozialen Pflegeversicherung versichert sind. Versicherungspflichtig in der sozialen Pflegeversicherung sind nach § 20 Abs. 1 SGB XI die versicherungspflichtigen Mitglieder der gesetzlichen Krankenversicherung.

Auch für diesen Teilbetrag der Vorsorgepauschale wird auf Grundlage des steuerlichen Arbeitslohns – außerhalb der Berechnung der tatsächlich abzuführenden Pflegeversicherungsbeiträge – typisierend ein fingierter Arbeitnehmeranteil für die soziale Pflegeversicherung eines pflichtversicherten Arbeitnehmers berechnet

Länderspezifische Besonderheiten bei den Beitragssätzen sind dabei zu berücksichtigen (z. B. höherer Arbeitnehmeranteil in Sachsen; zurzeit 1,475% statt 0,975%).

Es ist auch der Beitragszuschlag für Arbeitnehmer ohne Kinder in Höhe von 0,25% zu berücksichtigen (§ 55 Abs. 3 SGB X). Ob es Kinder gibt, die hier zu berücksichtigen sind, ist dem Arbeitgeber aufgrund seiner Pflichten im Zusammenhang mit der Abführung der Sozialversicherungsbeiträge bekannt (vgl. das Stichwort „Beitragszuschlag zur sozialen Pflegeversicherung für Kinderlose").

Nach oben ist der Teilbetrag für die Pflegeversicherung durch die Beitragsbemessungsgrenze begrenzt. Für 2010 beträgt der höchstmögliche Teilbetrag für die gesetzliche Pflegeversicherung somit für einen kinderlosen Arbeitnehmer

- in Sachsen 1,725% von 45 000 € = **776,25 €**
- in den übrigen Bundesländern 1,225% von 45 000 € = **551,25 €**

Nach unten wird der Teilbetrag für die Pflegeversicherung durch die **Mindestvorsorgepauschale** abgedeckt (vgl. die Erläuterungen unter der nachfolgenden Nr. 8).

Beispiel A
Ein kinderloser, sozialversicherungspflichtiger Arbeitnehmer in Bayern (Steuerklasse I) hat 2010 einen Bruttoarbeitslohn von 30 000 €. Die Vorsorgepauschale berechnet sich wie folgt:

- Teilbetrag Rentenversicherung 3,98% von 30 000 €   1 194,— €
- Teilbetrag Krankenversicherung 7,6% von 30 000 €   2 280,— €
- Teilbetrag Pflegeversicherung 1,225% von 30 000 €   367,50 €

Vorsorgepauschale insgesamt   3 841,50
aufgerundet auf volle Euro   **3 842,— €**
bisherige Vorsorgepauschale für 2009   2 575,— €

Unter der nachfolgenden Nr. 10 ist eine Tabelle abgedruckt, aus der die Vorsorgepauschale für den maßgebenden Bruttoarbeitslohn direkt abgelesen und mit dem Betrag für 2009 verglichen werden kann.

Beispiel B
Ein sozialversicherungspflichtiger Arbeitnehmer in Bayern mit einem Kind (Steuerklasse III) hat 2010 einen Bruttoarbeitslohn von 30 000 €. Die Vorsorgepauschale berechnet sich wie folgt:

- Teilbetrag Rentenversicherung
  3,98% von 30 000 €   1 194,— €
- Teilbetrag Krankenversicherung
  7,6% von 30 000 €   2 280,— €
- Teilbetrag Pflegeversicherung
  0,975% von 30 000 €   292,50 €

Teilbeträge für die Kranken- und Pflegeversicherung insgesamt   2 572,50

noch Anhang 8

Da die Teilbeträge für die Kranken- und Pflegeversicherung niedriger sind als die Mindestvorsorgepauschale in Steuerklasse III (= 3000 €) ist diese anzusetzen 3 000,— €
Vorsorgepauschale insgesamt **4 194,— €**
bisherige Vorsorgepauschele für 2009 5 002,— €

Unter der nachfolgenden Nr. 10 ist eine Tabelle abgedruckt, aus der die Vorsorgepauschale für den maßgebenden Bruttoarbeitslohn direkt abgelesen und mit dem Betrag für 2009 verglichen werden kann.

Beispiel C

Ein kinderloser, sozialversicherungspflichtiger Arbeitnehmer in Sachsen (Steuerklasse I) hat 2010 einen Bruttoarbeitslohn von 30 000 €. Die Vorsorgepauschale berechnet sich wie folgt:
- Teilbetrag Rentenversicherung 3,98 % von 30 000 € 1 194,— €
- Teilbetrag Krankenversicherung 7,6 % von 30 000 € 2 280,— €
- Teilbetrag Pflegeversicherung 1,725 % von 30 000 € 517,50 €

Vorsorgepauschale insgesamt 3 991,50 €
aufgerundet **3 992,— €**

7. Teilbetrag für die private Basiskranken- und Pflegeversicherung

a) Allgemeines

Der Teilbetrag der Vorsorgepauschale für die **gesetzliche** Krankenversicherung nach § 39b Abs. 2 Satz 5 Nr. 3 Buchst. b EStG gilt nur für Arbeitnehmer, die in der **gesetzlichen Krankenversicherung** (GKV) versichert sind, und zwar sowohl für pflichtversicherte als auch für **freiwillig** in der GKV versicherte Arbeitnehmer. Für Arbeitnehmer, die **privat** kranken- und pflegeversichert sind, kann wegen der unterschiedlichen Höhe der Beiträge keine prozentuale Ermittlung der Vorsorgepauschale erfolgen. Der Gesetzgeber hat deshalb für den Lohnsteuerabzug in § 39b Abs. 2 Satz 5 Nr. 3 Buchst. d EStG festgelegt, dass in den Steuerklassen I bis V **(nicht jedoch in Steuerklasse VI)** als Teilbetrag der Vorsorgepauschale für die private Kranken- und Pflegeversicherung die tatsächlich vom Arbeitnehmer aufgewendeten Beiträge anzusetzen sind, **die der Arbeitnehmer dem Arbeitgeber mitteilen muss.** Von einer „Pauschale" kann in diesem Fall nicht mehr gesprochen werden.

Teilt der Arbeitnehmer dem Arbeitgeber seine tatsächlich angefallenen Beiträge nicht mit (aus welchen Gründen auch immer), muss der Arbeitgeber die **Mindestvorsorgepauschale** für die Beiträge zur Kranken- und Pflegeversicherung ansetzen und zwar auch in der Steuerklasse VI. Die Mindestvorsorgepauschale beträgt **12 % des Arbeitslohns** höchstens
- **1900 €** in den Steuerklassen I, II, IV, V und VI oder
- **3000 €** in der Steuerklasse III

ansetzen (vgl. die Erläuterungen unter der nachfolgenden Nr. 8).

Die mitgeteilten Beträge sind nur dann maßgebend, wenn sie höher sind als die Mindestvorsorgepauschale. Die Vorlage einer Bescheinigung macht also nur dann Sinn, wenn die bescheinigten Beiträge höher sind als die Mindestvorsorgepauschale. Unter der nachfolgenden Nr. 11 ist eine Tabelle zu der ab 2010 geltenden Mindestvorsorgepauschale abgedruckt. Anhand dieser Tabelle kann der Arbeitgeber beurteilen, ob sich die Vorlage einer Bescheinigung für den betreffenden Arbeitnehmer tatsächlich lohnt.

Im Einzelnen gilt für die tatsächliche Berücksichtigung der Beiträge privat kranken- und pflegeversicherter Arbeitnehmer beim Lohnsteuerabzug durch den Arbeitgeber Folgendes:

Ein Teilbetrag für die **private** Basiskranken- und Pflegeversicherung (§ 39b Abs. 2 Satz 5 Nr. 3 Buchst. d EStG) wird bei Arbeitnehmern angesetzt, die **nicht** in der gesetzlichen Krankenversicherung und sozialen Pflegeversicherung versichert sind (z. B. privat versicherte Beamte, beherrschende Gesellschafter-Geschäftsführer und höher verdienende privat versicherte Arbeitnehmer).

Der Arbeitnehmer muss seine Beiträge (und ggf. die Beiträge seiner mitversicherten Ehefrau und seiner mitversicherten Kinder) zu einer privaten Basiskranken- und Pflegeversicherung durch eine Bescheinigung seiner Krankenkasse nachweisen. Das Versicherungsunternehmen darf nur den Teil der Beiträge bescheinigen, die der sog. Basisversicherung dienen. Beiträge und Beitragsteile, die zur Finanzierung von **Krankengeld** und Zusatzleistungen oder Komfortleistungen aufgewendet werden (z. B. Chefarztbehandlung, Einbettzimmer im Krankenhaus), sind **nicht** berücksichtigungsfähig und dürfen deshalb von der Krankenkasse nicht bescheinigt werden (vgl. die Erläuterungen zu den als Sonderausgaben abzugsfähigen Vorsorgeaufwendungen im nachfolgenden Anhang 8a unter Nr. 5 Buchstabe c).

Leistet der Arbeitgeber nach § 3 Nr. 62 EStG steuerfreie Zuschüsse zu einer privaten Kranken- und Pflegeversicherung, können im Rahmen der Vorsorgepauschale – ebenso wie beim Sonderausgabenabzug im Rahmen der Einkommensteuerveranlagung – nur die um die steuerfreien Zuschussleistungen des Arbeitgebers verminderten Beitragsleistungen berücksichtigt werden.

Aus Vereinfachungsgründen wird dieser Kürzungsbetrag im Rahmen der Vorsorgepauschale in der Höhe angesetzt, der dem Arbeitgeberanteil bei einem pflichtversicherten Arbeitnehmer entspricht, wobei auch hier für die Krankenversicherung auf den ermäßigten Beitragssatz abzustellen ist. Der ermäßigte Beitragssatz beträgt seit 1.7.2009 14,3 %. Der Arbeitgeberanteil errechnet sich wie folgt: 14,3 % – 0,9 % = 13,4 %. Davon die Hälfte = 6,7 %. Dieser Kürzungsbetrag ist also niedriger, als der vom Arbeitgeber tatsächlich gezahlte steuerfreie Arbeitgeberzuschuss zur privaten Krankenversicherung des Arbeitnehmers*).

Der höchstmögliche Beitragszuschuss zur privaten Krankenversicherung beträgt 2010 monatlich 6,7 % von 3750 € = 251,25 €
Der höchstmögliche Beitragszuschuss zur privaten Pflegeversicherung beträgt 2010 monatlich 0,975 % von 3750 € = 36,56 €
insgesamt **287,81 €**

Auf das Beispiel E unter nachfolgenden Nr. 9 und die Erläuterungen bei den Stichworten „Arbeitgeberzuschuss zur Krankenversicherung" und „Arbeitgeberzuschuss zur Pflegeversicherung " wird Bezug genommen.

Will der Privatversicherte seinem Arbeitgeber z. B. wegen seines Gesundheitszustandes oder dem seiner Ehefrau die Beiträge zur privaten Kranken-und Pflegeversicherung nicht mitteilen, ist die Mindestvorsorgepauschale anzusetzen (vgl. die Erläuterungen unter der nachfolgenden Nr. 8).

Mittelfristig sollen sich die Beiträge eines Arbeitnehmers für die private Basiskranken- und Pflegeversicherung aus der lohnsteuerlichen Datenbank (ELSTAM) ergeben. Die ELSTAM-Datenbank befindet sich derzeit noch im Aufbau; entsprechende Daten können deshalb von den Arbeitgebern voraussichtlich erst ab 2013 abgerufen werden. Bis die Daten mittels ELSTAM zur Verfügung stehen, müssen die Arbeitnehmer daher dem Arbeitgeber die Beiträge zu einer privaten Basiskranken- und Pflegeversicherung mit entsprechenden Beitragsbescheinigungen nachweisen. Der Gesetzgeber geht davon aus, dass die Krankenversicherungsunternehmen den Arbeitnehmern entsprechende Bescheinigungen ausstellen werden. Eine vom Arbeitnehmer vorgelegte Beitragsbescheinigung für das Kalenderjahr 2010 ist bei der Lohnsteuerberechnung ab 2011 nicht mehr gültig. Legt der Arbeitnehmer für das Kalenderjahr 2011 keine neue Beitragsbescheinigung vor, ist nur noch die Mindestvorsorgepauschale anzusetzen.

Der Arbeitgeber muss zwar die vom Arbeitnehmer vorgelegten Bescheinigungen bei der Lohnabrechnung berücksichtigen. Er muss aber diese Bescheinigungen nicht ausdrücklich verlangen. Der Arbeitgeber kann den Arbeitnehmer allenfalls darauf hinweisen, dass es diese Möglichkeit gibt.

Legt der Arbeitnehmer eine Bescheinigung mit **rückwirkenden** Eintragungen vor, gilt Folgendes:

Der Arbeitgeber kann die Beitragsbescheinigung oder eine geänderte Beitragsbescheinigung entsprechend ihrer zeitlichen Gültigkeit beim Lohnsteuerabzug – auch rückwirkend – berücksichtigen. Der Arbeitgeber ist allerdings **nicht** verpflichtet, bereits abgerechnete Lohnzahlungszeiträume zu ändern (vgl. die Erläuterungen beim Stichwort „Änderung des Lohnsteuerabzugs"). Sind die als Sonderausgaben abziehbaren privaten Kranken- und Pflegeversicherungsbeiträge höher als die im Lohnsteuerabzugsverfahren berücksichtigten Beiträge, kann der Arbeitnehmer die tatsächlich gezahlten Beiträge bei der Veranlagung zur Einkommensteuer geltend machen. Sind die Beiträge niedriger, ist eine Pflichtversicherung durchzuführen (§ 46 Absatz 2 Nummer 3 EStG).

---

*) Die gesetzliche Formulierung in § 39b Abs. 2 Satz 5 Nr. 3 Buchst. d EStG zu dieser Regelung lautet:
„Für die Krankenversicherung und für die private Pflege-Pflichtversicherung bei Arbeitnehmern, die nicht unter Buchstabe b und c fallen, in den Steuerklassen I bis V in Höhe der dem Arbeitgeber mitgeteilten Beiträge im Sinne des § 10 Absatz 1 Nummer 3, etwaig vervielfältigt unter sinngemäßer Anwendung von Satz 2 auf einen Jahresbetrag, vermindert um den Betrag, der sich aus der hälftigen Berücksichtigung der Beitragsbemessungsgrenze und den ermäßigten Beitragssatz in der gesetzlichen Krankenversicherung sowie den bundeseinheitlichen Beitragssatz in der sozialen Pflegeversicherung dem Arbeitgeberanteil für einen pflichtversicherten Arbeitnehmer entspricht, **wenn der Arbeitgeber gesetzlich verpflichtet ist, Zuschüsse zu den Kranken- und Pflegeversicherungsbeiträgen des Arbeitnehmers zu leisten.**"

noch Anhang 8

8. Mindestvorsorgepauschale für die Beiträge zur Kranken- und Pflegeversicherung

Bis 31.12.2009 wurde für sonstige Vorsorgeaufwendungen (zusätzlich zu den Rentenversicherungsbeiträgen) eine Pauschale von 11 % des Arbeitslohns berücksichtigt, höchstens jedoch

- 1500 € in den Steuerklassen I, II und IV,
- 3000 € in der Steuerklasse III.

Ab 1.1.2010 beträgt die Mindestvorsorgepauschale **12 % des Arbeitslohns**, höchstens jedoch

- **1900 €** in den Steuerklassen I, II, IV, **V und VI**
- **3000 €** in der Steuerklasse III

Die neue Mindestvorsorgepauschale in Höhe von 12 % des Arbeitslohns wird also ab 1.1.2010 auch in den **Steuerklassen V und VI** gewährt. Dies führt zu einer deutlichen Steuerentlastung.

Beispiel A

Bei einer kinderlosen, sozialversicherungspflichtigen Arbeitnehmerin mit einem Jahresarbeitslohn von 20 000 € (Steuerklasse V) ergeben sich ab 1.1.2010 folgende Teilbeträge für die Berechnung der Vorsorgepauschale:

- Teilbetrag für die Rentenversicherung
  (9,95 % von 20 000 € = 1 990 €; davon 40 % lt. Übergangsregelung
  vgl. vorstehend unter Nr. 4) 796,— €
- Mindestvorsorgepauschale für die Beiträge zur Kranken- und Rentenversicherung (12 % von 20 000 € = 2 400 €, höchstens jedoch 1 900,— €

Vorsorgepauschale insgesamt **2 696,— €**

bisherige Vorsorgepauschale für 2009 (Steuerklasse V) 0,— €

Unter der nachfolgenden Nr. 10 ist eine Tabelle abgedruckt, aus der die bisherige und die neue Vorsorgepauschale für den maßgebenden Arbeitslohn abgelesen werden können. Dabei ist zu berücksichtigen, dass es bisher in den Steuerklassen V und VI keine Vorsorgepauschale gab, das heißt in diesen Fällen beträgt die bisherige Vorsorgepauschale 0 €.

Die neue Mindestvorsorgepauschale ist immer dann anzusetzen, wenn sie höher ist als

- die Summe der Teilbeträge für die gesetzliche Basiskranken- und Pflegeversicherung **oder**
- die vom Arbeitnehmer mit Bescheinigung nachgewiesenen Beiträge für seine private Basiskranken- und Pflegeversicherung.

Die Mindestvorsorgepauschale für Beiträge zur Kranken- und Pflegeversicherung ist auch dann anzusetzen, wenn feststeht, dass der betreffende Arbeitnehmer **keinen Arbeitnehmeranteil** zur gesetzlichen Kranken- und Pflegeversicherung zu entrichten hat, z. B. ein in den Ferien arbeitender Schüler oder Werkstudent (vgl. die Beispiele L, M, N, O und P unter der nachfolgenden Nr. 9).

Die Höchstbeträge der neuen Mindestvorsorgepauschale für die Kranken- und Pflegeversicherungsbeiträge in Höhe von 12 % des Arbeitslohns werden erreicht

- bei einem Arbeitslohn von **15 833,34 €** in den Steuerklassen I, II, IV, V und VI (12 % von 15 833,34 € = 1900 €) und
- bei einem Arbeitslohn von **25 000 €** in der Steuerklasse III (12 % von 25 000 € = 3000 €).

Die Mindestvorsorgepauschale von 1900 € bzw. 3000 € ist so lange günstiger, bis die Beiträge zur gesetzlichen Basiskranken- und Pflegeversicherung (bei einem kinderlosen Arbeitnehmer 7,6 % + 1,225 %) den Betrag von 1900 € bzw. 3000 € übersteigen. Dies ist bei einem **kinderlosen** Arbeitnehmer

- in den Steuerklassen I, II, IV, V und VI bei einem Jahresarbeitslohn von **21 529,75 €** und
- in Steuerklasse III bei einem Jahresarbeitslohn von **33 994,33 €** der Fall.

Beispiel B

Bei einem kinderlosen, sozialversicherungspflichtigen Arbeitnehmer mit einem Jahresarbeitslohn von 22 000 € (Steuerklasse I) ergeben sich ab 1.1.2010 folgende Teilbeträge für die Berechnung der Vorsorgepauschale:

- Teilbetrag für die Rentenversicherung
  (9,95 % von 22 000 € = 2 189 €; davon 40 % lt.
  Übergangsregelung vgl. vorstehend unter Nr. 4) 875,60 €
- Teilbetrag für die Krankenversicherung
  (7,6 % von 22 000 €) 1 672,— €
- Teilbetrag für die Pflegeversicherung
  (1,225 % von 22 000 €) 269,50 €

Teilbeträge für die Kranken- und Pflegeversicherung insgesamt 1 941,50 €

- Mindestvorsorgepauschale
  (12 % von 22 000 € = 2 640 €) höchstens jedoch 1 900,— €
- anzusetzen sind die Teilbeträge für Kranken- und Pflegeversicherung, da sie zusammen höher sind als die Mindestvorsorgepauschale von 1 900 € 1 941,50 €

Vorsorgepauschale insgesamt 2 817,10 €

aufgerundet **2 818,— €**

bisherige Vorsorgepauschale für 2009
(Steuerklasse I) 2 289,— €

Unter der nachfolgenden Nr. 10 ist eine Tabelle abgedruckt, aus der die bisherige und die neue Vorsorgepauschale für den maßgebenden Arbeitslohn abgelesen werden können.

Die Mindestvorsorgepauschale ist in den Lohnsteuertarif der **Besonderen Lohnsteuertabelle** eingearbeitet (vgl. das Stichwort „Tarifaufbau"). Die Besondere Lohnsteuertabelle 2010 berücksichtigt somit keinen Teilbetrag für die gesetzliche Rentenversicherung sondern schon die Teilbeträge für die Kranken- und Pflegeversicherung in Form der Mindestvorsorgepauschale. Die **Besondere Lohnsteuertabelle** gilt daher z.B.

- für Beamte, Richter, Berufssoldaten, Soldaten auf Zeit;
- für nach § 5 Abs. 1 Nr. 2 und 3 SGB VI versicherungsfreie Arbeitnehmer (z.B. Beschäftigte bei Trägern der Sozialversicherung, Geistliche der als öffentlich-rechtliche Körperschaften anerkannten Religionsgemeinschaften) und die wie Beamte im Krankheitsfall abgesichert sind;
- für Vorstandsmitglieder von Aktiengesellschaften und beherrschende Gesellschafter-Geschäftsführer einer GmbH, die nicht der gesetzlichen Rentenversicherungspflicht unterliegen und in der privaten Kranken- und Pflegeversicherung versichert sind (vgl. die Beispiele U und V unter der nachfolgenden Nr. 9);
- für Arbeitnehmer, die von ihrem Arbeitgeber nur Versorgungsbezüge im Sinne des § 19 Abs. 2 Satz 2 Nr. 1 EStG erhalten (z.B. Beamtenpensionäre, Bezieher von Witwen- oder Waisengeld aufgrund beamtenrechtlicher oder entsprechender gesetzlicher Vorschriften). Auf die Beispiele I und J unter der nachfolgenden Nr. 9 wird Bezug genommen.

Weisen privat versicherte Arbeitnehmer, für die die Besondere Lohnsteuertabelle anzuwenden ist, dem Arbeitgeber die vom Versicherungsunternehmen bescheinigten Basiskranken- und Pflegepflichtversicherungsbeiträge nach, so sind diese nachgewiesenen Beiträge zu berücksichtigen, wenn sie höher sind als die Mindestvorsorgepauschale (vgl. die Erläuterungen unter der vorstehenden Nr. 7).

Die vom Arbeitnehmer mitgeteilten Beträge sind also nur dann maßgebend, wenn sie höher sind als die Mindestvorsorgepauschale. Die Vorlage einer Bescheinigung macht also nur dann Sinn, wenn die bescheinigten Beiträge höher sind als die Mindestvorsorgepauschale. Unter der nachfolgenden Nr. 11 ist eine Tabelle zu der ab 2010 geltenden Mindestvorsorgepauschale abgedruckt. Anhand dieser Tabelle kann der Arbeitgeber beurteilen, ob sich die Vorlage einer Bescheinigung für den betreffenden Arbeitnehmer tatsächlich lohnt.

9. Beispiele zur Berechnung der verschiedenen Vorsorgepauschalen ab 1.1.2010

Beispiel A

Der Arbeitgeber beschäftigt 2010 einen Arbeitnehmer, der in allen Zweigen der Sozialversicherung versicherungspflichtig ist.

Der kinderlose Arbeitnehmer hat die Steuerklasse I und verdient 2000 € monatlich (24 000 € jährlich). Seine Vorsorgepauschale errechnet sich wie folgt:

- Teilbetrag für die Rentenversicherung
  3,98 % von 24 000 € 955,20 €
- Teilbetrag für die Krankenversicherung
  7,6 % von 24 000 € 1 824,— €
- Teilbetrag für die Pflegeversicherung
  1,225 % von 24 000 € 294,— €

insgesamt 3 073,20 €

aufgerundet **3 074,— €**

Unter der nachfolgenden Nr. 10 ist eine Tabelle abgedruckt, aus der sowohl die bisherige (2009) als auch die neue Vorsorgepauschale (2010) für den maßgebenden Bruttoarbeitslohn direkt abgelesen werden kann.

Beispiel B

Ein Arbeitgeber beschäftigt 2010 einen Arbeitnehmer, der in allen Zweigen der Sozialversicherung versicherungspflichtig ist.

Der Arbeitnehmer hat ein Kind und die Steuerklasse III. Er verdient 2000 € monatlich (24 000 € jährlich). Seine Vorsorgepauschale errechnet sich wie folgt:

- Teilbetrag für die Rentenversicherung
  3,98 % von 24 000 € 955,20 €
- Teilbetrag für die Krankenversicherung
  7,6 % von 24 000 € 1 824,— €
- Teilbetrag für die Pflegeversicherung
  0,975 % von 24 000 € 234,— €

Kranken- und Pflegeversicherung insgesamt 2 058,— €

Mindestvorsorgepauschale für die Kranken- und Pflegeversicherung
(12% des Arbeitslohns höchstens 3 000 €) 12% von
24 000 € =   2 880,— €

anzusetzen sind   2 880,— €

Vorsorgepauschale 2010 insgesamt   3 835,20 €
aufgerundet   **3 836,— €**

Unter der nachfolgenden Nr. 10 ist eine Tabelle abgedruckt, aus der sowohl die bisherige (2009) als auch die neue Vorsorgepauschale (2010) für den maßgebenden Bruttoarbeitslohn direkt abgelesen werden kann.

Beispiel C

Ein Arbeitgeber beschäftigt 2010 einen kinderlosen Arbeitnehmer (Steuerklasse I), der monatlich 4000 € verdient (jährlich 48 000 €) und freiwillig in der gesetzlichen Krankenversicherung versichert ist. Seine Vorsorgepauschale errechnet sich wie folgt:

- Teilbetrag für die Rentenversicherung
  3,98% von 48 000 €   1 910,40 €
- Teilbetrag für die Krankenversicherung
  7,6% von 45 000 € (= Beitragsbemessungsgrenze)   3 420,— €
- Teilbetrag für die Pflegeversicherung
  1,225% von 45 000 € (= Beitragsbemessungsgrenze)   551,25 €

insgesamt   5 881,65 €
aufgerundet   **5 882,— €**

Unter der nachfolgenden Nr. 10 ist eine Tabelle abgedruckt, aus der sowohl die bisherige (2009) als auch die neue Vorsorgepauschale (2010) für den maßgebenden Bruttoarbeitslohn direkt abgelesen werden kann.

Beispiel D

Ein Arbeitgeber in München beschäftigt 2010 einen kinderlosen Arbeitnehmer (Steuerklasse I), der monatlich 6000 € verdient (jährlich 72 000 €) und freiwillig in der gesetzlichen Krankenversicherung versichert ist. Seine Vorsorgepauschale errechnet sich wie folgt:

- Teilbetrag für die Rentenversicherung
  3,98% von 66 000 € (= Beitragsbemessungsgrenze West)   2 626,80 €
- Teilbetrag für die Krankenversicherung
  7,6% von 45 000 € (= Beitragsbemessungsgrenze)   3 420,— €
- Teilbetrag für die Pflegeversicherung
  1,225% von 45 000 € (= Beitragsbemessungsgrenze)   551,25 €

insgesamt   6 598,05 €
aufgerundet   **6 599,— €**

Unter der nachfolgenden Nr. 10 ist eine Tabelle abgedruckt, aus der sowohl die bisherige (2009) als auch die neue Vorsorgepauschale (2010) für den maßgebenden Bruttoarbeitslohn direkt abgelesen werden kann.

Beispiel E

Ein Arbeitgeber in München beschäftigt einen kinderlosen Arbeitnehmer (Steuerklasse I), der monatlich 5000 € verdient (jährlich 60 000 €). Der Arbeitnehmer ist privat kranken- und pflegeversichert. Er legt seinem Arbeitgeber eine Bescheinigung seiner Krankenkasse vor, wonach sein Krankenversicherungsbeitrag im Kalenderjahr 2010 monatlich 500 € beträgt. Davon entfallen 40 € auf sog. Komfortleistungen (u. a. Chefarztbehandlung, Einbettzimmer), die nicht als Sonderausgaben abzugsfähig sind (vgl. die Erläuterungen im nachfolgenden Anhang 8a).

Für die Pflegeversicherung wird ein Monatsbeitrag von 100 € bescheinigt.

Der Arbeitnehmer erhält von seinem Arbeitgeber einen steuerfreien Arbeitgeberzuschuss zu seinen Beiträgen zur Kranken- und Pflegeversicherung. Seine Vorsorgepauschale errechnet sich wie folgt:

a) Teilbetrag für die Rentenversicherung
   3,98% von 60 000 € =   2 388,— €

b) Teilbetrag für die private Kranken- und Pflegeversicherung
   Beitrag zur privaten Krankenversicherung
   (12 × 500 €)   6 000,— €
   abzüglich Finanzierung von Komfortleistungen
   (12 × 40 €)   480,— €
   verbleiben   5 520,— €
   Beitrag zur privaten Pflegeversicherung
   (12 × 100 €)   1 200,— €
   insgesamt   6 720,— €
   abzüglich fiktiver steuerfreier Arbeitgeberanteil
   – Krankenversicherung 6,7% von 45 000 € =   3 015,— €
   – Pflegeversicherung 0,975% von 45 000 € =   438,75 €   3 453,75 €
   verbleiben   3 266,25 €

Vorsorgepauschale 2010 insgesamt:
- Teilbetrag für die Rentenversicherung   2 388,— €
- Teilbetrag für die private Kranken- und Pflegeversicherung   3 266,25 €

insgesamt   5 654,25 €
aufgerundet   **5 655,— €**

Beispiel F

Ein Beamter (= in keinem Zweig der Sozialversicherung versicherungspflichtig) hat die Steuerklasse I und verdient im Kalenderjahr 2010 2000 € monatlich (24 000 € jährlich). Seine Vorsorgepauschale errechnet sich wie folgt:

- Teilbetrag für die Rentenversicherung   0,— €
- Teilbetrag für die Krankenversicherung ohne
  Nachweis der Beiträge   0,— €
- Teilbetrag für die Pflegeversicherung, ohne Nachweis der Beiträge 0,— €

Kranken- und Pflegeversicherung insgesamt   0,— €
Mindestvorsorgepauschale für die Kranken- und Pflegeversicherung
(12% des Arbeitslohns höchstens 1 900 €) 12% von
24 000 € =   2 880,— €

anzusetzen sind   1 900,— €

Vorsorgepauschale 2010 insgesamt   **1 900,— €**

Unter der nachfolgenden Nr. 11 ist eine Tabelle abgedruckt, aus der sowohl die bisherige (2009) als auch die neue Vorsorgepauschale (2010) für den maßgebenden Bruttoarbeitslohn direkt abgelesen werden kann.

Beispiel G

Ein Beamter (= in keinem Zweig der Sozialversicherung versicherungspflichtig) hat die Steuerklasse III und verdient 2000 € monatlich (24 000 € jährlich). Seine Vorsorgepauschale errechnet sich wie folgt:

- Teilbetrag für die Rentenversicherung   0,— €
- Teilbetrag für die Krankenversicherung ohne
  Nachweis der Beiträge   0,— €
- Teilbetrag für die Pflegeversicherung, ohne Nachweis der Beiträge 0,— €

Kranken- und Pflegeversicherung insgesamt   0,— €
Mindestvorsorgepauschale für die Kranken- und Pflegeversicherung
(12% des Arbeitslohns höchstens 3 000 €) 12% von
24 000 € =   2 880,— €

anzusetzen sind   2 880,— €

Vorsorgepauschale 2010 insgesamt   **2 880,— €**

Unter der nachfolgenden Nr. 11 ist eine Tabelle abgedruckt, aus der sowohl die bisherige (2009) als auch die neue Vorsorgepauschale (2010) für den maßgebenden Bruttoarbeitslohn direkt abgelesen werden kann.

Beispiel H

Ein Beamter hat die Steuerklasse I und verdient im Kalenderjahr 2010 2000 € monatlich (24 000 € jährlich).

Der Beamte ist privat kranken- und pflegeversichert. Er legt seiner Besoldungsstelle eine Bescheinigung seiner Krankenkasse vor, wonach sein Krankenversicherungsbeitrag im Kalenderjahr 2010 monatlich 250 € beträgt. Davon entfallen 20 € auf sog. Komfortleistungen (u. a. Chefarztbehandlung, Einbettzimmer), die nicht als Sonderausgaben abzugsfähig sind (vgl. die Erläuterungen im nachfolgenden Anhang 8a).

Für die Pflegeversicherung wird ein Monatsbeitrag von 25 € bescheinigt.

Seine Vorsorgepauschale errechnet sich wie folgt:

- Teilbetrag für die Rentenversicherung   0,— €
- Teilbetrag für die private Krankenversicherung
  (3 000 € − 240 € =)   2 760,— €
- Teilbetrag für die private Pflegeversicherung (12 × 25 €)   300,— €

Vorsorgepauschale 2010 insgesamt   **3 060,— €**

Beispiel I

Ein pensionierter Beamter (der in keinem Zweig der Sozialversicherung versicherungspflichtig ist) hat die Steuerklasse I und erhält eine Pension von 1500 € monatlich (18 000 € jährlich). Seine Vorsorgepauschale errechnet sich wie folgt:

- Teilbetrag für die Rentenversicherung   0,— €
- Teilbetrag für die Krankenversicherung ohne
  Nachweis der Beiträge   0,— €
- Teilbetrag für die Pflegeversicherung, ohne Nachweis der Beiträge 0,— €

Kranken- und Pflegeversicherung insgesamt   0,— €
Mindestvorsorgepauschale für die Kranken- und Pflegeversicherung
(12% der Pension höchstens 1 900 €) 12% von
18 000 € =   2 160,— €

anzusetzen sind   1 900,— €

Vorsorgepauschale 2010 insgesamt   **1 900,— €**

Unter der nachfolgenden Nr. 11 ist eine Tabelle abgedruckt, aus der sowohl die bisherige (2009) als auch die neue Vorsorgepauschale (2010) für den maßgebenden Bruttoarbeitslohn direkt abgelesen werden kann.

Beispiel J

Ein pensionierter Beamter hat die Steuerklasse I und bezieht im Kalenderjahr 2010 1500 € monatlich (18 000 € jährlich).

Der pensionierte Beamte ist privat kranken- und pflegeversichert. Er legt seiner Besoldungsstelle eine Bescheinigung seiner Krankenkasse vor, wonach sein Krankenversicherungsbeitrag im Kalenderjahr 2010 monatlich 170 € beträgt. Davon entfallen 20 € auf sog. Komfortleistungen (u. a. Chefarztbehandlung, Einbettzimmer), die nicht als Sonderausgaben abzugsfähig sind (vgl. die Erläuterungen im nachfolgenden Anhang 8a).

Für die Pflegeversicherung wird ein Monatsbeitrag von 15 € bescheinigt.

noch Anhang 8

Seine Vorsorgepauschale errechnet sich wie folgt:

- Teilbetrag für die Rentenversicherung 0,— €
- Teilbetrag für die private Krankenversicherung (2 040 € − 240 € =) 1 800,— €
- Teilbetrag für die private Pflegeversicherung 180,— €

Vorsorgepauschale 2010 insgesamt **1 980,— €**

Beispiel K

Der Arbeitgeber beschäftigt 2010 einen Auszubildenden für den er den Gesamtsozialversicherungsbeitrag trägt.

Der Auszubildende ist in allen Zweigen der Sozialversicherung versicherungspflichtig.

Der Auszubildende ist 18 Jahre alt, hat die Steuerklasse I und verdient 300 € monatlich (3600 € jährlich). Seine Vorsorgepauschale errechnet sich wie folgt:

- Teilbetrag für die Rentenversicherung 0,— €
- Teilbetrag für die Krankenversicherung 0,— €
- Teilbetrag für die Pflegeversicherung 0,— €

Kranken- und Pflegeversicherung insgesamt 0,— €

Mindestvorsorgepauschale für die Kranken- und Pflegeversicherung
(12 % des Arbeitslohns höchstens 1 900 €) 12 % von
3 600 € = 432,— €

anzusetzen sind 432,— €

Vorsorgepauschale 2010 insgesamt **432,— €**

Unter der nachfolgenden Nr. 11 ist eine Tabelle abgedruckt, aus der sowohl die bisherige (2009) als auch die neue Vorsorgepauschale (2010) für den maßgebenden Bruttoarbeitslohn direkt abgelesen werden kann.

Beispiel L

Ein Student fährt im Kalenderjahr 2010 das ganze Jahr über neben seinem Studium Taxi. Die wöchentliche Arbeitszeit beträgt 20 Stunden. Das monatliche Arbeitsentgelt beträgt 1000 € (12 000 € jährlich). Der Student ist rentenversicherungspflichtig. In der Kranken-, Pflege- und Arbeitslosenversicherung ist er versicherungsfrei, weil die wöchentliche Arbeitszeit die 20-Stunden-Grenze nicht überschreitet. Seine Vorsorgepauschale errechnet sich wie folgt:

- Teilbetrag für die Rentenversicherung
  3,98 % von 12 000 € 477,60 €
- Teilbetrag für die Krankenversicherung 0,— €
- Teilbetrag für die Pflegeversicherung 0,— €

Kranken- und Pflegeversicherung insgesamt 0,— €

Mindestvorsorgepauschale für die Kranken- und Pflegeversicherung
(12 % des Arbeitslohns höchstens 1 900 €) 12 % von
12 000 € = 1 440,— €

anzusetzen sind 1 440,— €

Vorsorgepauschale 2010 insgesamt 1 917,60 €
aufgerundet **1 918,— €**

Beispiel M

Ein Student ist im Kalenderjahr 2010 in den Semesterferien drei Monate für einen Monatslohn von 2000 € tätig. Der Student ist rentenversicherungspflichtig. In der Kranken-, Pflege- und Arbeitslosenversicherung ist er versicherungsfrei, weil die Beschäftigung ausschließlich in den Semesterferien ausgeübt wird. Seine Vorsorgepauschale errechnet sich aus einem hochgerechneten Jahresarbeitslohn von (2000 € × 12 =) 24 000 € wie folgt:

- Teilbetrag für die Rentenversicherung
  3,98 % von 24 000 € 955,20 €
- Teilbetrag für die Krankenversicherung 0,— €
- Teilbetrag für die Pflegeversicherung 0,— €

Kranken- und Pflegeversicherung insgesamt 0,— €

Mindestvorsorgepauschale für die Kranken- und Pflegeversicherung
(12 % des Arbeitslohns höchstens 1 900 €) 12 % von
24 000 € − 2 880,— €

anzusetzen sind 1 900,— €

Vorsorgepauschale 2010 insgesamt 2 855,20 €
aufgerundet **2 856,— €**
für drei Monate 714,— €

Beispiel N

Der Arbeitgeber beschäftigt 2010 einen Praktikanten, der während des Studiums ein vorgeschriebenes Zwischenpraktikum ableistet. Der Praktikant ist in allen Zweigen der Sozialversicherung versicherungsfrei (§ 5 Abs. 3 SGB VI).

Der Praktikant hat die Steuerklasse I und verdient 500 € monatlich (6000 € jährlich). Seine Vorsorgepauschale errechnet sich wie folgt:

- Teilbetrag für die Rentenversicherung 0,— €
- Teilbetrag für die Krankenversicherung 0,— €
- Teilbetrag für die Pflegeversicherung 0,— €

Kranken- und Pflegeversicherung insgesamt 0,— €

Mindestvorsorgepauschale für die Kranken- und Pflegeversicherung
(12 % des Arbeitslohns höchstens 1 900 €) 12 % von
6 000 € = 720,— €

anzusetzen sind 720,— €

Vorsorgepauschale 2010 insgesamt 720,— €
monatlich $1/12$ = 60,- €

Unter der nachfolgenden Nr. 11 ist eine Tabelle abgedruckt, aus der sowohl die bisherige (2009) als auch die neue Vorsorgepauschale (2010) für den maßgebenden Bruttoarbeitslohn direkt abgelesen werden kann.

Bei Praktikanten muss der Arbeitgeber die Sozialversicherungspflicht in den einzelnen Zweigen der Sozialversicherung gesondert prüfen je nachdem, ob der Praktikant ein vorgeschriebenes oder nicht vorgeschriebenes Vorpraktikum, Zwischenpraktikum oder Nachpraktikum ausübt (vgl. das Stichwort „Praktikanten" und die Übersicht zur sozialversicherungsrechtlichen Beurteilung von Praktikanten in **Anhang 17 zum Lexikon**). Dem Arbeitgeber ist die sozialversicherungsrechtliche Situation des Praktikanten somit bekannt. Dementsprechend erfolgt auch die Ermittlung der einzelnen Teilbeträge für die Vorsorgepauschale.

Beispiel O

Der Arbeitgeber beschäftigt 2010 einen Schüler in den Ferien. Der Schüler ist in keinem Zweig der Sozialversicherung pflichtversichert.

Der Schüler hat die Steuerklasse I und verdient 1000 € monatlich (hochgerechnet auf ein Jahr = 12 000 €). Seine Vorsorgepauschale errechnet sich wie folgt:

- Teilbetrag für die Rentenversicherung 0,— €
- Teilbetrag für die Krankenversicherung 0,— €
- Teilbetrag für die Pflegeversicherung 0,— €

Kranken- und Pflegeversicherung insgesamt 0,— €

Mindestvorsorgepauschale für die Kranken- und Pflegeversicherung
(12 % des Arbeitslohns höchstens 1 900 €) 12 % von
12 000 € = 1 440,— €

anzusetzen sind 1 440,— €

Vorsorgepauschale 2010 insgesamt 1 440,— €
monatlich $1/12$ = 120,- €

Unter der nachfolgenden Nr. 11 ist eine Tabelle abgedruckt, aus der sowohl die bisherige (2009) als auch die neue Vorsorgepauschale (2010) für den maßgebenden Bruttoarbeitslohn direkt abgelesen werden kann.

Beispiel P

Ein Arbeitnehmer übt einen sog. 400-Euro-Job aus, für den der Arbeitgeber den besonderen Arbeitgeberanteil zur Rentenversicherung in Höhe von 15 % entrichten muss. Wird die Steuer nicht mit 2 % pauschaliert, muss der Arbeitnehmer eine Lohnsteuerkarte vorlegen. Beim Lohnsteuerabzug nach der vorgelegten Lohnsteuerkarte mit der Steuerklasse I errechnet sich folgende Vorsorgepauschale:

- Teilbetrag für die Rentenversicherung 0,— €
- Teilbetrag für die Krankenversicherung 0,— €
- Teilbetrag für die Pflegeversicherung 0,— €

Kranken- und Pflegeversicherung insgesamt 0,— €

Mindestvorsorgepauschale für die Kranken- und Pflegeversicherung
(12 % des Arbeitslohns höchstens 1 900 €) 12 % von
4 800 € = 576,— €

anzusetzen sind 576,— €

Vorsorgepauschale 2010 insgesamt 576,— €

Unter der nachfolgenden Nr. 11 ist eine Tabelle abgedruckt, aus der sowohl die bisherige (2009) als auch die neue Vorsorgepauschale (2010) für den maßgebenden Bruttoarbeitslohn direkt abgelesen werden kann.

Beispiel Q

Der Arbeitgeber beschäftigt 2010 einen kinderlosen Arbeitnehmer, der eine Altersrente (Vollrente) bezieht. Deshalb ist dieser Rentner auch rentenversicherungsfrei; ein Arbeit**nehmer**anteil zur Rentenversicherung fällt nicht an. Der Arbeitgeber muss jedoch für diesen Rentner einen Arbeit**geber**anteil zur gesetzlichen Rentenversicherung entrichten. In der Kranken- und Pflegeversicherung ist der Rentner pflichtversichert (vgl. die Lohnabrechnung für einen weiterbeschäftigten Rentner beim Stichwort „Rentner" unter Nr. 5).

Der Rentner verdient 1000 € monatlich (12 000 € jährlich). Seine Vorsorgepauschale errechnet sich wie folgt:

- Teilbetrag für die Rentenversicherung 0,— €
- Teilbetrag für die Krankenversicherung
  7,6 % von 12 000 € 912,— €
- Teilbetrag für die Pflegeversicherung
  1,225 % von 12 000 € 147,— €

Kranken- und Pflegeversicherung insgesamt 1 059,— €

Mindestvorsorgepauschale für die Kranken- und Pflegeversicherung
(12 % des Arbeitslohns höchstens 1 900 €) 12 % von
12 000 € − 1 440,— €

anzusetzen sind 1 440,— €

Vorsorgepauschale 2010 insgesamt **1 440,— €**

Beispiel R

Ein (aktiver) Beamter übt 2010 eine Nebentätigkeit als Hausmeister aus. Zur Berechnung der Vorsorgepauschale bei den Beamtenbezügen vgl. das Beispiel F.

Die Nebentätigkeit des Beamten als Hausmeister ist rentenversicherungspflichtig. In der Kranken- und Pflegeversicherung ist die Nebentätigkeit des Beamten versicherungsfrei

noch Anhang 8

(vgl. das Stichwort „Beamte"). Der Beamte legt für seine Nebentätigkeit als Hausmeister eine Lohnsteuerkarte mit der Steuerklasse VI vor. Er verdient monatlich 1000 € (12 000 € jährlich). Seine Vorsorgepauschale errechnet sich wie folgt:

- Teilbetrag für die Rentenversicherung
  3,98 % von 12 000 € — 477,60 €
- Teilbetrag für die Krankenversicherung — 0,— €
- Teilbetrag für die Pflegeversicherung — 0,— €

Kranken- und Pflegeversicherung insgesamt — 0,— €

Mindestvorsorgepauschale für die Kranken- und Pflegeversicherung
(12 % des Arbeitslohns höchstens 1 900 €) 12 % von 12 000 € = — 1 440,— €

anzusetzen sind — 1 440,— €

Vorsorgepauschale 2010 insgesamt — 1 917,60 €

aufgerundet — **1 918,— €**

Beispiel S

Ein pensionierter Beamter übt 2010 eine Nebentätigkeit als Hausmeister aus. Die Nebentätigkeit des pensionierten Beamten als Hausmeister ist rentenversicherungsfrei, ein Arbeit**nehmer**anteil fällt deshalb nicht an. Der Arbeitgeber muss jedoch für den Beamtenpensionär einen Arbeit**geber**anteil zur gesetzlichen Rentenversicherung entrichten. In der Kranken- und Pflegeversicherung ist die Nebentätigkeit des pensionierten Beamten versicherungsfrei (vgl. das Stichwort „Pensionäre"). Der pensionierte Beamte legt für seine Nebentätigkeit als Hausmeister eine Lohnsteuerkarte mit der Steuerklasse VI vor. Er verdient monatlich 1000 € (12 000 € jährlich). Seine Vorsorgepauschale errechnet sich wie folgt:

- Teilbetrag für die Rentenversicherung — 0,— €
- Teilbetrag für die Krankenversicherung — 0,— €
- Teilbetrag für die Pflegeversicherung — 0,— €

Kranken- und Pflegeversicherung insgesamt — 0,— €

Mindestvorsorgepauschale für die Kranken- und Pflegeversicherung
(12 % des Arbeitslohns höchstens 1 900 €) 12 % von 12 000 € = — 1 440,— €

anzusetzen sind — 1 440,— €

Vorsorgepauschale 2010 insgesamt — **1 440,— €**

Unter der nachfolgenden Nr. 11 ist eine Tabelle abgedruckt, aus der sowohl die bisherige (2009) als auch die neue Vorsorgepauschale (2010) für den maßgebenden Bruttoarbeitslohn direkt abgelesen werden kann.

Beispiel T

Ein Arbeitgeber zahlt Betriebsrenten an seine Werkspensionäre. Ein kinderloser Werkspensionär, der in der gesetzlichen Krankenversicherung versichert ist, und für den der Arbeitgeber Beiträge zur Kranken- und Pflegeversicherung abführt, hat für die Besteuerung seiner Betriebsrente in Höhe von 500 € monatlich (6000 € jährlich) eine Lohnsteuerkarte mit der Steuerklasse VI vorgelegt. Seine Vorsorgepauschale errechnet sich wie folgt:

- Teilbetrag für die Rentenversicherung — 0,— €
- Teilbetrag für die Krankenversicherung
  7,6 % von 6 000 € — 456,— €
- Teilbetrag für die Pflegeversicherung
  1,225 % von 6 000 € — 73,50 €

Kranken- und Pflegeversicherung insgesamt — 529,50 €

Mindestvorsorgepauschale für die Kranken- und Pflegeversicherung
(12 % des Arbeitslohns höchstens 1 900 €) 12 % von 6 000 € = — 720,— €

anzusetzen sind — 720,— €

Vorsorgepauschale 2010 insgesamt — **720,— €**

Unter der nachfolgenden Nr. 11 ist eine Tabelle abgedruckt, aus der sowohl die bisherige (2009) als auch die neue Vorsorgepauschale (2010) für den maßgebenden Bruttoarbeitslohn direkt abgelesen werden kann.

Beispiel U

Der Geschäftsführer einer GmbH in München hat nur einen geringen Anteil am Stammkapital der Gesellschaft und ist deshalb nicht nur lohnsteuerlich, sondern auch sozialversicherungsrechtlich Arbeitnehmer (vgl. das Stichwort „Gesellschafter-Geschäftsführer"). Der Geschäftsführer der GmbH verdient 2010 monatlich 5000 € (60 000 € jährlich). Er ist freiwillig in der gesetzlichen Krankenversicherung versichert. Er ist kinderlos und hat die Steuerklasse I.

Seine Vorsorgepauschale errechnet sich wie folgt:

- Teilbetrag für die Rentenversicherung
  3,98 % von 60 000 € — 2 388,— €
- Teilbetrag für die Krankenversicherung
  7,6 % von 45 000 € (= Beitragsbemessungsgrenze) — 3 420,— €
- Teilbetrag für die Pflegeversicherung
  1,225 % von 45 000 € (= Beitragsbemessungsgrenze) — 551,25 €

insgesamt — 6 359,25 €

aufgerundet — **6 360,— €**

Unter der nachfolgenden Nr. 10 ist eine Tabelle abgedruckt, aus der sowohl die bisherige (2009) als auch die neue Vorsorgepauschale (2010) für den maßgebenden Bruttoarbeitslohn direkt abgelesen werden kann.

Beispiel V

Der beherrschende Gesellschafter-Geschäftsführer einer GmbH hat die Steuerklasse I und verdient 6000 € monatlich (72 000 € jährlich). Er ist kein abhängig Beschäftigter im Sinne der Sozialversicherung, das heißt er ist nicht sozialversicherungspflichtig. Seine Vorsorgepauschale errechnet sich wie folgt:

- Teilbetrag für die Rentenversicherung — 0,— €
- Teilbetrag für die Krankenversicherung ohne Nachweis der Beiträge — 0,— €
- Teilbetrag für die Pflegeversicherung ohne Nachweis der Beiträge — 0,— €

Kranken- und Pflegeversicherung insgesamt — 0,— €

Mindestvorsorgepauschale für die Kranken- und Pflegeversicherung
(12 % des Arbeitslohns höchstens 1 900 €) 12 % von 72 000 € = — 8 640,— €

anzusetzen sind — 1 900,— €

Vorsorgepauschale 2010 insgesamt — **1 900,— €**

Unter der nachfolgenden Nr. 11 ist eine Tabelle abgedruckt, aus der sowohl die bisherige (2009) als auch die neue Vorsorgepauschale (2010) für den maßgebenden Bruttoarbeitslohn direkt abgelesen werden kann.

10. Tabelle zur ungekürzten Vorsorgepauschale 2010

a) Steuerklasse I, II, IV, V und VI
für einen kinderlosen Arbeitnehmer, der rentenversicherungspflichtig und in der gesetzlichen Krankenversicherung (GVK) versichert ist

Beim Vergleich der Jahre 2009 und 2010 ist zu berücksichtigen, dass 2009 bei den Steuerklassen V und VI keine Vorsorgepauschale eingearbeitet war.

Jahresarbeitslohn	Vorsorgepauschale 2009	Vorsorgepauschale 2010	Jahresarbeitslohn	Vorsorgepauschale 2009	Vorsorgepauschale 2010
bei 100 €	20 €	16 €	bei 5 700 €	1 140 €	911 €
bei 200 €	40 €	32 €	bei 5 800 €	1 160 €	927 €
bei 300 €	60 €	48 €	bei 5 900 €	1 180 €	943 €
bei 400 €	80 €	64 €	bei 6 000 €	1 200 €	959 €
bei 500 €	100 €	80 €	bei 6 100 €	1 220 €	975 €
bei 600 €	120 €	96 €	bei 6 200 €	1 240 €	991 €
bei 700 €	140 €	112 €	bei 6 300 €	1 260 €	1 007 €
bei 800 €	160 €	128 €	bei 6 400 €	1 280 €	1 023 €
bei 900 €	180 €	144 €	bei 6 500 €	1 300 €	1 039 €
bei 1 000 €	200 €	160 €	bei 6 600 €	1 320 €	1 055 €
bei 1 100 €	220 €	176 €	bei 6 700 €	1 340 €	1 071 €
bei 1 200 €	240 €	192 €	bei 6 800 €	1 360 €	1 087 €
bei 1 300 €	260 €	208 €	bei 6 900 €	1 380 €	1 103 €
bei 1 400 €	280 €	224 €	bei 7 000 €	1 400 €	1 119 €
bei 1 500 €	300 €	240 €	bei 7 100 €	1 420 €	1 135 €
bei 1 600 €	320 €	256 €	bei 7 200 €	1 440 €	1 151 €
bei 1 700 €	340 €	272 €	bei 7 300 €	1 460 €	1 167 €
bei 1 800 €	360 €	288 €	bei 7 400 €	1 480 €	1 183 €
bei 1 900 €	380 €	304 €	bei 7 500 €	1 500 €	1 199 €
bei 2 000 €	400 €	320 €	bei 7 600 €	1 520 €	1 215 €
bei 2 100 €	420 €	336 €	bei 7 700 €	1 540 €	1 231 €
bei 2 200 €	440 €	352 €	bei 7 800 €	1 560 €	1 247 €
bei 2 300 €	460 €	368 €	bei 7 900 €	1 580 €	1 263 €
bei 2 400 €	480 €	384 €	bei 8 000 €	1 600 €	1 279 €
bei 2 500 €	500 €	400 €	bei 8 100 €	1 620 €	1 295 €
bei 2 600 €	520 €	416 €	bei 8 200 €	1 640 €	1 311 €
bei 2 700 €	540 €	432 €	bei 8 300 €	1 660 €	1 327 €
bei 2 800 €	560 €	448 €	bei 8 400 €	1 680 €	1 343 €
bei 2 900 €	580 €	464 €	bei 8 500 €	1 700 €	1 359 €
bei 3 000 €	600 €	480 €	bei 8 600 €	1 720 €	1 375 €
bei 3 100 €	620 €	496 €	bei 8 700 €	1 740 €	1 391 €
bei 3 200 €	640 €	512 €	bei 8 800 €	1 760 €	1 407 €
bei 3 300 €	660 €	528 €	bei 8 900 €	1 780 €	1 423 €
bei 3 400 €	680 €	544 €	bei 9 000 €	1 800 €	1 439 €
bei 3 500 €	700 €	560 €	bei 9 100 €	1 820 €	1 455 €
bei 3 600 €	720 €	576 €	bei 9 200 €	1 840 €	1 471 €
bei 3 700 €	740 €	592 €	bei 9 300 €	1 860 €	1 487 €
bei 3 800 €	760 €	608 €	bei 9 400 €	1 880 €	1 503 €
bei 3 900 €	780 €	624 €	bei 9 500 €	1 900 €	1 519 €
bei 4 000 €	800 €	640 €	bei 9 600 €	1 920 €	1 535 €
bei 4 100 €	820 €	656 €	bei 9 700 €	1 940 €	1 551 €
bei 4 200 €	840 €	672 €	bei 9 800 €	1 960 €	1 567 €
bei 4 300 €	860 €	688 €	bei 9 900 €	1 980 €	1 583 €
bei 4 400 €	880 €	704 €	bei 10 000 €	2 000 €	1 598 €
bei 4 500 €	900 €	720 €	bei 10 100 €	2 020 €	1 614 €
bei 4 600 €	920 €	736 €	bei 10 200 €	2 040 €	1 630 €
bei 4 700 €	940 €	752 €	bei 10 300 €	2 060 €	1 646 €
bei 4 800 €	960 €	768 €	bei 10 400 €	2 080 €	1 662 €
bei 4 900 €	980 €	784 €	bei 10 500 €	2 100 €	1 678 €
bei 5 000 €	1 000 €	799 €	bei 10 600 €	2 120 €	1 694 €
bei 5 100 €	1 020 €	815 €	bei 10 700 €	2 140 €	1 710 €
bei 5 200 €	1 040 €	831 €	bei 10 800 €	2 160 €	1 726 €
bei 5 300 €	1 060 €	847 €	bei 10 900 €	2 180 €	1 742 €
bei 5 400 €	1 080 €	863 €	bei 11 000 €	2 200 €	1 758 €
bei 5 500 €	1 100 €	879 €	bei 11 100 €	2 220 €	1 774 €
bei 5 600 €	1 120 €	895 €	bei 11 200 €	2 240 €	1 790 €

noch Anhang 8

Jahres-arbeitslohn	Vorsorge-pauschale 2009	2010	Jahres-arbeitslohn	Vorsorge-pauschale 2009	2010	Jahres-arbeitslohn	Vorsorge-pauschale 2009	2010	Jahres-arbeitslohn	Vorsorge-pauschale 2009	2010
bei 11 300 €	2 260 €	1 806 €	bei 20 500 €	2 235 €	2 716 €	bei 29 700 €	2 564 €	3 804 €	bei 38 900 €	2 894 €	4 982 €
bei 11 400 €	2 280 €	1 822 €	bei 20 600 €	2 238 €	2 720 €	bei 29 800 €	2 568 €	3 816 €	bei 39 000 €	2 897 €	4 994 €
bei 11 500 €	2 300 €	1 838 €	bei 20 700 €	2 242 €	2 724 €	bei 29 900 €	2 572 €	3 829 €	bei 39 100 €	2 901 €	5 007 €
bei 11 600 €	2 320 €	1 854 €	bei 20 800 €	2 246 €	2 728 €	bei 30 000 €	2 575 €	3 842 €	bei 39 200 €	2 905 €	5 020 €
bei 11 700 €	2 340 €	1 870 €	bei 20 900 €	2 249 €	2 732 €	bei 30 100 €	2 579 €	3 855 €	bei 39 300 €	2 908 €	5 033 €
bei 11 800 €	2 360 €	1 886 €	bei 21 000 €	2 253 €	2 736 €	bei 30 200 €	2 582 €	3 868 €	bei 39 400 €	2 912 €	5 046 €
bei 11 900 €	2 380 €	1 902 €	bei 21 100 €	2 256 €	2 740 €	bei 30 300 €	2 586 €	3 880 €	bei 39 500 €	2 915 €	5 058 €
bei 12 000 €	2 400 €	1 918 €	bei 21 200 €	2 260 €	2 744 €	bei 30 400 €	2 589 €	3 893 €	bei 39 600 €	2 919 €	5 071 €
bei 12 100 €	2 420 €	1 934 €	bei 21 300 €	2 263 €	2 748 €	bei 30 500 €	2 593 €	3 906 €	bei 39 700 €	2 923 €	5 084 €
bei 12 200 €	2 440 €	1 950 €	bei 21 400 €	2 267 €	2 752 €	bei 30 600 €	2 597 €	3 919 €	bei 39 800 €	2 926 €	5 097 €
bei 12 300 €	2 447 €	1 966 €	bei 21 500 €	2 271 €	2 756 €	bei 30 700 €	2 600 €	3 932 €	bei 39 900 €	2 930 €	5 110 €
bei 12 400 €	2 449 €	1 982 €	bei 21 600 €	2 274 €	2 766 €	bei 30 800 €	2 604 €	3 944 €	bei 40 000 €	2 933 €	5 122 €
bei 12 500 €	2 451 €	1 998 €	bei 21 700 €	2 278 €	2 779 €	bei 30 900 €	2 607 €	3 957 €	bei 40 100 €	2 937 €	5 135 €
bei 12 600 €	2 453 €	2 014 €	bei 21 800 €	2 281 €	2 792 €	bei 31 000 €	2 611 €	3 970 €	bei 40 200 €	2 940 €	5 148 €
bei 12 700 €	2 455 €	2 030 €	bei 21 900 €	2 285 €	2 805 €	bei 31 100 €	2 615 €	3 983 €	bei 40 300 €	2 944 €	5 161 €
bei 12 800 €	2 457 €	2 046 €	bei 22 000 €	2 289 €	2 818 €	bei 31 200 €	2 618 €	3 996 €	bei 40 400 €	2 948 €	5 174 €
bei 12 900 €	2 459 €	2 062 €	bei 22 100 €	2 292 €	2 830 €	bei 31 300 €	2 622 €	4 008 €	bei 40 500 €	2 951 €	5 187 €
bei 13 000 €	2 461 €	2 078 €	bei 22 200 €	2 296 €	2 843 €	bei 31 400 €	2 625 €	4 021 €	bei 40 600 €	2 955 €	5 199 €
bei 13 100 €	2 463 €	2 094 €	bei 22 300 €	2 299 €	2 856 €	bei 31 500 €	2 629 €	4 034 €	bei 40 700 €	2 958 €	5 212 €
bei 13 200 €	2 465 €	2 110 €	bei 22 400 €	2 303 €	2 869 €	bei 31 600 €	2 632 €	4 047 €	bei 40 800 €	2 962 €	5 225 €
bei 13 300 €	2 467 €	2 126 €	bei 22 500 €	2 306 €	2 882 €	bei 31 700 €	2 636 €	4 060 €	bei 40 900 €	2 966 €	5 238 €
bei 13 400 €	2 469 €	2 142 €	bei 22 600 €	2 310 €	2 894 €	bei 31 800 €	2 640 €	4 072 €	bei 41 000 €	2 969 €	5 251 €
bei 13 500 €	2 471 €	2 158 €	bei 22 700 €	2 314 €	2 907 €	bei 31 900 €	2 643 €	4 085 €	bei 41 100 €	2 973 €	5 263 €
bei 13 600 €	2 473 €	2 174 €	bei 22 800 €	2 317 €	2 920 €	bei 32 000 €	2 647 €	4 098 €	bei 41 200 €	2 976 €	5 276 €
bei 13 700 €	2 475 €	2 190 €	bei 22 900 €	2 321 €	2 933 €	bei 32 100 €	2 650 €	4 111 €	bei 41 300 €	2 980 €	5 289 €
bei 13 800 €	2 477 €	2 206 €	bei 23 000 €	2 324 €	2 946 €	bei 32 200 €	2 654 €	4 124 €	bei 41 400 €	2 983 €	5 302 €
bei 13 900 €	2 479 €	2 222 €	bei 23 100 €	2 328 €	2 958 €	bei 32 300 €	2 657 €	4 137 €	bei 41 500 €	2 987 €	5 315 €
bei 14 000 €	2 481 €	2 238 €	bei 23 200 €	2 332 €	2 971 €	bei 32 400 €	2 661 €	4 149 €	bei 41 600 €	2 991 €	5 327 €
bei 14 100 €	2 483 €	2 254 €	bei 23 300 €	2 335 €	2 984 €	bei 32 500 €	2 665 €	4 162 €	bei 41 700 €	2 994 €	5 340 €
bei 14 200 €	2 485 €	2 270 €	bei 23 400 €	2 339 €	2 997 €	bei 32 600 €	2 668 €	4 175 €	bei 41 800 €	2 998 €	5 353 €
bei 14 300 €	2 487 €	2 286 €	bei 23 500 €	2 342 €	3 010 €	bei 32 700 €	2 672 €	4 188 €	bei 41 900 €	3 001 €	5 366 €
bei 14 400 €	2 489 €	2 302 €	bei 23 600 €	2 346 €	3 022 €	bei 32 800 €	2 675 €	4 201 €	bei 42 000 €	3 005 €	5 379 €
bei 14 500 €	2 491 €	2 318 €	bei 23 700 €	2 349 €	3 035 €	bei 32 900 €	2 679 €	4 213 €	bei 42 100 €	3 008 €	5 391 €
bei 14 600 €	2 493 €	2 334 €	bei 23 800 €	2 353 €	3 048 €	bei 33 000 €	2 683 €	4 226 €	bei 42 200 €	3 012 €	5 404 €
bei 14 700 €	2 495 €	2 350 €	bei 23 900 €	2 357 €	3 061 €	bei 33 100 €	2 686 €	4 239 €	bei 42 300 €	3 016 €	5 417 €
bei 14 800 €	2 497 €	2 366 €	bei 24 000 €	2 360 €	3 074 €	bei 33 200 €	2 690 €	4 252 €	bei 42 400 €	3 019 €	5 430 €
bei 14 900 €	2 499 €	2 382 €	bei 24 100 €	2 364 €	3 087 €	bei 33 300 €	2 693 €	4 265 €	bei 42 500 €	3 023 €	5 443 €
bei 15 000 €	2 501 €	2 397 €	bei 24 200 €	2 367 €	3 099 €	bei 33 400 €	2 697 €	4 277 €	bei 42 600 €	3 026 €	5 455 €
bei 15 100 €	2 503 €	2 413 €	bei 24 300 €	2 371 €	3 112 €	bei 33 500 €	2 700 €	4 290 €	bei 42 700 €	3 030 €	5 468 €
bei 15 200 €	2 505 €	2 429 €	bei 24 400 €	2 375 €	3 125 €	bei 33 600 €	2 704 €	4 303 €	bei 42 800 €	3 034 €	5 481 €
bei 15 300 €	2 507 €	2 445 €	bei 24 500 €	2 378 €	3 138 €	bei 33 700 €	2 708 €	4 316 €	bei 42 900 €	3 037 €	5 494 €
bei 15 400 €	2 509 €	2 461 €	bei 24 600 €	2 382 €	3 151 €	bei 33 800 €	2 711 €	4 329 €	bei 43 000 €	3 041 €	5 507 €
bei 15 500 €	2 511 €	2 477 €	bei 24 700 €	2 385 €	3 163 €	bei 33 900 €	2 715 €	4 341 €	bei 43 100 €	3 044 €	5 519 €
bei 15 600 €	2 513 €	2 493 €	bei 24 800 €	2 389 €	3 176 €	bei 34 000 €	2 718 €	4 354 €	bei 43 200 €	3 048 €	5 532 €
bei 15 700 €	2 515 €	2 509 €	bei 24 900 €	2 392 €	3 189 €	bei 34 100 €	2 722 €	4 367 €	bei 43 300 €	3 052 €	5 545 €
bei 15 800 €	2 517 €	2 525 €	bei 25 000 €	2 396 €	3 202 €	bei 34 200 €	2 726 €	4 380 €	bei 43 400 €	3 055 €	5 558 €
bei 15 900 €	2 519 €	2 533 €	bei 25 100 €	2 400 €	3 215 €	bei 34 300 €	2 729 €	4 393 €	bei 43 500 €	3 059 €	5 571 €
bei 16 000 €	2 509 €	2 537 €	bei 25 200 €	2 403 €	3 227 €	bei 34 400 €	2 733 €	4 405 €	bei 43 600 €	3 062 €	5 583 €
bei 16 100 €	2 493 €	2 541 €	bei 25 300 €	2 407 €	3 240 €	bei 34 500 €	2 736 €	4 418 €	bei 43 700 €	3 066 €	5 596 €
bei 16 200 €	2 477 €	2 545 €	bei 25 400 €	2 410 €	3 253 €	bei 34 600 €	2 740 €	4 431 €	bei 43 800 €	3 069 €	5 609 €
bei 16 300 €	2 461 €	2 549 €	bei 25 500 €	2 414 €	3 266 €	bei 34 700 €	2 743 €	4 444 €	bei 43 900 €	3 073 €	5 622 €
bei 16 400 €	2 445 €	2 553 €	bei 25 600 €	2 417 €	3 278 €	bei 34 800 €	2 747 €	4 457 €	bei 44 000 €	3 077 €	5 635 €
bei 16 500 €	2 429 €	2 557 €	bei 25 700 €	2 421 €	3 291 €	bei 34 900 €	2 751 €	4 469 €	bei 44 100 €	3 080 €	5 648 €
bei 16 600 €	2 413 €	2 561 €	bei 25 800 €	2 425 €	3 304 €	bei 35 000 €	2 754 €	4 482 €	bei 44 200 €	3 084 €	5 660 €
bei 16 700 €	2 397 €	2 565 €	bei 25 900 €	2 428 €	3 317 €	bei 35 100 €	2 758 €	4 495 €	bei 44 300 €	3 087 €	5 673 €
bei 16 800 €	2 381 €	2 569 €	bei 26 000 €	2 432 €	3 330 €	bei 35 200 €	2 761 €	4 508 €	bei 44 400 €	3 091 €	5 686 €
bei 16 900 €	2 365 €	2 573 €	bei 26 100 €	2 435 €	3 343 €	bei 35 300 €	2 765 €	4 521 €	bei 44 500 €	3 094 €	5 699 €
bei 17 000 €	2 349 €	2 577 €	bei 26 200 €	2 439 €	3 355 €	bei 35 400 €	2 768 €	4 533 €	bei 44 600 €	3 098 €	5 712 €
bei 17 100 €	2 333 €	2 581 €	bei 26 300 €	2 443 €	3 368 €	bei 35 500 €	2 772 €	4 546 €	bei 44 700 €	3 102 €	5 724 €
bei 17 200 €	2 317 €	2 585 €	bei 26 400 €	2 446 €	3 381 €	bei 35 600 €	2 776 €	4 559 €	bei 44 800 €	3 105 €	5 737 €
bei 17 300 €	2 301 €	2 589 €	bei 26 500 €	2 450 €	3 394 €	bei 35 700 €	2 779 €	4 572 €	bei 44 900 €	3 109 €	5 750 €
bei 17 400 €	2 285 €	2 593 €	bei 26 600 €	2 453 €	3 407 €	bei 35 800 €	2 783 €	4 585 €	bei 45 000 €	3 112 €	5 763 €
bei 17 500 €	2 269 €	2 597 €	bei 26 700 €	2 457 €	3 419 €	bei 35 900 €	2 786 €	4 597 €	bei 45 100 €	3 116 €	5 767 €
bei 17 600 €	2 253 €	2 601 €	bei 26 800 €	2 460 €	3 432 €	bei 36 000 €	2 790 €	4 610 €	bei 45 200 €	3 120 €	5 771 €
bei 17 700 €	2 237 €	2 605 €	bei 26 900 €	2 464 €	3 445 €	bei 36 100 €	2 794 €	4 623 €	bei 45 300 €	3 123 €	5 775 €
bei 17 800 €	2 221 €	2 609 €	bei 27 000 €	2 468 €	3 458 €	bei 36 200 €	2 797 €	4 636 €	bei 45 400 €	3 127 €	5 779 €
bei 17 900 €	2 205 €	2 613 €	bei 27 100 €	2 471 €	3 471 €	bei 36 300 €	2 801 €	4 649 €	bei 45 500 €	3 130 €	5 783 €
bei 18 000 €	2 189 €	2 617 €	bei 27 200 €	2 475 €	3 483 €	bei 36 400 €	2 804 €	4 662 €	bei 45 600 €	3 134 €	5 787 €
bei 18 100 €	2 173 €	2 621 €	bei 27 300 €	2 478 €	3 496 €	bei 36 500 €	2 808 €	4 674 €	bei 45 700 €	3 137 €	5 791 €
bei 18 200 €	2 157 €	2 625 €	bei 27 400 €	2 482 €	3 509 €	bei 36 600 €	2 812 €	4 687 €	bei 45 800 €	3 141 €	5 795 €
bei 18 300 €	2 156 €	2 629 €	bei 27 500 €	2 486 €	3 522 €	bei 36 700 €	2 815 €	4 700 €	bei 45 900 €	3 145 €	5 799 €
bei 18 400 €	2 160 €	2 633 €	bei 27 600 €	2 489 €	3 535 €	bei 36 800 €	2 819 €	4 713 €	bei 46 000 €	3 148 €	5 803 €
bei 18 500 €	2 163 €	2 637 €	bei 27 700 €	2 493 €	3 546 €	bei 36 900 €	2 822 €	4 726 €	bei 46 100 €	3 152 €	5 807 €
bei 18 600 €	2 167 €	2 641 €	bei 27 800 €	2 496 €	3 560 €	bei 37 000 €	2 826 €	4 738 €	bei 46 200 €	3 155 €	5 811 €
bei 18 700 €	2 170 €	2 645 €	bei 27 900 €	2 500 €	3 573 €	bei 37 100 €	2 829 €	4 751 €	bei 46 300 €	3 159 €	5 814 €
bei 18 800 €	2 174 €	2 649 €	bei 28 000 €	2 503 €	3 586 €	bei 37 200 €	2 833 €	4 764 €	bei 46 400 €	3 163 €	5 818 €
bei 18 900 €	2 177 €	2 653 €	bei 28 100 €	2 507 €	3 599 €	bei 37 300 €	2 837 €	4 777 €	bei 46 500 €	3 166 €	5 822 €
bei 19 000 €	2 181 €	2 657 €	bei 28 200 €	2 511 €	3 612 €	bei 37 400 €	2 840 €	4 790 €	bei 46 600 €	3 170 €	5 826 €
bei 19 100 €	2 186 €	2 661 €	bei 28 300 €	2 514 €	3 624 €	bei 37 500 €	2 844 €	4 802 €	bei 46 700 €	3 173 €	5 830 €
bei 19 200 €	2 188 €	2 665 €	bei 28 400 €	2 518 €	3 637 €	bei 37 600 €	2 847 €	4 815 €	bei 46 800 €	3 177 €	5 834 €
bei 19 300 €	2 192 €	2 669 €	bei 28 500 €	2 521 €	3 650 €	bei 37 700 €	2 851 €	4 828 €	bei 46 900 €	3 180 €	5 838 €
bei 19 400 €	2 195 €	2 673 €	bei 28 600 €	2 525 €	3 663 €	bei 37 800 €	2 854 €	4 841 €	bei 47 000 €	3 184 €	5 842 €
bei 19 500 €	2 199 €	2 677 €	bei 28 700 €	2 529 €	3 676 €	bei 37 900 €	2 858 €	4 854 €	bei 47 100 €	3 188 €	5 846 €
bei 19 600 €	2 203 €	2 681 €	bei 28 800 €	2 532 €	3 688 €	bei 38 000 €	2 862 €	4 866 €	bei 47 200 €	3 191 €	5 850 €
bei 19 700 €	2 206 €	2 685 €	bei 28 900 €	2 536 €	3 701 €	bei 38 100 €	2 865 €	4 879 €	bei 47 300 €	3 195 €	5 854 €
bei 19 800 €	2 210 €	2 689 €	bei 29 000 €	2 539 €	3 714 €	bei 38 200 €	2 869 €	4 892 €	bei 47 400 €	3 198 €	5 858 €
bei 19 900 €	2 213 €	2 693 €	bei 29 100 €	2 543 €	3 727 €	bei 38 300 €	2 872 €	4 905 €	bei 47 500 €	3 202 €	5 862 €
bei 20 000 €	2 217 €	2 696 €	bei 29 200 €	2 546 €	3 740 €	bei 38 400 €	2 876 €	4 918 €	bei 47 600 €	3 206 €	5 866 €
bei 20 100 €	2 220 €	2 700 €	bei 29 300 €	2 550 €	3 752 €	bei 38 500 €	2 880 €	4 930 €	bei 47 700 €	3 209 €	5 870 €
bei 20 200 €	2 224 €	2 704 €	bei 29 400 €	2 554 €	3 765 €	bei 38 600 €	2 883 €	4 943 €	bei 47 800 €	3 213 €	5 874 €
bei 20 300 €	2 228 €	2 708 €	bei 29 500 €	2 557 €	3 778 €	bei 38 700 €	2 887 €	4 956 €	bei 47 900 €	3 216 €	5 878 €
bei 20 400 €	2 231 €	2 712 €	bei 29 600 €	2 561 €	3 791 €	bei 38 800 €	2 890 €	4 969 €	bei 48 000 €	3 220 €	5 882 €

noch Anhang 8

Jahres-arbeitslohn	Vorsorge-pauschale 2009	Vorsorge-pauschale 2010	Jahres-arbeitslohn	Vorsorge-pauschale 2009	Vorsorge-pauschale 2010
bei 48 100 €	3 223 €	5 886 €	bei 57 200 €	3 549 €	6 248 €
bei 48 200 €	3 227 €	5 890 €	bei 57 300 €	3 553 €	6 252 €
bei 48 300 €	3 231 €	5 894 €	bei 57 400 €	3 557 €	6 256 €
bei 48 400 €	3 234 €	5 898 €	bei 57 500 €	3 560 €	6 260 €
bei 48 500 €	3 238 €	5 902 €	bei 57 600 €	3 564 €	6 264 €
bei 48 600 €	3 241 €	5 906 €	bei 57 700 €	3 567 €	6 268 €
bei 48 700 €	3 245 €	5 910 €	bei 57 800 €	3 571 €	6 272 €
bei 48 800 €	3 249 €	5 914 €	bei 57 900 €	3 574 €	6 276 €
bei 48 900 €	3 252 €	5 918 €	bei 58 000 €	3 578 €	6 280 €
bei 49 000 €	3 256 €	5 922 €	bei 58 100 €	3 582 €	6 284 €
bei 49 100 €	3 259 €	5 926 €	bei 58 200 €	3 585 €	6 288 €
bei 49 200 €	3 263 €	5 930 €	bei 58 300 €	3 589 €	6 292 €
bei 49 300 €	3 266 €	5 934 €	bei 58 400 €	3 592 €	6 296 €
bei 49 400 €	3 270 €	5 938 €	bei 58 500 €	3 596 €	6 300 €
bei 49 500 €	3 274 €	5 942 €	bei 58 600 €	3 600 €	6 304 €
bei 49 600 €	3 277 €	5 946 €	bei 58 700 €	3 603 €	6 308 €
bei 49 700 €	3 281 €	5 950 €	bei 58 800 €	3 607 €	6 312 €
bei 49 800 €	3 284 €	5 954 €	bei 58 900 €	3 610 €	6 316 €
bei 49 900 €	3 288 €	5 958 €	bei 59 000 €	3 614 €	6 320 €
bei 50 000 €	3 291 €	5 962 €	bei 59 100 €	3 617 €	6 324 €
bei 50 100 €	3 295 €	5 966 €	bei 59 200 €	3 621 €	6 328 €
bei 50 200 €	3 299 €	5 970 €	bei 59 300 €	3 625 €	6 332 €
bei 50 300 €	3 302 €	5 974 €	bei 59 400 €	3 628 €	6 336 €
bei 50 400 €	3 306 €	5 978 €	bei 59 500 €	3 632 €	6 340 €
bei 50 500 €	3 309 €	5 982 €	bei 59 600 €	3 635 €	6 344 €
bei 50 600 €	3 313 €	5 986 €	bei 59 700 €	3 639 €	6 348 €
bei 50 700 €	3 317 €	5 990 €	bei 59 800 €	3 643 €	6 352 €
bei 50 800 €	3 320 €	5 994 €	bei 59 900 €	3 646 €	6 356 €
bei 50 900 €	3 324 €	5 998 €	bei 60 000 €	3 650 €	6 360 €
bei 51 000 €	3 327 €	6 002 €	bei 60 100 €	3 653 €	6 364 €
bei 51 100 €	3 331 €	6 006 €	bei 60 200 €	3 657 €	6 368 €
bei 51 200 €	3 334 €	6 010 €	bei 60 300 €	3 660 €	6 372 €
bei 51 300 €	3 338 €	6 013 €	bei 60 400 €	3 664 €	6 376 €
bei 51 400 €	3 342 €	6 017 €	bei 60 500 €	3 668 €	6 380 €
bei 51 500 €	3 345 €	6 021 €	bei 60 600 €	3 671 €	6 384 €
bei 51 600 €	3 349 €	6 025 €	bei 60 700 €	3 675 €	6 388 €
bei 51 700 €	3 352 €	6 029 €	bei 60 800 €	3 678 €	6 392 €
bei 51 800 €	3 356 €	6 033 €	bei 60 900 €	3 682 €	6 396 €
bei 51 900 €	3 360 €	6 037 €	bei 61 000 €	3 686 €	6 400 €
bei 52 000 €	3 363 €	6 041 €	bei 61 100 €	3 689 €	6 404 €
bei 52 100 €	3 367 €	6 045 €	bei 61 200 €	3 693 €	6 408 €
bei 52 200 €	3 370 €	6 049 €	bei 61 300 €	3 696 €	6 411 €
bei 52 300 €	3 374 €	6 053 €	bei 61 400 €	3 700 €	6 415 €
bei 52 400 €	3 377 €	6 057 €	bei 61 500 €	3 703 €	6 419 €
bei 52 500 €	3 381 €	6 061 €	bei 61 600 €	3 707 €	6 423 €
bei 52 600 €	3 385 €	6 065 €	bei 61 700 €	3 711 €	6 427 €
bei 52 700 €	3 388 €	6 069 €	bei 61 800 €	3 714 €	6 431 €
bei 52 800 €	3 392 €	6 073 €	bei 61 900 €	3 718 €	6 435 €
bei 52 900 €	3 395 €	6 077 €	bei 62 000 €	3 721 €	6 439 €
bei 53 000 €	3 399 €	6 081 €	bei 62 100 €	3 725 €	6 443 €
bei 53 100 €	3 403 €	6 085 €	bei 62 200 €	3 729 €	6 447 €
bei 53 200 €	3 406 €	6 089 €	bei 62 300 €	3 732 €	6 451 €
bei 53 300 €	3 410 €	6 093 €	bei 62 400 €	3 736 €	6 455 €
bei 53 400 €	3 413 €	6 097 €	bei 62 500 €	3 739 €	6 459 €
bei 53 500 €	3 417 €	6 101 €	bei 62 600 €	3 743 €	6 463 €
bei 53 600 €	3 420 €	6 105 €	bei 62 700 €	3 746 €	6 467 €
bei 53 700 €	3 424 €	6 109 €	bei 62 800 €	3 750 €	6 471 €
bei 53 800 €	3 428 €	6 113 €	bei 62 900 €	3 754 €	6 475 €
bei 53 900 €	3 431 €	6 117 €	bei 63 000 €	3 757 €	6 479 €
bei 54 000 €	3 435 €	6 121 €	bei 63 100 €	3 761 €	6 483 €
bei 54 100 €	3 438 €	6 125 €	bei 63 200 €	3 764 €	6 487 €
bei 54 200 €	3 442 €	6 129 €	bei 63 300 €	3 768 €	6 491 €
bei 54 300 €	3 446 €	6 133 €	bei 63 400 €	3 771 €	6 495 €
bei 54 400 €	3 449 €	6 137 €	bei 63 500 €	3 775 €	6 499 €
bei 54 500 €	3 453 €	6 141 €	bei 63 600 €	3 779 €	6 503 €
bei 54 600 €	3 456 €	6 145 €	bei 63 700 €	3 782 €	6 507 €
bei 54 700 €	3 460 €	6 149 €	bei 63 800 €	3 786 €	6 511 €
bei 54 800 €	3 463 €	6 153 €	bei 63 900 €	3 789 €	6 515 €
bei 54 900 €	3 467 €	6 157 €	bei 64 000 €	3 793 €	6 519 €
bei 55 000 €	3 471 €	6 161 €	bei 64 100 €	3 797 €	6 523 €
bei 55 100 €	3 474 €	6 165 €	bei 64 200 €	3 800 €	6 527 €
bei 55 200 €	3 478 €	6 169 €	bei 64 300 €	3 804 €	6 531 €
bei 55 300 €	3 481 €	6 173 €	bei 64 400 €	3 807 €	6 535 €
bei 55 400 €	3 485 €	6 177 €	bei 64 500 €	3 811 €	6 539 €
bei 55 500 €	3 489 €	6 181 €	bei 64 600 €	3 814 €	6 543 €
bei 55 600 €	3 492 €	6 185 €	bei 64 700 €	3 818 €	6 547 €
bei 55 700 €	3 496 €	6 189 €	bei 64 800 €	3 822 €	6 551 €
bei 55 800 €	3 499 €	6 193 €	bei 64 900 €	3 822 €	6 555 €
bei 55 900 €	3 503 €	6 197 €	bei 65 000 €	3 822 €	6 559 €
bei 56 000 €	3 506 €	6 201 €	bei 65 100 €	3 822 €	6 563 €
bei 56 100 €	3 510 €	6 205 €	bei 65 200 €	3 822 €	6 567 €
bei 56 200 €	3 514 €	6 209 €	bei 65 300 €	3 822 €	6 571 €
bei 56 300 €	3 517 €	6 212 €	bei 65 400 €	3 822 €	6 575 €
bei 56 400 €	3 521 €	6 216 €	bei 65 500 €	3 822 €	6 579 €
bei 56 500 €	3 524 €	6 220 €	bei 65 600 €	3 822 €	6 583 €
bei 56 600 €	3 528 €	6 224 €	bei 65 700 €	3 822 €	6 587 €
bei 56 700 €	3 531 €	6 228 €	bei 65 800 €	3 822 €	6 591 €
bei 56 800 €	3 535 €	6 232 €	bei 65 900 €	3 822 €	6 595 €
bei 56 900 €	3 539 €	6 236 €	bei 66 000 € und höher	3 822 €	6 599 €
bei 57 000 €	3 542 €	6 240 €			
bei 57 100 €	3 546 €	6 244 €			

b) Steuerklasse III
für einen Arbeitnehmer mit Kind, der rentenversicherungspflichtig und in der gesetzlichen Krankenversicherung (GKV) versichert ist

Jahres-arbeitslohn	Vorsorge-pauschale 2009	Vorsorge-pauschale 2010	Jahres-arbeitslohn	Vorsorge-pauschale 2009	Vorsorge-pauschale 2010
bei 100 €	20 €	16 €	bei 8 800 €	1 760 €	1 407 €
bei 200 €	40 €	32 €	bei 8 900 €	1 780 €	1 423 €
bei 300 €	60 €	48 €	bei 9 000 €	1 800 €	1 439 €
bei 400 €	80 €	64 €	bei 9 100 €	1 820 €	1 455 €
bei 500 €	100 €	80 €	bei 9 200 €	1 840 €	1 471 €
bei 600 €	120 €	96 €	bei 9 300 €	1 860 €	1 487 €
bei 700 €	140 €	112 €	bei 9 400 €	1 880 €	1 503 €
bei 800 €	160 €	128 €	bei 9 500 €	1 900 €	1 519 €
bei 900 €	180 €	144 €	bei 9 600 €	1 920 €	1 535 €
bei 1 000 €	200 €	160 €	bei 9 700 €	1 940 €	1 551 €
bei 1 100 €	220 €	176 €	bei 9 800 €	1 960 €	1 567 €
bei 1 200 €	240 €	192 €	bei 9 900 €	1 980 €	1 583 €
bei 1 300 €	260 €	208 €	bei 10 000 €	2 000 €	1 598 €
bei 1 400 €	280 €	224 €	bei 10 100 €	2 020 €	1 614 €
bei 1 500 €	300 €	240 €	bei 10 200 €	2 040 €	1 630 €
bei 1 600 €	320 €	256 €	bei 10 300 €	2 060 €	1 646 €
bei 1 700 €	340 €	272 €	bei 10 400 €	2 080 €	1 662 €
bei 1 800 €	360 €	288 €	bei 10 500 €	2 100 €	1 678 €
bei 1 900 €	380 €	304 €	bei 10 600 €	2 120 €	1 694 €
bei 2 000 €	400 €	320 €	bei 10 700 €	2 140 €	1 710 €
bei 2 100 €	420 €	336 €	bei 10 800 €	2 160 €	1 726 €
bei 2 200 €	440 €	352 €	bei 10 900 €	2 180 €	1 742 €
bei 2 300 €	460 €	368 €	bei 11 000 €	2 200 €	1 758 €
bei 2 400 €	480 €	384 €	bei 11 100 €	2 220 €	1 774 €
bei 2 500 €	500 €	400 €	bei 11 200 €	2 240 €	1 790 €
bei 2 600 €	520 €	416 €	bei 11 300 €	2 260 €	1 806 €
bei 2 700 €	540 €	432 €	bei 11 400 €	2 280 €	1 822 €
bei 2 800 €	560 €	448 €	bei 11 500 €	2 300 €	1 838 €
bei 2 900 €	580 €	464 €	bei 11 600 €	2 320 €	1 854 €
bei 3 000 €	600 €	480 €	bei 11 700 €	2 340 €	1 870 €
bei 3 100 €	620 €	496 €	bei 11 800 €	2 360 €	1 886 €
bei 3 200 €	640 €	512 €	bei 11 900 €	2 380 €	1 902 €
bei 3 300 €	660 €	528 €	bei 12 000 €	2 400 €	1 918 €
bei 3 400 €	680 €	544 €	bei 12 100 €	2 420 €	1 934 €
bei 3 500 €	700 €	560 €	bei 12 200 €	2 440 €	1 950 €
bei 3 600 €	720 €	576 €	bei 12 300 €	2 460 €	1 966 €
bei 3 700 €	740 €	592 €	bei 12 400 €	2 480 €	1 982 €
bei 3 800 €	760 €	608 €	bei 12 500 €	2 500 €	1 998 €
bei 3 900 €	780 €	624 €	bei 12 600 €	2 520 €	2 014 €
bei 4 000 €	800 €	640 €	bei 12 700 €	2 540 €	2 030 €
bei 4 100 €	820 €	656 €	bei 12 800 €	2 560 €	2 046 €
bei 4 200 €	840 €	672 €	bei 12 900 €	2 580 €	2 062 €
bei 4 300 €	860 €	688 €	bei 13 000 €	2 600 €	2 078 €
bei 4 400 €	880 €	704 €	bei 13 100 €	2 620 €	2 094 €
bei 4 500 €	900 €	720 €	bei 13 200 €	2 640 €	2 110 €
bei 4 600 €	920 €	736 €	bei 13 300 €	2 660 €	2 126 €
bei 4 700 €	940 €	752 €	bei 13 400 €	2 680 €	2 142 €
bei 4 800 €	960 €	768 €	bei 13 500 €	2 700 €	2 158 €
bei 4 900 €	980 €	784 €	bei 13 600 €	2 720 €	2 174 €
bei 5 000 €	1 000 €	799 €	bei 13 700 €	2 740 €	2 190 €
bei 5 100 €	1 020 €	815 €	bei 13 800 €	2 760 €	2 206 €
bei 5 200 €	1 040 €	831 €	bei 13 900 €	2 780 €	2 222 €
bei 5 300 €	1 060 €	847 €	bei 14 000 €	2 800 €	2 238 €
bei 5 400 €	1 080 €	863 €	bei 14 100 €	2 820 €	2 254 €
bei 5 500 €	1 100 €	879 €	bei 14 200 €	2 840 €	2 270 €
bei 5 600 €	1 120 €	895 €	bei 14 300 €	2 860 €	2 286 €
bei 5 700 €	1 140 €	911 €	bei 14 400 €	2 880 €	2 302 €
bei 5 800 €	1 160 €	927 €	bei 14 500 €	2 900 €	2 318 €
bei 5 900 €	1 180 €	943 €	bei 14 600 €	2 920 €	2 334 €
bei 6 000 €	1 200 €	959 €	bei 14 700 €	2 940 €	2 350 €
bei 6 100 €	1 220 €	975 €	bei 14 800 €	2 960 €	2 366 €
bei 6 200 €	1 240 €	991 €	bei 14 900 €	2 980 €	2 382 €
bei 6 300 €	1 260 €	1 007 €	bei 15 000 €	3 000 €	2 397 €
bei 6 400 €	1 280 €	1 023 €	bei 15 100 €	3 020 €	2 413 €
bei 6 500 €	1 300 €	1 039 €	bei 15 200 €	3 040 €	2 429 €
bei 6 600 €	1 320 €	1 055 €	bei 15 300 €	3 060 €	2 445 €
bei 6 700 €	1 340 €	1 071 €	bei 15 400 €	3 080 €	2 461 €
bei 6 800 €	1 360 €	1 087 €	bei 15 500 €	3 100 €	2 477 €
bei 6 900 €	1 380 €	1 103 €	bei 15 600 €	3 120 €	2 493 €
bei 7 000 €	1 400 €	1 119 €	bei 15 700 €	3 140 €	2 509 €
bei 7 100 €	1 420 €	1 135 €	bei 15 800 €	3 160 €	2 525 €
bei 7 200 €	1 440 €	1 151 €	bei 15 900 €	3 180 €	2 541 €
bei 7 300 €	1 460 €	1 167 €	bei 16 000 €	3 200 €	2 557 €
bei 7 400 €	1 480 €	1 183 €	bei 16 100 €	3 220 €	2 573 €
bei 7 500 €	1 500 €	1 199 €	bei 16 200 €	3 240 €	2 589 €
bei 7 600 €	1 520 €	1 215 €	bei 16 300 €	3 260 €	2 605 €
bei 7 700 €	1 540 €	1 231 €	bei 16 400 €	3 280 €	2 621 €
bei 7 800 €	1 560 €	1 247 €	bei 16 500 €	3 300 €	2 637 €
bei 7 900 €	1 580 €	1 263 €	bei 16 600 €	3 320 €	2 653 €
bei 8 000 €	1 600 €	1 279 €	bei 16 700 €	3 340 €	2 669 €
bei 8 100 €	1 620 €	1 295 €	bei 16 800 €	3 360 €	2 685 €
bei 8 200 €	1 640 €	1 311 €	bei 16 900 €	3 380 €	2 701 €
bei 8 300 €	1 660 €	1 327 €	bei 17 000 €	3 400 €	2 717 €
bei 8 400 €	1 680 €	1 343 €	bei 17 100 €	3 420 €	2 733 €
bei 8 500 €	1 700 €	1 359 €	bei 17 200 €	3 440 €	2 749 €
bei 8 600 €	1 720 €	1 375 €	bei 17 300 €	3 460 €	2 765 €
bei 8 700 €	1 740 €	1 391 €	bei 17 400 €	3 480 €	2 781 €

noch Anhang 8

Jahres-arbeitslohn	Vorsorge-pauschale 2009	2010	Jahres-arbeitslohn	Vorsorge-pauschale 2009	2010	Jahres-arbeitslohn	Vorsorge-pauschale 2009	2010	Jahres-arbeitslohn	Vorsorge-pauschale 2009	2010
bei 17 500 €	3 500 €	2 797 €	bei 26 700 €	4 936 €	4 063 €	bei 35 900 €	4 394 €	4 508 €	bei 45 100 €	4 616 €	5 654 €
bei 17 600 €	3 520 €	2 813 €	bei 26 800 €	4 938 €	4 067 €	bei 36 000 €	4 378 €	4 520 €	bei 45 200 €	4 620 €	5 658 €
bei 17 700 €	3 540 €	2 829 €	bei 26 900 €	4 940 €	4 071 €	bei 36 100 €	4 362 €	4 533 €	bei 45 300 €	4 623 €	5 662 €
bei 17 800 €	3 560 €	2 845 €	bei 27 000 €	4 942 €	4 075 €	bei 36 200 €	4 346 €	4 545 €	bei 45 400 €	4 627 €	5 666 €
bei 17 900 €	3 580 €	2 861 €	bei 27 100 €	4 944 €	4 079 €	bei 36 300 €	4 330 €	4 558 €	bei 45 500 €	4 630 €	5 670 €
bei 18 000 €	3 600 €	2 877 €	bei 27 200 €	4 946 €	4 083 €	bei 36 400 €	4 314 €	4 571 €	bei 45 600 €	4 634 €	5 674 €
bei 18 100 €	3 620 €	2 893 €	bei 27 300 €	4 948 €	4 087 €	bei 36 500 €	4 308 €	4 583 €	bei 45 700 €	4 637 €	5 678 €
bei 18 200 €	3 640 €	2 909 €	bei 27 400 €	4 950 €	4 091 €	bei 36 600 €	4 312 €	4 596 €	bei 45 800 €	4 641 €	5 682 €
bei 18 300 €	3 660 €	2 925 €	bei 27 500 €	4 952 €	4 095 €	bei 36 700 €	4 315 €	4 608 €	bei 45 900 €	4 645 €	5 686 €
bei 18 400 €	3 680 €	2 941 €	bei 27 600 €	4 954 €	4 099 €	bei 36 800 €	4 319 €	4 621 €	bei 46 000 €	4 648 €	5 690 €
bei 18 500 €	3 700 €	2 957 €	bei 27 700 €	4 956 €	4 103 €	bei 36 900 €	4 322 €	4 633 €	bei 46 100 €	4 652 €	5 694 €
bei 18 600 €	3 720 €	2 973 €	bei 27 800 €	4 958 €	4 107 €	bei 37 000 €	4 326 €	4 646 €	bei 46 200 €	4 655 €	5 698 €
bei 18 700 €	3 740 €	2 989 €	bei 27 900 €	4 960 €	4 111 €	bei 37 100 €	4 329 €	4 658 €	bei 46 300 €	4 659 €	5 702 €
bei 18 800 €	3 760 €	3 005 €	bei 28 000 €	4 962 €	4 115 €	bei 37 200 €	4 333 €	4 671 €	bei 46 400 €	4 663 €	5 706 €
bei 18 900 €	3 780 €	3 021 €	bei 28 100 €	4 964 €	4 119 €	bei 37 300 €	4 337 €	4 684 €	bei 46 500 €	4 666 €	5 710 €
bei 19 000 €	3 800 €	3 037 €	bei 28 200 €	4 966 €	4 123 €	bei 37 400 €	4 340 €	4 696 €	bei 46 600 €	4 670 €	5 714 €
bei 19 100 €	3 820 €	3 053 €	bei 28 300 €	4 968 €	4 127 €	bei 37 500 €	4 344 €	4 709 €	bei 46 700 €	4 673 €	5 718 €
bei 19 200 €	3 840 €	3 069 €	bei 28 400 €	4 970 €	4 131 €	bei 37 600 €	4 347 €	4 721 €	bei 46 800 €	4 677 €	5 722 €
bei 19 300 €	3 860 €	3 085 €	bei 28 500 €	4 972 €	4 135 €	bei 37 700 €	4 351 €	4 734 €	bei 46 900 €	4 680 €	5 726 €
bei 19 400 €	3 880 €	3 101 €	bei 28 600 €	4 974 €	4 139 €	bei 37 800 €	4 354 €	4 746 €	bei 47 000 €	4 684 €	5 730 €
bei 19 500 €	3 900 €	3 117 €	bei 28 700 €	4 976 €	4 143 €	bei 37 900 €	4 358 €	4 759 €	bei 47 100 €	4 688 €	5 734 €
bei 19 600 €	3 920 €	3 133 €	bei 28 800 €	4 978 €	4 147 €	bei 38 000 €	4 362 €	4 771 €	bei 47 200 €	4 691 €	5 738 €
bei 19 700 €	3 940 €	3 149 €	bei 28 900 €	4 980 €	4 151 €	bei 38 100 €	4 365 €	4 784 €	bei 47 300 €	4 695 €	5 742 €
bei 19 800 €	3 960 €	3 165 €	bei 29 000 €	4 982 €	4 155 €	bei 38 200 €	4 369 €	4 797 €	bei 47 400 €	4 698 €	5 746 €
bei 19 900 €	3 980 €	3 181 €	bei 29 100 €	4 984 €	4 159 €	bei 38 300 €	4 372 €	4 809 €	bei 47 500 €	4 702 €	5 750 €
bei 20 000 €	4 000 €	3 196 €	bei 29 200 €	4 986 €	4 163 €	bei 38 400 €	4 376 €	4 822 €	bei 47 600 €	4 706 €	5 754 €
bei 20 100 €	4 020 €	3 212 €	bei 29 300 €	4 988 €	4 167 €	bei 38 500 €	4 380 €	4 834 €	bei 47 700 €	4 709 €	5 758 €
bei 20 200 €	4 040 €	3 228 €	bei 29 400 €	4 990 €	4 171 €	bei 38 600 €	4 383 €	4 847 €	bei 47 800 €	4 713 €	5 762 €
bei 20 300 €	4 060 €	3 244 €	bei 29 500 €	4 992 €	4 175 €	bei 38 700 €	4 387 €	4 859 €	bei 47 900 €	4 716 €	5 766 €
bei 20 400 €	4 080 €	3 260 €	bei 29 600 €	4 994 €	4 179 €	bei 38 800 €	4 390 €	4 872 €	bei 48 000 €	4 720 €	5 770 €
bei 20 500 €	4 100 €	3 276 €	bei 29 700 €	4 996 €	4 183 €	bei 38 900 €	4 394 €	4 884 €	bei 48 100 €	4 723 €	5 774 €
bei 20 600 €	4 120 €	3 292 €	bei 29 800 €	4 998 €	4 187 €	bei 39 000 €	4 397 €	4 897 €	bei 48 200 €	4 727 €	5 778 €
bei 20 700 €	4 140 €	3 308 €	bei 29 900 €	5 000 €	4 191 €	bei 39 100 €	4 401 €	4 910 €	bei 48 300 €	4 731 €	5 782 €
bei 20 800 €	4 160 €	3 324 €	bei 30 000 €	5 002 €	4 194 €	bei 39 200 €	4 405 €	4 922 €	bei 48 400 €	4 734 €	5 786 €
bei 20 900 €	4 180 €	3 340 €	bei 30 100 €	5 004 €	4 198 €	bei 39 300 €	4 408 €	4 935 €	bei 48 500 €	4 738 €	5 790 €
bei 21 000 €	4 200 €	3 356 €	bei 30 200 €	5 006 €	4 202 €	bei 39 400 €	4 412 €	4 947 €	bei 48 600 €	4 741 €	5 794 €
bei 21 100 €	4 220 €	3 372 €	bei 30 300 €	5 008 €	4 206 €	bei 39 500 €	4 415 €	4 960 €	bei 48 700 €	4 745 €	5 798 €
bei 21 200 €	4 240 €	3 388 €	bei 30 400 €	5 010 €	4 210 €	bei 39 600 €	4 419 €	4 972 €	bei 48 800 €	4 749 €	5 801 €
bei 21 300 €	4 260 €	3 404 €	bei 30 500 €	5 012 €	4 214 €	bei 39 700 €	4 423 €	4 985 €	bei 48 900 €	4 752 €	5 805 €
bei 21 400 €	4 280 €	3 420 €	bei 30 600 €	5 014 €	4 218 €	bei 39 800 €	4 426 €	4 997 €	bei 49 000 €	4 756 €	5 809 €
bei 21 500 €	4 300 €	3 436 €	bei 30 700 €	5 016 €	4 222 €	bei 39 900 €	4 430 €	5 010 €	bei 49 100 €	4 759 €	5 813 €
bei 21 600 €	4 320 €	3 452 €	bei 30 800 €	5 018 €	4 226 €	bei 40 000 €	4 433 €	5 022 €	bei 49 200 €	4 763 €	5 817 €
bei 21 700 €	4 340 €	3 468 €	bei 30 900 €	5 020 €	4 230 €	bei 40 100 €	4 437 €	5 035 €	bei 49 300 €	4 766 €	5 821 €
bei 21 800 €	4 360 €	3 484 €	bei 31 000 €	5 022 €	4 234 €	bei 40 200 €	4 440 €	5 048 €	bei 49 400 €	4 770 €	5 825 €
bei 21 900 €	4 380 €	3 500 €	bei 31 100 €	5 024 €	4 238 €	bei 40 300 €	4 444 €	5 060 €	bei 49 500 €	4 774 €	5 829 €
bei 22 000 €	4 400 €	3 516 €	bei 31 200 €	5 026 €	4 242 €	bei 40 400 €	4 448 €	5 073 €	bei 49 600 €	4 777 €	5 833 €
bei 22 100 €	4 420 €	3 532 €	bei 31 300 €	5 028 €	4 246 €	bei 40 500 €	4 451 €	5 085 €	bei 49 700 €	4 781 €	5 837 €
bei 22 200 €	4 440 €	3 548 €	bei 31 400 €	5 030 €	4 250 €	bei 40 600 €	4 455 €	5 098 €	bei 49 800 €	4 784 €	5 841 €
bei 22 300 €	4 460 €	3 564 €	bei 31 500 €	5 032 €	4 254 €	bei 40 700 €	4 458 €	5 110 €	bei 49 900 €	4 788 €	5 845 €
bei 22 400 €	4 480 €	3 580 €	bei 31 600 €	5 034 €	4 258 €	bei 40 800 €	4 462 €	5 123 €	bei 50 000 €	4 791 €	5 849 €
bei 22 500 €	4 500 €	3 596 €	bei 31 700 €	5 036 €	4 262 €	bei 40 900 €	4 466 €	5 135 €	bei 50 100 €	4 795 €	5 853 €
bei 22 600 €	4 520 €	3 612 €	bei 31 800 €	5 038 €	4 266 €	bei 41 000 €	4 469 €	5 148 €	bei 50 200 €	4 799 €	5 857 €
bei 22 700 €	4 540 €	3 628 €	bei 31 900 €	5 034 €	4 270 €	bei 41 100 €	4 473 €	5 161 €	bei 50 300 €	4 802 €	5 861 €
bei 22 800 €	4 560 €	3 644 €	bei 32 000 €	5 018 €	4 274 €	bei 41 200 €	4 476 €	5 173 €	bei 50 400 €	4 806 €	5 865 €
bei 22 900 €	4 580 €	3 660 €	bei 32 100 €	5 002 €	4 278 €	bei 41 300 €	4 480 €	5 186 €	bei 50 500 €	4 809 €	5 869 €
bei 23 000 €	4 600 €	3 676 €	bei 32 200 €	4 986 €	4 282 €	bei 41 400 €	4 483 €	5 198 €	bei 50 600 €	4 813 €	5 873 €
bei 23 100 €	4 620 €	3 692 €	bei 32 300 €	4 970 €	4 286 €	bei 41 500 €	4 487 €	5 211 €	bei 50 700 €	4 817 €	5 877 €
bei 23 200 €	4 640 €	3 708 €	bei 32 400 €	4 954 €	4 290 €	bei 41 600 €	4 491 €	5 223 €	bei 50 800 €	4 820 €	5 881 €
bei 23 300 €	4 660 €	3 724 €	bei 32 500 €	4 938 €	4 294 €	bei 41 700 €	4 494 €	5 236 €	bei 50 900 €	4 824 €	5 885 €
bei 23 400 €	4 680 €	3 740 €	bei 32 600 €	4 922 €	4 298 €	bei 41 800 €	4 498 €	5 248 €	bei 51 000 €	4 827 €	5 889 €
bei 23 500 €	4 700 €	3 756 €	bei 32 700 €	4 906 €	4 302 €	bei 41 900 €	4 501 €	5 261 €	bei 51 100 €	4 831 €	5 893 €
bei 23 600 €	4 720 €	3 772 €	bei 32 800 €	4 890 €	4 306 €	bei 42 000 €	4 505 €	5 274 €	bei 51 200 €	4 834 €	5 897 €
bei 23 700 €	4 740 €	3 788 €	bei 32 900 €	4 874 €	4 310 €	bei 42 100 €	4 509 €	5 286 €	bei 51 300 €	4 838 €	5 901 €
bei 23 800 €	4 760 €	3 804 €	bei 33 000 €	4 858 €	4 314 €	bei 42 200 €	4 512 €	5 299 €	bei 51 400 €	4 842 €	5 905 €
bei 23 900 €	4 780 €	3 820 €	bei 33 100 €	4 842 €	4 318 €	bei 42 300 €	4 516 €	5 311 €	bei 51 500 €	4 845 €	5 909 €
bei 24 000 €	4 800 €	3 836 €	bei 33 200 €	4 826 €	4 322 €	bei 42 400 €	4 519 €	5 324 €	bei 51 600 €	4 849 €	5 913 €
bei 24 100 €	4 820 €	3 852 €	bei 33 300 €	4 810 €	4 326 €	bei 42 500 €	4 523 €	5 336 €	bei 51 700 €	4 852 €	5 917 €
bei 24 200 €	4 840 €	3 868 €	bei 33 400 €	4 794 €	4 330 €	bei 42 600 €	4 526 €	5 349 €	bei 51 800 €	4 856 €	5 921 €
bei 24 300 €	4 860 €	3 884 €	bei 33 500 €	4 778 €	4 334 €	bei 42 700 €	4 530 €	5 361 €	bei 51 900 €	4 860 €	5 925 €
bei 24 400 €	4 880 €	3 900 €	bei 33 600 €	4 762 €	4 338 €	bei 42 800 €	4 534 €	5 374 €	bei 52 000 €	4 863 €	5 929 €
bei 24 500 €	4 892 €	3 916 €	bei 33 700 €	4 746 €	4 342 €	bei 42 900 €	4 537 €	5 387 €	bei 52 100 €	4 867 €	5 933 €
bei 24 600 €	4 894 €	3 932 €	bei 33 800 €	4 730 €	4 346 €	bei 43 000 €	4 541 €	5 399 €	bei 52 200 €	4 870 €	5 937 €
bei 24 700 €	4 896 €	3 948 €	bei 33 900 €	4 714 €	4 350 €	bei 43 100 €	4 544 €	5 412 €	bei 52 300 €	4 874 €	5 941 €
bei 24 800 €	4 898 €	3 964 €	bei 34 000 €	4 698 €	4 354 €	bei 43 200 €	4 548 €	5 424 €	bei 52 400 €	4 877 €	5 945 €
bei 24 900 €	4 900 €	3 980 €	bei 34 100 €	4 682 €	4 358 €	bei 43 300 €	4 552 €	5 437 €	bei 52 500 €	4 881 €	5 949 €
bei 25 000 €	4 902 €	3 995 €	bei 34 200 €	4 666 €	4 362 €	bei 43 400 €	4 555 €	5 449 €	bei 52 600 €	4 885 €	5 953 €
bei 25 100 €	4 904 €	3 999 €	bei 34 300 €	4 650 €	4 366 €	bei 43 500 €	4 559 €	5 462 €	bei 52 700 €	4 888 €	5 957 €
bei 25 200 €	4 906 €	4 003 €	bei 34 400 €	4 634 €	4 370 €	bei 43 600 €	4 562 €	5 474 €	bei 52 800 €	4 892 €	5 961 €
bei 25 300 €	4 908 €	4 007 €	bei 34 500 €	4 618 €	4 374 €	bei 43 700 €	4 566 €	5 487 €	bei 52 900 €	4 895 €	5 965 €
bei 25 400 €	4 910 €	4 011 €	bei 34 600 €	4 602 €	4 378 €	bei 43 800 €	4 569 €	5 500 €	bei 53 000 €	4 899 €	5 969 €
bei 25 500 €	4 912 €	4 015 €	bei 34 700 €	4 586 €	4 382 €	bei 43 900 €	4 573 €	5 512 €	bei 53 100 €	4 903 €	5 973 €
bei 25 600 €	4 914 €	4 019 €	bei 34 800 €	4 570 €	4 386 €	bei 44 000 €	4 577 €	5 525 €	bei 53 200 €	4 906 €	5 977 €
bei 25 700 €	4 916 €	4 023 €	bei 34 900 €	4 554 €	4 390 €	bei 44 100 €	4 580 €	5 537 €	bei 53 300 €	4 910 €	5 981 €
bei 25 800 €	4 918 €	4 027 €	bei 35 000 €	4 538 €	4 393 €	bei 44 200 €	4 584 €	5 550 €	bei 53 400 €	4 913 €	5 985 €
bei 25 900 €	4 920 €	4 031 €	bei 35 100 €	4 522 €	4 407 €	bei 44 300 €	4 587 €	5 562 €	bei 53 500 €	4 917 €	5 989 €
bei 26 000 €	4 922 €	4 035 €	bei 35 200 €	4 506 €	4 420 €	bei 44 400 €	4 591 €	5 575 €	bei 53 600 €	4 920 €	5 993 €
bei 26 100 €	4 924 €	4 039 €	bei 35 300 €	4 490 €	4 432 €	bei 44 500 €	4 594 €	5 587 €	bei 53 700 €	4 924 €	5 997 €
bei 26 200 €	4 926 €	4 043 €	bei 35 400 €	4 474 €	4 445 €	bei 44 600 €	4 598 €	5 600 €	bei 53 800 €	4 928 €	6 000 €
bei 26 300 €	4 928 €	4 047 €	bei 35 500 €	4 458 €	4 458 €	bei 44 700 €	4 602 €	5 613 €	bei 53 900 €	4 931 €	6 004 €
bei 26 400 €	4 930 €	4 051 €	bei 35 600 €	4 442 €	4 470 €	bei 44 800 €	4 605 €	5 625 €	bei 54 000 €	4 935 €	6 008 €
bei 26 500 €	4 932 €	4 055 €	bei 35 700 €	4 426 €	4 483 €	bei 44 900 €	4 609 €	5 638 €	bei 54 100 €	4 938 €	6 012 €
bei 26 600 €	4 934 €	4 059 €	bei 35 800 €	4 410 €	4 495 €	bei 45 000 €	4 612 €	5 650 €	bei 54 200 €	4 942 €	6 016 €

noch Anhang 8

11. Tabelle zur gekürzten Vorsorgepauschale 2010

a) Steuerklasse I, II, IV, V und VI
   für Arbeitnehmer, die weder in der gesetzlichen
   Rentenversicherung noch in der gesetzlichen
   Krankenversicherung versichert sind

Beim Vergleich der Jahre 2009 und 2010 ist zu berücksichtigen, dass 2009 bei den Steuerklassen V und VI keine Vorsorgepauschale eingearbeitet war.

Jahres-arbeitslohn	Vorsorge-pauschale 2009	Vorsorge-pauschale 2010	Jahres-arbeitslohn	Vorsorge-pauschale 2009	Vorsorge-pauschale 2010
bei 54 300 €	4 946 €	6 020 €	bei 60 300 €	5 160 €	6 259 €
bei 54 400 €	4 949 €	6 024 €	bei 60 400 €	5 164 €	6 263 €
bei 54 500 €	4 953 €	6 028 €	bei 60 500 €	5 168 €	6 267 €
bei 54 600 €	4 956 €	6 032 €	bei 60 600 €	5 171 €	6 271 €
bei 54 700 €	4 960 €	6 036 €	bei 60 700 €	5 175 €	6 275 €
bei 54 800 €	4 963 €	6 040 €	bei 60 800 €	5 178 €	6 279 €
bei 54 900 €	4 967 €	6 044 €	bei 60 900 €	5 182 €	6 283 €
bei 55 000 €	4 971 €	6 048 €	bei 61 000 €	5 186 €	6 287 €
bei 55 100 €	4 974 €	6 052 €	bei 61 100 €	5 189 €	6 291 €
bei 55 200 €	4 978 €	6 056 €	bei 61 200 €	5 193 €	6 295 €
bei 55 300 €	4 981 €	6 060 €	bei 61 300 €	5 196 €	6 299 €
bei 55 400 €	4 985 €	6 064 €	bei 61 400 €	5 200 €	6 303 €
bei 55 500 €	4 989 €	6 068 €	bei 61 500 €	5 203 €	6 307 €
bei 55 600 €	4 992 €	6 072 €	bei 61 600 €	5 207 €	6 311 €
bei 55 700 €	4 996 €	6 076 €	bei 61 700 €	5 211 €	6 315 €
bei 55 800 €	4 999 €	6 080 €	bei 61 800 €	5 214 €	6 319 €
bei 55 900 €	5 003 €	6 084 €	bei 61 900 €	5 218 €	6 323 €
bei 56 000 €	5 006 €	6 088 €	bei 62 000 €	5 221 €	6 327 €
bei 56 100 €	5 010 €	6 092 €	bei 62 100 €	5 225 €	6 331 €
bei 56 200 €	5 014 €	6 096 €	bei 62 200 €	5 229 €	6 335 €
bei 56 300 €	5 017 €	6 100 €	bei 62 300 €	5 232 €	6 339 €
bei 56 400 €	5 021 €	6 104 €	bei 62 400 €	5 236 €	6 343 €
bei 56 500 €	5 024 €	6 108 €	bei 62 500 €	5 239 €	6 347 €
bei 56 600 €	5 028 €	6 112 €	bei 62 600 €	5 243 €	6 351 €
bei 56 700 €	5 031 €	6 116 €	bei 62 700 €	5 246 €	6 355 €
bei 56 800 €	5 035 €	6 120 €	bei 62 800 €	5 250 €	6 359 €
bei 56 900 €	5 039 €	6 124 €	bei 62 900 €	5 254 €	6 363 €
bei 57 000 €	5 042 €	6 128 €	bei 63 000 €	5 257 €	6 367 €
bei 57 100 €	5 046 €	6 132 €	bei 63 100 €	5 261 €	6 371 €
bei 57 200 €	5 049 €	6 136 €	bei 63 200 €	5 264 €	6 375 €
bei 57 300 €	5 053 €	6 140 €	bei 63 300 €	5 268 €	6 379 €
bei 57 400 €	5 057 €	6 144 €	bei 63 400 €	5 271 €	6 383 €
bei 57 500 €	5 060 €	6 148 €	bei 63 500 €	5 275 €	6 387 €
bei 57 600 €	5 064 €	6 152 €	bei 63 600 €	5 279 €	6 391 €
bei 57 700 €	5 067 €	6 156 €	bei 63 700 €	5 282 €	6 395 €
bei 57 800 €	5 071 €	6 160 €	bei 63 800 €	5 286 €	6 398 €
bei 57 900 €	5 074 €	6 164 €	bei 63 900 €	5 289 €	6 402 €
bei 58 000 €	5 078 €	6 168 €	bei 64 000 €	5 293 €	6 406 €
bei 58 100 €	5 082 €	6 172 €	bei 64 100 €	5 297 €	6 410 €
bei 58 200 €	5 085 €	6 176 €	bei 64 200 €	5 300 €	6 414 €
bei 58 300 €	5 089 €	6 180 €	bei 64 300 €	5 304 €	6 418 €
bei 58 400 €	5 092 €	6 184 €	bei 64 400 €	5 307 €	6 422 €
bei 58 500 €	5 096 €	6 188 €	bei 64 500 €	5 311 €	6 246 €
bei 58 600 €	5 100 €	6 192 €	bei 64 600 €	5 314 €	6 430 €
bei 58 700 €	5 103 €	6 196 €	bei 64 700 €	5 318 €	6 434 €
bei 58 800 €	5 107 €	6 199 €	bei 64 800 €	5 322 €	6 438 €
bei 58 900 €	5 110 €	6 203 €	bei 64 900 €	5 322 €	6 442 €
bei 59 000 €	5 114 €	6 207 €	bei 65 000 €	5 322 €	6 446 €
bei 59 100 €	5 117 €	6 211 €	bei 65 100 €	5 322 €	6 450 €
bei 59 200 €	5 121 €	6 215 €	bei 65 200 €	5 322 €	6 454 €
bei 59 300 €	5 125 €	6 219 €	bei 65 300 €	5 322 €	6 458 €
bei 59 400 €	5 128 €	6 223 €	bei 65 400 €	5 322 €	6 462 €
bei 59 500 €	5 132 €	6 227 €	bei 65 500 €	5 322 €	6 466 €
bei 59 600 €	5 135 €	6 231 €	bei 65 600 €	5 322 €	6 470 €
bei 59 700 €	5 139 €	6 235 €	bei 65 700 €	5 322 €	6 474 €
bei 59 800 €	5 143 €	6 239 €	bei 65 800 €	5 322 €	6 478 €
bei 59 900 €	5 146 €	6 243 €	bei 65 900 €	5 322 €	6 482 €
bei 60 000 €	5 150 €	6 247 €	bei 66 000 € und höher	5 322 €	6 486 €
bei 60 100 €	5 153 €	6 251 €			
bei 60 200 €	5 157 €	6 255 €			

Jahres-arbeitslohn	Vorsorge-pauschale 2009	Vorsorge-pauschale 2010	Jahres-arbeitslohn	Vorsorge-pauschale 2009	Vorsorge-pauschale 2010
bei 100 €	20 €	12 €	bei 8 000 €	1 134 €	960 €
bei 200 €	40 €	24 €	bei 8 100 €	1 134 €	972 €
bei 300 €	60 €	36 €	bei 8 200 €	1 134 €	984 €
bei 400 €	80 €	48 €	bei 8 300 €	1 134 €	996 €
bei 500 €	100 €	60 €	bei 8 400 €	1 134 €	1 008 €
bei 600 €	120 €	72 €	bei 8 500 €	1 134 €	1 020 €
bei 700 €	140 €	84 €	bei 8 600 €	1 134 €	1 032 €
bei 800 €	160 €	96 €	bei 8 700 €	1 134 €	1 044 €
bei 900 €	180 €	108 €	bei 8 800 €	1 134 €	1 056 €
bei 1 000 €	200 €	120 €	bei 8 900 €	1 134 €	1 068 €
bei 1 100 €	220 €	132 €	bei 9 000 €	1 134 €	1 080 €
bei 1 200 €	240 €	144 €	bei 9 100 €	1 134 €	1 092 €
bei 1 300 €	260 €	156 €	bei 9 200 €	1 134 €	1 104 €
bei 1 400 €	280 €	168 €	bei 9 300 €	1 134 €	1 116 €
bei 1 500 €	300 €	180 €	bei 9 400 €	1 134 €	1 128 €
bei 1 600 €	320 €	192 €	bei 9 500 €	1 134 €	1 140 €
bei 1 700 €	340 €	204 €	bei 9 600 €	1 134 €	1 152 €
bei 1 800 €	360 €	216 €	bei 9 700 €	1 134 €	1 164 €
bei 1 900 €	380 €	228 €	bei 9 800 €	1 134 €	1 176 €
bei 2 000 €	400 €	240 €	bei 9 900 €	1 134 €	1 188 €
bei 2 100 €	420 €	252 €	bei 10 000 €	1 134 €	1 200 €
bei 2 200 €	440 €	264 €	bei 10 100 €	1 134 €	1 212 €
bei 2 300 €	460 €	276 €	bei 10 200 €	1 134 €	1 224 €
bei 2 400 €	480 €	288 €	bei 10 300 €	1 134 €	1 236 €
bei 2 500 €	500 €	300 €	bei 10 400 €	1 144 €	1 248 €
bei 2 600 €	520 €	312 €	bei 10 500 €	1 155 €	1 260 €
bei 2 700 €	540 €	324 €	bei 10 600 €	1 166 €	1 272 €
bei 2 800 €	560 €	336 €	bei 10 700 €	1 177 €	1 284 €
bei 2 900 €	580 €	348 €	bei 10 800 €	1 188 €	1 296 €
bei 3 000 €	600 €	360 €	bei 10 900 €	1 199 €	1 308 €
bei 3 100 €	620 €	372 €	bei 11 000 €	1 210 €	1 320 €
bei 3 200 €	640 €	384 €	bei 11 100 €	1 221 €	1 332 €
bei 3 300 €	660 €	396 €	bei 11 200 €	1 232 €	1 344 €
bei 3 400 €	680 €	408 €	bei 11 300 €	1 243 €	1 356 €
bei 3 500 €	700 €	420 €	bei 11 400 €	1 254 €	1 368 €
bei 3 600 €	720 €	432 €	bei 11 500 €	1 265 €	1 380 €
bei 3 700 €	740 €	444 €	bei 11 600 €	1 276 €	1 392 €
bei 3 800 €	760 €	456 €	bei 11 700 €	1 287 €	1 404 €
bei 3 900 €	780 €	468 €	bei 11 800 €	1 298 €	1 416 €
bei 4 000 €	800 €	480 €	bei 11 900 €	1 309 €	1 428 €
bei 4 100 €	820 €	492 €	bei 12 000 €	1 320 €	1 440 €
bei 4 200 €	840 €	504 €	bei 12 100 €	1 331 €	1 452 €
bei 4 300 €	860 €	516 €	bei 12 200 €	1 342 €	1 464 €
bei 4 400 €	880 €	528 €	bei 12 300 €	1 353 €	1 476 €
bei 4 500 €	900 €	540 €	bei 12 400 €	1 364 €	1 488 €
bei 4 600 €	920 €	552 €	bei 12 500 €	1 375 €	1 500 €
bei 4 700 €	940 €	564 €	bei 12 600 €	1 386 €	1 512 €
bei 4 800 €	960 €	576 €	bei 12 700 €	1 397 €	1 524 €
bei 4 900 €	980 €	588 €	bei 12 800 €	1 408 €	1 536 €
bei 5 000 €	1 000 €	600 €	bei 12 900 €	1 419 €	1 548 €
bei 5 100 €	1 020 €	612 €	bei 13 000 €	1 430 €	1 560 €
bei 5 200 €	1 040 €	624 €	bei 13 100 €	1 441 €	1 572 €
bei 5 300 €	1 060 €	636 €	bei 13 200 €	1 452 €	1 584 €
bei 5 400 €	1 080 €	648 €	bei 13 300 €	1 463 €	1 596 €
bei 5 500 €	1 100 €	660 €	bei 13 400 €	1 474 €	1 608 €
bei 5 600 €	1 120 €	672 €	bei 13 500 €	1 485 €	1 620 €
bei 5 700 €	1 134 €	684 €	bei 13 600 €	1 496 €	1 632 €
bei 5 800 €	1 134 €	696 €	bei 13 700 €	1 500 €	1 644 €
bei 5 900 €	1 134 €	708 €	bei 13 800 €	1 500 €	1 656 €
bei 6 000 €	1 134 €	720 €	bei 13 900 €	1 500 €	1 668 €
bei 6 100 €	1 134 €	732 €	bei 14 000 €	1 500 €	1 680 €
bei 6 200 €	1 134 €	744 €	bei 14 100 €	1 500 €	1 692 €
bei 6 300 €	1 134 €	756 €	bei 14 200 €	1 500 €	1 704 €
bei 6 400 €	1 134 €	768 €	bei 14 300 €	1 500 €	1 716 €
bei 6 500 €	1 134 €	780 €	bei 14 400 €	1 500 €	1 728 €
bei 6 600 €	1 134 €	792 €	bei 14 500 €	1 500 €	1 740 €
bei 6 700 €	1 134 €	804 €	bei 14 600 €	1 500 €	1 752 €
bei 6 800 €	1 134 €	816 €	bei 14 700 €	1 500 €	1 764 €
bei 6 900 €	1 134 €	828 €	bei 14 800 €	1 500 €	1 776 €
bei 7 000 €	1 134 €	840 €	bei 14 900 €	1 500 €	1 788 €
bei 7 100 €	1 134 €	852 €	bei 15 000 €	1 500 €	1 800 €
bei 7 200 €	1 134 €	864 €	bei 15 100 €	1 500 €	1 812 €
bei 7 300 €	1 134 €	876 €	bei 15 200 €	1 500 €	1 824 €
bei 7 400 €	1 134 €	888 €	bei 15 300 €	1 500 €	1 836 €
bei 7 500 €	1 134 €	900 €	bei 15 400 €	1 500 €	1 848 €
bei 7 600 €	1 134 €	912 €	bei 15 500 €	1 500 €	1 860 €
bei 7 700 €	1 134 €	924 €	bei 15 600 €	1 500 €	1 872 €
bei 7 800 €	1 134 €	936 €	bei 15 700 €	1 500 €	1 884 €
bei 7 900 €	1 134 €	948 €	bei 15 800 €	1 500 €	1 896 €
			bei 15 900 € und höher	1 500 €	1 900 €

noch Anhang 8

b) Steuerklasse III
für Arbeitnehmer, die weder in der gesetzlichen
Rentenversicherung noch in der gesetzlichen
Krankenversicherung versichert sind

Jahres-arbeitslohn	Vorsorge-pauschale 2009	2010	Jahres-arbeitslohn	Vorsorge-pauschale 2009	2010	Jahres-arbeitslohn	Vorsorge-pauschale 2009	2010	Jahres-arbeitslohn	Vorsorge-pauschale 2009	2010
bei 100 €	20 €	12 €	bei 8 800 €	1 760 €	1 056 €	bei 17 500 €	2 268 €	2 100 €	bei 22 500 €	2 475 €	2 700 €
bei 200 €	40 €	24 €	bei 8 900 €	1 780 €	1 068 €	bei 17 600 €	2 268 €	2 112 €	bei 22 600 €	2 486 €	2 712 €
bei 300 €	60 €	36 €	bei 9 000 €	1 800 €	1 080 €	bei 17 700 €	2 268 €	2 124 €	bei 22 700 €	2 497 €	2 724 €
bei 400 €	80 €	48 €	bei 9 100 €	1 820 €	1 092 €	bei 17 800 €	2 268 €	2 136 €	bei 22 800 €	2 508 €	2 736 €
bei 500 €	100 €	60 €	bei 9 200 €	1 840 €	1 104 €	bei 17 900 €	2 268 €	2 148 €	bei 22 900 €	2 519 €	2 748 €
bei 600 €	120 €	72 €	bei 9 300 €	1 860 €	1 116 €	bei 18 000 €	2 268 €	2 160 €	bei 23 000 €	2 530 €	2 760 €
bei 700 €	140 €	84 €	bei 9 400 €	1 880 €	1 128 €	bei 18 100 €	2 268 €	2 172 €	bei 23 100 €	2 541 €	2 772 €
bei 800 €	160 €	96 €	bei 9 500 €	1 900 €	1 140 €	bei 18 200 €	2 268 €	2 184 €	bei 23 200 €	2 552 €	2 784 €
bei 900 €	180 €	108 €	bei 9 600 €	1 920 €	1 152 €	bei 18 300 €	2 268 €	2 196 €	bei 23 300 €	2 563 €	2 796 €
bei 1 000 €	200 €	120 €	bei 9 700 €	1 940 €	1 164 €	bei 18 400 €	2 268 €	2 208 €	bei 23 400 €	2 574 €	2 808 €
bei 1 100 €	220 €	132 €	bei 9 800 €	1 960 €	1 176 €	bei 18 500 €	2 268 €	2 220 €	bei 23 500 €	2 585 €	2 820 €
bei 1 200 €	240 €	144 €	bei 9 900 €	1 980 €	1 188 €	bei 18 600 €	2 268 €	2 232 €	bei 23 600 €	2 596 €	2 832 €
bei 1 300 €	260 €	156 €	bei 10 000 €	2 000 €	1 200 €	bei 18 700 €	2 268 €	2 244 €	bei 23 700 €	2 607 €	2 844 €
bei 1 400 €	280 €	168 €	bei 10 100 €	2 020 €	1 212 €	bei 18 800 €	2 268 €	2 256 €	bei 23 800 €	2 618 €	2 856 €
bei 1 500 €	300 €	180 €	bei 10 200 €	2 040 €	1 224 €	bei 18 900 €	2 268 €	2 268 €	bei 23 900 €	2 629 €	2 868 €
bei 1 600 €	320 €	192 €	bei 10 300 €	2 060 €	1 236 €	bei 19 000 €	2 268 €	2 280 €	bei 24 000 €	2 640 €	2 880 €
bei 1 700 €	340 €	204 €	bei 10 400 €	2 080 €	1 248 €	bei 19 100 €	2 268 €	2 292 €	bei 24 100 €	2 651 €	2 892 €
bei 1 800 €	360 €	216 €	bei 10 500 €	2 100 €	1 260 €	bei 19 200 €	2 268 €	2 304 €	bei 24 200 €	2 662 €	2 904 €
bei 1 900 €	380 €	228 €	bei 10 600 €	2 120 €	1 272 €	bei 19 300 €	2 268 €	2 316 €	bei 24 300 €	2 673 €	2 916 €
bei 2 000 €	400 €	240 €	bei 10 700 €	2 140 €	1 284 €	bei 19 400 €	2 268 €	2 328 €	bei 24 400 €	2 684 €	2 928 €
bei 2 100 €	420 €	252 €	bei 10 800 €	2 160 €	1 296 €	bei 19 500 €	2 268 €	2 340 €	bei 24 500 €	2 695 €	2 940 €
bei 2 200 €	440 €	264 €	bei 10 900 €	2 180 €	1 308 €	bei 19 600 €	2 268 €	2 352 €	bei 24 600 €	2 706 €	2 952 €
bei 2 300 €	460 €	276 €	bei 11 000 €	2 200 €	1 320 €	bei 19 700 €	2 268 €	2 364 €	bei 24 700 €	2 717 €	2 964 €
bei 2 400 €	480 €	288 €	bei 11 100 €	2 220 €	1 332 €	bei 19 800 €	2 268 €	2 379 €	bei 24 800 €	2 728 €	2 976 €
bei 2 500 €	500 €	300 €	bei 11 200 €	2 240 €	1 344 €	bei 19 900 €	2 268 €	2 388 €	bei 24 900 €	2 739 €	2 988 €
bei 2 600 €	520 €	312 €	bei 11 300 €	2 260 €	1 356 €	bei 20 000 €	2 268 €	2 400 €	bei 25 000 €	2 750 €	3 000 €
bei 2 700 €	540 €	324 €	bei 11 400 €	2 268 €	1 368 €	bei 20 100 €	2 268 €	2 412 €	bei 25 100 €	2 761 €	3 000 €
bei 2 800 €	560 €	336 €	bei 11 500 €	2 268 €	1 380 €	bei 20 200 €	2 268 €	2 424 €	bei 25 200 €	2 772 €	3 000 €
bei 2 900 €	580 €	348 €	bei 11 600 €	2 268 €	1 392 €	bei 20 300 €	2 268 €	2 436 €	bei 25 300 €	2 783 €	3 000 €
bei 3 000 €	600 €	360 €	bei 11 700 €	2 268 €	1 404 €	bei 20 400 €	2 268 €	2 448 €	bei 25 400 €	2 794 €	3 000 €
bei 3 100 €	620 €	372 €	bei 11 800 €	2 268 €	1 416 €	bei 20 500 €	2 268 €	2 460 €	bei 25 500 €	2 805 €	3 000 €
bei 3 200 €	640 €	384 €	bei 11 900 €	2 268 €	1 428 €	bei 20 600 €	2 268 €	2 472 €	bei 25 600 €	2 816 €	3 000 €
bei 3 300 €	660 €	396 €	bei 12 000 €	2 268 €	1 440 €	bei 20 700 €	2 277 €	2 484 €	bei 25 700 €	2 827 €	3 000 €
bei 3 400 €	680 €	408 €	bei 12 100 €	2 268 €	1 452 €	bei 20 800 €	2 288 €	2 496 €	bei 25 800 €	2 838 €	3 000 €
bei 3 500 €	700 €	420 €	bei 12 200 €	2 268 €	1 464 €	bei 20 900 €	2 299 €	2 508 €	bei 25 900 €	2 849 €	3 000 €
bei 3 600 €	720 €	432 €	bei 12 300 €	2 268 €	1 476 €	bei 21 000 €	2 310 €	2 520 €	bei 26 000 €	2 860 €	3 000 €
bei 3 700 €	740 €	444 €	bei 12 400 €	2 268 €	1 488 €	bei 21 100 €	2 321 €	2 532 €	bei 26 100 €	2 871 €	3 000 €
bei 3 800 €	760 €	456 €	bei 12 500 €	2 268 €	1 500 €	bei 21 200 €	2 332 €	2 544 €	bei 26 200 €	2 882 €	3 000 €
bei 3 900 €	780 €	468 €	bei 12 600 €	2 268 €	1 512 €	bei 21 300 €	2 343 €	2 556 €	bei 26 300 €	2 893 €	3 000 €
bei 4 000 €	800 €	480 €	bei 12 700 €	2 268 €	1 524 €	bei 21 400 €	2 354 €	2 568 €	bei 26 400 €	2 904 €	3 000 €
bei 4 100 €	820 €	492 €	bei 12 800 €	2 268 €	1 536 €	bei 21 500 €	2 365 €	2 580 €	bei 26 500 €	2 915 €	3 000 €
bei 4 200 €	840 €	504 €	bei 12 900 €	2 268 €	1 548 €	bei 21 600 €	2 376 €	2 592 €	bei 26 600 €	2 926 €	3 000 €
bei 4 300 €	860 €	516 €	bei 13 000 €	2 268 €	1 560 €	bei 21 700 €	2 387 €	2 604 €	bei 26 700 €	2 937 €	3 000 €
bei 4 400 €	880 €	528 €	bei 13 100 €	2 268 €	1 572 €	bei 21 800 €	2 398 €	2 616 €	bei 26 800 €	2 948 €	3 000 €
bei 4 500 €	900 €	540 €	bei 13 200 €	2 268 €	1 584 €	bei 21 900 €	2 409 €	2 628 €	bei 26 900 €	2 959 €	3 000 €
bei 4 600 €	920 €	552 €	bei 13 300 €	2 268 €	1 596 €	bei 22 000 €	2 420 €	2 640 €	bei 27 000 €	2 970 €	3 000 €
bei 4 700 €	940 €	564 €	bei 13 400 €	2 268 €	1 608 €	bei 22 100 €	2 431 €	2 652 €	bei 27 100 €	2 981 €	3 000 €
bei 4 800 €	960 €	576 €	bei 13 500 €	2 268 €	1 620 €	bei 22 200 €	2 442 €	2 664 €	bei 27 200 €	2 992 €	3 000 €
bei 4 900 €	980 €	588 €	bei 13 600 €	2 268 €	1 632 €	bei 22 300 €	2 453 €	2 676 €	**bei 27 300 € und höher**	**3 000 €**	**3 000 €**
bei 5 000 €	1 000 €	600 €	bei 13 700 €	2 268 €	1 644 €	bei 22 400 €	2 464 €	2 688 €			
bei 5 100 €	1 020 €	612 €	bei 13 800 €	2 268 €	1 656 €						
bei 5 200 €	1 040 €	624 €	bei 13 900 €	2 268 €	1 668 €						
bei 5 300 €	1 060 €	636 €	bei 14 000 €	2 268 €	1 680 €						
bei 5 400 €	1 080 €	648 €	bei 14 100 €	2 268 €	1 692 €						
bei 5 500 €	1 100 €	660 €	bei 14 200 €	2 268 €	1 704 €						
bei 5 600 €	1 120 €	672 €	bei 14 300 €	2 268 €	1 716 €						
bei 5 700 €	1 140 €	684 €	bei 14 400 €	2 268 €	1 728 €						
bei 5 800 €	1 160 €	696 €	bei 14 500 €	2 268 €	1 740 €						
bei 5 900 €	1 180 €	708 €	bei 14 600 €	2 268 €	1 752 €						
bei 6 000 €	1 200 €	720 €	bei 14 700 €	2 268 €	1 764 €						
bei 6 100 €	1 220 €	732 €	bei 14 800 €	2 268 €	1 776 €						
bei 6 200 €	1 240 €	744 €	bei 14 900 €	2 268 €	1 788 €						
bei 6 300 €	1 260 €	756 €	bei 15 000 €	2 268 €	1 800 €						
bei 6 400 €	1 280 €	768 €	bei 15 100 €	2 268 €	1 812 €						
bei 6 500 €	1 300 €	780 €	bei 15 200 €	2 268 €	1 824 €						
bei 6 600 €	1 320 €	792 €	bei 15 300 €	2 268 €	1 836 €						
bei 6 700 €	1 340 €	804 €	bei 15 400 €	2 268 €	1 848 €						
bei 6 800 €	1 360 €	816 €	bei 15 500 €	2 268 €	1 860 €						
bei 6 900 €	1 380 €	828 €	bei 15 600 €	2 268 €	1 872 €						
bei 7 000 €	1 400 €	840 €	bei 15 700 €	2 268 €	1 884 €						
bei 7 100 €	1 420 €	852 €	bei 15 800 €	2 268 €	1 896 €						
bei 7 200 €	1 440 €	864 €	bei 15 900 €	2 268 €	1 908 €						
bei 7 300 €	1 460 €	876 €	bei 16 000 €	2 268 €	1 920 €						
bei 7 400 €	1 480 €	888 €	bei 16 100 €	2 268 €	1 932 €						
bei 7 500 €	1 500 €	900 €	bei 16 200 €	2 268 €	1 944 €						
bei 7 600 €	1 520 €	912 €	bei 16 300 €	2 268 €	1 956 €						
bei 7 700 €	1 540 €	924 €	bei 16 400 €	2 268 €	1 968 €						
bei 7 800 €	1 560 €	936 €	bei 16 500 €	2 268 €	1 980 €						
bei 7 900 €	1 580 €	948 €	bei 16 600 €	2 268 €	1 992 €						
bei 8 000 €	1 600 €	960 €	bei 16 700 €	2 268 €	2 004 €						
bei 8 100 €	1 620 €	972 €	bei 16 800 €	2 268 €	2 016 €						
bei 8 200 €	1 640 €	984 €	bei 16 900 €	2 268 €	2 028 €						
bei 8 300 €	1 660 €	996 €	bei 17 000 €	2 268 €	2 040 €						
bei 8 400 €	1 680 €	1 008 €	bei 17 100 €	2 268 €	2 052 €						
bei 8 500 €	1 700 €	1 020 €	bei 17 200 €	2 268 €	2 064 €						
bei 8 600 €	1 720 €	1 032 €	bei 17 300 €	2 268 €	2 076 €						
bei 8 700 €	1 740 €	1 044 €	bei 17 400 €	2 268 €	2 088 €						

Anhang 8a

Abzug der tatsächlichen Vorsorgeaufwendungen im Veranlagungsverfahren ab 2010

Neues auf einen Blick:

Durch das sog. Bürgerentlastungsgesetz wurde die Berechnung der als Sonderausgaben abzugsfähigen Vorsorgeaufwendungen ab 1.1.2010 geändert und zwar die Berechnung der abzugsfähigen Ausgaben für eine **sog. Basiskranken- und Pflegeversicherung.** Die Berechnung der als Sonderausgaben abzugsfähigen **Alters**vorsorgeaufwendungen und der übrigen Vorsorgeaufwendungen ist unverändert geblieben. Die Höchstbeträge für die übrigen Vorsorgeaufwendungen wurden allerdings auf 1900 € bzw. 3800 € erhöht. Die bereits bisher geltende sog. Günstigerrechnung wurde beibehalten. **Abgeschafft wurde hingegen ab 2010 die Berücksichtigung einer Vorsorgepauschale bei der Veranlagung zur Einkommensteuer.** Bei einer Veranlagung zur Einkommensteuer nach Ablauf des Kalenderjahrs können ab 2010 nur die tatsächlich entstandenen Vorsorgeaufwendungen als Sonderausgaben abgezogen werden. Beim laufenden Lohnsteuerabzug während des Kalenderjahrs gibt es hingegen nach wie vor eine Vorsorgepauschale, deren Berechnung ab 1.1.2010 völlig neu geregelt wurde. Die neuen Regelungen zur Berechnung der Vorsorgepauschale ab 1.1.2010 sind in **Anhang 8 zum Lexikon** ausführlich anhand von Beispielen dargestellt.

Gliederung:

1. Allgemeines
2. Neuregelung des Sonderausgabenabzugs von Vorsorgeaufwendungen ab 2010
3. Begriff der Vorsorgeaufwendungen
4. Berechnung der abzugsfähigen Altersvorsorgeaufwendungen ab 2010
   a) Allgemeines
   b) Berechnung der abzugsfähigen Beiträge zur Altersbasisversorgung
   c) Kürzung des Höchstbetrags von 20 000 € bzw. 40 000 € um einen fiktiven Arbeitgeber- und Arbeitnehmeranteil
5. Berechnung der als sonstige Vorsorgeaufwendungen abzugsfähigen Beiträge zur sog. Basiskranken- und Pflegeversicherung
   a) Allgemeines
   b) Beiträge zur gesetzlichen Krankenversicherung
   c) Beiträge zu einer privaten Basiskrankenversicherung
   d) Beiträge zu einer Pflegeversicherung
6. Übrige sonstige Vorsorgeaufwendungen, die zusätzlich zu den Kranken- und Pflegeversicherungsbeiträgen abgezogen werden können
7. Günstigerprüfung
   a) Allgemeines
8. Besonderer Sonderausgabenabzug und Altersvorsorgezulage für Riester-Rentenversicherungen

1. Allgemeines

Vorsorgeaufwendungen werden beim laufenden Lohnsteuerabzug während des Kalenderjahrs ausschließlich durch die in den Lohnsteuertarif eingearbeitete Vorsorgepauschale berücksichtigt. Sind die tatsächlich anfallenden Vorsorgeaufwendungen **höher** als die Vorsorgepauschale, so kann sie der Arbeitnehmer erst bei der Veranlagung zur Einkommensteuer geltend machen. Ein Freibetrag wird ihm für Vorsorgeaufwendungen nicht auf der Lohnsteuerkarte eingetragen. Gerade für Arbeitnehmer, die nur eine gekürzte Vorsorgepauschale erhalten, empfiehlt es sich daher, nach Ablauf des Kalenderjahres zu prüfen, ob die im Rahmen der Höchstbeträge als Sonderausgaben abzugsfähigen tatsächlichen Vorsorgeaufwendungen höher sind als die beim laufenden Lohnsteuerabzug während des Kalenderjahres berücksichtigte Vorsorgepauschale. Ist dies der Fall, so muss eine Veranlagung zur Einkommensteuer beantragt werden.

2. Neuregelung des Sonderausgabenabzugs von Vorsorgeaufwendungen ab 2010

Da die Beiträge zu einer Kranken- und Pflegeversicherung nach dem bisher geltenden Recht nur in eingeschränktem Umfang als Sonderausgaben steuerlich abziehbar waren, hat das Bundesverfassungsgericht im Februar 2008 entschieden (u. a. Beschluss vom 13.2.2008 2 BvL 1/06), dass der steuerliche Sonderausgabenabzug von Beiträgen zur Kranken- und Pflegeversicherung in einem Umfang zu gewähren ist, der eine sozialhilfegleiche Kranken- und Pflegeversicherung sicherstellt. Das Bundesverfassungsgericht hat den Gesetzgeber verpflichtet, spätestens zum 1.1.2010 eine gesetzliche Neuregelung zu treffen.

Durch das Bürgerentlastungsgesetz vom 16.7.2009 (BGBl. I S. 1959) wurde mit Wirkung vom 1.1.2010 das Urteil des Bundesverfassungsgerichts umgesetzt und für den Sonderausgabenabzug von Beiträgen zu einer Kranken- und Pflegeversicherung eine Regelung getroffen, wonach künftig die Beiträge zur Krankenversicherung in vollem Umfang abgezogen werden können, soweit sie eine Grundversorgung im Krankheitsfall abdecken (sog. Basiskranken- und Pflegeversicherung). Beiträge zu darüber hinausgehenden Kranken- und Pflegeversicherungen werden als „sonstige Vorsorgeaufwendungen" behandelt.

Hiernach ergibt sich zum Sonderausgabenabzug von Vorsorgeaufwendungen bei Arbeitnehmern ab 2010 folgende Übersicht

Sonderausgabenabzug ab 2010
bei Arbeitnehmern

↙ ↘

Vorsorgeaufwendungen

Übrige Sonderausgaben
Nur für die „übrigen Sonderausgaben" ist die Eintragung eines Freibetrags auf der Lohnsteuerkarte möglich

↙ ↘

Altervorsorgeaufwendungen
z. B.
– Beiträge zur gesetzlichen Rentenversicherung
– Beiträge zu berufsständischen Versorgungswerken
– Beiträge zu bestimmten Leibrentenversicherungen (sog. Rürup-Rentenversicherungsvertrag)

Höchstbetrag 2010: **70 %** von
– 20 000 € bei Ledigen
– 40 000 € bei Verheirateten
(mit Übergangsregelung)

Sonstige Vorsorgeaufwendungen
z. B.
– Beiträge zur Kranken-, Pflege- und Arbeitslosenversicherung
– Beiträge zu Unfall- und Haftpflichtversicherungen
– Beiträge zu Erwerbs- und Berufsunfähigkeitsversicherungen
– bestimmte Lebensversicherungen bis zum Höchstbetrag von
– **1900 €** bei ledigen Arbeitnehmern
– **3800 €** bei Arbeitnehmer-Ehegatten

mindestens aber die Beiträge zur Basiskranken- und Pflegeversicherung in tatsächlich entstandener Höhe

↓

Gesamtbetrag
der abzugsfähigen Vorsorgeaufwendungen

↓

Günstigerprüfung
ob die Anwendung der bis 31.12.2004 geltenden Rechtslage zu einem höheren Abzugsbetrag führt

3. Begriff der Vorsorgeaufwendungen

Vorsorgeaufwendungen werden eingeteilt in **Altersvorsorgeaufwendungen** einerseits und **sonstige Vorsorgeaufwendungen** andererseits (vgl. die unter der vorstehenden Nr. 2 abgedruckte Übersicht).

Zu den steuerlich besonders geförderten **Altersvorsorgeaufwendungen** (sog. Altersbasisversorgung) gehören:

noch Anhang 8a

- Gesetzliche **Rentenversicherungsbeiträge** (Arbeitnehmer- und Arbeitgeberanteil);
- Beiträge zu **berufsständischen Versorgungseinrichtungen,** die den gesetzlichen Rentenversicherungen vergleichbare Leistungen erbringen. Eine Übersicht über die berufsständischen Versorgungseinrichtungen, die vergleichbare Leistungen erbringen enthält das BMF-Schreiben vom 7.2.2007 (BStBl. I S. 262)*);
- Leibrentenversicherungsbeiträge, das heißt **kapitalgedeckte Altersvorsorgeprodukte,** die die Zahlung einer monatlichen, auf das Leben des Steuerbürgers bezogenen Leibrente nicht vor Vollendung des 60. Lebensjahres vorsehen und deren Ansprüche nicht vererblich, nicht übertragbar, nicht beleihbar, nicht veräußerbar und nicht kapitalisierbar sind (**sog. Rürup-Rentenversicherungsvertrag);**
- Beiträge zu Versicherungen gegen Berufsunfähigkeit oder verminderte Erwerbsfähigkeit sowie zur Hinterbliebenenversicherung (nur als **Zusatzversicherung zu einem Rürup-Rentenversicherungsvertrag);**
- Landwirtschaftliche Alterskassenbeiträge.

Die **sonstigen Vorsorgeaufwendungen** werden unterteilt in Beiträge zur **sog. Basiskranken- und Pflegeversicherung** einerseits und „übrige" sonstige Vorsorgeaufwendungen andererseits. Zu den **übrigen sonstigen Vorsorgeaufwendungen** gehören insbesondere:

- **Kranken- und Pflegeversicherungsbeiträge;**
- Beiträge zu Versicherungen gegen **Arbeitslosigkeit;**
- **Unfall- und Haftpflichtversicherungsbeiträge;**
- Beiträge zu **Risikoversicherungen,** die nur für den Todesfall eine Leistung vorsehen;
- Beiträge zu **eigenständigen** Erwerbs- und Berufsunfähigkeitsversicherungen;
- Beiträge zu Kapitallebens- und Rentenversicherungen, die **nach altem Recht** als Sonderausgaben begünstigt waren (Laufzeitbeginn vor dem 1.1.2005 und mindestens ein **geleisteter** Versicherungsbeitrag bis 31.12.2004). Hierbei ist zu beachten, dass Rentenversicherungen mit Kapitalwahlrecht und Kapitallebensversicherungen **nach altem Recht** seit dem Kalenderjahr 2004 nur noch mit **88%** der Beiträge berücksichtigt werden (§ 10 Abs. 1 Nr. 2 Buchstabe b Satz 2 EStG alte Fassung).

Ausgeschlossen sind Hausratsversicherungen, Kfz-Kaskoversicherungen, Rechtsschutzversicherungen, **fondsgebundene Lebensversicherungen,** Versicherungen auf den Erlebens- oder Todesfall, bei denen der Steuerpflichtige Ansprüche aus einem von einer anderen Person abgeschlossenen Vertrag **entgeltlich erworben** hat – es sei denn, es werden aus anderen Rechtsverhältnissen entstandene Abfindungs- und Ausgleichsansprüche arbeitsrechtlicher, erbrechtlicher oder familienrechtlicher Art durch Übertragung von Ansprüchen aus Lebensversicherungsverträgen erfüllt – und Versicherungen, deren Ansprüche der Steuerpflichtige zur **schädlichen Tilgung** oder Sicherung **von Darlehen** im Sinne des § 10 Abs. 2 Satz 2 EStG alter Fassung eingesetzt hat.

4. Berechnung der abzugsfähigen Altersvorsorgeaufwendungen ab 2010

a) Allgemeines

Die Berechnung der abzugsfähigen Vorsorgeaufwendungen setzt sich aus drei Rechenvorgängen zusammen:

- Berechnung der abzugsfähigen Beiträge zur **Altersbasisversorgung** (nachfolgend erläutert),
- Berechnung der als sonstige Vorsorgeaufwendungen abzugsfähigen **Beiträge zur sog. Basiskranken- und Pflegeversicherung** (vgl. die Erläuterungen unter der nachfolgenden Nr. 5),
- Berechnung der übrigen sonstigen Vorsorgeaufwendungen, die **zusätzlich** zu den Kranken- und Pflegeversicherungsbeiträgen abgezogen werden können (vgl. die Erläuterungen unter der nachfolgenden Nr. 6),
- **Günstigerprüfung** (vgl. die Erläuterungen unter der nachfolgenden Nr. 7).

Geändert hat sich ab 2010 nur die Berechnung der als sonstige Vorsorgeaufwendungen abzugsfähigen Beiträge zur sog. Basiskranken- und Pflegeversicherung. Bei den übrigen sonstigen Vorsorgeaufwendungen wurden allerdings ab 2010 die Höchstbeträge von bisher 1500 € bzw. 3000 € auf **1900 €** bzw. **3800 €** erhöht. Mindestens sind die Basiskranken- und Pflegeversicherungsbeiträge zu berücksichtigen. Im Einzelnen gilt Folgendes:

b) Berechnung der abzugsfähigen Beiträge zur Altersbasisversorgung

Die Berechnung der abzugsfähigen Beiträge zur **Altersbasisversorgung** ist in vier Schritten durchzuführen:

1. **Schritt:** Ermittlung der **Beiträge zur Altersbasisversorgung** (bei Arbeitnehmern inklusive Arbeitgeberanteil zur Rentenversicherung)

2. **Schritt:** Ermittlung des **Höchstbetrags** für die Altersbasisversorgung (**20 000 €** für Ledige, **40 000 €** für Verheiratete).
   Bei **bestimmten Arbeitnehmern** wird der Höchstbetrag um einen **fiktiven** Arbeitgeber- und Arbeitnehmeranteil zur gesetzlichen Rentenversicherung gekürzt (§ 10 Abs. 3 Satz 3 Nr. 1 EStG). Betroffen hiervon sind insbesondere Beamte, Richter, Soldaten, Gesellschafter-Geschäftsführer einer GmbH und Vorstandsmitglieder von Aktiengesellschaften. Der fiktive Kürzungsbetrag ist unter dem nachfolgenden Buchstaben c erläutert.

3. **Schritt:** Mit dem niedrigeren Betrag von Schritt 1 oder Schritt 2 wird weiter gerechnet, das heißt, vom niedrigeren Betrag kann aufgrund einer Übergangsregelung nur ein bestimmter Prozentsatz angesetzt werden, und zwar

   - im Kalenderjahr 2005 60%
   - im Kalenderjahr 2006 62%
   - im Kalenderjahr 2007 64%
   - im Kalenderjahr 2008 66%
   - im Kalenderjahr 2009 68%
   - im Kalenderjahr **2010 70%**

   Dieser Prozentsatz erhöht sich jährlich um 2%, bis im Jahr 2025 100% erreicht sind.

4. **Schritt:** Von dem sich nach Schritt 3 ergebenden Betrag ist bei rentenversicherungspflichtigen **Arbeitnehmern** der steuerfreie **Arbeitgeberanteil zur gesetzlichen Rentenversicherung** abzuziehen. Das Ergebnis sind die als Sonderausgaben abziehbaren Beiträge zur Altersbasisversorgung die in die sog. Günstigerprüfung (vgl. nachfolgend unter Nr. 7) einbezogen werden.

Beispiel

Arbeitnehmer-Ehegatten haben im Kalenderjahr 2010 folgende Beiträge zur gesetzlichen Rentenversicherung gezahlt (Arbeitnehmer- und Arbeitgeberanteil):

Ehemann: 19,9% aus einem Bruttolohn von 60 301,50 €	12 000,— €
Ehefrau: 19,9% aus einem Bruttolohn von 50 251,25 €	10 000,— €
Beiträge der Ehegatten zur Altersbasisversorgung insgesamt	22 000,— €
Höchstbetrag für Ehegatten	40 000,— €
anzusetzen ist der niedrigere Betrag	22 000,— €
davon 70%	15 400,— €
abzüglich steuerfreier Arbeitgeberanteil zur Rentenversicherung:	
Ehemann: 9,95% von 60 301,50 € 6 000,— €	
Ehefrau: 9,95% von 50 251,25 € 5 000,— €	11 000,— €
als Sonderausgaben abziehbare Beiträge zur Altersvorsorge verbleiben	4 400,— €

Der Betrag von 4400 € wird in die Günstigerprüfung übernommen (vgl. nachfolgend unter Nr. 7).

c) Kürzung des Höchstbetrags von 20 000 € bzw. 40 000 € um einen fiktiven Arbeitgeber- und Arbeitnehmeranteil

Der Höchstbetrag von 20 000 € (bzw. 40 000 € bei Arbeitnehmer-Ehegatten) ist nach § 10 Abs. 3 Satz 3 Nr. 1 EStG bei bestimmten Arbeitnehmern um den Betrag zu kürzen, der dem Gesamtbeitrag (Arbeitgeber- und Arbeitnehmeranteil) zur gesetzlichen Rentenversicherung entspricht. Diese **fiktive Kürzung** gilt für Arbeitnehmer, die während des ganzen oder eines Teils des Kalenderjahres

- in der gesetzlichen Rentenversicherung versicherungsfrei oder auf Antrag des Arbeitgebers von der Versicherungspflicht befreit waren und denen für den Fall ihres Ausscheidens aus der Beschäftigung aufgrund des Beschäftigungsverhältnisses eine lebenslängliche Versorgung oder an deren Stelle eine Abfindung zusteht oder die in der gesetzlichen Rentenversicherung nachzuversichern sind **oder**

---

*) Das BMF-Schreiben ist als Anhang 13e im **Steuerhandbuch für das Lohnbüro 2010** abgedruckt, das im selben Verlag erschienen ist. Das **PC-Lexikon** für das Lohnbüro 2010 enthält auch dieses Handbuch mit dem außerdem von Vorteil, dass Sie **alle BFH-Urteile** sowie die aktuellen Rundschreiben und Niederschriften der Spitzenverbände der **Sozialversicherung** mit Mausklick **im Volltext** abrufen und ausdrucken können. Eine Bestellkarte finden Sie vorne im Lexikon.

- nicht der gesetzlichen Rentenversicherungspflicht unterliegen, eine Berufstätigkeit ausgeübt und im Zusammenhang damit aufgrund vertraglicher Vereinbarungen Anwartschaftsrechte auf eine Altersversorgung erworben haben.

Für die Berechnung des Kürzungsbetrages ist auf den zu Beginn des jeweiligen Kalenderjahres geltenden **Beitragssatz in der gesetzlichen Rentenversicherung** abzustellen (derzeit **19,9 %**). Aus Vereinfachungsgründen ist zugunsten des Arbeitnehmers einheitlich auf die Beitragsbemessungsgrenze-**Ost** abzustellen (BMF-Schreiben vom 30.1.2008, BStBl. I S. 390, Rz. 33). Die Beitragsbemessungsgrenze-Ost in der gesetzlichen Rentenversicherung beträgt im Kalenderjahr 2010 55 800 €. Bemessungsgrundlage für den fiktiven Kürzungsbetrag ist der steuerpflichtige Arbeitslohn und nicht das sozialversicherungspflichtige Arbeitsentgelt. Der maximale Kürzungsbetrag beträgt 2010 also 11 104 € (= 19,9 % von 55 800 €). Der nach der Kürzung verbleibende Höchstbetrag beläuft sich somit auf 8896 € bzw. 28 896 € (20 000 €/40 000 € abzüglich 11 104 €).

Zum Personenkreis bei dem der Höchstbetrag von 20 000 € (bzw. 40 000 € bei Ehegatten) um einen fiktiven Beitrag zur gesetzlichen Rentenversicherung zu kürzen ist, gehören insbesondere:
- Beamte, Richter, Berufssoldaten, Soldaten auf Zeit;
- Arbeitnehmer, die nach § 5 Abs. 1 Nr. 2 und 3 SGB VI oder § 230 SGB VI versicherungsfrei sind (z. B. Beschäftigte bei Trägern der Sozialversicherung, Geistliche der als öffentlich-rechtliche Körperschaften anerkannten Religionsgemeinschaften);
- Arbeitnehmer, die auf Antrag des Arbeitgebers von der gesetzlichen Rentenversicherungspflicht befreit worden sind, z. B. eine Lehrkraft an nicht öffentlichen Schulen, bei der eine Altersversorgung nach beamtenrechtlichen oder entsprechenden kirchenrechtlichen Grundsätzen gewährleistet ist;
- beherrschende **Gesellschafter-Geschäftsführer** einer GmbH oder Vorstandsmitglieder von Aktiengesellschaften, denen eine betriebliche Altersversorgung zugesagt worden ist. Die Höhe der Versorgungszusage und die Art der Finanzierung sind unbeachtlich.

5. Berechnung der als sonstige Vorsorgeaufwendungen abzugsfähigen Beiträge zur sog. Basiskranken- und Pflegeversicherung

a) Allgemeines

Entsprechend der Vorgabe des Bundesverfassungsgerichts werden ab 2010 diejenigen Krankenversicherungsbeiträge in vollem Umfang zum Sonderausgabenabzug zugelassen, die dazu dienen, nach Art, Umfang und Höhe eine Absicherung zu erhalten, die sich an dem sozialhilfegleichen Versorgungsniveau entsprechend dem Zwölften Buch Sozialgesetzbuch orientiert. Bei den Krankenversicherungsbeiträgen muss also ermittelt werden, welcher Teil der vom Arbeitnehmer geleisteten Beiträge der Finanzierung von Versicherungsleistungen dient, die den Leistungen der gesetzlichen Krankenversicherung entsprechen **(sog. Basiskrankenversicherung)** und welcher Teil der Finanzierung darüber hinausgehender Leistungen – z. B. **Krankengeld, Chefarztbehandlung, Einbettzimmer** – dient. Für eine zutreffende Ermittlung der als Sonderausgaben anzusetzenden Vorsorgeaufwendungen sind beide Werte von Bedeutung. Denn die nicht in voller Höhe abzugsfähigen Krankenversicherungsbeiträge gehören zu den übrigen sonstigen Vorsorgeaufwendungen (vgl. nachfolgend unter Nr. 6).

Berücksichtigungsfähig sind die Beiträge zu einer Krankenversicherung, die der Steuerpflichtige als Versicherungsnehmer für sich und für jede unterhaltsberechtigte Person leistet. Hierzu gehören auch Beiträge für seinen Ehegatten, die steuerlich zu berücksichtigenden Kinder und den eingetragenen Lebenspartner, sofern nicht ohnehin für eine dieser Personen eine beitragsfreie Mitversicherung in der gesetzlichen Krankenversicherung besteht.

Beitragsrückerstattungen mindern übrigens die als Sonderausgaben abziehbaren Beiträge, weil insoweit eine wirtschaftliche Belastung des Steuerzahlers nicht gegeben ist. Dies gilt bei gesetzlich und privat Krankenversicherten.

b) Beiträge zur gesetzlichen Krankenversicherung

Ausgehend von den vorstehenden Erläuterungen unter dem Buchstaben a) können Versicherte in der gesetzlichen Krankenversicherung (GKV) ihre Beiträge ab 2010 in voller Höhe als Sonderausgaben absetzen, da sie – mit Ausnahme des Beitragsanteils der auf das **Krankengeld** entfällt – zu den Beiträgen für eine Basiskrankenversicherung gehören. Dies gilt auch für die von der gesetzlichen Krankenkasse erhobenen Zusatzbeiträge.

Nicht zur Basisabsicherung gehören hingegen Beiträge für Wahl- und Zusatztarife, auch wenn diese im Rahmen der GKV angeboten werden, da die Leistungen insoweit über die Pflichtleistungen der GKV hinausgehen (z. B. Chefarztbehandlung, Einbettzimmer).

Nicht zur Basiskrankenversicherung – jedoch zu den „übrigen" als sonstige Vorsorgeaufwendungen abziehbaren Aufwendungen – gehört auch der Beitragsanteil, der zur Finanzierung des **Krankengelds** dient. Den Ausschluss des Krankengeldanteils aus den verfassungsrechtlich zwingend zu berücksichtigenden Beiträgen hat das Bundesverfassungsgericht damit begründet, dass das Krankengeld dem Ausgleich des krankheitsbedingten Verdienstausfalls und damit der Vermögenssicherung, nicht aber der existenznotwendigen Absicherung von gesundheitsbedingten Risiken dient. Erwirbt der Versicherte mit dem von ihm geleisteten Beitrag an die gesetzliche Krankenversicherung dem Grunde nach auch einen Krankengeldanspruch, dann ist der geleistete Beitrag **pauschal um 4 % zu kürzen** (§ 10 Abs. 1 Nr. 3 Buchstabe a Satz 4 EStG). Der pauschale Kürzungssatz von 4 % orientiert sich an den durchschnittlichen Ausgaben der gesetzlichen Krankenversicherung für das Krankengeld. Die Kürzung unterbleibt, wenn dem Grunde nach kein Anspruch auf eine Krankengeldzahlung besteht (z. B. bei gesetzlich versicherten Rentenbeziehern).

c) Beiträge zu einer privaten Basiskrankenversicherung

Bei einer privaten Krankenversicherung gehören diejenigen Beitragsanteile zur **Basisabsicherung,** mit denen Versicherungsleistungen finanziert werden, die in Art, Umfang und Höhe den Leistungen nach dem Dritten Kapitel des SGB V – also den Pflichtleistungen der gesetzlichen Krankenversicherung – vergleichbar sind und auf die ein Anspruch besteht. **Nicht zur Basisabsicherung** gehören – wie bei der gesetzlichen Krankenversicherung – Beitragsanteile, die der Finanzierung von Komfortleistungen (z. B. Chefarzt, Einbettzimmer), des Krankengelds, des Krankenhaustagegelds oder des Krankentagegelds dienen.

Sind in einem Versicherungstarif sowohl Leistungen versicherte, die der Basisabsicherung dienen, als auch Leistungen, die den Komfortleistungen zuzurechnen sind, ist die Aufteilung des entsprechenden Beitrags erforderlich. Wie diese Aufteilung in typisierender Weise zu erfolgen hat, ist durch die Krankenversicherungsbeitragsanteil-Ermittlungsverordnung (KVBEVO) festgelegt worden. Diese Verordnung vom 11.8.2009 (BGBl. I S. 2730) dient der Ermittlung des nicht abziehbaren Teils der Krankenversicherungsbeiträge. Die Ermittlung erfolgt durch einheitliche prozentuale Abschläge auf die zugunsten des jeweiligen Tarifs gezahlte Prämie, sofern der nicht abziehbare Beitragsanteil nicht bereits ohnehin als gesonderter Tarif ausgewiesen wird. Die Verordnung sieht folgende Zuordnung zu den abziehbaren bzw. nicht abziehbaren Beitragsanteilen vor:

	Basisleistungen (abziehbar)	Wahlleistungen I (nicht abziehbar)	Wahlleistungen II (nicht abziehbar)	Summe
Ambulante Leistungen	54,60 Punkte	1,69 Punkte (Heilpraktiker)		56,29 Punkte
Stationäre Leistungen	15,11 Punkte	9,24 Punkte (Chefarzt)	3,64 Punkte (Einbettzimmer)	27,99 Punkte
Zahnärztliche Leistungen	9,88 Punkte	5,58 Punkte (Zahnersatz oder implantologische Leistungen)	0,26 Punkte (Kieferorthopädische Leistungen)	15,72 Punkte
Summe	79,59 Punkte	16,51 Punkte	3,90 Punkte	100,00 Punkte

Für Krankentagegeld, das zusammen mit anderen Leistungen im Basistarif versichert ist, ist von dem für den Basistarif geleisteten Beitrag ein Abschlag in Höhe von 4 % vorzunehmen.

Der nicht abziehbare Beitragsanteil wird ermittelt, in dem die Punktsumme der Wahlleistungen durch die Punktsumme aller versicherten Leistungen dividiert und dann mit dem tatsächlichen Beitrag multipliziert wird.

Beispiel A

Ein privat Krankenversicherter zahlt für den versicherten Tarif einen Beitrag von 900 €. Der Tarif umfasst die Leistungen ambulante Basisleistungen (54,60 Punkte), stationäre Basisleistungen (15,11 Punkte), Einbettzimmer (3,64 Punkte) und zahnärztliche Behandlung (9,88 Punkte).

Die Punktsumme der nicht abziehbaren Leistungen (hier: Einbettzimmer) beträgt 3,64 Punkte. Die Punktsumme aller im Tarif abgesicherter Leistungen beträgt 83,23 Punkte. Das Verhältnis der Punktsumme der nicht abziehbaren Leistung zur Summe alle abgesicherter Leistungen beträgt (364 : 83,23 =) 4,37 %. Von dem Beitrag von

noch Anhang 8a

900 € sind also 39,33 € (= 4,37 % von 900 €) nicht abziehbar. Der als Sonderausgaben abziehbare Beitragsanteil beträgt (900 € − 39,33 € =) 860,67 €.

Beispiel B

Wie Beispiel A. Für das Einbettzimmer ist in einem gesonderten Tarif ein Beitragsanteil von 50 € ausgewiesen.

Von dem Betrag von 900 € sind 50 € nicht abziehbar. Der als Sonderausgaben abziehbare Beitragsanteil beträgt 850 €.

d) Beiträge zu einer Pflegeversicherung

Neben den Krankenversicherungsbeiträgen werden ab 2010 die Beiträge zu gesetzlichen Pflegeversicherungen (soziale Pflegeversicherung und private Pflegeversicherung) in voller Höhe zum Sonderausgabenabzug zugelassen (= Pflegepflichtversicherungen; § 10 Abs. 1 Nr. 3 Buchstabe b EStG). Im Rahmen des neuen Rechts nicht abziehbar sind hingegen die Beiträge zu freiwilligen Pflegeversicherungen; sie gehören zu den übrigen sonstigen Vorsorgeaufwendungen (vgl. nachfolgend unter Nr. 6).

6. Übrige sonstige Vorsorgeaufwendungen, die zusätzlich zu den Kranken- und Pflegeversicherungsbeiträgen abgezogen werden können

Nach dem bis 31.12.2009 geltendem Recht konnten Beiträge zur Kranken- und Pflegeversicherung zusammen mit anderen Vorsorgeaufwendungen nur bis zu einer Höhe von 1500 € oder 2400 € als Sonderausgaben abgezogen werden. Der Betrag von 1500 € galt dabei für Arbeitnehmer, die einen steuerfreien Zuschuss zur Krankenversicherung erhielten oder beihilfeberechtigt waren, sowie für Rentner. Der Höchstbetrag von 2400 € kam bei Steuerpflichtigen zur Anwendung, die ihre Krankenversicherung alleine finanzieren müssen (z. B. Selbständige). Bei Ehegatten ist gesondert zu prüfen, welcher Höchstbetrag für den einzelnen Ehegatten anzuwenden ist.

Ab 2010 erhöhen sich die vorstehend genannten Höchstbeträge um 400 €, also bei Arbeitnehmern, Beihilfeberechtigten und Rentnern auf **1900 €** sowie bei Selbständigen auf **2800 €**. Bis zu einem Betrag von 1900 € oder 2800 € kann der Steuerzahler also neben den begünstigten Prämien zur sog. Basiskranken- und Pflegepflichtversicherung auch Beiträge zur Arbeitslosen-, Berufsunfähigkeits-, Unfall-, Haftpflicht-, Risikolebens- und vor 2005 abgeschlossenen Kapitallebensversicherungen sowie diejenigen Beitragsanteile zur Kanken- und Pflegeversicherung abziehen, die nicht bereits über die Basisabsicherung besonders begünstigt werden (§ 10 Abs. 4 i. V. m. Abs. 1 Nr. 3 und 3a EStG).

Der Höchstbetrag von 1900 € gilt z. B. für

– sozialversicherungspflichtige Arbeitnehmer, für die der Arbeitgeber nach § 3 Nr. 62 EStG steuerfreie Beiträge zur Krankenversicherung leistet (z. B. einen steuerfreien Arbeitgeberanteil oder einen steuerfreien Beitragszuschuss zur Krankenversicherung),
– in der gesetzlichen Krankenversicherung ohne eigene Beiträge familienversicherte Angehörige,
– Rentner, die aus der gesetzlichen Rentenversicherung nach § 3 Nr. 14 EStG steuerfreie Zuschüsse zu den Krankenversicherungsbeiträgen erhalten,
– Rentner, bei denen der Träger der gesetzlichen Rentenversicherung Beiträge an eine gesetzliche Krankenversicherung zahlt,
– Besoldungsempfänger und gleichgestellte Personen, die von ihrem Arbeitgeber nach § 3 Nr. 11 EStG steuerfreie Beihilfen zu Krankheitskosten erhalten,
– geringfügig Beschäftigte, für die vom Arbeitgeber nur ein Pauschalbeitrag zur gesetzlichen Krankenversicherung geleistet wird.

Der Höchstbetrag von 2800 € gilt für alle Steuerpflichtigen, für die nicht das gekürzte Abzugsvolumen zum Ansatz kommt. Hierbei handelt es sich z. B. um

– Selbständige,
– Angehörige von Beihilfeberechtigten (Ehegatten, Kinder), die über den Beihilfeanspruch des Beihilfeberechtigten abgesichert sind.

Bei zusammenveranlagten Ehegatten steht ein gemeinsames Abzugsvolumen zu. Dieses bestimmt sich aus der Summe der jedem Ehegatten zustehenden Höchstbeträge. Das bedeutet, dass

– für jeden Ehegatten zunächst nach dessen persönlichen Verhältnissen der ihm zustehende Höchstbetrag zu bestimmen ist und dann
– bis zur Summe dieser Höchstbeträge die von den Ehegatten gemeinsam geleisteten Aufwendungen als Sonderausgaben zu berücksichtigen sind.

Der sich hiernach ergebende Abzugsbetrag ist mit den abzugsfähigen Beiträgen für eine Basiskranken- und Pflegepflichtversicherung zu vergleichen (vgl. die Erläuterungen unter der vorstehenden Nr. 5). Sind die zu berücksichtigenden Basiskranken- und Pflegepflichtversicherungsbeiträge höher, werden nur diese als Sonderausgaben angesetzt. Weitere sonstige Vorsorgeaufwendungen können in diesem Fall nicht mehr abgezogen werden.

Beispiel A

Ein lediger, kinderloser, sozialversicherungspflichtiger Arbeitnehmer hat einen Bruttoarbeitslohn von 20 000 €. Er hat dem Grunde nach einen Anspruch auf Krankengeld. Seine Beiträge zur Arbeitslosenversicherung betragen 280 €. Außerdem wendet er 400 € jährlich für Unfall- und Haftpflichtversicherung auf.

Sonderausgabenabzug für die gesetzliche Rentenversicherung:

9,95 % von 20 000 € AN-Anteil zur Rentenversicherung	1 990 €
9,95 % von 20 000 € AG-Anteil zur Rentenversicherung	1 990 €
Summe	3 980 €
davon 70 %	2 786 €
abzüglich Arbeitgeberanteil zur ges. Rentenversicherung	1 990 €
Sonderausgabenabzug für die Beiträge zur ges. Rentenversicherung	**796 €**

Sonderausgabenabzug Kranken-/Pflegeversicherung:

7,9 % von 20 000 € AN-Anteil zur Rentenversicherung	1 580 €
1,225 % von 20 000 € AG-Anteil zur Rentenversicherung	245 €
Übrige sonstige Vorsorgeaufwendungen (Beiträge zur Arbeitslosenversicherung sowie zur Unfall- und Haftpflichtversicherung)	680 €
Summe	2 505 €
Höchstbetrag	1 900 €

Der Höchstbetrag von 1900 € ist mit dem Betrag zu vergleichen, der über den Abzug der sog. Basiskranken- und Pflegeversicherungsbeiträge auf jeden Fall abzugsfähig ist:

Mindestbetrag (Basiskrankenversicherung 96 % von 1 580 € = 1 517 € sowie Pflegepflichtversicherung = 245 €) insgesamt	1 762 €
anzusetzen ist der höhere Betrag, dies sind	1 900 €

Der Sonderausgabenabzug 2010 beträgt 796 € Altersbasisversorgung zuzüglich Kranken- und Pflegeversicherung sowie übrige sonstige Vorsorgeaufwendungen in Höhe von 1 900 € insgesamt also **2696 €**.

Beispiel B

Ein verheirateter, kinderloser, sozialversicherungspflichtiger Arbeitnehmer hat einen Bruttoarbeitslohn von 40 000 €. Er hat dem Grunde nach einen Anspruch auf Krankengeld. Seine Beiträge zur Arbeitslosenversicherung betragen 560 €. Außerdem wendet er 400 € jährlich für Unfall- und Haftpflichtversicherung auf.

Sonderausgabenabzug für die gesetzliche Rentenversicherung:

9,95 % von 40 000 € AN-Anteil zur Rentenversicherung	3 980 €
9,95 % von 40 000 € AG-Anteil zur Rentenversicherung	3 980 €
Summe	7 960 €
davon 70 %	5 586 €
abzüglich Arbeitgeberanteil zur ges. Rentenversicherung	3 980 €
Sonderausgabenabzug für die Beiträge zur ges. Rentenversicherung	**1 606 €**

Sonderausgabenabzug Kranken-/Pflegeversicherung:

7,9 % von 40 000 € AN-Anteil zur Rentenversicherung	3 160 €
1,225 % von 40 000 € AG-Anteil zur Rentenversicherung	490 €
Übrige sonstige Vorsorgeaufwendungen (Beiträge zur Arbeitslosenversicherung sowie zur Unfall- und Haftpflichtversicherung)	960 €
Summe	4 610 €
Höchstbetrag für Ehegatten (2 × 1 900 € =)	3 800 €
Mindestbetrag (Basiskrankenversicherung 96 % von 3 160 € = 3 034 € sowie Pflegepflichtversicherung = 490 €) insgesamt	3 524 €
Anzusetzen ist	3 800 €

Der gesamte Sonderausgabenabzug ab 2010 beträgt 1 606 € Altersbasisversorgung zuzüglich Kranken- und Pflegeversicherung sowie übrige sonstige Vorsorgeaufwendungen in Höhe von 3 800 € insgesamt also **5406 €**.

7. Günstigerprüfung

a) Allgemeines

Die vorstehend dargestellten Neuregelungen zum Abzug von Vorsorgebeiträgen als Sonderausgaben können bei bestimmten Personengruppen zu Schlechterstellungen gegenüber der für das Kalenderjahr 2004 geltenden Rechtslage führen. Aus diesem Grund führt die Finanzverwaltung bis einschließlich 2019 automatisch beim Sonderausgabenabzug eine Günstigerprüfung zwischen der für das Kalenderjahr 2004 geltenden Rechtslage und dem seit 1.1.2010 neu geltenden Recht durch, um diese Schlechterstellungen zu vermeiden (§ 10 Abs. 4a EStG). Durch diese Regelung wird sichergestellt, dass zusätzliche Beiträge für eine **Basisrente (Rürup-Rente)** immer mit mindestens dem sich nach § 10 Abs. 3 Satz 4 und 6 EStG ergebenden Prozentsatz als Vorsorgeaufwendungen bei der Ermittlung der einkommensteuerlichen Bemessungsgrundlage berücksichtigt werden (für 2010 = 70 %). Dies erfolgt entwe-

noch Anhang 8a

der durch den Ansatz der entsprechenden Beiträge im Rahmen des sich nach dem alten Recht ergebenden Abzugsvolumens oder durch einen sog. **Erhöhungsbetrag** (§ 10 Abs. 4a Satz 3 EStG). Im Rahmen der Günstigerprüfung werden somit auch ab 2010 – wie das nachfolgende Beispiel zeigt – drei Berechnungen durchgeführt:

- Berechnung des Abzugsvolumens nach **neuer Rechtslage** (Altersvorsorgebeiträge zuzüglich sonstige Vorsorgeaufwendungen bis 1900 €/2800 €, mindestens Basiskranken- und Pflegeversicherungsbeiträge),
- Berechnung des Abzugsvolumens nach **Rechtslage 2004,**
- Berechnung des Abzugsvolumens nach Rechtslage 2004 zuzüglich **gesonderter Betrag** für Beiträge zu einem Basisrentenvertrag **(sog. Rürup-Rentenvertrag).**

Beispiel

Ein kinderloser, sozialversicherungspflichtiger Arbeitnehmer hat einen Bruttoarbeitslohn von 36 000 €. Er hat dem Grunde nach einen Anspruch auf Krankengeld. Außerdem wendet er 1800 € jährlich für einen „Rürup-Rentenvertrag", 504 € jährlich für seine Arbeitslosenversicherung sowie 400 € jährlich für Unfall- und Haftpflichtversicherungen auf.

1. Berechnung nach der Rechtslage 2010:

Gesetzliche Rentenversicherungsbeiträge 19,9 % von 36 000 €	7 164 €
Beiträge zu einem Rürup-Versicherungsvertrag	1 800 €
Summe	8 964 €
Höchstbetrag	20 000 €
70 % des niedrigeren Betrags von 8 964 €	6 275 €
abzüglich AG-Anteil zur Rentenversicherung 9,95 % von 36 000 €	3 582 €
Abzugsfähig	**2 693 €**
7,9 % von 36 000 € AN-Anteil zur Krankenversicherung	2 844 €
1,225 % von 36 000 € AN-Anteil zur Pflegeversicherung	441 €
Übrige sonstige Vorsorgeaufwendungen (Arbeitslosenversicherung/Unfall/Haftpflicht)	904 €
Summe	4 189 €
Höchstbetrag	1 900 €

Der Höchstbetrag von 1900 € ist mit dem Betrag zu vergleichen, der über den Abzug der sog. Basiskranken- und Pflegeversicherungsbeiträge auf jeden Fall abzugsfähig ist:

Mindestbetrag: (Basiskrankenversicherung 96 % von 2 844 € = 2 731 € sowie Pflegepflichtversicherung = 441 €) insgesamt also	3 172 €
Anzusetzen ist dieser Mindestbetrag	**3 172 €**

Der gesamte Sonderausgabenabzug nach der Rechtslage ab 2010 beträgt (Altersbasisversorgung 2 693 € zuzüglich Kranken- und Pflegeversicherung 3 172 €) insgesamt also **5865 €.**

2. Berechnung nach der Rechtslage 2004:

Versicherungsbeiträge insgesamt (ohne AG-Anteil zur Rentenversicherung)	9 571 €	
Vorwegabzug (3 068 € abzüglich 16 % von 36 000 €)	0 €	
Verbleiben	9 067 €	
Höchstbetrag	1 334 €	1 334 €
Verbleiben	7 733 €	
davon 50 %	3 867 €	
höchstens hälftiger Höchstbetrag	667 €	667 €
Abziehbarer Betrag nach der Rechtslage 2004		**2 001 €**

3. Berechnung nach der Rechtslage 2004 mit Rürup-Erhöhungsbetrag

Versicherungsbeiträge (ohne AG-Anteil zur Rentenversicherung und ohne Beiträge zum Rürup-Vertrag)	7 267 €	
Vorwegabzug (3 068 € abzüglich 16 % von 36 000 €)	0 €	
Verbleiben	7 267 €	
Höchstbetrag	1 334 €	1 334 €
Verbleiben	5 933 €	
davon 50 %	2 967 €	
höchstens hälftiger Höchstbetrag	667 €	667 €
zuzüglich 70 % der Beiträge zum Rürup-Vertrag von 1 800 €		1 260 €
Abziehbarer Betrag nach der Rechtslage 2004 mit Erhöhung		**3 261 €**

Hinweis: Die Beiträge zum Rürup-Vertrag überschreiten nicht den hier geltenden anteiligen Höchstbetrag von 20 000 € abzüglich AN-/AG-Anteil zur gesetzlichen Rentenversicherung von 7164 € = 12 836 €.

Als Sonderausgaben abziehbar ist somit der sich nach der Rechtslage 2010 ergebende Betrag von 5 865 €.

8. Besonderer Sonderausgabenabzug und Altersvorsorgezulage für Riester-Rentenversicherungen

Der vorstehend erläuterte Abzug von Vorsorgeaufwendungen im Rahmen bestimmter Höchstbeträge gilt unter anderem auch für bestimmte Basisrentenversicherungen **(sog. Rürup-Rentenversicherungsvertrag).** Auf das Beispiel mit Beiträgen zu einem sog. Rürup-Rentenversicherungsvertrag unter der vorstehenden Nr. 7 wird Bezug genommen.

Unabhängig von den vorstehend erläuterten Höchstbeträgen für Vorsorgeaufwendungen gibt es einen **besonderen zusätzlichen Sonderausgabenabzug** für Beiträge zu **sog. Riester-Rentenversicherungsverträgen.** Der Unterschied zwischen einem Rürup-Rentenversicherungsvertrag und einem Riester-Rentenversicherungsvertrag ist bei den Stichworten „Riester-Rente" und „Rürup-Rente" erläutert.

Die private Altersvorsorge in Form von Beiträgen zu einem Riester-Rentenversicherungsvertrag wird bereits seit 1.1.2002 entweder durch eine **Grundzulage zuzüglich Kinderzulage** oder durch den Abzug der Beiträge zu dem Riester-Rentenversicherungsvertrag als Sonderausgaben steuerlich gefördert. Bei der Einkommensteuerveranlagung prüft das Finanzamt von Amts wegen, ob der Abzug der Beiträge zu dem Riester-Rentenversicherungsvertrag als Sonderausgaben zu einer höheren steuerlichen Entlastung führt, als die Zulage (sog. **Günstigerprüfung für Riester-Rentenversicherungsverträge).** Für diese (zusätzliche) Günstigerprüfung gelten **gesonderte Höchstbeträge, die zusätzlich** zu den vorstehend erläuterten allgemeinen Höchstbeträgen für Vorsorgeaufwendungen gewährt werden. Der vorstehend erläuterte Sonderausgabenabzug für Vorsorgeaufwendungen nach § 10 EStG und der besondere Sonderausgabenabzug nach § 10a EStG für Beiträge zu einem Riester-Rentenversicherungsvertrag sind voneinander unabhängig und **völlig unterschiedlich geregelt.** Die Höhe der steuerlichen Förderung eines Riester-Rentenversicherungsvertrags hat also keinen Einfluss auf den vorstehend erläuterten Sonderausgabenabzug für Vorsorgeaufwendungen (vgl. die Erläuterungen zur „Riester-Rente" in **Anhang 6a** auf Seite 875).

Anhang 9

Familienleistungsausgleich, Kindergeld, Freibeträge für Kinder, Kinderbegriff, Entlastungsbetrag für Alleinerziehende ab 2010

Neues auf einen Blick:

Das **Kindergeld** ist zum **1.1.2010** für jedes Kind um **20 € monatlich erhöht** worden. Es beträgt nunmehr monatlich für **erste** und **zweite Kinder 184 €**, für **dritte Kinder 190 €** sowie für **vierte und weitere Kinder 215 €**. Vgl. im Einzelnen die Erläuterungen unter der nachfolgenden Nrn. 1 und 5.

Der **Kinderfreibetrag** ist zum **1.1.2010** von 3864 € jährlich je Kind (1932 € je Elternteil) auf **4368 € jährlich je Kind (2184 € je Elternteil) gestiegen**. Vgl. im Einzelnen die Erläuterungen unter der nachfolgenden Nr. 6. Der **Freibetrag für den Betreuungs- und Erziehungs- oder Ausbildungsbedarf steigt 2010 auf 2640 €** (bisher 2160 €) **jährlich je Kind** und beträgt somit **1320 €** (bisher 1080 €) **jährlich je Elternteil**. Vgl. hierzu die Erläuterungen unter der nachfolgenden Nr. 7. Hieraus ergibt sich eine Summe der Freibeträge für Kinder von 7008 € (4368 € + 2640 €); je Elternteil beträgt die Summe der Freibeträge für Kinder 3504 €. Die **Freibeträge** für Kinder wirken sich auf jeden Fall **mindernd** auf die **Kirchensteuer** und den **Solidaritätszuschlag** aus (vgl. hierzu auch diese Stichwörter im Hauptteil des Lexikons).

Nach Auffassung des Bundesfinanzhofs kann auch bei sog. **„Nichtschülern"**, die sich ernsthaft auf das Abitur oder eine Wiederholungsprüfung vorbereiten, eine **Berufsausbildung** vorliegen (BFH-Urteile vom 18.3.2009 III R 26/06 und vom 2.4.2009 III R 85/08). Zu den Einzelheiten des „Kinderbegriffs" vgl. die ausführlichen Erläuterungen unter der nachfolgenden Nr. 8

Die für die Berücksichtigung von Kindern über 18 Jahre maßgebende unschädliche **Einkommensgrenze** der eigenen **Einkünfte** und **Bezüge** des Kindes ist zum **1.1.2010** von 7680 € auf **8004 € erhöht** worden. Sie **entspricht** damit erstmals dem steuerlichen **Grundfreibetrag**. Die Einzelheiten zur Ermittlung der eigenen Einkünfte und Bezüge bei über 18 Jahre alten Kindern sind unter Nr. 9 dargestellt.

Der **Entlastungsbetrag** für **„echte Alleinerziehende"** beträgt **2010 unverändert 1308 €** jährlich (= 109 € monatlich). Für das Lohnsteuerabzugsverfahren wird in diesem Fall regelmäßig die **Steuerklasse II** bescheinigt. Das Bundesverfassungsgericht hat eine eingelegte **Verfassungsbeschwerde** wegen **Nichtgewährung** des Entlastungsbetrags bei **Ehegatten** mangels hinreichender Aussicht auf Erfolg **nicht** zur Entscheidung **angenommen** (BVerfG-Beschluss vom 22.5.2009, BStBl. II S. 884). Vgl. auch die ausführlichen Erläuterungen und Beispiele unter der nachfolgenden Nr. 15.

Gliederung:

1. Allgemeines
2. Auszahlung des Kindergeldes durch den Arbeitgeber
3. Auszahlung und Festsetzung des Kindergeldes im öffentlichen Dienst
4. Grundsätze des Familienleistungsausgleichs
5. Höhe des Kindergeldes und Anspruchsberechtigte
6. Höhe des Kinderfreibetrags, Monatsprinzip
7. Höhe des Freibetrags für Betreuungs- und Erziehungs- oder Ausbildungsbedarf, Monatsprinzip
8. Kinderbegriff für Kindergeld und Freibeträge für Kinder
   a) Allgemeines
   b) Kindschaftsverhältnis
   c) Pflegekinder
   d) Keine Doppelberücksichtigung bei Pflege- und Adoptivkindern
   e) Kinder unter 18 Jahren
   f) Kinder über 18 Jahre
   g) Arbeitslose Kinder zwischen 18 und 21 Jahren
   h) Kinder zwischen 18 und 25, 26 bzw. 27 Jahren
   i) Grundwehrdienst oder Zivildienst als Verlängerungstatbestand
   k) Behinderte Kinder
   l) Verheiratete Kinder
9. Ermittlung eigener Einkünfte und Bezüge bei über 18 Jahre alten Kindern
   a) Allgemeines
   b) Eigene Einkünfte des Kindes
   c) Eigene Bezüge des Kindes
   d) Zeitanteilige Berücksichtigung der eigenen Einkünfte und Bezüge
   e) Geringfügiges Überschreiten der 8004-€-Grenze
   f) Nicht anzurechnende eigene Einkünfte und Bezüge des Kindes
10. Halbteilungsgrundsatz, Übertragung des Kinderfreibetrags und des Freibetrags für Betreuungs- und Erziehungs- oder Ausbildungsbedarf
    a) Halbteilungsgrundsatz
    b) Übertragung des Kinderfreibetrags wegen Nichterfüllung der Unterhaltsverpflichtung
    c) Übertragung des Kinderfreibetrags auf Antrag
    d) Übertragung des Freibetrags für Betreuungs- und Erziehungs- oder Ausbildungsbedarf auf Antrag
11. Ansatz der Freibeträge für Kinder anstelle des Kindergeldes im Veranlagungsverfahren bei Anwendung des Halbteilungsgrundsatzes und in anderen Sonderfällen
    a) Allgemeines
    b) Vergleichsrechnung bei Anwendung des Halbteilungsgrundsatzes
    c) Anrechnung des Kindergeldes „im Umfang der abgezogenen Kinderfreibeträge"
    d) Wechselfälle
    e) Anrechnung „vergleichbarer Leistungen"
12. Kindergeld und Freibeträge für Kinder bei Auslandskindern
    a) Anspruchsberechtigte beim Kindergeld
    b) Auslandskinder, die zum Bezug von Kindergeld berechtigen
    c) Berücksichtigung des Kinderfreibetrags bei Auslandskindern
    d) Berücksichtigung des Freibetrags für Betreuungs- und Erziehungs- oder Ausbildungsbedarf bei Auslandskindern
    e) Zusammenfassung der Anspruchsvoraussetzungen
    f) Eigene Einkünfte und Bezüge bei über 18 Jahre alten Auslandskindern
    g) Anrechnung des Kindergeldes bei Berücksichtigung von Kinderfreibeträgen und Freibeträgen für Betreuungs- und Erziehungs- oder Ausbildungsbedarf für Auslandskinder
13. Zahl der Kinderfreibeträge auf der Lohnsteuerkarte 2010
14. Auswirkung der Freibeträge für Kinder auf die Kirchensteuer und den Solidaritätszuschlag
    a) Lohnsteuerabzug durch den Arbeitgeber
    b) Veranlagung zur Einkommensteuer
15. Entlastungsbetrag für Alleinerziehende

1. Allgemeines

Bis 31.12.1995 erhielt ein Arbeitnehmer mit Kindern sowohl das Kindergeld von der Kindergeldkasse als auch einen steuerlichen Kinderfreibetrag vom Finanzamt. Beim Lohnsteuerabzug durch den Arbeitgeber während des Kalenderjahres wurde der Kinderfreibetrag dem Arbeitnehmer dadurch gewährt, dass eine ermäßigte Lohnsteuer aus der Spalte „Kinderfreibetrag" der Lohnsteuertabellen abgelesen wurde. Bis 31.12.1995 erhielt ein Arbeitnehmer mit Kindern also zwei Vergünstigungen, nämlich sowohl das Kindergeld als auch den Kinderfreibetrag. Dieses duale System ist mit Wirkung ab 1.1.1996 abgeschafft worden. Die früher mögliche kumulative Inanspruchnahme von Kindergeld und Kinderfreibetrag wurde durch eine Regelung abgelöst, wonach Kindergeld und Kinderfreibetrag bis 31.12.1999 nur alternativ in Anspruch genommen werden konnten. Ab dem 1.1.2000 konnte das **Kindergeld oder** die **Summe** aus Kinder- und Betreuungsfreibetrag alternativ in Anspruch genommen werden. Seit dem 1.1.2002 ist an die Stelle des Betreuungsfreibetrags der **Freibetrag** für Betreuungs- und Erziehungs- oder Ausbildungsbedarf getreten. Dabei gilt weiterhin die Besonderheit, dass während des Kalenderjahres die Vergünstigung für ein Kind ausschließlich in Form des Kindergeldes gewährt wird. Erst nach Ablauf des Kalenderjahres kommt als Alternative die Summe der Freibeträge für Kinder in Betracht, und zwar bei einer Veranlagung des Arbeitnehmers zur Einkommensteuer. Das Finanzamt prüft im Rahmen dieser Veranlagung automatisch, ob die Inanspruchnahme der Summe der Freibeträge für Kinder „günstiger" ist, als das während des Kalenderjahres gezahlte Kindergeld (vgl. die Erläuterungen unter der nachfolgenden Nr. 4). Diese Systemumstellung bedeutet für den **Lohnsteuerabzug durch den Arbeitgeber, dass bei der Ermittlung der Lohnsteuer **keine Kinderfreibeträge** mehr zu berücksichtigen sind. Die Lohnsteuerbeträge sind also seit 1.1.1996 für einen bestimmten Arbeitslohn bei der maßgebenden Steuerklasse stets gleich hoch, und zwar ohne Rücksicht darauf, ob auf der Lohnsteuerkarte ein Kinderfreibetrags-Zähler eingetragen ist oder nicht. Eine **Auswirkung** der Kinderfreibeträge im Lohnsteuer-Abzugsverfahren ergibt sich nur auf die Höhe des **Solidaritätszuschlags** und der **Kirchensteuer.** Folgende Zahlen sollen dies für einen Bruttoarbeitslohn von monatlich 3476,78 € (= 6800 DM bis 31.12.2001) verdeutlichen:

Steuerklasse und Zahl der Kinderfreibeträge	Lohnsteuer lt. Tabelle		
	1995	2004	2010
III/0,0	1 147,66 DM	408,66 €	349,16 €
III/0,5	1 101,16 DM	408,66 €	351,50 €*)
III/1,0	1 155,— DM	408,66 €	351,50 €*)
III/1,5	1 009,50 DM	408,66 €	351,50 €*)
III/2,0	964,50 DM	408,66 €	351,50 €*)

Obwohl seit 1.1.1996 die lohnsteuerliche Förderung der Kinder über das Kindergeld abgewickelt wird, werden die Kinderfreibetrags-Zähler wie früher auf der Lohnsteuerkarte bescheinigt. Denn die **Kinderfreibeträge** werden zwar **nicht** mehr bei der Berechnung der **Lohnsteuer** berücksichtigt; sie wirken sich **jedoch beim Solidaritätszuschlag** und bei der **Kirchensteuer** aus. Diese Auswirkung ist bei den Stichworten „Kirchensteuer" und „Solidaritätszuschlag" im Hauptteil des Lexikons ausführlich anhand von Beispielen dargestellt. Der ab dem Jahr 2002 an Stelle des Betreuungsfreibetrags eingeführte **Freibetrag für Betreuungs- und Erziehungs- oder Ausbildungsbedarf** wird – ebenso wie die Kinderfreibeträge – bei der Berechnung der Lohnsteuer nicht berücksichtigt. Er ist allerdings im auf der Lohnsteuerkarte 2010 bescheinigten Kinderfreibetragszähler enthalten, so dass er sich ebenfalls bei der Berechnung des Solidaritätszuschlags und der Kirchensteuer auswirkt.

An die Stelle des bis 31.12.1995 geltenden dualen Systems von Kindergeld und Kinderfreibetrag ist also mit Wirkung ab 1.1.1996 die monatliche Zahlung eines (erhöhten) Kindergeldes getreten.

Das Kindergeld beträgt monatlich	2000/2001	2002 bis 2008	2009	2010
– für das erste und zweite Kind jeweils	270 DM	154 €	164 €	184 €
– für das dritte Kind	300 DM	154 €	170 €	190 €
– für jedes weitere Kind jeweils	350 DM	179 €	195 €	215 €

Für den Zeitraum Januar 1996 bis Dezember 1998 wurde das Kindergeld im Normalfall vom Arbeitgeber ausgezahlt (vgl. auch nachfolgende Nr. 2). Für die Festsetzung und **Auszahlung** des **Kindergeldes** seit Januar 1999 ist ausschließlich die **Familienkasse** zuständig (zur Festsetzung und Auszahlung des Kindergeldes im öffentlichen Dienst vgl. nachfolgende Nr. 3).

2. Auszahlung des Kindergeldes durch den Arbeitgeber

Arbeitgeber außerhalb des öffentlichen Dienstes waren grundsätzlich von Januar 1996 bis Dezember 1998 für die Auszahlung des Kindergeldes zuständig. Für die Festsetzung und Auszahlung des Kindergeldes für Zeiträume ab Januar 1999 ist ausschließlich die Familienkasse zuständig.

Im öffentlichen Dienst wurde das Kindergeld schon vor 1996 vom Arbeitgeber ausgezahlt. Für öffentlich-rechtliche Arbeitgeber verbleibt es deshalb auch ab Januar 1999 bei der Auszahlung des Kindergeldes (vgl. nachfolgende Nr. 3).

3. Auszahlung und Festsetzung des Kindergeldes im öffentlichen Dienst

Bei Angehörigen des öffentlichen Dienstes wird das Kindergeld wie vor 1996 von den Körperschaften, Anstalten und Stiftungen des öffentlichen Rechts **festgesetzt und ausgezahlt.** Die juristischen Personen sind insoweit Familienkasse mit der Folge, dass das Kindergeld grundsätzlich bei der für **die Festsetzung der Bezüge** oder des Arbeitsentgelts **zuständigen Stelle schriftlich zu beantragen ist** (§ 67 Satz 1 EStG). Lediglich Kindergeldansprüche aufgrund über- oder zwischenstaatlicher Rechtsvorschriften werden durch die Familienkassen der Bundesagentur für Arbeit (früher Arbeitsamt) festgesetzt und ausgezahlt (§ 72 Abs. 8 EStG).**) Angehöriger des öffentlichen Dienstes in diesem Sinne ist, wer

a) in einem öffentlich-rechtlichen Dienst-, Amts- oder Ausbildungsverhältnis steht. Hierzu gehören alle Beamten mit Ausnahme der Ehrenbeamten, soweit sie im aktiven Dienst des Bundes, eines Landes, einer Gemeinde oder einer sonstigen Körperschaft, Anstalt oder Stiftung des öffentlichen Rechts mit Dienstherrneigenschaft stehen, sowie Richter, Berufssoldaten und Soldaten auf Zeit. Ebenfalls hierunter fallen Mitglieder von Bundesregierung und Landesregierungen sowie Parlamentarische Staatssekretäre.

b) Versorgungsbezüge nach beamten- oder soldatenrechtlichen Vorschriften oder Grundsätzen erhält. Hierzu gehören u. a. die Ruhestandsbeamten.

c) Arbeitnehmer – einschließlich der Auszubildenden – des Bundes, eines Landes, einer Gemeinde, eines Gemeindeverbandes oder einer sonstigen Körperschaft, einer Anstalt oder einer Stiftung des öffentlichen Rechts. Diese Regelung erfasst grundsätzlich alle Angestellten und Arbeiter, die bei einem der genannten Arbeitgeber beschäftigt sind, ohne dass es auf die Art oder den Umfang der Tätigkeit ankommt.

Die Körperschaft, Anstalt oder Stiftung des öffentlichen Rechts ist jedoch nicht für die Auszahlung des Kindergeldes zuständig, wenn der Anspruchsberechtigte voraussichtlich nicht länger als sechs Monate zu dem vorgenannten Personenkreis gehört (§ 72 Abs. 4 EStG).

Außerdem kommt die Auszahlung des Kindergeldes **nicht** für Personen in Betracht, die ihre Bezüge oder ihr Arbeitsentgelt

– von einem Dienstherrn oder Arbeitgeber im Bereich der **Religionsgesellschaften** des öffentlichen Rechts oder

– von einem Spitzenverband der **Freien Wohlfahrtspflege,** einem diesem unmittelbar oder mittelbar angeschlossenen Mitgliedsverband oder einer einem solchen Verband angeschlossenen Einrichtung oder Anstalt erhalten.

Dieser Personenkreis erhält seit Januar 1999 das Kindergeld ausschließlich von der zuständigen Familienkasse der Bundesagentur für Arbeit.

Im Gegensatz zu den Religionsgesellschaften und den Spitzenverbänden der Freien Wohlfahrtspflege obliegt der **Deutschen Post AG,** der **Deutschen Postbank AG** und der **Deutschen Telekom AG** die Festsetzung und Auszahlung des Kindergeldes für ihre jeweiligen Beamten und Versorgungsempfänger (§ 72 Abs. 2 EStG). Der Gesetzgeber hat hiermit klargestellt, dass sich an der früheren Zuständigkeit für die Durchführung des Kindergeldrechts trotz der Privatisierung (und seitdem fehlender Dienstherreneigenschaft) nichts geändert hat.

Obliegt mehreren Rechtsträgern die Zahlung von Bezügen oder Arbeitsentgelt, bestimmt sich die Zuständigkeit für die Auszahlung des Kindergeldes nach § 72 Abs. 5 EStG. Bei einem Eintritt oder Ausscheiden eines Anspruchsberechtigten zum vorgenannten Personenkreis im Laufe eines Monats wird das Kindergeld für diesen Monat von der Stelle gezahlt, die bis zum Eintritt oder Ausscheiden des Anspruchsberechtigten zuständig war. Das gilt jedoch nicht, soweit die Zahlung von Kindergeld für ein Kind in Betracht kommt, das erst nach dem Eintritt oder Ausscheiden des Anspruchsberechtigten bei ihm zu berücksichtigen ist (§ 72 Abs. 6 EStG).

In den Abrechnungen der Bezüge und des Arbeitsentgelts der Angehörigen des öffentlichen Dienstes ist das Kindergeld gesondert auszuweisen, wenn es zusammen mit den Bezügen oder dem Arbeitsentgelt ausgezahlt wird. Der öffentliche Rechtsträger bzw. die öffentliche Kasse hat die Summe des insgesamt an die Berechtigten ausgezahlten **Kindergeldes** in der Lohnsteuer-Anmeldung gesondert einzutragen und mit der abzuführenden **Lohnsteuer** zu **verrechnen.** Die amtlichen Vordrucke für die Lohnsteuer-Anmeldung enthalten die besondere Zeile 20 (Kennzahl 43), in die das gezahlte Kindergeld eingetragen werden muss. Übersteigt das insgesamt ausgezahlte Kindergeld den Betrag, der insgesamt an Lohnsteuer abzuführen ist, wird der übersteigende Betrag vom Betriebsstättenfinanzamt auf Antrag erstattet. Der Antrag wird durch die Abgabe der Lohnsteuer-Anmeldung gestellt. In der Lohnsteuerbescheinigung 2010

---

*) Ab 1.1.2010 ist die Lohnsteuer bei der Berücksichtigung von Kindern geringfügig höher als bei Arbeitnehmern ohne Kinder. Die Ursache hierfür ist nicht ein unterschiedlicher Lohnsteuertarif, sondern die Vorsorgepauschale, die bei Arbeitnehmern ohne Kinder durch den bei der Pflegeversicherung anfallenden Beitragszuschlag für Kinderlose höher ist als bei Arbeitnehmern mit Kindern. Diese höheren Beiträge zur Pflegeversicherung wirken sich über die Vorsorgepauschale bei der Berechnung der Lohnsteuer steuermindernd aus. Auf die ausführlichen Erläuterungen zur Berechnung der Vorsorgepauschale in Anhang 8 wird Bezug genommen.

**) Teilweise erfolgt die Zahlung des Kindergeldes losgelöst von der Zahlung der Bezüge durch die Bundesfamilienkasse oder eine Landesfamilienkasse. Das ausgezahlte Kindergeld wird in diesen Fällen nicht mehr auf der Bezügemitteilung bescheinigt.

noch Anhang 9

ist das an den Angehörigen des öffentlichen Dienstes ausgezahlte Kindergeld unter der Nr. 33 zu **bescheinigen** bzw. durch Datenfernübertragung zu übermitteln.

Nachdem im öffentlichen Dienst der Arbeitgeber nicht nur für die Auszahlung, sondern auch für die Festsetzung des Kindergeldes zuständig ist, muss er alle seit 1.1.1996 eingetretenen materiellrechtlichen Änderungen beachten. Dies sind insbesondere

- die geänderten Vorschriften zum anspruchsberechtigten Personenkreis,
- der Kinderbegriff,
- die Altersgrenze sowie die sog. Verlängerungstatbestände zur Berücksichtigung volljähriger Kinder,
- die Ermittlung eigener Einkünfte und Bezüge bei über 18 Jahre alten Kindern und
- Ausnahmen für sog. Auslandskinder.

Die seit 1.1.1996 geltenden Bestimmungen sind unter Berücksichtigung der in der Zwischenzeit eingetretenen Rechtsänderungen in den nachfolgenden Abschnitten ausführlich erläutert.

4. Grundsätze des Familienleistungsausgleichs

Viele Arbeitgeber wollen sich über den Familienleistungsausgleich informieren, weil sie häufig Fragen der Arbeitnehmer zum Anspruch auf Kindergeld, zu den Freibeträgen für Kinder und zu den Auswirkungen auf die Veranlagung zur Einkommensteuer beantworten müssen. Hierfür sind die folgenden Erläuterungen gedacht, die die Vorschriften des seit 1.1.1996 geltenden Familienleistungsausgleichs unter Berücksichtigung der in der Zwischenzeit eingetretenen Rechtsänderungen im Einzelnen darstellen.

Zentrale Vorschrift für die Ausgestaltung des Familienleistungsausgleichs ist die Regelung in § 31 EStG. Danach wird die steuerliche Freistellung eines Einkommensbetrags in Höhe des Existenzminimums eines Kindes einschließlich des Bedarfs für Betreuung und Erziehung oder Ausbildung vom 1.1.2002 an durch das **Kindergeld oder** die Summe der **Freibeträge für Kinder** (Kinderfreibetrag und Freibetrag für Betreuungs- und Erziehungs- oder Ausbildungsbedarf) bewirkt. Soweit das Kindergeld für die steuerliche Freistellung des Existenzminimums eines Kindes nicht erforderlich ist, dient es der Förderung der Familie. Das früher geltende duale System einer kumulativen Gewährung von Kindergeld und Kinderfreibetrag wurde zum 1.1.1996 aufgegeben.

Ein Wahlrecht des Steuerpflichtigen zwischen der Inanspruchnahme des Kindergeldes und der Freibeträge für Kinder besteht übrigens nicht. **Während des Kalenderjahres** wird ausschließlich das **Kindergeld** monatlich **als Steuervergütung** gezahlt (§ 31 Satz 3 EStG). Ist der Abzug der **Freibeträge für Kinder günstiger als das Kindergeld, erhöht sich** die unter Berücksichtigung der Freibeträge für Kinder ermittelte **Einkommensteuer um** den **Anspruch auf Kindergeld**. Genau genommen handelt es sich jedoch nicht um eine „Günstigerprüfung" sondern um eine Vergleichsrechnung, ob aus **verfassungsrechtlichen Gründen** der Abzug der Freibeträge für Kinder geboten ist.

Die **Vergleichsrechnung** zwischen dem Kindergeld und den Freibeträgen für das Kind ist für den gesamten Anspruchszeitraum des Kalenderjahres und nicht gesondert für einzelne Kalendermonate durchzuführen (§ 31 Satz 1 EStG). Bei der Vergleichsrechnung ist also auf den für das jeweilige Veranlagungszeitraum (= Kalenderjahr) bestehenden **Anspruch** auf **Kindergeld** abzustellen. Auf den Zahlungszeitpunkt kommt es nicht an. Unerheblich ist daher auch, ob das Kindergeld überhaupt beantragt worden ist. Der Anspruch auf Kindergeld ist bei der Vergleichsrechnung selbst dann zu berücksichtigen, wenn er aus verfahrensrechtlichen Gründen nicht festgesetzt worden ist (R 31 Abs. 2 EStR).

Beispiel A

Für ein volljähriges Kind in Berufsausbildung wird das gesamte Kindergeld für 2010 (= 2208 €) erst im Frühjahr 2011 nachgezahlt, da die Familienkasse erst zu diesem Zeitpunkt endgültig festgestellt hat, dass die Höhe der eigenen Einkünfte und Bezüge des Kindes die maßgebende Einkommensgrenze (2010 = 8004 €) nicht übersteigt.

Die Auszahlung im Frühjahr 2011 ist bei der Vergleichsrechnung Kindergeld/Freibeträge für das Kind bei der Einkommensteuerveranlagung 2010 zu berücksichtigen.

Besteht ausnahmsweise **kein Anspruch** auf Kindergeld, z. B. weil der Aufenthalt eines ausländischen Staatsangehörigen in Deutschland nur „geduldet" wird, ist bei der Vergleichsrechnung den Freibeträgen für Kinder **kein Kindergeld gegenüberzustellen;** zum Kindergeld und zu den Freibeträgen für Auslandskinder vgl. nachstehende Nr. 12. Wird **nachträglich bekannt,** dass ein **Anspruch** auf Kindergeld tatsächlich nicht in der bisher angenommenen Höhe bestanden hat, ist eine **Änderung** des Einkommensteuerbescheides wegen neuer Tatsachen zu prüfen (§ 173 AO). Wird der Anspruch auf Kindergeld nachträglich bejaht oder verneint, ist der **Einkommensteuerbescheid** bei einer steuerlichen Auswirkung aufgrund dieses rückwirkenden Ereignisses (§ 175 Abs. 1 Satz 1 Nr. 2 AO) zu ändern.

Bei vielen Steuerpflichtigen mit Kindern wird das Kindergeld ausreichen, um eine verfassungsgemäße Besteuerung sicherzustellen.

Der folgende Vergleich zeigt, ab welchem **Grenzsteuersatz** ab dem Kalenderjahr 2010 die Steuerersparnis durch die Freibeträge für das Kind höher ist als das Kindergeld (angegeben sind jeweils die Jahresbeträge):

	Summe aus Kinderfreibetrag (4 368 €) und Freibeträge für Betreuungs-, Erziehungs- oder Ausbildungsbedarf (2 640 €)	Kindergeld	Grenzsteuersatz ab dem die Summe der Freibeträge für das Kind günstiger ist
erstes Kind	7 008 €	2 208 €	31,5%
zweites Kind	7 008 €	2 208 €	31,5%
drittes Kind	7 008 €	2 280 €	32,5%
jedes weitere Kind	7 008 €	2 580 €	36,8%

Die Wechselwirkung zwischen Kindergeld und der Summe aus Kinderfreibetrag und Freibetrag für Betreuungs- und Erziehungs- oder Ausbildungsbedarf soll anhand der nachfolgenden Beispiele verdeutlicht werden.

Beispiel B

A und B werden zusammen zur Einkommensteuer veranlagt und sind Eltern eines sechsjährigen Sohnes, für den sie im Jahre 2010 2208 € Kindergeld erhalten. Das zu versteuernde Einkommen ohne Abzug von Freibeträgen für Kinder beträgt 67 500 €.

zu versteuerndes Einkommen	67 500 €
Einkommensteuer hierauf	13 680 €
abzüglich Kinderfreibetrag	4 368 €
abzüglich Freibetrag für Betreuungs-, Erziehungs- oder Ausbildungsbedarf	2 640 €
zu versteuerndes Einkommen (neu)	60 492 €
Einkommensteuer hierauf	11 406 €
Differenz	2 274 €

Bei der Einkommensteuerveranlagung wird ein Kinderfreibetrag und ein Freibetrag für Betreuungs- und Erziehungs- oder Ausbildungsbedarf abgezogen und das Kindergeld in Höhe von 2208 € der tariflichen Einkommensteuer hinzugerechnet. Für A und B ergibt sich somit gegenüber dem bereits erhaltenen Kindergeld ein zusätzlicher Entlastungsbetrag von 66 € (2274 € abzüglich 2208 €).

Beispiel C

Wie Beispiel B. Das zu versteuernde Einkommen ohne Abzug von Freibeträgen für Kinder beträgt allerdings 55 000 €.

zu versteuerndes Einkommen	55 000 €
Einkommensteuer hierauf	9 702 €
abzüglich Kinderfreibetrag	4 368 €
abzüglich Freibetrag für Betreuungs-, Erziehungs- oder Ausbildungsbedarf	2 640 €
zu versteuerndes Einkommen (neu)	47 992 €
Einkommensteuer hierauf	7 628 €
Differenz	2 074 €

Die steuerliche Freistellung eines Einkommensbetrags in Höhe des Existenzminimums eines Kindes einschließlich des Bedarfs für Betreuung und Erziehung oder Ausbildung wird in vollem Umfang durch das Kindergeld (= 2208 €) erreicht. Bei der Ermittlung des zu versteuernden Einkommens ist daher weder ein Kinderfreibetrag noch ein Freibetrag für Betreuungs- und Erziehungs- oder Ausbildungsbedarf abzuziehen.

Die Prüfung, ob es beim Kindergeld bleibt oder Freibeträge für Kinder abzuziehen sind, ist für **jedes einzelne Kind** durchzuführen (sog. Einzelbetrachtungsweise). Das älteste Kind ist dabei stets das erste Kind. Bei Durchführung der Vergleichsrechnung für ein jüngeres Kind sind die Freibeträge für ältere Kinder bei der Ermittlung des zu versteuernden Einkommens nur abzuziehen, wenn bei den älteren Kindern der Anspruch auf Kindergeld nicht ausgereicht hat.

Beispiel D

A und B werden zusammen zur Einkommensteuer veranlagt und sind Eltern eines 17-jährigen Sohnes und einer 13-jährigen Tochter, für die sie im Jahre 2010 jeweils 2208 € Kindergeld erhalten. Das zu versteuernde Einkommen ohne Abzug von Freibeträgen für Kinder beträgt 65 000 €.

Vergleichsrechnung für den Sohn als erstes Kind:

zu versteuerndes Einkommen	65 000 €
Einkommensteuer hierauf	12 856 €
abzüglich Kinderfreibetrag	4 368 €
abzüglich Freibetrag für Betreuungs-, Erziehungs- oder Ausbildungsbedarf	2 640 €
zu versteuerndes Einkommen (neu)	57 992 €
Einkommensteuer hierauf	10 622 €
Differenz	2 234 €

Bei der Einkommensteuerveranlagung wird ein Kinderfreibetrag und ein Freibetrag für Betreuungs- und Erziehungs- oder Ausbildungsbedarf abgezogen und das Kindergeld in Höhe von 2208 € der tariflichen Einkommensteuer hinzugerechnet. Für A und B ergibt sich somit gegenüber dem bereits erhaltenen Kindergeld ein zusätzlicher Entlastungsbetrag von 26 € (2234 € abzüglich 2208 €).

Vergleichsrechnung für die Tochter als zweites Kind:

zu versteuerndes Einkommen nach Abzug der Freibeträge für Kinder für den Sohn	57 992 €
Einkommensteuer hierauf	10 622 €
abzüglich Kinderfreibetrag	4 368 €
abzüglich Freibetrag für Betreuungs-, Erziehungs- oder Ausbildungsbedarf	2 640 €
zu versteuerndes Einkommen (neu)	50 984 €
Einkommensteuer hierauf	8 500 €
Differenz	2 122 €

Die steuerliche Freistellung eines Einkommensbetrags in Höhe des Existenzminimums eines Kindes einschließlich des Bedarfs für Betreuung und Erziehung oder Ausbildung wird in vollem Umfang durch das Kindergeld (= 2208 €) erreicht. Bei der Ermittlung des zu versteuernden Einkommens sind für die Tochter keine Freibeträge für Kinder abzuziehen.

Die vorstehenden Erläuterungen behandeln **lediglich die Grundzüge** des Familienleistungsausgleichs. Weitere Einzelheiten ergeben sich aus den folgenden Abschnitten:

– Höhe des Kindergeldes und Anspruchsberechtigte (Nr. 5)
– Höhe des Kinderfreibetrags, Monatsprinzip (Nr. 6)
– Höhe des Freibetrags für Betreuungs- und Erziehungs- oder Ausbildungsbedarf, Monatsprinzip (Nr. 7)
– Kinderbegriff für Kindergeld und Freibeträge für Kinder (Nr. 8)
– Ermittlung eigener Einkünfte und Bezüge bei über 18 Jahre alten Kindern (Nr. 9)
– Halbteilungsgrundsatz, Übertragung des Kinderfreibetrags und des Freibetrags für Betreuungs- und Erziehungs- oder Ausbildungsbedarf (Nr. 10)
– Ansatz der Freibeträge für Kinder anstelle des Kindergeldes im Veranlagungsverfahren bei Anwendung des Halbteilungsgrundsatzes und in anderen Sonderfällen (Nr. 11)
– Kindergeld und Freibeträge für Kinder bei Auslandskindern (Nr. 12)

5. Höhe des Kindergeldes und Anspruchsberechtigte

Im Zuge der Neuregelung des Familienleistungsausgleichs wurde das Kindergeld mit Wirkung ab 1996 deutlich angehoben und ist seitdem mehrfach – auch zum 1. 1. 2010 – erhöht worden. Das Kindergeld wird unabhängig von der Höhe des Einkommens des Kindergeldberechtigten gezahlt. Zur Zahlung eines Kinderzuschlags an Berechtigte mit niedrigem Einkommen vgl. die Ausführungen am Ende dieser Nr. 5. Der Anspruch auf das Kindergeld ist im Einkommensteuergesetz geregelt. Das Bundeskindergeldgesetz gilt zwar weiter, es betrifft jedoch nur noch diejenigen Fälle, die nicht unter das Einkommensteuergesetz fallen. Im Einzelnen ist Folgendes zu beachten:

Das Kindergeld wird monatlich gezahlt. Es beträgt

	2000/2001	2002 bis 2008	2009	2010
– für das erste und zweite Kind jeweils	270 DM	154 €	164 €	**184 €**
– für das dritte Kind	300 DM	154 €	170 €	**190 €**
– für jedes weitere Kind	350 DM	179 €	195 €	**215 €**

Für jedes Kind, für das im Kalenderjahr **2009** mindestens für einen Kalendermonat ein Anspruch auf Kindergeld bestanden hat, wurde zusätzlich zum Kindergeld **einmalig** ein Betrag von **100 €** gezahlt (sog. **Kinderbonus**). Bei der Einkommensteuerveranlagung 2009 wird im Rahmen der Vergleichsrechnung (vgl. vorstehende Nr. 4) den Freibeträgen für Kinder (6024 € je Kind für 2009) die Kindergeldzahlung einschließlich Kinderbonus (also für das Jahr 2009 z. B. bei den ersten beiden Kindern 2068 € je Kind = 12 Monate á 164 € + 100 €) gegenübergestellt.

noch Anhang 9

Für die Zahlung von Kindergeld werden nach § 63 EStG folgende Kinder berücksichtigt:
– Kinder im Sinne des § 32 Abs. 1 EStG (das sind **leibliche Kinder, Adoptivkinder** und **Pflegekinder**);
– vom Berechtigten in seinen Haushalt aufgenommene Kinder seines Ehegatten **(Stiefkinder)**;
– vom Berechtigten in seinen Haushalt aufgenommene Enkel **(Enkelkinder)**.

Für die **Kinder** einer **gleichgeschlechtlichen Lebenspartnerin** besteht kein Anspruch auf Kindergeld, obwohl die Kinder in den gemeinsamen Haushalt aufgenommen worden sind (BFH-Urteil vom 30.11.2004, BFH/NV 2005 S. 695). Das gilt selbst dann, wenn die Partnerschaft nach dem Lebenspartnerschaftsgesetz eingetragen ist und im Heimatstaat der Betroffenen die Ehe zwischen gleichgeschlechtlichen Lebenspartnern zulässig ist. Bei einer bestehenden Lebenspartnerschaft sind die Kinder auch keine Pflegekinder, da das Obhuts- und Pflegeverhältnis zwischen der Lebenspartnerin und ihrem leiblichen Kind fortbesteht. Der Bundesfinanzhof hält die unterschiedliche Behandlung von Kindern des Ehegatten einerseits und Kinder der gleichgeschlechtlichen Lebenspartnerschaft andererseits ausdrücklich für verfassungs- und europarechtskonform. Zu beachten ist, dass die gleichgeschlechtliche Lebenspartnerin für ihr leibliches Kind selbst einen eigenen Anspruch auf Kindergeld haben kann und regelmäßig auch haben wird.

Der **Kindbegriff** für die Auszahlung des **Kindergeldes** stimmt mit dem Kindbegriff für die Gewährung von **Freibeträgen** für Kinder **nicht überein**. Für die Gewährung von Freibeträgen für Kinder werden nämlich nur leibliche Kinder, Adoptivkinder und Pflegekinder berücksichtigt. Stiefkinder und Enkelkinder dagegen nicht. Um diesen Unterschied auszugleichen, wurden allerdings die Übertragungsmöglichkeiten von Freibeträgen für Kinder auch auf die Stief- und Enkelkinder ausgedehnt (vgl. die Erläuterungen unter der nachfolgenden Nr. 10 Buchstabe c und d). Bei der altersmäßigen Berücksichtigung von Kindern und der Höhe der unschädlichen Einkünfte und Bezüge gelten dagegen die Grundsätze des § 32 Abs. 4 und 5 EStG für die Gewährung von Freibeträgen für Kinder ohne Einschränkung auch für das Kindergeld (vgl. die nachfolgenden Erläuterungen unter den Nrn. 8 und 9). Da die Höhe des Kindergeldes ab dem dritten Kind ansteigt, muss weiterhin zwischen **Zahlkindern** und **Zählkindern** unterschieden werden. Zahlkinder sind Kinder, für die tatsächlich Kindergeld gezahlt wird, wohingegen Zählkinder lediglich zur Erhöhung des Anspruchs für jüngere Zahlkinder beitragen. Welches Kind bei einem Elternteil als erstes oder weiteres **Zahlkind** zu berücksichtigen ist, bestimmt sich danach, an welcher Stelle das bei diesem Elternteil zu berücksichtigende Kind in der **Reihenfolge der Geburten** steht. Das älteste Kind ist also stets das erste Kind. In der Reihenfolge der Kinder werden auch diejenigen mitgezählt, für die der Berechtigte nur deshalb keinen Anspruch auf Kindergeld hat, weil für sie der Anspruch vorrangig einem anderen Elternteil zusteht **(sog. Zählkinder).**

Beispiel A

Aus der bestehenden Ehe eines verheirateten, kindergeldberechtigten Arbeitnehmers sind zwei Kinder hervorgegangen, die drei und fünf Jahre alt sind. Aus seiner ersten Ehe hat der Ehemann drei ältere Kinder, für die seine geschiedene Ehefrau das Kindergeld erhält. Diese drei Kinder aus erster Ehe sind acht, zehn und zwölf Jahre alt. Für die Ermittlung des Kindergeldes, das der Arbeitnehmer für seine beiden Kinder aus der bestehenden Ehe erhält, sind die drei Kinder aus der ersten Ehe als **Zählkinder** zu berücksichtigen. Das bedeutet, dass die Kinder des Arbeitnehmers aus der bestehenden Ehe in der Reihenfolge der Geburten **aller** seiner Kinder an vierter und fünfter Stelle stehen. Der Arbeitnehmer erhält somit für die beiden Kinder aus der bestehenden Ehe ein Kindergeld von insgesamt (215 € + 215 € =) 430 € monatlich. Vgl. auch das nachfolgende Beispiel D, um den „richtigen" Elternteil zum Kindergeldberechtigten zu bestimmen.

Das Kindergeld wird vom Beginn des Monats an gezahlt, in dem die Anspruchsvoraussetzungen erfüllt sind, bis zum Ende des Monats, in dem die Anspruchsvoraussetzungen wegfallen. Es genügt, wenn die Anspruchsvoraussetzungen an **einem Tag** in dem jeweiligen Monat **erfüllt** sind. Rückwirkend wird das Kindergeld ab Beginn der Anspruchsvoraussetzungen gewährt, sofern die (vierjährige) Festsetzungsverjährung noch nicht eingetreten ist. Kindergeldnachzahlungen sind aber nicht zu verzinsen (BFH-Urteil vom 20.4.2006, BStBl. 2007 II S. 240 zu § 233a AO).

Im Gegensatz zu den Freibeträgen für Kinder, bei denen der sog. Halbteilungsgrundsatz zu beachten ist (vgl. nachfolgend unter Nr. 10 Buchstabe a), wird das **Kindergeld** für jedes Kind **nur an einen Berechtigten** gezahlt (§ 64 Abs. 1 EStG). Bei mehreren Berechtigten erhält das Kindergeld derjenige, der das Kind in seinen **Haushalt aufgenommen** hat (§ 64 Abs. 2 Satz 1 EStG). Diese Regelungen verstoßen nicht gegen das Grundgesetz (BFH-Urteil vom 14.12.2004, BStBl. 2008 II S. 762). Ein Kind gehört dann zum Haushalt eines Elternteils, wenn es dort wohnt, versorgt und betreut wird, so dass es sich in der

noch Anhang 9

Obhut dieses Elternteils befindet. Neben dem örtlichen Zusammenleben müssen die materiellen (Versorgung, Unterhaltsgewährung) und immateriellen (Fürsorge, Betreuung) Voraussetzungen erfüllt sein. Ein Obhutsverhältnis im beschriebenen Sinne besteht nicht, wenn sich das Kind nur für einen von vornherein begrenzten Zeitraum bei einem Elternteil befindet (z. B. zu Besuchszwecken oder für die Dauer der Ferien). Bei einem **Wechsel** des Kindes von einem Elternteil zum anderen kann das Kind aber auch dann in den neuen Haushalt aufgenommen sein, wenn der Wechsel zwar noch nicht endgültig ist, das Kind aber für einen längeren Zeitraum (im Streitfall 3 Monate) von dem aufnehmenden Elternteil betreut und unterhalten wird (BFH-Urteil vom 20.6.2001, BStBl. II S. 713). Das gilt auch dann, wenn ein Kind getrennt lebender Eltern aus eigenem Entschluss für einen Zeitraum von mehr als drei Monaten zum nicht sorgeberechtigten Elternteil umzieht (BFH-Urteil vom 25.6.2009 III R 2/07).

Beispiel B
Das gemeinsame Kind eines geschiedenen Elternpaars lebt im Haushalt der Mutter. Das Kindergeld wird an die Mutter gezahlt, weil sie die Tochter in ihren Haushalt aufgenommen hat (§ 64 Abs. 2 Satz 1 EStG). Der Vater erhält die Hälfte des Kindergeldes im Rahmen des zivilrechtlichen Ausgleichs. Der zivilrechtliche Ausgleichsanspruch und seine Auswirkung bei der Berücksichtigung des halben Kinderfreibetrags im Veranlagungsverfahren sind unter der nachfolgenden Nr. 11 Buchstabe b erläutert.

Ein Kind, das sich in den **Haushalten beider Elternteile** (kein gemeinsamer Haushalt der Elternteile!) in einer den Besuchscharakter überschreitenden Weise aufhält, ist für die Zahlung des Kindesgeldes demjenigen Elternteil zuzuordnen, in dessen Haushalt es sich überwiegend aufhält und seinen **Lebensmittelpunkt** hat (BFH-Urteil v. 14.12.2004, BStBl. 2008 II S. 762). Dies beruht auf der typisierenden Annahme, dass derjenige Elternteil die größeren Unterhaltslasten für das Kind trägt, der es überwiegend in seinem Haushalt betreut und versorgt. Hält sich das Kind in annähernd **gleichem zeitlichen Umfang** in dem jeweiligen Haushalt der beiden Elternteile auf, ist das Kindergeld demjenigen Elternteil zu zahlen, den die Eltern **untereinander bestimmt haben.** Dabei bleibt eine vor der Trennung der Eltern getroffene Bestimmung des Kindergeldberechtigten so lange wirksam, bis sie von einem Berechtigten widerrufen wird (BFH-Urteil vom 23.3.2005, BStBl. 2008 II S. 752); der Bundesfinanzhof spricht sich in seinem Urteil in diesem gesetzlich nicht geregelten Fall für eine analoge Anwendung des § 64 Abs. 2 Sätze 2 bis 4 EStG aus (vgl. hierzu die nachfolgenden Absätze).

Ist das Kind in den **gemeinsamen Haushalt** von Eltern, einem Elternteil und dessen Ehegatten, Pflegeeltern oder Großeltern aufgenommen worden, bestimmen diese untereinander den Berechtigten (§ 64 Abs. 2 Satz 2 EStG). Die Berechtigtenbestimmung bleibt so lange wirksam, bis sie mit Wirkung für die Zukunft widerrufen wird. Kommt in Ausnahmefällen eine Einigung nicht zustande, so bestimmt das Familiengericht auf Antrag den Berechtigten. Den Antrag kann stellen, wer ein berechtigtes Interesse an der Zahlung des Kindergeldes hat (§ 64 Abs. 2 Sätze 3 und 4 EStG).

Beispiel C
Eheleute haben einen fünfjährigen Sohn, der in ihrem gemeinsamen Haushalt lebt. Die Eheleute bestimmen untereinander, wer von ihnen das Kindergeld erhält (§ 64 Abs. 2 Satz 2 EStG).

Die Möglichkeit, dass die Berechtigten untereinander bestimmen, an wen das Kindergeld ausgezahlt wird, ist **von besonderer Bedeutung,** wenn bei einem Berechtigten sog. **Zählkinder** zu berücksichtigen sind.

Beispiel D
Aus der bestehenden Ehe eines verheirateten Arbeitnehmers sind zwei Kinder hervorgegangen (drei und fünf Jahre alt), die im gemeinsamen Haushalt der Eheleute leben. Aus seiner ersten Ehe hat der Ehemann drei Kinder (acht, zehn und zwölf Jahre alt), für die seine geschiedene erste Ehefrau das Kindergeld erhält. Bestimmen die nunmehr verheirateten Eheleute, dass der Ehemann das Kindergeld erhält, sind bei ihm zwei Zahlkinder und drei Zählkinder zu berücksichtigen. Die Zählkinder sind die älteren Kinder und stehen damit an erster, zweiter und dritter Stelle. Das bedeutet, dass die beiden Kinder aus der bestehenden Ehe an vierter und fünfter Stelle stehen, sodass der Ehemann für diese Kinder ein Kindergeld in Höhe von insgesamt (215 € + 215 € =) 430 € monatlich erhält.
Bestimmen die nunmehr verheirateten Eheleute dagegen, dass die Ehefrau das Kindergeld für die gemeinsamen Kinder aus der bestehenden Ehe erhalten soll, so sind bei der Ehefrau zwei Zahlkinder, aber keine Zählkinder vorhanden. Das Kindergeld, das die Ehefrau erhält, beträgt deshalb insgesamt lediglich (184 € + 184 € =) 368 € monatlich.

Lebt das Kind in einem **gemeinsamen Haushalt von Eltern und Großeltern,** wird das Kindergeld vorrangig einem Elternteil gezahlt. Es wird nur dann an einen Großelternteil gezahlt, wenn der Elternteil auf seinen Vorrang schriftlich gegenüber der Familienkasse verzichtet hat (§ 64 Abs. 2 Satz 5 EStG).

Beispiel E
Eine ledige Mutter lebt mit ihrer zweijährigen Tochter und den Großeltern in einem gemeinsamen Haushalt. Das Kindergeld wird vorrangig an die Mutter gezahlt. Es wird nur dann an einen Großelternteil gezahlt, wenn die Mutter gegenüber der Familienkasse schriftlich auf ihren Vorrang verzichtet hat.

Durch einen Verzicht des leiblichen Elternteils zugunsten des Großelternteils kann sich ein höherer Kindergeldbetrag bei dem Großelternteil ergeben, wenn diesem etwa noch für den Elternteil selbst oder für weitere eigene Kinder Kindergeld zusteht.

Beispiel F
Eine geschiedene Mutter mit drei Kindern (7, 5 und 3 Jahre alt) kehrt in den Haushalt ihres Vaters, des Großvaters der Kinder, zurück. In diesem Haushalt lebt auch noch ihr 17-jähriger Bruder. Für den Bruder kann nur ihr Vater Kindergeld erhalten. Dagegen können die Kinder der Mutter auch bei ihrem Vater, dem Großvater, als Enkelkinder berücksichtigt werden.
Verzichtet nun die Mutter gegenüber ihrem Vater (Großvater der Kinder) nicht auf ihren Vorrang, steht ihr für ihre drei Kinder Kindergeld in Höhe von (2 × 184 € = 368 € + 190 € =) 558 € zu, dem Großvater für den Bruder 184 €. Zusammen würde die gesamte Familie demnach 742 € Kindergeld im Monat erhalten.
Verzichtet die Mutter hingegen auf ihren Vorrang, indem sie den Großvater zum Berechtigten für ihre drei Kinder bestimmt, erhält dieser für den Bruder 184 € und für die drei Enkelkinder (184 € + 190 € + 215 € =) 589 €. Durch den Vorrangverzicht der Mutter erhöht sich also das monatliche Kindergeld für die Gesamtfamilie um 31 € auf insgesamt 773 €.

Ist das Kind **nicht** in den **Haushalt** eines Berechtigten **aufgenommen** worden, erhält das Kindergeld derjenige, der dem Kind laufend **Barunterhalt** (Unterhaltsrente) **zahlt** (§ 64 Abs. 3 Satz 1 EStG). Zahlen mehrere Berechtigte dem Kind Unterhalt, erhält das Kindergeld derjenige, der dem Kind den höheren Unterhalt zahlt (§ 64 Abs. 3 Satz 2 EStG). Bei gleich hohem Unterhalt oder wenn keiner der Berechtigten dem Kind Unterhalt zahlt, bestimmen die Berechtigten untereinander (ggf. auf Antrag das Familiengericht), wer das Kindergeld erhält (§ 64 Abs. 3 Satz 3 EStG). Einmalige oder gelegentliche höhere finanzielle Zuwendungen bleiben übrigens ebenso wie eventuelle Sach- oder Betreuungsleistungen unberücksichtigt. Hat derjenige Elternteil, der das Kindergeld bisher erhalten hat, den Betrag an das in einem selbständigen Haushalt lebende Kind weitergeleitet, bleibt das Kindergeld für die Feststellung, welcher Elternteil eine höhere Unterhaltsrente zahlt, außer Betracht (BFH-Urteil vom 2.6.2005, BStBl. 2006 II S. 184).

Das Kindergeld kann unmittelbar an das Kind ausgezahlt werden, wenn der Anspruchsberechtigte seiner Unterhaltsverpflichtung gegenüber dem Kind nicht nachkommt (§ 74 Abs. 1 Satz 1 EStG). In solch einem Fall kann das **Kindergeld** auch ganz oder teilweise an einen **Sozialleistungsträger** gezahlt werden (vgl. BFH-Urteil vom 23.2.2006, BStBl. 2008 II S. 753). Entstehen dem Anspruchsberechtigten tatsächliche (nicht nur fiktive) Aufwendungen mindestens in Höhe des Kindergeldes, kommt eine Auszahlung an den Sozialleistungsträger (z. B. wegen Unterbringung eines behinderten Kindes in einer Pflegeeinrichtung) nicht in Betracht (BFH-Urteil vom 9.2.2009, BStBl. II S. 928).

Für Kinder, die im Haushalt eines Berechtigten **im Inland** leben, ergeben sich keine Besonderheiten, das heißt, Kindergeld wird stets in voller Höhe gewährt (184 €, 190 € oder 215 €). Die vorgenannten Beträge gelten auch dann, wenn das Kind seinen Wohnsitz in einem Mitgliedstaat der **Europäischen Union,** des Europäischen Wirtschaftsraums (Island, Liechtenstein, Norwegen) oder in der Schweiz hat. Allerdings gelten für **sog. Auslandskinder** eine Reihe von Besonderheiten, die auch im Zusammenhang mit der Gewährung von Freibeträgen für Kinder gesehen werden müssen. Die Zahlung von Kindergeld und die Berücksichtigung von kindbedingten Freibeträgen ist deshalb für Kinder, die im Ausland leben, in einem eigenen Abschnitt gesondert erläutert (vgl. nachfolgend unter Nr. 12). Zu beachten ist noch, dass Eltern mit Wohnsitz in Deutschland, die beide in der Schweiz arbeiten (**Grenzgänger;** vgl. dieses Stichwort), Leistungen für ihre Kinder nur nach dem in der Schweiz geltenden Recht erhalten. Es besteht auch hinsichtlich des Differenzbetrags kein Anspruch auf Teilkindergeld (BFH-Urteil vom 24.3.2006, BStBl. 2008 II S. 369). Vgl. hierzu die Erläuterungen beim Stichwort „Grenzgänger" unter Nr. 11.

Das **Kindergeld** ist zunächst einmal vom Berechtigten (oder seinem Bevollmächtigten – z. B. Steuerberater) bei der örtlich zuständigen **Familienkasse schriftlich zu beantragen.** Die Familienkassen sind Behörden der Bundesagentur für Arbeit, die für die Durchführung des Familienleistungsausgleichs dem Bundeszentralamt für Steuern zur Verfügung gestellt werden (§ 5 Abs. 1 Nr. 11 Finanzverwaltungsgesetz). Im Ergebnis handelt es sich aber bei der „Familienkasse" um die frühere „Kindergeldkasse" bei den Arbeitsämtern. Da die Familienkassen hinsichtlich der Durchführung des Familienleistungsausgleichs Bundesfinanzbehörden sind, obliegt die Fachaufsicht dem Bundeszentralamt für Steuern. Die örtliche Zuständigkeit der Familienkasse ergibt sich damit aus der Abgabenordnung, das heißt, zuständig ist diejenige Familienkasse, in deren Bereich der Anspruchsberechtigte seinen Wohnsitz oder gewöhnlichen Aufenthalt hat. Bei der Familienkasse sind entsprechende Vordrucke für den Antrag auf Kindergeld erhältlich. Die Vordrucke stehen auch im Internet unter www.familienkasse.de oder www.bzst.de zur Verfügung. Das Kindergeld wird grundsätzlich in allen Fällen von der Familienkasse ausgezahlt. Zur Auszahlung und Festsetzung des Kindergeldes im öffentlichen Dienst vgl. vorstehend unter Nr. 3.

Das Kindergeld wird von den Familienkassen durch Bescheid festgesetzt und ausgezahlt (§ 70 Abs. 1 Satz 1 EStG). Da es sich beim Kindergeld um eine Steuervergütung handelt, sind nach § 155 Abs. 4 AO die für die Steuerfestsetzung geltenden Vorschriften sinngemäß anzuwenden. Das bedeutet, dass das Kindergeld schriftlich festzusetzen ist (§ 157 Abs. 1 Satz 1 AO).

Das Kindergeld wird nur bis einschließlich des Monats der **Vollendung des 18. Lebensjahres** des Kindes festgesetzt. Für volljährige Kinder zahlt die Familienkasse nur dann weiter Kindergeld, wenn die Voraussetzungen für eine weitere Berücksichtigung des Kindes – einschließlich der Höhe der eigenen Einkünfte und Bezüge des Kindes (vgl. hierzu die Erläuterungen unter der nachfolgenden Nr. 9) – vom Anspruchsberechtigten nachgewiesen werden (z. B. Vorlage des Ausbildungsvertrags, der Schulbescheinigung etc.).

Der **Anspruchsberechtigte** ist generell **verpflichtet, Änderungen** in den Verhältnissen, die für die Gewährung des Kindergeldes erheblich sind, unverzüglich der zuständigen Familienkasse **mitzuteilen** (§ 68 Abs. 1 Satz 1 EStG). Auch ein Kind, das das 18. Lebensjahr vollendet hat, ist auf Verlangen der Familienkasse verpflichtet, an der Aufklärung des für die Kindergeldzahlung maßgeblichen Sachverhalts mitzuwirken. Ein Auskunftsverweigerungsrecht nach § 101 AO steht ihm dabei nicht zu. Es besteht aber keine Verpflichtung des Kindes, leistungserhebliche Änderungen in seinen Verhältnissen von sich aus mitzuteilen.

Beispiel G
Ein Arbeitnehmer erhält für seinen 23-jährigen, studierenden Sohn das Kindergeld. Im Mai 2010 bricht der Sohn das Studium ab und jobbt seitdem nur noch.
Da mit Ablauf des Monats Mai der Anspruch auf Kindergeld entfällt (keine Berufsausbildung mehr), ist der Arbeitnehmer verpflichtet, den Abbruch des Studiums der Familienkasse anzuzeigen.

Um das Fortbestehen der Anspruchsvoraussetzungen für die Gewährung des Kindergeldes überprüfen zu können, übermitteln die Meldebehörden in regelmäßigen Abständen den Familienkassen die in § 18 Abs. 1 des Melderechtsrahmengesetzes genannten Daten aller Einwohner, zu deren Person im Melderegister Daten von minderjährigen Kindern gespeichert sind, und dieser Kinder, soweit die Daten ihrer Art nach für die Prüfung der Rechtmäßigkeit des Bezugs von Kindergeld geeignet sind (§ 69 EStG). Durch diese Regelung soll insbesondere eine doppelte Zahlung von Kindergeld in verschiedenen Bundesländern für dasselbe Kind ausgeschlossen werden.

Auf Antrag des Anspruchsberechtigten erteilt die zuständige Familienkasse eine **Bescheinigung über die Höhe des Kindergeldes**, das – unabhängig vom Zuflusszeitpunkt – für das betreffende Kalenderjahr ausgezahlt wurde (§ 68 Abs. 3 EStG). Die Bescheinigung ist ggf. für die Vergleichsrechnung (Günstigerprüfung) zwischen Kindergeld und Freibeträgen für Kinder im Rahmen der Einkommensteuerveranlagung (vgl. vorstehend unter Nr. 4) von Bedeutung.

Wird von der Familienkasse bescheinigt, dass ein Anspruch auf Kindergeld besteht, **übernimmt** das **Finanzamt grundsätzlich** die **Entscheidung** der **Familienkasse** über die Berücksichtigung des Kindes. Hat das Finanzamt aber – z. B. aufgrund des Vortrags des Steuerzahlers beim Finanzamt oder einer anderen rechtlichen Würdigung des Sachverhalts – **Zweifel** am Bestehen eines Anspruchs auf Kindergeld, hat es seine Auffassung der Familienkasse mitzuteilen. Kann im Einzelfall (das gewünschte) Einvernehmen zwischen Finanzamt und Familienkasse nicht erzielt werden, haben beide ihrer jeweils vorgesetzten Behörde zu berichten. Bis zur Klärung der Streitfrage werden die Steuerfestsetzungen unter dem Vorbehalt der Nachprüfung **durchgeführt** (R 31 Abs. 4 EStR). Fazit: Die **Entscheidungen** der **Familienkasse** über die (Nicht-)Berücksichtigung des Kindes sind für die Finanzämter **nicht bindend**! **Finanzamt** und **Familienkasse** sollen sich aber in Zweifelsfällen **abstimmen,** um zu einer einheitlichen Entscheidung zu kommen. Die (fehlerhafte) Anerkennung von Werbungskosten im Rahmen der Einkommensteuerveranlagung des Kindes durch das Finanzamt ist für die Kindergeldfestsetzung der Familienkasse aber bindend (BFH-Beschluss vom 31.10.2008, BFH/NV 2009 S. 160).

Bei der **Änderung** von **Kindergeldbescheiden** durch die Familienkasse gilt Folgendes: Eine vor Beginn oder im Laufe eines Kalenderjahres von der Familienkasse getroffene **Prognoseentscheidung** über die Berechtigung zum Bezug von Kindergeld ist **nach Ablauf des Kalenderjahres** zugunsten oder zuungunsten des Anspruchsberechtigten zu **ändern,** wenn die Einkünfte und Bezüge des Kindes den maßgebenden Grenzbetrag von 8004 € – aus welchen Gründen auch immer – über- oder unterschreiten. Allerdings kann die Prognoseentscheidung nicht allein aufgrund anderer Rechtsauffassung (z. B. höchstrichterliche Rechtsprechung) nach § 70 Abs. 4 EStG geändert werden (BFH-Urteil von 10. 5. 2007, BStBl. 2008 II S. 549). Ist allerdings **nach Ablauf des Kalenderjahres** (= Prognosezeitraum) ein ablehnender **Kindergeldbescheid** für dieses Jahr ergangen, kommt eine **Änderung** dieses Bescheids **grundsätzlich nicht mehr** in Betracht (BFH-Urteil vom 28.6.2006, BFH/NV 2006 S. 2204).

Der **Kinderzuschlag** ist eine **Ergänzungsleistung** zum Kindergeld für **gering verdienende Eltern**. Er ist – auch für Angehörige des öffentlichen Dienstes – ausschließlich bei der **Familienkasse** der Bundesagentur für Arbeit zu **beantragen**. Anspruchsberechtigt sind Eltern, die mit ihren **unter 25 Jahre alten und unverheirateten Kindern** in einem gemeinsamen Haushalt leben und über Einkommen und Vermögen verfügen, das es ihnen ermöglicht, zwar ihr eigenes Existenzminimum, nicht aber das ihrer unter 25 Jahre alten, unverheirateten Kinder zu decken. Eltern mit Anspruch auf **Arbeitslosengeld II, Sozialgeld** oder **Sozialhilfe** wird **kein Kinderzuschlag** gezahlt.

Der **Kinderzuschlag** bemisst sich nach dem Einkommen und Vermögen der Eltern und der Kinder. Er beträgt **höchstens 140 € pro Monat für jedes** unter 25 Jahre alte, unverheiratete **Kind.** Alle Veränderungen in der Familie, insbesondere beim Einkommen und Vermögen, müssen der Familienkasse unverzüglich angezeigt werden. Für verheiratete Kinder oder Kinder, die das 25. Lebensjahr vollendet haben, besteht selbst dann kein Anspruch auf Kinderzuschlag, wenn für sie noch ein Anspruch auf Kindergeld besteht.

Der **Kinderzuschlag** ist als Sozialleistung **steuerfrei** und unterliegt **nicht** dem **Progressionsvorbehalt** (vgl. dieses Stichwort).

6. Höhe des Kinderfreibetrags, Monatsprinzip

Seit 2002 wird die steuerliche **Freistellung** eines Einkommensbetrags in Höhe des **Existenzminimums** eines Kindes einschließlich des Bedarfs für Betreuung und Erziehung oder Ausbildung durch das **Kindergeld oder** die **Summe aus Kinderfreibetrag** und den **Freibetrag** für **Betreuungs- und Erziehungs- oder Ausbildungsbedarf** bewirkt. Der Steuerpflichtige hat jedoch kein Wahlrecht zwischen der Inanspruchnahme. Während des Kalenderjahres wird ausschließlich das Kindergeld als monatliche Steuervergütung gezahlt und nach Ablauf des Kalenderjahres müssen von Amts wegen die Freibeträge für Kinder bei der Veranlagung des Steuerpflichtigen zur Einkommensteuer berücksichtigt werden, wenn dies zur steuerlichen Freistellung des Existenzminimums einschließlich des Bedarfs für Betreuung und Erziehung oder Ausbildung des Kindes geboten ist. Die Höhe des **Kinderfreibetrags** (= sächliches Existenzminimum des Kindes) hat sich wie folgt entwickelt:

	2002 bis 2008 (€)		2009 (€)		2010 (€)	
	monatl.	jährl.	monatl.	jährl.	monatl.	jährl.
halber Kinderfreibetrag	152	1 824	161	1 932	182	2 184
ganzer Kinderfreibetrag	304	3 648	322	3 864	364	4 368

Eine grundlegende Neuregelung des seit 1996 geltenden Familienleistungsausgleichs war die Einführung des **Monatsprinzips** bei der Berücksichtigung des Kinderfreibetrags. Das bedeutet, dass ein Anspruch auf einen Kinderfreibetrag – ebenso wie beim Kindergeld – nur für diejenigen Kalendermonate besteht, in denen die Voraussetzungen für die Berücksichtigung eines Kindes an **wenigstens einem Tag vorgelegen** haben. Das bis einschließlich 1995 geltende Jahresprinzip wurde also auf ein Monatsprinzip umgestellt.

Beispiel
Das Kind eines verheirateten Arbeitnehmers wird im Dezember 2010 geboren (erstes Kind). Der Arbeitnehmer erhält im Kalenderjahr 2010 für einen Monat ein Kindergeld in Höhe von 184 €. Bei der im Rahmen der Einkommensteuerveranlagung für 2010 durchzuführenden Vergleichsrechnung wird das Kindergeld von 184 € dem anteiligen Kinderfreibetrag von 364 € und dem anteiligen (auch nur für einen Monat zu gewährenden) Freibetrag für Betreuungs- und Erziehungs- und Ausbildungsbedarf von 220 € gegenübergestellt, und zwar auch dann, wenn das Kindergeld erst im Januar 2011 ausgezahlt wird. Wie diese Vergleichsrechnung durchgeführt wird, ist unter der vorstehenden Nr. 4 erläutert.

Ebenso wie der für das Kindergeld und den Kinderfreibetrag geltende Kinderbegriff nicht einheitlich für beide Rechtsgebiete geregelt worden ist (vgl. nachfolgend unter Nr. 8), ist beim **Kinderfreibetrag** der bereits früher geltende **Halbteilungsgrundsatz** weiterhin zu beachten, obwohl das Kindergeld stets nur einem Kindergeldberechtigten ausgezahlt wird. Beim Kinderfreibetrag wird deshalb nach wie vor zwischen halben und ganzen Kinderfreibeträgen unterschieden. Die Anwendung dieses sog. Halbteilungsgrundsatzes und die hieraus resultierenden Übertragungs-

noch Anhang 9

möglichkeiten bei den Kinderfreibeträgen sind nachfolgend unter der Nr. 10 gesondert erläutert.

Ein Kinderfreibetrag wird – im Gegensatz zum Kindergeld – ohne Rücksicht darauf gewährt, ob das Kind im **Inland oder im Ausland** lebt. Die Tatsache, dass ein Kind im Ausland lebt, ist für die Gewährung des Kinderfreibetrags nur insofern von Bedeutung, als nach § 32 Abs. 6 Satz 4 EStG bei **sog. Auslandskindern** ein Kinderfreibetrag nur insoweit abgezogen wird, als er nach den Verhältnissen des Wohnsitzstaates notwendig und angemessen ist. Es kann daher zum Ansatz eines **ermäßigten Kinderfreibetrags** kommen. Einzelheiten zur Gewährung von Kindergeld sowie zur Berücksichtigung von kindbedingten Freibeträgen bei sog. Auslandskindern sind gesondert unter der nachfolgenden Nr. 12 erläutert.

Beim **Lohnsteuerabzug durch den Arbeitgeber** ist hinsichtlich der **Kinderfreibeträge** Folgendes zu beachten:

Obwohl seit 1996 die steuerliche Förderung der Kinder während des Kalenderjahres ausschließlich durch die Zahlung des Kindergeldes erfolgt, werden die Kinderfreibetrags-Zähler wie bisher auf der Lohnsteuerkarte bescheinigt. Denn die Kinderfreibeträge werden zwar nicht mehr bei der Berechnung der **Lohnsteuer** berücksichtigt; sie wirken sich jedoch beim **Solidaritätszuschlag** und bei der **Kirchensteuer** aus. Diese Auswirkung ist bei den Stichworten „Kirchensteuer" und „Solidaritätszuschlag" anhand von Beispielen dargestellt. Wichtig ist in diesem Zusammenhang, dass die Berücksichtigung der Kinderfreibeträge bei der **Bemessungsgrundlage** für den **Solidaritätszuschlag** und die **Kirchensteuer** im Lohnsteuer-Abzugsverfahren stets (entsprechend dem auf der Lohnsteuerkarte eingetragenen Kinderfreibetrags-Zähler) mit dem halben oder ganzen **Jahresbetrag des Kinderfreibetrags** erfolgt (§ 51a Abs. 2a EStG). Das für den Kinderfreibetrag geltende Monatsprinzip ist also bei der Ermittlung der Bemessungsgrundlage für den Solidaritätszuschlag und die Kirchensteuer im Lohnsteuer-Abzugsverfahren wieder durchbrochen worden, weil es sich für die Durchführung des Steuerabzugs beim Arbeitgeber als zu kompliziert erwiesen hat. In dem auf der Lohnsteuerkarte bescheinigten Kinderfreibetrags-Zähler ist auch der Freibetrag für den Betreuungs- und Erziehungs- oder Ausbildungsbedarf enthalten.

Eine weitere Besonderheit gilt beim Steuerabzug durch den Arbeitgeber für die ggf. ermäßigten **Kinderfreibeträge** bei sog. **Auslandskindern**. Diese ggf. ermäßigten Kinderfreibeträge wurden bis einschließlich 1996 grundsätzlich weder als Kinderfreibetrags-Zähler noch als jährlicher oder monatlicher Freibetrag auf der Lohnsteuerkarte eingetragen. Seit 1997 werden jedoch die ggf. ermäßigten Kinderfreibeträge vom Finanzamt **als Freibetrag** auf der Lohnsteuerkarte eingetragen, wenn für diese Kinder kein Anspruch auf Kindergeld oder eine vergleichbare Leistung besteht (§ 39a Abs. 1 Nr. 6 EStG). Ggf. ist dann der auf der Lohnsteuerkarte eingetragene Kinderfreibetrags-Zähler zu vermindern. Wird kein Freibetrag für diese Kinder auf der Lohnsteuerkarte eingetragen, erfolgt eine Berücksichtigung sowohl bei der Einkommensteuer als auch bei der Ermittlung der Bemessungsgrundlage für den Solidaritätszuschlag und die Kirchensteuer erst nach Ablauf des Kalenderjahres bei einer Veranlagung zur Einkommensteuer.

Im Übrigen ist die auf der Lohnsteuerkarte eingetragene Zahl der **Kinderfreibeträge** bei der Ermittlung des **Pauschsteuersatzes** für die pauschale Lohnsteuer (vgl. das Stichwort „Pauschalierung der Lohnsteuer" unter Nr. 2 und 3) **nicht zu berücksichtigen** (BFH-Urteil vom 26.7.2007 BStBl. II S. 844).

7. Höhe des Freibetrags für Betreuungs- und Erziehungs- oder Ausbildungsbedarf, Monatsprinzip

Nach der Rechtsprechung des Bundesverfassungsgerichts umfasst das Existenzminimum eines Kindes nicht nur den über den Kinderfreibetrag abgedeckten sächlichen Bedarf, sondern auch einen Betreuungs- und Erziehungsbedarf. Ausgehend hiervon ist ab 2002 neben dem Kinderfreibetrag (vgl. hierzu die Erläuterungen unter der vorstehenden Nr. 6) ein **einheitlicher Freibetrag für Betreuungs- und Erziehungs- oder Ausbildungsbedarf** eines Kindes eingeführt worden. Der Einbeziehung auch des Ausbildungsbedarfs liegt die Überlegung zu Grunde, dass die Bereiche Betreuung, Erziehung und Ausbildung im Laufe der steuerlichen Berücksichtigung eines Kindes jeweils einen unterschiedlichen Raum einnehmen. Am Anfang überwiegt typischerweise der Betreuungsbedarf, der mit zunehmenden Alter des Kindes immer mehr durch den Erziehungsbedarf und später durch den Ausbildungsbedarf verdrängt wird. Folge der Einbeziehung des Ausbildungsbedarfs in den neuen Freibetrag ab 2002 war die Streichung der

Ausbildungsfreibeträge. Nur noch bei volljährigen Kindern, die sich in Berufsausbildung befinden und auswärtig untergebracht sind, kann zur Abgeltung des hierdurch entstehenden Sonderbedarfs zusätzlich zum Kindergeld und den Freibeträgen für Kinder ein weiterer Freibetrag abgezogen werden (vgl. Anhang 7 Abschnitt D Nr. 5 auf Seite 909). Der Freibetrag für Betreuungs- und Erziehungs- oder Ausbildungsbedarf ist ab 2002 an die Stelle des früheren Betreuungsfreibetrags getreten. Da an der früheren Altersgrenze für den Betreuungsfreibetrag von 16 Jahren nicht festgehalten worden ist, besteht für **alle Kinder,** für die die Eltern einen **Kinderfreibetrag** erhalten, auch **Anspruch auf den Freibetrag für Betreuungs- und Erziehungs- oder Ausbildungsbedarf.** Er beträgt **für 2002 bis 2010** je Kind:

	2002 bis 2009		2010	
	monatlich	jährlich	monatlich	jährlich
ganzer Freibetrag für Betreuung und Erziehung oder Ausbildung	180 €	2 160 €	220 €	2 640 €
halber Freibetrag für Betreuung und Erziehung oder Ausbildung	90 €	1 080 €	110 €	1 320 €

Kommt bei Kindern über 18 Jahre wegen der **Höhe der eigenen Einkünfte und Bezüge** die Gewährung von Kindergeld und Kinderfreibetrag nicht in Betracht, entfällt auch der Anspruch auf den Freibetrag für Betreuungs- und Erziehungs- oder Ausbildungsbedarf. Zur Berücksichtigung eigener Einkünfte und Bezüge bei über 18 Jahre alten Kindern vgl. die Erläuterungen unter der nachfolgenden Nr. 9.

Der Freibetrag für Betreuungs- und Erziehungs- oder Ausbildungsbedarf kommt – wie auch schon der Kinderfreibetrag – nur zur Anwendung, wenn die steuerliche Freistellung des Existenzminimums einschließlich des Bedarfs für Betreuung und Erziehung oder Ausbildung des Kindes nicht bereits durch das Kindergeld erreicht worden ist (vgl. zu dieser **Vergleichsrechnung** die Erläuterungen unter der vorstehenden Nr. 4). Er wird also bei der Ermittlung der Lohn- bzw. Einkommensteuer **nicht zusätzlich zum Kindergeld** gewährt. Ebenso wie der Kinderfreibetrag wirkt sich der Freibetrag für Betreuungs- und Erziehungs- oder Ausbildungsbedarf allerdings mindernd auf die **Bemessungsgrundlage** für den **Solidaritätszuschlag** und die **Kirchensteuer** aus.

Genauso wie beim Kindergeld und beim Kinderfreibetrag besteht ein Anspruch auf den Freibetrag für Betreuungs- und Erziehungs- oder Ausbildungsbedarf des Kindes für die Kalendermonate, in denen die Voraussetzungen für die Gewährung wenigstens an einem Tag vorgelegen haben (**Monatsprinzip**). Auch der beim Kinderfreibetrag geltende **Halbteilungsgrundsatz** ist für den Freibetrag für Betreuungs- und Erziehungs- oder Ausbildungsbedarf übernommen worden (zur Übertragung des Freibetrags für Betreuungs- und Erziehungs- oder Ausbildungsbedarf vgl. die Erläuterungen unter der nachfolgenden Nr. 10 Buchstabe d).

Der Freibetrag für Betreuungs- und Erziehungs- oder Ausbildungsbedarf wird – wie der Kinderfreibetrag – **ohne Rücksicht** darauf gewährt, ob das Kind im **Inland** oder im **Ausland** lebt. Die Tatsache, dass ein Kind im Ausland lebt, ist für die Gewährung dieses Freibetrags nur insofern von Bedeutung, als nach § 32 Abs. 6 Satz 4 EStG der Freibetrag nur insoweit abgezogen werden kann, als er nach den Verhältnissen des Wohnsitzstaates notwendig und angemessen ist. Es kann daher – genauso wie beim Kinderfreibetrag – zum Ansatz eines **ermäßigten Freibetrags** für Betreuungs- und Erziehungs- oder Ausbildungsbedarf kommen (vgl. hierzu auch die Erläuterungen unter der nachfolgenden Nr. 12 Buchstabe d).

Beim **Lohnsteuerabzug** durch den Arbeitgeber ist hinsichtlich des Freibetrags für Betreuungs- und Erziehungs- oder Ausbildungsbedarf Folgendes zu beachten:

Genauso wie der Kinderfreibetrag wirkt sich dieser Freibetrag **nicht** auf die **Höhe der Lohnsteuer** aus. Allerdings ist er in dem auf der Lohnsteuerkarte bescheinigten **Kinderfreibetragszähler mit enthalten,** so dass bereits im Rahmen des Lohnsteuerabzugs sowohl der Kinderfreibetrag und auch der Freibetrag für Betreuungs- und Erziehungs- oder Ausbildungsbedarf zu einer **Minderung des Solidaritätszuschlags** und der **Kirchensteuer** führen. Ebenso wie der Kinderfreibetrag wird der Freibetrag für Betreuungs- und Erziehungs- oder Ausbildungsbedarf bei der Bemessungsgrundlage für den Solidaritätszuschlag und die Kirchensteuer im Lohnsteuer-Abzugsverfahren stets (entsprechend dem auf der Lohnsteuerkarte eingetragenen Kinderfreibetrags-Zähler) mit dem ganzen oder halben **Jahresbetrag** des Freibetrags für Betreuungs- und Erziehungs- oder Ausbildungsbedarf berücksichtigt. Das grundsätzlich für diesen Freibetrag geltende Monatsprinzip ist also bei der Ermittlung der Bemessungsgrundlage für den Solidaritätszuschlag und die Kirchensteuer im Lohnsteuer-Abzugsverfahren wieder durchbrochen worden, weil es sich für die Durchführung des Steuerabzugs beim Arbeitgeber als zu kompliziert erwiesen hat (§ 51a Abs. 2a EStG).

Eine weitere Besonderheit beim Lohnsteuerabzug durch den Arbeitgeber gilt für die ggf. ermäßigten Freibeträge für Betreuungs- und Erziehungs- oder Ausbildungsbedarf bei sog. **Auslandskindern.** Diese können vom Finanzamt als **Freibetrag** auf der Lohnsteuerkarte eingetragen werden, wenn für diese Kinder **kein Anspruch** auf **Kindergeld** oder eine vergleichbare Leistung besteht (§ 39a Abs. 1 Nr. 6 EStG). Ggf. ist dann der auf der Lohnsteuerkarte eingetragene Kinderfreibetrags-Zähler zu vermindern. Wird hierfür kein Freibetrag auf der Lohnsteuerkarte eingetragen, erfolgt eine Berücksichtigung sowohl bei der Einkommensteuer als auch bei der Ermittlung der Bemessungsgrundlage für den Solidaritätszuschlag und die Kirchensteuer erst nach Ablauf des Kalenderjahres bei einer Veranlagung zur Einkommensteuer.

Zur zusätzlichen Berücksichtigung von Kinderbetreuungskosten wie Werbungskosten/Betriebsausgaben oder als Sonderausgaben vgl. die Erläuterungen beim Stichwort „Kinderbetreuungskosten" im Hauptteil des Lexikons.

8. Kinderbegriff für Kindergeld und Freibeträge für Kinder

a) Allgemeines

Seit 1996 gilt ein neuer **Kinderbegriff,** da die Vorschriften für die Berücksichtigung des Kinderfreibetrags den Kindergeldregelungen angepasst wurden. Umgekehrt wurden die Kindergeldvorschriften den steuerlichen Bestimmungen über die Gewährung des Kinderfreibetrags angeglichen. Denn seit 1996 richtet sich die Gewährung des Kindergeldes im Normalfall nach den Vorschriften des Einkommensteuergesetzes (§§ 62 bis 78 EStG). Nachfolgend wird der in § 32 EStG geregelte Kinderbegriff erläutert, der sowohl für die Berücksichtigung des Kinderfreibetrags und des Freibetrags für den Betreuungs- und Erziehungs- oder Ausbildungsbedarf als auch für die Gewährung des Kindergeldes anzuwenden ist. Den Zusammenhang soll folgende Übersicht verdeutlichen:

Kinder für die Berücksichtigung des **Kinderfreibetrags/ Freibetrags für Betreuungs- und Erziehungs- oder Ausbildungsbedarf** sind

Kinder für die Zahlung von **Kindergeld** sind

Kinder im Sinne des § 32 Abs. 1 EStG nämlich
- leibliche Kinder
- Adoptivkinder
- Pflegekinder

haushaltszugehörige **Stiefkinder** und **Enkelkinder**

Für leibliche Kinder, Adoptivkinder und Pflegekinder gilt also der in § 32 Abs. 1 EStG geregelte Kinderbegriff sowohl für den Kinderfreibetrag und den Freibetrag für Betreuungs- und Erziehungs- oder Ausbildungsbedarf als auch für das Kindergeld, wohingegen Stiefkinder und Enkelkinder bei der Gewährung dieser beiden kindbedingten Freibeträge nicht berücksichtigt werden. Um die **Unterschiede** zwischen **Steuerrecht** und **Kindergeldrecht** bei den Stief- und Enkelkindern **abzumildern,** wurden für diese Kinder aber die **Übertragungsmöglichkeiten** für den Kinderfreibetrag und den Freibetrag für Betreuungs- und Erziehungs- oder Ausbildungsbedarf **erweitert** (vgl. die Erläuterungen unter der nachfolgenden Nr. 10). Die neben dem Kinderbegriff bedeutsamen Voraussetzungen für die Berücksichtigung von Kindern, nämlich

- die altersmäßigen Grenzen und
- die Berücksichtigung von eigenen Einkünften und Bezügen bei über 18 Jahre alten Kindern

gelten einheitlich sowohl für die Berücksichtigung des Kinderfreibetrags und für den Freibetrag für Betreuungs- und Erziehungs- oder Ausbildungsbedarf als auch für die Auszahlung von Kindergeld.

Im Einzelnen ist bei Anwendung des einheitlichen Kinderbegriffs in § 32 Abs. 1 EStG Folgendes zu beachten.

b) Kindschaftsverhältnis

Ein Kindschaftsverhältnis besteht nach § 32 Abs. 1 EStG mit Kindern, die mit dem Arbeitnehmer **im ersten Grad verwandt** sind und mit **Pflegekindern.** Im ersten Grad mit dem Arbeitnehmer verwandte Kinder sind

– **leibliche Kinder,** und zwar unabhängig davon, ob es sich um eheliche, für ehelich erklärte oder nichteheliche Kinder handelt (das Verwandschaftsverhältnis zum Arbeitnehmer darf allerdings nicht durch Adoption erloschen sein) und

– **angenommene (adoptierte) Kinder.** Die Annahme wird vom Familiengericht ausgesprochen und erst durch Zustellung des Beschlusses rechtswirksam. Besteht bei einem adoptierten Kind das Kindschaftsverhältnis zu den leiblichen Eltern weiter, so wird es nur als adoptiertes Kind berücksichtigt (§ 32 Abs. 2 Satz 1 EStG).

c) Pflegekinder

Pflegekinder sind **Kinder,** mit denen der Arbeitnehmer durch ein **familienähnliches, auf** längere **Dauer** berechnetes Band – wie mit eigenen Kindern – **verbunden** ist und die er in seinen **Haushalt** nicht nur für eine begrenzte Zeit **aufgenommen** hat (z. B. zur Erziehung in Vollzeitpflege oder im Rahmen der Eingliederungshilfe). Hat der Arbeitnehmer das Kind mit dem **Ziel** der **Adoption** in Pflege genommen, handelt es sich regelmäßig um ein **Pflegekind.** Das gilt bei Aufnahme eines Volljährigen in den Haushalt mit dem Ziel der Adoption aber nur dann, wenn besondere Umstände (z. B. Hilflosigkeit oder Behinderung) vorliegen (BFH-Urteil v. 5. 10. 2004, BFH/NV 2005 S. 524).

Ein **Nachweis** der Pflegeeltern über die Höhe der bei ihnen tatsächlich angefallenen **Unterhaltsaufwendungen** ist **nicht erforderlich.** Auch finanzielle Leistungen des Jugendamtes stehen einer Berücksichtigung als Pflegekind nicht entgegen.

Ein Pflegekindschaftsverhältnis setzt außerdem voraus, dass das **Obhuts-** und **Pflegeverhältnis** zu den **leiblichen Eltern** nicht mehr besteht, das heißt, dass die familiären Bindungen zu den leiblichen Eltern **auf Dauer aufgegeben** sind; gelegentliche Besuchskontakte allein stehen dem nicht entgegen. Lebt die Pflegeperson nicht nur mit dem Kind, sondern auch mit dem Elternteil in häuslicher Gemeinschaft, kann ein Pflegekindschaftsverhältnis auch dann nicht anerkannt werden, wenn der Elternteil durch eine Ausbildung die **Obhut** und **Pflege** des Kindes nur **eingeschränkt** wahrnehmen kann (BFH-Urteil vom 9. 3. 1989, BStBl. II S. 680). Auch durch **vorübergehende Abwesenheiten** des Elternteils wird ein im Kleinkindalter begründetes Obhuts- und Pflegeverhältnis nicht unterbrochen (BFH-Urteil vom 12.6.1991, BStBl. 1992 II S. 20). Bei **nicht schulpflichtigen Kindern** ist in der Regel davon auszugehen, dass das Obhuts- und Pflegeverhältnis zu den leiblichen Eltern nicht mehr besteht, wenn die Eltern mindestens **ein Jahr** lang **keine** ausreichenden **Kontakte** zu dem Kind hatten (BFH-Urteil vom 20. 1. 1995, BStBl. II S. 582). Haben **schulpflichtige Kinder** nach Aufnahme durch Pflegeeltern über **zwei Jahre keine** ausreichenden **Kontakte** zu ihren leiblichen Eltern mehr, reicht das in der Regel aus, einen Abbruch der Obhuts- und Pflegeverhältnisse zwischen den Kindern und ihren leiblichen Eltern anzunehmen (BFH-Urteil vom 7. 9. 1995, BStBl. 1996 II S. 63).

Ein **Altersunterschied** wie zwischen Eltern und Kindern braucht nicht unbedingt zu bestehen mit der Folge, dass ein Pflegekindschaftsverhältnis auch zu jüngeren Geschwistern (z. B. Waisen) begründet werden kann. Ein Pflegekindschaftsverhältnis kommt aber regelmäßig nicht in Betracht, wenn das zu betreuende Geschwister erst im Erwachsenenalter pflegebedürftig wird.

Pflegekinder dürfen übrigens **nicht zu Erwerbszwecken** in den Haushalt aufgenommen worden sein. **Keine Pflegekinder** sind daher sog. **Kostkinder.** Hat die Pflegeperson **mehr als sechs Kinder** in ihrem Haushalt aufgenommen, spricht eine Vermutung dafür, dass es sich um Kostkinder handelt. Auch in einem erwerbsmäßig betriebenen Heim (sog. Kinderhaus) untergebrachte Kinder sind keine Pflegekinder (BFH-Urteil vom 23.9.1998, BStBl. 1999 II S. 133). Ein Pflegekindschaftsverhältnis scheidet auch dann aus, wenn ein Trägerverein einer Pflegeperson Zahlungen für die Erziehung und Unterbringung (Erstattung von Personal- und Sachkosten) eines fremden Kindes zahlt (BFH-Urteil vom 2.4.2009 III R 92/06).

d) Keine Doppelberücksichtigung bei Pflege- und Adoptivkindern

Besteht bei einem angenommenen Kind das Kindschaftsverhältnis zu den leiblichen Eltern weiter, ist das Kind **vorrangig** als **angenommenes Kind** zu berücksichtigen. Ist ein im ersten Grad mit dem Steuerpflichtigen verwandtes Kind zugleich ein Pflegekind, wird das Kind **vorrangig** als **Pflegekind** berücksichtigt. Durch diese Regelung in § 32 Abs. 2 EStG

noch Anhang 9

werden somit Doppelberücksichtigungen von Kindern vermieden. Bei „angenommenen Kindern" war das erforderlich, weil bei einer sog. Erwachsenen-Adoption das Kindschaftsverhältnis zu den leiblichen Eltern bestehen bleibt und im Gegensatz zur Adoption eines minderjährigen Kindes nicht erlischt. Den leiblichen Eltern steht deshalb auch dann kein Kinderfreibetrag oder Freibetrag für Betreuungs- und Erziehungs- oder Ausbildungsbedarf zu, wenn sie ihrer Unterhaltsverpflichtung weiter nachkommen. Sie haben jedoch die Möglichkeit, gegenüber den Pflegeeltern einen zivilrechtlichen Ausgleichsanspruch geltend zu machen.

Beispiel
Ein Ehepaar hat ein leibliches Kind. Ab 29.5.2010 ist dieses Kind ein Pflegekind des Arbeitnehmers A. Die leiblichen Eltern des Kindes kommen ihrer Unterhaltsverpflichtung gegenüber ihrem Kind auch nach dem 29.5.2010 in vollem Umfang nach.

Ab Mai 2010 – also auch für den Monat, in dem das Pflegekindschaftsverhältnis begründet wird – ist das Kind aufgrund der eindeutigen Gesetzesformulierung in § 32 Abs. 2 Satz 2 EStG vorrangig als Pflegekind zu berücksichtigen.

e) Kinder unter 18 Jahren

Kinder unter 18 Jahren werden ohne jede weitere Voraussetzung (also z. B. auch, wenn sie ausnahmsweise schon verheiratet sind) sowohl bei der Zahlung des **Kindergelds** als auch bei der Gewährung des **Kinderfreibetrags** und des **Freibetrags** für **Betreuungs- und Erziehungs- oder Ausbildungsbedarf** berücksichtigt, und zwar ab dem Monat, in dem sie lebend geboren werden und bis zu dem Monat, in dem sie das 18. Lebensjahr vollenden. Für die Frage, ob ein Kind lebend geboren wurde, ist im Zweifel das Geburtenregister maßgebend. Auf die Höhe der eigenen Einkünfte und Bezüge des Kindes kommt es bis einschließlich des Monats der Vollendung des 18. Lebensjahres nicht an (BFH-Urteil vom 1.3.2000, BStBl. II S. 459). Das Kindergeldrecht wurde in diesem Punkt dem Steuerrecht angeglichen, sodass Kinder zwischen 16 und 18 Jahren (entgegen der früher geltenden Rechtslage) ohne weiteres bei der Zahlung von Kindergeld zu berücksichtigen sind. Eine Berücksichtigung auch für Kalendermonate außerhalb des Zeitraums der unbeschränkten Steuerpflicht der Eltern ist allerdings nicht möglich.

Vermisste Kinder werden stets bis zu Vollendung des 18. Lebensjahres berücksichtigt (R 32.3 Satz 4 EStR).

Hinsichtlich der Eintragung des Kinderfreibetrags-Zählers auf der Lohnsteuerkarte 2010 ist zu beachten, dass der Arbeitgeber – abweichend vom Monatsprinzip – den auf der Lohnsteuerkarte eingetragenen Kinderfreibetrags-Zähler (für die Bemessung des **Solidaritätszuschlags** und der **Kirchensteuer**) stets bis zum Ende des Kalenderjahres zu berücksichtigen hat. Dabei umfasst der **Kinderfreibetrags-Zähler** neben dem **Kinderfreibetrag** auch den **Freibetrag** für **Betreuungs- und Erziehungs- oder Ausbildungsbedarf**. Das für die Berücksichtigung der Freibeträge für Kinder und die Zahlung des Kindergelds geltende Monatsprinzip ist also bei der Ermittlung der Bemessungsgrundlage für den Solidaritätszuschlag und die Kirchensteuer im Lohnsteuerabzugsverfahren wieder durchbrochen und auf eine jahresbezogene Betrachtungsweise umgestellt worden (§ 51a Abs. 2a EStG).

f) Kinder über 18 Jahre

Bei Kindern über 18 Jahre gelten folgende Besonderheiten:
- Kinder, die das 18. Lebensjahr vollendet haben, werden sowohl beim Kinderfreibetrag und beim Freibetrag für Betreuungs- und Erziehungs- oder Ausbildungsbedarf als auch beim Kindergeld nur dann berücksichtigt, wenn die **eigenen Einkünfte und Bezüge** des Kindes einen bestimmten Betrag im Kalenderjahr nicht übersteigen. Diese Grenze beträgt:

2001	2002/2003	2004 bis 2009	**2010**
14 040 DM	7 188 €	7 680 €	**8 004 €**

Auf die ausführlichen Erläuterungen zur 8004-€-Grenze unter der nachfolgenden Nr. 9 wird hingewiesen. Für **volljährige, verheiratete Kinder erlischt** der **Anspruch** auf Kindergeld und die Freibeträge für Kinder grundsätzlich mit der **Eheschließung** des Kindes (vgl. die Erläuterungen unter dem nachfolgenden Buchstaben l).
- **Arbeitslose Kinder** werden bis zum 21. Lebensjahr berücksichtigt (vgl. nachfolgend unter Buchstabe g).
- In Abhängigkeit vom Geburtsjahr bis zum 25., 26. bzw. 27. Lebensjahr werden Kinder berücksichtigt, die
  - sich in **Berufsausbildung** befinden,
  - sich in einer **Übergangszeit** von **vier Monaten zwischen zwei Ausbildungsabschnitten** befinden,
  - eine Berufsausbildung **mangels Ausbildungsplatz** nicht beginnen oder fortsetzen können,
  - einen freiwilligen **sozialen Dienst** leisten,
  - einen freiwilligen **ökologischen Dienst** leisten,
  - einen **bestimmten Freiwilligendienst** leisten.

  Auf die Erläuterungen unter dem nachfolgenden Buchstaben h wird hingewiesen.
- **Behinderte Kinder** werden unter bestimmten Voraussetzungen ohne altersmäßige Begrenzung berücksichtigt (vgl. nachfolgend unter Buchstabe k).
- Kinder, die **Wehrdienst** bis zu drei Jahren oder einen **Ersatzdienst** leisten oder eine von diesen Diensten befreiende Tätigkeit als **Entwicklungshelfer** ausüben, werden nicht mehr berücksichtigt. Stattdessen kann in diesen Fällen der Berücksichtigungszeitraum um die Dauer des inländischen gesetzlichen Grundwehr- oder Zivildienstes über das 21. oder 25., 26. bzw. 27. Lebensjahr hinaus verlängert werden, wenn die übrigen Voraussetzungen für die Kinderberücksichtigung (z. B. Berufsausbildung) vorliegen (vgl. die Erläuterungen unter dem nachfolgenden Buchstaben i). Für die Zeit des Wehr- oder Ersatzdienstes und für die hiervon befreiende Tätigkeit kommt die Gewährung eines **Unterhaltsfreibetrags** in Betracht (vgl. hierzu die Erläuterungen in Anhang 7 Abschnitt D Nr. 3).

g) Arbeitslose Kinder zwischen 18 und 21 Jahren

Ein Kind zwischen 18 und 21 Jahren wird – analog dem früher geltenden Kindergeldrecht – auch dann berücksichtigt, wenn es **nicht** in einem **Beschäftigungsverhältnis** steht und bei einer Agentur für Arbeit als **arbeitsuchend** gemeldet ist. Eine **geringfügige Beschäftigung** (vgl. hierzu das Stichwort im Hauptteil des Lexikons) **steht** der **Berücksichtigung nicht entgegen**. Entsprechendes gilt für **kurzfristige Beschäftigungen** (vgl. hierzu das Stichwort „Geringfügige Beschäftigung" unter Nr. 14). Ein Kind, das in einem anderen Mitgliedstaat der Europäischen Union bzw. des Europäischen Wirtschaftsraums (Island, Liechtenstein, Norwegen) oder in der Schweiz arbeitsuchend gemeldet ist, kann ebenfalls berücksichtigt werden. Der **Nachweis,** dass ein Kind als Arbeitsuchender gemeldet ist, erfolgt über eine **Bescheinigung** der zuständigen **Agentur für Arbeit.** Weitere Prüfungen sind von der Familienkasse nicht vorzunehmen. Auch der Nachweis der Arbeitslosigkeit oder des Bezugs von Arbeitslosengeld dient als Nachweis der Meldung als Arbeitsuchender. Die **Meldung** des Kindes als Arbeit suchend bei der Arbeitsvermittlung der Agentur für Arbeit **wirkt** aber **nur** für **drei Monate**. Stellt die Agentur für Arbeit – wie üblich – die Arbeitsvermittlung nach drei Monaten ein (Streichung des Kindes aus der Meldeliste), entfällt ab dem Folgemonat der Kindergeldanspruch, sofern sich das Kind nicht erneut als „Arbeitsuchender" meldet (BFH-Urteil vom 19.6.2008 BFH/NV 2008, S. 1610). Versäumt das Kind schuldhaft einen von der Arbeitsvermittlung der Agentur für Arbeit festgesetzten Vorsprachetermin, kann die Registrierung als Arbeitsuchender auch schon vor Ablauf von drei Monaten gelöscht werden mit der Folge, dass der Kindergeldanspruch ab dem folgenden Kalendermonat entfällt (BFH-Urteil vom 17.12.2008, BFH/NV 2009 S. 908).

Eine Berücksichtigung ist auch dann möglich, wenn das Kind wegen Erkrankung oder eines Beschäftigungsverbots nach dem Mutterschutzgesetz nicht arbeitsuchend gemeldet ist. Kein Anspruch auf kindbedingte Steuervergünstigungen besteht allerdings, wenn das Kind wegen der Inanspruchnahme der Elternzeit nicht arbeitsuchend gemeldet ist. Wegen der Anrechnung eigener Einkünfte und Bezüge des Kindes vgl. die nachfolgenden Erläuterungen unter Nr. 9.

Hat das Kind den gesetzlichen Grundwehr- oder Zivildienst, freiwilligen Wehrdienst bis zu drei Jahren oder einen befreienden Dienst (z. B. Entwicklungshelfertätigkeit) geleistet, verlängert sich der Berücksichtigungszeitraum über das 21. Lebensjahr hinaus (§ 32 Abs. 5 EStG).

Beispiel
Ein Kind ist am 31.12.2009 21 Jahre alt geworden und ist 2010 das ganze Jahr über als arbeitsuchend gemeldet. Das Kind hat 9 Monate lang den gesetzlichen Grundwehrdienst geleistet. Das Kind kann bis zum 30. September 2010 bei seinen Eltern berücksichtigt werden, da sich der Berücksichtigungszeitraum über das 21. Lebensjahr hinaus um die Dauer des gesetzlichen Grundwehrdienstes verlängert.

Die einzelnen Verlängerungstatbestände sind ausführlich unter dem nachfolgenden Buchstaben i erläutert.

h) Kinder zwischen 18 und 25, 26 bzw. 27 Jahren

Die **Altersgrenze** für die Gewährung des Kindergeldes und der Freibeträge für Kinder ist für **volljährige Kinder** wie folgt **abgesenkt** worden:
- Kinder der **Geburtsjahrgänge bis einschließlich 1981** werden bis zur Vollendung des **27. Lebensjahres** berücksichtigt,
- Kinder des **Geburtsjahrgangs 1982** werden bis zur Vollendung des **26. Lebensjahres** berücksichtigt und

noch Anhang 9

– Kinder **ab** dem **Geburtsjahrgang 1983** werden bis zur Vollendung des **25. Lebensjahres** berücksichtigt.

Für die Gewährung der Kinderzulage im Rahmen der Eigenheimzulage ist aber nach wie vor die Altersgrenze von 27 Jahren maßgebend. Dies wurde gesetzlich festgeschrieben (§ 19 Abs. 10 EigZulG).

Die jeweils maßgebende **Altersgrenze** von 25, 26 oder 27 Jahren **verlängert sich** bei Vorliegen der übrigen Voraussetzungen um die Zeit des gesetzlichen **Grundwehr-** oder **Zivildienstes** (vgl. hierzu im Einzelnen die Erläuterungen unter dem nachfolgenden Buchstabe i). Ist ein Kind (angenommen Geburtsjahrgang 1983) über die Vollendung des 25. Lebensjahres hinaus z. B. noch in Berufsausbildung und liegt kein Verlängerungstatbestand vor, kommt bei den Eltern die Gewährung eines Unterhaltsfreibetrags in Betracht (vgl. hierzu die Erläuterungen in Anhang 7 Abschnitt D Nr. 3 Buchstabe b Beispiel C auf Seite 906).

Ein Kind über 18 Jahre wird bis zum 25., 26. bzw. 27. Lebensjahr berücksichtigt, wenn

– es sich in Schul- oder **Berufsausbildung** befindet,
– es sich in einer **Übergangszeit** zwischen **zwei Ausbildungsabschnitten** oder einem Ausbildungsabschnitt und der Ableistung eines bestimmten Dienstes von **höchstens vier Monaten** befindet;
– es eine **Berufsausbildung mangels Ausbildungsplatzes nicht beginnen oder fortsetzen** kann;
– es einen **freiwilligen sozialen Dienst**, einen **freiwilligen ökologischen Dienst** oder einen bestimmten **Freiwilligendienst** oder einen anderen Dienst im Ausland im Sinne von § 14b Zivildienstgesetz leistet.

Wegen der Berücksichtigung eigener Einkünfte und Bezüge der oben genannten Kinder vgl. die nachfolgenden Erläuterungen unter Nr. 9.

Als **Berufsausbildung** ist die Ausbildung für einen künftigen Beruf anzusehen, z. B. die Ausbildung für einen handwerklichen, kaufmännischen, technischen oder wissenschaftlichen Beruf sowie die Ausbildung in der Hauswirtschaft aufgrund eines Berufsausbildungsvertrags oder an einer Lehranstalt, z. B. Haushaltsschule, Berufsfachschule. Die Berufsausbildung soll die für die Ausübung eines Berufs notwendigen Fertigkeiten und Kenntnisse in einem geordneten Ausbildungsgang vermitteln. Zur Berufsausbildung gehört z. B. der Besuch von **Allgemeinwissen vermittelnden Schulen**, von **Fachschulen** und **Hochschulen** sowie eines **Colleges** oder einer **Universität** im **Ausland**. Zur Berufsausbildung gehört – zumindest ab dem Monat der Anmeldung zur Prüfung – auch die ernsthafte Vorbereitung auf ein Abitur für Nichtschüler (BFH-Urteil vom 18.3.2009 III R 26/06). Entsprechendes gilt für ein berufsspezifisches **Praktikum** (z. B. Anwaltspraktikum eines Jura-Studenten oder juristischen Vorbereitungsdienst = **Referendarzeit** – BFH-Urteil vom 13.7.2004, BFH/NV 2005 S. 36 –), einem **Volontariat** – das der Erlangung der angestrebten beruflichen Qualifikation dient – und der Vorbereitung einer **Promotion,** wenn sie im Anschluss an das Studium ernsthaft und nachhaltig durchgeführt wird. Ein Kind befindet sich auch dann in Berufsausbildung, wenn es neben dem **Wehr-** oder **Zivildienst** ein **Studium** ernsthaft und nachhaltig betreibt (BFH-Urteil vom 14.5.2002, BStBl. II S. 807). In Berufsausbildung befindet sich auch ein Zeitsoldat, der zum Offizier ausgebildet wird (BFH-Urteil vom 16.4.2002, BStBl. II S. 523); ebenso ein Zeitsoldat, der zum Telekommunikationselektroniker ausgebildet wird (BFH-Urteil vom 15.7.2003, BStBl. 2007 II S. 247). Eine **Sprachausbildung** im **Ausland** (z. B. im Rahmen eines **Au-pair-Verhältnisses**) ist als Berufsausbildung anzusehen, wenn der Sprachunterricht mindestens zehn Unterrichtsstunden in der Woche beträgt. Eine geringere Stundenzahl reicht aus, wenn der Sprachkurs der üblichen Vorbereitung auf einen anerkannten Prüfungsabschluss dient und das Kind diesen Abschluss anstrebt. Die Tätigkeit als Fremdsprachenassistentin, die darin besteht, in Frankreich an einer Schule Deutschunterricht zu erteilen, ist bei einem Kind, das ein Studium der Politikwissenschaft aufnehmen will, nicht Teil der Berufsausbildung (BFH-Urteil vom 15.7.2003, BStBl. II S. 843). Der Besuch von **Abend-** oder **Tageskursen** von nur **kurzer Dauer** täglich kann ebenfalls **nicht** als **Berufsausbildung** angesehen werden. Zur **Berufsausbildung** zählen auch **Unterbrechungszeiten** wegen Erkrankung oder Mutterschaft, nicht aber Unterbrechungszeiten wegen Kindesbetreuung (BFH-Urteil vom 15.7.2003, BStBl. II S. 848). In Berufsausbildung befindet sich nicht, wer – wenn auch zur Vorbereitung auf ein weiteres Berufsziel – einen Beruf ausübt, der von anderen unter denselben Bedingungen als Dauerberuf ausgeübt wird. Außerdem befindet sich ein Kind **nicht** in **Berufsausbildung,** wenn es sich zwar an einer Universität immatrikuliert, aber tatsächlich das **Studium** noch **nicht aufgenommen** hat und vorerst weiter einer Vollzeiterwerbstätigkeit nachgeht (BFH-Urteile vom 23.11.2001, BStBl. 2002 II S. 484 und vom 15.9.2005, BStBl. 2006 II S. 305) oder wenn es noch an einer Universität immatrikuliert ist, aber das **Studium** tatsächlich bereits **aufgegeben** hat und stattdessen einer Vollzeiterwerbstätigkeit nachgeht (BFH-Urteil vom 17.11.2004, BFH/NV 2005 S. 693). Eine **Vollzeiterwerbstätigkeit** (z. B. als Geschäftsführer oder freiberuflicher Journalist) steht einer Berufsausbildung nicht entgegen, wenn diese ernsthaft und nachhaltig betrieben wird (BFH-Urteil vom 30.11.2004, BFH/NV 2005 S. 860; BFH-Beschluss vom 31.7.2008 III B 64/07). Eine **Berufsausbildung** liegt **nicht** vor, wenn ein Kind vom Studium **beurlaubt** wurde und ihm während der Zeit der Beurlaubung der **Besuch von Lehrveranstaltungen** und der **Erwerb von Leistungsnachweisen untersagt** ist (BFH-Urteil vom 13.7.2004, BFH/NV 2004 S. 1584). Hingegen ist von einer **Berufsausbildung** auszugehen, wenn während der **Beurlaubung** ein vorgeschriebenes Praktikum abgeleistet, als wissenschaftliche Hilfskraft gearbeitet und im Einklang mit dem Hochschulrecht an für den Studiengang **notwendigen Prüfungen teilgenommen** wird (BFH-Urteil vom 5.10.2004, BFH/NV 2005 S. 525).

Das Vorliegen einer **Berufsausbildung** wirkt sich in vielen Fällen **nachteilig** aus, da die **Berücksichtigung** des Kindes wegen der **Höhe der eigenen Einkünfte und Bezüge ausgeschlossen** ist. Vgl. die nachfolgenden Erläuterungen unter Nr. 9. Die **Berufsausbildung ist abgeschlossen,** wenn das Kind einen Ausbildungsstand erreicht hat, der zur Berufsausübung befähigt. In Handwerksberufen wird die Berufsausbildung mit bestandener **Gesellenprüfung**, in anderen Lehrberufen mit bestandener Gehilfenprüfung abgeschlossen. In **akademischen Berufen** wird die Berufsausbildung regelmäßig mit der Ablegung des ersten Staatsexamens oder einer entsprechenden Abschlussprüfung abgeschlossen, es sei denn, dass sich ein ergänzendes Studium, ein Zweitstudium oder ein Praktikum anschließt. Die Berufsausbildung zum Arzt endet mit Bestehen der **Ärztlichen Prüfung.** Prüfungen und Examen gelten mit dem Zeitpunkt der **Bekanntgabe des Prüfungsergebnisses** als abgelegt. Besteht ein Kind die Abschlussprüfung nicht, ist es weiter in Berufsausbildung, wenn sich das Ausbildungsverhältnis bis zur nächstmöglichen **Wiederholungsprüfung** verlängert. Entsprechendes gilt, wenn sich das Kind ernsthaft und nachhaltig auf eine Wiederholungsprüfung vorbereitet, selbst wenn das Ausbildungsverhältnis mit dem Lehrbetrieb nach der nicht bestandenen Abschlussprüfung endet und das Kind keine Berufsschule besucht (BFH-Urteil vom 2.4.2009 III R 85/08). Der Bundesfinanzhof geht ausnahmsweise von einer Beendigung der Berufsausbildung vor der Bekanntgabe des Prüfungsergebnisses aus, wenn das Kind nach Erbringung aller Prüfungsleistungen eine **Vollzeiterwerbstätigkeit** aufnimmt (BFH-Urteil vom 24.5.2000, BStBl. II S. 473); vgl. zur Ermittlung der eigenen Einkünfte und Bezüge des Kindes bei einer Vollzeiterwerbstätigkeit auch die Erläuterungen unter der nachstehenden Nr. 9 Buchstabe d. Durch eine abgeschlossene Berufsausbildung wird nicht ausgeschlossen, dass das Kind zu einem späteren Zeitpunkt **erneut** in eine **Berufsausbildung** eintritt. Dabei kann es sich um eine weiterführende Ausbildung (Besuch einer Fach- oder **Meisterschule**) oder eine Ausbildung für einen gehobeneren oder andersartigen Beruf handeln. Es ist also unerheblich, ob es sich um eine eigenständige zweite Ausbildung oder um den zweiten Abschnitt einer einheitlichen Ausbildung handelt (BFH-Beschluss vom 19.9.2008, BFH/NV 2009 S. 16). Eine Berufsausbildung liegt aber nicht vor, wenn das Kind nach Abschluss seiner kaufmännischen Ausbildung in die Aufgaben eines künftigen Betriebsinhabers im elterlichen Betrieb eingewiesen wird. Entsprechendes gilt, wenn das Kind nach Abbruch der Ausbildung im elterlichen Betrieb beschäftigt wird.

Ein Kind über 18 Jahre wird steuerlich auch berücksichtigt, wenn es sich in der **Übergangszeit** von höchstens **vier Monaten** befindet, die **zwischen zwei Ausbildungsabschnitten oder einem Ausbildungsabschnitt** und dem **gesetzlichen Grundwehr- oder Zivildienst** oder einem davon befreienden Dienst (z. B. Entwicklungshelfertätigkeit) oder einem Dienst im Ausland nach § 14b Zivildienstgesetz oder der Ableistung eines freiwilligen sozialen oder ökologischen Dienstes oder der Teilnahme bestimmten Freiwilligendienst liegt. Es kommt übrigens nicht darauf an, ob das Kind nach Beendigung seines Dienstes weiter ausgebildet wird oder nicht (BFH-Urteil vom 25.1.2007, BStBl. 2008 II S. 664). Entsprechendes gilt für Zeiträume von bis zu vier Monaten zwischen dem Ende eines Ausbildungsabschnitts und dem Vorliegen eines Mangels eines Ausbildungsplatzes. Für ein Kind, das sich in einer **Übergangszeit von mehr als vier Monaten** zwischen einem Ausbildungsabschnitt und der Ableistung eines freiwilligen sozialen Dienstes befindet, besteht während dieser Zeit **kein Anspruch** auf die **kindbedingten Steuervergünstigungen;** das gilt auch für die ersten vier Monate der Übergangszeit. Ein im Anschluss an seine Berufsausbildung **vollzeiterwerbstätiges Kind befindet** sich selbst dann nicht in einer Übergangszeit zwischen zwei Ausbildungsabschnitten, wenn es nachfolgend eine weitere Ausbildung beginnt (BFH-Urteil vom 19.10.2001, BStBl. 2002 II

noch Anhang 9

S. 481). Hingegen ist das Kind dem Grunde nach zu berücksichtigen, wenn es einer Teilzeiterwerbstätigkeit von 20 Stunden in der Woche nachgeht (BFH-Urteil vom 23. 2. 2006, BStBl. 2008 II S. 702). Zur Ermittlung der eigenen Einkünfte und Bezüge des Kindes vgl. die Erläuterungen unter der nachfolgenden Nr. 9.

Die Viermonatsfrist gilt für jede einzelne Übergangszeit zwischen zwei Ausbildungsabschnitten. Es reicht übrigens aus, wenn der nächste Ausbildungsabschnitt bzw. der gleichgestellte Dienst in dem Monat nach Ablauf des vierten vollen Kalendermonats, in dem sich das Kind nicht in Ausbildung befunden hat, beginnt (BFH-Urteil vom 15.7.2003, BStBl. II S. 847).

Beispiel
Der erste Ausbildungsabschnitt endet im Monat Juli 2010. Der zweite Ausbildungsabschnitt muss spätestens im Dezember 2010 beginnen.

Ein volljähriges Kind wird bis zum Ende der maßgebenden Altersgrenze auch in den Zeiten berücksichtigt, in denen es **eine Berufsausbildung mangels Ausbildungsplatz nicht beginnen oder fortsetzen kann.** Ausbildungsplätze sind neben betrieblichen und überbetrieblichen insbesondere solche an Fach- und Hochschulen sowie Stellen, an denen eine in der Ausbildungs- und Prüfungsordnung vorgeschriebene Tätigkeit abzuleisten ist.

Die Familienkasse bzw. das Finanzamt kann verlangen, dass die **ernsthaften Bemühungen um einen Ausbildungsplatz** durch geeignete Unterlagen nachgewiesen oder zumindest glaubhaft gemacht werden. Als Nachweis für das ernsthafte Bemühen um einen Ausbildungsplatz kommen in Betracht:

– Unterlagen über eine **Bewerbung** um einen **Studienplatz** oder
– unmittelbare **Bewerbungsschreiben** an Ausbildungsstellen sowie deren Zwischennachricht oder Ablehnung oder
– Nachweis eines sicheren **Ausbildungsplatzes** für das **folgende Kalenderjahr** (BFH-Urteil vom 7.8 1992, BStBl. 1993 II S. 103). Ebenso, wenn dem Kind ein **Ausbildungsplatz zugesagt** wurde, es diesen aber aus schul-, studien- oder betriebsorganisatorischen Gründen erst zu einem späteren Zeitpunkt antreten kann (BFH-Urteil vom 15.7.2003, BStBl. II S. 845).

Der Ausbildungsplatzmangel ist hinreichend belegt, wenn das Kind bei der **Berufsberatung** der Agentur für Arbeit als Bewerber für einen Ausbildungsplatz oder für eine Bildungsmaßnahme geführt wird. Allerdings muss das Kind in diesem Fall **alle drei Monate** sein Interesse an einer weiteren Vermittlung von Ausbildungsstellen gegenüber der Agentur für Arbeit kundtun (BFH-Urteil vom 19. 6. 2008, BFH/NV 2008 S. 1740). Alternativ kommt eine Glaubhaftmachung durch Bewerbungen, Suchanzeigen oder ähnliche Aktivitäten in Betracht. Die Nichteinhaltung eines Vorsprachetermins berechtigt die Agentur für Arbeit übrigens auch vor Ablauf von drei Monaten die Registrierung eines Bewerbers um einen Ausbildungsplatz sofort zu löschen mit der Folge, dass der Kindergeldanspruch ab dem Folgemonat entfällt (BFH-Urteil vom 17.7.2008, BFH/NV 2009 S. 368).

Kein Mangel eines Ausbildungsplatzes liegt aber vor, wenn das **Kind die objektiven Anforderungen** an den angestrebten Ausbildungsplatz **nicht erfüllt** (z. B. Zulassungsvoraussetzungen) oder wenn es im Falle eines Bereitstehens eines Ausbildungsplatzes aus anderen Gründen am Antritt gehindert wäre, z. B. wenn es im Ausland arbeitsvertraglich gebunden ist (BFH-Urteil vom 15.7.2003, BStBl. II S. 845).

Die **Berücksichtigung** eines Kindes ohne Ausbildungsplatz ist auch **ausgeschlossen,** wenn es sich wegen **Kindesbetreuung** nicht um einen Ausbildungsplatz bemüht. Eine Berücksichtigung ist hingegen möglich, wenn das Kind infolge Erkrankung oder wegen eines Beschäftigungsverbots nach dem Mutterschutzgesetz daran gehindert ist, seine Berufsausbildung zu beginnen oder fortzusetzen. Ein vollzeiterwerbstätiges Kind ist übrigens kein Kind, das seine Berufsausbildung mangels Ausbildungsplatz nicht fortsetzen kann (BFH-Urteil vom 19.10.2001, BStBl. 2002 II S. 481). Eine **Vollzeiterwerbstätigkeit** setzt voraus, dass **im Anschluss** an eine **berufsqualifizierende Ausbildung** ein **Arbeitsverhältnis** vertraglich an allen Kalendertagen eines Monats besteht und **über zumindest drei Viertel** der branchenüblichen, tariflichen oder allgemein betriebsintern festgesetzten **Arbeitszeit** abgeschlossen ist.

Bewirbt sich ein Kind, das unmittelbar vor seiner Bewerbung keinen Berücksichtigungstatbestand erfüllt hat, **aus einer Erwerbstätigkeit heraus um einen Ausbildungsplatz,** kann es ab dem Monat der Bewerbung berücksichtigt werden, wenn es sich bei der Tätigkeit nicht um eine Vollzeiterwerbstätigkeit handelt (BFH-Urteil vom 23. 2. 2006, BStBl. 2008 II S. 704).

Beispiel A
Das Kind legt im April 2010 die Abiturprüfung ab (offizielles Schuljahresende). Es möchte sich zunächst orientieren und beabsichtigt, danach eine Berufsausbildung zu beginnen. Im August 2010 bewirbt es sich schriftlich zum nächsten Ausbildungsjahr bei einem Ausbildungsbetrieb und erhält im Januar 2011 eine schriftliche Zusage über einen Ausbildungsplatz ab August 2011. Im September 2010 nimmt es eine bis Juni 2011 befristete Erwerbstätigkeit auf.

Das Kind ist zu berücksichtigen:

– bis April 2010 als Kind in Berufsausbildung;
– von August 2010 bis Juli 2011 als Kind ohne Ausbildungsplatz, da es sich weder aus einer Erwerbstätigkeit heraus um einen Ausbildungsplatz beworben hat noch einer Vollzeiterwerbstätigkeit im Anschluss an eine berufsqualifizierende Ausbildung nachgeht. Allerdings ist die Höhe der eigenen Einkünfte und Bezüge des Kindes zu prüfen (vgl. die nachstehende Nr. 9);
– ab August 2011 als Kind in Berufsausbildung.

Von Mai 2010 bis Juli 2010 kann das Kind nicht berücksichtigt werden.

Beispiel B
Das Kind beendet am 31. Juli 2010 seine Berufsausbildung und nimmt im erlernten Beruf eine Vollzeiterwerbstätigkeit auf, die mit Ablauf des Monats Juni 2011 endet. Im November 2010 bewirbt es sich schriftlich zum nächsten Ausbildungsjahr bei einem Ausbildungsbetrieb für eine weitere Berufsausbildung. Im Dezember 2010 erhält das Kind eine schriftliche Zusage für einen Ausbildungsplatz ab August 2011.

Das Kind ist zu berücksichtigen:

– bis einschließlich Juli 2010 als Kind in Berufsausbildung;
– im Juli 2011 als Kind ohne Ausbildungsplatz;
– ab August 2011 als Kind in Berufsausbildung.

Von August 2010 bis Juni 2011 kann das Kind aufgrund der Vollzeiterwerbstätigkeit nicht berücksichtigt werden.

Der Nachweis über die Leistung des **freiwilligen sozialen oder ökologischen Jahres** ist durch die geschlossene **schriftliche Vereinbarung** oder eine **Bescheinigung des Trägers** zu erbringen. Der freiwillige soziale oder ökologische Dienst kann unter bestimmten Voraussetzungen auch im Ausland (auch außerhalb Europas) abgeleistet werden. Die mehrmalige Ableistung eines solchen Dienstes führt nicht zu einer mehrfachen Berücksichtigung des Kindes über diesen Tatbestand.

Der Nachweis eines begünstigten **Freiwilligendienstes** ist z. B. zu erbringen durch eine Bescheinigung der deutschen Nationalagentur oder der Entsendeorganisation bzw. durch ein Zertifikat der Europäischen Kommission nach Abschluss der Tätigkeit. Die Berücksichtigung des Kindes während dieser Zeit – ggf. auch über 12 Monate hinaus – ist zusätzlich zu einem freiwilligen sozialen oder ökologischen Dienst möglich. Leistet das Kind anstelle des Zivildienstes einen Dienst nach § 14b des Zivildienstgesetzes im Ausland, kann es während der Dauer dieses Dienstes – auch über 12 Monate hinaus – berücksichtigt werden. Leistet das Kind einen Freiwilligendienst/Friedensdienst, der im Einkommensteuergesetz nicht aufgeführt ist (vgl. § 32 Abs. 4 Satz 1 Nr. 2 Buchstabe d EStG), haben die Eltern für den fraglichen Zeitraum keinen Anspruch auf Kindergeld bzw. Freibeträge für Kinder (BFH-Urteil vom 18.3.2009 III R 33/07).

i) Grundwehrdienst oder Zivildienst als Verlängerungstatbestand

Neben der Berücksichtigung eigener Einkünfte und Bezüge des Kindes (vgl. nachfolgend unter Nr. 9) ist eine der wichtigsten 1996 eingetretenen Änderungen, dass Kinder in der Zeit nicht mehr berücksichtigt werden, in der sie den gesetzlichen Grundwehr- oder Zivildienst oder davon befreienden Dienst leisten und die Berufsausbildung durch die Aufnahme dieses Dienstes unterbrochen worden ist. Typischer Anwendungsfall der früher geltenden Regelung war die Ableistung des gesetzlichen Grundwehr- oder Zivildienstes unmittelbar nach dem Abitur. Stattdessen gilt nunmehr bei Kindern, die nicht in einem Beschäftigungsverhältnis stehen und bei einer Agentur für Arbeit als Arbeitsuchender gemeldet sind, bei Kindern, die sich in Berufsausbildung, sowie bei Kindern, die sich in einer Übergangszeit zwischen zwei Ausbildungsabschnitten bzw. einem Ausbildungsabschnitt und der Ableistung eines bestimmten Dienstes von höchstens vier Monaten befinden – analog dem früheren Kindergeldrecht – **über das 21. bzw. 25., 26. oder 27. Lebensjahr** hinaus **ein Verlängerungstatbestand.** Die Regelung, dass für Kinder, die ihren gesetzlichen Grundwehrdienst leisten, kein Anspruch auf Kindergeld bzw. Freibeträge für Kinder besteht, ist verfassungsgemäß (BFH-Urteil vom 4.7.2001, BStBl. II S. 676). Für den Zeitraum des gesetzlichen Grundwehr- oder Zivildienstes oder eines davon befreienden Dienstes kann ein sog. Unterhaltsfreibetrag in Betracht kommen, wenn die eigenen Einkünfte und Bezüge des Kindes einen bestimmten Betrag nicht übersteigen (vgl. das Beispiel D bei den Erläuterungen in Anhang 7 Abschnitt D Nr. 3 Buchstabe b auf Seite 906).

Ein Kind wird in den oben genannten Fällen über das 21. bzw. 25., 26. oder 27. Lebensjahr hinaus berücksichtigt, wenn es

- den **gesetzlichen Grundwehrdienst** oder **Zivildienst** geleistet hat oder
- sich **freiwillig** für eine Dauer von nicht mehr als drei Jahren zum **Wehrdienst** verpflichtet hat oder
- eine vom gesetzlichen Grundwehrdienst oder Zivildienst befreiende Tätigkeit als **Entwicklungshelfer** im Sinne des § 1 Abs. 1 des Entwicklungshelfer-Gesetzes ausgeübt hat,

und zwar für einen der Dauer der Dienste oder der Tätigkeit entsprechenden Zeitraum, höchstens jedoch für die Dauer des inländischen gesetzlichen Grundwehrdienstes oder bei anerkannten Kriegsdienstverweigerern für die Dauer des inländischen gesetzlichen Zivildienstes.

Die **Dauer des Verlängerungstatbestandes** im Einzelfall über das 21. bzw. 25., 26. oder 27. Lebensjahr hinaus kann der folgenden Tabelle entnommen werden (vgl. auch Bundesamt für Finanzen v. 9.12.2004, BStBl. I S. 1193):

Antritt des Dienstes	Dauer des Wehrdienstes	Dauer des Zivildienstes
1.1.1990 bis 31.12.1995	12 Monate	15 Monate
1.1.1996 bis 30.6.2000	10 Monate	13 Monate
1.7.2000 bis 31.12.2001	10 Monate	11 Monate
1.1.2002 bis 30.9.2004	9 Monate	10 Monate
ab 1.10.2004	9 Monate	9 Monate

Der Verlängerungszeitraum entspricht der Dienstzeit (BFH-Urteil vom 27.8.2008, BFH/NV 2009 S. 132). Als Verlängerungstatbestand können aber nur Monate berücksichtigt werden, die nach Vollendung des 18. Lebensjahres abgeleistet wurden und für die dem Grunde nach kein Anspruch auf kindbedingte Steuervergünstigungen (z. B. keine Berufsausbildung/kein Studium neben dem Wehrdienst) bestand. Der Verlängerungszeitraum ist aber nicht zu kürzen, wenn der Dienst nicht am Monatsersten angetreten und deshalb im Monat des Dienstantritts noch Kindergeld bezogen wird (BFH-Urteil vom 27.8.2008, BFH/NV 2009 S. 132). Ist ein Teil des Verlängerungstatbestandes bereits nach dem 21. Lebensjahr berücksichtigt worden, kann nach Vollendung des 25., 26. oder 27. Lebensjahres nur noch der „Restzeitraum" angesetzt werden.

Beispiel A
Ein Kind (Geburtsjahrgang 1985) leistet nach dem Abitur den gesetzlichen Zivildienst von 9 Monaten ab und studiert anschließend. Mit knapp 25 Jahren beendet das Kind sein Studium und nimmt eine Berufstätigkeit auf. Der Verlängerungstatbestand greift nicht ein, da das Kind nicht über das 25. Lebensjahr hinaus in Berufsausbildung ist. Der Zeitraum des Zivildienstes bleibt also im Beispielsfall unberücksichtigt.

Für das Kind kann allerdings für den Zeitraum des Zivildienstes ein sog. Unterhaltsfreibetrag in Betracht kommen, wenn die eigenen Einkünfte und Bezüge des Kindes einen bestimmten Betrag nicht übersteigen (vgl. das Beispiel D bei den Erläuterungen in Anhang 7 Abschnitt D Nr. 3 Buchstabe b auf Seite 906).

Beispiel B
Wie Beispiel A. Das Kind beendet mit 27 Jahren sein Studium und nimmt eine Berufstätigkeit auf. Der Verlängerungstatbestand kommt zur Anwendung, da das Kind über das 25. Lebensjahr hinaus in Berufsausbildung ist. Es wird über die Vollendung des 25. Lebensjahres hinaus für einen Zeitraum von 9 Monaten berücksichtigt. Eine Berücksichtigung bis zur tatsächlichen Beendigung des Studiums ist allerdings nicht möglich.

Wird der gesetzliche Grundwehrdienst oder Zivildienst in einem Mitgliedstaat der Europäischen Union oder des Europäischen Wirtschaftsraums (Island, Liechtenstein, Norwegen) geleistet, ist die Dauer dieses Dienstes für den Verlängerungszeitraum maßgebend (§ 32 Abs. 5 Satz 2 EStG).

k) Behinderte Kinder

Für volljährige **behinderte Kinder,** die **erstmals** im Kalenderjahr **2007** oder in einem darauf folgenden Kalenderjahr wegen einer eingetretenen körperlichen, geistigen oder seelischen **Behinderung** außerstande sind, sich selbst finanziell zu unterhalten, besteht nur dann ein Anspruch auf Kindergeld und die kindbedingten Freibeträge, wenn die Behinderung **vor Vollendung des 25. Lebensjahres** eingetreten ist (§ 32 Abs. 4 Satz 1 Nr. 3 EStG). Volljährige behinderte Kinder, die bereits **vor 2007** aufgrund einer **vor** Vollendung des **27. Lebensjahres** eingetretenen **Behinderung** außerstande waren, sich selbst finanziell zu unterhalten, werden auch 2007 und in den Folgejahren weiterhin beim Kindergeld und den kindbedingten Freibeträgen berücksichtigt (§ 52 Abs. 40 Satz 7 EStG). Sind die vorstehenden Voraussetzungen erfüllt, werden die behinderten Kinder **ohne altersmäßige Begrenzung** berücksichtigt.

Beispiel
A ist mit 26 Jahren aufgrund eines Autounfalls im Jahre 2006 körperlich behindert geworden und außerstande, sich selbst finanziell zu unterhalten. Die Eltern von A haben auch 2007 und in den Folgejahren Anspruch auf Kindergeld und die kindbedingten Freibeträge, da die Behinderung bei A vor 2007 und vor Vollendung des 27. Lebensjahres eingetreten ist.

Abwandlung
Der Autounfall ereignet sich 2007.
Die Eltern von A haben keinen Anspruch auf Kindergeld und die kindbedingten Freibeträge, da die Behinderung bei A erstmals 2007 nach Vollendung des 25. Lebensjahres eingetreten ist.

Für eine Berücksichtigung kommen insbesondere Kinder in Betracht, deren **Schwerbehinderung** (Grad der Behinderung mindestens 50) festgestellt ist oder die einem schwerbehinderten Menschen gleichgestellt sind. Der Nachweis der Schwerbehinderung ist grundsätzlich durch einen Schwerbehindertenausweis, durch einen gleichstehenden Bescheid der für die Durchführung des Bundesversorgungsgesetzes zuständigen Behörde oder durch einen Bescheid über die Einstufung als Schwerstpflegebedürftiger in Pflegestufe III zu führen. Bei **seelischer Erkrankung** kann der Nachweis auch durch aussagekräftige Gutachten geführt werden. Bei behinderten Kindern, die wegen ihrer Behinderung bereits länger als ein Jahr in einer Kranken-, Behinderten- oder Pflegeeinrichtung untergebracht sind, genügt eine Bestätigung des für die Einrichtung zuständigen Arztes, dass das Kind behindert und wegen seiner Behinderung außerstande ist, sich selbst finanziell zu unterhalten. Die Bescheinigung ist spätestens nach drei Jahren zu erneuern. Im Übrigen können auch **Suchtkrankheiten** (z. B. Drogenabhängigkeit, Alkoholismus) Behinderungen sein (BFH-Urteil vom 16.4.2002, BStBl. II S. 738).

Für ein behindertes Kind können die kindbedingten Steuervergünstigungen **nicht** in Anspruch genommen werden, wenn die **Behinderung nach Vollendung** der **maßgebenden Altersgrenze** eingetreten ist (vgl. die Abwandlung des obigen Beispiels). Das gilt auch dann, wenn das Kind durch einen zwischen dem 27. und 28. Lebensjahr erlittenen Unfall behindert wird und in früheren Jahren Grundwehr- oder Zivildienst geleistet hat, da der unter dem vorstehenden Buchstaben i) beschriebene **Verlängerungstatbestand nicht anzuwenden** ist (BFH-Urteil vom 2.6.2005, BStBl. II S. 756).

Bei einem volljährigen behinderten Kind, dessen Einkünfte und Bezüge im Kalenderjahr 2010 nicht mehr als 8004 € betragen, ist grundsätzlich davon auszugehen, dass es außerstande ist, sich selbst finanziell zu unterhalten (R 32.9 Abs. 3 EStR).

Im Übrigen ist ein volljähriges behindertes Kind **außerstande sich** selbst **finanziell zu unterhalten,** wenn es mit seinen eigenen Mitteln **nicht** seinen **gesamten notwendigen Lebensbedarf,** bestehend aus dem Grundbedarf (= allgemeiner Lebensbedarf) und den individuellen behinderungsbedingten Mehrbedarf, **decken kann.** Der **Grundbedarf** wird im Kalenderjahr 2010 mit 8004 € angesetzt (= maßgebende Einkommensgrenze in § 32 Abs. 4 Satz 2 EStG). Zum **behinderungsbedingten Mehrbedarf,** den gesunde Kinder nicht haben, gehören alle mit der Behinderung unmittelbar und typischerweise zusammenhängenden außergewöhnlichen Belastungen wie z. B. Wäsche, Hilfeleistungen, Erholung, typische Erschwernisaufwendungen (BFH-Urteil vom 17.11.2004, BFH/NV 2005 S. 691). **Ohne Einzelnachweis** wird der behinderungsbedingte Mehrbedarf in Höhe des in Betracht kommenden **Behinderten-Pauschbetrags** zu Grunde gelegt. Als behinderungsbedingter Mehrbedarf wird auch ein Pflegebedarf in Höhe des gezahlten Pflegegeldes sowie behinderungsbedingte Fahrtkosten des Kindes berücksichtigt. Der Bundesfinanzhof will die **Fahrtkosten** in angemessenem Umfang sogar **zusätzlich** zum (also neben dem) **Behinderten-Pauschbetrag** berücksichtigen (BFH-Urteil vom 17.11.2004, BFH/NV 2005 S. 691); darüber hinaus soll ein Einzelnachweis von Aufwendungen, die mit dem Behinderten-Pauschbetrag abgegolten sind, aber nicht zulässig sein. Außerdem werden beim Einzelnachweis des behinderungsbedingten Mehraufwands die persönlichen **Betreuungsleistungen der Eltern** mit 8 € pro Stunde angesetzt, soweit sie über die durch das Pflegegeld abgedeckte Grundpflege sowie hauswirtschaftliche Verrichtungen hinausgehen und nach amtsärztlicher Bescheinigung unbedingt erforderlich sind. Mehraufwendungen, die bei einem behinderten Kind anlässlich einer **Urlaubsreise** für eine **Begleitperson** entstehen (Fahrtkosten, Unterbringung und Verpflegung), werden in Höhe von 767 € als behinderungsbedingter Mehrbedarf berücksichtigt, wenn die Notwendigkeit ständiger Begleitung nachgewiesen ist.

Das volljährige behinderte Kind muss nicht unbedingt in der Lage sein, seinen gesamten **notwendigen Lebensunterhalt** durch eigene Erwerbstätigkeit zu bestreiten. Es kommt letztlich darauf an, ob ihm in **ausreichender Höhe** hierfür **Einkünfte und Bezüge** zur Verfügung stehen. Ist ein behindertes Kind bei einer GmbH beschäftigt, deren Vater Gesellschafter-Geschäftsführer ist, ist der Arbeitslohn des Kindes dahin gehend zu überprüfen, ob ein fremder Dritter in der Situation des Kindes bei vergleichbarer Tätigkeit einen entsprechenden Arbeitslohn erhalten hätte. Soweit der Arbeitslohn aufgrund dieses Fremdvergleichs eine verdeckte Gewinnausschüttung (vGA) ist, rechnet er nicht zu den Einkünften und Bezügen des behinderten Kindes, die ihm zur Bestrei-

noch Anhang 9

tung seines Lebensbedarfs zur Verfügung stehen (BFH-Urteil vom 14.12.2004, BFH/NV 2005 S. 1090); die vGA ist nämlich steuerlich dem Vater als Gesellschafter-Geschäftsführer zuzurechnen. Das **Vermögen** behinderter Kinder wird bei der Prüfung der Frage, ob sie sich selbst finanziell unterhalten können, **nicht berücksichtigt** (BFH-Urteil vom 19.8.2002, BStBl. 2003 II S. 88 und 91). **Sozialleistungen** gehören nicht zu den eigenen Bezügen des behinderten Kindes, wenn der Sozialleistungsträger für seine Leistungen bei den Eltern Regress nimmt (BFH-Urteil vom 26.11.2003, BStBl. 2004 II S. 588).

Bei einem **arbeitslosen behinderten Kind** über 21 Jahre, das nicht selbst für seinen Lebensunterhalt sorgen kann, besteht nur dann ein Anspruch auf Kindergeld und Freibeträge für Kinder, wenn die Behinderung in erheblichem Umfang mitursächlich für die Arbeitslosigkeit ist. Dies bejaht der Bundesfinanzhof bei einer frühkindlichen Hirnschädigung und Schwerhörigkeit (Grad der Behinderung 60, Merkzeichen RF) trotz einer Arbeitsfähigkeit von 15 Stunden wöchentlich (BFH-Urteil vom 19.11.2008, BFH/NV 2009 S. 638).

Beispiel

Zum Haushalt des A gehört sein 42-jähriger von Geburt an schwerbehinderter Sohn (Grad der Behinderung 100, gesundheitliche Merkzeichen „G" und „H"). Dieser arbeitet tagsüber in einer Werkstatt für Behinderte (WfB). Hierfür erhält er ein monatliches Arbeitsentgelt von 75 €. Die Kosten für die Beschäftigung in der WfB von monatlich 1200 € (einschließlich freies Mittagessen) und die Fahrtkosten für den arbeitstäglichen Transport zur WfB von monatlich 100 € trägt der Sozialhilfeträger im Rahmen der Eingliederungshilfe. Der Sohn bezieht daneben seit Jahren eine Rente aus der gesetzlichen Rentenversicherung von monatlich 750 € (Besteuerungsanteil 50 %), wovon nach Abzug eines Eigenanteils zur gesetzlichen Kranken- und Pflegeversicherung der Rentner in Höhe von 55 € noch 695 € ausgezahlt werden. Außerdem hat er Anspruch auf 200 € Pflegegeld monatlich. A macht einen Aufwand für Fahrten von 3000 km im Jahr 2010 glaubhaft, für die kein Kostenersatz geleistet wird.

Ermittlung des gesamten notwendigen Lebensbedarfs für 2010:

Grundbedarf (§ 32 Abs. 4 Satz 2 EStG)		8 004 €
Behinderungsbedingter Mehrbedarf:		
Kosten der Beschäftigung in der WfB 1200 € × 12 =	14 400 €	
abzüglich Mittagessen (Sachbezugswert)	−1 008 €	
verbleiben	13 392 €	13 392 €
Fahrbedarf WfB – Elternhaus 100 € × 12 Monate		1 200 €
Mehrbedarf häusliche Pflege		2 400 €
darüber hinausgehender Fahrbedarf 3000 km × 0,30 €		900 €
Gesamter notwendiger Lebensbedarf		25 896 €

Finanzielle Mittel des Sohnes

Keine Einkünfte aus nichtselbständiger Arbeit, da das Arbeitsentgelt (75 € × 12 Monate = 900 €) den Arbeitnehmer-Pauschbetrag (= 920 €) nicht übersteigt. Negative Einkünfte können sich aber durch den Abzug des Arbeitnehmer-Pauschbetrags nicht ergeben.

Besteuerungsanteil der Rente:		
(750 € × 12 Monate = 9000 € × 50 %)	4 500 €	
abzüglich Werbungskosten-Pauschbetrag	102 €	
verbleiben	4 398 €	4 398 €
Bezüge:		
Rente	4 500 €	
(oberhalb Besteuerungsanteil)		
Eingliederungshilfe	14 400 €	
Pflegegeld	2 400 €	
Fahrkostenübernahme durch Sozialträger	1 200 €	
Zwischensumme	22 500 €	
abzüglich Kostenpauschale	180 €	
verbleiben	22 320 €	22 320 €
Summe der eigenen Mittel		26 718 €

Der 42-jährige Sohn verfügt über die für die Bestreitung seines notwendigen Lebensunterhalts erforderlichen Mittel und kann deshalb steuerlich nicht als Kind berücksichtigt werden. A hat daher keinen Anspruch auf Kindergeld und die Freibeträge für Kinder.

Bei einer **teilstationären Unterbringung** kann der Behinderten-Pauschbetrag nicht zusätzlich zu den Leistungen der Eingliederungshilfe und dem Pflegegeld als **behindertenbedingter Mehrbedarf** angesetzt werden (so auch die Lösung im vorstehenden Beispiel). Für die häusliche Pflege ist mindestens ein Mehrbedarf in Höhe des gezahlten Pflegegeldes anzunehmen. Im Einzelfall kann darüber hinaus ein weiterer Mehrbedarf (z. B. für notwendige Pflegeleistungen im häuslichen Bereich) entstanden sein, der – sofern er dem Grunde nach feststeht – der Höhe nach zu schätzen ist (BFH-Urteil vom 24.8.2004, BFH/NV 2005 S. 332).

Soweit ein **vollstationär untergebrachtes behindertes Kind** außer **Eingliederungshilfe** einschließlich **Taschengeld** kein weiteres verfügbares Einkommen hat, kann aus Vereinfachungsgründen davon ausgegangen werden, dass die eigenen Mittel des Kindes **nicht ausreichen**, sich selbst finanziell zu unterhalten. Übernimmt in solch einem Fall allerdings ein **Sozialhilfeträger** die **gesamten Kosten** für die vollstationäre Unterbringung des behinderten Kindes, kann er die **Abzweigung** des **Kindergeldes** in voller Höhe für sich beanspruchen, wenn der eigentlich Kindergeldberechtigte keinerlei Aufwendungen für den Unterhalt des Kindes oder die Kontaktpflege mit dem Kind trägt (BFH-Urteil vom 17.2.2004, BStBl. 2006 II S. 130). Entstehen dem Kindergeldberechtigten aber tatsächliche Aufwendungen mindestens in Höhe des Kindergeldes kommt eine Auszahlung an den Sozialleistungsträger nicht in Betracht (BFH-Urteil vom 9.2.2009, BStBl. II S. 928).

Da das Kindergeld monatlich gezahlt wird, will der **Bundesfinanzhof** für die Frage, ob das volljährige behinderte Kind außerstande ist, sich selbst finanziell zu unterhalten, auf die **finanziellen Verhältnisse im jeweiligen Kalendermonat** abstellen (BFH-Urteil vom 24.8.2004, BStBl. 2007 II S. 248). Dies wird in vielen Fällen nicht zu einem anderen Ergebnis führen. Allerdings sind aufgrund einer Erwerbstätigkeit jährlich anfallende Einnahmen (z. B. Urlaubs- oder Weihnachtsgeld) auf den Zuflussmonat und die folgenden elf Monate aufzuteilen. Die Grundsätze zur zeitanteiligen Berücksichtigung der eigenen Einkünfte und Bezüge bei volljährigen Kindern (vgl. nachfolgende Nr. 9 Buchstabe d) überträgt der Bundesfinanzhof nicht auf behinderte Kinder. Die Finanzverwaltung folgt der Rechtsprechung des Bundesfinanzhofs.

Für ein behindertes Kind, das wegen einer strafrechtlichen Verurteilung in einem psychiatrischen Krankenhaus untergebracht ist, besteht kein Anspruch auf Kindergeld (BFH-Beschluss vom 25.2.2009, BFH/NV 2009 S. 929).

l) Verheiratete Kinder

Der **Kindergeldanspruch** und der Anspruch auf die Freibeträge für ein volljähriges Kind **erlischt** grundsätzlich mit der **Eheschließung** des Kindes (BFH-Urteil vom 2.3.2000, BStBl. II S. 522). Entscheidend hierfür ist, dass die für die kindbedingten Steuervergünstigungen typische Unterhaltssituation der Eltern nicht mehr besteht, wenn der Ehegatte des Kindes zur Unterhaltsleistung verpflichtet ist. Für den **Heiratsmonat** bleibt der **Kindergeldanspruch** der Eltern und der Anspruch auf die kinderbedingten Freibeträge erhalten. Die auf den Heiratsmonat und die Folgemonate entfallenden Einkünfte und Bezüge des Kindes bleiben unberücksichtigt. Dies bedeutet, dass sie nicht zu einer Rückforderung des Kindergeldes für die Monate vor der Eheschließung führen können. Einzelheiten zur Berücksichtigung von eigenen Einkünften und Bezügen bei über 18 Jahre alten Kindern sind unter der nachfolgenden Nr. 9 erläutert. Die vorstehenden Grundsätze gelten übrigens auch für Kinder in einer **eingetragenen Lebenspartnerschaft** (auch im Fall des Getrenntlebens oder nach Aufhebung), für von ihrem Ehegatten **dauernd getrennt lebende** sowie **geschiedene Kinder** und bei Kindern, die zivilrechtlich einen Unterhaltsanspruch gegen den Vater bzw. die Mutter ihres Kindes haben (§ 1615l Bürgerliches Gesetzbuch).

Eine Ausnahme von dem vorstehenden Grundsatz will der Bundesfinanzhof aber bei „**Studentenehen**" zulassen, weil dann die für die kindbedingten Steuervergünstigungen typische Unterhaltssituation der Eltern weiter besteht. Einen solchen Mangelfall, bei dem der Kindergeldanspruch der Eltern bestehen bleibt, nimmt der Bundesfinanzhof an, wenn die eigenen Einkünfte und Bezüge des Kindes einschließlich der Unterhaltsleistungen des Ehegatten den Jahresgrenzbetrag von 8004 € nicht übersteigen (BFH-Urteil vom 19.4.2007 BStBl. 2008 II S. 756). Dabei sind die Unterhaltsleistungen des Ehegatten regelmäßig zu schätzen, weil sie im Allgemeinen sowohl in Geld- als auch in Sachleistungen bestehen. Es entspricht der Lebenserfahrung, dass in einer kinderlosen Ehe, in der ein Ehegatte allein verdient, dem nicht verdienenden Ehegatten ungefähr die Hälfte des Nettoeinkommens in Form von Geld- und Sachleistungen als Unterhalt zufließt.

Beispiel A

Die 21-jährige Tochter von A und B heiratet während des Studiums. Das Nettoeinkommen ihres Ehemannes beträgt im Jahr 2010 24 000 €. Eigene Einkünfte und Bezüge erzielt die Tochter nicht.

A und B haben für ihre Tochter 2010 keinen Anspruch auf Kindergeld und die kindbedingten Freibeträge, da ihr die Hälfte des Nettoeinkommens ihres Ehemannes als Bezug zugerechnet wird und somit der unschädliche Jahresgrenzbetrag von 8004 € eindeutig überschritten ist.

Verfügt auch der andere Ehegatte (= das Kind der hier zu beurteilenden Eltern) über eigene Mittel, ist zu unterstellen, dass sich die Eheleute ihr verfügbares Einkommen teilen. Als Bezüge anzusetzende Unterhaltsleistungen sind dann in Höhe der Differenz zwischen den Einkünften des unterhaltsverpflichteten Ehepartners und den geringeren eigenen Mitteln des Kindes anzunehmen. Dem Ehepartner muss aber ein verfügbares Einkommen in Höhe des Jahresgrenzbetrags von 8004 € verbleiben.

noch Anhang 9

Beispiel B
Wie Beispiel A. Die Tochter würde über eigene Bezüge in Höhe von 6000 € verfügen.
Der Tochter wären in diesem Fall die Hälfte der Differenz zwischen dem Nettoeinkommen ihres Ehemannes und ihren geringeren eigenen Mitteln als Bezug zuzurechnen (24 000 € abzüglich 6000 € = 18 000, davon 50 % = 9000 €). Da die eigenen Einkünfte und Bezüge der Tochter (Unterhaltsleistungen 9000 € und eigene Bezüge von 6000 €) auch hier eindeutig über dem unschädlichen Jahresgrenzbetrag von 8004 € liegen, haben ihre Eltern keinen Anspruch auf Kindergeld oder kinderbedingte Freibeträge.

Übrigens: Unterhaltszahlungen des einen Ehegatten an seinen dauernd getrennt lebenden oder geschiedenen Ehegatten (= „Kind") zählen zu dessen Einkünften (Zustimmung des Empfängers durch unterschriebene Anlage U) oder Bezügen. Vgl. zu den eigenen Einkünften und Bezügen die Erläuterungen unter der nachfolgenden Nr. 9.

9. Ermittlung eigener Einkünfte und Bezüge bei über 18 Jahre alten Kindern

a) Allgemeines

Seit 1996 werden Kinder, die das 18. Lebensjahr vollendet haben, steuerlich nur dann berücksichtigt, wenn die **eigenen Einkünfte und Bezüge** des Kindes, die zur Bestreitung des Unterhalts oder der Berufsausbildung bestimmt oder geeignet sind, einen gesetzlich festgelegten Betrag nicht übersteigen. Ab dem 1.1.**2010** entspricht dieser Betrag dem steuerlichen **Grundfreibetrag**. Die Grenze, bis zu der die eigenen Einkünfte und Bezüge des Kindes unschädlich sind, beträgt:

2001	2002/2003	2004 bis 2009	**2010**
14 040 DM	7 188 €	7 680 €	**8 004 €**

Der **Anspruch** auf **Kindergeld** und **Kinderfreibetrag** sowie auf den **Freibetrag** für **Betreuungs- und Erziehungs-** oder **Ausbildungsbedarf entfällt bei** einem **Überschreiten** des vorstehenden **Grenzbetrags** in voller Höhe und nicht nur in Höhe des übersteigenden Teils. Das gilt **auch dann**, wenn der Grenzbetrag lediglich um 1 € überschritten wird. Bei einem Überschreiten des **Jahresgrenzbetrags** besteht auch dann kein Anspruch auf Kindergeld, wenn die Einkünfte und/oder Bezüge in einem nachfolgenden Kalenderjahr zurückgezahlt werden müssen (BFH-Urteil vom 7.12.2007, BFH/NV 2008 S. 558). Ist der Jahresgrenzbetrag überschritten, kommt eine Gewährung des Kindergeldes bzw. der Freibeträge für Kinder auch dann nicht in Betracht, wenn in einzelnen Monaten oder nur geringe Einkünfte oder Bezüge eingeflossen sind (BFH-Beschluss vom 19.9.2008, BFH/NV 2009 S. 17).

Der Bundesfinanzhof hatte es zunächst abgelehnt, bei der Ermittlung der zu berücksichtigenden Einkünfte des Kindes dessen **Sozialversicherungsbeiträge** (Renten-, Arbeitslosen-, Kranken- und Pflegeversicherung) **abzuziehen** (BFH-Urteil vom 21.7.2000, BStBl. II S. 566). Dieser **Rechtsprechung** ist das **Bundesverfassungsgericht** (BVerfG) entgegengetreten (BVerfG-Beschluss vom 11.1.2005 2 BvR 167/02). Nach Ansicht des BVerfG sind als Einkünfte und Bezüge des Kindes nur solche Beträge anzusetzen, die zur Bestreitung des Unterhalts oder der Berufsausbildung dem Kind zur Verfügung stehen. Dies sei bei den vom Arbeitgeber einzubehaltenden Sozialversicherungsbeiträgen des Kindes (= Arbeitnehmeranteil zur Sozialversicherung) nicht der Fall. Die Prüfung der Einkommensgrenze ist daher wie folgt vorzunehmen (BMF-Schreiben vom 18.11.2005, BStBl. I S. 1027):

Einkünfte des Kindes
zuzüglich Bezüge des Kindes
Summe der eigenen Einkünfte und Bezüge des Kindes
abzüglich Arbeitnehmeranteil zur Sozialversicherung
Maßgebender Betrag für die Prüfung der Einkommensgrenze

Unter Berücksichtigung der Rechtsprechung des BVerfG ist im jeweiligen Einzelfall zu prüfen, ob für ein volljähriges Kind in Berufsausbildung ein Anspruch auf Kindergeld bzw. die kindbedingten Freibeträge besteht.

Ausgehend von der Rechtsprechung des Bundesverfassungsgerichts hat der Bundesfinanzhof erwartungsgemäß entschieden, dass die eigenen Einkünfte und Bezüge eines als **Beamtenanwärter** tätigen Kindes um die unvermeidbaren Beiträge zur **privaten Kranken- und Pflegeversicherung** bzw. um die Beiträge zur freiwilligen gesetzlichen Kranken- und Pflegeversicherung zu **mindern** sind (BFH-Urteile vom 16.11.2006, BStBl. 2007 II S. 527 und vom 14.12.2006, BStBl. 2007 II S. 530). Dies gilt aber nicht für Ergänzungstarife oder eine Zusatzkrankenversicherung.

Die eigenen Einkünfte und Bezüge des Kindes sind aber **nicht** um die einbehaltene **Lohn- und Kirchensteuer** sowie **Solidaritätszuschlag**, Beiträge zu einer privaten **Zusatzkrankenversicherung** und Beiträge zu einer **Kfz-Haftpflichtversicherung** zu kürzen. **Entsprechendes** gilt für Beiträge zu einer **privaten Renten- oder Lebensversicherung,** wenn sich das Kind in Ausbildung befindet und in der gesetzlichen Rentenversicherung pflichtversichert ist (BFH-Urteil vom 26.9.2007, BStBl. 2008 II S. 738; BFH-Urteil vom 29.5.2008, BFH/NV 2008 S. 1664). Bei den Steuererträgen (Lohn- und Kirchensteuer) war ausschlaggebend, dass diese – anders als die Beiträge zur Sozialversicherung – wieder erstattet werden, wenn das zu versteuernde Einkommen den Grundfreibetrag nicht übersteigt. Eine etwaige Steuererstattung ist aufgrund der vorstehenden Ausführungen auch nicht als Bezug zu erfassen. Da die Zahlung der Steuerbeträge und die Erstattung in unterschiedlichen Jahren erfolgen, können sich aus dieser Rechtsprechung dennoch im Einzelfall erhebliche positive oder negative Folgerungen ergeben. Im Übrigen will die Verwaltung auch Einkünfte berücksichtigen, soweit die Verfügungsbefugnis beschränkt ist (z. B. bei Leistungen im Sinne des Vermögensbildungsgesetzes; Schreiben des Bundesamtes für Finanzen v. 17.6.2005, BStBl. I S.800).

Ein **Verlustrück-** oder **Verlustvortrag** des Kindes **spielt** im Rahmen der Ermittlung der eigenen Einkünfte und Bezüge des Kindes **keine Rolle** (BFH-Urteil vom 24.8.2001, BStBl. 2002 II S. 250).

Ein **Unterschreiten der 8004-€-Grenze** kann **nicht** dadurch erreicht werden, dass das Kind auf Teile (z. B. Weihnachtsgeld) der ihm zustehenden Einkünfte und Bezüge **verzichtet** (§ 32 Abs. 4 Satz 9 EStG). Von einem derartigen Verzicht ist auszugehen, wenn das Kind mit dem Ziel der Erhaltung des Kindergeldanspruchs Vereinbarungen trifft, die ursächlich dafür sind, dass Ansprüche gegen den Arbeitgeber nicht geltend gemacht werden können, die ohne diese Vereinbarung bestanden hätten (BFH-Urteil vom 11.3.2003, BStBl. II S. 746). Ein solcher Verzicht liegt aber nicht vor, wenn sich das Kind an einer sog. **Belegschaftsspende** beteiligt (vgl. das Stichwort „Spenden der Belegschaft"; BMF-Schreiben v. 6.9.2005, BStBl. I S. 860). Bei dem außer Ansatz bleibenden Arbeitslohn handelt es sich weder um einen Verzicht auf Arbeitslohn noch um einen Bezug.

Ein **volljähriges Kind** ist übrigens verpflichtet, **auf Verlangen** der Familienkasse seine **Einkünfte und Bezüge im Einzelnen darzulegen** (§ 68 Abs. 1 Satz 2 EStG). Die pauschale Auskunft, die Einkünfte und Bezüge lägen unter dem Grenzbetrag, genügt nicht (BFH-Urteil vom 19.6.2000, BStBl. 2001 II S. 439).

Stellt sich **während** oder **nach Ablauf des Kalenderjahres heraus,** dass die eigenen **Einkünfte** und Bezüge des Kindes den Jahresgrenzbetrag von **8004 €** übersteigen, kann die Familienkasse die **Festsetzung des Kindergeldes** rückwirkend zum Jahresbeginn **aufheben** und den ausgezahlten Betrag **zurückfordern** (BFH-Urteil vom 26.7.2001, BStBl. 2002 II S. 85 und 86). Vgl. hierzu auch die Erläuterungen unter der vorstehenden Nr. 5 zur Änderung von Kindergeldbescheiden bei Prognoseentscheidungen.

b) Eigene Einkünfte des Kindes

Als „**Einkünfte**" sind alle Einkünfte im Sinne des Einkommensteuergesetzes zu verstehen (§ 2 Abs. 1 EStG). Zum **Abzug** des **Arbeitnehmer-Anteils** zur **Sozialversicherung** sowie Beiträge zur **Kranken- und Pflegeversicherung** bei Beamtenanwärtern bei Prüfung der Einkommensgrenze vgl. vorstehenden Buchstaben a). Eine **Waisenrente** aus der gesetzlichen Rentenversicherung ist selbst dann bei den eigenen Einkünften und Bezügen des Kindes zu erfassen, wenn sie an die Stelle von Unterhaltsleistungen eines Elternteils getreten sind (BFH-Urteil vom 14.11.2000, BStBl. 2001 II S. 489). Auch die Nachzahlung einer Halbwaisenrente für Vorjahre ist mit dem Nachzahlungsbetrag im Jahr des Zuflusses zu berücksichtigen (BFH-Urteil vom 16.4.2002, BStBl. II S. 525). Dem steht nicht entgegen, dass sie Unterhaltsersatzfunktion haben.

Die eigenen Einkünfte (Lohneinkünfte, Einkünfte aus Land- und Forstwirtschaft, Gewerbebetrieb, selbständiger Arbeit, Vermietung und Verpachtung, Kapitaleinkünfte, Renten, sonstige Einkünfte) sind nach den allgemeinen Vorschriften des Einkommensteuergesetzes zu ermitteln; danach sind von den Einnahmen jeweils die tatsächlich entstandenen Betriebsausgaben oder Werbungskosten, mindestens aber die vorgesehenen Werbungskostenpauschbeträge abzuziehen, sowie positive und negative Einkünfte in steuerlich zulässigen Rahmen miteinander zu verrechnen. Die Einkünfte aus Kapitalvermögen sind ab 2009 bei der Ermittlung der eigenen Einkünfte und Bezüge des Kindes auch dann einzubeziehen, wenn sie der Abgeltungsteuer von 25 % unterliegen (§ 2 Abs. 5b EStG). Wird bei einer selbständigen Tätigkeit des Kindes der Gewinn durch Einnahme-Überschuss-Rechnung ermittelt, gehört eine **Umsatzsteuererstattung** im Jahr des Zuflusses zu den **Betriebseinnahmen** und erhöht den Gewinn (BFH-Urteil vom 25.5.2004, BFH/NV

noch Anhang 9

2005 S. 24). Ausländische Einkünfte sind nach deutschem Recht zu ermitteln. **Negative Einkünfte** (z. B. vorab entstandene Werbungskosten aus einem Zweitstudium) können auch mit **positiven Bezügen** eines Kindes **verrechnet** werden (BFH-Urteil vom 20.7.2000, BStBl. 2001 II S. 107). Soweit nicht die Vorschriften für die Bilanzierung zu beachten sind, gilt im Grundsatz das Zuflussprinzip des § 11 EStG.

Bei Einnahmen aus nichtselbständiger Arbeit (Löhne, Gehälter, Ausbildungsvergütungen, Betriebsrenten, Versorgungsbezüge einschließlich Weihnachtsgeld, Urlaubsgeld und vermögenswirksame Leistungen) gilt **laufender Arbeitslohn** (= regelmäßig fortlaufend zufließender Arbeitslohn) in dem Kalenderjahr als bezogen, in dem der Lohnzahlungszeitraum endet; bei Abschlagszahlungen tritt an die Stelle des Lohnzahlungszeitraums der Lohnabrechnungszeitraum. **Sonstige Bezüge** – also Arbeitslohn, der nicht als laufender Arbeitslohn gezahlt wird (z. B. dreizehnte, vierzehnte Monatsgehälter, Weihnachtszuwendungen, Urlaubsgelder) – werden dagegen in dem Kalenderjahr bezogen, in dem sie dem Arbeitnehmer zufließen (§ 38a Abs. 1 Sätze 2 und 3 EStG). Die Frage, wann der Arbeitslohn zugeflossen ist, gewinnt somit insbesondere am Ende des Kalenderjahrs an Bedeutung (vgl. die Stichworte „Lohnzahlungszeitraum" und „Berechnung der Lohnsteuer und der Sozialversicherungsbeiträge" unter Nr. 6 auf Seite 145 im Hauptteil des Lexikons). Ein (teilweiser) Verzicht auf das Weihnachtsgeld mit dem Ziel der Erhaltung des Kindergeldanspruchs ist steuerlich unbeachtlich (§ 32 Abs. 4 Satz 9 EStG; BFH-Urteil vom 11.3.2003, BStBl. II S. 746). Weiterhin ist beim Bezug von Arbeitslohn Folgendes zu beachten:

Zu ermitteln sind die **Einkünfte** aus nichtselbständiger Arbeit, das heißt, vom Bruttoarbeitslohn sind die tatsächlich entstandenen Werbungskosten abzuziehen. Sind diese niedriger als 920 €, ist **mindestens der Arbeitnehmerpauschbetrag in Höhe von 920 €** abzusetzen. Ein vom Arbeitgeber gewährter steuerpflichtiger Personalrabatt gehört auch dann zum Bruttoarbeitslohn des Kindes, wenn das Kind den Rabatt an den Kindergeldberechtigten weitergibt (BFH-Beschluss vom 13.2.2008, BFH/NV 2008 S. 789). Zum **Abzug** des **Arbeitnehmer-Anteils** zur **Sozialversicherung** sowie der Beiträge zur **Kranken-** und **Pflegeversicherung** bei Beamtenanwärtern bei Prüfung der Einkommensgrenze vgl. vorstehenden Buchstaben a).

Beispiel
Bei einem volljährigen Auszubildenden beträgt 2010 der maßgebende Betrag für die Prüfung der Einkommensgrenze (vgl. vorstehenden Buchstaben a) unter Berücksichtigung der monatlichen Ausbildungsvergütung und des Weihnachtsgeldes nach Abzug des Arbeitnehmerpauschbetrags von 920 € und des Arbeitnehmer-Anteils zur Sozialversicherung 8180 €.

Da die eigenen Einkünfte höher sind als 8004 €, steht den Eltern für dieses Kind weder Kindergeld noch Freibeträge für Kinder zu. Der Auszubildende kann auch nicht auf einen Teil seiner vertraglich vereinbarten oder tariflich festgelegten Ausbildungsvergütung (z. B. 20 € monatlich) verzichten, damit seine Eltern das Kindergeld bzw. Freibeträge für Kinder erhalten. Ein solcher Verzicht wäre unbeachtlich (§ 32 Abs. 4 Satz 9 EStG). Es könnte jedoch von vornherein eine entsprechend niedrigere Ausbildungsvergütung vereinbart werden, wenn diese nicht tarifvertraglich festgelegt ist.

Kann der Auszubildende jedoch nachweisen, dass ihm höhere Werbungskosten als der Arbeitnehmerpauschbetrag entstanden sind, so wird dieser Betrag anstelle des Arbeitnehmerpauschbetrags vom Jahresbruttolohn abgezogen. Der Auszubildende weist z. B. für das Kalenderjahr 2010 Werbungskosten in Höhe von 1600 € nach (die Werbungskosten sind ausführlich in Anhang 7 Abschnitt B auf Seite 892 erläutert).

Der Abzug der tatsächlichen Werbungskosten führt dazu, dass sich der maßgebende Betrag für die Prüfung der Einkommensgrenze um 680 € (1600 € abzüglich Arbeitnehmerpauschbetrag 920 €) verringert auf 7500 €. Da die 8004-€-Grenze nicht überschritten wird, sind die eigenen Einkünfte des Kindes für die Gewährung des Kindergelds bzw. der Freibeträge für Kinder unschädlich. Die Eltern haben sowohl Anspruch auf Kindergeld als auch auf die Freibeträge für Kinder.

Bei sog. **dualen Studiengängen** werden Ausbildungsverträge geschlossen, bei denen die Auszubildenden neben dem Studium an einer Hochschule gleichzeitig berufspraktische Tätigkeiten in einem Unternehmen oder bei einem öffentlich-rechtlichen Arbeitgeber absolvieren. Unabhängig von der Bezeichnung des Entgelts (z. B. Ausbildungshilfe, Ausbildungsdarlehen, Studienbeihilfe) handelt es sich um steuerpflichtigen **Arbeitslohn**.

Für die **Umrechnung** der 2010 erzielten **ausländischen Einkünfte** und Bezüge des Kindes in Euro ist bei Währungen außerhalb des Geltungsbereichs des Euros der am 30.9.2009 von der Europäischen Zentralbank bekannt gegebene **Referenzkurs** maßgebend (§ 32 Abs. 4 Satz 10 EStG). Ein **Abschlag** wegen **geringerer Kaufkraft** im Ausland (z. B. bei Auslandsaufenthalt in Großbritannien oder den USA) ist **nicht vorgesehen**.

c) Eigene Bezüge des Kindes

„Bezüge" sind grundsätzlich alle Einnahmen in Geld oder Geldeswert, die nicht im Rahmen der einkommensteuerrechtlichen Einkunftsermittlung erfasst werden, also **nicht steuerbare** sowie durch besondere Vorschriften, z. B. § 3 EStG, für **steuerfrei** erklärte **Einnahmen** sowie pauschal nach § 40 oder § 40a EStG versteuerter Arbeitslohn (mit Ausnahme des pauschal versteuerten Werbungskostenersatzes wie z. B. Fahrtkostenzuschüsse). Auch Lottogewinne gehören zu den eigenen Bezügen des Kindes (BFH-Beschluss vom 26.11.2008, BFH/NV 2009 S. 382).

Zu den eigenen Bezügen eines Kindes gehören auf Grund ausdrücklicher gesetzlicher Regelung:

– **Versorgungsfreibetrag** von bis zu 3000 € und der **Zuschlag zum Versorgungsfreibetrag** von bis zu 900 €;

– **Sonderabschreibungen** und **erhöhte Absetzungen**, soweit sie die höchstmögliche Absetzung für Abnutzung nach § 7 EStG übersteigen (ohne Investitionsabzugsbeträge nach § 7g Abs. 1 EStG; vgl. BFH-Urteil vom 28.5.2009 III R 8/06 zum „alten" § 7g EStG);

– **Freibeträge** bei **Veräußerung eines** land- und forstwirtschaftlichen **Betriebs**, eines Gewerbebetriebs, des Vermögens der selbständigen Arbeit und von Anteilen an Kapitalgesellschaften bei wesentlicher Beteiligung.

Seit 2009 gehören Kapitaleinnahmen in Höhe des ausgenutzten **Sparer-Pauschbetrags** (Höchstbetrag 801 €) **nicht** mehr zu den **Bezügen** des Kindes. Insbesondere die Erfassung eines Bezugs in Höhe des Freibetrags bei Veräußerung eines land- und forstwirtschaftlichen Betriebs, eines Gewerbebetriebs, des Vermögens der selbständigen Arbeit und von Anteilen an Kapitalgesellschaften bei wesentlicher Beteiligung wird in der Praxis bei volljährigen Kindern äußerst selten sein. Die Höhe der eigenen Bezüge ist allerdings auch bei der steuerlichen Berücksichtigung von Unterhaltsleistungen an bedürftige Angehörige von Bedeutung (vgl. hierzu Anhang 7 Abschnitt D Nr. 3 auf Seite 905).

Außerdem gehören zu den anrechenbaren **Bezügen** insbesondere (beispielhafte Aufzählung)

– **Leistungen** an Auszubildende **für** die Teilnahme an Maßnahmen zur **beruflichen Weiterbildung**, die aus arbeitsmarktpolitischen Gründen gefördert werden;

– **pauschal versteuerter Arbeitslohn** für eine Aushilfstätigkeit oder Teilzeitbeschäftigung (vgl. das Stichwort „Pauschalierung der Lohnsteuer bei Aushilfskräften und Teilzeitbeschäftigten" im Hauptteil des Lexikons);

– **steuerfreie Zuschläge** für Sonntags-, Feiertags- und Nachtarbeit (vgl. dieses Stichwort);

– bei Rentenzahlungen **der Rentenanteil, der über den Besteuerungsanteil/Ertragsanteil hinausgeht** (vgl. das Stichwort „Renten"), auch Rentennachzahlungen für Vorjahre sind im Jahr des Zuflusses mit dem Nachzahlungsbetrag anzusetzen (BFH-Urteil vom 16.4.2002, BStBl. II S. 525), **steuerfreie Renten** – z. B. aus der gesetzlichen Unfallversicherung – werden in **voller Höhe** als **Bezug** angesetzt; das gilt auch für eine Unfall-Hinterbliebenenrente aus der gesetzlichen Unfallversicherung, die an die Stelle von Unterhaltsleistungen eines Elternteils getreten ist;

– pauschal nach § 40 EStG versteuerter Arbeitslohn mit Ausnahme der pauschal versteuerten Fahrtkostenzuschüsse;

– **Lohnersatzleistungen** wie z. B. Krankengeld, Mutterschaftsgeld, Arbeitslosengeld, Arbeitslosengeld II und Sozialgeld; das gilt auch für das **Elterngeld** mit Ausnahme des Sockelbetrags (Mindestbetrags) von 300 € bzw. 150 € monatlich (bei Mehrlingsgeburten entsprechend vervielfacht);

– **Wehrsold**, Sachbezüge (Unterkunft und Verpflegung), Weihnachtsgeld von Wehrdienst- und Zivildienstleistenden*); das Entlassungsgeld entfällt auf die Zeit nach Beendigung des Grundwehr- bzw. Zivildienstes (BFH-Urteil vom 14.5.2002, BStBl. II S. 746);

– Unterhaltsgeld, Übergangsgeld, Ausbildungsgeld, Berufsausbildungsbeihilfe sowie Leistungen nach dem Bundesausbildungsförderungsgesetz **(BAföG)**, soweit diese nicht als Darlehen gewährt werden; dies gilt auch dann, wenn die BAföG-Zuschüsse in einem späteren Kalenderjahr zurückgefordert werden (BFH-Urteil vom 11.12.2001, BStBl. 2002 II S. 205); der Kinderbetreuungszuschlag nach § 14b BAföG gehört nicht zu den eigenen Bezügen des Kindes, da hierdurch der Betreuungsmehraufwand von Auszubildenden mit eigenen Kindern während der Ausbildungszeit abgedeckt werden soll.

– **Wohngeld**;

– Sachbezüge (freie Unterkunft und Verpflegung werden mit dem Sachbezugswert angesetzt) und Taschengeld im Rahmen von **Au-pair-**

---

*) Für die Zeit, in der das Kind den gesetzlichen Grundwehr- oder Zivildienst leistet, besteht allerdings kein Anspruch auf Kindergeld oder Freibeträge für Kinder, sondern auf einen Unterhaltsfreibetrag nach § 33a Abs. 1 EStG (vgl. hierzu Anhang 7 Abschnitt D Nr. 3 Buchstabe b Beispiel D auf Seite 906).

Verhältnissen im Ausland (BFH-Urteil vom 22.5.2002, BStBl. II S. 695 und BFH-Urteil vom 27.10.2004, BFH/NV 2005 S. 536);
- die ausgezahlte **Arbeitnehmer-Sparzulage**.

Bei der Feststellung der anzurechnenden Bezüge sind aus Vereinfachungsgründen insgesamt **180 €** (= Kostenpauschale) im Kalenderjahr abzuziehen, wenn nicht höhere Aufwendungen, die in Zusammenhang mit dem Zufluss der entsprechenden Einnahmen stehen, nachgewiesen oder glaubhaft gemacht werden (z. B. Kosten eines Rechtsstreits zur Erlangung der Bezüge).

Beispiel
Ein 20-jähriger Student hat im Kalenderjahr 2010 folgende Einnahmen und Bezüge: Pauschal versteuerter Arbeitslohn in Höhe von 400 € für 10 Monate (vgl. das Stichwort „Pauschalierung der Lohnsteuer bei Aushilfskräften und Teilzeitbeschäftigten" im Hauptteil des Lexikons). Seit Jahren eine Waisenrente von monatlich 175 €. BAföG-Leistungen (keine Darlehensleistungen) von monatlich 180 €.
Der Student ist für die Gewährung des Kindergelds bzw. der Freibeträge für Kinder zu berücksichtigen, weil er das 18., aber noch nicht das 25. Lebensjahr vollendet hat und sich in Berufsausbildung befindet. Die Berücksichtigung ist allerdings ausgeschlossen, wenn der Student eigene Einkünfte und Bezüge, die zur Bestreitung des Unterhalts oder der Berufsausbildung bestimmt oder geeignet sind, von mehr als 8004 € im Kalenderjahr erzielt. Die eigenen Einkünfte und Bezüge des Studenten errechnen sich für das Kalenderjahr 2010 wie folgt:

Eigene Einkünfte des Kindes
Waisenrente

Einnahmen (175 € × 12)	=	2 100 €
Besteuerungsanteil 50 %	=	1 050 €
abzüglich Werbungskosten-Pauschbetrag		102 €
sonstige Einkünfte im Sinne des § 22 EStG		948 €

Eigene Bezüge des Kindes

Pauschal versteuerter Arbeitslohn 400 € × 10 Monate	=	4 000 €
BAföG-Leistungen (180 € × 12)	=	2 160 €
bei der Ermittlung der Einkünfte nicht erfasster Teil der Waisenrente (2 100 € – 1 050 €)	=	1 050 €
insgesamt		7 210 €
abzüglich Kostenpauschale		180 €
Bezüge im Kalenderjahr 2010 insgesamt		7 030 €

Das Kind kann sowohl für die Zahlung des Kindergelds als auch für die Gewährung der kindbedingten Freibeträge berücksichtigt werden, weil die eigenen Einkünfte und Bezüge des Kindes im Kalenderjahr 2010 (948 € + 7030 € =) 7978 € betragen und damit die 8004-€-Grenze **nicht** übersteigen.

Das folgende **Beispiel** zeigt die **Ermittlung** des maßgebenden Betrags für die Prüfung der **Einkommensgrenze** bei Einkünften des Kindes aus nichtselbständiger Arbeit und Bezügen, unter Berücksichtigung der Rechtsprechung des BVerfG, wonach der **Arbeitnehmeranteil** zur **Sozialversicherung nicht** zu den eigenen Einkünften und Bezügen des Kindes gehört (vgl. wegen der Einzelheiten den vorstehenden Buchstaben a); Entsprechendes gilt für Beiträge zur Kranken- und Pflegeversicherung z. B. bei Beamtenanwärtern.

Beispiel
Die 20-jährige A, die während des ganzen Jahres 2010 studiert, erzielt aus einer nebenbei ausgeübten Beschäftigung einen steuerpflichtigen Bruttoarbeitslohn von 11 000 €. Der Arbeitnehmeranteil zur Sozialversicherung beträgt 2225 €. Werbungskosten sind in Höhe von 1200 € angefallen. Außerdem erzielt A Zinserträge in Höhe von 1051 €.

Bruttoarbeitslohn	11 000 €	
abzüglich Werbungskosten	1 200 €	
Einkünfte aus der Arbeitnehmertätigkeit	9 800 €	9 800 €
Zinseinnahmen	1 051 €	
Sparer-Pauschbetrag	801 €	
Einkünfte aus Kapitalvermögen	250 €	250 €
Bezüge (= Sparer-Pauschbetrag) Seit 2009 gehören Kapitaleinnahmen in Höhe des ausgenutzten Sparer-Pauschbetrags nicht mehr zu den Bezügen des Kindes.		
Summe der eigenen Einkünfte und Bezüge		10 050 €
abzüglich Arbeitnehmer-Anteil zur Sozialversicherung		**2 225 €**
Maßgebender Betrag für die Prüfung der Einkunftsgrenze		**7 825 €**

Da die Einkunftsgrenze von 8004 € nicht überschritten ist, haben die Eltern von A Anspruch auf Kindergeld bzw. die kindbedingten Freibeträge.

d) Zeitanteilige Berücksichtigung der eigenen Einkünfte und Bezüge

Der Anspruch auf die kindbedingten Steuervergünstigungen (Kindergeld, Freibeträge für Kinder) besteht in jedem Fall bis einschließlich des Monats der Vollendung des 18. Lebensjahres. Deshalb bleiben Einkünfte und Bezüge des Kindes bis einschließlich diesen Monats unberücksichtigt. Die **Zuordnung von Einkünften und Bezügen** ist innerhalb des Kalenderjahres nicht nach dem Zuflusszeitpunkt, sondern nach der

wirtschaftlichen Zurechnung vorzunehmen. Hiervon sind insbesondere Sonderzuwendungen betroffen (BFH-Urteil vom 1.3.2000, BStBl. 2000 II S. 459). Vgl. auch die weiter unten stehenden Erläuterungen.

Sind die Voraussetzungen für die Berücksichtigung eines über 18 Jahre alten Kindes nur für einen Teil des Kalenderjahres erfüllt, ermäßigt sich der Betrag von 8004 € (Jahresgrenzbetrag) für jeden Kalendermonat, in dem die **Voraussetzungen an keinem Tag** vorliegen, um **ein Zwölftel** (= **Kürzungsmonate**; § 32 Abs. 4 Satz 7 EStG).

Einkünfte und **Bezüge** des Kindes, die auf diese **Kürzungsmonate** entfallen, bleiben bei der Überprüfung des anteiligen Jahresgrenzbetrags **außer Betracht** (§ 32 Abs. 4 Satz 8 EStG; BFH-Urteil vom 11.12.2001, BStBl. 2002 II S. 205). Das gilt auch für **Einkünfte** aus einer **Vollzeiterwerbstätigkeit**, da das Kind regelmäßig während der vollen Monate der Vollzeiterwerbstätigkeit nicht zu berücksichtigen ist (BFH-Urteil vom 15.9.2005, BStBl. 2006 II S. 305). Ist das Kind allerdings auch während der Vollzeiterwerbstätigkeit zu berücksichtigen (z. B. ernsthaft und nachhaltig betriebenes Studium), sind auch die aus der Vollzeiterwerbstätigkeit erzielten Einkünfte anzusetzen (BFH-Urteil vom 31.7.2008 III B 64/07). Zur Ermittlung der Einkünfte und Bezüge bei (Vollzeit-)Erwerbstätigkeit vgl. auch die Erläuterungen am Ende dieses Buchstabens.

Sind die Voraussetzungen für die Berücksichtigung eines über 18 Jahre alten Kindes nur für einen Teil des Kalenderjahres erfüllt, fließen jedoch die eigenen Einkünfte und Bezüge des Kindes das ganze Kalenderjahr über zu, so sind für die in diesem Fall notwendige **Aufteilung der eigenen Einkünfte und Bezüge** die zu den Unterhaltsleistungen (vgl. § 33a Abs. 4 EStG) entwickelten Grundsätze grundsätzlich entsprechend anzuwenden. Nach R 33a.4 Abs. 2 der Einkommensteuer-Richtlinien gilt demnach bezüglich der Aufteilung Folgendes:

- **Einkünfte** aus **nichtselbständiger Arbeit**, sonstige Einkünfte (z. B. Besteuerungsanteil von Renten) und (anrechenbare) **Bezüge** sind nach dem **Verhältnis der** in den jeweiligen Zeiträumen zugeflossenen **Einnahmen** aufzuteilen; dabei ist der **Arbeitnehmer-Pauschbetrag**, andere Werbungskosten-Pauschbeträge und die **Kostenpauschale** von 180 € **zeitanteilig** zu berücksichtigen (also grundsätzlich für jeden Monat mit einem Zwölftel (R 33a.4 Abs. 2 Nr. 1 der Einkommensteuer-Richtlinien). Erzielt ein Kind nicht ganzjährig Einkünfte aus nichtselbständiger Arbeit und ist das Kind auch nur für einen Teil des Jahres zu berücksichtigen, dann ist der Arbeitnehmer-Pauschbetrag zeitanteilig auf die Monate aufzuteilen, in denen Einkünfte aus nichtselbständiger Arbeit erzielt worden sind (BFH-Urteil vom 1.7.2003, BStBl. II S. 759).

- andere Einkünfte sind auf jeden Monat des Kalenderjahres mit **einem Zwölftel** aufzuteilen.

Die vorstehend beschriebene Aufteilung geht von gleich bleibenden Verhältnissen während des Kalenderjahres aus. Im **Einzelfall** kann auch nachgewiesen werden, dass eine **andere Aufteilung** der eigenen Einkünfte und Bezüge des Kindes **wirtschaftlich gerechtfertigt** ist. Das ist z. B. der Fall, wenn im Laufe des Jahres eine selbständige Tätigkeit aufgenommen wird und **Anlaufverluste** entstehen, oder bei den Einkünften aus nichtselbständiger Arbeit im Berücksichtigungszeitraum **höhere Werbungskosten** angefallen sind als bei einer zeitanteiligen Aufteilung des Arbeitnehmer-Pauschbetrags bzw. verhältnismäßigen Aufteilung der Einkünfte darauf entfallen würden.

Auch im **Übergangsmonat** von der **Arbeitslosigkeit/Berufsausbildung in den Beruf** besteht ein Anspruch auf Kindergeld bzw. die Freibeträge für Kinder. Früher führte das in diesem Wechselmonat erzielte Einkommen aus der Berufsausübung beim Kind häufig zum Übersteigen der unschädlichen Einkommensgrenze und damit zum Wegfall der kindbedingten Steuervergünstigungen bei den Eltern für das ganze Jahr. Nach Ansicht des Bundesfinanzhofs sollten deshalb die im Wechselmonat erzielten Einkünfte und Bezüge nicht angesetzt werden. Mit Wirkung ab 2002 ist gesetzlich geregelt worden, dass nur die auf den **Zeitraum** der **Arbeitslosigkeit** bzw. der **Berufsausbildung entfallenden Einkünfte und Bezüge zu berücksichtigen** sind (§ 32 Abs. 4 Satz 6 EStG). Es wird also im Wechselmonat **taggenau** gerechnet.

Beispiel A
Ein volljähriges Kind befindet sich bis einschließlich 10.9.2010 in Berufsausbildung und erhält eine Ausbildungsvergütung in Höhe von 960 € monatlich. Nach Abschluss der Berufsausbildung bekommt es einen monatlichen Bruttoarbeitslohn von 1950 €. Ein Anspruch auf Weihnachts- oder Urlaubsgeld besteht nicht. Die gesamten Werbungskosten des Kindes betragen 1400 €. Eine genaue Zuordnung der Werbungskosten auf den Zeitraum der Berufsausbildung und der vollen Berufsausübung konnte nicht vorgenommen werden. Der Arbeitnehmer-Anteil zur Sozialversicherung beträgt 3050 €.

noch Anhang 9

Die Eltern haben im Jahre 2010 bis einschließlich September Anspruch auf Kindergeld bzw. die Freibeträge für Kinder, wenn die eigenen Einkünfte und Bezüge des Kindes nicht mehr als 6003 € betragen (⁹/₁₂ von 8004 €).

Einnahmen des Kindes im Ausbildungszeitraum:

Januar bis August 2010	960 € × 8 Monate =	7 680 €
bis 10. September 2010	¹/₃ von 960 €	320 €
Summe		8 000 €

Einnahmen des Kindes außerhalb des Ausbildungszeitraums:

ab 11. September 2010	²/₃ von 1950 €	1 300 €
Oktober bis Dezember 2010	1950 € × 3 Monate =	5 850 €
Summe		7 150 €
Einnahmen aus nichtselbständiger Arbeit 2010		15 150 €
abzüglich Werbungskosten		1 400 €
Einkünfte aus nichtselbständiger Arbeit 2010		13 750 €
abzüglich Arbeitnehmer-Anteil zur Sozialversicherung		3 050 €
Maßgebender Betrag		10 700 €

Auf den Ausbildungszeitraum Januar 2010 bis 10.9.2010 entfallen (Aufteilung im Verhältnis der Einnahmen):

Maßgebender Betrag 10 700 € × 8000 € (= Einnahmen Ausbildungszeitraum): 15 150 € (= Gesamteinnahmen) = 5650 € (= Maßgebender Betrag, der auf den Ausbildungszeitraum entfällt).

Für 2010 besteht ein Anspruch der Eltern auf Kindergeld bzw. Freibeträge für Kinder, da die eigenen Einkünfte und Bezüge des Kindes (= 5650 €) die unschädliche Einkommensgrenze von 6003 € nicht übersteigen.

Des Weiteren ist bei der zeitanteiligen Berücksichtigung der eigenen Einkünfte und Bezüge des Kindes zu beachten, dass **Sonderzuwendungen** (= nicht monatlich gezahlte Einkünfte und Bezüge, insbesondere Urlaubsgeld, Weihnachtsgeld aber auch Lohnnachzahlungen), die während der Berufsausbildung zufließen, nach der Rechtsprechung des Bundesfinanzhofs zeitanteilig allen Ausbildungsmonaten wirtschaftlich zuzurechnen sind (BFH-Urteil vom 11.12.2001, BStBl. 2002 II S.684). Fließt eine Sonderzuwendung **während der Kürzungsmonate** zu, ist sie bei der Ermittlung der eigenen Einkünfte und Bezüge des Kindes für den Anspruchszeitraum der kindbedingten Steuervergünstigungen aber in voller Höhe **nicht zu berücksichtigen** (BFH-Urteil vom 12.4.2000, BStBl. II S.464).

Beispiel B

Das Kind befindet sich während des gesamten Kalenderjahres 2010 über in Berufsausbildung und vollendet im Juni 2010 sein 18. Lebensjahr. Im Juli 2010 wird das Urlaubs- und im Dezember das Weihnachtsgeld ausgezahlt. Der Anspruch auf Kindergeld bzw. die Freibeträge für Kinder besteht grundsätzlich für das gesamte Kalenderjahr 2010. Die Monate Januar bis Juni 2010 sind Kürzungsmonate, da in diesem Zeitraum das Kind das 18. Lebensjahr noch nicht vollendet hatte und somit unabhängig von den eigenen Einkünften und Bezügen des Kindes ein Anspruch auf die kindbedingten Steuervergünstigungen besteht. Das Urlaubs- und das Weihnachtsgeld sind somit nur zur Hälfte (⁶/₁₂) bei der Überprüfung des anteiligen Jahresgrenzbetrags für die Kalendermonate Juli bis Dezember (⁶/₁₂ von 7680 € = 3840 €) zu berücksichtigen.

Beispiel C

Ein 20-jähriges Kind beendet am 5.7.2010 seine Berufsausbildung und wird im Anschluss hieran vom Ausbildungsbetrieb übernommen. Am 15.8.2010 wird das Urlaubsgeld ausgezahlt.

Ein Anspruch auf Kindergeld bzw. die Freibeträge für Kinder besteht grundsätzlich für den Zeitraum Januar bis Juli 2010, da sich das Kind in diesen Kalendermonaten in Berufsausbildung befunden hat. Der Kalendermonat August ist ein Kürzungsmonat für die Ermittlung des anteiligen Jahresgrenzbetrags. Da die Sonderzuwendung „Urlaubsgeld" hier in einem Kürzungsmonat gezahlt worden ist, kommt eine anteilige Zuordnung zu den Ausbildungsmonaten nicht in Betracht.

Das einem Grundwehr- oder Zivildienstleistenden gezahlte **Entlassungsgeld** entfällt auf die Zeit nach Beendigung des Dienstes. Es gehört zu den Bezügen (vgl. vorstehende Nr. 9 Buchstabe c) und ist in voller Höhe im Jahr des Zuflusses zu erfassen (BFH-Urteil vom 14.5.2002, BStBl. II S. 746).

Mit Urteil vom 16.11.2006 (BStBl. 2008 II S. 56) hat der BFH entschieden, dass ein Anspruch auf Kindergeld unabhängig davon besteht, ob es sich bei der Erwerbstätigkeit um eine **Vollzeiterwerbstätigkeit** handelt, wenn das Kind in einem der in den gesetzlichen Voraussetzungen eines Berücksichtigungstatbestandes im Sinne des § 32 Abs. 4 Satz 1 Nr. 2 Buchst. a bis c EStG erfüllt, einer Erwerbstätigkeit nachgeht und seine gesamten Einkünfte und Bezüge den (anteiligen) Jahresgrenzbetrag nicht übersteigen.

In diesen Fällen ist für jeden Kalendermonat, für den ein Anspruch auf Kindergeld geltend gemacht wird, zunächst zu prüfen, ob **trotz der Erwerbstätigkeit** mindestens an einem Tag im Kalendermonat die Tatbestandsmerkmale des § 32 Abs. 4 Satz 1 Nr. 2 Buchstabe a, b oder c EStG vorliegen (Ermittlung des Anspruchszeitraumes).

Im Anschluss daran ist zu prüfen, ob die dem Anspruchszeitraum zuzurechnenden Einkünfte und Bezüge des Kindes den maßgeblichen Grenzbetrag übersteigen. Ist dies der Fall, besteht für den gesamten Anspruchszeitraum kein Anspruch auf Kindergeld. Übersteigen die dem Anspruchszeitraum zuzurechnenden gesamten Einkünfte und Bezüge des Kindes hingegen nicht den maßgeblichen Grenzbetrag, besteht unabhängig davon, ob es sich bei der Erwerbstätigkeit um eine Vollzeiterwerbstätigkeit handelt, im gesamten Anspruchszeitraum ein Anspruch auf Kindergeld (Schreiben des Bundeszentralamts für Steuern vom 4.7.2008, BStBl. I S. 716).

Beispiel

A, 23 Jahre, ist während des gesamten Jahres 2010 an einer Universität immatrikuliert und betreibt sein Studium ernsthaft und nachhaltig. Seit April 2010 ist er zudem als freiberuflicher Journalist tätig und erzielt mit einer quasi Vollzeiterwerbstätigkeit einen Gewinn von 15 000 €.

A ist dem Grunde nach für sämtliche Kalendermonate des Jahres 2010 „als Kind" zu berücksichtigen, da er sein Studium ernsthaft und nachhaltig betreibt. Die Eltern von A haben allerdings keinen Anspruch auf Kindergeld/Freibeträge für Kinder (auch nicht in den Monaten Januar bis März 2010), da die eigenen Einkünfte und Bezüge des A mit 15 000 € den maßgebenden Grenzbetrag von 8004 € eindeutig übersteigen.

e) Geringfügiges Überschreiten der 8004-€-Grenze

Wie die Beispiele in den vorangegangenen Erläuterungen zeigen, führt bereits ein **geringfügiges Überschreiten** der 8004-€-Grenze zum vollständigen **Verlust des Kindergelds bzw. der Freibeträge für Kinder** (vgl. hierzu auch die Erläuterungen unter der vorstehenden Nr. 9 Buchstabe a). Auch ein Verzicht des Kindes auf den übersteigenden Betrag ändert daran nichts. Bei einem Überschreiten der 8004-€-Grenze um **weniger als 624 €** kommt allerdings eine geringe Steuerermäßigung wegen Unterhaltsleistungen nach § 33a Abs. 1 EStG in Betracht. Dies soll anhand eines Beispiels erläutert werden (vgl. zur steuerlichen Berücksichtigung von Unterhaltsleistungen auch die Erläuterungen in Anhang 7 Abschnitt D Nr. 3 auf Seite 905):

Beispiel

Ein über 18 Jahre altes Kind ist das ganze Jahr in Berufsausbildung. Die Ausbildungsvergütung beträgt monatlich 900 €. Im Dezember wird ein Weihnachtsgeld in Höhe von 900 € gezahlt. Die nachgewiesenen Werbungskosten betragen 950 €. Der Arbeitnehmer-Anteil zur Sozialversicherung beträgt 2 350 €. Die Einkünfte des Kindes errechnen sich wie folgt:

Laufende Ausbildungsvergütung (900 € × 12)	=	10 800 €
Weihnachtsgeld		900 €
Arbeitslohn insgesamt		11 700 €
abzüglich Werbungskosten		950 €
Einkünfte aus nichtselbständiger Arbeit		10 650 €
abzüglich Arbeitnehmer-Anteil zur Sozialversicherung		2 350 €
Maßgebender Betrag für die Prüfung der Einkunftsgrenze		8 400 €

Da die eigenen Einkünfte des Kindes die 8004-€-Grenze übersteigen, besteht weder ein Anspruch auf Kindergeld noch auf Freibeträge für Kinder. Es ist jedoch zu prüfen, ob eine Steuerermäßigung wegen Unterhaltsleistungen nach § 33a Abs. 1 EStG in Betracht kommt.

Eigene Einkünfte der unterhaltenen Person (der Arbeitnehmer-Anteil zur Sozialversicherung wird auch hier abgezogen)	8 400 €
anrechnungsfreier Betrag	624 €
anzurechnende eigene Einkünfte	7 776 €

Nach Kürzung des Unterhaltshöchstbetrags nach § 33a Abs. 1 EStG von 8004 € um die anzurechnenden eigenen Einkünfte in Höhe von 7776 € verbleibt ein steuerlicher Abzugsbetrag wegen Unterhaltsleistungen in Höhe von (8004 € − 7776 € =) **228 €**.

f) Nicht anzurechnende eigene Einkünfte und Bezüge des Kindes

Hierzu enthält § 32 Abs. 4 Satz 5 EStG eine Regelung, nach der Bezüge außer Betracht bleiben, die für **besondere Ausbildungszwecke** bestimmt sind. Entsprechendes gilt auch für Einkünfte, die für besondere Ausbildungszwecke verwendet werden. Bei folgenden Leistungen handelt es sich beispielsweise um Bezüge, die für besondere Ausbildungszwecke bestimmt sind:

– Studiengebühren und Reisekosten bei einem Auslandsstudium;
– Wechselkursausgleich bei einem Auslandsstudium (Auslandszuschlag);
– Auslandskrankenversicherung bei einem Auslandsstudium;
– Reisekosten bei einem freiwilligen sozialen Jahr in das und vom europäischen Ausland (Hin- und Rückreise) sowie für höchstens vier Fortbildungsveranstaltungen. Entsprechendes gilt für freiwilligen ökologischen Jahr oder einem Freiwilligendienst.
– Büchergeld von Ausbildungshilfen gewährenden Förderungseinrichtungen.

Zu den Bezügen, die für besondere Ausbildungszwecke bestimmt sind, gehören u. a. **Stipendien** aus dem **ERASMUS/SOKRATES-Programm** der Europäischen Union, da diese Stipendien den mit dem Auslandsstudium verbundenen Mehrbedarf (zumindest teilweise) abdecken sollen (BFH-Urteil vom 17.10.2001, BStBl. 2002 II S. 793).

Beispiel

Ein Auszubildender erzielt im Jahr 2010 Einnahmen aus nichtselbständiger Arbeit in Höhe von 10 900 €. Der Arbeitnehmer-Anteil zur Sozialversicherung beträgt 2 200 €. Außerdem erhält er ein monatliches Büchergeld einer Förderungseinrichtung in Höhe von 80 € monatlich.

Der Auszubildende kann im Jahre 2010 als Kind berücksichtigt werden, weil der maßgebende Betrag der eigenen Einkünfte und Bezüge nicht mehr als 8004 € beträgt (Einnahmen aus nichtselbständiger Arbeit 10 900 € abzüglich Arbeitnehmer-Pauschbetrag in Höhe von 920 € abzüglich Arbeitnehmer-Anteil zur Sozialversicherung 2200 € = 7780 €). Das Büchergeld der Förderungseinrichtung in Höhe von 960 € jährlich ist ein Bezug, der für **besondere** Ausbildungszwecke bestimmt ist. Nach § 32 Abs. 4 Satz 5 EStG bleibt er deshalb bei der Prüfung der 8004-€-Grenze außer Betracht.

Der **Bundesfinanzhof** hat die vorstehend beschriebene zunächst enge Auslegung der Verwaltung des Begriffs „**besondere Ausbildungskosten**" erheblich **ausgeweitet**. Er bestätigt zwar, dass bei der Ermittlung der eigenen Einkünfte und Bezüge des Kindes die besonderen Ausbildungskosten unabhängig davon zu berücksichtigen sind, ob sie durch Einkünfte oder Bezüge finanziert worden sind. Als besondere Ausbildungskosten sieht er dabei allerdings **alle** angefallenen **Aufwendungen** des Kindes an, die bei einer **(gedachten) Einkünfteermittlung** – bei Außerachtlassung der Tatsache, dass die Aufwendungen für die erstmalige Berufsausbildung und für ein Erststudium außerhalb eines Arbeitsverhältnisses grundsätzlich zu den Kosten der privaten Lebensführung (§ 12 Nr. 5 EStG) gehören – als **Werbungskosten** zu berücksichtigen wären (BFH-Urteil vom 14.11.2000, BStBl. 2001 II S. 491). Zu den **besonderen Ausbildungskosten** gehören daher auch etwaige **Studiengebühren** (ohne übliche Semester- oder Rückmeldegebühren) bei einem **Inlandsstudium**, **Fahrten** zwischen **Wohnung** und **Ausbildungsstätte** (z. B. Universität) sowie zwischen dem **Ausbildungsort** und der **Wohnung**, die den Mittelpunkt der Lebensinteressen bildet (BFH-Urteil vom 25.7.2001, BStBl. 2002 II S. 12) und die **Aufwendungen** für die im Rahmen der Ausbildung benötigten **Bücher** und **andere Arbeitsmittel** (u. E. sind ggf. – z. B. bei einem Computer – die Regelungen zur AfA zu beachten). **Nicht** zu den besonderen Ausbildungskosten gehören jedoch Aufwendungen für die **auswärtige Unterbringung** des Kindes (auch kein erhöhter Lebensbedarf für **Unterkunft** und **Verpflegung** im Ausland bei einem Auslandsstudium) sowie Aufwendungen für **Versicherungsbeiträge** des Kindes (BFH-Urteile vom 14.11.2000, BStBl. 2001 II S. 489 und 495). Bei diesen Aufwendungen handelt es sich um Kosten der Lebensführung, die bereits in der unschädlichen Einkommensgrenze von 8004 € enthalten sind. Zunächst ist also festzustellen, welche Einkünfte und Bezüge das Kind hat, von denen die Lebensführung oder die Berufsausbildung bestritten werden kann (vgl. hierzu auch die Erläuterungen unter der vorstehenden Nr. 9 Buchstaben b und c). Anschließend sind die besonderen Ausbildungskosten zu ermitteln und von der Summe der eigenen Einkünfte und Bezüge abzuziehen; dies gilt selbstverständlich nur, soweit die Aufwendungen nicht bereits im Rahmen der Ermittlung der Einkünfte und Bezüge des Kindes abgezogen worden sind.

Beispiel

Die 20-jährige Studentin B hat Bezüge aus Rentenzahlungen der gesetzlichen Unfallversicherung in Höhe von 8500 €. In 2010 sind ihr Aufwendungen für Fahrten von der Wohnung zur Universität von 1000 € entstanden.

Einkünfte und Bezüge	8 500 €
abzüglich besondere Ausbildungskosten	1 000 €
verbleibende Einkünfte und Bezüge	7 500 €

Da die eigenen Einkünfte und Bezüge nach Abzug der besonderen Ausbildungkosten die 8004-€-Grenze nicht übersteigen, haben die Eltern von B Anspruch auf Kindergeld bzw. die Freibeträge für Kinder.

Außer den Einkünften und Bezügen, die für besondere Ausbildungszwecke bestimmt sind, bleiben nach den amtlichen Hinweisen zu den Einkommensteuer-Richtlinien (EStH 32.10 Stichwort „Nicht anrechenbare Bezüge") auch folgende Bezüge außer Betracht (beispielhafte Aufzählung):

– Die nach § 3 Nr. 12, 26 und 26a EStG steuerfreien Einnahmen (vgl. die Stichworte „**Aufwandsentschädigungen** aus öffentlichen Kassen" und „Nebentätigkeit für gemeinnützige Organisationen" im Hauptteil des Lexikons);
– Die nach § 3 Nr. 13 und 16 EStG steuerfreien Einnahmen (= **Auslösungen, Doppelte Haushaltsführung, Reisekosten** und **Umzugskosten**, vgl. diese Stichworte im Hauptteil des Lexikons);
– Die nach § 3 Nr. 30, 31 und 32 EStG **steuerfrei ersetzten Werbungskosten** (= **Werkzeuggeld, Berufs-/Arbeitskleidung, Sammelbeförderung**, vgl. die Stichworte im Hauptteil des Lexikons) und nach § 40 Abs. 2 Satz 2 EStG **pauschal versteuerter Werbungskostenersatz;**
– **Unterhaltsleistungen** der **Eltern** und freiwillige Leistungen von Personen, bei denen das Kind berücksichtigt werden kann;
– Renten für Contergan-Schäden;

– Die Leistungen aus der **Pflegeversicherung** (§ 3 Nr. 1a EStG) sowie die im Rahmen der Sozialhilfe geleisteten Beträge für **Krankenhilfe** (§ 48 SGB XII).

Ebenfalls **außer Betracht** bleiben steuerfreie **Beiträge** sowie pauschal mit 20 % besteuerte Beiträge zur **betrieblichen Altersversorgung** (vgl. im Einzelnen Anhang 6). Diese **Beiträge** sind zum Zweck einer **künftigen Altersversorgung** gebunden und zur Bestreitung des Unterhalts oder der Berufsausbildung des Kindes weder bestimmt noch geeignet.

Nach Auffassung des Bundesfinanzhofs sind auch **Geldzuwendungen** von **dritter Seite nicht** als **Bezug** anzusetzen, wenn sie zur **Kapitalanlage bestimmt** sind. Hingegen gehören laufende oder einmalige Geldzuwendungen von dritter Seite zu den Bezügen, wenn sie zur Bestreitung des Unterhalts oder der Berufsausbildung des Kindes bestimmt sind (BFH-Urteil vom 28.1.2004, BStBl. II S. 555).

Außer Betracht bleiben auch Bezüge, die dem Kind zwar zufließen, jedoch wegen seines **individuellen Sonderbedarfs** insbesondere bei einer **Behinderung** gewährt werden und deshalb nicht zur Bestreitung seines Unterhalts oder seiner Berufsausbildung bestimmt oder geeignet sind. So wird bei behinderten Menschen durch entsprechende Leistungen nach SGB III zum einen der behinderungsbedingte Bedarf abgedeckt, zum anderen der Bedarf, der zwangsläufig dadurch entsteht, dass die Bildungsmaßnahme vom behinderten Menschen ohne zusätzliche (und ansonsten von ihm nicht tragbare) Belastung überhaupt durchgeführt werden kann. Letzteres gilt entsprechend für Auszubildende sowie für Teilnehmer an Maßnahmen der beruflichen Weiterbildung, die aus **arbeitsmarktpolitischen Gründen nach dem SGB III** als Kostenerstattung gewährt werden; Leistungen an Auszubildende für die **Teilnahme** an Maßnahmen zur beruflichen Weiterbildung, die aus arbeitsmarktpolitischen Gründen gefördert werden, gehören aber zu den Bezügen des Kindes (vgl. die vorstehende Nr. 9 unter dem Buchstaben c). Folgende Leistungen – die auf Grundlage einer Vorschrift des SGB III gezahlt werden – erfüllen diese Bedingung (Zahlung als Kostenerstattung; kein Bezug im steuerlichen Sinne):

– **Fahrtkosten;**
– **Reisekosten;**
– **Kosten für Unterbringung und Verpflegung,** soweit sie den jeweiligen Wert nach der Sozialversicherungsentgeltverordnung übersteigen;
– Kinderbetreuungskosten;
– Kosten für eine Haushaltshilfe und sonstige Hilfen.

Dies gilt auch für **entsprechende Leistungen nach anderen Sozialleistungsvorschriften.** Zum Kindergeldanspruch für behinderte Kinder vgl. auch die Erläuterungen zur vorstehenden Nr. 8 Buchstabe k.

10. Halbteilungsgrundsatz, Übertragung des Kinderfreibetrags und des Freibetrags für Betreuungs- und Erziehungs- oder Ausbildungsbedarf

a) Halbteilungsgrundsatz

Im Gegensatz zum **Kindergeld**, das immer nur **einer Person** gezahlt wird, gilt bei den **Kinderfreibeträgen** der sog. **Halbteilungsgrundsatz**. Das Bundesverfassungsgericht geht von dem Grundsatz aus, dass jedem Elternteil, der an der Zeugung des Kindes beteiligt war, die Hälfte des Kinderfreibetrags zusteht, wobei es ohne Bedeutung ist, ob die Eltern verheiratet sind oder nicht und bei welchem Elternteil das Kind lebt. Diese seit 1986 geltende Betrachtungsweise wird als Halbteilungsgrundsatz bezeichnet. Er gilt auch für den ab 2002 zu gewährenden Freibetrag für Betreuungs- und Erziehungs- oder Ausbildungsbedarf (vgl. hierzu auch die Erläuterungen unter der vorstehenden Nr. 7). Obwohl der Kinderbegriff für Kindergeld und Kinderfreibetrag seit 1996 weitgehend vereinheitlicht wurde, gilt der **Halbteilungsgrundsatz** unverändert weiter und muss deshalb bei der **Eintragung des Kinderfreibetrags-Zählers auf der Lohnsteuerkarte** beachtet werden (die Kinderfreibeträge wirken sich allerdings nur noch beim Solidaritätszuschlag und der Kirchensteuer, nicht jedoch bei der Lohnsteuer aus). Der Freibetrag für Betreuungs- und Erziehungs- oder Ausbildungsbedarf ist in dem auf der Lohnsteuerkarte bescheinigten Kinderfreibetrags-Zähler enthalten. Er wirkt sich daher bereits im Laufe des Jahres mindernd auf den Solidaritätszuschlag und die Kirchensteuer aus. Im Einzelnen gilt für die Anwendung des Halbteilungsgrundsatzes Folgendes:

Leben die leiblichen Eltern des Kindes in ehelicher Gemeinschaft zusammen **(sog. intakte Ehe)**, ergeben sich **keine Probleme**. Die Eltern erhalten jeweils einen halben, zusammen also den vollen Kinderfreibetrag (Kinderfreibetrags-Zähler auf der Lohnsteuerkarte 1,0) bzw.

noch Anhang 9

jeweils einen halben, zusammen also den vollen Freibetrag für Betreuungs- und Erziehungs- oder Ausbildungsbedarf. Probleme ergeben sich bei der Verwirklichung des sog. Halbteilungsgrundsatzes aber dann, wenn die Elternteile

- dauernd getrennt leben,
- nicht mehr miteinander verheiratet sind,
- zu keinem Zeitpunkt miteinander verheiratet waren.

Diesen Elternteilen steht nach dem **Halbteilungsgrundsatz** jeweils nur der halbe Kinderfreibetrag und der halbe Freibetrag für Betreuungs- und Erziehungs- oder Ausbildungsbedarf zu.

Der halbe Kinderfreibetrag und der halbe Freibetrag für Betreuungs- und Erziehungs- oder Ausbildungsbedarf gilt bei allen nicht verheirateten oder bei dauernd getrennt lebenden Eltern **unabhängig davon, bei welchem Elternteil das Kind lebt.** Die reine Halbierung ist jedoch in vielen Fällen nicht bis zur letzten Konsequenz durchführbar, z. B. wenn

- ein Elternteil verstorben ist;
- ein Elternteil im Ausland lebt oder sein Aufenthalt überhaupt nicht ermittelt werden kann;
- der Vater eines Kindes amtlich nicht feststellbar ist;
- ein Elternteil allein das Kind angenommen hat oder das Kind nur zu ihm in einem Pflegekindschaftsverhältnis steht.

Für all diese Fälle musste eine **Übertragung** des halben Kinderfreibetrags und des halben Freibetrags für Betreuungs- und Erziehungs- oder Ausbildungsbedarf auf den anderen Elternteil gesetzlich vorgesehen werden. Da jedoch im laufenden Kalenderjahr das Kindergeld monatlich als Steuervergütung gezahlt und die beiden Freibeträge für das Kind nur dann bei der Veranlagung zur Einkommensteuer abgezogen werden, wenn die verfassungsrechtlich gebotene steuerliche Freistellung eines Einkommensbetrags in Höhe des Existenzminimums eines Kindes einschließlich des Bedarfs für Betreuung und Erziehung oder Ausbildung durch das Kindergeld nicht erreicht wird, hat die Möglichkeit der Übertragung gegenüber der Rechtslage bis 1995 erheblich **an Bedeutung verloren.** Bei der Kirchensteuer und beim Solidaritätszuschlag wirken sich die Kinderfreibeträge und die Freibeträge für Betreuungs- und Erziehungs- oder Ausbildungsbedarf jedoch weiterhin aus, da die Bemessungsgrundlage für die Zuschlagsteuern diejenige Einkommensteuer (Lohnsteuer) ist, die unter Berücksichtigung der Freibeträge für Kinder festzusetzen wäre. Die Übertragung von Freibeträgen für Kinder ist somit nach wie vor bei allen Arbeitnehmern mit Kindern von Bedeutung, wenn auch nur mit einer erheblich **geringeren finanziellen Auswirkung** als vor dem 1.1.1996.

Zuständig für die **Übertragung** des halben Kinderfreibetrags – die automatisch auch die Übertragung des halben Freibetrags für Betreuungs- und Erziehungs- oder Ausbildungsbedarf zur Folge hat – (= Eintragung des Zählers 1,0 statt 0,5 auf der Lohnsteuerkarte) sind ausschließlich die **Finanzämter** (also auch für Kinder unter 18 Jahren, für die an sich die Gemeinden zuständig wären). Die Möglichkeit der Beantragung der Übertragung ist in den amtlichen Vordrucken „Antrag auf Lohnsteuer-Ermäßigung 2010" bzw. „Vereinfachter Antrag auf Lohnsteuer-Ermäßigung 2010" enthalten, mit dem die Eintragung eines Freibetrags auf der Lohnsteuerkarte oder die Berücksichtigung von Kindern beim Finanzamt beantragt werden kann.

b) Übertragung des Kinderfreibetrags wegen Nichterfüllung der Unterhaltsverpflichtung

Die gesetzlich vorgesehene Übertragung eines halben Kinderfreibetrags ist in der Regel unproblematisch, wenn der andere Elternteil verstorben ist, im Ausland lebt, sein Aufenthalt bzw. seine Identität überhaupt nicht ermittelt werden kann oder das Kindschaftsverhältnis nur zu einem Elternteil besteht. Diese Sachverhalte können dem Finanzamt unschwer nachgewiesen werden. Schwieriger ist es, wenn ein Elternteil die Übertragung des halben Kinderfreibetrags beantragt, weil der andere Elternteil seiner Unterhaltsverpflichtung nicht nachkommt. Denn **ohne** dass es einer ausdrücklichen **Zustimmung** des anderen Elternteils bedarf, kann ein Elternteil die Übertragung des dem anderen Elternteil zustehenden halben Kinderfreibetrags-Zählers beim Finanzamt beantragen, wenn er selbst, nicht jedoch der andere Elternteil seiner **Unterhaltsverpflichtung gegenüber dem Kind** für das Kalenderjahr **im Wesentlichen nachkommt.** Der Gesetzgeber hält also bei der Erfüllung der Unterhaltsverpflichtung am Jahresprinzip („für das Kalenderjahr") fest, obwohl er bei der Gewährung des Kinderfreibetrags das Monatsprinzip (monatlich 182 €/364 €) eingeführt hat. Die Übertragung des halben Kinderfreibetrags wegen Nichterfüllung der Unterhaltsverpflichtung hat **automatisch** auch die **Übertragung** des **halben Freibetrags für Betreuung und**

Erziehung oder Ausbildung zur Folge (R 32.13 Abs. 4 Satz 2 EStR). Im Einzelnen gilt für die Erfüllung der Unterhaltsverpflichtung Folgendes:

Der **Elternteil,** bei dem das **Kind lebt,** kommt bereits durch den sog. **Betreuungsunterhalt** (= Pflege und Erziehung des Kindes) stets seiner Unterhaltsverpflichtung im Wesentlichen nach; für ihn ergeben sich keine Besonderheiten. Der **Elternteil,** in dessen Obhut sich das **Kind nicht befindet,** ist im Regelfall zur Zahlung von **Barunterhalt** gesetzlich verpflichtet (das Zivilrecht unterscheidet zwischen Betreuungsunterhalt und Barunterhalt). Ist ein Elternteil (z. B. mangels finanzieller Leistungsfähigkeit) aber **nicht unterhaltspflichtig,** kann der ihm zustehende Kinderfreibetrag auch nicht auf den anderen Elternteil übertragen werden (BFH-Urteil vom 25.7.1997, BStBl. 1998 II S. 329).

Soweit die **Höhe des Barunterhalts** nicht durch **gerichtliche Entscheidung,** Verpflichtungserklärung, **Vergleich** oder anderweitig durch **Vertrag** festgelegt ist, können dafür im Zweifel die von den Oberlandesgerichten als Leitlinien aufgestellten Unterhaltstabellen, z. B. „**Düsseldorfer Tabelle**", einen Anhalt geben. Ein Elternteil kommt seiner Barunterhaltsverpflichtung gegenüber dem Kind **im Wesentlichen** nach, wenn er sie mindestens zu **75 %** erfüllt. Das gilt auch dann, wenn seine Zahlung im Verhältnis zum Unterhaltsbedarf des Kindes geringfügig ist (BFH-Urteil vom 25.7.1997, BStBl. 1998 II S. 433; im Streitfall betrug die Barunterhaltsverpflichtung lediglich ca. 45 € monatlich). Dieser Grundsatz findet auch dann Anwendung, wenn sich die Höhe der Unterhaltsverpflichtung aus dem Urteil eines Gerichts der ehemaligen „DDR" ergibt (BFH-Urteil vom 25.7.1997, BStBl. 1998 II S. 435). Bei der Beurteilung der Frage, ob ein Elternteil seiner Unterhaltsverpflichtung gegenüber dem Kind nachgekommen ist, ist nicht auf den Zeitpunkt abzustellen, in dem der Unterhalt gezahlt worden ist, sondern auf den **Zeitraum, für den der Unterhalt bestimmt** ist (BFH-Urteil vom 11.12.1992, BStBl. 1993 II S. 397). Hat aus Gründen, die in der Person des Kindes liegen, oder wegen des Todes des Elternteils die Unterhaltsverpflichtung nicht während des ganzen Kalenderjahres bestanden, so ist für die Frage, inwieweit sie erfüllt worden ist, nur auf den **Verpflichtungszeitraum abzustellen.** Ist ein Elternteil nur für einen Teil des Kalenderjahres zur Unterhaltszahlung verpflichtet, ist für die Prüfung des „wesentlichen Nachkommens" nur der Zeitraum zu Grunde zu legen, für den der Elternteil zur Unterhaltsleistung verpflichtet war. Im Übrigen kommt es nicht darauf an, ob die unbeschränkte Steuerpflicht des Kindes oder der Eltern während des ganzen Kalenderjahres bestanden hat (vgl. hierzu das nachfolgende Beispiel B).

Beispiel A

Das Kind beendet im Juni seine Berufsausbildung und steht ab September in einem Arbeitsverhältnis. Ab September kann es sich selbst unterhalten. Der zum Barunterhalt verpflichtete Elternteil ist seiner Verpflichtung nur für die Zeit bis einschließlich Juni nachgekommen. Er hat seine für 8 Monate bestehende Unterhaltsverpflichtung für 6 Monate, also zu 75 % erfüllt und daher Anspruch auf den halben Kinderfreibetrag und den halben Freibetrag für Betreuungs- und Erziehungs- oder Ausbildungsbedarf (vgl. hierzu auch die Erläuterungen unter der nachfolgenden Nr. 10 Buchstabe d).

Beispiel B

Der Vater eines nichtehelichen Kindes, der bisher seiner Unterhaltsverpflichtung voll nachgekommen ist, verzieht im August 2010 ins Ausland und leistet von da an keinen Unterhalt mehr. Er hat seine Unterhaltsverpflichtung, bezogen auf das Kalenderjahr 2010 nur zu 7/12 und damit nicht mindestens zu 75 % erfüllt; die Mutter, bei der das Kind lebt, kann deshalb die Übertragung des halben Kinderfreibetrags-Zählers auf sich beim Finanzamt beantragen.

Stellt ein Elternteil den anderen Elternteil von der **Unterhaltsverpflichtung** gegenüber einem gemeinsamen Kind **gegen** ein **Entgelt frei,** das den geschätzten Unterhaltsansprüchen des Kindes entspricht, so behält der freigestellte Elternteil den Anspruch auf den halben Kinderfreibetrag und den halben Freibetrag für den Betreuungs- oder Ausbildungsbedarf (BFH-Urteil vom 25.1.1996, BStBl. 1997 II S. 21).

Im Übrigen ist zu beachten, dass die **Übertragung** des halben Kinderfreibetrags und des halben Freibetrags für Betreuung und Erziehung oder Ausbildung für den einzelnen Elternteil zu positiven bzw. negativen **Folgeänderungen** bei den **anderen kindbedingten Steuerentlastungen** (z. B. Entlastungsbetrag für Alleinerziehende, Prozentsatz der zumutbaren Eigenbelastung) führen kann.

c) Übertragung des Kinderfreibetrags auf Antrag

Bis einschließlich 1995 wurde die Übertragung des halben Kinderfreibetrags-Zählers ohne jede Voraussetzung ganz generell dann zugelassen, wenn ein Elternteil der Übertragung des halben Kinderfreibetrags-Zählers auf den anderen Elternteil zustimmte; die Zustimmung konnte nicht widerrufen werden.

Diese Übertragung des halben Kinderfreibetrags auf Antrag mit Zustimmung des anderen Elternteils ist mit Wirkung ab 1996 weggefallen. Durch die Abschaffung sollen missbräuchliche Gestaltungen vermieden

noch Anhang 9

werden, die sich bei einem Auseinanderfallen von Kindergeldberechtigten und Kinderfreibetrag unter Umständen ergeben könnten.

Neu eingeführt wurden hingegen folgende Übertragungsmöglichkeiten:

Der Kinderfreibetrag kann auf Antrag auf einen **Stiefelternteil** oder **Großelternteil** übertragen werden, wenn diese das Kind in ihren Haushalt aufgenommen haben. Diese Übertragungsmöglichkeit wurde eingeführt, weil Groß- und Stiefeltern nach dem im Kindergeldrecht geltenden Vorrangprinzip, das in § 63 Abs. 1 EStG übernommen wurde, grundsätzlich kindergeldberechtigt sind, wenn sie ein Enkel- oder Stiefkind in ihren Haushalt aufgenommen haben. Die Übertragung kann z. B. dann in Betracht kommen, wenn ein leiblicher Elternteil seiner Unterhaltsverpflichtung gegenüber dem Kind nicht nachkommt (vgl. die Erläuterungen unter dem vorstehenden Buchstaben b).

Außerdem kann der Kinderfreibetrag stets mit Zustimmung des berechtigten Elternteils auf einen Stiefelternteil oder Großelternteil übertragen werden. Die Zustimmung des berechtigten Elternteils kann nur für künftige Kalenderjahre widerrufen werden.

Die **Übertragung** des **Kinderfreibetrags** und des **Freibetrags für Betreuungs- und Erziehungs- oder Ausbildungsbedarf** auf einen Stiefelternteil oder Großelternteil kann aber **nur einheitlich** vorgenommen werden (vgl. auch die Erläuterungen unter dem nachfolgenden Buchstaben d).

Beispiel

Eine ledige Studentin hat ein Kind. Der leibliche Vater kommt seiner Unterhaltsverpflichtung für das Jahr 2010 nicht nach. Bedingt durch das Studium lebt die Studentin noch zu Hause bei ihren Eltern. Da diese das Kind versorgen, hat die Studentin gegenüber der Familienkasse auf ihren Vorrang für das Kindergeld schriftlich verzichtet, sodass das Kindergeld in Höhe von 184 € monatlich an die Großmutter gezahlt wird (§§ 63 Abs. 1 Nr. 3 und 64 Abs. 2 Satz 5 EStG). Der hälftige Kinderfreibetrag des leiblichen Vaters ist auf Antrag auf die Studentin zu übertragen, weil sie (durch Pflege und Erziehung) ihrer Unterhaltsverpflichtung, nicht jedoch der leibliche Vater seiner Unterhaltsverpflichtung gegenüber dem Kind im Kalenderjahr 2010 im Wesentlichen nachkommt. Anschließend kann der volle Kinderfreibetrag auf die Großmutter übertragen werden, weil diese das Kind in ihren Haushalt aufgenommen hat. Der halbe Kinderfreibetrag des Vaters könnte auch unmittelbar auf die Großmutter übertragen werden. Die Übertragung ist erforderlich, weil das Kind kein Pflegekind der Großmutter im Sinne des § 32 Abs. 1 Nr. 2 EStG ist. Denn das Obhuts- und Pflegeverhältnis zu der leiblichen Mutter besteht weiterhin. Die vorstehend beschriebenen Übertragungen haben automatisch auch die Übertragung des Freibetrags für Betreuungs- und Erziehungs- oder Ausbildungsbedarf zur Folge (vgl. die Erläuterungen unter dem nachfolgenden Buchstaben d).

d) Übertragung des Freibetrags für Betreuungs- und Erziehungs- oder Ausbildungsbedarf auf Antrag

Nach dem zu beachtenden **Halbteilungsgrundsatz** steht jedem Elternteil auch der Freibetrag für Betreuungs- und Erziehungs- oder Ausbildungsbedarf jeweils zur Hälfte zu. Ebenso wie beim Kinderfreibetrag ist die Übertragung des halben Freibetrags für Betreuungs- und Erziehungs- oder Ausbildungsbedarf in der Regel unproblematisch, wenn der andere Elternteil verstorben ist, im Ausland lebt, sein Aufenthalt bzw. seine Identität überhaupt nicht ermittelt werden kann oder das Kindschaftsverhältnis nur zu einem besteht. Außerdem hat die Übertragung des halben Kinderfreibetrags wegen **Nichterfüllung der Unterhaltsverpflichtung** automatisch auch die Übertragung des halben Freibetrags für Betreuungs- und Erziehungs- oder Ausbildungsbedarf zur Folge (R 32.13 Abs. 4 Satz 2 EStR).

Darüber hinaus kann der einem Elternteil zustehende Freibetrag für Betreuungs- und Erziehungs- oder Ausbildungsbedarf **auf Antrag** auf den anderen Elternteil übertragen werden, wenn das **minderjährige** Kind nur bei diesem **Elternteil gemeldet** ist (§ 32 Abs. 6 Satz 6 letzter Halbsatz EStG). Die Übertragung hängt nicht davon ab, dass der andere Elternteil seine Unterhaltspflicht verletzt oder der Übertragung zugestimmt hat (BFH-Urteil vom 18.5.2006, BStBl. 2008 II S. 352).

Beispiel

A und B, geschieden, sind Eltern einer 12-jährigen Tochter, die ausschließlich bei A gemeldet ist. B kommt seiner Unterhaltsverpflichtung für das Kind in vollem Umfang nach.

Während es bezüglich des Kinderfreibetrags wegen fehlender Übertragungsmöglichkeit beim Halbteilungsgrundsatz bleibt, kann der B zustehende halbe Freibetrag für Betreuungs- und Erziehungs- oder Ausbildungsbedarf auf Antrag auf A übertragen werden, da die minderjährige Tochter nicht bei B gemeldet ist.

In dem Kalenderjahr, in dem das Kind das 18. Lebensjahr vollendet, ist eine **Übertragung** des Freibetrags für den Betreuungs- und Erziehungs- oder Ausbildungsbedarf nur für den **Teil des Kalenderjahres** möglich, in dem das Kind noch minderjährig ist (R 32.13 Abs. 4 Satz 5 EStR).

Der Freibetrag für Betreuungs- und Erziehungs- oder Ausbildungsbedarf kann auf Antrag auch auf einen **Stiefelternteil** oder **Großelternteil** übertragen werden, wenn diese das Kind in ihren Haushalt aufgenommen haben. Er kann aber – ebenso wie der Kinderfreibetrag – auch mit Zustimmung des berechtigten Elternteils auf einen Stiefelternteil oder Großelternteil übertragen werden. Die Zustimmung kann nur für künftige Kalenderjahre widerrufen werden.

Zu beachten ist allerdings, dass der **Kinderfreibetrag** und der **Freibetrag für Betreuungs- und Erziehungs- oder Ausbildungsbedarf nur einheitlich auf** einen Stiefelternteil oder Großelternteil übertragen werden können (vgl. die Erläuterungen unter dem vorstehenden Buchstaben c).

11. Ansatz der Freibeträge für Kinder anstelle des Kindergeldes im Veranlagungsverfahren bei Anwendung des Halbteilungsgrundsatzes und in anderen Sonderfällen

a) Allgemeines

Wie bereits unter der vorstehenden Nr. 4 ausgeführt, ist das früher geltende duale System einer kumulativen Gewährung von Kindergeld und Kinderfreibetrag mit Wirkung ab 1996 abgeschafft worden. Seit dem 1.1.2002 wird die steuerliche **Freistellung** eines Einkommensbetrags in Höhe des **Existenzminimums** einschließlich des Bedarfs für Betreuung und Erziehung oder Ausbildung durch das **Kindergeld** einerseits oder durch die **Summe** aus **Kinderfreibetrag** und **Freibetrag für Betreuungs- und Erziehungs- oder Ausbildungsbedarf** andererseits bewirkt. Dabei wird während des Kalenderjahres die Vergünstigung für ein Kind ausschließlich in Form des Kindergeldes gewährt. Erst nach Ablauf des Kalenderjahres kommt als Alternative die Summe aus Kinderfreibetrag und Freibetrag für Betreuungs- und Erziehungs- oder Ausbildungsbedarf in Betracht, und zwar nur im Rahmen einer Veranlagung des Arbeitnehmers zur Einkommensteuer. Das Finanzamt prüft im Rahmen dieser Veranlagung, ob der Abzug der Freibeträge für Kinder und die Erhöhung der Einkommensteuer um das Kindergeld aus verfassungsrechtlichen Gründen geboten ist. Diese sog. Vergleichsrechnung zwischen Freibeträge für Kinder und Kindergeld ist für den Normalfall unter der vorstehenden Nr. 4 erläutert. Die Vergleichsrechnung kann jedoch insbesondere dann Schwierigkeiten bereiten, wenn beim Kinderfreibetrag und Freibetrag für Betreuungs- und Erziehungs- oder Ausbildungsbedarf der Halbteilungsgrundsatz anzuwenden ist, wohingegen das Kindergeld infolge des dort geltenden Vorrangprinzips nur einer Person ausgezahlt wurde. Außerdem können bei der Vergleichsrechnung wegen der unterschiedlichen Höhe des Kindergeldes für die ersten beiden Kinder, dem dritten Kind und ab dem vierten Kind dann Probleme auftreten, wenn z. B. das 4. Kind im Laufe des Kalenderjahres zum 3. Kind wird (sog. Wechselfälle; vgl. hierzu den nachfolgenden Buchstaben d).

b) Vergleichsrechnung bei Anwendung des Halbteilungsgrundsatzes

Wird bei einer Veranlagung des Steuerpflichtigen ein halber Kinderfreibetrag und ein halber Freibetrag für Betreuungs- und Erziehungs- oder Ausbildungsbedarf berücksichtigt, so ist bei der Hinzurechnung des Kindergeldes zur Einkommensteuer zu beachten, dass die Verrechnung auch insoweit erfolgt, als das Kindergeld dem Steuerpflichtigen im Wege eines zivilrechtlichen Ausgleichs zusteht. Wird bei der Einkommensteuerveranlagung des barunterhaltspflichtigen Elternteils der (halbe) Kinderfreibetrag und ein halber Freibetrag für Betreuungs- und Erziehungs- oder Ausbildungsbedarf abgezogen, ist die Hälfte des Kindergeldes durch Hinzurechnung zur tariflichen Einkommensteuer zu verrechnen. Daraus folgt zugleich, dass auch beim betreuenden Elternteil nur die ihm wirtschaftlich verbleibende Hälfte des Kindergeldes durch Hinzurechnung zur tariflichen Einkommensteuer zu verrechnen ist, wenn bei seiner Einkommensteuerveranlagung der halbe Kinderfreibetrag und ein halber Freibetrag für Betreuungs- und Erziehungs- oder Ausbildungsbedarf abgezogen wird (vgl. auch die Erläuterungen unter dem nachfolgenden Buchstaben c).

Beispiel

Die geschiedenen Eheleute sind Eltern eines 12-jährigen Kindes. Die Mutter erhält im Jahre 2010 das volle Kindergeld in Höhe von 184 € monatlich. Der Vater kommt seiner zivilrechtlichen Unterhaltsverpflichtung nach. Wird bei der Einkommensteuerveranlagung 2010 des Vaters der – hälftige – Kinderfreibetrag und Freibetrag für Betreuungs- und Erziehungs- oder Ausbildungsbedarf abgezogen, ist das die Unterhaltsverpflichtung mindernde Kindergeld in Höhe von 1104 € jährlich (184 € × 12 Monate = 2208 €; davon 50 % = 1104 €) seiner tariflichen Einkommensteuer hinzuzurechnen. Demzufolge wird bei der Mutter nur die verbleibende Hälfte des Kindergeldes von ebenfalls 1104 € hinzugerechnet, falls im Rahmen ihrer Einkommensteuerveranlagung 2010 ebenfalls ein halber Kinderfreibetrag und Freibetrag für Betreuungs- und Erziehungs- oder Ausbildungsbedarf abzuziehen ist.

Verzichtet der zum **Barunterhalt** verpflichtete **Elternteil** durch gerichtlichen oder außergerichtlichen Vergleich auf die Anrechnung des Kindergeldes auf den Kindesunterhalt, ist sein **zivilrechtlicher Ausgleichsanspruch** in Höhe des halben Kindergeldes gleichwohl in die

noch Anhang 9

Vergleichsrechnung zwischen Kindergeld und Freibeträge für Kinder **einzubeziehen** (BFH-Urteil vom 16.3.2004, BStBl. 2005 II S. 332).

Sieht das **Zivilrecht** eines **ausländischen Staates** nicht vor, dass das Kindergeld die Unterhaltszahlung des barunterhaltspflichtigen Elternteils mindert, ist der für das Kind bestehende **Kindergeldanspruch** dennoch im Umfang der abgezogenen Kinderfreibeträge bei der Vergleichsrechnung zwischen Kindergeld und Freibeträge für Kinder zu **berücksichtigen** (BFH-Urteil vom 13.8.2002, BStBl. II S. 867). Vgl. hierzu auch die Erläuterungen unter der nachfolgenden Nr. 12 Buchstabe g.

Der Bundesfinanzhof hat dem Bundesverfassungsgericht allerdings die Frage zur Entscheidung vorgelegt, ob bei einem barunterhaltspflichtigen Elternteil, dessen Einkommen um die Freibeträge für Kinder gemindert wurde, die tarifliche Einkommensteuer auch dann um die Hälfte des Kindergeldes zu erhöhen ist, wenn ihm das Kindergeld wirtschaftlich nicht in dieser Höhe zugute gekommen ist, weil die Anrechnung auf die Verpflichtung wegen zu geringem Regelunterhalt (sog. **Mangelfall**) unterblieben ist (BFH-Urteil vom 30.11.2004, BStBl. 2008 II S. 795). Das Bundesverfassungsgericht hält die Hinzurechnung des Kindergeldes zur Einkommensteuer auch im Falle der Nichtanrechnung auf den Unterhalt für mit dem Grundgesetz vereinbar (BVerfG-Beschluss vom 13.10.2009 2 BvL 3/05).

c) Anrechnung des Kindergeldes „im Umfang der abgezogenen Kinderfreibeträge"

Ist der **Abzug** des Kinderfreibetrags und des **Freibetrags** für Betreuungs- und Erziehungs- oder Ausbildungsbedarf bei der Ermittlung des zu versteuernden Einkommens aus verfassungsrechtlichen Gründen geboten, **erhöht sich** die tarifliche **Einkommensteuer** um den **Anspruch** auf **Kindergeld** für das gesamte Kalenderjahr (§ 31 Satz 4 EStG).

Die Hinzurechnung des Kindergeldes zur Einkommensteuer ist bei nicht zusammen zur Einkommensteuer veranlagten „**im Umfang des Kinderfreibetrags**" vorzunehmen. Sie richtet sich also nur danach, ob das Einkommen um einen vollen oder halben Kinderfreibetrag vermindert wurde. In welchem Umfang der Freibetrag für den Betreuungs- und Erziehungs- oder Ausbildungsbedarf bei den Eltern abgezogen worden ist, spielt für den Umfang der Hinzurechnung des Kindergeldes zur Einkommensteuer keine Rolle.

Beispiel

A und B, nicht miteinander verheiratet, sind Eltern der achtjährigen C. C lebt bei A, die ihrer Unterhaltsverpflichtung gegenüber C durch Pflege und Erziehung nachkommt und das Kindergeld erhält. B zahlt den festgelegten Barunterhalt.

Wird bei den Einkommensteuer-Veranlagungen von A und B im Rahmen der Ermittlung des zu versteuernden Einkommens jeweils ein halber Kinderfreibetrag abgezogen, ist bei beiden Elternteilen die Hälfte des Kindergeldes der tariflichen Einkommensteuer hinzuzurechnen. Dies gilt auch dann, wenn der Freibetrag für den Betreuungs- und Erziehungs- oder Ausbildungsbedarf nicht nur zur Hälfte, sondern in voller Höhe bei der Einkommensteuerveranlagung von A abgezogen worden ist (vgl. zur Übertragung dieses Freibetrags vorstehende Nr. 10 Buchstabe d).

Kommt der zum Barunterhalt verpflichtete Elternteil seiner **Unterhaltsverpflichtung** gegenüber dem Kind **nicht** im Wesentlichen **nach** (vgl. vorstehende Nr. 10 Buchstabe b) und wird deshalb der halbe **Kinderfreibetrag** dieses Elternteils auf den Elternteil, der das Kind betreut, **übertragen**, ist bei der Vergleichsrechnung dem **vollen Kinderfreibetrag** das **gesamte** an den betreuenden Elternteil ausgezahlte **Kindergeld gegenüberzustellen** (BFH-Urteil vom 16.3.2004, BStBl. 2005 II S. 594).

Beispiel

Wie vorstehendes Beispiel. B kommt seiner Barunterhaltsverpflichtung zu weniger als 75 % nach (vgl. vorstehende Nr. 10 unter Buchstabe b) und der halbe Kinderfreibetrag des B wird auf Antrag der A auf sie übertragen.

Bei der Einkommensteuererklärung des A sind im Rahmen der Vergleichsrechnung Freibeträge für Kinder/Kindergeld der volle Kinderfreibetrag und der volle Freibetrag für Betreuungs- und Erziehungs- oder Ausbildungsbedarf und das gesamte an A ausgezahlte Kindergeld gegenüberzustellen.

Die Finanzverwaltung rechnet übrigens den Anspruch auf Kindergeld sogar dann der tariflichen Einkommensteuer hinzu, wenn das Kindergeld aus verfahrensrechtlichen Gründen nicht mehr festgesetzt werden kann (R 31 Abs. 2 Satz 2 EStR). Dies gilt ausnahmsweise nicht, wenn aufgrund der Rechtsprechung des Bundesverfassungsgerichts zur Berücksichtigung der Pflichtbeiträge des Kindes zur gesetzlichen Sozialversicherung (vgl. vorstehende Nr. 9 Buchstabe a) die steuerlichen Freibeträge für Kinder abzuziehen sind und ein bestandskräftiger Ablehnungs-/Aufhebungsbescheid für Kindergeld vorliegt (BMF-Schreiben vom 18.11.2005, BStBl. I S. 1027).

d) Wechselfälle

Die Prüfung, ob die gebotene steuerliche Freistellung des Existenzminimums eines Kindes einschließlich des Bedarfs für Betreuung und Erziehung oder Ausbildung in vollem Umfang durch das Kindergeld erreicht wird oder nicht, ist bei Steuerpflichtigen mit mehreren Kindern **für jedes Kind einzeln** vorzunehmen (sog. Einzelbetrachtungsweise). Für jedes einzelne Kind wird also eine eigene Vergleichsrechnung durchgeführt. Die Vergleichsrechnung wird aber nicht einzeln für jeden Monat vorgenommen. Der Vergleich ist vielmehr für diejenigen Monate zusammen vorzunehmen, für die das Kind steuerlich zu berücksichtigen ist. Dies gilt auch dann, wenn im Laufe eines Kalenderjahres das 3. Kind zum 2. Kind oder das 4. Kind zum 3. Kind wird, weil die Voraussetzungen für die Berücksichtigung des ersten, zweiten oder dritten Kindes im Laufe des Kalenderjahres weggefallen sind.

e) Anrechnung „vergleichbarer Leistungen"

Bei einer Veranlagung zur Einkommensteuer gegenzurechnen ist nicht nur das Kindergeld, sondern auch die vergleichbaren Leistungen im Sinne des § 65 EStG. Dies sind die

- **Kinderzulagen** aus der gesetzlichen Unfallversicherung,
- **Kinderzuschüsse** aus den gesetzlichen Rentenversicherungen,
- **Leistungen** für Kinder, die im **Ausland** gewährt werden und dem Kindergeld, der Kinderzulage aus der gesetzlichen Unfallversicherung oder dem Kinderzuschuss aus der gesetzlichen Rentenversicherung vergleichbar sind (vgl. hierzu auch die tabellarische Übersicht im BStBl. 2002 I S. 241 ff.),
- **Leistungen** für Kinder, die von einer **zwischen-** oder **überstaatlichen Einrichtung** gewährt werden und dem Kindergeld vergleichbar sind.

Ist der Kinderzuschuss aus der gesetzlichen Rentenversicherung bzw. die Kinderzulage aus der gesetzlichen Unfallversicherung niedriger als das Kindergeld, wird der Unterschiedsbetrag als **Teilkindergeld** gezahlt, wenn er mindestens 5 € beträgt (§ 65 Abs. 2 EStG). Auch bei (niedrigeren) Familienleistungen eines Mitgliedstaats der Europäischen Union, des Europäischen Wirtschaftsraums (Island, Norwegen, Liechtenstein) oder der Schweiz besteht ggf. Anspruch auf einen Unterschiedsbetrag als Teilkindergeld.

Wird nach ausländischem Recht Kindergeld in geringerer Höhe gezahlt, so ist bei der Vergleichsrechnung nur dieses **niedrigere Kindergeld** der Summe aus Kinderfreibetrag und Freibetrag für Betreuungs- und Erziehungs- oder Ausbildungsbedarf gegenzurechnen. Wird für Kinder im Ausland **kein Kindergeld** oder eine vergleichbare Leistung gezahlt, erhält der Arbeitnehmer also bei der Veranlagung zur Einkommensteuer den in Betracht kommenden Kinderfreibetrag und Freibetrag für Betreuungs- und Erziehungs- oder Ausbildungsbedarf **ohne Gegenrechnung**; die Verrechnung des Kindergeldes im Umfang der abgezogenen Kinderfreibeträge ist aber auch dann vorzunehmen, wenn das Zivilrecht des ausländischen Staates eine Minderung der Unterhaltszahlung von Kindergeld nicht vorsieht (BFH-Urteil vom 13.8.2002, BStBl. II S. 867). Wird nach **ausländischem Recht** ein **höheres Kindergeld** als nach inländischem Recht gezahlt, beschränkt sich die Verrechnung durch **Hinzurechnung** zur tariflichen Einkommensteuer auf die Höhe des **inländischen Kindergeldes** (§ 31 Satz 6 EStG).

Zur Zahlung von Kindergeld und zur Berücksichtigung eines Kinderfreibetrags sowie eines Freibetrags für Betreuungs- und Erziehungs- oder Ausbildungsbedarf bei Kindern, die im Ausland leben (sog. **Auslandskinder**), wird auf die Erläuterungen unter der nachfolgenden Nr. 12 verwiesen.

12. Kindergeld und Freibeträge für Kinder bei Auslandskindern

a) Anspruchsberechtigte beim Kindergeld

Anspruch auf Kindergeld hat, wer **im Inland** einen **Wohnsitz** oder seinen **gewöhnlichen Aufenthalt** hat. Auf die Staatsangehörigkeit kommt es insoweit nicht an. Ist der Arbeitnehmer also **unbeschränkt steuerpflichtig** (dies sind alle Arbeitnehmer, die eine Lohnsteuerkarte vorlegen können), so gehört er automatisch zu dem Personenkreis, der Anspruch auf Kindergeld hat. Außerdem gehört zum anspruchsberechtigten Personenkreis, wer **ohne Wohnsitz oder gewöhnlichen Aufenthalt im Inland**

- nach § 1 Abs. 2 EStG unbeschränkt einkommensteuerpflichtig ist (sog. erweiterte unbeschränkte Steuerpflicht, vgl. dieses Stichwort im Hauptteil des Lexikons) **oder**

noch Anhang 9

– nach § 1 Abs. 3 EStG auf Antrag als unbeschränkt einkommensteuerpflichtig zu behandeln ist (vgl. das Stichwort „Beschränkt steuerpflichtige Arbeitnehmer" im Hauptteil des Lexikons).

Ob ein Arbeitnehmer zu diesem Personenkreis gehört, ergibt sich aus der Lohnsteuerabzugsbescheinigung des Betriebsstättenfinanzamts, die der Arbeitnehmer seinem Arbeitgeber vorlegen muss. Die hiermit zusammenhängenden Fragen sind ausführlich beim Stichwort „Beschränkt steuerpflichtige Arbeitnehmer" im Hauptteil des Lexikons erläutert.

Bei **Grenzgängern,** das heißt bei Arbeitnehmern aus Frankreich, Österreich und der Schweiz, die grundsätzlich in einer bestimmten Grenzzone dieser Nachbarstaaten wohnen und in der entsprechenden Grenzzone des anderen Nachbarstaates arbeiten, steht das Besteuerungsrecht dem Wohnsitzstaat zu. Dieser Personenkreis wird deshalb nicht nach § 1 Abs. 3 EStG als unbeschränkt einkommensteuerpflichtig behandelt (vgl. das Stichwort „Grenzgänger" im Hauptteil des Lexikons). Grenzgänger haben damit **keinen Anspruch auf Kindergeld** nach § 62 EStG. Zum Kindergeldanspruch von Eltern, die mit ihren Kindern in Deutschland wohnen und in der Schweiz arbeiten, vgl. das Stichwort „Grenzgänger" unter Nr. 11.

Ein nicht freizügigkeitsberechtigter **Ausländer** hat grundsätzlich ohnehin nur Anspruch auf Kindergeld nach § 62 EStG, wenn er im Besitz einer **Niederlassungserlaubnis** oder einer bestimmten **Aufenthaltserlaubnis** (z. B. zur Ausübung einer Erwerbstätigkeit, vgl. im Einzelnen § 62 Abs. 2 EStG) ist. Das **Erfordernis** einer Niederlassungserlaubnis oder Aufenthaltserlaubnis gilt jedoch **nicht** für Staatsangehörige eines EU-/EWR-Mitgliedstaates sowie für Staatsangehörige der Schweiz. Das Gleiche gilt für Staatsangehörige Bosnien-Herzegowinas, des Kosovo, Marokkos, Serbien und Montenegro, Tunesiens und der Türkei auf Grundlage der jeweiligen zwischenstaatlichen Abkommen, wenn sie in Deutschland in einem sozialversicherungspflichtigen Beschäftigungsverhältnis stehen, Arbeitslosengeld I oder Krankengeld beziehen.

Ein weiterer, kleinerer Kreis von Anspruchsberechtigten ergibt sich aus § 1 des **Bundeskindergeldgesetzes** (BKGG). Es handelt sich hierbei u. a. um Personen, die nicht nach § 62 EStG anspruchsberechtigt sind, jedoch

– in einem Versicherungspflichtverhältnis zur Bundesagentur für Arbeit nach § 24 SGB III (= Arbeitslosenversicherung) stehen oder versicherungsfrei nach § 28 Nr. 1 SGB III sind;
– als Entwicklungshelfer Unterhaltsleistungen im Sinne des § 4 Abs. 1 Nr. 1 des Entwicklungshelfer-Gesetzes erhalten oder als Missionar tätig sind;
– eine nach § 123a des Beamtenrechtsrahmengesetzes, § 29 Bundesbeamtengesetz oder § 20 Beamtenstatusgesetz bei einer Einrichtung außerhalb Deutschlands zugewiesene Tätigkeit ausüben;
– als nicht deutscher Ehegatte eines Mitglieds der Truppe oder des zivilen Gefolges eines Mitgliedstaats der NATO die Staatsangehörigkeit eines EU/EWR-Mitgliedstaats besitzen und in Deutschland ihren Wohnsitz oder gewöhnlichen Aufenthalt haben.

Nach dem BKGG kommt in bestimmten Fällen auch die Zahlung von Kindergeld an das Kind selbst (z. B. bei Vollwaisen) in Betracht. Zu beachten ist allerdings, dass der Anspruch auf Kindergeld nach dem EStG dem Anspruch auf Kindergeld nach dem BKGG vorgeht.

b) Auslandskinder, die zum Bezug von Kindergeld berechtigen

Zum Kinderbegriff bestehen bei Auslandskindern keine Besonderheiten. Insbesondere auf die Staatsangehörigkeit des Kindes kommt es nicht an. Es gelten deshalb die allgemeinen Grundsätze, die unter der vorstehenden Nr. 8 erläutert sind. Bezüglich des Wohnsitzes des Kindes ist jedoch Folgendes zu beachten:

Kinder, die weder einen Wohnsitz noch einen gewöhnlichen Aufenthalt im Inland haben, werden für die Zahlung von Kindergeld nur berücksichtigt, wenn sie

– einen **Wohnsitz** oder einen **gewöhnlichen Aufenthalt** in einem anderen Mitgliedstaat der **Europäischen Union** oder des **Europäischen Wirtschaftsraums** (sog. EU/EWR-Länder)*) haben **oder**
– im Haushalt eines Berechtigten leben, der nach § 1 Abs. 2 EStG unbeschränkt einkommensteuerpflichtig ist (sog. erweiterte unbeschränkte Steuerpflicht, vgl. dieses Stichwort im Hauptteil des Lexikons).

Schicken die Eltern ihr sechsjähriges Kind für einen **mehrjährigen Schulbesuch** zu den Großeltern **ins Ausland,** verliert das Kind seinen Wohnsitz im Inland und die Eltern ggf. den Anspruch auf Kindergeld. Besuchsweise Aufenthalte des Kindes in der elterlichen Wohnung im Inland führen selbst dann nicht zur Beibehaltung des Wohnsitzes, wenn die Rückkehr des Kindes nach Deutschland nach Erreichen des Schulabschlusses beabsichtigt ist (BFH-Urteil vom 23.11.2000, BStBl. 2001 II S. 279); Aufenthalte eines Kindes in den Ferien kommen nicht einem Aufenthalt mit Wohncharakter gleich. Bei einem **mehrjährigen Studium im Ausland** behält ein Kind seinen inländischen Wohnsitz in der Wohnung der Eltern, wenn es diese Wohnung in ausbildungsfreien Zeiten (mit-)nutzt. Es genügt z. B. für die Beibehaltung des Wohnsitzes, wenn sich das Kind im Jahr fünf Monate in der inländischen Wohnung der Eltern aufhält (BFH-Urteil vom 23.11.2000, BStBl. 2001 II S. 294).

Lebt ein ins Ausland versetzter Deutscher dort mit seiner Familie, ist nicht ohne Weiteres davon auszugehen, dass sein inländischer Wohnsitz in Deutschland zugleich der Wohnsitz der Kinder ist (BFH-Beschluss vom 15.5.2009, BFH/NV 2009 S. 1630).

Beispiel A

Ein österreichischer Arbeitnehmer wird auf Antrag nach § 1 Abs. 3 EStG als unbeschränkt einkommensteuerpflichtig behandelt, weil seine Einkünfte zu mindestens 90 % der deutschen Einkommensteuer unterliegen. Der Arbeitnehmer wohnt mit seiner Ehefrau und den beiden leiblichen, minderjährigen Kindern in Innsbruck.

Der österreichische Arbeitnehmer ist Anspruchsberechtigter, da er nach § 1 Abs. 3 EStG als unbeschränkt einkommensteuerpflichtig behandelt wird (vgl. die Erläuterungen unter dem vorstehenden Buchstaben a). Die beiden Kinder berechtigen zum Bezug des Kindergeldes, weil es sich um leibliche Kinder und damit um Kinder im Sinne des § 32 Abs. 1 EStG handelt, die ihren Wohnsitz in einem anderen Mitgliedstaat der Europäischen Union haben.

Beispiel B

Ein ukrainischer Arbeitnehmer wird auf Antrag nach § 1 Abs. 3 EStG als unbeschränkt einkommensteuerpflichtig behandelt, weil seine Einkünfte zu mindestens 90 % der deutschen Einkommensteuer unterliegen. Der Arbeitnehmer wohnt mit seiner Ehefrau und den beiden leiblichen, minderjährigen Kindern (neun und sieben Jahre alt) in Kiew. Der ukrainische Arbeitnehmer ist im Grundsatz Anspruchsberechtigter, weil er nach § 1 Abs. 3 EStG als unbeschränkt einkommensteuerpflichtig behandelt wird (vgl. die Erläuterungen unter dem vorstehenden Buchstaben a). Die beiden Kinder können jedoch für die Zahlung von Kindergeld nicht berücksichtigt werden, weil sie ihren Wohnsitz oder gewöhnlichen Aufenthalt weder im Inland noch in einem anderen Mitgliedstaat der Europäischen Union oder des Europäischen Wirtschaftsraums haben. Für diese Kinder wird in Deutschland kein Kindergeld gezahlt. Einen Kinderfreibetrag und einen Freibetrag für Betreuungs- und Erziehungs- oder Ausbildungsbedarf erhalten unbeschränkt steuerpflichtige Arbeitnehmer allerdings ohne Rücksicht darauf, ob das Kind im In- oder Ausland lebt. Der ukrainische Arbeitnehmer erhält deshalb für seine beiden Kinder jeweils einen Kinderfreibetrag und einen Freibetrag für Betreuungs- und Erziehungs- oder Ausbildungsbedarf; die allerdings um 75 % gekürzt werden (vgl. die Erläuterungen unter den nachfolgenden Buchstaben c). Die um jeweils 75 % gekürzten Kinderfreibeträge und Freibeträge für Betreuungs- und Erziehungs- oder Ausbildungsbedarf können als Freibetrag auf der Lohnsteuerabzugsbescheinigung eingetragen werden – und wirken sich somit auch mindernd auf die Höhe des monatlichen Lohnsteuer aus –, da für die beiden minderjährigen Kinder kein Anspruch auf Kindergeld besteht (§ 39a Abs. 1 Nr. 6 EStG; vgl. hierzu die Erläuterungen unter den vorstehenden Nrn. 6 und 7).

Haben die Kinder eines Anspruchsberechtigten im Sinne des § 62 EStG ihren Wohnsitz zwar nicht im Inland, aber **in einem anderen EU bzw. EWR-Mitgliedstaat*),** so wird Kindergeld in gleicher Höhe wie bei Inlandskindern gezahlt, nämlich

	2002 bis 2008	2009	**2010**
– für das erste und zweite Kind	154 €	164 €	**184 €**
– für das dritte Kind	154 €	170 €	**190 €**
– für das vierte und jedes weitere Kind	179 €	195 €	**215 €**

Leben Kinder eines Anspruchsberechtigten **nicht in einem EU/EWR-Mitgliedstaat*),** so kommt im Grundsatz auch keine Zahlung von Kindergeld in Betracht. Die Bundesregierung kann jedoch durch Rechtsverordnung bestimmen, dass einem Berechtigten, der im Inland erwerbstätig ist oder sonst seine hauptsächlichen Einkünfte erzielt, Kindergeld für seine im Ausland – außerhalb der Europäischen Union und des Europäischen Wirtschaftsraums – lebenden Kinder gezahlt wird, soweit dies mit Rücksicht auf die Lebenshaltungskosten für die Kinder in deren Wohnsitzstaat und auf die dort gewährten, dem Kindergeld vergleichbaren Leistungen geboten ist (§ 63 Abs. 2 EStG). Rechtsverordnungen bestehen derzeit mit der Schweiz, Algerien, Bosnien und Herzegowina, dem Kosovo, Marokko, Serbien und Montenegro, Türkei und Tunesien. Die Abkommen mit Kroatien, Mazedonien und Slowenien umfassen nicht mehr das Kindergeld. Für Kinder mit Wohnsitz in der Schweiz gelten die inländischen Beträge (184 € für das erste und zweite Kind, 190 € für das dritte Kind und 215 € für das vierte und jedes weitere Kind). Nach dem Abkommen zwischen der EU und der Schweiz über die Freizügigkeit des Personenverkehrs ist vorgesehen, dass die Bundesrepublik Deutschland Kindergeld-Unterschiedsbeträge zwischen dem deutschen und dem Schweizerischen Kindergeld an Berechtigte zahlt, die von diesem

---

*) **EU-Länder** sind die folgenden Mitgliedländer der Europäischen Union: Belgien, Bulgarien, Dänemark, Estland, Finnland, Frankreich, Griechenland, Irland, Italien, Lettland, Litauen, Luxemburg, Malta, Niederlande, Österreich, Polen, Portugal, Rumänien, Schweden, Slowakei, Slowenien, Spanien, Tschechische Republik, Ungarn, Vereinigtes Königreich Großbritannien und Zypern.
EWR-Mitgliedstaaten, das heißt Staaten, auf die das Abkommen über den Europäischen Wirtschaftsraum Anwendung findet, sind: Island, Norwegen und Liechtenstein.

noch Anhang 9

Abkommen erfasst werden (sog. Teilkindergeld). Für Kinder mit Wohnsitz in Algerien, Bosnien und Herzegowina, dem Kosovo, Marokko, Serbien und Montenegro, der Türkei und Tunesien wird im Inland ein geringeres Kindergeld gezahlt.

Kindergeld für Auslandskinder wird übrigens grundsätzlich nicht gezahlt, wenn im **Ausland dem Kindergeld** oder den in § 65 Abs. 1 Nr. 1 EStG genannten Zulagen und Zuschüssen **vergleichbare Leistungen** gewährt werden (vgl. auch die Erläuterungen zum nachfolgenden Buchstaben g). Allerdings können auch hier **Teilkindergeldzahlungen** in Betracht kommen.

c) Berücksichtigung des Kinderfreibetrags bei Auslandskindern

Bezüglich des Kinderbegriffs bestehen bei Auslandskindern keine Besonderheiten. Es gelten deshalb die allgemeinen Grundsätze, die unter der vorstehenden Nr. 8 erläutert sind. Hinsichtlich des Wohnsitzes der Kinder ist jedoch – abweichend von den für das Kindergeld unter dem vorstehenden Buchstaben b dargestellten Regelungen – zu beachten, dass ausländische Arbeitnehmer, die unbeschränkt steuerpflichtig sind oder auf Antrag nach § 1 Abs. 3 EStG wie unbeschränkt Steuerpflichtige behandelt werden, einen Kinderfreibetrag **ohne Rücksicht darauf erhalten, ob das Kind im In- oder Ausland wohnt.** Für Kinder, die in bestimmten Ländern wohnen, wird der Kinderfreibetrag allerdings gekürzt. Seit 2004 erfolgt eine **Kürzung um 25%, 50% oder 75%.** Auf die in **Anhang 10** abgedruckte **Ländergruppeneinteilung** wird Bezug genommen. Anders als bei der Einkunftsgrenze (vgl. nachfolgenden Buchstaben f) ist der **Kinderfreibetrag** ggf. auch dann zu **kürzen,** wenn das Kind seinen **Wohnsitz** in einem **anderen EU-Staat** (z. B. Portugal, Slowenien) hat.

Auswirkung der Kürzungsregelung (Monatsbeträge):

Ansatz des vollen bzw. halben Kinderfreibetrags:	Kürzung um 25%	Kürzung um 50%	Kürzung um 75%
2010	2010	2010	2010
364 €	273 €	182 €	91 €
182 €	137 €	91 €	46 €
Länder z. B.:	Länder z. B.:	Länder z. B.:	Länder z. B.:
Australien	Bahamas	Argentinien	Ägypten
Belgien	Barbados	Brasilien	Afghanistan
Dänemark	Estland	Bulgarien	Albanien
Finnland	Israel	Chile	Armenien
Frankreich	Korea, Republik	Kasachstan	Aserbaidschan
Griechenland	Malta	Kroatien	Bosnien-Herzegowina
Hongkong	Portugal	Lettland	China
Irland	Saudi-Arabien	Litauen	Georgien
Island	Slowakische Republik	Mexiko	Kirgisistan
Italien	Slowenien	Montenegro	Kosovo
Japan	Tschechische Republik	Polen	Marokko
Kaiman-Inseln		Rumänien	Mazedonien
Kanada		Russische Föderation	Moldau/Moldawien
Liechtenstein		Serbien	Tunesien
Luxemburg		Südafrika	Ukraine
Monaco		Türkei	Usbekistan
Neuseeland		Ungarn	
Niederlande		Weißrussland	
Norwegen			
Österreich			
San Marino			
Schweden			
Schweiz			
Singapur			
Spanien			
Vereinigte Staaten			
Vereinigtes Königreich			
Zypern			

Die **Auslandskinderfreibeträge** werden **als Freibetrag** auf der Lohnsteuerkarte eingetragen, wenn der Arbeitnehmer keinen Anspruch auf Kindergeld hat, was besonders bei Anwendung der o. a. Kürzungsregelung der Fall sein wird (§ 39a Abs. 1 Nr. 6 EStG). Hierdurch vermindert sich die bereits im Laufe des Jahres zu zahlende Lohnsteuer.

Beschränkt steuerpflichtige Arbeitnehmer (vgl. dieses Stichwort) haben keinen Anspruch auf Kinderfreibeträge (§ 50 Abs. 1 Satz 3 EStG).

d) Berücksichtigung des Freibetrags für Betreuungs- und Erziehungs- oder Ausbildungsbedarf bei Auslandskindern

Ausländische Arbeitnehmer, die unbeschränkt steuerpflichtig sind oder auf Antrag nach § 1 Abs. 3 EStG wie unbeschränkt Steuerpflichtige behandelt werden, erhalten den **Freibetrag für Betreuungs- und Erziehungs- oder Ausbildungsbedarf** ohne Rücksicht darauf, ob das **Kind im In- oder Ausland wohnt** (zum Freibetrag für Betreuungs- und Erziehungs- oder Ausbildungsbedarf im Einzelnen vgl. die Erläuterungen unter der vorstehenden Nr. 7). Für Kinder, die in bestimmten Ländern wohnen, wird der Freibetrag für Betreuungs- und Erziehungs- oder Ausbildungsbedarf allerdings gekürzt. Vgl. hierzu auch die Erläuterungen unter dem vorstehenden Buchstaben c. Auf die in **Anhang 10** abgedruckte **Ländergruppeneinteilung** wird Bezug genommen. Anders als bei der Einkunftsgrenze (vgl. nachfolgenden Buchstaben f) ist der **Freibetrag für Betreuungs- und Erziehungs- oder Ausbildungsbedarf** ggf. auch dann zu **kürzen,** wenn das Kind seinen **Wohnsitz** in einem **anderen EU-Staat** (z. B. Griechenland, Portugal) hat.

Auswirkung der Kürzungsregelung (Monatsbeträge):

Ansatz des vollen bzw. halben Freibetrags für Betreuungs-, Erziehungs- oder Ausbildungsbedarf	Kürzung um 25%	Kürzung um 50%	Kürzung um 75%
2010	2010	2010	2010
220 €	165 €	110 €	55 €
110 €	83 €	55 €	28 €

Zur beispielhaften Aufzählung einiger Länder für die jeweilige Kürzungsregelung vgl. auch die Erläuterungen zum vorstehenden Buchstaben c.

Der Freibetrag für Betreuungs- und Erziehungs- oder Ausbildungsbedarf für Auslandskinder wird **als Freibetrag** auf der Lohnsteuerkarte eingetragen, wenn der Arbeitnehmer keinen Anspruch auf Kindergeld hat (§ 39a Abs. 1 Nr. 6 EStG). Hierdurch vermindert sich die bereits im Laufe des Jahres zu zahlende Lohnsteuer.

Beschränkt steuerpflichtige Arbeitnehmer (vgl. dieses Stichwort) haben keinen Anspruch auf den Freibetrag für Betreuungs- und Erziehungs- oder Ausbildungsbedarf (§ 50 Abs. 1 Satz 3 EStG).

e) Zusammenfassung der Anspruchsvoraussetzungen

Fasst man die Anspruchsvoraussetzungen für die Steuervergünstigungen bei Auslandskindern zusammen, so ergibt sich eine Einteilung in folgende drei Gruppen:

1. Gruppe = Ausländische Arbeitnehmer aus **EU/EWR-Mitgliedstaaten*),** die ihren Wohnsitz oder gewöhnlichen Aufenthalt in Deutschland haben oder die nahezu ihre gesamten Einkünfte in Deutschland erzielen und deshalb auf Antrag nach § 1 Abs. 3 EStG wie unbeschränkt Steuerpflichtige behandelt werden:

   Diese Arbeitnehmer erhalten Kindergeld, wenn das Kind seinen Wohnsitz in einem EU/EWR-Staat hat (§ 62 Abs. 1 in Verbindung mit § 63 Abs. 1 Satz 3 EStG). Nach Ablauf des Kalenderjahres wird bei einer Veranlagung zur Einkommensteuer geprüft, ob die Summe aus Kinderfreibetrag und Freibetrag für Betreuungs- und Erziehungs- oder Ausbildungsbedarf zu einem „günstigeren" Ergebnis führt als die Zahlung des Kindergeldes. Seit 2004 kann es auch bei dieser Gruppe von Arbeitnehmern zu einer Kürzung des Kinderfreibetrags und des Freibetrags für Betreuungs- und Erziehungs- oder Ausbildungsbedarf kommen (z. B.

---

*) **EU-Länder** sind die folgenden Mitgliedsländer der Europäischen Union: Belgien, Bulgarien, Dänemark, Estland, Finnland, Frankreich, Griechenland, Irland, Italien, Lettland, Litauen, Luxemburg, Malta, Niederlande, Österreich, Polen, Portugal, Rumänien, Schweden, Slowakei, Slowenien, Spanien, Tschechische Republik, Ungarn, Vereinigtes Königreich Großbritannien und Zypern.
EWR-Mitgliedstaaten, das heißt Staaten, auf die das Abkommen über den Europäischen Wirtschaftsraum Anwendung findet, sind: Island, Norwegen und Liechtenstein.

noch Anhang 9

Griechenland, Portugal, vgl. hierzu auch die Ländergruppeneinteilung im Anhang 10).

2. Gruppe = Ausländische Arbeitnehmer aus Ländern **außerhalb EU/EWR**, die ihren Wohnsitz oder gewöhnlichen Aufenthalt in Deutschland haben oder die nahezu ihre gesamten Einkünfte in Deutschland erzielen und deshalb auf Antrag nach § 1 Abs. 3 EStG wie unbeschränkt Steuerpflichtige behandelt werden:
Diese Arbeitnehmer erhalten bis auf wenige Ausnahmefälle*) kein Kindergeld für ihre Kinder mit Wohnsitz im ausländischen Heimatstaat. Sie haben allerdings Anspruch auf einen Kinderfreibetrag und einen Freibetrag für Betreuungs- und Erziehungs- oder Ausbildungsbedarf. Diese Freibeträge werden **als Freibetrag** auf der Lohnsteuerkarte bzw. der nach § 39c Abs. 4 EStG auszustellenden Lohnsteuerabzugsbescheinigung eingetragen, wenn kein Anspruch auf Kindergeld besteht. Hierdurch vermindert sich die im Laufe des Jahres zu zahlende Lohnsteuer. Der Kinderfreibetrag und der Freibetrag für Betreuungs- und Erziehungs- oder Ausbildungsbedarf wird regelmäßig gekürzt.

3. Gruppe = Übrige beschränkt steuerpflichtige Arbeitnehmer (das heißt Arbeitnehmer, die in Deutschland weder einen Wohnsitz noch einen gewöhnlichen Aufenthalt haben und die auch nicht nahezu ihre gesamten Einkünfte in Deutschland erzielen):
Diese Arbeitnehmer erhalten weder Kindergeld noch einen Kinderfreibetrag oder einen Freibetrag für Betreuungs- und Erziehungs- oder Ausbildungsbedarf (§ 50 Abs. 1 Satz 3 EStG). Auf die Erläuterungen beim Stichwort „Beschränkt steuerpflichtige Arbeitnehmer" im Hauptteil des Lexikons wird hingewiesen.

Beispiel A

Ein italienischer Arbeitnehmer, der zwar keinen Wohnsitz oder gewöhnlichen Aufenthalt in Deutschland hat, aber nahezu seine gesamten Einkünfte in Deutschland erzielt, wird auf Antrag nach § 1 Abs. 3 EStG wie ein unbeschränkt Steuerpflichtiger behandelt (= Gruppe 1). Er hat drei Kinder im Alter von drei, sieben und zehn Jahren, die bei der Mutter in Italien leben. Der Italiener erhält – vorbehaltlich der Zahlung eines ausländischen Kindergeldes – Kindergeld für drei Kinder (184 € + 184 € + 190 € = 558 €). In die Lohnsteuerabzugsbescheinigung, die er nach § 39c Abs. 4 EStG anstelle der Lohnsteuerkarte erhält, wird von Betriebsstättenfinanzamt Folgendes eingetragen:
Steuerklasse III, Zahl der Kinderfreibeträge 3,0. In der bescheinigten Zahl der Kinderfreibeträge 3,0 sind die Freibeträge für Betreuungs- und Erziehungs- oder Ausbildungsbedarf der Kinder mit enthalten.
Die Eintragung der Steuerklasse III und der Zahl der Kinderfreibeträge führt dazu, dass der Italiener nach Ablauf des Kalenderjahres zur Einkommensteuer veranlagt wird und deshalb eine Einkommensteuererklärung abgeben muss. Bei dieser Veranlagung prüft das Finanzamt, ob die Berücksichtigung der Kinderfreibeträge (3 × 4 368 €; jeweils 12 Monate à 364 €) und der Freibeträge für Betreuungs- und Erziehungs- oder Ausbildungsbedarf (3 × 2 640 €; jeweils 12 Monate à 220 €) zu einer höheren steuerlichen Entlastung führt, als die Zahlung des Kindergeldes.

Beispiel B

Ein ukrainischer Arbeitnehmer, der die Voraussetzungen des § 1 Abs. 3 EStG erfüllt (= Gruppe 2), hat vier Kinder unter 18 Jahren, die bei der Mutter in der Ukraine leben. Der Ukrainer erhält für seine vier Kinder kein Kindergeld, hat aber Anspruch auf vier gekürzte Kinderfreibeträge in Höhe von jeweils 1092 € (12 Monate à 91 €) sowie auf vier gekürzte Freibeträge für Betreuungs- und Erziehungs- oder Ausbildungsbedarf in Höhe von jeweils 660 € (12 Monate à 55 €). Die gekürzten Freibeträge werden auf der Lohnsteuerabzugsbescheinigung als Freibetrag eingetragen, die der ukrainische Arbeitnehmer anstelle der Lohnsteuerkarte erhält (Eintrag auf der Bescheinigung: Steuerklasse I; Zahl der Kinderfreibeträge 0, monatlicher Freibetrag: 1092 € × 4 = 4 368 € zuzüglich 660 € × 4 = 2 640 €, Summe 7 008 €; davon ¹⁄₁₂ = 584 €).
Nach Ablauf des Kalenderjahres wird der ukrainische Arbeitnehmer zur Einkommensteuer veranlagt. Bei dieser Veranlagung werden die gekürzten Kinderfreibeträge für vier Kinder und die gekürzten Freibeträge für Betreuungs- und Erziehungs- oder Ausbildungsbedarf (insgesamt 7 008 €) vom Einkommen abgezogen.

f) Eigene Einkünfte und Bezüge bei über 18 Jahre alten Auslandskindern

Sind die Auslandskinder über 18 Jahre alt, muss sowohl für die Gewährung von Kindergeld als auch für die Berücksichtigung des Kinderfreibetrags und des Freibetrags für Betreuungs- und Erziehungs- oder Ausbildungsbedarf geprüft werden, wie hoch die eigenen Einkünfte und Bezüge des Kindes sind. Denn ebenso wie bei Inlandskindern werden auch diejenigen Auslandskinder über 18 Jahre nicht berücksichtigt, deren eigene Einkünfte und Bezüge **8004 €** im Kalenderjahr 2010 übersteigen. Bei Auslandskindern ist außerdem die Besonderheit zu beachten, dass sich die 8004-Euro-Grenze für Kinder, die in bestimmten Ländern wohnen, ermäßigt. Anders als der Kinderfreibetrag und der Freibetrag für den Betreuungs- und Erziehungs- oder Ausbildungsbedarf wird die **unschädliche Einkommensgrenze** – abweichend von der Ländergruppeneinteilung – in **keinem Fall gekürzt,** wenn das Kind seinen **Wohnsitz** in einem **anderen EU-Staat** hat (Bundesamt für Finanzen v. 25.5.2004, BStBl. I S. 510). Im Übrigen wird auf die in Anhang 10 abgedruckte Ländergruppeneinteilung auf Seite 965 und die Erläuterungen unter den vorstehenden Buchstaben c und d Bezug genommen.

Unschädliche Höhe der eigenen Einkünfte und Bezüge des Kindes

Ansatz des vollen Betrags	Kürzung um 25%	Kürzung um 50%	Kürzung um 75%
2010	2010	2010	2010
8 004 €	6 003 €	4 002 €	2 001 €

Die im **Ausland** erzielten Einkünfte und Bezüge sind nach den gleichen Grundsätzen zu ermitteln, wie sie für inländische Einkünfte und Bezüge gelten (vgl. die Erläuterungen unter der vorstehenden Nr. 9); das gilt auch für ausländische Sachbezüge. Für die Umrechnung der 2010 erzielten ausländischen Einkünfte und Bezüge des Kindes in Euro ist bei Währungen außerhalb des Geltungsbereichs des Euro der am 30.9.2009 von der Europäischen Zentralbank bekannt gegebene Referenzkurs maßgebend (§ 32 Abs. 4 Satz 10 EStG).

g) Anrechnung des Kindergeldes bei Berücksichtigung von Kinderfreibeträgen und Freibeträgen für Betreuungs- und Erziehungs- oder Ausbildungsbedarf für Auslandskinder

Wird für ein Auslandskind ein Kinderfreibetrag und ein Freibetrag für Betreuungs- und Erziehungs- oder Ausbildungsbedarf bei einer Veranlagung zur Einkommensteuer berücksichtigt, so ist der Anspruch auf Kindergeld der tariflichen Einkommensteuer hinzuzurechnen. Hinzugerechnet wird jedoch nicht nur das in Deutschland gezahlte Kindergeld, sondern auch ein sog. **Auslandskindergeld.** Hierunter sind alle Leistungen für Kinder zu verstehen, die im Ausland gewährt werden und dem inländischen Kindergeld oder einer in § 65 Abs. 1 Nr. 1 EStG genannten vergleichbaren Leistung (= Kinderzulagen aus der gesetzlichen Unfallversicherung oder Kinderzuschüsse aus den gesetzlichen Rentenversicherungen) entsprechen. Außerdem werden alle Leistungen für Kinder gegengerechnet, die von einer zwischen- oder überstaatlichen Einrichtung gewährt werden und dem deutschen Kindergeld vergleichbar sind. Zu den Leistungen für Kinder, die im Ausland gewährt werden und dem Kindergeld vergleichbar sind, vergleiche die **tabellarische Übersicht** im BStBl. 2002 I S. 241 ff.

Wird nach ausländischem Recht ein höheres Kindergeld als nach inländischem Recht gezahlt, beschränkt sich die Verrechnung durch Hinzurechnung zur tariflichen Einkommensteuer auf die Höhe des inländischen Kindergeldes (§ 31 Satz 6 EStG).

Für die Hinzurechnung der im Ausland gewährten vergleichbaren Leistung zur tariflichen Einkommensteuer kommt es **nicht darauf an,** ob nach **ausländischem Recht ein zivilrechtlicher Ausgleichsanspruch** besteht oder nicht (BFH-Urteil vom 13.8.2002, BStBl. II S. 867). Auf die Erläuterungen unter der Nr. 11 Buchstabe b, c und e wird hingewiesen.

Beispiel

Die nicht verheirateten A und B sind Eltern eines dreijährigen Sohnes. Die Mutter lebt mit dem Sohn in Innsbruck, der Vater alleine in Rosenheim. Die Mutter erhält die österreichische Familienbeihilfe; ein zivilrechtlicher Ausgleich ist nach österreichischem Recht nicht vorgesehen.

Der Vater hat Anspruch auf den vollen Kinderfreibetrag von 404 € monatlich (= 4 848 € jährlich) und auf den vollen Freibetrag für Betreuungs- und Erziehungs- oder Ausbildungsbedarf von 180 € monatlich (2 160 € jährlich), da der andere Elternteil im Ausland lebt (§ 32 Abs. 6 Satz 3 Nr. 1 EStG). Bei der für den Vater im Rahmen der Einkommensteuerveranlagung durchzuführenden Vergleichsrechnung ist der Summe aus Kinderfreibetrag und Freibetrag für Betreuungs- und Erziehungs- oder Ausbildungsbedarf die volle österreichische Familienbeihilfe gegenüberzustellen (BFH-Urteil vom 13.8.2002, BStBl. II S. 867). Diesbezüglich ist allerdings eine Verfassungsbeschwerde beim Bundesverfassungsgericht anhängig (2 BvR 1229/03).

Wird für Kinder im Ausland **weder** nach inländischem noch nach ausländischem oder überstaatlichem Recht **Kindergeld** oder eine **vergleichbare Leistung** gezahlt, erhält der Arbeitnehmer bei der Veranlagung zur Einkommensteuer den vollen oder halben Kinderfreibetrag sowie den vollen oder halben Freibetrag für Betreuungs- und Erziehungs- oder Ausbildungsbedarf **ohne Gegenrechnung.** Regelmäßig wird in diesen Fällen die Kürzungsregelung nach der Ländergruppeneinteilung zur Anwendung kommen (vgl. die vorstehenden Buchstaben c und d).

---

*) Eine Ausnahmeregelung aufgrund einer Rechtsverordnung nach § 63 Abs. 2 EStG besteht nur für Kinder, die in der Schweiz, Algerien, Bosnien und Herzegowina, im Kosovo, Marokko, Serbien und Montenegro, Türkei oder Tunesien wohnen (vgl. die Erläuterungen unter dem vorstehenden Buchstaben b).

noch Anhang 9

13. Zahl der Kinderfreibeträge auf der Lohnsteuerkarte 2010

Die Zahl der Kinderfreibeträge wird nach wie vor entweder von der Gemeinde oder vom Finanzamt auf der Lohnsteuerkarte eingetragen, auch wenn sich die Eintragung nur noch mindernd auf den Solidaritätszuschlag und die Kirchensteuer auswirkt (vgl. diese Stichworte im Hauptteil des Lexikons).

Kinderfreibetrags-Zähler für Kinder **unter 18** Jahren werden – mit Ausnahme der Pflegekinder – bereits bei der Ausstellung der Lohnsteuerkarte durch die **Gemeinde** eingetragen, **wenn die Kinder im Inland leben.** Für alle anderen Kinder werden die Kinderfreibetrags-Zähler nur auf Antrag vom **Finanzamt** eingetragen.

Die Kinderfreibetrags-Zähler werden **unabhängig von der Haushaltszugehörigkeit** der Kinder auf der Lohnsteuerkarte eingetragen. Für jedes zu berücksichtigende Kind gilt grundsätzlich der Zähler 0,5; den **Zähler 1,0** trägt die Gemeinde ein,

a) bei Verheirateten in Steuerklasse III oder IV, wenn das Kind zu beiden Ehegatten in einem Kindschaftsverhältnis steht (= gemeinsames Kind der Ehegatten);
b) wenn der andere Elternteil des Kindes vor Beginn des Kalenderjahres 2010 verstorben ist;
c) wenn der Arbeitnehmer oder sein nicht dauernd getrennt lebender Ehegatte das Kind allein adoptiert hat.

In allen anderen Fällen, in denen der Zähler 1,0 für ein Kind auf der Lohnsteuerkarte eingetragen werden soll, ist auch bei Kindern unter 18 Jahren ausschließlich das Finanzamt zuständig; z. B., wenn der Kinderfreibetrag des anderen Elternteils auf den Arbeitnehmer zu übertragen ist, weil dieser seiner Unterhaltsverpflichtung gegenüber dem minderjährigen Kind nicht im Wesentlichen nachkommt (vgl. die vorstehende Nr. 10 unter dem Buchstaben b) oder der Wohnsitz des anderen Elternteils nicht zu ermitteln bzw. der Vater des Kindes amtlich nicht feststellbar ist (vgl. die vorstehende Nr. 10 unter dem Buchstaben a). Kinderfreibetrags-Zähler für **Pflegekinder** werden ebenfalls **ausschließlich vom Finanzamt** auf der Lohnsteuerkarte eingetragen.

Die Gemeinden tragen die Kinderfreibetrags-Zähler auf der Lohnsteuerkarte 2010 für Kinder bis zu 18 Jahren, die **in der Wohnung des Arbeitnehmers gemeldet sind** oder für die der Arbeitnehmer in den Vorjahren bei der Ausstellung der Lohnsteuerkarte für 2008 oder für 2009 eine sog. **steuerliche Lebensbescheinigung** nach amtlichem Vordruck vorgelegt hat, **automatisch** ein.

Kinderfreibetrags-Zähler für Kinder, die nicht in der Wohnung des Arbeitnehmers gemeldet sind und für die der Arbeitnehmer bei der Ausstellung der Lohnsteuerkarten in den Vorjahren auch keine steuerliche Lebensbescheinigung vorgelegt hat, können von der Gemeinde bei der Ausstellung der Lohnsteuerkarte 2010 nicht automatisch berücksichtigt werden. Sie werden von der Gemeinde nachträglich nur dann berücksichtigt, wenn der Arbeitnehmer eine von der inländischen Wohnsitzgemeinde des Kindes ausgestellte amtliche **Lebensbescheinigung** vorlegt. Diese darf nicht älter als drei Jahre sein. In dem Vordruck wird inzwischen auch die Identifikationsnummer des Kindes angegeben.

Diese steuerliche Lebensbescheinigung für im Inland lebende Kinder ist auf Antrag Personen auszustellen, die mit dem Kind im ersten Grad verwandt sind, wenn das Kind nicht in der Wohnung dieser Person gemeldet ist und zu Beginn des Kalenderjahres das 18. Lebensjahr noch nicht vollendet hat. Zuständig ist die Gemeinde, bei der das Kind mit (Haupt-)Wohnung gemeldet ist. Der Arbeitnehmer muss bei der Antragstellung durch geeignete Unterlagen (Abschrift der Abstammungsurkunde, Unterlagen über die Feststellung der Vaterschaft, Nachweis über Unterhaltszahlungen und Ähnliches) nachweisen oder glaubhaft machen, dass er mit dem Kind im ersten Grad verwandt ist. Die **Ausstellung** der steuerlichen **Lebensbescheinigung** ist übrigens **gebührenfrei.**

Für Kinder über 18 Jahre und für Kinder unter 18 Jahren, die von der Gemeinde nicht auf der Lohnsteuerkarte bescheinigt werden können (z. B. weil sie im Ausland leben und es dem Arbeitnehmer deshalb nicht möglich ist, eine Lebensbescheinigung der inländischen Wohngemeinde zu beschaffen), **ist das Finanzamt zuständig.**

Der Arbeitnehmer kann außersteuerliche Gründe haben, dass auf seiner Lohnsteuerkarte ein **geringerer Kinderfreibetrags-Zähler** eingetragen wird, als ihm zustünde (§ 39 Abs. 3b Satz 2 EStG). Einen einmal mit diesem Ziel gestellten Antrag muss die Gemeinde auch bei der Ausstellung der Lohnsteuerkarten für die Folgejahre beachten und zwar solange, bis er widerrufen wird. Die zutreffende Kinderberücksichtigung erreicht der Arbeitnehmer in solchen Fällen durch eine Veranlagung zur Einkommensteuer.

In dem auf der Lohnsteuerkarte 2010 bescheinigten **Kinderfreibetrags-Zähler** ist auch der **Freibetrag für Betreuungs- und Erziehungs- oder Ausbildungsbedarf** enthalten. Er wird nicht gesondert bescheinigt.

14. Auswirkung der Freibeträge für Kinder auf die Kirchensteuer und den Solidaritätszuschlag

a) Lohnsteuerabzug durch den Arbeitgeber

Beim Lohnsteuerabzug durch den Arbeitgeber ist hinsichtlich der Kinderfreibeträge Folgendes zu beachten:

Obwohl seit 1996 die steuerliche Förderung der Kinder während des Kalenderjahres ausschließlich durch die Zahlung des Kindergeldes erfolgt, werden die Kinderfreibetrags-Zähler wie bisher auf der Lohnsteuerkarte bescheinigt. Denn die Kinderfreibeträge werden zwar nicht mehr bei der Berechnung der **Lohnsteuer** berücksichtigt; sie wirken sich jedoch beim **Solidaritätszuschlag** und bei der **Kirchensteuer** aus. Diese Auswirkung ist bei den Stichworten „Kirchensteuer" und „Solidaritätszuschlag" anhand von Beispielen dargestellt. Wichtig ist in diesem Zusammenhang, dass die Berücksichtigung der Kinderfreibeträge bei der Bemessungsgrundlage für den Solidaritätszuschlag und die Kirchensteuer stets (entsprechend dem auf der Lohnsteuerkarte eingetragenen Kinderfreibetrags-Zähler) mit dem halben oder ganzen **Jahresbetrag** des Kinderfreibetrags erfolgt. Das für den Kinderfreibetrag geltende Monatsprinzip ist also bei der Ermittlung der Bemessungsgrundlage für den Solidaritätszuschlag und die Kirchensteuer im Rahmen des Lohnsteuerabzugs wieder durchbrochen worden, weil es sich für die Durchführung des Steuerabzugs beim Arbeitgeber als zu kompliziert erwiesen hat (§ 51a Abs. 2a EStG).

Der ab 2002 zu gewährende **Freibetrag für Betreuungs- und Erziehungs- oder Ausbildungsbedarf** eines Kindes ist in dem auf der Lohnsteuerkarte 2010 **bescheinigten Kinderfreibetrags-Zähler mit enthalten.** Er wird nicht gesondert bescheinigt. Die vorstehend beschriebenen Grundsätze für den Kinderfreibetrag gelten daher für diesen Freibetrag entsprechend.

b) Veranlagung zur Einkommensteuer

Die beim Lohnsteuerabzug geltende **jahresbezogene Betrachtungsweise** beim Kinderfreibetrag und beim Freibetrag für Betreuungs- und Erziehungs- oder Ausbildungsbedarf wird auch für das Veranlagungsverfahren übernommen (§ 51a Abs. 2 S. 1 EStG). Diese für die Arbeitnehmer vorteilhafte Vorgehensweise wurde aus Gründen der Verwaltungsvereinfachung gewählt, da ansonsten bei der Berücksichtigung von monatlichen Kinderfreibeträgen und monatlichen Freibeträgen für Betreuungs- und Erziehungs- oder Ausbildungsbedarf für Arbeitnehmer eine Pflichtveranlagung eingeführt werden müsste, die zu Nachzahlungen beim Solidaritätszuschlag und der Kirchensteuer führen würde. Bei der Berechnung der Bemessungsgrundlage für den Solidaritätszuschlag und die Kirchensteuer wird deshalb der **Jahresbetrag** des Kinderfreibetrags und des Freibetrags für Betreuungs- und Erziehungs- oder Ausbildungsbedarf **auch dann** angesetzt, wenn die **Voraussetzungen** für die Berücksichtigung des Kindes im Laufe des Kalenderjahres **entfallen** (z. B. Beendigung der Berufsausbildung) oder **eingetreten** (z. B. Geburt eines Kindes) sind.

15. Entlastungsbetrag für Alleinerziehende

Bis einschließlich 2003 bekamen allein stehende Arbeitnehmer einen Haushaltsfreibetrag (= Steuerklasse II) in Höhe von 2340 €, wenn sie für mindestens ein Kind, das in ihrer Wohnung gemeldet war, Kindergeld oder Freibeträge für Kinder erhalten hatten. Bei mehreren Elternteilen, die diese Voraussetzungen erfüllten, wurde das Kind für die Gewährung des Haushaltsfreibetrags einem Elternteil zugeordnet. Ggf. konnte der Haushaltsfreibetrag auch einem anderen Elternteil übertragen werden.

Seit dem Jahre 2004 erhalten **allein stehende** (allein erziehende) **Arbeitnehmer** statt des Haushaltsfreibetrags einen **Entlastungsbetrag** in Höhe von **1 308 € jährlich (109 € monatlich).** Dieser Entlastungsbetrag wird – wie früher der Haushaltsfreibetrag – **einmal** (auch bei mehreren Kindern) **zusätzlich** zum Kindergeld bzw. den Freibeträgen für Kinder **gewährt.** Er wird also in die **Vergleichsrechnung** zwischen Kindergeld und Freibeträgen für Kinder **nicht einbezogen,** sondern bei der Ermittlung des Gesamtbetrags der Einkünfte von der Summe der Einkünfte abgezogen. Dies wirkt sich z. B. günstig auf die Höhe der zumutbaren (Eigen-)Belastung bei den außergewöhnlichen Belastungen aus (vgl. zur steuerlichen Berücksichtigung von außergewöhnlichen Belastungen auch die Erläuterungen in Anhang 7 Abschnitt D Nr. 1 und 2). Für das **Lohnsteuerabzugsverfahren** durch den Arbeitgeber wird auf der Lohnsteuerkarte – **wie früher** beim Haushaltsfreibetrag – die **Steuerklasse II** bescheinigt, wenn die im Einzelnen nachstehend aufgeführten Voraussetzungen für die Inanspruchnahme des Entlastungsbetrags vorliegen. Anders als früher der Haushaltsfreibetrag kann aber der neue **Entlastungsbetrag nicht** auf einen anderen Elternteil **übertragen** werden.

Ziel des Entlastungsbetrags ist es, bei Alleinerziehenden die **höheren Kosten** für die eigene Lebens- bzw. Haushaltsführung **abzugelten,** die **ausschließlich mit** ihren **Kindern** und **keiner anderen volljährigen Person,** die tatsächlich oder finanziell zum Haushalt beiträgt, **zusammenleben.** Von diesem Grundsatz wird aber in bestimmten Fällen abgewichen.

Beschränkt steuerpflichtige Arbeitnehmer, die einem Inländer nicht völlig oder annähernd gleichgestellt sind (= beschränkt steuerpflichtige Arbeitnehmer der 3. Gruppe; vgl. auch dieses Stichwort), erhalten **keinen Entlastungsbetrag** für Alleinerziehende.

Der Entlastungsbetrag steht nur **allein stehenden Arbeitnehmern** (= „echte" Alleinerziehende) zu, zu deren **Haushalt** mindestens ein **Kind** (leibliches Kind, Adoptivkind, Pflegekind, Stiefkind oder Enkelkind) gehört, für das ihnen **Kindergeld** bzw. kindbedingte **Freibeträge zustehen** (zum „Kindbegriff" vgl. auch die Erläuterung unter der vorstehenden Nr. 8). Der **Entlastungsbetrag** steht einem Alleinerziehenden auch für ein **volljähriges Kind** zu, wenn er für dieses Kind noch Anspruch auf **Kindergeld** bzw. kindbedingte **Freibeträge** hat.

Als **allein stehend** gelten nur Arbeitnehmer, die

- **nicht** die Voraussetzungen für die Anwendung des sog. **Splitting-Verfahrens** erfüllen (verheiratet, beide Ehegatten unbeschränkt steuerpflichtig und nicht dauernd getrennt leben). Auch bei einer getrennten oder besonderen Veranlagung für das Kalenderjahr der Eheschließung kommt eine (zeitanteilige) Berücksichtigung des Entlastungsbetrags nicht in Betracht.

Beispiel A
Die Eheleute A und B, nicht dauernd getrennt lebend, sind Eltern einer minderjährigen Tochter, die in ihrem Haushalt lebt.
Weder A noch B können einen Entlastungsbetrag erhalten, da sie die Voraussetzungen für die Anwendung des Splitting-Verfahrens erfüllen und es sich somit nicht um allein stehende Arbeitnehmer handelt.

Beispiel B
Wie Beispiel A. A und B ziehen im September 2010 zusammen und heiraten am 6.12.2010.
Weder A noch B können für 2010 einen Entlastungsbetrag erhalten, da sie die Voraussetzungen für die Anwendung des Splitting-Verfahrens erfüllen und es sich nicht um allein stehende Arbeitnehmer handelt. Auch eine zeitanteilige Gewährung des Entlastungsbetrags kommt nicht in Betracht.

- **verwitwet sind.**

Beispiel C
Arbeitnehmerin B, seit 2009 verwitwet, ist Mutter eines minderjährigen Kindes, mit dem sie allein in ihrem Haushalt lebt.
B hat 2010 Anspruch auf den Entlastungsbetrag von 1308 €, da sie allein stehend ist und zu ihrem Haushalt ein Kind gehört, für das Anspruch auf Kindergeld bzw. kindbedingte Freibeträge besteht. Da sie für 2010 noch Anspruch auf das sog. „Witwen-Splitting" (= Steuerklasse III auf der Lohnsteuerkarte) hat, kann der Entlastungsbetrag als Freibetrag auf der Lohnsteuerkarte eingetragen werden (§ 39a Abs. 1 Nr. 8 EStG), da er sich anderenfalls wegen der günstigeren Steuerklasse III erst bei der Einkommensteuer-Veranlagung auswirken würde.

- **in beiden vorgenannten Fällen keine Haushaltsgemeinschaft** mit einer **anderen volljährigen Person** bilden (vgl. hierzu die Erläuterungen weiter unten).

Als „allein stehend" gelten somit nur Arbeitnehmer, die

- während des gesamten Kalenderjahres nicht verheiratet (also **ledig** oder **geschieden**) sind,
- verheiratet sind, aber bereits seit einem vorangegangenen Kalenderjahr **dauernd getrennt leben,**
- **verwitwet** sind oder
- deren **Ehegatte im Ausland** lebt und nicht unbeschränkt einkommensteuerpflichtig ist.

Nach Meinung des Bundesfinanzhofs bestehen gegen die **Nichtbegünstigung zusammenlebender** (und im Streitfall auch zusammen zur Einkommensteuer zu veranlagender) **Eltern keine** verfassungsrechtlichen **Bedenken** (BFH-Urteil vom 19.10.2006, BStBl. 2007 II S. 637). Der Bundesfinanzhof hat aber – im Urteilsfall nicht vorliegende – **Zweifel,** ob die Regelung insoweit der Verfassung entspricht, als Personen, welche die Voraussetzungen für die Anwendung des **Splitting-Verfahrens** erfüllen, **stets** vom Entlastungsbetrag **ausgeschlossen** sind. Denn auch solche Personen können sich in einer Situation befinden, in der das Kind wegen besonderer Umstände nur von einem Ehegatten betreut und erzogen werden kann. Dies kann **z. B.** zutreffen, wenn eine Haushaltsgemeinschaft mit dem Ehegatten in einem Teil des Jahres fehlt – z. B. bei dauernder **Trennung** der Eheleute zu Beginn des Jahres oder bei **Heirat** und Begründung einer Haushaltsgemeinschaft des betreuenden Elternteils mit einem Dritten gegen Ende des Jahres (vgl. auch das vorstehende Beispiel B) –, die miteinander verheirateten Eltern zwar nicht dauernd getrennt leben, tatsächlich aber alleine stehen – z. B. wegen Unterbringung eines Ehegatten in einem Krankenhaus oder einer Haftanstalt, wegen doppelter Haushaltsführung aus beruflichem Anlass oder in den Fällen der Pflegebedürftigkeit, Erkrankung oder schweren Behinderung eines Ehegatten. Die Finanzverwaltung hat das Urteil des Bundesfinanzhofs im Bundessteuerblatt veröffentlicht, ohne auf die vorstehend angeführten Zweifel an der Regelung weiter einzugehen. Das Bundesverfassungsgericht hat die eingelegte **Verfassungsbeschwerde** gegen das Urteil des Bundesfinanzhofs wegen Nichtgewährung des Entlastungsbetrags bei Ehegatten mangels hinreichender Aussicht auf Erfolg **nicht** zur Entscheidung **angenommen** (BVerfG-Beschluss vom 22.5.2009, BStBl. II S. 884). Zur Begründung führt das Gericht aus, dass nicht nur verheiratete, sondern alle Erziehungsgemeinschaften mit zwei Erwachsenen in einem gemeinsamen Haushalt von der Steuerermäßigung ausgeschlossen seien. Die Gewährung des Entlastungsbetrags bei echten Alleinerziehenden sei hingegen verfassungsrechtlich – entweder wegen der tatsächlichen Mehrbelastung oder als soziale Förderungsmaßnahme – gerechtfertigt.

Ein Entlastungsbetrag kann nur gewährt werden, wenn zum Haushalt des Alleinstehenden mindestens ein Kind gehört, für das Anspruch auf Kindergeld bzw. kindbedingte Freibeträge besteht. Ein **Kind gehört zum Haushalt** des Arbeitnehmers, wenn es dauerhaft in dessen Wohnung **lebt** oder mit seiner Einwilligung **vorübergehend** (z. B. zu Ausbildungszwecken) **auswärts** untergebracht ist. Erforderlich ist eine Verantwortung für die materielle (Versorgung, Unterhaltsgewährung) und immaterielle Wohl (Fürsorge, Betreuung) des Kindes. Eine Heimunterbringung steht einer Haushaltszugehörigkeit nicht entgegen, wenn die Wohnverhältnisse die speziellen Bedürfnisse des Kindes berücksichtigen und es sich im Haushalt des Arbeitnehmers regelmäßig aufhält (BFH-Urteil vom 14.11.2001, BStBl. 2002 II S. 244). Ist das Kind mit Haupt- oder Nebenwohnsitz in der Wohnung des Arbeitnehmers **gemeldet,** wird **unterstellt,** dass es zu seinem **Haushalt gehört.** Ein Nachweis der tatsächlichen Haushaltszugehörigkeit ist nicht zu führen. Ist das Kind hingegen nicht in der Wohnung des Arbeitnehmers gemeldet, muss das Vorliegen der Haushaltszugehörigkeit gegenüber dem Finanzamt oder der Gemeinde nachgewiesen werden.

Beispiel D
Die ledige A lebt allein mit ihrem 20-jährigen Sohn, der sich in Berufsausbildung befindet, in einem gemeinsamen Haushalt. Die eigenen Einkünfte und Bezüge des Sohnes übersteigen nicht die maßgebende Einkommensgrenze von 8004 €.
A hat Anspruch auf den Entlastungsbetrag und damit auf die Steuerklasse II, da zu ihrem Haushalt ein (volljähriges) Kind gehört, für das noch Anspruch auf Kindergeld bzw. kindbedingte Freibeträge besteht. Hätten die eigenen Einkünfte und Bezüge des Kindes die maßgebende Einkommensgrenze von 8004 € überschritten, würde kein Anspruch auf Kindergeld bzw. die kindbedingten Freibeträge und damit auch nicht auf den Entlastungsbetrag/Steuerklasse II bestehen.

Beispiel E
Die 22-jährige Tochter der ledigen und alleine wohnenden A studiert in Köln, wo sie auch mit Hauptwohnsitz gemeldet ist. In der Wohnung der Mutter in Hamburg, wo sie sich regelmäßig in den Ferien und an den Wochenenden aufhält, steht ihr ein Zimmer zur Verfügung. Sie ist dort auch mit Nebenwohnsitz gemeldet. Ihre eigenen Einkünfte und Bezüge übersteigen nicht die maßgebende Einkommensgrenze von 8004 €.
A hat für ihre volljährige Tochter Anspruch auf Kindergeld bzw. die kindbedingten Freibeträge, da sie sich in Berufsausbildung befindet und ihre eigenen Einkünfte und Bezüge die maßgebende Einkommensgrenze von 8004 € nicht übersteigen. Da die Tochter in der Wohnung von A mit Nebenwohnsitz gemeldet ist, kann die Haushaltszugehörigkeit ohne weiteres unterstellt werden. A hat daher auch Anspruch auf den Entlastungsbetrag/Steuerklasse II. Unerheblich ist, dass sich der Hauptwohnsitz der Tochter von A an einem anderen Ort befindet.

Beispiel F
Die unverheiratete Studentin A hat eine minderjährige Tochter B. A lebt an ihrem Studienort in München und ist dort mit Hauptwohnsitz gemeldet. Um die Versorgung des Kindes während des Studiums sicherzustellen, lebt B in der Wohnung ihrer verwitweten und allein stehenden Großmutter C in Nürnberg, wo sie versorgt, verpflegt sowie betreut wird und auch mit Hauptwohnsitz gemeldet ist. C erhält auch das Kindergeld für B § 64 Abs. 2 Satz 1 i. V. m. § 63 Abs. 1 Nr. 3 EStG).
C hat auch Anspruch auf den Entlastungsbetrag von 1308 € jährlich (= Steuerklasse II), da zu ihrem Haushalt ein Kind gehört, für das ihr Kindergeld zusteht.

Ist das **Kind** zeitgleich bei **mehreren Steuerpflichtigen gemeldet** steht der Entlastungsbetrag regelmäßig demjenigen zu, der das **Kindergeld erhält,** sofern diese Person zugleich „allein stehend" ist (§ 24b Abs. 1 Satz 3 EStG). Entsprechendes soll gelten, wenn das Kind – ohne dort gemeldet zu sein – zum Haushalt eines Arbeitnehmers gehört und bei weiteren Steuerpflichtigen gemeldet ist.

noch Anhang 9

Beispiel G

Die 20-jährige, sich in Berufsausbildung befindende A ist mit Hauptwohnsitz bei der allein stehenden Mutter und mit Nebenwohnsitz beim allein stehenden Vater gemeldet. Das Kindergeld wird an die Mutter gezahlt.

Die Mutter hat Anspruch auf den Entlastungsbetrag in Höhe von 1308 € (= Steuerklasse II), da zu ihrem Haushalt ein Kind gehört, für das Anspruch auf Kindergeld bzw. kindbedingte Freibeträge besteht und ihr bei der hier vorliegenden doppelten melderechtlichen Haushaltszugehörigkeit des Kindes das Kindergeld ausgezahlt wird.

Beispiel H

Die geschiedenen, allein stehenden Elternteile A und B haben gemeinsam einen 10-jährigen Sohn, der mit Hauptwohnsitz bei der Mutter und mit Nebenwohnsitz beim Vater gemeldet ist. Die Eltern üben ihr gemeinsames Sorgerecht so aus, dass das Kind abwechselnd eine Woche bei der Mutter und eine Woche im Haushalt des Vaters lebt. Das Kindergeld wird an die Mutter gezahlt.

Die Mutter hat Anspruch auf den Entlastungsbetrag in Höhe von 1308 € (= Steuerklasse II), da zu ihrem Haushalt ein Kind gehört, für das Anspruch auf Kindergeld bzw. kindbedingte Freibeträge besteht und ihr bei der hier vorliegenden doppelten melderechtlichen Haushaltszugehörigkeit des Kindes das Kindergeld ausgezahlt wird. Eine doppelte Inanspruchnahme des Entlastungsbetrags ist nicht möglich. Der Entlastungsbetrag kann auch nicht von der Mutter auf den Vater übertragen werden. Ein etwaiger Ausgleich der steuerlichen Entlastung zwischen den Elternteilen hat zivilrechtlich zu erfolgen.

Ist das Kind aber in den Wohnungen beider Elternteile gemeldet und ist nur ein Elternteil alleinstehend, ist diesem Elternteil der Entlastungsbetrag zu gewähren. Dies gilt auch dann, wenn dieser Elternteil das Kindergeld nicht erhält.

Abwandlung zu Beispiel H

Die Mutter ist wieder verheiratet und lebt mit ihrem neuen Ehemann und der (Stief-)Tochter in einem Haushalt. Der Vater ist allein stehend.

Der Vater erhält den Entlastungsbetrag, obwohl das Kindergeld an die Mutter ausgezahlt wird.

Ist das Kind – ohne dass ein Anspruch auf Kindergeld besteht – bei mehreren Steuerpflichtigen mit Haupt- oder Nebenwohnsitz gemeldet, steht der Entlastungsbetrag auch dem Arbeitnehmer zu, der die Voraussetzungen auf Auszahlung des Kindergeldes erfüllen würde. Hierbei handelt es sich um Fälle, in denen kein Anspruch auf Kindergeld, sondern nur auf die kindbedingten Freibeträge besteht. Dies kommt in Betracht, wenn der Arbeitnehmer mit seinem Kind außerhalb der EU/des EWR wohnt, aber auf Antrag als unbeschränkt einkommensteuerpflichtig behandelt wird (vgl. hierzu das Stichwort „Beschränkt steuerpflichtige Arbeitnehmer" im Hauptteil des Lexikons).

Arbeitnehmer sind nur dann **„allein stehend"** und haben Anspruch auf den Entlastungsbetrag für Alleinerziehende, wenn sie **keine Haushaltsgemeinschaft** mit einer **anderen volljährigen Person** gebildet haben (§ 24b Abs. 2 Satz 1 EStG). Unschädlich ist demzufolge, die Aufnahme einer anderen minderjährigen Person in den Haushalt.

Beispiel I

Die ledige A ist Mutter einer 15-jährigen Tochter, mit der sie alleine in einem gemeinsamen Haushalt lebt. Nach dem Tode ihrer Schwester nimmt sie ihren siebenjährigen Neffen in den Haushalt auf, da der Vater des Jungen aus beruflichen Gründen häufig unterwegs ist. Das Obhuts- und Pflegeverhältnis zum Vater besteht allerdings noch mit der Folge, dass der Neffe kein steuerliches Pflegekind von A ist.

A hat Anspruch auf den Entlastungsbetrag von 1308 € jährlich (= Steuerklasse II), da zu ihrem Haushalt ihre 15-jährige Tochter gehört, für die sie Anspruch auf Kindergeld bzw. kindbedingte Freibeträge hat. Obwohl eine Haushaltsgemeinschaft zu einer anderen Person – ihrem siebenjährigen Neffen – besteht, gilt A als allein stehend, da die andere Person nicht volljährig ist.

Unschädlich für den Entlastungsbetrag ist auch die **Aufnahme** einer anderen **volljährigen Person** in den Haushalt des Arbeitnehmers, wenn es sich hierbei um ein leibliches Kind bzw. Adoptiv-, Pflege-, Stief- oder Enkelkind handelt, für das dem Arbeitnehmer **Kindergeld** bzw. **kindbedingte Freibeträge** zustehen. Entsprechendes gilt, wenn die andere volljährige Person steuerlich deshalb nicht „als Kind" berücksichtigt werden kann, weil sie

– den **gesetzlichen Grundwehr-** oder **Zivildienst** leistet,

– sich an Stelle des gesetzlichen Grundwehrdienstes **freiwillig** für die Dauer von nicht mehr als drei Jahren zum **Wehrdienst** verpflichtet hat oder

– eine vom gesetzlichen Grundwehr- oder Zivildienst befreiende Tätigkeit als **Entwicklungshelfer** ausübt.

Beispiel K

A ist Mutter einer 14-jährigen Tochter, für die sie Kindergeld erhält, und eines 21-jährigen Sohnes, der sich für drei Jahre zum Wehrdienst verpflichtet hat. Nur die beiden Kinder und A bilden eine Haushaltsgemeinschaft.

A ist allein stehend und hat Anspruch auf den Entlastungsbetrag in Höhe von 1308 € jährlich (= Steuerklasse II), da zu ihrem Haushalt ihre 14-jährige Tochter gehört, für die sie Kindergeld bzw. kindbedingte Freibeträge erhält. Die Haushaltsgemeinschaft mit ihrem 21-jährigen Sohn ist unschädlich, da es sich um ein Kind handelt, das sich für die Dauer von nicht mehr als drei Jahren zum Wehrdienst verpflichtet hat (§ 24b Abs. 2 Satz 1 letzter Halbsatz EStG).

Über die vorstehenden Ausführungen hinaus ist von einer für den Entlastungsbetrag „schädlichen" Haushaltsgemeinschaft auszugehen, wenn der **Arbeitnehmer** und die **andere Person** in der gemeinsamen Wohnung **gemeinsam wirtschaften** („Wirtschaften aus einem Topf"). Die Haushaltsgemeinschaft setzt nicht zwingend die Meldung der anderen Person in der Wohnung des Arbeitnehmers voraus. Es ist auch nicht erforderlich, dass eine gemeinsame Kasse besteht und die zur Befriedigung jeglichen Lebensbedarfs dienenden Güter nur gemeinsam und aufgrund gemeinsamer Planung angeschafft werden. Es genügt eine mehr oder weniger enge Gemeinschaft mit nahem Beinanderwohnen, bei der jedes Mitglied der Gemeinschaft **tatsächlich oder finanziell** seinen **Beitrag** zur Haushalts- bzw. Lebensführung **leistet** und an ihr **teilnimmt.** Der gemeinsame Verbrauch von Lebens- oder Reinigungsmittel bzw. die gemeinsame Nutzung des Kühlschranks reicht bereits aus. Auch bei einer Kostenaufteilung liegt wegen finanzieller Beteiligung eine Haushaltsgemeinschaft vor, z. B. wenn der Arbeitnehmer die laufenden Kosten des Haushalts ohne Miete trägt und die andere volljährige Person dafür die volle Miete bezahlt. Es ist für eine Haushaltsgemeinschaft auch nicht erforderlich, dass der Arbeitnehmer und die andere volljährige Person in besonderer Weise materiell (Unterhaltsgewährung) und immateriell (Fürsorge und Betreuung) verbunden sind. Im Ergebnis wird bei jeder Art von Wohngemeinschaften mit gemeinsamer Wirtschaftsführung vermutet, dass bei Meldung einer anderen Person in der Wohnung des Arbeitnehmers auch eine Haushaltsgemeinschaft vorliegt. Nachträgliche Ab- bzw. Ummeldungen sind steuerlich nicht zu berücksichtigen. Für die Gewährung des Entlastungsbetrags „schädliche" Haushaltsgemeinschaften liegen grundsätzlich insbesondere vor bei:

– **eheähnlichen Gemeinschaften,**

– **eingetragenen Lebenspartnerschaften,**

– **Wohngemeinschaften unter gemeinsamer Wirtschaftsführung** mit einer anderen volljährigen Person (z. B. mit Studierenden, Verwandten wie z. B. Großeltern oder Geschwister des Arbeitnehmers oder mit volljährigen Kindern, für die kein Anspruch auf Kindergeld bzw. kindbedingte Freibeträge besteht) oder

– nicht dauernd getrennt lebenden Ehegatten, bei denen keine Ehegattenbesteuerung in Betracht kommt (z. B. bei deutschen Ehegatten von Angehörigen der NATO-Streitkräfte).

Beispiel L

A und B, nicht verheiratet, sind Eltern eines siebenjährigen Sohnes. A, B und der Sohn leben gemeinsam in einer Wohnung.

Weder A noch B haben Anspruch auf einen Entlastungsbetrag, da es sich aufgrund des Zusammenlebens nicht um Alleinerziehende handelt.

Beispiel M

Die allein erziehende nicht verheiratete A lebt mit ihrem dreijährigen Sohn in einer gemeinsamen Wohnung. In dieser Wohnung lebt auch der arbeitslose Bruder von A. Dieser beteiligt sich zwar nicht an den Mietkosten, trägt jedoch vereinbarungsgemäß einen Teil der laufenden Haushaltskosten.

Zwischen A und B besteht eine Haushaltsgemeinschaft, da B sich tatsächlich und finanziell an der Haushalts- und Lebensführung beteiligt. Ohne Bedeutung ist, dass A die Mietkosten und B die Haushaltskosten trägt. Wegen des Vorliegens einer Haushaltsgemeinschaft mit einer anderen volljährigen Person kann A der Entlastungsbetrag nicht gewährt werden.

Beispiel N

Der seit Jahren verwitwete A lebt mit seinen 9 und 21 Jahre alten Töchtern zusammen in einer gemeinsamen Wohnung. Die 21-jährige Tochter bekommt Ende Dezember 2009 ein Kind, das ebenfalls in den Haushalt des A aufgenommen wird. Die 21-jährige Tochter betreut ausschließlich ihr neugeborenes Kind.

Da für die 21-jährige Tochter ab Januar 2010 kein steuerlicher Berücksichtigungstatbestand als Kind vorliegt, hat A für sie keinen Anspruch auf Kindergeld bzw. kindbedingte Freibeträge. Da die 21-jährige Tochter volljährig ist, liegt zudem eine schädliche Haushaltsgemeinschaft mit einer anderen Person vor mit der Folge, dass A nicht mehr als allein stehend gilt und damit auch keinen Entlastungsbetrag für Alleinerziehende (wegen seiner neunjährigen Tochter) erhält. Auch die 21-jährige Tochter hat keinen Anspruch auf den Entlastungsbetrag in Höhe von 1308 € (= Steuerklasse II) für ihr Kind, weil sie im väterlichen Haushalt lebt und damit eine „schädliche" Haushaltsgemeinschaft mit einer anderen volljährigen Person (ihrem Vater) besteht.

Allerdings sind auch der Zweck und die Dauer der Anwesenheit der anderen volljährigen Person in der Wohnung des Arbeitnehmers zu berücksichtigen. So liegt **keine Haushaltsgemeinschaft** bei einer nur **kurzfristigen Anwesenheit** (z. B. zu Besuchszwecken, aus Krankheitsgründen) vor. Entsprechendes gilt bei einer **nicht nur vorübergehenden Abwesenheit** (z. B. Strafvollzug, Auszug aus einer gemeinsamen Wohnung, bei Meldung als vermisst).

Auch bei Vorliegen einer eigenen Wirtschaftsführung der anderen Person (z. B. bei einem **Untermietvertrag** oder Begründung eines **Au-pair-Verhältnisses**) liegt regelmäßig keine Haushaltsgemeinschaft vor, da hier der Wille, nicht in einer Haushaltsgemeinschaft leben zu wollen, eindeutig nach außen erkennbar ist. Hingegen ist bei einer **vorübergehenden Abwesenheit** von der Wohnung (z. B. Krankenhausaufenthalt, Auslandsreise, beruflicher Auslandsaufenthalt, doppelte Haushaltsführung aus beruflichen Gründen bei regelmäßiger Rückkehr in die gemeinsame Wohnung) weiterhin von einer für den Entlastungsbetrag schädlichen **Haushaltsgemeinschaft** auszugehen.

Beispiel O

A und B, nicht verheiratet, haben eine gemeinsame 13-jährige Tochter. A, B und die Tochter leben zusammen in einem Haushalt. B ist vom 1.2.2010 bis 31.10.2010 für seinen deutschen Arbeitgeber im Ausland tätig.

Es handelt sich um eine vorübergehende Abwesenheit von der gemeinsamen Wohnung, so dass weiterhin von einer Haushaltsgemeinschaft auszugehen ist. Auch für die Dauer des Auslandsaufenthalts des B hat A keinen Anspruch auf den Entlastungsbetrag für Alleinerziehende.

Eine für den Entlastungsbetrag „schädliche" Haushaltsgemeinschaft liegt nur dann vor, wenn sich die andere Person tatsächlich oder finanziell an der Haushaltsführung beteiligt. Eine **„schädliche" Haushaltsgemeinschaft** liegt demzufolge **nicht** vor, wenn sich die **andere Person tatsächlich und finanziell nicht** an der Haushaltsführung **beteiligt**. Die Fähigkeit sich tatsächlich an der Haushaltsführung zu beteiligen, fehlt bei Personen, bei denen mindestens ein Schweregrad der **Pflegebedürftigkeit (I, II oder III)** besteht oder die **blind** sind. Die Fähigkeit sich finanziell an der Haushaltsführung zu beteiligen, fehlt bei Personen, die **kein** oder nur **geringes Vermögen** (Verkehrswert bis 15 500 €) besitzen und deren **Einkünfte** und **Bezüge** den Betrag von **8004 €** jährlich nicht übersteigen. Zum Begriff des geringen Vermögens vgl. im Einzelnen Anhang 7 Abschnitt D Nr. 3c auf Seite 907.

Beispiel P

Die allein stehende A wohnt mit ihrem fünfjährigen Sohn in einer gemeinsamen Wohnung. Ihre pflegebedürftige Mutter B (Pflegestufe II) wird mit in den Haushalt aufgenommen, um ihre Versorgung zu gewährleisten. Die eigenen Einkünfte und Bezüge von B (Besteuerungs- und Kapitalanteil der Altersrente) betragen 7500 € jährlich. Daneben wird B ein Pflegegeld von 420 € monatlich gezahlt. Außerdem verfügt B über ein Sparbuchguthaben von 10 000 €.

B ist aufgrund der Pflegebedürftigkeit tatsächlich nicht in der Lage, sich an der Haushaltsführung zu beteiligen. Eine finanzielle Beteiligung der B an der Haushaltsführung ist ebenfalls nicht möglich, da die eigenen Einkünfte und Bezüge der B den Betrag von 8004 € jährlich nicht übersteigen und das Vermögen die Verkehrswertgrenze von 15 500 € nicht übersteigt. Die Pflegegeldzahlungen von 420 € monatlich sind bei der Ermittlung der eigenen Einkünfte und Bezüge der B nicht zu berücksichtigen. A hat daher Anspruch auf den Entlastungsbetrag in Höhe von 109 € monatlich. Würden die eigenen Einkünfte und Bezüge der B z. B. 8500 € betragen, würde dies zu einer Versagung des Entlastungsbetrags bei A führen, wenn B – wovon nach der Lebenserfahrung auszugehen ist – sich an der Haushaltsführung finanziell beteiligte.

Eine für den Entlastungsbetrag schädliche Haushaltsgemeinschaft wird angenommen, wenn eine andere volljährige Person in der Wohnung des Arbeitnehmers gemeldet ist. Nachträgliche Ab- bzw. Ummeldungen werden nicht berücksichtigt. Der Arbeitnehmer kann diese **Vermutung der Haushaltsgemeinschaft widerlegen**, wenn er durch entsprechende Erklärungen (z. B. schriftliche Versicherungen) oder anderweitige Unterlagen glaubhaft darlegt, dass eine Haushaltsgemeinschaft mit einer anderen volljährigen Person nicht vorliegt. In Zweifelsfällen hat der Arbeitnehmer die Beweislast. Wegen des verfassungsrechtlichen Verbots der Schlechterstellung von Ehegatten **scheidet** eine **Widerlegbarkeit** der Haushaltsgemeinschaft **aus** bei nichtehelichen, aber **eheähnlichen Lebensgemeinschaften** und **eingetragenen Lebenspartnerschaften**. Ob eine eheähnliche Lebensgemeinschaft vorliegt, ist nach den **sozialhilferechtlichen Kriterien** bzw. Indizien zu entscheiden. Anhaltspunkte für eine eheähnliche Lebensgemeinschaft sind die Dauer des Zusammenlebens (länger als ein Jahr), Versorgung gemeinsamer Kinder im selben Haushalt, Versorgung anderer Angehöriger im selben Haushalt, der Mietvertrag ist von beiden Partnern unterschrieben und auf Dauer angelegt, gemeinsame Kontoführung, andere Verfügungsbefugnisse über Einkommen und Vermögen des Partners und andere gemeinsame Verträge (z. B. über Unterhaltspflichten). Vom Vorliegen einer eheähnlichen Lebensgemeinschaft ist auch auszugehen, wenn einer den Abzug von Unterhaltsleistungen an den Lebenspartner als außergewöhnliche Belastungen beantragt.

Beispiel Q

A und B, nicht verheiratet, sind Eltern einer fünfjährigen Tochter und leben seit der Geburt des Kindes zusammen.

A und B leben unstreitig in einer eheähnlichen Gemeinschaft (Zusammenleben länger als ein Jahr, Versorgung gemeinsamer Kinder im selben Haushalt) und sind aufgrund dieser unwiderlegbaren Haushaltsgeinschaft nicht allein stehend mit der Folge, dass weder A noch B Anspruch auf den Entlastungsbetrag und damit auf die Steuerklasse II hat.

Beispiel R

A ist Mutter einer minderjährigen Tochter. Ihre Schwester B hat sich aufgrund eines beruflichen Auslandsaufenthaltes vorübergehend in der Wohnung der A mit Nebenwohnsitz angemeldet.

Aufgrund der Anmeldung mit Nebenwohnsitz wird vermutet, dass zwischen A und B eine Haushaltsgemeinschaft besteht mit der Folge, dass A die Voraussetzungen für den Entlastungsbetrag/Steuerklasse II nicht mehr erfüllt. Diese Vermutung ist widerlegbar, z. B. durch eine gemeinsame schriftliche Erklärung von A und B, dass B sich tatsächlich und finanziell nicht an der Haushaltsführung beteiligt.

noch Anhang 9

Für jeden vollen Kalendermonat, in dem die Voraussetzungen für die Inanspruchnahme des **Entlastungsbetrags** nicht vorgelegen haben, ermäßigt sich der Betrag von 1308 € um ein Zwölftel (= 109 €; § 24b Abs. 3 EStG). Diese **zeitanteilige Berechnung** der Steuervergünstigung hat früher beim Haushaltsfreibetrag nicht stattgefunden.

Beispiel S

Die Tochter der allein stehenden Mutter A wird am 22.3.2010 geboren. Der in einer anderen Stadt lebende leibliche Vater des Kindes kommt seiner Unterhaltsverpflichtung nach. A hat im Jahre 2010 für 10 Monate Anspruch auf den Entlastungsbetrag in Höhe von 1090 € (10 Monate à 109 €). Auf der Lohnsteuerkarte 2010 wird von der Gemeinde für die Monate Januar und Februar die Steuerklasse I, kein Kinderfreibetrags-Zähler und ab März 2010 die Steuerklasse II, Kinderfreibetrags-Zähler 0,5 bescheinigt.

Beispiel T

A und B, nicht verheiratet, leben mit ihrem 3-jährigen Sohn in einer gemeinsamen Wohnung. Am 15.6.2010 trennen sie sich auf Dauer und B zieht aus der gemeinsamen Wohnung aus. Bei A liegen bis einschließlich Mai die Voraussetzungen für den Entlastungsbetrag nicht vor, da sie mit einer anderen Person (B) in einer Hausgemeinschaft lebt. Ab Juni hat sie hingegen aufgrund des Auszugs des B Anspruch auf den Entlastungsbetrag. Dies gilt auch schon für den Auszugsmonat. Dieser beträgt für 2010 763 € (7 Monate à 109 €). Die Gemeinde kann auf Antrag ab Juni 2010 auf der Lohnsteuerkarte der A die Steuerklasse II bescheinigen. Der Kinderfreibetrags-Zähler beträgt für A 0,5, da B seiner Unterhaltsverpflichtung nachkommt. Auf der Lohnsteuerkarte des B wird die Steuerklasse I und ebenfalls der Kinderfreibetrags-Zähler 0,5 bescheinigt. Eine Übertragung des Entlastungsbetrags (Steuerklasse II) ab Juni 2010 von A auf B ist nicht möglich.

Beispiel U

A und B, nicht verheiratet und in zwei getrennten Wohnungen alleine lebend, sind Eltern einer minderjährigen Tochter. Die Tochter ist bei A vom 1.1. bis 15.7. und bei B vom 16.7. bis 31.12.2010 mit Hauptwohnsitz gemeldet. A bekommt bis einschließlich Juli, B ab August das Kindergeld ausgezahlt.

A erfüllt für die Monate Januar bis Juli und B für die Monate Juli bis Dezember die Voraussetzungen für den Entlastungsbetrag für Alleinerziehende, da zu ihrem Haushalt ein Kind gehört, für das ihnen Kindergeld bzw. kindbedingte Freibeträge zustehen; im Monat Juli erfüllen aufgrund des Wohnungswechsels während des Monats beide Elternteile die Voraussetzungen für den Entlastungsbetrag. Auf der Lohnsteuerkarte 2010 werden von der Gemeinde folgende Bescheinigungen vorgenommen:

A:

Januar bis Juli	Steuerklasse II, Kinderfreibetrags-Zähler 0,5
August bis Dezember	Steuerklasse I, Kinderfreibetrags-Zähler 0,5

B:

Januar bis Juni	Steuerklasse I, Kinderfreibetrags-Zähler 0,5
Juli bis Dezember	Steuerklasse II, Kinderfreibetrags-Zähler 0,5

Beispiel V

A lebt allein mit ihrem 20-jährigen Sohn zusammen, der von März bis einschließlich November 2010 seinen Zivildienst leistet. A erhält daher lediglich für die Monate Januar, Februar und Dezember 2010 Kindergeld.

A hat in 2010 nur für die Monate Januar, Februar und Dezember Anspruch auf den Entlastungsbetrag für Alleinerziehende (3 Monate à 109 € = 327 €).

Beispiel W

Die Eheleute A und B haben gemeinsam einen noch schulpflichtigen Sohn. Am 13.6.2010 verstirbt B. Im Zeitpunkt des Todes lagen bei A und B die Voraussetzungen für die Ehegattenbesteuerung vor.

Bereits ab dem Todesmonat Juni gilt A als allein stehend und hat Anspruch auf den Entlastungsbetrag für Alleinerziehende. Für 2010 ergibt sich ein Entlastungsbetrag von 763 € (7 Monate à 109 €) und für 2011 von 1308 €. Da sie 2010 und 2011 noch die Voraussetzungen für die Bescheinigung der Steuerklasse III erfüllt, kann der Entlastungsbetrag als Freibetrag auf der Lohnsteuerkarte eingetragen werden (§ 39a Abs. 1 Nr. 8 EStG).

Arbeitnehmer sind verpflichtet, die auf der Lohnsteuerkarte bescheinigte **Steuerklasse II** umgehend **ändern** zu lassen, wenn sie von den **Verhältnissen** zu **Beginn** des **Kalenderjahres zugunsten** des Arbeitnehmers **abweicht** (§ 39 Abs. 4 EStG).

Beispiel X

A ist allein stehende Mutter einer vierjährigen Tochter. Der in einer anderen Stadt lebende leibliche Vater der Tochter kommt seiner Unterhaltsverpflichtung nach. Auf der im Oktober 2009 von der Gemeinde zugestellten Lohnsteuerkarte 2010 ist die Steuerklasse II, Kinderfreibetrags-Zähler 0,5 bescheinigt. Im Dezember 2009 zieht B auf Dauer bei A ein und beteiligt sich tatsächlich und finanziell an der Haushaltsführung.

Aufgrund der zwischen A und B ab Dezember 2009 bestehenden Haushaltsgemeinschaft ist A nicht mehr allein stehend und hat ab Januar 2010 keinen Anspruch mehr auf den Entlastungsbetrag. Sie ist verpflichtet ihre auf der Lohnsteuerkarte 2010 bescheinigte Steuerklasse II in I ändern zu lassen. Der Kinderfreibetrags-Zähler von 0,5 bleibt unverändert.

Auch bei einem **Wegfall** der **Voraussetzungen** für den **Entlastungsbetrag** im Laufe des Jahres 2010 (z. B. Beendigung der Berufsausbildung des Kindes) ist der **Arbeitnehmer verpflichtet**, die **Steuerklasse** bei der Gemeinde **ändern** zu lassen.

Beispiel Y

A lebt mit ihrer 20-jährigen Tochter allein in einer Haushaltsgemeinschaft. Auf ihrer Lohnsteuerkarte 2010 ist die Steuerklasse II bescheinigt. Am 30.9.2010 beendet die Tochter ihre Berufsausbildung. Ab Oktober erhält A auch kein Kindergeld mehr.

A ist verpflichtet, die auf der Lohnsteuerkarte 2010 bescheinigte Steuerklasse II ab Oktober in I ändern zu lassen.

noch Anhang 9

Für die **Eintragung** der **Steuerklasse II** ist grundsätzlich die **Gemeinde** im Rahmen der Ausstellung der Lohnsteuerkarten zuständig. Bei Alleinerziehenden mit **Kindern,** die zu Beginn des Jahres 2010 das **18. Lebensjahr** bereits vollendet haben, ist das **Finanzamt** zuständig. Entsprechendes gilt für die Berücksichtigung des Entlastungsbetrags für verwitwete Alleinerziehende mit Steuerklasse III als Freibetrag auf der Lohnsteuerkarte.

Der **Arbeitgeber** ist berechtigt, in bestimmten Fällen sogar verpflichtet, einen **Lohnsteuer-Jahresausgleich** durchzuführen. Liegt beim einzelnen Arbeitnehmer ein Ausschlusstatbestand vor (z.B. Freibetrag auf der Lohnsteuerkarte), darf er keinen Lohnsteuer-Jahresausgleich durchführen (vgl. hierzu im Einzelnen das Stichwort „Lohnsteuer-Jahresausgleich durch den Arbeitgeber" im Hauptteil des Lexikons).

Der Lohnsteuer-Jahresausgleich durch den Arbeitgeber ist anhand der zuletzt auf der Lohnsteuerkarte eingetragenen Steuerklasse durchzuführen. Dies führt bei einem Steuerklassenwechsel im Laufe des Kalenderjahres zu einer unzutreffenden Lohnsteuer, da die zuletzt bescheinigte Steuerklasse für das gesamte Jahr zugrunde gelegt wird. Daher darf der Arbeitgeber für Arbeitnehmer mit **Steuerklasse II,** bei denen die Voraussetzungen **nicht** für das **gesamte Jahr** vorgelegen haben, **keinen Lohnsteuer-Jahresausgleich** durchführen (§ 42b Abs. 1 Satz 4 Nr. 3 EStG). Hierdurch wird in Fällen, in denen zwar am Ende des Kalenderjahres die Steuerklasse II eingetragen ist, diese jedoch nicht das ganze Jahr anzuwenden war, ein zu niedriger Lohnsteuereinbehalt vermieden. Im umgekehrten Fall (erst Steuerklasse II dann im Laufe des Jahres Steuerklasse I) kommt es nicht zu einer zuungunsten des Arbeitnehmers zu hohen Lohnsteuererhebung.

Anhang 10

Ländergruppeneinteilung für die Berücksichtigung ausländischer Verhältnisse 2010

Verschiedene Freibeträge und Höchstbeträge werden um ein Viertel, die Hälfte oder um drei Viertel gekürzt, wenn die Person, auf die sich die Steuervergünstigung bezieht, in einem Land lebt, das ein niedrigeres Lohn- oder Einkommensniveau hat, als die Bundesrepublik Deutschland. Die Kürzung kommt in folgenden Fällen in Betracht:

– **Kinderfreibeträge und Freibeträge für Betreuungs-, Erziehungs- oder Ausbildungsbedarf** für Kinder, die im Ausland leben (vgl. Anhang 9 Nr. 12)
– Berücksichtigung **eigener Einkünfte und Bezüge** bei über 18 Jahre alten Kindern, die im Ausland leben (vgl. Anhang 9 Nr. 12)
– **Unterhaltsfreibeträge** für Personen, die im Ausland leben (vgl. Anhang 7 Abschnitt D Nr. 4)
– **Ausbildungsfreibeträge** für Kinder, die im Ausland leben (vgl. Anhang 7 Abschnitt D Nr. 6)
– Werbungskostenabzug für Kinderbetreuungskosten bei Kindern unter 14 Jahre, die im Ausland leben (vgl. Stichwort „Kinderbetreuungskosten" im Hauptteil des Lexikons)
– Sonderausgabenabzug für Kinderbetreuungskosten bei Kindern, die im Ausland leben (vgl. Anhang 7 Abschnitt C Nr. 5)
– Beschränkt steuerpflichtige Arbeitnehmer, die auf Antrag wie unbeschränkt Steuerpflichtige behandelt werden wollen (8004-Euro-Grenze, vgl. das Stichwort „Beschränkt steuerpflichtige Arbeitnehmer" im Hauptteil des Lexikons).

Für die Kürzung der genannten Freibeträge und Höchstbeträge gilt ab **1.1.2010** folgende Ländergruppeneinteilung (BMF-Schreiben vom 6.11.2009 (BStBl. I S. 1323).

keine Kürzung	Kürzung um 25%	Kürzung um 50%	Kürzung um 75%
Wohnsitzstaat des Kindes, der unterhaltenen Person oder des Arbeitnehmers			
Ländergruppe 1	Ländergruppe 2	Ländergruppe 3	Ländergruppe 4
Andorra	Äquatorialguinea	Antigua und Barbuda	Afghanistan
Australien	Bahamas	Argentinien	Ägypten
Belgien	Bahrain	Botsuana	Albanien
Brunei Darussalam	Barbados	Brasilien	Algerien
Dänemark	Estland	Bulgarien	Angola
Finnland	Israel	Chile	Armenien
Frankreich	Korea, Republik	Cookinseln	Aserbaidschan
Griechenland	Malta	Costa Rica	Äthiopien
Honkong	Oman	Dominica	Bangladesch
Irland	Palästinensische Gebiete	Gabun	Belize
Island	Portugal	Grenada	Benin
Italien	Saudi-Arabien	Kasachstan	Bhutan
Japan	Slowakische Republik	Kroatien	Bolivien
Kaiman-Inseln	Slowenien	Lettland	Bosnien-Herzegowina
Kanada	Taiwan	Libanon	Burkina Faso
Katar	Trinidad und Tobago	Libysch-Arabische Dschamahirija/Libyen	Burundi
Kuwait	Tschechische Republik	Litauen	China (VR)
Liechtenstein	Turks- und Caicos-Inseln	Malaysia	Côte d'Ivoire/Elfenbeinküste
Luxemburg		Mauritius	Dominikanische Republik
Macau		Mexiko	Dschibuti
Monaco		Montenegro	Ecuador
Neuseeland		Nauru	El Salvador
Niederlande		Niue	Eritrea
Norwegen		Palau	Fidschi
Österreich		Panama	Gambia
San Marino		Polen	Georgien
Schweden		Rumänien	Ghana
Schweiz		Russische Föderation	Guatemala
Singapur		Serbien	Guinea
Spanien		Seychellen	Guinea-Bissau
Vereinigte Arabische Emirate		St. Kitts und Nevis	Guyana
Vereinigte Staaten		St. Lucia	Haiti
Vereinigtes Königreich		St. Vincent und die Grenadinen	Honduras
Zypern		Südafrika	Indien
		Suriname	Indonesien
		Türkei	Irak
		Ungarn	Iran, Islamische Republik
		Uruguay	Jamaika
		Venezuela	Jemen
		Weißrussland/Belarus	Jordanien
			Kambodscha
			Kamerun
			Kap Verde
			Kenia
			Kirgisistan
			Kiribati
			Kolumbien
			Komoren
			Kongo, Republik
			Kongo, Demokratische Republik
			Korea, Demokratische VR
			Kosovo
			Kuba
			Laos, Demokratische VR
			Lesotho
			Liberia
			Madagaskar
			Malawi
			Malediven
			Mali
			Marokko
			Marschallinseln
			Mauretanien
			Mazedonien (ehemalige jugoslawische Republik)
			Mikronesien, Föderierte Staaten von
			Moldau, Republik/Moldawien
			Mongolei
			Mosambik
			Myanmar
			Namibia
			Nepal
			Nicaragua
			Niger
			Nigeria
			Pakistan
			Papua Neuguinea
			Paraguay
			Peru
			Philippinen
			Ruanda
			Salomonen
			Sambia
			Samoa
			São Tomé und Principe
			Senegal
			Sierra Leone
			Simbabwe
			Somalia
			Sri Lanka
			Sudan
			Swasiland
			Syrien, Arabische Republik
			Tadschikistan
			Tansania, Vereinigte Republik
			Thailand
			Timor-Leste
			Togo
			Tonga
			Tschad
			Tunesien
			Turkmenistan
			Tuvalu
			Uganda
			Ukraine
			Usbekistan
			Vanuatu
			Vietnam
			Zentralafrikanische Republik

Anhang 11

Tabelle zur Steuerklassenwahl 2010
für Ehegatten, die beide sozialversicherungspflichtig sind

Die Wahl der richtigen Steuerklassenkombination soll die folgende Tabelle erleichtern. Diese Tabelle gilt nur dann, wenn die Ehegatten keine Versorgungsbezüge erhalten und **beide** Ehegatten sozialversicherungspflichtig sind, das heißt die Lohnsteuer unter Anwendung der **ungekürzten Vorsorgepauschale** zu berechnen ist (vgl. die Erläuterungen beim Stichwort „Lohnsteuertabellen" und in Anhang 8).

Die Tabelle geht vom Monatslohn des **höher verdienenden** Ehegatten aus **(= Spalte 1)**. Daneben wird jeweils der monatliche Arbeitslohn des **geringer verdienenden** Ehegatten **(= Spalte 2)** angegeben, der bei einer **Steuerklassenkombination III (für den Höherverdienenden) und V (für den Geringerverdienenden) nicht überschritten werden darf,** wenn der geringste Lohnsteuerabzug erreicht werden soll.

Übersteigt der monatliche Arbeitslohn des geringer verdienenden Ehegatten den nach Spalte 2 der Tabelle in Betracht kommenden Betrag, **so führt die Steuerklassenkombination IV/IV für die Ehegatten zu einem geringeren Lohnsteuerabzug** als die Steuerklassenkombination III/V.

Ab dem Kalenderjahr 2010 besteht zudem die Möglichkeit, die Steuerklassenkombination IV/IV **mit Faktor** zu wählen (vgl. die Erläuterungen beim Stichwort „Faktorverfahren" im Hauptteil des Lexikons.

In diesem Zusammenhang ist darauf hinzuweisen, dass die Steuerklassenkombination während des Jahres noch nichts über die endgültige Steuerschuld nach Ablauf des Jahres aussagt. Bei der Steuerklassenkombination III/V ergeben sich meistens Steuernachzahlungen nach Ablauf des Kalenderjahrs. Ehegatten, die die Steuerklassenkombination III/V gewählt haben, werden deshalb **stets zur Einkommensteuer veranlagt.** Durch die Wahl der Steuerklassenkombination IV/IV können sich **keine** Steuernachzahlungen ergeben, es sei denn andere Gründe führen zu einer Nachzahlung nach Ablauf des Kalenderjahrs (z.B. andere Einkünfte, Anwendung des Progressionsvorbehalts).

Monatlicher Bruttolohn*) des höher verdienenden Arbeitnehmers in Euro	Monatlicher Bruttolohn*) des geringer verdienenden Ehegatten in Euro
Spalte 1	Spalte 2
1 250	541
1 300	617
1 350	702
1 400	796
1 450	1040
1 500	1096
1 550	1156
1 600	1218
1 650	1286
1 700	1343
1 750	1376
1 800	1411
1 850	1447
1 900	1475
1 950	1503
2 000	1542
2 050	1585
2 100	1624
2 150	1659
2 200	1696
2 250	1727
2 300	1762
2 350	1793
2 400	1828
2 450	1859
2 500	1890
2 550	1921
2 600	1945
2 650	1970
2 700	1992
2 750	2014
2 800	2036
2 850	2058
2 900	2082
2 950	2111
3 000	2147
3 050	2184
3 100	2220
3 150	2254
3 200	2290
3 250	2323
3 300	2359
3 350	2395
3 400	2431
3 450	2464
3 500	2500
3 550	2536
3 600	2572
3 650	2606
3 700	2642
3 750	2679
3 800	2722
3 850	2764
3 900	2809
3 950	2854
4 000	2902
4 050	2951
4 100	3003
4 150	3056
4 200	3113
4 250	3169
4 300	3229
4 350	3292
4 400	3358
4 450	3427
4 500	3502
4 550	3577
4 600	3661
4 650	3749
4 700	3840
4 750	3934
4 800	4039
4 850	4165
4 900	4307
4 950	4493
5 000	4813

*) Nach Abzug des auf der Lohnsteuerkarte eingetragenen Freibetrags und des Altersentlastungsbetrags.

noch Anhang 11

Beispiel A

Bei einem Arbeitnehmer-Ehepaar, beide rentenversicherungspflichtig, erhält der höher verdienende Ehegatte einen Monatslohn von 3500 € (Spalte 1). Wenn in diesem Falle der Monatslohn des geringer verdienenden Ehegatten nicht mehr als 2500 € (Spalte 2 der Tabelle) beträgt, führt die Steuerkombination III/V zur geringsten Lohnsteuer.

Wenn der Monatslohn des geringer verdienenden Ehegatten höher ist als 2500 €, so führt die Steuerklassenkombination IV/IV insgesamt zur geringsten Lohnsteuer.

Beispiel B

1. Ein Arbeitnehmer-Ehepaar, beide in allen Zweigen sozialversicherungspflichtig, bezieht Monatslöhne (nach Abzug etwaiger Freibeträge) von 3000 € und 1700 €. Da der Monatslohn des geringer verdienenden Ehegatten den nach dem Monatslohn des höher verdienenden Ehegatten in der Spalte 2 der Tabelle ausgewiesenen Betrag von 2147 € nicht übersteigt, führt in diesem Falle die Steuerklassenkombination III/V zur geringsten Lohnsteuer.

   Vergleich nach der Allgemeinen Monatslohnsteuertabelle:

   a) Lohnsteuer für 3000 € nach Steuerklasse III 245,83 €
   für 1700 € nach Steuerklasse V 354,16 €
   insgesamt also **599,99 €**

   b) Lohnsteuer für 3000 € nach Steuerklasse IV 482,58 €
   für 1700 € nach Steuerklasse IV 153,66 €
   insgesamt also **636,24 €**

2. Würde der Monatslohn des geringer verdienenden Ehegatten 2500 € betragen, so würde die Steuerklassenkombination IV/IV insgesamt zur geringsten Lohnsteuer führen.

   Vergleich nach der Allgemeinen Monatslohnsteuertabelle:

   a) Lohnsteuer für 3000 € nach Steuerklasse III 245,83 €
   für 2500 € nach Steuerklasse V 618,66 €
   insgesamt also **864,49 €**

   b) Lohnsteuer für 3000 € nach Steuerklasse IV 482,58 €
   für 2500 € nach Steuerklasse IV 348,91 €
   insgesamt also **831,49 €**

Anhang 12

Nettolohnberechnung für sonstige Bezüge nach der Jahreslohnsteuertabelle 2010

Für die Nettolohnberechnung bei sonstigen Bezügen nach der Jahreslohnsteuertabelle gilt Folgendes:

Übernimmt der Arbeitgeber nicht nur die Lohnsteuer, sondern auch den Solidaritätszuschlag, die Kirchensteuer und die Sozialversicherungsbeiträge, so müssen auch der Solidaritätszuschlag, die Kirchensteuer und die Sozialversicherungsbeiträge in das Abtasten der Jahreslohnsteuertabelle mit einbezogen werden. Dabei sind die anteiligen Jahresbeitragsbemessungsgrenzen zu beachten. Dieses Verfahren wird anhand des folgenden Beispiels erläutert. Im Übrigen wird auf die Erläuterungen bei den Stichworten „Sonstige Bezüge" und „Nettolöhne" Bezug genommen. Eine Nettolohnberechnung mit Anwendung der sog. **Fünftelregelung** ist als **Anhang 14** abgedruckt.

Beispiel

Ein kinderloser Arbeitnehmer mit der Steuerklasse III/0 Kinderfreibeträge, Kirchensteuermerkmal rk, bezieht einen Monatslohn von 3400 €. Im April 2010 erhält er einen sonstigen Bezug (einmalige Zuwendung) in Höhe von 800 €, der netto gezahlt wird, das heißt, sämtliche Lohnabzüge (Lohnsteuer, Solidaritätszuschlag, Kirchensteuer und Sozialversicherungsbeiträge) werden vom Arbeitgeber übernommen. Der Beitragsanteil des Arbeitnehmers am Krankenversicherungsbeitrag beträgt 7,9 %. Der Arbeitnehmerbeitrag zur Pflegeversicherung beträgt für kinderlose Arbeitnehmer 1,225 %.

Es ergibt sich folgende Berechnung des Bruttobetrags:
Voraussichtlicher Jahresarbeitslohn:
3400 € × 12 = 40 800,— €

1. Berechnung
Lohnsteuer nach Steuerklasse III der Jahreslohnsteuertabelle 2010
a) vom voraussichtlichen Jahresarbeitslohn (40 800 €) 3 984,— €
b) vom voraussichtlichen Jahresarbeitslohn zuzüglich des sonstigen Bezugs (40 800,— € + 800,— € =) 41 600,— € 4 164,— €

Lohnsteuer für den sonstigen Bezug	180,— €
Solidaritätszuschlag (5,5 % von 180 €)	9,90 €
Kirchensteuer (8 % von 180 €)	14,40 €
Krankenversicherung (**KV**) 7,9 % von 800 €	63,20 €
Pflegeversicherung (**PV**) 1,225 % von 800 €	9,80 €
Rentenversicherung (**RV**) 9,95 % von 800 €	79,60 €
Arbeitslosenversicherung (**AL**) 1,4 % von 800 €	11,20 €
Lohnabzüge insgesamt	368,10 €
sonstiger Bezug	800,— €
erhöhter sonstiger Bezug	1 168,10 €

2. Berechnung
Lohnsteuer nach Steuerklasse III
a) vom voraussichtlichen Jahresarbeitslohn (40 800 €) 3 984,— €
b) vom voraussichtlichen Jahresarbeitslohn zuzüglich des erhöhten sonstigen Bezugs (40 800,— € + 1168,10 € =) 41 968,10 € 4 246,— €

Lohnsteuer für den sonstigen Bezug	262,— €
SolZ (5,5 % von 262 €)	14,41 €
Kirchensteuer (8 % von 262 €)	20,96 €
KV 7,9 % von 1168,10 €	92,28 €
PV 1,225 % von 1168,10 €	14,31 €
RV 9,95 % von 1168,10 €	116,23 €
AL 1,4 % von 1168,10 €	16,35 €
Lohnabzüge insgesamt	536,54 €
sonstiger Bezug	800,00 €
erhöhter sonstiger Bezug	1 336,54 €

3. Berechnung
Lohnsteuer nach Steuerklasse III
a) vom voraussichtlichen Jahresarbeitslohn (40 800 €) 3 984,— €
b) vom voraussichtlichen Jahresarbeitslohn zuzüglich des erhöhten sonstigen Bezugs (40 800,— € + 1336,54 € =) 42 136,54 € 4 284,— €

Lohnsteuer für den sonstigen Bezug	300,— €
SolZ (5,5 % von 300 €)	16,50 €
Kirchensteuer (8 % von 300 €)	24,— €
KV 7,9 % von 1336,54 €	105,59 €
PV 1,225 % von 1336,54 €	16,37 €
RV 9,95 % von 1336,54 €	132,99 €
AL 1,4 % von 1336,54 €	18,71 €
Lohnabzüge insgesamt	614,16 €
sonstiger Bezug	800,00 €
erhöhter sonstiger Bezug	1 414,16 €

4. Berechnung
Lohnsteuer nach Steuerklasse III
a) vom voraussichtlichen Jahresarbeitslohn (40 800 €) 3 984,— €
b) vom voraussichtlichen Jahresarbeitslohn zuzüglich des erhöhten sonstigen Bezugs (40 800,— € + 1414,16 € =) 42 214,16 € 4 302,— €

Lohnsteuer für den sonstigen Bezug	318,— €
SolZ (5,5 % von 318 €)	17,49 €
Kirchensteuer (8 % von 318 €)	25,44 €
KV 7,9 % von 1400,— €*)	110,60 €
PV 1,225 % von 1400,— €*)	17,15 €
RV 9,95 % von 1414,16 €	140,71 €
AL 1,4 % von 1414,16 €	19,80 €
Lohnabzüge insgesamt	649,19 €
sonstiger Bezug	800,00 €
erhöhter sonstiger Bezug	1 449,19 €

5. Berechnung
Lohnsteuer nach Steuerklasse III
a) vom voraussichtlichen Jahresarbeitslohn (40 800 €) 3 984,— €
b) vom voraussichtlichen Jahresarbeitslohn zuzüglich des erhöhten sonstigen Bezugs (40 800,— € + 1449,19 € =) 42 249,19 € 4 310,— €

Lohnsteuer für den sonstigen Bezug	326,— €
SolZ (5,5 % von 326 €)	17,93 €
Kirchensteuer (8 % von 326 €)	26,08 €
KV 7,9 % von 1400,— €*)	110,60 €
PV 1,225 % von 1400,— €*)	17,15 €
RV 9,95 % von 1449,19 €	144,19 €
AL 1,4 % von 1449,19 €	20,29 €
Lohnabzüge insgesamt	662,24 €
sonstiger Bezug	800,00 €
erhöhter sonstiger Bezug	1 462,24 €

6. Berechnung
Lohnsteuer nach Steuerklasse III
a) vom voraussichtlichen Jahresarbeitslohn (40 800 €) 3 984,— €
b) vom voraussichtlichen Jahresarbeitslohn zuzüglich des erhöhten sonstigen Bezugs (40 800,— € + 1462,24 € =) 42 262,24 € 4 314,— €

Lohnsteuer für den sonstigen Bezug	330,— €
SolZ (5,5 % von 330 €)	18,15 €
Kirchensteuer (8 % von 330 €)	26,40 €
KV 7,9 % von 1400,— €*)	110,60 €
PV 1,225 % von 1400,— €*)	17,15 €
RV 9,95 % von 1462,24 €	145,49 €
AL 1,4 % von 1462,24 €	20,47 €
Lohnabzüge insgesamt	668,26 €
sonstiger Bezug	800,00 €
erhöhter sonstiger Bezug	1 468,26 €

7. Berechnung
Lohnsteuer nach Steuerklasse III
a) vom voraussichtlichen Jahresarbeitslohn (40 800 €) 3 984,— €
b) vom voraussichtlichen Jahresarbeitslohn zuzüglich des erhöhten sonstigen Bezugs (40 800,— € + 1468,26 € =) 42 268,26 € 4 314,— €

Lohnsteuer für den sonstigen Bezug	330,— €
SolZ (5,5 % von 330 €)	18,15 €
Kirchensteuer (8 % von 330 €)	26,40 €
KV 7,9 % von 1400,— €*)	110,60 €
PV 1,225 % von 1400,— €*)	17,15 €
RV 9,95 % von 1468,26 €	146,09 €
AL 1,4 % von 1468,26 €	20,56 €
Lohnabzüge insgesamt	668,95 €
sonstiger Bezug	800,00 €
erhöhter sonstiger Bezug	1 468,95 €

---

*) Durch den erhöhten sonstigen Bezug wird in der Kranken- und Pflegeversicherung die **anteilige** Jahresbeitragsbemessungsgrenze überschritten. Die einmalige Zuwendung ist somit nur in Höhe des noch nicht mit Beiträgen belegten Anteils beitragspflichtig. Dieser Anteil errechnet sich wie folgt:

Anteilige Jahresbeitragsbemessungsgrenze für die Kranken- und Pflegeversicherung für die Monate Januar bis April 2010 (3750,00 € × 4 =)	15 000 €
beitragspflichtiges Entgelt für Januar bis April 2010 (3400 € × 4 =)	13 600 €
noch nicht mit Beiträgen belegt	1 400 €

noch Anhang 12

8. Berechnung
Lohnsteuer nach Steuerklasse III
a) vom voraussichtlichen Jahresarbeitslohn (40 800 €)   3 984,— €
b) vom voraussichtlichen Jahresarbeitslohn zuzüglich des erhöhten sonstigen Bezugs (40 800,— € + 1468,95 € =) 42 268,95 €   4 314,— €

Lohnsteuer für den sonstigen Bezug	330,— €
SolZ (5,5 % von 330 €)	18,15 €
Kirchensteuer (8 % von 330 €)	26,40 €
KV 7,9 % von 1400,— €*)	110,60 €
PV 1,225 % von 1400,— €*)	17,15 €
RV 9,95 % von 1468,95 €	146,16 €
AL 1,4 % von 1468,95 €	20,57 €
Lohnabzüge insgesamt	669,03 €
sonstiger Bezug	800,00 €
erhöhter sonstiger Bezug	1 469,03 €

9. Berechnung
Lohnsteuer nach Steuerklasse III
a) vom voraussichtlichen Jahresarbeitslohn (40 800 €)   3 984,— €
b) vom voraussichtlichen Jahresarbeitslohn zuzüglich des erhöhten sonstigen Bezugs (40 800,— € + 1469,03 € =) 42 269,03 €   4 316,— €

Lohnsteuer für den sonstigen Bezug	332,— €
SolZ (5,5 % von 332 €)	18,26 €
Kirchensteuer (8 % von 332 €)	26,56 €
KV 7,9 % von 1400,— €*)	110,60 €
PV 1,225 % von 1400,— €*)	17,15 €
RV 9,95 % von 1469,03 €	146,17 €
AL 1,4 % von 1469,03 €	20,57 €
Lohnabzüge insgesamt	671,31 €
sonstiger Bezug	800,00 €
erhöhter sonstiger Bezug	1 471,31 €

10. Berechnung
Lohnsteuer nach Steuerklasse III
a) vom voraussichtlichen Jahresarbeitslohn (40 800 €)   3 984,— €
b) vom voraussichtlichen Jahresarbeitslohn zuzüglich des erhöhten sonstigen Bezugs (40 800,— € + 1471,31 € =) 42 271,31 €   4 316,— €

Lohnsteuer für den sonstigen Bezug	332,— €
SolZ (5,5 % von 332 €)	18,26 €
Kirchensteuer (8 % von 332 €)	26,56 €
KV 7,9 % von 1400,— €*)	110,60 €
PV 1,225 % von 1400,— €*)	17,15 €
RV 9,95 % von 1471,31 €	146,40 €
AL 1,4 % von 1471,31 €	20,60 €
Lohnabzüge insgesamt	671,57 €
sonstiger Bezug	800,00 €
erhöhter sonstiger Bezug	1 471,57 €

11. Berechnung
Lohnsteuer nach Steuerklasse III
a) vom voraussichtlichen Jahresarbeitslohn (40 800 €)   3 984,— €
b) vom voraussichtlichen Jahresarbeitslohn zuzüglich des erhöhten sonstigen Bezugs (40 800,— € + 1471,57 € =) 42 271,57 €   4 316,— €

Lohnsteuer für den sonstigen Bezug	332,— €
SolZ (5,5 % von 332 €)	18,26 €
Kirchensteuer (8 % von 332 €)	26,56 €
KV 7,9 % von 1400,— €*)	110,60 €
PV 1,225 % von 1400,— €*)	17,15 €
RV 9,95 % von 1471,57 €	146,42 €
AL 1,4 % von 1471,57 €	20,60 €
Lohnabzüge insgesamt	671,59 €
sonstiger Bezug	800,00 €
erhöhter sonstiger Bezug	1 471,59 €

12. Berechnung
Lohnsteuer nach Steuerklasse III
a) vom voraussichtlichen Jahresarbeitslohn (40 800 €)   3 984,— €
b) vom voraussichtlichen Jahresarbeitslohn zuzüglich des erhöhten sonstigen Bezugs (40 800,— € + 1471,59 € =) 42 271,59 €   4 316,— €

Lohnsteuer für den sonstigen Bezug	332,— €
SolZ (5,5 % von 332 €)	18,26 €
Kirchensteuer (8 % von 332 €)	26,56 €
KV 7,9 % von 1400,— €*)	110,60 €
PV 1,225 % von 1400,— €*)	17,15 €
RV 9,95 % von 1471,59 €	146,42 €
AL 1,4 % von 1471,59 €	20,60 €
Lohnabzüge insgesamt	671,59 €
sonstiger Bezug	800,00 €
erhöhter sonstiger Bezug (= **Bruttobetrag**)	1 471,59 €

Der nach der 12. Berechnung ermittelte sonstige Bezug ist ebenso hoch wie der nach der 11. Berechnung ermittelte sonstige Bezug, das heißt, dass sich durch weitere Berechnungen keine höheren Lohnabzüge mehr ergeben. Auf den Nettobezug von 800 € entfallen somit:

Lohnsteuer	332,— €
Solidaritätszuschlag	18,26 €
Kirchensteuer	26,56 €
Krankenversicherung	110,60 €
Pflegeversicherung	17,15 €
Rentenversicherung	146,42 €
Arbeitslosenversicherung	20,60 €
Abzüge insgesamt:	671,59 €

Der Bruttobetrag des sonstigen Bezugs beträgt:

Nettobetrag	800,— €
durch Abtasten ermittelte Lohnabzüge	671,59 €
Bruttobetrag des sonstigen Bezugs	1 471,59 €

---

*) Durch den erhöhten sonstigen Bezug wird in der Kranken- und Pflegeversicherung die **anteilige** Jahresbeitragsbemessungsgrenze überschritten. Die einmalige Zuwendung ist somit nur in Höhe des noch nicht mit Beiträgen belegten Anteils beitragspflichtig. Dieser Anteil errechnet sich wie folgt:

Anteilige Jahresbeitragsbemessungsgrenze für die Kranken- und Pflegeversicherung für die Monate Januar bis April 2010 (3750,00 € × 4 =)	15 000 €
beitragspflichtiges Entgelt für Januar bis April 2010 (3400 € × 4 =)	13 600 €
noch nicht mit Beiträgen belegt	1 400 €

Anhang 13

Teilnettolohnberechnung nach der Monatstabelle 2010 für Teile des laufenden Arbeitslohns

Beispiel

Ein Arbeitnehmer mit der Steuerklasse III/0 Kinderfreibeträge, Kirchensteuermerkmal rk, bezieht einen Monatslohn von 2700 €. Außerdem erhält der Arbeitnehmer monatlich einen Sachbezug im Wert von 100 €, der netto gezahlt wird. Der Bruttobetrag für den Sachbezug ist durch Abtasten der **Monatstabelle** zu ermitteln. Es ergibt sich folgende Berechnung:

monatlicher Bruttolohn	2 700,— €
zuzüglich Nettozahlung	100,— €
Ausgangsbetrag	2 800,— €

In der Übersicht verwendete Abkürzungen:

- **LSt** = Lohnsteuer nach Steuerklasse III der Monatslohnsteuertabelle
- **SolZ** = Solidaritätszuschlag nach Steuerklasse III/0 der Monatslohnsteuertabelle
- **KiSt** = Kirchensteuer 8 % nach Steuerklasse III/0 der Monatslohnsteuertabelle
- **KV** = Krankenversicherung (Beitragsanteil des Arbeitnehmers 7,9 %)
- **PV** = Pflegeversicherung (1,225 %)
- **RV** = Rentenversicherung (19,9 %)
- **AL** = Arbeitslosenversicherung (2,8 %)

Lohnabzüge Abzugsatz	StKl.: III Kinder: 0,0	LSt	SolZ 5,5%	KiSt 8%	KV 7,9%	PV 1,225%	RV 9,95%	AL 1,4%	Summe der Differenzbeträge
monatlicher Bruttoarbeitslohn	2 700,00 €	177,16 €	3,03 €	14,17 €	213,30 €	33,08 €	268,65 €	37,80 €	
+ Nettolohn	100,00 €								
Ausgangsbetrag (Summe A)	2 800,00 €	200,50 €	7,70 €	16,04 €	221,20 €	34,30 €	278,60 €	39,20 €	
Differenzbeträge A		23,34 €	4,67 €	1,87 €	7,90 €	1,22 €	9,95 €	1,40 €	50,35 €
Summe A	2 800,00 €	200,50 €	7,70 €	16,04 €	221,20 €	34,30 €	278,60 €	39,20 €	
+ Summe der Differenzbeträge A	50,35 €								
Summe B	2 850,35 €	211,83 €	9,96 €	16,94 €	225,18 €	34,92 €	283,61 €	39,90 €	
Differenzbeträge B		11,33 €	2,26 €	0,90 €	3,98 €	0,62 €	5,01 €	0,70 €	24,80 €
Summe B	2 850,35 €	211,83 €	9,96 €	16,94 €	225,18 €	34,92 €	283,61 €	39,90 €	
+ Summe der Differenzbeträge B	24,80 €								
Summe C	2 875,15 €	217,00 €	11,00 €	17,36 €	227,14 €	35,22 €	286,08 €	40,25 €	
Differenzbeträge C		5,17 €	1,04 €	0,42 €	1,96 €	0,30 €	2,47 €	0,35 €	11,71 €
Summe C	2 875,15 €	217,00 €	11,00 €	17,36 €	227,14 €	35,22 €	286,08 €	40,25 €	
+ Summe der Differenzbeträge C	11,71 €								
Summe D	2 886,86 €	219,66 €	11,53 €	17,57 €	228,06 €	35,36 €	287,24 €	40,42 €	
Differenzbeträge D		2,66 €	0,53 €	0,21 €	0,92 €	0,14 €	1,16 €	0,17 €	5,79 €
Summe D	2 886,86 €	219,66 €	11,53 €	17,57 €	228,06 €	35,36 €	287,24 €	40,42 €	
+ Summe der Differenzbeträge D	5,79 €								
Summe E	2 892,65 €	220,83 €	11,76 €	17,66 €	228,52 €	35,43 €	287,82 €	40,50 €	
Differenzbeträge E		1,17 €	0,23 €	0,09 €	0,46 €	0,07 €	0,58 €	0,08 €	2,68 €
Summe E	2 892,65 €	220,83 €	11,76 €	17,66 €	228,52 €	35,43 €	287,82 €	40,50 €	
+ Summe der Differenzbeträge E	2,68 €								
Summe F	2 895,33 €	221,33 €	11,86 €	17,70 €	228,73 €	35,47 €	288,09 €	40,53 €	
Differenzbeträge F		0,50 €	0,10 €	0,04 €	0,21 €	0,04 €	0,27 €	0,03 €	1,19 €
Summe F	2 895,33 €	221,33 €	11,86 €	17,70 €	228,73 €	35,47 €	288,09 €	40,53 €	
+ Summe der Differenzbeträge F	1,19 €								
Summe G	2 896,52 €	221,66 €	11,93 €	17,73 €	228,83 €	35,48 €	288,20 €	40,55 €	
Differenzbeträge G		0,33 €	0,07 €	0,03 €	0,10 €	0,01 €	0,11 €	0,02 €	0,67 €
Summe G	2 896,52 €	221,66 €	11,93 €	17,73 €	228,83 €	35,48 €	288,20 €	40,55 €	
+ Summe der Differenzbeträge G	0,67 €								
Summe H	2 897,19 €	221,83 €	11,96 €	17,74 €	228,88 €	35,49 €	288,27 €	40,56 €	
Differenzbeträge H		0,17 €	0,03 €	0,01 €	0,05 €	0,01 €	0,07 €	0,01 €	0,35 €
Summe H	2 897,19 €	221,83 €	11,96 €	17,74 €	228,88 €	35,49 €	288,27 €	40,56 €	
+ Summe der Differenzbeträge H	0,35 €								
Summe I	2 897,54 €	221,83 €	11,96 €	17,74 €	228,91 €	35,49 €	288,31 €	40,57 €	
Differenzbeträge I		0,00 €	0,00 €	0,00 €	0,03 €	0,00 €	0,04 €	0,01 €	0,08 €
Summe I	2 897,54 €	221,83 €	11,96 €	17,74 €	228,91 €	35,49 €	288,31 €	40,57 €	
+ Summe der Differenzbeträge I	0,08 €								
Summe K	2 897,62 €	221,83 €	11,96 €	17,74 €	228,91 €	35,50 €	288,31 €	40,57 €	
Differenzbeträge K		0,00 €	0,00 €	0,00 €	0,00 €	0,01 €	0,00 €	0,00 €	0,01 €
Summe K	2 897,62 €	221,83 €	11,96 €	17,74 €	228,91 €	35,50 €	288,31 €	40,57 €	
+ Summe der Differenzbeträge K	0,01 €								
Summe L	2 897,63 €	221,83 €	11,96 €	17,74 €	228,91 €	35,50 €	288,31 €	40,57 €	
Differenzbeträge L		0,00 €	0,00 €	0,00 €	0,00 €	0,00 €	0,00 €	0,00 €	0,00 €
Summe L	2 897,63 €	221,83 €	11,96 €	17,74 €	228,91 €	35,50 €	288,31 €	40,57 €	
+ Summe der Differenzbeträge L	0,00 €								
Summe M	2 897,63 €	221,83 €	11,96 €	17,74 €	228,91 €	35,50 €	288,31 €	40,57 €	
Differenzbeträge M		0,00 €	0,00 €	0,00 €	0,00 €	0,00 €	0,00 €	0,00 €	0,00 €
Summe M	2 897,63 €	221,83 €	11,96 €	17,74 €	228,91 €	35,50 €	288,31 €	40,57 €	
+ Summe der Differenzbeträge M	0,00 €								
Summe N	2 897,63 €	221,83 €	11,96 €	17,74 €	228,91 €	35,50 €	288,31 €	40,57 €	
Differenzbeträge N		0,00 €	0,00 €	0,00 €	0,00 €	0,00 €	0,00 €	0,00 €	0,00 €

noch Anhang 13

	LSt	SolZ 5,5%	KiSt 8%	KV 7,9%	PV 1,225%	RV 9,95%	AL 1,4%	Summe der Differenzbeträge
Auf den Nettolohn in Höhe von 100 € entfallen somit folgende Abzugsbeträge:								
Abzugsbeträge insgesamt lt. Hochrechnung	221,83 €	11,96 €	17,74 €	228,91 €	35,50 €	288,31 €	40,57 €	
Abzugsbeträge für den Bruttoarbeitslohn in Höhe von 2700,00 €	177,16 €	3,03 €	14,17 €	213,30 €	33,08 €	268,65 €	37,80 €	
Differenz	44,67 €	8,93 €	3,57 €	15,61 €	2,42 €	19,66 €	2,77 €	97,63 €

Der Bruttobetrag für die Nettozahlung in Höhe von 100 € errechnet sich wie folgt:

Nettozahlung		100,00 €
Lohnsteuer	44,67 €	
Solidaritätszuschlag	8,93 €	
Kirchensteuer	3,57 €	
Krankenversicherung	15,61 €	
Pflegeversicherung	2,42 €	
Rentenversicherung	19,66 €	
Arbeitslosenversicherung	2,77 €	97,63 €
Bruttobetrag		197,63 €

Für März 2010 ergibt sich folgende Lohnabrechnung:

monatlicher Bruttolohn		2 700,00 €
Bruttobetrag des Nettobezugs von 100 €		197,63 €
		2 897,63 €
abzüglich:		
Lohnsteuer	221,83 €	
Solidaritätszuschlag	11,96 €	
Kirchensteuer	17,74 €	
Krankenversicherung	228,91 €	
Pflegeversicherung	35,50 €	
Rentenversicherung	288,31 €	
Arbeitslosenversicherung	40,57 €	844,82 €
Nettolohn		2 052,81 €

Anhang 14

Nettolohnberechnung für sonstige Bezüge unter Anwendung der Fünftelregelung nach der Jahreslohnsteuertabelle 2010

Die Nettolohnberechnung bei sonstigen Bezügen ist für den Normalfall in **Anhang 12** dargestellt. Werden sonstige Bezüge für eine **mehrjährige Tätigkeit** gezahlt (z. B. eine steuerpflichtige Jubiläumszuwendung), so muss der Arbeitgeber die sog. **Fünftelregelung** anwenden. Auf die Erläuterungen beim Stichwort „Sonstige Bezüge" unter Nr. 6 auf Seite 663 wird hingewiesen.

Beispiel

Ein kinderloser Arbeitnehmer mit der Steuerklasse III/0 Kinderfreibeträge, Kirchensteuermerkmal rk, bezieht einen Monatslohn von 3250 €. Im Mai 2010 erhält er eine Jubiläumszuwendung in Höhe von 1500 €, die netto gezahlt wird, das heißt, sämtliche Lohnabzüge (Lohnsteuer, Solidaritätszuschlag, Kirchensteuer und Sozialversicherungsbeiträge) werden vom Arbeitgeber übernommen. Der Arbeitnehmeranteil am Krankenversicherungsbeitrag beträgt 7,9 %. Der Arbeitnehmerbeitrag zur Pflegeversicherung beträgt für kinderlose Arbeitnehmer 1,225 %. Die Jubiläumszuwendung ist unter Anwendung der Fünftelregelung zu versteuern.

Es ergibt sich folgende Berechnung des Bruttobetrags:
Voraussichtlicher Jahresarbeitslohn:
3250 € × 12 = 39 000,— €

1. Berechnung
Lohnsteuer nach Steuerklasse III der Jahreslohnsteuertabelle 2010
a) vom voraussichtlichen Jahresarbeitslohn (39 000 €) — 3 582,— €
b) vom voraussichtlichen Jahreslohn zuzüglich ein Fünftel des sonstigen Bezugs (39 000,— € + 300,— € =) 39 300,— € — 3 648,— €

Lohnsteuer für ein Fünftel des sonstigen Bezugs	66,— €
fünffache Lohnsteuer (66 € × 5)	330,— €
Solidaritätszuschlag (5,5 % von 330 €)	18,15 €
Kirchensteuer (8 % von 330 €)	26,40 €
Krankenversicherung (**KV**) 7,9 % von 1500 €	118,50 €
Pflegeversicherung (**PV**) 1,225 % von 1500 €	18,38 €
Rentenversicherung (**RV**) 9,95 % von 1500 €	149,25 €
Arbeitslosenversicherung (**AL**) 1,4 % von 1500 €	21,00 €
Lohnabzüge insgesamt	681,68 €
sonstiger Bezug	1 500,00 €
erhöhter sonstiger Bezug (für die Sozialversicherung)	2 181,68 €
ein Fünftel des erhöhten sonstigen Bezugs (für die Lohnsteuer)	436,34 €

2. Berechnung
Lohnsteuer nach Steuerklasse III
a) vom voraussichtlichen Jahresarbeitslohn (39 000 €) — 3 582,— €
b) vom voraussichtlichen Jahreslohn zuzüglich ein Fünftel des erhöhten sonstigen Bezugs (39 000,— € + 436,34 € =) 39 436,34 € — 3 680,— €

Lohnsteuer für ein Fünftel des sonstigen Bezugs	98,— €
fünffache Lohnsteuer (98 € × 5)	490,— €
Solidaritätszuschlag (5,5 % von 490 €)	26,95 €
Kirchensteuer (8 % von 490 €)	39,20 €
KV 7,9 % von 2181,68 €	172,35 €
PV 1,225 % von 2181,68 €	26,73 €
RV 9,95 % von 2181,68 €	217,08 €
AL 1,4 % von 2181,68 €	30,54 €
Lohnabzüge insgesamt	1 002,85 €
sonstiger Bezug	1 500,00 €
erhöhter sonstiger Bezug (für die Sozialversicherung)	2 502,85 €
ein Fünftel des erhöhten sonstigen Bezugs (für die Lohnsteuer)	500,57 €

3. Berechnung
Lohnsteuer nach Steuerklasse III
a) vom voraussichtlichen Jahresarbeitslohn (39 000 €) — 3 582,— €
b) vom voraussichtlichen Jahreslohn zuzüglich ein Fünftel des erhöhten sonstigen Bezugs (39 000,— € + 500,57 € =) 39 500,57 € — 3 694,— €

Lohnsteuer für ein Fünftel des sonstigen Bezugs	112,— €
fünffache Lohnsteuer (112 € × 5)	560,— €
Solidaritätszuschlag (5,5 % von 560 €)	30,80 €
Kirchensteuer (8 % von 560 €)	44,80 €
KV 7,9 % von 2500,— €*)	197,50 €
PV 1,225 % von 2500,— €*)	30,63 €
RV 9,95 % von 2502,85 €	249,03 €
AL 1,4 % von 2502,85 €	35,04 €
Lohnabzüge insgesamt	1 147,80 €
sonstiger Bezug	1 500,00 €
erhöhter sonstiger Bezug (für die Sozialversicherung)	2 647,80 €
ein Fünftel des erhöhten sonstigen Bezugs (für die Lohnsteuer)	529,56 €

4. Berechnung
Lohnsteuer nach Steuerklasse III
a) vom voraussichtlichen Jahresarbeitslohn (39 000 €) — 3 582,— €
b) vom voraussichtlichen Jahreslohn zuzüglich ein Fünftel des erhöhten sonstigen Bezugs (39 000,— € + 529,56 € =) 39 529,56 € — 3 700,— €

Lohnsteuer für ein Fünftel des sonstigen Bezugs	118,— €
fünffache Lohnsteuer (118 € × 5)	590,— €
Solidaritätszuschlag (5,5 % von 590 €)	32,45 €
Kirchensteuer (8 % von 590 €)	47,20 €
KV 7,9 % von 2500,— €*)	197,50 €
PV 1,225 % von 2500,— €*)	30,63 €
RV 9,95 % von 2647,80 €	263,46 €
AL 1,4 % von 2647,80 €	37,07 €
Lohnabzüge insgesamt	1 198,31 €
sonstiger Bezug	1 500,00 €
erhöhter sonstiger Bezug (für die Sozialversicherung)	2 698,31 €
ein Fünftel des erhöhten sonstigen Bezugs (für die Lohnsteuer)	539,66 €

5. Berechnung
Lohnsteuer nach Steuerklasse III
a) vom voraussichtlichen Jahresarbeitslohn (39 000 €) — 3 582,— €
b) vom voraussichtlichen Jahreslohn zuzüglich ein Fünftel des erhöhten sonstigen Bezugs (39 000,— € + 539,66 € =) 39 539,66 € — 3 702,— €

Lohnsteuer für ein Fünftel des sonstigen Bezugs	120,— €
fünffache Lohnsteuer (120 € × 5)	600,— €
Solidaritätszuschlag (5,5 % von 600 €)	33,00 €
Kirchensteuer (8 % von 600 €)	48,00 €
KV 7,9 % von 2500,— €*)	197,50 €
PV 1,225 % von 2500,— €*)	30,63 €
RV 9,95 % von 2698,31 €	268,48 €
AL 1,4 % von 2698,31 €	37,78 €
Lohnabzüge insgesamt	1 215,39 €
sonstiger Bezug	1 500,00 €
erhöhter sonstiger Bezug (für die Sozialversicherung)	2 715,39 €
ein Fünftel des erhöhten sonstigen Bezugs (für die Lohnsteuer)	543,08 €

6. Berechnung
Lohnsteuer nach Steuerklasse III
a) vom voraussichtlichen Jahresarbeitslohn (39 000 €) — 3 582,— €
b) vom voraussichtlichen Jahreslohn zuzüglich ein Fünftel des erhöhten sonstigen Bezugs (39 000,— € + 543,08 € =) 39 543,08 € — 3 702,— €

Lohnsteuer für ein Fünftel des sonstigen Bezugs	120,— €
fünffache Lohnsteuer (120 € × 5)	600,— €
Solidaritätszuschlag (5,5 % von 600 €)	33,00 €
Kirchensteuer (8 % von 600 €)	48,00 €
KV 7,9 % von 2500,— €*)	197,50 €
PV 1,225 % von 2500,— €*)	30,63 €
RV 9,95 % von 2715,39 €	270,18 €
AL 1,4 % von 2715,39 €	38,02 €
Lohnabzüge insgesamt	1 217,33 €
sonstiger Bezug	1 500,00 €
erhöhter sonstiger Bezug (für die Sozialversicherung)	2 717,33 €
ein Fünftel des erhöhten sonstigen Bezugs (für die Lohnsteuer)	543,47 €

---

*) Durch den erhöhten sonstigen Bezug wird in der Kranken- und Pflegeversicherung die **anteilige** Jahresbeitragsbemessungsgrenze überschritten. Die einmalige Zuwendung ist somit nur in Höhe des noch nicht mit Beiträgen belegten Anteils beitragspflichtig. Dieser Anteil errechnet sich wie folgt:

Anteilige Jahresbeitragsbemessungsgrenze für die Kranken- und Pflegeversicherung für die Monate Januar bis Mai 2010 (3750 € × 5 =)	18 750,— €
beitragspflichtiges Entgelt für Januar bis Mai 2010 (3250 € × 5 =)	16 250,— €
noch nicht mit Beiträgen belegt	2 500,— €

noch Anhang 14

7. Berechnung

Lohnsteuer nach Steuerklasse III

a) vom voraussichtlichen Jahresarbeitslohn (39 000 €)   3 582,— €
b) vom voraussichtlichen Jahreslohn zuzüglich ein Fünftel des erhöhten sonstigen Bezugs (39 000,— € + 543,47 € =) 39 543,47 €   3 702,— €

Lohnsteuer für ein Fünftel des sonstigen Bezugs	120,— €
fünffache Lohnsteuer (120 € × 5)	600,— €
Solidaritätszuschlag (5,5 % von 600 €)	33,00 €
Kirchensteuer (8 % von 600 €)	48,00 €
KV 7,9 % von 2500,– €*)	197,50 €
PV 1,225 % von 2500,– €*)	30,63 €
RV 9,95 % von 2717,33 €	270,37 €
AL 1,4 % von 2717,33 €	38,04 €
Lohnabzüge insgesamt	1 217,54 €
sonstiger Bezug	1 500,00 €
erhöhter sonstiger Bezug (für die Sozialversicherung)	2 717,54 €
ein Fünftel des erhöhten sonstigen Bezugs (für die Lohnsteuer)	543,51 €

8. Berechnung

Lohnsteuer nach Steuerklasse III

a) vom voraussichtlichen Jahresarbeitslohn (39 000 €)   3 582,— €
b) vom voraussichtlichen Jahreslohn zuzüglich ein Fünftel des erhöhten sonstigen Bezugs (39 000,— € + 543,51 € =) 39 543,51 €   3 702,— €

Lohnsteuer für ein Fünftel des sonstigen Bezugs	120,— €
fünffache Lohnsteuer (120 € × 5)	600,— €
Solidaritätszuschlag (5,5 % von 600 €)	33,00 €
Kirchensteuer (8 % von 600 €)	48,00 €
KV 7,9 % von 2500,– €*)	197,50 €
PV 1,225 % von 2500,– €*)	30,63 €
RV 9,95 % von 2717,54 €	270,40 €
AL 1,4 % von 2717,54 €	38,05 €
Lohnabzüge insgesamt	1 217,58 €
sonstiger Bezug	1 500,00 €
erhöhter sonstiger Bezug (für die Sozialversicherung)	2 717,58 €
ein Fünftel des erhöhten sonstigen Bezugs (für die Lohnsteuer)	543,52 €

9. Berechnung

Lohnsteuer nach Steuerklasse III

a) vom voraussichtlichen Jahresarbeitslohn (39 000 €)   3 582,— €
b) vom voraussichtlichen Jahreslohn zuzüglich ein Fünftel des erhöhten sonstigen Bezugs (39 000,— € + 543,52 € =) 39 543,52 €   3 702,— €

Lohnsteuer für ein Fünftel des sonstigen Bezugs	120,— €
fünffache Lohnsteuer (120 € × 5)	600,— €
Solidaritätszuschlag (5,5 % von 600 €)	33,00 €
Kirchensteuer (8 % von 600 €)	48,00 €
KV 7,9 % von 2500,– €*)	197,50 €
PV 1,225 % von 2500,– €*)	30,63 €
RV 9,95 % von 2717,58 €	270,40 €
AL 1,4 % von 2717,58 €	38,05 €
Lohnabzüge insgesamt	1 217,58 €
sonstiger Bezug	1 500,00 €
erhöhter sonstiger Bezug (für die Sozialversicherung)	2 717,58 €
ein Fünftel des erhöhten sonstigen Bezugs (für die Lohnsteuer)	543,52 €

10. Berechnung

Lohnsteuer nach Steuerklasse III

a) vom voraussichtlichen Jahresarbeitslohn (39 000 €)   3 582,— €
b) vom voraussichtlichen Jahreslohn zuzüglich ein Fünftel des erhöhten sonstigen Bezugs (39 000,— € + 543,52 € =) 39 543,52 €   3 702,— €

Lohnsteuer für ein Fünftel des sonstigen Bezugs	120,— €
fünffache Lohnsteuer (120 € × 5)	600,— €
Solidaritätszuschlag (5,5 % von 600 €)	33,00 €
Kirchensteuer (8 % von 600 €)	48,00 €
KV 7,9 % von 2500,– €*)	197,50 €
PV 1,225 % von 2500,– €*)	30,63 €
RV 9,95 % von 2717,58 €	270,40 €
AL 1,4 % von 2717,58 €	38,05 €
Lohnabzüge insgesamt	1 217,58 €
sonstiger Bezug	1 500,00 €
erhöhter sonstiger Bezug (= Bruttobetrag)	2 717,58 €

Der nach der 10. Berechnung ermittelte sonstige Bezug ist ebenso hoch wie der nach der 9. Berechnung ermittelte sonstige Bezug, das heißt, dass sich durch weitere Berechnungen keine höheren Lohnabzüge mehr ergeben. Auf den Nettobezug von 1500 € entfallen somit:

Lohnsteuer	600,— €
Solidaritätszuschlag	33,— €
Kirchensteuer	48,— €
Krankenversicherung	197,50 €
Pflegeversicherung	30,63 €
Rentenversicherung	270,40 €
Arbeitslosenversicherung	38,05 €
Abzüge insgesamt:	1 217,58 €

Der Bruttobetrag des sonstigen Bezugs beträgt:

Nettobetrag	1 500,— €
durch Abtasten ermittelte Lohnabzüge	1 217,58 €
Bruttobetrag des sonstigen Bezugs	2 717,58 €

Der Bruttobetrag des sonstigen Bezugs beläuft sich unter Berücksichtigung der hochgerechneten Steuerabzüge und der Sozialversicherungsbeiträge auf 2717,58 €. Dieser Betrag ist im Lohnkonto festzuhalten und in der Lohnsteuerbescheinigung in Zeile 10 „Ermäßigt besteuerter Arbeitslohn für mehrere Kalenderjahre" einzutragen. Dieser Betrag ist auch als beitragspflichtiges Entgelt festzuhalten und zu melden.

---

*) Durch den erhöhten sonstigen Bezug wird in der Kranken- und Pflegeversicherung die **anteilige** Jahresbeitragsbemessungsgrenze überschritten. Die einmalige Zuwendung ist somit nur in Höhe des noch nicht mit Beiträgen belegten Anteils beitragspflichtig. Dieser Anteil errechnet sich wie folgt:

Anteilige Jahresbeitragsbemessungsgrenze für die Kranken- und Pflegeversicherung für die Monate Januar bis Mai 2010 (3750 € × 5 =)	18 750,— €
beitragspflichtiges Entgelt für Januar bis Mai 2010 (3250 € × 5 =)	16 250,— €
noch nicht mit Beiträgen belegt	2 500,— €

Anhang 15

Meldepflichten des Arbeitgebers

Meldungen und Beitragsnachweise sind ausschließlich durch maschinelle Datenübertragung von den Arbeitgebern, Steuerberatern oder Abrechnungsstellen an die Datenannahmestellen der Krankenkassen zu übermitteln. Die Verwendung von Disketten und Magnetbändern, von Hand ausgefüllter Formulare oder Ausdrucken auf Papier ist nicht zugelassen.

Gliederung:

1. Allgemeines zum Meldeverfahren
2. Meldungen über ein systemuntersuchtes Entgeltabrechnungsprogramm
3. Systemuntersuchte Ausfüllhilfen
4. Felder der Ausfüllhilfen
   a) Versicherungsnummer
   b) Personalnummer
   c) Familienname
   d) Vorname
   e) Anschrift
   f) Grund der Abgabe
   g) Entgelt in Gleitzone
   h) Namensänderungen
   i) Änderung der Staatsangehörigkeit
   j) Beschäftigungszeit
   k) Betriebsnummer des Arbeitgebers
   l) Personengruppe
   m) Mehrfachbeschäftigung
   n) Betriebsstätte Ost/West
   o) Beitragsgruppe
   p) Freiwillig krankenversicherte Arbeitnehmer
   q) Angaben zur Tätigkeit
   r) Schlüssel der Staatsangehörigkeit
   s) Beitragspflichtiges Bruttoarbeitsentgelt
   t) Statuskennzeichen
   u) Stornierung einer bereits abgegebenen Meldung
   v) Namensänderung
   w) Änderung der Staatsangehörigkeit
   x) Wenn keine Versicherungsnummer angegeben werden kann
   y) Name der Krankenkasse
   z) Datum, Name, Anschrift des Arbeitgebers
5. Meldeanlässe
   a) Anmeldung
   b) Abmeldung
   c) Abmeldung bei Unterbrechungen
   d) Unterbrechungsmeldung
   e) Unterbrechungs- und Abmeldung
   f) Änderungen melden
      aa) Wechsel der Krankenkasse:
      bb) Wechsel der Beitragsgruppe:
      cc) Sonstige Gründe/Änderung im Beschäftigungsverhältnis:
   g) Jahresmeldung
   h) Sonderzahlung melden
   i) Sondermeldung
   k) Meldung bei Eintritt eines Insolvenzereignisses
   l) Gesonderte Meldung nach § 194 Abs. 1 SGB VI (Vorausbescheinigung)
   m) Sofortmeldung
6. Datenannahmestellen
7. Übersicht über die Meldetatbestände und Meldefristen
8. Schlüsselzahlen für die Beitragsgruppen in den Meldungen
9. Häufige Staatsangehörigkeitsschlüssel
10. Schlüsselzahlen für die Abgabegründe in den Meldungen
    a) Anmeldungen
    b) Abmeldungen
    c) Jahresmeldung/Unterbrechungsmeldungen/sonstige Entgeltmeldungen
    d) Änderungsmeldungen
    e) Meldungen in Insolvenzfällen
11. Schlüsselzahlen für Personengruppen in den Meldungen
12. Schlüsselzahlen für die Angaben zur Tätigkeit
    a) Allgemeines
    b) zur 4. Stelle (Stellung des Arbeitnehmers im Beruf)
    c) zur 5. Stelle (Ausbildung des Arbeitnehmers)
13. Meldungen für geringfügig Beschäftigte
    a) Allgemeines
    b) Geringfügig entlohnte Beschäftigungen
    c) Geringfügig entlohnte Beschäftigungen neben versicherungspflichtiger Beschäftigung
    d) Kurzfristige Beschäftigungen
    e) Angaben zur Unfallversicherung
    f) Sofortmeldung
    g) Geringfügig Beschäftigte in Privathaushalten
14. Meldungen für Beschäftigungen in der Gleitzone
15. Meldungen bei Altersteilzeit
    a) Allgemeines
    b) Meldeverfahren in Störfällen
16. Meldungen für die Unfallversicherung

1. Allgemeines zum Meldeverfahren

Grundlage für das Meldeverfahren zwischen den Arbeitgebern und den Einzugsstellen sind neben § 28 a SGB IV und der Datenerfassungs- und Übermittlungsverordnung (DEÜV) die „Gemeinsamen Grundsätze für die Datenerfassung und Datenübermittlung zur Sozialversicherung nach § 28 b Abs. 2 SGB IV".

Sämtliche an die Krankenkassen zu übermittelnden Meldungen und Beitragsnachweise dürfen nur durch gesicherte und verschlüsselte Datenübertragung (z. B. per Internet) aus systemgeprüften Programmen oder durch Erstellung und Übermittlung mit maschinellen Ausfüllhilfen erfolgen.

Die Übersendung von körperlichen Meldevordrucken (manuelle Papiermeldung) und eine Übermittlung von Meldungen auf Datenträger (z. B. Diskette oder Magnetband) ist nicht zulässig.

Der Arbeitgeber kann das Meldeverfahren über folgende Alternativen durchführen:

– Einsatz eines systemuntersuchten Entgeltabrechnungsprogrammes:
– Einsatz einer systemuntersuchten Ausfüllhilfe
– Abrechnung über Dritte (Steuerberater/Buchhaltungsservice, Rechenzentren etc.)

Die meldenden Arbeitgeber und Steuerberater erhalten evtl. Fehlerrückmeldungen ebenfalls im elektronischen Verfahren per E-Mail. Positive Verarbeitungsbestätigungen werden ausschließlich per E-Mail zugestellt. Hierauf kann der Arbeitgeber durch entsprechende Kennzeichnung des Datensatzes DSKO allerdings verzichten.

Auf die Zustellung einer negativen Verarbeitungsbestätigung (Datei mit fehlerhaften Datensätzen oder -bausteinen) kann nicht verzichtet werden. Es kann allerdings über den Datensatz DSKO gesteuert werden, ob die Bestätigung in Dateiform (verschlüsselt per E-Mail) oder auf dem Postweg in Papierform (Fehlerprotokoll) zugestellt werden soll.

Seit 1. 1. 2009 sind auch Meldungen für die Unfallversicherung im maschinellen Verfahren nach der DEÜV zu erstellen. Näheres hierzu unter Punkt 16. Meldung für die Unfallversicherung.

2. Meldungen über ein systemuntersuchtes Entgeltabrechnungsprogramm

Voraussetzung an der Teilnahme an der maschinellen Übermittlung ist, dass für das Abrechnungsprogramm vor dem erstmaligem Einsatz eine Systemprüfung beantragt wurde. Programme müssen von den Softwareherstellern zur Systemuntersuchung angemeldet werden. Nur bei erfolgreicher Systemuntersuchung ist die Übermittlung von Melde- und Beitragsdaten zulässig. Anderenfalls erfolgt die Zurückweisung der Daten.

Die Systemuntersuchung bzw. Zertifizierung erfolgt durch die ITSG GmbH. Weitere Informationen hierzu können unter der Internetadresse www.itsg.de abgerufen werden.

Voraussetzung für die Erstattung der Meldungen im automatisierten Verfahren ist auch, dass die Daten über die Beschäftigungszeiten und die Höhe der beitragspflichtigen Bruttoarbeitsentgelte aus maschinell geführten Lohnunterlagen herrühren und die Arbeiten ordnungsgemäß durchgeführt werden. Die den Meldungen zugrunde liegenden Tatbestände müssen maschinell erkannt werden. Für die Beurteilung einer ordnungsgemäßen Abwicklung der Entgeltabrechnung und die Berechnung der Beiträge gilt die Beitragsverfahrensverordnung. Über Meldungen, die durch Datenübermittlung erstattet worden sind, erhalten die Beschäftigten von ihren Arbeitgebern bis zum 30. 4. eines jeden Jahres für alle im Vorjahr erstatteten Meldungen eine maschinell erstellte Bescheinigung (vgl. § 25 DEÜV). Die Bescheinigung muss alle gemeldeten Daten inhaltlich getrennt wiedergeben.

Systemuntersuchte Entgeltabrechnungsprogramme erstellen aus der Lohn- oder Gehaltsabrechnung heraus automatisch die erforderlichen Meldungen. Diese werden dann per Datenfernübertragung (DFÜ) an die Annahmestellen der Krankenkassen geschickt. Eine Übersicht der zertifizierten Programme kann derzeit unter www.gkv-ag.de eingesehen werden.

3. Systemuntersuchte Ausfüllhilfen

Arbeitgeber, die z. B. kein systemgeprüftes Entgeltabrechnungsprogramm einsetzen, müssen die Meldungen zur Sozialversicherung mittels systemgeprüfter maschineller Ausfüllhilfen an die Datenannahmestellen übermitteln. Arbeitgeber, die systemgeprüfte Entgeltabrechnungsprogramme einsetzen, können für einzelne Meldungen auch systemgeprüfte Ausfüllhilfen nutzen. Eine maschinelle Zuführung von Meldedaten aus den Beständen der Arbeitgeber in die Ausfüllhilfe ist nicht zulässig. Die manuell erfassten Daten werden maschinell an die Annahmestellen übermittelt.

Die Erfassungsmasken entsprechen dem Aufbau der bisher bekannten Formulare.

4. Felder der Ausfüllhilfen*)

a) Versicherungsnummer
– Die einzutragende Versicherungsnummer ist dem Sozialversicherungsausweis zu entnehmen.
– Liegt bei der Anmeldung des Beschäftigten noch keine Versicherungsnummer vor, sind zusätzliche Angaben zu machen.
– Die Versicherungsnummer ist für den RV-Träger ein wichtiges Zuordnungskriterium, nicht nur deswegen ist sie „Mussfeld" auf jeder Meldung. Über die Versicherungsnummer erfolgt unter anderem die Speicherung der für die Rentenberechnung relevanten Daten.
– Für jeden der Rentenversicherung gemeldeten Versicherten existiert ein eigenes persönliches „Rentenversicherungskonto".
– Auf diesem Konto werden alle Werte gespeichert, die für die spätere Rentenberechnung wichtig sind (z. B. beitragspflichtige Arbeitsentgelte, Beitragszeiten oder Anrechnungszeiten).
– Ist die Versicherungsnummer falsch oder fehlerhaft, so werden die Daten nicht oder unvollständig zugeordnet.
– Der Rentenversicherungsträger vergibt beim erstmaligen Eingang einer Anmeldung die Versicherungsnummer.
– Die Versicherungsnummer begleitet den Versicherten während seines kompletten Versicherungslebens in unveränderter Form.
– Beim Wechsel des Versicherungsträgers oder bei Heirat wird die Versicherungsnummer nicht verändert.
– Für jeden Versicherten darf grds. nur eine Versicherungsnummer bestehen.

b) Personalnummer
– Um Rückfragen zu erleichtern, kann hier die Personalnummer des Beschäftigten eingetragen werden. Die Angabe ist freiwillig.

c) Familienname
– Es ist in diesem Feld der Familienname zum Zeitpunkt der Meldungserstellung einzutragen. Ist eine Namensänderung zu melden, so muss hier der neue Name eingetragen werden. Der Familienname ist durch eventuell bestehende Vorsatzworte, Namenszusätze oder Titel zu ergänzen. Die Abtrennung erfolgt durch Kommata.

d) Vorname
– In diese Zeile ist der Rufname des Versicherten einzusetzen.

e) Anschrift
– Die Anschrift ist stets bei einer Anmeldung und Anschriftenänderung anzugeben (aktuelle Anschrift in der Reihenfolge Straße, Hausnummer, Land, Postleitzahl und Wohnort).
– Anschriftenänderungen sind kein gesonderter Meldeanlass. Eine Änderung der Anschrift ist erst mit der nächsten zu erstattenden Meldung mitzuteilen.

f) Grund der Abgabe
– Bei allen Meldungen ist der Meldegrund, der auf den Sachverhalt zutrifft, einzutragen.
– Die Abgabegründe sind zweistellig verschlüsselt. So ist es möglich, genauere Angaben über den Grund der Abgabe vorzunehmen.
– Treffen für einen meldepflichtigen Sachverhalt innerhalb der Meldegruppe Anmeldung bzw. der Meldegruppe Abmeldung mehrere Abgabegründe zu, ist stets der Abgabegrund mit der niedrigeren Schlüsselzahl anzugeben.
– Die Liste der Abgabegründe ist nachfolgend unter Nr. 10 auf Seite 980 abgedruckt.

g) Entgelt in Gleitzone
Im Zusammenhang mit der „Gleitzone" ist das Feld „Entgelt in Gleitzone" zu verwenden. Das Kennzeichen besteht in drei Ausprägungen:

0 = Keine Gleitzone bzw. Verzicht auf die Anwendung der Gleitzonenregelungen in der gesetzlichen Rentenversicherung.

1 = Gleitzone; tatsächliche Arbeitsentgelte in allen Entgeltabrechnungszeiträumen von 400,01 EUR bis 800,00 EUR

2 = Gleitzone; Meldung umfasst sowohl Entgeltabrechnungszeiträume mit Arbeitsentgelten von 400,01 EUR bis 800,00 EUR als auch solche mit Arbeitsentgelten unter 400,01 EUR und über 800,00 EUR.

Bei unterschiedlichen Anwendungen der Gleitzonenregelungen in einzelnen Zweigen der Sozialversicherung (z. B. beim Verzicht auf die Anwendung der Gleitzonenregelung in der Rentenversicherung) richtet sich die Kennzeichnung der Meldungen nach der versicherungs- und beitragsrechtlichen Beurteilung in der gesetzlichen Rentenversicherung.

h) Namensänderungen
– Ändert sich der Name des Versicherten zum Beispiel durch Heirat, so ist dieses Feld anzukreuzen.
– Die Änderung des Namens ist unverzüglich zu melden, in dem bereits der neue Name eingetragen wird.

i) Änderung der Staatsangehörigkeit
– Die Änderung der Staatsangehörigkeit ist in diesem Feld anzugeben.
– Ein Schlüsselverzeichnis der häufigsten Staatsangehörigkeiten ist nachfolgend unter Nr. 9 auf Seite 980 abgedruckt.

j) Beschäftigungszeit
– Die Beschäftigungszeiten sind achtstellig anzugeben.
– Bei der Anmeldung ist das Datum des Beginns der Beschäftigung mit Tag und Monat in jeweils zwei Ziffern sowie das Jahr mit vier Ziffern einzutragen. Ist der Tag oder Monat nur einstellig, ist vor die Ziffer eine Null zu setzen.
– Gemeldet wird immer nur der Beschäftigungszeitraum während eines Kalenderjahres. Zu melden ist hierbei die Beschäftigungszeit bis zum Tag vor Eintritt der Änderung/Unterbrechung oder bis zum Ende der Beschäftigung gegen Arbeitsentgelt, der Berufsausbildung bzw. der Altersteilzeit.
– Sind Zeiträume innerhalb eines Kalenderjahres bereits gemeldet worden, so sind diese bei einer weiteren Meldung innerhalb des Kalenderjahres nicht erneut zu melden.
– Sofern einmalig gezahltes Arbeitsentgelt gesondert gemeldet wird (z. B. Sonderzahlung während einer beitragsfreien Zeit), ist der erste und der letzte Tag des Kalendermonats der Zuordnung, der Monat und das Jahr einzutragen.

k) Betriebsnummer des Arbeitgebers
– Es wird die Betriebsnummer eingetragen, die dem Arbeitgeber für den Betrieb bzw. die Betriebsstätte, in dem die Beschäftigung ausgeübt wird, vom dem örtlich zuständigen Kundenzentrum der Agentur für Arbeit zugeteilt wurde.
– Ist noch keine Betriebsnummer zugeteilt worden, so muss diese unverzüglich beim zuständigen Kundenzentrum der Agentur für Arbeit beantragt werden.

l) Personengruppe
– In dieses Feld wird der Personengruppenschlüssel (siehe unten) eingetragen.

---

*) Zu den Eintragungen im Datenbaustein für die Unfallversicherung siehe Punkt 16. Meldungen für die Unfallversicherung.

noch Anhang 15

– Anzugeben ist der Schlüssel, der auf die derzeitige Beschäftigung zutrifft.

Grds. ist der Schlüssel „101" zu verwenden. Hat das Beschäftigungsverhältnis besondere Merkmale, gelten die Schlüssel „102" ff. Sofern gleichzeitig mehrere Schlüssel möglich sind, ist derjenige mit der niedrigsten Schlüsselzahl zu verwenden. Die Schlüssel „109" und „110" haben immer Vorrang.

– Die Übersicht der Personengruppenschlüssel ist nachfolgend unter Nr. 11 auf Seite 981 abgedruckt.

m) Mehrfachbeschäftigung

– Dieses Feld ist zu füllen, wenn Beschäftigungen bei mehreren Arbeitgebern ausgeübt werden.
– Benötigt wird es u. a. zur Feststellung von Versicherungspflicht oder -freiheit, zur Beitragsberechnung und zur Prüfung der Krankenkassenzugehörigkeit.

n) Betriebsstätte Ost/West

– Über das Füllen dieses Felds wird gezeigt, ob die Beschäftigung im Rechtskreis „West" einschließlich West-Berlin oder im Rechtskreis „Ost" einschl. Ost-Berlin ausgeübt wird.
– Wichtig ist das Feld für die Rentenversicherung, so zum Beispiel für die Umrechnung der gemeldeten Entgelte in die persönlichen Entgeltpunkte.

o) Beitragsgruppe

– Anzugeben ist jeweils für den einzelnen Sozialversicherungszweig die zutreffende Schlüsselzahl.
– Die Verschlüsselung erfolgt in der Reihenfolge: Kranken-, Renten-, Arbeitslosen- und dann Pflegeversicherung.
– Zu verschlüsseln ist auch die freiwillige Krankenversicherung des Beschäftigten, sofern der Arbeitgeber die Beiträge direkt mit der Krankenkasse abrechnet.
– Die speziellen Schlüssel für die Pauschalbeiträge für geringfügig Beschäftigte sind ausschließlich an die Minijob-Zentrale zu melden.
– Bei versicherungsfreien kurzfristig Beschäftigten lautet der Beitragsgruppenschlüssel stets „0000".
– Die einschlägigen Beitragsgruppenschlüssel sind nachfolgend unter Nr. 10 auf Seite 980 abgedruckt.

p) Freiwillig krankenversicherte Arbeitnehmer

Bei freiwillig in der gesetzlichen Krankenversicherung versicherte Arbeitnehmer ist in der Krankenversicherung entweder die Beitragsgruppe „0 = kein Beitrag" oder „9 = freiwillige Krankenversicherung/Firmenzahler" anzugeben.

q) Angaben zur Tätigkeit

Die Angaben zur Tätigkeit sind nach den Verhältnissen zum Zeitpunkt der Abgabe der Meldung nach folgendem Muster einzutragen:
– linksbündig, dreistellig, ausgeübte Tätigkeit,
– einstellig, Stellung im Beruf (B1),
– einstellig, Ausbildung (B2),
– vier Leerzeilen.

Benutzt wird das amtliche Schlüsselverzeichnis der Agentur für Arbeit. Es ist geplant, den bisher fünfstelligen Tätigkeitsschlüssel in absehbarer Zeit auf neun Stellen zu erweitern. Aus diesem Grund ist das Feld für den Tätigkeitsschlüssel bereits auf neun Stellen angelegt.

r) Schlüssel der Staatsangehörigkeit

– Einzutragen ist der vom Statistischen Bundesamt festgelegte dreistellige Staatsangehörigkeitsschlüssel.
– Die in der Bundesrepublik am häufigsten benötigten Staatsangehörigkeitsschlüssel sind nachfolgend unter Nr. 9 auf Seite 980 abgedruckt.

s) Beitragspflichtiges Bruttoarbeitsentgelt

– Gemeldet wird das Arbeitsentgelt von dem im entsprechenden Zeitraum Beiträge entrichtet wurden bzw. zu entrichten gewesen wären, maximal bis zur Beitragsbemessungsgrenze der Rentenversicherung.
– Cent-Beträge sind kaufmännisch zu runden. Beträge von mehr als 49 werden aufgerundet, Beträge von weniger als 50 abgerundet. Der Entgeltbetrag ist mit sechs Ziffern einzutragen. Bei Entgeltbeträgen von weniger als sechs Stellen sind die fehlenden Stellen mit einer Null oder Nullen aufzufüllen, und zwar in der Weise, dass sie den Ziffern vorgestellt werden (Beispiel: 42 000 EUR = 042000).

– Ist kein beitragspflichtiges Entgelt angefallen (z. B. bei kurzfristig Beschäftigten), sind im Datenbaustein für die Kranken-, Pflege-, Renten- und Arbeitslosenversicherung sechs Nullen einzutragen. Im Datenbaustein für die Unfallversicherung ist auch bei kurzfristig Beschäftigten das unfallversicherungspflichtige Entgelt anzugeben.

– In Fällen der „Gleitzone" ist in die Meldungen als beitragspflichtiges Bruttoarbeitsentgelt die reduzierte beitragspflichtige Einnahme einzutragen.

t) Statuskennzeichen

– Durch das Statuskennzeichen wird ein Verfahren angestoßen, in dem festgestellt wird, ob es sich um ein versicherungspflichtiges Beschäftigungsverhältnis handelt.
– Es gelten folgende Schlüsselzahlen: 1 = Ehegatte, Lebenspartner oder Abkömmling des Arbeitgebers; 2 = geschäftsführender Gesellschafter einer GmbH.
– Das Statuskennzeichen ist bei Anmeldungen mit Abgabegrund „10", auch für geringfügig Beschäftigte (Ausnahme: Haushaltsscheckverfahren), vorgesehen.

u) Stornierung einer bereits abgegebenen Meldung

– Fehlerhaft abgegebene Meldungen müssen umgehend storniert werden.
– Die Stornierung einer Meldung muss insbesondere dann erfolgen, wenn sie nicht zu erstatten war oder an die falsche Einzugsstelle entrichtet wurde.
– Des Weiteren hat eine Stornierung zu erfolgen bei falschen Angaben über die Zeit der Beschäftigung, das beitragspflichtige Arbeitsentgelt, den Grund der Abgabe, die Beitragsgruppen, den Personengruppenschlüssel, den Tätigkeitsschlüssel, die Betriebsnummer oder den Rechtskreis.
– Wird ein fehlerhafter Meldebestand storniert, so ist im entsprechenden Feld bei „Stornierung einer bereits abgegebenen Meldung" der ursprüngliche Datenbestand einzutragen.
– Es können gleichzeitig mehrere Meldungen storniert werden, so zum Beispiel ein falscher Abgabegrund verbunden mit einem falschen Beginn-Datum.
– Soll zusammen mit der stornierten Meldung die neue Meldung abgegeben werden, so können die neuen Angaben gleich mitgemeldet werden.
– Namensänderungen, Änderungen der Staatsangehörigkeit sowie Anschriftenänderungen können nicht storniert werden.
– Ist noch keine deutsche Versicherungsnummer vorhanden, so sind auch bei Stornierungen die Angaben zu machen, die für die Vergabe der Versicherungsnummer notwendig sind.
– Die Felder des Kopfbereiches der Erfassungsmaske sind generell auszufüllen.

v) Namensänderung

– Ändert sich der Name eines Arbeitnehmers im Laufe der Beschäftigung (z. B.) durch Heirat, so ist keine Stornierung notwendig.
– Gemeldet wird hier lediglich die Änderung des Namens über das Feld. Einzutragen ist der bisherige Name in der Reihenfolge Name, gegebenenfalls Vorsatzwort, Namenszusatz, Titel. Die Trennung der Namensbestandteile erfolgt über Kommata. Beim Vornamen ist der Rufname einzutragen. Der neue Name ist in die Felder einzutragen. Namensänderungen sind unverzüglich zu melden.

w) Änderung der Staatsangehörigkeit

– Hat sich die Staatsangehörigkeit eines Arbeitnehmers geändert, so ist die Änderung zu melden.
– Eingetragen wird der Schlüssel der neuen Staatsangehörigkeit mit dem vom Statistischen Bundesamt festgelegten Schlüssel.
– Die Meldung zur Änderung der Staatsangehörigkeit hat unverzüglich zu erfolgen.

x) Wenn keine Versicherungsnummer angegeben werden kann

– Kann keine Versicherungsnummer angegeben werden, weil diese nicht bekannt ist oder noch nicht vergeben wurde (z. B. bei Azubis), dann sind zusätzliche Angaben vorzunehmen. Diese Angaben werden für die Vergabe einer neuen Versicherungsnummer oder zur Zuordnung einer bereits bestehenden Versicherungsnummer benötigt.

noch Anhang 15

- Die benötigten Angaben sind einem amtlichen Dokument (z. B. Personalausweis) zu entnehmen.
- Folgende Daten sind zusätzlich aufzunehmen:
  Geburtsname
  Der Geburtsname ist nur dann anzugeben, wenn er vom Familiennamen abweicht.
  Geburtsort
  Geburtsdatum
  Eingetragen wird das Geburtsdatum mit jeweils zwei Stellen für Tag und Monat sowie vier Stellen für das Jahr. Sind Tag oder Monat einstellig, ist eine Null voranzustellen.
  Geschlecht
  Das entsprechende Feld ist anzukreuzen.
  Staatsangehörigkeit
  Der Staatsangehörigkeitsschlüssel ist hier einzutragen.
  Nur bei erstmaliger Aufnahme einer Beschäftigung von nichtdeutschen Bürgern des Europäischen Wirtschaftsraums
  Bei der erstmaligen Aufnahme einer versicherungspflichtigen Beschäftigung von einem nichtdeutschen Angehörigen des Europäischen Wirtschaftsraums sind, neben den bereits getätigten Angaben, noch einige Zusatzdaten notwendig.
  Folgende Daten sind anzugeben:
    Geburtsland
    Hier ist der vom Statistischen Bundesamt festgelegte Staatsangehörigkeitsschlüssel des Geburtslands des Ausländers einzutragen.
    Versicherungsnummer des Staatsangehörigkeitslandes
    Besitzt der Beschäftigte bereits eine Versicherungsnummer aufgrund einer Beschäftigung in seinem Heimatland, ist diese hier anzugeben.

Die Rentenversicherungsnummer wird zukünftig im maschinellen Verfahren an den Arbeitgeber zurückgemeldet.

y) Name der Krankenkasse

- Die Krankenkasse, die als Einzugsstelle die Meldungen erhält, ist hier einzutragen. Gegebenenfalls kann zusätzlich die Geschäftsstelle angegeben werden.
- Die Kassenart wird durch eine Markierung an entsprechender Stelle vermerkt.

z) Datum, Name, Anschrift des Arbeitgebers

- Einzutragen sind an dieser Stelle das Datum, der Name und die Anschrift des Arbeitgebers. Besonders wichtig sind diese Daten, soweit bei der Krankenkasse noch kein Arbeitgeberkonto besteht und dieses angelegt werden muss.

5. Meldeanlässe*)

Sowohl für die Meldungen durch systemuntersuchte Entgeltabrechnungsprogramme als auch für Meldungen mit Ausfüllhilfen gelten die gleichen Meldeanlässe. Diese werden weitestgehend in § 28a SGB IV beschrieben und die Details durch die DEÜV definiert. Im Einzelnen sind Meldungen wie folgt erforderlich:

a) Anmeldung

Nimmt ein Arbeitnehmer eine versicherungspflichtige Beschäftigung auf oder sind mindestens zu einem Versicherungszweig Beiträge zu entrichten (z. B. krankenversicherungsfreier Altersrentner über 65), so ist die Beschäftigungsaufnahme der zuständigen Krankenkasse zu melden. Auch geringfügig Beschäftigte sind anzumelden (Bundeskappschaft).

b) Abmeldung

Endet ein versicherungspflichtiges oder geringfügiges Beschäftigungsverhältnis, so ist das Ende der zuständigen Krankenkasse zu melden. Gemeldet wird der Zeitraum, den das Beschäftigungsverhältnis im lfd. Kalenderjahr bestanden hat. Kalenderjahrübergreifende Abmeldungen sind nicht möglich. Gab es im Laufe des Kalenderjahres Zeiträume, die bereits bei einer Unterbrechungsmeldung zuvor gemeldet worden sind, so werden diese Zeiträume bei der Abmeldung nicht erneut gemeldet. Gemeldet wird bei einer Abmeldung neben dem Beschäftigungszeitraum auch das beitragspflichtige Arbeitsentgelt, maximal bis zur Beitragsbemessungsgrenze der Rentenversicherung, welches im gemeldeten Zeitraum erzielt wurde. Als Beginn-Datum ist der Zeitpunkt des Eintritts in die Beschäftigung einzutragen, frühestens jedoch der 1. Januar des Kalenderjahres. War die Beschäftigung im Laufe des Kalenderjahres unterbrochen, gilt als Beginn-Datum der Tag nach Wegfall des Unterbrechungstatbestandes bzw. Wiederaufnahme der Beschäftigung.

c) Abmeldung bei Unterbrechungen

Wird ein Beschäftigungsverhältnis unterbrochen, so ist für die Mitgliedschaft des Arbeitnehmers zu unterscheiden, ob der Betrieb während dieser Zeit das Entgelt fortzahlt oder nicht.

Unterbrechung mit Entgelt(fort)zahlung:

Zahlt der Betrieb während der Unterbrechung das Entgelt weiter, so ergeben sich versicherungs- und beitragsrechtlich keine Besonderheiten. Das Beschäftigungsverhältnis besteht unverändert weiter und somit auch die Mitgliedschaft. Meldungen sind nicht vorzunehmen. Zeiten der Unterbrechung mit Entgelt(fort)zahlung sind zum Beispiel bezahlter Urlaub oder Entgelt(fort)zahlung bei Arbeitsunfähigkeit.

Unterbrechung ohne Entgelt(fort)zahlung:

Wird ein Beschäftigungsverhältnis ohne Entgelt(fort)zahlung unterbrochen, so ist zu unterscheiden, ob die Unterbrechung maximal einen Monat oder länger andauert. Zeiten der Unterbrechung ohne Entgelt(fort)zahlung sind zum Beispiel unbezahlter Urlaub, unentschuldigtes Fehlen, Arbeitsbummelei oder rechtswidriger Arbeitsstreik. Dauern diese Unterbrechungen nicht länger als einen Monat an, so ergeben sich für die Mitgliedschaft keine Auswirkungen, wenn das Beschäftigungsverhältnis fortbesteht. Meldungen haben nicht zu erfolgen. Dauert die Unterbrechung länger als einen Monat an, so endet nach diesem Monat die Mitgliedschaft, wenn das Beschäftigungsverhältnis fortbesteht. Der Arbeitnehmer ist nach Ablauf des einen Monats bei seiner Krankenkasse abzumelden. Sollte er zu einem späteren Zeitpunkt seine Beschäftigung wieder aufnehmen, ist eine Neuanmeldung notwendig.

d) Unterbrechungsmeldung

Wird eine Beschäftigung ohne Entgeltzahlung für mindestens einen vollen Kalendermonat unterbrochen, so wird eine Unterbrechungsmeldung fällig, wenn der Beschäftigte in dieser Zeit eine Entgeltersatzleistung bezieht oder Elternzeit in Anspruch nimmt. Entgeltersatzleistungen in diesem Sinne sind Krankengeld, Verletztengeld, Versorgungskrankengeld, Übergangsgeld, Mutterschaftsgeld und Eltern- oder Erziehungsgeld. Seit 1.1.2008 zählt auch das Krankentagegeld der PKV als Entgeltersatzleistung. Wichtig sind Unterbrechungsmeldungen insbesondere für die Rentenversicherung. Hier zählen bereits Kalendermonate als volle Beitragsmonate, wenn lediglich ein Tag mit Beiträgen belegt ist. Kalendermonate, für die keine Beiträge gezahlt werden, sind deshalb für das Rentenkonto des Versicherten herauszunehmen. Dies geschieht durch die Unterbrechungsmeldung. Trotz der Tatsache, dass die versicherungspflichtige Beschäftigung unterbrochen wird, bleibt die Mitgliedschaft in der Kranken- und Pflegeversicherung beitragsfrei bestehen. In der Renten- und Arbeitslosenversicherung zählen die Zeiten des Bezuges einer Entgeltersatzleistung als sonstige Pflichtversicherungszeiten. Wird eine Beschäftigung für weniger als einen vollen Kalendermonat durch den Bezug einer Entgeltersatzleistung unterbrochen, ist keine Unterbrechungsmeldung vorzunehmen. Zeiten, in denen ein Arbeitnehmer Entgeltersatzleistungen durch einen SV-Träger bezogen hat, sind keine SV-Tage. Bei der Ermittlung etwaiger Teil-Beitragsbemessungsgrenzen sind diese Zeiträume nicht zu berücksichtigen. Eine Neuanmeldung nach Wegfall der Unterbrechung ist nicht notwendig. Die folgenden Entgelte und Beitragszeiten werden bei der nächsten Jahres- oder Abmeldung mit gemeldet. Gesetzlich und privat versicherte Mütter bei den Meldungen gleichgestellt: Die Spitzenorganisationen der Sozialversicherungsträger sind zu der Auffassung gelangt, dass auch der Bezug von Mutterschaftsgeld von privat krankenversicherten Frauen eine Unterbrechung der Beschäftigung darstellt und damit eine meldetechnische Gleichstellung zu den gesetzlich versicherten Müttern vorgenommen wurde. Somit ist in allen Fällen eine Unterbrechungsmeldung mit Abgabegrund „51" zum letzten Tag des Entgeltanspruchs vor Beginn der Schutzfrist zu erstatten.

e) Unterbrechungs- und Abmeldung

Eine Unterbrechungs- und Abmeldung sind auch dann abzugeben, wenn die Beschäftigung im auf die Unterbrechung folgenden Monat endet, ohne dass jedoch für einen vollen Kalendermonat eine Entgeltersatzleistung bezogen wurde. Die Zeit des Bezugs von Krankengeld wird über die Krankenkasse im Rahmen eines besonderen Meldeverfahrens gemeldet. Vom Krankengeld zahlt der Arbeitnehmer seinen Beitragsanteil, den „Arbeitgeberanteil" entrichtet die Krankenkasse.

f) Änderungen melden

Ergeben sich im Lauf eines Beschäftigungsverhältnisses Änderungen, so sind diese der Krankenkasse als zuständige Einzugsstelle zu melden.

---

*) Zu den Meldeanlässen für die Unfallversicherung siehe Punkt 16. Meldungen für die Unfallversicherung.

noch Anhang 15

Gemeldet wird jeweils, indem der „alte Meldezustand" abgemeldet wird und anschließend eine Anmeldung mit dem „neuen" Meldetatbestand erfolgt. Zu den Tatbeständen, die im Rahmen dieses besonderen Meldeverfahrens zu melden sind, gehören die nachfolgenden Ereignisse.

aa) Wechsel der Krankenkasse:

Wechselt ein Arbeitnehmer seine Krankenkasse, so ist mit dem Tag vor dem Wechsel eine Abmeldung mit Grund „31", der Beschäftigungszeit und dem beitragspflichtigen Entgelt bei der bisherigen Krankenkasse einzureichen. Die Anmeldung bei der neu gewählten Krankenkasse erfolgt dann mit dem Folgetag und Grund der Abgabe „11".

bb) Wechsel der Beitragsgruppe:

Ein Beitragsgruppenwechsel des Arbeitnehmers kann verschiedene Gründe haben. Die häufigsten Gründe für eine Beitragsgruppenänderung sind:

Bezug von Altersvollrente (Arbeitgeberanteil zur Rentenversicherung), Bezug einer vollen Erwerbsminderungsrente (Versicherungsfreiheit in der Arbeitslosenversicherung, Beitragsgruppe in der KV „3000" statt „1000"), Arbeitslosenversicherungsfreiheit ab Vollendung des 65. Lebensjahres (Arbeitgeberanteil), Über-/Unterschreiten der Jahresarbeits-Entgelt-Grenze (KV-Pflicht/-Freiheit). Liegt bei einem Arbeitnehmer einer der vorgenannten Gründe vor, so ist auch hier die Änderung jeweils mit einer Abmeldung für den „alten" Meldebestand und einer Neuanmeldung für den „neuen" Meldebestand an die zuständige Krankenkasse weiterzugeben (Abmeldung: Grund der Abgabe „32", Anmeldung: Grund der Abgabe „12").

cc) Sonstige Gründe/Änderung im Beschäftigungsverhältnis:

Eine Abmeldung sowie eine Neuanmeldung ist durch den Arbeitgeber vorzunehmen, soweit sich eine meldepflichtige Änderung im Beschäftigungsverhältnis ergibt. Tatbestände, die hier zu melden sind, sind insbesondere

Rechtskreiswechsel ohne Krankenkassenwechsel

Der Arbeitnehmer wechselt infolge seiner Tätigkeit den Beschäftigungsort vom Rechtskreis „West" nach „Ost" oder umgekehrt (Abmeldung: Grund der Abgabe „33", Anmeldung: Grund der Abgabe „13").

Altersteilzeit:

Geht ein Arbeitnehmer in Altersteilzeit, verändert sich sein Personengruppenschlüssel (Schlüssel „103" – keine Änderung mehr im Tätigkeitsschlüssel). Diese Änderung ist zu melden. Die Abmeldung erfolgt mit dem Tag vor Eintritt der Altersteilzeit, die Anmeldung erfolgt mit dem Folgetag und den Meldemerkmalen (Abmeldung: Grund der Abgabe „33", Anmeldung: Grund der Abgabe „13").

Beginn oder Ende der Berufsausbildung:

Schließt sich nach Beendigung der Berufsausbildung beim selben Arbeitgeber ein Beschäftigungsverhältnis an oder nimmt ein Arbeitnehmer nach dem Ende des Beschäftigungsverhältnisses bei demselben Arbeitgeber eine Berufsausbildung auf, so ist die Änderung zu melden. Änderungen ergeben sich auch hier wieder bezüglich des Tätigkeits- und des Personengruppenschlüssels (Abmeldung: Grund der Abgabe „33", Anmeldung: Grund der Abgabe „13").

Wechsel des Lohnabrechnungssystems:

Wechselt ein Arbeitgeber sein Abrechnungssystem, so kann er auch hierfür eine Änderungsmeldung abgeben (Abmeldung: Grund der Abgabe „36", Anmeldung: Grund der Abgabe „13").

g) Jahresmeldung

Für jeden versicherungspflichtigen oder geringfügig entlohnten Beschäftigten ist mindestens einmal für jedes Kalenderjahr das beitragspflichtige Bruttoarbeitsentgelt zu melden. Die Meldung dieser Angaben erfolgt über die Jahresmeldung, die bis spätestens zum 15. April des Folgejahres abzugeben ist. Fällt das Ende der Frist auf einen Samstag, Sonntag oder gesetzlichen Feiertag, verlängert sie sich entsprechend auf den nächstfolgenden Werktag. Die Jahresmeldung ist nur dann notwendig, wenn der Arbeitnehmer über den 31. Dezember des Kalenderjahres hinaus beschäftigt ist. Endet das Beschäftigungsverhältnis, ist zum 31. Dezember eine Abmeldung vorzunehmen. Die Jahresmeldung entfällt. Gemeldet wird das beitragspflichtige Arbeitsentgelt bis zur Beitragsbemessungsgrenze der Rentenversicherung. Wichtig ist diese Meldung, weil das gemeldete Entgelt die Grundlage für die spätere Rentenberechnung darstellt. Jahresmeldungen sind für alle Arbeitnehmer zu erstellen, die mindestens in einem Versicherungszweig versicherungspflichtig sind. Eine Jahresmeldung braucht nicht erstellt zu werden, wenn bereits zuvor eine Unterbrechung gemeldet wurde und diese über den 31. Dezember des Kalenderjahres noch anhält (z. B. KG-Bezug seit 1. 10. 2006 bis über den 31. 12. 2006 hinaus). Die Jahresmeldung fällt auch dann nicht an, wenn zum 31. Dezember eine meldepflichtige Änderung im Beschäftigungsverhältnis eingetreten ist. Hier ist dann die Änderung, beispielsweise der Beitragsgruppe, mit einer Abmeldung zum 31. Dezember und einer Anmeldung zum 1. Januar des Folgejahres zu melden. Die Jahresmeldung entspricht inhaltlich der Abmeldung. Als Abgabegrund ist allerdings der Meldeschlüssel „50" anzugeben.

Zu den Besonderheiten bei der Jahresmeldung zum 31. 12. 2008 im Zusammenhang mit der Meldung für die Unfallversicherung siehe unter dem Stichwort „Jahresmeldung" im Hauptteil des Lexikons.

h) Sonderzahlung melden

Einmalig gezahltes Arbeitsentgelt ist genau wie lfd. bezogenes Arbeitsentgelt durch den Arbeitgeber zu melden, soweit es der Beitragspflicht unterliegt. Gemeldet wird die Einmalzahlung zusammen mit dem lfd. Arbeitsentgelt bei der nächsten Entgeltmeldung. Dies kann insbesondere die Jahresmeldung zum Ende des Kalenderjahres oder eine Unterbrechungs-/Abmeldung sein, wenn der Zuordnungsmonat der Sonderzahlung (Auszahlungsmonat) in den zu meldenden Zeitraum fällt. Eine Sondermeldung ist bei laufenden Beschäftigungsverhältnissen nicht notwendig.

i) Sondermeldung

Der Arbeitgeber kann eine Sonderzahlung mit einer Sondermeldung melden, wenn die Zahlung in einer beitragsfreien Zeit erfolgt. Eine Sondermeldung für den Einmalbezug ist immer dann notwendig, wenn davon auszugehen ist, das für das laufende Kalenderjahr keine Entgeltmeldung (Ab-, Unterbrechungs-, Jahres- oder sonstige Meldung nach § 12 DEÜV) mehr erfolgt, mit der zusammen die Meldung erfolgen kann. Des Weiteren muss eine Sondermeldung erstellt werden, wenn zwar noch Ab- oder Jahresmeldungen zu erstellen sind, diese aber kein laufendes gezahltes Arbeitsentgelt mehr enthalten. Zuletzt hat der Arbeitgeber die Sonderzahlung auch immer dann getrennt zu melden, wenn für das laufende und einmalig gezahlte Arbeitsentgelt unterschiedliche Beitragsgruppen gelten. Gründe für eine sogenannte Sondermeldung können zum Beispiel auch sein, dass der Arbeitnehmer zum Wehr- oder Zivildienst eingezogen wird und das bisherige Beschäftigungsverhältnis bereits mit einer Unterbrechungsmeldung gemeldet wurde. Meldezeitraum für die Sonderzahlung ist der Monat, dem sie betragsmäßig zugeordnet ist. Der Monat ist jeweils mit dem ersten und letzten Tag zu melden. Grund der Abgabe ist in diesen Fällen die „54".

k) Meldung bei Eintritt eines Insolvenzereignisses

Vom Arbeitgeber oder dem Insolvenzverwalter ist für freigestellte Arbeitnehmer eine Abmeldung mit dem Tag vor Eröffnung des Insolvenzverfahrens oder der Nichteröffnung mangels Masse zu erstatten. Meldegrund ist „71".

l) Gesonderte Meldung nach § 194 Abs. 1 SGB VI (Vorausbescheinigung)

Seit 1. Januar 2008 haben Arbeitgeber die Pflicht, auf Verlangen eines Rentenantragstellers eine gesonderte Meldung über die beitragspflichtigen Einnahmen frühestens drei Monate vor Rentenbeginn zu erstatten. Daneben gelten die Neuregelungen auch für die Meldungen der Sozialleistungsträger und privaten Versicherungsunternehmen bei Gewährung von Entgeltersatzleistungen mit der Maßgabe, dass die Meldung über die Höhe der beitragspflichtigen Einnahmen innerhalb eines Monats nach dem Verlangen des Rentenantragstellers erstattet werden muss (§ 38 Abs. 3 DEÜV). Die gesonderte Meldung muss vom Arbeitgeber gemäß § 12 Abs. 5 Satz 1 DEÜV mit der nächsten Lohn- oder Gehaltsabrechnung abgegeben werden. Ist zu diesem Zeitpunkt die Abgabe der Jahresmeldung noch nicht erfolgt, muss diese zum gleichen Zeitpunkt übermittelt werden. Der Abgabetermin für die Jahresmeldung (spätestens 15. April des Folgejahres) wird in diesen Fällen verkürzt. Für die gesonderte Meldung ist der neue Abgabegrund 57 (Vorausbescheinigung nach § 194 Abs. 1 SGB VI) vorgesehen.

Die Vorausberechnung der beitragspflichtigen Einnahmen zwischen Rentenantragstellung für eine Altersrente und Beschäftigungsende auf der Grundlage der in den letzten zwölf Kalendermonaten erzielten beitragspflichtigen Einnahmen erfolgt künftig durch den Rentenversicherungsträger. Die Arbeitgeber werden von der Verpflichtung einer gewissenhaften Schätzung des Entgelts für die drei nächsten Monate entlastet. Ebenfalls entfällt das Ausstellen von manuellen Bescheinigungen.

noch Anhang 15

Nach § 5 Abs. 3 Satz 2 DEÜV dürfen für bereits gemeldete Zeiträume keine weiteren Meldungen erstattet werden. Meldungen aus dem DEÜV-Meldeverfahren haben immer Vorrang vor einer Gesonderten Meldung mit Meldegrund 57. Mit gesonderter Meldung ist nur das beitragspflichtige Entgelt für den Zeitraum zu melden für den nicht bereits eine DEÜV-Meldung (Abmeldung, Unterbrechungsmeldung oder Jahresmeldung) vorliegt. Werden durch DEÜV-Meldungen beitragspflichtige Entgelte oder Meldezeiträume, für die bereits eine gesonderte Meldung erstellt wurde, verändert, so hat dies Auswirkungen auf die gesonderte Meldung, die dann zu stornieren und falls erforderlich mit berichtigtem Meldezeitraum bzw. Entgeltangaben zu erstatten ist.

m) Sofortmeldung

Zur Verbesserung der Bekämpfung der Schwarzarbeit und illegaler Beschäftigung haben Arbeitgeber bestimmter Branchen seit 1.1.2009 den Tag des Beginns der Beschäftigung bereits bei dessen Aufnahme zu melden.

Die Sofortmeldung haben Arbeitgeber aus folgenden Wirtschaftszweigen abzugeben:
- Baugewerbe
- Gaststätten- und Beherbergungsgewerbe
- Personenbeförderungsgewerbe
- Speditions-, Transport- und damit verbundene Logistikunternehmen
- Schaustellergewerbe
- Unternehmen der Forstwirtschaft
- Gebäudereinigergewerbe
- Messebauunternehmen
- Fleischwirtschaft

Für die Sofortmeldungen gelten die Regelungen des maschinellen Meldeverfahrens, wobei die Meldung direkt an die **Datenstelle der Rentenversicherung (DSRV)**, nicht an die Datenannahme- und Weiterleitungsstellen der Einzugsstellen, zu übersenden ist. Hierfür ist der Datenbaustein DBSO vorgesehen. Die Ausfallhilfe sv.net wurde um die Sofortmeldung erweitert.

Die Sofortmeldung ist mit folgenden Daten zu übermitteln:
- Familien- und Vorname des Arbeitnehmers
- Versicherungsnummer (ggf. Vergabedaten: Geburtstag, Geburtsort, Anschrift etc.)
- Betriebsnummer des Arbeitgebers
- Tag der Beschäftigungsaufnahme

Die Arbeitnehmer für die eine Sofortmeldung zu erstellen ist, sind verpflichtet ihren Personalausweis, Pass, Pass- oder Ausweisersatz am Arbeitsplatz mitzuführen. Hierüber hat der Arbeitgeber sie Arbeitnehmer schriftlich hinzuweisen und diesen Nachweis aufzubewahren. Im Gegenzug ist die bisherige Mitführungspflicht des Sozialversicherungsausweises entfallen.

6. Datenannahmestellen

Die Meldedaten für versicherungspflichtig Beschäftigte sind an die zuständigen Krankenkassen oder an die von ihnen beauftragten Annahmestellen zu übermitteln. Die Datenannahmestellen der Krankenkassen übernehmen die von den Arbeitgebern übermittelten Meldungen und leiten diese an die zuständigen Krankenkassen weiter. Die Meldungen für versicherungspflichtig oder freiwillig versicherte Arbeitnehmer gehen an die gewählte Krankenkasse. Wurde nicht ausdrücklich eine Krankenkasse gewählt oder sind Meldungen zur Renten- und Arbeitslosenversicherung für nicht oder privat krankenversicherte Arbeitnehmer zu erstellen, sind diese an die Krankenkasse zu entrichten, bei der zuvor eine Krankenversicherung bestanden hat. Dies kann auch eine Familienversicherung gewesen sein. Gab es keine „letzte" Krankenkasse, wählt der Arbeitgeber die Krankenkasse aus. Geringfügig Beschäftigte sind ausschließlich an die Minijob-Zentrale bei der Deutschen Rentenversicherung Knappschaft-Bahn-See zu melden. Geringfügig Beschäftigte in Privathaushalten sind im Rahmen des Haushaltsscheckverfahrens ebenfalls bei der Minijob-Zentrale zu melden. Die Krankenkassen leiten die erforderlichen Daten an die anderen Versicherungsträger (Deutsche Rentenversicherung, Bundesagentur für Arbeit) weiter.

Für die Sofortmeldungen sind die Datenannahmestellen der Deutschen Rentenversicherung zuständig.

7. Übersicht über die Meldetatbestände und Meldefristen

Meldetatbestand	Meldefrist
Beginn einer versicherungspflichtigen bzw. geringfügigen (geringfügig entlohnten oder kurzfristigen) Beschäftigung **(Anmeldung)**	Mit der ersten Lohn- und Gehaltsabrechnung, spätestens innerhalb von sechs Wochen nach Beginn der Beschäftigung
Ende einer versicherungspflichtigen bzw. geringfügigen (geringfügig entlohnten oder kurzfristigen) Beschäftigung **(Abmeldung)**	Mit der nächsten folgenden Lohn- und Gehaltsabrechnung, spätestens innerhalb von sechs Wochen nach Beschäftigungsende
Jahresmeldung für versicherungspflichtig bzw. geringfügig entlohnte Beschäftigte	Mit der ersten folgenden Lohn- und Gehaltsabrechnung, spätestens bis 15. April des Folgejahrs
Unterbrechung der versicherungspflichtigen bzw. geringfügig entlohnten Beschäftigung von mindestens einem Kalendermonat durch Bezug einer Entgeltersatzleistung oder durch Elternzeit **(Unterbrechungsmeldung)**	Innerhalb von zwei Wochen nach Ablauf des ersten vollen Kalendermonats der Unterbrechung
Beitragsgruppenwechsel	für Beginn bzw. Ende der Beschäftigung geltende Meldefristen
Personengruppenschlüsselwechsel	für Beginn bzw. Ende der Beschäftigung geltende Meldefristen
Wechsel des Rechtskreises (alte/neue Bundesländer)	für Beginn bzw. Ende der Beschäftigung geltende Meldefristen
Beginn und Ende der **Berufsausbildung**	für Beginn bzw. Ende der Beschäftigung geltende Meldefristen
Beginn und Ende einer **Altersteilzeitarbeit**	für Beginn bzw. Ende der Beschäftigung geltende Meldefristen
Stornierungen bereits abgegebener Meldungen	unverzüglich
Änderung des Familiennamens	Mit der ersten folgenden Lohn- und Gehaltsabrechnung, spätestens innerhalb von sechs Wochen nach der Änderung
Änderung der Staatsangehörigkeit	Mit der ersten folgenden Lohn- und Gehaltsabrechnung, spätestens innerhalb von sechs Wochen nach der Änderung
Sondermeldung für einmalig gezahltes Arbeitsentgelt	Mit der ersten folgenden Lohn- und Gehaltsabrechnung, spätestens innerhalb von sechs Wochen nach der Zahlung
Sofortmeldung	Mit dem Tag der Beschäftigungsaufnahme, sofern nicht bereits die Anmeldung erfolgt ist
Änderung der Anschrift	Mit der ersten folgenden Lohn- und Gehaltsabrechnung, spätestens innerhalb von sechs Wochen nach der Änderung
Abmeldung freigestellter Arbeitnehmer mit dem Tag vor Eröffnung des Insolvenzverfahrens oder Nichteröffnung mangels Masse	Mit der nächsten folgenden Lohn- und Gehaltsabrechnung, spätestens innerhalb von sechs Wochen nach dem Insolvenzereignis
Entgeltmeldung (Vorausbescheinigung) bei einem Rentenantrag auf Verlangen des Rentenantragstellers.	Mit der nächsten Lohn- und Gehaltsabrechnung.

noch Anhang 15

8. Schlüsselzahlen für die Beitragsgruppen in den Meldungen

Die Beitragsgruppen sind so zu verschlüsseln, dass für jeden Beschäftigten in der Reihenfolge Kranken-, Renten-, Arbeitslosen- und Pflegeversicherung die jeweils zutreffende Ziffer anzugeben ist. Aus diesem Grund ist das Feld für die Beitragsgruppe vierstellig. Für die Umlage für das Insolvenzgeld ist im **Meldeverfahren** keine eigene Beitragsgruppe eingerichtet worden, da hierfür keine Meldungen erforderlich sind. Im **Beitragsnachweisverfahren** gibt es hierzu allerdings die Beitragsgruppe „0050".

Krankenversicherung (KV)		Rentenversicherung (RV)	
0	kein Beitrag	0	kein Beitrag
1	allgemeiner Beitrag	1	voller Beitrag zur Rentenversicherung
2	erhöhter Beitrag*)		
3	ermäßigter Beitrag	3	halber Beitrag zur Rentenversicherung
4	Beitrag zur landwirtschaftlichen KV		
5	Arbeitgeberbeitrag zur landwirtschaftlichen KV	5	Pauschalbeitrag zur Rentenversicherung für geringfügig Beschäftigte**)
6	Pauschalbeitrag für geringfügig Beschäftigte		
9	Beiträge zur freiwilligen Krankenversicherung Firmenzahler		

Arbeitslosenversicherung (ALV)		Pflegeversicherung (PV)***)	
0	kein Beitrag	0	kein Beitrag
1	voller Beitrag	1	voller Beitrag
2	halber Beitrag	2	halber Beitrag

9. Häufige Staatsangehörigkeitsschlüssel

Staat/Gebiet	Staatsangehörigkeit	Schlüssel
Ägypten	ägyptisch	287
Äthiopien	äthiopisch	225
Belgien	belgisch	124
Dänemark	dänisch	126
Deutschland	deutsch	000
Estland	estnisch	127
Finnland	finnisch	128
Frankreich, inkl. Korsika	französisch	129
Ghana	ghanaisch	238
Griechenland	griechisch	134
Großbritannien und Nordirland	britisch	168
Indien, inkl. Sikkim und Goa	indisch	436
Iran, Islamische Republik	iranisch	439
Irland	irisch	135
Island	isländisch	136
Italien	italienisch	137
Japan	japanisch	442
Jugoslawien	jugoslawisch	138
Kosovo	kosovarisch	150
Lettland	lettisch	139
Libanon	libanesisch	451
Liechtenstein	liechtensteinisch	141
Littauen	littauisch	142
Luxemburg	luxemburgisch	143
Malta	maltesisch	145
Marokko	marokkanisch	252
Montenegro	montenegrinisch	140
Niederlande	niederländisch	148
Norwegen	norwegisch	149
Österreich	österreichisch	151
Pakistan	pakistanisch	461
Polen	polnisch	152
Portugal	portugiesisch	153
Rumänien	rumänisch	154
Schweden	schwedisch	157
Schweiz	schweizerisch	158
Serbien	serbisch	170
Slowakei	slowakisch	155
Slowenien	slowenisch	131
Spanien	spanisch	161
Thailand	thailändisch	476
Tschechische Republik	tschechisch	164
Tunesien	tunesisch	285
Türkei	türkisch	163
Ungarn	ungarisch	165
Vereinigte Staaten	amerikanisch	368
Vietnam	vietnamesisch	432
Zypern	zyprisch	181

10. Schlüsselzahlen für die Abgabegründe in den Meldungen

Der Grund für die Abgabe der Meldung ist durch einen zweistelligen Schlüssel anzugeben. Treffen für einen meldepflichtigen Sachverhalt innerhalb der Meldegruppe Anmeldung (Schlüsselzahlen „10" bis „13") bzw. der Meldegruppe Abmeldung (Schlüsselzahlen „30" bis „36") mehrere Abgabegründe zu, ist stets der Abgabegrund mit der niedrigeren Schlüsselzahl anzugeben. Für geringfügig Beschäftigte gelten die gleichen Abgabegründe wie für versicherungspflichtige Arbeitnehmer. Wechselt der Arbeitnehmer von einem geringfügigen zu einem versicherungspflichtigen Beschäftigungsverhältnis oder umgekehrt, sind Meldungen mit den Abgabegründen „32" und „12" zu erstellen.

a) Anmeldungen

10 Anmeldung wegen Beginn einer Beschäftigung

11 Anmeldung wegen Krankenkassenwechsel

12 Anmeldung wegen Beitragsgruppenwechsel

13 Anmeldung wegen sonstiger Gründe/Änderungen im Beschäftigungsverhältnis, z.B.

– Anmeldung nach unbezahltem Urlaub oder Streik von mehr als einem Monat nach § 7 Abs. 3 Satz 1 SGB IV

---

*) Zulässig nur für Meldezeiträume bis 31.12.2008.

**) Verzichtet der geringfügig Beschäftigte auf die Rentenversicherungsfreiheit, ist der bestehende Beitragsgruppenschlüssel „1" (voller Beitrag zur Rentenversicherung) zu verwenden.

***) Bei freiwillig in der gesetzlichen Krankenversicherung versicherten Personen ist die Pflegeversicherung – unabhängig davon, ob für die Krankenversicherung der Schlüssel „0" oder „9" verwendet wird – stets mit „1" oder „2" zu verschlüsseln, wenn Versicherungspflicht in der **sozialen** Pflegeversicherung besteht. Der Schlüssel „0" für die Pflegeversicherung kommt nur für solche Personen in Betracht, die in der **privaten** Pflegeversicherung versichert sind; Entsprechendes gilt für Personen, die weder in der sozialen noch in der privaten Pflegeversicherung versichert sind.

noch Anhang 15

- Anmeldung wegen Rechtskreiswechsel ohne Krankenkassenwechsel
- Anmeldung wegen Wechsel des Entgeltabrechnungssystems (optional)
- Anmeldung wegen Änderung des Personengruppenschlüssels ohne Beitragsgruppenwechsel
- Anmeldung wegen Währungsumstellung während des Kalenderjahres

20 Sofortmeldung bei Aufnahme einer Beschäftigung nach § 28a Abs. 4 SGB IV.

b) Abmeldungen

30 Abmeldung wegen Ende einer Beschäftigung
31 Abmeldung wegen Krankenkassenwechsel
32 Abmeldung wegen Beitragsgruppenwechsel
33 Abmeldung wegen sonstiger Gründe/Änderungen im Beschäftigungsverhältnis
34 Abmeldung wegen Ende einer sozialversicherungspflichtigen Beschäftigung nach einer Unterbrechung von länger als einem Monat
35 Abmeldung wegen Arbeitskampf von länger als einem Monat
36 Abmeldung wegen Wechsel des Entgeltabrechnungssystems (optional)
   Abmeldung wegen Währungsumstellung während des Kalenderjahres
40 Gleichzeitige An- und Abmeldung wegen Ende der Beschäftigung
49 Abmeldung wegen Tod

c) Jahresmeldung/Unterbrechungsmeldungen/sonstige Entgeltmeldungen

50 Jahresmeldung
51 Unterbrechungsmeldung wegen Bezug von bzw. Anspruch auf Entgeltersatzleistungen
52 Unterbrechungsmeldung wegen Elternzeit
53 Unterbrechungsmeldung wegen gesetzlicher Dienstpflicht
54 Meldung eines einmalig gezahlten Arbeitsentgelts (Sondermeldung)
55 Meldung von nicht vereinbarungsgemäß verwendetem Wertguthaben (Störfall)
56 Meldung des Unterschiedsbetrags bei Entgeltersatzleistungen während Altersteilzeitarbeit
57 Gesonderte Meldung nach § 194 Abs. 1 SGB VI (Vorausbescheinigung)

d) Änderungsmeldungen

60 Änderung des Namens
61 Änderung der Anschrift
62 Änderung des Aktenzeichens/der Personalnummer des Beschäftigten (optional)
63 Änderung der Staatsangehörigkeit

e) Meldungen in Insolvenzfällen

70 Jahresmeldung für freigestellte Arbeitnehmer
71 Meldung des Vortages der Insolvenz/der Freistellung
72 Entgeltmeldung zum rechtlichen Ende der Beschäftigung

11. Schlüsselzahlen für Personengruppen in den Meldungen

Für das Meldeverfahren ist ein Personengruppenschlüssel eingeführt worden, welcher Besonderheiten kennzeichnet. Grundsätzlich, wenn das Beschäftigungsverhältnis keine besonderen Merkmale ausweist, ist der Schlüssel „101" zu verwenden. Hat das Beschäftigungsverhältnis Besonderheiten, gelten die Schlüssel „102" ff. Sofern gleichzeitig mehrere besondere Merkmale auftreten und demzufolge mehrere Schlüssel möglich sind, ist derjenige mit der niedrigsten Schlüsselzahl zu verwenden. Die Schlüssel „109" und „110" haben jedoch immer Vorrang.

Beispiel
Ein Behinderter steht in Berufsausbildung, Angaben zur Tätigkeit „55505".
Als Personengruppenschlüssel kommt grundsätzlich „102" (Auszubildender) und „107" (Behinderte Menschen in anerkannten Werkstätten oder gleichartigen Einrichtungen) in Betracht.
Der richtige Personengruppenschlüssel ist „102", da dieser der niedrigere ist.

In den Fällen, in denen durch Zusammenrechnung einer zweiten geringfügig entlohnten Beschäftigung mit einer Hauptbeschäftigung oder einer weiteren geringfügigen Beschäftigung Versicherungspflicht in der Rentenversicherung eintritt, ist der Individualbetrag zur Rentenversicherung abzuführen und damit der Personengruppenschlüssel „101" zu verwenden.

| Meldungen der Arbeitgeber |||
Schlüsselzahl	Personenkreis	Beschreibung des Personenkreises
101	Sozialversicherungspflichtig Beschäftigte ohne besondere Merkmale	Beschäftigte, die kranken-, pflege-, renten- oder arbeitslosenversicherungspflichtig sind, sowie Beschäftigte, für die Beitragsanteile zur Renten- oder Arbeitslosenversicherung zu zahlen sind, sofern sie nicht den nachfolgenden Personengruppen zugeordnet werden können.
102	Auszubildende	Auszubildende sind Personen, die aufgrund eines Ausbildungsvertrages nach dem Berufsbildungsgesetz eine betriebliche Berufsausbildung in einem anerkannten Ausbildungsberuf durchlaufen. Berufsausbildung ist die Ausbildung im Rahmen rechtsverbindlicher Ausbildungsrichtlinien für einen staatlich anerkannten Ausbildungsberuf. Darüber hinaus ist Berufsausbildung auch die Ausbildung für einen Beruf, für den es zwar noch keine rechtsverbindlichen Ausbildungsrichtlinien gibt, die vorgesehene Ausbildung jedoch üblich und allgemein anerkannt ist. Sind für die Ausbildung Ausbildungsverträge abgeschlossen und von der zuständigen Stelle oder der Handwerkskammer in das Verzeichnis der Ausbildungsverhältnisse eingetragen worden, ist von einer Berufsausbildung auszugehen. Ist ein schriftlicher Ausbildungsvertrag nicht abgeschlossen, kommt es auf die tatsächliche Gestaltung des Ausbildungsverhältnisses und die Umstände des Einzelfalles an. Unbeachtlich für die Annahme einer Berufsausbildung ist, ob die Ausbildung abgeschlossen bzw. ein formeller Abschluss überhaupt vorgesehen ist. Rentenversicherungspflichtige Praktikanten sind mit der Schlüsselzahl 105 zu melden.

noch Anhang 15

Meldungen der Arbeitgeber		
Schlüsselzahl	Personenkreis	Beschreibung des Personenkreises
103	Beschäftigte in Altersteilzeit	Beschäftigter in Altersteilzeit ist, wer das 55. Lebensjahr vollendet hat, nach dem 14.2.1996 auf Grund einer Vereinbarung mit seinem Arbeitgeber, die sich zumindest auf die Zeit bis zu einem Altersrentenanspruch erstrecken muss, seine Arbeitszeit auf die Hälfte der bisherigen wöchentlichen Arbeitszeit vermindert hat und versicherungspflichtig im Sinne des SGB III ist (Altersteilzeitarbeit) und innerhalb der letzten fünf Jahre vor Beginn der Altersteilzeitarbeit mindestens 1080 Kalendertage in einer die Beitragspflicht begründenden Beschäftigung im Sinne des § 25 SGB III gestanden hat bzw. Anspruch auf Arbeitslosengeld, Arbeitslosenhilfe, Arbeitslosengeld II hatte bzw. Versicherungspflicht nach § 26 Abs. 2 SGB III vorlag. Außerdem muss der Arbeitgeber das Arbeitsentgelt für die Altersteilzeitarbeit um mindestens 20% dieses Arbeitsentgelts, jedoch mindestens auf 70 % des um die bei dem Arbeitnehmer gewöhnlich anfallenden gesetzlichen Abzüge verminderten bisherigen Arbeitsentgelts aufstocken und für den Arbeitnehmer zusätzlich Beiträge zur gesetzlichen Rentenversicherung mindestens in Höhe des Beitrags zahlen, der auf den Unterschiedsbetrag zwischen 90 % des Vollzeitarbeitsentgelts und dem Arbeitsentgelt aus der Altersteilzeitarbeit entfällt (§§ 2 und 3 Altersteilzeitgesetz). Bei Beginn der Altersteilzeitarbeit seit dem 1.7.2004 muss der Arbeitgeber das Arbeitsentgelt für die Altersteilzeitarbeit um mindestens 20 v. H. des Regelarbeitsentgelts aufstocken und für den Arbeitnehmer zusätzliche Beiträge zur gesetzlichen Rentenversicherung mindestens in Höhe des Betrags zahlen, der sich aus 80 % des Regelarbeitsentgelts, begrenzt auf 90 % der Beitragsbemessungsgrenze, ergibt.
104	Hausgewerbetreibende	Hausgewerbetreibender ist, wer in eigener Arbeitsstätte im Auftrag und für Rechnung von Gewerbetreibenden, gemeinnützigen Unternehmen oder öffentlich-rechtlichen Körperschaften arbeitet, auch wenn er Roh- oder Hilfsstoffe selbst beschafft oder vorübergehend für eigene Rechnung tätig ist (§ 12 Abs. 1 SGB IV).
105	Praktikanten	Praktikanten sind Personen, die eine in Studien- oder Prüfungsordnungen vorgeschriebene berufspraktische Tätigkeit im Rahmen eines Vor- oder Nachpraktikums verrichten. Zwischenpraktikanten sind in der Kranken-, Pflege-, Renten- und Arbeitslosenversicherung versicherungsfrei und daher nicht zu melden.
106	Werkstudenten	Werkstudenten sind Personen, die in der vorlesungsfreien Zeit und/oder der Vorlesungszeit eine Beschäftigung ausüben und darin in der Kranken-, Pflege- und Arbeitslosenversicherung versicherungsfrei, jedoch in der Rentenversicherung versicherungspflichtig sind.

Meldungen der Arbeitgeber		
Schlüsselzahl	Personenkreis	Beschreibung des Personenkreises
107	Behinderte Menschen in anerkannten Werkstätten oder gleichartigen Einrichtungen	Körperlich, geistig oder seelisch behinderte Menschen, die in nach dem Schwerbehindertengesetz anerkannten Werkstätten für behinderte Menschen oder in nach dem Blindenwarenvertriebsgesetz anerkannten Blindenwerkstätten tätig sind (§ 1 Satz 1 Nr. 2 Buchst. a SGB VI, § 5 Abs. 1 Nr. 7 SGB V, § 20 Abs. 1 Satz 2 Nr. 7 i. V. m. Satz 1 SGB XI und körperlich, geistig oder seelisch behinderte Menschen, die in Anstalten, Heimen oder gleichartigen Einrichtungen tätig sind (§ 1 Satz 1 Nr. 2 Buchst. b SGB VI, § 5 Abs. 1 Nr. 8 SGB V, § 20 Abs. 1 Satz 2 Nr. 8 i. V. m. Satz 1 SGB XI).
108	Bezieher von Vorruhestandsgeld	Vorruhestandsgeldbezieher unterliegen dann der Kranken-, Pflege- und Rentenversicherungspflicht, wenn nach dem übereinstimmenden Willen der Vertragspartner mit der Vorruhestandsvereinbarung das Ausscheiden des Arbeitnehmers aus dem Erwerbsleben erfolgt, d. h. die Parteien darüber einig sind, dass das bisherige Arbeitsverhältnis beendet und kein neues Arbeitsverhältnis (bei einem anderen Arbeitgeber) aufgenommen wird. Im Übrigen wird für die Versicherungspflicht vorausgesetzt, dass das Vorruhestandsgeld bis zum frühestmöglichen Beginn der Altersrente oder ähnlicher Bezüge öffentlich-rechtlicher Art oder, wenn keine dieser Leistungen beansprucht werden kann, bis zum Ablauf des Kalendermonats gewährt wird, in dem der ausgeschiedene Arbeitnehmer das 65. Lebensjahr vollendet (§ 5 Abs. 3 SGB V, § 3 Satz 1 Nr. 4 SGB VI).
109	Geringfügig entlohnte Beschäftigung nach § 8 Abs. 1 Nr. 1 SGB IV	Eine geringfügig entlohnte Beschäftigung liegt vor, wenn das Arbeitsentgelt regelmäßig im Monat 400 EUR nicht übersteigt (§ 8 Abs. 1 Nr. 1 SGB IV). Auch bei Verzicht auf die Rentenversicherungsfreiheit ist der Personengruppenschlüssel 109 zu verwenden. Sofern durch die Zusammenrechnung von mehreren geringfügig entlohnten Beschäftigungen bzw. von mehr als einer geringfügigen Beschäftigung mit einer versicherungspflichtigen Beschäftigung Versicherungspflicht eintritt, ist grundsätzlich der Personengruppenschlüssel 101 zu verwenden.
110	Kurzfristig Beschäftigte nach § 8 Abs. 1 Nr. 2 SGB IV	Eine kurzfristige Beschäftigung liegt vor, wenn die Beschäftigung innerhalb eines Kalenderjahres seit ihrem Beginn auf längstens zwei Monate oder 50 Arbeitstage nach ihrer Eigenart begrenzt zu sein pflegt oder im Voraus vertraglich begrenzt ist, es sei denn, dass die Beschäftigung berufsmäßig ausgeübt wird und ihr Entgelt 400 EUR im Monat übersteigt (§ 8 Abs. 1 Nr. 2 SGB IV). Eine kurzfristige Beschäftigung liegt auch dann vor, wenn gleichzeitig die Kriterien einer geringfügig entlohnten Beschäftigung erfüllt sind.

noch Anhang 15

	Meldungen der Arbeitgeber	
Schlüsselzahl	Personenkreis	Beschreibung des Personenkreises
111	Personen in Einrichtungen der Jugendhilfe, Berufsbildungswerken oder ähnlichen Einrichtungen für behinderte Menschen	1. Personen, die in Einrichtungen der Jugendhilfe für eine Erwerbstätigkeit befähigt werden sollen (§ 1 Satz 1 Nr. 3 SGB VI, § 26 Abs. 1 Nr. 1 SGB III, § 5 Abs. 1 Nr. 5 SGB V, § 20 Abs. 1 Satz 2 Nr. 5 i. V. m. Satz 1 SGB XI) und 2. Personen, die in Berufsbildungswerken oder ähnlichen Einrichtungen für behinderte Menschen (§ 35 SGB IX) für eine Erwerbstätigkeit befähigt werden sollen (§ 1 Satz 1 Nr. 3 SGB VI, § 26 Abs. 1 Nr. 1 SGB III). Für Personen nach Nr. 2 besteht Kranken- und Pflegeversicherungspflicht nur, wenn die Befähigung im Rahmen einer Leistung zur Teilhabe am Arbeitsleben durch einen Rehabilitationsträger i. S. des § 6 Abs. 1 SGB IX erfolgt. In diesen Fällen ist der Personengruppenschlüssel „204" zu verwenden. Bedient sich der Rehaträger für die Durchführung der Leistung zur Teilhabe am Arbeitsleben einer Einrichtung (Berufsbildungswerk oder ähnliche Einrichtung für behinderte Menschen), erfolgt die Meldung durch den Träger der Einrichtung mit Personengruppenschlüssel „111".
112	Mitarbeitende Familienangehörige in der Landwirtschaft	Mitarbeitende Familienangehörige in der Landwirtschaft sind Verwandte bis zum dritten Grad und Verschwägerte bis zum zweiten Grad sowie Pflegekinder eines landwirtschaftlichen Unternehmers oder seines Ehegatten. Der in einem abhängigen Beschäftigungsverhältnis stehende Ehegatte eines landwirtschaftlichen Unternehmers gilt als mitarbeitender Familienangehöriger (ohne Auszubildende).
113	Nebenerwerbslandwirte	Nebenerwerbslandwirte sind Personen, die ein landwirtschaftliches Unternehmen bewirtschaften und daneben in einer abhängigen Dauerbeschäftigung (nicht saisonal) außerhalb der Landwirtschaft stehen.
114	Nebenerwerbslandwirte – saisonal beschäftigt	Es handelt sich um landwirtschaftliche Unternehmer, die entsprechend ihrem Erscheinungsbild bei der LKK versichert sind und daneben eine befristete Beschäftigung ausüben, deren Dauer voraussichtlich 26 Wochen nicht überschreitet.
116	Ausgleichsgeldempfänger nach dem FELEG	Es handelt sich um ehemalige landwirtschaftliche Arbeitnehmer und rentenversicherungspflichtige mitarbeitende Familienangehörige in der Landwirtschaft.
118	Unständig Beschäftigte	Unständig Beschäftigte sind Personen, die berufsmäßig unständigen Beschäftigungen nachgehen, in denen sie versicherungspflichtig sind. Unständig ist die Beschäftigung, die auf weniger als eine Woche entweder nach der Natur der Sache befristet zu sein pflegt oder im Voraus durch den Arbeitsvertrag befristet ist.

	Meldungen der Arbeitgeber	
Schlüsselzahl	Personenkreis	Beschreibung des Personenkreises
119	Versicherungsfreie Altersvollrentner und Versorgungsbezieher wegen Alters	Es handelt sich um Personen, die eine Vollrente wegen Alters aus der gesetzlichen Rentenversicherung oder eine entsprechende Versorgung von einer berufsständischen Versorgungseinrichtung oder eine Versorgung nach beamtenrechtlichen Vorschriften oder Grundsätzen wegen Erreichens einer Altersgrenze beziehen (§ 5 Abs. 4 Nr. 1 und 2 SGB VI).
127	Behinderte Menschen, die im Anschluss an eine Beschäftigung in einer anerkannten Werkstatt in einem Integrationsprojekt beschäftigt sind	Es handelt sich um körperlich, geistig oder seelisch behinderte Menschen, die im Anschluss an eine Beschäftigung in einer nach dem Neunten Buch Sozialgesetzbuch anerkannten Werkstatt für behinderte Menschen (§ 1 Satz 1 Nr. 2 Buchstabe a SGB VI, § 5 Abs. 1 Nr. 7 SGB V, § 20 Abs. 1 Satz 2 Nr. 7 in Verb. mit Satz 1 SGB XI) in einem Integrationsprojekt tätig sind. Integrationsprojekte können sein (§ 132 Abs. 1 SGB IX): – Integrationsunternehmen (rechtlich und wirtschaftlich selbstständige Unternehmen), – Integrationsbetriebe (unternehmensinterne oder von öffentlichen Arbeitgebern geführte Betriebe), – Integrationsabteilungen (Abteilungen zur Beschäftigung schwerbehinderter Menschen auf dem allgemeinen Arbeitsmarkt).
190	Beschäftigte, die ausschließlich in der gesetzlichen Unfallversicherung versichert sind	Es handelt sich um versicherte Beschäftigte nach § 2 Abs. 1 Nr. 1 SGB VII mit nur zur Unfallversicherung beitragspflichtigem Entgelt.

	Meldungen für die See-Krankenkasse	
Schlüsselzahl	Personenkreis	Beschreibung des Personenkreises
140	Seeleute	Seeleute sind Kapitäne und Besatzungsmitglieder von Seeschiffen sowie sonstige Arbeitnehmer, die an Bord von Seeschiffen während der Reise im Rahmen des Schiffsbetriebs beschäftigt sind, mit Ausnahme der Lotsen (§ 13 Abs. 1 und 2 SGB IV).
141	Auszubildende in der Seefahrt	Vgl. Beschreibung zu Personengruppenschlüssel 102 und 140.
142	Seeleute in Altersteilzeit	Vgl. Beschreibung zu Personengruppenschlüssel 103 und 140.
143	Seelotsen	Seelotsen sind rentenversicherungspflichtige Selbständige, für die Meldungen nach § 28a SGB IV zu erstatten sind (§ 191 SGB VI).
149	In der Seefahrt beschäftigte versicherungsfreie Altersvollrentner und Versorgungsbezieher wegen Alters	Vgl. Beschreibung zu Personengruppenschlüssel 119 und 140.

noch Anhang 15

12. Schlüsselzahlen für die Angaben zur Tätigkeit

a) Allgemeines

Es ist von der Bundesagentur für Arbeit geplant, künftig einen neunstelligen Tätigkeitsschlüssel einzuführen. Aus diesem Grund ist die „Meldung zur Sozialversicherung" bereits entsprechend hierauf ausgerichtet. Bis zur Einführung sind die bisher schon bekannten fünfstelligen Schlüsselzahlen zu verwenden, welche linksbündig einzutragen sind.

Diese fünfstellige Schlüsselzahl setzt sich wie folgt zusammen:
– 1. bis 3. Stelle kennzeichnet die Tätigkeit des Arbeitnehmers im Betrieb
– 4. Stelle kennzeichnet die Stellung des Arbeitnehmers im Beruf
– 5. Stelle kennzeichnet die Ausbildung des Arbeitnehmers

Das von der Bundesagentur für Arbeit herausgegebene Verzeichnis der Schlüsselzahlen ist bei der für den Betrieb zuständigen Arbeitsagentur erhältlich.

b) zur 4. Stelle (Stellung des Arbeitnehmers im Beruf)

vollzeitbeschäftigter Arbeitnehmer

0	Auszubildender (Lehrling, Anlernling, Praktikant, Volontär)
1	Arbeiter, der nicht als Facharbeiter tätig ist
2	Arbeiter, der als Facharbeiter tätig ist
3	Meister, Polier (gleichgültig, ob als Arbeiter oder Angestellter)
4	Angestellter (aber nicht Meister im Angestelltenverhältnis)
5	derzeit unbesetzt
6	derzeit unbesetzt
7	Heimarbeiter/Hausgewerbetreibende

teilzeitbeschäftigter Arbeitnehmer, mit einer arbeitsvertraglich vereinbarten Wochenarbeitszeit

8	von weniger als 18 Stunden
9	von 18 Stunden und mehr, jedoch nicht vollzeitbeschäftigt

c) zur 5. Stelle (Ausbildung des Arbeitnehmers)

Volks-/Hauptschule, mittlere Reife oder gleichwertiger Abschluss

1	ohne abgeschlossene Berufsausbildung
2	mit abgeschlossener Berufsausbildung (abgeschlossene Lehr- oder Anlernausübung, Abschluss einer Berufsfach-/Fachschule)

Abitur (Hochschulreife, allgemein oder fachgebunden)

3	ohne abgeschlossene Berufsausbildung
4	mit abgeschlossener Berufsausbildung (abgeschlossene Lehr- oder Anlernausübung, Abschluss einer Berufsfach-/Fachschule)
5	Abschluss einer höheren Fachschule oder Fachhochschule
6	Hochschul-/Universitätsabschluss (einschließlich des Abschlusses an Akademien mit Hochschulcharakter)
7	Ausbildung unbekannt, Angabe nicht möglich

13. Meldungen für geringfügig Beschäftigte

a) Allgemeines

Für geringfügig Beschäftigte gilt das Meldeverfahren nach der Datenerfassungs- und -übermittlungsverordnung (DEÜV). Dies bedeutet, dass nicht nur An- und Abmeldungen, sondern grundsätzlich auch alle anderen Meldungen zu erstatten sind. Auch für geringfügig Beschäftigte dürfen Meldungen und Beitragsnachweise nur noch durch Datenübertragung mittels zugelassener, systemgeprüfter Programme oder maschinell erstellter Ausfüllhilfen übermittelt werden. Geringfügig Beschäftigte in Privathaushalten sind weiterhin per Beleg in einem vereinfachten, dem so genannten Haushaltsscheckverfahren, zu melden.

Arbeitgeber, die im privaten Bereich nichtgewerbliche Zwecke oder mildtätige, kirchliche, religiöse, wissenschaftliche bzw. gemeinnützige Zwecke im Sinne des § 10b EStG verfolgen, und einen Arbeitnehmer geringfügig beschäftigen, können auf Antrag bei der Minijob-Zentrale Meldungen auf Vordrucken erstatten, wenn sie glaubhaft machen, dass ihnen eine Meldung auf maschinell verwertbaren Datenträgern oder durch Datenübertragung nicht möglich ist (§ 28a Abs. 6a SGB IV).

In einigen Fällen kann es vorkommen, dass für ein und dieselbe Beschäftigung Meldungen mit unterschiedlichen Beitragsgruppenschlüsseln an die Minijob-Zentrale einerseits und an die zuständige Krankenkasse andererseits zu erstatten sind. Außerdem gilt auch für geringfügige Beschäftigung die Meldepflicht zur Unfallversicherung und für bestimmte Wirtschaftszweige die Regelungen für Sofortmeldungen.

b) Geringfügig entlohnte Beschäftigungen

Bei den geringfügig entlohnten Beschäftigungen (Personengruppenschlüssel „109") ist die Beitragsgruppe zur Krankenversicherung mit „6" und die Beitragsgruppe zur Rentenversicherung mit „5" zu verschlüsseln. Wird auf die Rentenversicherungsfreiheit verzichtet, ist gleichwohl der Personengruppenschlüssel „109", aber zur Rentenversicherung die Beitragsgruppe „1" zu verwenden. Die Beitragsgruppen zur Arbeitslosen- und Pflegeversicherung sind mit „0" zu verschlüsseln. Sofern für eine geringfügig entlohnte Beschäftigung weder Pauschalbeiträge zur Krankenversicherung (z. B. wegen einer privaten Krankenversicherung) noch Beiträge zur Rentenversicherung (z. B. wegen Beitragszahlung an ein berufständisches Versorgungswerk) anfallen, sind Meldungen zur Sozialversicherung mit dem Personengruppenschlüssel 190 und dem Beitragsgruppenschlüssel „0000" zu erstatten, sofern es sich um Beschäftigte handelt, die in der gesetzl. Unfallversicherung versichert sind. Anderenfalls fallen keine Meldungen an.

Als beitragspflichtiges Arbeitsentgelt ist in den Meldungen das Arbeitsentgelt einzutragen, von dem Pauschalbeiträge oder – bei Verzicht auf die Rentenversicherungsfreiheit – Rentenversicherungsbeiträge gezahlt worden sind, wobei bei einem Verzicht auf die Rentenversicherungsfreiheit die Mindestbeitragsbemessungsgrundlage von monatlich 155 EUR zu beachten ist.

Der Wechsel von einer versicherungsfreien geringfügig entlohnten Beschäftigung zu einer versicherungspflichtigen Beschäftigung oder umgekehrt beim selben Arbeitgeber ist mit den Abgabegründen „31" und „11" (Wechsel der Einzugsstelle) zu melden. Dies gilt z. B. auch in den Fällen, in denen während der Elternzeit eine geringfügig entlohnte Beschäftigung beim bisherigen Arbeitgeber ausgeübt wird.

Bei Unterbrechungen der Entgeltzahlung von länger als einem Monat (z. B. unbezahlter Urlaub oder im Falle der Arbeitsunfähigkeit nach einem Monat nach Ablauf der Entgeltfortzahlung) ist eine Abmeldung mit Abgabegrund „34" (§ 7 Abs. 3 SGB IV findet auch auf geringfügig Beschäftigte Anwendung) zu erstatten. Gleiches gilt bei einer Freistellung von der Arbeitsleistung von mehr als einem Monat im Rahmen einer sonstigen flexiblen Arbeitszeitregelung. Bei Bezug von Verletztengeld, Übergangsgeld oder Versorgungskrankengeld ist eine Unterbrechungsmeldung mit Abgabegrund „51" zu erstatten.

c) Geringfügig entlohnte Beschäftigungen neben versicherungspflichtiger Beschäftigung

Wird die geringfügig entlohnte Beschäftigung neben einer versicherungspflichtigen Beschäftigung ausgeübt, ist für die geringfügig entlohnte Beschäftigung grundsätzlich der Personengruppenschlüssel „109" zu verwenden. Für die zweite und jede weitere für sich gesehen geringfügig entlohnte Beschäftigung neben einer versicherungspflichtigen Beschäftigung ist der Personengruppenschlüssel „101" oder – falls ein Beschäftigungsverhältnis Besonderheiten aufweist – ein anderer Personengruppenschlüssel maßgebend.

d) Kurzfristige Beschäftigungen

Auch für kurzfristig Beschäftigte (Personengruppenschlüssel „110") sind grundsätzlich die gleichen Meldungen zu erstatten wie für versicherungspflichtig Beschäftigte. Da in der Unfallversicherung auch die Arbeitsentgelte des kurzfristig Beschäftigten beitragspflichtig sind, sind für diesen Personenkreis seit 1. 1. 2009 im Datenbaustein für die Unfallversicherung (DBUV) auch die Entgelte in den Ab-, Unterbrechungs- und Jahresmeldungen zu melden. In der Kranken-, Pflege-, Renten- und Arbeitslosenversicherung ist weiterhin das Entgelt mit „000000" zu melden. Beitragsgruppe ist hier die „0". Sämtliche Beitragsgruppen sind bei kurzfristig Beschäftigten mit „0" zu verschlüsseln.

Bei Rahmenarbeitsverträgen hat eine Anmeldung mit dem Tag der Aufnahme der Beschäftigung und eine Abmeldung mit dem letzten Tag der Beschäftigung zu erfolgen. Wird eine kurzfristige Beschäftigung auf der Basis eines Rahmenarbeitsvertrags für länger als einen Monat unterbrochen, ist nach Ablauf dieses Monats eine Abmeldung mit Abgabegrund

„34" und bei Wiederaufnahme der Beschäftigung eine Anmeldung mit Abgabegrund „13" zu erstatten.

Bei Abmeldungen für kurzfristig Beschäftigte mit einem Beschäftigungszeitraum über den Jahreswechsel hinaus sind als Beginn der Beschäftigung der 1.1. sowie das Jahr des Endes der kurzfristigen Beschäftigung anzugeben.

Beispiel:
Kurzfristige Beschäftigung vom 12.12.2009 bis 31.1.2010.
Anmeldung:
Beschäftigungszeit von 12.12.2009
Personengruppe 110
Beitragsgruppe 0000
Abmeldung:
Beschäftigungszeit von 1.1.2010 bis 31.1.2010
Personengruppe 110
Beitragsgruppe 0000
Beitragspflichtiges Bruttoarbeitsentgelt 000000

e) Angaben zur Unfallversicherung

Für Meldezeiträume ab 1. Januar 2009 sind in den Entgeltmeldungen gegenüber der Einzugsstelle sowohl für geringfügig entlohnte als auch für kurzfristige Beschäftigungen zusätzlich folgende Daten zur Unfallversicherung zu übermitteln:

– Betriebsnummer des zuständigen Unfallversicherungsträgers
– Mitgliedsnummer des Beschäftigungsbetriebes
– Gefahrtarifstelle und Betriebsnummer des Unfallversicherungsträgers, dessen Gefahrtarif angewendet wird
– beitragspflichtiges Arbeitsentgelt zur Unfallversicherung
– geleistete Arbeitsstunden

Die Angabe der geleisteten Arbeitsstunden ist erst in Entgeltmeldungen erforderlich, die nach dem 31. Dezember 2009 erstattet werden.

f) Sofortmeldung

Seit dem 1. Januar 2009 besteht nach § 28a Abs. 4 SGB IV für Wirtschaftsbereiche, in denen ein erhöhtes Risiko für Schwarzarbeit und illegale Beschäftigung gegeben ist, die Verpflichtung zur Abgabe einer Sofortmeldung. Diese ist spätestens zum Zeitpunkt der Aufnahme einer Beschäftigung zu erstatten. Dies gilt auch für geringfügige Beschäftigungen.

Die Pflicht zur Abgabe von Sofortmeldungen umfasst alle Arbeitgeber, die folgenden Wirtschaftsbereichen oder Wirtschaftszweigen zuzuordnen sind:

– Baugewerbe
– Gaststätten- und Beherbergungsgewerbe
– Personenbeförderungsgewerbe
– Speditions-, Transport- und damit verbundenen Logistikgewerbe
– Schaustellergewerbe
– Unternehmen der Forstwirtschaft
– Gebäudereinigungsgewerbe
– Unternehmen, die sich am Auf- und Abbau von Messen und Ausstellungen beteiligen
– Fleischwirtschaft

Zeitarbeitsunternehmen sind nicht zur Abgabe einer Sofortmeldung verpflichtet, weil derartige Unternehmen als Arbeitgeber nicht nur in einer Wirtschaftsbranche tätig sind, die von der Verpflichtung zur Abgabe einer Sofortmeldung erfasst ist. Die Sofortmeldung wurde in das bestehende DEÜV-Meldeverfahren integriert. Hierfür wurde der Meldegrund 20 eingeführt, welcher aus den Entgeltabrechnungsprogrammen sowie mit maschinellen Ausfüllhilfen erzeugt werden kann. Anders als die Anmeldung zur Sozialversicherung, die weiterhin mit Meldegrund 10 gegenüber der Einzugsstelle zu erfolgen hat, wird die **Sofortmeldung direkt der Datenstelle der Träger der Rentenversicherung** (DSRV) übermittelt.

Eine Sofortmeldung ist immer dann zu erstellen, wenn eine Anmeldung mit Abgabegrund 10 bei einer Einzugsstelle erforderlich wird.

g) Geringfügig Beschäftigte in Privathaushalten

Geringfügig Beschäftigte in Privathaushalten sind im Rahmen des Haushaltsscheckverfahrens bei der Minijob-Zentrale der Deutschen Rentenversicherung Knappschaft-Bahn-See zu melden. Der Arbeitgeber (Privathaushalt) erstattet der Minijob-Zentrale für einen in seinem Haushalt beschäftigten Arbeitnehmer eine vereinfachte Meldung, den so genannten Haushaltsscheck. Das Haushaltsscheckverfahren kann nur für geringfügige Beschäftigungsverhältnisse genutzt werden. Der Haushaltsscheck enthält gegenüber der Meldung nach § 28a Abs. 3 SGB IV reduzierte Angaben. Er ist vom Arbeitgeber und Arbeitnehmer zu unterschreiben. Die Anwendung des Haushaltsscheckverfahrens ist daran gebunden, dass der an den Arbeitnehmer ausgezahlte Geldbetrag zusammen mit den einbehaltenen Steuern 400 EUR im Monat nicht übersteigt und der Arbeitgeber der Minijob-Zentrale eine Ermächtigung zum Einzug der Gesamtsozialversicherungsbeiträge, der Umlagen nach dem Aufwendungsausgleichsgesetz sowie ggf. zu zahlender Pauschsteuern erteilt. Das Verfahren wiederholt sich bei jeder Lohn- oder Gehaltszahlung, es sei denn, das Arbeitsentgelt bleibt monatlich unverändert und der Haushaltsscheck wird als „Dauerscheck" gekennzeichnet. Die Minijob-Zentrale prüft nach Eingang des Haushaltsschecks die Einhaltung der Arbeitsentgeltgrenzen bei geringfügiger Beschäftigung, vergibt, sofern noch nicht vorhanden, die Betriebsnummer, berechnet die Gesamtsozialversicherungsbeiträge, die Umlagen nach dem Aufwendungsausgleichsgesetz sowie die ggf. zu zahlenden Pauschsteuern und zieht den Gesamtbetrag mittels Lastschriftverfahren vom Konto des Arbeitgebers ein. Die Teilnahme am Haushaltsscheckverfahren ist obligatorisch. Der Arbeitgeber kann somit nicht alternativ das übliche Melde- und Beitragsverfahren nutzen.

14. Meldungen für Beschäftigungen in der Gleitzone

Für Arbeitnehmer in der Gleitzone (regelmäßiges Entgelt zwischen 400,01 EUR und 800,00 EUR) gibt es eine besondere Ermittlung des Beitragsanteils für Arbeitnehmer (vgl. das Stichwort „Gleitzone im Niedriglohnbereich"). Ein spezieller Meldetatbestand für den Eintritt in eine oder den Austritt aus einer Beschäftigung der Gleitzone (nicht zu verwechseln mit dem Beginn und dem Ende der Beschäftigung) wurde nicht aufgenommen. Bei einem Eintritt oder Austritt einer Beschäftigung in oder aus der Gleitzone sind demnach keine Meldungen durch den Arbeitgeber abzugeben. Da in der gesetzlichen Rentenversicherung bei der Anwendung der Hinzuverdienstregelungen und bei der Durchführung von Beitragserstattungen das tatsächliche Arbeitsentgelt bzw. die tatsächlich vom Versicherten getragenen Beiträge maßgebend sind, ist die Meldung mit einem Kennzeichen zu versehen, sofern ein Arbeitsentgelt (Jahresmeldung, Abmeldung, Unterbrechungsmeldung) gemeldet wird. Für diese Kennzeichnung ist das Feld „Gleitzone" zu benutzen. Das Kennzeichen besteht in drei Ausprägungen:

0 = Keine Gleitzone bzw. Verzicht auf die Anwendung der Gleitzonenregelungen in der gesetzlichen Rentenversicherung

1 = Gleitzone; tatsächliche Arbeitsentgelte in allen Entgeltabrechnungszeiträumen von 400,01 EUR bis 800,00 EUR

2 = Gleitzone; Meldung umfasst sowohl Entgeltabrechnungszeiträume mit Arbeitsentgelten von 400,01 EUR bis 800,00 EUR als auch solche mit Arbeitsentgelten unter 400,01 EUR und über 800,00 EUR

Bei der Erstellung der Meldungen ist als beitragspflichtiges Bruttoarbeitsentgelt die reduzierte beitragspflichtige Einnahme einzugeben. Bei unterschiedlichen Anwendungen der Gleitzonenregelungen in einzelnen Zweigen der Sozialversicherung (z. B. beim Verzicht auf die Anwendung der Gleitzonenregelung in der Rentenversicherung) richtet sich die Kennzeichnung der Meldungen nach der versicherungs- und beitragsrechtlichen Beurteilung in der gesetzlichen Rentenversicherung. Dies gilt auch in den Fällen, in denen die Gleitzonenregelung in der gesetzlichen Rentenversicherung nur deshalb keine Anwendung findet, weil bspw. aufgrund des Bezuges einer Vollrente wegen Alters Rentenversicherungsfreiheit besteht und lediglich der Arbeitgeberanteil nach § 172 Abs. 1 SGB VI zu zahlen ist. Auch in diesen Fällen ist die Meldung zu kennzeichnen und die reduzierte beitragspflichtige Einnahme vorzugeben.

15. Meldungen bei Altersteilzeit

a) Allgemeines

Der Arbeitgeber hat bei Beginn der Altersteilzeitarbeit und bei Ende der Altersteilzeitarbeit eine Meldung zu erstatten. Es ist eine Abmeldung und eine Anmeldung zu erstatten, wenn sich der Personengruppenschlüssel ändert. Da für Arbeitnehmer in Altersteilzeitarbeit ein besonderer Personengruppenschlüssel („103") gilt, sind bei einem Übergang in die Altersteilzeitarbeit das Ende der bisherigen Beschäftigung und der Beginn der Altersteilzeitarbeit zu melden. Dabei wird das Ende der bisherigen Beschäftigung durch eine Abmeldung mit Abgabegrund „33" gemeldet; in diese Meldung ist das bis zum Tage vor Beginn der Altersteilzeitarbeit erzielte Arbeitsentgelt aufzunehmen. Der Beginn der Altersteilzeitarbeit wird durch eine Anmeldung mit Abgabegrund „13" gemeldet. Dabei sind

noch Anhang 15

die Angaben zur Tätigkeit in den ersten drei Stellen mit der Schlüsselzahl für die ausgeübte Tätigkeit und in der vierten Stelle mit der Stellung im Beruf („8" oder „9") sowie in der fünften Stelle mit der Ausbildung.

Alle Folgemeldungen für Zeiten nach Beginn der Altersteilzeitarbeit (Unterbrechungsmeldungen, Jahresmeldungen) sind mit dem Personengruppenschlüssel „103" zu versehen. Als beitragspflichtiges Bruttoarbeitsentgelt ist nicht nur das Arbeitsentgelt für die Altersteilzeitarbeit einzugeben, sondern der Gesamtbetrag, von dem Beiträge zur Rentenversicherung gezahlt worden sind; das Arbeitsentgelt für Altersteilzeitarbeit ist also um die zusätzliche beitragspflichtige Einnahme nach §3 Abs. 1 Nr. 1 Bst. b. AtG i. V. m. § 163 Abs. 5 SGB VI zu erhöhen. Außerdem das Ende der Altersteilzeitarbeit zu melden. Das Ende der Altersteilzeitarbeit dürfte aber in aller Regel mit dem Ende des Beschäftigungsverhältnisses zusammenfallen, sodass eine Abmeldung mit Abgabegrund „30" zu erstatten ist. Für die Meldungen im Rahmen der Altersteilzeitarbeit gelten die Vorschriften des DEÜV. Meldungen können auch hier nur noch im maschinellen Verfahren übermittelt werden. Die Meldungen über Beginn und Ende der Altersteilzeitarbeit sind grundsätzlich taggenau zu erstatten. Für den Fall, dass die Altersteilzeitarbeit ausnahmsweise nicht am Ersten eines Monats, sondern im Laufe eines Monats beginnen sollte, ist vorgesehen, dass an Stelle der taggenauen Meldung als Beginn der Altersteilzeitarbeit der Erste des Monats, in dem die Altersteilzeitarbeit begonnen hat, und als Ende der Altersteilzeitarbeit der Letzte des Monats, in dem die Altersteilzeitarbeit endet, gemeldet werden kann.

b) Meldeverfahren in Störfällen

Werden Beiträge anlässlich des Eintritts eines Störfalls entrichtet, ist das beitragspflichtige Arbeitsentgelt mit einer besonderen Meldung zu bescheinigen. Für die besondere Meldung gilt der Grund der Abgabe 55. Es sind jeweils der Personengruppenschlüssel und der Beitragsgruppenschlüssel anzugeben, die beim Versicherten zum Zeitpunkt des Störfalls zutreffen. Sind Beiträge zu einem Versicherungszweig zu entrichten, zu dem zum Zeitpunkt des Störfalls keine Versicherungspflicht besteht, ist der für den Versicherten zuletzt maßgebende Beitragsgruppenschlüssel anzugeben. Die Meldung hat das zur Rentenversicherung beitragspflichtige Arbeitsentgelt zu enthalten. Sind im Störfall keine Beiträge zur Rentenversicherung zu entrichten, weil der Arbeitnehmer z. B. im gesamten maßgebenden Zeitraum wegen der Zugehörigkeit zu einer berufsständischen Versorgungseinrichtung versicherungsfrei war, ist als Arbeitsentgelt „000000" EUR zu melden. Für die verschiedenen Arten des Störfalls gilt im Einzelnen Folgendes:

– **Erwerbsminderung**
Endet das Beschäftigungsverhältnis im Zusammenhang mit der Zuerkennung einer Rente wegen verminderter Erwerbsfähigkeit gilt Folgendes:
Wertguthaben, die bis zum Tag vor dem Eintritt der Erwerbsminderung erzielt wurden, sind mit einer Sondermeldung (Abgabegrund: 55) unverzüglich zu melden. Als Meldezeitraum sind der Monat und das Jahr des Eintritts der Erwerbsminderung anzugeben. Das Wertguthaben, das seit Eintritt der Erwerbsminderung erzielt wurde, ist zusammen mit dem Arbeitsentgelt der erforderlichen Abmeldung wegen Ende der Beschäftigung zu melden. Hierdurch kann es vorkommen, dass die anteilige Beitragsbemessungsgrenze des Meldezeitraumes überschritten wird. Es wird deshalb empfohlen, auch diesen Teil des Wertguthabens mit einer Sondermeldung zu melden. Als Meldezeitraum ist der Monat und das Jahr der nicht zweckentsprechenden Verwendung des Wertguthabens anzugeben. Ist seit dem Eintritt der Erwerbsminderung kein Wertguthaben erzielt worden, ist für diesen Zeitraum keine besondere Meldung abzugeben. Damit zum Ende des Beschäftigungsverhältnisses nach einer zuvor anerkannten Zeitrente wegen verminderter Erwerbsfähigkeit die Meldedaten für die Zeit bis zum Tag vor dem Eintritt der Erwerbsminderung präsent sind, wird empfohlen, diese Daten bei Zugang des Bescheides über die Zeitrente gesondert festzuhalten.

– **Meldungen bei Insolvenz in der Arbeitsphase**
Im Falle der Insolvenz des Arbeitgebers ist, soweit ein Störfall eintritt, nur das Arbeitsentgelt zu melden, von dem tatsächlich Beiträge zur Rentenversicherung gezahlt wurden. Fällt das Insolvenzereignis in die Arbeitsphase eines Blockmodells bzw. in eine kontinuierliche Altersteilzeitarbeit, tritt ein Störfall ein, wenn das Beschäftigungsverhältnis gekündigt wird. Wurde der Arbeitnehmer infolge der Insolvenz bereits freigestellt und erfolgt die Kündigung des Beschäftigungsverhältnisses, ist zum Tag vor dem Insolvenzereignis eine Abmeldung mit Grund der Abgabe „71" vorzunehmen. Gleichzeitig ist eine weitere Meldung mit Grund der Abgabe „72" zum Tag des rechtlichen Endes der Beschäftigung zu erstatten. Aus einem insolvenzgesicherten Wertguthaben ist außerdem eine Störfallmeldung zu fertigen.

– **Meldungen bei Insolvenz in der Freistellungsphase**
Fällt das Insolvenzereignis in die Freistellungsphase eines Altersteilzeitarbeitsverhältnisses und wird das Beschäftigungsverhältnis nicht gekündigt, liegt bis zum vertraglichen Ende der Altersteilzeitarbeit grundsätzlich eine Beschäftigung gegen Arbeitsentgelt vor (vgl. Urteil des BAG vom 5. 12. 2002 – AZR 571/01 –; Der Betrieb 2003, Seite 1334).

– **Insolvenzgesicherte Wertguthaben**
Wurden neben den Rentenversicherungsbeiträgen aus dem Arbeitsentgelt auch die zusätzlichen Rentenversicherungsbeiträge und die Aufstockungsbeiträge insolvenzgesichert, sodass weiterhin Altersteilzeit vorliegt, ist zum Tage vor dem Insolvenzereignis eine Abmeldung mit Grund der Abgabe „30" zu erstatten. Zum Tage des Insolvenzereignisses ist eine Anmeldung mit Grund der Abgabe „10" und der Personengruppe 103 vorzunehmen. Die Beschäftigung gegen Arbeitsentgelt und damit die Versicherungspflicht zur Rentenversicherung endet, wenn das Wertguthaben aufgebraucht ist. Es ist dann eine Abmeldung mit Grund der Abgabe „30" zu erstatten. Werden lediglich die Beiträge aus dem Arbeitsentgelt gesichert und gezahlt, nicht dagegen die zusätzlichen Rentenversicherungsbeiträge und die Aufstockungsbeiträge, liegt Altersteilzeitarbeit nicht mehr vor. Die Anmeldung zum Tage des Insolvenzereignisses erfolgt in diesen Fällen mit Grund der Abgabe „10" und der Personengruppe 101 bzw. einer anderen Personengruppe ungleich 103. Wird das Beschäftigungsverhältnis außerordentlich gekündigt, tritt ein Störfall ein. In diesem Fall ist das Arbeitsentgelt gesondert zu melden, von dem tatsächlich Beiträge zur Rentenversicherung gezahlt wurden. Als Meldezeitraum sind der Kalendermonat und das Jahr der Beitragszahlung anzugeben. Wurde aus Vereinfachungsgründen der Beitragssatz des Abrechnungszeitraums angewandt, in dem das Wertguthaben ausgezahlt wurde, ist als Meldezeitraum der Monat und das Kalenderjahr des Abrechnungszeitraums zu melden. Erfolgen mehrere Zahlungen, weil der Anspruch nur schrittweise erfüllt wurde, sind mehrere Meldungen mit den entsprechenden Meldezeiträumen zu erstatten. Unabhängig von den Störfallmeldung ist die Abmeldung zum Ende der Beschäftigung mit Grund der Abgabe „30" vorzunehmen.

– **Nicht insolvenzgesicherte Wertguthaben**
Wurden Beiträge zur Sozialversicherung nicht insolvenzgesichert, ist zum Tage vor dem Insolvenzereignis eine Abmeldung mit Grund der Abgabe „30" zu erstatten. Soweit im Rahmen des Insolvenzverfahrens noch Beitragsansprüche realisiert werden, ist das Arbeitsentgelt gesondert zu melden.

– **Sonstige Störfälle**
In allen anderen Störfällen ist nur das Arbeitsentgelt gesondert zu melden, von dem tatsächlich Beiträge zur Rentenversicherung entrichtet wurden. Als Meldezeitraum sind der Kalendermonat und das Jahr der nicht zweckentsprechenden Verwendung des Wertguthabens anzugeben.

16. Meldungen für die Unfallversicherung

Mit dem zweiten Gesetz zum Abbau bürokratischer Hemmnisse insbesondere in der mittelständischen Wirtschaft aus dem Jahre 2007 wurde den Rentenversicherungsträgern auch die Betriebsprüfung für die Unfallversicherung mit Wirkung zum 1. Januar 2010 übertragen. Damit die Rentenversicherung bis zum Prüfungsbeginn über einen entsprechenden Datenbestand verfügt, wurde das DEÜV-Meldeverfahren zum 1. 1. 2009 erweitert. Die Übermittlung der Unfallversicherungsdaten hat mit dem neu geschaffenen Datenbaustein DBUV zu erfolgen. Das neue Verfahren ist seit 1. 1. 2009 erforderlich bei Abmeldungen, Unterbrechungs- und Jahresmeldungen und gilt bereits für Meldezeiträume ab 1. 1. 2008.

Die Entgeltmeldungen im Datenbaustein DBUV im Datensatz Meldung (DSME) wurden um die für die Unfallversicherung relevanten Datenfelder erweitert. Folgende Felder wurden neu aufgenommen (Feldname im Datenbaustein in Klammern):

Betriebsnummer des zuständigen Unfallversicherungsträgers (UV-BBNR)

Das Feld umfasst 15 Stellen. Die Betriebsnummer des zuständigen UV-Trägers (z. B. Berufsgenossenschaft oder Eigenunfallversicherungsträger) ist entsprechenden Dokumenten zu entnehmen (z. B. Zuständigkeits- oder Veranlagungsbescheid).

Mitgliedsnummer des Unternehmens beim zuständigen Unfallversicherungsträger (MTNR)

Das Feld umfasst 20 Stellen. Die Mitgliedsnummer des Arbeitgebers beim zuständigen UV-Träger ist ebenfalls entsprechenden Dokumenten zu entnehmen (z. B. Zuständigkeits- oder Veranlagungsbescheid). Sofern Beiträge zur Unfallversicherung nach der Satzung des zust.

noch Anhang 15

Unfallversicherungsträgers nach der Zahl der Versicherten berechnet werden, ist keine Mitgliedsnummer (Leerzeichen) anzugeben.

Betriebsnummer des zuständigen UV-Trägers (BBNRGT) und Gefahrtarifstelle (GTST)

Gefahrtarifstelle und die dazugehörige Betriebsnummer ergeben sich aus dem jeweiligen Veranlagungsbescheid. Sofern eine abweichende Gefahrtarifstelle bei der Beitragsermittlung verwendet wird, ist die Betriebsnummer des UV-Trägers anzugeben, dessen Betriebsnummer verwendet wird. Es können im Baustein bis zu vier Gefahrtarifstellen angegeben werden. Die für den jeweiligen Arbeitnehmer einschlägige Gefahrtarifstelle ist entsprechend der überwiegenden Tätigkeit anzugeben sofern die Satzung des Unfallversicherungsträgers eine solche Regelung vorsieht. Es empfiehlt sich daher zur Klärung der Gefahrtarifstelle vorher mit dem zuständigen Unfallversicherungsträger Kontakt aufzunehmen. Bei Wechsel der Gefahrtarifstelle ist ggf. eine Aufteilung des Entgelts erforderlich. Sofern Beiträge zur Unfallversicherung nach der Satzung des zust. Unfallversieherungsträgers nach der Zahl der Versicherten berechnet werden, ist als Gefahrtarifstelle „99999999" anzugeben.

Entgelt des Arbeitnehmers in der Unfallversicherung (UVEG)

Es ist das für den Meldezeitraum in der Unfallversicherung beitragspflichtige Entgelt (in vollen Euro) zu melden. Der Arbeitsentgeltbegriff ergibt sich einheitlich für alle Versicherungszweige aus § 14 SGB IV i. V. mit der Sozialversicherungsentgeltverordnung. Hinsichtlich der Höhe ist der jeweilige Höchstjahresarbeitsverdienst (ergibt sich aus der Satzung des zuständigen Unfallversicherungsträgers; fehlt eine Satzungsregelung beträgt der Höchstjahresverdienst 2010 61 320 € in den alten bzw. 52 080 € in den neuen Bundesländern = Bezugsgröße × 2) zu beachten. Die Entgelte sind anders als in den übrigen Versicherungszweigen nicht bis zur (monatlichen oder jährlichen) Beitragsbemessungsgrenze zu berücksichtigen, sondern werden vom 1.1. eines Jahres bzw. ab Beschäftigungsbeginn bis zum Höchstjahresverdienst summiert. Eine Anrechnung bei Vorbeschäftigungen erfolgt i. d. R. nur bei Konzernunternehmen.

Sieht die Satzung eines Unfallversicherungsträgers einen sog. Mindestjahresverdienst vor (60% der Bezugsgröße; 2010 18 396 € in den alten und 15 624 € in den neuen Bundesländern), ist bei Arbeitnehmern, an die kein Entgelt bezahlt worden ist oder deren tatsächliches Entgelt niedriger ist, der Mindestjahresverdienst zu melden. Dies gilt auch für Personen, die ein sog. fiktives Entgelt beziehen (z. B. Gleitzonenfälle, Behinderte Menschen in geschützten Einrichtungen, Bezieher von Kurzarbeitergeld). Ansonsten ist für diesen Personenkreis das tatsächliche Entgelt zu melden. Sofern Beiträge zur Unfallversicherung nach der Satzung des zust. Unfallversicherungsträgers nach der Zahl der Versicherten berechnet werden, ist kein unfallversicherungspflichtiges Entgelt (Leerzeichen) anzugeben.

Im Gegensatz zu den übrigen Versicherungszweigen gehören in der Unfallversicherung auch lohnsteuerfreie Zuschläge für Sonn-, Feiertags- und Nachtarbeit zum unfallversicherungspflichtigen Entgelt.

Volle Arbeitsstunden des Arbeitnehmers (ARBSTD)

Das Feld umfasst vier Stellen. Hier sind die wie bisher bereits auch nach § 165 Abs. 1 SGB VII ermittelten vollen Arbeitsstunden des Arbeitnehmers anzugeben (z. B. tats. geleistete Arbeitsstunden ohne Urlaub, Krankheit, Feiertage etc., Arbeitszeit gern. vertragl. oder tarifl. Regelung, Vollarbeiterrichtwert – ggf. anteilig –). Diese Angabe ist für Meldungen nach dem 31.12.2009 zwingend erforderlich.

Anhang 16

Lohnpfändungs-Tabelle 2010
Bekanntmachung zu § 850 c der Zivilprozessordnung*)

Nettolohn monatlich	Pfändbarer Betrag bei Unterhaltspflicht**) für ... Personen					
	0	1	2	3	4	5 und mehr
	in **Euro**					
bis 989,99	—	—	—	—	—	—
990,00 bis 999,99	3,40	—	—	—	—	—
1 000,00 bis 1 009,99	10,40	—	—	—	—	—
1 010,00 bis 1 019,99	17,40	—	—	—	—	—
1 020,00 bis 1 029,99	24,40	—	—	—	—	—
1 030,00 bis 1 039,99	31,40	—	—	—	—	—
1 040,00 bis 1 049,99	38,40	—	—	—	—	—
1 050,00 bis 1 059,99	45,40	—	—	—	—	—
1 060,00 bis 1 069,99	52,40	—	—	—	—	—
1 070,00 bis 1 079,99	59,40	—	—	—	—	—
1 080,00 bis 1 089,99	66,40	—	—	—	—	—
1 090,00 bis 1 099,99	73,40	—	—	—	—	—
1 100,00 bis 1 109,99	80,40	—	—	—	—	—
1 110,00 bis 1 119,99	87,40	—	—	—	—	—
1 120,00 bis 1 129,99	94,40	—	—	—	—	—
1 130,00 bis 1 139,99	101,40	—	—	—	—	—
1 140,00 bis 1 149,99	108,40	—	—	—	—	—
1 150,00 bis 1 159,99	115,40	—	—	—	—	—
1 160,00 bis 1 169,99	122,40	—	—	—	—	—
1 170,00 bis 1 179,99	129,40	—	—	—	—	—
1 180,00 bis 1 189,99	136,40	—	—	—	—	—
1 190,00 bis 1 199,99	143,40	—	—	—	—	—
1 200,00 bis 1 209,99	150,40	—	—	—	—	—
1 210,00 bis 1 219,99	157,40	—	—	—	—	—
1 220,00 bis 1 229,99	164,40	—	—	—	—	—
1 230,00 bis 1 239,99	171,40	—	—	—	—	—
1 240,00 bis 1 249,99	178,40	—	—	—	—	—
1 250,00 bis 1 259,99	185,40	—	—	—	—	—
1 260,00 bis 1 269,99	192,40	—	—	—	—	—
1 270,00 bis 1 279,99	199,40	—	—	—	—	—
1 280,00 bis 1 289,99	206,40	—	—	—	—	—
1 290,00 bis 1 299,99	213,40	—	—	—	—	—
1 300,00 bis 1 309,99	220,40	—	—	—	—	—
1 310,00 bis 1 319,99	227,40	—	—	—	—	—
1 320,00 bis 1 329,99	234,40	—	—	—	—	—
1 330,00 bis 1 339,99	241,40	—	—	—	—	—
1 340,00 bis 1 349,99	248,40	—	—	—	—	—
1 350,00 bis 1 359,99	255,40	—	—	—	—	—
1 360,00 bis 1 369,99	262,40	2,05	—	—	—	—
1 370,00 bis 1 379,99	269,40	7,05	—	—	—	—
1 380,00 bis 1 389,99	276,40	12,05	—	—	—	—
1 390,00 bis 1 399,99	283,40	17,05	—	—	—	—
1 400,00 bis 1 409,99	290,40	22,05	—	—	—	—
1 410,00 bis 1 419,99	297,40	27,05	—	—	—	—
1 420,00 bis 1 429,99	304,40	32,05	—	—	—	—
1 430,00 bis 1 439,99	311,40	37,05	—	—	—	—

*) Mit der Pfändungsfreigrenzenbekanntmachung 2009 vom 15.5.2009 (BGBl. I S. 1141) hat das Bundesministerium der Justiz festgelegt, dass die Höhe der unpfändbaren Beträge nach § 850c Abs. 1 und 2 Zivilprozessordnung bis zum 30. Juni 2011 **unverändert** bleibt.

**) Zu berücksichtigen sind Unterhaltsleistungen des Schuldners gegenüber seinem Ehegatten, einem früheren Ehegatten, einem Verwandten oder der Mutter eines nichtehelichen Kindes nach §§ 1615l, 1615n des Bürgerlichen Gesetzbuches.

noch Anhang 16

Nettolohn monatlich	Pfändbarer Betrag bei Unterhaltspflicht*) für ... Personen					
	0	1	2	3	4	5 und mehr
	in **Euro**					
1 440,00 bis 1 449,99	318,40	42,05	—	—	—	—
1 450,00 bis 1 459,99	325,40	47,05	—	—	—	—
1 460,00 bis 1 469,99	332,40	52,05	—	—	—	—
1 470,00 bis 1 479,99	339,40	57,05	—	—	—	—
1 480,00 bis 1 489,99	346,40	62,05	—	—	—	—
1 490,00 bis 1 499,99	353,40	67,05	—	—	—	—
1 500,00 bis 1 509,99	360,40	72,05	—	—	—	—
1 510,00 bis 1 519,99	367,40	77,05	—	—	—	—
1 520,00 bis 1 529,99	374,40	82,05	—	—	—	—
1 530,00 bis 1 539,99	381,40	87,05	—	—	—	—
1 540,00 bis 1 549,99	388,40	92,05	—	—	—	—
1 550,00 bis 1 559,99	395,40	97,05	—	—	—	—
1 560,00 bis 1 569,99	402,40	102,05	—	—	—	—
1 570,00 bis 1 579,99	409,40	107,05	3,01	—	—	—
1 580,00 bis 1 589,99	416,40	112,05	7,01	—	—	—
1 590,00 bis 1 599,99	423,40	117,05	11,01	—	—	—
1 600,00 bis 1 609,99	430,40	122,05	15,01	—	—	—
1 610,00 bis 1 619,99	437,40	127,05	19,01	—	—	—
1 620,00 bis 1 629,99	444,40	132,05	23,01	—	—	—
1 630,00 bis 1 639,99	451,40	137,05	27,01	—	—	—
1 640,00 bis 1 649,99	458,40	142,05	31,01	—	—	—
1 650,00 bis 1 659,99	465,40	147,05	35,01	—	—	—
1 660,00 bis 1 669,99	472,40	152,05	39,01	—	—	—
1 670,00 bis 1 679,99	479,40	157,05	43,01	—	—	—
1 680,00 bis 1 689,99	486,40	162,05	47,01	—	—	—
1 690,00 bis 1 699,99	493,40	167,05	51,01	—	—	—
1 700,00 bis 1 709,99	500,40	172,05	55,01	—	—	—
1 710,00 bis 1 719,99	507,40	177,05	59,01	—	—	—
1 720,00 bis 1 729,99	514,40	182,05	63,01	—	—	—
1 730,00 bis 1 739,99	521,40	187,05	67,01	—	—	—
1 740,00 bis 1 749,99	528,40	192,05	71,01	—	—	—
1 750,00 bis 1 759,99	535,40	197,05	75,01	—	—	—
1 760,00 bis 1 769,99	542,40	202,05	79,01	—	—	—
1 770,00 bis 1 779,99	549,40	207,05	83,01	0,29	—	—
1 780,00 bis 1 789,99	556,40	212,05	87,01	3,29	—	—
1 790,00 bis 1 799,99	563,40	217,05	91,01	6,29	—	—
1 800,00 bis 1 809,99	570,40	222,05	95,01	9,29	—	—
1 810,00 bis 1 819,99	577,40	227,05	99,01	12,29	—	—
1 820,00 bis 1 829,99	584,40	232,05	103,01	15,29	—	—
1 830,00 bis 1 839,99	591,40	237,05	107,01	18,29	—	—
1 840,00 bis 1 849,99	598,40	242,05	111,01	21,29	—	—
1 850,00 bis 1 859,99	605,40	247,05	115,01	24,29	—	—
1 860,00 bis 1 869,99	612,40	252,05	119,01	27,29	—	—
1 870,00 bis 1 879,99	619,40	257,05	123,01	30,29	—	—
1 880,00 bis 1 889,99	626,40	262,05	127,01	33,29	—	—
1 890,00 bis 1 899,99	633,40	267,05	131,01	36,29	—	—
1 900,00 bis 1 909,99	640,40	272,05	135,01	39,29	—	—
1 910,00 bis 1 919,99	647,40	277,05	139,01	42,29	—	—
1 920,00 bis 1 929,99	654,40	282,05	143,01	45,29	—	—
1 930,00 bis 1 939,99	661,40	287,05	147,01	48,29	—	—
1 940,00 bis 1 949,99	668,40	292,05	151,01	51,29	—	—

*) Zu berücksichtigen sind Unterhaltsleistungen des Schuldners gegenüber seinem Ehegatten, einem früheren Ehegatten, einem Verwandten oder der Mutter eines nichtehelichen Kindes nach §§ 1615 l, 1615 n des Bürgerlichen Gesetzbuches.

noch Anhang 16

Nettolohn monatlich	Pfändbarer Betrag bei Unterhaltspflicht*) für ... Personen					
	0	1	2	3	4	5 und mehr
	in **Euro**					
1 950,00 bis 1 959,99	675,40	297,05	155,01	54,29	—	—
1 960,00 bis 1 969,99	682,40	302,05	159,01	57,29	—	—
1 970,00 bis 1 979,99	689,40	307,05	163,01	60,29	—	—
1 980,00 bis 1 989,99	696,40	312,05	167,01	63,29	0,88	—
1 990,00 bis 1 999,99	703,40	317,05	171,01	66,29	2,88	—
2 000,00 bis 2 009,99	710,40	322,05	175,01	69,29	4,88	—
2 010,00 bis 2 019,99	717,40	327,05	179,01	72,29	6,88	—
2 020,00 bis 2 029,99	724,40	332,05	183,01	75,29	8,88	—
2 030,00 bis 2 039,99	731,40	337,05	187,01	78,29	10,88	—
2 040,00 bis 2 049,99	738,40	342,05	191,01	81,29	12,88	—
2 050,00 bis 2 059,99	745,40	347,05	195,01	84,29	14,88	—
2 060,00 bis 2 069,99	752,40	352,05	199,01	87,29	16,88	—
2 070,00 bis 2 079,99	759,40	357,05	203,01	90,29	18,88	—
2 080,00 bis 2 089,99	766,40	362,05	207,01	93,29	20,88	—
2 090,00 bis 2 099,99	773,40	367,05	211,01	96,29	22,88	—
2 100,00 bis 2 109,99	780,40	372,05	215,01	99,29	24,88	—
2 110,00 bis 2 119,99	787,40	377,05	219,01	102,29	26,88	—
2 120,00 bis 2 129,99	794,40	382,05	223,01	105,29	28,88	—
2 130,00 bis 2 139,99	801,40	387,05	227,01	108,29	30,88	—
2 140,00 bis 2 149,99	808,40	392,05	231,01	111,29	32,88	—
2 150,00 bis 2 159,99	815,40	397,05	235,01	114,29	34,88	—
2 160,00 bis 2 169,99	822,40	402,05	239,01	117,29	36,88	—
2 170,00 bis 2 179,99	829,40	407,05	243,01	120,29	38,88	—
2 180,00 bis 2 189,99	836,40	412,05	247,01	123,29	40,88	—
2 190,00 bis 2 199,99	843,40	417,05	251,01	126,29	42,88	0,79
2 200,00 bis 2 209,99	850,40	422,05	255,01	129,29	44,88	1,79
2 210,00 bis 2 219,99	857,40	427,05	259,01	132,29	46,88	2,79
2 220,00 bis 2 229,99	864,40	432,05	263,01	135,29	48,88	3,79
2 230,00 bis 2 239,99	871,40	437,05	267,01	138,29	50,88	4,79
2 240,00 bis 2 249,99	878,40	442,05	271,01	141,29	52,88	5,79
2 250,00 bis 2 259,99	885,40	447,05	275,01	144,29	54,88	6,79
2 260,00 bis 2 269,99	892,40	452,05	279,01	147,29	56,88	7,79
2 270,00 bis 2 279,99	899,40	457,05	283,01	150,29	58,88	8,79
2 280,00 bis 2 289,99	906,40	462,05	287,01	153,29	60,88	9,79
2 290,00 bis 2 299,99	913,40	467,05	291,01	156,29	62,88	10,79
2 300,00 bis 2 309,99	920,40	472,05	295,01	159,29	64,88	11,79
2 310,00 bis 2 319,99	927,40	477,05	299,01	162,29	66,88	12,79
2 320,00 bis 2 329,99	934,40	482,05	303,01	165,29	68,88	13,79
2 330,00 bis 2 339,99	941,40	487,05	307,01	168,29	70,88	14,79
2 340,00 bis 2 349,99	948,40	492,05	311,01	171,29	72,88	15,29
2 350,00 bis 2 359,99	955,40	497,05	315,01	174,29	74,88	16,79
2 360,00 bis 2 369,99	962,40	502,05	319,01	177,29	76,88	17,79
2 370,00 bis 2 379,99	969,40	507,05	323,01	180,29	78,88	18,79
2 380,00 bis 2 389,99	976,40	512,05	327,01	183,29	80,88	19,79
2 390,00 bis 2 399,99	983,40	517,05	331,01	186,29	82,88	20,79
2 400,00 bis 2 409,99	990,40	522,05	335,01	189,29	84,88	21,79
2 410,00 bis 2 419,99	997,40	527,05	339,01	192,29	86,88	22,79
2 420,00 bis 2 429,99	1 004,40	532,05	343,01	195,29	88,88	23,79
2 430,00 bis 2 439,99	1 011,40	537,05	347,01	198,29	90,88	24,79
2 440,00 bis 2 449,99	1 018,40	542,05	351,01	201,29	92,88	25,79
2 450,00 bis 2 459,99	1 025,40	547,05	355,01	204,29	94,88	26,79

*) Zu berücksichtigen sind Unterhaltsleistungen des Schuldners gegenüber seinem Ehegatten, einem früheren Ehegatten, einem Verwandten oder der Mutter eines nichtehelichen Kindes nach §§ 1615l, 1615n des Bürgerlichen Gesetzbuches.

noch Anhang 16

Nettolohn monatlich	Pfändbarer Betrag bei Unterhaltspflicht*) für ... Personen					
	0	1	2	3	4	5 und mehr
	in Euro					
2 460,00 bis 2 469,99	1 032,40	552,05	359,01	207,29	96,88	27,79
2 470,00 bis 2 479,99	1 039,40	557,05	363,01	210,29	98,88	28,79
2 480,00 bis 2 489,99	1 046,40	562,05	367,01	213,29	100,88	29,79
2 490,00 bis 2 499,99	1 053,40	567,05	371,01	216,29	102,88	30,79
2 500,00 bis 2 509,99	1 060,40	572,05	375,01	219,29	104,88	31,79
2 510,00 bis 2 519,99	1 067,40	577,05	379,01	222,29	106,88	32,79
2 520,00 bis 2 529,99	1 074,40	582,05	383,01	225,29	108,88	33,79
2 530,00 bis 2 539,99	1 081,40	587,05	387,01	228,29	110,88	34,79
2 540,00 bis 2 549,99	1 088,40	592,05	391,01	231,29	112,88	35,79
2 550,00 bis 2 559,99	1 095,40	597,05	395,01	234,29	114,88	36,79
2 560,00 bis 2 569,99	1 102,40	602,05	399,01	237,29	116,88	37,79
2 570,00 bis 2 579,99	1 109,40	607,05	403,01	240,29	118,88	38,79
2 580,00 bis 2 589,99	1 116,40	612,05	407,01	243,29	120,88	39,79
2 590,00 bis 2 599,99	1 123,40	617,05	411,01	246,29	122,88	40,79
2 600,00 bis 2 609,99	1 130,40	622,05	415,01	249,29	124,88	41,79
2 610,00 bis 2 619,99	1 137,40	627,05	419,01	252,29	126,88	42,79
2 620,00 bis 2 629,99	1 144,40	632,05	423,01	255,29	128,88	43,79
2 630,00 bis 2 639,99	1 151,40	637,05	427,01	528,29	130,88	44,79
2 640,00 bis 2 649,99	1 158,40	642,05	431,01	261,29	132,88	45,79
2 650,00 bis 2 659,99	1 165,40	647,05	435,01	264,29	134,88	46,79
2 660,00 bis 2 669,99	1 172,40	652,05	439,01	267,29	136,88	47,79
2 670,00 bis 2 679,99	1 179,40	657,05	443,01	270,29	138,88	48,79
2 680,00 bis 2 689,99	1 186,40	662,05	447,01	273,29	140,88	49,79
2 690,00 bis 2 699,99	1 193,40	667,05	451,01	276,29	142,88	50,79
2 700,00 bis 2 709,99	1 200,40	672,05	455,01	279,29	144,88	51,79
2 710,00 bis 2 719,99	1 207,40	677,05	459,01	282,29	146,88	52,79
2 720,00 bis 2 729,99	1 214,40	682,05	463,01	285,29	148,88	53,79
2 730,00 bis 2 739,99	1 221,40	687,05	467,01	288,29	150,88	54,79
2 740,00 bis 2 749,99	1 228,40	692,05	471,01	291,29	152,88	55,79
2 750,00 bis 2 759,99	1 235,40	697,05	475,01	294,29	154,88	56,79
2 760,00 bis 2 769,99	1 242,40	702,05	479,01	297,29	156,88	57,79
2 770,00 bis 2 779,99	1 249,40	707,05	483,01	300,29	158,88	58,79
2 780,00 bis 2 789,99	1 256,40	712,05	487,01	303,29	160,88	59,79
2 790,00 bis 2 799,99	1 263,40	717,05	491,01	306,29	162,88	60,79
2 800,00 bis 2 809,99	1 270,40	722,05	495,01	309,29	164,88	61,79
2 810,00 bis 2 819,99	1 277,40	727,05	499,01	312,29	166,88	62,79
2 820,00 bis 2 829,99	1 284,40	732,05	503,01	315,29	168,88	63,79
2 830,00 bis 2 839,99	1 291,40	737,05	507,01	318,29	170,88	64,79
2 840,00 bis 2 849,99	1 298,40	742,05	511,01	321,29	172,88	65,79
2 850,00 bis 2 859,00	1 305,40	747,05	515,01	324,29	174,88	66,79
2 860,00 bis 2 869,00	1 312,40	752,05	519,01	327,29	176,88	67,79
2 870,00 bis 2 879,00	1 319,40	757,05	523,01	330,29	178,88	68,79
2 880,00 bis 2 889,00	1 326,40	762,05	527,01	333,29	180,88	69,79
2 890,00 bis 2 899,00	1 333,40	767,05	531,01	336,29	182,88	70,79
2 900,00 bis 2 909,00	1 340,40	772,05	535,01	339,29	184,88	71,79
2 910,00 bis 2 919,00	1 347,40	777,05	539,01	342,29	186,88	72,79
2 920,00 bis 2 929,00	1 354,40	782,05	543,01	345,29	188,88	73,79
2 930,00 bis 2 939,00	1 361,40	787,05	547,01	348,29	190,88	74,79
2 940,00 bis 2 949,00	1 368,40	792,05	551,01	351,29	192,88	75,79
2 950,00 bis 2 959,00	1 375,40	797,05	555,01	354,29	194,88	76,79
2 960,00 bis 2 969,00	1 382,40	802,05	559,01	357,29	196,88	77,79

*) Zu berücksichtigen sind Unterhaltsleistungen des Schuldners gegenüber seinem Ehegatten, einem früheren Ehegatten, einem Verwandten oder der Mutter eines nichtehelichen Kindes nach §§ 1615l, 1615n des Bürgerlichen Gesetzbuches.

noch Anhang 16

Nettolohn monatlich	Pfändbarer Betrag bei Unterhaltspflicht*) für ... Personen					
	0	1	2	3	4	5 und mehr
	in **Euro**					
2 970,00 bis 2 979,00	1 389,40	807,05	563,01	360,29	198,88	78,79
2 980,00 bis 2 989,00	1 396,40	812,05	567,01	363,29	200,88	79,79
2 990,00 bis 2 999,00	1 403,40	817,05	571,01	366,29	202,88	80,79
3 000,00 bis 3 009,00	1 410,40	822,05	575,01	369,29	204,88	81,79
3 010,00 bis 3 019,00	1 417,40	827,05	579,01	372,29	206,88	82,79
3 020,00 bis 3 020,06	1 424,40	832,05	583,01	375,29	208,88	83,79
Der Mehrbetrag ab 3 020,06 Euro ist voll pfändbar.						

---

*) Zu berücksichtigen sind Unterhaltsleistungen des Schuldners gegenüber seinem Ehegatten, einem früheren Ehegatten, einem Verwandten oder der Mutter eines nichtehelichen Kindes nach §§ 1615 l, 1615 n des Bürgerlichen Gesetzbuches.

noch Anhang 16

Nettolohn wöchentlich	Pfändbarer Betrag bei Unterhaltspflicht*) für ... Personen					
	0	1	2	3	4	5 und mehr
	in **Euro**					
bis 227,49	—	—	—	—	—	—
227,50 bis 229,99	0,55	—	—	—	—	—
230,00 bis 232,49	2,30	—	—	—	—	—
232,50 bis 234,99	4,05	—	—	—	—	—
235,00 bis 237,49	5,80	—	—	—	—	—
237,50 bis 239,99	7,55	—	—	—	—	—
240,00 bis 242,49	9,30	—	—	—	—	—
242,50 bis 244,99	11,05	—	—	—	—	—
245,00 bis 247,49	12,80	—	—	—	—	—
247,50 bis 249,99	14,55	—	—	—	—	—
250,00 bis 252,49	16,30	—	—	—	—	—
252,50 bis 254,99	18,05	—	—	—	—	—
255,00 bis 257,49	19,80	—	—	—	—	—
257,50 bis 259,99	21,55	—	—	—	—	—
260,00 bis 262,49	23,30	—	—	—	—	—
262,50 bis 264,99	25,05	—	—	—	—	—
265,00 bis 267,49	26,80	—	—	—	—	—
267,50 bis 269,99	28,55	—	—	—	—	—
270,00 bis 272,49	30,30	—	—	—	—	—
272,50 bis 274,99	32,05	—	—	—	—	—
275,00 bis 277,49	33,80	—	—	—	—	—
277,50 bis 279,99	35,55	—	—	—	—	—
280,00 bis 282,49	37,30	—	—	—	—	—
282,50 bis 284,99	39,05	—	—	—	—	—
285,00 bis 287,49	40,80	—	—	—	—	—
287,50 bis 289,99	42,55	—	—	—	—	—
290,00 bis 292,49	44,30	—	—	—	—	—
292,50 bis 294,99	46,05	—	—	—	—	—
295,00 bis 297,49	47,80	—	—	—	—	—
297,50 bis 299,99	49,55	—	—	—	—	—
300,00 bis 302,49	51,30	—	—	—	—	—
302,50 bis 304,99	53,05	—	—	—	—	—
305,00 bis 307,49	54,80	—	—	—	—	—
307,50 bis 309,99	56,55	—	—	—	—	—
310,00 bis 312,49	58,30	—	—	—	—	—
312,50 bis 314,99	60,05	0,23	—	—	—	—
315,00 bis 317,49	61,80	1,48	—	—	—	—
317,50 bis 319,99	63,55	2,73	—	—	—	—
320,00 bis 322,49	65,30	3,98	—	—	—	—
322,50 bis 324,99	67,05	5,23	—	—	—	—
325,00 bis 327,49	68,80	6,48	—	—	—	—
327,50 bis 329,99	70,55	7,73	—	—	—	—
330,00 bis 332,49	72,30	8,98	—	—	—	—
332,50 bis 334,99	74,05	10,23	—	—	—	—
335,00 bis 337,49	75,80	11,48	—	—	—	—
337,50 bis 339,99	77,55	12,73	—	—	—	—
340,00 bis 342,49	79,30	13,98	—	—	—	—
342,50 bis 344,99	81,05	15,23	—	—	—	—
345,00 bis 347,49	82,80	16,48	—	—	—	—
347,50 bis 349,99	84,55	17,73	—	—	—	—
350,00 bis 352,49	86,30	18,98	—	—	—	—

*) Zu berücksichtigen sind Unterhaltsleistungen des Schuldners gegenüber seinem Ehegatten, einem früheren Ehegatten, einem Verwandten oder der Mutter eines nichtehelichen Kindes nach §§ 1615 l, 1615 n des Bürgerlichen Gesetzbuches.

noch Anhang 16

Nettolohn wöchentlich	Pfändbarer Betrag bei Unterhaltspflicht*) für ... Personen					
	0	1	2	3	4	5 und mehr
	in **Euro**					
352,50 bis 354,99	88,05	20,23	—	—	—	—
355,00 bis 357,49	89,80	21,48	—	—	—	—
357,50 bis 359,99	91,55	22,73	—	—	—	—
360,00 bis 362,49	93,30	23,98	0,17	—	—	—
362,50 bis 364,99	95,05	25,23	1,17	—	—	—
365,00 bis 367,49	96,80	26,48	2,17	—	—	—
367,50 bis 369,99	98,55	27,73	3,17	—	—	—
370,00 bis 372,49	100,30	28,98	4,17	—	—	—
372,50 bis 374,99	102,05	30,23	5,17	—	—	—
375,00 bis 377,49	103,80	31,48	6,17	—	—	—
377,50 bis 379,99	105,55	32,73	7,17	—	—	—
380,00 bis 382,49	107,30	33,98	8,17	—	—	—
382,50 bis 384,99	109,05	35,23	9,17	—	—	—
385,00 bis 387,49	110,80	36,48	10,17	—	—	—
387,50 bis 389,99	112,55	37,73	11,17	—	—	—
390,00 bis 392,49	114,30	38,98	12,17	—	—	—
392,50 bis 394,99	116,05	40,23	13,17	—	—	—
395,00 bis 397,49	117,80	41,48	14,17	—	—	—
397,50 bis 399,99	119,55	42,73	15,17	—	—	—
400,00 bis 402,49	121,30	43,98	16,17	—	—	—
402,50 bis 404,99	123,05	45,23	17,17	—	—	—
405,00 bis 407,49	124,80	46,48	18,17	—	—	—
407,50 bis 409,99	126,55	47,73	19,17	0,11	—	—
410,00 bis 412,49	128,30	48,98	20,17	086	—	—
412,50 bis 414,99	130,05	50,23	21,17	1,61	—	—
415,00 bis 417,49	131,80	51,48	22,17	2,36	—	—
417,50 bis 419,99	133,55	52,73	23,17	3,11	—	—
420,00 bis 422,49	135,30	53,98	24,17	3,86	—	—
422,50 bis 424,99	137,05	55,23	25,17	4,61	—	—
425,00 bis 427,49	138,80	56,48	26,17	5,36	—	—
427,50 bis 429,99	140,55	57,73	27,17	6,11	—	—
430,00 bis 432,49	142,30	58,98	28,17	6,86	—	—
432,50 bis 434,99	144,05	60,23	29,17	7,61	—	—
435,00 bis 437,49	145,80	61,48	30,17	8,36	—	—
437,50 bis 439,99	147,55	62,73	31,17	9,11	—	—
440,00 bis 442,49	149,30	63,98	32,17	9,86	—	—
442,50 bis 444,99	151,05	65,23	33,17	10,61	—	—
445,00 bis 447,49	152,80	66,48	34,17	11,36	—	—
447,50 bis 449,99	154,55	67,73	35,17	12,11	—	—
450,00 bis 452,49	156,30	68,98	36,17	12,86	—	—
452,50 bis 454,99	158,05	70,23	37,17	13,61	—	—
455,00 bis 457,49	159,80	71,48	38,17	14,36	0,07	—
457,50 bis 459,99	161,55	72,73	39,17	15,11	0,57	—
460,00 bis 462,49	163,30	73,98	40,17	15,86	1,07	—
462,50 bis 464,99	165,05	75,23	41,17	16,61	1,57	—
465,00 bis 467,49	166,80	76,48	42,17	17,36	2,07	—
467,50 bis 469,99	168,55	77,73	43,17	18,11	2,57	—
470,00 bis 472,49	170,30	78,98	44,17	18,86	3,07	—
472,50 bis 474,99	172,05	80,23	45,17	19,61	3,57	—
475,00 bis 477,49	173,80	81,48	46,17	20,36	4,07	—
477,50 bis 479,99	175,55	82,73	47,17	21,11	4,57	—

*) Zu berücksichtigen sind Unterhaltsleistungen des Schuldners gegenüber seinem Ehegatten, einem früheren Ehegatten, einem Verwandten oder der Mutter eines nichtehelichen Kindes nach §§ 1615l, 1615n des Bürgerlichen Gesetzbuches.

noch Anhang 16

Nettolohn wöchentlich	Pfändbarer Betrag bei Unterhaltspflicht*) für ... Personen					
	0	1	2	3	4	5 und mehr
	in **Euro**					
480,00 bis 482,49	177,30	83,98	48,17	21,86	5,07	—
482,50 bis 484,99	179,05	85,23	49,17	22,61	5,57	—
485,00 bis 487,49	180,80	86,48	50,17	23,36	6,07	—
487,50 bis 489,99	182,55	87,73	51,17	24,11	6,57	—
490,00 bis 492,49	184,30	88,98	52,17	24,86	7,07	—
492,50 bis 494,99	186,05	90,23	53,17	25,61	7,57	—
495,00 bis 497,49	187,80	91,48	54,17	26,36	8,07	—
497,50 bis 499,99	189,55	92,73	55,17	27,11	8,57	—
500,00 bis 502,49	191,30	93,98	56,17	27,86	9,07	—
502,50 bis 504,99	193,05	95,23	57,17	28,61	9,57	0,03
505,00 bis 507,49	194,80	96,48	58,17	29,36	10,07	0,28
507,50 bis 509,99	196,55	97,73	59,17	30,11	10,57	0,53
510,00 bis 512,49	198,30	98,98	60,17	30,86	11,07	0,78
512,50 bis 514,99	200,05	100,23	61,17	31,61	11,57	1,03
515,00 bis 517,49	201,80	101,48	62,17	32,36	12,07	1,28
517,50 bis 519,99	203,55	102,73	63,17	33,11	12,57	1,53
520,00 bis 522,49	205,30	103,98	64,17	33,86	13,07	1,78
522,50 bis 524,99	207,05	105,23	65,17	34,61	13,57	2,03
525,00 bis 527,49	208,80	106,48	66,17	35,36	14,07	2,28
527,50 bis 529,99	210,55	107,73	67,17	36,11	14,57	2,53
530,00 bis 532,49	212,30	108,98	68,17	36,86	15,07	2,78
532,50 bis 534,99	214,05	110,23	69,17	37,61	15,57	3,03
535,00 bis 537,49	215,80	111,48	70,17	38,36	16,07	3,28
537,50 bis 539,99	217,55	112,73	71,17	39,11	16,57	3,53
540,00 bis 542,49	219,30	113,98	72,17	39,86	17,07	3,78
542,50 bis 544,99	221,05	115,23	73,17	40,61	17,57	4,03
545,00 bis 547,49	222,80	116,48	74,17	41,36	18,07	4,28
547,50 bis 549,99	224,55	117,73	75,17	42,11	18,57	4,53
550,00 bis 552,49	226,30	118,98	76,17	42,86	19,07	4,78
552,50 bis 554,99	228,05	120,23	77,17	43,61	19,57	5,03
555,00 bis 557,49	229,80	121,48	78,17	44,36	20,07	5,28
557,50 bis 559,99	231,55	122,73	79,17	45,11	20,57	5,53
560,00 bis 562,49	233,30	123,98	80,17	45,86	21,07	5,78
562,50 bis 564,99	235,05	125,23	81,17	46,61	21,57	6,03
565,00 bis 567,49	236,80	126,48	82,17	47,36	22,07	6,28
567,50 bis 569,99	238,55	127,73	83,17	48,11	22,57	6,53
570,00 bis 572,49	240,30	128,98	84,17	48,86	23,07	6,78
572,50 bis 574,99	242,05	130,23	85,17	49,61	23,57	7,03
575,00 bis 577,49	243,80	131,48	86,17	50,36	24,07	7,28
577,50 bis 579,99	245,55	132,73	87,17	51,11	24,57	7,53
580,00 bis 582,49	247,30	133,98	88,17	51,86	25,07	7,78
582,50 bis 584,99	249,05	135,23	89,17	52,61	25,57	8,03
585,00 bis 587,49	250,80	136,48	90,17	53,36	26,07	8,28
587,50 bis 589,99	252,55	137,73	91,17	54,11	26,57	8,53
590,00 bis 592,49	254,30	138,98	92,17	54,86	27,07	8,78
592,50 bis 594,99	256,05	140,23	93,17	55,61	27,57	9,03
595,00 bis 597,49	257,80	141,48	94,17	56,36	28,07	9,28
597,50 bis 599,99	259,55	142,73	95,17	57,11	28,57	9,53
600,00 bis 602,49	261,30	143,98	96,17	57,86	29,07	9,78
602,50 bis 604,99	263,05	145,23	97,17	58,61	29,57	10,03
605,00 bis 607,49	264,80	146,48	98,17	59,36	30,07	10,28

*) Zu berücksichtigen sind Unterhaltsleistungen des Schuldners gegenüber seinem Ehegatten, einem früheren Ehegatten, einem Verwandten oder der Mutter eines nichtehelichen Kindes nach §§ 1615l, 1615n des Bürgerlichen Gesetzbuches.

noch Anhang 16

Nettolohn wöchentlich	Pfändbarer Betrag bei Unterhaltspflicht*) für ... Personen					
	0	1	2	3	4	5 und mehr
	in **Euro**					
607,50 bis 609,99	266,55	147,73	99,17	60,11	30,57	10,53
610,00 bis 612,49	268,30	148,98	100,17	60,86	31,07	10,78
612,50 bis 614,99	270,05	150,23	101,17	61,61	31,57	11,03
615,00 bis 617,49	271,80	151,48	102,17	62,36	32,07	11,28
617,50 bis 619,99	273,55	152,73	103,17	63,11	32,57	11,53
620,00 bis 622,49	275,30	153,98	104,17	63,86	33,07	11,78
622,50 bis 624,99	277,05	155,23	105,17	64,61	33,57	12,03
625,00 bis 627,49	278,80	156,48	106,17	65,36	34,07	12,28
627,50 bis 629,99	280,55	157,73	107,17	66,11	34,57	12,53
630,00 bis 632,49	282,30	158,98	108,17	66,86	35,07	12,78
632,50 bis 634,99	284,05	160,23	109,17	67,61	35,57	13,03
635,00 bis 637,49	285,80	161,48	110,17	68,36	36,07	13,28
637,50 bis 639,99	287,55	162,73	111,17	69,11	36,57	13,53
640,00 bis 642,49	289,30	163,98	112,17	69,86	37,07	13,78
642,50 bis 644,99	291,05	165,23	113,17	70,61	37,57	14,03
645,00 bis 647,49	292,80	166,48	114,17	71,36	38,07	14,28
647,50 bis 649,99	294,55	167,73	115,17	72,11	38,57	14,53
650,00 bis 652,49	296,30	168,98	116,17	72,86	39,07	14,78
652,50 bis 654,99	298,05	170,23	117,17	73,61	39,57	15,03
655,00 bis 657,49	299,80	171,48	118,17	74,36	40,07	15,28
657,50 bis 659,99	301,55	172,73	119,17	75,11	40,57	15,53
660,00 bis 662,49	303,30	173,98	120,17	75,86	41,07	15,78
662,50 bis 664,99	305,05	175,23	121,17	76,61	41,57	16,03
665,00 bis 667,49	306,80	176,48	122,17	77,36	42,07	16,28
667,50 bis 669,99	308,55	177,73	123,17	78,11	42,57	16,53
670,00 bis 672,49	310,30	178,98	124,17	78,86	43,07	16,78
672,50 bis 674,99	312,05	180,23	125,17	79,61	43,57	17,03
675,00 bis 677,49	313,80	181,48	126,17	80,36	44,07	17,28
677,50 bis 679,99	315,55	182,73	127,17	81,11	44,57	17,53
680,00 bis 682,49	317,30	183,98	128,17	81,86	45,07	17,78
682,50 bis 684,99	319,05	185,23	129,17	82,61	45,57	18,03
685,00 bis 687,49	320,80	186,48	130,17	83,36	46,07	18,28
687,50 bis 689,99	322,55	187,73	131,17	84,11	46,57	18,53
690,00 bis 692,49	324,30	188,98	132,17	84,86	47,07	18,78
692,50 bis 694,99	326,05	190,23	133,17	85,61	47,57	19,03
695,00 bis 695,03	327,80	191,48	134,17	86,36	48,07	19,28
Der Mehrbetrag ab 695,03 Euro ist voll pfändbar.							

Hinweis:

Die **tägliche** Lohnpfändungs-Tabelle wurde nicht abgedruckt, weil eine tägliche Auszahlung des Arbeitslohns nur sehr selten vorkommt und bei einem Eintritt bzw. Austritt während des Monats die monatliche Lohnpfändungstabelle anzuwenden ist, wenn für den Arbeitnehmer eine monatliche Auszahlung des Arbeitslohns vereinbart ist.

---

*) Zu berücksichtigen sind Unterhaltsleistungen des Schuldners gegenüber seinem Ehegatten, einem früheren Ehegatten, einem Verwandten oder der Mutter eines nichtehelichen Kindes nach §§ 1615 l, 1615 n des Bürgerlichen Gesetzbuches.

Anhang 17

Übersicht zur sozialversicherungsrechtlichen Beurteilung von Praktikanten

A Vorgeschriebene Praktika von Studenten und Fachschülern

Lfd. Nr.	Personenkreis	Krankenversicherung	Pflegeversicherung	Rentenversicherung	Arbeitslosenversicherung
1	Vorgeschriebenes **Vorpraktikum ohne Arbeitsentgelt,** Arbeitszeit unbedeutend, nicht eingeschrieben	Versicherung als Praktikant § 5 Abs. 1 Nr. 10 SGB V bzw. Familienversicherung (vorrangig)	Versicherung als Praktikant § 20 Abs. 1 Satz 2 Nr. 10 SGB XI bzw. Familienversicherung (vorrangig)	Versicherung als zur Berufsausbildung Beschäftigter § 1 Satz 1 Nr. 1 SGB VI	Versicherung als zur Berufsausbildung Beschäftigter § 25 Abs. 1 SGB III
2	Vorgeschriebenes **Vorpraktikum mit Arbeitsentgelt,** Arbeitszeit unbedeutend, nicht eingeschrieben	Versicherung als zur Berufsausbildung Beschäftigter § 5 Abs. 1 Nr. 1 SGB V	Versicherung als zur Berufsausbildung Beschäftigter § 20 Abs. 1 Satz 2 Nr. 1 SGB XI	Versicherung als zur Berufsausbildung Beschäftigter § 1 Satz 1 Nr. 1 SGB VI	Versicherung als zur Berufsausbildung Beschäftigter § 25 Abs. 1 SGB III
3	Vorgeschriebenes **Zwischenpraktikum mit oder ohne Arbeitsentgelt,** Arbeitszeit unbedeutend, eingeschrieben	Versicherung als Student § 5 Abs. 1 Nr. 9 SGB V bzw. Familienversicherung (vorrangig, Differenzierung nach Entgelthöhe erforderlich)	Versicherung als Student § 20 Abs. 1 Satz 2 Nr. 9 SGB XI bzw. Familienversicherung (vorrangig, Differenzierung nach Entgelthöhe erforderlich)	Versicherungsfrei § 5 Abs. 3 SGB VI	Versicherungsfrei § 27 Abs. 4 Nr. 2 SGB III
4	Vorgeschriebenes **Nachpraktikum, ohne Arbeitsentgelt,** Arbeitszeit unbedeutend, nicht eingeschrieben	Versicherung als Praktikant § 5 Abs. 1 Nr. 10 SGB V bzw. Familienversicherung (vorrangig)	Versicherung als Praktikant § 20 Abs. 1 Satz 2 Nr. 10 SGB XI bzw. Familienversicherung (vorrangig)	Versicherung als zur Berufsausbildung Beschäftigter § 1 Satz 1 Nr. 1 SGB VI	Versicherung als zur Berufsausbildung Beschäftigter § 25 Abs. 1 SGB III
5	Vorgeschriebenes **Nachpraktikum, mit Arbeitsentgelt,** Arbeitszeit unbedeutend, nicht eingeschrieben	Versicherung als zur Berufsausbildung Beschäftigter § 5 Abs. 1 Nr. 1 SGB V	Versicherung als zur Berufsausbildung Beschäftigter § 20 Abs. 1 Satz 2 Nr. 1 SGB XI	Versicherung als zur Berufsausbildung Beschäftigter § 1 Satz 1 Nr. 1 SGB VI	Versicherung als zur Berufsausbildung Beschäftigter § 25 Abs. 1 SGB III

B Nicht vorgeschriebene Praktika von Studenten und Fachschülern

Lfd. Nr.	Personenkreis	Krankenversicherung	Pflegeversicherung	Rentenversicherung	Arbeitslosenversicherung
1	Nicht vorgeschriebenes **Vorpraktikum, Arbeitsentgelt bis 400 € monatlich,** nicht eingeschrieben	Geringfügige Beschäftigung § 8 Abs. 1 Nr. 1 SGB IV	Geringfügige Beschäftigung § 8 Abs. 1 Nr. 1 SGB IV	Geringfügige Beschäftigung § 8 Abs. 1 Nr. 1 SGB IV	Geringfügige Beschäftigung § 8 Abs. 1 Nr. 1 SGB IV
2	Nicht vorgeschriebenes **Vorpraktikum, Geringfügigkeitsgrenze überschritten,** nicht eingeschrieben	Versicherung als Arbeitnehmer § 5 Abs. 1 Nr. 1 SGB V	Versicherung als Arbeitnehmer § 20 Abs. 1 Satz 2 Nr. 1 SGB XI	Versicherung als Arbeitnehmer § 1 Satz 1 Nr. 1 SGB VI	Versicherung als Arbeitnehmer § 25 Abs. 1 SGB III
3	Nicht vorgeschriebenes **Zwischenpraktikum,** Zeit und Arbeitskraft **überwiegend durch Studium in Anspruch genommen,** Arbeitsentgelt bis 400 €, eingeschrieben	Versicherung als Student § 5 Abs. 1 Nr. 9 SGB V bzw. Familienversicherung (vorrangig, Differenzierung nach Entgelthöhe erforderlich)	Versicherung als Student § 20 Abs. 1 Satz 2 Nr. 9 SGB XI bzw. Familienversicherung (vorrangig, Differenzierung nach Entgelthöhe erforderlich)	Geringfügige Beschäftigung § 8 Abs. 1 Nr. 1 SGB IV	Versicherungsfrei § 27 Abs. 4 Satz 1 Nr. 2 SGB III

noch Anhang 17

Lfd. Nr.	Personenkreis	Krankenversicherung	Pflegeversicherung	Rentenversicherung	Arbeitslosenversicherung
4	Nicht vorgeschriebenes **Zwischenpraktikum**, Zeit und Arbeitskraft **nicht überwiegend durch Studium in Anspruch genommen**, Arbeitsentgelt über 400 €, eingeschrieben	Versicherung als Arbeitnehmer § 5 Abs. 1 Nr. 1 SGB V	Versicherung als Arbeitnehmer § 20 Abs. 1 Satz 2 Nr. 1 SGB XI	Versicherung als Arbeitnehmer § 1 Satz 1 Nr. 1 SGB VI	Versicherung als Arbeitnehmer § 25 Abs. 1 SGB III
5	Nicht vorgeschriebenes **Nachpraktikum, Arbeitsentgelt bis 400 € monatlich,** nicht eingeschrieben	Geringfügige Beschäftigung § 8 Abs. 1 Nr. 1 SGB IV	Geringfügige Beschäftigung § 8 Abs. 1 Nr. 1 SGB IV	Geringfügige Beschäftigung § 8 Abs. 1 Nr. 1 SGB IV	Geringfügige Beschäftigung § 8 Abs. 1 Nr. 1 SGB IV
6	Nicht vorgeschriebenes **Nachpraktikum, Geringfügigkeitsgrenze überschritten,** nicht eingeschrieben	Versicherung als Arbeitnehmer § 5 Abs. 1 Nr. 1 SGB V	Versicherung als Arbeitnehmer § 20 Abs. 1 Satz 2 Nr. 1 SGB XI	Versicherung als Arbeitnehmer § 1 Satz 1 Nr. 1 SGB VI	Versicherung als Arbeitnehmer § 25 Abs. 1 SGB III

Anhang 18

Personalfragebogen für Geringfügige Beschäftigung/Gleitzone

Angaben zur Person				
Familienname, Vorname	Geburtsdatum		Familienstand	Anzahl Kinder
Anschrift (Straße, Hausnummer, Postleitzahl, Ort)			Staatsangehörigkeit	
Rentenvers.-Nummer	Geburtsort		Geburtsname	

Angaben zur Beschäftigung		
Art der Beschäftigung (kurze Bezeichnung)		
Beginn der Beschäftigung	Ende der Beschäftigung	Ist die Beschäftigung von vornherein befristet ☐ ja ☐ nein
wöchentliche Arbeitszeit (durchschnittlich) Stunden: _____ Arbeitstage: _____	vereinbartes Bruttoarbeitsentgelt EUR ☐ wchtl. ☐ mtl.	

Angaben zu Beschäftigungen im laufenden Kalenderjahr				
☐ Im Kalenderjahr _____ wurden keine weiteren Beschäftigungen ausgeübt				
☐ Im Kalenderjahr _____ werden/wurden nachstehende Beschäftigungen ausgeübt:				
Zeitraum von	Zeitraum bis	wöchentliche Arbeitszeit	monatl. Arbeitsentgelt €	Arbeitgeber
Zeitraum von	Zeitraum bis	wöchentliche Arbeitszeit	monatl. Arbeitsentgelt €	Arbeitgeber
Zeitraum von	Zeitraum bis	wöchentliche Arbeitszeit	monatl. Arbeitsentgelt €	Arbeitgeber

Angaben über geplante Beschäftigungen in absehbarer Zeit				
☐ derzeit ist keine weitere Beschäftigung geplant				
☐ derzeit ist/sind nachstehende Beschäftigung(en) geplant:				
Zeitraum von	Zeitraum bis	wöchentliche Arbeitszeit	monatl. Arbeitsent- gelt €	Arbeitgeber
Zeitraum von	Zeitraum bis	wöchentliche Arbeitszeit	monatl. Arbeitsent- gelt €	Arbeitgeber

Angaben zur Krankenversicherung	
Es besteht folgende Krankenversicherung ☐ gesetzliche Krankenversicherung ☐ private Krankenversicherung ☐ Sonstiges ☐ keine Krankenversicherung	Name und Sitz/Geschäftsstelle der Krankenkasse/des Versicherungs- unternehmens

noch Anhang 18

Angaben zu sonstigen Tätigkeiten

Neben meiner Beschäftigung bin ich/beziehe ich

- [ ] Arbeitnehmer/in
- [ ] Schüler/in

    und besuche die _____ Klasse; meine Schulzeit endet voraussichtlich am _____

    Bei Besuch der letzten Klasse:
    - Ist ein anschließendes Studium beabsichtigt?   [ ] ja, ab _____   [ ] nein
    - Wird eine Berufsausbildung oder Beschäftigung begonnen?   [ ] ja, ab _____   [ ] nein

- [ ] Student/in

    Mein Studium endet voraussichtlich am _____
    (Immatrikulationsbescheinigung oder Bestätigung über Vorlesungszeiten beifügen)

    Wird die Beschäftigung nur in den Semesterferien ausgeübt?   [ ] ja   [ ] nein

    Handelt es sich um ein in einer Prüfungs-/Studienordnung vorgeschriebenes Zwischenpraktikum?   [ ] ja   [ ] nein
    (wenn ja, Auszug aus Prüfungs- oder Studienordnung beifügen)

- [ ] Beamter/Pensionär
- [ ] Hausfrau/Hausmann
- [ ] Rentner/in, Art der Rente: _____
- [ ] Geldleistungen der Agentur für Arbeit oder bin dort als Arbeit suchend gemeldet
- [ ] derzeit in Erziehungsurlaub/Elternzeit
- [ ] selbständig tätig
- [ ] Sonstiges: _____

Erklärung zum Verzicht auf die Rentenversicherungsfreiheit

Ich wurde von meinem Arbeitgeber darüber informiert, dass ich bei Versicherungsfreiheit aufgrund einer geringfügigen Beschäftigung auf die Versicherungsfreiheit in der Rentenversicherung verzichten kann. Über den von mir dann zu leistenden Aufstockungsbeitrag wurde ich informiert.

Ich beantrage hiermit den Verzicht auf die Rentenversicherungsfreiheit

- [ ] nein
- [ ] ab dem Tag des Eingangs des Antrags
- [ ] ab Beschäftigungsbeginn
- [ ] ab _____

Erklärung zum Verzicht auf die Reduzierung des Arbeitnehmerbeitrags in der Rentenversicherung bei einem Entgelt innerhalb der Gleitzone

Ich wurde von meinem Arbeitgeber darüber informiert, dass sich der Arbeitnehmerbeitrag zur Sozialversicherung aus meinem Arbeitsentgelt (zwischen 400,01 € und 800,00 €) gemäß der Regelungen über die sog. Gleitzone reduzieren würde. Hierdurch reduzieren sich u. U. meine zukünftigen Rentenansprüche. Ich erkläre deshalb, dass der Beitragsberechnung als beitragspflichtige Einnahme in der Rentenversicherung das tatsächliche Arbeitsentgelt zugrunde gelegt werden soll.

- [ ] nein   [ ] ab Beschäftigungsbeginn   [ ] ab _____
- [ ] ja   [ ] ab dem Tag des Eingangs des Antrages

Unterschrift des Arbeitnehmers

Ort, Datum _____   Unterschrift _____

Nachweise

Es liegen vor:

- [ ] Schulbesuchsbescheinigung
- [ ] Immatrikulationsbescheinigung
- [ ] Sozialversicherungsausweis
- [ ] Auszug aus der Prüfungs-/Studienordnung
- [ ] Arbeitsvertrag
- [ ] Nachweis der Elterneigenschaft (z. B. Geburtsurkunde)
- [ ] _____
- [ ] _____

Anhang 19
Beiträge zu umlagefinanzierten Versorgungskassen 2010

Konstellationen	Beispiele	a) Ermittlung eines von vornherein steuer- und beitragspflichtigen Anteils	b) Ermittlung des beitragspflichtigen Anteils der Umlage nach § 1 Abs. 1 Satz 4 i. V. m. Abs. 1 Satz 3 und Abs. 1 Satz 1 Nr. 4a SvEV	c) Ermittlung des beitragspflichtigen Hinzurechnungsbetrags § 1 Abs. 1 Satz 3 SvEV	d) Beitragspflichtiges Arbeitsentgelt insgesamt
Arbeitgeberumlage ist **höher** als die Summe aus steuerfreiem Anteil nach § 3 Nr. 56 EStG und höchstmöglichen pauschalbesteuerbaren Wert (2010: 55 € und 92,03 €[1] = 147,03 €) und höher als 100 €. 2010 relevant ab einem umlagepflichtigen Arbeitsentgelt von 2279,54 €.	Umlagepflichtiges Arbeitsentgelt = 2500 €. Zusatzversorgungspflichtiges Entgelt 2500 €, Umlage (7,86 %) 196,50 €, davon vom Arbeitgeber zu tragen (6,45 % von 2500 €) = 161,25 €, davon Arbeitnehmerbeitrag (1,41 % von 2500 €) = 35,25 €. [1]Von dem vom Arbeitgeber zu tragenden Teil der Umlage werden 92,03 € pauschal versteuert (§ 37 Abs. 2 Tarifvertrag Altersversorgung – ATV für die Beschäftigten des Tarifgebiets West bei Zugehörigkeit zur VBL). Ansonsten liegt der Grenzbetrag bei 89,48 € (§ 16 Abs. 2 ATV). Soweit Arbeitgeber des öffentlichen Dienstes (z. B. Sparkassen) den vollen Pauschalierungsbetrag des § 40b EStG in Höhe von 146 bzw. 179 € monatlich ausschöpfen, ist dieser Betrag anstelle von 92,03 € oder 89,48 € anzusetzen.	Gesamtbetrag der Arbeitgeberumlage: 161,25 € ./. steuerfreier Anteil nach § 3 Nr. 56 EStG 55 € ./. pauschalbesteuerter Anteil 92,03 € = individuell steuerpflichtiger und beitragspflichtiger Anteil: = 14,22 €	Steuerfreier Anteil nach § 3 Nr. 56 EStG 55 € + pauschalbesteuerter Anteil 92,03 € = 147,03 € ./. Grenzbetrag nach § 1 Abs. 1 Satz 3 SvEV 100 € = beitragspflichtige Einnahme nach § 1 Abs. 1 Satz 4 EStG = 47,03 €	Für die Bildung des Hinzurechnungsbetrages ist der Grenzbetrag von 100 € in ein fiktives zusatzversorgungspflichtiges Arbeitsentgelt umzurechnen. (100 € : 6,45 × 100 =) 1550,39 € × 2,5 % = 38,76 € ./. 13,30 = 25,46 €	laufendes Arbeitsentgelt: 2500 € + individuell steuer- und beitragspflichtiger Anteil: 14,22 € + Grenzbetrag nach § 1 Abs. 1 Satz 4 SvEV übersteigender Anteil: 47,03 € + Hinzurechnungsbetrag nach § 1 Abs. 1 Satz 3 SvEV: 25,46 € = 2586,71 €
Arbeitgeberumlage ist **nicht höher** als die Summe aus steuerfreiem Anteil nach § 3 Nr. 56 EStG und höchstmöglichen pauschalbesteuerbaren Wert (2010: 55 € + max. 92,03 € = 147,03 €[1]) aber höher als 100 € 2010 relevant ab einem umlagepflichtigen Arbeitsentgelt von 1550,39 € bis 2279,54 €.	Umlagepflichtiges Arbeitsentgelt = 2000 €. Zusatzversorgungspflichtiges Entgelt 2000 €, Umlage (7,86 €) 157,20 €, davon vom Arbeitgeber zu tragen (6,45 % von 2000 €) = 129 €, davon Arbeitnehmerbeitrag (1,41 % von 2000 €) = 28,20 €	entfällt	Steuerfreier Anteil nach § 3 Nr. 56 EStG 55 € + pauschalbesteuerter Anteil (Umlage – Steuerfreibetrag; 129 € – 55 € =) 74 € ./. Grenzbetrag nach § 1 Abs. 1 Satz 3 SvEV 100 € = beitragspflichtige Einnahme nach § 1 Abs. 1 Satz 4 SvEV 29 €	Für die Bildung des Hinzurechnungsbetrages ist der Grenzbetrag von 100 € in ein fiktives zusatzversorgungspflichtiges Arbeitsentgelt umzurechnen. (100 € : 6,45 × 100 =) 1550,39 € × 2,5 = 38,76 € ./. 13,30 € = 25,46 €	laufendes Arbeitsentgelt: 2000 € + individuell steuer- und beitragspflichtiger Anteil: 0,00 € + Grenzbetrag nach § 1 Abs. 1 Satz 4 SvEV übersteigender Anteil: 29 € + Hinzurechnungsbetrag nach § 1 Abs. 1 Satz 3 SvEV: 25,46 € = 2054,46 €
Arbeitgeberumlage als Summe aus Anteil nach § 3 Nr. 56 EStG und pauschalbesteuerbarem Anteil ist **nicht höher als 100 € aber mehr als 55 €**. 2010 relevant ab einem umlagepflichtigen Arbeitsentgelt von 837,31 € bis 1550,39 €.	Umlagepflichtiges Arbeitsentgelt = 1000 €. Zusatzversorgungspflichtiges Entgelt 1000 €, Umlage (7,86 %) 78,60 €, davon vom Arbeitgeber zu tragen (6,45 % von 1000 €) = 64,50 €, davon Arbeitnehmerbeitrag (1,41 % von 1000 €) = 14,10 €	entfällt	entfällt	Die Summe aus steuerfreiem und pauschalbesteuertem Anteil der Umlage bildet die Grundlage für die Berechnung des fiktiven zusatzversorgungspflichtigen Arbeitsentgelts zur Ermittlung des Hinzurechnungsbetrags nach § 1 Abs. 1 Satz 3 SveV. (64,50 € : 6,45 × 100 =) 1000 € × 2,5 % = 25 € ./. 13,30 = 11,70 €	laufendes Arbeitsentgelt: 1000 € + individuell steuer- und beitragspflichtiger Anteil: 0,00 € + Grenzbetrag nach § 1 Abs. 1 Satz 4 SvEV übersteigender Anteil: 0,00 € + Hinzurechnungsbetrag nach § 1 Abs. 1 Satz 3 SvEV: 11,70 € = 1011,70 €

noch Anhang 19

Konstellationen	Beispiele	a) Ermittlung eines von vornherein steuer- und beitragspflichtigen Anteils	b) Ermittlung des beitragspflichtigen Anteils der Umlage nach §1 Abs.1 Satz 4 i.V.m. Abs.1 Satz 3 und Abs.1 Satz 1 Nr. 4a SvEV	c) Ermittlung des beitragspflichtigen Hinzurechnungsbetrags §1 Abs.1 Satz 3 SvEV	d) Beitragspflichtiges Arbeitsentgelt insgesamt
Arbeitgeberumlage ist **nicht höher als der steuerfreie Anteil** nach § 3 Nr. 56 EStG 2010 bis zu einem umlagepflichtigen Arbeitsentgelt von 837,21 € maßgebend.	Umlagepflichtiges Arbeitsentgelt = 820 €. Zusatzversorgungspflichtiges Entgelt 820 €, Umlage (7,86 %) 64,45 €, davon vom Arbeitgeber zu tragen (6,45 % von 820 €) = 52,89 €, davon Arbeitnehmerbeitrag (1,41 % von 820 €) = 11,56 €.	entfällt	entfällt	Es kann direkt aus dem zusatzversorgungspflichtigen Arbeitsentgelt der Hinzurechnungsbetrag nach § 1 Abs.1 Satz 3 SvEV gebildet werden. (52,89 € : 6,45 × 100 =) 820 € × 2,5 % = 20,50 € ./. 13,30 € 7,20 €	laufendes Arbeitsentgelt 820 € Zusätzliche beitragspflichtige Einnahme aus a) bis c): individuell steuer- und beitragspflichtiger Anteil: 0,00 € + Grenzbetrag nach § 1 Abs. 1 Satz 4 SvEV übersteigender Anteil: 0,00 € + Hinzurechnungsbetrag nach § 1 Abs. 1 Satz 3 SvEV = 7,20 € 827,20 €

Stichwortverzeichnis
(die Zahlen bedeuten die Seiten)

Abfindung wegen Entlassung aus dem Dienstverhältnis 21
Abführung der Sozialversicherungsbeiträge 36
Abführung und Anmeldung der Lohnsteuer 31
Abgeltung von Urlaubsansprüchen 727
Abgrenzung selbständige und nichtselbständige Tätigkeit 6
Abordnung 38
Abrundung des Arbeitslohns 38
Abschlagszahlungen 38
Abschlussgratifikation 38
Abtasten der Lohnsteuertabelle 510
Abtretung von Arbeitslohn 38
Abtretung von Forderungen als Arbeitslohn 39
Abwälzung der Pauschalsteuer auf den Arbeitnehmer 39
Adressenschreiber 40
Agenten 40
AGG 21, 22
Akkordlohn 40
Aktienüberlassung zu einem Vorzugskurs 40
Allgemeine Lohnsteuertabelle 477
Allgemeines 776
Altersentlastungsbetrag 43
Altersgeld für Landwirte 46
Altersteilzeit 47
Amateursportler 56
Änderung der Beitragsberechnung 56
Änderung des Lohnsteuerabzugs 57
Anmeldung der Lohnsteuer 31
Anmeldung der Sozialversicherungsbeiträge 36
Annehmlichkeiten 60
Annexsteuer 61
Anrechnung ausländischer Einkommensteuer (Lohnsteuer) 61
Anrufungsauskunft 111
Ansager 62
Antrittsgebühr 62
Anwesenheitsprämien 62
Anzeigen 62
Anzeigenwerber 62
Anzeigepflichten des Arbeitgebers im Lohnsteuerverfahren 62
AOK 63
Apothekerzuschüsse 63
Arbeitgeber 5
Arbeitgeberanteil am Gesamtsozialversicherungsbeitrag 15, 142
Arbeitgeberdarlehen 187, 786
Arbeitgeberzuschuss zur Krankenversicherung 63
Arbeitgeberzuschuss zur Pflegeversicherung 67
Arbeitnehmer 6
Arbeitnehmer-Entsendegesetz 77
Arbeitnehmererfindungen 245
Arbeitnehmerfinanzierte Pensionszusage 812
Arbeitnehmer-Jubiläum 417
Arbeitnehmer-Pauschbetrag 313
Arbeitnehmer-Sparzulage 72
Arbeitnehmerüberlassung 72
Arbeitsentgelt 8
Arbeitsessen 176
Arbeitskleidung 90
Arbeitslohn 7
Arbeitslohn für mehrere Jahre 91
Arbeitslohn, Rückzahlung von A. 627
Arbeitslohn, Zahlung durch Dritte 479
Arbeitslosengeld, Arbeitslosenhilfe 92
Arbeitslosenversicherung 92
Arbeitsmittel 92
Arbeitsplatz 92
Arbeitsschutz 92
Arbeitsunterbrechung 92
Arbeitsverhinderung 93
Arbeitsversuch, missglückter 93
Arbeitszeitkonten 93
Arbeitszimmer 103

Artisten 107
Arzt 107
Arztvertreter 107
AStA 107
Aufbewahrung des Lohnkontos 108
Aufmerksamkeiten 108
Aufrechnung 108
Aufsichtsratsvergütungen 109
Aufwandsentschädigungen an private Arbeitnehmer 109
Aufwandsentschädigungen aus öffentlichen Kassen 109
Aufzeichnungspflichten bei der Lohnsteuer 446
Aufzeichnungspflichten bei der Sozialversicherung 13
Ausbildungsbeihilfen 677
Ausbildungsfreibetrag 909
Ausbildungskosten 900
Aushilfskräfte 111
Auskunft des Finanzamts 111
Auslagenersatz 113
Ausländische Berufssportler 163
Ausländische Streitkräfte 115
Ausländische Studenten 115
Ausländische Tätigkeit 119
Auslandsauslösungen 848
Auslandsbeamte 118
Auslandsdienstreisen 846
Auslandskinder 915
Auslandspensionen 118
Auslandsreisekosten 846
Auslandstagegelder 846
Auslandstätigkeit, Auslandstätigkeitserlass 118
Auslandsübernachtungsgeld 846
Auslandsumzüge 714
Auslandszulagen 124
Auslösungen 124
Außendienstpauschale 125
Außenprüfung 166
Außergewöhnliche Belastungen 902
Aussperrung 125
Ausstrahlung 125
Auswärtstätigkeit 126
Auszubildende 127
Autoinsassen-Unfallversicherung 129
Autotelefon 697

Backwaren 313
Badeeinrichtungen 129
Badekuren 245
Bahncard 129
Barlohnumwandlung 329
Barlohnverzicht 332
Basisgrundlohn 828
Bau- und Montagearbeiter 218
Baukostenzuschüsse 130
Bauprämien 130
Baustellenzulagen 130
Bauzuschlag 130
Beamte 130
Beamte im Ruhestand 131
Bedienung 420
Bedienungszuschlag 701
Beerdigungszuschüsse 131
Beförderung zum Arbeitsplatz 640
Befreiende Lebensversicherung 131
Behinderte 132
Beihilfen 133
Beihilfeversicherung 134
Beitragsabrechnungszeitraum 146
Beitragsbemessungsgrenzen 14, 134
Beitragsberechnung 141
Beitragserstattung 248
Beitragsgruppen 15
Beitragskassierer 135
Beitragssatz 14, 135
Beitragszuschuss zur Krankenversicherung 63

Beitragszuschuss zur Pflegeversicherung 67
Bekleidungszuschüsse 139
Belegschaftsrabatte 564
Belegschaftsspenden 672
Beleuchtung 316, 782
Belohnungen 139
Belohnungsessen 177
Benzingutscheine 139
Berechnung der Lohnsteuer und der Sozialversicherungsbeiträge 139
Bereitschaftsdienstzulage 146
Berge- und Hilfslöhne 147
Bergmannsprämien 147
Berichtigung der Beitragsberechnung 56
Berichtigung des Lohnsteuerabzugs 57
Berliner Steuerermäßigungen 147
Berufsausbildung 900
Berufsboxer 147
Berufsgenossenschaften 147
Berufskleidung 90
Berufskrankheiten 147
Berufsmotorsportler 147
Berufsmusiker 493
Berufsradrennfahrer 148
Berufsringer 148
Berufsschule 148
Berufssportler 149
Berufsunfähigkeitsrente 623
Berufsverband 149
Beschäftigungsgesellschaften 149
Beschäftigungsort 150
Beschränkt steuerpflichtige Arbeitnehmer 150
Beschränkt steuerpflichtige Künstler, Berufssportler, Schriftsteller, Journalisten 163
Besondere Lohnsteuerbescheinigung 165
Besondere Lohnsteuertabelle 477
Betriebliche Altersversorgung 793
Betriebliche Weiterbildung 308
Betriebsausflug 168
Betriebserholungsheim 245
Betriebshelfer 166
Betriebskindergarten 423
Betriebsprüfung 166
Betriebsrente 167
Betriebssport 672
Betriebsstätte 167
Betriebsstättenfinanzamt 168
Betriebsveranstaltungen 168
Betriebsversammlung 173
Bewerbungskosten 173
Bewirtungskosten 174
Bezirksleiter 179
Bezirksstellenleiter 179
Bezugsgröße 179
Bildschirmarbeit 179
Binnenschiffer 180
Blattgeld 180
Blindengeld 180
Blutspendervergütung 180
Brillenzuschuss 181
Bruchgeldentschädigungen 181
Buchgemeinschaft 181
Buchmachergehilfen 181
Bühnenangehörige 436
Bundesgrenzschutz 181
Bundeswehr 181
Bürgermeister 215
Busfahrer 254
Bußgelder 333

Catcher 148
Chorleiter 181
Clearing-Stelle 182
Computer 774
CTA-Modelle 410

D x O-Versicherung 202
Darlehen an Arbeitnehmer 187
Deputate 188
Deutsche Arbeitskräfte im Ausland 118
Deutsche Beamte im Ausland 249
Deutsche Forschungsgemeinschaft 188
Deutsche Künstlerhilfe 188
Diakonissen 514
Diebstahl 596
Dienstaufsichtsbeschwerde 579
Diensterfindung 245
Dienstjubiläum 417
Dienstkleidung 188
Dienstkleidungszuschuss 308
Dienstmänner 188
Dienstreise 583
Dienstverhältnis 6
Dienstwagen zur privaten Nutzung 278
Dienstwohnung 776
Diplomaten 249
Directors and Officers Versicherungen 752, 753
Doppelbesteuerungsabkommen 190, 371
Doppelte Haushaltsführung im Ausland 848
Dreimonatsfrist 592
Dreizehntes (vierzehntes) Monatsgehalt 212
Dritte, Lohnzahlung durch D. 479
Drittelregelung 91
Durchlaufende Gelder 212
Durchschnittssteuersatz 687
DVD-Player 212

Ehegattenarbeitsverhältnis 213
Ehrenämter 215
Einbehaltung der Lohnsteuer 139
Ein-Euro-Jobs 92, 215
Einmalige Zuwendungen 216
Einrichtungsgegenstände 218
Einsatzwechseltätigkeit 218
Einspruch 579
Einstrahlung 226
Eintrittskarten 226
Elterngeld, Elternzeit 228
Energie-Einsparungsprämien 229
Energieversorgungsunternehmen 678
Entfernungspauschale 229
Entgelt 8
Entgeltabrechnungszeitraum 146
Entgeltbescheinigung 416
Entgeltfortzahlung 238
Entgeltzahlungszeitraum 146
Entlassungsabfindung 21
Entlohnung für mehrjährige Tätigkeit 91
Entschädigung wegen Entlassung aus dem Dienstverhältnis 21
Entschädigungen 241
Entstehung der Beitragsschuld 245
Entstehung der Lohnsteuerschuld 245
Entstehungsprinzip 791
Erbe 580
Erfindervergütungen 245
Erfolgsbeteiligungen 684
Erholungsbeihilfen 245
Ermäßigungsverfahren 887
Ermittler 247
Ersatzkasse 247
Ersatzlohnsteuerkarte 474
Erschwerniszuschläge 247
Erstattung von Lohnsteuer 247
Erstattung von Sozialversicherungsbeiträgen 248
Erweiterte unbeschränkte Steuerpflicht 250
Erwerbsunfähigkeitsrente 623
Erziehungsbeihilfen 253
Erziehungsgeld, Elternzeit 253
Erziehungsurlaub 253
Essensmarken 482
Essenszuschüsse 482

Facharbeiterzulage 253
Fahrergestellung bei Dienstwagen 302
Fahrlehrer 254

Fahrradgeld 254
Fahrtätigkeit 254
Fahrten zwischen Wohnung und regelmäßiger Arbeitsstätte 257
Fahrtenbuch 280
Fahrtkostenersatz 257
Fahrtkostenzuschüsse 257
Familienheimfahrten 273
Familienleistungsausgleich 938
Fax-Geräte 694
Fehlgeldentschädigungen 276
Feiertagslohn 276
Feiertagszuschläge 822
Fensterputzer 277
Fernsehgerät, kostenlose Überlassung 277
Fernsehkünstler 277
Fernsprechkosten 694
Filmkünstler 277
Firmenkreditkarte 277
Firmenwagen zur privaten Nutzung 278
Fitnessraum 307
Fitnessstudio 307
Fleischbeschauer 308
Flexibilisierung der Arbeitszeit 308
Fliegerzulagen, Flugprämien 308
Fluggesellschaften 320
Flugreisen 610
Flugversicherung 308
Forderungsübergang 308
Forstleute 308
Forstwirtschaft, Pauschalierung der Lohnsteuer bei Aushilfskräften in der F. 535
Fortbildungskosten 308
Fotomodelle 312
FPZ-Rückenkonzept 312
Freianzeigen 62
Freibetrag auf der Lohnsteuerkarte 887
Freibeträge 313, 836
Freibrot 313
Freie Mitarbeiter 313
Freie oder verbilligte Unterkunft und Verpflegung 314
Freie oder verbilligte Wohnung 776
Freie Station 314
Freifahrten 319
Freiflüge, verbilligte Flüge 320
Freigrenzen 836
Freimilch 322
Freitabak, Freizigarren, Freizigaretten 322
Freitrunk 401
Freiwillige Krankenversicherung 322
Frostzulage 322
Frühstück 322
Führerschein 322
Fünftelregelung 91, 323, 663
Funktionszulagen 323
Fußballspieler 323
Fußballtrainer 324
Futtergeld 406

Garagengeld 297, 324
Garnentschädigung 325
Gastarbeiter 325
Gastschauspieler 436
Gebäudereiniger 277
Geburtsbeihilfen 327
Geburtstagsgeschenke 108, 334
Gefahrenzulagen 328
Gehaltsumwandlung 328
Gehaltsverzicht 332
Gehaltsvorschüsse 333, 765
Geldstrafen 333
Geldwerter Vorteil 333
Gelegenheitsgeschenke 334
Gemeinschaftsunterkunft 317
Genussmittel 334
Gepäckträger 335
Geringfügige Beschäftigung 335
Geringverdienergrenze 356
Gesamtsozialversicherungsbeitrag 142
Geschäftsjubiläum 417

Geschäftswagen zur privaten Nutzung 278
Geschenke 357
Gesellschafter einer GmbH 357
Gesellschafter einer OHG 360
Gesellschafter-Geschäftsführer 357
Gestellung von Fahrzeugen 278
Gesundheitsfonds 366
Gesundheitsförderung 364
Getränke 366
Gewährung von Versicherungsschutz 752, 753
Gewinnbeteiligung 366
Gewöhnlicher Aufenthalt 152
Gleisbauarbeiter 367
Graphisches Gewerbe 62
Gratifikationen 371
Grenzgänger 371
Grenzpendler 374
Grubenwehren 374
Grundlohn 827
Grundstücke 374
Gründungszuschuss 375
Gruppenunfallversicherung 802
Gutschrift von Arbeitslohn 375

Haftung für Lohnsteuer 375
Haftung für Sozialversicherungsbeiträge 387
Haftungsbescheid 386
Hand- und Spanndienste 390
Handelsvertreter 762
Haus- und Verpflegungsgemeinschaft 317
Hausgehilfin 391
Hausgewerbetreibende 400
Haushaltsfreibetrag 960
Häusliches Arbeitszimmer 103, 893
Hausmeister 401
Hausmeisterzulage 401
Haustrunk 401
Hausverwalter 401
Heimarbeiter 401
Heimarbeiterzuschläge 402
Heiratsbeihilfen 402
Heizung 402, 781
Hinterbliebenenfreibetrag 912
Hinterbliebenenrente 625
Hinweise zu den Lohnsteuer-Richtlinien 403
Hinzurechnungsbetrag auf der Lohnsteuerkarte 403
Hinzuverdienst bei Renten 624
Hitzezuschläge 406
Hochzeitsgeschenke 402
Holzabgabe an Forstbedienstete 406
Honorare 406
Hundegeld 406
Hypotax-Zahlungen 406

Incentive-Reisen 407
Infektionsschutzgesetz 407
Inkassogebühren 407
Insassen-Unfallversicherung 129
Insolvenzsicherung 410
Instrumentengeld 411
Internet 411
Interviewer 247

Jagdaufwandsentschädigung 411
Jahresarbeitsentgeltgrenze 411
Jahresausgleich 467
Jahres-Entgeltbescheinigung 416
Jahresmeldung 416
Jahresnetzkarte 262
Jahreswagen 416
Jahreswagensteuer 416
Job-Ticket 417
Journalisten 417
Jubilarfeier 417
Jubiläumszuwendungen 417

Kaffee, kostenlose Abgabe 334
Kaminkehrer 418

Kantinenessen 482
Kapellen 493
Kapitalbeteiligungen 737
Karenzentschädigung 434
Kaskoversicherung für Unfallschäden bei Auswärtstätigkeiten 418
Kassenverlustentschädigungen 276
Kassenverwalter 418
Kassierer 135
Kaufkraftausgleich 418
Kaution 896
Kellner/Kellnerin 420
Kilometergelder bei Auswärtstätigkeiten 594
Kinder 936
Kinderbetreuungsfreibetrag 420
Kinderbetreuungskosten 420, 424
Kinderdorfmütter 423
Kinderfreibeträge 423, 941
Kindergartenzuschüsse 423
Kindergeld 424, 936
Kinderzulagen 425
Kirchenbedienstete/Kirchenmusiker 425
Kirchensteuer 425
Kirchensteuerpauschalierung 431
Klage 579
Kleidergeld 433
Kleiderkasse 90
Kleinbetragsregelung 696
Knappschaftsversicherung 434
Kohledeputate 402
Kombinierte Rechtsschutzversicherung 582
Kommanditist 360
Komplementär 360
Konkurrenzverbot 434
Konkursausfallgeld 434
Konsularbeamte 434
Kontoführungsgebühren 434
Kraftfahrerzulage 434
Kraftfahrzeuge 434
Kraftfahrzeuggestellung 278
Krankenbezüge 435
Krankengeld 435
Krankengeldzuschüsse 435
Krankenkassenwahlrecht 11
Krankenversicherung 436
Krankenversicherung, Arbeitgeberzuschuss 63
Kreditkarte 277
Kreislauftrainingskuren 436
Künstler 436
Künstlerische Nebentätigkeit, Aufwandsentschädigung 501
Kurierfahrer 439
Kurkosten, Arbeitgeberersatz 436
Kurzarbeitergeld 440
Kurzarbeitergeldzuschüsse 440
Kurzfristig beschäftigte Arbeitnehmer 443

Land- und Forstwirtschaft 444
Land- und Forstwirtschaft, Pauschalierung der Lohnsteuer für Aushilfskräfte 535
Laptop 182
Laufende Bezüge 444
Lebensmittel 444
Lebensversicherung 444
Lehrabschlussprämien 444
Lehrbeauftragte 444
Lehrlinge 444
Lehrtätigkeit 444
Lehrtätigkeit, nebenberufliche 502
Lehrzulagen 445
Leistungszulagen 445
Liquidationspool 445
Liquidationsrecht 445
Lohnabrechnung 139
Lohnabrechnungszeitraum 145
Lohnausfallvergütung 446
Lohnbescheinigung 458
Lohnersatzleistungen 446
Lohnfortzahlung 238
Lohnfortzahlungsversicherung 16
Lohnkonto 446

Lohnnachzahlung 499
Lohnpfändung 454
Lohnpfändungs-Tabelle 988
Lohnsteuerabzug 139
Lohnsteuerabzug durch einen Dritten 455
Lohnsteuerabzugsbescheinigung 457
Lohnsteuer-Anmeldung 31
Lohnsteuer-Außenprüfung 458
Lohnsteuerbelege 458
Lohnsteuerberechnung 139
Lohnsteuerbescheinigung 458
Lohnsteuer-Ermäßigungsverfahren 887
Lohnsteuer-Jahresausgleich durch den Arbeitgeber 467
Lohnsteuerkarte 473
Lohnsteuernachforderung 498
Lohnsteuerpauschalierung 516
Lohnsteuerstrafverfahren 458
Lohnsteuertabellen 477
Lohnsteuertarif 685
Lohnumwandlung 328
Lohnverzicht 332
Lohnzahlung an ausgeschiedene Arbeitnehmer 667
Lohnzahlung durch Dritte 479
Lohnzahlungszeitraum 145
Lohnzuschläge 822
Losgewinn 737

Mahlzeiten 482
Mahlzeitenabgabe bei Dienstreisen 601
Maifeier 168
Maigeld 489
Mankogelder 276
Mannequins 489
Marktforscher 489
Märzklausel 217
Maschinelle Lohnabrechnung 489
Massagen am Arbeitsplatz 490
Masseure 490
Mehldeputate 188
Mehrarbeitslohn / Mehrarbeitszuschläge 490
Mehraufwand für Verpflegung 752
Mehraufwands-Wintergeld 776
Mehrere Dienstverhältnisse 491
Mehrfachbeschäftigung 491
Mehrjährige Tätigkeit 91
Meldepflichten in der Sozialversicherung 974
Metergelder 492
Mietbeihilfen 492
Mietwert 778
Mietzuschüsse 784
Miles & More 492
Mindestkirchensteuer 428
Minijobzentrale 531
Missglückter Arbeitsversuch 93
Mitgliedsbeiträge 493
Mitnahmeentschädigung 595
Mittagessen 482
Montageerlass 118
Montagetätigkeit 218
Motorsägegeld 493
Musiker 493
Musikkapellen 494
Mutterschaftsgeld 494
Mutterschutz 497
Mutterschutzfrist 497
Mutterschutzlohn 497

Nachforderung der Lohnsteuer 498
Nachforderung der Sozialversicherungsbeiträge 498
Nachgelagerte Besteuerung 499
Nachtarbeitszuschläge 822, 826
Nachzahlung von laufendem Arbeitslohn 499
NATO-Mitarbeiter 501
Navigationsgerät 501
Nebenamtlich tätige Kirchenbedienstete 501
Nebenberufliche künstlerische Tätigkeit 501
Nebenberufliche Lehrtätigkeit 502

Nebenberufliche Pflegetätigkeit 502
Nebenberufliche Prüfungstätigkeit 502
Nebentätigkeit 502
Nettoarbeitsgelt 408
Nettobesteuerung sonstiger Bezüge 670
Nettolohnberechnung für sonstige Bezüge 968
Nettolohnberechnung und Fünftelregelung 972
Nettolöhne 510
Neujahrsgeschenke 512
Nichtraucherprämien 512
Nichtvorlage der Lohnsteuerkarte 512
Notstandsbeihilfen 133, 724
Notstandsunterstützungen 133, 724

Öffentliche Kassen 513
Öffentliche Kassen, Reisekosten aus ö. K. 614
Optionen 514
Ordensangehörige 514
Organisten 514
Ortsübliche Miete 778
Outplacement-Beratung 514

Parkgebühren 515
Parkplätze 515
Pauschalierung der Kirchensteuer 431
Pauschalierung der Lohnsteuer 516
Pauschalierung der Lohnsteuer bei Aushilfskräften und Teilzeitbeschäftigten 525
Pauschalierung der Lohnsteuer für Belohnungsessen, Incentive-Reisen, VIP-Logen und ähnliche Sachbezüge 331, 542
Pauschalierung der Lohnsteuer für Direktversicherungsbeiträge 805
Pauschalierungsvorschriften, Gesamtübersicht 842
Pauschbetrag für Behinderte und Hinterbliebene 911
Pauschsteuersätze, feste 517
Payback-Punkte 548
Pensionäre 548
Pensionen 753
Pensionsfonds 550
Pensionskasse 551
Pensionsrückstellung 626
Pensionszusage 552, 626
Permanenter Lohnsteuer-Jahresausgleich 553
Personalcomputer 182
Personalrabatte 564
Personalunterkünfte 784
Personenschutz 556
Persönliche Lohnsteuerbefreiungen 555
Pfändung 454
Pfändungs-Tabelle 988
Pflegeheim 913
Pflegepauschbetrag 912
Pflegetätigkeit 502
Pflegeversicherung 556
Pflegeversicherung, Arbeitgeberzuschuss 67
Pflegezeit 557
Pkw 558
Pkw-Nutzung 278
Plakatkleber 559
Polizeizulage 559
Portabilität 559
Praktikanten 559
Prämien 559
Prämien für unfallfreies Fahren 559
Preisausschreiben 737
Preise 560
Preisnachlass an Arbeitnehmer 561
Private Internetnutzung 182
Privatfahrten mit dem Geschäftswagen 278
Progressionsvorbehalt 561
Provisionen 564
Prozesskosten 564
Prüfungsvergütung für nebenberufliche Prüfungstätigkeit 502

Rabatte, Rabattfreibetrag 564
Rechtsbehelfe 579

Rechtsbehelfsfrist 579
Rechtsbehelfsverzicht 580
Rechtsnachfolger 580
Rechtsschutzversicherung 582
Regalauffüller 583
Regelmäßige Arbeitsstätte 588
Reisegepäckversicherung 583
Reisekosten bei Auswärtstätigkeiten 583
Reisekostenspitzenbeträge, Pauschalversteuerung 606
Reisekostenvergütungen aus öffentlichen Kassen 614
Reiseleiter 616
Reiseunfallversicherung 616
Rennpreise 560
Renten 616
Rentner 622
Repräsentationskosten 174
Restaurantscheck 482
Richtfest 168
Riester-Rentenversicherungsvertrag 935
Rohrgeld 626
Rückdeckung 626
Rückenschule 627
Rückwirkende Lohnerhöhung 499
Rückzahlung von Arbeitslohn 627
Ruhegelder 630
Ruhestandsbeamte 630
Rundfunkgerät, kostenlose Überlassung 630
Rundfunkmitarbeiter 436
Rürup-Rente 617

Sabbatjahr 630
Sachbezüge 314, 630
Sachbezüge, Freigrenze für geringfügige S. 634
Sachbezugswerte, amtliche 844
Saison-Kurzarbeitergeld 637
Saitengeld 640
Sammelbeförderung 640
Sammellohnkonto 453
Schadensersatz 641
Schauspieler 436
Scheinselbständigkeit 642
Schenkung 648
Schichtlohnzuschläge 648
Schifffahrt 648
Schmerzensgeld 641
Schmiergelder 649
Schmutzzulagen 649
Schneezulage 649
Schriftsteller 649
Schulbeihilfen 650
Schulderlass 187
Schuldzinsen 786
Schüler 649
Schutzkleidung 90
Schwerbehinderte 132
Sechstagerennfahrer 650
Seeschifffahrt 651
Sicherheitseinrichtungen 651
Sicherheitsprämien 559
Sicherheitswettbewerb 652
Silberne Hochzeit 108
Skilehrer 652
Sofortmeldung 652
Solidaritätszuschlag 653
Sonderausgaben 899
Sonntagszuschläge 822
Sonstige Bezüge 658
Soziale Leistungen 671
Sozialhilfe 671
Sozialräume 671
Sozialversicherungsausweis 18
Sozialversicherungsbeiträge, Berechnung der S. 141
Sparprämien 671
Sparzulage 671
Spenden der Belegschaft 672
Spesenersatz 174
Splitting 686
Sportanlagen 672

Sportinvaliditätsversicherung 672
Sportler 672
Sprachkurse 672
Squash-Plätze 672
Standesbeamte 672
Ständig wechselnde Einsatzstellen 218
Statusfeststellung 672
Stellenzulagen 672
Sterbegeld 673
Steuerabzug von Arbeitslohn 139
Steuerklassen 675
Steuerklassenwahl 966
Steuerpflicht 677
Steuertarif 685
Stipendien 677
Stock-Options 678
Stornoreserve 678
Strafen 333
Strafverteidigungskosten 564
Streik 678
Streikgelder 678
Strom 678
Stromableser 680
Studenten 680
Studenten, ausländische 115
Studienbeihilfen 677
Studienreisen 683
Stundenbuchhalter 683
Stundung der Lohnsteuer 684
Summenbescheid 388
Synchronsprecher 436

Tabakwaren 322
Tagegelder bei Dienstreisen 598
Tagesmütter 684
Tantiemen 684
Tarifaufbau 685
Taucherzulagen 690
Technische Zulage 690
Tee, kostenlose Abgabe 334
Teillohnzahlungszeitraum 690
Teilnettolohnberechnung 970
Teilrente 623
Teilzeitbeschäftigte 693
Telearbeitsplatz 693
Telefaxgerät 694
Telefoninterviewer 694
Telefonkosten 694
Tennisplätze 699
Teuerungszulagen 699
Theaterbetriebszuschläge 699
Theaterkarten 700
Tod des Arbeitnehmers 700
Trainer 700
Transportentschädigung 700
Trennungsentschädigungen 700
Trennungsgeld im öffentlichen Dienst 700
Treppengeld 701
Treueprämien 701
Trinkgelder 701

Überbrückungsgeld 702
Übergangsgelder, Übergangsbeihilfen 702
Überlassung von Dienstwagen 278
Übernachtungsgelder bei Dienstreisen 597
Überstundenvergütungen 703
Überversicherung 703
Übungsleiter 703
Umlageverfahren (U1/U2) 16
Umsatzbeteiligung 703
Umsatzsteuerpflicht bei Sachbezügen 703
Umwandlung des Gehalts 328
Umzugskosten 710
Unbeschränkte Steuerpflicht 715
Unbezahlter Urlaub 716
Unentschuldigtes Fernbleiben 717
Unfallkosten 717
Unfallverhütungsprämien 718
Unfallversicherung 718
Unterbrechung der Lohnzahlung 724

Unterhaltsfreibetrag 906
Unterhaltszuschüsse 724
Unterkunft 314
Unterstützungen 724
Unterstützungskasse 726
Urlaubsabgeltung 727
Urlaubsanspruch 727
Urlaubsentgelt 727
Urlaubsgeld 729
Urlaubsgelder im Baugewerbe 730

Veranlagung von Arbeitnehmern 730
Verbesserungsvorschläge 731
Verbilligte Mahlzeiten 482
Verbilligungen 564
Verdienstausfallentschädigungen 731
Vereinsbeiträge 732
Vereinsvorsitzender 732
Verjährung 226, 732
Verleih von Arbeitnehmern 72
Verletztengeld 737
Verlosungsgewinne 737
Verlustrücktrag bei Arbeitnehmern 629
Vermittlungsprovisionen 564
Vermögensbeteiligungen 737
Vermögensbildung der Arbeitnehmer 744
Vermögenswirksame Leistungen 744
Verpflegung 752
Verpflegungsmehraufwand 752
Verrechnung von Sozialversicherungsbeiträgen 752
Versicherungsfreiheit in der Sozialversicherung 12
Versicherungspflicht in der Sozialversicherung 10
Versicherungsprovisionen 564
Versicherungsschutz für leitende Angestellte 752, 753
Versicherungsvertreter 762
Versorgungsbezüge, Kranken- und Pflegeversicherungspflicht 18
Versorgungsbezüge, Versorgungsfreibetrag 753
Versorgungszusage 626
Vertragssportler 148
Vertragsstrafen 762
Vertrauensleute 762
Vertreter 762
Verzicht auf Barlohn 328
Verzugszinsen 763
Videogerät, unentgeltliche Überlassung 763
VIP-Logen 763
Vollrente 623
Vorarbeiterzulage 763
Vorauszahlungen von Arbeitslohn 763
Vorruhestand 763
Vorschüsse 765
Vorsorgeaufwendungen 766, 931
Vorsorgekuren, Vorsorgeuntersuchungen 766
Vorsorgepauschale 767, 917
Vorstandsmitglieder von Aktiengesellschaften 359
Vorstandsmitglieder von Versicherungsvereinen auf Gegenseitigkeit 360
Vorstandsvorsitzende 767
Vorsteuerabzug 767
Vorsteuerabzug bei Dienstreisen 612
Vorzugsaktien 40

Waisengelder 768
Waisenrente 625
Wandelschuldverschreibungen und Wandeldarlehensverträge 768
Waren 768
Warengutscheine 768
Wäschegeld 770
Waschgeld 770
Wasserzuschläge 771
Wechselnde Einsatzstellen 771
Wechselschichtzulage 771
Wege zwischen Wohnung und Arbeitsstätte 771
Wegegelder 771

Wegezeitentschädigungen 771
Wehrsold 181
Wehrübung 772
Weihnachtsfeiern 772
Weihnachtsgeld 772
Werbedamen 774
Werbegeschenke 774
Werbeprämien 559
Werbezettelausträger 774
Werbungskosten 892
Werkspensionäre 167
Werksrente 167
Werkstudenten 774
Werkswohnung 776
Werkzeuggeld 774
Wettbewerbsverbot 775
Winterausfallgeld 775
Winterausfallgeld-Vorausleistung 775
Wintergeld 776
Wirtschaftsbeihilfen 776
Witwengelder 776
Witwenrente 625

Witwerrente 625
Wochenendauslösungen 224
Wohnheime 784
Wohnrecht 783
Wohnungsbaudarlehen 784
Wohnungsüberlassung 776

Zählgelder 276
Zehrgelder 785
Zeitungsausträger 785
Zeitwertkonten 785
Zeugengebühren 785
Zinsen 786
Zinsersparnisse und Zinszuschüsse 786
Zufluss von Arbeitslohn 790
Zuflussprinzip 790
Zukunftsicherung 793
Zulagen 821
Zumutbare Belastung 902
Zurückgezahlter Arbeitslohn 627
Zusammenballung von Einkünften 821

Zusätzlichkeitsvoraussetzung 821
Zusatzverpflegung 822
Zusatzversorgungskasse im Baugewerbe 822
Zusatzversorgungskassen 820, 822
Zuschläge 822, 835
Zuschläge für Sonntags-, Feiertags- und Nachtarbeit 822
Zuschuss zum Kinder-Krankengeld 833
Zuschuss zum Krankengeld 435, 833
Zuschuss zum Krankenkassenbeitrag 63
Zuschuss zum Kurzarbeitergeld 440
Zuschuss zum Mutterschaftsgeld 495
Zuschuss zum Übergangsgeld 833
Zuschuss zum Verletztengeld 833
Zuschuss zur Pflegeversicherung 67
Zuschuss-Wintergeld 776
Zusteller 833
Zuwendungen, einmalige 216
Zweite Lohnsteuerkarte 474
Zwischenheimfahrten 225, 596